ドイツ語圏の主な国と都市

ドイツ連邦共和国

Bundesrepublik Deutschland（国籍符号：D）

面積：357,022 km²
人口：8,190万人
通貨：ドイツ・マルク（DM）
　　　ユーロ（EUR）
首都：ベルリン
　　　（Berlin）350万
都市：ハンブルク（Hamburg）170万
　　　ミュンヒェン（München）124万
　　　ケルン（Köln）97万
　　　フランクフルト・アム・マイン
　　　　（Frankfurt am Main）65万
　　　エッセン（Essen）61万
　　　ドルトムント（Dortmund）60万
　　　シュトゥットガルト（Stuttgart）58万
　　　デュッセルドルフ（Düsseldorf）57万
　　　ブレーメン（Bremen）68万
　　　デュースブルク（Duisburg）54万
　　　ハノーファー（Hannover）52万
　　　ニュルンベルク（Nürnberg）49万
　　　ライプツィヒ（Leipzig）47万

オーストリア共和国

Republik Österreich（国籍符号：A）

面積：83,845 km²
人口：810万人
通貨：シリング（S）
　　　ユーロ（EUR）
首都：ウィーン
　　　（Wien）161万
都市：グラーツ
　　　（Graz）24万
　　　リンツ（Linz）19万
　　　ザルツブルク（Salzburg）14万
　　　インスブルック（Innsbruck）12万

スイス連邦

Schweizerische Eidgenossenschaft
（通称：die Schweiz）（国籍符号：CH）

面積：41,285 km²
人口：704万人
通貨：スイス・フラン

APOLLON
Neues Deutsch-Japanisches Wörterbuch

新アポロン独和辞典

編集執筆者

根本 道也
NEMOTO, Michiya

恒吉 良隆
TSUNEYOSHI, Yoshitaka

有村 隆広
ARIMURA, Takahiro

吉中 幸平
YOSHINAKA, Kohei

本田 義昭
HONDA, Yoshiaki

福元 圭太
FUKUMOTO, Keita

新保 弼彬
SHINBO, Sukeyoshi

鈴木 敦典
SUZUKI, Atsunori

成田 克史
NARITA, Katsufumi

DOGAKUSHA

© 株式会社 同学社 2000
Dogakusha, Inc. 2000
Printed in Japan

編集執筆者

根本道也　（元九州大学）
恒吉良隆　（福岡女子大学）
有村隆広　（九州大学）
吉中幸平　（佐賀大学）
本田義昭　（山口大学）
福元圭太　（九州大学）
新保弼彬　（九州大学）
鈴木敦典　（九州大学）
成田克史　（名古屋大学）

執筆者

MICHEL, Wolfgang　（九州大学）
安藤秀國　（愛媛大学）
米沢　充　（佐賀大学）
大羽　武　（宮崎医科大学）

執筆顧問

矢儀万喜多

協力者

KASJAN, Andreas　（九州大学）
佐藤正樹　（広島大学）
棚瀬明彦　（九州大学）
津村正樹　（九州大学）
石井寿子

装丁　(株)アップルボックス

『新アポロン独和辞典』まえがき

　『新アポロン独和辞典』は，前身の『アポロン独和辞典』刊行後6年目のこの2000年という節目の年に，装いを新たにして出版の運びとなりました．振り返ってみますとこの10年足らずの間にも，ドイツおよびその周辺にはさまざまな状況の変化がありました．ベルリンへの首都移転計画決定，欧州統一通貨の名称「ユーロ」の決定，新しい正書法の施行，環境保護を国家目標の一つとする基本法改正，介護保険の導入など．

　これらの社会現象は当然ながら直ちに言語現象に反映されます．言葉の解説を使命とする辞典はこれに対応しなければなりません．なかでもドイツ語正書法の改正は従来の辞典の改訂を余儀なくするものです．この新正書法は1998年8月に施行され，2005年までは移行期間とされていますが，刊行物においても着実に新正書法が取り入れられつつあります．

　私たちは『アポロン独和辞典』をこのような実情に対応させるべく大々的に改訂し，ここに『新アポロン独和辞典』を完成させました．ドイツで刊行された新旧正書法対応辞典は幾種類かありますが，その解説方法をそのまま踏襲しても，日本人の学習者にとっては必ずしも適切なものにはなりません．特に初学者の便宜を考えると，格別の工夫が必要になります．私たち編集スタッフは，種々の角度から討議を重ね，本辞典独自の方法で新旧正書法の対応関係を明示しました．

　ドイツで刊行された新正書法辞典の間でも，細かな規則の運用については相互に食い違いが見られることがあります．ドイツ語圏内で議論が煮つまらない部分を残したまま施行に踏み切った様子が垣間見えます．そのような不一致点についてはインターネットなどにより，ドイツのいくつかの出版社の辞典編集部から直接得た最新の情報に基づいて処置しました．

　『新アポロン独和辞典』の特徴は，前身の『アポロン独和辞典』を土台としつつ，新正書法への対応処置をしたこと，そして本書の一貫したモットーである「初学者への配慮」と「時代と共に歩む」という方針をさらに進展させた点にあります．具体的には次のような特色があります．

1. **新旧両正書法に対応**

    旧正書法から新正書法への過渡期にはそれに応じた，配慮の行き届いた辞典が必要である．そのために，新旧いずれのつづりからでも検索できるようにした．ただしその際，旧正書法になじみのない初学者の立場を考慮して，新正書法での検索がしやすいように表示法にはさまざまの工夫を凝らした．

2. **訳語・用例の改善**

    訳語・解説のわかりやすさ，用例の適正さなどをさらに追求して，全般的に改善を施した．

3. **見出し語補充**

    ドイツ語圏における諸事情の変化・進展に伴い，新たに約1,500語の見出し

語を補充した．新正書法によって追加された見出し語を合わせると，本辞典の見出し語総数は 53,000 語に及ぶ．

4. **ドイツ・ミニ情報**

　言葉はそれぞれの国や地域の文化・社会事情を映し出す鏡である．ドイツの文化や社会事情に関心を寄せ，それを少しでも深く知ることはドイツ語学習を促進するのに大いに効果がある．その一助としてこの辞典では巻末付録「ドイツの言語・社会・文化・歴史」に加えて，本文内の随所にコラム「ドイツ・ミニ情報」を新たに設けた．

5. **巻末付録を改新**

　『アポロン独和辞典』の巻末付録「理工学・医学用語」を改め，「環境用語」，「福祉用語」，「医療・看護用語」を設けた．環境関係や福祉関係は，わが国がこれからドイツに多くを学ばなければならない分野と考えられるため，新たに追加した．医療用語は医・歯・薬学部生のためのみならず，ドイツに滞在中あるいは旅行中の人の用途も考慮して編集した．「コンピュータ・ネットワーク用語」はすでに前身の『アポロン独和辞典』にあったものであるが，好評に応えて大幅に増補した．なお，欧州通貨統一への理解を助けるために，「ドイツの言語・社会・文化・歴史」に EU 諸国の地図と EU 各国の人口・首都などの一覧表を追加掲載した．

　今回は比較的短い年月で集中的に改訂作業を進めました．新しい正書法をわが国の独和辞典の利用者，なかんずく初学者にわかりやすく示すにはどうすればよいか，私たちは一件一件なんども壁に突き当たりながら，少しずつ記述法を編み出していきました．

　今回の作業過程においても多くの方々にお力添えをいただきましたが，特に，石井寿子氏には本文内の「ドイツ・ミニ情報」と巻末付録の「環境用語」を，大羽武氏には「医療・看護用語」をご執筆いただきました．なお，「ドイツ・ミニ情報」に関しては麻生健氏にも多々ご教示いただき，「福祉用語」の作成に当たっては光吉明子氏ならびに保条成宏氏から多大のご協力を得ました．ここにお名前を記し，厚くお礼申し上げます．

　『アポロン独和辞典』を土台にしているとはいえ，新旧両正書法に対応できる態勢を整えるという点では新しい辞典を作るにも等しい作業でした．この骨の折れる作業を根気よく支え，かつ可能にしてくださった同学社の近藤久壽治社長，近藤孝夫専務をはじめ，辞典担当の並里典仁氏ならびに編集部諸氏，さらには制作面でご尽力くださった研究社印刷株式会社に対して心から感謝の意を表します．

　この辞典の長所を一層伸ばすように，今後も引き続き努力していく所存です．各方面からきたんのないご意見・ご教示をいただければ幸いです．

1999 年 10 月

　　　　　　　　　　　　　　　　　　　　　　　　　　　編集執筆者

『アポロン独和辞典』まえがき

いま世界は大きく変わりつつあります．ベルリンの壁の崩壊(1989年)に象徴される冷戦構造の終焉，東西両ドイツの統一(1990年)は，ドイツ語を取り巻く情勢に多大な変化をもたらしました．こうした流れの中にあって，世界を映し出す鏡である辞典もまた，新しく生まれ変わることが求められています．

この辞典の前身『同学社版・新修ドイツ語辞典』(1972年刊行)は，画期的なわが国最初の学習辞典として，長い間多くの人々に愛用されてきました．「時代とともに歩む」をモットーに毎年改訂を続けてきましたが，ドイツ語をめぐる諸状況の変化と新時代の要請に，より的確に応えるためには，新しい辞典が必要であるとの認識に至りました．

私たち編者は，「初学者への配慮」という前著の精神を受け継ぎ，教育現場に即した，わかりやすい記述の方法を求めて議論を重ね，また来るべき21世紀を視野に入れて，常に最新の情報を採り入れるように努めました．外国との往き来が盛んになり，日常生活の多様な場面で「国際化」が進む今日，コミュニケーションのための外国語学習が重要視されていることを十分に考慮し，そのためのさまざまな工夫もこらしました．そうした作業の過程を経て，いまここに，前著の特長である「使いやすさ」をいっそう推し進め，しかも充実した内容を持つ，一新された『アポロン独和辞典』が誕生しました．

この辞典の主な特色は，次の点にあります．

厳選された見出し語
◇ 現代日本のドイツ語学習者ならびにドイツ語にかかわる一般社会人の使用を想定し，必要かつ十分な約5万語を厳選した．「時代とともに歩む」という本辞典の基本方針から，最新語彙は積極的に採録した．

◇ 日常生活において使用される基本語彙は4000語程度と言われる．本辞典ではその実情を踏まえ，さらに使用者の状況などを考慮して，約5000語を重要語として選定した．そのうち第一ランクの約1500語には＊印を，第二ランクの3500語には＊印を付し，見出し語を赤色大活字にして目にとまりやすくした．

◇ 一般の見出し語の範疇に入らない理系の専門用語は，「理工学・医学用語」として巻末の付録にまとめた．

使いやすさと充実した内容
◇ 初学者が検索しやすいように，見出し語はすべて左端に出し，重要語にあっては意味項目の番号も一定の基準により原則として左端に出した．

名詞や動詞などの変化形も，必要に応じて見出し語とし，主要な意味を添えた．とくに頻繁に用いられる動詞・助動詞の変化形(例: ist, möchte, hätte など)については，さらにその基本的な用例も示した．

◇ すべての見出し語に仮名による発音表記を添えたが，これは初学者が検索した語を自ら発音することを助け，オーラル学習を促そうとするものである．

◇ 重要語には中型辞典の標準を上回る豊富な用例を収録し，当該語の表す意味を他の語句との有機的なつながりの中で具体的に示すようにした．

訳語や訳文にもそのときどきの使用状況を示したり，あるいは原意を添えるなどして，具体的にイメージしやすいように配慮した．

発信型の学習を促す
◇ コミュニケーション能力を培うためには，個々の単語を日常的な文章の形で覚えるのが効果的である．そのような学習を実践できるように，基本語彙約650語には冒頭に枠囲みを

まえがき

設けて，口になじみやすい会話文をかかげた．
◇ 日本の学習者が自分の立場から発信する際によく用いる語彙(例: Japan, Student など)にはそれに役立つ用例を示した．また，ドイツ語で表現しようとするときに便利なように，訳語や例句には適宜，格を明示した．
◇ 巻末付録の「和独」「日常会話」なども，ドイツ語による表現力を助け，発信型の学習を推進しようとするものである．

ドイツ語の総合的理解を助ける
◇ 重要な語には英語の同意語を添えて，意味をとらえやすくした．
◇ 重要な語には，反意語(例: lang「長い」に対して kurz「短い」)だけでなく，関連語(例: Frühling「春」に関連して Sommer「夏」, Herbst「秋」, Winter「冬」)も示した．さらに，類語間のニュアンスの違いを解説する 類語 の欄，あるいは名詞の合成語・同族語(例: 樹木名)をまとめて示したり，語法上の注意を記した 注意 の欄を随所に配して，語彙を相互に関連づけながら覚えられるようにした．
◇ 本文中の挿絵や巻末の付録(例: ドイツの言語・社会・文化・歴史)などは，ドイツ語の総合的理解を助け，利用者の学習意欲に応えようとするものである．

この辞典は企画から完成まで十数年の歳月を要しました．企画の段階で，本書の前身『新修ドイツ語辞典』の執筆者のうち西田越郎，土屋明人の両氏がそれぞれのご都合により退かれました．その後新しいスタッフが加わって編纂作業も本格化し，ようやくここに，内容も装いも新たにこの辞典を刊行する運びとなりました．

その間ドイツにおいてはもとより，わが国においても数々の優れた辞典が出版されました．私たちは自らの編集方針に基づきつつ，内外の先業から多くを学びました．同時に執筆者自らの手で現代ドイツ語の調査・研究も行い，その成果を随所に活用しましたが，その過程において，コンピュータによる言語データ処理作業に関しては樋口忠治氏のご指導を得ました．併せてここに記し，深謝の意を表すしだいです．

複雑かつ多岐にわたる編集作業を遂行するにあたって，特に次の方々にさまざまな形で多大のお力添えをいただきました．阿部吉雄，大野克彦，越智和弘，越智フェリシタス，金森由美，熊野直樹，柴崎隆，田口知弘，服部憲明，福田幸夫，堀内泰紀，山本尤，行重耕平，Franz Hintereder-Emde, Angelika Emde の各氏に，また挿絵に関しては，藤真理，村上祥子，杉野芳和，坂口直子の各氏と(株)アップルボックスに，なお，校正段階では，岩本真理子，北野弘子，堺雅志，佐々木とも子，重竹芳江，嶋崎啓，嶋崎順子，瀧田恵巳，田野武夫，村山綾子の各氏に並々ならぬご協力をいただきました．ここにお名前を記し，厚くお礼を申し上げます．

また，企画から刊行に至るまで終始変わらぬ熱意と理解をもって編集作業を支援してくださいました株式会社同学社の近藤久壽治社長，近藤孝夫専務ならびに並里典仁氏ほか同学社編集部の諸氏，制作面でひとかたならぬご尽力をいただきました研究社印刷株式会社に対して，心から感謝の意を表したいと思います．

長年議論を重ねながら記述内容を練り上げてきましたが，いま刊行を目前に控えて，意図するところを十分に尽くし得なかったという思いも残ります．今後はご使用いただいた方々からのご教示とご批判により，「時代とともに成長する独和辞典」として一層充実したものに育てあげていくつもりです．

1993 年 10 月

編集執筆者

も く じ

Das Alphabet viii
この辞典の主な約束ごと ix
図版・主な参考メモ・「類語」・「ドイツ・ミニ情報」の索引... xiv
主な参考文献 xvii

独和の部 1

[巻末付録]
   I. 和独の部.. 1703
  II. 日常会話・手紙の書き方....................................... 1759
 III. コンピュータ・ネットワーク用語........................ 1769
 IV. 環境用語... 1776
  V. 福祉用語... 1786
 VI. 医療・看護用語.. 1792
VII. ドイツの言語・社会・文化・歴史..................... 1806
VIII. 発音について... 1830
 IX. 新しい正書法のポイント.................................... 1838
  X. 文法表.. 1844
 XI. 動詞変化表.. 1859

Das Alphabet

ラテン文字 (活字体)		(筆記体)		ドイツ文字 (活字体)		名称 (音標文字)	(仮名表記)
A	a	𝒜	𝑎	𝔄	𝔞	á:	アー
B	b	ℬ	𝑏	𝔅	𝔟	bé:	ベー
C	c	𝒞	𝑐	ℭ	𝔠	tsé:	ツェー
D	d	𝒟	𝑑	𝔇	𝔡	dé:	デー
E	e	ℰ	𝑒	𝔈	𝔢	é:	エー
F	f	ℱ	𝑓	𝔉	𝔣	έf	エふ
G	g	𝒢	𝑔	𝔊	𝔤	gé:	ゲー
H	h	ℋ	𝒽	ℌ	𝔥	há:	ハー
I	i	ℐ	𝑖	ℑ	𝔦	í:	イー
J	j	𝒥	𝑗	𝔍	𝔧	jót	ヨット
K	k	𝒦	𝑘	𝔎	𝔨	ká:	カー
L	l	ℒ	𝓁	𝔏	𝔩	έl	エる
M	m	ℳ	𝓂	𝔐	𝔪	έm	エム
N	n	𝒩	𝓃	𝔑	𝔫	έn	エン
O	o	𝒪	𝑜	𝔒	𝔬	ó:	オー
P	p	𝒫	𝓅	𝔓	𝔭	pé:	ペー
Q	q	𝒬	𝓆	𝔔	𝔮	kú:	クー
R	r	ℛ	𝓇	ℜ	𝔯	έr	エル
S	s	𝒮	𝓈	𝔖	ſ, 𝔰	és	エス
T	t	𝒯	𝓉	𝔗	𝔱	té:	テー
U	u	𝒰	𝓊	𝔘	𝔲	ú:	ウー
V	v	𝒱	𝓋	𝔙	𝔳	fáʊ	ふァオ
W	w	𝒲	𝓌	𝔚	𝔴	vé:	ヴェー
X	x	𝒳	𝓍	𝔛	𝔵	íks	イクス
Y	y	𝒴	𝓎	𝔜	𝔶	ýpsilɔn	ユプスィろン
Z	z	𝒵	𝓏	ℨ	𝔷	tsét	ツェット
Ä	ä	𝒜̈	𝑎̈	𝔄	𝔞̈	a:-úmlaut	アー・ウムらオト
Ö	ö	𝒪̈	𝑜̈	𝔒	𝔬̈	o:-úmlaut	オー・ウムらオト
Ü	ü	𝒰̈	𝑢̈	𝔘	𝔲̈	u:-úmlaut	ウー・ウムらオト
	ß		𝛽		ẞ	ɛs-tsét	エス・ツェット

この辞典の主な約束ごと

I 見出し語
1) ABC 順に配列した．ä, ö, ü はそれぞれ a, o, u の次に，ß は ss の次に，また an.., ..haft もそれぞれ an, Haft の次に並べた．つづりが同じでも成り立ちが異なる語は別見出し語とした．
2) 名詞や形容詞の合成語が続くときは，検索を容易にするため，2 語目以上の共通部分を細字にした．ただし重要語は全形を太字で示した．
3) 分綴に適した位置は，｡ のほか，・で示した．
4) 見出し語約 5 万語のうち最も重要と思われる約 1,500 語の前に＊を，それに次いで重要と思われる約 3,500 語の前に ＊を付し，さらに赤色大活字で示した．

II 発音（☞「発音について」1830 ページ）

III 品詞の記述

(i) 名詞
1) 名詞の性は 男 女 中 で示し，変化形は原則として「単数 2 格/複数 1 格」の形で示した．単数形のみが用いられる語は「単数 2 格/」で示し，複数形のみが用いられるものは 複 で示した．なお，変化形表示の中の - は見出し語全形を，.. は見出し語の一部を示す．
2) 重要な語には見出し語の前に定冠詞を添えた．
3) 意味によって単数形でしか用いられないものは《複 なし》…の形で，単数形で用いられるのがふつうであるものは《ふつう 単》…の形で，複数形で用いられるのがふつうであるもの《ふつう 複》…の形で示した．
4) 形容詞の名詞化は見出し語の変化する部分を ..(r), ..e(s) で示し，語尾変化については《語尾変化は形容詞と同じ》と示した上に，重要な語についてはその変化例も（ ）の中に記した．
5) 定冠詞を伴う国名，山河名などは見出し語に定冠詞を添えて示した．

(ii) 動詞・助動詞
1) 不規則変化する動詞には見出し語の右肩に ＊ を付けた．規則変化と不規則変化の両方がある動詞については(*) とした．
2) 自動詞，他動詞，再帰動詞，非人称動詞はそれぞれ 自, 他, 再帰, 非人称 で示し，助動詞は 助動 で示した．ただし，《再帰的に》，《非人称の es を主語として》と示した場合もある．
3) 重要な動詞には過去基本形，過去分詞を示し，さらに現在形で不規則変化するものは，その変化形も示した．
4) 完了の助動詞として haben をとるか sein をとるかの別で，重要な動詞では（完了 haben），（完了 sein）の形で，重要語でないものでは (h), (s) の形で示した．
5) 重要な動詞・助動詞については，3) であげた変化形および du に対する命令形，接続法第 2 式で不規則変化するものを見出し語として立てた．また重要語でなくても注意を要するものには変化形を示し，さらにその変化形を見出し語として出した．
6) auf|erlegen のように前つづりが二つあるような動詞は重要語でなくても（過分 auferlegt）のように過去分詞の語形を示した．
7) 最重要動詞（＊印）の基本的語義の 3 格・4 格の目的語が，日本語で対応するような多い「に・を」とずれている場合は，「《3 格とともに》(人³を) 助ける」のように初学者の注意を促した．
8) 動詞と密接に結びつく前置詞などの要素を訳語の前に《 》の中で示した．
9) 独立した形容詞，副詞と見なされる現在分詞，過去分詞は見出し語として立て，動詞の記述の最後に ☞ で示し，検索しやすくした．

(iii) 形容詞・副詞
1) 形容詞は 形, 副詞は 副 で示した．
2) ＊, ＊ を付した重要な形容詞で副詞的に用いられている例句・例文には《副詞的に》と表示した．
3) 用法に制限のある場合には《付加語としてのみ》，《述語としてのみ》と示した．
4) 格変化語尾がつかないものは《無語尾で》と示し，格変化語尾がつくときにつづりが変わるものはその形を示した．
    例: hoch（格変化語尾がつくときは hoh-）
5) 重要な形容詞で比較級，最上級が -er, -st になるものを除き，多少とも語形が変わるものについてはその全形を示した．

(iv) 接続詞
1) 接続詞は 接 で示し，語[句]と語[句]，文と文を対等の関係で結びつける接続詞を 接《並列接続詞》(aber, und など)，一つの文を他の文に主文に従属する形で結びつける接続詞を 接《従属接続詞; 動詞の人称変化形は文末》と表示した (dass, weil など)．いわゆる副詞的接続詞 (also, daher など) は 副 の中で《接続詞的に》として扱った．
2) 従属接続詞に導かれる文では，いわゆる定形(定動詞)後置となるが，このことを「動詞の人称変化形は文末」という表現で示した．関係代名詞などでも同様．

(v) 前置詞
1) 前置詞は 前 で示した．
2) いわゆる前置詞の格支配は，例えば mit であれば 前《3 格とともに》，an であれば 前《3 格・4 格とともに》のように表記した．3 格・4 格とともに用いられる前置詞は，図版によってその用法の違いを明示した．

(vi) 冠詞[類]
1) 冠詞は der 冠《定冠詞》, ein 冠《不定冠詞》と表示した．また kein は 冠《否定冠詞》, mein, dein, unser などは 冠《所有冠詞》とした．
2) それぞれ男性単数 1 格形の見出し語の下に変化表をかかげた．1 格以外の変化形見出し語で

この辞典の主な約束ごと

は，例えば mein*em* であれば ☞ mein，kein*em* であれば ☞ kein のように参照箇所を指示した．

(vii) 代名詞
1) 代名詞は 代 と表記し，そのあとに 【人称代名詞】，【指示代名詞】，【関係代名詞】，【不定代名詞】などのように，その種類を書き添えた．
2) すべての人称代名詞の 1 格，およびその他の重要な代名詞には変化表をかかげた．

IV 訳語・用例など
1) 訳語は原則として使用頻度の高い順に配列した．
2) 訳語の理解を助けるために，必要に応じて同意語 (＝…)，英語同意語 (英 …) を示した．さらに単語間の有機的関連を把握しやすくするために，反意語や関連語などを (〈比〉 …) でかかげた．
3) 用例では必要に応じて目的語などの格を明示した．さらに例文の時称・態・法などの理解を助けるために，例文のあとに，【完了】(ただし助動詞として sein をとる場合のみ)，【受動・過去】【状態受動・現在】，【接 2・現在】などの注記を付した．
4) 見出し語と密接に結合して成句的に用いられる語，および見出し語と結びつきの強い前置詞は，特に注意を喚起するために太字で示した．
5) 用例中で必要な場合 (序数・記号など) には (＝…) で読み方を添えた．また，用例訳語の理解を助けるために，必要に応じて補足説明や原意を付記した．

V 記号
[　]　① 発音の表記．② 省略可能．③ 外国語からの借用語であることを示す (例: [英] [ラテン] [仏] [ギリシャ])．
〔　〕　① 名詞の変化語尾の省略可能．② 発音の省略可能．

(　)　① 訳語の補足的な説明．② 部分的な言い換え．③ 単数 2 格・複数などの別形．
【　】　文法的な注意・説明．
《　》　① 概括的な意味上の分類．② 語法・専門分野などの略記．
『　』　文学・芸術などの作品名．
|　　分離動詞の分離線．
/　　① 名詞の変化形 (単数と複数) の区切り．② 用例間の区切り．
´と｀　´ は第 1 アクセント，｀ は第 2 アクセント．
−　　名詞の変化形を示すときの見出し語の全体．
… と …　… は欧文の省略部，… は和文の省略部．
・　　一つの単語の前半部または後半部との接合点．
～　　【　】の中では動詞の見出し語全形．
… と ～　相互に関連する要素を示すとき，… は当該語の中で見出し語と直接関係する方を，～ はもう一方を示す．
←　　訳文などの原意を示す．
☞　　参照・指示．
＝　　同意語．
‖　　名詞・形容詞などの合成形見出し語の接合点．
*　　① 見出し語の前: 重要な語であることを示す．② 動詞の右肩: 不規則変化 (強変化・混合変化) する動詞．
(*)　動詞の右肩: 不規則変化 (強変化) と規則変化 (弱変化) の両方がある動詞．

I, II, III　品詞の別
A), B)　用法の別
①, ②, ③; ⑦, ⑦, ⑦　語の意味の分類
a), b)　用例の意味の別

VI 文法上の略記

男	男性名詞	女	女性名詞	中	中性名詞
単, (単)	単数形	複, (複)	複数形	縮小	縮小形
愛称	愛称形	短縮	短縮形	新形	新正書法による書き方
旧形	旧正書法による書き方	代	代名詞	形	形容詞
副	副詞	冠	冠詞	前	前置詞
接	接続詞	数	数詞	間	間投詞
自	自動詞	他	他動詞	再帰	再帰動詞
非人称	非人称動詞	助動	助動詞	現分	現在分詞
過分	過去分詞	現在	現在形	過去	過去形
命令	命令形	接1	接続法第 1 式	接2	接続法第 2 式
接頭	接頭語 (辞)	接尾	接尾語 (辞)	【分離】	分離動詞
【非分離】	非分離動詞	英	英語の同意語	〈比〉	関連情報
類語	類語解説	人³	人の 3 格	人⁴	人の 4 格
物³	物の 3 格	物⁴	物の 4 格	事³	事柄の 3 格
事⁴	事柄の 4 格 (同種の事物が二つ用いられる場合は $A^4 B^4$ などの記号も用いた)				
比較	比較級	最上	最上級		

VII 語法・専門分野別の略記

《医》	医学	《印》	印刷	《映》	映画
《織》	織物	《化》	化学	《雅》	雅語
《海》	海事	《戯》	戯語	《魚》	魚類

((漁))	漁業	((教))	教育	((空))	航空
((軍))	軍事	((経))	経済	((劇))	演劇
((建))	建築	((言))	言語	((古))	古語
((工))	工学	((坑))	鉱山	((鉱))	鉱物
((光))	光学	((昆))	昆虫類	((史))	歴史
((社))	社会学	((写))	写真	((狩))	狩猟
((宗))	宗教	((修))	修辞	((書))	文書言葉
((商))	商業	((植))	植物	((神))	神話
((心))	心理学	((生))	生物	((聖))	聖書
((政))	政治	((俗))	俗語	((鳥))	鳥類
((哲))	哲学	((天))	天文学	((電))	電気
((動))	動物	((農))	農学	((比))	比喩
((美))	美術	((物))	物理	((法))	法学
((方))	方言	((冶))	冶金	((薬))	薬学
((郵))	郵政	((理))	理学	((林))	林学

凡例の見方

- ✱は最も重要な語，＊は重要語
- 重要名詞は定冠詞付きで示す

✱ der **Freund** [ふロイント frɔ́ynt]

友人 Das ist mein *Freund* Peter.
ダス イスト マイン フロイント ペータァ
こちらは私の友人のペーターです。

- 基本的な語彙約650語には会話にも使える平易な文をかかげる
- 名詞の性
- 英語の同意語
- 単数2格形と複数形

男 (単2) -es (まれに -s)/(複) -e (3格のみ -en)
① **友人**, 友だち；味方．((反) *friend*). ((⇔)
「敵」は Feind). mein bester *Freund* 私のい
ちばんの親友 / Er ist ein guter *Freund* von
mir. 彼は私の親友です / Er hat viele
Freunde. 彼にはたくさん友だちがいる / Sie sind
dicke *Freunde*. (口語) 彼らは大の仲良しだ /
Als *Freund* möchte ich dir sagen, … 友人
として私は君に言いたいのだが，… / Er wird
von *Freund* und Feind geachtet. (受動・現
在) 彼はだれからも尊敬される (←味方からも敵から
も) / Du bist mir ein schöner *Freund*! (反
語的に:) 君は実にいい友だちだよ / sich³ ㈴⁴ **zum**
Freund **machen** ㈴⁴を友人にする.
② **ボーイフレンド**, (男性の)恋人．(⇔ 「ガールフ
レンド」は Freundin). Sie hat einen neuen
Freund. 彼女には新しいボーイフレンドがいる．
(⇔ 女性の立場からこの語が使われる場合「深い仲の
男友だち」を表すことが多い．「ふつうの男友だち」なら
ein Bekannter と表す方が無難).

- 反意語や関連語とその意味
- 用例中，見出し語は全形を斜字で示す
- 例文が口語的な表現であることを示す
- 例文に関する文法上の留意点
- 例文の原意
- 訳語の補足的な説明
- 重要な訳語は太字で示す
- 語法上の注意など

(⇔) ..freund のいろいろ: Brieffreund ペンフレン
ド / Duzfreund 「du」で呼び合う友 / Natur-
freund 自然愛好家 / Schulfreund 学校の友だち /
Sportfreund スポーツ愛好家 / Studienfreund 大
学時代の友だち.

- よく使われる合成形

(類語) der Freund: (気の合った)友人，友だち．der
Kamerad: (仕事・学校・軍隊などの)仲間，戦友．
der Kollege: (職場での)同僚，仕事仲間．der
Kommilitone: (大学での)学友，同級生．

- 類語の微妙な意味の違い
- 分綴位置
- 非重要名詞の単・複の変化形は省略

A·bend=an·zug [アーベント・アンツーク] 男
-[e]s/..züge (男性の)夜会服，タキシード．

A·bend=blatt [アーベント・ブらット] 中 -[e]s/
..blätter 夕刊紙.

- 見出し語の一部に相当することを示す
- 共通部分を細字にして検索を容易にする

A·bend=brot [アーベント・ブロート] 中 -[e]s/
(パンにハムなどを添えた簡単な)夕食.

- 合成語接合点
- 見出語全形に相当する
- 複数形なし

- 新しいつづりでも引ける

Stän·gel [シュテンげる ʃtéŋəl] 男 -s/- (植) 茎,
葉柄, 花梗(ḱ). Fall [mir] nicht vom *Stän-
gel*! (比) ひっくり返るなよ，卒倒するなよ．

- 従来のつづりでも引ける

Sten·gel ☞ (新形) Stängel (茎).

- 新しいつづり Stängel を見よ
- 動植物の和名は片仮名で表記

✱ der **Ha·se** [ハーゼ háːzə] 男 (単2·3·4) -n
(複) -n ① (動) ノウサギ(野兎). ((英) *hare*).
(⇔ 「カイウサギ」は Kaninchen). Der *Hase*
hoppelt. 野うさぎがぴょんぴょん跳んで行く．

- 単数2格・3格・4格で n を付ける

mit·tag [ミッターク míta:k] 副 例: heute *mit-
tag* (新形) heute *Mittag* 今日の昼に / Mon-
tag *mittag* (新形) Montag*mittag* 月曜日の
昼に (⇔ 特定の曜日と結び付く場合は1語で書
く) ☞ Mittag ①

- 用例の新しいつづり方

xiii

das Rad¹ [ラート ráːt] 中 (単2) -es (まれに -s)/(複) Räder [レーダァ] (3格のみ Rädern) ① (乗り物の)車輪. (英 *wheel*). das vordere (hintere) *Rad* 前輪(後輪).

〈新形〉
Rad fah·ren 自転車に乗る, 自転車に乗って行く, サイクリングする. *Wollen* wir morgen *Rad fahren*? あすサイクリングしませんか. **Rad schla·gen** ①(体操で:)側方倒立回転をする. ②(くじゃくが)尾羽を広げる.

— 新たに分かち書きされるようになった語

hel·fen [ヘるふェン hélfən]

— 太字はアクセント箇所
平仮名「る」は [l] 音,「ふ」は [f] 音を示す(発音について ☞ 1830 ページ)

助ける	Können Sie mir *helfen*?
	ケンネン ズィー ミァ ヘるふェン
	助けていただけますか.

人称	単	複
1	ich helfe	wir helfen
2	du **hilfst** / Sie helfen	ihr helft / Sie helfen
3	er **hilft**	sie helfen

— 特に重要な動詞は現在人称変化の全形を示す
— 不規則な部分は太字で示す

(half, hat...geholfen) 自 (完了 haben) ①《**3格とともに**》(人³を)助ける, 手伝う. (英 *help*). Ich *helfe* dir. 君を助けてあげよう / Kann ich Ihnen *helfen*? a) お手伝いしましょうか, b) (店員が客に:)何をさしあげましょうか / Ich *werde* (または *will*) dir *helfen*. 《口語》(悪さをした子供などに:)ただではおかないぞ.
◇《**前置詞とともに**》人³ **auf** die Beine *helfen* a) 人³を助け起こす, b)《比》(経済的・医学的に)人³を再起させる / 人³ **aus** dem Auto *helfen* 人³が車から降りるのを手伝う / 人³ aus der Not *helfen* 人³を窮地から救い出す / **bei** 事³ *helfen* 人³が事³をするのを手伝う ⇒ Er *hilft* mir bei der Arbeit. 彼は私の仕事を手伝ってくれる / Er *half* ihr **in** den Mantel. 彼は彼女がコートを着るのを手伝った.

— 過去基本形と過去分詞
— 完了の助動詞は haben
— 文法上の留意点(目的語が3格であることを示す)
— 使用される状況
— 前置詞を伴う用法は前置詞のアルファベット順にまとめる
— 人の3格を表す
— 事柄の3格を表す
— 成句の使い方を具体的な例文で示す

an|pral·len [アン・プラれン án-pràlən] 自 (s)《**an**(または **gegen**)人・物⁴ ~》(人・物⁴に)激しくぶつかる, 衝突する.
an|pran·gern [アン・プランガァン án-pràŋərn] 他 (h) 公然と非難する, 弾劾する.

— 分離動詞が分離する位置を示す
— 動詞と密接に結びつく前置詞などの要素を示す
— 重要動詞でなければ完了の助動詞 haben は (h) で, sein は (s) で示す

hei·ter [ハイタァ háitər] 形 (比較 heit[e]rer, 最上 heiterst) (英 *bright*) ① 朗らかな, 快活な, 上機嫌の; 愉快な, 楽しい. ein *heiteres* Gesicht 快活な顔 (☞ 類語 lustig). ② 晴れた.

— 重要な形容詞の不規則な比較変化
— 類語は見出語 lustig を見よ

al·pin [アるピーン alpíːn] 形 ① アルプス[地方]の; 高山[性]の. ②《**付加語としてのみ**》(スキーの:)アルペン競技の; アルプス登山の.

— 省略可能な部分を示す
— 文法上の留意点

Aa·chen [アーヘン áːxən] 中 -s/《都市名》アーヘン(ドイツ, ノルトライン・ヴェストファーレン州. 大聖堂にカール大帝の墓がある: ☞ 地図 C-3).

— 表紙裏の地図での位置

図版・主な参考メモ・「類語」・「ドイツ・ミニ情報」の索引

図版

Abteil コンパートメント	24	との比較	356	Maßwerk 飾り格子	882
Adventskranz 待降節の飾り環	31	Entwerter 自動改札機	383	Mülltonne 大型ごみ容器	926
		Erker 出窓のある張り出し部	396	neben …の隣に	954
Altar 祭壇	42	essen 皿, ナイフ, フォークなど	412	Nische ニッチ	968
Amphitheater 円形劇場	45	Fachwerkhaus 木骨家屋	423	Pavillon 東屋	1010
an …のきわに	46	Fahne 旗のいろいろ		Post ドイツ連邦郵便	1037
Apotheke 薬局	78	Flügel 鳥の翼, 翼状のもの	462	Renaissance ルネサンス様式	1814
Arkade アーケード	82	Forelle ニジマス	467	Rokoko ロココ様式	1814
auf …の上に	90	Gemüse 野菜のいろいろ	533	Romanik ロマネスク様式	1813
aus …から: von との比較	112	Giebel 切妻のいろいろ	565	Rosenkranz ロザリオ	1109
Auto 自動車	138	Gotik ゴシック様式	1813	Säule 柱	1136
Autobahn アウトバーン	138	Haar 髪型のいろいろ	597	S-Bahn 都市高速鉄道	1137
Badezimmer 浴室	142	Haltestelle 停留所	607	Schloss 宮殿	1169
Barock バロック様式	1814	Haselnuss ハシバミの実	615	Schuh 靴のいろいろ	1193
Bart ひげのいろいろ	149	Haube 頭巾	616	Schüssel ボウル, 深皿など	1198
Basilika バジリカ型教会堂	150	Haus 家	620	Sofa ソファーなど	1247
Beere いちご類	159	her こちらへ: hin「あちらへ」との比較	632	Stock 建物の階	1304
Birne 梨, 電球	216			Strandkorb ビーチチェア	1310
Bocksbeutel フランケンワインのびん	228	hinter …の後ろに	657	Stuhl いすのいろいろ	1321
		Horn 角, ホルン	672	Tanne もみの木	1337
Bogen アーチ, 弓	229	Hut 帽子のいろいろ	679	Theater 劇場の座席など	1353
Brot パンのいろいろ	243	Imbiss 軽食堂	685	Tonsur 剃髪	1363
Brunnen 噴水	245	in …の中に	687	Topf 深鍋	1363
Burg 城塞	252	Information 案内所	691	trinken グラス, カップなど	1378
Computer コンピュータ	261	Jugendherberge ユースホステル	712	U-Bahn 地下鉄	1390
Dach 屋根	264			über …の上の方に	1391
David[s]stern ダビデの星	275	Kanzel 説教壇	723	um …の周りに	1411
Dirndlkleid ディルンドル	297	Klassizismus 新古典主義様式	1814	unter …の下に	1443
Drehorgel 手回しオルガン	307			vor …の前に	1543
durch …を通って	315	Körper 人体	781	Wappen 紋章	1571
Edelweiß エーデルワイス	329	Küche 台所	798	Zither ツィター	1662
Eiche オーク	332	Kuchen ケーキなど	798	Zug ドイツ連邦鉄道	1670
ein|steigen 乗り込む: aus|steigen「降りる」, um|steigen「乗り換える」		Linde 洋種菩提樹	848	zwischen …の間に	1698
		Litfaßsäule 広告塔	851		
		Maibaum メイポール	869		

主な参考メモ

als als と wenn	41	Fisch ドイツでよく見かける魚	453	Obst ドイツでよく見かける果物	982
Arzt 医者のいろいろ	85	Gemüse ドイツでよく見かける野菜	533		
auf auf と über	91			Partei ドイツの主な政党	1006
aus aus と von		Geschäft 店のいろいろ	545	Schmuck 装身具のいろいろ	1176
Baum ドイツでよく見かける木	152	Gesicht 顔の部分	552	Sie¹ Sie と du と ihr	1235
Beruf 職業のいろいろ	186	Getränk 飲み物のいろいろ	558	Uhr 時計のいろいろ	1410
Bier ドイツの主なビール	212	Getreide 穀物のいろいろ	558	Vieh ドイツでよく見かける家畜	1532
bleiben sein と bleiben	221	gut 成績評価の段階	595		
Blume ドイツでよく見かける花	225	Gymnasium ギムナジウムの学年	596	Vogel ドイツでよく見かける鳥	1537
da da と weil	263	ihr ihr と Sie	683	weil weil と da と denn	1587
denn denn と weil	283	Kleidung 衣類のいろいろ	750	Wein ワインについてのいろいろ	1587
Deutsch 言語のいろいろ	288	kochen 料理法のいろいろ	761		
Doktor 博士のいろいろ	300	Krankheit 病気のいろいろ	788	wenn wenn と als	1597
du du と Sie	312	Landkarte 地図のいろいろ	815	werden 未来表現について	1599
Familie 家族を表す語のいろいろ	430	Möbel 家具のいろいろ	914	Woche 曜日のいろいろ	1623
		Monat 月名	919	Wohnung Wohnung と Haus	1627
Farbe 色のいろいろ	432	nicht nicht の位置	963		

xv 図版・主な参考メモ・「類語」・「ドイツ・ミニ情報」の索引

zu 分離動詞の zu 不定詞	1666	Zug ドイツの主な列車	1670		

「類 語」

all すべての	37	gebrauchen 使う	508	richtig 正しい	1102
alt 年とった	42	Gehalt[1] 給料	519	ruhen 休む	1117
an|kommen 着く	60	gehen 歩く	521	sagen 言う	1126
antworten 答える	74	genau 正確な	534	scheinen …に見える	1149
auf|stehen 起きる	106	geschehen 起こる	546	schicken 送る	1153
aus|gehen 出かける	119	geschickt 巧みな	547	schlafen 眠る	1159
backen 焼く	141	Gespräch 会話	554	schlecht 悪い	1164
Bahnhof 駅	144	glauben 信頼する	569	Schmerz 苦しみ	1174
bauen 建てる	151	gut 良い	595	schnell すばやい	1181
bekannt 有名な	174	haben 持っている	599	schön 美しい	1185
bequem 楽な	182	Haltung 態度	607	schreien 叫ぶ	1190
Berg 山	184	Haus 家	620	schützen 守る	1200
besuchen 見物に行く	200	heben 上げる	623	schwanken 揺れる	1203
biegen 曲げる	211	hören 聞く	671	schwierig 難しい	1210
billig 安い	214	Hotel ホテル	673	sehen 見る	1218
brav 行儀のよい	237	immer いつも	685	sein ある、いる	1221
brechen 砕く	237	jetzt 今	710	seltsam 奇妙な	1227
breit 幅の広い	238	Jugentliche[r] 青少年	713	sicher 確かな	1233
bringen 持って来る	242	Kampf 戦い	721	Sitzung 会議	1243
Burg 城	251	kennen 知っている	736	sofort すぐに	1247
dauern 続く	274	Kleid 衣服	749	Sorge 不安	1254
denken 考える	282	klingen 鳴る	753	steigen 乗る	1292
deutlich はっきりした	287	klug 賢い	755	still 静かな	1301
dick 太った	291	Kopf 頭	778	studieren 詳しく調べる	1321
Ding 物	296	Körper 体	781	Sünde 罪	1329
dunkel 暗い	314	Kraft 力	785	teil|nehmen 参加する	1348
dünn 細い	315	Krankenhaus 病院	787	Teller 皿	1349
eilig 急いでいる	335	Kuh 牛	799	teuer 高価な	1352
empfangen 迎える	368	kürzlich 最近	806	treffen 会う	1373
enden 終わる	370	lachen 笑う	810	Unfall 事故	1430
endlich やっと	370	lassen 残しておく	820	untersuchen 調べる	1452
eng 狭い	371	laufen 走る	823	Urlaub 休暇	1459
entschuldigen 許す	380	lebhalft 元気な	828	Ursache 原因	1460
Ergebnis 結果	392	leicht 易しい	834	verletzen 傷つける	1496
erlauben 許可する	397	lernen 勉強する	840	verstehen 理解する	1517
essen 食べる	412	lesen 読む	840	versuchen 試みる	1519
Essen 食事	412	leugnen 否定する	842	vertraut 親しい	1522
fahren 運転する	425	loben ほめる	852	vor|haben 予定している	1549
fangen 捕まえる	431	lustig 陽気な	862	Wagen 自動車	1563
fehlen 欠けている	437	machen 作る	865	wählen 選ぶ	1564
fern 遠い	441	manchmal ときどき	872	wahr 本当の	1566
fleißig 勤勉な	458	Mann 男	873	wahrscheinlich おそらく	1567
fliehen 逃げる	459	Meer 海	886	wechseln 取り替える	1579
Fluss 川	464	nach …へ	934	Weg 道	1580
folgen 従う	465	naiv 素朴な	947	weigern 断る	1585
Frage 問題	472	niedrig 低い	967	wenig 少ない	1597
Frau 女	474	öffnen 開ける	985	Werkzeug 器具	1601
Freude 喜び	479	oft しばしば	985	wunderbar すばらしい	1634
Freund 友人	480	Ort 場所	995	wundern 驚かす	1634
freundlich 親切な	481	reinigen きれいにする	1088	zahlen 支払う	1642
froh 楽しい	483	Reise 旅行	1089	Zeit 時	1649
fühlen 感じる	487	Restaurant レストラン	1097		

「ドイツ・ミニ情報」

1	自動車	138	12	インスティトゥート	696	23	社会保障	1256
2	首都ベルリン	186	13	デパート・買い物	732	24	ハンカチ	1340
3	ビールとワイン	212	14	マルク	876	25	環境	1421
4	ドイツ語	288	15	マスメディア	881	26	大学	1437
5	ドイツ統一	344	16	マイスター	891	27	休暇	1460
6	ヨーロッパ連合	415	17	音楽	929	28	交通	1489
7	家庭	430	18	政党	1005	29	兵役	1583
8	サッカー	494	19	サイクリング	1065	30	クリスマス	1586
9	料理	541	20	宗教	1093	31	世界文化遺産	1594
10	基本法	590	21	学校制度	1196			
11	家	619	22	シーボルト	1236			

写真提供:
世界文化フォト　ドイツ連邦共和国大使館　(株)フィクス
安藤秀國　石井寿子　石川泰章　鹿児嶋繁雄　小林陽子　成田克史　光吉明子

主な参考文献

Agricola, E.: Wörter und Wendungen. Wörterbuch zum deutschen Sprachgebrauch. Mannheim 1992.

Bertelsmann. Die neue deutsche Rechtschreibung. Gütersloh 1999.

Beyer, H.u.A.: Sprichwörterlexikon. München 1985.

Brockhaus Enzyklopädie. 20 Bde. Wiesbaden 1966–74; Ergänzungen: Bd. 22 1975, Bd. 23 1976, Bd. 25 1981; Bd. 24 Bildwörterbuch der deutschen Sprache 1976; Bd. 21 Karten 1975.

Brockhaus-Wahrig. Deutsches Wörterbuch. 6 Bde. Wiesbaden / Stuttgart 1980–84.

Brough, S.: Langenscheidts Großes Schulwörterbuch Deutsch-Englisch. Berlin / München / Wien / Zürich / New York 1992.

Chinery, M.: Das große Kosmos Handbuch der Natur. Stuttgart 1986.

Das neue deutsche Wörterbuch für Schule und Beruf. München 1997.

Der [Große] Duden. 12 Bde. Mannheim 1985–99.

Der Fischer Weltalmanach 1993. Frankfurt am Main 1992.

Der kleine Wahrig. Gütersloh 1997.

Der Kunst-Brockhaus. 2 Bde. Wiesbaden 1983.

Der Musik-Brockhaus. Wiesbaden / Mainz 1982.

Dornseiff, F.: Der deutsche Wortschatz nach Sachgruppen. Berlin 1959.

Duden. Das große Wörterbuch der deutschen Sprache. 8 Bde. Mannheim / Leipzig / Wien / Zürich 1993–95.

Duden. Deutsches Universalwörterbuch. Mannheim / Leipzig / Wien / Zürich 1996.

Duden. Einfach richtig schreiben! Mannheim / Wien / Zürich 1987.

Duden. Lexikon der Vornamen. Mannheim / Leipzig / Wien / Zürich 1998.

Duden. Wie sagt man in Österreich? Mannheim / Wien / Zürich 1969.

Duden. Wie schreibt man jetzt? Mannheim / Leipzig / Wien / Zürich 1996.

Duden Oxford. Großwörterbuch Englisch. Mannheim / Wien / Zürich 1990.

Engel, U. / Schumacher, H.: Kleines Valenzlexikon deutscher Verben. Tübingen 1976–78.

Friedrich, W.: Moderne deutsche Idiomatik. München 1976.

Görner, H. / Kempcke, G.: Synonymwörterbuch. Leipzig 1987.

Geflügelte Worte. Leipzig 1984.

Griesbach, H.: Das deutsche Verb. München 1980.

Grimm, J. u. W.: Deutsches Wörterbuch. 16 (= recte 32) Bde. Leipzig 1854–1960 (Nachdruck Tokyo 1971).

Großes Fremdwörterbuch. Bearb. v. der Dudenredaktion des VEB Bibliographisches Institut. Leipzig 1977.

Großes Wörterbuch der deutschen Aussprache. Hg. von dem Kollektiv E. Krech u. a. Leipzig 1982.

Groys, E.: dtv-Küchen-Lexikon. München 1988.

Handwörterbuch der deutschen Gegenwartssprache. 2 Bde. Hg. v. einem Autorenkollektiv G. Kempcke u. a. Berlin 1984.

Heinemann, M.: Kleines Wörterbuch der Jugendsprache. Leipzig 1990.

Helbig, G.: Deutsche Grammatik. Leipzig 1984.

Helbig, G. / Schenkel, W.: Wörterbuch zur Valenz und Distribution deutscher Verben. Leipzig 1982.

Hübner, F.: Das neue Wörterbuch der deutschen Gegenwartssprache. Niederhausen / Ts. 1984.

István, K.: Grundwortschatz der deutschen Sprache. Budapest / Berlin 1980.

Killy, W.: Literatur Lexikon 15 Bde. Gütersloh 1988–93.

Klappenbach. R. / Steinitz, W.: Wörterbuch der deutschen Gegenwartssprache. 6 Bde. Berlin 1968–77.

Kluge, Fr. / Mitzka, W.: Etymologisches Wörterbuch der deutschen Sprache. Berlin 1967.

Knaurs Grosses Wörterbuch der deutschen Sprache. München 1985.

Koblischke, H.: Großes Abkürzungsbuch. Leipzig 1978.

König, W.: dtv-Altas zur deutschen Sprache. München 1979.

Kriegelstein, A.: Wörterbuch für den Deutschunterricht in der Grundschule. München 1984.

Küpper, H.: Illustriertes Lexikon der deutschen Umgangssprache. 8 Bde. Stuttgart 1982–84.

Küpper, H.: Wörterbuch der deutschen Umgangssprache. Stuttgart 1987.

Langenscheidt. Basic German Vocabulary. Berlin / München / Wien / Zürich / New York 1991.

Langenscheidts Großwörterbuch. Deutsch als Fremdsprache. Berlin / München / Wien / Zürich / New York 1998.

Lexer, M.: Mittelhochdeutsches Taschenwörterbuch. Leipzig 1980.

Loskant, S.; Das neue Trendwörter Lexikon. Gütersloh 1998.

Lurker, M.: Lexikon der Götter und Dämonen. Stuttgart 1984.

Mater, E.: Rückläufiges Wörterbuch der deutschen Gegenwartssprache. Leipzig 1967.

Meil, K. / Arndt, M.: ABC der starken Verben. München 1962.

Meil, K. / Arndt, M.: ABC der schwachen Verben. München 1968.

Messinger, H.: Langenscheidts Großwörterbuch der englischen und deutschen Sprache. „Der

Kleine Muret-Sanders." Deutsch-Englisch. Berlin / München / Wien / Zürich 1988.
Meyers Großes Taschenlexikon. 24 Bde. Mannheim 1990.
Müller, W.: Duden. Wie sagt man noch? (= Duden-Taschenbücher Bd. 2) Mannheim / Wien / Zürich 1968.
Müller, W.: Schülerduden. Die richtige Wortwahl. Mannheim 1990.
Müller, W. / Vogel, G.: dtv-Atlas zur Baukunst. 2 Bde. München 1985.
Muthmann, G.: Rückläufiges deutsches Wörterbuch. Tübingen 1988.
Österreichisches Wörterbuch. Wien 1988.
Oxford-Duden. Bildwörterbuch. Deutsch und Englisch. Mannheim / Wien / Zürich 1979.
Paul, H. / Betz, W.: Deutsches Wörterbuch. Tübingen 1966.
Plickat, H. -H.: Deutscher Grundwortschatz. Weinheim / Basel 1980.
Röhrich, L.: Lexikon der sprichwörtlichen Redensarten. 2 Bde. Freiburg / Basel / Wien 1976.
Sawers, R.: Harrap's Concise German and English Dictionary. London 1982.
Schumacher, H.: Verben in Feldern. Valenzwörterbuch zur Syntax und Semantik deutscher Verben. Berlin / New York 1986.
Siebs, Th.: Deutsche Aussprache. Berlin 1969.
Sommerfeldt, K. -E. / Schreiber, H.: Wörterbuch zur Valenz und Distribution deutscher Adjektive. Leipzig 1977.
Springer, O.: Langenscheidts enzyklopädisches Wörterbuch der englischen und deutschen Sprache. Begr. von E. Muret u. D. Sanders. Teil II: Deutsch-Englisch. 2 Bde. Berlin / München / Wien / Zürich 1974–75.
Tatsachen über Deutschland. Presse- und Informationsamt der Bundesregierung. 1998.
Ullstein. Fremdwörterlexikon. Frankfurt a. M. / Berlin 1971.
Ullstein. Lexikon der deutschen Sprache. Hg. u. bearb. von R. Köster u. a. Frankfurt a. M. / Berlin 1969.
Wahrig. Deutsches Wörterbuch. Gütersloh 1997.
Wahrig. dtv-Wörterbuch der deutschen Sprache. München 1984.
Werlin, J.: Wörterbuch der Abkürzungen. (= Duden-Taschenbücher Bd. 11). Mannheim / Wien / Zürich 1987.
Wilpert, G. v.: Sachwörterbuch der Literatur. Stuttgart 1979.
Wängler, H. -H.: Atlas deutscher Sprachlaute. Berlin 1981.
「アクセス独和辞典」三修社 1999.

「朝日百科 世界の植物」朝日新聞社 1979.
「郁文堂独和辞典」第2版 郁文堂 1996.
「郁文堂和独辞典」第3版 郁文堂 1996.
岩崎英二郎「ドイツ語副詞辞典」白水社 1998.
「岩波＝ケンブリッジ世界人名辞典」岩波書店 1997.
「岩波生物学辞典」岩波書店 1977.
「岩波西洋人名辞典(増補版)」岩波書店 1981.
大西健夫編「現代のドイツ」(全12巻) 三修社 1981–86.
大羽武「医学・歯学・薬学生のための独英和総合ドイツ語」同学社 1993.
「ギリシア・ローマ神話辞典」大修館書店 1988.
「ギリシア・ローマ神話辞典」岩波書店 1967.
「キリスト教人名辞典」日本基督教団出版部 1986.
「キリスト教大辞典」教文館 1968.
「クラウン独和辞典」第2版 三省堂 1997.
「研究社 新英和大辞典」研究社 1980.
「原色園芸植物図鑑 I–V」保育社 1978.
「現代和独辞典」三修社 1980.
「広辞苑」岩波書店 1998.
「コンサイス外来語辞典」三省堂 1987.
「昆虫学辞典」北隆館 1962.
「最新医学辞典」医歯薬出版 1987.
「事典・現代のドイツ」大修館書店 1998.
下宮忠雄他「言語学小辞典」同学社 1985.
「新コンサイス独和辞典」三省堂 1998.
「新現代独和辞典」三修社 1994.
「新潮 世界文学辞典」新潮社 1990.
「聖書 新改訳」日本聖書刊行会 1977.
「世界の鳥の和名 I–IX」山階鳥類研究所 1975–81.
「西洋美術辞典」東京堂出版 1985.
「世界宗教大事典」平凡社 1991.
「世界大百科事典」(全24巻) 平凡社 1988.
沢沢五郎「ドイツ政治経済法制辞典」郁文堂 1990.
谷口幸男他「図説・ドイツ民俗学小辞典」同学社 1985.
中條辰助「ドイツ語類語辞典」三修社 1986.
「ドイツ語不変化詞辞典」白水社 1969.
「ドイツ言語学辞典」紀伊國屋書店 1994.
「ドイツの実情」ドイツ連邦政府新聞情報庁 1998.
「ドイツハンドブック」三省堂 1984.
「独和大辞典」第2版 小学館 1998.
「独和中辞典」研究社 1996.
永井清彦「ジャーナリズムのドイツ語」第三書房 1986.
「南山堂 医学大辞典」南山堂 1986.
「日本国語大辞典」(全20巻) 小学館 1972–76.
「日本大百科全書」(全25巻) 小学館 1984–89.
根本道也「東ドイツの新語」同学社 1981.
「標準音楽事典」音楽之友社 1968.
「プログレッシブ独和辞典」小学館 1994.
「マイスター独和辞典」大修館書店 1992.
山川丈平「ドイツ語ことわざ辞典」白水社 1975.
吉田諒吉「法律基本用語辞典」同学社 1985.
「ランダムハウス英和大辞典」(全2巻) 小学館 1990.

A a

a¹, A¹ [アー á:] 中 -/- アー（ドイツ語アルファベットの第1字）. das *A* und [das] *O*《口語》最も重要なこと, 本質, 核心（←初めと終わり）；ギリシア語アルファベットの最初の文字 Alpha と最後の文字 Omega による）/ Wer *A* sagt, muss auch B sagen.《諺》乗りかかった舟だ（←*A* を言う者は B をも言わなければならない）.

a², A² [アー] 中 -/- アー《音楽》イ音. *A*-Dur イ長調 / *a*-Moll イ短調.

a³ [アール]《記号》アール（= Ar）.

A³ [アンペーァ]《記号》アンペア（= Ampere）.

à [ア a] [ア̀]前《4 格とともに》《口語》《商》1 個当たり…の（= zu）. fünf Briefmarken *à* 30 Pfennig 30 ペニヒの切手 5 枚.

ä, Ä [エー ε:] 中 -/- a, A の変音（アー・ウムラウト）.

a.¹ [アム または アン]《略》…河畔の（= am, an）. Frankfurt *a*. M.（= am Main）フランクフルト・アム・マイン.

a.², A. [アンノ]《略》西暦…年に（= anno, Anno）.

a.. [ア.. または ア̀..]《形容詞につける 接頭》《否定・反対》例: apolitisch 非政治的な / asozial 反社会的な.

AA [アー・アー]《略》外務省（= Auswärtiges Amt）.

Aa·chen [アーヘン á:xən] 中 -s/《都市名》アーヘン（ドイツ, ノルトライン・ヴェストファーレン州. 大聖堂にカール大帝の墓がある. ☞《地図》C-3）.

Aal [アーる á:l] 男 -[e]s/-e《魚》ウナギ. Er windet sich wie ein *Aal*.《比》彼はぬらりくらりとうまく逃げる（←うなぎのように身をくねらせる）.

aa·len [アーれン á:lən] 再帰 (h) *sich*⁴ *aalen*《口語》（うなぎのように）のんびりと寝そべる.

aal∠glatt [アーる・グらット] 形 ① ぬらりくらりした, 捕らえどころのない. ②《蔑》（うなぎのように）ぬるぬるした.

a. a. O. [アム アン・ゲヒューァテン（アン・ゲゲーベネン）オルト]《略》上述の箇所に, 前掲書で（= am angeführten または angegebenen) Ort）.

Aar [アール á:r] 男 -[e]s/-e《詩》鷲（わし）（= Adler）.

Aas¹ [アース á:s] 中 -es/-e 獣の死体, 腐肉.

Aas² [アース] 中 -es/Äser《口語》（いやな）やつ, 野郎.

aa·sen [アーゼン á:zən] 自 (h)《mit 物³ ～》《方》《物³ を》浪費する.

Aas∠gei·er [アース・ガイァァ] 男 -s/- ①《腐肉にたかる》はげたか. ②《比》人を食い物にする悪人, ごうつくばり.

***ab** [アップ áp] I 前《3 格とともに；②, ③ では 4 格も》①《空間的に》⑦ …から, …発.《英 from）. Der Zug fährt *ab* München. その列車はミュンヒェン発だ. ②《商》《商品を》…渡しで. *ab* Lager 倉庫渡しで.
②《時間的に》…から, …以後. *ab* heute きょうから / *Ab* erstem（または ersten）Mai hat er Urlaub. 5 月 1 日から彼は休暇をとる.（注意 過去の時点には seit を用いる. 例: seit gestern きのうから).
③《数量的に》…以上の. Kinder *ab* 6 Jahren（または Jahre）6 歳以上の子供たち.
II 副 ① 離れて, 去って；（ボタンなどが）とれて；《交通》…発.（英 off）.（注意「…着」は an）. zwei Kilometer *ab* [von hier]［ここから］2 キロメートル離れた所に / Kassel *ab* 7.30 カッセル発 7 時 30 分.
② 下へ. Mützen *ab*!（命令で：）脱帽!
③《他の副詞などとともに分離句的に》*ab* **und zu** ときどき（☞《類語》manchmal）/ *ab* **und an**《北ドイツ》ときどき / **auf und *ab*** a) 上や下へ, b) あちこちへ / **von…*ab*** …から ⇒ von heute *ab* きょうから / von hier *ab* ここから.

〖新形〗..

ab sein《口語》① 離れている；取れている. Der Knopf wird bald *ab sein*. そのボタンはすぐ取れるだろう. ② 疲れている. Er war völlig *ab*. 彼はくたくたに疲れていた.

....

ab.. [アップ.. áp.]《分離動詞の 前つづり》つねにアクセントをもつ》①《ある所から離れて》例: *ab*|fahren 出発する. ②《除去・遮断》例: *ab*|reißen 引きはがす. ③《完了》例: *ab*|laufen（期限などが）満了する. ④《下降》例: *ab*|werfen 投げ落とす. ⑤《減少》例: *ab*|rüsten 軍備を縮小する. ⑥《取り消し》例: *ab*|sagen とりやめる. ⑦《模写》例: *ab*|schreiben 書き写す.

ab·än·der·lich [アップ・エンダァリヒ] 形 変えることのできる, 変更可能な.

ab|än·dern [アップ・エンダァン áp-ɛndərn] I 他 (h)（部分的に）変える, 変更する. das Programm⁴ *abändern* プログラムを一部変更する. II 自 (h)《生》変異する.

Ab·än·de·rung [アップ・エンデルング] 女 -/-en ① 変更, 修正. ②《生》変異.

Ab·än·de·rungs∠an·trag [アップエンデルングス・アントラーク] 男 -[e]s/..träge《政》修正動議.

ab|ar·bei·ten [アップ・アルバイテン áp-àrbaɪtən] I 他 (h) ①（借金など⁴を）働いて返す. ②（課題など⁴を）済ます, 終える. II 再帰 (h) *sich*⁴ *abarbeiten* くたくたになるまで働く.
◇☞ abgearbeitet

Ab·art [アップ・アールト áp-a:rt] 女 -/-en ①

ab|ar|tig [アップ・アールティヒ áp-a:rtıç] 形 (性的に)異常な, 倒錯した; 変種の.

Abb. [アップ・ビルドゥング]《略》図, 挿絵 (= Abbildung).

Ab·bau [アップ・バオ áp-bau] 男 -[e]s/-e (または -ten) ① 《複 なし》(建物などの)解体, 撤去. der Abbau einer Maschine[2] 機械の解体. ② 《複 なし》(賃金などの)引き下げ;(人員などの)削減. ③ 《複 なし》《化・生》分解;(原子の)減成. ④ 《複 なし》《坑》採掘. ⑤ 《複 -e》《坑》採掘場. ⑥ 《複 なし》(体力などの)衰え.

ab|bau·en [アップ・バオエン áp-bàuən] I 他 (h) ① (建物など[4]を)解体する, 撤去する.《メモ 「建てる」は aufbauen). ein Zelt[4] abbauen テントをたたむ. ② (賃金など[4]を)引き下げる;(人員など[4]を)削減する. ③ (偏見など[4]を) [徐々に]取り除く. ④ 《化・生》分解する. ⑤ 《坑》(石炭などを)採掘する. II 自 (h) (体力などが)衰える, 衰弱する.

ab|bei·ßen* [アップ・バイセン áp-bàisən] 他 (h) かみ切る. ein Stück[4] Brot abbeißen パンを一口かじる.

ab|be·kom·men* [アップ・ベコンメン áp-bəkòmən] 過分 abbekommen 他 (h) ① 分けてもらう. ② (損害・打撃など[4]を)受ける, 被る. Prügel[4] abbekommen ひどくなぐられる. ③ (付着している物[4]を)苦労して取りはずす, 取り去る.

ab|be·ru·fen* [アップ・ベルーフェン áp-bərù:fən] 過分 abberufen 他 (h) (外交官など[4]を) 召還する, 解任する. Gott hat ihn abberufen.《雅・比》神は彼をみもとに召された.

Ab·be·ru·fung [アップ・ベルーフング] 女 -/-en 召還, 解任;《雅・比》神に召されること, 昇天.

ab|be·stel·len [アップ・ベシュテルレン áp-bəʃtèlən] 過分 abbestellt 他 (h) ① (物[4]の)注文(予約)をとり消す, (物[4]を)キャンセルする. ② (頼んでいた職人など[4]を)断る.

Ab·be·stel·lung [アップ・ベシュテルルング] 女 -/-en (注文・予約などの)とり消し, キャンセル.

ab|bet·teln [アップ・ベッテルン áp-bètəln] 他 (h) (人[3]から物[4]を)ねだって手に入れる.

ab|be·zah·len [アップ・ベツァーレン áp-bətsà:lən] 過分 abbezahlt 他 (h) ① (物[4]の)代金を分割払いで支払う. ② (借金など[4]を)分割払いで返済する.

ab|bie·gen [アップ・ビーゲン áp-bì:gən] (bog...ab, ist/hat...abgebogen) I 自 (定了 sein) (人・車などが)わきへ曲がる,(道などが)曲がる, 分岐する. 《英》turn off). Er bog [nach] links ab. 彼は左へ曲がった / vom Weg abbiegen 道からそれる.
II 他 (定了 haben) ① 《口語》(いやな話など[4]を)そらす, 回避する. Sie bog das Gespräch geschickt ab. 彼女は話を巧みにそらした. ② 折り曲げる.

Ab·bild [アップ・ビルト áp-bılt] 中 -[e]s/-er (忠実な)模写;《比》生き写し, 似姿, 肖像.

ab|bil·den [アップ・ビルデン áp-bìldən] 他 (h) 模写する, 写しとる; 描写する.

Ab·bil·dung [アップ・ビルドゥング] 女 -/-en ① 《複 なし》模写. ② 図版, 挿絵, イラスト(略: Abb.). ③ 《数》写像. ④ 《物》結像.

ab|bin·den* [アップ・ビンデン áp-bìndən] I 他 (h) ① (ひもなど[4]を)ほどく, はずす. die Krawatte[4] abbinden ネクタイをはずす. ② (腕・血管など[4]を)縛って止血する, 結紮(けっさつ)する.
II 自 《建》(セメントなどが)固まる.

Ab·bit·te [アップ・ビッテ áp-bìtə] 女 -/-n 《ふつう 単》謝罪. 《人[3] Abbitte[4] leisten (または tun) 人[3]に謝罪する.

ab|bit·ten* [アップ・ビッテン áp-bìtən] 他 (h) (人[3]に事[4]を)謝罪する.

ab|bla·sen* [アップ・ブラーゼン áp-blà:zən] 他 (h) ① (ほこりなど[4]を)吹き払う. ② 《工》(蒸気など[4]を)排出させる, 放出する. ③ 《狩》(狩りの)終了を笛で(らっぱで)知らせる. ④ 《口語》(催しなど[4]を)中止する, とりやめる.

ab|blät·tern [アップ・ブレッタァン áp-blètərn] 自 (s) ① (塗料などが)はげ落ちる. ② 落葉する.

ab|blen·den [アップ・ブレンデン áp-blèndən] I 他 (h) ① (灯火など[4]を)覆って暗くする. ② 《交通》(ヘッドライト[4]を)減光する. II 自 ① 《写》レンズを絞る. ② 《交通》ヘッドライトを減光する. ③ 撮影を終わる.

Ab·blend≠licht [アップブレント・リヒト] 中 -[e]s/ (ヘッドライトの)減光, ロービーム.

ab|blit·zen [アップ・ブリッツェン áp-blìtsən] 自 (s)《口語》拒絶される, 目的を達しない. Er ist bei ihr abgeblitzt.《現在完了》彼は彼女にひじ鉄をくらった. ◊《lassen とともに》人[4] abblitzen lassen 人[4]の要求(求愛)をはねつける.

ab|blo·cken [アップ・ブロッケン áp-blòkən] 他 (h) 《スポ》(攻撃など[4]を)ブロックする, 防ぐ.

ab|bre·chen [アップ・ブレッヒェン áp-brèçən] du brichst...ab, er bricht...ab (brach ...ab, hat/ist...abgebrochen) I 他 (定了 haben) ① 折り取る, 折る, (花などを)摘み取る. (英 break off). einen Ast abbrechen 枝を折り取る / Brich dir nur keinen ab!《口語》そんなに気取るな. ② (家屋・橋などを)取り壊す, 撤去する. alte Häuser[4] abbrechen 老朽化した家を取り壊す / alle Brücken[4] hinter sich[3] abbrechen《比》背水の陣を敷く(＝自分の後ろの橋をすべて壊す). ③ 途中でやめる, 打ち切る;(関係など[4]を)断つ. das Gespräch abbrechen 会話を中断する / den Umgang mit 人[3] abbrechen 人[3]と絶交する.
II 自 (定了 sein または haben) ① (s) 折れる, 取れる. Die Spitze des Messers brach ab. ナイフの先が折れた. ② (h) (話などを途中で)突然やめる, 中断する. Sie brach mitten im Satz ab. 彼女は話の途中で急に黙り込んだ. ③ (s) (会話などが)とぎれる.
◊☞ abgebrochen

ab|brem·sen [アップ・ブレムゼン áp-brèmzən] 他 (h)（自動車など⁴に）ブレーキをかける. ◇《目的語なしでも》scharf *abbremsen* 急ブレーキをかける.

ab|bren·nen* [アップ・ブレンネン áp-brènən] I 他 (h) ① （家・雑草など⁴を）焼き払う. ② 発火させる,（花火⁴を）打ち上げる. ③ 《ﾄﾞｲﾂ》《口語》日焼けさせる. II 自 (s) ① 焼け落ちる, 焼失する,（口語）焼け出される. Das Haus *brannte* völlig *ab*. 家は全焼した. ② （ろうそくなどが）燃え尽きる.

◇☞ abgebrannt

ab|brin·gen* [アップ・ブリンゲン áp-brìŋən] 他 (h) ① 《人⁴ von 事³ ～》《人⁴に事³を》思いとどまらせる. 人⁴ von einem Plan *abbringen* 人⁴に計画をやめさせる / Er *lässt* sich⁴ von seiner Meinung nicht *abbringen*. 彼は自説を曲げない. ② 《口語》（汚れなど⁴を）取り除く.

ab|brö·ckeln [アップ・ブレッケるン áp-brœkəln] 自 (s)（しっくい・塗料などが）ぼろぼろはげ落ちる.

Ab·bruch [アップ・ブルフ áp-brux] 男 -[e]s/..brüche ① 《複 なし》（建物などの）取り壊し, 撤去. ein Haus⁴ *auf Abbruch* verkaufen 家をスクラップの値段で売る. ② 《ふつう 単》（突然の）中止, 中断, 打ち切り. der *Abbruch* der diplomatischen Beziehungen² 国交断絶. ③ 《複 なし》損害. 事³ keinen *Abbruch* tun 事³にダメージを与えない.

ab·bruch²reif [アップブルフ・ライふ] 形 取り壊しの時期に達した（建物など）.

ab|brü·hen [アップ・ブリューエン áp-bryːən] 他 (h)（肉・野菜など⁴に）熱湯を注ぐ.

ab|bu·chen [アップ・ブーヘン áp-bùːxən] 他 (h)《商》（口座から）引き落とす.

ab|bürs·ten [アップ・ビュルステン áp-bỳrstən] 他 (h)（ほこりなど⁴を）ブラシで払う;（衣服など⁴に）ブラシをかける.

ab|bü·ßen [アップ・ビューセン áp-bỳːsən] 他 (h) ① 《ｷﾘｽﾄ教》（罪⁴を）償う. ② 《法》（刑期⁴を）勤めあげる.

Abc [アー・ベー・ツェー aː-beː-tséː または ア・ベ・ツェー] 中 -/ 《ふつう 単》① アルファベット. Namen⁴ nach dem *Abc* ordnen 名前をアルファベット順に並べる. ② 《比》初歩, 入門.

ab|che·cken [アップ・チェッケン áp-tʃɛkən] 他 (h) ① 点検する. ② （人の名前など⁴に）チェック済みの鉤印（ｶｷﾞじるし）（✓）を付ける.

Abc-Schüt·ze [アベツェー・シュッツェ] 男 -n/-n (Abc を習い始めた）小学校1年生; 初学者.

ABC-Waf·fen [アベツェー・ヴァッフェン] 複 《軍》エービーシー兵器（核・生物・化学兵器の総称）（=**a**tomare, **b**iologische und **c**hemische **Waffen**）.

ab|däm·men [アップ・デンメン áp-dèmən] 他 (h)（川など⁴を）せき止める;（土地⁴を）堤防で守る.

ab|damp·fen [アップ・ダンプふェン áp-dàmpfən] I 自 (s) ① 湯気を出す（出しきる）;（化）蒸発する. ② 《口語》（船・汽車などが）出発する;（人が）立ち去る. II 他 (h)《化》蒸発させる.

ab|dämp·fen [アップ・デンプふェン áp-dɛmpfən] 他 (h)（音・色など⁴を）和らげる.

ab|dan·ken [アップ・ダンケン áp-dàŋkən] 自 (h) 退職する, 辞任する,（王が）退位する.

ab|de·cken [アップ・デッケン áp-dɛkən] 他 (h) ① 《覆いなど⁴を》取る; 《物⁴の》覆いを取る. die Bettdecke⁴ *abdecken* ベッドカバーを取る / den Tisch *abdecken* 食卓を片づける. ② （物⁴に）覆いをする. ③ 《商》（借金など⁴を）返済する. ④ 《ｽﾎﾟｰﾂ》（相手の選手など⁴を）マークする.

Ab·de·cker [アップ・デッカァ áp-dɛkɐr] 男 -s/- 皮はぎ職人.

Ab·de·cke·rei [アップ・デッケライ ap-dɛkəráɪ] 女 -/-en ① 皮はぎ場. ② 《複 なし》皮はぎ業.

ab|dich·ten [アップ・ディヒテン áp-diçtən] 他 (h)（窓など⁴の）すき間をふさぐ.

Ab·dich·tung [アップ・ディヒトゥング] 女 -/-en ① 《複 なし》目張り, 密閉（すること）. ② 詰め物, パッキング.

ab|drän·gen [アップ・ドレンゲン áp-drèŋən] 他 (h)（人⁴を）押しのける.

・ab|dre·hen [アップ・ドレーエン áp-drèːən] (drehte...ab, *hat/ist*...abgedreht) I 他 《完了》haben）① （ガス・水道などを栓を）ひねって止める;（電灯など⁴をスイッチを）ひねって消す. 《注》「ひねって出す」は an|drehen. *Dreh* das Wasser *ab*! 水を止めてくれ / das Licht⁴ *abdrehen* 電灯のスイッチを消す. ② ねじ切る. einen Knopf *abdrehen* ボタンをねじって引きちぎる / einem Huhn den Hals *abdrehen* 鶏の首をひねって殺す. ③ 《映》（映画など⁴を）撮影し終える.

II 自 《完了》 sein または haben）（船・飛行機などが）針路を変える.

ab|dros·seln [アップ・ドロッセるン áp-drɔsəln] 他 (h) 《工》（ガス・蒸気など⁴の）流れを絞る, 抑える;（エンジンなど⁴の）回転数を落とす.

Ab·druck¹ [アップ・ドルック áp-drʊk] 男 -[e]s/-e ① 《複 なし》（原稿などを）印刷すること,（新聞などへの）掲載;（印刷による）複製. ② 印刷された物, 複製物.

Ab·druck² [アップ・ドルック áp-drʊk] 男 -[e]s/..drücke （押してきた）跡, 押印, 刻印; 圧痕（あっこん）. *Abdrücke* von Füßen im Sand 砂についた足跡.

ab|dru·cken [アップ・ドルッケン áp-drʊkən] 他 (h) （記事など⁴を新聞などに）掲載する. einen Leserbrief in der Zeitung *abdrucken* 読者からの手紙を新聞に掲載する.

ab|drü·cken [アップ・ドリュッケン áp-drỳkən] I 他 (h) ① （物⁴（銃など）の）引き金を引く. [das Gewehr⁴] *auf* 人⁴ *abdrücken* 人⁴に（銃を）発砲する. ② 《口語》（人⁴を）抱き締めてキスをする. ③ （人³の物⁴を）押さえて止める. Die Angst *drückte* ihr fast das Herz *ab*. 《比》不安で彼女は胸がつぶれそうだった. ④ （物⁴の）型を取る. ⑤ 押して離す. das Boot⁴ vom Ufer *abdrücken* ボートを岸から離す. II 再帰 (h) *sich*⁴ *abdrücken*（靴などの）跡が残る.

abds. [アーベンツ]《略》晩に (=abends).

ab|dun·keln [アップ・ドゥンケルン　áp-dùŋkəln]他 (h)（電灯などを）覆いをかけて暗くする.

ab|eb·ben [アップ・エッベン　áp-èbən]自 (s)（潮が）引く;《比》(興奮などが)静まる, 治まる.

A·bel [アーベる　á:bəl] -s/ ① 《男名》アーベル. ②《聖》《人名》アベル（アダムの第2子。兄カインに殺された；創世記4章）.

..a·bel [..アーベる　..á:bəl]《形容詞をつくる》接尾《可能》例: akzept*abel* 受け入れられる / vari*abel* 変えられる.

abend 副 例: heute *abend* (新形 heute *Abend*) 今晩 / Montag *abend* (新形 Montag*abend*) 月曜日の晩 (注 特定の曜日と結び付く場合は1語で書く) ☞Abend ①

｡der A·bend [アーベント　á:bənt]

|晩| Guten *Abend*!　こんばんは.
グーテン　アーベント

男 (単2) -s/(複) -e (3格のみ -en) ① **晩**, 夕方, 夜. (英 *evening*). 日暮れ時から就寝時までを指す. それ以後は Nacht.「朝」は Morgen,「昼間」は Tag.　Montag*abend* 月曜日の晩に / ein stiller *Abend* 静かな夜 / der Heilige *Abend* クリスマスイヴ / Es wird *Abend*. 日が暮れる / gestern *Abend* 昨晩 / heute *Abend* 今晩 / morgen *Abend* 明晩 / **eines *Abends*** ある晩 / jeden *Abend* 毎晩.
◊《前置詞とともに》**am *Abend*** 夕方に, 夜に / am *Abend* des Lebens《比》晩年に / *Abend* **für** *Abend* 毎晩毎晩 / **gegen** *Abend* 夕方ごろ / vom Morgen bis **zum** *Abend* 朝から晩まで / zu *Abend* essen 夕食を食べる / Man soll den Tag nicht **vor** dem *Abend* loben. (ことわざ)結果を見てから祝え(←晩になる前にその日のことをほめてはならない).
② 夕べの催し, 夜会, (…の)夕べ. ein musikalischer *Abend* 音楽の夕べ. ③《複なし》《古》西 (=Westen).

A·bend∉an·zug [アーベント・アンツーク] 男 -[e]s/..züge (男性の)夜会服, タキシード.

A·bend∉blatt [アーベント・ブらット] 中 -[e]s/..blätter 夕刊紙.

A·bend∉brot [アーベント・ブロート] 中 -[e]s/（パンにハムなどを添えた簡単な)夕食.

A·bend∉däm·me·rung [アーベント・デンメルング] 女 -/-en たそがれ, 夕暮れ.

｡das A·bend∉es·sen [アーベント・エッセン　á:bənt-esən] 中 (単2) -s/(複) - **夕食**. (英 *supper, dinner*). Das *Abendessen* ist fertig. 夕食の用意ができました / Darf ich Sie **zum** *Abendessen* einladen? あなたを夕食にご招待したいのですが. (注 「朝食」は Frühstück,「昼食」は Mittagessen).

A·bend∉ge·sell·schaft [アーベント・ゲゼるシャふト] 女 -/-en 夜会, 夜のパーティー.

A·bend∉gym·na·si·um [アーベント・ギュムナーズィウム] 中 -s/..sien [..ズィエン] 夜間ギムナジウム(社会人のために大学入学資格を与える).

A·bend∉kas·se [アーベント・カッセ] 女 -/-n 《劇・映》(夕方開く)当日券売り場.

A·bend∉kleid [アーベント・クらイト] 中 -[e]s/-er イブニングドレス.

A·bend∉land [アーベント・らント] 中 -[e]s/ 西洋, 西欧, ヨーロッパ.（注 「東洋」は Morgenland）.

a·bend∉län·disch [アーベント・れンディッシュ] 形 西洋の, 西欧の, ヨーロッパの.

a·bend·lich [アーベントりヒ] 形《付加語としてのみ》晩の, 夕方の; 夕方らしい. die abendliche Kühle 夕方のひんやりした空気.

A·bend∉mahl [アーベント・マーる] 中 -[e]s/ ①《新教》聖餐(せいさん)[式];《カトリック》聖体拝領. ②（キリストの)最後の晩さん.

A·bend∉rot [アーベント・ロート] 中 -[e]s/ 夕焼け, 夕映え.（注「朝焼け」は Morgenrot）.

｡a·bends [アーベンツ　á:bənts] 副 晩に, 夕方に; 毎晩, 毎夕 (略: abds.). (英 *in the evening*).（注 「朝に」は morgens). Freitag *abends* (新形 freitag*abends*) [毎]金曜日の晩に / spät *abends* 晩遅く / von morgens **bis** *abends* 朝から晩まで / *abends* um 8 Uhr または um 8 Uhr *abends* 晩の8時に.

A·bend∉schu·le [アーベント・シューれ] 女 -/-n 夜間学校.

A·bend∉son·ne [アーベント・ゾンネ] 女 -/ 夕日.

A·bend∉stern [アーベント・シュテルン] 男 -[e]s/ 宵の明星. (注 「明けの明星」は Morgenstern).

｡das A·ben·teu·er [アーベントイアァ　á:bəntɔɣər] 中 (単2) -s/(複) - (3格のみ -n) ① **冒険**, 異常な出来事(体験).（英 *adventure*). ein *Abenteuer* erleben 冒険を体験する / Das *Abenteuer* lockt. 冒険が心をそそる / **auf** *Abenteuer* aus|gehen 冒険に出かける. ② 冒険的な話.（恋)のアバンチュール.

a·ben·teu·er·lich [アーベントイアァりヒ] 形 ① 冒険的な; 向こう見ずな, 危険な; 冒険を描いた(物語など). ② 異常な, 奇妙な.

A·ben·teu·er∉spiel·platz [アーベントイアァ・シュピーるプらッツ] 男 -es/..plätze 冒険児童公園（材木などを自分で組み立てたりして遊べるようにしてある）.

A·ben·teu·rer [アーベントイラァ　á:bəntɔɣrər] 男 -s/- (無謀な)冒険家; いかさま師.

｡a·ber [アーバァ　á:bər]

|しかし|

Er ist klein, *aber* sehr stark.
エァ　イスト　クらイン　アーバァ　ゼーァ　シュタルク
彼は小さいが, しかしとても強い.

I 接《並列接続詞》①《相反・対比》**しかし**, けれども, だが. (英 *but*). Ihn kenne ich nicht, *aber* seinen Bruder. 私は彼は知らないが, 彼の兄(弟)なら知っている / Er ging einkaufen, sie *aber* blieb zu Hause. 彼は買い物に出かけたが, 彼女は家に残った.（注 aber は文頭が

abfallen

でなく, 文中に置かれることもある).

◇[*zwar* (または *wohl*) **~, *aber*** … の形で] 〖なるほど〗~ ではあるが, しかし… Er ist zwar alt, *aber* noch rüstig. 彼は年とってはいるが, まだかくしゃくしている.
② 〘物語などで「しかし」の意味が薄れて〙そして, ところで, さて. Als es *aber* dunkel wurde, machten sie Rast. さて暗くなると彼らは休憩しました.
③ 〘間投詞的に〙(驚き・強調・非難などを表して:)ほんとに, まったく; いやはや. Das ist *aber* schön! それはほんとにすばらしい / *Aber* ja! そうですとも / *Aber* gern! よろこんで[そうします] / *Aber* natürlich! もちろんですとも / *Aber* nein! 違いますよ, とんでもない / *Aber* Peter! まあペーターったら[なんてこと言うの].

II 圖 《古》再び, さらに. *aber* und *aber*mals 再三再四.

A·ber [アーバァ] 回 -s/- (口語: -s) ① 異議, 異論. ohne Wenn und *Aber* あれこれ文句を言わずに. ② 難点.

A·ber·glau·be [アーバァ·グらオベ] 男 -ns (3格·4格 -n)/ 迷信.

a·ber·glau·bisch [アーバァ·グろイビッシュ] 厖 迷信深い; 迷信的な(考えなど).

a·ber≠hun·dert [アーバァ·フンダァト] 数 〖無語尾で〗何百もの. hundert und *aberhundert* Menschen 何百もの人々.

ab|er·ken·nen* [アップ·エァケンネン áp-ɛrkɛ̀nən] 週分 aberkannt) 他 (h) 〖法〗〖人〗3から権利など4を判決によって剥奪(だ)する.

a·ber·ma·lig [アーバァ·マーリヒ] 厖 〖付加語としてのみ〗再度の.

a·ber≠mals [アーバァ·マールス] 圖 もう一度, 再び, またしても.

ab|ern·ten [アップ·エルンテン áp-ɛ̀rntən] 他 (h) ① (作物4を)収穫する. ② (畑など4の)刈り入れをする.

a·ber≠tau·send [アーバァ·タオゼント] 数 〖無語尾で〗何千もの. tausend und *abertausend* Menschen 何千もの人々.

A·ber·witz [アーバァ·ヴィッツ] 男 -es/ 《雅》ナンセンス, ばかげたこと.

a·ber·wit·zig [アーバァ·ヴィッツィヒ] 厖 ばかげた.

Abf. [アップ·ファールト] 《略》発車, 出航 (= Abfahrt).

＊ab|fah·ren* [アップ·ファーレン áp-fà:rən]

（乗り物で)出発する
Ich *fahre* morgen *ab*.
イヒ ファーレ モルゲン アップ
私はあす出発します.

du fährst…ab, er fährt…ab (fuhr…ab, ist/hat …abgefahren) **I** 圓 (受丁) sein) ① (乗り物で)**出発する**, (乗り物が)発車する, 出航する. 《英》depart). 《英》「到着する」は an|kommen). Wir *fahren* gleich mit dem Zug *ab*. 私たちはすぐに列車で発ちます / Der Bus *fährt* in fünf Minuten *ab*. バスはあと5分で発車します. (☞ 類語 aus|gehen).
② 《俗》立ち去る. *Fahr ab*! とっととうせろ.
③ (スキーで)滑降する. ④〖**auf** 〖人·物〗4〗 《俗》(〖人·物〗4に)夢中になる, ほれ込む. auf einen Filmstar *abfahren* 映画スターに夢中になる. ⑤ 《俗》拒否[拒絶]される, はねつけられる.
◇[*lassen* とともに] Sie ließ ihn *abfahren*. 彼女は彼にひじ鉄をくわせた.

II 他 (受丁) haben または sein) ① (h) (車などで)運び去る. Müll4 *abfahren* ごみを運び去る. ② (h, s) (地域4を)視察する, 巡回する. die Grenze4 *abfahren* 国境をパトロールする. ③ (h) (手足など4を)乗り物でひいて切断する. Der Zug fuhr ihm ein Bein *ab*. 彼は列車に片足を切断された. ④ (h) (タイヤなど4を)すり減らす, 破損する. ◇〖再帰的に〗*sich*4 *abfahren* (タイヤなどが)すり減る. ⑤ (h) 《口語》(回数券など4を)使い果たす. ⑥ (h)《映·放送》(テープなど4を)スタートさせる.

＊*die* Ab·fahrt [アップ·ファールト áp-fa:rt] 囡 (単)-/(複)-en ① (乗り物での)**出発**, 発車, 出航 (略: Abf.). (愛 departure). (愛 「列車などの到着」は Ankunft). eine pünktliche *Abfahrt* 定刻どおりの発車 / Vorsicht **bei der** *Abfahrt* **des Zuges!** (駅のアナウンスで:)列車が発車します, ご注意ください / das Zeichen4 **zur** *Abfahrt* **geben** 発車の合図をする.
② (スキーの)滑降; 滑降路. ③ (高速道路の)出口, ランプ.

Ab·fahrts·lauf [アップファールツ·らオふ] 男 -[e]s/..läufe (スキーの)滑降[競技].

＊*der* Ab·fall [アップ·ふァる áp-fal] 男 (単2) -[e]s/(複)..fälle [..ふェれ] (3格のみ ..fällen) ① ごみ, くず, 廃[棄]物. 《英》waste). Industrie*abfall* 産業廃棄物 / radioaktive *Abfälle* 放射性廃棄物 / Der *Abfall* häuft sich. ごみがたまる. ② 〖複 なし〗《宗·政》離反, 背反. der *Abfall* **vom** Glauben 背教. ③ 〖複 なし〗(土地などの)傾斜. ④ 〖複 なし〗(圧力·能力などの)低下, 減少. Leistungs*abfall* 能率低下.

Ab·fall≠be·sei·ti·gung [アップふァる·ベザィティグング] 囡 -/ 廃棄物(ごみ)処理.

Ab·fäl·le [アップ·ふェれ]＊Abfall (ごみ)の 複

Ab·fall≠ei·mer [アップふァる·アィマァ] 男 -s/- ごみバケツ.

ab|fal·len* [アップ·ふァれン áp-fàlən] 圓 (s)
① (離れて)落ちる, はげ落ちる; 《比》(心配などが)消えうせる. Die Blätter *fallen* **vom** Baum *ab*. 木の葉が落ちる. ② (ごみなどが)出る, 生じる; 《比》(もうけなどが)ある, 出る. Auch für dich *fällt* etwas *ab*. 君にもいくらかもうけがあるよ. ③ 〖**von** 〖人·事〗3 ~〗《宗·政》(〖人·事〗3から)離反する, 背く. **vom** Glauben *abfallen* 信仰を捨てる. ④ (土地などが)傾斜している. ⑤ 〖**gegen** 〖人·物〗4 ~〗(〖人·物〗4と比べて)見劣りする. ⑥ (圧力·性能などが)低下する.

ab·fäl·lig [アップ・フェеリヒ áp-fɛlɪç] 形 否定的な, 批判的な(意見・判断など). *abfällig* über 人・物⁴ urteilen 人・物⁴をけなす.

Ab·fall=pro·dukt [アップふァる・プロドゥクト] 中 -[e]s/-e ① リサイクル(再生)製品. ② (生産過程で生じる)廃棄物.

Ab·fall=ver·wer·tung [アップふァる・フェアヴェーアトゥング] 女 -/ リサイクル, 廃棄物利用.

ab|fan·gen* [アップ・ふァンゲン áp-faŋən] 他 (h) ①(他人あての手紙など⁴を)横取りする; (人⁴を待ち受けて)捕まえる. ②(軍・スポーツ)(攻撃など⁴を)食い止める. ③(スリップする車など⁴を)正常に戻す. ④《建・工》(建築物⁴を支柱などで)支える.

ab|fär·ben [アップ・フェルベン áp-fɛrbən] 自 (h) ①色が落ちる(さめる). ②〖auf 物⁴ ～〗(物⁴に)色が移る. ③〖auf 人⁴ ～〗(比)(人⁴に)影響を与える.

ab|fas·sen [アップ・ふァッセン áp-fàsən] 他 (h) ①(文書・手紙など⁴を)作成する, 起草する. ②(口語)(泥棒などを)捕まえる.

Ab·fas·sung [アップ・ふァッスング] 女 -/-en (文書などの)作成, 起草.

ab|fei·len [アップ・ふァイレン áp-fàɪlən] 他 (h) (やすりで削り取る(磨く).

***ab|fer·ti·gen** [アップ・フェルティゲン áp-fɛrtɪɡən] (fertigte...ab, hat...abgefertigt) 他 (完了)(haben) ①(郵便物⁴の)発送手続きを終える, (乗り物⁴の)出発準備を済ます. Die Beamten *müssen* noch die Pakete *abfertigen*. 局員たちはこれから小包の発送準備をしなければならない / einen Zug *abfertigen* 列車の出発準備を整える. ②(人⁴に)応対する, (乗客⁴を)さばく. die Fluggäste⁴ *abfertigen* 乗客の搭乗手続きをする. ③(口語)冷たくあしらう. 人⁴ kurz *abfertigen* 人⁴をあっさりはねつける / 人⁴ mit Geld *abfertigen* 人⁴の要求をお金で片づける. ◇〖lassen とともに〗So *lasse* ich mich nicht *abfertigen*! そんなことで引き下がるものか.

Ab·fer·ti·gung [アップ・フェルティグング] 女 -/-en ①(郵・鉄道) 発送手続き(出発準備)を終えること. ②(窓口などでの)対応. ③(口語)(客への)そっけない応対.

ab|feu·ern [アップ・ふォイアァン áp-fɔ̀ʏərn] 他 (h) (銃など⁴を)発射する, 発砲する.

ab|fin·den* [アップ・ふィンデン áp-fɪndən] I 他 (h) (人⁴の要求を満足させる; (人⁴と)話をつける. 人⁴ mit Geld *abfinden* 人⁴とお金で話をつける. II 再帰 〖*sich*⁴ mit 人・物³ ～〗(人³と)折り合う. (事³に)甘んじる. Ich *kann* mich damit nicht *abfinden*. 私はそれには我慢できない.

Ab·fin·dung [アップ・ふィンドゥング] 女 -/-en 示談; 示談金.

ab|flau·en [アップ・ふらオエン áp-flàʊən] 自 (s) (風などが)静まる; (比)(情熱などが)衰える; (熱・最気が)下がる.

ab|flie·gen* [アップ・ふりーゲン áp-flìːɡən] I 自 (s) 飛び立つ; (飛行機が)離陸する, (飛行機で)出発する. II 他 (h) ①(負傷者など⁴を)空輸する. ②(ある地域⁴を)偵察飛行する.

ab|flie·ßen* [アップ・ふりーセン áp-fliːsən] 自 (s) ①流れ去る. ②(浴槽などの)水がひく.

Ab·flug [アップ・ふるーク áp-fluːk] 男 -[e]s/..flüge ①(飛行機での)出発, 離陸. 「列車などの出発」は Abfahrt. ②(腹 なし)(鳥などが)飛び立つこと.

Ab·fluss [アップ・ふるス áp-flʊs] 男 -es/..flüsse ①(腹 なし)(水などの)流出, 排出. ②排水口, 排水管.

Ab·fluß ☞ (新形) Abfluss

Ab·fluss=rohr [アップふるス・ローァ] 中 -[e]s/-e 排水管.

Ab·fluß=rohr ☞ (新形) Abflussrohr

Ab·fol·ge [アップ・ふォるゲ áp-fɔlɡə] 男 -/-n 連続, 順番. in chronologischer *Abfolge* 年代順に.

ab|for·dern [アップ・フォルダァン áp-fɔrdərn] 他 (人³に)要求する, 請求する.

ab|fra·gen [アップ・ふラーゲン áp-frà:ɡən] 他 (h) ①(人⁴(または人³)に事⁴を)試問する, 質問して答えさせる. Der Lehrer *fragt* ihn (または ihm) das Einmaleins *ab*. 先生が彼に九九を言わせる. ②(コンピュ)(データ⁴を)問い合わせる.

ab|fres·sen* [アップ・ふレッセン áp-frɛ̀sən] 他 (h) ①(動物などが)食いちぎる. ②(動物などが)食い尽くす.

ab|frie·ren* [アップ・ふリーレン áp-fri:rən] I 自 (s) 凍傷にかかる; (植物が)霜で枯れる. II 他 (h) 凍傷で失う. *sich*³ die Füße⁴ *abfrieren* 凍傷で足をなくす / *sich*³ einen *abfrieren*(口語)ひどく凍える.

Ab·fuhr [アップ・ふーァ áp-fu:r] 女 -/-en ①(腹 なし)(車で)運び去ること, 搬出. ②(比)(すげない)拒絶. 人³ eine *Abfuhr*⁴ erteilen 人³をはねつける / *sich*³ eine *Abfuhr*⁴ holen すげなく拒絶される. ③(スポーツ)完敗.

ab|füh·ren [アップ・フューレン áp-fỳ:rən] 他 (h) ①連行する, 拘引する. ②(税金などを)支払う. ③(ガス・蒸気などを)排出させる. ④〖人⁴ von 物³ ～〗(人⁴を物³から)そらせる. II 自 (h) (薬などが)通じをよくする; 便秘する. ◇〖現在分詞の形で〗*abführende* Mittel 下剤. ②〖von 物³ ～〗(道などが物³から)わきへそれる, 分岐する.

Ab·führ=mit·tel [アップふューァ・ミッテる] 中 -s/- 下剤, 便通薬.

ab|fül·len [アップ・ふルレン áp-fỳlən] 他 (h) (液体・物⁴を)詰める, (びんなど⁴に)詰める. Wein⁴ in Flaschen *abfüllen* ワインをびんに詰める / die Flaschen⁴ mit Wein *abfüllen* びんにワインを詰める.

ab|füt·tern [アップ・ふュッタァン áp-fỳtərn] 他 (h) ①(家畜⁴に)餌(ぇ)をやる. ②(俗)(人⁴に)たらふく食わせる. ③(衣服⁴に)裏地を付ける.

Abg. [アップ・ゲオルドネテ (..タァ)] (略)(国会)議員 [=Abgeordnete(r)].

Ab·ga·be [アップ・ガーベ áp-ɡa:bə] 女 -/-n ①(腹 なし)(商品・手荷物などの)引き渡し, 交付.

② 《ふつう 複》 公課(租税·関税など).　③ 《経》販売.　④ 《スポ》(ボールの)パス.　⑤ (熱などの)放出; 発砲.

ab·ga·ben≠frei [アップガーベン·フライ] 形 税のかからない, 免税の.

ab·ga·ben≠pflich·tig [アップガーベン·プふりヒティヒ] 形 納税義務のある, 税のかかる.

*der **Ab·gang** [アップ·ガング] áp-gaŋ] 男 (単 2) −[e]s/(複) ..gänge [..ゲンゲ] (3格のみ..gängen) ① 《複 なし》退去, 退出; 《劇》退場. sich³ einen guten *Abgang* verschaffen 引きぎわをきれいにする.　② 卒業[者], 退職[者], 退院[した人]. nach dem *Abgang* von der Schule 学校を卒業したあとで.　③ 《軍·医》死亡.　④ (列車·船の)出発. kurz **vor** *Abgang* des Zuges 列車の発車直前に.　⑤ 《複 なし》(郵便などの)発送.　⑥ 《複 なし》《医》(結石などの)排出, 排泄(は°); 流産.　⑦ 《複 なし》《商》売れ行き; (ひふ) (官庁) 欠損.

Ab·gän·ge [アップ·ゲンゲ] *Abgang (卒業[者]の複)

Ab·gangs≠zeug·nis [アップガングス·ツォイクニス] 中 ..nisses/..nisse 卒業証書.

Ab·gas [アップ·ガース áp-ga:s] 中 −es/-e 《ふつう 複》(自動車などの)排気ガス.

ab·gas≠arm [アップガース·アルム] 形 排気ガスの少ない.

Ab·gas≠ka·ta·ly·sa·tor [アップガース·カタりュザートァ] 男 −s/-en [..ザトーレン] (自動車の)触媒による排気ガス浄化装置.

ab·gas≠re·du·ziert [アップガース·レドゥツィート] 形 排気ガスを低減した.

Ab·gas≠tur·bi·ne [アップガース·トゥルビーネ] 女 −/-n 排気ガス[で駆動する]タービン.

Ab·gas≠un·ter·su·chung [アップガース·ウンタァズーフング] 女 −/-en (自動車の)排気ガス検査.

ab·ge·ar·bei·tet [アップ·ゲアルバイテット] I ab|arbeiten (働いて返す)の 過分 II 形 仕事で疲れきった; がさがさになった(手など).

ab|ge·ben [アップ·ゲーベン áp-gè:bən] du gibst ... ab, er gibt ... ab (gab ... ab, hat ... abgegeben) I 他 (完了 haben) ① 引き渡す, 手渡す; (手荷物などを⁴) *hand in*). Ich *habe* den Brief **bei** der Sekretärin *abgegeben*. 私は手紙を秘書に手渡した / Er *gibt* seinen Mantel **an** (または **in**) der Garderobe *ab*. 彼はコートをクロークに預ける.　② (人³に⁴物⁴を)分けてやる. Ich *gebe* dir die Hälfte des Kuchens *ab*. 君にケーキを半分あげるよ.　③ 譲り渡す, (従業員などを⁴)手放す. die Leitung⁴ 人⁴ *abgeben* 経営を人⁴に譲る.　④ (安く)売る; (部屋などを⁴)賃貸しする.　⑤ 《スポ》(ボール⁴を)パスする. Er *gibt* [den Ball] **an** den Mittelstürmer *ab*. 彼はボールをセンターフォワードにパスする. 彼は〜を発表する, 述べる. ein Urteil⁴ *abgeben* 判断を下す / Ich *habe* meine Stimme *abgegeben*. 私は投票した.　⑦ (銃弾を⁴)発射する; (熱などを⁴)放出する.

⑧ (口語》(人⁴の)役を演じる; (人⁴)である. Er *gibt* einen guten Vater *ab*. 彼はいい父親だ. II 再帰 (完了 haben) 《*sich*⁴ **mit** (人·事³ 〜)》《口語》(人·事³に)かかわりあう. Damit *kann* ich *mich* nicht *abgeben*! そんなことにかかわってはいられない.

ab·ge·bo·gen [アップ·ゲボーゲン] *ab|biegen (わきへ曲がる)の 過分

ab·ge·brannt [アップ·ゲブラント] I ab|brennen (焼き払う)の 過分 II 形 焼き出された;《口語》無一文の.

ab·ge·bro·chen [アップ·ゲブロッヘン] I *ab|brechen (折り取る)の 過分 II 形 とぎれとぎれの(言葉など).

ab·ge·brüht [アップ·ゲブリュート áp-gəbry:t] 形 《口語》恥知らずな, 無神経な.

ab·ge·dreht [アップ·ゲドレート] *ab|drehen (栓をひねって止める)の 過分

ab·ge·dro·schen [アップ·ゲドロッシェン áp-gədrɔʃən] 形 《口語》言い古された, 陳腐な(文句など).

ab·ge·fah·ren [アップ·ゲふァーレン] *ab|fahren (乗り物で出発する)の 過分

ab·ge·feimt [アップ·ゲふァイムト áp-gəfaimt] 形 悪賢い, ずるい.

ab·ge·fer·tigt [アップ·ゲふェルティヒト] *ab|fertigen (発送手続きを終える)の 過分

ab·ge·gan·gen [アップ·ゲガンゲン] *ab|gehen (立ち去る)の 過分

ab·ge·ge·ben [アップ·ゲゲーベン] *ab|geben (引き渡す)の 過分

ab·ge·grif·fen [アップ·ゲグリッふェン áp-gəgrɪfən] 形 使い古された, 陳腐な.

ab·ge·hackt [アップ·ゲハックト] I ab|hacken (切り落とす)の 過分 II 形 とぎれとぎれの(言葉など).

ab·ge·hal·ten [アップ·ゲハるテン] *ab|halten (防ぐ)の 過分

ab·ge·han·gen [アップ·ゲハンゲン] I *ab|hängen¹ (...しだいである)の 過分 II 形 (つるして)食べごろの柔らかさになった(肉など).

ab·ge·här·tet [アップ·ゲヘルテット] I ab|härten (鍛える)の 過分 II 形 鍛えられた.

ab|ge·hen [アップ·ゲーエン áp-gè:ən] (ging ... ab, *ist*/*hat* ... abgegangen) I 自 (完了 sein) ① 立ち去る; (劇)退場する; (学校·職場などを)去る. Hamlet *geht ab*. ハムレットが退場する / **von** der Schule *abgehen* 学校を卒業(退学)する.　② (乗り物が)出発する; (郵便物などが)発送される. Der Zug *geht* in fünf Minuten *ab*. 列車はあと5分で出る.　③ 《**von** 事³ 〜》(事³から)離れる, それる. **von** einer Gewohnheit *abgehen* ある習慣をやめる / **von** einem Plan *abgehen* ある計画を放棄する.　④ (道が)分岐する; (道が)曲がる. Der Weg *geht* **von** der Hauptstraße *ab*. その道は本通りから分かれている.　⑤ (ボタンなどが)取れる, (染料などが)はげ落ちる.　⑥ (人³に)欠けている; (人³が)いなくて寂しい. Ihm *geht* der Humor völlig

ab. 彼にはユーモアがまったくない / Du *gehst mir ein ab.* 君がいなくてとても寂しい. ⑦《商》(商品が…の)売れ行きである. Die Ware geht reißend *ab.* この商品は飛ぶように売れる. ⑧《von 物³ ~》(物³から)差し引かれる. ⑨(物事が…に)なっていく, 経過する. Alles *ist gut abgegangen.*《現在完了》すべてうまく行った. ⑩(体操で:)着地する. ⑪《医》(結石などが)排出する.
II 他 (完了 sein または haben) (ある区域⁴を)見回る, パトロールする.

ab·ge·hetzt [アップ・ゲヘッツト] I ab|hetzen (再帰)(へとへとになるまで走る)の 過分 II 形 へとへとになった.

ab·ge·holt [アップ・ゲホールト] *ab|holen (受け取りに行く)の 過分

ab·ge·kämpft [アップ・ゲケンプフト] áp-gəkɛmpft] 形 (仕事などで)疲れきった; 戦い疲れた.

ab·ge·kar·tet [アップ・ゲカルテット] áp-gəkartət] 形《口語》示し合わせた, 八百長の.

ab·ge·klap·pert [アップ・ゲクラッパァト] áp-gəklapərt] 形《俗》使い古された, がたがたの; よぼよぼの.

ab·ge·klärt [アップ・ゲクレーァト] áp-gəklɛːrt] 形 円熟した(人物など); 公平な(判断など).

ab·ge·kürzt [アップ・ゲキュルツト] *ab|kürzen (短縮する)の 過分

ab·ge·la·den [アップ・ゲらーデン] *ab|laden (下ろす)の 過分

ab·ge·la·gert [アップ・ゲらーガァト] I ab|lagern (堆積させる)の 過分 II 形 (貯蔵して)品質のよくなった, 熟成した(ワインなど).

ab·ge·lau·fen [アップ・ゲらオふェン] *ab|laufen (流れ出る)の 過分

ab·ge·le·gen [アップ・ゲれーゲン] I ab|liegen (遠く離れた所にある)の 過分 II 形 人里離れた, へんぴな. ein abgelegenes Dorf へんぴな村.

ab·ge·legt [アップ・ゲれークト] *ab|legen (下に置く)の 過分

ab·ge·lehnt [アップ・ゲれーント] *ab|lehnen (拒絶する)の 過分

ab·ge·lenkt [アップ・ゲれンクト] *ab|lenken (他の方向へ向ける)の 過分

ab|gel·ten* [アップ・ゲるテン áp-gɛltən] 他 (h) (負債・損失など⁴を)弁済する, 償う.

ab·ge·macht [アップ・ゲマハト] I *ab|machen (取り除く)の 過分 II 形 とり決められた. *Abgemacht*! それでよし, よし決まった.

ab·ge·ma·gert [アップ・ゲマーガァト] I ab|magern (やせさせる)の 過分 II 形 やせこけた.

ab·ge·mel·det [アップ・ゲメるデット] *ab|melden (転出を届け出る)の 過分

ab·ge·mes·sen [アップ・ゲメッセン] I ab|messen (測る)の 過分 II 形《雅》節度のある, 落ち着いた.

ab·ge·neigt [アップ・ゲナイクト áp-gənaɪkt] 形《成句的に》《人·事³ abgeneigt sein》《人·事³が》好きでない, 気に入らない. Ich bin *ab*geneigt, ein Glas Wein zu trinken. 喜んでワインを一杯いただきます.

ab·ge·nom·men [アップ・ゲノンメン] *ab|nehmen (取り去る)の 過分

ab·ge·nutzt [アップ・ゲヌッツト] I ab|nutzen (使い古す)の 過分 II 形 使い古した, すり減った.

Ab·ge·ord·ne·ten..haus [アップゲオルドネテン・ハオス] 中 -es/..häuser ①(総称として:)議員; 議会. ② 議事堂.

***Ab·ge·ord·ne·te[r]** [アップ・ゲオルドネテ (..タァ) áp-gəɔːrdnətə (..tər)] 男 女《語尾変化は形容詞と同じ ☞ Alte[r]》(例: 男 1格 der Abgeordnete, ein Abgeordneter) [国会]議員, 代議士; [派遣]代表. (略: Abg.). (英 *representative*). Bundestags*abgeordnete[r]* 連邦議会議員.

ab·ge·rech·net [アップ・ゲレヒネット] *ab|rechnen (差し引く)の 過分

ab·ge·reist [アップ・ゲライスト] *ab|reisen (旅立つ)の 過分

ab·ge·ris·sen [アップ・ゲリッセン] I *ab|reißen (引きはがす)の 過分 II 形 ① ぼろぼろの, すり切れた(衣服など). 見ずぼらしい. ② とぎれとぎれの, 支離滅裂な(言葉など).

ab·ge·sagt [アップ・ゲザークト] *ab|sagen (とりやめる)の 過分

Ab·ge·sand·te[r] [アップ・ゲザンテ (..タァ) áp-gəzantə (..tər)] 男 女《語尾変化は形容詞と同じ》《雅》使者, 使節.

Ab·ge·sang [アップ・ゲザング áp-gəzaŋ] 男 -[e]s/..sänge ①《詩学》(詩節の)後節. ②《雅》終わり; 最後の作品.

ab·ge·schabt [アップ・ゲシャープト] I ab|schaben (削り取る)の 過分 II 形 すり切れた(衣服).

ab·ge·schal·tet [アップ・ゲシャるテット] *ab|schalten (スイッチを切る)の 過分

ab·ge·schie·den [アップ・ゲシーデン] I ab|scheiden (分離する)の 過分 II 形《雅》① 人里離れた, へんぴな. ② 死んだ.

Ab·ge·schie·den·heit [アップ・ゲシーデンハイト] 女 -/《雅》人里離れていること, もの寂しさ.

ab·ge·schla·gen [アップ・ゲシュらーゲン] I ab|schlagen (伐採する)の 過分 II 形 ①《スポ》完敗の, はるかに差のついた. ②《方》疲れきった.

ab·ge·schleppt [アップ・ゲシュれップト] *ab|schleppen (引いて行く)の 過分

ab·ge·schlos·sen [アップ・ゲシュろッセン] I *ab|schließen (鍵をかけて閉める)の 過分 II 形 ① 世間から隔絶した, 孤独な(生活など); 独立した(家屋など). ② 完結した, まとまった.

ab·ge·schmackt [アップ・ゲシュマックト áp-gəʃmakt] 形 味気ない, 平凡な(言葉など).

ab·ge·schnit·ten [アップ・ゲシュニッテン] I *ab|schneiden (切り取る)の 過分 II 形 孤立した.

ab·ge·schrie·ben [アップ・ゲシュリーベン] *ab|schreiben (書き写す)の 過分

ab·ge·se·hen [アップ・ゲゼーエン] ab|sehen (見て覚える)の 過分. ◊《成句的に》abgesehen von 人·物³ または von 人·物³ *abgesehen*

[人・物]³を除いて, [人・物]³は別として / abgesehen [davon], dass… …ということは別として.

ab·ge·setzt [アップ・ゲゼッツト] *ab|setzen (取りはずす)の 過分

ab·ge·spannt [アップ・ゲシュパント] Ⅰ ab|spannen (馬などを車からはずす)の 過分 Ⅱ 形 疲れ果てた, ぐったりした.

ab·ge·spielt [アップ・ゲシュピーるト] Ⅰ ab|spielen (レコードなどをかける)の 過分 Ⅱ 形 使い古した (レコードなど).

ab·ge·stan·den [アップ・ゲシュタンデン] Ⅰ ab|stehen (離れている)の 過分 Ⅱ 形 ① 気の抜けた, 生ぬるくなった(ビールなど); よどんだ(空気など). ②《比》古くさい(言い回しなど).

ab·ge·stellt [アップ・ゲシュテるト] *ab|stellen (下へ降ろす)の 過分

ab·ge·stimmt [アップ・ゲシュティムト] *ab|stimmen (採決する)の 過分

ab·ge·stor·ben [アップ・ゲシュトルベン] Ⅰ ab|sterben (枯れる)の 過分 Ⅱ 形 ① 枯れた(植物など); 壊死(ﾋ)した(細胞など). ② しびれた(手足など).

ab·ge·stumpft [アップ・ゲシュトゥンプふト] Ⅰ ab|stumpfen (丸くする)の 過分 Ⅱ 形 鈍くなった;《比》鈍感な, 無感覚な.

ab·ge·ta·kelt [アップ・ゲターケるト] Ⅰ ab|takeln (廃船にする)の 過分 Ⅱ 形《俗》落ちぶれた, うらぶれた.

ab·ge·tan [アップ・ゲターン] Ⅰ ab|tun (無視する)の 過分 Ⅱ 形 (用件などが)片づいた.

ab·ge·tra·gen [アップ・ゲトラーゲン] Ⅰ ab|tragen (平らにする)の 過分 Ⅱ 形 着(はき)古した.

ab·ge·tre·ten [アップ・ゲトレーテン] *ab|treten (退く)の 過分

ab·ge·trock·net [アップ・ゲトロックネト] *ab|trocknen (ふく)の 過分

ab·ge·war·tet [アップ・ゲヴァルテット] *ab|warten (到来を待つ)の 過分

ab·ge·wech·selt [アップ・ゲヴェクセるト] *ab|wechseln (交代する)の 過分

ab|ge·win·nen* [アップ・ゲヴィンネン áp-gə-vìnən] (過分 abgewonnen) 他 (軍³に魅力など⁴を)見いだす. Er konnte der Sache nichts abgewinnen. 彼はその件に何も感じなかった. ②(賭事(ｶﾞ)などで[人]³から[物]⁴を)勝ち取る. [人]³ viel Geld⁴ abgewinnen [人・物]³から大金を巻き上げる. ③([人・物]³から[物]⁴を)手に入れる. dem Kranken ein Lächeln⁴ abgewinnen 病人をほほえませる.

ab·ge·wo·gen [アップ・ゲヴォーゲン] Ⅰ ab|wägen (比較検討する)の 過分 Ⅱ 形 均衡のとれた, 慎重に考えられた(言葉など).

ab|ge·wöh·nen* [アップ・ゲヴェーネン áp-gə-vø̀:nən] (過分 abgewöhnt) 他 ([人]³に[軍]⁴の)習慣をやめさせる. [人]³ das Trinken⁴ abgewöhnen [人]³に酒をやめさせる. ◇《再帰的に》Ich habe mir endlich das Rauchen abgewöhnt. 私はやっとたばこをやめた.

ab·ge·wrackt [アップ・ゲヴラックト] Ⅰ ab|wracken (解体してスクラップにする)の 過分 Ⅱ 形

時代遅れの, すたれた.

ab·ge·zehrt [アップ・ゲツェーァト áp-gətse:rt] 形 やせ衰えた, やつれた.

ab·ge·zo·gen [アップ・ゲツォーゲン] *ab|ziehen (抜き取る)の 過分

ab|gie·ßen* [アップ・ギーセン áp-gì:sən] 他 (h) ① (余分な液体⁴を)流して捨てる. ②(野菜など⁴の)ゆで汁を捨てる. ③《美》(胸像など⁴を)型にして, 鋳造する.

Ab·glanz [アップ・グらンツ áp-glants] 男 -es/ ① 反射[光], 反映. ②《比》名残.

ab|glei·ten* [アップ・グらイテン áp-glàɪtən] 自 (s)《雅》① 滑り落ちる;《比》(考えなどが)それる. Alle Ermahnungen gleiten an ihm ab. どんな警告も彼の耳を素通りしていく. ②《比》(成績・相場などが)下がる; 堕落する.

Ab·gott [アップ・ゴット áp-gɔt] 男 -[e]s/..götter ① 崇拝(熱愛)の対象, アイドル. Das Kind war ihr Abgott. その子を彼女は熱烈に愛していた. ②《古》偶像.

ab·göt·tisch [アップ・ゲティッシュ áp-gœtɪʃ] 形 偶像崇拝的な, 盲目的な.

ab|gra·ben* [アップ・グラーベン áp-grà:bən] 他 (h) ①(溝を掘って水など⁴を)他方へ流す. [人]³ das Wasser⁴ abgraben《比》[人]³を窮地に追い込む. ②(土⁴を)掘って除く.

ab|gren·zen [アップ・グレンツェン áp-grɛ̀ntsən] Ⅰ 他 (h) ①(土地など⁴に)境界を付ける. ②《比》(任務・概念など⁴の)範囲をはっきりと定める. Ⅱ 再帰 (h) sich⁴ abgrenzen (他と)一線を画する. sich⁴ von [人・事]³ abgrenzen [人・事]³と別の立場をとる.

Ab·gren·zung [アップ・グレンツンク] 女 -/-en 境界[の設定];《比》定義[づけ].

Ab·grund [アップ・グルント áp-grunt] 男 -[e]s/ ..gründe ① 深い谷, 深淵(ﾌｳﾞ). ②《雅》底知れぬ深み, (魂などの)深淵(ﾌｳﾞ); 越えがたい溝; 破滅の淵. am Rande des Abgrundes 破滅に瀕(ﾋﾝ)して / ein Abgrund von Gemeinheit 底知れぬ卑劣さ.

ab·grün·dig [アップ・グリュンディヒ áp-grʏn-dɪç] Ⅰ 形《雅》① 深遠な, 不可解な. ② 途方もない. Ⅱ 副《雅》途方もなく, 非常に.

ab|gu·cken [アップ・グッケン áp-gùkən] Ⅰ 他 (h)《口語》([人]³から技術など⁴を)見て学び取る. Ⅱ 自 (h) (生徒言葉に)カンニングする.

Ab·guss [アップ・グス áp-gus] 男 -es/..güsse 《美》複製の鋳像; 鋳物.

Ab·guß ☞ 新形 Abguss

ab|ha·ben* [アップ・ハーベン áp-hà:bən] 他 (h)《口語》① (帽子など⁴を)脱いでいる, (眼鏡など⁴を)はずしている; (染みなど⁴を)落としている. den Hut abhaben 帽子をかぶっていない. ② 分けてもらう. einen abhaben《俗》a) 酔っ払っている, b) 頭がいかれている.

ab|ha·cken [アップ・ハッケン áp-hàkən] 他 (h)(鋭い刃物で)切り落とす.
◇☞ abgehackt

ab|ha·ken [アップ・ハーケン áp-hà:kən] 他 (h) ①([物]⁴にチェック済みの鉤印(ｶﾞｷ))(✓)を付け

る. die Namen⁴ auf der Liste *abhaken* 名簿の名前に鉤印を付ける. ② (コートなど⁴を)フックからはずす.

ab|hal·ten [アップ・ハルテン áp-hàltən] (du hältst...ab, er hält...ab (hielt...ab, *hat*...abgehalten) **I** 他 (完了 haben) ① (寒さ・雨など⁴を)**防ぐ**, (虫など⁴を)寄せつけない. Die Hecke *hält* den Wind *ab*. 垣根が風を防ぐ / den Lärm *abhalten* 騒音をさえぎる. ②〖人⁴ **von** 事³~〗(人⁴が事³をするのを)**妨げる**, (事³を)思いとどまらせる. Er *hielt* sie von der Arbeit *ab*. 彼は彼女の仕事のじゃまをした / Lassen Sie sich nicht *abhalten*! どうか決構なく. ③ (催し・会議など⁴を)**開催する**, (授業など⁴を)行う. Die Partei *hielt* eine Versammlung *ab*. その党は大会を開いた. ④ 離して持つ(支える). ein Kind⁴ *abhalten* 子供を抱えて用便させる.
II 自 (完了 haben) 〖海〗針路を転じる. von der Klippe *abhalten* 岩礁から遠ざかるように針路をとる.

Ab·hal·tung [アップ・ハルトゥング] 女 -/-en ① 支障, さし支え. ②〖複 なし〗(催し・会議などの)挙行, 開催.

ab|han·deln [アップ・ハンデルン áp-hàndəln] 他 (h) ①〖人³から物⁴を〗交渉して(値切って)買い取る; (価格³からある金額⁴を)値切る. ② (あるテーマ⁴を)論じる, 扱う.

ab·han·den [アップ・ハンデン ap-hándən] 副〖成句的に〗〖人³〗 *abhanden* kommen [人³から]なくなる, 紛失する. Meine Brieftasche ist [mir] *abhanden* gekommen. 【現在完了】私は財布をなくした.

Ab·hand·lung [アップ・ハンドルング] 女 -/-en (学術上の)論文 (略: Abh.). (英 「学校の」作文」は Aufsatz).

***der* Ab·hang** [アップ・ハング áp-haŋ] 男 (単 2) -[e]s/(複) ..hänge [..ヘンゲ] (3 格のみ ..hängen) **斜面**, スロープ. (英 *slope*). ein steiler *Abhang* 急な斜面.

Ab·hän·ge [アップ・ヘンゲ] *Abhang (斜面)の 複.

ab|hän·gen¹* [アップ・ヘンゲン áp-hèŋən] (hing...ab, *hat*...abgehangen) 自 (完了 haben) ①〖**von** 人・事³~〗(人・事³)しだいである, (英 *depend on*). Das *hängt* vom Wetter *ab*. それは天気しだいだ / Es *hängt* von ihr *ab*, ob ... ...かどうかは君しだいだ / Er *hängt* finanziell von seinen Eltern *ab*. 彼は経済的に両親に依存している. ② (つるした肉が食べごろの柔らかさになる.
◊ ☞ **abgehangen**

ab|hän·gen² [アップ・ヘンゲン] (hängte...ab, *hat*...abgehängt) 他 (h) ① (掛かっているもの⁴を)取りはずす. ein Bild⁴ **von** der Wand *abhängen* 壁から絵を取りはずす. ② (受話器⁴を)掛ける. [den Hörer] *abhängen* [受話器を掛けて]電話を切る. ③ (客車など⁴を)切り離す. ④ (口語) (競技) (他の走者など⁴を)引き離す. ⑤ (俗) (人⁴を)振り切る, まく.

***ab·hän·gig** [アップ・ヘンギヒ áp-hɛŋɪç] 形 (英 *dependent*) ①〖**von** 人・事³~〗(人・事³に)しだいである, (人・事³に)依存している. Das ist vom Wetter *abhängig*. それは天気しだいだ / Er ist finanziell von seinen Eltern *abhängig*. 彼は経済的に両親に依存している / Sie ist von Drogen *abhängig*. 彼女は麻薬中毒だ / A⁴ von B³ *abhängig* machen B³ を A⁴ の条件とする, A⁴ を B³ に任せる. ② 従属的な. ein *abhängiger* Satz〖言〗従属文, 副文 / die *abhängige* Rede〖言〗間接話法.

..ab·hän·gig [..アップ・ヘンギヒ ..aphɛŋɪç] 〖形容詞をつくる 接尾〗① (…に左右される) 例: zeit*abhängig* 時代に制約された. ② (…に頼りきった) 例: drogen*abhängig* 麻薬中毒の.

Ab·hän·gig·keit [アップ・ヘンギヒカイト] 女 -/ 依存, 従属.

ab|här·ten [アップ・ヘルテン áp-hèrtən] 他 (h) (体など⁴を)鍛える. ◊〖再帰的に〗sich⁴ **gegen** Erkältungen *abhärten* 風邪に対して抵抗力をつける.
◊ ☞ **abgehärtet**

ab|hau·en(*) [アップ・ハオエン áp-hàuən] (haute...ab または hieb...ab, *hat/ist*...abgehauen) **I** 他 (h) ① (斧(おの)などで)切り落とす, 切り倒す. Äste⁴ *abhauen* 枝を切り落とす. ② (生徒言葉) (答案など⁴を)からめて書き写す, カンニングする. **II** 自 (s) (過去 haute...ab) (俗) 立ち去る, ずらかる. *Hau ab*! a) 消えうせろ, b) 逃げろ.

ab|he·ben* [アップ・ヘーベン áp-hè:bən] **I** 他 (h) ① (持ち上げて)取りはずす, 取り去る. Er *hebt* den Hörer *ab*. 彼は受話器を取る / Karten⁴ *abheben* (トランプ) カードの山をカットする. ② (預金など⁴を)引き出す. Geld⁴ vom Konto *abheben* 口座からお金を下ろす. **II** 自 (h) ① (空) 離陸する. ②〖**auf** 事⁴ ~〗(官庁) (事⁴を)指摘する. **III** 再帰 (h) sich⁴ *abheben* くっきりと対照をなす, 際だって見える. Die Türme *heben sich* vom Himmel (または **gegen** den Himmel) *ab*. 塔は空にくっきりと浮き上がって見える.

ab|hef·ten [アップ・ヘフテン áp-hèftən] 他 (h) (書類など⁴を)ファイルにとじる.

ab|hei·len [アップ・ハイレン áp-hàilən] 自 (s) (傷などが)治る.

ab|hel·fen* [アップ・ヘルフェン áp-hɛ̀lfən] 自 (h) (弊害・苦痛など³を)取り除く, 是正する. einem Übel *abhelfen* 弊害を除去する / einer Krankheit³ *abhelfen* 病気を治す.

ab|het·zen [アップ・ヘッツェン áp-hètsən] **I** 再帰 (h) sich⁴ *abhetzen* へとへとになるまで走る. **II** 他 (h) (馬など⁴を)駆りたててへとへとにさせる.
◊ ☞ **abgehetzt**

Ab·hil·fe [アップ・ヒルフェ áp-hɪlfə] 女 -/ (弊害・欠陥などの)除去. *Abhilfe*⁴ schaffen (弊害・欠陥などを)除去する.

ab|ho·beln [アップ・ホーベルン áp-hò:bəln] 他

(h) かんなで削る.

*ab|ho·len [アップ・ホーレン áp-hòːlən] (holte...ab, hat...abgeholt) 他 (定で haben) ① 受け取りに行く, 受け取って来る. (英 fetch). Theaterkarten⁴ an der Kasse abholen (予約していた)芝居の切符を入場券売り場に受け取りに行く / Er holt ein Paket von der Post ab. 彼は小包を郵便局から受け取って来る. ② (約束の場所に)迎えに行く(来る), (迎えに行って)連れて来る. Ich hole dich vom (または am) Bahnhof ab. 君を駅へ迎えに行くよ. (☞ 類語 empfangen). ③《口語・婉曲》逮捕する.

ab|hol·zen [アップ・ホルツェン áp-hòltsən] 他 (h) (樹木⁴を)切り倒す, (森林⁴を)伐採する.

ab|hor·chen [アップ・ホルヒェン áp-hòrçən] 他 (h) ①《医》聴診する. ②《黒》盗聴する.

ab|hö·ren [アップ・ヘーレン áp-hòːrən] 他 (h) ① (人⁴(または 人³)に 事⁴を)試問する, 言わせる. die Schüler⁴ (または den Schülern³) die Vokabeln⁴ abhören 生徒たちに単語を言わせる. ②《医》聴診する. ③ (電話・外国の放送など⁴を)傍受する, 盗聴する. ④ (録音テープなど⁴を)試聴する.

* das A·bi·tur [アビトゥーァ abitúːr] 中 (単2) -s/(複) -e (3格のみ -en) 《ふつう 単》(ギムナジウムの)卒業試験, アビトゥーア. das Abitur machen a) アビトゥーアを受ける, b) アビトゥーアに合格する / Ich bereite mich auf das Abitur vor. 私はアビトゥーアの準備をしている. (✍ ドイツには大学入学試験がないので, この試験に合格すると大学入学資格を持つことになる).

A·bi·tu·ri·ent [アビトゥリエント abituriént] 男 -en/-en アビトゥーア受験者(合格者).

ab|ja·gen [アップ・ヤーゲン áp-jàːgən] I 他 (h) (追いかけて 人³から 物⁴を)奪い返す. II 再帰 (h) sich⁴ abjagen《口語》へとへとになるほど走る.

Abk. [アップ・キュルツング]《略》略語 (=Abkürzung).

ab|kan·zeln [アップ・カンツェルン áp-kàntsəln] 他 (h)《口語》しかりつける.

ab|kap·seln [アップ・カプセルン áp-kàpsəln] I 他 (h)(病原体など⁴を)カプセルに閉じ込める. II 再帰 (h) sich⁴ abkapseln ① (腫瘍(ﾖｳ)など)が被包される. ②《比》(世間から離れて)閉じこもる.

ab|kau·fen [アップ・カオフェン áp-kàufən] 他 (h) ① (人³から 物⁴を)買い取る. ②《口語》(人³の事⁴を)信用する. Das kaufe ich dir nicht ab! 君の言うことなんか信じないぞ.

Ab·kehr [アップ・ケーァ áp-keːr] 女 -/ 転向; 離反; 放棄.

ab|keh·ren¹ [アップ・ケーレン áp-kèːrən] I 他 (h) (顔・目など⁴を)背ける, そらす. II 再帰 (h) 《sich⁴ von 人・物³ ~》(人・物³に)背を向ける; 《比》(人・事³に)背く, (人・事³を)見捨てる.

ab|keh·ren² [アップ・ケーレン] 他 (h)《南ﾄﾞ》(ごみ⁴を)掃き取る; (床など⁴を)掃いてきれいにする.

Ab·klatsch [アップ・クラッチュ áp-klatʃ] 男 -[e]s/-e ①（粗悪な)模造品, まがい物. ②《印》校正刷り, ゲラ刷り.

ab|klem·men [アップ・クレンメン áp-klèmən] 他 (h) ① (ホースなど⁴を止め金で)はさんで止める; (医)(血管など⁴を鉗子によって)絞扼(ｺｳﾔｸ)する. ② (はさんで)切断する.

ab|klin·gen* [アップ・クリンゲン áp-klìŋən] 自 (s) ① (音などが)しだいに小さくなる. ②《比》(痛み・興奮などが)しだいに治まる(弱まる).

ab|klop·fen [アップ・クロプフェン áp-klòpfən] 他 (h) ① (汚れ・ほこりなど⁴を)はたいて取り除く; (人・物⁴の)ほこりをはたいて落とす. Sie klopfte den Schnee vom Mantel ab. 彼女はコートの雪を払い落とした / die Jacke⁴ abklopfen 上着のほこりを払う. ② たたいて調べる. einen Kranken abklopfen 《医》患者を打診する. ③ (リハーサルなど⁴を)指揮棒で譜面台をたたいて中止させる.

ab|knal·len [アップ・クナレン áp-knàlən] 他 (h)《俗》平然と撃ち殺す.

ab|knap·sen [アップ・クナプセン áp-knàpsən] 他 (h)《口語》(人³からお金など⁴を)巻き上げる.

ab|kni·cken [アップ・クニッケン áp-knìkən] I 他 (h) ほきっと折り取る, (下向きに)折り曲げる. II 自 (s) ① (道などが)折れ曲がる. ◇現在分詞の形で abknickende Vorfahrt《交通》左折(右折)優先. ② 屈曲する. in der Hüfte abknicken (体操の)腰をかがめる.

ab|knöp·fen [アップ・クネプフェン áp-knœpfən] 他 (h) ① ボタンをはずして取る. die Kapuze⁴ vom Anorak abknöpfen アノラックからフードを取りはずす. ②《俗》(人³からお金など⁴を)巻き上げる, だまし取る.

ab|knut·schen [アップ・クヌーチェン áp-knùːtʃən] 他 (h)《俗》(人⁴を)強く抱き締めたままキスをする.

ab|ko·chen [アップ・コッヘン áp-kòxən] I 他 (h) ① (飲料水・器具など⁴を)煮沸[消毒]する. ② (薬草など⁴を)せんじる. ③《黒》(卵など⁴を)十分にゆでる. II 自 (h) 野外で炊事をする.

ab|kom·men* [アップ・コンメン áp-kòmən] 自 (s) ①《von 物³ ~》(物³から)それる, 遠ざかる. vom Weg[e] abkommen 道に迷う / vom Thema abkommen《比》本題からそれる. ②《von 事³ ~》(事³(計画など)を)やめる, 投げ出す. von einer Meinung abkommen 考えを変える. ③ (仕事などから)抜け出す. ④《方》(…のぐあいに)スタートする. ⑤《方》やせる.

* das Ab·kom·men [アップ・コンメン áp-kɔmən] 中 (単2) -s/(複) - 協定, とり決め. Kulturabkommen 文化協定 / mit 人³ über 事⁴ ein Abkommen⁴ treffen 人³と事⁴について協定を結ぶ.

ab·kömm·lich [アップ・ケムリヒ]形 (人が)いなくても済む, (仕事などから)手が離せる. Ich bin im Moment nicht abkömmlich. 私は今手が離せない.

Ab·kömm·ling [アップ・ケムリング áp-kœmlɪŋ] 男 -s/-e ①《法》子孫, 後裔(ｺｳｴｲ). ②

abkratzen

《化》誘導体.

ab|krat·zen [アップ・クラッツェン áp-kràtsən] I 他 (h) (付着しているもの⁴を)かき落とす;(物⁴の)汚れをこすり取る. die Tapeten⁴ von der Wand *abkratzen* 壁のクロスをはがす. II 自 (s) 《俗》くたばる, 死ぬ.

ab|krie·gen [アップ・クリーゲン áp-krì:gən] 他 (h) 《口語》① 分けてもらう. ②《比》(損害・打撃など⁴を)受ける, 被る. ③ (付着しているもの⁴を)苦労して取り去る.

ab|küh·len [アップ・キューれン áp-kỳ:lən] I 他 (h) 冷やす, 冷ます;《比》(興奮・怒りなど⁴を)静める. II 自 (s) 冷える, 冷める;《比》(興奮・怒りなどが)静まる. III 再帰 (h) *sich*⁴ *abkühlen* ① 体を冷やす. ② 冷える, 冷める;《比》(興奮・怒りなどが)静まる.

Ab·küh·lung [アップ・キューるング] 女 -/-en 《ふつう単》冷却;冷えること;温度の低下.

Ab·kunft [アップ・クンふト áp-kunft] 女 -/ 素性, 血統;《比》起源, 由来. von hoher *Abkunft* 名門の出の.

****ab|kür·zen** [アップ・キュルツェン áp-kỳrtsən] du kürzt...ab (kürzte...ab, hat...abgekürzt) 他 (完了 haben) ① 短縮する;(言葉など⁴を)簡略にする. Wir haben den Weg *abgekürzt*. 私たちは近道をした / einen Besuch *abkürzen* 訪問を早めに切りあげる / ein Wort *abkürzen* 単語を略して書く.

die **Ab·kür·zung [アップ・キュルツング áp-kyrtsʊŋ] 女 (単)/(複) -en ① 略語, 省略形 (略: Abk.).(英) *abbreviation*. ②《複 なし》(演説などの)短縮, 簡略化. ③ 近道. eine *Abkürzung*⁴ nehmen 近道をする.

****ab|la·den*** [アップ・らーデン áp-là:dən] du lädst...ab, er lädt...ab (lud...ab, hat...abgeladen) 他 (完了 haben) ① (積み荷など⁴を)**下ろす**;(物⁴の)積み荷を下ろす. ◆「積み込む」は aufladen). Sie *laden* das Holz **vom** Lastwagen *ab*. 彼らはトラックから木材を下ろす / einen Lastwagen *abladen* トラックの荷を下ろす. ②《軍⁴ **auf** 人³ ~》(責任など⁴を)人³に押しつける. Er *lädt* die Schuld immer auf mich *ab*. 彼はいつも私に責任をなすりつける. ③《比》(怒りなど⁴を)ぶちまける. Sie *lädt* alle ihre Sorgen **bei** ihm *ab*. 彼女は彼にあらいざらい悩みをぶちまける.

Ab·la·ge [アップ・らーゲ áp-la:gə] 女 -/-n ① (帽子などの)置き場所;(書類などの)保管場所. ②《複 なし》保管.

ab|la·gern [アップ・らーガァン áp-là:gərn] I 他 (h) ① (砂など⁴を)堆積(たい)させる, 沈澱させる. ◆*sich*⁴ *ablagern* 堆積する, 沈殿する. ② (品質を良くするために)貯蔵する. II 自 (h, s) (貯蔵されて)品質が良くなる, (ワインなどが)熟成する.
◆☞ abgelagert

Ab·la·ge·rung [アップ・らーゲルング] 女 -/-en ① 堆積(たい)[物], 沈殿[物]. ②(熟成のための)貯蔵.

Ab·lass [アップ・らス áp-las] 男 -es/..lässe 《カット》贖宥(しょく), 免罪. ②《工》排水[管].
Ab·laß ☞ 新形 Ablass

ab|las·sen* [アップ・らッセン áp-làsən] I 他 (h) ① (水・蒸気など⁴を)排出させる;(水などを抜いて物⁴を)空にする. einen Teich *ablassen* 池の水を抜く. ②《人³に物⁴を好意的に安く》売る, 譲る. ③ (ある金額・割合⁴を)値引きする. II 自 (h) 《**von** 物³~》(物³を)やめる. von einem Vorhaben *ablassen* 計画を中止する. ②《**von** 人³~》(人³を)相手にするのをやめる.

Ab·lauf [アップ・らオふ áp-lauf] 男 -(e)s/..läufe ① (出来事などの)経過, 成り行き, 進行. ②《複 なし》(期間の)満了, 終了. **nach** *Ablauf* von drei Tagen 3日たったあとに / **vor** *Ablauf* der Frist⁴ 期限満了前に. ③ 流出, 排出;排水管(口). ④《複 なし》《スラ》スタート.

****ab|lau·fen*** [アップ・らオフェン áp-làufən] du läufst...ab, er läuft...ab (lief...ab, ist/hat ...abgelaufen) I 自 (完了 sein) ① (水などが)**流れ出る**;流れ落ちる. Das Wasser *läuft* **aus** der Badewanne *ab*. 浴槽から水がひく / Der Regen *läuft* **vom** Schirm *ab*. 雨水が傘から滴り落ちる / **An** ihm *läuft* alles *ab*.《比》彼には何を言っても馬耳東風だ. ②(水が滴り落ちて)乾く. ③(期限などが)**満了する**;(期間などが)終わる. Mein Pass *läuft* bald *ab*. 私のパスポートはもうすぐ期限が切れる. ④(催し物などが…に)進行する, 行われる. Alles *ist* gut *abgelaufen*.《現在完了》万事うまく行った. ⑤(ぜんまい仕掛けのおもちゃなどが)止まる. einen Film *ablaufen lassen* フィルムを回転させる(映写する).
II 他 (完了 sein または haben) ① (s, h)(ある地域を)見回る;訪ねて回る. Ich *bin*(または *habe*) alle Geschäfte *abgelaufen*.《現在完了》私はあらゆる店を訪ねて回った. ② (h)(靴底など⁴を歩いて)すり減らす. *sich*³ die Beine nach 物³ *ablaufen*《口語》足を棒にして物³を探し回る.

Ab·laut [アップ・らオト áp-laut] 男 -(e)s/-e 《ふつう単》《言》母音交替, アブラウト(語幹の母音の規則的変化; 例: singen—sang—gesungen).

ab|le·ben [アップ・れーベン áp-lè:bən] I 自 (s) 死去する, 死ぬ. II 他 (h) (一定の期間⁴を)生き通す.

ab|le·cken [アップ・れッケン áp-lèkən] 他 (h) なめてきれいにする,(血など⁴を)なめて取る.

****ab|le·gen*** [アップ・れーゲン áp-lè:gən] (legte ...ab, hat...abgelegt) I 他 (完了 haben) ① 下に置く, 下ろす;(外套などを)(*lay down*). Er *legt* den Hörer *ab*. 彼は受話器を置く / eine Last⁴ *ablegen* 重荷を下ろす / Karten⁴ *ablegen*《ラ》不要なカードをわきへ置く. ②(コート・帽子などを)脱ぐ. den Mantel an der Garderobe *ablegen* コートを脱いでクロークに掛ける. ◆《目的語なしでも》*Legen* Sie bitte *ab*! どうぞコート(帽子)をお取りください. ③

（書類など⁴を)ファイルに整理する． ④《比》《悪癖など⁴を》やめる． ⑤《行為を表す名詞を目的語として》行う，…する．einen Beweis für 事⁴ *ablegen* 事⁴を証明する／eine Prüfung⁴ *ablegen* 試験を受ける／einen Eid *ablegen* 宣誓する．
II 自（定了 haben）《海》出港する．

Ab·le·ger [アップ・れ・ーガァ áp-le:gər] 男 -s/- ① 《園芸》挿し木(取り木)の若枝；《口語・戯》息子． ② 《経》支店．

:ab|leh·nen [アップ・れ・ーネン áp-lè:nən] (lehnte…ab, *hat*…abgelehnt) 他（定了 haben）① （招待・贈り物など⁴を）**拒絶する**，断る；（要求など⁴を）拒否する，拒む；《英 *reject*》．（くむ「受け入れる」は an|nehmen）．Sie *lehnte* meine Einladung *ab*. 彼女は私の招待を断った／einen Antrag *ablehnen* 動議を否決する．（ ☞類語 weigern）． ② 認めない，評価しない；《法》忌避する．Diesen Künstler *lehne* ich *ab*. この芸術家を私は認めない／einen Richter als befangen *ablehnen* ある裁判官を不公正であるとして忌避する．

Ab·leh·nung [アップ・れ・ーヌング] 女 -/-en 拒絶，拒否；否決．

ab|leis·ten [アップ・らイステン áp-làıstən] 他 (h)（兵役など⁴を）果たす，勤めあげる．

ab|lei·ten [アップ・らイテン áp-làıtən] 他 (h) ①（流れなど⁴を）他の方向へ導く；《比》（怒りなど⁴を)わきへそらす．den Fluss *ableiten* 川の流れを変える． ②《A⁴ von (または aus) B³ ～》(A⁴をB³から）導き出す，引き出す；(A⁴をB³に)由来すると言う．Lehren⁴ aus der Geschichte *ableiten* 歴史から教訓を引き出す／Sie *leiten* ihre Herkunft von den Kelten *ab*. 彼らは自分の血統をケルト系だと言う／eine Formel⁴ *ableiten* 《数》数式を展開する．◊再帰的に〕Das Wort *leitet sich*⁴ aus dem Griechischen *ab*.《言》この単語はギリシア語に由来する．

Ab·lei·tung [アップ・らイトゥング] 女 -/-en ①《覆 なし》導き出すこと，誘導．②《言》派生[語]． ③《電》アース，導線．④《医》誘導[法]．⑤《数》導関数．

* **ab|len·ken** [アップ・れンケン áp-lèŋkən] (lenkte…ab, *hat*…abgelenkt) I 他（定了 haben）① 他の方向へ向ける．Der Windstoß *lenkte* den Ball *ab*. 突風でボールのコースが変わった／ein Schiff⁴ vom Kurs *ablenken* 船を針路からそらす． ②（注意など⁴を）わきへそらせる．den Verdacht von sich *ablenken* （自分への）嫌疑をそらす． ③（人⁴に）気晴らしをさせる，気分転換させる．einen Kranken *ablenken* 病人の気をまぎらわせる．◊再帰的に〕*sich*⁴ *ablenken* 気晴らしをする．
II 自（定了 haben）話題を変える．

Ab·len·kung [アップ・れンクング] 女 -/-en ①《覆 なし》そらせること；《物》偏向，回折． ② 気晴らし，気分転換．

Ab·len·kungs=ma·nö·ver [アップれンクングス・マネーヴァァ] 田 -s/-《軍》陽動作戦(敵の注意を他へそらす作戦)．

ab|le·sen* [アップ・れ・ーゼン áp-lè:zən] 他 (h) ① （式辞など⁴を）読み上げる． ② （計器など⁴の）目盛りを読み取る．das Gas⁴ *ablesen* ガスの使用量を読み取る． ③《A⁴ von（または an）B³ ～》(A⁴をB³から)見て取る，察知する． 人³ einen Wunsch von den Augen *ablesen* 人³の目を見てその希望を読み取る． ④《A⁴ aus B³ ～》(A⁴をB³から)推論する． ⑤ （いちごなど⁴を）摘み取る．

ab|leug·nen [アップ・ろイグネン áp-lɔ̀ʏgnən] 他 (h)（罪など⁴を)否認する，否定する．

ab|lich·ten [アップ・リヒテン áp-lɪçtən] 他 (h) ①（書類など⁴を）写真複写(コピー)する． ②《口》写真にとる．

Ab·lich·tung [アップ・リヒトゥング] 女 -/-en 写真複写，コピー．

ab|lie·fern [アップ・り・ーファァン áp-lì:fərn] 他 (h)（物など⁴を）届ける，引き渡す；(人³に)送り届ける．

Ab·lie·fe·rung [アップ・り・ーフェルング] 女 -/-en 引き渡し，配達．

ab|lie·gen* [アップ・り・ーゲン áp-lì:gən] 自 (h) ① 遠く離れた所にある． ②《南ド・ォストゥ》(肉が貯蔵されて)柔らかくなる，(ワインが)熟成する．
◊☞ **abgelegen**

ab|lö·schen [アップ・ら・ッシェン áp-lœʃən] 他 (h) ①（黒板⁴・黒板の字など⁴を）ふいて消す． ②《物⁴ mit 物³ ～》《料理》（物⁴に 物³（ワインなど)をかける，注ぐ．

Ab·lö·se [アップ・れ・ーゼ áp-lø:zə] 女 -/-n 《ォストゥ》(住宅賃貸契約の)保証金．

ab|lö·sen [アップ・れ・ーゼン áp-lø:zən] I 他 (h) ①（付着したもの⁴を）はがす．Briefmarken⁴ *ablösen* 切手をはがす． ②（人⁴と)交代する．人⁴ bei der Arbeit *ablösen* 人⁴と仕事を交代する． ③（負債など⁴を)弁済する，(一度に)償却する．ein Pfand⁴ *ablösen* 質草を請け出す．II 再帰（定了 haben）*sich*⁴ *ablösen* ① はがれる，はげる．Die Farbe *löst sich ab*. 塗料がはげる． ② 交代し合う．

Ab·lö·sung [アップ・れ・ーズング] 女 -/-en ① はがすこと；はがれること；剝離（はくり）． ② 交代；更迭（こうてつ）； 代わり[の者]． ③（負債などの)弁済，一括払い，償却，償還．

ab|luch·sen [アップ・るクセン áp-lùksən] 他 (h)《俗》(人³から 物⁴を)だまし取る．

Ab·luft [アップ・るフト áp-luft] 女 -/《工》排気．

* **ab|ma·chen** [アップ・マッヘン áp-màxən] (machte…ab, *hat*…abgemacht) 他（定了 haben）①《口語》**取り除く**，取りはずす．《英 *take off*》．（くむ「取り付ける」は an|machen）．Ich *habe* das Schild von der Tür *abgemacht*. 私はドアから看板をはずした／die Schnur⁴ vom Paket *abmachen* 小包のひもをほどく．②**とり決める**．einen Termin mit 人³ *abmachen* 人³と日取りをとり決める／Wir *haben abgemacht*, uns morgen zu treffen. 私たちは会うことにした．③（用件など⁴を）片づける．Das musst du mit dir selbst *ab-*

Abmachung

machen. この件は君が自分で処理しないといけないよ. ④《口語》(任期など⁴を)勤めあげる.
◊☞ **abgemacht**

Ab·ma·chung [アップ・マッフング] 囡 -/-en 協定し, とり決め. über *Abmachungen*⁴ treffen 要⁴について協定を結ぶ.

ab|ma·gern [アップ・マーガァン áp·mà:gərn] 倉 (s) やせこける.
◊☞ **abgemagert**

Ab·ma·ge·rung [アップ・マーゲルング] 囡 -/-en やせること, 減量.

Ab·ma·ge·rungs·kur [アップマーゲルングス・クーァ] 囡-/-en 減量療法, ダイエット.

ab|ma·len [アップ・マーレン áp·mà:lən] I 他 (h) 写生する, 模写する. II 再帰 (h) *sich*⁴ *abmalen* 《雅》(感情が顔などに)現れる.

Ab·marsch [アップ・マルシュ áp·marʃ] 男 -[e]s/ (隊列を組んでの)出発. **zum** *Abmarsch* blasen 出発のらっぱを吹く.

ab|mar·schie·ren [アップ・マルシーレン áp·marʃì:rən] 倉 (s) (隊列を組んで)出発する.

** **ab|mel·den** [アップ・メるデン áp·mèldən] du meldest...ab, er meldet...ab (meldete...ab, hat...abgemeldet) 他 (完了 haben) ① (人⁴の)転出(退学・退会)を届け出る. (参「転入を届け出る」は an|melden). ein Kind⁴ **von** der Schule *abmelden* 子供の退学届を出す / **Bei** mir *ist* er *abgemeldet*.《状態受動・現在》《口語》彼には愛想がつきた. ◊《再帰的に》Er *hat sich*⁴ polizeilich *abgemeldet*. 彼は警察に転出届を出した. ②(物⁴の)使用中止を届け出る. das Auto⁴ *abmelden* 廃車届をする.

Ab·mel·dung [アップ・メるドゥング] 囡 -/-en ①(転出・退学などの)届け出. (参「転入届」は Anmeldung). ②(車などの)使用中止の届け.

ab|mes·sen* [アップ・メッセン áp·mèsən] 他 (h) ①(大きさ・量など⁴を)測る, 測定する;《比》見積る. ② 測って取り分ける. einen Meter Stoff *abmessen* 布地を1メートル切り取る.
◊☞ **abgemessen**

Ab·mes·sung [アップ・メッスング] 囡 -/-en ① 《覆 なし》測定, 測量. ②《ふつう 覆》寸法.

ab|mon·tie·ren [アップ・モンティーレン áp·mɔntì:rən] 他 (h) (機械の一部など⁴を)取りはずす.

ab|mü·hen [アップ・ミューエン áp·mỳ:ən] 再帰 (h) *sich*⁴ *abmühen* 骨折る, 苦労をする. *sich*⁴ **mit** einer Aufgabe *abmühen* ある課題にとり組む.

ab|mus·tern [アップ・ムスタァン áp·mùstərn] I 他 (h)《海》(船員など⁴を)解雇する. II 倉 (h)《海》(船員が)船の勤務をやめる.

ab|na·gen [アップ・ナーゲン áp·nà:gən] 他 (h) (肉など⁴を)かじり取る.

Ab·nä·her [アップ・ネーァァ áp·nɛ:ər] 男 -s/- 《服飾》(スカートなどの)タック.

** die **Ab·nah·me** [アップ・ナーメ áp·na:mə] 囡 (単) -/(覆) -n 《ふつう 囲》① 取り去ること, 除去;《医》切断. ② 減少, 減退, 目減り. (参「増加」は Zunahme). die *Abnahme* der Kräfte² 体力の減退. ③ 買い取り, 購入; 売れ行き. Die Ware findet reißende *Abnahme*. この商品は飛ぶような売れ行きだ. ④ (当局による)検査, 検閲. die *Abnahme* eines Hauses 建物の検査.

:**ab|neh·men*** [アップ・ネーメン áp·nè:mən] du nimmst...ab, er nimmt...ab (nahm...ab, hat...abgenommen) I 他 (完了 haben) ① 取り去る, 取りはずす; (手足など⁴を手術で)切除する. (米 take off). Er *nimmt* das Bild **von** der Wand *ab*. 彼は壁から絵を取りはずす / Kannst du [den Hörer] *abnehmen*? 電話に出てくれないか(←受話器を取ってくれないか) / den Hut *abnehmen* 帽子を脱ぐ / Äpfel⁴ *abnehmen* りんごを摘み取る.

② (人³から)取り上げる, 奪い取る; (人³に料金など⁴を)請求する. 人³ den Führerschein *abnehmen* (警察が)人³から運転免許証を取り上げる / Der Mann *nahm* mir die Brieftasche *ab*. その男は私から札入れを奪い取った.

③ (人³の物⁴を)持ってやる; (人³の事⁴を)引き受ける. Ich *nehme* dir diese Arbeit gern *ab*. 君のこの仕事を喜んでやってあげるよ.

④ (人³から)受け取る. dem Briefträger das Päckchen⁴ *abnehmen* 郵便配達人から小包を受け取る / 人³ ein Versprechen⁴ *abnehmen*《比》人³から約束を取りつける.

⑤ (規格に合っているか)検査する. ⑥ (人³から物⁴を)買い取る. ⑦《口語》(人³の事⁴を)信じる. Das *nehme* ich dir nicht *ab*! 君のその話は信じられないよ. ⑧ (原型から)写し取る. 人³ die Totenmaske⁴ *abnehmen* 人³のデスマスクを取る. ⑨《手芸》(編み目⁴を)減らす.

II 倉 (完了 haben) ① **減る**, 減少する; 低下する, 弱まる; (日が短くなる, (月が欠ける. (参「増す」は zu|nehmen). Die Geschwindigkeit *nahm* plötzlich *ab*. 速度が急に落ちた / Die Tage *nehmen ab*. 日が短くなる.

② **体重が減る**, やせる. Sie *hat* drei Kilo *abgenommen*. 彼女は3キロやせた.

Ab·neh·mer [アップ・ネーマァ áp·ne:mər] 男 -s/- 買い手, 消費者.

Ab·nei·gung [アップ・ナイグング] 囡 -/-en《ふつう 単》反感, 嫌悪. (参「好意」は Zuneigung). eine *Abneigung*⁴ **gegen** 人・物³ haben 人・物³に反感をいだく.

ab·norm [アプノルム apnórm] 形 ① 正常でない, 病的な. ② 異常な, 並はずれた.

ab·nor·mal [アップノルマーる ápnorma:l または..マーる] 形《ドゥッ·スィ》アブノーマルな, 異常な.

Ab·nor·mi·tät [アプノルミテート apnɔrmité:t] 囡 -/-en ① 異常[性], 病的状態. ② 奇形[者].

ab|nö·ti·gen [アップ・ネーティゲン áp·nò:tıgən] 他 (h)《雅》(人³に 事⁴を)強いる. 人³ ein Versprechen⁴ *abnötigen* 人³に無理やり約束させる.

ab|nut·zen [アップ・ヌッツェン áp·nùtsən] I

他 (h) 使い古す, 着古す, (靴⁴を)はき古す. II 再帰 (h) *sich⁴ abnutzen* すり減る, 傷む.
◇☞ **abgenutzt**

ab|nüt·zen [アップ・ニュッツェン áp-nỳtsən] 他 (h)・再帰 (h)・(方) ＝abnutzen

Ab·nut·zung [アップ・ヌッツンク] 女 -/ 消耗, 摩滅.

A·bon·ne·ment [アボネマーン abɔnəmá:] 中 -s/-s ① (新聞・雑誌などの)予約購読. eine Zeitung⁴ im *Abonnement* beziehen 新聞を予約購読する. ② 《劇》(劇場などのシーズンを通しての)座席予約. ③ (バスなどの)定期券; 通し切符.

A·bon·nent [アボネント abɔnént] 男 -en/-en 予約購読者; (劇場などの)予約会員.

*a·bon·nie·ren [アボニーレン abɔní:rən] (abonnierte, *hat*…abonniert) I 他 (定了 haben) (新聞・雑誌など⁴を)予約購読する, (劇場の席など⁴を)シーズン予約する. eine Zeitung⁴ *abonnieren* 新聞を予約購読する. II 自 (定了 haben) (劇場などの)予約会員になる. Wir *haben* in der Oper *abonniert*. 私たちはオペラのシーズン予約会員になった.

a·bon·niert [アボニールト] I ＊abonnieren (予約講読する)の 過分 II 形 成句的に *auf* 物⁴ *abonniert sein* 物⁴を予約購読している.

a·bon·nier·te [アボニーァテ] ＊abonnieren (予約購読する)の 過去

ab|ord·nen [アップ・オルドネン áp-ɔ̀rdnən] 他 (h) (人⁴を代表として)派遣する. 人⁴ zu einer Konferenz *abordnen* 人⁴を会議に派遣する.

Ab·ord·nung [アップ・オルドヌンク] 女 -/-en ① (複 なし)(代表の)派遣. ② 派遣団の一行, 代表団.

A·bort¹ [アボルト abɔ́rt またはアップ・オルト áp-ɔrt] 男 -[e]s/-e トイレ, 便所 (＝Toilette).

A·bort² [アボルト abɔ́rt] 男 -s/-e 《医》流産.

ab|pa·cken [アップ・パッケン áp-pàkən] 他 (h) 《商》(商品⁴を)小分けして包装する.

ab|pas·sen [アップ・パッセン áp-pàsən] 他 (h) (チャンスなど⁴を)うかがう; (人⁴を)待ちうける.

ab|pau·sen [アップ・パオゼン áp-pàuzən] 他 (h) トレースする, 透写する.

ab|pfei·fen＊ [アップ・プファイフェン áp-pfàifən] 他 (h) (スポ)(競技⁴の)終了(中止)のホイッスルを吹く.

ab|pflü·cken [アップ・プふリュッケン áp-pflỳkən] 他 (h) (花・果実など⁴を)摘み取る; (木など⁴の)果実を取り尽くす.

ab|pla·gen [アップ・プラーゲン áp-plà:gən] 再帰 (h) *sich⁴ abplagen* さんざん苦労する. *sich⁴ mit* 人・事³ *abplagen* 人・事³のことでひどく苦労する.

ab|plat·zen [アップ・プラッツェン áp-plàtsən] 自 (s) (ボタンなどが)はじけて取れる; (塗料などが)はげ落ちる.

ab|pral·len [アップ・プラレン áp-pràlən] 自 (s) はね返る;《比》(願い・非難などが)聞き入れられない. Der Ball *prallte an* (または **von**) der Mauer *ab*. ボールが壁に当たってはね返る / Alle Vorwürfe *prallten* an ihm *ab*. どんな非難も彼には効き目がなかった.

ab|pres·sen [アップ・プレッセン áp-prèsən] 他 (h) (人³に事⁴を)強要する. 人³ ein Geständnis⁴ *abpressen* 人³に自白を強要する.

ab|put·zen [アップ・プッツェン áp-pùtsən] 他 (h) ① (物⁴の)汚れをぬぐい(こすり)取る. ② (壁など⁴に)モルタル(しっくい)を塗る.

ab|quä·len [アップ・クヴェーレン áp-kvè:lən] 再帰 (h) ① *sich⁴ abquälen* さんざん苦労する. *sich⁴ mit* 人・事³ *abquälen* 人・事³のことでひどく苦労する. ② *sich³ 事⁴ abquälen* 苦しまぎれに 事⁴をする.

ab|qua·li·fi·zie·ren [アップ・クヴァリふィツィーレン áp-kvalifitsì:rən] 他 (h) けなす, 低く評価する.

ab|ra·ckern [アップ・ラッカァン áp-ràkərn] 再帰 (h) *sich⁴ abrackern* 《俗》あくせく働く.

Ab·ra·ham [アーブラハム á:braham] -s/ ① 《男名》アーブラハム. ② 《聖》《人名》アブラハム (イスラエル民族の祖; 創世記 17, 5 以下). wie in *Abrahams* Schoß《口語》安楽に(←アブラハムのひざに抱かれているように).

ab|rah·men [アップ・ラーメン áp-rà:mən] 他 (h) (牛乳⁴から)クリームをすくい取る.

Ab·ra·ka·dab·ra [アーブラカダブラ a:brakadá:bra または アープラカダブラ] -s/ アブラカタブラ(寄席・サーカスなどで使う呪文).

ab|ra·sie·ren [アップ・ラズィーレン áp-razì:rən] 他 (h) ① (ひげ・髪など⁴を)そり落とす. ②《口語》(爆弾・あらしなどが)根こそぎ破壊する.

ab|ra·ten＊ [アップ・ラーテン áp-rà:tən] I 自 (h) (人³ *von* 事³〜) (人³に事³を)思いとどまるように忠告する. Ich *habe* ihm von der Reise *abgeraten*. 私は彼にその旅行をやめるよう忠告した. II 他 (h) (人³に事⁴を)思いとどまるように忠告する.

Ab·raum [アップ・ラオム áp-raum] 男 -[e]s/ ① (坑)(有用な鉱物を含まない)表土, 被覆石. ②(方)くず, 廃物 (＝Abfall).

ab|räu·men [アップ・ロイメン áp-rɔ̀ymən] 他 (h) (食器・食卓など⁴を)片づける. den Tisch (または das Geschirr⁴ vom Tisch) *abräumen* テーブルの食器を片づける.

ab|re·a·gie·ren [アップ・レアギーレン áp-reagi:rən] I 他 (心)(興奮・緊張など⁴を)発散させる, 消散させる. Sie *reagierte* ihren Ärger **an** den Kindern *ab*. 彼女は子供たちに八つ当たりした. II 再帰 (h) *sich⁴ abreagieren* 気持ちが静まる.

*ab|rech·nen [アップ・レヒネン áp-rèçnən] du rechnest…ab, er rechnet…ab (rechnete…ab, *hat*…abgerechnet) I 他 (定了 haben) ① 差し引く. die Steuern⁴ vom Lohn *abrechnen* 給料から税金を差し引く. ② (物⁴の)勘定を締める. die Kasse⁴ *abrechnen* 会計の帳簿を締める. ◇[目的語なしでも] Sie *hat* schon *abgerechnet.* 彼女はもう帳簿を締めてしまった. **II** 自《完了》haben》〖**mit** 人³ ~〗(人³と)貸し借りの清算をする;《比》(道徳的な責任について人³と)決着をつける.

Ab·rech·nung [アップ・レヒヌング] 安 -/-en ① 差し引き, 控除. 物⁴ **in** *Abrechnung* **bringen**《書》物⁴を差し引く. ② 決算, 清算. **mit** 人³ *Abrechnung*⁴ **halten** a) 人³と貸し借りを清算する, b)《比》人³と話をつける.

Ab·re·de [アップ・レーデ áp-re:də] 安 -/ -n ①〖ふつう成句的に〗事⁴ **in** *Abrede* **stellen**《書》事⁴を否認する. ②《雅》とり決め, 協定.

ab|rei·ben* [アップ・ライベン áp-ràibən] 他 (h) ① (汚れた物⁴を)こすって落とす;(物⁴の)汚れをこすって(ふいて)取る. **den Rost vom Messer** *abreiben* ナイフのさびをこすり落とす. ② こすって乾かす;(人³の)体を摩擦する. ◊《再帰的に》*sich*⁴ **kalt** *abreiben* 冷水摩擦する. ③ (レモンの皮など⁴を)下ろし金ですり下ろす.

Ab·rei·bung [アップ・ライブング] 安 -/-en ① 摩擦. **eine kalte** *Abreibung* 冷水摩擦. ②《口語》殴打; 叱責(しっせき).

***die* Ab·rei·se** [アップ・ライゼ áp-raɪzə] 安 (単)-/(複)-n 〖ふつう単〗旅立ち,(旅行のための)出発. (⇔ *departure*).(旅行者の)到着」は Anreise. **Sie verzögerte ihre** *Abreise.* 彼女は出発を遅らせた.

***ab|rei·sen** [アップ・ライゼン áp-ràɪzən] **du reist...ab (reiste...ab,** *ist*...**abgereist)** 自 (完了) sein) ① 旅立つ,(旅行に)出発する. (英 *depart*). **Ich** *reise* **morgen nach Berlin** *ab.* 私はあすベルリンへ出発する. ②(旅先から)帰路につく.

ab|rei·ßen [アップ・ライセン áp-ràɪsən] **du reißt...ab (riss...ab,** *hat/ist*...**abgerissen) I** 他 (完了) haben) ① 引きはがす, もぎ取る, 引きちぎる. **ein Kalenderblatt⁴** *abreißen* カレンダーをめくり取る. ②(建物などを)取り壊す. ③《口語》(着古し)ぼろぼろにする. ④《俗》(兵役など⁴を)勤めあげる. **II** 自(完了) sein) ①(糸・ボタンなどがぷつんと)切れる, 取れる. **Der Knopf** *ist abgerissen.* 〘現在完了〙ボタンがぷつんと取れた. ②《比》(会話・交信などが急に)とぎれる.

◊☞ **abgerissen**

Ab·reiß·ka·len·der [アップライス・カレンダァ] 男 -s/- 日めくり, はぎ取り式カレンダー.

ab|rich·ten [アップ・リヒテン áp-rìçtən] 他 (犬など⁴を)調教(訓練)する.

Ab·rieb [アップ・リープ áp-ri:p] 男 -[e]s/-e ①〖複 なし〗摩耗, 摩滅. ②(摩擦ですり落ちた)破片, くず.

ab|rie·geln [アップ・リーゲルン áp-ri:gəln] 他 (h) ①(戸など⁴を)かんぬきをして閉める. ②(道路など⁴を)遮断する, 閉鎖する.

ab|rin·gen [アップ・リンゲン áp-rìŋən] 他 (h) (人・物³から物⁴を)無理に奪い取る.

Ab·riss [アップ・リス áp-rɪs] 男 -es/-e ①〖複 なし〗(建物などの)取り壊し. ② 概要, 概説; 便覧. **ein** *Abriss* **der deutschen Grammatik²** ドイツ文法概説. ③(入場券などの)切り取り半券.

Ab·riß ☞ 新形 Abriss

ab|rol·len [アップ・ロレン áp-ròlən] **I** 他 ①(巻いてある物⁴を)ほどいて広げる. **ein Kabel⁴** *abrollen* (巻いてある)ケーブルをほどいて伸ばす. ②(貨物など⁴を車両で)運び去る. **II** 自 (s) ①(巻いてある物が)ほどけて広がる;《比》(プログラムなどが)スムーズに進行する. **Die Veranstaltung** *rollte* **reibungslos** *ab.* 催しは順調に進んだ. ②(車両が)走り去る.

ab|rü·cken [アップ・リュッケン áp-rỳkən] **I** 他 (押して)ずらす, 離す. **II** 自 (s) 〖**von** 人・物³ ~〗(人・物³から)身をずらす, 離れる;《比》(人・事³と)一線を画す. ②《軍》隊列を組んで出発する.

Ab·ruf [アップ・ルーフ áp-ru:f] 男 -[e]s/ -e 〖ふつう 単〗① 呼び出し, 召還. ②《商》納品請求. **eine Ware⁴ auf** *Abruf* **liefern** 品物を請求によって納入する. ③《経》(預金の)引き出し.

ab|ru·fen* [アップ・ルーフェン áp-rù:fən] 他 (h) ① 呼び出す(戻す), 召還する. 人⁴ **aus einer Sitzung** *abrufen* 会議中の人⁴を呼び出す. ②《コンピ》(データ⁴を)呼び出す. ③《空》(飛行機に)着陸を指示する. ④《商》(商品など⁴の)納品を請求する;《経》(預金⁴を)引き出す.

ab|run·den [アップ・ルンデン áp-rùndən] 他 (h) ①(物⁴に)丸みをつける. **eine Kante⁴** *abrunden* 角を丸くする. ②(数⁴の)端数を切り上げる(切り捨てる). **eine Zahl⁴ nach oben (unten)** *abrunden* 数の端数を切り上げる(切り捨てる). ③ 完全なものに仕上げる. ◊《再帰的に》*sich*⁴ *abrunden* 完全なものに仕上がる.

ab·rupt [アブルプト aprúpt または アプ..ab..] 形 ① 突然の, 出し抜けの. ② 支離滅裂な.

ab|rüs·ten [アップ・リュステン áp-rỳstən] **I** 自 (h) 軍備を縮小する. (⇔「軍備を拡張する」は auf|rüsten). **II** 他 (h)《建》(建物⁴の)足場を取り去る.

Ab·rüs·tung [アップ・リュストゥング] 安 -/-en 軍備縮小. (⇔「軍備拡張」は Aufrüstung).

ab|rut·schen [アップ・ルッチェン áp-rùtʃən] 自 (s) ① 滑り落ちる. **Das Messer ist mir** *abgerutscht.* 〘現在完了〙私の手からナイフが滑り落ちた. ②《比》(成績などが)落ちる; 堕落する.

Abs.《略》①[アップ・ザッツ] 節; 項(= Absatz). ②[アップ・ゼンダァ] 差出人, 発信人(= Absender).

ab|sa·cken [アップ・ザッケン áp-zàkən] 自 (s) 《口語》①(地面などが)沈下する; (船が)沈む; (飛行機が)急に降下する. ②《比》(血圧・成績などが)下がる; 堕落する.

***die* Ab·sa·ge** [アップ・ザーゲ áp-za:gə] 安 (単)-/(複)-n ① 拒否, 断り;(訪問・約束などの)取り消し. (⇔「受諾」は Zusage). **eine** *Absage*⁴ **erhalten** 断られる. ②《放送》番組終了のアナウンス.

***ab|sa·gen** [アップ・ザーゲン áp-zà:gən]

(sagte…ab, hat…abgesagt) **I** 他 (完了 haben) ① (催しなど⁴を)とりやめる．(英 cancel). ein Fest⁴ *absagen* 祭りをとりやめる．② (訪問・招待など⁴を)**とり消す**，断る．(☞「受諾する」は zu\|sagen). Er *sagte* [seine Teilnahme] *ab*. 彼は[参加を]とり消した．
II 自 (完了 haben) ① (人³に)断りを言う．Ich *muss* Ihnen für Montag *absagen*. 月曜日の約束を私はお断りせざるをえません．② 《雅》(車³を)断念する．dem Alkohol *absagen* 酒をやめる．

ab\|sä·gen [アップ・ゼーゲン áp-zɛ̀:gən] 他 (h) ① のこぎりで切り落とす．② 《口語》(人⁴を)首にする．

ab\|sah·nen [アップ・ザーネン áp-zà:nən] **I** 他 (h) ① 《口語》(いちばんいいところなど⁴を)せしめる，うまい汁を吸う．② 《方》(牛乳⁴の)乳脂を取り除く．

*der **Ab·satz*** [アップ・ザッツ áp-zats] 男 (単2) -es/(複) ..sätze [..ゼッツェ] (3格のみ ..sätzen) ① (靴の)かかと．hohe *Absätze* ハイヒール．② (階段の)**踊り場**．③ (文章の)パラグラフ，段落，節；《法》(条文の)項．(略：Abs.). einen *Absatz* machen 改行する / einen Text **in** *Absätze* gliedern 一つのテキストをいくつかの節に分ける．④ 《覆 なし》《経》売れ行き．Diese Krawatten finden keinen *Absatz*. このネクタイはさっぱり売れない．⑤ 中断．**in** *Absätzen* とぎれとぎれに．

Ab·sät·ze [アップ・ゼッツェ] *Absatz (靴のかかと)の 覆

Ab·satz\|ge·biet [アップザッツ・ゲビート] 中 -[e]s/-e 《商》販路．

ab\|sau·fen* [アップ・ザオフェン áp-zàufən] 自 (s) ① 《俗》沈没する；おぼれ死ぬ．② 《口語》(車のエンジンが)ガスを吸い込み過ぎてエンストする．

ab\|sau·gen [アップ・ザオゲン áp-zàugən] 他 (h) ① (水・ごみなど⁴を)吸い取る．② (物⁴に)掃除機をかける．③ 《化》吸引ろ過する．

ab\|scha·ben [アップ・シャーベン áp-ʃà:bən] 他 (h) (汚れ・付着物など⁴を)削り取る，かき落とす．
◇☞ **abgeschabt**

ab\|schaf·fen [アップ・シャッフェン áp-ʃàfən] 他 (h) ① (法律・制度など⁴を)廃止する．die Todesstrafe⁴ *abschaffen* 死刑を廃止する．② 処分する，手離す；《口語》(人⁴を)首にする．

Ab·schaf·fung [アップ・シャッフンヶ] 女 -/-en 《ふつう 単》① (法律・制度などの)廃止．② (ﾍﾟｯﾄの)追放．

ab\|schä·len [アップ・シェーレン áp-ʃɛ̀:lən] 他 (h) ① (皮など⁴を)はぐ，むく．② (野菜など⁴の)皮をむく．

*ab\|schal·ten** [アップ・シャルテン áp-ʃàltən] du schaltest…ab, er schaltet…ab (schaltete…ab, hat…abgeschaltet) **I** 他 (完了 haben) (物⁴の)**スイッチを切る**．(☞「スイッチを入れる」は an\|schalten). den Fernseher *abschalten* テレビのスイッチを切る．
II 自 (完了 haben) 《口語》集中力がなくなる．Die Zuhörer *hatten* bereits *abgeschaltet*. 聴衆はとっくに聞いてはいなかった．

ab\|schät·zen [アップ・シェッツェン áp-ʃɛ̀tsən] 他 (h) (距離・速度など⁴を)見積もる；品定めする．

ab·schät·zig [アップ・シェッツィヒ áp-ʃɛtsɪç] 形 軽蔑的な，見くびった．

Ab·schaum [アップ・シャオム áp-ʃaum] 男 -[e]s/ (煮立った液体などの)あく，浮きかす．der *Abschaum* der Menschheit² 《比》人間のくず．

ab\|schei·den* [アップ・シャイデン áp-ʃàidən] **I** 他 (h) 《化》分離する，析出する；《生》分泌する．**II** 自 (h) 《雅・婉曲》逝去する．
◇☞ **abgeschieden**

Ab·scheu [アップ・ショイ áp-ʃɔy] 男 -[e]s/ (まれに 女 -/) 嫌悪[感]．**vor** 人・物³ *Abscheu*⁴ haben 人・物³に対して嫌悪感をいだく．

ab\|scheu·ern [アップ・ショイアァン áp-ʃɔ̀yərn] 他 (h) ① (汚れなど⁴を)こすって落とす；(床など⁴を)ブラシで磨く．② (衣服など⁴を)すり切らす；(皮膚⁴を)すりむく．

ab·scheu·lich [アップ・ショイリヒ áp-ʃɔ́yliç] **I** 形 いやな，嫌悪感を起こさせる；忌まわしい，卑劣な．ein *abscheulicher* Geruch いやなにおい．**II** 副 《口語》(いやになるほど)ひどく．Es ist *abscheulich* kalt. ひどく寒い．

ab\|schi·cken [アップ・シッケン áp-ʃìkən] 他 (h) (手紙・小包など⁴を)発送する；(使者⁴を)派遣する．(☞ 類語 schicken).

ab\|schie·ben* [アップ・シーベン áp-ʃì:bən] **I** 他 (h) ① 押しやる，押しのける；《比》(仕事など⁴を)他人に押しつける．die Verantwortung⁴ **auf** 人⁴ *abschieben* 責任を人⁴に転嫁する．② (人⁴を)国外に退去させる；《口語》左遷する．**II** 自 (s) 《俗》立ち去る．*Schieb ab*! うせろ．

*der **Ab·schied*** [アップ・シート áp-ʃi:t] 男 (単2) -[e]s/(複のみ -en) ① 《ふつう 単》別れ，離別；いとまごい．(英 farewell). ein trauriger *Abschied* 悲しい別れ / **von** 人³ *Abschied*⁴ nehmen 《雅》(人³に)別れを告げる / Der *Abschied* von dir fällt mir schwer. 君と別れるのはつらい / **zum** *Abschied* 別れに際して．
② 《覆 なし》《雅》解任，免職，辞職．人³ den *Abschied* geben 人³を免職にする / den *Abschied* bekommen (または erhalten) 免職になる / Er will seinen *Abschied* einreichen. 彼は辞表を出すつもりだ．

Ab·schieds\|ge·such [アップシーツ・ゲズーフ] 中 -[e]s/-e 辞職願い．

ab\|schie·ßen* [アップ・シーセン áp-ʃì:sən] 他 (h) ① (鉄砲・弓矢など⁴を)発射する．eine Rakete⁴ *abschießen* ロケットを発射する．② 射殺する，射落とす；撃破(撃墜)する．③ (人³の手・足など⁴を)弾丸で失わせる．④ 《口語》(人⁴を)失脚させる．

ab\|schin·den⁽*⁾ [アップ・シンデン áp-ʃìndən] 再帰 (h) *sich*⁴ *abschinden* 《口語》さんざん苦労する．

ab|schir·men [アップ・シルメン áp-ʃɪrmən] 他 (h) ① 守る, 保護する. 人⁴ **gegen** schädliche Einflüsse abschirmen 人⁴を悪影響から守る. ② (光・音など⁴を)さえぎる. ③《物》遮蔽(しゃへい)する.

ab|schlach·ten [アップ・シュラハテン áp-ʃlàxtən] 他 (h) ① 屠殺(とさつ)する. ②《比》虐殺する.

Ab·schlag [アップ・シュラーク áp-ʃla:k] 男 -[e]s/..schläge ①《商》値下がり; 割引. ② 分割払い; (1回分の)分割払い金. 物⁴ **auf** Abschlag kaufen 物⁴を分割払いで買う. ③ (サッカーで:) ゴールキック; (ホッケーの)プリー; (ゴルフの)ティーショット.

ab|schla·gen* [アップ・シュラーゲン áp-ʃlà:gən] I 他 (h) ① (樹木⁴を)伐採する, (枝など⁴を)切り落とす; (方)(テントなど⁴を)取り払う. ② (頼みなど⁴を)拒絶する, 断る. 人³ eine Bitte⁴ abschlagen 人³の願いをはねつける. (☞ 類語 weigern). ③《軍》(敵・攻撃⁴を)撃退する. ④ (サッカーで:) ゴールキックする; (ホッケーで:) ブリーをする; (ゴルフで:) ティーショットする. II 再帰 (h) sich⁴ abschlagen (湯気などが)結露する.

◊☞ abgeschlagen

ab·schlä·gig [アップ・シュレーギヒ áp-ʃlɛ:gɪç] 形《官庁》拒絶の, 断りの(回答など).

Ab·schlags≠zah·lung [アップ・シュラークス・ツァールング áp -/-en 《経》分割払い[の初回]金; 分割払い.

ab|schlei·fen* [アップ・シュライフェン áp-ʃlàɪfən] I 他 (h) (さびなど⁴を)磨いて落とす; (磨いて)なめらかにする. II 再帰 (h) sich⁴ abschleifen すり減る, なめらかになる;《比》(性格的に)角がとれる.

Ab·schlepp≠dienst [アップシュレップ・ディーンスト]男 -es/-e (故障車の)レッカーサービス業.

***ab|schlep·pen** [アップ・シュレッペン áp-ʃlɛpən] (schleppte...ab, hat...abgeschleppt) I 他 (完了 haben) ① (故障車など⁴をレッカー車で)引いて行く. Ich *musste* meinen Wagen abschleppen lassen. 私は車をレッカー車で運んでもらわなければならなかった. ② (俗・戯)(人⁴を無理やり)連れて行く. II 再帰 (完了 haben)《*sich*⁴ **mit** (または **an**) 物³ ~》(口語)(物³を)苦労して運ぶ.

Ab·schlepp≠wa·gen [アップシュレップ・ヴァーゲン]男 -s/- レッカー車.

ab|schlie·ßen [アップ・シュリーセン áp-ʃli:sən] du schließt...ab (schloss...ab, hat... abgeschlossen) I 他 (完了 haben) ① (部屋など⁴に)鍵(かぎ)をかけて閉める. (≒《雅》「鍵で閉める」は aufschließen). die Tür⁴ abschließen ドアの鍵をかける / Er *schloss* das Zimmer von innen *ab*. 彼は部屋に中から鍵をかけた.

② (契約など⁴を)結ぶ, 締結する. Ich *habe* eine Versicherung *abgeschlossen*. 私は保険の契約を結んだ.

③ 終える, 締めくくる. das Studium⁴ abschließen 大学を卒業する / Ein Feuerwerk *schließt* das Fest *ab*. 花火が上がって祭りが終わる / die Bücher⁴ abschließen《商》帳簿を締める.

④ 隔離する, 閉じ込める. ◊《再帰的に》*sich*⁴ **von** der Umwelt abschließen 世間との交渉を絶つ.

II 自 (完了 haben) ①《**mit** 物³~》(物³で)終わる. Der Roman *schließt* mit einem Happyend *ab*. この小説はハッピーエンドで終わっている. ②《**mit** 人・事³~》(人・事³との)関係を絶つ. mit dem Leben abschließen 人生を投げ出す.

◊☞ abgeschlossen

ab·schlie·ßend [アップ・シュリーセント] I *ab|schließen (鍵をかけて閉める)の 現分 II 形 終わりの, 最終的な. *Abschließend* sagte er … 結論として彼は…と言った.

***der* Ab·schluss** [アップ・シュルス áp-ʃlʊs] 男 (単2) -es/..schlüsse [..シュリュッセ] (3格のみ ..schlüssen) ①《複なし》終了, 完了; 完結;《商》決算. **nach** *Abschluss* **des** Studiums 大学卒業後 / **zum** *Abschluss* kommen 終わる /《事》⁴ **zum** *Abschluss* **bringen** 事⁴を終える. ② (衣服などのへり飾り, 縁飾り. ③ (交渉・契約などの)締結, とり決め. der *Abschluss* eines Vertrags 条約の締結. ④ 隔離, 遮断.

Ab·schluß ☞ (新形) Abschluss

Ab·schlüs·se [アップ・シュリュッセ] *Abschluss (へり飾り)の 複

Ab·schluss≠prü·fung [アップシュルス・プリューフング]女 -/-en 卒業(修了)試験.

Ab·schluß≠prü·fung ☞ (新形) Abschlussprüfung

ab|schme·cken [アップ・シュメッケン áp-ʃmɛkən] 他 (h) ① (料理⁴の)味を調える. die Suppe⁴ abschmecken スープの味つけをする. ② (比)味見をする.

ab|schmie·ren [アップ・シュミーレン áp-ʃmi:rən] (過分 abgeschmiert) I 他 (h) ①《工》(機械など⁴に)グリースを塗る. ② (生徒言葉:) そяんに書き写す. II 自 (s)《空》(飛行機が)墜落する.

ab|schmin·ken [アップ・シュミンケン áp-ʃmɪŋkən] I 他 (h) (人・物⁴の)化粧を落とす. das Gesicht⁴ abschminken 顔の化粧を落とす. ◊《再帰的に》Sie *schminkte sich*⁴ gerade *ab*. 彼女は化粧を落としたところだった. II 再帰 (h) *sich*³ 事⁴ abschminken《俗》事⁴(希望など)を断念する, あきらめる.

Abschn. [アップ・シュニット]《略》(文章の)章, 節 (=Abschnitt).

ab|schnal·len [アップ・シュナレン áp-ʃnàlən] I 他 (h) (物⁴の)留め金をはずす. II 再帰 (h) *sich*⁴ abschnallen シートベルトをはずす. III 自 (h)《口語》(精神的に)ついていけない.

ab|schnei·den* [アップ・シュナイデン áp-

ʃnàɪdən] du schneidest...ab, er schneidet... ab (schnitt...ab, hat...abgeschnitten) **I** 他 (完了 haben) ① **切り取る**; 短く切る(刈る). (英 cut off). ein Stück Brot⁴ *abschneiden* パンを一切れ切り取る / 人³ die Haare⁴ *abschneiden* 人³の髪を刈る. ② (交通など⁴を)**遮断する**; 人³に対して 車⁴を)妨げる. 人³ den Weg *abschneiden* 人³の行く手を妨げる / Sie *schnitt* ihm das Wort **ab**. 彼女は彼の言葉をさえぎった. ③ (周囲から)孤立させる. Der starke Schneefall *schnitt* das Dorf vom Umland **ab**. 豪雪がその村を周辺地域から孤立させた. ④ (道のり⁴を)短縮する. den Weg *abschneiden* 近道をする. ◊ [目的語なしでも] Hier *schneiden* wir **ab**. ここを行けば近道だ. **II** 自 (完了 haben) (試験などで…の)成績をあげる. Sie *hat* bei der Prüfung gut (schlecht) *abgeschnitten*. 彼女は試験で良い(悪い)成績を取った.
◊ ☞ **abgeschnitten**

*der **Ab·schnitt** [アップ・シュニット áp-ʃnɪt] 男 (単 2) -[e]s/(複) -e (3格のみ -en) ① (書物などの)**章, 節** (略: Abschn.). Hier endet der erste *Abschnitt*. ここで第 1 章が終わっている. ② (人生・歴史などの)**時期**. ein entscheidender *Abschnitt* im Leben 人生の重大な一時期. ③ **部分, 断片, 切片**. der *Abschnitt* der Eintrittskarte² 入場券の切り取り半券. ④ 区域, 地区. ⑤ (数) (直線の)線分; 弓形, (円・球の)切片.

Ab·schnitts⸗wei·se [アップシュニッツ・ヴァイゼ] 副 一節ごとに, 章単位で.

ab|schnü·ren [アップ・シュニューレン áp-ʃnỳːrən] 他 (h) (腕など⁴を)縛って血行を止める; (医) 結紮(けっさつ)する. 人³ die Luft⁴ *abschnüren* 人³の首を締める, b)(比)経済的に 人³の息の根を止める.

ab|schöp·fen [アップ・シェプフェン áp-ʃœpfən] 他 (h) (泡など⁴を)すくい取る. den Rahm *abschöpfen* (牛乳から)クリームをすくい取る. b)(比)うまい汁を吸う.

ab|schrau·ben [アップ・シュラオベン áp-ʃràubən] 他 (h) ねじをゆるめて取りはずす.

ab|schre·cken [アップ・シュレッケン áp-ʃrɛ̀kən] 他 (h) (恐れさせて)しり込みさせる, 思いとどまらせる. Das *schreckt* mich nicht *ab*! そんなことではひるまないぞ. ② (料理)(ゆで卵など⁴を)水で急に冷やす; (工) 焼き入れする; 急冷する.

ab·schre·ckend [アップ・シュレッケント] **I** ab|schrecken (しり込みさせる)の 現分 **II** 形 ① 見せしめの. ein *abschreckendes* Beispiel 見せしめの実例). ② ぞっとするような.

Ab·schre·ckung [アップ・シュレックング] 女 -/-en 脅かし, 威嚇, 見せしめ.

ab|schrei·ben [アップ・シュライベン áp-ʃràibən] (schrieb...ab, hat...abgeschrieben) 他 (完了 haben) ① **書き写す**; 清書する. Ich *habe* das Gedicht *aus* einem Buch *abgeschrieben*. 私はその詩をある本から書き取った. ② **カンニングする**. Er *hat* die Aufgaben **von** seinem Nachbarn *abgeschrieben*. 彼は隣の生徒の答案をこっそり見て書いた. ③ 《商》(ある金額⁴を)差し引く, 帳消しにする. ④ 《口語》(なくなったものと)あきらめる. Den Ring *kannst* du *abschreiben*. その指輪はあきらめるほうがいいよ. ⑤ (鉛筆など⁴を)書いてすり減らす. ◊ [再帰的に] *sich⁴ abschreiben* (鉛筆などが)ちびる.

II 自 (完了 haben) (人³に)断りの手紙を書く.

Ab·schrei·bung [アップ・シュライブング] 女 -/-en (経) 控除[額], 減価償却[分].

Ab·schrift [アップ・シュリフト áp-ʃrɪft] 女 -/-en 写し, コピー; 謄本. eine beglaubigte *Abschrift⁴* von 物³ an|fertigen 物³の認証謄本を取る.

ab|schür·fen [アップ・シュルフェン áp-ʃỳrfən] 他 (h) すりむく. sich³ die Knie⁴ *abschürfen*

Ab·schür·fung [アップ・シュルフング] 女 -/-en すりむくこと; すり傷.

Ab·schuss [アップ・シュス áp-ʃʊs] 男 -es/..schüsse ① 発射, 発砲. der *Abschuss* der Rakete² ロケットの発射. ② 撃破, 撃墜; 《狩》(獲物を)射とめること.

Ab·schuß ☞ Abschuss

ab·schüs·sig [アップ・シュスィヒ áp-ʃʏsɪç] 形 急傾斜の, 険しい.

ab|schüt·teln [アップ・シュッテルン áp-ʃỳtəln] 他 (h) ① (ごみなど⁴を払い(ふるい)落とす, 物⁴を)ふるってきれいにする. den Schnee **vom** Mantel *abschütteln* コートの雪を払い落とす. ② (比)(疲れ・疑念など⁴を)払いのける; (追っ手など⁴を)振り切る, まく. die Müdigkeit⁴ *abschütteln* 眠気を振り払う.

ab|schwä·chen [アップ・シュヴェッヒェン áp-ʃvɛ̀çən] **I** 他 (h) (印象・表現など⁴を)弱める, 和らげる. **II** 再帰 (h) *sich⁴ abschwächen* 弱まる, 衰える.

ab|schwat·zen [アップ・シュヴァッツェン áp-ʃvàtsən] 他 (h) 《口語》(人³から 物⁴を)言葉巧みにだまし取る.

ab|schwei·fen [アップ・シュヴァイフェン áp-ʃvàɪfən] 自 (s) (本題などから)それる, はずれる. vom Thema *abschweifen* テーマからそれる.

ab|schwen·ken [アップ・シュヴェンケン áp-ʃvɛ̀ŋkən] 自 (s) 向きを変える, 方向転換する.

ab|schwir·ren [アップ・シュヴィレン áp-ʃvɪ̀rən] 自 (s) ① (鳥などが羽音をたてて)ひゅーっと飛び去る. ② 《口語》そそくさと立ち去る.

ab|schwö·ren* [アップ・シュヴェーレン áp-ʃvø̀ːrən] 自 (h) (人・事³と)縁を切る[と誓う]. dem Alkohol *abschwören* (比) 酒を断つ.

ab·seh·bar [アップ・ゼーバール または アップ・ゼー..] 形 見極め(見通し)のつく. in *absehbarer* Zeit 近い将来に.

ab|se·hen* [アップ・ゼーエン áp-zèːən] **I** 他 (h) ① (人³から技巧など⁴を)見て覚える, 見て取る. Das Kunststück *hat* er seinem Bru-

der *abgesehen*. この手品を彼は兄がするのを見て覚えた. ② (結果など⁴を)予想する. Das Ende der Kämpfe ist nicht *abzusehen*. 戦いの結末は予測できない. ③ 〖*es* を目的語として成句的に〗*es*⁴ **auf** 人・物⁴ *abgesehen haben* 人・物⁴をねらう. Er *hat* es nur auf ihr Geld *abgesehen*. 彼は彼女のお金だけが目当てだ. II 自 (h) ① 〖**von** 事³ ~〗(事³を)思いとどまる. von einer Anzeige *absehen* 告発を断念する. ② 〖**von** 人・物³ ~〗(人・物³を)考慮に入れない, 度外視する. wenn man von dem Schaden *absieht* 損害のことをさておけば.
◇☞ **abgesehen**

ab|sei・fen [アップ・ザイフェン áp-zàɪfən] 他 (h) 石けんで洗う. 人³ den Rücken *abseifen* 人³の背中を洗う.

ab|sei・len [アップ・ザイレン áp-zàɪlən] I 他 (h) ザイルで降ろす. II 再帰 (h) *sich*⁴ *abseilen* 《口語》姿をくらます, ずらかる.

ab|sein* 自 (s) 〈新形〉 ab sein (離れている)》

ab・sei・tig [アップ・ザイティヒ áp-zaɪtɪç] 形 ① 正常でない, アブノーマルな; 〖性的に〗倒錯した. ② 《雅》離れたところにある.

ab・seits [アップ・ザイツ áp-zaɪts] I 副 わきに, 離れて, 〖サッカーなどで〗オフサイドの位置に. (英 *offside*). *abseits* vom Wege 道ならそれて. II 前〖2 格とともに〗…から離れて. *abseits* des Weges 道からそれて.

Ab・seits [アップ・ザイツ] 中 -/- (サッカーなどの) オフサイド.

ab|sen・den⁽*⁾ [アップ・ゼンデン áp-zèndən] 他 (h) ① (郵便物など⁴を)発送する. ein Paket⁴ *absenden* 小包を発送する. ② (使者など⁴を)派遣する.

der **Ab・sen・der** [アップ・ゼンダァ áp-zɛndɐ] 男 (単2) -s/(複) - (3格のみ -n) ① 差出人, 発送者 (略: Abs.). (英 *sender*). (⇄ 女性形は Absenderin; 「受取人」は Empfänger). Wer ist wohl der *Absender* dieses Briefes? この手紙の差出人はだれだろうか. ② 差出人(発送者)の住所氏名.

Ab・sen・dung [アップ・ゼンドゥング] 女 -/ 発送; (使者などの)派遣.

ab|sen・ken [アップ・ゼンケン áp-zɛnkən] I 他 (h) ① 《建》(地下水など⁴の)水面を下げる; (タンクなど⁴を)沈める. ② 《園芸》(木の枝など⁴を)取り木する. II 再帰 (h) *sich*⁴ *absenken* (土地などが)傾斜している.

ab|ser・vie・ren [アップ・ゼルヴィーレン áp-zɛrvìːrən] 他 (h) ① (食後に食器・食卓など⁴を)片づける. ② 《俗》(人⁴を)失脚させる; 首にする.

ab・setz・bar [アップ・ゼッツバール] 形 ① (税などを)控除できる(収入). ② よくはける(商品など).

***ab|set・zen** [アップ・ゼッツェン áp-zɛ̀tsən] du setzt...ab (setzte...ab, *hat*...abgesetzt) I 他 (定了 haben) ① (眼鏡など⁴を)取りはずす; (帽子⁴を)取る. (⇄ 「かぶせる」は auf|setzen). Er *setzte* die Brille *ab*. 彼は眼鏡をはずした. ② (道具など⁴をしかるべき位置から)離す, わきへ置く. (⇄ 「当てる」は an|setzen). das Glas vom Mund *absetzen* グラスを口から離す(飲むのをやめる). ③ (乗客など⁴を)降ろす; (重い物⁴を)下へ置く. Bitte *setzen* Sie mich an der Ecke *ab*! 角(ホド)のところで降ろしてください. ④ 沈殿(沈積)する. ◇《再帰的に》*sich*⁴ *absetzen* 沈殿(沈積)する. ⑤ 解任する, (王など⁴を)退位させる. den Minister *absetzen* 大臣を解任する. ⑥ 《商》(大量に)売る. ⑦ (予定などを)中止する, 取りやめる. ein Stück⁴ **vom** Programm *absetzen* ある劇をプログラムからはずす. ⑧ (給与などから)控除する, 差し引く. ⑨ 《農》(家畜など⁴を)離乳させる. ⑩ (色など⁴を)際だたせる. ◇《再帰的に》*sich*⁴ **gegen** (または **von** 物) 物⁴(または 物³)に対して際だつ.
II 自 (h haben) 中断する. Er trinkt, ohne *abzusetzen*. 彼は一気に酒を飲む.
III 再帰 (定了 haben) *sich*⁴ *absetzen*《口語》(こっそり)逃げ去る.

Ab・set・zung [アップ・ゼッツング áp-zɛtsʊŋ] 女 -/-en ① 解任, 罷免. ② 中断. ③ 《法》控除.

ab|si・chern [アップ・ズィッヒャァン áp-zìçɐrn] 他 (h) (危険などから)守る, 防護する.

*die **Ab・sicht** [アップ・ズィヒト áp-zɪçt] 女 (単) -/(複) -en 意図, もくろみ, 目的, 計画. (英 *intention*). eine böse (gute) *Absicht* 悪意(善意) / Ich hatte nicht die *Absicht*, ihn zu beleidigen. 私は彼を侮辱するつもりはなかった / ernste *Absichten*⁴ **auf** 人⁴ haben 《口語》 人⁴と結婚することを真剣に考えている / In welcher *Absicht*? 何の目的で / **mit** *Absicht* 故意に, わざと / **ohne** *Absicht* なにげなく, ついうっかり.

***ab・sicht・lich** [アップ・ズィヒトリヒ áp-zɪçtlɪç または アップ・ズィヒト..] 形 故意の, 意図的な. (英 *intentional*). eine *absichtliche* Entstellung 意図的な歪曲(ワ ァネ ᄎ). ◇《副詞的に》Das hat er *absichtlich* getan. それを彼はわざと(故意に)やった.

ab・sichts=los [アップズィヒツ・ローズ] 形 意図的でない, なにげない.

Ab・sinth [アブズィント apzínt] 男 -[e]s/-e アブサン(にがよもぎで味をつけた緑色のリキュール).

ab|sit・zen* [アップ・ズィッツェン áp-zìtsən] 他 (h) ① 《口語》(刑期など⁴を)勤めあげる; (ある時間⁴を)座って過ごす. eine Strafe⁴ *absitzen* 刑期を終える. ② (長く使用してソファーなど⁴を)すり減らす. II 自 (s, h) ① (s) (馬などから)降りる. ② (h) 離れて座っている.

***ab・so・lut** [アプゾルート apzolúːt] I 形 ① 絶対的な, 絶対の; 完全な; 無条件の, 純粋な. (英 *absolute*). (⇄ 相対的な は relativ). die *absolute* Mehrheit 絶対多数 / Der Patient braucht *absolute* Ruhe. 患者は絶対安静が必要です / das *absolute* Gehör 絶対音感

absoluter Alkohol《化》無水アルコール. ② 専制の, 独裁の. ein *absoluter* Herrscher 専制君主 / die *absolute* Monarchie 絶対君主制. ③ 極限の, 限界の. der *absolute* Nullpunkt《理》絶対零度 (−273.15°C).
 II 副 絶対に, どうしても, まったく. Das ist *absolut* falsch. それは絶対に間違いだ / Das kann ich *absolut* nicht leiden. 私はそんなことは絶対にがまんできない.

Ab·so·lu·ti·on [アプゾルツィオーン apzolutsió:n] 女 -/-en《カトリ》免罪, 赦免. 人³ *Absolution*⁴ erteilen 人³の罪を赦す.

Ab·so·lu·tis·mus [アプゾルティスムス apzolutísmʊs] 男 -/《史》絶対主義; 専制君主制.

ab·so·lu·tis·tisch [アプゾルティスティッシュ apzolutístɪʃ] 形 絶対主義の; 専制君主制の.

Ab·sol·vent [アプゾルヴェント apzɔlvént] 男 -en/-en (学校などの)卒業(修了)者, 卒業(修了)見込者.

ab·sol·vie·ren [アプゾルヴィーレン apzɔlví:rən] 他 (h) ① (学校などを)卒業する, 修了する; (試験⁴に)合格する. die Schule⁴ *absolvieren* 学校を卒業する. ② (宿題・訓練など⁴を)済ませる. ③《カトリ》(人³に)赦免する.

ab·son·der·lich [アプ·ゾンダァリヒ] 形 奇妙な, 風変わりな.

ab|son·dern [アプ·ゾンダァン áp-zɔ̀ndərn] I 他 (h) ① 引き離す; 隔離する. die Kranken⁴ von den Gesunden *absondern* 病人を健康な人から隔離する. ②《生・医》分泌する, 排出する. II 再帰 (h)《*sich*⁴ von 人³ ~》(人³から)孤立する, 離れる.

Ab·son·de·rung [アプ·ゾンデルング] 女 -/-en ① 分離; 隔離; 孤立;《生》分泌. ② 分泌物. ③《鉱》節理, 裂開.

ab·sor·bie·ren [アプゾルビーレン apzɔrbí:rən] 他 (h) ①《化·物》(熱·光など⁴を)吸収する. ② (注意力·精力など⁴を)奪う.

Ab·sorp·ti·on [アプゾルプツィオーン apzɔrptsió:n] 女 -/-en《化·物》(熱·光などの)吸収.

ab|spal·ten⁽*⁾ [アプ·シュパるテン áp-ʃpàltən] I 他 (h) ① (丸太など⁴を)裂く, 割る. ②《化》(分子など⁴を) 分裂させる. II 再帰 (h) *sich*⁴ *abspalten* 分離する, 分裂する.

ab|span·nen [アプ·シュパンネン áp-ʃpànən] 他 (h) ① (馬など⁴を)車からはずす. die Pferde⁴ vom Wagen *abspannen* 馬を馬車から離す. ②《工》(綱などを張って)固定させる.
 ◇☞ **abgespannt**

Ab·span·nung [アプ·シュパンヌング] 女 -/-en ① (肉体的·精神的な)疲れ, 疲労. ②《工》張り綱.

ab|spa·ren [アプ·シュパーレン áp-ʃpà:rən] 再帰 (h) *sich*³ 物⁴ *absparen* 倹約(節約)して 物⁴を手に入れる.

ab|spei·sen [アプ·シュパイゼン áp-ʃpàɪzən] 他 (h) ①《口語》体よく追い払う, あしらう. ② (人⁴に)食事を与える.

ab·spens·tig [アプ·シュペンスティヒ áp-ʃpɛnstɪç] 形《成句的に》人³ 人⁴ *abspenstig* machen 人³から人⁴(恋人·顧客などを)を奪う.

ab|sper·ren [アプ·シュペレン áp-ʃpèrən] 他 (h) ① (道路など⁴を)通行止めにする, 遮断する. ②《南·オーストリ》(部屋·ドアなど⁴に)鍵(ぎ)をかける. ③ (ガス·水道など⁴を)栓を締めて止める.

Ab·sperr·hahn [アプ·シュペル·ハーン] 男 -[e]s/..hähne (水道·ガスなどの)元栓, 止めコック.

Ab·sper·rung [アプ·シュペルング] 女 -/-en ①《覆 なし》通行止め, [交通]遮断, 閉鎖. ② (通行止めの)柵(さく), バリケード; (警察の)非常線.

ab|spie·len [アプ·シュピーれン áp-ʃpì:lən] 他 (h) ① (レコードなど⁴を)始めから終わりまでかける. ② (レコード·ボールなど⁴を)使い古す. ③ 初見で演奏する. ④《スポ》(ボール⁴を)パスする. II 再帰 (h) *sich*⁴ *abspielen* 起こる, 行われる. Der Vorfall *hat sich* hier *abgespielt*. その出来事はここで起こった / Da *spielt sich* nichts *ab*!《口語》それはまるで問題外だ.
 ◇☞ **abgespielt**

Ab·spra·che [アプ·シュプラーヘ áp-ʃpra:xə] 女 -/-n 申し合わせ, とり決め. eine *Absprache* treffen 申し合わせをする.

ab|spre·chen* [アプ·シュプレッヒェン áp-ʃprèçən] I 他 (h) ① (計画·価格など⁴を)申し合わせる, とり決める. ②《人³の事⁴を》認めない, 否認する. 人³ ein Recht⁴ *absprechen* 人³の権利を否認する. II 再帰 (h)《*sich*⁴ [mit 人³] ~》([人³と)申し合わせる, とり決める.

ab·spre·chend [アプ·シュプレッヒェント] I ab|sprechen (申し合わせる)の 現分 II 形 否定的な, 非難するような見解の.

ab|sprin·gen* [アプ·シュプリンゲン áp-ʃprɪŋən] 自 (s) ① (乗り物などから飛び降りる; (ジャンプで)踏み切りをする. ② (ボタンなどが)はじけて取れる; (塗料などが)はげ落ちる. ③《口語》離脱する, やめる. vom Studium *abspringen* 大学を中退する. ④ (ボールなどが)はね返る.

ab|sprit·zen [アプ·シュプリッツェン áp-ʃprɪtsən] I 他 (h) ① (ホースなどで)水をかけて洗う. ② (植物など⁴に)薬剤を散布する. II 自 (s) (水などが)はねる, 飛び散る.

Ab·sprung [アプ·シュプルング áp-ʃprʊŋ] 男 -[e]s/..sprünge (ジャンプの)踏み切り; (乗り物などからの)飛び降り.

ab|spu·len [アプ·シュプーれン áp-ʃpù:lən] 他 (h) (糸·テープなど⁴をリールから)繰り出す. einen Film *abspulen* フィルムを上映する.

ab|spü·len [アプ·シュピューれン áp-ʃpỳ:lən] 他 (h) (汚れなど⁴を)洗い落とす; (食器など⁴をすいで)洗う.

ab|stam·men [アプ·シュタンメン áp-ʃtàmən] 自 (s)《von 人·物³~》(人³の)系統を引く, 子孫である; (物³に)由来する.

Ab·stam·mung [アプ·シュタンムング] 女 -/-en 血統, 生まれ; 由来. Er ist von adliger *Abstammung*. 彼は貴族の家系である.

Ab·stam·mungs=leh·re [アプシュタム

ングス・れ-レ] 女 -/-n 進化論.

***der Ab·stand** [アップ・シュタント áp-ʃtant] 男 (単2) -[e]s/(複) ..stände [..シュテンデ] (3格のみ ..ständen) ① 隔たり, 距離, 間隔. (英 distance). Der Abstand zwischen den Bäumen ist nicht groß. 立木の間隔は大きくない / in 50 Meter Abstand 50メートル間隔で / im Abstand von zwei Jahren 2年の間隔をおいて / mit Abstand はるかに, 断然 / von 人³ Abstand⁴ halten a) 人³から遠ざかっている, b) (比) 人³を敬遠する / von 事³ Abstand⁴ nehmen《書》事³を断念する. ②《複なし》《口語》補償金.

Ab·stän·de [アップ・シュテンデ] *Abstand (隔たり)の 複

ab·stat·ten [アップ・シュタッテン áp-ʃtatən] 他 (h)《特定の名詞を目的語として》(正式・公式に)行う, …する. 人³ einen Besuch abstatten 人³を訪問する / 人³ seinen Dank abstatten 人³に謝意を述べる.

ab·stau·ben [アップ・シュタオベン áp-ʃtaubən] 他 (h) ① (物⁴の)ほこりを払う. ②(俗)くすねる. ③ (サッカーで:)ラッキーなシュートを決める.

ab|ste·chen* [アップ・シュテッヒェン áp-ʃtɛçən] I 他 (h)《豚など⁴を)屠殺(とさつ)する. ② (ワインなどを樽(たる)から)流し出す; (溶鉱炉などの)流し口を開く. ③ (芝生など⁴を)掘り取る. II 自 (h)《von 人・物³ (または gegen 人・物⁴)~》人・物³(または 人・物⁴)と著しい対照をなす. Sie stach durch ihre Kleidung von allen ab. 彼女は服装のせいで皆に比べて目立っていた.

Ab·ste·cher [アップ・シュテッヒャァ áp-ʃtɛçər] 男 -s/- (旅行中の)寄り道. einen Abstecher nach München machen ミュンヒェンに寄り道する.

ab|ste·cken [アップ・シュテッケン áp-ʃtɛkən] 他 (h) ① (土地などの)境界をくいで示す. ② (服飾)(ドレスなど⁴を)待ち針で留める. ③ (ピンで留めてあったものを)取りはずす.

ab|ste·hen* [アップ・シュテーエン áp-ʃtèːən] I 自 (h) ① 離れて(立)つ, 突き出ている. Der Stuhl steht zu weit vom Tisch ab. いすは机から離れすぎている. ◇《現在分詞の形で》 abstehende Ohren 出っ張った耳. ②《von 事³~》(雅)事³を断念する. von einem Vorhaben abstehen 計画を見合わせる. II 他 (h)《口語》(一定の時間⁴を)立ったまま過ごす.
◇☞ abgestanden

Ab·stei·ge [アップ・シュタイゲ áp-ʃtaigə] 女 -/-n《口語》安ホテル, 連れ込み宿.

ab|stei·gen* [アップ・シュタイゲン áp-ʃtàigən] 自 (s) ① (馬・自転車などから)降りる; (山を)下る. 「乗る, 登る」は aufsteigen. Er stieg vom Rad ab. 彼は自転車から降りた. ② (スポ) (下位リーグへ)落ちる. ③ 宿泊する. in einem Hotel absteigen ホテルに泊まる.

Ab·stei·ge≠quar·tier [アップ・シュタイゲ・クヴァルティーァ] 中 -s/-e ① 旅館, 宿泊所. ②《口語》安ホテル, 連れ込み宿.

Ab·stei·ger [アップ・シュタイガァ áp-ʃtaigər] 男 -s/- ① (スポ)(下位リーグへ)落ちたチーム(選手). ②《口語》落ちぶれた人.

***ab|stel·len** [アップ・シュテれン áp-ʃtɛ̀lən] 他 (定了) (stellte...ab, hat...abgestellt) ① (荷物などを)下へ降ろす, 下へ置く. Stell doch mal den Koffer ab! トランクを下に置きなさい. ② (自動車など⁴を)止めておく, 駐車する; (古い家具など⁴を)しまっておく. Das Fahrrad kannst du im Hof abstellen. 自転車は中庭に止めておいていいよ. ③ (テレビなど⁴をスイッチをひねって)消す; (水道・ガスなど⁴を栓を閉めて)止める. 《つける》は an(stellen). Stell bitte das Radio ab! ラジオのスイッチを切ってくれ. ④ (比) (欠点・悪習など⁴を)取り除く, やめる. ⑤《A⁴ auf B⁴ ~》(A⁴をB⁴に)合わせる. das Programm⁴ auf den Publikumsgeschmack abstellen プログラムを観客の好みに合わせる.

Ab·stell≠gleis [アップ・シュテる・グライス] 中 -es/-e (鉄道)待避線, 側線. 人⁴ aufs Abstellgleis schieben (比)人⁴を左遷する.

Ab·stell≠raum [アップ・シュテる・ラオム] 男 -[e]s/..räume 物置, 納戸.

ab|stem·peln [アップ・シュテンペるン áp-ʃtɛmpəln] 他 (h) ① (物⁴に)スタンプを押す, 押印する. ② (人⁴に…という)烙印(らくいん)を押す. 人⁴ zum (または als) Lügner abstempeln 人⁴をうそつきだと決めつける.

ab|ster·ben* [アップ・シュテるベン áp-ʃtɛrbən] 自 (s) ① (植物などが)枯れる, 枯死する;(医)(細胞・組織などが)壊死(えし)する;(比)(風習などが)消えていく. ② (手足などが寒さで)麻痺(まひ)する, 感覚を失う.
◇☞ abgestorben

Ab·stieg [アップ・シュティーク áp-ʃtiːk] 男 -[e]s/-e ① 下がること, 下山, 下降. (《上昇》は Aufstieg). ② 下り道, 下り坂. ③ 没落, 衰退; (スポ)下位リーグへの降格. ein wirtschaftlicher Abstieg 経済的没落.

***ab|stim·men** [アップ・シュティメン áp-ʃtìmən] (stimmte...ab, hat...abgestimmt) I 自 (定了) haben) 採決する, 票決する, 投票する. (英 vote). Sie stimmten über den Antrag ab. 彼らはその動議を採決した / durch Handzeichen abstimmen 挙手で採決する.
II 他 (定了) haben) ① (色・音・利害など⁴を)合わせる, 調整する. Er stimmte seine Rede auf die Zuhörer ab. 彼は演説の内容を聴衆に合わせた. ② (チューナーなど⁴を)同調させる, (楽器⁴を)チューニングする.
III 再帰 (定了) haben)《sich⁴ [mit 人³] ~》([人³]と)意見を調整する.

Ab·stim·mung [アップ・シュティムング] 女 -/-en ① 採決, 票決, 投票. in geheimer Abstimmung 無記名投票で. ② (色・音・利害などの)調整. ③ (放送)(チューナーなどの)同調.

abs・ti・nent [アプスティネント apstinént] 形 禁酒の; 禁欲的な, 節制している.

Abs・ti・nenz [アプスティネンツ apstinénts] 女 -/ 禁酒; 禁欲, 節制;《医》禁断.

Abs・ti・nenz・ler [アプスティネンツラァ apstinéntslər] 男 -s/-（ふつう軽蔑的に）禁酒（禁欲）主義者.

ab|stop・pen [アップ・シュトッペン áp-ʃtɔpən] I 他 (h) ① (乗り物・機械など⁴を)止める, 停止させる. ② (タイム⁴を)ストップウォッチで計る;（走者など⁴の)タイムをストップウォッチで計る. II 自 (h) (乗り物などが)止まる, 停止する.

Ab・stoß [アップ・シュトース áp-ʃto:s] 男 -es/..stöße ① 突き離すこと. ② (サッカーの)ゴールキック.

ab|sto・ßen* [アップ・シュトーセン áp-ʃtò:sən] I 他 (h) ① 突いて離す;（サッカーで:)（ボール⁴を)ゴールキックする. Er stieß das Boot vom Ufer ab. 彼はオールで突いてボートを岸から離した. ◇《再帰的に》sich⁴ vom Boden abstoßen 地面をけって飛び上がる. ② (借金⁴を)返す;（商品・株など⁴を)売り払う. ③ 《比》(人⁴に)反感(いや気)を起こさせる. Sein Benehmen stößt mich ab. 彼の態度にはいや気がさす.（家具などをぶつけて)傷つける. II 自 (s, h) (岸から)離れる. III 再帰 (h) sich⁴ abstoßen《物・化》(磁極などが)反発し合う.

ab・sto・ßend [アップ・シュトーセント] I ab|stoßen (突いて離す)の 現分 II 形 反感を起こさせる, いやな.

ab|stot・tern [アップ・シュトッタァン áp-ʃtɔtərn] 他 (h)《口語》(物⁴の)代金を分割して払う.

abs・tra・hie・ren [アプストラヒーレン apstrahí:rən] I 他 (h) 抽象化する. II (h)《von 事³ ~》(事³を)度外視する.

***abs・trakt** [アブストラクト apstrákt] 形 (比較 abstrakter, 最上 abstraktest) ① 抽象的な, 観念的な.（反 abstract).（反「具体的な」は konkret). ein abstrakter Begriff 抽象概念 / abstrakte Malerei 抽象絵画 / abstrakt malen 抽象画を描く / Der Vortrag war mir zu abstrakt. その講演は私には抽象的すぎた. ②《法》無因の.

Abs・trak・ti・on [アプストラクツィオーン apstraktsió:n] 女 -/-en 抽象[化]; 抽象概念.

Abs・trak・tum [アプストラクトゥム apstráktum] 中 -s/..trakta ①《哲》抽象概念. ②《言》抽象名詞.

ab|strei・chen* [アップ・シュトライヒェン áp-ʃtràiçən] I 他 (h) ① (靴の泥など⁴を)こすり取る, ぬぐい取る; こすって(ぬぐって)きれいにする. die Schuhe⁴ auf der Fußmatte abstreichen 靴の泥を玄関マットで落とす. ② (点⁴を B³〜)(A⁴をB³から)差し引く. ③ (ある地域⁴を)くまなく捜し回る. II 自 (s)《狩》(鳥などが)飛び去る.

ab|strei・fen [アップ・シュトライふェン áp-ʃtràifən] 他 (h) ① こすり落とす. die Asche⁴ von der Zigarre abstreifen 葉巻の灰を落とす. ② (衣服など⁴を)脱ぐ,（指輪など⁴を)はずす; (偏見など⁴を)捨てる. ③ (ある地域⁴を)くまなく捜し回る.

ab|strei・ten* [アップ・シュトライテン áp-ʃtràitən] 他 (h) ① 否認する. ein Verbrechen⁴ abstreiten 犯行を否認する. ② (人³の能力など⁴を)認めない.

Ab・strich [アップ・シュトリヒ áp-ʃtriç] 男 -[e]s/-e ① 削減, 減額. Abstriche⁴ am Etat machen 予算を削減する. ②《医》(検査のための)分泌物(組織)の塗抹(とまつ)標本［作成］. ③《冶》鉱滓(こうさい). ④ (字を書くときの)下向きのはね. ⑤《音楽》(ヴァイオリンなどの)下げ弓.

abs・trus [アプストルース apstrú:s] 形 (混乱して)わかりにくい, ごたごたした, 錯綜(さくそう)した.

ab|stu・fen [アップ・シュトゥーふェン áp-ʃtù:fən] 他 (h) ① (土地など⁴を)段状にする, 段をつける. ②《比》(物⁴に)等級をつける;（色など⁴に)陰影をつける. die Gehälter⁴ abstufen 給料に等級をつける. ③ (人⁴の)給与を格下げする.

ab|stump・fen [アップ・シュトゥンプふェン áp-ʃtùmpfən] I 他 (h) ① (とがったもの⁴を)丸くする. ②《比》鈍感にする, 無気力にする. II 自 (s) 鈍感になる, 無気力になる.
◇☞ abgestumpft

Ab・sturz [アップ・シュトゥルツ áp-ʃturts] 男 -es/..stürze ① 《覆 なし》墜落, 転落. ② 絶壁, 断崖(だんがい).

ab|stür・zen [アップ・シュテュルツェン áp-ʃtỳrtsən] 自 (s) ① 墜落する, 転落する. Sein Flugzeug ist abgestürzt.《現在完了》彼の乗った飛行機が墜落した. ② (斜面などが)急角度で落ち込んでいる.

ab|süt・zen [アップ・シュテュッツェン áp-ʃtỳtsən] I 他 (h) (支柱などで)支える. II 再帰 (h)《sich⁴ von 物³ ~》(手足を突っ張って物³から)身を離している.

ab|su・chen [アップ・ズーヘン áp-zù:xən] 他 (h) ① (ある場所⁴を)くまなく探す. ② (害虫など⁴を)探して取り除く.

Ab・sud [アップ・ズート áp-zu:t または ..ズート] 男 -[e]s/-e《古》せんじ薬.

ab・surd [アプズルト apzúrt] 形 ばかげた, ナンセンスな; 不合理な, 不条理な.

Ab・sur・di・tät [アプズルディテート apzurdité:t] 女 -/-en ①《ふつう 単》ばからしさ, ナンセンス; 不合理, 不条理. ② ばかげたこと.

Abs・zess [アプスツェス apstsés] 男 -es/-e《医》膿瘍(のうよう).

Abs・zeß ☞ 《新形》Abszess

Abs・zis・se [アプスツィッセ apstsísə] 女 -/-n《数》横 (x) 座標.（☞「縦座標」は Ordinate).

Abt [アプト ápt] 男 -[e]s/Äbte 大修道院長, 僧院長.

Abt. [アップ・タイルング]《略》(官庁などの)局, 部, 課; (病院・大学などの)科, 学科.（= Abteilung).

ab|ta・keln [アップ・ターケるン áp-tà:kəln] 他

(h) 《海》(船⁴を)廃船にする.
◊☞ abgetakelt

ab|tas·ten [アップ・タステン áp-tàstən] 他 (h) ① 触って調べる; (医者が)触診する. ② (スキャナーなどで)読み取る, 走査する.

ab|tau·en [アップ・タオエン áp-tàuən] I 他 (h) (氷・雪など⁴を)解かす; (冷蔵庫など⁴の)霜を解かす. die Fensterscheibe⁴ *abtauen* 窓ガラスの氷を取る. II 自 (s) 氷(雪)が解ける.

Ab·tei [アプタイ aptáI] 囡 -/-en 大修道院, 僧院.

*das **Ab·teil** [アップ・タイル ap-táIl または アプ..] 囲 (単2) -[e]s/(複) -e (3格のみ -en) ① (列車の)コンパートメント, 車室, 《口語》同じ車室の乗客たち. (英 *compartment*). ein *Abteil* zweiter Klasse² 2 等車室 / Dieses *Abteil* ist besetzt.《状態受動・現在》この車室はふさがっています. ② (地下室などの)仕切られた場所; (戸棚などの)仕切り.

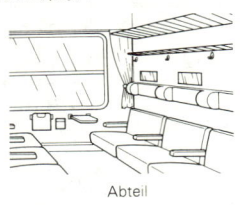

Abteil

ab|tei·len [アップ・タイレン áp-tàIlən] 他 (h) ① (部屋など⁴を)分ける, 仕切る. ② (単語⁴を)分綴(ぶんてつ)する.

*die **Ab·tei·lung**¹ [アップ・タイルング ap-táIluŋ] 囡 (単) -/(複) -en ① 《経》(ある組織の)部門; (会社・官庁などの)局, 部, 課; (デパートなどの)売り場; (病院・大学などの)科, 学科. (略: Abt.). (英 *department*). Möbel*abteilung* 家具売り場 / Werbe*abteilung* 宣伝部 / die chirurgische *Abteilung* (病院の)外科 / *Abteilung* für Haushaltswaren 家庭用品売り場. ②《軍》部隊, 大隊. Panzer*abteilung* 戦車部隊. ③《地学》統;《生》門.

Ab·tei·lung² [アップ・タイルング áp-tàIluŋ] 囡 -/ 分けること, 区分, 分割.

Ab·tei·lungs·lei·ter [アップタイルングス・らイタァ áp-táIluŋs-làItɐ] 男 -s/- 部局の長(局長・部長・課長など); (デパートなどの)売り場主任.

ab|tip·pen [アップ・ティッペン áp-tìpən] 他 (h) 《口語》(原稿など⁴を)タイプする.

Äb·tis·sin [エプティッスィン eptísIn] 囡 -/..tis-sinnen (女性の)大修道院長, 尼僧院長.

ab|tö·nen [アップ・テーネン áp-tø̀:nən] 他 (h) (色など⁴に)濃淡の差をつける, 微妙なニュアンスをつける.

ab|tö·ten [アップ・テーテン áp-tø̀:tən] 他 (h) ① (細菌・神経など⁴を)殺す. ②《比》(感情などを)死なせる, 抑える.

Ab·trag [アップ・トラーク áp-tra:k] 男 -[e]s/ ①《雅》損害. 人・物³ *Abtrag*⁴ tun 人・物³に損害を与える. ② (ˣ¹)(丘などを)平らにすること.

ab|tra·gen [アップ・トラーゲン áp-trà:gən] 他 (h) ① (丘などを)平らにする; (建物などを)とり壊す, 取り去る. einen Hügel *abtragen* 丘を崩して平らにする / eine Geschwulst *abtragen*《医》腫瘍を切除する. ② (雅》(食器などを食卓から)片づける. die Teller⁴ *abtragen* 皿を下げる. ③《雅》(借金など⁴を)少しずつ返済する. ④ (衣服⁴を)着古す, (靴など⁴を)はき古す. ⑤《数》転写する.
◊☞ abgetragen

ab·träg·lich [アップ・トレークりヒ áp-trɛ̀:klIç] 形《雅》(人・事³にとって)不利な, 有害な. Das Rauchen ist deiner Gesundheit *abträglich*. 喫煙は君の健康によくない.

Ab·trans·port [アップ・トランスポルト áp-transpɔrt] 男 -[e]s/-e 搬出, 輸送.

ab|trans·por·tie·ren [アップ・トランスポルティーレン áp-transpɔrtì:rən] 他 (h) (人・物⁴を)搬出する, 輸送する.

ab|trei·ben* [アップ・トライベン áp-tràIbən] I 他 (h) ① (風・潮流などが)押し流す. ② (胎児⁴を)堕胎する; (寄生虫・胆石など⁴を)体内から出す. ③ (家畜⁴を山の放牧場から)追い下ろす. ④《冶・化》分離して取り出す, 抽出する. II 自 (s, h) ① (s) (船・気球などが)押し流される. Das Boot *treibt* **vom** Ufer *ab*. ボートが岸から押し流される. ② (h) 妊娠中絶をする.

Ab·trei·bung [アップ・トライブング áp-tràIbuŋ] 囡 -/-en 妊娠中絶, 堕胎.

ab|tren·nen [アップ・トレンネン áp-trɛ̀nən] 他 (h) ① 切り離す, 切り取る, はがす;《医》(手足など⁴を)切断する; ほどき取る. die Knöpfe⁴ **vom** Mantel *abtrennen* コートからボタンを取りはずす. ② (部屋など⁴を)仕切る, 分ける.

ab|tre·ten [アップ・トレーテン áp-trɛ̀:tən] du trittst ... ab, er tritt ... ab (trat ... ab, ist/hat ... abgetreten) I 自 ((s) sein) ① 退く, 去る, 《劇》退場する. Der Schauspieler *ist* [**von** der Bühne] *abgetreten*.《現在完了》俳優が[舞台から]退場した. ② 退職する, 引退する, 《口語》死ぬ. Der Minister musste *abtreten*. その大臣は辞任しなければならなかった.
II 他 (英了 haben) ① (靴の泥など⁴を)こすり落とす, 拭く; (靴など⁴の)泥をこすって落とす. Tritt [dir] die Schuhe auf der Matte *ab*! 靴の泥をマットで落としなさい. ② (権利など⁴を)譲る; 割譲する. 人³ (または **an** 人⁴) seine Rechte⁴ *abtreten* 人³(または人⁴)に権利を譲る. ③ (靴など⁴を)はき減らす; (じゅうたんなどを)すり減らす.

Ab·tre·ter [アップ・トレータァ áp-tre:tɐ] 男 -s/- (靴の泥をぬぐうための)マット.

Ab·tre·tung [アップ・トレートゥング áp-tre:tuŋ] 囡 -/-en 《法》(財産・権利などの譲渡);(領土の割譲).

Ab·trieb [アップ・トリープ áp-tri:p] 男 -[e]s/-e ① (シーズンの終わりに)家畜を山の放牧場から追い下ろすこと. ②《林》(森林の)伐採. ③《工》末端動力.

Ab·tritt [アップ・トリット áp-trɪt] 男 -(e)s/-e ① 退去; 引退; (俳優の)退場. der Abtritt von der Bühne 舞台からの退場. ②《方》便所.

*__ab|trock·nen__ [アップ・トロックネン áp-trɔknən] du trocknest…ab, er trocknet…ab (trocknete…ab, hat/ist…abgetrocknet) I 他 (定了 haben) ①(タオルなどで)ふく,(物⁴の)水気をふき取る;(汗・涙など⁴を)ぬぐう. 人⁴(sich⁴) abtrocknen 人⁴の(自分の)体をふく ⇒ Die Mutter trocknete das Kind ab. 母親は子供の体をふいてやった / 人³(sich³) das Gesicht⁴ abtrocknen 人³の(自分の)顔をふく / Sie trocknete dem Kind die Tränen ab. 彼女はその子の涙をぬぐってやった / Ich muss noch [das Geschirr⁴] abtrocknen. 私はこれから食器をふかないといけない. ② すっかり乾かす.
II 自 (定了 sein または haben) すっかり乾く. Die Wäsche ist (または hat) schnell abgetrocknet. 洗濯物はすぐに乾いた.

ab|trop·fen [アップ・トロップフェン áp-trɔpfən] 自 (s)(水などが)滴り落ちる;(食器などが)水が切れる.

ab·trün·nig [アップ・トリュニヒ áp-trʏnɪç] 形 背いた, 離反した, 裏切った. 人・事³ abtrünnig werden 人・事³に背く.

ab|tun* [アップ・トゥーン áp-tùːn] 他 (h) ①(人・事⁴を)無視する,(あっさりと)片づける. 事⁴ als unwichtig abtun 事⁴を重要でないと無視する. ②《口語》(ネクタイ・眼鏡など⁴を)はずす, (服など⁴を)脱ぐ. ③《馬》(用件など⁴を)処理する.
◇☞ abgetan

ab|tup·fen [アップ・トゥップフェン áp-tùpfən] 他 (h)(綿などで軽くたたいて)ふき取る, ぬぐう.

ab|ur·tei·len [アップ・ウァタイレン áp-ùrtaɪlən] 他 (h) 人・事⁴に)有罪判決を下す.

ab|wä·gen* [アップ・ヴェーゲン áp-vɛ̀ːgən] (慎重に)比較検討する. das Für und Wider⁴ abwägen 賛否両論を慎重に比較検討する.
◇☞ abgewogen

ab|wäh·len [アップ・ヴェーレン áp-vɛ̀ːlən] (h) ① 再選しない. ②(特定の科目⁴の)選択をやめる.

ab|wäl·zen [アップ・ヴェルツェン áp-vɛ̀ltsən] 他 (h)《事⁴ auf 人⁴ ～》(事⁴(責任など)を人⁴に)押しつける, 転嫁する. die Arbeit⁴ auf 人⁴ abwälzen 仕事を人⁴に押しつける.

ab|wan·deln [アップ・ヴァンデルン áp-vàndəln] 他 (h)(部分的に)変える,(物⁴に)変更を加える.

Ab·wan·de·lung [アップ・ヴァンデルング] 女 -/-en (馬)＝Abwandlung

ab|wan·dern [アップ・ヴァンダァン áp-vàndərn] I 自 (s) ① 移住する;移動する. ②《スポ》(選手が)移籍する. II 他 (h)(ある地域⁴を)歩き回る.

Ab·wan·de·rung [アップ・ヴァンデルング] 女 -/-en 移住;移動.

Ab·wand·lung [アップ・ヴァンドルング] 女 -/-en (部分的な)変化;変化形, ヴァリエーション.

Ab·wär·me [アップ・ヴェルメ áp-vɛrmə] 女 -/《工》廃熱, 余熱.

*__ab|war·ten__ [アップ・ヴァルテン áp-vàrtən] du wartest…ab, er wartet…ab (wartete…ab, hat…abgewartet) 他 (定了 haben) ①(人・事⁴の)到来を待つ. den Briefträger abwarten 郵便配達人が来るのを待つ / Er wartete einen günstigen Augenblick ab. 彼はチャンスの到来を待っていた. ◇《目的語なしでも》Abwarten und Tee trinken!《口語》まあ落ち着け(←せんじ茶が十分に出るまで待て). ◇《現在分詞の形で》eine abwartende Haltung⁴ ein-nehmen 静観的な態度をとる. ②(事⁴が)終わるのを待つ. den Regen abwarten 雨がやむのを待つ.

*__ab´·wärts__ [アップ・ヴェルツ áp-vɛrts] 副 下の方へ, 下って.(英 downward).(⇔「上の方へ」は aufwärts). Der Weg führt abwärts. 道は下りになっている / den Fluss abwärts fahren 川を下る / Kinder von 6 Jahren abwärts 6 歳以下の子供たち.
(新形) ....
abwärts ge·hen 《es geht mit 人・事³ abwärts の形で》(人・事³が)悪化する, 落ち目である. Mit seiner Gesundheit geht es abwärts. 彼の健康状態は下り坂だ.

ab·wärts|ge·hen* 非人称 (s)(新形) abwärts gehen) ☞ abwärts

Ab·wasch [アップ・ヴァッシュ áp-vaʃ] I 男 -(e)s/-e《口語》①(食後の)食器洗い. ②(食後の)汚れた食器類. II 女 -/-en (ポッリク)(台所の)流し[台], シンク.

ab|wa·schen* [アップ・ヴァッシェン áp-vàʃən] 他 (h)(汚れなど⁴を)洗い落とす;(物⁴の)汚れを洗い落とす. den Schmutz [vom Gesicht] abwaschen [顔の]汚れを洗い落とす / Ich muss noch [das Geschirr] abwaschen. 私は今から食器洗いをしなくてはならない.

Ab·was·ser [アップ・ヴァッサァ áp-vasər] 中 -s/..wässer 下水, 汚水,(工場などの)廃水.

Ab·was·ser⸗ka·nal [アップヴァッサァ・カナール] 男 -s/..kanäle 下水道.

Ab·was·ser⸗rei·ni·gung [アップヴァッサァ・ライニグング] 女 -/ 下水浄化.

*__ab|wech·seln__ [アップ・ヴェクセルン áp-vɛ̀ksəln] ich wechsle…ab, du wechselst…ab (wechselte…ab, hat…abgewechselt) I 自 (定了 haben) 交代(交替)する, 入れ替わる. Wollen wir mal abwechseln? ちょっと交替しようか / mit 人³ beim Vorlesen abwechseln 人³と朗読を交代する.
II 再帰 (定了 haben) sich⁴ abwechseln 交代(交替)する, 入れ替わる;(いくつかのものが)交互に現れる. Sie wechselten sich bei der Arbeit ab. 彼らは交代で仕事をした.

ab·wech·selnd [アップ・ヴェクセルント] I

Abwechslung

*ab|wechseln (交代する)の 現分 II 形 交代(交替)の，交互の．

Ab·wechs·lung [アップ・ヴェクスルング] 女 -/-en 気分転換；多様性，変化．*zur Abwechslung* 気分転換に．

ab·wechs·lungs≈reich [アップヴェクスルングス・ライヒ] 形 変化に富んだ．

Ab·weg [アップ・ヴェーク áp-vè:k] 男 -[e]s/-e 《ふつう複》《比》(道徳的に)間違った道，邪道．*auf Abwege geraten* 人の道を踏みはずす．

ab·we·gig [アップ・ヴェーギヒ áp-ve:gɪç] 形 (考えなどが)間違った，誤った，見当違いの．

Ab·wehr [アップ・ヴェーア áp-ve:r] 女 -/ ① 防衛，防御；抵抗． ② 反発，拒否． ③《スポ》ディフェンス，守備． ④《軍》防諜(ちょう)機関． ⑤《医》予防．

ab|weh·ren [アップ・ヴェーレン áp-vè:rən] 他 (h) ① (敵軍・攻撃などを)防ぐ．*den Feind abwehren* 敵を撃退する ② (危険など⁴を)防止する，避ける． ③ (非難・謝辞など⁴を)退ける；(訪問客⁴を)追い返す．

ab|wei·chen[1]* [アップ・ヴァイヒェン áp-vàɪçən] 自 (s) 《von 物》〜》(物³から)それる，はずれる．*vom Weg abweichen* 道からそれる / *von der Regel abweichen* 規則に反する． ②《von・人・物³〜》(意見などが人・物³と)異なる，違う．*Unsere Ansichten weichen voneinander erheblich ab.* 私たちの意見は互いにかなり食い違っている． ◇《現在分詞の形で》*abweichende Meinungen* 相異なる意見．

ab|wei·chen[2] [アップ・ヴァイヒェン] I 他 (h) (切手など⁴を)湿らせてはがす． II 自 (s) (切手などが)湿ってはがれる．

Ab·weich·ler [アップ・ヴァイヒラァ áp-vaɪçlər] 男 -s/- (党の路線からの)逸脱者．

Ab·wei·chung [アップ・ヴァイヒュング] 女 -/-en ① それること，はずれること，逸脱． ② 違い，相違．

ab|wei·sen* [アップ・ヴァイゼン áp-vàɪzən] 他 (h) ① 追い返す；(攻撃など⁴を)撃退する．*Er wies den Besucher ab.* 彼は訪問客を断った． ② (要求など⁴を)拒絶する，はねつける．*eine Klage⁴ abweisen* 訴えを却下する．

ab·wei·send [アップ・ヴァイゼント] I ab|weisen (追い返す)の 現分 II 形 拒否的な，そっけない．

Ab·wei·sung [アップ・ヴァイズング] 女 -/-en 拒絶，拒否；撃退；棄却，却下．

ab|wen·den(*) [アップ・ヴェンデン áp-vèndən] I 他 (h) ① (視線など⁴を)他方へ向ける，そらす．*Ich wandte* (または *wendete*) *den Blick von ihm ab.* 私は彼から視線をそらした． ◇《過去分詞の形で》*mit abgewandtem Gesicht* 顔を背けて． ②《規則変化》(打撃など⁴を)受け流す，《比》(危険など⁴を)回避する，防ぐ． II 再帰 《*sich⁴ abwenden* 顔を背ける．*sich⁴ von* 人³ *abwenden* a) 人³から顔を背ける，b)《比》人³に背く，人³を見捨てる．

ab|wer·ben* [アップ・ヴェルベン áp-vèrbən] 他 (h)《経》(人材⁴を)引き抜く，(顧客⁴を)奪う．

ab|wer·fen* [アップ・ヴェルフェン áp-vèrfən] 他 (h) ① (高い所から)投げ落とす．*Bomben⁴ abwerfen* 爆弾を投下する． ②(じゃまなものなど⁴を)投げ捨てる，脱ぎ捨てる．*Das Pferd warf den Reiter ab.* 馬が騎手を振り落とした． ③ (利益などを)生む，もたらす． ④ (トランプで)(不要のカード⁴を)捨てる．

ab|wer·ten [アップ・ヴェーアテン áp-vè:rtən] 他 (h) ①《経》(通貨⁴の)平価を切り下げる． ② 低く評価する，見くびる．

Ab·wer·tung [アップ・ヴェーアトゥング] 女 -/-en《経》(通貨の)平価切り下げ；過小評価．

▸**ab·we·send** [アップ・ヴェーゼント áp-ve:zənt] 形 ① 不在の，欠席の．(英 absent)．(メモ) 「出席している」は anwesend)．*Er ist heute abwesend.* 彼はきょうはいない． ② 放心した，ぼんやりした．*mit abwesendem Blick* うつろな目で．

Ab·we·sen·de[r] [アップ・ヴェーゼンデ (..ダァ) áp-ve:zəndə (..dər)] 男 女《語尾変化は形容詞と同じ》不在者，欠席者．

Ab·we·sen·heit [アップ・ヴェーゼンハイト] 女 -/-en《ふつう単》① 不在，欠席．(英 absence)．(メモ) 「出席」は Anwesenheit．*in meiner Abwesenheit* 私のいないときに(所で)． ② 放心[状態]．

ab|wi·ckeln [アップ・ヴィッケルン áp-vɪkəln] I 他 (h) ① (巻いたもの⁴を)ほどく． ②《比》(仕事など⁴を順序に従って)進める，片づける． II 再帰 》 *sich⁴ abwickeln* (事柄が順序どおりに)進行する，(交通が)順調に流れる．

Ab·wi·cke·lung [アップ・ヴィッケルング] 女 -/-en（異）= Abwicklung

Ab·wick·lung [アップ・ヴィックルング] 女 -/-en (仕事などの)進展，処理，解決．

ab|wie·gen* [アップ・ヴィーゲン áp-vì:gən] 他 (h) (一定の量になるまで)取って量る．

ab|wim·meln [アップ・ヴィンメルン áp-vɪməln] 他 (h)《口語》(人を)断る，追い払う．

ab|win·ken [アップ・ヴィンケン áp-vɪŋkən] 自 (h) 手を振って拒絶の合図をする．

ab|wirt·schaf·ten [アップ・ヴィルトシャフテン áp-virt-ʃaftən] 自 (h) (企業などが)倒産する，破産する．

ab|wi·schen [アップ・ヴィッシェン áp-vɪʃən] 他 (h) (ほこり・涙など⁴を)ふき取る，ふいてきれいにする．*Ich wischte mir den Schweiß ab.* 私は汗をぬぐった / *den Tisch mit einem Tuch abwischen* テーブルをふきんでふく．

ab|wra·cken [アップ・ヴラッケン áp-vrakən] 他 (h) (廃船など⁴を)解体してスクラップにする． ◇☞ abgewrackt

Ab·wurf [アップ・ヴルフ áp-vurf] 男 -[e]s/..würfe ① (爆弾・ビラなどの)投下． ②《スポ》(ゴールキーパーによる)スロー．

ab|wür·gen [アップ・ヴュルゲン áp-vỳrgən] 他 (h) ① (首など⁴を)ねじりつぶす，押さえつける． ②《成句的に》*den Motor abwürgen*《口語》エンストさせる．

ab|zah・len [アップ・ツァーレン áp-tsà:lən] 他 (h)(借金など⁴を)分割して返済する；(物⁴の)代金を分割払いする. Er *zahlt* das Auto *ab*. 彼は車の代金を分割払いしている.

ab|zäh・len [アップ・ツェーレン áp-tsɛ̀:lən] I 他 (h)(人・物³の)数を数える；(一定数だけ)数えて取り出す. Personen⁴ *abzählen* 人数を数える / Das *kannst* du dir doch an den fünf Fingern *abzählen*. 《比》それはわかりきったことだよ(←5本の指で数えられる). II 自 (h)①(子供の遊びで)数え歌を歌って鬼を決める. ②《軍》(整列して)番号を言う.

Ab・zah・lung [アップ・ツァーるング] 女 -/-en 分割払い. 物⁴ *auf Abzahlung* kaufen 物⁴を分割払いで買う.

ab|zap・fen [アップ・ツァプふェン áp-tsàpfən] 他 (h)(栓を抜いて)つぎ出す. Er *zapfte* Bier **vom Fass** *ab*. 彼は樽(等)の栓を抜いてビールをつぎ出した / 人³ Blut⁴ *abzapfen* 《口語》人³に瀉血(等)法を施す / 人³ Geld⁴ *abzapfen* 《口語・比》人³からお金を絞り取る.

Ab・zei・chen [アップ・ツァイヒェン áp-tsaiçən] 中 -s/- ① バッジ，記章；(軍人の)階級章. ② 目印，標識. ③(馬などの)斑点(はん).

ab|zeich・nen [アップ・ツァイヒネン áp-tsàiçnən] I 他 (h) ① 写生する. ②(書類など⁴に)サインをする. II 再帰 (h) *sich*⁴ *abzeichnen*(輪郭などが)くっきり浮き出る；《比》(傾向などが)はっきりしてくる.

Ab・zieh・bild [アップツィー・ビるト] 中 -[e]s/-er 写し絵，転写画(絵を陶器・ガラスに写したもの).

ab|zie・hen [アップ・ツィーエン áp-tsì:ən](zog…ab, *hat*/*ist*…abgezogen) I 他 (見て haben) ① 抜き取る，(引っぱって)はずす. den Schlüssel *abziehen* 鍵(傘)を抜き取る / Sie *hat* den Ring **vom** Finger *abgezogen*. 彼女は指輪を指からはずした. ②(皮など⁴を)はぐ，むく；(物⁴の)皮をはぐ，むく. dem Hasen das Fell⁴ *abziehen* または den Hasen *abziehen* うさぎの皮をはぐ / das Bett⁴ *abziehen* ベッドのシーツをはがす. ③ 差し引く，控除する. die Steuer⁴ **vom** Lohn *abziehen* 給料から税金を天引きする. ④《軍》撤退させる. ⑤《写》焼き付ける；《印》刷る. ⑥(液体・気体など⁴を)流し出す，排出させる. Wein⁴ **auf** Flaschen *abziehen* ワインを(樽(等)から)びんに詰める. ⑦(床など⁴を)磨く；(刃物⁴を)研ぐ. ⑧(注意・視線など⁴を)そらす. ⑨《料理》(スープなど⁴に)とろ味をつける. ⑩(銃など⁴の)引き金を引く.
II 自 (見て sein) ①《口語》立ち去る；《軍》撤退する. Das Kind *zog* enttäuscht *ab*. 子供はがっかりして立ち去った / *Zieh ab*! 失せろ. ②(あらし等が)去る，(霧・雲などが)流れ去る.

ab|zie・len [アップ・ツィーれン áp-tsi:lən] 自 (h) 〚*auf* 人・事⁴ ~〛(人・事⁴を)ねらう，目標とする.

ab・*zu*・fah・ren [アップ・ツ・ふァーレン] ‡ab|fahren (乗り物で出発する)の zu 不定詞.

der **Ab・zug** [アップ・ツーク áp-tsu:k] 男 (単2)-[e]s/(複)…züge [..ツューゲ](3格のみ ..zügen)①《写》陽画，焼き付け，焼き増し；《印》校正刷り. *Abzüge*⁴ **von** 物³ machen 物³の焼き増しをする. ②《工・化》(蒸気・煙などの)排出；排気口，ドラフト. ein *Abzug* über dem Herd レンジの上のレンジフード. 《複なし》差し引き，控除. 物⁴ **in** *Abzug* bringen 物⁴を差し引く / **nach** *Abzug* der Unkosten² 諸雑費を差し引いて. ④《複で》差引高，控除額. ⑤《ふつう 単》《軍》撤退，退却. ⑥(銃の)引き金.

Ab・zü・ge [アップ・ツューゲ] *Abzug(陽画)の 複

ab・züg・lich [アップ・ツューク リヒ] 前《2格とともに》《商》…を差し引いて. *abzüglich* der Unkosten 諸雑費を差し引いて.

ab・zugs・fä・hig [アップツークス・ふェーイヒ] 形 控除できる(経費など).

ab・*zu*・hän・gen [アップ・ツ・ヘンゲン] ‡ab|hängen(…しだいである)の zu 不定詞.

ab・*zu*・ho・len [アップ・ツ・ホーれン] ‡ab|holen (受け取りに行く)の zu 不定詞.

ab・*zu*・leh・nen [アップ・ツ・れーネン] ‡ab|lehnen (拒絶する)の zu 不定詞.

ab・*zu*・neh・men [アップ・ツ・ネーメン] ‡ab|nehmen(取り去る)の zu 不定詞.

ab・*zu*・schlie・ßen [アップ・ツ・シュリーセン] ‡ab|schließen(鍵をかけて閉める)の zu 不定詞.

ab|zwei・gen [アップ・ツヴァイゲン áp-tsvàigən] I 自 (s)(道・川などが)分かれる，分岐する. II 他 (h)(お金など⁴を)分けて取っておく.

Ab・zwei・gung [アップ・ツヴァイグング] 女 -/-en ①(道などの)分岐点. ② 分かれ道；《鉄道》支線.

Ac [アー・ツェー]《化・記号》アクチニウム(＝ Actinium).

a cap・pel・la [ア カペら a kapéla] [伊]《音楽》ア・カペラで，楽器の伴奏なしで.

Ac・ces・soire [アクセソアール aksɛsoá:r] [仏] 中 -s/-s [..ソアール[ス]]《ふつう 複》アクセサリー.

A・ce・tat [アツェタート atsetá:t] 中 -s/-e《化》アセテート，酢酸塩.

A・ce・ton [アツェトーン atsetó:n] 中 -s/《化》アセトン.

A・ce・ty・len [アツェテュれーン atsetylé:n] 中 -s/《化》アセチレン.

‡**ach!** [アッハ áx] 間 (驚き・喜び・悲しみ・嘆き・同情などを表して:)ああ，おお，まあ. 《英》 *oh*). *Ach* Gott! 오세요 *abzhfuk* いたげしよう / *Ach* ja! a) そうだとも，b)(何かを思いついて:)ああそうそう / *Ach* nein! とんでもない / *Ach so*! ああそういうことですか / *Ach*, wie schade! ああ残念 / *Ach* was! そんなばかな / *Ach* und Weh 《新表記》 und Weh) schreien《口語》泣きわめく.

Ach [アッハ] 中 -s/-[s] 悲嘆，嘆息 (ach と言う声). sein ständiges *Ach* und Weh 彼の絶え間ない悲嘆の声 / **mit** *Ach* und Krach《口語》やっとのことで / *Ach* und Weh schreien《口語》泣きわめく.

A·chat [アハート axáːt] 男 -[e]s/-e 《鉱》めのう(瑪瑙).

A·chill [アヒる axíl] -s/ 《ギリ神》アキレス(トロイア戦争の英雄. 唯一の弱点であるかかとに敵の矢を受けて死んだ).

A·chil·les [アヒれス axíles] -/ ＝Achill

A·chil·les♢fer·se [アヒれス・フェルゼ] 女 -/-n アキレスのかかと;《比》《強者の》弱点.

a. Chr. [n.] アンテ クリストゥム [ナートゥム]《略》[西暦]紀元前(＝ante Christum [natum]).

*die **Ach·se** [アクセ áksə] 女 (単) -/(複) -n ① 《自動車などの》車軸, 心棒, シャフト. 《英》axle). Die *Achse* ist gebrochen. 《現在完了》車軸が折れた / **auf** [der] *Achse* sein 《比》旅行中(出張中)である. ② 軸;《天》地軸(＝Erd*achse*);《物》《Dreh*achse*);《数》座標軸; 対称軸. Die Erde dreht sich **um** ihre *Achse*. 地球は地軸を中心に回転している. ③《植》茎葉軸. ④《政》枢軸.

*die **Ach·sel** [アクセる áksəl] 女 (単) -/(複) -n 肩; 肩の関節, わき[の下].《英》shoulder). die *Achseln*[4] **hoch**|**ziehen** あるいは **mit** den *Achseln* **zucken** 肩をすくめる(「当惑・無関心」を表す) / 動[4] **auf die leichte** *Achsel* **nehmen**《比》動[4]を軽く考える / 人[4] **über die** *Achsel* **an**|**sehen** 《比》人[4]を見下す, 軽蔑する.

Ach·sel♢höh·le [アクセる・ヘーれ] 女 -/-n わきの下のくぼみ, 腋窩(えきか). (☞ Körper 図).

Ach·sel♢zu·cken [アクセる・ツッケン] 中 -s/ 肩をすくめること(「当惑・無関心」を表す身ぶり).

‡**acht**[1] [アハト áxt] 数 《基数; 無語尾で》**8** [の]. 《英》eight). Das kostet *acht* Mark. これは8マルクします / Er ist *acht* [Jahre alt]. 彼は8歳です / um *acht* [Uhr] 8時に / heute in *acht* Tagen 来週きょう / alle *acht* Tage 1週間ごとに / **zu** *achten* 《口語》8人で.

*‡**acht**[2] [アハト áxt] 数 《*acht*[1] の序数; 語尾変化は形容詞と同じ》第**8**[番目]の.《英》eighth). Heute ist der *achte* Januar. きょうは1月8日です / das *achte* Mal 8度目 / **zu** *acht* 8人で.◇《名詞的に》Heinrich der *Achte* ハインリヒ8世 / **am** *Achten* dieses Monats 今月の8日に.

acht[3] 《成句的に》例: 動[4] **außer** *acht* 《新形》 **außer** *Acht* lassen ☞ Acht[2]

Acht[1] [アハト] 女 -/-en ① 《数字の》8. ② 《トランプの》8. ③ 《口語》《バス・市電などの》8番 [系統].

Acht[2] [アハト áxt] 女 -/《古》注意; 用心. ◇ 《成句的に》**auf** 人・物[4] **haben**《雅》人・物[4]に気をつける / **außer** *Acht* lassen 動[4]を気にかけない, 顧慮しない / sich[4] **vor** 人・物[3] **in** *Acht* **nehmen** 人・物[3]に対して用心する, 警戒する.

《新形》
Acht ge·ben 注意を払う, 気をつける. *Gib Acht*, damit du nicht stolperst! 転ばないように気をつけるんだよ / **auf die Gesundheit** *Acht geben* 健康に注意する.
Acht ha·ben《雅》＝Acht geben
----

acht·bar [アハトバール] 形《雅》尊敬に値する, りっぱな.

Acht♢eck [アハト・エック] 中 -[e]s/-e 8角形.

acht♢eckig [アハト・エッキヒ] 形 8角[形]の.

Ach·tel [アハテる áxtəl] 数《分数; 無語尾で》8分の1[の].

Ach·tel [アハテる] 中 (スィス: 男) -s/- ① 8分の1. ein *Achtel* Wein 8分の1リットルのワイン. ② 《楽》＝*Achtel*note

Ach·tel♢no·te [アハテる・ノーテ] 女 -/-n 《音楽》8分音符.

‡**ach·ten** [アハテン áxtən] du achtest, er achtet (achtete, hat ... geachtet) **I** 自 《完了 haben》『**auf** 人・物[4] ～』人・物[4]に)注意を払う; (人・物[4]を)気にかける.《英》pay attention to). auf den Verkehr *achten* 交通に注意する / Kannst du auf das Kind *achten*? この子を見ていてくれる? / Er *achtet* kaum auf sein Äußeres. 彼は自分の外見をほとんど気にかけない / auf Pünktlichkeit *achten* 時間厳守を心がける.
II 他 《完了 haben》① 尊敬する; 尊重する.《英》respect).（⇔「軽蔑する」は verachten). Man soll alte Leute *achten*. お年寄りは敬うものだ / das Gesetz[4] *achten* 法律を尊重する / 人[4] hoch *achten* 人[4]をたいへん尊敬する / eine Gefahr[4] gering *achten* 危険を軽視する. ② 『A[4] **für** B[4] ～』《雅》(A[4]をB[4]と)見なす, 思う. Ich *achte* es für eine Schande. 私はそんなことは恥だと思う.

äch·ten [エヒテン éçtən] 他 (h) ① 仲間はずれにする; 追放する. ②（核兵器・死刑など[4]を）断固として非難する. ③（人[4]から）法的保護を奪う.

ach·tens [アハテンス áxtəns] 副 第8に, 8番目に.

Ach·ter [アハタァ áxtər] 男 -s/- ① 《スポ》(ボートの)エイト;（フィギュアスケートの）8の字形. ②《方》(数字の)8;《口語》(バス・電車などの)8番 [系統].

Ach·ter♢bahn [アハタァ・バーン] 女 -/-en (8の字形の)ジェットコースター.

Ach·ter♢deck [アハタァ・デック] 中 -[e]s/-s 《海》後部甲板.

ach·ter·lei [アハタァらイ áxtərlái] 形《無語尾で》8種[類]の, 8通りの.

ach·tern [アハタァン áxtərn] 副《海》船尾に, 後ろに.

ach·te·te [アハテテ] ‡achten (注意を払う)の過去

acht♢fach [アハト・ファッハ] 形 8倍の, 8重の.

acht♢fäl·tig [アハト・フェるティヒ] 形《古》＝ achtfach

acht|**ge·ben*** 自 (h)（新形 Acht geben）☞ Acht[2]

acht·ge·ge·ben acht|geben (Acht geben

acht|ha·ben* 自 (h) （新旧） Acht haben) ☞ Acht²

acht≳hun·dert [アハト・フンダァト] 数 《基数; 無語尾で》 800 [の].

acht≳jäh·rig [アハト・イェーリヒ] 形 《付加語としてのみ》 8 歳の; 8 年[間]の.

acht≳kan·tig [アハト・カンティヒ] 形 8 稜(りょう)の.

＊**acht≲los** [アハト・ろース áxt-lo:s] 形 《比較 achtloser, 最上 achtlosest》 不注意な, うっかりした, むとんじゃくな. 《英》 careless). 物⁴ achtlos weg|werfen 物⁴を無造作に投げ捨てる.

Acht·lo·sig·keit [アハト・ろーズィヒカイト] 女 -/ 不注意, むとんじゃく.

acht≳mal [アハト・マーる] 副 8 度, 8 回; 8 倍.

acht≳ma·lig [アハト・マーリヒ] 形 《付加語としてのみ》 8 回の; 8 倍の.

acht·sam [アハトザーム] 形 《雅》 注意深い, 慎重な.

Acht·sam·keit [アハトザームカイト] 女 -/ 注意深さ, 慎重さ.

Acht·stun·den·tag [アハトシュトゥンデン・ターク] 男 -[e]s/-e 1 日 8 時間労働.

acht≳tä·gig [アハト・テーギヒ] 形 《付加語としてのみ》 ① 8 日間の. ② 1 週間の (会議など).

acht≳täg·lich [アハト・テークリヒ] 形 ① 8 日ごとの. ② 1 週間ごとの, 毎週の.

acht≳tau·send [アハト・タオゼント] 数 《基数; 無語尾で》 8,000 [の].

‡**die Ach·tung** [アハトゥング áxtuŋ] 女 《単》 -/ ① 尊敬, 尊重. 《英》 respect). 《コメ》 「軽蔑」 は Verachtung). Er hat überhaupt keine Achtung vor seinem Vater. 彼は父親をまったく尊敬していない / 人³ Achtung⁴ erweisen 人³に敬意を表する / Alle Achtung!《口語》 これはすばらしい, おみごと.
② 注意, 用心. Achtung!) a) 注意せよ! 危ない!, b) 《軍》 (号令で:) 気をつけ! / Achtung, Stufen!（掲示で:) 注意, 段差あり.

（新形）
Ach·tung ge·bie·tend 尊敬の念を起こさせるような, 威厳のある. eine Achtung gebietende Persönlichkeit 威厳のある人物.

Äch·tung [エヒトゥング] 女 -/-en 追放, 破門; 排斥, ボイコット.

ach·tung≳ge·bie·tend 形 （新形） Achtung gebietend) ☞ Achtung

ach·tungs≳voll [アハトゥングス・ふォる] 形 うやうやしい.

＊**acht≳zehn** [アハ・ツェーン áx-tse:n] 数 《基数; 無語尾で》 **18** [の]. 《英》 eighteen). Er ist achtzehn [Jahre alt]. 彼は 18 歳です / achtzehn Uhr 18 時.

acht·zehn≳jäh·rig [アハツェーン・イェーリヒ] 形 《付加語としてのみ》 18 歳の; 18 年[間]の.

acht·zehnt [アハ・ツェーント áx-tse:nt] 数 《序数》 第 18 [番目]の.

＊**acht≳zig** [アハツィヒ áxtsɪç] 数 《基数; 無語尾で》 **80** [の]. 《英》 eighty). Er ist achtzig [Jahre alt]. 彼は 80 歳です / Er ist Mitte achtzig. 彼は 80 代の半ばだ / **auf achtzig sein**《口語》 かんかんに怒っている / 人⁴ **auf achtzig bringen** 人⁴をかんかんに怒らせる.

Acht·zig [アハツィヒ] 女 -/ (数字の) 80.

acht·zi·ger [アハツィガァ áxtsɪgɐr] 形 《無語尾で》 80 歳[代]の; 80 年[代]の. in den achtziger Jahren dieses Jahrhunderts 今世紀の 80 年代に.

Acht·zi·ger [アハツィガァ] 男 -s/- ① 80 [歳]代の男性. ② 《覆》 で) 80 [歳]代(;ある世紀の) 80 年代. ③ [19]80 年産のワイン; 《口語》 80 ペニヒの切手.

acht·zig≳jäh·rig [アハツィヒ・イェーリヒ] 形 《付加語としてのみ》 80 歳の; 80 年[間]の.

acht·zigst [アハツィヒスト áxtsɪçst] 数 《序数》 第 80 [番目]の.

acht·zigs·tel [アハツィヒステる áxtsɪçstəl] 数 《分数; 無語尾で》 80 分の 1 [の].

Acht·zigs·tel [アハツィヒステる] 中 (ス: 男) -s/- 80 分の 1.

äch·zen [エヒツェン éçtsən] 自 (h) うめく;《比》 (床などが)きしむ.

＊**der A·cker** [アッカァ ákɐr] I 男 (単 2) -s/ (覆) Äcker [エッカァ] (3 格のみ Äckern) 畑, 耕地. 《英》 field). ein fruchtbarer Acker 肥えた畑 / den Acker bestellen (または pflügen) 畑を耕す. II 男 -s/- アッカー(昔の耕地面積の単位. 0.2～0.6 ヘクタール).

Ä·cker [エッカァ] ＊Acker (畑)の 覆

A·cker≳bau [アッカァ・バオ] 男 -s/ 耕作, 農業. Ackerbau⁴ treiben 農業を営む.

A·cker≳kru·me [アッカァ・クルーメ] 女 -/-n 《農》 (畑の)表土, 耕土.

A·cker≳land [アッカァ・らント] 中 -[e]s/ 耕地.

a·ckern [アッカァン ákɐrn] 自 (h) ① 《口語》 あくせく働く, がり勉をする. ② 《農》 耕作する.

a con·to [ア コント a kónto] [ラテン] 《経》 分割払いで, 内金で.

Ac·ti·ni·um [アクティーニウム aktí:niʊm] 中 -s/ 《化》 アクチニウム (記号: Ac).

a. d. [アンデァ] 《略》 …河畔の (=an der). Frankfurt a. d. Oder オーダー河畔のフランクフルト.

a. D. [アー デー] 《略》 ① 退役した, 退職した (=außer Dienst). ② =A. D.

A. D. [アノ ドーミニ] 《略》 西暦[紀元後]…年 (=Anno Domini).

ADAC [アー・デー・アー・ツェー] 男 -/ 《略》 全ドイツ自動車クラブ (=Allgemeiner Deutscher Automobil-Club).

ad ac·ta [アト アクタ at ákta] [ラテン] 《成句的に》 事⁴ ad acta legen 《比》 事⁴を処理(解決)済みと見なす.

a·da·gio [アダージョ adá:dʒo] [ラテン] 副 《音楽》 アダージョ, 緩やかに.

A·dal·bert [アーダるベルト á:dalbɛrt] -s/ 《男名》 アーダルベルト.

A·dam [アーダム á:dam] -s/ ① 《男名》アーダム. ② 《聖》《人名》アダム(神に創造された人類の始祖). bei *Adam* und Eva an|fangen (または beginnen)《口語・比》前置きを長々と話す(←アダムとエバから起める)/ seit *Adams* Zeiten《口語》大昔から / der alte *Adam* 人間の古い悪癖 / den alten *Adam* aus|ziehen 心を入れかえる.

A·dams∥ap·fel [アーダムス・アプフェる] 男 -s/..äpfel《口語・戯》のどぼとけ(禁断のりんごがアダムののどにつかえたとされることから).

A·dap·ta·ti·on [アダプタツィオーン adaptatsió:n] 女 -/-en ① 《覆なし》《生・社》(環境などへの)適応, 順応. ② 《文学作品の改作, 翻案.

a·dap·tie·ren [アダプティーレン adaptí:rən] 他 (h) ① 適応させる, 順応させる. ② ﹙ｵｽﾄﾘｱ﹚(建物など⁴を)改築する. ③ (文学作品⁴を映画・放送用に)改作する, 翻案する.

a·dä·quat [アト・エクヴァート át-εkva:t または アデクヴァート adεkvá:t] 形 適当な, 妥当な; (人・物³に)ふさわしい.

ad·die·ren [アディーレン adí:rən] 他 (h) 《数》(数⁴を)たす, 加算する, 合計する. (メモ「引く」は subtrahieren).

Ad·di·ti·on [アディツィオーン aditsió:n] 女 -/-en ① 《数》足し算, 加法. (メモ「引き算」は Subtraktion). ② (化)付加.

a·de! [アデー adé:] 間 《方》さようなら.

A·de [アデー] 中 -s/-s 別れのあいさつ. 人³ *Ade*(または *ade*)sagen 人³に別れを告げる.

*der **A·del** [アーデる á:dəl] 男 (単2) -s/ ①《総称として》貴族, 貴族階級. Er stammt aus altem *Adel*. 彼は古い貴族の出だ. ② (貴族の)爵位. ③《雅》高貴さ, 気高さ, 気品. der *Adel* des Herzens 心の気高さ.

A·del·bert [アーデるベルト á:dəlbεrt] -s/《男名》アーデルベルト.

A·de·le [アデーれ adé:lə] -s/《女名》アデーレ (Adelheid などの短縮).

a·de·lig [アーデりヒ á:dəlıç] 形《雅》=adlig.

a·deln [アーデるン á:dəln] 他 (h) ① (人・物⁴を)貴族に列する. ②《雅》(人・物⁴を)気高くする.

A·dels∥stand [アーデるス・シュタント] 男 -[e]s/ 貴族の身分.

A·de·nau·er [アーデナオァ á:dənauər] -s/《人名》アデナウアー(Konrad *Adenauer* 1876 – 1967; 旧西ドイツの初代首相).

*die **A·der** [アーダァ á:dər] 女 (単) -/(複) -n ① 血管.（英 vein).（メモ「動脈」は Arterie, 「静脈」は Vene). Die *Adern* schwellen an. 血管がふくれる/ 人³bei *jm.* lassen a)《口語》人³からお金を絞り取る, b)《医》《古》人⁴に瀉血(しゃけつ)を施す. ②(血管状のもの)《地学》鉱脈 (=Erzader), 水脈 (=Wasser*ader*);《植》葉脈 (=Blatt*ader*),(大理石の)縞(しま)模様,《工》(ケーブルの)心線. ③《覆なし》素質, 天分. eine musikalische *Ader* 音楽的素質.

A·der∥lass [アーダァ・らス] 男 -es/..lässe《医》瀉血(しゃけつ).

Ader=laß ☞ 新形 Aderlass

Ad·hä·si·on [アトヘズィオーン athεzió:n] 女 -/-en ①《物》付着, 粘着. ②《医》癒着.

a·di·eu! [アディエー adié:] 間《方》 (=Auf Wiedersehen!). 人³ *adieu* sagen 人³に別れを告げる.

Ad·jek·tiv [アトイェクティーふ átjεkti:f] 中 -s/-e [..ヴェ]《言》形容詞.

Ad·ju·tant [アトユタント atjutánt] 男 -en/-en《軍》副官.

Ad·ler [アードらァ á:dlər] 男 -s/- ①《鳥》ワシ(鷲). ② 鷲(わし)の紋章(図案). ③《覆なし;定冠詞とともに》《天》鷲座(わしざ).

Ad·ler∥au·ge [アードらァ・アオゲ] 中 -s/-n (鷲(わし)の目のように)鋭い目.

Ad·ler∥na·se [アードらァ・ナーゼ] 女 -/-n 鷲鼻(わしばな), かぎ鼻.

ad li·bi·tum [アト リービトゥム at lí:bitum] [ラテン] ① 任意に, 自由に. ②《音楽》即興演奏で, 自由に, アドリブで(略: ad lib.).

ad·lig [アードりヒ á:dlıç] 形 ① 貴族の, 貴族階級の. eine *adlige* Familie 貴族の家柄. ② 気高い, 高貴な, 気品のある.

Ad·li·ge[r] [アードりゲ (..ガァ) á:dlıgə (..gər)] 男 女《語尾変化は形容詞と同じ》貴族.

Ad·mi·nist·ra·ti·on [アトミニストラツィオーン atminıstratsió:n] 女 -/-en ① 管理; 行政. ②《行政》官庁, 行政機関.

ad·mi·nist·ra·tiv [アトミニストラティーふ atminıstratí:f] 形 管理[上]の; 行政[上]の.

Ad·mi·ral [アトミラーる admirá:l] 男 -s/-e [..れ]《覆 ..miräle も》《軍》海軍大将; 艦隊司令長官, 提督. ②《昆》アカタテハ. ③《覆なし》ホットワイン(赤ワインに卵・砂糖・薬味を入れたもの).

Ad·mi·ra·li·tät [アトミラリテート atmiralitέ:t] 女 -/-en《軍》① 《総称として》海軍将官. ② 海軍本部.

A·dolf [アードるふ á:dɔlf] -s/《男名》アードルフ.

A·do·nis [アドーニス adó:nıs] I -/《ギリシャ神》アドニス(アフロディテに愛された美少年). II -/..nisse 美少年.

a·dop·tie·ren [アドプティーレン adoptí:rən] 他 (h) ① 養子にする. ②（風習など⁴を）取り入れる.

A·dop·ti·on [アドプツィオーン adoptsió:n] 女 -/-en《法》養子縁組.

A·dop·tiv∥kind [アドプティーふ・キント] 中 -[e]s/-er 養子, 養女.

Adr. [アドレッセ]《略》あて名 (=Adresse).

Ad·res·sat [アドレサート adrεsá:t] 男 -en/-en (郵便物などの)受取人 (=Empfänger).

Ad·ress∥buch [アドレス・ブーフ] 中 -[e]s/..bücher 住所録.

Ad·reß∥buch ☞ 新形 Adressbuch

*die **Ad·res·se** [アドレッセ adrέsə] 女 (単) -/(複) -n ① あて名, アドレス, 住所(略: Adr.).（英 *address*). Privat*adresse* 自宅の住所 / Das ist meine neue *Adresse*. これが私の新しい

い住所です / die *Adresse*⁴ an|geben 住所を告げる / bei 人³ **an** die falsche *Adresse* kommen (または geraten)《口語・比》人に期待して当てがはずれる(←間違ったあて名へ来る) / **per** *Adresse* Herrn Meyer (手紙で):マイヤー氏方(気付)(略: p. A.). ② 《政》上奏文; (公式の)あいさつ状, 感謝状, メッセージ. ③ 《コンピ》(電子メール・ホームページの)アドレス; (記憶装置屋の)アドレス.

ad·res·sie·ren [アドレスィーレン adresíːrən] 他 (h) ① (手紙などに)あて名を書く. ② 物⁴ **an** 人⁴ ~ 》物⁴(手紙などを)人⁴にあてて出す.

ad·rett [アドレット adrét] 形 こざっぱりした, こぎれいな身なりの(人).

die **Ad·ria** [アードリア áːdria] 女 -/《定冠詞とともに》《海名》アドリア海(イタリアとバルカン半島とにはさまれた海域).

A-Dur [アー・ドゥーァ] 中 -/《音楽》イ長調(記号: A).

Ad·vent [アトヴェント atvént] 男 -[e]s/-e 《ふつう単》《カト教》① 待降節(クリスマス前の4回の日曜日を含む期間). ② 待降節の日曜日. der erste *Advent* 待降節の第1日曜日.

Ad·vents⁼kranz [アトヴェンツ・クランツ] 男 -es/..kränze 待降節の飾り環(もみの小枝を編んだもので, その上に飾った4本のろうそくに日曜日ごとに1本ずつ火をともす).

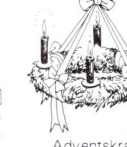

Ad·vents⁼**zeit** [アトヴェンツ・ツァイト] 女 -/-en 待降節[の時期]. (「祝祭日」☞巻末付録, 1812 ページ).

Adventskranz

Ad·verb [アトヴェルプ atvérp] 中 -s/..verbien [..ヴェルビエン]《言》副詞.

ad·ver·bi·al [アトヴェルビアーる atverbiáːl] 形《言》副詞の, 副詞的な.

Ad·ver·bi·a·le [アトヴェルビアーれ atverbiáː-lə] 中 -s/..alien [..アーリエン]《言》副詞的規定語, 状況語.

Ad·ver·bi·al⁼satz [アトヴェルビアーる・ザッツ] 男 -es/..sätze《言》状況[語]文.

Ad·vo·kat [アトヴォカート atvokáːt] 男 -en/-en《スイス・オーストリア》弁護士(=Rechtsanwalt).

AEG [アー・エー・ゲー]《略》《商標》アーエーゲー(ドイツの総合電機会社)(=Allgemeine Elektrizitäts-Gesellschaft).

A·e·ro.. [アエロ.. aero.. または アエーロ..]《名詞などにつける接頭》《空気の・航空の》例: *Aerody*namik 空気力学.

Ae·ro·bic [エアロービク eróːbɪk][英]中 -s/《ふつう冠詞なしで》エアロビクス.

A·e·ro⁼dy·na·mik [アエロ・デュナーミク] 女 -/《物》空気力学, 航空力学.

A·e·ro⁼gramm [アエロ・グラム] 中 -s/-e《郵》エアログラム, 航空書簡.

Af·fä·re [アフェーレ aféːrə] 女 -/-n ① (不快)事件, (やっかいな)出来事, いざこざ. sich⁴ **aus** der *Affäre* ziehen《口語》窮地を脱する.

② 情事, (性的な)関係, 色事.

* der **Af·fe** [アッフェ áfə] 男 (単 2·3·4) -n/(複) -n ① (動) サル(猿). (英 *monkey*). [Ich denke,] mich laust der *Affe*!《俗》これはたまげた(←猿が私のしらみを取ってくれる) / Du bist wohl vom wilden *Affen* gebissen?《状態受動・現在》《俗》君は気が狂っているんじゃないかか(←野性の猿にかみつかれた). ②《俗》(ののしって):ばか者; 気取り屋. ③《俗》酔い. einen *Affen* haben 酔っ払っている.

Af·fekt [アフェクト afékt] 男 -[e]s/-e 激情, 興奮.

af·fek·tiert [アフェクティーァト afektíːrt] 形 気取った, きざな.

äf·fen [エッフェン éfən] 他 (h) ①《雅》欺く; からかう. ②《古》(人⁴の)猿まねをする.

af·fen⁼ar·tig [アッフェン・アールティヒ] 形 ① 猿のような. ② ものすごい(スピードなど).

Af·fen⁼hit·ze [アッフェン・ヒッツェ] 女 -/《口語》すごい暑さ.

Af·fen⁼lie·be [アッフェン・リーベ] 女 -/ 溺愛(レッパ), 盲愛.

Af·fen⁼schan·de [アッフェン・シャンデ] 女 -/《口語》たいへんな恥辱, 赤恥.

Af·fen⁼the·a·ter [アッフェン・テアータァ] 中 -s/《俗》猿芝居.

af·fig [アッフィヒ áfɪç] 形《口語》気取った, きざな.

äf·fisch [エッフィッシュ éfɪʃ] 形 猿のような.

Af·front [アフローン afrɔ̃ː または ..ロント ..rónt][フラ] 男 -s/-s 侮辱.

Af·gha·ni·stan [アフガーニスターン afgáːnɪsta:n または ..タン] 中 -s/《国名》アフガニスタン(アジア中南部. 首都はカブール).

* [das] **Af·ri·ka** [アーふリカ áːfrika または ア..] 中 (単 2) -s/《地名》アフリカ[大陸].

Af·ri·kaans [アふリカーンス afrikáːns] 中 -/ アフリカーンス語(南アフリカ共和国の公用語で, オランダ語の方言から生じたもの).

Af·ri·ka·ner [アふリカーナァ afrikáːnər] 男 -s/- アフリカ人. (☞女性形は Afrikanerin).

af·ri·ka·nisch [アふリカーニッシュ afrikáːnɪʃ] 形 アフリカ[人]の.

Af·ter [アフタァ áftər] 男 -s/-《医》肛門(ミ).

Ag [アー・ゲー]《化·記号》銀(=Argentum).

AG [アー・ゲー] 女 -/-s《略》株式会社(=Aktiengesellschaft).

die **Ä·gä·is** [エゲーイス egέːɪs] 女 -/《定冠詞とともに》《海名》エーゲ海(=das Ägäische Meer).

ä·gä·isch [エゲーイッシュ egέːɪʃ] 形 エーゲ[海]の. das *Ägäische Meer* エーゲ海.

A·ga·mem·non [アガメムノン agamémnon] -s/《ギリ神》アガメムノン(トロイア戦争におけるギリシア軍総指揮官).

A·ga·the [アガーテ agáːtə] -[n]s/《女名》アガーテ.

A·ga·ve [アガーヴェ agáːvə] 女 -/-n《植》リュウゼツラン(竜舌蘭).

A·gent [アゲント agént] 男 -en/-en ①《秘密》情報部員, スパイ. ②《経》代理業者, エージ

ェント; 代理人; (芸能人の)マネージャー.

A·gen·tur [アゲントゥーア agentúːr] 囡 -/-en ① 代理[業]; 代理店, 取扱店, エージェンシー. ② 通信社 (=Nachrichten*agentur*).

Ag·fa [アクふァ ákfa] 《略》《商標》アグファ(ドイツのカメラ・フィルム会社) (=Aktiengesellschaft für Anilinfabrikation).

Ag·gre·gat [アグレガート agregáːt] 囲 -[e]s/-e ① 集合体. ② 《工》機械ユニット, セット(連動機械装置一式). ③ 《数》総計. ④ 《地学》集成岩(花こう岩など).

Ag·gre·gat·zu·stand [アグレガート・ツーシュタント] 男 -[e]s/ ..stände 《化》凝集(ぎょう)状態(物質の固体・液体・気体の三つの状態).

Ag·gres·si·on [アグレスィオーン agresióːn] 囡 -/-en ① (不法な)攻撃, (他国への)侵略. ② 《心》攻撃[的]態度.

ag·gres·siv [アグレスィーフ agresíːf] 形 ① 攻撃的な, 好戦的な; 挑戦的な. ② (化などが)けばけばしい, 刺激的な, 腐食性の(薬品など). ③ 向こう見ずな, むちゃな. eine *aggressive* Fahrweise 乱暴な運転.

Ag·gres·si·vi·tät [アグレスィヴィテート agresivitέːt] 囡 -/-en 《覆 なし》《心》① 攻撃性. ② 攻撃的な言動.

Ag·gres·sor [アグレッソァ agrέsɔr] 男 -s/-en [..ソーレン] 《政》侵略国[の主謀者].

Ä·gi·de [エギーデ egíːdə] 囡 -/ 庇護(ご). unter der *Ägide* von 〔人〕³ 〔人〕³の庇護を受けて.

a·gie·ren [アギーレン agíːrən] 圁 (h) (…として)行動する; (…の)役割を演じる. als Leiter *agieren* リーダーとして活動する.

a·gil [アギール agíːl] 形 俊敏な, 機敏な, 活動的な.

A·gi·ta·ti·on [アギタツィオーン agitatsióːn] 囡 -/-en ① (政治的な)扇動, アジ[テーション]. ② (旧東ドイツで:)政治的啓蒙(ごう)活動.

A·gi·ta·tor [アギタートァ agitáːtɔr] 男 -s/-en [..タトーレン] ① (政治的な)扇動者, アジテーター. ② (旧東ドイツで:)政治的啓蒙(ごう)活動家.

a·gi·ta·to·risch [アギタトーリッシュ agitatóːrɪʃ] 形 ① (政治的に)扇動的な, アジ的な. ② (旧東ドイツで:)政治的啓蒙(ごう)活動[家]の.

a·gi·tie·ren [アギティーレン agitíːrən] I 圁 (h) (政治的に)扇動する, アジる. für eine Partei *agitieren* 政党の宣伝活動をする. II 他 (h) (旧東ドイツで:)〔人〕⁴を政治的に啓蒙(ごう)する.

A·git·prop [アギト・プロップ agɪt-próp] I 囡 -/ (階級闘争のための)情宣活動, アジプロ (=Agitation und **Prop**aganda). II 男 -[s]/-s 《口語》情宣活動家.

Ag·nes [アグネス ágnɛs] -/ 《女名》アグネス.

Ag·nos·ti·ker [アグノスティカァ agnóstikər] 男 -s/- 《哲》不可知論者.

Ag·nos·ti·zis·mus [アグノスティツィスムス agnɔstitsísmʊs] 男 -/ 《哲》不可知論.

a·go·nie [アゴニー agoníː] 囡 -/-n [..ニーエン] 死(断末魔)の苦しみ, 苦悶(くもん); 《医》アゴニー, 死戦.

Ag·raf·fe [アグラッふェ agráfə] 囡 -/-n ① (衣服の)留め金, ブローチ. ② 《建》(アーチなどの)かすがい形装飾.

Ag·ra·ri·er [アグラーリアァ agráːriər] 男 -s/- 大地主.

ag·ra·risch [アグラーリッシュ agráːrɪʃ] 形 農業[上]の.

Ag·rar·po·li·tik [アグラール・ポリティーク] 囡 -/ 農業政策, 農政.

Ag·rar·re·form [アグラール・レふォルム] 囡 -/-en 農制改革.

Ag·rar·wis·sen·schaft [アグラール・ヴィッセンシャフト] 囡 -/-en 《覆なし》農学.

Ag·ree·ment [アグリーメント əgríːmənt] 〔英〕 囲 -s/-s 協定, とり決め, 申し合わせ.

Ag·ré·ment [アグレマーン] 〔ふ〕 囲 -s/-s 《法》アグレマン(大使・公使派遣に際し相手国にあらかじめ求める承認). ② 〔覆 で〕《音楽》装飾音.

Ag·ro·nom [アグロノーム agronóːm] 男 -en/-en 農学士.

Ag·ro·no·mie [アグロノミー agronomíː] 囡 -/ 農学 (=Agrarwissenschaft).

ag·ro·no·misch [アグロノーミッシュ agronóːmɪʃ] 形 農学の.

Ä·gyp·ten [エギュプテン ɛgýptən] 囲 -s/ 《国名》エジプト[・アラブ共和国](首都はカイロ).

Ä·gyp·ter [エギュプタァ ɛgýptər] 男 -s/- エジプト人. (☞ 女性形は Ägypterin).

ä·gyp·tisch [エギュプティッシュ ɛgýptɪʃ] 形 エジプト[人・語]の.

Ä·gyp·to·lo·gie [エギュプトろギー ɛgyptoloɡíː] 囡 -/ 〔古代〕エジプト学.

ah! [アー áː] 間 (驚き・喜び・突然の了解を表して:) ああ, おや, まあ. *Ah*, wie schön! ああ, なんてきれいなんだろう / *Ah*, so [ist das]! ああそうか.

äh! [エー έː] 間 ① (不快・疑念を表して:) うへぇ, ふん, ちぇっ. *Äh*, pfui! おー, いやだ. ② (言葉につまって:) えー, あー.

a·ha! [アハー aháː または アハ] 間 ① (突然の了解を表して:) はぁー, なるほど. *Aha*, so ist das! なるほど, そうなのか. ② (確認・予想の的中を表して:) ほうら[そうでしょう], ほらね. *Aha*, da haben wir's. ほらね, 言ったとおりだろ.

ahd. [アるト・ホーホドイチュ] 《略》古高ドイツ語の (=althochdeutsch).

Ah·le [アーれ áːlə] 囡 -/-n 錐(きり), 突き錐; (活字をはさむ)ピンセット.

Ahn [アーン áːn] 男 -[e]s (または -en)/-en ① 《ふつう覆》《雅》先祖, 祖先. ② 《方》祖父.

ahn·den [アーンデン áːndən] 他 (h) 《雅》(不正など⁴を)罰する.

Ahn·dung [アーンドゥング] 囡 -/-en 《雅》処罰, 懲罰; 報復.

Ah·ne [アーネ áːnə] 囡 -/-n ① 《雅》祖先[の女性]. ② 《方》祖母.

äh·neln [エーネルン έːnəln] 圁 (h) (人·物³に)似ている. Sie *ähnelt* sehr ihrer Mutter. 彼女は母親にとてもよく似ている.

* **ah·nen** [アーネン áːnən] (ahnte, hat...geahnt) **I** 他 (完了 haben) **予感する**; うすうす知っている．Er *ahnte* seinen nahen Tod. 彼は死期の近いことを予感した / Das *konnte* ich nicht *ahnen*. そんなことは私には予想もできなかった /【Ach,】du *ahnst* es nicht!《口語》これは驚いた，いやはや（← 君にはわかるまい）．
II 自 (完了 haben)《雅》(人³に)予感がする．Mir *ahnte* nichts Gutes. 私はいやな予感がした．

Ah·nen∥ta·fel [アーネン・ターフェる] 女 -/-n ①《雅》系図．②（動物の）血統書．

: **ähn·lich** [エーンりヒ έːnlıç]

似ている

Er ist seinem Vater *ähnlich*.
ｴｱ ｲｽﾄ ｻﾞｲﾈﾑ ﾌｧｰﾀｧ ｴｰﾝﾘﾋ
彼は父親似だ．

形 ①（人・物³に）**似ている**，類似した；《数》相似の．（⇔ *similar*). ein *ähnlicher* Vorschlag 同じような提案 / *ähnliche* Dreiecke 相似三角形 / 人³ *ähnlich* sehen a) 人³に似ている，b)《口語》いかにも 人³らしい ⇒ Das sieht ihm *ähnlich*! それは彼のやりそうなことだ! / Sie reagiert *ähnlich* wie ihre Schwester. 彼女は姉と同じように受け答える / Er heißt Huber **oder so** *ähnlich*. 彼はフーバーとかなんとかいう名前だ．◇ähnliche[s] ... und (または oder) *ähnliche*[s] (新散) *Ähnliche*[s] その他これに類するもの，等々（略: u. Ä., o. Ä.) / etwas *Ähnliches* 似たようなこと(もの).
②〘**3格**とともに前置詞的に〙…と同じように．*ähnlich* dem Dichter その詩人と同じように．

* *die* **Ähn·lich·keit** [エーンりヒカイト έːnlıçkaıt] 女 (単) -/(複) -en **類似[性]**，似ていること，類似点．(⇔ *similarity*). Er hat *Ähnlichkeit* mit seinem Vater. 彼は父親と似たところがある．

ahn·te [アーンテ] * ahnen (予感する)の 過去

* *die* **Ah·nung** [アーヌング áːnuŋ] 女 (単) -/(複) -en **予感**，虫の知らせ．eine böse *Ahnung* いやな予感 / Ich habe eine *Ahnung*, dass er heute kommt.《口語》私には彼がきょう来るような気がする．《口語》Keine *Ahnung*!《口語》(質問に答えて:)全然知りません(わかりません) / Ich habe keine blasse *Ahnung*, wo er ist. 彼がどこにいるのか，私には見当もつかない．

ah·nungs∥los [アーヌングス・ろース] 形 何も知らない，思いもよらない．

ah·nungs∥voll [アーヌングス・ふォる] 形 いやな予感のする，胸騒ぎのする．

a·hoi! [アホイ ahóy] 聞《海》(他の船に呼びかけて:) おーい，やーい．Boot *ahoi*! おーい，そのボート!

A·horn [アーホルン áːhorn] 男 -s/-e ①《植》カエデ．②《複なし》かえで材．

Äh·re [エーレ έːrə] 女 -/-n《植》(穀物の)穂．*Ähren*⁴ lesen 落穂を拾う．

Äh·ren∥le·se [エーレン・れーゼ] 女 -/-n 落ち穂拾い．

Aids, AIDS [エイヅ éıdz]《英》中 -/《医》エイズ，後天性免疫不全症候群（＝acquired immune deficiency syndrome).

Aids∥kran·ke[r] [エイヅ・クランケ (..ｶｧ)] 男 女《語尾変化は形容詞と同じ》エイズ患者．

Air¹ [エーァ έːr] [ズ] 中 -[s]/-s《ふつう単》風采(ﾌｳｻｲ);（人がかもしい)雰囲気．

Air² [エーァ] [ズ] 中 -s/-s《音楽》歌曲，アリア; エール(旋律的要素の強い器楽曲).

Air∥bag [エア・バッグ]《英》男 -s/-s（自動車の）エアバッグ，緩衝用空気袋．

Air∥bus [エーァ・ブス] 男 ..busses/..busse《空》エアバス．

Air∥con·di·tio·ning [エア・コンディショニング]《英》中 -s/-s エアコンディショニング，空調[装置]，エアコン．

a·is, A·is [アーイス áːıs] 中 -/-《音楽》嬰(ｴｲ)イ音．

* *die* **A·ka·de·mie** [アカデミー akademíː] 女 (単) -/(複) -n [..ミーエン] ① **アカデミー**，学士院，芸術院；学術協会．(⇔ *academy*). die *Akademie* der Wissenschaften² 科学アカデミー．② 単科大学，専門学校．Kunst-*akademie* 美術学校．③《ｷﾞﾘｼｬ》(文学・音楽の)催し，行事．

A·ka·de·mi·ker [アカデーミカァ akadémıkɐr] 男 -s/-① 大学教育を受けた人，大学卒業者．(⇔ 女性形は Akademikerin). ②《墺》アカデミー(学士院)会員．

* **a·ka·de·misch** [アカデーミッシュ akadéːmıʃ] 形 《雅》(*academic*) ① **大学の**．eine *akademische* Bildung 大学教育 / ein *akademischer* Grad 学位 / die *akademische* Freiheit 大学の自由 / die *akademische* Jugend (総称として:) 大学生 / Er ist *akademisch* gebildet. 彼は大学教育を受けている / das *akademische* Viertel 大学の 15 分（講義が定刻より15分遅れて始まる慣例）．②《美》（軽蔑的に:）アカデミズムの，古い型を守った．③ 生気のない，世間離れした；余計な，無用な．

A·ka·zie [アカーツィエ akáːtsıə] 女 -/-n《植》アカシア．

A·ki [アーキー áːkı] 中 -[s]/-[s] ニュース映画館（＝Aktualitätenkino).

Akk. [アクザティーふ]《略》《言》4 格，対格（＝Akkusativ).

Ak·kli·ma·ti·sa·ti·on [アクリマティザツィオーン aklimatizatsıóːn] 女 -/-en (風土・環境への)順化，順応．

ak·kli·ma·ti·sie·ren [アクリマティズィーレン aklimatizíːrən] 再帰 (h) *sich*⁴ *akklimatisieren* (風土・環境に)慣れる，順応する．

Ak·kli·ma·ti·sie·rung [アクリマティズィールング] 女 -/-en (風土・環境への)順化，順応．

Ak·kord [アコルト akórt] 男 -[e]s/-e ①《音楽》和音．②《経》出来高払い，請負．**im** *Akkord* arbeiten 出来高払いで仕事をする．

Akkordarbeit

③《法》合意, 和解.

Ak·kord≠ar·beit [アコルト・アルバイト] 囡 -/-en《経》出来高払いの(請負の)仕事.

Ak·kor·de·on [アコルデオン akórdeon] 匣 -s/-s《音楽》アコーデオン.

ak·kre·di·tie·ren [アクレディティーレン akreditíːrən] 他 (h) ①《政》(外交官⁴に)信任状を交付して派遣する. ②《経》(人⁴のために)クレジットを設定する.

Ak·kre·di·tiv [アクレディティーふ akreditíːf] 匣 -s/-e [..ヴェ] ① (外交官の)信任状. ②《経》信用状.

Ak·ku [アック áku] 男 -s/-s 蓄電池 (＝Akkumulator).

Ak·ku·mu·la·ti·on [アクムラツィオーン akumulatsióːn] 囡 -/-en ① 蓄積, 集積. ②《経》(資本の)蓄積. ③《地学》沈積.

Ak·ku·mu·la·tor [アクムらートァ akumuláːtɔr] 男 -s/-en [..らトーレン] ①《工》蓄電池 (略: Akku). ② 蓄圧器, アキュムレータ. ③《コンピュ》累算器.

ak·ku·mu·lie·ren [アクムリーレン akumulíːrən] 他 (h)《物⁴を》蓄積(集積)する.

ak·ku·rat [アクらート akuráːt] I 形 ① 入念な, 綿密な, きちょうめんな. ② 正確な. II 副《南ド・オース・ツ゚》ちょうど, まさしく (＝genau).

Ak·ku·ra·tes·se [アクラテッセ akuratésə] 囡 -/ 入念さ, 綿密さ, きちょうめん.

Ak·ku·sa·tiv [アクザティーふ ákuzatiːf] 男 -s/-e [..ヴェ]《言》4格, 対格 (略: Akk.).

Ak·ku·sa·tiv≠ob·jekt [アクザティーふ・オブイェクト] 匣 -[e]s/-e《言》(他動詞の)4格目的語.

Ak·ne [アクネ áknə] 囡 -/-n《医》アクネ, 痤瘡(ざそう), にきび.

A·kon·to≠zah·lung [アコント・ツァーるング] 囡 -/-en《経》内金(頭金)払い, 分割払い.

Ak·qui·si·teur [アクヴィズィテーァ akvizitǿːr] 男 -s/-e《経》勧誘員, 外交員, セールスマン. ②《ごう》(新聞の)広告取り.

Ak·ri·bie [アクリビー akribíː] 囡 -/ (徹底した)綿密さ, 細心さ, きちょうめん.

Ak·ro·bat [アクロバート akrobáːt] 男 -en/-en 軽業師, 曲芸師, アクロバット師. (英 女性形は Akrobatin.)

Ak·ro·ba·tik [アクロバーティク akrobáːtɪk] 囡 -/ 軽業, 曲芸, アクロバット.

ak·ro·ba·tisch [アクロバーティッシュ akrobáːtɪʃ] 形 軽業的な, 曲芸の, アクロバティックな.

Ak·ro·po·lis [アクロポリス akróːpɔlɪs] 囡 -/..polen [..ロポーれン] アクロポリス (古代ギリシアの都市国家の中核として丘上に築かれた城塞で, 祭政の中心. 特にアテネのものが有名).

Akt [アクト ákt] 男 -[e]s/-e ① 行為, 動作. rechtswidrige *Akte* 不法行為 / ein *Akt* der Vernunft² 分別ある行い. ② 儀式, セレモニー. ③《劇》幕. ein Drama in fünf *Akten* 5 幕のドラマ. ④ (サーカスなどの)出し物. ⑤《美》ヌード, 裸体画. ⑥ 性交 (＝Geschlechts*akt*).

---

*die **Ak·te** [アクテ áktə] 囡 (単) -/(複) -n《ふつう 複》書類, 文書; (官庁などの)公文書. (英 file). erledigte *Akten* 処理済みの書類 / *Akten*⁴ ordnen 書類を整理する / Das kommt **in** die *Akten*. それは記録される / über 囲⁴ die *Akten*⁴ schließen《比》囲⁴に片をつける / 囲⁴ **zu** den *Akten* legen《口語・比》囲⁴を解決済みと見なす(棚上げにする).

ak·ten≠kun·dig [アクテン・クンディヒ] 形 書類で明らかな, 文書によって証明可能な.

Ak·ten≠map·pe [アクテン・マッペ] 囡 -/-n 書類用ファイル.

Ak·ten≠schrank [アクテン・シュランク] 男 -[e]s/..schränke 書類戸棚, ファイリング・キャビネット.

Ak·ten≠ta·sche [アクテン・タッシェ] 囡 -/-n 書類かばん, ブリーフケース.

Ak·ten≠zei·chen [アクテン・ツァイヒェン] 匣 -s/- 書類整理番号, ファイル番号.

Ak·teur [アクテーァ aktǿːr] 男 -s/-e《雅》① (事件の)関係者, 当事者. ② 俳優 (＝Schauspieler). ③《スポ》プレーヤー, 競技者.

---

*die **Ak·tie** [アクツィエ áktsiə] 囡 (単) -/(複) -n《経》株, 株式, 株券. Die *Aktien* steigen (fallen). 株価が上がる(下がる) / Wie stehen die *Aktien*?《口語》景気はどうだい.

Ak·ti·en≠ge·sell·schaft [アクツィエン・ゲゼるシャふト] 囡 -/-en《経》株式会社 (略: AG).

Ak·ti·en≠ka·pi·tal [アクツィエン・カピターる] 匣 -s/《経》株式資本.

Ak·ti·on [アクツィオーン aktsióːn] 囡 -/-en (組織的な)行動, 運動, 活動, キャンペーン; (一般の)行動. eine gemeinsame *Aktion* 共同作業 / in *Aktion* sein 活動している / in *Aktion* treten 行動を起こす.

Ak·ti·o·när [アクツィオネーァ aktsionéːr] 男 -s/-e《経》株主.

Ak·ti·ons≠ra·di·us [アクツィオーンス・ラーディウス] 男 -/ ① 行動半径, 活動範囲. ② (船・飛行機の)航続距離.

***ak·tiv** [アクティーふ ákti:f または ..ティーふ] 形 ① 活動的な, 活発な; 積極(能動)的な. (英 active). (英「消極的な」は passiv). ein *aktiver* Teilnehmer 積極的な参加者 / der *aktive* Wortschatz 発表語彙(ご)(ある人が使いこなせる語彙) / das *aktive* Wahlrecht 選挙権 (英「被選挙権」は das passive Wahlrecht) / Er ist politisch sehr *aktiv*. 彼は政治的にたいへんアクティブだ. ② 活動中の, 現役の, 現職の. ein *aktives* Mitglied 正会員 / ein *aktiver* Sportler 現役のスポーツ選手. ③《言》能動[態]の. ④《化》活性の.

Ak·tiv¹ [アクティーふ ákti:f] 匣 -s/-e [..ヴェ]《ふつう 囲》《言》能動態. (英「受動態」は Passiv).

Ak·tiv² [アクティーふ] 匣 -s/-s (まれに -e [..ヴェ]) (旧East ドイツで)活動分子, アクティブ(グループ).

Ak·ti·va [アクティーヴァ aktíːva] 複《経》借方, (企業の)現在資産. (英「貸し方」は Passiva).

ak·ti·vie·ren [アクティヴィーレン aktivíːrən]

albanisch

囲 (h) ① 活動させる, 活発にする. ② 《化》活性化する.

Ak·ti·vist [アクティヴィスト aktivíst] 男 -en/-en ① (政治運動などの)活動家. ② (旧東ドイツで:) 模範労働者.

Ak·ti·vi·tät [アクティヴィテート aktivité:t] 女 -/-en ① 《複 なし》活動(行動)性, 能動性, 積極性; 活気. ② 《ふつう 複》《積極的な》活動, 行動. ③ 《化》活性. ④《物》放射能 (= Radio*aktivität*).

Ak·tiv·koh·le [アクティーふ・コーレ] 女 -/- 《化》活性炭.

ak·tu·a·li·sie·ren [アクトゥアリズィーレン aktualizí:rən] 他 (h) アクチュアル(今日的)なものに作りかえる, 現代化する.

Ak·tu·a·li·tät [アクトゥアリテート aktualité:t] 女 -/-en ① 《複 なし》 (事件・ニュースなどの)現実性, 時局性, アクチュアリティー. ② 《複で》現状, 時事問題.

Ak·tu·a·li·tä·ten⇗ki·no [アクトゥアリテーテン・キーノ] 中 -s/-s ニュース映画館 (略: Aki).

*ak·tu·ell [アクトゥエる aktuél] 形 ① 現在問題になっている, アクチュアルな, 今日的(時事的)な. ein *aktuelles* Thema 最近話題のテーマ. ② 《服飾・経》最新流行の. ③ 《ﾆｭｰｽ》カレントの.

A·ku·pres·sur [アクプレスーァ akupresú:r] 女 -/-en 《医》指圧療法.

A·ku·punk·tur [アクプンクトゥーァ akupuŋktú:r] 女 -/-en 《医》針術(はり), 針療法.

A·kus·tik [アクスティク akústɪk] 女 -/ ① 《物》音響学. ②《建》音響効果.

a·kus·tisch [アクスティッシュ akústɪʃ] 形 ① 《付加語としてのみ》音響学[上]の, 音響に関する; 音響効果上の. ② 聴覚の, 聴覚的な. (〈〜〉「視覚の」は visuell). ein *akustischer* Typ 《心》聴覚型[の人].

a·kut [アクート akú:t] 形 ① 緊急の. ein *akutes* Problem さし迫った問題. ② 《医》急性の. (〈〜〉「慢性の」は chronisch).

*der **Ak·zent** [アクツェント aktsént] 男 《単2》-[e]s/《複》-e (3格のみ -en) (〈米〉*accent*) ① 《言》アクセント, 強勢; アクセント符号. Der *Akzent* liegt **auf** der ersten Silbe. アクセントは第1音節にある. ② 強調, 力点. den *Akzent* **auf** 囲[4格] legen 4格を強調する. ③ 《複なし》(特有の)抑揚, イントネーション; (言葉の)なまり. mit bayerischem *Akzent* sprechen バイエルンなまりで話す.

ak·zent⇗frei [アクツェント・フライ] 形 なまりのない. *akzentfrei* Deutsch sprechen なまりのないドイツ語を話す.

ak·zen·tu·ie·ren [アクツェントゥイーレン aktsɛntuí:rən] 他 (h) ① アクセントをつけて発音する, 強く発音する. ②《比》強調する.

Ak·zept [アクツェプト aktsépt] 中 -[e]s/-e 《経》(手形の)引受; 引受手形.

ak·zep·ta·bel [アクツェプターべる aktseptá:bəl] 形 受け入れ(引き受け)られる, 受諾できる.

ein *akzeptabler* Vorschlag 受け入れ可能な提案.

ak·zep·tie·ren [アクツェプティーレン aktsɛptí:rən] 他 (h) ① (提案・条件などを)受け入れる, 受諾する. ② 《経》(手形を4格)引き受ける.

Al [アー・エる] 《化・記号》アルミニウム (Aluminium).

à la [アら a la] 《ﾌﾗ》…風に, …式に, …流に. Schnitzel *à la* Holstein ホルシュタイン風のカツレツ.

a·laaf! [アらーふ alá:f] 間 (ケルンのカーニバルで:) 万歳!

A·la·bas·ter [アらバスタァ alabástər] 男 -s/- 《ふつう 単》《鉱》雪花(ﾕﾘ)石膏(ｾｯｺｳ), アラバスター.

à la carte [アら カルト a la kárt] 《ﾌﾗ》《料理》アラカルトで, (定食でなく)メニューから選んで.

*der **A·larm** [アらルム alárm] 男 《単2》-[e]s/《複》-e (3格のみ -en) ① 警報. (〈米〉*alarm*). Feuer*alarm* 火災警報 / blinder *Alarm* 空騒ぎ(誤報に基づく大騒ぎ) / *Alarm*⁴ aus|lösen (または geben) 警報を鳴らす / *Alarm*⁴ schlagen a) 警報を発する, b) 《比》(たいへんだと言って)大騒ぎする. ② (警報発令中の)非常事態.

a·larm⇗be·reit [アらルム・ベライト] 形 《警報に備えて》緊急出動態勢の整った.

A·larm⇗be·reit·schaft [アらルム・ベライトシャふト] 女 -/ 緊急出動態勢.

A·larm⇗glo·cke [アらルム・グロッケ] 女 -/-n 警鐘.

***a·lar·mie·ren** [アらルミーレン alarmí:rən] (alarmierte, *hat*…alarmiert) 他 《完了》haben) ① (人4格に)急報する, 出動を要請する. Ich *habe* die Feuerwehr *alarmiert*. 私は消防に急報した. ② (人4格を)不安にさせる, びっくりさせる. ◇《現在分詞の形で》*alarmierende* Nachrichten 気がかりなニュース.

a·lar·miert [アらルミーァト] *alarmieren (急報する)の 過分*

a·lar·mier·te [アらルミーァテ] *alarmieren (急報する)の 過去*

A·las·ka [アらスカ aláska] 中 -s/ 《地名》① (北アメリカの)アラスカ半島. ② アラスカ(アメリカ合衆国の州).

A·laun [アらオン aláun] 男 -s/-e 《化》みょうばん(明礬).

Alb¹ [アるプ álp] 男 -[e]s/-en ① 《ふつう 複》《ｹﾞﾙﾏﾝ神》アルプ(地下に住む自然の精). ② 夢魔 (= Alp¹).

die **Alb**² [アるプ] 女 -/-en 《定冠詞とともに》《山名》アルプ(ジュラ山脈中の連山. シュヴァーベン・アルプ die Schwäbische *Alb* など).

Al·ba·ner [アるバーナァ albá:nər] 男 -s/- アルバニア人.

Al·ba·ni·en [アるバーニエン albá:niən] 中 -s/ 《国名》アルバニア(バルカン半島南西部. 首都はティラナ).

al·ba·nisch [アるバーニッシュ albá:nɪʃ] 形 アルバニア[人・語]の.

Al·bat·ros [アるバトロス álbatrɔs] 男 - (または ..rosses) /..rosse 〖鳥〗アホウドリ.

Al·ben [アるベン] *Album (アルバム) の 複

***al·bern**[1] [アるバァン álbərn] 形 ① ばかげた, 子供っぽい, 愚かな. (英 silly). ein *albernes* Benehmen 愚かなふるまい. ② 《口語》くだらない, 無意味な.

al·bern[2] [アるバァン] 自 (h) ばかげたことをする; (子供のように)ふざける.

Al·bern·heit [アるバァンハイト] 女 -/-en ばかげたこと, 愚行.

Al·bert [アるベルト álbɛrt] -s/《男名》アルベルト.

Al·bi·no [アるビーノ albí:no] 男 -s/-s 白子(しろこ)(先天性色素欠乏症の人・動物・植物).

Alb·recht [アるブレヒト álbrɛçt] -s/《男名》アルブレヒト.

Alb=traum [アるブ・トラオム] 男 -[e]s/..träu-me 悪夢(＝Alptraum).

****das* **Al·bum** [アるブム álbum] 中 (単2) -s/(複) Alben (写真・切手などの)アルバム; (レコードの)アルバム. (英 album). Familien*album* 家族の写真アルバム / Bilder[4] ins *Album* kleben 写真をアルバムに貼(は)る.

Al·chi·mie [アるヒミー alçimí:] 女 -/ 錬金術.

Al·chi·mist [アるヒミスト alçimíst] 男 -en/-en 錬金術師.

A·le·man·ne [アれマンネ aləmánə] 男 -n/-n アレマン族(西南ドイツおよびスイスに住んでいた古代ゲルマンの一種族).

a·le·man·nisch [アれマンニッシュ alǝmánɪʃ] 形 アレマン族(語)の.

a·lert [アれルト alért] 形 元気のいい, 機敏な, 活発な; 利口な.

die **A·le·u·ten** [アれウーテン aleú:tǝn] 複《定冠詞とともに》〖島名〗アリューシャン(アレウト)列島.

A·le·xan·der [アれクサンダァ alɛksándǝr] -s/ ① 《男名》アレクサンダー. ② 《人名》アレクサンドロス大王 (*Alexander der Große* 前356–前323; 古代マケドニアの王, アレクサンドロス3世の敬称).

A·le·xand·ria [アれクサンドリア alɛksándria または ..ドリーア] 中 -s/《都市名》アレクサンドリア(ナイル川デルタの西部にあるエジプト第2の都市).

A·le·xan·dri·ner [アれクサンドリーナァ alɛksandrí:nǝr] 男 -s/- ① アレクサンドリアの市民(出身者). ② 《詩学》アレクサンダー詩行, アレクサンドラン(6脚弱強格の詩行).

Alf·red [アるふレート álfre:t] -s/《男名》アルフレート.

Al·ge [アるゲ álgǝ] 女 -/-n 〖植〗藻, 藻類, 海草.

Al·geb·ra [アるゲブラ álgebra] 女 -/ 〖数〗代数[学].

al·geb·ra·isch [アるゲブラーイッシュ algebrá:-ɪʃ] 形 代数[学]の.

Al·ge·ri·en [アるゲーリエン algé:rian] 中 -s/《国名》アルジェリア(アフリカ北西部. 首都はアルジェ).

Al·ge·ri·er [アるゲーリァァ algé:riǝr] 男 -s/- アルジェリア人.

al·ge·risch [アるゲーリッシュ algé:rɪʃ] 形 アルジェリア[人]の.

ALGOL [アるゴる álgɔl] [英] 中 -[s]/ (ニシ) アルゴル(科学技術計算用の高度なプログラム言語)(＝algorithmic language).

Al·go·rith·mus [アるゴリトムス algorítmus] 男 -/..rithmen 《数・ニシ》アルゴリズム, 算法, 十進法.

a·li·as [アーリアス á:lias] [ラテン] 副 またの名は, 別名は.

A·li·bi [アーリビ á:libi] 中 -s/-s ① 《法》アリバイ. ein *Alibi*[4] haben アリバイがある. ② 口実, 弁解, 言いつくろい.

A·li·men·te [アリメンテ aliméntǝ] 複 《法》 (私生児などの)養育費.

Al·ka·li [アるカリ alká:li または アるカリ] 中 -s/..kalien [..カーリェン] 《化》アルカリ.

al·ka·lisch [アるカーリッシュ alká:lɪʃ] 形 《化》アルカリ[性]の. eine *alkalische* Reaktion アルカリ反応.

*der **Al·ko·hol** [アるコホーる álkoho:l] 男 (単2) -s/(複) -e (3格のみ -en) ① 《化》アルコール; 酒精. (英 alcohol). Der Weinbrand enthält 43 Prozent *Alkohol*. このブランデーは43度ある. ② 《ふつう単》アルコール飲料, 酒[類]. Ich trinke keinen *Alkohol*. 私は酒は飲みません / unter *Alkohol* stehen 酔っ払っている.

al·ko·hol=ab·hän·gig [アるコホーる・アップヘンギヒト] 形 アルコール依存症(アル中)の.

al·ko·hol=arm [アるコホーる・アルム] 形 アルコール分の少ない(飲料など).

al·ko·hol=frei [アるコホーる・ふライ] 形 ① アルコール分を含まない. *alkoholfreie* Getränke ソフトドリンク. ② 酒類を出さない(レストランなど).

Al·ko·hol=ge·halt [アるコホーる・ゲハるト] 男 -[e]s/-e アルコール含有[量].

al·ko·hol=hal·tig [アるコホーる・ハるティヒ] 形 アルコールを含んだ, アルコール入りの.

Al·ko·ho·li·ka [アるコホーリカ alkohó:lika] 複 アルコール飲料.

Al·ko·ho·li·ker [アるコホーリカァ alkohó:li-kǝr] 男 -s/- (常習的な)酒飲み; アルコール中毒者.

***al·ko·ho·lisch** [アるコホーリッシュ alkohó:lɪʃ] 形 ① 《付加語としてのみ》アルコールの入った, アルコールを含む. *alkoholische* Getränke アルコール飲料, 酒類. ② 《化》アルコール[性]の.

al·ko·ho·li·sie·ren [アるコホリズィーレン alkoholizí:rǝn] 他 (h) ① (物[4]に)アルコールを混ぜる. ② (戯) (人[4]を)酔っ払わせる.

Al·ko·ho·lis·mus [アるコホリスムス alkoho-lísmus] 男 -/ ① 飲酒癖. ② 《医》アルコール中毒[症].

Al·ko·hol=spie·gel [アるコホーる・シュピーゲる] 男 -s/- 血中アルコール濃度.

al·ko·hol⁄süch·tig [アるコホーる・ズュヒティヒ] 形 アルコール中毒の.

Al·ko·hol⁄test [アるコホーる・テスト] 男 -[e]s/-s (または -e) (ドライバーに対する)アルコール検査(テスト).

Al·ko·ven [アるコーヴェン alkóːvən または ア..] 男 -s/- アルコーブ(床の間のように壁をへこませて作った窓のない小部屋. 寝室などに使う).

‡**all** [アる ál]

> **すべての[もの]**
> Das ist *alles*. これですべてです.
> ダス イスト アれス
>
> | 格 | 男 | 女 | 中 | 複 |
> |---|---|---|---|---|
> | 1 | aller | alle | alles | alle |
> | 2 | alles | aller | alles | aller |
> | 3 | allem | aller | allem | allen |
> | 4 | allen | alle | alles | alle |

代《不定代名詞; 語尾変化は dies*er* と同じ. ただし無語尾でも用いられる》 **A**)《付加語として》 ① 《複数名詞とともに》すべての, あらゆる, いっさいの. (英 all). alle Kinder すべての子供たち / alle Tage 毎日 / Sie kamen aus *allen* Ländern. 彼らはあらゆる国々からやって来た / unter *allen* Umständen どんなことがあっても / vor *allen* Dingen 何はさておき, まず第一に.
②《単数名詞とともに》いずれの…も, あらゆる; 非常な. *Aller* Anfang ist schwer.《ことわざ》何事も初めは難しい / *alles* Glück dieser Erde² この世のあらゆる幸せ / Bücher *aller* Art² あらゆる種類の本 / Er hat *alles* Geld verloren. 彼はお金を全部なくした / in *aller* Eile 大急ぎで / in *aller* Frühe 早朝に / mit *aller* Kraft 全力をあげて / zu *allem* Unglück さらに運の悪いことには / *alle* Mal そのつど, いつも / ein für *alle* Mal これっきりで, きっぱりと.
③《数詞の前で》…ごとに, …の間隔で. *alle* vier Jahre 4年ごとに / *alle* halbe Stunde 30分ごとに / Der Omnibus fährt *alle* 12 Minuten. バスは12分おきに走っている.
④《無語尾で》すべての. *all* mein Geld 私のあり金全部 / *all* diese Menschen これらすべての人々.
B)《名詞的に》①《複数形 *alle* で》すべての人, 皆. *alle* beide 両者とも, 二人とも / vor *aller* Augen みんなの目の前で / Die Bekannten sind *alle* gekommen.《現在完了》知人たちは皆やって来た.
②《中性単数形 *alles* で》⑦ すべてのもの(こと). *Alles* in Ordnung! すべてオーケーだ / das *alles* または dies[es] *alles* これらすべて / *alles* und jedes いっさいがっさい / *alles* oder nichts すべてか無か / *Alles* Gute! お元気で / Er ist *alles* andere als geschickt. 彼はお義理にも器用だとは言えない / *alles*, was ich gesehen habe 私が見たすべてのもの / *alles* in allem 何もかもひっくるめて, 全体的には, 要するに / über *alles* 何にもまして / **vor allem** とりわけ, なかんずく / Du bist mein ein und *alles*(新形) Ein und *Alles*). おまえは私のすべてだ. ⑦《口語》(居合わせている)すべての人. *Alles* einsteigen! 皆さんご乗車ください.
③《*alles* の形で疑問文で》《口語》いったい. Was hast du *alles* gesehen? いったい君は何を見たと言うんだい.

....
(類語) all: 一つ一つが集まって全部. ganz: あるものの全体. die ganze Stadt 町中. jeder: (全体の中の)それぞれ. gesamt: 全体の, 総体の. die gesamte Bevölkerung 総人口.
....

All [アる] 中 -s/ 宇宙, 万有.
all⁄abend·lich [アる・アーベントりヒ] 形 毎晩の.
Al·lah [アらー ála:] 男 -s/ アラー(イスラム教の唯一神).
all⁄be·kannt [アる・ベカント] 形 だれもが知っている, 周知の.
al·le¹ [アれ álə] 副《口語》① 使い果たして, 尽きて. Das Brot ist *alle*. パンはもうなくなった / 物⁴ *alle* machen 物を食べ尽くす, 使い果たす. ② 疲れきって. 人⁴ *alle* machen《俗》a) 人⁴ を社会的に葬る, b) 人⁴ を殺す.
al·le² [アれ] 代《不定代名詞》☞ all
al·le·dem [アれ・デーム á·leːm] 副《前置詞とともに》**bei** (または **trotz**) *alledem* それにもかかわらず.
*die **Al·lee** [アれー aléː] 女 (単) -/(複) -n [アれーエン] 並木道. (英 avenue). eine breite *Allee* 広い並木道. (☞ 類語 Weg).
Al·le·go·rie [アれゴリー alegoríː] 女 -/-n [..リーエン]《美・文学》アレゴリー, 比喩, 寓意(ぐうい).
al·le·go·risch [アれゴーリッシュ alegóːrɪʃ] 形 アレゴリーの, 比喩的な, 寓意(ぐうい)的な.
al·leg·ret·to [アれグレットー alegréto] [伊] 副《音楽》アレグレット, やや快速に.
al·leg·ro [アれーグロ aléːgro] [伊] 副《音楽》アレグロ, 快速に, 速く.
‡**al·lein** [アらイン aláɪn]

> **ひとりっきりの**
> Sie reist gerne *allein*.
> ズィー ライスト ゲルネ アらイン
> 彼女はひとり旅が好きだ.

I 形 ① ひとりっきりの, 単独の; 水いらずの, 他人を交じえず…だけの. (英 alone). Er war *allein* im Zimmer. 彼はひとりぼっちで部屋にいた / Hier sind wir ganz *allein*. ここならぼくたちにじゃまが入らないよ / *allein* stehen a) 独身である, 家族(身寄り)がない, b) (家などが)孤立している / Lass mich *allein*! ほっといてくれ / Ein Unglück kommt selten *allein*.《ことわざ》泣きっ面に蜂(はち)(←そして不幸は重なって来る).
② 孤独な, 寂しい. sich⁴ *allein* fühlen 孤独を感じる.

alleine

Ⅱ 副 ① 《雅》ただ…だけ (=nur). Auf ihm *allein* ruhte unsere Hoffnung. ただ彼にだけ私たちは希望を託していた. ◊《ふつう schon とともに》もう…だけで. Schon der Gedanke *allein* ist schrecklich. そう考えるだけでも恐ろしい. ◊《成句的に》nicht *allein* A, sondern [auch] B A だけでなく B もまた / einzig und *allein* ただひとえに.
② 独力で, 他人の助けなしで. Das habe ich *allein* gemacht. それを私は独力でやった / von *allein*[e]《口語》ひとりでに, おのずから.
Ⅲ 接《並列接続詞》《雅》しかしながら. Ich hoffte auf ihn, *allein* ich wurde bitter enttäuscht. 私は彼に期待していたのだが, 非常に失望した. (《玉》文と文を接続し, 必ず文頭に置かれる).

《新形》..
al·lein er·zie·hend (夫婦の)片方だけで子供を養育している.
al·lein se·lig ma·chend ①《カッコ》至福をもたらす唯一の. die *allein* selig machende Kirche 唯一成聖教会(カトリック教会のこと). ②《口語》唯一真実の.
al·lein ste·hend ① 独身の, 家族(身寄り)のない. ② 孤立した(家など).
....

al·lei·ne [アらイネ aláinə] 形 副《口語》= allein
al·lein er·zie·hend 形 (《新形》allein erziehend) ☞ allein
Al·lein er·zie·hen·de[r] [アらイン・エァツィーエンデ(..ダァ)] 男 女《語尾変化は形容詞と同じ》シングルファーザー, シングルマザー.
Al·lein gang [アらイン・ガング] 男 -[e]s/-gänge ① ひとり歩き, 単独行動; 単独登山. ②《スポ》独走, 独泳.
Al·lein herr·schaft [アらイン・ヘルシャふト] 女 -/ 独裁[政治].
Al·lein herr·scher [アらイン・ヘルシャァ] 男 -s/ 独裁者, 専制君主.
al·lei·nig [アらイニヒ aláɪnɪç] 形 ①《付加語としてのみ》単独の; 唯一の. der *alleinige* Erbe ただ一人の相続人. ②《カッコ》身寄りのない; 独身の.
Al·lein sein [アらイン・ザイン] 中 -s/ ひとりでいる(自分ひとりで)いること, 独居, 水いらず; 孤独.
al·lein se·lig·ma·chend 形 (《新形》allein seligmachend) ☞ allein
al·lein ste·hend 形 (《新形》allein stehend) ☞ allein
al·lem [アれム] 代《不定代名詞》☞ all
al·le mal [アれ・マーる] 副《口語》きっと, もちろん; どっちみち. (《玉》「そのつど」の意味では alle Mal とつづる)《正》.
al·len [アれン] 代《不定代名詞》☞ all
al·len falls [アれン・ふァるス] 副 ① せいぜいのところ. ② 場合によっては, 必要とあれば.
al·lent hal·ben [アれント・ハるベン] 副《雅》いたるところに, あらゆる場所で(=überall).
al·ler [アらァ] 代《不定代名詞》☞ all

al·ler.. [アらァ・アらァ..]《形容詞・名詞などにつける接頭》《すべての・最も》. 例: *aller*nächst 最も近い.
al·ler best [アらァ・ベスト] 形 最善の, 最良の.
:al·ler dings [アらァ・ディングス álər-díŋs] 副 ① もっとも[…だが], ただし. (英 though). Die Arbeit ist sehr anstrengend, *allerdings* gut bezahlt. その仕事はたいへんきつい, もっとも報酬はいいのだが. ◊《後続の aber, doch などとともに》なるほど…であるが. Das ist *allerdings* richtig, aber es ist nicht die volle Wahrheit. それはなるほど正しいが, 真実そのものだとはいえない.
② 《強い肯定の返事》もちろん, 確かに. (英 certainly). Hast du das gewusst? — *Allerdings*! 君はそのことを知っていたのかい — もちろんだとも.
al·ler erst [アらァ・エーァスト] 形《付加語としてのみ》いちばん最初の.
Al·ler gen [アれルゲーン alɛrgéːn] 中 -s/-e 《ふつう複》《医》アレルゲン, アレルギー抗原.
Al·ler gie [アれルギー alɛrgíː] 女 -/-n [..ギーエン]《医》アレルギー.
Al·ler gi·ker [アれルギカァ alérgikər] 男 -s/-《医》アレルギー体質者.
al·ler gisch [アれルギッシュ alérgɪʃ] 形《医》アレルギー[性]の; (比) 過敏な. gegen 人・物⁴ *allergisch* sein 人・物⁴が感覚的にいやである.

*al·ler hand [アらァ・ハント álər-hánt] 形《無語尾で》《口語》① いろいろな, さまざまな. Er weiß *allerhand* Neues. 彼はいろいろ新しいことを知っている. ② 相当な, たいした; ひどい. Das ist ja *allerhand*! それはひどい.
Al·ler hei·li·gen [アらァ・ハイリゲン] 中《無変化; 冠詞なしで》《カッコ》諸聖人の祝日, 万聖節 (11月1日, 全聖人を記念する祝日).
al·ler höchst [アらァ・ヘーヒスト] 形 最高の, 至高の.

*al·ler lei [アらァらイ álərlái] 形《無語尾で》いろいろな, さまざまな. *allerlei* Ausgaben さまざまな出費. ◊《名詞的に》Ich habe *allerlei* gehört. 私はいろいろなことを耳にした.
Al·ler lei [アらァらイ] 中 -s/ ごたまぜ. Leipziger *Allerlei*《料理》ライプツィヒ風ごった煮(えんどう・アスパラガス・にんじんなどが入った野菜シチュー).
al·ler letzt [アらァ・れツト] 形《付加語としてのみ》いちばん最後の, ごく最近の.
al·ler liebst [アらァ・リープスト] 形 ① 最愛の, 最も好きな. ② とてもかわいらしい.
al·ler meist [アらァ・マイスト] 形 最も多くの; 大部分の. am *allermeisten* a) 最も多く, b) たいてい.
al·ler nächst [アらァ・ネーヒスト] 形 最も近い, すぐ隣りの.
al·ler neu[·e]st [アらァ・ノイ[エ]スト] 形 最新の. die *allerneuesten* Nachrichten 最新のニュース.
al·ler or·ten [アらァ・オルテン] 副 いたるところで.

Al·ler≠see·len [アらァ・ゼーれン] 中 -/《冠詞なしで》《カッラ》万霊節(11月2日. 信者の霊を祭る).

al·ler≠seits [アらァ・ザイツ] 副 ① みんなに, 一同に. Guten Abend *allerseits*! 皆さんこんばんは. ② あらゆる方面から, いたるところで.

Al·ler·welts.. [アらァヴェるツ.. áləɾvɛlts..] 《名詞につける 接頭》 ① 《ごく普通の・一般的な》 例: *Allerwelts*gesicht ありふれた顔. ② 《多用される》 例: *Allerwelts*wort いろんな場合に使われる月並みな言葉.

Al·ler·welts≠kerl [アらァヴェるツ・ケルる] 男 -(e)s/-e 《口語》(なんでもこなす)器用なやつ, なんでも屋.

al·ler·we·nigst [アらァ・ヴェーニヒスト] 形 最も少ない, ごくわずかの.

Al·ler·wer·tes·te[r] [アらァ・ヴェーァテステ (..タァ)] 男 《語尾変化は形容詞と同じ》《口語》尻(シリ)(=Gesäß).

***al·les** [アれス áləs] 代 《不定代名詞》すべてのもの. (☞ all). *alles* oder nichts すべてか無か.

al·le≠samt [アれ・ザムト] 副《口語》皆いっしょに, 一人残らず.

Al·les≠fres·ser [アれス・ふレッサァ] 男 -s/- 《動》雑食動物.

Al·les≠kle·ber [アれス・クれーバァ] 男 -s/- 万能接着剤.

al·le≠weil [アれ・ヴァイる] 副 (南ドツ) いつも, 常に(=immer).

All≠gäu [アる・ゴイ álgɔy] 中 -s/《地名》アルゴイ (ドイツ, バイエルン州の南西部地方: ☞ 地図 D〜E-5).

all≠ge·gen·wär·tig [アる・ゲーゲンヴェルティヒ] 形 遍在の, 常にいたるところに存在する.

*****all·ge·mein** [アる・ゲマイン ál-gəmaín] 形 ① **一般的な**, 全般的な, [世間]一般の; 普遍的な. (英 general). (⇔ 「特別な」は besonder). die *allgemeine* Meinung 世間一般の考え / Sein Vorschlag fand *allgemeine* Zustimmung. 彼の提案は大方の賛同を得た / Das ist *allgemein* bekannt. それは周知のことだ / *allgemein* gesprochen 一般的に言って. ◊《名詞的に》 im *allgemeinen* (新形) **im *Allgemeinen*** 一般に, 大体において, 概して. ② [集団]全員にかかわる, 社会[全体のため]の. das *allgemeine* Wahlrecht 普通選挙権 / das *allgemeine* Wohl 公共の福祉. ③ はっきりしない, 漠然とした.

(新形)
all·ge·mein bil·dend 一般教養の.
all·ge·mein gül·tig 普遍妥当の, あらゆる場合に当てはまる.
all·ge·mein ver·ständ·lich だれにでもわかる, 平易な.
....

All·ge·mein≠be·fin·den [アるゲマイン・べフィンデン] 中 -s/《医》全身[的な健康]状態.
all·ge·mein≠bil·dend 形 (新形) allgemein bildend) ☞ allgemein
All·ge·mein≠bil·dung [アるゲマイン・ビるドゥング] 女 -/ 一般教養.

all·ge·mein≠gül·tig 形 (新形 allgemein gültig) ☞ allgemein
All·ge·mein≠gut [アるゲマイン・グート] 中 -(e)s/..güter《ふつう 単》共有財産.
All·ge·mein≠heit [アるゲマインハイト] 女 -/-en ① 《複 なし》一般性, 普遍性. ②《複 なし》一般[の人々]. ③《複 で》ありふれた言葉, 決まり文句.
all·ge·mein≠ver·ständ·lich 形 (新形 allgemein verständlich) ☞ allgemein
All·ge·mein≠wohl [アるゲマイン・ヴォーる] 中 -(e)s/ 公共の福祉.
All≠ge·walt [アる・ゲヴァるト] 女 -/《雅》(神の)全能; 絶大な力.
all≠ge·wal·tig [アる・ゲヴァるティヒ] 形《雅》全能の; 絶大な力[権力]を有する.
All≠heil·mit·tel [アる・ハイるミッテる] 中 -s/- 万能薬.
Al·li·anz [アリアンツ aliánts] 女 -/-en《政》同盟, 連合. die Heilige *Allianz*《史》神聖同盟 (1815年).
Al·li·ga·tor [アリガートァ aligá:tɔr] 男 -s/-en [..ガトーレン]《動》アリゲーター(アメリカ・南東アジアの淡水ワニ).
al·li·iert [アリイーァト alií:rt] 形 同盟した; 連合[国]軍の.
Al·li·ier·te[r] [アリイーァテ (..タァ) alií:rtə (..tər)] 男 女《語尾変化は形容詞と同じ》同盟者(国). die *Alliierten* 連合国.
Al·li·te·ra·ti·on [アリテラツィオーン alıterátsió:n] 女 -/-en《詩学》頭韻.
all≠jähr·lich [アる・イェーァりヒ] 形 毎年の, 毎年行われる.
All≠macht [アる・マハト] 女 -/《雅》全能.
all≠mäch·tig [アる・メヒティヒ] 形 全能の. der *allmächtige* Gott 全能の神.
*****all≠mäh·lich** [アる・メーりヒ al-mé:lıç] I 副 しだいに, 徐々に; そろそろ. (英 gradually). Es wurde *allmählich* dunkler. しだいに暗くなった / Es wird nun *allmählich* Zeit, dass ich gehe. もうそろそろ私は行かなくては.
II 形 (進行の)緩やかな, ゆっくりとした. (英 gradual). der *allmähliche* Übergang 緩やかな移行.
all≠mo·nat·lich [アる・モーナトりヒ] 形 毎月の.
all≠nächt·lich [アる・ネヒトりヒ] 形 毎夜の, 夜ごとの.
Al·lo·path [アろパート alopá:t] 男 -en/-en《医》逆症療法を行う医者.
Al·lo·pa·thie [アろパティー alopatí:] 女 -/《医》逆症療法.
Al·lot·ria [アろートリア aló:tria] 中 -[s]/ ふざけ, ばか騒ぎ. *Allotria*[4] treiben ふざける.
All·round≠spie·ler [オーるラゥンド・シュピーらァ] 男 -s/- オールラウンドプレーヤー.
all≠sei·tig [アる・ザイティヒ] 形 あらゆる方面にわたる, 全般的な. eine *allseitige* Bildung

allseits

広い教養.

all·seits [アる・ザイツ] 副 いたるところに, あらゆる方面へ(から).

All·strom·ge·rät [アるシュトローム・ゲレート] 中 -[e]s/-e 〖電〗交直両用の電気器具.

der **All·tag** [アる・ターク álta:k] 男 (単2) -[e]s/(複) -e (3格のみ -en) ① 《ふつう 単》平日, 仕事日, ウィークデー. (英 weekday). (注 「祭日」は Feiertag). im Alltag 平日に. ② 《複 なし》《雅》単調な日常[生活]. der graue Alltag 単調な日々の暮らし.

*all·täg·lich** 形 ① [アる・テークりヒ altέːklɪç] 日常の, ありふれた, 普通の, 平凡な. (英 ordinary). alltägliche Ereignisse ありふれた出来事. ② [アる・テークりヒ または アる・テーク..] 毎日の. (英 daily). sein alltäglicher Spaziergang 彼の日課の散歩. ③ [アる・テークりヒ] (口) 平日(ウィークデー)の.

all·tags [アる・タークス] 副 平日に, ウィークデーに.

All·tags·le·ben [アるタークス・れーベン] 中 -s/ 日常生活.

all·um·fas·send [アる・ウムふァッセント] 形 《雅》すべてを包括する.

Al·lü·re [アりューレ alýːrə] 女 -/-n 《ふつう 複》(軽蔑的に:)(人目を引く)ふるまい, 態度.

all·wis·send [アる・ヴィッセント] 形 全知の, 何でも知っている.

All·wis·sen·heit [アる・ヴィッセンハイト] 女 -/ (神の)全知.

all·wö·chent·lich [アる・ヴェッヒェントりヒ] 形 毎週の.

*allzu** [アる・ツー áltsuː] 副 あまりにも[…すぎる], きわめて, 非常に. (英 too). Die Last ist allzu schwer. 荷が重すぎる.

《新形》

all·zu sehr あまりにも, 過度に.

all·zu viel あまりにも多く. Allzu viel ist ungesund. 《ことわざ》過ぎたるはおよばざるごとし.

....

all·zu·mal [アる・ツ・マーる] 副 《古》 ① 皆いっしょに. ② つねに, 総じて.

all·zu·sehr 副 (《新形》allzu sehr) ☞ allzu

all·zu·viel 副 (《新形》allzu viel) ☞ allzu

All·zweck.. [アるツヴェック..] 〖名詞につける 接頭〗《多目的の・多用途の》例: Allzweckhalle 多目的ホール.

Alm [アるム álm] 女 -/-en (高原の)牧草地.

Al·ma [アるマ álma] -s/ 《女名》アルマ.

Al·ma ma·ter ☞ 《新形》Alma Mater

Al·ma Ma·ter [アるマ マータァ álma máːtɐ] [ラテン] 女 - -/ 《雅》(特に母校としての)大学.

Al·ma·nach [アるマナッハ álmanax] 男 -s/-e 《書籍》年鑑; (出版社の)年刊カタログ.

Al·mo·sen [アるモーゼン álmoːzən] 中 -s/- ① 施し[物], 喜捨. ②《比》わずかな報酬.

Alp[1] [アるプ álp] 男 -[e]s/-e ① 夢魔. ② 《複なし》《雅》悪夢.

Alp[2] [アるプ] 女 -/-en 《スイス》(高原の)牧草地 (=Alm).

Al·pa·ka [アるパカ alpáka] 中 -s/-s ①〖動〗アルパカ. ②《複なし》アルパカの毛[織物].

Alp·drü·cken [アるプ・ドリュッケン] 中 -s/ (睡眠中の)胸苦しさ, 悪夢.

Al·pe [アるペ álpe] 女 -/-n 《スイス》(高原の)牧草地 (=Alm).

die **Al·pen** [アるペン álpən] 複《定冠詞とともに》《山名》アルプス[山脈]. Wir fahren in die Alpen. 私たちはアルプスに行きます.

Al·pen·ro·se [アるペン・ローゼ] 女 -/-n 〖植〗アルプスシャクナゲ.

Al·pen·veil·chen [アるペン・ふァイるヒェン] 中 -s/- 〖植〗シクラメン.

Al·pen·vor·land [アるペン・フォーアらント] 中 -[e]s/ 《地名》アルプス前地(アルプス北麓からドナウ川に至る丘陵地帯. ☞ 〖地図〗D〜F-4).

Al·pha [アるふァ álfa] 中 -[s]/-s アルファ(ギリシア字母の第1字: Α, α).

das **Al·pha·bet** [アるふァベート alfabéːt] 中 (単2) -[e]s/(複) -e (3格のみ -en) アルファベット, 字母. (英 alphabet). Wörter[4] nach dem Alphabet ordnen 単語をアルファベット順に並べる.

al·pha·be·tisch [アるふァベーティッシュ alfabéːtɪʃ] 形 アルファベット[順]の. in alphabetischer Reihenfolge アルファベット順に.

al·pha·be·ti·sie·ren [アるふァベティズィーレン alfabetizíːrən] 他 (h) ① アルファベット順に並べる. ② (文盲の人[4]に)読み書きを教える.

Alp·horn [アるプ・ホルン] 中 -[e]s/..hörner 〖音楽〗アルペンホルン.

al·pin [アるピーン alpíːn] 形 ① アルプス[地方]の; 高山[性]の. ②《付加語としてのみ》(スキーの:)アルペン競技の; [アルプス]登山の.

Al·pi·nis·mus [アるピニスムス alpinísmus] 男 -/ [アルプス]登山.

Al·pi·nist [アるピニスト alpiníst] 男 -en/-en アルピニスト, [アルプス]登山家.

Alp·traum [アるプ・トラオム] 男 -[e]s/..träume 悪夢.

Al·raun [アるラオン alráun] 男 -[e]s/-e = Alraune

Al·rau·ne [アるラオネ alráunə] 女 -/-n ①〖植〗マンドラゴラ(ナス科植物. その根が人体に似ていることから富や幸運をもたらすと信じられた). ② アルラウン(小妖精).

:als[1] [アるス áls]

…よりも; …として

Er ist jünger *als* ich.
エァ イスト ユンガァ アるス イヒ
彼は私よりも若い.

接 〖従属接続詞; 動詞の人称変化形は文末〗 ① 《比較級とともに》…よりも. (英 than). Er ist älter *als* ich. 彼は私よりも年上だ / Sie ist jünger, *als* sie aussieht. 彼女は見かけより若

い．◊『**mehr A als B** の形で』B よりはむしろ A．Er ist mehr geizig *als* sparsam. 彼は倹約家というよりはむしろけちだ．
② …として，…の資格で．(英 *as*). *Als* dein Freund möchte ich dir raten, das nicht zu tun. 友人として私は君にそんなことをしないよう忠告したい / Meine Aufgabe *als* Lehrer ist [es] … 教師としての私の任務は…だ / Die Nachricht hat sich *als* falsch erwiesen. そのニュースは間違いであることが判明した / *Als* Kind bin ich oft dort gewesen.〖現在完了〗子供のころ私はたびたびそこへ行った．
③『**ander, nichts** などとともに』…とは別の，…のほかの，…を除いて．Er ist heute ganz anders *als* sonst. 彼はきょうはいつもとはまったくの別人だ / Das kann kein anderer *als* du. それは君以外のだれにもできない / Ich verlange nichts [anderes] *als* mein Recht. 私はただ自分の権利のみを要求しているのだ．
④『**sowohl A als [auch] B** の形で』A も B も．Sie spricht sowohl Englisch *als* auch Deutsch. 彼女は英語もドイツ語も話す．
⑤『**als ob** (または **als wenn**)…＋接続法の形で』あたかも…であるかのように．(英 *as if*). Du tust ja, *als* ob du alles wüsstest (または *als* wüsstest du alles). 君はあたかも何でも知っているかのようにふるまっているじゃないか．(参考) ob, wenn を省略して als ＋接続法…の形も用いられる．
⑥『**zu** …**, als dass** …の形で』…するには[あまりにも]～すぎる．Sie spricht zu leise, *als* dass ich sie verstehen könnte. 彼女はあまりにも小声で話すので私は彼女の言うことが理解できない．
⑦『**umso** ～**, als** …の形で』…だけになおさら～．(参考) ～には比較級がくる．Er arbeitete umso fleißiger, *als* er ein Stipendium bekommen wollte. 彼は奨学金をもらいたかっただけに，なおさら熱心に勉強した．
⑧『**insofern, insoweit** とともに』…であるかぎり；…であるから．Der Vorschlag ist insofern gut, *als* er niemandem schadet. その提案はだれの損にもならないかぎりにおいて結構だ．
⑨『**so** ～ **als** … の形で』…と同じくらい～ (＝so～wie…). so bald *als* möglich できるだけ早く / Er ist doppelt so alt *als* sein Sohn. 彼は息子の2倍の年だ．

‡**als**² [アるス áls] 接『従属接続詞；動詞の人称変化形は文末』…したときに．(英 *when, as*). *Als* ich gehen wollte, [da] läutete das Telefon. 私が出かけようとしたとき，電話が鳴った / Damals, *als* er noch jung war, … 彼がまだ若かったころ，／
◊『**kaum** ～**, als** …の形で』～するやいなや…Er hatte sich kaum ins Bett gelegt, *als* der Anruf kam. 彼がベッドに入るとすぐに，電話がかかってきた．

⋯⋯⋯⋯⋯⋯⋯⋯⋯⋯⋯⋯⋯⋯⋯⋯⋯⋯⋯⋯⋯⋯⋯⋯⋯

(参考) **als** と **wenn**: 過去の「一回的な事柄」には上例のように als を用いるが，過去の「反復・習慣」

は wenn を用いる．Wenn ich ihn besuchen wollte, war er [immer] verreist. 私が彼を訪ねようと思ったときには，彼はいつも旅に出ていた．

als⋇bald [アるス・バルト] 副《雅》ただちに，すぐに．
als⋇dann [アるス・ダン] 副 ①《雅》それから，次に．②《南ドイツ・オーストリア》(別れの言葉として:)それでは！

‡**al·so** [アるゾ álzo]

> それゆえに；それじゃ
>
> *Also*, auf Wiedersehen !
> アるゾ　アオフ　ヴィーダァゼーエン
> それじゃ，さようなら．

副 ①『接続詞的に』それゆえに，したがって．(英 *so, therefore*). Er schickt ihr Blumen, *also* liebt er sie. 彼女に花を贈る，ということは彼は彼女のことが好きなんだ / Ich denke, *also* bin ich. われ思う，ゆえにわれあり(デカルトの言葉).
② つまり，すなわち；(発言などのつなぎに:)えーっと，だから．*Also* ich meine, dass… えーっと，ですから私は…だと思うのです．
③『間投詞的に』《口語》それじゃ，では，さあ．Na also! それみろ / *Also* gut! じゃ，そうしよう / *Also* los! さあ始めよう / *Also*, bis morgen! じゃ，またあした．
④《古》次のように．„*Also* sprach Zarathustra" 『ツァラトゥストラはこう語った』(ニーチェの著書).

die **Als·ter** [アるスタァ álstər] 女 -/『定冠詞とともに』『川名』アルスター川 (ドイツ，シュレースヴィヒ・ホルシュタイン州．エルベ川の右支流で，ハンブルクの港に注ぐ).

‡**alt** [アるト ált]

> 年とった；…歳の
>
> Wie *alt* bist du? 君は何歳なの．
> ヴィー　アるト ビスト ドゥ

形 (比較 älter, 最上 ältest) (英 *old*) ① 年とった，高齢の，老齢の；年寄りじみた，老けた．(参考)「若い」は jung. eine *alte* Frau 老女 / ein *alter* Baum 老木 / Das Kleid macht *alt*.《口語》その服を着ると老けて見える / ◊『名詞的に』*alt* und jung (新綴 *Alt* und *Jung*) 老いも若きも．
② (年齢が)…歳の；…の期間を経た．Sie ist noch dreißig Jahre *alt*. 彼女はまだ30歳だ / Er ist so *alt* wie ich. 彼は私と同じ年だ / ein drei Jahre *altes* Auto 3年乗った自動車．
③ 古い，使い古した．(反)「新しい」は neu). ein *altes* Haus 古い家 / *alte* Möbel 使い古した家具 / 〖物〗 *alt* kaufen 〖物〗⁴を中古で買う．
④ 昔からの，長い歴史のある；年代物の；老練な．eine *alte* Gewohnheit 昔ながらの習慣 / ein *alter* Freund von mir 私の昔からの友人 / *altes* Porzellan 骨董(こっとう)品の陶磁器 / ein *alter* Hase《口語》ベテラン / Er ist

Alt

immer noch der *alte* (新形 der *Alte*). 彼は昔のままだ / Es bleibt alles **beim** *alten* (新形 **beim** *Alten*). 何もかも前のままだ. ⑤ 古くさい, 陳腐な. ein *alter* Witz 陳腐なジョーク / ein *alter* Schwätzer どうしようもないおしゃべり. ⑥ 〖付加語としてのみ〗昔の; 古代の. *alte* deutsche Sagen 昔のドイツの伝説 / die *alten* Griechen 古代ギリシア人. ⑦ 〖付加語としてのみ〗, 昔の(教え子など); (「新」に対して:)旧[の], 昔の. die *Alte* Welt 旧世界(新世界アメリカに対するヨーロッパ). ⑧ 〖付加語としてのみ〗(親しい呼びかけで:) Na, *alter* Junge, wie geht's? (口語) やあ君, 調子はどうかね. ⑨ 〖付加語としてのみ〗(口語) いやな, いまいましい. Er ist ein *alter* Egoist. 彼はいやらしいエゴイストだ.

> 類語 alt: 「年とった」の意味で最も一般的な語.
> älter: (絶対的比較級で)初老の. greis: (白髪で)高齢の. bejahrt: 《雅》年老いた.

Alt [アるト] 男 -s/-e 《ふつう 単》〖音楽〗① アルト(女声・少年の声の低音域). Sie singt [im] *Alt*. 彼女はアルトで歌う. ② 〖複 なし〗アルト声部. ③ 〖略〗アルト歌手.

*der **Al·tar** [アるタール altá:r] 男 (単 2) -[e]s/(複) Altäre [..テーレ] (3 格のみ Altären) (教会などの)**祭壇**. 《英》 *altar*). 人⁴ **zum** Altar **führen** 《雅》人⁴(女性)と結婚する(←人⁴を祭壇へ導く).

Altar

Al·tar⋄bild [アるタール・ビるト] 中 -[e]s/-er 祭壇画.

Al·tä·re [アるテーレ] * Altar (祭壇)の 複

alt⋄ba·cken [アるト・バッケン] 形 ① (パンなどが)古くて堅くなった. ② 《比》古くさい, 時代遅れの.

Alt⋄bau [アるト・バオ] 男 -[e]s/-ten 古い建物, 旧館; 旧設住宅.

alt⋄be·kannt [アるト・ベカント] 形 古くから知られた, 旧知の.

alt⋄be·währt [アるト・ベヴェーァト] 形 定評のある, 信頼し得る.

alt⋄deutsch [アるト・ドイチュ] 形 古いドイツの(特に宗教改革以前の); 古ドイツ語の.

Al·te [アるテ alt∂] ☞ Alte[r], Alte[s]

alt⋄ehr·wür·dig [アるト・エーァヴュルディヒ] 形 《雅》(年をとって)威厳を備えた.

alt⋄ein·ge·ses·sen [アるト・アインゲゼッセン] 形 昔から住み着いている, 土着の.

Al·ten⋄heim [アるテン・ハイム] 中 -[e]s/-e 老人ホーム, 養老院.

Al·ten⋄hil·fe [アるテン・ヒるフェ] 女 -/ (国・教会などによる)老人扶助.

Al·ten⋄pfle·ge [アるテン・プふれーゲ] 女 -/ 老人介護.

Al·ten⋄teil [アるテン・タイる] 中 -[e]s/-e (農家の)隠居後の財産保留分.

*‡**Al·te[r]** [アるテ (..タァ) áltə (..tər)]

格	男		女		複	
1	der	Alte	die	Alte	die	Alten
2	des	Alten	der	Alten	der	Alten
3	dem	Alten	der	Alten	den	Alten
4	den	Alten	die	Alte	die	Alten
1	ein	Alter	eine	Alte		Alte
2	eines	Alten	einer	Alten		Alter
3	einem	Alten	einer	Alten		Alten
4	einen	Alten	eine	Alte		Alte

男 女 〖語尾変化は形容詞と同じ〗 ① **老人**, 年寄り, (☞ 「若い人」は Junge[r]). ein kleiner *Alter* 小柄なおじいさん / eine gutmütige *Alte* お人よしのおばあさん / *Alte* und Junge 老いも若きも / Er redet wie ein *Alter*. 彼は老人のような話し方をする. ② 〖成句的に〗 mein *Alter* 《俗》私のおやじ(亭主・上司) / meine *Alte* 私のおふくろ(女房・上司).

*‡*das **Al·ter** [アるタァ áltər] 中 (単 2) -s/(複) -(3 格のみ -n) 《ふつう 単》① **年齢**, 年数. 《英 *age*). ein Mann mittleren *Alters* 中年の男 / das *Alter* eines Baumes 樹齢 / Er ist sehr rüstig **für** sein *Alter*. 彼はその年にしてはなかなか達者だ / Er starb **im** *Alter* von dreißig Jahren. 彼は 30 歳のときに死んだ / Er ist in meinem *Alter*. 彼は私と同い年だ / Sie ist im kritischen *Alter*. 《比》彼女は今更年期だ.

② **老年**, 高齢; 老年期. (☞ 「青春時代」は Jugend). Fünfzig ist noch kein *Alter*. 50 歳とはまだ老年ではない. ③ (総称として:) 老人. (☞ 「青少年」は Jugend).

*‡**äl·ter** [エるタァ éltər] (‡alt の 比較) 形 ① 年上の; より古い. der *ältere* Bruder 兄 / Ich bin *älter* **als** er. 私は彼よりも年上だ. ② やや年輩の, 中年過ぎの. eine *ältere* Dame 初老の婦人. (☞ 類語 alt).

Al·ter ego ☞ 新形 Alter Ego

Al·ter E·go [アるタァ エーゴ áltər é:go] [⁵] 中 --/ ① 〖心〗もう一人の自分, 自己の分身. ② (口語) 無二の親友.

Äl·te·re[r] [エるテレ (..ラァ) éltərə (..rər)] 男 女 〖語尾変化は形容詞と同じ〗年長者.

al·tern [アるタァン áltərn] I 自 (s または h) ① 年をとる, 老ける. ② (ワインなどが熟成する. II 他 (h) ① (人⁴を)年より老けて見せる. ② (ワインなどを⁴)熟成させる.

al·ter·na·tiv [アるテルナティーふ alternatí:f] 形 ① 二者択一の, どちらか一方の. ② 代わりになる, 対案の; アルタナティーフ運動の. eine *alternative* Lösung 別の解決方法 / *alternative* Energien 代替エネルギー / Wir leben *alternativ*. 私たちは新しい価値観に基づいた生活をしている.

Al·ter·na·tiv⊅be·we·gung [アるテルナティーふ・ベヴェーグング] 囡 -/-en アルタナティーフ運動(1970年代中頃に旧西ドイツに起こった自然環境保護・平和・女性解放などを唱える運動.「旧来のあり方 *neues Anderes* 価値観や生活形態を主張する).

Al·ter·na·ti·ve [アるテルナティーヴェ alternatí:və] 囡 -/-n 二者択一, 代わる方法(手段); 別の可能性.

Al·ter·na·tiv⊅ener·gie [アるテルナティーふ・エネルギー] 囡 -/-n [..ギーエン] (石油・原子力などに代わる)代替エネルギー.

Al·ter·na·ti·ve[r] [アるテルナティーヴェ (..ヴァァ) alternatí:və (..vər)] 男 囡 《語尾変化は形容詞と同じ》アルタナティーフ運動をする人.

Al·ter·na·tiv·ler [アるテルナティーふらァ alternatí:flər] 男 -s- 《隠語》アルタナティーフ運動をする人.

al·ter·nie·ren [アるテルニーレン alternǐ:rən] 自(h) 交替する; 交互に現れる.

alt⊅er·probt [アるト・エァプローブト] 形 試しぬかれた, 定評のある.

al·ters [アるタァス] 副《成句的に》seit *alters* または von *alters* her《雅》昔から.

Al·ters⊅ge·nos·se [アるタァス・ゲノッセ] 男 -n/-n 同年輩(同時代)の人.

Al·ters⊅gren·ze [アるタァス・グレンツェ] 囡 -/-n ① 年齢制限. ② 定年.

Al·ters⊅heim [アるタァス・ハイム] 中 -[e]s/-e 老人ホーム, 養老院 (＝Altenheim).

Al·ters⊅klas·se [アるタァス・クらッセ] 囡 -/-n ① 同年輩グループ. ②《スッ》年齢別クラス.

Al·ters⊅ru·he·geld [アるタァス・ルーエゲるト] 中 -es/ 老齢年金.

al·ters⊅schwach [アるタァス・シュヴァッハ] 形 ① 老衰した. ② 老朽化した, 使い古された.

Al·ters⊅schwä·che [アるタァス・シュヴェッヒェ] 囡 -/ 老衰.

Al·ters⊅ver·si·che·rung [アるタァス・フェァズィッヒェルング] 囡 -/-en《法》養老保険.

Al·ters⊅ver·sor·gung [アるタァス・フェァゾルグング] 囡 -/-en 老齢年金; 老齢者扶助.

* *das* **Al·ter·tum** [アるタァトゥーム áltərtu:m] 中 (単2) -s/-《複》..tümer [..テューマァ] (3格のみ..tümern)《複 なし》古代. (奥 *antiquity*). Sagen aus den deutschen *Altertum* ドイツ古代の伝説 / das klassische *Altertum* 古典古代(ギリシア・ローマ時代).

Al·ter·tü·mer [アるタァテューマァ] 複 古代の文化遺産; 古代美術品.

al·ter·tüm·lich [アるタァテュームりヒ] 形 古代の; 古風な.

Al·ter·tums⊅for·scher [アるタァトゥームス・フォルシャァ] 男 -s/- 考古学者.

* **Al·te[s]** [アるテ[ス] áltə[s]]

1格	das Alte	etwas Alt*es*
2格	des Alt*en*	——
3格	dem Alt*en*	etwas Alt*em*
4格	das Alte	etwas Alt*es*

中《語尾変化は形容詞と同じ》古いもの; 昔のこと. *Altes* und *Neues* 古いものと新しいもの / Es bleibt alles beim *Alten*. 何もかも前のままだ / alles beim *Alten* lassen すべてをそのままにしておく.

* **äl·test** [エるテスト éltəst] (‡alt の最上) 形 最年長の; 最も古い. die *älteste* Tochter 長女.

Äl·tes·te[r] [エるテステ (..タァ) éltəstə (..tər)] 男 囡《語尾変化は形容詞と同じ》① 最年長者; (教会などの)長老. ② 長男, 長女. mein *Ältester* 私の長男 / meine *Älteste* 私の長女.

alt⊅ge·wohnt [アるト・ゲヴォーント] 形 長い間慣れ親しんだ, 古くからなじんでいる.

Alt⊅glas [アるト・グらース] 中 -es/ 古ガラス(原料として再利用できる使用済みびんなど).

Alt·glas⊅be·häl·ter [アるトグらース・ベヘるタァ] 男 -s/- (リサイクル用の)空きびん回収ボックス.

alt⊅her·ge·bracht [アるト・ヘーァゲブラハト] 形 昔からの, 昔ながらの, 古くから伝わる.

alt⊅hoch·deutsch [アるト・ホーホドイチュ] 形 古高ドイツ語の(およそ750年–1050年の高地ドイツ語; 略: ahd.).

Alt⊅hoch·deutsch [アるト・ホーホドイチュ] 中 -[s]/ 古高ドイツ語.

Al·tist [アるティスト altíst] 男 -en/-en [少年]アルト歌手.

Al·tis·tin [アるティスティン altístin] 囡 -/..tinnen (女性の)アルト歌手.

alt⊅klug [アるト・クるーク] 形 ませた, こましゃくれた.

Alt⊅last [アるト・らスト] 囡 -/-en《ふつう複》(産業廃棄物などによる)汚染地区; 汚染廃棄物.

ält·lich [エるトりヒ] 形 やや年をとった, 初老の.

Alt⊅ma·te·ri·al [アるト・マテリアーる] 中 -s/..alien [..アーリエン] (再利用可能な)廃物.

Alt⊅meis·ter [アるト・マイスタァ] 男 -s/- ① (学界・芸術界の)老大家, 巨匠. ②《スッ》元チャンピオン. ③ (昔の:) 同業組合長.

Alt⊅me·tall [アるト・メタる] 中 -s/-e くず鉄, スクラップ.

alt⊅mo·disch [アるト・モーディッシュ] 形 古風な, 旧式の, 流行遅れの. (⇔「最新流行の」は *modern*).

Alt⊅pa·pier [アるト・パピーァ] 中 -s/ 古紙.

Alt⊅phi·lo·lo·ge [アるト・ふィろろーゲ] 男 -n/-n 古典(ギリシア・ラテン)文献学者.

Alt⊅phi·lo·lo·gie [アるト・ふィろろギー] 囡 -/ 古典(ギリシア・ラテン)文献学.

Alt·ru·is·mus [アるトルイスムス altruísmus] 男 -/ 利他主義, 非利己主義. (⇔「利己主義」は Egoismus).

alt·ru·is·tisch [アるトルイスティッシュ altruístiʃ] 形 利他主義の, 愛他的な.

alt∘sprach·lich [アるト・シュプラーハりヒ] 形 古代語(古典語)の.

die **Alt∘stadt** [アるト・シュタット ált-ʃtat] 女 (単) -/(複) ..städte [..シュテーテ または ..シュテテ] (3格のみ ..städten) 旧市内, 旧市街地区 (市の最も古い区域). Die *Altstadt* ist sehr romantisch. 旧市内はとてもロマンチックだ.

Alt∘stim·me [アるト・シュティメ] 女 -/-n 《音楽》アルトの声; アルト声部.

alt∘tes·ta·men·ta·risch [アるト・テスタメンターリッシュ] 形 旧約聖書的な.

alt∘vä·te·risch [アるト・フェーテリッシュ] 形 古風な, 時代遅れの(=altmodisch).

alt∘vä·ter·lich [アるト・フェータりヒ] 形 威厳のある.

Alt∘wa·ren [アるト・ヴァーレン] 複 中古品; 骨董(ミシ)品.

Alt∘wa·ren∘händ·ler [アるトヴァーレン・ヘンドラァ] 男 -s/- 古物商.

Alt∘was·ser [アるト・ヴァッサァ] 中 -s/- 三日月湖(蛇行した川の跡が湖になったもの).

Alt∘wei·ber∘som·mer [アるトヴァイバァ・ゾンマァ] 男 -s/- ① (初秋の)小春日和. ② (初秋の空に漂う)蜘蛛(ゼ)の糸.

A·lu [アーる・ á:lu] 中 -s/《口語》アルミニウム(=Aluminium).

A·lu∘fo·lie [アーる・フォーりエ] 女 -/-n アルミホイル(=Aluminiumfolie).

A·lu·mi·ni·um [アるミーニウム alumíːnium] 中 -s/ アルミニウム(記号: Al).

A·lu·mi·ni·um∘fo·lie [アるミーニウム・フォーりエ] 女 -/-n アルミホイル, アルミ[ニウム]箔(ぐ).

Al·weg∘bahn [アるヴェーク・バーン] 女 -/-en モノレール(スウェーデンの発明者 Axel Lenhart Wenner-Gren の名から).

Alz·hei·mer∘krank·heit [アるツハイマァ・クランクハイト] 女 -/《医》アルツハイマー病(ドイツの神経科医 Alois *Alzheimer* 1864–1915 の名から).

*am** [アム ám]《前置詞 an と定冠詞 dem の融合形》① *am* Abend 夕方に / *am* Montag 月曜日に / *am* 10. (=zehnten) Mai 5月10日に / *am* Ende 最後に, 結局 / *am* See 湖のほとりに. ②〖最上級とともに〗 *am* schönsten 最も美しい(美しく).

a. M. [アム マイン]《略》マイン河畔の(=am Main). Frankfurt *a. M.* マイン河畔のフランクフルト.

Am [アー・エム]《化・記号》アメリシウム(=Americium).

A·ma·de·us [アマデーウス amadé:us] -/《男名》アマデーウス.

A·mal·gam [アマるガーム amalgá:m] 中 -s/-e《化》アマルガム(水銀とほかの金属との合金).

A·ma·lia [アマーりア amá:lia] -s/《女名》アマーリア.

A·ma·lie [アマーりエ amá:liə] -[n]s/《女名》アマーリエ.

A·ma·ryl·lis [アマリュりス amarýlis] 女 -/..ryllen《植》アマリリス.

A·ma·teur [アマテーァ amató:r] 男 -s/-e ① アマチュア, 素人(ミモネ). (ヘミ)「専門家」は Fachmann). ② (ヘミ)アマチュアの選手. (ヘミ)「プロの選手」は Professional, Profi).

A·ma·teur∘sport·ler [アマテーァ・シュポルトらァ] 男 -s/- アマチュアスポーツマン.

der **A·ma·zo·nas** [アマツォーナス amatsóːnas] 男 -/《定冠詞とともに》《川名》アマゾン川.

A·ma·zo·ne [アマツォーネ amatsóːnə] 女 -/-n ①《ギ神》アマゾン(小アジア北辺に住んでいたと伝えられる好戦的な女族). ②《比》女性騎手; (モーターレースの)女性レーサー. ③ ボーイッシュな美少女. ④《古》女丈夫.

Am·bi·ti·on [アンビツィオーン ambitsió:n] 女 -/-en 〖ふつう複〗野心, 功名心.

am·bi·va·lent [アンビヴァれント ambivalént] 形《心》アンビバレントな, 反対感情並列の.

Am·bi·va·lenz [アンビヴァれンツ ambivalénts] 女 -/-en《心》アンビバレンス, 反対感情並列(相反する価値・感情などの併存).

Am·boss [アンボス ámbɔs] 男 -es/-e ①鍛冶屋の)かなとこ, 金敷き. ②《医》(耳の)キヌタ骨.

Am·boß ☞ 新形 Amboss

Am·bra [アンブラ ámbra] 女 -/-s (または 男 -s/-s) 竜涎(゚ジ)香(香水の原料).

Am·bro·sia [アンブローズィア ambró:zia] 女 -/ ①《ギ神》アンブロシア(神々の食する不老不死の食物). ②《比》美味な食物.

am·bu·lant [アンブらント ambulánt] 形 ① 移動する, 行商の. ②《医》外来の, 通院の. *ambulante* Behandlung 外来診療.

Am·bu·lanz [アンブらンツ ambulánts] 女 -/-en ① 移動診療所, 野戦病院. ② 救急車. ③ 応急手当室. ④ (病院の)外来診療部門.

A·mei·se [アーマイゼ á:maɪzə] 女 -/-n《昆》アリ(蟻).

A·mei·sen∘bär [アーマイゼン・ベーァ] 男 -en/-en《動》アリクイ.

A·mei·sen∘hau·fen [アーマイゼン・ハオフェン] 男 -s/- あり塚.

A·mei·sen∘säu·re [アーマイゼン・ゾイレ] 女 -/《化》蟻酸(ぐ゚).

a·men [アーメン á:mɛn または ..mən] 副《キ教》アーメン(「そうなりますように」を意味する祈りの結びの言葉).

A·men [アーメン] 中 -s/-〖ふつう単〗《キ教》アーメン. ◇〖成句的に〗zu allem Ja und *Amen* (または ja und *amen*) sagen《口語》何でもいいはいと同意してしまう / Das ist so sicher wie das *Amen* in der Kirche. それは絶対確実である(←教会でのアーメンのように).

A·me·ri·ci·um [アメリーツィウム amerí:tsium] 中 -s/《化》アメリシウム(記号: Am).

[das] **A·me·ri·ka** [アメーリカ amé:rika] (単2) -s/ ①《国名》アメリカ[合衆国](=die

Vereinigten Staaten von *Amerika*; 略: USA). ② 《地名》アメリカ(南北アメリカ大陸の総称).

*der **A·me·ri·ka·ner** [アメリカーナァ amerika:nər] 男 -s/(複) - (3格のみ -n) アメリカ人. (英 American). (◆ 女性形は Amerikanerin.

a·me·ri·ka·nisch [アメリカーニッシュ ameriká:nɪʃ] 形 アメリカ[人]の, アメリカ英語の.

a·me·ri·ka·ni·sie·ren [アメリカニズィーレン amerikanizí:rən] 他 (h) アメリカナイズする, アメリカ風にする.

a·me·ri·ka·nis·mus [アメリカニスムス amerikanísmʊs] 男 -/..nismen ①《言》アメリカ特有の語法; (他国語の中の)アメリカ英語からの借用語. ② アメリカニズム, アメリカ気質.

a·me·ri·ka·nis·tik [アメリカニスティク amerikanístɪk] 女 -/ アメリカ学.

A·me·thyst [アメテュスト ametýst] 男 -[e]s/-e 《鉱》アメジスト, 紫水晶.

A·mi [アミ ámi] I 男 -[s]/-[s] 《口語》アメリカ人, アメリカ兵. II 女 -/-s 《口語》アメリカたばこ.

A·mi·no·säu·re [アミーノ・ゾイレ] 女 -/-n 《化》アミノ酸.

Am·me [アンメ ámə] 女 -/-n 乳母.

Am·men≠mär·chen [アンメン・メーァヒェン] 中 -s/- 他愛のない作り話.

Am·mo·ni·ak [アモニアック amoniák または アン..] 中 -s/ 《化》アンモニア.

Am·mo·ni·um [アモーニウム amó:nium] 中 -s/ 《化》アンモニウム.

Am·nes·tie [アムネスティー amnestí:] 女 -/-n [..ティーエン] 《法》(政治犯などの)大赦.

am·nes·tie·ren [アムネスティーレン amnestí:rən] 他 (h) 《人4》に大赦を与える.

Am·nes·ty In·ter·na·tio·nal [アムネスティ インタァナショナる ǽmnɪsti ɪntɐnǽʃənəl] [英] 女 -/- 国際アムネスティ (人権擁護機構).

A·mö·be [アメーベ amó:bə] 女 -/-n 《生》アメーバ.

A·mok [アーモク á:mɔk または アモック] 男 -s/ 《ふつう成句的に》*Amok*⁴ laufen アモックにかかる (発作的精神錯乱状態で手当たりしだいに人を刺殺しながら走り回る).

A·mok≠läu·fer [アーモク・ろイファァ] 男 -s/- アモック患者;《比》殺人狂.

a-Moll [アー・モる] 中 -/《音楽》イ短調 (記号: a-Moll).

A·mor [アーモァ á:mɔr] 男 -s/ 《ローマ神》アモール (恋の神. ギリシア神話のエロスに当たる).

a·mo·ra·lisch [アモラーリッシュ ámora:lɪʃ または アモラー..] 形 不道徳な, 背徳的な; 道徳と無関係な.

A·mo·ret·te [アモレッテ amorétə] 女 -/-n 《美》アモレット, キューピッド (翼のある愛の童神).

a·morph [アモるフ amɔrf] 形 ① はっきりした形のない. ②《物・生》無定形の, 非結晶の.

A·mor·ti·sa·ti·on [アモルティザツィオーン amortizatsió:n] 女 -/-en《経》(負債などの)[逐次]償還.

a·mor·ti·sie·ren [アモルティズィーレン amortizí:rən] 他 (h)《経》① (負債など⁴を)[逐次]償還する. ② (投資など⁴の)元を取る. ◊再帰的に *sich*⁴ amortisieren 元が取れる.

a·mou·rös [アムレース amuró:s] 形 恋愛の, 情事の; 《雅》色好みの, 好色な.

*die **Am·pel** [アンペる ámpəl] 女 (単) -/(複) -n ① 交通信号[機] (= Verkehrs*ampel*). Die *Ampel* steht auf Rot. 交通信号は赤だ. ② つりランプ. ③ つり植木鉢.

Am·pere [アンペーァ ampéːr または ..péːr] 中 -[s]/-《電》アンペア (略: A., Amp.).

Am·phi·bie [アムフィービエ amfí:biə] 女 -/-n 《動》両生類.

Am·phi·bi·en≠fahr·zeug [アムフィービエン・ふァールツォイク] 中 -[e]s/-e 水陸両用車.

am·phi·bisch [アムフィービッシュ amfí:bɪʃ] 形 ① 《動》両生類の. ② 《軍》水陸両用の.

Am·phi≠the·a·ter [アムフィー・テアータァ] 中 -s/- (古代ローマの)円形劇場, 闘技場;(半円形の)階段教室.

Am·pho·re [アムフォーレ amfó:rə] 女 -/-n アンフォラ (左右に取っ手の付いた古代のつぼ).

Am·pul·le [アンプれ ampúlə] 女 -/-n ①《医》アンプル. ②(美)(古代ローマの)細首円形のつぼ.

Am·pu·ta·ti·on [アンプタツィオーン amputatsió:n] 女 -/-en 《医》切断[術].

am·pu·tie·ren [アンプティーレン amputí:rən] 他 (h) 《医》(手術で手足を⁴)切断する.

Am·sel [アムぜる ámzəl] 女 -/-n 《鳥》クロウタドリツグミの一種).

Ams·ter·dam [アムスタァ・ダム amstɐ-dám または アム..] 中 -s/《都市名》アムステルダム (オランダの首都: ☞ 《地図》 B-2).

*das **Amt** [アムト ámt] 中 (単) -es (まれに -s)/(複) Ämter [エムタァ] (3格のみ Ämtern) ① 公職. 官職. ポスト. (英 *post. office*). Ehren*amt* 名誉職 / ein geistliches *Amt* 聖職 / ein *Amt*⁴ an[treten an⁴[就く / das *Amt*⁴ des Bürgermeisters übernehmen 市長の職を引き受ける / Er ist noch immer im *Amt*. 彼はいまなお公職に就いている/《人》⁴ in ein *Amt* ein[führen 《人》⁴ある官職に就ける / in *Amt* und Würden sein a) 要職にある, b) (皮肉って) 安定したい地位に就いている.

② 職務, 公務; 職責, 任務. **von** *Amts* **wegen** 職務上 / Das ist nicht meines *Amtes*.《雅》それは私の職分ではない.

③ 役所; 官庁, 省, [部]局. Post*amt* 郵便局 / das Auswärtige *Amt* 外務省 / **auf ein** *Amt* **gehen** 役所に行く. ④ 電話局. Bitte *Amt*! (電話で:) [電話]局をお願いします. ⑤《カリック》歌ミサ.

Äm·ter [エムタァ] ‡Amt (公職)の 複

am·tie·ren [アムティーレン] amtí:rən] 自 (h) 公職についている; 職務を代行する. ◊《現在分詞の形で》der amtierende Bürgermeister 市長代理.

***amt·lich** [アムトリヒ ámtlıç] 形 ① 公の, 公的な, 役所の, 官庁の; 公務(職務)上の; 官庁による. (英 official). ein amtliches Schreiben 公文書 / eine amtliche Genehmigung 当局による認可. ② 《口語》まったく確かな, 信頼できる. Ist das amtlich? それは確かですか. ③ しかつめらしい(顔つきなど).

Amt·mann [アムト・マン] 男 -[e]s/..männer (または ..leute) 〖上級〗公務員.

Amts≠an·ma·ßung [アムツ・アンマースンク] 女 -/-en 〖法〗(公務員の)職権乱用.

Amts≠arzt [アムツ・アールツト] 男 -[e]s/..ärzte 保健所の医師, 衛生技官.

Amts≠deutsch [アムツ・ドイチュ] 中 -[s]/ (堅苦しい)お役所ドイツ語.

Amts≠ge·richt [アムツ・ゲリヒト] 中 -[e]s/-e 〖法〗区裁判所(略:AG).

Amts≠hand·lung [アムツ・ハンドルング] 女 -/-en 職務[遂行]行為.

Amts≠schim·mel [アムツ・シンメル] 男 -s/ 《口語》お役所流, 官僚主義.

A·mu·lett [アムレット amulét] 中 -[e]s/-e お守り, 護符, 魔よけ.

a·mü·sant [アミュザント amyzánt] 形 楽しい, 愉快な, おもしろい.

A·mü·se·ment [アミュゼマーン amyzəmɑ̃:] 中 -s/-s 楽しみ[事], 娯楽, 暇つぶし.

***a·mü·sie·ren** [アミュズィーレン amyzí:rən] (amüsierte, hat...amüsiert) I 再帰 (完了 haben) sich^4 amüsieren ① 楽しむ, 楽しく過ごす. 《英 enjoy oneself》. Ich habe mich köstlich amüsiert. 私は大いに楽しんだ. ② 《sich^4 über 人·事^4》〜(人·事^{4}を)からかう, おもしろがる. II 他 (完了 haben) 楽しませる. 《英 amuse》. Die Geschichte hat ihn amüsiert. その話は彼をおもしろがらせた.

a·mü·siert [アミュズィーアート] *amüsieren (再帰 で: 楽しむ)の 過分

a·mü·sier·te [アミュズィーァテ] *amüsieren (再帰 で: 楽しむ)の 過去

***an** [アン án] I 前 《3格・4格とともに》(定冠詞と融合して am (←an dem), ans (←an das) となることがある) ①《近接・接近》⑦《どこに》《3格と》…のきわ(そば)に, …のきわ(そば)で, …に(で). (英 at, on). Das Bild hängt an der Wand. その絵は壁に掛かっている (☞図) / Sie sitzt immer am Fenster. 彼女はいつも窓辺に座っている / ein Hotel am See 湖畔のホテル / Frankfurt am Main マイン河畔のフランクフルト (略: Frankfurt a. M.) / an der Ecke auf ein Taxi warten 街角でタクシーを待つ.

◊《副詞とともに》Das Taxi fuhr an uns vorbei. そのタクシーは私たちのわきを通り過ぎて行った / am Fluss entlang 川に沿って.

◊《同じ名詞をつないで》Kopf an Kopf (人々がひしめき合って / Sie wohnen Tür an Tür. 彼らは隣り合わせに住んでいる.

⑦《どこへ》《4格と》…のきわ(そば)へ, …のきわ(そば)に, …に(へ), …へ. Hanna hängt das Bild an die Wand. ハンナはその絵を壁に掛ける (☞図) / Sie setzt sich ans Fenster. 彼女は窓辺に座る / eine Fahrt^4 an den See machen 湖畔へドライブする.

② 《所属する場所・あて先》⑦《3格と》…で, …に. Ich studiere an der Universität Bonn. 私はボン大学で勉強しています / Lehrer an einem Gymnasium ギムナジウムの先生 / An dieser Stelle geschah der Unfall. この場所で事故は起こった. ⑦《4格と》…に, …へ. an die Arbeit gehen 仕事にとりかかる / einen Brief an 人^4 schreiben 人^{4}あてに手紙を書く / Ich habe eine Frage (Bitte) an Sie. あなたに質問(お願い)があります / an die Öffentlichkeit appellieren 公衆に訴える / Er wird an eine andere Schule versetzt. 《受動・現在》彼は別の学校へ転勤(転校)させられる.

③ 《時間的に》《3格と》…[の時]に, …日に. am Morgen (Abend) 朝に(晩に) / an diesem Wochenende 今度の週末に / am Sonntag 日曜日に / am 5. (=fünften) Mai 5月5日に / an Ostern (特に南ドイツで:)復活祭の時に.

④《手がかり》《3格と》…によって. Ich erkenne ihn an der Stimme. 私は声で彼だとわかる / 独 an einem Beispiel erklären 独^{4}を実例によって説明する.

⑤《原因》《3格と》…で. an Krebs sterben 癌(〈がん〉)で死ぬ / Das liegt nicht an mir. それは私のせいではない.

⑥《従事》《3格と》…しているところ. Ich bin am Aufräumen. 私は片づけをしているところです / an einem Roman schreiben 小説を執筆中である.

⑦《関係》《3格と》…について[は], …に関して[は], …の点では. Zweifel an einer Entscheidung 判決に対する疑念 / der Mangel an Ausdauer 忍耐力の欠如 / Er ist noch jung an Jahren, aber reich an Erfahrungen. 彼は年は若いが経験が豊かだ / Wer ist schuld an dem Unfall? この事故の責任はだれにあるのか / An diesem Buch ist nicht viel. この本はたいしたものではない.

⑧《am ..sten の形で; 形容詞・副詞の最上級をつくる》最も…, いちばん…. am besten 最も良く, いちばん上手に / Das ist mir am liebsten. 私にはそれがいちばん好ましい / am schnellsten 最も速く.

⑨ 《bis *an* … の形で》《時間的・空間的に》《**4**格と》…まで. bis *ans* Lebensende 死ぬまで / bis *an* den Rhein ライン河畔まで.

⑩ 《*an* [und für] sich の形で》それ自体[としては]. eine *an* [und für] sich gute Idee それ自体としてはいい思いつき.

⑪ 《特定の動詞・形容詞とともに》*an* 事³ teilnehmen 事³に参加する / *an* 人・事⁴ denken 人・事⁴のことを思う / sich⁴ *an* 人・事⁴ erinnern 人・事⁴を思い出す / *an* 人・事⁴ zweifeln 人・事⁴を疑う / *an* 物³ reich (arm) sein 物³に富んでいる(乏しい) / *an* 事⁴ gewöhnt sein 事⁴に慣れている.

II 副 ① 《交通》…着. (⇔「…発」は ab). Frankfurt *an* 17.50 フランクフルト着 17 時 50 分.

② 《von … *an* の形で》…から. von heute *an* きょうから / von Anfang *an* 初めから / von klein *an* 幼少のころから / von München *an* ミュンヒェンから.

③ 《口語》(ラジオ・電灯などの)スイッチが入って. Licht *an*! 点灯せよ.

④ 《口語》(衣服を)着ている. Nur rasch den Mantel *an*! 早くコートを着なさい / ohne etwas *an* 素っ裸で.

⑤ 《*an* [die]+数量を表す語句の形で》《口語》およそ, 約. Sie ist *an* die vierzig [Jahre alt]. 彼女はおよそ 40 歳だ / Er hat *an* [die] 50 Mark verloren. 彼は約 50 マルク失った.

⑥ 《成句的に》ab und *an* ときどき.

(新形) ┄┄┄┄┄┄┄┄┄┄┄┄┄┄┄┄┄┄

an sein 《口語》(ラジオ・電灯などの)スイッチが入っている, (栓が)開いている. Das Radio *ist an*. ラジオがついている / Die Heizung *ist an*. 暖房が入っている.
┄┄┄┄┄┄┄┄┄┄┄┄┄┄┄┄┄┄┄┄

an.. [アン. án..] 《分離動詞の 前つづり》つねにアクセントをもつ ① 《目的地への接近》例: *an*|kommen 到着する. ② 《接触・結合》例: *an*|kleben くっつける. ③ 《相手へ向かっての働きかけ》例: *an*|lächeln ほほえみかける. ④ 《動作の開始》例: *an*|fangen 始る. ⑤ 《動作の継続》例: *an*|dauern 持続する. ⑥ 《増加》例: *an*|steigen 増加する. ⑦ 《ほんの少し》例: *an*|kochen さっと煮る.

A·na·chro·nis·mus [アナクロニスムス anakronísmus] 男 -/..nismen 時代錯誤, アナクロニズム.

a·na·chro·nis·tisch [アナクロニスティッシュ anakronístɪʃ] 形 時代錯誤の, アナクロニズム的.

A·na·gramm [アナグラム anagrám] 中 -s/-e アナグラム, (語句の)つづり置き換え[遊び].

a·nal [アナーる aná:l] 形 《医》肛門(ﾅん)の.

a·na·log [アナローク analó:k] 形 ① 類似の, 似ている; 相応した. *analoges* Denken 似たような考え. ② 《ﾃﾞｼﾞ》アナログ[方式]の. (⇔ デジタル[方式]の」は digital).

A·na·lo·gie [アナろギー analogí:] 女 -/-n [..ギーエン] ① 類似, 類推, アナロジー. ② 《生》(形態上の)相似.

A·na·log·rech·ner [アナローク・レヒナァ] 男 -s/- 《ﾃﾞｼﾞ》アナログ[式]計算機.

An·al·pha·bet [アン・アるふァベート án-alfabe:t または ..ベート] 男 -en/-en 文字の読めない人, 文盲; 《比》無知な人.

An·al·pha·be·ten·tum [アン・アるふァベーテントゥーム または ..ベーテントゥーム] 中 -s/ (一定地域での)文盲の存在;《比》無知, 愚鈍.

★ *die* **A·na·ly·se** [アナリューゼ analy:zə] 女 (単)-/(複)-n ① 分析. (⇔ *analysis*). (⇔「総合」は Synthese). eine *Analyse*⁴ machen (または vor|nehmen) 分析を行う. ② 《化》分析;《数》解析. eine qualitative (quantitative) *Analyse* 定性(定量)分析.

a·na·ly·sie·ren [アナりュズィーレン analyzí:rən] 他 (h) 分析する.

A·na·ly·ti·ker [アナりューティカァ analý:tikɐr] 男 -s/- 分析者, 精神分析医;《数》解析学者.

a·na·ly·tisch [アナりューティッシュ analý:tɪʃ] 形 分析の, 分析的な;《数》解析の. *analytische* Geometrie 解析幾何学.

A·nä·mie [アネミー anɛmí:] 女 -/-n [..ミーエン] 《医》貧血[症](=Blutarmut).

a·nä·misch [アネーミッシュ anέ:mɪʃ] 形 《医》貧血[性]の(=blutarm).

A·nam·ne·se [アナムネーゼ anamné:zə] 女 -/-n 《医》既往歴, 病歴.

A·na·nas [アナナス ánanas] 女 -/- (または Ananasse)《植》パイナップル.

A·nar·chie [アナルヒー anarçí:] 女 -/-n [..ヒーエン] 無政府状態, アナーキー, 無法状態; 混乱.

a·nar·chisch [アナルヒッシュ anárçɪʃ] 形 無政府状態の, 無法状態の; 混乱した, 無秩序な.

A·nar·chis·mus [アナルヒスムス anarçísmus] 男 -/ 無政府主義, アナーキズム.

A·nar·chist [アナルヒスト anarçíst] 男 -en/-en 無政府主義者, アナーキスト.

a·nar·chis·tisch [アナルヒスティッシュ anarçístɪʃ] 形 無政府主義的な, アナーキスト的な.

An·äs·the·sie [アン・エステズィー an-ɛstezí: または アネス.. anɛs..] 女 -/-n [..ズィーエン] 《医》 ① 知覚麻痺(ﾏ), 無感覚. ② 麻酔[法].

an·äs·the·sie·ren [アン・エステズィーレン an-ɛstezí:rən または アネス.. anɛs..] 他 (h) 《医》(人⁴に)麻酔をかける.

An·äs·the·sist [アン・エステズィスト an-ɛstezíst または アネス.. anɛs..] 男 -en/-en 《医》麻酔[専門]医.

A·na·tom [アナトーム anató:m] 男 -en/-en 《医》解剖学者.

A·na·to·mie [アナトミー anatomí:] 女 -/-n [..ミーエン] ① 《複 なし》《医》解剖学. ② 解剖学研究室(教室).

a·na·to·misch [アナトーミッシュ anató:mɪʃ] 形 解剖学[上]の.

an|bah·nen [アン・バーネン án-bà:nən] I 再帰 (h) sich⁴ *anbahnen*（新しい道・関係などが)開

ける, 始まる. Neue Möglichkeiten *bahnen sich an.* 新しい可能性が開ける. **II** 他 (h) (事⁴の)道を切り開く.

An·bah·nung [アン・バーヌング] 囡 -/-en 《事業などの》準備, 下地作り, (市場などの)開拓.

an|ban·deln [アン・バンデルン án-bàndəln] 国 (h) 《南ドィッ・ォーストリァ》=an|bändeln

an|bän·deln [アン・ベンデルン án-bèndəln] 国 (h) 《**mit** 人³ ~》《口語》(人³と)いい仲になる; (人³と)けんかを始める.

An·bau [アン・バオ án-bau] 男 -[e]s/-ten ① 《覆 なし》増築. ② 増築された建物, 増築部分. ③ 《覆 なし》《農》栽培.

an|bau·en [アン・バオエン án-bàuən] **I** 他 (h) ① (家屋に接して)建て増す. eine Garage⁴ ans Haus *anbauen* 家にガレージを建て増す. ② 《農》栽培する. **II** 国 (h) 増築する.

An·bau·flä·che [アンバオ・ふれッヒェ] 囡 -/-n 《農》耕地面積.

An·bau·mö·bel [アンバオ・メーベる] 中 -s/- 《ふつう 覆》ユニット家具, 組み合わせ家具.

An·be·ginn [アン・ベギン án-bəgɪn] 男 -[e]s/ 《雅》最初, 初め. seit *Anbeginn* または von *Anbeginn* [an] 最初から.

an|be·hal·ten* [アン・ベハるテン án-bəhàltən] (過分 anbehalten) 他 (h) 《口語》(コートなどを)身につけたままでいる, 脱がずにいる.

an⊆bei [アン・バイ または アン..] 副 《官庁》これに添えて, 同封して.

an|bei·ßen* [アン・バイセン án-bàisən] **I** 他 (h) (物⁴に)食いつく, かじりつく. **II** 国 (h) (魚が餌(ぇ)に)食いつく; 《口語・比》《甘い話に)飛びつく.

An·bei·ßen [アン・バイセン] 中 《成句的に》Sie sieht **zum** *Anbeißen* aus. 《口語》彼女は食べてしまいたいほどかわいい.

an|be·lan·gen [アン・ベらンゲン án-bəlànən] 他 (h) 《was 人·物⁴ *anbelangt*, … 人·物⁴に関しては…

an|be·rau·men [アン・ベラオメン án-bəràumən] (過分 anberaumt) 他 (h) 《官庁》(会議などの)日時を決める.

an|be·ten [アン・ベーテン án-bè:tən] 他 (h) (人·物⁴を)崇拝する; 熱愛する.

An·be·ter [アン・ベータァ án-be:tər] 男 -s/- 崇拝者; (熱烈的な)ファン.

An·be·tracht [アン・ベトラハト án-bətraxt] 男 《成句的に》in *Anbetracht* [dessen], dass… …を考慮して / in *Anbetracht* dieser Umstände² このような事情を考慮して…

an|be·tref·fen* [アン・ベトレッふェン án-bətrèfən] 他 (h) 《成句的に》was 人·物⁴ *anbetrifft*, … 人·物⁴に関しては…

an|bet·teln [アン・ベッテるン án-bètəln] 他 (h) (人⁴に)ねだる. 人⁴ **um** Geld *anbetteln* 人⁴にお金をせがむ.

An·be·tung [アン・ベートゥング] 囡 -/-en 《ふつう 単》崇拝; 熱愛.

an|bie·dern [アン・ビーダァン án-bì:dərn] 再帰 (h) 《*sich*⁴ **bei** 人³ ~》(人³に)なれなれしく 近づく, とり入ろうとする.

:an|bie·ten* [アン・ビーテン án-bì:tən] du bietest…an, er bietet…an (bot…an, hat…angeboten) **I** 他 (完了 haben) ① (人³に物⁴を)提供しようと申し出る; (人³に飲食物などを)さし出す, 勧める. (英 offer). Darf ich Ihnen eine Tasse Kaffee *anbieten*? コーヒーを1杯いかがですか / Ich habe ihm meine Hilfe *angeboten.* 私は彼に援助を申し出た. ◇《再帰的に》Er *bot sich*⁴ **als** Vermittler *an.* 彼は仲介役を買って出た.
② (人³に事⁴を)提案する. 人³ das Du⁴ *anbieten* 人³に du (君)で呼びあうことを提案する.
③ 売りに出す.
II 再帰 (完了 haben) *sich*⁴ *anbieten* ① (解決案などが)思い浮かぶ. ② 適している. Für das Treffen *bietet sich* der Ort geradezu *an.* 会談にはその場所がうってつけだ.

an|bin·den* [アン・ビンデン án-bìndən] **I** 他 (h) (ひもなどで)結び付ける, つなぐ. das Pferd⁴ an einen Pflock *anbinden* 馬をくいにつなぐ. **II** 国 (h) 《**mit** 人³ ~》《雅》(人³と)いさかいを起こす; (人³と)いい仲になる.
◇ ☞ **angebunden**

an|bla·sen* [アン・ブらーゼン án-blà:zən] 他 (h) ① (風などが物⁴に)吹きつける. ② (火などを⁴)吹きおこす; 《治》(溶鉱炉⁴に)送風を開始する. ③ (人⁴に)どなりつける.

***der* An·blick** [アン・ブリック án-blɪk] 男 (単2) -[e]s/(覆) -e (3格のみ -en) ① 眺め, 光景. (英 sight). Der *Anblick* begeisterte ihn. その光景は彼を感激させた. ② 《覆 なし》見ること, 注視. beim ersten *Anblick* 一見して.

***an|bli·cken** [アン・ブリッケン án-blɪkən] (blickte…an, hat…angeblickt) 他 (完了 haben) 見つめる. Sie *blickte* ihn lächelnd *an.* 彼女はほほえみながら彼を見つめた.

an|blin·zeln [アン・ブリンツェるン án-blɪntsəln] 他 (h) ① (まぶしそうに)目をしばたたかせながら見つめる. ② (人⁴に)目くばせする.

an|boh·ren [アン・ボーレン án-bò:rən] 他 (h) ① (物⁴に)穴を開ける; (温泉などを)掘り当てる. ② (人⁴に)探りを入れる.

an|bra·ten [アン・ブラーテン án-brà:tən] 他 (h) 《料理》(肉など⁴を)さっと焼く(いためる).

an|bre·chen* [アン・ブレッヒェン án-brèçən] **I** 他 (h) ① (物⁴の)封を切る, (蓄えなど⁴を)使い始める. eine Flasche⁴ Wein *anbrechen* ワインの口を開ける. ② (部分的に 物⁴を)折る.
II 国 (s) 《雅》(日·時代などが)始まる. Eine neue Epoche *ist angebrochen.*《現在完了》新しい時代が始まった.
◇ ☞ **angebrochen**

an|bren·nen* [アン・ブレンネン án-brènən] 他 (h) (物⁴に)火をつける, 点火する. **II** 国 (s) ① 燃え始める. Das Holz *brannte* endlich *an.* まきにやっと火がついた. ② (料理が)焦げつく. nichts⁴ *anbrennen lassen* 《口語》どんな

チャンスも逃さない.
◇☞ angebrannt

an|brin·gen* [アン・ブリンゲン án-brìŋən] (brachte…an, hat…angebracht) 他 (定了 haben) ① 《口語》(どこからか)**持って来る**, 連れて来る. Die Kinder *brachten* eine junge Katze *an*. 子供たちは子猫を連れて来た. ② (壁などに)**取り付ける**. eine Lampe⁴ *an* der Decke *anbringen* 照明を天井に取り付ける. ③ (苦情など⁴を)持ち出す; (口に出す; (知識など⁴を)ひけらかす. eine Bitte⁴ *bei* 人³ *anbringen* 人³に頼みごとをする. ④ 《口語》就職(入学)させる, (娘⁴を)嫁がせる. ⑤ 《口語》(商品⁴を)売りさばく, 売りつける.
◇☞ angebracht

An·bruch [アン・ブルフ án-brux] 男 -(e)s/..brüche ① 《複 なし》《雅》始まり, 開始. der *Anbruch* einer neuen Zeit² 新しい時代の始まり / bei *Anbruch* des Tages 夜明けに. ② 破損の兆し, ひび. ③ 《鉱》露出した鉱脈. ④ 《林》腐朽木; 《狩》腐りかけた獣[肉].

an|brül·len [アン・ブリュれン án-brỳlən] 他 (h) ① (動物が人⁴にほえかかる. ② 《口語》(人⁴に)大声でどなりたてる.

An·cho·vis [アンヒョーヴィス ançó:vɪs または..ショーヴィス ..ʃó:vɪs] 女 -/- アンチョビー(かたくちいわしのオリーブオイル漬け)(=Anschovis).

*die **An·dacht** [アン・ダハト án-daxt] 女 《単》-/《複》-en ① 《複 なし》信心, 敬虔(ﾞ)な. ② 《宗教》(短い)礼拝, 祈禱(ﾞ). eine *Andacht*⁴ halten 祈禱する. ③ 《複 なし》(精神的な)集中. mit *Andacht* zu|hören 心をこめて耳を傾ける.

an·däch·tig [アン・デヒティヒ án-dɛçtɪç] 形 ① 信心深い, 敬虔(ﾞ)な. ② 精神(気持ち)を集中させた. 人³ *andächtig* lauschen 人³の言葉に一心に耳を傾ける. ③ 厳かな.

an·dan·te [アンダンテ andántə] [楽] 副 《音楽》アンダンテ, 緩やかに, 歩くような速度で.

an|dau·ern [アン・ダオアン án-dàuərn] 自 (h) 持続する, 絶え間なく続く.

an·dau·ernd [アン・ダオアァント] I an|dauern (持続する)の 現分 II 形 持続的な, 絶え間ない; 再三の. *andauernder* Regen 長雨.

die **An·den** [アンデン ándən] 複 《定冠詞とともに》アンデス山脈(南米大陸の太平洋岸).

*das **An·den·ken** [アン・デンケン án-dɛŋkən] 中 《単2》-s/《複》- ① 《複 なし》思い出, 回想, 追憶, 記念. (英 *memory*). Ich schicke dir das Foto *zum Andenken an* unsere Reise. 私たちの旅の思い出にこの写真を君に送ります. ② 思い出の品, 記念品, (旅の)みやげ. Der Ring ist ein *Andenken an* meine Mutter. この指輪は母の形見です.

***an·der** [アンダァ ándər] 形 ① (二つのうち)**もう一方の**, もう一つの, 別の方の. (英 *other*). die *andere* Hälfte もう一方の半分 / am *anderen* Ende もう一方の端に. ◇《名詞的に》Der eine kommt, der *and[e]re* geht. 来る

者もあれば, 去る者もあり / ein Bein⁴ über das *andere* schlagen 脚を組む.
② ほかの, (これまでとは)違った, 異なる. *andere* Maßstäbe⁴ an|legen ほかの基準を当てはめる / ein *anderes* Mal いつか別な日に / Das ist eine *andere* Welt. それは別世界だ / Da bin ich *anderer* Meinung² als Sie. その点では私はあなたとは違う意見です / *Andere* Länder, *andere* Sitten. 《ことわざ》所変われば品変わる(←異なった国には異なった風習がある) / Sie ist **in** *anderen* Umständen. 彼女は妊娠している(←通常とは異なった状態である) / **mit** *anderen* Worten 言い換えれば.
◇《名詞的に》Das ist etwas [ganz] *anderes*. それは[まったく]別問題だ / und *andere*[s] (略: u.a.) 等々, その他 / einer (eins) **nach** dem *anderen* 一人ずつ(事柄が次々と) / einen Tag **nach** dem *anderen* 毎日毎日, 連日 / ein Mal **über** das *andere* 幾度も, 再三再四 / einen Tag **um** den *anderen* 1日おきに / **unter** *anderem* (事物について:) とりわけ, なかでも (略: u. a.) / **unter** *anderen* (人について:) とりわけ, なかでも (略: u. a.). ◇《**als** とともに》nichts *anderes* als … …以外の何ものでもない ⇨ Ich konnte nichts *anderes* tun als warten. 私は待つしかなかった / Es bleibt ihm nichts *anderes* übrig als … 彼は…するほかに何もできなかった / Das ist **alles** *andere* **als** leicht. それは簡単どころではない(たいへん難しい).
③ その次の, それに続く. am *anderen* Tag 翌日に.

······································
(注意) ander のあとに続く形容詞は ander と同じ語尾変化をするが, 無冠詞で単数男性・中性3格の場合にかぎり -en となる.
······································

an·de·ren≠falls [アンデレン・ふァるス] 副 そうでない場合には, さもなければ.

an·de·ren≠teils [アンデレン・タイるス] 副 他の部分は. einesteils ～, anderenteils … 一部は～, 他の部分は…

an·de·rer≠seits [アンデラァ・ザイツ] 副 他方では, その反面. einerseits ～, andererseits … 一方では～, 他方では…

an·der·mal [アンダァ・マーる] 副 《成句的に》ein *andermal* 別の時に, またいつか.

***än·dern** [エンダァン éndərn] (änderte, hat…geändert) I 他 (定了 haben) **変える**, 変更する. (英 *change*). ein Kleid⁴ *ändern* ワンピースを仕立て直す / Er *änderte* überraschend seine Pläne. 彼は不意に計画を変更した / Daran ist nichts zu *ändern*. それはどうしようもない(←何も変えられない).
II 再帰 (定了 haben) *sich*⁴ *ändern* **変わる**, 変化する. Das Wetter *ändert sich*. 天気が変わる.

an·dern≠falls [アンダァン・ふァるス] 副 = anderenfalls

an·dern≠teils [アンダァン・タイるス] 副 = anderenteils

*an·ders [アンダァス ándərs] 副 ① 異なって, 別の仕方で, 違った方法で. (英 differently). *anders* denken 違った考え方をする / Er ist ganz *anders* geworden. 現在完了 彼はすっかり変わってしまった / Früher war alles *anders*. 昔はすべてこうではなかった(もっとよかった).
◊**als** とともに …とは異なって(違って). Ich denke da etwas *anders* als du. ぼくはその点君とは少々違った考えだ / Er sieht *anders* aus als sein Vater. 彼は父親とは見た感じが違う.
◊**nicht** とともに まさにそのように, そうするしかない. Ich konnte nicht *anders*. 私はそうするしかなかったのだ.
② 《不定代名詞・疑問詞などとともに》そのほか, それ以外 (=sonst). Wer *anders* als ich? 私以外にだれが？ / jemand *anders* だれか別の人 / Ich habe niemand *anders* gesehen. 私はほかにだれも見なかった / irgendwo *anders* どこかほかの所で.

〈新形〉
an·ders den·kend 意見の異なる, 違う考えを持つ.
an·ders ge·ar·tet 異なる種類(性質)の.
an·ders ge·sinnt 意見(考え方)の異なる.

an·ders⹀ar·tig [アンダァス・アールティヒ] 形 性質の異なる, 別種の.
an·ders⹀den·kend 形 (新形) anders denkend) ☞ anders
an·der·seits [アンダァ・ザイツ] 副 他方では (=andererseits).
An·der·sen [アンダァゼン ándərzən] -s/《人名》アンデルセン (Hans Christian *Andersen* 1805-1875; デンマークの作家).
an·ders⹀ge·ar·tet 形 (新形) anders geartet) ☞ anders
an·ders⹀ge·sinnt 形 (新形) anders gesinnt) ☞ anders
an·ders⹀gläu·big [アンダァス・グロイビヒ] 形 信仰の異なる.
an·ders⹀he·rum [アンダァス・ヘルム] 副 ① 逆回りに, 反対方向へ; (前後が)逆に. ② 《口語》同性愛の, 倒錯した.
an·ders⹀wo [アンダァス・ヴォー] 副 《口語》どこか別のところで.
an·ders⹀wo·her [アンダァス・ヴォヘーァ] 副 《口語》どこか別のところから.
an·ders⹀wo·hin [アンダァス・ヴォヒン] 副 《口語》どこか別のところへ.
än·der·te [エンダァテ] ‡ändern (変える)の過去
an·dert·halb [アンダァト・ハルプ ándərt-hálp] 形 《無語尾で》1と2分の1 (1½)の (=einein-halb). *anderthalb* Stunden 1 時間半 / vor *anderthalb* Jahren 1 年半前に.
an·dert·halb⹀fach [アンダァトハルプ・ファッハ] 形 1 倍半の.
***die Än·de·rung** [エンデルング éndəruŋ] 女 (単) -/(複) -en 変更, 修正; 変化. (英 change). eine *Änderung* der Arbeitsver-hältnisse² 労働条件の変更.
an·der⹀wärts [アンダァ・ヴェルツ] 副 《雅》別の場所で(へ).
an·der⹀wei·tig [アンダァ・ヴァイティヒ] I 形 《付加語としてのみ》その他の, 別の. II 副 別の仕方で; 別の方面で.
*an|deu·ten [アン・ドイテン án-dɔ̀ytən] du deutest...an, er deutet...an (deutete...an, *hat* ...angedeutet) I 他 (完了 haben) ① ほのめかす, 暗示する, それとなく知らせる(言う). (英 hint). Er *deutete* seine Hilfsbereitschaft *an*. 彼は援助する用意のあることをほのめかした. ② 大づかみに示す. Ich möchte hier meine Pläne nur *andeuten*. 私の計画をここにかいつまんで示したい.
II 再帰 (完了 haben) sich⁴ *andeuten* (可能性などが)見えてくる. Der Sturm *deutete* sich *an*. あらしの前兆があった.

***die An·deu·tung** [アン・ドイトゥング án-dɔytuŋ] 女 (単) -/(複) -en ① ほのめかし, 暗示, 示唆, ヒント; 予示. (英 hint). eine leise *Andeutung⁴* machen かすかにほのめかす. ② 兆し, 前兆. die *Andeutungen* einer Krank-heit² 病気の兆候.
an·deu·tungs⹀wei·se [アンドイトゥングス・ヴァイゼ] 副 暗示的に, それとなく.
An·drang [アン・ドラング án-draŋ] 男 -[e]s/ 押し寄せること, 殺到, 雑踏.
an|dran·gen [アン・ドレンゲン án-drèŋən] 自 (s) 《gegen 物⁴ ~》(物⁴に向かって)押し寄せる.
And·re·as [アンドレーアス andré:as] -/《男名》アンドレーアス.
an|dre·hen [アン・ドレーエン án-drè:ən] 他 (h) ① (ガス・水道など⁴に)栓をひねって出す; (電灯など⁴を)スイッチをひねってつける. (英 「ひねって止める」は ab|drehen). das Licht⁴ *andrehen* スイッチをひねって明かりをつける / das Wasser⁴ *andrehen* コックをひねって水を出す. ② (ねじなど⁴を)回して締める. ③ 《口語》(人³に粗悪品など⁴を)高く売りつける. ④ 《映》クランクイン する.
and·rer⹀seits [アンドラァ・ザイツ] 副 他方では (=andererseits).
an|dro·hen [アン・ドローエン án-drò:ən] 他 (h) (人³に事⁴をするぞと言って)脅す, 脅迫する.
An·dro·hung [アン・ドローウング] 女 -/-en 脅し, 脅迫. unter *Androhung* von Strafe 罰するぞと脅かされて.
And·ro·me·da [アンドローメダ andró:meda] I -/《ぎ神》アンドロメダ(エチオピア王の娘). II 女 -/ ① 《定冠詞とともに》《天》アンドロメダ座. ② 《植》ヒメシャクナゲ.
Ä·ne·as [エネーアス ené:as] -/《ぎ神》アエネアス(トロイの英雄. のちにローマの建設者ロムルスの祖となったとされる).
an|ecken [アン・エッケン án-èkən] 自 (s) ① (誤って角などに)ぶつかる. mit dem Rad **am** Bordstein *anecken* 自転車で縁石にぶつかる. ② 《口語》ひんしゅくを買う. bei 人³ *anecken*

人³の機嫌をそこねる.

*an|eig·nen [アン・アイグネン án-àɪɡnən] du eignest...an, er eignet...an (eignete...an, hat...angeeignet) 再帰 (完了 haben) sich³ 物·事⁴ aneignen ① (車)(知識・習慣などを)習得する, 身につける. (英 acquire). sich³ eine Fremdsprache⁴ aneignen 外国語を習得する / Du hast dir gute Umgangsformen angeeignet. 君は礼儀作法を身につけたね. ② (物⁴を)横領する, 着服する.

An·eig·nung [アン・アイグヌング] 女 -/-en 《ふつう 単》習得, 取得; 横領; 《法》先占, [無断]専有.

*an≠ei·nan·der [アン・アイナンダァ an-aɪnándər] 副 [互いに]接し合って, 相並んで. aneinander denken お互いに相手のことを考える / aneinander vorbei|gehen 互いにすれ違う.
新形

an·ei·nan·der fü·gen つなぎ合わせる, 接合する.
an·ei·nan·der ge·ra·ten (意見の対立などで)けんかになる.
an·ei·nan·der gren·zen 隣合う, 隣接する.
an·ei·nan·der rei·hen 並列させる. sich⁴ aneinander reihen 相並ぶ.

an·ein·an·der|fü·gen 他(h) 新形 aneinander fügen)の aneinander
an·ein·an·der|ge·ra·ten* 自(s) 新形 aneinander geraten)の aneinander
an·ein·an·der|gren·zen 自(h) 新形 aneinander grenzen)の aneinander
an·ein·an·der|rei·hen 他(h) 新形 aneinander reihen)の aneinander

A·nek·do·te [アネクドーテ anɛkdó:tə] 女 -/-n 逸話.

an|ekeln [アン・エーケルン án-è:kəln] 他(h) (人⁴に)吐き気を催させる.

A·ne·mo·ne [アネモーネ anemó:nə] 女 -/-n 《植》アネモネ.

An·er·bie·ten [アン・エァビーテン án-ɛrbiːtən] 中 -s/- 申し出, 提案.

an·er·kannt [アン・エァカント án-ɛrkant] I *an|erkennen(承認する)の 過分 II 形 定評のある, 一般に認められている, 公認の. ein anerkannter Fachmann 定評のある専門家.

an·er·kann·ter·ma·ßen [アンエァカンタァ・マーセン] 副 一般に認められているように, 定評どおり.

an|er·ken·nen [アン・エァケンネン án-ɛrkènən, ..hat...anerkannt) (まれに非分離動詞として用いられることもある)(完了 haben) 他 ① 承認する, 認める, 認知する. (英 acknowledge). Wir erkennen seine Meinung an. 私たちは彼の意見を正当と認める / die neue Regierung⁴ anerkennen (他国が)新政府を承認する. ② (功績など⁴を)評価する, 賞賛する. ◊《現在分詞の形で》anerken-

nende Worte 称賛の言葉.
◊☞ anerkannt

an·er·ken·nens≠wert [アンエァケンネンス・ヴェーァト] 形 評価すべき, 称賛に値する.

An·er·ken·nung [アン・エァケンヌング] 女 -/-en ① 《ふつう 単》(公的な)承認, 認知; 是認. ② (功績などを)評価すること, 称賛, 賛辞. in Anerkennung seiner Verdienste² 彼の功績を評価して.

an|fa·chen [アン・ファッヘン án-fàxən] 他(h) 《雅》(火⁴を)あおる; 《比》(欲望・感情など⁴を)あおりたてる.

an|fah·ren* [アン・ファーレン án-fàːrən] I 自(s) ① (乗り物で・乗り物で)動き始める. Der Wagen fuhr langsam an. 車がゆっくり動き出した. ② 《過去分詞の形で》angefahren kommen (乗り物で)やって来る. II 他(h) ① (乗り物で)運んで来る. ② (乗り物で・乗り物が人・物⁴に)ぶつかる. Er hat ein Kind angefahren. 彼は子供をはねた. ③ (乗り物で・乗り物がある場所⁴へ)向かう. ④ 《比》(人⁴を)どなりつける. ⑤ (工)(工場設備など⁴を)始動させる.

An·fahrt [アン・ファールト án-faːrt] 女 -/-en ① (乗り物での)到着. ② (乗り物での)所要時間, 所要距離. ③ (乗り物の)乗り入れ道; 《海》船着き場.

An·fall [アン・ファる án-fal] 男 -[e]s/..fälle ① (病気などの)発作, (感情などの)激発. Herzanfall 心臓発作 / ein Anfall von Hysterie ヒステリーの発作 / einen schweren Anfall bekommen (または haben) 激しい発作に襲われる. ② 《複 なし》収穫, 生産(産出)高. der Anfall an Getreide 穀物の収穫量.

an|fal·len* [アン・ファれン án-fàlən] I 他(h) ① (人・物⁴に)突然襲いかかる. Der Wolf fiel die Schafe an. 狼が羊を襲った. ② (病気・怒りなどが人⁴を)襲う. Angst fiel ihn an. 彼は不安に襲われた. II 自(s) (付随して)発生する. ◊《現在分詞の形で》die anfallenden Kosten (何かに付随して)かかる費用.

an·fäl·lig [アン・フェりヒ án-fɛlɪç] 形 (病気などに)感染しやすい, 抵抗力がない. Sie ist sehr anfällig für (または gegen) Erkältungen. 彼女はとても風邪をひきやすい.

An·fäl·lig·keit [アンフェりヒカイト] 女 -/ 病気に感染しやすいこと, 虚弱.

*der **An·fang** [アン・ファング án-faŋ] 男 (単2)-[e]s/(複) ..fänge [..フェンゲ] (3格のみ -fängen) 初め, 最初; 初期; 始まり, 発端, 創始; 起源. (英 beginning). (反「終わり」は Ende). Anfang März 3月初めに / der Anfang einer Erzählung² 物語の冒頭 / erste Anfänge der Kultur² 文化の起源 / Wer macht den Anfang? だれから始めますか / den Anfang machen 真っ先に始める / mit 車³ einen neuen Anfang machen 〔車³で〕新たな一歩を踏み出す / Aller Anfang ist schwer. 《諺》何事も最初は難しい. ◊《前置詞とともに》am Anfang des Jahres 年の初めに / im (または zu)

Anfänge

Anfang 初めに / **von** *Anfang* **an** 最初から / **von** *Anfang* **bis [zu] Ende** 初めから終わりまで.
An·fän·ge [アン・フェンゲ] ⇔Anfang(初め)の圈
an|fan·gen [アン・ファンゲン án-faŋən]

> 始める; 始まる
>
> Morgen *fängt* die Schule *an*.
> モルゲン　フェングト ディ シューれ アン
> あすから学校が始まる.

du fängst...an, er fängt...an (fing...an, hat... angefangen) I 他 (完了 haben) ① (事4を)始める, 開始する. (＊ begin). (「終える」は beenden). Er *fängt* die Arbeit *an*. 彼は仕事にとりかかる / ein neues Leben4 *anfangen* 新生活を始める. ◇**zu** 不定詞[句]とともに]Sie *fing an* zu weinen. 彼女は泣き始めた. ② 行う, 扱う, 処理する. Was *soll* ich nun *anfangen*? 私はどうすればよいのだろう / Man *kann* mit diesem Plan nichts *anfangen*. この計画ではどうしようもない.
II 自 (完了 haben) ① 始まる. (＊「終わる」は aufhören, enden). Der Unterricht *fängt* um acht Uhr *an*. 授業は8時に始まる / Das *fängt* ja gut *an*! (反語的に:)これはさい先がいいぞ.
② 始める. Wer *fängt an*? だれから始めますか / **mit** 事3 *anfangen* 事3を始める ⇒ mit der Arbeit *anfangen* 仕事にとりかかる / [wieder] **von vorn** *anfangen* 最初からやり直す.

*der **An·fän·ger** [アン・フェンガァ án-fɛŋər] 男 (単2) -s/(複 -n) 初心者, 初学者, 新米. (＊ beginner). Kurse für *Anfänger* 初心者コース / Er ist noch ein blutiger *Anfänger* im Autofahren. 彼は車の運転にかけてはまだまったくの初心者だ.
An·fän·ge·rin [アン・フェンゲリン án-fɛŋərin] 女 -/..rinnen (女性の)初心者.
an|fäng·lich [アン・フェングリヒ] 形 [付加語としてのみ] 初めの, 初期の. II 副 最初に, 初めのうちは.
***an·fangs** [アン・ファングス án-faŋs] I 副 最初に. (＊ at first). *Anfangs* ging alles gut. 初めは万事うまくいった.
II 前 【2格とともに】 (口語) ...の初めに. *anfangs* des Jahres 年の初めに.
An·fangs=buch·sta·be [アンファングス・ブフシュターベ] 男 -ns (まれに -n) (3格・4格 -n)/-n 頭文字, イニシアル (= Initiale).
An·fangs=sta·di·um [アンファングス・シュターディウム] 中 -s/..dien [..ディエン] 初期の段階.
an|fas·sen [アン・ファッセン án-fasən] du fasst...an, er fasst...an (fasste...an, *hat*... angefasst) I 他 (完了 haben) ① (物4に手で)触れる, つかむ. Sie *fasste* vorsichtig das Tuch *an*. 彼女は慎重にその布を手に取った. ② (仕事などに)とり組む, とりかかる. ein Problem4 richtig *anfassen* きちんと問題解決にとり

かかる. ③ (人4を...に)扱う. 人4 hart *anfassen* 人4をきびしく扱う. ④ (雅)(感情などが 人4の心を)とらえる.
II 自 (完了 haben) 【副詞の **mit** とともに】手助けをする. bei der Arbeit mit *anfassen* 仕事に手を貸す.
III 再帰 (完了 haben) *sich*4 *anfassen* (...のような)手触りである. Der Stoff *fasst sich* weich *an*. その布地は手触りが柔らかい.
an·fecht·bar [アン・フェヒトバール] 形 議論の余地のある; (法) 無効にできる, とり消しうる.
an|fech·ten* [アン・フェヒテン án-fɛçtən] 他 (h) (事4の)正当性を認めない. ein Urteil4 *anfechten* 判決に異議を申したてる. ② (雅) (人4を)悩ます, わずらわす.
An·fech·tung [アン・フェヒトゥング] 女 -/-en ① 異議[申したて], 論難;《法》とり消し[の請求]. ②《雅》誘惑.
an|fein·den [アン・ファインデン án-faindən] 他 (h) (人4に)敵対する, 敵意を示す.
An·fein·dung [アン・ファインドゥング] 女 -/-en 敵対, 敵視.
an|fer·ti·gen [アン・フェルティゲン án-fɛrtigən] 他 (h) 作り上げる, 製作する; (衣服など4を)仕立てる; (書類など4を)作成する. ein Protokoll4 *anfertigen* 議事録を作成する.
An·fer·ti·gung [アン・フェルティグング] 女 -/-en 製作; (書類の)作成.
an|feuch·ten [アン・フォイヒテン án-fɔyçtən] 他 (h) (切手・海綿など4を)湿らす, 軽くぬらす.
an|feu·ern [アン・フォイアァン án-fɔyərn] 他 (h) ① (ストーブなど4に)点火する. ②(比)激励(鼓舞)する.
an|fle·hen [アン・ふれーエン án-fle:ən] 他 (h) (人4に)懇願する. 人4 **um** Hilfe *anflehen* 人4 に必死で助けを請う.
an|flie·gen* [アン・ふリーゲン án-fli:gən] I 自 (s) ① 飛んで来る. ◇【過去分詞の形で】 *angeflogen* kommen 飛んで来る. ② (知識などが人3に)たやすく身につく. II 他 (h) ① (ある場所4へ)向かって飛ぶ. Wir *fliegen* jetzt München *an*. 私たちはただ今ミュンヒェンへ向かって飛行しております. ② (雅)(不安などが人4を)突然襲う.
An·flug [アン・ふるーク án-flu:k] 男 -[e]s/..flüge ①《空》飛来, (着陸のための)進入, アプローチ. Die Maschine ist bereits **im** *Anflug* auf Frankfurt. 当機はすでにフランクフルトへの着陸態勢に入りました. ②(比)ほんの少し, 微少; かすかな気配. **mit dem** *Anflug* eines Lächelns かすかなほほえみを浮かべて. ③《林》飛種から生え出た草木.
an|for·dern [アン・フォルダァン án-fɔrdərn] 他 (h) 要求する, 請求する.
An·for·de·rung [アン・フォルデルング] 女 -/-en ① 要求, 請求; 注文. ② 【ふつう 複】(仕事についての)要求, 要求される条件.
*die **An·fra·ge** [アン・ふラーゲ án-fra:gə] 女 (単) -/(複) -n 問い合わせ, 照会; (議会での)質

問. (英 inquiry). eine Anfrage⁴ **an** 人⁴ richten 人⁴に問い合わせる.

an|fra·gen [アン・フラーゲン án-frà:gən] 自 (h) 問い合わせる, 照会する. wegen einer Sache **bei** 人³ *anfragen* ある件で人³に問い合わせる.

an|freun·den [アン・フロインデン án-fròyn-dən] 再帰 (h) 《*sich*⁴ **mit** 人・事³ ~》(人³と)親しくなる, 仲良くなる;(事⁴に)慣れる, なじむ.

an|frie·ren* [アン・フリーレン án-frì:rən] I 自 (s) ① 《**an** 物⁴~》(物⁴に)凍ってくっつく. ② 凍り始める. II 他 (h) sich³ 物⁴ *anfrieren* 物⁴(手・足など)が凍える.

an|fü·gen [アン・フューゲン án-fy:gən] 他 (h) (A³ に B⁴を)付け加える.　dem Brief eine Nachschrift⁴ *anfügen* 手紙に追伸を添える.

an|füh·len [アン・フューレン án-fy:lən] I 他 (h) (物⁴に)触ってみる.　II 再帰 《*sich*⁴ *anfühlen* (…のような)手触りである.　Das fühlt sich wie Samt *an*. それはビロードのような手触りだ.

An·fuhr [アン・フーァ án-fu:r] 女 -/-en 運び込むこと, 搬入.

***an|füh·ren** [アン・フューレン án-fỳ:rən] (führte…an, hat…angeführt) 他 (定了) haben) ① **先導する**, 率いる, リードする. (英 lead). Der Bürgermeister *führt* den Festzug *an*. 市長が祭のパレードの先頭に立っている. ② (理由など⁴を)あげる, 持ち出す. Beispiele⁴ *anführen* 例をあげる / A⁴ **als** Argument **für** B⁴ *anführen* A⁴をB⁴の論拠としてあげる. ③ 引用する (=zitieren). am *angeführten* Ort 上述の箇所で, 前掲書で (略: a. a. O.). ④《口語》からかう, 一杯くわせる.

An·füh·rer [アン・フューラァ án-fy:rər] 男 -s/- 先導者, 指揮者, リーダー;(ギャングなどの)首領. (英 女性形は Anführerin).

An·füh·rung [アン・フュールング án-fy:ruŋ] 女 -/-en ① 先導, 指揮, リーダーシップ. unter *Anführung* des Klassensprechers 学級委員のリードのもとに.　② 言及, 列挙; 引用[箇所].

An·füh·rungs·strich [アンフューレングス・シュトリヒ] 男 -[e]s/-e 《ふつう 複》=Anführungszeichen

An·füh·rungs·zei·chen [アンフューレングス・ツァイヒェン] 中 -s/-《ふつう 複》引用符(記号: „…").

an|fül·len [アン・フュレン án-fỳlən] 他 (h)《A⁴ **mit** B³ ~》(A⁴をB³で)満たす, いっぱいにする.

*die **An·ga·be** [アン・ガーベ án-ga:bə] 女 (単) -/(複) -n ① 申したて, 報告, 申告; 指示. Können Sie darüber nähere *Angaben* machen? それについて詳しく報告していただけませんか / **nach** den *Angaben* des Zeugen 証人の供述によれば / **ohne** *Angabe* von Gründen 理由も述べずに. ② 《複 なし》《口語》自慢, ほら. ③ 《スツ》(球技の)サーブ[ボール].

an·gän·gig [アン・ゲンギヒ án-gɛŋıç] 形 許される, さし支えない, 許容しうる.

an|ge·ben [アン・ゲーベン án-gè:bən] du gibst…an, er gibt…an (gab…an, *hat*…angegeben) I 他 (定了) haben) ① **告げる**, 述べる, 知らせる, (例など⁴を)あげる. (英 *inform*). Bitte *geben* Sie Ihre Anschrift *an*! ご住所をおっしゃってください / einen Grund [**für** 事⁴] *angeben* [事⁴の]理由をあげる.　◇《過去分詞の形で》am *angegebenen* Ort 上述の箇所で, 前掲書で (略: a. a. O.).　② (方向・テンポなど⁴を)定める. den Ton *angeben* a)《音楽》出だしの音を出して聞かせる, b)《比》イニシアティブをとる. ③ (警察などに)密告する, 告げ口する.　einen Mitschüler beim Lehrer *angeben* 同級生のことを先生に言いつける.

II 自 (定了) haben) ①《口語》自慢する, ほらを吹く.　Gib doch nicht so *an*! そんなに大口をたたくな.　② (球技で)サーブする.

An·ge·ber [アン・ゲーバァ án-ge:bər] 男 -s/- ① 密告者, 裏切り者. (英 女性形は Angeberin).　② 《口語》ほら吹き.　③ (球技で:)サーバー.

An·ge·be·rei [アン・ゲーベライ an-ge:bəráı] 女 -/-en ① 《口語》自慢, ほら; もったいぶった言動.

an·ge·be·risch [アン・ゲーベリッシュ án-ge:bərıʃ] 形 《口語》自慢屋の, ほら吹きの, もったいぶった.

an·geb·lich [アン・ゲープリヒ] I 形 自称の, 本人の申したてによる, 名目上の; いわゆる. der *angebliche* Verfasser des Buches その本の表向きの著者.　II 副 本人の申したてによると, …という話だ. Er ist *angeblich* krank. 彼は病気だと言っている.

an·ge·blickt [アン・ゲブリックト] *an|blicken (見つめる)の 過分

an·ge·bo·ren [アン・ゲボーレン án-gəbo:rən] 形 生まれつきの, 生来の, 天賦の(才能など); 先天性の(病気など).

* *das* **An·ge·bot** [アン・ゲボート án-gəbo:t] 中 (単2) -[e]s/(複) -e (3格のみ -en) ② 申し出, 提案. (英 *offer*).　人³ ein *Angebot* machen 人³に申し出をする / ein *Angebot*⁴ ablehnen (an|nehmen) 申し出を拒否する(受諾する).　② 《複 なし》《経》(商品の)供給, (総称として:) 店頭の商品.　Sonder*angebot* 特売品 / *Angebot* und Nachfrage 供給と需要 / Das *Angebot* von Gemüse ist gering. 野菜の供給が少ない.

an·ge·bo·ten [アン・ゲボーテン] *an|bieten (提供しようと申し出る)の 過分

an·ge·bracht [アン・ゲブラハト] I *an|bringen (持って来る)の 過分 II 形 適切な, 当を得た (発言など).

an·ge·brannt [アン・ゲブラント] I an|brennen (火をつける)の 過分 II 形 焦げつ いた.

an·ge·bro·chen [アン・ゲブロッヘン] I an|brechen (封を切る)の 過分 II 形 ① ひびの入った.　② 封を切った(缶など).

an·ge·bun·den [アン・ゲブンデン] I an|bin-

angedeihen

den (結び付ける)の過分 II 形 ① (仕事などで)束縛された. ② 《成句的に》kurz angebunden sein 無愛想である, そっけない.

an|ge·dei·hen* [アン・ゲダイエン án-gədàiən] 自 (h) 《雅》《人³《物⁴ angedeihen lassen 《雅》《人³《物⁴を授ける.

an·ge·deu·tet [アン・ゲドイテット] *an|deuten (ほのめかす)の過分

an·ge·eig·net [アン・ゲアイグネット] *an|eignen (再帰 で: 習得する)の過分

an·ge·fan·gen [アン・ゲファンゲン] *an|fangen (始める)の過分

an·ge·fasst [アン・ゲファスト] *an|fassen (手で触れる)の過分

an·ge·faßt 新形 angefasst

an·ge·führt [アン・ゲフューアト] *an|führen (先導する)の過分

an·ge·gan·gen [アン・ゲガンゲン] I *an|gehen (関係する)の過分 II 形 《成句的に》angegangen kommen 《口語》歩いてやって来る.

an·ge·ge·ben [アン・ゲゲーベン] *an|geben (告げる)の過分

an·ge·gos·sen [アン・ゲゴッセン án-gəgɔsən] 形 《物¹ sitzt (または passt) wie angegossen の形で》《口語》物⁴(衣服など)が体にぴったり合う.

an·ge·grif·fen [アン・ゲグリッフェン] I *an|greifen (攻撃する)の過分 II 形 疲れきった, 消耗した.

an·ge·habt [アン・ゲハープト] *an|haben (身につけている)の過分

an·ge·hal·ten [アン・ゲハるテン] *an|halten (止める)の過分

an·ge·haucht [アン・ゲハオホト] I an|hauchen (息を吐きかける)の過分 II 形 (ある傾向などに)ほんのり染まった.

an·ge·hei·ra·tet [アン・ゲハイラーテット án-gəhaıra:tət] 形 婚姻によって親族となった, 姻族の.

an·ge·hei·tert [アン・ゲハイタァト án-gəhaıtərt] 形 ほろ酔い(気分)の.

an|ge·hen [アン・ゲーエン án-gè:ən] (ging...an, hat/ist...angegangen) I 他 (完了 haben) ① (人·物⁴)に関係する, かかわる. Das geht dich nichts an. それは君には何の関係もない / Was mich angeht, ich bin bereit. 私に関するかぎりは, 用意はできています. ② 《人⁴ um 事⁴ ~》《人⁴に事⁴を》頼む, せがむ. Er ging mich um Geld an. 彼は私にお金を無心した. ③ 《人⁴に》襲いかかる, アタックする. Der Bär ging den Jäger an. 熊は猟師に襲いかかった. ④ (事⁴に)着手する, とり組む. eine Aufgabe⁴ zielstrebig angehen ある課題にひたむきにとり組む.

II 自 (完了 sein) ① 《口語》(催しなどが)始まる. Das Theater geht um acht Uhr an. 芝居は8時に始まる. ② 《口語》(火·明かりなどが)つく. (←「火などが消える」は aus|gehen). ③ 《口語》(植物が)根づく. ④ 《gegen 事⁴ ~》(事⁴に)立ち向かう, (事⁴と)闘う. gegen Vorurteile angehen 偏見と闘う. ⑤ 我慢できる, さしつかえない. Die Hitze geht ja noch an. この暑さはまだ我慢できる / Es geht nicht an, dass... ...するのはよくない.

◇☞ angegangen

an·ge·hend [アン・ゲーエント] I *an|gehen (関係する)の現分 II 形 《付加語としてのみ》なりかけの, 養成途中中; 将来の. ein angehender Arzt 医者の卵.

***an|ge·hö·ren** [アン・ゲヘーレン án-gəhø̀:rən] (gehörte...an, hat...angehört) 自 (完了 haben) ① (団体など³に)所属している, (党など³の)一員である. Gehören Sie einem Verein an? あなたは何かサークルに入っていますか. ② 《雅》《人³と》密接な関係にある.

an·ge·hö·rig [アン・ゲヘーリヒ án-gəhø:rıç] 形 (団体など³に)属している.

***An·ge·hö·ri·ge[r]** [アン・ゲヘーリゲ (..ガァ) án-gəhø:rıgə (..gər)] 男 女 《語尾変化は形容詞と同じ ☞ Alte[r]》(例: 男 1格 der Angehörige, ein Angehöriger) ① 《ふつう複》親族, 身内(の人). meine Angehörigen 私の家族. ② (団体の)一員, 構成員.

an·ge·hört [アン・ゲヘーアト] *an|gehören (所属している), *an|hören (熱心に聞く)の過分

an·ge·klagt [アン・ゲクらークト] *an|klagen (起訴する)の過分

***An·ge·klag·te[r]** [アン・ゲクらークテ (..タァ) án-gəkla:ktə (..tər)] 男 女 《語尾変化は形容詞と同じ ☞ Alte[r]》(例: 男 1格 der Angeklagte, ein Angeklagter)《法》被告[人]. (←「原告」は Ankläger). einen Angeklagten vernehmen 被告を審問する.

an·ge·knackst [アン・ゲクナクスト án-gəknakst] 形 ① ひびの入った. ② 《比》(健康などが)そこなわれた, (自尊心などが)傷ついた.

an·ge·kom·men [アン・ゲコンメン] *an|kommen (着く)の過分

***die An·gel** [アンゲる áŋəl] 女 (単) -/(複) -n ① (糸や針などを付けた)釣りざお. die Angel⁴ aus|werfen 釣り糸を投げる / Die Fische gehen nicht an die Angel. 魚が針にかからない. ② (ドアなどの)ちょうつがい. 物·事⁴ aus der Angel heben a) 物⁴をちょうつがいからはずす, b) 《比》事⁴を根本的に変える.

an·ge·le·gen [アン・ゲれーゲン] I an|liegen (体にぴったり合う)の過分 II 形 《成句的に》sich³ 事⁴ angelegen sein lassen 《雅》事⁴を心にかける.

***die An·ge·le·gen·heit** [アン・ゲれーゲンハイト án-gəle:gənhaıt] 女 (単) -/(複) -en 事柄, 要件, 用事, 業務. ⇨ affair). eine dringende Angelegenheit 急用 / eine private Angelegenheit 私事 / eine Angelegenheit⁴ erledigen 用事を片づける / Er kam in einer dienstlichen Angelegenheit. 彼は公用で来た / Das ist meine Angelegenheit! これは私の問題だ / Misch dich nicht in meine Angelegenheiten! 私のことに口出しするな.

an·ge·le·gent·lich [アン・ゲレーゲントリヒ] 形
《雅》切なる, 切実な(願いなど).

an·ge·legt [アン・ゲレークト] I *an|legen (当てがう)の 過分 II 形 《成句的に》**auf** 事[4] *angelegt* sein 事[4]を目的としている.

an·ge·lehnt [アン・ゲレーント] *an|lehnen (寄せかける)の 過分

an·ge·lernt [アン・ゲレルント] I an|lernen (仕事の手ほどきをする)の 過分 II 形 ① 半熟練の(労働者など). ② (口語)生かじりの(知識など).

An·gel⌇ha·ken [アングる・ハーケン] 男 -s/- 釣り針.

An·ge·li·ka [アンゲーリカ aṇgé:lika] -s/ 《女名》アンゲーリカ.

***an·geln** [アングるン áṇəln] ich angle (angelte, hat ...geangelt) I 自 (完了 haben) ① 魚釣りをする. (獲 fish). Er *angelt* gern. 彼は釣りが好きだ / *angeln* gehen 釣りに行く. ② 《**nach** 人・物[3] ~》(口語・比) (人・物[3]を)手に入れようとする.
II 他 (完了 haben) (魚[4]を)釣る. Ich gehe Forellen *angeln*. 私はますを釣りに行く / Er hat sich[3] ein reiches Mädchen *geangelt*. (口語・比)彼は金持ちの娘をものにした.

An·gel⌇punkt [アングる・プンクト] 男 -[e]s/-e 要点, 眼目, 核心.

An·gel⌇ru·te [アングる・ルーテ] 女 -/-n 釣りお.

An·gel·sach·se [アングる・ザクセ áṇəl-zaksə] 男 -n/-n ① (史)アングロサクソン人. ② イギリス人, イギリス系アメリカ人.

an·gel·säch·sisch [アングる・ゼクスィッシュ áṇəl-zɛksɪʃ] 形 アングロサクソン[人・語]の.

an·gel·te [アングるテ] *angeln (魚釣りをする)の 過去

an·ge·macht [アン・ゲマハト] *an|machen (取り付ける)の 過分

an·ge·mel·det [アン・ゲメるデット] *an|melden (知らせる)の 過分

an·ge·mes·sen [アン・ゲメッセン] I an|messen (寸法をとる)の 過分 II 形 ふさわしい, 相応の, 適切な.

***an·ge·nehm** [アン・ゲネーム án-gəne:m]

> 快適な *Angenehme* Reise!
> アングネーメ ライゼ
> (旅に出る人に:)快適なご旅行を!

形 **快適な**, 心地よい; 感じのよい, 好ましい. (英 pleasant). (反対 「不快な」は unangenehm). ein *angenehmer* Geruch 快い香り / eine *angenehme* Nachricht うれしい知らせ / Er ist ein *angenehmer* Mensch. 彼は好感の持てる人だ / Es ist *angenehm* kühl. 心地よい涼しさだ / *Angenehme* Ruhe! おやすみなさい! / Sehr *angenehm*! (紹介されたときに:)はじめまして, どうぞよろしく. (☞ 類語 bequem).

an·ge·nom·men [アン・ゲノンメン] I *an|nehmen (受け取る)の 過分 ◇《成句的に》*angenommen*, dass ... …と仮定すれば. II 形

① 受け入れられた. ein *angenommenes* Kind 養子. ② 仮の(名前など).

an·ge·passt [アン・ゲパスト] I *an|passen (合わせる)の 過分 II 形 (周囲に)順応した, (時流に)同調した.

an·ge·paßt ☞ 新形 angepasst

An·ger [アンガァ áṇər] 男 -s/- 《方》(村の)緑地, 牧草地, 広場.

an·ge·re·det [アン・ゲレーデット] *an|reden (話しかける)の 過分

an·ge·regt [アン・ゲレークト] I *an|regen (促す)の 過分 II 形 活発な, 生き生きした. eine *angeregte* Diskussion 活発な討論.

an·ge·rei·chert [アン・ゲライヒャァト] I an|reichern (豊富にする)の 過分 II 形 添加された; 濃縮された.

an·ge·ru·fen [アン・ゲルーフェン] *an|rufen (電話をかける)の 過分

an·ge·sagt [アン・ゲザークト] *an|sagen (告げる)の 過分

an·ge·schafft [アン・ゲシャフト] *an|schaffen (購入する)の 過分

an·ge·schaut [アン・ゲシャオト] *an|schauen (見つめる)の 過分

an·ge·schla·gen [アン・ゲシュらーゲン] I *an|schlagen (掲示する)の 過分 II 形 ① 縁の欠けた(グラスなど). ② 疲れきった, グロッキーな.

an·ge·schlos·sen [アン・ゲシュろッセン] I *an|schließen (つなぐ)の 過分 II 形 ネットワークで結ばれた(放送局など).

an·ge·se·hen [アン・ゲゼーエン] I *an|sehen (見つめる)の 過分 II 形 名声のある; 尊敬されている. ein *angesehener* Mann 名望のある男性.

an·ge·setzt [アン・ゲゼッツト] *an|setzen (当てる)の 過分

An·ge·sicht [アン・ゲズィヒト án-gəzɪçt] 中 -[e]s/-er (まれに: -e) ① 《雅》顔(=Gesicht). 人[3] von *Angesicht* zu *Angesicht* gegenüber|stehen 人[3]に面と向かい合う. ② 見ること. im *Angesicht* der Gefahr[2] 危険に直面して.

an·ge·sichts [アン・ゲズィヒツ án-gəzɪçts] 前 《2格とともに》《雅》~を目の前にして, ~に直面して. *angesichts* des Feindes 敵を目の前にして / *angesichts* dieser Tatsache この事実に直面して.

an·ge·spannt [アン・ゲシュパント] I an|spannen (馬車につなぐ)の 過分 II 形 ① 緊張した, 張りつめた(注意力など). mit *angespannter* Aufmerksamkeit 注意を集中して. ② 緊迫した(状況など).

an·ge·spro·chen [アン・ゲシュプロッヘン] *an|sprechen (話しかける)の 過分

an·ge·stammt [アン・ゲシュタムト án-gəʃtamt] 形 先祖伝来の, 代々受け継がれてきた(財産・権利など).

an·ge·steckt [アン・ゲシュテックト] *an|stecken (留める)の 過分

an·ge·stellt [アン・ゲシュテるト] I *an|stellen (立て掛ける)の 過分 II 形 雇われた. fest *ange-*

stellt 常勤の.

An·ge·stell·te[r] [アン・ゲシュテるテ (..ター)] **An·ge·stellte (..tər)** 男女《語尾変化は形容詞と同じ ☞ Alte[r]》(例: 男 1 格 der Angestellte, ein Angestellter) サラリーマン, 社員, 従業員, 勤め人. (英) [*salaried*] *employee*. Büroangestellte 事務員 / die Angestellten unserer Firma² わが社の社員たち.

an·ge·strengt [アン・ゲシュトレングト] Ⅰ *an|strengen (再帰で: 努力する)の 過分 Ⅱ 形 緊張した, 精神力を集中した.

an·ge·stri·chen [アン・ゲシュトリッヒェン] *an|streichen (塗る)の 過分

an·ge·tan [アン・ゲターン] Ⅰ an|tun (危害などを加える)の 過分 Ⅱ 形《成句的に》es⁴ 人³ angetan haben 人³を魅了している / von 人・物³ angetan sein 人・物³に魅せられている / dazu (または danach) angetan sein, zu 不定詞句 …するのに適している ⇒ Die Lage ist nicht dazu angetan, Feste zu feiern. この状況は祭りを行えそうにない.

an·ge·trun·ken [アン・ゲトルンケン] Ⅰ an|trinken (再帰: 酒を飲んで…の状態になる)の 過分 Ⅱ 形 ほろ酔いの.

an·ge·wandt [アン・ゲヴァントト] Ⅰ *an|wenden (用いる)の 過分 Ⅱ 形 応用された. angewandte Chemie 応用化学.

an·ge·wen·det [アン・ゲヴェンデット] *an|wenden (用いる)の 過分

an·ge·wi·dert [アン・ゲヴィーダァト] Ⅰ an|widern (嫌悪の情を催させる)の 過分 Ⅱ 形 むかむかした.

an·ge·wie·sen [アン・ゲヴィーゼン] Ⅰ *an|weisen (割り当てる)の 過分 Ⅱ 形《成句的に》auf 人・物⁴ angewiesen sein 人・物⁴を頼り(当て)にしている. Er ist finanziell auf dich angewiesen. 彼は経済的には君が頼りなのだ.

an·ge·wöh·nen [アン・ゲヴェーネン án-gəvø:nən] (過分 angewöhnt) 他 (h) (人³に事⁴の)習慣をつけさせる. Ich habe ihm angewöhnt, pünktlich zu sein. 私は彼に時間を守る習慣をつけさせた. ◇《再帰的に》sich³ das Rauchen⁴ angewöhnen 喫煙の習慣がつく.

An·ge·wohn·heit [アン・ゲヴォーンハイト] 女 -/-en 習慣, 癖. eine schlechte Angewohnheit⁴ an|nehmen (ab|legen) 悪い習慣を身につける(やめる).

an·ge·wur·zelt [アン・ゲヴルツェるト] Ⅰ an|wurzeln (根づく)の 過分 Ⅱ 形 根が生えた. wie angewurzelt da|stehen (驚きのあまり)まるで根が生えたように立ちすくむ.

an·ge·zeigt [アン・ゲツァイクト] Ⅰ *an|zeigen (広告する)の 過分 Ⅱ 形《雅》適切な, 得策の.

an·ge·zo·gen [アン・ゲツォーゲン] *an|ziehen (着る)の 過分

an·ge·zün·den [アン・ゲツュンデット] *an|zünden (火をつける)の 過分

An·gi·na [アンギーナ aŋgíːna] 女 -/..ginen

《医》アンギーナ, 口峡(こうきょう)炎; 扁桃(へんとう)炎.

ang·le [アングれ] *angeln (魚釣りをする)の 1 人称単数 現在

an|glei·chen* [アン・グらイヒェン án-glàiçən] 他 (h)《A⁴ B³ (または an B⁴) ~》(A⁴ を B³ (または B⁴)に)合わせる, 適応(順応)させる. die Löhne⁴ den Preisen³ (または an die Preise) angleichen 賃金を物価に合わせる. ◇《再帰的に》sich 人³ angleichen 自分[の生き方]を 人³ に合わせる.

An·glei·chung [アン・グらイヒュング] 女 -/-en 合わせること, 適応, 順応, 同化.

Ang·ler [アングらァ áŋlər] 男 -s/- ① 釣り人, 釣り師. ② (魚) [チョウアンコウ]アンコウ.

an|glie·dern [アン・グリーダァン án-gliːdərn] 他 (h) (A⁴ を B³ に)併合する, 附属させる.

ang·li·ka·nisch [アングリカーニッシュ aŋglikáːnɪʃ] 形《キリスト教》英国国教[会]の.

ang·li·sie·ren [アングリズィーレン aŋglizíːrən] 他 (h) イギリス風(式)にする.

Ang·list [アングリスト aŋglíst] 男 -en/-en 英語英文学研究者.

Ang·lis·tik [アングリスティク aŋglístɪk] 女 -/ 英語英文学.

Ang·li·zis·mus [アングリツィスムス aŋglitsísmus] 男 -/..zismen《言》(英語以外の言語における)英語風の言い回し, 英語的語法.

An·go·ra·kat·ze [アンゴーラ・カッツェ] 女 -/-n (動) アンゴラネコ, ペルシャネコ.

An·go·ra·wol·le [アンゴーラ・ヴォれ] 女 -/-n《織》モヘア(アンゴラやぎの毛); アンゴラうさぎの毛.

an·greif·bar [アン・グライフバール] 形 攻撃されうる, 反論の余地のある.

an|grei·fen [アン・グライフェン án-gràifən] (griff...an, hat...angegriffen) Ⅰ 他 (定了 haben) ① (敵など⁴を)攻撃する, 襲撃する. (英 attack). Die Soldaten griffen die Stellung an. 兵士たちは陣地を攻撃した. ② (球技で:) アタックする; (競走で:) 追い抜く. ③ (他人の言動など⁴を)激しく非難する. 人⁴ öffentlich angreifen 人⁴を公然と非難する. ④ (仕事など⁴に)とりかかる, 着手する. eine Arbeit⁴ geschickt angreifen 仕事に手際よくとりかかる. ⑤ (蓄えなど⁴に)手をつける. die Ersparnisse⁴ angreifen 貯金に手をつける. ⑥ (体・器官など⁴を)弱らせる, そこなう, 痛める; (金属など⁴を)腐食する. Das helle Licht greift meine Augen an. 明るい光は私の目に障る. ⑦ (手で)つかむ, 触る.
Ⅱ 再帰 (定了 haben) sich⁴ angreifen《方》手触りが…である.
◇☞ angegriffen

An·grei·fer [アン・グライファァ án-graɪfər] 男 -s/- 攻撃者, 襲撃者. (女 女性形は Angreiferin).

an|gren·zen [アン・グレンツェン án-grèntsən] 自 (h)《an 物⁴ ~》(物⁴と)境を接する.

an·gren·zend [アン・グレンツェント] Ⅰ an|grenzen (境を接する)の 現分 Ⅱ 形 隣接した,

das *angrenzende* Zimmer 隣室.

der An·griff [アン・グリふ án-grıf] 男 (単2) -[e]s/(複) -e (3格のみ -en) ① 攻撃, 襲撃, アタック. (英) *attack*). ein atomarer *Angriff* 核攻撃 / **zum** *Angriff* über|gehen 攻撃に転ずる. ② 激しい批判, 非難. persönliche *Angriffe*⁴ **gegen** 人⁴ richten 人を個人攻撃する. ③ 着手. 事⁴ **in** *Angriff* nehmen 事⁴に着手する.

An·griffs⸗krieg [アングリふス・クリーク] 男 -[e]s/-e 侵略戦争.

an·griffs⸗lus·tig [アングリふス・るスティヒ] 形 攻撃的な, 好戦的な.

An·griffs⸗punkt [アングリふス・プンクト] 男 -[e]s/-e ①《軍》攻撃点. ②（批判などに対する）弱み, 弱点.

angst [アングスト ánst] 形 こわい, 不安な, 心配な. Mir ist *angst* [und bange]. 私は不安（心配）だ / 人³ *angst* [und bange] (新正 *Angst* [und Bange]) machen 人³をこわがらせる.

die Angst [アングスト ánst]

不安　Keine *Angst*!
カイネ　アングスト
心配しなくていいよ.

女 (単) -/(複) Ängste [エングステ] (3格のみ Ängsten) 不安, 心配, 恐怖. (英 *fear, anxiety*). eine bodenlose *Angst* 底知れぬ不安 / *Angst*⁴ haben (bekommen) こわい（こわくなる）/ 人³ *Angst*⁴ ein|jagen 人³に不安感を起こさせる / Sie hat *Angst*, dass sie zu dick wird. 彼女は太りすぎはしないかと心配している / 人³ *Angst* [und Bange] machen 人³をこわがらせる.

◇《前置詞とともに》 **aus** *Angst* lügen こわくてうそをつく / **in** großer *Angst* 非常にこわって / 人⁴ **in** *Angst*⁴ versetzen 人⁴を不安に陥れる / es⁴ mit der *Angst* zu tun bekommen (ist haben) 急に不安になる / *Angst*⁴ **um** 人・物⁴ haben 人・物⁴のことを心配する / Sie hat *Angst* **vor** dem Hund. 彼女は犬がこわい / *vor Angst* 不安のあまりに. (類語 Sorge).

Ängs·te [エングステ] ‡Angst (不安)の複.

Angst⸗geg·ner [アングスト・ゲーグナァ] 男 -s/-《スポ》（勝てそうにない）強敵.

Angst⸗ha·se [アングスト・ハーゼ] 男 -n/-n《口語》臆病(おく)者.

ängs·ti·gen [エングスティゲン éŋstıgən] I 他 (h) 不安にさせる, 心配させる, こわがらせる. II 再帰 (h) *sich*⁴ *ängstigen* ①《*sich*⁴ **vor** ~》（事³を）こわがる, おびえる. Er *ängstigte sich* vor der Zukunft. 彼は将来のことを心配した. ②《*sich*⁴ **um** 人・物⁴ ~》（人・物⁴のことを）気づかう.

ängst·lich [エングストりヒ éŋstlıç] 形 ① 不安そうな, 心配な, びくびくした, 臆病(おく)な. (英 *anxious*). ein *ängstlicher* Blick おびえた

まなざし / Sei nicht so *ängstlich*! そうびくびくするな / Mir wurde *ängstlich* zumute. 私は不安になった. ② きちょうめんな, 入念な. mit *ängstlicher* Genauigkeit ひどくきちょうめんに.

Ängst·lich·keit [エングストりヒカイト] 女 -/ 不安, 臆病(おく), 小心.

angst⸗voll [アングスト・ふォる] 形 不安でたまらない, 心配でいっぱいの.

an|gu·cken [アン・グッケン án-gùkən] 他 (h)《口語》じっと見る, 見つめる.

an|gur·ten [アン・グルテン án-gùrtən] 再帰 (h) *sich*⁴ *angurten* シートベルトを締める.

Anh. [アン・ハング]《略》付録, 補遺 (＝**An·hang**).

an|ha·ben* [アン・ハーベン án-hà:bən] du hast…an, er hat…an (hatte…an, *hat*…angehabt) 他 (完了 haben) ①《口語》（衣服などを）身につけている, 着ている, （靴など⁴を）はいている. eine Hose⁴ *anhaben* ズボンをはいている / Er *hatte* nichts *an*. 彼は何も身にまとっていなかった. ②《成句的に》人・物³ nichts *anhaben können* 人・物³に害を与えることはない. Er *kann* mir nichts *anhaben*. 彼は私には手出しができない.

an|haf·ten [アン・ハふテン án-hàftən] 自 (h) ①（汚れなどが）付着している, くっついている. ②（欠点などが人・事³に）伴う, つきまとう.

An·halt [アン・ハるト án-halt] 男 -[e]s/-e《ふつう単》（問題解決の）手がかり, 糸口;（意見などの）根拠. einen *Anhalt* **für** 事⁴ finden 事⁴のための手がかりを見つける.

an|hal·ten* [アン・ハるテン án-hàltən] du hältst…an, er hält…an (hielt…an, *hat*…angehalten) I 他 (完了 haben) ①（自動車・息など⁴を）止める. (英 *stop*). Der Polizist *hielt* das Auto *an*. 警官はその車を止めた / den Atem *anhalten* 息を殺す. ②《人³ **zu** 事⁴ ~》（人⁴に事³をするように）促す. die Kinder⁴ zur Ordnung *anhalten* 子供たちにきちんと片づけるように促す. ③（衣服など⁴を）当ててみる. Ich *halte* mir den Rock zur Probe *an*. 私はそのスカートを試しに当ててみる.

II 自 (完了 haben) ①（自動車などが）**止まる**, （人が）立ち止まる. Das Auto *hielt* an der Ecke *an*. その車は曲がり角で止まった / **mit** dem Lesen *anhalten* 読書を中断する. ②（天気などが）長く続く. Der Regen *hielt* lang *an*. 雨がずっと降り続いていた.

III 再帰 《*sich*⁴ *anhalten*》つかまる. *sich*⁴ fest **am** Geländer *anhalten* 手すりにしっかりつかまる.

an·hal·tend [アン・ハるテント] I *an|halten (止める)の現* II 形 持続的な. *anhaltender* Beifall 鳴りやまぬ拍手.

An·hal·ter [アン・ハるタァ án-haltər] 男 -s/- ① ヒッチハイカー. (女性形は Anhalterin). ②《成句的に》**per** *Anhalter* reisen （または fahren）《口語》ヒッチハイクする.

An·halts⸗punkt [アンハるツ・プンクト] 男

-[e]s/-e (意見などの)根拠, よりどころ.

an|hand [アン・ハント an-hánt] 前 《2格とともに》…を手がかりにして, …を基にして. *anhand seines Berichtes* 彼の報告を基にして. (〈ふえ〉 旧正書法では an Hand とも書いた).

der **An·hang** [アン・ハング án-haŋ] 男 (単 2)-[e]s/(複)-hänge [..ヘンゲ] (3格のみ..hängen) ① 付録, 補遺; (契約書などの)付帯条項. (略: Anh.). (英 *appendix*). *der Anhang zu einem Vertrag* 条約の付帯条項. ② 《複なし》支持者, 信奉者;《口語》身寄り. eine Witwe ohne *Anhang* 身寄りのない未亡人. ③《医》付属物(虫垂など).

An·hän·ge [アン・ヘンゲ] *Anhang (付録)の複

an|hän·gen[1]* [アン・ヘンゲン án-hèŋən] 自 (h) 《雅》① (人[3]の念頭に)こびりついて離れない. ② (人・事[3]に)愛着を持っている; (教義など[3]を)信奉している.

an|hän·gen[2] [アン・ヘンゲン] I 他 ① 掛ける, 下げる. einen Zettel **an** ein Paket *anhängen* 小包に荷札を下げる. ② (車両[4]を)連結する. ③ 付け加える. Er *hängte* noch eine Null **an** die Zahl *an*. 彼はその数にゼロをもう一つ付け加えた. ④《口語》(人[3]に)《事[4]を》陰でうわさする, (悪いこと[4]を人[3]の)せいにする. II 再帰 (h)《*sich*[4] **an** 人・物[4] ~》(人・物[4]に)すがりつく;《口語》(人・物[4]の)後ろにぴったりついて走る.

der **An·hän·ger** [アン・ヘンガァ án-hɛŋər] 男 (単 2)-s/(複)-(3格のみ-n) ① 支持者, 信奉者, とり巻き, (スポーツ選手などの)ファン. (〈ふえ〉 女性形は Anhängerin.). ein treuer *Anhänger* einer Lehre[2] ある学説の忠実な信奉者. ② (自動車などの)トレーラー, 連結車. ein Lastkraftwagen mit *Anhänger* トレーラー付きトラック. ③ ペンダント. ④ (荷物に付ける)名札, 荷札.

An·hän·ger·schaft [アン・ヘンガァシャフト] 女 -/ (総称として:) 信奉者, 支持者, ファン.

an·hän·gig [アン・ヘンギヒ án-hɛŋɪç] 形《法》係属中の. Der Prozess ist *anhängig*. その訴訟は係属中である / 事[4] *anhängig* machen 事[4]を法廷に持ち出す.

an·häng·lich [アン・ヘングリヒ] 形 愛着を感じている, 心服している, 忠実な, なついている.

An·häng·lich·keit [アン・ヘングリヒカイト] 女 -/ 愛着, 心服, 忠実.

An·häng·sel [アン・ヘングぜル án-hɛŋzəl] 中 -s/- ① (小さな)ペンダント, 小さな装身具. ② つけ足し; とり巻き.

an|hau·chen [アン・ハオヘン án-hàuxən] 他 (h) ① (人・物[4]に)息を吐きかける. ② 《俗》しかりつける, どなりつける.

◇☞ angehaucht

an|hau·en(*) [アン・ハオエン án-hàuən] 他 (h)《俗》(人[4]に)なれなれしく話しかける. 人[4] **um** 物[4] *anhauen* 人[4]に物[4]をねだる(無心する).

an|häu·fen [アン・ホイフェン án-hòyfən] I 他 (h)(お金など[4]を)ためる, 蓄える. II 再帰 (h) *sich*[4] *anhäufen* たまる. Die Arbeit *häuft sich* immer mehr *an*. 仕事がたまる一方だ.

An·häu·fung [アン・ホイフング] 女 -/-en 蓄積, 集積; たまったもの.

an|he·ben* [アン・ヘーベン án-hè:bən] I 他 (h) ① ちょっと持ち上げる. ② (給料など[4]を)上げる. ③《*zu* 不定詞[句]とともに》《雅》…しはじめる. Er *hob an* zu lachen. 彼は笑いだした. II 自 (h)《雅》(歌などが)始まる.

an|hef·ten [アン・ヘフテン án-hɛ̀ftən] 他 (h) (ピンなどで)留める, 貼(は)り付ける, 縫い付ける.

an·heim [アン・ハイム án-haɪm]《動詞とともに成句をつくる》

〈新形〉..

an·heim fal·len《雅》(人・物[3]の)手に帰する. der Vergessenheit[3] *anheim fallen* 忘れられる.

an·heim stel·len《雅》(決定など[4]を人[3]に)任せる, ゆだねる.

....

an|hei·meln [アン・ハイメルン án-hàɪməln] 他 (h)(人[4]に)くつろいだ気分にさせる.

an·hei·melnd [アン・ハイメルント] I an|heimeln (くつろいだ気分にさせる) の 現分 II 形 アットホームな, くつろいだ, 居心地のいい.

an·heim|fal·len* 自 (s)（〈新形〉anheim fallen) ☞ anheim

an·heim|stel·len 他 (h)（〈新形〉anheim stellen) ☞ anheim

an·hei·schig [アン・ハイシヒ án-haɪʃɪç] 形《成句的に》*sich*[4] *anheischig machen*, **zu** 不定詞[句]《雅》…しようと申し出る.

an|hei·zen [アン・ハイツェン án-hàɪtsən] 他 (h) ①(ストーブなど[4]に)火をつける, 点火する. ②《口語・比》(気分・景気など[4]を)あおる, たきつける.

an|heu·ern [アン・ホイエルン án-hòʏərn] I 他 (h)《海》(乗組員として)雇われる. II 他 (h)《海》乗組員として雇う.

An·hieb [アン・ヒープ án-hi:p] 男《成句的に》**auf** [den ersten] *Anhieb*《口語》即座に, すぐさま, 一発で.

an|him·meln [アン・ヒンメルン án-hìməln] 他 (h)《口語》ほれぼれと(うっとりと)見つめる; (スターなど[4]を)崇拝する.

An·hö·he [アン・ヘーエ án-hø:ə] 女 -/-n (小さな)丘, 丘陵.

an|hö·ren [アン・ヘーレン án-hø̀:rən] (hörte...an, *hat*...angehört) I 他 (定了 haben) ① (人[4]の言うこと・物[4]を)熱心に聞く, 傾聴する. Ich *hörte* ihn aufmerksam *an*. 私は彼の言うことを注意して聞いた. ◇再帰代名詞(3格)とともに sich[3] eine Rede *anhören* 演説に耳を傾ける. ②《副詞の mit とともに》(他人の会話など[4]を)つい聞いてしまう. Ich *kann* das nicht mehr mit *anhören*. 私はこれももう黙って聞いていられない. ③ (人[3]の話し声で事[4]を)知る. Man *hört* [es] ihr *an*, dass sie erkältet ist. 彼女の話し声から, 風邪をひい

II 再帰 (完了 haben) *sich*[4] *anhören* (…のように)聞こえる. Der Vorschlag *hört sich* ganz gut *an.* その提案は聞いたかぎりではほんとうによさそうだ.

An·hö·rung [アン・ヘールング] 女 -/-en 聴聞会, 公聴会.

A·ni·lin [アニリーン anilí:n] 中 -s/《化》アニリン.

a·ni·ma·lisch [アニマーリッシュ animá:lɪʃ] 形 動物[性]の; 動物的な; 衝動的な.

A·ni·ma·ti·on [アニマツィオーン animatsió:n] 女 -/-en ① リクリエーション活動. ② 《映》アニメーション.

A·ni·mier≈da·me [アニミーァ・ダーメ] 女 -/-n バー(キャバレー)のホステス.

a·ni·mie·ren [アニミーレン animí:rən] 他 (h) ① 《人[4] zu 事[3]~》《人[4]に事[3]を》する気を起こさせる. ② 《映》アニメーション化する.

A·ni·mis·mus [アニミスムス animísmus] 男 -/ アニミズム, 精霊崇拝.

A·ni·mo·si·tät [アニモズィテート animozité:t] 女 -/-en 敵意[のある言葉].

An·ion [アニオーン または アン・イオーン án-io:n] 中 -s/-en [アニオーネン または アン・イオーネン]《化》陰イオン, アニオン.

A·nis [アニース aní:s または アーニス] 男 -es/-e 〔アニーゼ〕《植》アニス(実を薬用・食用とする).

Ank. [アン・クンフト]《略》到着 (=**Ankunft**).

an|kämp·fen [アン・ケンプフェン án-kèmpfən] 自 (h) 《gegen 人·物[4]~》《人·物[4]と》戦う, 《人·物[4]に》立ち向かう.

An·kauf [アン・カォフ án-kauf] 男 -[e]s/..käufe (大量の)買い入れ, 買い付け.

an|kau·fen [アン・カォフェン án-kàufən] **I** 他 (h)(宅地・絵画などを)買い入れる. **II** 他 (h) *sich*[4] *ankaufen* (…に)家屋敷を買って住みつく.

***der* An·ker** [アンカァ áŋkər] 男 (単2) -s/(複) - (3格のみ -n) ① 《海》錨. (米 anchor). den *Anker* lichten (aus|werfen) 錨を上げる(下ろす) / **vor** *Anker* gehen a) 停泊する, b) 《比》身を固める / Das Schiff liegt vor *Anker.* その船は停泊している. ② 《工》(時計の)アンクル. ③ 《建》かすがい, つなぎ金物. ④ 《電》アンカー, (磁石の)接極子, 電機子.

an·kern [アンカァン áŋkərn] 自 (h)《海》(船が)錨を下ろす, 停泊する.

An·ker≈platz [アンカァ・プラッツ] 男 -es/..plätze 《海》[投]錨地, 停泊地.

an|ket·ten [アン・ケッテン án-kètən] 他 (h)(犬・ボートなどを)鎖でつなぐ.

An·kla·ge [アン・クラーゲ án-kla:gə] 女 -/-n ① 《複なし》《法》起訴. **gegen** 人[4] *Anklage*[4] **erheben** 人[4]を起訴する / **unter** *Anklage* stehen 起訴されている. ② 《雅》非難, 弾劾.

An·kla·ge≈bank [アンクラーゲ・バンク] 女 -/..bänke 《ふつう 単》(法廷の)被告席.

***an|kla·gen** [アン・クラーゲン án-klà:gən] (klagte…*an, hat…angeklagt*) 他 (完了 haben) ① 《人[4]を》起訴する, 告発する. (米 *accuse*). Der Staatsanwalt *klagte* ihn **wegen** Mordes *an.* 検事は彼を殺人罪で起訴した / 人[4] des Diebstahls *anklagen* 人[4]を盗みで起訴する. ② 《雅》《人[4]を》非難する, 責める. ◇《再帰的に》*sich*[4] *anklagen* 自分を責める.

An·klä·ger [アン・クレーガァ án-klɛ:gər] 男 -s/- 原告, 告発人; (一般に:)告発者, 弾劾者. (注 女性形は Anklägerin;「被告」は Angeklagte).

an|klam·mern [アン・クラムマァン án-klàmərn] **I** 再帰 (h) 《*sich*[4] **an** 人·物[4] ~》《人·物[4]に》しがみつく. **II** 他 (h)(クリップなどで)留める.

An·klang [アン・クラング án-klaŋ] 男 -[e]s/..klänge ① 類似[点]; 連想させるもの, 面影. In seiner Musik findet sich ein *Anklang* **an** Mozart. 彼の音楽にはモーツァルトを思わせるところがある. ② 共感, 賛同. [bei 人[3]] *Anklang*[4] finden 〔人[3]の〕共感(賛同)を得る.

an|kle·ben [アン・クレーベン án-klè:bən] 他 (h)(糊(°)などで)貼(は)り付ける. ein Plakat[4] **an** die Wand (または der Wand) *ankleben* ポスターを壁に貼り付ける. **II** 自 (s) 付着する.

An·klei·de≈ka·bi·ne [アンクライデ・カビーネ] 女 -/-n (プールなどの)更衣室; (洋装店などの)試着室, フィッティングルーム.

an|klei·den [アン・クライデン án-klàɪdən] 他 (h)《人[4]に》服を着せる. ◇《再帰的に》*sich*[4] *ankleiden* 服を着る.

an|kli·cken [アン・クリッケン án-klìkən] 他 (h)《コンピ》(マウスで)クリックする. ein Menü[4] *anklicken* メニューをクリックする.

an|klin·geln [アン・クリンゲルン án-klìŋəln] 他 (h)《方》《人[4]に》電話をかける.

an|klin·gen* [アン・クリンゲン án-klìŋən] 自 (h) ① 感じとれる, 聞きとれる. In seinen Worten *klang* Resignation *an.* 彼の言葉にはなんとなくあきらめの気持ちが感じとれた. ② 《**an** 人·物[4] ~》《人·物[4]を》思い起こさせる.

an|klop·fen [アン・クロプフェン án-klòpfən] 自 (h) ① (ドアを)ノックする. Er *klopfte* laut **an** die Tür (または der Tür) *an.* 彼はどんどんとドアをノックした. ② 《口語》(応じてくれるか)探りを入れる. **bei** 人[3] **um** Geld *anklopfen* 人[3]にお金を無心する.

an|knip·sen [アン・クニプセン án-knɪpsən] 他 (h)《口語》(電灯などの)スイッチをぱちんと入れる.

an|knüp·fen [アン・クニュプフェン án-knỳpfən] **I** 他 (h) ① (糸・ひもなどを[4])結びつける, つなぐ. ② (事[4]の)口火をつくる. **mit** 人[3] ein Gespräch[4] *anknüpfen* 人[3]と話を始める. **II** 自 (h) 《**an** 事[4] ~》《事[4]を》話の糸口とする.

An·knüp·fungs≈punkt [アンクニュプフングス・プンクト] 男 -[e]s/-e (話の)糸口.

***an|koh·len** [アン・コーレン án-kò:lən] 他 (h) ① 《口語》(うそをついて)からかう, かつぐ. ② (物[4]を)少し焦がす.

an|kom·men* [アン・コンメン án-kɔ̀mən]

着く

Wann *kommen* wir in Wien *an*?
ヴァン コンメン ヴィア イン ヴィーン アン
私たちは何時にウィーンに着きますか.

(kam…an, *ist*…angekommen) **I** 自 (完了 sein) ① (目的地に)着く, 到着する. (⇔ *arrive*). (⇐ 「(乗り物で)出発する」は ab|fahren). Der Zug *kommt* um zehn Uhr **in** Bonn *an*. その列車は10時にボンに到着する / **Wir** sind gut **zu** Hause *angekommen*. 私たちは無事家に帰り着きました / **an** der Stelle *ankommen* 現場に着く. (⇐ *ankommen* は「到着してそこに滞在する」ことを意味するので, 3格および4格とともに用いられる前置詞のあとでは場所を表す名詞は3格になる).
② 〖**auf** 人·事⁴ ~〗 (人·事⁴)しだいである. Alles *kommt* auf dich *an*. すべて君しだいだ / Ob das klappt, *kommt* auf die Umstände *an*. それがうまくいくかどうかは状況しだいだ / Das *kommt* darauf *an*. それは場合によりけりだ. ◊ 〖**lassen** とともに〗es⁴ auf 〖人·事〗⁴ *ankommen lassen* 事⁴をあえてする / Ich *lasse* es darauf *ankommen*. 《口語》 運を天にまかせよう.
③ 《口語》 (会社などに)就職する. Er *kam* **bei** einem Verlag *an*. 彼は出版社に就職した.
④ 《口語》 (観衆・聴衆に)受ける. Seine Witze *kamen* **bei** den Zuhörern nicht *an*. 彼のジョークは聴衆に受けなかった.
⑤ 《口語》 (やっかいな問題をかかえて)やって来る. Die Zuhörer *kamen* mit immer neuen Fragen *an*. 聴衆は毎度新たな質問を浴びせて来た.
⑥ 〖**gegen** 人·事⁴ ~〗 (人·事⁴)にかなう, 勝てる. Gegen ihn *kommst* du nicht *an*. 彼には君はかなわないよ.
II 非人称 (完了 sein) 〖es *kommt* **auf** 人·事⁴ *an* の形で〗 人·事⁴が重要である, 問題である. Auf das Geld *kommt* es nicht *an*. お金のことは問題ではない.
III 他 (完了 sein) 《雅》 (不安・欲望などが人⁴を)襲う. Angst *kam* ihn *an*. 彼は不安に襲われた / Der Abschied *kam* mich hart *an*. 私は別離がつらかった.

....

類義 **an|kommen**:「(ある場所に)到着する」意味で最も一般的に用いられる語. **ein|treffen**: (予定の時刻に目的の場所に)到着する. (公的な表現に用いられることが多い). **erreichen**: (ある場所⁴に)達する, 到着する. **landen**: (飛行機が)着陸する.

....

An·kömm·ling [アン・ケムリング án-kœmlɪŋ] 男 -s/-e 到着したばかりの人; 《比》 生まれたばかりの赤ん坊.

an|kop·peln [アン・コッペルン án-kɔ̀pəln] 他 (h) (車両など⁴を)連結する.

an|kot·zen [アン・コッツェン án-kɔ̀tsən] 他 (h) 《俗》 むかむかさせる, うんざりさせる.

an|krei·den [アン・クライデン án-kràidən] (h) (人³の事⁴を)非難する.

an|kreu·zen [アン・クロイツェン án-krɔ̀ytsən] 他 (h) (物⁴に)×印を付ける(ドイツでは書類などの該当欄にふつう×印を付ける).

an|kün·di·gen [アン・キュンディゲン án-kʏndɪgən] **I** 他 (h) 予告する, (前もって)知らせる. Er *hat* sein Kommen für morgen *angekündigt*. 彼はあす来ることを知らせてきた.
II 再帰 (h) *sich*⁴ *ankündigen* 兆しを示す. Der Frühling *kündigt* sich *an*. 春の兆しが見える.

An·kün·di·gung [アン・キュンディグング] 女 -/-en 予告, 告知.

***die An·kunft** [アン・クンフト án-kʊnft] 女 (単) -/ ① 到着, 到来 (略: Ank.). (英 *arrival*). (⇐ 「(乗り物で)出発」は Abfahrt, 「(飛行機の)出発」は Abflug). die *Ankunft*⁴ des Zuges erwarten 列車の到着を待つ / **bei** (nach) meiner *Ankunft* 私が到着したときに(あとで). ② 《比》 誕生.

An·kunfts=zeit [アンクンフツ・ツァイト] 女 -/-en 到着時刻.

an|kur·beln [アン・クルベルン án-kʊ̀rbəln] 他 (h) ① クランクを回してエンジンなど⁴を始動させる. ② 《比》 (商況・生産など⁴を)活気づける.

an|lä·cheln [アン・レッヒェルン án-lɛ̀çəln] 他 (h) (人⁴に)ほほえみかける.

an|la·chen [アン・ラッヘン án-làxən] **I** 他 (h) (人に)笑いかける. **II** 再帰 (h) *sich*³ 人⁴ *anlachen* 《口語》 人⁴といい仲になる.

***die An·la·ge** [アン・ラーゲ án-la:gə] 女 (単) -/(複) -n ① 設置, 建造, 創設. Die *Anlage* des Sportplatzes dauerte längere Zeit. 競技場の建設にはかなりの期間がかかった. ② 〖ふつう 複〗 公園, (公共の)緑地帯. öffentliche *Anlage* [緑地]公園. ③ 施設, プラント. Fabrik*anlage* 工場施設 / militärische *Anlagen* 軍事施設. ④ 装置, 設備. Klima*anlage* エアコンディショナー / eine automatische *Anlage* 自動装置. ⑤ 〖複なし〗(ドラマ・小説などの)構想. ⑥ 素質, 才能; 〖生・医〗 原基. *Anlage* zum Zeichnen 画才 / eine *Anlage*⁴ zu Allergien haben アレルギー体質である. ⑦ 同封[物]. als *Anlage* または **in** der *Anlage* 同封して. ⑧ 投資, 出資.

an|lan·gen [アン・ランゲン án-làŋən] **I** 自 (s) 《雅》 (目的地に)達する, 到着する. **II** 他 (h) (人・物⁴に)関係する. was mich *anlangt*, … 私に関しては….

***der An·lass** [アン・ラス án-las] 男 (単2) -es/(複) ...lässe (⇐ *lassen*) ① きっかけ, 動機, 原因. (英 *occasion*). der *Anlass* des Streites 争いの原因 / ohne jeden (または allen) *Anlass* なんの理由もなく / 人³ *Anlass*⁴ 人³ (人³に)³ をあたえる ⇒ Seine Bemerkung gab uns *Anlass* zu einem langen Gespräch. 彼の発言がきっかけで長い話し合いとなった / 事⁴ zum

Anlass nehmen 事⁴をきっかけにする. (類語 Ursache). **aus** *Anlass* meines Geburtstages 私の誕生日を機会に / **bei** diesem *Anlass* この機会に.

An·laß ☞ (新則) Anlass

An·läs·se [アン・れッセ] *Anlass (きっかけ)の 複

an|las·sen* [アン・らッセン án-làsən] I 他 (h) ① (エンジンなど⁴を)始動させる. ② (口語) (衣服など⁴を)身につけたままでいる. ③ (ラジオ・電灯など⁴を)つけたままにしておく. II 再帰 (h) *sich⁴ anlassen* (口語) 出だしの調子(様子)が…である. Das Wetter *lässt sich* gut *an*. [この様子では]天気はよくなりそうだ.

An·las·ser [アン・らッサ án-lasər] 男 -s/- (工)(エンジンの)始動機(装置), スターター.

an·läss·lich [アン・れスリヒ] 前《2 格とともに》 …の機会に, …に際して. *anlässlich* unserer Verlobung 私たちの婚約に際して.

an·läß·lich ☞ (新則) anlässlich

an|las·ten [アン・らステン án-làstən] 他 (h) (人³に 事⁴の)罪(責任)を負わせる.

An·lauf [アン・らおふ án-lauf] 男 -[e]s/..läufe ① (スポ) 助走; 助走距離. einen *Anlauf* **zum** Sprung nehmen 跳躍のために助走をする. ② (比) (仕事などの)滑り出し, 開始, 始動. der *Anlauf* der Produktion² 生産の開始. ③ 突撃, 襲撃.

an|lau·fen* [アン・らオフェン án-làufən] I 自 (s) 力 ①助走する. ②《過去分詞の形で》 *angelaufen* kommen 走って来る. ③ (機械などが)始動する;(事業などが)始まる. ④《**gegen** 人·物⁴ ~》(人·物⁴に)[走って]ぶつかる;《比》 (人·物⁴に)立ち向かう. gegen eine Laterne *anlaufen* 街灯にぶつかる. ⑤ (ガラスなどが)曇る. ⑥ (顔などが…の)色になる. (費用などが)増大する, かさむ. II 他 (h) (船などが 物⁴へ)向かう. einen Hafen *anlaufen* ある港に寄港する.

An·lauf ∕ zeit [アンらオふ・ツァイト] 女 -/-en (エンジンなどの)始動所要時間;(劇の初演の)上演期間,(封切り映画の)上映期間.

An·laut [アン・らオト án-laut] 男 -[e]s/-e (言) 語頭音.

an|läu·ten [アン・ろイテン án-lòytən] I 他 (h) 《南ドッ・スイス》 (人⁴に)電話をかける. II 自 (h) (スイス) (人³に)電話をかける.

*****an|le·gen** [アン・れーゲン án-lè:gən] (legte …an, *hat*…angelegt) I 他 (定了 haben) ① 当てがう, 添えて置く. ein Lineal⁴ *anlegen* 定規を当てる / Er *legte* eine Leiter **an** den Baum *an*. 彼は木にはしごを掛けた / einen Säugling [an die Brust] *anlegen* 乳児に乳を含ませる / einen strengen Maßstab an 事⁴ *anlegen*《比》事⁴を厳しく評価する. ②《雅》 (衣服・飾りなど⁴を)身につける;(人³に 物⁴を身に)つけさせる. eine Uniform⁴ *anlegen* 制服を身につける / 人³ einen Verband *anlegen* 人³ に 包帯を巻いてやる. ③ (道路など⁴を)建設する, (目録など⁴を)作成する, (小説など⁴を)構想する.

einen Park *anlegen* 公園を作る. ④ 投資する;(お金⁴を)支出する. Er *hat* sein Geld **in** Aktien *angelegt*. 彼は持ち金を株に投資した / Wie viel *wollen* Sie für das Gemälde *anlegen*? この絵にいくら出すつもりですか. ⑤《**es** を目的語として成句的に》《**auf** 事⁴ *anlegen* 事⁴を[ひそかに]もくろむ. Er *hat* es darauf *angelegt*, dich zu täuschen. 彼は君をだますつもりだった. ⑥ (石炭など⁴を火に)くべる. II 自 (定了 haben) ① (船が)接岸する. 《**auf** 人⁴ ~》(人⁴をねらって)銃を構える. III 再帰 (定了 haben) 《*sich⁴* **mit** 人³ ~》(人³に)けんかを売る.

◇☞ angelegt

*****an·leh·nen** [アン・れーネン án-lè:nən] (lehnte…an, *hat*…angelehnt) I 他 (定了 haben) ① 寄せかける, もたせかける. (英 *lean*). Er *lehnte* das Fahrrad **an** die Wand *an*. 彼は自転車を壁にもたせかけた. ② (ドア·窓など⁴を)半開きにしておく.

II 再帰 (定了 haben) 《*sich⁴* **an** 人·物⁴ ~》(人·物⁴に)寄りかかる(もたれる);《比》(人·物⁴を)手本にする. *sich⁴* an eine Wand *anlehnen* 壁に寄りかかる.

An·leh·nung [アン・れーヌング] 女 -/-en 寄りかかること; 依存; よりどころ. **in** *Anlehnung* **an** 人·物⁴ (人·物⁴を手本としてよりどころとして).

an·leh·nungs ∕ be·dürf·tig [アンれーヌングス·ベデュルふティヒ] 形 依存心の強い.

An·lei·he [アン・らイエ án-laiə] 女 -/-n (経)(高額の)借り入れ, 借款; 公債, 社債. staatliche *Anleihen* 国債 / Ich muss **bei** dir eine *Anleihe* machen. 私は君に借金しなければならない. ②《比》 (他人の作品からの)借用. eine *Anleihe*⁴ **bei** Goethe machen ゲーテから借用する.

an|lei·ten [アン・らイテン án-làitən] 他 (h) 指導する, (人⁴に)手ほどきをする. Kinder⁴ **zur** Selbstständigkeit *anleiten* 子供たちが自立するようにしつける.

An·lei·tung [アン・らイトゥング] 女 -/-en ① 指導, 手ほどき. ② (器具などの)使用説明書, マニュアル.

an|ler·nen [アン・れルネン án-lèrnən] I 他 (h) (人⁴に)仕事の手ほどきをする. II 再帰 (h) *sich³* 事⁴ *anlernen* (口語) 事⁴を速成で習得する.

◇☞ angelernt

An·lern·ling [アン・れルンリング án-lɛrnlɪŋ] 男 -s/-e 短期養成(訓練)の見習工, 研修生.

an|lie·fern [アン・リーふァン án-li:fərn] 他 (h) (家具など⁴を)配達する, 納入する.

an|lie·gen* [アン・リーゲン án-li:gən] 自 (h) ① (衣服が)体にぴったり合う. ②《口語》(仕事などが)残されている. ③《雅》(人³にとって)懸案である. Ihm *liegt* es *an*, diese schwierige Frage zu lösen. 彼はこの難問をなんとか解こうとしている. ④《雅》(人³を)わずらわす.

◇☞ angelegen

An·lie·gen [アン・リーゲン] 田 -s/- 願い, 要請. Ich habe ein *Anliegen* an Sie. あなたにお願いがあります.

an·lie·gend [アン・リーゲント] I an|liegen (体にぴったり合う)の 現分 II 形 ①《付加語としてのみ》隣接している(家など). ② 同封の. ③ 体にぴったり合った(衣服など).

An·lie·ger [アン・リーガァ án-li:gər] 男 -s/-《交通》沿道居住者(特定の道路・水路沿いの居住者). Für *Anlieger* frei! (道路標識で)沿道居住者以外進入(駐車)禁止.

an|lo·cken [アン・ロッケン án-lòkən] 他 (h) (人・動物⁴を)おびき寄せる;《比》(人⁴の)心を引きつける.

an|lü·gen* [アン・リューゲン án-lỳ:gən] 他 (h) (人⁴にぬけぬけと)うそをつく.

Anm. [アン・メルクング]《略》注[釈] (=Anmerkung).

***an|ma·chen** [アン・マッヘン án-màxən] (machte...an, hat...angemacht) 他 (完了 haben) ① 取り付ける, しっかり留める.(注意「取り除く」は ab|machen). Er *machte* ein Schild an der Tür *an*. 彼はドアに表札を取り付けた. ②(物⁴の)スイッチを入れる;《口語》(火・明かりなど⁴を)つける.(注意「消す」は aus|machen). das Radio⁴ *anmachen* ラジオのスイッチを入れる. ③ 混ぜ合わせて作る, 調合する. Salat⁴ *anmachen*(ドレッシングなどを混ぜて)サラダを作る. ④《口語》(人³に)言い寄る;(人⁴の)気持ちをそそる.

an|mah·nen [アン・マーネン án-mà:nən] 他 (h) (支払い・返却など⁴を)催促する.

an|ma·len [アン・マーレン án-mà:lən] 他 (h) ①《口語》(物⁴に)色(ペンキ)を塗る; 化粧する. ②(物⁴を壁などに)描く. ein Tier⁴ an die Wand *anmalen* 壁に動物の絵を描く.

An·marsch [アン・マルシュ án-marʃ] 男 -[e]s/ ① 進軍. ②《口語》=Anmarschweg

an|mar·schie·ren [アン・マルシーレン án-marʃi:rən] 自 (s) 進軍(行進)して来る. ◊《過去分詞の形で》*anmarschiert* kommen《口語》(大勢の人が)どんどん接近して来る.

An·marsch≠weg [アンマルシュ・ヴェーク] 男 -[e]s/ 目的地までの道のり, 通勤(通学)距離.

an|ma·ßen [アン・マーセン án-mà:sən] 再帰 (h) sich³ et⁴ *anmaßen* 権⁴を不当に行使する, 思いあがってする. Ich *maße mir* kein Urteil darüber *an*. 私はそれについて判断を下すがらではありません.

an·ma·ßend [アン・マーセント] I an|maßen (再帰で: 不当に行使する)の 現分 II 形 思いあがった, 尊大な.

An·ma·ßung [アン・マースング] 女 -/-en 不当な要求, 横柄, 尊大.

An·mel·de≠for·mu·lar [アンメルデ・フォルムラール] 田 -[e]s/-e 届け出用紙, 申し込み用紙, 申請書.

***an|mel·den** [アン・メルデン án-mèldən] du meldest...an, er meldet...an (meldete...an, hat...angemeldet) 他 (完了 haben) ①(到着・来訪など⁴を)知らせる, 予告する.(注意 announce). Er *hat* seinen Besuch telefonisch *angemeldet*. 彼は訪問したい旨を電話で知らせた. ◊《再帰的に》 sich⁴ schriftlich *anmelden* 自分の訪問を書面で知らせる / Sie *meldet sich*⁴ beim Arzt *an*. 彼女は医者に受診の予約をする. ②(当局に転入など⁴を)届け出る, 申請する.(注意「転出を届け出る」は ab|melden). ein Patent⁴ beim Patentamt *anmelden* 特許局にパテントを申請する. ◊《再帰的に》Ich *meldete mich* polizeilich *an*. 私は警察に転入届を出した. ③(人⁴の入学などを)申し込む. Er *meldete* seine Tochter in der Schule *an*. 彼は学校に娘の入学申し込みをした. ◊《再帰的に》sich⁴ bei einem Verein *anmelden* クラブに入会を申し込む / sich⁴ zu einem Kurs *anmelden* 講習会に参加を申し込む. ④(要求・異議など⁴を)申したてる. seine Bedenken⁴ *anmelden* 異議を申したてる.

***die An·mel·dung** [アン・メルドゥング án-mεldυŋ] 女 (単) -/(複) -en ①(到着・訪問の)通知;(診察などの)申し込み, アポイントメント. nach vorheriger *Anmeldung* 予約した上で. ②《複 なし》(当局への)届け出, 申告; 住民登録, 転入届.(注意「転出届」は Abmeldung). polizeiliche *Anmeldung* 警察への届け出. ③(要求・異議などの)提起, 申したて. ④《口語》届け出(申請)窓口, 受付.

an|mer·ken [アン・メルケン án-mὲrkən] 他 (h) ①(人³の様子から事⁴を)見て取る, 気づく. 人³ seinen Ärger *anmerken* 人³の様子からその人が怒っていることに気づく. ②(物⁴に)印(\rule{3mm}{1pt})を付ける. einen Tag im Kalender rot *anmerken* カレンダーの日付に赤い印を付ける. ③《雅》(事⁴を所見(注釈)として)述べる.

***die An·mer·kung** [アン・メルクング án-mὲrkυŋ] 女 (単) -/(複) -en ① 注釈, 注解(略: Anm.). einen Text mit *Anmerkungen* versehen テキストに注を付ける. ②《雅》コメント, 寸評.

an|mes·sen* [アン・メッセン án-mèsən] 他 (h) (人³の体に合わせて服など⁴の)寸法をとる. ◊留意 angemessen

an|mus·tern [アン・ムスタァン án-mùstərn] I 他 (h)《海》乗組員として雇う. II 自 (h)《海》乗組員となる.

An·mut [アン・ムート án-mu:t] 女 -/《雅》優美, 優雅; 愛らしさ.

an|mu·ten [アン・ムーテン án-mù:tən] 他 (h)《雅》(人⁴に…の)感じをいだかせる, 印象を与える. Die Landschaft *mutet* mich heimatlich *an*. この景色を見ると私は故郷にいるような気がする.

an·mu·tig [アン・ムーティヒ án-mu:tıç] 形 優美な, 優雅な, 気品のある. eine *anmutige* Gestalt 優雅な姿.

An·na [アンナ ána] -s/《女名》アンナ.

an|nä·hen [アン・ネーエン án-nɛ̀:ən] 他 (h) (ボタンなど⁴を)縫い付ける.

an|nä·hern [アン・ネーァァン án-nɛ̀:ərn] I 再帰 (h) sich⁴ 人·物³ annähern 人·物³に近づく, 接近する; 親しくなる. II 他 (h) (A⁴をB³に)近づける, 合わせる. 物⁴ einem Vorbild annähern 物⁴を手本に近いものにする.

an·nä·hernd [アン・ネーァント] I an|nähern (近づける)の 現在 II 副 おおよそ, ほぼ. III 形 おおよその.

An·nä·he·rung [アン・ネーエルング] 女 -/-en ① 接近. bei Annäherung des Zuges 列車が接近する際に / eine Annäherung zwischen den beiden Staaten 両国家間の歩み寄り. ② 適合, 調整.

An·nä·he·rungs⹀ver·such [アンネーエルングス・フェァズーフ] 男 -[e]s/-e 接近の試み, 歩み寄り工作; 異性への言い寄り, アタック.

* die **An·nah·me** [アン・ナーメ án-na:mə] 女 (単) -/(複) -n ① 《複なし》受け取り, 受け入れ. (英 acceptance). Er hat die Annahme des Pakets verweigert. 彼はその小包を受け取ることを拒んだ. ② (提案などの)承認, (動議などの)採択; (志願者の)採用. die Annahme eines Plans 企画の承認. ③ 想定, 仮定. in (または unter) der Annahme, dass... …と想定して / Ich war der Annahme², dass... 私は…と思った. ④ (小包などの)受付[窓]口.

An·na·len [アナーれン aná:lən] 複《史》年代記, 年史; 年鑑.

An·ne [アンネ ánə] -[ン]s/《女名》アンネ.

an·nehm·bar [アン・ネームバール] 形 ① 受け入れられる(条件・提案など). ② まずまずの, かなりよい. ein annehmbares Wetter まずまずの天気.

* **an|neh·men** * [アン・ネーメン án-nɛ̀:mən] du nimmst...an, er nimmt...an (nahm...an, hat...angenommen) I 他 (《完了》 haben) ① (物⁴を)受け取る, (⚓ accept). Trinkgeld⁴ annehmen チップを受け取る / Er nahm das Geschenk an. 彼はそのプレゼントを受け取った. ② (申し出など⁴を)受け入れる, 受諾する; (案など⁴を)採用する. (⚓「拒絶する」は ab|lehnen). Ich nehme Ihre Einladung dankend an. ご招待をありがたくお受けします / einen Antrag annehmen 動議を採択する.

③ (志願者などを)受け入れる, 採用する;《口語》(子供⁴を)養子にする. Ich habe den jungen Mann als Volontär angenommen. 私はその若い男を見習いとして採用した / Patienten⁴ annehmen (診察のための)患者を受け付ける.

④ 推量する, 思う; 仮定する. (⚓ suppose). Ich nehme an, dass er noch kommt. 彼はそのうちやって来ると私は思う / 事⁴ als Tatsache annehmen 事⁴を事実と仮定する / Nehmen wir einmal an, dass... …ということにしておこう. ◊《過去分詞の形で》angenommen, dass... …と仮定すれば.

⑤ (習慣など⁴を)身につける, (ある態度⁴を)とる. Nimm doch Vernunft an! 分別をわきまえろ / einen anderen Namen annehmen 別名を名乗る.

⑥ (様相など⁴を)帯びる. Gestalt⁴ annehmen はっきりしたものになる, 現実になる.

⑦ (染料など⁴を)吸収する. Das Papier nimmt keine Tinte an. この紙にはインクが乗らない.

II 再帰 (《完了》 haben) sich⁴ 人·事² annehmen《雅》人·事²の面倒を見る.

◊☞ angenommen

An·nehm·lich·keit [アン・ネームリヒカイト] 女 -/-en《ふつう複》快適さ, 心地よさ; 利点.

an·nek·tie·ren [アネクティーレン anɛktí:rən] 他 (h) (領土⁴などを不法に)併合する.

An·nex [アネクス anéks] 男 -es/-e 付属物; 付属建築物,

An·ne·xi·on [アネクスィオーン anɛksió:n] 女 -/-en 《政》(他国領土の)併合.

an·no, An·no [アンノ áno] 副《古》…年に (略: a., A.). anno (または Anno) 1848 西暦1848年に / anno (または Anno) Domini 西暦[紀元後]…年に (略: a. D., A. D.).

An·non·ce [アノーンセ anɔ̃:sə] [仏] 女 -/-n (新聞・雑誌などの)広告 (= Anzeige). eine Annonce⁴ auf|geben (新聞などに)広告の掲載を依頼する.

an·non·cie·ren [アノンスィーレン anɔ̃sí:rən] I 自 (h) (新聞・雑誌に)広告する. II 他 (h) (物⁴の)広告を出す.

an·nul·lie·ren [アヌリーレン anulí:rən] 他 (h) (判決・契約など⁴の)無効を宣言する, とり消す.

An·nul·lie·rung [アヌリールング] 女 -/-en 無効宣言, とり消し.

A·no·de [アノーデ anó:də] 女 -/-n《電》陽極. (⚓「陰極」は Kathode).

an|öden [アン・エーデン án-ø̀:dən] 他 (h)《口語》① うんざりさせる. ② (人⁴に)からむ.

a·no·mal [アノーマる ánoma:l または ..マーる] 形 変則的な, 異常な, 変態的な.

A·no·ma·lie [アノマリー anomalí:] 女 [..リーエン] 変則, 異常;《生》奇形, 異常.

a·no·nym [アノニューム anoný:m] 形 匿名の, 作者不詳の.

A·no·ny·mi·tät [アノニュミテート anonymité:t] 女 -/ 匿名[性], 無名[性]. in der Anonymität der Großstädte² 大都会の孤独(互いに名前も知らない人間関係)の中で.

A·no·rak [アノラク ánorak] 男 -s/-s アノラック.

an|ord·nen [アン・オルドネン án-ɔ̀rdnən] 他 (h) ① 指示する, 命令する. Der Arzt ordnete strenge Bettruhe an. 医者は絶対安静を命じた. ② (一定の方式で)配列する, 並べる.

* die **An·ord·nung** [アン・オルドヌング án-ɔrdnuŋ] 女 (単) -/(複) -en ① 指示, 指図,

anorganisch

命令. (英 *order*). eine *Anordnung*⁴ treffen 指示をする / auf *Anordnung* des Arztes 医者の指図に従って. ② **配列**, 配置, 整理. (英 *arrangement*). eine übersichtliche *Anordnung* 整然とした配列.

an·or·ga·nisch [アン・オルガーニッシュ ánɔrga:nıʃ または ..ガーニッシュ] 形 無機[質]の, 無機物の. (⇔「有機」はorganisch). *anorganische* Chemie 無機化学.

a·nor·mal [アノルマーる anɔrmɑ:l] 形 異常な.

an|pa·cken [アン・パッケン án-pàkən] I 他 (h) ① 引っつかむ. 人⁴ am Arm *anpacken* 人⁴の腕をつかむ. ② 〈仕事など⁴に〉着手する. ③ 《口語》〈人⁴を…に〉取り扱う. II 自 〖副詞の **mit** とともに〗〈仕事などに〉手を貸す. Alle *packten* mit *an*. みんなが協力した.

*_**an|pas·sen**_ [アン・パッセン án-pàsən] du passt…an, er passt…an (passte…an, hat…gepasst) I 他 (完了 haben) (A⁴ B³ に) **合わせる, 適合させる**. (英 *fit*). Er *passte* seine Kleidung der Jahreszeit *an*. 彼は服装を季節に合わせた / 人³ einen Anzug *anpassen* (仮縫いで) 人³の体にスーツの寸法を合わせる. II 再帰 (完了 haben) *sich*⁴ 人・物³ *anpassen* 人・物³に順応する, 適応する. *sich*⁴ der Umgebung³ *anpassen* 環境に順応する / Er *passte* *sich* den anderen *an*. 彼は他の人たちに調子を合わせた.
◊☞ angepasst

An·pas·sung [アン・パッスング] 女 -/-en 〖ふつう 単〗適合, 適応, 順応.

an·pas·sungs·fä·hig [アンパッスングス・フェーイヒ] 形 適応力のある, 順応性のある, 融通の利く.

an|pei·len [アン・パイれン án-pàilən] 他 (h) 《海・空》〈物⁴に向けて〉針路をとる; 〈物⁴の〉位置 (方位) を測定する; 〈比〉〈人に〉目をつける.

an|pfei·fen* [アン・プファイフェン án-pfàıfən] 他 (h) ①〈ﾂﾞ〉(競技⁴の) 開始のホイッスルを吹く. ②《口語》〈人⁴を〉がみがみしかる.

An·pfiff [アン・プフィふ án-pfif] 男 -[e]s/-e ①〈ﾂﾞ〉競技開始のホイッスル. ②《口語》きついおしかり, お目玉.

an|pflan·zen [アン・プふらンツェン án-pflàntsən] 他 (h) ①〈花など⁴を〉植える; 〈庭など⁴に〉草木を植える. ②〈茶など⁴を〉栽培する.

An·pflan·zung [アン・プふらンツング] 女 -/-en ① 植え付け, 栽培, 植樹. ② 栽培地; 植林地.

an|pflau·men [アン・プふらオメン án-pflàumən] 他 (h) 《口語》 からかう, ひやかす.

an|pö·beln [アン・ペーベるン án-pø:bəln] 他 (h) 《口語》〈人⁴に〉ののしりながらからむ.

An·prall [アン・プラる án-pral] 男 -[e]s/-e 〖ふつう 単〗激しくぶつかること, 衝突.

an|pral·len [アン・プラれン án-pràlən] 自 (s) 〖**an**(またはgegen)人・物⁴ ~〗〈人・物⁴に〉激しくぶつかる, 衝突する.

an|pran·gern [アン・プランガァン án-prànərn] 他 (h) 公然と非難する, 弾劾する.

an|prei·sen* [アン・プライゼン án-pràizən] 他 (h) 推奨する, ほめて宣伝する.

An·pro·be [アン・プローベ án-pro:bə] 女 -/-n ①〈衣服の〉試着. ② 試着室.

an|pro·bie·ren [アン・プロビーレン án-probi:rən] 他 (h) ① 試着する. die Schuhe⁴ *anprobieren* 靴を試しにはいてみる. ②〈人³に〉衣服など⁴を〉試着させる.

an|pum·pen [アン・プンペン án-pùmpən] 他 (h) 《口語》〈人⁴から〉お金をせがんで借りる.

An·rai·ner [アン・ライナァ án-raınər] 男 -s/- ① 隣接地の所有者. ②〈ﾄﾞｨﾂ〉〈交通〉沿道居住者 (=Anlieger).

an|ra·ten* [アン・ラーテン án-rà:tən] 他 (h) (〖人³に〗事⁴を) 勧める, 勧告する.

an|rech·nen [アン・レヒネン án-rèçnən] 他 (h) ①〈物⁴を人³の〉勘定につける. ② 算入する, 下取り査定する. die Ausbildungszeit⁴ auf die Dienstjahre *anrechnen* 職業訓練期間を勤務年数に算入する. ③〈事⁴を…である と評価する. Das *rechne* ich dir hoch *an*! 君のその点を高く評価するよ.

An·rech·nung [アン・レヒヌング] 女 -/-en 〖ふつう 単〗算入. *unter Anrechnung* der Zinsen² 利子込みで / 〖物⁴ *in Anrechnung* bringen 《書》物⁴を計算に入れる.

An·recht [アン・レヒト án-reçt] 中 -[e]s/-e ① 要求 (請求) 権. ein *Anrecht*⁴ auf 事⁴ haben 事⁴に対する要求権をもつ. ②〈劇場などの〉シーズンを通しての〉座席予約.

An·re·de [アン・レーデ án-re:də] 女 -/-n 呼びかけ, 呼称. „Du" ist eine vertrauliche *Anrede*. 「ドゥー」は親しい呼びかけである.

*_**an|re·den**_ [アン・レーデン án-rè:dən] du redest…an, er redet…an (redete…an, hat…angeredet) I 他 (完了 haben) (人⁴に)**話しかける;** 〈人⁴に…の呼び方で〉話しかける, 呼びかける. Ich *rede* ihn immer **mit** „Herr Direktor" *an*. 私は彼にいつも「所長さん」と呼びかける. II 自 (完了 haben) 〖**gegen** 事⁴ ~〗〈事⁴に負けないように〉声を出す, 話す. gegen den Lärm *anreden* 騒音に負けないように話す.

*_**an|re·gen**_ [アン・レーゲン án-rè:gən] (regte…an, *hat*…angeregt) 他 (完了 haben) ① 〖人⁴ **zu** 事³ ~〗〈人⁴に事³をするように〉促す, 〈人⁴に事³をする〉気にさせる. (英 *prompt*). Seine Bemerkung *hat* mich zum Nachdenken *angeregt*. 彼の発言で私はじっくり考える気になった. ②〈…しようと〉提案する, 提唱する. ein neues Projekt⁴ *anregen* 新しい企画を提唱する. ③ 活気づける, 活発にする. Bewegung *regt* den Appetit *an*. 運動をすると食欲がでる. ◊〖目的語なしでも〗 Kaffee *regt an*. コーヒーは心身を活気づける.
◊☞ angeregt

an·re·gend [アン・レーゲント án-rè:gənt] I *anregen (促す)の 現分 II 形 活発にする, 刺激的な, 興奮させる.

An·re·gung [アン・レーグング] 囡 –/–en 刺激，鼓舞；提案．eine *Anregung*⁴ **zu** 軍³ geben 軍³が活発になるように促す．

an|rei·chern [アン・ライヒャァン án-raiçərn] 他 (h) ① (物⁴の内容を豊富にする，(添加して)強化する；(工) (ウランを⁴を)濃縮する．
◊☞ angereichert

An·rei·se [アン・ライゼ án-raizə] 囡 –/–n ① (旅行者の)到着．(↔↩「旅立ち」は Abreise). ② (目的地への)旅行．

an|rei·sen [アン・ライゼン án-ràizən] 自 (s) ① (旅行者が)到着する．② (目的地へ)旅行する．

an|rei·ßen* [アン・ライセン án-ràisən] 他 (h) ① (物⁴に)裂け目を付ける．② 《口語》(封を切って物⁴を)使い始める，(蓄えなど⁴に)手をつける．③ (工) (加工用の金属材料⁴に)罫書(がき)をする．④ 《口語》(客⁴を)しつこく勧誘する．⑤ (テーマ・問題など⁴を)話題にする．

An·reiz [アン・ライツ án-raits] 男 –es/–e 刺激，促し，そそのかし．einen *Anreiz* **zum** Kauf bieten 購買[欲]を刺激する，買い気をそそる．

an|rei·zen [アン・ライツェン án-ràitsən] 他 (h) 刺激する，そそのかす．囚⁴ **zum** Stehlen *anreizen* 囚⁴に盗み心を起こさせる．

an|rem·peln [アン・レンペルン án-rèmpəln] 他 (h) 《口語》① (囚⁴に)わざとぶつかる．② ののしる，侮辱する．

an|ren·nen* [アン・レンネン án-rènən] I 自 (s) ① **an** (または **gegen**) 囚・物⁴ ～》《口語》(人・物⁴に)走って来てぶつかる．② 《過去分詞の形で》*angerannt* kommen 走って来る．③ 《**gegen** 囚・物⁴ ～》(囚・物⁴に向かって)突進する，(比)(囚・物⁴に)立ち向かう．II 他 (h) 《口語》(走って来てひじなど⁴を)ぶつける．

An·rich·te [アン・リヒテ án-riçtə] 囡 –/–n 配膳台用の食器棚．

an|rich·ten [アン・リヒテン án-riçtən] 他 (h) ① (料理⁴を)皿に盛りつける，(食事⁴の)支度をする．Es *ist angerichtet*．《状態受動・現在》《雅》お食事の用意ができました．② (災いなど⁴を)引き起こす，しでかす．Verwirrung⁴ *anrichten* 大混乱を引き起こす．

an|rol·len [アン・ロれン án-rɔlən] I 自 (s) ① (列車などが)動き始める；《比》(ある事が)開始される．② 《過去分詞の形で》*angerollt* kommen (列車などが)近づいて来る，(ボールなどが)転がって来る．II 他 (h) (樽(たる)など⁴を)転がして運んで来る．

an·rü·chig [アン・リュヒヒ án-ryçiç] 形 悪評のある，いかがわしい；下品な(冗談など)．

an|rü·cken [アン・リュッケン án-rỳkən] I 自 (s) (隊列を組んで)近づいて来る．II 他 (h) (家具など⁴を)少し動かす，ずらす．

*der **An·ruf** [アン・ルーふ án-ru:f] 男 (単2) –(e)s/(複) –e (3格のみ –en) ① 電話をかけること(かかってくること)，(英 *call*)．einen *Anruf* bekommen (または erhalten) 電話をもらう / Wir warten auf einen *Anruf*．私たちは電話がかかってくるのを待っています．② 呼びかけ，呼び声．**auf** (または **bei**) *Anruf* stehen bleiben 呼びかけられて立ち止まる．

An·ruf·be·ant·wor·ter [アンルーふ・ベアントヴォルタァ] 男 –s/– 留守番電話[機]．

:**an|ru·fen*** [アン・ルーふェン án-rù:fən]

電話をかける

Ich *rufe* dich morgen *an*.
イヒ ルーふェ ディヒ モルゲン アン
あす君に電話するよ．

(rief…an, hat…angerufen) I 他 (定了 haben)
① 《**4格**とともに》(囚⁴に)電話をかける．(英 *call*)．*Rufen* Sie mich bitte heute Abend wieder *an*! 今晩もう一度お電話ください / die Polizei⁴ *anrufen* (緊急の用件で)警察に電話する．

② (囚⁴に)呼びかける．囚⁴ aus weiter Ferne *anrufen* 囚⁴に遠くから呼びかける．③ 《雅》(囚⁴に)頼む，求める．囚⁴ **um** Hilfe *anrufen* 囚⁴に助けを請う．

II 自 (定了 haben) 電話をかける．Ich *muss* noch **bei** ihm *anrufen*．これから彼の所へ電話をしなくてはならない / **im** Büro *anrufen* 事務所に電話をする / **zu** Hause *anrufen* 家に電話をする．

An·ru·fer [アン・ルーふァァ án-ru:fər] 男 –s/– 電話をかける人(かけてきた人)．

An·ru·fung [アン・ルーふング] 囡 –/–en ① 嘆願，依頼．② (神・霊などを呪文で)呼び出すこと．

an|rüh·ren [アン・リューレン án-rỳ:rən] 他 (h) ① (囚・物⁴に)触れる．*Rühr* mich nicht *an*! 私に手を触れるな! / das Essen⁴ kaum *anrühren* 食事にほとんど手をつけない．② 《雅》感動させる．③ (トランプで)切る．

***ans** [アンス áns] 《前置詞 an と定冠詞 das の融合形》*ans* Meer fahren 海辺へ行く / *ans* Werk gehen 仕事にとりかかる / **bis** *ans* Ende der Welt² 世界の果てまで．

An·sa·ge [アン・ザーゲ án-za:gə] 囡 –/–n ① (番組などの)予告，アナウンス；(2⁵⁵)(競技結果などの)発表，アナウンス；(口頭での)通知，口述．② (トランプで)ビッド．

***an|sa·gen** [アン・ザーゲン án-zà:gən] (sagte an, hat…angesagt) I 他 (定了 haben) ① (前もって)告げる，予告する，アナウンスする．(英 *announce*)．Der Wetterbericht *hat* ein Gewitter *angesagt*．天気予報では雷雨になると言っていた / das Programm⁴ *ansagen* 番組のお知らせをする．② (囚³に[事⁴を])口述して筆記させる．Der Chef *sagt* der Sekretärin gerade einen Brief *an*．所長は女性秘書にちょうど手紙を口述筆記させているところだ．

II 再帰 (定了 haben) *sich*⁴ *ansagen* 訪問[の予定]を知らせる．*sich*⁴ **bei** 囚³ (**für** Montagabend) *ansagen* 囚³に(月曜の夕方に)訪問することを知らせる．

*der **An·sa·ger** [アン・ザーガァ án-za:gər] 男 (単) -s/(複) - (3格のみ -n) (ラジオ・テレビの)アナウンサー; (寄席などの)司会者. (英 announcer). (△ 女性形は Ansagerin). Fernseh*ansager* テレビのアナウンサー / ein geschickter *Ansager* 巧みな司会者.

an|sam·meln [アン・ザムメルン án-zàməln] I 他 (h) 集める, (芸術品など4を)収集する, (財産4を)蓄積する. II 再帰 (h) *sich*4 *ansammeln* (人が)集まる; (物が)たまる.

An·samm·lung [アン・ザムるング] 女 -/-en ① 収集, 蓄積, 集積. ② 群衆, 人だかり.

an·säs·sig [アン・ゼスィヒ án-zɛsɪç] 形 (ある場所に)定住している.

An·satz [アン・ザッツ án-zats] 男 -es/..sätze ① 発端, 端緒, 手がかり, (跳躍などの)助走, スタート. ② 兆し, 萌芽 . Bei ihm zeigen sich *Ansätze* von Altersschwäche. 彼には老衰の兆しが見える. ③ (価格などの)査定, 見積もむ. 物4 **in** *Ansatz* **bringen** 物4の価格を査定する. ④ (医) (体の部分の)付け根. der *Ansatz* des Halses 首の付け根. ⑤ 付着物; 《工》接ぎ足し部, (パイプなどの)連結管. ⑥ 《楽》吹奏(歌唱)法, 音調の出し方. ⑦ 《数》数式[化].

An·satz=punkt [アンザッツ・プンクト] 男 -[e]s/-e (事を始めるための)手がかり, 糸口.

an|sau·gen(*) [アン・ザオゲン án-zàugən] I 他 (h) 吸引する, 吸い寄せる. II 再帰 (h) *sich*4 *ansaugen* (ひるなどが)吸いつく.

*an|schaf·fen [アン・シャッフェン án-ʃàfən] (schaffte…an, hat…angeschafft) I 他 (h) ① (家具など4を)購入する, 調達する, 手に入れる. Bücher4 für die Bibliothek *anschaffen* 図書館用に本を購入する. ◇《再帰代名詞(3格)とともに》 Ich *habe* mir ein Auto *angeschafft*. 私は車を買った / *sich*3 Kinder4 *anschaffen* 《口語》子供をつくる. ② 《南ド・オスッ》《人3に》 命じる.
II 自 (定了 haben) 《俗》(売春などで)金を稼ぐ.

An·schaf·fung [アン・シャッフング] 女 -/-en 購入; 購入した品.

an|schal·ten [アン・シャるテン án-ʃàltən] 他 (h) (電灯・テレビなど4の)スイッチを入れる. (△ 「スイッチを切る」は ab|schalten).

*an|schau·en [アン・シャオエン án-ʃàuən] (schaute…an, hat…angeschaut) 他 (△ haben) 《南ド・オスッ・スィス》見つめる; (関心を持って)見る . Sie *schaute* ihn erstaunt *an*. 彼女はびっくりして彼を見た. ◇《再帰代名詞(3格)とともに》 Willst du *dir* noch das Schloss *anschauen*? これからまだお城を見物するつもりかい / *sich*3 einen Patienten *anschauen* (医者が)患者を診る.

an·schau·lich [アン・シャオリヒ] 形 はっきりした, 目に見えるような; 具体(具象)的な. eine *anschauliche* Darstellung 生き生きとした描写 / 事4 durch Beispiele *anschaulich* machen 事4を例を用いてわかりやすく示す.

An·schau·lich·keit [アン・シャオリヒカイト] 女 -/ 明確さ, わかりやすさ; 具体(具象)性.

*die **An·schau·ung** [アン・シャオウング án-ʃàuʊŋ] 女 (単) -/(複) -en ① 見解, 意見, ものの見方. Welt*anschauung* 世界観 / eine politische *Anschauung* 政治観 / Ich habe darüber eine etwas andere *Anschauung* als du. それに関してぼくは君とは少し違う見方をしている / **nach** meiner *Anschauung* 私の見解では. ② 《複なし》観察; 瞑想(ﾒｲｿｳ); 《哲》直観. aus eigener *Anschauung* urteilen 自分の目で見て判断する.

An·schau·ungs=ma·te·ri·al [アンシャオウングス・マテリアーる] 中 -s/..alien [..アーリエン] 視覚(実物)教育用教材.

An·schau·ungs=un·ter·richt [アンシャオウングス・ウンタァリヒト] 男 -[e]s/ 《教》視覚(実物)教育.

An·schein [アン・シャイン án-ʃain] 男 -[e]s/ 外観, 様子. Es hatte den *Anschein*, als ob es regnen wollte. 雨の降りそうな様子だった / dem (または allem) *Anschein* **nach** どうやら[…らしい].

an·schei·nend [アン・シャイネント án-ʃàinənt] I 副 外観上[は], 見たところ[では]. Er ist *anscheinend* krank. 彼は見たところ病気らしい. II 形 [上]の.

an|schei·ßen* [アン・シャイセン án-ʃàisən] I 他 (h) 《俗》① どなりつける. ② だます. II 自 (s) 《過去分詞の形で》 *angeschissen* kommen 《俗》都合の悪いときにやって来る.

an|schi·cken [アン・シッケン án-ʃìkən] 再帰 (h) 《*sich*4 **zu** 事3 ~》《雅》事3をしようとしている. ◇《**zu** 不定詞[句]とともに》 Er *schickt sich* gerade *an* aufzubrechen. 彼はちょうど出発するところだ.

an|schie·ben* [アン・シーベン án-ʃì:bən] 他 (h) (車など4を)押して動かす.

an|schie·ßen* [アン・シーセン án-ʃì:sən] I 他 (h) ① (人・物4に)発砲して傷を負わせる. ② 《口語》(人4を)中傷する. II 自 (s) 《過去分詞の形で》 *angeschossen* kommen 突進して来る.

An·schiss [アン・シス án-ʃɪs] 男 -es/-e 《俗》どなりつけること, 大目玉. einen *Anschiss* bekommen 大目玉をくう.

An·schiß ☞ 新形 Anschiss

*der **An·schlag** [アン・シュらーク án-ʃlà:k] 男 (単2) -[e]s/(複) ..schläge [..シュレーゲ] (3格のみ ..schlägen) ① 掲示[物], ポスター. einen *Anschlag* machen 掲示をする / Am schwarzen Brett hängt ein neuer *Anschlag*. 掲示板に新しい掲示が出ている. ② 《複なし》打つこと, 打つ音; (タイプライター・ピアノなどの)タッチ; (競泳の)タッチ. Er hat einen weichen *Anschlag*. 彼のピアノのタッチは軟らかい. ③ 《複 で》(タイプライターの)文字を打つ回数. Sie schreibt 300 *Anschläge* in der Minute. 彼女はタイプライターで1分間に

300字打つ. ④ 襲撃(暗殺)計画, 陰謀. einen *Anschlag* **auf** den Präsidenten planen 大統領の暗殺を企てる. ⑤《商》(費用の)見積り. 物⁴ **in** Anschlag bringen 物⁴を勘定(考慮)に入れる. ⑥《工》(機械の)ストッパー, 止め弁, 移動止め. ⑦ (スポ) サーブ.

An·schlag·brett [アンシュラーク・ブレット] 中 -[e]s/-er 掲示板.

An·schlä·ge [アン・シュれーゲ] ＊Anschlag (掲示[物]の) 複

＊**an|schla·gen**＊ [アン・シュらーゲン án-ʃlàːɡən] du schlägst...an, er schlägt...an (schlug...an, *hat*/*ist*...angeschlagen) I 他 (完了 haben) ① (ポスターなど⁴を)**掲示する**, 貼(は)りつける;（板など⁴を)打ちつける. ein Plakat⁴ *anschlagen* ポスターを貼る. ② (体の一部⁴を)ぶつけて傷つける;（食器など⁴を)ぶつけて壊す. Ich *habe* mir das Knie angeschlagen. 私はひざをぶつけて傷めた / einen Teller *anschlagen* 皿をぶつけて壊す. ③ (タイプライターのキーなど⁴を)たたく;（楽器など⁴を)かき鳴らす, 弾く;（和音など⁴を)奏でる. eine Glocke⁴ *anschlagen* 鐘を鳴らす / einen Akkord auf dem Klavier *anschlagen* ピアノで和音を弾く. ④《比》(これまでとは別の調子に)変える. einen schnelleren Schritt *anschlagen* 歩調を速める / ein anderes Thema⁴ *anschlagen* 別の話題を持ち出す. ⑤《雅》(軍⁴を…に)評価する. eine Leistung⁴ hoch *anschlagen* 業績を高く評価する.

II 自 (完了 sein または haben) ① (s) ぶつかる. Er *ist* mit dem Kopf an die Wand *angeschlagen*.《現在完了》彼は壁に頭をぶつけた. ② (h) (水泳で)タッチする. ③ (h) (鐘などが)鳴る; (猟) (犬が)ほえる. ④ (h) (薬などが)効き目がある. Die Medizin *schlägt* **bei** ihm gut *an*. その薬は彼にはよく効く.

◇☞ angeschlagen

An·schlag·säu·le [アンシュラーク・ゾイれ] 女 -/-n (円形の)広告柱.

an|schlei·chen＊ [アン・シュらイヒェン án-ʃlàiçən] 再帰 (h)《*sich*⁴ **an** 人・物⁴ ～》(人・物⁴に)忍び寄る.

＊**an|schlie·ßen**＊ [アン・シュリーセン án-ʃliːsən] du schliesst...an (schloss...an, *hat*...angeschlossen) I 他 (完了 haben) ① (配線網などに)つなぐ, **接続する**.（英 connect）. einen Schlauch an die Leitung (または der Leitung) *anschließen* ホースを水道につなぐ. ② (犬など⁴を)鎖でつなぐ, つないで錠をする. einen Hund an eine Kette *anschließen* 犬を鎖につなぐ. ③ (意見など⁴を)付け加える. einige Bemerkungen⁴ *anschließen* いくつかのコメントを付け加える.

II 再帰 (完了 haben) *sich*⁴ *anschließen* ①《*sich*⁴ **an** 物・事⁴ ～》(事⁴に)**引き続く, 接続する**;（物⁴に)隣接する. An den Vortrag *schließt sich* eine Diskussion *an*. 講演に引き続いて討論が行われる. ② (人・事³に)加わる, 従う, 同調する. *sich*⁴ einer Partei³ *anschließen* ある党派の一員になる / Darf ich *mich* Ihnen *anschließen*? ごいっしょしてよろしいでしょうか.

III 自 (完了 haben) ①《**an** 物・事⁴ ～》(事⁴に)引き続く, 接続する;（物⁴に)隣接する. Die Terrasse *schließt* ans Wohnzimmer *an*. テラスは居間に続いている. ② (服などが)体にぴったり合う.

◇☞ angeschlossen

an·schlie·ßend [アン・シュリーセント] I ＊an|-schließen (つなぐ)の 現分 II 副 引き続いて, その後に. Wir gingen zuerst ins Konzert und *anschließend* in die Diskothek. 私たちはまずコンサートに行き, それからディスコに行った. III 形 ① 引き続いての, その後の. die *anschließende* Diskussion 引き続いて行われた討論. ② 隣り合わせの. das *anschließende* Zimmer 隣りの部屋. ③ 体にぴったり合う(服など).

＊*der* **An·schluss** [アン・シュるス án-ʃlus] 男 (単2) -es/(複)..schlüsse [..シュリュッセ] (3格み ..schlüssen) ① (配線網・配管網などへの)**接続**.（英 connection）. Telefon*anschluss* 電話接続 / Das Dorf hat noch keinen elektrischen *Anschluss*. この村にはまだ電気が引かれていない. ② (列車の)接続[便]. den *Anschluss* erreichen (verpassen) 接続便に間に合う(乗り遅れる) / Der Zug hat um 13.20 Uhr *Anschluss* nach München. この列車は13時20分にミュンヒェン行きの便と接続する. ③《複 なし》(人との)結びつき, つき合い, コンタクト. Sie findet überall schnell *Anschluss*. 彼女はどこに行ってもすぐ知り合いができる / Er hat den *Anschluss* verpasst.《口語》彼は出世(昇進)のチャンスを逸した / *Anschluss* **an** eine Partei ある党派への加盟 / **im** *Anschluss* **an** 人・事⁴ a) 人⁴にならって, b) 事⁴に引き続いて ⇒ Bitte kommen Sie im *Anschluss* an den Unterricht zu mir! 授業がすんだらそのまま私のところに来てください.

An·schluß ☞ 新形 Anschluss

An·schlüs·se [アン・シュリュッセ] ＊An-schluss (接続)の 複

an|schmie·gen [アン・シュミーゲン án-ʃmìːɡən] 再帰 (h) *sich*⁴ *anschmiegen* 体をすり寄せる, ぴったりくっつく. *sich*⁴ **an** die Mutter *anschmiegen* (子供が)母親にすがりつく / Das Kleid *schmiegt sich* eng **an** den Körper (または **an** den Körper) *an*.《比》このドレスは体にぴったり合う.

an·schmieg·sam [アン・シュミークザーム] 形 ① 甘えん坊の(子供など). ② 柔軟な, しなやかな(素材など).

an|schmie·ren [アン・シュミーレン án-ʃmìː-rən] 過分 angeschmiert) I 他 (h) (インクなどで)うっかり体(衣服)を汚す;《口語》厚化粧する. II 再帰 (h) *sich*⁴ *anschmieren* ① (インクなどで)うっかり体(衣服)を汚す;《口語》厚化粧する. ②《*sich*⁴ **bei** 人³ ～》《俗》(人³に)とり入る.

an|schnal·len [アン・シュナれン án-ʃnàlən] 他 (h) ベルト(締め金)で固定する. ◇《再帰的に》 sich⁴ anschnallen (飛行機・車で)シートベルトを締める ⇨ Bitte schnallen Sie sich während der Fahrt an! 走行中はシートベルトを締めてください.

an|schnau·zen [アン・シュナオツェン án-ʃnàutsən] 他 (h) 《口語》ひどくしかりつける, どなりつける.

An·schnau·zer [アン・シュナオツァァ án-ʃnautsər] 男 -s/- 《口語》(厳しい)叱責(しっせき), どなりつけること.

an|schnei·den* [アン・シュナイデン án-ʃnàidən] 他 (h) ① (パンなど⁴の)最初の一切れを切り取る. ② 《比》(質問・話題⁴を)切り出す, 提出する. ein Thema⁴ anschneiden あるテーマを持ち出す. ③ (オートバイなどがカーブ⁴を)内側すれすれに回る；(スキーヤーが旗門⁴を)すれすれに通過する；(テニスなどでボール⁴に)スピンをかける.

An·schnitt [アン・シュニット án-ʃnɪt] 男 -[e]s/-e ① (パンなどの)最初の一切れ. ② 切り口, 切断面.

An·scho·vis [アンショーヴィス anʃóːvɪs] 女 -/- 《魚》アンチョビー(カタクチイワシ属の小魚, またはそのオリーブオイル漬け).

an|schrau·ben [アン・シュラオベン án-ʃràubən] 他 (h) ねじでとめる(固定する).

an|schrei·ben* [アン・シュライベン án-ʃràibən] 他 (h) ① 書きつける. ein Wort⁴ an die Tafel anschreiben 単語を黒板に書く. ② 貸しとして帳簿につける. 物⁴ anschreiben lassen 物⁴をつけにしてもらう. ◇《過去分詞の形で》 bei 人³ gut angeschrieben sein 《口語》人³に受けがよい. ③ 《官庁》(人⁴に)書簡を送る, 書面で問い合わせる.

an|schrei·en* [アン・シュライエン án-ʃràiən] 他 (h) (人⁴に)大声で話しかける；どなりつける.

***die* An·schrift** [アン・シュりふト án-ʃrɪft] 女 (単)-/(複)-en (手紙の)あて名, 住所 (= Adresse). 《英》 address. Kennst du seine Anschrift？ 君は彼の住所を知っているかい / Anschrift unbekannt (郵便物などで)あて先不明 / die Anschrift⁴ an|geben 住所を告げる.

an|schul·di·gen [アン・シュるディゲン án-ʃùldɪgən] 他 (h) 《雅》告発する, 告訴する. 人⁴ [wegen] des Diebstahls anschuldigen 人⁴を窃盗罪で告発する.

An·schul·di·gung [アン・シュるディグング] 女 -/-en 《法》告発, 告訴.

an|schwär·zen [アン・シュヴェルツェン án-ʃvèrtsən] 他 (h) 《口語》(人⁴のことを)悪く言う.

an|schwel·len* [アン・シュヴェレン án-ʃvèlən] 自 (s) ① ふくれる, (足などが)はれる. ② (音などが)大きくなる. ③ 増大する；(川などが)水かさを増す.

An·schwel·lung [アン・シュヴェるング] 女 -/-en 膨張, 増大；(医) 腫脹(しゅちょう), はれ.

an|schwem·men [アン・シュヴェメン án-ʃvèmən] 他 (h) (川が土砂など⁴を)流し寄せる.

an|schwin·deln [アン・シュヴィンデるン án-ʃvɪndəln] 他 (h) 《口語》だます, (人⁴に)うそをつく.

‡an|se·hen* [アン・ゼーエン án-zèːən] du siehst...an, er sieht...an (sah...an, hat...angesehen) I 他 (完了 haben) ① 見つめる, (じっと)見る. 《英》 look at. 人⁴ freundlich ansehen 人⁴をやさしく見つめる / Er sah mich erstaunt an. 彼は驚いて私を見た / Das ist schrecklich anzusehen. それは見るからに恐ろしい光景だ. ◇《副詞の mit とともに》 Ich kann das nicht mehr mit ansehen. 私はそれをもう黙って見ていられない. ◇《目的語なしでも》 Sieh mal [einer] an！《口語》これは驚いた.
② (関心を持って)見る, 見物(観察)する. eine Wohnung⁴ ansehen (買う物件として)住まいを下見する. ◇《再帰代名詞(3 格)とともに》 sich³ 人·物⁴ ansehen (関心を持って)人·物⁴を見る ⇨ Ich sehe mir einen Film an. 私は映画を見る / Wir sahen uns München an. 私たちはミュンヒェンを見物した / sich³ einen Patienten ansehen (医者が)患者を診る. (⇨ 類語 besuchen).
③ 《句動詞》 人·物⁴ als (または für)... ansehen 人·物⁴を…と見なす. Ich sehe ihn als meinen Freund an. 私は彼を友人と思っている / 事⁴ als wahr ansehen 事⁴を真実と見なす. (⇨...の 4 格と訳す名詞句がくる).
④ (人³の外見から事⁴を)見てとる. Man sieht ihm sein Alter nicht an. 外見からは彼の年はわからない.
⑤ (...に)判断する, 評価する. 事⁴ anders ansehen 事⁴について別の見方をする.
II 再帰 (完了 haben) sich⁴ ansehen (...のように)見える. Das sieht sich ganz hübsch an. それはとてもすてきに見える.
◇☞ angesehen

***das* An·se·hen** [アン・ゼーエン án-zèːən] 中 (単)-s/- ① 名望, 名声. in hohem Ansehen stehen たいへん信望がある / sich³ Ansehen⁴ verschaffen 名声を得る. ② 《雅》外観, 外見, 様子 (=Aussehen). dem Ansehen nach urteilen 外見で判断する / 人⁴ nur vom Ansehen kennen 人⁴の顔しか知らない. ③ 顧慮, 配慮. ohne Ansehen der Person² urteilen その人の地位(身分)を考慮せずに(公平に)判断する, だれかれの区別をしない.

an·sehn·lich [アン・ゼーンりヒ] 形 ① 相当な, かなりの. eine ansehnliche Summe 相当な金額. ② りっぱな, 堂々とした.

an|sei·len [アン・ザイれン án-zàilən] 他 (h) ザイルで結びつける.

an|sein* [自] (s) (新形 an sein (スイッチが入っている)) ☞ an

***an|set·zen** [アン・ゼッツェン án-zètsən] du setzt...an (setzte...an, hat...angesetzt) I 他 (完了 haben) ① (道具など⁴をしかるべき位置へ)当てる, 当てがう. (⇨ 「離す」は ab|setzen). Er setzte das Glas an und trank es aus.

彼はグラスを口に当ててぐっと飲み干した / das Messer⁴ ansetzen（切るために）ナイフを当てる. ② 継ぎ足す，付け足す. Knöpfe⁴ ans Kleid ansetzen ワンピースにボタンを付ける. ③（日取り・期限など⁴を）決める，定める；（費用・日数など⁴を）見積もる；《数》(方程式⁴を)立てる. Die Sitzung *ist* **für** vier Uhr *angesetzt*.《状態受動・現在》その会議は４時に開くことに決まっている. ④（ある任務のために）投入する，出動させる. Hunde⁴ **auf** eine Spur *ansetzen* 犬に跡を追わせる. ⑤（実・芽など⁴を）つける；（さび・ぜい肉など⁴が）生じる. Mein Rad *hat* Rost *angesetzt*. 私の自転車はさびがついた.《目的語なしで》Die Erdbeeren *haben* gut *angesetzt*. いちごによく実がついた. ⑥（かき混ぜて）作る. eine Bowle⁴ *ansetzen*（ワイン・果物などで）パンチを作る.
II 自（完了 haben）①《**zu** 事³ ~》（事³を）しはじめる，しようとする. zum Sprechen *ansetzen* 話をしようとする / Das Flugzeug setzte zur Landung *an*. 飛行機は着陸態勢に入った. ②《場所を表す語句とともに》(…で)始まる. ③（ミルクなどが）焦げつく.
III 再帰（完了 haben）*sich⁴ ansetzen*（さびなどが）生じる，（人⁴に）付着する.

die An·sicht [アン・ズィヒト án-zɪçt] 女（単）-/（複）-en ① 意見，見解，考え.（英 view）. eine vernünftige *Ansicht* まともな意見 / Ich bin der *Ansicht*, dass... 私は…と考えている / **nach** meiner *Ansicht* または meiner *Ansicht* **nach** 私の考えでは. ②（風景などの）絵，写真. eine *Ansicht* der Stadt² Köln ケルンの町の風景写真. ③（見える）面. die vordere *Ansicht* des Schlosses 城の前面. ④ 見ること. **zur** *Ansicht* 見本として.

an·sich·tig [アン・ズィヒティヒ án-zɪçtɪç] 形《成句的に》(人⁴の) *ansichtig* werden《雅》人・物²に気づく，人・物²を見つける.

die An·sichts₂kar·te [アンズィヒツ・カルテ ánzɪçts-kartə] 女（単）-/（複）-n 絵はがき.（英 picture postcard）. eine *Ansichtskarte* aus dem Urlaub 休暇先からの絵はがき.

An·sichts₂**sa·che** [アンズィヒツ・ザッヘ]《成句的に》Das ist *Ansichtssache*! それは見方の問題だ.

an·sie·deln [アン・ズィーデるン án-zi:dəln] I 再帰（h）*sich⁴ ansiedeln* 定住する，入植する. II 他（h）定住させる，入植させる.

An·sied·ler [アン・ズィードらァ án-zi:dlɚ] 男 -s/- 移住者，移民，入植者.

An·sied·lung [アン・ズィードるング án-zi:dlʊŋ] 女 -/-en 移住，入植；移住地，入植地.

An·sin·nen [アン・ズィンネン án-zɪnən] 中 -s/- 無理(不当)な要求.

an·sons·ten [アン・ゾンステン an-zónstən] 副《口語》① その他の点では，そのほかに. *Ansonsten* nichts Neues. その他には何も変わったことはない. ② そうでなければ，さもないと.

an|span·nen [アン・シュパンネン án-ʃpànən]
他（h）①（馬など⁴を）馬車につなぐ；(馬車⁴に)馬をつなぐ. die Pferde⁴ *anspannen* 馬を馬車につなぐ. ②（弦・綱など⁴を）張る，引き締める. ein Seil⁴ *anspannen* ロープをぴんと張る. ③（神経など⁴を）緊張させる. alle Kräfte⁴ *anspannen* 全力を尽くす.《再帰的に》*sich⁴ anspannen* 緊張する，引き締まる.
◇☞ **angespannt**

An·span·nung [アン・シュパンヌング] 女 -/-en ①《複 なし》全力を注ぐこと. **unter** *Anspannung* aller Kräfte² 全力をあげて. ②（精神・力の）集中，緊張.

an|spei·en* [アン・シュパイエン án-ʃpàiən] 他（h）《雅》(人・物⁴に)唾(⌒)を吐きかける.

An·spiel [アン・シュピーる án-ʃpi:l] 中 -[e]s/-e ①《スポ・トラ》(ゲームの)開始，先攻，初手. ②《スポ》(ボールの)パス.

an|spie·len [アン・シュピーれン án-ʃpì:lən] I 他（h）①（楽曲・楽器など⁴を）試しに演奏してみる. ②《トラ》最初の札として出す. Herz⁴ *anspielen* ゲームの初めにハートの札を出す. ③（人⁴に)ボールをパスする. II 自（h）①《**auf** 人・事⁴ ~》(人・事⁴を)ほのめかす，当てこする. ②《スポ・トラ》ゲームを始める. Wer *spielt an*? だれから始めるか.

An·spie·lung [アン・シュピーるング] 女 -/-en ほのめかし，当てこすり. eine *Anspielung*⁴ **auf** 事⁴ machen 事⁴を当てこする.

an|spin·nen* [アン・シュピンネン án-ʃpìnən] I 他（h）《比》事⁴を始める，(関係など⁴を)結ぶ. II 再帰（h）*sich⁴ anspinnen*（しだいに）始まる，芽生える.

an|spit·zen [アン・シュピッツェン án-ʃpìtsən] 他（h）①（鉛筆など⁴を）とがらせる. ②《口語》(人⁴に)はっぱをかける.

An·sporn [アン・シュポルン án-ʃpɔrn] 男 -[e]s/- 激励，励まし.

an|spor·nen [アン・シュポルネン án-ʃpɔ̀rnən] 他（h）①（馬⁴に）拍車をかける. ②《比》励ます，ふるい立たせる. 人⁴ **zu** 事³ *anspornen* 人⁴を励まして事³をさせる.

An·spra·che [アン・シュプラーヘ án-ʃpraːxə] 女 -/-n ① スピーチ，（短い）あいさつ，式辞. eine *Ansprache*⁴ halten スピーチをする，式辞を述べる. ②《雅》知り合い，呼称；呼びかけられること. ③《南ドトラ・オース》対話，話し合い.

an|spre·chen [アン・シュプレッヒェン án-ʃprèçən] du sprichst...an, er spricht...an (sprach...an, *hat*...angesprochen) I 他（完了 haben）①（人⁴に）話しかける；呼びかける.（英 speak to）. Er *sprach* mich auf der Straße *an*. 彼が通りで私に話しかけた / 人⁴ **mit** Vornamen *ansprechen* 人⁴にファーストネームで話しかける. ②（群衆など⁴に）訴える；(人⁴に)頼む. 人⁴ **auf** 事⁴ *ansprechen* 人⁴に事⁴について意見を求める / 人⁴ **um** Geld *ansprechen* 人⁴にお金を無心する. ③（テーマ・問題など⁴に）言及する，論じる. eine Frage⁴ *ansprechen* ある問題を持ち出す. ④《成句的に》人・物⁴ **als** *anspre-*

chen 人・物⁴を…と見なす. 人⁴ als Nachfolger ansprechen 人⁴を後継者と見なす.（✍…には４格の名詞や形容詞がくる）. ⑤（人⁴の）心を打つ,（人⁴に）感銘を与える. Der Vortrag hat viele Menschen angesprochen. その講演は多くの人々に感銘を与えた.
II 自（完了 haben）①〖auf 物⁴ ～〗（物⁴に）反応する. ② 効果を表す. Das Mittel spricht bei ihm nicht an. その薬は彼には効き目がない. ③《音楽》（楽器などが…［のよう］に）音が出る.

an·spre·chend [アン・シュプレッヒェント] I *ansprechen (話しかける) の 現分 II 形 感じのいい, 魅力的な.

an|sprin·gen* [アン・シュプリンゲン án-ʃprɪŋən] I 他（h）（人⁴に）飛びつく；襲いかかる. Der Hund sprang mich an. 犬が私に飛びかかって来た. II 自（s）①〖gegen 物⁴ ～〗（物⁴に）飛びつく. gegen die Mauer anspringen 壁に飛びつく. ②（エンジンなどが）始動する. ③〖auf 物⁴ ～〗《口語》（事⁴（提案など）に）飛びつく. auf ein Angebot anspringen 申し出に飛びつく. ④《過去分詞の形で》 angesprungen kommen 跳びはねながらやって来る.

an|sprit·zen [アン・シュプリッツェン án-ʃprɪtsən] I 他（h）〖A⁴ mit B³ ～〗（A⁴にB³（水など）を）かける, はねかける. II 自（s）《過去分詞の形で》 angespritzt kommen《口語》すっ飛んで来る.

*der **An·spruch** [アン・シュプルフ án-ʃprʊx] 男（単2）-[e]s/（複）..sprüche [..シュプリュッヒェ]（3格のみ ..sprüchen） ①《複なし》（権利などの）主張.（英 claim）. ein berechtigter Anspruch 正当な要求 / hohe Ansprüche⁴ an 人⁴ stellen 人⁴に高度な要求を出す / Anspruch⁴ auf 物⁴ erheben 物・事⁴を要求する / 物・事⁴ in Anspruch nehmen a）物⁴を利用する, b）事⁴を要求する, 必要とする ⇒ Diese Arbeit nimmt viel Zeit in Anspruch. この仕事はずいぶん時間がかかる /人⁴ in Anspruch nehmen 人⁴の時間（労力）を奪う, 人⁴をわずらわせる. ②（要求する）権利, 請求権. Anspruch⁴ auf 物⁴ haben 物⁴を要求する権利を持っている.

An·sprü·che [アン・シュプリュッヒェ] *Anspruch (要求)の 複

an·spruchs≠los [アンシュプルフス・ロース] 形 ① 無欲な, 謙虚な, 控えめな. ② 内容のない, 中身の乏しい（作品など）.

An·spruchs≠lo·sig·keit [アンシュプルフス・ローズィヒカイト] 女-/ ① 無欲さ, 謙虚さ, 控えめなこと. ②（内容の）乏しさ.

an·spruchs≠voll [アンシュプルフス・ふォる] 形 ① 要求（注文）の多い,（好みなどが）うるさい；程度の高い（作品など）. ②（コマーシャル用語として:）一流の, 高品質の.

an|spu·cken [アン・シュプッケン án-ʃpʊkən] 他（h）（人⁴に）唾を吐きかける.

an|spü·len [アン・シュピューれン án-ʃpyːlən] 他（h）（波・川などが物⁴を岸に）打ち寄せる.

an|sta·cheln [アン・シュタッヘるン án-ʃtàxəln] 他（h）あおりたてる. 人⁴ zu 事³ anstacheln 人⁴を事³に駆りたてる.

*die **An·stalt** [アン・シュタるト án-ʃtalt] 女（単）-/（複）-en ①（公共の）施設（学校・病院・研究所など）.（英 institution）. Heilanstalt 療養所. ②（婉曲）（精神病患者・中毒患者の）更生施設. ② 企業, 協会. ②〖複なし〗準備, 用意. Anstalten⁴ zu 事³ machen (または treffen) 事³に着手する, 取りかかる / Er machte keine Anstalten zu gehen. 彼は出かけようとしなかった.

*der **An·stand** [アン・シュタント án-ʃtant] 男（単2）-[e]s/（複）..stände [..シュテンデ]（3格のみ ..ständen）①〖複なし〗礼儀, 作法, エチケット. Er hat keinen Anstand. 彼はエチケットを知らない / mit Anstand 礼儀正しく. ② ためらい, 猶予. Anstand⁴ nehmen ためらう / ohne Anstand ちゅうちょせずに. ③《南ドおーストリ》めんどう, いざこざ. Ich will keine Anstände bekommen. 私はトラブルを起こしたくない. ④ 異議. keinen Anstand an 事³ nehmen 事³に文句をつけない. ⑤《狩》待伏せ場.

An·stän·de [アン・シュテンデ] *Anstand (ためらい)の複

***an·stän·dig** [アン・シュテンディヒ án-ʃtɛndɪç] 形 ①（品行・考え方などが）きちんとした, りっぱな, 礼儀にかなった, 上品な.（英 decent）. ein anständiges Betragen きちんとした態度 / anständig handeln りっぱにふるまう.（☞類語 brav）. ②《口語》満足のいく, ちゃんとした, 十分な. ein anständiges Gehalt 十分な給料. ③《口語》かなりの, 相当な, ひどい. eine anständige Erkältung ひどい風邪 / Es regnet ganz anständig. 雨が激しく降っている.

An·stän·dig·keit [アン・シュテンディヒカイト] 女-/ 礼儀（作法）にかなったこと, 上品.

An·stands≠be·such [アンシュタンツ・ベズーフ] 男-[e]s/-e 儀礼的（表敬）訪問.

an·stands≠hal·ber [アンシュタンツ・はるバァ] 副 儀礼上, 礼儀上.

an·stands≠los [アンシュタンツ・ろース] 副 無造作に, さっさと, あっさり.

an|star·ren [アン・シュタレン án-ʃtàrən] 他（h）見つめる, 凝視する.

*** an·statt** [アン・シュタット an-ʃtát]（英 instead of）I 前〖2格とともに〗…の代わりに（= statt）. Er kommt anstatt seines Vaters. 父親の代わりに彼が来る.
II 接〖zu 不定詞［句］または dass 文とともに〗…する代わりに. Anstatt zu arbeiten, spielten sie Karten. 彼らは働かずにトランプをした.

an|stau·nen [アン・シュタオネン án-ʃtàunən] 他（h）びっくりして（驚いて）見る.

an|ste·chen* [アン・シュテッヒェン án-ʃtɛçən] 他（h）①（肉・じゃがいもなど⁴をフォークで）刺して煮えぐあいをみる. ②（酒樽4_(たる))⁴の口を開ける.

*an|ste·cken [アン・シュテッケン án-ʃtɛkən] (steckte...an, hat...angesteckt) **I** 他 (完了 haben) ① (ピンなどで刺して)留める,付ける;(指輪など4を)はめる. eine Brosche4 **an** das Kleid (または am Kleid) *anstecken* ブローチをドレスに付ける / Er *steckte* seiner Braut den Ring *an*. 彼は花嫁に指輪をはめてやった. ② (人4に病気などを)うつす,感染させる. Er *hat* mich mit seiner Grippe *angesteckt*. 彼は私にインフルエンザをうつした. ◇(再帰的に) *sich*4 *anstecken* (病気を)うつされる,感染する ⇒ Ich *habe* mich **bei** ihm *angesteckt*. 私は彼に病気をうつされた. ③《方》(ろうそくなど4に)火をつける;(家など4に)放火する.
II 自 (完了 haben) (病気などが)うつる,感染する.

an·ste·ckend [アン・シュテッケント] **I** *an|stecken (留める)の 現分 **II** 形 伝染性の. eine *ansteckende* Krankheit 伝染病.

An·steck·na·del [アンシュテック・ナーデる] 女 -/-n 留めピン,ブローチ.

An·ste·ckung [アン・シュテックング] 女 -/-en 《ふつう 単》伝染,感染. *Ansteckung* durch Berührung 接触による感染.

an·ste·hen* [アン・シュテーエン án-ʃtèːən] 自 (h, s) ① (h) 並んで順番を待つ. **nach** 物3 *anstehen* 物3を手に入れようと並んで待つ. ② (h)《書》未処理(未解決)である.《事》4 *anstehen lassen* 事4を先に引き延ばす. ③ (h)《成句的に》nicht *anstehen*, **zu** 不定詞[句]《雅》…するのをためらわない. Ich *stehe* nicht *an*, darüber zu urteilen. それについて私はあえて私見を述べよう. ④ (h) (期限などが)決まっている. ⑤ (h)《雅》(人3に)似つかわしい,ふさわしい. ⑥ (s)《**auf** 人・物4 ~》(狩猟) (人・物4を)当てにする.

an|stei·gen* [アン・シュタイゲン án-ʃtàɪɡən] 自 (s) ① (道などが)上り坂になる.(水位・気温などが)上がる,上昇する;(数量が)増加する,増大する.

an|stel·le [アン・シュテれ an-ʃtélə] 前《2格とともに》…の代わりに. *anstelle* des Lehrers 先生の代わりに. ◇《**von** とともに副詞的に》*Anstelle* von Reden werden Taten erwartet.《受動・現在》言葉ではなく実行が期待されている.
(⇐ an Stelle ともつづる) ☞ Stelle ①

*an|stel·len [アン・シュテれン án-ʃtɛlən] (stellte...an, hat...angestellt) **I** 他 (完了 haben) ① 立て掛ける. eine Leiter4 **an** den Baum *anstellen* はしごを木に立て掛ける. ② (テレビなど4のスイッチをひねって)つける;(ガスなど4を栓をひねって)出す.(⇐「消す」は ab|stellen). *Stell* das Radio *an*! ラジオのスイッチを入れてくれ / den Motor *anstellen* エンジンをかける. ③ 雇う,採用する;《口語》(人3に)仕事をさせる. 人4 **als** Verkäufer *anstellen* 人4を店員として雇う / Sie *ist* **bei** der Post fest *angestellt*.《状態受動·現在》彼女は郵便局の正職員だ / 人4 **zum** Schuhputzen *anstellen* 人4に靴磨

きをさせる. ④《特定の名詞を目的語として》行う,…する. viele Untersuchungen4 *anstellen* いろいろ調査を行う / über 物4 Beobachtungen4 *anstellen* 物4 について観察する. ⑤《口語》やってみる;(愚かなことを)しでかす. Was hast du da wieder *angestellt*! またまた何をしでかしたのだ. ⑥《口語》《事4を…のやり方で》処理する. Wie *soll* ich das *anstellen*? 私はそれにどう手をつけたらいいだろうか.
II 再帰 (完了 haben) *sich*4 *anstellen* ① 列に並ぶ. *sich*4 **an** der Theaterkasse *anstellen* 劇場のチケット売り場に並ぶ. ②《口語》(…に)ふるまう. *sich*4 geschickt *anstellen* 要領よくふるまう / *Stell* dich nicht so *an*! そんなまねはよせ.

◇《受動》**angestellt**

an·stel·lig [アン・シュテリヒ án-ʃtɛlɪç] 形 器用な,機敏な.

An·stel·lung [アン・シュテるング] 女 -/-en ①《ふつう 単》雇用,採用. ② 勤め口,就職口,ポスト.

An·stich [アン・シュティヒ án-ʃtɪç] 男 -[e]s/-e《ふつう 単》(樽(な)などの)口を開けること. frischer *Anstich* 樽の口を開けたばかりのビール.

An·stieg [アン・シュティーク án-ʃtiːk] 男 -[e]s/-e ①《複 なし》勾配(ぴ),傾斜. der *Anstieg* der Straße2 道の勾配. ②《複 なし》(温度などの)上昇,増加. ③ 登ること,登り;上り坂.

an|stif·ten [アン・シュティフテン án-ʃtɪftən] 他 (h) ① (悪いこと4を)引き起こす. einen Streit *anstiften* 争いを引き起こす / eine Verschwörung4 *anstiften* 陰謀をたくらむ. ② そそのかす. 人4 **zu** 事3 *anstiften* 人4をそそのかして 事3をさせる.

An·stif·ter [アン・シュティフタァ án-ʃtɪftər] 男 -s/- 扇動者,(悪事を)教唆する人.

An·stif·tung [アン・シュティフトゥング] 女 -/-en 扇動,教唆.

an|stim·men [アン・シュティンメン án-ʃtimən] 他 (h) ① (歌4を)歌い出す,(曲4を)演奏し始める. ②《比》(歓声・叫び声4を)あげる.

An·stoß [アン・シュトース án-ʃtoːs] 男 -es/..stöße ① 突くこと,ぶつかること,衝突. ② (サッカーなどの)キックオフ. ③ きっかけ,動機. den *Anstoß* **zu** 事3 geben 事3のきっかけを作る. ④《雅》腹立ち,不機嫌. Sie nahm *Anstoß* **an** seinem Benehmen. 彼女は彼の態度に腹を立てた / **bei** 人3 *Anstoß*4 erregen 人3の感情を害する.

an|sto·ßen* [アン・シュトーセン án-ʃtòːsən] **I** 他 (h) つつく,突く;ちょっと突いて(押して)動かす. 人4 **mit** dem Fuß *anstoßen* (合図のために)人4を足でちょっとつつく. **II** 自 (h, s) ① (s) 突き当たる,ぶつかる. **mit** dem Kopf **an** die Wand *anstoßen* 頭を壁にぶつける. ② (h) (サッカーで:)キックオフする. ③ (h) (言葉などが)かえる. **mit** der Zunge *anstoßen* 舌足らずな話し方をする. ④ (h) (乾杯するために)グラスを突き合わせる. Sie *haben* **auf** seine

anstößig

Gesundheit *angestoßen*. 彼らは彼の健康を祈って乾杯した. ⑤ (s)【**bei** 人³ ~】(人³の)感情を害する. ⑥ (h)【**an** 物⁴ ~】(物⁴に)隣接する.

an·stö·ßig [アン・シュテースィヒ án-ʃtø:sɪç] 形 不快な, 気に障る; いやらしい, 下品な.

an|strah·len [アン・シュトラーレン án-ʃtrà:lən] 他 (h) ① 照らす, (物⁴に)照明(ライト)を当てる. ②《比》うれしそうに見る.

an|stre·ben [アン・シュトレーベン án-ʃtrè:bən] 他 (h)《雅》得ようと努力する.

an|strei·chen [アン・シュトライヒェン án-ʃtràɪçən] (strich...an, *hat*...angestrichen) 他 (完了 haben) ① (物⁴にペンキなどを)塗る, 塗装する. (英 paint). Gestern *haben* wir die Küche *angestrichen*. きのう私たちは台所のペンキ塗りをした. ◇過去分詞の形で Frisch *angestrichen*! (張り紙で)ペンキ塗りたて. ② (物⁴に)線で印(ˇ)をつける, 下線を引く. die Fehler⁴ rot *anstreichen* 間違った箇所に赤で線を引く. ③ (マッチなど⁴を)する, こする. ④《方》(人³に 事⁴の)仕返しをする.

An·strei·cher [アン・シュトライヒャァ án-ʃtraɪçɐ] 男 -s/- ペンキ屋, 塗装工.

an|stren·gen [アン・シュトレンゲン án-ʃtrèŋən] (strengte...an, *hat*...angestrengt) I 再帰 (完了 haben) *sich*⁴ *anstrengen* (大いに)努力する, がんばる. Du *musst dich* in der Schule mehr *anstrengen*. 君は学校でもっとがんばらないといけないよ.
II 他 (完了 haben) ① (能力など⁴を)大いに働かせる, フルに発揮する. Sie *strengte* ihre Fantasie *an*. 彼女は想像力を大いに働かせた/alle Kräfte⁴ *anstrengen* 全力を尽くす. ② (酷使して)疲れさせる, 消耗させる. die Augen⁴ *anstrengen* 目を疲れさせる. ③《法》(訴訟⁴を)起こす.

◇☞ angestrengt

***an·stren·gend** [アン・シュトレンゲント án-ʃtrèŋənt] I *an|strengen (再帰で: 大いに努力する)の現分
II 形 骨の折れる, きつい, ハードな. (英 hard). eine *anstrengende* Arbeit 骨の折れる仕事.

***die An·stren·gung** [アン・シュトレングング án-ʃtrèŋʊŋ] 女 (単)-/(複)-en ① 努力, 骨折り. (英 effort). große *Anstrengungen*⁴ machen 大いに努力する / mit *Anstrengung* やっとのことで. ② 苦労, 辛労, 負担.

An·strich [アン・シュトリヒ án-ʃtrɪç] 男 -[e]s/-e ① 《覆 なし》塗装; (塗装の)色調. ②(塗られた)色. ③《覆 なし》うわべ, 見せかけ.

An·sturm [アン・シュトゥルム án-ʃtʊrm] 男 -[e]s/..stürme 《ふつう 単》① 突進, 突撃. ②(群衆・客の)殺到.

an|stür·men [アン・シュテュルメン án-ʃtỳrmən] 自 (s) ①【**gegen** 人·物⁴ ~】(人·物⁴に)突進する, 襲いかかる. ②《過去分詞の形で》*angestürmt* kommen すっとんで来る.

an|su·chen [アン・ズーヘン án-zù:xən] 自 (h)【**um** 事⁴ ~】(ﾋｺｳﾀﾞﾝ)(事⁴を)申請する.

An·su·chen [アン・ズーヘン] 中 -s/-《ﾋｺｳﾀﾞﾝ》申請, 請願.

..ant [..アント ..ánt] [..ieren に終わる動詞から男性名詞をつくる接尾](…する人) 例: Praktik*ant* 実習生 / Emigr*ant* 亡命者.

An·ta·go·nis·mus [アンタゴニスムス antagonísmus] 男 -/..nismen ① 対立, 反対, 敵対. ②《医》拮抗(ｷｯｺｳ)作用.

An·ta·go·nist [アンタゴニスト antagoníst] 男 -en/-en ① 対立(反対・敵対)者. ②《医》拮抗(ｷｯｺｳ)筋.

die **Ant·ark·tis** [アント・アルクティス antárktɪs] 女 -/《定冠詞とともに》《地名》南極[地方]. (☞「北極[地方]」は die Arktis).

ant·ark·tisch [アント・アルクティッシュ antárktɪʃ] 形 南極[地方]の.

an|tas·ten [アン・タステン án-tàstən] 他 (h) ① (権利など⁴を)侵害する, (名誉など⁴を)傷つける. ② (蓄えなど⁴に)手をつける. ③ (物⁴に)触れる.

*der **An·teil** [アン・タイル án-taɪl] 男 (単)-[e]s/(複)-e (3格のみ -en) ① 分け前, 割当, 持ち分, 《英 share》. unser *Anteil* an dem Erbe 私たちの相続分. ②《覆 なし》関与, 参加; 関心, 興味; 同情. *Anteil*⁴ **an** 物³ haben 物³に関与している / *Anteil*⁴ an 人·事³ nehmen a) 人·事³に関与(同情)を寄せる ⇒ Ich nehme herzlich *Anteil* an Ihrem schweren Verlust. ご逝去をいたみ心よりお悔やみ申し上げます.

an·tei·lig [アン・タイリヒ án-taɪlɪç] 形 取り分(持ち分)に応じた. die Kosten⁴ *anteilig* übernehmen 費用を持ち分に応じて負担する.

An·teil≥nah·me [アンタイル・ナーメ] 女 -/ ① 参加, 関与. ② 関心, 関与; 同情. mit wacher *Anteilnahme* 強い関心を持って.

*die **An·ten·ne** [アンテンネ anténa] 女 (単)-/(複)-n ① アンテナ. Fernseh*antenne* テレビアンテナ / keine *Antenne*⁴ **für** 事⁴ haben《口語》事⁴がさっぱりわからない. ②《動》(昆虫の)触覚.

An·tho·lo·gie [アントロギー antologí:] 女 -/-n [..ギーエン] アンソロジー, 詞華集.

Anth·ro·po·lo·ge [アントロポローゲ antropoló:gə] 男 -n/-n 人類学者.

Anth·ro·po·lo·gie [アントロポロギー antropologí:] 女 -/《覆 なし》《哲》人間学.

anth·ro·po·lo·gisch [アントロポローギッシュ antropoló:gɪʃ] 形 人類学[上]の; 《哲》人間学[上]の.

Anth·ro·po·so·phie [アントロポゾフィー antropozofí:] 女 -/《哲》人智学(ドイツの思想家ルドルフ・シュタイナー 1861-1925 が創始).

an·ti.., **An·ti..** [アンティ.. anti.. または アンティ..] [形容詞・名詞につける接頭] ①《反・非》例: *anti*autoritär 反権威主義的な / *Anti*pathie 反感. ②《抗》例: *anti*biotisch 抗生物質の.

An·ti·al·ko·ho·li·ker [アンティ・アルコホーリカァ] 男 -s/- 禁酒主義者.

an·ti·au·to·ri·tär [アンティ・アオトリテーァ] 形 反権威主義的な.

An·ti·ba·by·pil·le [アンティベービ・ぴれ] 女 -/-n《薬》経口避妊薬, ピル.

An·ti·bi·o·ti·kum [アンティ・ビオーティクム ánti-bio:tikum または ..ビオーティクム] 中 -s/ ..tika《医》抗生物質.

An·ti·christ [アンティ・クリスト] 男 -[s]/ I《聖》反キリスト, 悪魔. II 男 -en/-en キリスト教の敵対者.

An·ti·fa·schis·mus [アンティ・ふァシスムス] 男 -/ 反ファシズム[運動].

An·ti·gen [アンティ・ゲーン anti-gé:n] 中 -s/-e《生・化》抗原.

An·ti·go·ne [アンティーゴネ antí·gone] -[n]s/《ギ神》アンティゴネ(オイディプス王の娘).

*an·tik** [アンティーク antí:k] 形 ① **古典古代 (ギリシア・ローマ)の. die *antike* Kultur 古典古代文化. ② 古代風の, 古風な, アンティークな. *antike* Möbel アンティークな家具.

An·ti·ke [アンティーケ antí:kə] 女 -/-n ①〚複なし〛(ギリシア・ローマの)古典古代, 古代文化. die griechische *Antike* 古代ギリシア文化. ②《ふつう複》古美術品, 古典時代の美術(芸術)品.

an·ti·kom·mu·nis·tisch [アンティ・コムニスティッシュ] 形 反共[産主義]の.

An·ti·kör·per [アンティ・ケルパァ] 男 -s/《ふつう複》《医》抗体.

An·ti·lo·pe [アンティろーぺ antiló:pə] 女 -/-n《動》レイヨウ.

An·ti·mon [アンティモーン antimó:n] 中 -s/《化》アンチモン(記号: Sb).

An·ti·no·mie [アンティノミー antinomí:] -/-n [..ミーエン]《哲》二律背反, アンチノミー.

An·ti·pa·thie [アンティパティー antipatí:] 女 -/-n [..ティーエン] 反感, 嫌悪.《☞「共感」は Sympathie》.

An·ti·po·de [アンティポーデ antipó:də] 男 -n/-n ①《地理》対蹠(せき)人(地球上の正反対側の土地に住む人). ②《比》(性格などが)正反対の人.

an·tip·pen [アン・ティッペン án-tipən] I 他 (h) (指先で)軽くたたく, 軽く触れる;《比》(問題点などに)ちょっと触れる. II 自 (h) 《bei 人³ ~》《口語》(人³に)それとなく尋ねる.

An·ti·qua [アンティクヴァ antí:kva] 女 -/《印》ラテン文字; ローマン字体.

An·ti·quar [アンティクヴァール antikvá:r] 男 -s/-e 古本屋, 古書商人; 骨董(こっとう)商.

An·ti·qua·ri·at [アンティクヴァリアート antikvariá:t] 中 -[e]s/-e ①〚複なし〛古本(古書)業. ② 古本屋, 古書店.

an·ti·qua·risch [アンティクヴァーリッシュ antikvá:rɪʃ] 形 古本の, 古書の; 使い古した, 中古の. *antiquarische* Bücher 古書.

an·ti·quiert [アンティクヴィーァト antikví:rt] 形 古くなった; 時代遅れの, 古風な.

An·ti·qui·tät [アンティクヴィテート antikvité:t] 女 -/-en《ふつう複》古美術品, 骨董(こっとう)品.

An·ti·se·mit [アンティ・ゼミート] 男 -en/-en 反ユダヤ主義者.

an·ti·se·mi·tisch [アンティ・ゼミーティッシュ] 形 反ユダヤ主義の, ユダヤ人排斥の.

An·ti·se·mi·tis·mus [アンティ・ゼミティスムス] 男 -/ 反ユダヤ主義.

an·ti·sep·tisch [アンティ・ゼプティッシュ または ..ゼプティッシュ] 形《医》防腐[性]の, 殺菌[性]の.

an·ti·sta·tisch [アンティ・シュターティッシュ または ..シュターティッシュ] 形《物》静電防止の.

An·ti·the·se [アンティ・テーゼ] 女 -/-n《哲》反定立, 反対命題, アンチテーゼ;《修》対照法, 対句.

an·ti·zi·pie·ren [アンティツィピーレン anti-tsipí:rən] 他 (h) (思想など⁴を)先取りする, 予見する.

Ant·litz [アントリッツ ántlɪts] 中 -es/-e《ふつう単》《雅》顔(=Gesicht).

An·ton [アントーン ánto:n] -s/《男名》アントーン.

An·to·nym [アントニューム antoný:m] 中 -s/-e《言》反意(反義)語.《☞「同義語」は Synonym》.

*der **An·trag** [アン・トラーク án-tra:k] 男 (単2) -es (まれに -s)/(複) ..träge [..トレーゲ] (3格のみ ..trägen) ① **申請, 申し込み; 申請書, 申込書.《英 application》. ein schriftlicher *Antrag* 文書による申請 / einen *Antrag* **auf** 事⁴ stellen 事⁴を申請する. ② **提案, 動議. einen *Antrag* an|nehmen (ab|lehnen) 動議を採択(却下)する / **auf** *Antrag* **von** Herrn Meyer マイアー氏の動議に基づいて. ③ **結婚の申し込み, プロポーズ. einem Mädchen einen *Antrag* machen ある娘に求婚する.

An·trä·ge [アン・トレーゲ] *Antrag (申請)の複

an|tra·gen [アン・トラーゲン án-trà:ɡən] 他 (h)《雅》(人³に事⁴を)申し出る, 提案する.

An·trags·for·mu·lar [アントラークス・ふォルムらール] 中 -s/-e 申し込み用紙, 申請(出願)用紙.

An·trag·stel·ler [アントラーク・シュテらァ] 男 -s/- 申請(出願)者.《☞ 女性形は Antragstellerin》.

an|tref·fen* [アン・トレッふェン án-trèfən] 他 (h) (人⁴に)会う; (人・物⁴が…であるのを)見いだす. Wir *trafen* ihn nicht zu Hause *an*. 私たちは彼に彼の自宅では会えなかった.

an|trei·ben* [アン・トライベン án-tràibən] I 他 (h) ① (馬など⁴を)追いたてる, 駆りたてる; (人⁴を仕事などにせきたてる. 人⁴ **zur** Arbeit *antreiben* 人⁴をせきたてて仕事をさせる. ② (機械などが)⁴を動かす, 作動させる. Die Maschine *wird* elektrisch *angetrieben*.《受動・現在》その機械は電気で動く. ③ (波が岸へ)漂着させる. II 自 (s) 漂着する.

an|tre·ten* [アン・トレーテン án-trè:tən] I 他 (h) ① (仕事など[4]を)始める，(職務など[4]に)就く，(遺産など[4]を)引き継ぐ．ein Amt[4] antreten 就任する / eine Reise[4] antreten 旅立つ．② (土など[4]を)踏み固める．Erde[4] antreten 土を踏み固める．③ (キックペダルを踏んでオートバイなど[4]を)始動させる．II 自 (s) ① 整列する，並ぶ．in einer Reihe antreten 一列に並ぶ．② (任務などのために)出頭する，姿を見せる．**zum Dienst** antreten 勤務に就く．◇《**gegen** 人[4] ~》(スポ) (人[4]と)対戦する．

An·trieb [アン・トリープ án-tri:p] 男 -[e]s/-e ① 衝動，誘因，動機．**aus** eigenem Antrieb 自発的に．② 〔工〕動力，駆動[力]．ein Motor mit elektrischem Antrieb 電動モーター．

An·triebs≠kraft [アントリープス・クラフト] 女 -/..kräfte 〔工〕推進力．

an|trin·ken* [アン・トリンケン án-triŋkən] 再帰 (h) sich[3] 軍[4] antrinken 酒を飲んで軍[4]の状態になる．sich[3] einen Mut[4] antrinken 酒を飲んで元気づく / sich[3] einen [Rausch] antrinken 《口語》酔っ払う．
◇☞ angetrunken

An·tritt [アン・トリット án-trit] 男 -[e]s/ (仕事などを)始めること，(職務などに)就くこと，就任．**bei** Antritt der Reise[2] 旅立つ際に．

An·tritts≠be·such [アントリッツ・ベズーフ] 男 -[e]s/-e 就任のあいさつ回り．

An·tritts≠re·de [アントリッツ・レーデ] 女 -/-n 就任演説．

an|tun* [アン・トゥーン án-tù:n] 他 (h) ① (人[3]に危害など[4]を)加える，与える；(人[3]に好意など[4]を)示す，施す．人[3] Schande[4] (Gutes[4]) antun 人[3]に恥をかかせる(好意を寄せる) / Tu mir die Liebe und komm mit! どうか(私のために)いっしょに来て．◇《再帰的に》sich[3] etwas[4] antun 《口語・婉曲》自殺する．② 《**es** を目的語として成句的に》es 人[3] antun 人[3]を魅了する．Sie hat es ihm angetan. 彼はすっかり彼女のとりこになった．③ (方)(衣服[4]を)着る．
◇☞ angetan

Ant·wer·pen [アント・ヴェルペン ant-vérpən] または アント..[] 中 〔都市名〕アントヴェルペン，アントワープ(ベルギーの河港都市：☞ 地図 B-3)．

****die** **Ant·wort** [アントヴォルト ántvɔrt] 女 (単) -/(複) -en 返事，回答，返答 (略：Antw.)．(英 answer)．(反)「問い」は Frage)．eine kluge Antwort 賢明な答え / eine Antwort[4] geben 人[3]に返事をする / eine Antwort[4] fordern (erwarten) 返事を要求する(期待する) / eine Antwort[4] bekommen (または erhalten) 返事をもらう / 人[3] die Antwort[4] schuldig bleiben 人[3]に返事を怠っている / die Antwort **auf** eine Frage 質問に対する回答 / **Um** Antwort wird gebeten. 《受動・成句》ご返事を請う(略：U. A. w. g.) / Keine Antwort ist auch eine Antwort. 《諺》返事がないのもまた一つの返事．

:**ant·wor·ten** [アントヴォルテン ántvɔrtən]

答える	Bitte *antworten* Sie!
	ビッテ アントヴォルテン ズィー
	どうぞ答えてください．

人称	単	複
1	ich antworte	wir antworten
2	du antwortest	ihr antwortet
	Sie antworten	Sie antworten
3	er antwortet	sie antworten

(antwortete, hat...geantwortet) I 自 (定了 haben) 答える，返事する．(英 answer)．(反 「尋ねる」は fragen)．人[3] höflich antworten 人[3]にていねいに返事する / **auf** eine Frage antworten 質問に答える / Hast du auf seinen Brief geantwortet? 彼の手紙に返事を出したかい．
II 他 (定了 haben) (軍[4]と)**答える**，返事する．Was **soll** ich ihr antworten? 彼女に何と答えようか / **Auf** unsere Frage antwortete er, dass... 私たちの質問に彼は…と答えた．

> 類語 antworten: 「(質問などに口頭で・文書で)答える，返事をする」の意味でもっとも一般的な語．beantworten: (質問・要求などに同様または文書できちんと)回答する．entgegnen: (相手の意見や要求に反対して)口答で言い返す．erwidern: (相手の意見や要求に対して)言い返す，応酬する．

ant·wor·te·te [アントヴォルテテ] ≠antworten (答える)の 過去

Ant·wort≠schein [アントヴォルト・シャイン] 男 -[e]s/-e 〔郵〕国際返信切手券．

an|ver·trau·en [アン・フェアトラオエン án-fɛrtràuən] (過分 anvertraut) 他 (h) ① (A[3] に B[4] を)ゆだねる，任せる．② Geld[4] anvertrauen 人[3]にお金を任せる．◇《再帰的に》Ich vertraue mich vollkommen dem Arzt an. 私はその医者に完全に我が身を任せている．(人[3]に秘密など[4]を)打ち明ける．Sie vertraute ihm ein Geheimnis an. 彼女は彼に秘密を打ち明けた．◇《再帰的に》sich[4] 人[3] anvertrauen 人[3]に心中を打ち明ける．

An·ver·wand·te[r] [アン・フェアヴァンテ (..タ[r]) án-fɛrvantə (..tər)] 男 女 〔語尾変化は形容詞と同じ〕《雅》親類，親戚．

an|vi·sie·ren [アン・ヴィズィーレン án-vizì:rən] 他 (h) ① (人・物[4]に)ねらいを定める．② (比)(軍[4]を)目指す．

an|wach·sen* [アン・ヴァクセン án-vàksən] 自 (s) ① (植物などが)根づく；(傷などが)癒着する；(組織などに)固着する．Die Pflanze ist noch nicht angewachsen.《現在完了》この植物はまだ根づいていない．② (人口などが)増加する，膨張する．Die Bevölkerung wächst weiter an. 人口がさらに増加する．

***der** **An·walt** [アン・ヴァルト án-valt] 男 (単 2) -[e]s/(複) ..wälte [..ヴェるテ] (3 格の

..wälten) ① 弁護士，弁護人．(㉂ *lawyer*). sich³ einen *Anwalt* nehmen 弁護士を雇う．② 代弁者，代理人．

An·wäl·te [アン・ヴェルテ] ＊Anwalt (弁護士)の 複

An·wäl·tin [アン・ヴェルティン án-vɛltɪn] 囡 -/..tinnen (女性の)弁護士；(女性の)代理人．

An·walts⸗kam·mer [アン・ヴァルツ・カンマァ] 囡 -/-n《法》弁護士会．

an|wan·deln [アン・ヴァンデルン án-vàndəln] 他 (h)《雅》(感情などが不意に人⁴を)襲う．Eine plötzliche Furcht *wandelte* mich *an*. 私は突然恐怖に襲われた．

An·wand·lung [アン・ヴァンドるング] 囡 -/-en (感情・病気などの)突発の出現，発作；気まぐれ．in einer *Anwandlung* von Großmut 急に気前がよくなって．

an|wär·men [アン・ヴェルメン án-vɛ̀rmən] 他 (h) 少し温(暖)める．

An·wär·ter [アン・ヴェルタァ án-vɛrtər] 男 -s/- (賞などの)候補者；(地位・財産などの)後継(相続)予定者．(㉂ 女性形は Anwärterin). *Anwärter* auf den Thron 王位継承予定者．

An·wart·schaft [アン・ヴァルトシャフト] 囡 -/-en《ふつう 単》継承(相続)要求[権]；見込み．die *Anwartschaft*⁴ auf ein Amt haben 公職に就く見込みがある．

＊**an|wei·sen**＊ [アン・ヴァイゼン án-vàɪzən] du weist...an (wies...an, *hat*...angewiesen) 他 (定了 haben) ①([人³に]座席・仕事など⁴を)割り当てる，あてがう．Er *wies* jedem eine andere Arbeit *an*. 彼は各人に違った仕事を割り当てた．②《zu 不定詞[句]とともに》(人⁴に…することを)指示する，命令する．Ich *habe* ihn *angewiesen*, die Sache sofort zu erledigen. 私は彼にこの件をすぐに処理するよう命じた．③(人⁴に)指導する，手ほどきする．den Lehrling *anweisen* 見習いに手ほどきする．④(お金⁴を)振り込む，為替で送金する．

◇☞ angewiesen

An·wei·sung [アン・ヴァイズング] 囡 -/-en ① 割り当て，指定．② 指示，指図，命令．③(器具などの)説明書．④ 振込，送金；為替，小切手．Postanweisung 郵便為替 / eine *Anweisung* auf 200 Mark 200マルクの為替．

an·wend·bar [アン・ヴェントバール] 形 応用できる，適用(使用)できる．

＊**an|wen·den**⁽*⁾ [アン・ヴェンデン án-vɛ̀ndən] du wendest...an, er wendet...an (wandte...an, *hat*...angewandt または wendete...an, *hat*...angewendet) 他 (定了 haben) ① 用いる，使用する．(㉂ *use*). eine Technik⁴ *anwenden* ある技術を用いる / Gewalt⁴ *anwenden* 暴力をふるう．②《単》*auf* 人・事⁴ ~》(事⁴を 人・事⁴に)適用する，応用する．Das *können* wir nicht direkt auf die Praxis *anwenden*. それはそのまま実地に応用できない．

◇☞ angewandt

An·wen·der [アン・ヴェンダァ án-vɛndər] 男 -s/-《ﾆｭｰｽﾞ》(特にソフトウェアの)使用者，ユーザ．

＊*die* **An·wen·dung** [アン・ヴェンドゥング án-vɛndʊŋ] 囡 (単) -/(複) -en 使用；適用，応用．die *Anwendung* einer neuen Technik² 新しい技術の応用 /《物⁴ *in* Anwendung (または *zur* Anwendung) bringen《書》物⁴を使用する / zur *Anwendung* kommen《書》(規則などが)適用される．

An·wen·dungs⸗pro·gramm [アンヴェンドゥングス・プログラム] 中 -s/-e《ﾆｭｰｽﾞ》アプリケーションソフト，応用ソフト．

an|wer·ben＊ [アン・ヴェルベン án-vɛ̀rbən] 他 (h) (兵士・労働者などを)募集する．

An·wer·bung [アン・ヴェルブング] 囡 -/-en (兵士・労働者などの)募集，徴募．

an|wer·fen＊ [アン・ヴェルフェン án-vɛ̀rfən] 他 (h) ①(エンジンなど⁴を)始動させる．②(モルタルなど⁴を)塗りつける．

An·we·sen [アン・ヴェーゼン án-ve:zən] 中 -s/- 家屋敷，地所．

＊**an·we·send** [アン・ヴェーゼント án-ve:zənt] 形 出席している，居合わせている．(㉂ *present*).《口語》「不在の」は abwesend). Er ist im Augenblick nicht *anwesend*. 彼はただ今おりません / alle *anwesenden* Personen 出席しているすべての人々 / bei einer Sitzung *anwesend* sein 会議に出席している / nicht ganz *anwesend* sein《比》うわの空である，ぼうっとしている．

An·we·sen·de[r] [アン・ヴェーゼンデ(..ダァ) án-ve:zəndə (..dər)] 男 囡《語尾変化は形容詞と同じ》出席者．Sehr verehrte *Anwesende*! ご出席の皆様．

An·we·sen·heit [アン・ヴェーゼンハイト] 囡 -/ ① 出席，参列，居合わせること．(㉂「欠席」は Abwesenheit). in *Anwesenheit* von Herrn Schmidt シュミット氏の出席のもとで / während meiner *Anwesenheit* 私がいる間に．② 存在(混在)していること．die *Anwesenheit*⁴ von Gift nach|weisen 毒の混在を立証する．

An·we·sen·heits⸗lis·te [アンヴェーゼンハイツ・リステ] 囡 -/-n 出席者名簿．

an|wi·dern [アン・ヴィーダァン án-vì:dərn] 他 (h) (人⁴に)嫌悪感(不快感)を起こさせる．

◇☞ angewidert

An·woh·ner [アン・ヴォーナァ án-vo:nər] 男 -s/- (通りなどに)隣接して住んでいる人，近隣住民．die *Anwohner* des Flughafens 空港周辺の住民．

An·wurf [アン・ヴルフ án-vʊrf] 男 -[e]s/..würfe ①《複 なし》(球技の)スローオフ．②《比》非難，悪口．

an|wur·zeln [アン・ヴルツェルン án-vùrtsəln] 自 (s) 根づく．

◇☞ angewurzelt

＊*die* **An·zahl** [アン・ツァール án-tsa:l] 囡 (単) -/ (一定の)数；若干の数．(㉂ *number*).

eine *Anzahl* Bücher (または **von** Büchern) 何冊かの本 / eine große *Anzahl* von Kindern 多数の子供たち / die *Anzahl* der Teilnehmer[2] 参加者の数.

an|zah·len [アン・ツァーれン án-tsàːlən] 他 (h)（ある金額[4]を）内金として支払う;（商品[4]の）頭金を支払う. die Hälfte[4] des Preises *anzahlen* 値段の半分を内金として払う.

An·zah·lung [アン・ツァーるング] 囡 -/-en 内金;（分割払いの）頭金, 最初の支払い.

an|zap·fen [アン・ツァプふェン án-tsàpfən] 他 (h) ① （樽($\tilde{}$)など[4]の）口を開ける,（樹液を取るために樹皮など[4]に）傷をつける. ② （口語）（物[4]に）盗聴器を取り付ける. ③ （口語）（人[4]にお金を）無心する.

An·zei·chen [アン・ツァイヒェン án-tsaiçən] 中 -s/- ① 徴候, 前ぶれ, 前兆. das erste *Anzeichen* einer Krankheit[2] 病気の最初の徴候 / *Anzeichen* eines Gewitters 雷雨の前ぶれ. ② 様子, 気配. kein *Anzeichen*[4] von Reue zeigen 改悛の情をまったく見せない.

*die **An·zei·ge** [アン・ツァイゲ án-tsaigə] 囡 (単) -/(複) -n ① （新聞などの）広告, 通知[状], 公示. Heirats*anzeige* 結婚の広告(通知) / Todes*anzeige* 死亡広告 / eine *Anzeige*[4] bei der Zeitung auf|geben 新聞に広告を出す. (☞ 類語 Werbung). ② （警察などへの）届出, 訴え, 告発. eine anonyme *Anzeige* 匿名の訴え / eine *Anzeige*[4] bei der Polizei machen 警察に届け出る(訴える). ③ （計器などの）示度, 表示; 表示板. ④ （医）徴候.

*an|zei·gen** [アン・ツァイゲン án-tsàigən] (zeigte…an, hat…angezeigt) 他 (定了 haben) ① （新聞などで）広告する, 通知する, 公示する. neue Bücher[4] in der Zeitung *anzeigen* 新刊書を新聞に広告する. ② （人・事[4]を警察などへ）届け出る, 訴える. einen Diebstahl bei der Polizei *anzeigen* 盗難を警察に届け出る. ③ （計器類が）表示する, 示す. Das Barometer *zeigte* schlechtes Wetter *an*. 気圧計は天気が悪くなることを示していた.
◊☞ angezeigt

An·zei·gen·teil [アンツァイゲン・タイる] 男 -[e]s/-e （新聞・雑誌などの）広告欄.

An·zei·ger [アン・ツァイガァ án-tsaigər] 男 -s/- ① 計器, インジケーター. Geschwindigkeits*anzeiger* 速度計. ② （業界紙などの名称として:) …新聞. literarischer *Anzeiger* 文芸新聞.

an|zet·teln [アン・ツェッテるン án-tsètəln] 他 (h) （暴動など[4]を）企てる, たくらむ.

*an|zie·hen** [アン・ツィーエン án-tsìːən] (zog…an, hat…angezogen) I 他 (定了 haben) ① （衣服[4]を）着る, 身に着ける,（靴など[4]を）はく,（帽子[4]を）かぶる. (英 put on). (反 「脱ぐ」は aus|ziehen). ein Kleid[4] *anziehen* ワンピースを着る / Ich *ziehe* [mir] den Mantel *an*. 私はコートを着る.

② （人[4]に）服を着せる. Mutter *zog* die Kinder rasch *an*. お母さんは子供たちに手早く服を着せた / Sie *ist* elegant *angezogen*.【状態受動・現在】彼女は上品な身なりをしている. ◊【再帰的に】*sich*[4] *anziehen* 服を着る ⇒ Das Kind *kann sich schon anziehen*. この子はもう[自分で]服を着ることができる / *sich*[4] warm *anziehen* 暖かい服装をする.

③ （自分の方へ）引き寄せる, 引きつける;《比》（人[4]を）奪う. Der Magnet *zieht* Eisen *an*. 磁石は鉄を引き寄せる / Salz *zieht* Feuchtigkeit *an*. 塩は湿気を吸収する / Ihr heiteres Wesen *zieht* alle *an*. 彼女の明るい人柄はすべての人を魅了する.

④ 引き締める, 固く締める. eine Schraube[4] *anziehen* ねじを締める / die Handbremse[4] *anziehen* ハンドブレーキを引く.

II 自 (定了 haben) ① （経・商）（価格などが）上がる. Die Preise *ziehen an*. 物価が上昇する. ② （列車などが）動き出す;（車などが）加速する, スピードを上げる.

an·zie·hend [アン・ツィーエント] I *an|ziehen*（着る）の現分 II 形 人の心を引きつける, 魅力的な. ein *anziehendes* Wesen 魅力的な人柄.

An·zie·hung [アン・ツィーウング] 囡 -/-en ① 【複 なし】引くこと; 引力. die magnetische *Anziehung* 磁力. ② 引きつけ, 魅力, 魅惑.

An·zie·hungs⸗kraft [アンツィーウングス・クラふト] 囡 -/..kräfte ① 《物》引力, 磁力. ② 【複 なし】魅力.

an·zu·bie·ten [アン・ツ・ビーテン] *an|bieten*（提供しようと申し出る）の zu 不定詞.

an·zu·fan·gen [アン・ツ・ふァンゲン] *an|fangen*（始める）の zu 不定詞.

*der **An·zug** [アン・ツーク án-tsuːk]

| スーツ | Der *Anzug* steht dir gut.
デァ　アンツーク　シュテート　ディァ　グート
そのスーツは君によく似合うよ. |

男 (単2) -[e]s/(複) ..züge [..ツューゲ] (3格のみ ..zügen)（男性用の）スーツ, 背広;（上下そろいの）服[装]. (英 suit). ein sportlicher *Anzug* スポーティーなスーツ / Er trug einen dunklen *Anzug*. 彼はダークスーツを着ていた / einen *Anzug* von der Stange kaufen 背広をつるし(既製品)で買う / *Anzug*[4] **aus** dem stoßen《俗》（人[4]を）ぶちのめす. (☞ 類語 Kleid). ② 《成句的に》**im** *Anzug* sein 接近しつつある. Ein Gewitter ist im *Anzug*. 雷雨が近づいている. ③ （自動車などの）加速性, 出足. ④ （チェスの）先手. ⑤ （議会での）動議.

〈差〉 *Anzug* のいろいろ: Abend*anzug*（男性の）夜会服 / Arbeits*anzug* 作業服 / Bade*anzug*（女性用の）水着 / Gesellschafts*anzug* 正装 / Sport*anzug* スポーツウェア / Straßen*anzug* 平服, タウンウェア / Taucher*anzug* 潜水服 / Trainings*anzug* トレーニングウェア

An·zü·ge [アン・ツューゲ] *Anzug (スーツ)の囲

an·züg·lich [アン・ツークリヒ] 形 ① 当てこすりの，いやがらせの．② 下品な，いかがわしい．

An·züg·lich·keit [アン・ツュークリヒカイト] 囡 -/-en ① [複 なし] 当てこすり，いやがらせ．② 当てこすりの(いやがらせの)言葉．

an·zu·kom·men [アン・ツ・コンメン] *an|kommen (着く)の zu 不定詞．

***an|zün·den** [アン・ツュンデン ánˑtsỳndən] du zündest ... an, er zündet ... an (zündete ... an, hat ... angezündet) 他 (⦅完了⦆ haben) (物⁴に)火をつける，点火する；(家など⁴に)放火する．(英 light). eine Kerze⁴ anzünden ろうそくに火をつける / Sie zündete ihm die Pfeife an. 彼女は彼のパイプに火をつけてやった．

An·zün·der [アン・ツュンダァ ánˑtsỳndər] 男 -s/- ライター，点火器．

an·zu·neh·men [アン・ツ・ネーメン] *an|nehmen (受け取る)の zu 不定詞．

an·zu·ru·fen [アン・ツ・ルーふェン] *an|rufen (電話をかける)の zu 不定詞．

an·zu·se·hen [アン・ツ・ゼーエン] *an|sehen (見つめる)の zu 不定詞．

an·zu·zie·hen [アン・ツ・ツィーエン] *an|ziehen (着る)の zu 不定詞．

an|zwei·feln [アン・ツヴァイふェるン ánˑtsvàifəln] 他 (h) (事⁴を)疑う，疑問視する．

AOK [アー・オー・カー] ⦅略⦆ (ドイツの)地区疾病金庫 (= Allgemeine Ortskrankenkasse).

Ä·on [エオーン εó:n または エーオン έ:ɔn] 男 -s/-en [エオーネン] ⦅ふつう 複⦆ 永遠，永劫. in Äonen 永遠に．

ao. Prof., a. o. Prof. [アオサァ・オルデントりッヒァァ プロふェッソァ] ⦅略⦆ 助教授，員外教授 (=außerordentlicher Professor).

A·or·ta [アオルタ aórta] 囡 -/Aorten ⦅医⦆ 大動脈．

a·part [アパルト apárt] 形 独特な魅力を持つ，ユニークな．

A·part·heid [アパールトハイト apá:rthait] 囡 -/ アパルトヘイト(南アフリカのかつての人種隔離政策).

A·part·ment [アパルトメント apártmənt] 中 -s/-s (近代的な設備の)小アパート，ワンルームマンション．

A·part·ment⁼haus [アパルトメント・ハオス] 中 -es/..häuser (小規模な住居からなる)共同住宅，アパート．

A·pa·thie [アパティー apatíː] 囡 -/-n [..ティーエン] ① 無関心，無感動，冷淡． ② ⦅医⦆ 感情鈍麻，無感情．

a·pa·thisch [アパーティッシュ apáːtiʃ] 形 無関心の，冷淡な；無感動の．

A·per·çu [アペルスュー apɛrsýː] [フ] 中 -s/-s 気の利いた思いつき，妙案．

A·pe·ri·tif [アペリティーふ aperitíːf] [フ] 男 -s/-s アペリティフ(食欲を誘うための食前酒).

⦅der⦆ **Ap·fel** [アプふェる ápfəl] 男 (単 2) -s/(複) Äpfel [エプふェる] (3格のみ Äpfeln) ① りんご．(英 apple). ein reifer Apfel 熟したりんご / Dieser Apfel ist sauer. このりんごは酸っぱい / einen Apfel essen りんごを食べる / einen Apfel schälen りんごの皮をむく / **für** einen Apfel und ein Ei ⦅口語⦆ 捨て値で(←りんご 1 個と卵 1 個を代価として) / **in** den sauren Apfel beißen ⦅口語・比⦆ いやなことを仕方なしにする (←酸っぱいりんごをかじる) / Der Apfel fällt nicht weit vom Stamm. ⦅諺⦆ 瓜(ぅり)のつるになすびはならぬ(←りんごは幹から遠くには落ちない) / Kein Apfel konnte zur Erde fallen. 立錐(りっすい)の余地もなかった(← 1 個のりんごも地面に落ちることができなかった)．

② りんごの木．Die Äpfel blühen bereits. りんごの木にもう花が咲いている．

Äp·fel [エプふェる] *Apfel (りんご)の 複

Ap·fel⁼baum [アプふェる・バオム] 男 -[e]s/..bäume りんごの木．

Ap·fel⁼blü·te [アプふェる・ブリューテ] 囡 -/-n りんごの花．

Ap·fel⁼ku·chen [アプふェる・クーヘン] 男 -s/- りんごをのせて焼いたケーキ．

Ap·fel⁼most [アプふェる・モスト] 男 -[e]s/ アップルモスト (軽発酵させたりんご果汁)；⦅南ド⦆ りんご酒．

Ap·fel⁼mus [アプふェる・ムース] 中 -es/ りんごのピューレ(ソース).

Ap·fel⁼saft [アプふェる・ザふト] 男 -[e]s/..säfte りんごジュース．

Ap·fel⁼schim·mel [アプふェる・シンメる] 男 -s/- ねずみ色のまだらのある馬．

Ap·fel·si·ne [アプふェるズィーネ apfəlzíːnə] 囡 -/-n オレンジ[の木] (=Orange). eine Apfelsine⁴ schälen オレンジの皮をむく．

Ap·fel⁼stru·del [アプふェる・シュトルーデる] 男 -s/- (渦巻き型とした)アップルパイ．

Ap·fel⁼wein [アプふェる・ヴァイン] 男 -[e]s/-e りんご酒(特に中部ドイツで飲まれている).

A·pho·ris·mus [アふォリスムス afórismʊs] 男 -/..rismen アフォリズム，警句，箴言(しんげん).

Aph·ro·di·te [アふロディーテ afrodíːtə] 囡 -s/ ⦅ギ神⦆ アフロディーテ(愛と美と豊穣の女神．ローマ神話のヴィーナスに当たる).

APO, A·po [アーポ áːpo] 囡 -/ ⦅略⦆ (特に 1960 年代のドイツの)議会外反政府勢力(新左翼など) (=Außerparlamentarische Opposition).

a·po·dik·tisch [アポディクティッシュ apodíktiʃ] 形 ① ⦅哲⦆ 反論の余地のない，明白な．② 有無を言わせぬ，断定的な．

A·po·ka·lyp·se [アポカリュプセ apokalýpsə] 囡 -/-n ① ⦅宗⦆ 黙示録；(特に新約聖書の)ヨハネの黙示録．② ⦅複 なし⦆ 災い，破滅，破局．

a·po·ka·lyp·tisch [アポカリュプティッシュ apokalýptiʃ] 形 ① ⦅宗⦆ ヨハネの黙示録の．② 世の終わりを思わせるような；不気味な．

a·po·li·tisch [アポーリーティッシュ apóːlitiʃ] またはアポリー..] 形 非政治的な，政治に無関心な．

A·poll [アポる apól] -s/ ⦅雅⦆ =Apollo

a·pol·li·nisch [アポリーニッシュ apolí:nıʃ] 形 ① アポロ[ン]の, アポロ[ン]的な. ② 《哲》調和のとれた, 中庸を得た.

A·pol·lo [アポロ apólo] I －s/《ﾞ神》アポロン, アポロ(光・音楽・詩・予言などをつかさどる太陽神). II 男 －s/－s《比》美青年.

A·pol·lon [アポロン apólɔn] －s/ ＝Apollo

A·po·lo·get [アポろゲート apologé:t] 男 －en/－en ① 弁明者, 弁護者. ② 《宗》(初期キリスト教の)護教者.

Apo·lo·gie [アポロギー apologí:] 女 －/－n [..ギーエン] ① 弁明, 弁護. ② 弁明(弁護)演説; 弁明書.

A·pos·tel [アポステる apóstəl] 男 －s/－ ① (キリストの)使徒. die zwölf *Apostel* キリストの十二使徒. ② (主義などの)主唱者, 唱道者.

A·pos·tel=ge·schich·te [アポステる・ゲシヒテ] 女 －/《聖》使徒行伝.

a pos·te·ri·o·ri [ア ポステリオーリ a posterió:ri] [？？] 副《哲》後天的に, 経験的に. (⇨「先天的に」は a priori). ② あとから.

a·pos·to·lisch [アポストーリッシュ apostó:lıʃ] 形 ① 《神学》使徒の; 使徒的な. ② 《ｶﾄﾘｯｸ》ローマ教皇の.

Ap·o·stroph [アポストローふ apostró:f] 男 －s/－e 《言》アポストロフィ, 省略符(記号:'). einen *Apostroph* setzen 省略符を打つ.

a·po·stro·phie·ren [アポストロふィーレン apostrofí:rən] 他(h) 《成句的に》人・事 als *apostrophieren* 人・事を…と見なす, 言う. (⇨ …には4格の名詞や形容詞がくる).

＊*die* A·po·the·ke [アポテーケ apoté:kə] 女 (単)－/(複)－n ① 薬局, 薬屋. (米 *pharmacy*). **zur** *Apotheke* **gehen** 薬局に行く. ② (家庭で常備する)薬箱. ③ 《口語》値段の高いことで有名な店.

a·po·the·ken=pflich·tig [アポテーケン・プふりヒティヒ] 形 正規の薬局でないと買えない(薬など).

A·po·the·ker [アポテーカァ apoté:kəɐ] 男 －s/－ 薬剤師.

A·po·the·ke·rin [アポテーケリン apoté:kərın] 女 －/..rinnen (女性の)薬剤師.

＊*der* Ap·pa·rat [アパラート apará:t] 男 (単2)－[e]s/(複)－e (3格のみ －en) ① (一組の)装置, 器械, 器具. (☞ 類語 Werkzeug). ② 電話機 (＝Telefon*apparat*); ラジオ受信機 (＝Radio*apparat*); テレビ受像機 (＝Fernseh*apparat*); 電気かみそり (＝Rasier*apparat*); カメラ (＝Foto*apparat*). Wer ist **am** *Apparat*? (電話で:)どちら様でしょうか / Bleiben Sie bitte am *Apparat*! そのままで[電話口で]お待ちください. ③ 《ふつう 単》(政治組織などの)機構, 機関. Verwaltungs*apparat* 行政機構. ④ (学問上の)参考資料; 異校資料. ⑤ 《医》器官. ⑥ 《口語》ばかでかいもの.

ap·pa·ra·tiv [アパラティーふ aparatí:f] 形 装置(器械・器具)の.

Ap·pa·ra·tur [アパラトゥーァ aparatú:r] 女 －/－en 装置(設備器具)一式.

Ap·par·te·ment [アパルタマーン apartəmã:] 中 －s/－s ① (豪華なホテルの)数室続きの部屋, スイートルーム. ② (近代的な設備の)小アパート, ワンルームマンション.

Ap·peal [アピーる apí:l] 英 男 －s/ (他人の心情に)訴える力, アピール.

Ap·pell [アペる apél] 男 －s/－e ① 訴え, 警告; 呼びかけ, アピール. ② 《軍》召集, 点呼. ③ (猟犬などの)服従.

ap·pel·lie·ren [アペリーレン apelí:rən] 自(h) 《an 人・事⁴ ～》(人・事⁴に)訴える, 呼びかける, アピールする. an die Vernunft *appellieren* 理性に訴える.

Ap·pen·dix [アペンディクス apéndıks] I 男 －/..dizes [..ディツェース] (または －es/－e) ① 付属物, 添え物. ② (書物の)付録, 補遺. II 男 －/..dizes《医》虫垂.

Ap·pen·di·zi·tis [アペンディツィーティス apendıtsí:tıs] 女 －/..tiden [..ツィティーデン]《医》虫垂炎, 盲腸炎.

＊*der* Ap·pe·tit [アペティート apetí:t]

> 食欲　Guten *Appetit*!
> グーテン　アペティート
> おいしく召しあがれ.

男 (単2)－[e]s/(複)－e (3格のみ －en)《ふつう 単》① 食欲. (米 *appetite*). keinen *Appetit* haben 食欲がない / den *Appetit* an|regen 食欲をそそる / 人³ den *Appetit* verderben 人³の食欲を失わせる / **auf** 物⁴ *Appetit*⁴ haben 物⁴を食べたいと思う.
② 《比》欲求, (…したい)気持ち.

ap·pe·tit=an·re·gend [アペティート・アンレーゲント] 形 食欲をそそる, おいしそうな; 食欲を増進させる(薬など).

ap·pe·tit·lich [アペティートりヒ] 形 ① 食欲をそそる, (包装などが清潔で)小ぎれいな. ②《比》(若くて)魅力的な(女の子など).

ap·pe·tit=los [アペティート・ろース] 形 食欲のない, 食欲不振の.

ap·plau·die·ren [アプらオディーレン aplaudí:rən] 自(h) 拍手喝采(ﾊｸｼｭ)する. 人³ *applaudieren* 人³に拍手喝采する.

Ap·plaus [アプらオス aplát̃s] 男 －es/－e《ふつう 単》拍手喝采(ﾊｸｼｭ). stürmischer *Applaus* あらしのような拍手.

ap·pli·zie·ren [アプリツィーレン aplitsí:rən] 他(h) ① 適用(応用)する. ②《医》(薬⁴を)投与する; (療法⁴を)適用する. ③ (模様など⁴を)縫い付ける, アップリケする. ④ (塗料⁴を)塗る.

ap·por·tie·ren [アポルティーレン aportíːrən] 他(h)《狩》(猟犬が獲物⁴を)捜して持って来る。

Ap·po·si·ti·on [アポズィツィオーン apozitsióːn] 女 -/-en《言》同格.(例: Karl der Große カール大帝).

ap·pre·tie·ren [アプレティーレン apretíːrən] 他(h)《織》(織物など⁴に)光沢仕上げをする。

Ap·pre·tur [アプレトゥーァ apretúːr] 女 -/-en《織》(織物の)光沢仕上げ[剤].

Ap·pro·ba·ti·on [アプロバツィオーン aprobatsióːn] 女 -/-en ①《医師・薬剤師の》開業許可(免許). ②《カトリック》教会認可.

ap·pro·biert [アプロビーァト aprobíːrt] 形 開業免許を受けた(医師など).

Apr. [アプリる]《略》4月 (= April).

Ap·rès-Ski [アプレ・シー] 中 -/ アフタースキーウェア(スキーをした後にロッジで着る服). ②(スキーをした後の)パーティー、アフタースキー。

Ap·ri·ko·se [アプリコーゼ aprikóːzə] 女 -/-n ①《植》アンズ(杏). ② あんずの木.

‡der **A·pril** [アプリる aprɪl] 男(単2) -[s]/(複) -e (3格のみ -en)《ふつう単》**4月** (略: Apr.). (英 April). (☞ 月名 ☞ Monat). Anfang *April* 4月の初めに / Ende *April* 4月の終わりに / Heute ist der 5. (= fünfte) *April*. きょうは4月5日だ / **im** *April* 4月に /（人⁴ in den *April* schicken 人⁴をエープリルフールにつく、一杯くわせる / *April*, *April*!《口語》まんまと一杯くわせた。

Ap·ril‐scherz [アプリる・シェルツ] 男 -es/-e 4月1日の冗談、エープリルフール;《比》根も葉もない冗談.

Ap·ril‐wet·ter [アプリる・ヴェッタァ] 中 -s/ (変わりやすい)4月の天気.

a pri·o·ri [ア プリオーリ a prióːri] [ラ語] ①《哲》先天的に、先験的に、アプリオリに.(☞「後天的に」は a posteriori). ② 始めから、もともと、原則的に.

ap·ro·pos [アプロポー apropóː] 副 それはそうと、ところで、ついでに[言えば].

Ap·sis [アプスィス ápsɪs] 女 -/Apsiden [アプスィーデン]①《建》後陣、アプス(教会の内陣の後ろの出っ張り). ②(テントの)半円形の張り出し.

A·quä·dukt [アクヴェドゥクト akvɛdúkt] 男 -[e]s/-e (古代ローマの)水道橋.

A·qua·ma·rin [アクヴァマリーン akvamaríːn] 男 -s/-e《鉱》藍玉(らんぎょく)石、アクアマリン.

A·qua·naut [アクヴァナウト akvanáut] 男 -en/-en 深海研究隊員、アクアノート.

A·qua‐pla·ning [アクヴァ・プらーニング] 中 -[s]/ ハイドロプレーニング(水たまりでタイヤが浮き上がる現象).

A·qua·rell [アクヴァれる akvarɛ́l] 中 -s/-e《絵》水彩画. 物⁴ **in** *Aquarell* malen 物⁴を水彩で描く.

A·qua·rell‐far·be [アクヴァれる・ふァルベ] 女 -/-n 水彩絵の具.

a·qua·rel·lie·ren [アクヴァれリーレン akvarɛlíːrən] 他(h)《絵》水彩で描く.

A·qua·rell‐ma·le·rei [アクヴァれる・マーれライ] 女 -/ 水彩画法.

A·qua·ri·um [アクヴァーリウム akváːrium] 中 -s/..rien [..リエン] ①(魚用の)水槽、養魚鉢. ② 水族館.

Ä·qua·tor [エクヴァートァ ɛkváːtɔr] 男 -s/..toren [..ヴァートーレン] ①《複 なし》《地理》赤道. ②《数》(球の)大円.

Ä·qua·tor‐tau·fe [エクヴァートァ・タオふェ] 女 -/-n 赤道祭(初めて赤道を通過する船員に冗談で施す洗礼).

ä·qui·va·lent [エクヴィ・ヴァれント ɛkvivalɛ́nt] 形 ① 等価の、同等の. ②《数》同値の、等積の;《化》当量の.

Ä·qui·va·lent [エクヴィ・ヴァれント] 中 -[e]s/-e ① 等価(のもの); 等価(同等)の代償. ②《数》同値;《化》当量.

Ar¹ [アール áːr] 中 -s/-e (単位: -/-) アール(面積の単位; 100 m²)(記号: a). fünf *Ar* 5アール.

Ar² [アー・エル]《化・記号》アルゴン (= Argon).

Ä·ra [エーラ ɛ́ːra] 女 -/Ären ①《史》時代、年代. die *Ära* der Französischen Revolution² フランス革命の時代 / die *Ära* des Kapitalismus 資本主義の時代. ②《地学》代(地質時代の区分).

A·ra·ber [アラバァ árabər または アラー..] 男 -s/- ① アラビア人. (☞ 女性形は Araberin). ②《動》アラビア馬.

A·ra·bes·ke [アラベスケ arabɛ́skə] 女 -/-n ①《建・美》(アラビア風の)唐草模様. ②《音楽》アラベスク(ピアノのための小曲).

A·ra·bi·en [アラービエン aráːbiən] 中 -s/《地名》アラビア、アラビア半島.

a·ra·bisch [アラービッシュ aráːbɪʃ] 形 アラビア[人・語]の. *arabische* Ziffern アラビア数字.

A·ra·bisch [アラービッシュ] 中 -[s]/ アラビア語.

‡die **Ar·beit** [アルバイト árbaɪt]

仕事 Ich habe heute viel *Arbeit*.
イヒ ハーベ ホイテ ふィーる アルバイト
私はきょうは仕事がいっぱいある。

女 (単) -/(複) -en ① **仕事**、労働、作業; 勉強、研究. (英 work). eine geistige (körperliche) *Arbeit* 頭脳(肉体)労働 / eine leichte (schwere) *Arbeit* 軽(重)労働 / **an** die *Arbeit* gehen または sich⁴ an die *Arbeit* machen 仕事にとりかかる / an (または **bei**) der *Arbeit* sein 仕事中である / 物⁴ **in** *Arbeit* geben 物⁴を発注する / **in** *Arbeit* haben 物⁴を製作中である / Der Schrank ist in *Arbeit*. 戸棚は今製作中です.

②《複 なし》労苦、骨折り. Das macht (または kostet) viel *Arbeit*. それは大変労力だ / keine Mühe⁴ und *Arbeit*⁴ scheuen 労苦をいとわない.

③《複 なし》職、働き口、勤め口. eine *Arbeit*⁴ suchen 職を探す / Er hat zurzeit keine *Arbeit*. 彼は目下失業中だ / **in** *Arbeit* sein 職に就いている / **ohne** *Arbeit* sein 失業

arbeiten

中である / Er geht **zur** *Arbeit*. 彼は勤めに出かける. ④ 作品; 研究成果, 論文, 著書. eine wissenschaftliche *Arbeit* 学術論文 / eine handwerkliche *Arbeit* 手工芸品. ⑤ 課業, 宿題. ⑥ (機械・器官の)働き, 活動. ⑦ 〖覆なし〗(ｽﾎﾟ) トレーニング.

(ｺﾞｳ) ..**arbeit** のいろいろ: Akkord*arbeit* 出来高払いの仕事 / Büro*arbeit* 事務 / Doktor*arbeit* 博士論文 / Garten*arbeit* 庭仕事 / Geistes*arbeit* 頭脳労働 / Gelegenheits*arbeit* 臨時の仕事 / Hand*arbeit* 手仕事 / Haus*arbeit* 家事 / Kurz*arbeit* 短縮労働 / Schul*arbeit* 宿題 / Teilzeit*arbeit* パートタイム労働 / Zusammen*arbeit* 共同作業. (日本語のいわゆる「副業としてのアルバイト」はドイツ語では Job または Nebenarbeit という).

---

*ar·bei·ten [アルバイテン] árbaɪtən]

働く	Ich *arbeite* bei der Post.
	イヒ アルバイテ バイ デァ ポスト
	私は郵便局に勤めています.

人称	単		複	
1	ich	arbeite	wir	arbeiten
2	du	arbeitest	ihr	arbeitet
	Sie	arbeiten	Sie	arbeiten
3	er	arbeitet	sie	arbeiten

(arbeitete, hat...gearbeitet) **I** 自 (完了 haben) ① 働く, 仕事をする; (学生が)勉強する, 研究する. (英 work). fleißig *arbeiten* 熱心に働く(勉強する) / Er *arbeitet* **als** Kellner. 彼はウェーターとして働いている / Er *arbeitet* **an** einem Roman. 彼は小説を執筆中だ / **bei** der Bahn *arbeiten* 鉄道に勤めている / **für** die Prüfung *arbeiten* 試験勉強をする / **in** einer Fabrik *arbeiten* ある工場で働いている / Sie *arbeitet* **über** Kant. 彼女はカントについて研究している. (☞ (類語) lernen).
② (機械・器官などが)動いている, 働いている. Die Waschmaschine *arbeitet* vollautomatisch. この洗濯機は全自動だ / Sein Herz *arbeitet* wieder normal. 彼の心臓は再び正常に動いている / Der Wein *arbeitet*.《比》ワインが発酵している.
II 再帰 (完了 haben) *sich*⁴ *arbeiten* ① 働いて[その結果]…になる. Er *hat sich* krank *gearbeitet*. 彼は働き過ぎて病気になった. ② 〖*sich*⁴ **durch** 物⁴ ~〗(物⁴の中を)苦労して進む. *sich*⁴ **durch** den Schnee *arbeiten* 雪をかき分けて進む. ③ 〖*es arbeitet sich*⁴... の形で〗仕事のやりぐあいが…である. Es *arbeitet sich* schlecht bei dieser Hitze. この暑さでは仕事がはかどらない.
III 他 (完了 haben) (衣服・工芸品など⁴を)作る, 製作する. eine Vase⁴ **in** Ton *arbeiten* 陶土で花びんを作る / Wer *hat* diesen Anzug *gearbeitet*? だれがこのスーツを仕立てたのですか.

*der Ar·bei·ter [アルバイタァ árbaɪtər] 男
(単2) -s/(複) - (3格のみ -n) ① 労働者, 勤労者. (英 worker). Industrie*arbeiter* 工業労働者 / ein gelernter *Arbeiter* 熟練労働者. ② 仕事をする人. ein schneller *Arbeiter* 仕事の早い人.

Ar·bei·te·rin [アルバイテリン árbaɪtərɪn] 女
-/..rinnen ① (女性の)労働者. ② 〖昆〗ハタラキアリ(ハタラキバチ).

Ar·bei·ter·schaft [アルバイタァシャフト] 女 -/
(総称として:)労働者, 勤労者.

ar·bei·te·te [アルバイテテ] *arbeiten (働く) の過去

Ar·beit·ge·ber [アルバイト・ゲーバァ] 男 -s/-
雇用主, 雇い主, 使用者; 経営者. (ｺﾞｳ 女性形は *Arbeitgeberin*).

Ar·beit·neh·mer [アルバイト・ネーマァ] 男 -s/-
被雇用者, 従業員. (ｺﾞｳ 女性形は *Arbeitnehmerin*).

ar·beit·sam [アルバイトザーム] 形 《雅》勤勉な, 仕事熱心な, よく働く.

Ar·beits=amt [アルバイツ・アムト] 中 -[e]s/..ämter 職業安定所, 地域労働局.

Ar·beits=an·zug [アルバイツ・アンツーク] 男 -[e]s/..züge 作業服, 仕事着.

Ar·beits=be·din·gun·gen [アルバイツ・ベディングンゲン] 複 労働条件. günstige *Arbeitsbedingungen* 有利な労働条件.

Ar·beits=be·schaf·fung [アルバイツ・ベシャッフング] 女 -/-en 雇用創出(失業者のために雇用機会を増やす措置).

Ar·beits=dienst [アルバイツ・ディーンスト] 男 -[e]s/-e 労働(勤労)奉仕; (特にナチス時代の)労働奉仕[制度].

Ar·beits=ein·stel·lung [アルバイツ・アインシュテルング] 女 -/-en ① 操業停止, ストライキ. ② 労働意識.

Ar·beits=er·laub·nis [アルバイツ・エァらオブニス] 女 -/ 就業許可.

Ar·beits=es·sen [アルバイツ・エッセン] 中 -s/- (政治家・財界人などの協議のための)会食.

ar·beits=fä·hig [アルバイツ・フェーイヒ] 形 作業(労働)能力のある, 就労可能な.

Ar·beits=gang [アルバイツ・ガング] 男 -[e]s/..gänge ① 作業の進行. ② 作業工程.

Ar·beits=ge·mein·schaft [アルバイツ・ゲマインシャフト] 女 -/-en ① ワーキング(研究)グループ, 作業チーム. ② 〖教〗労働に関する経験や意見の交換.

Ar·beits=kraft [アルバイツ・クラフト] 女 -/..kräfte ① 〖覆 なし〗作業(労働)能力. ② (働き手としての)労働者, 労働力.

Ar·beits=la·ger [アルバイツ・らーガァ] 中 -s/- 強制労働収容所.

Ar·beits=leis·tung [アルバイツ・らイストゥング] 女 -/-en ① (一定時間内の)仕事量, (仕事の)ノルマ. ② 労働能率;《エ》出力.

Ar·beits=lohn [アルバイツ・ろーン] 男 -[e]s/..löhne 賃金. der tägliche (wöchentliche *Arbeitslohn* 日給(週給).

Argentinien

* **ar·beits⁄los** [アルバイツ・ㇿース árbaɪts-loːs] 形 ① 失業している, 無職の. (英 *unemployed*). Er ist schon seit einem Jahr *arbeitslos*. 彼はもう1年前から失業している. ② 労働と関係のない. ein *arbeitsloses* Einkommen 不労所得.

Ar·beits·lo·sen⁄geld [アルバイツㇿーゼン・ゲるト] 中 -[e]s/-er 失業保険金, 失業手当.

Ar·beits·lo·sen⁄un·ter·stüt·zung [アルバイツㇿーゼン・ウンタアシュテュッツング] 女 -/ 失業保険金, 失業手当.

Ar·beits·lo·sen⁄ver·si·che·rung [アルバイツㇿーゼン・フェアズィッヒェルング] 女 -/-en 失業保険.

* **Ar·beits⁄lo·se[r]** [アルバイツ・ㇿーゼ (..ザァ) árbaits-loːza (..zɐr)] 男 女『語尾変化は形容詞と同じ』(☞ Alte[r]) (例: 第1格 der Arbeitslose, ein Arbeitsloser) 失業者. Die Zahl der *Arbeitslosen* ist in den letzten Jahren deutlich angestiegen. 『現在完了』失業者の数は近年目に見えて増えてきた.

Ar·beits·lo·sig·keit [アルバイツ・ㇿーズィヒカイト] 女 -/ 失業[状態], 無職.

Ar·beits⁄markt [アルバイツ・マルクト] 男 -[e]s/..märkte 労働市場.

Ar·beits⁄platz [アルバイツ・プらッツ] 男 -es/..plätze ① 仕事場, 職場. ② 職, 雇用口. Er kann keinen *Arbeitsplatz* finden. 彼は職が見つからない.

Ar·beits⁄recht [アルバイツ・レヒト] 中 -[e]s/ 労働法.

ar·beits⁄scheu [アルバイツ・ショイ] 形 労働をいやがる, 仕事嫌いの.

Ar·beits⁄stun·de [アルバイツ・シュトゥンデ] 女 -/-n 労働時間.

Ar·beits⁄tag [アルバイツ・ターク] 男 -[e]s/-e 仕事の日, 就業日. der achtstündige *Arbeitstag* [1日]8時間労働.

Ar·beits⁄tei·lung [アルバイツ・タイるング] 女 -/-en 分業.

Ar·beits⁄tier [アルバイツ・ティーァ] 中 -[e]s/-e 役畜(ﾔｸﾁｸ);《比》仕事の虫.

ar·beits⁄un·fä·hig [アルバイツ・ウンフェーイヒ] 形 仕事ができない, 労働能力のない, 就労不能の.

Ar·beits⁄un·fall [アルバイツ・ウンふァる] 男 -[e]s/..fälle 労働災害.

Ar·beits⁄ver·trag [アルバイツ・フェアトラーク] 男 -[e]s/..träge 労働契約.

Ar·beits⁄wei·se [アルバイツ・ヴァイゼ] 女 -/-n ① 作業方法, 仕事の仕方. ② 機械の操作法(動かし方).

Ar·beits⁄zeit [アルバイツ・ツァイト] 女 -/-en ① 労働(就労)時間. gleitende *Arbeitszeit* フレックスタイム, 勤務時間選択制. ② (ある一定の仕事のために費される)労働(作業)時間.

Ar·beits·zeit⁄ver·kür·zung [アルバイツツァイト・フェアキュルツング] 女 -/ 労働時間の短縮.

Ar·beits⁄zim·mer [アルバイツ・ツィンマァ] 中 -s/- 仕事部屋; 研究室, 書斎.

ar·cha·isch [アルヒャーイッシュ arçáːɪʃ] 形 ① 古代の; 原始時代の. ② 古風な, 古めかしい. ③《美》アルカイックの.

Ar·chä·o·lo·ge [アルヒェオㇿーゲ arçeolóːɡə] 男 -n/-n 考古学者.

Ar·chä·o·lo·gie [アルヒェオㇿギー arçeologíː] 女 -/ 考古学.

ar·chä·o·lo·gisch [アルヒェオㇿーギッシュ arçeolóːɡɪʃ] 形 考古学[上]の.

Ar·che [アルヒェ árçə] 女 -/-n ①《聖》箱舟. die *Arche* Noah ノアの箱舟(創世記6-9). ②《口語》大きな[古い]乗り物.

Ar·chi·me·des [アルヒメーデス arçimèːdɛs] -/《人名》アルキメデス(前287?-前212; 古代ギリシアの数学者・物理学者).

Ar·chi·pel [アルヒぺーる arçipéːl] 男 -s/-e ① 多島海(本来はギリシアと小アジアの間にあるエーゲ海). ② 群島.

Ar·chi·tekt [アルヒテクト arçitékt] 男 -en/-en 建築家, 建築技師;《比》(構想などの)発案者, 創始者. (女 女性形は Architektin).

ar·chi·tek·to·nisch [アルヒテクトーニッシュ arçitektóːnɪʃ] 形 ① 建築学の; 建築学上の. ② 構成[上]の.

Ar·chi·tek·tur [アルヒテクトゥーァ arçitektúːr] 女 -/-en ①《覆 なし》建築学. ② 建築; 建築様式. ③《覆 なし》(特定の様式・時代などの)建築物.

Ar·chiv [アルヒーふ arçíːf] 中 -s/-e [..ヴェ] ① (保管されている)文書, 記録集. ② 文書(資料)館, 専門図書館, 記録保管所.

Ar·chi·var [アルヒヴァール arçiváːr] 男 -s/-e (文書館などの)職員, 文書係.

ARD [アー・エル・デー] 女 -/《略》ドイツ連邦共和国公共放送協会(ドイツ第一テレビ放送) (= **A**rbeitsgemeinschaft der öffentlich-rechtlichen **R**undfunkanstalten der Bundesrepublik **D**eutschland).

A·re·al [アレアーる areáːl] 中 -s/-e ① 平面; 地面; 面積. ② 敷地, 地所. ③《生》(動植物の)分布地域..

Ä·ren [エーレン] Ära (時代)の 覆

A·re·na [アレーナ aréːna] 女 -/Arenen ① (古代の)競技場;(円形の観客席に囲まれた)競技場, スタジアム. ② 闘牛場;(サーカスの)演技場.

* **arg** [アルク árk] I 形 (比較) ärger, (最上) ärgst) ①《雅》悪い, 悪意のある;《方》いやな, 不快な. ein *arger* Blick 悪意のある目つき / Es ist mir *arg*, dass ... 《方》…なのは残念だ(気の毒だ). ◇《名詞的に》im *argen* (新形 im *Argen*) liegen《雅》混乱している. ②《方・雅》ひどい, はなはだしい. eine *arge* Schande ひどい恥辱.

II 副《口語》ひどく, はなはだしく. Das ist *arg* teuer. それはべらぼうに値段が高い.

Ar·gen·ti·ni·en [アルゲンティーニエン arɡɛn-

ärger

tí:niən] 中 -s/《国名》アルゼンチン(南米.首都はブエノスアイレス).

är·ger [エルガァ] *arg (悪い)の 比較

der **Är·ger** [エルガァ érgər] 男 (単2) -s/ ① 怒り, 立腹, 不機嫌.(英) anger). 人³ Ärger⁴ bereiten (または machen) 人³を怒らせる / Er machte seinem Ärger Luft. 彼はうっぷんを晴らした / seinen Ärger an 人³ aus|lassen 人³に憤まんをぶちまける / Ärger⁴ über 事⁴ empfinden 事⁴に腹を立てる / 事⁴ aus Ärger tun 事⁴を腹立ちまぎれにする / vor Ärger platzen 激怒する. ② 腹の立つこと, 不愉快な(いやな)こと. der häusliche Ärger 家庭内のごたごた / viel Ärger⁴ mit 人³ haben 人³のことでいやな思いをしている.

*är·ger·lich [エルガァリヒ érgərlıç] 形 ① 怒った, 立腹した.(= angry). ein ärgerlicher Blick 怒りに満ちた目つき / auf 人·事⁴ (または über 人·事⁴) ärgerlich sein 人⁴ (または 人·事⁴)に腹を立てている. ② 不愉快な, 腹立たしい. Das ist eine ganz ärgerliche Geschichte. それはまったく頭にくる話だ.

*är·gern [エルガァン érgərn] (ärgerte, hat...geärgert) I 他 (完了 haben) (人⁴を)怒らせる, 立腹させる, いらだたせる. Sein Verhalten ärgert mich. 彼の態度には腹が立つ / Er hat sie mit seiner Bemerkung geärgert. 彼は自分の発言で彼女を怒らせた / Es ärgert mich, dass... 私は…のことでしゃくにさわる.
II 再帰 (完了 haben) sich⁴ ärgern 腹を立てる, 怒る. sich⁴ über 人·事⁴ ärgern 人·事⁴に腹を立てる ⇒ Ich habe mich über ihn geärgert. 私は彼のことで腹が立った / sich⁴ krank ärgern 病気になるほど腹を立てる / sich⁴ schwarz ärgern《口語》かんかんに怒る(←黒くなるまで怒る).

Är·ger·nis [エルガァニス] 中 ..nisses/..nisse ① 【複 なし】 (宗教的・道徳的な)不快感, 憤り;《聖》つまずき. bei 人³ Ärgernis⁴ erregen 人³に不快な気持ちを起こさせる. ② しゃくの種.③《ふつう複》不快な(いやな)こと.

är·ger·te [エルガァテ] ‡ärgern (怒らせる)の 過去

Arg·list [アルク·リスト] 女 -/ 奸計(かんけい), 悪だくみ; 悪意.

arg·lis·tig [アルク·リスティヒ] 形 悪意のある, 悪だくみの.《法》悪意の.

arg·los [アルク·ロース] 形 ① 悪意のない, 無邪気な. ② (人を)信頼している, 疑いをいだかない.

Arg·lo·sig·keit [アルク·カーズィヒカイト] 女 -/ 悪意のなさ, 無邪気; (精神的な)無防備.

Ar·gon [アルゴン árgɔn] 中 -s/《化》アルゴン (記号: Ar).

ärgst [エルクスト érkst] (*arg の 最上) 形 最も悪い. ◇《名詞的に》das Ärgste 最悪の事態.

*das **Ar·gu·ment** [アルグメント argumént] 中 (単2) -[e]s/(複) -e (3格のみ -en) ① 論拠, 論証. ein schlagendes Argument 明確な論拠 / Argumente⁴ für (gegen) 事⁴ an|führen 事⁴に賛成(反対)の論拠をあげる. ②《数》独立変数; 偏角.

Ar·gu·men·ta·ti·on [アルグメンタツィオーン argumentatsió:n] 女 -/-en 論証{すること}.

ar·gu·men·tie·ren [アルグメンティーレン argumentí:rən] 自 (h) 論証する, 論拠をあげる. für (gegen) 事⁴ argumentieren 事⁴に賛成(反対)の論拠をあげる.

Arg·wohn [アルク·ヴォーン árk-vo:n] 男 -[e]s/《雅》邪推; 猜疑(きぎ), 不信. gegen 人·事⁴ Argwohn⁴ hegen 人·事⁴に対して不信感をいだく.

arg·wöh·nen [アルク·ヴェーネン árk-vø:nən] 他 (h)《雅》(人·事⁴に)不信感をもつ, 邪推する. eine Falle⁴ argwöhnen わなではないかと疑う.

arg·wöh·nisch [アルク·ヴェーニッシュ árk-vø:nɪʃ] 形《雅》疑い深い, 不信の.

A·rie [アーリエ á:riə] 女 -/-n《音楽》アリア, 詠唱.

A·ri·er [アーリァァ á:riər] 男 -s/- ①《民族·言》アーリア人(インド·ヨーロッパ語族系民族の総称). ② (ナチスの用語で:)アーリア人(非ユダヤ系白人).

a·risch [アーリッシュ á:rɪʃ] 形 ①《民族·言》アーリア人の, インド·ヨーロッパ(印欧)語族の. ② (ナチスの用語で:)アーリア人(非ユダヤ系白人)の.

A·ris·to·krat [アリストクラート aristokrá:t] 男 -en/-en ① 貴族. ② 高潔な人.

A·ris·to·kra·tie [アリストクラティー aristokratí:] 女 -/-n [..ティーエン] ①【複 なし】貴族制; 貴族国家. ② 貴族階級. ③【複 なし】高貴さ, 品位.

a·ris·to·kra·tisch [アリストクラーティッシュ aristokrá:tɪʃ] 形 ① 貴族制の; 貴族の, 貴族社会(階級)の. ② 貴族的な, 高貴な.

A·ris·to·te·les [アリストーテレス aristó:tɛlɛs] -/《人名》アリストテレス(前384-前322; 古代ギリシアの哲学者).

A·rith·me·tik [アリトメーティク arıtmé:tık] 女 -/-en ①【複 なし】算術. ② 算術の教科書.

a·rith·me·tisch [アリトメーティッシュ arıtmé:tıʃ] 形 算術(算数)の.

Ar·ka·de [アルカーデ arká:də] 女 -/-n ①《建》アーチ. ②《ふつう複》アーケード.

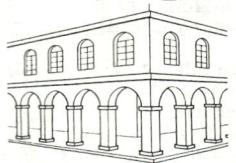

Arkade

Ar·ka·di·en [アルカーディエン arká:diən] I 中 -s/《地名》アルカディア(ギリシア南部ペロポネソス半島の中央高原地方. 後世, 牧歌的な楽園にたとえられた). II 中 -[s]/ 桃源郷, 理想郷, ユートピア.

die **Ark·tis** [アルクティス árktıs] 女 -/《定冠詞とともに》《地名》北極[地方].(メモ「南極[地方]」は die Antarktis).

ark·tisch [アルクティッシュ árktɪʃ] 形 北極地方の; 北極のような. eine arktische Kälte

:**arm** [アルム árm] 形 (比較) ärmer, (最上) ärmst) (英 poor) ① 貧乏な, 貧しい. (←→「金持ちの」は reich). ein *armes* Land 貧しい国 / Sie sind sehr *arm*. 彼らはとても貧乏だ.
② (内容などの)乏しい, 貧弱な. ein *armer* Boden やせた土地 / **an**³ *arm* sein 物³に乏しい ⇒ Die Frucht ist *arm* an Vitaminen. その果物にはビタミンが乏しい.
③ かわいそうな, 哀れな. ein *armer* Kerl かわいそうなやつ.

..arm [..アルム ..arm] 《形容詞をつくる 接尾》 ① 《乏しい》 例: kalorien*arm* カロリーの少ない. ② 《(…の)いらない》 例: bügel*arm* アイロンのいらない.

:*der* **Arm** [アルム árm] 男 (単2) -es (まれに -s)/(複) -e (3格のみ -n) ① 腕. (英 *arm*). (☞ Körper 図, ← Hand). Ober*arm* 上腕 / Unter*arm* 前腕 / dicke *Arme* 太い腕 / der rechte (linke) *Arm* 右腕(左腕) / Er legte seinen *Arm* um ihre Schulter. 彼は腕を彼女の肩にまわした / sich³ den *Arm* brechen 腕を折る / die *Arme*⁴ aus|breiten 両腕を広げる.
◇《前置詞とともに》 人⁴ **am** *Arm* führen 人⁴の腕をとって導く / ein Kind⁴ **auf dem** *Arm* tragen 子供を腕に抱いている / 人⁴ auf den *Arm* nehmen a) 人⁴を抱き上げる, b) 《口語》人⁴をからかう / 人 **in** *Arm* 互いに腕を組んで / 人⁴ in die *Arme* nehmen (または schließen) 人⁴を抱き締める / 人³ **in den** *Arm* fallen 《比》人³を引きとめる / 人³ **in die** *Arme* laufen 《口語・比》人³にばったり出会う / 人⁴ **mit offenen** *Armen* auf|nehmen 人⁴を心から歓迎する(←両腕を広げて) / 物⁴ **unter den** *Arm* nehmen 物⁴を小わきにかかえる / 人³ **unter die** *Arme* greifen 《比》人³を助ける / die Beine⁴ unter die *Arme* nehmen (戯) 一目散に逃げる.
②《比》力, 能力, 権力; 働き手. der *Arm* des Gerichts 司直の手. ③ (腕状のもの): 横木; 腕木; 大枝; (川の)支流; 入江; (のこぎりの)柄; (くらげなどの)触手. ④ (服の)袖(そで). ein Kleid mit kurzem *Arm* 袖の短いワンピース.

Ar·ma·tur [アルマトゥーァ armatú:r] 女/-en ① (機械の)部品, 付属品; 装備. ② 《ふつう複》(機械などの)計器類; (浴室などの)コック(水栓)類.

Ar·ma·tu·ren≠brett [アルマトゥーレン・ブレット] 中 -[e]s/-er (自動車・飛行機などの)計器盤, ダッシュボード.

Arm≠band [アルム・バント] 中 -[e]s/..bänder ブレスレット, 腕輪.

Arm·band≠uhr [アルムバント・ウーァ] 女 -/-en 腕時計.

Arm≠beu·ge [アルム・ボイゲ] 女 -/-en ① ひじ関節の内側. ② 《ふつう複》 (体操で:)腕立て伏せ.

Arm≠bin·de [アルム・ビンデ] 女 -/-n ① 腕のつり包帯. ② 腕章.

Arm≠brust [アルム・ブルスト] 女 -/..brüste (または -e) 弩(いしゆみ)(中世の武器).

die **Ar·mee** [アルメー armé:] 女 (単) -/(複) -n [..メーエン] ① 軍隊, 軍. (英 *army*). **in die** *Armee* ein|treten 入隊する. ② 《比》多数, 大勢. eine *Armee* von Arbeitslosen 大勢の失業者.

Ar·mee≠korps [アルメー・コーァ (..コーァス)]/[..コーァス] 軍団.

der **Är·mel** [エルメる érməl] 男 (単2) -s/(複) - (3格のみ -n) 袖(そで). (英 *sleeve*). Hemd*ärmel* シャツの袖 / ein Kleid ohne *Ärmel* ノースリーブのワンピース / sich³ die *Ärmel*⁴ hoch|krempeln 《口語》腕まくりして仕事にとりかかる / 人⁴ **am** *Ärmel* zupfen (袖を引いて)人⁴の注意を促す / 事⁴ **aus dem** *Ärmel* schütteln 《口語》事⁴を無造作にやってのける(←袖口から振って出す).

der Är·mel≠ka·nal [エルめる・カナーる] 男 -s/ 《定冠詞とともに》《地名》英仏海峡, ドーヴァ―海峡.

är·mel≠los [エルメる・ろース] 形 袖(そで)のない, ノースリーブの.

Ar·me·ni·en [アルメーニエン armé:niən] 中 -s/ 《国名》アルメニア(中央アジア. 旧ソ連邦の一共和国).

Ar·men≠vier·tel [アルメン・ふィァテる] 中 -s/- 貧民街, スラム街.

Ar·me[r] [アルメ (..マァ) ármə (..mər)] 男 女 《語尾変化は形容詞と同じ》貧乏人; 哀れな人. Du *Armer*! (男性に対して:)かわいそうな君. (←→女性に対しては Du *Arme*!)

är·mer [エルマァ] ‡arm (貧乏な)の 比較.

ar·mie·ren [アルミーレン armí:rən] 他 (h) ① (建)(鉄筋などで)補強する. ◇《過去分詞の形で》der *armierte* Beton 鉄筋コンクリート. ② 《古》《軍》武装させる.

Ar·mie·rung [アルミールング] 女 -/-en ① (鉄筋などによる)補強. ② 《古》《軍》武装.

arm≠lang [アルム・らング] 形 腕の長さの.

Arm≠leuch·ter [アルム・ろイヒタァ] 男 -s/- ① 枝形燭台(しょくだい), シャンデリア. ② 《俗》ばか, あほう.

ärm·lich [エルムりヒ] 形 ① みすぼらしい, 貧弱な. ② 《転》不十分な, 乏しい.

Arm≠reif [アルム・ライふ] 男 -[e]s/-e ブレスレット, 腕輪.

arm·se·lig [アルムゼーリヒ ármze:lıç] 形 ① みすぼらしい, みじめな, 哀れな. ② 不十分な, 価値のない, 乏しい. *armselige* Ausflüchte お粗末な言い逃れ.

Arm≠ses·sel [アルム・ゼッセる] 男 -s/- ひじ掛けいす, 安楽いす.

ärmst [エルムスト] ‡arm (貧乏な)の 最上.

die **Ar·mut** [アルムート ármu:t] 女 (単) -/ ① 貧乏, 貧困. (英 *poverty*). (←→「富裕」は Reichtum). **in** *Armut* geraten 貧乏になる

in *Armut* leben 貧乏暮らしをする / *Armut* ist keine Schande.《諺》貧乏は恥にあらず. ② 欠乏, 不足. Blut*armut* 貧血 / die *Armut* **an** Bodenschätzen 地下資源の乏しさ.

Ar･muts＝zeug･nis [アルムーツ・ツォイクニス] 匣 ..nisses/..nisse ① 《法》(昔の:)貧困証明書. ②《比》無能の証明.

Ar･nold [アルノるト árnɔlt] -s/《男名》アルノルト.

A･ro･ma [アローマ aróːma] 匣 -s/Aromen (または -s) ①《よい》香り, 芳香. das *Aroma* des Kaffees コーヒーの香り. ② 香料, 薬味.

a･ro･ma･tisch [アロマーティッシュ aromáːtɪʃ] 形 ① 香りのよい, 芳香のある. *aromatischer* Tee 香りのよい紅茶. ②《化》芳香族の.

a･ro･ma･ti･sie･ren [アロマティズィーレン aromatizíːrən] 他 (h)《物⁴に》香りをつける, 香料を加える.

Ar･ran･ge･ment [アランジュマーン arãʒəmáː] [ﾗﾝｽ] 匣 -s/-s ① 整理, 配置, 配列; 準備, 手はず. ②《音楽》編曲, アレンジ. ③《芸術的に整えられたもの:》フラワーデザイン, 花束, 生け花. ④ 協定, とり決め.

ar･ran･gie･ren [アランジーレン arãʒíːrən] I 他 (h) ①《事⁴の》手はずを整える. eine Reise⁴ *arrangieren* 旅行の手配をする. ②《見かけよく》しつらえる, 配置する. ③《音楽》編曲する, アレンジする. II 再帰 (h)《*sich*⁴ [mit 人･事¹] ～》([人･事³と]) 折り合う.

Ar･rest [アレスト arést] 男 -[e]s/-e ① 拘禁, 拘留; 拘禁所;（生徒の放課後の）居残り. drei Tage *Arrest* 3日間の拘留 / **im** *Arrest* sein 拘留されている /人⁴ **in** *Arrest* bringen 人⁴を拘留する. ②《法》仮差し押さえ.《物⁴ **mit** *Arrest* belegen 物⁴を仮差し押さえする.

ar･re･tie･ren [アレティーレン aretíːrən] 他 (h) ①《工》(動く部分⁴を)ロックする. ②《古》逮捕する.

ar･ri･vie･ren [アリヴィーレン arivíːrən] 自 (s)（社会的に)成功する, 出世する.

ar･ro･gant [アロガント arogánt] 形 尊大な, 思いあがった, うぬぼれた.

Ar･ro･ganz [アロガンツ arogánts] 女 -/ 尊大, 思いあがり.

Arsch [アルシュ árʃ または アールシュ] 男 -[e]s/ Ärsche《俗》尻(ﾘ), けつ. **am** *Arsch* der Welt² へんぴな所に / Leck mich am *Arsch*! くそくらえ! / **auf** den *Arsch* fallen 尻もちをつく / **im** *Arsch* sein めちゃくちゃになっている / 人³ **in** den *Arsch* kriechen《俗》人³におべっかを使う.

Arsch＝krie･cher [アルシュ・クリーヒャァ] 男 -s/《俗》おべっか使い.

Ar･sen [アルゼーン arzéːn] 匣 -s/《化》砒素(ﾋ)（記号: As）.

die **Art** [アールト áːrt] 女 (単) -/(複) -en ①《ふつう 複》性質, 気質, 本性.《英》*nature*). ein Mensch dieser *Art*² (または **von** dieser *Art*) このような性質の人 / Sie hat eine lebhafte *Art*. 彼女は活発な性格だ / Das liegt **in** seiner *Art*. それはいかにも彼らしい.

②《複 なし》やり方, 方法, 流儀.《英》*way*). Lebens*art* 生活の仕方 / Er hat eine *Art* zu sprechen wie sein Vater. 彼の話し方は父親に似ている / **auf** diese *Art* [und Weise] こんなやり方で / **in** gewohnter *Art* ふだんのやり方で.

③《複 なし》《口語》マナー, 行儀, 作法. Er hat keine *Art*. 彼はマナーを知らない / Das ist doch keine *Art*! そんな態度があるもんか.

④ 種類.《英》*kind, sort*). Getreide*art* 穀物の種類 / alle *Arten* von Blumen または *Blumen aller Art*² あらゆる種類の花 / eine *Art* [von] Tisch テーブルのようなもの, 一種のテーブル / **aus** der *Art* schlagen 祖先に似ていない, 変り種となる.

Art. [アルティーケる]《略》《法律の》条項;《経》商品, 品目;《言》冠詞. (＝Artikel).

Ar･te･mis [アルテミス ártemɪs] 女《ｷﾞ神》アルテミス（狩猟・獣・誕生と死の女神. ローマ神話のディアナに当たる).

ar･ten [アールテン áːrtən] 自 (s)《nach 人³ ～》《性》(人³に)似てくる. ◇《形》*geartet*

Ar･ten＝ster･ben [アールテン・シュテルベン] 匣 -s/《生》種の絶滅.

Ar･te･rie [アルテーリエ artéːri̯ə] 女 -/-n《医》動脈.《ﾒﾓ》「静脈」は Vene.

Ar･te･ri･en＝ver･kal･kung [アルテーリエン・フェアカるクング] 女 -/-en《医》＝Arteriosklerose

Ar･te･ri･o＝skle･ro･se [アルテリオ・スクレローゼ] 女 -/-n《医》動脈硬化[症].

Arth･ri･tis [アルトリーティス artríːtɪs] 女 -/..tiden し..リティーデン]《医》関節炎.

Arth･ro･se [アルトローゼ artróːzə] 女 -/-n《医》関節症.

Ar･thur [アルトゥァ ártʊr] -s/《男名》アルトゥル.

＊**ar･tig** [アールティヒ áːrtɪç] 形 ①（子供が）行儀のよい, 従順な, おとなしい. *artige* Kinder 行儀のよい子供たち / Sei *artig*!（子供に:）おとなしくしなさい.（☞《類同》brav). ②《雅》ていねいな, 礼儀正しい;《古》感じのよい. 人⁴ *artig* begrüßen 人⁴にていねいにあいさつする.

..ar･tig [..アールティヒ ..aːrtɪç] 形《形容詞をつくる接尾》《性質・種類》例: getto*artig* ゲットーのような.

Ar･tig･keit [アールティヒカイト] 女 -/-en ①《ふつう 複》お世辞, お愛想. ②《複 なし》《雅》(子供たちの)行儀のよさ, 従順; ていねいさ.

＊*der* **Ar･ti･kel** [アルティーケる artíːkəl] 男 (単 2) -s/(複) - (3 格のみ -n) (英 *article*) ①（新聞・雑誌などの）記事, 論説. einen *Artikel* über 事⁴ schreiben 事⁴について記事を書く. ②（法律などの）条[項], 項目. Das steht im *Artikel* 3 der Verfassung. それは憲法第

3条にある. ③《経》商品, 品目. ein billiger *Artikel* 安い商品. ④《言》冠詞. der bestimmte (unbestimmte) *Artikel* 定(不定)冠詞 / **ohne** *Artikel* 冠詞なしで, 無冠詞で.

Ar·ti·ku·la·ti·on [アルティクらツィオーン artikulatsió:n] 囡 -/-en ① 明瞭(%%)な発音;《言》分節; 調音. ② (思考などの)整理, 分析. ③《医》(上下の歯の)咬合(%). ④《音楽》アーティキュレーション, 句切法.

ar·ti·ku·lie·ren [アルティクリーレン artikulí:rən] I 他 (h) ① (音節・単語など⁴を)はっきり発音する. ② (感情・意見など⁴を)はっきり言い表す. II 再帰 (h) *sich⁴ artikulieren* ① 自分の考えを表現する. ② (考えなどが)表現される.

Ar·til·le·rie [アルティれリー ártiləri: または ..リー] 囡 -/-n [..リーエン または ..リーエン]《軍》砲兵[隊]; 大砲.

Ar·til·le·rist [アルティれリスト ártilərist または ..リスト] 男 -en/-en《軍》砲兵, 砲手.

Ar·ti·scho·cke [アルティショッケ artiʃɔ́kə] 囡 -/-n《植》チョウセンアザミ, アーティチョーク. (☞ Gemüse 図).

Ar·tist [アルティスト artíst] 男 -en/-en (寄席・サーカスなどの)芸人;《蔑》技巧派の芸術家.

Ar·tis·tik [アルティスティク artístik] 囡 -/ ① (曲芸師の)芸, 技(%). ② 優れた演技, 卓越した技量.

Ar·tis·tin [アルティスティン artístın] 囡 -/..tinnen (女性の)曲芸師, 芸人;《蔑》技巧派の女性芸術家.

ar·tis·tisch [アルティスティッシュ artístıʃ] 形 ① 芸人の, 曲芸[師]の. ② 名人芸の, 卓越した技量の.

Ar·tur [アルトゥァ ártur] -s/《男名》アルトゥル.

art·ver·wandt [アールト・フェァヴァント] 形 近い種類の, 類似の.

***die* Arz·nei** [アールツナイ a:rtsnái または アルツ..] 囡 (単) -/(複) -en 薬, 薬剤 (= Medikament). (英 *medicine*). 人³に薬を処方する / eine *Arznei*⁴ ein|nehmen 薬を服用する / Das ist eine bittere *Arznei* für ihn.《比》それは彼にとってはいい教訓だ(←にがい薬だ).

Arz·nei₅buch [アールツナイ・ブーフ] 中 -[e]s/..bücher 薬局方(%). Deutsches *Arzneibuch* ドイツ薬局方.

Arz·nei₅mit·tel [アールツナイ・ミッテる] 中 -s/- 薬剤, 医薬品.

***der* Arzt** [アールツト á:rtst または アルツト]

| 医者 | Schnell, einen *Arzt* !
シュネる　アイネン　アールツト
早く, お医者さんを! |

男 (単2) -es/(複) Ärzte [エーァツテ または エルツテ] (3格のみ Ärzten) 医者, 医師. (英 *doctor*). ein praktischer *Arzt* 一般開業医 / Mein Vater ist *Arzt*. 私の父は医者です / den *Arzt* fragen (または konsultieren) 医者に診てもらう / den *Arzt* holen lassen 医者を呼びにやる / Ich gehe **zum** *Arzt*. 私は医者に行く.

☞ 医者のいろいろ: Augen*arzt* 眼科医 / Chirurg 外科医 / Fach*arzt* 専門医 / Frauen*arzt* 婦人科医 / Hals-Nasen-Ohren-*Arzt* 耳鼻咽喉科医 / Haus*arzt* ホームドクター / Haut*arzt* 皮膚科医 / Internist 内科医 / Kinder*arzt* 小児科医 / Nerven*arzt* 神経科医 / Orthopäde 整形外科医 / Zahn*arzt* 歯科医

Ärz·te [エーァツテ または エルツテ] ☞ Arzt (医者)の 複.

Ärz·te·schaft [エーァツテシャふト または エルツ..] 囡 -/ (総称として)医者, 医師.

Arzt₅hel·fe·rin [アールツト・へるふェリン] 囡 -/..rinnen (女性の)医療(診察)助手 (= Sprechstundenhilfe).

Ärz·tin [エーァツティン έ:rtstın または エルツ..érts..] 囡 -/..tinnen (女性の)医者, 女医.

ärzt·lich [エーァツトりヒ または エルツト..] 形 医者の, 医師による; 医療の. eine *ärztliche* Untersuchung 診察 / ein *ärztliches* Attest 診断書 / sich⁴ *ärztlich* behandeln lassen 医者に治療してもらう.

as, As¹ [アス ás] 中 -/-《音楽》変イ音. *As*-Dur 変イ長調.

As² ☞《新旧》Ass

As³ [アー・エス]《化・記号》砒素(%) (= Arsen).

As·best [アスベスト asbést] 男 -[e]s/-e アスベスト, 石綿.

asch₅blond [アッシュ・ブろント] 形 灰色がかった金髪の.

***die* A·sche** [アッシェ áʃə] 囡 (単) -/(複) -n 灰, 灰分; 燃えがら. (英 *ash*). Zigarettenasche (紙巻きの)たばこの灰 / radioaktive *Asche* 放射能を帯びた灰 / sich³ *Asche*⁴ aufs Haupt streuen《戯》悔い改める(←自分の頭に灰をまく) / wie ein Phönix **aus** der *Asche* erstehen (または steigen)《比》フェニックスのように灰の中からよみがえる /物⁴ **in** Schutt und *Asche* legen 物⁴を焼き払う / **zu** *Asche* verbrennen 燃えて灰になる.

A·schen₅bahn [アッシェン・バーン] 囡 -/-en (スポ)(石炭がらを敷いた)シンダートラック.

A·schen₅be·cher [アッシェン・ベッヒァ] 男 -s/- 灰皿.

A·schen₅brö·del [アッシェン・ブレーデる] 中 -s/- ①《覆 なし》(グリム童話の)灰かぶり姫, シンデレラ. ②《比》(いやな仕事ばかり押しつけられる)下女[的な存在]; 目だたない娘.

A·schen₅put·tel [アッシェン・プッテる] 中 -s/- = Aschenbrödel

A·scher [アッシァ áʃər] 男 -s/-《口語》灰皿 (= Aschenbecher).

A·scher₅mitt·woch [アッシァ・ミットヴォッホ] 男 -[e]s/-e (%%) 灰の水曜日(四旬節の第1日. 信者が懺悔の印として額に祝別された灰の

asch＝fahl [アッシュ・ファール] 形 (灰のように)青ざめた(顔色など).

asch＝grau [アッシュ・グラオ] 形 灰色の. ◊《名詞的に》Das geht ja ins *Aschgraue*. 《口語》それはきりがない.

Ä·schy·lus [エシュるス ɛ́ʃylus または エー..] -/ 《人名》アイスキュロス(前525-前456; 古代ギリシアの悲劇作家).

As-Dur [アス・ドゥーァ] 中 -/《音楽》変イ長調(記号: As).

ä·sen [エーゼン ɛ́ːzən] 自 (h)《狩》(鹿などが)餌(ぇぇ)を食う.

A·si·at [アズィアート aziáːt] 男 -en/-en アジア人.

a·si·a·tisch [アズィアーティッシュ aziáːtɪʃ] 形 アジアの; アジア人の.

* [*das*] **A·si·en** [アーズィエン áːziən] 中 (単2) -s/《地名》アジア[大陸・州]. (英 *Asia*). Südost*asien* 東南アジア.

As·ke·se [アスケーゼ askéːzə] 女 -/ 禁欲, 苦行.

As·ket [アスケート askéːt] 男 -en/-en 禁欲[主義]者; 苦行者.

as·ke·tisch [アスケーティッシュ askéːtɪʃ] 形 禁欲[主義]的な; 苦行的; 苦行者のような.

Äs·ku·lap＝stab [エスクラープ・シュタープ] 男 -(e)s/..stäbe (蛇の巻きついた)アスクレピオスのつえ(医学・医学の象徴).

Ä·sop [エゾープ ɛzóːp] -s/《人名》アイソポス, イソップ(紀元前6世紀のギリシアの寓話作家).

a·so·zi·al [ア・ゾツィアール á-zotsia:l または ..アーる] 形 反社会的な; 非社交的な, 社会に適さない. eine *asoziale* Lebensweise 社会になじまない生き方.

As·pekt [アスペクト aspékt] 男 -(e)s/-e ① 見方, 見地, 様相, アスペクト. ein neuer *Aspekt* 新しい見方. ② 《天》星位(太陽・月・惑星などの地球に対する位置). ③ 《言》(動詞の)相, アスペクト.

As·phalt [アスふァるト asfált または アス..] 男 -(e)s/-e アスファルト.

as·phal·tie·ren [アスふァるティーレン asfaltíːrən] 他 (h) (道路⁴を)アスファルトで舗装する.

As·pik [アスピク aspíːk または アスピック aspík] 男(ξｯｪ 中) -s/-e 《料理》アスピック(肉・魚の煮汁にゼラチンを加えてつくる).

As·pi·rant [アスピラント aspiránt] 男 -en/-en ① 志願者, 志望者; 任期候補者. ② (旧東ドイツで)学問の後継者, 若手の研究者.

As·pi·ra·ti·on [アスピラツィオーン aspiratsió:n] 女 -/-en ①《ふつう複》野心, 野望. ②《言》気息音. ③《医》吸引.

as·pi·rie·ren [アスピリーレン aspiríːrən] I 他 (h)《言》気音を伴って発音する. II 自 (h) 【**auf** 事⁴ ~】(ぜっ)(事⁴に)応募(志願)する.

As·pi·rin [アスピリーン aspiríːn] 中 -s/《薬》アスピリン.

Ass [アス ás] 中 -es/-e ① (さいころの目の)1; (トランプの)エース. ②《口語》第一人者, エース, 名手. ③ (ﾐぅ)(テニスの)サービスエース; (ゴルフの)ホールインワン. ④《商》人気商品.

aß [アース]‡**essen** (食べる)の過去

ä·ße [エーセ]‡**essen** (食べる)の接2

As·ses·sor [アセッソァ asésɔr] 男 -s/-en [..ーレン] 上級公務員候補者.

As·ses·so·rin [アセソーリン asesóːrɪn] 女 -/..rinnen 女性の上級公務員候補者.

As·si·mi·la·ti·on [アスィミらツィオーン asimilatsió:n] 女 -/-en ① 同化作用; 適応, 順応. ②《生》同化[作用]. ③《言》同化.

as·si·mi·lie·ren [アスィミリーレン asimilíːrən] I 再帰 (h) sich⁴ *assimilieren* 順応(適応)する. sich⁴ 物³(または **an** 物⁴) *assimilieren* 物³(または 物⁴)に順応(適応)する. II 他 (h) (物⁴を)同化する.

As·sis·tent [アスィステント asistént] 男 -en/-en ① (大学の)助手. ② (一般に:)助手, 補佐役, アシスタント.

As·sis·ten·tin [アスィステンティン asisténtɪn] 女 -/..tinnen (女性の)助手.

As·sis·tenz [アスィステンツ asisténts] 女 -/-en 《ふつう単》援助, 手伝い, 助力. 人³ *Assistenz* leisten 人³に助力する, 手伝う.

As·sis·tenz＝arzt [アスィステンツ・アールツト] 男 -es/..ärzte《医》(医長・院長などの下で勤務する)一般医師, 医員.

as·sis·tie·ren [アスィスティーレン asistíːrən] 自 (h) (人³の)助手を務める, 手伝いをする. 人³ bei der Operation *assistieren* 人³が手術する際に助手を務める.

as·sor·tie·ren [アソルティーレン asortíːrən] 他 (h)《商》(品目別に)とりそろえる.

As·so·zi·a·ti·on [アソツィアツィオーン asotsiatsió:n] 女 -/-en ①《心》連想, 観念連合. ②《政》(特に政治的な)連合, 協同.

as·so·zi·a·tiv [アソツィアティーふ asotsiatíːf] 形 ①《心》連想による, 観念連合の. ② 合同の, まとまった.

as·so·zi·ie·ren [アソツィイーレン asotsiíːrən] I 他 (h) 連想する. II 再帰 (h) sich⁴ *assoziieren* 提携する; 加盟する.

As·sy·ri·en [アスューリエン asýːriən] 中 -s/《国名》アッシリア(メソポタミア地方の古代王国).

* *der* **Ast** [アスト ást] 男 (単2) -es (まれに -s)/(複) Äste [エステ] (3格のみ Ästen) ① (幹から直接出ている)【大】枝. (英 *branch, bough*). (⇔「小枝」は Zweig). ein dicker *Ast* 太い枝 / vom *Ast* zu *Ast* springen 枝から枝へ跳び移る / Er ist auf dem absteigenden *Ast*.《比》彼は落ち目だ(←下り下がった枝の上にいる). ② (木の)節. Das Brett hat viele *Äste*. この板には節目が多い. ③《複 なし》《方》背中; 背中のこぶ. sich³ einen *Ast* lachen《俗》(背を丸めて)笑いこける.

AStA [アスタ ásta] 男 -[s]/-[s] (または Asten) 《略》(ドイツの)[全学]学生自治会 (= Allgemeiner Studentenausschuss).

As·ta·tin [アスタティーン astatíːn] 中 -s/《化》アスタチン(記号: At).

Äs·te [エステ] ＊Ast(枝)の 複

as·ten [アステン ástən] I 自 (h, s)《方》① (h)苦労する，猛勉強する．② (s) (…へ)苦労して進む．II 他 (h)《方》(重いもの⁴を…へ)苦労して運ぶ．

As·ter [アスタァ ástər] 女 -/-n《植》アスター，エゾギク．

As·te·ris·kus [アステリスクス asterískus] 男 -/..risken《印》星印，アステリスク(記号: *).

As·the·nie [アステニー asteníː] 女 -/-n [..ニーエン]《医》①《覆 なし》無力[症]．② 衰弱．

Äs·thet [エステート estéːt] 男 -en/-en ① 審美眼のある人．② 唯美(耽美)主義者．

Äs·the·tik [エステーティク estéːtik] 女 -/-en ① 美学．②《覆 なし》美的感覚，美しさ．

äs·the·tisch [エステーティッシュ estéːtiʃ] 形 ① 美学の，美学的な；美的な．② 美しい，魅力的な，趣味のいい．

Äs·the·ti·zis·mus [エステティツィスムス ɛstetitsísmus] 男 -/ 唯美主義，耽美(だんび)主義．

Asth·ma [アストマ ástma] 中 -s/《医》ぜんそく．*Asthma*⁴ haben ぜんそく持ちである．

Asth·ma·ti·ker [アストマーティカァ astmáːtikər] 男 -s/-《医》ぜんそく患者．

asth·ma·tisch [アストマーティッシュ astmáːtiʃ] 形《医》ぜんそく[性]の；ぜんそくにかかっている．

as·tig·ma·tisch [アスティグマーティッシュ astıgmáːtiʃ] 形《医》乱視の．

äs·ti·mie·ren [エスティミーレン ɛstimíːrən] 他 (h)《古》高く評価する．

ast≠rein [アスト・ライン] 形 ①節目のない(板など)．②《口語》非の打ちどころのない，完璧(かんぺき)な．Die Sache ist nicht ganz *astrein*. その件はまったく問題がないわけではない．

Astro·lo·ge [アストロローゲ astrolóːgə] 男 -n/-n 占星術師．

Astro·lo·gie [アストロロギー astrologíː] 女 -/ 占星術．

astro·lo·gisch [アストロローギッシュ astrolóːgıʃ] 形 占星術の，星占いの．

Astro·naut [アストロナオト astronáut] 男 -en/-en 宇宙飛行士(= Raumfahrer).

astro·nau·tisch [アストロナオティッシュ astronáutiʃ] 形 宇宙飛行の，宇宙航法の．

Astro·nom [アストロノーム astronóːm] 男 -en/-en 天文学者．

Astro·no·mie [アストロノミー astronomíː] 女 -/ 天文学．

astro·no·misch [アストロノーミッシュ astronóːmıʃ] 形 ① 天文[学]の；天体の．ein *astronomisches* Fernrohr 天体望遠鏡 / *astronomische* Einheit 天文単位．②《口語・比》天文学的な，巨大な．*astronomische* Preise 天文学的な値段．

Astro·phy·sik [アストロ・フュズィーク ástrofyːziːk または ..フュズィーク] 女 -/ 天文物理学．

A·syl [アズューる azýːl] 中 -s/-e ① (亡命者・浮浪者などの)収容所，施設；避難所．②《ふつう 単》(亡命者などの)保護，庇護(ひご)．**um** politisches *Asyl* bitten 政治的庇護を求める．

A·sy·lant [アズュらント azylánt] 男 -en/-en (政治的な)庇護(ひご)を求めている人．

A·syl≠recht [アズューる・レヒト] 中 -[e]s/《法》庇護(ひご)権(政治的に迫害された者が受ける権利)．

A·sym·me·trie [ア・ズュンメトリー a-zymetríː] 女 -/-n [..リーエン] 不釣り合い，不均整，非対称．

a·sym·me·trisch [ア・ズュンメートリッシュ ázyːmɛːtrıʃ または ..メートリッシュ] 形 不釣り合いな，不均整な，非対称の．

At [アー・テー]《化・記号》アスタチン(= Astat).

A. T. [アるテス テスタメント または アー テー]《略》旧約聖書(= Altes Testament).

A·ta·vis·mus [アタヴィスムス atavísmus] 男 -/..vismen《生》隔世遺伝，先祖返り．

a·ta·vis·tisch [アタヴィスティッシュ atavístıʃ] 形《生》隔世遺伝の，先祖返りの．

A·te·li·er [アテリエー ateliéː または ..] 中 -s/-s ① アトリエ，画室．② (映画の)スタジオ．

＊*der* **A·tem** [アーテム áːtəm] 男 (単 2) -s/ 呼吸，息．(⦅英⦆ breath). *Atem*⁴ holen 息を吸う / den *Atem* an|halten 息を止める / einen kurzen *Atem* haben a) すぐ息切れになる，b)《雅》ぜんそく持ちである，c)《比》持続力がない / einen langen *Atem* haben a) 息が長く続く，b)《比》持続力がある / Ihm stockte der *Atem*. (驚いて)彼は息が詰まった．

◇《前置詞とともに》**außer** *Atem* kommen 息を切らす / Er ist außer *Atem*. 彼は息を切らしている / 人⁴ **in** *Atem* halten 人⁴に息つくひまを与えない / in einem *Atem* 一気に / **mit** verhaltenem *Atem* 息を殺して / **nach** *Atem* ringen (息が苦しくて)あえぐ / wieder **zu** *Atem* kommen 息を吹き返す．

a·tem≠be·rau·bend [アーテム・ベラオベント] 形 息をのむような，息詰まるような．eine *atemberaubende* Spannung 息詰まるような緊張．

a·tem≠los [アーテム・ろース] 形 ① 息切れした，息も絶え絶えの．② 息つく暇もない(速さなど)；息詰まるような．eine *atemlose* Stille 息詰まるような静けさ．

A·tem≠not [アーテム・ノート] 女 -/《医》呼吸困難．

A·tem≠pau·se [アーテム・パオゼ] 女 -/-n 息をつく間；短い休息[時間]，一息つく間．

A·tem≠zug [アーテム・ツーク] 男 -[e]s/..züge 呼吸．einen tiefen *Atemzug* tun 深呼吸をする / **in** einem (または im selben または im gleichen) *Atemzug* a) 一息で，b) [ほぼ]同時に / im nächsten *Atemzug* その直後に．

A·the·is·mus [アテイスムス ateísmus] 男 -/ 無神論．

A·the·ist [アテイスト ateíst] 男 -en/-en 無神論者．

a·the·is·tisch [アテイスティッシュ ateístıʃ] 形

無神論の, 無神論者の.

A·then [アテーン atéːn] 中 -s/ 《都市名》アテネ, アテナイ(ギリシアの首都).

A·the·nä·um [アテネーウム atenέːum] 中 -s/ ..näen [..ネーエン] 女神アテネの神殿; 芸術の殿堂(学園・文化団体などの名称としても使用される).

A·the·ne [アテーネ atéːnə] -s/ 《ギ神》アテナ(アテネ市の守護神で, 技術・音楽・戦い・知性の女神. ローマ神話のミネルヴァに当たる).

Äther [エータァ έːtɐr] 男 -s/ ① 《雅》天空, 大空. ② 《理》エーテル(かつては電磁波の媒質と考えられていた). ③ 《哲》霊気; 元素. ④ 《化》エーテル.

ä·the·risch [エテーリッシュ etέːrɪʃ] 形 ① 《古》天[空]の; 霊気のような, この世ならぬ; きわめて繊細な. ② エーテルの, エーテルを含んだ; 芳香性の. ätherische Öle 《化》精油, 芳香油.

Ä·thi·o·pi·en [エティオーピエン etió:piən] 中 -s/ 《国名》エチオピア(アフリカ北東部. 首都はアジスアベバ).

Ath·let [アトれート atléːt] 男 -en/-en ① 《口語》筋骨たくましい男. ② 《スポ》競技者.

Ath·le·tik [アトれーティク atléːtɪk] 女 -/ 《スポ》① 運動競技. Leichtathletik 陸上競技. ② 競技法(理論), 体育(運動)理論.

ath·le·tisch [アトれーティッシュ atléːtɪʃ] 形 ① 筋骨のたくましい; 筋骨隆々とした. ② 運動競技の.

Ä·thyl [エテューる etýːl] 中 -s/ 《化》エチル.

Ä·thyl·al·ko·hol [エテューる・アるコホーる] 男 -s/ エチルアルコール.

Ä·thy·len [エテュれーン εtyléːn] 中 -s/ 《化》エチレン.

*der **At·lan·tik** [アトらンティク atlántɪk] 男 (単2) -s/ 《定冠詞とともに》《海名》大西洋. (英 the Atlantic). (注意「太平洋」は der Pazifik).

at·lan·tisch [アトらンティッシュ atlántɪʃ] 形 大西洋の. der Atlantische Ozean 大西洋.

At·las[1] [アトらス átlas] I -/ 《ギ神》アトラス(天を支える巨人神). II 男 -/ 《定冠詞とともに》《山名》アトラス山脈(アフリカ北西部, 名は I に由来). III 男 -[ses]/Atlasse (または Atlanten) ① 地図帳, 地図集. ② 図解書, 図表集. Anatomieatlas 解剖学アトラス.

At·las[2] [アトらス] 男 -[ses]/Atlasse 《織》しゅす(繻子), サテン.

****at·men** [アートメン áːtmən] du atmest, er atmet (atmete, hat ..geatmet) I 自 《完了》 haben) ① 息をする, 息をつく. (英 breathe). tief atmen 深呼吸する / Der Kranke atmet schwer. 病人は苦しそうに息をしている / Hier kann man frei atmen. 《比》ここではのびのびできる(=自由に呼吸できる). II 他 《完了》 haben) 《雅》① (空気など[4]を)吸い込む. die frische Luft[4] atmen 新鮮な空気を吸う. ② 《比》発散させる. Dieser Ort atmet Frieden und Stille. この村は平和と静けさに満ちている.

at·me·te [アートメテ] **atmen (呼吸する)の 過去.

*die **At·mo·sphä·re** [アトモスフェーレ atmosféːra] 女 (単) -/-n 《-sphere》① 大気, 大気圏. ② 雰囲気; 環境. eine gespannte Atmosphäre 緊迫した雰囲気. ③ 《物》(圧力の単位として:)気圧 (記号: atm).

at·mo·sphä·risch [アトモスフェーリッシュ atmosféːrɪʃ] 形 ① 大気[中]の. der atmosphärische Druck 大気圧. ② 雰囲気の, 雰囲気をかもし出す; ほのかな, かすかな(ニュアンスなど).

At·mung [アートムング] 女 -/ 呼吸. künstliche Atmung 人工呼吸.

A·toll [アトる atól] 中 -s/-e 環状さんご島, 環礁.

*das **A·tom** [アトーム atóːm] 中 (単2) -s/(複) -e (3格のみ -en) ① 《化》原子. (英 atom). Wasserstoffatom 水素原子. ② 《比》微量, ほんの少し; 微細な破片. nicht ein Atom 少しも…ない / in einzelne Atome zerfallen こなごなに壊れる.

a·to·mar [アトマール atomáːr] 形 ① 原子の; 原子力の. das atomare Zeitalter 原子力時代. ② 核兵器の. die atomare Abrüstung 核軍縮.

A·tom≠bom·be [アトーム・ボンベ] 女 -/-n 原子爆弾. (注意「水素爆弾」は Wasserstoffbombe).

A·tom≠ener·gie [アトーム・エネルギー] 女 -/ 原子力エネルギー(=Kernenergie).

A·tom≠ge·wicht [アトーム・ゲヴィヒト] 中 -[e]s/-e 《化》原子量.

A·tom≠kern [アトーム・ケルン] 男 -[e]s/-e 原子核.

A·tom≠kraft·werk [アトーム・クラフトヴェルク] 中 -[e]s/-e 原子力発電所(=Kernkraftwerk).

A·tom≠krieg [アトーム・クリーク] 男 -[e]s/-e 核戦争.

A·tom≠macht [アトーム・マハト] 女 -/..mächte ① 核[兵器]保有国. ② 《複 なし》核戦力.

A·tom≠müll [アトーム・ミュる] 男 -s/ 放射性廃棄物.

A·tom≠phy·sik [アトーム・フュズィーク] 女 -/ 原子物理学(=Kernphysik).

A·tom≠re·ak·tor [アトーム・レアクトァ] 男 -s/ -en [..トーレン] 原子炉(=Kernreaktor).

A·tom≠spal·tung [アトーム・シュパるトゥング] 女 -/-en [原子]核分裂.

A·tom≠sperr≠ver·trag [アトームシュペル・フェァトラーク] 男 -[e]s/..träge 核拡散防止条約.

A·tom≠test [アトーム・テスト] 男 -[e]s/-s (または -e) 核実験.

A·tom-U-Boot [アトーム・ウー・ボート] 中 -[e]s/-e 《軍》原子力潜水艦.

A·tom≠waf·fe [アトーム・ヴァッフェ] 女 -/-n 《ふつう 複》核兵器.

a·tom·waf·fen≠frei [アトームヴァッフェン・

ライ] 形 非核[武装]の.
A·tom‗zeit·al·ter [アトーム・ツァイトアるタァ] 中 -s/ 原子力時代.
a·to·nal [ア・トナール átona:l または ..ナール] 形 《音楽》無調の.
A·to·pie [アトピー] 女 -/-n ..ピーエン《医》アトピー.
ätsch! [エーチュ é:tʃ] 間《幼児》やーい[ざまを見ろ]!
At·ta·ché [アタシェー ataʃéː] [発] 男 -s/-s 外交官補; (大使·公使館の)専門担当官. Kultur*attaché* 文化担当官.
At·ta·cke [アタッケ atákə] 女 -/-n ① 攻撃; (激しい)批判. ② 《医》発作. Herz*attacke* 心臟発作. ③ 《音楽》(ジャズの)アタック.
at·ta·ckie·ren [アタキーレン ataki:rən] 他 (h) 攻撃する; 《比》激しく批判(非難)する.
At·ten·tat [アッテンタート átənta:t または アテンタート atɛnta:t] 中 -[e]s/-e 暗殺[計画]. auf 人⁴ ein *Attentat*⁴ verüben 人⁴を暗殺する.
At·ten·tä·ter [アッテンテータァ átənte:tɐ または アテンテー.. atɛnté:..] 男 -s/- 暗殺者, 刺客(ҔҰ).
At·test [アテスト atést] 中 -[e]s/-e ① (医者の)健康]診断書. ②《古》証明書.
At·ti·la [アッティら átila] -s/《人名》アッティラ (406?–453; フン族の王).
At·trak·ti·on [アトラクツィオーン atraktsióːn] 女 -/-en ① 《複 なし》(人を)引きつける力, 魅力. ② アトラクション, 呼び物. Zirkus*attraktion* サーカスの呼び物.
at·trak·tiv [アトラクティーふ atrakti:f] 形 魅力的な, 人をひきつける. (☞ 類語 schön).
At·trap·pe [アトラッペ atrápə] 女 -/-n まがい物, 模造品.
At·tri·but [アトリブート atribú:t] 中 -[e]s/-e ① 属性, 特性; 符号, 目印. ②《言》付加語, 限定詞. ③《哲》属性.
at·tri·bu·tiv [アトリブティーふ átributi:f または ..ティーふ] 形《言》付加語的な.
At·tri·but‗satz [アトリブート・ザッツ] 男 -es/..sätze《言》付加語文.
at·zen [アッツェン átsən] 他 (h) (野鳥がひなに⁴)餌(ɜ́)をやる.
ät·zen [エッツェン étsən] I 他 (h) ① (金属などを)腐食する. ② 《医》(患部⁴を)焼灼(ҔҰ)する. ③ (図案など⁴を)エッチングする. II 自 (h) (酸などが)腐食する.
ät·zend [エッツェント] I ätzen (腐食する)の 現分 II 形 ① 腐食性の; 《比》刺すような(にがい); 辛らつな(言葉など). ② (若者言葉:)むかつく, ひどい.
Ätz‗nat·ron [エッツ・ナートロン] 中 -s/《化》苛性ソーダ.
Ät·zung [エッツング] 女 -/-en 腐食[作用]; エッチング;《医》焼灼(ҔҰ)[法].
au! [アオ áʊ] 間 ① ([肉体的苦痛を表して:)おおっ, ああ. *Au*, das tut weh! おおっ, 痛いっ. ② (喜びを表して:)《口語》やったぁ, わあーっ.
Au¹ [アー・ウー]《化·記号》金 (＝Aurum).

Au² [アオ áʊ] 女 -/-en《南ドﾞｲﾂ·ｵｰｽﾄﾘｱ》(川辺の)草原.
Au·ber·gi·ne [オベルジーネ obɛrʒí:nə] [発] 女 -/-n《植》ナス[の実].

***auch** [アオホ áʊx]

> …もまた
> Ich habe Hunger. — Ich *auch*!
> イヒ　ハーベ　フンガァ　　　イヒ　アオホ
> 私はおなかがすいた. — 私も.

副 A) ① …もまた, …も[同様], 同じく. (英 also, too). Ich gehe jetzt, du *auch*? ぼくはもう行くが, 君も行くかい / Alle schwiegen, *auch* ich war still. みんな黙っていた, 私も静かにしていた / Es hat *auch* heute geregnet. きょうも雨が降った.
◊《nicht nur A, sondern *auch* B の形で》AだけでなくBもまた. Er ist nicht nur fleißig, sondern *auch* klug. 彼は勤勉であるばかりでなく, 賢くもある.
◊《sowohl A als (または wie) *auch* B の形で》AもBも. Sowohl er als *auch* sie lieben Musik. 彼も彼女も音楽が好きだ.
② うえに, さらに. (英 besides). *Auch* das noch! おまけにそれもか / Ich kann nicht, ich will *auch* nicht. 私にはできないし, それにまたするつもりもない.
③ …でさえも, …すらも. (英 even). *Auch* ein Kind kann das begreifen. 子供でさえそれを理解できる / *Auch* der Klügste macht Fehler. どんなに賢い人でも誤りは犯す.
B)《文中でのアクセントなし》①《非難·驚きの気持ちを表して》まったく, ほんとに. Du bist [aber] *auch* eigensinnig. 君ときたらまったく頑固だね / Warum kommst du *auch* so spät? どうしてまたこんなに遅く来たの.
② 実際(…なのだから). Ich gehe jetzt, es ist *auch* schon spät. ぼくはもう行くよ, なにしろもう遅いのだから.
③《疑問文で》本当に…なのだろうか. Ist das *auch* wahr? それは本当なのだろうか / Darf er das *auch* tun? そんなことを彼は本当にしてもよいのだろうか.
④《was, wo, wer などとともに譲歩文で》[たとえ]…であろうと. was er *auch* sagen mag たとえ彼が何と言おうとも / wo er *auch* hinkommt 彼はどこへいっても / Lassen Sie niemanden herein, wer es *auch* sein mag. だれであろうと中に入れないでください / wie dem *auch* sei いずれにせよ.
⑤《*auch* wenn または wenn *auch* などの形で》たとえ…でも, [事実]…ではあるが. *Auch* wenn ihm alles glückt, ist er unzufrieden. たとえ万事うまく行っても, 彼は不満足だ / Er arbeitet gut, wenn *auch* langsam. 彼は実際ゆっくりではあるがよく働く / ein guter, wenn *auch* langsamer Arbeiter ゆっくりとではあるが腕のよい労働者 / Wenn *auch*!《口語》

Audienz

かまうもんか，それでいいよ．

> *auch wenn* が「仮に…であっても」を表すのに対し，*wenn auch* は「仮に…であっても」，「事実であっても」の両方の意味を持つ．

⑥ 〖**wie, so** とともに譲歩文で〗いかに…でも．Wie reich er *auch* ist, er ist nicht glücklich. いかに金持ちであろうとも，彼は幸福ではない / So klug er *auch* ist, diese Aufgabe konnte er nicht lösen. 彼がいくら頭がよくても，この問題は解けなかった．

Au・di・enz [アオディエンツ audiénts] 囡 -/-en 謁見(ｴｯｹﾝ)，引見．

Au・di・max [アオディ・マクス audi-máks または アオ..] 中 -/ (学生言葉:)(大学の最も大きい)大講義室(＝**Auditorium maximum**).

Au・di・o・vi・sion [アオディオ・ヴィズィオーン] I 囡 -/ ① 音声・画像再生技術，AV 装置．② 視聴覚情報，VTR. II 中 -s/-e ビデオレコーダー，VTR.

au・di・o・vi・su・ell [アオディオ・ヴィズェえル] 形 視聴覚の． *audiovisuelle* Unterrichtsmittel 視聴覚教材．

Au・di・to・ri・um [アオディトーリウム auditó:-rium] 中 -s/..rien [..リエン] ① 講義室，教室．② 〖総称として:〗聴衆，観客．

Aue [アオエ áυə] 囡 -/-n ① 〘方〙〘詩〙(川辺の)草原．② 〘方〙川中島，中州．

Au・er・huhn [アオアァ・フーン] 中 -[e]s/..hühner 〘鳥〙オオライチョウ．(⇨ 雄は Auerhahn, 雌は Auerhenne.)

‡**auf** [アオふ áυf] I 前 〖**3格・4格**とともに〗(定冠詞と融合して **aufs** (←*auf das*) となることがある)

① 〖上面の接触〗㋐ 〖どこに〗〖**3格**と〗…の上に，…[の上]で．〘愛〙 on). Das Buch liegt *auf* dem Tisch. その本は机の上にある (⇨ 図) / *auf* der Straße 路上で，通りで / *auf* dem Rücken liegen あお向けに横たわっている / *auf* dem Land leben 田舎で暮らす．

auf dem Tisch

㋑ 〖どこへ〗〖**4格**と〗…の上へ，…[の上]に．Hanna legt das Buch *auf* den Tisch. ハンナはその本を机の上に置く (⇨ 図) / *auf* den Berg steigen 山に登る / *auf* die Knie fallen ひざまずく / *aufs* Land ziehen 田舎に引っ越す．(⇨類語 nach).

auf den Tisch

② 〖公共の場所〗㋐ 〖**3格**と〗…で，…に．*auf* dem Bahnhof warten 駅で待つ / Er ist *auf* der Universität. 彼は大学に在学中だ．㋑ 〖**4格**と〗…へ，…に．*auf* die Post gehen 郵便局へ行く / Er geht noch *auf* die Schule. 彼はまだ学校に通っている．

③ 〖用事・行事・目的〗㋐ 〖**3格**と〗…中に，…の際に．*auf* Urlaub sein 休暇中である / *auf* der Hochzeit 結婚式の席上で．㋑ 〖**4格**と〗…をするために．*auf* die Reise gehen 旅に出る / *auf* einen Ball gehen ダンスパーティーに行く．

④ 〖距離的に〗〖**4格**と〗…だけ離れた所から．Die Explosion war *auf* 3 Kilometer zu hören. その爆発は 3 キロメートル先から聞こえた．⑤ 〖時間的に〗〖**4格**と〗㋐ 〖予定の期間〗…の予定で．*auf* zwei Jahre ins Ausland gehen 2 年間の予定で外国へ行く / *auf* ewig (または immer) 永久に．㋑ 〖予定の時刻〗…に．ein Taxi[4] *auf* 17 Uhr bestellen タクシーを午後 5 時に来てもらうよう予約する．㋒ 〖ある時点への接近〗…にかけて．Es geht *auf* drei Uhr zu. そろそろ 3 時だ / in der Nacht vom Samstag *auf* den Sonntag 土曜日から日曜日にかけての夜．㋓ 〖連続〗…に続いて，…の次に．Whisky[4] *auf* Bier trinken ビールのあとにウイスキーを飲む / Schlag *auf* Schlag 〘口語〙立て続けに / *Auf* Regen folgt Sonnenschein. 〘ことわざ〙苦あれば楽あり(←雨のあとには日が照る)．

⑥ 〖方法・手段〗〖**4格**と〗…で．*auf* diese Weise このようなやり方で / *auf* elegante Art エレガントに / *auf* Deutsch ドイツ語で / *aufs* Neue 新たに，改めて / Zwei Fliegen *auf* einen Schlag. 一石二鳥 (← 一撃で二匹のはえ)．

◇〖最上級とともに〗きわめて…に．*aufs* Beste または *aufs* beste この上なく良く / *Aufs* Herzlichste または *aufs* herzlichste 心から．

⑦ 〖演奏方法〗〖**3格**と〗…で．ein Stück[4] *auf* der Geige (dem Klavier) spielen ある曲をヴァイオリン(ピアノ)で演奏する．

⑧ 〖期待〗〖**4格**と〗…を期待して．*Auf* Wiedersehen! さようなら(←再会を期待して) / *Auf* Ihr Wohl! ご健康を祈って[乾杯]!

⑨ 〖動機・理由〗〖**4格**と〗…に従って，…によって．*auf* Ihren Befehl あなたの命令どおり / *auf* den Rat des Arztes [hin] 医者の忠告に従って / *auf* eine Frage antworten 質問に答える．/ *auf* Grund einer Aussage[2] 証言に基づいて．

⑩ 〖程度〗〖**4格**と〗…にいたるまで，…ほどまでに．*auf* die Minute 1 分も違わずに / 〖人〗[3] *aufs* Haar gleichen 〖人〗[3]にそっくりである(←髪 1 本にいたるまで)．

◇〖**bis** *auf*... の形で〗㋐ …にいたるまで，…も含めて．bis *auf* den letzten Pfennig 最後の 1 ペニヒまで．㋑ …を除いて，…以外は．alle bis *auf* einen 一人を除いて全員．

⑪ 〖分配の基準〗〖**4格**と〗…当たり．*auf* den Kopf (auf die Person) 1 人当たり / 2 Esslöffel Waschpulver *auf* einen Liter 1 リットルにつき 2 さじの洗剤．

⑫ 〖誓い〗〖**4格**と〗…にかけて．*auf* meine Ehre 私の名誉にかけて．

⑬ 〖特定の動詞・形容詞とともに〗*auf* 〖人・物〗[4] achten 〖人・物〗[4]に気をつける / sich[4] *auf* 〖物〗[4]

freuen 事⁴を楽しみにしている / auf 事⁴ verzichten 事⁴を断念する / auf 人・物⁴ warten 人・物⁴を待つ / auf 人・物⁴ böse sein 人・物⁴に腹を立てている / auf 人・物⁴ neugierig sein 人・物⁴のことを知りたがっている / auf 人・物⁴ stolz sein 人・物⁴を誇りに思っている.

> **auf** と **über**: auf が「(接触して)上に」を意味するのに対して、über は 「(離れて)上の方に」「(覆って)上に」を意味する. 例: Über dem Tisch hängt eine Lampe. テーブルの上に電灯が下がっている / eine Decke⁴ über den Tisch legen テーブルにテーブルクロスを掛ける.

II 副 ① 上へ; 立って, 起きて. (英 up). Auf! (号令で)立て, 起きよ! / Die Kinder sind noch auf. 子供たちはまだ起きている / Auf, an die Arbeit! さあ, 仕事にかかろう! / auf und davon gehen《口語》(すばやく)逃げ去る. ② 《口語》開いて. Fenster auf! 窓を開けろ! ③ 《成句的に》 **auf und ab** (または **nieder**) a) 上に下に(上へ下へ), b) 行ったり来たり. ④ 《**von**... **auf** の形で》…から. von klein (または Kind) auf 子供のときから / von Grund auf 根本から, 徹底的に.

(新形)

auf sein《口語》① (窓・店などが)開いている. Die Tür *ist* auf. ドアは開いている. ② 起きている, 目を覚ましている. Die Kinder *sind* noch auf. 子供たちはまだ起きている.

auf.. [アオフ.. áuf..] 《分離動詞の 前つづり》; つねにアクセントをもつ》① 《上方へ・上面へ》例: auf|steigen (煙などが)立ち上る. ② 《動作の突発》例: auf|leuchten (稲妻などがぴかっと光る. ③ 《開くこと》例: auf|machen 開ける. ④ 《復旧》例: auf|frischen 修復する. ⑤ 《解明》例: auf|klären 解明する. ⑥ 《完結》例: auf|essen 平らげる.

auf|ar·bei·ten [アオフ・アルバイテン áuf-àrbaɪtən] 他 (h) ① (たまっている仕事⁴を)片づける. ② (家具など⁴を)修復する, 再生する.

auf|at·men [アオフ・アートメン áuf-à:tmən] 自 (h) 深く息をする; 《比》ほっとする(一息つく).

auf|bah·ren [アオフ・バーレン áuf-bà:rən] 他 (h) (遺体を)棺台に載せる.

der **Auf·bau** [アオフ・バオ áuf-bau] 男 《単2》 -[e]s/《複》-ten ① 《複 なし》建設, 建築; (機械などの)組み立て; (会社などの)設立. ② 《複 なし》構造, 構成; (小説などの)構成. der Aufbau des Dramas ドラマの構成. ③ 《建》上部(屋上)構築物; (船の)上甲板の構築物; 《工》(車の)ボディー, 車体. ④ 《化》構成, 組成.

***auf|bau·en** [アオフ・バオエン áuf-bàuən] (baute...auf, hat...aufgebaut) I 他 《完了 haben》① (建物など⁴を)**建てる**, 建造する; (機械など⁴を)組み立てる. (ヽ「解体する」は ab|bauen). ein Gebäude⁴ wieder aufbauen 建物を再建する / ein Zelt⁴ aufbauen テントを張る. (類語 bauen). ② (団体などを組織する, 作り上げる; (事業など⁴を)起こす. sich³ ein neues Leben⁴ aufbauen 新生活を築く. ③ (歌手・政治家など⁴を)後援する. ④ (講演・楽曲など⁴を)構成する, 組み立てる. ⑤ (商品などを)並べる, 陳列する. ⑥ 《A⁴ **auf** B³ ~》(A⁴(理論など)を B³ の上に)築く.

II 自 《完了 haben》《**auf** 事³ ~》(事³に)基づく, (事³を)根拠とする.

III 再帰 《完了 haben》 **sich⁴** *aufbauen* ① (高気圧などが)発生する. ② 《口語》ぬっと立つ. sich⁴ **vor** 人³ *aufbauen* 人³の前に立ちはだかる. ③《sich⁴ **auf** 事³ ~》(事³に)基づいている. ④《sich⁴ **aus** 物³ ~》《化》(物³から)合成されている.

auf|bäu·men [アオフ・ボイメン áuf-bòʏmən] 再帰 (h) **sich⁴** *aufbäumen* ① (馬などが)棒立ちになる. ②《sich⁴ **gegen** 人・事⁴ ~》《比》(人・事⁴に)反抗する, 逆らう.

auf|bau·schen [アオフ・バオシェン áuf-bàʊʃən] 他《比》大げさに言う.

Auf·bau·ten [アオフ・バオテン] *Aufbau (上部構築物の 複)

auf|be·geh·ren [アオフ・ベゲーレン áuf-bəgè:rən] (過分 aufbegehrt) 自 (h) 《雅》いきりたつ, 反抗する. **gegen** 人・事⁴ *aufbegehren* 人・事⁴に立ち向かう.

auf|be·hal·ten* [アオフ・ベハルテン áuf-bəhàltən] (過分 aufbehalten) 他 (h) 《口語》(帽子など⁴を)かぶったままでいる, (眼鏡⁴を)かけたままでいる.

auf|be·kom·men* [アオフ・ベコンメン áuf-bəkòmən] (過分 aufbekommen) 他 (h) 《口語》① (やっとのことで)開けることができる. Ich *bekam* den Koffer endlich *auf*. 私はやっとトランクを開けることができた. ② (宿題など⁴を)課せられる.

auf|be·rei·ten [アオフ・ベライテン áuf-bəràɪtən] (過分 aufbereitet) 他 (h) ① (坑)(鉱物⁴を)選別する, 精錬する; (飲料水など⁴を)浄化する. ② (原典など⁴を)解明する; (データなど⁴を)処理する, 修正する.

Auf·be·rei·tung [アオフ・ベライトゥング] 女 -/-en ① (鉱物の)選別; (水などの)浄化. ② 解明.

auf|bes·sern [アオフ・ベッサァン áuf-bèsərn] 他 (h) 改善する, 向上させる. das Gehalt⁴ *aufbessern* 給料を引き上げる.

Auf·bes·se·rung [アオフ・ベッセルング] 女 -/-en 改善, 向上; 昇給, 給料の引き上げ.

*** auf|be·wah·ren** [アオフ・ベヴァーレン áuf-bəvà:rən] (bewahrte...auf, hat...aufbewahrt) 他 《完了 haben》(荷物など⁴を)**保管する**, 保存する; 預かる. (英 *keep, store*). das Gepäck⁴ **auf** dem Bahnhof *aufbewahren lassen* 荷物を駅に預ける / Ich *bewahre* das Geld für dich *auf*. このお金を君にとっておくよ.

auf·be·wahrt [アオフ・ベヴァールト] *auf|bewahren (保管する)の 過分

Auf·be·wah·rung [アオふ・ベヴァールング] 女 -/-en ① 〘覆 なし〙 保管, 保存. 人³ 物⁴ **zur** Aufbewahrung [über]geben 人³に物⁴を預ける. ② 手荷物預り所 (=Gepäckaufbewahrung).

auf|bie·ten* [アオふ・ビーテン] áuf-bì:tən] 他 (h) ① (力・知力など⁴を)傾注する, 集中させる. alle Kräfte⁴ aufbieten 全力を傾ける. ② (軍隊など⁴を)動員する, 投入する. ③ (人²の)婚姻を予告する.

Auf·bie·tung [アオふ・ビートゥング] 女 -/-en ① (…の)傾注, 集中. **mit** (または **unter**) Aufbietung aller Kräfte² 全力を傾けて. ② (軍隊などの)動員, 投入. ③ 婚姻の予告.

auf|bin·den* [アオふ・ビンデン] áuf-bìndən] 他 (h) ① (髪・かつらなど⁴を)結い上げる, 束ねる. ② (ネクタイなど⁴を)ほどく, 解く. Sie band sich³ die Schürze auf. 彼女はエプロンをはずした. ③ 《口語》(人³にうそなど⁴を)信じこませる. **人³ einen Bären aufbinden** 人³をだます.

auf|blä·hen [アオふ・ブレーエン áuf-blɛ̀:ən] I 他 (h) ふくらませる. Der Wind blähte die Segel auf. 風で帆がふくらんだ. II 再帰 (h) sich⁴ aufblähen ふくらむ; 《比》いばる.

auf|bla·sen* [アオふ・ブラーゼン áuf-blà:zən] I 他 (h) (空気を入れて)ふくらませる. einen Ballon aufblasen 気球をふくらませる. II 再帰 (h) sich⁴ aufblasen 《口語》いばる. Er bläst sich gern auf. 彼はいばりたがる.
◇☞ aufgeblasen

auf|blei·ben* [アオふ・ブライベン áuf-blàɪbən] 自 (s) 《口語》① 起きている, 寝ずにいる. bis 12 Uhr aufbleiben 12時まで起きている. ② (戸・窓などが)開いたままになっている.

auf|blen·den [アオふ・ブレンデン áuf-blèndən] I 自 (h) ① (ヘッドライトなどが)ぱっとつく. ②《映》撮影(映写)が始まる. ③《写》カメラの絞りを開く. II 他 (h) ① (ヘッドライトなど⁴を)上向きにする. ②《映》(シーン⁴の)撮影を始める.

auf|bli·cken [アオふ・ブリッケン áuf-blìkən] 自 (h) ① 見上げる; (本などから)視線を上げる. **zum** Himmel aufblicken 空を見上げる. ② [**zu** 人³ ~]《比》(人³を)尊敬する.

auf|blit·zen [アオふ・ブリッツェン áuf-blìtsən] 自 (h, s) ① ぴかっと光る. ②《比》(考えなどが)ひらめく. Eine Idee blitzte in ihm auf. ある考えが彼の頭にひらめいた.

auf|blü·hen [アオふ・ブリューエン áuf-blỳ:ən] 自 (s) ① (花が)開く, 咲く, 開花する. Die Rosen sind aufgeblüht.《現在完了》ばらの花が咲いた. ②《比》栄える, 興隆する; 生気を取り戻す. Der Handel blüht auf. 商売が繁盛する. ◇《現在分詞の形で》ein aufblühender Industriezweig 花形産業.

auf|bo·cken [アオふ・ボッケン áuf-bòkən] 他 (h) (自動車など⁴を)整備用リフトに載せる.

auf|brau·chen [アオふ・ブラオヘン áuf-bràʊxən] 他 (h) (蓄え・精力などを)使い果たす.

auf|brau·sen [アオふ・ブラオゼン áuf-bràʊzən] 自 (s) ① (水が)沸騰する; (海が)波立つ; (シャンパンなどが)泡立つ. ② (拍手・歓声などが)わき起こる. ③《比》激高する, かっとなる. ◇《現在分詞の形で》ein aufbrausendes Temperament 怒りっぽい気性.

auf|bre·chen [アオふ・ブレッヒェン áuf-brɛ̀çən] du brichst…auf, er bricht…auf (brach…auf, hat/ist…aufgebrochen) I 他 (☞ haben) ① (無理に)こじ開ける. ein Schloss⁴ aufbrechen 錠前をこじ開ける / einen Brief aufbrechen《雅》手紙の封を切る. (☞ 類語 öffnen). ② (路面など⁴を)掘り返す. II 自 (☞ sein) ① (つぼみが)開く, 開花する; (氷・傷口などが)割れる, 裂ける. Die Eisdecke bricht auf. 張りつめた氷が裂ける. ② 出発する. **zu** einer Reise aufbrechen 旅行に出発する. ③《雅》(考え・対立などが)生じる.

auf|brin·gen* [アオふ・ブリンゲン áuf-brìŋən] 他 (h) ① (費用など⁴を)調達する;《比》(気力など⁴を)ふるい起こす. Er konnte das Geld für die Reise nicht aufbringen. 彼は旅行のためのお金を調達できなかった / den Mut **zu** 事³ aufbringen 事³をする勇気をふるい起こす. ②《口語》(錠・戸など⁴を)苦労して開ける, こじ開ける. ③ (うわさ・流行・新語など⁴を)広める, はやらせる. ④ (船⁴を)拿捕する. ⑤ (塗料・薬など⁴を)塗る. ⑥ 怒らせる, 激高させる.
◇☞ aufgebracht

Auf·bruch [アオふ・ブルフ áuf-brʊx] 男 -[e]s/..brüche ① 〘ふつう 単〙 出発, 旅立ち. das Zeichen⁴ zum Aufbruch geben 出発の合図をする. ② (地面などの)掘り起こしてある箇所, 裂け目. ③《狩》(獣の)内臓. ④《雅》(民族などの)台頭, 目覚め.

auf|brü·hen [アオふ・ブリューエン áuf-brỳ:ən] 他 (h) (コーヒー・紅茶など⁴を)入れる.

auf|brum·men [アオふ・ブルメン áuf-brʊ̀mən] 他 (h)《口語》(人³に罰など⁴を)科す.

auf|bü·geln [アオふ・ビューゲるン áuf-bỳ:gəln] 他 (h) (物⁴に)アイロンをかける; (ししゅうの下絵⁴を)アイロンプリントする.

auf|bür·den [アオふ・ビュルデン áuf-bỳrdən] 他 (h)《雅》(人³に重荷・責任など⁴を)負わせる.

auf|de·cken [アオふ・デッケン áuf-dɛ̀kən] 他 (h) ① (物⁴の)覆いを取る. (☞「覆う」は **zu**decken). das Bett⁴ aufdecken ベッドカバーをはずす / den Topf aufdecken 深鍋(ポミ)のふたを取る. ◇《再帰的に》sich⁴ aufdecken ふとんをはねのける ⇒ Das Kind hat sich im Schlaf aufgedeckt. 子供は寝ている間にふとんをはねのけた. ② (トランプ)(カード⁴を)開いて見せる. ③ (食卓にテーブルクロス⁴を)掛ける. Sie deckte ein weißes Tischtuch auf. 彼女は白いテーブルクロスを掛けた. ◇《目的語なしで》Die Kinder hatten schon aufgedeckt. 子供たちはもう食卓の用意を済ませていた. ④ (秘密など⁴を)暴露する.

auf|don·nern [アオふ・ドンナァン áuf-dònərn] 再帰 (h) sich⁴ aufdonnern《俗》けばけばしく着

飾る.
◊☞ aufgedonnert

auf|drän·gen [アオフ・ドレンゲン áuf-drèŋən] I 他 (h) (人³に)物⁴を押しつける,強いる. Er drängt mir seine Freundschaft auf. 彼は私に友情の押し売りをする. II 再帰 (h) sich⁴ aufdrängen ① ([人³に])押しつけがましくする, うるさくつきまとう. ② (考えなどが[人³の])頭について離れない.

auf|dre·hen [アオフ・ドレーエン áuf-drè:ən] I 他 (h) ① (栓など⁴を)ひねって開ける. den Wasserhahn aufdrehen 水道の蛇口を開ける / das Gas⁴ aufdrehen ガスの栓を開ける. ② (ねじ⁴を)ゆるめる;《口語》(つまみを回して物⁴の)ボリュームを上げる. das Radio⁴ aufdrehen ラジオのボリュームを上げる. ③《南ド・オストリ》(物⁴の)スイッチを入れる,(時計など⁴の)ねじを巻く. ④ (髪⁴を)カーラーで巻く;(口ひげ⁴を)上へひねる. II 自 (h)《口語》① スピード(ピッチ)を上げる. Du musst mehr aufdrehen. 君はもっとピッチを上げなくてはいけない. ② はしゃぐ.
◊☞ aufgedreht

auf·dring·lich [アオフ・ドリングリヒ] 形 押しつけがましい,しつこい;《比》(色・においなどが)どぎつい;(音楽・声などが)やかましい.

Auf·dring·lich·keit [アオフ・ドリングリヒカイト] 女 -/-en 《複 なし》押しつけがましさ,あつかましさ. ② 押しつけがましい言動.

Auf·druck [アオフ・ドルック áuf-druk] 男 -[e]s/-e (便箋などに印刷された会社名などの)表刷り;(ラベルに表示された)価格. ②《郵》(切手の添え刷り,重ね刷り.

auf|dru·cken [アオフ・ドルッケン áuf-drùkən] 他 (h) (スタンプなど⁴を)押す;(模様など⁴を)プリントする,印刷する.

auf|drü·cken [アオフ・ドリュッケン áuf-drỳkən] I 他 (h) ① (ドアなど⁴を)押し開ける;《口語》押しつぶす. Der Wind hat das Fenster aufgedrückt. 風で窓が開いた / ein Geschwür⁴ aufdrücken できものが破れる. ② (スタンプなど⁴を)押す. 物³ einen Stempel aufdrücken 物³に印を押す. II 自 (h) (押しつけるように)力を入れて書く.

*__auf·ei·nan·der__ [アオフ・アイナンダァ auf-aɪnándər] 副 ① 重なり合って. aufeinander liegen (本などが)重ねて置いてある. ② お互いに,相互に. aufeinander warten お互いに待っている. ③ 続いて,相前後して. aufeinander los|gehen 順々に出発する.

新形
auf·ei·nan·der fol·gen 次々と続いて来る,連続する. während drei aufeinander folgender Tage 連続3日の間に.
auf·ei·nan·der lie·gen 積み重なっている.
auf·ei·nan·der sto·ßen (互いに)衝突する;《比》(意見が)ぶつかり合う.

auf·ei·nan·der|fol·gen 自 (s) 新形 auf-einander folgen ☞ aufeinander
auf·ei·nan·der|lie·gen* 自 (h) 新形 auf-einander liegen ☞ aufeinander
auf·ei·nan·der|sto·ßen* 自 (s) 新形 auf-einander stoßen ☞ aufeinander

*__der__ **Auf·ent·halt** [アオフ・エントハルト áuf-ɛnthalt] 男 (単2) -[e]s/(複) -e (3格のみ -en) ① 滞在;滞在期間. (《英》stay). Erholungsaufenthalt 保養のための滞在 / bei meinem Aufenthalt in Bonn 私がボンに滞在していたときに / während meines Aufenthaltes in Deutschland 私がドイツに滞在している間に / Aufenthalt⁴ nehmen《雅》滞在する. ② (列車の)停車. Der Zug hat 10 Minuten Aufenthalt. 列車は10分間停車する / ohne Aufenthalt durchfahren 停車せずに通過する. ③《雅》滞在地. Sein jetziger Aufenthalt ist unbekannt. 彼の今の滞在地は不明だ.

Auf·ent·halts⸗er·laub·nis [アオフエントハルツ・エァラオプニス] 女 -/..nisse (外国人の)滞在許可.

Auf·ent·halts⸗ge·neh·mi·gung [アオフエントハルツ・ゲネーミグング] 女 -/-en (外国人の)滞在許可 (= Aufenthaltserlaubnis).

Auf·ent·halts⸗ort [アオフエントハルツ・オルト] 男 -[e]s/-e 滞在地;現住所.

auf|er·le·gen [アオフ・エァレーゲン áuf-ɛrlè:gən] (過分 auferlegt) 他《雅》(人³に義務・責任など⁴を)負わせる, (人に罰など⁴を)科する.
◊《再帰的に》sich³ keinen Zwang auferlegen 遠慮をしない.

auf|er·ste·hen* [アオフ・エァシュテーエン áuf-ɛrʃtè:ən] (過分 auferstanden) 自 (s)《ふつう不定詞・過去分詞で用いる》《宗》(死者が)よみがえる,復活する.

Auf·er·ste·hung [アオフ・エァシュテーウング] 女 -/-en《宗》よみがえり,復活.

auf|es·sen* [アオフ・エッセン áuf-ɛ̀sən] 他 (h) 残さず食べる,平らげる.

auf|fä·deln [アオフ・フェーデルン áuf-fɛ̀:dəln] 他 (h) (真珠など⁴を)糸に通す.

auf|fah·ren* [アオフ・ファーレン áuf-fà:rən] I 自 (s) ①《auf 物⁴ ~》(物⁴に)追突する,乗り上げる. Wir sind auf ein anderes Auto aufgefahren.《現在完了》ぼくらは他の車に追突した. ② (自動車が)車間距離を詰める. ③《比》(驚いて)跳び上がる. aus dem Schlaf auffahren (目が覚めて)急に跳び起きる. ④ 怒りだす. ⑤ 乗りつける. II 他 (h) ①《俗》(飲食物⁴を)食卓に出す. ②《軍》(大砲など⁴を配置する.

Auf·fahrt [アオフ・ファールト áuf-fa:rt] 女 -/-en (乗り物で)登ること. ② (幹線道路への)進入路,入口,ランプ;(玄関までの)車道. ③《南ドスイス》乗りつけること. ④《古》行進.

Auf·fahr⸗un·fall [アオフファール・ウンファる] 男 -[e]s/..fälle (車の)追突事故.

*__auf|fal·len*__* [アオフ・ファれン áuf-fàlən] du fällst ... auf, er fällt ... auf (fiel ... auf, ist ... aufge-

auffallend

fallen) 自 (完了 sein) ① 目だつ，人目をひく．Sein Benehmen *fällt auf*. 彼のふるまいは人目をひく / 人³ *auffallen* 人³の注意をひく ⇨ Mir *ist* nichts Besonderes an ihm *aufgefallen*. 《現在完了》私には彼が特別変わっているようには見えなかった． ②《**auf** 物⁴～》(物⁴の上に)落ちる，落ちて当たる．

***auf·fal·lend** [アオフ・ファレント áuf-fa-lənt] I *auffallen (目だつ)の 現分
II 形 ① 目だつ，人目をひく．《英 *conspicuous*》．Sie ist eine *auffallende* Erscheinung. 彼女は際だった容姿をしている． ② はでな，奇妙な，変な．ein *auffallendes* Benehmen 変な態度．
III 副 目だって，非常に，妙に．Er ist *auffallend* still. 彼は異様にもの静かに．

auf·fäl·lig [アオフ・フェリヒ áuf-fɛlɪç] 形 ① 人目をひく，目だつ．sich⁴ *auffällig* kleiden 目だつ服装をする． ② うさんくさい，変な．

auf|fan·gen* [アオフ・ファンゲン áuf-fàŋən] 他 (h) ① (落ちてくる物⁴を)捕らえる，捕まえる．einen Ball *auffangen* ボールをキャッチする． ② (雨水など⁴を)容器に受けとめる; (難民など⁴を)一時的に収容する． ③ (攻撃など⁴を)食いとめる，阻止する． ④ (通信など⁴を偶然に)傍受する，(話など⁴を偶然に)耳にする．eine Neuigkeit⁴ *auffangen* ニュースを小耳にはさむ． ⑤ (飛行機⁴の)機体を水平に戻す．

Auf·fang=la·ger [アオフファング・ラーガァ] 中 -s/- (難民などの)仮収容所．

***auf|fas·sen** [アオフ・ファッセン áuf-fàsən] du fasst…auf, er fasst…auf (fasste…auf, hat…aufgefasst) 他 (完了 haben) ① (事⁴を…と)解する，受け取る．事⁴ als Schmeichelei *auffassen* 事⁴をお世辞と受け取る / Ich *habe* das anders *aufgefasst*. 私はそれを違ったふうに解釈した． ② 理解する，把握する．事⁴ richtig *auffassen* 事⁴を正しく理解する．◊《目的語なしで》Das Kind *fasst* schnell *auf*. その子はのみ込みが早い．

* *die* **Auf·fas·sung** [アオフ・ファッスング áuf-fasuŋ] 女 (単) -/(複) -en ① 見解，解釈，見方．meiner *Auffassung* **nach** または nach meiner *Auffassung* 私の考えでは / Sind Sie der *Auffassung*², dass…? あなたは…という見解ですか． ②《複 なし》理解力．Er hat eine gute *Auffassung*. 彼はのみ込みが早い．

Auf·fas·sungs=ga·be [アオフファッスングス・ガーベ] 女 -/ 理解力．

auf|fin·den* [アオフ・フィンデン áuf-findən] 他 (h) (偶然に)見つけ出す，発見する．人⁴ tot *auffinden* 人⁴が死んでいるのを発見する．

auf|fla·ckern [アオフ・フらッカァン áuf-flàkərn] 自 (s) (炎などが)ちらちらと燃え上がる; 《比》(伝染病などが)盛り返す，再燃する．

auf|flam·men [アオフ・ふらンメン áuf-flàmən] 自 (s) (火が)ぱっと燃え上がる，(明かりなどが)ぱっとともる;《比》(怒りなどが)燃え上がる．

auf|flie·gen* 自 (s) ① (鳥・飛行機などが)飛び立つ，舞い上がる． ② (ドアなどが)急に開く． ③《口語》(犯罪組織などが)発覚してつぶれる，(計画などが)失敗する，ふいになる．

***auf|for·dern** [アオフ・フォルダァン áuf-fɔrdərn] (forderte…auf, hat…aufgefordert) 他 (完了 haben)《人⁴ **zu** 事³ ～》(人⁴に事³を)要求する，要請する，勧める．人⁴ zur Teilnahme *auffordern* 人⁴に参加をうながす / Er *forderte* sie zum Tanz *auf*. 彼は彼女にダンスを申し込んだ．◊《**zu** 不定詞[句]とともに》Er *wurde aufgefordert*, seinen Ausweis zu zeigen.《受動・過去》彼は身分証明書を見せるように要求された．

Auf·for·de·rung [アオフ・フォルデルング] 女 -/-en 要求，要請，催促; 招待．eine *Aufforderung* **zum** Tanz《口語》ダンスへの誘い．

auf|fors·ten [アオフ・フォルステン áuf-fɔrstən] 他 (h) (伐採地など⁴に)植林する．

auf|fres·sen* [アオフ・フレッセン áuf-frèsən] 他 (h) ① 食べ尽くす．Ich *könnte* dich [vor Liebe] *auffressen*!《接 2・現在》《口語》食べてしまいたいほど君が好きだよ． ②《口語》消耗させる．Die Arbeit *frisst* mich *auf*. その仕事は私をくたくたにさせる．

auf|fri·schen [アオフ・フリッシェン áuf-frìʃən] I 他 (h) ① (古くなった家具などを)手入れしてきれいにする，修復する．die Möbel³ *auffrischen* 家具を修復する． ②《比》(記憶・知識など⁴を)新たにする．Ich *will* mein Englisch *auffrischen*. 私は英語をやり直すつもりだ．II 自 (s, h) (風が)強くなる．

***auf|füh·ren** [アオフ・フューレン áuf-fỳːrən] (führte…auf, hat…aufgeführt) I 他 (完了 haben) ① (劇など⁴を)**上演する**，(映画⁴を)上映する，上演奏する．ein Drama⁴ *aufführen* ドラマを上演する． ② (名前・例など⁴を)あげる，記載する．ein Beispiel⁴ *aufführen* 例をあげる / 人⁴ als Zeugen *aufführen* 人⁴を証人としてあげる / Dein Name *ist* in der Liste nicht *aufgeführt*.《状態受動・現在》君の名前はリストに記載されていない． ③《雅》(建物・壁など⁴を)建てる，築く．
II 再帰 (完了 haben) sich⁴ *aufführen* (…の)態度をとる．Du *hast* dich anständig *aufgeführt*. おまえはお行儀がよかったね．

* *die* **Auf·füh·rung** [アオフ・フューるング áuf-fỳːruŋ] 女 -/-[e]s/- 上演, 上映, 演奏．《英 *performance*》．eine *Aufführung* der „Zauberflöte"² 『魔笛』の上演 / ein Drama⁴ zur *Aufführung* bringen ドラマを上演する． ②《ふつう《雅》態度．③ (名前などを)あげること; 《商》(帳簿への)記入． ④《雅》建造，建築．

Auf·füh·rungs=recht [アオフユーるングス・レヒト] 中 -[e]s/-e 上映《口語》権，興行権．

auf|fül·len [アオフ・フェレン áuf-fỳlən] I 他 (h) ① (ガソリン⁴を)満タンにする，満たす． ② (容器⁴を)満たす，いっぱいにする．den Öltank *auffüllen* オイルタンクを満タンにする．③ 補充する，補う．④ 《口語》《人³に》スープなど⁴を》取り分ける．**II** 再帰 (h) *sich⁴ auffüllen* 《気象》(低気圧が)衰える．

die **Auf·ga·be** [アォフ・ガーベ　áuf-ga:bə] 女 (単)/(複) -n ① (課せられた)**仕事**, 任務; 課題, 使命．(英) *task*). Lebens*aufgabe* 生涯の課題 / eine schwierige *Aufgabe* 困難な任務 / eine *Aufgabe*⁴ übernehmen 仕事を引き受ける / Das ist nicht meine *Aufgabe*. それは私の仕事ではない / sich³ 事⁴ *zur Aufgabe* machen 事⁴を自分の使命とする．
② 《ふつう 複》(学校の)**宿題**．Ich muss noch meine *Aufgaben* machen. ぼくはまだ宿題をしなくてはならない．(☞ 類語 Frage).
③ **練習問題**，計算問題．eine *Aufgabe*⁴ lösen 練習問題を解く．④ 《覆 なし》(輸送などの)委託，(広告などの)依頼．⑤ 《覆 なし》放棄，断念．die *Aufgabe* eines Planes 計画の断念．⑥ 《スポ》サーブ．

auf|ga·beln [アォフ・ガーベルン　áuf-gà:bəln] 他 (h) ① (干し草など⁴を)フォークに刺して持ち上げる．② 《俗》《人⁴と》たまたま知り合いになる; (物⁴を)偶然見つける．

Auf·ga·ben·be·reich [アォフガーベン・ベライヒ] 男 -[e]s/-e 任務(仕事)の範囲．

Auf·ga·be·stem·pel [アォフガーベ・シュテンペル] 男 -s/-《郵》消印．

Auf·ga·lopp [アォフ・ガロップ　áuf-galɔp] 男 -s/-s (まれに -e) (馬術で:)スタート前の練習ギャロップ; 《スポ》予選．

der **Auf·gang** [アォフ・ガング　áuf-gaŋ] 男 (単2) -[e]s/(複) ..gänge [..ゲンゲ] (3格のみ ..gängen) ① (太陽・月などが)昇ること．(≒ *rising*). (☞ 「(太陽・月などが)沈むこと」は Untergang). der *Aufgang* der Sonne² 日の出 ② (階段の)上り口, (城などへ登る)道; 階段．③ 【覆 なし》《狩》解禁．

Auf·gän·ge [アォフ・ゲンゲ] *Aufgang (昇ること)の 複

auf·ge·baut [アォフ・ゲバオト] *auf|bauen (建てる)の 過分

-auf·ge·ben [アォフ・ゲーベン　áuf-gè:bən] du gibst...auf, er gibt...auf (gab...auf, *hat*...aufgegeben) **I** 他 (*haben*) ① (小包など⁴を窓口に)**出す**, 委託する．ein Paket⁴ *auf* (または **bei**) der Post *aufgeben* 郵便局で小包を出す / Er *gab* seinen Koffer bei der Bahn *auf*. 彼はトランクを鉄道で託送した / eine Anzeige⁴ *aufgeben* (新聞に)広告の掲載を依頼する．② (人³に課題など⁴を)**課す**．Unser Lehrer *gibt* uns immer viel *auf*. 私たちの先生は私たちにいつもたくさん宿題を出す．③ **放棄する**, 断念する; 見捨てる．(≒ *give up*). das Rauchen⁴ *aufgeben* たばこをやめる / das Studium⁴ *aufgeben* 学業を放棄する / einen Kranken *aufgeben* 病人を見放す．◇[口語にしても] Ich *gebe* es nicht so schnell *auf*. 私はそうあっさりとはあきらめないよ．④ 《方》(料

理⁴を)皿に盛る．⑤ 《スポ》(ボール⁴を)サーブする．**II** 自 (≒ *haben*) 《スポ》(試合中に)棄権する．

auf·ge·bla·sen [アォフ・ゲブラーゼン] **I** auf|blasen (ふくらませる)の 過分　**II** 形 《口語》思いあがった, 横柄な．

Auf·ge·bot [アォフ・ゲボート　áuf-gəbo:t] 中 -[e]s/-e ① 《ふつう 単》動員[された人数]．ein starkes *Aufgebot* von Polizisten 動員された多数の警官．② 《覆 なし》(力の)集中, 傾注．mit dem *Aufgebot* aller Kräfte² 全力を傾けて．③ 結婚の公告; 《法》公示, 公告．

auf·ge·bracht [アォフ・ゲブラハト] **I** auf|bringen (調達する)の 過分　**II** 形 激怒した, 憤激した．

auf·ge·bro·chen [アォフ・ゲブロッヘン] *auf|brechen (こじ開ける)の 過分

auf·ge·don·nert [アォフ・ゲドンナァト] **I** auf|donnern (再帰 で: 着飾る)の 過分　**II** 形 《俗》けばけばしく着飾った．

auf·ge·dreht [アォフ・ゲドレート] **I** auf|drehen (ひねって開ける)の 過分　**II** 形 《口語》浮き浮きした, はしゃいだ．

auf·ge·dun·sen [アォフ・ゲドゥンゼン　áuf-gədʊnzən] 形 はれた, むくんだ．

auf·ge·fal·len [アォフ・ゲファレン] *auf|fallen (目だつ)の 過分

auf·ge·fasst [アォフ・ゲファスト] *auf|fassen (…と解する)の 過分

auf·ge·faßt ☞ 新旧 aufgefasst

auf·ge·for·dert [アォフ・ゲフォルダァト] *auf|fordern (要求する)の 過分

auf·ge·führt [アォフ・ゲフューァト] *auf|führen (上演する)の 過分

auf·ge·gan·gen [アォフ・ゲガンゲン] *auf|gehen (昇る)の 過分

auf·ge·ge·ben [アォフ・ゲゲーベン] *auf|geben (出す)の 過分

auf·ge·hängt [アォフ・ゲヘングト] *auf|hängen (掛ける)の 過分

auf·ge·hal·ten [アォフ・ゲハルテン] *auf|halten (抑える)の 過分

-auf|ge·hen [アォフ・ゲーエン　áuf-gè:ən] (ging...auf, *ist*...aufgegangen) 自 (≒ *sein*) ① (太陽などが)**昇る**, 出る．(≒ *rise*). (☞ 「沈む」は unter|gehen). Die Sonne *geht auf*. 太陽が昇る．② (ドアなどが)**開く**; (幕が)上がる; (傷口などが)ぱっくり開く; (結び目などが)ほどける．Die Tür *geht* nur schwer *auf*. このドアはなかなか開かない．③ (種子が)芽を出す; (つぼみが)ほころびる．④ (パン生地などが)ふくらむ．⑤ 《比》(人³の)心に浮かぶ; はっきりわかる．Der Sinn seiner Worte *ging* ihr nicht *auf*. 彼の言葉の意味が彼女にはわからなかった．⑥ 《in 人·事³ ～》《人·事³に》専念する, 没頭する．Er *geht* völlig in seiner Arbeit *auf*. 彼はすっかり自分の仕事に没頭している．⑦ 《in 物³ ～》(物³に)吸収される, 融合する．in Flammen *aufgehen* 炎上する / in blauen Dunst *aufgehen* 雲散霧消する．⑧ 《数》割り切れる．⑨ 《狩》解禁になる．

auf·ge·ho·ben [アオふ・ゲホーベン] I *auf|heben (上へ上げる)の過分 II 形《成句的に》gut (schlecht) *aufgehoben* sein 大事に(粗末に)扱われている.

auf·ge·hört [アオふ・ゲヘーァト] *auf|hören (やむ)の過分

auf·ge·klärt [アオふ・ゲクレーァト] I *auf|klären (解明する)の過分 II 形 啓蒙(けいもう)された; 先入観のない, 偏見のない; 性教育を受けた.

auf·ge·kom·men [アオふ・ゲコンメン] *auf|kommen (生じる)の過分

auf·ge·kratzt [アオふ・ゲクラッツト] I *auf|kratzen (ひっかいて傷をつける)の過分 II 形《口語》上機嫌の, はしゃいだ.

auf·ge·legt [アオふ・ゲレークト] I *auf|legen (載せる)の過分 II 形 ① (…の)気分の. Er ist heute gut (schlecht) *aufgelegt*. 彼はきょうは上機嫌(不機嫌)である / zu 事³ *aufgelegt* sein 事⁴をする気分である. ②《付加語としてのみ》だれの目にも明らかな, 見え透いた(ペテンなど).

auf·ge·löst [アオふ・ゲレースト] I *auf|lösen (溶かす)の過分 II 形 ① われを忘れた; 頭が混乱した. ② 疲れきった.

auf·ge·macht [アオふ・ゲマハト] *auf|machen (開ける)の過分

auf·ge·nom·men [アオふ・ゲノンメン] *auf|nehmen (取り上げる)の過分

auf·ge·passt [アオふ・ゲパスト] *auf|passen (気をつける)の過分. ◇《間投詞的に》*Aufgepasst*! 気をつけて! 注意して[見て・聞いて]くれ!

auf·ge·paßt ☞ 新形 aufgepasst

auf·ge·räumt [アオふ・ゲロイムト] I *auf|räumen (片づける)の過分 II 形 上機嫌な, 陽気な.

***auf·ge·regt** [アオふ・ゲレークト áuf-gəre:kt] I *auf|regen (興奮させる)の過分 II 形 興奮した. (英 excited). eine *aufgeregte* Stimme 興奮した声.

auf·ge·rich·tet [アオふ・ゲリヒテット] *auf|richten (まっすぐに立てる)の過分

auf·ge·schla·gen [アオふ・ゲシュらーゲン] *auf|schlagen (打ち割る)の過分

auf·ge·schlos·sen [アオふ・ゲシュろッセン] I *auf|schließen (鍵で開ける)の過分 II 形 ① 心を開いた, 開放的な. ②《成句的に》für 事⁴ *aufgeschlossen* sein 事⁴に関心がある.

auf·ge·schmis·sen [アオふ・ゲシュミッセン] 形《俗》途方にくれた, 進退きわまった.

auf·ge·schnit·ten [アオふ・ゲシュニッテン] *auf|schneiden (切り開く)の過分

auf·ge·schos·sen [アオふ・ゲショッセン] I auf|schießen (上に伸びる)の過分 II 形 急に背丈が伸びた(青少年など).

auf·ge·schrie·ben [アオふ・ゲシュリーベン] *auf|schreiben (書き留める)の過分

auf·ge·schwemmt [アオふ・ゲシュヴェムト] I auf|schwemmen (ぶくぶく太らせる)の過分 II 形 ぶくぶく太った, むくんだ.

auf·ge·setzt [アオふ・ゲゼッツト] *auf|setzen (帽子などをかぶせる)の過分

auf·ge·stan·den [アオふ・ゲシュタンデン] *auf|stehen (立ち上がる)の過分

auf·ge·stellt [アオふ・ゲシュテると] *auf|stellen (立てる)の過分

auf·ge·stie·gen [アオふ・ゲシュティーゲン] *auf|steigen (乗る)の過分

auf·ge·ta·kelt [アオふ・ゲターケると] I auf|takeln (艤装する)の過分 II 形《口語》ごてごてとめかしこんだ.

auf·ge·taucht [アオふ・ゲタオホト] *auf|tauchen (浮かび上がる)の過分

auf·ge·tre·ten [アオふ・ゲトレーテン] *auf|treten (登場する)の過分

auf·ge·wach·sen [アオふ・ゲヴァクセン] *auf|wachsen (成長する)の過分

auf·ge·wacht [アオふ・ゲヴァハト] *auf|wachen (目を覚ます)の過分

auf·ge·weckt [アオふ・ゲヴェックト] I *auf|wecken (目を覚まさせる)の過分 II 形 利発な, 才気のある(子供など).

auf·ge·zo·gen [アオふ・ゲツォーゲン] *auf|ziehen (引き上げる)の過分

auf|gie·ßen* [アオふ・ギーセン áuf-gì:sən] 他 (h) ① (コーヒー・紅茶など⁴を)いれる. ② (熱湯など⁴を)注ぎかける.

auf|glie·dern [アオふ・グリーダァン áuf-gli:dərn] 他 (h) 分類する, 区分する.

Auf·glie·de·rung [アオふ・グリーデルング] 女 –/-en 分類, 区分.

auf|grei·fen* [アオふ・グライふェン áuf-gràıfən] 他 (h) ① (浮浪者など⁴を)捕まえる, 逮捕する. ② (考え・テーマなど⁴を)取り上げる.

auf·grund [アオふ・グルント áuf-grúnt] 前《2格とともに》…に基づいて; …の理由で. *aufgrund* einer Aussage² 証言に基づいて. ◇《von とともに副詞的に》*aufgrund* von Krankheit 病気のために.
(☞ auf Grund ともつづる) ☞ Grund ①

Auf·guss [アオふ・グス áuf-gʊs] 男 –es/..güsse ① (紅茶・コーヒーなどの)せんじ出し. der erste *Aufguss* vom Tee 紅茶の一番せんじ. ②《比》模造品, 焼き直し. der zweite *Aufguss* 二番せんじ.

Auf·guß ☞ 新形 Aufguss

Auf·guss·beu·tel [アオふグス・ボイテる] 男 –s/– ティーバッグ.

Auf·guß·beu·tel ☞ 新形 Aufgussbeutel

auf|ha·ben* [アオふ・ハーベン áuf-hà:bən] I 他 (h)《口語》① (帽子など⁴を)かぶっている, (眼鏡⁴を)かけている. Er *hat* einen neuen Hut *auf*. 彼は新しい帽子をかぶっている. ② (ドアなど⁴を)開けたままにしている, (口・目⁴を)開けている. ③ (ようやく)開き終えている, ほどいてしまっている. ④ (宿題など⁴を)課せられている. Ich *habe* heute viel *auf*. 私はきょうはたくさん宿題がある. ⑤《方》食べ終わっている. II 自 (h)《口語》(店などが)開いている.

auf|ha·cken [アオふ・ハッケン áuf-hàkən] 他

(h)(つるはしで)たたき割る；(鳥がくちばしで)つつい て割る.

auf|hal·sen [アオフ・ハルゼン ául-hàlzən] (h)《口語》(人³に仕事・責任など⁴を)押しつける.

****auf|hal·ten*** [アオフ・ハルテン áuf-hàltən] du hältst...auf, er hält...auf (hielt...auf, hat ...aufgehalten) I 他 (完了 haben) ① 抑え る, 抑制する；阻止する. den Ansturm des Feindes *aufhalten* 敵の進撃を阻止する. ②(人⁴を)引き止める. Ich *will* Sie nicht länger *aufhalten*. これ以上お引き止め(おじゃま)は いたしません. ③《口語》(ドアなど⁴を)開けたまま にしておく.
II 再帰 (完了 haben) *sich*⁴ *aufhalten* ①『場所を表す語句とともに』(…に)**滞在する**, とどまる. Ich *halte mich* hier nicht lange *auf*. 私はここに長くは滞在しない. ②〖*sich*⁴ **mit**(または **bei**)*事*³ ~〗(事³に)かかわりあう. Wir *haben uns* mit (または bei) diesen Fragen zu lange *aufgehalten*. 私たちはこれらの問題にあまりにも長いあいだこだわりすぎた. ③〖*sich*⁴ **über** *事*⁴ ~〗(事⁴を)非難する, けなす.

****auf|hän·gen** [アオフ・ヘンゲン áuf-hèŋən] (hängte...auf, *hat*...aufgehängt) 他 (完了 haben)(帽子・絵など⁴を)**掛ける**. (英)hang up).Wäsche *aufhängen* 洗濯物 を干す／ den Mantel *aufhängen* コートを掛ける／[den Hörer] *aufhängen* (受話器を掛けて)電話を切る／《口語》縛り首にする. ◇(再帰的に) *sich*⁴ *aufhängen* 首をつって自殺する. ③《口語》(人に)いやなこと⁴を押しつける；(人³ に物⁴を)売りつける；(人³に作り話など⁴を)信じ込ませる. Der Chef *hat* ihm eine neue Arbeit *aufgehängt*. 上役が彼に新しい仕事を 押しつけた.

Auf·hän·ger [アオフ・ヘンガァ áuf-hɛŋər] 男 -s/- ①(上着などの)襟づり,(タオルなどの)ルー プ. ②(新聞などの)記事種(たね), ねた.

auf|häu·fen [アオフ・ホイフェン áuf-hɔ̀yfən] 他 (h) 積み上げる, 盛り上げる. ◇(再帰的に) *sich*⁴ *aufhäufen* 山積みになる, 大量にたまる.

****auf|he·ben*** [アオフ・ヘーベン áuf-hè:bən] (hob...auf, *hat*...aufgehoben) 他 (完了 haben) ① **上へ上げる**；拾い(取り)上げる；助け 起こす. die Hand⁴ *aufheben* 手を上げる／ Er *hob* das Papier *vom* Boden *auf*. 彼は床 からその紙を拾い上げた／einen Deckel *aufheben* ふたを持ち上げる. ② **保管する**, とっておく. Sie *hebt* alle Nummern dieser Zeitschrift *auf*. 彼女はこの雑誌のすべてのバックナンバーを保存している. ③(集会など⁴を)解散する. die Sitzung⁴ *aufheben* 会議を終える. ④ 廃止する, 破棄する, とり消す. ein Gesetz⁴ *aufheben* 法律を廃止する／die Verlobung⁴ *aufheben* 婚約を解消する. ⑤ 相殺(そうさい)する, 帳消しにする. ◇(再帰的に)Die beiden Rechnungen *heben sich auf*. 両方の勘定は相殺される. ⑥《哲》止揚する. ⑦《数》約分する.

Auf·he·ben [アオフ・ヘーベン] 中〖ふつう成句的 に〗viel *Aufheben*[s]⁴ von 人・物³ machen 《雅》人・物³のことで大騒ぎする／ **ohne** [jedes (または großes)] *Aufheben*《雅》騒ぎたてずに, さりげなく.

Auf·he·bung [アオフ・ヘーブング] 女 -/-en ① (会議などの)終了；(法律などの)廃止, 破棄. ②《哲》止揚.

auf|hei·tern [アオフ・ハイテァン áuf-hàitərn] I 他 (h) 元気づける,(人⁴の)気を引きたてる. II 再帰 (h) *sich*⁴ *aufheitern* (顔・気分などが) 晴れやかになる；(空が)晴れる. Der Himmel *heitert sich auf*. 空が晴れる.

Auf·hei·te·rung [アオフ・ハイテルング] 女 -/ -en (天気が)晴れること；気晴らし.

auf|hel·fen* [アオフ・ヘルフェン áuf-hèlfən] 自 (h)①(人³が)立ち上がるのを助ける；《比》(人³ を)援助する. ②《比》(事³を)改善する, 改良 する.

auf|hel·len [アオフ・ヘレン áuf-hèlən] I 他 (h) ① 明るくする；《比》(気分など⁴を)晴れやかにする. ② 明らかにする, 解明する. II 再帰 (h) *sich*⁴ *aufhellen* ①(空が明るくなる；《比》(表情などが)晴れやかになる. ②(疑問などが) 明らかになる.

auf|het·zen [アオフ・ヘッツェン áuf-hètsən] 他 (h) 扇動する, そそのかす. die Masse⁴ **zu** Gewalttaten *aufhetzen* 群集をそそのかして暴行 を働かせる.

auf|heu·len [アオフ・ホイレン áuf-hɔ̀ylən] 自 (h) ①(サイレンなどが)うなり始める,(犬などが) ほえだす. ②《口語》急に泣きだす.

auf|ho·len [アオフ・ホーレン áuf-hò:lən] I 他 (h) (遅れなど⁴を)取り戻す. Der Zug *hat* die Verspätung *aufgeholt*. 列車は遅れを取り戻した. II 自 (h) ばん回する, 遅れを取り戻す.

auf|hor·chen [アオフ・ホルヒェン áuf-hòrçən] 自 (h) 聞き耳を立てる.

****auf|hö·ren** [アオフ・ヘーレン áuf-hò:rən] (hörte...auf, *hat*...aufgehört) 自 (完了 haben) ① **やむ**, 終わる. (英 stop). (⇐『始 まる』は an fangen). Der Regen *hört* gleich *auf*. 雨はすぐやむ／Hier *hört* der Weg *auf*. ここで道がとぎれている／Da *hört* [sich⁴] doch alles *auf*!《口語》もうたくさんだ(←すべてが終わる). (類語 enden).
② やめる. **mit** *事*³ *aufhören* 事³をやめる ⇒ Jetzt *höre* ich mit der Arbeit *auf*. もう仕事 はやめにしよう. ◇〖**zu** 不定詞[句]とともに〗Sie *hörte* nicht *auf* zu schimpfen. 彼女はののしる のをやめなかった.

Auf·kauf [アオフ・カオフ áuf-kauf] 男 -[e]s/ ..käufe 買い占め.

auf|kau·fen [アオフ・カオフェン áuf-kàufən] 他 (h) 買い占める, 買い集める.

Auf·käu·fer [アオフ・コイファァ áuf-kɔyfər] 男 -s/- 買い占めをする人.

auf|klap·pen [アオフ・クラッペン áuf-klàpən] 他 (h)①(本・スーツケースなど⁴を)ばたんと開ける. ②(コートの襟など⁴を)立てる.

auf‧kla‧ren [アオふ・クラーレン áuf-klà:rən] 自 (h)《気象》晴れ上がる，明るくなる．

＊auf|klä‧ren [アオふ・クれーレン áuf-klɛ̀:-rən] (klärte...auf, hat...aufgeklärt) I 他 (完で haben) ① (疑問・問題など⁴を)解明する，明らかにする;(秘密など⁴を)解く.《英 clear up》. einen Mord *aufklären* 殺人事件を解明する. ② (人⁴に)教える，啓蒙(ﾓｳ)する，(子供⁴に)性教育をする，(旧東ドイツで:)政治的に啓蒙する. 人⁴ **über** 事⁴ ～ 人⁴に事⁴をよくわからせる，教える. ③ (液体⁴を)澄ます，透明にする. ④《軍》偵察する.
II 再帰 (完で haben) *sich⁴ aufklären* ① (天気が)晴れる，(顔が)晴れやかになる.◇[非人称の **es** を主語として] *Es klärt sich auf.* 空が晴れてくる. ② (事件などが)解明される，(問題などが)明らかになる. *Die Sache hat sich aufgeklärt.* 事態が明らかになった.
◇☞ **aufgeklärt**

Auf‧klä‧rer [アオふ・クれーラァ áuf-klɛ̀:rər] 男 -s/- ① 啓蒙(ﾓｳ)主義者. ②《軍》斥候;偵察機. ③ (旧東ドイツで:)政治上の)活動家.

auf‧klä‧re‧risch [アオふ・クれーレリッシュ áuf-klɛ̀:rərɪʃ] 形 啓蒙(ﾓｳ)主義的の，合理主義の;啓蒙的な，啓発的な.

Auf‧klä‧rung [アオふ・クれールング áuf-klɛ̀:rʊŋ] 女 -/-en ① (ふつう 単) 解明(すること);啓蒙(ﾓｳ)，啓発，教化;性教育;(旧東ドイツで:)政治的宣伝活動. ②《複 なし》(特に 18 世紀の)啓蒙(ﾓｳ)主義. ③ 説明，情報. ④《軍》偵察.

auf|kle‧ben [アオふ・クれーベン áuf-klɛ̀:bən] 他 (h) (糊(ﾉﾘ)などで)貼(ﾊ)りつける.

Auf‧kle‧ber [アオふ・クれーバァ áuf-kle:bər] 男 -s/- 糊(ﾉﾘ)付きラベル，ステッカー.

auf|klin‧ken [アオふ・クリンケン áuf-klìŋkən] (ドア⁴の)取っ手を回して開ける.

auf|kna‧cken [アオふ・クナッケン áuf-knà-kən] 他 (h) ① (くるみなど⁴を)割る. ②《口語》(金庫など⁴を)こじ開ける.

auf|knöp‧fen [アオふ・クネプふェン áuf-knœ̀pfən] 他 (h) (物⁴の)ボタンをはずす. *Ich knöpfe [mir] den Mantel auf.* 私はコートのボタンをはずす / *Knöpf dir die Ohren auf!*《口語》「耳の穴をほじって」よく聞け! ②《A⁴ **auf** B⁴ ～》(A⁴ を B⁴ に)ボタンで留める.

auf|kno‧ten [アオふ・クノーテン áuf-knò:tən] 他 (h) (小包・ひもなど⁴の)結び目をほどく.

auf|knüp‧fen [アオふ・クニュプふェン áuf-knỳpfən] 他 (h) ① 縛り首にする. ◇《再帰的に》*sich⁴ aufknüpfen* 首をつる. ② (結んだもの⁴を)ほどく.

auf|ko‧chen [アオふ・コッヘン áuf-kɔ̀xən] I 他 (h) ① (スープなど⁴を)煮立てる，沸騰させる. ② 煮(温め)直す. II 自 (s) 煮え立つ，沸騰し始める.

＊auf|kom‧men＊ [アオふ・コンメン áuf-kɔ̀mən] (kam...auf, ist...aufgekommen) 自 (完で sein) ① 生じる，起こる;(うわさなどが)広まる，(ニューモードなどが)はやる. *Ein Gewitter kommt auf.* あらしが起こる / *Misstrauen kam in ihr auf.* 彼女の心に不信感が生まれた. ②《**für** 人・事⁴ ～》(人・事⁴の)費用を引き受ける，補償(賠償)をする. *für die Kinder aufkommen* 子供たちの養育費を負担する / *für den Verlust aufkommen* 損害を賠償する. ③《成句的に》**gegen** 人・事⁴ nicht *aufkommen* 人・事⁴に抵抗(太刀打ち)できない. *Ich komme gegen ihn nicht auf.* 私は彼に太刀打ちできない. ④ 立ち上がる;《比》健康を取り戻す. ⑤ 着地する;《競》追いあげる;優位になる.

Auf‧kom‧men [アオふ・コンメン áuf-kɔmən] 中 -s/- ①《経》(一定期間の)収入，税収. ②《覆 なし》(病気からの)回復.

auf|krat‧zen [アオふ・クラッツェン áuf-kràtsən] 他 (h) (皮膚など⁴を)ひっかいて傷つける;(傷口など⁴をひっかいて)開く. *Das Kind hat sich³ das Gesicht aufgekratzt.* 子供は顔にかき傷をつくった.
◇☞ **aufgekratzt**

auf|krem‧peln [アオふ・クれンペるン áuf-krɛ̀mpəln] 他 (h) (袖(ｿﾃﾞ)・ズボンなど⁴を)まくり上げる.

auf|krie‧gen [アオふ・クリーゲン áuf-kri:gən] 他 (h)《口語》① (ドアなど⁴を)やっと開けることができる. ② (宿題など⁴を)課せられる. ③ (食べ物⁴を)平らげることができる.

auf|kün‧di‧gen [アオふ・キュンディゲン áuf-kỳndɪgən] 他 (h) (事⁴の)解約を通告する. 人³ *die Freundschaft⁴ aufkündigen*《雅》人³に絶交を告げる.

Auf‧kün‧di‧gung [アオふ・キュンディグング] 女 -/-en 解約の通告.

Aufl. [アオふ・らーゲ]《略》(書籍の)版 (=Auflage).

auf|la‧chen [アオふ・らッヘン áuf-làxən] 自 (h) 笑い出す，(ぷっと)吹き出す.

auf|la‧den＊ [アオふ・らーデン áuf-là:dən] I 他 (h) ① (荷物⁴を)積み込む.（⇔伝「積み荷を)下ろす」は ab|laden) ② (人³に)背負わせる;《比》(人³に責任など⁴を)負わせる. ◇《再帰的に》*sich⁴ 物・事⁴ aufladen* a) 物⁴を肩にかつぐ, b)《比》事⁴をしょいこむ. ③ (物)(バッテリーなど⁴に)充電する. II 再帰 (h) *sich⁴ aufladen*《物》帯電する.

＊die Auf‧la‧ge [アオふ・らーゲ áuf-la:gə] 単 -/複 -n ①《書籍》(本の)版 (略: Aufl.);(新聞などの)発行部数;《経》(一定期間の)生産量.《英 edition》. *Neuauflage* 新版 / *die erste Auflage* 初版 / *Das Buch erscheint in einer Auflage von 10 000 Exemplaren.* その本は 10,000 部出版される. ②《官庁》条件，義務. 人³ zur *Auflage* machen 人³に事⁴を義務づける. ③ 被膜，(金属の)めっき. *Goldauflage* 金めっき. ④ 支え台.

Auf‧la‧ge[n]₌hö‧he [アオふらーゲ[ン]・ヘーエ] 女 -/-n《書籍》発行部数.

auf|las‧sen＊ [アオふ・らッセン áuf-làsən] 他 (h) ①《口語》(ドアなど⁴を)開いた(開けた)ままに

しておく．den Mantel *auflassen* コートのボタンをはめずにおく．② 《口語》（帽子など⁴を）かぶったままでいる．③ 《口語》（子供などに）起きていることを許す．④ 《南ドイツ・オーストリア》（工場など⁴を）閉鎖する，(坑)閉山する．⑤ 《法》（土地など⁴の）所有権を譲渡する．

auf|lau·ern [アオフ・らオアァン áuf-làuərn] 自 (h) (人³を)待ち伏せする．

Auf·lauf [アオフ・らオうフ áuf-lauf] 男 -[e]s/..läufe ① （公道などでの）人だかり; [不法]集会. ② 《料理》スフレ．

auf|lau·fen* [アオフ・らオうフェン áuf-làufən] I 自 (s) ①〖**auf** 物⁴ ～〗《海》(物⁴に)座礁する，乗り上げる．②〖**auf** 人・物⁴ ～〗（車などが人・物⁴に）突き当たる，衝突する．③ （利子などが）増える，（郵便物などが)たまる．④（水などが）増す．⑤ （競走で:)追いつく．zur Spitze *auflaufen* トップに出る．II 他 (h)《成句的に》sich³ die Füße⁴ *auflaufen*《口語》走って(歩いて)足を傷める．

auf|le·ben [アオフ・れーベン áuf-lè:bən] 自 (s) ① 元気を取り戻す，快活になる．②《比》（会話などが)再び活発になる．

auf|le·gen [アオフ・れーゲン áuf-lè:gən] 他 (h) ① 載せる，上に置く，(テーブルクロスなど⁴を)掛ける，(シーツなど⁴を)敷く;（受話器など⁴を）置く．eine Schallplatte *auflegen* レコードをかける / die Ellbogen⁴ *auflegen* ひじをつく / Rouge⁴ *auflegen* 頬(ほお)(唇)に紅を塗る / Er *hat* [den Hörer] einfach *aufgelegt*. 彼は無造作に電話を切った．② 閲覧に供する，公開する．③《書籍》出版する．④《経》大量生産する．⑤ (人)(人³に 車⁴を)負わせる，課す．人³ Steuern⁴ *auflegen* 人³に税を課す．⑥《経》(株式・債券など⁴を)発行する．

◇☞ **aufgelegt**

auf|leh·nen [アオフ・れーネン áuf-lè:nən] I 再帰 (h) 〖sich⁴ **gegen** 人・事⁴ ～〗（人・事⁴に)反抗する．II 他 (h)《方》（腕など⁴を)もたせかける．

Auf·leh·nung [アオフ・れーヌング] 女 -/-en 反抗，反逆; 暴動．

auf|le·sen* [アオフ・れーゼン áuf-lè:zən] 他 (h) ①（落穂・石など⁴を)拾い集める，拾い上げる．Scherben⁴ *auflesen* 破片を拾い集める．② 《口語》(犬など⁴を)拾って来る．③ 《口語・戯》(病気・のみなど⁴を)もらう．

auf|leuch·ten [アオフ・ろイヒテン áuf-lòyçtən] 自 (h, s)（明かりなどが)ぱっとつく;《比》（顔・目などが)輝く．

auf|lie·gen* [アオフ・リーゲン áuf-lì:gən] I 自 (h) ① 上に載っている．② 閲覧に供されている．③ 《海》係船されている．II 再帰 (h) sich⁴ *aufliegen*《口語》床ずれができる．

auf|lis·ten [アオフ・リステン áuf-listən] 他 (h)（物⁴のリストを作る．

auf|lo·ckern [アオフ・カッケァン áuf-lòkərn] 他 (h) (土など⁴を)ほぐす;《比》(授業などの緊張を)ほぐす，(気分⁴を)和らげる．《再帰的に》 sich⁴ *auflockern* 体のこり(緊張)をほぐす．

auf|lo·dern [アオフ・ろーデァン áuf-lò:dərn] 自 (s)（炎などが)燃え上がる;《比》（憎しみなどが)燃え上がる．

auf·lös·bar [アオフ・れースバール] 形 ① 溶かすことのできる;《化》可溶性の．② ほどける(結び目など)．③ 解くことができる(数式など); 解消可能な(契約)．

***auf|lö·sen** [アオフ・れーゼン áuf-lò:zən] du löst…auf (löste…auf, *hat*…aufgelöst) I 他 (完了 haben) ① 溶かす，溶解させる．(英 *dissolve*). Bitte *lösen* Sie die Tablette **in** warmem Wasser *auf*! 錠剤はお湯に溶かしてください / Zucker⁴ in Kaffee *auflösen* 砂糖をコーヒーに溶かす．②《雅》（リボン・結んだ髪など⁴を)ほどく．③ （問題など⁴を)解く．ein Rätsel *auflösen* なぞを解く / eine Gleichung⁴ *auflösen* 方程式を解く．④ （契約・婚約など⁴を)解消する，(団体・議会など⁴を)解散する;《数》(かっこ⁴を)はずす．

II 再帰 (完了 haben) sich⁴ *auflösen* ① 溶ける，溶解する．Salz *löst* sich **in** Wasser *auf*. 塩は水に溶ける / Der Nebel *löst* sich *auf*. 霧が晴れる．②〖sich⁴ **in** 物⁴ ～〗（解消して物⁴に)なる．Alles *löste* sich in Freude *auf*. 何事も喜ばしい結果になった．③《雅》(リボン・結んだ髪などが)ほどける．④ （問題などが)解決する．（契約・婚約などが)解消される，(団体・議会などが)解散する．

◇☞ **aufgelöst**

Auf·lö·sung [アオフ・れーズング] 女 -/-en ① 溶解，(契約などの)解消，(議会などの)解散; 分解; (軍・連邦などの)解体．die *Auflösung* einer Verlobung² 婚約の解消．②（問題などの)解決，解明．③ （精神的な)混乱．④（光・写）（顕微鏡などの)解像．

:**auf|ma·chen** [アオフ・マッヘン áuf-màxən] (machte…auf, *hat*…aufgemacht) I 他 (完了 haben) ①（窓・目など⁴を)開ける，開く(ボタンなど⁴をはずす，(結び目など⁴を)ほどく．(英 *open*). (⇔「閉める」は zu|machen). *Machst* du bitte die Flasche *auf*? このびんを開けてくれる? / die Tür⁴ *aufmachen* ドアを開ける / den Mund *aufmachen* 口を開ける / einen Brief *aufmachen* 手紙を開封する / *Mach* doch die Ohren *auf*! よく聞け!(←耳を開けろ). ◇[比]比喩的に しても] Er *hat* mir nicht *aufgemacht*. 彼は私を中へ入れてくれなかった．(☞ 類語 öffnen).

②《口語》（新しい店など⁴を)開業する．eine Filiale⁴ *aufmachen* 支店を開く．③ しつらえる，装わせる，飾る．ein Buch⁴ hübsch *aufmachen* 本をきれいに装丁する．◇[再帰的に] Sie *macht* sich⁴ immer sehr *auf*.《口語》彼女はいつもたいへんめかし込んでいる．④ (人³に⁴計算書など⁴を)作成する．⑤ 《口語》（カーテンなど⁴を)掛ける．

II 自 (完了 haben)《口語》（店などが)開く，開店する; 開業する．Die Post *macht* um 9 Uhr *auf*. 郵便局は9時に開きます．

III 再帰 (完了 haben) sich⁴ *aufmachen* 出

発する．Er *machte sich* in die Stadt *auf*. 彼は町へ出かけた．

Auf・ma・cher ［アォフ・マッハァ áuf-maxər］男 -s/- (這) (新聞などの)大見出し；トップ記事．

Auf・ma・chung ［アォフ・マッフング áuf-...］女/-en ① 身なり，外装，メークアップ；(商品の)包装． ② (新聞などの)大見出し；トップ記事．**in** großer *Aufmachung* a) 飾りたてて，b) 大見出しで．

Auf・marsch ［アォフ・マルシュ áuf-marʃ］男 -es/..märsche (軍隊・行列などの)行進，パレード．

auf|mar・schie・ren ［アォフ・マルシーレン áuf-marʃiːrən］自(s) 行進して来て配置につく．

auf|mer・ken ［アォフ・メルケン áuf-mèrkən］自(h)《雅》注意を払う；よく耳を傾ける．**auf** 人・物[4] *aufmerken* 人・物[4]に注意を向ける．

＊**auf・merk・sam** ［アォフ・メルクザーム áuf-mèrkzaːm］形《英 attentive》① 注意深い．ein *aufmerksamer* Beobachter 注意深い観察者 / Die Schüler hören dem Lehrer *aufmerksam* zu. その生徒たちは先生の言うことを注意深く聴く / 人[4] **auf** 人・事[4] *aufmerksam* machen 人[4]に人・事[4]への注意を促す / 人・事[4] *aufmerksam* werden 人・事[4]に気づく． ② よく気のつく，思いやりのある，親切な．Er ist gegen seine Mutter sehr *aufmerksam*. 彼は母親に対してたいへん思いやりがある / Das ist sehr *aufmerksam* von Ihnen. ご配慮いただきどうもありがとうございます．

＊*die* **Auf・merk・sam・keit** ［アォフ・メルクザームカイト áuf-mèrkzaːmkaɪt］女（単）-/（複）-en《英 attention》① (這) なし 注意[深さ]．die *Aufmerksamkeit* **auf** 物[4] richten 物[4]に注意を向ける(払う) / **mit** gespannter *Aufmerksamkeit* zu|hören 注意深く耳を傾ける． ② 心づかい，思いやり，親切．人[3] *Aufmerksamkeiten*[4] erweisen 人[3]に親切を尽くす． ③ ささやかな贈り物．

auf|mö・beln ［アォフ・メーベルン áuf-mø̀ː-bəln］他(h) ①《補修して)見栄えよくする． ②《口語》元気づける．

auf|mu・cken ［アォフ・ムッケン áuf-mùkən］自(h)《gegen 人・事[4] ~》《口語》(人・事[4]に対して)文句を言う．

auf|mun・tern ［アォフ・ムンテァン áuf-mùn-tərn］他(h) 元気づける；励ます．人[4] **zu** 事[3] *aufmuntern* 人[4]を励まして事[3]をさせる．

Auf・mun・te・rung ［アォフ・ムンテルング áuf-...］女/-en 鼓舞，激励；励ましの言葉．

auf・müp・fig ［アォフ・ミュプフィヒ］形《方》反抗的な，従順でない．

auf|nä・hen ［アォフ・ネーエン áuf-nɛ̀ːən］他(h) 縫い付ける．ein Band[4] **auf** das Kleid *aufnähen* ワンピースにリボンを縫い付ける．

＊*die* **Auf・nah・me** ［アォフ・ナーメ áuf-naːmə］女（単）-/（複）-n ① 受け入れ，迎え入れること，接待；受容，採用．《英 reception》．die *Aufnahme* von Flüchtlingen 難民の収容 / Der Vorschlag fand begeisterte *Aufnahme*. その提案は熱狂的に受け入れられた / die *Aufnahme* **in** einen Verein クラブへの加入 / die *Aufnahme* ins Krankenhaus 病院への収容． ② (写真の)**撮影**，(レコードなどへの)吹き込み，録音，録画；写真，録音(録画)されたもの．Luft*aufnahme* 空中撮影 / Achtung, *Aufnahme*！さあ，撮りますよ / eine *Aufnahme*[4] von 人・物[3] machen 人・物[3]の写真を撮る / die *Aufnahme* eines Musikstücks **auf** Tonband 録音テープへの楽曲の録音． ③ 〘複〙 なし (仕事などの)**開始**；(交渉の)続行． ④ (病院などの)受付，待合室． ⑤ (栄養などの)摂取，吸収． ⑥ (資本の)借入．

auf・nah・me・fä・hig ［アォフナーメ・フェーイヒ］形 受け入れる(収容する)ことができる；受容（理解）力のある．Sie ist **für** Musik *aufnahmefähig*. 彼女は音楽に対して感受性がある．

Auf・nah・me・fä・hig・keit ［アォフナーメ・フェーイヒカイト］女 -/ 収容能力；(精神的)受容(理解)力．

Auf・nah・me・prü・fung ［アォフナーメ・プリューフング］女-/-en 採用(入学)試験．

＊**auf|neh・men**＊ ［アォフ・ネーメン áuf-nèːmən］du nimmst...auf, er nimmt...auf (nahm...auf, *hat*...aufgenommen) 他 (這) haben) ① (床・地面から)**取り上げる**，拾い上げる．《英 pick up). den Handschuh **vom** Boden *aufnehmen* 床から手袋を拾い上げる / Die Mutter *nahm* das Kind *auf*. 母親は子供を抱き上げた / Maschen[4] *aufnehmen*《手芸》目を拾う．

② (団体・組織などに)**受け入れる**；(客など[4]を)迎える，泊める．《英 receive). 人[4] **in** einen Chor *aufnehmen* 人[4]を合唱団に加入させる / Er wurde ins Gymnasium *aufgenommen*. 〘受動・過去〙 彼はギムナジウムに入学を許可された / 人[4] freundlich *aufnehmen* 人[4]を温かく迎え入れる / Das Hotel *kann* keine Gäste mehr *aufnehmen*. そのホテルは客をもうこれ以上泊められない．

③ (事[4]を)**開始する**，(仕事など[4]に)着手する．die Arbeit[4] *aufnehmen* 仕事にとりかかる / Er *will* mit uns Kontakt *aufnehmen*. 彼は私たちとコンタクトをとろうとしている / ein Thema[4] *aufnehmen* あるテーマを取り上げる．

④ (写真・映画[4]を)**撮影する**；録音する，録画する．(文書など[4]を)書きつける．eine Landschaft[4] *aufnehmen* 風景を撮影する / Ich *habe* das Konzert **auf** Tonband *aufgenommen*. 私はコンサートをテープに録音した / ein Protokoll[4] *aufnehmen* 調書を作成する．

⑤ (部屋などが人[4]を)収容できる．Der Aufzug *kann* sechs Personen *aufnehmen*. このエレベーターには6人乗れる． ⑥ (心の中に)受け止める；理解する．einen Vorschlag beifällig *aufnehmen* 提案を好意的に受け入れる / neue Eindrücke[4] *aufnehmen* 新たな印象を心に刻む．◊〘目的語なしでも〙Das Kind *nimmt* schnell *auf*. この子はのみ込みが早い. ⑦ 〖A⁴ in B⁴ ~〗(A⁴ を B⁴ (プログラムなどに)に)取り入れる. eine Erzählung⁴ in eine Sammlung *aufnehmen* ある物語を選集に収録する. ⑧ 〖es を目的語として成句的に〗es⁴ mit 人・物³ *aufnehmen* 人・物³にひけをとらない. ⑨ (飲食物⁴を)摂取する; 吸収する. ⑩ (資金など⁴を)借り入れる.

auf|nö·ti·gen [アオフ・ネーティゲン áuf-nø̀:tɪgən] 他 (h) (人³に物⁴を)無理強いする, 押しつける.

auf|op·fern [アオフ・オプファァン áuf-ɔ̀pfərn] I 他 (h) (人・事³のために物⁴を)犠牲にする. II 再帰 (h) 〖*sich*⁴ **für** 人・事³ ~〗(人・事³のために)身をささげる.

auf·op·fernd [アオフ・オプファァント] I aufopfern (再帰 で: 身をささげる)の 現分 II 形 献身的の.

Auf·op·fe·rung [アオフ・オプフェルング] 女 -/-en 〖ふつう 単〗犠牲[的行為]; 献身.

auf|pa·cken [アオフ・パッケン áuf-pàkən] 他 (h) 積み込む;《比》(人³に責任など⁴を)負わせる. ◇〖再帰的に〗*sich*³ viel Arbeit⁴ *aufpacken* たくさんの仕事をしょいこむ.

auf|päp·peln [アオフ・ペッペルン áuf-pɛ̀pəln] 他 (h) (子供・病人など⁴に)栄養をつけて元気にさせる.

＊auf|pas·sen [アオフ・パッセン áuf-pàsən] du passt ... auf (passte ... auf, *hat* ... aufgepasst) 自 (定冠 haben) 気をつける, 注意を払う. (英 take care). Der Schüler *passt* nicht *auf*. その生徒は[先生の話を]注意して聞いていない / *Pass* doch *auf*!《口語》よく聞け(見ろ)よ / **auf** 人・物⁴ *aufpassen* 人・物⁴に注意を払う, 気を配る ⇒ Du *musst* auf die Autos *aufpassen*. 車に注意しないといけないよ / auf die Kinder *aufpassen* 子供たちに気を配る.

◇☞ **aufgepasst**

Auf·pas·ser [アオフ・パッサァ áuf-pasər] 男 -s/- ① (軽蔑的に:)密偵, スパイ. ② 見張り人, 監視人.

auf|peit·schen [アオフ・パイチェン áuf-pàɪtʃən] 他 (h) ① (あらしが海など⁴を)波立たせる. ②《比》(人⁴・感覚など⁴を)興奮させる.

auf|pflan·zen [アオフ・プフランツェン áuf-pflàntsən] I 他 (h) ① (旗など⁴を)立てる. ② (銃剣⁴を)装着する. II 再帰 (h) 〖*sich*⁴ **vor** 人・物³ ~〗(人・物³の前に)立ちはだかる.

auf|pfrop·fen [アオフ・プフロプフェン áuf-pfrɔ̀pfən] 他 (h) 接ぎ木する;《比》(人³に異質なもの⁴を)無理やり)押しつける.

auf|plat·zen [アオフ・プラッツェン áuf-plàtsən] 自 (s) (縫い目・つぼみなどが)ほころびる, (傷口が)ぱっくり開く.

auf|plus·tern [アオフ・プルーステァン áuf-plùːstərn] I 他 (h) (鳥が羽⁴を)逆立てる. II 再帰 (h) *sich*⁴ *aufplustern* ① (鳥が)羽を逆立てる. ②《口語》気取る.

auf|prä·gen [アオフ・プレーゲン áuf-prɛ̀:gən] 他 (h) 刻印する. 人・事³ seinen Stempel *aufprägen*《比》人・事³に強い影響を与える.

Auf·prall [アオフ・プラル áuf-pral] 男 -[e]s/-e 〖ふつう 単〗衝突, はね返り.

auf|pral·len [アオフ・プラレン áuf-pràlən] 自 (s) 〖**auf** 人・物⁴〗(物⁴に)ぶつかる, 衝突する.

Auf·preis [アオフ・プライス áuf-praɪs] 男 -es/-e 割増価格, 追加料金.

auf|pro·bie·ren [アオフ・プロビーレン áuf-probì:rən] 他 (h) (帽子など⁴を)かぶってみる, (眼鏡など⁴を)掛けてみる.

auf|pul·vern [アオフ・プルファァン áuf-pùlfərn または ヴァァン ..vərn] 他 (h)《口語》(コーヒーなど⁴に)元気を取り戻させる.

auf|pum·pen [アオフ・プンペン áuf-pùmpən] I 他 (h) (タイヤなど⁴に)ポンプで空気を入れる. II 再帰 (h) *sich*⁴ *aufpumpen*《口語》① いばる. ② 怒る, ふくれる.

auf|put·schen [アオフ・プッチェン áuf-pùtʃən] 他 (h) ① 扇動する. ② 刺激する, 興奮させる.

auf|put·zen [アオフ・プッツェン áuf-pùtsən] 他 (h) ① 飾りたてる. ②《口語》(決算表など⁴を)粉飾する.

auf|quel·len* [アオフ・クヴェレン áuf-kvɛ̀lən] 自 (h) ① ふやける, ふくれる. ②《雅》(煙などが)立ち昇る;《比》(感情・涙などがこみ上げる.

auf|raf·fen [アオフ・ラッフェン áuf-ràfən] I 他 (h) ① (散らばっている物⁴を)さっと拾い上げる, かき集める. Papiere⁴ **vom** Tisch *aufraffen* 机の書類をかき集める. ② (衣服など⁴を)たくし上げる. II 再帰 (h) *sich*⁴ *aufraffen* やっと起き上がる;《比》気力をふるい起こす. *sich*⁴ **zu** einer Entscheidung *aufraffen* やっとのことで決心する.

auf|ra·gen [アオフ・ラーゲン áuf-rà:gən] 自 (h) そびえ立っている.

auf|rap·peln [アオフ・ラッペルン áuf-ràpəln] 再帰 (h) *sich*⁴ *aufrappeln*《口語》やっとのことで立ち(起き)上がる; 気力をふるい起こす; (病気が治って)元気になる.

auf|rau·en [アオフ・ラオエン áuf-ràʊən] 他 (h) (物⁴の)表面をざらざらにする, けばだてる.

auf|rau·hen ☞ 新形 aufrauen

＊auf|räu·men [アオフ・ロイメン áuf-rɔ̀ʏmən] (räumte ... auf, *hat* ... aufgeräumt) I (定冠 haben) (部屋・おもちゃなど⁴を)片づける, 整頓(なり)する. Die Mutter *räumte* das Zimmer *auf*. 母親は部屋を片づけた. ◇〖目的語なしで〗*Hast* du schon *aufgeräumt*? もう片づけは済んだの?

II 自 (定冠 haben) ① 〖**mit** 事³ ~〗(事³を)取り除く, 一掃する. mit Vorurteilen *aufräumen* 偏見を取り除く. ② (疫病などが)多くの人々の命を奪う.

◇☞ **aufgeräumt**

auf|rech·nen [アオフ・レヒネン áuf-rèçnən] 他 (h) ① 〖A⁴ **gegen** B⁴ ~〗(A⁴ を B⁴ で)相殺(ポッ)する. ② (人³に費用など⁴を)負担させる.

auf・recht [アオフ・レヒト áuf-reçt] 形 《英 upright》① 直立した，(姿勢が)まっすぐな．in *aufrechter* Haltung 背筋をまっすぐ伸ばして / *aufrecht* stehen 直立している．② 心のまっすぐな，まっ正直な．ein *aufrechter* Mann まっ正直な男．

auf・recht|er・hal・ten* [アオフレヒト・エァハるテン áufreçt-ɛrhàltən] (過分 aufrechterhalten) 他 (h)(秩序など⁴を)維持する，保持する；(意見など⁴を)固持する．

Auf・recht・er・hal・tung [アオふレヒト・エァハるトゥング] 女 -/ 維持，保持．

***auf|re・gen** [アオふ・レーゲン áuf-rè:gən] (regte...auf, auf...aufgeregt) 他 (完了 haben) 興奮させる，刺激する．《英 excite》．Zu viel Besuch *regt* den Kranken *auf*. 見舞いの客が多すぎて病人は興奮している．

II 再帰 《完了 haben》 *sich⁴ aufregen* ① 興奮する．*Reg dich* nicht so *auf!* そう興奮するな．②《*sich⁴* über 人・事⁴ ~》《口語》《人・事⁴に》憤慨する．Das ganze Dorf *regt sich* über sie *auf*. 村中が彼女に憤慨している．

◊ ☞ **aufgeregt**

auf・re・gend [アオふ・レーゲント] I *auf|regen* (興奮させる) の 現分 II 形 刺激的な，スリリングな，人騒がせな．ein *aufregendes* Buch 刺激的な本．

***die* Auf・re・gung** [アオふ・レーグング áuf-re:guŋ] 女 (単) -/(複) -en ① 興奮，激高．《英 excitement》．Nur keine *Aufregung!* 頼むから興奮しないで / in *Aufregung* geraten 興奮する / vor *Aufregung* 興奮のあまり．② 混乱，パニック，大騒ぎ．

auf|rei・ben* [アオふ・ライベン áuf-ràibən] I 他 (h) ① (皮膚など⁴を)こすって傷つける．*sich³* die Hand⁴ *aufreiben* 手をすりむく．②(人⁴・体力など⁴を)消耗させる．◊ 現在分詞の形で eine *aufreibende* Tätigkeit 心身をすり減らす仕事．③(軍隊⁴を)全滅させる．II 再帰 (h) *sich⁴ aufreiben* 心身をすり減らす．Sie *reibt sich* bei der Pflege ihres kranken Vaters *auf*. 彼女は病気の父親の看護でへとへとだ．

auf|rei・ßen* [アオふ・ライセン áuf-ràisən] I 他 (h) ①(手紙など⁴を)破って開ける；(ドアなど⁴を)急に開ける；(路面など⁴を)掘り起こす．(衣服など⁴を)引き裂く，(手など⁴に)裂傷を負う．die Augen⁴ (den Mund) *aufreißen* 《口語》[驚いて]目の玉をむく(ぽかんと大口を開ける)．②(エ)《物⁴の)立面図を描く．③(テーマなど⁴を)概説する．④《俗》手に入れる．einen Job *aufreißen* 仕事にありつく / ein Mädchen⁴ *aufreißen* 《隠語》女の子をひっかける．II 自 (s) 開ける，裂ける．

auf|rei・zen* [アオふ・ライツェン áuf-ràitsən] 他 (h) ① 扇動する，そそのかす．人⁴ **zum** Widerstand *aufreizen* 人⁴を扇動して反抗させる．② 刺激する，興奮させる．◊ 現在分詞の形で ein *aufreizender* Gang 気をそそるような歩き方．

auf|rich・ten [アオふ・リヒテン áuf-riçtən] du richtest...auf, er richtet...auf (richtete...auf, hat...aufgerichtet) I 他 《完了 haben》① まっすぐに立てる，起こす．den Oberkörper *aufrichten* 上体をまっすぐに起こす．②(記念碑など⁴を)建てる，(壁など⁴を)築く．③《比》元気づける，励ます．Diese Hoffnung *richtete* ihn *auf*. この希望が彼を元気づけた．

II 再帰 《完了 haben》 *sich⁴ aufrichten* ① 起き上がる．Der Kranke *richtete sich im* Bett *auf*. 病人はベッドに起き上った．②《比》立ち直る，元気を取り戻す．Ich *habe mich an* ihm wieder *aufgerichtet*. 私は彼のおかげで立ち直った．

***auf・rich・tig** [アオふ・リヒティヒ áuf-riçtiç] I 形 正直な，誠実な，率直な；心からの．《英 sincere》．ein *aufrichtiger* Mensch 正直な人間 / *aufrichtig* gesagt 正直に言えば．

II 副 心から，本当に．Es tut mir *aufrichtig* Leid. 本当にお気の毒です．

Auf・rich・tig・keit [アオふ・リヒティヒカイト] 女 -/ 正直さ，誠実さ，率直さ．

Auf・riss [アオふ・リス áuf-rɪs] 男 -es/-e ①《建》立面図，投影図．② 概要，あらまし．

Auf・riß 形 Aufriss

auf|rol・len [アオふ・ロれン áuf-rɔ̀lən] 他 (h) ①(じゅうたんなど⁴をぐるぐる)巻く，巻き上げる；(袖(½)など⁴を)まくり上げる；《口語》(髪⁴を)カーラーに巻きつける．②(巻いたもの⁴を)広げる．eine Landkarte⁴ *aufrollen* 地図を広げる．③(引き戸など⁴を)がらがらと開ける．④《比》(問題など⁴を)詳細に検討する，究明する．⑤《軍・ユヴ》(敵陣など⁴を)側面から攻撃して突破する．

auf|rü・cken [アオふ・リュッケン áuf-rỳkən] 自 (s) ① 間隔をつめる．② 昇進する．**zum** Abteilungsleiter *aufrücken* 部長に昇進する．

Auf・ruf [アオふ・ルーふ áuf-ru:f] 男 -[e]s/-e ① 呼び出し，召喚．② 呼びかけ，アピール；声明，布告．*Aufruf* **an** die Öffentlichkeit 大衆へのアピール．③(紙幣の)無効宣言，回収．④《ユヴ》コール，呼び出し．

auf|ru・fen* [アオふ・ルーふェン áuf-rù:fən] 他 (h) ①(人⁴の名前を)呼びあげる；《法》召喚する．②《人⁴ **zu** 事³ ~》(人⁴に事³をするように)呼びかける，アピールする．人⁴ zu einer Demonstration *aufrufen* 人⁴にデモを呼びかける．③《経》(紙幣⁴を無効として)回収する．④《ユヴ》コールする，呼び出す．⑤《雅》(良心など⁴に)訴える．

Auf・ruhr [アオふ・ルーァ áuf-ru:r] 男 -[e]s/-e 《ふつう 単》① 反乱，暴動．*Aufruhr* **gegen** die Staatsgewalt 国家権力に対する反乱 / ein Volk⁴ **in** *Aufruhr* bringen 国民を蜂起(¼²)させる．②《複 なし》激動，混乱；興奮．in *Aufruhr* geraten 騒然となる．

auf|rüh・ren [アオふ・リューレン áuf-rỳ:rən] 他 (h) ①(火酒灰など⁴を)かき立てる．②《雅》(情熱など⁴を)かき立てる，(人⁴の)心をかき乱す．③(古い話など⁴を)蒸し返す．

Auf·rüh·rer [アオフ・リューラァ áuf-ry:rər] 男 -s/- 扇動者; 反乱者, 暴徒.

auf·rüh·re·risch [アオフ・リューレリッシュ áuf-ry:rəriʃ] 形 ① 扇動的な. ② 反乱(暴動)を起こした.

auf|run·den [アオフ・ルンデン áuf-rùndən] 他 (h) (数⁴の)端数を切り上げる.

auf|rüs·ten [アオフ・リュステン áuf-rỳstən] I 自 (h) 軍備を拡張する. (☞「軍備を縮小する」は ab|rüsten). II 他 (h) ① (国を⁴に)軍備を持たせる. ② 《コンピュ》(高性能の部品でパソコン⁴を)アップグレードする.

Auf·rüs·tung [アオフ・リュストゥング] 女 -/-en 軍備拡張. (☞「軍備縮小」は Abrüstung).

auf|rüt·teln [アオフ・リュッテルン áuf-rỳtəln] 他 (h) (寝ている人⁴を)揺り起こす;《比》目覚めさせる. 人⁴ **aus dem Schlaf** *aufrütteln* 人⁴を眠りから揺り起こす.

aufs [アオフス]《前置詞 auf と定冠詞 das の融合形》*aufs* Dach klettern 屋根に登る / *aufs* Beste または *aufs* beste きわめてよく / *aufs* Neue 新たに.

auf|sa·gen [アオフ・ザーゲン áuf-zà:gən] 他 (h) ① (詩を⁴を)暗唱する. ②《雅》(人³に 軍⁴の)解消を通告する. 人³ **die** Freundschaft⁴ *aufsagen* 人³に絶交を宣言する.

auf|sam·meln [アオフ・ザンメルン áuf-zàməln] 他 (h) ① 拾い集める. ②《口語》(逮捕して)連行する.

auf·säs·sig [アオフ・ゼスィヒ áuf-zεsɪç] 形 反抗的な, 従順でない; 反逆的な.

* **der Auf·satz** [アオフ・ザッツ áuf-zats] 男 (単 2) -es/(複) ..sätze [..ゼッツェ] (3格のみ ..sätzen) ① (学校の)作文; (短い)論文, レポート; (新聞の)論説. (☞ 「学術上の論文」は Abhandlung). einen *Aufsatz* schreiben 作文(論文)を書く. ② 卓上飾り食器(食卓の中央に置き, 果物・花などを入れる食器), (テーブルの)センターピース. ③《軍》(鉄砲の)照準器.

Auf·sät·ze [アオフ・ゼッツェ] *Aufsatz (作文)の複

auf|sau·gen⁽*⁾ [アオフ・ザオゲン áuf-zàugən] 他 (h) ① 吸い込む, 吸収する. ② (人⁴の精力を)すっかり奪ってしまう.

auf|schau·en [アオフ・シャオエン áuf-ʃàuən] 自 (h) ①《南ドッ・オーストリア・スイス》見上げる. **zum** Himmel *aufschauen* 空を見上げる. ②《**zu** 人³ ~》《雅》(人³を)尊敬する.

auf|scheu·chen [アオフ・ショイヒェン áuf-ʃɔ̀yçən] 他 (h) ① (動物など⁴を)脅して追いたてる. ②《口語》(人⁴を驚かして)せきたてる. 人⁴ **aus dem Schlaf** *aufscheuchen* 人⁴をたたき起こす.

auf|scheu·ern [アオフ・ショイアァン áuf-ʃɔ̀yərn] 他 (h) (皮膚など⁴を)すりむく.

auf|schich·ten [アオフ・シヒテン áuf-ʃìçtən] 他 (h) ① 積み重ねる; 積み重ねて作る.

auf|schie·ben* [アオフ・シーベン áuf-ʃi:bən] 他 (h) ① 押し開ける, 押し上げる. die Tür⁴ *aufschieben* ドアを押し開ける. ②（予定など⁴を)延期する, 先へ延ばす. eine Reise⁴ *aufschieben* 旅行を延期する. ◇《過去分詞の形で》*Aufgeschoben* ist nicht aufgehoben. 《諺》延期は中止にあらず.

auf|schie·ßen* [アオフ・シーセン áuf-ʃi:sən] I 自 (s) ① (炎などが)ぱっと上がる; (鳥などが)急に舞い上がる; (水が噴出する. ②（植物が)急に成長する. ③ ぱっと飛び起きる(立ち上がる). ④《雅》(不安などが)心をよぎる. Angst *schoss* in ihm *auf*. 不安が彼の心をよぎった. II 他 (h)《海》(ロープなど⁴を)巻き上げる.

◇☞ **aufgeschossen**

Auf·schlag [アオフ・シュラーク áuf-ʃla:k] 男 -[e]s/..schläge ① はね返り, バウンド, 衝突. ②（テニス・バトミントンなどの)サーブ. ③（袖(₅̑)などの)折り返し. ④ 値上がり; 値上げ[分]. ⑤《林》実生(ショゥ)ぇ.

* **auf|schla·gen*** [アオフ・シュラーゲン áuf-ʃlà:gən] du schlägst... auf, er schlägt... auf (schlug... auf, *hat*... aufgeschlagen) I 他 (《完了》 haben) ① [打ち]割る. Er *hat* das Ei *aufgeschlagen*. 彼は卵を割った. ②（ひざなど⁴を打ってけがをする. Ich *habe* mir das Bein *aufgeschlagen*. 私は足をぶつけてけがをした. ③（閉じたもの⁴を)開く, 開ける; (本のある箇所⁴を)めくる. die Augen⁴ *aufschlagen* 目を開ける / *Schlagen* Sie bitte Seite 17 *auf*! 17 ページを開けてください. (☞ 類語 öffnen). ④（袖(₅̑)など⁴を折り返す, (襟など⁴を)立てる. ⑤（足場など⁴を組み立てる, しつらえる; (住まい⁴を)定める. ein Zelt⁴ *aufschlagen* テントを張る. ⑥（値段⁴を)上げる. ⑦《成句的に》 Maschen⁴ *aufschlagen*《手芸》最初の[一段の]編み目を作る.

II 自 (《完了》 sein, haben) ① (s) (落ちて)ぶつかる. Das Flugzeug *schlug* **auf** dem Boden (または den Boden) *auf*. 飛行機が地面に激突した. ② (s)（ドアなどが)ばたんと開く. ③ (s)（炎などが)ぱっと燃え上がる. ④ (h) 値上がりする. ⑤ (h)（テニスなどで)サーブする.

Auf·schlä·ger [アオフ・シュレーガァ áuf-ʃlɛ:gər] 男 -s/- (テニス・バドミントンなどの)サーバー.

* **auf|schlie·ßen*** [アオフ・シュリーセン áuf-ʃli:sən] du schließt... auf (schloss... auf, *hat*... aufgeschlossen) I 他 (《完了》 haben) ① (部屋・引出しなど⁴に)鍵(ぎ)で開ける. (英 *unlock*), (☞「鍵で閉める」は zu|schließen). die Tür⁴ *aufschließen* ドアを鍵で開ける. (☞ 類語 öffnen). ②《雅》(人³に 軍⁴を)説明(解明)する; 打ち明ける. 人³ sein Herz⁴ *aufschließen* 人³に自分の心を打ち明ける. ③（油田など⁴を)開発する;《鉱》(鉱石⁴を)砕く. ④《化・生》(不溶性物質⁴を)可溶性にする.

II 再帰 (《完了》 haben) *sich*⁴ 人³ *aufschließen* 人³に心を打ち明ける; 人³に開かれる. Eine neue Welt *schloss* sich ihm *auf*. 新しい世界が彼の前に開けた.

aufschlitzen

III 圓 (完了 haben) (列の間隔などを)詰める. Bitte *aufschließen*! どうぞお詰めください / **zur** Spitzengruppe *aufschließen* 《スポ》トップグループに追いつく.
◇☞ **aufgeschlossen**

auf|schlit·zen [アォフ・シュリッツェン áufʃlìtsən] 他 (h) 切り開く, 切り裂く.

auf|schluch·zen [アォフ・シュルフツェン áufʃlùxtsən] 圓 (h) (突然)すすり泣く, むせび泣く, しゃくりあげる.

Auf·schluss [アォフ・シュルス áufʃlus] 男 -es/..schlüsse ① 説明, 解明; 情報. 人³ über 人・事⁴ *Aufschluss*⁴ geben 人³に 人・事⁴について説明してやる. ② (鉱) (地下資源の)開発;〔地学〕鉱脈の露出[部]. ③ 〔化・生〕溶解.

Auf·schluß ☞ 新形 **Aufschluss**

auf|schlüs·seln [アォフ・シュリュッセルン áufʃlỳsəln] 他 (h) (一定の基準で)分類する.

aufschluss≠reich [アォフ・シュルス・ライヒ] 形 示唆に富む, 啓発されるところの多い, 有益な. eine *aufschlussreiche* Äußerung 教示に富む発言.

auf·schluß≠reich ☞ 新形 **aufschlussreich**

auf|schnal·len [アォフ・シュナレン áufʃnàlən] 他 (h) ① 〔物⁴の〕留め金をはずす. den Gürtel *aufschnallen* ベルトの留め金をはずす. ② 留め金付きのベルトで結びつける.

auf|schnap·pen [アォフ・シュナッペン áufʃnàpən] I 他 (h) ① 《口語》小耳にはさむ, 偶然知る. ② (犬などが)ぱくっとくわえる. II 圓 (s) (掛け金がはずれてドアなどが)ぱっと開く.

auf|schnei·den* [アォフ・シュナイデン áufʃnàidən] du schneidest...auf, er schneidet...auf, *schnitt*...auf, *hat*...aufgeschnitten)
I 他 (完了 haben) ① 切り開く, (医者が)切開する. einen Knoten [mit der Schere] *aufschneiden* 結び目を[はさみで]切って開ける / 人³ den Bauch *aufschneiden* 《戯》人³の腹部を手術する. (肉・パンなど⁴を)薄切りにする, スライスする. den Braten *aufschneiden* ロースト肉を薄く切る.

II 圓 (完了 haben)《口語》ほらを吹く.

Auf·schnei·der [アォフ・シュナイダァ áufʃnàidər] 男 -s/-《口語》ほら吹き.

Auf·schnei·de·rei [アォフ・シュナイデライ áufʃnàidərái] 女 -/-en《口語》ほら, 大言壮語.

Auf·schnitt [アォフ・シュニット áufʃnìt] 男 -[e]s/- (ハム・チーズなどの)薄切り, 切片.

auf|schnü·ren [アォフ・シュニューレン áufʃnỳːrən] 他 (h) (小包・靴など⁴の)ひもをほどく.

auf|schrau·ben [アォフ・シュラオベン áufʃràubən] 他 (h) ① ねじって開ける. einen Füllhalter *aufschrauben* 万年筆のキャップを回して開ける. ② 《A⁴ auf B⁴~》(A⁴をB⁴に)ねじで取り付ける.

auf|schre·cken¹ [アォフ・シュレッケン áufʃrèkən] 他 (h) (飛び上がるほど)びっくりさせる;《狩》(うさぎなどを脅して)狩り出す.

auf|schre·cken²(*) [アォフ・シュレッケン áufʃrèkən] 圓 (h) (飛び上がるほど)びっくりする (起きる). Er *schreckte* (または *schrak*) **aus** dem Schlaf *auf*. 彼はびっくりして目を覚ました.

Auf·schrei [アォフ・シュライ áuf-ʃrai] 男 -[e]s/-e 叫び声, 絶叫. ein freudiger *Aufschrei* 歓声.

auf|schrei·ben* [アォフ・シュライベン áufʃràibən] (schrieb...auf, *hat*...aufgeschrieben) 他 (完了 haben) ① 書き留める, メモする. Bitte *schreiben* Sie Ihren Namen *auf*! お名前を書いてください / 人⁴ *aufschreiben* 《口語》(交通警官などが)人⁴の住所氏名を書き留める.
◇《再帰代名詞(3格)とともに》*sich³ ~ aufschreiben* 事⁴をメモする ⇒ Ich *habe mir* seine Adresse *aufgeschrieben*. 私は彼のアドレスをメモした. ②《口語》人³に薬⁴を処方する.

auf|schrei·en [アォフ・シュライエン áufʃràiən] 圓 (h) 突然叫ぶ, 大声をあげる.

Auf·schrift [アォフ・シュリフト áufʃrìft] 女 -/-en 上書き, 〔看板・硬貨などの〕文字; (びん・缶詰などの)ラベル; 碑[銘]文. ②《郵》宛て名.

Auf·schub [アォフ・シューブ áufʃùːp] 男 -[e]s/..schübe 延期; 猶予[期間]. ohne *Aufschub* たちどころに; 即座に / 人³ *Aufschub* geben (または gewähren) 人³に猶予を与える.

auf|schüt·ten [アォフ・シュッテン áufʃỳtən] 他 (h) ① (わら・土など⁴を)盛り上げる, (石など⁴を)積み上げる. ② (土砂などを積み上げて堤防など⁴を)築く. (湯など⁴を)注ぐ.

auf|schwat·zen [アォフ・シュヴァッツェン áufʃvàtsən] 他 (h) (人³に 物⁴を)言葉巧みに売りつける.

auf|schwem·men [アォフ・シュヴェメン áufʃvèmən] 他 (h) (ビールなどが人⁴を)ぶくぶく太らせる.
◇☞ **aufgeschwemmt**

auf|schwin·gen* [アォフ・シュヴィンゲン áufʃvìŋən] I 再帰 (h) *sich⁴ aufschwingen* ① (鳥などが)飛び上がる, 舞い上がる. ②《*sich⁴ zu* 人・事³ ~》人・事³に躍進(昇進)する,《軍》事³をする気になる, 思いきってする. II 圓 (h) (ドアなどが)ぱたんと開く.

Auf·schwung [アォフ・シュヴング áufʃvùŋ] 男 -[e]s/..schwünge ① 躍進, 発展; (景気の)上昇. ein leichter *Aufschwung* am Arbeitsmarkt 労働市場におけるわずかな雇用率の上昇. ②《雅》(精神の)高揚. ③ (鉄棒などでの)け上がり.

auf|se·hen* [アォフ・ゼーエン áuf-zèːən] 圓 (h) ① 見上げる, 視線を上げる. **vom** Buch *aufsehen* [読んでいる]本から目を上げる / **zum** Himmel *aufsehen* 天を仰ぐ. ②《*zu* 人³ ~》《比》人³を尊敬する, 敬う.

***das* Auf·se·hen** [アォフ・ゼーエン áufzèːən] 中 (単2) -s/ センセーション, (世間の)注

目[を集めること]. (英 sensation). **ohne** *Aufsehen* 注目されることなく / *Aufsehen*⁴ erregen (または machen) 評判になる, センセーションを巻き起こす ⇨ Der Vorfall erregte großes *Aufsehen*. その事件はたいへんなセンセーションを巻き起こした.

新形

Auf·se·hen er·re·gend センセーショナルな. ein *Aufsehen erregendes* Ereignis センセーショナルな出来事.

auf·se·hen≠er·re·gend 形 (新形 Aufsehen erregend)

Auf·se·her [アオふ・ゼーアァ áuf-ze:ər] 男 -s/- 監視人, 看守. (注 女性形は Aufseherin).

auf|sein* 自 (s) (新形 auf sein (開いている)) ☞ **auf**

auf·sei·ten [アオふ・ザイテン auf-záitən] 前 《2格とともに》…の側に. *aufseiten* des Klägers 原告側に.
(注 auf Seiten ともつづる) ☞ **Seite** ⑥

*auf|set·zen [アオふ・ゼッツェン áuf-zètsən] du setzt ... auf (setzte ... auf, hat ... aufgesetzt) **I** 他 (完了 haben) ① (帽子など⁴を人³に)かぶせる, (眼鏡⁴を)かける. (英 put on). (注「取りはずす」は ab|setzen). dem Kind eine Mütze⁴ *aufsetzen* 子供に帽子をかぶせる / sich³ eine Brille⁴ *aufsetzen* 眼鏡をかける / eine ernste Miene⁴ *aufsetzen*《比》真剣な顔をする. ② (上に)置く, 載せる. einen Topf *aufsetzen* 鍋(な)を火にかける / ein Stockwerk⁴ *aufsetzen* もう1階建て増す / die Füße⁴ **auf** den Boden *aufsetzen* 足を地面に下ろす. ③「縫い]付ける. Taschen⁴ **auf** einen Mantel *aufsetzen* コートにポケットを付ける. ④ (人⁴の身体を)起こしてやる. ◇《再帰的に》Er *setzte* sich⁴ im Bett *auf* 彼はベッドの上で起き上がった. ⑤ (文書など⁴を)作成する, 起草する. eine Rechnung⁴ *aufsetzen* 計算書をつくる. **II** 自 (完了 haben) ① (飛行機などが)着陸する; 着地する. ② (狩)(鹿などが)角を生やす.

*die Auf·sicht [アオふ・ズィヒト áuf-zɪçt] 女 (単) -/(複) -en ① (覆 なし) 監視, 監督; コントロール. (英 supervision). die *Aufsicht*⁴ **über** 人・物⁴ haben (または führen) 人・物⁴を監督する / Sie stehen **unter** polizeilicher *Aufsicht*. 彼らは警察の監視下にある / der (die) *Aufsicht* Führende 監督する男性(女性). ② 《ふつう 単》《口語》監視員, 監督官. ③ 上からの眺め, 俯瞰(ふ).

Auf·sichts≠be·hör·de [アオふズィヒツ・べヘーァデ] 女 -/-n 監督官庁.

Auf·sichts≠**pflicht** [アオふズィヒツ・プふりヒト] 女 -/ (特に年少者に対する)監督の義務.

Auf·sichts≠**rat** [アオふズィヒツ・ラート] 男 -(e)s/..räte (経) 監査役会; 監査役.

auf|sit·zen* [アオふ・ズィッツェン áuf-zìtsən] 自 (s, h) ① (s) (馬・バイクなどに)乗る, またがる. ② 《口語》身を起こして座っている, (寝ないで)起きている. Der Patient *saß* im Bett *auf*. 患者はベッドに座っていた. ③ (h) 載っている, 固定されている. ④ (h) (海)(船が)座礁している. ⑤ (h) (方)(人³にとって)やっかい者である. ⑥ (s) (人・事³に)だまされる, 乗せられる. ⑦ (s) 《口語》すっぽかす. 人⁴ *aufsitzen lassen* 人⁴をすっぽかす, 待ちぼうけをくわす.

auf|spal·ten(*) [アオふ・シュパるテン áuf-ʃpàltən] 他 (h) 割る, 分解(分裂)させる. ◇《再帰的に》sich⁴ *aufspalten* 分解(分裂)する.

auf|span·nen [アオふ・シュパンネン áuf-ʃpànən] 他 (h) ①(帆・綱など⁴を)張る; (枠などに)張って固定する. ②(傘など⁴を)開く.

auf|spa·ren [アオふ・シュパーレン áuf-ʃpà:rən] 他 (h) (のちのために)とっておく, 残しておく.

auf|spei·chern [アオふ・シュパイヒャァン áuf-ʃpàıçərn] **I** 他 (h) 貯蔵する, 蓄積する. **II** 再帰 (h) sich⁴ *aufspeichern* (怒りなどが)うっ積する.

auf|sper·ren [アオふ・シュペレン áuf-ʃpèrən] 他 (h) ① 《口語》(口・窓など⁴を)大きく開ける. Mund⁴ und Nase⁴ *aufsperren* あっけにとられる. ② 《南ドッ・オッラ》(ドアなど⁴の)鍵(ゕ)を開ける.

auf|spie·len [アオふ・シュピーレン áuf-ʃpì:lən] **I** 自 (h) ① 演奏する. **zum** Tanz *aufspielen* ダンスの伴奏をする. ② (競)(…な)プレーをする. groß *aufspielen* すばらしいプレーをする. **II** 他 (物⁴を)演奏する. einen Walzer *aufspielen* ワルツを演奏する. **III** 再帰 (h) sich⁴ *aufspielen* 《口語》もったいぶる, 気取る. sich⁴ **als** Held *aufspielen* 英雄を気取る.

auf|spie·ßen [アオふ・シュピーセン áuf-ʃpì:sən] 他 (h) ①(肉など⁴を)刺して取る; (昆虫など⁴を)ピンで刺して固定する. ②《口語》酷評する, やり玉にあげる.

auf|split·tern [アオふ・シュプリッタァン áuf-ʃplɪtərn] **I** 他 (h) (政党など⁴を)分裂させる. ◇《再帰的に》sich⁴ *aufsplittern* 分裂する. **II** 自 (h) 割れる, 裂ける.

auf|spren·gen [アオふ・シュプレンゲン áuf-ʃprèŋən] 他 (h) こじ開ける; 爆破して開ける.

auf|sprin·gen* [アオふ・シュプリンゲン áuf-ʃprìŋən] 自 (s) ① 飛び上がる; (ボールが)バウンドする. Er *sprang* empört **vom** Stuhl *auf*. 彼は怒っていすから飛び上がった. ② (列車・馬などに)飛び乗る. **auf** eine anfahrende Straßenbahn *aufspringen* 動き出した市電に飛び乗る. ③ (ドア・錠などが)ぱっと開く, (つぼみが)ほころびる. ④ (皮膚などが)ひび割れる.

auf|sprit·zen [アオふ・シュプリッツェン áuf-ʃprɪtsən] **I** 自 (h) ① (泥・水などが)はね上がる. ② (俗)さっと立ち上がる. **II** 他 (h) (塗料など⁴を)吹き付ける.

auf|spu·len [アオふ・シュプーレン áuf-ʃpù:lən] 他 (h) (フィルム・録音テープなど⁴を)巻き取る.

auf|spü·ren [アオふ・シュピューレン áuf-ʃpỳ:rən] 他 (h) (犯人・獲物など⁴を)捜し出す, 見つけ出す, かぎつける.

auf|sta·cheln [アオふ・シュタッヘるン áuf-ʃtàxəln] 他 (h) 刺激する, かきたてる; 励ます.

aufstampfen

人⁴ zum Aufruhr *aufstacheln* 人⁴を扇動して反乱を起こさせる.

auf|stamp·fen [アオフ・シュタンプフェン áuf-ʃtampfən] 圓 (h) 地面を踏みつける, (怒って)じだんだを踏む.

Auf·stand [アオフ・シュタント áuf-ʃtant] 男 -[e]s/..stände 暴動, 反乱, 蜂起(ﾎｳｷ). einen *Aufstand* **gegen** die Regierung nieder|schlagen 反政府暴動を鎮圧する.

auf·stän·disch [アオフ・シュテンディッシュ áuf-ʃtɛndɪʃ] 形 暴動(反乱)に加わっている, 蜂起(ﾎｳｷ)した.

Auf·stän·di·sche[r] [アオフ・シュテンディッシェ (..ʃʏァ) áuf-ʃtɛndɪʃə (..ʃər)] 男 女《語尾変化は形容詞と同じ》暴徒, 反乱者.

auf|sta·peln [アオフ・シュターぺるン áuf-ʃtaːpəln] 他 (h) (本・箱など⁴を)積み上げる, 積み重ねる.

auf|ste·chen* [アオフ・シュテッヒェン áuf-ʃtɛçən] 他 (h) ① (水ぶくれなど⁴を)針で刺して開ける. ② 《口語》(誤りなど⁴を)暴く, ほじくり出す.

auf|ste·cken [アオフ・シュテッケン áuf-ʃtɛkən] 他 (h) ① (上方へ上げて)ピンで留める. sich³ das Haar⁴ *aufstecken* 髪を結う. (旗⁴を)掲げる, (ろうそく⁴を)立てる, (指輪⁴を)はめる. ③《口語》やめる, 放棄する. das Rauchen⁴ *aufstecken* たばこをやめる.

auf|ste·hen [アオフ・シュテーエン áuf-ʃtɛːən]

立ち上がる; 起きる

Steh mal bitte *auf*!
シュテー マーる ビッテ アオふ
ちょっと立ってごらん.

(stand...auf, ist/hat...aufgestanden). 圓 (完了 sein または haben) ① (s) 立ち上がる, 起き上がる. (英 stand up). vom Stuhl *aufstehen* いすから立ち上がる / Wir standen vom Tisch *auf*. 私たちは食事を終えて席を立った / **vor** 人³ *aufstehen* a) 人³に敬意を表して立ち上がる, b) 人³に席を譲る.

② (s) 起きる, 起床する. (英 get up). Ich stehe jeden Tag um 6 Uhr *auf*. 私は毎日6時に起きます / früh (spät) *aufstehen* 早起き(朝寝坊)する / Da *musst* du früher *aufstehen*!《俗》その手に乗るもんか(←君はもっと早く起きないといけない).

③ (s)〖**gegen** 人⁴ ～〗《雅》(人⁴に)反抗して立ち上がる. ④ (h) (机などが)床に立っている. ⑤ (h) (ドア・窓などが)開いている. Das Fenster steht *auf*. 窓が開いている. ⑥ (s)〖**in** 人³ ～〗《雅》(感情などが人³の心に)生じる.

類語 **auf|stehen**: (目覚めて)起床する. **auf|wachen**: (ぱっと)目を覚ます. **wach werden**: 目が覚める.

---

auf|stei·gen [アオフ・シュタイゲン áuf-ʃtaɪgən] (stieg...auf, ist...aufgestiegen) 圓 (完了 sein) ① (馬・自転車などに)乗る. (英 get on). (反 「降りる, 下る」は ab|steigen). **auf** das Fahrrad *aufsteigen* 自転車に乗る /人⁴ *aufsteigen lassen* 人⁴をオートバイ(自転車)の後部座席に乗せる. ② 登る. **auf** einen Berg *aufsteigen* 山に登る. ◊《現在分詞の形で》*aufsteigende* Zweifel 募る疑念 / die *aufsteigende* Linie 直系の尊属. ③ (飛行機などが)飛び立つ, 上昇する; (太陽などが)昇る; (煙などが)立ち昇る. Die Sonne *stieg* am Horizont *auf*. 地(水)平線から太陽が昇る. ④ 出世する, 出世をする. (ｽﾎﾟ)(上位リーグへ)昇格する. ⑤《雅》(考えなどが)浮かぶ; (感情などが)生じる; (涙がこみあげてくる. Angst *stieg* **in** mir *auf*. 私はふと不安がこみあげて来た.

Auf·stei·ger [アオフ・シュタイガァ áuf-ʃtaɪɡər] 男 -s/- ①《口語》出世した人, 成功者. ②(ｽﾎﾟ)(上位リーグへの)昇格チーム(選手).

*auf|stel·len [アオフ・シュテれン áuf-ʃtɛlən] (stellte...auf, hat...aufgestellt) I 他 (完了 haben) ① 立てる, 置く; (装置など⁴を)設置する; (歩哨(ﾎｼｮｳ)など⁴を)立てる. Er *stellt* Tische und Stühle im Garten *auf*. 彼は庭にテーブルといすを置く / ein Denkmal⁴ *aufstellen* 記念碑を建てる / eine Maschine⁴ *aufstellen* 機械を据える / ein Zelt⁴ *aufstellen* テントを張る. ② (倒れたもの⁴を)起こす, (襟など⁴を)立てる. ③ (チーム・部隊など⁴を)編成する. ④ (候補者など⁴を)立てる, 指名する. 人⁴ **als** Kandidaten *aufstellen* 人⁴を候補者に立てる. ⑤ (一覧表・リストなど⁴を)作成する; (理論など⁴を)立てる. einen Plan *aufstellen* 計画を立てる. ⑥ (記録⁴を)樹立する. ⑦ (要求・主張など⁴を)する, 行う. eine Forderung⁴ *aufstellen* 要求する.

II 再帰 (完了 haben) sich⁴ *aufstellen* 立つ, 並ぶ, 位置につく. sich⁴ in Reih und Glied *aufstellen* 整列する.

Auf·stel·lung [アオフ・シュテるング] 女 -/-en ①(榎 なし)建設, 設置; 配列, 配置; (機械の)組み立て. *Aufstellung*⁴ **nehmen** 整列する, 並ぶ. ② (チーム・部隊などの)編成. ③ (立候補者などの)指名, 擁立. ④ (理論などの)構成, (記録の)樹立. ⑤ 一覧表, リスト[の作成].

auf|stem·men [アオフ・シュテンメン áuf-ʃtɛmən] 他 (h) ① (かなてこなどで)こじ開ける. ② (足・体など⁴を)支える.

Auf·stieg [アオフ・シュティーク áuf-ʃtiːk] 男 -[e]s/-e ① 上ること, 登山; 上昇. (反 「下降」は Abstieg). der *Aufstieg* zum Berggipfel 山頂への登攀(ﾄｳﾊﾝ). ② 上り坂. ③ 向上, 発展, 昇進;(ｽﾎﾟ)上位リーグへの昇格.

auf|stö·bern [アオフ・シュテーバァン áuf-ʃtøː-bərn] 他 (h) ① (動物⁴を)狩り出す. ② 捜し出す.

auf|sto·cken [アオフ・シュトッケン áuf-ʃtɔkən] 他 (h) ① (建物⁴に)階を建て増す. ② (資本

auf|sto·ßen* ［アオフ・シュトーセン］ áuf-ʃtòːsən] **I** 他 (h) ① 押し開ける. die Tür[4] mit dem Fuß *aufstoßen* ドアを足でけって開ける. ② 打ち当てる; 勢いよく置く. sich[3] den Kopf *aufstoßen* 頭をぶつけてけがする / den Becher **auf** den Tisch *aufstoßen* グラスを卓上にどんと置く. **II** 自 (h, s) ① (h) げっぷをする. ② (s, h) (飲食物が人[3]に)げっぷを出させる. Bier *stößt* mir leicht *auf*. ビールを飲むと私はすぐげっぷが出る. ③ (s) 【**auf** 物[4] ~】(物[4]に)ぶつかる. mit dem Kopf auf die Kante *aufstoßen* 頭を角(ﾅﾝ)にぶつける. ④ (s) (船が)座礁する. ⑤ (s) 《口語》(人[3]の)目にとまる.

auf|stre·ben ［アオフ・シュトレーベン］ áuf-ʃtrèːbən] 自 (h)《雅》そびえ立つ.

auf|stre·bend ［アオフ・シュトレーベント］ **I** aufstreben (そびえ立つ)の現分 **II** 形 ①《雅》そびえ立つ(建物など). ②《比》向上心のある、新進気鋭の; 新興の.

auf|strei·chen* ［アオフ・シュトライヒェン] áuf-ʃtràɪçən] 他 (h) (バター・ペンキなど[4]を)塗る.

Auf·strich ［アオフ・シュトリヒ áuf-ʃtrɪç] 男 -(e)s/-e ① パンに塗るもの(バター・ジャムなど). ②《音楽》(バイオリンなどの)上げ弓. ③ (字を書くときの)上向きのはね.

auf|stül·pen ［アオフ・シュテュるペン áuf-ʃtỳlpən] 他 (h) ① (帽子など[4]を)無造作にかぶせる. ② (袖(ﾅﾝ)など[4]を)折り返す, (襟など[4]を)立てる; 《比》(唇[4]を)とがらせる.

auf|stüt·zen ［アオフ・シュテュッツェン áuf-ʃtʏ̀tsən] 他 (h) ① (腕など[4]を)つく, もたせかける. die Arme[4] **auf** den Tisch *aufstützen* 机に両腕をつく. ② (病人など[4]を)支えて起こす. ◇［再帰的に］*sich*[4] *aufstützen* (腕をついて)体を起こす.

auf|su·chen ［アオフ・ズーヘン áuf-zùːxən] 他 (h) ① (人[4]を)訪れる, (ある場所[4]へ)行く. den Arzt *aufsuchen* 医者に診てもらいに行く / die Toilette[4] *aufsuchen* トイレに行く. ② (本などをめくってある箇所[4]を)探す, 探し出す.

auf|ta·keln ［アオフ・ターケるン áuf-tàːkəln] ① 他 (h) 《海》 (船[4]を)艤装(ぎそう)する. **II** 再帰 *sich*[4] *auftakeln*《口語》(ごてごてと)めかしこむ. ◇☞ **aufgetakelt**

Auf·takt ［アオフ・タクト áuf-takt] 男 -(e)s/-e ①《ふつう単》開始, 幕開け, 皮切り. ②《音楽》上拍. ③《詩学》行首余剰音.

auf|tan·ken ［アオフ・タンケン áuf-tàŋkən] **I** 他 (h) (乗り物など[4]に)燃料を補給する. **II** 自 (h) 燃料を補給する; 《比》英気を養う.

***auf|tau·chen** ［アオフ・タオヘン áuf-tàʊxən] (tauchte...auf, ist...aufgetaucht) 自 (変了) sein) ① (水中から)浮かび上がる. Das U-Boot *tauchte* **aus** dem Wasser *auf*. 潜水艦が水中から浮上した. ② [突然]現れる; 《比》(心に)浮かぶ. Nach zwei Jahren *tauchte* er in München *auf*. 2年後に彼はミュンヒェンに姿を現した.

auf|tau·en ［アオフ・タオエン áuf-tàʊən] **I** (h) (氷・凍ったもの[4]を)解かす; (窓ガラスなどの)氷を解かす. die Kühlkost[4] *auftauen* 冷凍食品を解凍する. **II** 自 (s) ① (氷などが)解ける; (川などの)氷が解ける. ②《比》打ち解ける.

auf|tei·len ［アオフ・タイれン áuf-tàɪlən] 他 ① 分配する. ② 分割する; (グループに)分ける.

Auf·tei·lung ［アオフ・タイるング] 女 -/-en 分配; 分割.

auf|ti·schen ［アオフ・ティッシェン áuf-tìʃən] 他 (h) ① (料理など[4]を)食卓に載せる; (人[3]に物[4]を)ごちそうする. ②《口語》(人[3]にでたらめなこと[4]を)話して聞かせる.

* *der* **Auf·trag** ［アオフ・トラーク áuf-traːk] 男 (単2) -(e)s/(複) ..träge [..トレーゲ] (3格のみ..trägen) ① **依頼**, 委任, 委託; 指図.（英 order）. 人[3] einen *Auftrag* erteilen（または geben）人[3]に依頼をする / einen *Auftrag* erhalten 依頼を受ける / im *Auftrag*（手紙の署名で:）委任を受けて / Ich komme im *Auftrag* von Herrn Meyer. 私はマイアー氏の委託を受けて参りました. ②（商品などの）注文. einen *Auftrag* bekommen 注文を受ける / 物[4] bei 人[3] **in** *Auftrag* geben《商》物[4]を人[3]に注文する. ③《ふつう単》任務, 使命. ④《ふつう単》色の塗り.

Auf·trä·ge ［アオフ・トレーゲ］ *Auftrag（依頼）の複

auf|tra·gen* ［アオフ・トラーゲン áuf-tràːgən] **I** 他 (h) ① (人[3]に 事[4]を)依頼する, 委任する. Er *hat* mir einen Gruß an dich *aufgetragen*. 彼から君によろしくとのことだったよ. ② (ペンキなど[4]を)塗る. ③《雅》(料理[4]等[4]を)食卓に運ぶ. ④ (衣服[4]を)着古す, (靴[4]を)はきつぶす. **II** 自 (h) ① (衣服を着ると)着ぶくれして見える. ②《成句的に》dick（または stark） *auftragen*《口語》大げさに言う.

Auf·trag≈ge·ber ［アオフトラーク・ゲーバァ］ 男 -s/- 委任者, 依頼人; 注文者, 発注者.

Auf·trag≈neh·mer ［アオフトラーク・ネーマァ］ 男 -s/- 受託者; 受注者.

Auf·trags≈be·stä·ti·gung ［アオフトラークス・ベシュテーティグング］ 女 -/-en《商》注文(発注)確認[書]; 注文請書.

Auf·trags≈ein·gang ［アオフトラークス・アインガング］ 男 -(e)s/..gänge 受注.

auf·trags≈ge·mäß ［アオフトラークス・ゲメース］ 形 委任(注文)どおりの.

auf|tref·fen* ［アオフ・トレッフェン áuf-trɛ̀fən] 自 (s) 【**auf** 物[4]（または物[3]）~】(物[4]（または物[3]）にぶつかる, 衝突する.

auf|trei·ben* ［アオフ・トライベン áuf-tràɪbən] **I** 他 (h) ①《口語》(苦労して)探し出す, (お金など[4]を)調達する. ② ふくらませる. ③ (ほこりなど[4]を)舞い上げる. ④ (人[4]を)駆りたてる. **II** 自 (s) ふくらむ.

auf|tren·nen ［アオフ・トレンネン áuf-trɛ̀nən] 他 (h) (縫い目など[4]を)ほどく.

auf|tre·ten ［アオフ・トレーテン áuf-trèː-

tən] du trittst...auf, er tritt...auf (trat...auf, ist/hat...aufgetreten) I 自 (完了 sein) ① 登場する, 出演する. (英 appear). als Hamlet auftreten ハムレット役で登場する / als Zeuge vor Gericht auftreten 証人として裁判に出席する. ②（…な）態度を示す. Er ist bescheiden aufgetreten.〖現在完了〗彼は慎み深くふるまった. ③〖gegen 人・事⁴ ～〗（人・事⁴に）反対（反論）する. ④（病気・現象などが）生じる, 発生する. Pocken treten heute kaum mehr auf. 天然痘は今日ではもうほとんど見られない / Da sind neue Schwierigkeiten aufgetreten.〖現在完了〗そのとき新たな困難が生じた. ⑤ 歩く. leise (vorsichtig) auftreten 静かに（用心深く）歩く.
II 他 (完了 haben)（ドアなど⁴を）けって開ける. Er trat die Tür auf. 彼はドアをけって開けた.

Auf·tre·ten [アオフ・トレーテン] 中 -s/ ① (舞台などへの)登場, 出現. ② 態度, 挙動. ③ (病気の)発生.

Auf·trieb [アオフ・トリープ áuf-tri:p] 男 -[e]s/-e ① 〖複 なし〗《物》浮力, 揚力. ② 刺激, 激励, 鼓舞. 人³ Auftrieb⁴ geben 人³を激励する. ③ (市場への)家畜の供給[量]; (家畜を山の牧場へ)追い上げること.

Auf·tritt [アオフ・トリット áuf-trɪt] 男 -[e]s/-e ① 《劇》(劇場・舞台への)登場. ②《劇》(舞台の)場, 場面. der zweite Auftritt 第2場. ③《比》(激しい)口論. mit 人³ einen Auftritt haben 人³と口論する.

auf|trumpf·en [アオフ・トルンプフェン áuf-trùmpfən] 自 (h) 優位を見せつける. mit seinem Wissen auftrumpfen 自分の知識を誇示する / gegen 人⁴ auftrumpfen 人⁴に対して高飛車に出る.

auf|tun* [アオフ・トゥーン áuf-tù:n] I 他 (h) ①《雅》開ける. die Tür⁴ auftun ドアを開ける / den Mund auftun《口語》しゃべる / ein Geschäft⁴ auftun《方》開店(開業)する. ②《口語》[たまたま]見つける. ③《口語》(人³の)皿に料理⁴を)盛る, よそる. ④《方》(帽子⁴を)かぶる,（眼鏡⁴を)かける. II 再帰 (h) sich⁴ auftun ①《雅》(ドアなどが)開く. ②《雅》(人³に)可能性・眺望などが)開かれる. ③《方》(店が)オープンする, 開業する.

auf|tür·men [アオフ・テュルメン áuf-tỳrmən] I 他 (h) 高く積み重ねる. II 再帰 (h) sich⁴ auftürmen (山のように)積み重なる.

auf|wa·chen [アオフ・ヴァッヘン áuf-vàxən] (wachte...auf, ist...aufgewacht) 自 (完了 sein) ① 目を覚ます, 目が覚める. (英 wake up). Ich bin früh aufgewacht.〖現在完了〗私は早く目が覚めた / aus einem Traum aufwachen 夢から覚める. (☞ 類語 aufstehen). ②（意識・記憶などが)よみがえる.

auf|wach·sen [アオフ・ヴァクセン áuf-vàksən] du wächst...auf, er wächst...auf (wuchs...auf, ist...aufgewachsen) 自 (完了 sein) ① 成長する, 育つ. (英 grow up). Ich bin auf dem Land aufgewachsen.〖現在完了〗私は田舎で育った. ②《雅》(山・塔などがしだいに)見えてくる.

auf|wal·len [アオフ・ヴァレン áuf-vàlən] 自 (s) ① 沸騰する, 煮え立つ. ②（霧などが)立ちのぼる. ③《雅》(感情が)突然こみ上げる.

Auf·wal·lung [アオフ・ヴァルング] 女 -/-en 沸騰;（感情が)突然こみ上げること.

Auf·wand [アオフ・ヴァント áuf-vant] 男 -[e]s/ ① 費やすこと, 消費, 消耗; 経費, 費用. Aufwand an Geld 出費 / Aufwand an Energie エネルギーの消費. ② 浪費, ぜいたく. großen Aufwand mit 物³ treiben 物³を浪費する.

auf·wän·dig [アオフ・ヴェンディヒ áuf-vɛndɪç] 形 費用のかかる. aufwändig leben ぜいたくな暮らしをする.

Auf·wand≠steu·er [アオフヴァント・シュトイアァ] 女 -/-n 奢侈(ぜい)税(自動車税など).

auf|wär·men [アオフ・ヴェルメン áuf-vɛrmən] I 他 (h) ①（冷えた食べ物など⁴を)温め直す;《比》(古い話など⁴を)蒸し返す. II 再帰 (h) sich⁴ aufwärmen 体を温める;（スプ）ウォーミングアップする. sich⁴ am Ofen (mit heißem Tee) aufwärmen ストーブで（熱い紅茶で)体を温める.

Auf·war·te≠frau [アオフヴァルテ・フラオ] 女 -/-en 《方》(通いの)家政婦, 掃除婦.

auf|war·ten [アオフ・ヴァルテン áuf-vàrtən] 自 (h) ①〖人³ mit 物³ ～〗《雅》(人³に物³を)ふるまう. ②〖mit 物³ ～〗(物³を)提供する. ③（人³の)給仕をする.

***auf·wärts** [アオフ・ヴェルツ áuf-vɛrts] 副 上の方へ, 上がって, さかのぼって. (英 upward). (⇔「下の方へ」は abwärts). Der Lift fährt aufwärts. エレベーターが上がって行く / Der Weg führt aufwärts. 道は上りになっている / den Strom aufwärts 流れをさかのぼって / Männer von 18 Jahren aufwärts 18歳以上の男子.

〖新形〗
auf·wärts ge·hen〖es geht mit 人・事³ aufwärts の形で〗(人・事³が)よくなる, 上向きである. Mit seiner Gesundheit geht es aufwärts. 彼の健康は回復しつつある.

auf·wärts|ge·hen* 非人称 (s)〖新形〗 aufwärts gehen)

Auf·war·tung [アオフ・ヴァルトゥング] 女 -/-en ①《雅》(儀礼的な)訪問. 人³ eine Aufwartung⁴ machen 人³を表敬訪問する. ②《方》家政婦.

Auf·wasch [アオフ・ヴァッシュ áuf-vaʃ] 男 -[e]s/《方》汚れた食器; 食器洗い. Das geht in einem Aufwasch.《口語》それは造作のないことだ(←ひと洗いで片づく).

auf|wa·schen* [アオフ・ヴァッシェン áuf-vàʃən] 他 (h)《方》(食器など⁴を)洗う, すすぐ.

auf|we·cken [アオフ・ヴェッケン áuf-

vèkən] (weckte...auf, *hat*...aufgeweckt) (⹅て haben) (人⁴の)目を覚まさせる, 起こす. (英 *wake up*). Das Klingeln *hat* ihn *aufgeweckt*. 呼び鈴の音で彼は目を覚ました.
◊⹅☞ **aufgeweckt**

auf|wei·chen [アオふ・ヴァイヒェン áuf-vàıçən] I 他 (h) (液体で)柔らかくする, 湿らす, (熱で)融かす; 《比》(体制など⁴を内部から)弱体化させる. hartes Brot⁴ in Suppe *aufweichen* 堅いパンをスープに浸して柔らかくする. II 自 (s) 柔らかくなる, (道が)ぬかる;《比》(気象の前線が)崩れる.

auf|wei·sen* [アオふ・ヴァイゼン áuf-vàızən] 他 (h) (特性など⁴を)示している, 見せている; 指摘する. 物⁴ *aufzuweisen* haben 物⁴を持っている, 備えている.

auf|wen·den⁽*⁾ [アオふ・ヴェンデン áuf-vèndən] 他 (h) (労力・時間など⁴を)費やす, かける, 使う.

auf·wen·dig [アオふ・ヴェンディヒ áuf-vɛndıç] 形 費用のかかる (=aufwändig).

Auf·wen·dung [アオふ・ヴェンドゥング] 女 -/-en 消費, 浪費;《覆》⟨経⟩経費, 費用.

auf|wer·fen* [アオふ・ヴェルふェン áuf-vèrfən] I 他 (h) ① (ボールなど⁴を)投げ上げる, (雪・ほこりなど⁴を)巻き上げる. ② (たきぎなど⁴を火にくべる, (トランプ⁴を)[投げて]出す. ③ (ドア・窓など⁴を)勢いよく開ける. ④ (土など⁴をすくい上げて)積み上げる; (堤防など⁴を)築く. ⑤ (頭⁴を)上へ反らす; (🐑)(唇⁴を)とがらす. ◊⟨過去分詞の形で⟩ *aufgeworfene* Lippen 厚ぼったい唇. ⑥ (問題など⁴を)提起する. II 再帰 (h) 《*sich*⁴ **zu** 人³ ~》(人³だと)あつかましくも自称する.

auf|wer·ten [アオふ・ヴェーァテン áuf-vèːɐ̯tən] 他 (h) ① (経) (通貨⁴の)平価を切り上げる. ② (人・物⁴の)価値を高める.

Auf·wer·tung [アオふ・ヴェーァトゥング] 女 -/-en (経) 平価の切り上げ.

auf|wi·ckeln [アオふ・ヴィッケるン áuf-vìkəln] 他 (h) ① (ひもなど⁴を)巻く, 巻き上げる;《口語》(髪⁴を)カーラーに巻く. ② (巻いたもの⁴を)ほどく, 解く.

auf|wie·geln [アオふ・ヴィーゲるン áuf-vìːgəln] 他 (h) 扇動する, 挑発する, そそのかす.

Auf·wie·ge·lung [アオふ・ヴィーゲるング] 女 -/-en 扇動, 挑発.

auf|wie·gen* [アオふ・ヴィーゲン áuf-vìːgən] 他 (h) (重⁴と)釣り合う, (重⁴を)埋め合わせる. Die Vorteile *wiegen* die Nachteile nicht *auf*. メリットがデメリットと釣り合わない.

Auf·wieg·ler [アオふ・ヴィーグらァ áuf-viːglɐ] 男 -s/- 扇動者, アジテーター.

auf·wieg·le·risch [アオふ・ヴィーグれリッシュ áuf-viːglərıʃ] 形 扇動的な, そそのかすような.

Auf·wind [アオふ・ヴィント áuf-vɪnt] 男 -[e]s/-e ① 《気象》上昇気流. ② 《比》刺激, 鼓舞.

auf|wir·beln [アオふ・ヴィルベるン áuf-vìrbəln] I 他 (h) (ほこりなど⁴を)舞い上げる. II 自 (s) (ほこりなどが)舞い上がる.

auf|wi·schen [アオふ・ヴィッシェン áuf-vìʃən] 他 (h) (水など⁴をふき取る; (床など⁴を)ふき掃除する.

auf|wüh·len [アオふ・ヴューれン áuf-vỳːlən] 他 (h) ① (土など⁴を)掘り返す. ② (水面など⁴を)波立たせる. ③《比》(人⁴の心を)かき乱す.

auf|zäh·len [アオふ・ツェーれン áuf-tsɛ̀ːlən] 他 (h) 数え上げる, 列挙する.

Auf·zäh·lung [アオふ・ツェーるング] 女 -/-en 数え上げること, 列挙.

auf|zäu·men [アオふ・ツォイメン áuf-tsɔ̀ʏmən] 他 (h) (馬⁴に)馬勒(ばろく)を付ける.

auf|zeh·ren [アオふ・ツェーれン áuf-tsè:rən] I 他 (h) 《雅》使い果たす; 食べ尽くす. II 再帰 (h) *sich*⁴ *aufzehren*《雅》精力を使い果たす, 憔悴(しょうすい)する.

auf|zeich·nen [アオふ・ツァイヒネン áuf-tsàıçnən] 他 (h) ① (図・模様など⁴を)描く, スケッチする. ② 書き留める, 記録する, 録画(録音)する.

Auf·zeich·nung [アオふ・ツァイヒヌング] 女 -/-en ① (図などを)描くこと, スケッチ. ② 記録; 文書; 手記;《放送》録画, 録音.

auf|zei·gen [アオふ・ツァイゲン áuf-tsàıgən] 他 (h) 《雅》(問題など⁴を)はっきり示す, 指摘する.

auf|zie·hen [アオふ・ツィーエン áuf-tsìːən] (zog...auf, *hat/ist*...aufgezogen) I 他 (⹅て haben) ① **引き上げる**; 引いて開ける; (編んだ・結んだもの⁴を)ほどく. die Flagge⁴ *aufziehen* 旗を掲げる / Sie *zog* den Vorhang weit *auf*. 彼女はカーテンを[引いて]大きく開けた / die Schublade⁴ *aufziehen* 引き出しを開ける. ② (弦など⁴を)**張る**; (写真・地図など⁴を)貼(は)り付ける. eine neue Saite⁴ *auf* die Geige *aufziehen* ヴァイオリンに新しい弦を張る / Fotos⁴ *aufziehen* 写真を貼る. ③ (子供など⁴を)育てる, (動植物⁴を)飼育(栽培)する. ④ (物⁴の)ぜんまいを巻く. ⑤《口語》催す, 実行する. ein Fest⁴ *aufziehen* 祭りを催す. ⑥《口語》からかう.
II 自 (⹅て sein) ① (あらし・雲などが)近づいて来る. ② (衛兵などが)行進して来る.

Auf·zucht [アオふ・ツふト áuf-tsuxt] 女 -/ ① (家畜の)飼育; (植物の)栽培. ② (動物の)子, ひな; (植物の)苗[木].

*der **Auf·zug** [アオふ・ツーク áuf-tsuːk] 男 (単2) -[e]s/(複) ..züge [..ツューゲ] (3格のみ ..zügen) ① **エレベーター**. (英 *elevator*). den *Aufzug* benutzen エレベーターを使う. ② **行進, パレード.** (英 *parade*). der *Aufzug* der Wache² 衛兵交代のパレード. ③ (軽蔑的に:) (奇妙な)身なり, 服装. ④《劇》**幕**. die zweite Szene des dritten *Aufzugs* 第3幕第2場.

Auf·zü·ge [アオふ・ツューゲ] *Aufzug (エレベーターの)複.

auf·*zu*·hö·ren [アオふ・ツ・ヘーレン] *aufhören (やむ)の zu 不定詞.

auf·zu·ma·chen [アオフ・ツ・マッヘン] ‡**auf**|machen (開ける)の zu 不定詞.
auf·zu·neh·men [アオフ・ツ・ネーメン] ‡**auf**|nehmen (取り上げる)の zu 不定詞.
auf·zu·pas·sen [アオフ・ツ・パッセン] ‡**auf**|passen (気をつける)の zu 不定詞.
auf·zu·ste·hen [アオフ・ツ・シュテーエン] ‡**auf**|stehen (立ち上がるの zu 不定詞.
auf|zwin·gen⁴ [アオフ・ツヴィンゲン] áuftsvɪŋən] I 他 (h) [人]³に[事]⁴を)押しつける. II 再帰 (h) sich⁴ [人]³ aufzwingen (考えなどが)[人]³ の頭から離れない.
Aug. [アオグスト]《略》8月 (= **August**).
Aug≠ap·fel [アオク・アプフェる] 男 -s/..äpfel ① 眼球, ひとみ. ② 《比》かけがえのない物.

‡*das* **Au·ge**⁎ [アオゲ áuɡə]

> 目　Sie hat braune *Augen*.
> ズィー ハット ブラオネ　アオゲン
> 彼女は褐色の目をしている.

[中] (単2) -s/(複) -n ① 目, 眼, 眼球; 視線; 視力. (英 *eye*). blaue (schwarze) *Augen* 青い(黒い)目 / das linke (rechte) *Auge* 左目(右目) / kurzsichtige (weitsichtige) *Augen* 近視(遠視) / ein künstliches *Auge* 義眼 / *Augen* rechts!《軍》(号令で:)かしら(頭)右! / das *Auge* des Gesetzes《戯》警官(←法の目) / das *Auge* der Vernunft² (人間の)認識力.
◇《動詞とともに》⑦《主語として》Jetzt **gehen** mir die *Augen* **auf**! 今やっと真相がわかったよ / Die *Augen* glänzen. 目が輝く / so weit das *Auge* reicht 見渡すかぎり(←目が届くかぎり) / Ihm gehen die *Augen* über. a) 彼はびっくりして目を丸くする, b) 《雅》彼の目に涙があふれる / Was die *Augen* **sehen**, glaubt das Herz.《諺》百聞は一見にしかず(←目が見るものを心に信ずる).
④《目的語として》die *Augen*⁴ **auf**|machen a) 目を開ける, b) 《比》よく注意する / die *Augen*⁴ **auf**|schlagen 目を開ける / gute (schlechte) *Augen*⁴ **haben** 視力が良い(悪い) / ein *Auge*⁴ auf [人・物]⁴ haben a) [人・物]⁴に注目している, b) [人・物]⁴が気に入っている / ein *Auge*⁴ für [事]⁴ haben [事]⁴がよくわかる / große *Augen*⁴ **machen** (驚いて)目を丸くする / einem Mädchen schöne *Augen*⁴ machen 《口語》女の子に色目を使う / die *Augen*⁴ **öffnen** 目を開ける / [人]³ die *Augen*⁴ öffnen [人]³ を啓発(啓蒙)する / sich³ die *Augen*⁴ **rei·ben** 目をこする / die *Augen*⁴ **schließen** a) 目を閉じる, b)《婉曲》死ぬ / [人]³ die *Augen*⁴ **ver·binden** [人]³ に目隠しをする / ein *Auge*⁴ auf ein Mädchen **werfen**《口語》女の子に目をつける / ein *Auge*⁴ **zu**|**drücken**《口語》大目に見る(←片目をつぶる) / kein *Auge*⁴ **zu**|**machen** (または **zu**|**tun**) 一睡もしない.
◇《前置詞とともに》[人]³ [事]⁴ **an** den *Augen* ab|sehen [人]³の目つきを見て[事]⁴を察知する / [人・物]⁴ nicht **aus** den *Augen* lassen [人・物]⁴か

ら目を離さない / [人・物]⁴ aus den *Augen* verlieren [人・物]⁴を見失う / Geh mir aus den *Augen*! 消えうせろ / Aus den *Augen*, aus dem Sinn.《諺》去る者日々に疎し / Er ist seinem Vater wie aus den *Augen* geschnitten. 彼は父親にそっくりだ / Der Schalk sieht ihm aus den *Augen*. 彼は見るからにいたずら者だ(←いたずら者が目の中からのぞいている) / [人・物]⁴ **im** *Auge* behalten a) [人・物]⁴から目を離さない, b) [人・物]⁴ を覚えておく / [事]⁴ im *Auge* haben [事]⁴をもくろんでいる / Ich könnte ihr nicht mehr in die *Augen* sehen, wenn ich das täte.《接2・現在》そんなことをしたらぼくはもう彼女を正視できないだろう / In den *Augen* der Polizei ist er der Täter. 警察の見るところでは彼が犯人だ / [事]⁴ **ins** *Auge* fassen [事]⁴をよく考えてみる, もくろむ / Ihm standen die Tränen in den *Augen*. 彼は涙を浮かべていた / Er ist mir ein Dorn im *Auge*. 彼は私の目の上のたんこぶだ / Das kann ins *Auge* gehen.《口語》それはまずいことになりそうだ / **mit** bloßem *Auge* 肉眼で / mit anderen *Augen* 見方を変えれば / mit einem blauen *Auge* davon|kommen《口語》九死に一生を得る / *Auge* **um** *Auge*, Zahn um Zahn.《聖》目には目を, 歯には歯を / **unter** vier *Augen* 二人だけで, 内密に / [人]³ unter die *Augen* treten [人]³の前に姿を出す / [人]³ [事]⁴ **vor** *Augen* führen [人]³ に[事]⁴をはっきりわからせる / vor aller² *Augen* 皆の見ている前で, 公然と / Das Bild steht (または schwebt) mir noch klar vor [den] *Augen*. その光景が今もありありと目に浮かぶ / Mir wurde schwarz vor den *Augen*.《比》私は目の前が真っ暗になった(気を失った).
② (形が目に似ているもの:)《植》(じゃがいもなどの)芽; つぼみ, さいころの目; トランプの点数; (スープなどに浮かんだ)脂肪玉;《気象》台風の目; (くじゃくなどの)羽の斑紋(ﾊﾝﾓﾝ).

Äu·gel·chen [オイゲるヒェン ɔ́ʏɡəlçən] 中 -s/- (Auge の縮小) 小さな目.
äu·gen [オイゲン ɔ́ʏɡən] 自 (h) (動物などが)見つめる, うかがい見る.
Au·gen≠arzt [アオゲン・アールツト] 男 -es/..ärzte 眼科医.

‡*der* **Au·gen≠blick** [アオゲン・ブリック áuɡən-blɪk または ..ブリック] 男 (単2) -[e]s/(複) -e (3格のみ -en) 瞬間, 一瞬; (特定の)時点. (英 *moment*). Einen *Augenblick*, bitte! ちょっとお待ちください / jeden *Augenblick* 今にも / alle *Angenblicke*《口語》再三再四 / einige *Augenblicke* später 少したって / einen günstigen *Augenblick* ab|warten 好機の到来を待つ / einen lichten *Augenblick* haben a) 一時的に正気になる, b)《戯》妙案が浮かぶ / **im** *Augenblick* a) 目下, b) たった今しがた / Er kam im letzten *Augenblick*. 彼は時間ぎりぎりにやって来た / im nächsten *Augenblick* そのすぐあとに.

* **au·gen·blick·lich** [アオゲン・ブリックリヒ または ..ブリックリヒ] **I** 形《付加語としてのみ》① 即座の, 即刻の. (英 *immediate*). augenblickliche Hilfe 即刻の援助. ② 目下の, 現在の. (英 *present*). die *augenblickliche* Situation 目下の状況. ③ 一時的な, 一瞬の. eine *augenblickliche* Laune 一時の気まぐれ.
II 副 ① 直ちに, 即座に. (英 *immediately*). Komm *augenblicklich* her! すぐに来てくれ. ② 目下, 現在, 今. *Augenblicklich* habe ich keine Zeit. 私は今のところ暇がない.

Au·gen≈braue [アオゲン・ブラオエ] 女 -/-n 眉(まゆ), 眉毛.

au·gen≈fäl·lig [アオゲン・フェリヒ] 形 一目瞭然(りょうぜん)の, 明白な, 歴然たる.

Au·gen≈far·be [アオゲン・ファルベ] 女 -/-n 目の色.

Au·gen≈heil·kun·de [アオゲン・ハイルクンデ] 女 -/ 眼科学.

Au·gen≈hö·he [アオゲン・ヘーエ] 女《成句的に》in *Augenhöhe* 目と同じ高さに.

Au·gen≈höh·le [アオゲン・ヘール] 女 -/-n《医》眼窩(がんか).

Au·gen≈licht [アオゲン・リヒト] 中 -[e]s/《雅》視力. das *Augenlicht*⁴ verlieren 視力を失う.

Au·gen≈lid [アオゲン・リート] 中 -[e]s/-er《医》まぶた.

Au·gen≈maß [アオゲン・マース] 中 -es/ 目測, 目算, 目分量. nach [dem] *Augenmaß* 目測で.

Au·gen≈merk [アオゲン・メルク] 中 -[e]s/《雅》注意, 注目. sein *Augenmerk*⁴ auf 人·物⁴ richten (または lenken) 人·物⁴に注意を向ける.

Au·gen≈schein [アオゲン・シャイン] 男 -[e]s/《雅》① 外観, 外見, 見かけ. dem *Augenschein* nach 見たところ. ② 検証; 実見. 人·物⁴ in *Augenschein* nehmen 人·物⁴を詳細に(批判的に)吟味する.

au·gen·schein·lich [アオゲン・シャインリヒ または ..シャインリヒ] **I** 形《雅》明白な, 明らかな. **II** 副《雅》見たところ…らしい.

Au·gen≈spie·gel [アオゲン・シュピーゲル] 男 -s/《医》検眼鏡.

Au·gen≈täu·schung [アオゲン・トイシュング] 女 -/-en 目の錯覚.

Au·gen≈trop·fen [アオゲン・トロプフェン] 男 -s/ (点滴用の)目薬.

Au·gen≈wei·de [アオゲン・ヴァイデ] 女 -/ 目を喜ばせる物(光景), 目の保養.

Au·gen≈wim·per [アオゲン・ヴィンパァ] 女 -/-n まつ毛.

Au·gen≈zahn [アオゲン・ツァーン] 男 -[e]s/..zähne《医》[上の]犬歯.

Au·gen≈zeu·ge [アオゲン・ツォイゲ] 男 -n/-n 目撃者.

Au·gi·as≈stall [アオギーアス・シュタル] 男 -[e]s/ ①《ギリシア神》アウゲイアスの家畜小屋(エーリアス王アウゲイアスの牛舎は30年間掃除せず汚れほうだいだったのをヘラクレスは1日で掃除した). ②《比》不潔な場所; なおざりにされた仕事, 無秩序. den *Augiasstall* aus|misten (または reinigen)《雅》積年の腐敗を一掃する.

..äu·gig [..オイギヒ ..ɔygıç]《形容詞をつくる接尾》《(…の目の)》例: blau*äugig* 青い目の / einäugig 片目の.

Augs·burg [アオクス・ブルク áuks-burk] 中 -s/《都市名》アウクスブルク (ドイツ, バイエルン州. ローマ時代からの古都. 15–16 世紀のフッガー家に代表される商業都市: ☞《地図》E-4).

※ *der* **Au·gust**¹ [アオグスト augúst] 男《単2》-[e]s/《複》-e (3格のみ -en)《ふつう複》**8月**(略: Aug.). (英 *August*). (古》月名 ☞ Monat). im *August* 8月に / Anfang *August* 8月の初旬に / am 6. (=sechsten) *August* 8月6日に.

Au·gust² [アオグスト] **I** -s/《男名》アウグスト. **II** 男《成句的に》der dumme *August* (サーカスの)道化師.

Au·gus·ti·ner [アオグスティーナァ augustí-nər] 男 -s/- アウグスティヌス派の修道士.

Au·gus·ti·nus [アオグスティーヌス augustí-nus] -/《人名》アウグスティヌス (Aurelius *Augustinus* 354–430; キリスト教の思想家・教父).

Auk·ti·on [アオクツィオーン auktsió:n] 女 -/-en オークション, 競売 (=Versteigerung).

Auk·ti·o·na·tor [アオクツィオナートァ auktsionáːtɔr] 男 -s/-en [..ナトーレン] 競売人.

* *die* **Au·la** [アオら áula] 女《単》-/《複》Aulen (または -s) ① (大学などの)[大]講堂. ② (古代ギリシア・ローマ時代の)前庭, 中庭; (古代ローマ時代の)宮殿.

Au·len [アオれン] * Aula (大講堂)の複

au pair [オ ペーァ o péːr] [言] オペーアで, 無給で(言葉・生活習慣を学ぶために無給で家事などを手伝いながら, 外国の家庭にある期間住み込みさせてもらうこと).

Au·pair≈mäd·chen, Au-pair-Mäd·chen [オ・ペーァ・メートヒェン] 中 -s/- オペーアガール (au pair の方法による女子留学生).

Au·ra [アオラ áura] 女 -/《雅》オーラ (人体を取りまく神秘的な放射体).

Au·re·o·le [アオレオーれ aureóːlə] 女 -/-n ① (聖像の)光背(こうはい), 後光. ②《気象》(太陽・月の)暈(かさ), コロナ.

Au·ri·kel [アオリーケる auríːkəl] 女 -/-n《植》サクラソウ.

Au·ro·ra [アオローラ auróːra] **I** -/ ①《ローマ神》アウローラ (あけぼのの女神. ギリシア神話のエーオースに当たる). ②《女名》アウローラ. **II** 女 -/《ふつう冠詞なして》《詩》曙光(しょこう), 朝焼け; オーロラ.

Au·rum [アオルム áurum] 中 -s/ 金 (=Gold; 記号: Au).

※ **aus** [アオス áus]

> …|の中|から; …出身の
>
> Ich komme *aus* Japan.
> イヒ コンメ　アオス ヤーパン
> 私は日本から来ました.

Aus

I 前《**3格**とともに》(英 from, out of). ① 《内から外へ》…[の中]から. *aus* dem Zimmer gehen (kommen) 部屋から出て行く(来る) / Sie nimmt ein Buch *aus* dem Regal. 彼女は本棚から本を1冊取り出す / *aus* der Flasche trinken らっぱ飲みする / *aus* der Mode kommen 流行遅れになる / 人・物⁴ *aus* den Augen verlieren 人・物⁴を見失う.
② 《出所・起源・由来》…出身の, …から[の]. Woher kommen Sie? — Ich komme *aus* München. あなたはどちらのご出身ですか―私はミュンヒェンの出身です / Er stammt *aus* guter Familie. 彼は良家の出だ / *aus* eigener Erfahrung sprechen 自分の経験に基づいて話す / 事⁴ *aus* der Zeitung wissen 事⁴を新聞で知っている / ein Roman *aus* dem 17. (= siebzehnten) Jahrhundert 17世紀の小説 / ein Märchen *aus* alten Zeiten 昔から伝わるメルヘン / Er hat den Roman *aus* dem Deutschen ins Japanische übersetzt. 彼はその小説をドイツ語から日本語に翻訳した.
③ 《材料》…でできている, …製の. Das Kleid ist *aus* reiner Seide. このドレスは本絹でできている / eine Figur⁴ *aus* Holz schnitzen 木で彫像を作る / *Aus* dem Plan ist nichts geworden. 【現在完了】その計画は実現しなかった(←何も出来上がらなかった).
④ 《理由・原因・動機》…から, …がもとで. *Aus* welchem Grund? どんな理由から? / *aus* verschiedenen Gründen さまざまな理由から / *aus* Liebe 愛情から / *aus* diesem Anlass これをきっかけに / Er hat es *aus* Angst getan. 彼は不安だったのでそうした / *aus* sich heraus 自分から[進んで], 自発的に.

(メモ) **aus** と **von**: aus も von も「…から」と訳されることがあるが, aus が「内部から」を意味するのに対して, von は「起点から」を意味する.

aus   von

II 副 ①《口語》終わって, だめになって; 消えて. Ich habe das Buch *aus* (= *aus*gelesen). 私はその本を読み終わった / Licht *aus*! 明かりを消せ.
② 外に, 外出して. Der Ball ist *aus*. ボールはアウト(ラインの外)だ. ◊《副詞 **ein** とともに》bei 人³ ein und *aus* gehen 人のところに出入りしている / Ich weiß weder (または nicht) ein noch *aus*. 私は途方に暮れている(←入り方も出方もわからない).
③《**von** … ***aus*** の形で》…から. Von hier *aus* kann man die Kirche sehen. ここからその教会が見える / von Grund *aus* 根本から / von Haus *aus* 元来, もともと / von mir *aus*《口語》私の立場からすれば[かまわない].

[新形] **aus sein**《口語》① 終わっている. Das Kino *ist aus*. 映画が終わった. ◊《非人称の es を主語として》Es *ist aus* mit ihm. 彼はもうおしまいだ(死んでしまった) / Zwischen uns *ist es aus*. 私たちの仲はもうおしまいだ.
②（明かり・火などが)消えて, (スイッチが)切れている. ③《**auf** 物⁴~~》《物⁴を)ねらっている, 欲しがっている. Der Löwe *ist auf* Beute *aus*. ライオンが獲物をねらっている.
④ 外出している.

Aus [アオス] 中 -/- ① 《覆 なし》(球技で:)アウト, ラインの外; (反則による)退場. **ins** *Aus* グラウンドの外へ. ② (野球の)アウト.

aus.. [アオス.. áus..]《分離動詞の[前つづり]; つねにアクセントをもつ》①《外へ》例: *aus*|gehen 外出する. ②《排除》例: *aus*|pressen しぼり出す. ③《選択》例: *aus*|wählen 選出する. ④《拡大》例: *aus*|breiten 広げる. ⑤《終結・消滅》例: *aus*|trinken 飲み干す.

aus|ar·bei·ten [アオス・アルバイテン áus-àrbaitən] I 他 (h) (文書など⁴を)作成する, 起草する, (計画⁴を)立案する; 仕上げる. einen Vortrag *ausarbeiten* 講演の原稿を書き上げる. II [再帰] (h) sich⁴ *ausarbeiten* (存分に)体を動かす, 体を鍛える.

Aus·ar·bei·tung [アオス・アルバイトゥング] 女 -/-en《覆 なし》文書などの作成, (計画の)立案; 仕上げ; (仕上げられた)論文.

aus|ar·ten [アオス・アールテン áus-à:rtən] 自 (s) ①《**in** 事⁴ (または **zu** 事³) ~》(悪化して)事⁴ (または 事³)になる. Der Streit *artete* in eine Schlägerei *aus*. 口論がなぐり合いになった. ② 行儀が悪くなる, (悪い方へ)人が変わってしまう.

aus|at·men [アオス・アートメン áus-à:tmən] I 自 (h) 息を吐く. (メモ)「息を吸う」は ein|atmen). II 他 (h) (息など⁴を)吐く, 吐き出す.

aus|ba·den [アオス・バーデン áus-bà:dən] 他 (h)《口語》(失敗など⁴の)あと始末をする, 尻(ﾛ)ぬぐいをする.

aus|bag·gern [アオス・バッガァン áus-bàgərn] 他 (h) (水路など⁴を)掘り抜く; 浚渫(ﾟﾍﾞ)する.

aus|ba·lan·cie·ren [アオス・バランスイーレン áus-balāsi:rən] 他 (h) (人・事⁴の)均衡をとる, バランスをとる.

aus|bal·do·wern [アオス・バルドーヴァァン áus-baldò:vərn] 他 (h)《俗》つきとめる, 探り出す.

Aus·bau [アオス・バオ áus-bau] 男 -[e]s/ ① (機械などの)取外し, 取りはずし. ② 拡充, 強化. ③ 増築, 改装.

aus|bau·en [アオス・バオエン áus-bàuən] 他 (h) ① (機械部品など⁴を)取りはずす. die Batterie⁴ aus dem Auto *ausbauen* 車からバッテリーを取りはずす. ② (施設など⁴を)拡張する; (関係など⁴を)強化する. ③ 改造する, 改装する. ein Gebäude⁴ **zur** Diskothek *ausbauen* ある建物をディスコに改造する.

aus·bau·fä·hig [アオスバオ・フェーイヒ] 形 拡張できる; 将来有望な(地位など).

Aus･bau‹woh･nung [アオスバオ・ヴォーヌング] 女 -/-en 増築した住居.

aus|be･din･gen* [アオス・ベディンゲン áus-bədiŋən] (過分 ausbedingen) (再帰) (h) *sich*³ 車⁴ *ausbedingen* 車⁴を条件とする, 留保する.

aus|bei･ßen* [アオス・バイセン áus-bàisən] 他 (h) (歯⁴を)かみ折る. *sich*³ an 車³ die Zähne⁴ *ausbeißen*《比》車³に歯がたたない.

aus|bes･sern [アオス・ベッサァン áus-bèsərn] (besserte...aus, hat...ausgebessert) 他 (定了) haben) **修理する**, 修繕する, (衣類⁴を)繕う, (美術品⁴を)修復する. (英 *repair*). das Dach⁴ *ausbessern* 屋根を修理する.

Aus･bes･se･rung [アオス・ベッセルング] 女 -/-en 修理, 修繕, 修復.

aus|bes･se･rungs‹be･dürf･tig [アオスベッセルングス・ベデュルフティヒ] 形 修理(修繕)の必要な.

aus|beu･len [アオス・ボイレン áus-bòylən] 他 (h) (着古してズボンのひざなど⁴を)丸くたるませる. ◊再帰的に] *sich*⁴ *ausbeulen*(ズボンのひざなどが)丸くたるむ. ② (物⁴の)へこみを直す.

Aus･beu･te [アオス・ボイテ áus-bɔytə] 女 -/-n 《ふつう 単》収穫(物); 収益(量). die *Ausbeute* an Erzen 鉱石の採掘高.

aus|beu･ten [アオス・ボイテン áus-bɔytən] 他 (h) ① (労働者など⁴を)搾取する; (無知など⁴を)につけ込む. ② 採掘する, (鉱山⁴を)開発する. ③ (資料など⁴を)利用し尽くす.

Aus･beu･ter [アオス・ボイタァ áus-bɔytər] 男 -s/- [労働]搾取者.

Aus･beu･tung [アオス・ボイトゥング] 女 -/-en 《ふつう 単》① 搾取. ② (資料などの)利用.

aus|be･zah･len [アオス・ベツァーレン áus-bətsà:lən] (過分 ausbezahlt) 他 (h) (人³に給料など⁴を)支払う.

***aus|bil･den** [アオス・ビルデン áus-bildən] du bildest...aus, er bildet...aus (bildete...aus, hat...ausgebildet) I 他 (定了 haben) ① **養成する**, 育てる, (人⁴に)職業教育をする. (英 *train*). Lehrlinge⁴ *ausbilden* 実習生を教育する / 人⁴ zum Facharzt *ausbilden* 人⁴を専門医に養成する. ◊**lassen** とともに》Sie lässt sich⁴ **als** (または **zur**) Sängerin *ausbilden*. 彼女は歌手になる修業をしている. ② (能力などを⁴を)十分に伸ばす; 鍛練する.

II (再帰) (定了 haben) *sich*⁴ *ausbilden* ① 修業する, 教育を受ける. *sich*⁴ **in** der Malerei *ausbilden* 絵の修業をする. ② 発達する; 形成される; (花が)開花する.

Aus･bil･der [アオス・ビルダァ áus-bıldər] 男 -s/- [職業人の]養成者, 指導者.

*die **Aus･bil･dung** [アオス・ビルドゥング áus-bıldʊŋ] 女 (単) -/(複) -en ① (技能などの)**養成**, 訓練, (専門的な)教育, 修業. (英 *training*). Er steht noch in der *Ausbildung*. 彼はまだ修業中だ. ② 発展, 発達.

aus|bit･ten* [アオス・ビッテン áus-bìtən] (再帰) (h) *sich*³ 物⁴ *ausbitten* 物⁴を強く要求する; 《雅》物⁴をくださいと頼む. Ich *bitte mir* Ruhe *aus*! お静かに願います.

aus|bla･sen* [アオス・ブラーゼン áus-blà:zən] 他 (h) ① (ろうそくなど⁴を)吹き消す. ② (物⁴を)吹いて中身を出す(取り除く). ③ (煙など⁴を)ふっと吐く.

aus|blei･ben* [アオス・ブライベン áus-blàibən] 自 (s) ① (予期されたことが)起こらない, 生じない. Der Erfolg blieb aus. 成果はなかった. ② (脈・呼吸が)止まる. ③ (客などが)来ない. ④ 帰って来ない.

aus|blei･chen¹* [アオス・ブライヒェン áus-blàiçən] 自 (s) 色があせる, 退色する.

aus|blei･chen² [アオス・ブライヒェン áus-blàiçən] 他 (h) (物⁴の)色をあせさせる, 退色させる.

aus|blen･den [アオス・ブレンデン áus-blèndən] I 他 (h) 《放送・映》(音⁴を)しだいに小さくする, (映像⁴を)フェードアウトする. II (再帰) (h) *sich*⁴ *ausblenden*《放送》(放送局が)番組を終わる.

*der **Aus･blick** [アオス・ブリック áus-blık] 男 (単) -[e]s/(複) -e (3格のみ -en) ① **眺め**, 眺望, 見晴らし. (英 *view*). ein Zimmer mit *Ausblick* **auf** die Berge 山を見晴らせる部屋. ② 《比》(将来の)見通し, 展望, 予想. ein *Ausblick* **auf** die weitere Entwicklung 今後の発展の見通し.

aus|boo･ten [アオス・ボーテン áus-bò:tən] 他 (h) ① (海)ボートで上陸させる; (荷⁴を)ボートで陸上げする. ② (口語)(人⁴を地位などから)け落とす, やめさせる.

aus|bor･gen [アオス・ボルゲン áus-bòrgən] 他 (h) (方) ① 借りる. ② (人³に物⁴を)貸す.

aus|bre･chen [アオス・ブレッヒェン áus-brèçən] du brichst...aus, er bricht...aus (brach...aus, hat/ist...ausgebrochen) I 他 (定了 haben) ① 壊して取る, 折り取る; くり抜く. (英 *break off*). Ich *habe* mir einen Zahn *ausgebrochen*. 私は歯を1本折ってしまった / ein Fenster⁴ *ausbrechen* 壁をくり抜いて窓を作る. ② (食べ物など⁴を)吐く.

II 自 (定了 sein) ① 逃げ出す, 脱走(脱出)する. (英 *escape*). **aus** dem Gefängnis *ausbrechen* 刑務所から脱走する / aus dem Alltag *ausbrechen*《比》日常生活から逃げ出す. ② **突発する**, 勃発(ぼっぱつ)する; 噴火する; (汗などが)急に吹き出す. Ein Aufstand *bricht aus*. 暴動が突発する. ③ **[in** 物⁴ ～] (感情が高まって 車⁴を)突然やり始める. in Tränen *ausbrechen* わっと泣き出す / in Zorn *ausbrechen* 急に怒り出す. ④ (車などが)コースからはずれる.

Aus･bre･cher [アオス・ブレッヒャァ áus-brɛçər] 男 -s/- 《口語》脱獄者, 脱走者.

***aus|brei･ten** [アオス・ブライテン áus-bràitən] du breitest...aus, er breitet...aus (breitete...aus, hat...ausgebreitet) I 他 (定了 haben) (英 *spread*) ① (たたんだもの⁴を)**広げる**; (箱などから出して)並べる;《比》(詳しく)述べる. die Zeitung⁴ *ausbreiten* 新聞を広

Ausbreitung

げる / die Geschenke⁴ auf dem Tisch *ausbreiten* プレゼントをテーブルの上に並べる / Er *breitete* seinen Plan *vor* uns *aus*. 彼は自分の計画を私たちに披露した. ② (腕・翼など⁴を)広げる, (木が枝⁴を)伸ばす.
II 再帰 (完了 haben) *sich*⁴ *ausbreiten* ① (景色などが)広がる, 展開する. Vor uns *breitete sich* eine weite Ebene *aus*. 私たちの目の前にはるかな平地が広がっていた. ② (うわさ・恐慌などが)広まる; (火が)燃え移る, (病気が)蔓延(まんえん)する, (雑草が)はびこる. Seuchen *breiten sich aus*. 伝染病が蔓延する. ③ 《*sich*⁴ *über* 事⁴ ~》《事⁴について》とうとうしゃべる. ④《口語》長々と寝そべる.

Aus·brei·tung [アォス・ブライトゥング] 女 -/ 拡張; 広がり; 伝播(でんぱ), 蔓延(まんえん).

aus|bren·nen* [アォス・ブレンネン áus-brènən] I 自 (s) (火・ろうそくなどが)燃え尽きる, 消える; (枠組だけ残して)内部が完全に焼ける. Das Gebäude *ist* gänzlich *ausgebrannt*. 《現在完了》その建物は内部がすっかり焼けてしまった. II 他 (h) ① 焼き払う; (傷口⁴を)焼いて消毒する. ②《農》からからに乾燥させる.

aus|brin·gen* [アォス・ブリンゲン áus-brìŋən] 他 (h) ① (祝辞⁴を)述べる. einen Trinkspruch *auf* 人³ *ausbringen* 人⁴を祝って乾杯の祝辞を述べる. ②《海》(錨・救命ボート⁴を)降ろす. ③ (印)(行⁴を)送る. ④《狩》(ひな⁴を)かえす.

Aus·bruch [アォス・ブルフ áus-brux] 男 -[e]s/ ..brüche ① 突発; 勃発(ぼっぱつ). der *Ausbruch* des Krieges 戦争の勃発 / *zum Ausbruch* kommen 突発する. ② 脱走, 脱出. ③ (火山の)爆発, 噴火; (怒り・笑いなどの)爆発; (伝染病などの)発生. ein *Ausbruch* der Freude² 歓喜のほとばしり. ④ アウスレーゼ(熟した特選のぶどうでつくる高級ワイン).

aus|brü·ten [アォス・ブリューテン áus-brỳ:tən] 他 (h) ① (卵・ひな⁴を)かえす, 孵化(ふか)させる. Die Henne *brütete* die Eier *aus*. めんどりが卵をかえした. ②《口語》(悪事を)たくらむ. einen Racheplan *ausbrüten* 復讐(ふくしゅう)計画を練る. ③《口語》(病気⁴などの)気(け)がある.

aus|bud·deln [アォス・ブッデルン áus-bùdəln] 他《方》(地中から)掘り出す.

aus|bü·geln [アォス・ビューゲルン áus-bỳ:gəln] 他 (h) ① (物⁴に)アイロンをかける; (しわ⁴を)アイロンをかけて伸ばす. ②《俗》(失敗など⁴の)埋め合わせをする.

Aus·bund [アォス・ブント áus-bunt] 男 -[e]s/..bünde (ふつう軽蔑的に) 典型, 権化. Er ist ein *Ausbund* von Tugend. 彼は美徳の権化のような人だ.

aus|bür·gern [アォス・ビュルガァン áus-bỳrgərn] 他 (h) (人⁴の)市民権(国籍)を剥奪(はくだつ)する.

Aus·bür·ge·rung [アォス・ビュルゲルング] 女 -/-en 市民権(国籍)の剥奪(はくだつ).

aus|bürs·ten [アォス・ビュルステン áus-bỳrstən] 他 (h) (ほこりなど⁴を)ブラシで落とす; (衣服など⁴に)ブラシをかける.

aus|che·cken [アォス・チェッケン áus-tʃɛkən] 自 (h) ① 《空》(到着後必要な手続きを)済ませる. ② 《*aus* 物 ~》(物³(ホテルなど)を)チェックアウトする.

Ausch·witz [アォシュヴィッツ áuʃvɪts] 中 -/ 《都市名》アウシュヴィッツ(ポーランド, オシュヴェンツィムのドイツ式名称. 近郊にナチのユダヤ人強制収容所跡がある. ここで 400 万人のユダヤ人が殺された).

Aus·dau·er [アォス・ダオァ áus-dauər] 女 -/ 忍耐[力], がんばり, ねばり. mit *Ausdauer* 忍耐強く.

aus·dau·ernd [アォス・ダオアァント áus-dauərnt] 形 ① 忍耐(持久)力のある, ねばり強い. ②《植》多年生の.

***aus|deh·nen** [アォス・デーネン áus-dè:nən] (dehnte…aus, hat…ausgedehnt) I 他 (完了 haben) ① 広げる, 膨張させる; 《比》(勢力など⁴を)拡大(拡張)する. (英 expand). Die Wärme *dehnt* das Metall *aus*. 熱は金属を膨張させる / Das Hochdruckgebiet *hat* seinen Einfluss *ausgedehnt*. 高気圧圏が勢力を伸ばした / ein Verbot⁴ *auf* 人·事⁴ *ausdehnen* 禁止令を人·事⁴にまで拡大して適用する. ② (時間的に)延ばす, 延長する. (英 extend). Er *hat* seinen Aufenthalt bis zum nächsten Tag *ausgedehnt*. 彼は滞在を翌日まで延長した.
II 再帰 (完了 haben) *sich*⁴ *ausdehnen* ① 広がる; 膨張する;《比》(勢力などが)拡大(拡張)する. Wasser *dehnt sich* beim Erwärmen *aus*. 水は温まると膨張する. ② (時間的に)延びる, 延長される. Die Sitzung *hat sich* bis nach Mitternacht *ausgedehnt*. 会議は真夜中過ぎまで延びた. ③ (平野などが)広がっている.
◇⇒ **ausgedehnt**

Aus·deh·nung [アォス・デーヌング] 女 -/-en ① 拡張; 伸長, (土地の)広がり; (熱による)膨張. ② (期間などの)延長.

aus|den·ken* [アォス・デンケン áus-dèŋkən] 他 (h) ⇒ 考え出す, 思いつく. *sich*³ einen Spaß *ausdenken* いたずらを考え出す. ② 想像する. Die Folgen sind nicht *auszudenken*. 結果がどうなるか想像もつかない. ③ (計画など⁴を)考え抜く.

aus|deu·ten [アォス・ドイテン áus-dɔ̀ytən] 他 (h) (テキストなど⁴を)解釈する; (夢など⁴を)判断する.

aus|die·nen [アォス・ディーネン áus-di:nən] 自 (h) 《過去分詞でのみ用いる》① 兵役を終える. ②《口語》使い古される. Diese Schuhe *haben ausgedient*. この靴はもうはき古した.

aus|dor·ren [アォス・ドレン áus-dòrən] 自 (s) 干からびる, からからに乾燥する.

aus|dör·ren [アォス・デレン áus-dœrən] I 他 (h) 干からびさせる, からからに乾燥させる. II 自 (s) = aus|dorren

aus|dre·hen [アォス・ドレーエン áus-drè:ən]

他 (h)（電灯など⁴の）スイッチをひねって消す、（ガなど⁴の）栓をひねって止める. das Gas⁴ ausdrehen ガスの栓をしめる.

*der **Aus·druck**¹ [アオス・ドルック áus-druk]男（単2）-[e]s/..drücke [..ドリュッケ]（3格のみ..drücken）(英) expression) ① 表現, 言い回し, 言葉. Modeausdruck はやりの言葉 / ein treffender Ausdruck 的確な表現 / den passenden Ausdruck suchen 適切な表現を探す / einen höflichen Ausdruck verwenden ていねいな言葉を使う / Das ist gar kein Ausdruck! それはとても言葉で言い表せるものではない / Ausdrücke⁴ gebrauchen《口語》悪態をつく.
② 《覆 なし》表現の仕方, 言い方, 文体. Er hat einen guten Ausdruck. 彼は表現の仕方がうまい.
③《ふつう 単》表現, 表情, 表出. ein starrer Ausdruck こわばった表情 / einem Gefühl Ausdruck⁴ geben 感情を表に出す.
◇《前置詞とともに》ein Lied⁴ mit Ausdruck singen 歌を表現豊かに歌う / mit dem Ausdruck des Dankes 感謝の意を表して / ohne Ausdruck 無表情に / 事⁴ zum Ausdruck bringen 事⁴を言葉に表す / Eine Krise kommt zum Ausdruck. 危機があらわになる.
④《数・コンピ》式; 項.

Aus·druck² [アオス・ドルック]男 -[e]s/-e ① (テレタイプに打ち出された)受信文. ②《コンピ》(プリントアウトされた)印字; アウトプット. ③《印》刷りあがり.

Aus·drü·cke [アオス・ドリュッケ] *Ausdruck¹ (表現)の覆

aus|dru·cken [アオス・ドルッケン áus-drùkən]他 (h) ①《印》印刷し終える, 刷りあげる. ②《コンピ》プリントアウトする.

*aus·drü·cken [アオス・ドリュッケン áus-drỳkən] (drückte...aus, hat...ausgedrückt) I 他 (完了 haben) ① 表現する, 表す; 言う, 述べる. (英) express). 事⁴ klar ausdrücken 事⁴を明確に表現する / 人³ seinen Dank ausdrücken 人³に感謝の言葉を述べる / 事⁴ in (または mit) Gesten ausdrücken 事⁴を身ぶりで示す. ② (汁・水気⁴を)搾り出す; (レモンなど⁴を)搾る. (英) squeeze). den Saft [aus der Zitrone] ausdrücken [レモンから]汁を搾り出す / eine Zitrone⁴ ausdrücken レモンを搾る. ③（たばこなど⁴を)もみ消す.
II 再帰 (完了 haben) sich⁴ ausdrücken ① 自分の意見(考え・心中)を述べる. sich⁴ deutlich ausdrücken 自分の意見をはっきり言い表す / Ich weiß nicht, wie ich mich ausdrücken soll. 私は自分の気持ちをどう表現していいかわからない. ② 表され[てい]る, 表現され[てい]る. In seinem Gesicht drückte sich seine Erwartung aus. 彼の顔には期待感が表れていた.

*aus·drück·lich [アオス・ドリュックリヒ áus-drykliçまたは アオス・ドリュック..] I 形 はっきりした, 明確な. ein ausdrückliches Verbot 厳禁 / auf ausdrücklichen Wunsch der Mutter² 母親のたっての希望で.
II 副 特に; きっぱりと. 事⁴ ausdrücklich betonen 事⁴を特に強調する.

aus·drucks=**los** [アオス・ドルックス・ロース] 形 無表情な; 表現力の乏しい.

aus·drucks=**voll** [アオス・ドルックス・フォる] 形 表情に富む; 表現力の豊かな.

Aus·drucks·wei·se [アオス・ドルックス・ヴァイゼ]女 -/-n 表現法, 言い回し.

aus|duns·ten [アオス・ドゥンステン áus-dùnstən]他 (h)・自 (h)=ausdünsten

aus|düns·ten [アオス・デュンステン áus-dỳnstən] I 他 (h) (においなど⁴を)発散させる. II 自 (h) (地面などが)湯気(もや)を立ちのぼらせる.

Aus·düns·tung [アオス・デュンストゥング]女 -/-en ①《覆 なし》蒸発; 発散. ② 臭気.

*aus=ei·nan·der [アオス・アイナンダァ aus-aınándər] 副 ① (時間的・空間的に)[互いに]離れて, 離れ離れに. Der Lehrer setzte die Schüler auseinander. 先生は生徒たちを離して座らせた / Wir sind [im Alter] vier Jahre auseinander. 私たちは[年齢が]四つ離れている / Die beiden sind schon lange auseinander.《口語》その二人はもう長い間つき合いがない. ② 次々と. 事⁴ auseinander entwickeln 事⁴を次から次へと発展させる.

《新形》
aus·ei·nan·der brin·gen《口語》(くっついたもの⁴を)引き離す; 仲たがいさせる.

aus·ei·nan·der fal·len (くっついているものが)ばらばらになる, 分解する.

aus·ei·nan·der ge·hen ① 別れる, 離れる. ②《口語》(婚約などが)解消される. ③ (道・枝が)分かれる. ④《口語》ばらばらに壊れる. ⑤ (意見などが)分かれる. Unsere Meinungen gehen stark auseinander. われわれの意見は大きく違っている. ⑥《口語》太る.

aus·ei·nan·der hal·ten 区別する, 見分ける.

aus·ei·nan·der lau·fen ① (道などが)分岐する. ② (バターなどが)溶けて流れる.

aus·ei·nan·der neh·men ① (機械などを)分解する. ②《俗》《スポ》(敵を⁴)打ち負かす.

aus·ei·nan·der set·zen (人³に計画など⁴を)説明する. sich⁴ mit 人³ auseinander setzen a) (人³と)議論する, b)《法》(遺産などの分割について人³と)話し合いがつく / sich⁴ mit 事⁴ auseinander setzen (事⁴と)とり組む, 対決する.

....

aus·ein·an·der|brin·gen* 他 (h) (《新形》auseinander bringen) ☞ auseinander

aus·ein·an·der|fal·len* 自 (s) (《新形》auseinander fallen) ☞ auseinander

aus·ein·an·der|ge·hen* 自 (s) (新形)
auseinander gehen) ☞ auseinander

aus·ein·an·der|hal·ten* 他 (新形)
auseinander halten) ☞ auseinander

aus·ein·an·der|lau·fen* 自 (s) (新形)
auseinander laufen) ☞ auseinander

aus·ein·an·der|neh·men* 他 (h) (新形)
auseinander nehmen) ☞ auseinander

aus·ein·an·der|set·zen 他 (h) (新形)
auseinander setzen) ☞ auseinander

Aus·ein·an·der=set·zung [アオスアイナンダァ・ゼッツング] 女 -/-en ① (詳細な)説明, 分析. ② 討論, 議論; 論争, 対決. ③ 《法》(遺産などの)分割.

aus·er·ko·ren [アオス・エァコーレン áus-ɛrkoːrən] 形 《雅》選り抜かれた, 精選された.

aus|er·le·sen[1]* [アオス・エァれーゼン áus-ɛrleːzən] (過分 auserlesen) 他 (h) 《雅》選び出す.

aus·er·le·sen[2] [アオス・エァれーゼン] I aus|erlesen[1] (選び出す)の過分 II 形 《雅》えり抜きの, すぐれた, 極上の. III 副 きわめて, とびきり.

aus|er·se·hen* [アオス・エァゼーエン áus-ɛrzèːən] (過分 ausersehen) 他 (h) 《雅》選び出す, 指名する.

aus|er·wäh·len [アオス・エァヴェーれン áus-ɛrvèːlən] (過分 auserwählt) 他 (h) 《雅》選び出す. ◊《過去分詞の形で》das *auserwählte* Volk 選民(イスラエル民族).

aus|fah·ren* [アオス・ふァーレン áus-fàːrən] I 自 (s) ① (乗り物が)発車する, 出港する; (鉱夫が)坑出する. ② ドライブに出かける, 乗り物で出かける. Wir *sind* gestern *ausgefahren*. 『現在完了』私たちはきのうドライブした. ③ (腕などが)さっと動く(伸びる). ◊《現在分詞の形で》*ausfahrende* Bewegungen[4] machen 急な動きをする. II 他 (h) ① ドライブに連れて行く, 乗り物に乗せて行く. Die Mutter *fährt* das Baby *aus*. 母親は赤ん坊を[乳母車で]散歩に連れて行く. ② 配送(配達)する. ③ (工) (アンテナ・車輪など[4]を)出す. ④ (車が道など[4]を)傷める, 破損する. ◊《過去分詞の形で》*ausgefahrene* Straßen 車の通行で傷んだ道路. ⑤ (カーブを[4])大回りで曲がる. ⑥ (車など[4]の)性能をフルに発揮させる.

***die* Aus·fahrt** [アオス・ふァールト áus-faːrt] 女 (単) -/(複) -en ① (車庫・高速道路などの)出口, 流出ランプ. (英) *exit*). (⇔「入口」は Einfahrt). (☞ Autobahn 図). Bitte die *Ausfahrt* freihalten! (張り紙などで:)車の出口につき駐車お断り. ② [複 なし](駅などからの)**発車**, 出港. (英) *departure*). Der Zug steht zur *Ausfahrt* bereit. 列車は発車準備ができている. ③ ドライブ. eine *Ausfahrt*[4] machen ドライブをする.

Aus·fall [アオス・ふァる áus-fal] 男 -[e]s/..fälle ① [複 なし] (毛髪・歯などの)脱落. ② (集会などの), (講義の)休講, (作業の)休止. ③ [複 なし] 欠席, (故障による機械の)停止. ④

損失, 損害. große *Ausfälle*[4] erleiden 大損害を被る. ⑤ 結果. der *Ausfall* der Ernte[2] 収穫高. ⑥ 《軍》出撃, 攻撃; (フェンシングの)突きの姿勢; (重量挙げ・体操の)開脚姿勢. ⑦ 非難, 罵倒(ばとう).

aus·fal·len [アオス・ふァれン áus-fàlən] du *fällst*...aus, er *fällt*...aus (fiel...aus, *ist* ausgefallen) 自 (完了 sein) ① (毛髪・歯などが)**抜け落ちる**, 脱落する, 欠損する. (英 *fall out*). Die Haare *sind* ihm *ausgefallen*. 『現在完了』彼は頭髪が抜けた. ② (会議・講義などが)**中止になる**; 運休する. Die Vorlesung *fällt* heute *aus*. きょうは休講だ. ③ 欠席(欠勤)する, 欠場する. ④ (試験・電気などが)突然止まる. ⑤ (試験・収穫などが結果として…に)なる. Die Prüfung *fiel* gut *aus*. 試験はうまくいった. ⑥ 《古》《軍》(包囲された陣地などから)反撃に出る. ⑦ 《化》沈殿する.
◊ ☞ ausgefallen

aus·fal·lend [アオス・ふァれント] I *aus|fal-len* (抜け落ちる)の 現分 II 形 無礼な, 侮辱的な.

aus·fäl·lig [アオス・ふェりヒ áus-fɛlıç] 形 無礼な, 侮辱的な.

Aus·fall[s]=er·schei·nung [アオスふァる]・エァシャイヌング] 女 -/-en 《医》脱落(欠落)症状.

Aus·fall=stra·ße [アオスふァる・シュトラーセ] 女 -/-n 《交通》(市街地から郊外へ通じる)幹線道路.

aus|fech·ten* [アオス・ふェヒテン áus-fɛçtən] 他 (h) 戦い抜く, やりとおす.

aus|fe·gen [アオス・ふェーゲン áus-fèːgən] 他 (h) (北ド)(ちりなど[4]を)掃き出す; (部屋など[4]を)掃いてきれいにする.

aus|fei·len [アオス・ふァイれン áus-fàılən] 他 (h) ① やすりで仕上げる. ② 《比》(文章など[4]を)練り上げる, 推敲(すいこう)する.
◊ ☞ ausgefeilt

aus|fer·ti·gen [アオス・ふェルティゲン áus-fɛrtıɡən] 他 (h) 《官庁》(文書・証書など[4]を)作成する, (パスポートなど[4]を)発行する, 交付する.

Aus·fer·ti·gung [アオス・ふェルティグング] 女 -/-en 《官庁》(文書・証書の)作成; 文書, 書類; (パスポートなどの)発行, 交付. in doppelter *Ausfertigung* 正副二通で.

aus·fin·dig [アオス・ふィンディヒ áus-fındıç] 形 《成句的に》[人・物][4] *ausfindig* machen (長い間探して)[人・物]を[4]やっと見つけ出す.

aus|flie·gen* [アオス・ふリーゲン áus-flìːɡən] I 自 (s) ① 飛び立つ, (ひな鳥が)巣立つ. ② 《口語・比》(遠足などに)出かける. ③ (飛行機で)脱出する. II 他 (h) ① (危険な所から)飛行機で救出する, 空輸する. ② (パイロットが飛行機[4]の)性能をフルに発揮させる.

aus|flie·ßen* [アオス・ふりーセン áus-flìːsən] 自 (s) (液体が)流れ出る, 漏れる; (容器などが)空になる.

aus|flip·pen [アオス・ふりッペン áus-flıpən] 自 (s) 《口語》① (麻薬に浸って)現実から逃避す

Aus·flucht [アオス・ふるフト áus-fluxt] 囡 -/..flüchte 《ふつう履》言い逃れ、逃げ口上、口実. *Ausflüchte*⁴ machen 言い逃れをする.
◊ ☞ ausgeflippt

*der **Aus·flug** [アオス・ふるーク áus-flu:k] 男 (単2) -(e)s/(複) ..flüge [..ふりューゲ] (3格のみ ..flügen) ① 遠足、ハイキング、小旅行. (☞ excursion). Schul*ausflug* 学校の遠足 / Am Sonntag machen wir einen *Ausflug* an die See (in die Berge). 日曜日には私たちは海(山)ヘハイキングに行く. (☞ 類語 Reise). ② (蜜蜂(¾)・鳥などの)巣立ち; (養蜂で)巣箱の出入口.

Aus·flü·ge [アオス・ふりューゲ] *Ausflug (遠足)の履

Aus·flüg·ler [アオス・ふりュークら／ áus-fly:klər] 男-s/- 遠出をする人、ハイカー、行楽客.

Aus·fluss [アオス・ふるス áus-flus] 男 -es/..flüsse ① 《履なし》流出、排出. ② 流出口、排水孔(½). ③ 《医》分泌[物]; おりもの、こしけ. ④ 《雅》(感情などの)現れ; (研究などの)成果.

Aus·fluß ☞ 新形 Ausfluss

aus|for·mu·lie·ren [アオス・ふォルムりーレン áus-fɔrmuli:rən] 他 (h) (文章など⁴を)推敲(¾)する.

aus|for·schen [アオス・ふォルシェン áus-fɔrʃən] 他 (h) ① (人⁴に)詳しく尋ねる. ② 探り出す.

aus|fra·gen [アオス・ふラーゲン áus-frà:gən] 他 (h) (人⁴に)根掘り葉掘り質問する. 人⁴ **nach** 人・事³ (または **über** 人・事⁴) *ausfragen* 人⁴に人・事³(または人・事⁴)についてしつこく尋ねる.

aus|fran·sen [アオス・ふランゼン áus-frànzən] 自 (s) (布地の端が)ほつれる.

aus|fres·sen* [アオス・ふレッセン áus-frèsən] 他 (h) ① (動物などが)食べ尽くす. ② (酸などが)腐食する; (川などが)浸食する. ③ 《口語》(悪いこと⁴を)しでかす. ④ 《俗》(車⁴の)しりぬぐいをする.

aus|frie·ren* [アオス・ふリーレン áus-fri:rən] I 自 (s) ① 冷害で立ち枯れる. ② すっかり凍る、凍りつく. II 他 (h)《工》冷却分離する.

*die **Aus·fuhr** [アオス・ふーァ áus-fu:r] 囡 (単) -/(複) -en 《経》① 《履なし》輸出. (英 export). ☞「輸入」は Einfuhr. die *Ausfuhr* von Maschinen 機械の輸出. ② 輸出品.

aus·führ·bar [アオス・ひューァバール] 形 ① 実行可能な. ② 輸出に適した.

*aus|füh·ren [アオス・ヒューレン áus-fy:rən] (führte...aus, hat...ausgeführt) 他 (完了 haben) ① (病人・犬など⁴を)外に(散歩に)連れ出す; 遊びに連れ出す. (☞ take out). Ich muss den Hund noch *ausführen*. 私はこれから犬を散歩に連れて行かなければならない. ② 輸出する. (英 export). (☞「輸入する」は ein|führen). Autos⁴ *ausführen* 自動車を輸出する. ③ 実行(実施)する; 遂行する. einen Plan *ausführen* 計画を実行する / eine Operation⁴ *ausführen* 手術を行う. ④ 仕上げる、完成する. ein Bild⁴ **in Öl** *ausführen* 油絵を描く. ⑤ 詳しく説明する(述べる). wie ich oben *ausgeführt habe* 上に詳しく述べましたように. ⑥ 《コンピュ》実行する.

Aus·fuhr·land [アオスふーァ・らント] 中 -(e)s/..länder 輸出国.

*aus·führ·lich [アオス・ヒューァりヒ áusfy:rlɪç または アオス・ヒューァ..] 形 詳しい、詳細な. (英 detailed). ein *ausführlicher* Bericht 詳細な報告 / 事⁴ *ausführlich* erklären 事⁴を詳しく説明する.

Aus·führ·lich·keit [アオス・ヒューァりヒカイト または アオス・ヒューァ..] 囡 -/ 詳細、精密. in aller *Ausführlichkeit* 微に入り細にわたって.

Aus·füh·rung [アオス・ヒュールング áus-fy:ruŋ] 囡 -/-en ① 《履なし》実施、遂行. die *Ausführung* eines Befehls 命令の遂行 / 事⁴ **zur** *Ausführung* **bringen** 事⁴を実行(実施)する. ② 《履なし》完成、仕上げ; 品質、造り. Möbel in bester *Ausführung* 極上等の家具. ③ 《ふつう履》詳述、詳説. ④ 《コンピュ》実行.

*aus|fül·len [アオス・ふェルン áus-fỳlən] (füllte...aus, hat...ausgefüllt) 他 (完了 haben) ① (すき間・穴など⁴を)埋める、充填(¾)する; (場所⁴を)ふさぐ. (☞ fill). einen Graben mit Steinen *ausfüllen* 溝を石で埋める. ② (用紙など⁴に)記入する. Füllen Sie bitte das Formular *aus*! この用紙に記入してください. ③ (時間⁴を)つぶす. die Wartezeit⁴ **mit Lesen** *ausfüllen* 待ち時間を読書をしてつぶす. ④ (考え・仕事などが 人⁴の心を)占める、満たす. Ein Gedanke *füllt* ihn ganz *aus*. 彼の頭はある考えでいっぱいだ / Der Beruf *füllt* mich *aus*. 私はこの職業に満足している. ⑤ (職務など⁴を)果たす.

Ausg. 《略》① [アオス・ガーベ] (書籍の)版 (= Ausgabe). ② [アオス・ガング] 出口 (= Ausgang).

*die **Aus·ga·be** [アオス・ガーベ áus-ga:bə] 囡 -/-n ① 《履なし》支給、(荷物などの)引き渡し、(旅券などの)交付、(証券などの)発行. (英 distribution). ② (手荷物などの)引き渡し口 (所). ③ 《ふつう履》支出、出費. (英 expense). (☞「収入」は Einnahme). laufende *Ausgaben* 経常費 / große *Ausgaben*⁴ machen 多額の出費をする. ④ (書籍の)版、(新聞の)刊. (英 edition). Taschen*ausgabe* ポケット版の本 / die neueste *Ausgabe* 最新刊. ⑤ (商品の)型、モデル、タイプ. die viertürige *Ausgabe* eines Autos 自動車のフォードア・タイプ. ⑥ (テレビ・ラジオの)放送[番組]. ⑦ 《コンピュ》アウトプット. (☞「インプット」は Eingabe).

Aus·ga·be[n]-buch [アオスガーベ[ン]・ブーフ] 中 -(e)s/..bücher 支出簿、金銭出納簿.

der Aus·gang [アオス・ガング áus-gaŋ] 男 (単2) -[e]s/(複) ..gänge [..ゲンゲ] (3格のみ ..gängen) ① 出口. (英 exit). (対「入口」は Eingang). Notausgang 非常[出]口 / den Ausgang suchen 出口を探す / **am** Ausgang warten 出口で待つ / am Ausgang des Dorfes 村のはずれに.
② (複 なし)(時代などの)終わり. am Ausgang des Mittelalters 中世末期に. ③ (語句などの)末尾; 結果, 結末. eine Geschichte **mit** glücklichem Ausgang ハッピーエンドの物語. ④ 外出[許可]. Die Rekruten hatten keinen Ausgang. 新兵は外出許可がもらえなかった. ⑤ 《ふつう 単》(郵便物などの)発送; 《ふつう 複》発送郵便物, 出荷商品. ⑥ 〖複 なし〗(話などの)出発点.

Aus·gän·ge [アオス・ゲンゲ] *Ausgang (出口)の 複

Ausgangs=punkt [アオスガングス・プンクト] 男 -[e]s/-e 出発点, 基点.

aus|ge·ben [アオス・ゲーベン] áus-gè:bən] du gibst...aus, er gibt...aus (gab...aus, hat...ausgegeben) I 他 (完了 haben) ① (お金⁴を)**支出する**, 使う. (英 spend). Sie gibt für ihre Kleidung viel Geld aus. 彼女は服装にたくさんお金をかける / Ich gebe dir einen aus. 《口語》君に1杯おごるよ.
② 支給する; 手渡す. warme Kleidung⁴ **an** die Flüchtlinge ausgeben 暖かい衣類を難民に配る.
③ (紙幣・株券など⁴を)発行する. Briefmarken⁴ ausgeben 切手を発行する.
④ 〖成句的に〗人·物⁴ **als** (または **für**)... ausgeben 人·物⁴を...と詐称する. (注 ...には4格の名詞か形容詞がくる). Er gab das Bild als (または ist) sein Werk aus. 彼はその絵を自分の作品だと偽った / die Perlen⁴ als (または für) echt ausgeben 真珠を本物だと偽る. ◇〖再帰的に〗Er gibt sich⁴ als Arzt aus. 彼は医者だと自称している. ⑤ (命令など⁴を)出す, 伝える. ⑥ (仕事など⁴を)よそに頼む, 外注する. die Wäsche⁴ ausgeben 洗濯物をクリーニングに出す. ⑦ 〖コンピ〗(テキスト⁴を)打ち出す.
II 再帰 (完了 haben) sich⁴ ausgeben 力を出し尽くす.

aus·ge·bes·sert [アオス・ゲベッサァト] *aus|bessern (修理する)の 過分

aus·ge·bil·det [アオス・ゲビるデット] *aus|bilden (養成する)の 過分

aus·ge·bombt [アオス・ゲボンプト] áus-gəbɔmpt] 形 空襲で被災した. ◇〖名詞的に〗die Ausgebombten 空襲で焼け出された人々.

aus·ge·brei·tet [アオス・ゲブライテット] *aus|breiten (広げる)の 過分

aus·ge·bro·chen [アオス・ゲブロッヘン] *aus|brechen (壊して取る)の 過分

aus·ge·bucht [アオス・ゲブーフト] áus-gəbu:xt] 形 ① 全室(全席)予約済みの. ② 日程の詰まった(アーティストなど).

aus·ge·bufft [アオス・ゲブフト] áus-gəbuft] 形 《俗》要領のいい, 抜け目のない.

Aus·ge·burt [アオス・ゲブーアト] áus-gəbu:rt] 女 -/-en 《雅》(悪い意味で)産物, 見本; 申し子. Ausgeburt der Hölle² 地獄の申し子, 悪魔.

aus·ge·dehnt [アオス・ゲデーント] I *aus|dehnen (広げる)の 過分 II 形 長時間の; 広々とした; 大規模の.

aus·ge·drückt [アオス・ゲドリュックト] *aus|drücken (表現する)の 過分

aus·ge·fal·len [アオス・ゲふァれン] I *aus|fallen (抜け落ちる)の 過分 II 形 珍しい, 変わった, 奇妙な. eine ausgefallene Idee とっぴな思いつき.

aus·ge·feilt [アオス・ゲふァイるト] I aus|feilen (やすりで仕上げる)の 過分 II 形 練りあげられた(文章・計画など).

aus·ge·flippt [アオス・ゲふりップト] I aus|flippen (現実から逃避する)の 過分 II 形 《口語》ドロップアウトした, 社会に背を向けた.

aus·ge·führt [アオス・ゲふューァト] *aus|führen (外に連れ出す)の 過分

aus·ge·füllt [アオス・ゲふるト] *aus|füllen (埋める)の 過分

aus·ge·gan·gen [アオス・ゲガンゲン] *aus|gehen (外出する)の 過分

aus·ge·ge·ben [アオス・ゲゲーベン] *aus|geben (支出する)の 過分

aus·ge·gli·chen [アオス・ゲグリッヒェン] I aus|gleichen (均一化する)の 過分 II 形 ① 調和のとれた, 円満な(人柄など); 安定した. ② 〖スポ〗バランスのとれた(チームなど), 互角の(試合など).

Aus·ge·gli·chen·heit [アオス・ゲグリッヒェンハイト] 女 -/ 釣り合い(バランス)がとれていること.

aus·ge·hal·ten [アオス・ゲハるテン] *aus|halten (耐える)の 過分

aus|ge·hen [アオス・ゲーエン áus-gè:ən] (ging...aus, ist...ausgegangen) 自 (完了 sein) ① **外出する**; (ダンス・観劇などのために)出かける. (英 go out). Sie gehen oft **zum** Tanzen aus. 彼らはよくダンスに出かける.
② (火・明かりなどが)**消える**. (注「(火などが)つく」は an|gehen. Plötzlich ging das Licht aus. 突然明かりが消えた.
③ (蓄え・忍耐力などが)**尽きる**; (毛髪などが)抜ける; (色が)落ちる. Mir **ist** das Geld **ausgegangen**. 〖現在完了〗私はお金を使い果たしてしまった / Jetzt geht mir aber die Geduld aus! 〖比〗もう我慢がならない / Ihm gehen die Haare aus. 彼は髪が薄くなっていく.
④ (...の)結果になる; (...で)終わる. Die Sache ging gut (schlecht) aus. その件はうまくいった(悪い結果になった) / Wie geht der Film denn aus? その映画はどんな結末になるの / Das Wort geht **auf** einen Vokal aus. 〖言〗その単語は母音で終る. ⑤ 〖**auf** 事⁴ ~〗(事⁴を)ねらう, もくろむ. Er geht bei allem nur aufs Geld aus. 彼は何をするにもお

金が目当てだ. ⑥《von 物³ ~》(物³を)出発点としている. Unsere Reise *geht* von Berlin *aus*. 私たちの旅行の出発点はベルリンだ / Du *gehst* von falschen Voraussetzungen *aus*. 君は間違った前提から出発しているよ. ⑦《von 人·物³ ~》(人·物³に)由来する;(人·物³から)発散している. Der Plan *ging* von ihm *aus*. その計画はもともと彼が立てたものだ / Von ihm *geht* Sicherheit *aus*. 彼の表情には自信がみなぎっている.

....

類語 **aus|gehen**: 外出する;(ダンスなどに)出かける. **ab|fahren**: (乗り物で)出発する. Ich *fahre* gleich mit dem Zug *ab*. 私はすぐに列車で出発する. **ver·lassen**: (ある場所⁴を)去る, あとにする.

....

aus·ge·hun·gert [アオス・ゲフンガァト] I aus|hungern (飢えさせる)の 過分 II 形 ひどく腹をすかせた; 飢えて弱った.

aus·ge·kocht [アオス・ゲコホト] I aus|kochen (煮出す)の 過分 II 形《口語》抜け目のない.

aus·ge·kom·men [アオス・ゲコンメン] *aus|kommen (やり繰りする)の 過分

aus·ge·las·sen [アオス・ゲラッセン] I aus|lassen (機会などを逃がす)の 過分 II 形 大はしゃぎの, 浮かれた, はめをはずした.

Aus·ge·las·sen·heit [アオス・ゲラッセンハイト] 女 -/-en《ふつう 単》大はしゃぎ, 浮かれ騒ぎ.

aus·ge·legt [アオス・ゲレークト] *aus|legen (陳列する)の 過分

aus·ge·lei·ert [アオス・ゲライアァト] I aus|leiern (ねじなどを使いつぶす)の 過分 II 形《口語》使い古された; がたのきた.

aus·ge·löscht [アオス・ゲレシュト] *aus|löschen (消す)の 過分

aus·ge·macht [アオス・ゲマハト] I *aus|machen (消す)の 過分 II 形 ① 決定された, 確かな. ② まったくの, ひどい(ペテンなど). III 副 まったく, ひどく.

aus·ge·mer·gelt [アオス・ゲメルゲルト] I aus|mergeln (衰弱させる)の 過分 II 形 衰弱した, やつれた.

aus·ge·nom·men [アオス・ゲノンメン] I *aus|nehmen (取り出す)の 過分 II 接 …を除いて, …の場合以外は. Er widerspricht allen, *ausgenommen* seiner Frau. あいつは誰にでも逆らうが, 奥さんに対してだけはからきしだめだ / Alle waren da, er (または ihn) *ausgenommen*. 彼以外はみんな来ていた / Wir werden kommen, *ausgenommen* es regnet stark (または *ausgenommen*, wenn es stark regnet). 大雨でないかぎり私たちは参ります.

aus·ge·nutzt [アオス・ゲヌッツト] *aus|nutzen (十分に利用する)の 過分

aus·ge·packt [アオス・ゲパックト] *aus|packen (取り出す)の 過分

aus·ge·picht [アオス・ゲピヒト áus-gəpiçt] 形《口語》経験豊かな, 海千山千の; ひどくこった(趣味など).

aus·ge·prägt [アオス・ゲプレークト] I aus|prägen (再帰 で: はっきりと現れる)の 過分 II 形 際だった, 特徴のはっきりした.

aus·ge·pumpt [アオス・ゲプンプト] I aus|pumpen (ポンプでくみ出す)の 過分 II 形《俗》へとへとになった.

aus·ge·rech·net [アオス・ゲレヒネット または アオス・ゲレヒ..] I *aus|rechnen (計算して解く)の 過分 II 副《口語》よりによって, こともあろうに. *Ausgerechnet* jetzt kommt er! よりによって今彼がやって来るとは.

aus·ge·reicht [アオス・ゲライヒト] *aus|reichen (足りる)の 過分

aus·ge·reift [アオス・ゲライフト] I aus|reifen (熟す)の 過分 II 形 (果実などが完熟した;《比》円熟した, 完成の域に達した.

aus·ge·ru·fen [アオス・ゲルーフェン] *aus|rufen (叫ぶ)の 過分

aus·ge·ruht [アオス・ゲルート] *aus|ruhen (再帰 で: 休む)の 過分

aus·ge·schal·tet [アオス・ゲシャルテット] *aus|schalten (スイッチを切る)の 過分

*★**aus·ge·schlos·sen** [アオス・ゲシュロッセン áus-gəʃlɔsən] I *aus|schließen (閉め出す)の 過分
II [アオス・ゲシュロッセン または アオス・ゲシュロッセン] 形 不可能な, ありえない. *Ausgeschlossen*! そんなわけがありません / Es ist nicht *ausgeschlossen*, dass... …ということはありえないわけではない.

aus·ge·schnit·ten [アオス・ゲシュニッテン] I aus|schneiden (切り抜く)の 過分 II 形 襟ぐりの深い(ドレスなど).

aus·ge·se·hen [アオス・ゲゼーエン] *aus|sehen (…のように見える)の 過分

aus·ge·setzt [アオス・ゲゼッツト] *aus|setzen (外に置く)の 過分

aus·ge·spro·chen [アオス・ゲシュプロッヘン] I *aus|sprechen (発音する)の 過分 II 形《付加語としてのみ》明白な, まぎれもない; 著しい, 際だった. Das ist *ausgesprochenes* Pech. それはまったくの不運だ. III 副 非常に.

aus|ge·stal·ten [アオス・ゲシュタルテン áus-gəʃtàltən] (過分 ausgestaltet) 他 (h) (祭りなどの)手はずを整える, (部屋などを飾り付ける.

Aus·ge·stal·tung [アオス・ゲシュタルトゥング] 女 -/-en ①《複 なし》整えること, 企画構成; 飾り付け. ② 形態, 体制.

aus·ge·stellt [アオス・ゲシュテルト] *aus|stellen (展示する)の 過分

aus·ge·stie·gen [アオス・ゲシュティーゲン] *aus|steigen (降りる)の 過分

aus·ge·stor·ben [アオス・ゲシュトルベン] I aus|sterben (死に絶える)の 過分 II 形 絶滅した, 人気(ひとけ)のない.

aus·ge·sucht [アオス・ゲズーフト] I *aus|suchen (選び出す)の 過分 II 形 ①《付加語としてのみ》えり抜きの; 特別の. *ausgesuchte* Weine 特選ワイン / mit *ausgesuchter* Höflichkeit 非常にていねいに. ② 残りものの(商品など). **III** 副 格別に,非常に.

aus·ge·tauscht [アオス・ゲタオシュト] *austauschen (交換する)の 過分

aus·ge·tre·ten [アオス・ゲトレーテン] **I** ausltreten (火などを踏み消す)の 過分 **II** 形 踏み固められた; はきつぶされた.

aus·ge·übt [アオス・ゲユープト] *auslüben (営む)の 過分

aus·ge·wach·sen [アオス・ゲヴァクセン] **I** auslwachsen (再帰 で: 成長する)の 過分 **II** 形 十分に成長した. ein ausgewachsener Unsinn 《口語·比》まったくのナンセンス.

aus·ge·wählt [アオス・ゲヴェールト] **I** *auslwählen (選び出す)の 過分 **II** 形 選び出された, えり抜きの. ausgewählte Werke (著作などの)選集.

aus·ge·wan·dert [アオス・ゲヴァンダァト] *auslwandern (移住する)の 過分

aus·ge·wo·gen [アオス・ゲヴォーゲン] áusɡəvoːɡən] 形 均衡(バランス)のとれた.

Aus·ge·wo·gen·heit [アオス・ゲヴォーゲンハイト] 女 -/ 均衡(バランス)がとれていること.

***aus·ge·zeich·net I** [アオス・ゲツァイヒネット アオス・ゲツァイヒネット] áusɡətsaiçnət] *auslzeichnen (表彰する)の 過分
II [アオス・ゲツァイヒネット または アオス・ゲツァイヒ..] 形 **抜群の**, 優秀な, すばらしい. (英 excellent). eine ausgezeichnete Leistung 抜群の成績 / ein ausgezeichneter Wein 極上のワイン / Das Essen schmeckt ausgezeichnet. この料理はとてもおいしい / Sie tanzt ausgezeichnet. 彼女はダンスがとても上手だ. (☞ 類語 gut).

aus·ge·zo·gen [アオス・ゲツォーゲン] *auslziehen (脱ぐ)の 過分

aus·gie·big [アオス・ギービヒ áus-gi:bɪç] 形 ① 豊富な, 十分な. ausgiebige Ruhe 十分な休養 / Es hat ausgiebig geregnet. たっぷり雨が降った. ② 収益の多い.

auslgie·ßen* [アオス・ギーセン áus-gìːsən] 他 (h) ① 注ぎ出す; (びんなど⁴を)空にする. ②《雅》(嘲笑⁴)などを)浴びせる. ③ (穴など⁴に)流し込んで埋める. ④ (火⁴に)水をかけて消す.

Aus·gleich [アオス・グらイヒ áus-glaiç] 男 -(e)s/-e 《ふつう 単》① 均一(均等)化. ② (損害・損失の)埋め合わせ, 補償《経》[差引]勘定, 決算. ③ (相違点などの)調整, 調停; 和解. einen Ausgleich schaffen 調停(調整)する. ④《 なし》(球技で:)タイスコア; (テニスの)ジュース.

aus·glei·chen* [アオス・グらイヒェン áus-glàiçən] **I** 他 (h) ① 均一(均等)化する, ならす, 等しくする. ② (損害・損失⁴を)埋め合わせる, 補償する, 償う;《経》[差引]勘定する, 決算する. Einnahmen⁴ und Ausgaben⁴ ausgleichen 収支の均衡をはかる. ③ (相違点など⁴を)調整する; (争い・意見など⁴を)調停する. ④ 《 》(球技で:)同点に持ち込む. **III** 再帰 (h) sich⁴ ausgleichen バランス(釣り合い)がとれる; (差異

などが)調整される, 相殺(☞)される.
◇☞ **ausgeglichen**

Aus·gleichs·sport [アオスグらイヒス・シュポルト] 男 -s/..sportarten (まれに ..sporte) (仕事でこった筋肉をほぐすための)レクリエーションスポーツ.

aus|glei·ten* [アオス・グらイテン áus-glàitən] 自 (s) 《雅》① 滑る, 足を滑らせる. ②(ナイフなどが人³の手から)滑り落ちる.

aus|glü·hen [アオス・グリューエン áus-glỳːən] **I** 他 (h) ① 《工》(金属⁴を)焼きなます;《医》(注射針⁴を)焼いて消毒する; 焼灼(ほぐ)する. ②(熱暑が土地⁴を)干上がらせる. **II** 自 (h, s) ① (h) (フィラメントなどが)焼き切れる. ② (s) (車などの内部が)丸焼けになる.

aus|gra·ben* [アオス・グラーベン áus-grà:bən] 他 (h) ① 掘り出し, 掘り起こす; (遺跡など⁴を)発掘する. ②《比》(古文書など⁴を)見つけ出す; (古い話など⁴を)持ち出す.

Aus·gra·bung [アオス・グラーブング] 女 -/-en (遺跡の)発掘; 発掘物, 出土品.

aus|grei·fen* [アオス・グライフェン áus-gràifən] 自 (h) (馬などが)大またで駆ける. ◇(現在分詞の形で)mit ausgreifenden Schritten gehen 大またで歩く.

Aus·guck [アオス・グック áus-guk] 男 -(e)s/-e ①《口語》展望台, 見晴らし台. ②《海》見張り員; 見張り台.

aus|gu·cken [アオス・グッケン áus-gùkən] 自 (h) [nach 人·物³ ~] 《口語》 (人·物³を)見張る.

Aus·guss [アオス・グス áus-gʊs] 男 -es/..güsse ① (台所の)流し; 排水口. ②《方》(流しの)汚水, 下水. ③ (ポットなどの)注ぎ口.

Aus·guß ☞ 新形 Ausguss

aus|ha·ben* [アオス・ハーベン áus-hàːbən] **I** 他 (h) ①《口語》(衣服など⁴を)脱いでしまっている. ②《口語》(本など⁴を)読み終わっている. ③《方》食べ(飲み)終わっている. **II** 自 (h) 《口語》(学校などが)終わっている.

aus|ha·cken [アオス・ハッケン áus-hàkən] 他 (くわで)掘り出す, (くちばしで)つつき出す.

aus|ha·ken [アオス・ハーケン áus-hà:kən] **I** 他 (h) (鉤(蕓)から)はずす. **II** 非人称 (h) 〖es hakt bei 人³ aus の形で〗《口語》人³はわけがわからなくなる; もう我慢できない.

aus|hal·ten [アオス・ハるテン áus-hàltən] du hältst...aus, er hält...aus (hielt...aus, hat ...ausgehalten) **I** 他 ( ) haben) ①(事⁴に)耐える, 我慢する. (英 endure). Ich kann die Hitze nicht aushalten. 私はこの暑さに耐えられない / Diese Ware hält den Vergleich mit den anderen aus. この商品は他のものに見劣りしない(←比較に耐える) / Hier lässt es sich aushalten. ここはまあまあ快適だ(我慢できる). ◇〖es を目的語として成句的に〗Ich halte es vor Hunger nicht mehr aus. 私はもう空腹に耐えられない(くちばてが立たない). ②《口語》(愛人など⁴の)生活費の面倒をみる. ③《音楽》(音⁴を)延ばす. **II** 自 ( ) haben) 持ちこたえる, 辛抱する;

長持ちする. Er *hat* in dem Betrieb nur ein Jahr *ausgehalten*. 彼はその会社で1年しか続かなかった.

Aus·hal·ten [アオス・ハルテン] 中 《成句的に》 Es ist nicht **zum** *Aushalten*. それは我慢できない.

aus|han·deln [アオス・ハンデるン áus-hàndəln] 他 (h) 協議して決める, 協定する.

aus|hän·di·gen [アオス・ヘンディゲン áus-hèndɪɡən] 他 (h) (人³に 物⁴を公式に)手渡す, 引き渡す, 交付する.

Aus·hän·di·gung [アオス・ヘンディグング] 女 -/ (公式の)引き渡し, 交付.

Aus·hang [アオス・ハング áus-haŋ] 男 -[e]s/..hänge 掲示, 公告, ポスター.

aus|hän·gen¹* [アオス・ヘンゲン áus-hèŋən] 自 (h) 掲示(陳列)してある.

aus|hän·gen² [アオス・ヘンゲン] I 他 (h) ① 掲示(陳列)する. (ドアなど⁴を)蝶番(ちょうつがい)からはずす. *sich*³ den Arm *aushängen* 《口語》 腕を脱臼する. II 再帰 (h) *sich*⁴ *aushängen* ① 蝶番(ちょうつがい)からはずれる. ② (衣服の)しわがつるしておくうちに伸びる. ③ 《*sich*⁴ *bei* 人³ ~》 《口語》 (人³と)組んでいた腕をほどく.

Aus·hän·ge/schild [アオスヘンゲ・シルト] 中 -[e]s/-er ① 看板(宣伝)になる人(顔). ② 《比》看板.

aus|har·ren [アオス・ハレン] 自 (h) 《雅》 持ちこたえる, がんばり通す.

aus|hau·chen [アオス・ハオヘン áus-hàuxən] 他 (h) 《雅》 ① (息など⁴を)吐く, (かすかに声⁴を)出す. einen Seufzer *aushauchen* ため息をつく. ② (においなど⁴を)放つ.

aus|he·ben* [アオス・ヘーベン áus-hè:bən] 他 (h) (蝶番(ちょうつがい)から)取りはずす. die Tür⁴ *ausheben* ドアを取りはずす. ② (穴・溝など⁴を)掘る; (木⁴を)掘り起こす. ③ (物⁴の中身を)取り出す. ein Nest⁴ *ausheben* 鳥の卵(ひな)を奪う. ④ (泥棒の隠れ家など⁴の)手入れをする.

Aus·he·bung [アオス・ヘーブング] 女 -/-en ① 《複 なし》 取り出す(はずす)こと; 掘り起こすこと. ② (港などの)浚渫(しゅんせつ). ③ (泥棒の隠れ家などの)手入れ. ④ 《古》徴兵. ⑤ 《うう》(郵便ポストの)開函(かいかん).

aus|he·cken [アオス・ヘッケン] 他 (h) 《口語》 (いたずらなど⁴を)考え出す, たくらむ.

aus|hei·len [アオス・ハイれン] 自 (s) (病気・患部が)全快する, 全治する.

aus|hel·fen* [アオス・ヘるフェン áus-hèlfən] 自 (h) (与えて・貸して人³を)助ける, (人³の)急場を救う. 人³ **bei** einer Arbeit *aushelfen* 人³の仕事を手伝う / *Kannst* du mir mit zehn Mark *aushelfen*? 10マルク貸してくれないか.

Aus·hil·fe [アオス・ヒるフェ áus-hılfə] 女 -/-n ① 一時的援助, 急場の手伝い. **zur** *Aushilfe* 当座しのぎに, 間に合わせに. ② 臨時雇い, パートタイマー.

Aus·hilfs/kraft [アオスヒるフス・クラフト] 女 -/..kräfte 臨時雇い[の人].

aus|hilfs/wei·se [アオスヒるフス・ヴァイゼ] 副 急場しのぎに; 臨時雇いで.

aus|höh·len [アオス・ヘーれン áus-hø̀:lən] 他 (h) 空洞にする, くり抜く; 《比》衰弱させる.

aus|ho·len [アオス・ホーれン áus-hò:lən] I 自 (h) ① 腕を後ろへ引いて構える. **mit** der Hand **zum** Schlag *ausholen* なぐろうとして手を振り上げる / **zum** Sprung *ausholen* 腕を引いて跳ぶ構えをする. ② 大またで進む. ③ (話などを)過去にさかのぼって始める. II 他 (h) 《人⁴ **über** 人·事⁴ ~》 《口語》 (人⁴に人·事⁴について)あれこれ聞き出す.

aus|hor·chen [アオス・ホルヒェン áus-hòrçən] 他 (h) (人⁴から)それとなく聞き出す, 探り出す.

aus|hun·gern [アオス・フンガァン áus-hùŋərn] 他 (h) 飢えさせる; 兵糧攻めにする. ◇ ☞ ausgehungert

aus|ixen [アオス・イクセン áus-ìksən] 他 (h) (タイプした文・語⁴を)Xの文字を打って消す.

aus|käm·men [アオス・ケンメン áus-kèmən] 他 (h) ① (ごみなど⁴を)櫛(くし)ですいて取り除く. ② (髪⁴を)すく.

aus|keh·ren [アオス・ケーレン áus-kè:rən] 他 (h) (南ドイツ)(ちりなど⁴を)掃き出す; (部屋など⁴を)掃除する.

aus|ken·nen* [アオス・ケンネン áus-kènən] 再帰 (h) *sich*⁴ *auskennen* 事情に通じている, 勝手がわかっている. **In** dieser Stadt (**Mit** ihm) *kenne* ich *mich aus*. この町のこと(彼のこと)ならよく知っていま.

aus|kip·pen [アオス・キッペン áus-kìpən] 他 (h) (容器を傾けて・ひっくり返して中身⁴を)空ける, こぼす; (容器⁴を)傾けて空にする.

aus|klam·mern [アオス・クらンマァン áus-klàmərn] 他 (h) ① (問題点など⁴を)除外する, 考慮に入れない. ② 《数》(因数など⁴を)かっこの外に出す. ③ 《言》(文成分⁴を)枠外に置く.

aus|kla·mü·sern [アオス・クらミューザァン áus-klamỳ:zərn] 他 (h) 《口語》 (あれこれ考えて)ひねり出す, 考え出す.

Aus·klang [アオス・クらング áus-klaŋ] 男 -[e]s/..klänge ① 《雅》(ある事の)終わり, 結び. ② 《楽》(楽曲の)終わり, フィナーレ.

aus|klei·den [アオス・クらイデン áus-klàıdən] 他 (h) ① 《雅》(人⁴の)衣服を脱がせる. ◇ 再帰 的に *sich*⁴ *auskleiden* 衣服を脱ぐ. ② 《A⁴ **mit** B³ ~》(A⁴をB³で)内張りする.

aus|klin·gen* [アオス・クリンゲン áus-klìŋən] 自 (h, s) ① 鳴りやむ. ② (s) 《比》(祭りなどが)終わる, 幕を閉じる.

aus|klin·ken [アオス・クりンケン áus-klìŋkən] I 他 (h) (物⁴の掛け金をはずして)切り離す. Bomben⁴ *ausklinken* 爆弾を投下する. ◇ 再帰的に *sich*⁴ *ausklinken* 切り離される. II 自 (s) (掛け金がはずされて)切り離される.

aus|klop·fen [アオス・クろプフェン áus-klɔ̀pfən] 他 (h) (ほこりなど⁴を)たたき出す; (じゅうたんなど⁴を)たたいてきれいにする. die Pfeife⁴ *ausklopfen* パイプをたたいて灰を出す.

Aus·klop·fer [アオス・クろプファァ áus-klɔp-

ausklügeln

fər] 男 -s/- (じゅうたんなどの)ほこりたたき棒.

aus|klü·geln [アオス・クりューゲるン áus-klỳːgəln] 他 (h) (知恵をしぼって)考え出す.

aus|knei·fen* [アオス・クナイフェン áus-knàrfən] 自 (s) 《口語》(こっそり)抜け出す, 逃げ出す.

aus|knip·sen [アオス・クニプセン áus-knìpsən] 他 (h) 《口語》(電灯など⁴の)スイッチをひねって消す;(たばこなど⁴を)もみ消す.

aus|kno·beln [アオス・クノーベるン áus-knòːbəln] 他 (h) 《口語》① さいころを振って決める. ② (知恵をしぼって)考え出す.

aus|ko·chen [アオス・コッヘン áus-kòxən] 他 (h) ① (スープをとるために骨・肉⁴を)煮出す. ② 《方》(脂肪⁴を)溶かす. ③ 《医》煮沸消毒する;《尾》(洗濯物など⁴を)煮沸して汚れを取る. ④ 《俗》(悪事などを)考え出す.
◊☞ ausgekocht

aus|kom·men [アオス・コンメン áus-kòmən] (kam…aus, ist…ausgekommen) 自 (完了 sein) ① [mit 物³ ～] (物³で)やり繰りする, 間に合わせる. Er *kommt* mit seinem Geld nie *aus*. 彼は自分のお金ではとてもやっていけない. ② [mit 人³ ～] (人³と)うまくやっていく. Ich *komme* mit ihm schlecht *aus*. 私は彼と折り合いが悪い. ③ [ohne 人・物]⁴ ～] (人・物⁴なしで)済ませる. Er *kommt* ohne seine Frau nicht *aus*. 彼は奥さんがいないとやっていけない. ④ 《南ドィ・オーストリ》逃げ出す, 逃亡する.

Aus·kom·men [アオス・コンメン] 中 -s/ ① 生計, 生活費, (十分な)収入. ein gutes *Auskommen* haben 十分な収入がある. ② 折り合い, つき合い. Mit ihm ist kein *Auskommen*. 彼はつき合いにくい男だ.

aus·kömm·lich [アオス・ケムりヒ] 形 (暮らしていくのに)十分な. ein *auskömmliches* Gehalt 十分な給料.

aus|kos·ten [アオス・コステン áus-kòstən] 他 (h) 《雅》① 堪能(なう)する, 満喫する. ② (苦しみなど⁴を)なめ尽くす.

aus|kra·men [アオス・クラーメン áus-kràːmən] 他 (h) 《口語》① (引き出しなどから)取り出す;《比》(古い話など⁴を)持ち出す. ② (箱など⁴を)空にする.

aus|krat·zen [アオス・クラッツェン áus-kràtsən] I 他 (h) ① かき取る, かき落とす. ② (かき落として)きれいにする. ③ 《医》搔爬(*きょう*)する. II 自 (s) 《俗》逃げ出す.

aus|krie·chen* [アオス・クリーヒェン áus-krìːçən] 自 (s) (ひな・幼虫が卵から)はい出る.

aus|ku·geln [アオス・クーゲるン áus-kùːgəln] 他 (腕など⁴を)脱臼(*ほっき*)させる. sich³ den Arm *auskugeln* (自分の)腕を脱臼する.

aus|küh·len [アオス・キューれン áus-kỳːlən] I 他 (h) 十分に冷やす. II 自 (s) 十分に冷える, 冷えきる.

aus|kul·tie·ren [アオスクるティーレン aus-kultíːrən] 他 (h) 《医》聴診する.

aus|kund·schaf·ten [アオス・クントシャフテン áus-kùnt-ʃaftən] 他 (h) 探り出す, つきとめる.

*die **Aus·kunft** [アオス・クンフト áus-kunft] 女 (単) -/(複) ..künfte [..キュンフテ] (3格のみ ..künften) ① (問い合わせに対する)情報, インフォメーション. 《英 information》. über *Auskunft*⁴ geben (ein|holen) 事⁴について情報を与える(入手する) / Sie bat ihn um nähere *Auskünfte*. 彼女は彼に詳しい情報を求めた.
② 《複 なし》(駅などの)案内所, インフォメーション. Wo ist bitte die *Auskunft*? 案内所はどこでしょうか.

Aus·künf·te [アオス・キュンフテ] ☞Auskunft (情報)の 複

Aus·kunf·tei [アオス・クンフタイ aus-kunftáɪ] 女 -/-en 興信所.

aus|kup·peln [アオス・クッペるン áus-kùpəln] 自 (h) クラッチを切る.

aus|ku·rie·ren [アオス・クリーレン áus-kuriːrən] 他 (h) 《口語》全治させる. ◊《再帰的に》*sich⁴ auskurieren* 全快する, 全治する.

aus|la·chen [アオス・らッヘン áus-làxən] I 他 (h) 嘲笑(ちょう)する, 笑い物にする. Lass dich nicht *auslachen*! ばかなことをするんじゃない. II 再帰 (h) *sich⁴ auslachen* 思う存分笑う. III 自 (h) 笑いやむ.

aus|la·den¹* [アオス・らーデン áus-là:dən] 他 (h) (積荷⁴を)降ろす;(トラックなど⁴の)積荷を降ろす.

aus|la·den²* [アオス・らーデン áus-là:dən] 他 (h) (人⁴への)招待をとり消す.

aus|la·dend [アオス・らーデント] I aus|laden¹ (積荷を降ろす)の 現分 II 形 ① 突き出た, 張り出した. *ausladende* Bäume 枝が張り出した木. ② 《比》大げさな(身ぶりなど).

Aus·la·dung [アオス・らードゥング] 女 -/-en ① 荷降ろし, 荷揚げ. ② 《建》突出[部], 張り出し. ③ 招待のとり消し.

Aus·la·ge [アオス・らーゲ áus-la:gə] 女 -/-n ① 陳列品;ショーウィンドー, 陳列ケース. ② 《ふつう 複》立替金, (他人のための)出費, 経費. ③ 《スポ》(フェンシングの)オンガード;(ボクシングの)ガード. ④ 《狩》角幅.

aus|la·gern [アオス・らーガァン áus-là:gərn] 他 (h) ① (美術品など⁴を)安全な場所に移して保管する. ② (倉庫から出して)売りに出す.

*das **Aus·land** [アオス・らント áus-lant] 中 (単 2) -es (まれに -s)/ 外国, 国外. ◊「国への」は Inland》. Er arbeitet *im Ausland*. 彼は外国で働いている / im *Ausland* leben 外国で暮らす / im In- und *Ausland* 国内外において / ins *Ausland* reisen 外国へ旅行する / Handel mit dem *Ausland* 外国との貿易.

*der **Aus·län·der** [アオス・れンダァ áus-lɛndər] 男 (単 2) -s/(複) - (3格のみ -n) 外国人. 《英 foreigner》. Er ist *Ausländer*, aber er spricht sehr gut Deutsch. 彼は外国人だが, とても上手にドイツ語を話す.

Aus·län·de·rin [アオス・れンデリン áus-lendərɪn] 囡 -/..rinnen (女性の)外国人.

aus·län·disch [アオス・れンディッシュ áus-lɛndɪʃ] 形 (＊ foreign) ① 外国の; 外国人の. ausländische Sender 外国の放送局 / Er hat viele ausländische Freunde. 彼には外国人の友だちがたくさんいる. ② (虫) 外国風の, 異国風の.

Aus·lands≈auf·ent·halt [アオスらンツ・アオふエントハるト] 男 -[e]s/-e 外国滞在.

Aus·lands≈kor·res·pon·dent [アオスらンツ・コレスポンデント] 男 -en/-en 海外特派員, 在外通信員.

Aus·lands≈rei·se [アオスらンツ・ライゼ] 囡 -/-n 外国(海外)旅行.

Aus·lass [アオス・らス áus-las] 男 -es/..lässe (工) 排出口, 排気(排水)口.

Aus·laß ⇨ 新裁 Auslass

aus|las·sen* [アオス・ラッセン áus-làsən] I 他 (h) ① (機会⁴などを)逃す, 見落とす; (字など⁴を)省く, 抜かす. Er ließ versehentlich einen Buchstaben aus. 彼は文字を一つ誤って抜かした. ② (処) (ガス・蒸気⁴を)放出する, (水⁴を)流し出す. ③ 南ドꞌ・スꞌスꞌ (動物⁴を)放す; (人⁴を)そっとしておく. ④ (車⁴ an 人³ ~) (車⁴に感情などを人³に)ぶちまける. seinen Zorn an 人³ auslassen 人³に怒りをぶちまける. ⑤ (バター・脂肪など⁴を)溶かす. ⑥ (服の上げ⁴を)下ろす, (服⁴の)幅を広げる. ⑦ (口語) (電灯・ストーブなど⁴を)つけないでおく. ⑧ (口語) (服など⁴を)着ていない. II 再帰 (h) (sich⁴ über 人・事⁴ ~) (人・事⁴について)意見を述べたてる.

◇ ☞ ausgelassen

Aus·las·sung [アオス・ラッスング] 囡 -/-en ① (言葉・つづりなどの)脱落, 省略. ② (ふつう 複) (意見などの)表明, 発言.

Aus·las·sungs≈zei·chen [アオスらッスングス・ツァイヒェン] 中 -s/- (言) 省略符号, アポストロフィ (記号: '). (＝Apostroph).

aus|las·ten [アオス・らステン áus-làstən] 他 (h) ① (機械など⁴を)フルに使う; (トラックなど⁴に)最大限に荷を積む. ② (仕事などが人⁴に)満足感を与える.

Aus·lauf [アオス・らおふ áus-lauf] 男 -[e]s/..läufe ① (複 なし)(液体の)流出; 出口, 排水口. ② (複 なし)走り回れる場所, 空地. Kinder brauchen Auslauf. 子供たちには遊び場が必要だ. ③ (スポ) (陸上競技のゴール通過後の)終走路, (スキーのゴール後の)滑走路.

aus|lau·fen* [アオス・らオふェン áus-làufən] I 自 (s) ① 流れ出る, 漏れる; (漏れて容器が)空になる; (色などが)にじむ. Das Benzin ist aus dem Tank ausgelaufen. 現在完了 タンクから漏れた. 出港する. ② (船が)出港する. ③ (スポ) (ゴールしたあと)惰走する. ④ (機械などが)しだいに止まる. ⑤ (契約などが)終わる. ⑥ (道などが…で)終わる; (で)終わる. Der Turm läuft in eine Spitze aus. その塔は先がとがっている / gut (schlecht) auslaufen 良い(悪い)結果に終

わる. II 再帰 (h) sich⁴ auslaufen 思う存分走り(歩き)回る.

Aus·läu·fer [アオス・ろイふァァ áus-lɔyfər] 男 -s/- ① (山脈などの)末端部, 山麓(えꞌ). ② (気象)(気圧の)張り出し. ③ (植) 匍匐(ほꞌ)茎; 新芽. ④ (ふꞌゔー・スꞌヌ) メッセンジャーボーイ.

aus|lau·gen [アオス・らオゲン áus-làugən] 他 (h) ① (化) (可溶物⁴を)浸出する. ② (比) へとへとにさせる.

Aus·laut [アオス・らオト áus-laut] 男 -[e]s/-e (言) 語末音, 音節末音.

aus|lau·ten [アオス・らオテン áus-làutən] 自 (h) (言) (ある音で)終わる. Das Wort „Haus" lautet auf „s" aus. 「家」という単語は「s」で終わる.

aus|le·ben [アオス・れ・ベン áus-lè:bən] I 再帰 (h) sich⁴ ausleben 自由奔放に生きる. II 他 (h) (雅) (才能など⁴を)十分に伸ばす.

aus|lee·ren [アオス・れ・レン áus-lè:rən] 他 (h) (容器⁴を)空にする. das Glas⁴ in einem Zug ausleeren グラスを一気に飲み干す.

aus|le·gen [アオス・れ・ゲン áus-lè:gən] (legte...aus, hat...ausgelegt) 他 (過完 haben) ① (商品など⁴を)陳列する, 並べる; (わななど⁴を)仕掛ける. (裏) (display). die Bücher⁴ im Schaufenster auslegen 本をショーウィンドーに陳列する. ② (A⁴ mit B³ ~) (A⁴にB³を敷く, 張る; (A⁴ に B³ を)はめ込む, 象眼する. Ich habe die Wohnung mit Teppichen ausgelegt. 私は住まいにじゅうたんを敷いた. ③ 解釈する. die Bibel⁴ auslegen 聖書を解釈する / 事⁴ als Eitelkeit auslegen 事⁴を虚栄心の現れだととる(解する) / Er hat meine Äußerungen falsch ausgelegt. 彼は私の発言を誤解した. ④ (ある金額⁴を)立て替える. Kannst du mir 50 Mark auslegen? ぼくに 50 マルク立て替えてくれないか. ⑤ (工) (ある性能を備えるように)設計する. Der Saal ist für 2 000 Leute ausgelegt. (状態受動・現在) このホールは 2,000 人収容できるように設計されている.

Aus·le·ger [アオス・れ・ガァ áus-le:gər] 男 -s/- ① 解釈(注釈)者. ② (クレーンなどの)ジブ, 腕; (ボートの)張り出し材; 舷側浮材.

Aus·le·gung [アオス・れ・グング] 囡 -/-en ① 陳列. ② 解釈, 注釈. eine richtige Auslegung 正しい解釈.

aus|lei·ern [アオス・らイァァン áus-làiərn] I 他 (h) (口語) (ねじなど⁴を)使いつぶす. II 自 (s) (ゴムなどが)伸びてしまう.

◇ ☞ ausgeleiert

Aus·lei·he [アオス・らイエ áus-laiə] 囡 -/-n ① (複 なし)(本などの)貸し出し. ② (図書館の)貸し出し窓口.

aus|lei·hen* [アオス・らイエン áus-làiən] 他 (h) ① 貸す, 貸し出す. Ich habe ihm (または an ihn) ein Buch ausgeliehen. 私は彼に本を貸した. ② 借りる. (sich³) 物⁴ von 人³ ausleihen 物⁴を人³から借りる.

aus|ler·nen [アオス・れルネン áus-lèrnən] 自

Auslese

(h) 修業期間を終える. Man *lernt* nie *aus*. 《諺》人生修業に終わりはない.

Aus·le·se [アオス・ㇾーゼ áus-le:zə] 囡 -/-n ① 〖覆 なし〗選択, 選別; 淘汰(た). eine *Auslese*⁴ treffen 選別する. ② エリート, 粒より; 精選品. ③ 《製》アウスレーゼ(熟した特選のぶどうで作る高級ワイン).

aus|le·sen* [アオス・ㇾーゼン áus-lè:zən] 他 (h) ① (本など⁴を)読み終える. ② (悪いもの⁴を)よりのける; (悪いものがないか)選別する. ③ 《雅》(よいもの⁴を)えりすぐる. (☞ 類語 wählen).

aus|lie·fern [アオス・リーフェァン áus-lì:fərn] 他 (h) ① (犯人など⁴を)引き渡す, 送還する. ◇《過去分詞の形で》囚•物³ ausgeliefert sein 《比》囚•物³のなすがままである. ② 《商》(商品⁴を)引き渡す, 出荷する.

Aus·lie·fe·rung [アオス・リーフェルング áus-lì:fərυŋ] 囡 -/-en ① (犯人などの)引き渡し, 送還. ② (商品の)引き渡し, 出荷.

Aus·lie·fe·rungs-ver·trag [アオスリーフェルングス・フェアトラーク] 男 -[e]s/..träge 《法》(国家間の)犯人引き渡し条約.

aus|lie·gen* [アオス・リーゲン áus-lì:gən] 自 (h) (商品などが)陳列してある, 並べてある; (新聞などが)閲覧に供されている.

aus|löf·feln [アオス・ㇾッフェるン áus-lœfəln] 他 (h) スプーンですくって平らげる.

***aus|lö·schen** [アオス・ㇾッシェン áus-lœʃən] (löschte, hat...ausgelöscht) 他 (完了 haben) ① (火・ろうそくなど⁴を)消す. (英 *put out*). eine Kerze⁴ *auslöschen* ろうそくの火を消す / das Licht⁴ *auslöschen*《雅》明かりを消す. ② ぬぐい去る. die Schrift⁴ an der Tafel *auslöschen* 黒板の字を消す / die Erinnerung⁴ an 囚•物⁴ *auslöschen*《雅•比》囚•物⁴の思い出をぬぐい去る.

aus|lo·sen [アオス・ローゼン áus-lò:zən] 他 (h) くじで決める.

aus|lö·sen [アオス・ㇾーゼン áus-lø̀:zən] I 他 (h) ① 作動させる. den Verschluss des Fotoapparates *auslösen* カメラのシャッターを切る. ② (反応など⁴を)引き起こす; (感情など⁴を)呼び起こす. Beifall⁴ *auslösen* 喝采(かっさい)を博する. ③ 《方》取り出す, はぎ取る. II 再帰 (h) sich⁴ *auslösen* 作動する.

Aus·lö·ser [アオス・ㇾーザァ áus-lø̀:zər] 男 -s/- ① 〖工〗作動ボタン;《写》シャッターボタン. Drücken Sie hier auf den *Auslöser* にシャッターを押してください. ② (争いなどの)きっかけ, 原因. ③ 〖心〗解発因(においや色など心的な刺激になるもの).

Aus·lo·sung [アオス・ローズング áus-lò:zυŋ] 囡 -/-en くじ引き[で決めること], 抽選.

Aus·lö·sung [アオス・ㇾーズング áus-lø̀:zυŋ] 囡 -/-en ① 〖覆 なし〗作動, 操作. ② 遠隔地手当; 出張手当.

aus|lo·ten [アオス・ローテン áus-lò:tən] 他 (h) ①《海》(水路など⁴の)水深を測る;《比》(他人の発言など⁴の)真意を探る. ②〖工〗(壁面など⁴の)垂直を定める.

aus|lüf·ten [アオス・リュフテン áus-lỳftən] I 他 (h) (部屋など⁴に)風を通す, (衣服⁴を)外気に当てる. II 自 (h) 外気に当たる. III 再帰 (h) sich⁴ *auslüften*《口語》散歩する.

***aus|ma·chen** [アオス・マッヘン áus-màxən] (machte...aus, hat...ausgemacht) 他 (完了 haben) ① 《口語》(火・明かり・ラジオなど⁴を)消す. (英 *turn off*). (英「つける」は an|machen). *Mach* bitte das Licht *aus*! 明かりを消してくれないか. ② (期限・落ち合う場所⁴を)とり決める, 申し合わせる; (争いごと⁴の)決着をつける. mit 囚³ 事⁴ *ausmachen* a) 囚³と事⁴をとり決める, b) 囚³と事⁴の話をつける / den Preis *ausmachen* 価格を協定する. ③ (…の)[総]額になる. Wie viel *macht* es *aus*? いくらになりますか. ④ (物⁴の)本質を成す; (物⁴を)構成する. Die Mieteinnahmen *machen* den Hauptanteil seines Einkommens *aus*. 家賃の収入が彼の収入の大半なのだ. ⑤〖**etwas**⁴**, nichts**⁴**, viel**⁴ などとともに〗(…の)意味(重要性)を持つ. *Macht* es Ihnen etwas *aus*, wenn ich rauche? たばこを吸ってもかまいませんか / Das *macht* nichts *aus*. それはたいしたことではない. ⑥ (遠方に)発見する, 見つけ出す. ⑦《方》(じゃがいもなど⁴を)掘り出す. ◇☞ ausgemacht

aus|mah·len(*) [アオス・マーれン áus-mà:lən] 他 (h) (穀物⁴を)製粉する.

aus|ma·len [アオス・マーれン áus-mà:lən] I 他 (h) ① (物⁴に)色を塗る, 彩色する; (物⁴の内部に)壁画を描く, 明かりを描く. II 再帰 (h) sich⁴ 事⁴ *ausmalen* 事⁴を思い描く, 想像する. Er *malt* sich die Zukunft rosig *aus*. 彼は未来をばら色に思い描いている.

Aus·maß [アオス・マース áus-ma:s] 中 -es/-e ① 大きさ, 広さ. ② 規模, 範囲; スケール. in (または von) größtem *Ausmaß* 大規模に.

aus|mer·geln [アオス・メルゲるン áus-mèrgəln] 他 (h) 衰弱させる, やつれさせる.
◇☞ ausgemergelt

aus|mer·zen [アオス・メルツェン áus-mèrtsən] 他 (h) ① (誤りなど⁴を)削除する; (害虫など⁴を)駆除する. ② (不用家畜など⁴を)処分する.

aus|mes·sen* [アオス・メッセン áus-mèsən] 他 (h) (物⁴の)大きさを正確に測る.

aus|mis·ten [アオス・ミステン áus-mìstən] 他 (h) ① (家畜小屋⁴を)掃除する. ②《口語》(引き出しなど⁴の)不用品を処分する.

aus|mus·tern [アオス・ムスタァン áus-mùstərn] 他 (h) ①《軍》(検査で)兵役不適格とする. ② (古い機械など⁴を)廃棄する. ③《織》(新しい柄など⁴を)試作する.

*die **Aus·nah·me** [アオス・ナーメ áus-na:mə] 囡 (単) -/(複) -n 例外, 特例. (英 *exception*). Ich kann **für** Sie keine *Ausnahme* machen. あなたを特別扱いするわけにはいきません / **bei** (または **mit**) 囚³ eine *Aus-*

nahme⁴ machen 人³を例外とする / Mit *Ausnahme* von Peter waren alle anwesend. ペーター以外は全員出席していた / Keine Regel ohne *Ausnahme*.《諺》例外のない規則はない.

Aus·nah·me=fall [アオスナーメ・ファる] 男 -[e]s/..fälle 例外的な場合, 特例.

Aus·nah·me=**zu·stand** [アオスナーメ・ツーシュタント] 男 -[e]s/..stände 非常(緊急)事態.

aus·nahms=los [アオスナームス・ロース] 形 例外のない. *ausnahmslos* alle 一人残らず.

aus·nahms=**wei·se** [アオスナームス・ヴァイゼ] 副 例外的に, 特例として; 珍しく. Er hat es mir *ausnahmsweise* erlaubt. 彼は私にそれを特別に許してくれた.

aus|neh·men [アオス・ネーメン áus-nèːmən] du nimmst...aus, er nimmt...aus (nahm...aus, hat...ausgenommen) I 他 (完了 haben) ① (巣などから卵などを)取り出す, 抜き取る; (巣⁴から)卵を取り出す. die Eier⁴ aus dem Nest *ausnehmen* 巣から卵を取り出す. ② (動物⁴の)臓物を取り出す. ③ 《俗》(人⁴から)お金を巻き上げる; (人⁴に)しつこく尋ねる. ④ 除外する, 除く, 例外とする. Alle haben Schuld, ich *nehme* mich nicht *aus*. みんなに責任がある, 私も例外ではない. ⑤ 《狩》見分ける, 識別する.
II 再帰 (完了 haben) *sich*⁴ *ausnehmen* 《雅》(...に)見える, (...の)印象を与える. Sie nimmt sich in diesem Kleid gut *aus*. 彼女はこの服を着ると引きたつ.
◊ ☞ **ausgenommen**

aus·neh·mend [アオス・ネーメント] I *aus|nehmen (取り出す)の 現分 II 形《雅》格別に, 際だった. III 副《雅》格別に, 非常に. Er ist *ausnehmend* höflich. 彼は非常に礼儀正しい.

***aus|nut·zen** [アオス・ヌッツェン áus-nùtsən] du nutzt...aus (nutzte...aus, hat...ausgenutzt) 他 (完了 haben) ① 十分に利用する, 利用し尽くす. eine Gelegenheit⁴ *ausnutzen* チャンスを利用する / die Zeit⁴ gut *ausnutzen* 時間を十分に活用する. ② 食い物にする, (人・事⁴に)つけ込む. Er *nutzte* seinen Freund gründlich *aus*. 彼は友人を徹底的に食い物にした.

aus|nüt·zen [アオス・ニュッツェン áus-nỳtsən] 他 (h)《方》= aus|nutzen

aus|pa·cken [アオス・パッケン áus-pàkən] (packte...aus, hat...ausgepackt) I 他 (h) haben) ① (包みなどの中身⁴を)取り出す; (包みなどを)開けて中身を取り出す. (反)*unpack*). (学)「包装する」は ein|packen). die Kleider⁴ aus dem Koffer *auspacken* スーツケースから衣服を取り出す / ein Päckchen⁴ *auspacken* 小包を開ける. ②《口語》(秘密・心配ごと⁴を)打ち明ける, 話す.
II 自 (完了 haben)《口語》① 秘密をばらす. ② 心の中をぶちまける.

aus|pfei·fen* [アオス・プふァイふェン áus-pfàifən] 他 (h) (芝居・俳優など⁴を)口笛を吹いてやじり倒す.

aus|plau·dern [アオス・プらオダァン áus-plàudərn] 他 (h) (秘密など⁴を)しゃべってしまう.

aus|plün·dern [アオス・プりュンダァン áus-plỳndərn] 他 (h) (人⁴の)持ち物を略奪する.

aus|po·sau·nen [アオス・ポザオネン áus-pozàunən] (過分 ausposaunt) 他 (h)《口語》言いふらす, 吹聴(ふいちょう)する.

aus|prä·gen [アオス・プレーゲン áus-prɛ̀ːgən] I 再帰 (h) *sich*⁴ *ausprägen* (感情などが)はっきりと current; (傾向などが)はっきりしてくる. II 他 (h) (貨幣⁴を)鋳造する.
◊ ☞ **ausgeprägt**

aus|pres·sen [アオス・プレッセン áus-prèsən] 他 (h) ① (果汁などを⁴を)搾り出す; (果物⁴を)搾る. ②《口語・比》(人⁴を)質問攻めにする.

aus|pro·bie·ren [アオス・プロビーレン áus-probìːrən] 他 (h) (新製品など⁴を)試してみる, テストする.

Aus·puff [アオス・プふ áus-puf] 男 -[e]s/-e 《工》排気[口]; 排出; 排気装置.

Aus·puff=topf [アオス・プふ・トプふ] 男 -[e]s/..töpfe (自動車などの)消音器, マフラー.

aus|pum·pen [アオス・プンペン áus-pùmpən] 他 (h) (水など⁴を)ポンプでくみ出す; (物⁴を)ポンプで空にする. den Magen *auspumpen* 胃を洗浄する.
◊ ☞ **ausgepumpt**

aus|punk·ten [アオス・プンクテン áus-pùŋktən] 他 (h) (ボクシングで:)(人⁴に)判定で勝つ.

aus|put·zen [アオス・プッツェン áus-pùtsən] I 他 (h) ①《方》(物⁴の)内部を掃除する; (木⁴を)刈り込む. ② (部屋などを⁴を)飾る. II 自 (h) (サッカーで:)スイーパーを務める.

Aus·put·zer [アオス・プッツァァ áus-putsər] 男 -s/- (サッカーの)スイーパー.

aus|quar·tie·ren [アオス・クヴァルティーレン áus-kvartìːrən] 他 (h) (一時的に人⁴に)部屋(住居)を空けてもらう.

aus|quet·schen [アオス・クヴェッチェン áus-kvètʃən] 他 (h) ① (果汁⁴を)搾り出す; (果物⁴を)搾る. ②《口語・比》(人⁴を)質問攻めにする.

aus|ra·die·ren [アオス・ラディーレン áus-radìːrən] 他 (h) ① (消しゴムで)消す; (比)(事⁴を記憶から)消す. ②《俗》(都市など⁴を)壊滅させる; (人⁴を)消す.

aus|ran·gie·ren [アオス・ランジーレン áus-rãʒìːrən] 他 (h)《口語》(不用な物⁴を)お払い箱にする.

aus|ra·sie·ren [アオス・ラズィーレン áus-razìːrən] 他 (h) (毛など⁴をすっかり)そり落す, そる; (うなじなど⁴の)毛をそる.

aus|ras·ten [アオス・ラステン áus-ràstən] 自 (s) ①《工》(ばねなどが)はずれる. ②《口語》かっとなる.

aus|rau·ben [アオス・ラオベン áus-ràubən] 他 (h) (人・物⁴から)金めの物を残らず奪う.

aus|räu·chern [アオス・ロイヒャァン áus-rɔ̀ʏçərn] 他 (h) (害虫など⁴を)いぶして駆除する;

ausraufen

(部屋など⁴を)燻蒸(ﾋﾞｮｳ)消毒する.

aus|rau・fen [アオス・ラオフェン áus-ràufən] 他 (h) 《草》(草・毛など⁴を)むしり取る.

aus|räu・men [アオス・ロイメン áus-ròymən] 他 (h) ① (戸棚などから)取り出す, 取り除く; (戸棚などの)中を空にする. die Möbel⁴ aus einem Zimmer *ausräumen* 家具を部屋から運び出す. ② (口語) (物⁴の中身をさらう, 盗む. ③ (比) (偏見など⁴を)取り払う.

*aus|rech・nen** [アオス・レヒネン áus-rèçnən] du rechnest...aus, er rechnet...aus (rechnete...aus, *hat*...ausgerechnet). 他 (定了 haben) ① (問題など⁴を)**計算して解く**. eine Rechenaufgabe⁴ *ausrechnen* 計算問題を解く. ② 算出する. die Kosten⁴ *ausrechnen* 費用を算出する. ◆(再帰的代名詞 (3格)とともに) *sich*³ 物⁴ *ausrechnen* 物⁴の見当をつける, 物⁴を予測する ⇨ Du kannst dir *ausrechnen*, was er sagen wird. 彼が何と言うか君には予測がつくはずだ.

◇☞ **ausgerechnet**

*die **Aus・re・de** [アオス・レーデ áus-re:də] 女 (単) -/(複) -n **言いわけ**, 口実, 逃げ口上. (英 excuse). Das ist eine faule *Ausrede*. それは見えすいた言いわけだ / nach einer *Ausrede* suchen 口実を探す.

aus|re・den [アオス・レーデン áus-rè:dən] I 自 (h) 終わりまで話す. 人⁴ *ausreden lassen* 人⁴の話を最後まで聞く. II 他 (h) (人³を説得して)物⁴を)思いとどまらせる. Das lasse ich mir nicht *ausreden*. 私は何と言われてもそれはやめない. III 再帰 (h) sich⁴ *ausreden* (方) 心中を打ち明ける.

*aus|rei・chen** [アオス・ライヒェン áus-ràiçən] (定了 haben) 自 ① 足りる, 十分である. Das Geld *reicht* **für** den Bau des Hauses nicht *aus*. そのお金は家を建てるには足りない. ② 《mit³ ~》(口語) 物³でやっていける.

aus・rei・chend [アオス・ライヒェント áus-ràiçənt] I *aus|reichen* (足りる)の 現分 II 形 十分な; (成績が)可の. *ausreichende* Kenntnisse 十分な知識. (◎ 成績評価については ☞ gut⑪).

aus|rei・fen [アオス・ライフェン áus-ràifən] 自 (s) ① (果実などが)熟す; (ワインなどが)熟成する. ② 《比》(人間が)成熟する; (計画などが)熟す.

◇☞ **ausgereift**

Aus・rei・se [アオス・ライゼ áus-raizə] 女 -/-n (正式な手続きによる)出国. (◎ 「入国」は Einreise).

aus|rei・sen [アオス・ライゼン áus-ràizən] 自 (s) (正式な手続きを経て…へ)出国する. (◎ 「入国する」は ein|reisen).

aus|rei・ßen* [アオス・ライセン áus-ràisən] I 他 (h) 引き抜く, むしり取る. II 自 (h) ① (縫い目などが)ほころびる, (ボタンなどが)取れる. ② (口語) 逃げ出す. ③ (スポ) (スパートして(人³を引き離す.

Aus・rei・ßer [アオス・ライサァ áus-raisər] 男 -s/- 《口語》家出人, (特に:)家出少年. ② (工・隠語) (計測における)異常な数値. ③ (スポ) (自転車競技などで)スパートして引き離しにかかった選手. ④ (射撃の)外れ弾.

aus|rei・ten [アオス・ライテン áus-ràitən] 自 (s) 馬に乗って出かける; 遠乗りする. II 他 (h) (馬術で) (馬⁴に)全力を出させる.

aus|ren・ken [アオス・レンケン áus-rènkən] 他 (h) (腕など⁴を)脱臼(ﾀﾞｯｷｭｳ)させる. sich³ den Fuß *ausrenken* 自分の足を脱臼する.

aus|rich・ten [アオス・リヒテン áus-rìçtən] 他 (h) ① (あいさつ・知らせなど⁴を)伝える. *Richten* Sie ihm Grüße von mir *aus*! 彼によろしくお伝えください. ② 達成する, 成就する. Mit Geld *kann* man bei ihm viel *ausrichten*. お金を使えば彼には効き目がある. ③ まっすぐに並べる, 整列させる. ◆(再帰的に) *sich*⁴ *ausrichten* 整列する. ④ (祝宴・大会など⁴を)開催する, 挙行する. ⑤ 《A⁴ auf B⁴ (または nach B³) ~》(A⁴を B⁴(または B³)に)合わせる. einen Vortrag auf das Alter der Zuhörer² *ausrichten* 講演の内容を聴衆の年齢に合わせる. ⑥ 《人・事⁴を…の傾向へ》方向づける. ◆(過去分詞の形で) militaristisch *ausgerichtet* sein 軍国主義的傾向がある.

Aus・rich・tung [アオス・リヒトゥング] 女 -/ ① 調整; (思想などの)統制. ② 開催, 挙行. ③ (鉱) (鉱脈などを)探し出すこと.

Aus・ritt [アオス・リット áus-rɪt] 男 -[e]s/-e 騎行; 遠乗り.

aus|rol・len [アオス・ロレン áus-ròlən] I 他 (h) ① (巻いたもの⁴を)広げる. ② (パン生地など⁴を)めん棒で伸ばす. II 自 (s) (飛行機・車などが)徐々に停止する.

aus|rot・ten [アオス・ロッテン áus-ròtən] 他 (h) (雑草・種族など⁴を)根絶する, 絶滅させる; 《比》(悪習・偏見など⁴を)一掃する.

Aus・rot・tung [アオス・ロットゥング] 女 -/-en 根絶, 絶滅; 《比》一掃.

aus|rü・cken [アオス・リュッケン áus-rỳkən] I 自 (s) ① (軍) 出動する. ② (口語) 逃げ出す. II 他 (h) ① (印) (語・数字など⁴を)行の欄外に出す. ② (工) (クラッチなど⁴を)連動から外す.

Aus・ruf [アオス・ルーフ áus-ru:f] 男 -[e]s/-e 叫び[声].

aus|ru・fen [アオス・ルーフェン áus-rù:fən] (rief...aus, *hat*...ausgerufen). 他 (定了 haben) ① (…と)叫ぶ, 叫び声をあげる. „Wunderbar!" *rief* er *aus*. 「すばらしい」と彼は叫んだ. ② 大声で知らせる, アナウンスする; 宣言する, 公告する. die Stationen⁴ *ausrufen* 駅名をアナウンスする / einen Streik *ausrufen* ストライキを宣言する / 人⁴ als Sieger (zum König) *ausrufen* 人⁴を勝者(国王)として公告する. ③ (新聞などが)呼び売りする.

Aus・ru・fe・satz [アオスルーフェ・ザッツ] 男 -es/..sätze 《言》感嘆文.

Aus・ru・fe・zei・chen [アオスルーフェ・ツァイ

ヒェン] 中 -s/- (言)感嘆符(記号: !).

:**aus|ru·hen** [アオス・ルーエン áus-rù:ən] (ruhte ... aus, hat ... ausgeruht) I 再帰 (完了 haben) *sich*[4] *ausruhen* 休む, 休息(休養)する. Du *musst* dich ein wenig *ausruhen*. 君は少し休まないといけないよ. (☞ 類語 ruhen).
II 自 (完了 haben) 休む, 休息(休養)する. **auf** einer Bank *ausruhen* ベンチで休む.
III 他 (完了 haben) (体・目など[4]を)休める. die Augen[4] *ausruhen* (疲れた)目を休める.

aus|rüs·ten [アオス・リュステン áus-rỳstən] 他 (h) ① (人・物[4]に)装備を施す. ein Schiff[4] *ausrüsten* 船を艤装(${}^{ぎ}_{そう}$)する / ein Auto[4] **mit** leichten Felgen *ausrüsten* 車に軽いホイールを付ける. ◊《再帰的に》 *sich*[4] **für** eine Reise *ausrüsten* 旅の準備をする. ②〔織〕仕上げ加工する.

Aus·rüs·tung [アオス・リュストゥング] 女 -/-en ①《複 なし》装備, 備え付け; 武装; 艤装(${}^{ぎ}_{そう}$). ② 設備, 装置; プラント.

aus|rut·schen [アオス・ルッチェン áus-rùtʃən] 自 (s) ① つるりと滑る, 滑って転ぶ. ② (ナイフなどが)手から滑り落ちる.

Aus·rut·scher [アオス・ルッチャァ áus-rutʃər] 男 -s/- ①《口語》つるりと滑ること. ②(口をすべらせての)失言, (思わぬ)ミス. ③(${}^{こと}_{ば}$)思いがけない敗北.

Aus·saat [アオス・ザート áus-za:t] 女 -/-en ①《複 なし》種まき, 播種(${}^{はっ}_{しゅ}$). ② (まくための)種子.

aus|sä·en [アオス・ゼーエン áus-zɛ̀:ən] 他 (h) (種[4]を)まく; (物[4]の)種をまく. Hass[4] *aussäen*《比》憎しみの種をまく.

Aus·sa·ge [アオス・ザーゲ áus-za:gə] 女 -/-n ① 発言, 言明. ②〔法廷での〕証言, 供述. Zeugen*aussage* 証人の供述 / eine *Aussage*[4] machen 証言する. ③ (芸術的・精神的な)表現内容, 意味.

aus|sa·gen [アオス・ザーゲン áus-zà:gən] I 自 (h) 供述する, 証言する. Sie *hat* **gegen** ihn *ausgesagt*. 彼女は彼に不利な供述をした. II 他 (h) ① 述べる, 言明する. ②(芸術作品などが)言い表す, 訴えるものがある. Der Film *sagt* wenig *aus*. この映画は訴えるものが少ない.

Aus·sa·ge≠satz [アオスザーゲ・ザッツ] 男 -es/..sätze《言》平叙文, 叙述文.

Aus·satz [アオス・ザッツ áus-zats] 男 -es/《医》ハンセン病 (=Lepra).

aus·sät·zig [アオス・ゼッツィヒ áus-zɛtsɪç] 形《医》ハンセン病の.

Aus·sät·zi·ge[r] [アオス・ゼッツィゲ (..ガァ) áus-zɛtsɪgə (..gər)] 男 女《語尾変化は形容詞と同じ》ハンセン病患者.

aus|sau·gen[*] [アオス・ザオゲン áus-zàugən] 他 (h) ①(果汁など[4]を)吸い出す; (果物[4]から)果汁を吸い出す. eine Wunde[4] *aussaugen* 傷口から毒を吸い出す. ②《比》搾取する.

aus|schach·ten [アオス・シャハテン áus-ʃàxtən] 他 (h) ①(地面[4]を)掘り下げる. ②(縦坑など[4]を)掘って作る.

Aus·schach·tung [アオス・シャハトゥング] 女 -/-en (坑)掘削[した坑].

•**aus|schal·ten** [アオス・シャルテン áus-ʃàltən] du schaltest ... aus, er schaltet ... aus (schaltete ... aus, hat ... ausgeschaltet) 他 (h) ① (テレビなど[4]の)スイッチを切る. (英 *switch off*). (⇔)「スイッチを入れる」は ein|schalten). den Motor *ausschalten* エンジンのスイッチを切る / das Licht[4] *ausschalten* 明かりを消す. ◊《再帰的に》Die Maschine *schaltet sich*[4] automatisch *aus*. この機械は自動的にスイッチが切れる. ② (人・事[4]を)排除する, 締め出す. eine Fehlerquelle[4] *ausschalten* 間違いの原因を除く.

Aus·schal·tung [アオス・シャルトゥング] 女 -/-en ① スイッチを切ること, (電流の)遮断. ② 除外, 排除.

Aus·schank [アオス・シャンク áus-ʃaŋk] 男 -[e]s/..schänke ①《複 なし》(酒類の)小売り. ② 飲み屋, 居酒屋; (酒場の)カウンター.

Aus·schau [アオス・シャオ áus-ʃau] 女《成句的に》**nach** 人・物[3] *Ausschau*[4] halten 人・物[3]を待ち受けて見張る.

aus|schau·en [アオス・シャオエン áus-ʃàuən] 自 (h) ① (**nach** 人・物[3] ~) (人・物[3]を)待ち受けて見張る;《方》(人・物[3]を)探し求める. ②(南ド・オーストリア)(…のように)見える.

aus|schei·den[*] [アオス・シャイデン áus-ʃàɪdən] I 他 (h) ① 除外する, 排除する. ② 分泌する; 排泄(${}^{はい}_{せつ}$)する. ③《化》析出する. II 自 (s) ① 退職する, 退会する, 引退する;《比》敗退する, 失格する. **aus** dem Dienst *ausscheiden* 退職する. ②(提案などが)除外される, 問題外である.

Aus·schei·dung [アオス・シャイドゥング] 女 -/-en ①《複 なし》離脱, 除去. ②《ふつう複》分泌物, 排泄(${}^{はい}_{せつ}$)物. ③(${}^{こと}_{ば}$) 予選.

Aus·schei·dungs≠kampf [アオスシャイドゥングス・カンプふ] 男 -[e]s/..kämpfe (${}^{こと}_{ば}$)予選[競技].

Aus·schei·dungs≠spiel [アオスシャイドゥングス・シュピーる] 中 -[e]s/-e =Ausscheidungskampf

aus|schel·ten[*] [アオス・シェるテン áus-ʃɛ̀ltən] 他 (h) しかりつける, きつくしかる.

aus|schen·ken [アオス・シェンケン áus-ʃɛ̀ŋkən] 他 (h) ①(酒場の客に酒など[4]を)出す, 飲ませる. ②(飲み物[4]を).

aus|sche·ren [アオス・シェーレン áus-ʃè:rən] 自 (s) 列(編隊)から離れる; (車が)スリップして車線からそれる;《比》(同盟などから)脱退する.

aus|schi·cken [アオス・シッケン áus-ʃìkən] 他 (h) 使いに出す. 人[4] **nach** Brot *ausschicken* 人[4]をパンを買いにやる.

aus|schie·ßen[*] [アオス・シーセン áus-ʃì:sən] 他 (h) ①(人[3]の目など[4]を)撃ち抜く; 撃ち尽くす. ②(印)整版する. ③(賞など[4]を)射撃で競う.

aus|schif·fen [アオス・シッフェン áus-ʃifən] 他 (h) (船客[4]を)上陸させる, (積荷[4]を)陸揚げす る.

Aus·schif·fung [アオス・シッフング] 女 -/-en 《ふつう 単》上陸; 陸揚げ.

aus|schil·dern [アオス・シルダァン áus-ʃildərn] 他 ① (道路など[4]に)標識を立てる (完備する). ② (進路など[4]を)標識で示す.

aus|schimp·fen [アオス・シンプフェン áus-ʃimpfən] 他 (h) しかりとばす, ののしる.

aus|schlach·ten [アオス・シュラハテン áus-ʃlàxtən] 他 (h) ① (屠殺[さつ]にした牛・豚など[4]の)内臓を抜く. ② (口語) (廃車など[4]の利用可能な部品を取りはずす. ③ 《口語》利用し尽くす.

aus|schla·fen* [アオス・シュらーフェン áus-ʃlà:fən] I 自 (h, s)・再帰 (h) sich[4] ausschlafen 十分に眠る. Ich habe noch nicht ganz ausgeschlafen. 私はまだ寝足りなかった. (☞類語 schlafen). II 他 (h) 眠って治す(忘れる). seinen Rausch ausschlafen 眠って酔いをさます / seinen Zorn ausschlafen 眠って怒りを忘れる.

Aus·schlag [アオス・シュらーク áus-ʃla:k] 男 -(e)s/..schläge 《ふつう 単》① 発疹[しん], 吹き出物. Ausschlag[4] bekommen 吹き出物ができる. ② (天秤[びん]が)傾くこと; (振り子が)振れること. den Ausschlag [für 事[4]] geben [事[4]にとって] 決め手になる.

aus|schla·gen* [アオス・シュらーゲン áus-ʃlà:gən] I 自 (h, s) ① (h, s), (木などが)芽を吹く. ② (h) (馬がける, けり上げる; 振り回す. ③ (h) (工) (計器の針などが)振れる; (天秤[びん]・磁針が)傾く. ④ (h) (時計が)時刻を打ち終わる. ⑤ (s) (…の)結果になる. Die Sache ist günstig ausgeschlagen.《現在完了》その件は有利な結果になった. II 他 (h) ①たたいて出す(取る), (樽[たる]の底[4]を打ち抜く; (火[4]をたたいて消す. Das schlägt dem Fass den Boden aus! (比)とんでもないことだ(←樽の底を打ち抜く) / [人[3]の]einen Zahn ausschlagen [人[3]の]歯を1本折る. ② (物[4]に)内張りする. eine Kiste[4] mit Papier ausschlagen 箱の内側に紙を張る. ③ (申し出など[4]を)断る, はねつける.

aus·schlag⹀ge·bend [アオスシュらーク・ゲーベント] 形 決定的な. **für 事[4] ausschlaggebend** sein 事[4]にとって決定的である.

aus|schlie·ßen [アオス・シュリーセン áus-ʃlì:sən) du schließst...aus (schloss...aus, hat...ausgeschlossen) 他 (完了 haben) ① (鍵[ぎ]をかけて人[4]を)閉め出す. (英 lock out). (☞「閉じ込める」は ein|schließen). Du hast mich versehentlich ausgeschlossen. 君は誤って私を閉め出してしまった. ②〖人 aus 事[3]~〗(人[4]を事[3]から)除名する. Sie schlossen ihn aus der Partei aus. 彼らは彼を党から除名した. ③〖人[4] von 事[3] ~〗(人[4]を事[3]から)締め出す, 参加させない. 人[4] von einem Ausflug ausschließen 人[4]を遠足に参加させない. ④ (人・事[4]を)除外する, 例外とする. Wir haben alle Schuld, ich schließe mich nicht aus. 私たちはみんな責任がある, 私自身も例外でない. ⑤ 生じさせない, 不可能にする. Das schließt jeden Zweifel aus. それには疑問の余地がない.
◊☞ **ausgeschlossen**

aus·schließ·lich [アオス・シュリースりヒ または アオス・シュリース..] I 形 排他的な, 独占的な; 専有の. das ausschließliche Recht[4] auf 事[4] haben 事[4]の専有権を持っている. II 副 もっぱら, ただ…だけ. Er interessiert sich ausschließlich für Sport. 彼はスポーツにしか関心がない. III 前《2格とともに》…を除いて, (☞「…を含めて」は einschließlich). ausschließlich Porto (または des Portos) 郵送料を含まないで, 送料別で. (☞ 冠詞や付加語がない場合, 名詞には2格の-(e)sをつけない).

Aus·schließ·lich·keit [アオス・シュリースりヒカイト または アオス・シュリース..] 女 -/ 排他[性], 独占, 専有.

Aus·schlie·ßung [アオス・シュリースング] 女 -/-en 閉め出すこと, 除外; 除名; 排除.

aus|schlüp·fen [アオス・シュりュプフェン áus-ʃlỳpfən] 自 (s) (ひなが)孵化(ふか)する, (昆虫がからかえる.

Aus·schluss [アオス・シュるス áus-ʃlus] 男 -es/..schlüsse 除外, 除名; 排除. unter Ausschluss der Öffentlichkeit[2] (裁判などが)非公開で(←公衆を除かれて).

Aus·schluß ☞ 新形 **Ausschluss**

aus|schmü·cken [アオス・シュミュッケン áus-ʃmỳkən] 他 (h) ① (部屋など[4]を飾[りたて]る, 装飾する. ② (話[4]に)尾ひれを付ける.

Aus·schmü·ckung [アオス・シュミュックング] 女 -/-en 飾[りたてること], 装飾; (話の)尾ひれ.

aus|schnei·den* [アオス・シュナイデン áus-ʃnàidən] 他 (h) ① (物[4]を)切り取る, 切り抜いて取り除く. ein Inserat[4] aus der Zeitung ausschneiden 新聞の広告を切り抜く / Sterne[4] aus Buntpapier ausschneiden 色紙を切り抜いて星形を作る / Bäume[4] ausschneiden 樹木の枝打ちをする. ② 《服飾》(衣服[4]の)襟ぐりを深く裁断する.
◊☞ **ausgeschnitten**

Aus·schnitt [アオス・シュニット áus-ʃnit] 男 -(e)s/-e ① (新聞などの)切り抜き; 抜粋, (切り取った)部分, 一端. ② (衣服の)襟ぐり, ネックライン. ein Kleid mit tiefem Ausschnitt 襟ぐりの深いドレス.

aus|schöp·fen [アオス・シェプフェン áus-ʃœpfən] 他 (h) ① (水など[4]を)くみ出す; (樽[たる]など[4]の)水をくみ出して空にする. ② (比)使い尽くす, 利用し尽くす. alle Möglichkeiten[4] ausschöpfen あらゆる手段を尽くす.

aus|schrei·ben* [アオス・シュライベン áus-ʃràibən] 他 (h) ① (名前など[4]を)略さないで書く. ② (金額など[4]を)文字でつづる. ③ (領収書など[4]を記入して)発行する, 交付する. einen Scheck *ausschreiben* 小切手を振り出す. ④ (公告などで)公示する, 公募する.

Aus·schrei·bung [アオス・シュライブング] 囡 -/-en 公示, 公告; 公募.

aus|schrei·ten* [アオス・シュライテン áus-ʃràitən] I 圁 (雅) 大またで歩く. II 他 (h) (雅) 〖距離など4を〗歩測する.

Aus·schrei·tung [アオス・シュライトゥング] 囡 -/-en 《ふつう 複》① 暴力[行為], 暴行. ② 常軌の逸脱.

* *der* **Aus·schuss** [アオス・シュス áus-ʃus] 男 (単2) -es/(複) ..schüsse [..シュッセ] (3格のみ ..schüssen) ① 委員会. (英 *committee*). ein ständiger *Ausschuss* 常設(常任)委員会. ② 〖複 なし〗(商品の)傷物, 不良品. ③ (貫通銃創の)射出口.

Aus·schuß ☞ 新形 Ausschuss

Aus·schüs·se [アオス・シュッセ] ＊Ausschuss (委員会)の 複

Aus·schuss‗sit·zung [アオスシュス・ズィッツング] 囡 -/-en 委員会[の会議].

Aus·schuß‗sit·zung ☞ 新形 Ausschusssitzung

Aus·schuss‗wa·re [アオスシュス・ヴァーレ] 囡 -/-n (商品の)傷物, 不良品.

Aus·schuß‗wa·re ☞ 新形 Ausschussware

aus|schüt·teln [アオス・シュッテるン áus-ʃỳtəln] 他 (h) 〖ほこりなど4を〗振って落とす; 〖物4の〗ほこりを振り払う.

aus|schüt·ten [アオス・シュッテン áus-ʃỳtən] 他 (h) ① (水など4を容器から)空ける, こぼす; (容器4の)中身を空ける. 〖人〗³ sein Herz⁴ *ausschütten* 〖比〗〖人〗³に胸中を打ち明ける. ◇ 〖再帰的に〗 sich⁴ vor Lachen *ausschütten*《口語》笑いころげる. ② (利益4を)分配する.

Aus·schüt·tung [アオス・シュットゥング] 囡 -/-en ① (利益の)分配; 配分額. ② 〖物〗 〖放射性〗降下(拡散)物.

aus|schwär·men [アオス・シュヴェルメン áus-ʃvɛ̀rmən] 圁 (s) (蜜蜂(&ぉ)などが)群れをなして飛び立つ; 〖比〗(人が)大勢で出かけて行く.

aus|schwei·fen [アオス・シュヴァイフェン áus-ʃvàifən] 圁 (s) 度を過ごす, 常軌を逸する.

aus·schwei·fend [アオス・シュヴァイフェント] I aus|schweifen (度を過ごす)の 現分 II 形 度を過ごした, 奔放な, ふしだらな. ein *ausschweifendes* Leben⁴ führen ふしだらな生活をする.

Aus·schwei·fung [アオス・シュヴァイフング] 囡 -/-en 度を過ごすこと, 逸脱, 奔放, 放蕩(ﾊﾞﾝ).

aus|schwei·gen* [アオス・シュヴァイゲン áus-ʃvàigən] 再帰 〖*sich*⁴ [über 事⁴] ~〗 (〖事⁴について〗)沈黙し通す.

aus|schwit·zen [アオス・シュヴィッツェン áus-ʃvìtsən] I 他 (h) ① (汗など4をにじみ出させる. 〖老廃物などを〗汗とともに出す. eine Erkältung⁴ *ausschwitzen*《比》発汗して風邪を治す. ② (料理)(小麦粉など4を)炒(〃)って水気を取る. II 圁 (s) 〖aus 物³ ~〗(物³から)にじみ出る.

:**aus|se·hen*** [アオス・ゼーエン áus-zèːən] du siehst…aus, er sieht…aus (sah…aus, *hat* …ausgesehen) 圁 (完了 haben) ① (…のように)見える. (…の)様子をしている. (英 *look*). Sie *sieht* gesund *aus*. 彼女は健康そうだ / Das Metall *sieht* wie Gold *aus*. その金属は金のように見える / Sie *sieht* jünger *aus*, als sie ist. 彼女は実際よりは若く見える / Er sah *aus*, als ob er krank wäre. 彼はまるで病人のようだった / Das Kleid *sieht* nach etwas (nichts) *aus*.《口語》そのワンピースは見ばえがいい(ばっとしない) / So *siehst* du [gerade] *aus*!《口語》君の考えそうなことだが, そうはいかないよ. ◇〖非人称の **es** を主語として〗Mit seiner Gesundheit *sieht* es gut *aus*. 彼の健康状態は良さそうだ / Es *sieht* nach Regen *aus*. 雨が降りそうだ. (☞ 類語 scheinen).

② 〖nach 人·物³ ~〗(人·物³を)待ち受けて見張る.

* *das* **Aus·se·hen** [アオス・ゼーエン áus-zeːən] 中 (単2) -s/ 外観, 顔つき, 風采(ﾌｯｻｲ). (英 *appearance*). ein gesundes *Aussehen*⁴ haben 健康そうである / 〖人〗 **nach** dem *Aussehen* beurteilen 〖人〗を見かけで判断する.

aus|sein* 圁 (s) 〖新形 aus sein (終わっている)〗 ☞ aus

:**au·ßen** [アオセン áusən] 副 ① 外で; 外部(外側)に. (英 *outside*), (⇔ innen). Die Tasse ist *außen* schmutzig. そのカップは外側が汚れている / Die Tür geht **nach** *außen* auf. そのドアは外側へ開く / von *außen* [her] 外から. (☞ 類語 her).

Au·ßen‗an·ten·ne [アオセン・アンテンネ] 囡 -/-n 屋外アンテナ.

Au·ßen‗auf·nah·me [アオセン・アオふナーメ] 囡 -/-n 〖ふつう 複〗(映) ロケーション, 野外撮影.

Au·ßen‗be·zirk [アオセン・ベツィルク] 男 -[e]s/-e (都市の)周辺地区, 郊外.

Au·ßen‗bord‗mo·tor [アオセンボルト・モートァ] 男 -s/-en [..モトーレン] 船外モーター.

aus|sen·den(*) [アオス・ゼンデン áus-zèndən] 他 (h) ① (使者など4を)派遣する, 送り出す. ② (物)(放射線など4を)発する, 出す.

Au·ßen‗dienst [アオセン・ディーンスト] 男 -[e]s/ 外勤; (外交官の)国外勤務.

Au·ßen‗han·del [アオセン・ハンデる] 男 -s/ 外国(海外)貿易.

Au·ßen‗mi·nis·ter [アオセン・ミニスタァ] 男 -s/- 外務大臣, 外相.

Au·ßen‗mi·nis·te·ri·um [アオセン・ミニステーリウム] 中 -s/..rien [..リエン] 外務省.

Au·ßen‗po·li·tik [アオセン・ポリティーク] 囡 -/ 外交政策.

au·ßen‗po·li·tisch [アオセン・ポリティッシ] 形 外交[政策]上の.

Au·ßen‗sei·te [アオセン・ザイテ] 囡 -/-n 外側, 外面;《比》外見, うわべ.

Au·ßen=sei·ter [アオセン・ザイタァ] 男 -s/- ① (社会・グループから離れた)アウトサイダー; 門外漢. ② 《ﾞッ》勝つ見込みのない選手;(競馬の)穴馬.

Au·ßen=spie·gel [アオセン・シュピーゲる] 男 -s/- (自動車の)サイドミラー.

Au·ßen=stän·de [アオセン・シュテンデ] 複 《商》未回収金, 売掛金.

Au·ßen=ste·hen·de[r] [アオセン・シュテーエンデ (..ダァ)] 男 女 《語尾変化は形容詞と同じ》局外者, 部外者, 第三者.

Au·ßen=stür·mer [アオセン・シュテュルマァ] 男 -s/- (サッカー・ラグビーなどの)ウィング.

Au·ßen=welt [アオセン・ヴェるト] 女 -/ ① (自己の)外の世界, 外界. ② 周囲の社会, 世間.

***au·ßer** [アオサァ áusər] **I** 前 《3 格とともに》① 《除外》…を除いて, …以外は. (英 except). Außer dir habe ich keinen Freund. 君にはきみのほかに友達はいない / Außer mir war niemand da. 私以外にだれもそこにはいなかった / täglich außer sonntags 日曜日以外は毎日. ② 《ある空間の外》…の外に. (英 out of). Er ist außer Haus[e]. 彼は外出している / außer Sicht sein 視界の外にある. ◊《まれに 2 格とともに》außer Landes gehen (leben) 国外へ出る(外国で暮らす). ③ 《ある状況の圏外》…の外に, 圏外に. Der Aufzug ist außer Betrieb. エレベーターは作動していない / Das steht außer Frage. それには疑問の余地がない / außer Atem sein 息を切らしている / außer Dienst sein 退職(退役)している / 事⁴ außer Acht lassen 事⁴ を考慮に入れない / Er war außer sich³ vor Zorn. 彼は怒りのあまりわれを忘れた / außer Stande sein, zu 不定詞(句)…する能力がない. ◊《特定の動詞と結びついて 4 格とともに》außer sich⁴ geraten われを忘れる / 事⁴ außer [jeden] Zweifel stellen 事⁴ を疑いの余地のないものとする.

II 接 …を除いて, …以外は. Ich komme, außer es regnet. 私は参ります, 雨が降れば別ですが. ◊《außer dass …の形で》…であることを除いて. Der Urlaub war schön, außer dass ich mich erkältet habe. 風邪をひいたことを除けば休暇はすばらしいものだった. ◊《außer wenn …の形で》…でないかぎり. Wir werden kommen, außer wenn es regnet. 雨が降らなければ参りましょう.

au·ßer.. [アオサァ. áusər.. または アオサァ..]《形容詞につける 接頭》(…外の) 例: außereuropäisch ヨーロッパ外の.

***äu·ßer..** [オイサァ ɔ́ysər] 形 (比較 なし, 最上 äußerst) ① 《outer》《付加語としてのみ》① 外の, 外側の. (対 「内の」は inner). der äußere Rahmen 外枠. ② 外見上の, 表面の. der äußere Eindruck うわべの印象 / nach dem äußeren Schein urteilen 外見で判断する. ③ 外(外部)からの. ein äußerer Anlass 外からの誘因. ④ 対外的な, 外国の. die äu-

βeren Angelegenheiten 外交上の諸問題.

***au·ßer=dem** [アオサァ・デーム áusərde:m または ..デーム] 副 その上, それに加えて, おまけに. (英 besides). Er ist intelligent und außerdem auch nett. 彼は頭がいいし, その上親切だ.

au·ßer=dienst·lich [アオサァ・ディーンストりヒ] 形 職務外の.

au·ßer=ehe·lich [アオサァ・エーエりヒ] 形 結婚外の; 正式な結婚によらない, 庶出の.

Äu·ße·re[s] [オイセレ[ス] ɔ́ysərə[s]] 中 《語尾変化は形容詞と同じ》① 外観, 外側. 《比》外見. das Äußere des Hauses 家の外観. ② 外務. Minister des Äußeren 外務大臣.

:au·ßer=ge·wöhn·lich [アオサァ・ゲヴェーンりヒ áusər-gəvǿ:nlɪç] **I** 形 普通でない, 異常な; 非凡な, 並はずれた. (英 unusual). eine außergewöhnliche Begabung 非凡な才能.

II 副 非常に, すごく. (英 unusually). Es war außergewöhnlich heiß. 猛烈な暑さだった.

***au·ßer=halb** [アオサァ・ハるプ áusər-halp] **I** 前 《2 格とともに》① 《空間的に》…の外に, …の外で. (英 outside). (対「…の中に」は innerhalb). Wir wohnen außerhalb der Stadt. 私たちは郊外に住んでいます / außerhalb des Hauses 家の外で. ◊《von とともに 副詞的に》außerhalb von Berlin ベルリン郊外に. ② 《時間的に》…外に. außerhalb der Arbeitszeit 勤務時間外に.

II 副 外に; 市外に, 郊外に, 外国に; 戸外に. Er wohnt außerhalb. 彼は郊外に住んでいる / Ich komme von außerhalb. 私はよその土地の出身です.

au·ßer=ir·disch [アオサァ・イルディッシュ] 形 地球の外にある, 地球外の. eine außerirdische Station 宇宙ステーション.

***äu·ßer·lich** [オイサァりヒ ɔ́ysərlɪç] 形 ① 外部の, 外面の; 《薬》外用の. (英 external). (対「内部の」は innerlich). eine äußerliche Verletzung 外傷. ② 外観上の; 表面的な, うわべの. eine äußerliche Ähnlichkeit haben 外見上似ている / äußerlich gesehen 表面的に見れば. ③ 《話》軽薄な(人など).

Äu·ßer·lich·keit [オイサァりヒカイト] 女 -/-en 外面, 外観;《比》うわべ. an Äußerlichkeiten hängen 形式(うわべ)にこだわる.

***äu·ßern** [オイサァン ɔ́ysərn] (äußerte, hat… geäußert) **I** 他 《定了 haben》(意見・希望など⁴を)述べる, 表明する;(気持ちなど⁴を態度で)表す. (英 express). Ich äußerte meine Meinung über die Aufführung. 私はその上演について私の意見を述べた.

II 再帰 《定了 haben》 sich⁴ äußern ① 意見を述べる. sich⁴ über 人・事⁴ abfällig äußern 人・事⁴ について否定的な意見を述べる / Zu diesem Thema kann ich mich nicht äußern. この話題については私はコメントできません. ② (病気などが…の形で)現れる. Die Grippe äuβerte sich zunächst in Fieber (または durch Fieber). その流感はまず発熱の症状が出た。

au·ßer⁄or·dent·lich [アオサァ・オルデントりヒ áusər-ɔ́rdəntlɪç] **I** 形 ① 異常な。(英) extraordinary). eine außerordentliche Situation 異常事態。② 特別の, 臨時の, 例外的な。eine außerordentliche Versammlung 臨時集会 / außerordentlicher Professor 助教授, 員外教授（略: ao. Prof., a. o. Prof.）。③ 並はずれた, 非凡な, 抜群の(成績など). eine außerordentliche Leistung 抜群の業績。

II 副 非常に, きわめて。Es ist außerordentlich schwierig. それは非常に難しい。

au·ßer⁄par·la·men·ta·risch [アオサァ・パルらメンターリッシュ] 形 議会外の, 院外の。

au·ßer⁄plan·mä·ßig [アオサァ・プらーンメーシィヒ] 形 予定(計画)外の, 臨時の(略: apl.)。

*__äu·ßerst__ [オイサァスト ɔ́ysərst] (*äußer の 最上) **I** 形 《付加語としてのみ》① 最も外の, 最も遠く離れた. am äußersten Ende der Stadt² 町のいちばんはずれに / Die Eisbären leben im äußersten Norden. 白熊は極北に生息している。② 最大の, 極度の。mit äußerster Vorsicht 細心の注意を払って。◇《名詞的に》aufs Äußerste または aufs äußerste 極端に。③ 最後の, ぎりぎりの。der äußerste Termin 最終的な期限。④《名詞的に》Er geht bis zum Äußersten. 彼は極端に走る。④ 最悪の。◇《名詞的に》Wir sind auf das Äußerste gefasst. われわれは最悪の事態を覚悟している。

II 副 きわめて, 極端に。Er lebt äußerst bescheiden. 彼はきわめて質素に暮らしている。

au·ßer·stan·de [アオサァ・シュタンデ ausərʃtándə または アオサァ..] 副《zu 不定詞[句]とともに》(…する)能力がない。Ich bin außerstande, ihr zu helfen. 私には彼女を助けることができない。

(⇔ außer Stande ともつづる) ☞ Stand ④

äu·ßers·ten⁄falls [オイサァステン・ファるス] 副 最悪の場合には, 万一の場合には。

äu·ßer·te [オイサァテ] *äußern (述べる) の 過去

Äu·ße·rung [オイセルング] 女 -/-en ① 発言, (表明された)意見, (発言された)言葉, (言) 発話. eine unvorsichtige Äußerung 軽率な発言。② (気持ちなどの)表れ。

*__aus|set·zen__ [アオス・ゼッツェン áus-zètsən] du setzt...aus (setzte...aus, hat...ausgesetzt) **I** 他 (完了 haben) ① 外に置く, (ある場所に)放置する, (動物など⁴を)放す。Sie hat ihr Kind im Wald ausgesetzt. 彼女はわが子を森に置き去りにした / ein Boot⁴ aussetzen (船から)ボートを降ろす。② (人・物⁴を 物³に)さらす。einer Gefahr³ aussetzen 人⁴を危険にさらす。◇《再帰的に》sich⁴ Vorwürfen³ aussetzen 非難に身をさらす。③ (謝礼・遺産など⁴を)約束する。eine Belohnung⁴ für den Finder aussetzen 発見者に謝礼を約束する。④ 中断する,

(一時的に)中止する; 《法》(刑の執行など⁴を)停止する。den Unterricht aussetzen 授業を中断する。⑤ 《成句的に》etwas⁴ an 人・物³ aus-zusetzen haben 人・物³ にけちをつける。

II 自 (完了 haben) ① (機械・呼吸などが一時的に)止まる, 止める。Die Musik setzte aus. 音楽がやんだ。② 休む, 中断する。mit der Arbeit aussetzen 仕事を中断する。

Aus·set·zung [アオス・ゼッツング] 女 -/-en ① (幼児などの)遺棄。②（賞金などの）提供。③ 《法》中止, 延期; 《法》(刑の執行などの)停止。

*__die Aus·sicht__ [アオス・ズィヒト áus-zɪçt] 女 (単) -/(複) -en ①《ふつう 単》見晴らし, 眺め, 景色。(英 view). eine herrliche Aussicht auf (または über) den See 湖を見晴らすすばらしい眺め / die Aussicht aus dem Fenster 窓からの眺め。② 見込み, 見通し. (英 prospect). Erfolgsaussicht 成功の見込み / Er hat keine Aussicht, zu gewinnen. 彼は勝つ見込みがない / Er hat Aussicht auf den ersten Preis. 彼は1等賞を取る見込みがある / 事⁴ in Aussicht haben 事⁴を得られる見込みがある / 人⁴ für einen Posten in Aussicht nehmen 人⁴をあるポストに予定している / 人³ 物⁴ in Aussicht stellen 人³に 物⁴を[与える]約束をする / in Aussicht stehen 期待されている / Das sind ja schöne Aussichten! (反語的に:)こいつは見ものだ！

aus·sichts⁄los [アオスズィヒツ・ろース] 形 見込みのない, 期待が持てない, 絶望的な。

aus·sichts⁄reich [アオスズィヒツ・ライヒ] 形 見込みのある, 期待の持てる, 有望な。

Aus·sichts⁄turm [アオスズィヒツ・トゥルム] 男 -[e]s/..türme 展望タワー。

aus|sie·deln [アオス・ズィーデるン áus-zì:dəln] 他 (h) [強制的に]移住させる。

Aus·sied·ler [アオス・ズィードらァ áus-zi:dlər] 男 -s/- [強制]移住者。

aus|söh·nen [アオス・ゼーネン áus-zò:nən] **I** 再帰 (h) sich⁴ aussöhnen ① 和解する。Ich habe mich mit ihm ausgesöhnt. 私は彼と仲直りした。②《sich⁴ mit 物³ ~》(比)(事³(運命など)に)甘んじる。**II** 他 (h) 和解させる。A⁴ mit B³ aussöhnen A⁴を B³ と仲直りさせる。

Aus·söh·nung [アオス・ゼーヌング] 女 -/-en 和解, 仲直り。

aus|son·dern [アオス・ゾンダァン áus-zòn-dərn] 他 (h) 選び出す, えり分ける。

aus|sor·tie·ren [アオス・ゾルティーレン áus-zɔrtì:rən] 他 (h) (不要な物⁴を)えり分ける; (いい物⁴を)選別する。

aus|spä·hen [アオス・シュペーエン áus-ʃpɛ̀:ən] **I** 自 (h)《nach 人・物³ ~》(人・物³を)待ち受けて様子をうかがう。**II** 他 (h) (人・事⁴を)ひそかに探る。

aus|span·nen [アオス・シュパンネン áus-ʃpànən] **I** 他 (h) ①（網・網など⁴を)張る。②はずす。die Pferde⁴ ausspannen 馬を馬車からはずす / den Bogen ausspannen 用紙をタイ

ブライターからはずす。③《俗》[人]³から[人・物]⁴を横取りする; 借りる。 Er hat mir meine Freundin ausgespannt. 彼は私からガールフレンドを奪った。II [自] (h)(仕事から離れて)休養する, 休息する。

Aus·span·nung [アオス・シュパンヌング] [女] -/ 休養, 休息。

aus|spa·ren [アオス・シュパーレン] áus-ʃpàːrən] [他] (h) ① (場所など⁴を)空けておく。 ② 《比》(問題点など⁴に)触れないでおく。

aus|sper·ren [アオス・シュペレン] áus-ʃpèrən] [他] (h) ① (部屋などから)締め出す。◇《再帰的に》sich⁴ aussperren (間違って自分で)締め出す。 ② (労働者⁴を)ロックアウトする。

Aus·sper·rung [アオス・シュペルング] [女] -/-en (労働者の)ロックアウト。

aus|spie·len [アオス・シュピーれン áus-ʃpìːlən] I [他] (h) ① (トランプ)(カード⁴を)出してトランプを始める; (カード⁴を)出す。 [einen] Trumpf ausspielen 切り札を出す。② (役⁴を)演じ尽くす。 Er hat [seine Rolle] ausgespielt. 彼の役割は終わった(もう出る幕がない)。 ③ (トランプ)(賞など⁴を賭(か)けて)試合する, 競技する。 Beim Fußball wurde ein Pokal ausgespielt. 《受動・物》そのサッカーには優勝カップがかかっていた。 ④ (球技で:)(相手⁴を)かわす, 寄せつけない。 ⑤ [A⁴ gegen B⁴ ~]《比》(A⁴をB⁴と)争わせて漁夫の利を占める。 II [自] (h)(トランプ)最初に札を出す。 Wer spielt aus? だれから始めるの。

aus|spi·o·nie·ren [アオス・シュピオニーレン áus-ʃpioniːrən] [他] (h) ① (隠れ家など⁴を)探り出す。 ② ([人]⁴から)聞き出す。

*die **Aus·spra·che** [アオス・シュプラーヘ áus-ʃpraːxə] [女] (単)(複) -n ①《複 なし》発音, 発音の仕方。(英) pronunciation). die deutsche Aussprache ドイツ語の発音 / eine gute (schlechte) Aussprache⁴ haben 発音がいい(悪い) / eine feuchte Aussprache⁴ haben 《戯》唾(つば)を飛ばしながら話す。② 意見の交換, 話し合い, 討論。 eine Aussprache⁴ mit [人]³ haben [人]³と話し合う。

Aus·spra·che|be·zeich·nung [アオスシュプラーヘ・ベツァイヒヌング] [女] -/-en《言》発音記号。

****aus|spre·chen*** [アオス・シュプレッヒェン áus-ʃprɛçən] du sprichst...aus, er spricht...aus (sprach...aus, hat...ausgesprochen) I [他] (完了) haben) ① 発音する。(英) pronounce). Wie spricht man dieses Wort aus? この単語はどう発音するのですか。◇《再帰的に》Sein Name spricht sich⁴ schwer aus. 彼の名前は発音しにくい。

② (気持ち・考えなど⁴を)述べる, 言い表す。 Ich möchte Ihnen meinen herzlichsten Dank aussprechen. あなたに心からお礼を申し上げます / ein Urteil⁴ aussprechen 判決を言い渡す。

II [再帰]《完了》 haben) sich⁴ aussprechen ① 自分の意見(考え)を述べる; 心の内を打ち明ける。

Na los, sprich dich aus! さあ, 思っていることをすっかり話してごらん / sich⁴ für (gegen) [人・事]⁴ aussprechen [人・事]⁴に賛成(反対)の意見を述べる / Er hat sich lobend über dich ausgesprochen. 彼は君のことをほめていたよ。

② (腹を割って)話し合う。 Wir müssen uns einmal in Ruhe aussprechen. 私たちは一度じっくり話し合わなければならない。③ [sich⁴ in 物³ ~]《感情などが[物]³(顔など)に)表れる。

III [自]《完了》 haben) 最後まで話す。 Bitte, lassen Sie mich aussprechen! 最後まで言わせてください。

◇☞ ausgesprochen

Aus·spruch [アオス・シュプルフ áus-ʃprux] [男] -[e]s/..sprüche (偉人などの)言葉, 箴言(しんげん), 名言。 einen Ausspruch von Goethe zitieren ゲーテの言葉を引用する。

aus|spu·cken [アオス・シュプッケン áus-ʃpùkən] I [自] (h) 唾(つば)を吐く。 vor [人]³ ausspucken (軽蔑・嫌悪を表して)[人]³の前で唾(つば)を吐く。 II [他] (h) ① (果物の種など⁴を)吐き出す;〔口語〕(食べた物⁴を)吐く。② 《比》(コンピュータがデータ⁴を)出す。

aus|spü·len [アオス・シュピューれン áus-ʃpỳːlən] [他] (h) (汚れ⁴を)洗い落とす, すすぎ落とす;(コップなど⁴を)洗ってきれいにする, 洗浄する。 sich³ den Mund ausspülen 口をすすぐ。

aus|staf·fie·ren [アオス・シュタフィーレン áus-ʃtafìːrən] [他] (h) ([人・物]⁴を)飾りたてる, 扮装(ふんそう)させる。 ein Zimmer⁴ mit Möbeln ausstaffieren 部屋に家具を備え付ける。

Aus·stand [アオス・シュタント áus-ʃtant] [男] -[e]s/..stände ① 《ふつう[単]》ストライキ (= Streik)。 in den Ausstand treten ストライキに入る。② 《ふつう[複]》(南ド・オーストリア)退職, 退学。③ 《[複] で》〔商〕未回収金。

aus|stat·ten [アオス・シュタッテン áus-ʃtàtən] [他] (h) [[人・物]⁴ mit 物³ ~]([人・物]⁴に物³を)調えてやる, 備える。 [人]⁴ mit Vollmachten ausstatten [人]⁴に全権を与える / ein Zimmer⁴ mit Möbeln ausstatten 部屋に家具を備えつける。([人・物]⁴を…に)調える。 ein Hotel⁴ neu ausstatten ホテルを新装する。◇《過去分詞の形で》ein gut ausgestattetes Buch 装丁のよい本。

Aus·stat·tung [アオス・シュタットゥング] [女] -/-en 備え付け[品], 家具調度; 装備;〔劇〕舞台装置。② 〔経〕(商品の意匠); 装丁。③ 《法》持参金, (親が子に与える)独立資金。

Aus·stat·tungs|film [アオス・シュタットゥングス・フィルム] [男] -[e]s/-e《映》スペクタクル映画。

aus|ste·chen* [アオス・シュテッヒェン áus-ʃtɛçən] [他] (h) ① 刺して(掘って)出す; えぐり出す;(溝など⁴を)掘る。② (クッキーなど⁴を)型抜きする。③ (競争相手⁴を)しのぐ, 凌駕(りょうが)する。④ **bei** seiner Freundin ausstechen [人]⁴をけ落としてガールフレンドを手に入れる。

aus|ste·hen* [アオス・シュテーエン áus-ʃtèːən] I [自] (h) (返事・処理などが)まだなされていない。

Die Zahlung *steht* noch *aus*. 支払いはまだ済んでいない．**II** 他 (h)（苦痛などを）耐える．人⁴ nicht *ausstehen können* 人⁴が嫌いである．

aus|stei·gen ［アオス・シュタイゲン áus-ʃtaigən］(stieg…aus, ist…ausgestiegen) 自（㊕ sein）① (乗り物から)**降りる**，下車する，下船する．（㊒ get off）．（㊕「乗り込む」は ein|steigen）．Wo *steigen* Sie *aus*? あなたはどこで降りますか / Sie *ist* **aus** dem Zug *ausgestiegen*．《現在完了》彼女は列車から降りた．(☞ ein|steigen 図)．② 《口語》(事業などから)手を引く．Er wollte **aus** dem Projekt *aussteigen*. 彼はそのプロジェクトから降りるつもりだった．③ （ズツ）(途中で)棄権する．

Aus·stei·ger ［アオス・シュタイガァ áus-ʃtaigər］ 男 -s/- (隠語)(体制からの)離脱者，局外者．(㊕ 女性形は Aussteigerin).

*aus|stel·len ［アオス・シュテレン áus-ʃtè-lən］(stellte…aus, hat…ausgestellt) 他（㊁ haben）① (絵などを)**展示する**，(商品⁴を)陳列する．（㊒ exhibit）．Der Maler *stellte* seine Bilder zum Verkauf *aus*. 画家は自分の絵を展示販売した / Waren⁴ **im** Schaufenster *ausstellen* 商品をショーウインドーに陳列する．② (証明書など⁴を)**発行する**，交付する，(小切手など⁴を)振り出す．Die Schule *stellte* dem Schüler das Reifezeugnis *aus*. 学校はその生徒に卒業証書を交付した．③ (見張り・信号機など⁴を)配置する，立てる．Wachen⁴ *ausstellen* 見張りを立てる．④ 《口語》(物⁴の)スイッチを切る．den Motor *ausstellen* エンジンを切る．

Aus·stel·ler ［アオス・シュテラァ áus-ʃtɛlər］ 男 -s/- ① (展示会などへの)出品者．② 交付者; (手形の)振出人．

*die Aus·stel·lung ［アオス・シュテるング áus-ʃtɛluŋ］ 女 (単)-/(複)-en 《ふつう 単》**展示**，**展覧**，(証明書などの)発行．die *Ausstellung* des Passes パスポートの交付．② **展覧会**，展示会．（㊒ exhibition）．Bilder*ausstellung* 絵画展 / eine *Ausstellung*⁴ eröffnen 展覧会を開く / eine *Ausstellung*⁴ besuchen または in eine *Ausstellung* gehen 展覧会(博覧会)に行く．

aus|ster·ben* ［アオス・シュテルベン áus-ʃtɛrbən］ 自 (s) (種族・家系などが)死に絶える，絶滅する;《比》(風習などが)すたれる．

◇☞ **ausgestorben**

Aus·steu·er ［アオス・シュトイアァ áus-ʃtɔyər］ 女 -/-n 《ふつう 単》嫁入り支度，持参金．

aus|steu·ern ［アオス・シュトイァン áus-ʃtɔy-ərn］ 他 ① (自動車など⁴を)ハンドルを取られないように運転する．② (電)(アンプなど⁴の)レベルを調節する．③ (娘に)嫁入り支度をしてやる．④ (人⁴に対する)社会保険金の給付を終了する．

Aus·stieg ［アオス・シュティーク áus-ʃtiːk］ 男 -[e]s/-e ① 降車，降船; (電車・バスなどの)降車口．(☞「乗車[口]は Einstieg). ② 《口語》(事業などから)手を引くこと．

aus|stop·fen ［アオス・シュトプフェン áus-ʃtɔpfən］ 他 (h) (物⁴に)詰め物をする; (動物⁴を)剥製(はく)にする．ein Kissen⁴ **mit** Federn *ausstopfen* クッションに羽毛を詰める．

Aus·stoß ［アオス・シュトース áus-ʃtoːs］ 男 -es/..stöße 《ふつう 単》(経) (工場・機械などの)産出量(高)，生産能力．

aus|sto·ßen* ［アオス・シュトーセン áus-ʃtoː-sən］ 他 (h) ① (息・噴煙など⁴を)吐き出す．② (叫び声など⁴を)発する，(ため息⁴を)つく．③ (人の目など⁴を)突いて傷つける．④ 追放する．人⁴ **aus** der Partei *ausstoßen* 人⁴を政党から除名する．⑤ (経) (一定期間に)生産する．

aus|strah·len ［アオス・シュトラーれン áus-ʃtrà:lən］ **I** 他 (h) ① (光・熱など⁴を)放射する，発する;《比》(喜びなどを表情に)表す．② 《放送》(番組⁴を)放送する．**II** 自 (h) ① 《**von** 物³~》(光・熱などが物³から)発している．② 《**auf** 人·物⁴》《雅》(人·物⁴に…が)及ぶ．

Aus·strah·lung ［アオス・シュトラーるング áus-ʃtraːluŋ］ 女 -/-en ① 放射; 放送，放映．② 《比》(周囲への)影響[力]，作用．

aus|stre·cken ［アオス・シュトレッケン áus-ʃtrɛkən］ **I** 他 (h) (腕・脚など⁴を)伸ばす．Die Schnecke *streckt* ihre Fühler *aus*. かたつむりが触角を伸ばす / die Hand⁴ **nach** 人·物³ *ausstrecken* a) 人·物³の方に手を伸ばす，b) 《比》人·物³を手に入れようとする．**II** 再帰 (h) sich⁴ *ausstrecken* (のびのびと)大の字に横になる．

aus|strei·chen* ［アオス・シュトライヒェン áus-ʃtràiçən］ 他 (h) ① (文字など⁴を)線を引いて消す，抹消する．② (絵の具など⁴を)薄くのばして塗る．③ (物⁴の)内側をべったり塗る; (割れ目など⁴を)塗りつぶす．die Backform⁴ **mit** Butter *ausstreichen* (ケーキなどの)焼き型の内側にバターを塗る．

aus|streu·en ［アオス・シュトロイエン áus-ʃtrɔyən］ 他 (h) (種など⁴を)まく; 《比》(うわさなど⁴を)ふりまく，広める．

aus|strö·men ［アオス・シュトレーメン áus-ʃtrøː:mən］ **I** 自 (s) (ガス・水などが)大量に流出する．Von ihm *strömt* Wärme *aus*. 《比》彼には暖かい雰囲気がある．**II** 他 (h) (熱など⁴を)放射する，発散する; 《比》(軍⁴の)雰囲気(感じ)を漂わせる．

*aus|su·chen ［アオス・ズーヘン áus-zùːxən］ (suchte…aus, hat…ausgesucht) 他 (㊁ haben) ① **選び出す**．(㊒ choose). Ich *suchte* für meine Frau ein passendes Geschenk *aus*. 私は家内のためにぴったりのプレゼントを選んだ / 人³ (sich³) einen Hut *aussuchen* 人³(自分)のために帽子を選び出す．(☞ 類語 wählen). ② (物⁴の中を)くまなく捜す．

◇☞ **ausgesucht**

*der Aus·tausch ［アオス・タオシュ áus-tauʃ］ 男 (単 2) -es/ **交換**，(部品などの)取り替

え.(英 exchange). Meinungs*austausch* 意見の交換 / A⁴ im *Austausch* **gegen** B⁴ erhalten B⁴と交換にA⁴を得る.

aus·tausch·bar [アオス・タオシュバール] 形 交換可能な, 取り替えることのできる.

Aus·tausch≈dienst [アオスタオシュ・ディーンスト] 男 -[e]s/-e [学術]交換のための幹旋(ᵏᵃⁿˢᵉⁿ) [機関]. Deutscher Akademischer *Austauschdienst* ドイツ学術交流会 (略: DAAD).

*__aus|tau·schen__ [アオス・タオシェン áus-tàʊʃən] (tauschte ... aus, hat ... ausgetauscht) I 他 (完了 haben) ① **交換する**. (英 exchange). Briefmarken⁴ *austauschen* 切手を交換する / Meinungen **mit** 人³ *austauschen* 人³と意見を交わす / Die beiden Staaten tauschten Botschafter aus. 両国は大使を交換した. (☞ wechseln). ② (人⁴を)取り替える, (人⁴を)交替させる. den Motor **gegen einen neuen** *austauschen* エンジンを[新しいものと]取り替える.
II 再帰 (完了 haben) sich⁴ *austauschen* 論じ合う. sich⁴ **mit** 人³ **über** 人・事⁴ *austauschen* 人³と人・事⁴について意見を交換する.

Aus·tausch≈stoff [アオスタオシュ・シュトフ] 男 -[e]s/-e [工・経] 代用素材.

Aus·tausch≈stu·dent [アオスタオシュ・シュトゥデント] 男 -en/-en 交換学生.

aus|tei·len [アオス・タイレン áus-tàɪlən] 他 (h) 分配もする, 配る. Geschenke⁴ **an die** Kinder *austeilen* 贈り物を子供たちに配る.

Aus·tei·lung [アオス・タイルング] 女 -/-en 分配[すること].

Aus·ter [アオスタァ áʊstər] 女 -/-n (動) カキ (貝の一種). eine Auster⁴ aufbrechen かきの殻をこじ開ける.

Aus·tern≈bank [アオスタァン・バンク] 女 -/..bänke (海底の)かき群棲(ᵍᵘⁿⁿˢᵉⁱ)地.

Aus·tern≈fi·scher [アオスタァン・フィッシャァ] 男 -s/- (鳥) ミヤコドリ.

aus|til·gen [アオス・ティルゲン áus-tìlɡən] 他 (h) ① (害虫など⁴を)根絶する, 抹殺する. ② (文字など⁴を)消す, 抹消する.

aus|to·ben [アオス・トーベン áus-tò:bən] I 再帰 (h) sich⁴ austoben ① (あらしなどが)荒れ狂う. ② (子供などが存分に暴れ回る) はめをはずす. ③ (あらしなどが)静まる, 治まる.
II 他 (h) (怒り・情熱など⁴を)ぶちまける. III 自 (h) (あらしなどが)静まる, 治まる.

Aus·trag [アオス・トラーク áus-tra:k] 男 -[e]s/..träge ① (覆 なし)調停, 仲裁, 決着. zum *Austrag* **kommen** (書) 解決される. ② (ᶻᵘˢᵘ)(競技の)実施, 開催.

aus|tra·gen* [アオス・トラーゲン áus-trà:ɡən] 他 (h) ① (新聞・郵便など⁴を)配達する. ② (争いなど⁴の)決着(けり)をつける. ③ (ᶻᵘˢᵘ)(競技⁴を)実施する, 開催する. Wettkämpfe⁴ *austragen* 試合を行る. ④ (胎児⁴を)臨月まで宿す. ⑤ (記入した日付など⁴を)消す.

Aus·trä·ger [アオス・トレーガァ áus-trɛ:ɡər] 男 -s/- 配達人.

Aus·tra·gung [アオス・トラーグング] 女 -/-en ① (ふつう 単) 調停, 仲裁, 決着. ② (ᶻᵘˢᵘ)(競技の)実施, 開催.

Aust·ra·li·en [アオストラーリエン austrá:liən] 中 -s/ (国名) オーストラリア[連邦] (首都はキャンベラ).

Aust·ra·li·er [アオストラーリアァ austrá:liər] 男 -s/- オーストラリア人. (☞ 女性形は Australierin).

aust·ra·lisch [アオストラーリッシュ austrá:lɪʃ] 形 オーストラリア[人]の.

aus|trei·ben* [アオス・トライベン áus-tràɪbən] I 他 (h) ① (家畜⁴を牧場へ)追って行く. ② (雅) 追い出す. ③ (人³の悪習など⁴を)やめさせる. 人³ dumme Gedanken⁴ austreiben 人³のばかな考えをやめさせる. ④ (人³の体内から汗など⁴を)分泌させる. II 自 (木が)芽(葉)を出す; (芽・つぼみなどが)出る.

Aus·trei·bung [アオス・トライブング] 女 -/-en ① (雅) 追放. ② (医) (胎児の)娩出(ᵇᵉⁿˢʰᵘᵗˢᵘ).

aus|tre·ten* [アオス・トレーテン áus-trè:tən] I 他 (h) ① (火など⁴を)踏み消す. ② (階段など⁴を踏み減らす; (靴⁴を)はきならす. II 自 (s) ① 脱退(脱会)する. 「入会する」は eintreten). aus einer Partei *austreten* 離党する. ② (血などが)流れ出る, (ガスなどが)漏れ出る. ③ 《口語》席をはずしてトイレに行く.
◊☞ ausgetreten

aus|trick·sen [アオス・トリクセン áus-trɪksən] 他 (h) ① (球技で)(相手選手⁴を)トリックプレーでかわす. ② (ライバルなど⁴を)巧妙に締め出す.

aus|trin·ken* [アオス・トリンケン áus-trɪŋkən] 他 (h) (飲み物⁴を)飲み干す; (グラス・びんなど⁴を)飲んで空にする.

Aus·tritt [アオス・トリット áus-trɪt] 男 -[e]s/-e ① (ふつう 単) (外へ)出て行くこと, 退出. ② 脱退. ③ 出血, (ガスなどの)漏れ. ④ (小さな)バルコニー, (階段の)踊り場.

Aus·tritts≈er·klä·rung [アオストリッツ・エアクレールング] 女 -/-en 脱退宣言, 離党通知.

aus|trock·nen [アオス・トロックネン áus-trɔknən] I 他 (h) (からからに)乾かす, 干からびさせる. II 自 (s) (川などが)干上がる, (パンなどが)干からびる.

aus|tüf·teln [アオス・テュフテルン áus-tỳftəln] 他 (h) 《口語》頭を絞って考え出す.

*__aus|üben__ [アオス・ユーベン áus-ỳ:bən] (übte ...aus, hat ...ausgeübt) 他 (完了 haben) ① (職業など⁴を)営む, (軍職に)従事している, (行為⁴を)行う, (職務など⁴を)執行する. (英 practice). ein Handwerk⁴ ausüben 手工業に従事している / Sie *übt* ihren Beruf nicht mehr aus. 彼女は今はもう無職だ / eine Pflicht⁴ *ausüben* 義務を果たす. ② (権利・権力など⁴を)**行使する**. Er hat sein Wahlrecht nicht *ausgeübt*. 彼は選挙権を行使しなかった. ③ (影響など⁴を)及ぼす. Sie *übte* eine starke Anziehungskraft **auf** ihn aus. 彼女は彼を強く魅了した.

Aus·übung [アオス・ユーブング] 女 -/-en 営業, 実施; 執行, 行使.

aus|ufern [アオス・ウーふァァン áus-ù:fərn] 自 (s) ① (議論などが)収拾がつかなくなる. ② 《転》 (川が)氾濫(はんらん)する.

Aus·ver·kauf [アオス・フェアカオふ áus-fɛrkauf] 男 -[e]s/..käufe (在庫品一掃の)バーゲンセール.

aus|ver·kau·fen [アオス・フェアカオふェン áus-fɛrkàufən] (過分 ausverkauft) 他 (h) 売り尽くす.

aus·ver·kauft [アオス・フェアカオふト] I ausverkaufen (売り尽くす)の 過分 II 形 売り切れの(商品など), 入場券の売り切れた, 満員の(劇場など). Die Karten sind *ausverkauft*. チケットは売り切れです.

aus|wach·sen* [アオス・ヴァクセン áus-vàksən] I 再帰 (h) 《*sich*⁴ *zu* 人・物³ ~》 《人・物³に》成長(発展・拡大)する. Die Unruhen *wachsen sich zur* Rebellion *aus*. 騒乱が反乱に発展する. II 自 (s) ① (穀物が穂の中で)芽を出す. ② 《口語》退屈して我慢しきれなくなる. III 他 (h) 《転》 (成長して衣服・靴⁴などが)合わなくなる.
◊☞ ausgewachsen

Aus·wach·sen [アオス・ヴァクセン] 中 《成句的に》 Das ist ja **zum** *Auswachsen*! もどかしすぎりきれないよ.

*die **Aus·wahl** [アオス・ヴァール áus-va:l] 女 (単) -/(複) -en ① 《複 なし》選択, 選抜, 選出. (英 *selection*). die [freie] *Auswahl*⁴ haben 自由に選ぶことができる / eine *Auswahl*⁴ treffen 選択する / **zur** *Auswahl* stehen より取り見取りである. ② (選べるように)各種とりそろえた品. Das Geschäft hat eine große *Auswahl* **an** (または **von**) Stoffen. その店は布地を各種とりそろえている. ③ 選集; 特選品. eine *Auswahl* aus Goethes Werken ゲーテ選集. ④ 《スポ》選抜チーム.

***aus|wäh|len** [アオス・ヴェーれン áus-vɛ̀:lən] (wählte…aus, *hat*…ausgewählt) 他 (定テ haben) 選び出す, 選抜(選択)する. (英 *choose*). ein Geschenk⁴ für 人⁴ *auswählen* 人⁴のためのプレゼントを選ぶ / Er *wählte* unter den Bewerbern zwei *aus*. 彼は志願者の中から二人選抜した. / Ich *habe* mir (または für mich) das Beste *ausgewählt*. 私は自分のために最良のものを選んだ. (☞ 類語 wählen).
◊☞ ausgewählt

Aus·wahl⁷mann·schaft [アオスヴァール・マンシャふト] 女 -/-en 《スポ》選抜チーム.

aus|wal·zen [アオス・ヴァるツェン áus-vàltsən] 他 (h) ① 《工》 (金属⁴を)圧延する. ② 《口語・比》 (話など⁴を)だらだらと延ばす.

Aus·wan·de·rer [アオス・ヴァンデラァ áus-vandərər] 男 -s/- (他国への)移住者, 移民 (=Emigrant).

***aus|wan·dern** [アオス・ヴァンダァン áus-vàndərn] (wanderte…aus, *ist*…ausgewandert) 自 (定テ sein) (他国へ)移住する. (英 *emigrate*). (☞ 「(他国から)移住する」は ein|wandern). Wir *wandern* nach Kanada *aus*. 私たちはカナダへ移住します.

Aus·wan·de·rung [アオス・ヴァンデルング] 女 -/-en 《ふつう 単》(他国への)移住.

aus·wär·tig [アオス・ヴェルティヒ áus-vɛrtɪç] 形 《付加語としてのみ》 ① よその土地の, よそ[から]の, 外部[から]の. *auswärtige* Gäste よそから来たお客たち. ② 外国関係の, 対外の. das *Auswärtige* Amt 外務省 (略: AA) / *auswärtige* Angelegenheiten 外交問題.

aus·wärts [アオス・ヴェルツ áus-vɛrts] 副 ① よそで, 外で. Er arbeitet *auswärts*. 彼はよそで働いている / *auswärts* essen 外食する / *auswärts* spielen 《スポ》アウェー(遠征地)で試合をする / von *auswärts* よそから / *auswärts* reden (または sprechen) 《口語・戯》よその方言を話す. ② 外側へ.

aus|wa·schen* [アオス・ヴァッシェン áus-vàʃən] 他 (h) ① (汚れなど⁴を)洗い落とす; (食器・衣類⁴を)きれいに洗う; (傷口⁴を)洗浄する. den Schmutz **aus** dem Kleid *auswaschen* ワンピースの汚れを洗い落とす. ② (水が岸・岩など⁴を)えぐる, 浸食する.

aus·wech·sel·bar [アオス・ヴェクセるバール] 形 交換可能な, 取り替えがきく.

aus|wech·seln [アオス・ヴェクセるン áus-vɛ̀ksəln] 他 (h) 交換する, 取り替える. A⁴ **gegen** B⁴ *auswechseln* A⁴をB⁴と取り替える.

Aus·wech·se·lung [アオス・ヴェクセるング] 女 -/-en =Auswechslung

Aus·wechs·lung [アオス・ヴェクスるング] 女 -/-en 交換, 取り替え.

*der **Aus·weg** [アオス・ヴェーク áus-ve:k] 男 (単2) -[e]s/(複) -e (3格のみ -en) (難局からの)逃げ道, 打開策. einen *Ausweg* suchen 逃げ道を探す / Es gibt keinen *Ausweg*. なすべがない.

aus·weg⁷los [アオスヴェーク・ろース] 形 逃げ道のない, 行き詰まった, 絶望的な.

Aus·weg·lo·sig·keit [アオスヴェーク・ろーズィヒカイト] 女 -/ 行き詰まり, 絶望的状態.

aus|wei·chen* [アオス・ヴァイヒェン áus-vàiçən] 自 (s) ① よける, 避ける. 《人・物³》 *ausweichen* 人・物³をよける, 避ける / [nach] rechts *ausweichen* 右による. ② (攻撃³を)かわす; (質問・視線など³を)そらす. ◊《現在分詞の形で》eine *ausweichende* Antwort 要領を得ない返事. ③ 《**auf** 物⁴ ~》(やむをえず 物⁴へ)くら替えする, 乗り換える.

aus|wei·den [アオス・ヴァイデン áus-vàidən] 他 (h) (獣など⁴の)内臓を取り出す.

aus|wei·nen [アオス・ヴァイネン áus-vàinən] I 再帰 (h) sich⁴ *ausweinen* 思う存分泣く. II 他 (h) 《雅》 (悲しみなど⁴を)泣いて晴らす. sich³ die Augen⁴ *ausweinen* 目を泣きはらす.

*der **Aus·weis** [アオス・ヴァイス áus-vais] 男 (単2) -es/(複) -e (3格のみ -en) ① 証明書,

(英 identification). Personal*ausweis* 身分証明書 / Studenten*ausweis* 学生証 / einen *Ausweis* aus|stellen (vor|zeigen) 証明書を交付する(提示する). ② 証拠. nach *Ausweis* der Statistik² 統計によって明らかなように.

aus|wei·sen* [アオス・ヴァイゼン áus-vàizən] I 他 (h) ① 国外に追放する. ② (証明書・業績など⁴を)証明する. Die Dokumente *weisen* ihn als Diplomaten *aus*. その書類が彼が外交官であることを証明している. ③ (計算上)明らかにする, 証明する. II 再帰 (h) *sich*⁴ *weisen* 自分の身分(職業)を証明する. Bitte *weisen* Sie *sich aus*! 身分を証明するものを何か見せてください.

Aus·weis·pa·pie·re [アオスヴァイス・パピーレ] 複 証明書[類], 証書.

Aus·wei·sung [アオス・ヴァイズング] 女 -/-en 追放, 放逐.

aus|wei·ten [アオス・ヴァイテン áus-vàitən] I 他 (h) ① (衣類など⁴を長く使って)だぶだぶにする. ② (生産・貿易など⁴を)拡大する, 拡張する. II 再帰 (h) *sich*⁴ *ausweiten* 広がる, 伸びる; (伸びて)だぶだぶになる; 拡大する.

Aus·wei·tung [アオス・ヴァイトゥング] 女 -/-en 拡大, 伸張.

***aus·wen·dig** [アオス・ヴェンディヒ áusvɛndıç] 副 暗記して, そらで. 物⁴ *auswendig* lernen 物⁴をそらんじる ⇒ Bitte lernen Sie das Gedicht bis morgen *auswendig*! あすまでにその詩を暗記しなさい / 物⁴ *auswendig* können (または wissen) 物⁴をそらんじている / Das weiß (または kann) ich schon *auswendig*! 《口語・比》a) そのことはもう耳にたこができるほど聞いたよ, b) それはもう見飽きたよ.

Aus·wen·dig·ler·nen [アオスヴェンディヒ・れルネン] 中 -/ 暗記.

aus|wer·fen* [アオス・ヴェルフェン áus-vèrfən] 他 (h) ① (操り出すように)投げる. Netze⁴ (または ein Netz⁴) *auswerfen* 網を打つ / den Anker *auswerfen* 錨を下ろす. ② (火山が灰など⁴を)噴出する, 《雅》(たん・血など⁴を)吐き出す. ③ (一定期間内に)生産する. ④ (土・溝など⁴を)掘る. ⑤ (ある金額⁴の)支出を決める.

aus|wer·ten [アオス・ヴェーァテン áus-vè:rtən] 他 (h) (物⁴の)価値を評価する, (評価して)有効に活用する.

Aus·wer·tung [アオス・ヴェーァトゥング] 女 -/-en 価値評価, 有効に活用すること.

aus|wet·zen [アオス・ヴェッツェン áus-vètsən] 他 (h) 《成句的に》eine Scharte⁴ *auswetzen* 失敗を償う(←刃こぼれを研いで直す).

aus|wi·ckeln [アオス・ヴィッケルン áusvıkəln] 他 (h) (物⁴の)包装を解く; (くるまれているもの⁴を)ほどいて出す. das Baby⁴ *auswickeln* 赤ちゃんのおむつをとる.

aus|wir·ken [アオス・ヴィルケン áus-vìrkən] 再帰 (h) *sich*⁴ *auswirken* 影響を及ぼす, 作用する. *sich*⁴ günstig (ungünstig) auf 人・物⁴に良い(悪い)影響をもたらす.

Aus·wir·kung [アオス・ヴィルクング] 女 -/-en (作用の)結果, 効果, 影響.

aus|wi·schen [アオス・ヴィッシェン áus-vìʃən] 他 (h) ① (物⁴の中を)ぬぐってきれいにする; (汚れなど⁴を)ふき取る. Sie *wischt* das Glas mit einem Tuch *aus*. 彼女はグラスをふきんでふく / sich³ die Augen⁴ *auswischen* 涙をぬぐう. ② (黒板の文字など⁴を)ふいて消す. ③ 《成句的に》人³ eins⁴ *auswischen* 《口語》人³に《仕返しに》ひどい目にあわせる.

aus|wrin·gen* [アオス・ヴリンゲン áusvrıŋən] 他 (h) 《方》(洗濯物など⁴を)絞る.

Aus·wuchs [アオス・ヴークス áus-vu:ks] 男 -es/..wüchse ① 異常生成物, こぶ, 隆起. ② 《農》(穀物の)穂の早期発芽. ③ 《ふつう複》行き過ぎ, 過度. *Auswüchse* der Fantasie² 誇大妄想.

aus|wuch·ten [アオス・ヴフテン áus-vùxtən] 他 (h) 《工》(車輪など⁴の)バランスをとる.

Aus·wurf [アオス・ヴルフ áus-vurf] 男 -[e]s/..würfe ① 《複 なし》(火山の)噴出. ② 《ふつう単》《医》たん, 喀(%)たん. ③ 《複 なし》廃物, くず. *Auswurf* der Menschheit² 《比》人間のくず.

aus|zah·len [アオス・ツァーれン áus-tsà:lən] 他 (h) ① (賃金など⁴を)支払う. ② (人³への)債務を完済する, (人³に退職の)給料の清算をする. II 再帰 (h) *sich*⁴ *auszahlen* (仕事などが)割りに合う, (苦労などが)報われる.

aus|zäh·len [アオス・ツェーれン áus-tsè:lən] 他 (h) ① (物⁴の)数を正確に数える. ② (ボクシングで)(人³に)ノックアウトを宣する.

Aus·zah·lung [アオス・ツァーるング] 女 -/-en ① (賃金の)支払い. ② 《経》銀行為替.

aus|zeh·ren [アオス・ツェーれン áus-tsè:rən] 他 (h) 《雅》非常に衰弱させる, 消耗させる.

Aus·zeh·rung [アオス・ツェールング] 女 -/《雅》衰弱, 消耗.

***aus|zeich·nen** [アオス・ツァイヒネン áustsàıçnən] du zeichnest...aus, er zeichnet...aus (zeichnete...aus, hat...ausgezeichnet) I 他 (完了 haben) ① 表彰する, 顕彰する (英 honor). 人⁴ mit einem Orden *auszeichnen* 人⁴に勲章を授けて表彰する / Der Film *wurde* mit drei Preisen *ausgezeichnet*. その映画は三つの賞を受賞した. ② 優遇する, 特別扱いする. 人⁴ durch besonderes Vertrauen *auszeichnen* 人⁴を特に信頼して重用する. ③ 際だたせる, 目立たせる. Hervorragende Fahreigenschaften *zeichnen* diesen Wagen *aus*. 抜群の走行性がこの自動車を際だたせている. ④ (商品⁴に)値札をつける. ⑤ 《印》(文字など⁴に)目立たせる; (原稿⁴に)活字指定を記入する.

II 再帰 (完了 haben) *sich*⁴ *auszeichnen* 際だつ, 傑出している. Er *zeichnete sich* durch großen Fleiß *aus*. 彼はたいへん勤勉なことで際だっていた.

◊☞ *ausgezeichnet*

Aus·zeich·nung [アオス・ツァイヒヌング áus-tsaıçnʊŋ] 女 (単) -/(複) -en ① 表彰, 顕彰. ② 勲章, メダル, 賞[金]. ③《成句的に》die Prüfung[4] mit *Auszeichnung* bestehen 成績最優秀で試験に合格する. ④ (商品の)値札付け. ⑤《印》(文字などを)目だたせること;(原稿の)活字指定.

Aus·zeit [アオス・ツァイト áus-tsaıt] 女 -/-en (バレーボールなどの)タイムアウト.

aus·zieh·bar [アオス・ツィーバール] 形 引き伸ばせる, 伸長式の(テーブルなど).

aus|zie·hen* [アオス・ツィーエン áus-tsi:ən] (zog…aus, hat/ist…ausgezogen) **I** 他 (完了 haben) ① (衣服を[4]を)脱ぐ, (人[3]の衣服を[4]を)脱がせる. (英 take off). (⇔「着る」は an|ziehen). [sich[3]] den Mantel *ausziehen* コートを脱ぐ / Die Mutter *zieht* dem Kind die Schuhe *aus*. 母親が子供の靴を脱がせる.

② (人[4]の)衣服を脱がせる. Die Mutter *zieht* die Kinder *aus*. 母親が子供たちの服を脱がせる. ◊《再帰的に》Ich *habe* mich *ausgezogen*. 私は服を脱いだ.

③ (くぎ・雑草など[4]を)引き抜く, 抜き取る; (三脚などを[4]を)ausziehen 人[3]の歯を抜く / einen Tisch *ausziehen*(天板を引き出して)テーブルを伸ばす.

④ 抜き書きする, 抜粋する. wichtige Stellen[4] *aus* einem Buch *ausziehen* 重要な箇所を本から抜き書きする. ⑤《化·薬》(植物[4]の)エキスを抽出する. ⑥(線など[4]を)なぞる.

II 自 (完了 sein) ① 引っ越して行く. (⇔「引っ越して来る」は ein|ziehen). Wann *ziehen* Sie *aus*? いつ引っ越しされるのですか / *aus* der Wohnung *ausziehen* 住まいを引き払う. ② (一団となって)出て行く, 出かける. auf Abenteuer *ausziehen* 冒険を求めて旅に出る. ③ (香りが)抜ける.

Aus·zieh≈tisch [アオスツィー・ティッシュ] 男 -es/-e 伸縮式テーブル.

aus|zir·keln [アオス・ツィルケルン áus-tsırkəln] 他 (h) (物[4]を)正確に測る.

aus|zi·schen [アオス・ツィッシェン áus-tsiʃən] 他 (h) (俳優・講演者など[4]を)しっしっと言ってやじる(不満を表す).

Aus·zu·bil·den·de[**r**] [アオス・ツ・ビるデンデ(..ダァ) áus-tsu-bıldəndə (..dər)] 男 女《語尾変化は形容詞と同じ》(官庁) 見習[工], 実習生(略: Azubi).

Aus·zug [アオス・ツーク áus-tsu:k] 男 (単2) -[e]s/(複) ..züge [..ツューゲ] (3格のみ ..zügen) ① (住居を)引き払うこと, 転出. (⇔「入居」は Einzug). ② (一団となって)出て行くこと, 出かけること; 退場. *Auszug aus* einem besetzten Gebiet 占領地域からの撤退. ③ 抜粋, 抜き書き; 要約;(管弦楽曲などの)ピアノ編曲[版], ピアノスコア. *Auszüge aus* einer Rede ある演説からの抜粋 / im *Auszug* 要約して, かいつまんで. ④ (薬草などの)エキス, 抽出物. ⑤ (カメラなどの)伸縮部[品].

Aus·zü·ge [アオス・ツューゲ] *Auszug (転出)の複

aus·zu·ge·ben [アオス・ツ・ゲーベン] *aus|geben (支出する)の zu 不定詞.

aus·zu·ge·hen [アオス・ツ・ゲーエン] *aus|gehen (外出する)の zu 不定詞.

Aus·zugs≈mehl [アオスツークス・メーる] 中 -[e]s/ 極上の小麦粉.

aus·zugs≈wei·se [アオスツークス・ヴァイゼ] 副 抜粋して, 要約して.

aus|zup·fen [アオス・ツプフェン áus-tsʊpfən] 他 (h) (白髪・草など[4]を)抜き取る, むしり取る.

aus·zu·ru·hen [アオス・ツ・ルーエン] *aus|ruhen (休む)の zu 不定詞.

aus·zu·se·hen [アオス・ツ・ゼーエン] *aus|sehen (…のように見える)の zu 不定詞.

aus·zu·spre·chen [アオス・ツ・シュプレッヒェン] *aus|sprechen (発音する)の zu 不定詞.

aus·zu·stei·gen [アオス・ツ・シュタイゲン] *aus|steigen (降りる)の zu 不定詞.

aus·zu·zie·hen [アオス・ツ・ツィーエン] *aus|ziehen (脱ぐ)の zu 不定詞.

au·tark [アオタルク autárk] 形 自給自足の; (精神的に)自立している.

Au·tar·kie [アオタルキー autarkí:] 女 -/-n [..キーエン] 自給自足[経済], アウタルキー; (精神的)自足, 独立.

au·then·tisch [アオテンティッシュ auténtıʃ] 形 確かな, 信頼できる, 本物の. *authentische* Nachrichten 信頼できるニュース.

Au·then·ti·zi·tät [アオテンティツィテート autentitsité:t] 女 -/ 確かさ, 信頼性, 信憑(ひょう)性.

Au·tis·mus [アオティスムス autísmus] 男 -/《医》自閉症.

au·tis·tisch [アオティスティッシュ autístıʃ] 形《医》自閉性(症)の.

*das **Au·to** [アオトー áuto]

自動車	Kannst du *Auto* fahren?
カンスト ドゥ アオトー ふァーレン	
君は車を運転できるの.	

中 (単2) -s/(複) -s 自動車, 車 (=Wagen). (英 car). ein neues (gebrauchtes) *Auto* 新(中古)車 / *aus* dem *Auto* steigen 自動車から降りる / ins *Auto* steigen 自動車に乗る / im (または mit dem) *Auto* reisen 自動車で旅行する / Ich fahre mit dem *Auto* in die Stadt. 私は車で町へ出かける / wie ein *Auto* gucken《口語》(驚いて)見つめる. (☞ 類語 Wagen).

Au·to≈at·las [アオト・アトらス] 男 ..las[ses]/ ..lasse (または ..lanten) ドライブマップ.

Au·to≈aus·stel·lung [アオト・アオスシュテるング] 女 -/-en モーターショー, 自動車展示会.

*die **Au·to≈bahn** [アオト・バーン áuto-ba:n] 女 (単) -/(複) -en アウトバーン, 高速道路. **auf** der *Autobahn* fahren アウトバーンを

走る．

Autobahn

Ausfahrt
（アウトバーン出口）

Au·to·bahn⸉zu·brin·ger [アオトバーン・ツーブリンガァ] 男 -s/- アウトバーンへの連絡道路．

Au·to·bi·o·gra·fie [アオト・ビオグラふィー auto-biografí:] 女 -/-n [..ふィーエン] 自[叙]伝．

au·to·bio·gra·fisch [アオト・ビオグラーふィッシュ auto-biográ:fiʃ] 形 自[叙]伝の; 自伝的な．

Au·to·bi·o·gra·phie [アオト・ビオグラふィー auto-biografí:] 女 -/-n [..ふィーエン] =Autobiografie

au·to·bi·o·gra·phisch [アオト・ビオグラーふィッシュ auto-biográ:fiʃ] 形 =autobiografisch

*der **Au·to⸉bus** [アオト・ブス áuto-bus] 男 (単2) ..busses/(複) ..busse (3格のみ ..bussen) バス, 乗合自動車 (=Omnibus)．

Au·to·di·dakt [アオト・ディダクト auto-didákt] 男-en/-en 独学者, 独修者．

Au·to⸉fäh·re [アオト・フェーレ] 女 -/-n カーフェリー．

*der **Au·to⸉fah·rer** [アオト・ふァーラァ áuto-fa:rər] 男 (単2) -s/(複) - (3格のみ -n) ドライバー, 自動車の運転者．(英 driver)．(女性形は Autofahrerin)．

Au·to⸉fahrt [アオト・ふァールト] 女 -/-en ドライブ, 自動車での走行．

Au·to⸉fal·le [アオト・ふァれ] 女 -/-n ① (スピード違反を取り締まる)ねずみ取り． ② (ドライバーをねらう強盗が仕掛けた)路上のバリケード．

au·to⸉frei [アオト・ふライ] 形 自動車の通らない, 自動車乗り入れ禁止の．

Au·to⸉fried·hof [アオト・ふリートホーふ] 男 -[e]s/..höfe《口語》廃車集積場 (元の意味は「自動車の墓場」)．

au·to·gen [アオトゲーン autogé:n] 形 ①

Autobahn の図解:
- Windschutzscheibe
- Scheibenwischer
- Motorhaube
- Dach
- Kofferraum
- Scheinwerfer
- Nummernschild
- Stoßstange
- Blinker
- Außenspiegel
- Tür
- Reifen

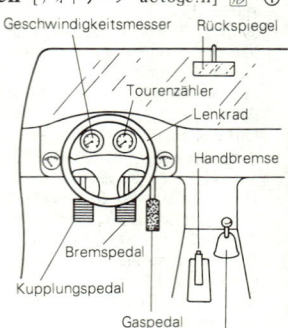

Auto の計器類:
- Geschwindigkeitsmesser
- Rückspiegel
- Tourenzähler
- Lenkrad
- Handbremse
- Bremspedal
- Kupplungspedal
- Gaspedal
- Schalthebel

Auto

――― ドイツ・ミニ情報 1 ―――

自動車 Auto

1885年, カール・ベンツが1気筒ガソリンエンジンで走る三輪車を発明, 翌年, 特許を取得した. 同じ年, ゴットリープ・ダイムラーが独自に開発したガソリンエンジンを馬車に取り付けて走らせた. こうして世界初のガソリン自動車が誕生した. 以来, ドイツには伝統的に自動車産業が盛んで, ベンツ, BMW, ポルシェ, フォルクスワーゲン, オペルなど, 世界に名高いメーカーが数多い. 排気ガスや交通渋滞などの自動車公害の深刻化にともない, 最近では各社とも環境に優しい省エネ車の開発に力を入れている. ガソリンエンジンと電力モーターとの併用で, わずか3リッターで, 100 km の距離を走れる「3リッターカー」が注目を集めている.

車の利用率が鉄道の10倍と, 典型的な車社会のドイツ. 広域道路総延長は22万1千キロ, そのうち5%がアウトバーン(自動車専用高速道路)で, アメリカに次いで世界で二番目に長い高速道路網を持っている. 軍事色を強めたヒトラー政権時代 (1933–45年) に, 全国どこでも即座に軍隊を送りこめ, 非常事態には戦闘機も着陸できる堅固な道路網を敷こうとしたのが, アウトバーン建設の始まりだった. アウトバーンでは基本的に速度無制限だが, 光化学スモッグ警報が出たときには排気ガスを抑えるために時速60キロ以内, 人口密集地域では100キロ以内というように, 部分的に規制されている. なお, 利用料を支払う必要はないが, 重量トラックに限っては支払い証明書方式で料金が徴収される.

Au·to·gramm [アオトグラム autográm] 中 -s/-e (有名人の)[自筆]署名, サイン.

Au·to·gramm≠jä·ger [アオトグラム・イェーガァ] 男 -s/- 《口語》(軽蔑的に:)サイン収集狂[の人].

Au·to≠kar·te [アオト・カルテ] 女 -/-n 自動車道路地図, ロードマップ.

Au·to≠kenn·zei·chen [アオト・ケンツァイヒェン] 中 -s/- (自動車の)ナンバー(登録番号).

Au·to≠ki·no [アオト・キーノ] 中 -s/-s ドライブイン・シアター(自動車に乗ったまま見られる映画館).

Au·to·krat [アオトクラート autokrá:t] 男 -en/-en ① 独裁者, 専制君主. ② 《比》ワンマン, 独断的な人.

Au·to·kra·tie [アオトクラティー autokratí:] 女 -/-n [..ティーエン] 独裁(専制)政治.

au·to·kra·tisch [アオトクラーティッシュ autokrá:tɪʃ] 形 ① 独裁(専制)的な. ② 独断的な, 自分勝手な.

der **Au·to·mat** [アオトマート automá:t] 男 (単2·3·4) -en/(複) -en ① 自動販売機. Briefmarken*automat* 切手自動販売機 / Lösen Sie den Fahrschein bitte **am** *Automaten*! 乗車券は自動販売機でお求めください / Zigaretten[4] **aus** dem *Automaten* holen たばこを自動販売機で買う. ② 自動機械(装置), 自動制御システム. ③ 《こと》[自動]データ処理装置.

Au·to·ma·ten≠res·tau·rant [アオトマーテン・レストラーン] 中 -s/-s オートパーラー, 自動販売機式レストラン.

Au·to·ma·tik [アオトマーティク automá:tɪk] 女 -/-en 《工》自動調節(運転); 自動[制御·]調節装置.

Au·to·ma·ti·on [アオトマツィオーン automa·tsió:n] 女 -/ 《工》オートメーション.

*****au·to·ma·tisch** [アオトマーティッシュ automá:tɪʃ] 形 ① 自動[式]の, オートマチックの. (英 *automatic*). ein *automatischer* Temperaturregler 自動温度調節器. ② (手続きなどが)自動的な, 機械的な. 《比》無意識の. den Vertrag *automatisch* verlängern 契約の有効期間を自動的に延長する / *automatisch* antworten 考えが思わず口に出ている.

au·to·ma·ti·sie·ren [アオトマティズィーレン automatizí:rən] 他 (h) オートメーション化する, 自動化する.

Au·to·ma·ti·sie·rung [アオトマティズィールング] 女 -/-en オートメーション化, 自動化.

Au·to·ma·tis·mus [アオトマティスムス automatísmus] 男 -s/..tismen ① 《工》オートメーション機構. ② 《生·医》自動性. ③ 《心》自動症.

Au·to≠me·cha·ni·ker [アオト・メヒャーニカァ] 男 -s/- 自動車整備(修理)工.

Au·to·mi·nu·te [アオト・ミヌーテ] 女 -/-n 自動車で1分間に走る距離. Das Dorf liegt zwanzig *Autominuten* entfernt. その村は車で20分のところにある.

Au·to≠mo·bil [アオト・モビーる auto-mobí:l] 中 -s/-e 自動車 (=Auto).

au·to·nom [アオトノーム autonó:m] 形 自治権のある, 独立した.

Au·to·no·mie [アオトノミー autonomí:] 女 -/-n [..ミーエン] ① 自主, 独立. ② 《哲》自律[性].

Au·to≠num·mer [アオト・ヌンマァ] 女 -/-n 自動車ナンバー(登録番号).

Au·top·sie [アオトプスィー autopsí:] 女 -/-n [..スィーエン] ① 《医》検死, 剖検(ぼうけん). ② 自分の目で確かめること.

der **Au·tor** [アオトァ áutor] 男 (単2) -s/(複) -en [..トーレン] 著者, 作者. (英 *author*). Er ist der *Autor* dieses Buches. 彼はこの本の著者だ.

Au·to·rei·se≠zug [アオトライゼ・ツーク] 男 -[e]s/..züge カースリーパー・トレイン(旅行者とその車をいっしょに運ぶ列車).

Au·to·ren·nen [アオト・レンネン] 中 -s/- 自動車レース.

Au·to·rin [アオトーリン autó:rɪn] 女 -/..rin-nen (女性の)著者, 作者.

au·to·ri·sie·ren [アオトリズィーレン autorizí:rən] 他 (h) ① 《人》[4] **zu** 《事》[3] ~ 《人》[4]に《事》[3]の権限を与える. ② 《事》[4]を認可する. ◇過去分詞の形で:eine *autorisierte* Übersetzung 作者承認済みの翻訳.

au·to·ri·tär [アオトリテーァ autorité:r] 形 権威主義的な; 独裁的な.

die **Au·to·ri·tät** [アオトリテート autorité:t] 女 (単) -/(複) -en ① 《複 なし》権威, 威信, 権力. (英 *authority*). die staatliche *Autorität* 国家権力. ② (その道の)権威者, 大家(たいか). Er ist eine *Autorität* auf dem Gebiet der Kernphysik. 彼は核物理学の分野の権威者だ.

Au·to≠schlan·ge [アオト・シュらンゲ] 女 -/-n 自動車の[長蛇の]列.

Au·to≠schlos·ser [アオト・シュろッサァ] 男 -s/- 自動車整備(修理)工.

Au·to≠schlüs·sel [アオト・シュりュッセる] 男 -s/- 自動車のキー.

Au·to≠stopp [アオト・シュトップ] 男 -s/ ヒッチハイク. Wir fahren per *Autostopp* nach Italien. 私たちはヒッチハイクでイタリアへ行く.

Au·to≠stun·de [アオト・シュトゥンデ] 女 -/-n 自動車で1時間に走る距離.

Au·to·sug·ges·ti·on [アオト・ズゲスティオーン auto-zugestió:n] 女 -/-en 《心》自己暗示.

Au·to≠te·le·fon [アオト・テーれふォーン] 中 -s/-e カーテレフォン, 自動車用電話.

Au·to≠un·fall [アオト・ウンふァる] 男 -[e]s/..fälle 自動車事故.

Au·to≠zu·be·hör [アオト・ツーベヘーァ] 中 -s/

自動車の付属品, カーアクセサリー.

autsch! [アオチュ áutʃ] 間 (突然の瞬間的な苦痛を表して)あいたっ; あちち.

au‧weh! [アオ・ヴェー au-vé:] 間 (苦痛・残念を表して)ああ痛い; ああ残念.

a‧van‧cie‧ren [アヴァンスィーレン avãsí:rən] 自(s) 昇進する.

A‧vant‧gar‧de [アヴァーンガルデ avɑ́:gardə または アヴァンガルデ avãgárdə] [発] 女 -/-n ① (芸術の)アヴァンギャルド, 前衛[派]. ② 《古》(軍の)前衛.

A‧vant‧gar‧dist [アヴァンガルディスト avãgardíst] 男 -en/-en アヴァンギャルディスト, 前衛[派]芸術家.

a‧vant‧gar‧dis‧tisch [アヴァンガルディスティッシュ avãgardístıʃ] 形 アヴァンギャルドの, 前衛[派]の, 前衛的な.

a‧van‧ti! [アヴァンティ avánti] [伊] 間 進め!

A‧ve [アーヴェ á:ve] 中 -(s)/-(s) ＝Ave-Maria

A‧ve‧Ma‧ria [アーヴェ・マリーア] 中 -(s)/-(s) 《カツ》アヴェ・マリア, 天使祝詞(聖母マリアをたたえる祈り).

A‧ve‧nue [アヴェニュー avəný:] [発] 女 -/-n [..ニューエン] (都市の)並木道.

A‧ver‧si‧on [アヴェルズィオーン avɛrzió:n] 女 -/-en 反感, 嫌悪. eine *Aversion*[4] gegen 人・物[4] haben 人・物[4]に反感を持っている.

A‧vis [アヴィー aví: または アヴィース aví:s] [発] 男 -(es) [アヴィース](..ス)/-(e) [アヴィース](..ゼ)] 《商》(送金などの)通知[状], 送り状.

a‧vi‧sie‧ren [アヴィズィーレン avizí:rən] 他(h) 《商》(納品・到着などを[4])通知する.

A‧vo‧ca‧do [アヴォカード avoká:do] 女 -/-s

《植》アボカド[の実].

a‧xi‧al [アクスィアーる aksiá:l] 形 《工》軸の, 軸性の, 軸方向の.

A‧xi‧om [アクスィオーム aksió:m] 中 -s/-e 《哲・数》公理; 《比》自明の理.

*die **Axt** [アクスト ákst] 女 (単) -/(複) Äxte [エクステ] (3格のみ Äxten) 斧(ｵﾉ). (《英》ax). eine scharfe *Axt* 鋭利な斧 / einen Baum mit der *Axt* fällen 斧で木を切り倒す / wie die *Axt* im Walde《口語》粗野に / die *Axt*[4] an 軍[4] legen 《比》軍[4](悪いこと)の根源を断とうとする.

Äx‧te [エクステ] *Axt (斧)の 複

A‧ya‧tol‧lah [アヤトら ajatóla] 男 -[s]/-s アヤトラ(イスラム教シーア派の最高聖職者の称号).

A‧za‧lee [アツァれーエ atsalé:ə] 女 -/-n 《植》アザレア, セイヨウツツジ.

A‧za‧lie [アツァーリエ atsá:liə] 女 -/-n ＝ Azalee

A‧ze‧tat [アツェタート atsetá:t] 中 -s/-e 《化》アセテート, 酢酸塩 (＝Acetat).

A‧ze‧ty‧len [アツェテュれーン atsetylé:n] 中 -s/ 《化》アセチレン.

A‧zu‧bi [ア・ツー・ビ a-tsú:-bi または アー・ツ・ビ] 男 -s/-s (または 女 -/-s) 《口語》見習[工], 実習生 (＝Auszubildende[r]).

A‧zur [アツーァ atsú:r] 男 -s/ 《詩》空色, 紺碧(ｺﾝﾍﾟｷ).

a‧zur‧blau [アツーァ・ブらオ] 形 空色の.

a‧zyk‧lisch [ア・ツューク リッシュ á-tsy:klıʃ または ア・ツューク..] 形 ① 《化》非環式の. ② 《医》非周期的な. ③ 《植》非有輪の.

B b

b¹, B¹ [ベー bé:] 中 -/- ベー(ドイツ語アルファベットの第2字).

b², B² [ベー] 中 -/-《音楽》変ロ音. (←→ 英語では b flat). *B*-Dur 変ロ長調 / *b*-Moll 変ロ短調.

B³ [ベー]《化·記号》硼素(ほうそ) (= **B**or).

b. [バイ または バイム]《略》(地名で:)…近郊の; (手紙のあて名で:)…気付. (= bei, beim).

Ba [ベー·アー]《化·記号》バリウム (= **Ba**rium).

bab·beln [バッベるン bábəln] 自 (h) ① (幼児が)片言をしゃべる. ② ぺちゃくちゃしゃべる.

Ba·bel [バーべる bá:bəl] 中 -s/ ①《都市名》バベル (バビロン Babylon のヘブライ語名). der Turm **zu** *Babel* (聖)バベルの塔 (人間のおごりの象徴; 創世記 11, 1-9). ② 風俗退廃の地. ③ (多くの言語が使用されている)世界都市.

*das **Ba·by** [ベービ bé:bi]《英》中 (単2) -s/(複) -s ① 赤ん坊, ベビー. Sie erwartet ein *Baby*. 彼女は身ごもっている. ②《口語》頼りない人;(愛称として:)かわいこちゃん.

Ba·by=aus·stat·tung [ベービ·アオスシュタットゥング] 女 -/-en ベビー用品.

Ba·by·lon [バービュロン bá:byləɔn] 中 -s/《都市名》バビロン (ユーフラテス河畔の古都. 古代バビロニアの首都).

Ba·by·lo·ni·en [バビュろーニエン babyló:-niən] 中 -s/《国名》(古代の)バビロニア王国 (メソポタミアのバビロン地方に栄えた).

ba·by·lo·nisch [バビュろーニッシュ babyló:-nɪʃ] 形 バビロニア[人]の, バビロンの. eine *babylonische* Sprachverwirrung《比》言語の混乱 (創世記 11, 1-9).

ba·by·sit·ten [ベービ·ズィッテン bé:bi-zɪtən] 自《不定詞でのみ用いる》《口語》(アルバイトで)ベビーシッターをする.

Ba·by·sit·ter [ベービ·ズィッタア]《英》男 -s/- ベビーシッター(学生アルバイトなどの子守り). (←→ 女性形は Babysitterin).

Bac·cha·nal [バハナーる baxaná:l] 中 -s/..nalien [..ナーりエン] (または -e) ①《複 ..nalien》バッカス(酒神)の祭. ②《複 -e》《雅·比》どんちゃん騒ぎの大酒盛り.

Bac·chant [バハント baxánt] 男 -en/-en《雅·比》大酒飲み, 酔っ払い.

bac·chan·tisch [バハンティッシュ baxántɪʃ] 形 酔って浮かれた, 乱痴気騒ぎの.

Bac·chus [バッフス báxʊs] -/《ローマ神》バッカス (酒の神. ギリシア神話のディオニソスに当たる).

*der **Bach¹** [バッハ báx] 男 (単2) -es (まれに -s)/(複) Bäche [ベッヒェ] (3格のみ Bächen) 小川, 細流.《英》brook). ein heller *Bach* 澄んだ小川 / Ein *Bach* fließt durch das Tal. 小川が谷間を流れている. (☞ 類語 Fluss).

Bach² [バッハ] -s/《人名》バッハ (Johann Sebastian *Bach* 1685-1750; ドイツの作曲家).

Bä·che [ベッヒェ] * Bach¹ (小川)の 複

Bach=fo·rel·le [バッハ·フォれレ] 女 -/-n《魚》ブラウントラウト (ニジマスの一種). (☞ Forelle 図).

Bäch·lein [ベヒらイン béçlain] 中 -s/- (Bach の縮小) 小川.

Bach·stel·ze [バッハ·シュテるツェ] 女 -/-n《鳥》セキレイ.

Back=blech [バック·ブれヒ] 中 -[e]s/-e《料理》オーブンプレート, 天板 (菓子焼き用鉄板).

Back=bord [バック·ボルト; 男] 中 -[e]s/-e《ふつう 単》《海·空》左舷(さげん).

*die **Ba·cke** [バッケ bákə] 女 (単) -/(複) -n ① 頬(ほお), ほっぺた (= Wange). (《英》 cheek). Sie hat rote *Backen*. 彼女は赤いほっぺたをしている / Er kaut mit vollen *Backen*. 彼は口にいっぱいほおばってかむ. ②(頬状のもの:)(万力(まんりき)·ペンチなどの)つかみ;(スキーの)バッケン;(銃の)頬(ほお)当て部.

ba·cken¹(*) [バッケン bákən] du backst, er backt (= du bäckst, er bäckt (backte または buk, hat…gebacken)) I 他 (完了 haben) ①(パン·ケーキなど⁴をオーブンで)焼く.(《英》 bake). Sie *backt* einen Kuchen. 彼女はケーキを焼く / Er hat das Brot selbst *gebacken*. 彼はそのパンを自分で焼いた.

②《方》[油で]揚げる, フライにする, いためる. ③《方》(果物など⁴を)加熱して乾燥させる.

II 自 (完了 haben) ① パン(ケーキ)を焼く. Sie *kann* gut *backen*. 彼女はケーキを焼くのが上手だ. ②(パン·ケーキなどが)焼ける. Der Kuchen *muss* eine Stunde *backen*. このケーキは 1 時間焼かないといけない. ③《口語》(オーブンなどが…に)焼ける. Unser Ofen *backt* schlecht. うちのオーブンはうまく焼けない.

◇☞ gebacken

....

類語 backen: (パン·ケーキなどを)焼く. **braten**: (バター·ラードなどを入れて肉·魚などを)焼く, 焼く. **grillen**: (肉などを焼き網を用いて強火で)あぶる, グリルにする. **rösten**: (水·油を用いずに)焼く, 炒る.

....

ba·cken² [バッケン] (backte, *hat*…gebacken) 自 (h)《**an** 物³》〜³《方》(雪·粘土などが[物³に])くっつく, こびりつく.

Ba·cken=bart [バッケン·バールト] 男 -[e]s/..bärte 頬(ほお)ひげ. (☞ Bart 図).

Ba·cken=kno·chen [バッケン·クノッヘン] 男 -s/-《医》頬骨(きょうこつ).

Ba·cken=zahn [バッケン・ツァーン] 男 –[e]s/
..zähne 白歯(ﾊﾟｸｼ).

*der **Bä·cker** [ベッカァ bέkər] 男 (単) –s/
(複) – (3格のみ -n) パン屋, パン・菓子製造業
者. (英) baker). (注意 女性形は Bäckerin). ein
frisches Brot⁴ **beim** *Bäcker* holen 焼きたて
のパンをパン屋で買ってくる.

*die **Bä·cke·rei** [ベッケライ bεkərái] 女 (単)
–/(複) –en ① ベーカリー, パン製造所, パン屋.
(英) bakery). ② 〖覆なし〗パンの製造. die
*Bäckerei*⁴ erlernen パンの製造法を習得する.
③ 〖ふつう 覆〗〖南ﾄﾞ･ｵｽﾄﾘ〗クッキー, ビスケット.

Back=fisch [バック・フィッシュ] 男 –[e]s/-e ①
フライにした魚. ② (14-17 歳くらいの)小娘, お
ぼこ娘.

Back=form [バック・フォルム] 女 –/-en (菓子
などの)焼き型.

Back=ground [ベック・グラオント] [英] 男 –s/-s
① (精神的な)背景. ② (過去の)経歴, 職業
歴. ③ 《映》(映画などの)背景. ④《音楽》バ
ックグラウンドミュージック.

Back=obst [バック・オープスト] 中 –[e]s/ 乾燥
果物.

Back=ofen [バック・オーフェン] 男 –s/..öfen パ
ン焼きがま; オーブン, 天火.

Back=pfei·fe [バック・プファイフェ] 女 –/-n
《方》平手打ち (= Ohrfeige).

Back=pflau·me [バック・プフらオメ] 女 –/-n
乾燥スモモ(プルーン).

Back=pul·ver [バック・プルファァ] 中 –s/– ベー
キングパウダー, ふくらし粉.

bäckst [ベックスト] *backen¹ (パンなどを焼く)の 2
人称単数 現在.

Back=stein [バック・シュタイン] 男 –[e]s/-e れ
んが (= Ziegel).

Back=stu·be [バック・シュトゥーベ] 女 –/-n パ
ン焼き場, 製パン所.

bäckt [ベックト] *backen¹ (パンなどを焼く)の 3 人
称単数 現在.

back·te [バックテ] *backen¹ (パンなどを焼く)の
過去.

Back=trog [バック・トローク] 男 –[e]s/..tröge
製パン用のこね桶(ｵｹ).

Back=wa·re [バック・ヴァーレ] 女 –/-n 《ふつう
覆》ベーカリー製品(パン・クッキー・ケーキなど).

*das **Bad** [バート bá:t]

> ふろ Ist das *Bad* frei?
> イスト ダス バート フライ
> おふろは空いていますか.

中 (単) –es (まれに -s)/(複) Bäder [ベーダァ]
(3格のみ Bädern) ① ふろ; ふろの湯; 入浴; 水
遊び, 海水浴. (英) bath). ein kaltes *Bad* 冷
水浴 / ein *Bad*⁴ nehmen 入浴する / 人³ ein
*Bad*⁴ machen (または bereiten) 人³ のためにふ
ろの用意をする / Das *Bad* ist fertig. ふろの用
意ができている / Das *Bad* ist zu heiß. ふろが
熱すぎる / das Kind⁴ **mit dem** *Bad* aus-
schütten (比) 角を矯(ﾀﾒ)めて牛を殺す (←ふろ
の水を捨てるのに中の子供もいっしょに流してしまう).

② 浴室, バスルーム. eine Wohnung **mit**
Bad **und Küche** 浴室と台所付きの住居.
③ 〖公衆〗浴場; 〖水泳〗プール; 〖海〗水浴場; 湯
治場. **ins** *Bad* gehen プールへ行く. ④《工・
化》溶液; (フィルムの)現像液.

(注意) ..bad のいろいろ: Frei*bad* 屋外プール / Hal-
len*bad* 屋内プール / Heil*bad* 湯治場 /
Schwimm*bad* 〖水泳〗プール / See*bad* 海水浴
[場] / Thermal*bad* 温泉.

Ba·de=an·stalt [バーデ・アンシュタるト] 女 –/
-en 〖屋外の〗公営プール.

Ba·de=an·zug [バーデ・アンツーク] 男 –es/
..züge (一般に女性用の)水着, 海水着.

Ba·de=gast [バーデ・ガスト] 男 –es/..gäste 湯治
客; 〖水泳〗プールの利用客.

Ba·de=ho·se [バーデ・ホーゼ] 女 –/-n 水泳パン

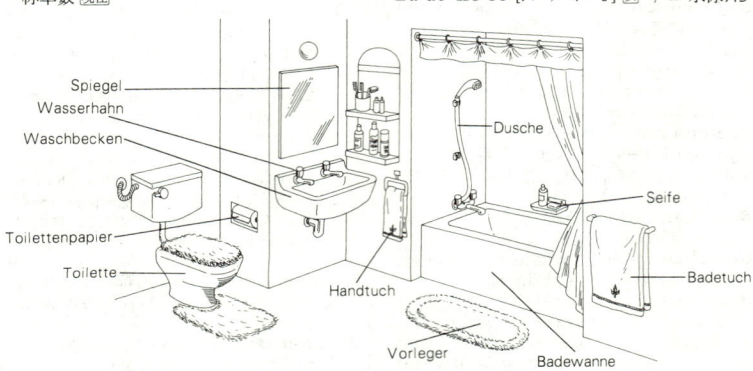

Spiegel / Wasserhahn / Waschbecken / Toilettenpapier / Toilette / Dusche / Seife / Badetuch / Handtuch / Vorleger / Badewanne

Badezimmer

Ba·de⚬kap·pe [バーデ・カッペ] 囡 -/-n 水泳帽; バスキャップ. (☞ Hut 図).

Ba·de⚬kur [バーデ・クーァ] 囡 -/-en 温泉療法, 湯治.

Ba·de⚬man·tel [バーデ・マンテる] 男 -s/..mäntel バスローブ, 浴用ガウン.

Ba·de⚬meis·ter [バーデ・マイスタァ] 男 -s/- [水泳]プールの監視員.

Ba·de⚬müt·ze [バーデ・ミュッツェ] 囡 -/-n 水泳帽; バスキャップ (=Badekappe). (☞ Hut 図).

‡**ba·den** [バーデン bá:dən] du badest, er badet (badete, hat...gebadet) **I** 自 (定了 haben) (英) bathe) ① 入浴する. Er badet täglich eine Stunde. 彼は毎日 1 時間ふろに入る / heiß baden 熱いふろに入る / kalt baden 冷水浴をする.
② 水浴びをする, 泳ぐ. Wir baden im See. 私たちは湖で水浴びをする / baden gehen a) 泳ぎに行く, b) (俗) 失敗する.
II 他 (定了 haben) 入浴させる, (湯・水に)浸す. Sie badet das Kind. 彼女は子供をふろに入れている / Er ist in Schweiß gebadet. (状態受動・現在)(比) 彼は汗びっしょりだ. ◇(再帰的に) sich⁴ baden 入浴する.

Ba·den [バーデン] 中 -s/ ①(地名) バーデン(ドイツ, バーデン・ヴュルテンベルク州の西半分の地方). ②(都市名) バーデン (⑦ オーストリア・ニーダーオーストリア州. ④ スイス, アールガウ州: ☞ (地図) D-5).

Ba·den-Ba·den [バーデン・バーデン bá:dən-bá:dən] 中 -s/(都市名) バーデン・バーデン(ドイツ, バーデン・ヴュルテンベルク州の温泉保養地: ☞ (地図) D-4).

Ba·den-Würt·tem·berg [バーデン・ヴュルテンベルク bá:dən-výrtəmberk] 中 -s/(地名) バーデン・ヴュルテンベルク(ドイツ 16 州の一つ. 州都はシュトゥットガルト: ☞ (地図) D-4〜5).

Ba·de⚬ort [バーデ・オルト] 男 -es/-e ① (浜辺・湖畔の) [海]水浴場. ② 湯治場.

Bä·der [ベーダァ] ‡Bad (ふろ)の 複

Ba·de⚬strand [バーデ・シュトラント] 男 -[e]s/..strände [海]水浴場.

ba·de·te [バーデテ] ‡baden (入浴する)の 過去

Ba·de⚬tuch [バーデ・トゥーフ] 中 -[e]s/..tücher バスタオル.

Ba·de⚬wan·ne [バーデ・ヴァンネ] 囡 -/-n 浴槽, 湯船, バスタブ. in der Badewanne sitzen バスタブにつかっている.

das **Ba·de⚬zim·mer** [バーデ・ツィンマァ bá:də-tsɪmər] 中 (単 2) -s/(複) - (3 格のみ -n) 浴室, バスルーム. (英) bathroom). ein geräumiges Badezimmer 広々とした浴室.

Bad Go·des·berg [バート ゴーデス・ベルク ba:t gó:dəs-berk] 中 -s/(地名) バート・ゴーデスベルク(元来は保養地として発展したが 1969 年ボンに合併された. 内外の公館がここに集まっている).

Bad·min·ton [ベトミントン bétmɪntən] (英) 中 -s/ バドミントン.

Bae·de·ker [ベーデカァ bé:dəkər] 男 -s/- ⟪商標⟫ ベーデカー (Baedeker 社発行の旅行案内書).

baff [バふ báf] 形 ⟪成句的に⟫ baff sein (俗) 唖然(ぁ)とした, 驚いてものが言えない.

BAföG, Ba·fög [バーふェク bá:fœk] 中 -[s]/ ⟪略⟫ ① (ドイツの)連邦奨学金法 (=Bundesausbildungsförderungsgesetz). ② (口語) 連邦奨学金法に基づく奨学金.

Ba·ga·ge [バガージェ bagá:ʒə] [ジュ] 囡 -/-n ⟪ふつう 単⟫ ① ならず者[の集団]. ② (古) 旅行手荷物.

Ba·ga·tel·le [バガテれ bagatélə] 囡 -/-n ささいな(つまらない)こと. ②⟪楽⟫ バガテル(2 部から成る短い器楽曲).

ba·ga·tel·li·sie·ren [バガテリズィーレン bagatelizí:rən] 他 (h) ささいなこととして扱う, 軽視する.

Bag·dad [バクダット bákdat] 中 -s/⟪都市名⟫ バグダッド(イラクの首都).

Bag·ger [バッガァ bágər] 男 -s/- ① パワーショベル, 掘削機. ② (バレーボールで:)アンダーレシーブ(パス).

bag·gern [バッガァン bágərn] **I** 自 (h) ① パワーショベルで土砂を取り払う. ② (バレーボールで:)アンダーレシーブ(パス)する. **II** 他 (h) (水路など⁴を)パワーショベルで掘る.

Ba·guette [バゲット bagét] [ジュ] 囡 -/-n [..ゲッ テン] バゲット(棒状の白パン).

bah! [バー bá:] 間 =bäh ①

bäh! [ベー bé:] 間 ① (嫌悪・軽蔑・意地悪を表して:)うわぁー, げー; ふん; やーい, ベー [いい気味だ]. ② (羊の鳴き声:)めえー.

‡*die* **Bahn** [バーン ba:n] 囡 (単) -/(複) -en ① 鉄道 (=Eisenbahn); 路面電車 (=Straßenbahn). (英) train). U-Bahn 地下鉄 / Deutsche Bahn [AG] ドイツ鉄道[株式会社] (略: DB) / Die Bahn hält vor dem Rathaus. その電車は市庁舎前に止まる / Ich nehme die nächste Bahn. 私は次の電車に乗る / **bei** der Bahn arbeiten 鉄道に勤めている / **mit** der Bahn fahren (reisen) 鉄道で行く(旅行する) / das Gepäck⁴ **per** Bahn schicken 手荷物を鉄道便で送る.
② 軌道, (地ならしをした)道. die Bahn der Sonne² 太陽の軌道 / sich³ Bahn⁴ brechen 道(活路)を切り開く, 普及する / freie Bahn⁴ haben (何の障害もない)思うまま進める / **auf** die schiefe Bahn geraten (または kommen) (比) 道を踏み誤る / **aus** der Bahn bringen (または werfen) (比) 人⁴の人生を狂わせる / 車⁴ **in** die richtige Bahn lenken (比) 車⁴を期待どおり進むようにする.
③ 車道, 車線. Autobahn アウトバーン / Die Straße hat hier drei Bahnen. 道はここで 3 車線になっている. ④ (スポ) (競走の), (ボウリングの)レーン. Er läuft **auf** Bahn 3. 彼は第 3 コースを走る. ⑤ 駅 (=Bahnhof). 人⁴ **zur**

Bahnbeamte[r]

Bahn bringen 人⁴を駅まで送る. ⑥ (織物・壁紙などの)一幅, 一巻.

Bahn≠be・am・te[r] [バーン・ベアムテ (..タァ)] 男[語尾変化は形容詞と同じ] 鉄道職員.

bahn≠bre・chend [バーン・ブレッヒェント] 形 先駆的な, 新機軸の. eine *bahnbrechende* Erfindung 画期的な発明.

Bahn≠bre・cher [バーン・ブレッヒァァ] 男 -s/- パイオニア, 先駆者, 開拓者.

Bahn≠bus [バーン・ブス] 男 ..busses/..busse (ドイツの)鉄道(経営の)バス.

bah・nen [バーネン bá:nən] 他 (h) (人³のために)道¹を)切り開く. ◇[再帰的に] *sich³* einen Weg durch die Menge bahnen 群衆をかき分けて進む.

Bahn≠fahrt [バーン・ファールト] 女 -/-en 鉄道旅行.

***der* Bahn≠hof** [バーン・ホーフ bá:n-ho:f]

駅 Wie komme ich zum *Bahnhof*?
 ヴィー コンメ イヒ ツム バーンホーフ
駅へはどう行けばいいでしょうか.

男 (単2) -[e]s/(複) ..höfe [..ヘーフェ] (3格のみ ..höfen) (鉄道の)駅, ステーション, 停車場. (略: Bf. または Bhf.). (英 *station*). Güter*bahnhof* 貨物駅 / Der Zug hält nicht **an** diesem *Bahnhof*. その列車はこの駅には止まらない / 人⁴ **am** (または **vom**) *Bahnhof* ab[holen 人⁴を駅に迎えに行く / **auf** dem (または **im**) *Bahnhof* 駅で / Der Zug fährt **in** den *Bahnhof* ein. 列車が駅に入って来る / 人⁴ **zum** *Bahnhof* begleiten (または bringen) 人⁴を駅まで送る / Ich verstehe nur *Bahnhof*. (俗・比) 私にはさっぱりわからない(←「駅」という語(除隊のことしか解さない) / [ein] großer *Bahnhof* (口語) (駅・空港などの)盛大な歓迎.

語源 der Bahnhof: (鉄道の)駅. (市内にいくつかの駅があるときは, 「中央駅」のことを der Hauptbahnhof という). die Haltestelle: (市電・バスの)停留所. die Station: 駅, 「駅」と「停留所」のどちらの意味にも用いるが, 具体的な「駅」を意味するときは「小さな駅」のニュアンスを持つ). Bis Bonn sind es noch drei *Stationen*. ボンまではまだ三つの駅がある.

Bahn≠hö・fe [バーン・ヘーフェ] ＊Bahnhof (駅)の複.

Bahn≠hofs≠hal・le [バーンホーフス・ハレ] 女 -/-n (駅の)コンコース.

Bahn・hofs≠mis・si・on [バーンホーフス・ミスィオーン] 女 -/-en (キリスト教団体の)旅行者救護所.

Bahn・hofs≠vor・ste・her [バーンホーフス・フォーァシュテーアァ] 男 -s/- 駅長.

bahn≠la・gernd [バーン・らーガァント] 形 駅留めの(貨物など).

Bahn≠li・nie [バーン・リーニエ] 女 -/-n (鉄道の)路線; 線路. die *Bahnlinie*⁴ überqueren 線路を横切る.

Bahn≠po・li・zei [バーン・ポリツァイ] 女 -/ 鉄道公安警察.

Bahn≠schran・ke [バーン・シュランケ] 女 -/-n (鉄道の)踏切遮断機.

***der* Bahn≠steig** [バーン・シュタイク bá:n-ʃtaɪk] 男 (単2) -[e]s/(複) -e (3格のみ -en) (駅の)プラットホーム. (英 *platform*). auf dem *Bahnsteig* warten プラットホームで待つ.

Bahn≠stre・cke [バーン・シュトレッケ] 女 -/-n 路線区間, [鉄道]路線.

Bahn≠über・gang [バーン・ユーバァガング] 男 -[e]s/..gänge (鉄道の)踏切.

Bahn≠wär・ter [バーン・ヴェルタァ] 男 -s/- (鉄道の)踏切警手; 路線巡回員.

Bah・re [バーレ bá:rə] 女 -/-n 担架; 棺台. von der Wiege bis zur *Bahre* (雅) 生れてから死ぬまで(←揺りかごから棺台まで).

Bai [バイ báɪ] 女 -/-en 湾, 入江.

bai・risch [バイリッシュ báɪrɪʃ] 形 (言) バイエルン方言の(＝bayerisch).

Bai・ser [ベゼー bɛzé:] [仏] 申 -s/-s メレンゲ(砂糖を加えて泡立てた卵白を軽く焼いたもの).

Bais・se [ベーセ bɛ:sə] [仏] 女 -/-n (経) (相場・物価の)下落.

Ba・jo・nett [バヨネット bajonét] 申 -[e]s/-e 銃剣.

Ba・jo・nett≠ver・schluss [バヨネット・フェァシュるス] 男 -es/..schlüsse (工) 差し込み接ぎ手.

Ba・jo・nett≠ver・schluß ☞ (新形) Bajonettverschluss

Ba・ke [バーケ bá:kə] 女 -/-n ① (交通) 航空(水路)標識, ビーコン; 予告標識(踏切・高速道路出口への距離を示す数字の標識). ② (測量の)ポール.

Ba・ke・lit [バケリート bakəlí:t] 申 -s/-e (商標) ベークライト(合成樹脂).

Bak・ken [バッケン bákən] 男 -s/- (スキーの)ジャンプ台, シャンツェ.

Bak・te・rie [バクテーリエ bakté:riə] 女 -/-n (ふつう 複) (生・医) 細菌, バクテリア.

bak・te・ri・ell [バクテリエる bakteriél] 形 (生・医) 細菌性の, バクテリアによる.

Bak・te・ri・o・lo・gie [バクテリオろギー bakteriologí:] 女 -/ 細菌学.

bak・te・ri・o・lo・gisch [バクテリオろーギッシュ bakterioló:gɪʃ] 形 細菌[学]の, 細菌学的な.

Ba・la・lai・ka [バららイカ balaláɪka] 女 -/ (または ..laiken) (音楽) バラライカ(ロシアの弦楽器).

Ba・lan・ce [バらーンス balɑ̃́:s または バらーンセ balɑ̃́:sə] [仏] 女 -/-n [..セン] バランス, 平衡, 釣り合い. die *Balance*⁴ halten (verlieren) 平衡を保つ(失う).

ba・lan・cie・ren [バらンスィーレン balsí:rən] I 他 (物⁴の) バランスを保つ. II 自 (h, s) ① (h) バランスをとる. ② (s) (über 物⁴ ～) (物⁴の上を)バランスをとりながら進む.

bald [バルト bált]

> 間もなく　Ich komme *bald*.
> イヒ　コンメ　バルト
> すぐ行きます.

副 (比較 eher, 最上 am ehesten) ① 間もなく,すぐに,じきに.(英 soon). Komm *bald* wieder! 近いうちにまたおいで / Bis (または Auf) *bald*!《口語》《別れのあいさつで：》ではまたなので / **so bald wie** möglich または möglichst *bald* できるだけ早く / *bald* darauf (または danach) その後間もなく / Bist du *bald* still?《方・口語》(いらいらした気持ちで：)いいかげんに静かにしないか. ② 容易に. Er konnte nicht so *bald* einschlafen. 彼はなかなか寝つけなかった. ③《口語》ほとんど,もう少しで. Er wäre *bald* gestorben.《接2・過去》彼はあやうく死ぬところだった. ④《*bald* A, *bald* B の形で》あるときは A, またあるときは B. *Bald* lachte, *bald* weinte sie vor Freude. 彼女はうれしさのあまり笑ったり泣いたりした / *bald* hier, *bald* da ここかと思えばまたあそこ.

Bal·da·chin [バルダヒーン báldaxi:n または ..ヒーン] 男 -s/-e (王座・祭壇などの)天蓋(がい).

Bäl·de [ベルデ béldə] 女《成句的に》**in Bälde**《書》間もなく.

bal·dig [バルディヒ báldıç] 形《付加語としてのみ》間もない,近々の. Auf *baldiges* Wiedersehen! では近いうちにまた!

bal·digst [バルディヒスト báldıçst] 副 できるだけ早く.

bald·mög·lichst [バルト・メークリヒスト] I 形 できるだけ早い. II 副 できるだけ早く.

Bald·ri·an [バルドリアーン báldria:n] 男 -s/-e ①《植》カノコソウ. ②《複 なし》かのこ草の根のエキス(鎮静剤となる).

Balg¹ [バルク bálk] 男 -[e]s/Bälge ①《狩》(動物の)皮；《俗》人間の皮(体). einem Tier den *Balg* ab|ziehen 動物の皮をはぐ /人³ **auf den** *Balg* rücken《俗》人³にすり寄る. ②（詰め物をした）胴体(どうたい). ③ ふいご,(オルガン・アコーデオンなどの)送風器,(写真機の)蛇腹.

Balg² [バルク] 中 -[e]s/Bälge[r]《口語》腕白小僧,がき.

bal·gen [バルゲン bálgən] 再帰 (h) *sich*⁴ *balgen* (子供がふざけて)取っ組み合いをする,(犬などが)じゃれ合う.

Bal·ge·rei [バルゲライ balgəráı] 女 -/-en (遊び半分の)取っ組み合い,じゃれ合い.

der **Bal·kan** [バルカーン bálka:n] 男 -s/《定冠詞とともに》①《山名》バルカン山脈(ブルガリア中部). ②《複 なし》バルカン.

die **Bal·kan=halb·in·sel** [バルカーン・ハルプインゼル] 女 -/《定冠詞とともに》《地名》バルカン半島.

Bal·ken [バルケン bálkən] 男 -s/- ① 角材；《建》梁(はり)；(まくらぎの)ながえ,(天秤(びん)の)さお. eine Brücke **aus** *Balken* 角材でできた橋 / Er lügt, dass sich die *Balken* biegen.《口語》彼は大ぼらを吹く（←梁が曲がるほど）. ②《隠語》平均台；《音楽》符桁(ふこう),連桁(れんこう).

Bal·ken=über·schrift [バルケン・ユーバァシュリフト] 女 -/-en (新聞の)大見出し.

Bal·ken=waa·ge [バルケン・ヴァーゲ] 女 -/-n 天秤(てんびん).

der **Bal·kon** [バルコーン balkṍ: または ..コーン ..kó:n] 男 (単2) -s/(複) -s (または -e) (3格のみ -en) ① バルコニー,(英 balcony),《口語》《☞ Haus 図》. ein sonniger *Balkon* 日当りのいいバルコニー / **auf den** *Balkon* treten バルコニーに出る.《☜　日本語ではベランダとも呼ぶが,ドイツ語の die Veranda は3方を囲まれた張り出しサンルームを指す）. ②（劇場の）2階席,バルコニー(階上)席.《☞ Theater 図》. ③《俗》(女性の)豊満な胸.

der **Ball**¹ [バる bál] 男 (単2) -es (まれに -s)/(複) Bälle [ベれ] (3格のみ Bällen) ① **ボール**,まり. (英 ball). Gummi*ball* ゴムまり / Tennis*ball* テニスボール / den *Ball* fangen ボールをキャッチする / Der *Ball* springt auf. ボールがバウンドする / **am** *Ball* sein (または bleiben) a) ボールをキープしている, b)《口語・比》しつこく(追い)続ける / *Ball*⁴ (または **mit dem** *Ball*) spielen ボール遊び(球技)をする /《人³ die *Bälle*⁴ zu|werfen《比》(討論中に)人³を巧みに応援する. ② 球状のもの. Schnee*ball* 雪玉 / Er knüllte das Papier zu einem *Ball*. 彼は紙を丸めて球を作った.

der **Ball**² [バる bál] 男 (単2) -[e]s/(複) Bälle [ベれ] (3格のみ Bällen) 舞踏会,ダンスパーティー. einen *Ball* geben (または veranstalten) 舞踏会を催す / **auf** einen *Ball* (または **zu** einem *Ball*) gehen 舞踏会へ行く.

Bal·la·de [バらーデ balá:də] 女 -/-n バラード,物語詩,譚詩(たんし).

Bal·last [バらスト bálast または バらスト] 男 -[e]s/-e ①《海》バラスト,底荷(船の重心の安定を保つための砂袋や石など). ② 余計な荷物,《比》やっかいな物,重荷.

Bal·last=stof·fe [バらスト・シュトッフェ] 複《医》(食物中の)消化しにくい繊維質.

Bäl·le [ベれ]* **Ball**¹ (ボール), * **Ball**² (舞踏会)の 複.

bal·len [バれン bálən] I 他 (h) 丸く固める. Schnee⁴ *ballen* 雪玉を作る / die Hand⁴ **zur** Faust *ballen* または die Faust⁴ *ballen* こぶしを握る. II 再帰 (h) *sich*⁴ *ballen* 丸く固まる,かたまりになる. III 自 (h)《方》ボール遊びをする.
◇*Pp.* **geballt**

Bal·len [バれン] 男 -s/- ① 包み,梱(こり),バレン(紙・布地などの数量単位). Stoff*ballen* 一巻の布地 / ein *Ballen* Baumwolle 一包みの木綿. ②（手のひら・足の裏の)ふくらみ；《医》母指球.

Bal·le·ri·na [バれリーナ balərí:na] 女 -/..rinen バレリーナ.

bal·lern [バらァン bálərn] I 自 (h)《口語》①（続けざまに)ずどんずどんと撃つ. ②《方向を表す語句とともに》(…を)どんどんたたく；(…へ)どしんとぶつかる. II 他 (h)《口語》(物⁴を…で)

力まかせに投げ(たたき)つける.
Bal·lett [バれット balét] 中 -[e]s/-e ① 《複 なし》バレエ. das klassische *Ballett* クラシックバレエ. ② バレエの作品. ③ バレエ団.
Bal·lettän·zer ☞ 新形 Balletttänzer
Bal·lettän·ze·rin ☞ 新形 Balletttänzerin
Bal·lett·tän·zer [バれット・テンツァァ] 男 -s/- バレエダンサー.
Bal·lett·tän·ze·rin [バれット・テンツェリン] 女 -/..rinnen (女性の)バレエダンサー, バレリーナ.
Bal·lis·tik [バリスティク balístɪk] 女 -/ 弾道学.
bal·lis·tisch [バリスティッシュ balístɪʃ] 形 弾道[学]の.
Ball·jun·ge [バる・ユンゲ] 男 -n/-n (テニスの)ボールボーイ.
Ball·kleid [バる・クらイト] 中 -[e]s/-er 舞踏会用のドレス.
Bal·lon [バろーン baló: または バろーン baló:n] [発] 男 -s/-s (または -e) ① 気球, 風船. Heißluft*ballon* 熱気球 / im *Ballon* fliegen 気球に乗って飛ぶ. ② カルボイ(ワイン・酸類などを入れる[かご入りの]風船形のびん). ③ 《口語》頭. [so] einen *Ballon* bekommen 《俗》(顔が)真っ赤になる.
Ball·saal [バる・ザーる] 男 -[e]s/..säle 舞踏会用ホール.
Ball·spiel [バる・シュピーる] 中 -[e]s/-e 球技.
Bal·lung [バるング] 女 -/-en ① 丸く固めること. ② 丸い固まり; 集結, 密集.
Bal·lungs·ge·biet [バるングス・ゲビート] 中 -[e]s/-e 産業(人口)密集地域.
Bal·sam [バるザーム bálza:m] 男 -s/-e ① 《ふつう 単》香油, バルサム(芳香薬に使う工業用樹脂). ② 《雅》(心の)慰め, 救い. Deine Worte sind *Balsam* für meine Seele. 君の言葉は私の心[の痛み]をいやしてくれる.
bal·sa·mie·ren [バるザミーレン balzamí:rən] 他 (h) ① (死体⁴に)保存剤で防腐処置をする. ② 《雅》 [人・物⁴に] 香油を塗る.
Bal·te [バるテ báltə] 男 -n/-n ① バルト諸国の人. ② バルト諸国[出身]のドイツ系住民.
Bal·tha·sar [バるタザァ báltazar] 《男名》バルタザル.
Bal·ti·kum [バるティクム báltikum] 中 -s/ バルト三国(エストニア, ラトビア, リトアニア).
bal·tisch [バるティッシュ báltɪʃ] 形 バルト三国の; バルト海[沿岸]の. das *Baltische* Meer バルト海(=die Ostsee).
Ba·lust·ra·de [バるストラーデ balustrá:də] [発] 女 -/-n 《建》手すり, 欄干[のあるバルコニー].
Balz [バるツ bálts] 女 -/-en 《ふつう 単》① (きじ・雷鳥などの)求婚動作. ② 交尾期.
bal·zen [バるツェン báltsən] 自 (h) (交尾期の)雄鳥が雌を呼ぶ.
Bam·berg [バン・ベルク bám·berk] 中 -s/ 《都市名》バンベルク(ドイツ, バイエルン州: ☞ 地図 E-4).

Bam·bi·no [バンビーノ bambí:no] [発] 男 -s/..bini (または -s) ① 《口語》(イタリアの)男の子, 若者. ② (キリスト生誕の図の)幼児キリスト.
Bam·bus [バンブス bámbus] 男 ..busses/..busse (または -s) (植) タケ(竹). Stäbchen aus *Bambus* 竹製の箸(はし).
Bam·bus·rohr [バンブス・ローァ] 中 -[e]s/-e 竹[の茎].
Bam·bus·spros·sen [バンブス・シュプロッセン] 複 竹の子.
Bam·bus·vor·hang [バンブス・フォーァハング] 男 -s/《政》竹のカーテン(東西冷戦時代の東南アジアにおける共産主義国と共産圏以外の国との間の政治的壁. 「鉄のカーテン」をまねた表現).
Bam·mel [バンメる bámal] 男 -s/《俗》不安, おじ気, 気後れ.
bam·meln [バンメるン báməln] 自 (h) 《方》① 《mit 物³ ～》《口語》(物³(足などの)をぶらぶらさせる. ② 《俗》絞首刑になる.
ba·nal [バナーる baná:l] 形 平凡な, 月並みな, 陳腐な, 無意味な.
Ba·na·li·tät [バナリテート banalité:t] 女 -/-en ① 《複なし》平凡, 月並み, 陳腐. ② 平凡な言葉(考え), 陳腐な発言(しゃれ).

＊die **Ba·na·ne** [バナーネ baná:nə] 女 《単》-/《複》-n 《植》バナナ.
Ba·na·nen·ste·cker [バナーネン・シュテッカァ] 男 -s/- 《電》バナナプラグ.
Ba·nau·se [バナオゼ banáuzə] 男 -n/-n 芸術を解さない不粋者, 俗物.
band [バント] ≠ binden (結ぶ)の 過去

＊das **Band**¹ [バント bánt] **I** 中 (単2) -es (まれに -s)/(複) Bänder [ベンダァ] (3格のみ Bändern) ① リボン, テープ. (英 band). ein *Band*⁴ im Haar tragen 髪にリボンをつけている. ② 録音テープ(＝Tonband). ein *Band*⁴ besprechen テープに吹き込む / Musik⁴ auf *Band* auflnehmen 音楽をテープに録音する. ③ ベルトコンベア(＝Fließband). am *Band* arbeiten 流れ作業の仕事をしている / am laufenden *Band* 《口語・比》次から次へと, ひっきりなしに. ④ 巻き尺. ⑤ 《ふつう 複》《医》靱帯(じんたい). ⑥ 《放送》(限られた目的のための)周波数帯域.
II 中 (単2) -es (まれに -s)/(複) -e (3格のみ -en) 《ふつう 複》《詩》束縛, きずな. *Bande* der Freundschaft 友情のきずな.

＊der **Band**² [バント bánt] 男 (単2) -es (まれに -s)/(複) Bände [ベンデ] (3格のみ Bänden) (本の)巻, 冊 (略: 単 Bd., 複 Bde.). (英 volume). der zweite *Band* 第2巻 / Hesses Werke in sechs *Bänden* 全6巻のヘッセ著作集 / Das spricht *Bände*. 《口語・比》それは言うべきことを十分言い尽くしている(←何巻分も語っている).

Band³ [ベント bént] [英] 女 -/-s バンド, 楽団.
Ban·da·ge [バンダージェ bandá:ʒə] [発] 女 -/-n サポーター, 包帯; (ボクシングの)バンデージ.
ban·da·gie·ren [バンダジーレン bandaʒí:-

rən] 他 (h)(手・足など⁴に)包帯を巻く.

Band‖auf·nah·me [バント・アオふナーメ] 女 -/-n テープ録音(録画).

Ban·de¹ [バンデ bándə] 女 -/-n ① (盗賊・犯罪者などの)一味, 徒党. ② (戯)(特に若者たちの)グループ, 一群.

Ban·de² [バンデ] [スス] 女 -/-n ① (玉突き台の)縁(馬場などの)囲い. ② (物)帯.

bän·de [ベンデ] *binden (結ぶ)の 接2

Bän·de [ベンデ] *Band²(巻)の 複

Bän·der [ベンダァ] *Band¹(リボン)の 複

Ban·de·ro·le [バンデロ–れ bandəró:lə] [スス] 女 -/-n (たばこの箱などの)帯封(納税済み印).

bän·di·gen [ベンディゲン béndɪgən] 他 (h) (動物⁴を)飼いならす, (子供など⁴を)おとなしくさせる 《比》(感情など⁴を)抑制する.

Bän·di·gung [ベンディグング] 女 -/-en (動物を)慣らすこと, 調教;(感情などの)抑制, 制御.

Ban·dit [バンディート bandí:t] 男 -en/-en 追いはぎ, 山賊, 盗賊.

Band‖maß [バント・マース] 中 -es/-e 巻き尺.

Ban·do·ne·on [バンドーネオン bandó:neɔn] 中 -s/-s (音楽)バンドネオン(アコーデオンの一種).

Band‖sä·ge [バント・ゼーゲ] 女 -/-n 帯鋸(おびのこ).

Band‖schei·be [バント・シャイベ] 女 -/-n 《医》椎間(ついかん)板.

Band‖wurm [バント・ヴルム] 男 -[e]s/..würmer (動)サナダムシ;《比》長ったらしいもの.

bang [バング báŋ] 形 =bange

* **ban·ge** [バンゲ báŋə] 形 《比較》banger, 《最上》bangst または《比較》bänger, 《最上》bängst;格変化語尾がつくときは bang-) 心配な, 不安な, 気がかりな. in banger Erwartung 期待しつつも不安な気持ちで / 人³ bange (《新形》Bange⁴) machen 人³を不安にさせる / Mir ist bange um ihn. 《方》私は彼のことが気がかりだ / Vor ihm ist mir nicht bange. 《方》私は彼なんかこわくない.

Ban·ge [バンゲ] 女 -/《方》心配, 不安. 人³ Bange⁴ machen 人³を不安にさせる.

ban·gen [バンゲン báŋən] I 自 (h)《雅》① 《um 人・事⁴ ~》(人・事⁴のことを)心配する, 気づかう. ② 《nach 人³ ~》《方》(人³を)恋しがる. II 非人称 (h)《es bangt 人³ vor 事³の形で》《雅》人³は事³がこわい.

bän·ger [ベンガァ] *bange (心配な)の《比較》

Ban·gig·keit [バンギヒカイト] 女 -/ 心配, 不安, 気づかい.

Bang·kok [バンコク báŋkɔk] 中 -s/《都市名》バンコク(タイの首都).

Bang·la·desch [バングらデッシュ baŋladéʃ] 中 -/《国名》バングラデシュ(首都はダッカ).

bäng·lich [ベングりヒ] 形 心配そうな.

bängst [ベングスト] *bange (心配な)の《最上》

Ban·jo [バンヨ bánjo または ベンチョ béndʒo] 中 -s/-s (音楽)バンジョー.

* **die Bank**¹ [バンク báŋk] 女 (単) -/(複) Bänke [ベンケ] (3格のみ Bänken に) ① ベンチ, 腰掛け. (英 bench). (☞ Sofa 図). Gartenbank 庭園のベンチ / sich⁴ auf eine Bank setzen ベンチに腰かける /事⁴ auf die lange Bank schieben (口語・比)事⁴を延期する(←長いベンチの上へ押しやる) / durch die Bank (口語)例外なく, 一人残らず / vor leeren Bänken predigen (←空いたベンチの前で説教する). ② 作業台, 工作台;(パン屋などの)売り台. Drehbank 施盤. ③ 浅瀬, 岩礁;《地学》岩層;《気象》(雲などの)層.

* **die Bank**² [バンク báŋk] 女 (単) -/(複) -en ① 銀行. (英 bank). Kreditbank 信用銀行 / Er geht auf die Bank. 彼は銀行へ行く / Geld⁴ auf der Bank [liegen] haben 銀行に預金がある / ein Konto⁴ bei der Bank haben 銀行に口座を持っている.
② 賭博(とばく)の胴元[の持ち金].

Bank‖an·ge·stell·te[r] [バンク・アンゲシュテるテ(..タァ)] 男 女《語尾変化は形容詞と同じ》銀行員.

Bank‖an·wei·sung [バンク・アンヴァイズング] 女 -/-en 銀行[振出]小切手, 銀行手形.

Bank‖au·to·mat [バンク・アオトマート] 男 -en/-en 現金自動支払機.

Bank‖be·am·te[r] [バンク・ベアムテ (..タァ)] 男《語尾変化は形容詞と同じ》(国営・公営銀行の)銀行員.

Bän·ke [ベンケ] *Bank¹(ベンチ)の 複

Bän·kel‖lied [ベンケる・リート] 中 -[e]s/-er 大道歌手の歌.

Bän·kel‖sän·ger [ベンケる・ゼンガァ] 男 -s/- (17-19世紀の)大道歌手.

Ban·ker [バンカァ báŋkər] 男 -s/- (口語)銀行家 (= Bankier).

Ban·kett [バンケット baŋkét] 中 -[e]s/-e ① 《雅》(公式の)祝宴, 饗宴(きょうえん). ② =Bankette

Ban·ket·te [バンケッテ baŋkétə] 女 -/-n ① (車道よりも高くなった)歩道. ② 《建》根石.

Bank‖ge·heim·nis [バンク・ゲハイムニス] 中 ..nisses/..nisse 銀行の秘密厳守の義務(客との取り引きに関して銀行が第三者に対して守るべき義務).

Bank‖hal·ter [バンク・はるタァ] 男 -s/- 賭博(とばく)の親, 胴元.

Ban·ki·er [バンキエー baŋkié:] 男 -s/-s 銀行家.

Bank‖kon·to [バンク・コント–] 中 -s/..konten 銀行口座.

Bank‖leit·zahl [バンク・らイトツァーる] 女 -/-en 銀行コード番号(略: BLZ.).

Bank‖no·te [バンク・ノ–テ] 女 -/-n 銀行券, 紙幣.

Ban·ko·mat [バンコマート baŋkomá:t] 男 -en/-en 《オーストリア》現金自動支払機.

bank·rott [バンクろット baŋkrót] 形 破産(倒産)した, 支払不能の;《比》破綻(はたん)した. Die Firma ist bankrott. その会社は破産した / bankrott (《新形》Bankrott) gehen 破産する / 人⁴ bankrott machen 人⁴を破産させる / sich⁴ bankrott erklären 自己破産を宣言する.

Bank·rott [バンクろット] 男 -[e]s/-e 破産, 倒

産, 支払不能; 《比》破綻(たん). den *Bankrott* erklären 破産を宣告する / *Bankrott* gehen 破産する / [kurz] vor dem *Bankrott* stehen 破産しかかっている.

Bank_we·sen [バンク・ヴェーゼン] 中 -s/ 銀行業[務]; 銀行制度.

Bann [バン bán] 男 -es (まれに -s)/ ① 《雅》魔力, 魅惑. unter dem *Bann* von 人・物³ stehen 人・物³に魅惑されている / den *Bann* brechen 魔力(束縛)を脱する. ② 《史》(教皇による)破門, 追放. 人⁴ mit dem *Bann* belegen 人⁴を破門(追放)する.

ban·nen [バンネン bánən] 他 (h) ① 《雅》(魔力で)金縛りにする; 魅了する. ◇《過去分詞の形で》Die Zuhörer lauschten wie *gebannt*. 聴衆はうっとり聴き入っていた. ② 《雅》(悪魔など⁴)を追い払う; 《比》(危険など⁴)を取り除く. ③ 《史》破門する.
◇☞ gebannt

Ban·ner [バンナァ bánər] 中 -s/ 旗, のぼり(☞ Fahne 図); 《雅・比》旗印, 象徴.

Bann⸗fluch [バン・ふるーフ] 男 -[e]s/..flüche 《史》(教皇による)破門.

Bann⸗mei·le [バン・マイレ] 女 -/-n 《法》① (議事堂周辺などの)デモ禁止区域. ② 《史》市の権利の及ぶ地域.

Ban·tam⸗ge·wicht [バンタム・ゲヴィヒト] 中 -[e]s/-e ① 《覆》なし(ボクシングなどの)バンタム級. ② バンタム級の選手.

Bap·tis·mus [バプティスムス baptísmus] 男 -/ 《ᯅキ教》成年浸礼主義(成年に達した者のみが洗礼を受けるという主義).

Bap·tist [バプティスト baptíst] 男 -en/-en バプテスト[教会]派の信者.

:**bar** [バール báːr] 形 ① 現金の. *bares* Geld 現金 / eine Ware⁴ gegen *bar* verkaufen 商品を現金払いで売る / Ich bezahle in *bar*. 私は現金で払います / Möchten Sie *bar* oder mit Scheck bezahlen? お支払いは現金ですか, それとも小切手になさいますか.
② 《付加語としてのみ》《雅》純然たる, まったくの. ③ 《古》裸の, むき出しの. mit *barem* Haupt 帽子をかぶらずに. ④ 《成句的に》物² *bar* sein 《雅》物²を欠いている. Er ist jeder Vernunft *bar*. 彼は分別がまったくない.

Bar¹ [バール] [英] 女 -/-s ① バー, 酒場; スナック. ② (バーの)スタンド, カウンター.

Bar² [バール] 中 -s/-s (単位: -/-) 《気象》バール(気圧の単位; 略: b).

..bar [..バール ..baːr] 《形容詞をつくる 接尾》① 《…できる》例: heilbar 治療できる. ② 《…を持った》例: fruchtbar 実りある.

*der **Bär** [ベーァ béːr] 男 (単2·3·4) -en/(複) -en ① 《動》クマ(熊). (英 bear). Braunbär ひぐま / Der *Bär* brummt. 熊がうなる / 人³ einen *Bären* auf[binden 《口語·比》人³に一杯くわせる / ungeschickt wie ein *Bär* 熊のように不器用な / Er ist ein rechter *Bär*. 《口語·比》彼はまったく不器用なやつだ. ②《成句

的に; 《覆》なし; 定冠詞とともに》der Große (Kleine) *Bär* 《天》大熊座(小熊座).

Ba·ra·cke [バラッケ baráka] 女 -/-n バラック, 仮小屋.

Ba·ra·cken⸗la·ger [バラッケン・らーガァ] 中 -s/- バラックの収容(宿営)所.

Bar·bar [バルバール barbáːr] 男 -en/-en ① 未開人, 野蛮人. ② 教養のない人, 俗物.

Bar·ba·ra [バルバラ bárbara] -s/ 《女名》バルバラ.

Bar·ba·rei [バルバライ barbaráı] 女 -/-en ① 野蛮, 粗野. ② 《ふつう 単》無知, 無教養.

bar·ba·risch [バルバーリッシュ barbáːrɪʃ] I 形 ① 残忍な, 残酷な. ② 野蛮な, 不作法な, 品のない. ③ ものすごい, ひどい(寒くなど). II 副 ひどく. *barbarisch* frieren ひどく凍える.

Bar·ba·ros·sa [バルバロッサ barbarόssa] -s/《人名》バルバロッサ, 赤ひげ王(神聖ローマ帝国皇帝フリードリッヒ 1 世 1123?–1190 の異名).

Bar·be [バルベ bárba] 女 -/-n 《魚》バーベル(ニゴイの類. 中部ヨーロッパの川に生息し腹子が有毒).

Bar·be·cue [バービキュー báːrbɪkjuː] [英] 中 -[s]/-s ① バーベキュー, 野外焼き肉パーティー. ② バーベキューの焼き肉.

bär⸗bei·ßig [ベーァ・バイスィヒ] 形 とげとげしい, 気難しい, むっとした(表情など).

Bar·bier [バルビーァ barbíːr] [古] 男 -s/-e 《古·戯》理髪師, 床屋 (= Herrenfriseur).

Bar·ce·lo·na [バルツェローナ bartseló:na または バルツェ.. barse..] 中 -s/《都市名》バルセロナ (スペイン北東部の都市).

Bar⸗da·me [バール・ダーメ] 女 -/-n バーのホステス.

Bar·de [バルデ bárda] 男 -n/-n ① (古代ケルト族の)吟唱詩人 (9–15 世紀). ② (皮肉って:) 詩人. ③ シンガーソングライター.

Bä·ren⸗dienst [ベーレン・ディーンスト] 男 《成句的に》人³ einen *Bärendienst* erweisen (または leisten) よかれと思ってしたのにかえって 人³ に損害を与える.

Bä·ren⸗haut [ベーレン・ハオト] 女 -/..häute 熊の皮. auf der *Bärenhaut* liegen 《口語》ぶらぶら怠けている, のらくら暮らす.

Bä·ren⸗hun·ger [ベーレン・フンガァ] 男 -s/ 《口語》すごい空腹.

bä·ren⸗stark [ベーレン・シュタルク] 形 《口語》① ものすごくすてきな. ② 非常に頑健な.

Ba·rett [バレット barét] 中 -[e]s/-e (まれに -s) ビレッタ帽(聖職者·裁判官などの平たい縁なし帽).

*__bar⸗fuß__ [バール・ふース báːr·fuːs] 副 はだしで. *barfuß* gehen はだしで歩く.

bar⸗fü·ßig [バール・ふュースィヒ] 形 はだしの, 素足の. ein *barfüßiges* Kind はだしの子供.

barg [バルク] bergen (救助する)の 過去

bär·ge [ベルゲ] bergen (救助する)の 接続

*das **Bar⸗geld** [バール・ゲルト báːr·gɛlt] 中 (単2·3·4) -[e]s/ 《単》. (英 *cash*). (☞「小切手」は Scheck). Ich habe kein *Bargeld* bei mir. 私は現金を持ち合わせていない.

bar・geld‿los [バールゲルト・ローㇲ] 形 現金払いによらない, 手形(振替)による, キャッシュレスの.

bar‿häup・tig [バール・ホイプティヒ] 形 《雅》無帽の.

Bar・ho・cker [バール・ホッカァ] 男 -s/- (バーなどの)カウンター用いす.

Ba・ri・ton [バーリトン bá:riton] 男 -s/-e [..トーネ] 《音楽》① バリトン(男声の中間音域). ② 《複 なし》バリトン声部. ③ バリトン歌手.

Ba・ri・um [バーリウム bá:rium] 中 -s/《化》バリウム(記号: Ba).

Bark [バルク bárk] 女 -/-en バーク(3本以上のマストを持つ帆船).

Bar・kas・se [バルカッセ barkásə] 女 -/-n ①《軍》大型の艦載艇. ② 大型モーターボート.

Bar‿kauf [バール・カォフ] 男 -[e]s/..käufe《商》現金による購入.

Bar・ke [バルケ bárkə] 女 -/-n マストのない小舟(地中海などで用いられる).

barm・her・zig [バルム・ヘルツィヒ barm-hértsɪç] 形 《雅》哀れみ深い, 慈悲深い. *Barmherziger* Gott (または Himmel)!(驚き・悲嘆の叫び):おお, 神よ / die *Barmherzigen* Brüder (Schwestern)《カトリック》慈悲の友会修道士(修道女).

Barm・her・zig・keit [バルム・ヘルツィヒカイト] 女 -/《雅》慈悲[心], 慈愛, 思いやり.

Bar‿mi・xer [バール・ミクサァ] 男 -s/- バーテンダー.

ba・rock [バロック barók] 形 ① バロック様式の, バロック時代の. ein *barocker* Bau バロック建築. ② 風変わりな, 奇妙な.

Ba・rock [バロック barók] 男 -[s]/ ① バロック[様式](17世紀初めから18世紀中頃にかけてヨーロッパに栄えた芸術様式で, 流動感の強調と豊かな装飾を特徴とする; 「建築様式」☞ 巻末付録, 1814ページ). ② バロック時代.

Ba・rock‿mu・sik [バロック・ムズィーク] 女 -/ バロック音楽.

Ba・rock‿stil [バロック・シュティール] 男 -[e]s/ バロック様式.

das (der) **Ba・ro・me・ter** [バロメータァ barométər] 中 (カナダ・スイス: 男も) (単2) -s/(複) - (3格のみ -n) 気圧計, 晴雨計, バロメーター. Das *Barometer* fällt (steigt). 気圧計が下がる(上がる) / Das *Barometer* steht auf Sturm.《比》今にもひと騒ぎ起こりそうだ(←気圧計は暴風雨を指している).

Ba・ron [バロン baró:n] 男 [フラス] -s/-e ①《複 なし》男爵の称号(=Freiherr). ② 男爵.

Ba・ro・nes・se [バロネッセ baronésə] 女 -/-n 男爵令嬢.

Ba・ro・nin [バローニン baró:nɪn] 女 -/..ninnen 男爵夫人(=Freifrau).

Bar・ras [バラス báras] 男 -/(兵隊言葉)軍隊(=Militär).

Bar・re [バレ bárə] 女 -/-n 砂洲, 浅瀬.

Bar・ren [バレン bárən] 男 -s/- ①(金属の)延べ棒. ②《スポーツ》(体操競技の)平行棒.

Bar・ri・e・re [バリエーレ barié:rə] 女 -/-n 柵(き), (通行止めの)横木; 《比》(腕木式の)遮断機; 《比》障害.

Bar・ri・ka・de [バリカーデ barikáːdə] 女 -/-n バリケード. eine *Barrikade*[4] errichten (または bauen) バリケードを築く / **auf die** *Barrikaden* **gehen**《口語・比》反対のために立ち上がる.

barsch [バルシュ bárʃ] 形 つっけんどんな, ぶっきらぼうな, 無愛想な(返事など).

Barsch [バルシュ bárʃ] 男 -es (まれに -s)/-e《魚》パーチ, ペルカ(スズキ類の食用淡水魚).

Bar・schaft [バールシャフト] 女 -/-en 《ふつう 単》手持ちの現金, 有り金.

Bar‿scheck [バール・シェック] 男 -s/-s (まれに -e) 現金手形, 普通小切手.

Barsch・heit [バルシュハイト] 女 -/-en ①《複 なし》粗野, 無愛想. ② 粗野(無愛想)な言葉.

barst [バルスト] bersten (破裂する)の過去

bärs・te [ベルステ] bersten (破裂する)の接2

der **Bart** [バールト báːrt] 男 (単2) -es (まれに -s)/(複) Bärte [ベーァテ] (3格のみ Bärten) ① (人間の)ひげ. (英 beard). ein langer *Bart* 長いひげ / ein Mann **mit** *Bart* ひげのある男 / einen *Bart* haben (tragen) ひげがある(ひげを生やしている) / sich[3] einen *Bart* wachsen lassen ひげを生やす / Ich lasse mir den *Bart* abrasieren. 私はひげをそり落としてもらう / sich[3] den *Bart* streichen《比》ひげをなでて満足感を表す / Der *Bart* ist ab.《口語》もうおしまいだ(たくさんだ) /《人》[4] in seinen *Bart* brummen (または murmeln) (不満そうに) 事[4]を口の中でもぐもぐ言う /《人》[3] **um den** *Bart* **gehen**《人》[3]にへつらう(←人のひげをなでる) / Das ist ein Streit um des Kaisers *Bart*.《口語》それはくだらぬ争いだ(←皇帝のひげをめぐって争うようなものだ). ② (猫などの)ひげ; ひげ状のもの. ③ 鍵(ﾇ)の歯.

Vollbart　Spitzbart　Schnauzbart

Backenbart　Fliege　Fräse

Bart

Bär・te [ベーァテ] *Bart (ひげ)の複

Bart‿flech・te [バールト・ふレヒテ] 女 -/-n ①《医》毛瘡(ﾓｳｿｳ). ②《植》サルオガセ属.

Bar・thel [バルテる bártəl] 男《成句的に》wissen, wo *Barthel* [den] Most holt《口語》なかなか抜け目がない, いろいろな策を持っている.

bär・tig [ベーァティヒ béːrtɪç] 形 ひげのある.

bart‿los [バールト・ローㇲ] 形 ひげのない.

Bar·zah·lung [バール・ツァーるング] 女 -/-en 現金(即金)払い.

Ba·salt [バザるト bazált] 男 -[e]s/-e 《鉱》玄武岩.

Ba·sar [バザール bazá:r] 男 -s/-e ① (中近東諸国の)街頭市場. ② 慈善市(ﾋﾞ), バザー.

Ba·se¹ [バーゼ bá:zə] 女 -/-n ① (南ﾄﾞｲﾂ)《古》従姉妹(=Kusine). ② (ﾄﾞｲﾂ) おば(=Tante).

Ba·se² [バーゼ] 女 -/-n 《化》塩基.

Base·ball [ベース・ボーる bé:s-bo:l] [英] 男 -s/ 野球.

Ba·sel [バーゼる bá:zəl] 中 -s/《都市名》バーゼル(スイス第二の都市: ☞《地図》C-5).

Ba·sen [バーゼン] Base¹, Base², ＊Basis (基礎)の複

BASF [ベー・アー・エス・エふ] 女 -/《略》《商標》ベー・アー・エス・エフ(ドイツの化学会社)(=Badische Anilin- und Sodafabrik).

ba·sie·ren [バズィーレン bazí:rən] 自 (h) 《auf 車³ ～》(理論などが 車³に)基づく.

Ba·si·li·ka [バズィーりカ bazí:lika] 女 -/..liken ① バジリカ公会堂(古代ローマの長方形の公会堂). ② (初期キリスト教時代の)バジリカ型教会堂(☞《図》); (中世の)バジリカ型大聖堂(中廊の天井が側廊の天井よりも高いのが特徴).

Basilika

Ba·si·li·kum [バズィーりクム bazí:likum] 中 -s/-s (または ..liken) 《植》バジリコ, メボウキ(シソ科. 香辛料・薬用に用いる).

Ba·si·lisk [バズィリスク bazilísk] 男 -en/-en ① バジリスク(アフリカの砂漠に住み, それににらまれた者はたちまち死ぬといわれた伝説上の動物. ② 《動》バジリスク(熱帯アメリカの大トカゲ, イグアナの一種).

＊*die* **Ba·sis** [バーズィス bá:zɪs] 女 (単) -/(複) Basen《英》base) ① **基礎**, 基盤. eine gemeinsame *Basis*⁴ suchen 共通の基盤を探し求める / Diese Theorie ruht (または steht) auf einer sicheren *Basis*. この理論はしっかりした基礎に基づいている. ② 《建》基礎[工事], 柱脚. ③ 《数》底数; 底辺; 底面; 基底, (対数の)底. ④ 《軍》基地. ⑤ 《言》基礎語. ⑥ 《経》(マルクス経済学用語で)下部構造; (社会の)底辺(一般大衆). ⑦ 《電》ベース.

ba·sisch [バーズィッシュ bá:zɪʃ] 形 《化》塩基性の.

Bas·ke [バスケ báskə] 男 -n/-n バスク人(ピレネー山脈地方に住む民族).

Bas·ken·müt·ze [バスケン・ミュッツェ] 女 -/-n ベレー帽.

Bas·ket·ball [バースケット・ボる bá:skət-bal ま たは バス..] 男 -[e]s/..bälle ① 《複 なし; ふつう冠詞なしで》(競技としての)バスケットボール. ② バスケットボール用のボール.

bas·kisch [バスキッシュ báskɪʃ] 形 バスク[人・語・地方]の.

bass [バス bás] 形《成句的に》bass erstaunt (または verwundert) sein ひどく驚いている.

baß ☞《新形》bass

Bass [バス] 男 -es/Bässe 《音楽》① バス(男声の最低音域). ② 《複 なし》バス声部. ③ バス歌手. ④ コントラバス; 低音楽器. ⑤ 《ふつう複》(オーケストラなどの)低音部.

Baß ☞《新形》Bass

Bass·gei·ge [バス・ガイゲ] 女 -/-n コントラバス.

Baß=gei·ge ☞《新形》Bassgeige

Bas·sin [バセーン basḗ:] 《ﾌﾗﾝｽ》中 -s/-s 水槽, 水盤.

Bas·sist [バスィスト basíst] 男 -en/-en 《音楽》① バス(低音)歌手. ② コントラバス奏者.

Bass·schlüs·sel [バス・シュりュッセる] 男 -s/- 《音楽》ヘ音(低音部)記号.

Baß=schlüs·sel ☞《新形》Bassschlüssel

Bass·stim·me [バス・シュティンメ] 女 -/-n 《音楽》バス声部; バス声部.

Baß=stim·me ☞《新形》Bassstimme

Bast [バスト bást] 男 -es (まれに -s)/-e ① 《植物》の靱皮(ﾋﾞ), 内皮. ② 《狩》(鹿の)袋角.

bas·ta! [バスタ básta] 間 《口語》[議論にはこれでおしまい, もうたくさんだ!

Bas·tard [バスタルト bástart] 男 -[e]s/-e ① 《生》(動植物の)雑種. ② (昔の:)(貴人のご落胤(ﾗｸ). ③ 《ののしって》やつ.

Bas·tei [バスタイ bastái] 女 -/-en (要塞の)稜堡(ﾘｮｳ).

Bas·te·lei [バステらイ bastəláı] 女 -/-en 手細工, (趣味の)工作.

＊**bas·teln** [バステるン básteln] ich bastle (bastelte, *hat*...gebastelt) I 自 (《完了》haben) ① (趣味で)工作をする. Sie *bastelt* gern. 彼女は趣味で物を作るのが好きだ. ② 《an 車³ ～》(車³ を)いじくりまわす. Er *bastelt* ständig an seinem Auto. 彼はしょっちゅう自分の車をいじくりまわしている.
II 他 (《完了》haben) (模型など⁴を趣味で)組み立てる.

bas·tel·te [バステるテ] ＊basteln (工作をする)の《過去》

bast·le [バストれ] ＊basteln (工作をする)の1人称単数《現在》

bat [バート] ＊bitten (頼む)の《過去》

Ba·tail·lon [バタりヨーン bataljṓ:n] 《ﾌﾗﾝｽ》中 -s/-e 《軍》大隊(略: Bat.).

bä·te [ベーテ] ＊bitten (頼む)の《接2》

Ba·tik [バーティク bá:tɪk] 女 -/-en (または 男 -s/-en) ① 《複 なし》(ジャワ島の)ろう染め法. ② ジャワさらさ.

Ba·tist [バティスト batíst] 男 -[e]s/-e (薄地の)上質亜麻布.

die Bat·te·rie [バッテリー batərí:] 《略》 囡 (単) -/(複) -n [..リーエン] (英 *battery*) ① 《電》電池, バッテリー. Die *Batterie* ist leer (または erschöpft). 電池がきれた / die *Batterie*⁴ auf|laden 電池を充電する / die *Batterie*⁴ aus|wechseln 電池を交換する. ② 《軍》砲兵[中]隊. ③ 《工》(同種の器具を連結した)装置[一式]. ④ 《口語》たくさんの同種の品. eine *Batterie* von Bierflaschen たくさんのビールびん.

Bat·zen [バッツェン bátsən] 男 -s/- ① 《口語》大塊; 大金. ② 《史》バッツェン(昔のスイスおよび南ドイツの銀貨).

der Bau [バオ báu] 男 (単 2) -s (まれに -es)/ (複) -e (3 格のみ -en)または(複) -ten ① 《複なし》建築[工事], 建設, 建造. (英 *construction*). der *Bau* eines Hauses 家の建築 / Das Schiff ist im (または in) *Bau*. その船は建造中だ.
② 《複なし》構造, 構成; 体格. der *Bau* des klassischen Dramas 古典戯曲の構成 / der innere *Bau* eines Atoms 原子の内部構造 / Er ist von schlankem *Bau*. 彼はすらっとした体つきをしている.
③ 《複 -ten》建築物, 建物. die modernen *Bauten* 近代的建築物. ④ 《複なし》《口語》建築現場. Er arbeitet auf dem *Bau*. 彼は建築現場で働いている. ⑤ 《複 -e》(きつねなどの)巣穴; 《鉱》坑道. nicht aus dem *Bau* kommen 《比》家に引きこもっている. ⑥ 《複なし》(兵隊言葉:)営倉. ⑦ 《複なし》《南ドイツ・オーストリア》(農作物の)栽培.

Bau·amt [バオ・アムト] 中 -[e]s/..ämter 建築(建設)局.

Bau≠ar·bei·ten [バオ・アルバイテン] 複 建築(建設)工事.

Bau≠ar·bei·ter [バオ・アルバイタァ] 男 -s/- 建築(建設)労働者, 土木作業員.

Bau≠art [バオ・アールト] 囡 -/-en 建築様式(方法).

der Bauch [バオホ báux] 男 (単 2) -es (まれに -s)/(複) Bäuche [ボイヒェ] (3 格のみ Bäuchen)
① 腹, 腹部. (英 *belly*). Bier*bauch* ビール腹 / einen *Bauch* bekommen 太鼓腹になる / sich³ [vor Lachen] den *Bauch* halten 《口語》腹を抱えて笑う / sich³ den *Bauch* voll schlagen 《口語》たらふく食べる / auf dem *Bauch* liegen 腹ばいになっている / sich⁴ auf den *Bauch* legen 腹ばいになる / auf den *Bauch* fallen 《口語》失敗する / vor 人³ auf dem *Bauch* kriechen 《口語》人³ にへつらう / aus vollem *Bauch* 《俗》準備なしに, とっさに / eine Wut⁴ im *Bauch* haben 《口語》ひどく怒っている / Ein voller *Bauch* studiert nicht gern. 《諺》腹の皮が張れば目の皮がたるむ(=満腹すると勉強がいやになる).
② (腹状のもの:)(樽(など)の)胴; 船腹.

Bäu·che [ボイヒェ] ‡Bauch (腹)の 複

Bauch≠fell [バオホ・フェる] 中 -[e]s/-e 《医》腹膜.

Bauch≠höh·le [バオホ・へーれ] 囡 -/-n 《医》腹腔(くう).

bau·chig [バオヒヒ báuxıç] 形 胴のふくらんだ(花びんなど).

Bauch≠la·den [バオホ・らーデン] 男 -s/..läden 《口語》(首から下げて腹の前で抱える)販売用ケース.

Bauch≠lan·dung [バオホ・らンドゥング] 囡 -/-en 《空》(飛行機の)胴体着陸.

bäuch·lings [ボイヒりングス bóyçlıŋs] 副 腹ばいに, うつ伏せに.

Bauch≠red·ner [バオホ・レードナァ] 男 -s/- 腹話術師.

Bauch≠schmerz [バオホ・シュメるツ] 男 -es/-en 《ふつう複》腹痛.

Bauch·spei·chel·drü·se [バオホシュパイヒェる・ドリューゼ] 囡 -/-n 《医》膵臓(ぞう).

Bauch≠tanz [バオホ・タンツ] 男 -es/..tänze ベリーダンス(腹と腰を挑発的にくねらせるショーダンス).

Bauch≠weh [バオホ・ヴェー] 中 -[e]s/ 《口語》腹痛(=Bauchschmerz).

Bau·ele·ment [バオ・エれメント] 中 -[e]s/-e 建物の部材.

‡**bau·en** [バオエン báuən]

| 建てる | Wir *bauen* ein Haus.
ヴィア バオエン アイン ハオス
私たちは家を建てる. |

(baute, hat...gebaut) I 他 《完了》haben) ① 建てる, 建築(建設)する, 建造する; (巣⁴を)作る. (英 *build*). eine Brücke⁴ *bauen* 橋を建設する / Die Schwalben *bauen* sich³ ein Nest. つばめが巣を作る.
② (機械など⁴を)組み立てる, 製作する, (新型車など⁴を)開発する, 設計する. ein neues Modell⁴ *bauen* 新型を開発する / Er hat seinen Computer selbst *gebaut*. 彼は自分でコンピュータを組み立てた / einen Satz *bauen* 《言》文を作る.
③ 《口語》(試験など⁴を)受ける; (まずいこと⁴を)してかす. das Examen⁴ *bauen* 試験を受ける / einen Unfall *bauen* 事故を起こす. ④ 《農》(野菜など⁴を)栽培する.

II 自 《完了》haben) ① [自分の]家を建てる. Er will nächstes Jahr *bauen*. 彼は来年家を建てるつもりだ. ② 『an 物³ ~』(物³ の)建築(建設)に従事している. an einer Straße *bauen* 道路建設に従事している. ③ 『auf 人・事⁴ ~』(人・事⁴ を)信頼する. Auf diesen Mann können wir *bauen*. この男なら信頼できる.

◇☞ gebaut

《類語》**bauen**: 「建てる, 建設する」という意味で最も一般的な語. **auf|bauen**: (仮設の建物などを)建てる, (テントなどを)組み立てる. **erbauen**: (比較的大きく, 重要な建物などを)建設する. **errichten**: (建物・塔・記念碑などを)築き上げる.

**der Bau·er[1] [バオァァ báuər] 男 (単2·3·4) -n/(複) -n ① 農民, 農夫. (英 *farmer*). ein schlichter *Bauer* 素朴な農夫 / Was der *Bauer* nicht kennt, das frisst er nicht. (ことわざ) 食わず嫌い(←百姓は自分の知らないものは食べない) / Die dümmsten *Bauern* haben die größten Kartoffeln. (ことわざ) 愚か者に福あり(←最も愚かな農夫が最も大きなじゃがいもを得る). ② (軽蔑的に:)無作法者. ③ (トランプ)ジャック; (チェスの)ポーン.

Bau·er[2] [バオァァ] 中 -s/- 鳥かご (=Vogelkäfig).

Bäu·er·chen [ボイァァヒェン bɔ́yərçən] 中 -s/- ① (Bauer[1] の縮小) 小農. ② げっぷ. [ein] *Bäuerchen*[4] machen《口語》(赤ん坊が)げっぷをする.

Bäu·e·rin [ボイエリン bɔ́yərɪn] 女 -/..rinnen 農民の妻, 百姓女.

bäu·e·risch [ボイエリッシュ bɔ́yərɪʃ] 形 (田舎者らしく)粗野な, 無骨な, やぼな.

bäu·er·lich [ボイァァリヒ] 形 農民の[ような], 田舎[風]な.

Bau·ern·fän·ger [バオァァン·フェンガァ] 男 -s/- (世間知らずにつけこむ)ペテン師, 詐欺師.

Bau·ern·fän·ge·rei [バオァァン·フェンゲライ] 女 -/-en 見えすいたペテン, 下手な詐欺.

Bau·ern·früh·stück [バオァァン·フリューシュテュック] 中 -[e]s/-e 農家風の朝食(じゃがいもとベーコン·卵などをいっしょにいためたもの).

Bau·ern·hof [バオァァン·ホーフ] 男 -[e]s/..höfe 農場, 農民の家屋敷(畜舎·中庭を含む).

Bau·ern·krieg [バオァァン·クリーク] 男 -[e]s/-e (史) 農民戦争(特に1524-25年のドイツ南部·中部のもの).

Bau·ern·re·gel [バオァァン·レーゲる] 女 -/-n 農事金言(天候や農事に関する農民の言い習わし).

bau·ern·schlau [バオァァン·シュらオ] 形 抜け目のない, ずるい.

Bau·ern·schläue [バオァァン·シュろイエ] 女 -/ 抜け目のなさ, 狡猾(こうかつ)さ.

Bau·fach [バオ·ファッハ] 中 -[e]s/ 建築業の専門分野.

bau·fäl·lig [バオ·フェりヒ] 形 (建物が)倒壊しそうな, 老朽化した.

Bau·fäl·lig·keit [バオ·フェりヒカイト] 女 -/ (建物などの)老朽[化].

Bau·füh·rer [バオ·フューラァ] 男 -s/- (建設工事の)現場監督.

Bau·ge·län·de [バオ·ゲれンデ] 中 -s/- 建築敷地(用地).

Bau·ge·neh·mi·gung [バオ·ゲネーミグンク] 女 -/-en (建築局による)建築認可[証].

Bau·ge·rüst [バオ·ゲリュスト] 中 -[e]s/-e 建築用の足場.

Bau·ge·wer·be [バオ·ゲヴェルベ] 中 -s/- 建築業.

Bau·grund [バオ·グルント] 男 -[e]s/- 建築用地; 建築基盤.

Bau·haus [バオ·ハオス báu-haus] 中 -es/ バウハウス(グロピウスが1919年ワイマールに創設した総合造形学校の名称. 1933年まで機能主義的な建物·デザイン·家具の開発に貢献した).

Bau·herr [バオ·ヘル] 男 -n (まれに -en)/-en 建築主.

Bau·hüt·te [バオ·ヒュッテ] 女 -/- ① 建設現場の仮小屋. ② (中世の:)教会建築石工(彫刻職人)組合.

Bau·jahr [バオ·ヤール] 中 -[e]s/-e 建築(製造)年[号].

Bau·kas·ten [バオ·カステン] 男 -s/..kästen 積み木箱.

Bau·kas·ten·sys·tem [バオカステン·ズュステーム] 中 -s/-e (建築の)ユニット方式.

Bau·klotz [バオ·クろッツ] 男 -es/..klötze (口語: ..klötzer) (おもちゃの)積み木.

Bau·kunst [バオ·クンスト] 女 -/ 建築術.

bau·lich [バオリヒ] 形 建築[上]の.

*der Baum [バオム báum] 男 (単2) -es (まれに -s)/(複) Bäume [ボイメ] (3格のみ Bäumen) ① 木, 樹木, 立ち木. (英 *tree*). Laubbaum 広葉樹 / Nadelbaum 針葉樹 / ein alter *Baum* 老木 / einen *Baum* fällen (pflanzen) 木を切り倒す(植える) / Im Frühling schlagen die *Bäume* aus. 春には木の芽が吹く / Auf einen Hieb fällt kein *Baum*. (ことわざ) 大事業は一挙にはできない(←一打で倒れる木はない) / den Wald vor lauter *Bäumen* nicht sehen 木を見て森を見ない / Es ist dafür gesorgt, dass die *Bäume* nicht in den Himmel wachsen. (ことわざ) どんなものにもおのずから限度がある(←大きすぎに達せぬよう神は配慮し給う) / *Bäume*[4] ausreißen können《口語》たいしたことをやってのける / vom *Baum* der Erkenntnis[2] essen《比》経験を積んで賢くなる(←知識の木の実を食べる) / Es ist, um auf *Bäume* zu klettern. 《口語》まったくやりきれない.
② 《口語》クリスマスツリー (=Weihnachtsbaum).

〔参考〕 ドイツでよく見かける木: Ahorn かえで / Apfelbaum りんごの木 / Birke しらかば / Birne なしの木 / Buche ぶな / Eiche オーク / Erle はんの木 / Esche とねりこ / Fichte ドイツとうひ / Kiefer 松 / Kirschbaum さくらの木 / Lärche から松 / Linde しなのき / Pappel ポプラ / Platane プラタナス / Rosskastanie とち / Tanne もみ / Ulme にれ / Wacholder びゃくしん / Zeder ヒマラヤ杉 / Zypresse 糸杉

Baum·blü·te [バオム·ブリューテ] 女 -/-n ① 樹木(果樹)の花. ② 樹木(果樹)の開花期.

Bäu·me [ボイメ] ‡Baum (木)の複

Bau·meis·ter [バオ·マイスタァ] 男 -s/- (国家試験に合格した)建築士.

bau·meln [バオメるン báumeln] 自 (h) 《口語》(…にぶら下がって)ぶらぶら揺れている. ② 〖mit 物[3] ~〗《口語》(物[3]足などの)をぶらぶらさせる. ③ 《俗》絞首刑になる.

bäu·men [ボイメン bɔ́ymən] 再帰 (h) sich[4] bäumen ① (馬が)棒立ちになる. ② 〖sich

gegen 事⁴ ～》《雅》(事⁴に)抵抗する, 逆らう.

Baum⹀gren·ze [バオム・グレンツェ] 女 –/-n (高山などの)樹木[生育]限界線.

Baum⹀ku·chen [バオム・クーヘン] 男 -s/- バウムクーヘン(木の切り株模様のケーキ).

baum⹀lang [バオム・ラング] 形《口語》のっぽの.

Baum⹀schu·le [バオム・シューれ] 女 –/-n《林・園芸》種苗栽培園, 養樹園.

Baum⹀stamm [バオム・シュタム] 男 –[e]s/ ..stämme (木の)幹, 樹幹.

Baum⹀ster·ben [バオム・シュテルベン] 中 -s/ (大気汚染などによる)樹木の枯死.

Baum⹀stumpf [バオム・シュトゥンプふ] 男 –[e]s/..stümpfe (木の)切り株.

Baum⹀wol·le [バオム・ヴォれ] 女 –/-n ① 木綿; 綿糸; 綿布; 綿花. ein Hemd aus reiner *Baumwolle* 綿100%のシャツ. ②《植》ワタ(綿)[の木].

baum·wol·len [バオム・ヴォれン báum-vɔlən] 形 木綿の, 木綿製の.

Bau⹀plan [バオ・プらーン] 男 –[e]s/..pläne ① 建築(建設)計画. ② 建築(建設)設計図.

Bau⹀platz [バオ・プらッツ] 男 -es/..plätze 建築(建設)用地.

bäu·risch [ボイリッシュ bɔ́yrɪʃ] 形 田舎くさい, 粗野な, 無骨な, やぼな.

Bausch [バオシュ báuʃ] 男 -es (まれに -s)/Bäusche ① (衣服などのふくらみ. ② (綿・紙などの)束, かたまり, クッション, 詰め物. ③《成句的に》in *Bausch* und Bogen 全部ひっくるめて, 一括して.

bau·schen [バオシェン báuʃən] 他 (h) ふくらます. (物⁴に)ふくらみをつける, フレアにする. Der Wind *bauscht* die Segel. 風が帆をはらます. ◇《再帰的に》*sich⁴ bauschen* ふくらむ.

bau·schig [バオシヒ báuʃɪç] 形 ふくらんだ, ふくらみのある(衣服など).

bau|spa·ren [バオ・シュパーレン báu-ʃpàːrən] 自 (h)《ふつう不定詞で用いる》住宅貯蓄をする.

Bau⹀spar·kas·se [バオ・シュパーカッセ] 女 –/-n 住宅貯蓄組合, 住宅金融基金.

Bau⹀stein [バオ・シュタイン] 男 –[e]s/-e ① 建築用石材. ②《ふつう 複》積み木. ③《比》構成要素, 基礎, 礎石.

Bau⹀stel·le [バオ・シュテれ] 女 –/-n 建築(工事)現場.

Bau⹀stil [バオ・シュティーる] 男 –[e]s/-e 建築様式.(「建築様式」☞巻末付録, 1813ページ).

bau·te [バオテ] ☞bauen (建てる)の 過去.

Bau⹀teil [バオ・タイる] 男 中 –[e]s/-e ①《男》建物の一部. ②《中》建物用部材(部品).

Bau·ten [バオテン] ☞Bau (建築物)の 複.

Bau⹀un·ter·neh·mer [バオ・ウンタァネーマァ] 男 -s/- [土木]建築業者.

Bau⹀vor·ha·ben [バオ・ふォーァハーベン] 中 -s/- ① 建設計画. ② 建築中の建物.

Bau⹀wei·se [バオ・ヴァイゼ] 女 –/-n ① 建築(施工)方式. ② (建築物などの)構造.

Bau⹀werk [バオ・ヴェルク] 中 –[e]s/-e (建築学上意義のある)建築物, 建造物.

Bau⹀we·sen [バオ・ヴェーゼン] 中 -s/ (総称とし

て:)建築, 土木.

Bau·xit [バオクスィート bauksíːt] 男 -s/-e 《鉱》ボーキサイト(アルミニウムの原料).

bauz! [バオツ báuts] 間 (物が落ちる音・人が転倒したときの擬音:) どしん, どすん, ばたん.

Ba·va·ria [バヴァーリア baváːria] I 女 -/ バヴァリア(ミュンヒェンにあるバイエルンを象徴する女性の銅像). II 中 -s/ バヴァリア (*Bavaria* はバイエルン Bayern のラテン語形).

Bay·er [バイアァ báiər] 男 –/-n バイエルン人.

bay·e·risch [バイエリッシュ báiərɪʃ] 形 バイエルンの, バイエルン方言の.

Bay·ern [バイアァン báiərn] 中 -s/《地名》バイエルン(ドイツ16州の一つ. 州都はミュンヒェン: ☞ 地図 E～F-4).

Bay·reuth [バイ·ロイト bai-rɔ́yt] 中 -s/《都市名》バイロイト(ドイツ, バイエルン州, 毎年7-8月にヴァーグナーの作品を上演するバイロイト音楽祭が開かれる: ☞ 地図 E-4).

bay·risch [バイリッシュ báirɪʃ] 形 バイエルンの (=bayerisch).

Ba·zar [バザール bazáːr] 男 -s/-e (中近東の)街頭市場; 慈善市(ʦˋ), バザー (=Basar).

Ba·zil·len·trä·ger [バツィれン・トレーガァ] 男 -s/- 保菌者.

Ba·zil·lus [バツィるス batsílus] 男 –/..zillen ① 《生・医》桿菌(ˋˋ), バチルス. ②《複》なし》(病原菌のように)蔓延(ˋˋ)する悪いもの.

BCG [ベー・ツェー・ゲー]《略》ビー・シー・ジー(結核予防ワクチン).

Bd. [バント]《略》(書籍の)巻, 冊 (=**B**and). der 4. (=vierte) *Bd.* 第4巻.

Bde. [ベンデ] 複《略》(書籍の)巻, 冊 (=**B**ände).

B-Dur [ベー・ドゥーァ] 中 -/《音楽》変ロ長調 (記号: B).

Be [ベー・エー]《化・記号》ベリリウム (=**Be**ryllium).

be.. [ベ.. bə..]《非分離動詞の 前つづり; アクセントをもたない》① 《自動詞から他動詞をつくる》《目標へ向かっての動作》例: *be*steigen (塔など⁴に)登る. ②《名詞から他動詞をつくる》《…を付与する》例: *be*ampeln (通りなど⁴に)信号機を付ける / *be*leben 活気づける. ③《形容詞から他動詞をつくる》《ある状態を招く》例: *bereichern* 豊かにする. ④《包括·所有》例: *be*greifen 理解する. ⑤《基礎語の意味を強める》例: *be*schimpfen 罵倒(ˋˋ)する. ⑥《過去分詞の形で》例: *be*waldet 森に覆われた.

***be·ab·sich·ti·gen** [ベ・アップズィヒティゲン bə-ápzɪçtɪgən] (beabsichtigte, *hat* ... beabsichtigt) 他 (完了 haben) (…する)つもりである, 意図する, もくろむ. (=intend). Sie *beabsichtigt* eine Reise nach Rom. 彼女はローマへ旅行するつもりだ / Ich *beabsichtige*, mir ein Haus zu bauen. 私は自分の家を建てようと思っている. ◇《過去分詞の形で》wie *beabsichtigt* もくろみどおりに. (☞ 類語 vor|haben).

be·ab·sich·tigt [ベ・アップズィヒティヒト] *be·absichtigen* (…するつもりである)の 過分

be·ab·sich·tig·te [ベ・アップズィヒティヒテ] ＊beabsichtigen(…するつもりである)の 過去

＊**be·ach·ten** [ベ・アハテン bə-áxtən] du beachtest, er beachtet (beachtete, *hat* ... beachtet) 他 (完了) haben) ① (規則など⁴を)守る. (英 *observe*). die Vorschriften⁴ *beachten* 指示を守る. ② (人・物⁴に)注意を払う, (人・物⁴を)顧慮する. Bitte *beachten* Sie, dass … …ということにご注意ください / 人・物⁴ nicht *beachten* 人・物⁴を無視する ⇒ Sie *beachtete* ihn (sein Geschenk) überhaupt nicht. 彼女は彼(彼からのプレゼント)にまったく目もくれなかった.

be·ach·tens≠wert [ベアハテンス・ヴェート] 形 注目に値する, 注目すべき

be·ach·tet [ベ・アハテト] ＊beachten (規則などを守る)の 過分

be·ach·te·te [ベ・アハテテ] ＊beachten (規則などを守る)の 過去

be·acht·lich [ベ・アハトリヒ] 形 相当の, かなりの; 注目に値する. eine *beachtliche* Leistung 注目に値する業績 / Der Baum ist *beachtlich* groß. その木はかなり高い.

Be·ach·tung [ベ・アハトゥング] 女 -/ 注意, 注目, 顧慮. *Beachtung*⁴ finden 注目される / 人・物³ *Beachtung*⁴ schenken 人・物³に注意を払う / *Beachtung*⁴ verdienen 注目に値する.

be·ackern [ベ・アッカァン bə-ákəɾn] 他 (h) ① (口語)徹底的に調べる. ② (農)耕す.

Be·am·ten·schaft [ベ・アムテンシャふト] 女 -/ (総称として:)[国家・地方]公務員, 官吏, 役人.

Be·am·ten·tum [ベ・アムテントゥーム] 中 -s/ ① 公務員の身分. ② (総称として:)公務員.

＊**Be·am·te[r]** [ベ・アムテ (..タァ) bə-ámtə (..tər)] 男 《語尾変化は形容詞と同じ ☞ Alte[r]》(例: 1格の Beamte, ein Beam*ter*) 公務員, 官吏, 役人. (英 *official*). Staats*beamte[r]* 国家公務員 / ein höherer *Beamter* 高級官吏.

be·am·tet [ベ・アムテット bə-ámtət] 形 《付加語としてのみ》公務員として雇われた, 公職にある.

Be·am·tin [ベ・アムティン bə-ámtɪn] 女 -/..tinnen (女性の)公務員.

be·ängs·ti·gen [ベ・エングスティゲン bə-éŋstigən] 他 (h) 不安にさせる, 心配させる.

be·ängs·ti·gend [ベ・エングスティゲント] I beängstigen (不安にさせる)の 現分 II 形 心配な, 不安な. ein *beängstigendes* Vorzeichen 気がかりな兆候 / *beängstigend* groß 恐ろしいほど大きい.

be·an·spru·chen [ベ・アンシュプルヘン bə-ánʃpruxən] (過分 beansprucht) 他 (h) ① (権利など⁴を)要求する, 請求する;(援助など⁴を)受ける. gleiche Rechte⁴ *beanspruchen* 平等の権利を要求する. ② (時間・場所など⁴を)必要とする. Der neue Schrank *beansprucht* viel Platz. この新しいたんすはかなりの場所をとる. ③ (人⁴を)わずらわす, 手間どらせる. Ich bin sehr *beansprucht*. 《状態受動・現在》私はとても忙しい. ④ (機械など⁴を)酷使する, 無理な使い方をする.

Be·an·spru·chung [ベ・アンシュプルフング] 女 -/-en 要求, 負担;（工)負荷.

be·an·stan·den [ベ・アンシュタンデン bə-ánʃtandən] (過分 beanstandet) 他 (h) (物⁴に)クレームをつける, 苦情を言う.

Be·an·stan·dung [ベ・アンシュタンドゥング] 女 -/-en クレーム, 苦情.

be·an·tra·gen [ベ・アントラーゲン bə-ántra:gən] (過分 beantragt) 他 (h) ① (奨学金・ビザなど⁴を)申請する. beim Chef Urlaub⁴ *beantragen* 所長に休暇を願い出る. ② (票決など⁴を)提議する,（会期延長など⁴を)提案する. ③ (法)(刑⁴を)求刑する.

＊**be·ant·wor·ten** [ベ・アントヴォルテン bə-ántvɔrtən] du beantwortest, er beantwortet (beantwortete, *hat* ... beantwortet) 他 (完了 haben) ① (質問・手紙など⁴に)答える, 返答する. (英 *answer*). eine Frage⁴ *beantworten* 質問に答える / einen Brief *beantworten* 手紙に返事を書く / Das kann ich nicht *beantworten*. それには私は答えられない. (☞ 類語 antworten). ② (軍⁴に)反応する. einen Gruß mit einem Lächeln *beantworten* あいさつに微笑で応じる.

be·ant·wor·tet [ベ・アントヴォルテット] ＊beantworten (答える)の 過分

be·ant·wor·te·te [ベ・アントヴォルテテ] ＊beantworten (答える)の 過去

Be·ant·wor·tung [ベ・アントヴォルトゥング] 女 -/-en 返事, 返答. in *Beantwortung* Ihres Schreibens 《官庁・商》貴信に対する回答として.

＊**be·ar·bei·ten** [ベ・アルバイテン bə-árbaɪtən] du bearbeitest, er bearbeitet (bearbeitete, *hat* ... bearbeitet) 他 (完了 haben) ① 加工する, (物⁴に)手を加える. Metall⁴ mit dem Hammer *bearbeiten* 金属をハンマーで加工する / das Feld⁴ *bearbeiten* 畑を耕す. ② (案件など⁴を)処理する. einen Fall *bearbeiten* 事件を捜査する. ③『A⁴ mit B³ ～』(A⁴をB³ で)手入れする. die Möbel⁴ mit Politur *bearbeiten* 家具をワックスで磨きあげる. ④ (原稿など⁴を)手直しする, 改訂する, (小説など⁴を)脚色する, 編集する, (学問的に)調査する. einen Roman für die Bühne *bearbeiten* ある小説を舞台用に脚色する / ein Musikstück⁴ für Orchester *bearbeiten* 楽曲をオーケストラ用に編曲する. ◇《過去分詞の形で》neu *bearbeitete* Auflage 改訂版. ⑤ (口語)(人⁴に)働きかける, 説得しようと努める. ⑥『人・物⁴ mit 物³ ～』(口語)(人・物⁴を物³で)ひどくたたく.

Be·ar·bei·ter [ベ・アルバイタァ bə-árbaɪtər] 男 -s/- 加工者; 改作者, 改訂者; 編集(編曲)者.

Be·ar·bei·tet [ベ・アルバイテット] ＊bearbeiten (加工する)の 過分

Be·ar·bei·te·te [ベ・アルバイテテ] ＊bearbeiten (加工する)の 過去

Be·ar·bei·tung [ベ・アルバイトゥング] 女 -/-en ① 加工; 改作, 改訂; 編集, 編曲. ② 改訂 (脚色・編曲)されたもの.

be·arg·wöh·nen [ベ・アルクヴェーネン ba-árkvø:nən] 他《雅》(人·事⁴に)疑念をいだく.

Beat [ビート bí:t] [英] 男 -s/-s《音楽》(ジャズの) ビート; ビート音楽.

Be·a·te [ベアーテ beá:tə] -[n]s/《女名》ベアーテ.

Bea·tle [ビートる bí:tl] [英] 男 -s/-s マッシュルーム・カットの若者(イギリスのバンド、ビートルズのメンバーの髪型から).

be·at·men [ベ・アートメン bə-á:tmən] 他 (h)《医》(人⁴に)人工呼吸を施す.

Be·at·mung [ベ・アートムング] 女 -/-en《医》(酸素などの)吸入, 人口呼吸.

Be·a·tri·ce [ベアトリーチェ beatrí:sə] -[n]s/ ①《女名》ベアトリーセ. ②《人名》ベアトリーチェ (ダンテの恋人).

Be·a·trix [ベアートリクス beá:trɪks または ベーア..] -[ens]/《女名》ベアートリクス.

be·auf·sich·ti·gen [ベ・アオフズィヒティゲン bə-áufzɪçtɪgən] (過分) beaufsichtigt 他 (h) 監督する, 監視する.

Be·auf·sich·ti·gung [ベ・アオフズィヒティグング] 女 -/-en 監督, 監視.

be·auf·tra·gen [ベ・アオフトラーゲン bə-áuftra:gən] (beauftragte, hat...beauftragt) 他 (h) (人⁴に)委託する. 人⁴ mit 事³ beauftragen 人⁴に事³を依頼する.

Be·auf·trag·te[r] [ベ・アオフトラークテ (..タァ) bə-áuftra:ktə (..tər)] 男女《語尾変化は形容詞と同じ》受託者, 代理人, 全権委員, 使者.

be·äu·gen [ベ・オイゲン bə-óygən] 他 (h) しげしげと見る.

be·bau·en [ベ・バオエン bə-báuən] 他 (h) ① (土地⁴に)家を建てる. ein Gelände⁴ mit Miethäusern bebauen 土地に賃貸アパートを建てる. ②(畑⁴を)耕す.

Be·bau·ungs=plan [ベバオウングス・プラーン] 男 -[e]s/..pläne (地区の)建設計画, 地区整備計画.

***be·ben** [ベーベン bé:bən] (bebte, hat...gebebt) 自《完了》haben) ① (家・大地が)揺れる, 震動する. (英) shake). Minutenlang bebte die Erde. 数分間地面が揺れた. ②《雅》(寒さなどで)震える. Seine Stimme bebte vor Aufregung. 彼の声は興奮のあまり震えていた. ③『vor 人³ ~』《雅》(人³をひどくこわがる. ④『um 人⁴ ~』《雅》(人⁴のことを)ひどく心配する. Die Mutter bebte um ihr krankes Kind. 母親は病気の子供のことが心配でたまらなかった.

Be·ben [ベーベン] 中 -s/- 震動; 地震 (= Erdbeben). ②《雅》(声の)震え; 身震い.

be·bil·dern [ベ・ビるダァン bə-bíldərn] 他 (h) (本などに) 挿絵(イラスト)を入れる. ◇『過去分詞の形で』ein reich bebildertes Buch イ

ラストの多い本.

beb·te [ベープテ] *beben (揺れる)の 過去

* *der* **Be·cher** [ベッヒャァ béçər] 男 (単2) -s/ (複) - (3格のみ -n) ① 杯, 酒杯, (脚と取っ手のない)コップ, グラス. (☞ trinken 図). Aschenbecher 灰皿 / ein silberner Becher 銀の杯 / einen Becher Wein trinken 1 杯のワインを飲む. ②《植》杯状の花(葉).

be·chern [ベッヒャァン béçərn] 自 (h)《口語・戯》痛飲する.

be·cir·cen [ベ・ツィルツェン bə-tsírtsən] 他 (h)《口語》(女性が男性⁴を)魅惑する, 惑わす(ギリシア神話の魔女キルケ Circe の名から) (=bezirzen).

* *das* **Be·cken** [ベッケン békən] 中 (単2) -s/ (複) - (3格のみ -n) ① 洗面器, 水盤, たらい. (英 basin). Spülbecken (台所の)流し / das Becken⁴ mit Wasser füllen 洗面器に水を満たす. ② プール, 水槽, 貯水池. ③《地理》盆地. ④《医》骨盤. ⑤《ふうう《楽》シンバル.

Beck·mes·se·rei [ベック・メッセライ bɛkmɛsəráɪ] 女 -/-en あげ足取り, あら探し(ヴァーグナーの楽劇『ニュルンベルクのマイスタージンガー』の中の人物 Beckmesser の名から).

be·dacht [ベ・ダハト] I *bedenken (よく考える)の 過分 II 形 ① 思慮深い, 慎重な. eine wohl bedachte Handlung よく考えた上での行動 ②『成句的に』《事⁴ bedacht sein 事⁴に気を配っている, 留意している.

Be·dacht [ベ・ダハト bə-dáxt] 男『成句的に』 auf 事⁴ Bedacht⁴ nehmen 事⁴に留意する / mit Bedacht 慎重に / ohne Bedacht 無思慮に, 軽率に / voll Bedacht 十分に考慮して.

be·dach·te [ベ・ダハテ] *bedenken (よく考える)の 過去

be·däch·tig [ベ・デヒティヒ bə-déçtɪç] 形 ① 落ち着いた, 悠然たる(動作など). ② 思慮深い, 慎重な. bedächtige Worte 慎重な言葉.

Be·däch·tig·keit [ベ・デヒティヒカイト] 女 -/ 落ち着き, 悠然[深さ], 慎重, 用意周到.

be·dacht·sam [ベ・ダハトザーム] 形《雅》慎重な, 思慮深い.

Be·dacht·sam·keit [ベ・ダハトザームカイト] 女 -/《雅》=Bedächtigkeit

Be·da·chung [ベ・ダッフング] 女 -/-en ① 屋根を付けること. ② 屋根.

***be·dan·ken** [ベ・ダンケン bə-dáŋkən] (bedankte, hat...bedankt) I 再帰《完了》haben) sich⁴ bedanken 礼を言う, 感謝する. sich⁴ bei 人³ für 物⁴ bedanken 人³に物⁴の礼を言う ⇒ Er bedankte sich bei ihr für das Geschenk. 彼は彼女にプレゼントのお礼を言った / Ich bedanke mich. (少し大げさに:)どうもありがとう / Dafür bedanke ich mich!《口語》(反語的に:)それはごめんだ.
II 自《完了》haben)《南ドッ·オーストリ》(人·事⁴に)感謝する.

be·dankt [ベ・ダンクト] *bedanken 再帰 で: 礼を言う)の 過分

be·dank·te [ベ・ダンクテ] ＊bedanken（再帰で；礼を言う）の過去

be·darf [ベ・ダルフ] ＊bedürfen（必要とする）の1人称単数・3人称単数 現在

＊*der* **Be·darf** [ベ・ダルフ bə-dárf] 男 (単2) -[e]s/(複) -e（3格のみ -en）『ふつう 単』① 必要，需要．（英 need）．*Bedarf*⁴ **an** 物³ haben 物³を必要とする／**bei** *Bedarf* 必要の際には／[je] **nach** *Bedarf* 必要に応じて／Mein *Bedarf* ist gedeckt．《口語》もうたくさんだ（←私の要求は満たされた）．② 必要な品，必需品．Büro*bedarf* 事務用品／Reise*bedarf* 旅行用品．

Be·darfs⹀ar·ti·kel [ベダルフス・アルティーケる] 男 -s/- 必要な品，必需品．

Be·darfs⹀de·ckung [ベダルフス・デックング] 女 -/-en 需要の充足．

Be·darfs⹀fall [ベダルフス・ふァる] 男『成句的に』**für** den *Bedarfsfall*《書》必要な場合に備えて／**im** *Bedarfsfall*《書》必要な場合には．

Be·darfs⹀hal·te·stel·le [ベダルフス・ハるテシュテれ] 女 -/-n 臨時停留所（乗降客がいるときだけ止まる）．

be·darfst [ベ・ダルフスト] ＊bedürfen（必要とする）の2人称単数 現在

be·dau·er·lich [ベ・ダオアァリヒ] 形 気の毒な，残念な，遺憾な．ein *bedauerlicher* Vorfall 嘆かわしい事件／Es ist sehr *bedauerlich*, dass… …ということはとても残念だ．

be·dau·er·li·cher⹀wei·se [ベダオァァリヒャァ・ヴァイゼ] 副 残念なことに，遺憾ながら．

＊**be·dau·ern** [ベ・ダオアァン bə-dáuərn] (bedauerte, *hat*…bedauert) 他 (完了 haben) ① (人⁴を)気の毒に思う．（英 be sorry for). einen Kranken *bedauern* 病人を気の毒に思う／Er *bedauerte* sie wegen ihres Misserfolgs．彼は彼女が失敗したのを気の毒に思った／Sie ist wirklich zu *bedauern*．彼女は本当に気の毒だ．② (事⁴を)残念に思う．Ich *bedauere* den Vorfall．私はその事件を残念に思う／Ich *bedauere* sehr, dass ich nicht mitkommen kann．私はいっしょに行けなくてとても残念です．◊『目的語なしても』[Ich] *bedauere*! (ていねいな断わり)残念ですが．

＊*das* **Be·dau·ern** [ベ・ダオアァン bə-dáuərn] 田(単2) -s/ ① 同情，哀れみ．② 残念，遺憾[の念]．**zu** meinem *Bedauern* 残念なことには．

be·dau·erns⹀wert [ベダウァァンス・ヴェーァト] 形 同情に値する，気の毒な；残念な，遺憾な（事態など）．

be·dau·ert [ベ・ダオアァト] ＊bedauern（気の毒に思う）の過分

be·dau·er·te [ベ・ダオアァテ] ＊bedauern（気の毒に思う）の過去

＊**be·de·cken** [ベ・デッケン bə-dékən] (bedeckte, *hat*…bedeckt) 他 (完了 haben) ① 『人・物⁴ **mit** 物³ ～』(人・物⁴を物³で)覆う，かぶせる．（英 cover). den Leichnam mit einem Tuch *bedecken* 死体を布で覆う／Er *bedeckte* sein Gesicht mit den Händen. 彼は顔を両手で覆った／Die Mutter *bedeckte* das Kind mit Küssen．母親はその子の顔にキスの雨を降らせた．《比》Der Himmel *bedeckt sich*⁴ mit Wolken．空が雲に覆われる．② 覆っている．Schnee *bedeckt* die Erde．雪が大地を覆っている／Das Tuch *bedeckt* den Tisch．テーブルクロスが掛かっている．③ 保護する，護衛する．

be·deckt [ベ・デックト] I ＊bedecken（覆う）の過分 II 形 ① 覆われた；（空が）曇った．Der Schreibtisch ist mit Büchern *bedeckt*．机の上は本で埋まっている．◊『成句的に』*sich*⁴ *bedeckt* halten 自分の考えを言わない．② (声が)かすれた，ハスキーな．

be·deck·te [ベ・デックテ] ＊bedecken（覆う）の過去

Be·de·ckung [ベ・デックング] 女 -/-en ① 覆うこと．② 覆うもの，衣服，カバー．③ （警察などによる）護衛．

＊**be·den·ken**＊ [ベ・デンケン bə-déŋkən] (bedachte, *hat*…bedacht) I 他 (完了 haben) ① (事⁴について)よく考える；考慮に入れる．（英 consider). Sie müssen die Folgen *bedenken*. どういう結果になるかをあなたはよく考えないといけません／Ich gebe [dir] zu *bedenken*, dass… …ということは私は[君に]考慮に入れて欲しい．② 《雅》(人³に)贈る，与える．人⁴ **mit** einem Geschenk *bedenken* 人³にプレゼントを贈る．II 再帰 (完了 haben) *sich*⁴ *bedenken*（決心する前に)よく考える．Ich muss mich erst *bedenken*. 私はまずよく考えてみなければならない．◊☞ bedacht

Be·den·ken [ベ・デンケン] 田 -s/- ① 『複 なし』考慮，思案．nach langem *Bedenken* 長いこと思案したあげく／**ohne** *Bedenken* ためらうことなく．② 『ふつう 複』疑念，異議．Ich habe große *Bedenken*, ob das möglich ist．そんなことができるかどうか，私には大いに疑わしい／*Bedenken*⁴ **gegen** einen Plan äußern 計画に異議を唱える．

be·den·ken⹀los [ベデンケン・ろース] 形 無思慮な，ためらうことのない．*bedenkenlos* handeln あと先を考えずに行動する．

＊**be·denk·lich** [ベ・デンクリヒ bə-déŋklıç] 形 ① 憂慮すべき，気がかりな，容易ならぬ．Der Zustand des Patienten ist *bedenklich*．その患者の容態は危険だ．② 怪しげな，いかがわしい(商売など)．*bedenkliche* Geschäfte⁴ machen 怪しげな商売をする．③ 考え込んだ，懐疑的な．Das stimmte mich *bedenklich*．それが私を考えこませた／ein *bedenkliches* Gesicht⁴ machen 不審そうな(深刻な)顔をする．

Be·denk·lich·keit [ベ・デンクリヒカイト] 女 -/-en ① 『複 なし』疑わしさ，不確かさ．② 『複 なし』重大さ．③ 『複 で』(古)疑惑．

Be·denk⹀zeit [ベデンク・ツァイト] 女 -/-en 考慮(猶予)期間．

be·dep·pert [ベ・デッパァト bə-dépərt] 形
《俗》途方に暮れた, 当惑した.

＊be·deu·ten [ベ・ドイテン bə-dóʏtən]

| 意味する | Was *bedeutet* das?
ヴァス ベドイテット ダス
それはどういう意味ですか. |

du bedeutest, er bedeutet (bedeutete, *hat*... bedeutet) 他 (完了 haben) ① (単4を)意味する; (…で)ある. (英 *mean*). Dieses Schild *bedeutet* „Einbahnstraße". この標識は「一方通行」を意味する / Seine Worte *bedeuten*, dass… 彼の言葉は…ということを意味している / Dieser Plan *bedeutet* ein großes Wagnis. この計画は大冒険だ.
② (単4の)前兆である. Diese Wolken *bedeuten* Sturm. この雲はあらしの前触れだ. ③ 〔*etwas*4, *nichts*4, *viel*4 などとともに〕(…の)重要性をもつ. Als Schriftsteller *bedeutet* er etwas. 作家として彼は重きをなしている / Das hat nichts zu *bedeuten*. それはつまらないことだ / Geld *bedeutet* ihm alles. 彼にとってはお金がすべてだ. ④ 《雅》(人3に単4を)それとなく知らせる, ほのめかす. Er *bedeutete* mir zu gehen. 彼は私に行くように合図した.

＊be·deu·tend [ベ・ドイテント bə-dóʏtənt]
I ＊bedeuten (意味する)の 現分
II 形 ① 重要な. (英 *important*). eine *bedeutende* Rolle4 spielen 重要な役を演じる.
② 著名な. ein *bedeutender* Gelehrter 著名な学者. ③ 優れた. ein *bedeutender* Film 優れた映画. ④ (数量などが)大きい, 相当な. ein *bedeutendes* Kapital 巨額の資本.
III 副 著しく, ずいぶん. Sein Zustand ist *bedeutend* besser. 彼の容態はずいぶん良くなっている.

be·deu·tet [ベ・ドイテット] ＊bedeuten (意味する)の 過去, 3人称単数・2人称複数 現在
be·deu·te·te [ベ・ドイテテ] ＊bedeuten (意味する)の 過去
be·deut·sam [ベ・ドイトザーム] 形 ① 重要な, 意義深い. ② 意味深長な. 人4 *bedeutsam* an|blicken 人4を意味ありげなまなざしで見る.
Be·deut·sam·keit [ベ・ドイトザームカイト] 女 -/ ① 重要性. ②《雅》意味.

＊die Be·deu·tung [ベ・ドイトゥング bə-dóʏtʊŋ] 女 (単) -/(複) -en ① 意味. (英 *meaning*). die eigentliche *Bedeutung* eines Wortes ある語の本来の意味 / Dieses Wort hat zwei *Bedeutungen*. この単語には二つの意味がある. ②〖覆 なし〗重要性, 意義, 価値. (英 *importance*). Er ist ein Mann **von** *Bedeutung*. 彼は重要人物だ / ein Ereignis von historischer *Bedeutung* 歴史的意義のある出来事.
be·deu·tungs≠los [ベドイトゥングス・ロース] 形 無意味な; 重要でない.
Be·deu·tungs≠lo·sig·keit [ベドイトゥングス・ローズィヒカイト] 女 -/ 無意味; 重要でないこと.
be·deu·tungs≠voll [ベドイトゥングス・ふォる] 形 ① 意義深い, 重要な. ② 意味深長な.

＊be·die·nen [ベ・ディーネン bə-díːnən] (bediente, *hat*...bedient) I 他 (完了 haben) ①〖**4格**とともに〗(人3に)給仕する, サービスする, 応待する. (英 *serve*). Der Kellner *bedient* die Gäste. ウェーターが客に給仕する / die Kunden4 gewissenhaft *bedienen* (店員が)客に良心的に応対する / Werden Sie schon *bedient*?《受動・現在》(店員などが客に:)ご用件は承りましたでしょうか / Ich *bin bedient*!《状態受動・現在》《俗・比》もうたくさんだ(←もう給仕されている). ◊〖目的語なしでも〗Wer *bedient* an diesem Tisch? このテーブルのサービス係はだれですか. ◊〖過去分詞の形で〗**mit** 物・事3 gut (schlecht) *bedient* sein《口語》物・事3で満足できる(できない). ◊〖再帰的に〗*sich*4 *bedienen*(食事のとき:)自分で取って食べる(飲む) ⇒ Bitte, *bedienen* Sie *sich*! どうぞご自由にお取りください.
② (機械など4を)操作する, 取り扱う. Wie *bedient* man dieses Gerät? この器具はどのように操作するのですか. ③〖とう〗(要求されたカード4を)出す. ④〖スポ〗(人4に)ボールをパスする.
II 再帰 (完了 haben) *sich*4 物2 *bedienen*《雅》物2を用いる, 使用する. *sich*4 eines Wörterbuchs *bedienen* 辞典を用いる.

Be·diens·te·te[r] [ベ・ディーンステテ (..タァ) bə-díːnstətə (..tər)] 男 女〖語尾変化は形容詞と同じ〗〖官庁〗(官公庁の)職員.
be·dient [ベ・ディーント] ＊bedienen (給仕する)の 過去, 3人称単数・2人称複数 現在
be·dien·te [ベ・ディーンテ] ＊bedienen (給仕する)の 過去

＊die Be·die·nung [ベ・ディーヌング bə-díːnʊŋ] 女 (単) -/(複) -en ① 〖覆 なし〗給仕, サービス, 接待. (英 *service*). Selbst*bedienung* セルフサービス / *Bedienung* im Preis eingeschlossen (または enthalten) (勘定書などで:)サービス料込み. ② (機械などの)操作, 取り扱い. ③〖ふつう 単〗ウェーター, ウェートレス; 店員. die *Bedienung*4 rufen ウェーターを呼ぶ / Die *Bedienung* kommt nicht. ウェーターが来ない. ④〖ギュラ〗(通いの)家政婦の口(職).

Be·die·nungs≠an·lei·tung [ベディーヌングス・アンらイトゥング] 女 -/-en (器具などの)操作説明書.

＊be·din·gen [ベ・ディンゲン bə-díŋən] (bedingte, *hat*...bedingt) 他 (完了 haben) ① (結果として 単4を)引き起こす. (英 *cause*). Eine Frage *bedingt* die andere. 一つの疑問が別の疑問を生み出す / Seine Krankheit *ist* psychisch *bedingt*.《状態受動・現在》彼の病気は心因性のものだ. ②〖雅〗(単4を)前提とする. Diese Arbeit *bedingt* viel Zeit und Geduld. この仕事にはかなりの時間と忍耐を要する.

be·dingt [ベ・ディングト] I ＊bedingen (引き起

こす)の 過分　**II** 形 条件付きの，制限された. eine *bedingte* Anerkennung 条件付き認可 / *bedingte* Reflexe 《心》条件反射 / *bedingter* Straferlass 《法》(刑の)執行猶予.

..be·dingt [..ベディングト ..bədɪŋt] 《形容詞をつくる 接尾》(…に制約された) 例: alters*bedingt* 年齢に制約された.

be·ding·te [ベ・ディングテ] *bedingen (引き起こす)の 過去

Be·dingt·heit [ベ・ディングトハイト] 女 –/–en ① 制限, 制約; 限定[性]. ② 《悲》条件.

‡*die* **Be·din·gung** [ベ・ディングング bədíŋuŋ] 女 (単) –(複) –en ① 条件, 前提. (英 *condition*). Aufnahme*bedingung* 採用条件 / 人³ eine *Bedingung*⁴ stellen 人³に条件を出す / eine *Bedingung*⁴ an|nehmen 条件に応じる / unter folgender *Bedingung* 次の条件のもとで / unter keiner *Bedingung* いかなる条件でも…[しない] / 事⁴ zur *Bedingung* machen 事⁴を条件とする.
② 《ふつう 複》条件, 状況, 情勢. Die klimatischen *Bedingungen* sind nicht gut. 気候条件はよくない.

be·din·gungs=los [ベディングングス・ロース] 形 無条件の; 全面(絶対)的な. eine *bedingungslose* Kapitulation 無条件降伏.

Be·din·gungs=lo·sig·keit [ベディングングス・ローズィヒカイト] 女 –/ 無条件.

be·drän·gen [ベ・ドレンゲン bədréŋən] 他 (h) ① (人・物⁴を)攻めたてる; (人⁴に)しつこく迫る. 人³ mit Fragen *bedrängen* 人³を質問ぜめにする. ② (心配などが人⁴を)苦しめる, 悩ます. ◇《過去分詞の形で》sich⁴ in einer *bedrängten* Lage befinden 苦境にある.

Be·dräng·nis [ベ・ドレングニス] 女 –/..nisse 《雅》困窮, 苦境. in *Bedrängnis* geraten 苦境に陥る.

***be·dro·hen** [ベ・ドローエン bədróːən] (bedrohte, *hat*...bedroht) 他 (＜否＞ haben) (英 *threaten*) ① 脅す, 脅迫する. 人⁴ mit dem Messer *bedrohen* 人⁴をナイフで脅す. ② (物事が人・物⁴を)おびやかす, 危うくする. Das Hochwasser *bedroht* die Stadt. 洪水が町をおびやかす / Ihr Leben *ist bedroht*. 《状態受動・現在》彼女の命が危ない.

be·droh·lich [ベ・ドローリヒ] 形 おびやかすような, 危険なような, 不気味な.

be·droht [ベ・ドロート] *bedrohen (脅す)の 過分

be·droh·te [ベ・ドローテ] *bedrohen (脅す)の 過去

Be·dro·hung [ベ・ドローウング] 女 –/–en 脅し, 脅迫, 威嚇; 危険[な状態].

be·dru·cken [ベ・ドルッケン bədrúkən] 他 (h) (物⁴に)印刷する; プリント[染め]する.

be·drü·cken [ベ・ドリュッケン bədrýkən] 他 (h) (人⁴の)気をめいらせる. Die Krankheit des Kindes *bedrückt* sie. 子供の病気で彼女はふさぎこんでいる.
◇ ☞ *bedrückt*

be·drü·ckend [ベ・ドリュッケント] I *bedrücken* (気をめいらせる)の 現分　II 形 重苦しい, 気がめいるような(沈黙など), うっとうしい(暑さなど). eine *bedrückende* Stille 息が詰まるような静けさ.

be·drückt [ベ・ドリュックト] I *bedrücken* (気をめいらせる)の 過分　II 形 ふさぎこんだ, 意気消沈した.

Be·drü·ckung [ベ・ドリュックング] 女 –/–en ① 圧制, 圧迫. ② 《覆 なし》意気消沈.

Be·du·i·ne [ベドゥイーネ beduíːnə] 男 –n/–n ベドウイン[族](アラビア系の遊牧民).

be·dür·fen [ベ・デュルフェン bədýrfən] ich bedarf, du bedarfst, er bedarf (bedurfte, *hat*...bedurft) 自 (＜否＞ haben)《2格とともに》《雅》(人・事²を)必要とする. (英 *need*). Der Kranke *bedarf* eines Arztes. その病人は医者に診てもらう必要がある / Das *bedarf* einer Erklärung. それには説明が必要だ. ◇《非人称の es を主語として》Es *bedarf* keines weiteren Wortes. これ以上何も言う必要はない.

*das **Be·dürf·nis** [ベ・デュルフニス bədýrfnɪs] 中 (単 2) ..nisses/(複) ..nisse (3 格のみ ..nissen) ① 欲求, 必要, 需要, 要求. (英 *need*). ein *Bedürfnis*⁴ befriedigen (または erfüllen) 欲求を満たす / Er hatte (または fühlte) ein großes *Bedürfnis* nach Ruhe. 彼はぜひともひと休みしたかった / Es ist mir ein *Bedürfnis*, Ihnen zu danken. 私はぜひあなたにお礼を申し上げたい. ② 《ふつう 複》必需品. ③ 《古》生理的欲求, 便意, 尿意.

Be·dürf·nis=an·stalt [ベデュルフニス・アンシュタルト] 女 –/–en 《官庁》公衆便所.

be·dürf·nis=los [ベデュルフニス・ロース] 形 つましい, 欲のない, 質素な.

Be·dürf·nis=lo·sig·keit [ベデュルフニス・ローズィヒカイト] 女 –/ つましさ, 無欲, 質素.

be·durft [ベ・ドゥルフト] *bedürfen (必要とする)の 過分

be·durf·te [ベ・ドゥルフテ] *bedürfen (必要とする)の 過去

be·dürf·tig [ベ・デュルフティヒ bədýrftɪç] 形 ① 貧しい, 困窮している. *bedürftige* Familien 貧困家庭. ② 《雅》(人・物²を)必要とする. Sie ist der Ruhe *bedürftig*. 彼女には休息が必要だ.

Be·dürf·tig·keit [ベ・デュルフティヒカイト] 女 –/ 貧困, 困窮.

Beef·steak [ビーフ・ステーク bíːf-steːk] [英] 中 –s/–s 《料理》ビフテキ. deutsches *Beefsteak* ハンバーグ[ステーキ].

be·eh·ren [ベ・エーレン bəéːrən] I 他 (h) 《雅》(訪問・出席などによって人⁴に)栄誉を与える. Bitte, *beehren* Sie mich bald wieder! 近いうちにまたどうぞお越しください. II 再帰 (h) sich⁴ *beehren*, zu 不定詞[句](公示などで:)謹んで…します. Wir *beehren* uns, Ihnen mitzu-

teilen, dass... 謹んで…をお知らせします。
be·ei·den [ベ・アイデン bə-áidən] 他 (h) (陳述など⁴が)真実であることを誓う。
be·ei·di·gen [ベ・アイディゲン bə-áidigən] 他 (h) 《雅》=beeiden

:**be·ei·len** [ベ・アイレン bə-áilən] (beeilte, hat ...beeilt) 再帰 (完了 haben) *sich*⁴ *beeilen* ① 急ぐ. (英 *hurry*). *Beeil dich*! 急げ / Er *beeilt sich* mit seiner Arbeit. 彼は急いで仕事をする。② 《zu 不定詞[句]とともに》ためらうことなく…する. Er *beeilte sich*, mir zuzustimmen. 彼はためらわず私に同意した。

be·eilt [ベ・アイルト] ＊beeilen (再帰 で: 急ぐ)の 過分
be·eil·te [ベ・アイルテ] ＊beeilen (再帰 で: 急ぐ) の 過去
be·ein·dru·cken [ベ・アインドルッケン bə-áindrukən] (過分 beeindruckt) 他 (h) (人⁴に)強い印象を与える, 感銘を与える. Ich *bin von* dem Buch sehr *beeindruckt*.《状態受動・現在》私はその本に非常に感銘を受けている。

＊**be·ein·flus·sen** [ベ・アインふルッセン bə-áinflusən] du beeinflusst, er beeinflusst (beeinflusste, *hat* ... beeinflusst) 他 (完了 haben) (人·事⁴に)影響を及ぼす, 感化を及ぼす. Dieses Ereignis *beeinflusste* die Verhandlungen. この事件は審理に影響を及ぼした / Er ist leicht zu *beeinflussen*. 彼は影響されやすい。

be·ein·flusst [ベ・アインふルスト] ＊beeinflussen (影響を及ぼす)の 過分
be·ein·flußt ☞ 新形 beeinflusst
be·ein·fluss·te [ベ・アインふルステ] ＊beeinflussen (影響を及ぼす)の 過去
be·ein·fluß·te ☞ 新形 beeinflußte
Be·ein·flus·sung [ベ・アインふルッスング] 女 -/-en 影響, 感化; 干渉.
be·ein·träch·ti·gen [ベ・アイントレヒティゲン bə-áintreçtigən] (過分 beeinträchtigt) 他 (h) ① 妨害する, 侵害する, そこなう. 人⁴ in seiner Freiheit *beeinträchtigen* 人⁴の自由を侵害する. ② (能力・価値など⁴を)低下させる.
Be·ein·träch·ti·gung [ベ・アイントレヒティグング] 女 -/-en 妨害, 損害, 侵害.
Be·el·ze·bub [ベえる・ツェブーブ beél-tsabu:p または ベー.. bé:l..] 男 -/ 《聖》ベルゼブブ(ベルブル), 悪魔のかしら. den Teufel *mit* (または durch) *Beelzebub* aus|treiben 小難を除こうとしてかえって大難を招く(←ベルゼブブによって悪魔を追い出す; マタイによる福音書 12, 24).

＊**be·en·den** [ベ・エンデン bə-éndən] du beendest, er beendet (beendete, *hat* ... beendet) 他 (完了 haben) 終える, 済ます; (争いなど⁴を)やめる. (英 *end*). (反意 「始める」は an|fangen, beginnen). Er *hat* die Arbeit *beendet*. 彼は仕事を終えた / den Krieg *beenden* 戦争を終結させる / einen Vortrag mit einem Zitat *beenden* ある文を引用して講演を締めくくる.

be·en·det [ベ・エンデット] ＊beenden (終える)の 過分
be·en·de·te [ベ・エンデテ] ＊beenden (終える)の 過去
be·en·di·gen [ベ・エンディゲン bə-éndigən] 他 (h) =beenden
Be·en·di·gung [ベ・エンディグング] 女 -/ 《稀》=Beendung
Be·en·dung [ベ・エンドゥング] 女 -/ 結結, 終了, 完結, 完了. *nach Beendung* des Krieges 戦争の終結後に.
be·en·gen [ベ・エンゲン bə-éŋən] 他 (h) 窮屈にする, 圧迫する; 制限する. Die Kleidung *beengt* mich. この服は私には窮屈だ. ◇《現在分詞の形で》*beengende* Kleidung 窮屈な服. ◇《過去分詞の形で》Wir wohnen sehr *beengt*. 私たちは狭苦しい所に住んでいる.
Be·engt·heit [ベ・エングトハイト] 女 -/ 狭苦しさ, 窮屈さ.
be·er·ben [ベ・エルベン bə-érbən] 他 (h) (人⁴の)遺産を相続する.
be·er·di·gen [ベ・エーァディゲン bə-é:rdigən] 他 (h) 埋葬する.
Be·er·di·gung [ベ・エーァディグング] 女 -/-en 埋葬, 葬式 (=Begräbnis).
Be·er·di·gungs·in·sti·tut [ベエーァディグングス・インスティトゥート] 中 -[e]s/-e 葬儀社.

＊ *die* **Bee·re** [ベーレ bé:rə] 女 (単) -/(複) -n 漿果 (ﾋｮｳｶ)(ぶどう・いちご類の実. またその総称). (英 *berry*). Erd*beere* [オランダ]いちご / Heidel*beere* こけもも / reife *Beere* 熟れたいちご / *Beeren*⁴ pflücken いちごを摘む / *in die Beeren* gehen 《方》野いちごを摘みに行く.

Brombeere   Himbeere

Heidelbeere   Johannisbeere

Preiselbeere   Stachelbeere

Beere

Bee·ren·aus·le·se [ベーレン・アオスれーゼ] 女 -/-n ① ぶどうの房から特に熟れた粒を選んで摘むこと. ② ベーレンアウスレーゼ(熟した粒を選んで作られた上質ワイン).
Beet [ベート bé:t] 中 -[e]s/-e 苗床, 花壇 (=

Blumen*beet*). ein *Beet*⁴ für Salat an|-legen サラダ菜用の苗床を作る.

Bee·te [ベーテ béːtə] 囡 -/-n 《植》トウジシャ (=Bete).

Beet·ho·ven [ベート・ホーフェン béːt·hoːfən] -s/《人名》ベートーヴェン (Ludwig van *Beethoven* 1770–1827; ドイツの作曲家).

be·fä·hi·gen [ベ・フェーイゲン bəfǽːɪɡən] 他 (h)《人⁴ zu 物³ ~》《人⁴に物³》ができるようにする.

be·fä·higt [ベ・フェーイヒト] I befähigen (できるようにする) の 過分 II 形 有能な, 能力(資格)のある. ein *befähigter* Arzt 有能な医者.

Be·fä·hi·gung [ベ・フェーイグング] 囡 -/ 能力, 資格.

be·fahl [ベ・ファーる] *befehlen (命令する) の 過去

be·fäh·le [ベ・フェーれ] *befehlen (命令する) の 接2

be·fahr·bar [ベ・ファールバール] 形 通行できる(道路など), 航行可能な(川・海など).

be·fah·ren¹* [ベ・ファーレン bəfáːrən] 他 (h) ① (乗り物・人が乗り物で道など⁴を)走行する, (川・海などを)航行する. eine Straße⁴ mit dem Auto *befahren* 自動車で道路を走る. ② 《A⁴ mit B³ ~》(車で走りながら A⁴ に B³ を)まく, 敷く. einen Weg mit Kies *befahren* 道路に砂利を敷く.

be·fah·ren² [ベ・ファーレン] I befahren¹ (走行する) の 過分 II 形 ① 車の通る. eine viel *befahrene* Straße 交通量の多い通り. ② 《海》航海の経験を積んだ. ③ 《狩》(獣が)住んでいる(巣穴など).

Be·fall [ベ・ファる bəfál] 男 -[e]s/ (病気・害虫による植物の)被害, 発病.

be·fal·len* [ベ・ファれン bəfálən] 他 (h) (病気・恐怖などが)襲う, 振りかかる. Angst *befiel* mich. 私は不安になった.

be·fand [ベ・ファント] *befinden (再帰 で…にある) の 過去

***be·fan·gen** [ベ・ふァンゲン bəfáŋən] 形 ① 物おじした, はにかんでいる, おずおずした. Die neue Umgebung macht das Kind ganz *befangen*. 新しい環境にその子はすっかりとまどっている. ② 偏見をいだいている; 《法》かたよった, 不公平な. ③ 《成句的に》in 物³ *befangen* sein 《雅》(軍³(信仰などの)にとりこになっている, とらわれている.

Be·fan·gen·heit [ベ・ふァンゲンハイト] 囡 -/ ① 当惑, とまどい, 気後れ. ② 偏見; 《法》不公平.

be·fas·sen [ベ・ファッセン bəfásən] I 再帰 (h) 《sich⁴ mit 人·事³ ~》《人·事³と》かかわり合う, (軍³に)たずさわる, 関係する. Ich *befasste mich* viel mit diesem Fall. 私は長い間この事件を手がけた. II 他 (h) 《A⁴ mit 軍³ ~》《官庁》《人⁴を軍³に》従事させる. Ich bin damit nicht *befasst*. 《状態受動・現在》私はそれに従事していない(関係がない).

*der **Be·fehl** [ベ・フェーる bəféːl] 男 (単2)-[e]s/(複) -e (3格のみ -en) ① 命令, 指令. 《愛》 order). ein dienstlicher *Befehl* 業務命令 / einen *Befehl* geben (erhalten) 命令を与える(受ける) / einen *Befehl* befolgen (verweigern) 命令に従う(命令を拒む) / einen *Befehl* aus|führen 命令を遂行する / auf meinen *Befehl* 私の命令に従って / Dein Wunsch ist mir *Befehl*. 《口語・戯》おっしゃるとおりにしますよ. ② 命令(指揮)権. Der Kapitän hat den *Befehl* über das Schiff. 船長には船の指揮権がある / unter dem *Befehl* eines Generals stehen ある将官の指揮下にある. ③ 《コンピ》命令, コマンド.

be·feh·len [ベ・フェーれン bəféːlən] du befiehlst, er befiehlt (befahl, hat … befohlen) I 他 (定了 haben) ① 《人³に》《物⁴を》命令する, 指図する. 《愛》 order). Er *befahl* mir, mit ihm zu kommen. 彼は私にいっしょについて来るように命じた / Von dir *lasse* ich mir nichts *befehlen*. 君の指図は受けないぞ. ◇《目的語なしでも》Wie Sie *befehlen*! (大げさに)仰せのとおりにいたします. ② 《方向を表す語句とともに》《人⁴に…へ》行くように命じる. Er *wurde zu* seinem Vorgesetzten *befohlen*. 《受動・過去》彼は上司の所へ行くように命じられた. ③ 《雅》(A³ に B⁴ を)ゆだねる.

II 自 (定了 haben) 《über 人·物⁴ ~》《人·物⁴に対する》命令(指揮)権を持っている.

be·feh·lend [ベ・フェーれント] I *befehlen (命令する) の 現分 II 形 命令するような. in *befehlendem* Ton 命令口調で.

be·feh·li·gen [ベ・フェーリゲン bəféːlɪɡən] 他 (h) 《軍》指揮する, 率いる.

Be·fehls=form [ベェーるス・ふォルム] 囡 -/-en 《言》命令法 (=Imperativ).

Be·fehls=ge·walt [ベェーるス・ゲヴァるト] 囡 -/ 命令(指揮)権.

Be·fehls=ha·ber [ベェーるス・ハーバァ] 男 -s/- 《軍》司令官, 指揮官.

Be·fehls=not·stand [ベェーるス・ノートシュタント] 男 -[e]s/..stände 《法》(良心に反して)命令を遂行しなければならない状態.

Be·fehls=ver·wei·ge·rung [ベェーるス・ふェァヴァイゲルング] 囡 -/-en 《軍》命令拒否.

***be·fes·ti·gen** [ベ・フェスティゲン bəfǽstɪɡən] (befestigte, hat … befestigt) 他 (定了 haben) ① 固定する, 取り(くくり)付ける, (ボートなど⁴を)つなぎ留める. 《愛》 fasten). ein Schild⁴ an der Tür *befestigen* 表札をドアに取り付ける. ② (堤防など⁴を)固める, 堅固にする; 《比》(地位・信頼など⁴を)確かなものにする. das Ufer⁴ *befestigen* 護岸工事をする. ◇《再帰的に》sich⁴ *befestigen* (地位などが)確かなものになる, 安定する ⇒ Die Preise *befestigen* sich. 物価が安定する. ③ 《軍》(都市など⁴の)

防備を固める.

be·fes·tigt [ベ・フェスティヒト] ＊befestigen (固定する)の過分

be·fes·tig·te [ベ・フェスティヒテ] ＊befestigen (固定する)の過去

Be·fes·ti·gung [ベ・フェスティグング] 女 -/-en ① 《ふつう 単》固定[すること]; 強化, 築城. ② 防備施設, 堡塁(ほうるい).

be·feuch·ten [ベ・フォイヒテン bə-fóyçtən] 他 (h) 湿らせる, ぬらす.

be·feu·ern [ベ・フォイアァン bə-fóyərn] 他 (h) ① (ボイラーなど⁴に)火を入れる. ② 《雅》鼓舞(激励)する. ③ 《海·空》(物⁴に)標識灯を設置する. ④ (物⁴に)砲火を浴びせる.

Beff·chen [ベふヒェン béfçən] 中 -s/- (聖職者などの)制服の襟飾り(胸にたらす2条の白い布片).

be·fiehl [ベ・ふィーる] ＊befehlen (命令する)のduに対する命令.

be·fiehlst [ベ・ふィーるスト] ＊befehlen (命令する)の2人称単数現在

be·fiehlt [ベ・ふィーるト] ＊befehlen (命令する)の3人称単数現在

＊**be·fin·den**＊ [ベ・ふィンデン bə-fíndən] du befindest, er befindet (befand, hat...befunden) I 再帰 (完了 haben) 《sich⁴ befinden》① 《場所を表す語句とともに》(…に)ある, いる. Er befindet sich in seinem Büro. 彼は自分の事務所にいる / Wo befindet sich die Kasse? レジはどこですか. (☞類語 sein). ② 《雅》(…の状態に)ある. Die beiden Länder befanden sich im Kriegszustand. 両国は戦争状態にあった / Wie befinden Sie sich? ご機嫌(ご気分)はいかがですか.

II 他 (完了 haben)《成句的に》《人·物⁴ für (または als)... befinden》《雅》《人·物⁴を…と見なす. 人⁴ als (または für) unschuldig befinden》人⁴を無罪と判定する. (☞ … には形容詞がくる).

III 自 (完了 haben)《über 人·物⁴ ~》(官庁)(人·物⁴について)判断を下す, 決定する.

Be·fin·den [ベ・ふィンデン] 中 -s/ ① 健康状態, 体調. ② 《雅》見解, 意見, 判断. nach meinem Befinden 私の考えでは.

be·find·lich [ベ・ふィントりヒ] 形 《書》(…の場所·状態に)いる, ある, 存する. die in unserer Bibliothek befindlichen Bücher 私たちの図書館にある本.

be·flag·gen [ベ・ふらッゲン bə-flágən] 他 (h) (船·建物など⁴を)旗で飾る.

be·fle·cken [ベ・ふれッケン bə-flékən] 他 (h) ① (物⁴に)染みを付ける, 汚す. ② 《比》(名誉など⁴を)けがす, 傷つける.

Be·fle·ckung [ベ・ふれックング] 女 -/-en 《ふつう 単》汚す(汚される)こと.

be·flei·ßi·gen [ベ・ふらイスィゲン bə-fláɪsɪɡən] 再帰 (h) 《sich⁴ 事² befleißigen》《雅》事²にいそしむ, 努める.

be·flie·gen＊ [ベ・ふリーゲン bə-flí:gən] 他 (ある区間·路線を定期的に)飛ぶ.

be·flis·sen [ベ・ふリッセン bə-flísən] 形 《雅》

熱心な, 勤勉な. ein beflissener Schüler まじめに勉強する生徒 / **um** 物⁴ beflissen sein 物⁴を得ようと懸命に努力している.

Be·flis·sen·heit [ベ・ふりッセンハイト] 女 -/ 熱心さ, 勤勉さ.

be·flü·geln [ベ・ふりューゲるン bə-flýːɡəln] 他 (h)《雅》① (歩調など⁴を)速める. Die Angst beflügelte seine Schritte. 不安が彼の足取りを速めた. ② 《比》駆りたてる, 鼓舞する.

be·flü·gelt [ベ・ふりューゲるト] I beflügeln (歩調などを速める)の過分 II 形 翼を付けた.

be·föh·le [ベ・ふェーれ] ＊befehlen (命令する)の接2

be·foh·len [ベ・ふォーれン] ＊befehlen (命令する)の過分

be·fol·gen [ベ・ふォるゲン bə-fólɡən] 他 (h) (命令など⁴に)従う; (規則など⁴を)守る. (☞類語 folgen).

Be·fol·gung [ベ・ふォるグング] 女 -/ (命令などに)従うこと; (規則などを)守ること, 遵守.

＊**be·för·dern** [ベ・ふェるダァン bə-fǿrdərn] (beförderte, hat...befördert) 他 (完了 haben) ① 運送する, 輸送する. (英 transport). Die Fähre befördert täglich etwa 100 Fahrgäste. このフェリーは毎日約100名の乗客を運ぶ / Pakete⁴ mit der Post befördern 小包を郵送する / 人⁴ an die frische Luft (または ins Freie) befördern 《口語·比》人⁴を追っ払う. ② (人⁴を)昇進させる. Er ist zum Direktor befördert worden. 《受動·現在完了》彼は取締役に昇進した.

be·för·dert [ベ・フェルダァト] ＊befördern (運送する)の過分

be·för·der·te [ベ・フェルダァテ] ＊befördern (運送する)の過去

Be·för·de·rung [ベ・フェるデるング] 女 -/-en ① 《複 なし》運送, 輸送, 送付. ② 昇進, 進級.

Be·för·de·rungs=kos·ten [ベふェるデるングス・コステン] 複 運送料, 輸送料.

Be·för·de·rungs=mit·tel [ベふェるデるングス・ミッテる] 中 -s/- 運送(輸送)手段, 運輸機関.

be·frach·ten [ベ・ふラハテン bə-fráxtən] 他 (h) (物⁴に)荷を積む. ein Schiff⁴ mit Kohle befrachten 船に石炭を積む.

be·fra·gen [ベ・ふラーゲン bə-fráːɡən] I 他 (h) (人⁴に詳しく)尋ねる, 質問する. 人⁴ über 事⁴ 人⁴に事⁴について質問する. II 再帰 (h) sich⁴ befragen 問い合わせる. sich⁴ bei 人³ befragen 人³に照会する.

Be·fra·gung [ベ・ふラーグング] 女 -/-en ① 問い合わせ, 照会. ② 《社》アンケート[調査].

＊**be·frei·en** [ベ・ふライエン bə-fráɪən] (befreite, hat...befreit) 他 (完了 haben) ① 自由にする, 解放する, 救い出す. (英 free). einen Gefangenen befreien 捕虜を解放する / 人⁴ aus einer Gefahr befreien 人⁴を危険から救出する. ◊《再帰的に》sich⁴ befreien 自由にな

る，解放される．②〖人⁴ von 事³ ～〗(人⁴に事³(義務など)を)免除する．人⁴ vom Militärdienst befreien 人⁴の兵役を免除する / Er wurde vom Turnen befreit.《受動・過去》(病気などの理由で)彼は体育の授業を免除された．③〖人⁴ von 物³ ～〗(人⁴から物³を)取り除く．die Schuhe⁴ vom Schmutz befreien 靴の汚れを取る / 人⁴ von Angst befreien 人⁴の不安を取り除いてやる．◇《再帰的で》sich⁴ von Vorurteilen befreien 偏見を捨て去る．

Be·frei·er [ベ・フライアァ bə-fráiər] 男 -s/- 解放者，救済者．

be·freit [ベ・フライト] ＊befreien (自由にする)の 過分

be·frei·te [ベ・フライテ] ＊befreien (自由にする)の 過去

Be·frei·ung [ベ・フライウング] 女 -/-en ① 自由にすること，解放，救出．② 救済．③ 免除．

Be·frei·ungs≈krieg [ベフライウングス・クリーク] 男 -[e]s/-e ① 解放(独立)戦争．②〖複で〗《史》解放戦争(ヨーロッパをナポレオン1世の軍事的支配から解放するための戦争．1813–1815)．

be·frem·den [ベ・フレムデン bə-frémdən] 他 (h) (人⁴に)奇異な感じを与える，不審の念をいだかせる．Sein Verhalten befremdete alle. 彼の態度は皆に不審の念をいだかせた．◇《過去分詞の形で》人⁴ befremdet an|sehen 人⁴をけげんそうに見つめる．

Be·frem·den [ベ・フレムデン] 中 -s/ 不審の念，意外な感じ．mit leisem Befremden かすかな不審の念を持って / zu meinem Befremden 意外に感じたことには．

be·fremd·lich [ベ・フレムトリヒ] 形《雅》不審な，いぶかしい，奇妙な．

be·freun·den [ベ・フロインデン bə-fróyndən] 再帰 (h) sich⁴ befreunden ①〖sich⁴ [mit 人³]〗([人³と])親しくなる，友達になる．②〖sich⁴ mit 事³ ～〗(事³(考え方・流行など)に)なじむ．

be·freun·det [ベ・フロインデット] I befreunden (再帰で: 親しくなる)の 過分 II 形 親しい，友好関係にある．befreundete Staaten 友好諸国 / mit 人³ befreundet sein 人³と親しくしている．

be·frie·den [ベ・フリーデン bə-frí:dən] 他 (h)《雅》平和にする；落ち着かせる．

＊**be·frie·di·gen** [ベ・フリーディゲン bə-frí:dıgən] (befriedigte, hat...befriedigt) 他 (完了 haben) (人⁴を)満足させる，(要求・欲求など⁴を)満たす．(英 satisfy). Sie wollte ihre Neugier befriedigen. 彼女は自分の好奇心を満たそうとした / Das Ergebnis befriedigt mich. この結果に私は満足だ．◇《再帰的で》sich⁴ befriedigen 自慰(マスターベーション)をする．

be·frie·di·gend [ベ・フリーディゲント] I ＊befriedigen (満足させる)の 現分 II 形 ① 満足できる，まずまずの．eine befriedigende Antwort 満足できる回答．②(成績が)良の．(《四》成績評価については ☞ gut ⑪).

be·frie·digt [ベ・フリーディヒト] ＊befriedigen (満足させる)の 過分

be·frie·dig·te [ベ・フリーディヒテ] ＊befriedigen (満足させる)の 過去

Be·frie·di·gung [ベ・フリーディグング] 女 -/ 満足[させること]，充足．Er findet seine Befriedigung in der Arbeit. 彼はその仕事に充足感を覚えている．

Be·frie·dung [ベ・フリードゥング] 女 -/ 平和にすること，和平；鎮静．

be·fris·ten [ベ・フリステン bə-frístən] 他 (h) (契約など⁴に)期限をつける．◇《過去分詞の形で》ein befristetes Visum 期限つきのビザ．

be·fruch·ten [ベ・フルフテン bə-frúxtən] 他 (h) (物⁴に)(動物⁴に)受粉(受精)させる，受胎させる．②《雅・比》(人・事³に)有益な刺激を与える．

Be·fruch·tung [ベ・フルフトゥング] 女 -/-en《生》受粉，受精，受胎；《比》(有益な)刺激．eine künstliche Befruchtung 人工受精．

be·fu·gen [ベ・フーゲン bə-fú:gən] 他 (h)〖人⁴ [zu 事³] ～〗(人⁴に[事³の]権限(資格)を与える．
◇☞ befugt

Be·fug·nis [ベ・フークニス] 女 -/..nisse 権限，資格，権能．besondere Befugnisse⁴ besitzen (または haben) 特別の権限を持っている / Dazu hast du keine Befugnis! 君にはそんなことをする資格はない．

be·fugt [ベ・フークト] I befugen (権限を与える)の 過分 II 形 権限(資格)がある．Er ist befugt, dies zu tun. 彼はこれをする権限がある．

be·füh·len [ベ・フューレン bə-fý:lən] 他 (h) (物⁴に)触る；触れてみる，(脈など⁴を)とる．

be·fum·meln [ベ・フュメルン bə-fúməln] 他 (h)《口語》(商品など⁴を)触ってみる，いじる；愛撫(ぶ)する．

Be·fund [ベ・フント bə-fúnt] 男 -[e]s/-e 調査結果，検査結果，鑑定；(医者の)所見．Der Befund war negativ (positiv). 検査結果はマイナス(プラス)と出た / nach ärztlichem Befund 医者の診断によれば / ohne Befund《医》異常なし (略: o.B.)．

be·fun·den [ベ・フンデン] ＊befinden (再帰で: ...にある)の 過分

be·fürch·ten [ベ・フュルヒテン bə-fýrçtən] 他 (h) 恐れる，気づかう，懸念する．Ich befürchte das Schlimmste. 私は最悪の事態を恐れる / Es ist zu befürchten, dass... ...が気づかわれる．

Be·fürch·tung [ベ・フュルヒトゥング] 女 -/-en 恐れ，気づかい，不安．Deine Befürchtungen sind unbegründet. 君の心配は根拠がない．

be·für·wor·ten [ベ・フューァヴォルテン bə-fý:rvɔrtən] 他 (h) (事⁴を強く)支持する，バックアップする．einen Plan befürworten 計画を支持する．

Be·für·wor·ter [ベ・フューァヴォルタァ bə-fý:rvɔrtər] 男 -s/- 支持者．

Be·für·wor·tung [ベ・フューァヴォルトゥング] 女 -/-en 支持，バックアップ，支援．

be·gab [ベ・ガープ] ＊begeben¹ (再帰) で: 行く)の過去

＊**be·gabt** [ベ・ガープト bə-gáːpt] 形 (比較 begabter, 最上 begabtest) 才能のある, 天分のある. (英 talented). Er ist künstlerisch *begabt*. 彼は芸術的才能がある / Die junge Schauspielerin ist hoch *begabt*. その若い女優は天分豊かだ / **für** 事⁴ *begabt* sein 事⁴の才能がある ⇨ Er ist besonders für Musik *begabt*. 彼は特に音楽の才能がある.

Be·gab·te[r] [ベ・ガープテ (..タァ) bə-gáːptə (..tər)] 男 女 [語尾変化は形容詞と同じ] 才能(天分)のある人, 英才.

＊*die* **Be·ga·bung** [ベ・ガーブング bə-gáːbʊŋ] 女 (単) -/(複) -en ① (天賦の)才能, 天分. (英 talent). eine musikalische *Begabung* 音楽の才能 / eine *Begabung*⁴ **für** Sprachen haben 語学の才能がある / Sie hat Begabung **zur** Lehrerin. 彼女は教師としての天分がある. ② 才能のある人, 天才.

be·gaf·fen [ベ・ガッふェン bə-gáfən] 他 (h) 《口語》(驚いて 人・物⁴に)ぽかんと見とれる.

be·gann [ベ・ガン] ＊beginnen (始める)の過去

be·gän·ne [ベ・ゲンネ] ＊beginnen (始める)の接²

be·gat·ten [ベ・ガッテン bə-gátən] 他 (h) (動物の雄が雌⁴と)交尾する. ◇《相互的に》*sich*⁴ *begatten* (雄と雌が)交尾する.

Be·gat·tung [ベ・ガットゥング] 女 -/-en 交尾; 性交.

＊**be·ge·ben¹**＊ [ベ・ゲーベン bə-géːbən] du begibst, er begibt (begab, *hat*...begeben) I 再帰 (完了 haben) *sich*⁴ *begeben* 《雅》① 《方向を表す語句とともに》(…へ)行く, 赴く. (英 proceed). Er *begab* sich **nach** Bonn. 彼はボンに行った / *sich*⁴ **zu** 人³ *begeben* 人³の所へ行く / *sich*⁴ zu Bett (または zur Ruhe) *begeben* 床に就く / *sich*⁴ **in** ärztliche Behandlung *begeben* 医者の治療を受ける. ② 《*sich*⁴ **an** 事⁴ ～》(事⁴にとりかかる. *sich*⁴ an die Arbeit *begeben* 仕事にとりかかる. ③ 《事²を》放棄する, 断念する. *sich*⁴ einer Möglichkeit² *begeben* 可能性を放棄する. ④ (事件などが)起こる, 生じる. Da *begab* es *sich*, dass… そのとき…ということが起こった.
II 他 (完了 haben) 《商》(公債など⁴を)発行する, (手形⁴を)振り出す; (商品⁴を)売却する.

be·ge·ben² [ベ・ゲーベン] ＊begeben¹ (再帰) で: 行く)の過分

Be·ge·ben·heit [ベ・ゲーベンハイト] 女 -/-en 《雅》事件, 出来事.

＊＊**be·geg·nen** [ベ・ゲーグネン bə-géːgnən] du begegnest, er begegnet (begegnete, *ist*...begegnet) 自 (完了 sein) ① (人・物³に偶然に)出会う, 出くわす, 遭遇する. (英 meet). Ich *begegne* diesem Mann oft. 私はこの男性によく出会う / Ich *bin* ihm zufällig auf einer Party *begegnet*. 《現在完了》私はあるパーティーで偶然彼に出会った / Dieser Ansicht *kann* man oft *begegnen*. この見解はよく耳にする.
◇《相互的に》 *sich*³ *begegnen* a) お互いに出会う, b) 人³(意見などが)一致する ⇨ Ihre Blicke *begegneten* sich. 彼らの視線が合った. (⇨ 類語 treffen).
② 《雅》(災難などが 人³の身に)降りかかる, 起こる. Ihm *ist* ein Unglück *begegnet*. 《現在完了》彼の身に不幸が降りかかった. ③ 《雅》(人³に…の態度で)応待する, 接する. 人³ freundlich *begegnen* 人³に親切に応待する. ④ 《雅》(困難など³に)対処する. einer Gefahr³ mutig *begegnen* 危険に勇敢に立ち向かう. ⑤ 《雅》(表現・考えなどが作品などに)出てくる.

be·geg·net [ベ・ゲーグネット] ＊begegnen (出会う)の過分, 3人称単数・2人称複数 現在

be·geg·ne·te [ベ・ゲーグネテ] ＊begegnen (出会う)の過去

＊*die* **Be·geg·nung** [ベ・ゲーグヌング bə-géːgnʊŋ] 女 (単) -/(複) -en ① 出会い, 遭遇. eine zufällige *Begegnung* 偶然の出会い. ② 《スポ》試合.

be·geh·bar [ベ・ゲーバール] 形 (道が)通行できる, 通行可能な.

be·ge·hen＊ [ベ・ゲーエン bə-géːən] 他 (h) ① (過失・罪など⁴を)犯す. Selbstmord⁴ *begehen* 自殺する / ein Verbrechen⁴ *begehen* 罪を犯す / eine Dummheit⁴ *begehen* ばかなことをする. ② 《雅》(祭・儀式など⁴を)挙行する, (誕生日など⁴を)祝う ③ (道など⁴を)歩く, 通る; (歩いて)見回る, 巡回する. Felder⁴ *begehen* 畑を見回る. ◇《過去分詞の形で》 ein [viel] *begangener* Weg 人通りの多い道.

be·geh·ren [ベ・ゲーレン bə-géːrən] 他 (h) 《雅》熱望する, 欲しがる; (強く)求める. Er *begehrte* sie zur Frau. 彼は彼女を妻にと所望した / Er *begehrte*, sie zu sprechen. 彼は彼女に面会を求めた.
◇⇨ begehrt

Be·geh·ren [ベ・ゲーレン] 中 -s/- 《ふつう 単》《雅》熱望, 要求, 願望.

be·geh·rens·wert [ベゲーレンス・ヴェーァト] 形 望ましい, ぜひとも手に入れたい, 魅力的な.

be·gehr·lich [ベ・ゲーァリヒ] 形 《雅》物欲しげな, 貪欲(どんよく)な. mit *begehrlichen* Blicken 物欲しげな目つきで.

be·gehrt [ベ・ゲーァト] I begehren (熱望する)の過分 II 形 引っぱりだこの, 需要の多い.

Be·ge·hung [ベ・ゲーウング] 女 -/-en ① 《複なし》見回り, 巡回. ② 犯行, (過失・罪などを)犯すこと. ③ 《雅》(祭典式などの)挙行.

be·gei·fern [ベ・ガイふァン bə-gáifərn] 他 (h) ① ののしる, (名誉など⁴を)傷つける. ② 《稀》(人・物³に)唾(つば)つばを吐きかける.

＊**be·geis·tern** [ベ・ガイスタァン bə-gáistərn] (begeisterte, *hat*...begeistert) I 他 (完了 haben) 感激させる, 感動させる, 熱狂(熱中)させる. Seine Rede *begeisterte* alle. 彼の演説はすべての人を感動させた / Er *begeisterte* uns alle **für** seinen Plan. 彼は自分の計画を披露して私たちみんなを夢中にさせた.

◇〖現在分詞の形で〗eine *begeisternde* Rede 感動的な演説.
II 再帰 (完了 haben) *sich*[4] *begeistern* 感激する, 熱狂(熱中)する. *sich*[4] *an der Natur begeistern* 自然を見て感動する / *Er begeistert sich für Fußball.* 彼はサッカーに夢中だ.

***be·geis·tert** [ベ・ガイステァト bə-gáistərt]
I *begeistern（感激させる）の 過分
II 形 感激した, 熱狂した; 熱烈な. (英 *enthusiastic*). *begeisterte Zuschauer* 熱狂した観衆 / *Er war ganz begeistert von ihr.* 彼女にすっかり夢中になっていた.

be·geis·ter·te [ベ・ガイステァテ] *begeistern（感激させる）の 過去

***die Be·geis·te·rung** [ベ・ガイステルング bə-gáistərʊŋ] 女 (単) -/ 感激, 熱狂, 熱中. (英 *enthusiasm*). *eine stürmische Begeisterung* あらしのような熱狂 / **in** *Begeisterung geraten* 感激する / 人[4] **in** *Begeisterung versetzen* 人[4]を感激(熱狂)させる / **mit** *Begeisterung* 感激して, 熱狂して.

be·gib [ベ・ギーブ] *begeben[1]（再帰で: 行く）の du に対する 命令

be·gibst [ベ・ギープスト] *begeben[1]（再帰で: 行く）の 2 人称単数 現在

be·gibt [ベ・ギープト] *begeben[1]（再帰で: 行く）の 3 人称単数 現在

Be·gier [ベ・ギーァ bə-gíːr] 女 -/（雅）欲望, 熱望 (= *Begierde*).

Be·gier·de [ベ・ギーァデ bə-gíːrdə] 女 -/-n 欲望, 熱望, 欲求; 情欲; 貪欲(どんよく). *eine heftige Begierde* **nach** *Macht* 激しい権力欲 / *Er brennt vor Begierde, sie zu sehen.* 彼は彼女に会いたくてじりじりしている.

be·gie·rig [ベ・ギーリヒ bə-gíːrɪç] 形 熱望している, 熱心な, 貪欲(どんよく)な. *Wir sind begierig* **auf** *seinen Besuch.* 私たちは彼の訪問を待ちわびている / **mit** *begierigen Blicken* 熱っぽいまなざしで / *die frische Luft*[4] *begierig* einǀatmen 新鮮な空気をむさぼるように吸いこむ.

be·gie·ßen* [ベ・ギーセン bə-gíːsən] 他 (h) ① (人・物[4]に水などを)かける, 注ぐ. *Blumen*[4] [*mit Wasser*] *begießen* 草花に水をやる / 人[4] *mit kaltem Wasser begießen* 人[4]に冷水を浴びせる. ◇〖過去分詞の形で〗*Er stand da wie begossen.*（口語）彼はあっけにとられて（途方に暮れていた（←水をかけられたように）. ② （口語）（事[4]を祝って）祝杯をあげる. *einen Erfolg begießen* 成功を祝って酒を飲む.

*der **Be·ginn** [ベ・ギン bə-gín] 男 (単 2) -[e]s/ 初め, 最初;（物事の）始まり, 開始. (英 *beginning*). (反)「終わり」は *Ende*). [*Der*] *Beginn der Vorstellung ist 20 Uhr.* 上演の開始は 20 時です / **am** *Beginn der Sendung*[2] 放送の始めに / **bei** *Beginn des Gesprächs* 討論の始めに / **mit** *Beginn des Wintersemesters* 冬学期の開始とともに / **seit** *Beginn dieses Jahrhunderts* 今世紀が始まって以来 / **von** *Beginn* an 始めから / **kurz vor** *Beginn der Vorstellung*[2] 開演直前に / **gleich zu** *Beginn* 始まってすぐに / **zu** *Beginn dieses Jahrhunderts* 今世紀初頭に.

be·gin·nen [ベ・ギンネン bə-gínən]

> 始める: 始まる
>
> *Wann beginnt die Vorlesung?*
> ヴァン ベギント ディ フォァレーズンク
> 講義は何時に始まりますか.

(*begann, hat…begonnen*)（英 *begin*）**I** 他 (完了 haben) ① 始める, 着手する. (反)「終える」は *beenden*). *eine Arbeit*[4] *beginnen* 仕事を始める / *Sie begann zu weinen.* 彼女は泣きだした.
② する, 行う. *Was soll ich nun mit ihm beginnen?* さて彼のことをどうしたらいいだろうか.
II 自 (完了 haben) ① 始まる. (反)「終わる」は *enden*). *Der Unterricht beginnt um 9 Uhr.* 授業は 9 時に始まる / *Hier beginnt unser Grundstück.* ここからが私たちの土地です.
② 始める. *Wer beginnt?* だれから始めますか / **mit** 事[3] *beginnen* 事[3]を始める, 事[3]にとりかかる ⇒ *Sie begannen mit der Arbeit.* 彼らは仕事にとりかかった.

be·glau·bi·gen [ベ・グらオビゲン bə-gláubɪgən] 他 (h) ① (文書など[4]を公的に)認証(証明)する. *eine Unterschrift*[4] *beglaubigen* 署名が本物であることを認証する. ◇〖過去分詞の形で〗*eine polizeilich beglaubigte Fotokopie* 警察が認証したコピー[の書類]. ② (大使など[4]に)信任状を与える.

Be·glau·bi·gung [ベ・グらオビグング] 女 -/-en 認証, 証明; (大使などの)信任[状]. *die Beglaubigung von Urkunden* 文書の認証.

Be·glau·bi·gungs-schrei·ben [ベグらオビグングス・シュらイベン] 中 -s/- (大使などの)信任状.

be·glei·chen* [ベ・グらイヒェン bə-gláıçən] 他 (h) (雅)（勘定・負債[4]を)支払う, 清算する. *eine Rechnung*[4] *begleichen* 勘定を払う.

Be·glei·chung [ベ・グらイヒュング] 女 -/-en 〖ふつう 単〗支払い, 清算.

Be·glei·brief [ベグらイト・ブリーふ] 男 -[e]s/-e (送付品の)添え状, 送り状.

be·glei·ten [ベ・グらイテン bə-gláıtən] du begleitest, er begleitet (*begleitete, hat…begleitet*) 他 (完了 haben) ① 【4 格とともに】(人[4]に)同行する, ついて行く; 送って行く. (英 *accompany*). *Darf ich Sie begleiten?* お供してよろしいでしょうか / *Er begleitete sie* **nach** *Hause.* 彼は彼女を家まで送った / *Das Glück hat mich immer begleitet.*《比》私はいつも幸運に恵まれた.
② （人・物[4]の)伴奏をする. *Er begleitete die Sängerin* **auf** *dem Klavier.* 彼はピアノでその歌手の伴奏をした.
③ (雅)（事[4]に)伴う, 付随する. *Sein Streben*

Begriff

wurde von Erfolg begleitet.《受動・過去》彼の努力は実を結んだ(←成功に伴われた).

Be·glei·ter [ベ・グライタァ bə-gláɪtər] 男 -s/- ① 同行(同伴)者, お供, 案内者;《婉曲》愛人, 恋人. (☞ 女性形は Begleiterin). ②《音楽》伴奏者.

Be·gleit⹀er·schei·nung [ベグライト・エァシャイヌング] 女 -/-en 付随(随伴)現象;《医》随伴症状.

be·glei·tet [ベ・グライテット] ＊begleiten (同行する)の 過分, 3 人称単数・2 人称複数 現在

be·glei·te·te [ベ・グライテテ] ＊begleiten (同行する)の 過去

Be·gleit⹀mu·sik [ベグライト・ムズィーク] 女 -/ (映画などの)伴奏音楽.

Be·gleit⹀pa·pie·re [ベグライト・パピーレ] 複 (貨物の)添付書類, インボイス.

Be·gleit⹀schrei·ben [ベグライト・シュライベン] 中 -s/- (送付品の)添え状, 送り状.

Be·gleit⹀um·stand [ベグライト・ウムシュタント] 男 -[e]s/..stände《ふつう複》付随(付帯)状況.

***die* Be·glei·tung** [ベ・グライトゥング bə-gláɪtʊŋ] 女 (単) -/(複) -en ① 同行, 同伴. (英 company). Er reiste **in** Begleitung seiner Frau. 彼は夫人同伴で旅行した. ② (総称として:)同行者, 同伴者. 人⁴ als Begleitung mit|nehmen 人⁴を同行者として連れて行く. ③《音楽》伴奏; 伴奏の曲. Klavierbegleitung ピアノ伴奏.

be·glü·cken [ベ・グリュッケン bə-glýkən] 他 (h) (雅) 幸福にする, 喜ばせる. 人⁴ **mit** einem Geschenk beglücken 人⁴をプレゼントで喜ばせる. ◊《現在分詞の形で》ein beglückendes Erlebnis うれしい体験. ◊《過去分詞の形で》über 物⁴ beglückt sein 物⁴を喜ぶ.

be·glück·wün·schen [ベ・グリュックヴュンシェン bə-glýkvʏnʃən] 他 (h) (人⁴にお祝いの言葉を述べる, おめでとうを言う. 人⁴ **zum** Geburtstag beglückwünschen 人⁴に誕生日のお祝いを述べる.

be·gna·det [ベ・グナーデット bə-gná:dət] 形 天分に恵まれた, 才能の豊かな. eine begnadete Sängerin 才能に恵まれた女性歌手.

be·gna·di·gen [ベ・グナーディゲン bə-gná:dɪgən] 他 (h) (人⁴に)恩赦を与える.

Be·gna·di·gung [ベ・グナーディグング] 女 -/-en 恩赦, 特赦.

be·gnü·gen [ベ・グニューゲン bə-gný:gən] 再帰 (h)《sich⁴ **mit** 物³ ～》(物³で)満足する, (物³に)甘んじる.

Be·go·nie [ベゴーニエ begó:nɪə] 女 -/-n《植》ベゴニア.

be·gön·ne [ベ・ゲンネ] ＊beginnen (始める)の 接②

be·gon·nen [ベ・ゴンネン] ＊beginnen (始める)の 過去

***be·gra·ben¹＊** [ベ・グラーベン bə-grá:bən] du begräbst, er begräbt (begrub, hat ... begraben) 他 (完了 haben) ① 埋葬する, 葬る; 埋める. (英 bury). einen Toten begraben 死者を埋葬する / Damit kannst du dich begraben lassen.《口語》そんなことをしてもなんの役にもたたないよ / Die Lawine begrub viele Menschen **unter** sich³. 雪崩が多くの人を生き埋めにした. ②《比》放棄する, あきらめる, やめる. eine Hoffnung⁴ begraben 希望を捨てる / einen Streit begraben けんかをやめる.

be·gra·ben² [ベ・グラーベン] ＊begraben¹ (埋葬する)の 過分

Be·gräb·nis [ベ・グレープニス] 中 ..nisses/..nisse 埋葬, 葬式.

be·gräbst [ベ・グレープスト] ＊begraben¹ (埋葬する)の 2 人称単数 現在

be·gräbt [ベ・グレープト] ＊begraben¹ (埋葬する)の 3 人称単数 現在

be·gra·di·gen [ベ・グラーディゲン bə-grá:dɪgən] 他 (h) (道路・河川など⁴を)まっすぐにする.

***be·grei·fen＊** [ベ・グライフェン bə-gráɪfən] (begriff, ..begriffen) 他 (完了 haben) ① (意味・事情など⁴を)理解する, 把握する; (人⁴の)気持ち(言動)がわかる. (英 understand). den Sinn von 物³ begreifen 物³の意味を理解する / Ich habe deine Erklärung nicht begriffen. 私は君の説明を理解できなかった / Ich begreife dich sehr gut. 君の気持ちはよくわかる. ◊《目的語にしても》Das Kind begreift schnell. その子はのみ込みが早い. ◊《再帰的に》Es begreift sich⁴, dass... …ということは自明の(わかりきった)ことである. (☞ 類語 verstehen). ②《成句的に》物⁴ **in** sich³ begreifen 物⁴を含んでいる.

◊☞ **begriffen**

be·greif·lich [ベ・グライふりヒ] 形 理解(把握)できる, もっともな. ein begreiflicher Irrtum 無理もない思い違い / 人³ 物⁴ begreiflich machen 人³に物⁴を納得させる / Es ist mir nicht begreiflich, dass... …ということは私には理解できない.

be·greif·li·cher·wei·se [ベグライふりヒャァ・ヴァイぜ] 副 当然[のことながら], もちろん.

be·gren·zen [ベ・グレンツェン bə-gréntsən] 他 (h) ① (物⁴の)境界を付ける, (物⁴の)境をなす. Eine Hecke begrenzt den Garten. 生け垣が庭の境をなしている. ② 制限(限定)する. die Redezeit⁴ **auf** zehn Minuten begrenzen 演説時間を 10 分に制限する / die Geschwindigkeit⁴ begrenzen 速度を制限する.

be·grenzt [ベ・グレンツト] I begrenzen (境界を付ける)の 過分 II 形 限られた, 制限された; 狭い(考えなど).

Be·grenzt·heit [ベ・グレンツトハイト] 女 -/-en《ふつう単》境界(限界・制限)のあること.

Be·gren·zung [ベ・グレンツング] 女 -/-en 境界を引くこと; 境界, 限界; 制限.

be·griff [ベ・グリふ] ＊begreifen (理解する)の 過去

***der* Be·griff** [ベ・グリふ bə-gríf] 男 (単 2)

begriffe 166

-[e]s/(複) -e (3格のみ -en) ① 概念. (獨 *concept*). Grund*begriff* 基本概念 / ein klarer *Begriff* 明確な概念 / ein philosophischer *Begriff* 哲学上の概念 / einen *Begriff* definieren 概念を定義する. ② 考え, 観念, 理解[力], 想像[力]. sich³ keinen *Begriff* von 團³ machen 團³がわかっていない / über alle *Begriffe* 想像を絶するほど / Das geht über meine Begriffe. それは何のことか私にはわからない(←私の理解力を越える) / schwer von *Begriff* sein《口語》のみ込みが悪い. ③《成句的に》[人³] ein *Begriff* sein [人³に]知られている. Dieser Name ist mir kein *Begriff*. そんな名前は聞いたことがありません / Diese Sängerin ist in der ganzen Welt ein *Begriff*. この女性歌手は世界中に名を知られている. ④《im *Begriff* sein (または stehen), zu 不定詞[句]の形で》まさに…しようとしている. Ich war im *Begriff* zu gehen. 私はちょうど出かけるところでした.

be·grif·fe [ベ・グリッフェ] ＊begreifen (理解する)の 接2

be·grif·fen [ベ・グリッフェン] I ＊begreifen (理解する)の 過分 II 形《in 團³ ～》[團³に]従事している, [團³]の最中である. Die Gäste sind im Aufbruch *begriffen*. 客たちは出発しようとしている.

be·griff·lich [ベ・グリフリヒ] 形 概念上の; 抽象的(観念的)な.

Be·griffs=be·stim·mung [ベ・グリフス・ベシュティムング] 囡 -/-en 概念規定, 定義.

be·griffs·stut·zig [ベグリフス・シュトゥッツィヒ] 形 理解の遅い, 愚鈍な, のみ込みの悪い.

be·grub [ベ・グループ] ＊begraben¹(埋葬する)の 過去

＊**be·grün·den** [ベ・グリュンデン bə-grýn-dən] du begründest, er begründet (begründete, hat...begründet) I 他 (受丁 haben) ① 理由(根拠)づける, (團⁴の)理由をあげる. eine Behauptung *begründen* 主張を根拠づける / Sie *begründete* ihr Fehlen mit Krankheit. 彼女は病気を欠席の理由にした. ② 基礎づける, 設立する, 創設(創立)する. (獨 *establish*). Die Sänger *wollen* einen Verein *begründen*. 歌手たちが協会を設立しようとしている / eine neue Lehre⁴ *begründen* 新しい学説を打ち立てる.
II 再帰 (受丁 haben)《sich⁴ aus (または in) 團³ ～》[團³で]理由(根拠)づけられる.
◇ ☞ **begründet**

Be·grün·der [ベ・グリュンダァ bə-grýndər] 男 -s/- 設立者, 創設者.

be·grün·det [ベ・グリュンデット] I ＊begründen (理由づける)の 過分 II 形 (理由(根拠)のある. *begründete* Ansprüche 正当な要求 / Das ist in seinem Charakter *begründet*. それは彼の性格に根ざしている.

be·grün·de·te [ベ・グリュンデテ] ＊begründen (理由づける)の 過去

Be·grün·dung [ベ・グリュンドゥング] 囡 -/-en ① 理由(根拠)づけること. eine *Begründung*⁴ für 團⁴ an|geben 團⁴の理由づけをする / ohne jede *Begründung* なんら根拠を示さないで. ② 基礎づけ, 設立, 創設.

be·grü·nen [ベ・グリューネン bə-grý:nən] I 他 (h) (草木で庭などを⁴)緑化する. II 再帰 (h) sich⁴ *begrünen* (森などが)緑になる.

＊**be·grü·ßen** [ベ・グリューセン bə-grý:sən] du begrüßt (begrüßte, hat...begrüßt) 他 (受丁 haben) ①《4格とともに》[人⁴に]歓迎のあいさつをする, (正式に)あいさつを述べる; 歓迎する. (獨 *greet*). (←あいさつする, 会釈するは grüßen). Ich *begrüße* Sie sehr herzlich. 皆さまに心よりごあいさつ申しあげます / [人⁴] mit Beifall *begrüßen* [人⁴]を拍手で迎える. ②《比》(提案などを⁴)快く受け入れる, 歓迎する. Wir *begrüßen* Ihren neuen Vorschlag. 私たちはあなたの新しい提案を歓迎します / Es ist zu *begrüßen*, dass… …であることは喜ばしい. ③《スイ》(役所などを⁴)に意見を求める.

be·grü·ßens·wert [ベグリューセンス・ヴェーァト] 形 歓迎すべき, 喜ぶべき, ありがたい.

be·grüßt [ベ・グリュースト] ＊begrüßen (あいさつをする)の 過分, 2人称単数・3人称単数・2人称複数 現在

be·grüß·te [ベ・グリューステ] ＊begrüßen (あいさつをする)の 過去

Be·grü·ßung [ベ・グリュースング] 囡 -/-en (歓迎の)あいさつ; 歓迎[会], レセプション.

be·gu·cken [ベ・グッケン bə-gúkən] 他 (h) 《口語》じろじろ見る, しげしげと見る.

be·güns·ti·gen [ベ・ギュンスティゲン bə-gýnstɪgən] 他 (h) ① [人⁴に]有利に働く; (計画などを⁴)支援する, 助長する. Der Rückenwind *hat* die Läufer *begünstigt*. 追い風でランナーたちには有利になった. ② ひいきする, 優遇する. ③《法》(犯行後の犯人を⁴)援助する.

Be·güns·ti·gung [ベ・ギュンスティグング] 囡 -/-en ① ひいき, 優遇; 支援, 助長. ②《法》(犯行後の)犯人援助.

be·gut·ach·ten [ベ・グートアハテン bə-gú:t-axtən] 他 (h) ① 鑑定する, 判定する. ②《口語・戯》(専門家のように)詳しく観察する.

Be·gut·ach·tung [ベ・グートアハトゥング] 囡 -/-en 鑑定, 判定.

be·gü·tert [ベ・ギュータァト bə-gý:tərt] 形 金持ちの, 富裕な; 地所持ちの.

be·gü·ti·gen [ベ・ギューティゲン bə-gý:tɪgən] 他 (h)(人⁴を)なだめる; 静める, 和らげる.

be·haart [ベ・ハールト bə-há:rt] 形 毛の生えた. stark *behaarte* Beine 毛深い足.

Be·haa·rung [ベ・ハールング] 囡 -/-en ① 発毛. ② (人間の)体毛; (動物の)毛.

be·hä·big [ベ・ヘービヒ bə-hé:bɪç] 形 ① 肥満した, でっぷりした; (いすなどが)ゆったりした. ② (歩きかたなどが)悠然とした, (声が)落ち着いた. ③《スイ》裕福な, 金持ちの; 豪勢な.

Be·hä·big·keit [ベ・ヘービヒカイト] 囡 -/ 肥

be·haf·tet [ベ・ハフテット bəháftət] 形 《**mit** 物³ ~》(物³(病気など)に)とりつかれた. mit Schulden³ *behaftet* sein 借金を背負い込んでいる.

be·ha·gen [ベ・ハーゲン bəháːgən] 自 (h) (人³の)気に入る, (人³を)満足させる.

Be·ha·gen [ベ・ハーゲン bəháːgən] 中 -s/ 心地よさ, 快適さ, 快さ.

＊**be·hag·lich** [ベ・ハークリヒ bəháːklɪç] 形 居心地のよい, 快適な; 気楽な; 愉快な. (英 comfortable). ein behagliches Zimmer 快適な部屋 / es⁴ sich³ *behaglich* machen くつろぐ (☞ es は形式目的語) / *behaglich* in der Sonne sitzen のんびりとひなたに座っている. 《☞ 類語 bequem》.

Be·hag·lich·keit [ベ・ハークリヒカイト] 女 -/-en ① 《覆 なし》居心地のよいこと, 快適さ, 気楽, くつろぎ. ② 《荒》快適さを作り出す設備.

be·hält [ベ・ヘルト] ＊behalten¹ (持っておく)の3人称単数 現在

＊**be·hal·ten¹**＊ [ベ・ハルテン bəháltən] du behältst, er behält (behielt, *hat...* behalten) 他 (完了 haben) ① (ずっと)持っておく, 取っておく; (ある場所に)とどめておく. (英 *keep*). ein Buch⁴ als (または zum) Andenken *behalten* 本を記念に持っておく / Das übrige Geld kannst du *behalten*. 残りのお金は君が取っていいよ / den Hut **auf** dem Kopf *behalten* 帽子をかぶったままでいる / Wir haben unseren Gast über Nacht **bei** uns *behalten*. 私たちは客を家に泊めた / ein Geheimnis⁴ **für** sich⁴ *behalten* 《比》秘密を胸にしまっておく / 物⁴ **im** Gedächtnis *behalten* 《比》物⁴を記憶にとどめておく.

② (状態・価値などを⁴)保つ, 維持する. die Ruhe⁴ *behalten* 心の平静を保つ / Das Gold *behält* den Glanz. 金は輝きを失わない.

③ 覚えておく, 記憶しておく. Ich *kann* die Adresse nicht *behalten*. 私はその住所を覚えられない.

be·hal·ten² [ベ・ハルテン] ＊behalten¹ (持っておく)の 過分

Be·häl·ter [ベ・ヘルタァ bəhéltər] 男 -s/- 容器, 水槽; 貯水池, タンク; コンテナ. Gasbehälter ガスタンク.

Be·hält·nis [ベ・ヘルトニス] 中 ..nisses/..nisse 《雅》容器, 入れ物 (= Behälter).

be·hältst [ベ・ヘルツト] ＊behalten¹ [ベ・ヘルテン] の2人称単数 現在

be·händ [ベ・ヘント] = behände

be·hän·de [ベ・ヘンデ bəhéndə] 形 敏捷(びん)な, すばしこい, 機敏な; 手際のよい, 巧みな. *behände* Bewegung すばやい動き / Er ist geistig *behände*. 《比》彼は抜け目のない男だ.

＊**be·han·deln** [ベ・ハンデルン bəhándəln] ich behandle (behandelte, *hat...* behandelt) 他 (完了 haben) (英 *treat*) ① (人⁴を…に)取り扱う, 待遇する, (道具など⁴を…に)扱う. Er *behandelt* mich immer freundlich. 彼は私にいつも親切にしてくれる / *Behandle* mich nicht **wie** ein kleines Kind! ぼくのことを小さな子供みたいに扱わないでくれよ / 人⁴ **als** Freund *behandeln* を友人として扱う / eine Maschine⁴ sorgfältig *behandeln* 機械を慎重に扱う.

② (テーマ・題材など⁴を)論じる, 取り扱う. Der Roman *behandelt* das Leben Napoleons. この小説はナポレオンの生涯を取り扱っている / ein Thema⁴ vielseitig *behandeln* あるテーマを多面的に論じる.

③ (病人・病気など⁴を)治療する, 処置する. eine Krankheit⁴ mit Medikamenten *behandeln* ある病気を薬剤で治療する / Wer hat Sie bisher *behandelt*? これまでだれがあなたを治療したのですか / Ich *lasse* mich ärztlich *behandeln*. 私は医者の治療を受ける. ◇《現在分詞の形で》der *behandelnde* Arzt 主治医.

④ (原料など⁴を…に)処理する, 加工する. ein Material⁴ **mit** Säure *behandeln* 原料を酸で処理する.

be·han·delt [ベ・ハンデルト] ＊behandeln (取り扱う)の 過分, 3人称単数・2人称複数 現在

be·han·del·te [ベ・ハンデルテ] ＊behandeln (取り扱う)の 過去

Be·hän·dig·keit [ベ・ヘンディヒカイト] 女 -/ 敏捷(びん)さ, 機敏さ; 手際のよさ, 巧みさ.

be·han·dle [ベ・ハンドレ] ＊behandeln (取り扱う)の1人称単数 現在

＊*die* **Be·hand·lung** [ベ・ハンドルング bəhándluŋ] 女 (単) -/(複) -en (英 *treatment*) ① 取り扱い, 待遇. eine freundliche *Behandlung* 親切な待遇. ② 《化・工》(原料などの)処理, 加工. die chemische *Behandlung* von Lebensmitteln 食料品の化学処理. ③《医》治療, 手当て, 療法. eine ambulante *Behandlung* 外来診療 / Er ist bei einem Facharzt **in** *Behandlung*. 彼は専門医の治療を受けている. ④ (テーマ・題材などを)論じること, 取り扱うこと; 論述. die wissenschaftliche *Behandlung* eines Themas あるテーマの学問的な取り扱い.

Be·hang [ベ・ハング bəháŋ] 男 -[e]s/..hänge ① 掛け飾り, 壁掛け. ② (実っている)果物; (クリスマスツリーなどの)飾り, 飾り房. ③ たれこめた雲. ④《狩》(犬の)たれ耳.

be·hän·gen [ベ・ヘンゲン bəhéŋən] 他 (h) 《人・物⁴ **mit** 物³ ~》(人・物⁴に物³を)掛ける, ぶら下げる. den Christbaum mit bunten Kugeln *behängen* クリスマスツリーに色とりどりの玉をぶら下げる. ◇《再帰的に》*sich*⁴ **mit** Perlen *behängen*《口語》真珠で身を飾りたてる.

be·har·ren [ベ・ハレン bəhárən] 自 (h) 《**auf** (または **bei**) 物³ ~》(物³に)こだわる, 固執する, (物³をしつこく)主張する. auf (または bei) seinem Entschluss *beharren* 決心を変えない.

be·harr·lich [ベ・ハルリヒ] 形 根気強い, 粘り

強い, 不屈の; 頑固な. mit *beharrlichem* Fleiß arbeiten うまずたゆまず働く.
Be·harr·lich·keit [ベ・ハルリヒカイト] 女 -/ 根気強さ, 粘り強さ, 不屈.
Be·har·rung [ベ・ハルング] 女 -/ 固持; 固執; 頑固さ.
Be·har·rungs꞊ver·mö·gen [ベハルングス・フェァメーゲン] 中 -s/ 耐久力, 粘り強さ; 《物》慣性, 惰性, 惰力.
be·hau·en[*] [ベ・ハオエン bə-háuən] 他 (h) (木材・石材などを⁴をのみなどで)加工する, 削る. ◇『過去分詞の形で』roh *behauene* Steine 荒削りの石.

***be·haup·ten** [ベ・ハオプテン bə-háuptən] du behauptest, er behauptet (behauptete, *hat* ...behauptet) I 他 (定了 haben) ① 主張する, 言い張る. (英 claim). steif und fest *behaupten* 頑強に主張する / Er *behauptet*, dass er Recht hat. 彼は自分が正しいと言い張っている / Er *behauptet*, sie nicht zu kennen. 彼は彼女を知らないと言っている. ② (地位など⁴を)守り通す, 堅持する. den ersten Platz *behaupten* トップを守り抜く.
II 再帰 (定了 haben) *sich*⁴ *behaupten* ① がんばり通す. Du *musst dich* in deiner neuen Stellung *behaupten*. 君は今度のポストでがんばらないといけないよ. ② (スプ)(試合で)勝つ.
be·haup·tet [ベ・ハオプテット] ＊人称複数(主張する)の過分, 3人称単数・2人称複数現在
be·haup·te·te [ベ・ハオプテテ] ＊(主張する)の過去

*die **Be·haup·tung** [ベ・ハオプトゥング bə-háuptuŋ] 女 (単) -/(複) -en ① 主張; 《数》証明すべき命題. (英 claim). eine kühne *Behauptung* 大胆な主張 / eine *Behauptung*⁴ auf|stellen 主張する / eine *Behauptung*⁴ widerlegen 主張を論破する / die *Behauptung*⁴ zurück|nehmen 主張を撤回する / Er blieb **bei** seiner *Behauptung*, dass.... 彼は…という主張を変えなかった. ② 『ふつう 単』 (権利などの)保持, 堅持.
Be·hau·sung [ベ・ハオズング] 女 -/-en 《雅》 (粗末な)住居, 住みか; (間に合わせの)宿.
be·he·ben[*] [ベ・ヘーベン bə-héːbən] 他 (h) ① (欠陥など⁴を)除去する, (故障など⁴を)修理する. ② 『オス』(預金⁴を)引き出す.
be·hei·ma·tet [ベ・ハイマーテット bə-háimaːtət] 形 (ある町などに)定住している; (ある土地を)故郷とする. Er ist in Berlin *beheimatet*. 彼はベルリンに住んでいる(生まれである).
be·hei·zen [ベ・ハイツェン bə-háitsən] 他 (h) ① (部屋など⁴を)暖める, 暖房する; (ストーブなどに)火を入れる. ② (工)加熱する.
Be·helf [ベ・ヘるフ bə-hélf] 男 -[e]s/-e 間に合わせ, 代用品.
be·hel·fen[*] [ベ・ヘるフェン bə-hélfən] 再帰 (h) *sich*⁴ *behelfen* ① 『*sich*⁴ [**mit** 人・物³]』 ([人・物³で])間に合わせる. ② 『*sich*⁴ **ohne** 人・物⁴ ~』 (人・物⁴なしで)済ませる.

be·helfs꞊mä·ßig [ベヘるフス・メースィヒ] 形 応急の, 一時的な, 間に合わせの, 臨時の.
be·hel·li·gen [ベ・へリゲン bə-héligən] 他 (h) (人⁴を)わずらわす. 人⁴ mit Fragen *behelligen* 人⁴を質問でわずらわす.
Be·hel·li·gung [ベ・へリグング] 女 -/-en 悩ます(わずらわす)こと, 妨害.
be·hend ☞ 新形 behänd
be·hen·de ☞ 新形 behände
Be·hen·dig·keit ☞ 新形 Behändigkeit
be·her·ber·gen [ベ・ヘァベルゲン bə-hérbɛrgən] (過分 beherbergt) 他 (h) ① 泊める, 宿泊させる. ② (物⁴に)場所を提供する; (人・物⁴を)収容する(気持ちなど⁴を)いだく.

***be·herr·schen** [ベ・ヘルシェン bə-hérʃən] (beherrschte, *hat*...beherrscht) 他 (定了 haben) ① 支配する, 統治する; (比)(感情などが人⁴を)とりこにする, 夢中にさせる. (英 rule). ein Land⁴ *beherrschen* ある国を支配する. ② (感情など⁴を)抑制する, 抑える. (英 control). Er konnte seinen Ärger nicht *beherrschen*. 彼は怒りを抑えることができなかった. ◇『再帰的に』 *sich*⁴ *beherrschen* 自制する ⇒ Er konnte *sich* nicht *beherrschen*. 彼は自分を抑えることができなかった. ③ (外国語・技術など⁴を)使いこなす, マスターしている. Er *beherrscht* mehrere Sprachen. 彼は数か国語を使いこなす. ④ (物⁴の上に)そびえている; (物⁴に)支配的な特徴を有する. Der Kirchturm *beherrscht* die ganze Stadt. 教会の塔が町全体を見下ろしている.
be·herrscht [ベ・ヘルシュト] I ＊beherrschen (支配する)の過分 II 形 自制した, 落ち着いた.
be·herrsch·te [ベ・ヘルシュテ] ＊beherrschen (支配する)の過去
Be·herr·schung [ベ・ヘルシュング] 女 -/ ① 支配, 統治. ② def. die *Beherrschung*⁴ verlieren 自制心を失う. ③ 熟達, 精通, 習熟, マスターすること.
be·her·zi·gen [ベ・ヘルツィゲン bə-hértsigən] 他 (h) (忠告・訓戒など⁴を)肝に銘じる, 心に留める.
be·her·zi·gens꞊wert [ベヘルツィゲンス・ヴェーァト] 形 肝に銘ずべき, 留意すべき.
Be·her·zi·gung [ベ・ヘルツィグング] 女 -/ 肝に銘ずること, 留意. Dies zur *Beherzigung*! このことはよく覚えておけ.
be·herzt [ベ・ヘルツト bə-hértst] 形 勇気のある, 勇敢な, 大胆な.
Be·herzt·heit [ベ・ヘルツトハイト] 女 -/ 勇気 [のあること], 勇敢さ, 大胆さ.
be·he·xen [ベ・ヘクセン bə-héksən] 他 (h) ① (人⁴に)魔法をかける. ② 《比》魅惑する, 惑わす.
be·hielt [ベ・ヒーるト] ＊behalten¹ (持っておく)の過去
be·hiel·te [ベ・ヒーるテ] ＊behalten¹ (持っておく)の接2
be·hilf·lich [ベ・ヒるフりヒ] 形 (人³の)助けにな

bei

る、役にたつ. Er war mir **bei** der Arbeit *behilflich*. 彼は私の仕事を手伝ってくれた / Kann ich Ihnen *behilflich* sein? お手伝いしましょうか.

be·hin·dern [ベ・ヒンダァン bə-híndərn] 他 (h)（人・物⁴の）じゃまをする，妨害する. den Verkehr *behindern* 交通を妨げる / Das *behinderte* ihn **bei** der Arbeit. それが彼の仕事の支障となった.

be·hin·dert [ベ・ヒンダァト] I behindern（じゃまをする）の 過分 II 形（精神・身体に）障害のある. schwer *behindert* 重度心身障害の / ein *behindertes* Kind 障害児.

Be·hin·der·te[r] [ベ・ヒンダァテ (..タァ) bə-híndərtə (..tər)] 男 女 《語尾変化は形容詞と同じ》《官庁》身体(精神)障害者.

Be·hin·de·rung [ベ・ヒンデルング] 女 -/-en じゃま，妨害；障害，さし支え.

* *die* **Be·hör·de** [ベ・ヘーァデ bə-hǿːrdə] 女（単）-/（複）-n ① **官庁**, 役所, 当局. Polizeibehörde 警察署 / die zuständige Behörde 所轄官庁. ② 官庁の建物，庁舎.

be·hörd·lich [ベ・ヘーァトリヒ] 形 官庁の，当局の. eine *behördliche* Maßnahme 当局による措置.

Be·huf [ベ・フーふ bə-húːf] 男 -[e]s/-e《官庁》目的.《成句的に》**zu** diesem (または dem) *Behuf*[*e*] この[目的]のために.

be·hufs [ベ・フーふス] 前《2 格とともに》《官庁》…のために，…の目的で.

* **be·hü·ten** [ベ・ヒューテン bə-hýːtən] du behütest, er behütet, hat … behütet 他 (_☞_ haben) 守る，保護する. (_英_ protect). Unser Hund *behütet* das Haus. うちの犬は留守番をする / ein Geheimnis⁴ *behüten* 秘密を守る / 人⁴ **vor** Gefahr *behüten* 人⁴を危険から守る / Gott *behüte* [mich davor]!《接 1・現在》なんだって，とんでもない. (_☞_ 類語 schützen).

be·hü·tet [ベ・ヒューテット] * behüten（守る）の 過分

be·hü·te·te [ベ・ヒューテテ] * behüten（守る）の 過去

be·hut·sam [ベ・フートザーム] 形 用心深い，慎重な，気を配った（言葉など）.

Be·hut·sam·keit [ベ・フートザームカイト] 女 -/ 用心深さ，慎重さ.

* **bei** [バイ báɪ]

…の近くに

Potsdam liegt **bei** Berlin.
ポッツダム リークト バイ ベルリーン
ポッツダムはベルリンの近くにある.

…の所に

Ich wohne **bei** meinem Onkel.
イヒ ヴォーネ バイ マイネム オンケる
私はおじの家に住んでいます.

前《**3 格**とともに》(定冠詞と融合して beim (← bei dem) となることがある) (_英_ *near, by, at*) ①《地名などとともに》…の近くに，…のそばに. Offenbach *bei* Frankfurt フランクフルト近郊のオッフェンバッハ / *beim* Bahnhof 駅の近くに / Das Kino ist gleich *bei* der Schule. その映画館は学校のすぐ近くにある. ◇《同一名詞を結びつけて》びっしり並んで. Auf dem Campingplatz steht Zelt *bei* Zelt. キャンプ場にはテントがびっしり並んでいる / Kopf *bei* Kopf 目白押しに.

②《人を表す語とともに》…の所で，…のもとで. Sie wohnt *bei* mir. 彼女は私の家に同居している / *bei* uns [zu Hause] 私たちの所(家・国)では / Ich war gerade *beim* Arzt. 私はちょうど医者に行ってきたところだ / Die Schuld liegt *bei* ihm. 責任は彼にある / *bei* 人³ Unterricht⁴ haben 人³の授業を受ける / *Bei* wem hast du das gelernt? 君はそれをだれに習ったのか. ◇《再帰代名詞とともに》Ich habe leider kein Geld *bei* mir. 私は残念ながらお金を持ち合わせていない / nicht [ganz] *bei* sich³ sein《口語》ぼんやりしている.

③《会社名などとともに》…の会社で，…の勤務先で. Er arbeitet *bei* Siemens. 彼はジーメンス[社]に勤めている / Er ist (または arbeitet) *bei* der Post. 彼は郵便局に勤めている.

④《行為などを表す語句とともに》…のとき(際)に. *bei* meiner Abfahrt 私が出発するときに / *Beim* Essen sehe ich nie fern. 食事中は私は決してテレビを見ません / *beim* Erwachen 目が覚めたときに / *bei* Tag und Nacht 昼夜通して / Rom *bei* Nacht 夜のローマ.

⑤《接触点・手がかり》…[の部分]を. Sie nahm das Kind *bei* der Hand. 彼女は子供の手をつかんだ / 人⁴ *bei* den Ohren ziehen 人⁴の両耳を引っぱる / 人⁴ *bei* seinem Namen rufen 人⁴の名を呼ぶ.

⑥《原因・理由》…だから，…のために. *Bei* dieser Hitze bleiben wir lieber zu Hause. この暑さでは家にいたほうがましだ / *Bei* deinen guten Augen brauchst du keine Brille. 君は目がいいのだから眼鏡はいらないよ.

⑦《条件》…の場合には，…の状況で. *bei* näherer Betrachtung さらに詳しく見ると / *bei* schönem Wetter 天気が良ければ / *bei* offenem Fenster 窓を開けたままで / Es war genauso *bei* mir. 私の場合もまったく同じだった.

⑧《**all** や形容詞の最上級とともに》…にもかかわらず，どんなに…であっても. *bei* aller Vorsicht どんなに用心しても / Ich kann dich *beim* besten Willen nicht verstehen. どう考えても君の言うことは理解できない / *bei* alledem それにもかかわらず.

⑨《**sein** とともに》…しているところである，…の状態である. Er war gerade *bei* der Arbeit (または Arbeiten). 彼はちょうど仕事中だった / Er ist wieder *bei* guter Gesundheit. 彼はまた元気になっている / *bei* guter Laune sein 上機嫌である. ⑩〖誓い〗…にかけて. *bei* meiner Ehre 私の名誉にかけて / *bei* Gott 神かけて. ⑪〖***bei* weitem** の形で〗はるかに, 断然. Das ist *bei* weitem besser. そのほうがはるかによい.

bei.. [バイ.. bái..] **I**〖分離動詞 前つづり: つねにアクセントをもつ〗① 〖付加〗例: *bei*fügen 付加する. ② 〖助力〗例: *bei*stehen 援助する. **II**〖名詞につける 接頭〗① 〖付加・副次〗例: *Bei*blatt 付録. ② 〖助力〗*Bei*hilfe 助力.

bei|be·hal·ten* [バイ・ベハルテン bái-bəhàltən] 〖過分〗beibehalten 他 (h) 保持する, 維持する, 持ち続ける. eine Gewohnheit[4] *beibehalten* ある習慣を持ち続ける.

Bei⚬blatt [バイ・ブらット] 中 -[e]s/..blätter （新聞・雑誌などの）折り込み, 付録.

Bei⚬boot [バイ・ボート] 中 -[e]s/-e〖海〗（親船に付属する）小ボート.

bei|brin·gen [バイ・ブリンゲン báibriŋən]（brachte ... bei, *hat* ... beigebracht）他〖完了 haben〗①〖人[3]に 事[4]を〗教える, 教え込む;《口語》〖人[3]に不幸など[4]を〗それとなく知らせる. 〖人[3] das Tennisspielen[4] *beibringen* 〖人[3]にテニスを教える / Man muss *ihr* die Wahrheit schonend *beibringen*. 彼女にはそれなりに本当のことを知らせなければならない. ②〖人[3]に損害など[4]を〗与える, もたらす. 〖人[3] eine Wunde[4] *beibringen* 〖人[3]に傷を負わせる. ③〖証人など[4]を〗連れて来る;〖書類など[4]を〗提出（提示）する. einen Zeugen *beibringen* 証人を連れて来る.

Beich·te [バイヒテ báiçtə] 女/-/n 〖キリスト教〗（罪の）告解, 懺悔(ぎんげ);（一般に:）告白. die *Beichte*[4] ab|legen 告解する / 〖人[3] die *Beichte*[4] ab|nehmen（または hören）〖人[3]の告解を聞く / **zur** *Beichte* **gehen** 告解に行く.

beich·ten [バイヒテン báiçtən] 他 (h) ① 〖キリスト教〗（罪[4]を）告解する, 懺悔(ぎんげ)する. ◇〖目的語なしでも〗beim Priester *beichten* 司祭に告解する. ② 告白する, 打ち明ける. Ich muss dir etwas *beichten*. ぼくは君に打ち明けなければならないことがある.

Beicht⚬ge·heim·nis [バイヒト・ゲハイムニス] 中 ..nisses/..nisse〖キリスト教〗（聴罪司祭が厳守すべき）告解の秘密, 守秘義務.

Beicht⚬kind [バイヒト・キント] 中 -[e]s/-er《カトリック》告解者.

Beicht⚬stuhl [バイヒト・シュトゥール] 男 -[e]s/..stühle《カトリック》告解室.

Beicht⚬va·ter [バイヒト・ファータァ] 男 -s/..väter《カトリック》聴罪司祭.

**bei·de [バイデ báidə]

> 両方の; 両方とも
>
> Wir kommen *beide*.
> ヴィァ コンメン バイデ
> 私たちは二人とも参ります.

形（格変化語尾がつくときは beid-）（英 both）① 両方の, 二人の, 二つの. die *beiden* Kinder 二人の子供たち / meine *beiden* Söhne 私の二人の息子たち / *beide* Mal 2度とも / in *beiden* Fällen 両方の場合に / mit *beiden* Händen 両手で.

◇〖名詞的に〗einer von *beiden* 二人のうちの一人 / Ich habe *beide* gefragt. 私は両人に質問した / diese *beiden* この二人, この二つ / wir *beide*[n] われわれ二人 / alle *beide* 二人とも, 両方.

②〖中性単数; 1格・3格・4格の形で〗両方とも. Sie hat *beides* verkauft, den Tisch und die Stühle. 彼女は机もいすも両方とも売った / *Beides* ist möglich. 両方とも可能だ / Sie hat sich in *beidem* geirrt. 彼女は両方の点で思い違いをしていた.（注 *beide* に続く形容詞は定冠詞に続く形容詞と同じ語尾変化）.

bei·de⚬mal 副（新形 beide Mal）☞ beide ①

bei·der·lei [バイダァらイ báidərlài] 形〖無語尾形〗両種の, 両様の. Kinder *beiderlei* Geschlechts 男女の子供たち.

bei·der·sei·tig [バイダァ・ザイティヒ] 形〖付加語としてのみ〗両側の; 双方の, お互いの. in *beiderseitigem* Einverständnis 双方の合意で.

bei·der⚬seits [バイダァ・ザイツ] **I** 前〖2格とともに〗…の両側に. *beiderseits* des Flusses 川の両側に. **II** 副 両側で, 双方で.

beid⚬hän·dig [バイト・ヘンディヒ] 形 両手使いの, 両手の利く.

bei·dre·hen [バイ・ドレーエン bái-drè:ən] 自 (h)〖海〗船首を風上に向ける; 方向転換しながら減速する;《口語》譲歩する.

*bei·ei·nan·der [バイ・アイナンダァ baiaɪnándər] 副 並び合って, いっしょに, 集まって.

新形 ....

bei·ei·nan·der ha·ben（書類など[4]を）いっしょにして持っている. Er *hat* nicht alle（または Er *hat* sie nicht richtig）*beieinander*.《口語》彼は頭がどうかしている.

bei·ei·nan·der sein《口語》整然と（きちんと）している. ◇〖成句的に〗gut (schlecht) *beieinander sein* 元気である（でない）.

bei·ein·an·der|ha·ben* 他 (h)（新形 beieinander haben）☞ beieinander

bei·ein·an·der|sein* 自 (s)（新形 beieinander sein）☞ beieinander

Bei⚬fah·rer [バイ・ファーラァ bái-fa:rər] 男 -s/- ①（車の助手席にいる）同乗者. ② 運転助手, （モーターレースの）ナビゲーター.

Bei·fah·rer⚬sitz [バイ・ファーラァ・ズィッツ] 男 -es/-e（車などの）助手席.

*der Bei⚬fall [バイ・ファる bái-fal] 男（単2）-[e]s ① 喝采(かっさい), 拍手.（英 applause）. begeisterter *Beifall* 熱狂的な喝采 / viel *Beifall* bekommen（または ernten）大喝采を浴びる / 〖人[3] *Beifall* klatschen 〖人[3]に拍手を送る. ② 賛成, 同意. *Beifall*[4] äußern 賛成の意を表す / Der Vorschlag fand allgemeinen

Beifall. その提案は大方の賛成を得た.

bei･fäl･lig [バイ・フェリヒ] 形 賛成の, 同意の, 好意的な. eine *beifällige* Bemerkung 賛成意見 / *beifällig* nicken 同意してうなずく.

Bei･falls･ruf [バイファるス・ルーふ] 男 -[e]s/-e 喝采(ポシ).

bei･fü･gen [バイ・フューゲン bái-fỳ:gən] 他 (h) ① (A^3 に B^4 を)添付する, 同封する. ② 言い添える, 付言する.

Bei･fü･gung [バイ・フューグング] 女 -/-en ① 《書》付加, 添付. unter *Beifügung* von 物³ 物³を添付して. ② 《言》付加語.

Bei=**fuß** [バイ・ふース] 男 -es/《植》ヨモギ.

Bei･**ga･be** [バイ・ガーベ] 女 -/-n ① 添加, 付加;(食事などの)添え物, 付け合わせ, つま. ② 《考古》副葬品.

beige [ベージュ bé:ʃ または ベージェ bé:ʒə] 〔フス〕形《無語尾で》ベージュの, 淡褐色の.

bei･ge･ben* [バイ・ゲーベン bái-gè:bən] I 他 (h) (A^3 に B^4 を)添える, 付け加える. ② ($人^3$ に案内人など^{4}を)付けてやる. II 自 (h) 《成句的に》klein *beigeben* 《口語》譲歩する; 引きさがる.

bei･ge･bracht [バイ・ゲブラハト] *bei|bringen (教える)の過分

Bei=ge･ord･ne･te[r] [バイ・ゲオルドネテ(..ター)] 男 女《語尾変化は形容詞と同じ》副市長, 助役.

Bei=**ge･schmack** [バイ・ゲシュマック] 男 -[e]s/(混じっている)別の味; (不快・いやな)あと味.

bei|ge･sel･len [バイ・ゲゼれン bái-gəzèlən] (過分 beigesellt) I 他 (h) 《雅》(人³に人⁴を)仲間として付けてやる. II 再帰 (h) *sich*⁴ 人³ *beigesellen* 人³の仲間になる.

bei･ge･tra･gen [バイ・ゲトラーゲン] *bei|tragen (寄与する)の過分

Bei=**heft** [バイ・ヘふト] 中 -[e]s/-e (本・雑誌の)別冊, 付録.

Bei=**hil･fe** [バイ・ヒるフェ] 女 -/-n ① 助成金, 補助金, 物質的援助. Studien*beihilfe* 奨学金. ② 《覆》なし》《法》幇助(ポシ)《犯》, 従犯.

Bei=**klang** [バイ・クらング] 男 -[e]s/..klänge (耳ざわりな)共振音.

bei|kom･men* [バイ・コンメン bái-kòmən] 自 (s) ① (人³に)立ち向かう; 比肩する. Ihm ist nicht *beizukommen*. 彼は手に負えない. ② (事³を)処理する, 始末する. Ich weiß nicht, wie ich der Sache *beikommen* soll. 私はその件をどう処理してよいかわからない. ③ 《雅》(人³の)念頭に浮かぶ. sich³ 事⁴ *beikommen lassen* 事⁴を思いつく.

Beil [バイる bǎil] 中 -[e]s/-e ① 手斧(ポロ), なた. ② 《史》ギロチン, 断頭台.

beil. [バイ・リーゲント] 《略》同封の (= beiliegend).

Bei=**la･ge** [バイ・らーゲ] 女 -/-n ① 添付, 封入, 同封. ② (新聞・雑誌などの)付録, 折り込み. ③ 《料理》(肉料理などの)付け合わせ, 添え物. ④ 《ボウソ》(手紙などの)同封物.

bei=läu･fig [バイ・ろイふィヒ] 形 ① ついでの, さりげない, なにげない. *beiläufige* Fragen 付随的な質問. ② 《ボウソ》およその, 大体の. *beiläufig* in einer Stunde 1 時間ほどで.

Bei=läu･fig･keit [バイ・ろイふィヒカイト] 女 -/-en ① 枝葉末節, どうでもよいこと. ② さりげなさ, むとんじゃく. ③ 副次的な現象.

bei|le･gen [バイ・れーゲン bái-lè:gən] 他 (h) ① (手紙など³に物⁴を)添える, 同封する. einem Brief ein Foto⁴ *beilegen* 手紙に写真を同封する. ② (争いなど⁴を)解決する, 調停する. ③ (人³に称号など⁴を)与える. ◇《再帰的に》*sich*³ einen Künstlernamen *beilegen* あるペンネーム(芸名)を名乗る. ④ (事³に価値・意義など⁴を)認める. Er *legte* ihren Worten keine Bedeutung *bei*. 彼は彼らの言葉に何の意義も認めなかった.

Bei=le･gung [バイ・れーグング] 女 -/-en 調停, 仲裁.

bei=lei･be [バイ・らイベ] 副 《否定を表す語句とともに》断じて(決して)…ない. Das habe ich *beileibe* nicht getan. 私はそういうことは断じてしていない.

Bei=leid [バイ・らイト bái-laɪt] 中 -[e]s/ 悔やみ, 弔意. 人³ sein *Beileid*⁴ aus|drücken (または aus|sprechen) 人³に悔やみを述べる / Herzliches *Beileid*! 心からお悔やみ申し上げます.

Bei=leids=schrei･ben [バイらイツ・シュライベン] 中 -s/- お悔やみの手紙.

bei|lie･gen* [バイ・リーゲン bái-lì:gən] 自 (h) (手紙など³に)添えてある, 同封してある. Die Rechnung *liegt* dem Paket *bei*. 請求書は小包に同封してあります.

bei=lie･gend [バイ・リーゲント] I bei|liegen (添えてある)の現分 II 形《書》同封の, 添付された (略: beil.). *Beiliegend* finden Sie die gewünschten Unterlagen. 必要書類が同封してあります.

* **beim** [バイム bǎim]《前置詞 bei と定冠詞 dem の融合形》gleich *beim* Bahnhof 駅のすぐ近くに / *beim* Abschied 別れに際して. ◇《名詞化した不定詞とともに》Ich bin gerade *beim* Packen. 私はちょうど荷造りしているところです.

bei|men･gen [バイ・メンゲン bái-mèŋən] 他 (h) (A^3 に B^4 を)混ぜる, 混ぜ合わせる.

bei|mes･sen* [バイ・メッセン bái-mèsən] 他 (h) (人・事³に意義・価値など⁴を)認める, 置く.

bei|mi･schen [バイ・ミッシェン bái-miʃən] 他 (h) (A^3 に B^4 を)混ぜる, 混入する.

das Bein [バイン bǎin] 中 (単 2) -es (まれに -s)/ (複) -e (3 格のみ -en) ① 脚, 足. (英 leg). (ク) 下肢全体を指す. 足首から下は Fuß). (ク Körper 図). das linke (rechte) *Bein* 左脚 (右脚) / schlanke *Beine* すらりとした脚.
◇《動詞とともに》die *Beine*⁴ an|ziehen 脚を体に引き寄せる / die *Beine*⁴ aus|strecken 脚を伸ばす / die *Beine*⁴ kreuzen 脚を組む / 人³ *Beine*⁴ machen 《口語》人³をせきたてる / 人³

ein *Bein*⁴ **stellen** a) 人³の前に足を出してつまずかせる。 b)《比》人³を陥れる / sich³ die *Beine*⁴ **vertreten**《口語》(長時間座っていたあとに)歩いて脚をほぐす。

◊《前置詞とともに》物⁴ **ans** *Bein* **binden**《口語》物⁴を失う, 大きくなったものとあきらめる / **auf einem** *Bein* **hüpfen** 片足でぴょんぴょん跳ぶ / **auf eigenen** *Beinen* **stehen** 自立している / [**wieder**] **auf die** *Beine* **kommen** a) 立ち上がる, b)《比》(肉体的・経済的に)立ち直る / 人³ **auf die** *Beine* **helfen** a) 人³を助け起こす, b)《比》人³を立ち直らせる / 人・事⁴ [**wieder**] **auf die** *Beine* **bringen** (または **stellen**) a) 人・事⁴を助け起こす, b)《比》人・事⁴を立ち直らせる ⇨ Er hat das Geschäft wieder auf die *Beine* gebracht. 彼は事業を再興した / **auf den** *Beinen* **sein**《口語》a)《比》(忙しく)立ち働いている, b) (仕事で)出歩いている / **Ich muss mich jetzt auf die** *Beine* **machen.**《口語》私はもう出かけなければならない / **wieder auf den** *Beinen* **sein**《口語》病気から回復している / **Diese Musik geht in die** *Beine*.《口語》この音楽を聞くと自然に踊りだしたくなる / **mit beiden** *Beinen* **im Leben** (または **auf der Erde**) **stehen**《口語》足がしっかり地についている, どんな状況にも処女できる / **mit einem** *Bein* **im Gefängnis stehen**《比》危い橋を渡っている(←片足を監獄に突っ込んでいる) / **mit einem** *Bein* **im Grab[e] stehen**《比》半分死にかけている(←片足を墓に突っ込んでいる) / **über die eigenen** *Beine* **stolpern**《比》とても不器用である(←自分の足につまずく) / **von einem** *Bein* **aufs andere treten**《口語》足踏みして(いらいらして)待つ.

② (机などの)脚. ein Tisch **mit drei** *Beinen* 3本脚のテーブル. ③ (ズボンの)脚の部分. eine Hose **mit engen** *Beinen* 脚部の細いズボン. ④《北ド・中部ド》足 (= Fuß). ⑤《南ド・オースト・スイス》骨.

bei=nah [バイ・ナー]《口語》= beinahe

****bei=na.he** [バイ・ナーエ bái-na:ə または ..ナーエ]《副》(*almost*) ほとんど. Er wartete *beinahe* drei Stunden. 彼は3時間ほとんども待った. ◊《接続法第2式の文で》すんでのことで, 危うく. *Beinahe* hätte ich es vergessen. 私は危うくそれを忘れるところだった.

Bei=na.me [バイ・ナーメ]《男》-ns (3格・4格 -n)/-n 別名, 異名, あだ名, ニックネーム.

Bein=bruch [バイン・ブルフ]《男》-[e]s/..brüche [下肢]骨折. Das ist [doch] kein *Beinbruch*.《口語》それはそうたいしたことではない / Hals- und *Beinbruch*!《口語》がんばれよ, 成功を祈る.

be.in.hal.ten [ベ・インハるテン bə-ínhaltən] (過分 beinhaltet)《他》(h)《書》(内容として)含む, 包含する; 意味する.

Bein=haus [バイン・ハオス]《中》-es/..häuser 納骨堂(墓地で掘り出された骨を安置する).

..bei.nig [..バイニヒ ..baınıç]《形容詞をつくる 接尾》(…足(脚)の) 例: dreibeinig 3本足の.

bei|ord.nen [バイ・オルドネン bái-ɔrdnən]《他》(h) 人³に助言者など⁴を付ける. ②《言》(語・文など⁴を)並列させる.

bei|pflich.ten [バイ・プふりヒテン bái-pflıçtən]《自》(h) (人・事³に)賛成する, 同意する.

Bei=rat [バイ・ラート]《男》-[e]s/..räte ① 諮問委員会, 審議会. ② 顧問, 助言者.

be.ir.ren [ベ・イレン bə-írən]《他》(h) 惑わす, 当惑(混乱)させる. sich⁴ **durch** 事⁴ **nicht** *beirren lassen* 事⁴に惑わされない.

bei.sam.men [バイ・ザンメン baı-zámən]《副》いっしょに, 集まって. Sie wohnen im selben Haus *beisammen*. 彼らは同じ家でいっしょに暮らしている / Er ist ganz gut *beisammen*.《比》彼は元気です.

Bei.sam.men=sein [バイザンメン・ザイン]《中》-s/-(気楽で楽しい)集まり, 集い. ein gemütliches *Beisammensein* 楽しい集まり.

Bei=satz [バイ・ザッツ]《男》-es/..sätze《言》同格 (= Apposition).

Bei=schlaf [バイ・シュらーふ]《男》-[e]s/《雅》《法》同衾(きん), 性交. den *Beischlaf* ausüben 同衾する.

Bei=sein [バイ・ザイン]《中》《成句的》im *Beisein* **von den Kindern** 子供たちの面前で / **ohne sein** *Beisein* 彼の立ち合いなしで.

bei.sei.te [バイ・ザイテ]《副》① かたわらへ, わきへ. 物⁴ *beiseite* **bringen** (自分の目的のために)物⁴をわきへ取りのける, くすねる / 物⁴ *beiseite* **lassen** 物⁴を無視する / 物⁴ *beiseite* **legen** a) 物⁴をかたわらへ置く, b)《口語》物⁴(お金)を貯える / 物⁴ *beiseite* **schaffen** 物⁴を取りのける, 片づける / 人⁴ *beiseite* **schaffen** 人⁴を殺す / Spaß *beiseite*! a) 冗談はさておき, b) 冗談はよせ. ② 傍白で. *beiseite* **sprechen**《劇》傍白する, わきぜりふを言う.

bei|set.zen [バイ・ゼッツェン baí-zètsən]《他》(h)《雅》埋葬する.

Bei=set.zung [バイ・ゼッツング]《女》-/-en《雅》埋葬.

Bei=sit.zer [バイ・ズィッツァァ]《男》-s/-《法》陪席判事, 陪審員; 列席者.

*das **Bei=spiel** [バイ・シュピーる bái-ʃpi:l]《中》《単》-[e]s/《複》-e (3格のみ -en)《参考》(*example*) ① 例, 実例; 例証. ein treffendes *Beispiel* 適切な例 / 物⁴ **als** *Beispiel* **an|geben** 物⁴を例としてあげる / *Beispiele* **für** 事⁴ **an|führen** (または **nennen**) 事⁴の例をあげる / **an einem** *Beispiel* **erklären** 物⁴を例をあげて説明する / Dieser Vorgang ist **ohne** *Beispiel*. こんな事件は前代未聞だ(←実例がない) / **zum** *Beispiel* 例えば (略: z.B.).

② 手本, 模範. ein gutes *Beispiel* よい手本 / ein warnendes *Beispiel* 戒め / 人³ ein *Beispiel*⁴ **geben** 人³に手本を示す / Nimm dir ein *Beispiel*⁴ **an deinem Bruder!** 君の兄さんをお手本にしなさい / **mit gutem** *Beispiel* **voran|gehen** (他人の)模範となる.

bei·spiel·haft [バイ・シュピーるハフト] 形 模範的な, 手本となるような.

bei·spiel≲los [バイシュピーる・ロース] 形 先例のない, 無類の, 未曾有(ポ)の.

bei·spiels≲wei·se [バイシュピーるス・ヴァイゼ] 副 例えば, 例を示せば (=zum Beispiel).

bei|sprin·gen* [バイ・シュプリンゲン bái-ʃprìŋən] 自 (s) 《雅》《人³》を助けに駆けつける. 《人³》mit Geld *beispringen* お金を融通して《人³》の急場を救ってやる.

＊bei·ßen* [バイセン báisən] du beißt (biss, hat ... gebissen) I 他 (完了 haben) 《人・物⁴》をかむ, 《人・物⁴》にかみつく; (虫などが)刺す. (英 bite). Ich *kann* das harte Brot nicht *beißen.* 私はこの堅いパンはかめない / Der Hund hat ihn (または ihm) *ins Bein gebissen.* 犬が彼の足にかみついた / sich³ die Lippen⁴ wund *beißen* 唇をかんでけがをする / Er hat nichts zu *beißen.* 彼は食べる物にもこと欠いている. ◇《再帰的に》 Ich *habe* mich (または mir) *auf* die Zunge *gebissen.* 私は舌をかんだ.
II 自 (完了 haben) ① かむ, かじる; (魚が)餌(ࡂ)にくいつく. Der Hund *beißt.* その犬はかみつく癖がある / an den Nägeln *beißen* 爪(ヅ)をかむ / Er *biss* ins Brot. 彼はパンをかじった. ② (刺すように)ひりひりする, (煙が目に)しみる. Pfeffer *beißt auf* der Zunge. こしょうが舌にひりひりする / Der Wind *beißt* mir *ins Gesicht.* 風が顔の肌を刺すように冷たい.
III 再帰 (完了 haben) *sich⁴ beißen* 《口語》 (色が)調和しない. Gelb und Violett *beißen sich.* 黄色と紫は調和しない.

bei·ßend [バイセント] I ＊beißen (かむ)の 現分 II 形 刺すような, ひりひりする; 辛らつな(皮肉など). *beißende* Kälte 身を切るような寒さ.

Beiß≲zan·ge [バイス・ツァンゲ] 女 -/-n ① ペンチ, やっとこ, 鉗子(ޫؑ). ② (ののしって:)口やかましい女.

Bei≲stand [バイ・シュタント] 男 -[e]s/..stände ① 《複 なし》《雅》援助, 支援, 助力. 《人³》 *Beistand*⁴ leisten 《人³》を援助する. ② 後見人; 《法》訴訟補助人. ③ 《ಔۣ》結婚立会人.

Bei·stands≲pakt [バイシュタンツ・パクト] 男 -[e]s/-e 《政》(国家間の)援助協定.

bei|ste·hen* [バイ・シュテーエン bái-ʃtè:ən] 自 (h) 《人³》の力になってやる, 《人³》を助ける. 《人³》 mit Rat und Tat *beistehen* 《人³》に助言と助力を惜しまない.

Bei·stell≲tisch [バイシュテる・ティッシュ] 男 -[e]s/-e サイドテーブル.

bei|steu·ern [バイ・シュトイアァン bái-ʃtòyərn] 他 (h) (お金など⁴)に寄付する; 寄与する.

bei|stim·men [バイ・シュティンメン bái-ʃtìmən] 自 (h) 《人・事³》に賛成する, 同意する.

Bei·strich [バイ・シュトリヒ] 男 -[e]s/-e 《言》コンマ(記号; (=Komma). einen *Beistrich* setzen コンマを打つ.

***der* Bei·trag** [バイ・トラーク bái-tra:k] 男 (単 2) -[e]s/(複)..träge [..トレーゲ] (3 格のみ ..trägen) ① 寄与, 貢献. (英 contribution). ein aktiver *Beitrag* zur Erhaltung des Friedens 平和維持のための積極的な貢献. ② 会費, 分担金; (保険などの)掛け金. Jahres-*beitrag* 年会費. ③ 寄稿; 寄稿論文. einen *Beitrag* für eine Zeitung schreiben (または liefern) 新聞に寄稿する / *Beträge* zu ... (学術誌の表題で:) ... 編集.

·bei|tra·gen* [バイ・トラーゲン bái-trà:gən] du trägst ... bei, er trägt ... bei (trug ... bei, hat ... beigetragen) I 自 (完了 haben) 《zu 事³ ~》《事³》に寄与する, 貢献する. (英 contribute). zur Erhaltung des Friedens *beitragen* 平和の維持に貢献する.
II 他 (完了 haben) 《A⁴ zu B³ ~》(B³のために A⁴の)寄与をする. sein Teil⁴ zur Entspannung *beitragen* 緊張緩和のために自分なりの貢献をする.

bei·trags≲pflich·tig [バイトラークス・プふりヒティヒ] 形 出資(分担)義務のある.

bei|trei·ben* [バイ・トライベン bái-tràibən] 他 (h) 《法》(借金・税金など⁴)を取りたてる, 徴収する.

bei|tre·ten* [バイ・トレーテン bái-trè:tən] 自 (s) (団体など³)に加入する, 入会する; 《法》(訴訟手続き³)に加わる.

Bei·tritt [バイ・トリット bái-trɪt] 男 -[e]s/-e 参加, 加入, 入会; 加盟.

Bei·tritts≲er·klä·rung [バイトリッツ・エァクれールング] 女 -/-en (文書による)入会署名(宣言).

Bei·wa·gen [バイ・ヴァーゲン] 男 -s/- (オートバイの)サイドカー; (動力車に引かれる)連結車.

Bei·werk [バイ・ヴェルク] 中 -[e]s/-e アクセサリー, 装身具; 付属物, 添え物.

bei|woh·nen [バイ・ヴォーネン bái-vò:nən] 自 (h) 《雅》(事³)に出席する, 参列する; 居合わせる. einem Fest *beiwohnen* 祝典に列席する.

Bei≲wort [バイ・ヴォルト] 中 -[e]s/..wörter 《言》形容詞 (=Adjektiv); 付加語的形容詞句.

Bei·ze [バイツェ báitsə] 女 -/-n ① 腐食; (木材の)着色液, ステイン; (金属の)腐食剤; (染色の)媒染[剤]; (製革のあく抜き液, 《医》 焼灼(ܠਅ)剤); 《料理》マリナード, 漬け汁; 《農》(種子の)滅菌液. ② 《ふつう 複》薬剤処理; 《料理》マリネにすること. ③ 《狩》 鷹狩り.

bei·zei·ten [バイ・ツァイテン] 副 間に合うように, ちょうどよい時に.

bei·zen [バイツェン báitsən] 他 (h) ① (金属⁴)を腐食剤で処理する; (木材など⁴)を着色する; (布地⁴)に媒染する; (種子⁴)を消毒する; (魚・肉⁴)をマリネにする. ② (目など⁴)をひりひり刺激する.

***be·ja·hen** [ベ・ヤーエン bə-já:ən] (bejahte, hat ... bejaht) 他 (完了 haben) ① (質問など⁴)に 「はい」 と答える. 肯定的な返事をする. (「いいえ」と答える は verneinen). Er *bejahte* meine Frage. 彼は私の質問に 「はい」 と答えた.

◊〖現在分詞の形で〗eine *bejahende* Antwort「はい」という返事. ② 肯定する, 是認する. das Leben⁴ *bejahen* 人生を肯定する.

be·jahrt [ベ・ヤールト bə-já:rt]〖雅〗年老いた, 高齢の. (☞〖類語〗alt).

be·ja·ht [ベ・ヤート] *bejahen(「はい」と答える)の 過分

be·jah·te [ベ・ヤーテ] *bejahen(「はい」と答える)の 過去

Be·ja·hung [ベ・ヤーウング] 女 -/-en 肯定[の言葉], 是認; 賛成.

be·jam·mern [ベ・ヤンマァン bə-jámərn] 他 (h)(人・事⁴のことを)嘆き悲しむ.

be·jam·merns·wert [ベヤンマァンス・ヴェート] 形 嘆かわしい, 悲しむべき, 痛ましい.

be·ju·beln [ベ・ユーベるン bə-jú:bəln] 他 (h) 歓呼して迎える, (人⁴に)歓声を送る.

be·kam [ベ・カーム] **bekommen*¹(もらう)の 過去

be·kä·me [ベ・ケーメ] **bekommen*¹(もらう)の 接2

be·kämp·fen [ベ・ケンプフェン bə-kémpfən] 他 (h)(人⁴と)戦う;(伝染病など⁴を)撲滅(克服)しようとする. ein Vorurteil⁴ *bekämpfen* 偏見と戦う.

Be·kämp·fung [ベ・ケンプフング] 女 -/-en 戦い; 克服(撲滅)[しようとすること].

***be·kannt** [ベ・カント bə-kánt]

知られた, 有名な

Er ist ein *bekannter* Maler.
エァ イスト アイン ベカンタァ マーらァ
彼は有名な画家だ.

I *bekennen(告白する)の 過分
II 形 (比較 bekannter, 最上 bekanntest) ①(多くの人によく)知られた, 周知の, 有名な. (≈ wellknown). eine *bekannte* Melodie よく知られたメロディー / eine *bekannte* Tatsache 周知の事実 / Die Gegend ist *bekannt* für ihren Wein. その地方はワインの産地として知られている / Er ist *bekannt* für seinen Geiz. 彼はけちなことで有名だ / Er ist in München *bekannt*. a) 彼はミュンヒェンでは名が通っている, b) 彼はミュンヒェンのことには詳しい.
②(人³にとって)なじみの, 既知の. ein *bekanntes* Gesicht 見たことのある顔 / eine wohl *bekannte* Stimme 聞きなれた声 / 人³ *bekannt* sein (人³になじみの(知られている)⇒ Er (Das) ist mir gut *bekannt*. 私はそれをよく知っている.
③〖mit 人・事³ ~〗(人³と)知り合いの;(事³に)精通している. Ich bin mit ihm *bekannt*. 私は彼と知り合いだ / Er ist mit dem Inhalt des Briefes *bekannt*. 彼はその手紙の内容を知っている / mit 人³ *bekannt* werden (人³と知り合いになる / 人⁴ mit 人³ *bekannt* machen (人⁴を人³に紹介する ⇒ Darf ich Sie mit Frau Weber *bekannt* machen? あなたをヴェ

ーバー夫人に紹介させてください / 人⁴ mit 事³ *bekannt* machen (人⁴に事³を知らせる, 教える.
〖新形〗...

be·kannt ge·ben 公表する, 公告する.
be·kannt ma·chen ① 公表する, 公表する. eine neue Verordnung⁴ *bekannt machen* 新しい通達を公示する. ②〖人⁴ mit 事³ ~ ~〗(人⁴に事³を)知らせる, 教える. ③〖人⁴ mit 人³ ~ ~〗(人⁴を人³に)紹介する.
be·kannt wer·den ① 知れ渡る. ②〖mit 人³ ~ ~〗(人³と)知り合いになる.

〖類語〗**bekannt**:(一般に広く)知られた. **berühmt**:(すぐれた資質や特性によって)有名な. ein *berühmter* Künstler 有名な芸術家. **namhaft**:(すぐれた業績によって)著名な, 名望ある. (berühmt と異なり付加語としてのみ用いる).

be·kann·te [ベ・カンテ] *bekennen(告白する)の 過去

Be·kann·ten·kreis [ベカンテン・クライス] 男 -es/-e 交際範囲, 交友. einen großen *Bekanntenkreis* haben 交際範囲が広い.

***Be·kann·te[r]** [ベ・カンテ (..ターァ) bə-kánta (..tər)] 男 女〖語尾変化は形容詞と同じ ☞ Alte[r]〗(例: ① 1格der Bekannte, ein Bekannter)知人, 知り合い. (≈ acquaintance). ein *Bekannter* meines Vaters 私の父の知人 / Wir sind alte *Bekannte*. 私たちは昔からの知り合いだ / Sie ist eine gute *Bekannte* von mir. 彼女は私の親しい知人だ.

be·kann·ter·ma·ßen [ベカンタァ・マーセン] 副〖書〗周知のように, ご存知のように.

Be·kannt=ga·be [ベカント・ガーベ] 女 -/-〖ふつう 単〗公示, 告知.

be·kannt|ge·ben* 他 (h) (〖新形〗bekannt geben) ☞ bekannt

be·kannt·lich [ベ・カントりヒ] 副 周知のごとく, ご存知のように.

be·kannt|ma·chen 他 (h) (〖新形〗bekannt machen) ☞ bekannt

Be·kannt·ma·chung [ベカント・マッフング] 女 -/-en 公表; 公示, 発表.

*die **Be·kannt·schaft** [ベ・カントシャフト bə-kánt-ʃaft] 女 (単) -/(複) -en ①〖複なし〗知り合うこと, 面識[あること]. Meine *Bekanntschaft* mit ihm ist schon alt. 私が彼と知り合ってすでに久しい / Ich freue mich, Ihre *Bekanntschaft* zu machen. お近づきになれてうれしいです / eine *Bekanntschaft*⁴ mit 人³ an|knüpfen (人³と交友関係を結ぶ / mit 事³ *Bekanntschaft*⁴ machen 〖口語〗事³(やっかいなこと)にかかわり合いを持つ. ② 交際範囲, 知り合い. Sie hat in dieser Stadt gar keine *Bekanntschaft*[en]. 彼女はこの町には全然知り合いがいない.

be·kannt|wer·den* 自 (s)(〖新形〗bekannt werden) ☞ bekannt

Be·kas·si·ne [ベカスィーネ bekasí:nə] 女 -/-

-n〔鳥〕タシギ.

be·keh·ren [ベ・ケーレン bə-ké:rən] I 他 (h)《宗》改宗させる, 回心させる;（人⁴の考えなどを）変えさせる. 人⁴ **zum** Christentum **bekehren** 人⁴をキリスト教に改宗させる. II 再帰 (h) *sich*⁴ *bekehren* 改宗(回心)する;（考えなどを）変える. Er *bekehrte sich* **zu** meiner Auffassung. 彼は私と同じ見方に変わった.

Be·kehr·te[r] [ベ・ケールテ(..ター) bə-ké:rtə (..tər)] 男女《語尾変化は形容詞と同じ》改宗者.

Be·keh·rung [ベ・ケールング] 女 -/-en《宗》改宗, 回心;（政治思想などの）転向.

*__be·ken·nen__ [ベ・ケンネン bə-kénən] (bekannte, *hat*... bekannt) I 他 (完了 haben) 告白する, 白状する;（罪・誤ちなど⁴を）認める.（英 *confess*）. die Wahrheit⁴ *bekennen* 真実を告白する / Er *bekannte*, dass er nichts gewusst hatte. 彼は何も知らなかったことを白状した.
II 再帰 (完了 haben) *sich*⁴ *bekennen* ①《*sich*⁴ **zu**・事³ ~》（人・事³に）支持(信奉)することを表明する. *sich*⁴ **zu** einem Glauben *bekennen* ある信仰を持つことを表明する. ②（…であると）認める. *sich*⁴ schuldig *bekennen* 自分に罪があると認める / *sich*⁴ **als**（または **für**）... *bekennen* 自分が…であると認める.
◇☞ **bekannt**

Be·kennt·nis [ベ・ケントニス] 中 ..nisses/..nisse ①（罪の）告白;〖複〗回想, 思い出. ②（公然たる）支持, 信条告白. ein *Bekenntnis*⁴ **zur** Demokratie ab|legen 民主主義の支持を公言する. ③〖キリスト教〗信仰告白; 宗派. evangelisches (katholisches) *Bekenntnis* プロテスタント(カトリック)派.

Be·kennt·nis-frei·heit [ベケントニス・フライハイト] 女 -/《宗》信教の自由.

*__be·kla·gen__ [ベ・クラーゲン bə-klá:gən] (beklagte, *hat*... beklagt) I 他 (完了 haben)《雅》(運⁴を)嘆く, 悲しむ; 残念がる. ein Unglück⁴ *beklagen* 不幸を嘆く / den Tod eines Freundes *beklagen* 友の死を悼む.
II 再帰 (完了 haben) *sich*⁴ *beklagen* 苦情を言う, 不平を言う. Ich *habe mich* **bei** ihm **über** den Lärm *beklagt*. 私は騒音のことで彼に苦情を言った.

be·kla·gens-wert [ベクラーゲンス・ヴェーアト] 形 嘆かわしい, 悲しむべき, 気の毒な.

be·klagt [ベ・クラークト] *beklagen（嘆く）の 過分

be·klag·te [ベ・クラークテ] *beklagen（嘆く）の 過去

Be·klag·te[r] [ベ・クラークテ(..ター) bə-klá:ktə (..tər)] 男女《語尾変化は形容詞と同じ》《法》被告.（ただ「原告」は Kläger）.

be·klat·schen [ベ・クラッチェン bə-klátʃən] 他 (h) ①（人・事⁴に）拍手喝采（かっさい）する. ②《口語》（人⁴の）陰口をきく, 中傷する.

be·kle·ben [ベ・クレーベン bə-klé:bən] 他 (h)（物⁴に）貼(は)る. eine Mauer⁴ **mit** Zetteln *bekleben* 壁にビラを貼る.

be·kle·ckern [ベ・クレッカァン bə-klékərn] 他 (h)《口語》（物⁴に）染みを付ける. *sich*³ die Krawatte⁴ *bekleckern* 自分のネクタイに染みを付ける.

be·kleck·sen [ベ・クレクセン bə-kléksən] 他 (h)《口語》（ひどく）汚す. ein Heft⁴ **mit** Tinte *beklecksen* ノートをインクで汚す.

*__be·klei·den__ [ベ・クライデン bə-kláɪdən] du bekleidest, er bekleidet (bekleidete, *hat*... bekleidet) 他 (完了 haben) ①（人⁴に）服を着せる. Er *war* nur **mit** einer Hose *bekleidet*.《状態受動・過去》彼はズボンしかはいていなかった. ◇再帰的に》*sich*⁴ **mit** 物³ *bekleiden* 物³を着る. ②《A⁴ **mit** B³ ~》《雅》(A⁴ を B³ で)覆う, かぶせる. eine Wand⁴ **mit** Tapete *bekleiden* 壁に壁紙を貼（は）る. ③《人 **mit** 物³ ~》《雅》（人⁴に 物³(権力など)を）授ける. 人⁴ **mit** einem Amt *bekleiden* 人⁴をある官職に就ける. ④《雅》(地位など⁴に）就いている. einen hohen Posten *bekleiden* 高い地位に就いている.

be·klei·det [ベ・クライデット] *bekleiden（服を着せる）の 過分

be·klei·de·te [ベ・クライデテ] *bekleiden（服を着せる）の 過去

Be·klei·dung [ベ・クライドゥング] 女 -/-en ① 衣服, 衣類;〖集〗(壁の)化粧張り. ②《複 なし》〖集〗官職などに就いている（就ける）こと.

Be·klei·dungs-in·dus·trie [ベクライドゥングス・インドゥストリー] 女 -/-n [..リーエン] 衣料[品]産業.

be·klem·men [ベ・クレンメン bə-klémən] 他 (h) 胸苦しい気分にする, 不安にする.

be·klem·mend [ベ・クレンメント] I beklemmen（胸苦しい気分にする）の 現分 II 形 胸を締めつけるような, 不安な.

Be·klem·mung [ベ・クレンムング] 女 -/-en 胸苦しさ, 不安, 苦悶（くもん）.

be·klom·men [ベ・クロンメン bə-klómən] 形《雅》胸苦しい, 息苦しい, 不安な.

Be·klom·men·heit [ベ・クロンメンハイト] 女 -/ 胸苦しさ, 息苦しさ, 不安.

be·kloppt [ベ・クロップト bə-klópt] 形《俗》頭がおかしい, 気が変な.

be·knien [ベ・クニーン bə-kní:n または ベ・クニーエン bə-kní:ən] 他 (h)《口語》（人⁴に）しつこく懇願する.

:**be·kom·men**¹* [ベ・コンメン bə-kómən]

もらう

Heute *bekommen* wir Gehalt.
ホイテ　ベコンメン　ヴィア ゲハルト
きょう私たちは給料をもらう.

(bekam, *hat/ist*... bekommen) I 他 (完了 haben) ① もらう, 受け取る; 手に入れる.（英 *get*）. einen Brief *bekommen* 手紙を受け取る / ein Geschenk⁴ *bekommen* プレゼントをもらう / Ich *habe* die Sachen billig *bekom-*

bekommen

men. 私はその品々を安く手に入れた / Zeitungen *bekommen* Sie am Kiosk. 新聞はキオスクで買えますよ / Was *bekommen* Sie? a)〔店員が客に:〕何になさいますか, b)〔客が店員に:〕お勘定はいくらですか / ein Kind⁴ *bekommen* 子供ができる / Wir *bekommen* bald Regen. もうすぐ雨になる / Urlaub⁴ *bekommen* 休暇をもらう / den Zug *bekommen* 列車に間に合う.

◇〘感情・状態などを表す名詞を目的語として〙Er bekam Angst. 彼は不安になった / Farbe⁴ *bekommen* 顔色がよくなる / graue Haare⁴ *bekommen* 髪が白くなる / Hunger⁴ *bekommen* 腹がへる / Mut⁴ *bekommen* 勇気が出る.

◇〘行為などを表す名詞を目的語として〙einen Befehl *bekommen* 命令を受ける / einen Kuss *bekommen* キスをされる / ein Lob⁴ *bekommen* ほめられる / Prügel⁴ *bekommen* なぐられる.

◇〘過去分詞とともに〙Das *habe* ich ge-schenkt *bekommen*. それを私はプレゼントしてもらった / 物⁴ **geschickt** *bekommen* 物⁴を送ってもらう.

② 〖方向を表す語句とともに〙(人・物⁴を…へ)移動させる; (ある状態に)させる. Sie *haben* das Klavier nicht **durch** die Tür *bekommen*. 彼らはピアノをドアから運び入れることができなかった / 人⁴ **zum** Reden *bekommen* 人⁴に口を開かせる.

③ 〖**zu** 不定詞[句]とともに〙(…することが)できる; (…)させられる. Ihr *bekommt* heute nichts zu essen. 君たちはきょうは食事にありつけないぞ / Dort *bekommen* man alles zu kaufen. そこでは何でも買うことができる / etwas⁴ zu hören *bekommen* 小言を聞かされる.

II 〖自〙(定了 sein) (人³の)体にに合う, ためになる. Das fette Essen *bekommt* mir nicht. 脂っこい料理は私には合いません / Wohl be-komm's! a) どうぞ召しあがれ b) 〔乾杯のあいさつ〕ご健康を祝して.

be·kom·men² [ベ・コンメン] ＊bekommen¹ (もらう)の 過分

be·kömm·lich [ベ・ケムリヒ] 形 健康(体)によい; 消化のよい.

be·kös·ti·gen [ベ・ケスティゲン bə·kǽstɪgən] 他 (h)(人⁴に)食事を出す.

Be·kös·ti·gung [ベ・ケスティグング] 女 -/-en 〘ふつう 単〙賄い, 給食; 食事.

be·kräf·ti·gen [ベ・クレフティゲン bə·kréftɪgən] 他 (h) ① 裏づける, 確証(保証)する. eine Behauptung⁴ *bekräftigen* 主張の裏づけをする. ② (疑念・決意などを)強める, 確かなものにする.

Be·kräf·ti·gung [ベ・クレフティグング] 女 -/-en 裏づけ, 確証(保証); 強化.

be·krän·zen [ベ・クレンツェン] 他 (h) 花輪で飾る. den Sieger mit Lorbeer *bekränzen* 勝利者を月桂冠で飾る.

be·kreu·zi·gen [ベ・クロイツィゲン bə·krɔ́ytsɪgən] 再帰 (h) sich⁴ *bekreuzigen* 《カトリック》 十字を切る.

be·krie·gen [ベ・クリーゲン bə·kríːɡən] 他 (h) (人・物⁴と)戦争をする. ◇〘相互的に〙sich⁴ *bekriegen* 交戦する.

be·krit·teln [ベ・クリッテルン bə·krítəln] 他 (h) (人・物⁴に)けちをつける.

be·krit·zeln [ベ・クリッツェルン bə·krítsəln] 他 (h) (物⁴に)なぐり書きする, 落書きする.

＊**be·küm·mern** [ベ・キュンマァン bə·kýmərn] (bekümmerte, *hat*…bekümmert) I 他 (定了 haben) 心配させる, 悲しませる. (◎ worry). Dein Leichtsinn *bekümmert* mich. 君の軽率さが気がかりだ / Was *bekümmert* Sie das? それがあなたに何のかかわりがあるのですか.

II 再帰 (定了 haben) 〖sich⁴ **um** 人・物⁴ ~〙 (人・物⁴のことを)気にかける, (人・物⁴の)世話をする.

be·küm·mert [ベ・キュンマァト] I ＊bekümmern (心配させる)の 過分 II 形 心配している, 悲しんでいる. **über** 事⁴ *bekümmert* sein 事⁴を気に病んでいる.

be·küm·mer·te [ベ・キュンマァテ] ＊bekümmern (心配させる)の 過去

be·kun·den [ベ・クンデン bə·kúndən] I 他 (h) ① 〘雅〙表明する; はっきり示す. sein Beileid⁴ *bekunden* 弔意を表す. ② 〘法〙供述する. II 再帰 (h) sich⁴ *bekunden* 〘雅〙(態度などが)表れる, はっきりする.

be·lä·cheln [ベ・レッヒェルン bə·léçəln] 他 (h) (人・事⁴を)笑いものにする, 冷笑する; ほほ笑ましく見つめる.

be·la·chen [ベ・ラッヘン bə·láxən] 他 (h) おもしろがって笑う; あざ笑う.

＊**be·la·den¹** [ベ・ラーデン bə·láːdən] du belädst, er belädt (belud, *hat*…beladen) 他 (定了 haben) 〘英〙 load) ① (トラックなど⁴に)積む, 載せる. (机など⁴に)積み上げる. ein Schiff⁴ *beladen* 船に荷を積む / einen Wagen mit Holz *beladen* 車に材木を積む / einen Tisch mit Geschenken *beladen* テーブルに贈り物を積み上げる. ② (人・動物⁴に荷などを)背負わせる. 人⁴ **mit** Verantwortung *beladen* 〘比〙人⁴に責任を負わせる / Er *ist* mit Schmuck *beladen*. 〖状態受動・現在〙彼はごてごて着飾っている.

be·la·den² [ベ・ラーデン] ＊beladen¹ (積む)の 過分

be·lädst [ベ・レーツト] ＊beladen¹ (積む)の 2 人称単数 現在

be·lädt [ベ・レート] ＊beladen¹ (積む)の 3 人称単数 現在

Be·lag [ベ・ラーク bə·láːk] 男 -[e]s/Beläge ① (表面の)薄い層; (金属の)くもり. ②《医》苔(こけ), 付着物. Zahn*belag* 歯垢(しこう) / Zungen*belag* 舌苔(ぜったい). ③ (表面を)覆うもの; 被膜, コーティング. Brems*belag* ブレーキライニング. ④ (オープンサンドに載せる)具; ケーキのデコレーション.

Be·la·ge·rer [ベ・ラーゲラァ bə·láːgərər] 男

be·la·gern [ベ・ らーガァン bə-láːɡərn] 他 (h) ①《軍》包囲する. ②《口語》(人·物⁴の)周りに群がる. die Theaterkasse⁴ *belagern* 劇場の切符売場に殺到する.

Be·la·ge·rung [ベ・らーゲルング] 女 -/-en ① 包囲[攻撃]. die *Belagerung*⁴ auf|heben 包囲を解く. ②〖複 なし〗《口語》(売り場などに)群がること, 殺到.

Be·la·ge·rungs⹀zu·stand [ベ・らーゲルングス・ツーシュタント] 男 -[e]s/《法》戒厳状態. den *Belagerungszustand* verhängen 戒厳令を敷く.

be·läm·mert [ベ・れンマァト bə-lémərt] 形《口語》① 困惑した, しょんぼりした. ② いやな(天気など).

Be·lang [ベ・らング bə-láŋ] 男 -[e]s/-e ①〖複 なし〗重要性. Das ist für mich ohne *Belang* (**von** *Belang*). それは私にとって重要でない(重要である). ②〖複で〗利害[関係] (= Interessen). ③《商》《書》見地, 観点. **in** diesem *Belang* この点で.

be·lan·gen [ベ・らンゲン bə-láŋən] 他 (h) ①《法》告訴する, 訴える. ②(人·物⁴に)関係する, かかわる. Was mich *belangt*, so ... 私に関しては, ...

be·lang⹀los [ベらング・ろース] 形 重要でない, ささいな.

Be·lang·lo·sig·keit [ベらング・ろーズィヒカイト] 女 -/-en ①〖複 なし〗重要でないこと, ささいなこと. ② 重要でない(ささいな)事柄.

be·las·sen* [ベ・らッセン bə-lásən] 他 (h) ①(人·物⁴を...のままにしておく, (人·物⁴を...に)放置する. 人⁴ **in** seiner Stellung *belassen* 人⁴をのポストにつけておく / Wir wollen es dabei *belassen*. それはそのままにしておこう. ②(人³に権限など⁴を)任せる.

be·las·ten [ベ・らステン bə-lástən] 他 (h) ①(物⁴に)荷をかける. das Auto⁴ zu stark *belasten* 車に過大な荷重をかける. ②(人⁴に)負担をかける, わずらわせる; (物⁴に)そこなう, 害する. Die Arbeit *belastete* ihn sehr. その仕事では彼には大きな負担となっていた / 人⁴ **mit** Verantwortung *belasten* 人⁴に責任を負わせる. Luft⁴ **mit** Abgasen *belasten* 空気を排気ガスで汚す. ③《法》(人⁴を)有罪(不利)に導く. ◆《現在分詞の形で》*belastende* Aussagen⁴ machen (被告に)不利な陳述をする. ④(人·物⁴に)経済的な負担を負わせる. die Bevölkerung⁴ **durch** neue Steuern *belasten* 住民に新たに課税する / ein Konto⁴ **mit** 1 000 DM *belasten*《商》1,000 マルクを口座の借方に記入する / ein Haus⁴ **mit** Hypotheken *belasten*《商》家を抵当に入れる.

be·läs·ti·gen [ベ・れスティゲン bə-léstɪɡən] 他 (h) わずらわす, 悩ます; (人⁴にしつこくつきまとう, 絡む. 人⁴ **mit** zudringlichen Fragen *belästigen* しつこく質問して人⁴をわずらわす.

Be·läs·ti·gung [ベ・れスティグンク] 女 -/-en わずらわす(悩ます)こと; 人を悩ませる行為, いやがらせ.

Be·las·tung [ベ・らストゥング] 女 -/-en ①(車·船などの)積載; 積み荷, 荷重. ② 負担, 圧迫. eine seelische (finanzielle) *Belastung* 精神的(経済的)負担. ③《法》被告側に不利な陳述. ④《商》借方記入.

Be·las·tungs⹀pro·be [ベらストゥングス・プローベ] 女 -/-n 負荷(耐力)試験;《比》試練.

Be·las·tungs⹀zeu·ge [ベらストゥングス・ツォイゲ] 男 -n/-n《法》被告側に不利な陳述をする証人.

be·laubt [ベ・らオプト bə-láʊpt] 形 葉の茂った.

be·lau·ern [ベ・らオァン bə-láʊərn] 他 (h) (犯人など⁴を)ひそかに見張る.

be·lau·fen* [ベ・らオふェン bə-láʊfən] I 再帰 (h)〖*sich*⁴ **auf** 物⁴ ~ 〗(物⁴(ある金額·数値など)に)達する. Die Kosten *belaufen sich* auf 300 Mark. 費用は 300 マルクに達する. II 他 (h) (ある区間·地域⁴を)巡回する, 踏査する.

be·lau·schen [ベ・らオシェン bə-láʊʃən] 他 (h) ① 盗み(立ち)聞きする. ② 一心に観察する.

be·le·ben [ベ・れーベン bə-léːbən] I 他 (h) ① 元気づける, 活気づける. Der heiße Kaffee *belebte* uns alle. 熱いコーヒーがわれわれみんなを元気づけてくれた / einen Text **mit** Bildern *beleben* テキストに絵を添えて生き生きしたものにする. ②(習慣など⁴を)復活させる. II 再帰 (h)〖*sich*⁴ ~〗① 元気づく, 活気づく. Sein Gesicht *belebte sich*. 彼の顔は生き生きしてきた. ②(ある場所などが)にぎやかになる.

be·lebt [ベ・れープト] I beleben (元気づける)の過分 II 形 ① 活気のある, にぎやかな. eine *belebte* Straße にぎやかな通り. ② 生命のある. die *belebte* Natur 有機物の世界.

Be·le·bung [ベ・れーブンク] 女 -/-en 活気(生気)を与えること, 復活.

Be·leg [ベ・れーク bə-léːk] 男 -[e]s/-e ① 証拠となるもの, 証拠資料. Zahlungs*beleg* 領収書. ②(語法·表現法などの)典拠, 使用例.

✱be·le·gen [ベ・れーゲン bə-léːɡən]《過分 *hat* ... belegt》他 (〖完で〗haben) ①〖A⁴ **mit** B³ ~ 〗(A⁴ を B³ で)覆う, かぶせる; 敷きつめる. (= 英 cover). den Boden **mit** Teppichen *belegen* 床にじゅうたんを敷く / ein Brot⁴ **mit** Käse *belegen* パンにチーズを載せる. ②(座席·部屋など⁴を)とっておく, 確保する, 予約する;《スポ》(ある順位⁴を)占める. eine Vorlesung⁴ *belegen* 講義の聴講を申し込む / ein Zimmer⁴ *belegen* (ホテルの)部屋を確保する / Die Telefonleitung *ist belegt*.《状態受動·現在》電話回線がふさがっている. ③〖人·物 **mit** 事 ~〗(人·物⁴に)(事³を)課する. 人⁴ **mit** einer Strafe *belegen* 人⁴に罰を加える / die Waren⁴ **mit** Zoll *belegen* 品物に関税をかける. ④(資料·典拠により)証明する. Er *konnte* seine Ausgaben **mit** Quittungen *belegen*. 彼は支出を領収書によって証明することができた. ◇☞ belegt

Belegexemplar

Be·leg=exem·plar [ベレーク・エクセンプラール] 中 -s/-e《書籍》(出版社・中央図書館などのための)出版証明用見本.

Be·leg·schaft [ベ–れークシャフト] 女 -/-en ① (会社などの)全従業員. ②《俗》(寮などの)同室者.

Be·leg·stel·le [ベレーク・シュテレ] 女 -/-n 引用箇所, 出典[となる箇所].

be·legt [ベ・れークト] I《belegen (覆う)の過分》 II 形 ① 覆われた. *belegtes* Brötchen オープンサンド / eine *belegte* Zunge 舌苔(ぜったい)に覆われた舌 / eine *belegte* Stimme《比》かすれた声. ② (部屋などが)ふさがった.

be·leg·te [ベ・れークテ] *belegen (覆う)の過去

be·leh·nen [ベ·れーネン bəléːnən] 他 (h)《史》(人⁴に)封土を授ける. 人⁴ mit einem Gut *belehnen* 人⁴にある地所(領地)を与える.

be·leh·ren [ベ·れーレン bəléːrən] 他 (h)《雅》(人⁴に)教える, わからせる. 人⁴ über 事⁴ *belehren* 人⁴に事⁴を教える / sich⁴ *belehren lassen* 人の忠告に耳をかす.◇《現在分詞の形で》ein *belehrender* Film ためになる映画.

Be·leh·rung [ベ·れールング] 女 -/-en 教え[られること], 教訓; 注意, 叱責(しっせき).

be·leibt [ベ·らイプト bəláɪpt] 形 ふとった, 肥満した; 《婉曲》肉づきのよい.

Be·leibt·heit [ベ·らイプトハイト] 女 -/ 肥満.

* **be·lei·di·gen** [ベ·らイディゲン bəláɪdɪɡən] (beleidigte, *hat*...beleidigt) 他 (完了 haben) ① 侮辱する, (人⁴の)感情を害する. (英 *insult*). 人⁴ mit einer Äußerung *beleidigen* 人⁴をある発言で侮辱する / Er hat mich in meiner Ehre *beleidigt*. 彼は私の名誉を傷つけた. ◇《現在分詞の形》ein *beleidigendes* Benehmen 侮辱的な態度. (☞ 類語 verletzen).
② 《比》(目・耳などに)不快感を与える. Diese Musik *beleidigt* mein Ohr. この音楽は私には耳ざわりだ.
◇☞ beleidigt

Be·lei·di·ger [ベ·らイディガァ bəláɪdɪɡər] 男 -s/- 侮辱する人, 他人の感情をそこねる者.

be·lei·digt [ベ·らイディヒト] I＊beleidigen (侮辱する)の過分, 3人称単数・2人称複数 現在 II 形 侮辱された. Er ist leicht *beleidigt*. 彼は感情を害しやすい / ein *beleidigtes* Gesicht⁴ machen むっとした顔をする.

be·lei·dig·te [ベ·らイディヒテ] ＊beleidigen (侮辱する)の過去

* *die* **Be·lei·di·gung** [ベ·らイディグング bəláɪdɪɡʊŋ] 女 (単) -/(複) -en 侮辱; 無礼[な言動]. (英 *insult*). 人³ eine *Beleidigung*⁴ zu[fügen 人³を侮辱する / eine *Beleidigung* für das Auge《比》目ざわりなこと.

be·lei·hen* [ベ·らイエン bəláɪən] 他 (h) (物⁴を)担保にお金を貸す.

Be·lei·hung [ベ·らイウング] 女 -/-en 担保貸し付け, 抵当貸し.

be·lem·mert ☞ 新形 **belämmert**

be·le·sen [ベ·れーゼン bəléːzən] 形 (たくさん本を読んで)博識の. Er ist auf diesem Gebiet sehr *belesen*. 彼はこの分野に精通している.

Be·le·sen·heit [ベ·れーゼンハイト] 女 -/ 多読; 博識.

be·leuch·ten [ベ·ろイヒテン bəlɔ́ʏçtən] 他 (h) ① 照らす, 明るくする. die Bühne⁴ mit einem Scheinwerfer *beleuchten* スポットライトで舞台を照らす / Die Straße *ist* schlecht *beleuchtet*.《状態受動・現在》その通りは街灯が少ない. ②《比》解明する, 明らかにする. ein Problem⁴ von allen Seiten *beleuchten* 問題をあらゆる面から解明する.

Be·leuch·ter [ベ·ろイヒタァ bəlɔ́ʏçtər] 男 -s/-《劇・映》照明技師, 照明係.

Be·leuch·tung [ベ·ろイヒトゥング] 女 -/-en 《ふつう単》① 照明, 明かり, ライト; 明るさ. die *Beleuchtung* der Straßen² 街路の照明. ②《比》解明.

be·leum·det [ベ·ろイムデット bəlɔ́ʏmdət] 形 …といううわさ(評判)の. Er ist gut (übel) *beleumdet*. 彼は評判がよい(悪い).

be·leu·mun·det [ベ·ろイムンデット bəlɔ́ʏmʊndət] 形 ＝beleumdet

* **Bel·gi·en** [ベるギエン bélɡiən] 中 (単2) -s/《国名》ベルギー[王国](首都はブリュッセル).

Bel·gi·er [ベるギァァ bélɡiər] 男 -s/- ベルギー人. (女性形は Belgierin).

bel·gisch [ベるギッシュ bélɡɪʃ] 形 ベルギー[人]の.

Bel·grad [ベる・グラート bélɡraːt] 中 -s/《都市名》ベルグラード(旧ユーゴスラヴィア連邦の首都. 別称ベオグラード Beograd).

be·lich·ten [ベ·リヒテン bəlíçtən] 他 (h) 《写》(フィルムなど⁴を)露出する, 感光させる.

Be·lich·tung [ベ·リヒトゥング] 女 -/-en《写》露出.

Be·lich·tungs=mes·ser [ベリヒトゥングス・メッサァ] 男 -s/-《写》露出計.

be·lie·ben [ベ·リーベン bəlíːbən] I 自 (h) 《雅》(人³の)気に入る. Ich tue, was mir *beliebt*. 私は好きなことをする. ◇《非人称の es を主語として》wie es Ihnen *beliebt* ご随意に. II 他 (h) 《zu 不定詞[句]とともに》(皮肉って:)…しがちである. Sie *belieben* zu scherzen! ご冗談でしょう.
◇☞ beliebt

Be·lie·ben [ベ·リーベン] 中 -s/ 好み, 意向. nach *Belieben* 随意に, 自分の好きなように / Das steht ganz in Ihrem *Belieben*. それはまったくあなたのお気持ち次第です.

be·lie·big [ベ·リービヒ bəlíːbɪç] I 形 任意の, 随意の. ein *beliebiges* Beispiel 任意の例. ◇《名詞的に》ein *Beliebiger* (または jeder *Beliebige*) 任意の人が(だれでも). II 副 好きなだけ. *beliebig* lange 好きなだけ長く.

* **be·liebt** [ベ·リープト bəlíːpt] I beliebten (気に入る)の過分

II 形 (比較) beliebter, (最上) beliebtest) ① 人気のある, 好かれている. (英 popular). Dieser Ferienort ist sehr *beliebt*. この行楽地はたいへん人気がある / ein *beliebter* Lehrer 人気のある先生 / Er ist **bei** allen Kollegen *beliebt*. 彼はすべての同僚に好かれている / sich⁴ **bei** 人³ *beliebt* machen 人³にとり入る. ② よく使われる(口実など).

Be·liebt·heit [ベ・リープトハイト] 女 -/ 人気, 人望, 好評.

be·lie·fern [ベ・リーふァァン bə-lí:fərn] 他 (h)(人⁴に品物などを)納める, 納入する. 人⁴ **mit** 物³ *beliefern* 人⁴に物³を納める.

Be·lie·fe·rung [ベ・リーフェルング] 女 -/-en (品物などの)納入, 供給.

Bel·kan·to [ベるカント bɛlkánto] 男 -s/《音楽》ベルカント唱法.

***bel·len** [ベれン bélən] (bellte, *hat* ... gebellt) **I** 自 (定了 haben) ① (犬などが)ほえる. (英 bark). Der Hund *bellte* laut. その犬はやかましくほえた. ②《比》(大砲などが)とどろく. ③《口語・比》(風邪などで)激しくせき込む. ◇『現在分詞の形で』ein *bellender* Husten しきりに出る空(ぐう)せき.
II 他 (定了 haben) (命令など⁴を)どなる.

Bel·let·rist [ベれトリスト bɛletríst] 男 -en/-en (文芸・大衆文学の)作家.

Bel·let·ris·tik [ベれトリスティク bɛletrístik] 女 -/ 文芸, 大衆文学.

bel·let·ris·tisch [ベれトリスティッシュ bɛletrístiʃ] 形 文芸の, 大衆文学の.

bell·te [ベるテ] *bellen (ほえる)の 過去

Be·lo·ben [ベ・ローベン bə-ló:bən] 他 (h)《古》= belobigen

be·lo·bi·gen [ベ・ロービゲン bə-ló:bɪgən] 他 (h)(公的に)賞賛する, 表彰する.

Be·lo·bi·gung [ベ・ロービグング] 女 -/-en 称賛, 賛辞.

be·log [ベ・ローク] *belügen (うそをつく)の 過去

be·lo·gen [ベ・ローゲン] *belügen (うそをつく)の 過分

***be·loh·nen** [ベ・ローネン bə-ló:nən] (belohnte, *hat* ... belohnt) 他 (定了 haben) (人・事⁴に)報いる. (英 reward). Seine Mühe *wurde belohnt*.『受動・過去』彼の苦労は報われた / 人⁴ **für** seine Hilfe *belohnen* 人⁴の助力に報いる / 人⁴ **mit** Undank *belohnen* 人⁴の恩をあだで返す.

be·lohnt [ベ・ローント] *belohnen (報いる)の 過分

be·lohn·te [ベ・ローンテ] *belohnen (報いる)の 過去

***die Be·loh·nung** [ベ・ローヌング bə-ló:nʊŋ] 女 (単) -/(複) -en 報酬, 褒美; 謝礼金, 賞金. (英 reward). eine hohe *Belohnung*⁴ aus|setzen 高い報酬を与える / **als**(または **zur**) *Belohnung* für 事⁴ 事⁴に対する報酬として.

be·lud [ベ・るート] *beladen¹ (積む)の 過去

be·lüf·ten [ベリュふテン bə-lýftən] 他 (h)(部屋など⁴を)換気する.

be·lü·gen [ベ・リューゲン bə-lý:gən] (belog, *hat* ... belogen) 他 (定了 haben) (人⁴に)うそをつく, うそをついてだます. Du *hast* mich *belogen*. 君はぼくにうそをついたね. ◇『再帰的に』sich⁴ selbst *belügen* 思い違いをする.

be·lus·ti·gen [ベ・るスティゲン bə-lústɪgən] **I** 他 (h) 楽しませる, おもしろがらせる. **II** 再帰 (h) sich⁴ *belustigen* ①『sich⁴ **über** 人・事⁴ ~』《雅》(人・事⁴を)からかう, 笑いものにする. ②《古》楽しむ.

Be·lus·ti·gung [ベ・るスティグング] 女 -/-en ① 娯楽, 気晴らし, 楽しい催し. ②『複 なし』楽しんでいること.

Bel·ve·de·re [ベる・ヴェデーレ bɛl-vedé:rə] 中 -[s]/-(s) ① ベルヴェデーレ(見晴らしのよい場所にある宮殿などの名). ② 見晴らし台.

Bem. [ベ・メルクング]《略》 注釈 (=Bemerkung).

be·mäch·ti·gen [ベ・メヒティゲン bə-méçtɪgən] 再帰 (h) sich⁴ 人・物² *bemächtigen*《雅》①(人・物²を力ずくで)わがものとする, 奪取する. Ich *bemächtigte* mich seiner Waffe. 私は彼の武器を取り上げた. ②(感情などが人²を)襲う, 捕える.

be·mä·keln [ベ・メーケるン bə-méːkəln] 他 (h)《口語》(人・物⁴について)けちをつける, あら探しをする.

be·ma·len [ベ・マーれン bə-máːlən] **I** 他 (h) (物⁴に)色を塗る, 彩色する. 物⁴ **mit** Ölfarbe *bemalen* 物⁴に油絵の具を塗る. **II** 再帰 (h) sich⁴ *bemalen*《口語・戯》厚化粧をする.

be·män·geln [ベ・メンゲるン bə-méŋəln] 他 (h) こきおろす, 非難する, とがめる.

be·man·nen [ベ・マンネン bə-mánən] 他 (h) (船など⁴に)乗組員を配置(配備)する. ◇『過去分詞の形で』eine *bemannte* Raumstation 有人宇宙ステーション.

Be·man·nung [ベ・マンヌング] 女 -/-en 乗り組ませること, (船員などの)配置; (配置された)乗組員, クルー, 人員.

be·män·teln [ベ・メンテるン bə-méntəln] 他 (h)《雅》(欠点など⁴を)ごまかす, 隠す. einen Fehler *bemänteln* 誤りを言いつくろう(隠す).

be·merk·bar [ベ・メルクバール] 形 目につく, 認めうる. sich⁴ *bemerkbar* machen a)(身ぶりなどで)人の注意を引く b)表に現れる, 表面化する ⇒ Sein Alter machte sich *bemerkbar*. 彼には老いの兆しが表れた.

‡**be·mer·ken** [ベ・メルケン bə-mérkən] (bemerkte, *hat* ... bemerkt) 他 (定了 haben) ①『**4 格**とともに』(人・物⁴に)気づく. (英 notice). einen Fehler *bemerken* 間違いに気づく / Das Kind *bemerkte* das Auto zu spät. その子供は車に気づくのが遅すぎた.
② (所見・感想として)述べる, 言う. (英 remark). Ich *möchte* dazu *bemerken*, dass … 私はそれに関して…ということを言いたい.

◊〖過去分詞の形で〗nebenbei *bemerkt* ついて言うと.

be·mer·kens≠wert [ベメルケンス・ヴェーアト] I 形 注目すべき, 目だつ; 重要な, すばらしい. eine *bemerkenswerte* Leistung 注目すべき業績. II 副 目だって, 非常に.

be·merkt [ベ・メルクト] *bemerken (気づく)の 過分, 3人称単数・2人称複数 現在

be·merk·te [ベ・メルクテ] *bemerken (気づく)の 過去

* *die* **Be·mer·kung** [ベ・メルクング bəmérkuŋ] 女 (単) -/(複) -en コメント, (短い)発言, 覚え書き, 注釈. (略: Bem.). (英 *comment*). eine treffende *Bemerkung* 的確なコメント / eine *Bemerkung*⁴ über 人・事⁴ machen 人・事⁴についてコメントする.

be·mes·sen* [ベ・メッセン bə-mésən] I 他 (h) 見積もる, 算定する, 割り当てる. Meine Zeit *ist* nur kurz *bemessen*. 〖状態受動・現在〗私は時間があまりない. ◊〖過去分詞の形で〗eine genau *bemessene* Dosis 正確に量った薬の服用量. II 再帰 (*sich*⁴ *nach* 事³ ~) 〖雅〗³に従って)算定される.

be·mit·lei·den [ベ・ミットライデン bə-mítlaɪdən] 過分 bemitleidet 他 (h) (人⁴に)同情する, 哀れむ.

be·mit·lei·dens≠wert [ベミットらイデンス・ヴェーアト] 形 同情すべき.

be·mit·telt [ベ・ミッテるト bə-mítəlt] 形 財産のある, 裕福な.

be·moost [ベ・モースト bə-móːst] 形 苔(ご)の生えた; 〈比〉古参の. ein *bemoostes* Haupt a) 〈学生言葉〉古株の学生, b) 老紳士.

***be·mü·hen** [ベ・ミューエン bə-mýːən] (bemühte, *hat* bemüht) I 再帰 (完了 haben) *sich*⁴ bemühen ① 努力する, 骨折る. (英 take trouble). *sich*⁴ redlich bemühen 大いに骨を折る / Bitte, *bemühen* Sie *sich* nicht! どうぞお構いなく / Ich *habe* mich wirklich *bemüht*, ihm zu helfen. 私は彼を助けようとほんとに骨を折った / *sich*⁴ **um** 人・物⁴ *bemühen* a) 人・物⁴を得ようと努力する, b) 人・物⁴の世話をする, 面倒をみる ⇒ Er bemühte sich um ihr Vertrauen. 彼は彼女の信頼を得ようと努めた / Sie *bemühte sich* um den Kranken. 彼女は病人の世話をした. ②〖方向を表す語句とともに〗〖雅〗(…へ)わざわざ出かける. Wollen Sie *sich* bitte **ins** Nebenzimmer *bemühen*? 隣りの部屋へお越しいただけませんか.
II 他 (完了 haben) 〖雅〗わずらわす, (人に)苦労をかける. *Darf* ich Sie noch einmal *bemühen*? もう一度お手数をかけてよろしいでしょうか.

be·müht [ベ・ミュート] I *bemühen (再帰 で: 努力する)の 過分, 3人称単数・2人称複数 現在 II 形 〖成句的に〗*bemüht* sein, **zu** 不定詞〖句〗…しようと努力する. Er ist *bemüht*, ihre Wünsche zu erfüllen. 彼は彼女の願いをかなえてやろうと骨折っている.

be·müh·te [ベ・ミューテ] *bemühen (再帰 で: 努力する)の 過去

* *die* **Be·mü·hung** [ベ・ミューウング bəmýːʊŋ] 女 (単) -/(複) -en ①〖ふつう 複〗努力, 骨折り. (英 *effort*). Ich danke Ihnen für Ihre *Bemühungen*. あなたのご尽力に感謝します. ②〖複 で〗(医者・弁護士などの)手数料. ärztliche *Bemühungen* 医者の治療費.

be·mü·ßigt [ベ・ミュースィヒト bə-mýːsɪçt] 形 〖成句的に〗*sich*⁴ *bemüßigt* fühlen, **zu** 不定詞〖句〗〖雅〗…する義務があると思う. Ich fühlte mich *bemüßigt*, sie nach Hause zu begleiten. 私は彼女を家に送って行かないわけにはいかなかった.

be·mut·tern [ベ・ムッタァン bə-mútərn] 他 (h) (人⁴を)母親のように世話する(面倒をみる).

be·nach·bart [ベ・ナハバールト bə-náxbaːrt] 形 近所の; 隣接した.

be·nach·rich·ti·gen [ベ・ナーハリヒティゲン bə-náːxrɪçtɪɡən] 過分 benachrichtigt 他 (h) (人⁴に)知らせる, 報告する. die Polizei⁴ **von** dem Unfall *benachrichtigen* 警察に事故を通報する.

Be·nach·rich·ti·gung [ベ・ナーハリヒティグング] 女 -/-en 報告すること, 通知, 知らせ.

be·nach·tei·li·gen [ベ・ナーハタイリゲン bə-náːxtaɪlɪɡən] 過分 benachteiligt 他 (h) 不利に扱う, 冷遇する. ◊〖過去分詞の形で〗Ich fühle mich dabei *benachteiligt*. 私はそのことでは不利な扱いを受けていると感じている.

Be·nach·tei·li·gung [ベ・ナーハタイリグング] 女 -/-en 不利益(損害)を与える(被る)こと; 不利, 損.

be·nahm [ベ・ナーム] *benehmen (再帰 で: ふるまう)の 過去

be·ne·beln [ベ・ネーベるン bə-néːbəln] 他 (h) (酒などが人⁴を)ぼうっとさせる, 酔わせる.

Be·ne·dikt [ベーネディクト béːnɪdkt] -s/-
①〖男名〗ベネディクト. ②〖人名〗(ヌルシアの)ベネディクトゥス(480?-543; ベネディクト会の創立者).

Be·ne·dik·ti·ner [ベネディクティーナァ benedɪktíːnər] 男 -s/- ①〖カトリック〗ベネディクト会修道士. (注 女性形は Benediktinerin). ②ベネディクティン酒(リキュールの一種).

Be·ne·fiz [ベネフィーツ benefíːts] 中 -es/-e 〖劇〗(名優のための)特別[顕彰]公演; (困窮している出演者に収益を渡すための)慈善(友情)公演.

Be·ne·fiz≠kon·zert [ベネフィーツ・コンツェルト] 中 -[e]s/-e チャリティーコンサート.

Be·ne·fiz≠spiel [ベネフィーツ・シュピーる] 中 -[e]s/-e チャリティーマッチ, 慈善試合.

be·neh·men [ベ・ネーメン bə-néːmən] du benimmst, er benimmt (benahm, *hat* benommen) I 再帰 (完了 haben) *sich*⁴ *benehmen* (…に)ふるまう, (…の)態度をとる. (英 *behave*). Er *hat* sich höflich *benommen*. 彼は彼女に対し礼儀正しくふるまった / Benimm dich! (子供に向かって)お行

◇☞ **benommen**

儀よくなさい / Er weiß *sich* zu benehmen. 彼は作法を心得ている．**II** 他 (完了 haben)《雅》(人³から物⁴を)奪う，奪い取る．Der Nebel benahm mir die Sicht. 霧のために視界が利かなくなった．
◇☞

Be·neh·men [ベ・ネーメン] 中 -s/ ① ふるまい，態度，作法．Er hat kein *Benehmen*. 彼は礼儀作法を知らない．② 《成句的に》 sich⁴ **mit** 人³ ins *Benehmen* setzen 《書》人³と折り合う，協調する．

***be·nei·den** [ベ・ナイデン bə-náidən] du beneidest, er beneidet (beneidete, *hat ...* beneidet) 他 (完了 haben) うらやむ，ねたむ．(英 envy). Ich *beneide* ihn **um** sein Glück (**wegen** seines Erfolges). 私は彼の幸運(彼の成功)がうらやましい / Er ist nicht zu *beneiden*. 彼のようにはなりたくない．

be·nei·dens=wert [ベナイデンス・ヴェーァト] 形 うらやむべき，うらやましい．

be·nei·det [ベ・ナイデット] *beneiden (うらやむ)の過分

be·nei·de·te [ベ・ナイデテ] *beneiden (うらやむ)の過去

Be·ne·lux=staa·ten [ベーネルクス・シュターテン] 複 ベネルクス三国 (1947年に関税同盟を結んだベルギー・オランダ・ルクセンブルク)．

be·nen·nen* [ベ・ネンネン bə-nénən] 他 (h) ① 名づける，命名する．Sie *wurde* **nach** ihrer Tante *benannt*. 《受動·過去》 彼女はおばにちなんで命名された．② (人⁴の)名前をあげる; 指名する．人⁴ **als** Kandidaten *benennen* 人⁴を候補者として指名する．

Be·nen·nung [ベ・ネンヌング] 女 -/-en ① 〔複 なし〕 命名; 指名．② 名前，名称．

be·net·zen [ベ・ネッツェン bə-nétsən] 他 (h) 《雅》(軽く)ぬらす，湿らす．

ben·ga·lisch [ベンガーリッシュ bɛŋgáːlɪʃ] 形 ベンガルの．*bengalisches* Feuer ベンガル花火．

Ben·gel [ベンゲる béŋəl] 男 -s/- (口語·北ド: -s) ① 若造; 腕白小僧．② 《方》棍棒(ﾞﾗ)．

be·nimm [ベ・ニム] *benehmen (再帰で: ふるまう)の du に対する命令

be·nimmst [ベ・ニムスト] *benehmen (再帰で: ふるまう)の2人称単数現在

be·nimmt [ベ・ニムト] *benehmen (再帰で: ふるまう)の3人称単数現在

Ben·ja·min [ベンヤミーン bénjamiːn] I -s/ 《男名》 ベンヤミーン．② 《人名》 ベンヤミーン (Walter *Benjamin* 1892–1940; ユダヤ系のドイツの思想家·批評家)．**II** 男 -s/-e 《戯》(男の)末っ子．

Benn [ベン] 男 -s/ 《人名》 ベン (Gottfried *Benn* 1886–1956; ドイツの詩人·評論家)．

Ben·no [ベンノ béno] -s/ 《男名》 ベンノ (Bernhard の短縮)．

be·nom·men [ベ・ノンメン] I *benehmen (再帰で: ふるまう)の過分 **II** 形 (意識が)もうろうとした;《医》昏蒙(ﾞﾃﾞ)の．

Be·nom·men·heit [ベ・ノンメンハイト] 女 -/

意識もうろう;《医》昏蒙(ﾞﾃﾞ)．

be·no·ten [ベ・ノーテン bə-nóːtən] 他 (h) 《官庁》(答案などを)採点する，評価する．

be·nö·ti·gen [ベ・ネーティゲン bə-nöːtɪgən] 他 (h) 必要とする．Ich *benötige* deine Hilfe. ぼくは君の助力が必要だ．

be·nutz·bar [ベ・ヌッツバール] 形 使用(利用)できる．

*•**be·nut·zen** [ベ・ヌッツェン bə-nútsən] du benutzt (benutzte, *hat ...* benutzt) 他 (完了 haben) 使用する，利用する．(英 use). ein Werkzeug⁴ *benutzen* 道具を使う / Darf ich mal Ihr Telefon *benutzen*? ちょっと電話をお借りしていいですか / ein Taxi⁴ *benutzen* タクシーを利用する / 人·事⁴ **als** Vorwand *benutzen* 人·事⁴を口実に使う / den freien Tag **für** den Ausflug (**zum** Lesen) *benutzen* 休日を遠足に(読書に)使う．(☞ 類語 gebrauchen)．

be·nüt·zen [ベ・ニュッツェン bə-nýtsən] 他 (h) 《方》 =benutzen

Be·nut·zer [ベ・ヌッツァァ bə-nútsər] 男 -s/- 利用(使用)者．(☞ 女性形は Benutzerin)．

be·nut·zer=freund·lich [ベヌッツァァ・フロイントりヒ] 形 利用者にやさしい，ユーザーフレンドリーな．

be·nutzt [ベ・ヌッツト] *benutzen (使用する)の過分

be·nutz·te [ベ・ヌッツテ] *benutzen (使用する)の過去

* *die* **Be·nut·zung** [ベ・ヌッツング bə-nútsuŋ] 女 〔単〕 -/ 使用，利用．(英 use). die *Benutzung* öffentlicher Verkehrsmittel² 公共交通機関の利用 / 人³ einen Raum **zur** *Benutzung* an|weisen 人³に使うべき部屋を割り当てる．

Be·nüt·zung [ベ・ニュッツング] 女 -/ 《方》 =Benutzung

Benz [ベンツ bénts] **I** -[ens]/《人名》 ベンツ (Carl Friedrich *Benz* 1844–1929; ガソリン自動車発明者の一人)．**II** 男 -/- 《口語》 [メルセデス·] ベンツ (=Mercedes-*Benz*) (自動車の名)．

* *das* **Ben·zin** [ベンツィーン bɛntsíːn] 中 〔単 2) -s/(種類を表すときのみ: 複) -e《化》ガソリン; ベンジン．(英 gasoline). Der Motor frisst viel *Benzin*. このエンジンはやたらガソリンをくう．

Ben·zin=ka·nis·ter [ベンツィーン·カニスタァ] 男 -s/- 携帯用のガソリンタンク．

Ben·zol [ベンツォール bɛntsóːl] 中 -s/ (種類:) -e《化》ベンゾール．

: **be·obach·ten** [ベ・オーバハテン bə-óːbaxtən] du beobachtest, er beobachtet (beobachtete, *hat ...* beobachtet) 他 (完了 haben) ① 観察する，観測する; 監視する．(英 *observe*). Er *beobachtet* gern die Vögel. 彼は鳥を観察するのが好きだ / Der Polizist *beobachtet* den Verkehr. 警察が交通を監視している．(☞ 類語 sehen)．

② (事⁴に)気づく，見てとる．Das *habe* ich

Beobachter

noch nie an ihr *beobachtet*. 彼女のそういう点に私は一度も気づかなかった. ③《雅》(規則など⁴を)守る. die Gesetze⁴ *beobachten* 法律を守る.

Be·obach·ter [ベ・オーバハタァ bə-ó:baxtər] 男 -s/- 観察者; 目撃者; オブザーバー.

be·obach·tet [ベ・オーバハテット] *beobachten (観察する)の過去分詞, 3人称単数・2人称複数現在

be·obach·te·te [ベ・オーバハテテ] *beobachten (観察する)の過去

***die Be·obach·tung** [ベ・オーバハトゥング bə-ó:baxtuŋ] 女(単)-/(複)-en ① **観察; 監視**. (英 *observation*). genaue *Beobachtungen*⁴ an|stellen 詳しく観察する / Er steht unter polizeilicher *Beobachtung*. 彼は警察の監視下にある. ② 観察結果. ③《雅》(規則などの)遵守.

be·or·dern [ベ·オルダァン bə-órdərn] 他 (h) ① (人⁴に…へ)行け(来い)と指示する. ②《zu 不定詞句》(…するように)命じる.

be·pa·cken [ベ·パッケン bə-pákən] 他 (h) (車などに)荷を積む, (人⁴に)荷を負わせる. das Auto⁴ mit 物³ *bepacken* 車に物³を積む.

be·pflan·zen [ベ·ぷふらンツェン bə-pflántsən] 他 (h) (庭などに)植えつける. den Garten mit Blumen *bepflanzen* 庭に花を植えつける.

be·pflas·tern [ベ·ぷふらスタァン bə-pflástərn] 他 (h) ①《口語》(傷口などに)こう薬を貼(は)る. ②(道路などを)舗装する. ③《兵隊言葉》(物⁴に)集中砲火を浴びせる.

***be·quem** [ベ·クヴェーム bə-kvé:m] 形 ① **快適な, 心地よい, 楽な**. (英 *comfortable*). ein *bequemer* Sessel 座り心地のよいいす / ein *bequemer* Weg 歩きやすい道 / Machen Sie es sich³ *bequem*! どうぞお楽に. (英 es は形式目的語).

② **容易な, 苦労のない**. In einer Stunde können wir *bequem* dort sein. そこには1時間もあれば楽々行けます. ③ **不精な, 怠惰な**. ein *bequemer* Mensch 不精者.

類語 **bequem**: (使用目的にかない, 苦痛を与えなくて)楽な. **behaglich**: (身心の緊張感から解かれて)安楽な, くつろいだ. Ich fühle mich hier sehr *behaglich*. ここで私はとてものんびりした気分だ. **gemütlich**: (情緒的な落ち着きを表して)気楽な, ゆっくりとした. Wir plauderten *gemütlich* miteinander. 私たちはお互いにくつろいでおしゃべりをした. **angenehm**: (感覚的に)好ましく快適な. Das war eine *angenehme* Reise. それは楽しい旅行だった.

be·que·men [ベ·クヴェーメン bə-kvé:mən] 再帰 (h)《sich⁴ zu 事³ ~》《雅》(事³を)やっとする気になる.

Be·quem·lich·keit [ベ·クヴェームりヒカイト] 女 -/-en ① 便利(快適)な設備, 便利さ, 快適さ. ②《複なし》怠惰, なまけ, 不精. aus *Bequemlichkeit* 怠惰から.

be·rap·pen [ベ·ラッペン bə-rápən] 他 (h) 《俗》(借金などを)しぶしぶ払う.

be·rät [ベ·レート] *beraten¹ (助言する)の3人称単数現在

be·ra·ten¹ [ベ·ラーテン bə-rá:tən] du berätst, er berät (beriet, hat … beraten) I 他 (完了 haben) ①(人³に)助言する, 忠告する. (英 *advise*). Wir *beraten* Sie beim Einkauf. 私たちがあなたの買い物の助言をしましょう / sich⁴ von 人³ *beraten lassen* 人³の助言を求める / Damit bist du gut *beraten*.《状態受動·現在》《口語》そうしたほうがいいよ. ◇《現在分詞の形で》人³ *beratend* zur Seite stehen 人³の相談にのってあげる. ein Gesetz⁴ *beraten* 法案を審議する. II 自 (完了 haben)《über 事⁴ ~》(事⁴について)協議(相談)する.

III 再帰 (完了 haben)《sich⁴ [mit 人³] ~》([人³]と)相談(協議)する. Darüber muss ich *mich* mit meiner Frau *beraten*. それについては私は妻と相談しなければならない.

be·ra·ten² [ベ·ラーテン] *beraten¹ (助言する)の過去分詞

Be·ra·ter [ベ·ラータァ bə-rá:tər] 男 -s/- 助言者, 顧問, コンサルタント. (英 女性形は Beraterin).

be·rat·schla·gen [ベ·ラートシュらーゲン bə-rá:t-ʃla:gən] (beratschlagte, hat … beratschlagt) I 他 (h) 協議する. II 自 (h)《über 事⁴ ~》(事⁴について)協議(相談)する.

Be·rat·schla·gung [ベ·ラートシュらーグング] 女 -/-en 協議, 相談, 会議.

be·rätst [ベ·レーツト] *beraten¹ (助言する)の2人称単数現在

***die Be·ra·tung** [ベ·ラートゥング bə-rá:tuŋ] 女(単)-/(複)-en ① **助言**, アドヴァイス; **相談[所]**. (英 *advice*). Eheberatung 結婚相談[所] / fachärztliche *Beratung* 専門医の診察. ② 協議, 審議.

be·rau·ben [ベ·ラオベン bə-ráubən] 他 (h) (人³から)持ち物を奪う. Ich möchte Sie nicht *berauben*. こんなものをいただいてよろしいのでしょうか(←強要するつもりはない) / 人⁴ 物² *berauben*《雅》人⁴から物²を奪う. 人⁴ seiner Freiheit² *berauben*《雅》人⁴の自由を奪う.

Be·rau·bung [ベ·ラオブング] 女 -/-en 強奪する(される)こと.

be·rau·schen [ベ·ラオシェン bə-ráuʃən] I 他 (h)《雅》酔わせる;《比》うっとりさせる. Sein Vortrag *berauschte* die Zuhörer. 彼の講演は聴衆をうっとりさせた. ◇《現在分詞の形で》*berauschende* Getränke 酒類 / Das war nicht *berauschend*.《口語·比》それほたいしたことはなかった(まあまあだった). II 再帰 (h)《sich⁴ an 物³ ~》《雅》(物³に)酔う;《比》(物³に)うっとりする. Ich *berauschte mich* an dem Anblick. 私はその眺めにうっとりした.

Be·rau·schung [ベ·ラオシュング] 女 -/-en 酔い, 陶酔.

be·re·chen·bar [ベ・レッヒェンバール] 形 計算(算定)できる; 予測できる.

be·rech·nen [ベ・レヒネン bə-réçnən] 他 (h) ① (費用・時間など^{4}を)算出する, 計算する;《比》(効果など^{4}をあらかじめ)考量する. die Kosten^4 *berechnen* 費用を計算する / den Umfang eines Dreiecks *berechnen* 三角形の周囲を算出する. ② ([人^{3}に]物^{4}の)代金を請求する. Wie viel *berechnen* Sie mir? いくらですか. ③《A^4 **auf**(または**für**)B^4 ～》(A^{4}をB^{4}と)見積もる. Der Aufzug *ist* für sechs Personen *berechnet*.《状態受動・現在》このエレベーターは6人乗りだ.

be·rech·nend [ベ・レヒネント] I berechnen(算出する)の 現分 II 形 打算的な, 計算ずくの.

Be·rech·nung [ベ・レヒヌング] 女 -/-en ① 計算, 見積り. *Berechnungen*^{4} an|stellen 計算する / **nach** meiner *Berechnung* 私の見積りによれば. ②《複 なし》打算. **aus** *Berechnung* handeln 打算から行動する.

***be·rech·ti·gen** [ベ・レヒティゲン bə-réçtıgən] (berechtigte, *hat*...berechtigt) 他 (定了 haben)《人^4 **zu** 事^3 ～》(人^{4}に事^{3}をする)**権利(資格)を与える**.(英 entitle). Seine Erfahrung *berechtigt* ihn zu dieser Kritik. 彼は経験を積んでいるのでこのような批判をする資格がある.◇《目的語なしでも》Der Ausweis *berechtigt* zu freiem Eintritt. この身分証明書で自由に入場できます.

be·rech·tigt [ベ・レヒティヒト] I *berechtigen(権利を与える)の 過分 II 形 権利(資格)のある; 正当な. Er ist *berechtigt*, das zu tun. 彼はそれをする資格がある.

be·rech·tig·te [ベ・レヒティヒテ] *berechtigen(権利を与える)の 過去

Be·rech·tig·te[r] [ベ・レヒティヒテ (..タァ) bə-réçtıçtə (..tər)] 男 女《語尾変化は形容詞と同じ》有資格者, 有権者.

Be·rech·ti·gung [ベ・レヒティグング] 女 -/-en《ふつう 単》① 権利, 資格;(官庁の)認可. **ohne** *Berechtigung* 資格なしに. ② 正当性, 正しさ, 根拠.

be·re·den [ベ・レーデン bə-ré:dən] I 他 (h) ①(事^{4}について)話し合う, 協議(相談)する. ②《人^4 **zu** 事^3 ～》(人^{4}にする事^{3}をするように)説得する.◇《**zu** 不定詞(句)とともに》Er beredete mich, den Vorschlag anzunehmen. 彼は私にその申し出を受け入れるように勧めた.《人・事^{4}のことを》けなす. II 再帰 (h)《*sich*^{4} [**mit** 人^3] ～》([人^{3}と]相談(協議)する.

be·red·sam [ベ・レートザーム] 形 話し好きな, おしゃべりな.

Be·red·sam·keit [ベ・レートザームカイト] 女 -/ 雄弁[術].

be·redt [ベ・レート bə-ré:t] 形 雄弁な, 能弁な. ein *beredter* Anwalt 能弁な弁護士 / ein *beredtes* Schweigen《比》意味深長な沈黙.

* *der* **Be·reich** [ベ・ライヒ bə-ráıç] 男(まれに 中)(単2) -[e]s/(複) -e (3格のみ -en)(英 area) ① 地域, 区域. im *Bereich* der Stadt^2 市街区に. ②(活動・勢力などの)範囲, 領域, 分野. **im** *Bereich* der Wissenschaft^2 学問の分野で / Das fällt nicht in meinen *Bereich*. それは私の領分でない.

be·rei·chern [ベ・ライヒァン bə-ráıçərn] I 他 (h)(知識など^{4}を)豊かにする, (人^{4}の)心を豊かにする. den Wortschatz *bereichern* 語彙(ごい)を豊富にする. II 再帰 (h)《*sich*^{4} [**an** 人・事^3] ～》([人・物^{3}を利用して]私腹を肥やす.

Be·rei·che·rung [ベ・ライヒェルング] 女 -/-en《ふつう 単》① 豊かにすること; 私腹を肥やすこと. ② 利得, 利益.

be·rei·fen [ベ・ライフェン bə-ráıfən] 他 (h) (自動車など^{4}に)タイヤを取り付ける.

be·reift [ベ・ライフト bə-ráıft] 形 霜で覆われた.

Be·rei·fung [ベ・ライフング] 女 -/-en(自動車の)タイヤ[一式].

be·rei·ni·gen [ベ・ライニゲン bə-ráınıgən] I 他 (h)(事件・問題など^{4}を)解決する, (紛争など^{4}を)処理する;《比》(テキストなど^{4}の)誤りを訂正する. II 再帰 (h) sich^4 *bereinigen*(問題などが)解決する.

Be·rei·ni·gung [ベ・ライニグング] 女 -/-en (事件・問題などの)解決;(困難などの)除去.

be·rei·sen [ベ・ライゼン bə-ráızən] 他 (h)(ある地域^{4}を)旅行して回る.

***be·reit** [ベ・ライト bə-ráıt]

用意のできた　Bist du *bereit*?
ビスト　ドゥ　ベライト
用意はできたかい.

形 (英 ready) ① 用意のできた, 準備のできた. Das Essen ist schon *bereit*. 食事の用意はもうできています / *sich*^{4} *bereit* halten (新刊) *bereithalten* 用意(準備)している / Wir sind zur Abfahrt *bereit*. 私たちは出発の準備ができています.

②《**zu** 事^3 ～》(事^{3}を)進んでする, (事^{3}に対して)心構えができている. Bist du zu allem *bereit*? 君は何でもする覚悟ができているのかい / sich^4 **zu** 事^3 *bereit* erklären(または finden)事^{3}をする気があると言う.◇**zu** 不定詞[句]とともに》Er ist *bereit*, mir zu helfen. 彼は進んで私の手伝いをしてくれる.

..be·reit [..ベライト ..bərait] 形容詞をつくる 接尾 ①《用意のできた》例: reise*bereit* 旅支度のできた. ②《応じる意志のある》例: kompromiss*bereit* 妥協の気持ちのある.

***be·rei·ten**^{1} [ベ・ライテン bə-ráıtən] du bereitest, er bereitet (bereitete, *hat*...bereitet) I 他 (定了 haben) ①(食事など^{4}を)**用意(準備)する**.(英 prepare). das Abendessen^4 *bereiten* 夕食の用意をする / 人^3 ein Bett^4 *bereiten* 人^{3}のベッドをしつらえる. ②(人^{3}に喜び・悲しみなど^{4}を)もたらす. 人^3 Freude^4 *bereiten* 人^{3}を喜ばす.

II 再帰 (定了 haben)《*sich*^{4} **zu** 事^3 ～》《雅》(事^{3}の)準備(心構え)をする. *sich*^{4} zum Ster-

be·rei·ten² [ベ・ライテン] 他 ① (馬⁴を)調教する. ② (ある地域⁴を)馬で回る.
be·rei·tet [ベ・ライテット] *bereiten (用意する) の 過分
be·rei·te·te [ベ・ライテテ] *bereiten (用意する) の 過去
be·reit|ha·ben* [ベライト・ハーベン] bəráithàːbən] 他 (h) (すぐに使えるように)用意(準備)している. Er *hat* stets eine Entschuldigung *bereit*. 彼はいつも何か言い訳を用意している.
be·reit|hal·ten* [ベライト・ハルテン bəráithàltən] I 他 (h) (すぐに使えるように)用意(準備)しておく. das Geld⁴ *bereithalten* お金を用意しておく. II 再帰 (h) *sich*⁴ *bereithalten* 用意(準備)している.
be·reit|ma·chen [ベライト・マッヘン bəráitmàxən] I 他 (h) (すぐに使えるように)用意(準備)する. Ich *habe* dir das Bad *bereitgemacht*. 君のためにふろの用意をしておいたよ. II 再帰 (h) 《*sich*⁴ **für** 事³ (または **zu** 事³) ~》(事³の)用意(準備)をする. *sich*⁴ für die Abreise (または zur Abreise) *bereitmachen* 出発の準備をする.

***be·reits** [ベ・ライツ bə-ráits] 副 ① すでに, もう. (英 *already*). Ich habe *bereits* gegessen. 私はもう食事をすませた / Er wusste es *bereits*. 彼はすでにそれを知っていた. ② 《南西部ドッ, スィン》ほとんど, ほぼ.

Be·reit·schaft [ベ・ライトシャフト] 女 -/-en ① 《ふつう 単》用意, 準備; 待機. in *Bereitschaft* stehen 待機している / 物⁴ in *Bereitschaft* haben 物⁴を用意している / Welcher Arzt hat heute Nacht *Bereitschaft*? どの医者が今晩当直ですか. ② (警察の)機動隊.
Be·reit·schafts·**dienst** [ベライトシャフツ・ディーンスト] 男 -[e]s/-e (病院の)救急業務; (警察などの)待機業務.
Be·reit·schafts·**po·li·zei** [ベライトシャフツ・ポリツァイ] 女 -/ (警察の)機動隊.
be·reit|ste·hen* [ベライト・シュテーエン bəráit-ʃtè:ən] 自 (h) (すぐに使えるように)用意(準備)ができている, (乗り物などに)待機している. Der Wagen *steht bereit*. 車は待機しています.
be·reit|stel·len [ベライト・シュテレン bəráitʃtèlən] 他 (h) (すぐに使えるように)資金・品物など⁴を用意(準備)する, (乗り物など⁴を)待機させる.
Be·rei·tung [ベ・ライトゥング] 女 -/ 《書》調製, 調合; 用意, 準備.
be·reit|wil·lig [ベライト・ヴィリヒ] 形 進んで(喜んで)する気のある, 乗り気の. ein *bereitwilliger* Helfer 進んで協力する人.
Be·reit·wil·lig·keit [ベライト・ヴィリヒカイト] 女 -/ 進んで(喜んで)する気持ち, 乗り気.

***be·reu·en** [ベ・ロイエン bə-rɔ́yən] (bereute, *hat*...bereut) 他 (定て) 事⁴を 後悔する, 悔いる. Er *bereute* diese Tat. 彼はこの行為を後悔した / Ich *bereue* nicht, das Auto gekauft zu haben. 私はこの車を買ったことを後悔していない.
be·reut [ベ・ロイト] *bereuen (後悔する)の 過分
be·reu·te [ベ・ロイテ] *bereuen (後悔する)の 過去

***der* Berg** [ベルク bérk]

> 山 Wir fahren heute in die *Berge*.
> ヴィア ファーレン ホイテ インディ ベルゲ
> 私たちはきょう山へ行きます.

男 (単 2) -es (まれに -s)/(複) -e (3格のみ -en) (英 *mountain*) ① 山; 《覆い》山岳[地帯]. (《ご》「谷」は Tal). Eis*berg* 氷山 / ein hoher *Berg* 高い山 / ein steiler *Berg* 険しい山 / die Spitze des *Berges* 山の頂 / einen *Berg* besteigen 山に登る / 人³ goldene *Berge*⁴ versprechen 《比》人³にできもしない約束をする(←金の山をあげると約束する) / Der Glaube versetzt *Berge*. 《聖》信仰は山をも動かす(マタイ伝17, 20).
◇《前置詞とともに》**auf** einen *Berg* steigen 山に登る / mit 事³ **hinter** dem *Berg* halten 事³(真実など)を隠している / **in** die *Berge* fahren 山へ行く / **über** *Berg* und Tal 山越え谷越え / Der Kranke ist über den *Berg*. 《口語》その病人の容態は峠を越えた(危機を脱した) / [längst] **über** alle *Berge* sein 《口語》とっくに逃げのびている / Mir standen vor Schreck die Haare **zu** *Berge*. 《口語》驚きのあまり私は身の毛がよだつ思いをした.
② 積み重なり, 大量. *Berge* von Abfall ごみの山.

類語 der **Berg**: (ふつうの意味での)山. das **Gebirge**: (多くの山からなる)山地, 山脈. Das Dorf liegt hoch oben im *Gebirge*. その村は高い山地の中にある. der **Hügel**: 丘, 丘陵.
----

berg=ab [ベルク・アップ] 副 山を下って, 下方へ. berg*ab* steigen 山を下る / Mit ihm geht es *bergab*. 《比》彼の健康(経済)状態は下り坂だ.
Berg=aka·de·mie [ベルク・アカデミー] 女 -/-n 〈..ミーエン〉鉱山大学.
berg=an [ベルク・アン] 副 山を登って, 上方へ. Die Straße steigt *bergan*. 道路は上りになっている.
Berg=ar·bei·ter [ベルク・アルバイタァ] 男 -s/- 鉱山労働者, 坑夫.
berg=auf [ベルク・アオふ] 副 山を登って, 上方へ. berg*auf* steigen 山を登る / Mit dem Patienten geht es *bergauf*. 《比》その患者の容態は上向きだ.
Berg=bahn [ベルク・バーン] 女 -/-en 登山鉄道.
Berg=**bau** [ベルク・バオ] 男 -[e]s/ 採鉱, 鉱業.
Berg=**be·woh·ner** [ベルク・ベヴォーナァ] 男 -s/- 山地の住民.
ber·gen* [ベルゲン bérgən] du birgst, er birgt (barg, *hat*...geborgen) 他 (h) ① 救助する; 安全な場所に移す, 収容する. Verunglückte⁴

bergen 遭難者を救助する. ② 《雅》（安全のために）隠す, かくまう. Die Hütte *barg* sie **gegen** das Unwetter. その山小屋は彼らをあらしから守った. ③ 《雅》含んでいる, 所蔵している.
◇☞ geborgen

Berg⹀fahrt [ベルク・ファールト] 囡 -/-en ①（川船の）巡行(じゅんこう). ②（乗り物での）登山.

Berg⹀fried [ベルク・フリート] 男 -[e]s/-e（中世の）城砦(じょうさい)の塔.（☞ Burg 図）.

Berg⹀füh·rer [ベルク・フューラァ] 男 -s/- ① 登山ガイド, 山案内人. ② 登山ガイドブック.

Berg⹀gip·fel [ベルク・ギプフェる] 男 -s/- 山頂.

ber·gig [ベルギヒ bérgɪç] 形 山の多い.

Berg⹀kamm [ベルク・カム] 男 -[e]s/..kämme 山の背, 尾根.

Berg⹀ket·te [ベルク・ケッテ] 囡 -/-n 山脈, 連山.

Berg⹀krank·heit [ベルク・クランクハイト] 囡-/《医》高山病, 山岳病.

Berg⹀kris·tall [ベルク・クリスタる] 男 -s/-e《鉱》水晶.

Berg⹀mann [ベルク・マン] 男 -[e]s/..leute（まれに ..männer）鉱山労働者, 坑夫.

berg⹀män·nisch [ベルク・メニッシュ] 形 鉱山労働者(坑夫)の.

Berg⹀not [ベルク・ノート] 囡 -/ 山での遭難. **in** *Bergnot* geraten 山で遭難する.

Berg⹀pre·digt [ベルク・プレーディヒト] 囡 -/《キリスト教》（キリストの）山上の垂訓(すいくん)（マタイによる福音書5-7章）.

Berg⹀rü·cken [ベルク・リュッケン] 男 -s/- 山の背, 尾根.

Berg⹀rutsch [ベルク・ルッチュ] 男 -es/-e 山崩れ, 山津波, 地滑り.

Berg⹀schuh [ベルク・シュー] 男 -[e]s/-e 登山靴.（☞ Schuh 図）.

berg·stei·gen[*] [ベルク・シュタイゲン bérkʃtaɪgən] 自 (s, h)《不定詞・分詞でのみ用いる》登山をする.

Berg⹀stei·gen [ベルク・シュタイゲン] 中 -s/ 登山.

Berg⹀stei·ger [ベルク・シュタイガァ] 男 -s/- 登山家, アルピニスト.（☞ 女性形は Bergsteigerin）.

Berg⹀sturz [ベルク・シュトゥルツ] 男 -es/..stürze 山崩れ, 山津波（=Bergrutsch）.

Berg-und-Tal-Bahn [ベルク・ウント・ターる・バーン] 囡 -/-en ジェットコースター（ただし8の字形のジェットコースターは Achterbahn）.

Ber·gung [ベルグング] 囡-/-en 救助, 救出.

Berg⹀wacht [ベルク・ヴァハト] 囡 -/ 山岳遭難対策組織.

Berg⹀werk [ベルク・ヴェルク] 中 -[e]s/-e 鉱山, 鉱業所.

Be·ri·be·ri [ベリ・ベーリ beri-bé:ri] 囡 -/《医》かっけ(脚気).

:*der* **Be·richt** [ベ・リヒト bə·ríçt] 男（単2）-[e]s/（複）-e（3格のみ -en）報告[書], 報道[記事]. (《英》*report*). Erlebnis*bericht* 体験ルポルタージュ / ein mündlicher (schriftlicher) *Bericht* 口頭(文書)による報告 / einen *Bericht* ab|fassen 報告書を作成する / dem *Bericht* unseres Korrespondenten zufolge… われわれ特派員の報告によれば… / einen *Bericht* **über** 人⁴（または **von** 人³）geben 人⁴（または人³）について報告する / *Bericht*⁴ über 人⁴ erstatten 人⁴について報告する.

:**be·rich·ten** [ベ・リヒテン bə·ríçtən] du berichtest, er berichtet (berichtete, *hat*… berichtet) (《英》*report*) I 他（《定》haben) 人⁴（事⁴）を)報告する, 伝える. ein Erlebnis⁴ *berichten* 体験を報告する / 人³ 事⁴ mündlich *berichten* 人³に事⁴を口頭で伝える / Er *hat* ihr alles *berichtet*. 彼は彼女にすべてを報告した.
II 自（《定》haben) 報告する, 報道する. Er *berichtete* **über** die Reise（または **von** der Reise）. 彼はその旅行について報告した / Wir *berichten* **aus** Wien. （ニュースなどで：)ウィーンからレポートいたします.

Be·richt⹀er·stat·ter [ベリヒト・エァシュタッタァ] 男 -s/- 報告者, （新聞の)通信員, レポーター.

Be·richt⹀er·stat·tung [ベリヒト・エァシュタットゥング] 囡 -/-en (公式の)報告, 報道.

be·rich·tet [ベ・リヒテット] :berichten (報告する)の過分, 3人称単数・2人称複数現在.

be·rich·te·te [ベ・リヒテテ] :berichten (報告する)の過去.

be·rich·ti·gen [ベ・リヒティゲン bə·ríçtıgən] 他 (h) (誤りなど⁴を)訂正する, (人⁴の)誤りを正す. Druckfehler⁴ *berichtigen* 誤植を訂正する.
◇《再帰的に》*sich*⁴ *berichtigen* 自分の発言を訂正する.

Be·rich·ti·gung [ベ・リヒティグング] 囡 -/-en ① 訂正, 校正. ② 訂正されたもの, 校正済み.

be·rie·chen[*] [ベ・リーヒェン bə·rí:çən] 他 (h)（犬などが人・物⁴の)においをかぐ.

be·rief [ベ・リーふ] *berufen¹ (任命する)の過去.

be·rie·seln [ベ・リーゼるン bə·rí:zəln] 他 (h) ①（畑など⁴に)散水する, 水をまく. ②『人⁴ **mit** 物³ ~』《口語》（物（音楽など)を繰り返すことによって人⁴に徐々に影響を及ぼす.

Be·rie·se·lungs⹀an·la·ge [ベリーゼるングス・アンらーゲ] 囡 -/-n スプリンクラー, 灌漑(かんがい)(散水)用施設.

be·riet [ベ・リート] *beraten¹ (助言する)の過去.

be·rit·ten [ベ・リッテン] 形 騎馬の(警官など).

Ber·lin [ベルリーン bɛrlí:n] 中 -s/《都市名》ベルリン, ベルリーン（1945年までドイツ帝国の首都. 第二次世界大戦後東西に分割. 1991年から統一ドイツの首都：☞ 地図 F-2).

Ber·li·na·le [ベルリナーれ bɛrliná:lə] 囡 -/-n ベルリン映画祭.

Ber·li·ner [ベルリーナァ bɛrlí:nər] I 男 -s/- ① ベルリンの市民(出身者). ② ベルリーナー（揚げパンの一種）(=der *Berliner* Pfannkuchen). II 形《無語尾で》ベルリンの. die *Ber-*

berlinisch 186

liner Mauer ベルリンの壁 (1961 年 8 月 13 日から 1989 年 11 月 9 日まで東西ドイツ, ひいては東西陣営分断の象徴だった) / *Berliner* Weiße ベルリン風白ビール.

ber·li·nisch [ベルリーニッシュ bɛrliːnɪʃ] 形 ベルリン[風]の;《言》ベルリン方言の.

Bern [ベルン bérn] 中 -s/ ① 《地名》ベルン(スイス 26 州の一つ). ② 《都市名》ベルン (スイスの首都. ベルン州の州都: ☞《地図》C-5).

Ber·ner [ベルナァ bérnər] I 男 -s/- ベルンの住民(出身者). II 形 《無語尾で》ベルンの.

Bern·hard [ベルン・ハルト bérn-hart] -s/《男名》ベルンハルト.

Bern·har·di·ner [ベルン・ハルディーナァ bern-hardíːnər] 男 -s/- セントバーナード犬.

Bern∗stein [ベルン・シュタイン] 男 -[e]s/《鉱》琥珀(㍿).

Ber·ser·ker [ベルゼルカァ bɛrzérkər または ベル..] 男 -s/- ① 《北欧神》ベルゼルケル(狂暴な戦士). ② 《比》たけり狂った戦士; 怒り狂った男.

bers·ten [ベルステン bérstən] du berst, er birst (barst, *ist*…geborsten) 自 ① 破裂する, 割れる, ひびが入る. Das Eis *birst*. 氷が割れる / vor Lachen *bersten* (おかしくて)吹きだす.

Bers·ten [ベルステン] 中 《成句的に》 **zum Bersten** voll sein はちきれるほどいっぱいである.

Ber·t[h]a [ベルタ bérta] -s/《女名》ベルタ.

Bert·hold [ベルトるト bértɔlt または ベルトホルト bérthɔlt] -s/《男名》ベルトルト.

Bert·told [ベルトるト bértɔlt] -s/《男名》ベルトルト (= Berthold).

Bert·ram [ベルトラム bértram] I -s/《男名》ベルトラム. II -s/-s《姓》ベルトラム.

be·rüch·tigt [ベ・リュヒティヒト bə-rýçtɪçt] 形 評判の悪い, 悪名の高い, いかがわしい.

be·rü·cken [ベ・リュッケン bə-rýkən] 他 (h)《雅》魅惑する.《現在分詞の形で》 ein be·rückender Anblick うっとりするような光景.

∗**be·rück·sich·ti·gen** [ベ・リュックスィヒティゲン bə-rýkzɪçtɪgən] (berücksichtigte, *hat*…berücksichtigt) 他 《完了》haben) 考慮する, 考えに入れる; 尊重する. (英 *consider*). das Wetter[4] *berücksichtigen* 天気を考慮する / Wir **müssen** berücksichtigen, dass … 私たちは…ということを考慮しなければならない.

be·rück·sich·tigt [ベ・リュックスィヒティヒト] ∗berücksichtigen (考慮する)の 過去分詞

be·rück·sich·tig·te [ベ・リュックスィヒティヒテ] ∗berücksichtigen (考慮する)の 過去

Be·rück·sich·ti·gung [ベ・リュックスィヒティグング] 女 -/ 考慮, 顧慮. **in** (または **unter**) *Berücksichtigung* der Vor- und Nachteile[2] メリットとデメリットを考慮して.

‡*der* **Be·ruf** [ベ・るーふ bə-rúːf]

| 職業 | Was sind Sie von *Beruf*?
ヴァス ズィント ズィー フォン ベルーふ
あなたの職業は何ですか. |

男 (単 2) -[e]s/(複) -e (3 格のみ -en) ① 職業, 職[務]. (英 *occupation*). ein beliebter *Beruf* 人気のある職業 / ein freier *Beruf* 自由業 / einen *Beruf* aus|üben ある職業に従事する / einen *Beruf* ergreifen 職業に就く / einen *Beruf* erlernen ある職業を身につける / Er hat keinen festen *Beruf*. 彼は定職に就いていない / **im** *Beruf* stehen 職業に就いている / Sie ist **ohne** *Beruf*. 彼女は無職だ / Er ist Arzt **von** *Beruf*. 彼の職業は医者だ. ② 《ふつう 単》《雅》天職, 使命 (= Berufung).

《㊟》 職業のいろいろ: Angestellte[r] 社員, 職員 / Anwalt, Anwältin 弁護士 / Arzt, Ärztin 医師 / Bäcker[in] パン屋 / Beamte[r], Beamtin 公務員 / Buchhändler 本屋 / Fleischer (または Metzger) 肉屋 / Friseur[in] 理髪師 / Ingenieur[in] エンジニア / Journalist[in] ジャーナリスト / Landwirt 農夫 / Lehrer[in] 教師 / Polizist

---

――― ドイツ・ミニ情報 2 ―――

首都ベルリン Berlin

ドイツが一つの国家としての形態を整えたのは, ベルリンを首都とするプロイセン王国が中心となってドイツ帝国を発足させた 1871 年のことである. つまりベルリンは, 国家という意識がドイツ人に芽生えたときからの首都であり, 地方分権が主流のドイツにあって, 唯一世界都市と言える大都会だった. 第二次世界大戦に敗戦し, 東西ドイツに分断されたとき, 東ドイツは東ベルリン, 西ドイツはボンを首都としたが, これはあくまで戦勝 4 か国の意向に従った暫定措置にすぎず, 当時からドイツ人の間では, ドイツは必ず再び一つとなってベルリンに首都を戻すのだという気持ちが強かった.

1990 年に東西ドイツが統一されると, 首都はベルリンと決められたが, 40 年間西ドイツの首都であったボンの扱いをどうするか, また莫大な移転費用をどう捻出するかという問題があったため, ベルリンを名目だけの首都にするか, それとも議会と政府もボンから移すのかについては保留された. 結局翌年の連邦議会で, 首都機能をベルリンに移すことに決定した. ただし, ボンの急激な過疎化を避けるため, 議会と 11 省庁をベルリンに移し, 7 省庁をボンに残すことになった. 戦後最悪の失業率を記録し, 国家財政が極めて苦しい中での移転なので, 新築を極力避け, 既存の建造物を改築・再利用する方針である. ドイツ連邦議会(国会)議事堂は, 終戦までヒトラー・ドイツが使用し, その後廃墟となっていた旧帝国議会の建物を再利用している.

新しい連邦議会議事堂の本会議場
© BUNDESBILDSTELLE BONN

[in] 警官 / Sekretär[in] 秘書 / Verkäufer[in] 店員.

***be·ru·fen**¹* [ベ・ルーフェン ba-rúːfən] (berief, hat...berufen) **I** 他 (定了) ① 任命する, 招聘(;,,)する; (古) (会議など⁴を)招集する. 人⁴ **in** ein (または **zu** einem) Amt *berufen* 人⁴をある官職に任命する / Er wurde als Professor an die Universität Bonn *berufen*. 《受動・過去》彼は教授としてボン大学に招聘された. ② 《es を目的語として成句的に》Ich will es nicht *berufen*, aber... むやみに口に出して逆の結果を招きたくないが. **II** 再帰 (定了 haben) 《*sich*⁴ **auf** 人・事⁴ ~》(人・事⁴を証人・証拠として)引き合いに出す. **III** 自 (定了 haben) (法律) 控訴する.

be·ru·fen² [ベ・ルーフェン] **I** * berufen¹ (任命する)の 過分 **II** 形 天性の, 適任の. ein *berufener* Kritiker 天性の批評家 / Er fühlte sich **zum** Missionar *berufen*. 彼は宣教師を自分の天職と感じた / aus *berufenem* Munde しかるべき筋から.

***be·ruf·lich** [ベ・ルーふリヒ ba-rúːflɪç] 形 職業(職務)上の. (英 *professional*). die *berufliche* Ausbildung 職業教育 / Wie geht es Ihnen *beruflich*? お仕事はいかがですか.

Be·rufs≠aus·bil·dung [ベルーふス・アオスビるドゥング] 女 -/-en 職業教育.

Be·rufs≠be·ra·tung [ベルーふス・ベラートゥング] 女 -/-en 職業相談(指導).

be·rufs≠fremd [ベルーふス・ふレムト] 形 (身につけた)職業以外の(仕事など).

Be·rufs≠ge·heim·nis [ベルーふス・ゲハイムニス] 中 ..nisses/..nisse (医師・弁護士などの)職業上守るべき秘密; 秘密保持の義務.

Be·rufs≠ge·nos·sen·schaft [ベルーふス・ゲノッセンシャフト] 女 -/-en 同業者[保険]組合.

Be·rufs≠krank·heit [ベルーふス・クランクハイト] 女 -/-en 職業病.

Be·rufs≠le·ben [ベルーふス・れーベン] 中 -s/ 職業生活.

be·rufs≠mä·ßig [ベルーふス・メースィヒ] 形 職業上の, 職業としての, 本職の.

Be·rufs≠schu·le [ベルーふス・シューれ] 女 -/-n 職業学校 (基幹学校 Hauptschule を卒業した生徒が2–3年間, 週に2, 3回通う定時制の学校;「ドイツ連邦共和国の教育制度」[⇒ 巻末付録, 1810ページ).

Be·rufs≠sport·ler [ベルーふス・シュポルトらァ] 男 -s/- プロ選手, プロスポーツマン.

***be·rufs≠tä·tig** [ベルーふス・テーティヒ ba-rúːfs-tɛːtɪç] 形 職[業]に就いている. (英 *working*). eine *berufstätige* Frau 仕事を持っている女性, 有職婦人 / Sie ist nicht mehr *berufstätig*. 彼女はすでに退職している.

Be·rufs≠tä·ti·ge[r] [ベルーふス・テーティゲ(..ガァ)] 男 女 《語尾変化は形容詞と同じ》職業人, 職に就いている人.

Be·rufs≠ver·band [ベルーふス・フェァバント] 男 -[e]s/..bände 職業(同業)組合.

Be·rufs≠ver·kehr [ベルーふス・フェァケーァ] 男 -[e]s/ 通勤ラッシュ.

Be·rufs≠wahl [ベルーふス・ヴァーる] 女 -/ 職業の選択.

Be·ru·fung [ベ・ルーふング] 女 -/-en ① 任命, 招聘(;,). die *Berufung*⁴ als Professor an|nehmen 教授としての招聘を受諾する. ② 《ふつう 単》(雅) (神による)召命, 使命, 天職. die *Berufung* zum Arzt 医者となるべき天命. ③ 《ふつう 単》援用, 引き合いに出すこと. **unter** (または **mit**) *Berufung* auf 物⁴ 物⁴を引き合いに出して. ④ (法律) 控訴. **gegen** 人⁴ *Berufung*⁴ ein|legen 人⁴に対して控訴する.

Be·ru·fungs≠ge·richt [ベルーふングス・ゲリヒト] 中 -[e]s/-e (法律) 控訴審裁判所.

***be·ru·hen** [ベ・ルーエン ba-rúːən] (beruhte, hat...beruht) 自 (定了 haben) ① 《**auf** 事³ ~》(事³に)基づく, 起因する. Seine Behauptungen *beruhen* auf einem Irrtum. 彼が そう主張するのは思い違いをしているからだ. ② 《成句的に》事⁴ **auf sich**³ *beruhen* lassen 事⁴をそのままにしておく, 棚上げにする.

***be·ru·hi·gen** [ベ・ルーイゲン ba-rúːɪɡən] (beruhigte, hat...beruhigt) **I** 他 (定了 haben) 静める, 落ち着かせる, 安心させる. (英 *calm*). ein weinendes Kind⁴ *beruhigen* 泣いている子供をなだめる / Die Medizin *beruhigt* die Nerven. その薬は神経を鎮静させる. ◇《過去分詞の形で》*beruhigt* schlafen können 安心して眠れる.

II 再帰 (定了 haben) *sich*⁴ *beruhigen* 静まる, 落ち着く, 安心する. *Beruhige* dich doch! 安心しなさいよ / Das Kind *hat sich* allmählich *beruhigt*. 子供はしだいに落ち着いてきた.

be·ru·higt [ベ・ルーイヒト] * beruhigen (静める)の 過分

be·ru·hig·te [ベ・ルーイヒテ] * beruhigen (静める)の 過去

Be·ru·hi·gung [ベ・ルーイグング] 女 -/-en 鎮静させること; 落ち着き, 安心.

Be·ru·hi·gungs≠mit·tel [ベ・ルーイグングス・ミッテる] 中 -s/- 鎮静剤.

***be·rühmt** [ベ・リュームト ba-rýːmt] 形 (比較) berühmter, (最上) berühmtest) 有名な, 名高い. (英 *famous*). ein *berühmter* Schriftsteller 著名な作家 / **für** 物⁴ (または **wegen** 物²) *berühmt* sein 物⁴ (または 物²)で有名である / *sich*⁴ *berühmt* machen 有名になる / Dieses Buch ist nicht gerade *berühmt*. 《口語》この本[の中身]はたいしたことはない. ([⇒ 類語]).

Be·rühmt·heit [ベ・リュームトハイト] 女 -/-en ① 《複 なし》有名, 名声. *Berühmtheit*⁴ erlangen 有名になる. ② 有名人, 名士.

***be·rüh·ren** [ベ・リューレン ba-rýːrən] (berührte, hat...berührt) **I** 他 (定了 haben) (英 *touch*) ① (人・物⁴に)触れる, 接触する. Er *berührte* leicht ihre Hand. 彼はそっと彼

女の手に触れた / 人⁴ an der Schulter berühren 人⁴の肩に触れる / das Essen⁴ nicht berühren《雅》食事に手をつけない / Die Linie berührt den Kreis nicht. その線は円に接していない / Wir berührten auf unserer Reise mehrere Länder.《比》私たちは旅行中にいくつかの国に立ち寄った.

② (軍に)言及する, 触れる. Er hat diesen Punkt überhaupt nicht berührt. 彼はこの点にはまったく言及しなかった.

③ (人⁴の)心を動かす, 感動させる. Seine Worte haben uns tief berührt. 彼の言葉は私たちを深く感動させた.

II 再帰 (完了 haben) sich⁴ berühren 合致する, 一致する. Dein Vorschlag berührt sich mit meinem Konzept. 君の提案はぼくの腹案と一致する.

be·rührt [ベ・リューァト] ＊berühren (触れる)の 過分, 3 人称単数・2 人称複数 現在

be·rühr·te [ベ・リューァテ] ＊berühren (触れる)の 過去

*die Be·rüh·rung [ベ・リュールング bə-rýːruŋ] 女 (単) -/(複) -en ① 接触, 触れること.《英》touch). bei der kleinsten Berührung ちょっと触れただけでも. ② 関係, 交際. mit 人³ in Berührung kommen 人³とコンタクトを持つ. ③《複なし》言及.

Be·rüh·rungs·li·nie [ベリュールングス・リーニエ] 女-/-n 《数》接線.

Be·rüh·rungs·punkt [ベリュールングス・プンクト] 男 -[e]s/-e ① 《数》接点. ② (思想・感情の)共通点.

be·ruht [ベ・ルート] ＊beruhen (基づく)の 過分

be·ruh·te [ベ・ルーテ] ＊beruhen (基づく)の 過去

Be·ryll [ベリる berýl] 男 -s/-e 《鉱》緑柱石.

Be·ryl·li·um [ベリュリウム berýlium] 中 -s/ 《化》ベリリウム(記号: Be).

bes. [ベ・ゾンダァス]《略》特に (=besonders).

be·sa·gen [ベ・ザーゲン bə-zá:gən] 他 (h) 意味する, (文章などが)述べ[てい]る. Das besagt viel (nichts). それは重要な意味を持つ(何の意味もない).

be·sagt [ベ・ザークト] I besagen (意味する)の 過分 II 形《付加語としてのみ》《書》上述の, 前述の.

be·sai·ten [ベ・ザイテン bə-záitən] 他 (h) (楽器⁴に)弦を張る.

Be·sa·mung [ベ・ザームング] 女 -/-en《生・漁》[人工]受精.

be·sänf·ti·gen [ベ・ゼンフティゲン bə-zénftıgən] 他 (h) (興奮・怒りなど⁴を)静める,《人⁴を)落ち着かせる, なだめる. Er versuchte, ihren Zorn zu besänftigen. 彼は彼女の怒りを静めようとした. ◇《再帰的に》sich⁴ besänftigen 気分が落ち着く; (波などが)静まる.

Be·sänf·ti·gung [ベ・ゼンフティグング] 女 -/ -en 緩和, 鎮静, 和らげ(静める)こと.

be·sann [ベ・ザン] ＊besinnen (再帰)で: よく考えるの 過去

be·saß [ベ・ザース] ＊besitzen (所有している)の 過去

be·sä·ße [ベ・ゼーセ] ＊besitzen (所有している)の 接2

be·sät [ベ・ゼート bə-zéːt] 形 一面に覆われている. Der Himmel war mit Sternen besät. 空には一面に星がちりばめられていた.

Be·satz [ベ・ザーツ] 男 -es/..sätze ① 《服飾》(衣服の)レース, 縁飾り. ② 《狩》(猟区の)猟獣総数;《漁》(養魚池の)養魚総数.

*die Be·sat·zung [ベ・ザッツング bə-zátsuŋ] 女 (単) -/(複) -en ① (船・航空機などの)乗組員, クルー, 乗務員.《英》crew). 15 Mann Besatzung 15 名のクルー. ② 《軍》守備隊, 駐留部隊; 占領軍, 駐留軍. ③ 〖複なし〗占領[状態].

Be·sat·zungs·macht [ベザッツングス・マハト] 女 -/..mächte 占領国.

Be·sat·zungs·trup·pen [ベザッツングス・トルッペン] 複 占領軍.

Be·sat·zungs·zo·ne [ベザッツングス・ツォーネ] 女 -/-n 占領地域(地区).

be·sau·fen* [ベ・ザオフェン bə-záufən] 再帰 (h) sich⁴ besaufen《俗》酔っ払う.
◇☞ besoffen

Be·säuf·nis [ベ・ゾイフニス] I 女 -/《俗》泥酔. II -/..nisse (または 中 ..nisses /..nisse)《俗》酒宴, 酒盛り.

*be·schä·di·gen [ベ・シェーディゲン bə-ʃéːdıgən] (beschädigte, hat... beschädigt) 他 (完了 haben) (物⁴を)傷つける, 損傷する.《英》damage). Durch das Erdbeben wurden viele Häuser stark beschädigt.《受動・過去》地震によって多くの家がひどい損傷を受けた.

be·schä·digt [ベ・シェーディヒト] I ＊beschädigen (傷つける)の 過分 II 形 破損した, そこなわれた.

be·schä·dig·te [ベ・シェーディヒテ] ＊beschädigen (傷つける)の 過去

Be·schä·di·gung [ベ・シェーディグング] 女 -/ -en ① 損傷, 損害. ② 損傷(損害)箇所.

be·schaf·fen¹ [ベ・シャッフェン bə-ʃáfən] 他 (h) 手に入れる, 調達する. 人³ Geld⁴ beschaffen 人³にお金を工面してやる.

be·schaf·fen² [ベ・シャッフェン] 形 (…の)性質をもった, (…の)状態の. Das Material ist so beschaffen, dass... その材料は…の性質を持っている / Wie ist es mit deiner Gesundheit beschaffen? 君の健康状態はどうだい.

Be·schaf·fen·heit [ベ・シャッフェンハイト] 女 -/ (主に事物の)性質, 状態.

Be·schaf·fung [ベ・シャッフング] 女 -/ 獲得, 調達. die Beschaffung von Lebensmitteln 食料品の調達.

:be·schäf·ti·gen [ベ・シェフティゲン bə-ʃéftıgən] (beschäftigte, hat... beschäftigt) I 再帰 (完了 haben) 《sich⁴ mit 人・事³ ～》(事³に)従事する, とり組む; (人³の)面倒をみる. sich⁴ mit Philosophie beschäftigen 哲学を

研究する / Der Junge *beschäftigt sich* mit seinen Schulaufgaben. その男の子は学校の宿題をしているところだ / Sie *beschäftigt sich* oft mit den Kindern. 彼女はよく子供たちの相手をする.
II 他 (完了 haben) ① **雇う**; 活動させる. Diese Fabrik *beschäftigt* tausend Arbeiter. この工場は 1,000 人の労働者を使っている / die Kinder⁴ [**mit** einem Spiel] *beschäftigen* 子供たちを遊ばせる.
② (人⁴の)心をとらえている. Dieses Problem *beschäftigt* mich schon lange. この問題はずっと以前から私の関心事である.

****be·schäf·tigt** [ベ・シェふティヒト bə-ʃέftɪçt] I **beschäftigen (再帰で: 従事する)の 過分, 3 人称単数・2 人称複数 現在
II 形 ① **忙しい**; 仕事中である. (英 *busy*). Er ist sehr *beschäftigt*. 彼は非常に忙しい / Sie ist noch **in** der Küche *beschäftigt*. 彼女はまだ台所で働いている / **mit** 事³ *beschäftigt* sein 事³ に従事している, 事³で忙しい ⇨ Sie ist damit *beschäftigt*, einen Brief zu schreiben. 彼女は手紙を書いている.
② (会社などで)**働いている**. Er ist bei der Post *beschäftigt*. 彼は郵便局に勤めている.

be·schäf·tig·te [ベ・シェふティヒテ] **beschäftigen (再帰 で: 従事する)の 過去

Be·schäf·tig·te[r] [ベ・シェふティヒテ (..タァ) bə-ʃέftɪçtə (..tər)] 男 〘語尾変化は形容詞と同じ〙 従業員, 被雇用者.

die* **Be·schäf·ti·gung [ベ・シェふティグング bə-ʃέftɪgʊŋ] 女 (単) -/(複) -en ① **仕事**, 活動; 職[業]. (英 *work*). eine langweilige *Beschäftigung* 退屈な作業 / eine *Beschäftigung*⁴ suchen 職を探す / Ich bin **ohne** *Beschäftigung*. 私は失業中だ. ② 〘複 なし〙 **従事**[すること], かかわり合うこと. die *Beschäftigung* **mit** der modernen Literatur 現代文学へのとり組み. ③ 〘複 なし〙 雇用. die *Beschäftigung* von ausländischen Arbeitern 外国人労働者の雇用.

be·schäf·ti·gungs≈los [ベシェふティグングス・ろース] 形 失業している, 仕事のない.

Be·schäf·ti·gungs≈the·ra·pie [ベシェふティグングス・テラピー] 女 -/-n [..ピーエン] 《医》 作業療法.

be·schä·men [ベ・シェーメン bə-ʃέːmən] 他 (h) 恥じ入らせる, 恐縮させる. Dein Lob *hat* mich *beschämt*. 君の賛辞には恐縮した.

be·schä·mend [ベ・シェーメント] I beschämen (恥じ入らせる)の 現分 II 形 恥ずかしい, きまり悪い. ein *beschämendes* Gefühl 屈辱感.

Be·schä·mung [ベ・シェームング] 女 -/-en 〘ふつう 単〙 恥, 恥辱. **zu** meiner *Beschämung* お恥ずかしいことに.

be·schat·ten [ベ・シャッテン bə-ʃátən] 他 (h) ① 《雅》 日陰にする, 影で覆う. Große Bäume *beschatten* die Straße. 大きな木々が道に影を投げかけている. ② 尾行する; 《スポーツ》 (相手⁴を)マークする.

be·schau·en [ベ・シャオエン bə-ʃáuən] 他 (h) 《方》 しげしげと見る, 観察する.

Be·schau·er [ベ・シャオアァ bə-ʃáuər] 男 -s/- 観察者; 検査員.

be·schau·lich [ベ・シャオりヒ] 形 ① 平穏な, のんびりした, ゆったりした. ein *beschauliches* Dasein⁴ führen のんびりした生活をする. ② 《カトリック》 瞑想(めいそう)的な, 内省的な.

Be·schau·lich·keit [ベ・シャオりヒカイト] 女 -/ 快適, 平穏; 静観, 瞑想(めいそう).

der* **Be·scheid [ベ・シャイト bə-ʃáɪt] 男 (単 2) -[e]s/(複) -e (3 格のみ -en) ① **通知**, 情報, 案内. (英 *information*). *Bescheid*⁴ **bekommen** (または **erhalten**) 通知を受ける / 人³ *Bescheid*⁴ über 事⁴ **geben** 人³に事⁴について[事情を]知らせる / 人³ *Bescheid*⁴ **sagen** a) 人³に知らせる, b) 《口語》 人³にはっきり意見を言う / 人³ *Bescheid*⁴ **stoßen** 《口語》 人³にずけずけものを言う / *Bescheid*⁴ **wissen** 事情がわかっている, 精通している ⇨ Ich *weiß* schon *Bescheid*. 事情はもうよくわかっています / Er *weiß* **in** allen Dingen *Bescheid*. 彼はあらゆる事柄に精通している. ② (官庁などの)決定, 回答. ein abschlägiger *Bescheid* 却下の回答.

***be·schei·den**[1] [ベ・シャイデン bə-ʃáɪdən] 形 ① **控えめな**, 節度ある. (英 *modest*). ein *bescheidener* Mensch 控えめな人. ② 簡素な, 質素な(住居・食事など); わずかな, 少ない(収入など). ein *bescheidenes* Zimmer 質素な部屋 / Seine Rente ist *bescheiden*. 彼の年金はとるに足らない額だ. ③ 《口語・婉曲》 よくない(天気など).

be·schei·den[2]* [ベ・シャイデン bə-ʃáɪdən] I 他 (h) ① 《雅》 (人⁴を…へ)呼び出す. Ich *beschied* ihn **zu** mir. 私は彼を呼び寄せた. ② 《雅》 (神・運命などが人³に事⁴を)授ける. Ihm *war* kein Erfolg *beschieden*. 〘状態受動・過去〙 彼は成功に恵まれない運命にあった. ③ 《官庁》 (人・事⁴に…の)回答をする. 人⁴ abschlägig *bescheiden* 人⁴の申請を却下する. II 再帰 (h) 〘*sich*⁴ [**mit** 事³] 〜〙 《雅》 ([事³に])甘んじる, 満足する.

Be·schei·den·heit [ベ・シャイデンハイト] 女 -/ 控えめ, 節度, 謙遜(けんそん).

be·schei·nen* [ベ・シャイネン bə-ʃáɪnən] 他 (h) 照らす. Die Lampe *bescheint* sein Gesicht. ランプが彼の顔を照らしている.

be·schei·ni·gen [ベ・シャイニゲン bə-ʃáɪnɪgən] 他 (h) (文書で)証明する. den Empfang eines Briefes *bescheinigen* 手紙を受領したことを証明する.

Be·schei·ni·gung [ベ・シャイニグング] 女 -/-en ① 〘複 なし〙 (文書による)証明. ② 証明書. 人³ eine *Bescheinigung*⁴ aus|stellen 人³に証明書を交付する.

be·schei·ßen* [ベ・シャイセン bə-ʃáɪsən] 他 (h) 《俗》 だます, ペテンにかける.

◊☞ **beschissen**

be·schen·ken [ベ・シェンケン bəˈʃɛŋkən] 他 (h) (人⁴に)贈り物をする. 人⁴ mit Blumen *beschenken* 人⁴に花を贈る.

be·sche·ren [ベ・シェーレン bəˈʃeːrən] 他 (h) ① (クリスマスに人³に物⁴を)贈る; (クリスマスに人⁴に)贈り物をする. dem Kind eine Eisenbahn⁴ *bescheren* 子供に鉄道模型のクリスマスプレゼントをする. ② (運命などが人³に幸変など⁴を)授ける, もたらす.

Be·sche·rung [ベ・シェールング] 女 -/-en ① (クリスマスプレゼントを配る(贈る)こと; (集)(贈られる)クリスマスプレゼント. ② (口語)(反語的に:)ありがたいこと(不愉快な驚き). Da haben wir die *Bescherung*! さあ, とんだことになったぞ / Das ist [ja] eine schöne *Bescherung*! これはありがたいことだ.

be·scheu·ert [ベ・ショイアァト bəˈʃɔyərt] 形 《俗》ばかな, 愚かな; いまいましい, 不快な. Er ist etwas *bescheuert*. 彼は少々頭がおかしい.

be·schi·cken [ベ・シッケン bəˈʃɪkən] 他 (h) ① (展覧会など⁴に)出品する. eine Messe⁴ mit Warenmustern *beschicken* 見本市に商品の見本を出品する. ② (会議など⁴に)代表者を派遣する. eine Versammlung⁴ *beschicken* 会議に代表を派遣する. ③ 《工》(高炉など⁴に)原料を入れる.

be·schie·ßen* [ベ・シーセン bəˈʃiːsən] 他 (h) ① (人・物⁴を)射撃する, 砲撃する. 人⁴ mit Fragen *beschießen* 《比》人⁴を質問攻めにする. ② (物) 照射する.

Be·schie·ßung [ベ・シースング] 女 -/-en 射撃, 砲撃.

be·schil·dern [ベ・シるダァン bəˈʃɪldərn] 他 (h) (道路など⁴に)標識を取り付ける.

Be·schil·de·rung [ベ・シるデルング] 女 -/-en ① [道路]標識を取り付けること. ② (総称して:)(ある地域内の)[道路]標識.

be·schimp·fen [ベ・シンプフェン bəˈʃɪmpfən] 他 (h) ののしる, 侮辱する.

Be·schimp·fung [ベ・シンプフング] 女 -/-en 侮辱, ののしり; ののしりの言葉.

be·schir·men [ベ・シルメン bəˈʃɪrmən] 他 (h) 《雅》① かばう, 保護する. 人⁴ vor Gefahren *beschirmen* 人⁴を危険から守る. ② (傘で)覆う, 覆い隠す.

Be·schir·mung [ベ・シルムング] 女 -/ 《雅》庇護(ひ), 保護.

Be·schiss [ベ・シス bəˈʃɪs] 男 -es/ 《俗》ペテン, いんちき, 詐欺.

Be·schiß ☞ 新形 Beschiss

be·schis·sen [ベ・シッセン] I bescheißen (だます)の 過去 II 形 《俗》ひどく悪い, いまいましい.

be·schla·fen* [ベ・シュらーフェン bəˈʃlaːfən] 他 (h) 《口語》① (人⁴と)寝る. ② (計画など⁴を)一晩じっくり考える.

Be·schlag [ベ・シュらーク bəˈʃlaːk] 男 -[e]s/..schläge ① 《ふつう 複》金具(くぎ・留め金など). die *Beschläge* eines Koffers トランクの金具. ② 《ふつう 単》(馬などの)蹄鉄. ③ (ガラス・金属などの)曇り, 湿気; かび, さび. ④ 《成句的に》物⁴ in Beschlag nehmen または 物⁴ mit Beschlag belegen 物⁴を独占する.

be·schla·gen¹* [ベ・シュらーゲン bəˈʃlaːgən] I 他 (h) ① (物⁴に金具を)打ち付ける. einen Schuh mit Nägeln *beschlagen* 靴底に鋲(びょう)を打つ / ein Pferd⁴ *beschlagen* 馬に蹄鉄を打つ. II 自 (再帰)(h) sich⁴ *beschlagen* (ガラスなどが)曇る, (金属が)さびる; (ソーセージなどが)かびる. Die Fensterscheibe *beschlägt*. ガラス窓が曇る.

be·schla·gen² [ベ・シュらーゲン] I beschlagen¹ (打ち付ける)の 過分 II 形 《口語》精通している. auf einem Gebiet (in Chemie) *beschlagen* sein ある分野に(化学に)精通している.

Be·schlag·nah·me [ベ・シュらーク・ナーメ] 女 -/-n 《法》差し押さえ, 押収. die *Beschlagnahme* verbotener Bücher² 禁書の押収.

be·schlag·nah·men [ベ・シュらーク・ナーメン bəˈʃlaːknaːmən] (beschlagnahmte, hat...beschlagnahmt) 他 (h) ①《法》差し押さえる, 押収する. ② 《戯》(人⁴を)独占する.

Be·schlag·nah·mung [ベ・シュらーク・ナームング] 女 -/-en 《法》差し押さえ (=Beschlagnahme).

be·schlei·chen* [ベ・シュらイヒェン bəˈʃlaɪçən] 他 (h) ①(獲物など⁴に)忍び寄る. ② 《雅》(不安などが人³の)心に忍び寄る.

be·schleu·ni·gen [ベ・シュろイニゲン bəˈʃlɔʏnɪgən] I 他 (h) ① (速度など⁴を)速める, 速くする. Er *beschleunigte* seine Schritte. 彼は歩調を速めた. ◊《再帰的に》sich⁴ *beschleunigen* 速くなる, 加速する. ② (事⁴の)時期を早める. die Abreise⁴ *beschleunigen* 出発を繰り上げる. II 自 (h) 加速力が…である. Das Auto *beschleunigt* gut. この車は加速がいい.

Be·schleu·ni·gung [ベ・シュろイニグング] 女 -/-en ① 速めること, 加速[度], 促進. ② (物) 加速度. ③ 《口語》(自動車の)加速性能.

＊be·schlie·ßen* [ベ・シュリーセン bəˈʃliːsən] du beschließt (beschloss, hat...beschlossen) I 他 (定了 haben) ①(十分に考えて)決定する, 決心する. (⇒ decide). die Vergrößerung⁴ des Betriebes *beschließen* 工場の拡張を決定する / Er *beschloss*, Medizin zu studieren. 彼は医学を勉強することを決心した. ◊《過去分詞の形で》Das ist eine *beschlossene* Sache. それはもう決まったことだ. ② (法案など⁴を審議して)議決する, 決議する. ein Gesetz⁴ *beschließen* 法案を議決する. ③ 終える, 締めくくる. sein Leben⁴ *beschließen* 生涯を終える / Er *beschloss* seine Rede mit einem Zitat. 彼はある文を引用して講演を締めくくった.

II 自 (定了 haben) 《**über** 事⁴ ~》(事⁴について)採決する.

be·schloss [ベ・シュろス] *beschließen (決定する)の 過去

be·schloß ☞ 新形 beschloss
be·schlos·sen [ベ・シュロッセン] ＊beschließen (決定する)の 過分
＊*der* **Be·schluss** [ベ・シュるス bə-ʃlús] 男 (単2) -es/(複) ..schlüsse [..シュリュッセ] (3格のみ ..schlüssen) ① 決定, 決議, 議決.（英 decision）. einen Beschluss fassen 決定(決議)する / auf Beschluss der Direktion² 首脳部の決定により / einen Antrag zum Beschluss erheben 提案を決議にまでもっていく. ② 〖複 なし〗終わり, 終結. zum Beschluss 終わりに臨んで, 最後に.
Be·schluß ☞ 新形 Beschluss
be·schluss·fä·hig [ベシュるス・フェーイヒ] 形 定足数に達した, 議決能力のある.
be·schluß·fä·hig ☞ 新形 beschlussfähig
Be·schluss·fä·hig·keit [ベシュるス・フェーイヒカイト] 女 -/ 定足数, 議決能力.
Be·schluß·fä·hig·keit ☞ 新形 Beschlussfähigkeit
Be·schluss·fas·sung [ベシュるス・ファッスング] 女 -/-en 〖ふつう 単〗〖官庁〗議決, 決定.
Be·schluß·fas·sung ☞ 新形 Beschlussfassung
be·schmie·ren [ベ・シュミーレン bə-ʃmíː-rən] 他 (h) ① 〖A⁴ mit B³ ~〗（A⁴ に B³ を）塗る, 塗りつける. das Brot⁴ mit Butter beschmieren パンにバターを塗る. ② （塗って）汚す. Ich habe mir die Hände mit Tinte beschmiert. 私は手をインクで汚してしまった. ③ （壁などに⁴）落書きする, 書きなぐる.
be·schmut·zen [ベ・シュムッツェン bə-ʃmútsən] 他 (h) （不注意で）汚す;〖比〗（名誉・評判など⁴を）けがす.
be·schnei·den＊ [ベ・シュナイデン bə-ʃnáɪ-dən] 他 (h) ① （物⁴の）余分な部分を切り取る, 切りそろえる. Bäume⁴ beschneiden 木を刈り込む. ② 制限(削減)する. 〖人³〗das Einkommen⁴ beschneiden 〖人³〗の収入を削減する. ③ 〖医〗（人⁴の）包皮を切開する;〖宗〗（人⁴に）割礼を施す.
Be·schnei·dung [ベ・シュナイドゥング] 女 -/-en 切ること, 切断; 削減, 制限;〖医〗包皮切開;〖宗〗割礼.
be·schnüf·feln [ベ・シュニュッフェるン bə-ʃnýfəln] 他 (h) ① （動物が人・物⁴の）においをくんくんかぐ. ② 〖口語〗（書類など⁴を注意深く）吟味する;〖物⁴に〗探りを入れる.
be·schnup·pern [ベ・シュヌッパァン bə-ʃnúpərn] 他 (h) = beschnüffeln
be·schö·ni·gen [ベ・シェーニゲン bə-ʃǿː-nɪɡən] 他 (h) （過失など⁴を）言いつくろう, 言いわけする.
Be·schö·ni·gung [ベ・シェーニグング] 女 -/-en 言いつくろい, 弁解.
＊**be·schrän·ken** [ベ・シュレンケン bə-ʃrɛ́ŋkən] (beschränkte, hat...beschränkt) Ⅰ 他 (h) （定て haben） 制限する, 限定する. (英

limit). den Export beschränken 輸出を制限する / die Redezeit⁴ auf zehn Minuten beschränken スピーチの時間を10分に制限する / 人⁴ in seinen Rechten beschränken 人⁴の権利を制限する.
Ⅱ 再帰 （定て haben）〖sich⁴ auf 人・事⁴ ~〗 （人・事⁴ で）我慢する; （物事が 人・事⁴に）制限(限定)される. Bei seiner Rede beschränkte er sich auf das Notwendigste. 彼は演説の際必要不可欠なことだけを話した.
◇☞ beschränkt
be·schrankt [ベ・シュランクト bə-ʃráŋkt] 形 柵(さく)のある, 柵で遮断された. ein beschrankter Bahnübergang 遮断機のある踏切.
be·schränkt [ベ・シュレンクト bə-ʃrɛ́ŋkt] Ⅰ ＊beschränken (制限する)の 過分 Ⅱ 形 ① 制限された, 限定された. beschränkte Redezeit 限られた講演時間 / in beschränkten Verhältnissen leben 切り詰めた生活をする. ② 頭の鈍い; 偏狭な, 視野の狭い（人・考えなど）.
be·schränk·te [ベ・シュレンクテ] ＊beschränken (制限する)の 過去
Be·schränkt·heit [ベ・シュレンクトハイト] 女 -/ ① 偏狭, 狭量; 愚かさ, 低能. ② 限定されていること, 制限.
Be·schrän·kung [ベ・シュレンクング] 女 -/-en ① 〖複 なし〗制限, 限定. ② 制限するもの, 制約（となるもの）. ③ Beschränkungen⁴ auferlegen 人³に制約を課する.
＊**be·schrei·ben**＊ [ベ・シュライベン bə-ʃráɪbən] (beschrieb, hat...beschrieben) 他 （定て haben） ① （印象・体験など⁴を）記述する, 描写する. (英 describe). eine Landschaft⁴ beschreiben 風景を[言葉で]描写する. / Sein Erstaunen war nicht zu beschreiben. 彼の驚きは言葉では言い表せないほどであった.
② （紙・黒板など⁴に）字を書く. eine Seite⁴ im Heft beschreiben ノートの1ページに[びっしり]書き込む. ③ （円・図など⁴を）描く. einen Kreis beschreiben 円を描く / Die Straße beschreibt einen Bogen. 道路はカーブしている.
＊*die* **Be·schrei·bung** [ベ・シュライブング bə-ʃráɪbʊŋ] 女 (単) -/(複) -en ① 記述, 描写. (英 description). Lebensbeschreibung 伝記 / eine Beschreibung⁴ von 人・物³ geben 人・物³の特徴を述べる / Das spottet jeder Beschreibung². 〖雅〗それはとうてい言葉では言い表せないほどだ. ② （特徴などの）記録;（器具などの）使用説明書.
be·schrei·ten＊ [ベ・シュライテン bə-ʃráɪtən] 他 (h)〖雅〗（道など⁴を）歩む, （方向など⁴を）取る. neue Wege⁴ beschreiten〖比〗新機軸を出す / den Rechtsweg beschreiten〖比〗法的手段に訴える.
be·schrieb [ベ・シュリープ] ＊beschreiben (記述する)の 過去
be·schrie·ben [ベ・シュリーベン] ＊beschreiben (記述する)の 過分
be·schrif·ten [ベ・シュリふテン bə-ʃríftən] 他

(h)（物⁴に名前・説明などの）文字を記す． ein Heft⁴ mit seinem Namen *beschriften* ノートに名前を書く．

Be·schrif·tung [ベ･シュリふトゥング] 囡 -/-en ① 表題(名称)などを書くこと． ②（書かれた）文字, 銘; レッテル, ラベル．

be·schul·di·gen [ベ･シュるディゲン bə-ʃúldigən] 他 (h)（人⁴に事²の）罪を帰する,（人⁴を）責める． 人⁴ des Diebstahls *beschuldigen* 人⁴に窃盗の罪を帰する．

Be·schul·dig·te[r] [ベ･シュるディヒテ (..タァ) bə-ʃúldıçtə (..tər)] 男 囡《語尾変化は形容詞と同じ》《法》容疑者, 被疑者．

Be·schul·di·gung [ベ･シュるディグング] 囡 -/-en 告発, 告訴． *Beschuldigungen*⁴ gegen 人⁴ erheben 人⁴を告訴する．

be·schum·meln [ベ･シュンメルン bə-ʃúməln] 他 (h)《口語》（人⁴を勝負事などで）だます, ごまかす．

Be·schuss [ベ･シュス bə-ʃús] 男 -es/..schüsse ① 射撃, 砲撃． unter *Beschuss* geraten a) 砲火を浴びる, b)《口語・比》非難を浴びる． ②《物》照射． ③《工》試射．

Be·schuß 〚新旧〛 Beschuss

be·schüt·zen [ベ･シュッツェン bə-ʃýtsən] 他 (h)（人⁴を）守る, 保護する． 人⁴ vor einem Feind *beschützen* 人⁴を敵から守る．(☞ 類語 schützen)．

Be·schüt·zer [ベ･シュッツァァ bə-ʃýtsər] 男 -s/- ① 保護者, 後援者． ② パトロン． ③《婉曲》（売春婦の）ひも．

be·schwat·zen [ベ･シュヴァッツェン bə-ʃvátsən] 他 (h)《口語》① うまく説き伏せる． 人⁴ zu 事³ *beschwatzen* 人⁴を言いくるめて事³をさせる． ②（事⁴について）おしゃべりする．

*die **Be·schwer·de** [ベ･シュヴェーァデ bə-ʃvéːrdə] 囡（単）-/（複）-n ① 不平, 苦情;《法》抗告． [gegen 人⁴] über 事⁴ *Beschwerde*⁴ führen [人⁴に対して] 事⁴について苦情を言う． 事²（身体的な）苦痛, 痛み． ohne *Beschwerden* 苦痛なして． ③《ふつう 複》《雅》苦労, やっかいごと．

Be·schwer·de⸗füh·rer [ベシュヴェーァデ･ふューラァ] 男 -s/- 苦情を言う人;《法》抗告人, 訴願人．

***be·schwe·ren** [ベ･シュヴェーレン bə-ʃvéːrən] (beschwerte, *hat* ... beschwert) I 再帰 (＜了 haben) *sich*⁴ *beschweren* 苦情(不平)を言う, クレームをつける． *sich*⁴ bei 人³ über 事⁴ (または wegen 事²) *beschweren* 人³に事⁴ (または事²)のことで苦情(不平)を言う ⇨ Sie *beschwerte sich* bei ihren Nachbarn wegen der lauten Musik. 彼女は隣の住人がうるさいと苦情を言った．

II 他 (＜了 haben) ①（物⁴に）重しを載せる． Briefe⁴ mit einem Stein *beschweren* 手紙に重しとして石を載せる． ②（人･物⁴に）負担をかける． den Magen mit 物³ *beschweren* 物³で胃に負担をかける ／ Diese Nachricht *beschwert* mich sehr. このニュースは気が重くなる．

be·schwer·lich [ベ･シュヴェーァリヒ] 形 やっかいな, めんどうな, つらい． 人³ *beschwerlich* fallen《雅》人³にやっかいをかける．

Be·schwer·lich·keit [ベ･シュヴェーァリヒカイト] 囡 -/-en ①《複 なし》やっかい(めんどう)であること． ②《複》苦労．

be·schwert [ベ･シュヴェーァト] ＊beschweren (再帰で: 苦情を言う)の過分

be·schwer·te [ベ･シュヴェーァテ] ＊beschweren (再帰で: 苦情を言う)の過去

be·schwich·ti·gen [ベ･シュヴィヒティゲン bə-ʃvíçtıgən] 他 (h)（人⁴を）なだめる,（興奮・怒りなど⁴を）和らげる, 静める．

Be·schwich·ti·gung [ベ･シュヴィヒティグング] 囡 -/-en なだめること, 慰撫(ぃぶ), 宥和(ゅぅゎ)．

be·schwin·deln [ベ･シュヴィンデルン bə-ʃvíndəln] 他 (h)《口語》（人⁴を）ごまかす, だます．

be·schwingt [ベ･シュヴィングト bə-ʃvíŋt] 形 快活な, 軽やかな, 浮き浮きした;《雅》翼を持った．

be·schwipst [ベ･シュヴィプスト bə-ʃvípst] 形 《口語》ほろ酔い気分の．

be·schwor [ベ･シュヴォーァ] ＊beschwören (真実であると誓う)の過去

be·schwo·ren [ベ･シュヴォーレン] ＊beschwören (真実であると誓う)の過分

be·schwö·ren [ベ･シュヴェーレン bə-ʃvǿːrən] (beschwor (古: beschwur), *hat*...beschworen) 他 (＜了 haben) ①（事⁴が）真実であると誓う(誓約する)． Er *beschwor* seine Aussagen vor Gericht. 彼は法廷で証言が真実であることを誓った ／ Kannst du das *beschwören*? それは本当かい (←誓えるかい)． ②《zu 不定詞[句]とともに》（人⁴に…するよう）懇願する, 哀願する． Er *beschwor* sie, ihn nicht zu verlassen. 彼は彼女に見捨てないでくれと懇願した． ③（記憶など⁴を呪文(魔法)で呼び出す;（悪魔など⁴を）追い払う．

Be·schwö·rung [ベ･シュヴェールング] 囡 -/-en ① 懇願, 切願． ② 呪文(魔法)で呼び出すこと． ③ 呪文, まじない．

Be·schwö·rungs⸗for·mel [ベシュヴェールングス･ふォルメる] 囡 -/-n 呪文, まじないの文句．

be·schwur [ベ･シュヴーァ] ＊beschwören (真実であると誓う)の過去《古》

be·see·len [ベ･ゼーれン bə-zéːlən] 他 (h)《雅》（人･物⁴に）生命(活気)を与える, 魂を吹き込む;（人⁴の）心を満たす． ◇《過去分詞の形で》mit *beseeltem* Ausdruck 生き生きした表情で．

be·se·hen* [ベ･ゼーエン bə-zéːən] 他 (h) よく見る, 注視する, 吟味する． [sich³] aufmerksam *besehen* 物⁴を注意深く見つめる． ◇《再帰的に》*sich*⁴ im Spiegel *besehen* 鏡に姿を映して見る． ◇《過去分詞の形で》bei Licht *besehen* よく考えてみると(←光のもとで見ると)．

***be·sei·ti·gen** [ベ･ザイティゲン bə-záıtıgən] (beseitigte, *hat*...beseitigt) 他 (＜了 haben) ①（汚れ･ごみなど⁴を）取り除く, 片づけ

besingen

る； (困難・弊害⁴などを)除去する， 排除する. (英 remove). den Abfall *beseitigen* ごみを取り除く. ② 《婉曲》《人⁴を》殺す，消す.

be·sei·tigt [ベ・ザィティヒト] ＊beseitigen (取り除く)の過分

be·sei·tig·te [ベ・ザィティヒテ] ＊beseitigen (取り除く)の過去

Be·sei·ti·gung [ベ・ザィティグング] 女 -/ 除去，排除.

be·se·li·gen [ベ・ゼーリゲン bə-zéːlɪgən] 他 (h) 《雅》この上なく幸福にする.

＊*der* **Be·sen** [ベーゼン béːzən] 男 (単2) -s/(複)- ① ほうき(箒). (英 broom). ein *Besen* aus Stroh わらぼうき / das Zimmer⁴ mit dem *Besen* fegen 部屋をほうきで掃く / mit eisernem *Besen* [aus|]kehren 《比》容赦なく取り締まる(←鉄のほうきで掃き出す) / Ich fresse einen *Besen*, wenn das stimmt!《俗》そんなことは絶対にありえない(←もしそのとおりなら，ぼくはほうきを食ってみせる) /《人》⁴ auf den *Besen* laden《口語》《人》⁴をからかう / Neue *Besen* kehren gut.《ことわざ》新入りはよく働く(←新しいほうきはよく掃ける). ② 《料理》 泡立て器. ③ 《戯》 やつ; 《ス》(学生言葉): 女の子; 《俗》口やかましい女. ④ 《音楽》(ドラムの)ブラシ (= Stahl*besen*).

be·sen·rein [ベーゼン・ライン] 形 掃き清めた，清掃済みの.

Be·sen·stiel [ベーゼン・シュティール] 男 -[e]s/-e ほうきの柄. Er ist steif wie ein *Besenstiel*. 彼はこちこちになっている.

be·ses·sen [ベ・ゼッセン] I ＊besitzen (所有しているの)過分 II 形 (悪霊などに)とりつかれた; 夢中になった. von einer Idee *besessen* sein ある考えのとりこになっている.

Be·ses·sen·heit [ベ・ゼッセンハイト] 女 -/ (悪霊などに)とりつかれていること, 夢中, 熱狂.

＊**be·set·zen** [ベ・ゼッツェン bə-zétsən] du besetzt (besetzte, hat…besetzt) 他 (完了 haben) ① (座席など⁴を)占める, 取っておく. (英 occupy). einen Tisch *besetzen* テーブルを確保する / *Besetz* einen Platz für mich! ぼくのために席を取っておいてくれ.
② (国など⁴を)占領する; (建物など⁴を)占拠する. Der Feind *besetzte* die Stadt. 敵はその町を占領した.
③ (地位・役割など⁴を)割りふる. eine Stelle⁴ mit 《人》³ *besetzen* あるポストに《人》³を配置する.
④ 〚A⁴ mit B³ ～〛(A⁴にB³を)飾り付ける. eine Bluse⁴ mit Spitzen *besetzen* ブラウスにレースの飾りを付ける.

＊**be·setzt** [ベ・ゼッツト bə-zétst] I ＊besetzen (占める)の過分, 3人称単数・2人称複数現在
II 形 (座席などが)ふさがっている. (英 occupied). (反「(座席などが)空いている」は frei). Ist der Platz *besetzt*? この席はふさがっていますか / Das Theater war voll *besetzt*. 劇場は満員だった / Das Telefon ist *besetzt*. その電話は話し中だ.

be·setz·te [ベ・ゼッツテ] ＊besetzen (占める)の過去

Be·setzt≠zei·chen [ベゼッツト・ツァイヒェン] 中 -s/- (電話の)話し中の信号音.

Be·set·zung [ベ・ゼッツング] 女 -/-en ① (座席などを)取ること, ふさぐこと; 占領; 占拠. die *Besetzung* eines Landes 国の占領. ② (人の)配置; 《劇・映》キャスト, 配役; 《スポ》(チームの)メンバー. ③ 《狩・漁》(鳥・稚魚などを)放つ(放流する)こと.

:**be·sich·ti·gen** [ベ・ズィヒティゲン bə-zíçtɪgən] (besichtigte, hat…besichtigt) 他 (完了 haben) 見物する, 見学する, 視察する. eine Stadt⁴ *besichtigen* 町を見物する / eine Ausstellung⁴ *besichtigen* 展覧会を見る / Die Klasse *besichtigte* mit ihrem Lehrer einen Betrieb. 彼のクラスは先生といっしょに工場を見学した. (☞類語 besuchen).

be·sich·tigt [ベ・ズィヒティヒト] ＊besichtigen (見物する)の過分, 3人称単数・2人称複数現在

be·sich·tig·te [ベ・ズィヒティヒテ] ＊besichtigen (見物する)の過去

＊*die* **Be·sich·ti·gung** [ベ・ズィヒティグング bə-zíçtɪgʊŋ] 女 (単) -/(複) -en 見物, 見学; 視察. Eine *Besichtigung* des Schlosses ist leider nicht möglich. 城の見物は残念ながらできません.

be·sie·deln [ベ・ズィーデルン bə-zíːdəln] 他 (h) ① 〚物⁴ mit 《人》³ ～〛(物⁴(ある地域)に《人》³を)入植させる. ② (ある地域⁴に)入植(定住)する. ◇〚過去分詞の形で〛 ein dicht *besiedeltes* Gebiet 人口密度の高い地域. ③ (動植物がある地域⁴に)生息する.

Be·sie·de·lung [ベ・ズィーデるング] 女 -/ = Besiedlung

Be·sied·lung [ベ・ズィードるング] 女 -/ 入植, 植民; 入植(植民)させること. ② 生息.

be·sie·geln [ベ・ズィーゲルン bə-zíːgəln] 他 (h) 確定する, 固める; 決定づける. einen Vertrag mit Handschlag *besiegeln* 契約を握手によって確認する / Dein Schicksal ist *besiegelt*. 〚状態受動・現在〛君の運命は決まっているよ.

＊**be·sie·gen** [ベ・ズィーゲン bə-zíːgən] (besiegte, hat…besiegt) 他 (完了 haben) ① 打ち負かす. (英 defeat). den Gegner *besiegen* 敵に勝つ. ◇〚過去分詞の形で〛 ein *besiegtes* Land 敗戦国. ② (困難など⁴を)克服する, 抑制する. Schwierigkeiten⁴ *besiegen* 困難を克服する / seine Leidenschaften⁴ *besiegen* 激情を抑える.

be·siegt [ベ・ズィークト] ＊besiegen (打ち負かす)の過分

be·sieg·te [ベ・ズィークテ] ＊besiegen (打ち負かす)の過去

Be·sieg·te[r] [ベ・ズィークテ (..タァ) bə-zíːktə (..tər)] 男 女 〚語尾変化は形容詞と同じ〛 敗者, 被征服者.

be·sin·gen＊ [ベ・ズィンゲン bə-zíŋən] 他 (h) ① (愛・英雄など⁴を)歌によむ, 歌でたたえる. ②

(テープなど⁴に)吹き込む.

*****be·sin·nen*** [ベ・ズィンネン bə-zínən] (besann, *hat...*besonnen) 再帰 定了 haben) sich⁴ *besinnen* ① よく考える，熟考する. ohne sich zu *besinnen* よく考えもせずに / Ich habe mich anders *besonnen*. 私は考えを変えた. ② 《sich⁴ [auf 人·物⁴] ～》([人·物⁴を])思い出す. sich⁴ auf sich⁴ selbst *besinnen* われに帰る / *Besinne dich* doch einmal auf ihren Namen! 彼女の名前を思い出してくれよ / wenn ich *mich* recht *besinne* 私の記憶違いでなければ.

◊☞ besonnen

Be·sin·nen [ベ・ズィンネン] 中 -s/ 熟考，思案. nach kurzem *Besinnen* ちょっと考えてから.

be·sinn·lich [ベ・ズィンリヒ] 形 瞑想(%)的な，瞑想に誘う，考えさせる.

Be·sin·nung [ベ・ズィヌンング] 女 -/ ① 意識，知覚. die *Besinnung*⁴ verlieren 意識を失う / bei (ohne) *Besinnung* sein 意識がある(意識を失っている) / wieder zur *Besinnung* kommen 意識を取り戻す. ② 熟考，思慮.

be·sin·nungs=los [ベズィンヌンングス・ロース] 形 ① 意識不明の，人事不省の. ② 思慮分別を失った，われを忘れた.

*****der* Be·sitz** [ベ・ズィッツ bə-zíts] 男 (単2) -es/(複) -e (3格のみ -en) (英) possession) ① 所有物，財産；所有地；《法》占有物. Privat*besitz* 私有物 / staatlicher *Besitz* 国有財産 / Das Haus ist sein einziger *Besitz*. その家は彼の唯一の財産だ. ② 所有，所持；《法》占有. der unerlaubte *Besitz* von Waffen 武器の不法所持 / 物⁴ in *Besitz* haben 物⁴を所有している / im *Besitz* von 物³ sein 物³を所有している / 物⁴ in *Besitz* nehmen 物⁴を手に入れる / von 物³ *Besitz*⁴ ergreifen 物³を手に入れる / Dieser Gedanke ergriff *Besitz* von ihm.《雅》この考えに彼はとらわれた.

be·sitz=an·zei·gend [ベズィッツ・アンツァイゲント] 形 《言》所有を示す. *besitzanzeigendes Fürwort* 所有代名詞 (= Possessivpronomen).

*****be·sit·zen*** [ベ・ズィッツェン bə-zítsən] du besitzt (besaß, *hat...*besessen) 他 定了 haben) ① 所有している，持っている；《比》(性質など⁴を)備えている；《法》占有している. (英 *possess*). Er *besitzt* ein Auto. 彼は車を持っている / Er *besitzt* keinen Pfennig.《口語》彼は無一文だ / Er *besitzt* Mut. 彼は勇気がある / Talent⁴ *besitzen* 才能がある. ◊《現在分詞の形で》die *besitzende* Klasse 有産階級. (語) ②《雅・婉曲》(女性⁴と)肉体関係を持つ.

◊☞ besessen

*****der* Be·sit·zer** [ベ・ズィッツァァ bə-zítsər] 男 (単2) -s/(複) - (3格のみ -n) 所有者，持ち主；《法》占有者. (英 *owner*). (《女性形は Besitzerin.) Wer ist der *Besitzer* dieses Hauses? この家の所有者はだれですか.

Be·sit·zer·grei·fung [ベズィッツ・エァグライフンング] 女 -/ 取得，入手，占有.

be·sitz=los [ベズィッツ・ロース] 形 財産のない.

Be·sitz·tum [ベ・ズィッツトゥーム] 中 -s/..tümer 所有物，財産；所有地，地所.

Be·sit·zung [ベ・ズィッツンング] 女 -/-en 《雅》所有地，地所，領地；所有.

be·sof·fen [ベ・ゾッフェン] I besaufen (再帰で，酔っ払う)の 過分 II 形《俗》(べろべろに)酔っ払った.

be·soh·len [ベ・ゾーれン bə-zó:lən] 他 (h) (靴⁴に)靴底を張る.

be·sol·den [ベ・ゾルデン bə-zóldən] 他 (h) (公務員など⁴に)給料を払う.

Be·sol·dung [ベ・ゾルドゥング] 女 -/-en ① (公務員などの)給料，俸給. ②《複 なし》(公務員などの)給料の支給.

*****be·son·der** [ベ・ゾンダァ bə-zóndər] 形 《付加語としてのみ》特別な；個別の. (英 special). (留「一般的な」は allgemein). ein *besonderer* Fall 特別なケース / Haben Sie einen *besonderen* Wunsch? 何か特別なご希望がありますか / ein *besonderes* Zimmer 特別室，個室. ◊《名詞的に》im *besonderen*（新形) im *Besonderen*) 特に，とりわけ. ② 異常な，珍しい，変わった. ein *besonderes* Erlebnis 特異な体験. ③ すばらしい，特に優れた. eine *besondere* Leistung ずば抜けた業績 / eine *besondere* Freude 格別な喜び / Waren von *besonderer* Qualität 特級品.

Be·son·de·re[s] [ベ・ゾンデレ[ス] bə-zóndərə[s]] 中《語尾変化は形容詞と同じ》特別なこと(もの). etwas *Besonderes* 何か特別なこと(もの) / Es gab nichts *Besonderes* zu sehen. 特に見るべきものはなかった / im *Besonderen* 特に，とりわけ.

Be·son·der·heit [ベ・ゾンダァハイト] 女 -/-en 特性，特色，特異性，独自性.

*****be·son·ders** [ベ・ゾンダァス bə-zóndərs] 副 ① 特に，とりわけ. (英 *especially*). *besonders* heute きょうは / *besonders* wenn es regnet 特に雨の場合は. ② 非常に，とても. *besonders* groß とても大きい / nicht *besonders* 格別よくもない，まあまあの. Der Film war nicht *besonders*. その映画はまあまあの出来だった / Wie geht es dir? — Nicht *besonders*! 元気かい — まあまあだ. ③ 別個に. Diese Frage werden wir *besonders* behandeln. この問題は別個に扱いましょう.

be·son·nen [ベ・ゾンネン] I *besinnen (再帰 で，よく考える)の 過分 II 形 思慮深い，慎重な.

Be·son·nen·heit [ベ・ゾンネンハイト] 女 -/ 思慮深さ，慎重さ.

*****be·sor·gen** [ベ・ゾルゲン bə-zɔ́rgən] (besorgte, *hat...*besorgt) 他 (定了 haben) ① 調達する，手に入れる. die Getränke⁴ für die Party *besorgen* パーティーのための飲み物を調達する / 人³ eine Stelle⁴ *besorgen* 人³に職を

世話する / *Können* Sie mir eine Eintrittskarte *besorgen*? 私のために入場券を手にいれていただけますか / Bitte *besorge* mir ein Taxi! ぼくにタクシーを呼んでくれないか / 人³ ein Zimmer⁴ *besorgen* 人³に部屋を予約してやる. ◇《再帰代名詞(3格)とともに》*sich*³ 物⁴ *besorgen* a) 物⁴を手に入れる, b) 《口語・婉曲》物⁴をくすねる.
② 《人・物⁴の》世話をする, 面倒をみる. die Kinder⁴ *besorgen* 子供たちの世話をする / die Blumen⁴ *besorgen* 花の手入れをする.
③ 《用事など⁴を》済ます, 片づける. Einkäufe⁴ *besorgen* 買い物を済ませる / einen Auftrag *besorgen* 任務を果たす.
④ 《**es** を目的語として成句的に》es⁴ 人³ *besorgen* 《口語》a) 人³に仕返しする, b) 人³をとっちめる. ⑤ 《雅》《事⁴を》心配する, 気づかう.
◇☞ besorgt

Be·sorg·nis [ベ・ゾルクニス] 囡 -/..nisse 心配, 気づかい.

〈新形〉
Be·sorg·nis er·re·gend 気がかりな, 気づかわしい. Ihr Zustand ist *Besorgnis erregend.* 彼女の容体は気がかりだ.

be·sorg·nis/er·re·gend 形 〈新形〉Besorgnis erregend) ☞ Besorgnis
be·sorgt [ベ・ゾルクト] I ‡besorgen (達調する) の 過去, 3人称単数・2人称複数 現在 II 形 心配している, 気づかっている. **um** 人・事⁴ *besorgt* sein 人・事⁴を気づかっている.
be·sorg·te [ベ・ゾルクテ] ‡besorgen (達調する) の 過去
Be·sorgt·heit [ベ・ゾルクトハイト] 囡 -/ 心配, 懸念, 不安.
Be·sor·gung [ベ・ゾルグング] 囡 -/-en ① 《複なし》入手, 調達; 処理; 世話. ② 買い物 (= Einkauf). eine *Besorgung*⁴ machen 買い物をする.
be·span·nen [ベ・シュパンネン bə-ʃpánən] 他 (h) 《A⁴ mit B³ ~》(A⁴に B³を張る; つなぐ. ein Instrument⁴ mit Saiten *bespannen* 楽器に弦を張る / einen Wagen mit Pferden *bespannen* 車に馬をつなぐ.
Be·span·nung [ベ・シュパンヌング] 囡 -/-en ① 《複なし》(壁紙・弦などを)張ること; (馬などを)つなぐこと. ② カバー; 上張り材(壁布・いす布など); (ラケット・楽器などの)弦; (馬車などの前につながれた)役畜(馬など).
be·spie·geln [ベ・シュピーゲルン bə-ʃpíːɡəln] I 他 (h) (小説などに)描き出す. II 再帰 (h) *sich*⁴ *bespiegeln* 自分の姿を鏡に映して見る; 《比》うぬぼれる.
be·spie·len [ベ・シュピーレン bə-ʃpíːlən] 他 (h) ① (テープ・レコードなど⁴に)録音する. ② (劇場⁴で)上演する.
be·spit·zeln [ベ・シュピッツェルン bə-ʃpítsəln] 他 (h) (人⁴を)こっそり見張る, 尾行する.
be·sprach [ベ・シュプラーハ] ‡besprechen (話し合う)の 過去

be·spre·chen [ベ・シュプレッヒェン bə-ʃpréçən] du besprichst, er bespricht (besprach, hat ... besprochen) I 他 (完了 haben) ① 《事⁴について》話し合う, 協議する. (英 discuss). Das möchte ich erst **mit** dir *besprechen.* そのことについてまず君と話し合いたい. ② (新聞・雑誌などで)**批評する**, 論評する. ein Buch⁴ *besprechen* 書評をする. ③ (レコードなど⁴に)吹き込む. ein Tonband⁴ *besprechen* 録音テープに声を吹き込む. ④ (病気など⁴を)呪文で治そうとする.
II 再帰 (完了 haben) 《*sich*⁴ [**mit** 人³] ~》(《人³と》話し合う, 協議する. *sich*⁴ mit 人³ **über** 事⁴ *besprechen* 人³と事⁴について話し合う.

*die **Be·spre·chung** [ベ・シュプレッヒュング bə-ʃpréçuŋ] 囡 〈単〉-/〈複〉-en ① 話し合い, 協議, 相談. (英 discussion, meeting). eine *Besprechung*⁴ [über 事⁴] ab|halten [事⁴について]協議する / eine *Besprechung* mit seinem Chef. 彼は所長と協議中です. ② 批評, 論評. Buch*besprechung* 書評. ③ 呪文.
be·spren·gen [ベ・シュプレンゲン bə-ʃpréŋən] 他 (h) (人・物⁴に水などを)振りかける, まく. den Rasen mit Wasser *besprengen* 芝生に水をかける.
be·sprich [ベ・シュプリヒ] *besprechen (話し合う)の du に対する 命令
be·sprichst [ベ・シュプリヒスト] *besprechen (話し合う)の 2人称単数 現在
be·spricht [ベ・シュプリヒト] *besprechen (話し合う)の 3人称単数 現在
be·sprin·gen* [ベ・シュプリンゲン bə-ʃpríŋən] 他 (h) (雄が雌⁴と)交尾する.
be·sprit·zen [ベ・シュプリッツェン bə-ʃprítsən] 他 (h) (人・物⁴に水などを)はねかける; はねかけて汚す. die Blumen⁴ **mit** dem Schlauch *bespritzen* 花にホースで水をかける.
be·spro·chen [ベ・シュプロッヘン] *besprechen (話し合う)の 過分
‡**bes·ser** [ベッサァ bésər]

> より良い　Das ist *besser.*
> ダス　イスト　ベッサァ
> その方がいいですよ.

(‡gut, ‡wohl の 比較)I 形 より良い, より優れた. (英 better). ein *besserer* Schüler **als** er 彼より優れた生徒 / Sie ist *besser* **in** Mathematik als ich. 彼女は数学は私よりできる / *Besser* ist *besser.* 用心に越したことはない(←より良いものはより良い) / Das ist *besser* als nichts. それはないよりはましだ / Es ist *besser,* dass er bleibt. 彼は残っているほうがいい / Sie spielt *besser* Klavier als ich. 彼女は私よりピアノが上手だ / *besser* gesagt もっとうまく言えば.
◇《絶対比較級として》かなり良い; 《口語》…も同然の. *bessere* Leute 上流の人々 / Der Saal ist eine *bessere* Scheune. そのホールは

穀物倉も同然だ.
II 副 《文全体にかかって》…する方がよい. Geh *besser* zum Arzt! 医者に行った方がいいよ / Du hättest *besser* geschwiegen. 《接2・過去》君は黙っていた方がよかったのに.

Bes·se·re[s] [ベッセレ〔ス〕bésərə[s]] 中《語尾変化は形容詞と同じ》より良いもの(こと). 人⁴ eines *Besseren* belehren 人⁴に思い直させる / sich⁴ eines *Besseren* besinnen 思い直す / Ich habe *Besseres* zu tun. 私はそんなことにかかわり合っていられない(←もっとよいことをしなければならない) / Das *Bessere* ist des Guten Feind. 《諺》角を矯(た)めて牛を殺す(←より良きものは良きものの敵である, 完璧を求めすぎると元も子もなくす).

***bes·sern** [ベッサァン bésərn] (besserte, *hat* …gebessert) **I** 再帰 《完了》haben) sich⁴ *bessern* 良くなる, 改善(改良)される; 改心する. (英 improve). Das Wetter *bessert sich.* 天気が良くなる / Du *musst dich bessern*. 君は改心しないといけないよ.
II 他 《完了》haben) 良くする, 改善(改良)する; 改心させる. Damit *besserst* du auch nichts. 君がそうしても何も良くならないよ.

bes·ser·te [ベッサァテ] *bessern (再帰で: 良くなる)の過去

*die **Bes·se·rung** [ベッセルング bésəruŋ] 女 (単) -/ 改善, 改良; (病気などの)回復. Gute *Besserung*! (病人に対して:)お大事に! / Der Patient ist auf dem Wege der *Besserung*. その患者は快方に向かっている.

Bes·ser≈wis·ser [ベッサァ・ヴィッサァ] 男 -s/- 知ったかぶりをする人.

Bes·ser≈wis·se·rei [ベッサァ・ヴィッセライ] 女 -/ 知ったかぶり.

***best** [ベスト bést]

> 最も良い
>
> Er ist mein *bester* Freund.
> エァ イスト マイン ベスタァ フロイント
> 彼は私のいちばんの親友です.

(≠gut, ≠wohl の最上) 形 最も良い, 最良(最上)の. (英 best). *beste* Qualität 最高の品質 / der *beste* Schüler in der Klasse クラスで最も優秀な生徒 / Das ist mein *bestes* Kleid. これは私のいちばんいいドレスです.

◊《am *besten* の形で: 述語として》最もよい[ことだ]. Er ist *am besten*, du kommst sofort. 君がすぐ来てくれるのがいちばんだ / Ich halte es für am *besten*, dass … 私は…がいちばんよいと思う.

◊《am *besten* の形で: 副詞的に》最もよく[…する]. Sie singt *am besten*. 彼女がいちばん上手に歌う / Das gefällt mir *am besten*. それがいちばん私の気に入っている.

◊《am *besten* の形で: 文全体にかかって》…するのが最もよい, …すべきだ. Du gehst jetzt *am besten* ins Bett. 君は今すぐ寝るのがいちばんだ(今すぐ寝るべきだ).

◊《名詞的に》Das ist das *beste* (新形 das *Beste*). それがベストだ / Er ist der *Beste* in der Klasse. 彼はクラスで首席だ / **aufs** *Beste* または **aufs** *beste* きわめてよく, とてもうまく / 《事・物》*zum besten* (新形 **zum** *Besten*) geben a) 軍⁴ (ジョークなど)を座興に披露する, b) 物⁴ (酒などを)ふるまう / 人⁴ *zum besten* (新形 **zum** *Besten*) haben (または halten) 人⁴をからかう / Mit seiner Gesundheit geht es nicht *zum besten* (新形 **zum** *Besten*). 彼の健康はあまりよくない.

◊《成句的に》**auf** dem *besten* Wege sein, **zu** 不定詞句) 今にも…しようとしている / **beim** *besten* Willen どんなに努力しても / **bei der ersten** *besten* Gelegenheit 手あたりしだいチャンスをつかんで / **im** *besten* Falle a) うまくいけば, b) うまくいっせいぜい / Er ist in den *besten* Jahren. 彼は男盛りだ / **mit den** *besten* Grüßen (手紙の結びで:)敬具 / **nach meinem** *besten* Wissen 私の知るかぎりでは.

be·stal·len [ベ・シュタレン bə-ʃtálən] 他 (h) 《官庁》(官職に)任ずる, 任命する. 人⁴ **zum** Richter *bestallen* 人⁴を裁判官に任命する.

Be·stal·lung [ベ・シュタルング] 女 -/-en ① 任命, 任用. ② (任用の)辞令.

be·stand [ベ・シュタント] *bestehen (存在する) の 過去

Be·stand [ベ・シュタント bə-ʃtánt] 男 -es (まれに -s)/Bestände ① 《複 なし》存立, 存続, 永続; 《ラテン》(これまでの)存続年数. *Bestand*⁴ haben または **von** Bestand sein 長続きする ⇒ Sein Eifer hat keinen *Bestand*. 彼の熱中は長続きしない. ② 現在高, 在庫品, ストック. der *Bestand* **an** Büchern 書籍の在庫 / der eiserne *Bestand* 手をつけてはならない非常用の備蓄(食糧など). ③ 《林》(種類・樹齢のそろった)木立ち, 林分(ぶん).

be·stän·de [ベ・シュテンデ] *bestehen (存在する)の 接2

be·stan·den [ベ・シュタンデン] **I** *bestehen (存在する)の 過分 **II** 形 (草・木に)覆われた. ein mit Bäumen *bestandener* Garten 樹木に覆われた庭.

***be·stän·dig** [ベ・シュテンディヒ bə-ʃténdɪç] **I** 形 ① 絶え間のない, ひっきりなしの, 不断の. (英 constant). in *beständiger* Angst leben 絶えずびくびくして暮らす. ② (人の心・天気などが)いつも変わらない, 安定した. *beständiges* Wetter 安定した天気. ③ 抵抗力がある, 耐性がある. Dieser Stoff ist sehr *beständig* gegen Hitze. この服地はとても熱に強い.
II 副 絶え間なく, ひっきりなしに. Er spricht *beständig* von ihr. 彼はいつも彼女のことを話している / Es hat heute *beständig* geregnet. きょうは絶え間なく雨が降った.

Be·stän·dig·keit [ベ・シュテンディヒカイト] 女 -/ 不変[性], 安定; 抵抗力, 耐性.

Be·stands≈auf·nah·me [ベシュタンツ・アオフナーメ] 女 -/-n 在庫品調べ, たな卸し.

Be·stand·teil [ベシュタント・タイる] 男 -[e]s/ -e 〖構成〗要素, 成分.

be·stär·ken [ベ・シュテルケン bə-ʃtérkən] 他 (h) (人⁴の企てなどを)支持する; (疑いなど⁴を)強める. 人⁴ in seiner Meinung *bestärken* 人⁴の考えを支持する.

*****be·stä·ti·gen** [ベ・シュテーティゲン bə-ʃtéːtɪɡən] (bestätigte, *hat*...bestätigt) 他 (定了 haben) ① (事⁴が真実であることを)**確認する**, 確証する, 証明する. (英 *confirm*). eine Aussage⁴ *bestätigen* 供述の正しいことを認める / Die Erfahrung *hat* seine Lehre *bestätigt*.経験によって彼の説の正しいことが裏付けられた. ◇〖再帰的に〗*sich*⁴ *bestätigen* 真実であることが確かめられる ⇒ Die Nachricht *hat sich bestätigt*. その情報は真実であることがわかった. ② (商品などの受領⁴を)通知する; (銀行が小切手の支払いや⁴を)保証する. Wir *bestätigen* den Empfang Ihres Schreibens vom 3. (=dritten) Oktober. 10月3日付のお手紙確かに拝受しました. 〖文書で任命など⁴を〗承認する, 認可する;〖法〗批准する.

be·stä·tigt [ベ・シュテーティヒト] ＊bestätigen (確認する)の過分

be·stä·tig·te [ベ・シュテーティヒテ] ＊bestätigen (確認する)の過去

*****die* **Be·stä·ti·gung** [ベ・シュテーティグング bə-ʃtéːtɪɡʊŋ] 女〖単〗-/〖複〗-en ① **確認, 証明, 確証; 承認**. (英 *confirmation*). ② 確認(証明)書; 承認書. 人⁴ eine *Bestätigung*⁴ schreiben 人³に確認書を書く / eine *Bestätigung*⁴ aus|stellen 証明書を交付する / eine *Bestätigung* über den Erhalt der Ware² 商品の受領通知書.

be·stat·ten [ベ・シュタッテン bə-ʃtátən] 他 (h) 〖雅〗(人⁴を)埋葬する.

Be·stat·tung [ベ・シュタットゥング] 女 -/-en 〖雅〗埋葬, 葬式. Feuer*bestattung* 火葬.

be·stäu·ben [ベ・シュトイベン bə-ʃtóybən] 他 (h) ① (物⁴に粉状のものを)振りかける. einen Kuchen mit Puderzucker *bestäuben* ケーキに粉砂糖を振りかける. ②〖植〗(花⁴に)受粉させる.

be·staubt [ベ・シュタオプト bə-ʃtáupt] 形 ほこりだらけの.

Be·stäu·bung [ベ・シュトイブング] 女 -/-en (粉状のものを)振りかけること;〖植〗受粉.

be·stau·nen [ベ・シュタオネン bə-ʃtáunən] 他 (人・物⁴に)目を見はる, 驚嘆する.

Bes·te [ベステ bésta] ⇨ Beste[r], Beste[s]

be·ste·chen* [ベ・シュテッヒェン bə-ʃtéçən] 他 (h) ① (人⁴を)買収する, (人⁴に)賄賂(ワぃろ)を贈る. Er *hat* die Zeugen mit Geld *bestochen*. 彼は証人たちをお金で買収した / *sich*⁴ *bestechen lassen* 買収される. ② (人⁴の)心を奪う, 魅了する. Sie *bestach* [uns] durch ihre Schönheit. 彼女はその美しさで[私たちを]魅了した. ◇〖現在分詞の形で〗ein *bestechendes* Lächeln 魅惑的な微笑.

be·stech·lich [ベ・シュテヒりヒ] 形 買収可能な, 賄賂(ワぃろ)の効く. ein *bestechlicher* Beamter 賄賂の効く役人.

Be·ste·chung [ベ・シュテッヒュング] 女 -/-en 買収, 贈収賄. aktive (passive) *Bestechung*〖法〗贈賄(収賄)罪.

*****das* **Be·steck** [ベ・シュテック bə-ʃtέk] 中〖単2〗-[e]s/〖複〗-e (3格のみ -en) ① 〖口語〗(複)-s も) ナイフ・フォーク・スプーン[の1セット]. Fisch*besteck* 魚料理用のナイフとフォーク / noch ein *Besteck*⁴ auf|legen ナイフ・フォーク・スプーンをもう1セット並べる. ② 〖複 なし〗〖口語〗食器一式. ③〖医〗手術用器具一式. ④〖海〗船の位置.

*****be·ste·hen*** [ベ・シュテーエン bə-ʃtéːən] (bestand, *hat*...bestanden) **I** 自 (定了 haben) ① **存在する**, ある; 存続する. (英 *exist*). Das Geschäft *besteht* schon seit hundert Jahren. その店は100年も前から続いている / Darüber *besteht* kein Zweifel. それに関しては疑いの余地はない / Es *besteht* noch die Hoffnung, dass... まだ…という望みがある.

②〖aus 物³ ~〗(物³から)**成り立っている**, (物³で)構成されている. (英 *consist of*). Wasser *besteht* aus Wasserstoff und Sauerstoff. 水は水素と酸素とから成り立っている / Das Buch *besteht* aus drei Teilen. その本は3部から成り立っている.

③〖in 物³ ~〗(内容・本質などが 物³に)**ある**, 存する. Seine Aufgabe *besteht* in der Aufstellung der Liste. 彼の任務はリストの作成だ / Das Problem *besteht* darin, dass ... 問題は…という点にある.

④〖auf 物³ ~〗(物³に)**固執する**, (物³を)主張する. Er *besteht* auf seinem Recht. 彼は自分の権利をあくまでも主張する.

⑤ (負けずに)持ちこたえる. **im** Kampf *bestehen* 戦いを乗り切る / **vor** jeder Kritik *bestehen* どんな批判にも耐える.

II 他 (定了 haben) ① (試験など⁴に)**合格する**. (英 *pass*). Er *hat* das Examen *bestanden*. 彼は試験に合格した.

②〖雅〗(苦難など⁴に)耐え抜く, 屈しない. einen Kampf *bestehen* 戦い抜く.

◇⇨ bestanden

Be·ste·hen [ベ・シュテーエン] 中 -s/ ① 存在, 存立; 存続; 創立, 創建. ② 克服. ③ 固執.

be·steh·len* [ベ・シュテーれン bə-ʃtéːlən] 他 (h) (人⁴から)盗む. 人⁴ um 物³ *bestehlen* 人⁴から 物³を盗む.

be·stei·gen* [ベ・シュタイゲン bə-ʃtáɪɡən] 他 (h) ① (山・塔など⁴に)登る; (馬・自転車など⁴にまたがる, 乗る. einen Berg *besteigen* 山に登る / ein Pferd⁴ *besteigen* 馬に乗る / Der König *bestieg* 1687 den Thron.〖比〗その王は1687年に即位した. ② (列車・車など⁴に)乗り込む.

Be·stei·gung [ベ・シュタイグング] 女 -/-en 登頂; 乗馬, 乗車; 即位.

be·stel·len [ベ・シュテレン bəˈʃtélən] (bestellte, hat...bestellt) 他 (完了 haben) ① 注文する;(座席など⁴を)予約する. (英 order). ein Buch⁴ bestellen 本を注文する / Ich habe [mir] ein Bier bestellt. 私はビールを注文した / ein Taxi⁴ bestellen タクシーを呼ぶ / ein Zimmer⁴ im Hotel bestellen ホテルの部屋を予約する. ◇『目的語なしでも』 Haben Sie schon bestellt? ご注文はもうお済みですか.
② (人⁴をある場所・時刻に)呼び出す, 来させる. 人 in ein Café bestellen 人⁴を喫茶店に呼び出す / 人⁴ zu sich³ bestellen 人⁴に自分の所へ来てもらう / Ich bin um vier Uhr beim (または zum) Arzt bestellt. 《状態受動・現在》私は4時に医者の所へ来るように言われている.
③ (人³にあいさつ・知らせなど⁴を)伝える. Bestellen Sie ihm schöne Grüße von mir! 彼に私からよろしくお伝えください / Kann (または Soll) ich etwas bestellen? 何かおことづけはありませんか / Er lässt dir bestellen, dass... 彼から君に…と伝言を頼まれたよ / Er hat nichts zu bestellen. 彼はここではわき役にすぎない(←何も伝えることがない).
④ (代理人など⁴を)指名する, 任命する. 人⁴ zum Vormund bestellen 人⁴を後見人に任命する. ⑤ (畑など⁴を)耕す.
◇☞ bestellt

Be·stel·ler [ベ・シュテら bəˈʃtélər] 男 -s/- 注文主; 予約者.

Be·stell≠num·mer [ベシュテる・ヌンマァ] 女 -/-n 商品カタログの番号(注文番号).

Be·stell≠schein [ベシュテる・シャイン] 男 -[e]s/-e 注文票;《図書の》貸出票.

be·stellt [ベ・シュテるト] I ‡bestellen (注文する)の過分, 3人称単数・2人称複数現在 II 形 ① 注文(予約)済みの; 呼び出された. Sie kam wie bestellt. 折よく彼女がやって来た / Er steht da wie bestellt und nicht abgeholt. 《口語》彼は所在なげにじっと立っている. ② 『es ist mit 人·物³ (または um 人·物⁴)...bestellt の形』 人·物³ (または 人·物⁴)の状態は…である. Mit ihm ist es schlecht bestellt. 彼の健康状態は悪い.

be·stell·te [ベ・シュテるテ] ‡bestellen (注文する)の過去.

Be·stel·lung [ベ・シュテるング] 女 -/-en ① 注文, 予約; 注文品. eine Bestellung⁴ auf|geben (an|nehmen) 注文を出す(受ける) / 物⁴ auf Bestellung an|fertigen 物⁴を注文で製作する. ② (診療などの)予約. ③ 伝言, ことづけ. eine Bestellung⁴ aus|richten 伝言を伝える / 人³ eine Bestellung⁴ auf|tragen 人³に伝言を託す. ④ 任命. ⑤ 耕作.

bes·ten≠falls [ベステン・ふァるス] 副 いちばんまくいけば; どんなにうまくいっても, せいぜい.

bes·tens [ベステンス béstəns] 副 ① たいへんよく. ② 心から, 心をこめて. Danke bestens! 本当にどうもありがとう.

Bes·te[r] [ベステ(..タァ) bésta (..tər)] 男 女 『語尾変化は形容詞と同じ』最も優れた人; 最も大切な人. (☞ best 《名詞的に》). Er ist der Beste in der Klasse. 彼はクラスで首席だ.

Bes·te[s] [ベステ[ス] béstə(s)] 中 『語尾変化は形容詞と同じ』最も良いもの(こと), 最善. (☞ best 《名詞的に》). Ich tue mein Bestes. 私はベストを尽くします.

be·steu·ern [ベ・シュトイァン bəˈʃtɔ́yərn] 他 (h) (人·物⁴に)課税する.

Be·steu·e·rung [ベ・シュトイエルング] 女 -/-en 課税.

bes·ti·a·lisch [ベスティアーリッシュ bɛstiáːlɪʃ] I 形 ① 獣的な, 残忍な. ② 《口語》我慢ならない, 不快な. II 副 《口語》ひどく, 非常に.

Bes·ti·a·li·tät [ベスティアリテート bɛstialité:t] 女 -/-en ① 《複 なし》獣性, 残忍さ. ② 残虐行為.

Bes·tie [ベスティエ béstiə] 女 -/-n 野獣;《比》人でなし, 残忍な人間.

be·stim·men [ベ・シュティンメン bəˈʃtímən] (bestimmte, hat...bestimmt) I 他 (完了 haben) ① 定める, 決める. (英 determine). den Termin bestimmen 期日を決める / Das bestimmen wir gemeinsam. その件はいっしょに決めましょう / Das Gesetz bestimmt, dass... 法は…と定めている / Du hast hier nichts zu bestimmen. 君はここでは決定権がない / 物⁴ für 人·事⁴ bestimmen 物⁴を人·事⁴のためのものと決める ⇒ Das Geld ist für dich bestimmt. 《状態受動・現在》そのお金は君にあげることになっている / Sein Vater hat ihn zum (または als) Nachfolger bestimmt. 彼の父は彼を後継者にすることに決めた.
② (学問的に)定める, 規定(定義)する. eine Pflanze⁴ bestimmen ある植物を分類する / einen Begriff bestimmen ある概念を規定(定義)する. ③ (人·物⁴に)決定的な影響を及ぼす. Das Gelände bestimmt den Lauf des Flusses. 地形が川の流れに影響を与えている. ◇『現在分詞の形で』 ein bestimmender Faktor 決定的要因. ④ 《人⁴ zu 事³ ~》(説得して人⁴に事³を)する気にさせる. 人⁴ zum Bleiben bestimmen 人⁴を説得してとどまらせる.
II 自 (完了 haben) 決定権を持つ. Hier bestimme ich. ここを取り仕切っているのは私だ / über 人·物⁴ bestimmen 人·物⁴を意のままにする.
III 再帰 (完了 haben) 『sich⁴ nach 事³ ~』 (事³によって)決定(左右)される.

be·stimmt [ベ・シュティムト] I ‡bestimmen (定める)の過分, 3人称単数・2人称複数現在
II 形 (比較 bestimmter, 最上 bestimmtest) ① 『付加語としてのみ』定められた, ある一定の. (英 certain). zur bestimmten Zeit 決められた時刻に / ein bestimmter Betrag ある一定の金額 / der bestimmte Artikel 《言》定冠詞.
② 『付加語としてのみ』ある種の. Bestimmte Leute sind da anderer Meinung². ある種の人々はその点では意見が異なる.
③ 明確な, はっきりとした. eine bestimmte

Antwort 確答. ◊《名詞的に》Niemand weiß etwas *Bestimmtes*. だれもはっきりしたことは知らない.
④ 断固とした. in *bestimmtem* Ton 断固とした口調で / höflich, aber *bestimmt* ab|lehnen ていねいに、しかしきっぱりと断る.
III 副《文全体にかかって》確かに、きっと. Ja, *bestimmt*! はい、確かに / Wir werden *bestimmt* kommen. 私たちはきっと参ります. (☞ 類語 sicher).

be·stimm·te [ベ・シュティムテ] ＊bestimmen (定める) の 過去

Be·stimmt·heit [ベ・シュティムトハイト] 女 -/ 断固たる態度; 確実性. mit *Bestimmtheit* a) 確信を持って、きっぱりと, b) 正確に.

＊*die* **Be·stim·mung** [ベ・シュティムング bə·ʃtímʊŋ] 女 (単)-/(複)-en ① 《複なし》決定、確定. (☞ *determination*). Begriffs*bestimmung* 概念規定 / die *Bestimmung* des Preises 価格の確定. ② 規程, 規則. gesetzliche *Bestimmungen* 法規. ③ 《複なし》(本来の)用途、使用目的. Der Minister übergab die Brücke ihrer *Bestimmung*³. 大臣はその橋を開通させた(←橋をその本来の目的にゆだねた). ④ 《複なし》使命, 宿命. ⑤《言》規定[語]. eine adverbiale *Bestimmung* 副詞規定.

Be·stim·mungs⹀ort [ベシュティムングス・オルト] 男 -[e]s/- 目的地, (商品の)仕向け地.

Be·stim·mungs⹀wort [ベシュティムングス・ヴォルト] 中 -[e]s/..wörter 《言》(複合語の)規定語 (例: Zahnarzt「歯医者」の Zahn「歯」).

be·stirnt [ベ・シュティルント bə·ʃtírnt] 形《雅》星をちりばめた.

Best⹀leis·tung [ベスト・ライストゥング] 女 -/-en 《公》最高記録, ベストレコード.

best⹀mög·lich [ベスト・メークリヒ] 形 できるだけ良い, 可能なかぎり最善の. ◊《名詞的に》das *Bestmögliche*⁴ tun ベストを尽くす.

＊**be·stra·fen** [ベ・シュトラーフェン bə·ʃtráːfən] (bestrafte, *hat*... bestraft) 他 《完了》 haben) 罰する, 処罰する. (☞ *punish*). Die Mutter *hat* uns hart *bestraft*. 母は私たちを厳しく罰した / 人⁴ für 事⁴ (または wegen 事²) *bestrafen* 人⁴を事⁴(または事²)のかどで罰する / einen Diebstahl mit Gefängnis *bestrafen* 盗みに対して禁固刑を科する.

be·straft [ベ・シュトラーフト] ＊bestrafen (罰する) の 過分

be·straf·te [ベ・シュトラーフテ] ＊bestrafen (罰する) の 過去

Be·stra·fung [ベ・シュトラーフング] 女 -/-en ① 処罰. ② 罰, 刑罰.

be·strah·len [ベ・シュトラーレン bə·ʃtráːlən] 他 (h) 照らす, 照明する; 照射する. eine Geschwulst⁴ mit Radium *bestrahlen*《医》腫瘍(しゅ)にラジウムを照射する.

Be·strah·lung [ベ・シュトラーるング] 女 -/-en ① 照射, 照明. ②《医》放射線治療.

be·stre·ben [ベ・シュトレーベン bə·ʃtréːbən] 再帰 (h) *sich*⁴ *bestreben*, **zu** 不定詞[句] …しようと努力する.

Be·stre·ben [ベ・シュトレーベン] 中 -s/ 努力, 骨折り.

be·strebt [ベ・シュトレープト] I bestreben (再帰で: …しようと努力する) の 過分 II 形《成句的に》*bestrebt* sein, **zu** 不定詞[句] …しようと努めている. Er war immer *bestrebt*, sein Bestes zu geben. 彼はいつもベストを尽くそうと努力していた.

Be·stre·bung [ベ・シュトレーブング] 女 -/-en 《ふつう複》努力, 骨折り.

be·strei·chen＊ [ベ・シュトライヒェン bə·ʃtráiçən] 他 (h) ① 《A⁴ mit B³ ～》(A⁴ に B³ を)塗る. ein Brot⁴ mit Butter *bestreichen* パンにバターを塗る. ②(サーチライトなどが)かすめる. ③《軍》掃射する.

be·strei·ken [ベ・シュトライケン bə·ʃtráikən] 他 (h) (会社など⁴に対して)ストライキをする.

be·strei·ten＊ [ベ・シュトライテン bə·ʃtráitən] 他 (h) ①(事⁴に)異論を唱える、反論する. eine Behauptung⁴ entschieden *bestreiten* ある主張をきっぱりと否認する / Das *wird* niemand *bestreiten*. それにはだれも異存はないだろう / Es *lässt* sich nicht *bestreiten*, dass… …には異論の余地はない. ②(事⁴の)費用を負担する. sein Studium⁴ **aus** eigener Tasche *bestreiten* 学費を自力でまかなう. ③(催しなど⁴を)引き受ける, やってのける.

Be·strei·tung [ベ・シュトライトゥング] 女 -/-en 《ふつう単》否認; 異論, 反論;(費用の)負担.

be·streu·en [ベ・シュトロイエン bə·ʃtróyən] 他 (h) 《A⁴ mit B³ ～》(A⁴ に B³ を)振りかける, まく. den Kuchen mit Puderzucker *bestreuen* ケーキに粉砂糖を振りかける.

be·stri·cken [ベ・シュトリッケン bə·ʃtríkən] 他 (h) ① 魅惑する, (人⁴の)心をとらえる. ②(人⁴のために)編み物をする.

Best⹀sel·ler [ベスト・ゼらァ bést·zɛlər] [英] 男 -s/- (本・レコードなどの)ベストセラー.

be·stü·cken [ベ・シュテュッケン bə·ʃtýkən] 他 (h) 《A⁴ mit B³ ～》(A⁴ に B³ を)備え付ける, 装備する.

be·stün·de [ベ・シュテュンデ] ＊bestehen (存在する) の 接2

be·stür·men [ベ・シュテュルメン bə·ʃtýrmən] 他 (h) ①(敵陣など⁴を)襲撃する, (物⁴に)殺到する. ②《人⁴ mit 事³ ～》(人⁴を事³(質問など)で)悩ます.

be·stür·zen [ベ・シュテュルツェン bə·ʃtýrtsən] 他 (h) (人⁴を)ひどく驚かす, 狼狽(ろうばい)させる. Die Nachricht *hat* mich sehr *bestürzt*. その知らせに私は肝をつぶした. ◊《現在分詞の形で》*bestürzende* Nachrichten ショッキングなニュース.

be·stürzt [ベ・シュテュルツト] I bestürzen (ひどく驚かす) の 過分 II 形 びっくりした, うろたえた. ein *bestürztes* Gesicht⁴ machen びっくりした顔をする.

Be·stür·zung [ベ・シュテュルツング] 囡 -/ びっくり仰天, 狼狽(珎). in *Bestürzung* kommen (または geraten) 度を失う.

***der* Be·such** [ベ・ズーフ bə-zúːx] 男 (単2) -[e]s/(複) -e (3格のみ -en) ① 訪問, 見舞い; (医者の)往診. (英 visit). ein offizieller *Besuch* 公式訪問 / [bei] 人³ einen *Besuch* machen 人³を訪問する / bei 人³ auf (または zu) *Besuch* sein 人³を訪問している.
② (劇場などを)訪れること, (学校などへ)通うこと. der *Besuch* der Vorlesungen² 講義に出席すること / Der *Besuch* der Schule ist Pflicht. 通学は義務である.
③ 《複なし》訪問客, 来客. (英 visitor). Wir haben heute *Besuch*. きょうは来客がある / *Besuch*⁴ bekommen 客が来る / *Besuch*⁴ empfangen 客を迎える / *Besuch*⁴ erwarten 客が来ることになっている.

....

《注》 ..**besuch** のいろいろ: Arzt*besuch* 往診 / Damen*besuch* 女性の来客 / Herren*besuch* 男性の来客 / Kranken*besuch* 病気見舞い / Schulbesuch 通学 / Theater*besuch* 観劇.

·be·su·chen [ベ・ズーヘン bə-zúːxən]

┌─────────────────────────┐
│ 訪問する   │
│ Darf ich Sie morgen *besuchen*?│
│ ダルフ イヒ ズィー モルゲン ベズーヘン │
│ あすお訪ねしてもよろしいですか.   │
└─────────────────────────┘

(besuchte, hat ... besucht) 他 (完了 haben) (英 visit) ① 訪問する, 訪れる, (病人⁴を)見舞う; (医者が)往診する. einen Freund *besuchen* 友人を訪れる / *Besuchen* Sie mich bald einmal! 近いうちに一度お越しください.
② (物⁴を)見物(見学)に行く; (学校など⁴に)通う; (講義などに)出席する. ein Konzert⁴ *besuchen* 音楽会に行く / Er *besucht* noch die Schule. 彼はまだ学校に通っている / eine Vorlesung⁴ *besuchen* 講義に出席する / Das Theater *war* gut (schlecht) *besucht*. 『状態受動・過去』劇場は客の入りが良かった(悪かった). ◇《過去分詞の形で》ein gut *besuchter* Kurort 訪れる人の多い保養地.

....

《類語》 **besuchen**:「(劇などを)見物(見学)に行く」の意味で最も一般的な語. **besichtigen**: (参観・視察のために)見物(見学)する. Wir *besichtigten* die Sehenswürdigkeiten der Stadt. 私たちは町の名所を見物した. **sich**³ 物⁴ **an|sehen**: (物⁴を注意深く見て)鑑賞する. Ich *habe* mir den Film *angesehen*. 私はその映画を見ました.

....

Be·su·cher [ベ・ズーハァ bə-zúːxər] 男 -s/- 訪問客; 見舞客; 見物客, 観客. (☞ 女性形 ist Besucherin).

Be·suchs≠zeit [ベズーフス・ツァイト] 囡 -/-en (病院・刑務所などの)面会時間.

be·sucht [ベ・ズーフト] ≠besuchen (訪問する)の

過分, 3人称単数・2人称複数 現在
be·such·te [ベ・ズーフテ] ≠besuchen (訪問するの) 過去
be·su·deln [ベ・ズーデるン bə-zúːdəln] 他 (h) (血などで)汚す; 《比》(人⁴に)汚名をきせる. ◇《再帰的に》sich⁴ mit Blut *besudeln* 人殺しをする.
Be·ta [ベータ béːta] 囲 -[s]/-s ベータ(ギリシア字母の第2字; B, β).
be·tagt [ベ・タークト bə-táːkt] 形 《雅》年老いた, 高齢の.
be·tas·ten [ベ・タステン bə-tástən] 他 (h) (人・物⁴を)手で触る, 探る; (医者が)触診する.
be·tä·ti·gen [ベ・テーティゲン bə-téːtɪgən] I 他 (h) ① (機械・装置など⁴を)作動させる, 操作する. die Bremse⁴ *betätigen* ブレーキをかける / Er *betätigte* den Schalter. 彼はスイッチを入れた. ② 《雅》(信念など⁴を)実行に移す.
II 再帰 (h) sich⁴ *betätigen* 働く, 活動する. sich⁴ politisch *betätigen* 政治活動をする.
Be·tä·ti·gung [ベ・テーティグング] 囡 -/-en ① 活動, 従事 ② 《複なし》(機械などの)運転, 操作. automatische *Betätigung* 自動操作.
be·täu·ben [ベ・トイベン bə-tɔ́ʏbən] 他 (h) ① (医) (人・物⁴に)麻酔をかける. Der Arzt hat ihn nur örtlich *betäubt*. 医者は彼に局部麻酔をかけた. ② (人⁴の)感覚を麻痺(ひ)させる, ぼうっとさせる. Der Lärm *betäubte* fast den Verstand. 騒音で頭がぼうっとなった. ◇《現在分詞の形で》ein *betäubender* Lärm 耳をつんざくような騒音 / ein *betäubender* Duft 頭がぼうっとなるような香り. ③ 《比》(痛みなど⁴を)抑える, 和らげる; (悩みなど⁴を)まぎらす. ◇《再帰的に》sich⁴ durch Arbeit (mit Alkohol) *betäuben* 仕事で(酒で)気をまぎらす.
Be·täu·bung [ベ・トイブング] 囡 -/-en 《医》麻酔; 麻酔(ひ), 失神. eine örtliche *Betäubung* 局部麻酔 / aus der *Betäubung* erwachen 麻酔から覚める.
Be·täu·bungs≠mit·tel [ベトイブングス・ミッテる] 囲 -s/- 麻酔剤.
Be·te [ベーテ béːtə] 囡 -/-n 《ふつう 単》《植》ビート(トウジシャ属). Rote *Bete* 《北ド》赤かぶ.
***be·tei·li·gen** [ベ・タイリゲン bə-táɪlɪɡən] (beteiligte, hat ... beteiligt) I 再帰 (完了 haben) 《sich⁴ an 事³ ~》(事³に) 参加する, 関与する. (英 participate in). sich⁴ an der Diskussion *beteiligen* 討論に加わる. (☞ 類語 teil|nehmen).
II 他 (完了 haben) 《人⁴ an 事³ ~》(人⁴を 事³に) 参加させる, 関与させる. 人⁴ am Gewinn *beteiligen* 人⁴に分け前を与える.
be·tei·ligt [ベ・タイリヒト] ≠beteiligen (再帰で 参加する)の 過分 II 形 《成句的に》an 事³ *beteiligt* sein 事³に関与している.
be·tei·lig·te [ベ・タイリヒテ] *beteiligen (再帰で 参加する)の 過去
Be·tei·lig·te[r] [ベ・タイリヒテ (..タァ) bə-táɪlɪçtə (..tər)] 男 囡 《語尾変化は形容詞と同じ》 参加(協力)者; 《経》出資者, 株主.

Be·tei·li·gung [ベ・タイリグンク] 囡 -/-en ① 参加，関与，協力；参加者，出席者. **unter großer** *Beteiligung* 多数の出席者を得て. ② (利益などの)配当を受けること.

***be·ten** [ベーテン bé:tən] du betest, er betet (betete, *hat*…gebetet) I 国 (に)祈る，祈りをささげる. (英 pray). **Wir** *beten* **zu** Gott. 私たちは神に祈りをささげる / **für die Toten** *beten* 死者の冥福(%)を祈る / **um Hilfe** *beten* 助けを求めて祈る / Not lehrt *beten*. (諺) 苦しい時の神頼み(←苦境は祈ること を教える).
II 他 (完了 haben)(祈り⁴を)唱える. ein Vaterunser⁴ *beten* 主の祈りを唱える.

be·te·te [ベーテテ] ＊beten (祈る)の 過去

be·teu·ern [ベ・トイアァン bə·tóyərn] 他 (h) 断言する，誓う. **Er** *beteuerte* **seine Unschuld.** 彼は自分の無実を主張した.

Be·teu·e·rung [ベ・トイエルング] 囡 -/-en 誓 い，誓言，断言.

Beth·le·hem [ベートヘヘム bé:tlehəm] 中 -s/ 《都市名》ベツレヘム(ヨルダン西部．イエス生誕の地).

be·ti·teln [ベ・ティーテルン bə·tí:təln] 他 (h) ① (物⁴に)題目[表題]をつける. **ein Buch⁴** *betiteln* 本に表題をつける. ② (人⁴に)肩書き (称号)をつけて話しかける. 人⁴ **mit Professor** *betiteln* 人⁴に教授と呼びかける. ③ 《口語》 (人⁴を)ののしる.

Be·ton [ベトン betɔ̃: または ベトーン betó:n] 男 -s/ (種類:) -s (または -e) コンクリート. **armierter** *Beton* 鉄筋コンクリート.

***be·to·nen** [ベ・トーネン bə·tó:nən] (betonte, *hat*…betont) 他 (完了 haben) (英 stress) ① (語・音節⁴を)強く発音する，(物⁴に)アクセントを置く. **eine Silbe⁴** *betonen* ある音節にアクセントを置く. ② **強調する**，力説する. **Er** *betonte*, **dass**…. 彼は…ということを強調した.
◇☞ betont

be·to·nie·ren [ベトニーレン betoní:rən] 他 (h) コンクリートで固める；《比》固定する.

Be·ton·misch·ma·schi·ne [ベトン・ミッシュマシーネ] 囡 -/-n コンクリートミキサー.

be·tont [ベ・トーント] I ＊betonen (強く発音するの) 過去 II 形 ① アクセントのある. ② 意図的な，故意の. III 副 ことさらに. *betont* **einfach** 際立って簡素な.

Be·ton·te [ベ・トーンテ] ＊betonen (強く発音する)の 過去

Be·to·nung [ベ・トーヌング] 囡 -/-en ① 《言》アクセント[を置くこと]. ② 強調，力説.

be·tö·ren [ベ・テーレン bə·tǿ:rən] 他 (h) 《雅》 魅惑する，惑わす.

betr. [ベ・トレッフェント または ベ・トレッフス] 《略》 …に関して(=betreffend, betreffs).

Betr. [ベ・トレフ] 《略》《官庁・商》…関係，…の件(=Betreff).

Be·tracht [ベ・トラハト bə·tráxt] 男 《成句的に》 **außer** *Betracht* **bleiben** 考慮されていない，問題外である / 人·物⁴ **außer** *Betracht* **lassen** 人·物⁴を考慮しない，問題にしない / **Das kommt nicht in** *Betracht*. それは問題にならない(考慮されない) / 人·物⁴ **in** *Betracht* **ziehen** 人·物⁴を考慮に入れる.

:**be·trach·ten** [ベ・トラハテン bə·tráxtən] du betrachtest, er betrachtet (betrachtete, *hat* …betrachtet) 他 (完了 haben) ① **観察する**，じっと見る. (英 look at). **ein Bild⁴** *betrachten* 絵を鑑賞する / 人⁴ **von oben bis unten** *betrachten* 人⁴を上から下まで見つめる. ◇《再帰的に》**Ich** *betrachtete* **mich im Spiegel.** 私は鏡の中の自分の姿に見入っていた. (☞ 類語欄)
② 《成句的に》人·物⁴ **als**…*betrachten* 人·物⁴ を…と見なす. (英 regard). **Ich** *betrachte* **ihn als meinen Freund.** 私は彼を私の友人だと思っている / **eine Sache⁴** *betrachten* **ある件をきりがついたことと見なす.** (☞ …には4格(まれに1格)の名詞や形容詞がくる). ③ (事件・問題など⁴を)**考察する**. **Er** *betrachtet* **das Problem von allen Seiten.** 彼はその問題をあらゆる角度から検討する. ◇《過去分詞の形で》**genau** *betrachtet* **詳しくみると**.

Be·trach·ter [ベ・トラハタァ bə·tráxtər] 男 -s/- ① 観察者，見物人. ② 考察者.

be·trach·tet [ベ・トラハテット] ＊betrachten (観察する)の 過分, 3人称単数・2人称複数 現在

be·trach·te·te [ベ・トラハテテ] ＊betrachten (観察する)の 過去

be·trächt·lich [ベ・トレヒトリヒ] I 形 著しい，かなりの. *beträchtliche* **Verluste** かなりの損失. II 副 著しく，かなり. **Sie läuft** *beträchtlich* **schneller als ich.** 彼女は私よりもはるかに速く走る.

*die **Be·trach·tung** [ベ・トラハトゥング bə·tráxtuŋ] 囡 (単) -/(複) -en ① 《複 なし》**観察**. **bei näherer** *Betrachtung* さらに細かく観察すると. ② **考察**. **politische** *Betrachtungen* 政治的省察 / *Betrachtungen*⁴ **über** 事⁴ **an|stellen** 事⁴を考察する.

be·traf [ベ・トラーふ] ＊betreffen (関係する)の 過去

*der **Be·trag** [ベ・トラーク bə·trá:k] 男 (単2) -[e]s/(複) ..träge [..トレーゲ] (3格のみ ..trägen) **金額**. (英 amount). **ein Scheck über einen** *Betrag* **von 1 000 Euro** 額面 1,000 ユーロの小切手.

Be·trä·ge [ベ・トレーゲ] ＊Betrag (金額)の 複

***be·tra·gen**¹* [ベ・トラーゲン bə·trá:gən] **du beträgst, er beträgt** (betrug, *hat*…betragen) I 他 (完了 haben) 《数量を表す4格とともに》(…の)**額になる**，(…の)**数値に達する**. **Die Rechnung** *beträgt* **40 DM.** お勘定は40マルクです / **Die Entfernung** *beträgt* **drei Meter.** 隔たりは3メートルだ.
II 再帰 (完了 haben) *sich⁴* *betragen* (…)にふるまう，(…の)態度をとる. *sich⁴* **artig** *betragen* 行儀よくふるまう.

be·tra·gen² [ベ・トラーゲン] ＊betragen¹ (…の額になる)の 過分

Be·tra·gen [ベ・トラーゲン] 中 -s/ ふるまい,態度. Sein *Betragen* ist tadellos. 彼の立居ふるまいは非の打ちどころがない.

be·trägst [ベ・トレークスト] ＊betragen¹ (再帰で: …にふるまう)の2人称単数 現在

be·trägt [ベ・トレークト] ＊betragen¹ (…の額になる)の3人称単数 現在

be·trat [ベ・トラート] ＊betreten¹ (足を踏み入れる)の 過去

be·trau·en [ベ・トラオエン bə-tráuən] 他 (h) 『人 mit 事³ ~』(人⁴に事³を)任せる,委託する.

be·trau·ern [ベ・トラオアァン bə-tráuərn] 他 (h) (死者・死⁴を)悼む,嘆き悲しむ.

be·träu·feln [ベ・トロイフェルン be-tróyfeln] 他 (h) 『A⁴ mit B³ ~』(A⁴ に B³ を)滴らせる.

be·treff 『成句的に』例: in *betreff* (新形) in *Betreff* ☞ Betreff

Be·treff [ベ・トレフ] 男 -[e]s/ 《官庁・商》関係,…の件 (略: Betr.). *Betreff* (または *in Betr.*): Ihr Schreiben vom 10. (=zehnten) Januar 1月10日付けのご書面に関して / in (または dem) *Betreff* この件に関して / in *Betreff* 人・事² 人・事² に関しては[は].

＊**be·tref·fen**＊ [ベ・トレッフェン bə-tréfən] du betriffst, er betrifft (betraf, hat...betroffen) 他 (定) haben) ① (人・事⁴に)関係する,かかわる. (英) concern). Diese Vorwürfe *betreffen* mich nicht. この非難は私には無関係だ / was 人・事⁴ *betrifft* 人・事⁴に関しては[関して言えば] ⇒ Was mich *betrifft*, bin ich (または ich bin) einverstanden. 私としては了解しました. ② 《雅》(不幸・災いなどが人⁴に)降りかかる. Ein Unglück *hat* die Familie *betroffen*. その家族は不幸に見舞われた. ③ 《雅》(人⁴に)精神的な打撃を与える.

◇☞ betroffen

be·tref·fend [ベ・トレッフェント] I ＊betreffen (関係する)の 現分 II 形 当該の,関係する (略: betr.). die *betreffende* Behörde 当該官庁 / die diesen Fall *betreffende* Regel この件に関する規則.

Be·tref·fen·de[r] [ベ・トレッフェンデ(..ダァ) bə-tréfəndə(..dər)] 男 女 『語尾変化は形容詞と同じ』当事者,当人.

be·treffs [ベ・トレフス bə-tréfs] 前 『2格とともに』《官庁・商》…に関しては (略: betr.). *betreffs* Ihrer Anfrage あなたの問い合わせに関して.

＊**be·trei·ben**＊ [ベ・トライベン bə-tráibən] (betrieb, hat...betrieben) 他 (定) haben) ① (職業として)営む,経営する;(研究など⁴に)従事する. ein Lokal⁴ *betreiben* 酒場を経営する / den Sport als Beruf *betreiben* スポーツを職業としている. ② (仕事など⁴を)推し進める,促進する. den Umbau *betreiben* 改造を促進する. ③ 《工》(機械など⁴を)動かす,運転する. 物⁴ elektrisch *betreiben* 物⁴を電気で動かす.

Be·trei·ben [ベ・トライベン] 中 《成句的に》auf sein *Betreiben* [hin] 彼の勧め(指示)によって.

＊**be·tre·ten**¹＊ [ベ・トレーテン bə-tré:tən] du betrittst, er betritt (betrat, hat...betreten) 他 (定) haben) (ある場所⁴に)足を踏み入れる,(家など⁴に)入る. (英) enter). den Rasen *betreten* 芝生に足を踏み入れる / das Zimmer⁴ *betreten* 部屋に入る / die Bühne⁴ *betreten* 舞台に登場する / Ich werde dieses Geschäft nie wieder *betreten*. この店にはもう二度と来るものか.

be·tre·ten² [ベ・トレーテン] I ＊betreten¹ (足を踏み入れる)の 過分 II 形 当惑した,狼狽(ﾛｳﾊﾞｲ)した. ein *betretenes* Gesicht⁴ machen 困ったような顔をする.

Be·tre·ten [ベ・トレーテン] 中 《成句的に》*Betreten* verboten! (立て札などで:)立入禁止!

be·treu·en [ベ・トロイエン bə-tróyən] 他 (h) ① (一時的に人⁴の)世話をする,面倒をみる. die Fluggäste⁴ *betreuen* 搭乗客の世話をする. ② (ある分野など⁴を)担当する.

Be·treu·er [ベ・トロイアァ bə-tróyər] 男 -s/- 面倒をみる人,世話人;(ｽﾎﾟｰﾂ)コーチ;セコンド.

Be·treu·ung [ベ・トロイウング] 女 -/ ① 面倒を見ること,世話. ② 面倒を見る人,世話人;(ｽﾎﾟｰﾂ)コーチ;セコンド.

be·trieb [ベ・トリープ] ＊betreiben (営む)の 過去

＊*der* **Be·trieb** [ベ・トリープ bə-trí:p] 男 (単2) -[e]s/(複) -e (3格のみ -en) ① 企業[体];会社,工場. Groß*betrieb* 大企業 / ein privat (staatlich) *Betrieb* 民間(国営)企業 / einen *Betrieb* leiten 企業を経営する. ② 『複 なし』操業;営業,経営;(機械の)運転. den *Betrieb* auf|nehmen 操業(営業)を開始する / Die Fabrik ist *außer* (in) *Betrieb*. その工場は操業を中止している(操業中だ) / 物⁴ in *Betrieb* nehmen 物⁴の操業(運転)を開始する / eine neue Maschine⁴ in *Betrieb* setzen 新しい機械を始動させる. ③ 『複 なし』(口語)活気,にぎわい,雑踏;(交通などの)混雑. Auf der Straße war lebhafter *Betrieb*. 通りは交通が激しかった.

be·trie·ben [ベ・トリーベン] ＊betreiben (営む)の 過分

be·trieb·lich [ベ・トリープりヒ] 形 『付加語としてのみ』企業の,経営の,営業上の.

be·trieb·sam [ベ・トリープザーム] 形 活動的な;せかせかした.

Be·trieb·sam·keit [ベ・トリープザームカイト] 女 -/ 活動的なこと;せかせかしていること.

Be·triebs=an·lei·tung [ベトリープス・アンらイトゥング] 女 -/-en (機械などの)取扱説明書.

Be·triebs=aus·flug [ベトリープス・アオスふるーク] 男 -[e]s/..flüge 従業員の慰安旅行.

be·triebs=ei·gen [ベトリープス・アイゲン] 形 企業(会社)所有の.

be·triebs=fä·hig [ベトリープス・フェーイヒ] 形 (機械などが)運転可能な.

Be·triebs⸗ge·heim·nis [ベトリープス・ゲハイムニス] 中 ..nisses/..nisse 企業秘密.

Be·triebs⸗ka·pi·tal [ベトリープス・カピタール] 中 -s/ 《経》経営資本.

Be·triebs⸗kli·ma [ベトリープス・クリーマ] 中 -s/ (企業の)労働環境, 職場の雰囲気.

Be·triebs⸗kos·ten [ベトリープス・コステン] 複 経営費用.

Be·triebs⸗lei·ter [ベトリープス・らイタァ] 男 -s/- 経営[責任]者, 支配人.

Be·triebs⸗rat [ベトリープス・ラート] 男 -[e]s/..räte ① (従業員が参加する)経営協議会. ② 経営協議会の委員.

be·triebs⸗si·cher [ベトリープス・ズィッヒャァ] 形 故障のない, 信頼性の高い(機械など).

Be·triebs⸗wirt·schaft [ベトリープス・ヴィルトシャフト] 女 -/ 経営学.

be·trifft [ベ・トリふト] *betreffen (関係する)の3人称単数 現在

be·trin·ken* [ベ・トリンケン bə-tríŋkən] 再帰 (h) sich⁴ betrinken 酔っ払う.
◊ ☞ betrunken

be·tritt [ベ・トリット] I *betreten¹ (足を踏み入れる)の3人称単数 現在 II *betreten¹ (足を踏み入れる)の du に対する 命令

be·trittst [ベ・トリッツト] *betreten¹ (足を踏み入れる)の2人称単数 現在

be·trof·fen [ベ・トロッふェン] I *betreffen (関係する)の 過分 II 形 狼狽(ﾛｳﾊﾞｲ)した, 当惑した, びっくりした. Er schwieg betroffen. 彼はびっくりして声が出なかった.

Be·trof·fen·heit [ベ・トロッふェンハイト] 女 -/ 狼狽(ﾛｳﾊﾞｲ), 当惑.

be·trog [ベ・トローク] *betrügen (だます)の 過去

be·trö·ge [ベ・トレーゲ] *betrügen (だます)の 接２

be·tro·gen [ベ・トローゲン] *betrügen (だます)の 過分

be·trü·ben [ベ・トリューベン bə-trý:bən] 他 (h) 悲しませる. Diese Nachricht hat uns sehr betrübt. この知らせはわれわれをたいへん悲しませた. ◊《再帰的に》sich⁴ über 事⁴ betrüben《雅》事⁴を悲しむ, 悼む.

be·trüb·lich [ベ・トリューブリヒ] 形 悲しい, 悲しい気持ちにさせる.

Be·trüb·nis [ベ・トリューブニス] 女 -/..nisse 《雅》悲しみ, 悲嘆.

be·trübt [ベ・トリュープト] I betrüben (悲しませる)の 過分 II 形 悲しげな, 気のめいった. ein betrübtes Gesicht⁴ machen 悲しい顔をする.

be·trug [ベ・トルーク] *betragen¹ (…の額になる)の 過去

*der **Be·trug** [ベ・トルーク bə-trú:k] 男 (単2) -[e]s/ 詐欺, 欺瞞(ｷﾞﾏﾝ), ペテン. einen Betrug begehen 詐欺を働く / ein frommer Betrug a) (相手をいたわる気持ちから出た)善意のうそ, b) (自分をいたわる)ずうずうしいうそ.

*‡**be·trü·gen*** [ベ・トリューゲン bə-trý:gən] (betrog, hat... betrogen) 他 (完了 haben) ① だます, 欺く. (英 cheat). einen Kunden betrügen 顧客をだます / Sie hat ihren Mann betrogen. 彼女は夫に対して不貞を働いた. ◊《目的語なしでも》Er betrügt öfter. 彼はよく人をだます. ◊《再帰的に》sich⁴ selbst betrügen a) 自分を欺く, b) 思い違いをする.
② 《人⁴ um 物⁴~》《人⁴から物⁴を》だまし取る. Er hat mich um hundert Euro betrogen. 彼は私から100ユーロをだまし取った.

Be·trü·ger [ベ・トリューガァ bə-trý:gər] 男 -s/- 詐欺師, ペテン師. (←→ 女性形は Betrügerin).

Be·trü·ge·rei [ベ・トリューゲライ bə-try:gəráɪ] 女 -/-en 詐欺, ごまかし, ペテン.

be·trü·ge·risch [ベ・トリューゲリッシュ bə-trý:gərɪʃ] 形 詐欺の, ごまかしの, ペテンの.

*‡**be·trun·ken** [ベ・トルンケン bə-trúŋkən] I betrinken (再帰)で 酔っ払う)の 過分 II 形 酔っ払った. (←→「しらふの」は nüchtern). ein betrunkener Fahrer 酔っ払いドライバー / Er ist völlig betrunken. 彼はすっかり酔っ払っている.

Be·trun·ke·ne[r] [ベ・トルンケネ(..ナァ) bə-trúŋkənə (..nər)] 男 女 《語尾変化は形容詞と同じ》酔っ払い.

*‡*das* **Bett** [ベット bét] 中 (単2) -es (まれに -s)/(複) -en ① ベッド, 寝台. (英 bed). ein langes (breites) Bett 長い(広い)ベッド / ein Hotel mit 60 Betten ベッド数60のホテル / das Bett⁴ machen ベッドを整える / Das Bett ist bereit. ベッドの準備ができている / auf dem Bett sitzen ベッドの上に座っている / aus dem Bett springen ベッドから跳び起きる / ins (または zu) Bett gehen 就寝する / die Kinder⁴ ins Bett bringen (または schicken) 子供たちを寝かせる / sich⁴ ins Bett legen 床につく / Er liegt schon fünf Tage im Bett. 彼はもう5日間も病気で寝ている / sich⁴ ins gemachte Bett legen (自ら苦労しないで)楽な生活をする / das Bett⁴ hüten [müssen]《比》病床を離れられない(←ベッドの番をしている).
② 羽布団, 寝具. die Betten⁴ auf[schütteln 羽布団を揺すってふくらます / die Betten⁴ lüften (sonnen) 寝具を風に当てる(日に当てる) / die Betten⁴ frisch überziehen 寝具に新しいカバーを付ける.
③ 川床 (=Flussbett). ④ 《工》(旋盤などの)台.

....
(☞) ..bett のいろいろ: Doppelbett ダブルベッド / Ehebett 夫婦のベッド / Etagenbett 2段ベッド / Feldbett (折りたたみ式の)野営用ベッド / Himmelbett 天蓋付きベッド / Kinderbett 子供用ベッド / Klappbett 折りたたみ式ベッド / Schrankbett (戸棚風の)収納式ベッド.
....

Bett⸗be·zug [ベット・ベツーク] 男 -[e]s/..züge (掛け布団の)カバー.

Bett⸗couch [ベット・カオチュ] 女 -/-en ソファーベッド.

Bettdecke [ベット・デッケ] 囡 -/-n ① 掛け布団. ② ベッドカバー.

Bettel [ベッテる bétəl] 男 -s/ ① 物ごい. ②《口語》くだらないもの, がらくた.

bettelarm [ベッテる・アルム] 形 乞食(ﾋﾞﾊﾞ)同然の, ひどく貧乏な.

Bettelei [ベッテらイ bɛtəláɪ] 囡 -/-en ①【覆なし】物ごい, 乞食(ﾋﾞﾊﾞ)商売. ② しつこい無心, ねだり.

Bettelmönch [ベッテる・メンヒ] 男 -[e]s/-e (ｶﾄﾘｯｸ) 托鉢(ﾊﾁ)修道会士.

*__betteln__ [ベッテるン bétəln] ich bettle (bettelte, *hat*...gebettelt) 自 (完了 haben) ① 物ごいをする.（英 beg）. an den Türen *betteln* 戸口から戸口へと物ごいして歩く / *betteln gehen* 乞食(ﾋﾞﾊﾞ)をして歩く. ②【um 物・事⁴ ～】《比》(物⁴を)しつこくねだる,（軍⁴を)しきりに頼む. um Geld *betteln* お金をせがむ / um Verzeihung *betteln* 切に許しを請う.

Bettelstab [ベッテる・シュターブ] 男【成句的に】人⁴ an den *Bettelstab* bringen / an den *Bettelstab* kommen 人⁴を経済的に破滅させる(乞食(ﾋﾞﾊﾞ)に落ちぶれる.

bettelte [ベッテるテ] *betteln (物ごいをする)の過去

betten [ベッテン bétən] 他 (h)《雅》(そっと)寝かせる. das Kind⁴ *auf* das Sofa *betten* 子供をソファーに寝かせる / den Toten *zur* letzten Ruhe *betten*《雅》死者を埋葬する.【過去分詞の形で】weich *gebettet* sein《比》裕福な暮らしをしている(←柔らかいベッドに寝かされている) / in 物⁴ *gebettet* sein《比》物⁴に取り囲まれている.【再帰的に】Wie man *sich*⁴ *bettet*, so schläft (または liegt) man.(ﾊﾟ)因果応報(←寝心地は床への入り方による).

Bettina [ベティーナ bɛtí:na] -s/《女名》ベティーナ (Elisabettina, Elisabeth の短縮).

bettlägerig [ベット・れーゲリヒ] 形 病床にある, 寝たきりの.

Bettlaken [ベット・らーケン] 中 -s/-《北ドﾞ》シーツ, 敷布 (＝Betttuch).

bettle [ベットれ] *betteln (物ごいをする)の1人称単数 現在

Bettler [ベットらァ bétlər] 男 -s/- 物もらい, 乞食(ﾋﾞﾊﾞ)(女性形は Bettlerin).

Bettruhe [ベット・ルーエ] 囡 -/《医》床上安静.

Betttuch [ベット・トゥーフ] 中 -[e]s/..tücher シーツ, 敷布.

Bettuch ☞ 新形 **Betttuch**

Bettvorleger [ベット・フォーァれーガァ] 男 -s/- ベッドサイドマット (寝台のわきに敷くじゅうたん).

Bettwäsche [ベット・ヴェッシェ] 囡 -/ (寝具用の)シーツとカバー.

Bettzeug [ベット・ツォイク] 中 -[e]s/《口語》寝具(布団・まくら・シーツ・カバーなど).

betucht [ベトゥーフト bə-tú:xt] 形《口語》裕福な, 金持ちの.

betulich [ベ・トゥーりヒ] 形 ①(少々うるさい

ほど)世話好きな, かいがいしい. ② のんびりした, 悠々とした.

*__beugen__ [ボイゲン bɔ́ʏɡən] (beugte, *hat*...gebeugt) I 他 (完了 haben) ① 曲げる, かがめる.（英 bend）. die Knie⁴ *beugen* ひざを曲げる / den Oberkörper *beugen* 上体をかがめる / Sein Rücken *wurde* vom Alter *gebeugt*.【受動・過去】彼の背中は老齢のために曲がった.（☞ 類語 biegen）. ②《雅》屈服させる. ③《物》(光線・電波など⁴を)回折させる. ④《言》(語尾など⁴を)変化させる. ⑤《法》(法⁴を)曲げる.

II 再帰 (完了 haben) *sich*⁴ *beugen* ①【方向を表す語句とともに】(…へ/…から)身をかがめる, かがむ. *sich*⁴ *aus* dem Fenster *beugen* 窓から身を乗り出す / Der Arzt *beugte* sich *über* den Kranken. 医者は病人の上に身をかがめた. ②《雅》(人・事³に)屈服する, 従う. *sich*⁴ dem Schicksal *beugen* 運命に屈服する. ◊☞ **gebeugt**

beugte [ボイクテ] *beugen (曲げる)の過去

Beugung [ボイグング] 囡 -/-en ① 屈曲. ②《法》法を曲げること. ③《言》語形変化. ④《物》(光線などの)回折.

Beule [ボイれ bɔ́ʏlə] 囡 -/-n ① こぶ. ② でこぼこ, へこみ.

*__beunruhigen__ [ベ・ウンルーイゲン bə-únruːɪɡən] (beunruhigte, *hat*...beunruhigt) I 他 (完了 haben) 心配させる, 不安にさせる.（英 worry）. Ihr langes Ausbleiben *beunruhigt* mich. 彼女がなかなか帰ってこないので私は心配だ. ◊【過去分詞の形で】**über** 事⁴ *beunruhigt* sein 事⁴で不安になっている. ◊【現在分詞の形で】eine *beunruhigende* Nachricht 気がかりな知らせ / Es ist sehr *beunruhigend*, dass er nicht kommt. 彼が来ないのがとても気がかりだ.

II 再帰 (完了 haben) *sich*⁴ *beunruhigen* 心配する. *Beunruhige dich* nicht! 心配するな / *sich*⁴ um 人・事⁴ (または wegen 人・事²) *beunruhigen* 人・事⁴ (または 人・事²) を心配する.

beunruhigt [ベ・ウンルーイヒト] *beunruhigen (心配させる)の過分

beunruhigte [ベ・ウンルーイヒテ] *beunruhigen (心配させる)の過去

Beunruhigung [ベ・ウンルーイグング] 囡 -/-en 不安にする(悩ます)こと; 不安,（心の)動揺.

beurkunden [ベ・ウーァクンデン bə-ú:rkundən] 他 (h) 記録(登録・登記)する;《古》(文書などで)証明する.

beurlauben [ベ・ウーァらオベン bə-ú:rlaʊbən] 他 (h)（人⁴に)休暇を与える; 一時休職させる. 人⁴ für einige Wochen *beurlauben* 人⁴に数週間休暇をやる.

Beurlaubung [ベ・ウーァらオブング] 囡 -/-en 休暇を与えること; 休暇をもらっていること, 一時休職.

*__beurteilen__ [ベ・ウァタイれン bə-úrtaɪlən] (beurteilte, *hat*...beurteilt) 他 (完了

haben) 判断する，評価する．(英 judge)．Wie *beurteilen* Sie dieses Bild? この絵をどう評価されますか / 人・物[4] richtig *beurteilen* 人・物[4]を正しく判断する / 人[4] **nach** seinem Äußeren *beurteilen* 人[4]を外見で判断する．

be·ur·teilt [ベ・ウァタイるト] ＊beurteilen（判断する）の過分

be·ur·teil·te [ベ・ウァタイるテ] ＊beurteilen（判断する）の過去

Be·ur·tei·lung [ベ・ウァタイるングゥ] 女 -/-en ① 判定，評価．② (文書による) 批評，批判．

＊*die* **Beu·te** [ボイテ bɔ́ytə] 女 (単) -/ ① 獲物，略奪(戦利)品；盗品．Jagd*beute* 狩猟の獲物 / leichte *Beute* 容易に獲得（入手）できるもの / *Beute*[4] machen 略奪する / **auf** *Beute* aus|gehen 略奪に行く．② 《雅》餌食(ぇじき)，犠牲 (=Opfer)．人・物[3] **zur** *Beute* fallen 人・物[3]の餌食(犠牲)となる．

＊*der* **Beu·tel** [ボイテる bɔ́ytəl] 男 (単2) -s/ (複) - (3格のみ -n) ① (小さな)袋．(英 bag)．die Wäsche[4] in den *Beutel* stecken (汚れた)洗濯物を袋に入れる．② 《口語》財布 (= Geld*beutel*)．Mein *Beutel* ist leer. ぼくの財布は空っぽだ / den *Beutel* [*aus der Tasche*] ziehen 金を払う / den *Beutel* zu|halten 財布のひもを締めている / tief **in** den *Beutel* greifen müssen 《口語》多額の支払いをしなければならない(←財布に深く手を入れなければならない) / Das reißt ein großes Loch in meinen *Beutel*. そのことで私は大金を払わなくてはならない(←私の財布に大穴を空ける)．③ 《動》(カンガルーなどの)育児嚢(のう)．

beu·teln [ボイテるン bɔ́ytəln] **I** 他 (h) 《南ドイツ・オーストリア》 人[4]をしかって)揺さぶる．**II** 自 (h)･再帰 (h) sich[4] *beuteln* (衣服が)たるむ，(ぶかぶかに)ふくらむ．

Beu·tel=**schnei·der** [ボイテる・シュナイダァ] 男 -s/- 《口語》① 暴利をむさぼる人．② すり．

Beu·tel=**tier** [ボイテる・ティーァ] 中 -[e]s/-e 《動》有袋類(カンガルー・コアラなど)．

be·völ·kern [ベ・フェるカァン bə-fǽlkərn] **I** 他 (h) ① (ある場所[4]に)住む．◇(過去分詞の形で)ein stark *bevölkertes* Land 人口密度の高い国．② (ある所[4]に)群がる．Viele Urlauber *bevölkerten* den Strand. 休暇中の多くの人々が浜辺にきわった．③ (ある土地[4]に)入植させる．**II** 再帰 (h) sich[4] *bevölkern* (ある場所が)人であふれる．

＊*die* **Be·völ·ke·rung** [ベ・フェるケルング bə-fǽlkəruŋ] 女 (単) -/(複) -en (ある地域の)住民；[総]人口．(英 population)．die einheimische *Bevölkerung* その土地の住民 / die arbeitende *Bevölkerung* 労働人口 / Die *Bevölkerung* wächst. 人口が増える．

Be·völ·ke·rungs=**ab·nah·me** [ベフェるケルングス・アップナーメ] 女 -/ 人口減少，過疎化．

Be·völ·ke·rungs=**dich·te** [ベフェるケルングス・ディヒテ] 女 -/-n 人口密度．

Be·völ·ke·rungs=**ex·plo·si·on** [ベフェるケルングス・エクスプろズィオーン] 女 -/ 爆発的な人口増加．

Be·völ·ke·rungs=**zu·nah·me** [ベフェるケルングス・ツーナーメ] 女 -/ 人口増加．

be·voll·mäch·ti·gen [ベ・フォるメヒティゲン bə-fɔ́lmɛçtɪgən] 他 (h) 《人[4] **zu** 事[3] ~》 (人[4]に事[3]の)全権を委任する．

Be·voll·mäch·tig·te[r] [ベ・フォるメヒティヒテ (..ター) bə-fɔ́lmɛçtɪçtə (..tər)] 男 女 《語尾変化は形容詞と同じ》 全権を与えられた人，全権使節(委員), 代理人．

Be·voll·mäch·ti·gung [ベ・フォるメヒティグング] 女 -/-en 全権委任．

＊**be·vor** [ベ・フォーァ bə-fóːr] 接 《従属接続詞；動詞の人称変化形は文末》…する前に．(英 before)．(⇔「…したあとで」は nachdem)．Türen nicht öffnen, *bevor* der Wagen hält! (車内の掲示で)停車する前にドアを開けないでください / *Bevor* ich abreise, muss ich noch viel erledigen. 旅行に出る前に私はまだいろいろ片づけなければならない．

◇《nicht とともに》…しないうちは．*Bevor* die Aufgaben nicht fertig sind, dürft ihr nicht draußen spielen. 宿題が済まないうちはおまえたちは外で遊んじゃいけません．

be·vor·mun·den [ベ・フォーァムンデン bə-fóːrmundən] 過分 bevormundet) 他 (h) (人[4]を)後見する；(人[4]に)指図(干渉)する．Ich *lasse* mich von dir nicht *bevormunden*. ぼくは君の指図なんか受けない．

Be·vor·mun·dung [ベ・フォーァムンドゥング] 女 -/-en 後見；指図；干渉．

be·vor·ra·ten [ベ・フォーァラーテン bə-fóːrraːtən] 過分 bevorratet) 他 (h) 《書》(倉庫などに品物を)貯蔵(ストック)しておく．

be·vor|**ste·hen**＊ [ベ・フォーァ・シュテーエン bə-fóːr-ʃteːən] 自 (h) 間近に迫っている．Ein Fest *steht bevor*. もうすぐお祭りだ．◇《現在分詞の形で》die *bevorstehende* Gefahr さし迫った危険．

be·vor·zu·gen [ベ・フォーァツーゲン bə-fóːrtsuːgən] 過分 bevorzugt) 他 (h) 優遇する，ひいきにする；他よりも好む．人[4] [**vor** den anderen] *bevorzugen* 人[4]を[他の人より]優遇する / Ich *bevorzuge* Wollstoffe. 私はウールが特に好きだ．◇《過去分詞の形で》eine *bevorzugte* Stellung[4] ein|nehmen 特権的な地位に就く．

Be·vor·zu·gung [ベ・フォーァツーグング] 女 -/-en 優遇，ひいき，寵愛(ちょうあい)．

be·wa·chen [ベ・ヴァッヘン bə-váxən] 他 (h) 監視する，見張る；(球技で)マークする．die Grenze[4] *bewachen* 国境を見張る / die Gefangenen[4] streng *bewachen* 捕虜を厳しく監視する．

be·wach·sen [ベ・ヴァクセン bə-váksən] 形 一面に生えた(覆われた)．eine **mit** Efeu *bewachsene* Wand つたに覆われた壁．

Be·wa·chung [ベ・ヴァッフング] 女 -/-en ①

bewaffnen

監視, 見張り; (球技で:)マーク. 人・物⁴ unter Bewachung stellen 人・物⁴を監視する. ② (総称として:)監視人.

be·waff·nen [ベ・ヴァフネン bə-váfnən] 他 (h) 武装させる. ◊《再帰的に》sich⁴ bewaffnen mit 物³で武装する. ◊《過去分詞の形で》bewaffnete Bankräuber 武装した銀行強盗.

Be·waff·nung [ベ・ヴァフヌング] 女 -/-en ① 武装, 軍備. ② (総称として:)兵器. die atomare Bewaffnung 原子兵器.

***be·wah·ren** [ベ・ヴァーレン bə-vá:rən] (bewahrte, hat...bewahrt) 他 (完了 haben) ① [人・物⁴ vor 事³~] (人・物³から)守る, 保護する. (＝ protect). 人・物⁴ vor einem Schaden bewahren 人・物⁴を損害から守る / Gott bewahre mich davor!《接1・現在》神がそんなことになりませんように / [Gott] bewahre!《接1・現在》とんでもない, そんなばかな. (☞ 類語 schützen). ② 《雅》しまっておく, 保管する. Schmuck⁴ in einem Kasten bewahren アクセサリーをケースにしまっておく / 事⁴ im Gedächtnis bewahren《比》事⁴を記憶にとどめる. ③ (平静など⁴を)保ち続ける, 維持する. über 事⁴ Stillschweigen bewahren 事⁴について沈黙を守る / 人³ die Treue⁴ bewahren 人³に対して信義を守る.

be·wäh·ren [ベ・ヴェーレン bə-vé:rən] 再帰 (h) sich⁴ bewähren (能力・適性などが)実証される. Er hat sich als guter Lehrer bewährt. 彼がりっぱな教師であることがわかった.
◊☞ bewährt

be·wahr·hei·ten [ベ・ヴァールハイテン bə-vá:rhaɪtən] 再帰 (h) sich⁴ bewahrheiten 真実であることがわかる(実証される).

be·wahrt [ベ・ヴァールト] *bewahren (守る)の 過去分

be·währt [ベ・ヴェーァト] I bewähren (再帰 で: 実証される)の 過去分 II 形 実証された, 信頼できる, 定評のある. ein bewährtes Mittel 試験済みの薬.

be·wahr·te [ベ・ヴァールテ] *bewahren (守る)の 過去

Be·wäh·rung [ベ・ヴェールング] 女 -/-en ① (能力などの)証明, 実証. ② 法 保護観察, 執行猶予.

Be·wäh·rungs⹀frist [ベヴェールングス・フリスト] 女 -/-en 法 保護観察(執行猶予)期間.

be·wäh·rungs⹀hel·fer [ベ・ヴェールングス・ヘルファァ] 男 -s/- 法 保護観察官.

be·wal·det [ベ・ヴァるデット bə-váldət] 形 森に覆われた, 樹木の茂った.

be·wäl·ti·gen [ベ・ヴェるティゲン bə-véltɪgən] 他 (h) (困難など⁴を)克服する, (仕事⁴を)成し遂げる, (道のり⁴を)走破する, (資料など⁴を)使いこなす; (料理⁴を)平らげる. ein Problem⁴ bewältigen ある問題を片づける. Ich weiß nun, wie ich das alles bewältigen soll. 私はそのすべてをどう処理していいものやらほとんどわからない.

Be·wäl·ti·gung [ベ・ヴェるティグング] 女 -/-en (困難などの)克服, (仕事の)成就.

be·wan·dert [ベ・ヴァンダァト bə-vándərt] 形 精通している, 経験豊かの. in (または auf) 事³ bewandert sein 事³に精通している ⇒ Er ist auf allen technischen Gebieten bewandert. 彼は技術のあらゆる分野に精通している.

Be·wandt·nis [ベ・ヴァントニス] 女 -/..nisse 事情, 特きさつ. Damit hat es eine andere (besondere) Bewandtnis. それには別の(特別の)事情がある.

be·warb [ベ・ヴァルプ] *bewerben (再帰 で: 応募する)の 過去

be·wäs·sern [ベ・ヴェッサァン bə-vésərn] 他 (h) (畑など⁴に)水を引く, 灌漑(かんがい)する.

Be·wäs·se·rung [ベ・ヴェッセルング] 女 -/-en 灌漑(かんがい).

Be·wäs·se·rungs⹀an·la·ge [ベヴェッセルングス・アンラーゲ] 女 -/-n 灌漑(かんがい)(灌水)施設.

***be·we·gen¹** [ベ・ヴェーゲン bə-vé:gən] (bewegte, hat...bewegt) I 他 (完了 haben) ① 動かす, 移動させる. (英 move). Ich kann meinen Arm nicht bewegen. 私は腕を動かせない / den Schrank bewegen 戸棚を移動させる / Der Wind bewegte die Fahnen. 旗が風になびいていた.
② (人⁴の)心を動かす, 感動(動揺)させる. Ihr Vortrag hat mich sehr bewegt. あなたの講演に私はとても感動しました.
③ (考え方などが人⁴の)心をとらえている, 頭から離れない. Dieser Gedanke bewegt mich seit langem. ずっと前からこの考えが私の頭から離れない.

II 再帰 (完了 haben) sich⁴ bewegen ① 動く; 進む; 運動する. Beweg dich nicht! 動いてはだめだよ / Die Blätter bewegen sich im Wind. 木の葉が風に揺らめく / Die Erde bewegt sich um die Sonne. 地球は太陽の周りを回っている / Der Zug bewegte sich zum Rathaus. その列車は市庁舎の方へ進んで行った. ② (…に)ふるまう. Ich kann mich hier frei bewegen. 私はここでは自由にふるまえる.
◊☞ bewegt

be·we·gen²* [ベ・ヴェーゲン] (bewog, hat...bewogen) 他 [人⁴ zu 事³ ~] (人⁴に事³をする)気にさせる. 人⁴ zum Verzicht bewegen 人⁴を説得してあきらめさせる. ◊《zu 不定詞[句]とともに》Was hat dich bewogen, diesen Hund zu kaufen? どうして君はこの犬を買う気になったの.

Be·weg⹀grund [ベヴェーク・グルント] 男 -[e]s/..gründe 動機, 動因.

be·weg·lich [ベ・ヴェークりヒ] 形 ① 動かせる, 可動の; 流動性の. bewegliche Güter 動産 / eine Puppe mit beweglichen Gliedern 手足の動く人形. ② 活発な, 機敏な; 柔軟な. ③ 感動させる, 胸を打つ.

Be·weg·lich·keit [ベ・ヴェークりヒカイト] 女 -/-en ① 流動性, 可動性. ② 活発さ, 機

敏さ；柔軟性．

be·wegt [ベ・ヴェークト] I ＊bewegen¹ (動かす) の 過分, 3人称単数・2人称複数 現在 II 形 ① 感動した，心を動かされた．tief bewegt 深く聞いた / mit bewegter Stimme 感動した声で．② (海などが)荒れた；《比》波乱に富んだ．ein bewegtes Meer 荒海 / ein bewegtes Leben 波乱に満ちた人生．

be·weg·te [ベ・ヴェークテ] ＊bewegen¹ (動かす) の 過去

＊die **Be·we·gung** [ベ・ヴェーグング bə·véː·gʊŋ] 女 (単) -/(複) -en ① 動き, 動作, 身ぶり; 運動．《英》movement). Drehbewegung 回転運動 / eine rasche Bewegung⁴ machen すばやい動作をする / Sie machte eine abwehrende Bewegung mit der Hand. 彼女は手で拒絶するしぐさをした / sich³ Bewegung⁴ machen (健康のために)運動をする，散歩する / einen Motor in Bewegung setzen エンジンを始動させる / Der Zug setzte sich⁴ in Bewegung. 列車は動きだした．② (心の動き;)感動，興奮，動揺．Seine Stimme zitterte vor Bewegung. 彼の声は興奮のあまり震えていた．③ (政治的・社会的な)運動．Friedensbewegung 平和運動 / eine revolutionäre Bewegung 革命運動．

Be·we·gungs⋄frei·heit [ベヴェーグングス・フライハイト] 女 -/ 行動(活動)の自由．

be·we·gungs⋄los [ベヴェーグングス・ロース] 形 動かない，不動の．

be·weh·ren [ベ・ヴェーレン bə·véː·rən] 他 (h) 《建》補強(強化)する．

be·weih·räu·chern [ベ・ヴァイロイヒャァン bə·váɪrɔʏçɐrn] 他 (h) ①《物⁴に》香をたきしめる．②《口語》やたらにほめる．◇《再帰的に》sich⁴ selbst beweihräuchern 自画自賛する．

be·wei·nen [ベ・ヴァイネン bə·váɪnən] 他 (h) 《人・事⁴のことを思って》悲しむ, 嘆く．einen Toten beweinen 死者を悼む / einen Verlust beweinen 損失を悲しむ．

＊der **Be·weis** [ベ・ヴァイス bə·váɪs] 男 (単 2) -es/(複) -e (3格のみ -en) ① 証明, 証拠．《英》proof). Gegenbeweis 反証 / ein schlagender Beweis 確かな証拠 / Das ist der Beweis seiner Schuld. それは彼の落ち度を証明するものだ / einen Beweis für 事⁴ führen 事⁴を証明する / 事⁴ unter Beweis stellen《書》事⁴を立証する / zum (または als) Beweis seiner Aussage² 彼の発言を裏づける証拠として．② 表明, しるし．ein Beweis der Freundschaft² 友情のあかし．

Be·weis⋄auf·nah·me [ベヴァイス・アオフナーメ] 女 -/-n 《法》証拠調べ．

be·weis·bar [ベ・ヴァイスバール] 形 証明されうる, 立証可能な．

＊**be·wei·sen⁺** [ベ・ヴァイゼン bə·váɪzən] du beweist (bewies, hat...bewiesen) 他 (定下 haben) ① (真実など⁴を)証明する, 立証する．《英》prove). die Richtigkeit⁴ einer Behauptung² beweisen ある主張の正しさを証明する / Können Sie das beweisen? あなたはそれを証明できますか / Ich habe ihm bewiesen, dass er Unrecht hat. 私は彼に[の意見]が間違っていることを立証した．

② (事⁴を)明らかにする；(才能・勇気など⁴を)示す，発揮する．Sein Verhalten beweist seine mangelnde Einsicht. 彼のふるまいは洞察力がないことを示すものだ / Mut⁴ beweisen 勇気があることを示す．

Be·weis⋄füh·rung [ベヴァイス・フューリング] 女 -/-en 証明, 立証．eine geschickte Beweisführung 巧みな立証．

Be·weis⋄kraft [ベヴァイス・クラフト] 女 -/ 証明 (証拠)力．

be·weis⋄kräf·tig [ベヴァイス・クレフティヒ] 形 説得力のある，証拠として有効な．

Be·weis⋄mit·tel [ベヴァイス・ミッテル] 中 -s/- 《法》立証方法；証拠物件．

be·wen·den [ベ・ヴェンデン bə·véndən] 自 《成句的に》es⁴ bei (まれに mit) 事³ bewenden lassen 事³をそのままにしておく．Lass es dabei bewenden! そのくらいにしておけ.

Be·wen·den [ベ・ヴェンデン] 中 《成句的に》Damit mag es sein Bewenden haben. それでよしとしておこう．

＊**be·wer·ben⁺** [ベ・ヴェルベン bə·vérbən] du bewirbst, er bewirbt (bewarb, hat...beworben) I 再 (定下 haben)《sich⁴ [um 事⁴に] ~》([事⁴に]応募する, 志願する, 申し込む. 《英》apply for). sich⁴ um ein Stipendium bewerben 奨学金に応募する / sich⁴ an der Universität bewerben 大学の入学を希望する / Er bewirbt sich bei einer Firma. 彼はある会社に就職を希望する / sich⁴ um ein Mädchen bewerben《雅》ある娘に求婚する．

II 他 (定下 haben)《商》(物⁴の)宣伝をする．

Be·wer·ber [ベ・ヴェルバァ bə·vérbɐr] 男 -s/- 応募者, 志願者, 立候補者, 求婚者. einen Bewerber ab|weisen (an|nehmen) 志願者を拒絶する(採用する).

Be·wer·bung [ベ・ヴェルブング] 女 -/-en ① 応募, 志願, 申し込み；立候補, 求婚．② 願書, 申し込み書．

Be·wer·bungs⋄schrei·ben [ベヴェルブングス・シュライベン] 中 -s/- 願書, 申込書．

be·wer·fen⁺ [ベ・ヴェルフェン bə·vérfən] 他 (h) ①《人・物⁴ mit 物³ ~》(人・物⁴に物³を)投げつける．人⁴ mit Schmutz bewerfen《比》人⁴を誹謗(ひぼう)(中傷)する．②《A⁴ mit B³ ~》《建》(A⁴に B³ を)塗る．die Wand⁴ mit Mörtel bewerfen 壁にモルタルを塗る．

be·werk·stel·li·gen [ベ・ヴェルクシュテリゲン bə·vérkʃtelɪgən] 他 (h)《書》成就する．

be·wer·ten [ベ・ヴェーァテン bə·véːrtən] 他 (h) 評価する, 査定する．物⁴ hoch (niedrig) bewerten 物⁴を高く(低く)評価する / ein Bild⁴ mit 5 000 Mark bewerten ある絵に 5,000 マルクの値をつける．

Be·wer·tung [ベ・ヴェーァトゥング] 囡 -/-en ① 評価, 査定[額], 見積り. die *Bewertung* eines Gebäudes 家屋の査定. ② 評言, 評価の結果.

be·wies [ベ・ヴィース] ＊beweisen (証明する)の 過去

be·wie·se [ベ・ヴィーゼ] ＊beweisen (証明する)の 接２

be·wie·sen [ベ・ヴィーゼン] ＊beweisen (証明する)の 過分

be·wil·li·gen [ベ・ヴィリゲン bə-vílıgən] 他 (h) ([人³に]物⁴を)承認する, 認可する. 人³ einen Kredit *bewilligen* 人³にクレジットを認める.

Be·wil·li·gung [ベ・ヴィリグング] 囡 -/-en ① 承諾, 承認, 認可. ② 承諾書, 認可状.

be·will·komm·nen [ベ・ヴィるコムネン bə-vílkɔmnən] 他 (h) (雅) 歓迎する, 歓待する.

be·wirb [ベ・ヴィルプ] ＊bewerben (再帰 で: 応募する)の du に対する 命令

be·wirbst [ベ・ヴィルプスト] ＊bewerben (再帰 で: 応募する)の 2 人称単数 現在

be·wirbt [ベ・ヴィルプト] ＊bewerben (再帰 で: 応募する)の 3 人称単数 現在

be·wir·ken [ベ・ヴィルケン bə-vírkən] 他 (h) 引き起こす, 生じさせる. eine Veränderung⁴ *bewirken* 変化をもたらす / einen Sturm der Begeisterung² *bewirken* 熱狂のあらしを巻き起こす.

be·wir·ten [ベ・ヴィルテン bə-vírtən] 他 (h) (ごちそうして客⁴を)もてなす.

be·wirt·schaf·ten [ベ・ヴィルトシャふテン bə-vírtʃaftən] 他 (h) ① (農園など⁴を)経営する. ② (農地⁴を)耕作する. ③ 《経》(国家的に)管理統制する.

Be·wirt·schaf·tung [ベ・ヴィルトシャふトゥング] 囡 -/-en (農園などの)経営; (農地の)耕作; (経)(販売などの国家的な)統制.

Be·wir·tung [ベ・ヴィルトゥング] 囡 -/ 接待, もてなし, 供応.

be·wohn·bar [ベ・ヴォーンバール] 形 住むことのできる, 居住に適した.

＊**be·woh·nen** [ベ・ヴォーネン bə-vó:nən] (bewohnte, *hat…* bewohnt) 他 (完了 haben) (家など⁴に)住む, 居住する. (英 inhabit). ein Haus⁴ *bewohnen* ある家に住む / Die Insel ist nicht *bewohnt*.『状態受動・現在』この島には人は住んでいない.

＊*der* **Be·woh·ner** [ベ・ヴォーナァ bə-vó:nər] 男(単2) -s/(複) - (3格のみ -n) ① 住民, 居住者. (英 inhabitant). (⇐ 女性形は Bewohnerin). die *Bewohner* der Insel² 島の住民たち. ② 〖複〗で〚口語〛寄生虫.

be·wohnt [ベ・ヴォーント] ＊bewohnen (住む)の 過分

be·wohn·te [ベ・ヴォーンテ] ＊bewohnen (住む)の 過去

be·wöl·ken [ベ・ヴェるケン bə-vǽlkən] 再帰 (h) sich⁴ *bewölken* (空が)雲で覆われる;《比》(顔つきなどが)曇る. Der Himmel *bewölkte sich* rasch. 空が急に曇った.

be·wölkt [ベ・ヴェるクト] I bewölken (再帰で: 雲で覆われる)の 過分 II 形 曇った. ein *bewölkter* Himmel 曇った空.

be·wor·ben [ベ・ヴォルベン] ＊bewerben (再帰 で: 応募する)の 過分

Be·wuchs [ベ・ヴークス bə-vú:ks] 男 -es/ (壁などを)一面に覆った植物.

Be·wun·de·rer [ベ・ヴンデラァ bə-vúndərər] 男 -s/- 賛美(崇拝)者, ファン. (⇐ 女性形は Bewunderin). Die Sängerin hat zahlreiche *Bewunderer*. その女性歌手にはたくさんのファンがいる.

＊**be·wun·dern** [ベ・ヴンダァン bə-vúndərn] (bewunderte, *hat…* bewundert) 他 (完了 haben) (人・事⁴に)感嘆する; 賛美する. (英 admire). Ich *bewundere* dich. 君には感心するよ / Sie *bewunderte* seine Energie. 彼女は彼の活動力を称賛した / Deine Ausdauer ist zu *bewundern*! 君の辛抱強いのには感心するよ / ein Gemälde⁴ *bewundern* 絵を賛美する. ◇〖現在分詞の形で〗 *bewundernde* Blicke 感嘆のまなざし.

be·wun·derns·wert [ベ・ヴンダァンス・ヴェーァト] 形 称賛(感嘆)すべき, すばらしい.

be·wun·derns·wür·dig [ベ・ヴンダァンス・ヴュルディヒ] 形 = bewundernswert

be·wun·dert [ベ・ヴンダァト] ＊bewundern (称賛する)の 過分

be·wun·der·te [ベ・ヴンダァテ] ＊bewundern (称賛する)の 過去

Be·wun·de·rung [ベ・ヴンデルング] 囡 -/-en 〘ふつう 単〙称賛, 感嘆.

＊**be·wusst** [ベ・ヴスト bə-vúst] 形 (比較 bewusster, 最上 bewusstest) ① 意識的な, 意図的な, 故意の. (英 conscious). eine *bewusste* Lüge 意図的なうそ / Das hast du *bewusst* getan! 君はそれをわざとやったんだろう. ② (はっきりと)意識している, 自覚のある. Er lebt *bewusst*. 彼は自覚を持って生きている / sich³ 事² *bewusst* sein (werden) 事²を意識している(事²に気づく) ⇒ Ich bin mir keiner Schuld² *bewusst*. 私には罪を犯した覚えがない / Sie wurde sich³ ihres Fehlers *bewusst*. 彼女は自分の誤りに気づいた / 人³ 事⁴ *bewusst* machen 人に 事⁴を意識させる, 気づかせる. ③ (あることが 人³に)わかっている. Die Folgen seiner Tat waren ihm durchaus *bewusst*. 自分のしたことがどうなるか彼にははちゃんとわかっていた. ④〖付加語としてのみ〗既述の, 上述の. das *bewusste* Buch 例の(上述の)本.

be·wußt ☞ 新形 bewusst

Be·wusst·heit [ベ・ヴストハイト] 囡 -/ 意識[していること]. mit *Bewusstheit* わざと, 故意に.

Be·wußt·heit ☞ 新形 Bewusstheit

be·wusst·los [ベヴスト・ろース] 形 ① 意識不明の, 失神した. Sie brach *bewusstlos* zusammen. 彼女は意識を失って倒れた. ②

be·wußt·los ☞ 新形 bewusstlos

Be·wusst·lo·sig·keit [ベヴスト・ローズィヒカイト] 女 -/ ① 意識不明; 失神. in tiefer *Bewusstlosigkeit* 完全に気を失って / bis zur *Bewusstlosigkeit*《口語》とことん, うんざりするほど(←気を失うまで). ② 略 無意識.

Be·wuß·lo·sig·keit ☞ 新形 Bewusstlosigkeit

***das* Be·wusst·sein** [ベヴスト・ザイン bəvúst-zain] 中 (単2) -s/ 意識, 自覚; 正気.(英 *consciousness*). das *Bewusstsein*⁴ verlieren 意識を失う / Er ist bei (ohne) *Bewusstsein*. 彼は意識がある(ない) / ins allgemeine *Bewusstsein* bringen 軍⁴を広く一般に認識させる / mit vollem *Bewusstsein* tun 軍⁴を意図的に行う / wieder zu *Bewusstsein* kommen 意識を取り戻す / Allmählich kam ihm zu[m] *Bewusstsein*, dass... 徐々に彼は…ということがわかってきた.

Be·wußt·sein ☞ 新形 Bewusstsein

bez.《略》① [ベ・ツァーるト] 支払い済み (=bezahlt). ② [ベ・ツューククリヒ] …に関して (=bezüglich).

Bez.《略》① [ベ・ツァイヒヌング] 記号 (=Bezeichnung). ② [ベ・ツィルク] 地区 (=Bezirk).

***be·zah·len** [ベ・ツァーれン bə-tsá:lən]

(…の)代金を支払う

Ich *bezahle* alles. 私が全部払います.
イヒ ベツァーれ アれス

(bezahlte, hat...bezahlt) 他 (定了 haben) (英 *pay*) ① (物⁴の)代金を支払う. das Taxi⁴ *bezahlen* タクシー代を払う / Er *bezahlte* die Möbel [in] bar. 彼は家具の代金を現金で払った / 物⁴ mit Kreditkarte *bezahlen* 物⁴の代金をクレジットカードで支払う. ◊《目的語なしでも》Herr Ober, ich möchte *bezahlen*. ボーイさん, 勘定をお願いします / 軍⁴ teuer *bezahlen müssen*《比》軍⁴のためにひどい目に遭う(←高い代価を支払わないといけない).

② (人⁴に)報酬を支払う. Ich kann den Arzt nicht *bezahlen*. 私は医者に診察料を払えない / 人⁴ für seine Arbeit *bezahlen* 人⁴に労働賃金を払う.

③ (ある金額⁴を)支払う. Ich habe 70 Mark für die Schuhe *bezahlt*. 私は靴代に70マルク払った. ④ (家賃・税金など⁴を)納める, 支払う, (借金⁴を)返済する. die Miete⁴ *bezahlen* 家賃を払う. (☞ 類語 zahlen).

be·zahlt [ベ・ツァーるト] I *bezahlen (代金を支払う)の 過分, 3人称単数・2人称複数 現在 II 形 支払われた. eine gut *bezahlte* Arbeit 報酬のいい仕事 / *bezahlter* Urlaub 有給休暇 / Die Mühe macht sich *bezahlt*. 苦労が報われる.

be·zahl·te [ベ・ツァーるテ] *bezahlen (代金を支払う)の 過去

***die* Be·zah·lung** [ベ・ツァーるング bətsá:luŋ] 女 (単) -/(複) -en 《ふつう 単》① (代金の)支払い. (英 *payment*). die *Bezahlung* der Ware² 商品代の支払い. ② 報酬, 賃金. (英 *pay*). nur gegen *Bezahlung* arbeiten 賃金即金払いに限って働く / ohne *Bezahlung* 無報酬で. (☞ 類語 Gehalt).

be·zäh·men [ベ・ツェーメン bə-tsé:mən] 他 (h)《激情・欲望など⁴を》抑制する. ◊《再帰的に》*sich*⁴ *bezähmen* 自制する.

be·zau·bern [ベ・ツァオバァン bə-tsáubərn] 他 (h) うっとりさせる, 魅惑する. Der Sänger *bezauberte* das Publikum. その歌手は聴衆をうっとりさせた.

be·zau·bernd [ベ・ツァオバァント] I bezaubern (うっとりさせる)の 現分 II 形 魅惑的な, うっとりさせる. ein *bezauberndes* Mädchen 魅力的な女の子.

***be·zeich·nen** [ベ・ツァイヒネン bə-tsáiçnən] du bezeichnest, er bezeichnet (bezeichnete, hat...bezeichnet) 他 (定了 haben) ① (軍⁴に)印(じるし)(記号)を付ける; (はっきりと)標示する, 指示する. (英 *mark*). Namen⁴ mit einem Kreuz *bezeichnen* 名前に×印を付ける(◊ 日本では○印を付けるような場合にドイツでは×印をすることが多い). ② 《成句的に》人・物⁴ als ... *bezeichnen* 人・物⁴を…と呼ぶ. (英 *call*). Man *bezeichnete* ihn als Verräter. 人々は彼を裏切者と呼んだ. ◊《再帰的に》Er *bezeichnet sich*⁴ als Künstler. 彼は芸術家だと自称している. (◊ ... には4格の名詞や形容詞がくる). ③ 言い表す; (人・物⁴の)特徴を述べる(示す). Können Sie das näher *bezeichnen*? それをもっと詳しく説明してくれませんか / Dieses Verhalten *bezeichnet* seine Frau. このふるまいはいかにも彼の妻らしい.

be·zeich·nend [ベ・ツァイヒネント] I *bezeichnen (印を付ける)の 現分 II 形 特徴的な, 独特の. Diese Äußerung ist *bezeichnend* für ihn. この発言はいかにも彼らしい.

be·zeich·net [ベ・ツァイヒネット] *bezeichnen (印を付ける)の 過分

be·zeich·ne·te [ベ・ツァイヒネテ] *bezeichnen (印を付ける)の 過去

***die* Be·zeich·nung** [ベ・ツァイヒヌング bə-tsáiçnuŋ] 女 (単) -/(複) -en ① 名称; 記号 (略: Bez.). eine treffende *Bezeichnung* für 物⁴ 物⁴を表す適切な名称. ② 《複なし》記号を付けること, 特徴を示すこと.

be·zei·gen [ベ・ツァイゲン bə-tsáigən] I 他 (h)《雅》示す, 表明する. Freude⁴ (Furcht⁴) *bezeigen* 喜び(恐れ)の気持ちを示す. II 再帰 (h) *sich*⁴ *bezeigen*《雅》(…の気持ちを)示す.

be·zeu·gen [ベ・ツォイゲン bə-tsóygən] 他 (h) ① 証言する; 立証する. ② 略 (人³に敬意など⁴を)示す, 表明する.

Be·zeu·gung [ベ・ツォイグング] 女 -/-en 証言; 立証; 略 表明.

be·zich·ti·gen [ベ・ツィヒティゲン bə-tsíçti-

be·zieh·bar [ベ・ツィーバール] 形 入居可能な(家・部屋).

be·zie·hen [ベ・ツィーエン bə-tsíːən] (bezog, hat...bezogen) I 他 (宗了 haben) ① 覆う, (物4に)かぶせる, 張る, 敷く. die Betten frisch beziehen ベッドのシーツを取り替える / Stühle4 mit Leder beziehen いすに革を張る. ② (ある場所4に)入居する; (軍) (ある部署4に)就く. ein Haus4 beziehen ある家に入居する / [einen] Posten beziehen 歩哨(ほしょう)に立つ. ③ (商品・給料など4を)定期的に受け取る, (新聞・雑誌などを)購読する. eine Rente4 beziehen 年金を受け取る / Prügel4 beziehen なぐられる. ④ 《A4 auf B4 ～》(A4 を B4 に)関係づける, 関連させる. Die Regel kann man nicht auf diesen Fall beziehen. この規則はこの場合には当てはめられない.
II 再帰 (宗了 haben) sich4 beziehen ① (空が)雲で覆われる. Der Himmel bezieht sich [mit Wolken]. 空が曇る. ② 《sich4 auf 人·事4 ～》(人·事4に)関連する; (人·事4を)引き合いに出す. Seine Äußerung bezog sich nicht auf dich. 彼の発言は君のことを言っているのではなかった.

Be·zie·her [ベ・ツィーアァ bə-tsíːər] 男 -s/- (新聞などの)予約購読者.

***die Be·zie·hung** [ベ・ツィーウング bə-tsíːʊŋ] 女 -/(複) -en ① 〖ふつう 複〗関係, 間柄, 縁故, コネ. (英) connection). freundschaftliche Beziehungen 友好関係 / diplomatische Beziehungen4 mit (または zu) einem Land unterhalten ある国と外交関係を維持する / intime Beziehungen4 mit (または zu) 人3 haben 人3と深い仲である / Er hat überall Beziehungen. 彼はいたる所にコネがある / Er hat keine Beziehung zur Kunst. 彼は芸術とは無縁の人だ. ② 相互関係, 関連. (英) relation). die Beziehung zwischen Angebot und Nachfrage 供給と需要の相互関係 / zwei Dinge3 zueinander in Beziehung setzen (または bringen) 二つのものを相互に関連づける / mit Beziehung auf 事4 事4に関連して. ③ 観点. (英) respect). in dieser Beziehung この点で / In jeder Beziehung hat er Recht. すべての点で彼の言うことは正しい.

be·zie·hungs·los [ベツィーウングス・ロース] 形 相互関係(関連)のない.

be·zie·hungs·wei·se [ベツィーウングス・ヴァイゼ] 接 ① ないしは, あるいは; というよりむしろ, もっと詳しく言えば(略: bzw.). Ich war mit ihm bekannt beziehungsweise befreundet. 私は彼とは知り合いというよりむしろ仲良しだった. ② それぞれ[に].

be·zif·fern [ベ・ツィッファァン bə-tsífərn] 他 (h) (物4に)数字(番号)を付ける. die Seiten4 eines Buches beziffern 本にページ数を付ける. ② 《A4 auf B4 ～》(A4 の額を B4 (数量)と)見積もる. ◇《再帰的に》 Der Schaden beziffert sich auf 1000 DM. 損害は1,000マルクにのぼる.

***der Be·zirk** [ベ・ツィルク bə-tsírk] 男 (単2) -[e]s/(複) -e (3格のみ -en) ① 区域, 地区; 領域. (英 district). Regierungsbezirk 行政区域 / Er wohnt in einem anderen Bezirk Wiens. 彼はウィーンの別の地区に住んでいる. ② (行政上の)管区; (旧東ドイツの)県; (オーストリア・スイスの)郡.

be·zir·zen [ベ・ツィルツェン bə-tsírtsən] 他 (h) 〖口語〗(女性が男性4を)魅惑する, 惑わす(ギリシア神話の魔女 Kirke ケルケの名から).

be·zog [ベ・ツォーク] *beziehen (覆う)の 過去

be·zo·gen [ベ・ツォーゲン] *beziehen (覆う)の 過分

be·zug 〖成句的に〗in bezug (新形 Bezug) auf ☞ Bezug ④

***der Be·zug** [ベ・ツーク bə-tsúːk] 男 (単2) -[e]s/(複) ..züge [..ツューゲ] (3格のみ ..zügen) ① (ベッドなどの)カバー, (いすなどの)張り布; (ラケットのガット, 弦楽器などの)弦. ② 〖複なし〗(定期的な)購入, 取り寄せること. der Bezug von Zeitschriften 雑誌の購読. ③ 〖複〗(定期的な)収入, 給料. die Bezüge eines Beamten 公務員の給料. ④ (官庁・商)関係[づけ], 関連. auf 人·物4 Bezug4 nehmen 人·物4を引き合いに出す / in Bezug auf 人·事4 人·事4に関連して / mit (または unter) Bezug auf 人·物4 人·物4に関して.

Be·zü·ge [ベ・ツューゲ] *Bezug (カバー)の複

be·züg·lich [ベ・ツューークリヒ] I 前 〖2格とともに〗〖書〗…に関して. bezüglich Ihrer Anfrage お問い合せの件につき. II 形 〖付加語としてのみ〗(…に)関係する. das bezügliche Fürwort 〖言〗関係代名詞 (=Relativpronomen) / der darauf bezügliche Brief 〖官庁〗その件に関する書簡.

Be·zug·nah·me [ベツーク・ナーメ] 女 -/-n 〖書〗参照, 関連につき. mit (または unter) Bezugnahme auf 物 物4に関連して.

Be·zugs·preis [ベツークス・プライス] 男 -es/-e 購入価格, [予約]購読料.

Be·zugs·quel·le [ベツークス・クヴェれ] 女 -/-n 仕入れ先; (有利な)買い物のチャンス.

be·zu·schus·sen [ベ・ツーシュッセン bə-tsúːʃʊsən] (過分 bezuschusst) 他 (h) 〖書〗(物4に) 補助金(助成金)を出す.

be·zwe·cken [ベ・ツヴェッケン bə-tsvékən] 他 (h) 目的とする, 意図する. Was bezweckst du mit dieser Frage? 君はこんな質問をしてどうしようというんだい.

be·zwei·feln [ベ・ツヴァイふェるン bə-tsváifəln] 他 (h) 疑う, 疑わしいと思う. Ich bezweifle, dass... 私は…のことを疑わしく思う.

be·zwin·gen [ベ・ツヴィンゲン bə-tsvíŋən] 他 (h) (敵・障害など4を)征服する, 克服する; 〖比〗(怒り・悲しみなど4を)抑制する. seinen Schmerz bezwingen 苦痛に耐える. ◇〖再

的に)*sich⁴ bezwingen* 自制する, 感情を抑える.

Be·zwin·ger [ベ・ツヴィンガァ bə-tsvíŋər] 男 -s/- 征服者, 克服者, 勝利者.

BGB [ベー・ゲー・ベー] 中 -s/ 《略》民法典 (= Bürgerliches Gesetzbuch).

BGH [ベー・ゲー・ハー] 男 -s/ 《略》連邦最高裁判所 (=Bundesgerichtshof).

BH [ベー・ハー] 男 -[s]/-[s] 《略》《口語》ブラジャー (=Büstenhalter).

Bhf. [バーン・ホーふ]《略》駅 (=Bahnhof).

Bhu·tan [ブータン bú:tan] 中 -s/《国名》ブータン[王国](インドとチベットの間にある王国. 首都はチンプウ).

Bi [ベー・イー]《化・記号》ビスマス, 蒼鉛(ﾋﾞｽﾏｽ) (=Bismutum).

Bi·ath·lon [ビーアトロン bí:atlɔn] 中 -s/-s 《スポ》バイアスロン.

bib·bern [ビッバァン bíbərn] 自 (h)《口語》① (寒さ・心配のあまりに)身震いする (=zittern). ② 《**um** 国⁴ ~》(国⁴を)心配する.

*die **Bi·bel** [ビーベる bí:bəl] 女 -/-n 《英 Bible》 聖書, バイブル. **auf die** *Bibel* schwören 聖書に手を置いて誓う / in der *Bibel* lesen 聖書[のある部分]を読む / In der *Bibel* steht es geschrieben. それは聖書に書かれている / Das steht schon in der *Bibel*. 《口語》それは昔から言われている真理(知恵)だ(←すでに聖書に書かれている) / Der „Faust" ist seine *Bibel*. 《比》『ファウスト』は彼の愛読のバイブルだ.

Bi·bel⹀spruch [ビーベる・シュプルフ] 男 -[e]s/ ..sprüche (よく引用される)聖書の文句.

Bi·ber [ビーバァ bí:bər] 男 -s/- ① 《動》ビーバー. ② ビーバーの毛皮. ③ 《口語・戯》顔一面のひげ[の男].

Bi·ber⹀pelz [ビーバァ・ぺるツ] 男 -es/-e ビーバーの毛皮.

Bib·li·o·graf [ビブリオグラーふ bibliográ:f] 男 -en/-en 文献目録編集者; 書誌学者.

Bib·li·o·gra·fie [ビブリオグラふィー bibliográfi:] 女 -/-n [..ふィーエン] ① 文献目録, 参考書目. ② 書誌学.

bib·li·o·gra·fisch [ビブリオグラーふィッシュ bibliográ:fɪʃ] 形 文献目録[上]の; 書誌学[上]の.

Bib·li·o·graph [ビブリオグラーふ bibliográ:f] 男 -en/-en = Bibliograf

Bib·li·o·gra·phie [ビブリオグラふィー bibliográfi:] 女 -/-n [...ふィーエン] = Bibliografie

bib·li·o·graphisch [ビブリオグラーふィッシュ bibliográ:fɪʃ] 形 = bibliografisch

*die **Bib·li·o·thek** [ビブリオテーク biblioté:k] 女 《単》-/《複》-en ① 図書館, 図書室; 書庫. (英 library). (英「小規模の図書館」は Bücherei). Universitäts*bibliothek* 大学図書館 / Er geht **in** die *Bibliothek*. 彼は図書館へ行く. ② 蔵書. Er hat eine große *Bibliothek*. 彼には膨大な蔵書がある. ③ 叢書(ﾂｳｼｮ), (本の)シリーズ.

Bib·li·o·the·kar [ビブリオテカール bibliotéká:r] 男 -s/-e 図書館員, 司書.

Bib·li·o·the·ka·rin [ビブリオテカーリン bibliotéká:rɪn] 女 -/..rinnen (女性の)図書館員, 司書.

bib·lisch [ビープリッシュ bí:blɪʃ] 形 聖書の, 聖書に関する; 聖書風の. eine *biblische* Geschichte 聖書からの物語 / ein *biblisches* Alter⁴ erreichen 《比》非常な高齢に達する.

Bi·det [ビデー bidé:] 中 -s/-s ビデ.

bie·der [ビーダァ bí:dər] 形 ① 正直な, 誠実な. ② 愚直な, 実直な.

Bie·der·keit [ビーダァカイト] 女 -/ ① 正直さ, 誠実さ. ② 愚直[なこと], 実直.

Bie·der⹀mann [ビーダァ・マン] 男 -[e]s/ ..männer ① 正直者, 誠実な人. ② 俗物.

Bie·der⹀mei·er [ビーダァ・マイアァ] 男 -s/- (軽蔑的に:)愚直な小市民. Ⅱ 中 -[s]/ ビーダーマイアー時代[様式](1815年頃から1848年頃までのドイツの文化・芸術史の時代区分, また当時の実用性・写実性・優美を重んじる家具・文芸の様式).

bie·gen [ビーゲン bí:gən] (bog, *hat/ist…* gebogen) Ⅰ 他 (完了 haben) ① 曲げる, ためる. (英 bend). einen Draht *biegen* 針金を曲げる / 物⁴ seitwärts (nach unten) *biegen* 物⁴を横へ(下へ)曲げる. ◇《再帰的に》Die Bäume *bogen sich*⁴ unter der Schneelast. 木々は雪の重みでたわんだ / *sich*⁴ vor Lachen *biegen* 《口語》腹をかかえて笑う. ② 《ﾌﾞﾝﾎﾟ》《言》語形変化させる.
Ⅱ 自 (完了 sein)《方向を表す語句とともに》(…へ)曲がる, 回る. Sie *sind* **um** die Ecke *gebogen*. 《現在完了》彼らは角を曲がった.
◇☞ gebogen

....

類語 **biegen**: (物をある方向へ)曲げる. **beugen**: (体などまっすぐなものを下に)折り曲げる. 頭を下げる. das Knie⁴ *beugen* ひざを曲げる.

....

Bie·gen [ビーゲン] 中 《成句的に》**auf** *Biegen* oder Brechen 《口語》どんな事があっても(←曲がっても折れても).

bieg·sam [ビークザーム] 形 曲がりやすい, しなやかな(体など); 《比》柔順な(性格など).

Bie·gung [ビーグング] 女 -/-en ① 屈曲, 湾曲, カーブ. ② 《ﾌﾞﾝﾎﾟ》《言》語形変化 (=Beugung).

Bie·le·feld [ビーれ・ふェるト bí:lə-fɛlt] 中 -s/ 《都市名》ビーレフェルト(ドイツ, ノルトライン・ヴェストファーレン州. ☞ 地図 D-2).

*die **Bie·ne** [ビーネ bí:nə] 女 《単》-/《複》-n ① 《昆》ミツバチ(蜜蜂). (英 bee). Die *Bienen* summen. 蜜蜂がぶんぶんと音をたてて飛んでいる / Sie ist fleißig wie eine *Biene*. 彼女は蜜蜂のように勤勉だ. ② 《俗》小娘, 女の子.

Bie·nen⹀fleiß [ビーネン・ふらイス] 男 -es/ (蜜蜂(ﾐﾂﾊﾞﾁ)のような)たゆまぬ勤勉さ, 精励.

Bie·nen⹀ho·nig [ビーネン・ホーニヒ] 男 -s/ 蜂

蜜(はち).

Bie·nen·kö·ni·gin [ビーネン・ケーニギン] 女 -/..ginnen 女王蜂(ばち).

Bie·nen⹀korb [ビーネン・コルプ] 男 -[e]s/..körbe (かご形の)蜜蜂(みつばち)の巣箱.

Bie·nen⹀schwarm [ビーネン・シュヴァルム] 男 -[e]s/..schwärme 蜜蜂(みつばち)の群れ.

Bie·nen⹀stich [ビーネン・シュティヒ] 男 -[e]s/-e ① 蜂(はち)が刺すこと; 蜂の刺し傷. ② ビーネンシュティッヒ(アーモンドのチップと蜂蜜でコーティングしたケーキ).

Bie·nen⹀stock [ビーネン・シュトック] 男 -[e]s/..stöcke 蜜蜂(みつばち)の巣箱.

Bie·nen⹀wachs [ビーネン・ヴァクス] 中 -es/- 蜜(みつ)ろう.

Bie·nen⹀zucht [ビーネン・ツフト] 女 -/ 養蜂(ようほう)(=Imkerei).

Bie·nen⹀züch·ter [ビーネン・ツュヒタァ] 男 -s/- 養蜂(ようほう)業者(=Imker).

Bi·en·na·le [ビエンナーれ biɛnáːlə] [伊] 女 -/-n ビエンナーレ(2年ごとに開催される国際的な芸術展・映画祭など).

*das Bier [ビーァ bíːr]

> ビール　Zwei *Bier* bitte!
> ツヴァイ ビーァ ビッテ
> ビールを2杯ください.

中 (単2) -[e]s/(種類を表すときのみ: 複) -e ビール. (英 beer). Fass*bier* 樽(たる)ビール / Flaschen*bier* びんビール / dunkles *Bier* 黒ビール / helles *Bier* (黒ビールに対して:)(ふつうの)淡色ビール / starkes *Bier* 強いビール / ein Glas (ein Krug) *Bier* グラス(ジョッキ)1杯のビール / Ich trinke gern *Bier*. 私はビールが好きです / ein großes (kleines) *Bier*⁴ bestellen ビールを大きい(小さい)グラスで注文する / *Bier*⁴ aus|schenken a) ビールを小売りする, b) ビールをつぐ / *Bier*⁴ brauen ビールを醸造する / beim *Bier* sitzen (居酒屋で)ビールを飲む / zum *Bier* gehen ビールを飲みに行く / Das ist nicht mein *Bier*. 《口語》それは私の知ったことじゃない.

………………………………………………

(知恵) ドイツの主なビール: Alt アルト(デュッセルドルフ産などの黒ビール) / Bockbier ボックビール(強い黒ビール) / Dortmunder ドルトムンダー(ドルトムント産のビール) / Exportbier エクスポルトビール(まろやかな味のビール) / Kölsch ケルシュ(ケルン産のホップのきいたビール) / Lagerbier ラガービール / Malzbier 麦芽ビール / Pils ピルゼンビール / Weißbier ヴァイスビール(炭酸分の多いビール)

………………………………………………

Bier⹀brau·er [ビーァ・ブラオアァ] 男 -s/- ビール醸造者.

Bier⹀brau·e·rei [ビーァ・ブラオエライ] 女 -/-en ① 〘複 なし〙 ビール醸造. ② ビール醸造所.

Bier⹀de·ckel [ビーァ・デッケる] 男 -s/- ビアマット, ビアコースター.

Bier⹀fass [ビーァ・ファス] 中 -es/..fässer ビール(ビア)樽(だる). 《俗》太っちょ

Bier⹀faß [新形] Bierfass

Bier⹀filz [ビーァ・ふィるツ] 男 -es/-e (フェルトで作った)ビアマット.

Bier⹀fla·sche [ビーァ・ふらッシェ] 女 -/-n ビールびん.

Bier⹀gar·ten [ビーァ・ガルテン] 男 -s/..gärten ビアガーデン.

Bier⹀glas [ビーァ・グラース] 中 -es/..gläser ビアグラス.

Bier⹀krug [ビーァ・クルーク] 男 -[e]s/..krüge ビールジョッキ. (☞ trinken 図).

Bier⹀ru·he [ビーァ・ルーエ] 女 -/ 《口語》落ち着きはらっていること, 泰然自若.

Bier⹀schin·ken [ビーァ・シンケン] 男 -s/- 《料理》ビアソーセージ(豚肉と牛肉が入っている).

Bie·se [ビーゼ bíːzə] 女 -/-n (軍帽・軍服のズボンの)飾りレース; (衣服の)飾りひだ, フリル, タック.

―― ドイツ・ミニ情報 3 ――

ビールとワイン Bier und Wein

ドイツのビールは, 消費量では世界第三位, 国民一人あたりの消費量では第二位だが, 醸造所の数では圧倒的に第一位. 全国規模の大手メーカーもないわけではないが, 地ビールが主流なため, 行く先々にその土地特有のビールがある. 発酵に使う酵母によってビールは2種類に大別でき, 発酵後上へ浮き上がる酵母を用いた上面発酵タイプ(アルト, ケルシュ, ベルリーナ・ヴァイセなど)と, 下に沈む酵母を使った下面発酵タイプ(ピルスナー, エクスポート, ドルトムンダーなど)がある. 1516年に発令されたバイエルン純粋令が今もなお引き継がれ, 水, 大麦の麦芽, ホップ以外の原料の使用を禁止して, ドイツビールの品質を保持している.

ドイツのワインは, フルーティーで複雑な深い味わいを持つと言われるが, これはワイン栽培が可能な土地としては北限ぎりぎりという寒冷な気候条件によるものだ. 夏の酷暑がなく, 日中高温でも夜になると急激に冷えこむため, ぶどうの酸の分解が抑制され, ワインになったときにも果実酸が充分に残る. 糖度の上がり方もゆるやかなため, 糖の全体量が比較的少なく, 糖から発酵して生じるアルコールの度数も低い. 格付けの基準も, さまざまな基準で等級が付けられるが, 大きく分ければ, 日常の消費に適したターフェルワイン, 補糖が許されるクヴァリテーツワイン, 補糖が許されないプレディカーツワインという3つのカテゴリーがある.

Biest [ビースト bíːst] 中 -(e)s/-er ① うるさい(手に負えない)動物(蚊・はえ・暴れ馬など). ② 卑劣なやつ;手に負えないもの. So ein *Biest*! こんちくしょうめ.

bie·ten [ビーテン bíːtən] du bietest, er bietet (bot, hat … geboten) **I** 他 (定了 haben) ① (人3に物4を)**提供しようと申し出る**; **提供する**. (英 offer). Ich *biete* Ihnen eine Chance. あなたにチャンスをあげましょう / Wie viel *bietest* du mir für dieses Bild? 君はこの絵にいくら出してくれるんだい. ② 《雅》(人3に腕を4を)さし出す;(人3に保護など4を)与える. Er *bot* ihr den Arm. 彼は彼女に腕を貸した / 人3 die Hand4 *bieten* (和解・握手などのために)人3に手をさし出す / 人・事3 die Stirn4 *bieten* 《比》人・事3に立ち向かう(←額をさし出す). ③ 見せる, 示す, 呈する. Der Artist *bot* ausgezeichnete Leistungen. その芸人はすばらしいパフォーマンスを見せた / Die Arbeit *bietet* keine Schwierigkeiten. この仕事にはなんら難しいところはない. ④ (競売で:)(ある値4を)つける. Er *hat auf* das Bild 5 000 Mark *geboten*. 彼はその絵に5,000マルクの値をつけた / Wer *bietet* mehr? もっと高い値をつける人はいませんか. ⑤ (人3に物4を)不当に要求する. ◇《lassen とともに》Das *lasse* ich mir nicht *bieten*. そんなことはさせないぞ. **II** 再帰 (定了 haben) *sich4 bieten* ① (機会などが)生じる. So eine Gelegenheit *bietet sich* nicht wieder. こんなチャンスはまたとない. ② (光景などが)現れる. Ein herrlicher Anblick *bot sich* ihnen. すばらしい眺めが彼らの目の前に開けた.

Bi·ga·mie [ビガミー bigamíː] 女 -/-n [..ミーエン] 二重結婚, 重婚.

bi·gott [ビゴット bigɔ́t] 形 信仰心にこり固まって; 信心ぶった.

Bi·got·te·rie [ビゴッテリー bigɔtəríː] 女 -/-n [..リーエン] ①《複 なし》信心ぶること. ② 信心ぶった言動.

Bike [バイク báık] [英] 男 -s/-s バイク.

Bi·ki·ni [ビキーニ bikíːni] 男 -s/-s ビキニ[の水着].

*die **Bi·lanz** [ビランツ bilánts] 女 (単) -/(複) -en ①《経》**決算, 清算**; 貸借対照表, バランスシート, [差し引き]残高. eine *Bilanz4* auf|stellen バランスシートを作成する / *Bilanz4* machen 《口語》手持ちの資金をチェックする. ②《比》(生活・活動などの)総決算, 結果. [die] *Bilanz4* aus ziehen 《比》3種の結果を総括する.

bi·lan·zie·ren [ビランツィーレン bilantsíːrən] 他 (h)《経》(口座など4の)貸借対照表を作る;《比》(生活・活動4の)総決算をする.

bi·la·te·ral [ビーラテラール bíː-laterɑːl または ビ・ラテラール] 形 《政》相互の, 双方の;《生》左右相称の.

*das **Bild** [ビルト bílt]

絵 Von wem ist das *Bild* da?
フォン ヴェーム イスト ダス ビルト ダー
あそこの絵はだれの絵ですか.

中 (単2) -es (まれに -s)/(複) -er (3 格のみ -ern) ① 絵, 絵画; 肖像; 写真, (テレビの)画面. (英 picture). ein *Bild* von Dürer デューラーの絵 / ein abstraktes *Bild* 抽象画 / ein Buch mit vielen *Bildern* 挿絵(写真)の多い本 / ein *Bild4* in Öl malen 油絵をかく / ein *Bild4* auf|nehmen 写真をとる / Sie ist ein *Bild* von einem Mädchen. 彼女は絵のように美しい少女だ. ② 光景. das äußere *Bild* der Stadt2 都市の外観 / ein *Bild* des Jammers 《雅》悲惨な光景. ③ 表象, イメージ. ein falsches *Bild4* von 事3 haben 事3について間違ったイメージを持っている / Ich bin darüber **im Bilde**. それについては私はよくわかっている / 人4 über 事4 ins *Bild* setzen 人4に事4のことを知らせる / sich3 ein *Bild4* von 人・物3 machen 人・物3を思い描く ⇒ Ich kann mir kein rechtes *Bild* von dieser Sache machen. 私にはこの事がどうしてもよくわからない. ④ 比喩, 象徴. Er spricht gern **in** *Bildern*. 彼は比喩を使って話をするのが好きだ. ⑤ 似姿. Er ist ganz das *Bild* seines Vaters. 彼は父親そっくりだ. ⑥ 《劇》場(は), 景.

……………………………………………………………………

(参考) ..*bild* のいろいろ: Brust*bild* 胸像 / Fernseh*bild* テレビの画像 / Heiligen*bild* 聖人像 / Luft*bild* 航空写真 / Marien*bild* マリア像 / Marmor*bild* 大理石像 / Röntgen*bild* レントゲン写真 / Stadt*bild* 町の全景 / Stand*bild* 立像 / Welt*bild* 世界像 / Wunsch*bild* 願望(理想)像

……………………………………………………………………

Bild‑be·richt [ビルト・ベリヒト] 男 -(e)s/-e 写真[による]報道, フォトニュース.

****bil·den** [ビルデン bíldən] du bildest, er bildet (bildete, hat … gebildet) 他 (定了 haben) ① 形づくる, 作る, 構成する. (英 form). *Bilden* Sie einen Satz mit „kommen"! 「kommen」を使った文を作りなさい / eine Figur4 **aus** Marmor *bilden* 大理石で像を作る / Wurzeln *bilden* 根が形成される / Die Kinder *bildeten* einen Kreis. 子供たちは輪になった / sich3 ein Urteil4 über 人・事4 *bilden* 人・事4について判断をする. ② (内閣・委員会など4を)組織する, 設ける. ein Kabinett4 *bilden* 組閣する / einen Verein *bilden* 協会を作る. ③ (ある形4を)成している, (ある物4で)ある. Der Fluss *bildet* hier die Grenze. 川はここで国境になっている / Dieser Fall *bildet* eine Ausnahme. この場合は例外である. ④ 教育する, (人格など4を)養う. den Verstand *bilden* 知性を磨く. ◇《目的語なしでも》

bildend

Lesen *bildet*. 読書は人間をつくる. ◇〖再帰的に〗*sich*[4] *bilden* 教養を身につける. ⑤ 生じさせる. ◇〖再帰的に〗*sich*[4] *bilden* 生じる. Nebel *bildet sich*. 霧が発生する. ◇☞ **gebildet**

bil·dend [ビるデント] I ＊**bilden**（形づくる）の現分 II 形 ① 造形的な, 造形の. die *bildende* Kunst 造形芸術. ② 啓発的な.

Bil·der [ビるダァ] ＊**Bild**（絵）の複

Bil·der≠buch [ビるダァ・ブーフ] 中 -[e]s/..bücher 絵本. wie **im** *Bilderbuch*（絵に画いたように）みごとな（天気など）.

Bil·der≠rah·men [ビるダァ・ラーメン] 男 -s/-（絵画の）額縁.

Bil·der≠rät·sel [ビるダァ・レーツェる] 中 -s/- 判じ絵.

bil·der≠reich [ビるダァ・ライヒ] 形 ①〘挿〙絵（写真）の多い. ② 比喩に富んだ（言葉など）.

Bil·der≠schrift [ビるダァ・シュりフト] 女 -/-en 絵文字, 象形文字.

Bil·der≠spra·che [ビるダァ・シュプラーヘ] 女 -/-n 比喩的な言葉.

Bil·der≠stür·mer [ビるダァ・シュテュルマァ] 男 -s/- ①（特に宗教改革期の）聖画像破壊主義者. ②（比）急進（改革）論者.

bil·de·te [ビるデテ] ＊**bilden**（形づくる）の過去

Bild≠flä·che [ビるト・ふれッヒェ] 女 -/-n 画面;〘映〙スクリーン;〘口語〙視界. **auf der** *Bildfläche* **erscheinen**《口語》（突然）現れる / **von der** *Bildfläche* **verschwinden**《口語》a)（突然）姿を消す, b) 忘れ去られる.

Bild≠funk [ビるト・ふンク] 男 -s/ ファクシミリ, 無線写真電送.

bild≠haft [ビるトハふト] 形 具象的(具体的)な, 生き生きとした（描写など）.

Bild≠hau·er [ビるト・ハオアァ] 男 -s/- 彫刻家.

Bild≠hau·e·rei [ビるト・ハオエライ] 女 -/-en ①〘複なし〙彫刻〘芸術〙. ②《ズス》彫刻作品.

bild≠hübsch [ビるト・ヒュプシュ] 形 絵のように美しい, とてもかわいらしい.

bild·lich [ビるトりヒ] 形 ① 絵（写真）による. ② 比喩的な.

Bild·nis [ビるトニス] 中 ..nisses/..nisse《雅》肖像［画］. **Selbst***bildnis* 自画像.

Bild≠plat·te [ビるト・プらッテ] 女 -/-n ビデオディスク.

Bild≠röh·re [ビるト・レーレ] 女 -/-n （テレビの）ブラウン管, 受像管.

bild·sam [ビるトザーム] 形《雅》造形しやすい（素材）;（比）教育しやすい, 柔軟な（精神）.

Bild≠schirm [ビるト・シルム] 男 -[e]s/-e （テレビの）画面,（コンピュータの）モニタ画面.

Bild≠schirm≠text [ビるト・シルム・テクスト] 男 -es/-e ビデオテックス（略: Btx）.

Bild≠schnit·zer [ビるト・シュニッツァァ] 男 -s/- 彫刻家（特に木彫家）.

bild≠schön [ビるト・シェーン] 形 絵のように美しい, とても美しい.

Bild≠te·le·fon [ビるト・テーれふォーン] 中 -s/-e テレビ電話.

Bild≠te·le·gra·fie [ビるト・テれグラふィー] 女 -/ 写真電送, ファクシミリ.

＊**die Bil·dung** [ビるドゥング bíldʊŋ] 女 (単) -/(複) -en ①〘複なし〙教育, 育成; 教養.（英 *education*）. Schul*bildung* 学校教育 / eine Frau von *Bildung* 教養のある女性 / Er hat keine *Bildung*. 彼は教養がない(無作法だ). ② 形成, 生成, 構成[すること];〘言〙語形成.（英 *formation*）. Begriffs*bildung* 概念形成 / die *Bildung* von Knospen つぼみの形成 / die *Bildung* einer neuen Regierung[2] 新政府の結成. ③ 形態, 姿. die seltsamen *Bildungen* der Wolken[2] 雲の奇妙な形.

Bil·dungs≠chan·cen [ビるドゥングス・シャーンセン] 複 教育を受ける機会.

bil·dungs≠fä·hig [ビるドゥングス・フェーイヒ] 形 教育を受ける能力のある, 教化できる.

Bil·dungs≠grad [ビるドゥングス・グラート] 男 -[e]s/-e 教育レベル.

Bil·dungs≠po·li·tik [ビるドゥングス・ポリティーク] 女 -/ 文教政策.

Bil·dungs≠rei·se [ビるドゥングス・ライゼ] 女 -/-n 教養を高めるための旅行.

Bil·dungs≠ro·man [ビるドゥングス・ロマーン] 男 -s/-e〘文学〙教養小説, 発展小説.

Bil·dungs≠ur·laub [ビるドゥングス・ウーらオプ] 男 -[e]s/-e 研修休暇.

Bil·dungs≠weg [ビるドゥングス・ヴェーク] 男 -[e]s/-e 学歴, 教育過程.

Bil·dungs≠we·sen [ビるドゥングス・ヴェーゼン] 中 -s/ (総称として:) 教育施設; 教育制度.

Bil·lard [ビリヤルト bíljart] [フス] 中 -s/-e (ホラ: -s) ①〘複なし〙玉突き, ビリヤード. ② 玉突き台.

Bil·lett [ビリエット bɪljét] [フス] 中 -[e]s/-e（または -s) ①《ズス》乗車券; 入場券. ②《ホラ》短い手紙, メモ; グリーティングカード.

Bil·li·ar·de [ビりアルデ bɪliárdə] 女 -/-n 1,000 兆（= 1 000 Billionen）.

＊**bil·lig** [ビりヒ bílɪç]

| 安い | Diese Uhr ist *billig*.
ディーゼ ウーァ イスト ビりヒ
この時計は安い. |

形（比較 billiger, 最上 billigst）①（値段の）安い.（英 *cheap*）.（対 「値段の高い」は teuer). ein *billiger* Anzug 安いスーツ / eine *billige* Ausgabe von Schillers Werken シラー著作集の廉価版 / Im Sommer ist das Gemüse am *billigsten*. 野菜は夏が最も安い / 物[4] *billig* kaufen 物[4]を安く買う.

② 安っぽい, つまらない. *billigen* Schnaps trinken 安酒を飲む / eine *billige* Ausrede ありふれた逃げ口上 / ein *billiger* Scherz つまらないしゃれ. ③ 正当な, 妥当な, 当然の. ein *billiges* Verlangen 正当な要求.

──────────────────

類語 **billig**:（値段が）安い. Die Wohnung ist *bil-*

bil・li・gen [ビリゲン bíligən] 他 (h) 承認(是認)する, (與⁴に)同意(賛成)する. einen Vorschlag billigen ある提案に同意する.

Bil・li・gung [ビリグング] 囡 -/-en 《ふつう 単》承認, 是認, 同意.

Bil・li・on [ビリオーン bilió:n] 囡 -/-en 1 兆 (= 1 000 Milliarden).

bim, bam! [ビム バム bím bám] 間 (鐘の音:) きんこん, からんころん.

Bim・bam [ビム・バム bím-bám] 中 《成句的に》[Ach du] heiliger *Bimbam*! 《口語》おやおや, これは驚いた (元は教会の鐘の擬音語).

Bi・me・tall [ビー・メタる] 中 -s/-e 《工》バイメタル.

bim・meln [ビメるン bíməln] 自 (h) 《口語》(ベル・鐘などが)りんりん(からんころん)と鳴る; ベル(鐘)を鳴らす.

Bims≠stein [ビムス・シュタイン] 男 -[e]s/-e 軽石.

*bin [ビン bín] *sein¹ (…である)の 1 人称単数現在. Ich *bin* Lehrer. 私は教師です. (☞ 完了の助動詞 ☞ sein¹ II A; 状態受動の助動詞 ☞ sein¹ II B).

bi・när [ビネーァ biné:r] 形 ① 2 成分(要素)からなる. ② 《数》2 進法の. das *binäre* System 2 進法.

Bin・de [ビンデ bíndə] 囡 -/-n ① 包帯, 眼帯; 三角巾(きん); 《口語》生理用ナプキン (=Damenbinde). eine elastische *Binde* 伸縮包帯 / eine *Binde* um 物⁴ wickeln 物⁴に包帯を巻く / den Arm **in** der *Binde* tragen 三角巾で腕をつっている / Die *Binde* fiel mir von den Augen. 《雅》私は突然事態の真相がのみこめた (← 私の眼から眼帯が落ちた). ② 腕章. eine *Binde*⁴ am Arm tragen 腕章をつけている. ③《古》ネクタイ. [sich³] einen hinter die *Binde* gießen 《口語》酒を一杯ひっかける.

Bin・de≠ge・we・be [ビンデ・ゲヴェーベ] 中 -s/- 《医》結合組織.

Bin・de≠glied [ビンデ・グリート] 中 -[e]s/-er 結合(媒介)物, 仲介[するもの].

Bin・de≠haut [ビンデ・ハオト] 囡 -/..häute 《医》(目の)結膜.

Bin・de≠mit・tel [ビンデ・ミッテる] 中 -s/- 接合剤, セメント; (塗料の)媒色(展色)剤.

bin・den [ビンデン bíndən] du bindest, er bindet (band, *hat* ...gebunden) (☞ 了 haben) (與 *bind*) ① 結ぶ, 束ねる; 結んで(束ねて)作る; 結び(巻き)つける. Vater *band* sorgfältig seine Krawatte. お父さんは入念にネクタイを結んだ / Besen⁴ *binden* 小枝などを束ねてほうきを作る / das Pferd⁴ **an** einen Baum *binden* 馬を木につなぐ / Ich *band* mir ein Tuch **um** den Hals. 私はスカーフを首に巻いた / eine Schnur⁴ **um** das Paket *binden* 小包にひもをかける / Blumen⁴ **zum** Strauß *binden* 花束を作る.

② 縛る; 《比》拘束する, 束縛する. einen Gefangenen mit Stricken *binden* 捕虜を縄で縛る / Sie *banden* ihm die Hände. 彼らは彼の両手を縛った / Der Vertrag *bindet* mich. 私はその契約に拘束されている / Ist sie schon *gebunden*? 《状態受動・現在》彼女はもう婚約しているのですか. ◇《再帰的に》*sich*⁴ **an** 人⁴ *binden* 人⁴と婚約する / *sich*⁴ **durch** das Versprechen *binden* 約束にしばられる.

③ (物⁴を)固める;《料理》(スープなど⁴に)とろみをつける. Der Regen *bindet* den Staub. 雨でほこりが立たなくなる. ④ 《音楽》レガートで演奏する(歌う); (詩の語⁴に)韻を踏ませる. ⑤ 《書籍》(本⁴を)装丁する, 製本する.

◇☞ gebunden

bin・dend [ビンデント] I *binden* (結ぶ)の 現分 II 形 拘束力のある. eine *bindende* Abmachung 履行すべき協定.

Bin・der [ビンダァ bíndər] 男 -s/- ① 《結ぶ人・束ねる人》製本工 (=Buch*binder*), 花輪職人, ほうき(ブラシ)職人. ② ネクタイ. ③ 《農》バインダー. ④ 《建》(石壁などの)つなぎ石; (屋根組みの)主げた. ⑤ 結合剤; (塗料の)媒色(展色)剤. ⑤ 《南ドイツ・オーストリア》樽(たる)職人 (=Fass*binder*).

Bin・de≠strich [ビンデ・シュトリヒ] 男 -[e]s/-e ハイフン(記号: -).

Bin・de≠wort [ビンデ・ヴォルト] 中 -[e]s/..wörter 《言》接続詞 (=Konjunktion).

Bind≠fa・den [ビント・ファーデン] 男 -s/..fäden 結びひも(糸), 細縄. Es regnet *Bindfäden*. 《口語》土砂降りの雨だ.

Bin・dung [ビンドゥング] 囡 -/-en ① 結びつき, きずな; 拘束, 義務[づけ]. eine *Bindung*⁴ ein|gehen a) 関係を結ぶ, b) 義務を負う. ② (スキーの)バインディング. ③ 《織》(縦糸と横糸の)織り[方]. ④ 《化・物》結合. ⑤ (手で書くときの)つづり字の続け方.

Bin・gen [ビンゲン bíŋən] 中 -s/《都市名》ビンゲン (ドイツ, ラインラント-プファルツ州: ☞ 地図 C -4).

bin・nen [ビンネン bínən] 前 《3 格(まれに 2 格)とともに》《時間的に》...以内に. *binnen* 10 Minuten 10 分以内に / *binnen* einem Monat 1 か月以内に / *binnen* kurzem 近いうちに.

Bin・nen≠ge・wäs・ser [ビンネン・ゲヴェッサァ] 中 -s/- 内陸の水路(湖沼・河川など).

Bin・nen≠ha・fen [ビンネン・ハーフェン] 男 -s/..häfen 内港, 河川(運河・湖)の港.

Bin・nen≠han・del [ビンネン・ハンデる] 男 -s/ 国内商業(取引).

Bin・nen≠land [ビンネン・らント] 中 -[e]s/..länder (海から離れた)内陸.

Bin・nen≠markt [ビンネン・マルクト] 男 -[e]s/..märkte 《経》国内(域内)市場.

Bin・nen≠meer [ビンネン・メーァ] 中 -[e]s/-e

内海; 内陸海.
Bin·nen*schiff·fahrt [☞ 新形] Binnenschifffahrt

Bin·nen**schiff·fahrt** [ビンネン・シふファールト] 囡 -/ (河川・湖沼などの)内水航行[路], 内陸水運.

Bi·nom [ビノーム binó:m] 中 -s/-e 《数》2項式.

bi·no·misch [ビノーミッシュ binó:mɪʃ] 形 《数》2項式の. *binomischer* Lehrsatz 2項定理.

Bin·se [ビンゼ bínzə] 囡 -/-n 《植》トウシンソウ(イグサ属). in die *Binsen* gehen 《口語》消えうせる, だめになる.

Bin·sen*wahr·heit [ビンゼン・ヴァールハイト] 囡 -/-en 自明の理, 一般によく知られた(わかりきった)こと.

Bin·sen*weis·heit [ビンゼン・ヴァイスハイト] 囡 -/-en 自明の理(=Binsenwahrheit).

bi·o.., Bi·o.. [ビオ.. bio.. または ビーオ..] 《形容詞・名詞につける 接頭》《生命の・生物の》例: *Biologie* 生物学.

Bi·o*bau·er [ビーオ・バオアァ] 男 -n/-n 有機栽培農家.

Bi·o·che·mie [ビーオ・ヘミー bí:o-çemi: または ビオ・ヘミー] 囡 -/ 生化学.

Bi·o·che·mi·ker [ビーオ・ヘーミカァ bí:o-çe:mikər または ビオ・ヘー..] 男 -s/- 生化学者.

bi·o·che·misch [ビーオ・ヘーミッシュ bí:o-çe:mɪʃ または ビオ・ヘー..] 形 生化学の.

Bi·o*gas [ビーオ・ガース] 中 -es/-e バイオガス(有機物が分解する際に生じるガス. 代替エネルギーの一つ).

bi·o·ge·ne·tisch [ビオ・ゲネーティッシュ bio-gené:tɪʃ] 形 《生》生物発生の.

Bi·o·graf [ビオグラーふ biográ:f] 男 -en/-en 伝記作者.

Bi·o·gra·fie [ビオグラふィー biografí:] 囡 -/-n [..グラフィーエン] 伝記.

bi·o·gra·fisch [ビオグラーふィッシュ biográ:fɪʃ] 形 伝記の; 伝記体の.

Bi·o·graph [ビオグラーふ biográ:f] 男 -en/-en =Biograf

Bi·o·gra·phie [ビオグラふィー biografí:] 囡 -/-n [..グラフィーエン] =Biografie

bi·o·gra·phisch [ビオグラーふィッシュ biográ:fɪʃ] 形 =biografisch

Bi·o*kost [ビーオ・コスト] 囡 -/ 自然食品.

Bi·o*la·den [ビーオ・らーデン] 男 -s/..läden 《口語》自然食品の店.

Bi·o·lo·ge [ビオローゲ bioló:gə] 男 -n/-n 生物学者. (注 女性形は Biologin).

*die **Bi·o·lo·gie** [ビオろギー biologí:] 囡 (単) -/ 生物学. (英 *biology*). Ich studiere *Biologie*. 私は生物学を専攻しています.

bi·o·lo·gisch [ビオろーギッシュ bioló:gɪʃ] 形 ① 生物学[上]の, 生物学的な; 生物の. *biologische* Waffen 生物兵器. ② 天然素材の.

bi·o·lo·gisch-dy·na·misch [ビオろーギッシュ・デュナーミッシュ] 形 《農薬を使わない》自然農法の, 無農薬の.

Bi·o*mas·se [ビーオ・マッセ] 囡 -/ 《生物》バイオマッセ(一定地域の生物体総量).

Bi·o*müll [ビーオ・ミュる] 男 -[e]s/ (堆肥化された)生ごみ, 有機ごみ.

Bi·o·nik [ビオーニク bió:nɪk] 囡 -/ 生体工学, バイオニクス.

Bi·o*phy·sik [ビーオ・ふュズィーク bí:o-fyzi:k または ビオ・ふュズィーク] 囡 -/ 生物物理学.

Bi·o*pro·dukt [ビーオ・プロドゥクト] 中 -[e]s/-e 《ふつう 複》バイオ製品.

Bi·o*rhyth·mus [ビーオ・リュトムス] 男 -/..rhythmen バイオリズム.

Bi·o·sphä·re [ビーオ・スふェーレ bí:o-sfɛ:rə または ビオ・スふェーレ] 囡 -/ 生物圏.

Bi·o*tech·nik [ビーオ・テヒニク] 囡 -/ バイオテクノロジー, 生物工学.

Bi·o·tech·no·lo·gie [ビーオ・テヒノろギー bí:o-tɛçnologi: または ビオ・テヒノろギー] 囡 -/-n [..ギーエン または ..ギーエン] =Biotechnik

Bi·o*ton·ne [ビーオ・トンネ] 囡 -/-n (堆肥を作るための)生ごみ容器.

Bi·o*top [ビオトープ biotó:p] 男 中 -s/-e 《生》ビオトープ(安定した環境条件を持った動植物の生息場所).

birg [ビルク] bergen (救出する)の du に対する命令

birgst [ビルクスト] bergen (救出する)の2人称単数 現在

birgt [ビルクト] bergen (救出する)の3人称単数 現在

Bir·ke [ビルケ bírkə] 囡 -/-n ① 《植》シラカバ(白樺). ② 《複 なし》白樺材.

Birk*hahn [ビルク・ハーン] 男 -[e]s/..hähne 《鳥》クロライチョウの雄.

Birk*huhn [ビルク・フーン] 中 -[e]s/..hühner 《鳥》クロライチョウ.

Bir·ma [ビルマ bírma] 中 -s/ 《国名》ビルマ(=Burma)(ミャンマーの旧称).

Birn*baum [ビルン・バオム] 男 -[e]s/..bäume ① セイヨウナシの木. ② 《複 なし》梨材.

*die **Bir·ne** [ビルネ bírnə] 囡 《単》-/《複》-n ① [セイヨウ]ナシ(梨). (英 *pear*). (☞ 図 A). die *Birne*⁴ schälen 梨の皮をむく. ② [西洋]梨の木. ③ 電球. (☞ 図 B). die *Birne* aus|wechseln 電球を取り替える. ④ 《俗》頭. eine weiche *Birne*⁴ haben 《俗》おつむが弱い.

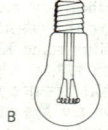

Birne

bir·nen⊱för·mig [ビルネン・フェルミヒ] 形 [西洋]梨の形の, 電球の形をした.

birst [ビルスト] I bersten (破裂する)の2人称単数・3人称単数 現在 II bersten (破裂する)の du に対する 命令

‡bis [ビス bís]

> …まで
> Das Fest dauert *bis* morgen.
> ダス フェスト ダオアァト ビス モルゲン
> 祭りはあすまで続く.

I 前【4格とともに】① 《時間的に》…まで. (英 *till*). *bis* Ende Oktober 10月末まで / *bis* heute きょうまで / *bis* jetzt 今まで / *bis* nächstes Jahr 来年まで / von 8 *bis* 11 Uhr 8時から11時まで / *Bis* wann brauchst du den Wagen? 君はいつまでその車がいるんだい.
◇《他の前置詞とともに; 名詞の格は後続の前置詞によって決まる》*bis* **gegen** 12 Uhr 12時頃まで / *bis* **in** die Nacht [hinein] 深夜まで / *bis* **nach** Mitternacht 真夜中過ぎまで / *bis* **vor** kurzem 少し前まで / *bis* **zum** Abend 夕方まで / *bis* **zum** achten Mai 5月8日まで.
◇《別れのあいさつで》*Bis* morgen! ではまたあした / *Bis* bald! または *Bis* gleich! ではまたすぐに / *Bis* nachher! または *Bis* später! ではまたのあとで.
② 《空間的に》…まで. (英 *to*). Der Zug fährt *bis* München. この列車はミュンヒェンまで行く / *bis* dorthin あそこまで / **von** oben *bis* unten 上から下まで.
◇《他の前置詞とともに; 名詞の格は後続の前置詞によって決まる》*bis* **an** den Rhein ライン河畔まで / *bis* **auf** die Haut nass werden 肌までびしょぬれになる / *bis* **ins** Kleinste (または Letzte) ごく詳細に / *bis* **zum** Bahnhof 駅まで.
③ 《しばしば他の前置詞とともに》《程度》…まで. [von eins] *bis* zehn zählen [1から]10まで数える / Kinder *bis* **zu** 6 Jahren 6歳までの子供 / *bis* **über** eine Million 100万以上[まで].
④ 《数詞の間に置かれて》《およその数》〜から…, 〜ないし[は]… 3 *bis* 4 Tage 三四日 / Das kostet 50 *bis* 60 Mark. それは50から60マルクです.
⑤ 《*bis auf* 人・物⁴の形で》⑦ 人・物⁴を含めて. Der Saal war *bis* auf den letzten Platz besetzt. ホールは最後の席まで全部埋まっていた. ④ 人・物⁴を除いて. *Bis* auf den Salat ist das Essen fertig. サラダを除けば料理はできている.

⋯⋯⋯⋯⋯⋯⋯⋯⋯⋯⋯⋯⋯⋯⋯⋯⋯⋯⋯

〈メモ〉 bis は他の前置詞をともなわない場合は, 無冠詞の名詞や副詞などといっしょに用いられることが多い.

⋯⋯⋯⋯⋯⋯⋯⋯⋯⋯⋯⋯⋯⋯⋯⋯⋯⋯⋯

II 接 《従属接続詞; 動詞の人称変化形は文末》…するまで[は]. Wir warten, *bis* du kommst. 君が来るまでぼくらは待っているよ / Wir können nicht nach Hause gehen, *bis* die Arbeit fertig ist. われわれは仕事が済むまで帰宅できない.

Bi·sam [ビーザム bí:zam] 男 -s/-e (または -s) ① じゃこう(麝香). ② アメリカジャコウネズミ(マスクラット)の毛皮.

Bi·schof [ビショフ bíʃɔf または ビショーフ bíːʃoːf] 男 -s/..schöfe [..ʃɛ[ー]ʃə] ① 《カトリック》司教;《新教》監督;《ギリシア正教会・英国国教会》の主教. 人⁴ **zum** *Bischof* weihen 人⁴を司教に叙階する. ② ビショップ酒(赤ワインにダイダイの皮と砂糖を入れた冷たい飲み物).

bi·schöf·lich [ビシェふりヒ または ビシェーふ..] 形 司教(監督・主教)の.

Bi·schofs⊱müt·ze [ビショフス・ミュッツェ] 女 -/-n 《カトリック》司教冠, ミトラ.

Bi·schofs⊱sitz [ビショフス・ズィッツ] 男 -es/-e 《カトリック》司教座の所在地.

Bi·schofs⊱stab [ビショフス・シュタープ] 男 -[e]s/..stäbe 《カトリック》司教杖(じょう).

bi·se·xu·ell [ビー・ゼクスエる bíː-zɛksuɛl または ビ・ゼクスエる] 形 ① 《生》雌雄同体の, 両性具有の. ② 《医・心》両性愛(バイセクシュアル)の.

‡bis⊱her [ビス・ヘーァ bɪs-héːr] 副 今まで, 従来, これまで[は]. (英 *until now*). wie *bisher* 従来どおり / *Bisher* war alles in Ordnung. これまでは何もかもきちんとしていた.

bis·he·rig [ビス・ヘーリヒ bɪs-héːrɪç] 形 《付加語としてのみ》今までの. seine *bisherigen* Werke 彼のこれまでの著作.

Bis·kot·te [ビスコッテ bɪskɔ́tə] 女 -/-n 《オーストリア》ビスコッテ(ビスケットの一種).

Bis·kuit [ビスクヴィート bɪskvíːt または ..クイート ..kuíːt] 中 -[e]s/-s (または -e) ビスケット.

bis⊱lang [ビス・ラング] 副 《方》これまで (= bisher).

Bis·marck [ビスマルク bísmark] -s/《人名》ビスマルク (Otto Fürst von *Bismarck* 1815–1898; ドイツの政治家).

Bis·marck⊱he·ring [ビスマルク・ヘーリング] 男 -s/-e 《料理》(骨を抜いた)にしんのマリネ.

Bis·mu·tum [ビスムートゥム bɪsmúːtum] 中 -s/《化》ビスマス, 蒼鉛(そうえん) (記号: Bi).

Bi·son [ビーゾン bíːzɔn] 男 -s/-s 《動》バイソン(北米にすむ野牛).

biss [ビス] ‡beißen (かむ)の 過去

biß ☞ 新splg biss

Biss [ビス bís] 男 -es/-e ① かむこと;《雅》(良心の)呵責(かしゃく). ② かみ傷. ③ 《ズザ・口語》ファイト, やる気. ④ 《医》(歯の)咬合(こうごう).

Biß ☞ 新splg Biss

‡biss·chen [ビスヒェン bísçən]

> 少し Hast du ein *bisschen* Zeit?
> ハスト ドゥ アイン ビスヒェン ツァイト
> 少し暇がある?

I 代《不定代名詞; 無変化》《ふつう **ein** とともに》少しの, 少量の. 《英 *a little*》. ein *bisschen* Brot (Geld) 少しばかりのパン(お金).
◇《**kein** *bisschen* の形で》少しも…ない. Es ist kein *bisschen* Wurst mehr da. もうソーセー

ジが全然ない.
Ⅱ 副《成句的に》**ein bisschen** 少し(=ein wenig). Ich möchte ein bisschen schlafen. 私は少し眠りたい.

biß·chen [ビスヒェン] 《新形》bisschen
bis·se [ビッセ] ‡beißen (かむ)の接2
Bis·sen [ビッセン] bísən] 男 -s/- 一口[分の食べ物]; 軽い食事. ein Bissen Brot 一きれのパン / ein fetter Bissen《口語》うまい話, 大もうけ. sich³ jeden (または den letzten) Bissen vom Mund[e] ab|sparen《口語》食うや食わずで節約する.
bis·sig [ビスィヒ bísiç] 形 ① かみつき癖のある. Vorsicht, bissiger Hund! 猛犬に注意! ② 辛らつな, 厳しい. eine bissige Kritik 辛らつな批評. ③《スポ・隠語》猛烈なファイトのある(選手など).
***bist** [ビスト bíst] ‡sein¹(…である)の2人称単数 現在. Wie alt bist du? 君は何歳なの.《文法》完了の助動詞 ☞ sein¹ ⅡA;状態受動の助動詞 ☞ sein¹ ⅡB.
Bis·tum [ビストゥーム] 中 -s/..tümer (カトゥッ)司教管区.
bis·wei·len [ビス・ヴァイレン bıs-váilən] 副《雅》ときどき, ときおり(=manchmal).
Bit [ビット bít] 中 -[s]/-[s] (コンピ)ビット(情報量の単位; 記号: bit).
‡**bit·te** [ビッテ bítə]

> どうぞ *Bitte* kommen Sie herein!
>   ビッテ コンメン ズィー ヘライン
>   どうぞお入りください.

副 ①《頼み・要求・促しに添えて》どうぞ.《英 please》. Nehmen Sie bitte Platz! どうぞおかけください / Bitte[,] helfen Sie mir doch! どうか助けてください / Achtung bitte!《アナウンスで:》お知らせします / Ja, bitte?《電話口・玄関で:》はい, ご用件は / bitte, bitte machen《幼児》(手をたたいて)おねだりする.
②《肯定の返事に添えて》はい, お願いします. Möchten Sie noch eine Tasse Kaffee?—[Ja,] bitte! コーヒーをもう一杯いかがですか—はい, いただきます.
③《疑問文で》すみませんが. Wo ist der Ausgang, bitte? すみません, 出口はどちらでしょうか.
④《相手の謝辞などに答えて》どういたしまして. Vielen Dank!—Bitte [sehr または schön]! どうもありがとう—どういたしまして.
⑤《聞き返して》[Wie] bitte? え, [何とおっしゃいましたか].
⑥《予想どおりを示して》Na, bitte! 《口語》ほら, ごらんなさい.

‡*die* **Bit·te** [ビッテ bítə] 女 (単) -/(複) -n 頼み, 願い.《英 request》. eine dringende Bitte たっての願い / eine Bitte⁴ aus|sprechen (または äußern) 頼みごとを言う / j³ eine Bitte⁴ ab|schlagen 人³の頼みを断る / eine Bitte⁴ an j⁴ richten 人⁴にお願いをする / Ich habe eine kleine *Bitte* an Sie. あなたにちょっとしたお願いがあります / auf seine *Bitte* hin 彼の頼みで / eine *Bitte* um Hilfe 援助の依頼 / Würden Sie mir eine *Bitte* erfüllen?《接2・現在》私の頼みを聞き入れてくださいませんか.

‡**bit·ten*** [ビッテン bítən]

頼む	Ich *bitte* um Ruhe!
	イヒ ビッテ ウム ルーエ
	お静かに願います.

人称	(単)	(複)
1	ich bitte	wir bitten
2	du bittest / Sie bitten	ihr bittet / Sie bitten
3	er bittet	sie bitten

(bat, hat...gebeten) Ⅰ 他 《完了 haben》① 《4格とともに》(人⁴に)頼む, 願う, 求める.《英 ask》. j⁴ dringend bitten 人⁴に切に頼む / j⁴ um et⁴ bitten 人⁴に物⁴を頼む, 願う, 求める ⇒ Er bittet mich um Geld. 彼は私にお金をせがむ / j⁴ um Rat bitten 人⁴に助言を求める / j⁴ um Verständnis bitten 人⁴に了解を求める / bitten und betteln しきりに頼む(お願いする). ◊《zu 不定詞[句]とともに》Sie *bat* mich, ihr zu helfen. 彼女は私に手伝ってくれと頼んだ. ◊《目的語なしで》Darf ich bitten?《女性にダンスの相手を頼むときなど:》お好きですか / Darf ich um das Salz bitten?《食卓で:》塩をとっていただけますか / ums Wort bitten 発言の許可を求める / Wenn ich bitten darf, ... 恐れ入りますが…
②《方向を表す語句とともに》(人⁴を…に)招待する; (人⁴を…へ)呼び寄せる. j⁴ ins Zimmer bitten 人⁴を部屋に招き入れる / j⁴ zum Essen bitten 人⁴を食事に招待する.
③《驚きの表現として》[Aber,] ich bitte Sie! とんでもない, それはあんまりです / Ich muss doch [sehr] bitten! まあなんということを.
Ⅱ 自《完了 haben》《für 人⁴ ~》《雅》(人⁴のことを)とりなす. Er *bat* für mich bei ihr. 彼は彼女に私のことをとりなしてくれた.

‡**bit·ter** [ビッタァ bítər] Ⅰ 形 《比較》bitt[e]rer, 《最上》bitterst) ① にがい, 渋い.《反》「甘い」は süß).《英 bitter》. bittere Schokolade ビターチョコレート / Der Tee schmeckt ziemlich bitter. その紅茶はかなりにがい.
② 辛らつな, 痛烈な; 厳しい, つらい. bittere Ironie 辛らつな皮肉 / j³ bittere Vorwürfe⁴ machen 人³を手厳しく非難する / bittere Tränen⁴ weinen つらい涙を流す. ③ 気難しい, 不機嫌な. ein bitterer Zug um den Mund 口もとに浮かんだ不機嫌な表情. ④ 激しい, ひどい. eine bittere Kälte 厳寒.
Ⅱ 副 非常に, ひどく. et⁴ bitter bereuen 物⁴を非常に後悔する.

bit·ter·bö·se [ビッタァ・ベーゼ] 形 ひどく怒っている.

bit·ter♦ernst [ビッタァ・エルンスト] 形 きわめて重大な; ひどく真剣な.

bit·ter♦kalt [ビッタァ・カルト] 形 ひどく寒い; 氷のように冷たい.

Bit·ter·keit [ビッタァカイト] 女 -/-en ① にがみ. ② にがにがしい思い, 苦しみ.

bit·ter·lich [ビッタァリヒ] I 副 激しく, ひどく, 痛ましく. *bitterlich* weinen 激しく(さめざめと)泣く. II 形 にがみを帯びた, ほろにがい.

Bit·ter·nis [ビッタァニス] 女 -/..nisse (雅) ① にがみ. ② にがにがしい思い, 苦しみ.

bit·ter♦süß, bit·ter-süß [ビッタァ・ズュース] 形 ほろにがい, にがくて甘い. eine *bittersüße* Liebesgeschichte ほろにがい恋物語.

Bitt♦ge·such [ビット・ゲズーフ] 中 -[e]s/-e 請願(陳情)書.

Bitt♦schrift [ビット・シュリフト] 女 -/-en = Bittgesuch.

Bitt♦stel·ler [ビット・シュテラァ] 男 -s/- 請願(陳情)者.

Bi·tu·men [ビトゥーメン bitú:mən] 中 -s/-(または ..mina) (化) 瀝青(れきせい)(天然アスファルト).

Bi·wak [ビーヴァク bí:vak] 中 -s/-s (または -e) (軍) 露営する(登山で); ビヴァーク.

bi·wa·kie·ren [ビヴァキーレン bivakí:rən] 自 (h) (軍) 露営する(登山で); ビヴァークする.

bi·zarr [ビツァル bitsár] 形 風変わりな, 奇抜な, 珍妙な; 気まぐれな.

Bi·zeps [ビーツェプス bí:tseps] 男 -[es]/-e (医) (上腕の)二頭筋.

Bk [ベー・カー] (化·記号) バークリウム (=Berkelium).

blä·hen [ブレーエン blé:ən] I 他 (h) ふくらます. Der Wind *bläht* die Segel. 風が帆をふくらます. II 自 (h) (食物が)腸内にガスを発生させる. III 再帰 (h) *sich*[4] *blähen* ① ふくらむ. ② (雅) いばる.

Blä·hung [ブレーウング] 女 -/-en (医) 胃(腸)にガスがたまること, 鼓腸(こちょう); 胃(腸)内のガス, おなら.

bla·ken [ブラーケン blá:kən] 自 (h) (北ドイツ) (ランプなどが)煙る, すすを出す.

bla·ma·bel [ブラマーベる blamá:bəl] 形 恥さらしの, 屈辱的な.

Bla·ma·ge [ブラマージェ blamá:ʒə] 女 -/-n 恥さらしな事, 恥辱.

bla·mie·ren [ブラミーレン blamí:rən] 他 (h) (人[4]に)恥をかかせる, 笑いものにする. ◆(再帰的に) *sich*[4] *blamieren* 恥をさらす, もの笑いになる.

blan·chie·ren [ブランシーレン blãʃí:rən] 他 (h) (料理) (熱湯で)さっとゆでる(ゆがく).

*****blank** [ブランク blaŋk] 形 ① ぴかぴかの, つや(光沢)のある; (詩) まばゆい. *blanke* Schuhe ぴかぴかの靴 / *blanke* Augen きらきら輝く目 / das Fenster[4] *blank* putzen 窓をぴかぴかに磨く / *blanke* Ärmel (口語) (すれてひかりでる)袖(そで). ② 裸の, むき出しの. das *blanke* Schwert 抜き身の刀 / auf der *blanken* Erde sitzen 地面に じかに座る / *blank* gehen (口語)コートを着ないで歩く / Ich bin völlig *blank*. (口語) ぼくは一文なしだ. ③ まったくの, まぎれもない. *blanker* Unsinn まったくのナンセンス, 愚の骨頂(こっちょう).

blan·ko [ブランコ bláŋko] 副 未記入(白紙)のままで; (商) 白地で.

Blan·ko♦scheck [ブランコ・シェック] 男 -s/-s (まれに -e) (商) 白地[式]小切手.

Blan·ko♦voll·macht [ブランコ・フォるマハト] 女 -/-en (法) 白紙全権委任[状].

Blank♦vers [ブランク・フェルス] 男 -es/-e (詩学) ブランクヴァース(5脚弱強格の無韻詩行).

Bläs·chen [ブレースヒェン blé:sçən] 中 -s/- (Blase の縮小) 小さな泡; (医) 小水疱.

Bla·se [ブラーゼ blá:zə] 女 -/-n ① 泡, 水泡, 気泡; シャボン玉; (医) 水疱, 泡疹(ほうしん); *Blasen*[4] auf der Haut haben 皮膚に水疱ができている / *Blasen*[4] werfen 泡立つ / *Blasen*[4] ziehen a) 泡を生じる, b) (医) 水疱ができる, c) (口語·比) 悪い結果になる, あとを引く. ② (医) 膀胱(ぼうこう); 胎胞; 胆嚢(たんのう); (魚の)浮き袋. die *Blase*[4] entleeren 小便をする. ③ (俗) (ならず者などの)仲間, 一味.

Bla·se♦balg [ブラーゼ・バルク] 男 -[e]s/..bälge ふいご; (足踏みオルガンの)送風機.

*****bla·sen**[4] [ブラーゼン blá:zən] du bläst, er bläst (blies, hat...geblasen) (英) blow) I 自 (定了) haben) ① [方向を表す語句とともに] (…へ).息を吹きかける. **gegen** die Scheibe *blasen* 窓ガラスに息を吹きかける / **in** die Hände *blasen* 手に息を吹きかける. ② (吹奏楽器で)吹く, 吹奏する. **auf** der Flöte *blasen* フルートを吹く / **zum** Sammeln *blasen* 集合らっぱを吹く. ③ (風が)強く吹く. Der Wind *bläst*. 風が強い. ◆《非人称の **es** を主語として》Es *bläst* draußen. 外は風が強い

II 他 (定了) haben) ① [方向を表す語句とともに] (物[4]を…へ/…から)吹きかける, 吹き払う. die Krümel[4] **vom** Tisch *blasen* パンくずをテーブルから吹き払う / (人[3]) **in** die Ohren *blasen* (口語) 軍[4](中傷など)を人[3]の耳に入れる. ② (吹いて)冷ます. die Suppe[4] *blasen* スープを吹いて冷ます. ③ (吹奏楽器など[4]を)吹く, 吹奏する; (吹奏楽器で曲[4]を)演奏する. Flöte[4] *blasen* フルートを吹く / (人[3]) den Marsch *blasen* (比) 人[3]をしかりとばす. ④ 吹いて作る. Glas[4] *blasen* ガラス細工をする.

Bla·sen♦ent·zün·dung [ブラーゼン・エントツュンドゥング] 女 -/-en 膀胱(ぼうこう)炎.

Blä·ser [ブレーザァ blé:zər] 男 -s/- ① 管楽器奏者. ② (坑)坑内ガス噴出口.

bla·siert [ブラズィーァト blazí:rt] 形 思いあがった, 高慢な, したり顔の.

Bla·siert·heit [ブラズィーァトハイト] 女 -/-en ① 《複 なし》高慢さ, 尊大さ. ② 思いあがった言動.

Blas·in·stru·ment [ブラース・インストルメント] 中 -es/-e (音楽) 管楽器, 吹奏楽器.

Blas♦ka·pel·le [ブラース・カペれ] 女 -/-n ブラ

スパンド, 吹奏楽隊.
Blas*mu·sik [ブラース・ムズィーク] 囡 -/ 吹奏楽.
Blas·phe·mie [ブらスフェミー blasfemíː] 囡 -/-n [..ミーエン] 冒瀆(戮), 瀆神.
blas·phe·misch [ブらスフェーミッシュ blasféːmɪʃ] 形 冒瀆(戮)的な, 瀆神の.
Blas*rohr [ブらース・ローァ] 田 -[e]s/-e ① (吹き矢の)筒. ② (工)(蒸気機関車などの)排気管.
****blass** [ブらス blás] 形 (比較) blasser, (最上) blassest まれに (比較) blässer, (最上) blässest ① (顔色などが)青白い, 青ざめた. (英 pale). ein *blasses* Gesicht 青白い顔 / Er wurde vor Schreck *blass*. 彼は恐ろしさのあまり青くなった. ② (色などが)淡い, ほのかな. ein *blasses* Rot auf den Wangen 頬(震)のほのかな赤味. ③ かすかな, ぼんやりした. eine *blasse* Erinnerung かすかな記憶 / Ich habe keine *blasse* Ahnung. 私はそのことについて少しも知らない. ④ 精彩を欠いた, ぱっとしない. Er wirkt sehr *blass*. 彼はまったくぱっとしない. ⑤ まぎれもない. der *blasse* Neid むき出しの嫉妬(ㄘ).
blaß (新形) blass
Bläs·se [ブれッセ blésə] 囡 -/ 蒼白(話), 淡色.
bläs·ser [ブれッサァ] *blass (青白い)の (比較)
bläs·sest [ブれッセスト] *blass (青白い)の (最上)
bläst [ブれースト] *blasen (息を吹きかける)の2人称単数・3人称単数 現在

das **Blatt [ブらット blát] 田 (単2) -es (まれに -s)/(複) Blätter [ブれッタァ] (3格のみ Blättern) ① 葉. (英 leaf). grüne *Blätter* 青葉 / Die Bäume treiben *Blätter*. 木々が葉を出す / Die *Blätter* sprießen (fallen). 木の葉が芽ぐむ(落ちる) / kein *Blatt*[4] vor den Mund nehmen あけすけに自分の意見を言う(←木の葉を口に当てない).
② 《数量単位としては:(複) -》(1枚の)紙; (本などの)ページ. ein leeres *Blatt* 白紙 / ein grafisches *Blatt* 版画 / fünf *Blatt* Papier 5枚の紙 / lose *Blätter* ルーズリーフ / fliegende *Blätter* ビラ / *Blatt* für (または um) *Blatt* 1枚ずつ / Er ist noch ein unbeschriebenes *Blatt*. 《口語・比》a) 彼はまだどんな人間だかわからない(←何も書いてない紙), b) 彼はまだ経験が浅い / Das steht auf einem anderen *Blatt*. 《比》a) それは別問題だ, b) それは疑わしい / Das *Blatt* hat sich gewendet. 《口語・比》局面が変った(←ページがめくれた).
③ **新聞**, 雑誌. Es hat im *Blatt* gestanden. それは新聞に載っていた. ④ **楽譜**. vom *Blatt* singen (spielen) 初見で歌う(演奏する).
⑤ (トランプの)カード. ⑥ (のこ・斧(ﾌ)などの)刃, (工具などの)平い部分; (楽)(吹奏楽器の)リード, 舌. ⑦ (狩)(鹿などの)肩甲部. ⑧ (牛の)肩肉.

(メモ) ..blatt のいろいろ: Abend*blatt* 夕刊 / Blü-tenblatt 花弁 / Feigen*blatt* いちじくの葉 / Flug*blatt* ビラ, ちらし / Klee*blatt* クローバーの葉 / Merk*blatt* 注意書き / Noten*blatt* 楽譜 / Säge*blatt* のこぎりの刃 / Wochen*blatt* 週刊新聞 / Ziffer*blatt* (時計の)文字盤

Blat·ter [ブらッタァ blátər] 囡 -/-n ① 《医》膿疱(ﾉｳ). ② 《複 で》天然痘, 痘瘡(ﾄｳ).
Blät·ter [ブれッタァ] *Blatt (葉)の (複)
blät·te·rig [ブれッテリヒ blétərɪç] 形 ① 多葉の, 葉の多い. ② 葉状の, 薄片の.
Blät·ter*ma·gen [ブれッタァ・マーゲン] 男 -s/ 《動》重弁胃(反芻動物の第3胃).
***blät·tern** [ブれッタァン blétərn] (blätterte, hat/ist...geblättert) I 自 (完了) haben または sein) ① (h)《in《複》3の》ページをめくる. in einem Buch *blättern* 本をぱらぱら拾い読みする. ② (s)(ペンキなどが)はげ落ちる.
II 他 (完了) haben) 《方向を表す語句とともに》(紙幣・トランプなど[4]を)...へ)一枚一枚置く.
blät·ter·te [ブれッタァテ] *blättern (ページをめくる)の 過去
Blät·ter*teig [ブれッタァ・タイク] 男 -[e]s/-e パフペースト(幾層にも折りたたんだ小麦粉のパイ生地).
Blatt*gold [ブらット・ゴルト] 田 -[e]s/ 金箔(ﾊｸ).
Blatt*grün [ブらット・グリューン] 田 -s/ 《植》葉緑素, クロロフィル.
Blatt*laus [ブらット・らオス] 囡 -/..läuse 《昆》アリマキ.
Blatt*pflan·ze [ブらット・プふランツェ] 囡 -/-n 観葉植物.
blätt·rig [ブれットリヒ blétrɪç] 形 = blätterig
Blatt*sa·lat [ブらット・ザらット] 男 -[e]s/-e サラダ用の葉菜(ﾖｳ)(レタスなど).
Blatt*werk [ブらット・ヴェルク] 田 -[e]s/-e 《ふつう 単》 ① (総称として:)木の葉. ② (絵画や彫刻などの)葉の模様.
***blau** [ブらオ bláu]

> 青い Sie hat *blaue* Augen.
> ズィー ハット ブらオエ アオゲン
> 彼女は青い目をしている.

(比較) blauer, (最上) blau[e]st 形 ① 青い, 青色の. (英 blue). der *blaue* Himmel 青い空 / das *blaue* Meer 青い海 / die *blaue* Blume 青い花(ロマン派文学のあこがれの象徴) / der *blaue* (新形 *Blaue*) Planet 地球(←青い惑星) / *blaue* Flecke (なぐられた跡の)青あざ / ein[4] *blau* machen 物[4]を青く塗る / einen *blauen* Montag machen 《口語》(日曜日に続けて)月曜日に仕事をさぼる / Du wirst dein *blaues* Wunder erleben. 《口語》君はあっと驚くだろう / j[4] grün und *blau* schlagen 人[4]を[青あざができるほど]さんざんなぐる / Mir wurde es grün und *blau* vor den Augen. 私は[気分が悪くて]目がくらくらした.
② (凍えて)血の気のない, 真っ青な. *blaue* Lippen 血の気のない唇. ③ 《俗》ぐでんぐてん

bleiben

に酔っ払った. ④（塩と酢を入れて）煮た(うなぎなど).
Blau [ブらオ] 中 -s/-（口語: -s）ブルー, 空色, 青色. ein helles *Blau* ライトブルー / Sie trägt gerne *Blau*. 彼女は青い服がお気に入りだ.
blau=äu·gig [ブらオ・オイギヒ] 形 青い目の;《比》うぶな, ナイーブな.
Blau=bee·re [ブらオ・ベーレ] 女 -/-n《植》ブルーベリー(コケモモの一種)(＝Heidelbeere).(☞Beere図).
blau=blü·tig [ブらオ・ブりューティヒ] 形（皮肉って:)高貴なお生まれの, 貴族の血をひいた.
Bläue [ブろイエ blóyə] 女 -/《雅》青色.
Blaue[r] [ブろイエ (..ｱｧ) bláuə (..ər)] 男《語尾変化は形容詞と同じ》①《口語》警官(制服が青いことから). ②《俗》旧 100 マルク紙幣（青みがかった色をしていたことから).
Blaue[s] [ブろイエ[ス] bláuə[s]] 中《語尾変化は形容詞と同じ》《口語》青いもの; 漠然としたもの. ins *Blaue* [hinein] reden でまかせにしゃべる / eine Fahrt ins *Blaue* 当てのない旅 / Er lügt das *Blaue* vom Himmel herunter. 彼はとんでもないうそをつく.
Blau=fuchs [ブらオ・ふクス] 男 -es/..füchse《動》北極ギツネ.
Blau=kraut [ブらオ・クラオト] 中 -[e]s/《南ドｲ･ｵｰｽﾄﾘｱ》ムラサキキャベツ(＝Rotkraut).
bläu·lich [ブろイりヒ] 形 青みがかった.
Blau=licht [ブらオ・りヒト] 中 -[e]s/-er (パトカー・消防車などの)青色警告灯.
blau|ma·chen [ブらオ・マッヘン bláu-màxən] 自 (h)《口語》仕事(学校)をさぼる. (☞ blau machen を「青く塗る」を意味する).
Blau=mei·se [ブらオ・マイゼ] 女 -/-n《鳥》アオガラ.
Blau=pa·pier [ブらオ・パピーァ] 中 -s/ 青色のカーボン紙.
Blau=pau·se [ブらオ・パオゼ] 女 -/-n 青写真.
Blau=säu·re [ブらオ・ゾイレ] 女 -/《化》青酸.
Blau=strumpf [ブらオ・シュトルンプふ] 男 -[e]s/..strümpfe (ののしって:)（教養を鼻にかける)才気走った女, 青鞜(せいとう)派の女 (18 世紀中ごろロンドン社交界の進歩的婦人サークルに青い靴下をはいた女性がいたことから).
Bla·zer [ブれーザァ blé:zər]《英》男 -s/-《服飾》ブレザー[コート].

das **Blech** [ブれヒ bléç] 中 (単2) -[e]s/(複) -e (3格のみ -en) ①（複 なし）ブリキ, 薄い金属板. *Blech*⁴ biegen ブリキを曲げる. ②《料理》パンなどを焼く)ベーキングシート, (オーブンの)熱板 (＝Back*blech*). ③《複 なし》《音楽》(総称として:)(オーケストラの)金管楽器. ④《複 なし》《口語》(軽蔑的に:)勲章; ばかげたこと. Rede kein *Blech*! ばかげたことを言うな.
Blech=blas·in·stru·ment [ブれヒ・ブらースインストルメント] 中 -[e]s/-e 金管楽器.
Blech=büch·se [ブれヒ・ビュクセ] 女 -/-n ブリキ缶.
ble·chen [ブれッヒェン bléçən] 他 (h) 自 (h)《口語》(しぶしぶ)支払う.
ble·chern [ブれッヒャァン bléçərn] 形《付加語としてのみ》① 金属板の, ブリキ製の. ② 金属的な響きの, うつろな響きの(声など).
Blech=in·stru·ment [ブれヒ・インストルメント] 中 -[e]s/-e 金管楽器.
Blech=mu·sik [ブれヒ・ムズィーク] 女 -/（ふつう軽蔑的に:)(小さな楽団による)吹奏楽.
Blech=scha·den [ブれヒ・シャーデン] 男 -s/..schäden《自動車》(交通事故の軽い)車体破損.
ble·cken [ブれッケン blékən] 他 (h) (犬・猛獣などが歯⁴を)むき出す.

das **Blei¹** [ブらィ bláı] 中 (単2) -[e]s/-e (種類を表すときのみ: 複) -e (3格のみ -en)（英 lead) ①《複 なし》鉛 (記号: Pb). schwer wie *Blei* 鉛のように重い / *Blei*⁴ gießen 鉛を溶かして水に入れ, 固まったその形から占う(大みそかの風習) / 物·事¹ liegt 人³ wie Blei im Magen. a) 物¹ が 人³の胃にもたれる, b) 事¹が 人³の気を減入らせる / *Blei*⁴ in den Gliedern haben《口語》疲れ果てて手足が鉛のように重い. ② 測鉛 (＝Senk*blei*).
Blei² [ブらィ] 男《南ドｲ: 中》-[e]s/-e (または -s)《口語》鉛筆 (＝*Blei*stift).
Blei³ [ブらィ] 男 -[e]s/-e《魚》ブリーム(コイ科の一種).
Blei·be [ブらイベ bláıbə] 女 -/-n《ふつう 単》《俗》宿泊所, 宿. keine *Bleibe*⁴ haben 泊る所がない.

blei·ben* [ブらイベン bláıbən]

> とどまる Ich *bleibe* heute zu Hause.
> イヒ ブらイベ ホイテ ツー ハオゼ
> 私はきょうずっと家にいます.

(blieb, *ist*...geblieben) 自 (定了 sein) ①《場所を表す語句とともに》(…に)とどまる, 残る, 滞在する. (英 remain). Wir *bleiben* bis zwei Uhr hier. 私たちは 2 時までここにいます / *Bleiben* Sie bitte **am** Apparat!（電話で:)切らずにお待ちください / **bei** 人³ *bleiben* 人³の所に滞在する / Wir sind drei Wochen **in** Deutschland *geblieben*. 私たちは 3 週間ドイツに滞在しました / Der Vorfall blieb mir lange im Gedächtnis. その事件は長く私の記憶に残った / Das *bleibt* **unter** uns. それはここだけの話だよ / **zu** Hause *bleiben* (ずっと)家にいる.

⟨注⟩ **sein と bleiben**: これまでの滞在を話題にする場合は sein, これからのことを言うときは bleiben を用いる. 例: Wie lange *sind* Sie schon in Bonn? もうどれくらいボンに滞在していますか / Wie lange *bleiben* Sie noch in Bonn? あとどれくらいボンに滞在する予定ですか.

② (いつまでも…の)ままである. Das Wetter *bleibt* schön. ずっと天気がいい / Er *will* ledig *bleiben*. 彼はずっと独身でいるつもりだ / 人³

bleibend

treu bleiben 〖人³〗にいつまでも忠実である / Die Tür bleibt offen (geschlossen). ドアは開いた(閉まった)ままである / Eine Frage bleibt offen. 一つの問題が未解決のままだ / Wir bleiben Freunde! ぼくたちはいつまでも友だちでいよう / 車⁴ bleiben lassen 車⁴をしないでおく / am Leben bleiben 生きている / Alles bleibt beim Alten. 何もかも元のままだ / in Bewegung bleiben ずっと動いている / ohne Wirkung bleiben 効果のないままである.
③ 残っている. 10 weniger 7 bleibt 3. 10引く7は3 / Mir bleibt keine andere Wahl. 私に他に選択の余地がない.
④〖bei 車³ ~〗(車³に)固執する, (車³を)変えない. Er bleibt bei seiner Meinung. 彼は自分の意見を変えない / Bei diesem Wein bleiben wir. 私たちはこれからもこのワインにします / Ich bleibe dabei, dass ……という考えを私は変えない. ◇〖非人称の es を主語として〗Es bleibt dabei! それで決まりだ, それで変更しない.
⑤〖zu のない不定詞とともに〗(…した)ままである. hängen bleiben 掛かっている / liegen bleiben 横になったままである, ずっと寝ている / sitzen bleiben 〖口語〗(生徒が)落第する / auf dem Stuhl sitzen bleiben いすに座ったままである / auf 物³ sitzen bleiben 〖口語〗物³を売りさばけないでいる / stecken bleiben はまり込んでいる, 立ち往生している / stehen bleiben 立ち止まる, (機械などが)止まる; そのままになっている, 置き忘れられる / übrig bleiben 残っている. ⑥〖zu 不定詞[句]とともに〗まだ…されうる; まだ…されなければならない. Es bleibt zu hoffen, dass… ……という望みがまだある / Es bleibt abzuwarten, ob… ……かどうかはもう少し待ってみないとわからない. ⑦〖雅〗死ぬ. im Krieg bleiben 戦死する.

〖新形〗

blei·ben las·sen 〖口語〗(車⁴を)しないでおく;(喫煙など⁴を)やめる. Lass das lieber bleiben! それはしないほうがいいよ.

blei·bend [ブライベント] I *bleiben (とどまる)の 現分 II 形 永続的な, 変わらない. eine bleibende Erinnerung 忘れられない思い出 / bleibende Werte 不変の価値.

blei·ben|las·sen* (h) 〖新形〗 bleiben lassen) ☞ bleiben

*__bleich__ [ブライヒ bláiç] 形 ① 青ざめた, 血の気のない. (英 pale). ein bleiches Gesicht 青ざめた顔 / Er wurde bleich vor Schreck. 彼は恐怖のあまり血の気を失った. ②〖雅〗淡い, ほの白い. das bleiche Licht des Mondes 淡い月の光.

Blei·che [ブライヒェ bláiçə] 女 -/-n ①〖複なし〗〖詩〗蒼白(𝓈𝓱𝒶𝓀𝓊), 青白さ. ② (昔の:)(布の)さらし場, 漂白場, 漂白台.

blei·chen¹ [ブライヒェン bláiçən] 他 (h) 漂白する, さらす.

blei·chen²⁽*⁾ [ブライヒェン] (bleichte, ist…gebleicht (古: blich, ist…geblichen)) 自 (s) 色あせる, 変色する.

Bleich=mit·tel [ブライヒ・ミッテル] 中 -s/- 漂白剤.

blei·ern [ブライアァン bláiərn] 形 ①〖付加語としてのみ〗鉛の, 鉛製の;〖雅〗鉛色の. ②〖比〗(鉛のように)重苦しい, けだるい. bleierner Schlaf 重苦しい眠り.

blei=frei [ブライ・フライ] 形 無鉛の(ガソリンなど).

blei=hal·tig [ブライ・ハルティヒ] 形 鉛を含む.

blei=schwer [ブライ・シュヴェーア] 形〖比〗鉛のように重い, 重苦しい.

*__der__ **Blei=stift** [ブライ・シュティフト bláiʃtɪft] 男 (単2) -[e]s/(複) -e (3格のみ -en) 鉛筆. (英 pencil). ein harter (weicher) Bleistift しんの硬い(しんの軟らかい)鉛筆 / mit Bleistift schreiben 鉛筆で書く / den Bleistift spitzen 鉛筆を削る.

Blei·stift=spit·zer [ブライシュティフト・シュピッツァァ] 男 -s/- 鉛筆削り[器].

Blei=ver·gif·tung [ブライ・フェアギフトゥング] 女 -/-en 鉛中毒.

Blei=weiß [ブライ・ヴァイス] 中 -/〖化〗鉛白, 塩基性炭酸鉛(白色顔料として絵の具などに利用する).

Blen·de [ブレンデ blέndə] 女 -/-n ① 日(光)をさえぎるもの; 日よけ, ブラインド; (馬の)目隠し. ②〖写・映〗絞り; フェードアウト, フェードイン. die Blende⁴ öffnen (schließen) 絞りを開ける(絞る) / Blende⁴ 9 ein|stellen 絞りを9に合わせる. ③〖建〗(外壁の)窓形装飾(開口部のない装飾用の窓); 壁龕(𝓀𝒷𝒶𝓃). ④ (洋服の)折返し襟; ひも飾り. ⑤〖鉱〗閃(𝓈𝑒𝓃)亜鉛鉱.

*__blen·den__ [ブレンデン bléndən] du blendest, er blendet (blendete, hat…geblendet) I 他 (完了 haben) ①〖人⁴を〗まぶしがらせる, (目⁴をくらませる. (英 dazzle). Der Scheinwerfer blendete ihn (または seine Augen). 彼はヘッドライトがまぶしかった. ②〖比〗〖人⁴を〗眩惑(𝓋𝒾𝒶𝓀𝓊)する; 魅了する. Er war von ihrer Schönheit geblendet.〖状態受動・過去〗彼は彼女の美しさのとりこになっていた / sich⁴ vom äußeren Schein blenden lassen 外見に惑わされる. ③ 盲目にする. ④ (毛皮⁴を)暗い色に染める.

II 自 (h) ① (太陽が)ぎらぎら輝く. ②〖auf (または in) 物⁴ ~〗(ランプなどで物⁴を)照らす.

blen·dend [ブレンデント] I *blenden (まぶしがらせる)の 現分 II 形 まぶしいほどの; すばらしい. ein blendendes Aussehen まばゆいほどの容姿(𝓎𝒶𝓃) / Es geht mir blendend. 私はとても調子がよい.

Blen·der [ブレンダァ bléndər] 男 -s/- ① ほら吹き, 見かけ倒しの人. ②〖林〗(日当たりをさえぎる)じゃまな木.

blen·de·te [ブレンデテ] *blenden (まぶしがらせる)の 過去

Blen·dung [ブレンドゥング] 女 -/ まぶしがらせる

(眩惑(ゖんゎく)する)こと; 眩惑されること.

Blend=werk [ブレント・ヴェルク] 中 -[e]s/-e 《雅》見せかけ, ごまかし, ペテン.

Bles·se [ブレッセ blésə] 女 -/-n ① (牛などの額の)白斑(はくはん). ② 白斑(はんてん)のある動物.

blich [ブリヒ] bleichen² (色あせる)の 過去

bli·che [ブリッヒェ] bleichen² (色あせる)の 接2

*_der_ **Blick** [ブリック blík] 男 (単2) -[e]s/(複) -e (3格のみ -e) ① 視線, まなざし, 目つき. (英 look). den Blick heben (senken) 目を上げる(伏せる) / 人³ einen Blick zu|werfen 人³をちらっと見る / einen Blick riskieren 《口語》盗み見る / den Blick auf 物⁴ richten 物⁴に視線を向ける / Er warf einen Blick auf den Brief. 彼はその手紙にちらっと目をやった / auf den ersten Blick 一目見て / keinen Blick für 人·物⁴ haben a) 人·物⁴を見向きもしない, b) 人·物⁴を理解できない / einen Blick hinter die Kulissen werfen (または tun) 舞台裏(背後関係)を知る / 物⁴ mit einem Blick sehen 物⁴が一目でわかる. ② 〖複なし〗目つき, 目の表情. einen sanften Blick haben 優しい目をしている. ③ 〖複なし〗見晴らし, 展望. ein Zimmer mit Blick aufs Meer 海を見晴らせる部屋. ④ 〖複なし〗判断力, 洞察力. den richtigen Blick für 事⁴ haben 事⁴をきちんと見きわめることができる.

***bli·cken** [ブリッケン blíkən] (blickte, hat... geblickt) 自 (完了 haben) ① 〖方向を表す語句とともに〗(…へ)目を向ける, (…の方を)見る. (英 look). Er blickte auf seine Uhr. 彼は時計を見た / aus dem Fenster blicken 窓から外を見る / ins Zimmer blicken 部屋をのぞき込む / Er blickte in die Ferne. 彼は遠くを見やった / zu (または nach) 人·物³ blicken 人·物³に目を向ける. (☞ 類語 sehen). ② 〖ちらりと〗見える, のぞいている. Die Sonne blickt aus den Wolken. 太陽が雲間からのぞく / sich⁴ blicken lassen (訪問して)顔を見せる. ③ (…の)目つきをしている. freundlich blicken 親しげなまなざしである.

Blick=fang [ブリック・ファング] 男 -[e]s/..fänge 人目をひく物.

Blick=feld [ブリック・フェルト] 中 -[e]s/-er 視界, 視野.

Blick=punkt [ブリック・プンクト] 男 -[e]s/-e ① 注目の的. im Blickpunkt² der Öffentlichkeit² stehen 世間の注目を集めている. ② 視点, 観点.

blick·te [ブリックテ] *blicken (目を向ける)の 過去

Blick=win·kel [ブリック・ヴィンケル] 男 -s/- 視角, 観点 (=Perspektive). unter diesem Blickwinkel この観点から.

blieb [ブリープ] *bleiben (とどまる)の 過去

blie·be [ブリーベ] *bleiben (とどまる)の 接2

blies [ブリース] *blasen (息を吹きかける)の 過去

blie·se [ブリーゼ] *blasen (息を吹きかける)の 接2

***blind** [ブリント blínt] 形 ① 目の見えない, 盲目の; 眼識のない. (英 blind). ein blindes Kind 目の見えない子供 / Er ist auf dem rechten Auge fast blind. 彼は右目がほとんど見えない / blinder Fleck (目の)盲点 / für 事⁴ blind sein 事⁴を見る目がない.
② 盲目的な, 見境のない. blinder Gehorsam 盲目的な服従 / Er war blind vor Eifersucht. 彼は嫉妬(しっと)のあまり見境がなくなっていた / Liebe macht blind. 《諺》恋は盲目 (←恋は人を盲目にする) / 人³ blind glauben 人³の言うことを盲信する / ein blinder Zufall まったくの偶然.
③ 曇りのある, 不透明な. ein blindes Glas 曇りガラス. ④ 見せかけの, まやかしの. ein blinder Alarm 誤って発せられた警報. ⑤ 目に見えない, 隠れた. eine blinde Klippe 《海》暗礁 / ein blinder Passagier 無賃乗車客.

新形
blind flie·gen 《空》計器飛行をする.
blind schrei·ben (ワープロなどで)ブラインドタッチでキーボードを打つ.

Blind=darm [ブリント・ダルム] 男 -[e]s/..därme 《医》盲腸.

Blind·darm=ent·zün·dung [ブリントダルム・エントツュンドゥング] 女 -/-en 《口語》盲腸炎 (=Appendizitis).

Blin·de=kuh [ブリンデ・クー] 女 《成句的に》Blindekuh⁴ spielen 目隠し鬼ごっこをする.

Blin·den=hund [ブリンデン・フント] 男 -[e]s/-e 盲導犬.

Blin·den=schrift [ブリンデン・シュリフト] 女 -/-en 点字; 点字印刷物.

Blin·de[r] [ブリンデ (..ダァ) blíndə (..dər)] 男 女 《語尾変化は形容詞と同じ》目の見えない人, 盲人.

blind|flie·gen* 自 (s) (新形 blind fliegen) ☞ blind

Blind=flug [ブリント・フルーク] 男 -[e]s/..flüge 《空》計器飛行.

Blind=gän·ger [ブリント・ゲンガァ] 男 -s/- ① 《軍》不発弾. ② 《俗》期待はずれの人; 役立たず.

Blind·heit [ブリントハイト] 女 -/ 盲目, 失明; 《比》蒙昧(もうまい)な, 無知. die völlige Blindheit 全盲, 完全失明 / Er ist [wie] mit Blindheit geschlagen. 《状態受動·現在》彼は事態がどうなっているのかまるでわかっていない.

blind·lings [ブリントリングス blíntlɪŋs] 副 やみくもに, 見境もなく. blindlings in sein Verderben rennen 破滅へとつっ走る / 人³ blindlings gehorchen 人³に盲従する.

Blind=schlei·che [ブリント・シュライヒェ] 女 -/-n 《動》アシナシトカゲ.

blind|schrei·ben* 自 (h) (新形 blind schreiben) ☞ blind

blin·ken [ブリンケン blíŋkən] I 自 (h) ① かびかび(きらきら)光る, 輝く. Die Sterne blinken am Himmel. 空に星がきらめいている. ②

Blinker

点滅信号で合図する. ウィンカーを点滅させる. II 他 (h) (信号⁴など)を光の点滅で発信する. SOS⁴ *blinken* SOSを発信する.

Blin·ker [ブリンカァ blíŋkɐr] 男 -s/- ① (自動車の)ウインカー. ② (釣りの)金属の擬餌針(ルアーの一種).

Blink∘feu·er [ブリンク・フォイァァ] 中 -s/-《交通》(特に海岸の)点滅信号[灯].

Blink∘leuch·te [ブリンク・ろイヒテ] 女 -/-n (自動車の)ウインカー, 方向指示灯.

Blink∘licht [ブリンク・リヒト] 中 -[e]s/-er《交通》(交差点・踏切などの)点滅信号[灯].

blin·zeln [ブリンツェるン blíntsəln] 自 (h) ① (まぶしくて)目を細くして見る. ② まばたきする; 目くばせする.

der **Blitz** [ブリッツ blíts] 男 (単2) -es/(複) -e (3格のみ -en) ① 稲妻, 稲光. (英 lightning). *Blitz* und Donner 稲妻と雷 / zuckende *Blitze* ぴかっと光る稲妻 / Der *Blitz* hat in den Baum eingeschlagen. 木に雷が落ちた / vom *Blitz* erschlagen werden 雷に打たれて死ぬ / wie vom *Blitz* getroffen (雷に打たれたように)肝をつぶす / Er verschwand wie der *Blitz*. 《口語》彼は[電光のように]すばやく消えうせた / wie ein *Blitz* aus heiterem Himmel 晴天の霹靂(へきれき)のように.

② 《口語》(カメラの)フラッシュ (=*Blitz*licht).

Blitz∘ab·lei·ter [ブリッツ・アップらイタァ] 男 -s/- 避雷針;《比》怒りのはけ口.

blitz∘ar·tig [ブリッツ・アールティヒ] 形 電光のような; 電光石火の, すばやい.

blitz∘blank [ブリッツ・ブランク] 形《口語》まぶしいほど輝く, ぴかぴかに磨きあげられた.

***blit·zen** [ブリッツェン blítsən] (blitzte, *hat* ...geblitzt) I 非人称 (完了 haben) Es *blitzt*. 稲光がする. Bei dir *blitzt* es.《口語・戯》君のスカートからスリップがのぞいているよ.

II 自 (完了 haben) ① (ぴかっと・きらりと)光る, ぴかぴか光る(輝く). Ein Messer *blitzte* in seiner Hand. ナイフが彼の手できらりと光った / Die Küche *blitzt* vor Sauberkeit. 台所は掃除が行き届いてぴかぴかしている / In seinen Augen *blitzte* Übermut. 彼の目には思いがけの気持ちが見えた.◇[現在分詞の形で] mit *blitzenden* Augen 目をきらきらさせて. ② ストリーキングする.

III 他 (完了 haben)《口語》フラッシュ(ストロボ)を使って撮影する.

Blitz∘ge·spräch [ブリッツ・ゲシュプレーヒ] 中 -es/-e 特別至急電話(通常の10倍の料金).

Blitz∘krieg [ブリッツ・クリーク] 男 -[e]s/-e 《軍》電撃戦.

Blitz∘licht [ブリッツ・リヒト] 中 -[e]s/-er《写》フラッシュ, ストロボ.

blitz∘sau·ber [ブリッツ・ザオバァ] 形 ①《口語》ぴかぴかに磨かれた(台所など). ②《南ドツ》小ぎれいでチャーミングな(女の子など).

Blitz∘schlag [ブリッツ・シュらーク] 男 -[e]s/ ..schläge 落雷.

blitz∘schnell [ブリッツ・シュネる] 形《口語》電光石火の, きわめて速い.

Blitz∘strahl [ブリッツ・シュトラーる] 男 -[e]s/-en《雅》稲妻.

blitz·te [ブリッツテ] *blitzen (非人称で: 稲光がする)の過去*

Bloch [ブロッホ blɔx] -s/《人名》ブロッホ (Ernst Bloch 1885–1977; ドイツの哲学者).

der **Block** [ブロック blɔk] 男 (単2) -es/(複) Blöcke [ブレッケ] (3格のみ Blöcken) または (複) Blocks (英 block) ① [複 Blöcke] (石・金属などの)かたまり. Eis*block* 氷塊 / Fels*block* 岩塊 / ein *Block* aus Beton コンクリートのかたまり. ② [複 Blocks まれに Blöcke] 街区 (=Wohn*block*). Sie wohnen im gleichen *Block*. 彼らは同じ街区に住んでいる. ③ [複 Blöcke まれに Blocks] (政治・経済の)ブロック. Ost*block* (かつての)東欧圏 / ein militärischer *Block* 軍事ブロック. ④ (はぎ取り式用紙の)一冊; 切手の記念シート. Notiz*block* はぎ取り式メモ帳 / ein *Block* Briefpapier 便箋(びんせん) 1冊 / [複 Blocks]《スザ》ブロック.

Blo·cka·de [ブロカーデ blɔkáːdə] 女 -/-n ① (国境などの)封鎖. Wirtschafts*blockade* 経済封鎖 / die *Blockade*⁴ auf|heben (brechen) 封鎖を解く(破る). ②《印》(転倒活字による)伏せ字(けた)の箇所.

Blö·cke [ブレッケ] *Block (かたまり)の複*

blo·cken [ブロッケン blɔkən] 他 (h) ①《スザ》(相手の攻撃など⁴を)ブロック(防害)する. ②《南ドツ》(床など⁴を)磨く.

Block∘flö·te [ブロック・フレーテ] 女 -/-n 《音楽》ブロックフレーテ, リコーダー(木製の縦笛).

block∘frei [ブロック・フライ] 形《政》ブロックに属さない. *brockfreie* Staaten 非同盟諸国.

Block∘haus [ブロック・ハオス] 中 -es/..häuser 丸太小屋

blo·ckie·ren [ブロキーレン blɔkíːrən] I 他 (h) ① (港・国境など⁴を)封鎖する; (通路など⁴を)遮断する, 通行止めにする; (交渉など⁴を)阻止する. Die Strecke *war* vom Schnee *blockiert*.《状態受動・過去》その区間は雪で通行止めだった. ②《印》(未校正箇所⁴を)伏せ字にする. II 自 (h) (ブレーキなどが)機能しない. Der Motor *hat blockiert*. エンジンがかからなかった.

Block∘schrift [ブロック・シュリふト] 女 -/《印》活字体, ブロック字体. (参照「筆記体」は Schreibschrift).

blöd [ブレート] 形 = blöde

blö·de [ブレーデ blǿːdə] 形 ①《口語》ばかな, 愚かな. Ein *blöder* Kerl! ばかなやつだよ! / sich⁴ *blöde* benehmen 愚かなふるまいをする. ②《口語》いまいましい, 不愉快な. eine *blöde* Sache 不愉快なこと. ③《古》精神薄弱の; 弱

blö·deln [ブレーデるン bléːdəln] 自 (h)《口語》ふざけてばかな話(こと)をする.

Blö·di·an [ブレーディアーン blóːdiaːn] 男 -s/-e《口語》ばか,愚か者.

Blöd⸗mann [ブレート・マン] 男 -[e]s/..männer《俗》(ののしって:)ばか者,愚か者.

Blöd⸗sinn [ブレート・ズィン] 男 -[e]s/《口語》ばかげたこと,愚かなこと. *Blödsinn*[4] reden くだらぬことをしゃべる / So ein *Blödsinn*! たわけたことを言うな.

blöd·sin·nig [ブレート・ズィニヒ] 形 ① 精神薄弱の. ②《口語》ばかげた,愚かな.

blö·ken [ブレーケン bléːkən] 自 (h) (羊が)めーと鳴く,(牛が)もーと鳴く.

*__blond__ [ブロント blɔnt] 形 ① ブロンドの,金髪の. (英 blond). *blondes* Haar ブロンドの髪 / ein *blondes* Mädchen 金髪の女の子. ②《口語》淡黄色の(ビール・パンなど). *blondes* Bier (黒ビールに対して:)淡色ビール.

Blon·de[r] [ブロンデ (..ダァ) blɔ́ndə (..dɐr)] 男 女《語尾変化は形容詞と同じ》金髪の人. eine *Blonde* 金髪(ブロンド)の女性.

Blon·de[s] [ブロンデ[ス] blɔ́ndə[s]] 中《語尾変化は形容詞と同じ》《口語》淡色ビール (=helles Bier).

blon·die·ren [ブロンディーレン blɔndíːrən] 他 (h) (髪[4]を)ブロンドに染める(脱色する).

Blon·di·ne [ブロンディーネ blɔndíːnə] 女 -/-n 金髪の女性.

*__bloß__ [ブロース bloːs] I 形 ① むき出しの,裸の. (英 bare). mit *bloßem* Oberkörper 上半身裸で / mit *bloßem* Auge 肉眼で / Das Kind war nackt und *bloß*. その子供はすっ裸だった.

②《付加語としてのみ》ただ…だけの,単なる. (英 mere). im *bloßen* Hemd シャツだけ着て / mit *bloßen* Worten 口先だけで / Der *bloße* Anblick macht mich schaudern. 見るだけでも私はぞっとする.

II 副《口語》① ただ…だけ,単に. (英 only). Er denkt *bloß* an sich. 彼は自分のことしか考えない / Ich habe *bloß* noch 5 Mark. 私はもうたった5マルクしか持っていない / **nicht *bloß* A, sondern auch B** A だけでなく B もまた.

②《命令文で》さあ,どうか. Mach das *bloß* nicht wieder! そんなこと二度とするんじゃないよ. ③《疑問文で》いったい. Was soll ich *bloß* machen? いったい何にどうしろというのか.

Blö·ße [ブレーセ blǿːsə] 女 -/-n ①《雅》裸[体],身体の露出部分(特に陰部). ②《フェンシング》防備のすき;《比》弱点. sich[3] eine *Blöße*[4] geben 弱み(すき)を見せる /《人》[3] eine *Blöße*[4] bieten《人》[3]につけ込むすきを与える. ③ (森の中で木の生えていない)空地.

bloß|le·gen [ブロース・れーゲン blóːs-leːgən] 他 (h) 掘り出す,発掘する;《比》(秘密など[4]を)暴露する.

bloß|stel·len [ブロース・シュテれン blóːs-ʃtɛlən] 他 (h) (人[4]の)弱点をさらす,笑いものにする. ◇《再帰的に》*sich*[4] *bloßstellen* 恥をさらす,もの笑いになる.

Blou·son [ブるゾーン bluzṍː] [ブる] 中 男 -[s]/-s《服飾》ブルゾン(腰部の締まったジャンパー).

blub·bern [ブるッベルン blúbɐrn] 自 (h)《口語》ぶくぶく泡を立てる;《比》(怒って)ぶつぶつ言う.

Blue·jeans [ブるー・ヂーンス blúːdʒiːns] [英] 複《服飾》ブルージーンズ,ジーパン.

Blue Jeans [ブるー ヂーンス] [英] 複 =Bluejeans

Blues [ブるース blúːs] [英] 男 -/-《音楽》ブルース.

Bluff [ブらふ blʊ́f] [英] 男 -s/-s はったり;こけおどし.

bluf·fen [ブるッフェン blʊ́fən] 他 (h) (人[4]に)はったりを言ってだます.

*__blü·hen__ [ブリューエン blýːən] (blühte, *hat*...geblüht) 自 (完了 haben) ① (花が)咲いている,花盛りである. (英 bloom). Die Rosen *blühen*. ばらの花が咲いている / Der Garten *blüht*. 庭は花盛りだ.

②《比》栄える,盛りである. Das Geschäft *blüht*. 商売が繁盛している. ③ (比) (災難などが人[3]の)身に降りかかる. Das *kann* dir auch noch *blühen*. 君もそんな目に遭うかもしれないよ.

blü·hend [ブリューエント] I *blühen* (咲いている)の 現分 II 形 ① 花盛りの;《比》栄えている. *blühende* Wiesen 花盛りの草原 / in *blühender* Jugend 若い盛りに. ② 健康そうな.

blüh·te [ブリューテ] *blühen* (咲いている)の 過去

Blüm·chen [ブリュームヒェン blýːmçən] 中 -s/- (Blume の 縮小) 小さい花.

Blüm·chen⸗kaf·fee [ブリュームヒェン・カフェー] 男 -s/-s《口語》薄すぎるコーヒー (カップの底の花模様が透けて見えるほど薄いことから).

*__die__ **Blu·me** [ブるーメ blúːmə]

花　Die *Blumen* sind für dich!
　　ディ　ブるーメン ズィント フューァ ディヒ
この花は君に持ってきたんだよ.

女 (単) -/(複) -n ① 花,草花. (英 flower). (注「樹木の花」はふつう Blüte). Wiesen*blumen* 野原の花々 / duftende *Blumen* いい香りがする花 / künstliche *Blumen* 造花 / ein Strauß *Blumen* 一束の花 / *Blumen*[4] gießen 花に水をやる / *Blumen*[4] pflanzen 花を植える / *Blumen*[4] pflücken 花を摘む /《人》[3] *Blumen*[4] überreichen《人》[3]に花を贈呈する / Die *Blumen* gehen auf. 花が咲く / Die *Blumen* welken. 花がしぼむ / 軍[4] **durch die *Blume* sagen**《比》[4]を遠回しに言う / **Vielen Dank für die *Blumen*.**《口語》(反語的に:)これはまた結構なご忠告をどうも(人の批判に対する返答).

② ワインの芳香;ビールの泡. ③《狩》うさぎの白い尾;(きつねなどの)白い尾の先.

....

(メモ) ドイツでよく見かける花: Dahlie ダリア / Distel あざみ / Edelweiß エーデルワイス / Geranie ゼラニウム / Glockenblume ききょう / Klee クローバー / Krokus クロッカス / Lilie ゆり / Maiglöckchen ドイツずずらん / Mohn ひなげし / Nelke カーネーション / Rose ばら / Schneeglöckchen スノードロップ / Stiefmütterchen パンジー / Tulpe チューリップ / Veilchen すみれ

Blu·men꞊beet [ブルーメン・ベート] 中 -[e]s/-e 花壇.

Blu·men꞊er·de [ブルーメン・エーアデ] 女 -/-n (草花用の)配合土, 肥土.

Blu·men꞊ge·schäft [ブルーメン・ゲシェフト] 中 -[e]s/-e 花屋.

Blu·men꞊kas·ten [ブルーメン・カステン] 男 -s/..kästen (草花用の)プランター, フラワーボックス.

Blu·men꞊kohl [ブルーメン・コール] 男 -[e]s/-e 《植》カリフラワー.

blu·men꞊reich [ブルーメン・ライヒ] 形 ① 花の多い. ② 《比》美辞麗句に富んだ.

Blu·men꞊stock [ブルーメン・シュトック] 男 -[e]s/..stöcke 鉢植えの花.

* *der* **Blu·men꞊strauß** [ブルーメン・シュトラオス blúːmən-ʃtraus] 男 (単2) -es/(複) ..sträuße [..シュトロイセ] (3格のみ ..sträußen) 花束. 人3に花束を贈呈する.

Blu·men꞊topf [ブルーメン・トプフ] 男 -[e]s/..töpfe 植木鉢; 《口語》鉢植えの草花. Damit kannst du keinen *Blumentopf* gewinnen. 《口語》そんなことをしたってどうにもならないよ.

Blu·men꞊va·se [ブルーメン・ヴァーゼ] 女 -/-n 花びん.

Blu·men꞊zwie·bel [ブルーメン・ツヴィーベる] 女 -/-n 《植》鱗茎(りんけい), 球根.

blü·me·rant [ブリュメラント blyməránt] 形 《口語》めまいのする, 血の気のない. Mir ist ganz *blümerant* [zumute]. 私はくらくらする.

blu·mig [ブルーミヒ blúːmɪç] 形 ① 花のような香りのする, 芳香のある(ワインなど). ein *blumiges* Parfüm 花のような香りの香水. ② 《比》美辞麗句の多い.

* *die* **Blu·se** [ブルーゼ blúːzə] 女 (単) -/(複) -n ① ブラウス; 上っ張り; (水兵服などの)上着. (英 blouse) / Sie trägt heute eine weiße *Bluse*. 彼女はきょうは白いブラウスを着ている.
② (若者言葉:) 女の子 (= Mädchen).

* *das* **Blut** [ブルート blúːt] 中 (単2) -es (まれに -s)/(医: -e) 血, 血液. (英 blood). gesundes *Blut* 健康な血 / das *Blut* Christi² キリストの血(正餐(せいさん)式の赤ワイン) / *Blut* bildend 造血力のある / das *Blut*⁴ stillen 血を止める / *Blut*⁴ spenden 献血する / *Blut*⁴ übertragen 《医》輸血する / 人³ *Blut*⁴ entnehmen 人³から採血する / viel *Blut*⁴ verlieren 多量の血を失う / Das *Blut* fließt aus der Wunde. 傷口から血が流れている / Das *Blut* stieg ihm vor Zorn in den Kopf. 彼は怒りのあまり血が

頭にのぼった / Mir stockte das *Blut* in den Adern. (驚きのあまり)私は血も凍るような思いをした / Er hat *Blut* geleckt. 《比》彼は味をしめた(←血をなめた) / *Blut*⁴ und Wasser⁴ schwitzen 《口語》a) 非常にこわい思いをする, b) 悪戦苦闘する / böses *Blut*⁴ machen 《比》人々を怒らせる / 人⁴ bis **aufs** *Blut* peinigen (または quälen) 人⁴を徹底的に苦しめる.
② 《比》気質, 気分. kaltes *Blut*⁴ bewahren 冷静を保つ / heißes (または feuriges) *Blut*⁴ haben かっとなりやすい / Nur ruhig *Blut*! 《口語》まあまあ落ち着けよ / Die Musik liegt ihm im *Blut*. 彼には生まれつき音楽の才がある.
③ 血統, 血縁. die Bande des *Blutes* 親族 (←血のきずな) / von edlem *Blut* sein 貴族の出である. ④ 《詩》人間. ein junges *Blut* 若者.

〔新形〕

Blut bil·dend 造血力のある.

Blut꞊ader [ブルート・アーダァ] 女 -/-n 《医》静脈 (= Vene).

Blut꞊an·drang [ブルート・アンドラング] 男 -[e]s/ 《医》充血.

blut꞊arm¹ [ブルート・アルム] 形 《医》貧血[症]の; 《比》顔色の悪い.

blut꞊arm² [ブルート・アルム] 形 《口語》ひどく貧しい, 赤貧の.

Blut꞊ar·mut [ブルート・アルムート] 女 -/ 《医》貧血[症] (= Anämie).

Blut꞊bad [ブルート・バート] 中 -[e]s/..bäder 【ふつう 単】大量殺戮(さつりく), 大虐殺.

Blut꞊bahn [ブルート・バーン] 女 -/-en 《医》血路.

Blut꞊bank [ブルート・バンク] 女 -/-en 《医》(輸血用の)血液銀行.

Blut꞊bild [ブルート・ビるト] 中 -[e]s/-er 《医》血液像[検査]

blut꞊bil·dend 形 (〔新形〕 Blut bildend) ☞ Blut

Blut꞊bu·che [ブルート・ブーヘ] 女 -/-n 《植》赤ブナ.

Blut꞊druck [ブルート・ドルック] 男 -[e]s/ 《医》血圧.

blut꞊dürs·tig [ブルート・デュルスティヒ] 形 《雅》血に飢えた, 残忍な.

* *die* **Blü·te** [ブリューテ blýːtə] 女 (単) -/(複) -n ① (樹木・果樹の)花. (英 blossom). 「草花」はふつう Blume). Kirsch*blüte* 桜の花 / ein Baum voller *Blüten* 満開の木 / *Blüten* treiben (木が)花をつける.
② 【複 なし】開花[期]; 花盛り. Die Bäume stehen in [voller] *Blüte*. 木々は花盛りである. ③ 【複 なし】《雅》全盛[期]. eine Zeit der wirtschaftlichen *Blüte*² 経済的最盛期. ④ 《口語》偽札. ⑤ 《口語》(顔の)吹き出物, にきび. ⑥ 《口語》役たたず.

Blut꞊egel [ブルート・エーゲる] 男 -s/- 《動》チスイビル.

blu·ten [ブルーテン blúːtən] du blutest, er blutet (blutete, *hat*...geblutet) 自 (完了 haben) ① 出血する. (英 bleed). Der Verletzte *blutet* stark. その負傷者は大出血をしている / Er *blutet* aus der Nase. または Die Nase *blutet* ihm. 彼は鼻血を出している / Mir *blutet* das Herz.《比》私は断腸の思いだ(←私の心臓は出血している). ②《比》(木が)樹液を分泌する. ③《口語》(やむをえず)大金を支払う. Er *musste* schwer bluten. 彼は大金を払うはめになった.

Blü·ten≈blatt [ブリューテン・ブらット] 中 -[e]s/..blätter《植》花弁, 花びら.

Blü·ten≈kelch [ブリューテン・ケるヒ] 男 -[e]s/-e《植》(花の)萼(がく).

Blü·ten≈staub [ブリューテン・シュタオプ] 男 -[e]s/《植》花粉.

blü·ten≈weiß [ブリューテン・ヴァイス] 形 (洗濯して)真っ白な(シャツなど).

Blu·ter [ブルータァ blúːtɐr] 男 -s/-《医》血友病患者.

Blut≈er·guss [ブルート・エァグス] 男 -es/..güsse《医》血腫(けっしゅ), 内出血.

Blut≈er·guß 〔⇒ Bluterguss

blu·te·te [ブルーテテ] * bluten (出血する)の過去

Blü·te≈zeit [ブリューテ・ツァイト] 女 -/-en 開花期, 花盛り;《比》全盛期, 最盛期.

Blut≈farb·stoff [ブルート・ファルプシュトふ] 男 -[e]s/-e《医》ヘモグロビン, 血色素(= Hämoglobin).

Blut≈ge·fäß [ブルート・ゲフェース] 中 -es/-e《医》血管(= Ader).

Blut≈ge·rinn·sel [ブルート・ゲリンぜる] 中 -s/-《医》凝血塊, 血栓.

Blut≈grup·pe [ブルート・グルッペ] 女 -/-n《医》血液型. Was für eine *Blutgruppe* haben Sie? — Ich habe die *Blutgruppe* A. あなたの血液型は何型ですか — A 型です.

Blut≈hund [ブルート・フント] 男 -[e]s/-e ①《動》ブラッドハウンド(嗅覚が鋭く, 獣の血のにおいをかいで追跡する英国種の猟犬). ②《比》残忍な人.

***blu·tig** [ブルーティヒ blúːtɪç] 形 ① 血まみれの;《比》血なまぐさい, 流血の(惨事など). (英 bloody). ein *blutiges* Gesicht 血まみれの顔 / Sein Anzug war *blutig*. 彼のスーツは血だらけだった / 人⁴ *blutig* schlagen 人⁴をなぐって血まみれにする / *blutige* Kämpfe 凄惨(せいさん)な戦い. ②《付加語としてのみ》まったくの, 完全な. ein *blutiger* Laie ずぶの素人(しろうと) / Es ist mein *blutiger* Ernst. 〔そのことで〕私は大まじめなんだ.

blut≈jung [ブルート・ユング] 形 非常に若い.

Blut≈kon·ser·ve [ブルート・コンゼルヴェ] 女 -/-n《医》保存血液.

Blut≈kör·per·chen [ブルート・ケルパァヒェン] 中 -s/-《医》血球. rote (weiße) *Blutkörperchen* 赤(白)血球.

Blut≈kreis·lauf [ブルート・クライスらオふ] 男 -[e]s/..läufe《医》血液循環.

blut≈leer [ブルート・れーァ] 形 血の気のない, 青ざめた;《比》血の通わない, 人を感動させる力のない(小説など).

Blut≈plas·ma [ブルート・プらスマ] 中 -s/..plasmen《医》血漿(けっしょう).

Blut≈pro·be [ブルート・プローベ] 女 -/-n《医》(血液検査のための)採血; 血液(中アルコール度)検査.

Blut≈ra·che [ブルート・ラッヘ] 女 -/ 血の復讐(ふくしゅう)(殺された人の血族による敵討ち).

blut≈rot [ブルート・ロート] 形 血のように赤い, 真紅の.

blut≈rüns·tig [ブルート・リュンスティヒ] 形 血に飢えた, 残虐な; 血なまぐさい(映画など).

Blut≈sau·ger [ブルート・ザオガァ] 男 -s/- ①《動》吸血動物. ②(伝説上の)吸血鬼;《比》暴利をむさぼる人, 搾取者.

Blut≈schan·de [ブルート・シャンデ] 女 -/ ① 近親相姦(そうかん). ②(ナチス時代の)異民族間性交渉(特にアーリア人とユダヤ人の間の).

Blut≈sen·kung [ブルート・ゼンクング] 女 -/-en《医》血沈, 血沈検査.

Blut≈se·rum [ブルート・ゼールム] 中 -s/..seren (または ..sera)《医》血清.

Blut≈spen·der [ブルート・シュペンダァ] 男 -s/-(輸血の)献血者, 供血者.

Blut≈spur [ブルート・シュプーァ] 女 -/-en 血痕(けっこん).

blut≈stil·lend [ブルート・シュティれント] 形 《医》止血[用]の. *blutstillende* Mittel 止血剤.

Bluts≈trop·fen [ブルーツ・トロプフェン] 男 -s/- 血の滴.

Blut≈sturz [ブルート・シュトゥルツ] 男 -es/《医》大喀血(かっけつ);《口語》(口・鼻からの)大出血.

bluts≈ver·wandt [ブルーツ・フェァヴァント] 形 血縁の.

Bluts≈ver·wandt·schaft [ブルーツ・フェァヴァントシャふト] 女 -/-en 血縁[関係].

Blut≈tat [ブルート・タート] 女 -/-en《雅》殺人.

Blut≈über·tra·gung [ブルート・ユーバァトラーグング] 女 -/-en《医》輸血.

Blu·tung [ブルートゥング] 女 -/-en《医》出血; 月経.

blut≈un·ter·lau·fen [ブルート・ウンタァらオふェン] 形 皮下出血した, (目などが)充血した.

Blut≈un·ter·su·chung [ブルート・ウンタァズーフング] 女 -/-en《医》血液検査.

Blut≈ver·gie·ßen [ブルート・フェァギーセン] 中 -s/《雅》流血[の惨事].

Blut≈ver·gif·tung [ブルート・フェァギフトゥング] 女 -/-en《医》敗血症.

Blut≈wä·sche [ブルート・ヴェッシェ] 女 -/-n《医》血液透析.

Blut≈wurst [ブルート・ヴルスト] 女 -/..würste ブラッドソーセージ(豚の肉・脂身・血から作る).

Blut≈zu·cker [ブルート・ツッカァ] 男 -s/《医》血糖.

BLZ [ベー・エる・ツェット]《略》(銀行などの)コード番号(= Bankleitzahl).

b-Moll [ベー・モる] 中 -/《音楽》変ロ短調(記号: b).

BMW [ベー・エム・ヴェー]《略》**I** 女 -/ ベー・エム・ヴェー, バイエルン自動車株式会社 (ミュンヒェンに本社があるドイツの自動車製造会社) (= Bayerische Motorenwerke AG). **II** 男 -[s]/-s 《商標》ベー・エム・ヴェー, ビー・エム・ダブリュー (BMW 社製の自動車).

Bö [ベー bóː] 女 -/-en 突風.

Boa [ボーア bóːa] 女 -/-s ① 《動》オウヘビ(王蛇). ② 《服飾》ボア(婦人用の襟巻き).

Bob [ボップ bɔ́p] 男 -s/-s 《スポ》ボブスレー (= *Bob*sleigh).

Bob⹀bahn [ボップ・バーン] 女 -/-en ボブスレーのコース.

Bob⹀sleigh [ボップ・スれ bɔ́p-sle] [英] 男 -s/-s 《スポ》ボブスレー(略: Bob).

Bo·chum [ボーフム bóːxum] 中 -s/ 《都市名》ボーフム (ドイツ, ノルトライン・ヴェストファーレン州: 🗺 地図 C−3).

* *der* **Bock**¹ [ボック bɔ́k] 男 (単2) -[e]s/(複) Böcke [ベッケ] (3格のみ Böcken) ① 雄やぎ (= Ziege*bock*); 雄羊 (= Schaf*bock*); のろ鹿の雄 (= Reh*bock*). Der *Bock* meckert. 雄やぎがめーめー鳴く / Er ist steif wie ein *Bock*. 彼は雄やぎのように強情だ / einen *Bock* haben 《口語》強情である / einen *Bock* schießen 《口語》へまをする (昔, 射撃大会で残念賞の賞品が雄やぎであったことから) / einen *Bock* auf 事⁴ haben 《若者言葉》事⁴をしたがっている / den *Bock* zum Gärtner machen 《口語》猫にかつお節の番をさせる (←雄やぎを庭師にする). ② (4脚のもの:)(体操用の)跳馬, 木(ニ)びき台; 御者台. ③ (男性をののしって:)助平; (子供に対して:)強情っ張り. Ihn stößt der *Bock*. あの子は強情だ (泣いて我を通そうとする). ④ 《昆》カミキリムシ.

Bock² [ボック] 中 -s/ ボックビール (= *Bock*bier).

bock⹀bei·nig [ボック・バイニヒ] 形 《口語》強情な, 反抗的な.

Bock⹀bier [ボック・ビーア] 中 -[e]s/-e ボックビール (アルコール度の高い黒ビール. 原産地であるニーダーザクセン州の小都市 Einbeck から).

Bö·cke [ベッケ] *Bock¹ (雄やぎ)の 複

bo·cken [ボッケン bɔ́kən] 自 (h) ① (馬などが)突っ張って動かない; 《口語》(自動車などが)動かない. ② 《比》(子供などが)だだをこねる. ③ (羊などが)発情している.

bo·ckig [ボッキヒ bɔ́kɪç] 形 ① 強情な, 反抗的な. ② 《方》退屈な.

Bocks⹀beu·tel [ボックス・ボイテる] 男 -s/- ① ボックスボイテル (やぎの陰嚢の形をしたワインのびん). ② 《複 なし》(ボックスボイテルに詰めてある)フランケン地方産のワイン.

Bocks⹀horn [ボックス・ホルン] 中 -es/..hörner やぎの角. 人⁴ ins *Bocks*horn jagen 《比》人⁴をこわがらせる, おびえさせる.

Bock⹀sprin·gen [ボック・シュプリンゲン] 中 -s/ ① (体操で:)跳馬. ② 馬跳び遊び.

Bock⹀sprung [ボック・シュプルング] 男 -[e]s/..sprünge ① (体操で:)跳馬. ② こっけいでぎこちない跳び方.

Bock⹀wurst [ボック・ヴルスト] 女 -/..würste ボックヴルスト (細長いソーセージで丸ごとゆでて食べる. Bockbier を飲む際に食べたことから).

* *der* **Bo·den** [ボーデン bóːdən] 男 (単2) -s/ (複) Böden [ベーデン] ① 土地; 土, 土壌. (英 soil). Acker*boden* 耕地 / fruchtbarer *Boden* 肥えた土壌 / sandiger *Boden* 砂地 / den *Boden* bearbeiten (または bebauen) 土地を耕す / Dieser *Boden* ist für den Weinbau nicht geeignet. この土地はぶどう栽培に適していない / den *Boden* für 人・事⁴ vorbereiten 《比》人・事⁴のために地ならし(根回し)をする / auf fruchtbaren *Boden* fallen 《比》(提案などが)進んで受け入れられる (←肥えた土地に落ちる) / 物⁴ aus dem *Boden* stampfen あっという間に物⁴を生み出す.

② 地面; 床; (部屋などの)床 (= Fuß*boden*). (英 ground). Tanz*boden* ダンスフロア / betonierter *Boden* コンクリートの地面(床) / auf den *Boden* fallen 地面(床)に落ちる / Er fiel zu *Boden*. 彼はばったり倒れた / Der *Boden* brennt ihm unter den Füßen. または Ihm wird der *Boden* zu heiß. 《口語》彼は身辺に危機を感じている (←足元が燃える) / den *Boden* unter den Füßen verlieren a) 足を踏みはずす, b) 《比》よりどころを失う / am *Boden* zerstört sein 《口語》すっかり打ちのめされている, へたばっている (←地面に打ち砕かれている).

③ 底, 底面. Flaschen*boden* びんの底 / der *Boden* des Topfes 鍋(ʰ)の底 / der *Boden* des Meeres 海底 / Das ist ein Fass ohne *Boden*. それは際限のないことだ (←底無しの樽だ).

④ 《複 なし》領域. auf deutschem *Boden* ドイツ領内で / [an] *Boden* gewinnen (verlieren) 勢力を増す(失う).

⑤ 《複 なし》基礎, 基盤. auf dem *Boden* der Tatsachen² stehen 事実に基づいている.

⑥ 《東中部ドʰ・北ドʰ》屋根裏[部屋] (= Dach*boden*).

Bö·den [ベーデン] ※Boden (土地)の 複

Bo·den⹀be·lag [ボーデン・ベらーク] 男 -[e]s/..läge 床の建材, フローリング材.

Bo·den⹀fens·ter [ボーデン・フェンスタァ] 中 -s/ 天窓, 屋根窓.

Bo·den⹀frost [ボーデン・ふロスト] 男 -[e]s/..fröste 地表の凍結.

Bo·den⹀haf·tung [ボーデン・ハふトゥング] 女 -/ 《自動車》ロードホールディング (タイヤの路面保持性能).

Bo·den⹀kam·mer [ボーデン・カンマァ] 女 -/-n 《東中部ドʰ・北ドʰ》屋根裏部屋.

bo·den⹀los [ボーデン・ろース] 形 ① 底なしの,

底知れぬ深さの. ② 《口語・比》途方もない, まったくひどい.

Bo·den-Luft-Ra·ke·te [ボーデン・るふト・ラケーテ] 囡 -/-n《軍》地対空ミサイル.

Bo·den·ne·bel [ボーデン・ネーベる] 男 -s/《気象》地上霧(地面が冷えて地表近くにできる霧).

Bo·den·per·so·nal [ボーデン・ペルゾナーる] 中 -s/《空》地上勤務員.

Bo·den≉re·form [ボーデン・レフォルム] 囡 -/-en《法》土地(農地)改革.

Bo·den≉satz [ボーデン・ザッツ] 男 -es/ 沈殿物, かす.

Bo·den≉schät·ze [ボーデン・シェッツェ] 覆 地下資源. arm (reich) **an** *Bodenschätzen* sein 地下資源に乏しい(富んでいる).

der **Bo·den·see** [ボーデン・ゼー bó:dən-ze:] 男 -s/《定冠詞とともに》《湖名》ボーデン湖(ドイツ・スイス・オーストリア国境にまたがるドイツ最大の湖: ☞ 地図 D-5).

bo·den≉stän·dig [ボーデン・シュテンディヒ] 形 土着の, 生え抜きの, その土地に固有の; 郷土愛の強い.

Bo·den≉sta·ti·on [ボーデン・シュタツィオーン] 囡 -/-en《宇宙》(スペースシャトルなどの)地上監視所, 地上局.

Bo·den≉ste·war·dess [ボーデン・ステューアァデス] 囡 -/-en (空港の)グランドホステス.

Bo·den≉ste·war·deß ☞ 新形 Bodenstewardess

Bo·den≉tur·nen [ボーデン・トゥルネン] 中 -s/ (体操で)床運動.

Bo·den≉ver·seu·chung [ボーデン・フェァゾイヒュング] 囡 -/-en 土壌汚染.

Bo·dy≉buil·ding [ボディ・ビるディング] [英] 中 -[s]/ ボディービル.

Bo·dy≉check [ボディ・チェック] [英] 男 -s/-s (アイスホッケーの)ボディーチェック(パックを持った選手に体当たりすること).

Böe [ベーエ bǿ:ə] 囡 -/-n 突風 (=Bö).

bog [ボーク] *biegen (曲げる)の 過去

bö·ge [ベーゲ] *biegen (曲げる)の 接2

*der **Bo·gen** [ボーゲン bó:gən] 男 (単2) -s/ (複) — (南ドッ・ネスタッ: Bögen [ベーゲン] も) ① 湾曲, カーブ, 弓形の曲線; 《数》弧. (愛 *bow*). Regen*bogen* 虹 / Der Fluss macht hier einen *Bogen* nach Westen. 川はここで西へカーブしている / mit dem Zirkel einen *Bogen* schlagen (または beschreiben) コンパスで弧を描く / einen [großen] *Bogen* um 人·物⁴ machen《口語》人·物⁴を避ける, 敬遠する / den *Bogen* heraus|haben《口語》こつをのみ込んでいる(人·事⁴を知っている) / **in** einem *Bogen* um 物⁴ herum|fahren 物⁴を迂回(ðゕ)する / 人⁴ **in** hohem *Bogen* hinaus|werfen《口語・比》人⁴を追い出す(←高い弧を描いて投げ出す). ② 《建》アーチ, せりもち. (☞ 図 A). ein gotischer *Bogen* ゴシック式のアーチ. ③ 弓 (☞ 図 B); 《音楽》(弦楽器の)弓 (☞ 図 C). Geigen*bogen* ヴァイオリンの弓 / mit Pfeil und *Bogen* schießen 弓矢で射る / den *Bogen* überspannen 度を過ごす(←弓を強く張りすぎる). ④ (長方形の紙), 《印》印刷全紙 (略: Bg.). Brief*bogen* 便箋(ﾋﾞﾝ) / ein *Bogen* Packpapier 包装紙 1 枚. ⑤ (ｽｷｰ) (スキーの)ボーゲン. ⑥《音楽》タイ; スラー.

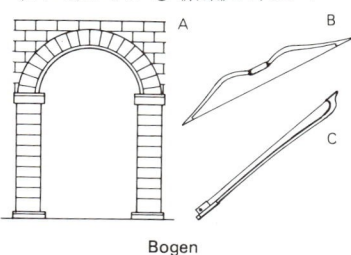

Bogen

Bö·gen [ベーゲン] *Bogen (湾曲)の 覆

bo·gen≉för·mig [ボーゲン・フェルミヒ] 形 アーチ形の, 弓形の.

Bo·gen≉füh·rung [ボーゲン・フュールング] 囡 -/《音楽》(弦楽器の)運弓法, ボーイング.

Bo·gen≉gang [ボーゲン・ガング] 男 -[e]s/ ..gänge ①《建》アーケード (=Arkaden). ② 《医》(内耳の)[三]半規管.

Bo·gen≉lam·pe [ボーゲン・らンペ] 囡 -/-n 《電》アーク灯.

Bo·gen≉schie·ßen [ボーゲン・シーセン] 中 -s/ (ｽｯ) アーチェリー, 弓術.

Bo·gen≉schüt·ze [ボーゲン・シュッツェ] 男 -n/ -n (弓などを)射る人, 射手.

Bo·he·me [ボエーム boé:m または ボヘーム bohé:m] 囡 -/ ボヘミアン風の(自由奔放な)生き方; ボヘミアン[たち].

Bo·he·mi·en [ボエミエーン boemié: または ボヘ.. bohe..] 男 -s/-s ボヘミアン, 自由奔放な生活をする人.

Bohle [ボーれ bó:lə] 囡 -/-n 厚板.

Böh·men [ベーメン bǿ:mən] 中 -s/《地名》ボヘミア(チェコ共和国の西部地方).

der **Böh·mer·wald** [ベーマァ・ヴァるト bǿ:-mərvalt] 男 -[e]s/《定冠詞とともに》《地名》ベーマーヴァルト, ボヘミアの森(ドイツ, バイエルン州とボヘミアとの間の山岳地帯: ☞ 地図 F-4).

böh·misch [ベーミッシュ bǿ:mɪʃ] 形 ボヘミア[人]の. Das sind mir (または für mich) *böhmische* Dörfer. 《比》それは私には何のことだかわからない, ちんぷんかんぷんだ (ボヘミアの地名がドイツ人の耳にはわかりにくいことから).

*die **Boh·ne** [ボーネ bó:nə] 囡 (単) -/(複) -n ① 《植》豆. (愛 *bean*). Soja*bohne* 大豆 / grüne *Bohnen* さやいんげん / *Bohnen*⁴ in den Ohren haben《口語》人の話に耳を傾けない(←耳に豆を詰めている) / nicht die *Bohne*《口語》まったく…でない (昔, 豆は賭け事のチップスとして用いられ, 価値がなかったことから). ② コーヒー豆 (=Kaffee*bohne*).

Boh·nen·kaf·fee [ボーネン・カフェ] 男 -s/ ① コーヒー豆. ② レギュラーコーヒー, (コーヒー豆による)本物のコーヒー.

Boh·nen≠kraut [ボーネン・クラオト] 中 -[e]s/..kräuter 《植》 キダチハッカ (シソ科の植物で, 香辛料として豆料理などに入れる).

Boh·nen≠stan·ge [ボーネン・シュタンゲ] 女 -/-n 豆の蔓(ある)をはわせる支柱;《口語・戯》のっぽ.

Boh·nen≠stroh [ボーネン・シュトロー] 中 -[e]s/ 豆幹④, 豆の茎. Er ist dumm (grob) wie *Bohnenstroh*. 《口語》彼はなんとも愚かだ(がさつだ).

Boh·ner [ボーナァ bó:nər] 男 -s/- (ワックスを塗った床を磨く)柄付きブラシ.

boh·nern [ボーナァン bó:nərn] 他 (h) (床など④を)ワックスで磨く.

Boh·ner≠wachs [ボーナァ・ヴァクス] 中 -es/-e 床磨き用ワックス.

* **boh·ren** [ボーレン bó:rən] (bohrte, hat... gebohrt) I 他 (完了 haben) ① (穴など④を)あける; (トンネルなど④を)掘る; (穴④をうがつ. (英 drill). Er *bohrte* ein großes Loch in die Wand. 彼は壁に大きな穴をあけた / einen Brunnen *bohren* 井戸を掘る / Metall⁴ *bohren* 金属に穴をうがつ. ②〖A⁴ in (または durch) B⁴ ~〗(A⁴をB⁴に)突き刺す, 突き立てる. Er *bohrte* den Stock in die Erde. 彼は棒を土に突き立てた.
II 自 (完了 haben) ①〖in 物³ ~〗(物³に)穴をあける. Der Zahnarzt *bohrte* in dem kranken Zahn. 歯科医は虫歯に穴をあけた / in der Nase *bohren*《比》鼻をほじくる. ②〖nach 物³(または auf 物⁴) ~〗(物³または 物⁴)を求めて)試掘する. nach Erdöl *bohren* 石油を試掘する. ③〖in 人・物³ ~〗(痛み・苦しみなどが人・物³を)苦しめる, さいなむ. Der Schmerz *bohrt* in seinem Kopf. 彼は頭がずきずきする / Zweifel *bohrten* in ihm. 彼は疑念にさいなまれた. ④《口語》せがむ. しつこく尋ねる. Die Kinder *bohrten* so lange, bis die Mutter nachgab. 子供たちは母親が根負けするまでせがみ続けた.
III 再帰 (完了 haben)〖*sich* in (または durch) 物⁴ ~〗(物⁴に)突き刺さる, (虫などが物⁴に)食い込む. Der Pfeil *bohrte sich* in den Körper des Tiers. 矢が動物の体に突き刺さった.

boh·rend [ボーレント] I * bohren (穴などあけるの)現分 II 形 突き刺すような;《比》しつこい(質問など). *bohrende* Blicke 食い入るような視線.

Boh·rer [ボーラァ bó:rər] 男 -s/- ①〖工〗錐(き); ドリル. ②《英》ボーリング機.

Bohr·loch [ボーァ・ロッホ] 中 -[e]s/..löcher (ドリルなどによる)中ぐり穴;〖坑〗ボーリング孔.

Bohr≠ma·schi·ne [ボーァ・マシーネ] 女 -/-n ①〖工〗電気ドリル, ボール盤;〖坑〗ボーリング機.

bohr·te [ボーァテ] * bohren (穴などをあける)の 過去

Bohr≠turm [ボーァ・トゥルム] 男 -[e]s/..türme (坑)ボーリング塔, 油井やぐら.

Boh·rung [ボールング] 女 -/-en ① 穴空け, 中ぐり;(坑)ボーリング. ②(坑)ボーリング孔 (= Bohrloch).

bö·ig [ベーイヒ bǿ:ɪç] 形 突風性の, 突風を伴う.

Boi·ler [ボイラァ bóɪlər] [英] 男 -s/- ボイラー, 湯沸かし器.

Bo·je [ボーイェ bó:jə] 女 -/-n《海》ブイ, 浮標.

Bo·le·ro [ボれーロ boléːro] 男 -s/-s ①《音楽》ボレロ(3/4拍子のスペインの舞踊[曲]). ②《服飾》ボレロ(短い前あきのチョッキ風の上着).

Bo·li·vi·en [ボリーヴィエン bolíːviən] 中 -s/ 《国名》ボリヴィア[共和国] (南アメリカ中部. 首都はラパス).

Böll [ベる bœl] -s/《人名》ベル (Heinrich *Böll* 1917-1985; ドイツの作家. 1972年ノーベル文学賞受賞).

Bol·le [ボれ bólə] 女 -/-n (沿ば) ① (大きな)たまねぎ (= Zwiebel). ② 靴下の穴.

Böl·ler [ベらァ bœlər] 男 -s/- (礼砲などに使う)小臼砲(きょうほう);(昔の)石弾用臼砲.

Boll≠werk [ボる・ヴェルク] 中 -[e]s/-e ①《海》埠頭(とう), 波止場. ② 防塁, 砦(とりで);《比》守り, 防壁.

Bol·sche·wik [ボるシェヴィック bɔlʃévík] 男 -en/..wiki (軽蔑的に: -en) ① ボルシェヴィキ (1917年までのロシア社会民主党左派, その後のソビエト連邦共産党). ②《覆-en》共産党員.

Bol·sche·wis·mus [ボるシェヴィスムス bɔlʃevísmus] 男 -/ ① ボルシェヴィズム. ②(軽蔑的に:)旧ソ連型の共産主義(少数の指導者たちが権力を握っている形態).

Bol·sche·wist [ボるシェヴィスト bɔlʃevíst] 男 -en/-en ボルシェヴィキ; (軽蔑的に:)共産党員 (= Bolschewik).

bol·sche·wis·tisch [ボるシェヴィスティッシュ bɔlʃevístɪʃ] 形 ボルシェヴィズムの.

bol·zen [ボるツェン bóltsən] I 自 (h)《口語》(サッカーなどで:)反則すれすれの乱暴なプレーをする. II 再帰 (h)〖*sich*⁴ bolzen〗《方》なぐり合いをする.

Bol·zen [ボるツェン] 男 -s/- ①〖工・建〗ボルト, くさび. ②(弩(いしゆみ)などの)矢.

Bom·bar·de·ment [ボンバルデマーン bɔmbardəmã:] [フランス] 中 -s/-s《軍》砲撃, 爆撃; (サッカーの)激しい連続攻撃.

bom·bar·die·ren [ボンバルディーレン bɔmbardíːrən] 他 (h) ①《軍》砲撃(爆撃)する. ②〖人・物⁴ mit 物³ ~〗《口語》(人・物⁴に物³を)投げつける, 浴びせる. 人⁴ mit Fragen *bombardieren* 人⁴に質問を浴びせる.

bom·bas·tisch [ボンバスティッシュ bɔmbástɪʃ] 形 大げさな, 誇張した, 仰々しい.

* *die* **Bom·be** [ボンベ bómbə] 女《単》-/《複》-n ① 爆弾. (英 *bomb*). Atom*bombe* 原子爆弾 / Zeit*bombe* 時限爆弾 / Eine *Bombe* explodiert. 爆弾が破裂する / *Bomben*⁴ auf 物⁴ ab|werfen 物⁴に爆弾を投下する / Die *Bombe* ist geplatzt. 〖現在完了〗《口語・比》恐れていた事態が起こった(←爆弾が破裂

bom·ben.., Bom·ben.. [ボンベン.. bómbən..]《形容詞・名詞につける接頭》① (爆弾の) 例: *Bomben*angriff 爆撃. ②《口語》(ものすごく・非常に) 例: *bomben*sicher 絶対確実な.

Bom·ben=an·griff [ボンベン・アングリふ] 男 -[e]s/-e 爆撃.

Bom·ben=an·schlag [ボンベン・アンシュらーク] 男 -[e]s/..schläge 爆弾テロ.

Bom·ben=er·folg [ボンベン・エァふオるク] 男 -[e]s/-e《口語》(爆発的な) 大成功, 大ヒット.

bom·ben=fest[1] [ボンベン・フェスト] 形 爆撃に耐えうる, 防弾の.

bom·ben=fest[2] [ボンベン・フェスト] 形《口語》絶対確かな, 絶対揺るがない (決心など).

Bom·ben=ge·schäft [ボンベン・ゲシェふト] 中 -[e]s/-e ぼろもうけ (の商売).

bom·ben=si·cher[1] [ボンベン・ズィッヒァr] 形 爆撃に耐えうる, 爆撃に対して安全な.

bom·ben=si·cher[2] [ボンベン・ズィッヒァr] 形《口語》絶対確実な, 絶対安全な (商売など).

Bom·ben=tep·pich [ボンベン・テピヒ] 男 -s/-e《軍》じゅうたん爆撃.

Bom·ber [ボンバァ bómbər] 男 -s/- ①《口語》爆撃機. ②《ぞう・隠語》(サッカー・ハンドボールなどの) エースシューター.

Bon [ボーン bɔ̃:] [フランス] 男 -s/-s ① 食券. **auf** *Bon* essen 食券で食事をする. ② (商店などの) レシート.

der **Bon·bon** [ボン・ボーン bɔ̃-bɔ̃:] [フランス] 男 (オーストリア: 中) (複 2) -s/(複) -s ボンボン, キャンデー, あめ玉; 《比》格別な楽しみ. Frucht*bonbon* フルーツキャンデー / *Bonbons*[4] lutschen ボンボンをしゃぶる.

Bon·bo·ni·e·re [ボンボニエーレ bɔ̃bɔnié:rə] 女 -/-n = Bonbonniere

Bon·bon·ni·e·re [ボンボニエーレ bɔ̃bɔnié:rə] [フランス] 女 -/-n ① ボンボン入れ. ② (贈答用の) ボンボンの詰め合わせ.

bon·gen [ボンゲン bɔ́ŋən] 他 (h)《口語》(食堂などで使う) 物[4]の代金をレジに打ち込む.

Bo·ni·fa·ti·us [ボニファーツィウス bonifá:tsius] -/《人名》ボニファーツィウス (本名 Winfrid 672?-754: イギリス生まれのベネディクト会修道士で「ドイツ人の使徒」と呼ばれた).

Bo·ni·tät [ボニテート bonité:t] 女 -/-en ①《複 なし》《商》支払い能力, 信用性. ②《林・農》土地の肥沃度.

Bon·mot [ボンモー bɔ̃mó:] [フランス] 中 -s/-s 機知に富んだ言葉, 警句, しゃれ.

Bonn [ボン bɔ́n] 中 -s/《都市名》ボン (ドイツ, ノルトライン・ヴェストファーレン州. 旧西ドイツの首都: 地図 C-3). *Bonn* liegt am Rhein. ボンはライン河畔にある.

Bon·ner [ボンナァ bónər] I 男 -s/- ボンの市民 (出身者). II 形《無語尾で》ボンの.

Bon·sai [ボンザイ bónzai] I 男 -/ 盆栽. II 中 -[s]/-s 盆栽の木.

Bo·nus [ボーヌス bó:nus] 男 - (または Bonusses)- (または Bonusse または Boni) ①《経》特別配当金, 特別報酬, ボーナス. ② (自動車保険で:) 特別割引 (無事故者に対してなされる). ③ (学校の成績で:) プラス点 (大学の入学者決定の際に, 学習条件の不利な生徒に与えられる), 《スポ》(ハンディのある選手に与えられる) プラス点.

Bon·ze [ボンツェ bóntsə] 男 -n/-n ① (役得をむさぼる政党などの) ボス, 親玉. ② (仏教の) 僧侶.

Boom [ブーム bú:m] [英] 男 -s/-s ①《経》ブーム, にわか景気. ②《口語》大流行, ブーム. einen *Boom* erleben 大はやりする.

boo·men [ブーメン bú:mən] 自 (h)《口語》(急に) 大はやりする, ブームになる.

‡*das* **Boot** [ボート bó:t] 中 (単 2) -es (まれに -s)/(複) -e (3格のみ -en) (方: Böte [ベーテ] も) ボート, 小舟. Motor*boot* モーターボート / *das Boot*[4] rudern ボートをこぐ / *Boot*[4] fahren ボートに乗る / Wir sitzen alle **im** gleichen (または in einem) *Boot*.《口語》私たちは皆運命 (境遇) を共にしている (←同じボートに座っている).

Boots=haus [ボーツ・ハオス] 中 -es/..häuser ボートハウス, 艇庫.

Boots=mann [ボーツ・マン] 男 -[e]s/..leute ①《海》(商船の甲板長, ボースン. ②《軍》(海軍の) 1 等兵曹.

Bor [ボーr bó:r] 中 -s/《化》硼素 (ほうそ) (記号: B).

Bo·rax [ボーラクス bó:raks] 男 -[es]/《化》硼砂 (ほうしゃ).

der **Bord**[1] [ボルト bórt] 男 (単 2) -[e]s/(複) -e (3格のみ -en)《ふつう 単》(船の) 舷側 (げんそく), 船べり; 船内, 飛行機内. ◆《ふつう成句的に》**an** *Bord* gehen 乗船 (搭乗) する / **über** *Bord*[4] gehen 船から落ちる / 物・事[4] über *Bord*[4] werfen a) 物[4] を船から投げ捨てる, b)《比》軍[4] (計画・偏見・懸念などを) 捨て去る / Mann über *Bord*! だれか [海に] 落ちたぞ / **von** *Bord* gehen 船 (飛行機) から降りる.

Bord[2] [ボルト] 中 -[e]s/-e ① (壁に取り付けた) 棚. ②《スィス》(歩道などの) へり, 縁.

Bor·deaux [ボルドー bordó:] I 中 -s/《都市名》ボルドー (フランス南西部の港湾・工業都市). II 男 -/ボルドー [ス]/《種類: -》[ボルドース] ボルドー産ワイン.

Bor·dell [ボルデる bordél] 中 -[e]s/-e 売春宿.

Bord=funk [ボルト・ふンク] 男 -s/ (船・飛行機の) 無線 [装置].

Bord=kan·te [ボルト・カンテ] 女 -/-n 歩道の縁.

Bord=kar·te [ボルト・カルテ] 女 -/-n (航空機の) 搭乗券.

Bord∡stein [ボルト・シュタイン] 男 -[e]s/-e 歩道の縁石.

Bor・dü・re [ボルデューレ bɔrdýːrə] 女 -/-n (織物などの)縁, へり; 縁飾り.

Borg [ボルク bɔ́rk] 男《成句的に》**auf** *Borg*⁴ 掛けて, 付けて.

*__bor・gen__ [ボルゲン bɔ́rɡən] (borgte, hat... geborgt) 他 (完了 haben) ① ([人³に]物⁴を)貸す. (英 lend). Ich *borge* dir dieses Buch. 君にこの本を貸してあげよう. ② 借りる. (英 borrow). [sich³] **bei** (または **von**) [人³] *borgen* [人³]から物⁴を借りる ⇒ Ich *habe* [mir] das Geld bei (または von) ihm *geborgt*. 私はそのお金を彼から借りた.

borg・te [ボルクテ] ＊borgen (貸す)の過去

Bor・ke [ボルケ bɔ́rkə] 女 -/-n (北ドイツ) ① 樹皮. ② かさぶた.

Bor・ken∡kä・fer [ボルケン・ケーファァ] 男 -s/-《昆》キクイムシ (主として樹皮の中に棲む甲虫).

Born [ボルン bɔ́rn] 男 -[e]s/-e《詩》泉, 井戸. der *Born* des Wissens《雅》知識の泉.

bor・niert [ボルニーァト bɔrníːrt] 形 視野の狭い, 心の狭い, 偏狭な.

Bor・niert・heit [ボルニーァトハイト] 女 -/-en ①《複 なし》心の狭さ, 偏狭. ② 偏狭な言動.

Bor∡sal・be [ボーァ・ザルベ] 女 -/-n 硼酸軟膏（ほうさんなんこう）

Borschtsch [ボルシュチュ bɔ́rʃtʃ] 男 -/《料理》ボルシチ(ロシア風スープ).

*__die Bör・se__ [ベルゼ bɛ́ːrzə または ベーァゼ bǿːrzə] 女 (単)-/(複)-n ①《経》株式市場, 証券取引所. **an** der *Börse* spekulieren 株式投機をする. ②《雅》財布. ③ (ボクシングなどの)ファイトマネー.

Bör・sen∡be・richt [ベルゼン・ベリヒト] 男 -[e]s/-e 株式市況報告.

Bör・sen∡kurs [ベルゼン・クルス] 男 -es/-e 株式相場.

Bör・sen∡mak・ler [ベルゼン・マークラァ] 男 -s/- 株式[取引所]仲買人.

Bör・sen∡spe・ku・lant [ベルゼン・シュペクラント] 男 -en/-en 相場師.

Bors・te [ボルステ bɔ́rstə] 女 -/-n ① (豚などの)剛毛;《複 で》《口語・戯》(人間の)頭髪, ひげ. ② (ブラシの)毛.

bors・tig [ボルスティヒ bɔ́rstɪç] 形 ① 剛毛の生えた; 剛毛のような, もじゃもじゃした. ②《比》無愛想な, 粗野な, がさつな.

Bor・te [ボルテ bɔ́rtə] 女 -/-n《服飾》(衣服などの)へり飾り; 打ちひも, モール.

bös [ベース bǿːs] 形 = böse

bös∡ar・tig [ベース・アールティヒ bǿːsʔàːrtɪç] 形 ① 悪意のある, 意地の悪い. ②《医》悪性の(病気など).

Bö・schung [ベッシュング] 女 -/-en (道路わきなどの)土手, 斜面.

*__bö・se__ [ベーゼ bǿːzə] I 形 (比較 böser, 最上 bösest; 格変化語尾がつくときは bös-) ① (道徳的に)悪い; 悪意のある, 意地の悪い. (英 evil). (反意「良い」は gut). eine *böse* Tat 悪い行い / ein *böser* Mensch 悪いやつ / 事⁴ aus *böser* Absicht tun 事⁴を悪意から行う. (☞ 類語 schlecht).

② (状態・性質などが)いやな, 不快な;《口語》ひどい. ein *böses* Wetter ひどい天気 / eine *böse* Krankheit たちの悪い病気 / *böse* Erfahrungen⁴ machen いやな経験をする / Das waren *böse* Jahre für ihn. それは彼にとってつらい年月だった / Das ist eine *böse* Geschichte. そいつはひどい話だ.

③《口語》怒っている, 腹を立てている. [**mit**] [人³] (または **auf** [人⁴]) *böse* sein [人³] (または [人⁴]) のことを怒っている ⇒ Bist du mir noch *böse*? 君はぼくのことをまだ怒っているのかい / Er ist *böse* auf mich. 彼は私のことを怒っている / **über** [人⁴] *böse* sein [人⁴]のことで怒っている.

④ (子供などが)行儀が悪い, 言うことをきかない.
⑤《付加語としてのみ》《口語》病気の; 傷ついた. Ich habe ein *böses* Auge. 私の目は炎症を起こしている.

II 副《口語》ひどく, 非常に. Es war *böse* kalt. ひどく寒かった.

Bö・se [ベーゼ]《定冠詞とともに; 語尾変化は形容詞と同じ》《詩》悪魔.

Bö・se[s] [ベーゼ[ス] bǿːzə[s]] 中《語尾変化は形容詞と同じ》悪いこと, 悪事, 災い; 怒っていること. nichts *Böses*⁴ ahnend 何も不安を感じずに / etwas *Böses*⁴ tun 何か悪いことをする / im *Bösen* 怒って / im Guten und *Bösen* あめとむちで.

Bö・se∡wicht [ベーゼ・ヴィヒト] 男 -[e]s/-er (ニューア:-e) ①《口語・戯》いたずらっ子. ② 悪人, 悪党.

bos・haft [ボースハフト] 形 悪意のある, 意地の悪い; あざけりの, 冷笑的な.

Bos・haf・tig・keit [ボースハフティヒカイト] 女 -/-en ①《複 なし》悪意, 意地悪; あざけり. ② 意地悪な言動.

Bos・heit [ボースハイト] 女 -/-en ①《複 なし》悪意, 意地悪. Er tat es **aus** reiner *Bosheit*. 彼はまったくの悪意からそれをした. ② 意地悪な言動. [人³] *Bosheiten*⁴ sagen [人³]にいやみを言う.

Boss [ボス bɔ́s] 男 -es/-e《口語》ボス, 親玉, (職場などの)上役, (政党・労組などの)リーダー.

Boß [ボース]＊新形 Boss

bos・seln [ボッセるン bɔ́səln] I 自 (h)《an 物³ ～》《口語》(物³を)念入りに仕上げる. II 他 (h)《口語》(手細工で物⁴を)作り上げる.

bös∡wil・lig [ベース・ヴィりヒ] 形《法》悪意のある, 故意の.

Bös・wil・lig・keit [ベース・ヴィりヒカイト] 女 -/ 悪意, 故意.

bot [ボート]＊bieten (提供しようと申し出る)の過去

Bo・ta・nik [ボターニク botáːnɪk] 女 -/ 植物学 (= Pflanzenkunde).

Bo・ta・ni・ker [ボターニカァ botáːnikər] 男 -s/- 植物学者.

bo・ta・nisch [ボターニッシュ botáːnɪʃ] 形 植物[学]の. ein *botanischer* Garten 植物園.

bo・ta・ni・sie・ren [ボタニズィーレン botanizí:-rən] 自 (h) 植物採集をする.

*der **Bo・te** [ボーテ bó:tə] (単2・3・4) -n/(複) -n ① 使い[の者], 使者, メッセンジャー. (米 messenger). Post*bote* 郵便配達人 / ein schneller *Bote* 急使 / einen *Boten* zur Post schicken 郵便局に使いをやる. ② (雅) 先触れ. Der Krokus ist ein *Bote* des Frühlings. クロッカスは春の先触れだ.

bö・te [ベーテ] ＊bieten (提供しようと申し出る)の 接2

Bo・ten‖gang [ボーテン・ガング] 男 -[e]s/ ..gänge 使い走り[をすること]. *Botengänge*[4] machen お使いをする.

bot‖mä・ßig [ボート・メースィヒ] 形 (雅) (人[3]に)従順な, 服従した.

Bot・mä・ßig・keit [ボート・メースィヒカイト] 女 -/ (雅) 支配. 人[4] **unter seine** *Botmäßigkeit* **bringen** 人[4]を自分の支配下に置く.

*die **Bot・schaft** [ボートシャフト bó:t‐ʃaft] 女 (単) -/(複) -en ① 大使館. (米 *embassy*). die deutsche *Botschaft* in Tokio 東京のドイツ大使館. ② (雅) (重要な)知らせ; (公的な)メッセージ. (米 *message*). eine traurige *Botschaft* 悲報 / 人[3]に eine *Botschaft*[4] bestellen 人[3]に通知を出す / die Frohe *Botschaft* (《キリスト教》福音 / die *Botschaft*[4] verkündigen 福音を伝える.

*der **Bot・schaf・ter** [ボートシャフタァ bó:t‐ʃaftər] 男 (単2) -s/(複) - (3格のみ -n) 大使. (米 *ambassador*). (女性形は Botschafterin). der deutsche *Botschafter* in Tokio 東京駐在ドイツ大使.

Bött・cher [ベットヒャァ bǿtçər] 男 -s/- 桶屋(ぉけや), 桶職人.

Bot・tich [ボティヒ bótɪç] 男 -[e]s/-e 桶(ぉけ).

Bouc・lé [ブクレー buklé:] I 中 -s/-s (織) ブークレ糸, わな(輪奈)糸. II 男 -s/-s (織) ブークレ(輪奈糸を用いた織物).

Bouil・lon [ブリヨーン buljɔ́: または ブイヨーン bujɔ́:] (米 buljɔ́n] 女 -/-s (料理) ブイヨン(肉の煮出しのスープ).

Bouil・lon‖wür・fel [ブリヨーン・ヴュルふェる] 男 -s/- (さいころ状の)固形ブイヨン.

Bou・le・vard [ブれヴァール bulavá:r] 男 -s/-s (並木のある)大通り; 環状道路(特にパリのもの).

Bou・le・vard‖pres・se [ブれヴァール・プレッセ] 女 -/ (総称として:)(街頭売りのセンセーショナルな)大衆新聞.

Bour・bon [バーボン bá:rbən] (英 男 -s/-s バーボンウイスキー.

Bour・bo・ne [ブルボーネ burbó:nə] 男 -n/-n (フランスの)ブルボン家(王朝)の人.

Bour・geois [ブルジョア burʒoá] 男 -/- ① ブルジョア, 有産階級の人; (軽蔑的に)金持ちの俗物. ② (マルクス主義用語で:)資本家.

Bour・geoi・sie [ブルジョアズィー burʒoazí:] (米 [‐zí:]) 女 -/-n [..ズィーエン] ① (古) ブルジョアジー, 有産階級. ② (マルクス主義用語で:)資本家階級.

Bou・tique [ブティーク butí:k] (米 [‐tí:k]) 女 -/-n [..ティーケン] (または -s) ブティック.

Bo・vist [ボーヴィスト bó:vɪst または ボヴィスト] 男 -[e]s/-e (植) ホコリタケ.

Bow・le [ボーれ bó:lə] 女 -/-n ① (料理) パンチ, ポンチ (ワインなどに果汁や砂糖をミックスした冷たい飲み物). ② パンチボウル.

Bow・ling [ボーりング bó:lɪŋ] (英 中 -s/-s ボウリング.

Box [ボクス bɔ́ks] (英 女 -/-en ① (厩舎(きゅうしゃ)・大ガレージなどの)一仕切り, 一区画; (モーターレース場の)ピット. ② 箱[型の容器]; 箱型カメラ; スピーカーボックス.

bo・xen [ボクセン bɔ́ksən] I 他 (h) (人[4]と)ボクシングの試合をする; (人[4]を)こぶしでなぐる. 人[4] **ins Gesicht** boxen 人[4]の顔にげんこつをくらわす. II 自 (h) ボクシングをする.

Bo・xen [ボクセン] 中 -s/ ボクシング.

Bo・xer [ボクサァ bɔ́ksər] 男 -s/- ① ボクサー. Berufs*boxer* プロボクサー. ② (口語) パンチ. ③ ボクサー(番犬の一種).

Box‖hand・schuh [ボクス・ハントシュー] 男 -[e]s/-e ボクシング用のグローブ.

Box‖kampf [ボクス・カンプふ] 男 -[e]s/ ..kämpfe ① (複 なし) ボクシング[競技]. ② ボクシングの試合.

Boy [ボイ bɔ́y] (英 男 -s/-s ① (ホテルなどの)ボーイ, 給仕. ② (若者言葉:) 少年, 男の子.

Boy・kott [ボイコット bɔykɔ́t] 男 -[e]s/-e (または -e) ボイコット, 不買[排斥]運動 (人々から共同排斥を受けたアイルランドの土地管理人 C. *Boycott* の名から).

boy・kot・tie・ren [ボイコティーレン bɔykɔtí:rən] 他 (h) (人・事[4]を)ボイコットする.

Bo・zen [ボーツェン bó:tsən] 中 -s/ (地名) ボーツェン, ボルツァーノ (イタリア, チロル地方の都市 Bolzano のドイツ名: ☞ (地図) E‐5).

BP [ベー・ベー または ブンデス・ポスト] 女 -/ (略) ドイツ連邦郵便 (=Bundespost).

Br [ベー・エル] (化・記号) 臭素(しゅうそ) (=Brom).

Br. (略) ① (ブライテ) 緯度 (=Breite). ② (ブルーダァ) 兄弟 (=Bruder).

brab・beln [ブラッベるン brábəln] 他 (h)・自 (h) (口語) ぶつぶつ言う, つぶやく.

brach[1] [ブラーハ] ＊brechen (折る)の 過去

brach[2] [ブラーハ brá:x] 形 (土地が)休閑中の.

brä・che [ブレーヒェ] ＊brechen (折る)の 接2

Brach‖feld [ブラーハ・ふェるト] 中 -[e]s/-er 休閑(休耕)地.

Bra・chi・al・ge・walt [ブラヒアーる・ゲヴァるト] 女 -/ 腕力. **mit** *Brachialgewalt* 腕ずくで.

brach|lie・gen＊ [ブラーハ・リーゲン brá:xli:gən] 自 (h) (土地が)休閑(休耕)中である; (比) (才能・お金などが)活用されないでいる, 遊んでいる. Seine Fähigkeiten *liegen* brach. 彼の能力が発揮されていない.

brach・te [ブラハテ] ＊bringen (持って来る)の

bräch·te [ブレヒテ] ‡bringen(持って来る)の接2.

bra·ckig [ブラッキヒ brákıç] 形 (水が)塩分を含んだ, 飲めない.

Brack·was·ser [ブラック・ヴァッサァ] 中 -s/- 汽水(河口などの淡水と海水が混ざった水).

Brah·man [ブラーマン brá:man] 中 -s/ ブラフマン(バラモン教の宇宙原理).

Brah·ma·ne [ブラマーネ bramá:nə] 男 -n/-n バラモン(古代インドの氏姓制度の最高位. 僧侶階級).

Brahms [ブラームス brá:ms] -/ 《人名》ブラームス (Johannes *Brahms* 1833–1897; ドイツの作曲家).

bra·mar·ba·sie·ren [ブラマルバズィーレン bramarbazí:rən] 自 (h) 《雅》ほらを吹く, 自慢する.

Bram≠se·gel [ブラーム・ゼーグル] 中 -s/- 《海》トガーンスル(トガーンマストの帆けたに掛ける帆).

Bran·che [ブラーンシェ brã́:ʃə] 女 -/-n (経済・職業)の部門, 領域; 《口語》専門分野. Lebensmittel*branche* 食料品部門.

Bran·chen·ver·zeich·nis [ブラーンシェン・フェアツァイヒニス] ..nisses/..nisse (住所も記載された)職業別電話帳.

der **Brand** [ブラント bránt] 男 (単2) -es (まれに -s)/(複) Brände (3格のみ Bränden) ① 火事, 火災; 燃焼. (英 *fire*). ein riesiger *Brand* 大火 / Ein *Brand* bricht aus. 火事が発生する / einen *Brand* löschen 火事を消す / in *Brand* geraten 火事になる / ein Haus⁴ in *Brand* setzen (または stecken) 家に放火する. ② 《ふつう 複》燃えているもの. ③《口語》(激しい)のどの渇き. einen *Brand* haben ひどくのどが渇いている. ④《手工》(陶器・れんがなどを)焼いて造ること. ⑤《複 なし》《医》壊疽(ぇそ);《植》黒穂(くろほ)病.

brand.. [ブラント.. bránt..] 《形容詞につける接頭》《非常に・きわめて》例: *brand*neu《口語》新品の.

brand≠ak·tu·ell [ブラント・アクトゥエる] 形 きわめてアクチュアルな(今日的な).

Brand≠bla·se [ブラント・ブらーゼ] 女 -/-n やけどによる[皮膚の]火ぶくれ.

Brand≠bom·be [ブラント・ボンベ] 女 -/-n 焼夷(しょうい)弾.

Brand≠brief [ブラント・ブリーフ] 男 -[e]s/-e 《口語》(催促・無心のための)緊急の手紙.

Brän·de [ブレンデ] *Brand (火事)の 複.

bran·den [ブランデン brándən] 自 (h) 《雅》(波が岩に当たって)砕け散る;《比》(歓声などが)どよめく. Das Meer *brandet* an die Felsen. 海の波が岩に砕け散る.

Bran·den·burg [ブランデン・ブルク brándənburk] 中 -s/ ① 《地名》ブランデンブルク(ドイツ 16 州の一つ. 州都はポツダム: ☞ 地図 F-2). ② 《都市名》ブランデンブルク(ドイツ, ブランデンブルク州: ☞ 地図 F-2).

Bran·den·bur·ger [ブランデン・ブルガァ brándən-burgɐr] I 男 -s/- ブランデンブルクの住民(出身者). II 形 《無語尾で》ブランデンブルクの. das *Brandenburger* Tor (ベルリンの)ブランデンブルク門.

Brand≠herd [ブラント・ヘーァト] 男 -[e]s/-e (火事の)火元.

brand≠heiß [ブラント・ハイス] 形 《口語》最新の(ニュースなど).

bran·dig [ブランディヒ brándıç] 形 ① 焦げた, 焦げ臭い. ②《医》壊疽(ぇそ)の;《植》黒穂(くろほ)病にかかった.

Brand≠mal [ブラント・マーる] 中 -[e]s/-e (まれに ..mäler) 《雅》烙印(らくいん); やけどの跡.

brand·mar·ken [ブラント・マルケン brántmarkən] (過分 gebrandmarkt) 他 ① 公然と非難する, (人⁴に悪者の)烙印(らくいん)を押す. 人⁴ als Dieb *brandmarken* 人⁴に泥棒の汚名を着せる.

Brand≠mau·er [ブラント・マオアァ] 女 -/-n 防火壁.

brand≠neu [ブラント・ノイ] 形 《口語》新品の, 真新しい.

Brand≠op·fer [ブラント・オプファァ] 中 -s/- ①《宗》燔祭(はんさい)(動物を祭壇で焼いて神にささげる古代ユダヤ教の儀式). ② 火災の犠牲者.

Brand≠re·de [ブラント・レーデ] 女 -/-n アジ演説.

Brand≠sal·be [ブラント・ざるべ] 女 -/-n やけど用軟膏(なんこう).

Brand≠scha·den [ブラント・シャーデン] 男 -s/..schäden 火災による損害.

brand·schat·zen [ブラント・シャッツェン brántʃatsən] 他 (h) 《史》(焼き払うぞと脅して町などに対して)略奪を行う.

Brand≠schutz [ブラント・シュッツ] 男 -es/ 防火対策.

Brand≠soh·le [ブラント・ゾーれ] 女 -/-n (靴の内側の)底革(焼き印のある安い革を用いたことから).

Brand≠stel·le [ブラント・シュテれ] 女 -/-n 火事場, 焼け跡.

Brand≠stif·ter [ブラント・シュティふタァ] 男 -s/- 放火犯人; 失火者.

Brand≠stif·tung [ブラント・シュティふトゥング] 女 -/-en 放火[罪]; 失火[罪].

Brandt [ブラント bránt] -s/ 《人名》ブラント (Willy *Brandt* 1913–1993; 1969–1974 旧西ドイツ首相. 1971 年ノーベル平和賞受賞).

Bran·dung [ブランドゥング] 女 -/-en 海岸に砕け散る波, 磯波(いそなみ).

Brand≠wa·che [ブラント・ヴァッヘ] 女 -/-n (消防活動後の)再発火監視[員].

Brand≠wun·de [ブラント・ヴンデ] 女 -/-n やけど;《医》熱傷(火傷)創.

Brand≠zei·chen [ブラント・ツァイヒェン] 中 -s/- (家畜の)焼き印.

brann·te [ブランテ] ‡brennen (燃える)の 過去.

Brannt≠wein [ブラント・ヴァイン] 男 -[e]s/-e 火酒(ブランデーなどのアルコール分の多い蒸留酒).

Bra·si·li·a·ner [ブラズィリアーナァ braziliánər] 男 -s/- ブラジル人. (⚠ 女性形は Brasilianerin).

bra·si·li·a·nisch [ブラズィリアーニッシュ braziliá:nɪʃ] 形 ブラジル[人]の.

Bra·si·li·en [ブラズィーリエン brazí:liən] 中 -s/《国名》ブラジル[連邦共和国](首都はブラジリア).

brät [ブレート] *braten (焼く)の3人称単数 現在

Brat·ap·fel [ブラート・アプふェる] 男 -s/..äpfel 焼きりんご.

bra·ten [ブラーテン brá:tən] du brätst, er brät (briet, hat…gebraten) I 他 (完了 haben) (肉・魚・じゃがいもなど⁴を)焼く, フライにする, いためる. (英 roast). Die Mutter *brät* das Fleisch. 母親が肉を焼いている / Hähnchen⁴ am Spieß *braten* 若鶏を串(:)焼きにする / Fisch⁴ in Öl *braten* 魚を油で揚げる / sich⁴ in (または von) der Sonne *braten* lassen《口語・比》日光浴をして肌を焼く. ◇《過去分詞の形で》gebratener Fisch 魚のフライ. (☞ 類語 backen).

II 自 (完了 haben) (肉などが)焼ける, 揚がる. Das Fleisch *muss* eine Stunde *braten*. この肉は1時間焼かないといけない / in der Sonne *braten*《口語・比》日光浴をして肌を焼く.

◇☞ **gebraten**

* *der* **Bra·ten** [ブラーテン brá:tən] 男 (単2) -s/(複) - 焼き肉, ロースト, ステーキ; 焼き肉用の肉. (英 roast). Kalbs*braten* 子牛の焼き肉 / ein saftiger *Braten* 肉汁をたっぷり含んだ焼き肉 / ein fetter *Braten*《口語》大もうけ(←脂の多い焼き肉) / den *Braten* riechen《口語》(危険などを)かぎつける.

Bra·ten≈fett [ブラーテン・ふェット] 中 -[e]s/- 焼き肉から滴る油.

Brat≈fisch [ブラート・ふィッシュ] 男 -es/-e 魚のフライ; フライ用の魚.

Brat≈hähn·chen [ブラート・ヘーンヒェン] 中 -s/- ローストチキン.

Brat≈he·ring [ブラート・ヘーリング] 男 -s/-e フライにしたにしん.

Brat≈huhn [ブラート・フーン] 中 -[e]s/..hühner ローストチキン.

Brat≈kar·tof·fel [ブラート・カルトッふェる] 女 -/-n《ふつう 複》(薄切り・さいの目にきざんだ)フライドポテト.

Brat≈pfan·ne [ブラート・プふァンネ] 女 -/-n フライパン.

Brat≈rost [ブラート・ロスト] 男 -[e]s/-e (肉などの)焼き網, グリル.

Brat·sche [ブラーチェ brá:tʃə] 女 -/-n《音楽》ヴィオラ (=Viola).

Brat·schist [ブラチスト bratʃíst] 男 -en/-en ヴィオラ奏者. (⚠ 女性形は Bratschistin).

Brat≈spieß [ブラート・シュピース] 男 -es/-e (回転式の)焼き串(:).

brätst [ブレーツト] *braten (焼く)の2人称単数 現在

Brat≈wurst [ブラート・ヴルスト] 女 -/..würste ローストソーセージ; 焼いて食べるソーセージ.

Bräu [ブロイ brɔ́y] 中 -[e]s/-e (または -s)《南ドッ・オーストリア》① 醸造酒; (一回に醸造される)ビール[の量]. ② ビール醸造所(会社). (=Brauerei). ③ (ビール会社直営の)ビヤホール.

* *der* **Brauch** [ブラオホ bráux] 男 (単2) -es (まれに -s)/(複) Bräuche [ブロイヒェ] (3格のみ Bräuchen) 慣習, 習慣, 風習, ならわし. (英 custom). ein überlieferter *Brauch* 伝来の風習 / nach altem *Brauch* 昔からのしきたりに従って / Das ist bei uns so *Brauch*. ここではこういうしきたりだ.

***brauch·bar** [ブラオホバール bráuxba:r] 形 使用可能な, 使える; 役にたつ, 有用(有益)な. Diese Jacke ist noch ganz gut *brauchbar*. この上着はまだ十分着られる / *brauchbare* Vorschläge 有益な提案 / Er ist ganz *brauchbar*. 彼は実に重宝な男だ.

Brauch·bar·keit [ブラオホバールカイト] 女 -/ 使用可能性; 有用性.

Bräu·che [ブロイヒェ] *Brauch (慣習)の 複

***brau·chen** [ブラオヘン bráuxən]

| 必要とする | Ich *brauche* mehr Geld.
イヒ ブラオヘ メーァ ゲるト
私はもっとお金が必要です。|

(brauchte, hat…gebraucht) I 他 (完了 haben) ①《人・物⁴を》必要とする, 要する. (英 need). Ich *brauche* deine Hilfe. ぼくには君の助けが必要だ / Sie *braucht* zum Lesen eine Brille. 彼女は読書するのに眼鏡が要る / Der Zug *braucht* für diese Strecke zwei Stunden. その列車はこの区間に2時間かかる. ◇《否定詞および zu 不定詞[句]とともに》…する必要はない, …するにはおよばない. Er *braucht* heute **nicht** zu arbeiten. 彼はきょうは働かなくてもよい / Du *brauchst* **keine** Angst zu haben. 君は何も心配する必要はない. ◇《nur および zu 不定詞[句]とともに》…しさえすればよい. Du *brauchst* es nur zu sagen. 君はそう言いさえすればよいのだ.

……………………………………………

⚠ zu 不定詞[句]とともに用いる場合の完了形では過去分詞は brauchen となる. 例: Sie *hat* nicht zu kommen *brauchen*.《現在完了》「彼女は来る必要はなかった」. また口語では不定詞の zu が省略されることがある. 例: Du *brauchst* nur anrufen.《口語》「君は電話するだけでいいんだ」.

……………………………………………

② 使用する, 用いる. Dieses Buch *kann* ich gut für meine Arbeit *brauchen*. この本は私の仕事に大いに役にたつ. ③ (燃料・お金などを)消費する. Das Auto *braucht* viel Benzin. その車はたくさんガソリンをくう.

II 非人称 (完了 haben)《es braucht 事²の形で》《雅》事²が必要である.

◇☞ **gebraucht**

brauch·te [ブラオホテ] *brauchen (必要とする)

の[過去]

Brauch·tum [ブラオホトゥーム] 中 -s/..tümer 【ふつう 単】風習, 習俗, しきたり, ならわし. altes *Brauchtum*⁴ pflegen 昔のしきたりを保存する.

Braue [ブラオエ bráuə] 囡 -/-n 眉(まゆ), 眉毛. die *Brauen*⁴ runzeln 眉をひそめる.

brau·en [ブラオエン bráuən] I 他 (h) (ビールなど⁴を)醸造する. / (口語) (飲み物⁴を)作る. Bier⁴ *brauen* ビールを醸造する / [sich³] einen starken Kaffee *brauen* 濃いコーヒーを入れる. II 自 (h) (詩) (霧などが)立ちのぼる. Der Nebel *braut* im Tal. 霧が谷に立ち込めている.

Brau·er [ブラオアァ bráuər] 男 -s/- ビール醸造者.

Brau·e·rei [ブラオエライ brauərái] 囡 -/-en ① (複なし) ビールの醸造[法]. ② ビール醸造所(会社).

*＊**braun** [ブラオン bráun] 形 (英 brown) ① **褐色の, 茶色の**. *braune* Augen とび色の目 / Sie hat *braunes* Haar. 彼女は栗色の髪をしている.

② 日焼けした. Du bist schön *braun* geworden. 【現在完了】君はみごとに日焼けしたね / Er hat *braune* Haut. 彼の肌は小麦色に焼けている.

③ ナチスの(制服の色から). die *braune* Epoche ナチスの時代.

[新形]
braun ge·brannt 褐色に日焼けした.

Braun¹ [ブラオン] 中 -s/- (口語: -s) 褐色, 茶色.

Braun² [ブラオン] -s/-s (姓) ブラウン. [die] *Brauns* ブラウン家[の人々].

Bräu·ne [ブロイネ bróynə] 囡 -/ ① 褐色[の肌]. ② 咽頭炎.

bräu·nen [ブロイネン bróynən] I 他 (h) ① 褐色にする; 日焼けさせる. Die Sonne *hat* mich *gebräunt*. 私は日に焼けした. ② (料理) きつね色に焼く(揚げる, いためる). Zwiebeln⁴ in der Pfanne *bräunen* 玉ねぎをフライパンできんがりいためる. II 自 (s) ① (日に焼けて)褐色になる. ② (肉などが)こんがり焼ける. III 再帰 (h) *sich*⁴ *bräunen* 日焼けする; (赤茶色に)紅葉する.

◇☞ **gebräunt**

Brau·ne[r] [ブラオネ (..ナァ) bráunə (..nər)] 【語尾変化は形容詞と同じ】I 男 囡 (髪・皮膚が)褐色の人. II 男 ① 栗毛の馬. ② (オースト) ミルク(生クリーム)入りコーヒー.

braun ge·brannt 形 (新形 *braun gebrannt*) ☞ **braun**

Braun≈koh·le [ブラオン・コーレ] 囡 -/-n (鉱) 褐炭.

bräun·lich [ブロインリヒ] 形 褐色(茶色)がかった.

Braun·schweig [ブラオンシュヴァイク bráunʃvaɪk] 中 -s/ (都市名) ブラウンシュヴァイク(ドイツ, ニーダーザクセン州: ☞ (地図) E-2).

Braus [ブラオス bráus] 男 【成句的に】 in Saus und *Braus* leben ぜいたく三昧(ざんまい)の生活をする.

Brau·se [ブラオゼ bráuzə] 囡 -/-n ① じょうろ(シャワー)のノズル. ② シャワー(=Dusche). ③ (口語) 炭酸レモネード.

Brau·se≈bad [ブラオゼ・バート] 中 -[e]s/..bäder ① シャワー室. ② シャワー[を浴びること].

*＊**brau·sen** [ブラオゼン bráuzən] du braust (brauste, *hat/ist* ... gebraust) I 自 ① (h) (風・波などが)ごうごう音をたてる, (海などが)鳴り響く, (お湯が)音をたてて沸騰する. Der Wasserfall *braust*. 滝がごうごうと音をたてている. 【非人称の es を主語として】Es *braust* mir **in** den Ohren. 私は耳鳴りがする. ◇【現在分詞の形で】*brausender* Beifall あらしのような喝采(かっさい). ② (s) 【方向を表す語句とともに】 (口語) (車などが…へ) 轟音(ごうおん)をたてて突っ走る. Der Zug *ist* **über** die Brücke *gebraust*. 【現在完了】列車は橋の上を轟音をたてて走って行った.

II 再帰 (完了 haben) *sich*⁴ *brausen* シャワーを浴びる.

Brau·se≈pul·ver [ブラオゼ・プルふァァ] 中 -s/- 粉末ソーダ, 沸騰散(ラムネなどの原料).

braus·te [ブラオステ] *brausen (ごうごう音をたてる) の [過去]

*＊*die* **Braut** [ブラオト bráut] 囡 (単) -/(複) Bräute [ブロイテ] (3格のみ Bräuten) (英 bride) ① (婚礼の日の)花嫁, 新婦. (ミミ 「花婿」は Bräutigam). *Braut* und Bräutigam strahlten glücklich. 花嫁と花婿は幸せに輝いていた. ② 婚約中の女性, フィアンセ. Sie ist seine *Braut*. 彼女は彼のフィアンセだ. ③ (若者言葉) 女の子, ガールフレンド.

Bräu·te [ブロイテ] *Braut (花嫁) の [複]

Braut≈füh·rer [ブラオト・ふューラァ] 男 -s/- (婚礼のときの)花嫁の付き添い人.

*＊*der* **Bräu·ti·gam** [ブロイティガム bróytɪgam または bróyti..] 男 (単2) -s/(複) -e (3格のみ -en) (口語: (複) -s) (英 bridegroom) ① (婚礼の日の)花婿, 新郎. (ミミ 「花嫁」は Braut). Sie stellte ihn als ihren *Bräutigam* vor. 彼女は彼を自分の花婿として紹介した. ② 婚約中の男性, フィアンセ.

Braut≈jung·fer [ブラオト・ユングふァァ] 囡 -/-n (結婚式のときの)花嫁の付き添い人(未婚の若い女性).

Braut≈kleid [ブラオト・クライト] 中 -[e]s/-er 花嫁衣装.

Braut≈kranz [ブラオト・クランツ] 男 -es/..kränze 花嫁の[かぶる]花冠(かかん).

Braut≈leu·te [ブラオト・ロイテ] 複 新郎新婦; 婚約中の男女 (= Brautpaar).

bräut·lich [ブロイトリヒ] 形 花嫁の[ような].

Braut≈paar [ブラオト・パール] 中 -[e]s/-e 新郎新婦; 婚約中の男女.

Braut‧schau [ブラオト・シャオ] 囡《成句的に》**auf [die]** *Brautschau*⁴ **gehen**《口語・戯》嫁探しをする.

Braut‧schlei‧er [ブラオト・シュライアァ] 男 -s/- 花嫁のヴェール.

***brav** [ブラーふ *brá:f*] 形 ① (子供が)お行儀のよい, おとなしい. Sei *brav*! おとなしくしていなさい / ein *braves* Kind おとなしい子供, いい子. ② ちゃんとした, しっかりした, 実直な;(服装などが)地味な. eine *brave* Hausfrau しっかりものの主婦. ③ 勇敢な.

類語 **brav**:(子供の性質について)おとなしい, 行儀のよい. **artig**:(子供がよくしつけられて)行儀のよい, 利口な. **gehorsam**:(おとなの権威に対して)従順な. **anständig**:(道徳的に・社会的地位にふさわしく)礼儀正しい.

bra‧vo [ブラーヴォ *brá:vo*] [ほか] 間 ブラボー! うまい[ぞ]! すてき[だ]!

Bra‧vo [ブラーヴォ *brá:vo*] [ほか] 中 -s/-s 喝采(ホっュ)の声.

Bra‧vour [ブラヴーァ *bravú:r*] [フス] 囡 -/-en ①《覆 なし》勇気, 勇敢さ. ②《覆 なし》優れた技巧(テクニック);《覆 で》妙技, 妙演.

bra‧vou‧rös [ブラヴレース *bravuró:s*] 形 勇敢な, 果敢な;優れた技巧の(演奏など).

Bra‧vur [ブラヴーァ *bravú:r*] 囡 -/-en =Bravour

bra‧vu‧rös [ブラヴレース *bravuró:s*] 形 =bravourös

***die BRD** [ベー・エル・デー be:-ɛr-dé:] 囡《単》-/《略》《国名》ドイツ連邦共和国 (=**B**undes**r**epublik **D**eutschland).

Break [ブレーク *bré:k*] [英] I 男 中 -s/-s ① (テニス・アイスホッケーなどの)ブレーク. ②《音楽》(ジャズの)ブレーク[奏法]. ③ ブレーク(屋根のない4輪馬車). II 中 -s/-s (ボクシングの)ブレーク.

Brech‧boh‧ne [ブレヒ・ボーネ] 囡 -/-n《植》インゲンマメ.

Brech‧ei‧sen [ブレヒ・アイゼン] 中 -s/-《工》金てこ.

⁑**bre‧chen*** [ブレッヒェン *bréçən*] du brichst, er bricht (brach, *hat*/*ist*... gebrochen) (変 *break*) I 他《完了》haben) ① (堅い物⁴を)折る, 割る, 砕く. Er *brach* einen Zweig **vom** Baum. 彼は木の小枝を折り取った / Blumen⁴ *brechen*《雅》花を折り取る(摘む) / Er hat sich³ den Arm *gebrochen*. 彼は腕を骨折した / ein Glas⁴ **in** Stücke *brechen* コップをこなごなに割る / Brot⁴ *brechen* パンをちぎる / Steine⁴ *brechen* 石を切り出す / den Stab **über** 人⁴ *brechen*《比》人⁴を厳しく非難する / 事⁴ **vom** Zaun *brechen*《比》事⁴を不意に始める.

② (障害・限界など⁴を)**突破する**, 打ち破る. eine Blockade⁴ *brechen* 封鎖を突破する / einen Rekord *brechen* 記録を破る / Er hat sein Schweigen *gebrochen*. 彼は沈黙を破って話しだした.

③ (約束など⁴を)破る. Er *hat* sein Wort *gebrochen*. 彼は約束を破った / einen Vertrag *brechen* 契約(条約)に違反する / die Ehe³ *brechen* 不倫をする / [das Essen⁴] *brechen* [食べたものを]吐く. ⑤ (波など⁴を)はね返す,(光線・音波など⁴を)屈折させる.

II 自《完了》sein または haben) ① (s) **折れる, 割れる, 砕ける**. Der Kamm *bricht* sehr leicht. この櫛(⸲)はとても折れやすい / Das Eis *ist gebrochen*.《現在完了》a) 氷が割れた, b)《比》堅苦しい雰囲気が和んだ / Mir *brach* das Herz. 私の胸は張り裂けそうだった. ◇《現在分詞の形で》Der Saal war *brechend* voll. ホールははちきれんばかりに詰まっていた.

② (s)《方向を表す語句とともに》《雅》(…から突然)現れる, 出て来る. Die Quelle *bricht* **aus** dem Felsen. 泉が岩間からわき出る / Der Mond *brach* **durch** die Wolken. 月が雲間から現れ出た. ③ (h)《**mit** 人・事³ ~》(人・事³ と)関係を絶つ. Sie *hat* mit ihm endgültig *gebrochen*. 彼女は彼とすっかり縁を切った / mit einer Gewohnheit *brechen* ある習慣をやめる.

III 再帰 (《完了》 haben) *sich*⁴ *brechen* (波が)砕ける,(光線・音波などが)屈折する. Die Wellen *brechen sich* **am** Felsen. 波が岩に当たって砕ける.

◇☞ **gebrochen**

類語 **brechen**: (堅い物に力を加えて)割る, 砕く. einen Teller in Stücke *brechen* 皿をこなごなに砕く. **reißen**: (引っぱって無理に)引き破る, 引き裂く. das Papier⁴ in Stücke *reißen* 紙をずたずたに引き裂く.

Bre‧chen [ブレッヒェン] 中《成句的に》**zum** *Brechen* voll sein 超満員である.

Bre‧cher [ブレッヒャァ *bréçər*] 男 -s/- ① (岩などに)砕ける波. ② (石などを砕く)破砕機.

Brech‧mit‧tel [ブレヒ・ミッテる] 中 -s/-《医》[催]吐剤;《比》いやなやつ(物).

Brech‧reiz [ブレヒ・ライツ] 男 -es/-e 吐き気.

Brech‧stan‧ge [ブレヒ・シュタンゲ] 囡 -/-n《工》金てこ (=Brecheisen).

Brecht [ブレヒト *bréçt*] -s/《人名》ブレヒト (Bertolt *Brecht* 1898–1956; ドイツの劇作家・詩人).

Bre‧chung [ブレッヒュング] 囡 -/-en ①《物》(光・音などの)屈折. ② einen *Brechung* 音変化 (*Erde* — *irdisch* のように後続母音などの影響で e が i に変化したり, u が o に変化する現象).

Bre‧genz [ブレーゲンツ *bré:gents*] 中 -s/《都市名》ブレーゲンツ(オーストリア, フォーアアルルベルク州の州都). ☞ 地図 D–5).

***der Brei** [ブライ *brái*] 男《単 2》-[e]s/《複》-e (3格のみ -en) かゆ, かゆ状のもの. Hafer*brei* オートミールがゆ / einen *Brei* essen おかゆを食べる / 人³ *Brei*⁴ **um den** Mund (または **ums** Maul) schmieren《俗》人³にお世辞を言う. /

breiig

um den [heißen] *Brei* herum|reden《口語》肝心なことを避けて話す(←熱いかゆの回りであれしゃべる) / 人⁴ zu *Brei* schlagen《俗》人⁴をたたきのめす.

brei·ig [ブライイヒ bráiiç]形 かゆ状の, どろどろした.

der **Breis·gau** [ブライス·ガオ bráis-gau]男 -s/《地名》ブライスガウ(ドイツ西南部の地方).

＊**breit** [ブライト bráit]形 (比較 breiter, 最上 breitest) (英 broad) ① 幅の広い. (ご注意「幅の狭い」は schmal). eine *breite* Straße 幅の広い道路 / Er hat *breite* Schultern. 彼は肩幅が広い / weit und *breit* さらに一面, 見渡すかぎり. ②《数量を表す4格とともに》…の幅の. (ご注意「…の長さの」は lang). Der Fluss ist 20 Meter *breit*. その川は幅が20メートルある / Das Band ist einen Finger *breit*. このテープは指1本ほどの幅だ. ③ (社会的に)広範囲の, 多くの人々の. die *breite* Masse 一般大衆. ④《比》くどくどした, 間延びした;(口を大きく開けて)ふざま(不作法)な. eine *breite* Aussprache 間延びした発音 / ein *breites* Lachen にか笑い / 事⁴ *breit* erzählen《比》事⁴をくどくどと話す.

《新形》

breit ma·chen sich⁴ *breit machen*《口語》① (不当に)広い場所を占める; 居座る. ② (悪習などが)広がる, はびこる.

《類語》**breit**: (ある幅を持っていて)広い. ein *breiter* Fluss 幅広い川. **weit**: (あらゆる方向にひろがっていて)広々としている. das *weite* Meer 広い海.

breit≠bei·nig [ブライト·バイニヒ]形 足を広げた, 大股の. *breitbeinig* gehen 大股で歩く.

＊*die* **Brei·te** [ブライテ bráitə]女 (単) -/(複) -n ① (川·道などの)幅. (英 width). (ご注意「長さ」は Länge). Finger*breite* 指1本の幅 / ein Weg von drei Meter *Breite* 3メートル幅の道 / Die Straße hat eine *Breite* von fünf Metern. この道路の幅は5メートルだ / die Länge, *Breite* und Höhe eines Zimmers 部屋の奥行き, 間口, 高さ / in die *Breite* gehen (人が)太る / in epischer *Breite* erzählen《比》事⁴をくどくど物語る(←叙事詩のような冗慢さで). ②《複 なし》《地理》緯度. (ご注意「経度」は Länge). Berlin liegt [auf (または unter)] 52 Grad nördlicher *Breite*². ベルリンは北緯52度にある. ③《複 で》(ある緯度にある)地域. in unseren *Breiten* われわれの地域では.

brei·ten [ブライテン bráitən] I 他 (h)《雅》(毛布など⁴を)広げる, (両腕·翼など⁴を)伸ばす. eine Decke⁴ über 人⁴ *breiten* 人⁴に毛布を掛けてやる. II 再帰 (h) sich⁴ *breiten*《雅》(…へ)広がる, 伸びる.

Brei·ten≠grad [ブライテン·グラート]男 -[e]s/-e (地理)緯度. (ご注意「経度」は Längengrad).

Brei·ten≠kreis [ブライテン·クライス]男 -es/-e (地理)緯線.

Brei·ten≠sport [ブライテン·シュポルト]男 -[e]s/ (総称として:)大衆スポーツ.

breit|ma·chen 再帰 (h) (《新形》 *breit machen*)《⟹ *breit***

breit|schla·gen* [ブライト·シュラーゲン bráitʃlà:gən] 他 (h)《口語》口説き落とす, 説得する. 人⁴ zu 事³ *breitschlagen* 人⁴を説得して事³をさせる / Er ließ sich⁴ *breitschlagen*. 彼は口説き落とされた.

breit≠schul·te·rig [ブライト·シュルテリヒ]形 =breitschultrig

breit≠schul·trig [ブライト·シュルトリヒ]形 肩幅の広い.

Breit≠sei·te [ブライト·ザイテ]女 -/-n ① (机などの)長い方の側面;《海》(船の)舷側(ばん). ②《軍》舷側(なる)砲[のいっせい射撃].

Breit≠spur [ブライト·シュプーア]女 -/-en 《鉄道》広軌.

breit≠spu·rig [ブライト·シュプーリヒ]形《鉄道》広軌の;《比》横柄な, いばった.

breit|tre·ten* [ブライト·トレーテン bráittrè:tən] 他 (h)《口語》(事⁴を)くどくどと話す.

Breit≠wand≠film [ブライトヴァント·フィルム]男 -[e]s/-e (映) ワイドスクリーン映画.

Bre·men [ブレーメン bré:man]中 -s/《地名·都市名》ブレーメン(ドイツ16州の一つ, またその州都. ヴェーザー川沿いの旧ハンザ同盟都市で, 貿易·工業が盛ん. ⇨地図 D-2).

Bre·mer [ブレーマァ bré:mər] I 男 -s/- ブレーメンの市民(出身者). II 形《無語尾で》ブレーメンの. „Die *Bremer* Stadtmusikanten"『ブレーメンの音楽隊』(グリム童話の一つ).

Bre·mer·ha·ven [ブレーマァ·ハーフェン bre:-mər-há:fən]中 -s/《都市名》ブレーマーハーフェン(ドイツ, ブレーメン州. ヨーロッパ第一の漁港. ⇨地図 D-2).

Brems≠ba·cke [ブレムス·バッケ]女 -/-n 《自動車》ブレーキシュー(パッド), 制輪子.

Brems≠be·lag [ブレムス·ベらーク]男 -[e]s/ ..läge 《自動車》ブレーキライニング.

＊*die* **Brem·se¹** [ブレムゼ brémzə]女 (単) -/(複) -n (英 brake) ① ブレーキ, 制動機. Hand*bremse* ハンドブレーキ / eine automatische *Bremse* 自動ブレーキ / auf die *Bremse* treten ブレーキを踏む / Die *Bremse* funktioniert nicht. ブレーキが効かない. ②《比》抑制, 制御.

Brem·se² [ブレムゼ]女 -/-n《昆》アブ.

＊**brem·sen** [ブレムゼン brémzən] du bremst (bremste, *hat* …gebremst) (英 brake) I 自 (定了 haben) ① ブレーキをかける. Der Fahrer *bremste* scharf. 運転手は急ブレーキをかけた. ②《比》抑制する, 歯止めをかける. Er muss mit dem Trinken *bremsen*. 彼は酒を控えないといけない.
II 他 (定了 haben) ① (物⁴に)ブレーキをかける. Er *bremste* den Wagen. 彼は車のブレーキをかけた. ②《比》抑制する, (事⁴に)歯止めをか

け。die Ausgaben⁴ *bremsen* 支出を抑える.

Brems‹klotz [ブレムス・クロッツ] 男 -es/ ..klötze (車輪などの)制輪子, ブレーキシュー.

Brems‹licht [ブレムス・リヒト] 中 -[e]s/-er (自動車などの)ブレーキランプ.

Brems‹pe·dal [ブレムス・ペダーる] 中 -s/-e ブレーキペダル.

Brems‹spur [ブレムス・シュプーァ] 女 -/-en (自動車などの)急ブレーキの跡.

brems·te [ブレムステ] *bremsen (ブレーキをかける)の過去

Brems‹weg [ブレムス・ヴェーク] 男 -[e]s/-e 制動距離(ブレーキをかけてから停車するまでの距離).

brenn·bar [ブレンバール] 形 燃えやすい, 可燃性の.

Brenn·bar·keit [ブレンバールカイト] 女 -/ 可燃性.

Brenn‹ele·ment [ブレン・エれメント] 中 -[e]s/-e《物》核燃料.

∗**bren·nen**∗ [ブレンネン brénən] (brannte, hat ... gebrannt) (英 burn) **I** 自 (完了 haben)
① (火・燃料などが)**燃えて[い]る**, 燃焼する(している);(太陽が)照りつけて[い]る. Der Ofen *brennt*. ストーブが燃えている / Das Haus *brennt*. 家が燃えている / Das trockene Holz *brennt* leicht. 乾燥した木材は燃えやすい / Hass *brannte* in ihr.《比》彼女は憎しみに燃えていた. ◇《非人称の es を主語として》Es *brennt*! 火事だ / Wo *brennt*'s (=*brennt* es) denn? a) 火事はどこだ, b)《口語・比》どうしたんだ, 何が起きたんだ / Es *brennt* vor dem Tor.《比》(サッカーで)ゴール前がピンチだ.
② (明かりなどが)ともっている. In seinem Zimmer *brennt* Licht. 彼の部屋に明かりがついている / Lass das Licht *brennen*! 明かりをつけたままにしておきなさい. ③ (傷口などが)**ひりひり痛む**;(香辛料などが)ぴりぴりする. Mir *brennen* die Augen. 私は目がひりひりする. ④《**auf** 事⁴ ~》(事⁴をしたくて)うずうずする. auf Rache *brennen* 復讐(ふくしゅう)の念に燃える / Ich *brenne* darauf, sie zu sehen. 私は彼女に会いたくてたまらない. ⑤《**vor** 事³ ~》(事³のあまり)じりじりする. Sie *brennt* vor Neugier. 彼女は好奇心に燃えている.
II 他 (完了 haben) ① **燃やす, 焼く**. Wir *brennen* nur Koks in unserem Ofen. 私たちはストーブでコークスだけを燃やしています.
② (A⁴ **auf** (または **in**) B⁴ ~》(A⁴ を B⁴ に)焼き付ける. ein Zeichen⁴ auf das Fell eines Tiers *brennen* 動物の皮膚に焼き印を押す / ein Loch⁴ in die Tischdecke *brennen* テーブルクロスに焦げ穴を作る. ③ (明かりなど⁴を)ともす. Zum Abendessen *brennen* wir gern Kerzen. 夕食の際に私たちはろうそくをともすのが好きだ. ④《(再)》(人⁴に)やけどをさせる. ◇《再帰的に》*sich*⁴ am Ofen *brennen* ストーブでやけどをする. ⑤ (れんが・陶器など⁴を)焼く;(火酒⁴を)蒸留する. ⑥ (コーヒー豆など⁴を)炒(い)る. ⑦《医》焼灼(しょうしゃく)する.

◇《完了》**gebrannt**

bren·nend [ブレンネント] **I** *brennen (燃える)の現分 **II** 形 ① 燃えて(焼けて)いる;《比》燃える(焼きつく)ような. eine *brennende* Zigarette 火のついたたばこ / ein *brennender* Ehrgeiz 激しい功名心. ② 緊急の, さし迫った. ein *brennendes* Problem 火急の問題.
III 副 非常に, 切実に. Ich habe deine Hilfe *brennend* nötig. ぼくには君の助けがぜひとも必要だ.

Bren·ner¹ [ブレンナァ brénər] 男 -s/ ① (こんろなどの)火口(ひぐち), バーナー;燃焼器. Gas*brenner* ガスバーナー. ② 蒸留酒製造[業]者.

der **Bren·ner**² [ブレンナァ] 男 -s/《定冠詞とともに》《地名》ブレンナー峠(オーストリアとイタリアとの国境の峠. 標高 1371 m. 最も低いアルプス越えの地点として古来重要な交通路:☞《地図》E-5).

Bren·ne·rei [ブレンネライ brɛnəráɪ] 女 -/-en ① 《複 なし》蒸留酒製造. ② 蒸留酒製造所.

Brennes·sel [新形] Brennnessel

Brenn‹glas [ブレン・グらース] 中 -es/..gläser 《光》集光レンズ, 凸レンズ.

Brenn‹holz [ブレン・ホるツ] 中 -es/ まき(薪).

Brenn‹ma·te·ri·al [ブレン・マテリアーる] 中 -s/..alien [..アーリエン]《暖房用》燃料.

Brenn‹nes·sel [ブレン・ネッセる] 女 -/-n《植》イラクサ[属].

Brenn‹punkt [ブレン・プンクト] 男 -[e]s/-e ①《光・数》焦点. den *Brennpunkt* einer Linse² bestimmen レンズの焦点を合わせる. ② (関心・注目などの)中心, 的. Dieses Problem steht **im** *Brennpunkt* **des** Interesses. この問題は関心の的になっている.

Brenn‹spi·ri·tus [ブレン・シュピーリトゥス] 男 -/ 燃料(工業)用アルコール.

Brenn‹stoff [ブレン・シュトふ] 男 -[e]s/-e ① 燃料. ②《物》核燃料.

brenn·te [ブレンテ] *brennen (燃える)の接2

Brenn‹wei·te [ブレン・ヴァイテ] 女 -/-n《光》焦点距離.

Bren·ta·no [ブレンターノ brɛntáːno] -s/《人名》ブレンターノ (Clemens *Brentano* 1778-1842; ドイツ・ロマン派の詩人).

brenz·lich [ブレンツりヒ] 形《(ふる)》=brenzlig

brenz·lig [ブレンツりヒ bréntslɪç] 形 ① 焦げ臭い. ②《口語・比》(状況などが)危険な, やっかいな, ゆゆしい.

Bre·sche [ブレッシェ bréʃə] 女 -/-n (城壁などに力ずくであけた)穴, 突破口. für 人・事⁴ eine *Bresche*⁴ schlagen 人・事⁴のために突破口を開く / für 人⁴ in die *Bresche* springen 人⁴のために身を投げうって助力する.

Bres·lau [ブレスらウ bréslau] 中 -s/《都市名》ブレスラウ(ポーランドのヴロツワフのドイツ名).

die **Bre·ta·gne** [ブレタニェ bretánjə または braː..] 女 -/《定冠詞とともに》《地名》ブルターニュ (フランス北西部の半島, またその地方名).

bre·to·nisch [ブレトーニッシュ bretóːnɪʃ] 形 ブルターニュ[人・語]の.

Brett

*das **Brett** [ブレット brét] 匣 (単2) -es (まれに -s)/(複) -er (3 格のみ -ern) (英 board) ① 板. Sprung*brett* スプリングボード / ein dickes (dünnes) *Brett* 厚い(薄い)板 / das schwarze *Brett* 掲示板 / Aus sechs *Brettern* machte er eine Bank. 6 枚の板で彼はベンチを作った / Hier ist die Welt mit *Brettern* vernagelt.《状態受動・現在》《口語》ここは行き止まりだ(←世界が板でくぎ付けされている) / ein *Brett*⁴ vor dem Kopf haben《口語》物わかりが悪い(強情な牛の目の前に板を当てて, 前を見えなくした昔の風習から) / das *Brett*⁴ bohren, wo es am dünnsten ist《口語》いちばん楽なやり方をする(←板のいちばん薄い所に穴をあける). ②《複で》スキーの板 (=Ski). die *Bretter*⁴ wachsen スキーにワックスをかける. ③（チェスなどの）盤 (=Spiel*brett*). ④《複で》舞台 (=Bühne);（ボクシングの）マット. Das Stück ging ein Jahr über die *Bretter*. この作品は 1 年間上演された.

Bret·ter [ブレッタァ] ≉Brett (板)の複

Bret·ter⸗bu·de [ブレッタァ・ブーデ] 囡 -/-n 小屋掛け, 仮小屋, バラック, 屋台.

Bret·ter⸗zaun [ブレッタァ・ツァオン] 男 -[e]s/..zäune 板塀, 板囲い.

Brett⸗spiel [ブレット・シュピール] 匣 -[e]s/-e 盤上でするゲーム(碁・チェスなど).

Bre·vier [ブレヴィーァ brevíːr] 匣 -s/-e ①《カトリック》聖務日課[書]. ②（詩人などの作品からの）文選.

Bre·zel [ブレーツェル bréːtsəl] 囡 -/-n ブレーツェル (8 の字形をした塩味の堅いパン. ビールのつまみなどにする). (☞ Brot 図).

brich [ブリヒ] ≉brechen (折る)の du に対する 命令

brichst [ブリヒスト] ≉brechen (折る)の 2 人称単数 現在

bricht [ブリヒト] ≉brechen (折る)の 3 人称単数 現在

Bridge [ブリッチュ brítʃ または ブリッチュ brídʒ] 匣 -/ ブリッジ(トランプ遊びの一種).

*der **Brief** [ブリーフ bríːf]

手紙

Ich schreibe gerade einen *Brief*.
イヒ シュライベ グラーデ アイネン ブリーフ
私はちょうど手紙を書いているところだ.

男 (単2) -es (まれに -s)/(複) -e (3 格のみ -en) ① 手紙. (英 letter).「「手紙の書き方」☞ 巻末付録, 1767 ページ). Liebes*brief* ラブレター / ein privater (offener) *Brief* 私信(公開状) / einen *Brief* frankieren (または frei|machen) 手紙に切手を貼(は)る / ein blauer *Brief* a) 解約(解雇)通知状, b)（成績・素行の悪い生徒の親に出す）警告状 / Ich schrieb ihm (または an ihn) einen langen *Brief*. 私は彼に長い手紙を書いた / Es ist ein *Brief* für dich da. 君に手紙が来ているよ / mit 八³ *Briefe*⁴ wechseln 八³と文通する / Gestern bekam ich einen *Brief* von meinen Eltern. きのう私は両親から手紙を受け取った. ② 証書. 八³ *Brief*⁴ und Siegel⁴ auf 車⁴ geben《比》八³に車⁴を確約(保証)する(←証書と印を与える). ③《経》証券, 手形; 証券の売り相場. ④ 小さな包み. ein *Brief* Nadeln 一包みの針.

Brief⸗be·schwe·rer [ブリーふ・ベシュヴェーラァ] 男 -s/- 文鎮.

Brief⸗block [ブリーふ・ブロック] 男 -[e]s/-s (はぎ取り式の)便箋.

Brief⸗bo·gen [ブリーふ・ボーゲン] 男 -s/- (南ドツ: ..bögen も) (1 枚 1 枚の)便箋(びん).

Brief⸗freund [ブリーふ・フロイント] 男 -[e]s/-e ペンフレンド. (注: 女性形は Brieffreundin).

Brief⸗ge·heim·nis [ブリーふ・ゲハイムニス] 匣 ..nisses/ 信書の秘密.

Brief⸗kar·te [ブリーふ・カルテ] 囡 -/-n (封筒に入れて出す)グリーティングカード.

*der **Brief⸗kas·ten** [ブリーふ・カステン bríːf-kastən] 男 (単2) -s/(複) ..kästen [..ケステン] ① (郵便)ポスト. (英 mailbox). Wo ist der nächste *Briefkasten*? 最寄りのポストはどこですか. ② 郵便受け. ③（新聞などの）[読者]投書欄, 読者の声欄.

Brief⸗kas·ten⸗fir·ma [ブリーふカステン・ふィルマ] 囡 -/..firmen (郵便受けしかない脱税のための)架空会社, ペーパーカンパニー.

Brief⸗kopf [ブリーふ・コっふ] 男 -[e]s/..köpfe レターヘッド(便箋頭部の名前・住所).

brief·lich [ブリーふりヒ] 形 手紙の, 手紙による. 車⁴ *brieflich* mit|teilen 車⁴を手紙で知らせる.

*die **Brief⸗mar·ke** [ブリーふ・マルケ bríːf-markə] 囡 (単) -/(複) -n [郵便]切手. (英 stamp). Sonder*briefmarke* 記念切手 / *Briefmarken*⁴ sammeln 切手を収集する / Zehn *Briefmarken* zu einer Mark, bitte！1 マルクの切手を 10 枚ください.

Brief·mar·ken⸗au·to·mat [ブリーふマルケン・アオトマート] 男 -en/-en 切手自動販売機.

Brief⸗öff·ner [ブリーふ・エふナァ] 男 -s/- (開封用の)ペーパーナイフ.

Brief⸗pa·pier [ブリーふ・パピーァ] 匣 -s/-e 便箋(びん).

Brief⸗por·to [ブリーふ・ポルトー] 匣 -s/-s (または ..porti) (封書の)郵便料金.

Brief⸗ro·man [ブリーふ・ロマーン] 男 -s/-e (特に 18 世紀の)書簡体小説.

*die **Brief⸗ta·sche** [ブリーふ・タッシェ bríːf-taʃə] 囡 (単) -/(複) -n 札入れ, 紙入れ. (英 wallet). Den Ausweis habe ich in meiner *Brieftasche*. 証明書は札入れの中に入れています / eine dicke *Brieftasche*⁴ haben《口語》金持ちである.

Brief⸗tau·be [ブリーふ・タオベ] 囡 -/-n 伝書鳩(ばと).

Brief⸗trä·ger [ブリーふ・トレーガァ] 男 -s/- 郵便配達人. (注: 女性形は Briefträgerin).

Brief‧um‧schlag [ブリーふ・ウムシュラーク] 男 -[e]s/..schläge 封筒.
Brief‧waa‧ge [ブリーふ・ヴァーゲ] 女 -/-n 手紙(軽量郵便物)用のはかり.
Brief‧wahl [ブリーふ・ヴァーる] 女 -/-en 郵便[による]投票(不在者投票の一形式).
Brief‧wech‧sel [ブリーふ・ヴェクセる] 男 -s/- ① 手紙のやり取り, 文通. mit 人³ in *Briefwechsel* stehen 人³と文通している. ② 往復書簡. der *Briefwechsel* zwischen Goethe und Schiller ゲーテとシラーの往復書簡.
Bries [ブリース brí:s] 中 -es/-e 《医》胸腺(きょうせん); 《料理》(子牛などの)胸腺.
briet [ブリート] ‡braten (焼く)の過去.
brie‧te [ブリーテ] ‡braten (焼く)の接２.
Bri‧ga‧de [ブリガーデ brigá:də] [ﾌﾞ] 女 -/-n ① 《軍》旅団. ② (旧東ドイツで:)作業班.
Bri‧ga‧di‧er [ブリガディエー brigadie:] 男 -s/-s ① 《軍》旅団長, 准将. ② [..ディーァ][複] -e [..ディーレ] も] (旧東ドイツで:)作業班長.
Brigg [ブリック brík] 女 -/-s ブリッグ(2本マストの帆船の一種).
Bri‧git‧te [ブリギッテ brigíta] -[n]s/ 《女名》ブリギッテ.
Bri‧kett [ブリケット brikét] 中 -s/-s (まれに -e) ブリケット(練炭の一種).
bril‧lant [ブリリヤント briljánt] [ﾌﾞ] 形 輝かしい, すばらしい, 卓越した.
Bril‧lant [ブリリヤント briljánt] 男 -en/-en ブリリアントカットのダイヤモンド.
Bril‧lanz [ブリリヤンツ briljánts] 女 -/ ① 技巧のすばらしさ. ②《写》画像の鮮明度. ③ (高音部の)曇りのない再生.
‡*die* **Bril‧le** [ブリれ brílə]

> 眼鏡
>
> Hast du eine neue *Brille*?
> ハスト ドゥ アイネ ノイエ ブリれ
> 君は新しい眼鏡をかけているね.

女 (単) -/(複) -n ① 眼鏡.(英 glasses). Lese*brille* 読書用眼鏡 / Sonnen*brille* サングラス / eine scharfe (schwache) *Brille* 度の強い(弱い)眼鏡 / eine *Brille* für die Ferne (die Nähe) 遠用(近用)の眼鏡 / eine *Brille*⁴ tragen 眼鏡をかけている / die *Brille*⁴ auf|setzen (ab|setzen) 眼鏡をかける(はずす) / 事⁴ durch eine gefärbte *Brille* sehen 《比》事⁴を色眼鏡で(偏見を持って)見る / 事⁴ durch eine rosa (schwarze) *Brille* sehen 事⁴をあまりに楽観的に(悲観的に)見る.
② 《口語》(眼鏡の形をしたもの:)便座; (動物の目の周りの)眼鏡斑.
Bril‧len‧fut‧te‧ral [ブリレン・フッテラーる] 中 -s/-e 眼鏡ケース.
Bril‧len‧glas [ブリレン・グラース] 中 -es/..gläser 眼鏡のレンズ.
Bril‧len‧schlan‧ge [ブリレン・シュらンゲ] 女 -/-n 《動》コブラ; 《口語・戯》眼鏡をかけた女性.

Bril‧len‧trä‧ger [ブリれン・トレーガァ] 男 -s/- 眼鏡をかけた人.(女 女性形は Brillenträgerin).
bril‧lie‧ren [ブリリイーレン briljí:rən] 自 (h) (すぐれたできばえで)人目を引く, 抜きんでる. Er *brillierte* mit seiner Rede. 彼のスピーチはすばらしかった.
Brim‧bo‧ri‧um [ブリンボーリウム brimbó:rium] 中 -s/《口語》大騒ぎ, 空騒ぎ.
‡**brin‧gen*** [ブリンゲン brínən]

> 持って来る
>
> *Bringen* Sie mir bitte ein Bier!
> ブリンゲン ズィー ミァ ビッテ アイン ビーァ
> ビールを1杯持って来てください.

(brachte, hat...gebracht) 他 (完了) haben) (英 bring) ① (物⁴を)持って来る, 持って行く, 運ぶ, 届ける. Der Kellner *bringt* das Essen. ウェーターが料理を持って来る / Er *hat* mir Blumen *gebracht*. 彼は私に花を持って来てくれた / ein Paket⁴ *auf* die Post (または zur Post) *bringen* 小包を郵便局へ持って行く / 人³ eine gute Nachricht⁴ *bringen* 人³にいい知らせを届ける / 人³ Hilfe⁴ *bringen* 人³を援助する / Der letzte Winter *brachte* uns viel Schnee. 《比》この前の冬は雪が多かった.
② 《方向を表す語句とともに》(人⁴を…へ)連れて来る, 連れて行く, 送り届ける. *Bringen* Sie ihn hierher! 彼をここへ連れて来なさい / 人⁴ ins Krankenhaus *bringen* 人⁴を病院へ連れて行く(入院させる) / Ich *bringe* dich nach Hause. 君を家まで送るよ / 人⁴ zum Bahnhof *bringen* 人⁴を駅まで送って行く.
③ 《特定の前置詞句とともに》(人・物⁴を…の方向へ)導く, (人・物⁴を…の状態にする), 陥れる. 事⁴ ans Licht (または an den Tag) *bringen* 事⁴を明るみに出す / 物⁴ an sich⁴ *bringen* 《口語》物⁴を着服する / einen Satelliten auf die Bahn *bringen* 衛星を軌道に乗せる / 人⁴ aus der Fassung *bringen* 人⁴をうろたえさせる / eine Arbeit⁴ hinter sich⁴ *bringen* 仕事を片づける / den Motor in Gang *bringen* エンジンを始動させる / 人⁴ in Gefahr *bringen* 人⁴を危険に陥れる / 事⁴ nicht übers Herz (または über sich⁴) *bringen* 事⁴をする決心がつかない / 人⁴ zur Verzweiflung *bringen* 人⁴を絶望させる / 事⁴ zum Ausdruck *bringen* 事⁴を表現する / 事⁴ zu Ende *bringen* 事⁴を終わらせる.
④ 《es を目的語として成句的に》es⁴ weit *bringen* 出世する, 成功する / es⁴ zu Ansehen *bringen* 名声をかち得る / Er *hat* es bis zum Minister *gebracht*. 彼は大臣にまでなった / es⁴ zu etwas *bringen* ひとかどの者になる / Sie *hat* es auf 90 Jahre *gebracht*.《口語》彼女は90歳にもなった.
⑤ (利益を事⁴を)もたらす, 生む; (人³に事⁴を)ひき起こす. hohen Ertrag *bringen* 大きい収益をもたらす / Das *bringt* nichts.《口語》そん

なことをしても何にもならないよ / Das *bringt* ihm nur Ärger. それは彼の怒りをかうだけだ / 人³ große Verluste⁴ *bringen* 人³に大きな損害を与える / 事⁴ mit sich³ *bringen*(必然的に)事⁴を伴う ⇒ Diese Expedition *wird* Gefahren mit sich *bringen*. この探検は危険を伴うであろう.
⑥ 《人⁴ um 物⁴ ~》(人⁴から物⁴を)奪う, 失わせる. 人⁴ ums Leben *bringen* 人⁴の命を奪う / Der Lärm *brachte* sie um den Schlaf. 騒音で彼女は眠れなかった.
⑦ 《口語》《記事など⁴を》掲載する, (番組など⁴を)放送する, (劇など⁴を)上演する. Die Zeitung *brachte* nichts darüber. 新聞はそれについて何も報道しなかった / Was *bringt* das Fernsehen heute Abend? 今晩テレビで何がありますか.
⑧ (物·事⁴を…に)する. 事⁴ durcheinander *bringen* 事⁴をごちゃごちゃにする / die Arbeit⁴ fertig *bringen* 仕事を終える / 人³ 事⁴ nahe *bringen* 人³に事⁴を理解させる.
⑨ 《俗》《若者言葉》できる(= können). Ich *bringe* diese Übung nicht. この練習問題はぼくの手に負えない.

[類語] bringen:「持って来る(行く)」の意味で最も一般的な語. holen:(出かけて行って)取って来る. Kartoffeln⁴ aus dem Keller *holen* じゃがいもを地下室から取って来る. tragen:(手や腕などの)体を使って運ぶ, 持って行く. schleppen:(重い物を)引きずって運ぶ. ab|holen:(約束のものを)受け取って来る, 連れて来る.

bri·sant [ブリザント brizánt] 形 爆発力の強い(火薬など); 《比》論議を呼ぶ(テーマなど).
Bri·sanz [ブリザンツ brizánts] 女 -/-en ① (火薬などの)爆発力. ② 《覆 なし》《比》(テーマなどの)衝撃性, 問題性.
Bri·se [ブリーゼ bríːzə] 女 -/-n (海上·浜辺の)微風, 軟風.
Bri·tan·ni·en [ブリタンニエン britániən] 中 -s/《地名》ブリタニア(イギリス, 大ブリテン島のローマ時代の呼び名).
Bri·te [ブリッテ brítə または ブリーテ bríːtə] 男 -n/-n ① ブリトン人(ブリタニアに住んでいたケルト人の一派). ② 大ブリテン島の住民(出身者); イギリス人.(☞ 女性形は Britin).
bri·tisch [ブリティッシュ brítɪʃ または ブリー.. bríː..] 形 大ブリテン[島]の, イギリスの, イギリス本国の.
Broch [ブロッホ bróx] -s/《人名》ブロッホ(Hermann *Broch* 1886–1951; オーストリアの作家).
brö·cke·lig [ブレッケリヒ brǿkəlɪç] 形 ぼろぼろに砕けた; 砕けやすい, もろい.
brö·ckeln [ブレッケルン brǿkəln] I 自 (h, s) ① (h) ぼろぼろに崩れる. ② (s) ぼろぼろになってはがれる. II 他 (h) (パンなど⁴を)細かく砕く.
bro·cken [ブロッケン brɔ́kən] 他 (h) ① 細かく砕く. ② (南ドイツ·オーストリア) 摘み取る.
Bro·cken¹ [ブロッケン brɔ́kən] 男 -s/- ① 破片, かけら, 切れ端; かたまり. Fleisch*brocken* 肉のかたまり / ein *Brocken* Brot 一かけらのパン / ein fetter (harter) *Brocken* 《口語》もうけの多い(つらい)仕事 / Er kann ein paar *Brocken* Spanisch. 《比》彼は片言のスペイン語ができる. ② 《口語》ずんぐり(どっしり)した人.
der **Bro·cken²** [ブロッケン] 男 -s/《定冠詞とともに》《山名》ブロッケン山(ハルツ山地の最高峰. 1142 m. 霧の名所で, 妖怪現象は有名.(☞ 地図 E–3).
bröck·lig [ブレックリヒ brǿklɪç] 形 = bröckelig
bro·deln [ブローデルン bróːdəln] 自 (h) (湯などが)煮えたぎる, 沸き立つ; (霧などが)立ちのぼる. ◇《非人称の es を主語として》Es *brodelt* im Volk. 《比》民衆が騒然としている.
Broi·ler [ブロイラァ brɔ́ylɐ] 《英》 男 -s/- (特に旧東ドイツで). [若鶏の]ローストチキン(= Brathähnchen).
Bro·kat [ブロカート brokáːt] 男 -[e]s/-e にしき, 金襴(きんらん), どんす.
Brok·ko·li [ブロッコリ brɔ́koli] 覆 《植》ブロッコリー.
Brom [ブローム bróːm] 中 -s/ 《化》臭素(しゅうそ)(記号: Br).
Brom·bee·re [ブロン·ベーレ brɔ́m-beːrə] 女 -/-n 《植》ブラックベリー[の実].(☞ Beere 図).
bron·chi·al [ブロンヒアール brɔnçiáːl] 形 《医》気管支の.
Bron·chi·al≈ka·tarrh [ブロンヒアール·カタール] 男 -s/-e 《医》気管支炎(= Bronchitis).
Bron·chie [ブロンヒエ brɔ́nçiə] 女 -/-n 《ふつう覆》《医》気管支.
Bron·chi·tis [ブロンヒーティス brɔnçíːtɪs] 女 -/..tiden [..ヒティーデン] 《医》気管支炎.
Bron·ze [ブローンツェ brɔ̃ːsə] [発] 女 -/-n ① ブロンズ, 青銅. eine Halskette aus *Bronze* ブロンズのネックレス. ② ブロンズ製の工芸品. ③ 《覆 なし; 冠詞なし》《スポーツ·隠語》銅メダル. ④ ブロンズ色の塗料.
Bron·ze≈me·dail·le [ブローンセ·メダリエ] 女 -/-n 銅メダル.
bron·zen [ブローンツェン brɔ̃ːsən] 形 ブロンズ(青銅)製の; ブロンズ(青銅)色の.
Bron·ze≈zeit [ブローンツェ·ツァイト] 女 -/ 《考古》青銅器時代.
bron·zie·ren [ブロンスィーレン brɔsíːrən] 他 (h) (物⁴に)ブロンズ(青銅)メッキをする; ブロンズ(青銅)色にする.
Bro·sa·me [ブローザーメ bróːzaːmə] 女 -/-n 《ふつう覆》《雅》(パンなどの)小片, くず.
brosch. [ブロシーアト] 《略》仮とじの(= broschiert).
Bro·sche [ブロッシェ brɔ́ʃə] 女 -/-n ブローチ. eine *Brosche*⁴ an|stecken ブローチを付ける.
bro·schiert [ブロシーアト brɔʃíːrt] 形 《書籍》仮とじの, 仮製本の(略: brosch.). eine *broschierte* Ausgabe ペーパーバック版.
Bro·schü·re [ブロシューレ brɔʃýːrə] 女 -/-n (薄い仮とじの)小冊子, パンフレット.

Brö·sel [ブレーゼる bróːzəl] 男 (ホックサ: 中) -s/- 《ふつう 複》パンくず.

brö·seln [ブレーゼるン bróːzəln] I 他 (h) (パンなど4を)小さく砕く. II 自 (h) (パンなどが)小さく砕ける.

‡ *das* **Brot** [ブロート bróːt]

> パン　Ich esse gern deutsches *Brot*.
> イヒ　エッセ　ゲルン　ドイチェス　ブロート
> 私はドイツのパンが好きだ.

中 (単2) -es (まれに -s)/(複) -e (3格のみ -en) (英 bread) ① 《ふつう 単》パン. frisches *Brot* 焼きたてのパン / ein weiches (hartes) *Brot* 柔らかい(堅い)パン / *Brot*4 backen パンを焼く / ein Laib *Brot* 一かたまりのパン / eine Scheibe (または eine Schnitte) *Brot* (スライスした)パン 1 枚 / flüssiges *Brot* 《戯》ビール (←液体のパン) / ein belegtes *Brot* パン オープンサンド / 物4 für ein Stück *Brot* verkaufen 物4をただ同然で売る(←パン1個と引き換えに) / Er kann mehr als *Brot* essen. 《口語》彼には優れた能力がある(←パンを食べること以上のことができる) / Wes[sen] *Brot* ich esse, des[sen] Lied ich singe. 《ことわざ》世話になった人のことはほめねばわけにはいかない(←パンを食わしてくれる人の歌を歌う).

② 《比》生活の糧, 生計. ein hartes *Brot* つらい仕事 / Ich verdiene [mir] mein *Brot* selbst. 私は自分で暮らしをたてている.

Brot　Brezel
Brötchen (Semmel)　Hörnchen　Zopf

パンのいろいろ

〈参〉 ..*brot* のいろいろ: Bauern*brot* 農家風黒パン / Früchte*brot* ドライフルーツ入りパン / Land*brot* 田舎風黒パン / Roggen*brot* ライ麦パン / Schrot*brot* 粗びきパン / Schwarz*brot* 黒パン / Vollkorn*brot* (ライ麦粗びきの)黒パン / Weiß*brot* 白パン

Brot⸗beu·tel [ブロート・ボイテる] 男 -s/- (昔の:)(ハイキング・行軍などのための)携帯食料袋.

* *das* **Bröt·chen** [ブレートヒェン bróːtçən] 中 (単2) -s/- (Brot の 縮小) ブレートヒェン (皮の堅い丸い形のパン. 南ドイツでは Semmel という). (☞ Brot 図).

Bröt·chen⸗ge·ber [ブレートヒェン・ゲーバァ] 男 -s/- 《戯》雇い主 (= Arbeitgeber).

Brot⸗ein·heit [ブロート・アインハイト] 女 -/-en 《医》(食物に含まれる)炭水化物量の単位(特に糖尿病の食事療法での用語).

Brot⸗er·werb [ブロート・エァヴェルプ] 男 -[e]s/ 生計[の道], 食うための道.

Brot⸗korb [ブロート・コルプ] 男 -[e]s/..körbe パンかご. 人3 den *Brotkorb* höher hängen 《口語》 a) 人3に少ししか食べ物を与えない, b) 《比》 人3にひもじい(つらい)思いをさせる(←パンかごをもっと高いところにつるす).

Brot⸗kru·me [ブロート・クルーメ] 女 -/-n ① パンくず. ② パンの中身.

Brot⸗laib [ブロート・らイプ] 男 -[e]s/-e (一定の形に焼いた)まるごとのパン.

brot⸗los [ブロート・ろース] 形 仕事(収入)のない; もうけ(お金)にならない.

Brot⸗mes·ser [ブロート・メッサァ] 中 -s/- パン切りナイフ.

Brot⸗neid [ブロート・ナイト] 男 -[e]s/ 他人の地位(収入)へのねたみ.

Brot⸗rin·de [ブロート・リンデ] 女 -/-n パンの皮.

Brot⸗schei·be [ブロート・シャイベ] 女 -/-n スライスしたパン.

Brot⸗schnei·de⸗ma·schi·ne [ブロート・シュナイデ・マシーネ] 女 -/-n パン用スライサー, パン切り器.

Brot⸗stu·di·um [ブロート・シュトゥーディウム] 中 -s/..dien [..ディエン] (軽蔑的に:)パン[を得るための]学問(収入・就職目当ての学問).

Brot⸗zeit [ブロート・ツァイト] 女 -/-en 《南ドイツ》(午前のおやつ[の時間].

brr! [ブル br] 間 ① (嫌悪・寒さを表して:) ぶるる! ② (馬などを止める掛け声)どうどう.

BRT [ベー・エル・テー] 《略》《海》(船の)登録総トン数 (= Bruttoregistertonne).

* *der* **Bruch**¹ [ブルフ brúx] 男 (単2) -[e]s/(複) Brüche [ブリュッヒェ] (3格のみ Brüchen) ① 破損, 損傷, 崩壊. (英 break). der *Bruch* eines Dammes 堤防の決壊 / *Bruch*4 machen a) 《口語》物を壊す, b) 《空》(着陸の際に)機体を損傷する / in die *Brüche* gehen a) (花びんなどが)こなごなに砕ける, b) 《比》 (人間関係が)決裂する / ein *Bruch* mit der Vergangenheit 過去との決別 / zu *Bruch* gehen 二つに割れる, こなごなに壊れる. ② 《医》骨折; 脱腸, ヘルニア. Knochen*bruch* 骨折. ③ 《ふつう 複》(約束などを)破ること; (関係などの)断絶. der *Bruch* eines Vertrages 契約の破棄. ④ 《商》破損品, (チョコレートなどの)傷物, かけら. ⑤ しわ, ひだ; (ズボンなどの)折り目. ⑥ 《地学》断層. ⑦ 石切り場 (= Stein*bruch*). ⑧ 《数》分数 ein echter (unechter) *Bruch* 真(仮)分数. ⑨ 《隠語》家宅侵入, 押し入り (= Ein*bruch*).

Bruch² [ブルフ] 男 中 -[e]s/Brüche (方: Brücher も) 沼地, 湿地.

Brü·che [ブリュッヒェ] *Bruch¹ (破損)の 複

bruch⸗fest [ブルフ・フェスト] 形 壊れにくい.

brü·chig [ブリュヒヒ brýçɪs] 形 ① 壊れやすい, もろい. ② (声が)しわがれた.

Bruch≠lan·dung [ブルフ・ランドゥング] 女 -/-en ① (空)(機体の破損を伴う)不時着. ② (口語)失敗.

Bruch≠rech·nung [ブルフ・レヒヌング] 女 -/-en 分数計算.

Bruch≠stel·le [ブルフ・シュテレ] 女 -/-n 破損箇所.

Bruch≠strich [ブルフ・シュトリヒ] 男 -[e]s/-e 《数》分数線(分母と分子を分ける線).

Bruch≠stück [ブルフ・シュテュック] 中 -[e]s/-e 破片, 断片, かけら; (作品の)断片.

bruch·stück·haft [ブルフ・シュテュックハフト] 形 断片的な, 切れ切れの.

Bruch≠teil [ブルフ・タイる] 男 -[e]s/-e 小部分. im *Bruchteil* einer Sekunde² 一瞬のうちに.

Bruch≠zahl [ブルフ・ツァーる] 女 -/-en 《数》分数.

die **Brü·cke** [ブリュッケ brýkə]

> 橋 Wir gehen über die *Brücke*.
> ヴィァ ゲーエン ユーバァ ディ ブリュッケ
> 私たちは橋を渡ります.

女 (単) -/(複) -n 《英 bridge》 ① 橋. eine breite (schmale) *Brücke* 幅の広い(狭い)橋 / eine *Brücke*⁴ bauen (または schlagen) 橋を架ける / eine *Brücke* über den Rhein ライン川に架かる橋 / Über den Fluss spannt sich eine *Brücke*. 川には橋が架かっている / 人³ goldene *Brücken*⁴ (または eine goldene *Brücke*⁴) bauen 《比》人³に妥協する道を用意してやる, 顔がたつようにしてやる(←黄金の橋を架けてやる) / alle *Brücken*⁴ hinter sich³ ab|brechen 背水の陣を敷く, いっさいの関係を絶つ / Musik schlägt *Brücken* von Volk zu Volk. 音楽は民族から民族への橋渡しをする. ② (海) 船橋, 艦橋. ③ 《医》(歯の)ブリッジ, 架工義歯; 脳橋. ④ (床運動の)ブリッジ. ⑤ 細長い小じゅうたん.

Brü·cken≠kopf [ブリュッケン・コプふ] 男 -[e]s/..köpfe 《軍》橋頭堡(ほ).

Brü·cken≠pfei·ler [ブリュッケン・プふァイらァ] 男 -s/- 橋脚.

Brü·cken≠waa·ge [ブリュッケン・ヴァーゲ] 女 -/-n (家畜などを量る)台ばかり, 計量台.

Bruck·ner [ブルックナァ brúknər] -s/ (人名) ブルックナー (Anton Bruckner 1824-1896; オーストリアの作曲家).

der **Bru·der** [ブルーダァ brúːdər]

> 兄, 弟 Ich habe einen *Bruder*.
> イヒ ハーベ アイネン ブルーダァ
> 私には兄(弟)が一人います.

男 (単2) -s/(複) Brüder [ブリューダァ] (3格のみ Brüdern) 《英 brother》 ① 兄, 弟, 兄弟. ein leiblicher *Bruder* 実の兄(弟) / mein älterer (jüngerer) *Bruder* 私の兄(弟) / Er ist ihr *Bruder*. 彼は彼女の兄(弟)だ / Ich habe zwei *Brüder*. 私には兄弟が二人います / die *Brüder* Grimm グリム兄弟. (🔙 ドイツ語ではふつう《口語》で「年長」「年少」を区別しない; 「姉妹」は Schwester, 「兄弟姉妹」は Geschwister.)
② (雅) 仲間, 同志, 盟友; (同じ会・団体などの)メンバー. Kegel*bruder* ボウリング仲間 / **unter** *Brüdern* 《口語》掛け値なしに(正直に)言えば. ③ (ホッッ) 修道士. die Barmherzigen *Brüder* 慈悲の修道士会[修道士]. ④ 《口語》やつ. *Bruder* Lustig 《戯》陽気なやつ / ein warmer *Bruder* 《俗》ホモ.

Brü·der [ブリューダァ] *Bruder (兄, 弟)の複.

brü·der·lich [ブリューダァリヒ] 形 兄弟の, 兄弟のように仲のいい, 親しい. 物⁴ *brüderlich* tei·len 物⁴を仲よく分ける.

Brü·der·lich·keit [ブリューダァリヒカイト] 女 -/ 兄弟のような親密さ; 友愛, 同胞愛.

Bru·der≠schaft [ブルーダァシャふト] 女 -/-en ① (おッ教) 信心会, 信徒会. ② (方) =Brüderschaft ①.

Brü·der≠schaft [ブリューダァシャふト] 女 -/-en ① 《親しい》(兄弟のような)親密さ, (du で呼び合う)親友関係. 人³ die *Brüderschaft*⁴ an|bieten (または an|tragen) 人³に親友関係 (du で呼び合う付き合い)を提案する / **mit** 人³ *Brüderschaft*⁴ trinken 人³と酒を飲み交わして親友関係を結ぶ (du と呼び合う間柄になる). ② (集) =Bruderschaft ①.

Bru·der≠volk [ブルーダァ・ふぉるク] 中 -[e]s/ ..völker 同種族の国民(民族).

Brü·he [ブリューエ brýːə] 女 -/-n ① ブイヨン(肉・骨などのスープ). Hühner*brühe* チキンブイヨン. ② 《口語》ひどい飲み物(水っぽいコーヒー・紅茶など). ③ 汚ない水; 《比》むだな(不快な)こと. in der *Brühe* sitzen ひどい目にあっている. ④ 《口語》汗.

brü·hen [ブリューエン brýːən] (h) (物⁴に)熱湯を注ぐ; (コーヒー・紅茶⁴を)入れる. Kaffee⁴ *brühen* コーヒーを入れる.

brüh≠heiß [ブリュー・ハイス] 形 煮え湯のように熱い.

brüh≠warm [ブリュー・ヴァルム] 形 《口語》最新の, ほやほやの(ニュースなど). 人³ 事⁴ *brühwarm* weiter|erzählen 事⁴(耳にしたことなど)をすぐにまた 人³に話す.

Brüh≠wür·fel [ブリュー・ヴェルふェる] 男 -s/- 《料理》(さいころ形の)固形ブイヨン.

*brül·len [ブリュれン brýlən] (brüllte, hat... gebrüllt) I 自 (完了 haben) 《英 roar》 ① (動物が)ほえる, うなる. Das Vieh *brüllte* auf der Weide. 牛が牧場で鳴いていた. ② (人が)大声を上げる; 泣きわめく. Er *brüllte* vor Schmerzen. 彼は苦痛のあまり大声を上げた. (🡒 類語 schreien).

II 他 (完了 haben) 大声で言う. Er *brüllte* Kommandos. 彼は大声で号令をかけた.

Brül·len [ブリュれン] 中 《成句的に》Das ist ja

zum *Brüllen.*《口語》そいつはお笑い草だ.
brüll·te [ブリュㇽテ] ＊brüllen (ほえる) の過去
Brumm⸗bär [ブルム・ベーア] 男 -en/-en《口語》不平家, ぶつぶつ言う人.
brum·meln [ブルメㇽン brúməln] 自 (h)・他 (h) ぼそぼそと話す, つぶやく.
brum·men [ブルメン brúmən] **I** 自 (h, s) ① (h)（虫・エンジンなどが）ぶんぶん音をたてる,（熊などが）うーっとうなる. Mir *brummt* der Kopf (または der Schädel).《口語》私は頭ががんがんする. ② (h) ぶつくさ言う. ③ (s)（…へ）ぶーんと音をたてて行く. ④ (h)《口語》刑務所に入る, (学校で) 居残りさせられる. **II** 他 (h) (事⁴を) ぼそぼそ言う, (歌⁴を) 低い声でハミングする. Er *brummte* eine Antwort. 彼はぼそっと返事をした.
Brum·mer [ブルマァ brúmər] 男 -s/-《口語》① ぶんぶんいう虫 (特に黒ばえ); うなり声を出す動物. ② (轟音 (ごうおん) を) たてる大型トラック, 爆撃機. ③ 鈍重な太っちょ. ④ 下手な歌い手.
brum·mig [ブルミヒ brúmıç] 形《口語》気難しい, 不機嫌な.
Brumm⸗schä·del [ブルム・シェーデㇽ] 男 -s/-《口語》(二日酔いによる) 頭痛. einen *Brummschädel* haben 二日酔いで頭が重い.
brü·nett [ブリュネット brynét] 形《髪・肌が》ブルネットの, 褐色がかった.
Brü·net·te [ブリュネッテ brynétə] 女 -/-n《髪・肌が》ブルネットの女性.
Brunft [ブルンふト brúnft] 女 -/Brünfte《狩》(鹿などの) 発情 (交尾) [期].
Brun·hild [ブルーン・ヒㇽト brú:n-hılt または ブルン.. brún..] -s/《女名》ブルーンヒルト (= Brunhilde).
Brun·hil·de [ブルーン・ヒㇽデ bru:n-híldə または ブルン.. brun..] -[n]s/《人名》ブルーンヒルデ (ドイツの諸伝説に登場する女性の名. ニーベルンゲン伝説では, ブルグント王グンターの妃).
＊*der* **Brun·nen** [ブルンネン brúnən] 男 (単 2) -s/(複) -《①（泉）fountain）. ein *Brunnen* auf dem Marktplatz 中央広場の噴水 / der *Brunnen* des Lebens 《比》命の泉. ② 井戸.《⑧ well》. einen *Brunnen* graben (または bohren) 井戸を掘る / Wasser⁴ vom *Brunnen* holen 井戸から水をくんで来る / Wenn das Kind in den *Brunnen* gefallen ist, deckt man ihn [erst] zu.《ことわざ》泥棒を見て縄をなう (←子供が井戸に落ちてから井戸にふたをする). ③ 鉱泉 [の水].
Brun·nen⸗kres·se [ブルンネン・クレッセ] 女 -/-s《植》オランダガラシ, クレソン.
Bru·no [ブルーノ brú:no] -s/《男名》ブルーノ.
Brunst [ブルンスト brúnst] 女 -/Brünste (哺乳 (ほにゅう) 動物の) 発情 (交尾) [期].
brüns·tig [ブリュンステイヒ brýnstıç] 形 ①（哺乳（ほにゅう）動物が）発情した, さかりのついた. ②（人が）性的に興奮した. ③《雅》熱烈な, 熱心な（祈りなど）.

brüsk [ブリュスク brýsk] 形 そっけない, 無愛想な. einen Vorschlag *brüsk* ab|lehnen 提案をすげなく拒絶する.
brüs·kie·ren [ブリュスキーレン brYskí:rən] 他 (h)（人⁴を）ぞんざいに（つっけんどんに）扱う.
Brüs·sel [ブリュッセㇽ brýsəl] 中 -s/《都市名》ブリュッセル（ベルギーの首都：☞ 地図 B-3）.
＊*die* **Brust** [ブルスト brúst] 女 (単) -/(複) Brüste [ブリュステ] (3 格のみ Brüsten)《⑧ breast》① 《複なし》胸, 胸部. eine breite *Brust* 幅広い胸 / *Brust* heraus! 胸を張れ / 人⁴ an die *Brust* drücken 人⁴を抱き締める / *Brust* an *Brust* ぴったり並んで / sich⁴ an die *Brust* schlagen (胸をたたいて) 後悔する / Er hat es **auf** der *Brust.*《口語》彼は胸をわずらっている / schwach auf der *Brust* sein《口語》a) 胸 (肺) が弱い, b)《比》懐が寂しい, c)《比》(ある専門分野に) 弱い / sich⁴ **in** die *Brust* werfen《口語》いばる / **mit** geschwellter *Brust* (誇らしく) 胸をふくらませて / einen **zur** *Brust* nehmen《口語》大酒を飲む.
② 乳房. üppige *Brüste* 豊満な乳房 / dem Kind die *Brust*⁴ geben 子供に乳を飲ませる. ③《複なし》《料理》胸部の肉. ④《複なし; 冠詞なし; 数詞とともに》(スぽ) 平泳ぎ (= Brustschwimmen). Sieger **über** 100 m *Brust* 100 m 平泳ぎの勝者.
Brust⸗bein [ブルスト・バイン] 中 -[e]s/-e《医》胸骨.
Brust⸗beu·tel [ブルスト・ボイテㇽ] 男 -s/- (首からつるす旅行用の) 貴重品袋.
Brüs·te [ブリュステ] ＊Brust (乳房) の 複
brüs·ten [ブリュステン brýstən] 再帰 (h)《*sich*⁴ **mit** 事³ ～》（事³を）やたらと自慢する.
Brust⸗fell [ブルスト・ふェㇽ] 中 -[e]s/-e《医》胸膜, 肋膜 (ろくまく).
Brust·fell⸗ent·zün·dung [ブルストふェㇽ・エントツュンドゥング] 女 -/-en《医》胸膜炎, 肋膜 (ろくまく) 炎.
Brust⸗kas·ten [ブルスト・カステン] 男 -s/..kästen《口語》胸部, 胸郭 (= Brustkorb).
Brust⸗korb [ブルスト・コㇽプ] 男 -[e]s/..körbe《医》胸郭.
brust⸗schwim·men [ブルスト・シュヴィンメン] 自《不定詞でのみ用いる》平泳ぎで泳ぐ.

Brust≠schwim·men [ブルスト・シュヴィンメン] 中 -s/ 平泳ぎ.

Brust≠stim·me [ブルスト・シュティンメ] 女 -/-n 《音楽》胸声(低音域の声). (⇨「頭声, ファルセット」は Kopfstimme).

Brust≠ta·sche [ブルスト・タッシェ] 女 -/-n 胸ポケット; (上着の)内ポケット.

Brust≠ton [ブルスト・トーン] 男 -[e]s/..töne 《音楽》胸声音. im *Brustton* der Überzeugung[2] 深い確信に満ちた声で.

Brust≠um·fang [ブルスト・ウムファング] 男 -[e]s/..fänge 胸囲;《服飾》バストの寸法.

Brüs·tung [ブリストゥング] 女 -/-en ① (バルコニー・橋などの)手すり, 欄干. Er beugte sich über die *Brüstung*. 彼は手すりの上にかがんだ. ② (胸の高さの)窓下の壁, 腰壁.

Brust≠war·ze [ブルスト・ヴァルツェ] 女 -/-n 《医》乳頭, 乳首.

Brut [ブルート brú:t] 女 -/-en ① 卵を抱くこと, 抱卵, 孵化(ふ). ② 《ふつう単》《動》一腹の卵からかえった子(ひな・幼虫など),《戯》一家の子供たち. ③ 《複なし》《俗》やから, 悪党ども.

bru·tal [ブルターる brutá:l] 形 ① 粗暴な, 残忍な. ② 容赦のない, 厳しい. ③ (若者言葉)すごくいい.

Bru·ta·li·tät [ブルタリテート brutalité:t] 女 -/-en ① 《複なし》粗暴さ, 残忍さ. ② 残酷な行為.

Bru·ta·lo [ブルターろ brutá:lo] 男 -s/-s 《口語》粗暴で向う見ずな男.

Brut≠ap·pa·rat [ブルート・アパラート] 男 -[e]s/-e 孵卵(ふらん)器.

brü·ten [ブリューテン brý:tən] I 自 (h) ① (鳥が)卵を抱いている, ひなをかえす. ② 《über 事[3]~》(事[3]を)じっくり考える, 思い悩む. Er *brütet* über seinen Plänen. 彼は自分の計画をあれこれ考えている. ③ 《雅》(暑さなどが)蒸し暑く覆う. Die Hitze *brütete* über dem Tal. 暑気が谷を覆っていた. ◇[現在分詞の形で] eine *brütende* Hitze うだるような暑さ. II 他 (h) ① (よからぬこと[4]を)たくらむ. Rache[4] *brüten* 復讐(ふくしゅう)を企てている. ② 《物》(核分裂性物質[4]を)増殖する.

Brü·ter [ブリューター brý:tər] 男 -s/- ① 《物》増殖炉(=Brutreaktor). ein schneller *Brüter* 高速増殖炉. ② 《鳥》抱卵中の鳥.

Brut≠hit·ze [ブルート・ヒッツェ] 女 -/《口語》猛暑.

Brut≠kas·ten [ブルート・カステン] 男 -s/..kästen 《医》未熟児保育器.

Brut≠re·ak·tor [ブルート・レアクトァ] 男 -s/-en [..トーレン]《物》増殖炉.

Brut≠stät·te [ブルート・シュテッテ] 女 -/-n ① 孵化(ふか)場, 増殖地. ② 《雅・比》(犯罪などの)温床.

brut·to [ブルット- brúto] [略] 副 《商》風袋(包装)込みで; 税込みで, 総計で. (略: btto.). (⇨「正味で」は netto).

Brut·to≠ein·kom·men [ブルット・アインコンメン] 中 -s/- (税金などを差し引く前の)総収入.

Brut·to≠ge·wicht [ブルット・ゲヴィヒト] 中 -[e]s/-e (風袋を含めた)総重量. (⇨「正味重量」は Nettogewicht).

Brut·to≠re·gis·ter·ton·ne [ブルット・レギスタァトンネ] 女 -/-n 《海》(船の)登録総トン数 (略: BRT).

Brut·to≠so·zi·al·pro·dukt [ブルット・ゾツィアールプロドゥクト] 中 -[e]s/-e 《経》国民総生産, GNP.

brut·zeln [ブルッツェるン brútsəln] I 自 (h) (フライパンの中で)じゅうじゅう焼ける. II 他 (h) 《口語》(油で)じゅうじゅう焼く.

bst! [ブスト pst] 間 (静粛・注意を促して)しっ!(=pst!)

btto. [ブルット-]《略》風袋(包装)を含めて(=brutto).

Btx [ビडトシルム・テクスト]《略》ビデオテックス(=Bildschirmtext).

Bub [ブーブ bú:p] 男 -en/-en《南ドッ・オース・スイス》男の子, 少年; 息子.

Bu·be [ブーベ bú:bə] 男 -n/-n ① (トランプの)ジャック. ② 悪党, ごろつき.

Bu·ben≠streich [ブーベン・シュトライヒ] 男 -[e]s/-e ① 子供のいたずら. ② 悪事.

Bu·ben≠stück [ブーベン・シュテュック] 中 -[e]s/-e 卑劣な行為, 悪事.

Bu·bi≠kopf [ブービ・コプフ] 男 -[e]s/..köpfe (女性の)ボーイッシュな髪型, ボーイッシュ・ボブ.

bü·bisch [ビュービッシュ bý:bɪʃ] 形《雅》卑劣な; いたずらっぽい.

*das **Buch** [ブーフ bú:x]

> 本 Sein *Buch* wird ein Bestseller.
> ザイン ブーフ ヴィルト アイン ベストゼらァ
> 彼の本はベストセラーになるよ.
>
> | 格 | 単 | 複 |
> |---|---|---|
> | 1 | das Buch | die Bücher |
> | 2 | des Buches | der Bücher |
> | 3 | dem Buch | den Büchern |
> | 4 | das Buch | die Bücher |

中 (単2) -es (まれに -s)/(複) Bücher [ビューヒャァ] (3格のみ Büchern) (英 book) ① 本, 書物, 書籍. ein dickes *Buch* 分厚い本 / ein interessantes *Buch* おもしろい本 / ein *Buch* von 500 Seiten 500ページの本 / ein *Buch*[4] schreiben (heraus|geben) 本を書く(出版する) / ein *Buch*[4] lesen 本を読む / ein *Buch*[4] auf|schlagen (zu|klappen) 本を開く(ばたんと閉じる) / das *Buch* der *Bücher*[2] 聖書(=本の中の本) / Er redet wie ein *Buch*. 《口語》彼はとうとうとまくしたてる / Er ist ein Geschäftsmann, wie er im *Buche* steht. 彼は典型的な商売人だ(←本に書いてあるような) / Sie sitzt den ganzen Tag **über** ihren *Büchern*. 彼女は一日中本を読んでいる / Das ist mir (または für mich) ein *Buch* mit sieben Siegeln.《比》それは私には不可解だ(←七

重の封印をした本; 聖書, ヨハネ黙示録 5, 1–5).
② (書物の)巻, 冊. ein Roman in drei *Büchern* 全 3 巻の小説. ③《映》(映画の)シナリオ, 台本 (=Dreh*buch*). ④ (厚手の)帳面, ノート. ⑤ 《ふつう 複》《商》帳簿, 会計簿. die *Bücher*[4] führen 帳簿をつける / zu *Buch*[e] schlagen a) 収支に影響を及ぼす, b) 重要である.

〘ミニ〙 ..**buch** のいろいろ: Adress*buch* 住所録 / Bilder*buch* 絵本 / Gesetz*buch* 法典 / Jahr*buch* 年鑑 / Kurs*buch* 時刻表 / Lese*buch* 読本 / Lieder*buch* 歌曲集 / Notiz*buch* メモ帳 / Tage*buch* 日記 / Telefon*buch* 電話帳 / Wörter*buch* 辞書

Buch⚬bin·der [ブーフ・ビンダァ] 男 -s/- 製本屋, 製本工.
Buch⚬bin·de·rei [ブーフ・ビンデライ] 女 -/-en ① 《複 なし》製本[業]. ② 製本所.
Buch⚬de·ckel [ブーフ・デッケる] 男 -s/- 本の表紙.
Buch⚬druck [ブーフ・ドルック] 中 -[e]s/ [活版]印刷, 図書印刷.
Buch⚬dru·cker [ブーフ・ドルッカァ] 男 -s/- 印刷業者, 印刷工.
Buch⚬dru·cke·rei [ブーフ・ドルッケライ] 女 -/-en ① 《複 なし》印刷業. ② 印刷所.
Buch⚬dru·cker·kunst [ブーフドルッカァ・クンスト] 女 -/ 印刷術.
die **Bu·che** [ブーへ búːxə] 女 (単) -/(複) -n ① 《植》ブナの木. ② 《複 なし》ぶな材.
Buch⚬ecker [ブーフ・エッカァ] 女 -/-n ぶなの実.
bu·chen [ブーヘン búːxən] (buchte, *hat*…gebucht) 他 《完了 haben》① 《商》(入金・出費など[4]を)記帳する, 記入する. Er *hat* alle Einnahmen und Ausgaben *gebucht*. 彼はすべての収入と支出を記帳した. *ich* als Erfolg *buchen* 《比》軍[4]を成功と見なす. ② (座席などを[4])予約する; (部屋など[4]の)予約を受け付ける. einen Platz im Flugzeug *buchen* または einen Flug *buchen* 飛行機の座席を予約する.
Bu·chen·wald[1] [ブーヘン・ヴァるト] 男 -[e]s/..wälder ぶなの森.
Bu·chen·wald[2] [ブーヘン・ヴァるト búːxənvalt] 中 -s/ 《地名》ブーヘンヴァルト (ワイマール近郊. 1937–1945 年ナチの強制収容所があった).
Bü·cher [ビューヒァァ] ✱Buch (本)の 複
Bü·cher⚬brett [ビューヒァァ・ブレット] 中 -[e]s/-er (壁に取り付けた)本棚.
die **Bü·che·rei** [ビューヒェライ byːçəráɪ] 女 (単) -/(複) -en (小規模の)図書館, 図書室, 文庫. 《英 library》. 《⚙⚙》「(大きな)図書館」は Bibliothek. Stadt*bücherei* 市立図書館.
Bü·cher⚬freund [ビューヒァァ・フロイント] 男 -[e]s/-e 愛書家.
Bü·cher⚬narr [ビューヒァァ・ナル] 男 -en/-en 蔵書狂, (極端な)愛書家.
Bü·cher⚬re·gal [ビューヒァァ・レガーる] 中 -s/

-e 本棚, 書架.
Bü·cher⚬re·vi·sor [ビューヒァァ・レヴィーゾァ] 男 -s/-en [..レヴィーゾーレン] 会計士, 税理士.
Bü·cher⚬schrank [ビューヒァァ・シュランク] 男 -[e]s/..schränke 本箱, 書棚.
Bü·cher⚬stüt·ze [ビューヒァァ・シュテュッツェ] 女 -/-n ブックエンド.
Bü·cher⚬ver·bren·nung [ビューヒァァ・フェァブレンヌング] 女 -/-en 焚書(ふんしょ).
Bü·cher⚬ver·zeich·nis [ビューヒァァ・フェァツァイヒニス] 中 ..nisses/..nisse 図書目録.
Bü·cher⚬wurm [ビューヒァァ・ヴルム] 男 -[e]s/..würmer ① 《戯》本を食う虫, シミ. ② 《戯・比》本の虫, 読書狂.
Buch⚬füh·rung [ブーフ・フューるング] 女 -/-en 《商》簿記. einfache (doppelte) *Buchführung* 単式(複式)簿記.
Buch⚬hal·ter [ブーフ・はるタァ] 男 -s/- 簿記係, 会計係.
Buch⚬hal·tung [ブーフ・はるトゥング] 女 -/-en 《商》① 《ふつう 単》簿記 (=Buchführung). ② 会計課, 経理部.
Buch⚬han·del [ブーフ・ハンデる] 男 -s/ 書籍出版(販売)業.
Buch⚬händ·ler [ブーフ・ヘンドらァ] 男 -s/- 書籍商[人], 図書販売業者.
die **Buch⚬hand·lung** [ブーフ・ハンドるング búːx-handlʊŋ] 女 (単) -/(複) -en 書店, 本屋. 《英 bookstore》. eine *Buchhandlung* für Medizin 医学書専門書店.
Buch⚬ma·cher [ブーフ・マッハァ] 男 -s/- (競馬賭博(とばく)の)のみ屋, 胴元.
Büch·ner [ビューヒナァ býːçnər] -s/- 《人名》ビューヒナー (Georg *Büchner* 1813–1837; ドイツの劇作家).
Buch⚬prü·fer [ブーフ・プリューふァァ] 男 -s/- 会計士, 税理士 (=Bücherrevisor).
Buchs⚬baum [ブクス・バオム] 男 -[e]s/..bäume 《植》ツゲ[の木].
Buch·se [ブクセ búksə] 女 -/-n 《電》コンセント, ソケット; 《工》スリーブ, 軸受け筒.
die **Büch·se** [ビュクセ býksə] 女 (単) -/(複) -n ① 缶; (ふた付きの)小容器; 缶詰. 《英 can》. eine *Büchse* Milch 缶入り[コンデンス]ミルク / eine *Büchse* für Gebäck クッキーを入れる缶 / Fleisch in *Büchsen* 缶詰めの肉 / eine *Büchse*[4] öffnen 缶を開ける / die *Büchse* der Pandora[2] パンドラの箱(災いをもたらすもの). ② (口語)募金箱 (=Sammelbüchse). ③ 猟銃, ライフル銃.
Büch·sen⚬fleisch [ビュクセン・ふらイシュ] 中 -[e]s/ 缶詰めの肉.
Büch·sen⚬ma·cher [ビュクセン・マッハァ] 男 -s/- 銃器製造工.
Büch·sen⚬milch [ビュクセン・ミるヒ] 女 -/ 缶入り[コンデンス]ミルク.
Büch·sen⚬öff·ner [ビュクセン・エフナァ] 男

-s/- 缶切り.

der Buch·sta·be [ブーフ・シュターベ búːxʃtaːbə] 男 (単2) -ns (まれに -n); (単3.4) -n/(複) -n 文字, 字母, つづり字. (英 letter). ein großer (kleiner) *Buchstabe* 大文字(小文字) / Schreiben Sie bitte die Zahl **in** *Buchstaben*! その数を文字でつづってください / sich⁴ **an den** *Buchstaben* halten (または klammern) 字句にこだわる / bis **auf den** letzten *Buchstaben* 完全に, すっかり(←最後の文字まで) / sich⁴ auf seine vier *Buchstaben* setzen《口語・戯》腰を下ろす(⬥尻(Popo)が4文字であることから) / **nach dem** *Buchstaben* des Gesetzes 法の条文どおりに, 杓子(ˡʸ˚ˡ)定規に.

Buch·sta·ben=rät·sel [ブーフシュターベン・レーツェル] 中 -s/- 文字変え遊び(ある単語の文字を変えて別の単語を作る遊び. 例 Luft → Lust).

buch·sta·bie·ren [ブーフ・シュタビーレン buːxʃtabíːrən] 他 (完了 haben) ① (単語など⁴の)つづりを言う. (英 spell). *Können* Sie bitte Ihren Namen *buchstabieren*? お名前のつづりをおっしゃってくださいませんか. ② (苦労して)一語一語判読する.

buch·sta·biert [ブーフ・シュタビーァト] *buchstabieren (つづりを言う)の過分

buch·sta·bier·te [ブーフ・シュタビーァテ] *buchstabieren (つづりを言う)の過去

buch·stäb·lich [ブーフ・シュテープリヒ] I 副 文字どおり, まったく. Sie waren *buchstäblich* verhungert. 彼らは文字どおり飢え死にしかかっていた. II 形 (装)文字どおりの, 逐語的な(解釈・翻訳など). im *buchstäblichen* Sinne 文字どおりの意味で.

Bucht [ブフト búxt] 女 -/-en ① 湾, 入江; 山に入り込んだ平地. die Lübecker *Bucht* リューベック湾. ② (歩道に食い込んだ形の)駐車スペース. ③《方》(特に豚用の)家畜小屋.

buch·te [ブーフテ] *buchen (記帳する)の過去

Bu·chung [ブーフング] 女 -/-en ① 簿記, 記帳. ② (旅行・座席などの)予約.

Buch=wei·zen [ブーフ・ヴァイツェン] 男 -s/《植》ソバ.

Bu·ckel [ブッケル búkəl] 男 -s/- ①《口語》背中 (=Rücken). Er nahm den Rucksack **auf den** *Buckel*. 彼はリュックを背負った / den *Buckel* für 某⁴ **hin|halten**《口語》某⁴の責任を負う / einen krummen *Buckel* vor 人³ machen《比》人³にペこペこする / einen breiten *Buckel* haben《比》(批判などに)へこたれない, 泰然自若としている. ② 猫背, 背中のこぶ. einen *Buckel* haben 猫背である. ③《口語》(路面などの)盛り上がり, でこぼこ; 小高い丘.

bu·cke·lig [ブッケリヒ búkəlıç] 形 = bucklig

bu·ckeln [ブッケルン búkəln] I 自 (h)《口語》背中を丸める. vor 人³ *buckeln*《比》人³にペこペこする. II 他 (h) (荷など⁴を)背負う.

bü·cken [ビュッケン býkən] (bückte, *hat* ... gebückt) 再帰 (完了 haben) sich⁴ *bücken* 身をかがめる. (英 bend). Er *bückte* sich nach dem heruntergefallenen Bleistift. 彼は落ちた鉛筆を取ろうとして身をかがめた / sich⁴ **vor** 人³ *bücken*《雅》人³にペこペこする / sich⁴ **zur** Erde *bücken* 地面に身をかがめる.
◇☞ gebückt

buck·lig [ブックリヒ búklıç] 形 ① 背中の曲がった, せむしの. ②《口語》起伏の多い, でこぼこの(道など).

Bück·ling¹ [ビュックリング býklıŋ] 男 -s/-e《口語・戯》(腰をかがめる)ていねいなおじぎ.

Bück·ling² [ビュックリング] 男 -s/-e くん製にしん.

bück·te [ビュックテ] *bücken (再帰で: 身をかがめる)の過去

Bu·da·pest [ブーダ・ペスト búːdapɛst] 中 -s/《都市名》ブダペスト(ハンガリーの首都).

Bud·del [ブッデる búdəl] 女 -/-n《口語》(アルコール類などの)びん (= Flasche).

bud·deln [ブッデるン búdəln] I 自 (h)《口語》土を掘り返す. im Sand *buddeln* 砂遊びをする. II 他 (h) ①《口語》(穴など⁴を)掘って作る. ②(ジャガイモなど⁴を)掘る.

Bud·dha [ブッダ búda] I -s/《人名》仏陀(前5世紀の人. 本名 ゴータマ・シッダールタ. 仏陀は釈迦牟尼の尊称). II 男 -s/-s ① 仏陀(仏法を説く人[の称号]). ② 仏陀像.

Bud·dhis·mus [ブディスムス budísmʊs] 男 -/ 仏教.

Bud·dhist [ブディスト budíst] 男 -en/-en 仏教徒. (女性形は Buddhistin).

bud·dhis·tisch [ブディスティッシュ budístıʃ] 形 仏教(徒)の.

die Bu·de [ブーデ búːdə] 女 (単) -/(複) -n ① (市場などの)小屋掛けの店, 露店, 屋台. (英 booth). Schaubude 見せ物小屋 / eine *Bude*⁴ **auf|stellen** 小屋を建てる. ②《口語》あばら屋; (家具付きの)小さい部屋; 下宿部屋. eine sturmfreie *Bude* (家主の干渉を受けずに)異性の客を迎えることのできる下宿部屋 / die *Bude*⁴ auf den Kopf stellen《口語》ばか騒ぎする(←部屋をひっくり返す) / 人³ die *Bude*⁴ **ein|laufen** (また ein|rennen)《口語》人³のところにうるさく押しかける / 人³ **auf die** *Bude* rücken《口語》人³のところへ話をつけに押しかける. ③《口語》(軽蔑的に:)店, 飲食店.

Bu·den·zau·ber [ブーデン・ツァオバァ] 男 -s/《口語》(自室や自宅での)どんちゃん騒ぎ.

Bud·get [ビュヂェー bʏdʒéː] 中 -s/-s ①《政・経》予算[案] das *Budget*⁴ **auf|stellen** 予算を組む. ②《口語・戯》資金.

Bu·e·nos Ai·res [ブエーノス アイレス buéːnos áɪrɛs] 中 --/《都市名》ブエノスアイレス(アルゼンチンの首都).

Bü·fett [ビュふェット bʏfét] 中 -[e]s/-s (または -e) ① サイドボード, 食器棚. Gläser⁴ aus dem *Büfett* holen 食器棚からグラスを取ってく

Büf·fel [ビュッふェる býfəl] 男 -s/- 《動》スイギュウ(水牛).

Büf·fe·lei [ビュッふェらイ byfəlái] 女 -/-en 《口語》猛勉強, ガリ勉.

büf·feln [ビュッふェるン býfəln] I 自 (h) 《口語》猛勉強する, ガリ勉する. II 他 (h) 《口語》(単語など⁴を)ガリ勉して丸暗記する.

Buf·fet [ビュふェー byfé:] 中 -s/-s (ﾌﾞｯﾌｪ) =Büfett

Büf·fet [ビュふェー byfé:] 中 -s/-s (ﾋﾞｭｯﾌｪ) =Büfett

Bug [ブーク bú:k] 男 -[e]s/-e (または Büge) ① 《複 -e》《海・空》へさき, 船首; (飛行機の)機首. ② 《複 -e または Büge》(牛・馬などの)肩; 肩肉. ③ 《複 Büge》《建》(屋根組みの)筋交(すじかい).

Bü·gel [ビューゲる býgəl] 男 -s/- ① ハンガー, 洋服掛け (=Kleider*bügel*). Er hängte den Mantel **auf** den *Bügel*. 彼はコートをハンガーに掛けた. ② (眼鏡の)つる; (ハンドバッグなどの)口金; (アイロンなどの)湾曲した取っ手; (電車の)パンタグラフ; あぶみ(馬具); (小銃の)引き金の安全装置.

Bü·gel⹀brett [ビューゲる・ブレット] 中 -[e]s/-er アイロン台.

Bü·gel⹀ei·sen [ビューゲる・アイゼン] 中 -s/- アイロン.

Bü·gel⹀fal·te [ビューゲる・ふァるテ] 女 -/-n (ふつう 複)(ズボンの)折り目.

bü·gel⹀frei [ビューゲる・ふライ] 形 《織》アイロンをかける必要のない, ノーアイロンの.

*****bü·geln** [ビューゲるン bý:gəln] ich bügle (bügelte, *hat* ... gebügelt) I 他 (完了 haben) ① (物⁴に)アイロンをかける. (⇒ *iron*). Sie *bügelt* die Hose. 彼女はズボンにアイロンをかける. ② 《スポ》(相手のチームなど⁴に)圧勝する. II 自 (完了 haben) アイロンかけをする.

bü·gel·te [ビューゲるテ] *bügeln (アイロンをかける)の 過去

büg·le [ビューグれ] *bügeln (アイロンをかける)の 1人称単数 現在

bug·sie·ren [ブクスィーレン buksí:rən] 他 (h)《海》(船⁴を…へ)曳航(えいこう)する;《口語・比》(人・物⁴を)骨折って…へ連れて(運んで)行く.

bu·hen [ブーエン bú:ən] 自 (h)《口語》(劇場などで観衆が)ぶーと言って不満の意を表す, ブーイングする.

Buh·le [ブーれ bú:lə] I 男 -n/-n《詩》恋人, 情夫. II 女 -/-n《詩》恋人, 情婦.

buh·len [ブーれン bú:lən] 自 (h) ① 《um 事⁴~》《雅》(愛⁴同情などを)へつらい求める. ② 《mit 人³ ~》《古》(人³と)情を通じる.

Buh·mann [ブー・マン] 男 -[e]s/..männer 《口語》スケープゴート, 悪者にされる人.

Buh·ne [ブーネ bú:nə] 女 -/-n (護岸のための)突堤, 防波堤.

*die **Büh·ne** [ビューネ bý:nə] 女 (単) -/(複) -n ① 舞台, ステージ. (英 *stage*). Dreh*bühne* 回り舞台 / die *Bühne*⁴ betreten 舞台に登場する / ein Stück⁴ **auf** die *Bühne* bringen 作品を上演する / **hinter** der *Bühne* 舞台裏で / Alles ging glatt **über** die *Bühne*. 《口語》すべてがすらすらと運んだ / **von** der politischen *Bühne* ab|treten 政界から引退する. ② 劇場 (=Theater). Freilicht*bühne* 野外劇場 / **zur** *Bühne* gehen 役者になる. ③ (坑)足場. ④《方》屋根裏; (納屋の2階の)干し草置き場.

Büh·nen⹀bild [ビューネン・ビるト] 中 -[e]s/-er 舞台装置(道具立て・書き割り・幕など).

Büh·nen⹀bild·ner [ビューネン・ビるドナァ] 男 -s/- 舞台装置家, ステージデザイナー.

büh·nen⹀reif [ビューネン・ライふ] 形 ① (戯曲が)上演に適した, 上演可能な. ② (俳優が練習を積んで)舞台に立てるようになった.

Büh·nen⹀stück [ビューネン・シュテュック] 中 -[e]s/-e 戯曲, 脚本.

büh·nen⹀wirk·sam [ビューネン・ヴィルクザーム] 形 舞台効果の大きい.

Büh·nen⹀wir·kung [ビューネン・ヴィルクング] 女 -/ 舞台効果.

buk [ブーク] *backen¹ (パンなどを焼く)の 過去

Bu·ka·rest [ブーカレスト bú:karɛst] 中 -s/《都市名》ブカレスト(ルーマニアの首都).

bü·ke [ビューケ] *backen¹ (パンなどを焼く)の 接2

Bu·kett [ブケット bukét] 中 -[e]s/-e (または -s) ① 《雅》(大きな)花束. ② ワインの香り.

Bu·let·te [ブれッテ buléta] 女 -/-n《料理》《ベルリン》ブーレット(ミートボールの一種).

Bul·ga·re [ブるガーレ bulgá:rə] 男 -n/-n ブルガリア人. (⇒ 文法 女性形は Bulgarin).

Bul·ga·ri·en [ブるガーリエン bulgá:riən] 中 -s/《国名》ブルガリア[共和国](首都はソフィア).

bul·ga·risch [ブるガーリッシュ bulgá:rɪʃ] 形 ブルガリアの[人・語]の.

Bull⹀au·ge [ブる・アオゲ] 中 -s/-n (舷側の)丸窓.

Bull⹀dog·ge [ブる・ドッゲ] 女 -/-n ブルドッグ.

Bull⹀do·zer [ブるドーザァ búldo:zər] [英] 男 -s/- ブルドーザー.

Bul·le¹ [ブれ búla] 男 -n/-n ① 雄牛, 種牛; (大型動物の)雄. ② 《俗》(がっしりして強そうな)大男. ③《俗》刑事, でか.

Bul·le² [ブれ] 女 -/-n ① (文書の)封印. ② (中世の)封印された文書;《ｶﾄﾘｯｸ》(ローマ教皇の)教書. die Goldene *Bulle*《史》金印勅書(1356年に神聖ローマ皇帝カール4世が発布した帝国法).

Bul·len⹀hit·ze [ブれン・ヒッツェ] 女 -/《俗》ひどい暑さ.

Bul·le·tin [ビュるテーン bylté:] [ﾌﾗ] 中 -s/-s 公報, 公示; (要人などの公式な)病状報告[書]; 学報, 紀要.

bul·lig [ブりヒ búlıç] I 形《口語》① (体格が)がっしりした. ② (暑さなどが)ひどい, すごい. II 副《口語》ひどく, すごく.

bum! [ブム búm] 間 (大砲や鐘などの低く鈍い音:) ずどん, ずしん, ごーん.

Bu·me·rang [ブーメラン bú:məraŋ または ブメ.. búmə..] 男 -s/-e (または -s) ブーメラン.

Bum·mel [ブメる búməl] 男 -s/- (口語) (商店街などの)ぶらぶら歩き, 散歩, 飲み歩き, はしご酒. einen *Bummel* durch die Stadt machen 街をぶらつく.

Bum·me·lant [ブメらント bumǝlánt] 男 -en/-en (口語) 怠け者, のらくら者.

Bum·me·lei [ブメらイ bumǝláI] 女 -/-en (口語) のろのろ(ぐずぐず)すること; ずぼら, 怠惰.

***bum·meln** [ブメるン búməln] ich bummle (bummelte, ist/hat...gebummelt) 自 (完了 sein または haben) (1) (s) ぶらつく, 散歩する. Wir *sind* durch die Altstadt *gebummelt*. 私たちは旧市街をぶらついた. (2) (s) 飲み歩く, はしご酒をする. (3) (h) ぐずぐずする; さぼる, 怠ける.

Bum·mel·streik [ブメる・シュトらイク] 男 -[e]s/-s サボタージュ, 怠業, 遵法闘争.

bum·mel·te [ブメるテ] * bummeln (ぶらつく)の過去

Bum·mel·zug [ブメる・ツーク] 男 -[e]s/..züge (口語) 鈍行(各駅停車の普通列車).

bumm·le [ブンれ] * bummeln (ぶらつく)の1人称単数 現在

Bumm·ler [ブンらァ búmlər] 男 -s/- (口語) ぶらぶら散歩する人; (口語) 怠け者 (= Bummelant).

bums! [ブムス búms] 間 (衝突・落下の際の鈍い音:)どしん, どん.

Bums [ブムス] 男 -es/-e (1) (口語) (どしん・どんという)鈍い衝撃音. (2) (俗) いかがわしい安酒場(ダンスホール)(= Bumslokal).

bum·sen [ブムゼン búmzən] I 自 (h, s) (1) (h) (口語) どしん(どかん)と音がする. (2) (h) (an (または gegen) 物⁴ ~) (物⁴に)をどんどんたたく. mit der Faust an (または gegen) die Tür *bumsen* こぶしで戸をどんどんたたく. (3) (...へ)どしんとぶつかる. mit dem Kopf an (または gegen) die Wand *bumsen* 頭ごと壁にぶつかる. II 他 (h) (1) (サッカーで:)(ボール⁴を)シュートする. (2) (俗) (人⁴と)セックスする.

Bums·lo·kal [ブムス・ろカーる] 中 -[e]s/-e (口語) いかがわしい安酒場, 安キャバレー.

***der Bund**¹ [ブント búnt] 男 (単2) -es (まれに -s)/(複) Bünde [ビュンデ] (3格のみ Bünden) (1) 同盟, 連合, 連盟; (人との緊密な)結びつき, 結束. (英) alliance). Geheim*bund* 秘密結社 / ein *Bund* der Freundschaft² 友情の契り / ein *Bund* zwischen drei Staaten 3 国間の同盟 / einen *Bund* schließen 同盟を結ぶ, 結束する / den *Bund* der Ehe² ein|gehen 《雅》結婚する / mit 人³ *im Bunde* sein (または stehen) (人³と)提携している, 結託している. (2) (各州に対して:)連邦[共和国]; (口語) 連邦国防軍 (= *Bundes*wehr). der *Bund* und die Länder 連邦と諸州. (3) (冠 なし) (キリスト教)) (神と人間との)契約. der Alte (Neue) *Bund* 旧約(新約)聖書. (4) (ズボン・スカートの)ウエストバンド. (5) (ギターなどの)フレット.

Bund² [ブント] 中 -[e]s/- (単位: -/- も) 束, 杷. ein *Bund* Spargel アスパラガス1杷 / fünf *Bund*[e] Stroh わら 5 束.

Bün·de [ビュンデ] * Bund¹ (同盟)の複

Bün·del [ビュンデる býndəl] 中 -s/- (1) 束; (ひとまとめにしてくくった)包み, 荷物; (比) おむつをした赤ん坊. Banknoten*bündel* 札束 / ein *Bündel* Wäsche 一包みの洗濯物 / Er packte (schnürte) sein *Bündel*. (比) a) 彼は旅支度をした, b) 彼は職場を去った. (2) (数) 直線束; 平面束; (物) ビーム.

bün·deln [ビュンデるン býndəln] 他 (h) 束ねる. alte Zeitungen⁴ *bündeln* 古新聞を束ねる.

bün·del·wei·se [ビュンデる・ヴァイゼ] 副 束で, 束にして.

Bun·des·an·stalt [ブンデス・アンシュタるト] 女 -/-en 連邦行政機関.

Bun·des·bahn [ブンデス・バーン] 女 -/-en (オーストリア・スイスの)連邦[国有]鉄道. (注) ドイツの鉄道は 1993 年まで Deutsche *Bundesbahn* ドイツ連邦国有鉄道. 1994 年以降民営化され Deutsche Bahn [AG] ドイツ鉄道(株式会社); 略: DB).

Bun·des·bank [ブンデス・バンク] 女 -/- 連邦銀行. Deutsche *Bundesbank* ドイツ連邦銀行.

bun·des·deutsch [ブンデス・ドイチュ] 形 ドイツ連邦共和国の, ドイツの.

Bun·des·deut·sche[r] [ブンデス・ドイチェ (..チャァ)] 男 女 (語尾変化は形容詞と同じ) ドイツ連邦共和国国民.

Bun·des·ge·biet [ブンデス・ゲビート] 中 -[e]s/ ドイツ連邦共和国の領土.

Bun·des·ge·nos·se [ブンデス・ゲノッセ] 男 -n/-n 同盟者, 同盟国.

Bun·des·ge·richts·hof [ブンデス・ゲリヒツホーフ] 男 -[e]s/ (ドイツの)連邦最高裁判所(民事・刑事に関する最高裁判所; 略: BGH).

Bun·des·grenz·schutz [ブンデス・グレンツシュッツ] 男 -es/ 連邦国境警備隊(略: BGS).

Bun·des·haupt·stadt [ブンデス・ハオプトシュタット] 女 -/..städte [..シュテーテ] 《ふつう 単》連邦首都; (ドイツの連邦の首都(ベルリン).

Bun·des·haus [ブンデス・ハオス] 中 -es/ (ドイツ・スイスの)連邦議会(国会)議事堂.

Bun·des·ka·bi·nett [ブンデス・カビネット] 中 -s/-e (ドイツの)連邦内閣.

Bun·des·kanz·ler [ブンデス・カンツらァ] 男 -s/- (1) (ドイツ・オーストリアの)連邦首相. (2) (スイスの)連邦評議会事務総長.

Bun·des·la·de [ブンデス・らーデ] 女 -/ (聖) 契約の聖櫃(ひつ)(モーセの十戒を記した石板を納めた箱).

Bun·des·land [ブンデス・らント] 中 -[e]s/..länder 連邦の州. 「ドイツ連邦共和国の州」 ☞ 巻末付録, 1808 ページ).

Bun·des·li·ga [ブンデス・リーガ] 女 -/..ligen ブンデスリーガ(ドイツのサッカーなどの最高リーグ).

Bun·des≠mi·ni·ster [ブンデス・ミニスタァ] 男 -s/- (ドイツ・オーストリアの)連邦[政府の]大臣.

Bun·des≠**mi·ni·ste·ri·um** [ブンデス・ミニステーリウム] 中 -s/..rien [..リエン] (ドイツ・オーストリアの)連邦[政府]省.

Bun·des≠nach·rich·ten·dienst [ブンデス・ナーハリヒテンディーンスト] 男 -[e]s/ (ドイツの)連邦情報局(略: BND).

Bun·des≠**post** [ブンデス・ポスト] 女 -/ 連邦郵便. (1995年より民営化し, Deutsche Post [AG] ドイツ郵便[株式会社]となる).

Bun·des≠**prä·si·dent** [ブンデス・プレズィデント] 男 -en/-en (ドイツ・オーストリア・スイスの)連邦大統領(スイスでは連邦評議会長を兼ねる).

Bun·des≠**rat** [ブンデス・ラート] 男 -[e]s/..räte ① 〖複 なし〗 (ドイツの)連邦参議院; (オーストリアの)連邦議会(いずれも各州の代表から成り, 上院に相当する). ② 〖複 なし〗 (スイスの)連邦評議会. ③ (オーストリアの)連邦議会議員; (スイスの)連邦評議会構成員.

Bun·des≠**re·gie·rung** [ブンデス・レギールング] 女 -/-en 連邦政府.

die **Bun·des≠re·pu·blik** [ブンデス・レプブリク búndəs-republi:k] 女 (単) 連邦共和国. die *Bundesrepublik Deutschland* ドイツ連邦共和国(ドイツの正式名称; 略: BRD).

Bun·des≠**staat** [ブンデス・シュタート] 男 -[e]s/-en ① 連邦[国家]. ② 連邦を構成する州.

Bun·des≠**stadt** [ブンデス・シュタット] 女 -/ (スイスの)連邦首都(ベルン).

Bun·des≠**stra·ße** [ブンデス・シュトラーセ] 女 -/-n (ドイツ・オーストリアの)国道.

Bun·des≠**tag** [ブンデス・ターク] 男 -[e]s/ ① 連邦議会(ドイツの議会では下院に相当するBundestagと上院に相当するBundesratの2院制である). ② 〖史〗ドイツ連邦議会 (1815–1866).

Bun·des·tags≠ab·ge·ord·ne·te[r] [ブンデスタークス・アップゲオルドネテ(..タァ)] 男 女 〖語尾変化は形容詞と同じ〗(ドイツの)連邦議会議員.

Bun·des·tags≠**prä·si·dent** [ブンデスタークス・プレズィデント] 男 -en/-en 連邦議会議長.

Bun·des·ver·fas·sungs≠ge·richt [ブンデスフェァファッスングス・ゲリヒト] 中 -[e]s/ (ドイツの)連邦憲法裁判所(略: BVerfG).

Bun·des·ver·samm·lung [ブンデス・フェァザムルング] 女 -/-en ① (ドイツの)連邦会議(大統領を選出する). ② (スイスの)連邦会議.

Bun·des≠**wehr** [ブンデス・ヴェーァ] 女 -/ (ドイツの)連邦国防軍.

bun·des≠**weit** [ブンデス・ヴァイト] 形 ドイツ連邦全土にわたる.

bün·dig [ビュンディヒ býndiç] 形 ① (返事・証明などが)簡潔な, 的確な, 説得力のある. kurz und *bündig* 簡単明瞭に. ② 〖建〗同一平面上にある(床板・梁など).

Bünd·nis [ビュントニス] 中 -nisses/..nisse 同盟. ein *Bündnis*⁴ schließen 同盟を結ぶ.

Bun·ga·low [ブンガロ búngəlo:] 〖英〗男 -s/-s バンガロー; バンガロー式住宅(ふつう屋根の平らな平屋建て).

Bun·ker [ブンカァ búnkər] 〖英〗男 -s/- ① (コンクリートの)[地下]防空壕; 地下待避壕. ② (石炭・穀物などの)貯蔵庫. ③ ゴルフ場のバンカー.

bun·kern [ブンカァン búnkərn] I 他 (h) (石炭など⁴を)貯蔵庫に入れる. II 自 (h) 〖海〗(船が)燃料補給する.

Bun·sen≠bren·ner [ブンゼン・ブレンナァ] 男 -s/- ブンゼンバーナー(ドイツの化学者 R. W. *Bunsen* 1811–1899 の名から).

* **bunt** [ブント búnt] 形 〖比較〗bunter, 〖最上〗buntest) ① 色とりどりの, カラフルな, 色鮮やかな; (白・灰色・黒以外の)色のついた. (英 colorful). *bunte* Blumen 色とりどりの花 / Der Stoff ist sehr *bunt*. この生地はカラフルだ.
② まだらの, ぶちの(牛・犬など). Er ist bekannt wie ein *bunter* Hund. 《口語》彼はいたる所で知られている(←ぶちの犬のように).
③ 〖付加語としてのみ〗変化に富む, いろいろな. ein *bunter* Teller (お菓子や果物などを)いろいろに盛った皿 / ein *bunter* Abend さまざまな催しのある夕べ / in *bunter* Reihe sitzen 男女が交互に座っている.
④ 混乱した, ごちゃごちゃの. ein *buntes* Durcheinander 混乱 / Das wird mir zu *bunt*! 《口語》それはひどすぎる, 我慢がならない. ◊〖成句的に〗es⁴ zu *bunt* treiben 《口語》調子に乗りすぎる. (←☞ es は形式目的語).

Bunt≠druck [ブント・ドルック] 男 -[e]s/-e 〖印〗多色刷り, カラー印刷.

Bunt≠**me·tall** [ブント・メタる] 中 -s/-e 非鉄金属(銅・鉛・鉛など).

Bunt≠**pa·pier** [ブント・パピーァ] 中 -s/-e 色紙.

Bunt≠**sand·stein** [ブント・ザントシュタイン] 男 -[e]s/-e 〖地学〗雑色砂岩, 斑砂岩.

Bunt≠**specht** [ブント・シュペヒト] 男 -[e]s/-e 〖鳥〗アカゲラ(キツツキ科).

Bunt≠**stift** [ブント・シュティふト] 男 -[e]s/-e 色鉛筆.

Bunt≠**wä·sche** [ブント・ヴェッシェ] 女 -/ (熱湯で洗えない)色物の洗濯物.

Bür·de [ビュルデ býrdə] 女 -/-n 〖雅〗重い荷物; (精神的な)重荷, 苦労. die *Bürde* des Alters 〖比〗年齢ゆえの苦労 / 〖3〗 eine *Bürde*⁴ auf laden 〖3〗に重荷を負わせる(苦労をかける).

Bu·re [ブーレ bú:rə] 男 -n/-n ボーア人(南アフリカのオランダ系移住民).

* die **Burg** [ブルク búrk] 女 (単)/(複) -en ① [山]城, (中世の)城塞. (☞ 図). *Ritterburg* 騎士の居城 / die Ruinen einer alten *Burg*² 古城の廃墟. ② (子供が砂遊びで築く)砂のお城 (= Sand*burg*); (ビーチチェアを囲む)盛り砂 (= Strand*burg*). ③ 〖狩〗ビーバーの巣. ④ 〖成句的に〗die *Burg* 《口語》(ウィーンのオランダのブルク劇場).

....

〖類語〗die **Burg**: 城塞. (紀元800～1500年の間に造られた封建貴族の居城兼城塞). das **Schloss**:

城[館], 宮殿. (16世紀以後の王侯の居城, ふつう大庭園が備わっている). das Heidelberger *Schloss* ハイデルベルク城. die **Festung**: 要塞. (中世の Burg から分化した防備専用の軍事施設). die **Residenz**: (王侯・高位聖職者の)居城, 王宮, 宮殿.

Bür·ge [ビュルゲ býrgə] 男 -n/-n 保証する人(物);《法》証人.

bür·gen [ビュルゲン býrgən] 自 (h)《**für** 人・事⁴ ~》(人・事⁴を)保証する. Ich *bürge* für seine Zuverlässigkeit. 彼が信頼できる人間であることは私が保証します.

Bur·gen·land [ブルゲン・ラント búrgən-lant] 中 -s/《地名》ブルゲンラント(オーストリア9州の一つ. 州都はアイゼンシュタット).

***der Bür·ger** [ビュルガァ býrgər] 男 (単2) -s/(複) - (3格のみ -n) ① **市民**, 町(村)の住民; 国民 (=Staats*bürger*).（英 *citizen*).（注 女性形は Bürgerin). die *Bürger* der Bundesrepublik² 連邦共和国(ドイツ)国民 / Er ist *Bürger* von München. 彼はミュンヒェン市民だ / *Bürger* in Uniform 連邦国軍兵士(←制服の国民).
② (プロレタリアに対して:)ブルジョア; 市民階級の人.

Bür·ger·ini·tia·ti·ve [ビュルガァ・イニツィアティーヴェ] 女 -/-n 市民(住民)運動.

Bür·ger·krieg [ビュルガァ・クリーク] 男 -[e]s/-e 内戦, 内乱.

***bür·ger·lich** [ビュルガァリヒ býrgərlıç] 形 ① **市民の**, 国民の; 公民の;《法》民事の.（英 *civil*). bürgerliche Pflichten 市民としての義務 / das *bürgerliche* Recht 民法 / das *Bürgerliche* Gesetzbuch ドイツ民法典 (略: BGB). ② **市民階級の**; 庶民的な, 簡素な. Sie stammt aus einer *bürgerlichen* Familie. 彼女は市民階級の出だ / die *bürgerliche* Küche 簡素な(庶民的な)料理. ③ (軽蔑的に:)小市民的な, 偏狭な.

***der Bür·ger·meis·ter** [ビュルガァ・マイスタァ býrgər-maıstər] 男 (単2) -s/(複) - (3格のみ -n) **市長**, 町長, 村長.（英 *mayor*).（注 女性形は Bürgermeisterin;「(大都市の)市長」は Oberbürgermeister). einen neuen *Bürgermeister* wählen 新しい市長を選ぶ.

Bür·ger·pflicht [ビュルガァ・プふりヒト] 女 -/-en 市民の義務.

Bür·ger·recht [ビュルガァ・レヒト] 中 -[e]s/-e《ふつう複》市民権, 公民権.

Bür·ger·rechts·ler [ビュルガァ・レヒトらァ] 男 -s/- 市民(公民)権運動家.

Bür·ger·rechts·be·we·gung [ビュルガァレヒツ・ベヴェーグング] 女 -/-en 市民(公民)権運動.

Bür·ger·schaft [ビュルガァシャふト] 女 -/-en《ふつう単》① (総称として:) 国民, 市(町・村)民. ② (ハンブルク・ブレーメンの)州議会;(リューベックなどの)市議会.

Bür·ger·steig [ビュルガァ・シュタイク] 男 -[e]s/-e 歩道 (=Gehsteig).

Bür·ger·tum [ビュルガァトゥーム] 中 -s/ 市民階級, ブルジョワジー.

Burg·frie·de [ブルク・ふりーデ] 男 -ns (3格・4格 -n)/-n ① (議会での)政党間の一時的停戦. ②《史》城内平和.

Bürg·schaft [ビュルクシャふト] 女 -/-en ①《法》保証契約.**für** 人・事⁴ eine *Bürgschaft*⁴ leisten 人・事⁴を保証する / für 人⁴ eine *Bürgschaft*⁴ übernehmen 人⁴の保証人になる. ② 保証額.

Bur·gund [ブルグント burgúnt] 中 -s/ ①《地名》ブルゴーニュ(フランス中東部地方の古名). ②《史》ブルグント王国(東ゲルマンのブルグント族の王国).

Bur·gun·der [ブルグンダァ burgúndər] I 男 -s/- ① ブルゴーニュ(ブルグント)の住民(出身者). ② ブルゴーニュ産のワイン. ③《史》ブルグント人. II 形《無語尾で》ブルゴーニュ(ブルグント)の.

Burg·ver·lies [ブルク・フェァリース] 中 -es/-e 城内の地下牢.

Burk·hard [ブルク・ハルト búrk-hart] -s/《男名》ブルクハルト.

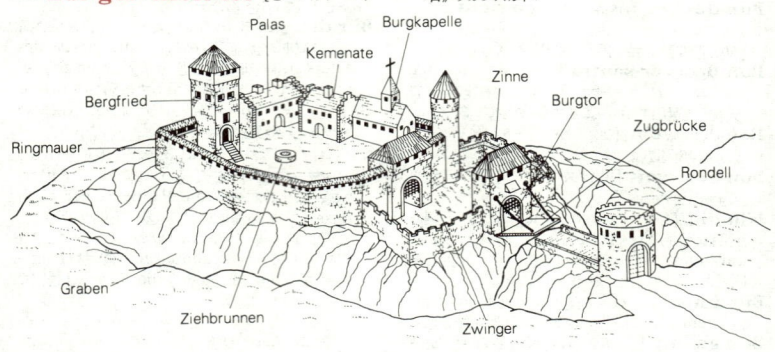

Palas Burgkapelle Kemenate Zinne Burgtor Bergfried Zugbrücke Ringmauer Rondell Graben Ziehbrunnen Zwinger

Burg

bur·lesk [ブРЛスク burlésk] 形 ふざけた、おどけた、茶番じみた.

Bur·les·ke [ブРЛスケ burléskə] 女 -/-n 道化芝居、茶番劇、バーレスク.

Bur·ma [ブРМ búrma] 中 -s/ 《国名》ビルマ (ミャンマーの旧称).

Bur·nus [ブРНヌス búrnus] 男 - (または ..nusses)/..nusse バーヌース(フード付きコート. 元来はベドウィン人が着用しているもの).

‡ *das* **Bü·ro** [ビューロー byró:] 中 (単2) -s/(複) -s ① オフィス、事務所、事務室;(会社の)営業所.(愛 office). Reise*büro* 旅行代理店 / das *Büro* eines Anwalts 弁護士事務所 / **ins** *Büro* **gehen** 事務所(会社)に行く. ② (総称として:)事務員. Unser *Büro* erledigt das. うちの事務員がそれを処理します.

Bü·ro≠an·ge·stell·te[r] [ビューロー・アンゲシュテЛテ (..タア)] 男 女 《語尾変化は形容詞と同じ》事務員.

Bü·ro≠ar·beit [ビューロー・アРバイト] 女 -/-en オフィスワーク、事務の仕事.

Bü·ro≠be·darf [ビューロー・ベダРふ] 男 -[e]s/ (総称として:)事務用品.

Bü·ro≠klam·mer [ビューロー・クЛンマア] 女 -/-n 紙ばさみ、クリップ.

Bü·ro·krat [ビュロクラート byrokrá:t] 男 -en/-en (軽蔑的に:)官僚的な(杓子(しゃくし)定規な)人.

Bü·ro·kra·tie [ビュロクラティー byrokratí:] 女 -/-n [..tí:ən] ① 《ふつう冠》官僚機構, 官僚支配;(総称として:)官僚. ② 《複なし》(軽蔑的に:)官僚主義, 形式主義, 杓子(しゃくし)定規.

bü·ro·kra·tisch [ビュロクラーティッシュ byrokrá:tɪʃ] 形 ① 官僚[機構]の. ② (軽蔑的に:)官僚主義の、形式主義の、杓子(しゃくし)定規な.

Bü·ro·kra·tis·mus [ビュロクラティスムス byrokratísmus] 男 -/ (軽蔑的に:)官僚主義.

Bü·ro≠stun·den [ビューロー・シュトゥンデン] 複 (役所・会社などの)勤務時間.

Bursch [ブРシュ búrʃ] 男 -en/-en ① 学生組合の正会員. ② 《方》男の子;若者 (= Bursche).

* *der* **Bur·sche** [ブРシェ búrʃə] 男 (単2·3·4) -n/(複) -n ① 男の子;若者、青年;やつ. ein toller *Bursche* 向こう見ずな若者. (☞ 類題 Jugendliche[r]). ② (昔の:)(職人の)徒弟. ③ 学生組合の正会員 (= Bursch ①). ④ 《口語》(動物について:)特に大きなやつ.

Bur·schen·schaft [ブРシェンシャふト] 女 -/-en 学生組合 (1815年にイェーナ大学に設立されたのが始まり).

bur·schi·kos [ブРシコース burʃikó:s] 形 (特に女性が:)不作法な, おてんばな, 勝手気ままな;ぞんざいな(言葉使いなど).

‡ *die* **Bürs·te** [ビュРステ býrstə] 女 (単) -/(複) -n ① ブラシ, 刷毛(はけ). (愛 brush). Zahn*bürste* 歯ブラシ / die Schuhe[4] mit einer *Bürste* blank reiben 靴をブラシでぴかぴかに磨く / das Haar[4] mit einer *Bürste* glätten 髪をブラッシングする. ② 《電》(モーターなどの)ブラシ. ③ (頭髪の)ブラッシュカット(短い角刈り).

* **bürs·ten** [ビュРステン býrstən] du bürstest, er bürstet (bürstete, *hat*... gebürstet) 他 (完了 haben) (愛 brush) ① (服・歯など[4]に)ブラシをかける、ブラッシングする. [sich[3]] die Zähne[4] *bürsten* 歯を磨く / Du *musst* dir die Haare *bürsten*. 髪にブラシをかけないといけないよ. ② 《A[4] **von** B[3] ~》(A[4] を B[3] から)ブラシで払いのける. den Staub von den Schuhen *bürsten* 靴にブラシをかけてほこりを落とす.

Bürs·ten≠bin·der [ビュРステン・ビンダア] 男 -s/- 〈古〉 ブラシ製造職人. er arbeitet wie ein *Bürstenbinder*. 《俗》彼はやたらとよく働く.

bürs·te·te [ビュРステテ] ＊bürsten (ブラシをかける)の 過去.

Bür·zel [ビュРツェЛ býrtsəl] 男 -s/- ① 《鳥》尾羽の付け根. ② 《狩》(熊・いのししなどの)尾.

‡ *der* **Bus** [ブス bús]

> バス Fährt der *Bus* zum Bahnhof?
> ふェーアト デア ブス ツム バーンホーふ
> このバスは駅へ行きますか.

男 (単2) Busses/(複) Busse (3格のみ Bussen) バス (= Omnibus). (愛 bus). Wann fährt der nächste *Bus*? 次のバスは何時に出ますか / Die *Busse* fahren nur werktags. バスは平日にしか運行していない / **aus** dem *Bus* **steigen** バスから降りる / **in** den *Bus* **steigen** バスに乗り込む / **mit** dem *Bus* **fahren** バスで行く.

* *der* **Busch** [ブシュ búʃ] 男 (単2) -es (まれに -s)/(複) Büsche [ビュッシェ] (3格のみ Büschen) ① 灌木(かんぼく), (低木の)茂み, やぶ. (愛 bush). ein dorniger *Busch* いばらの茂み / **auf den** *Busch* **klopfen**《口語》意向を探ってみる(←やぶをたたいて獲物を追いたてる) / **mit**[3] **hinter** dem *Busch* **halten**《口語・比》事[3] (計画など)を隠している / sich[4] [seitwärts] **in die Büsche schlagen**《口語》こっそり立ち去る. ② 《地理》(熱帯地方の)ブッシュ, 叢林[4];《口語》原始林. ③ 大きな花束;(毛などの)束.

Bü·sche [ビュッシェ] ＊Busch (灌木)の 複.

Bü·schel [ビュッシェЛ býʃəl] 中 -s/- (草・花・毛髪などの)小さい束.

bu·schig [ブッヒヒ búʃɪç] 形 ① やぶに覆われた, 灌木(かんぼく)の茂った. ② (眉(まゆ)・ひげなどが)濃い;毛深い.

* *der* **Bu·sen** [ブーゼン bú:zən] 男 (単2) -s/(複) - (愛 bosom) ① (女性の)胸. ein üppiger *Busen* ふくよかな胸 / mit nacktem *Busen* 胸をあらわにして. ② 《詩》懐;胸の内. **am** *Busen* **der Natur**[2] **ruhen**《比》自然の懐に憩う / Liebe[4] **im** *Busen* **hegen** 恋を胸に秘めている. ③ (衣服の)胸部, 懐.

Bu·sen≠freund [ブーゼン・ふロイント] 男 -[e]s/-e (ふつう皮肉で:)親友, 心の友.

Bus≠hal·te·stel·le [ブス・ハЛテシュテЛ] 女 -/-n バスの停留所.

Busi·ness [ビズニス bíznɪs] 中 -/ （軽蔑的に:）（利潤が目的の）ビジネス，取り引き．

Busi·neß ☞ 新綴 Business

Bus·sard [ブッサルト búsart] 男 -s/-e 《鳥》ノスリ（鳥の一種）．

Bus·se [ブッセ] ‡Bus（バス）の 複

Bu·ße [ブーセ bú:sə] 女 -/-n ① 《複 なし》《宗》懺悔(ざんげ)，贖罪(しょくざい); 《新教》悔い改め．*Buße*⁴ tun 悔い改める，贖罪をする / das Sakrament der *Buße*² (ざんげ) 悔悛の秘蹟． ② 《法》賠償[金]; (ざいきん) 罰金． eine *Buße*⁴ zahlen 罰金を納める．

bü·ßen [ビューセン bý:sən] I 他 (h) ① (物⁴の)償いをする．物⁴ **mit dem Leben** *büßen* 死をもって 物⁴を償う / Das sollst du [mir] *büßen*! （脅して:）このことはただでは済まさないぞ. ② 人³を 《囚》囚人に 罰金刑を科す． II 自 (h) 《**für** 物⁴～》(物⁴の)償いをする．

Bü·ßer [ビューサァ bý:sər] 男 -s/-《宗》懺悔(ざんげ)する人，贖罪(しょくざい)者．

buß·fer·tig [ブース・フェルティヒ] 形 《宗》懺悔(ざんげ)の意志のある，悔い改める気持ちのある．

Buß·geld [ブース・ゲルト] 中 -[e]s/-er 《法》（秩序違反行為に対する）過料，罰金．

Bus·so·le [ブソーレ busóːlə] 女 -/-n 《海》コンパス，羅針盤(儀)．

Buß- und Bet·tag [ブース ウント ベート・ターク] 男 -[e]s/-e 《新教》懺悔(ざんげ)と祈りの日（教会暦年最後の日曜日の前の水曜日）．

Büs·te [ビュステ býstə] 女 -/-n ① 胸像，半身像． eine *Büste* aus Marmor 大理石の胸像． ② （女性の）胸[部]，バスト． ③ 《服飾》ボディー，人台(にんだい)．

Büs·ten≠hal·ter [ビュステン・ハルタァ] 男 -s/- ブラジャー（略: BH）．

Bu·tan [ブターン butá:n] 中 -s/ 《化》ブタン．

Butt [ブット bút] 男 -[e]s/-e 《魚》ヒラメ．

Bütt [ビュット být] 女 -/-en 《方》（カーニバルの弁士用の）樽(たる)形の演壇．

Büt·te [ビュッテ býtə] 女 -/-n ① （木の桶(おけ)，樽(たる)); 紙すき用桶; （ぶどう収穫用の）背負い桶．

Bü·tel [ビュテル být(ə)l] 男 -s/- ① （軽蔑的に:）警官; 他人の命令に奴隷のように従う人． ② （昔の）刑吏，捕吏．

Büt·ten≠pa·pier [ビュッテン・パピーァ] 中 -s/-e 手すき紙．

Büt·ten≠re·de [ビュッテン・レーデ] 女 -/-n （特にライン地方の）ユーモラスなカーニバルの演説（樽の上で演説したことから）．

‡*die* **But·ter** [ブッタァ bútər]

バター

Könnte ich die *Butter* haben?
ケンテ　イヒ　ディ　ブッタァ　ハーベン
そのバターを取っていただけませんか．

女 (単) -/ バター．(英 butter). ungesalzene *Butter* 無塩バター / ein Stück *Butter* バター 1 個 / ein Pfund *Butter* 1 ポンド (500 g) のバター / *Butter*⁴ aufs Brot streichen（または schmieren）パンにバターを塗る / 物⁴ **in** *Butter* braten 物⁴をバターでいためる / Sie ist weich wie *Butter*. 《口語・比》彼女は情にもろい（←バターのように軟らかい）/ Mein Geld zerrinnt wie *Butter* an der Sonne. 《俗》私のお金はたちまちなくなる（←日に当たったバターのように）/ Mir ist fast die *Butter* vom Brot gefallen. 《現在完了》《口語》私はがっかりした（びっくり仰天した）（←パンからバターが落ちかけるようだった）/ Er lässt sich nicht die *Butter* vom Brot nehmen. 《口語》彼は自分の損になるようなことには黙っていない（←自分のパンからバターを取り上げることを許さない）/ Es ist alles **in** [bester] *Butter*. 《俗》万事順調だ．

But·ter≠blu·me [ブッタァ・ブるーメ] 女 -/-n 黄色い花をつける草（たんぽぽ・きんぽうげなど）．

But·ter≠brot [ブッタァ・ブロート] 中 -[e]s/-e バター[を塗った]パン． belegtes *Butterbrot* オープンサンド / 人³ 物⁴ **aufs** *Butterbrot* schmieren 《俗》《人³に》物⁴をくどくど（非難がましく）言う（←いやなものをパンに塗ってやる）/ 物⁴ **für** （または **um**）ein *Butterbrot* bekommen 《口語》物⁴をただ同然で手に入れる．

But·ter≠brot≠pa·pier [ブッタァブロート・パピーァ] 中 -s/-e （サンドイッチなどを包む）パラフィン紙．

But·ter≠do·se [ブッタァ・ドーゼ] 女 -/-n （食卓用）バター入れ．

But·ter≠milch [ブッタァ・ミるヒ] 女 -/ バターミルク（バターを絞ったあとの脱脂乳）．

but·tern [ブッタァン bútərn] I 他 (h) ① (物³に)バターを塗る． ② 《A⁴ **in** B⁴ ～》《口語》(A⁴(お金など)を B⁴(事業など)に)つぎ込む． ③ 《スポ・隠語》(ボール⁴を)力いっぱいシュートする． II 自 (h) バターを作る．

But·ter≠schmalz [ブッタァ・シュマるツ] 中 -es/ （溶かしたバターから採った）純乳脂肪．

but·ter≠weich [ブッタァ・ヴァイヒ] 形 バターのように柔らかい; 《比》思いやりのある，軟弱な．

But·ze·mann [ブッツェ・マン] 男 -[e]s/ ..männer 小妖精(ようせい) (=Kobold); (子供を怖がらせるための)お化け．

But·zen≠schei·be [ブッツェン・シャイベ] 女 -/-n （中央が厚い）円形の小さな窓ガラス．

b. w. [ビッテ ヴェンデン] 《略》裏をご覧ください (=bitte wenden!).

Byte [バイト báɪt] 《英》中 -[s]/-[s] 《コンピュ》バイト（情報量の単位，8 ビット; 記号: bite).

by·zan·ti·nisch [ビュツァンティーニッシュ byːtsantíːnɪʃ] 形 ① ビザンチン[風]の． ② 《比》卑屈な，追従的な．

By·zanz [ビュツァンツ bytsánts] 中 -/ 《都市名》ビザンチン（トルコのイスタンブールの古名）．

Bz. [ベ・ツィルク] 《略》地区; （旧東ドイツで:)県; 《オースト・スイス》郡． (=Bezirk).

bzw. [ベツィーウングス・ヴァイゼ] 《略》または，ないし; あるいはむしろ; それぞれに． (=beziehungsweise).

C c

(Cの項で見出し語が見つからない場合は、K, Z, Sch, Tschの項を参照のこと)

c¹, C¹ [ツェー tséː] 中 -/- ツェー(ドイツ語アルファベットの第3字).

c², C² [ツェー] 中 -/-《音楽》ハ音. *C*-Dur ハ長調 / *c*-Moll ハ短調.

C³ ① [ツェー]《化・記号》炭素 (=Carboneum). ② [ツェー]《記号》(温度計の)摂氏 (=Celsius). ③ [クローン]《記号》クーロン (=Coulomb).

Ca [ツェー・アー]《化・記号》カルシウム (=Calcium).

ca. [ツィルカ]《略》ほぼ,およそ (=circa).

Cä·ci·lie [ツェツィーリエ tsetsíːliə] -[n]s/ ①《人名》ツェツィーリエ(3世紀ローマの聖者.オルガンの発明者といわれる.音楽の守護聖人). ②《女名》ツェツィーリエ.

Cad·mi·um [カドミウム kátmium] 中 -s/《化》カドミウム (記号: Cd) (=Kadmium).

Cae·si·um [ツェーズィウム tséːzium] 中 -s/《化》セシウム (記号: Cs) (=Cäsium).

*das **Ca·fé** [カフェー kaféː] [з̃] 中 (単2) -s/(複) -s 喫茶店 (=Kaffeehaus). ein gemütliches *Café* 居心地の良い喫茶店 / Ich gehe ins *Café*. 私は喫茶店に行きます.

Ca·fe·te·ria [カフェテリーア kafetəríːa] [з̃] 女 -/-s カフェテリア.

cal [カロリー]《略》カロリー (=Kalorie).

Cal·ci·um [カるツィウム káltsium] 中 -s/《化》カルシウム (記号: Ca) (=Kalzium).

Ca·li·for·ni·um [かりふォルニウム kalifórnium] 中 -s/《化》カリホルニウム (記号: Cf).

Call·girl [コール・ガール kóːlɡəːrl] [英] 中 -s/-s コールガール.

Cal·vin [かるヴィーン kalvíːn] -s/《人名》カルヴァン (Jean Calvin 1509–1564; フランス生まれ,スイスの宗教改革者).

Cal·vi·nis·mus [かるヴィニスムス kalvinísmus] 男 -/《キリ教》カルヴァン主義.

Ca·mem·bert [カメンベーァ kámembɛːr または カマンベーァ kamãbɛːr] [з̃] 男 -s/-s カマンベール[チーズ].

Camp [ケンプ kémp] [英] 男 -s/-s ① キャンプ[場]. ② 捕虜[収容所.

Cam·pa·ri [カンパーリ kampáːri] [イタ] 男 -s/-s《商標》カンパーリ(イタリア産のリキュール).

cam·pen [ケンペン kémpən] 自 (h) キャンプをする.

Cam·per [ケンパァ kémpər] [英] 男 -s/- キャンパー,キャンプしている人.

*das **Cam·ping** [ケンピング kémpiŋ または カー káːm..] 中 (単2) -s/ キャンプ[生活]. *Camping*⁴ machen キャンプをする / zum *Camping* fahren キャンプに行く.

Cam·pings**platz** [ケンピング・プラッツ] 男 -es/..plätze キャンプ場.

Cam·pus [カンプス kámpus] [英] 男 -/- (大学の)キャンパス.

cand. [カンディダートゥス または カント]《略》(国家試験などの)受験者; (大学の)最終試験受験資格者 (=candidatus).

Cape [ケープ kéːp] [英] 中 -s/-s《服飾》ケープ.

Cap·puc·ci·no [カプチーノ kaputʃíːno] [イタ] 男 -[s]/-[s] カプチーノ(生クリームなどを加えたイタリア風コーヒー).

Cap·ri [カープリ káːpri] 中 -s/《島名》カプリ(ナポリ湾入口の島).

Cap·ric·cio [カプリッチョ kaprítʃo] [イタ] -s/-s《音楽》カプリッチョ,狂想曲,綺想(きそう)曲 (=Kapriccio).

Ca·ra·van [カラヴァン káravan または カラヴァーン] [英] 男 -s/-s ① ステーションワゴン;キャンピングカー. ② (野菜などの)販売カー.

care of [ケア オヴ kéər əv] [英]《手紙のあて先で:》…方,…気付 (略: c/o).

Ca·ri·tas [カーリタス káːritas] 女 -/ ①《宗》慈善,隣人愛 (=Karitas). ②《略》ドイツカリタス会(ドイツのカトリック系の社会福祉事業団体) (=Deutscher *Caritas*verband).

Ca·ros·sa [カロッサ karóssa] -s/《人名》カロッサ (Hans *Carossa* 1878–1956; ドイツの作家).

Car·toon [カルトゥーン kartúːn] [英] 男 中 -[s]/-s ① カリカチュア,風刺漫画. ② 続きこまの漫画,コミックス (=Comicstrip).

Ca·sa·no·va [カザノーヴァ kazanóːva] 男 -[s]/-s 女たらし,色男(漁色家としてしられたイタリア人文筆家 G. *Casanova* 1725–1798の名から).

Cä·sar [ツェーザァ tséːzar] Ⅰ -s/《人名》カエサル,シーザー (Gaius Julius *Cäsar* 前100?–前44; 古代ローマの政治家・文人). Ⅱ 男 -en/-en [ツェザーレン] カエサル(古代ローマ皇帝の称号).

Cä·si·um [ツェーズィウム tséːzium] 中 -s/《化》セシウム (記号: Cs).

Cas·sa·ta [カサータ kasáːta] [イタ] 女 -/-s カサータアイスクリーム(砂糖漬けの果物が入ったイタリアのアイスクリーム).

Catch-as-catch-can [キャッチ・アズ・キャッチ・キャン] [英] 中 -/ プロレス[リング]; (軽蔑的に:)強引なやり口.

cat·chen [ケッチェン kétʃən] 自 (h) プロレスリングをする.

Cat·cher [ケッチャァ kétʃər] [英] 男 -s/- プロレスラー.

CB-Funk [ツェーベー・フンク] 男 -s/ (トランシーバーなどの)市民無線.

cbm [クビーク・メータァ]《記号》 立方メートル (m³) (=Kubikmeter).

ccm [クビーク・ツェンティメータァ] 《記号》立方センチメートル (cm³) (=Kubikzentimeter).

Cd [ツェー・デー] 《化・記号》カドミウム (=Cadmium, Kadmium).

CD [ツェー・デー] 囡 -/-s 《略》コンパクトディスク (=compact disc).

CD-Plat·te [ツェーデー・プらッテ] 囡 -/-n コンパクトディスク, CD.

CD-Play·er [ツェーデー・プれイアァ] [英] 男 -s/- CDプレイヤー.

CD-ROM [ツェー・デー・ロム] 囡 -/-[s] (コンピュータ) CD-ROM.

CD-Spie·ler [ツェーデー・シュピーらァ] 男 -s/- =CD-Player

CDU [ツェー・デー・ウー] 囡 -/ 《略》キリスト教民主同盟(ドイツの保守政党) (=Christlich-Demokratische Union).

C-Dur [ツェー・ドゥーァ] 田 -/ 《音楽》ハ長調 (記号: C).

Ce [ツェー・エー] 《化・記号》セリウム (=Cer).

Cel·le [ツェれ tséla] 田 -s/ 《都市名》ツェレ(ドイツ, ニーダーザクセン州の都市: [地図] E-2).

Cel·list [チェリスト tʃelíst または シェ..ʃɛ..] 男 -en/-en チェリスト, チェロ奏者.

Cel·lo [チェろ tʃélo または シェろ ʃélo] 田 -s/- (または Celli) 《音楽》チェロ.

Cel·lo·phan [ツェろふァーン tsɛlofáːn] 田 -s/ 《商標》セロハン.

Cel·si·us [ツェるズィウス tsélzius] **I** -/ 《人名》ツェルジウス (Anders *Celsius* 1701-1744; 摂氏寒暖計を提唱したスウェーデンの天文学者). **II** -/ 《物》(温度計の)摂氏 (記号: C). 5°C (=fünf Grad *Celsius*) 摂氏 5 度.

Cem·ba·lo [チェンバろ tʃémbalo または ..bali] 田 -s/-s (または ..bali) 《音楽》チェンバロ.

Cent¹ [ツェント tsént] 男 -[s]/-[s] (単位: -/-) ツェント(1999 年より実施された欧州共通通貨単位. 100 分の 1 ユーロ) (略: c., ct.). Ein Euro hat 100 *Cent*. 1 ユーロは 100 ツェントだ.

Cent² [セント sént] 男 -[s]/-[s] (単位: -/-) セント(アメリカ・オランダなどの通貨単位. アメリカでは 100 分の 1 ドル) (略: c, ct).

Cen·ter [センタァ séntər] [英] 田 -s/- (活動などの)中心地; ショッピングセンター.

Cen·time [サンティーム sātíːm] [仏] 男 -[s] [サンティームス]/-s [サンティームス] (単位: -/-) サンチーム(フランス・スイス・ベルギーなどの小貨幣).

Cer [ツェーァ tséːr] 田 -s/ 《化》セリウム (記号: Ce) (=Cerium, Zer).

Cer·van·tes [セルヴァンテス servántes] -/ 《人名》セルバンテス (Miguel de *Cervantes* Saavedra 1547-1616; スペインの作家. 代表作『ドン・キホーテ』).

ces, Ces [ツェス tsés] 田 -/ 《音楽》変ハ音.

Cey·lon [ツァイろン tsáilɔn] 田 -s/ 《島名》セイロン(インド東南にある島で現在の国名はスリランカ).

Cf [ツェー・エふ] 《化・記号》カリホルニウム (=Californium).

cf. [コンふェァ] 《略》比較(参照)せよ (=confer!).

CH [ツェー・ハー] 《略》スイス〔連邦共和国〕 (=Confoederatio Helvetica).

Chag·rin [シャグレーン ʃagrɛ̃ː] [仏] 田 -s/ シャグラン(粒状突起のある革).

Chai·se≈longue [シェゼ・ろンゲ] [仏] 囡 -/-n [..ゲン] (または -s) (口語: -/-s も) 寝いす.

Cha·let [シャれー ʃalé: または シャれ ʃalé] [仏] 田 -s/-s ① シャレー(スイスの牧人小屋). ② シャレー風の別荘.

Cha·mä·le·on [カメーれオン kamé:leɔn] 田 -s/-s ①《動》カメレオン. ②《比》無節操な人.

Cha·mis·so [シャミッソ ʃamíso] -s/ 《人名》シャミッソー (Adelbert von *Chamisso* 1781-1838; フランス系のドイツの詩人・作家).

cha·mois [シャモア ʃamoá] [仏] 形 《無語尾で》(アルプスかもしかのような)黄褐色の.

Cham·pag·ner [シャンパニャァ ʃampánjər] 男 -s/- シャンパン.

Cham·pig·non [シャーンピニョン ʃáːpɪnjɔ̃] [仏] 男 -s/-s 《植》マッシュルーム, シャンピニオン.

Cham·pi·on [チェンピエン tʃémpiən または シャンピオーン ʃapió:] [英・仏] -s/-s (スポーツ) チャンピオン, 優勝者; 選手権保持者. der *Champion* im Boxen ボクシングのチャンピオン.

die **Chan·ce** [シャーンス ʃá:sə または シャーンス ʃá:s] [仏] 囡 (単) -/(複) -n [..セン] ①《複なし》チャンス, 好機, 機会. Ich gebe dir noch eine *Chance*. 君にもう一度[だけ]チャンスを与えよう / eine *Chance*⁴ wahr|nehmen (verpassen) チャンスをとらえる(逃がす). ②《複で》見込み, 勝ち目, 成算. Er hat keine *Chancen* auf den Sieg. 彼には勝つ見込みがない / Er hat bei ihr keine *Chancen*. 《口語》彼は彼女に気に入られる見込みはない.

Chan·cen≈gleich·heit [シャーンセン・グらイヒハイト] 囡 -/ 機会均等.

chan·gie·ren [シャンジーレン ʃaʒíːrən] 圓 (h) (生地などが)玉虫色に光る.

Chan·son [シャンソーン ʃãsɔ̃ː] [仏] **I** 囡 -/-s ①《文学》(中世フランスの)叙事詩. ②《音楽》(15-17 世紀フランスの)世俗歌曲. **II** 男 -s/-s 《音楽》シャンソン.

Chan·so·net·te [シャンソネッテ ʃãsonétə] [仏] 囡 -/-n =Chansonnette

Chan·so·ni·er [シャンソニエー ʃãsonié:] [仏] 男 -s/-s =Chansonnier

Chan·son·net·te [シャンソネッテ ʃãsonétə] [仏] 囡 -/-n ①(女性の)シャンソン歌手. ②シャンソネット(くだけた内容の小唄).

Chan·son·ni·er [シャンソニエー ʃãsoniéː] [仏] 男 -s/-s ①(男性の)シャンソン歌手. ②(12-14 世紀の)シャンソン歌手(詩人). ③(中世フランスの)吟遊詩人・歌人.

das **Cha·os** [カーオス káːɔs] 田 (単 2) -/ 混沌(ミスヘ), 無秩序, 混乱. ein *Chaos*⁴ aus|lösen 混乱をひき起こす.

Cha·ot [カオート kaóːt] 男 -en/-en 過激派. ☞ 女性形は Chaotin.

cha·o·tisch [カオーティッシュ kaóːtɪʃ] 形 混沌(ミスヘ)とした, 無秩序の, 混乱した.

*der **Cha·rak·ter** [カラクタァ karáktər] 男 (単2) -s/(複) -e [..テーレ] (3格のみ -en) (英 character) ① (人の)性格, 気質; 気骨, バックボーン. Er hat einen guten *Charakter*. 彼は性格が良い / Er ist ein Mann von *Charakter*. 彼はしっかりした人物だ / Er hat keinen *Charakter*. 彼には節操がない. ② (特定の性格の)人物; 気骨のある人. Er ist ein *Charakter*. 彼はなかなかの人物だ. ③ 《複なし》(事物の)性質, 特性, 特色. der spezifische *Charakter* eines Volkes 民族固有の特性. ④ (小説・劇などの)登場人物,キャラクター. ⑤ 《ふつう複》文字.

Cha·rak·ter≠bil·dung [カラクタァ・ビルドゥング] 女 -/ 性格(人格)形成.

Cha·rak·ter≠dar·stel·ler [カラクタァ・ダールシュテラァ] 男 -s/- 《劇》性格俳優.

Cha·rak·ter≠feh·ler [カラクタァ・フェーラァ] 男 -s/- 性格上の欠陥.

cha·rak·ter≠fest [カラクタァ・フェスト] 形 しっかりした性格の, 節操のある.

cha·rak·te·ri·sie·ren [カラクテリズィーレン karakterizí:rən] 他 (h) ① 人·物⁴の特徴(性格)を描く. ② 人·物⁴を特徴づける, 人·物⁴の特徴をなす. Kurze Sätze *charakterisieren* seinen Stil. 短文が彼の文体の特徴だ.

Cha·rak·te·ris·tik [カラクテリスティク karakterístɪk] 女 -/-en ① 特徴描写. ② 《数》(対数の)指標; 《理》特性曲線.

Cha·rak·te·ris·ti·kum [カラクテリスティクム karakterístikum] 中 -s/..tika 特徴, 特性.

***cha·rak·te·ris·tisch** [カラクテリスティッシュ karakterístɪʃ] 形 特徴的な, 特色のある; 特有の. (英 characteristic). eine *charakteristische* Kleidung 特徴のある服装 / Dieses Verhalten ist *charakteristisch* für ihn. このようなふるまいが彼らしい.

cha·rak·ter·lich [カラクタァリヒ] 形 性格上の, 性格的な.

Cha·rak·ter≠los [カラクタァ・ろース] 形 無節操な; 特徴(性格)のない.

Cha·rak·ter≠lo·sig·keit [カラクタァ・ろーズィヒカイト] 女 -/-en ① 《複なし》無節操, 個性のないこと. ② 無節操な言動.

Cha·rak·ter≠schwä·che [カラクタァ・シュヴェッヒェ] 女 -/-n 性格の弱さ.

Cha·rak·ter≠stär·ke [カラクタァ・シュテルケ] 女 -/-n 性格の強さ.

Cha·rak·ter≠zug [カラクタァ・ツーク] 男 -[e]s/..züge 特性, 特徴.

Char·ge [シャルジェ ʃárʒə] 女 -/-n ① 地位, 官職. ② 《軍》階級; 下士官. ③ 学生組合の議長. ④ 《劇》あくの強いわき役. ⑤ 《冶》(溶鉱炉への)装入. ⑥ 《薬》(一工程でできる)薬剤の量.

char·gie·ren [シャルジーレン ʃarʒíːrən] I 自 (h) ① 《劇》あくの強いわき役を演じる. ② (学生言葉で)学生組合の正装をする. II 他 (h) 《冶》(溶鉱炉に)鉱石を装入する.

Cha·ris·ma [ヒャーリスマ çáːrɪsma または ヒャリスマ] 中 -s/..rismen [ヒャリスメン] (または ..rismata [ヒャリスマタ]) ① 《神学》カリスマ. ② (集団に影響を与える)特殊な能力.

Cha·ri·té [シャリテー ʃarité] 女 -/-s ① シャリテー(病院名として. 特に旧東ベルリンのフンボルト大学付属病院). ② 《古》慈善病院.

Char·lot·te [シャルろッテ ʃarlótə] -[n]s/ 《女名》シャルロッテ.

char·mant [シャルマント ʃarmánt] [..'マ] 形 魅力的な, チャーミングな (=scharmant).

Charme [シャルム ʃárm] [..'マ] 男 -s/ 魅力.

Char·meur [シャルメーァ ʃarmǿ:r] [..'マ] 男 -s/-s (または -e) 色男.

Cha·ron [ヒャーロン çá:rɔn] 男 -s/ 《ギ神》カロン(冥府の川アケローンの渡し守).

Char·ta [カルタ kárta] 女 -/-s 憲章.

Char·ter≠flug [チャルタァ・ふるーク] 男 -[e]s/..flüge (航空機の)チャーター便.

Char·ter·ma·schi·ne [チャルタァ・マシーネ] 女 -/-n チャーター機.

char·tern [チャルタァン tʃártərn または シャル..ʃár..] 他 (h) (飛行機など⁴を)チャーターする.

Chas·sis [シャスィー ʃasí.] [..'マ] 中 -/ [シャスィース ʃasí:s]/- [シャスィース] (自動車などの)シャーシー, 車台; (テレビ・パソコンなどの)シャーシー(部品を取り付ける台).

Chauf·feur [ショふェーァ ʃofǿːr] [..'マ] 男 -s/-e (自家用車・タクシーなどの)運転手.

chauf·fie·ren [ショふィーレン ʃofí:rən] I 自 (h) 車を運転する. II 他 (h) ① (車⁴を)運転する. ② (人⁴を)車で送る.

Chaus·see [ショセー ʃosé:] [..'マ] 女 -/-n [..セーエン] (舗装された)街道.

Chau·vi [ショーヴィ ʃóːvi] [..'マ] 男 -s/-s 《口語》男性優越主義者 (=Chauvinist ②).

Chau·vi·nis·mus [ショヴィニスムス ʃovinísmus] 男 -/..nismen ① 《複なし》ショウヴィニズム(偏狭な愛国主義). ② ショーヴィニズムの言動. ③ 《成句的に》männlicher *Chauvinismus* 男性優越主義; 男性優越主義的言動.

Chau·vi·nist [ショヴィニスト ʃoviníst] 男 -en/-en ① ショーヴィニスト(偏狭な愛国主義者), 排外主義者. ② 男性優越主義者.

chau·vi·nis·tisch [ショヴィニスティッシュ ʃovinístɪʃ] 形 ① 偏狭な愛国主義の. ② 男性優越主義の.

Check¹ [シェック ʃέk] 男 -s/-s 《スイ》小切手 (=Scheck).

Check² [チェック tʃέk] 男 -s/-s (アイスホッケーで:)チェック, 妨害.

che·cken [チェッケン tʃέkən] 他 (h) ① 《工》点検する. ② (アイスホッケーで:)(相手選手⁴を)チェックする, 妨害する.

Check≠lis·te [チェック・リステ] 女 -/-n チェック(点検)リスト.

Check≠point [チェック・ポイント] [英] 男 -s/-s (国境の)検問所, チェックポイント.

chee·rio! [チーリオ tʃíːrio] 間 《口語》① 乾杯! (=prost!). ② さようなら!

‡*der* **Chef** [シェフ ʃéf] 〖232〗 男 (単 2) -s/〈複〉-s (英 chief) ① (局・部・課などの)長、チーフ、所長、店長; 上役、ボス。Küchen*chef* コック長 / Ich möchte den *Chef* sprechen. 所長にお目にかかりたいのですが。② (俗)(知らない男性へのなれなれしい呼びかけ):大将、だんな。

Chef.. [シェフ.. ʃéf..]〖名詞につける接頭〗① (…の長)例: *Chef*redakteur 編集長。② (指導的な…)例: *Chef*ideologe (政党の)理論指導者。

Chef=arzt [シェフ・アールツト] 男 -es/..ärzte 医長、主任医師。

Che·fin [シェフィン ʃéfɪn] 女 -/..finnen ① (女性の)局(部・課)長、チーフ、所長、店長; 上役。② 《口語》チーフ(所長・店長)の奥さん。

Chef=re·dak·teur [シェふ・レダクテーァ] 男 -s/-e 編集長、主筆。

*die **Che·mie** [ヒェミー çemíː] 女 (単) -/ ① 化学。(英 chemistry). Biochemie 生化学 / Er studiert *Chemie*. 彼は化学を専攻している / organische (anorganische) *Chemie* 有機(無機)化学。② (口語) 化学物質 (=Chemikalien).

Che·mie=fa·ser [ヒェミー・ふァーザァ] 女 -/-n 化学繊維。

Che·mi·ka·lie [ヒェミカーりェ çemikáːliə] 女 -/-n 《ふつう複》化学物質、化学製品(薬品).

Che·mi·ker [ヒェーミカァ çéːmikɐr] 男 -s/- 化学者。(ドイ 女性形は Chemikerin).

***che·misch** [ヒェーミッシュ çéːmɪʃ] 形 化学の、化学的な。(英 chemical). *chemische* Analyse 化学分析 / die *chemischen* Elemente 化学元素 / *chemische* Formel 化学式 / die *chemische* Reinigung ドライクリーニング / ein *chemisches* Zeichen 化学記号。

Chem·nitz [ケムニッツ kémnɪts] 中 -/ (都市名)ケムニッツ(ドイツ、ザクセン州。1953-1990 年間はカール・マルクス・シュタット。(ビデオ 地図 F-3).

Che·mo=the·ra·pie [ヒェーモ・テラピー] 女 -/-n [..ピーエン] (医) 化学療法.

..chen [..ヒェン ..çən] 〖中性の縮小名詞をつくる接尾; 幹母音が a, o, u, au の場合は変音する〗《小・親愛・軽蔑》例: Väter*chen* おとうちゃん / Häns*chen* 小さなハンス、ハンスちゃん。

Che·rub [ヒェールップ çéːrʊp] 男 -s/-rubim [..ルビーム] (または Cherubinen [ヒェルビーネン]) 《聖》ケルビム、智天使(パラダイスを守る天使).

che·va·le·resk [シェヴァれレスク ʃəvaləréskʰ] 〖232〗形 騎士らしい、騎士道にかなった(=ritterlich).

Chev·reau [シェヴロー ʃavró: または シェヴロ ʃévro]〖232〗中 -s/-s やぎ革、キッド。

Chi·an·ti [キアンティ kiánti]〖伊〗男 -[s]/ キアンティ(イタリア産の辛口の赤ワイン).

chic [シック ʃík]〖232〗形 しゃれた、いきな、シックな (=schick).

Chi·co·rée [シッコレ ʃikore または シコレー ʃikoré:]〖232〗女 -/ (または 男 -s/) (植) チコリー、キクニガナ(タンポポに似たサラダ用野菜) (=

Zichorie). (ビデオ Gemüse 図).

der **Chiem·see** [キーム・ゼー kíːm-zeː] 男 -s/ 〖定冠詞とともに〗(湖名)キームゼー (ビデオ 地図 F-5).

Chif·fon [シフォン ʃifɔ̃ː または シフォーン]〖232〗男 -s/-s (サフテ:-e) (織) シフォン、絹モスリン。

Chiff·re [シふレ ʃífrə または シッファァ ʃífɐr]〖232〗女 -/-n ① 数字。② 暗号。③ 略号、符号。

chif·frie·ren [シふリーレン ʃifríːrən] 他 (h) 暗号で書く、暗号化する。

Chi·le [チーれ tʃíːle または ヒーれ çíːle] 中 -/ (国名)チリ[共和国] (首都はサンチアゴ).

Chi·le·ne [チれーネ tʃiléːna または ヒ.. çi..] 男 -n/-n チリ人。(ドイ 女性形は Chilenin).

Chi·mä·re [ヒメーレ çimɛːrə] 女 -/-n ① 《ギリ神》キマイラ(ライオンの頭・やぎの胴・蛇の尾を持ち、口から火を吐く怪獣) (=Schimäre). ②《生》キメラ(1 個の植物体中に遺伝子型の異なる組織が混在する現象)。

***Chi·na** [ヒーナ çíːna] 中 (単 2) -s/ (国名) 中国、中華人民共和国(首都は北京). (英 China). Ich reise im Sommer nach *China*. 私は夏に中国へ旅行します。

Chi·na=kohl [ヒーナ・コール] 男 -[e]s/-e (植) ハクサイ(白菜).

Chi·na=rin·de [ヒーナ・リンデ] 女 -/ (薬) キナの木の樹皮.

Chin·chil·la [チンちら tʃɪntʃíla] I 女 -/-s (動) チンチラ(アンデス山脈に分布するリスに似た動物). II 中 -s/-s ① チンチラの毛皮。②(動) チンチラウサギ(チンチラに似た飼いウサギの一種).

Chi·ne·se [ヒネーゼ çinéːzə] 男 -n/-n 中国人.

Chi·ne·sin [ヒネーズィン çinéːzɪn] 女 -/..sinnen 中国人(女性).

***chi·ne·sisch** [ヒネーズィッシュ çinéːzɪʃ] 形 中国の、中国人の; 中国語の。(英 Chinese). die *Chinesische* Mauer 万里の長城 / die *chinesische* Sprache 中国語 / *chinesisch* (新形 auf *Chinesisch*) 中国語で / *chinesisch* sprechen 中国語で話す / Das ist *chinesisch* für mich. (口語) それはぼくにはまったくちんぷんかんぷんだ。

Chi·ne·sisch [ヒネーズィッシュ çinéːzɪʃ] 中 -[s]/ 中国語。Ich lerne *Chinesisch*. 私は中国語を学んでいます / auf *Chinesisch* 中国語で。(ドイ 用法については Deutsch の項参照).

Chi·ne·si·sche [ヒネーズィッシェ çinéːzɪʃə] 中 《複》なし; 定冠詞とともに; 語尾変化は形容詞と同じ》① 中国語。(ドイ 用法については Deutsche の項参照). ② 中国的なもの(こと).

Chi·nin [ヒニーン çiníːn] 中 -s/ (薬) キニーネ(マラリア治療に用いられる解熱剤).

Chip [チップ tʃíp] (英) 男 -s/-s ① (コンピュ) チップ。② (ルーレットなどの)チップ、かけ札。③ 《ふつう複》(料理) ポテトチップス.

Chip=kar·te [チップ・カルテ] 女 -/-n チップカード(集積回路を組み込んだクレジットカード).

Chi·ro·man·tie [ヒロマンティー çiromantí:] 女 -/ 手相術.

Chi·ro·prak·tik [ヒロ・プラクティク çiropráktik] 女 -/ 《医》カイロプラクティック，脊椎(セキツイ)指圧療法.

Chi·rurg [ヒルルク çirúrk] 男 -en/-en 《医》外科医. (←→「内科医」は Internist).

Chi·rur·gie [ヒルルギー çirurgí:] 女 -/-n [..ギーエン] ① 《覆なし》《医》外科[学]. die plastische *Chirurgie* 形成外科 / die (病院の)外科.

chi·rur·gisch [ヒルルギッシュ çirúrgiʃ] 形 外科[学]の; 外科的な，手術による; 外科用の.

Chi·tin [ヒティーン çití:n] 中 -s/《動》キチン(節足動物などの外骨格を形成する物質).

Chlor [クローア kló:r] 中 -s/《化》塩素(記号: Cl).

chlo·ren [クローレン kló:rən] 他 (h) (水など⁴を)塩素殺菌する.

Chlo·rid [クロリート klorí:t] 中 -[e]s/-e 《化》塩化物.

Chlo·ro·form [クロロふォルム kloroförm] 中 -s/《化》クロロホルム.

chlo·ro·for·mie·ren [クロロふォルミーレン kloroformí:rən] 他 (h) (人⁴に)クロロホルム麻酔をかける.

Chlo·ro·phyll [クロロふゅる klorofýl] 中 -s/《植》葉緑素(=Blattgrün).

Choke [チョーク tʃóːk] [英] 男 -s/-s 《自動車》チョーク.

Cho·le·ra [コーれラ kó:lera] 女 -/《医》コレラ.

Cho·le·ri·ker [コホーリカァ kolé:rikər] 男 -s/-/《人名》(胆汁質の)怒りっぽい人，短気な人.

cho·le·risch [コホ-リッシュ kolé:rɪʃ] 形 胆汁質の, 怒りっぽい, 短気な.

Cho·les·te·rin [ヒョれステリーン çolɛsterí:n] 中 -s/《医》コレステリン, コレステロール.

Cho·pin [ショぺン ʃopɛ̃] -s/《人名》ショパン (Fryderyk Franciszek (Frédéric François) *Chopin* 1810–1849; ポーランドの作曲家).

***der Chor** [コーア kó:r] **I** 男 (単2) -[e]s/(複) Chöre [ケーレ] (3格のみ Chören) ① 《音楽》**合唱団**，コーラス，聖歌隊；合唱；合唱曲. (英 *chorus*). Männer*chor* 男性合唱団 / ein gemischter *Chor* 混声合唱団 / einen *Chor* leiten (または dirigieren) コーラスを指揮する / im *Chor* 声をそろえて，いっせいに / einen *Chor* komponieren 合唱曲を作曲する. ② 《音楽》(オーケストラの楽器の)セクション. ③ 《劇》(ギリシア古典劇の)合唱隊, コロス.
II 男 (まれに 中) (単2) -[e]s/(複) -e (3格のみ -en) または (複) Chöre (3格のみ Chören) 《カック》(教会の)**内陣**(中央祭壇の周囲); 聖歌隊席.

Cho·ral [コラーる korá:l] 男 -s/Choräle 《新教》賛美歌, コラール; 《カック》《グレゴリオ》聖歌.

Chö·re [ケーレ] *Chor (合唱団の)複

Cho·re·o·graf [コレオグラーふ koreográ:f] 男 -en/-en (バレエの)振り付け師.

Cho·re·o·graph [コレオグラーふ koreográ:f] 男 -en/-en =Choreograf

Chor·ge·sang [コーア・ゲザング] 男 -[e]s/..sänge 合唱[曲].

Chor·hemd [コーア・ヘムト] 中 -[e]s/-en 《カック》儀式用白衣(聖職者や聖歌隊員が着る).

Cho·rist [コリスト korístt] 男 -en/-en 合唱団員, 聖歌隊員 (=Chorsänger). (←→ 女性形は Choristin).

Chor·kna·be [コーア・クナーベ] 男 -n/-n 少年聖歌隊員; 《カック》ミサの侍者.

Chor·lei·ter [コーア・らイタァ] 男 -s/- 合唱団(聖歌団)指揮者.

Chor·sän·ger [コーア・ゼンガァ] 男 -s/- 合唱団員, 聖歌隊員. (←→ 女性形は Chorsängerin).

Cho·rus [コールス kó:rus] 男 -/..russe ① 《音楽》(ジャズで)テーマの繰り返し；(ポピュラー音楽で:)リフレイン. ② 《古》合唱団.

Cho·se [ショーゼ ʃóːza] [フラ] 女 -/-n 《ふつう 単》《口語》① 事[柄], 事件, 問題. ② がらくた, くだらない物.

Chr. [クリストゥス] 《略》キリスト (=Christus). v. *Chr.* 紀元前 (=vor Christo) / n. *Chr.* 紀元[後] (=nach Christo).

Chres·to·ma·thie [クレストマティー krɛstomatí:] 女 -/-n [..ティーエン] (教材用の)名句(名詩)選.

***der Christ** [クリスト kríst] **I** 男 (単2·3·4) -en/(複) -en **キリスト教徒**, クリスチャン. (英 *Christian*). (←→ 女性形は Christin). ein frommer *Christ* 敬虔(ケイケン)なクリスチャン / *Christen* und Heiden キリスト教徒と異教徒.
II (単2) -/《人名》《古》キリスト (=Christus).

Chris·ta [クリスタ krísta] -s/《女名》クリスタ. (Christiane の短縮).

Christ·baum [クリスト・バオム] 男 -[e]s/..bäume 《方》クリスマスツリー (=Weihnachtsbaum).

Chris·te [クリステ] Christus の呼びかけの形.

Chris·ten·heit [クリステンハイト] 女 -/ (総称として)キリスト教徒.

***das Chris·ten·tum** [クリストゥントゥーム krístantu:m] 中 (単2) -s/ **キリスト教**; キリスト教の信仰(精神). (英 *Christianity*). das *Christentum*⁴ an[nehmen キリスト教を受け入れる / sich⁴ zum *Christentum* bekennen キリスト教徒になる[告白をする].

Chris·ti [クリスティ] Christus の 2 格形.

Chris·ti·an [クリスティアン krístian] -s/《男名》クリスティアン.

Chris·ti·a·ne [クリスティアーネ kristiá:nə] -s/《女名》クリスティアーネ.

Chris·ti·ne [クリスティーネ kristí:nə] -s/《女名》クリスティーネ.

Christ·kind [クリスト・キント] 中 -[e]s/ ① 幼児キリスト. ② (クリスマスにプレゼントを運んでくる子供の姿をした)天使. ③ 《南ドジ・キスク》クリスマスプレゼント.

***christ·lich** [クリストリヒ krístlıç] 形 **キリスト教の**, キリストの；キリストの教えに従った, キリ

スト教徒としての.(㊥ *Christian*). die *christliche* Kirche キリスト教会 / die *christliche* Kunst キリスト教芸術 / die *christliche* Nächstenliebe キリスト教的隣人愛 / *christlich* handeln キリスト教徒らしく行動する / *Christlicher* Verein Junger Männer[2] キリスト教青年会, YMCA (略: CVJM).

Christ=met·te [クリスト・メッテ] 囡 –/–n 《㊧》クリスマスミサ; 《新教》クリスマス早朝礼拝.

Chris·to [クリストー] Christus の 3 格形.

Chris·toph [クリストふ krístɔf] –s/ 《男名》クリストフ.

Chris·tum [クリストゥム] Christus の 4 格形.

***Chris·tus** [クリストゥス krístus]《無変化または 2 格 Christi, 3 格 Christo, 4 格 Christum, 呼びかけ Christe!》《人名》[イエス・]キリスト (キリスト教の宗祖). (㊥ *Christ*). 1867 nach *Christus* (略: n. Chr.) 西暦[紀元]1867 年 / 500 vor *Christus* (略: v. Chr.) [西暦]紀元前 500 年.

Chrom [クローム króːm] 伸 –s/ 《化》クロム (記号: Cr).

Chro·ma·tik [クロマーティク kromáːtɪk] 囡 –/ ① 《音楽》半音階法. ② 《物》色彩論.

chro·ma·tisch [クロマーティッシュ kromáːtɪʃ] 形 ① 《音楽》半音階[法]の. ② 《物》色彩[論]の.

Chro·mo·som [クロモゾーム kromozóːm] 伸 –s/–en 《ふつう覆》《生》染色体.

Chro·nik [クローニク króːnɪk] 囡 –/–en 年代記, 編年史.

chro·nisch [クローニッシュ króːnɪʃ] 形 《医》慢性の. (⇔ 「急性の」は akut); 《口語》長びく, しつこい. eine *chronische* Krankheit 慢性の病気 / an *chronischem* Geldmangel leiden《戯》慢性の金欠病に苦しむ.

Chro·nist [クロニスト kronístː] 男 –en/–en 年代記作者(編者).

Chro·no·lo·gie [クロノろギー kronologíː] 囡 –/–n [..ギーエン] ① 《覆 なし》年代学. ② 年代決定. ③ 年代順.

chro·no·lo·gisch [クロノローギッシュ kronolóːɡɪʃ] 形 年代順の; 年代学の.

Chro·no·me·ter [クロノメータァ kronoméːtər] 伸 –s/– ①《口語: 男》も》クロノメーター, 経線儀. ②《口語・戯》[懐中]時計.

Chry·san·the·me [クリュザンテーメ kryzantéːmə] 囡 –/–n 《植》キク(菊).

Chry·san·the·mum [ヒリュザンテムム çryzántemum または クリュ.. kry..] 伸 –s/..themen [..テーメン] 《植》=Chrysantheme

Chuz·pe [フツペ xútspə] 囡 –/ 《俗》ずうずうしさ, 厚顔無恥.

Ci·ce·ro [ツィーツェロ tsíːtsero] –s/ 《人名》キケロ (Marcus Tullius *Cicero* 前 106–前 43; 古代ローマの政治家).

Ci·ne·ast [スィネアスト sineást] [㊨] 男 –en/–en 映画製作者; 映画批評家; 映画ファン.

cir·ca [ツィルカ tsírka] 副 ほぼ, およそ (略: ca.) (=zirka).

Cir·cu·lus vi·ti·o·sus [ツィルクるス ヴィツィオーズス tsírkulus vitsióːzus] [㊨] 男 ––/Circuli vitiosi ①《哲》循環論法. ② 悪循環.

cis, Cis [ツィス tsís] 伸 –/《音楽》嬰(えい)ハ音. *Cis*-Dur 嬰ハ長調 / *cis*-Moll 嬰ハ短調.

Ci·ty [スィティ síti] [英] 囡 –/–s (大都市の)中心街, 都心, 繁華街 (=Innenstadt).

Cl [ツェー・エる]《化・記号》塩素 (=Chlor).

Clan [クラーン kláːn または クラン klǽn] [英] –s/–e [クラーネ] (または –s [クランス]) ①《民俗》(スコットランド・アイルランドの)氏族, 一族. ②《俗》一族郎党, 一派.

Cla·queur [クらケーァ klakǿːr] 男 –s/–e 《劇》(劇場の)雇われ拍手屋, さくら.

clean [クリーン klíːn] [英] 形 《隠語》[今ではもう]麻薬を使っていない.

Clea·ring [クリーリング klíːrɪŋ] [英] 伸 –s/–s 《経》清算, 手形交換.

cle·ver [クれヴァァ klévər] [英] 形 利口な, 如才ない, ずる賢い; 巧みな.

Clinch [クリンチュ klíntʃ または クリンシュ klínʃ] [英] 男 –[e]s/–es ① (ボクシングで:)クリンチ. ② 争い. mit 人[3] im *Clinch* sein 人[3] とけんかしている.

Clip [クリップ klíp] [英] (=Klipp)男 –s/–s ① (万年筆などの)クリップ. ② (はさんで留めるアクセサリー:)イヤリング, ブローチ, 髪飾り, タイピン.

Cli·que [クリッケ klíkə または クリーケ klíːkə] [㊨] 囡 –/–n (軽蔑的に:)(排他的な)徒党, 派閥; (若者どうしの)仲間, グループ. eine *Clique*[4] bilden 徒党を組む.

Clou [クルー klúː] [㊨] 男 –s/–s《口語》(シーズン・催し物などの)クライマックス, ハイライト.

Clown [クらオン kláun] [英] 男 –s/–s 道化師, クラウン.

Club [クるブ klúb または クるップ klúp] (=Klub) [英] 男 –s/–s ① クラブ; (若者の)仲間, グループ. ② クラブハウス.

cm [ツェンティ・メータァ または ..メータァ]《記号》センチメートル (=Zentimeter).

Cm [ツェー・エム]《化・記号》キュリウム (=Curium).

c-Moll [ツェー・モる] 伸 –/ 《音楽》ハ短調 (記号: c).

Co [ツェー・オー]《化・記号》コバルト (=Cobaltum, Kobalt).

Co. [コー]《略》会社 (=Compagnie, Kompanie).

c/o [ケア オヴ]《略》(手紙のあて先で:)…方, …気付 (=care of).

Coach [コーチュ kóːtʃ] [英] 男 –[s]/–s《スポ》コーチ.

coa·chen [コーチェン kóːtʃən] 他 (h)《スポ》(人[4]を)コーチする, 指導する.

Co·ca-Co·la [コカ・コーら] 伸 –[s]/– (または 囡 –/–)《商標》コカ・コーラ.

Cock·pit [コック・ピット kɔ́k-pɪt] [英] 伸 –s/–s《空》(飛行機の)コックピット, 操縦[士]席;《海》(ヨット・モーターボートの)船尾座席; (レーシングカーの)運転席.

Cock·tail [コック・テール kókte:l] [英] [男] -s/-s ① カクテル. ② カクテルパーティー (=*Cocktail*party); (旧東ドイツで:) レセプション.

Cock·tail·par·ty [コクテール・パールティ] [英] [女] -/-s カクテルパーティー.

Code [コート kó:t] (=Kode) [発] [男] -s/-s ① 《言語》 コード, 符号[情報を表現するための記号・規則の体系]. ② 暗号[体系], 略号[体系]. ③ 《言》 (記号と文法から成る)記号体系, コード. ④ 《社・言》社会階層方言.

Co·dex [コーデクス kó:dɛks] (=Kodex) [男] -/ Codices [..ディツェース] (または -e) ① (古代の)木簡; (中世の)手写本. ② (ローマ法の)法典. ③ 規約(法規)集. ④ 《覆 -e》 (ふるまい・行動の)規範.

Cog·nac [コニャク kónjak] [発] [男] -s/-s 《商標》コニャック(フランスのコニャック地方産の高級ブランデー) (=Kognak).

Coif·feur [コアふェーァ koafǿ:r] [発] [男] -s/-e 《ちき》《雅》理容師, 理髪師 (=Friseur).

Co·la [コーラ kó:la] [中] -[s]/- (または [女] -/-) 《口語》コーラ.

Col·la·ge [コラージェ kolá:ʒə] [発] [女] -/-n ① 《美・文学・音楽》① 《覆 なし》(技法としての)コラージュ. ② コラージュ作品.

Col·lege [コリッチュ kɔ́lɪtʃ または コリッチュ kólɪdʒ] [英] [中] -[s]/-s ① (英国の)カレッジ, 学寮; パブリックスクール; 専門学校. ② (アメリカの大学の)教養課程; 単科大学.

Col·lie [コリ kóli] [英] [男] -s/-s コリー(スコットランド原産の牧羊犬).

Colt [コる kólt] [英] [男] -s/-s 《商標》コルト[式自動拳銃(けんじゅう)].

Come-back, Come·back [カム・ベック] [英] [中] -[s]/-s カムバック, 再起, 返り咲き.

Co·mic [コミク kómɪk] [英] [男] -s/-s 《ふつう 覆》=Comic strip

Co·mic·strip [コミク・ストリップ kómɪk-stríp] [英] [男] -s/-s 《ふつう覆》[続きこまの]漫画, コミックス.

Com·mu·ni·qué [コミュニケー kɔmyniké:] [発] [中] -s/-s 《政》コミュニケ, (公式の)報告[書] (=Kommuniqué).

Com·pact·disc [ケンペクト・ディスク kɔmpékt-dɪsk] [女] -/-s コンパクトディスク(略: CD).

Com·pact Disc [ケンペクト ディスク] [女] - -/- -s =Compactdisc

der **Com·pu·ter** [コンピュータァ kɔmpjúː-tər] [英] (単 2) -s/(覆) - (3格のみ -n) コンピュータ, 電子計算機. (「コンピュータ・ネットワーク用語集」☞ 巻末付録, 1769 ページ). den *Computer* programmieren (口語: füttern) コンピュータにプログラムを入力する / Der *Computer* speichert Informationen. コンピュータは情報を蓄える.

com·pu·ter·ge·steu·ert [コンピュータァ・ゲシュトイアァト] [形] コンピュータ制御の.

Com·pu·ter·gra·fik [コンピュータァ・グラーふィク] [女] -/-en コンピュータグラフィック.

Com·pu·ter·gra·phik [コンピュータァ・グラーふィク] [女] -/-en =Computergrafik

com·pu·te·ri·sie·ren [コンピュテリズィーレン kɔmpjutarizíːrən] [他] (h) (データなど⁴を)コンピュータに記憶させる; コンピュータ化する.

Com·pu·ter·kri·mi·na·li·tät [コンピュータァ・クリミナリテート] [女] -/ コンピュータ犯罪.

Com·pu·ter·spiel [コンピュータァ・シュピーる] [中] -[e]s/-e コンピュータゲーム.

Com·pu·ter·spra·che [コンピュータァ・シュプラーヘ] [女] -/-n コンピュータ言語.

Com·pu·ter·vi·rus [コンピュータァ・ヴィールス] [男] -/..viren 《ふつう 覆》コンピュータウイルス.

Con·fé·ren·ci·er [コンふェランスィエー kɔ̃fe-rāsiéː] [発] [男] -s/-s (寄席などの)司会者.

Con·tai·ner [コンテーナァ kɔntéːnər] [英] [男] -s/- コンテナ.

cool [クーる kúːl] [英] [形] 《俗》① クールな, 冷

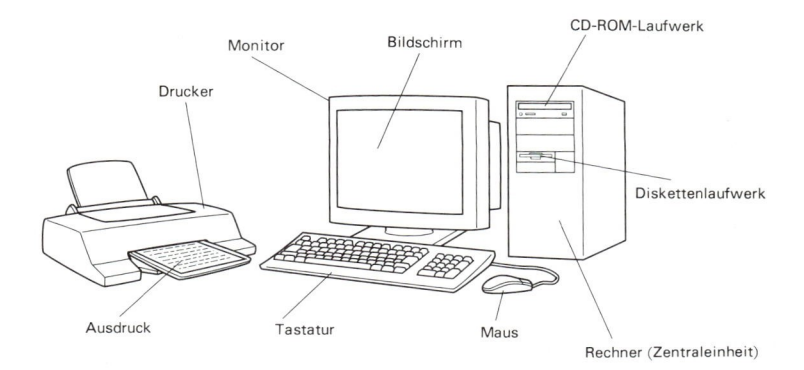

Computer
- Monitor
- Bildschirm
- CD-ROM-Laufwerk
- Drucker
- Diskettenlaufwerk
- Ausdruck
- Tastatur
- Maus
- Rechner (Zentraleinheit)

Co·py·right [コピ・ライト kópi-raɪt] [英] 中 -s/-s 著作権, 版権 (記号: ©).

Cord [コルト kórt] 男 -[e]s/-e (または-s) 《織》コールテン.

Cor·don bleu [コルドン ブれ kɔrdɔ̃ blé] [5⃞] 中 --/-s -s 《料理》コルドン・ブルー(チーズとハムをはさんだ子牛のカツレツ).

Corned·beef [コーンド・ビーふ kó:rnd-bí:f] [英] 中 -/ コンビーフ.

Corned Beef [コーンド ビーふ] [英] 中 --/ = Cornedbeef

Corps [コァ kó:r] (=Korps) [5⃞] 中 - [コーァ[ス]]/- [コーァス] ① 《軍》軍団. ② 学生組合.

cos [コーズィヌス] 《記号》《数》コサイン, 余弦 (=Kosinus).

cot [コータンゲンス] 《記号》《数》コタンジェント, 余接 (=Kotangens).

Cott·bus [コットブス kótbʊs] 中 -/ 《都市名》コトブス(ドイツ, ブランデンブルク州. 🗺 地図 G-3).

Couch [カオチュ káʊtʃ] [英] 女 (⁀⁀: 男 も) -/-[e]s (カオチス) (または -en) ソファー[ベッド], 寝いす. (🗺 Sofa 図).

Cou·leur [クれーァ kulǿːr] [5⃞] 女 -/-s ① 《覆なし》(政治的・思想的の)色彩. ② 《⁀》切り札. ③ (学生言葉:)(学生組合の)シンボルカラーの帽子と肩帯.

Count-down, Count·down [カオント・ダオン] [英] 中 -[s]/-s カウントダウン, (ロケット発射前の)秒読み; 最後のチェック.

Coup [クー kú:] [5⃞] 男 -s/-s 大胆不敵な行為; 大当たり. einen *Coup* landen 思いきったことをまんまとやりとげる.

Coup d'E·tat [ク デタ ku detá] [5⃞] 男 - -/-s - クーデター.

Cou·pé [クペー kupé:] [5⃞] 中 -s/-s ① クーペ型の自動車. ② 2人乗りの箱型馬車. ③ 《⁀⁀》《鉄道》(列車の)車室, コンパートメント.

Coup·let [クプれー kuplé:] [5⃞] 中 -s/-s クプレ(寄席などで歌う風刺的な歌).

Cou·pon [クポン kupɔ̃:] (=Kupon) [5⃞] 男 -s/-s ① クーポン, 回数券. ② 《経》(債券などの)利札. ③ (切り売り用の)端切れ布.

Cour [クーァ kú:r] [5⃞] 女 《成句的に》 人³ die *Cour*⁴ machen (=die schenken). 人³ (女性)の機嫌をとる, 愛を求める.

Cou·ra·ge [クラージェ kurá:ʒə] [5⃞] 女 -/ 《口語》勇気, 大胆さ (=Mut); 《方》体力. Er hat dabei viel *Courage* gezeigt. 彼はその際大いに勇気のあるところを見せた.

cou·ra·giert [クラジーァト kuraʒíːrt] 形 勇気のある, 勇敢な.

Cou·sin [クゼーン kuzɛ́:] 男 -s/-s いとこ(従兄弟) (=Vetter).

Cou·si·ne [クズィーネ kuzí:nə] 女 -/-n いとこ(従姉妹) (=Kusine).

Cow·boy [カオ・ボイ káʊ-bɔy] [英] 男 -s/-s カウボーイ, 牛飼い.

Cr [ツェー・エル] 《化・記号》クロム (=Chrom).

Cra·nach [クラーナハ kráːnax] -s/ 《人名》クラーナハ (Lucas *Cranach* 1472-1553; ドイツ・ルネサンス期の画家・版画家).

Cre·do [クレド krédo] (=Kredo) 中 -s/-s ① 《カトリック》使徒信条; クレド(ラテン語 *Credo* で始まるミサの一部). ② 信仰告白; 信念表明.

Creme [クレーム kréːm または kréːm] 女 -/-s (⁀⁀⁀・⁀⁀: -n [-ən]) ① 《化粧品の》クリーム. Sonnen*creme* 日焼け止めクリーム / *Creme*⁴ auf die Haut auf|tragen 肌にクリームを塗る. ② 《料理》 [生]クリーム; クレーム(甘口のリキュール酒). ③ 《覆なし》(ふつう皮肉で:)上流階級.

creme=far·ben [クレーム・ふァルベン] 形 クリーム色の.

cre·scen·do [クレシェンド kreʃéndo] [5⃞] 副 《音楽》クレッシェンド, しだいに強く.

Crew [クルー krúː] [英] 女 -/-s ① (船の)乗組員; (飛行機の)搭乗員; (ボートの)クルー. ② (海軍の)同期の士官候補生. ③ (特定の任務につく)作業団, チーム, グループ.

Crux [クルクス krúks] 女 -/ 苦悩, 悩み; 難点.

Cs [ツェー・エス] 《化・記号》セシウム (=Cäsium, Zäsium).

ČSFR [チェー・エス・えふ・エル] 《略》《国名》旧チェコ・スロヴァキア連邦共和国(首都はプラハ. 1993年チェコとスロヴァキアに分離独立) (=Česka a Slovenská Federativní Republika).

CSU [ツェー・エス・ウー] 女 -/ 《略》キリスト教社会同盟(バイエルン州を基盤とするドイツの保守政党) (=Christlich-Soziale Union).

c. t. [ツェー テー] 《略》(大学の講義が:)定刻より15分遅れて (=cum tempore).

Cu [ツェー・ウー] 《化・記号》銅 (=Cuprum, Kupfer).

Cup [カップ káp] [英] 男 -s/-s ① 《優勝》カップ, (優勝杯のかかった)選手権試合. Davis*cup* デビスカップ. ② (ブラジャーの)カップ.

Cu·rie I [キュリー kyrí:] 中 -/ 《物》キュリー(放射能の単位. 物理学者キュリー夫妻の名から; 記号: Ci). **II** [キュリ kyrí] -s/ 《人名》キュリー(夫 Pierre *Curie* 1859-1906; 妻 Marie *Curie* 1867-1934; 夫妻ともフランスの物理学者).

Cu·ri·um [クーリウム kúːrium] 中 -s/ 《化》キュリウム (記号: Cm).

Cur·ri·cu·lum [クリークるム kuríːkulum] 中 -s/..cula 《教》(学校の)カリキュラム.

Cur·ry [カリ kári] 男 中 -s/-s ① 《覆なし》《料理》カレー粉. ② 《中》(インドの)カレー料理.

Cu·ta·way [カテヴェ kátəve] [英] 男 -s/-s カッタウェイ, モーニングコート.

Cut·ter [カッタァ kátər] [英] 男 -s/- ① (映画・放送の)フィルム編集者. (🔎 女性形は Cutterin). ② カッター(肉切る器).

Cux·ha·ven [ククス・ハーふェン kʊks-háːfən] 中 -s/ 《都市名》クックスハーフェン(ドイツ, ニーダーザクセン州. ハンブルクの外港. 🗺 地図 D-2).

CVJM [ツェー・ふァウ・ヨット・エム] 《略》キリスト教青年会 (YMCA のドイツ語名) (=Christlicher Verein Junger Männer).

D d

d¹, D¹ [デー dé:] 田 -/- デー(ドイツ語アルファベットの第4字).
d², D² [デー] 田 -/-《音楽》ニ音. D-Dur ニ長調 / d-Moll ニ短調.
D³ [デー]《略》① 急行列車 (=D-Zug). ②(トイレの表示で:) 婦人用 (=Damen).
D. [ドクトァ]《略》《新教》神学博士 (=Doktor der evangelischen Theologie).

‡da [ダー dá:]

そこに	Wer ist *da*?
	ヴェーァ イスト ダー
	そこにいるのはだれ?

I 副 ①《話し手から少し離れた場所を指して》そこに, あそこに. (英 there). *da* drüben あの向こうに / *da* oben (unten) そこの上に(下に) / *da* und *da* しかじかの場所で / *da* und dort また hier und *da* ここかしこで / *da* an der Ecke あそこの角で / von *da* そこから / *Da* kommt der Lehrer. あそこに先生がやって来ます / Wo liegt meine Brille?—[Sie liegt] *da*. 私の眼鏡はどこにありますか — そこにあります / Halt! Wer *da*? 止まれ! そこにいるのはだれだ. ◇《名詞・代名詞のあとで》das *da* あそこのそれ / Der Mann *da* ist mein Freund. あそこにいる男性は私の友人です.

②《話し手のいる場所を指して》ここに (=hier). Ist er schon *da*? 彼はもう来ていますか / Ich bin *da*. (名前を呼ばれて:)はい, ここにいます / Der Frühling ist *da*. 春が来た.

③《既出の場所を指して》そこで, そこに. Er wohnt in Bonn. *Da* studiert er Musik. 彼はボンに住んでいる. 彼はそこで音楽を勉強している / Der Mantel hängt *da*, wo er hingehört. コートならいつものところに掛かっていますよ.

④《注意を促して》そら, ほら. *Da*, ein Hase! ほら, うさぎがいる / *Da* nimm das Geld! ほら, このお金を取りなさい / *Da* haben wir's!《口語》それ, まずいことになったぞ / *Da* hast du's! a) そら, あげるよ, b)《口語》ほら, 言ったとおりだろう.

⑤《時間的に》そのとき; 当時. von *da* ab (または an) そのときから / hier und *da* または *da* und dort ときおり / Ich sagte es ihm, aber *da* lachte er nur. 私がそう言っても彼は笑うだけだった. ◇《時を表す文を受けて》Als er in Bonn wohnte, *da* ging es ihm noch gut. ボンに住んでいたころは彼はまだ元気でした / Kaum war ich zu Hause, *da* klingelte es. 私が家に帰りつくやいなやベルが鳴った.

⑥ その場合には, それなら, その点では. *Da* kann man nichts machen. これじゃあもうどうしようもない / *Da* hast du Recht. その点では君は正しい / *Da* bin ich ganz Ihrer Meinung². その点ではぼくは君とまったく同意見だ.

⑦《関係副詞として; 動詞の人称変化形は文末》《古》…する[ところの・ときの]. (⇦ 現在ではふつう wo を用いる). die Stelle, *da* er begraben ist 彼が埋葬されている場所.

II 接《従属接続詞; 動詞の人称変化形は文末》
① …だから, …なので. (英 since). *Da* heute Sonntag ist, ist das Geschäft zu. きょうは日曜日だから店は閉まっている.

⇦ **da** と **weil**: da は相手も知っている理由を付随的に述べるときに用いられるが, weil はおもに相手の知らない理由を論理的に述べるときに用いられる.

②《雅》…したとき (=als). *Da* er noch reich war, hatte er viele Freunde. 彼はお金があったころは友だちも多かった.

新形
＊da sein ①（人が）いる. *Ist* jemand *da*? だれかいますか. ②（物が）ある. *Ist* noch Bier *da*? ビールはまだありますか. ③ 生きている. Ich *will* nur für dich *da sein*. 私は君のためだけに生きていくつもりだ. ④《口語》来ている. Ich *bin* gleich wieder *da*. 私はすぐに戻ってきます. ⑤《für 人⁴ ～ ～》(人⁴を)助ける用意がある. Du weißt, ich *bin* immer für dich *da*. あのね, 私はいつでも君の力になってあげるよ. ⑥《zu 事³ ～ ～》(事³のために)ある. Geld *ist* dazu *da*, dass man es ausgibt. お金は使うためにあるのだ.

da.. [(I では:) ダー dá:..; (II, III では:) ダ.. またはダー..] **I**《分離動詞の前つづり; つねにアクセントをもつ》《存在・そこに》例: *da*|liegen 横たわっている. **II**《前置詞と結合して, 物・事を示す代名詞の代わりをする. da.. (母音の前では da..) が指示するものに重きをおくときは da のほうにアクセントをおく》例: *da*bei そのそばに. **III**《他の副詞と結合する》例: *da*her そこから.

d. Ä. [デァ エるテレ]《略》(人名のあとにつけて:)シニア, 年長者 (=der Ältere).

DAAD [デー・アー・アー・デー]《略》ドイツ学術交流会 (=Deutscher Akademischer Austauschdienst).

da|be·hal·ten* [ダー・ベハるテン dá:-bəhàltən] (過分 dabehalten) 他 (h) 手元に置いておく, 引き止める.

‡da⁄bei [ダ・バイ da-bái;(指示的意味の強いと

きは:) ダー..] 副《前置詞 bei と事物を表す代名詞との融合形》① そのそばに; その場に[居合わせて]. Er öffnete das Paket, ein Brief war nicht *dabei*. 彼は小包を開けたが、手紙は入っていなかった / Er war auch *dabei*. 彼もその場に居合わせていた。
② その際に、同時に. Er arbeitete und hörte *dabei* Radio. 彼はラジオを聞きながら仕事をしていた。
③ その上、おまけに；そのくせ、それにもかかわらず. Die Ware ist schlecht und *dabei* auch noch teuer. その商品は品質がよくないし、おまけにまた値段も高い。
④ それに関して、その点で. Was ist [denn schon] *dabei*? それがどうしたというのだ / Es ist doch nichts *dabei*. それはたいしたことではない. ◊《bleiben, helfen などとともに》 Es bleibt *dabei*! それに決めた！ / Er bleibt *dabei*. 彼は自説を変えない / Sie half mir *dabei*. 彼女は私がそれをするのを手伝ってくれた.

新形

da・bei sein ① その場にいる(ある)、参加している. Er *war* bei der Sitzung *dabei*. 彼は会議に出席していた. ②《zu 不定詞[句]とともに》…しようとしている. Er *war* gerade *dabei*, seinen Koffer zu packen. 彼はちょうどトランクに荷を詰めようとするところだった.

da・bei|blei・ben* [ダバイ・ブルイベン dabáɪblàɪbən] 自 (s) そこに居続ける、それをし続ける.
da・bei|ha・ben* [ダバイ・ハーベン dabáɪhàːbən] 他 (h)《口語》① 携えている; 連れている. ② 参加させる.
da・bei|sein* 自 (s)（新形 dabei sein）☞ dabei
da・bei|sit・zen* [ダバイ・ズィッツェン dabáɪzitsən] 自 (h)（傍観して）その場に座っている.
da・bei|ste・hen* [ダバイ・シュテーエン dabáɪʃtèːən] 自 (h)（傍観して）その場に立っている.
da|blei・ben* [ダー・ブルイベン dáː-blàɪbən] 自 (s) そこにとどまっている(残っている).
da ca・po [ダ カーポ da káːpo] [略記]《音楽》① ダ・カーポ、初めから繰り返す（略: d. c.）. ② アンコール（演奏会などのかけ声）.
das Dach [ダッハ dáx] 中 (単2) -[e]s/(複) Dächer [デッヒャァ]（3格のみ Dächern）屋根.《英 roof》. Strohdach わら[ぶき]の屋根 / ein steiles (flaches) *Dach* 急な(平たい)屋根 / das *Dach*⁴ mit Ziegeln decken かわらで屋根をふく / kein *Dach*⁴ über dem Kopf haben《口語》住む家(泊まる所)がない / eins⁴ **aufs *Dach* bekommen (または kriegen)《口語・比》a) 一発なぐられる、b) しかられる / 人³ eins⁴ aufs *Dach* geben《口語・比》a) 人³を一発なぐる、b) 人³をしかる /人³ aufs *Dach* steigen《口語・比》人³を非難する / mit 人³ **unter** einem *Dach* wohnen 人³と同じ屋根の下に住んでいる / unter *Dach* und Fach sein《比》a) 安全な状態である、b) 仕上がっている.

Satteldach　Walmdach　Mansardendach
　　　　　　　　　　　　（Mansarde）

Zeltdach　Zwiebeldach　Kuppeldach
　　　　　（Zwiebel）　（Kuppel）
Dach

Da・chau [ダッハオ dáxau] 中 -s/《都市名》ダッハウ(ドイツ、バイエルン州. ナチ時代に強制収容所があった: ☞ 地図 E-4).
Dach≠bal・ken [ダッハ・バルケン] 男 -s/-《建》屋根の梁(はり).
Dach≠bo・den [ダッハ・ボーデン] 男 -s/..böden《東中部ドッ・北ドッ》屋根裏[部屋].
Dach≠de・cker [ダッハ・デッカァ] 男 -s/- 屋根ふき職人.
Dä・cher [デッヒャァ] ‡Dach (屋根)の複.
Dach≠fens・ter [ダッハ・フェンスタァ] 中 -s/- 屋根窓、天窓.
Dach≠first [ダッハ・フィルスト] 男 -[e]s/-e 屋根の棟.
Dach≠gar・ten [ダッハ・ガルテン] 男 -s/..gärten ① 屋上庭園. ② 屋上テラス.
Dach≠ge・schoss [ダッハ・ゲショス] 中 -es/-e 屋根裏部屋.
Dach≠ge・schoß ☞ 新形 Dachgeschoss
Dach≠ge・sell・schaft [ダッハ・ゲゼルシャフト] 女 -/-en《経》（コンツェルンなどの）親会社.
Dach≠kam・mer [ダッハ・カンマァ] 女 -/-n 屋根裏部屋.
Dach≠lu・ke [ダッハ・ルーケ] 女 -/-n 天窓.
Dach≠or・ga・ni・sa・ti・on [ダッハ・オルガニザツィオーン] 女 -/-en 上部機構(団体).
Dach≠pap・pe [ダッハ・パッペ] 女 -/-n《建》屋根ふき用の板紙、ルーフィングシート.
Dach≠pfan・ne [ダッハ・プファンネ] 女 -/-n《建》桟がわら、パンタイルがわら.
Dach≠rei・ter [ダッハ・ライタァ] 男 -s/-《建》棟の上の小塔(特に教会鐘塔など).
Dach≠rin・ne [ダッハ・リンネ] 女 -/-n《建》雨樋(あまどい)、軒樋.
Dachs [ダクス dáks] 男 -es/-e ①《動》アナグマ. Er schläft wie ein *Dachs*. 彼はよく眠る（←穴熊のように）. ②《口語》若造、青二才.
Dachs≠bau [ダクス・バオ] 男 -[e]s/-e 穴熊の棲(す)む地下の穴.
Dach≠scha・den [ダッハ・シャーデン] 男 -s/..schäden ① 屋根の破損箇所. ②《覆 なし》《俗》精神的な欠陥. einen *Dachschaden* haben 正気でない、いかれている.
Dachs≠hund [ダクス・フント] 男 -[e]s/-e ダックスフント(短い曲がった足を持つ、本来は穴熊狩りに用いられた猟犬).

Dach≠spar・ren [ダッハ・シュパレン] 男 -s/- 《建》たるき(垂木).

Dach≠stuhl [ダッハ・シュトゥール] 男 -[e]s/ ..stühle 《建》屋根の骨組.

dach・te [ダハテ] ‡denken (考える)の 過去

däch・te [デヒテ] ‡denken (考える)の 接2

Dach≠trau・fe [ダッハ・トラオフェ] 女 -/-n 軒先; 《方》雨樋(あまどい), 軒樋(=Dachrinne).

Dach≠zie・gel [ダッハ・ツィーゲる] 男 -s/- 屋根がわら.

Da・ckel [ダッケる dákəl] 男 -s/- ① ダックスフント. ② 《口語》(ののしって:)とんま, うすのろ.

Da・da・is・mus [ダダイスムス dadaísmus] 男 -/ ダダイズム(1910年代後半に広がった, 伝統的形式の破壊を目標とした芸術・文芸思潮).

Da・da・ist [ダダイスト dadaíst] 男 -en/-en ダダイスト.

da・da・is・tisch [ダダイスティッシュ dadaístiʃ] 形 ダダイズムの.

*__da≠durch__ [ダ・ドゥルヒ da-dúrç; (指示的意味の強いときは:)ダー..] 副 《前置詞 durch と事物を表す代名詞の融合形》 ① そこを通って. ② それによって, そのために. Er wurde schnell operiert und *dadurch* gerettet.《受動・過去》彼はすぐに手術を受け, それで助かった / Er bestand *dadurch* die Prüfung, dass er Tag und Nacht lernte. 彼は日夜勉強したので, 試験に合格した.

*__da≠für__ [ダ・フューァ da-fýːr; (指示的意味の強いときは:)ダー..] 副 《前置詞 für と事物を表す代名詞の融合形》 ① そのために. *Dafür* gebe ich gern etwas Geld. そのためなら私は喜んでお金を出そう. ② それに関して, それに対して. *Dafür* gibt es Beweise. それには証拠がある / *Dafür* hat er kein Verständnis. それに対して彼はまったく理解がない. ③ それに賛成して. (⇔「それに反対して」= dagegen). Wir sind *dafür*. われわれはそれに賛成だ. ④ その代償として, その代わりに. Was gibst du mir *dafür*? その代わりに君はぼくに何をくれる? / Er arbeitet langsam, *dafür* aber gründlich. 彼は仕事は遅いが, その代わり綿密だ. ⑤ それにしては, そのわりに. *Dafür*, dass er nie in Japan war, spricht er gut Japanisch! 彼は一度も日本に行ったことがないにしては, 日本語が上手だ. ⑥ 《口語》それ(病気などに対して). Du hast Husten? *Dafür* weiß ich ein gutes Mittel. 君はせきが出るね, それによく効く薬をぼくは知っているよ.

〈新形〉..................

da・für kön・nen 《成句的に》 etwas[4] (nichts[4]) *dafür können*《口語》責任がある(ない). Ich kann nichts *dafür*. 私はそのことについて責任がない.

....

Da・für・hal・ten [ダフューァ・ハるテン] 中 《成句的に》nach meinem *Dafürhalten* 私の考えでは.

da・für ǀ kön・nen* 他 (h) (新形) ☞ dafür können) ☞ dafür

dag [デカ・グラム] 《略》《記号》デカグラム (10 g) (=Dekagramm).

DAG [デー・アー・ゲー] 《略》ドイツ職員労働組合 (=Deutsche Angestellten-Gewerkschaft).

:**da≠ge・gen** [ダ・ゲーゲン da-géːgən; (指示的意味の強いときは:)ダー..] 副 《前置詞 gegen と事物を表す代名詞の融合形》 ① それに向かって(ぶつかって・もたれて). Ein Felsbrocken lag im Weg, und er fuhr *dagegen*. 岩のかたまりが道に落ちていて, 彼の車はそれに衝突した.
② それに反対(対抗)して, それに対して. (⇔「それに賛成して」= dafür). Ich bin *dagegen*. 私はそれに反対だ / Alle kämpften *dagegen* an. みんながそれに対して戦った / Wenn Sie nichts *dagegen* haben, ... それにご異存がなければ, ...
③ それと引き換えに; その代わり. Im Tausch *dagegen* bekam er eine CD. それと引き換えに彼は CD をもらった.
④ それに比べて. Seine Prüfung war schwer, *dagegen* war die meine ein Kinderspiel. 彼の試験は難しかったが, それに比べると私のは子供の遊びのようにたやすかった.
⑤ [ダ・ゲーゲン]《接続詞的に》これに反して, 他方. Sie ist fleißig, er *dagegen* faul. 彼女は勤勉だが, 彼は怠け者だ.

da・ge・gen ǀ hal・ten* [ダゲーゲン・ハるテン da-géːgən-hàltən] 他 (h) (事[4]を)反論して述べる, 言い返す.

da・ge・we・sen da|sein (da sein (ある))の 旧形 の 過分

Dag・mar [ダグマァ dágmar] -s/ 《女名》ダグマル.

da・heim [ダ・ハイム da-háim] 副 《南ドイツ・オーストリア・スイス》わが家で, 自宅で (=zu Haus[e]); 故郷で. *daheim* bleiben (外出しないで)家にいる / Daheim ist *daheim*! わが家にまさる場所はない / Wie geht's *daheim*? 《口語》ご家族はお元気ですか / Sie ist in München *daheim*. 彼女の故郷はミュンヒェンだ / auf einem Gebiet *daheim* sein 《比》ある分野に精通している.

Da・heim [ダ・ハイム] 中 -s/ 《南ドイツ・オーストリア・スイス》わが家で; 故郷で.

*__da≠her__ [ダ・ヘーァ da-héːr; (指示的意味の強いときは:)ダー..] 副 ① そこから, その場所から. Fahren Sie nach Wien? — Von *daher* komme ich eben. あなたはウィーンに行くのですか — ちょうどそこから来たところです. ② [ダーヘーァ]《dass (weil) ... とともに》...がもとで, ...の理由で. Sein Katarrh kommt *daher*, dass er ständig raucht. 彼のカタルは絶えずたばこを吸うせいだ. ③ 《接続詞的に》そのために, だから (=darum). Sie ist sehr fleißig, *daher* hat sie gute Noten. 彼女はとてもまじめだから成績がよい.

da・her ǀ kom・men* [ダ・ヘーァ・コンメン da-héːr-kòmən] 自 (s) (向こうから)近づいて来る.

da・her ǀ re・den [ダ・ヘーァ・レーデン dahéːrrè:dən] 自 (h)(軽率に)ぺらぺらしゃべる.

‡**da⁀hin** [ダ・ヒン da-hín; (指示的意味の強いときは:) ダー..] 副 ① そこへ. der Weg *dahin* そこへ行く道 / Wir fahren oft *dahin*. 私たちはしばしばそこに行く / Ist es noch weit *dahin*? そこまで遠いのですか / *Dahin* hat ihn der Alkohol gebracht.《比》彼がそこまで落ちぶれたのはアルコールのせいだ.
② 〖bis *dahin* の形で〗その時まで, それまで. Bis *dahin* ist noch viel Zeit. それまではまだだいぶ時間がある.
③ (考え・事態などが)その方向へ, それに向かって. *Dahin* hat er sich geäußert. 彼はそういう趣旨で発言していた.
④ [ダ・ヒン]〖成句的に〗*dahin* sein 去った, 終わった, だめになった. Ihre jugendliche Schönheit ist *dahin*. 彼女の若々しい美しさはうせてしまった / Das Auto ist *dahin*. この車はもうだめだ.

da·hin|däm·mern [ダヒン・デンマァン dahín-dèmərn] 自 (s, h) ぼんやりと(うつらうつらと)過ぐす.

da·hin|ei·len [ダヒン・アイレン dahín-àilən] 自 (s) ① 急いで行く. ② (時が)速く過ぎ去る.

da·hin|ge·gen [ダ・ヒンゲーゲン] 副《雅》それに対して, それに反して.

da·hin|ge·hen* [ダヒン・ゲーエン dahín-gè:-ən] 自 (s)《雅》① 通り過ぎる. ② (時が)過ぎ去る. ③《婉曲》(人が)死ぬ.

da·hin⁀ge·stellt [ダ・ヒン・ゲシュテルト] 形 未決定の. Das ist (または bleibt) *dahingestellt*. それは未決定である.

da·hin|le·ben [ダヒン・レーベン dahín-lè:bən] 自 (h) ぼんやりと日を過ごす, 漫然と暮らす.

da·hin|schwin·den* [ダヒン・シュヴィンデン dahín-ʃvìndən] 自 (s)《雅》① (蓄え・関心などが)なくなる. ② (時が)過ぎ去る.

da·hin|ste·hen* [ダヒン・シュテーエン dahín-ʃtè:ən] 自 (h) 未決定である, 不確定である.

da·hin⁀ten [ダ・ヒンテン; (指示的意味の強いときは:) ダー..] 副 その向こうに, その後ろに, その背後に.

*‌**da⁀hin·ter** [ダ・ヒンタァ da-híntər; (指示的意味の強いときは:) ダー..] 副〖前置詞と事物を表す代名詞の融合形〗**その後ろに, その背後に.** ein Haus mit einem Garten *dahinter* 裏に庭のある家 / Sie stellte die Teller in den Schrank und *dahinter* die Gläser. 彼女は皿を戸棚に入れ, そしてその後ろにグラスを置いた / Es ist nichts *dahinter*.《比》それには別に深い意味はない.

〘新形〙
da·hin·ter kom·men《口語》探り出す, かぎつける. Endlich *kam* sie *dahinter*, was er vorhatte. 彼女は彼がもくろんでいたことをようやく探り当てた.

da·hin·ter ste·cken《口語》(原因・理由などが)背後にある, 背後に潜んでいる.

da·hin·ter ste·hen ① それを支持する. ② 背後に潜んでいる, 隠されている.

....

da·hin·ter·her [ダヒンタァ・ヘーァ] 副《口語》(…となるように)努力して.

da·hin·ter|kom·men* 自 (s) (〘新形〙 dahinter kommen) ☞ dahinter

da·hin·ter|stecken 自 (h) (〘新形〙 dahinter stecken) ☞ dahinter

da·hin·ter|ste·hen* 自 (h) (〘新形〙 dahinter stehen) ☞ dahinter

Dah·lie [ダーリェ dá:liə] 女 -/-n《植》ダリア.

Daim·ler [ダイムラァ dáimlər] -s/《人名》ダイムラー (Gottlieb *Daimler* 1834-1900; ドイツの技術者で, ガソリンエンジンの発明者. 自動車会社を設立. 死後の 1926 年, 合併によりダイムラー・ベンツ社が誕生).

Da·ka·po [ダ・カーポ da-ká:po] 中 -s/-s《音楽》ダ・カーポ, 繰り返し; アンコール. (=da capo).

Dak·ty·lus [ダクテュラス dáktylʊs] 男 -/..ty·len [..テューレン]《詩学》強弱弱(長短短)格.

da|las·sen* [ダー・ラッセン dá:-làsən] 他 (h)《口語》置いておく, あとに残す.

da|lie·gen* [ダ・リーゲン dá:-lì:gən] 自 (h) (目の前に)横たわっている; 置かれている; (…の状態にある.

Dal·les [ダレス dáləs] 男 -/《方》金欠病, 金詰まり. den *Dalles* haben a) 金に困っている, b) 壊れている.

dal·li [ダリ dáli] 副〖間投詞的に〗《口語》急いで, 早く. *Dalli, dalli*! 急げ, 急げ!

Dal·ma·ti·ner [ダルマティーナァ dalmatí:-nər] 男 -s/- ① ダルマチア人. ② ダルマチア犬. ③ ダルマチア産のワイン.

da⁀ma·lig [ダ・マーリヒ] 形《付加語としてのみ》そのころの, 当時の. der *damalige* Bürgermeister 当時の市長.

‡**da⁀mals** [ダー・マールス dá:-ma:ls] 副 そのころ, 当時. *Damals* war sie noch ledig. 当時彼女はまだ独身だった / seit *damals* 当時から.

Da·mas·kus [ダマスクス damáskʊs] 中 -/ ①《都市名》ダマスカス(シリア・アラブ共和国の首都). ②《聖》使徒パウロの回心の地. sein *Damaskus*[4] finden (または erleben)《比》回心する, 生まれ変わる(使徒行伝 9 章).

Da·mast [ダマスト damást] 男 -[e]s/-e (ダマスカス原産の紋織物, ダマスク織り).

da·mas·ten [ダマステン damástən] 形《付加語としてのみ》《雅》紋織の, ダマスク織りの.

‡*die* **Da·me** [ダーメ dá:mə]

> **ご婦人**
> Wie heißt denn die *Dame* dort?
> ヴィー ハイスト デン ディ ダーメ ドルト
> あちらのご婦人はなんという名前ですか.

女 (単) -/(複) -n ① **ご婦人**, 女性, レディー, 淑女. (《英》 lady). (《口⇔》「紳士」は Herr). eine nette *Dame* 感じのいい婦人 / eine ältere *Dame* 中年の女性 / die erste *Dame* des Staates ファーストレディー / die *Dame* des Hauses 主婦, 女あるじ / eine *Dame* von Welt 世慣れた婦人 / Sie ist schon eine richtige *Dame*. 彼女はもうれっきとしたレディーだ / Die *Damen* zuerst! レディーファースト! / Meine *Damen* und Herren! (スピーチの初めなどに)皆さん, 紳士淑女の皆様. (☞ 類語 Frau). ② (チェスなどの)クイーン. ③《複 なし》チェッカー. ④ (チェッカーの)成りごま.

Da·men≠be·such [ダーメン・ベズーフ] 男 -[e]s/-e (男性の所への)女性の訪問[客].

Da·men≠bin·de [ダーメン・ビンデ] 女 -/-n 生理用ナプキン.

Da·men≠dop·pel [ダーメン・ドッペル] 中 -s/- (テニスなどの)女子ダブルス.

Da·men≠ein·zel [ダーメン・アインツェル] 中 -s/- (テニスなどの)女子シングルス.

da·men·haft [ダーメンハフト] 形 レディーらしい, 淑女らしい; 上品な(服装など).

Da·men·sa·lon [ダーメン・ザローン] 男 -s/-s 美容院.

Da·men≠schnei·der [ダーメン・シュナイダァ] 男 -s/- (婦人服の)仕立屋.

Da·men≠wahl [ダーメン・ヴァール] 女 -/ (女性の方からの)ダンスのパートナー選び.

Da·men≠welt [ダーメン・ヴェルト] 女 -/《戯》(その場に居合わせた)ご婦人方.

Dam≠hirsch [ダム・ヒルシュ] 男 -[e]s/-e《動》ダマジカ.

*‡**da≠mit** [ダ・ミット da-mít; (指示的意味の強いときは:) ダー..] I《前置詞 mit と事物を表す代名詞の融合形》副 ① それを持って. Sie nahm das Paket und ging *damit* zur Post. 彼女は小包を取り, それを持って郵便局に行った.
② それを用いて. Er nahm den Schlüssel und öffnete *damit* den Schrank. 彼は鍵(ﾎ)を取って, それで戸棚を開けた.
③ それと同時に, そう言って. Er zitierte Kant und beendete *damit* seine Rede. 彼はカントを引用し, それで話を終えた.
④ それに関して, それについて. Was soll ich *damit* tun? それを私にどうしろというのか / Er ist *damit* einverstanden. 彼はそれに同意している.
⑤ それによって, その結果. Sie hat ihn zum Arzt gebracht und ihm *damit* das Leben gerettet. 彼女は彼を医者に運び込んだ, それで彼は助かった.
⑥《対象》それを. Her *damit*!《口語》それをこちらへよこせ / Heraus *damit*!《口語》そのことを言ってしまえ / Weg *damit*!《口語》そんなもの捨ててしまえ.

II [ダ・ミット] 接《従属接続詞; 動詞の人称変化形は文末》…するために, …であるように. Ich muss mich beeilen, *damit* ich nicht zu spät komme. 私は遅刻しないように急がなければならない.

däm·lich [デームリヒ] 形《口語》愚かな.

*‡*der* **Damm** [ダム dám] 男 (単 2) -[e]s/(複) Dämme [デンメ] (3 格のみ Dämmen) ① 堤防, ダム. (英) *dam*). einen *Damm* bauen ダムを築く / Der *Damm* ist gebrochen.《現在完了》堤防が決壊した / einen *Damm* **gegen** die Willkür auf|bauen《比》専横に抵抗する. ② (鉄道, 自動車道などの)盛り土, 築堤;《北ドゥ・ベゾ》車道. wieder auf dem *Damm* sein《口語・比》健康を取り戻す, 立ち直る. ③《医》会陰(ﾕ)[部].

Damm≠bruch [ダム・ブルフ] 男 -[e]s/..brüche 堤防の決壊.

Däm·me [デンメ] *Damm (堤防の)複

däm·men [デンメン démən] 他 (h) ① 《雅》(流れなど[4]を)堤防でせき止める, (伝染病など[4]を)阻止する. eine Seuche[4] *dämmen* 伝染病の流行を防ぐ. ② (工) (音・熱など[4]を)遮断する.

Däm·mer [デンマァ démər] 男 -s/《詩》薄明, ほのかな光 (= Dämmerung).

däm·me·rig [デンメリヒ démərıç] = dämmrig

Däm·mer≠licht [デンマァ・リヒト] 中 -[e]s/ 薄明かり, 薄暗がり, ほのかな光.

*‡**däm·mern** [デンマァン démərn] (dämmerte, hat ... gedämmert) 自 (《完了》haben) ① しだいに明るく(暗く)なる. Der Morgen *dämmert*. 夜明けになる / Der Abend *dämmert*. 日暮れになる. ◊《非人称の **es** を主語として》Es *dämmert*. a) 夜明けになる, b) 日暮れになる. ②《口語》(人[3]に)しだいにはっきりしてくる(わかってくる). Endlich *dämmerte* ihm die Wahrheit. やっと彼には真相がわかってきた. ◊《非人称の **es** を主語として》Jetzt *dämmert* es mir (または bei mir). だんだんわかってきたぞ. ③ 夢うつつである, うろうろうろしている. vor sich hin *dämmern* 意識がもうろうとしている.

Däm·mer≠stun·de [デンマァ・シュトゥンデ] 女 -/-n《雅》夕暮れ時, たそがれ時.

däm·mer·te [デンマァテ] *dämmern (しだいに明るくなる)の過去

*‡*die* **Däm·me·rung** [デンメルング déməruŋ] 女 (単) -/(複) -en ① 夜明け (= Morgendämmerung); 夕暮れ (= Abenddämmerung). Die *Dämmerung* bricht an. a) 夜が明ける, b) 日が暮れる. ②《複 なし》薄明, 薄暗がり.

Däm·mer≠zu·stand [デンマァ・ツーシュタント] 男 -[e]s/ ① 夢うつつの状態. ②《医》もうろう状態.

dämm·rig [デンムリヒ démrıç] 形 薄明るい, 薄暗い(夜明け・夕暮れなど); どんよりと曇った. Es wird *dämmrig*. 夕暮れになる.

Däm·mung [デンムング] 女 -/-en 《工》(音響・熱などの)遮断. Wärme*dämmung* 断熱.

Da·mok·les≠schwert [ダーモクレス・シュヴェーァト] 中 -[e]s/《雅》ダモクレスの剣(幸福の中につねにひそんでいる危険).

Dä·mon [デーモン dɛ́ːmɔn] 男 -s/-en [デモー

dämonenhaft

ネン] ① 悪魔, 悪霊, デーモン. von einem *Dämon* besessen sein 悪魔に取りつかれている. ② (心の奥に宿る)超自然力, デーモン.

dä·mo·nen·haft [デモーネンハフト] 形 悪魔のような, デーモンのような.

Dä·mo·nie [デモニー dεmoníː] 女 -/-n [..ニーエン] (人間の運命を決定する)えたいの知れない力, 魔力, 超自然的な力; 魔力に取りつかれていること.

dä·mo·nisch [デモーニッシュ demóːnɪʃ] 形 魔力(超自然力)のある; 悪魔(悪霊)に取りつかれた, 不気味な.

*der **Dampf** [ダンプふ dámpf] 男 (単2) -es (まれに -s)/(複) Dämpfe [デンプふェ] (3格のみ Dämpfen) 蒸気, 水蒸気, 湯気; 霧, もや; 《口語》活気, 活力. (英 steam). eine Maschine⁴ mit *Dampf* betreiben 機械を蒸気で動かす / *Dampf*³ machen 《口語・比》人³ をせきたてる / *Dampf*⁴ hinter 事⁴ machen (または setzen) 《口語・比》事⁴をせかす.

Dampf≠bad [ダンプふ・バート] 中 -[e]s/..bäder 蒸し風呂.

Dampf≠druck [ダンプふ・ドルック] 男 -[e]s/..drücke 蒸気圧.

Dämp·fe [デンプふェ] *Dampf (蒸気)の 複

damp·fen [ダンプふェン dámpfən] 自 (h, s) ① (h) 蒸気(湯気)を出す. Die Suppe *dampft*. スープが湯気をたてている. ② (s) (蒸汽船が)走る; (蒸汽船で)旅行する.

dämp·fen [デンプふェン démpfən] 他 (h) ① (音・光・感情など⁴を)和らげる, 弱める. Der Teppich *dämpft* den Schall. じゅうたんは音を和らげる / den Zorn *dämpfen* 怒りを静める. ② (じゃがいもなど⁴を)蒸す, ふかす. ③ (洋服など⁴を)蒸気で処理する.

◇☞ **gedämpft**

*der **Damp·fer** [ダンプふァァ dámpfər] 男 (単2) -s/(複) - (3格のみ -n) 汽船. (英 steamer). Der *Dampfer* fährt ab. 汽船が出港する / **auf** dem falschen *Dampfer* sein (または sitzen) 《口語・比》思い違いをしている (←間違った汽船に乗っている).

Dämp·fer [デンプふァァ démpfər] 男 -s/- ① 《音楽》弱音器, ミュート; (オートバイなどの)消音器, マフラー. 人・事³ einen *Dämpfer* aufsetzen 人・事³の気勢をそぐ / einen *Dämpfer* bekommen 《口語》気勢をそがれ, たしなめられて落胆する. ② (方) (じゃがいもなどの)蒸し器. ③ (電) 制動子.

Dampf≠hei·zung [ダンプふ・ハイツンヶ] 女 -/-en スチーム(蒸気)暖房.

damp·fig [ダンプふィヒ dámpfɪç] 形 蒸気(霧)がたちこめた, 湯気のたつ.

Dampf≠kes·sel [ダンプふ・ケッセる] 男 -s/- [蒸気]ボイラー.

Dampf≠koch·topf [ダンプふ・コッホトプふ] 男 -[e]s/..töpfe 圧力鍋(⅓), 圧力釜(⅓).

Dampf≠lo·ko·mo·ti·ve [ダンプふ・ろコモティーヴェ] 女 -/-n 蒸気機関車.

Dampf≠ma·schi·ne [ダンプふ・マシーネ] 女 -/-n 蒸気機関.

Dampf≠schiff [ダンプふ・シふ] 中 -[e]s/-e 蒸汽船, 汽船.

Dampf≠tur·bi·ne [ダンプふ・トゥルビーネ] 女 -/-n 蒸気タービン.

Dampf≠wal·ze [ダンプふ・ヴァるツェ] 女 -/-n ① (道路工事用の)蒸気ローラー. ② 《口語・比》(特に女性の).

***da≠nach** [ダ・ナーハ daːnáːx; (指示的意味の強いときは:) ダー..] 副 【前置詞 nach と事物を表す代名詞の融合形】① そのあとで; その後らに. kurz *danach* その直後 その30分後に / Erst war ich beim Arzt. *Danach* habe ich eingekauft. 私はまず医者に行った. そのあと買い物をした.

② それを求めて, それに向かって. Alle streckten die Hände *danach* aus. みんながその方に手を伸ばした / Ich fragte ihn *danach*. 私はそのことについて彼に質問した.

③ それに従って, それによると; それ相応に. Ihr kennt die Regeln, nun richtet euch *danach*! 君たちは規則を知っているのだから, それに従いなさい / Der Käse war sehr billig, und er schmeckt auch *danach*. そのチーズはとても安かったが, 味も値段相応だ.

Da·na·er≠ge·schenk [ダーナアァ・ゲシェンク] 中 -[e]s/-e 危険な贈り物, ありがたくないプレゼント(トロイア落城を招いた木馬の話から).

Dä·ne [デーネ déːnə] 男 -n/-n デンマーク人. (☞ 女性形は Dänin).

***da≠ne·ben** [ダ・ネーベン daːnéːbən; (指示的意味の強いときは:) ダー..] 副 【前置詞 neben と事物を表す代名詞の融合形】① そのそばに, その横に; そのそばへ. ② それに比べると. Hans ist sehr fleißig, *daneben* ist sein Bruder ziemlich faul. ハンスはとてもがんばり屋だ, それに比べると弟の方はずいぶん怠け者だ. ③ そのほかに, 同時に. Er studiert Jura, *daneben* arbeitet er als Kellner. 彼は大学で法律を勉強し, そのかたわらウェーター[のアルバイト]をしている.

da·ne·ben|be·neh·men* [ダネーベン・ベネーメン danéːbən-bənèːmən] (過分 danebenbenommen) 再帰 (h) *sich*⁴ *danebenbenehmen* 《口語》不作法なふるまいをする.

da·ne·ben|ge·hen* [ダネーベン・ゲーエン danéːbən-gèːən] 自 (s) ① (弾丸などが)的をはずれる. ② 《口語》失敗する. Der Versuch ist *danebengegangen*. 《現在完了》その試みは失敗した.

da·ne·ben|hau·en(*) [ダネーベン・ハオエン danéːbən-hàuən] 他 (h) ① 打ちそこなう. ② 《口語》やりそこなう, 間違える.

***Dä·ne·mark** [デーネ・マルク déːnə-mark] 中 (単2) -s/ 《国名》デンマーク[王国](首都はコペンハーゲン).

dang [ダンヶ] dingen (金で雇う)の 過去.

dän·ge [デンゲ] dingen (金で雇う)の 接2.

da·nie·der|lie·gen* [ダニーダ・リーゲン

dani: [dɑr-liːgən] 自 (h)《雅》① (病気で)寝ている. ②《比》(商業・経済などが)不振である.

Da·ni·el [ダーニエール dáːniel または ..ニエール ..niɛl] -s/ ①《聖》《人名》ダニエル(前6世紀初めのユダヤの預言者). ②《男名》ダーニエル.

Da·ni·e·la [ダニエーら daniéːla] -s/《女名》ダニエーラ.

dä·nisch [デーニッシュ déːnɪʃ] 形 デンマーク[人・語]の.

dank [ダンク dáŋk] 前《2格(または3格)とともに》…のおかげで, …のせいで. *Dank* seines Fleißes (または seinem Fleiß) bestand er die Prüfung. まじめに勉強したおかげで彼は試験に合格した.

‡*der* **Dank** [ダンク dáŋk]

> 感謝 Vielen *Dank*! どうもありがとう.
> ふぃーれん ダンク

男 (単2) -es (まれに -s)/ 感謝[の念], お礼. (英 *thanks*). [Haben Sie] besten (または herzlichen) *Dank*! どうもありがとう / 人³ **für** 事⁴ *Dank*⁴ sagen 人³に事⁴のお礼を言う / 人³ *Dank*⁴ schulden 人³に恩を受けている / **Als** (または **Zum**) *Dank* für Ihre Mühe sende ich Ihnen ein Buch. お骨折りに対する感謝のしるしとして本をお送りします / Gott³ sei *Dank*!《接1・現在》やれやれ, ありがたや, おかげさまで.

*dank·bar** [ダンクバール dáŋkbaːr] 形 ① 感謝している, ありがたく思っている. (英 *grateful*). ein *dankbarer* Blick 感謝に満ちたまなざし / 人³ **für** 事⁴ *dankbar* sein 人³に事⁴のことで感謝している ⇨ Wir sind Ihnen für die Hilfe sehr *dankbar*. 私たちはあなたのご助力にとても感謝しています. ② やりがいのある, 報われる. eine *dankbare* Arbeit やりがいのある仕事. ③《口語》(布などが)持ちのよい, 丈夫な. ④《口語》(鉢植えの植物が)手入れの楽な.

Dank·bar·keit [ダンクバールカイト] 女 -/ ① 感謝[の念]. aus *Dankbarkeit* 感謝の念から / in (または mit) *Dankbarkeit* 感謝を込めて / 人³ seine *Dankbarkeit*⁴ zeigen 人³に感謝の意を表す. ②《口語》(布などの)丈夫さ. ③《口語》(鉢植え植物などが)手のかからないこと.

Dank≠brief [ダンク・ブリーふ] 男 -[e]s/-e 礼状, 感謝の手紙.

‡**dan·ke!** [ダンケ dáŋkə]

> ありがとう *Danke* schön!
> ダンケ シェーン
> どうもありがとう.

間 ありがとう; (断りを表して:)結構です. (英 *thank you*). *Danke* sehr (または vielmals)! どうもありがとう / Ja *danke*. はい, ありがとう / Wollen Sie mitfahren? — *Danke* [nein]! いっしょに乗って行きませんか — 結構です / Möchten Sie noch Bier? — **Nein** *danke*! ビールをもっといかがですか — いいえ, 結構です / Wie geht es Ihnen? — *Danke*, gut. お元気

ですか — ありがとう, 元気です.

‡**dan·ken** [ダンケン dáŋkən]

> 感謝する Ich *danke* Ihnen.
> イヒ ダンケ イーネン
> どうもありがとうございます.

(dankte, hat…gedankt) I 自 (完了 haben) ① (人³に)感謝する, 礼を言う. (英 *thank*). 人³ herzlich (vielmals) *danken* 人³に心から(重ね重ね)お礼を言う / 人³ **für** 事⁴ *danken* 人³に事⁴のお礼を言う ⇨ Ich *danke* Ihnen für die Blumen. お花をどうもありがとうございます / **Nichts zu danken**! どういたしまして / Na, ich *danke* [schön]!《口語》まっぴら御免だ.《現在分詞の形で》Wir nehmen Ihr Angebot *dankend* an. 私たちはあなたのお申し出をありがたくお受けします.

② あいさつを返す. Er grüßte sie, und sie *dankte* freundlich. 彼が彼女にあいさつすると彼女は愛想よくこたえた.

II 他 (完了 haben) ① (人³の事⁴に)報いる. Niemand *wird* dir deine Mühe *danken*. だれも君の骨折りに報いてくれないだろう. ②《雅》(人³に事⁴を)負うている. Diesem Arzt *dankt* er sein Leben. 彼の命があるのはこの医者のおかげだ.

dan·kens≠wert [ダンケンス・ヴェーァト] 形 感謝すべき, 感謝に値する, ありがたい.

dan·kens·wer·ter≠wei·se [ダンケンスヴェーァタァ・ヴァイゼ] 副 ありがたいことに.

Dan·kes≠be·zei·gung [ダンケス・ベツァイグング] 女 -/-en《ふつう複》感謝の表明.

Dan·ke≠schön [ダンケ・シェーン] 中 -s/ ありがとう[の言葉].

dank·sa·gen [ダンク・ザーゲン dáŋk-zaːgən] (danksagte, hat…dankgesagt) (代用 zu 不定詞は dankzusagen) 自 (h)《雅》(人³に)礼を言う. (代用 Dank sagen ともつづる) ☞ Dank

Dank≠sa·gung [ダンク・ザーグング] 女 -/-en (特にお悔やみに対する)謝辞, 礼状.

Dank≠schrei·ben [ダンク・シュライベン] 中 -s/- 礼状, 感謝状.

dank·te [ダンクテ] ‡danken (感謝する)の過去

‡**dann** [ダン dán]

> それから
> Geh erst rechts, *dann* links!
> ゲー エーァスト レヒツ ダン リンクス
> まず右へ, それから左に行きなさい.

副 ① それから, そのあと. (英 *then*). Erst regnete es, *dann* hagelte es. 初めは雨で, そのあとはあられになった / Was machen wir *dann*? それから何をしようか.

② そのときに. Bald habe ich Urlaub. *Dann* besuche ich euch. 間もなく休暇だ, そのときには君たちを訪ねよう.

③ その上, さらに. Und *dann* kommt noch

Dante

die Mehrwertsteuer hinzu. さらにそれに付加価値税が加わる. ④《しばしば **wenn** で始まる条件文のあとで》それなら, その場合には. Wenn das Wetter schön ist, *dann* fahren wir doch weg. 天気がよければ出かけよう. ⑤《成句的に》*dann* und *dann* (決まった)これこれの時間に, いついつ / *dann* und wann ときおり / **Bis** *dann*! じゃあ, また.

Dan·te [ダンテ dántə] -s/《人名》ダンテ (*Dante Alighieri* 1265–1321; イタリアの詩人. 代表作『神曲』).

Dan·zig [ダンツィヒ dántsıç] 甲 -s/《都市名》ダンツィヒ(ポーランドのグダニスクのドイツ語名. 1945年までドイツ領. ☞ 地図 I–1).

dar.. ① [ダル.. dar.. または ダール..]《母音で始まる前置詞と結合して副詞をつくる》例: *dar*auf その上に. ②［ダール..］《分離動詞の 前つづり》つねにアクセントをもつ》《提示・提出・譲渡》例: *dar*|bieten さし出す.

*__da·ran__ [ダラン darán;《指示的意味の強いときは:》ダー..] 副《前置詞 an と事物を表す代名詞の融合形》① そこで, そのそばで; そこへ, そのそばへ. Es klebt etwas *daran*. それには何かがくっついている / Sie suchten sich einen Tisch und setzten sich *daran*. 彼らはテーブルを探し, そこに座った.
② それに[続いて]. im Anschluss *daran* それに続いて / Er hielt einen Vortrag, und *daran* schloss sich eine längere Diskussion an. 彼は講演をした, それに続いてかなり長い討論が行われた.
③ それについて. Er ist nicht schuld *daran*, dass... ...は彼のせいではない / Er denkt jetzt nicht mehr *daran*. 彼は今はもうそのことについては考えていない / Was liegt *daran*? それがどうしたというのだ / *Daran* liegt mir viel (nichts). それは私にとっては重大なことだ(何でもない).
④《原因》それによって, そのために. Er hatte Krebs und ist *daran* gestorben. 彼は癌になり, それがもとで死んだ.
⑤《成句的に》**nahe** (または **dicht**) *daran* sein, **zu** 不定詞[句] 今にも...しそうである. Er war nahe *daran* zu sterben. 彼は今にも死にそうだった.
⑥《成句的に》gut *daran* tun, **zu** 不定詞[句] ...するのがよい. Du tust gut *daran*, zu ihm zu gehen. 君は彼のところへ行ったほうがよい.
⑦《話》順番である (=dran ②).

da·ran|ge·hen [ダラン・ゲーエン darán-gè:-ən] 自 (s) とりかかる, 着手する.

da·ran|ma·chen [ダラン・マッヘン darán-màxən] 再帰 (h) *sich*⁴ *daranmachen*《口語》とりかかる, 着手する.

da·ran|set·zen [ダラン・ゼッツェン darán-zètsən] I 他《ある目的のために》投入する. Er *setzte* alles *daran*, um sie zu retten. 彼女を救うために彼は全力を尽くした. II 再帰 (h)《口語》*sich*⁴ *daransetzen* とりかかる, やり始める.

*__da·rauf__ [ダラオふ daráuf;《指示的意味の強いときは:》ダー..] 副《前置詞 auf と事物を表す代名詞の融合形》① その上で; その上へ. In der Mitte stand der Tisch, *darauf* eine Vase. 中央にテーブルがあり, その上に花びんが置いてあった / Stell die Vase *darauf*! 花びんをその上に置きなさい.
② その後, それに続いて. den Tag *darauf* その翌日 / gleich *darauf* その直後に / Ein Jahr *darauf* zog er nach Berlin. その後1年たって彼はベルリンへ移った.
③ この件に, この(その)ことに. *Darauf* möchte ich noch einmal hinweisen. そのことを私はもう一度指摘したい / *Darauf* kommt es mir nicht an. それは私にとって問題ではない.
④ それを[目指して]. *darauf* dringen それを切望する / Endlich komme ich *darauf*. とうとう私はそれを思いついた.
⑤ そして, それゆえに. Sie hatte sehr gute Zeugnisse und bekam *darauf* die Stellung. 彼女は非常に成績がよかったので職に就いた.
《新形》

da·rauf fol·gend それに続く. am *darauf folgenden* Tag その翌日に.

dar·auf∶fol·gend 形 (新形 darauf folgend)
☞ darauf

da·rauf∶hin [ダラオふ・ヒン;《指示的意味の強いときは:》ダー..] 副 ① それに基づいて; それゆえに, その結果; そのあとで. Es begann zu regnen, *daraufhin* gingen alle Zuschauer nach Hause. 雨が降り出した, それで観客はみんな家に帰った. ② その観点から, その点に関して. 物⁴ *daraufhin* prüfen 物⁴をその点について検査する.

*__da·raus__ [ダラオス daráus;《指示的意味の強いときは:》ダー..] 副《前置詞 aus と事物を表す代名詞の融合形》①《空間的に》その中から. Er nahm das Glas und trank *daraus*. 彼はコップを取り, [そこから]飲んだ.
②《出所・根拠・材料》そこから, そのことから. *Daraus* geht hervor, dass... そのことから...が明らかになる / *Daraus* hat er schon öfter zitiert. そこから彼はすでに何度か引用している / *Daraus* wird Öl gewonnen.《受動・現在》それからは油がとれます.
③《**werden**, **machen** とともに》*daraus* werden (machen) それが...になる(それを...にする). Was ist *daraus* geworden?《現在完了》それはどうなったんですか / Mach dir nichts *daraus*! そんなこと気にするな.

dar·ben [ダルベン dárbən] 自 (h)《雅》生活に苦しむ, 窮乏生活をする; 飢えに苦しむ.

dar·bie·ten* [ダール・ビーテン dá:r-bì:tən] I 他《雅》① 上演する, 演奏する; 朗読する. Es *wurden* Volkstänze *dargeboten*.《受動・過去》民俗舞踊が演じられた. ②《人³に物⁴を》提供する, さし出す. 人³ die Hand⁴ darbie-

ten 〔人〕³に手をさし出す. **II** 再帰 (h) *sich*⁴ *darbieten*《雅》現れる, 生じる; 見えてくる. Eine herrliche Aussicht *bot sich uns dar.* すばらしい展望が開けてきた.

Dar·bie·tung [ダール・ビートゥング] 女 -/-en ①〖複なし〗《雅》上演, 演奏; 朗読. ② 出し物, 演目.

dar|brin·gen* [ダール・ブリンゲン dáːr-brìŋən] 他 (h)《雅》ささげる, 贈る. den Göttern³ Opfer⁴ *darbringen* 神々にいけにえをささげる.

die **Dar·da·nel·len** [ダルダネルン dardanélən] 複〖定冠詞とともに〗《海名》ダーダネルス海峡.

da⹀rein [ダライン]〖指示的意味の強いときは:〗ダー..〗 副《雅》その中へ.

da·rein·fin·den* [ダライン・フィンデン daráinfindən] 再帰《雅》*sich*⁴ *dareinfinden*《雅》(…することに)甘んずる, 慣れる.

***darf** [ダルふ dárf] **dürfen*¹ (…してもよい)の 1 人称単数・3 人称単数 現在. *Darf ich etwas fragen?* ちょっとお尋ねしてもよろしいでしょうか.

darfst [ダルふスト] **dürfen*¹ (…してもよい)の 2 人称単数 現在

dar·ge·legt [ダール・ゲレークト] **dar|legen* (説明する)の 過分

dar·ge·stellt [ダール・ゲシュテルト] **dar|stellen* (表す)の 過分

⁑**da·rin** [ダリン darín;〖指示的意味の強いときは:〗ダー..] 副〖前置詞 in と事物を表す代名詞の融合形〗① その中で, その中へ. Wir mieteten einen Bungalow. *Darin* verbrachten wir die Ferien. 私たちはバンガローを借りた. そこで私たちは休暇を過ごした.

② その点で. *Darin* liegt ein Widerspruch. その点に矛盾がある / Der Unterschied besteht *darin*, dass… その違いは…にある.

da·rin·nen [ダリンネン darínnən] 副《雅》その中に, その内部に.

***dar|le·gen** [ダール・れーゲン dáːr-lèːgən] (legte…dar, *hat*…dargelegt) 他 (完了 haben) (〔人〕³に〕事⁴を詳しく)**説明する**, 述べる. (英 explain). Er *legte* seinen Plan *dar*. 彼は自分の計画を詳しく説明した.

Dar·le·gung [ダール・れーグング] 女 -/-en ① 解説, 詳述. ② 解説〔された〕文書.

Dar·le·hen [ダール・れーエン dáːr-leːən] 中 -s/- 貸付〔金〕, ローン. ein *Darlehen*⁴ auf|nehmen ローンの貸し付けを受ける.

Dar·le·hens·kas·se [ダールれーエンス・カッセ] 女 -/-n 金融公庫.

Dar·lehn [ダール・れーン dáːr-leːn] 中 -s/- 貸付〔金〕, ローン (=Darlehen).

*der **Darm** [ダルム dárm] 男 (単 2) -[e]s/(複) Därme [デルメ] (3格のみ Därmen) ① 腸. (英 bowel). Dick*darm* 大腸 / eine Erkrankung des *Darms* 腸の病気. ② (ソーセージの皮・楽器の弦などに使われる)腸.

Där·me [デルメ] *Darm (腸)の 複

Darm⹀ent·lee·rung [ダルム・エントれールング] 女 -/-en 排便.

Darm⹀krebs [ダルム・クレープス] 男 -es/《医》腸癌(がん).

Darm⹀sai·te [ダルム・ザイテ] 女 -/-n ガット, 腸線, 腸弦(小羊の腸で作った弦).

Darm·stadt [ダルム・シュタット dárm-ʃtat] 中 -s/〖都市名〗ダルムシュタット(ドイツ, ヘッセン州; ☞ 地図 D-4).

Darm⹀ver·schlin·gung [ダルム・フェアシュリングング] 女 -/-en《医》腸捻転(ねんてん).

Darm⹀ver·schluss [ダルム・フェアシュルス] 男 -es/..schlüsse《医》腸閉塞(へいそく)〔症〕.

Darm⹀ver·schluß ☞ 新形 Darmverschluss

Darm⹀wand [ダルム・ヴァント] 女 -/..wände《医》腸壁.

Dar·re [ダレ dárə] 女 -/-n (穀物・果物などの)乾燥用の格子, 乾燥器; 乾燥.

dar|rei·chen [ダール・ライヒェン dáːr-ràiçən] 他 (h)《雅》(〔人〕³に事⁴を)さし出す; 贈る.

dar·ren [ダレン dárən] 他 (h) (穀物・果物など⁴を窯で)乾燥させる.

dar·stell·bar [ダール・シュテルバール] 形 表現できる, 表すことができる.

***dar|stel·len** [ダール・シュテれン dáːr-ʃtɛlən] (stellte…dar, *hat*…dargestellt) **I** 他 (完了 haben) ① (絵などで)**表す**, (絵などで)表している, 表現している. Das Gemälde *stellt* den Künstler selbst in jungen Jahren *dar*. この絵は若いころの画家自身を表している. ② (ある役⁴を)**演じる**. (英 act). [den] Faust *darstellen* ファウストの役を演じる. ◇〖現在分詞の形で〗die *darstellende* Kunst 演技芸術(演劇・舞踊など). ③ **描写する**, 叙述する. 〔事〕⁴ genau *darstellen* 事⁴を正確に描写する. ④ (事⁴を)意味する, (事⁴)である. Diese Erfindung *stellt* einen großen Fortschritt *dar*. この発明は大進歩である. ⑤《化》析出する, 合成する.

II 再帰 (完了 haben) *sich*⁴ *darstellen* ① (…であることが)明らかになる, (…の)印象を与える. Das Problem *stellt sich* [als] sehr schwierig *dar*. その問題はとても難しいことがわかった. ② 目だとうとする. ③《雅》(〔人・物〕³の前に)自分をさらす.

Dar·stel·ler [ダール・シュテらァ dáːr-ʃtɛlər] 男 -s/- 俳優, 演技者, 役者. (英 女性形は Darstellerin). Charakter*darsteller* 性格俳優 / der *Darsteller* des Hamlet ハムレットの役者.

dar·stel·le·risch [ダール・シュテれリッシュ dáːr-ʃtɛlərɪʃ] 形 演技の, 俳優としての.

*die **Dar·stel·lung** [ダール・シュテるング dáːr-ʃtɛluŋ] 女 (単) -/(複) -en ① (絵や図による)**表現**, 描写. eine grafische *Darstellung* 図形 / **zur** *Darstellung* kommen 描かれる. ② (舞台での)**演技**. ③ (言葉による)描写, 叙述. eine realistische *Darstellung* des Krieges 戦争のリアルな描写. ④《化》析出.

dar|tun* [ダール・トゥーン dáːr-tùːn] 他 (h)

《雅》(軍⁴を)説明する; 明らかにする.

da•rü•ber [ダリューバァ darý:bər; (指示的意味の強いときは:) ダー..] 副 《前置詞 über と事物を表す代名詞の融合形》① その上で; その上へ, それを越えて. An der Wand stand ein Sofa, *darüber* hing ein Spiegel. 壁ぎわにソファーがあり, その上には鏡が掛けてあった.
② **それに勝る**. Es geht mir nichts *darüber*. 私にとってそれに勝るものはない.
③ **それ以上, もっと**. Die Pakete wiegen 10 Kilo und *darüber*. その小包は 10 キログラムかあるいはそれ以上ある / *darüber* hinaus その上, さらに.
④ **それについて**. *Darüber* möchte ich nicht sprechen. それについては私は話したくない / Ich freue mich sehr *darüber*, dass... 私は…ということをたいへん喜んでいます.
⑤ そうしているうちに, その間に. Sie hat gelesen und ist *darüber* eingeschlafen. 彼女は本を読んでいて, その間に眠ってしまった.
⑥ それが原因で, そのために. Er war so in die Lektüre vertieft, dass er *darüber* das Essen vergaß. 彼は読書にたいそう熱中していたので, 食事するのを忘れてしまった.

〈新形〉...

da•rü•ber fah•ren (軽く)なでる, さする.
da•rü•ber ma•chen sich⁴ *darüber machen*《口語》それを始める, それに着手する.
da•rü•ber ste•hen 超然としている, 超越している.

....

dar•über|fah•ren* 自 (h, s)《新形》 darüber fahren) ☞ darüber
dar•über|ma•chen* 再帰 (h)《新形》 darüber machen) ☞ darüber
dar•über|ste•hen* 自 (h)《新形》 darüber stehen) ☞ darüber

‡**da•rum** [ダルム darúm; (指示的意味の強いときは:) ダー..] 副 《前置詞 um と事物を表す代名詞の融合形》① その周りに;《比》それを避けて. ein Haus mit einem Garten *darum* 庭に囲まれた家 / *darum* herum|reden 肝心なことを避けてつまらぬことばかりあれこれしゃべる.
② それを求めて, それについて. Ich bitte dich *darum*. 私は君にそれを頼むよ / Es geht *darum*, dass... …ということが問題だ.
③ [ダー・ルム]《接続詞的に》だから, それゆえに. Mein Zug hatte Verspätung, *darum* komme ich erst jetzt. 私の列車は遅れました, だからやっと今参りました / Er hat gute Arbeit geleistet, aber *darum* ist er noch kein Meister. 彼はいい仕事をした, しかしだからといってまだ名人ではない / Warum tust du das? — *Darum*! どうしてそんなことするの — どうしても (✍ 子供などが反抗的に答える場合).

‡**da•run•ter** [ダルンタァ darúntər; (指示的意味の強いときは:) ダー..] 副 《前置詞 unter と事物を表す代名詞の融合形》① その下に; その下へ. Er wohnt im ersten Stockwerk, *darunter* sind Geschäftsräume. 彼は2階に住んでいるが, その下には事務所がある.
② それ以下で, もっと少なく. So etwas kostet etwa 50 DM und *darunter*. そのようなものは 50 マルクあるいはそれ以下である.
③ それらの中(間)に[混じって]. eine große Menschenmenge, *darunter* viele Kinder 大勢の人たち, その中に多くの子供たち[がいる].
④ そのことについて, そのことで. *Darunter* kann ich mir nichts vorstellen. そのことについて私は何も思い浮かべることができない.

〈新形〉...

da•run•ter fal•len それに含まれる, その一部である.
da•run•ter lie•gen それ以下である, それより劣っている.

....

dar•un•ter|fal•len* 自 (s)《新形》 darunter fallen) ☞ darunter
dar•un•ter|lie•gen* 自 (h)《新形》 darunter liegen) ☞ darunter

Dar•win [ダルヴィーン dárvi:n] -s/《人名》ダーウィン (Charles Robert *Darwin* 1809–1882; イギリスの生物学者で進化論の確立者).

Dar•wi•nis•mus [ダルヴィニスムス darvinísmʊs] 男 -/ ダーウィンの進化論.

‡**das** [(I, II B では:) ダス das; (II A では:) ダス dás]

その, この, あの

Das Motorrad gehört mir.
ダス モートァラート ゲヘールト ミァ
このオートバイはぼくのです.

I 冠《定冠詞; 中性単数の1格・4格; ☞ der I》(前置詞と融合して ans (←an das), ins (←in das), fürs (←für das) のようになることがある). その. *das* Haus その家 / *das* Kind その子供 / *das* heutige Deutschland 今日のドイツ.

II 代 A)《指示代名詞; 中性単数の1格・4格; アクセントをもつ; ☞ der II A》

それ, これ, あれ

Das weiß ich nicht.
ダス ヴァイス イヒ ニヒト
それは私は知りません.

---

① 《動詞 sein とともに; 人やものを紹介して》それは, これは, あれは; これ(それ)らは. *Das* ist mein Buch. これは私の本です / *Das* sind meine Bücher. これらは私の本です / *Das* bin ich. それは私です.

....

✍ この場合の das は性・数に関係なく用いられる. また, sein の人称変化はあとの名詞や代名詞に従う.

....

② 《ものやことを指して》それ, そのこと. Hast du *das* gehört? 君はもうそのことを聞いたかい / *das* und *das* これこれ[のもの] / *das* heißt [それ

は]つまり, すなわち (略: d. h.).
◊【既出の中性名詞を受けて】mein Fahrrad und *das* meiner Schwester² ぼくの自転車と妹のそれ(自転車).
◊【関係代名詞 **was** を受けて】*Das,* was du sagst, stimmt gar nicht. 君の言うことはまったく事実とは異なる.
③【非人称の es の代わりに】*Das* regnet schon seit Tagen.《口語》もう数日雨が降り続いている.
B) 代 【関係代名詞; 中性単数の 1 格・4 格; ☞ der II B】Das Buch, *das* auf dem Tisch liegt, gehört mir. 机の上にある本は私のものです.

da|sein 自 (s) (新形) da sein (ある)) ☞ da
★das **Da·sein** [ダー・ザイン dá:-zaɪn] 中 (単 2) -s/ ① **存在**; 生存, 生活;《哲》現存在. (英 existence). das *Dasein* Gottes 神の存在 / der Kampf **ums** *Dasein* 生存競争 / ein elendes *Dasein*⁴ führen 惨めな生活を送る. ② 居合わせること. Sein bloßes *Dasein* beruhigte sie. 彼がいるだけで彼女は落ち着いた.

Da·seins⸗be·rech·ti·gung [ダーザインス・ベレヒティグング] 女-/ 生存権; 存在理由.

Da·seins⸗form [ダーザインス・フォルム] 女-/ -en 存在形態, 生き方.

Da·seins⸗kampf [ダーザインス・カンプふ] 男 -[e]s/..kämpfe 生存競争.

da|sit·zen* [ダー・ズィッツェン dá:-zɪtsən] 自 (h)(じっと)座っている.

das·je·ni·ge [ダス・イェーニゲ] 代【指示代名詞; 中性単数の 1 格・4 格】☞ derjenige

:dass [ダス dás]

…ということ
Ich weiß, *dass* er krank ist.
イヒ ヴァイス ダス エァ クランク イスト
彼が病気だということは知っています.

接【従属接続詞; 動詞の人称変化形は文末】① …ということ. (英 that). ◊【主語文を導いて; 形式主語 **es** が先行することが多い】*Dass* du mir geschrieben hast, freut mich sehr. 君が手紙をくれたのはとてもうれしい / Es tut mir Leid, *dass* ich zu spät gekommen bin. 遅刻してすみません.
◊【目的語文を導いて】Er weiß, *dass* es wahr ist. 彼はそれが本当だということを知っている.
◊【述語文を導いて】Die Hauptsache ist, *dass* du glücklich bist. 肝心なことは君が幸せであることだ.
◊【**da[r]**+前置詞と呼応して】Ich bleibe dabei, *dass* er unschuldig ist. 私はあくまで彼の無罪を主張する / Denken Sie bitte daran, *dass* … ということを忘れないでください.
② 【先行する名詞の内容を表して】…という. Die Tatsache, *dass* er hier war, zeigt sein Interesse. 彼がここに来たという事実が彼の関心を示している / im Falle, *dass*… …という場合には.
③【**so** とともに】その結果…, そのため… Das Buch war *so* interessant, *dass* es jeder lesen wollte. その本はとても面白かったので, だれもが読みたがった / Sie war sehr krank, so *dass* (または so*dass*) sie nicht kommen konnte. 彼女は病気が重かったので, 来ることができなかった.
④【目的】…するために (=damit). Gehe rechtzeitig aus dem Haus, *dass* du nicht zu spät kommst! 遅刻しないように早目に出なさい!
⑤【特定の語句とともに】**zu** ~, **als** *dass* … あまりにも~なので…できない. Das Projekt ist zu kostspielig, als *dass* es verwirklicht werden könnte. そのプロジェクトはあまりにも費用がかかるので実現不可能だ.

[**an**]**statt** *dass*… …するかわりに. Anstatt *dass* er selbst kam, schickte er seinen Vertreter. 彼は自分で来ないで代理をよこした.

außer (または **nur**) *dass*… ただし, …ということ以外には. Man erfuhr nichts, außer *dass* sie abgereist war. 人々は彼女が旅に出たこと以外は何も耳にしなかった.

kaum *dass*… …するやいなや. Kaum *dass* er da war, begann er schon einen Streit. 彼は来るやいなやけんかを始めた.

ohne *dass*… …することなしに. Ohne *dass* du das ganze Buch gelesen hast, kannst du nicht urteilen. その本を全部読まなくては, 君は判断できないよ.

auf *dass*…《古》…せんがために.
⑥【*dass* 文のみで独立して; **doch** をともなうことが多い】《願望・のろいなど》*Dass* es doch wahr wäre!《接 2・現在》それが本当ならなあ! / *Dass* ihn doch der Teufel hole!《接 1・現在》あいつなんかくたばってしまえ(←悪魔にさらわれるがい) / Nicht, *dass* ich wüsste!《接 2・現在》さあ, 知らないね(←私が知っているわけではない).

daß ☞ 新形 dass

*★**das⸗sel·be** [ダス・ぜるべ das-zélbə] 代【指示代名詞; 中性単数の 1 格・4 格】☞ derselbe① 【付加語として】同じ, 同一の. *dasselbe* Auto 同じ(種類の)車. ②【名詞的に】同じもの[こと]. Er sagt immer *dasselbe*. 彼はいつも同じことばかり言っている.

da|ste·hen* [ダー・シュテーエン dá:-ʃtè:ən] 自 (h)① (じっと)立っている. müßig *dastehen* ぼんやりって立っている. ② (…の)状態である. allein *dastehen* ひとりぼっちである / Das Geschäft *steht* gut *da*. 商売は順調だ.

Dat. [ダーティーふ]《略》《言》3 格, 与格 (=Dativ).

Da·tei [ダタイ datáɪ] 女 -/-en《コンピュ》データファイル, データ集積庫.

Da·ten [ダーテン] I * Datum (日付)の 複 II 複 データ, 資料.

Da·ten⸗au·to·bahn [ダーテン・アオトバーン] 女 -/《コンピュ》情報ハイウェイ(光ファイバーによる次世

Da·ten·bank [ダーテン・バンク] 女 -/-en 《コンピ》データバンク.

Da·ten≈ba·sis [ダーテン・バーズィス] 女 -/ ..basen データベース.

Da·ten·er·fas·sung [ダーテン・エァファッスング] 女 -/ 《コンピ》データ収集.

Da·ten≈lei·tung [ダーテン・らイトゥング] 女 -/-en 《コンピ》データ回線.

Da·ten≈netz [ダーテン・ネッツ] 中 -es/-e 《コンピ》データネットワーク.

Da·ten≈schutz [ダーテン・シュッツ] 男 -es/ 《法》データ保護(情報資料の不正利用防止[策]).

Da·ten≈trä·ger [ダーテン・トレーガァ] 男 -s/- 《コンピ》データ記憶媒体(フロッピーディスクなど).

Da·ten≈über·tra·gung [ダーテン・ユーバァトラーグング] 女 -/-en 《コンピ》データ通信.

Da·ten≈ver·ar·bei·tung [ダーテン・フェアァルバイトゥング] 女 -/ 《コンピ》データ(情報)処理. elektronische *Datenverarbeitung* 電子情報処理(略: EDV).

Da·ten·ver·ar·bei·tungs≈an·la·ge [ダーテンフェアァルバイトゥングス・アンらーゲ] 女 -/-n 《コンピ》データ処理装置, プロセッサ.

da·tie·ren [ダティーレン datíːrən] I 他 (h) ① (文書など⁴に)日付を書く(入れる). einen Brief *datieren* 手紙に日付を書く / Der Brief ist vom 14. (=vierzehnten) September *datiert*. 《状態受動・現在》その手紙は9月14日付けである. ② (古文書など⁴の)年代を決定する. II 自 (h) ① 《**aus** (または **von**) 事³ ~》(事³の)日付になっている, (事³に)由来する. Der Brief *datiert* vom 2. (=zweiten) Mai. その手紙は5月2日の日付になっている. ② 《**seit** 事³ ~》(事³の時点から)続いている.

Da·tie·rung [ダティールング] 女 -/-en ① 日付(の記入). ② 日付(年代)の推定(決定).

Da·tiv [ダーティーふ dáːtiːf] 男 -s/-e [..ヴェ] 《言》3格, 与格(略: Dat.).

da·to [ダート- dáːto] [ラテ] 副 《商》本日(=heute). bis *dato* 本日まで.

Dat·sche [ダッチェ dátʃə] 女 -/-n (旧東ドイツで:)週末用の別荘.

Dat·tel [ダッテる dátəl] 女 -/-n 《植》ナツメヤシ[の実].

Dat·tel≈pal·me [ダッテる・パるメ] 女 -/-n 《植》ナツメヤシ[の木].

*das **Da·tum** [ダートゥム dáːtum] 中 (単2) -s/(複) Daten ① **日付**, 年月日. (英 date). Geburts*datum* 生年月日 / mit heutigem *Datum* きょうの日付で / Der Brief ist ohne *Datum*. この手紙には日付がない / unter dem heutigen *Datum* きょうの日付で / Welches *Datum* haben wir heute? きょうは何日ですか / das *Datum* des Poststempels 消印の日付 / Die Nachricht ist neuesten *Datums*. そのニュースは最新のものだ. ② 《複で》データ, 資料. statistische *Daten* 統計資料.

Da·tums≈gren·ze [ダートゥムス・グレンツェ] 女 -/ 日付変更線.

Da·tums≈stem·pel [ダートゥムス・シュテンペる] 男 -s/- 日付印; 《郵》消印.

*die **Dau·er** [ダオァァ dáuər] 女 (単)-/(複)-n ① **期間**. Gültigkeits*dauer* 有効期間 / die *Dauer* seines Aufenthaltes 彼の滞在期間. ② 《複 なし》**継続**, 持続. **auf** [**die**] *Dauer* 長い間には, やがて / Das ist nicht von *Dauer*. それは長続きしない.

Dau·er≈auf·trag [ダオァァ・アオふトラーク] 男 -[e]s/..träge 《経》(口座からの)自動振込み[契約].

Dau·er≈bren·ner [ダオァァ・ブレンナァ] 男 -s/- ① 長時間燃焼ストーブ. ② 《口語》ロングランの映画(芝居); 人気の衰えないヒットソング. ③ 《口語・戯》長く激しいキス.

Dau·er≈gast [ダオァァ・ガスト] 男 -[e]s/..gäste (飲み屋などの)常連[客]; 長期の宿泊(滞在)客.

dau·er·haft [ダオァァハふト] 形 長続きする, 永続的な, 恒久の; 耐久性のある.

Dau·er·haf·tig·keit [ダオァァハふティヒカイト] 女 -/ 永続[性]; 耐久[力].

Dau·er≈kar·te [ダオァァ・カルテ] 女 -/-n 定期[乗車]券.

Dau·er≈lauf [ダオァァ・らオふ] 男 -[e]s/..läufe ジョギング(=Jogging). Er macht jeden Morgen *Dauerlauf*. 彼は毎朝ジョギングをする.

Dau·er≈lut·scher [ダオァァ・るッチァァ] 男 -s/- (棒付き・球形の)大型キャンディー.

*dau·ern [ダオァァン dáuərn] (dauerte, hat ...gedauert) I 自 《完了 haben》① (…の時間)続く, かかる. (英 last). Das Fest *dauert* drei Tage. 祭りは3日間続く / Die Sitzung *dauert* bis fünf Uhr. 会議は5時までかかる. ◊《非人称の **es** を主語として》Wie lange *dauert* es noch? あとどれくらいかかりますか. ② 《雅》長続きする. Dieser Friede wird *dauern*. この平和は長続きするだろう.

類語 dauern: (一定時間の間)続く. (時間の長さに重点が置かれている). **währen**: 《雅》(事柄・関係が)長続きする. (事柄の方に重点が置かれている). Ihre Freundschaft *währte* nicht lange. 彼らの友情は長くは続かなかった.

II 他 (完了 haben)《雅》(人⁴に)同情の念を起こさせる, 惜しいと思わせる. Der Verletzte *dauerte* mich. その負傷者は気の毒だった.

*dau·ernd [ダオァァント dáuərnt] I *dauern(続く)の 現分
II 形 **持続的な**, 長く続く; 絶え間ない. eine *dauernde* Ausstellung 常設の展示 / eine *dauernde* Gefahr 絶えざる危険 / Er kommt *dauernd* zu spät. 彼はしょっちゅう遅刻する.

Dau·er≈re·gen [ダオァァ・レーゲン] 男 -s/ 長雨.

dau·er·te [ダオァァテ] ‡dauern(続く)の 過去

Dau·er≈wel·le [ダオァァ・ヴェれ] 女 -/-n パーマネントウェーブ. sich³ eine *Dauerwelle*⁴

machen lassen パーマをかけてもらう.
Dau·er⹀wurst [ダオアァ・ヴルスト] 女 -/..würste 保存用ソーセージ(サラミなど).
Dau·er⹀**zu·stand** [ダオアァ・ツーシュタント] 男 -[e]s/..stände 持続状態.
*der **Dau·men** [ダオメン dáumən] 男 (単 2) -s/(複) — ① (手の)親指. (英) thumb). der rechte Daumen 右手の親指 / Das Kind lutscht am Daumen. その子は親指をしゃぶっている / [die] Daumen⁴ drehen (口語・比)の らくら(ぶらぶら)している / 人³ (または für 人⁴) den Daumen drücken (または halten) (口語・比) 人³(または人⁴)の成功を祈る / auf 物⁴ den Daumen halten (または haben)《口語》物⁴ (貯えなど)を大事にして手放さない / 物⁴ über den Daumen peilen《口語・比》物⁴を大まかに見積る. ②《工》カム.
Dau·men⹀ab·druck [ダオメン・アップドルック] 男 -[e]s/..drücke 親指の指紋, 拇印(ぼ).
Dau·men⹀**schrau·be** [ダオメン・シュラオベ] 女 -/-n《ふつう 複》《史》親指ねじ(ねじで親指を締め付ける昔の拷問具). 人³ Daumenschrauben⁴ an|legen《比》人³を厳しく責めたてる.
Däum·ling [ドイムリング dɔ́ymlɪŋ] 男 -s/-e ① 親指にはめるサック;《方》手袋の親指. ②【複 なし】(グリム童話の)親指太郎.
Dau·ne [ダオネ dáunə] 女 -/-n《ふつう 複》綿毛,(がちょう・鴨などの)羽毛, ダウン.
Dau·nen⹀de·cke [ダオネン・デッケ] 女 -/-n 羽布団.
Dau·nen⹀ja·cke [ダオネン・ヤッケ] 女 -/-n《服飾》ダウンジャケット.
Dau·phin [ドフェーン dofέː] [フランス語] 男 -s/-s《史》フランス皇太子の称号 (1349–1830).
Daus¹ [ダオス dáus] 男《成句的に》Ei der Daus! または Was der Daus!《古》えっ, 何だって. (ふえ) 元の意味は"悪魔".
Daus² [ダオス] 中 -es/-e (または Däuser) ① (さいころの)2 の目. ② (ドイツ式トランプの)エース.
Da·vid [ダーフィット dáːfɪt または ..ヴィット ..vɪt] -s/ ① 《男名》ダーフィット, ダーヴィット. ②《聖》《人名》ダビデ (前 10 世紀ごろのイスラエルの王).
Da·vid[s]⹀stern [ダーフィット・シュテルン (ダーフィッツ..)] 男 -[e]s/-e ダビデの星(六角星形. ユダヤ教のシンボル).
Da·vis·cup [デイヴィス・カップ déivis-kap] [英] 男 -s/ =Davispokal
Da·vis·po·kal [デイヴィス・ポカール déivis-pokaːl] 男 -[e]s/ (テニスの)デヴィスカップ (アメリカのテニス選手 D. F. Davis 1879–1945 の名から).
*da⹀**von** [ダ・ホォン da-fón; (指示的意味の強いときは:) ダー..] 副《前置詞 von と事物を表す代名詞の融合形》① そこから, ここから. Dort ist der Bahnhof, nicht weit davon die Schule. そこは駅です, そこから遠くないところに学校はあります.
② それについて. Davon weiß ich nichts. そのことについては私は何も知らない.

③ それによって, そのために. Es war so laut, dass ich davon aufwachte. 非常に騒がしかったので, そのために私は目が覚めた.
④《部分》そのうちの. Er hatte viele Brüder, zwei davon sind noch am Leben. 彼は多くの兄弟がいたが, そのうちの二人はまだ生きている. ⑤《材料》それを使って, それから. Davon werde ich mir ein neues Kleid nähen. 私はそれで新しいワンピースを作りましょう. ⑥《成句的に》auf und davon gehen すばやく立ち去る.
da·von|**ge·hen*** [ダフォン・ゲーエン dafóngèːən] 自 (s) 立ち去る;《雅》世を去る.
da·von|**kom·men*** [ダフォン・コンメン dafón-kɔ̀mən] 自 (s) 難を免れる, 助かる. Er ist mit dem Leben davongekommen.《現在完了》彼は命拾いをした / Er kam mit einem blauen Auge davon.《口語》彼は軽い損害で済んだ(←目の周りにあざができたくらいで済んだ).
da·von|**lau·fen*** [ダフォン・ラオフェン dafón-làufən] 自 (s) ① 走り去る, 逃走する;《口語》(人³を)振り切る.(🖙類語 fliehen). ② コントロールできなくなる.
Da·von·lau·fen [ダフォン・ラオフェン] 中《成句的に》Es ist zum Davonlaufen.《口語》これはたまらない, ひどい.
da·von|**ma·chen** [ダフォン・マッヘン dafón-màxən] 再帰 sich⁴ davonmachen《口語》こっそり逃げ出す;《比》死ぬ.
da·von|**tra·gen*** [ダフォン・トラーゲン dafóntràːgən] 他 (h) ① 運び(持ち)去る. ②《雅》(賞・勝利など⁴を)手に入れる. ③ (損害など⁴を)被る, (傷など⁴を)負う.
*da⹀**vor** [ダ・フォーァ da-fóːr; (指示的意味の強いときは:) ダー..] 副《前置詞 vor と事物を表す代名詞の融合形》①《空間的に》その前に, その前へ. Davor steht ein Haus. その前に一軒の家が立っている. ②《時間的に》その前に. zwei Tage davor その 2 日前 / Ich muss heute zur Untersuchung, davor darf ich nichts essen. 私はきょう検査を受けなくてはいけないので, その前には何も食べられない. ③ それに対して. Er hat mich davor gewarnt. 彼は私にそれに気をつけるよう注意した.

----新形----
da·vor ste·hen その前に立っている; そのことを目前にしている.
----
da·vor|**ste·hen*** [ダ..] 自 (h) (新形 davor stehen) 🖙 davor
Da·vos [ダヴォース davóːs] 中 -'/《地名》ダヴォース(スイス東部の観光地).
da·wi·der [ダ・ヴィーダァ;(指示的意味の強いときは:) ダー..] 副《方》それに対して.
*da⹀**zu** [ダ・ツー da-tsúː;(指示的意味の強いときは:) ダー..] 副《前置詞 zu と事物を表す代名詞の融合形》① それについて(対して). Was meinen Sie dazu? それに対してあなたはどんなご意見ですか / Er hatte keine Lust dazu. 彼はそれをする

気はなかった.
② 《結果》そういうことに. Wie bist du denn *dazu* gekommen?《現在完了》君はいったいどうしてそんなことになったのか.
③ 《目的》そのために. *Dazu* reicht das Geld nicht. そのためにはお金が足りない.
④ それに加えて, その上. noch *dazu* さらに, それに加えて / Sie ist nicht sehr begabt, *dazu* ist sie noch faul. 彼女はたいして才能はないし, その上怠け者だ.
⑤ それに合わせて. Sie singt, und er spielt *dazu* Klavier. 彼女が歌い, 彼がそれに合わせてピアノを弾く.

da·zu|ge·hö·ren [ダツー・ゲヘーレン datsúːgəhøːrən] (過分 dazugehört) 自 (h) それに属している. 不可欠である.

da·zu|ge·hö·rig [ダツー・ゲヘーリヒ] 形《付加語としてのみ》それに属する, それに付属の.

da·zu|kom·men* [ダツー・コンメン datsúːkɔmən] 自 (s) ① (その場に)出くわす, 来合わせる. ② (すでにいる人々・事物に)つけ加わる.

da·zu∍mal [ダー・ツ・マール] 副《古》当時, そのころ. von Anno *dazumal* 昔から.

da·zu|tun* [ダツー・トゥーン datsúːtuːn] 他 (h)《口語》付け加える. noch eine Kleinigkeit⁴ *dazutun* ちょっとしたことを付け加える.

Da·zu·tun [ダツー・トゥーン] 中《成句的に》ohne 人² *Dazutun* 人²の助力なしで[は].

*da∍zwi·schen [ダ・ツヴィッシェン datsvíːʃən; (指示的意味の強いときは:)ダー··] 副《前置詞 zwischen と事物を表す代名詞の融合形》① 《空間的に》その間に, その中に. その間へ. Die Eltern saßen auf dem Sofa, die beiden Kinder *dazwischen*. 両親はソファーに座っていて, その間に二人の子供がいた. ②《時間的に》その間に. Beide Vorträge finden am Vormittag statt. *Dazwischen* ist eine Pause. 両講演は午前中に行われ, その間に一度休憩がある. ③ その中に[混じって]. Wir haben alle Briefe durchsucht, aber Ihr Antrag befand sich nicht *dazwischen*. 私たちは手紙を全部調べましたが, あなたの申請書はその中にありませんでした.

da·zwi·schen|fah·ren* [ダツヴィッシェン・ファーレン datsvíːʃən-faːrən] 自 (s) ① 干渉する, 中に割って入る. ② (話などに)割り込む.

da·zwi·schen|fun·ken [ダツヴィッシェン・フンケン datsvíːʃən-fùŋkən] 自 (h)《口語》([人³]に)余計な口出しをする.

da·zwi·schen|kom·men* [ダツヴィッシェン・コンメン datsvíːʃən-kɔ̀mən] 自 (s) ① (何かの)間に入り込む, 巻き込まれる. ② 不都合などが起こる. wenn nichts *dazwischenkommt* 何の支障も生じなければ.

da·zwi·schen|re·den [ダツヴィッシェン・レーデン datsvíːʃən-rèːdən] 自 (h) 口出しをする;《比》(人³に)干渉する.

da·zwi·schen|tre·ten* [ダツヴィッシェン・トレーテン datsvíːʃən-trèːtən] 自 (s) ① 仲裁する. ② 《間に》割り込む, 仲を裂く.

DB [デー・ベー] 女 -/《略》① ドイツ鉄道[株式会社] (=Deutsche Bahn [AG]). ② (旧西ドイツの1993年までの)ドイツ連邦鉄道 (=Deutsche Bundesbahn).

DBP [デー・ベー・ペー または ドイチェ ブンデス・ポスト] 女 -/《略》(旧西ドイツの)ドイツ連邦郵便 (=Deutsche Bundespost).

d. c. [ダ カーポ]《略》《音楽》ダ・カーポ, 初めから繰り返す (=da capo).

die **DDR** [デー・デー・エル deː-deː-ér] 女 -/《略》《国名》ドイツ民主共和国(旧東ドイツ, 1949–1990) (=Deutsche Demokratische Republik). die ehemalige *DDR* かつての東ドイツ.

D-Dur [デー・ドゥーァ] 中 -/《音楽》ニ長調 (記号: D).

de.., De.. [デ.. de.. または デー··]《動詞・名詞などにつける》接頭; 母音の前では des.., Des.. となる》① (除去・反対) 例: *de*militarisieren 非武装化する / *D*emoralisierung 背徳. ② 《下降》例: *de*gradieren 格下げする.

Dea·ler [ディーラ díːlər] [英] 男 -s/- ① 麻薬の密売人. ②《経》(株式の)仲買人.

De·ba·kel [デバーケる debáːkəl] 中 -s/- 瓦解 (ﾞﾉﾑ), 崩壊; 敗北. ein *Debakel*⁴ erleiden 崩壊する, 敗北を喫する.

De·bat·te [デバッテ debátə] 女 -/-n 討議, 討論; (議会での)審議. eine lebhafte *Debatte* 活発な討論 / in die *Debatte* ein|treten 討議を始める / zur *Debatte* stehen 討議中である / 事⁴ zur *Debatte* stellen 事⁴を討議する.

de·bat·tie·ren [デバティーレン debatíːrən] I 他 (h) (事⁴を)討議(討論)する. II 自 (h)《**über** 事⁴》(事⁴について)討議(討論)する.

De·bet [デーベット déːbɛt] 中 -s/-s《商》借方, 債務. (⟨⇔⟩「貸方」は Kredit).

De·büt [デビュー debyː] 中 -s/-s デビュー, 初舞台. Der Sänger gab gestern sein *Debüt*. その歌手はきのうデビューした.

De·bü·tant [デビュタント debytánt] 男 -en/-en (芸能界・スポーツ界などの)新人, ニューフェース. (⟨⇔⟩ 女性形は Debütantin).

de·bü·tie·ren [デビュティーレン debytíːrən] 自 (h) デビューする, 初登場する.

de·chif·frie·ren [デシフリーレン deʃɪfríːrən] 他 (h) (暗号など⁴を)解読する.

Deck [デック dék] 中 -[e]s/-s ①《海》甲板, デッキ. das *Deck*⁴ reinigen 甲板をこすって洗う / Alle Mann **an** *Deck*! 全員甲板へ / nicht **auf** *Deck* sein《口語》体調(気分)がよくない. ② (2階建てバスの)上階[席].

Deck∍ad·res·se [デック・アドレッセ] 女 -/-n 仮のあて名(受取人や住所を偽装するためのあて名).

Deck|an·strich [デック・アンシュトリヒ] 男 -[e]s/-e (ペンキなどの)上塗り.

Deck∍bett [デック・ベット] 中 -[e]s/-en 掛け布団.

Deck∍blatt [デック・ブラット] 中 -[e]s/..blätter ①《植》苞葉(ﾎｳよう). ② (葉巻たばこの)外巻き用の葉. ③ (本の)扉, タイトルページ; 間紙

(̇̇)(本の写真などの前に入れる透明な薄紙); (訂正用などの)差し込みページ.

‡die De·cke [デッケ dékə] 女 (単) -/(複) -n ① 覆い, カバー; 毛布; テーブルクロス (=Tischdecke). Wolldecke ウールの毛布 / eine warme Decke 暖かい掛け布団 / eine neue Decke⁴ auflegen 新しいテーブルクロスを掛ける / sich⁴ in eine Decke wickeln 毛布にくるまる / sich⁴ nach der Decke strecken《口語》分相応に(つましく)暮らす (←毛布の長さに合わせて体を伸ばす) / mit 人³ unter einer Decke stecken《口語・比》人³と共謀(結託)している.
② 天井. (英 ceiling). eihne hohe Decke 高い天井 / Ihm fällt die Decke auf den Kopf.《口語・比》a) 彼は気がめいっている, b) 彼は家で退屈している / an die Decke gehen《口語》かっとなる / vor Freude bis an die Decke springen 躍り上がって喜ぶ. ③ 一面の雪(氷); 表土; (舗装した)路面; (タイヤの)外被; (鹿・熊などの)毛皮; (本の)表紙.

＊der De·ckel [デッケる dékəl] 男 (単2) -s/(複) - (3格のみ-) ① (容器の)ふた. (英 lid). Topfdeckel 鍋(̇̇)のふた / den Deckel öffnen (schließen) ふたを開ける(閉じる) / Der Deckel passt nicht. このふたは合わない. ② (本の)[厚]表紙. ein Deckel aus Leder 革表紙. ③《俗》帽子. 人³ eins⁴ auf den Deckel geben《口語》人³に一発くらわせる.

‡de·cken [デッケン dékən] (deckte, hat ... gedeckt) I 他 (定了 haben) ① 覆う. (英 cover). das Dach⁴ mit Schiefer decken スレートで屋根をふく / Mutter deckte den Tisch. お母さんが食卓の用意をした(テーブルクロスを掛けて食器を並べた) / Schnee deckte den Berg.《雅》山は雪に覆われていた.
②《物⁴ über 人・物⁴~》《物⁴を人・物⁴に》かぶせる. Sie deckte ein Tuch über den Käfig. 彼女は鳥かごに布をかぶせた.
③ (覆うようにして)守る, かばう; 隠す, かくまう; (チェスで)カバーする. Sie deckte das Kind mit ihrem Körper. 彼女はわが子供を身をもって守った / einen Verbrecher decken 犯人をかくまう / den Rückzug decken 退却を援護する.
④《商》保証する, (損失などを⁴)補う, カバーする; (需要⁴を)満たす. einen Wechsel decken 手形を支払う / den Bedarf decken 需要を満たす / Mein Bedarf ist gedeckt.《状態受動・現在》《口語》もうたくさんだ(←私の需要は満たされている). ⑤《スポ》(相手の選手⁴を)マークする. ⑥ (家畜の雄が雌⁴と)交尾する.
II 再帰 (定了 haben) sich⁴ decken ① (意見などが)一致する. Ihre Aussage deckt sich mit deiner. 彼女の証言は君のと一致する.
②《数》合同である, 重なり合う. Die beiden Dreiecke decken sich. この二つの三角形は合同である.
III 自 (定了 haben) (塗料が)下地を隠す. Diese Farbe deckt gut. この絵の具はのりがよい.
◊☞ gedeckt

De·cken≠be·leuch·tung [デッケン・ベろイヒトゥング] 女 -/-en《建》天井照明.

De·cken≠ge·mäl·de [デッケン・ゲメーるデ] 中 -s/- 天井画.

De·cken≠lam·pe [デッケン・らンペ] 女 -/-n《建》天井灯.

Deck≠far·be [デック・ふァルベ] 女 -/-n 不透明塗料(絵の具).

Deck≠man·tel [デック・マンテる] 男 -s/ 口実, かこつけ, 隠れみの. unter dem Deckmantel der Religion² 信仰にかこつけて.

Deck≠na·me [デック・ナーメ] 男 -ns (3格・4格-n)/-n 偽名;《軍》暗号名. unter einem Decknamen 偽名で.

deck·te [デックテ] ‡decken (覆う)の過去

De·ckung [デックング] 女 -/-en《ふつう 単》① 覆うこと, 覆い; 屋根[をふくこと]. ② 援護; 防御;《軍》遮蔽(̇̇); かくまうこと; (違法行為などの)隠蔽(̇̇). ③ (需要の)充足. ④《商》補償. ⑤ (意見の)一致. 軍⁴ zur Deckung bringen 軍⁴を一致させる. ⑥《スポ》(相手選手に対する)マーク; 防御, 守備. ⑦《数》合同, 一致.

de·ckungs≠gleich [デックングス・グらイヒ] 形 ①《数》合同の. ② 完全に等しい(意見など).

Deck≠wort [デック・ヴォルト] 中 -[e]s/..wör·ter 暗号.

de·cre·scen·do [デクレシェンド dekreʃéndo] [ラテ] 副《音楽》デクレッシェンド, しだいに弱く.

De·di·ka·ti·on [デディカツィオーン dedikatsió:n] 女 -/-en ① 献辞, ささげる言葉. ② 寄贈[品], 贈呈[品], プレゼント.

De·duk·ti·on [デドゥクツィオーン deduktsió:n] 女 -/-en《哲》演繹(̇̇)[法]. (英「帰納法」は Induktion.

de·duk·tiv [デードゥクティーふ dé:duktif またはデドゥクティーふ] 形《哲》演繹(̇̇)的な, 演繹[法]の. (英「帰納的な」は induktiv).

de·du·zie·ren [デドゥツィーレン dedutsí:rən] 他 (h)《哲》演繹(̇̇)する.

de fac·to [デー ふァクトー de: fákto] [ラテ]《法》事実上, 実際上.

De·fä·tis·mus [デふェティスムス defetísmus] 男 -/ 敗北主義, 悲観的なものの見方.

De·fä·tist [デふェティスト defetíst] 男 -en/-en 敗北主義(悲観論)者.

de·fä·tis·tisch [デふェティスティッシュ defetístiʃ] 形 敗北主義の.

de·fekt [デふェクト defékt] 形 欠陥のある, 故障している, 不備な.

De·fekt [デふェクト] 男 -[e]s/-e ① (車などの)故障, 欠陥. Der Motor hatte einen Defekt. そのエンジンに欠陥があった. ②《医》(肉体的・精神的)欠陥. ③《覆で》《印》不ぞろい活字;《製本》落丁.

de·fen·siv [デーふェンズィーふ dé:fɛnzi:f またはデふェンズィーふ] 形 防御の, 守勢の; 慎重な;《スポ》守備の. defensive Fahrweise 安全運転.

De·fen·si·ve [デふェンズィーヴェ defɛnzí:və]

女 -/-n 《ふつう 単》防御, 守勢;《スポ》守備. (⇔「攻撃」は Offensive).

de·fi·lie·ren [デフィリーレン defilí:rən] 自 (s, h)《軍》縦列を作って進む, 分列行進をする.

de·fi·nie·ren [デフィニーレン definí:rən] I 他 (h) 定義する; はっきり定める, 言い表す. II 再帰 (h)《*sich*[4] *durch* (または *über*)事[4] ~》(地位・関係などが事[4]で)決まる.

De·fi·ni·ti·on [デフィニツィオーン definitsió:n] 女 -/-en ① 定義. ②《カッコ》教理の決定.

de·fi·ni·tiv [デーフィニティーふ dé:finiti:f または デフィニティーふ] 形 決定的な, 確定的な; 最終的な. eine *definitive* Entscheidung 最終決定.

De·fi·zit [デフィツィット dé:fitsit] 中 -s/-e ① 不足額, 赤字. das *Defizit*[4] decken 赤字をカバーする. ②《比》不足, 欠乏.

de·fi·zi·tär [デフィツィテーァ defitsité:r] 形 赤字の; 赤字をもたらすような.

De·fla·ti·on [デふらツィオーン deflatsió:n] 女 -/-en ①《経》デフレーション. (⇔「インフレーション」は Inflation). ②《地学》デフレーション, 乾食(風による浸食作用).

De·flo·ra·ti·on [デふロラツィオーン deflora-tsió:n] 女 -/-en 《医》破瓜(は)(処女を奪うこと).

de·flo·rie·ren [デふロリーレン deflorí:rən] 他 (h) (人[4]の)処女を奪う.

De·for·ma·ti·on [デふォルマツィオーン defɔr-matsió:n] 女 -/-en ① 変形, デフォルメ. ②《医》奇形;《物》ひずみ.

de·for·mie·ren [デふォルミーレン defɔrmí:-rən] 他 (h) ① 変形する(させる), デフォルメする. ②《物[4]の)形をそこなう; 醜くする, 不具にする.

def·tig [デふティヒ déftiç] 形《口語》① 栄養のある. eine *deftige* Mahlzeit 栄養たっぷりの食事. ② 粗野な. ③《俗》ひどい, すごい.

De·gen[1] [デーゲン dé:gən] 男 -s/-《雅》勇士.

De·gen[2] [デーゲン] 男 -s/- 剣, サーベル, (フェンシングの)エペ. den *Degen* ziehen 剣を抜く.

De·ge·ne·ra·ti·on [デゲネラツィオーン degeneratsió:n] 女 -/-en ①《生・医》退化; 変性, 変質. ② 堕落, 退廃, 衰退.

de·ge·ne·rie·ren [デゲネリーレン degenerí:-rən] 自 (s) ①《生・医》退化する; 変性(変質)する. ② 堕落(退廃)する; 衰退する.

de·gra·die·ren [デグラディーレン degradí:-rən] 他 (h) ① 降格させる, (人[4]の)地位を下げる. einen Offizier **zum** Gefreiten *degradieren* 士官を兵卒に降格させる. ②《カッコ》(人[4]の)聖職を剥奪(はくだつ)する. ③《農》(土地[4]を)やせさせる.

De·gra·die·rung [デグラディールング] 女 -/-en ① 降格, (地位の)格下げ. ②《カッコ》聖職の剥奪(はくだつ). ③《農》地力の低下.

dehn·bar [デーンバール] 形 ① 伸(延)ばすことができる; 弾力性のある, しなやかな. ② 意味のあいまいな. ein *dehnbarer* Begriff いろいろに解釈できる概念.

Dehn·bar·keit [デーンバールカイト] 女 -/ 伸長性, 延性, 弾[力]性;(意味の)あいまいさ.

***deh·nen** [デーネン dé:nən] (dehnte, hat... gedehnt) I 他 (完了 haben) ① 伸ばす, 延ばす, 広げる. (英 stretch). ein Gummiband[4] *dehnen* ゴムを伸ばす / die Glieder[4] *dehnen* 手足を伸ばす. ② (語など[4]を)長く伸ばして発音する.

II 再帰 (完了 haben) *sich*[4] *dehnen* ① 伸びる, 延びる, 広がる. Der Stoff *dehnt sich* mit der Zeit. その布地は時がたつにつれて伸びる / Ich reckte und *dehnte mich*. 私は長々と手足を伸ばした / Der Weg *dehnte sich* endlos. 道はどこまでも延びていた. ②(時間・会議などが)長引く. Das Gespräch *dehnte sich*. 話し合いは長引いた.

dehn·te [デーンテ] *dehnen (伸ばす)の 過去.

Deh·nung [デーヌング] 女 -/-en 伸長, 延長, 拡張;《言》(母音の)長音化.

Deich [ダイヒ dáiç] 男 -[e]s/-e 堤防, 土手, ダム. einen *Deich* bauen 堤防を築く.

Deich·bruch [ダイヒ・ブルフ] 男 -[e]s/..brü-che 堤防の決壊.

Deich·sel [ダイヒセる dáiksəl] 女 -/-n (馬車などの)轅(ながえ), かじ棒.

deich·seln [ダイクセるン dáiksəln] 他 (h)《口語》(うまく)やってのける.

deik·tisch [ダイクティッシュ dáiktiʃ または デイク.. deík..] 形 ①《言》指示的な. ②(教授法で:)実物(実例)を示す.

***dein** [ダイン dáin]

君(あなた)の	Ist das *dein* Auto? イスト ダス ダイン アオトー これは君の車かい.			
格	男	女	中	複
1	dein	deine	dein	deine
2	deines	deiner	deines	deiner
3	deinem	deiner	deinem	deinen
4	deinen	deine	dein	deine

I 冠《所有冠詞; 2 人称親称・単数》(du で呼びかける相手に対して:) **君(あなた)の**, おまえの. (英 *your*). *dein* Sohn 君の息子 / *dein* Mann あなたの夫 / *deine* Tochter 君の娘 / *deine* Kinder 君の子供たち / Das ist *deine* Sache!. それは君自身の問題だ / Nimm jetzt *deine* Medizin! いつもの薬を今飲みなさい.

II 代 A)《所有代名詞》① 君(あなた)のもの, おまえのもの. (英 *yours*). Mein Wagen ist größer als *deiner*. ぼくの車は君の車より大きい / Das ist nicht mein Heft, sondern *dein[e]s*. これはぼくのノートではなく君のだよ. ◇《格語尾なしで》Ich bin *dein*.《雅》ぼくは君のものだ / mein und *dein* (新形 Mein und *Dein*) verwechseln 《口語》盗みを働く(←自分のものと他人のものをとり違える).

②《定冠詞とともに》君(あなた)の…, おまえの… Das war nicht mein Wunsch, sondern der *deine*.《雅》それはぼくの望みではなく君の望

みだった．◇《名詞的に》der *Deine* または der *deine* あなたの夫 / die *Deinen* または die *deinen* 君の家族 / das *Deine* または das *deine* a) 君の義務, b) 君の財産．

⟨⚐⟩ 格変化は定冠詞がない場合は男性1格で deiner, 中性1格・4格で dein[e]s となるほかは前ページの表と同じ． 定冠詞がつく場合は男性1格と女性・中性1格・4格で deine, 他は deinen.

B)《人称代名詞; 2人称親称・単数 du の 2 格; ふつう deiner を用いる》☞ deiner I
(⚐ 旧正書法では手紙の場合, I, II とも文頭以外でも Dein と頭文字を大文字で書いた).

dei·ne [ダイネ], **dei·nem** [ダイネム], **dei·nen** [ダイネン] 冠《所有冠詞》☞ dein I

dei·ner¹ [ダイナァ dáinər] 代《人称代名詞; 2人称親称・単数 du の2格》statt *deiner* 君の代わりに / Ich gedenke *deiner*.《雅》私は君のことを忘れない.

dei·ner² [ダイナァ] 冠《所有冠詞》☞ dein I

dei·ner-seits [ダイナァ・ザイツ] 副 君の方(側)で. Bestehen *deinerseits* noch Fragen? 君の側にはまだ質問があるのかい.

dei·nes [ダイネス] 冠《所有冠詞》☞ dein I

dei·nes-glei·chen [ダイネス・グライヒェン] 代《指示代名詞; 無変化》君のような人．du und *deinesgleichen* 君と君の仲間たち．

dei·net-we·gen [ダイネット・ヴェーゲン] 副 君のために．

dei·net-wil·len [ダイネット・ヴィレン] 副《成句的に》um *deinetwillen* 君のために．

dei·ni·ge [ダイニゲ dáinɪgə] 代《所有代名詞; 定冠詞とともに; 語尾変化は形容詞と同じ》《雅》君(あなた)のもの, 君のもの. Das ist nicht mein Heft, sondern das *deinige*. これはぼくのノートではなく君のだよ．◇《名詞的に》die *Deinigen* または die *deinigen* 君の家族 / das *Deinige* または das *deinige* a) 君の義務, b) 君の財産.

De·is·mus [デイスムス deísmus] 男 -/ 理神論．

De·ist [デイスト deíst] 男 -en/-en 理神論者．

de·is·tisch [デイスティッシュ deístɪʃ] 形 理神論の．

de ju·re [デー ユーレ de: júːrə] [²⁵] 法的に, 法律上．

De·ka·de [デカーデ dekáːdə] 女 -/-n 10の数[のもの]; 10個(編・巻); 10日(週・年)間．

de·ka·dent [デカデント dekadént] 形 デカダンの, 退廃的な．

De·ka·denz [デカデンツ dekadénts] 女 -/ デカダンス, 退廃, (文化的)衰退．

De·ka·gramm [デカ・グラム deka-grám] 中 -s/-e (単位: -/-) デカグラム (10 g; 記号: Dg, ²⁵ː dag).

De·kan [デカーン dekáːn] 男 -s/-e ① (大学の)学部長. ② 《ᵏᵃᵗʰ》(大教区の)首席司祭(教区長). ③《新教》教区監督．

De·ka·nat [デカナート dekanáːt] 中 -[e]s/-e ① 学部長の職; 学部長室; 学部事務局. ②《ᵏᵃᵗʰ》主席司祭職(教区);《新教》教区監督職(教区).

De·kla·ma·ti·on [デクラマツィオーン deklamatsióːn] 女 -/-en ① (詩などの)朗読．② (美辞麗句を連ねた)熱弁, 長広舌．③《音楽》デクラマツィオーン(歌詞を重視る歌唱法)．

de·kla·ma·to·risch [デクラマトーリッシュ deklamatóːrɪʃ] 形 ① 朗読調の, 朗読する; 熱弁の. ②《音楽》デクラマツィオーンの．

de·kla·mie·ren [デクラミーレン deklamíːrən] 他 (h) 自 (h) ① 朗読(暗誦)する. ② 熱弁をふるう．③《音楽》歌詞を重視して歌う．

De·kla·ra·ti·on [デクララツィオーン deklaratsióːn] 女 -/-en ① 宣言, 布告．②(税などの)申告;《商》(発送品の内容・価格の)表記．

de·kla·rie·ren [デクラリーレン deklaríːrən] 他 (h) ① 宣言(布告)・表明する. ②(商品などを⁴)税関に申告する;《商》(発送品の内容・価格を⁴)表記する．③《A⁴ als B⁴ ~》(A⁴ を B⁴ と)呼ぶ. ④《A⁴ zu B³ ~》(A⁴ を B³ に)指名する．

de·klas·sie·ren [デクラスィーレン deklasíːrən] 他 (h) ①《人⁴の)社会的な地位を落とす; 零落させる．②《ᶻᵖ》(相手⁴を)完敗させる．

De·kli·na·ti·on [デクリナツィオーン deklinatsióːn] 女 -/-en ①《言》(名詞・代名詞・形容詞の)語形変化, 格変化. ②《天》赤緯．③《物》(地磁気の)方位角, 偏角, 偏差．

de·kli·nie·ren [デクリニーレン deklinírən] 他 (h)《言》(名詞・代名詞・形容詞⁴を)語形変化させる．

de·ko·die·ren [デコディーレン dekodíːrən] 他 (h) (情報・暗号など⁴を)解読する, 解号する．

De·kol·le·té [デコるテー dekɔlteː] 中 -s/-s = Dekolletee

De·kol·le·tee [デコるテー dekɔlteː] 中 -s/-s《服飾》デコルテ, ローネック[ドレス](婦人服の胸や首筋をあらわにする裁ち方)．

de·kol·le·tiert [デコるティーァト dekɔltíːrt] 形 ローネックの(ドレスなど), ローラデコルテの正装をした(婦人)．

De·kor [デコーァ dekóːr] 男 中 -s/-s (または -e) ① (ガラス・陶磁器などの)模様; 装飾. ②《劇・映》舞台装置(美術)．

De·ko·ra·teur [デコラテーァ dekoratǿːr] 男 -s/-e 室内装飾家, インテリアデザイナー;《劇・映》(特にインテリア関係の)舞台装置(美術)担当者. (⚐ 女性形は Dekorateurin.)

De·ko·ra·ti·on [デコラツィオーン dekoratsióːn] 女 -/-en ①《覆なし》飾ること, 飾りつけ. ② 装飾, 飾り; (ショーウィンドーの)飾りつけ;《映・劇》舞台装置．③ 叙勲; 勲章．

de·ko·ra·tiv [デコラティーふ dekoratíːf] 形 ① 装飾的な, きらびやかな. ②《劇・映》舞台装置(美術)の．

de·ko·rie·ren [デコリーレン dekoríːrən] 他 (h) ① 装飾する, 飾りつける．einen Tisch mit Blumen *dekorieren* 花でテーブルを飾りつける. ②《人⁴に》勲章を授ける．

Dek·ret [デクレート dekré:t] 中 -[e]s/-e (官庁・裁判所などの)布告, 指令. ein *Dekret*⁴ erlassen 指令を発する.

dek·re·tie·ren [デクレティーレン dekretí:rən] 他 (h) (官庁などが)命令(指令)する, 定める.

De·le·gat [デレガート delegá:t] 男 -en/-en 代表, [全権]使節.

De·le·ga·ti·on [デレガツィオーン delegatsió:n] 女 -/-en ① 代表団の派遣; [全権]代表団, [全権]派遣団. eine *Delegation*⁴ zu der Tagung entsenden 大会に代表団を派遣する. ②《法》(権限などの)委任.

de·le·gie·ren [デレギーレン delegí:rən] 他 (h) ① (代表として)派遣する. ②《法》委任する, ゆだねる.

De·le·gier·te[*r*] [デレギーァテ (..ターァ) delegí:rtə (..ter)] 男 女《語尾変化は形容詞と同じ》代表者, 使節.

de·lek·tie·ren [デレクティーレン delεktí:rən] 再帰 (h)《*sich*⁴ [**an**〈物³〉]》([〈物〉³(飲食物などを)]) 楽しむ.

Del·fin [デるふィーン dεlfí:n] I 男 -s/-e =Delphin II 中 -s/ =Delphinschwimmen

Del·fin⁄schwim·men [デるふィーン・シュヴィンメン] 男 -s/ =Delphinschwimmen

de·li·kat [デリカート delikáːt] 形 ① おいしい, 美味な. ② 慎重な, 用心深い(方法など). ③ デリケートな, 微妙な, 扱いにくい(問題・状況など). ④《話》(食べ物に)うるさい.

De·li·ka·tes·se [デリカテッセ delikatésə] 女 -/-n ① おいしい食べ物, 珍味, デリカテッセ. ②《覆なし》《雅》繊細さ, 慎重. 〈物〉⁴ **mit** *Delikatesse* behandeln 〈物〉⁴を慎重に扱う.

De·li·ka·tes·sen⁄ge·schäft [デリカテッセン・ゲシェふト] 中 -[e]s/-e デリカテッセ(高級食材)店.

De·likt [デリクト delíkt] 中 -[e]s/-e 不法行為.

De·lin·quent [デリンクヴェント delıŋkvént] 男 -en/-en 違反者, 犯罪者, 犯人.

De·li·ri·um [デリーリウム delí:rium] 中 -s/ ..rien [..リエン] 譫妄(せんもう), 精神錯乱.

de·li·zi·ös [デリツィエース delitsió:s] 形《雅》美味な, おいしい.

Del·le [デれ délə] 女 -/-n ①《方》へこみ, くぼみ. ② くぼ地.

Del·phi [デるふィ délfi] 中 -s/《都市名》デルポイ, デルフォイ(ギリシアの古代都市. 神託で有名なアポロンの神殿があった).

Del·phin [デるふィーン dεlfí:n] I 男 -s/-e ①《動》イルカ(海豚). ②《覆 なし; 定冠詞とともに》《天》いるか座. II 中 -s/《ふつう冠詞なして》= *Delphin*schwimmen

Del·phin⁄schwim·men [デるふィーン・シュヴィンメン] 中 -s/ (ドルフィンキックによる)バタフライ[泳法].

Del·ta [デるタ délta] I 中 -[s]/-s デルタ(ギリシア字母の第4字: Δ, δ). II 中 -s/-s (または Delten) 三角州, デルタ.

‡**dem** [(I, II B では:)デム dem; (II A では:)デーム déːm] I 冠《定冠詞; 男性・中性単数の3格; 〈☞ der I》(前置詞と融合して am (←an dem), im (←in dem), zum (←zu dem) のようになることがある) Die Tochter schenkt *dem* Vater eine Krawatte. 娘は父親にネクタイをプレゼントする.

II 代 A)《指示代名詞; 男性・中性単数の3格; 〈☞ der II A》その人に, それに. Wie geht's Herrn Schmidt? — *Dem* geht's prima. シュミットさんはお元気ですか — あの人はすこぶる元気ですよ.

B)《関係代名詞; 男性・中性単数の3格; 〈☞ der II B》 Hans, *dem* ich 100 Mark geliehen habe, ist nicht mehr in der Stadt. 私が100マルク貸したハンスはもうこの町にはいない.

De·ma·go·ge [デマゴーゲ demagóːgə] 男 -n/-n (軽蔑的に:)扇動家, デマゴーグ.

De·ma·go·gie [デマゴギー demagogíː] 女 -/-n [..ギーエン]《ふつう 単》(軽蔑的に:)扇動, デマゴギー.

de·ma·go·gisch [デマゴーギッシュ demagóːgıʃ] 形 (軽蔑的に:)扇動的な, デマゴーグ的な.

De·mar·che [デマルシェ demárʃ または ..シェ ..ʃə] 女 -/-n (外交上の)措置, (口頭による)抗議.

De·mar·ka·ti·on [デマルカツィオーン demarkatsióːn] 女 -/-en《政》境界設定(決定);《医》分画.

De·mar·ka·ti·ons⁄li·nie [デマルカツィオーンス・リーニエ] 女 -/-n (国家間の協定による)暫定的国境(境界)線.

de·mas·kie·ren [デマスキーレン demaskí:rən] I 再帰 (h) *sich*⁴ *demaskieren* 仮面を脱ぐ;《比》(隠れた)実を現す. II 他 (h) ①《人》⁴の仮面をはぐ, 正体を暴く. ②《軍》《物》⁴の擬装を取り除く.

De·men·ti [デメンティ deménti] 中 -s/-s (公式の)否認, とり消し, 訂正.

de·men·tie·ren [デメンティーレン dementí:rən] 他 (h) (公式に)否認する, とり消す, 訂正する.

dem⁄ent·spre·chend [デーム・エントシュプレッヒェント] 形 それに応じた, それ相応の. eine *dementsprechende* Antwort それに応じた回答.

De·me·ter [デメータァ deméːtər] 女 -/《ギリシャ神》デメテル(農業の女神. ローマ神話のケレスに当たる).

dem⁄ge·gen·über [デーム・ゲーゲンユーバァ] 副 それに対して, それに比べて.

dem⁄ge·mäß [デーム・ゲメース] 副 それに応じて, それゆえに.

De·mis·si·on [デミスィオーン demisió:n] 女 -/-en (大臣などの)辞任, (内閣の)[総]辞職.

de·mis·si·o·nie·ren [デミスィオニーレン demısioníːrən] 自 (h) (大臣が)辞任する, (内閣が)[総]辞職する.

dem⁄nach [デーム・ナーハ] 副 それによれば, それに従って, そうだとすると.

dem∠nächst [デーム・ネーヒスト] 副 間もなく, 近いうちに.

De·mo [デーモ dé:mo または デモ démo] 中 -/-s《隠語》デモ[行進](=*Demo*nstration).

de·mo·bi·li·sie·ren [デモビリズィーレン demobilizí:rən] 他 (h) (部隊など[4]の)動員を解除する, (部隊など[4]を)平時の体制に戻す.

De·mo·krat [デモクラート demokrá:t] 男 -en/-en 民主主義者; 民主党員.

*die **De·mo·kra·tie** [デモクラティー demokratí:] 女 (単) -/(複) -n [..ティーエン] ① 【複 なし】**民主主義**, デモクラシー; 民主政治. eine parlamentarische *Demokratie* 議会制民主主義. in einer *Demokratie* leben 民主[制]国家に住む.

*die **de·mo·kra·tisch** [デモクラーティッシュ demokrá:tɪʃ] 形 ① **民主主義の**, デモクラシーの, 民主的な. 《⑤ *democratic*》. eine *demokratische* Verfassung 民主憲法 / eine *demokratische* Entscheidung 民主的な決定. ② 民主党の.

de·mo·kra·ti·sie·ren [デモクラティズィーレン demokratizí:rən] 他 (h) ① 民主化する. das Schulsystem[4] *demokratisieren* 学校制度を民主化する. ② 大衆化する.

De·mo·kra·ti·sie·rung [デモクラティズィールング] 女 -/-en 民主化. 大衆化.

de·mo·lie·ren [デモリーレン demolí:rən] 他 (h) (暴力で)破壊する, (建物など[4]を)取り壊す.

De·monst·rant [デモンストラント demonstránt] 男 -en/-en デモ参加者. 《⑤ 女性形は Demonstrantin》.

*die **De·monst·ra·ti·on** [デモンストラツィオーン demonstratsióːn] 女 (単) -/(複) -en デモ[行進], 示威運動. 《⑤ *demonstration*》. Massen*demonstration* 大衆デモ / eine *Demonstration* **für** den Frieden (**gegen** den Krieg) 平和のためのデモ[反戦デモ] / an einer *Demonstration* teil[nehmen デモに参加する. ② 意思などの表明, 表示, デモンストレーション. eine *Demonstration* der Macht[2] 権力の表明. ③ (具体例などによる)実演, 実物教示.

De·monst·ra·ti·ons∠zug [デモンストラツィオーンス·ツーク] 男 -[e]s/..züge デモ行進.

de·monst·ra·tiv [デモンストラティーフ dé:monstrati:f または デモンストラティーふ] 形 ① 示威的な, これ見よがしの. ② 具体的な, 明瞭(めいりょう)な. ein *demonstratives* Beispiel 具体例. ③《言》指示的な. ein *demonstratives* Pronomen 指示代名詞.

De·monst·ra·tiv∠pro·no·men [デモンストラティーふ·プロノーメン] 中 -s/- (または ..mina)《言》指示代名詞.

*die **de·monst·rie·ren** [デモンストリーレン demonstrí:rən] (demonstrierte, hat...demonstriert) I 自《⑤》 haben) デモ[行進]をする; デモに参加する. 《⑤ *demonstrate*》. **für** den Frieden (**gegen** den Krieg) *demonstrieren* 平和のために(戦争反対の)デモをする. II 他《⑤》 haben) ① 具体的に説明する, 実演して見せる. die Zusammenhänge[4] **am** Modell *demonstrieren* その関係をモデルによって説明する. ② (意思など[4]を)表明する.

de·monst·riert [デモンストリーアト] *demonstrieren* (デモをする)の過分

de·monst·rier·te [デモンストリーアテ] *demonstrieren* (デモをする)の過去

De·mon·ta·ge [デモンターヂェ demontáːʒə または デモン··· dem5..] 女 -/-n (機械・工場などの)解体, 撤去; 取り壊し; 分解.

de·mon·tie·ren [デモンティーレン demontí:rən demonti:.. dem5..] 他 (h)《⑤》(工)(工場など[4]を)解体する, 取り壊す, 撤去する. 《比》(偏見など[4]を)徐々に取り除く.

de·mo·ra·li·sie·ren [デモラリズィーレン demoralizí:rən] 他 (h) ① モラルを低下させる, (人[4]の)モラルを低下させる. ② (人[4]の)士気を沮喪(そそう)させる.

De·mo·sko·pie [デモスコピー demoskopí:] 女 -/-n [..ピーエン] 世論調査.

de·mo·sko·pisch [デモスコーピッシュ demoskó:pɪʃ] 形 世論調査による, 世論調査の.

dem∠sel·ben [デーム・ぜるベン] 代《指示代名詞; 男性·中性単数の 3 格》☞ *derselbe*

De·mut [デームート dé:mu:t] 女 -/ 謙遜(けんそん), 謙虚, へりくだり; 恭順. christliche *Demut* キリスト教[徒]的な謙虚さ.

de·mü·tig [デーミューティヒ dé:my:tɪç] 形 謙虚な, 従順な, へりくだった. eine *demütige* Bitte 嘆願.

de·mü·ti·gen [デーミューティゲン dé:my:tɪgən] I 他 (h) 侮辱する, (人[4]の)自尊心を傷つける. II 再帰 (h) 《*sich*[4] **vor** 人[3] ～》 (人[3]に対して)へりくだる.

De·mü·ti·gung [デーミューティグング] 女 -/-en 辱め, 侮辱.

dem∠zu·fol·ge [デーム・ツ・ふォるゲ] 副 その結果として, 従って, それゆえに.

:**den** [(I, II B では:) デン den; (II A では:) デーン dé:n] I 冠《定冠詞; 男性単数の 4 格および複数の 3 格; ☞ *der* I》 Sie liebt *den* Mann. 彼女はその男を愛している / Er hilft immer *den* Eltern. 彼はいつも両親の手伝いをする.

II 代 **A**)《指示代名詞; 男性単数の 4 格; ☞ *der* II **A**》 その人を, それを. Herrn Schmidt? *Den* kenne ich sehr gut. シュミットさんですか. その人ならよく知っていますよ. **B**)《関係代名詞; 男性単数の 4 格; ☞ *der* II **B**》 Zeig mir bitte den Computer, *den* du dir gekauft hast! 君が買ったコンピュータを見せてくれないか.

de·na·tu·rie·ren [デナトゥリーレン denaturí:rən] I 他 (h) ① (人[4]の)性格を変える, 特性を失わせる. ② (アルコールなど[4]を)変性させる; (化学処理でビタミンなど[4]を)失わせる; (核燃料[4]を)変性させる. II 自 (s) 変質(変性)する. **zum** Säufer *denaturieren* のんだくれになる.

de·nen [(A では:) デーネン dé:nən; (B では:) デーネン de:nən] 代 **A)** 〖指示代名詞；複数の3格〗 ☞ der II A〗 その人たちに，それらに. *Denen* werde ich die Meinung sagen. あいつらに文句を言ってやる.
B) 〖関係代名詞；複数の3格〗 ☞ der II B〗 Die Leute, *denen* ich am meisten verdanke, sind alle schon tot. 私がいちばんお世話になった人たちはもうみんな亡くなっている.

den·geln [デンゲルン déŋəln] 他 (h) 〘農〙(鎌など4を)ハンマーでたたいて鋭くする.

Denk·art [デンク・アールト] 囡 -/-en 考え方，思考法；心構え，志向. die philosophische *Denkart* 哲学的な考え方 / ein Mensch von vornehmer *Denkart* 高貴な心構えの人.

Denk≈**auf·ga·be** [デンク・アオフガーベ] 囡 -/-n パズル，なぞなぞ.

denk·bar [デンクバール] I 形 考えられる[かぎりの]，想像できる，ありうる. jedes *denkbare* Mittel ありとあらゆる手段. II 副 非常に. ein *denkbar* günstiges Angebot 非常に有利な申し出 / die *denkbar* beste Methode (考えられるかぎりで)最高の方法.

den·ken* [デンケン déŋkən]

考える　Woran *denkst* du?
　　　　ヴォラン　デンクスト ドゥ
　　　　君は何を考えているの.

(dachte, *hat* ... gedacht) (英 *think*) I 自 (完了 haben) 考える，思考する. logisch *denken* 論理的に考える / Er *denkt* gemein. 彼は卑劣な考え方をする / Ich *denke*, also bin ich. われ思う，ゆえにわれあり(デカルトの言葉) / Das gibt mir zu *denken*. それは考えものだ(←私に考えさせる).
◊〖前置詞とともに〗**an** 人・事4 *denken* a) 人・事4 のことを思う，念頭におく, b) 人・事4 を思い出す ⇒ Er *denkt* immer an seine Familie. 彼はいつも家族のことを思っている / an die Kindheit *denken* 子供のころを思い出す / Ich *denke* [daran], morgen zu verreisen. 私はあす旅に出るつもりだ / **über** 人・事4 (または **von** 人・事4) ... *denken* 人・事4 (または 人・事4)について…と考える，判断する ⇒ Wie *denken* Sie über die Angelegenheit? この問題についてどうお考えになりますか / Er *denkt* gut (schlecht) von ihr. 彼は彼女のことをよく(悪く)思っている.

II 他 (完了 haben) (事4を)**考える，思う**. Was *denkst* du jetzt? 君は今何を考えているの / Er *denkt*, dass das geht. 彼はそれはうまく行くと思っている / Ich *dachte*, du seist hier. 私は君がここにいると思っていた / Wer *hätte* das *gedacht*! 〖接2・過去〗 だれがそんなことを予想しただろうか.

III 再帰 (完了 haben) *sich*3 事4 *denken* 事4 を想像する，思い浮かべる. Das *kann* ich mir *denken*. そのことは私にも想像がつく / Das *habe* ich *mir* gleich *gedacht*. そんなことだろ

うと思ったよ / Er *dachte sich* nichts Böses dabei. 彼はそれを何も悪意range はなかった / Ich *denke mir* eine Seereise sehr schön. 私は船の旅はとてもすてきだと思う / Das *hast* du *dir* [so] *gedacht*!《口語》それは君のとんでもない思い違いだ.
◊☞ **gedacht**

....
類語 **denken**: (客観的に考えてみてそうだと)思う. **glauben**: (主観的にそうだと)思う. Ich *glaube*, dass er die Wahrheit sagt. 彼は本当のことを言っていると思うよ. **meinen**: (積極的に自分の意見を表明して)…と思う. Ich *meine*, dass er Recht hat. 私は，彼の言っていることは正しいと思う.
....

Den·ken [デンケン] 中 -s/ 思考；思想.
Den·ker [デンカァ déŋkər] 男 -s/- 思想家，哲学者；思索家.
den·ke·risch [デンケリッシュ déŋkəriʃ] 形 思索的な.
denk·faul [デンク・ファオル] 形 考えることの嫌いな.
Denk·feh·ler [デンク・フェーラァ] 男 -s/- 推論の誤り，考え違い.

das **Denk·mal** [デンク・マール déŋk-ma:l] 中 (単2) -s/(複) ..mäler [..メーラァ] (3格のみ ..mälern) まれに(複) -e (英 *monument*) ① 記念碑，記念像. Kriegs*denkmal* 戦没者記念碑 / das *Denkmal* Schillers und Goethes シラーとゲーテの記念像 / ein *Denkmal*4 errichten 記念碑を建てる / 人3 ein *Denkmal*3 setzen 人3のために記念碑を建てる / *sich*3 ein *Denkmal*4 setzen《比》不滅の業績を残す. ② (歴史上の)文化遺産，文化財. ein *Denkmal* römischer Kunst2 古代ローマ芸術の文化遺産.

Denk·mä·ler [デンク・メーラァ] *Denkmal (記念碑)の 複.
Denk·mal[s]≈pfle·ge [デンクマール[ス]・プフレーゲ] 囡 -/ 文化財保護(保存)，記念物保護.
Denk·mal[s]≈schutz [デンクマール[ス]・シュッツ] 男 -es/ (法的な)文化財保護(保存)，記念物保護.
Denk≈mo·dell [デンク・モデる] 中 -s/-e 思考モデル.
Denk≈pau·se [デンク・パオゼ] 囡 -/-n ① (会議の途中での・考えをまとめるための)休憩. ② 〘俗〙(頭を休めるための)休憩，休み時間.
Denk≈pro·zess [デンク・プロツェス] 男 -es/-e 思考過程.
Denk≈prozeß ☞ 新形 Denkprozess
Denk≈schrift [デンク・シュリフト] 囡 -/-en (公的機関への)報告書，意見書.
Denk≈sport [デンク・シュポルト] 男 -[e]s/ クイズ遊び，頭の体操.
Denk≈spruch [デンク・シュプルフ] 男 -[e]s/ ..sprüche 格言，警句，モットー.
Denk≈ver·mö·gen [デンク・フェァメーゲン] 中 -s/ 思考能力.
Denk≈wei·se [デンク・ヴァイゼ] 囡 -/-n 考え

方, 思考法; 心構え, 志向 (=Denkart).
denk·wür·dig [デンク・ヴュルディヒ] 形 記憶に値する, 記念すべき, 重要な.
Denk·zet·tel [デンク・ツェッテる] 男 -s/- ① 《俗》(にがい経験としての)お仕置, こらしめ. 人³ einen *Denkzettel* geben 人³におきゅうをすえる. ② メモ[用紙].

*__denn__ [デン dén]

というのは	Er kommt nicht, *denn* er ist krank. エァ コムト ニヒト デン エァ イスト クランク 彼は来ない、というのは彼は病気だから.

I 接 《並列接続詞》① というのは…だから. (英 for). Wir blieben zu Hause, *denn* das Wetter war schlecht. 私たちは家にいた, というのも天気が悪かったから.

....
☞ *denn* と *weil*: *weil* が主文に対する因果関係を述べるときに用いられるのに対して, *denn* は先行する文に対する話し手の判断の根拠を補足的に述べるときに用いられる. また *weil* が従属文を導き, したがって動詞の人称変化形は文末であるのに対して, *denn* は語順に影響を与えない. ☞ *weil*
....

② 《比較級とともに》…よりも. mehr *denn* je 以前よりいっそう / Er ist als Schriftsteller berühmter *denn* als Maler. 彼は画家としてより作家としての方が有名だ. (☞ 比較の als と,「として」の als との重複を避けるため).

II 副 A)《文中でのアクセントなし》①《疑問文で》《驚き・関心などを表して》[いったい]…なのか. Was ist *denn* los? どうしたの? Seit wann bist du *denn* krank? 君はいつから病気なの / Hast du *denn* so viel Geld? 君はそんなにお金を持っているのかい.

②《修辞疑問文で》…とでもいうのか. Kannst du *denn* nicht hören? 耳が聞こえないのか(言うことがわからないのか).

B)《疑問詞とともに; 文中にアクセントあり》 それじゃあ[いったい]. Die Zeitung liegt nicht auf dem Tisch? Wo *denn*? 新聞はテーブルの上にないって? じゃあいったいどこだろ.

C) ①《平叙文で; **so** とともに》それで, だから. Ich habe noch viel Arbeit, so muss ich *denn* jetzt gehen. 私はまだいろいろ仕事があります, それでもう行かなければなりません.

②《**es sei denn**…の形で》…でもないかぎり, …の場合は別だが. Peter kommt bestimmt, es sei *denn*, dass er krank ist. 病気でもないかぎりピーターはきっと来るよ.

③《北ド》それから; それなら. (=dann).

*__den·noch__ [デンノッホ dénɔx] 副 それにもかかわらず, それでもなお, やはり. (☞ *trotzdem* に比べやや文語調). Er war krank, *dennoch* wollte er seine Reise nicht verschieben. 彼は病気だった, それにもかかわらず旅行を延期しようとしなかった.

denn=schon [デン・ショーン] 副《成句的に》Wennschon, *dennschon*! (口語) あるからにはいっそとことんやろう, こうなったら仕方がない.

den·sel·ben [デーン・ぜるベン] 代《指示代名詞; 男性単数の4格および複数の3格》☞ *derselbe*

den·tal [デンターる dentá:l] 形 ①《医》歯の. ②《言》歯音の.

Den·tist [デンティスト dentíst] 男 -en/-en (昔の:) (大学教育を受けていない)歯科医師 (治療範囲に制限があった. 1952年に廃止).

De·nun·zi·ant [デヌンツィアント denuntsiánt] 男 -en/-en 密告者. (☞ 女性形は Denunziantin).

De·nun·zi·a·ti·on [デヌンツィアツィオーン denuntsiatsió:n] 女 -/-en 密告.

de·nun·zie·ren [デヌンツィーレン denuntsí:rən] 他 (h) 告発(密告)する; 悪く言う.

de·pla·ciert [デプらスィーァト deplasí:rt または ..ツィーァト ..tsí:rt] 形 =deplatziert

de·plat·ziert [デプらツィーァト deplatsí:rt] 形 場違いの. eine *deplatzierte* Bemerkung 場違いな発言.

De·po·nie [デポニー deponí:] 女 -/-n [..ニーエン]《官庁》ごみ処理場.

de·po·nie·ren [デポニーレン deponí:rən] 他 (h) ①(銀行などに)預ける, 供託する. Geld⁴ bei der Bank (**im Safe**) *deponieren* お金を銀行に(貸金庫に)預ける. ②(一定の場所に)保管する, 置く.

De·por·ta·ti·on [デポルタツィオーン deportatsió:n] 女 -/-en [国外]追放, 流刑; 強制的移送.

de·por·tie·ren [デポルティーレン deportí:rən] 他 (h) 追放する, 流刑に処する; 強制的に移送する.

De·po·si·ten [デポズィーテン depozí:tən] 複《経》預金; 信託金, 供託物.

De·pot [デポー depó:] [..] 中 -s/-s ①(物資の)貯蔵所, 保管所; 保管物, 貯蔵品. ②(銀行などの)貴重品保管室; (有価証券の)寄託. ③(市電・バスなどの)車庫. ④(赤ワインの)酒かす. ⑤《医》貯留[物].

Depp [デップ dép] 男 -en (または -s)/-en (または -e)《南ド・オーストリア・スイス》のろま, ばか.

De·pres·si·on [デプレスィオーン deprɛsió:n] 女 -/-en ①憂うつ; 意気消沈. Er hat eine schwere *Depression*. 彼はひどいうつ病だ. ②《経》不景気. ③《気象》低気圧[地帯]. ④《医》(骨などの)陥没. ⑤《地理》海面より低いくぼ地(低地). ⑥《天》俯角(ふかく).

de·pres·siv [デプレスィーふ deprɛsí:f] 形 ①憂うつな, 意気消沈した. ②《経》不景気の.

de·pri·mie·ren [デプリミーレン deprimí:rən] 他 (h) 憂うつにさせる, 意気消沈させる. Sein Misserfolg *hat* ihn *deprimiert*. 失敗して彼は意気消沈した / Er *ist* ganz *deprimiert*.《状態受動・現在》彼はすっかり意気消沈している.

De·pu·tat [デプタート deputá:t] 中 -[e]s/-e ①現物給与. ②(教師の)授業担当ノルマ.

De·pu·ta·ti·on [デプタツィオーン deputatsióːn] 囡 -/-en (政府に陳情・請願をするための)代表団, 派遣団.

De·pu·tier·te[r] [デプティーァテ (..タァ) deputíːrtə (..tər)] 男 囡〔語尾変化は形容詞と同じ〕
① 代表(派遣)団員. ② (フランスなどの)代議士.

*der [(I, II B では:) デァ der; (II A では:) デーァ déːr]

その, この, あの

Der Wein hier ist gut.
デァ ヴァイン ヒーァ イスト グート
ここのワインは上等だ.

格	男	女	中	複
1	der	die	das	die
2	des	der	des	der
3	dem	der	dem	den
4	den	die	das	die

I 冠〖定冠詞; アクセントをもたない〗① 〘すでに話題になったものを指して〙その. (英 the). Er hat einen Sohn. *Der* Sohn studiert in Bonn. 彼には一人の息子がいる. その息子はボン大学で学んでいる.
② 〘わかっているものや特定のものを指して〙その, この, あの, 例の. *Das* Buch habe ich schon gelesen. その本は私はもう読んだ / Wer ist *die* Dame dort? あそこのご婦人はどなたですか / *das* Haus meines Freundes 私の友人の家 / *der* beste Schüler in *der* Klasse クラスで首席の生徒.
③ 〘一つしかないものにつけて〙*der* Himmel 天 / *die* Sonne 太陽 / *die* Welt 世界 / Das ist *die* [beste] Idee. それはいちばんいい考えだ.
④ 〘抽象名詞につけて〙*die* Liebe 愛 / *den* Tod fürchten 死を恐れる.
⑤ 〘種族全体を一般化して〙*Der* Mensch ist sterblich. 人間は死すべきものである. / *Das* Kind will spielen. 子供は遊びたがるものだ.
⑥ 〘固有名詞が形容詞などの付加語をともなうとき〙*der* junge Goethe 若き日のゲーテ / *der* kleine Fritz 小さなフリッツ / *das* Deutschland von heute 今日のドイツ. (⚠ 南ドイツでは付加語がなくても人名に定冠詞をつけることがある: *Die* Petra kommt gleich. ペトラはすぐ来ます).
⑦ 〘山・河川・海などなどの名称で〙*der* Brocken ブロッケン山 / *der* Rhein ライン川 / *die* Donau ドナウ川 / *die* Alpen アルプス[山脈] (⚠ Alpen は複数形) / *die* Nordsee 北海.
⑧ 〘男性・女性・複数の国名で〙*der* Iran イラン / in *die* Schweiz fahren スイスへ行く / *die* USA アメリカ合衆国.
⑨ 〘単位を示す名詞につけて〙Dieser Stoff kostet 10 Mark *das* Meter. この服地は1メートル10マルクする / 120 Kilometer *die* Stunde 時速120キロ.

⚠ 定冠詞が強く発音されて, 特定の人や物をはっきりと指示することがある; *der* [デーァ] Platz am Fenster 窓ぎわのあの席 / Ich gehe zu *dem* [デーム] Arzt. 私はその医者へ行く.

II 代 **A)**〖指示代名詞; アクセントをもつ〗

格	男	女	中	複
1	der	die	das	die
2	dessen	deren	dessen	deren / derer
3	dem	der	dem	denen
4	den	die	das	die

〘すでに述べられたものを指して〙それ, これ; その人[たち]. Er hat einen Sohn. *Der* ist sehr fleißig. 彼には息子がいる. その息子はとても勤勉だ / Diese Bluse gefällt mir. *Die* nehme ich. このブラウスが気に入りました. これにします / Mein Auto fährt schneller als *das* meines Freundes. 私の車は友人のそれ(車)より速い / *Den* (*Die*) kenne ich nicht. その男(女)は私は知らない / *das* heißt すなわち, つまり(略: d. h.) / mein Bruder, sein Freund und *dessen* Frau 私の弟と彼の友人とその[友人の]妻.

⚠ 複数2格の derer は関係代名詞の先行詞として用いられる. ☞ derer

B)〖関係代名詞; 動詞の人称変化形は関係文の文末〗

格	男	女	中	複
1	der	die	das	die
2	dessen	deren	dessen	deren
3	dem	der	dem	denen
4	den	die	das	die

[…である]ところの. Er ist der einzige Freund, *der* mich nicht verlassen hat. 彼は私を見捨てなかった唯一の友人だ / Das ist die Kirche, *deren* Foto ich dir gezeigt habe. 教会の写真を君に見せたけど, あれがその教会だ / Kennst du den Mann, mit *dem* sie tanzt? 彼女がいっしょに踊っている男を知ってるかい.

⚠ 関係代名詞の性・数は先行詞の性・数と一致し, 格は関係文中での関係代名詞の役割によって決まる.

der·art [デーァ・アールト] 副 このように, これほどに. Es hat lange nicht mehr *derart* geregnet. もう長い間こんなに雨が降ったことはない / Er schrie *derart*, dass ihm die Stimme versagte. 彼は声がかれるほど大声で叫んだ.

der·ar·tig [デーァ・アールティヒ] 形 このような, この種の. Eine *derartige* Krankheit gibt es selten. このような病気はまれにしかない.

derb [デルプ dérp] 形 ① 頑丈な, がっしりした. *derbes* Leder 強じんな革. ② 粗野な, 不作法な, がさつな. *derbe* Scherze 野卑な冗談. ③ 不親切な, 思いやりのない. eine *derbe* Antwort そっけない返事.

Derb·heit [デルプハイト] 女 -/-en ① (複 なし) 粗野, 不作法. ② 粗野な言葉.

der=einst [デーァ・アインスト] 副 ① (雅) いつか, 将来, 他日. ② (古) かつて, 昔.

***de·ren** [(A では:) デーレン déːrən (B では:) デーレン deːrən] 代 A) 《指示代名詞; 女性単数および複数の 2 格; ☞ der II A》その人[たち]の, その[人ら]の. ihre Freundin und *deren* Tochter 彼女の友人とその[友人の]娘.

B) 《関係代名詞; 女性単数および複数の 2 格 ☞ der II B》die Frau, *deren* Mann neulich verunglückte 最近夫が事故に遭った[その]婦人 / die Kinder, *deren* Eltern anwesend sind 両親が出席している子供たち.

de·rent·we·gen [デーレント・ヴェーゲン] 副 彼女の(それの)ために, 彼ら(彼女ら・それら)のために.

de·rent·wil·len [デーレント・ヴィレン] 副 《成句的に》um *derentwillen* 彼女(それ)のために, 彼ら(彼女ら・それら)のために.

***de·rer** [デーラァ déːrər] 代 《指示代名詞; 複数の 2 格; 関係代名詞の先行詞として用いられる; ☞ der II A》[…である]人々の. Hier ist die Liste *derer*, die wir eingeladen haben. これが私たちが招待した人たちのリストです.

der=ge·stalt [デーァ・ゲシュタルト] 副 《雅》その(この)ように. Die Unterredung verlief *dergestalt*, dass … 話し合いは…のように経過した.

der=glei·chen [デーァ・グらイヒェン] 代 《指示代名詞; 無変化》① 《付加語として》そのような. in *dergleichen* Fällen そのような場合には. ② 《名詞的に》そのようなもの(こと). Ich habe *dergleichen* noch nie gehört. 私はそのようなことはまだ一度も聞いたことがない / und *dergleichen* [mehr] 等々(略: u. dgl. [m.]).

***der=je·ni·ge** [デーァ・イェーニゲ déːrjeːnɪɡə] 代 《指示代名詞; der.. の部分は定冠詞の変化, ..jenige の部分の語尾変化は定冠詞のあとの形容詞と同じ; 関係代名詞の先行詞として用いられることが多い》① 《付加語として》その. *derjenige* Mann, den wir gestern trafen 私たちがきのう会ったその男. ② 《名詞的に》その人[たち], それ. Er lobt nur *diejenigen*, die ihm schmeicheln. 彼は自分にお世辞を言う人だけをほめる. ◇《2 格の名詞とともに》mein Brief und *derjenige* meines Freundes 私の手紙と友人のそれ(手紙).

der·lei [デーァらイ déːrlái] 代 《指示代名詞; 無変化》① 《付加語として》そのような. *derlei* Dinge そのようなもの(こと). ② 《名詞的に》そのようなもの(こと).

der=ma·ßen [デーァ・マーセン] 副 このように, これほどに (=derart). Er war *dermaßen* müde, dass … 彼は…するほど疲れていた.

Der·ma·to·lo·ge [デルマトローゲ dɛrmatoló:ɡə] 男 -n/-n 皮膚科医, 皮膚病学者.

Der·ma·to·lo·gie [デルマトろギー dɛrmatoloɡíː] 女 -/ 《医》皮膚科学.

:**der=sel·be** [デーァ・ゼルベ deːrzɛ́lbə] 代 《指示代名詞; der.. の部分は定冠詞の変化, ..selbe の部分の語尾変化は定冠詞のあとの形容詞と同じ》① 《付加語として》同一の, 同じ. Er trägt immer *dieselbe* Krawatte. 彼はいつも同じネクタイをしている.

② 《付加語として》《口語》同じような, 似たような. Er fährt *dasselbe* Auto wie ich. 彼は私と同じ[種類の]車に乗っている.

③ 《名詞的に》同一の人, 同一のもの(こと). Er ist immer noch *derselbe*. 彼は相変わらずだ / Das ist doch ein und *dasselbe*. それはまったく同じことだ.

der=weil [デーァ・ヴァイる] I 副 その間に, そうしているうちに. II 接 《従属接続詞; 動詞の人称変化形は文末》…している間.

Der·wisch [デルヴィッシュ dɛ́rvɪʃ] 男 -[e]s/-e (イスラム教の)修道僧.

der=zeit [デーァ・ツァイト] 副 ① 現在, 目下. ② 当時, そのころ (=damals).

der=zei·tig [デーァ・ツァイティヒ] 形 《付加語としての》① 現在の, 目下の. ② 当時の.

:**des**¹ [デス dɛs] 冠 《定冠詞; 男性・中性単数の 2 格; ☞ der I》das Auto *des* Freundes 友人の車 / statt *des* Lehrers 先生の代わりに / Wir gedenken *des* Toten. 《雅》私たちは故人をしのぶ.

des², **Des** [デス] 中 -/- 《音楽》変ニ音. *Des*-Dur 変ニ長調.

des·a·vou·ie·ren [デス・アヴイーレン dɛsavuíːrən または デザヴ.. dezavuː..] 他 (h) ① (決議など⁴を)認めない, 承認しない. ② (人⁴を)さらしものにする.

Des·cartes [デ・カルト de-kárt] -/ 《人名》デカルト (René *Descartes* 1596–1650; フランスの哲学者).

Des-Dur [デス・ドゥーァ] 中 -/ 《音楽》変ニ長調(記号: Des).

De·ser·teur [デゼルテーァ dezɛrtóːr] 男 -s/-e 《軍》脱走(逃亡)兵.

de·ser·tie·ren [デゼルティーレン dezɛrtíːrən] 自 (s, h) 《軍》脱走(逃亡)する.

des=glei·chen [デス・グらイヒェン] 副 同じように, 同様に.

:**des=halb** [デス・ハるプ dɛ́s-hálp または デス・ハるプ] 副 それゆえに, それだから. (英 therefore). Sie ist krank und kann *deshalb* nicht kommen. 彼女は病気だ, だから来られない / Abends wird es kühl, nimm dir *deshalb* die Jacke mit. 夕方は冷えるよ, だから上着を持って行きなさい / Ach, *deshalb* also! なるほどそういうわけか.

◇《weil とともに》*deshalb*, weil … …であるから ⇒ Er kommt nur *deshalb*, weil er dich nicht enttäuschen will. 彼は君をがっかりさせ

たくないからこそ来るのだ.
◊《**aber, doch** とともに》だからといって. Er kam zu spät, aber ich war *deshalb* nicht böse. 彼は遅れて来た, でもだからといってぼくは腹は立たなかった.

De·sign [ディザイン dizáin] [英] 中 -s/-s デザイン, 図案, 意匠.

De·sign·er [ディザイナァ dizáinər] [英] 男 -s/- デザイナー, 図案家. (✍ 女性形は Designerin).

de·sig·nie·ren [デズィグニーレン dezigní:rən] 他 (h) ① 指名する, 任命する. ② 予定する.

des·il·lu·si·o·nie·ren [デス・イルズィオニーレン dɛs-ıluzionı́:rən または デズィる.. dezılu..] 他 (h) (人4に)幻滅を感じさせる; (人4の)迷いをさます.

Des·in·fek·ti·on [デス・インフェクツィオーン dɛs-ınfɛktsió:n または デズィン.. dezın..] 女 -/-en ① 消毒, 殺菌. die *Desinfektion* des Zimmers 部屋の消毒. ② 《覆 なし》殺菌(消毒)済みの状態, 無菌状態.

Des·in·fek·ti·ons⊱mit·tel [デスインフェクツィオーンス・ミッテる] 中 -s/- 消毒剤.

des·in·fi·zie·ren [デス・インフィツィーレン dɛs-ınfitsí:rən または デズィン.. dezın..] 他 (h) 消毒(殺菌)する. die Wunde⁴ *desinfizieren* 傷口を消毒する.

Des·in·te·res·se [デス・インテレッセ dɛs-ıntɛrésə または デズィン.. dezın..] 中 -s/- 無関心, 冷淡.

des·in·te·res·siert [デス・インテレスィーァト dés-ıntərɛsi:rt または デーズィン.. dé:zın..] 形 無関心な, 興味を持たない. **an** 人·事³ *desinteressiert* sein 人·事³に関心がない.

de·skrip·tiv [デスクリプティーふ dɛskrıptí:f] 形 記述的な.《言》記述的な.

de·so·lat [デゾラート dezolá:t] 形 慰めようのない, 惨めな, 見捨てられた.

Des·or·ga·ni·sa·ti·on [デス・オルガニザツィオーン dɛs-ɔrganizatsió:n または デゾル.. dezɔr..] 女 -/-en ① 《組織·秩序などの》解体, 分解. ② めちゃくちゃな計画, 混乱.

des·pek·tier·lich [デスペクティーァりヒ] 形 《雅》侮蔑(ぶべつ)的な, 失礼な, 無礼な.

Des·pot [デスポート dɛspóːt] 男 -en/-en ① 専制君主, 暴君. ② 《比》横暴な人.

Des·po·tie [デスポティー dɛspotíː] 女 -/-n [..ティーエン] 専制[政治], 独裁, 圧制.

des·po·tisch [デスポーティッシュ dɛspóːtıʃ] 形 ① 専制的な, 圧制的な. ② 《比》横柄な, わがままな, 勝手気ままな.

Des·po·tis·mus [デスポティスムス dɛspotísmus] 男 -/ 専制(独裁)政治, 圧制.

Des·sau [デッサオ désau] 中 -s/ 《都市名》デッサウ(ドイツ, ザクセン・アンハルト州: ☞ 地図 F-3).

des⊱sel·ben [デス・ぜるベン] 代 《指示代名詞; 男性·中性単数の2格》☞ derselbe

*****des·sen** [(Aでは:) デッセン désən (Bでは:) デッセン dɛsən] 代 **A)** 《指示代名詞; 男性·中性単数の2格》☞ der II A》その人の; それの. Karl besuchte seinen Freund und *dessen* Sohn. カールは彼の友人とその息子を訪ねた.

B) 《関係代名詞; 男性·中性単数の2格》☞ der II B》Das Kind, *dessen* Mutter krank ist, fühlt sich einsam. 母親が病気のその子は寂しがっている.

(新形)

des·sen un·ge·ach·tet それにもかかわらず.

des·sent⊱we·gen [デッセント・ヴェーゲン] 副 そのために, その人のために.

des·sent⊱wil·len [デッセント・ヴィれン] 副 《成句的に》 **um** *dessentwillen* そのために, その人のために.

des·sen⊱un·ge·ach·tet 副 (新形) dessen ungeachtet) ☞ dessen

Des·sert [デセーァ desέːr または デセルト desέrt] [フス] 中 -s/-s デザート (= Nachtisch).

Des·sin [デセーン desέ́ː] [フス] 中 -s/-s ① デッサン, 素描; (布などの)模様, 図案, 意匠. ② 構想, プラン.

Des·sous [デスー dəsúː] [フス] 中 - [デスース]/- [デスース] 《ふつう 覆》女性用の下着.

Des·til·lat [デスティらート dɛstılá:t] 中 -[e]s/-e 《化》蒸留物(液).

Des·til·la·ti·on [デスティらツィオーン dɛstılatsió:n] 女 -/-en ① 《化》蒸留. ② (ブランデーなどの)醸造所. ③ (小さな)酒場, バー.

des·til·lie·ren [デスティリーレン dɛstılí:rən] 他 (h) 《化》蒸留する. ◊《過去分詞の形で》 *destilliertes* Wasser 蒸留水.

‡**des·to** [デスト déstó] 副 《比較級とともに》[それだけ]いっそう, ますます (= umso). **Je** mehr, *desto* besser. 多ければ多いほどよい / **Je** älter er wird, *desto* bescheidener wird er. 彼は年をとるにつれてますます謙虚になる.
◊《後続の **als, da, weil** に導かれる副文とともに》[…であるだけに]いっそう. Ich lese ihre Bücher *desto* lieber, als ich sie persönlich kenne. 私は彼女を個人的に知っているので, それだけいっそう彼女の本を好んで読む.

De·struk·ti·on [デストルクツィオーン dɛstruktsió:n] 女 -/-en ① 破壊. ② 《地学》表層風化.

de·struk·tiv [デストルクティーふ dɛstruktí:f] 形 ① 破壊的な, 破滅的な. ② 《医》破壊性の, 悪性の.

*****des⊱we·gen** [デス・ヴェーゲン dés-véːgən または デス・ヴェー..] 副 それゆえに, そうだから. (英 *therefore*). Sie ist krank, *deswegen* kann sie nicht kommen. 彼女は病気だ, だから来ることができない / *deswegen*, weil … …だから ⇒ Er kann *deswegen* nicht kommen, weil seine Frau krank ist. 彼は奥さんが病気なので来ることができない.

De·tail [デタイ detái または デターイ detá:j] [フラ] 中 -s/-s 細目, 詳細, ディテール. Er hat uns bis **ins** kleinste *Detail* davon berichtet. 彼は私たちにそのことについてきわめて詳細に報告した / ins *Detail* gehen (描写などが)詳細に及ぶ.

de·tail·liert [デタイイーァト detají:rt] [形] 詳細な, こと細かな.

De·tek·tei [デテクタイ detɛktái] 女 -/-en 探偵事務所, 興信所.

De·tek·tiv [デテクティーふ detɛktí:f] 男 -s/-e [..ヴェ] 私立探偵, (イギリスなどの)[私服]刑事. (英 女性形は Detektivin).

De·tek·tor [デテクトァ detéktɔr] [英] 男 -s/-en [..トーレン] ① 〖工〗探知器. ② 〖電〗検電器.

De·ter·mi·na·ti·on [デテルミナツィオーン detɛrminatsió:n] 女 -/-en ① 〖哲〗概念規定. ② 〖生〗(胚の発生運命の)決定. ③ 〖心〗(内的・外的実状による)心理現象の決定.

de·ter·mi·nie·ren [デテルミニーレン detɛrminí:rən] 他 (h) 決定する; 限定する.

De·ter·mi·nis·mus [デテルミニスムス detɛrminísmʊs] 男 -/ 〖哲〗宿命論, 決定論.

Det·lef [デートれふ dé:tlɛf または デト.. dét..] -s/ 《男名》デ[-]トレフ.

Det·lev [デートれふ dé:tlɛf または デト.. dét..] -s/ = Detlef

De·to·na·ti·on¹ [デトナツィオーン detonatsió:n] 女 -/-en (大音響を伴う)爆発.

De·to·na·ti·on² [デトナツィオーン] 女 -/-en 《音楽》調子はずれ.

de·to·nie·ren¹ [デトニーレン detoní:rən] 自 (s) (大音響とともに)爆発する.

de·to·nie·ren² [デトニーレン] 自 (h) 《音楽》調子はずれで歌う(演奏する).

Deut [ドイト dɔ́yt] 男 〖成句的に〗 keinen *Deut* または nicht einen *Deut* 全然…ない, 少しも…でない. (由来 *Deut* は昔のオランダの銅貨).

Deu·te·lei [ドイテらイ dɔytəlái] 女 -/-en こじつけ, へ理屈.

deu·teln [ドイテるン dɔ́ytəln] 自 (h) 〖an 事³~〗 (事³に)こじつけの解釈(説明)をする. Daran gibt es nichts zu *deuteln*. そのことについてはあれこれ言う余地はない.

*****deu·ten** [ドイテン dɔ́ytən] du deutest, er deutet (deutete, *hat*... gedeutet) **I** 他 (完了 haben) 解釈する, 読み解く. (英 *interpret*). ein Gedicht⁴ *deuten* 詩を解釈する / die Sterne⁴ *deuten* 星占いをする / 人³ die Zukunft⁴ *deuten* 人³の未来を占う / Ich *deutete* ihr Nicken **als** Zustimmung. 私は彼女がうなずいたのを承諾したものと受けとめた.
II 自 (完了 haben) ①〖方向を表す語句とともに〗(…を)指し示す. (英 *indicate*). [mit dem Finger] **auf** 人·物⁴ *deuten* [指で]人·物⁴を指す / Er *deutete* mit dem Finger **nach** Norden. 彼は指で北の方を指した. ②〖**auf** 事⁴ ~〗(事⁴の)前兆(前触れ)である. Alles *deutet* auf Regen. すべて雨の前触れだ.

deu·te·te [ドイテテ] ＊deuten (解釈する)の 過去

*****deut·lich** [ドイトりヒ dɔ́ytlɪç] 形 ① はっきりした, 明瞭(めいりょう)な, わかりやすい. (英 *clear*). eine *deutliche* Aussprache 明瞭な発音 / Das ist eine *deutliche* Schrift. これは読みやすい筆跡だ / Lies laut und *deutlich*! 大きな声ではっきり読みなさい / ein *deutlicher* Sieg 明らかな勝利.

② あからさまな, 率直な. eine *deutliche* Antwort 素直な返事 / *deutlich* werden (手控えていた批判をあからさまに言うようになる).

類語 **deutlich**: (目・耳で区別・区分ができるほどに)っきりとした. **klar**: (だれが見ても意味するところが)明白な, 一目瞭然の. Das Telegramm enthielt eine *klare* Absage. その電報にはきっぱりとした拒絶の言葉が入っていた. **eindeutig**: (誤解の余地がないほど)はっきりした, 一義的な.

Deut·lich·keit [ドイトりヒカイト] 女 -/-en ① 〖複 なし〗明瞭(めいりょう)さ; 平明さ; 露骨さ, あからさまなこと. 事⁴ mit aller *Deutlichkeit* sagen 事⁴をあからさまに言う. ② 〖複 で〗遠慮のない(ぶしつけな)言葉.

*****deutsch** [ドイチュ dɔ́ytʃ]

> ドイツの; ドイツ語の
> Das ist typisch *deutsch*.
> ダス イスト テューピッシュ ドイチュ
> これはいかにもドイツ的だ.

形 (英 *German*) ① ドイツの, ドイツ人の; ドイツ的(風)な. die *deutsche* Sprache ドイツ語 / das *deutsche* Volk ドイツ国民 / die *deutsche* Literatur ドイツ文学 / Er besitzt die *deutsche* Staatsangehörigkeit. 彼はドイツ国籍を持っている.

② ドイツ語の, ドイツ語による. die *deutsche* Grammatik ドイツ語文法 / die *deutsche* Schweiz ドイツ語圏スイス / **auf** *deutsch* (新形 **auf** *Deutsch*) ドイツ語で / die *deutsche* Übersetzung der Werke Shakespeares シェイクスピアの作品のドイツ語訳.
◇〖副詞的に〗Er spricht *deutsch*. 彼はドイツ語で話す / *deutsch* schreiben ドイツ語で書く / mit 人³ *deutsch* sprechen (または reden) 《口語》人³と率直に話す.

③ 〖大文字で〗*Deutsche* Mark ドイツマルク (略: DM) / *Deutsche* Bahn [AG] ドイツ鉄道[株式会社] (略: DB) / *Deutsche* Post [AG] ドイツ郵便[株式会社].

*****Deutsch** [ドイチュ dɔ́ytʃ]

> ドイツ語 Verstehen Sie *Deutsch*?
> フェァシュテーエン ズィー ドイチュ
> ドイツ語がわかりますか.

中 (単 2) -[s]/ ① 〖冠詞なしで〗(一般的に:)ドイツ語. (英 *German*). (「方言地図」「ドイツ語の系統」「ドイツ語の歴史」 ☞ 巻末付録, 1806 ページ).

gutes *Deutsch* 正しいドイツ語 / Er spricht gut *Deutsch*. 彼はドイツ語を上手に話す / Er versteht kein *Deutsch*. 彼はドイツ語が全然わからない / Wir haben in der zweiten Stunde *Deutsch*. 私たちは 2 時間目はドイツ語の授業です / Er lehrt (または gibt) *Deutsch*. 彼はドイツ語を教えている / Verstehst du kein *Deutsch* [mehr]? 《口語》君の耳はどこについているんだ..

◊《前置詞とともに》 Wie heißt das **auf** *Deutsch*? それはドイツ語で何と言いますか / auf [gut] *Deutsch* 《口語》率直に言って / Der Brief ist **in** *Deutsch* geschrieben. 《状態受動・現在》その手紙はドイツ語で書かれている / „Love", **zu** *Deutsch* „Liebe"「ラブ」、ドイツ語では「リーベ」.

② (特定の)ドイツ語. mein *Deutsch* 私のドイツ語 / Goethes *Deutsch* ゲーテのドイツ語 / Im heutigen *Deutsch* gibt es viele amerikanische Wendungen. 現代ドイツ語にはアメリカ風の言い回しがたくさんある.

──────────
《メモ》言語のいろいろ: Chinesisch 中国語 / Deutsch ドイツ語 / Englisch 英語 / Französisch フランス語 / Griechisch ギリシア語 / Holländisch オランダ語 / Italienisch イタリア語 / Japanisch 日本語 / Koreanisch 朝鮮語 / Polnisch ポーランド語 / Russisch ロシア語 / Spanisch スペイン語 / Türkisch トルコ語 / Ungarisch ハンガリー語
──────────

***Deut·sche** [ドイチェ dɔ́ʏtʃə] 中《複 なし; 定冠詞とともに; 語尾変化は形容詞と同じ 〔☞ Alte[s]〕

① **ドイツ語**. 《メモ》ドイツ語一般ならびに外国語に対するドイツ語の場合に用いる. Das *Deutsche* ist eine germanische Sprache. ドイツ語はゲルマン語系の言語である / die Aussprache des *Deutschen* ドイツ語の発音 / 物⁴ **aus dem** *Deutschen* **ins** Japanische übersetzen 物⁴ をドイツ語から日本語に翻訳する / Er übersetzt den Roman **ins** *Deutsche*. 彼はその小説をドイツ語に翻訳する. ② ドイツ的なもの(こと). das typisch *Deutsche* an ihm 彼の持つ典型的なドイツ人らしさ.

***Deut·sche[r]** [ドイチェ (..チャァ) dɔ́ʏtʃə (..tʃər)]

| ドイツ人 | Sind Sie *Deutscher*? ズィント ズィー ドイチャァ あなたはドイツ人ですか. |

男 女《語尾変化は形容詞と同じ 〔☞ 下表〕ドイツ人. (英 German). ein typischer *Deutscher* 典型的なドイツ人 / alle *Deutschen* すべてのドイツ人 / Seine Frau ist [eine] *Deutsche*. 彼の妻はドイツ人だ.

男			
1	der	Deutsche	ein Deutsche*r*
2	des	Deutschen	eines Deutschen
3	dem	Deutschen	einem Deutschen
4	den	Deutschen	einen Deutschen

女			
1	die	Deutsche	eine Deutsche
2	der	Deutschen	einer Deutschen
3	der	Deutschen	einer Deutschen
4	die	Deutsche	eine Deutsche

複			
1	die	Deutschen	Deutsche
2	der	Deutschen	Deutscher
3	den	Deutschen	Deutschen
4	die	Deutschen	Deutsche

deutsch⇔feind·lich [ドイチュ・ファイントリヒ] 形 ドイツ嫌いの, 反ドイツ的な.
deutsch⇔freund·lich [ドイチュ・フロイントリヒ] 形 ドイツ好きの, 親ドイツ的な.

───── ドイツ・ミニ情報 4 ─────

ドイツ語 Deutsch

現在ドイツ語を公用語としている国は, ドイツ, オーストリア, スイスで, これにリヒテンシュタインとルクセンブルクが加わる. さらに, 近隣諸国のドイツ語生活圏や, 他国へ移住したドイツ系住民を加えると, 世界のドイツ語使用人口は約 1 億人にのぼると推定される.

ドイツ語は, インド・ヨーロッパ語族のゲルマン語派に属する. ゲルマン民族の大移動が終わった紀元 7 世紀頃, 北方のゲルマン諸語と明確に異なる音韻特徴が, 中部・南部ドイツの諸方言に生じ, 高地ドイツ語が生まれた. (高地と呼ばれたのは, 北部より中・南部の方が地理的に海抜が高いためである.) この高地ドイツ語が後の標準ドイツ語の基になった.

しかし, 大小さまざまな領邦国家が分立し, 統一国家の成立が遅れたドイツでは, それぞれの地方で独自の方言が用いられ, 標準語の形成がなかなか進まなかった. ルターによるラテン語原典からドイツ語への聖書翻訳(16 世紀), 各地の言語協会の設立(17 世紀), ドイツ国民文学の普及(18 世紀)など, 何世紀にもわたる地道な努力の結果, 18 世紀末にようやく全土で通用する書き言葉としてのドイツ語が確立された. このような経緯があるため, ひとことでドイツ語と言っても, 日常語では今も地域差が激しい. 発音, 文法, 語彙的な相違から, 低地, 中部, 上部ドイツ語方言に大別できる. (「方言地図」「ドイツ語の系統」「ドイツ語の歴史」〔☞ 巻末付録, 1816 ページ〕).

ルターが聖書を翻訳した机

Deutsch·land [ドイチュ・らント dɔ́ytʃ-lant]

> ドイツ Ich fahre nach *Deutschland*.
> イヒ ふァーレ ナーハ ドイチュらント
> 私はドイツに行きます。

中 (単2) -s/《地名》ドイツ. (英 *Germany*). die Bundesrepublik *Deutschland* ドイツ連邦共和国 (略: BRD).

Deutsch·land ⸗ lied [ドイチュらント・リート] 中 -[e]s/ ドイツの歌 (ホフマン・フォン・ファラースレーベン作: *Deutschland, Deutschland über alles* という歌詞で始まる. 1922 年以来ドイツの国歌. 今日では「世界に冠たるドイツ」という曲解を受ける第1節を避け、その第3節がドイツ連邦共和国の国歌).

Deutsch ⸗ leh·rer [ドイチュ・れーラァ] 男 -s/- ドイツ語教師. (医 女性形は Deutschlehrerin).

deutsch ⸗ spra·chig [ドイチュ・シュプラーヒヒ] 形 ① ドイツ語を話す(地域・住民など), ドイツ語圏の. ② ドイツ語による. ein *deutschsprachiger* Unterricht ドイツ語での授業.

deutsch ⸗ sprach·lich [ドイチュ・シュプラーハりヒ] 形《付加語的に》ドイツ語に関する. der *deutschsprachliche* Unterricht im Ausland 外国におけるドイツ語の授業.

Deutsch ⸗ stun·de [ドイチュ・シュトゥンデ] 女 -/-n ドイツ語の授業時間.

Deutsch·tum [ドイチュトゥーム] 中 -s/ ① ドイツ的特質, ドイツ精神(気質). ② ドイツ人であること. ③ (総称として)在外ドイツ人.

Deutsch·tü·me·lei [ドイチュ・テューメらイ] 女 -/-en (軽蔑的に:)ドイツ的なものを過度に強調すること(押しつけること).

Deutsch ⸗ un·ter·richt [ドイチュ・ウンタァリヒト] 男 -[e]s/ ドイツ語の授業.

Deu·tung [ドイトゥング] 女 -/-en 解釈, 説明. die *Deutung* eines Traumes 夢の解釈.

De·vi·se [デヴィーゼ devíːzə] 女 -/-n ① 《複で》外国為替; 外貨. ② スローガン, モットー.

De·vi·sen ⸗ kurs [デヴィーゼン・クルス] 男 -es/-e 《経》外国為替相場.

De·vi·sen ⸗ markt [デヴィーゼン・マルクト] 男 -[e]s/..märkte 外国為替市場.

de·vot [デヴォート devóːt] 形 卑屈な, へりくだった.

Dez. [デツェンバァ] 《略》12月 (= **Dez**ember).

＊*der* **De·zem·ber** [デツェンバァ detsémbər] 男 (単2) -[s]/(複) - (3格のみ -n) 《ふつう 冠》12月(略: Dez.). (英 *December*). (医 月名 ☞ *Monat*). Am 24. (= vierundzwanzigsten) *Dezember* ist Weihnachten. 12 月 24 日はクリスマスだ / im *Dezember* 12 月に.

De·zen·ni·um [デツェンニウム detsénium] 中 -s/..nien [..ニエン] 10 年[間] (= Jahrzehnt).

de·zent [デツェント detsént] 形 奥ゆかしい, 控えめな, つつましい;(色などが)落ち着いた, 地味な. ein *dezentes* Lächeln 品のいい微笑.

De·zen·tra·li·sa·ti·on [デ・ツェントラりザツィオーン] 女 -/-en (行政権などの)分散; 地方分権.

de·zen·tra·li·sie·ren [デ・ツェントラりズィーレン de-tsɛntralizíːrən] 他 (h) (行政権などを)分散させる; 地方分権化する.

De·zer·nat [デツェルナート detsɛrnáːt] 中 -[e]s/-e (官庁などの)部局, 部門.

De·zer·nent [デツェルネント detsɛrnént] 男 -en/-en (官庁などの)部局(部門)の責任者.

de·zi.. [デツィ.. detsi.. または デツィ..] 《単位名につける 接頭》(10 分の 1 の)例: *Dezi*liter デシリットル.

de·zi·diert [デツィディーァト detsidíːrt] 形 決然たる, 断固とした.

de·zi·mal [デツィマーる detsimáːl] 形《数》10 進法の.

De·zi·mal ⸗ bruch [デツィマーる・ブルフ] 男 -[e]s/..brüche 《数》小数; 分母が 10 の冪($\frac{1}{x}$) (10, 100, 1,000 など)である分数.

De·zi·ma·le [デツィマーれ detsimáːlə] 女 -[n]/-n 《数》小数位. die erste *Dezimale* 小数第1位.

De·zi·mal ⸗ sys·tem [デツィマーる・ズュステーム] 中 -s/《数》10 進法.

De·zi·mal ⸗ **zahl** [デツィマーる・ツァーる] 女 -/-en 《数》小数.

de·zi·mie·ren [デツィミーレン detsimíːrən] 他 (h) ① (戦争・伝染病などが人口など[4]を)激減させる. ② 《史》(兵員[4]を)10 人に 1 人処刑する.

DFB [デー・エふ・ベー] 《略》ドイツ・サッカー連盟 (= **D**eutscher **F**ußball-**B**und).

Dg [デカ・グラム] 《記号》デカグラム (10 g) (= **D**eka**g**ramm).

DGB [デー・ゲー・ベー] 《略》ドイツ労働[組合]総同盟 (= **D**eutscher **G**ewerkschafts**b**und).

dgl. [デァ・グらイヒェン] 《略》そのようなもの(こと) (= **d**er**gl**eichen).

d. Gr. [デァ グローセ] 《略》大王, 大帝 (= **d**er **Gr**oße).

d. h. [ダス ハイスト] 《略》すなわち (= **d**as **h**eißt).

Di. [ディーンス・ターク] 《略》火曜日 (= **Di**enstag).

d. i. [ダス イスト] 《略》すなわち (= **d**as **i**st).

＊*das* **Di·a** [ディーア díːa] 中 (単2) -s/(複) -s 《写》スライド (= *Dia*positiv). (英 *slide*). *Dias* vor|führen スライドを写す.

Di·a·be·tes [ディアベーテス diabéːtɛs] 男 -/ 《医》糖尿病 (= Zuckerkrankheit).

Di·a·be·ti·ker [ディアベーティカァ diabéːtikər] 男 -s/- 《医》糖尿病患者.

di·a·bo·lisch [ディアボーりッシュ diabóːlɪʃ] 形 悪魔のような, 悪魔的な.

di·a·chron [ディアクローン diakróːn] 形 = diachronisch

Di·a·chro·nie [ディアクロニー diakroníː] 女 -/《言》通時論. (医 「共時論」は Synchronie).

di·a·chro·nisch [ディアクローニッシュ diakróːnɪʃ] 形《言》通時[論]的な, 通時態の.

D

Di·a·dem [ディアデーム diadé:m] 中 -s/-e ダイアデム(宝石がちりばめてある鉢巻き状の頭飾り).

Di·ag·no·se [ディアグノーゼ diagnó:zə] 女 -/-n ① 《医・心》 診断. eine richtige *Diagnose* 正しい診断 / eine *Diagnose*⁴ stellen 診断する. ② 《生》 記相, 標徴. ③ 《気象》 (予報のための)総合判断.

Di·ag·nos·tik [ディアグノスティク diagnɔ́stɪk] 女 -/ 《医・心》 診断学(法).

Di·ag·nos·ti·ker [ディアグノスティカァ diagnɔ́stikər] 男 -s/- 診断医, 診断者.

di·ag·nos·tisch [ディアグノスティッシュ diagnɔ́stɪʃ] 形 診断の, 診断に基づいた.

di·ag·nos·ti·zie·ren [ディアグノスティツィーレン diagnɔstitsí:rən] 他 (h) (ある病気⁴だと)診断する. die Krankheit⁴ **als** Diabetes *diagnostizieren* その病気を糖尿病と診断する.

di·a·go·nal [ディアゴナーる diagoná:l] 形 ① 《数》 対角[線]の. ② 斜めの. ein Buch⁴ *diagonal* lesen 《口語》 本にさっと目を通す.

Di·a·go·na·le [ディアゴナーれ diagoná:lə] 女 -/-n 《数》 対角線.

Di·a·gramm [ディアグラム diagrám] 中 -s/-e ① ダイアグラム, グラフ, 図表. den Bevölkerungszuwachs in einem *Diagramm* dar|stellen 人口増加を図表で示す. ② 《植》 花式図. ③ (チェスの)棋譜.

Di·a·kon [ディアコーン diakó:n] 男 -s (または -en)/-e[n] 《カトリック》 助祭; 《新教》 執事.

Di·a·ko·nis·se [ディアコニッセ diakonísə] 女 -/-n =Diakonissin

Di·a·ko·nis·sin [ディアコニッスィン diakonísɪn] 女 -/..sinnen 《新教》 (病人の看護などにたずさわる女性の)奉仕者.

Di·a·lekt [ディアれクト dialέkt] 男 -[e]s/-e 《言》 方言, 訛(なまり) (=Mundart). ein norddeutscher *Dialekt* 北ドイツの方言 / Er spricht *Dialekt*. 彼は方言を話す / **ohne** *Dialekt* sprechen 訛のない言葉を話す.

di·a·lek·tal [ディアれクターる dialεktá:l] 形 《言》 方言の.

di·a·lekt·frei [ディアれクト・ふライ] 形 訛(なまり)のない.

Di·a·lek·tik [ディアれクティク dialέktɪk] 女 -/ ① 《哲》 弁証法. ② 《史・修》 (古代ギリシアの)論争術; 《比》 (巧みな)論法.

di·a·lek·tisch [ディアれクティッシュ dialέktɪʃ] 形 ① 《言》 方言の, 訛(なまり)の. ② 《哲》 弁証法の. *dialektischer* Materialismus 弁証法的唯物論. ③ 《比》 細かいこと(論理)にこだわる.

der **Di·a·log** [ディアろーク dialó:k] 男 (単 2) -[e]s/(複) -e (3 格のみ -en) ① **対話**, 問答; 話し合い, 意見の交換. (メモ 「独白」は Monolog). mit 人³ einen *Dialog* führen 人³と対話を交わす. (☞ 類語 Gespräch). ② 《映》 (脚本などの)対話の部分.

Di·a·ly·se [ディアリューゼ dialý:zə] 女 -/-n ① 《化》 透析. ② 《医》 [人工]透析.

Di·a·mant [ディアマント diamánt] 男 -en/-en ダイヤモンド. ein *Diamant* von 3 Karat 3 カラットのダイヤモンド / schwarze *Diamanten* 《比》 石炭(←黒いダイヤ).

di·a·man·ten [ディアマンテン diamántən] 形 『付加語としてのみ』 ダイヤモンドの, ダイヤモンドをちりばめた. ein *diamantenes* Armband ダイヤモンドをちりばめた腕輪 / *diamantene* Hochzeit 《比》 ダイヤモンド婚式(結婚後 60 年目).

di·a·me·tral [ディアメトラーる diametrá:l] 形 ① 《数》 直径の; 対蹠(たいせき)点にある. ② 《比》 正反対の. *diametrale* Ansichten 正反対の意見.

Di·a·na [ディアーナ diá:na] -s/ 《ロ神》 ディアナ, ダイアナ(森・狩猟・貞操・月の女神. ギリシア神話のアルテミスに当たる).

Di·a·po·si·tiv [ディア・ポズィティーふ dia-pozití:f または ディーア..] 中 -s/-e [..ヴェ] 《写》 スライド (略: Dia).

Di·a·pro·jek·tor [ディーア・プロイェクトァ] 男 -s/-en [..トーレン] スライドプロジェクター, スライド映写機.

Di·ar·rhö [ディアレー diarǿ:] 女 -/-en 《医》 下痢 (=Durchfall).

Di·as·po·ra [ディアスポラ diáspora] 女 -/ 少数民族(宗教的少数派)の居住地域; 少数民族, 宗教的少数派(特に世界に離散するユダヤ人[の土地]).

di·ät ☞ 新形 Diät

Di·ät [ディエート] 女 -/(種類:) -en 食餌(しょくじ)療法; ダイエット, ダイエット食. *Diät*⁴ leben 食餌療法(ダイエット)をする / Er muss eine strenge *Diät* einhalten. 彼は厳しい食餌療法をしなければならない.

Di·ä·ten [ディエーテン diέ:tən] 複 ① (国会議員などの)日当, 手当. ② (大学の)非常勤講師料(手当).

di·ä·te·tisch [ディエテーティッシュ diεté:tɪʃ] 形 《医》 食餌(しょくじ)療法にかなった.

Di·ät·kost [ディエート・コスト] 女 -/ 食餌(しょくじ)療法(ダイエット)食.

di·a·to·nisch [ディアトーニッシュ diató:nɪʃ] 形 《音楽》 全音階の.

⁂ **dich** [ディヒ dɪç] 代 『人称代名詞; 2 人称親称・単数 du の 4 格』 **君を**, おまえを, **あなたを**. (英 *you*). Ich liebe *dich*. 君を愛してるよ, あなたを愛しているわ. ◇『前置詞とともに』 Das ist für *dich*. これは君のためのものだよ. ◇『再帰代名詞として』 Beeile *dich*! 急ぎなさい. (メモ 旧正書法では手紙の場合, 文頭以外でも Dich と頭文字を大文字で書いた).

⁂ **dicht** [ディヒト dɪçt] I 形 (比較 dichter, 最上 dichtest) ① **密な**, 密生(密集)した; (霧などの)濃い. (英 *thick*). Er hat *dichtes* Haar. 彼は髪が多い / *dichter* Nebel 濃い霧 / ein *dichter* Wald 密林 / ein *dichtes* Programm 《比》 ぎっしり詰まったプログラム.

② (水・空気などを)通さない, 漏らさない. ein *dichtes* Fass 漏らない樽(たる) / Das Fenster ist nicht mehr *dicht*. 窓はすがたが来ている(すき間風を通す) / Du bist nicht ganz *dicht*! 《口語》おまえは少しどうかしているぞ.

II 副 (時間的・空間的に)密接して. *dicht* an (または bei) *dicht* ぴったりくっついて / *dicht* neben dem Haus 家のすぐ隣に / Er stand *dicht* dabei, als der Unfall geschah. 事故が起こったとき, 彼はすぐ近くにいた / Das Fest steht *dicht* bevor. 祭りがすぐそこまで迫っている.

《新形》

dicht be·völ·kert 人口密度の高い, (人口が)密集した.

dicht ge·drängt 密集した, 超満員の.

---

dicht≈be·völ·kert 形 《新形》 dicht bevölkert) ☞ dicht

Dich·te [ディヒテ díçtə] 女 -/-n 《ふつう 単》 ① 密度, 濃さ; 込み合っていること; (霧などの)深さ. die *Dichte* des Waldes 森の茂みの濃さ. ② 《物》密度, 濃度. ③ 《写》(プリントの)濃さ.

*__dich·ten__¹ [ディヒテン díçtən] du dichtest, er dichtet (dichtete, hat...gedichtet) **I** 他 (《完了》 haben) ① (詩・文学作品⁴を)創作する. ein Gedicht⁴ *dichten* 詩を作る / ein Drama⁴ *dichten* ドラマを書く. ② 《口語・比》夢想する.

II 自 (《完了》 haben) 詩(文学作品)を書く.

dich·ten² [ディヒテン] **I** 他 (h) (物⁴のすき間を)ふさぐ. den Wasserhahn *dichten* 蛇口の水漏れを止める. **II** 自 (h) (パテなどが)すき間をふさぐ.

Dich·ten [ディヒテン] 中 《成句的に》 das *Dichten* und Trachten 心に思いはかること(創世記 6.5).

* *der* **Dich·ter** [ディヒタァ díçtər] 男 (単2) -s/(複) - (3格のみ -n) 詩人, 作家. (《英》 poet). Heimat*dichter* 郷土作家 / ein lyrischer *Dichter* 叙情詩人 / der *Dichter* des „Faust" 『ファウスト』の作者.

Dich·te·rin [ディヒテリン díçtərɪn] 女 -/..rinnen (女性の)詩人, 女流詩人(作家).

***dich·te·risch** [ディヒテリッシュ díçtərɪʃ] 形 詩[人]の, 詩的な, 文学的な. eine *dichterische* Begabung 詩的才能 / 事⁴ *dichterisch* aus|drücken 事⁴を詩で表現する.

dich·te·te [ディヒテテ] *dichten¹ (創作する)の 過去

dicht≈ge·drängt 形 (《新形》 dicht gedrängt) ☞ dicht

dicht|hal·ten* [ディヒト・ハルテン díçt-hàltən] 自 (h) 《口語》秘密を守る, 他言しない, 口を割らない.

Dicht≈kunst [ディヒト・クンスト] 女 -/ ① 詩作(力); 創作能力. ② (ジャンルとしての)文学, 詩歌.

dicht|ma·chen [ディヒト・マッヘン díçt-màxən] **I** 他 (h) 《口語》 ① (店など⁴を)閉める. ② (店など⁴を)営業停止にする. **II** 自 (h) 《口語》 ① 閉店する. ② 《スポ》 ディフェンスを固める.

* *die* **Dich·tung**¹ [ディヒトゥング díçtʊŋ] 女 (単) -/(複) -en ① 文学[作品], 創作, 文芸. (《英》 poetry). eine epische *Dichtung* 叙事文学 / die *Dichtung* der Romantik² ロマン主義の文学. ② 《口語》虚構, 作り話.

Dich·tung² [ディヒトゥング] 女 -/-en ① 《複なし》すき間をふさぐこと. ② パッキング, 詰め物.

Dich·tungs≈ring [ディヒトゥングス・リング] 男 -[e]s/-e パッキングリング.

***dick** [ディック dík]

太い	Er ist zu *dick*. 彼は太りすぎだ.
	エァ イスト ツー ディック

I 形 (比較 dicker, 最上 dickst) ① 厚い, 太い; 太った. (《英》 thick). (《対》 「薄い」は dünn). ein *dicker* Baum 太い木 / ein *dickes* Buch 分厚い本 / ein *dicker* Bauch 太鼓腹 / Das Baby ist *dick* und rund. その赤ん坊はまるまると太っている / sich⁴ *dick* an|ziehen 厚着する / *dick* auf|tragen 《口語》大げさに言う.

② 《数量を表す4格とともに》…の厚さ(太さ)の. Die Wand ist einen Meter *dick*. この壁は厚さが1メートルある.

③ 《口語》はれた. eine *dicke* Backe はれあがった頬(ほお) / Der Knöchel ist *dick*. くるぶしがはれている.

④ どろっとした. *dicker* Brei どろっとしたかゆ. ⑤ 《口語》濃い, 密集した. *dicker* Nebel 濃い霧 / Ihr Haar ist sehr *dick*. 彼女の髪はとても多い. ⑥ 《口語》親しい, 緊密な. eine *dicke* Freundschaft 固く結ばれた友情 / mit 人³ durch *dick* und dünn gehen 人³と苦楽を共にする. ⑦ 《口語》はなはだしい, すごい. ein *dicker* Fehler ひどい間違い / 物⁴ *dick* haben 物⁴にうんざりしている.

II 副 たいへん. Ich bin *dick* satt. 私はとても満腹している.

類語 **dick**: 太った. (あからさまな表現). **fett**: (脂肪で)太った, 肥えた. **stark**: 体格のいい. **korpulent**: 肥満体の. (太っていると同時に, 鈍重な感じを含む語. 子供や若い男に対しては用いない). **mollig**: (若い女性が)ふっくらした. **üppig**: (女性が)肉付きのよい, 豊満な.

---

dick≈bäu·chig [ディック・ボイヒヒ] 形 太鼓腹の, ほてい腹の.

Dick≈darm [ディック・ダルム] 男 -[e]s/..därme 《医》大腸. (《対》 「小腸」は Dünndarm).

di·cke [ディッケ díkə] 副 《口語》たっぷりと, 十分に. 人・事⁴ *dicke* haben 人・事⁴に飽き飽きしている.

Di·cke [ディッケ] 女 -/-n ① 《複なし》太いこと, 厚いこと. ② 太さ, 厚さ. die *Dicke* von

dicketun

30 cm　30 cmの太さ(厚さ). ③ 〖複 なし〗(ソースなどの)濃さ.

di·cke·tun* [ディッケ・トゥーン] díkə-tùːn 再帰 (h) =dick|tun

dick≈fel·lig [ディック・ふェリヒ] 形《口語》ふてぶてしい, 無神経な.

dick≈flüs·sig [ディック・ふりュスィヒ] 形 (液体が)粘り気のある, どろっとした.

Dick≈häu·ter [ディック・ホイタァ] 男 -s/- 厚皮動物(象・さいなど);《比》鈍感な人.

Di·ckicht [ディッキヒト] díkıçt 中 -s/-e やぶ, 茂み;《比》入り組んだもの, もつれ.

Dick≈kopf [ディック・コプふ] 男 -[e]s/..köpfe《口語》頑固者, 意地っぱり; 頑固, 強情. einen *Dickkopf* haben 強情である.

dick≈köp·fig [ディック・ケプふィヒ] 形《口語》頑固な, 強情な.

dick·lich [ディックりヒ] 形 ① やや太い, 太り気味の. ② (スープなどが)どろっとした.

Dick≈milch [ディック・ミるヒ] 女 -/ 凝乳, サワーミルク.

Dick≈schä·del [ディック・シェーデる] 男 -s/-《口語》頑固[者] (=Dickkopf).

dick|tun* [ディック・トゥーン] dík-tùːn 再帰 (h) sich⁴ *dicktun*《口語》えらぶる, 自慢する.

Dick≈wanst [ディック・ヴァンスト] 男 -es/..wänste《俗》太鼓腹[の人], でぶ.

Di·dak·tik [ディダクティク] didáktık 女 -/-en ① 〖複 なし〗教授法. ② 教授法理論(論文).

di·dak·tisch [ディダクティッシュ] didáktıʃ 形 ① 教授法の, 教授法に関する. *didaktische* Theorien 教授法理論. ② 教訓的な, 教育の.

*die [(I, II B では:) ディ di; (II A では:) ディー diː]

> その, この, あの
> Wer ist *die* Dame dort?
> ヴェーァ イスト ディ ダーメ ドルト
> あそこのご婦人はだれですか.

I 冠〖定冠詞; 女性単数および複数の1格・4格; ☞ der I〗その. *Die* Frau versorgt *die* Kinder. その女性が子供たちの面倒をみる.

II 代 **A)**〖指示代名詞; 女性単数および複数の1格・4格; アクセントをもつ; ☞ der II A〗その女性は(を), それは(を); その人たちは, それらは(を). Die Dame da? *Die* kenne ich gut. あの女性ですか, あの人ならよく知ってますよ / *Die* sind aus Bayern. あの人たちはバイエルン出身です.

B)〖関係代名詞; 女性単数および複数の1格・4格; ☞ der II B〗Ist das die Frau, *die* ihn sucht? あれが彼を探している女性ですか / die Frauen, *die* er liebte 彼が愛した女性たち.

*der Dieb [ディープ] díːp 男 (単2) -[e]s/(複) -e (3格のみ -n) 泥棒, こそ泥. (英 *thief*). Taschen*dieb* すり / einen *Dieb* fangen 泥棒を捕まえる / Haltet den *Dieb*! 泥棒を捕まえて! / wie ein *Dieb* in der Nacht《雅》こっそり, 思いがけず(=夜中の泥棒のように).

die·bes·si·cher [ディーベス・ズィッヒャァ] 形 盗難防止の.

Die·bin [ディービン] díːbın 女 -/..binnen 女泥棒.

die·bisch [ディービッシュ] díːbıʃ 形 ① 〖付加語としてのみ〗泥棒根性の, 盗癖のある. ② ひそかな. mit *diebischem* Lächeln ほくそえみながら / sich⁴ *diebisch* freuen いい気味だと思って喜ぶ.

Dieb≈stahl [ディープ・シュターる] 男 -[e]s/..stähle 盗み;〖法〗窃盗[罪]. einen *Diebstahl* begehen 窃盗罪を犯す, 盗みを働く / geistiger *Diebstahl* 剽窃(ひょうせつ), 盗作.

die≈je·ni·ge [ディー・イェーニゲ] 代〖指示代名詞; 女性単数の1格・4格〗☞ derjenig*e*

die≈je·ni·gen [ディー・イェーニゲン] 代〖指示代名詞; 複数の1格・4格〗☞ derjenig*e*

Die·le [ディーれ] díːlə 女 -/-n ① 玄関の間, 控えの間. in der *Diele* warten 控えの間で待つ. ② 床板. ③ (北ドイツの民家の)広間(住まい・台所・作業場として用いられる). ④ (ダンスフロアのある)バー.

*die·nen [ディーネン] díːnən (diente, *hat* gedient) 自 (完了 haben) ① (人³に)仕える, 奉仕する;〖軍〗兵役に服する. (英 *serve*). dem Staat (der Allgemeinheit³) *dienen* 国に仕える(公共に奉仕する) / Er *hat* der Stadt lange Jahre als Bürgermeister *gedient*. 彼は市長として長年町のために働いた / Niemand *kann* zwei Herren *dienen*. だれも二人の主人に兼ね仕えることはできない(マタイによる福音書6,24) / **bei** der Luftwaffe *dienen* 空軍に服する.

② (人・事³の)役にたつ. Das Schwimmen *dient* der Gesundheit. 水泳は健康に良い / Womit *kann* ich Ihnen *dienen*? (店員が客に:)何にいたしましょうか / Mit dieser Auskunft *ist* mir wenig *gedient*.〖状態受動・現在〗この情報は私にはあまり役にたたない.

③ **〘als** 物¹ (**zu** 物³) ~〙 (物¹として, (事³のために))利用される. Das Schloss *dient* heute als Museum. その城は今では博物館として使われている / Die alten Strümpfe *können* noch zum Schuheputzen *dienen*. その古いストッキングはまだ靴磨きに利用できる.

◇☞ gedient

*der Die·ner [ディーナァ] díːnər 男 (単2) -s/(複) - (3格のみ -n) ① 召使, 使用人, 従僕. (英 *servant*). ein treuer *Diener* 忠実な召使 / ein *Diener* des Staates 公僕(←国家の従僕) / ein *Diener* Gottes 神のしもべ, 聖職者. ② (特に子供の)おじぎ. einen *Diener* machen おじぎをする.

Die·ne·rin [ディーネリン] díːnərın 女 -/..rinnen 女性の召使, 侍女.

dien·lich [ディーンりヒ] 形 役にたつ, 有用な. 人・事³ *dienlich* sein 人・事³の役にたつ.

‡der Dienst [ディーンスト dí:nst] 男 (単2) -es (まれに -s)/(複) -e (3格のみ -en) (英 service)
① 【複なし】勤務, 職務, 業務, 仕事. Nacht*dienst* 夜勤 / ein anstrengender *Dienst* つらい勤務 / der öffentliche *Dienst* 公務 / der militärische *Dienst* 軍務 / *Dienst*[4] machen (または tun) 勤務する / Er hat heute lange *Dienst*. 彼はきょうは長時間勤務だ / den *Dienst* an|treten 勤務に就く / *Dienst* ist *Dienst* [, und Schnaps ist Schnaps]. (ことわざ) 仕事は仕事[, 酒は酒] / Welche Apotheke hat heute *Dienst*? きょうはどの薬局が開いていますか.
◇《前置詞とともに》**außer** *Dienst* 退職(退役)した / Wir sind **im** *Dienst*. 私たちは勤務中です / Mein Vater ist nicht mehr im *Dienst*. 私の父はもう勤めていない(退職した) / 人[4] **in** *Dienst* nehmen 人[4]を雇う / der Offizier **vom** *Dienst* 当直将校 / **zum** *Dienst* gehen 勤めに行く.
② 奉仕, 助力, サービス. Kunden*dienst* お客へのサービス / 人[3] seine *Dienste*[4] an|bieten 人[3]のために助力を申し出る / 人[3] einen guten *Dienst* erweisen 人[3]に親切を尽くす.
③ (特定の業務を担当する)機関, 部門. Nachrichten*dienst* 通信社, 諜報(ちょうほう)部.
④ 《建・芸》(ゴチック建築の)添え柱.
《新形》
Dienst ha·bend 勤務中の, 当直(当番)の.
Dienst tu·end = Dienst habend

‡der Diens·tag [ディーンス・ターク dí:nsta:k] 男 (単2) -[e]s/(複) -e (3格のみ -en) 火曜日 (略: Di.). (英 Tuesday). (☞ 曜日名 ☞ Woche). Heute ist *Dienstag*. きょうは火曜日だ / jeden *Dienstag* 毎火曜日に / **am** nächsten *Dienstag* 次の火曜日に / am letzten *Dienstag* この前の火曜日に / [am] *Dienstag* früh 火曜日の早朝に.
Diens·tag≈abend [ディーンスターク・アーベント] 男 -s/-e 火曜日の晩.
diens·tag≈abends [ディーンスターク・アーベンツ] 副 火曜日の晩に.
diens·tags [ディーンス・タークス] 副 毎火曜日に, 火曜日ごとに. *dienstags* abends 火曜日の晩ごとに.
Dienst≈al·ter [ディーンスト・アるタァ] 中 -s/- (軍人・公務員の)勤務年数. *Dienstalter* von 30 Jahren 在職 30 年.
Dienst≈an·tritt [ディーンスト・アントリット] 男 -[e]s/-e 着任, 就任.
Dienst≈an·wei·sung [ディーンスト・アンヴァイズング] 女 -/-en 服務(勤務)規定.
dienst≈bar [ディーンストバール] 形 (進んで)役にたつ. sich[3] 人・物[4] *dienstbar* machen 人・物[4]を意のままに利用する(従わせる).
dienst≈be·flis·sen [ディーンスト・ベふリッセン] 形 仕事熱心な, かいがいしい.
dienst≈be·reit [ディーンスト・ベライト] 形 ① (時間外にも)営業している. Die Apotheke ist auch am Sonntag *dienstbereit*. その薬局は日曜日にも開いている. ② 世話好きな.
Dienst≈bo·te [ディーンスト・ボーテ] 男 -n/-n 使用人, 召使.
Dienst≈eid [ディーンスト・アイト] 男 -[e]s/-e (就任時の)服務宣誓.
dienst≈eif·rig [ディーンスト・アイふリヒ] 形 仕事熱心な, 職務に忠実な, まめまめしい.
dienst≈fä·hig [ディーンスト・フェーイヒ] 形 勤務(兵役)能力のある.
dienst≈frei [ディーンスト・フライ] 形 非番の, 勤務のない. *dienstfrei* haben 非番である.
Dienst≈ge·heim·nis [ディーンスト・ゲハイムニス] 中 ..nisses/..nisse ① 業務上の秘密事項. ② 【複なし】業務上の守秘義務.
Dienst≈ge·spräch [ディーンスト・ゲシュプレーヒ] 中 -[e]s/-e 業務上の話し[合い]; 公用(社用)の電話.
Dienst≈grad [ディーンスト・グラート] 男 -[e]s/-e 《軍》階級, 位; 下士官.
dienst≈ha·bend 形 (《新形》 Dienst habend) ☞ Dienst
Dienst≈jahr [ディーンスト・ヤール] 中 -[e]s/-e 【ふつう複】勤務年数.
Dienst≈leis·tung [ディーンスト・らイストゥング] 女 -/-en 職務[の遂行], サービス; 【ふつう複】《経》サービス[業].
dienst≈lich [ディーンストリヒ] 形 ① 職務上の, 業務上の. eine *dienstliche* Angelegenheit 公用 / ein *dienstlicher* Befehl 職務命令. ② (比) 堅苦しい, 形式ばった. in *dienstlichem* Ton 事務的な(堅苦しい)口調で.
Dienst≈mäd·chen [ディーンスト・メートヒェン] 中 -s/- お手伝いさん, 女中.
Dienst≈mann [ディーンスト・マン] 男 -[e]s/..leute (または ..männer または ..mannen) ① 【複 ..männer (または ..leute)】(駅の)手荷物運搬人, 赤帽. ② 【複 ..mannen】《史》家臣.
Dienst≈pflicht [ディーンスト・プふリヒト] 女 -/-en 職務上の義務; 《軍》兵役義務.
Dienst≈rei·se [ディーンスト・ライゼ] 女 -/-n 公用旅行, 公務出張.
Dienst≈schluss [ディーンスト・シュるス] 男 -es/ 終業[時刻].
Dienst≈schluß ☞ 《新形》 Dienstschluss
Dienst≈stel·le [ディーンスト・シュテれ] 女 -/-n 官庁, 役所, 部局. sich[4] an die zuständige *Dienststelle* wenden 所轄の役所(係)に問い合わせる.
Dienst≈stun·de [ディーンスト・シュトゥンデ] 女 -/-n ① 【ふつう複】勤務(執務)時間. ② 【複で】(役所などの)受付時間.
dienst≈taug·lich [ディーンスト・タオクりヒ] 形 勤務に耐え得る, 兵役に適格の.
dienst≈tu·end 形 (《新形》 Dienst tuend) ☞ Dienst
dienst≈un·fä·hig [ディーンスト・ウンフェーイヒ] 形 勤務に耐えられない, 兵役に不適格の.
Dienst≈ver·hält·nis [ディーンスト・フェアヘるトニス] 中 ..nisses/..nisse (公務員の)雇用関係.

Dienstvertrag

ein *Dienstverhältnis*[4] ein|gehen 雇用関係を結ぶ.

Dienst⁼ver·trag [ディーンスト・フェアトラーク] 男 -[e]s/..träge《法》雇用契約.

Dienst⁼vor·schrift [ディーンスト・フォーアシュリフト] 女 -/-en (公務員・軍人の)服務(勤務)規定.

Dienst⁼wa·gen [ディーンスト・ヴァーゲン] 男 -s/- 公用車, 社用車.

Dienst⁼weg [ディーンスト・ヴェーク] 男 -[e]s/(所定の)事務手順, 事務手続き. auf dem *Dienstweg* 事務手順に従って.

Dienst⁼woh·nung [ディーンスト・ヴォーヌング] 女 -/-en 官舎, 公務員住宅; 社宅.

Dienst⁼zeit [ディーンスト・ツァイト] 女 -/-en ① (公務員・軍人の)勤務(兵役)期間. ② (一日の)勤務(執務)時間.

dien·te [ディーンテ] ‡dienen (仕える)の過去

***dies** [ディース dí:s] 代《指示代名詞; 中性単数 dieses の短縮形; ☞ *dieser*》①《付加語として》この. *Dies* Auto gefällt mir. この車は気に入った. ②《名詞的に》(性・数に関係なく人やものを指して:)これが(は). *Dies* ist meine Tochter. これが私の娘です / *Dies* sind meine Eltern. これが私の両親です (述語名詞が複数であれば動詞もそれに従った形になる) / dies und das (または jenes) あれこれ.

dies⁼be·züg·lich [ディース・ベツーークりヒ] 形《官庁》これに関する. Es gibt *diesbezüglich* noch ein paar Fragen. これに関してはまだ二三質問があります.

die·se [ディーゼ] 代《指示代名詞》☞ *dieser*

Die·sel [ディーぜる dí:zəl] I -s/《人名》ディーゼル (Rudolf *Diesel* 1858-1913; ドイツの機械技術者. ディーゼルエンジンの発明者). II 男/-《口語》① ディーゼルエンジン; ディーゼルエンジン車. ②《複 なし》ディーゼルエンジン用燃料.

die·sel·be [ディー・ぜるべ] 代《指示代名詞; 女性単数の1格・4格》☞ *derselbe*

die·sel·ben [ディー・ぜるベン] 代《指示代名詞; 複数の1格・4格》☞ *derselbe*

Die·sel⁼mo·tor [ディーぜる・モートァ] 男 -s/-en [..モトーレン] ディーゼルエンジン.

die·sem [ディーゼム], **die·sen** [ディーゼン] 代《指示代名詞》☞ *dieser*

‡**die·ser** [ディーザァ dí:zər]

この	Ist *dieser* Platz noch frei?
	イスト ディーザァ プらッツ ノッホ ふライ
	この席はまだ空いていますか.

格	男	女	中	複
1	dieser	diese	dies[es]	diese
2	dieses	dieser	dieses	dieser
3	diesem	dieser	diesem	diesen
4	diesen	diese	dies[es]	diese

代《指示代名詞》①《付加語として》この; これらの. (英 *this; these*). *dieser* Mann この男性 / *diese* Arbeit この仕事 / *dieses* Haus この家 / *diese* beiden これら両者 / *dieses* mein Buch 私のこの本 / in *dieser* Woche 今週 / in *diesen* Tagen 近日中に / *diesen* Sonntag 今度の日曜日に / *dieses* Jahr 今年.
②《名詞的に》これ, この人; これらの人たち(の). *Dieses* ist mir lieber. 私にはこちらの方が好ましい / Welche von den Krawatten gefällt dir am besten? — *Diese* da. どのネクタイがいちばん好き? — これだよ / *dieser* und *jener* あれこれの(いろいろな)人たち / *dies* und das (または jenes) いろいろなもの, あれこれのこと. ◇《すでに述べたこと, またはこれから述べることを指して》このこと. Ich weiß nur *dies*[es], dass… 私が知っているのはただ…というこのことだけだ. ◇《*jener*「前者」とともに》後者. Mutter und Tochter waren da; *diese* trug eine Hose, jene ein Kostüm. 母親と娘が来ていた, 娘はスラックスをはいていたが, 母親はスーツを着ていた.

die·ses [ディーゼス] 代《指示代名詞》☞ *dieser*

die·sig [ディーズィヒ dí:zɪç] 形 どんよりとした.

dies⁼jäh·rig [ディース・イェーリヒ] 形《付加語としてのみ》今年の.

***dies⁼mal** [ディース・マーる dí:s-ma:l] 副 今回は, 今度は. für *diesmal* 今回のところは, 今度こそは.

dies⁼ma·lig [ディース・マーリヒ] 形《付加語としてのみ》今回の, 今度の.

dies⁼sei·tig [ディース・ザイティヒ] 形 ① こちら側の. am *diesseitigen* Ufer こちらの岸で. ②《雅》この世の, 現世の.

***dies⁼seits** [ディース・ザイツ dí:s-zaɪts] I 前《2格とともに》…のこちら側に(で). (「…のあちら側に」は jenseits). *diesseits* des Waldes 森のこちら側に.
II 副 こちら側で. ◇《von とともに》*diesseits* vom Rhein ライン川のこちら側に.

Dies⁼seits [ディース・ザイツ] 中 -/《雅》この世, 現世, 此岸(しがん). (「あの世」は Jenseits).

Die·ter [ディータァ dí:tər] -s/《男名》ディーター.

Diet·mar [ディートマァ dí:tmar] -s/《男名》ディートマル.

Diet·rich [ディートリヒ dí:trɪç] I -s/《男名》ディートリヒ. II -s/-s《姓》ディートリヒ. III 男 -s/-e (針金で作った)合い鍵(ぎ).

dif·fa·mie·ren [ディふァミーレン dɪfamíːrən] 他 (h) 誹謗(ひぼう)する, 中傷する. ◇《現在分詞の形で》*diffamierende* Äußerungen 中傷的な発言.

Dif·fa·mie·rung [ディふァミールング] 女 -/-en 誹謗(ひぼう), 中傷.

Dif·fe·ren·ti·al [ディふェレンツィアーる dɪfərentsiáːl] 中 -s/-e =Differenzial

Dif·fe·renz [ディふェレンツ dɪfərénts] 女 -/-en ① (数値上の)差; 《商》差額, 不足額. eine *Differenz* von 5 Minuten 5分の差. ②《ふつう複》意見の相違.

Dif·fe·ren·zi·al [ディふェレンツィアーる dɪfə-

rɛntsiá:l] 中 -s/-e ①《数》微分.（(英)「積分」は Integral）. ②《工》差動[歯車]装置.

Dif·fe·ren·zi·al⹀rech·nung [ディフェレンツィアール・レヒヌング] 女 -/-en《数》①『複 なし』微分法. ②微分計算.

dif·fe·ren·zie·ren [ディフェレンツィーレン dɪfərɛntsí:rən] I 他 (h) ① 細かく分ける, 区分する. ②《数》微分する. II 再帰 (h) *sich*[4] *differenzieren*（専門分野などが）細分化する.

dif·fe·ren·ziert [ディフェレンツィーァト] I differenzieren（細かく分ける)の過分 II 形 細分化された; さまざまな.

Dif·fe·ren·zie·rung [ディフェレンツィールング] 女 -/-en ① 区別, 区分, 細分化. ②《生》分化. ③《数》微分.

dif·fe·rie·ren [ディフェリーレン dɪfərí:rən] 自 (h)（互いに）異なっている, 食い違う.

dif·fi·zil [ディフィツィール dɪfitsí:l] 形 ① 困難な, やっかいな; 極度の入念さを要する（作業など). ② 気難しい, 扱いにくい（人など).

dif·fus [ディフース dɪfú:s] 形 ①《理》拡散性の. ②《比》散漫な, あいまいな.

Dif·fu·si·on [ディフズィオーン dɪfuzió:n] 女 -/-en ①《理》（ガスなどの）混和;（液体などの）拡散, 浸透;（光の）分散. ②《坑》坑内換気. ③（製糖の際の）浸出.

di·gi·tal [ディギタール digitá:l] 形 ①《医》指の, 指による. ②《コンピ·工》デジタル[方式]の. ((英)「アナログ[方式]」の は analog).

Di·gi·tal⹀auf·nah·me [ディギタール・アオフナーメ] 女 -/-n デジタル録音（録画).

Di·gi·tal⹀rech·ner [ディギタール・レヒナァ] 男 -s/- 《コンピ》デジタル計算機.

Di·gi·tal⹀uhr [ディギタール・ウーァ] 女 -/-en デジタル時計.

*das **Dik·tat** [ディクタート dɪktá:t] 中（単2) -[e]s/（複) -e（3格のみ -en) ①（筆記させるための)**口述**, ディクテーション, 書き取り. ((英) *dictation*). ein *Diktat*[4] auf|nehmen 口述を書き取る / nach *Diktat* schreiben 口述どおりに書き取る / ein *Diktat*[4] in die Maschine übertragen 口述をタイプする. ② 厳命.

Dik·ta·tor [ディクタートァ dɪktá:tɔr] 男 -s/-en [..タトーレン] ① 独裁者. ②《史》(古代ローマの非常時の)執政官.

dik·ta·to·risch [ディクタトーリッシュ dɪktatóːrɪʃ] 形 独裁的な, 独裁者的な.

Dik·ta·tur [ディクタトゥーァ dɪktatú:r] 女 -/-en ①『複 なし』独裁, 独裁政治. die *Diktatur* des Militärs 軍部独裁. ② 独裁国家. ③『複 なし』横暴, 専横. ④《史》(古代ローマの)独裁制度.

* **dik·tie·ren** [ディクティーレン dɪktíːrən] (diktierte, *hat*...diktiert) 他 （完了 haben) ① 口述して**筆記**（タイプ)させる. ((英) *dictate*). Er *diktiert* seiner Sekretärin einen Brief. 彼は秘書に手紙を口述して筆記させる / ein Gutachten[4] in die Maschine *diktieren* 鑑定書を口述してタイプさせる. ②（一方的に)押しつける, 指示する. [人]³ Bedingungen⁴ *diktieren* [人]³に条件を押しつける / Die Konzerne *diktieren* die Preise. コンツェルンが価格を指示する / Ich *lasse* mir nichts *diktieren*. 私はいかなる指図も受けない. ③（行動などを⁴を)規定する, 支配する. Hass *diktiert* sein Handeln. 憎悪が彼の行動を決定している.

Dik·tier⹀ge·rät [ディクティーァ・ゲレート] 中 -[e]s/-e 速記用録音機.

dik·tiert [ディクティーァト] *diktieren（口述して筆記させる)の過分

dik·tier·te [ディクティーァテ] *diktieren（口述して筆記させる)の過去

Dik·ti·on [ディクツィオーン dɪktsió:n] 女 -/-en 文体, 語法, 言い回し.

Di·lem·ma [ディレンマ dilémɐ] 中 -s/-s（または ...lemmata) ジレンマ, 板ばさみ. aus einem *Dilemma* heraus|kommen 窮地を脱する / in ein *Dilemma* geraten ジレンマに陥る.

Di·let·tant [ディレタント dilɛtánt] 男 -en/-en ディレッタント, 素人（しろうと)愛好家.

di·let·tan·tisch [ディレタンティッシュ dilɛtántɪʃ] 形 ディレッタントの; 素人（しろうと)くさい.

Di·let·tan·tis·mus [ディレタンティスムス dilɛtantísmus] 男 -/ ディレッタンティズム; 素人（しろうと)芸, なまかじり.

Dill [ディル díl] 男 -s/-e《植》イノンド, ヒメウイキョウ（葉を香辛料·薬用に用いる).

Dil·they [ディルタイ díltaɪ] -s/《人名》ディルタイ（Wilhelm *Dilthey* 1833–1911; ドイツの哲学者).

dim. [ディミヌエンド]《略》《音楽》ディミヌエンド, しだいに弱く（=diminuendo).

Di·men·si·on [ディメンズィオーン dimɛnzió:n] 女 -/-en ①《物》次元, ディメンション. die vierte *Dimension* 4 次元 / Jeder Körper hat drei *Dimensionen*. どんな物体も三つの次元をもっている（立体である). ②『ふつう 複』規模, 大きさ, 寸法.

di·men·si·o·nal [ディメンズィオナール dimɛnzioná:l] 形 次元の; 広がりを持つ. zwei-*dimensional* 2 次元の.

di·mi·nu·en·do [ディミヌエンド diminuɛ́ndo] [しろうと] 副《音楽》ディミヌエンド, しだいに弱く（略: dim.).

Di·mi·nu·tiv [ディミヌティーフ diminutí:f] 中 -s/-e [..ヴェ]《言》縮小形, 指小詞（Hans「ハンス」に対する Hänschen「ハンスちゃん」など).

DIN [ディーン dí:n または ディン dín]《略》① ドイツ工業規格 (=Deutsche Industrie-Norm[en]). ② ドイツ工業規格協会 (=Deutsches Institut für Normung e.V.).

Di·ner [ディネー diné:] [しろうと] 中 -s/-s《雅》正餐（さん), ディナー（フランスでは夕食, ドイツでは昼食を指すことが多い).

‡das **Ding** [ディング díŋ] I 中（単2) -[e]s/（複) -e (3 格のみ -en) ① 物, 物品. ((英) *thing*). nützliche *Dinge* 役にたつ物 / *Dinge* zum Verschenken プレゼント用品 / das *Ding* an sich³《哲》物それ自体 / Jedes *Ding* hat zwei

dingen

Seiten. どんな物にも両面(表裏)がある. ②《ふつう複》事,事柄;事態. persönliche *Dinge* 個人的な事柄 / alltägliche *Dinge* 日常茶飯事 / die Natur der *Dinge*² 事の本質 / Das ist ein *Ding* der Unmöglichkeit. それはありえないことだ / Er hat andere *Dinge* im Kopf. 彼はほかのことを考えている / bei (または nach) Lage der *Dinge*² 今の事態では / so wie die *Dinge* liegen ありのままに / Das geht nicht **mit** rechten *Dingen* zu. どうも様子がおかしい(うさんくさい) / **über** den *Dingen* stehen 超然としている / **vor** allen *Dingen* とりわけ,何よりも.
II 中 (単2) -(e)s/(複) -er (3格のみ -ern)《口語》① (明確に言い表せない)もの. ein riesiges *Ding* 途方もないもの / Was ist das für ein *Ding*? それはどんなものですか / Das ist ein tolles *Ding*. それはたいしたものだ / Gib mir mal das *Ding* da! ちょっと,そこのそれを取ってくれ / ein *Ding*⁴ drehen 悪事を働く.
② 女の子;やつ. ein hübsches *Ding* かわいい女の子. ③《ふつう単》《婉曲》あそこ(性器).

....
《類語》das Ding: (具体的に目に見えて存在する)物,事物. die Sache: (覆で:)(日常生活で使用する)物品. Er packte hastig seine *Sachen* in den Koffer. 彼はせかせかと身の回りのものをスーツケースに詰めた. das Material: (材料としての)物. *Material* zum Bauen 建築材料. der Stoff: (原料・成分となる)物質,物. ein brennbarer *Stoff* 可燃性物質. die Ware: 品物,物品,物資. eine schlechte *Ware* 不良品.
....

din·gen⁽*⁾ [ディンゲン dínən] (dingte, *hat*... gedungen (まれに dang, *hat*... gedingt)) 他 (h) 《雅》(殺し屋など⁴を)金(なる)で雇う.
◊☞ **gedungen**

ding·fest [ディング・フェスト] 形《成句的に》人⁴ *dingfest* machen 人⁴を逮捕する(捕らえる).

ding·lich [ディングリヒ] 形 ① 物に関する;具体的な. ②《法》物的な,物権の.

Dings [ディングス díns] I 中 -/-Dinger《口語》① (名前を思い出せないものを指して:)あれ. Gib mir mal das *Dings* da! ちょっと,そこのそれを取ってくれ. ②《冠なし;冠詞なしで》(名前を思い出せない地名を指して:)あそこ. II 男 中 (方: 中も) -/《口語》(名前を思い出せない人を指して:)何とかいう人. Gestern traf ich den (die) *Dings*. きのう私はほらあの男の(女の)人に会ったよ.

Dings⋅bums [ディングス・ブムス] 男 女 中 -/ = Dings

Dings⋅da [ディングス・ダー] 男 女 中 -/ = Dings

Ding⋅wort [ディング・ヴォルト] 中 -(e)s/..wörter《言》名詞(= Substantiv).

di·nie·ren [ディニーレン diní:rən] 自 (h)《雅》正餐(さん)をとる.

Di·o·de [ディオーデ dióːdə] 女 -/-n《電》ダイオード.

di·o·ny·sisch [ディオニューズィッシュ dioný:zɪʃ] 形 ① ディオニュソスの. ② ディオニュソス的な,激情(陶酔)的な.

Di·o·ny·sos [ディオーニュゾス dióːnyzɔs] -/-《ジャ神》ディオニュソス(酒と豊穣の神. ローマ神話のバッカスに当たる).

Di·o·xin [ディオクスィーン dioksíːn] 中《化》ダイオキシン.

Di·ö·ze·se [ディエツェーゼ diøtséːzə] 女 -/-n《かト》司教区;《新教》教区.

Diph·the·rie [ディフテリー dɪfteríː] 女 -/-n [..リーエン]《医》ジフテリア.

Diph·thong [ディフトング dɪftóŋ] 男 -s/-e《言》二重母音 (au, ei, eu, äu など).

Dipl. [ディプローム]《略》ディプローム (= **Diplom**).

Dipl.-Ing. [ディプローム・インジェニェーァ]《略》工学ディプローム (= **Diplomingenieur**).

Dipl.-Kfm. [ディプローム・カオフマン]《略》商学ディプローム (= **Diplomkaufmann**).

Dipl.-Ldw. [ディプローム・ラントヴィルト]《略》農学ディプローム (= **Diplomlandwirt**).

Dip·lom [ディプローム diplóːm] 中 -(e)s/-e ① ディプローム(大学で所定の課程を修了し国家試験に合格した者に与えられる学位)(略: Dipl.). ② (職人の)免許状;表彰状,賞状.

Dip·lom⋅ar·beit [ディプローム・アルバイト] 女 -/-en (ディプローム取得のための)請求論文.

⁎*der* **Dip·lo·mat** [ディプロマート diplomáːt] 男 (単2·3·4) -en/(複) -en (女 *diplomat*) ① 外交官. (⇒ 女性形は Diplomatin). Er war lange Jahre als *Diplomat* tätig. 彼は長年外交官として働いていた. ②《比》外交的手腕にたけた人,駆け引きのうまい人.

Dip·lo·ma·tie [ディプロマティー diplomatíː] 女 -/《外》《術》(集合的に:)外交官. ②《比》外交的手腕,駆け引き.

⁎**dip·lo·ma·tisch** [ディプロマーティッシュ diplomáːtɪʃ] 形 ① 外交[上]の,外交的な;外交官の. (⇒ *diplomatic*). die *diplomatischen* Beziehungen 外交関係. ②《比》そつのない,駆け引きのうまい.

dip·lo·mie·ren [ディプロミーレン diplomíːrən] 他 (h) (人⁴に)ディプロームの資格(証書)を授ける. ◊《過去分詞の形で》ein *diplomierter* Dolmetscher ディプローム資格のある通訳.

Dip·lom⋅in·ge·ni·eur [ディプローム・インジェニェーァ] 男 -s/-e 工学ディプローム[取得者](略: Dipl.-Ing.).

Dip·lom⋅kauf·mann [ディプローム・カオフマン] 男 -(e)s/..kaufleute 商学ディプローム[取得者](略: Dipl.-Kfm.).

Dip·lom⋅land·wirt [ディプローム・ラントヴィルト] 男 -(e)s/-e 農学ディプローム[取得者](略: Dipl.-Ldw.).

Dip·lom⋅volks·wirt [ディプローム・フォルクスヴィルト] 男 -(e)s/-e 経済学ディプローム[取得者](略: Dipl.-Volksw.).

Dipl.-Volksw. [ディプローム・フォルクスヴィル

ト]《略》経済学ディプローム[取得者]（＝**Dip**lom**volksw**irt).

Di·pol [ディー・ポーる dí:-po:l] 男 -s/-e《物》双極子; (FM・テレビ受信用の)双極アンテナ.

:**dir** [ディァ dí:r] 代《人称代名詞; 2 人称親称・単数 du の 3 格》君に、おまえに、あなたに; 君(あなた)にとって. Ich gebe *dir* 10 Mark. おまえに 10 マルクあげるよ / Wie du mir, so ich *dir*.《諺》そっちがそっちなら、こっちもこっちだ（←君が私にするように、私も君にする）.◇《前置詞とともに》bei *dir* 君(あなた)の所で / mit *dir* 君(あなた)といっしょに. ◇《再帰代名詞として》Kannst du *dir* so was vorstellen? そんなこと想像できるかい.《注意》旧正書法では手紙の場合、文頭()は Dir と頭文字を大文字で書いた.

:**di·rekt** [ディレクト dirékt] **I** 形 ① **直接的な**, 直接の; まっすぐな, 直通の. (英 *direct*). 《注意》「間接的な」は indirekt). ein *direkter* Weg nach Rom まっすぐローマへ通じている道 / eine *direkte* Verbindung 直通便 / Der Zug hat einen *direkten* Wagen nach Wien. この列車にはウィーン行きの直通車両が連結してある / Ich komme *direkt* zu dir. [寄り道しないで]まっすぐ君のところへ行くよ. ② (空間的に)すぐ近くの; (時間的に)すぐの. Das Hotel liegt *direkt* am Bahnhof. そのホテルは駅のすぐ近くにある / *direkt* nach dem Essen 食後すぐに. ③ (介在するものがなく)直接の. ein *direkter* Gedankenaustausch 直接の意見交換. ④《口語》あけすけの、無遠慮な. Das war eine sehr *direkte* Frage. それはたいへんあけすけな質問だった.
II 副《口語》まさに、まったく. Er hat *direkt* Glück gehabt. 彼はまさに運がよかった[というほかはない].

Di·rekt≠flug [ディレクト・ふるーク] 男 -[e]s/..flüge (飛行機の)直行便.

Di·rekt·heit [ディレクトハイト] 女 -/-en ①《複 なし》(発言などの)あけすけ(あからさま)なこと. ② あけすけな言動.

Di·rek·ti·on [ディレクツィオーン dirɛktsió:n] 女 -/-en ①《複 なし》経営, 管理, 監督. ② 幹部, 首脳部; 本部[のオフィス]. ③《古》方向. ④《スイス》[州]内閣.

Di·rek·ti·ve [ディレクティーヴェ dirɛktí:və] 女 -/-n 《ふつう 複》指令, 訓令; 通達.

:*der* **Di·rek·tor** [ディレクトァ diréktɔr] 男 (単 2) -s/(複) -en [..トーレン] ① (公的機関の)長, 校長, 院長, 学長, 館長, 園長, 所長. (英 *director*). der *Direktor* des Museums 博物館長 / Er ist der *Direktor* des Gymnasiums. 彼はギムナジウムの校長だ. ② 《経》(会社の)取締役; 重役.

Di·rek·to·rat [ディレクトラート dirɛktorá:t] 中 -[e]s/-e ① 校長(学長)職; 校長(学長)の在職期間. ② 校長(学長)室.

Di·rek·to·rin [ディレクトーリン dirɛktó:rin] ま たは ディレクトリン 女 -/..rinnen ① (女性の)長(校長・院長・学長・館長・園長・所長). ② 《経》(女性の)取締役; 重役.

Di·rek·to·ri·um [ディレクトーリウム dirɛktó:rium] 中 -s/..rien [..rien] ① (企業などの)管理局, 幹部; 重役(理事)会. ②《カトリック》聖務案内.

Di·rek·tri·ce [ディレクトリーチェ dirɛktrí:sə] 女 -/-n (高級洋裁店の)女性主任デザイナー.

Di·rekt≠über·tra·gung [ディレクト・ユーバァトラーグング] 女 -/-en《放送》(ラジオ・テレビの)生中継, 生放送.

Di·ri·gent [ディリゲント dirigént] 男 -en/-en ①《音楽》指揮者.《注意》女性形は Dirigentin). der *Dirigent* des Orchesters オーケストラの指揮者. ② 指導者.

Di·ri·gen·ten≠stab [ディリゲンテン・シュタープ] 男 -[e]s/..stäbe 指揮棒.

di·ri·gie·ren [ディリギーレン dirigí:rən] 他 (h) ①《音楽》指揮する. ein Orchester[4] *dirigieren* オーケストラを指揮する. ② (企業など[4]を)率いる, (交通[4]を)整理する, (経済[4]を)統制する. ③ (指示を出して[人・物[4]を…へ])導く, 連れて行く.

Di·ri·gis·mus [ディリギスムス dirigísmʊs] 男 -/《経》 統制経済; (生産調節・価格固定などによる)国の経済統制.

Dirndl [ディルンドる dírndl] 中 -s/-[n] ①《複 -n》《南ドイツ・オーストリア》少女, 娘. ②《複 -》ディルンドル（＝ *Dirndl*kleid).

Dirndl≠kleid [ディルンドる・クらイト] 中 -[e]s/-er ディルンドル(バイエルンやオーストリアの女性用民俗衣装).

Dirndlkleid

Dir·ne [ディルネ dírnə] 女 -/-n ① 売春婦. ②《古》少女, 娘.

dis, Dis [ディス dís] 中 -/- 《音楽》嬰(えい)ニ音.

Dis·co [ディスコ dísko] 女 -/-s ディスコ（＝ Disko).

Dis·count≠ge·schäft [ディスカオント・ゲシェふト] 中 -[e]s/-e ディスカウントショップ.

Dis·count≠la·den [ディスカオント・らーデン] 男 -s/..läden ＝Discountgeschäft.

Dis-Dur [ディス・ドゥーァ] 中 -s/《音楽》嬰(えい)ニ長調 (記号: Dis).

Dis·har·mo·nie [ディス・ハルモニー dɪsharmoní:] 女 -/-n [..ニーエン] ①《音楽》不協和音.《注意》「協和音」は Harmonie). ② (形・色などの)不調和. ③《比》(性格・意見などの)不調和, 不一致.

dis·har·mo·nisch [ディス・ハルモーニッシュ dɪsharmó:nɪʃ] 形 ①《音楽》不協和音の. ② (色・形などが)不調和な. ③《比》調和を欠いた, しっくりしない.

Dis·kant [ディスカント dɪskánt] 男 -s/-e ①《音楽》最高声域(音域); (ピアノなどの)高音部.

② かん高い声.

Dis·ken [ディスケン] Diskus (円盤)の 複

Dis·ket·te [ディスケッテ dɪskétə] 女 -/-n 《コンピ》フロッピーディスク.

Dis·ket·ten≠lauf·werk [ディスケッテン・らオフヴェルク] 中 -[e]s/-e 《コンピ》フロッピーディスクドライブ.

Disk≠jo·ckey [ディスク・ジョッケー] [英] 男 -s/-s ディスクジョッキー.

Dis·ko [ディスコ dísko] 女 -/-s ディスコ (= Disco).

Dis·ko·gra·fie [ディスコグラふィー dıskografí:] 女 -/-n [..ふィーエン] =Diskographie

Dis·ko·gra·phie [ディスコグラフィー dıskografí:] 女 -/-n [..ふィーエン] レコード (CD) 目録, ディスコグラフィー.

Dis·kont [ディスコント dıskónt] 男 -s/-e 《経》① [手形]割り引, ディスカウント. ② (手形の)割引歩合.

dis·kon·tie·ren [ディスコンティーレン dıskontí:rən] 他 (h) 《経》(手形など⁴を)割り引きする, ディスカウントする.

Dis·kon·ti·nu·i·tät [ディス・コンティヌイテート dıskontınuité:t] 女 -/-en 不連続, 断続性.

Dis·kont≠satz [ディスコント・ザッツ] 男 -es/..sätze《商》(手形の)割引率, 割引歩合.

Dis·ko·thek [ディスコテーク dıskoté:k] 女 -/-en ① レコード(テープ)資料室. ② ディスコ. in die Diskothek gehen ディスコに行く.

dis·kre·di·tie·ren [ディス・クレディティーレン dıskredití:rən] 他 (h) (人⁴の)信用を失わせる.

Dis·kre·panz [ディスクレパンツ dıskrepánts] 女 -/-en 不一致, 矛盾.

dis·kret [ディスクレート dıskré:t] 形 ① 慎重な, 思慮深い. ② 目だたない, 内々の; 地味な, 控えめな. ③《数・理》不連続の, 分離している.

Dis·kre·ti·on [ディスクレツィオーン dıskretsió:n] 女 -/ 思慮深さ, 慎重さ; 秘密の保持; 控えめ[な態度].

dis·kri·mi·nie·ren [ディスクリミニーレン dıskriminí:rən] 他 (h) ① 侮辱する, けなす. ② 差別する. ③《心》弁別する.

Dis·kri·mi·nie·rung [ディスクリミニールング] 女 -/-en ① 侮辱; 差別. ② 侮辱的な言動. ③《心》弁別.

Dis·kurs [ディスクルス dıskúrs] 男 -es/-e ① (学術的な)論考, 論文. ② 談話, 会話; 論争.

Dis·kus [ディスクス dískus] 男 -(または Diskusses)/Disken (または Diskusse) ①《スポ》(投てき用の)円盤; 円盤投げ. ②《植》花盤.

***die* Dis·kus·si·on** [ディスクスィオーン dıskusió:n] 女 -/-en 複) -en 討論, 討議, ディスカッション. (英 discussion). eine lebhafte Diskussion über aktuelle Fragen 時事問題に関する活発な討議 / die Diskussion⁴ leiten 討論を司会する / 事⁴ zur Diskussion stellen 事⁴を討議する.

Dis·kus≠wer·fen [ディスクス・ヴェルふェン] 中 -s/ 《スポ》円盤投げ.

dis·ku·ta·bel [ディスクターベる dıskutá:bəl] 形 議論する価値のある, 一考に値する.

***dis·ku·tie·ren** [ディスクティーレン dıskutí:rən] (diskutierte, hat...diskutiert) I 他 (定了 haben) (事⁴について)討論する, 討議する. (英 discuss). Wir diskutierten unsere Pläne. 私たちは自分たちの計画について討議した. II 自 (定了 haben) 討論する, 議論する. mit 人³ über 事⁴ diskutieren 人³と事⁴について討論する.

dis·ku·tiert [ディスクティーァト] *diskutieren (討論する)の 過分

dis·ku·tier·te [ディスクティーァテ] *diskutieren (討論する)の 過去

dis-Moll [ディス・モる] 中 -/《音楽》嬰(%)ニ短調(記号: dis).

Dis·pens [ディスペンス dıspéns] 男 -es/-e (ディスペンス・カッセ) 女 -/(-en) (法の適用などの)免除; 《カトリック》特免.

dis·pen·sie·ren [ディスペンズィーレン dıspenzí:rən] 他 (h) (人⁴ von 事³~) (人⁴に事³を)免除する.

Dis·per·si·on [ディスペルズィオーン dıspersió:n] 女 -/-en 《物・化》(光の)分散; 拡散.

Dis·play [ディスプれー dısplé:] [英] 中 -s/-s ① (商品などの)展示, 陳列. ②《コンピ》ディスプレイ, 映像表示装置.

Dis·po·nent [ディスポネント dıspónént] 男 -en/-en ①《経》主任. ② (劇場の)支配人.

dis·po·ni·bel [ディスポニーベる dısponí:bəl] 形 自由に使える, 自由に処理できる.

dis·po·nie·ren [ディスポニーレン dısponí:rən] 自 (h) ① 〖über 人・物⁴ ~〗(人・物⁴を)自由に使う, 意のままにする. ② 手はずを整える.

dis·po·niert [ディスポニーァト] I disponieren (自由に使う)の 過分 II 形 ① (歌手などが…の)調子である. Der Sänger ist heute gut (schlecht) disponiert. その歌手はきょうは調子がよい(悪い). ②〖für 事⁴ ~〗 (事⁴(または事³)に)かかりやすい. Sie ist zu Erkältungen disponiert. 彼女は風邪をひきやすい.

Dis·po·si·ti·on [ディスポズィツィオーン dıspozitsió:n] 女 -/-en ① 任意の処理, 自由な使用. die freie Disposition⁴ über 物⁴ haben 物⁴を意のままにできる / Er hat ein großes Vermögen zu seiner Disposition. 彼はばくだいな財産を自由に使える /人⁴ zur Disposition stellen (官庁)人⁴に休職を命ずる. ② 立案, 手はず; (作文などの)構想, 構成. zu einem Aufsatz Disposition⁴ machen 作文の構想をたてる. ③ 素質, 《医》素因. zu einer Disposition zu (または für) Erkältungen. 彼は体質的に風邪をひきやすい.

Dis·put [ディスプート dıspú:t] 男 -[e]s/-e 論争, 議論.

Dis·pu·ta·ti·on [ディスプタツィオーン dıspu-tatsió:n] 女 -/-en (学術上の)論争, 議論.

dis·pu·tie·ren [ディスプティーレン dısputí:-

rən] 自 (h) 論争する, 議論する. mit 人³ über 事⁴ *disputieren* 人³と事⁴について論争(議論)する.

Dis·qua·li·fi·ka·ti·on [ディス・クヴァりふィカツィオーン dɪs-kvalifikatsió:n] 女 -/-en ① 失格[にされること], 不合格. ② (スポ) 失格.

dis·qua·li·fi·zie·ren [ディス・クヴァりふィツィーレン dɪs-kvalifitsí:rən] 他 (h) ① (人⁴を)不適格と宣言する. ② (スポ) 失格にする.

Diss. [ディセルタツィオーン] 《略》ドクター(博士学位)請求論文 (=Dissertation).

Dis·ser·ta·ti·on [ディセルタツィオーン dɪsertatsió:n] 女 -/-en ドクター(博士学位)請求論文, ドクター論文(略: Diss.).

Dis·si·dent [ディスィデント dɪsidént] 男 -en/-en ① 離教者, 無宗教者. ② (思想的・政治的な)異端者.

dis·so·nant [ディソナント dɪsonánt] 形 《音楽》不協和音の;《比》不調和な.

Dis·so·nanz [ディソナンツ dɪsonánts] 女 -/-en 《音楽》不協和音;《比》不調和, 不一致, 不和.(⇔「協和音」は Konsonanz).

Dis·tanz [ディスタンツ dɪstánts] 女 -/-en ① 距離, 間隔. ②〚複 なし〛(社会的階層の)隔たり;(人間関係上の)距離. von (または zu) 人³ *Distanz*⁴ wahren 人³となれなれしくしない(距離を保つ). ③(陸上競技などの)距離;(ボクシングの)リーチ.

dis·tan·zie·ren [ディスタンツィーレン dɪstantsí:rən] I 再帰 (h) 《*sich*⁴ von 人・事³ ~》(人・事³から)遠ざかる, (人・事³を)敬遠する. II 他 (h) (スポ) (相手⁴を)引き離す.

dis·tan·ziert [ディスタンツィーァト] I distanzieren (再帰 で: 遠ざかる)の 過分 II 形 よそよそしい(態度など).

Dis·tel [ディステる dístəl] 女 -/-n 《植》アザミ.

Dis·tel·fink [ディステる・ふィンク] 男 -en/-en 《鳥》ゴシキヒワ.

Dis·ti·chon [ディスティヒョン dístiçɔn] 中 -s/..chen 《詩学》2 行詩節.

dis·tin·gu·iert [ディスティンギーァト dɪstɪŋgí:rt または ..グイーァト ..guí:rt] 形 (服装など)際だった, 洗練された;とりわけ上品な.

dis·tink·tiv [ディスティンクティーふ dɪstɪŋktí:f] 形 (他との)差異を示す, 弁別的な.

Dis·tri·bu·ti·on [ディストリブツィオーン dɪstributsió:n] 女 -/-en ①《経》分配, 配分; (商品の)配送. ② 分布[状況]. ③《数》超関数. ④《言》分布.

Dist·rikt [ディストリクト dɪstríkt] 男 -[e]s/-e ① (特に英米の)行政区, 地区. ②《話》地方.

Dis·zip·lin [ディスツィプリーン dɪstsiplí:n] 女 -/-en ①〚複 なし〛規律;軍紀;宗規. eine strenge *Disziplin* 厳しい規律 / die *Disziplin*⁴ wahren 規律(軍紀)を守る. ② (学問などの)分野, 部門. ③ (スポ) 種目.

dis·zip·li·na·risch [ディスツィプリナーリッシュ dɪstsipliná:rɪʃ] 形 ① 規律の, 服務規定[上]の;懲戒の. ② 厳格な, たいへん厳しい(処罰など).

Dis·zip·li·nar≠stra·fe [ディスツィプリナール・シュトラーふェ] 女 -/-n ①(スポ)(選手に対する)内規による罰則;(アイスホッケーで:)ミスコンダクトペナルティー. ②《古》懲戒処分.

Dis·zip·li·nar≠ver·fah·ren [ディスツィプリナール・フェァファーレン] 中 -s/-《法》懲戒手続き.

dis·zip·li·niert [ディスツィプリニーァト dɪstsiplirí:rt] 形 規律の厳しい;規律正しい, しつけの行き届いた.

dis·zip·lin≠los [ディスツィプリーン・ろース] 形 規律のない, しつけの悪い.

di·to [ディート— dí:to] 〚略〛副《口語》上と同じく, 同上(略: do., dto.).

Di·va [ディーヴァ dí:va] 女 -/Diven (または -s) 花形女優, プリマドンナ.

di·ver·gent [ディヴェルゲント divergént] 形 ①(方向の)異なる(意見など). ②《数》発散する(数列など).

Di·ver·genz [ディヴェルゲンツ divergénts] 女 -/-en ①(意見などの)相異. ②《理》発散, 分化, 分岐, 相違.

di·ver·gie·ren [ディヴェルギーレン divergí:rən] 自 (h) ①《von 事³ ~》(意見などが 事³ と異なる. ②《数》発散する. ◇〚現在分詞の形で〛eine *divergierende* Reihe 発散級数.

di·vers [ディヴェルス divérs] 形《付加語としてのみ》種々の, 雑多な;いくつかの.

Di·vi·dend [ディヴィデント dividént] 男 -en/-en《数》被除数, 分子.

Di·vi·den·de [ディヴィデンデ dividéndə] 女 -/-n《経》配当金.

di·vi·die·ren [ディヴィディーレン dividí:rən] 他 (h)《数》割る, 除する.(⇔「掛ける」は multiplizieren). ◇〚過去分詞の形で〛27 *dividiert* durch 9 ist 3(または gibt). 27 割る 9 は 3.

Di·vi·si·on [ディヴィズィオーン divizió:n] 女 -/-en ①《数》割り算, 除法.(⇔「掛け算」は Multiplikation). ②《軍》師団. ③(フランス・イギリスなどのサッカーリーグの)クラス, 部.

Di·vi·sor [ディヴィーゾァ dívi:zor] 男 -s/-en [..ヴィゾーレン]《数》除数, 約数, 分母.

Di·wan [ディーヴァーン dí:va:n] 男 -s/-e ① (低い)寝いす. (☞ Sofa 図). ②《文学》(オリエントの)詩集.

d. J. 《略》①〚ディア ユンゲレ〛(人名のあとにつけて:)ジュニア, 年少者 (=der Jüngere). ②〚ディーゼス ヤーレス〛本年[の] (=dieses Jahres).

DJH [デー・ヨット・ハー] 女 -/《略》ドイツ・ユースホステル協会 (=Deutsche Jugendherberge). (☞ Jugendherberge 図).

DKP [デー・カー・ペー] 女 -/《略》ドイツ共産党 (=Deutsche Kommunistische Partei).

dm [デツィ・メータァ] 《記号》10 分の 1 メートル (=Dezimeter).

***DM** [デー・マルク dé:-mark] 《略》ドイツマルク (=Deutsche Mark). (⇔ DM はふつう「マルク」と読む). 10,50 DM (=zehn Mark fünfzig) 10 マルク 50 ペニヒ.

d. M. [ディーゼス モーナーツ] 《略》今月[の] (= dieses Monats).

d-Moll [デー・モる] 中 -/《音楽》ニ短調 (記号: d).

do. [ディートー]《略》上と同じく, 同上 (=dito).

Do. [ドンナァス・ターク]《略》木曜日 (=Donnerstag).

d. O. [デァ オービゲ または ディ オービゲ]《略》上記の者 (=der Obige または die Obige).

Do·ber·mann [ドーベァ・マン dó:bər-man] 男 -[e]s/..männer《動》ドーベルマン(番犬・警察犬用の中型犬).

＊doch [ドッホ dóx]

…だよ　Das ist *doch* falsch!
ダス イスト ドッホ ふァるシュ
それは間違いだよ.

I 副 A)《文中でのアクセントあり》① それにもかかわらず. Sie sagte es höflich und *doch* bestimmt. 彼女はそのことをていねいに, しかしきっぱりと言った.
②《否定を含んだ疑問文に対して; 返事の内容が肯定になる場合》いいえ, いやいや. Kommst du nicht mit? — *Doch* [, ich komme mit]! いっしょに行かないの? — いや[行くよ] / Warst du nicht dabei? — O *doch*! 君はその場にいなかったのかい — いやいたとも.
③ やはり. Er hat *doch* Recht. やはり彼の言うとおりだ / Also *doch*! やっぱりそうだろう.
B)《文中でのアクセントなし》①《確認・驚き・非難・反論などを表して》…だよ, …ではないか. Das ist *doch* nicht möglich! それは不可能だよ / Das ist *doch* zu dumm! まったくばかばかしい / Du bist *doch* kein Kind mehr! 君はもう子供ではないんだから / Ja *doch*! そうだとも / Nein *doch*! とんでもない.
②《命令文で》頼むから, いいかげんに. Komm *doch* endlich! いいかげんに来ないったら / Besuchen Sie uns *doch* einmal! ぜひ一度私たちのところへおいでください.
③《平叙文の語順をもつ疑問文で》…だろう. Du kennst ihn *doch*? 君は彼を知っているだろう / Sie wissen *doch*, dass…? あなたは…ということをご存知でしょう.
④《接続法 2 式の文で》…ならいいのに. Wenn ich *doch* so viel Geld hätte! そんなにお金があったらなあ.
⑤《忘れたことを思い出そうとして》…だっけ. Wie heißt er *doch*? 彼の名前はなんだっけ / Wie war das *doch*? あれはどうだったっけ.
⑥《動詞の人称変化形を文頭に出して》《原因・理由を表して》《雅》…だから. Er ging weg, sah er *doch*, dass ich sehr beschäftigt war. 彼は行ってしまった, なにしろ私がたいへん忙しいということがわかったものだから.
II 接《並列接続詞》《対立・相反》しかし, だが. Wir warteten lange, *doch* sie kam (または kam sie) nicht. われわれは長い間待った, しかし彼女は来なかった / Er ist arm, *doch* zufrie-den. 彼は貧しいが満足している.

Docht [ドホト dóxt] 男 -es (まれに -s)/-e (ろうそく・ランプなどの)しん.

Dock [ドック dók] 中 -s/-s (まれに -e)《海》ドック. Das Schiff liegt im *Dock*. 船がドックに入っている.

do·cken [ドッケン dókən] I 他 (h)《海》(船⁴を)ドックに入れる. ―② (宇宙で)(宇宙船⁴を)ドッキングさせる. II 自 (h)《海》(船が)ドックに入っている.

Do·ge [ドージェ dó:ʒə] [歴] 男 -n/-n《史》(18世紀の)ヴェネツィア(ジェノヴァ)共和国総督.

Dog·ge [ドッゲ dógə] 女 -/-n (短毛の)大型犬. eine deutsche *Dogge* グレートデン / eine englische *Dogge* マスチフ.

Dog·ma [ドグマ dógma] 中 -s/Dogmen ①《宗》教義, 教理; 定説. ②《比》教条, ドグマ, 独断.

Dog·ma·tik [ドグマーティク dogmá:tik] 女 -/-en ①《神学》教義学. ②《比》教条的考え方, 独断論.

Dog·ma·ti·ker [ドグマーティカァ dogmá:tikər] 男 -s/- ① 教義学者. ②《比》教条主義者, 独断論者.

dog·ma·tisch [ドグマーティッシュ dogmá:tiʃ] 形 ① 教義(信条)の. ②《比》教条主義的な, 独断的な.

Dog·ma·tis·mus [ドグマティスムス dogmatísmus] 男 -/ 教条主義, 独断論.

Dog·men [ドグメン] Dogma (教義)の 複

Doh·le [ドーれ dó:lə] 女 -/-n ①《鳥》コクマルガラス. ②《方》(古風な)黒い帽子.

＊*der* Dok·tor [ドクトァ dóktɔr] 男 (単 2) -s/(複) -en [..トーレン]《愛》*doctor*) ①《複 なし》博士[号], 博士(ドクター)の学位. (略: Dr.). den *Doktor* machen《口語》博士号を取る / 人⁴ zum *Doktor* promovieren 人⁴にドクターの学位を授与する.
② 博士号取得者. Sehr geehrter Herr *Doktor* (Sehr geehrte Frau *Doktor*) Krause! (手紙の冒頭で:)拝啓クラウゼ博士殿 (⚠ このような場合, 女性に対して *Doktorin* は使わない). ③《口語》医者 (=Arzt). den *Doktor* rufen 医者を呼ぶ / zum *Doktor* gehen 医者に行く.

⚠ 博士のいろいろ: *Doktor* der Philosophie 哲学博士(略: Dr. phil.) / *Doktor* der Theologie 神学博士 (略: Dr. theol.) / *Doktor* des Rechts 法学博士 (略: Dr. jur.) / *Doktor* der Medizin 医学博士 (略: Dr. med.) / *Doktor* der Naturwissenschaften 理学博士 (略: Dr. rer. nat.) / *Doktor* der Ingenieurwissenschaften 工学博士 (略: Dr. -Ing.) / Ehren*doktor* 名誉博士

Dok·to·rand [ドクトラント doktoránt] 男 -en/-en ドクター(博士学位)取得志願者.

Dok·tor=ar·beit [ドクトァ・アルバイト] 女 -/-en ドクター(博士学位)論文.

Dok·to·rin [ドクトーリン dɔktóːrɪn または ドクトリン] 囡 -/..rinnen（女性の）ドクター(博士);《口語》女医.

Dok·tor∮ti·tel [ドクトァ・ティーテる dɔktóːrtiːtəl] 男 -s/- ドクター(博士)の称号.

Dok·tor∮va·ter [ドクトァ・ふァータァ] 男 -s/..väter ドクター(博士学位)論文指導教授.

Dokt·rin [ドクトリーン dɔktriːn] 囡 -/-en ① 教義, 信条; 主義; 学説. ②《政》(政治的な)原則, ドクトリン.

dokt·ri·när [ドクトリネーァ dɔktrinɛːr] 形 ① 教義に基づく. ②《比》主義(理論)一点張りの, 教条主義的な.

* _das_ **Do·ku·ment** [ドクメント dokumént] 中（単2）-[e]s/（複）-e（3格のみ -en）（公的な）文書, ドキュメント, 資料, [証拠]書類, 証書;（資料的な）記録.（英 _document_）. ein geheimes _Dokument_ 秘密文書 / ein erschütterndes _Dokument_ des Krieges 戦争の衝撃的な記録.

Do·ku·men·tar∮film [ドクメンタール・ふぃるム] 男 -[e]s/-e 記録(ドキュメンタリー)映画.

do·ku·men·ta·risch [ドクメンターリッシュ dokumɛntáːrɪʃ] 形 ① 文書の, 記録による. ② ドキュメンタリーの, 事実を伝える, 証拠となる.

Do·ku·men·ta·ti·on [ドクメンタツィオーン dokumɛntatsióːn] 囡 -/-en ① 文書(証拠書類)作成; 資料, 文献. ②（気持ちなどの）表れ;《比》証拠.

do·ku·men·tie·ren [ドクメンティーレン dokumɛntíːrən] I 他（h）①〔物⁴を〕文書で証明する. ② はっきりと示している. II 再帰（h）『_sich_⁴ **in** 事³ ～』〔事³に〕はっきり現れている.

Dolch [ドるヒ dɔlç] 男 -es（まれに -s）/-e 短剣, 短刀. den _Dolch_ ziehen 短剣を抜く.

Dolch∮stoß [ドるヒ・シュトース] 男 -es/..stöße ① 短刀で刺すこと. ②《比》陰謀, 裏切り.

Dol·de [ドるデ dɔ́ldə] 囡 -/-n《植》散形(さんけい)花[序].

doll [ドる dɔl] 形《北ドイツ》《口語》ものすごい, 驚くべき; すばらしい, すてきな（=toll）.

Dol·lar [ドらァ dɔ́lar] 男 -[s]/-s（単位: -/-）ドル（アメリカなどの貨幣単位）（記号: $).

Dol·le [ドるれ dɔ́lə] 囡 -/-n（ボートの）オール受け.

dol·met·schen [ドるメッチェン dɔ́lmɛtʃən] I 他（h）通訳する. ein Gespräch⁴ _dolmetschen_ ある対話を通訳する. II 自（h）通訳をする, 通訳として働く.

* _der_ **Dol·met·scher** [ドるメッチャァ dɔ́lmɛtʃər] 男（単2）-s/（複）-（3格のみ -n）通訳.（英 _interpreter_）.（参考 女性形は Dolmetscherin). Er arbeitet als _Dolmetscher_. 彼は通訳の仕事をしている.

* _der_ **Dom**¹ [ドーム dóːm] 男（単2）-[e]s/（複）-e（3格のみ -en）①《キリスト教》［司教座］**大聖堂**, ドーム.（英 _cathedral_）. der Kölner _Dom_ ケルンの大聖堂, ドーム.（建）丸屋根, ドーム.

Dom² [ドーム] 男 -[e]s/-e ①《地学》円頂丘. ② 蒸気ドーム.

Do·mä·ne [ドメーネ doméːnə] 囡 -/-n ① 国有地; 御料地. ②（得意とする）専門分野.

Do·mes·tik [ドメスティーク domɛstíːk] 男 -en/-en《ふつう複》（軽蔑的に）召使, 奉公人.

Do·mes·ti·ka·ti·on [ドメスティカツィオーン domɛstikatsióːn] 囡 -/-en（野生動物の）家畜化,（野生植物の）栽培植物化.

do·mes·ti·zie·ren [ドメスティツィーレン domɛstitsíːrən] 他（h）（野生動物⁴を）飼いならす,（野生植物⁴を）栽培植物にする.

do·mi·nant [ドミナント dominánt] 形 支配的な, 優勢な;《生》(遺伝形質が)優性の.

Do·mi·nan·te [ドミナンテ dominántə] 囡 -/-n ① 主な特徴. ②《音楽》属音; 属和音.

Do·mi·nanz [ドミナンツ dominánts] 囡 -/-en《生》(遺伝形質の)優性.

do·mi·nie·ren [ドミニーレン dominíːrən] I 自（h）優勢である, 支配的である. ◆《現在分詞の形で》eine _dominierende_ Rolle 主要な役割. II 他（h）制圧する, 支配する.

Do·mi·ni·ka·ner [ドミニカーナァ dominikáːnər] 男 -s/-《カトリック》ドミニコ会の修道士.

Do·mi·no [ドーミノ dóːmino] I 中 -s/-s ドミノ[ゲーム]. II 男 -s/-s（頭巾(ずきん)と小仮面のついた）仮装舞踏会の衣装[をつけた人].

Do·mi·zil [ドミツィーる domitsíːl] 中 -s/-e ①《戯》居住地, 住所. ②《経》（手形の）支払地. ③《天》獣帯の宮.

Dom∮pfaff [ドーム・プふァふ] 男 -en（または -s）/-en《鳥》ウソ.

Domp·teur [ドンプテーァ dɔmptǿːr] [フランス] 男 -s/-e 猛獣使い.（参考 女性形は Dompteuse).

Do·nar [ドーナァ dóːnar] -s/-《北欧神》ドーナル（雷神・農耕神. Donnerstag「木曜日」の語源）.

* _die_ **Do·nau** [ドーナオ dóːnau] 囡（単）-/《定冠詞とともに》《川名》ドナウ川（ドイツ南西部に発し黒海に注ぐヨーロッパ第二の大河）. 🖙 地図 D～E -4).

Don Ju·an [ドン ふアン dɔn xuán] [スペイン] I --[s]/-《人名》ドン・フアン（遊蕩生活を送ったスペインの伝説的貴族の名）. II 男 --s/--s《比》女たらし, 色事師.

* _der_ **Don·ner** [ドンナァ dónər] 男（単2）-s/（複）-（3格のみ -en）《ふつう単》雷, 雷鳴; 雷のような音(声), とどろき.（英 _thunder_). ein heftiger _Donner_ 激しい雷鳴 / Der _Donner_ rollt（または kracht または grollt). 雷が鳴る / der _Donner_ des Wasserfalls 滝の轟音(ごうおん)とどろき / wie vom _Donner_ gerührt da|stehen びっくりして立ちつくしている（←雷に打たれたように）/ _Donner_ und Blitz! または _Donner_ [und Doria]!《俗》なんてことだ, ちくしょう.

* **don·nern** [ドンナァン dónərn] (donnerte, hat/ist...gedonnert) I 非人称（英了 haben）Es _donnert_. 雷が鳴る.（英 _thunder_).

II 自（h）（英了 haben または sein）①（h）轟音(ごうおん)をとどろかせる. Die Flugzeugmotoren _donnern_. 飛行機のエンジンが轟音をたてている. ②（s）（…へ）轟音(ごうおん)をたてて進む(動く); どしん

とぶつかる. ③ (h)《口語》(激しく)たたく. an die Tür donnern 戸をどんどんたたく. ④ (h)《口語》(大声で)どなりつける.
III 他《<(古)> haben》《口語》《物4を…へ》激しく投げつける.

don·nernd [ドンナァント] I *donnern《非人称》で:雷が鳴る)の現分 II 形 とどろく、響きわたる. ein donnernder Applaus 万雷の拍手.

Don·ner≠schlag 男 -(e)s/..schläge ① [ドンナァ・シュらーク] 雷鳴;落雷. ② [ドンナァ・シュらーク]《間投詞的に;冠詞なしで》Donnerschlag!《俗》なんてことだ, ちくしょう.

≠der Don·ners·tag [ドンナァス・ターク dɔ́nərs-ta:k] 男《単2》-(e)s/《複》-e (3格のみ -en) 木曜日 (略: Do.). (英 Thursday). (曜日名☞ Woche). am Donnerstag 木曜日に / Heute ist Donnerstag. 今日は木曜日だ / Er kommt [am] nächsten Donnerstag. 彼は来週の木曜日に来る / [am] Donnerstag früh 木曜日の早朝に.

Don·ners·tag≠abend [ドンナァスターク・アーベント] 男 -s/-e 木曜日の晩.

don·ners·tag≠abends [ドンナァスターク・アーベンツ] 副 木曜日の晩に.

don·ners·tags [ドンナァス・タークス] 副 《毎週》木曜日に, 木曜日ごとに.

don·ner·te [ドンナァテ] *donnern《非人称》で:雷が鳴る)の過去.

Don·ner≠wet·ter [ドンナァ・ヴェッタァ] 中 -s/- ①《口語》大目玉, 激しい非難. ②《古》雷雨 (=Gewitter). ③ [ドンナァ・ヴェッタァ]《間投詞的に》Zum Donnerwetter!《俗》(不満・怒りを表して:)なんてことだ, ちくしょう / Donnerwetter!(驚いて:)これはすごい.

Don Qui·chotte [ドン キショット dɔn kiʃɔ́t または ドン..d͡ʒɔ..] [-s]《人名》ドン・キホーテ(セルバンテスの小説の主人公の名). II 男 --s/--s 《比》世間知らずの理想家.

Don·qui·chot·te·rie [ドン・キショッテリー dɔn-kiʃɔtərí..または ..d͡ʒɔ..] 女 -/-n [..リーエン] ドン・キホーテ的行為.

doof [ドーふ dó:f] 形《俗》① 間抜けな, ばかな. ②《方》おもしろくない, 退屈な; いまいましい.

do·pen [ドーペン dó:pən または ドッペン dɔ́pən] 他 《スポ》(選手・競走馬など4に)ドーピングする. ◊《再帰的に》Der Läufer hat sich4 gedopt. そのランナーはドーピングをした.

Do·ping [ドーピング dó:pɪŋ または ドッピング dɔ́pɪŋ][英] 中 -s/-s 《スポ》ドーピング(興奮剤を使用すること).

Dop·pel [ドッペる dɔ́pəl] 中 -s/- ① コピー, 写し. ②《テニスなどの》ダブルス. ein gemischtes Doppel 混合ダブルス.

Dop·pel.. [ドッペる.. dɔ́pəl..]《名詞などにつけ接頭》《二重・2倍》例: Doppelfenster 二重窓.

Dop·pel≠ad·ler [ドッペる・アードらァ] 男 -s/- 双頭の鷲(わし)(紋章・貨幣の模様).

Dop·pel-b [ドッペる・ベー] 中 -/-《音楽》重変記号, ダブルフラット (記号: ♭♭).

Dop·pel≠bett [ドッペる・ベット] 中 -(e)s/-en ダブルベッド.

Dop·pel≠de·cker [ドッペる・デッカァ] 男 -s/- ①《空》複葉[飛行]機. ②《口語》2階建てバス.

dop·pel≠deu·tig [ドッペる・ドイティヒ] 形 二通りの意味にとれる; あいまいな.

Dop·pel≠feh·ler [ドッペる・フェーらァ] 男 -s/-《テニスの》ダブルフォールト.

Dop·pel≠fens·ter [ドッペる・フェンスタァ] 中 -s/- 二重窓.

Dop·pel≠gän·ger [ドッペる・ゲンガァ] 男 -s/- (自分に)そっくりの人;《民俗》(同一人物の)分身, ドッペルゲンガー.

dop·pel≠glei·sig [ドッペる・グらイズィヒ] 形 ①《鉄道》複線の. ② 二つの面を持つ, 怪しげな.

Dop·pel≠haus [ドッペる・ハオス] 中 -es/..häuser 2軒続きの家, 2世帯家屋.

Dop·pel≠hoch·zeit [ドッペる・ホホツァイト] 女 -/-en (親族・友人などの)二組同時の婚礼.

Dop·pel≠kinn [ドッペる・キン] 中 -(e)s/-e 二重あご.

Dop·pel≠kreuz [ドッペる・クロイツ] 中 -es/-e 《音楽》重嬰(えい)記号, ダブルシャープ (記号: 𝄪).

Dop·pel≠laut [ドッペる・らオト] 男 -(e)s/-e 《言》① 二重母音 (au, ei など). ② 重母音 (aa, oo など); 重子音.

Dop·pel≠le·ben [ドッペる・れーベン] 中 -s/- (表裏のある)二重生活.

dop·peln [ドッペるン dɔ́pəln] 他 (h) ① 二重(2倍)にする. ②《南ドイツ・オーストリア》(靴4に)新しい革底を付ける.

Dop·pel≠na·me [ドッペる・ナーメ] 男 -ns (3格 -4格 -n)/-n (二つの姓または名からなる)複合名 (例: Hans-Georg).

Dop·pel≠punkt [ドッペる・プンクト] 男 -(e)s/-e 《言》コロン(記号: :).

dop·pel≠rei·hig [ドッペる・ライイヒ] 形 2列の;《服飾》ダブルの(上着など).

dop·pel≠sei·tig [ドッペる・ザイティヒ] 形 ① 両側の, 双方の;(雑誌などで)左右2ページにわたる(広告など). ②《体》の左右両方の.

dop·pel≠sin·nig [ドッペる・ズィニヒ] 形 二通りの意味のある; あいまいな.

Dop·pel≠spiel [ドッペる・シュピーる] 中 -(e)s/-e ①《言動に》裏表のあること, 二枚舌. mit 人3 ein Doppelspiel4 treiben 人3に二枚舌を使う. ②《テニスなどの》ダブルス.

dop·pel≠stö·ckig [ドッペる・シュテッキヒ] 形 2階建ての(家・バスなど).

≠dop·pelt [ドッペるト dɔ́pəlt] 形 ① 2倍の, 二重の; 重複した, 複[式]の. (英 double). die doppelte Länge 2倍の長さ / Er hat ein doppeltes Kinn. 彼は二重あごだ / doppelte Buchführung《商》複式簿記 / eine doppelte Moral ご都合主義, 二重モラル / Geteilter Schmerz ist halber Schmerz, geteilte

Freude ist *doppelte* Freude.《諺》分かち合った苦痛は半分, 共にする喜びは倍の喜び / Er ist *doppelt* so alt wie ich. 彼は私の倍の年齢だ / *doppelt* und dreifach《口語》二重にも三重にも, 念入りに, 充分に / *doppelt* sehen《口語》(酔って)目の前がちらちらしている / *Doppelt* genäht, hält besser.《諺》念には念を入れよ(←二重に縫えばより丈夫だ). ◇《名詞的に》Die Preise sind **auf** das (または **ums**) *Doppelte* gestiegen.《現在完了》値段は 2 倍に上がった. ② ひときわの, 格別の. mit *doppeltem* Eifer とりわけ熱心に. ③ (ウイスキーなどの量が)ダブルの.

Dop·pel·ver·die·ner [ドッペル・フェァディーナァ] 男 -s/- ① 《複》で 共稼ぎの夫婦. ② 二重所得者.

* *das* **Dop·pel·zim·mer** [ドッペル・ツィンマァ dɔ́pəl-tsɪmɐr] 中 (単2) -s/(複) - (3格のみ -n) (ホテルなどの)**二人部屋, ツイン**(ダブルベッド)ルーム. (⇔) 「シングルルーム」は Einzelzimmer. ein *Doppelzimmer* mit Bad バス付きツインルーム.

dop·pel·zün·gig [ドッペル・ツュンギヒ] 形 二枚舌の, 裏表のある.

Dopp·ler·ef·fekt [ドップらァ・エフェクト] 男 -[e]s/《物》ドップラー効果.

Do·ra [ドーラ dóːra] -/《女名》ドーラ (Dorothea, Theodora の 短縮).

* *das* **Dorf** [ドルフ dɔ́rf]

| 村 | Er wohnt auf dem *Dorf*.
エァ ヴォーント アオフ デム ドルフ
彼は村に住んでいる. |

中 (単2) -es (まれに -s)/(複) Dörfer [デルファァ] (3格のみ Dörfern) ① **村**, 村落. (英 *village*). (⇔)「都市」は Stadt. Fischer*dorf* 漁村 / ein olisches *Dorf* 静かな村 / das olympische *Dorf* オリンピック村 / Er ist **auf** dem *Dorf* aufgewachsen.《現在完了》彼は村で育った / **aus** einem *Dorf* stammen 田舎の出である / Die Welt ist doch ein *Dorf*!《外国や思いも寄らぬ所で知人に会ったさま:》世界は狭いものですね / Das sind mir böhmische *Dörfer*. それは私には何のことかさっぱりわからない(←それは私にとってはボヘミアの村だ; ボヘミアの地名がドイツ人にはわかりにくいことから).

② (総称として:)**村民, 村人**. das ganze *Dorf* 村中の人々.

Dorf·be·woh·ner [ドルフ・ベヴォーナァ] 男 -s/- 村の住民, 村民, 村人.

Dör·fer [デルファァ] ‡Dorf (村)の 複

Dörf·ler [デルフらァ dǽrflɐr] 男 -s/- 村の住民, 村民, 村人.

dörf·lich [デルフリヒ] 形 ① 村の. ② 田舎[風]の.

Do·ris [ドーリス dóːrɪs] -/《女名》ドーリス (Dorothea の 短縮).

do·risch [ドーリッシュ dóːrɪʃ] 形 ドーリス[人]の;《建》ドーリス式の. eine *dorische* Säule ドーリス式円柱.

Dorn [ドルン dɔ́rn] I 男 -[e]s/-en (口語: Dörner) ① (植物の)**とげ**; いばら. eine Pflanze mit *Dornen* とげのある植物. ② 《雅・比》苦痛, 苦悩. Sein Lebensweg war voller *Dornen*. 彼の生涯は苦難に満ちていた / Er ist mir ein *Dorn* im Auge. 彼は私にとって目の上のたんこぶだ. ③《詩》いばらのやぶ.

II 男 -[e]s/-e (靴底の)スパイク, (ブローチなどの)針;《工》心棒, アーバ, ドリフトピン.

Dor·nen·he·cke [ドルネン・ヘッケ] 女 -/-n いばらの生垣 (垣根).

Dor·nen·kro·ne [ドルネン・クローネ] 女 -/-n 《聖》いばらの冠 (キリストがかぶせられた. 苦難の象徴).

dor·nen·reich [ドルネン・ライヒ] 形 いばら(とげ)の多い;《比》苦難に満ちた.

dor·nen·voll [ドルネン・フォる] 形 =dornenreich

dor·nig [ドルニヒ dɔ́rnɪç] 形 ① とげのある. ②《雅》困難な, やっかいな.

Dorn·rös·chen [ドルン・レースヒェン] 中 -s/ いばら姫, 眠り姫 (100 年間いばらに囲まれて眠るグリム童話の主人公).

Dorn·rös·chen·schlaf [ドルンレースヒェン・シュらーふ] 男 -[e]s/ (グリム童話のいばら姫のような)長い眠り;(皮肉って:)長い安逸の時.

Do·ro·thea [ドロテーア dorotéːa] -s/《女名》 ドロテーア.

dör·ren [デレン dǽrən] I 他 (h) 乾かす, 乾燥させる. ◇《過去分詞の形で》*gedörrtes* Obst ドライフルーツ. II 自 (s) 乾く; 枯死する.

Dörr·fleisch [デル・ふらイシュ] 中 -[e]s/ 乾燥肉.

Dörr·ge·mü·se [デル・ゲミューゼ] 中 -s/- 乾燥野菜.

Dörr·obst [デル・オープスト] 中 -es/ 乾燥果物, ドライフルーツ.

Dorsch [ドルシュ dɔ́rʃ] 男 -[e]s/-e 《魚》タラの幼魚;(北海産の)小形のたら.

* **dort** [ドルト dɔ́rt]

| あそこに | Ich warte *dort* oben.
イヒ ヴァルテ ドルト オーベン
ぼくはあそこの上で待っているよ. |

副 あそこに(で), そこに(で). (英 *there*). (⇔)「ここに」は hier). *Dort* wohnt er. あそこに彼は住んでいる / *dort* an der Ecke そこの角のところに / der Herr *dort* あちらにいる紳士 / *dort* drüben 向こう側で / *dort* oben (unten) あその上の方で(下の方で) / da und *dort* a) あちこちで, b) ときおり / Ich komme gerade **von** *dort*. 私はちょうどそこから来たところです / Von *dort* **aus** können Sie mich anrufen. そこからあなたは私に電話できますよ.

* **dort·her** [ドルト・ヘーァ dɔrt-héːr; (指示的意味の強いときは:) ドルト..] 副 あそこから, そこから. Von *dorther* kommen also die Gerüchte! うわさの出所はそこだったのか.

***dort·hin** [ドルト・ヒン dɔrt-hín] (指示的意味の強いときは:) ドルト..] 副 あそこへ、そこへ. Wie komme ich am schnellsten *dorthin*? そこへはどうすればいちばん速く行けますか / bis *dorthin* あそこまで.

dor·tig [ドルティヒ dórtɪç] 形《付加語としてのみ》そこの, その地の.

Dort·mund [ドルト・ムント dórt-mʊnt] 匣 -s/《都市名》ドルトムント(ドイツ, ノルトライン・ヴェストファーレン州. ☞地図 C-3).

*die **Do·se** [ドーゼ dó:zə] 囡(単)-/(複)-n ① (ふた付き[で円筒形]の)小容器. (英 can, tin). Butter*dose* バターケース. ② 缶[詰] (=Konserven*dose*). Bier in *Dosen* 缶ビール. ③ コンセント (=Steck*dose*). ④《俗》=Dosis

dö·sen [デーゼン dǿ:zən] 自(h)《口語》まどろむ; ぼんやりしている.

Do·sen⹀bier [ドーゼン・ビーァ] 匣 -[e]s/-e 缶ビール.

Do·sen⹀milch [ドーゼン・ミルヒ] 囡 -/ 缶入りミルク.

Do·sen⹀öff·ner [ドーゼン・エフナァ] 男 -s/- 缶切り.

do·tie·ren [ドズィーレン dozí:rən] 他(h) (薬など[4]を)適量に計り分ける; 配分する.

dö·sig [デーズィヒ dǿ:zɪç] 形《口語》眠い, うつらうつらした; ぼんやりした.

Do·sis [ドーズィス dó:zɪs] 囡 -/Dosen (薬などの)一服分, (一回分の)服用量; (ある)分量. die tägliche *Dosis* 毎日の服用量 / eine tödliche *Dosis* 致死量 / 人[3] 軍[4] in kleinen *Dosen* verabreichen (または bei[b]ringen) 《口語・比》人[3]に軍[4]を少しずつ伝える / Er hat eine beträchtliche *Dosis* Humor.《比》彼はなかなかユーモアがある.

Dos·si·er [ドスィエー dosié:] 《フ》匣 (古: 男) -s/-s (ある案件の)一件書類, 書類の束.

Dos·to·jews·ki[j] [ドストイェフスキー dostojéfski] -s/《人名》ドストエフスキー (Fjodor Michailowitsch *Dostojewskij* 1821–1881; ロシアの作家).

Do·ta·ti·on [ドタツィオーン dotatsióːn] 囡 -/-en 贈与[金] (特に公共施設・功労者などへの).

do·tie·ren [ドティーレン dotí:rən] 他(h) (地位・賞などに)報酬を支払う, 賞金を出す.◇過去分詞の形で] eine sehr gut *dotierte* Position 給料のよい地位.

Dot·ter [ドッタァ dótər] 男 -s/- 卵黄;(卵の)黄身. das Eiweiß[4] vom *Dotter* trennen 卵の黄身と白身を分ける.

Dot·ter⹀blu·me [ドッタァ・ブルーメ] 囡 -/-n 黄色い花をつける植物(リュウキンカなど).

dot·ter⹀gelb [ドッタァ・ゲルプ] 形 卵黄色の.

Dou·ble [ドゥーブル dúːbl]《フ》匣 -s/-s ①《映》代役, スタンドイン. ②《音楽》ドゥブル.

down [ダオン dɑʊn] [英] 副《口語》がっくりして; 疲れ果てて, ダウンして.

Doz. [ドツェント]《略》[大学]講師 (=Dozent).

Do·zent [ドツェント dotsént] 男 -en/-en (大学などの)講師, 教員; 私講師. (略: Doz.). (☞ 囡 女性形は Dozentin).

Do·zen·tur [ドツェントゥーァ dotsɛntú:r] 囡 -/-en (大学の)講師の職.

do·zie·ren [ドツィーレン dotsí:rən] 自(h) ① (大学などで)講義する. ②《比》講義口調で話す.

DP [デー・ペー]《略》ドイツ郵便[株式会社] (= Deutsche Post [AG]).

dpa [デー・ペー・アー]《略》ドイツ通信社 (=Deutsche Presse-Agentur).

DR [デー・エル] 囡 -/《略》旧東ドイツ国有鉄道 (=Deutsche Reichsbahn).

Dr. [ドクトァ]《略》博士, ドクター (=Doktor).

Dra·che [ドラッヘ dráxə] 男 -n/-n 竜, ドラゴン;《複》なし; 定冠詞とともに》《天》竜座.

Dra·chen [ドラッヘン dráxən] 男 -s/- ① 凧(たこ). einen *Drachen* steigen lassen 凧を揚げる. ②《俗》口やかましい女. ③ ドラゴン級のヨット. ④《スポ》ハンググライダー.

Dra·chen⹀flie·gen [ドラッヘン・フリーゲン] 匣 -s/《スポ》ハンググライディング.

Dra·gee [ドラジェー draʒé:] 匣 -s/-s ① [チョコレート]ボンボン. ②《薬》糖衣錠.

Dra·gée [ドラジェー draʒé:]《フ》匣 -s/-s = Dragee

Dra·go·ner [ドラゴーナァ dragóːnər] 男 -s/- ①《史》竜騎兵. ②《俗》女丈夫(じょうぶ), 男まさりの女.

*der **Draht** [ドラート dráːt] 男 (単2) -es (まれに -s)/(複) Drähte [ドレーテ] (3格のみ Drähten) ① 針金, ワイヤー. (英 wire). Stachel*draht* 有刺鉄線 / ein dünner *Draht* 細い針金 / einen *Draht* spannen 針金を張る / 物[4] mit *Draht* umwickeln 物[4]に針金を巻きつける. ② 電線, 電話線, ケーブル; 電信. heißer *Draht* ホットライン(国家首脳間の直通電話線) / auf *Draht* sein《口語・比》抜け目がない, 頭がさえている / 人[4] auf *Draht* bringen《口語・比》人[4]に活を入れる / den *Draht* zu 人[3] verlieren《比》人とのコンタクトを失う.

Dräh·te [ドレーテ] ‡Draht (針金)の複

drah·ten [ドラーテン dráːtən] 他(h) ① 針金で編み合わせる. ②《古》電報で知らせる.

Draht⹀git·ter [ドラート・ギッタァ] 匣 -s/- 金網.

drah·tig [ドラーティヒ dráːtɪç] 形 ① 針金のような. ②《比》(特に男性について:)やせているが筋肉質の, 引き締まった体つきの.

draht⹀los [ドラート・ロース] 形 無線の, ワイヤレスの. *drahtloses* Telefon コードレス電話.

Draht⹀sche·re [ドラート・シェーレ] 囡 -/-n 針金用のはさみ.

Draht⹀seil [ドラート・ザイル] 匣 -[e]s/-e ワイヤローブ, ケーブル.

Draht⹀seil⹀bahn [ドラートザイル・バーン] 囡 -/-en ケーブルカー, ロープウェイ, リフト.

Draht⹀ver·hau [ドラート・フェァハオ] 男 匣 -[e]s/-e《軍》鉄条網;《戯》乾燥野菜.

Draht⹀zan·ge [ドラート・ツァンゲ] 囡 -/-n ペ

Draht‧zie‧her [ドラート・ツィーァァ] 男 -s/-
① 針金製造工. ② (政界などの)黒幕.

Drai‧si‧ne [ドライズィーネ draizí:na または ドレ.. dre..] 女 -/-n ドライス自転車(自転車の前身)〔鉄道〕(保線用の)工事車.

dra‧ko‧nisch [ドラコーニッシュ drakó:nɪʃ] 形 非常に厳しい、容赦ない(措置・処罰など).

drall [ドラる drál] 形 (若い女性について:)ぴちぴちした、むっちりした.

Drall [ドラる] 男 -s (まれに -es)/-e 《ふつう 単》 ① ねじれ;《比》傾向. ② 《物》ねじり[角];(ボールなどの)スピン. ③ (銃の腔綫(ぜん));(繊)(糸の)より.

*das **Dra‧ma** [ドラーマ drá:ma] 中 (単 2) -s/- (複) Dramen ① 《文学・劇》ドラマ、戯曲;《複 なし》劇〔文学〕. ②《鉄道》. das klassische *Drama* 古典劇 / ein *Drama* in fünf Akten 5幕のドラマ / ein *Drama*[4] auf|führen (schreiben) 劇を上演する(書く). ②《ふつう 単》《比》劇的な出来事. das *Drama* der Geiselbefreiung[2] 劇的な人質解放の一幕.

Dra‧ma‧tik [ドラマーティク dramá:tɪk] 女 -/ ① 劇文学;劇作[法];演劇術. ② 《比》ドラマティックな(息詰まるような)緊張.

Dra‧ma‧ti‧ker [ドラマーティカァ dramá:tikɐr] 男 -s/- 劇作家、戯曲家.

***dra‧ma‧tisch** [ドラマーティッシュ dramá:tɪʃ] 形 《比》 *dramatic*》 ① 劇の、戯曲の、ドラマの. das *dramatische* Werk Brechts ブレヒトの劇作品. ② 《比》ドラマティックな、息詰まるような、劇的な. ein *dramatischer* Augenblick 劇的な瞬間.

dra‧ma‧ti‧sie‧ren [ドラマティズィーレン dramatizí:rən] 他 (h) ① 誇張して(ドラマティックに)表現する. ② 戯曲(ドラマ)化する、脚色する.

Dra‧ma‧turg [ドラマトゥルク dramatúrk] 男 -en/-en (劇団・テレビ局などの)文芸部員.

Dra‧ma‧tur‧gie [ドラマトゥルギー dramaturgí:] 女 -/-n [..ギーエン] ① 演劇理論、戯曲論. ② 劇作、脚色. ③ (劇団・テレビ局などの)文芸部.

Dra‧men [ドラーメン] *Drama (ドラマ)の 複

***dran** [ドラン drán] 副 ① 《口語》そこに;そこへ (=daran). ② 〖成句的に〗 a) 人[1] ist *dran* a) 人[1]の順番である、 b) 人[1]が死ぬ(責任を取る)番である ⇒ Jetzt bist du *dran*. 今度は君の番だ / Er ist gut (schlecht) *dran*. 彼は調子がいい(悪い) / Ich bin gut mit ihm *dran*. 私は彼とはうまくやっている / An dem Auto ist etwas *dran*. この車はどこか調子がおかしい / An dem Gerücht ist sicher etwas *dran*. そのうわさにはきっと何かわけがある.

Drä‧na‧ge [ドレナージェ drɛná:ʒə] 女 -/-n ① 排水[施設]. ②〖医〗排膿(のう)(排液)法.

drang [ドラング] *dringen (押し進む)の 過去

*der **Drang** [ドラング dráŋ] 男 (単 2) -es (まれに -s)/(複) Dränge [ドレンゲ] (3格のみ Drängen) 《ふつう 単》 ① 《抑えがたい》衝動、渇望. (《英》 urge). Forscher*drang* 研究意欲 / 車[4] aus innerem *Drang* tun やみがたい気持ちから 車[4]をする / der *Drang* nach Freiheit 自由への渇望 / der Sturm und *Drang* 疾風怒濤(どう)時代、シュトゥルム・ウント・ドラング(18世紀後半のドイツ文芸思潮). ② 《複 なし》圧迫、(事態の)切迫. im *Drang* der Arbeit[2] 仕事に追われて.

drän‧ge [ドレンゲ] *dringen (押し進む)の 接[2]
Drän‧ge‧lei [ドレンゲらイ drɛŋəláɪ] 女 -/-en ① 押しのけること、割り込み. ② せがむこと.

drän‧geln [ドレンゲるン dréŋəln] Ⅰ 自 (h)《口語》 ① かき分けて進む、割り込む. Nicht so *drängeln*! そんなに押すな. ② しきりにせがむ. Ⅱ 他 (h)《口語》 ① 《人[4]を》押しのける. ② (人[4]を)せっつく. Ⅲ 再帰 (h) *sich*[4] *drängeln* 《口語》かき分けて進む.

***drän‧gen** [ドレンゲン dréŋən] (drängte, *hat* ...gedrängt) Ⅰ 他 (定了 haben) ① 『方向を表す語句とともに』 (人[4]を…へ/…から)押しやる、追いやる. (《英》 push). Er drängte mich an die Wand. 彼は私を壁に押しつけた / 人[4] aus der Tür drängen 人[4]をドアから押し出す / 人[4] in die Ecke drängen 人[4]を隅に押し込む / 人[4] zur Seite drängen 人[4]をわきへ押しのける. ② せきたてる. *Drängen* Sie mich nicht! せかさないでください / 人[4] zu 事[3] *drängen* 人[4]に 事[3]を迫る ⇒ 人[4] zur Bezahlung *drängen* 人[4]に支払いを迫る. ◊〖zu 不定詞[句]とともに〗 Meine Mutter *drängte* mich, meine Schularbeiten zu machen. 母は私に宿題をするようにせかした. ◊〖非人称の es を主語として〗 Es *drängt* mich, Ihnen zu danken. どうしてもあなたにお礼を申し上げずにはいられません.

Ⅱ 再帰 (定了 haben) *sich*[4] *drängen* ① 〖場所を表す語句とともに〗 (…で)ひしめく. Die Menschen *drängten sich* an den Schaltern. 人々が窓口で押し合いへし合いしていた. ② 〖方向を表す語句とともに〗 (…へ)殺到する、押し分けて進む. *sich*[4] durch die Menge *drängen* 群衆を押し分けて進む / *sich*[4] in den Vordergrund *drängen* 《比》しゃしゃり出る.

Ⅲ 自 (定了 haben) ① (前へ進もうと)押し合う. Bitte nicht *drängen*! 押し合わないでください. ② 〖方向を表す語句とともに〗 (…へ)押し合いながら進む. Die Leute *drängten* zum Ausgang. 人々は出口に殺到した. ③ 〖auf 事[4]〗 ～の(事[4]を)迫る. Die Gläubiger *drängen* auf Zahlung. 債権者たちが支払いをせきたてる. ④ (時間などが)切迫する. Die Zeit *drängt*. 時は迫っている.

◊☞ **gedrängt**

drän‧gend [ドレンゲント] Ⅰ *drängen (押しやる)の 現分 Ⅱ 形 切迫した、緊急の(問題など).

Drang‧sal [ドラングザーる dránza:l] 女 -/-e (古・美 中 -[e]s/-e)《雅》艱難、苦悩.

drang‧sa‧lie‧ren [ドラングザリーレン draŋzalí:rən] 他 (h) 苦しめる、悩ます.

dräng·te [ドレングテ] ‡drängen (押しやる)の過去.

drang≠voll [ドラング・ふぉる] 形《雅》① 込み合っている,押し合いへし合いの. ② 重苦しい.

dran|kom·men* [ドラン・コンメン] drán-kɔ̀-mən] 自 (s)《口語》順番が来る;(授業中に)当てられる.

dra·pie·ren [ドラピーレン drapíːrən] 他 (h)《物》に)飾りひだをつける,を飾る.

dras·tisch [ドラスティッシュ drástɪʃ] 形 ① 露骨な,あからさまな. ② 思いきった,強烈な(処置·薬など).

dräu·en [ドロイエン dróyən] 自 (h)《詩》《人》³を脅す (=drohen).

drauf [ドラおふ dráuf] 副 ① 《口語》その上に;その上へ (=darauf). ② 《成句的に》 *drauf und dran sein,* **zu** 不定詞[句]まさに…しようとしている / 《車》⁴ *drauf* haben a)《車》⁴をマスターしている, b) …のスピードで運転する ⇨ Er hat 120 Kilometer (または 120 Sachen) *drauf.* 彼は時速 120 キロで走っている.

Drauf≠ga·be [ドラおふ・ガーベ] 女 -/-n ① 《商》手付金 (=Handgeld). ②《方》おまけ;(《ネ"ヲ"ス"》)アンコール(曲).

Drauf≠gän·ger [ドラおふ・ゲンガァ] 男 -s/- 向こう見ずな男.

drauf|gän·ge·risch [ドラおふ・ゲンゲリッシュ] 形 向こう見ずな,がむしゃらな.

drauf|ge·ben* [ドラおふ・ゲーベン dráuf-gèːbən] 他 (h) ① おまけする,(おまけとして)追加する. ②《成句的に》《人》³ eins⁴ *draufgeben*《口語》《人》³をとがめる.

drauf|ge·hen* [ドラおふ・ゲーエン dráuf-gèːən] 自 (s)《口語》① 死ぬ,滅びる. Im Krieg gingen Tausende *drauf.* 戦争で何千人もの人が死んだ. ② 使い尽くされる,消費される. ③ 壊れる,破れる,だめになる.

drauf≠los [ドラおふ・ロース] 副 まっしぐらに,やみくもに.

draus [ドラオス dráus] 副《口語》その中から (=daraus).

‡**drau·ßen** [ドラオセン dráusən]

外で *Draußen* ist es kalt.
　　　ドラオセン　イスト エス カるト
　　　外は寒い.

副 ① 外で, 外部に, 戸外で. (《英》 outside). (《対》「内で, 室内で」は drinnen). dort *draußen* あそこの外で / nach *draußen* gehen 戸外(郊外)へ出る / von *draußen* 外から / Er stand *draußen* auf der Straße. 彼は外の通りに立っていた.

② 遠くの外で. Das Boot ist *draußen* auf dem Meer. そのボートは外洋に出ている / *draußen* in der Welt 広い世間で / Er ist *draußen* geblieben.《現在完了》《婉曲》彼は戦死した.

drech·seln [ドレクセるン dréksəln] 他 (h) ① 旋盤にかける,ろくろで細工する. ②《比》技巧をこらして作りあげる. ein Gedicht⁴ *drechseln* 詩を巧みに作る.

Drechs·ler [ドレクスらァ drékslər] 男 -s/- 旋盤工, ろくろ工.

*der **Dreck** [ドレック drék] 男 (単 2) -s (まれに -es)/ ①《口語》汚物, 泥, ぬかるみ; ごみ. (《英》 dirt). den *Dreck* entfernen (zusammen|fegen) 汚物を取り除く(ごみを掃き集める) / *Dreck*⁴ am Stecken haben 身にやましいところがある.(←ステッキに泥がついている) / 《人》⁴ aus dem *Dreck* ziehen《人》⁴を窮地から救ってやる / die Karre⁴ aus dem *Dreck* ziehen 困難を克服する(←荷車をぬかるみから引き上げる) / Jetzt sind wir aus dem gröbsten *Dreck* heraus. 今われわれは最悪の事態から脱け出した / in den *Dreck* fallen a) 泥にはまる, b)《比》苦境に陥る / 《人》⁴ in den *Dreck* ziehen《比》《人》⁴を侮辱する, 中傷する / im *Dreck* stecken (または sitzen)《比》窮地に陥っている / mit *Dreck* und Speck 泥がついたまま, 洗わないで. ②《俗》つまらない(くだらない)こと. Mach deinen *Dreck* alleine! 自分のことは自分でやれ. ③《成句的に》einen *Dreck*《俗》少しも…ない. Das geht dich doch einen *Dreck* an! それは君にはなんの関係もないことだ.

*★**dre·ckig** [ドレッキヒ drékɪç] 形 ①《口語》汚い,不潔な. (《英》 dirty). ②《俗》恥知らずな, 下品な; 卑劣な. ein *dreckiger* Witz 品のないしゃれ. ③《成句的に》 es geht es *dreckig*《口語》《人》³は経済的にうまくいっていない(体の調子が悪い).

Dreck≠spatz [ドレック・シュパッツ] 男 -en (または -es)/-en (泥んこで)汚れた子供;《俗》いかがわしい中.

Dreh [ドレー dréː] 男 -[e]s/-s (または -e) ① 《口語》要領, こつ. den *Dreh* heraus|haben (または weg|haben) こつを心得ている. ②《素》回転 (=Drehung). ③《成句的に》um den *Dreh*《口語》およそ, ほぼ.

Dreh≠ach·se [ドレー・アクセ] 女 -/-n 回転軸.

Dreh≠ar·beit [ドレー・アルバイト] 女 -/-en《ふつう複》映画撮影(の仕事).

Dreh≠bank [ドレー・バンク] 女 -/..bänke《工》旋盤; ろくろ.

dreh·bar [ドレーバール] 形 回転する, 回転式の.

Dreh≠blei·stift [ドレー・ブらイシュティふト] 男 -[e]s/-e (回転式の)シャープペンシル.

Dreh≠brü·cke [ドレー・ブリュッケ] 女 -/-n《建》旋開橋, ターンブリッジ.

Dreh≠buch [ドレー・ブーフ] 中 -[e]s/..bücher (映画の)シナリオ, 台本.

Dreh≠büh·ne [ドレー・ビューネ] 女 -/-n《劇》回り舞台.

‡**dre·hen** [ドレーエン dréːən] (drehte, hat... gedreht) I 他 (《英了》 haben) (《英》 turn) ① 回す, 回転させる. *Drehen* Sie den Knopf nach rechts! つまみを右へ回してください / den Schlüssel *drehen* 鍵(𩸽)を回す / das Gas [auf] klein *drehen*《口語》(コックを回して)ガス

の炎を小さくする.

② 《物⁴の》向きを変える. den Wagen *drehen* 車をUターンさせる / 《人³》 den Rücken *drehen* 《人³》に背を向ける / den Kopf nach links *drehen* 顔を左へ向ける.

③ 回して《巻いて》作る. eine Zigarette⁴ *drehen* 紙巻きたばこを巻く / ein Seil⁴ *drehen* よってロープを作る / einen Film *drehen* 映画を撮影する.

④ 《口語》《うまく》こじつける. Das *hat* er schlau *gedreht*. 彼はそれをうまくごまかした / Daran ist nichts zu *drehen* und zu deuteln. それは明々白々とした事実だ.

II 《再帰》《《完了》 haben》 sich⁴ *drehen* ① 回る, 回転する. sich⁴ im Tanz *drehen* ダンスで旋回する / Die Räder *drehen sich*. 車輪が回る / Mir *dreht sich* alles **im** Kopf. 《口語》私は頭がくらくらする《目まいがする》.

② 《sich⁴ **um** 《人・物》⁴ ~》《口語》《人・物》⁴が話題の中心である. Das Gespräch *drehte sich* um Steuern. 会話では税金のことが問題になっていた / Alles *dreht sich* um sie. 何につけても彼女が中心だ. ◇《非人称の **es** を主語として》 Worum *dreht es sich*? 何が問題になっているのですか.

③ 向きが変わる. Der Wind *hat sich gedreht*. a)《風向きが変わった. b)》情勢が変わった / sich⁴ im Bett **auf** die andere Seite *drehen* ベッドで寝返りをうつ.

III 《自》《《完了》 haben》 ① 《**an** 《物》³ ~》《物³》を回す, ひねる. am Radio *drehen* ラジオのつまみを回す / Da *hat* doch jemand dran *gedreht*. a) これはだれかがいじったな, b)《俗》これはどこかおかしいぞ. ② 《乗り物などが》方向転換する, 向きを変える.

Dre·her [ドレーァァ dréːɐr] 男 -s/- ① 旋盤工; ろくろ工. ② 《音楽》ドレーアー《オーストリアの民俗舞踊》. ③ 《ドアの》取っ手, ドアハンドル; 《工》クランク.

Dreh⹀kreuz [ドレー・クロイツ] 中 -es/-e 《一人ずつ入れるための》十字形の回転柵(ႨႨ), ターンスタイル.

Dreh⹀**mo·ment** [ドレー・モメント] 中 -(e)s/-e 《物》ねじりモーメント, トルク.

Dreh⹀**or·gel** [ドレー・オルゲる] 女 -/-n 手回しオルガン.

Drehorgel

Dreh⹀**punkt** [ドレー・プンクト] 男 -(e)s/-e 旋回点; 支点; 《比》中心, 要点.

Dreh⹀schei·be [ドレー・シャイベ] 女 -/-n 《美》《製陶の》ろくろ; ターンテーブル; 《鉄道》転車台.

Dreh⹀**strom** [ドレー・シュトローム] 男 -(e)s/ 《電》三相交流.

Dreh⹀**stuhl** [ドレー・シュトゥーる] 男 -(e)s/ ..stühle 回転いす.

dreh·te [ドレーテ] ⹂drehen《回す》の過去.

Dreh⹀tür [ドレー・テューァ] 女 -/-en 回転ドア.

Dre·hung [ドレーウング] 女 -/-en 回転, 旋回; 方向転換; ねじれ, よじれ. halbe *Drehung* rechts 右へ180度旋回.

Dreh⹀zahl [ドレー・ツァーる] 女 -/-en 《一定時間内の》回転数.

⁑**drei** [ドライ dráɪ] 数 《基数; ふつう無語尾で. しかし格を明示するためにまれに2格 dreier, 3格 dreien の形も用いられる》3[の].《英》three. ein Kind von *drei* Jahren 3歳の子供 / Wir sind zu *dreien*. 私たちは3人です / Es ist *drei* [Uhr]. 3時です / Ich will es in *drei* Worten erklären. 私はそれを簡単に説明するつもりです《←3語で説明する》/ Er kann nicht bis *drei* zählen.《口語》彼はあまりおつむのいい方ではない《←3まで数えられない》/ Bleib mir *drei* Schritte vom Leibe! 私に近寄るな《←3歩離れていろ》/ Aller guten Dinge sind *drei*.《俗》いいことは3度ある.

《新形》

drei vier·tel 4分の3[の].

Drei [ドライ] 女 -/-en 《数字の》3; 《トランプ・さいころの》3[の数]; 《口語》《バス・電車などの》3番[系統]; 《成績評価の》3《良》.

Drei·ach·tel⹀takt [ドライアハテる・タクト] 男 -(e)s/ 《音楽》8分の3拍子.

drei⹀**ak·tig** [ドライ・アクティヒ] 形 《劇》3幕物の.

drei⹀**ar·tig** [ドライ・アールティヒ] 形 3種類の.

drei⹀**bän·dig** [ドライ・ベンディヒ] 形 3巻本の《著作集など》.

drei⹀**bei·nig** [ドライ・バイニヒ] 形 3脚の《テーブルなど》.

drei⹀**blät·te·rig** [ドライ・ブれッテリヒ] 形 三つ葉の, 葉が3枚の.

drei⹀**blätt·rig** [ドライ・ブれットリヒ] 形 =dreiblätterig

Drei⹀bund [ドライ・ブント] 男 -(e)s/ 《史》《ドイツ・イタリア・オーストリア=ハンガリーの》三国同盟 (1882–1915).

drei⹀**di·men·si·o·nal** [ドライ・ディメンズィオナーる] 形 3次元の; 立体的な. ein *dreidimensionaler* Film 立体映画.

Drei⹀eck [ドライ・エック] 中 -(e)s/-e 3角[形]. ein rechtwinkliges *Dreieck* 直角3角形.

drei⹀**eckig** [ドライ・エッキヒ] 形 3角[形]の. ein *dreieckiges* Tuch 3角布.

Drei·ecks⹀ver·hält·nis [ドライエックス・フェアへるトニス] 中 ..nisses/..nisse 《男女間など

の)三角関係.

drei=ein=halb [ドライ・アインハるプ] 数《分数; 無語尾で》3と2分の1(3¹/₂)[の].

Drei-ei-nig-keit [ドライ・アイニヒカイト] 女 -/ 《キリスト教》(父・子・聖霊なる神の)三位一体.

Drei-er [ドライアァ dráɪər] 男 -s/- ① (昔の) 3ペヒニ銅貨. Das ist keinen *Dreier* wert. それは一文の値打ちもない. ② 《口語》(ナンバーくじの)三つの当たり数字. ③ 《方》(数字の) 3;(トランプ・さいころの)3の目;(成績評価の) 3;《口語》(バス・電車などの)3番[系統].

drei-er-lei [ドライアァらイ dráɪərlái] 形 《無語尾で》3種[類]の, 3通りの.

drei=fach [ドライ・ふァッハ] 形 3倍の, 3重の.

Drei-fal-tig-keit [ドライ・ふァるティヒカイト] 女 -/《キリスト教》三位一体 (=Dreieinigkeit).

drei=far-big [ドライ・ふァルビヒ] 形 3色の.

Drei-fel-der=wirt-schaft [ドライふェるダァ・ヴィルトシャふト] 女 -/《農》三圃(ぼ)式農法.

Drei=fuß [ドライ・ふース] 男 -es/..füße ① (3本足の)五徳. ② (靴屋で使う3本足の)鉄盤(ぼう). ③ 3脚のいす.

drei=fü-ßig [ドライ・ふュースィヒ] 形 3本足の.

drei=hun-dert [ドライ・フンダァト] 数《基数; 無語尾で》300[の].

drei=jäh-rig [ドライ・イェーリヒ] 形 《付加語としてのみ》3歳の; 3年[間]の.

drei=jähr-lich [ドライ・イェーァリヒ] 形 3年ごとの.

Drei-kä-se-hoch [ドライケーゼ・ホーホ] 男 -s/-[s] 《口語・戯》ちびっ子, 子供.

Drei=klang [ドライ・クらング] 男 -[e]s/..klänge 《音楽》三和音.

Drei-kö-nigs=fest [ドライケーニヒス・ふェスト] 中 -[e]s/-e 《カトリック》ご公顕の祝日;《新教》顕現日(1月6日. 東方の三博士のキリスト参拝記念日).

drei=mal [ドライ・マーる] 副 3度, 3回; 3倍.

drei=ma-lig [ドライ・マーリヒ] 形 《付加語としてのみ》3回の; 3倍の.

Drei=mas-ter [ドライ・マスタァ] 男 -s/- ① 3本マストの帆船. ② (特に18世紀に流行した)三角帽子 (=Dreispitz).

drei=mo-na-tig [ドライ・モーナティヒ] 形 《付加語としてのみ》生後3か月の; 3か月[間]の.

drei=mo-nat-lich [ドライ・モーナトリヒ] 形 3か月ごとの.

drein [ドライン dráın] 副 《口語》その中へ (=darein).

drein|bli-cken [ドライン・ブリッケン dráınblıkən] 自 (h) (…の)目つき(顔つき)をしている.

drein|re-den [ドライン・レーデン dráınrè:dən] 自 (h) 《口語》口出しをする, 干渉する.

Drei=rad [ドライ・ラート] 中 -[e]s/..räder ① (子供用の)3輪車. ② オート3輪.

drei=räd-rig [ドライ・レードリヒ] 形 3輪の, 車輪が三つある.

drei=sai-tig [ドライ・ザイティヒ] 形 3弦の(弦楽器など).

Drei=satz [ドライ・ザッツ] 男 -es/..sätze 《数》比例算, 三率法.

drei=sei-tig [ドライ・ザイティヒ] 形 《付加語としてのみ》3面の, 3辺の; 3ページの.

drei=sil-big [ドライ・ズィるビヒ] 形 《言》3音節の.

Drei=spitz [ドライ・シュピッツ] 男 -es/-e (特に18世紀に流行した)三角帽子.

drei=spra-chig [ドライ・シュプラーヒヒ] 形 3言語の, 3言語による.

Drei=sprung [ドライ・シュプルング] 男 -[e]s/..sprünge (スポ) ① 《複》なし 三段跳び. ② (個々の)三段跳び競技.

drei-ßig [ドライスィヒ dráısıç] 数《基数; 無語尾で》30[の]. (英 thirty). Er ist *dreißig* [Jahre alt]. 彼は30歳だ / Sie ist Mitte *dreißig*. 彼女は30代の半ばだ.

Drei-ßig [ドライスィヒ] 女 -/-en (数字の)30. Nummer *Dreißig* 30番.

drei-ßi-ger [ドライスィガァ dráısıgər] 形 《無語尾で》30歳[代]の; 30年[代]の. in den *dreißiger* Jahren dieses Jahrhunderts 今世紀の30年代に.

Drei-ßi-ger [ドライスィガァ] 男 -s/- ① 30歳[代]の男(人). ② 《複》30[年]代; (ある世紀の) 30年代. ein Mann in den *Dreißigern* 30代の男. ③ [19]30年産のワイン;《口語》30ペヒニの切手.

drei-ßig=jäh-rig [ドライスィヒ・イェーリヒ] 形 《付加語としてのみ》30歳の; 30年[間]の. der *Dreißigjährige* Krieg 三十年戦争 (1618-1648).

Drei-ßigst [ドライスィヒスト dráısıçst] 数 《序数》第30[番目]の. Heute ist der *dreißigste* Juli. きょうは7月30日です.

drei-ßigs-tel [ドライスィヒステる dráısıçstəl] 数 《分数; 無語尾で》30分の1[の].

dreist [ドライスト dráıst] 形 《比較 dreister, 最上 dreistest》あつかましい, ずうずうしい, 大胆な. (英 bold). ein *dreister* Bursche ずうずうしいやつ / 人⁴ *dreist* an|sehen 人⁴を物おじせずに見つめる.

drei=stel-lig [ドライ・シュテリヒ] 形 3けたの(数字).

Dreis-tig-keit [ドライスティヒカイト] 女 -/-en ① 《複》なし 厚顔無恥[な態度]. ② あつかましい言動.

drei=stim-mig [ドライ・シュティミヒ] 形 《音楽》3声[部]の.

drei=stö-ckig [ドライ・シュテッキヒ] 形 4階の;《方》3階の.

drei=stu-fig [ドライ・シュトゥーふィヒ] 形 3段の.

drei=stün-dig [ドライ・シュテュンディヒ] 形 《付加語としてのみ》3時間の.

drei=stünd-lich [ドライ・シュテュントリヒ] 形 3時間ごとの.

drei=tä-gig [ドライ・テーギヒ] 形 《付加語としてのみ》3日[間]の.

drei=täg-lich [ドライ・テークリヒ] 形 3日ごとの.

drei=tau-send [ドライ・タオゼント] 数《基数; 無

drei・tei・lig [ドライ・タイリヒ] 形 3部分から成る、三つの

drei・ein・halb [ドライ・アイン・ハルプ] 無語尾で 3と2分の1(3½)[の].

drei・vier・tel 数 (新正) drei viertel ☞ drei

drei・vier・tel・stun・de [ドライふィァテる・シュテュンデ] 女 -/-n 45分[間] (4分の3時間).

vier・tel・takt [ドライふィァテる・タクト] 男 -[e]s/ 《音楽》4分の3拍子.

drei・wer・tig [ドライ・ヴェーァティヒ] 形 《化・数・言》3価の.

drei・wö・chent・lich [ドライ・ヴェッヒェントりヒ] 形 3週間ごとの.

drei・wö・chig [ドライ・ヴェヒヒ] 形 《付加語としての》3週間の.

Drei・zack [ドライ・ツァック] 男 -[e]s/-e 《ギ神》三つまたの矛(海神ポセイドンの象徴).

*****drei・zehn** [ドライ・ツェーン] 数 drái-tse:n] 《基数; 無語尾で》13[の]. (英 thirteen). *dreizehn* Personen 13人の人々 / Jetzt schlägt's [aber] *dreizehn*. 《口語》これはひどい、もうたくさんだ(←時の鐘が13鳴る).

drei・zehnt [ドライ・ツェーント] 数 《序数》第13 [番目]の.

drei・zei・lig [ドライ・ツァイりヒ] 形 3行の, 3行から成る.

Dre・sche [ドレッシェ dréʃə] 女 -/ 《俗》なぐること, 殴打. *Dresche*⁴ bekommen ぶんなぐれる.

dre・schen* [ドレッシェン dréʃən] du drischst, er drischt (drosch, hat...gedroschen) I 他 (h) ① 脱穀する. auf dem Feld Getreide⁴ *dreschen* 畑で穀物を脱穀する / leeres Stroh⁴ *dreschen*《口語》から棒をたたく(=実のないのを脱穀する). ② 《俗》ぶんなぐる(ボールなどを…へ思いきり)ける, 打つ. II 自 (h) 《auf 物⁴ ~》《俗》《物⁴を》激しくたたく.

Dresch・fle・gel [ドレッシュ・ふれーゲる] 男 -s/- 《脱穀用の》殻ざお.

Dresch・ma・schi・ne [ドレッシュ・マシーネ] 女 -/-n 脱穀機.

Dres・den [ドレースデン dré:sdən] 中 -s/《都市名》ドレスデン、ドレースデン(ドイツ、ザクセン州の州都. 歴史的建造物の多い美しい都市であったが、第二次大戦の被害はドイツ諸都市中最大. しかし戦後復元された: ☞ 地図 F-3).

Dress [ドレス drés] 男 -es/-e (ポース 女 -/-Dressen も)《ふつう 軍》《ある目的のための》服[装]で, (特に:)スポーツウェア.

Dreß ☞ (新正) Dress

Dres・seur [ドレセーァ dresǿ:r] [ズス] 男 -s/- (動物の)調教師.

dres・sie・ren [ドレシーレン dresí:rən] 他 (h) ① (動物⁴を)飼いならす, 調教(訓練)する. ② 《比》(子供⁴をしつける. ③ (料理⁴を)盛りつけ, 飾る. ④ (帽子など⁴を)プレスする.

Dress・man [ドレス・メン drés-mən] 男 -s/ Dressmen (男性の)ファッション(写真)モデル.

Dres・sur [ドレスーァ dresú:r] 女 -/-en ① 《ふつう 軍》(動物の)調教:(子供のしつけ, (兵隊の)訓練. ② (動物の)芸当, 曲芸.

Dr. h. c. [ドクトァ ハー ツェー]《略》名誉博士 (=doctor honoris causa).

drib・beln [ドリッベるン dríbəln] 自 (h) (球技で:)ドリブルする.

Drift [ドリふト drift] 女 -/-en ① 《海》吹送流 (風によって生じる海面流); (船舶の)偏流(航路から水平方向に流されること); 偏流角. ② 漂流物.

Drill¹ [ドリる drɪl] 男 -[e]s/ ① 厳しい訓練; 反復練習, ドリル. ② 《漁》(釣針に掛かった魚を)泳がせて弱らせること.

Drill² [ドリる] 男 -s/-e 《動》ドリル(ヒヒの一種).

Drill・boh・rer [ドリる・ボーァラァ] 男 -s/- らせん錐(きり), ドリル.

dril・len [ドリれン drílən] 他 (h) ① (生徒など⁴を反復練習で)厳しく鍛える; 《軍》教練(訓練)する. ② (種⁴を)筋まきする. ③ 《物⁴に錐(きり)で)穴をあける. ④ 《漁》(釣針に掛かった魚を)泳がせて弱らせる.

Dril・lich [ドリりヒ dríliç] 男 -s/-e 《織》ドリル織り.

Dril・ling [ドリリング dríliŋ] 男 -s/-e ① 三つ子[の一人]; 《複》三つ子. ② 3連猟銃.

drin [ドリン drín] 副 ① 《口語》その中で(に) (=darin). ② 《成句的的に》Das ist nicht *drin*. それは困難だ(無理だ) / Es ist noch alles *drin*. まだあらゆる可能性が残っている / Dieser Preis ist [bei mir] nicht *drin*. この値段では私に手が出ない.

Dr.-Ing. [ドクトァ・イング]《略》工学博士 (Doktor der Ingenieurwissenschaften).

*****drin・gen*** [ドリンゲン dríŋən] (drang, ist/hat...gedrungen) 自 (完で) sein または haben) ① (s)《方向を表す語句とともに》《…へ/…から》押し(突き)進む, 突入する; しみ通る; (突き抜けて)到達する. (英 *penetrate*). aus 物³ *dringen* 物³からほとばしり出る / durch das Gebüsch *dringen* やぶをかき分けて進む / Das Wasser *drang* [mir] in die Schuhe. 水が靴にしみ込んだ / Die Kugel *drang* ihm ins Herz. 銃弾が彼の心臓まで達した / Das Gerücht *drang* schließlich auch zu ihm. うわさがついに彼の耳にも入った. ② (s,h)《in 人⁴ ~》《雅》(人⁴に)しつこく迫る. mit Bitten in 人⁴ *dringen* 人⁴にしつこく懇願する. ③ (h) 《auf 事⁴ ~》(事⁴を)あくまで主張する, (事⁴をせよと迫る. auf Antwort *dringen* 回答を迫る / Er *dringt* darauf, dass ... 彼は…するように迫っている.
◊☞ gedrungen

*****drin・gend** [ドリンゲント dríŋənt] I *dringen (押し進む)の 現分
II 形 ① 緊急の, さし迫った. (英 *urgent*). eine *dringende* Arbeit 緊急の仕事 / ein *dringendes* Telegramm 至急電報 / Die Angelegenheit ist *dringend*. この件は急を要する / Ich muss dich *dringend* sprechen.

dringlich

君に至急話したいことがある. ② 切なる, たっての. eine *dringende* Bitte たってのお願い. ③ (疑いなどが)強い, 有力な. ein *dringender* Verdacht 濃厚な容疑.

dring·lich [ドリングリヒ] 形 ① さし迫った, 緊急の. ② 切なる, たっての, 強い調子の.

Dring·lich·keit [ドリングリヒカイト] 女 -/ 切迫, 緊急.

Drink [ドリンク drínk] [英] 男 -[s]/-s アルコールの入った[混合]飲料, カクテル. einen *Drink* mixen カクテルを作る.

* **drin·nen** [ドリンネン drínən] 副 内で, 内部に, 室内で. (英 inside). (⇔ 「外で, 戸外で」は draußen). Ihr Besucher wartet schon *drinnen*. あなたのお客さんはもう中で待ってます / die Tür⁴ von *drinnen* öffnen ドアを内側から開ける.

drisch [ドリッシュ] dreschen (脱穀する)の du に対する 命令.

drischst [ドリシュスト] dreschen (脱穀する)の 2人称単数 現在.

drischt [ドリシュト] dreschen (脱穀する)の 3人称単数 現在.

* **dritt** [ドリット drít] 数 【drei の序数; 語尾変化は形容詞と同じ】 第3[番目]の. (英 third). mein *dritter* Sohn 私の三男 / die *dritte* Person《言》3人称 / zu *dritt* (または dritten)3人で / zum *dritten* Mal または das *dritte* Mal 3度目に / das *Dritte* Reich《史》(ナチスの)第三帝国 (1933-1945) / Heute ist der *dritte* September. きょうは 9 月 3 日だ.

drit·tel [ドリッテる drítəl] 数 【分数; 無語尾で】 3分の 1 [の].

Drit·tel [ドリッテる] 中 (ﾝ:男) -s/- 3分の1.

drit·teln [ドリッテるン drítəln] 他 (h) 3 [等]分する.

drit·tens [ドリッテンス drítəns] 副 第3に, 3番目に.

Drit·te [r] [ドリッテ (..ター) dríta (..tər)] 男 女 【語尾変化は形容詞と同じ】 ① 第3番目の人(物); 第三者, 局外者, 調停者. die *Dritte* von Beethoven ベートーヴェンの交響曲第3番 / Er wurde im Wettlauf *Dritter*. 彼は競走で 3 着になった / der lachende *Dritte* 漁夫の利を得る人 / Wenn zwei sich streiten, freut sich der *Dritte*.《諺》二人が争えば, 第三者が喜ぶ. ② (国王などの) 3 世. Richard der *Dritte* リチャード 3 世.

Dr. jur. [ドクトァ ユーァ]《略》法学博士 (= doctor juris).

DRK [デー・エル・カー] 中 -/《略》ドイツ赤十字 (=Deutsches Rotes Kreuz).

Dr. med. [ドクトァ メート]《略》医学博士 (= doctor medicinae).

dro·ben [ドローベン dró:bən] 副 《南ド・ｵｰｽﾄﾘｱ》上の方で, 頭上で; 上の階で. *droben* am Himmel 天国で.

Dro·ge [ドローゲ dró:gə] 女 -/-n ① 薬種(薬の原料), 生薬(ｼｮｳﾔｸ). ② 売薬. ③ 麻薬 (=

310

Rauschgift).

dro·gen·ab·hän·gig [ドローゲンアップヘンギヒ] 形 麻薬中毒の, 麻薬依存の.

dro·gen·süch·tig [ドローゲン・ズ・ヒティヒ] 形 =drogenabhängig

* *die* **Dro·ge·rie** [ドロゲリー drogə(単)-/(複) -n [..リーエン] ドラッグストアの *drugstore*).

Dro·gist [ドロギスト drogíst] 男 -en/-en ッグストアの主人(店員).

Droh=brief [ドロー・ブリーふ] 男 -[e]s/-e 脅迫状.

***dro·hen** [ドローエン dró:ən] (drohte, hat... gedroht) 自 (完了 haben) ① 【3格とともに】 (人³を)脅す, 脅迫する. (英 threaten). Er hat mir *gedroht*. 彼は私を脅した / 人³ mit dem Finger *drohen* 人差し指をかざして 人³を脅す(警告・叱責の身ぶり) / 人³ mit 事³ *drohen* 人³を 事³をすると言って脅す ⇒ Er *drohte* mir mit Entlassung. 彼は私を解雇するぞと脅した. ◇ zu 不定詞[句]とともに】Sie *drohte* ihm, ihn anzuzeigen. 彼女は彼を告発すると言って脅した.

② (危険・あらしなどが)さし迫る. Ihm *droht* Gefahr. 彼に危険が迫っている / Ein Gewitter *droht*. 夕立が来そうだ.

③ 【zu 不定詞[句]とともに】 今にも…しそうだ. Die Mauer *droht* einzustürzen. この外壁は今にも崩れそうだ / Es *droht* zu regnen. 今にも雨が降りそうだ.

dro·hend [ドローエント] I ‡drohen (脅す)の 現分 II 形 ① 威嚇的な, 脅迫的な. eine *drohende* Gebärde 脅すような身ぶり. ② さし迫った(危険など).

Droh·ne [ドローネ dró:nə] 女 -/-n ① 雄の蜜蜂(ﾐﾂﾊﾞﾁ). ② 《比》(他人の労働によって暮らす) 怠け者.

dröh·nen [ドレーネン drǿ:nən] 自 (h) (雷・笑い声などが)鳴り響く, とどろく; (拍手などで)どよめく. Die Motoren *dröhnen*. エンジンの音がとどろく / Die Klasse *dröhnte* vom Applaus. クラスは拍手喝采(ｶｯｻｲ)でどよめいた / Mir *dröhnt* der Kopf. 私は頭ががんがんする.

droh·te [ドローテ] ‡drohen (脅す)の 過去

Dro·hung [ドローウング] 女 -/-en 脅し, 脅迫. eine *Drohung*⁴ aus|stoßen 脅し文句を吐く / 人⁴ durch *Drohungen* ein|schüchtern 人⁴を脅してひるませる.

drol·lig [ドロりヒ drólıç] 形 こっけいな, ひょうきんな; (おどけて)かわいらしい, あいきょうのある; 奇妙な, 変な.

Dro·me·dar [ドロメダール dromədá:r または ドロー.. dró:..] 中 -s/-e 《動》ヒトコブラクダ.

Drops [ドロップス dróps] [英] 男 中 -/- ドロップ[菓子].

drosch [ドロッシュ] dreschen (脱穀する)の 過去

drö·sche [ドレッシェ] dreschen (脱穀する)の 接2

Drosch·ke [ドロシュケ dróʃkə] 女 -/-n ①

(昔の:)辻馬車. 2 《古》タクシー(=Taxi).
Dros·sel[1] [ドロッセる drɔ́səl] 囡 -/-n 《鳥》ツグミ.
Dros·sel[2] [ドロッセる] 囡 -/-n ① 《狩》(鹿などの)之首. ② 《両》チョークコイル,誘導子. ③ 《工》スロットルバルブ,絞り弁.
dros·seln [ドロッセるン drɔ́səln] 他 (h) 《物》[4]の弁を絞る. 《比》(速力など[4]を)弱める,抑制する. den Motor *drosseln* エンジンの回転を落とす / die Ausfuhr[4] *drosseln* 輸出を抑える.
Dr. phil. [ドクトァ フィーる] 《略》文学(哲学)博士(=**d**octor **phil**osophiae).
Dr. rer. nat. [ドクトァ レーァ ナット] 《略》理学博士(=**d**octor **rer**um **nat**uralium).
Dr. theol. [ドクトァ テーオる] 《略》神学博士(=**d**octor **theol**ogiae).
*❊**drü·ben** [ドリューベン drýːbən] 副 向こう[側に]; 海外で. da (または dort) *drüben* 向こうの方で,向こう側に / *drüben* über dem Rhein ライン川の向こうの方で / **von** *drüben* kommen あちら側(外国)から来る.
drü·ber [ドリューバァ drýːbər] 副 ① 《口語》その上で(=darüber). ② 《成句的に》Es (または Alles) geht drunter und *drüber*. 上を下への大騒ぎだ.

*❊*der* **Druck**[1] [ドルック drúk] 男 (単[2]) -es (まれに -s)/(複) Drücke [ドリュッケ] (3格のみ Drücken) 《英》 *pressure*) ① 《理》圧力. Blut*druck* 血圧 / Luft*druck* 気圧 / ein hoher *Druck* 高圧 / ein *Druck* von 10 bar 10バールの圧力 / den *Druck* messen 圧力を計る. ② 《複》なし》圧する(押す)こと; 圧迫感. Hände*druck* 握手 / ein leichter *Druck* auf den Knopf ボタンを軽く押すこと / einen *Druck* im Magen verspüren 《比》胃にもたれを感じる. ③ 《複》なし》圧迫, 強制; (精神的な)重圧. dem *Druck* der öffentlichen Meinung[2] nach|geben 世論の圧力に屈する / *Druck*[4] hinter 事[4] machen 事[4](仕事など)を急がせる / *Druck*[4] **auf** [4] aus|üben [4]に圧力をかける / **in** (または **im**) *Druck* sein 《口語》(時間的に)切迫している / mit einer Arbeit in *Druck* kommen 仕事に追われる / [4] **unter** *Druck* setzen [4]に抑制(圧迫)を加える / unter dem *Druck* der Verhältnisse[2] 状況に迫られて,やむを得ず.

*❊*der* **Druck**[2] [ドルック drúk] I 男 (単[2]) -es (まれに -s)/(複) -e (3格のみ -en) ① 《複》なし》印刷. 《英》 *print*). Das Buch ist **im** *Druck*. その本は印刷中だ / 《物》[4] in *Druck* geben 《物》[4]を印刷に回す. ② 印刷物; 版[本]; 複製画. Neu*druck* (古い本の)再版. ③ 《複》なし》(印)印刷の仕方; 字体,活字. ein kleiner *Druck* 小さい活字.
II 男 -[e]s/-s 《織》プリント[布地].
Drucks**blei·stift** [ドルック・ブらイシュティふト] 男 -[e]s/-e ノック式シャープペンシル.
Drucks·bo·gen [ドルック・ボーゲン] 男 -s/- (南ド,オースト ..bögen も) 《印》印刷全紙.

Drucks**buch·sta·be** [ドルック・ブーフシュターベ] 男 -ns (まれに -n) (3格・4格 -n)/-n 活字体の文字.
Drü·cke [ドリュッケ] ⁂Druck[1] (圧力)の複.
Drü·cke·ber·ger [ドリュッケ・ベルガァ drýkəbɛrɡər] 男 -s/- 《口語》横着者,無責任男.
*❊**dru·cken**[ドルッケン drúkən] (druckte, hat ...gedruckt) 他 (完了 haben) (英 *print*) ① 印刷する,刷る. ein Buch[4] in 2000 Exemplaren *drucken* ある本を2,000部印刷する / 《物》[4] in Offset *drucken* 《物》[4]をオフセット印刷する. ◊《目的語なしでも》Die Maschine *druckt* sehr sauber. この印刷機はとてもきれいに刷れる.
② (模様など[4]を布地に)プリントする.
◊☞ **gedruckt**

*❊**drü·cken**[ドリュッケン drýkən]

押す

Drück bitte mal den Knopf!
ドリュック ビッテ マーる デン クノっふ
ちょっとそのボタンを押して!

(drückte, hat ...gedrückt) I 他 (完了 haben) ① (人・物[4]を)押す,圧する,握り(抱き)締める. (英 *press*), (⁂「引く」= ziehen). einen Hebel *drücken* レバーを押す / Er *drückte* mir die Hand. 彼は私の手を握った(握手した). ◊《目的語なしでも》*Drücken*! (ドアの表示で:)押す.
② 《方向を表す語句とともに》(人・物[4]を…へ)押しつける. [人][4] **an** die Wand[4] *drücken* a) [人][4]を壁に押しつける, b) 《比》[人][4](ライバルなど)を押し落す / Er *drückte* sie an sich[4]. 彼は彼女を抱き締めた / den Stempel **auf** den Brief *drücken* 手紙にスタンプを押す / [人][3] einen Kuss auf die Wange *drücken* [人][3]の頬(ほお)にキスする / [人][3] Geld[4] **in** die Hand *drücken* [人][3]の手にお金を握らせる.
③ 《A[4] **aus** B[3] ~》(A[4]をB[3]から)押し出す,搾り出す. den Saft aus der Zitrone *drücken* レモンの果汁を搾る.
④ (肉体的・精神的に[人][4]に)圧迫感を与える,苦しめる. Die Schuhe *drücken* mich. この靴は私にはきつい / [人][4] mit Steuern *drücken* [人][4]を税で苦しめる / Ihn *drücken* Sorgen. 《雅》彼は心配事があって悩んでいる. ⑤ (パイロットが飛行機[4]の)機首を下げる. ⑥ (水準など[4]を引き下げる. die Preise *drücken* 値段を下げる / den Rekord um eine Sekunde *drücken* 記録を1秒縮める. ⑦ 《ぢう》伏せ札にする.
II 自 (完了 haben) ① 《方向を表す語句とともに》(…を)押す,押さえる. (英 *press*). **auf** die Klingel *drücken* 呼び鈴を押す.
② 圧迫する,重くのしかかる. Mein rechter Schuh *drückt*. 右の靴がきつい / Die Hitze *drückt*. 焼けつくような暑さだ / Das Essen *drückt* **im** Magen. この料理は胃にもたれる.
III 再帰 (完了 haben) sich[4] *drücken* 《口語》

こっそり逃げ出す. *sich*⁴ **von** (または **vor**) der Arbeit *drücken* 仕事をさける.
◊☞ **gedrückt**

drü·ckend [ドリュッケント] **I** *drücken (押す) の現分. **II** 形 圧迫するような, うっとうしい(暑さなど), 重くのしかかる(借金など).

Dru·cker [ドルッカァ drúkər] 男 -s/- ① 印刷工, 印刷[業]者. ② (ﾛﾝﾋﾟｭｰﾀ) プリンター.

Drü·cker [ドリュッカァ drýkər] 男 -s/- ① (ドアの)取っ手, ノブ. **auf den letzten Drücker**《口語》時間ぎりぎりに. ② ドアの掛け金, 鍵(ｶｷﾞ). ③ 押しボタン. **am Drücker sitzen**《比》決定権を握っている. ④ (銃の)引き金. ⑤《口語》(映画・小説などの)泣かせどころ. ⑥《口語》(新聞などの)訪問勧誘員.

Dru·cke·rei [ドルケライ drukəráɪ] 女 -/-en 印刷業(所).

Dru·cker≠pres·se [ドルッカァ・プレッセ] 女 -/-n 印刷機.

Dru·cker≠**schwär·ze** [ドルッカァ・シュヴェルツェ] 女 -/《印》印刷用黒インク.

Druck≠feh·ler [ドルック・フェーらァ] 男 -s/-《印》誤植, ミスプリント.

druck≠fer·tig [ドルック・フェルティヒ] 形 そのまま印刷に回せる(原稿など).

Druck≠knopf [ドルック・クノップふ] 男 -[e]s/..knöpfe ①《服飾》(衣服の)スナップ[ボタン]. ② (スイッチなどの)押しボタン.

Druck≠**le·gung** [ドルック・れーグンク] 女 -/《印》印刷[に回すこと].

Druck≠**luft** [ドルック・るフト] 女 -/《物》圧縮空気.

Druck·luft≠brem·se [ドルックるフト・ブレムゼ] 女 -/-n エアブレーキ.

Druck·mes·ser [ドルック・メッサァ] 男 -s/-《物》圧力計, 気圧計.

Druck≠**mit·tel** [ドルック・ミッテる] 中 -s/- 強制手段.

druck≠reif [ドルック・ライふ] 形 印刷に回してよい(原稿など), 完全原稿の.

Druck≠sa·che [ドルック・ザッヘ] 女 -/-n ①《郵》印刷物. eine Sendung⁴ als *Drucksache* schicken 発送物を印刷物として送る. ②《印》(名刺・社用便箋(ﾋﾞﾝｾﾝ)などの)印刷物.

Druck≠**schrift** [ドルック・シュリふト] 女 -/-en ① 活字[体]. ② (とじ版の)印刷物.

druck·sen [ドルクセン drúksən] 自 (h)《口語》口ごもる, 言うのをためらう.

Druck≠stock [ドルック・シュトック] 男 -[e]s/..stöcke 《印》(活版印刷用の)版.

druck·te [ドルックテ] *drucken (印刷する)の 過去

drück·te [ドリュックテ] *drücken (押す)の 過去

Druck|wel·le [ドルック・ヴェれ] 女 -/-n《物》圧力波, 爆風.

Dru·de [ドルーデ drú:də] 女 -/-n《ﾄﾞｲﾂ神》(夜の)妖精, 夢魔, 魔女.

Dru·den≠fuß [ドルーデン・ふース] 男 -es/..füße 5 角の星形(夜の妖精 Drude の足跡で魔よけの符号として用いられた; ☆)(=**Pentagramm**).

drum [ドルム drúm] 副 ①《口語》その周りに(=**darum**). ②《成句的に》alles, was *drum* und *dran* ist それに伴ういっさいのこと / Sei's *drum*. それでよしとしよう / das [ganze] *Drum* und *Dran* 付随するいっさいのもの(こと).

drun·ten [ドルンテン drúntən] 副《南ﾄﾞ・ｵｰｽﾄﾘｱ》その下の(方)に, 階下に.

drun·ter [ドルンタァ drúntər] 副 ①《口語》その下に(=**darunter**). ②《成句的に》Es (または Alles) geht *drunter* und *drüber*. 上を下への大騒ぎだ.

Drü·se [ドリューゼ drý:zə] 女 -/-n《医》腺(ｾﾝ). Schweiß*drüse* 汗腺.

Dschun·gel [チュンゲる dʒúŋəl] 男 (まれに 中) -s/- ジャングル, 密林.

Dschun·ke [チュンケ dʒúŋkə] 女 -/-n ジャンク(中国の帆船の一種).

dt. [ドイチュ]《略》ドイツ[語・人]の(=**deutsch**).
dto. [ディートー]《略》上と同じく, 同上(=**dito**).
Dtzd. [ドゥッツェント]《略》ダース(=**Dutzend**).

***du** [ドゥー dú:]

君は, あなたは		
Kommst *du* mit? コムスト ドゥ ミット 君もいっしょに来る？	1格	*du*
	2格	deiner
	3格	dir
	4格	dich

代《人称代名詞; 2 人称親称・単数の 1 格》① 君は(が), おまえは(が), あなたは(が).《愛》you. (ﾁｭｳｲ「君たちは」は ihr). Wo wohnst *du*? 君はどこに住んでいるの / *du* und ich 君とぼく, あなたと私 / Du Glücklicher! 君はなんて幸運なやつだ / mit 人³ **auf** *du* **und** *du* (または **auf** *Du* **und** *Du*) **stehen** 人³と友だちづき合いをしている / 人⁴ **mit** *du* (新形) **mit** *Du*) **an|reden** 人⁴に Du で話しかける.
◊《不定代名詞 **man** の代りに》*Du* kannst doch nichts ändern. それはどうしようもないよ.
②《感嘆文で》*Du* liebe Zeit! おやまあ, なんということだ.

･･････････････････････････････････

ﾁｭｳｲ du は家族・親友・学生どうしなど遠慮のいらない間柄, また子供・動物・神などに対して用いられ, その他の相手に対してはふつう Sie を用いる. 旧正書法では手紙の場合, 文頭以外でも Du と頭文字を大文字で書いた.

Du [ドゥー] 中 -[s]/-[s] Du (君)という呼びかけ. 人³ das *Du*⁴ an|bieten 人³に互いに Du で呼び合うことを提案する / mit 人³ **auf** *Du* **und** *Du* stehen 人³と友だちづき合いをしている / 人⁴ **mit** *Du* **an|reden** 人⁴に Du で話しかける.

Du·a·lis·mus [ドゥアリスムス dualísmʊs] 男 -/ ① (二者の)対立. ②《哲》二元論. ③《政》二元政治.

du·a·lis·tisch [ドゥアリスティッシュ dualístɪʃ] 形 二元論の, 二元的な.

Dü·bel [デューべる dý:bəl] 男 -s/- ① (固定

dü·beln [デューベルン dýːbəln] 他 (h) だぼ(ジベル)で固定する.

du·bi·os [ドゥビオース dubióːs] 形《雅》疑わしい, いかがわしい.

Dub·lee [ドゥブれー dubléː] 中 -s/-s ① 金(銀)張り. ②(ビリヤードで:)空(§)クッション.

Dub·let·te [ドゥブれッテ dublétə] 女 -/-n ①(収集品などの)ダブったもの, ダブリ. ②ダブレット(模造宝石). ③(ボクシングの)ダブルパンチ.

du·cken [ドゥッケン dúkən] I 再帰 (h) *sich* ⁴ *ducken* ①(危険を避けて)身をかがめる. ②屈従する. II 他 (h) 屈従させる, やりこめる.

Duck⁄mäu·ser [ドゥック・モイザァ] 男 -s/-(自分の意見などを主張しない)意気地なし.

Du·de·lei [ドゥーデらイ duːdəláɪ] 女 -/-en 《ふつう 単》(笛などの)一本調子の演奏.

du·deln [ドゥーデるン dúːdəln] I 自 (h)《口語》(手回しオルガンなどが)長々と単調に鳴り響く. II 他 (h)《口語》長々と単調に奏でる.

Du·del⁄sack [ドゥーデる・ザック] 男 -[e]s/..säcke《音楽》バッグパイプ.

Du·den [ドゥーデン dúːdən] I -s/《人名》ドゥーデン(Konrad *Duden* 1829‒1911; ドイツの言語学者. ドイツ語正書法の基礎を築いた). II 男 -[s]/-《商標》ドゥーデン(ドイツの国語辞典).

Du·ell [ドゥエる duél] 中 -s/-e (昔の:)決闘, (2者の:)二者間の対決, 試合; 論戦. ein *Duell* auf Pistolen ピストルを用いる決闘 / 人⁴ zum *Duell* herausfordern 人⁴に決闘を挑む.

Du·el·lant [ドゥエらント duelánt] 男 -en/-en 決闘する人.

du·el·lie·ren [ドゥエリーレン dueliːrən] 再帰 (h)《*sich* ⁴ [mit 人³] ~》([人³と]) 決闘する.

Du·ett [ドゥエット duét] 中 -[e]s/-e ①《音楽》二重唱[曲]; (同じ楽器による)二重奏[曲]. ②(皮肉って:)二人組.

***der* Duft** [ドゥふト dúft] 男 (単2) -es (まれに -s)/(複) Düfte [デューふテ] (3格のみ Düften) ① 香り, (快い)におい, 芳香, 香気; 《比》雰囲気.《疊》 *smell*). Blumen*duft* 花の香り / ein berauschender *Duft* うっとりさせる芳香 / der *Duft* von Parfüm 香水の香り. ②《詩》もや, かすみ, 霧; (z²⁵) 霧氷, 樹氷.

duf·tig [ドゥふティヒ dúftɪç] 形《罉·俗》すばらしい, すてきな.

Düf·te [デューふテ] *Duft (香り)の 複

***duf·ten** [ドゥふテン dúftən] du duftest, er duftet (duftete, *hat*…geduftet) 自 (《完了》 haben) ① 香る, (快く)におう, 香りを放つ.(糋 *smell*). Die Rosen *duften* süß. ばらが甘い香りを放っている. ②《*nach* 物³ ~》(物³の)香りがする. Die ganze Wohnung *duftet* nach frischem Gebäck. 家中に焼きたてのクッキーのにおいがたちこめている. ◇非人称の **es** を主語として》Es *duftete* nach Parfüm. 香水の香りがした.

duf·tend [ドゥふテント] I *duften (香る)の 現分 II 形 におう, 香気のある. eine *duftende* Blume 芳香を放つ花.

duf·te·te [ドゥふテテ] *duften (香る)の 過去

duf·tig [ドゥふティヒ dúftɪç] 形 ① 薄手の, 軽やかな(布地). ②《詩》もやにかすんだ.

Duft⁄stoff [ドゥふト・シュトふ] 男 -[e]s/-e《生》(花などの)芳香物質; (化)香料.

Duis·burg [デュース・ブルク dýːsburk] 中 -s/《都市名》デュースブルク(ドイツ, ノルトライン・ヴェストファーレン州: 地図 C‒3).

Du·ka·ten [ドゥカーテン dukáːtən] 男 -s/- ドゥカーテン(13‒19 世紀のヨーロッパの金貨).

***dul·den** [ドゥるデン dúldən] du duldest, er duldet (duldete, *hat*…geduldet) 他 (《完了》 haben) ① 大目に見る, 許す, 黙認する. (糋 *tolerate*). keinen Widerspruch *dulden* いかなる反論も許さない / Die Arbeit *duldet* keinen Aufschub. その仕事には一刻の猶予も許されない. ②《雅》《軍⁴》**我慢する**, 耐え忍ぶ. Er *duldet* große Schmerzen. 彼は大きな苦痛を耐え忍んでいる. ◇目的語なしでも》Er *duldet*, ohne zu klagen. 彼は苦情も言わずじっと我慢している. ③《場所を表す語句とともに》(人⁴が…にいることを)許す, 我慢する. Sie *duldet* ihn nicht **in** ihrem Hause. 彼女は彼が自分の家にいることに耐えられない / Wir sind hier nur *geduldet*.《状態受動·現在》私たちはお情けでここにいさせてもらっているだけだ.

dul·de·te [ドゥるデテ] *dulden (我慢する)の 過去

duld·sam [ドゥるトザーム] 形 寛容な; 辛抱強い.

Duld·sam·keit [ドゥるトザームカイト] 女 -/ 寛容; 辛抱強い.

Dul·dung [ドゥるドゥング] 女 -/-en 《ふつう 単》黙認, 容認; 忍耐.

:dumm [ドゥム dúm] 形 (比較 dümmer, 最上 dümmst) ① ばかな, 愚かな; 《口語》間抜けな, くだらない.《糋 *stupid*). ein *dummer* Kerl ばかなやつ / ein *dummer* Streich 愚行 / ein *dummes* Gesicht⁴ machen 間抜けな顔をする / sich⁴ *dumm* stellen ばかとほける / *dumm* und dämlich《口語》だらだらと, くどくどと / Rede kein *dummes* Zeug! くだらないことを言うな / Frag nicht so *dumm*! そんなばかな質問をするな / Ich lasse mich doch nicht **für** *dumm* verkaufen.《口語》私はだまされないぞ. ②《口語》不快な, いやな. eine *dumme* Sache 不快なこと / Ich habe ein *dummes* Gefühl. 私はいやな感じがする / 人³ *dumm* kommen 人³にあつかましい態度をとる. ③《口語》(頭が)ぼんやりした. Mir ist *dumm* im Kopf. 私は頭がぼんやりしている / Der Lärm machte uns ganz *dumm*. 騒音で私たちは頭がほんとにぼうっとした.

dumm⁄dreist [ドゥム・ドライスト] 形〔愚かで〕ずうずうしい, あつかましい.

Dum·me[r] [ドゥメ (..マァ) dúmə (..mər)] 男 [《語尾変化は形容詞と同じ》愚か者, 間抜け.

düm·mer [デュンマァ] *dumm (ばかな)の 比較

dum·mer·wei·se [ドゥンマァ・ヴァイゼ] 副 愚かにも,愚かなことに.

*die Dumm·heit [ドゥムハイト dúmhaɪt] 囡 (単) -/(複) -en ① 《複なし》愚かさ,愚鈍,無知. 軍4 aus *Dummheit* sagen (tun) 愚かにも言う(して)しまう / *Dummheit* und Stolz wachsen auf einem Holz. 《諺》自慢高慢はかのうち(←愚鈍と高慢は同じ木に生える). ② 愚かな言動,愚行. eine *Dummheit*4 begehen 愚かなことをする / Mach keine *Dummheiten*! ばかなことはやめろよ.

Dumm·kopf [ドゥム・コァフ] 男 -[e]s/..köpfe ばか者,愚かなやつ.

dümm·lich [デュムリヒ] 形 薄のろの,少々頭の弱い.

dümmst [デュムスト] ‡dumm (ばかな) の最上

*dumpf [ドゥンプフ dúmpf] 形 (比較 dumpfer, 最上 dumpf[e]st) (英 dull) ① 鈍い,さえない,うつろな(音・声など). *dumpfe* Trommelschläge 太鼓を打つ鈍い音. ② かび臭い,むっとする(においなど). *dumpfe* Kellerluft かび臭い地下室の空気. ③ ぼんやりした,ものうげな,無力な. *dumpf* dahin|leben ぼんやりと日々を過ごす. ④ はっきりしない. ein *dumpfer* Schmerz 鈍痛 / eine *dumpfe* Ahnung おぼろげな予感.

dump·fig [ドゥンプフィヒ dúmpfɪç] 形 かび臭い,しめっぽい,むっとする.

Dum·ping [ダンピング dámpɪŋ] [英] 中 -s/ 《経》ダンピング,不当廉売.

Dü·ne [デューネ dý:nə] 囡 -/-n 砂丘.

Dung [ドゥング dúŋ] 男 -es (まれに -s)/ (自然の)厩肥,堆肥.

Dün·ge·mit·tel [デュンゲ・ミッテる] 中 -s/- 肥料 (= Dünger).

dün·gen [デュンゲン dýŋən] I 他 (h) (畑・作物4に)肥料をやる. II 自 (h) 肥料になる.

Dün·ger [デュンガァ dýŋɐr] 男 -s/- 肥料. organischer *Dünger* 有機肥料.

Dün·gung [デュングング] 囡 -/-en ①《ふつう 単》施肥. ②《稀》肥料.

*dun·kel [ドゥンケる dúŋkəl]

> 暗い Draußen ist es schon *dunkel*.
> ドラオセン イスト エス ショーン ドゥンケる
> 外はもう暗い.

形 (比較 dunkler, 最上 dunkelst; 格変化語尾がつくときはふつう dunkl-) (英 dark) ① 暗い,《反「明るい」は hell). eine *dunkle* Straße 暗い街路 / in *dunkler* Nacht 暗い夜に / Es wird *dunkel*. 暗くなる. ◇《名詞的に》im *dunkeln* (新形) im *Dunkeln*) tappen 《比》暗中模索する,まだ解決の手がかりをつかんでいない.
② 黒っぽい,黒ずんだ,濃い[色の]. ein *dunkler* Anzug ダークスーツ / *dunkles* Bier 黒ビール / Sie hat *dunkles* Haar. 彼女は黒っぽい髪をしている / ein *dunkles* Rot えんじ色.
③ (音などが)こもった,鈍い;低音の. eine *dunkle* Stimme 押し殺したような声 / *dunkel* klingen 鈍く響く.
④ あいまいな,はっきりしない;不可解な,なぞの. eine *dunkle* Erinnerung おぼろげな記憶 / *dunkle* Andeutungen4 machen それとなくほのめかす / eine *dunkle* Stelle in einem Text テキストの中のよくわからない箇所. ◇《名詞的に》 Das liegt noch im *dunkeln* (新形) im *Dunkeln*). そのことはまだはっきりしない.
⑤ 不審な,怪しげな. *dunkle* Geschäfte4 machen いかがわしい商売をする.
⑥ 陰うつな,暗たんたる. eine *dunkle* Vergangenheit haben 過去 / das *dunkle* Zeitalter 暗黒時代(中世) / der *dunkelste* Tag meines Lebens 私の生涯の最悪の日.

> 類語 *dunkel*: 暗い.(「真っ暗の」から「ほの暗い」まで使用範囲が広い). **finster**: (光がなく)真っ暗な. in *finsterer* Nacht 真っ暗な夜に. **düster**: 薄暗い.(暗くて無気味なイメージを伴う). ein *düsterer* Gang 薄暗い廊下. **trübe**: (空模様などがどんよりとして)暗い.

Dun·kel [ドゥンケる] 中 -s/ ①《雅》暗さ;暗黒,闇(ੰ). ② 不可解,神秘,なぞ.

Dün·kel [デュンケる dýŋkəl] 男 -s/ 自負,うぬぼれ,高慢.

dun·kel·blau [ドゥンケる・ブらオ] 形 ダークブルー(暗青色)の,紺色の.

dun·kel·haa·rig [ドゥンケる・ハーリヒ] 形 黒っぽい髪をした.

dün·kel·haft [デュンケるハフト] 形《雅》うぬぼれの強い,高慢な.

dun·kel·häu·tig [ドゥンケる・ホイティヒ] 形 黒褐色の肌をした.

Dun·kel·heit [ドゥンケるハイト] 囡 -/-en 《ふつう 単》① 暗さ,暗闇(くらやみ). Die *Dunkelheit* bricht herein. 日が暮れる. ②《雅》暗い色調.

Dun·kel·kam·mer [ドゥンケる・カンマァ] 囡 -/-n《写》暗室.

Dun·kel·mann [ドゥンケる・マン] 男 -[e]s/..männer 陰で糸を引く人,黒幕.

dun·keln [ドゥンケるン dúŋkəln] I 非人称 (h) Es *dunkelt*.《雅》日が暮れる. II 自 (h, s) ① (h)《詩》暗くなる;(黒雲などが)現れる. Der Abend *dunkelt*. 夜のとばりが下りる. ② (s) 黒ずむ,黒くなる.

Dun·kel·zif·fer [ドゥンケる・ツィッファァ] 囡 -/-n (公式の統計などに出ない)実際の数値.

dün·ken(*) [デュンケン dýŋkən] du dünkst, er dünkt (古: du deuchst, er deucht) (dünkte, hat ...gedünkt (古: deuchte, *hat*...gedeucht)) I 他 (h)《雅》(人4 (まれに 人3)には…と)思われる. Die Sache *dünkt* mich (まれに mir) zweifelhaft. その件は私にはうさんくさく思われる. ◇《非人称 の es を主語として》 Es *dünkt* mich (まれに mir), dass... 私には…と思われる. II 自 (h) 《雅》(人4 (まれに 人3)には…と)思われる. III 再帰 (h) sich4 (まれに sich3) dünken《雅》自分を…と思い込む,うぬぼれる. Er *dünkt* sich etwas Großes. 彼は自分を偉いと思っている.

dunk·ler [ドゥンクラァ] dunkel(暗い)の 比較

dünn [デュン dýn] 形 ① 薄い, 細い, やせた. (英 thin). (⇔「厚い」は dick). ein dünnes Brett (Buch) 薄い板(本) / Sie hat dünne Arme. 彼女は細い腕をしている / Das Brett ist nur 1 (=einen) cm dünn. その板は1センチの厚さしかない / eine Farbe⁴ dünn auf|tragen 塗料を薄く塗る.
② まばらな,（密度が)薄い. dünnes Haar 薄い髪 / Das Land ist dünn bevölkert.《状態受動・現在》その国は人口が希薄だ.
③ 中味の薄い；水っぽい. ein dünner Vortrag 内容の乏しい講演 / eine dünne Suppe 水っぽいスープ. ④ かすかな, 弱々しい(声など). eine dünne Stimme か細い声.

．．．．．．．．．．．．．．．．．．．．．．．．．．．．．．．．．．．．．
類語 dünn:（厚みがないという意味で)細い.（人間についていえば「やせ細った」). fein:（繊細な・きゃしゃなという感じで)細い. schlank:（均斉がとれて)すらりとした, スマートな. schmal:（幅がなくて)細い, ほっそりした. mager:（肉付きが悪くて)やせた.
．．．．．．．．．．．．．．．．．．．．．．．．．．．．．．．．．．．．．

Dünn⸗darm [デュン・ダルム] 男 -[e]s/..därme 《医》小腸.（⇔「大腸」は Dickdarm).

Dünn⸗druck [デュン・ドルック] 男 -[e]s/-e《書籍》①《複 なし》インディア紙への印刷. ② インディア紙の印刷物.

Dünn·druck·pa·pier [デュンドルック・パピーァ] 中 -s/-e インディア紙.

Dün·ne [デュンネ dýnə] 女 -/ 薄い(細い)こと.

dünn·flüs·sig [デュン・ふりュスィヒ] 形 (液体が)水っぽい, 薄い.

dünn|ma·chen [デュン・マッヘン dýn-màxən] 再帰 (h) sich⁴ dünnmachen《口語》こっそり逃げる, ずらかる.

der **Dunst** [ドゥンスト dúnst] 男 (単 2) -es (まれに -s) / (複) Dünste [デュンステ] (3格の Dünsten) ①《複 なし》もや, かすみ, 霧；スモッグ.（英 fog). Die Berge liegen im Dunst. 山は霧に包まれている / 人³ blauen Dunst vor|machen《口語》人³に煙にまく / keinen [blassen] Dunst von 事³ haben《口語》事³のことを全然知らない. ② (馬小屋などの)臭気, むっとするような空気. bläulicher Dunst von Abgasen 排気ガスの青みがかった空気. ③《複 なし》《狩》散彈.

Düns·te [デュンステ] *Dunst (臭気)の 複

duns·ten [ドゥンステン dúnstən] 自 (h) ①《雅》(地面などが)湯気を出す；(いやなにおいを放つ. ②《成句的に》人⁴ dunsten lassen (ホラフ)《口語》人⁴に真相を明かさない.

düns·ten [デュンステン dýnstən] 他 (h) ①《料理》(肉・野菜など⁴を)蒸す. ② =dunsten ①

Dunst⸗glo·cke [ドゥンスト・グロッケ] 女 -/-n (町などをすっぽり覆う)スモッグ.

duns·tig [ドゥンスティヒ dúnstɪç] 形 ① もや(霧)の立ち込めた, どんよりした. ② 空気の汚れた, むっとする(部屋など).

Dunst⸗kreis [ドゥンスト・クライス] 男 -es/《雅》勢力範囲；雰囲気；(精神的な)環境.

Dü·nung [デューヌング dý:nʊŋ] 女 -/-en (あらしの前後の)波のうねり, 大波.

Duo [ドゥーオ dú:o] [⑫] 中 -s/-s ①《音楽》(ふつう異なる楽器による)二重奏[曲]；二重奏曲演奏者. ②《ふつう皮肉って》二人組.

dü·pie·ren [デュピーレン dypí:rən] 他 (h)《雅》だます, 一杯くわす.

Dup·li·kat [ドゥプリカート duplikáːt] 中 -[e]s/-e コピー, 写本, 複本.

Dup·li·zi·tät [ドゥプリツィテート duplitsitέːt] 女 -/-en ① 二重性；(似かよった事件の)同時発生. ②《古》二義性, あいまいさ.

Dur [ドゥーァ dú:r] 中 -/-《音楽》長調.（⇔「短調」は Moll). A-Dur イ長調.

durch [ドゥルヒ dúrç]

…を通って

Gehen wir *durch* den Park!
ゲーエン ヴィァ ドゥルヒ デン パルク
公園を通って行きましょう.

I 前《**4 格**とともに》①《空間的に》⑦ …を通って(通して).（英 through). durch die Tür gehen ドアを通って行く / durch das Fernrohr sehen 望遠鏡で見る / Der Zug fuhr durch viele Tunnel. 列車は多くのトンネルを通過した（☞ 図）/ Das Licht dringt durch die Vorhänge. 光がカーテンを通して入ってくる / durch die Nase sprechen 鼻声でしゃべる. ④ …中を[あちこち]. durch das Land reisen 国中を旅行する / eine Reise⁴ durch Deutschland machen ドイツ旅行をする / durch die Straßen bummeln 通りをぶらつく.

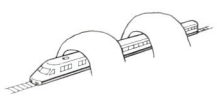

②《媒介・手段・原因》…によって, …を通して. durch eigene Kraft 自力で / Ich habe sie durch meinen Freund kennen gelernt. 私は友人を通して彼女と知り合った / 事⁴ durch das Los entscheiden 事⁴をくじで決める / Das Haus wurde durch Bomben zerstört.《受動・過去》その建物は爆弾で破壊された / Acht [geteilt] durch zwei ist vier. 8割る2は4.

③《ふつう名詞のあとに置かれて》《時間的に》…を通じて, …の間. die ganze Nacht durch 一晩中 / den Winter durch 冬の間中 / das ganze Jahr durch 1年中 / durch viele Jahre 長年にわたって / durch das ganze Leben 一生を通じて.

II 副 ①《時刻を表す語句とともに》《口語》…を少し過ぎた. Es ist schon vier [Uhr] durch. もう4時ちょっと過ぎだ.
②《成句的に》durch und durch《口語》a) 完全に, b) 骨の髄まで ⇨ Er war durch und

durch nass. 彼はびしょぬれだった / Der Schmerz ging mir *durch* und *durch*. 痛みが骨の髄まで染み通った / **bei** 人³ unten *durch* sein 人³の...に見放されている.
③ 《sein, haben・話法の助動詞とともに》Darf ich mal *durch* (=*durch*gehen)? ちょっと通してください / Der Zug ist schon *durch* (=*durch*gefahren). 列車はもう通過した / Ist das Fleisch schon *durch* (=*durch*gebraten)? この肉はよく火が通っていますか / Ich habe das Buch noch nicht *durch* (=*durch*gelesen). 私はその本をまだ読み終えていない / Meine Hose ist *durch* (=*durch*gescheuert). 私のズボンはすり切れている.

durch sein 《口語》① 通過している. Der Bus *ist* schon *durch*. バスはもう通過した. ② 合格している; 危機を脱している. Ich *bin* mit der Prüfung *durch*. 私は試験に合格した / Er *ist durch*. 彼は危険を免れた. ③ すり切れている. Die Schuhe *sind durch*. その靴はすり切れている. ④ (肉が十分に)焼けている; (チーズが熟成して)食べごろである. ⑤ (仕事などを)終えている.

....

durch.. [ドゥルヒ.. dúrc.. または ドゥルヒ..]
I 《分離動詞の前つづり; つねにアクセントをもつ》
① 《通過・貫通》例: *durch*|fahren 通過する.
② 《克服》例: *durch*|halten 持ちこたえる.
③ 《分割》例: *durch*|brechen 二つに割る.
④ 《徹底》例: *durch*|arbeiten 仕上げる.
⑤ 《消耗》例: *durch*|liegen (ベッドなどを)使い古す. II 《非分離動詞の前つづり; アクセントをもたない》① 《くまなく・浸透》例: *durch*fahren 周遊する. ② 《突破》例: *durch*brechen 突破する. ③ 《継続》例: *durch*tanzen 踊って過ごす. III 《分離・非分離の混用》例: *durch*|blättern (*durch*blättern) ざっと目を通す / *durch*|lesen (*durch*lesen) 通読する.

durch|ackern [ドゥルヒ・アッカァン dúrc-àkɐrn] 他 (h) 《口語》(文献など⁴を)十分に研究(調査)する.

durch|ar·bei·ten [ドゥルヒ・アルバイテン dúrc-àrbaitən] I 自 (h) 休みなしに働く. die ganze Nacht *durcharbeiten* 夜通し働く. II 他 (h) ① 仕上げる, 完成する. ② 十分に研究する. das neue Buch⁴ gründlich *durcharbeiten* 新しい本を徹底的に精読する. ③ (粉など⁴を)よくこねる. III 再帰 (h) *sich*⁴ *durcharbeiten* 苦労して先へ進む. *sich*⁴ *durch* die Menge *durcharbeiten* 群衆をかき分けながら進む / *sich*⁴ *durch* ein Fachbuch *durcharbeiten* 専門書を苦労して読み通す.

durch|at·men [ドゥルヒ・アートメン dúrc-à:tmən] 自 (h) 深呼吸をする.

***durch|aus** [ドゥルヒ・アオス durc-áus または ドゥルヒ..] 副 ① まったく, 完全に. (⇔ *absolutely*). Das ist *durchaus* richtig. それはまったく正しい / Ich bin *durchaus* Ihrer Meinung². 私はあなたとまったく同意見です / *durchaus* nicht 決して(全然)…でない. ② ぜひとも, 絶対に. Er will *durchaus* mitkommen. 彼はどうしてもいっしょに行くと言い張る.

durch|ba·cken(*) [ドゥルヒ・バッケン dúrc-bàkən] 他 (h) (パンなど⁴を)十分に焼く.

durch|bei·ßen¹* [ドゥルヒ・バイセン dúrc-bàisən] 《分離》I 他 (h) かみちぎる, かみ切る. Der Hund *hat* seine Leine *durchgebissen*. 犬が引き綱をかみ切った. II 再帰 (h) *sich*⁴ *durchbeißen* 《口語》歯をくいしばって耐え抜く.

durch|bei·ßen²* [ドゥルヒ・バイセン] 《非分離》他 (h) かみ砕く, 食い破る.

durch|bie·gen* [ドゥルヒ・ビーゲン dúrc-bì:gən] I 他 (h) (十分に)曲げる, そらせる. II 再帰 (h) *sich*⁴ *durchbiegen* (重みで)たわむ.

durch|bil·den [ドゥルヒ・ビルデン dúrc-bìldən] 他 (h) 完全に作り上げる, 十分に鍛練する. ◇《過去分詞の形で》ein gut *durchgebildeter* Körper よく鍛え抜かれた身体.

durch|blät·tern¹ [ドゥルヒ・ブレッタァン dúrc-blètɐrn] 《分離》他 (h) (本・新聞など⁴に)ざっと目を通す. ein Buch⁴ *durchblättern* 本を通読する.

durch|blät·tern² [ドゥルヒ・ブレッタァン] 《非分離》他 (h) = durch|blättern¹

durch|bläu·en [ドゥルヒ・ブロイエン dúrc-blɔ̀yən] 他 (h) 《口語》したたかになぐる.

durch|bleu·en ☞ 新形 durch|bläuen

Durch·blick [ドゥルヒ・ブリック dúrc-blɪk] 男 -[e]s/-e ① (すき間などを通しての)眺め. ② 《口語》見通し, 展望.

durch|bli·cken [ドゥルヒ・ブリッケン dúrc-blìkən] 自 (h) ① のぞき見る, のぞく. *durch* eine Lupe *durchblicken* 虫めがねをのぞく / 事⁴ *durchblicken lassen* 事⁴を暗示する, ほのめかす. ② 《口語》(関連・事情が)わかる.

durch·blu·tet [ドゥルヒ・ブルーテット] 形 血色のよい; 血のにじんだ.

Durch·blu·tung [ドゥルヒ・ブルートゥング] 女 -/-en 血行, 血液灌流(かんりゅう).

durch|boh·ren¹ [ドゥルヒ・ボーレン dúrc-bò:rən] 《分離》I 他 (物⁴に)穴をあける; (穴⁴を)あける. II 再帰 (h) (*sich*⁴ *durch* 物⁴ ~) (虫などが物⁴に)穴をあける.

durch|boh·ren² [ドゥルヒ・ボーレン] 《非分離》他 (h) (弾丸などが人・物⁴を)貫く, 刺し通す. 人 mit Blicken *durchbohren* 《比》人⁴を刺すような目で見る.

durch|bo·xen [ドゥルヒ・ボクセン dúrc-bòksən] I 他 (h) 《口語》(法案など⁴を)無理に通す. II 再帰 (h) *sich*⁴ *durchboxen* 《口語》(…へ)人をかき分けて進む.

durch|bra·ten* [ドゥルヒ・ブラーテン dúrc-brà:tən] 他 (h) (肉など⁴を)十分に焼く.

durch|bre·chen¹* [ドゥルヒ・ブレッヒェン dúrc-brɛ̀çən] 《分離》I 他 (h) ① 二つに折る(割る). eine Tafel⁴ Schokolade *durchbrechen* 板チョコを二つに割る. ② 打ち抜いて(窓など⁴を)作る; (壁など⁴を)打ち抜く. eine Tür⁴ [durch die Wand] *durchbrechen* 壁を打ち抜いて入口を作る. **II** 自 (s) ① 二つに分かれる(割れる). Die Brücke *ist durchgebrochen*.《現在完了》橋は二つに折れた. ② (障害を突き破って)現れ出る; (歯が)生える; (太陽が雲間から)出る; (花が)咲く; (潰瘍(:)が)穿孔(:)する. Seine wahre Natur *brach durch*.《比》彼の本性が現れた. ③〖**durch** 物⁴ ～〗(物⁴(水など)から下に)落ち込む.

durch·bre·chen²* [ドゥルヒ・ブレッヒェン]〖非分離〗他 (h) ① (封鎖など⁴を)突破する, 破る, (物⁴に)穴をあける. ② 《比》(法律など⁴を)犯す, (禁令など⁴を)破る. ein Verbot⁴ *durchbrechen* 禁令を破る.
◊☞ durchbrochen

durch·bren·nen* [ドゥルヒ・ブレンネン dúrçbrènən] 自 ① (s) (ヒューズ・電球などが)[焼き]切れる. ② (s) (石炭・ストーブなどが)真っ赤に燃えあがる. ③ (s)《口語》ずらかる; (サッカーで)相手の防御をかわす. mit der Kasse *durchbrennen* 現金を持ち逃げする / von zu Hause *durchbrennen* 家出する. ④ (h) 燃え続ける.

durch·brin·gen* [ドゥルヒ・ブリンゲン dúrçbrìŋən] 他 (h) ① (病人に)危機を乗り越えさせる; (家族など⁴を)どうにか養う. Die Ärzte *haben* den Patienten *durchgebracht*. 医師たちのおかげで患者は危機を脱した.◊《再帰的に》sich⁴ *durchbringen* どうにか暮らしていく. ② (人⁴を)合格(当選)させる; (法案など⁴を)通過させる. ③ (狭い所を抜けて)うまく通す;(国境などを越えて)うまく通過させる. Wir *bringen* den Tisch hier nicht *durch*. その机はここからは通せない. ④ (貯金など⁴を)使い果たす.

durch·bro·chen [ドゥルヒ・ブロッヘン] **I** durchbrechen²(突破する)の 過分 **II** 形 小さな穴のある, メッシュの.

Durch·bruch [ドゥルヒ・ブルフ dúrç-brux] 男 -[e]s/..brüche 突き破ること, 突破, 打開; (突然の)出現, 突発; 裂け口, 割れ目. der *Durchbruch* eines Zahnes 歯が生えること / **zum** *Durchbruch* kommen 現れ出る, 認められる / einer Idee³ zum *Durchbruch* verhelfen ある考えを世間に認めさせる.

durch·den·ken¹* [ドゥルヒ・デンケン dúrç-dèŋkən]〖分離〗他 (h) (最後まで)考え抜く.

durch·den·ken²* [ドゥルヒ・デンケン]〖非分離〗他 (h) (細部まで)じっくり検討する.

durch·drän·gen [ドゥルヒ・ドレンゲン dúrç-drèŋən] 再帰 (h) *sich*⁴ *durchdrängen* (群衆などを)押し分けて進む.

durch·dre·hen [ドゥルヒ・ドレーエン dúrçdrè:ən] **I** 他 (肉・肉機で)ひく, (じゃがいもなど⁴を機械で)すりつぶす. **II** 自 (h, s)《口語》① (h, s) 度を失う, 頭がおかしくなる. ② (h) (車輪が)空転する.

*****durch|drin·gen**¹* [ドゥルヒ・ドリンゲン dúrç-drìŋən]〖分離〗(drang...durch, ist... durchgedrungen) 自 (宮で sein) ① 貫き通る, 侵入する; (液体が)しみ通る. Der Regen *drang* **bis auf** die Haut *durch*. 雨が肌にまでしみ通った / Die Nachricht *ist* **zu** uns *durchgedrungen*.《現在完了》その情報はわれわれの耳にまで入った. ②〖**mit** 事³ ～〗(事³(要求・意見など)を)押し通す, 貫徹する. Er *ist mit* seinem Vorschlag *durchgedrungen*.《現在完了》彼は自分の提案を押し通した.

durch·drin·gen²* [ドゥルヒ・ドリンゲン]〖非分離〗他 (h) ① 貫き通す; 透過する. Der Scheinwerfer *durchdrang* die Finsternis. サーチライトが暗闇(:)を貫いた / Röntgenstrahlen *durchdringen* feste Körper. レントゲン光線は固体を透過する. ② (人⁴の心を)満たす. Ein Gefühl der Freude *durchdrang* ihn. 彼は喜びの気持ちでいっぱいだった.
◊☞ durchdrungen

durch·drin·gend [ドゥルヒ・ドリンゲント] **I** durch|dringen¹ (貫き通る)の 現分 **II** 形 貫き通るような, 鋭い. eine *durchdringende* Kälte 肌を刺す寒さ / ein *durchdringender* Geruch 鼻をつくにおい / 人⁴ mit *durchdringendem* Blick an|sehen 人⁴を鋭いまなざしで見つめる.

Durch·drin·gung [ドゥルヒ・ドリングング] 女 -/ ① 浸透; 貫通, 貫徹; 侵入. friedliche *Durchdringung* (経済・文化の)平和的侵入. ② 洞察, 把握.

durch·drü·cken [ドゥルヒ・ドリュッケン dúrç-drỳkən] 他 (h) ① (果汁など⁴を)裏ごしする. ② (背中など⁴を)ぴんと伸ばす. die Knie⁴ *durchdrücken* ひざをまっすぐに伸ばす. ③ (洗濯物⁴を)もみ洗いする. ④《口語》(意見など⁴を)押し通す.

durch·drun·gen [ドゥルヒ・ドルンゲン] **I** durchdringen²(貫き通す)の 過分 **II** 形《成句的に》**von** 事³ *durchdrungen* sein 事³(考えなど)に満ち満ちている.

durch·ei·len¹ [ドゥルヒ・アイレン dúrç-àilən]〖分離〗自 (s) 急いで通り抜ける.

durch·ei·len² [ドゥルヒ・アイレン]〖非分離〗他 (h) (ある場所⁴を)急いで通り(駆け)抜ける.

*****durch⸗ei·nan·der** [ドゥルヒ・アイナンダァ durç-aɪnándər] 副 ① 入り乱れて, ごちゃごちゃに; 《比》(頭が)混乱して, 入り乱して. Hier ist ja alles *durcheinander*. ここには何もかもごちゃごちゃだね / Ich bin noch ganz *durcheinander*. 私はまだ頭がこんがらがっている. ② 手当たりしだいに. alles⁴ *durcheinander* essen und trinken 手当たりしだいに飲み食いする.

<新形> ··

durch·ei·nan·der brin·gen ① ごちゃごちゃにする, 乱雑にする;《比》(人⁴を)混乱させる. ② 取り違える, 混同する.

durch·ei·nan·der ge·hen めちゃくちゃになる, 混乱する.

durch·ei·nan·der re·den (何人かの人が)一度にがやがや話す.

durch·ei·nan·der wer·fen ① (乱雑に)投げ散らかす. ② 取り違える, 混同する.

....

Durch=ei·nan·der [ドゥルヒ・アイナンダァ] 中 -s/ 混乱, 混雑, 無秩序. In seinem Zimmer herrschte ein großes *Durcheinander*. 彼の部屋はひどく散らかっていた.

durch·ein·an·der|brin·gen* 他 (h) (新形 durcheinander bringen) ☞ durcheinander

durch·ein·an·der|ge·hen* 自 (h) (新形 durcheinander gehen) ☞ durcheinander

durch·ein·an·der|re·den 自 (h) 新形 durcheinander reden ☞ durcheinander

durch·ein·an·der|wer·fen* 他 (h) (新形 durcheinander werfen) ☞ durcheinander

durch|exer·zie·ren [ドゥルヒ・エクセルツィーレン dúrç-ɛksertsìːrən] 他 (h) 《口語》《軍[4]を)徹底的に(最初から最後まで)練習する.

durch·fah·ren[1]* [ドゥルヒ・ファーレン dúrç-fàːrən]《分離》自 (s) ① (乗り物が・人が乗り物で)通過する. Der Zug *fährt* hier nur *durch*. 列車はここでは停車しない(通過する). ② (乗り物が・人が乗り物で)ノンストップで走る.

durch·fah·ren[2]* [ドゥルヒ・ファーレン]《非分離》他 (h) ① (乗り物である場所[4]を)横断(縦断)する. ② (乗り物である距離[4]を)走破する. ③ (考え・感情などが人[4]を)急に襲う.

***die* Durch·fahrt** [ドゥルヒ・ファールト dúrç-faːrt] 女 (単) -/(複) -en ① 〔覆 なし〕(乗り物での)**通過**, 通り抜け. *Durchfahrt* verboten! (掲示など)(車の)通り抜け禁止 / Wir sind hier nur **auf** der *Durchfahrt*. 私たちは当地に立ち寄っただけです. ② (車の)出入口, 通路. [Die] *Durchfahrt* freihalten! (掲示などで):(出入口につき)駐車禁止.

Durch·fall [ドゥルヒ・ファる dúrç-fal] 男 -es (まれに -s)/..fälle ① 下痢 (=Diarrhö). ② 《口語》落第, 落選, 不合格; (劇などの)不評. der *Durchfall* **bei** (または **in**) der Prüfung 試験での不合格.

durch|fal·len [ドゥルヒ・ファれン dúrç-fàlən] du fällst...durch, er fällt...durch (fiel...durch, *ist*...durchgefallen) 自 (s) ① (物の間から)落ちる, 抜け落ちる. ② 《口語》(試験などに)落第する, (選挙に)落選する. **bei** der Wahl *durchfallen* 選挙に落選する / **bei** (または **in**) der Prüfung *durchfallen* 試験に落ちる. ③ 《口語》(演劇などが)不評である. Das Stück *ist* bei der Premiere *durchgefallen*. 〖現在完了〗その戯曲は初演の際不評だった.

durch|fech·ten* [ドゥルヒ・フェヒテン dúrç-fèçtən] I 他 (軍[4]を)戦い抜く, (主張など[4]を)貫き通す. II 再帰 (h) *sich[4] durchfechten* ① (苦労して)人生を切り開く. ② 《口語》物ごいをして暮らす.

durch|fei·len [ドゥルヒ・ファイレン dúrç-fàilən] 他 (h) ① やすりで切断する. ② 《比》《論文など[4]を)推敲(すいこう)する.

durch|fin·den* [ドゥルヒ・フィンデン dúrç-fìndən] 自 (h)・再帰 (h) *sich[4] durchfinden* 行く道がわかる;《比》勝手がわかる. Ich *fand mich* in der Stadt gut *durch*. 私はこの町の勝手がよくわかっていた.

durch|flie·gen[1]* [ドゥルヒ・フリーゲン dúrç-flìːgən]《分離》自 (s) ① (物の間を)飛んで通り抜ける. **durch** eine Wolke *durchfliegen* (飛行機などが)雲を突き抜けて飛ぶ. ② (飛行機が)ノンストップで飛ぶ. ③ 《口語》(試験に)落ちる.

durch·flie·gen[2]* [ドゥルヒ・フリーゲン]《非分離》他 (h) ① (物[4]を)突き抜けて飛ぶ; (ある区間[4]を)飛んで通過する. Die Rakete *hat* die Atmosphäre *durchflogen*. ロケットは大気圏を突き抜けた. ②《新聞など[4]に)ざっと目を通す.

durch·flie·ßen[1]* [ドゥルヒ・フリーセン dúrç-flìːsən]《分離》自 (s) (管などを)通って流れる.

durch·flie·ßen[2]* [ドゥルヒ・フリーセン]《非分離》他 (h) (ある場所[4]を)貫いて流れる, 貫流する.

durch·for·schen [ドゥルヒ・フォルシェン dúrç-fórʃən] 他 (h) 十分に研究(調査)する.

durch·fors·ten [ドゥルヒ・フォルステン dúrç-fórstən] 他 (h) ①《林》間伐する. ②《比》(書類など[4]を)整理する, 検閲する.

durch|fra·gen [ドゥルヒ・フラーゲン dúrç-fràːgən] I 他 (h) 質問して回る. II 再帰 (h) *sich[4] durchfragen* (目的地まで何度も)尋ねながらたどりつく.

durch|fres·sen* [ドゥルヒ・フレッセン dúrç-frèsən] I 他 (h) (物[4]に)穴を食いあける, (さびなどが)腐食する. II 再帰 *sich[4] durchfressen* (h) ①《*sich[4]* **durch** 物[4] ~》(物[4]に)穴を食いあけて[通る]; 《比》(物[4]書類などを)苦労して読み通す. ②《*sich[4]* **bei** [人[3]] ~》《口語》([人[3]の所に])寄食する.

durch|frie·ren* [ドゥルヒ・フリーレン dúrç-frìːrən] 自 (s) (池などが)すっかり凍る; (体が)すっかり冷える.

durch|führ·bar [ドゥルヒ・フューァバール] 形 実行(実施)可能な.

***durch|füh·ren** [ドゥルヒ・フューレン dúrç-fỳːrən] (führte ...durch, *hat* ...durchgeführt) I 他 (完了 haben) ① **実行**する, 実施する, 成し遂げる. (英 carry out). einen Plan *durchführen* 計画を実行する / eine Arbeit[4] *durchführen* 仕事を遂行する / einen Versuch *durchführen* 実験を行う. ② 案内する. 人[4] **durch** eine Ausstellung *durchführen* 展示場で人[4]を案内して回る.
II 自 (完了 haben) (道などが)通り抜けている.

Durch·füh·rung [ドゥルヒ・フューるング] 女 -/-en ① (実験・計画などの)実行, 実施, (命令の)遂行; 成就. **zur** *Durchführung* kommen (または zu gelangen) 実施される, 実行される. ②《音楽》(ソナタなどの)展開部.

durch|füt·tern [ドゥルヒ・フュッタァン dúrç-fỳtərn] 他 (h)《口語》(困窮している人など[4]を)

Durch∶gang [ドゥルヒ・ガング] 男 -(e)s/..gänge ① 〚複 なし〛通り抜け，通行，通過．*Durchgang* verboten! (掲示などで)通行止め，通り抜け禁止．② 通路，出入口，〖渡り〗廊下．③ (競技・選挙などの) 1 ラウンド，1 回．

durch・gän・gig [ドゥルヒ・ゲンギヒ dúrcɡɛŋɪç] 形 一貫した，全般的な，例外のない．

Durch・gangs∶la・ger [ドゥルヒガングス・ラーガァ] 中 -s/- (避難民・亡命者の)一時収容所．

Durch・gangs∶stra・**ße** [ドゥルヒガングス・シュトラーセ] 女 -/-n 通過(貫通)道路，街道．

Durch・gangs∶**ver・kehr** [ドゥルヒガングス・フェァケーア] 男 -s/ ① 〖経〗(外国貨物の)通過[運送・貿易]．② 通過交通．

Durch・gangs∶**zug** [ドゥルヒガングス・ツーク] 男 -(e)s/..züge 《鉄道》〖略〗急行列車．（ふつうは略してD-Zugという）．

durch|ge・ben* [ドゥルヒ・ゲーベン dúrc-gè:bən] 他 (h) (電話・放送などで)伝える．eine Nachricht[4] telefonisch *durchgeben* ある知らせを電話で伝える．

durch・ge・drun・gen [ドゥルヒ・ゲドルンゲン] *durch|dringen[1] (貫き通る)の 過分

durch・ge・fal・len [ドゥルヒ・ゲふァレン] *durch|fallen (物の間から落ちる)の 過分

durch・ge・führt [ドゥルヒ・ゲふューァト] *durch|führen (実行する)の 過分

durch・ge・gan・gen [ドゥルヒ・ゲガンゲン] *durch|gehen (通り抜ける)の 過分

durch|ge・hen [ドゥルヒ・ゲーエン dúrc-gè:ən] (ging...durch, *ist*...durchgegangen) I 自 (完了 sein) ① **通り抜ける**，通行(通過)する．(英 go through). Der Bach ist so flach, dass man *durchgehen* kann. その小川はとても浅いので歩いて渡ることができる．② (水・糸などが)通る．(列車が)直通である；(会議が)ぶっ通しに続く；(道などが)貫いている；(ある特色が)一貫している．Der Zug geht bis Köln *durch*. この列車はケルンまで(乗り換えなしで)直行する．④ (法案などが)通過する；(一般に)通用する；大目に見られる．Der Antrag *ist* glatt *durchgegangen*.〖現在完了〗その法案はすんなり通過した / 人[3] 事[4] ⇨ Sie *ließ* ihrem Kind alle Unarten *durchgehen*. 彼女は子供のどんないたずらも大目に見た．⑤ (馬などが)暴走する；コントロールできなくなる．Ihm *gingen* die Nerven *durch*. 彼は自制心を失った(←神経がコントロールできなくなった)．⑥ 〖口語〗ひそかに逃げ出す，駆け落ちする．mit dem Geld *durchgehen* お金を持ち逃げする．

II 他 (完了 sein まれに haben) (物[4]の)全体に目を通す，(物[4]を)丹念に検討する．die Aufgaben[4] noch einmal *durchgehen* 宿題にもう一度目を通す．

durch・ge・hend [ドゥルヒ・ゲーエント] I *durch|gehen (通り抜ける)の 現分 II 形 ① 直通の．ein *durchgehender* Zug 直通列車．② 連続した．III 副 休みなく．Das Geschäft ist *durchgehend* geöffnet. その店は休みなしで開いている．

durch∶geis・tigt [ドゥルヒ・ガイスティヒト] 形 《雅》理知的な(顔だちなど)．

durch・ge・se・hen [ドゥルヒ・ゲゼーエン] *durch|sehen (双眼鏡などを通して見る)の 過分

durch・ge・setzt [ドゥルヒ・ゲゼッツト] *durch|-setzen[1](意志などを押し通す)の 過分

durch|grei・fen* [ドゥルヒ・グライフェン dúrc-gràɪfən] 自 (h) ① (間から)手を突っ込む．② 《比》断固たる処置をとる．Die Polizei *greift* gegen Verkehrssünder scharf *durch*. 警察は交通違反者に対して厳しい処置をとる．

durch・grei・fend [ドゥルヒ・グライフェント] I *durch|greifen (手を突っ込む)の 現分 II 形 断固たる，徹底的な．*durchgreifende* Änderungen 抜本的な変更．

durch|hal・ten* [ドゥルヒ・ハルテン dúrc-hàltən] I 他 (h) (最後まで)持ちこたえる，がんばり通す．II 他 (h) (戦闘・ストライキなど[4]を)戦い抜く，(最後まで)耐え抜く．

durch|hau・en[1(*)] [ドゥルヒ・ハオエン dúrc-hàʊən] 〖分離〗(hieb...durch (口語: haute...durch), *hat*...durchgehauen) I 他 (h) ① 二つに切断する．einen Ast *durchhauen* 枝を断ち切る．② 〖過去〗haute...durch 《口語》ぶんなぐる．II 再帰 (h) *sich*[4] *durchhauen* 道を切り開いて進む．

durch・hau・en[2(*)] [ドゥルヒ・ハオエン] 〖非分離〗(durchhieb (口語: durchhaute), *hat*...durchhauen) 他 (h) ① 二つに切断する．② 《林》(森[4]に)林道を切り開く．

durch|he・cheln [ドゥルヒ・ヘッヒェるン dúrc-hèçəln] 他 (h) ① (亜麻[4]を)十分にすく．② 〖口語〗こきおろす，酷評する．

durch|hei・zen [ドゥルヒ・ハイツェン dúrc-hàɪtsən] I 他 (h) 十分に暖房する．◇〖過去分詞の形で〗eine *durchgeheizte* Wohnung 暖房のきいた住居．II 自 (h) (ある期間)ずっと暖房する．

durch|hel・fen* [ドゥルヒ・へるフェン dúrc-hèlfən] 自 (h) (人[3]を)助けて通り抜けさせる，(苦境から)救い出す．◇〖再帰的に〗*sich*[3] *durchhelfen* 自力で(苦境を)切り抜ける．

durch|hun・gern [ドゥルヒ・フンガァン dúrc-hùŋərn] 再帰 (h) *sich*[4] *durchhungern* 食うや食わずでなんとか切り抜ける．

durch|käm・men[1] [ドゥルヒ・ケンメン dúrc-kèmən] 〖分離〗他 (h) ① (髪など[4]を)櫛(くし)で入念にすく．② =durchkämmen[2]

durch・käm・men[2] [ドゥルヒ・ケンメン] 〖非分離〗他 (h) (ある場所[4]を)くまなく捜査する．

durch|kämp・fen [ドゥルヒ・ケンプフェン dúrc-kɛmpfən] 他 (h) ① (裁判など[4]を)戦い抜く；(権利など[4]を)勝ち取る．II 再帰 (h) *sich*[4] *durchkämpfen* ① (苦労して)切り抜ける；押し分けて進む．② 〚*sich*[4] zu 事[3] ~〛(事[3]をする)決心をする．

durch|kau·en [ドゥルヒ・カオエン dúrç-kàuən] 他 (h) ① (食べ物⁴を)よくかむ. ② 《口語・比》(事⁴を)とことんまで論じる.

durch|kne·ten [ドゥルヒ・クネーテン dúrç-knè:tən] 他 (h) ① (パン生地など⁴を)十分にこねる；《口語》(筋肉など⁴を)十分にマッサージする.

durch|kom·men* [ドゥルヒ・コンメン dúrç-kɔ̀mən] 自 (s) ① 通り抜ける，通過する. **durch die Innenstadt** *durchkommen* 市内を通り抜ける. ② 《口語》(困難・危機などを)切り抜ける，(病気から)回復する；合格(当選)する. **bei der Wahl** *durchkommen* 選挙で当選する / *Damit* **kommst** du **bei mir nicht** *durch.* そんなことでぼくには通用しないよ. ③ 《**mit** 事³ ~》(事³で)間に合わせる. *Sie* **kommt** mit ihrer Rente kaum *durch.* 彼女は自分の年金ではほとんどやっていけない. ④《口語》(雨が)漏る. ⑤《口語》(電話が)通じる；(情報などが)伝わる. *Ich wollte dich anrufen, aber ich* **kam** nicht *durch.* ぼくは君に電話しようとしたが，通じなかった.

durch|kreu·zen¹ [ドゥルヒ・クロイツェン dúrç-krɔ̀ytsən] 《分離》他 (h) (物⁴に)×印をつけて抹消する.

durch·kreu·zen² [ドゥルヒ・クロイツェン]《非分離》他 (h) ① (意図・計画など⁴を)妨害する，じゃまする. ②《雅》(海・大陸など⁴を)縦横に行き交う.

Durch·lass [ドゥルヒ・ラス dúrç-las] 男 -es/..lässe ① 《複 なし》《雅》通行許可. ②(狭い)通路，(小さな)出入口；排水溝.

Durch·laß ☞ 新形 Durchlass

durch|las·sen* [ドゥルヒ・ラッセン dúrç-làsən] 他 (h) ① (人・物⁴を)通す；通過させる. *Würden* **Sie** mich bitte *durchlassen*? 《第2・現在》通していただけますか / *Der Stoff* **lässt** *kein Wasser* **durch.** この布地は水を通さない. ②《口語》(人に)事⁴を)許す，大目に見る.

durch·läs·sig [ドゥルヒ・レッスィヒ dúrç-lɛsɪç] 形 ① (液体・光・気体などを)通す，透過性の. ②(制度などが)変更可能な，融通の利く.

Durch·laucht [ドゥルヒ・ラオホト dúrç-lauxt または ..らオホト] 女 -/-en 殿下 (侯爵Fürst，侯爵夫人 Fürstin の敬称). *Seine* **Durchlaucht** 殿下 / **Ihre** *Durchlaucht* 妃殿下 / *Eure* **Durchlaucht**! (呼びかけとして)殿下!

durch|lau·fen¹* [ドゥルヒ・ラオフェン dúrç-làufən]《分離》I 自 (s) ① 走り抜ける. *durch ein Museum* **durchlaufen** 博物館をさっと見て回る. ②(液体が)しみ通る. ③(休まず)走り続ける. II 他 (h) (走って靴など⁴を)すり減らす，(足⁴を)痛める.

durch·lau·fen²* [ドゥルヒ・ラオフェン]《非分離》他 (h) ① (ある距離⁴を)走破する，(決まった⁴を)走り抜ける. *Er* **hat** *die 100 m in 11 Sekunden* **durchlaufen**. 彼は100メートルを11秒で走った. ②(学校・課程など⁴を)修了する. ③《雅》(恐怖などが人の体を)走る.

Durch·lauf=er·hit·zer [ドゥルヒらオフ・エァヒッツァァ] 男 -s/- 瞬間湯沸かし器.

durch·le·ben [ドゥルヒ・れーベン dúrç-léːbən] 他 (h) (ある時期⁴を)過ごす，体験する. *eine schwere Zeit⁴* **durchleben** 苦難の時期を生き抜く.

durch|le·sen* [ドゥルヒ・れーゼン dúrç-lèːzən] 他 (h) 通読する. (☞ 類語 lesen).

durch|leuch·ten¹ [ドゥルヒ・ろイヒテン dúrç-lɔ̀yçtən]《分離》自 (h) (光が)漏れる，さし込む.

durch·leuch·ten² [ドゥルヒ・ろイヒテン]《非分離》他 (h) ① (レントゲンで)透視する. *die Lunge⁴* **durchleuchten** 肺をレントゲンで検査する. ②《比》詳しく調べる，解明する.

Durch·leuch·tung [ドゥルヒ・ろイヒトゥング] 女 -/-en [レントゲン]透視；くまなく照らすこと；《比》[徹底的]解明.

durch|lie·gen* [ドゥルヒ・リーゲン dúrç-lìːgən] 他 (h) (ベッドなど⁴を)使い古す. II 再帰 (h) *sich⁴* **durchliegen** 床ずれができる.

durch·lö·chern [ドゥルヒ・れッヒャァン dúrç-lǿçərn] 他 (h) ① 穴だらけにする. ②《比》(制度など⁴を)骨抜きにする，弱める.

durch|lüf·ten [ドゥルヒ・リュふテン dúrç-lỳftən] 他 (h) (物⁴に)十分に風を通す，換気する.

durch|ma·chen [ドゥルヒ・マッヘン dúrç-màxən] I 他 (h) ① (困難・病気など⁴を)耐え抜く. *Er* **hat** *viel* **durchgemacht**. 彼はいろいろな目に遭ってきた. ②(学校・課程など⁴を)修了する，終える. II 自 (h) (休みなく)働き続ける；夜通しパーティーをする.

Durch·marsch [ドゥルヒ・マルシュ dúrç-marʃ] 男 -[e]s/..märsche ① (軍隊などの)通過行進. ② 《複 なし》《俗》下痢 (= Durchfall).

durch|mar·schie·ren [ドゥルヒ・マルシーレン dúrç-marʃìːrən] 自 (s) 行進して通過する.

durch·mes·sen* [ドゥルヒ・メッセン dúrç-mésən] 他 (h) 《雅》端から端まで歩く，横断する.

* *der* **Durch·mes·ser** [ドゥルヒ・メッサァ dúrç-mɛsər] 男 《単 2》-s/《複》- (3格のみ -n) 《数》直径：d，記号：d，⦅英⦆diameter. *Der Kreis hat einen* **Durchmesser** *von 30 cm.* この円の直径は30センチある / *Der Tisch* **ist** *(または* **misst***) zwei Meter* **im** *Durchmesser.* このテーブルは直径2メートルだ.

durch·näs·sen [ドゥルヒ・ネッセン dúrç-nésən] 他 (h) びしょぬれにする. ◇《過去分詞の形で》*völlig* **durchnässt** *sein* すっかりびしょぬれである.

durch|neh·men* [ドゥルヒ・ネーメン dúrç-nèːmən] 他 (h) ① (授業などで)取り扱う，論じる. ②《口語》(人⁴の)陰口をたたく.

durch|nu·me·rie·ren ☞ 新形 durch|nummerieren

durch|num·me·rie·ren [ドゥルヒ・ヌメリーレン dúrç-numərìːrən] 他 (h) (物⁴に)通し番号をつける.

durch|pau·sen [ドゥルヒ・パオゼン dúrç-pàuzən] 他 (h) 透写(トレース)する.

durch|peit·schen [ドゥルヒ・パイチェン dúrç-pàɪtʃən] 他 (h) ① 激しく笞(%)打つ. ②《口語・比》(法案など⁴を)強引に通過させる.

durch|prü·geln [ドゥルヒ・プリューゲルン dúrç-prỳːgəln] 他 (h)《口語》さんざんにたたきのめす.

durch·que·ren [ドゥルヒ・クヴェーレン duɾç-kvéːrən] (durchquerte, hat...durchquert) (完了 haben) (ある場所⁴を)**横断する**, 横切る. (英 cross). die Stadt⁴ durchqueren 町を横切る / Er durchquerte den Erdteil. 彼は大陸を横断した.

durch·quert [ドゥルヒ・クヴェーァト] *durchqueren (横断する)の 過分

durch·quer·te [ドゥルヒ・クヴェーァテ] *durchqueren (横断する)の 過去

durch·rech·nen [ドゥルヒ・レヒネン dúrç-rɛçnən] 他 (h) (費用など⁴を)きちんと計算する.

durch|reg·nen [ドゥルヒ・レーグネン dúrç-rèːgnən] 非人称 (h) Es regnet hier durch. ここは雨漏りがする.

Durch·rei·che [ドゥルヒ・ライヒェ dúrç-raɪçə] 女 -/-n (台所と食堂の間の)ハッチ, 配膳(炊)口.

Durch·rei·se [ドゥルヒ・ライゼ dúrç-raɪzə] 女 -/-n (旅行中の)通過. auf der Durchreise 旅行の途中で.

durch|rei·sen¹ [ドゥルヒ・ライゼン dúrç-ràɪzən] 《分離》自 (s) ① (旅行して)通過する. ② (ある所まで)旅行をし続ける.

durch·rei·sen² [ドゥルヒ・ライゼン] 《非分離》他 (h) (国・地域など⁴を)くまなく旅行する, 周遊(遍歴)する. Er hat ganz Europa durchreist. 彼はヨーロッパ中を旅行した.

Durch·rei·sen·de[r] [ドゥルヒ・ライゼンデ (..ダァ) dúrç-ràɪzəndə (..dər)] 男 女《語尾変化は形容詞と同じ》(通過する)旅行者.

durch|rei·ßen* [ドゥルヒ・ライセン dúrç-ràɪsən] I 自 (s) (糸・ひもなどが)ぷっつり切れる, (紙などが)びりっと裂ける(破れる). Das Seil ist durchgerissen. 現在完了 綱がぷっつり切れた. II 他 (h) (糸など⁴を)ぷっつと切る, (紙・布地など⁴を)びりっと引き裂く.

durch|rie·seln [ドゥルヒ・リーゼルン dúrç-rìːzəln] 自 (s) (水・砂などが)さらさらと流れ(こぼれ)落ちる.

durch|rin·gen* [ドゥルヒ・リンゲン dúrç-rìŋən] 再帰 (h)《sich⁴ zu 事³~》(迷い・熟慮の末に 事³に)踏み切る. Ich habe mich zu einer Entscheidung durchgerungen. 私はようやく決心した.

durch|ros·ten [ドゥルヒ・ロステン dúrç-ròstən] 自 (s) さびてぼろぼろになる.

durchs [ドゥルヒス]《前置詞 durch と定冠詞 das の融合形》durchs Fenster schauen 窓越しに眺める.

Durch·sa·ge [ドゥルヒ・ザーゲ dúrç-zaːɡə] 女 -/-n (放送・電話などによる)通報, アナウンス.

durch|sa·gen [ドゥルヒ・ザーゲン dúrç-zàː-

gən] 他 (h) ① 放送(電話)で知らせる. ② 口づてに伝える.

durch·schau·bar [ドゥルヒ・シャオバール] 形 見抜ける(見破る)ことができる, わかりやすい.

durch|schau·en¹ [ドゥルヒ・シャオエン dúrç-ʃàʊən] 他 (h) (方) (窓・双眼鏡などを)通して見る, のぞき見る.

durch·schau·en² [ドゥルヒ・シャオエン]《非分離》他 (h) (人⁴の)真意を見抜く, (意図など⁴を)見破る. Seine Pläne wurden durchschaut.《受動・過去》彼の計画は見破られた.

durch|schei·nen¹ [ドゥルヒ・シャイネン dúrç-ʃàɪnən]《分離》自 (h) (光などが)漏れる;《比》透けて見える. Die Tinte scheint auf der Rückseite des Papiers durch. インクが紙の裏面に透けて見える.

durch·schei·nen²* [ドゥルヒ・シャイネン]《非分離》他 (h) (部屋など⁴を)くまなく照らす.

durch·schei·nend [ドゥルヒ・シャイネント] I durch/scheinen¹ (光などが漏れる)の 現分 II 形 光を通す, 透けて見える(カーテンなど).

durch|scheu·ern [ドゥルヒ・ショイァァン dúrç-ʃɔ̀ʏərn] 他 (h) (衣類など⁴を)すり切らせる. sich³ die Hände⁴ durchscheuern 手をすりむく.

durch|schie·ßen¹* [ドゥルヒ・シーセン dúrç-ʃìːsən]《分離》自 (h) (すき間などから)射る, 撃つ.

durch·schie·ßen²* [ドゥルヒ・シーセン]《非分離》他 (h) ① 射抜く, 撃ち抜く. ②《印》(ページ⁴の)行間を開ける. (本⁴に)間紙(␣)を入れる. ③ (考えなどが 人⁴の頭に)ひらめく.

durch|schim·mern [ドゥルヒ・シンマァン dúrç-ʃìmərn] 自 (h) [ちらちら]光が漏れる;《比》(心情などが)ほの見える.

durch|schla·fen* [ドゥルヒ・シュらーフェン dúrç-ʃlàːfən] 自 (h) 眠り続ける.

Durch·schlag [ドゥルヒ・シュらーク dúrç-ʃlaːk] 男 -[e]s/..schläge ① (カーボン紙を使ってタイプライターで取る)コピー, 複写. ②《料理》こし器. ③ 穴あけ器, パンチ. ④《電》破裂放電, 絶縁破壊.

durch|schla·gen¹* [ドゥルヒ・シュらーゲン dúrç-ʃlàːgən]《分離》I 他 (h) ① (二つに)打ち割る; (壁など⁴に)穴を打ち抜く. ② (くぎなど⁴を)打ち込む. ③ (じゃがいもなど⁴を)裏ごしする. II 自 (s, h) ① (水気が)しみ通る, にじむ; (容貌・素質が)遺伝的に現れる. Bei ihm schlägt der Großvater durch. 彼には祖父の面影がある. ② (s) (ヒューズが)切れる. ③ (h) 下剤作用がある, 通じをつける. III 再帰 (h) sich⁴ durchschlagen (…へ)たどりつく; なんとか切り抜ける.

durch·schla·gen²* [ドゥルヒ・シュらーゲン]《非分離》他 (h) (弾丸などが 物⁴を)打ち抜く, 貫通する.

durch·schla·gend [ドゥルヒ・シュらーゲント] I durch/schlagen¹ (打ち割る)の 現分 II 形 決定的な, 目覚ましい, 著しい. ein durchschlagender Erfolg 目覚ましい成功.

Durch·schlag·pa·pier [ドゥルヒシュらーク・パピーア] 中 -[e]s/-e ① (カーボン複写用の)薄いタイプ用紙. ② カーボン紙.

Durch·schlags⸗kraft [ドゥルヒシュらークス・クラふト] 女 -/ ① (弾丸の)貫通力. ②《比》説得力.

durch|schlän·geln [ドゥルヒ・シュれングるン dúrç-ʃlɛŋəln]《再帰》(h) *sich⁴ durchschlängeln* (人込みの中などを)縫うようにして進む;《比》(難局などを)巧みに切り抜ける.

durch|schlei·chen* [ドゥルヒ・シュらイヒェン dúrç-ʃlàIçən] 自 (s) こっそり通り抜ける.

durch|schlep·pen [ドゥルヒ・シュれッペン dúrç-ʃlɛpən] 他 (h)《口語》(人⁴をある目標まで)なんとかこぎつけさせる; (人⁴の)面倒をなんとかみる. ◇《再帰的に》*sich⁴ durchschleppen* なんとか切り抜ける.

durch|schleu·sen [ドゥルヒ・シュろイゼン dúrç-ʃlɔ̀yzən] 他 (h) ①《海》(船⁴に)水門を通過させる. ② (人⁴・車など⁴を)誘導して通す.

durch|schlüp·fen [ドゥルヒ・シュりュプふェン dúrç-ʃlỳpfən] 自 (s) くぐり(すり)抜ける;《比》(警察などの手から)うまく逃げる.

durch|schnei·den¹* [ドゥルヒ・シュナイデン dúrç-ʃnàIdən]《分離》他 (h) 二つに切る, 切断する. Er *schnitt* die Leine *durch*. 彼は麻縄を切った.

durch|schnei·den²* [ドゥルヒ・シュナイデン]《非分離》他 (h) ① =durch|schneiden¹ ② (川などが物⁴を)横断している. Der Fluss *durchschneidet* das Land. 川がその土地を貫流している. ③《雅》(船が波⁴を)切って進む.

der **Durch·schnitt** [ドゥルヒ・シュニット dúrç-ʃnIt] 男 (単2) -[e]s/(複) -e (3格のみ -en) ① 平均, 標準;《数》平均値.《英 *average*》. Jahres*durchschnitt* 年間平均 / im *Durchschnitt* 平均して, 概じて[言えば] / **über** (**unter**) **dem** *Durchschnitt* **liegen** 平均以上(以下)である / Er ist nur *Durchschnitt*. 彼は月並みな人間だ / Seine Leistungen sind guter (unterer) *Durchschnitt*. 彼の成績は標準以上(以下)である. ②《複なし》大半[の人]. der *Durchschnitt* der Bevölkerung² 住民の大半. ③ 断面[図].

*****durch·schnitt·lich** [ドゥルヒ・シュニットリヒ dúrç-ʃnItlIç] 形 ① 平均の, 標準的な.《英 *average*》. das *durchschnittliche* Einkommen 平均収入 / *durchschnittlich* dreimal in der Woche 平均して週3回. ② 並の, 普通の. eine *durchschnittliche* Begabung ありふれた才能.

Durch·schnitts⸗al·ter [ドゥルヒシュニッツ・アるタァ] 中 -s/- 平均年齢.

Durch·schnitts⸗bür·ger [ドゥルヒシュニッツ・ビュルガァ] 男 -s/- 平均的な(普通の)市民.

Durch·schnitts⸗ein·kom·men [ドゥルヒシュニッツ・アインコンメン] 中 -s/- 平均所得.

Durch·schnitts⸗ge·schwin·dig·keit [ドゥルヒシュニッツ・ゲシュヴィンディカイト] 女 -/-en 平均速度.

Durch·schnitts⸗mensch [ドゥルヒシュニッツ・メンシュ] 男 -en/-en 世間並みの人, ごく普通の人.

Durch·schrift [ドゥルヒ・シュリふト dúrç-ʃrIft] 女 -/-en (カーボン紙による)コピー, 写し.

Durch·schuss [ドゥルヒ・シュス dúrç-ʃus] 男 -es/..schüsse ① 貫通銃創. ②《印》行間[の余白], インテル.

Durch·schuß ☞《新形》Durchschuss

durch|schwit·zen [ドゥルヒ・シュヴィッツェン dúrç-ʃvItsən] 他 (h) (衣類⁴を)汗びっしょりにする, 汗でぬらす.

*****durch|se·hen*** [ドゥルヒ・ゼーエン dúrç-zè:ən] du siehst…durch, er sieht…durch (sah …durch, *hat*…durchgesehen) (《英》*look through*) I 自 (《完了》haben) ① (窓・双眼鏡などを)通して見る, のぞき見る. **durch das Fernglas** *durchsehen* 双眼鏡をのぞく / *Lass mich mal durchsehen!* ぼくにものぞかせてくれよ. ②《口語》見通しがつく, 事情がわかる. II 他 (《完了》haben) ① (書類・在庫など⁴を)点検する, 調べる, 校閲する. Papiere⁴ *durchsehen* 書類に目を通す / einen Text **auf** Druckfehler *durchsehen* テキストに誤植がないかどうか調べる. ② (雑誌など⁴に)ざっと目を通す.

durch|sei·hen [ドゥルヒ・ザイエン dúrç-zàIən] 他 (h) (牛乳・果汁など⁴を)こす.

durch|sein* 自 (s) (《新形》durch sein (通過している))☞ durch

*****durch|set·zen¹** [ドゥルヒ・ゼッツェン dúrç-zɛ̀tsən]《分離》du setzt…durch (setzte …durch, *hat*…durchgesetzt) I 他 (《完了》haben) (意志・要求など⁴を)押し通す, (法案などを)通過させる, (計画・仕事など⁴を)やり遂げる. Er *hat* seinen Standpunkt *durchgesetzt*. 彼は自分の立場を貫き通した.
II《再帰》(《完了》haben) *sich⁴ durchsetzen* ① 自分の意志を貫き通す. Er *hat sich* **mit** seiner Meinung *durchgesetzt*. 彼は自分の考えを押し通した. ② (考えなどが)広く受け入れられる, (徐々に)普及する. Die Erkenntnis *hat sich* jetzt *durchgesetzt*. この認識は今やふつうになった.

durch·set·zen² [ドゥルヒ・ゼッツェン]《非分離》他 (h)《A⁴ mit B³ ~》(A⁴にB³を)混ぜる, 散りばめる. Das Gestein *ist* mit Erzen *durchsetzt*.《状態受動・現在》その岩石には鉱石が混じっている.

Durch·sicht [ドゥルヒ・ズィヒト dúrç-zIçt] 女 -/ 点検, 検閲, 調査.

*****durch·sich·tig** [ドゥルヒ・ズィヒティヒ dúrç-zIçtIç] 形 ① 透明な, 透けて見える;《比》抜けるように白い(顔色など). eine *durchsichtige* Fensterscheibe 透明な窓ガラス. ②《比》見えすいた(口実など), 見え見えの(意図など); わかりやすい(定義など).

Durch·sich·tig·keit [ドゥルヒ・ズィヒティヒカ

イト] 囡 -/ 透明[さ].

durch|si·ckern [ドゥルヒ・ズィッカァン dúrçzikərn] 圓 (s) ① (水が)漏る, しみ出る, (血が)にじみ出る. ② 《比》(秘密などが)漏れる, だんだん知れ渡る.

durch|sie·ben [ドゥルヒ・ズィーベン dúrçziːbən] 他 (h) (穀物など⁴を)ふるいにかける.

durch|spie·len [ドゥルヒ・シュピーれン ʃpiːlən] 他 (h) ①(はじめから)通して演奏する, 通して演じる; 演奏し(演じ)続ける. ②《比》(計画・可能性など⁴を)よく考えてみる.

durch|spre·chen* [ドゥルヒ・シュプレッヒェン dúrç-ʃprɛçən] 他 (h) (問題・計画など⁴を)じっくり討議(論議)する.

durch|star·ten [ドゥルヒ・シュタルテン dúrçʃtartən] 圓 (s) ① 《空》(着陸態勢から)再上昇する. ②《自動車》(停車しかけて)再び急に速度を上げる; (始動のために)強くアクセルを踏む.

durch|ste·chen¹* [ドゥルヒ・シュテッヒェン dúrç-ʃtɛçən]《分離》他 (h) 刺し通す. mit der Nadel durch 物⁴ durchstechen 針を物⁴に突き刺す.

durch|ste·chen²* [ドゥルヒ・シュテッヒェン]《非分離》他 (h) (針などを刺して物⁴に)穴をあける.

durch|ste·hen* [ドゥルヒ・シュテーエン dúrç-ʃtɛːən] 他 (h) (軍⁴に)耐え抜く, (困難など⁴を)乗り越える.

durch|stel·len [ドゥルヒ・シュテれン dúrç-ʃtɛlən] 他 (h) (通話⁴を)内線につなぐ.

Durch·stich [ドゥルヒ・シュティヒ dúrç-ʃtɪç] 男 -[e]s/-e (山・運河などを)切り開くこと; 貫通, 開通, 切り通し, 堀割; トンネル.

durch·stö·bern [ドゥルヒ・シュテーバァン dúrç-ʃtøːbərn] 他 (h) 《口語》(ある場所⁴をくまなく捜す. das ganze Haus **nach** Waffen durchstöbern 武器を探して家中を調べる.

durch|sto·ßen¹* [ドゥルヒ・シュトーセン dúrç-ʃtoːsən]《分離》**I** 他 (h) ①(壁など⁴を)突き通す; 突き破る. ②(袖口(ҷ)など⁴を)すり切らせる. **II** 圓 (s) 《軍》(…へ)突き進む, 進撃する.

durch·sto·ßen²* [ドゥルヒ・シュトーセン]《非分離》他 (h) 突き破る, (刀・槍(ҷ)などで)突き通す, 刺す; 《軍》(前線・敵陣⁴を)突破する.

durch|strei·chen* [ドゥルヒ・シュトライヒェン dúrç-ʃtraɪçən] 他 (h) ①(文字など⁴を)線を引いて抹消する. ②《料理》裏ごしする.

durch·strei·fen [ドゥルヒ・シュトライふェン dúrç-ʃtraɪfən] 他 (h) 《雅》(ある土地⁴をあてもなく)discurrre歩き回る. Wald⁴ und Feld⁴ durchstreifen 森や野を歩き回る.

durch|strö·men¹ [ドゥルヒ・シュトレーメン dúrç-ʃtrøːmən]《分離》圓 (s) (水などが)どっと流れ出る; どっと押し寄せる.

durch·strö·men² [ドゥルヒ・シュトレーメン]《非分離》他 (h) ①(ある土地⁴を)貫流する. ②《比》(ある感情が人⁴の心に)みなぎる. Ein Glücksgefühl durchströmte mich. 幸福感が私の心をいっぱいにした.

durch·su·chen¹ [ドゥルヒ・ズーヘン dúrç-

zúːxən]《非分離》他 (h) ①(住居・ポケットなど⁴を)くまなく捜す. ②(人⁴を)ボディーチェックする. 人⁴ nach Rauschgift durchsuchen 麻薬を持っていないか人⁴を調べる.

durch|su·chen² [ドゥルヒ・ズーヘン]《分離》他 (h) =durchsuchen¹ ①

Durch·su·chung [ドゥルヒ・ズーフング] 囡 -/-en [家宅]捜索; 検査, ボディーチェック.

durch·trän·ken [ドゥルヒ・トレンケン dúrçtrέŋkən] 他 (h)《雅》(物⁴に)たっぷり染み込ませる. Der Verband *ist* **mit** Blut durchtränkt. 《状態受動・現在》包帯は血に染まっている.

durch·tren·nen [ドゥルヒ・トレンネン dúrçtrέnən] 他 (h) 切断する.

durch|tre·ten* [ドゥルヒ・トレーテン dúrçtrέːtən] **I** 他 (h) ①(ペダルなど⁴を)いっぱいに踏む. ②(靴など⁴を)はきつぶす. **II** 圓 (s) ①《口語》(乗客が)奥へ詰める. ②(液体・ガスなどが)漏れる.

durch·trie·ben [ドゥルヒ・トリーベン dúrçtríːbən] 形 抜け目のない, ずる賢い.

durch·wa·chen [ドゥルヒ・ヴァッヘン dúrçváxən] 他 (h) (ある時間⁴を)眠らずに過ごす. die ganze Nacht durchwachen 徹夜する.

durch·wach·sen [ドゥルヒ・ヴァクセン dúrçváksən] 形 ① 混じり合った. durchwachsenes Fleisch 霜降りの肉. ②《口語・戯》良かったり悪かったりの, (調子が)まあまあの.

Durch≈wahl [ドゥルヒ・ヴァーる] 囡 -/ (交換台を通さない)ダイヤル通話.

durch|wäh·len [ドゥルヒ・ヴェーれン dúrçvέːlən] 圓 (h) (…へ)直通ダイヤル通話をする.

durch·wan·dern [ドゥルヒ・ヴァンダァン dúrç-vándərn] 他 (h) (ある土地⁴を)歩き回る; 《戯》(部屋など⁴を)うろうろ歩き回る.

durch|wär·men¹ [ドゥルヒ・ヴェルメン dúrçvέrmən]《分離》他 (h) (人⁴・部屋など⁴を)十分に暖める. Der heiße Kaffee *wird* dich wieder durchwärmen. 熱いコーヒーを飲めば体が暖まるよ.

durch·wär·men² [ドゥルヒ・ヴェルメン]《非分離》他 (h) =durchwärmen¹

durch|wa·ten¹ [ドゥルヒ・ヴァーテン dúrçvάːtən]《分離》圓 (s) (川などを)歩いて渡る.

durch·wa·ten² [ドゥルヒ・ヴァーテン]《非分離》他 (h) (川など⁴を)歩いて渡る.

durch≈weg [ドゥルヒ・ヴェック] 副 すべて, 例外なく, [終始]一貫して.

durch≈wegs [ドゥルヒ・ヴェークス] 副《オースト・口語》=durchweg

durch|wei·chen¹ [ドゥルヒ・ヴァイヒェン dúrç-vàɪçən]《分離》圓 (s) (ぬれて)ぐしょぐしょになる.

durch·wei·chen² [ドゥルヒ・ヴァイヒェン]《非分離》他 (h) (ぬらして)ぐしょぐしょにする.

durch|wüh·len¹ [ドゥルヒ・ヴューれン dúrçvýːlən]《分離》他 (h) ①(物⁴の中を)かき回して捜す. **II** 再帰 (h) *sich*⁴ durchwühlen《口語》(もぐらなどが)土を掘って進む.

durch·wüh·len² [ドゥルヒ・ヴューれン]《非分

離]⑩ (h) ① (物⁴の中を)かき回して捜す. den Schrank nach Geld durchwühlen 戸棚をかき回してお金を探す. ② (地面など⁴に)穴をあける.

durch|zäh·len [ドゥルヒ・ツェーれン dúrçtsɛːlən] I ⑩ (h) (物⁴の)総数を数える, 数えあげる. II ⾃ (h) 順に番号を言う.

durch|zie·hen¹* [ドゥルヒ・ツィーエン dúrçtsiːən] 〖分離〗I ⑩ (h) ① (糸など⁴を通して)... den Faden durch das Nadelöhr durchziehen 糸を針の穴に通す. ② (のこぎり・オールなど⁴を)いっぱいに引く. ③《口語》(困難なこと⁴を)やり遂げる. II ⾃ (s) ① (群れをなして)通って行く, 行進して行く, (渡り鳥が)渡って行く. ② 《料理》(漬物などが)十分に漬かって味がなじむ;(サラダなどの)味が調う.

durch-zie·hen²* [ドゥルヒ・ツィーエン] 〖非分離〗⑩ (h) ① (ある土地⁴を)渡り歩く, あちこちと移動する. ② (痛みなどが⼈⁴の)全身を走る. ③ (川・鉄道などがある土地⁴を)貫いて延びている. ④ (思想などが作品など⁴の)全体を貫いている.

durch·zu·cken [ドゥルヒ・ツッケン dúrçtsúkən] ⑩ (h) ① (稲妻が空など⁴に)ひらめく. Ein Blitz durchzuckt die Wolken. 稲妻が雲間にひらめく. ② (考えが⼈⁴の頭に)ひらめく;(痛みなどが⼈⁴の身体に)走る.

Durch·zug [ドゥルヒ・ツーク dúrç-tsuːk] 男 -[e]s/..züge ① 通過, 通行. Durchzug der Zugvögel² 渡り鳥の通過. ②〖覆なし〗(強い)すき間風, 通風. Durchzug⁴ machen 風を通す / auf Durchzug schalten《口語・戯》他人の言葉を聞き流す.

durch|zwän·gen [ドゥルヒ・ツヴェンゲン dúrç-tsvɛŋən] I ⑩ (h) (無理やり)押し入れる. II 再帰 (h) sich⁴ durchzwängen (群衆・生け垣などを)押し分けて進む.

Dü·rer [デューラァ dýːrɐr] -s/《⼈名》デューラー(Albrecht Dürer 1471–1528; ドイツの画家・版画家).

****dür·fen**¹* [デュルフェン dýrfən]

…してもよい

Darf ich hier rauchen?
ダルふ イヒ ヒーァ ラオヘン
ここでたばこを吸ってもいいですか.

人称	単	複
1	ich darf	wir dürfen
2	{du **darfst** {Sie dürfen	{ihr dürft {Sie dürfen
3	er **darf**	sie dürfen

助動〖話法の助動詞〗(完了 haben) A) (durfte, hat…dürfen)〖zu のない不定詞とともに〗① …してもよい, …してかまわない. (英 may). Du darfst jetzt fernsehen. 君はもうテレビを見てもいいよ / Der Kranke darf schon aufstehen. その病人はもうベッドから起き上がってもよい /

Hast du mitgehen dürfen?〖現在完了〗君はいっしょに行ってもよかったの? / Was darf es sein? (店員が客に:)何にいたしましょうか / Darf ich…? …してもいいでしょうか ⇒ Darf ich eintreten? 入ってもいいでしょうか / Darf ich bitten? (ダンス・食事などへの丁寧な誘い:)お願いできますか, こちらへどうぞ / Darf ich Sie bitten, das Formular auszufüllen? この書類に記入していただけますか.
◊〖wenn ich…darf の形で〗 Ein bisschen rasch, wenn ich bitten darf! すみませんがちょっと急いでください / Was sind Sie von Beruf, wenn ich fragen darf? 失礼ですが職業は何ですか.

② 〖否定を表す語句とともに〗《禁止》…してはいけない. Du darfst Tiere nicht quälen! 動物をいじめてはいけないよ / Hier darf man nicht parken. ここは駐車禁止です / Die Kinder dürfen keinen Alkohol trinken. 子供たちは酒を飲んではいけない.

③ 〖否定を表す語句とともに〗《要望》…であってほしくない, …してほしくない. Das darf nicht wahr sein. そのことが本当でないとよいのだが / Ihm darf nichts geschehen. 彼の身に何も起こらなければよいのだが.

④ …して当然だ, …する理由(根拠)がある. Du darfst stolz auf deinen Sohn sein. 君は自分の息子のことを自慢して当然だ / Du darfst dich nicht wundern, wenn… もし…しても驚くことはないよ.

⑤ 〖nur または bloß とともに〗…しさえすればよい. Sie dürfen es nur sagen. あなたはそれをおっしゃりさえすればよいのです.

B) (durfte, hat…gedurft)〖独立動詞として; 不定詞なしで〗してもよい, 許されている. Darfst du das? 君はそれをしていいの? / So etwas habe ich früher nie gedurft. そんなことは私には以前は決して許されなかった. ◊〖方向を表す語句とともに〗(…へ)行ってもよい. Er ist krank und darf nicht in die Schule. 彼は病気なので学校へ行ってはいけない.

dür·fen² [デュルフェン] *dürfen¹ (…てもよい)の過分

durf·te [ドゥルフテ] *dürfen¹ (…てもよい)の過去

****dürf·te** [デュルフテ dýrftə] *dürfen¹ (…てもよい)の 接2 ① おそらく…でしょう. Das dürfte ein Irrtum sein. それは間違いでしょう / Es dürfte ratsam sein, jetzt zu gehen. 今行くのが得策でしょう. ②〖**Dürfte** ich…? の形で〗…してもよろしいでしょうか. Dürfte ich etwas fragen? ちょっとお尋ねしてもよろしいでしょうか.

dürf·tig [デュルフティヒ dýrftiç] 形 ① みすぼらしい, 貧相な, みじめな. eine dürftige Unterkunft みすぼらしい宿. ② 不十分な, [内容が]乏しい; わずかな. dürftige Kenntnisse 乏しい知識.

****dürr** [デュル dýr] 形 ① 乾いた, 枯れた. (英

dry). ein dürrer Ast 枯れ枝. ② やせ細った, やせた; 不毛の(土地など). ein dürres Pferd やせ馬 / dürrer Boden 不毛の地. ③ 乏しい, わずかの; そっけない. Er antwortete mit dürren Worten. 彼はそっけない言葉で答えた.

Dür·re [デュレ dýrə] 囡 -/-n ① 日照り, かんばつ;《比》(精神的な)不毛. ②《複 なし》干からびて(やせて)いること.

‡*der* **Durst** [ドゥルスト dúrst]

のどの渇き　Ich habe *Durst*.
　　　　　　イヒ　ハーベ　ドゥルスト
　　　　　　私はのどが渇いている.

男《単 2》-es (まれに -s)/ ① のどの渇き. (㊂ *thirst*). *Durst*⁴ haben のどが渇いている ⇒ Wir haben großen *Durst*. 私たちはひどくのどが渇いている / den *Durst* löschen (または stillen) 渇きをいやす / Hering macht *Durst*. にしんを食べるとのどが渇く / Er hat *Durst* **auf** Bier. 彼はビールを飲みたがっている / einen **über** den *Durst* trinken (口語·戯) 酒を飲みすぎる.
②《詩》渇望, 熱望. Wissens*durst* 知識欲 / *Durst* nach Ehre 激しい名誉欲.

durs·ten [ドゥルステン dúrstən] I 圁 (h)《雅》① のどの渇きに苦しむ. ② =dürsten II II 非人称 (h)《雅》= dürsten I

dürs·ten [デュルステン dýrstən] I 非人称 (h)《詩》①【**es dürstet** 人⁴の形で】人⁴はのどが渇いている. ②【**es dürstet** 人⁴ **nach** 事³の形で】人⁴が事³を渇望する. Es *dürstet* ihn nach Rache. 彼は復讐(ふくしゅう)心に燃えている. II 圁 (h)【**nach** 事³ ~】《詩》《事³》を渇望する. Er *dürstet* nach Ruhm. 彼は名声に飢えている.

*·**durs·tig** [ドゥルスティヒ dúrstıç] 形 ① のどの渇いた. (㊂ *thirsty*). Ich bin sehr *durstig*. 私はとてものどが渇いている. ②《雅》渇望している. Er ist *durstig* nach Wissen. 彼は知識に飢えている.

durst·lö·schend [ドゥルスト・レッシェント] 形 のどの渇きをいやす.

durst·stil·lend [ドゥルスト・シュティレント] 形 =durstlöschend

Durst·stre·cke [ドゥルスト・シュトレッケ] 囡 -/-n 窮乏の時代(時期).

‡*die* **Du·sche** [ドゥッシェ dúʃə または ドゥーシェ dúːʃə] 囡 -/-n ① シャワー[装置]; シャワーを浴びること. (㊂ *shower*). ein Zimmer **mit** *Dusche* シャワー付きの部屋 / eine *Dusche*⁴ nehmen シャワーを浴びる / **unter** die *Dusche* gehen シャワーを浴びる / eine kalte *Dusche* (口語) a) 冷たいシャワー, b)《比》失望, 幻滅.

*·**du·schen** [ドゥッシェン dúʃən または ドゥー·· dúː··] (duschte, *hat*...geduscht) I 圁 (定了 haben) シャワーを浴びる. Ich *dusche* immer morgens. 私はいつも朝シャワーを浴びます / kalt *duschen* 冷たいシャワーを浴びる.
II 再帰 (定了 haben) *sich*⁴ *duschen* シャワーを浴びる.
III 他 (定了 haben) (人·物⁴に)シャワーを浴びせる. *sich*³ den Rücken *duschen* 自分の背中にシャワーをかける.

Dusch·ka·bi·ne [ドゥッシュ·カビーネ] 囡 -/-n (小さな)シャワー室, (浴室の一角を仕切った)シャワーコーナー.

dusch·te [ドゥシュテ または ドゥーシュテ] *duschen* (シャワーを浴びるの) 過去

Dusch·vor·hang [ドゥッシュ·フォーアハング] 男 -[e]s/..hänge シャワーカーテン.

Dü·se [デューゼ dýːzə] 囡 -/-n 《工》(液体·気体を出す)ノズル, 噴射口.

Du·sel [ドゥーゼル dúːzəl] 男 -s/《口語》① 思いがけない幸運, もっけの幸い. *Dusel*⁴ haben ついている. ②《方》めまい, 放心状態; ほろ酔い.

du·se·lig [ドゥーゼリヒ dúːzəlıç] 形《口語》(意識の)ぼんやりした, 夢うつつの.

du·seln [ドゥーゼルン dúːzəln] 圁 (h)《方》(意識が)ぼんやりしている, 夢うつつである.

Dü·sen·an·trieb [デューゼン·アントリープ] 男 -[e]s/-e《空》ジェット推進[装置].

Dü·sen·flug·zeug [デューゼン·フルークツォイク] 匣 -[e]s/-e《空》ジェット機.

Dü·sen·jä·ger [デューゼン·イェーガァ] 男 -s/-《空》ジェット戦闘機.

Dus·sel [ドゥッセル dúsəl] 男 -s/-《口語》ばか, とんま.

Düs·sel·dorf [デュッセる·ドルふ dýsəl-dɔrf] 匣 -s/《都市名》デュッセルドルフ(ドイツ, ノルトライン·ヴェストファーレン州の州都. 北西ドイツのビジネスの中心地. 日本の商社が多数進出している: ☞ 地図 C-3).

dus·se·lig [ドゥッセリヒ dúsəlıç] 形 =dusslig

duss·lig [ドゥスリヒ dúslıç] 形《口語》① 間の抜けた, ばかな. ②《方》頭がもうろうとした.

duß·lig ☞ 新旧 dusslig

*·**düs·ter** [デュースタァ dýːstər] 形《比較》düst[e]rer,《最上》düsterst) ①《雅》薄暗い, ほの暗い; 不気味な; 不吉な; 悲観的な(予測など). ein *düsterer* Gang 薄暗い廊下. (☞ 類語 dunkel). ② 陰うつな, 憂うつな, 陰気な. ein *düsterer* Mensch 陰気な人. ③《話》はっきりしない.

Düs·ter·heit [デュースタァハイト] 囡 -/ = Düsterkeit

Düs·ter·keit [デュースタァカイト] 囡 -/ ① 薄暗さ. ②(性格などの)暗さ.

Dutt [ドゥット dút] 男 -[e]s/-s (または -e)《方》束ねて結った髪, まげ.

Du·ty·free·shop, Du·ty-free-Shop [デューティ·フリー·ショップ djuːtɪ-fríː-ʃɔp]《英》男 -[s]/-s 免税[品売]店.

*·*das* **Dut·zend** [ドゥッツェント dútsənt] 匣《単 2》-s/《複》-e (3 格のみ -en) ①《数量単位としては:《複》-》ダース(略: Dtzd.). (㊂ *dozen*). Ein *Dutzend* Eier kostet (または kosten) 2, 40 Mark. 卵は 1 ダースで 2 マルク 40 ペニヒだ /

dutzendmal

ein halbes *Dutzend* 半ダース / drei *Dutzend* Handtücher ハンカチ3ダース / 物⁴ im *Dutzend* kaufen 物⁴をダースで買う. ② 〖複〗で〗多数. *Dutzende* (または *dutzende*) von Menschen 何十人もの人々 / **in** (または **zu**) *Dutzenden* (または *dutzenden*) 大量に, 大勢で. ③ 〖Mal[e] とともに〗 *Dutzend[e]* (または *dutzend[e]*) Mal[e] 何度も, たびたび (=Dutzend Mal[e]).

dut·zend·mal [ドゥッツェント・マール] 副 《口語》何度も, たびたび.

Dut·zend·mensch [ドゥッツェント・メンシュ] 男 -en/-en 凡人, ごく普通の人.

Dut·zend·**wa·re** [ドゥッツェント・ヴァーレ] 女 -/-n (大量に売られる)安物, 特売品.

dut·zend·wei·se [ドゥッツェント・ヴァイゼ] 副 ① ダースで, ダースずつ. ② 《口語》大量に.

Duz·bru·der [ドゥーツ・ブルーダァ] 男 -s/..brüder ＝Duzfreund

*** du·zen** [ドゥーツェン dú:tsən] du duzt (duzte, *hat*...geduzt) 他 (完了 haben) (相手⁴を) du で呼ぶ, 君(おまえ・あなた)と呼ぶ. (《参考》「Sie で呼ぶ」は siezen). Er *hat* mich *geduzt*. 彼は私を du で呼んだ. ◊〖再帰的に〗 Ich *duze mich* mit ihm. 私は彼と du で呼び合う仲だ. ◊〖相互的に〗 *Wollen* wir *uns duzen*? お互い du で呼ぶことにしませんか.

Duz·freund [ドゥーツ・フロイント] 男 -[e]s/-e (互いに du で呼び合う親しい間柄の)親友, 友人.

duz·te [ドゥーツテ] *duzen (du で呼ぶ)の 過去

Dy [デー・ユプスィロン] 《化・記号》 ジスプロジウム (＝Dysprosium).

Dy·na·mik [デュナーミク dyná:mık] 女 -/ ① 《物》[動]力学. ② 活力, 推進力. ③ 《音楽》デュナーミク, 強弱法.

*** dy·na·misch** [デュナーミッシュ dyná:mıʃ] 形 (英 *dynamic*) ① ダイナミックな, 活力のある; 動的な. eine *dynamische* Entwicklung der Wirtschaft² 経済のダイナミックな発展. ② 《物》[動]力学の. ③ 《音楽》デュナーミクの, 強弱法の.

Dy·na·mit [デュナミート dynamí:t] 中 -s/ ダイナマイト.

Dy·na·mo [デュナーモ dyná:mo または デュナモ] [英] 男 -s/-s ダイナモ, 発電機.

Dy·nas·tie [デュナスティー dynastí:] 女 -/-n [..ティーエン] 王朝, 王家; 《比》(ある分野での)名門.

dy·nas·tisch [デュナスティッシュ dynástıʃ] 形 《付加語としてのみ》王朝の, 王家の.

Dys·en·te·rie [デュス・エンテリー dys-ɛnterí: または デュゼン.. dyzen..] 女 -/-n [..リーエン] 《医》赤痢 (＝Ruhr).

Dys·pro·si·um [デュスプロージウム dyspró:zium] 中 -s/ 《化》ジスプロシウム (記号: Dy).

dz [ドッペル・ツェントナァ] 《略》 200 ポンド (＝Doppelzentner).

*** *der* D-Zug** [デー・ツーク dé:-tsu:k] 男 (単2) -[e]s/ 《複》..-Züge [..ツューゲ] (3 格のみ -Zügen) 《鉄道》《略》急行列車 (片側に通路がある) (＝Durchgangszug).

D-Zü·ge [デー・ツューゲ] ＊D-Zug (急行列車)の 複

E e

e¹, E¹ [エー é:] 中 –/– エー（ドイツ語アルファベットの第5字）.

e², E² [エー] 中 –/–《音楽》ホ音. *E*-Dur ホ長調／*e*-Moll ホ短調.

E³ [アイㇽ・ツーク]《略》快速(準急行)列車（＝Eilzug）.

Eau de Co·log·ne [オー デ コロニェ ó: də kolónjə] [ヌ] 中（まれに 女）–––/Eaux––[オー…] オーデコロン（＝Kölnischwasser）.

＊**die Eb·be** [エッベ ébə] 女（単）–/（複）–n 引き潮, 干潮;《口語・比》金詰まり; 沈滞.（⇔「満ち潮」は Flut）. *Ebbe* und Flut a) 潮の干満, b)《比》栄枯盛衰／In meinem Geldbeutel ist *Ebbe*. 私は懐が寂しい.

ebd. [エーベン・ダー;（指示的意味の強いときは:）エーベン・ダー]《略》同所に（＝**eb**enda）.

＊**e·ben¹** [エーベン é:bən] 形 ① 平らな, 平たんな; なめらかな.（⇔ *even*). Die Straße ist *eben*. その道路は平たんだ／eine *ebene* Fläche 平面／Sie wohnen zu *ebener* Erde. 彼らは1階に住んでいる／den Boden *eben* machen 地面をならす.

② 安定した, むらのない, 一様な. im *ebenen* Schritt gehen 一定の足どりで歩く.

＊**e·ben²** [エーベン é:bən]

ちょうど[今]　*Eben* kommt er.
　エーベン　コム︁ト　　エア
　ちょうど今彼が来るところだ.

副 **A)** ① ちょうど[今], たった今, 今しがた.（⇔ *just*). Was hast du *eben* gesagt? 今君はなんて言った／Er war *eben* noch hier. 彼はついさっきまでここにいた.

②《方》ちょっと. Kommst du *eben* [mal] mit? ちょっといっしょに来てくれないか.

③ やっと, かろうじて. Mit dem Geld komme ich [so] *eben* [noch] aus. その金でどうにか足りる.

④《あいづちを打って》まさにそのとおりで. Ja, *eben*! そのとおりだ, まったく[そうなん]だ.

B)《文中でのアクセントなし》① 《あきらめがちに》とにかく, なにしろ. Das ist *eben* so. それはしょせんそうなのさ／Das ist *eben* ihre Schwäche. なにしろそれが彼女の弱点なんだ.

②《主張を強めて》まさに, ちょうど. *Eben* das （新形）*Eben*das) wollte ich sagen. 私が言いたかったのはまさにそのことなんです／Das *eben* nicht! そんなんじゃないさ.

③《nicht *eben* の形で》必ずしも…ではない. Diese Arbeit ist nicht *eben* leicht. この仕事はそうたやすいものではない.

E·ben≠bild [エーベン・ビㇽト] 中 –[e]s/–er 似姿, 生き写し[の人]. Er ist das *Ebenbild* seines Vaters. 彼は父親にそっくりだ.

e·ben≠bür·tig [エーベン・ビュㇽティヒ] 形 ①（昔の:）同じ身分(家柄)の. ②（同等の）能力のある;（物³に）匹敵する.（[人]³と）対等な

e·ben≠da [エーベン・ダー;（指示的意味の強いときは:）エーベン・ダー] 副 ちょうどそこに; 同所に(学術論文などですでに引用した箇所を示す; 略: ebd.).

e·ben≠dort [エーベン・ドㇽト;（指示的意味の強いときは:）エーベン・ドㇽト] 副 ちょうどそこ(あそこ)に.

＊**die E·be·ne** [エーベネ é:bənə] 女（単）–/（複）–n ① 平地, 平野, 台地;《数》平面.（⇔ *plain*). Hoch*ebene* 高原／Wir wohnen in einer *Ebene*. 私たちは平地に住んでいる／eine schiefe *Ebene* 斜面／auf die schiefe *Ebene* geraten（または kommen）《比》堕落する, 落ちぶれる. ② レベル, 水準.（⇔ *level*). 事⁴ auf höchster *Ebene* entscheiden 事⁴をトップレベルで決める.

e·ben≠er·dig [エーベン・エーァディヒ] 形 1階の, 地面と同じ高さの.

⁑**e·ben≠falls** [エーベン・ファㇽス é:bən-fals] 副 同様に, …もまた.（⇔ *likewise*). Er war *ebenfalls* anwesend. 彼もまた出席していた／[Ich wünsche Ihnen] einen schönen Sonntag! — Danke, *ebenfalls*. 楽しい日曜日をお過ごしください — ありがとう, あなたもね.

E·ben≠holz [エーベン・ホㇽツ] 中 –es/..hölzer《植》コクタン(黒檀).

E·ben≠maß [エーベン・マース] 中 –es/ 釣り合い, 均整.

e·ben≠mä·ßig [エーベン・メースィヒ] 形 均整のとれた.

⁑**e·ben≠so** [エーベン・ゾー é:bən-zo:] 副《同程度の比較》同じくらい, 同じように. Er hat ein *ebenso* großes Zimmer. 彼はちょうど同じくらいの広さの部屋を持っている／Mir geht es *ebenso* gut. 私も元気です. ◇《後続の **wie** と呼応して》Er ist *ebenso* alt wie ich. 彼は私と同い年だ／Er hat *ebenso* lange Haare wie sie. 彼は彼女と同じくらい髪が長い／Das Mädchen gefällt ihm *ebenso* wie dir. 君と同じくらい彼もその女の子が気に入っている.

（新形）
e·ben·so gut 同じくらいよく.
e·ben·so oft 同じくらい頻繁に.
e·ben·so sehr 同じ程度に.
e·ben·so viel 同じくらい多く.
e·ben·so we·nig 同じくらいわずかに, 同様に[わずかにしか]…ない.

eben·so≈gut 副 (新形 ebenso gut) ☞ ebenso
eben·so≈oft 副 (新形 ebenso oft) ☞ ebenso
eben·so≈sehr 副 (新形 ebenso sehr) ☞ ebenso
eben·so≈viel 副 (新形 ebenso viel) ☞ ebenso
eben·so≈we·nig 副 (新形 ebenso wenig) ☞ ebenso
E·ber [エーバァ é:bər] 男 –s/– 雄豚; 雄いのしし.
E·ber≈esche [エーバァ・エッシェ] 女 –/–n 《植》ナナカマド.
E·ber·hard [エーバァ・ハルト é:bər-hart] –s/ 《男名》エーバーハルト.
E·bert [エーバァト é:bərt] –s/ 《人名》エーベルト (Friedrich *Ebert* 1871–1925; ドイツの政治家. 1919年ワイマール共和国初代大統領に就任).
eb·nen [エーブネン é:bnən] 他 (h) 平らにする, ならす. Boden⁴ *ebnen* 土地をならす / 人³ den Weg *ebnen* 《比》人³ の障害を取り除く.
EC [エー・ツェー] 《略》ヨーロッパ都市間特急[列車] (＝Eurocityzug).
E·cho [エヒョ éço] 中 –s/–s ① 反響, こだま, 山びこ; 《比》反響, 共鳴. Das Stück fand bei den Zuschauern kein *Echo*. その劇は観衆に何の反響をも呼ばなかった. ② 《工》(音響の)エコー.
E·cho≈lot [エヒョ・ろート] 中 –[e]s/–e 《工》音響測深器.
Ech·se [エクセ éksə] 女 –/–n 《動》トカゲ類.
⁑**echt** [エヒト éçt]

本物の	Ist die Perle *echt*? イスト ディ ペルれ エヒト その真珠は本物ですか.

I 形 (比較 echter, 最上 echtest) ① **本物の**, 真の; 純粋な; 純血種の. (英 *real*). (メモ 「偽の」は falsch). *echtes* Gold 純金 / ein *echter* Picasso 本物のピカソ[の絵] / Die Unterschrift ist *echt*. この署名は本物だ / ein *echter* Pudel 純血種のプードル. (☞ 類語 wahr).
② 生粋の, 典型的な. ein *echter* Münchner 生粋のミュンヒェンっ子 / Das ist *echt* Mozart. これはまさにモーツァルト[的]だ.
③ 《化・織》色のさめない. *echte* Farben 耐性塗料. ④ 《数》ein *echter* Bruch 真分数.
II 副 《口語》本当に. Das war *echt* enttäuschend. それは本当にがっかりだった.
..echt [..エヒト ..ɛçt] 〔形容詞をつくる 接尾〕《…に耐える・…しても傷まない》例: wasch*echt* 洗濯しても色あせない(縮まない).
Echt·heit [エヒトハイト] 女 –/ 真実性; 純粋性; 色がさめないこと.
Eck [エック ék] 中 –[e]s/–e (オーストリア: –en) 《南ドイツ・オーストリア》角(かど), 隅 (＝Ecke ①)
..eck [..エック ..ɛk] 〔中性名詞をつくる 接尾〕《…角形》例: Drei*eck* 3 角形.
E·ckard [エッカルト ékart] –s/ 《男名》エッカルト.
Eck≈ball [エック・バる] 男 –[e]s/..bälle (球技で:) コーナーキック; コーナースロー.
⁑*die* **E·cke** [エッケ ékə] 女 (単) –/(複) –n ① **角**(かど), **隅**, コーナー; 街角 (＝Straß*enecke*). (英 *corner*). die vier *Ecken* eines Zimmers 部屋の四隅 / das Haus **an** der *Ecke* 角の家 / an allen *Ecken* [und Enden] 《口語》いたるところ, くまなく / den Besen **in** die *Ecke* stellen ほうきを隅に立てる / **um** die *Ecke* biegen 街角を曲がる / Ich wohne gleich um die *Ecke*. 《口語》(角を曲がった)すぐ近くに私は住んでいます / 人⁴ um die *Ecke* bringen 《俗》人⁴を片づける(殺す) / 物⁴ um die *Ecke* bringen 《俗》a) 物⁴をくすねる, b) 物⁴を使い果たす / mit 人³ um (または **über**) sieben *Ecken* verwandt sein 《口語》人³の遠い親戚に当たる.
② 《方》地域. ③ 《方》(一定の)道のり. ④ (球技で:) コーナーキック; コーナースロー. eine *Ecke*⁴ treten コーナーキックをする.
Eck·hart [エック・ハルト ék-hart または エッカルト ékart] –s/ 《人名》エックハルト (Johannes *Eckhart* 1260?–1327; ドイツの神秘思想家. 通称マイスター・エックハルト).
Eck≈haus [エック・ハオス] 中 –es/..häuser 角(かど)の家.
e·ckig [エッキヒ ékıç] 形 ① 角(かど)のある, 角張った. (メモ 「丸い」は rund). ② 《比》ぎこちない; 無愛想な(態度など).
Eck≈lohn [エック・ろーン] 男 –[e]s/..löhne 《経》基準賃金.
Eck≈pfei·ler [エック・プふァイらァ] 男 –s/– 《建》隅柱(すみばしら); 《比》(理論などの)支柱, よりどころ.
Eck≈stein [エック・シュタイン] 男 –[e]s/–e ① 隅石(すみいし); (道端の)へり石; 境界石; 柱石; 基礎. ② 〔複 なし; 冠詞なしで〕《トランプ》ダイヤ.
Eck≈stoß [エック・シュトース] 男 –es/..stöße (サッカーの)コーナーキック.
Eck≈zahn [エック・ツァーン] 男 –[e]s/..zähne 《医》犬歯.
E·cu·a·dor [エクアドーァ ekuadó:r] 中 –s/ 《国名》エクアドル[共和国](南アメリカ大陸北西部, 首都はキト).
ed. [エーディディット または エディーァト] 《略》…編, …著 (＝**ed**idit).
Ed. [エディツィオーン] 《略》(出版物の)…版 (＝**Ed**ition).
Ed·da [エッダ éda] 女 –/Edden 《文学》エッダ (古代アイスランドの神話・英雄伝説を内容とする歌謡集成. 9–13 世紀).
*e·del** [エーデる é:dəl] 形 (比較 edler, 最上 edelst; 格変化語尾がつくときはふつう edl-) (英 *noble*) ① **高級な**, 極上の; 高価な. *edle* Weine 極上のワイン / *edle* Metalle 貴金属. ② 《雅》気高い, 上品な, 高邁(こうまい)な. ein *edler* Mann 気高い人. ③ 《雅》(姿・形が)美しい, 端整な. ④ 《古》貴族の, 名門の; (動植物が)純血種の.

E·del‹frau [エーデる・ふラオ] 囡 -/-en 《史》(既婚の)貴婦人.

E·del‹gas [エーデる・ガース] 中 -es/-e 《化》希ガス.

E·del‹kas·ta·nie [エーデる・カスターニエ] 囡 -/-n ①《植》クリ(栗). ②《覆 なし》栗材.

E·del‹mann [エーデる・マン] 男 -[e]s/..leute 貴族.

E·del‹me·tall [エーデる・メタる] 中 -s/-e 貴金属.

E·del‹mut [エーデる・ムート] 男 -[e]s/《雅》気高い心, 高潔さ, 寛大さ.

e·del‹mü·tig [エーデる・ミューティヒ] 形《雅》気高い, 高潔な, 寛大な.

E·del‹stahl [エーデる・シュターる] 男 -[e]s/..stähle 特殊鋼.

E·del‹stein [エーデる・シュタイン] 男 -[e]s/-e 宝石. ein synthetischer (または künstlicher) *Edelstein* 人造宝石.

E·del‹tan·ne [エーデる・タンネ] 囡 -/-n 《植》オウシュウモミ.

E·del‹weiß [エーデる・ヴァイス] 中 -[es]/-[e]《植》エーデルワイス(アルプスなどに生える高山植物).

E·den [エーデン é:dən] 中 -s/ ①《成句的に》der Garten *Eden* 《聖》エデンの園. ②《雅》楽園(= Paradies).

Edelweiß

e·die·ren [エディーレン edí:rən] 他 (h)《書籍など⁴を》編集する. 編纂(⁂)する.

E·dikt [エディクト edíkt] 中 -[e]s/-e《史》勅令, 訓令, 布告.

E·dith [エーディット é:dɪt] -s/《女名》エーディット.

E·di·ti·on [エディツィオーン editsió:n] 囡 -/-en《書籍》① 出版. ②(本の)版(略: Ed.)

Ed·mund [エト・ムント ét-munt] -s/《男名》エトムント.

E·du·ard [エードゥアルト é:duart] -s/《男名》エードゥアルト.

E-Dur [エー・ドゥーァ] 中 -/《音楽》ホ長調(記号: E).

EDV [エー・デー・ふァオ]《略》コンピュータ(電子)データ処理(= elektronische Datenverarbeitung).

E·feu [エーふォイ é:fɔy] 男 -s/《植》キヅタ.

Eff·eff [エふ・エふ εf-éf または エふ..] 中《成句的に》電⁴ aus dem *Effeff* beherrschen (または können)《口語》電⁴を申し分なくマスターしている.

Ef·fekt [エふェクト εfékt] 男 -[e]s/-e ① 効果, 成果; 感銘;《物》効率. einen großen *Effekt* auf das Publikum machen 観衆に大きな感銘を与える. ② 効果を上げるための方法, 効果的手段.

Ef·fek·ten [エふェクテン εféktən] 複 ①《経》有価証券. ②《古》動産; 所有物.

Ef·fek·ten‹bör·se [エふェクテン・ベルゼ] 囡 -/-n《経》証券取引所.

Ef·fekt‹ha·sche·rei [エふェクト・ハッシェライ] 囡 -/-en 人気取り[の言動], スタンドプレー.

ef·fek·tiv [エふェクティーふ εfektí:f] I 形 ① 有効な, 実効ある. ② 実際の, 実質的な. der *effektive* Gewinn 純益. II 副《否定文で》《口語》まったく…ない. Ich habe *effektiv* keine Zeit. 私はまったく時間がない.

ef·fekt‹voll [エふェクト・ふォる] 形 効果的な, 感銘の深い.

ef·fi·zi·ent [エふィツィエント εfitsiént] 形 効率的な, 有効な.

Ef·fi·zi·enz [エふィツィエンツ εfitsiénts] 囡 -/-en 効率, 能率.

EG [エー・ゲー] 囡 -/《略》ヨーロッパ共同体(= Europäische Gemeinschaft). (⇨ 英語ではEC).

* **e·gal** [エガーる egá:l] I 形 ①《述語としてのみ》《口語》どうでもよい(= gleichgültig). Das ist mir ganz *egal*. それは私にはまったくどうでもよいことだ. ② 同じ, 一様な. Die Schuhe sind nicht *egal*. その靴は不ぞろいだ.
II 副 [エガー[-]る]《方》絶えず, しょっちゅう.

e·ga·li·sie·ren [エガりズィーレン egalizí:rən] 他 (h) ①《スポ》(他の)タイ記録を出す; (敵のリード⁴を)タイ[スコア]に持ち込む. den Weltrekord *egalisieren* 世界タイ記録を出す. ②《工》(皮革⁴の)厚さを均等にする;《織》むらなく染める.

E·gel [エーゲる é:gəl] 男 -s/《動》ヒル.

Eg·ge [エッゲ égə] 囡 -/-n《農》まぐわ.

eg·gen [エッゲン égən] 他 (h)《農》(畑⁴を)まぐわで耕す.

eGmbH, EGmbH [エー・ゲー・エム・ベー・ハー]《略》登録有限責任共同組合(= eingetragene Genossenschaft mit beschränkter Haftpflicht).

E·go·is·mus [エゴイスムス egoísmus] 男 -/..ismen 利己主義, エゴイズム. (⇨「利他主義」はAltruismus)

E·go·ist [エゴイスト egoíst] 男 -en/-en 利己主義者, エゴイスト. (⇨ 女性形は Egoistin).

* **e·go·is·tisch** [エゴイスティッシュ egoístɪʃ] 形 利己的な, エゴイスティックな. (英 egoistic). ein *egoistischer* Mann 利己的な男 / *egoistisch* handeln 利己的に行動する.

e·go·zen·trisch [エゴツェントリッシュ egotséntrɪʃ] 形 自己中心的な.

eh [エー é:] 副 ①《成句的に》seit *eh* und je ずっと以前から / wie *eh* und je 相変わらず. ②《南ドイ・オースト》《口語》どっちみち(= sowieso).

eh! [エー] 間《口語》①(呼びかけて:)ねえ, おい. ②(驚いて:)えっ, おや.

e. h., E. h. [エーレン・ハるバァ]《略》名誉のために(= ehrenhalber). Dr. e. h. (または E. h.) 名誉博士

: **e·he** [エーエ é:ə] 接《従属接続詞; 動詞の人称変化形は文末》…する前に(= bevor). (英 before). *Ehe* ich weggehe, rufe ich dich an. 出かける前に君に電話するよ. ◊{**nicht** とともに} …しないうちは. *Ehe* ihr nicht still seid, kann ich nicht reden. 君たちが静かにしないうちは私は話ができないよ.

*die E·he [エーエ é:ə] 女 (単) -/(複) -n 結婚, 婚姻; 結婚生活, 夫婦関係. (英 *marriage*). Studenten*ehe* 学生結婚 / eine glückliche *Ehe*⁴ führen 幸福な結婚生活を送る / die *Ehe*⁴ mit 人³ schließen (または ein|gehen) 人³と結婚する / die *Ehe*⁴ auf|lösen (scheiden) 結婚を解消する(離婚する) / die *Ehe*⁴ brechen 姦通(かん)する / ein Kind **aus** erster *Ehe* 初婚のときの子供 / Er ist **in** zweiter *Ehe* verheiratet. 彼は再婚している.

E·he≈be·ra·tung [エーエ・ベラートゥング] 女 -/-en ① (役所や教会などの)結婚[生活]に関する助言. ② 結婚相談所.

E·he≈bre·cher [エーエ・ブレッヒャァ] 男 -s/- 姦通(かん)者. (注意 女性形は Ehebrecherin).

e·he≈bre·che·risch [エーエ・ブレッヒェリッシュ] 形 姦通(かん)の, 不貞の.

E·he≈bruch [エーエ・ブルフ] 男 -[e]s/..brüche 姦通(かん). *Ehebruch*⁴ begehen 姦通する.

e·he≈dem [エーエ・デーム] 副 《雅》 以前に, かつて.

E·he≈frau [エーエ・フラオ] 女 -/-en 妻.

E·he≈gat·te [エーエ・ガッテ] 男 -n/-n ① 《雅》夫 (=Ehemann). ② 《複》で《官庁》夫婦.

E·he≈gat·tin [エーエ・ガッティン] 女 -/..tinnen 《雅》妻 (=Ehefrau).

E·he≈hälf·te [エーエ・ヘるフテ] 女 -/-n (口語・戯)妻, 女房.

E·he≈krach [エーエ・クラッハ] 男 -[e]s/-e (または ..kräche または -s) 《口語》夫婦げんか.

E·he≈le·ben [エーエ・レーベン] 中 -s/ 結婚生活.

E·he≈leu·te [エーエ・ろイテ] 複 夫婦 (=Ehepaar). die jungen *Eheleute* 若夫婦.

e·he·lich [エーエりヒ] 形 ① 結婚(婚姻)による, 夫婦の. *eheliches* Güterrecht 夫婦財産法(制) / sich⁴ mit 人³ *ehelich* verbinden 《雅》人³と結婚する. ② 嫡出の.

e·he·li·chen [エーエリッヒェン é:əliçən] 他 (h) 《戯》《人³と》結婚する.

e·he·los [エーエ・ろース] 形 未婚の, 独身の.

E·he·lo·sig·keit [エーエ・ろーズィヒカイト] 女 -/ 未婚, 独身.

e·he·ma·lig [エーエ・マーりヒ] 形 《付加語としてのみ》以前の, かつての. mein *ehemaliger* Lehrer 私の昔の先生.

e·he≈mals [エーエ・マーるス] 副 以前, かつて.

E·he≈mann [エーエ・マン] 男 -[e]s/..männer 夫.

E·he≈paar [エーエ・パール] 中 -[e]s/-e 夫婦.

E·he≈part·ner [エーエ・パルトナァ] 男 -s/- 配偶者. (注意 女性形は Ehepartnerin).

*e·her [エーァ é:ər] (≠bald の比較) 副 ① より早く, もっと前に. (英 *earlier*). Komm doch ein paar Minuten *eher*! もう数分早く来てくれ / Sie war *eher* da als er. 彼女は彼より早く来ていた / Je *eher*, desto besser. 早ければ早いほどよい. ② […よりは]むしろ, どちらかというと. (英 *rather*). *eher* heute **als** morgen きょうよりむしろきょう / Das ist *eher* eine Wildnis als ein Garten. これは庭というよりむしろ荒地だ / Das ist schon *eher* möglich. それのほうがありえそうなことだ.

E·he≈ring [エーエ・リング] 男 -[e]s/-e 結婚指輪.

e·hern [エーァァン é:ərn] 形 ① 《詩》青銅の, ブロンズの. das *eherne* Zeitalter 青銅器時代. ② 《雅・比》堅い, 頑固な. ein *ehernes* Gesetz 鉄則.

E·he≈schei·dung [エーエ・シャイドゥング] 女 -/-en 《法》離婚.

E·he≈schlie·ßung [エーエ・シュリースング] 女 -/-en 《法》婚姻締結, 結婚.

e·hest [エーエスト é:əst] (≠bald の最上) 形 ① 最も早い. **am** *ehesten* 最も早く / **bei** *ehester* Gelegenheit できるだけ早い機会に / **mit** *Ehestem* 《商》できるだけ早く. ② いちばん好きな. Am *ehesten* würde ich Chemie studieren. 《接２·現在》 今はいちばん勉強したいのは化学なのですが. ③ いちばんありそうな.

E·he≈stand [エーエ・シュタント] 男 -[e]s/ 結婚生活. in den *Ehestand* treten 《官庁》結婚する.

e·hes·tens [エーエステンス é:əstəns] 副 ① 早くとも, 早ければ. ② 《なるべく早く.

E·he≈ver·mitt·lung [エーエ・フェアミットるング] 女 -/-en 結婚仲介(斡旋(あっ))[所].

Ehr≈ab·schnei·der [エーァ・アップシュナイダァ] 男 -s/- 誹謗(ひぼう)者, 中傷者.

ehr·bar [エーァバール] 形 《雅》尊敬すべき, りっぱな.

Ehr·bar·keit [エーァバールカイト] 女 -/ 実直さ, 誠実さ.

Ehr≈be·griff [エーァ・ベグリふ] 男 -[e]s/-e 名誉についての考え方.

*die Eh·re [エーレ é:rə] 女 (単) -/(複) -n ① 名誉, 光栄, 誉れ; 敬意. (英 *hono[u]r*). die *Ehre* einer Familie² 一家の誉れ. ◊{動詞とともに} 人³ die *Ehre* **ab**|schneiden 人³の名誉を傷つける / Das bringt ihm keine *Ehre*. そのようなことをしても彼の名誉にはならない / mit 事³ *Ehre*⁴ **ein**|legen 事³をすることによって名誉を得る / 人³ die *Ehre*⁴ **erweisen** 人³に敬意を表す / Mit wem **habe** ich die *Ehre*? どちら様でしょうか / Es **ist** eine große *Ehre* für mich. たいへん光栄に存じます / Er **macht** seinen Eltern *Ehre*⁴. 彼は両親の誇りとなる. ◊{前置詞とともに} **Auf** *Ehre* [und Gewissen]! 名誉と良心にかけて / **Bei** meiner *Ehre*! 私の名誉にかけて, 誓って / 事⁴ **in** [allen] *Ehren* sagen 下心なしに事⁴を言う / **mit** *Ehren* みごとに, りっぱに / Er ist ein Mann **von** *Ehre*. 彼は名誉を重んじる人だ / 人⁴ wieder **zu** *Ehren* bringen 人⁴の名誉を

回復する / zu Ehren kommen 尊重されるようになる. ②〚複 なし〛自尊心, プライド. Das geht mir gegen die Ehre. それは私のプライドが許さない.

*eh·ren [エーレン é:rən] (ehrte, hat ... geehrt) 他 (〈haben) ① 尊敬する, 〈米 honor). Du sollst deine Eltern ehren. 君はご両親を敬うべきだ / 人⁴ mit einem Orden ehren 人⁴を勲章でたたえる / Er wurde mit einer Feier geehrt. 〚受動・過去〛彼に敬意を表して祝典が行われた. ◊〚過去分詞の形で〛Sehr geehrter Herr Richter! (手紙の冒頭で)敬愛するリヒター様. ②(事柄が人⁴にとって)名誉(光栄)である. Ihr Vertrauen ehrt mich. ご信頼いただいて光栄に存じます. ◊〚過去分詞の形で〛Ich fühle mich sehr geehrt. たいへん光栄に存じます.
◊☞ geehrt

Eh·ren⸗amt [エーレン・アムト] 中 -[e]s/..ämter 名誉職.

eh·ren⸗amt·lich [エーレン・アムトリヒ] 形 名誉職の.

Eh·ren⸗be·zei·gung [エーレン・ベツァイグング] 女 -/-en 〖軍〗敬礼.

Eh·ren⸗bür·ger [エーレン・ビュルガァ] 男 -s/- ① 名誉市民. ②〚複 なし〛(口語)名誉市民の称号.

Eh·ren⸗dok·tor [エーレン・ドクトァ] 男 -s/-en [..トーレン] 名誉博士[号](略: Dr. h. c. または Dr. e. h. または Dr. E. h.).

Eh·ren⸗gast [エーレン・ガスト] 男 -es/..gäste 賓客, 来賓.

Eh·ren⸗ge·leit [エーレン・ゲらイト] 中 -[e]s/-e (高官などの)随行.

Eh·ren⸗ge·richt [エーレン・ゲリヒト] 中 -[e]s/-e (弁護士・医師など同業者間の自治的な)名誉裁判, 懲戒裁判.

eh·ren·haft [エーレンハフト] 形 尊敬すべき, 誠実な, りっぱな.

eh·ren·hal·ber [エーレン・はルバァ] 副 名誉のために, 敬意を表して. Doktor ehrenhalber 名誉博士(略: Dr. e. h., または Dr. E. h.).

Eh·ren⸗mal [エーレン・マーる] 中 -s/-e (または ..mäler) (国民的英雄・戦没者などのための)記念碑.

Eh·ren⸗mann [エーレン・マン] 男 -[e]s/..männer 誠実な人, 信頼のおける人.

Eh·ren⸗mit·glied [エーレン・ミットグリート] 中 -[e]s/-er 名誉会員.

Eh·ren⸗platz [エーレン・プらッツ] 男 -es/..plätze 上席, 貴賓席.

Eh·ren⸗preis [エーレン・プらイス] I 男 -es/-e 名誉(栄誉)賞. II 男 中 -es/- 〖植〗クワガタソウ.

Eh·ren⸗rech·te [エーレン・レヒテ] 複 〚成句的に〛bürgerliche Ehrenrechte 公民権.

Eh·ren⸗ret·tung [エーレン・レットゥング] 女 -/-en 名誉回復, 体面維持.

eh·ren⸗rüh·rig [エーレン・リューリヒ] 形 名誉を傷つける, 不名誉な.

Eh·ren⸗run·de [エーレン・ルンデ] 女 -/-n (競)優勝者の場内一周, ヴィクトリーラン.

Eh·ren⸗sa·che [エーレン・ザッヘ] 女 -/-n ① 〖法〗名誉に関する訴訟[事件]. ②(名誉にかけて果たすべき)当然の義務. Kommst du? — Ehrensache! (口語・戯)来るかい — もちろんさ.

Eh·ren⸗tag [エーレン・ターク] 男 -[e]s/-e 〖雅〗記念日(誕生日・結婚記念日など).

eh·ren⸗voll [エーレン・ふぉる] 形 名誉ある, 光栄な.

eh·ren⸗wert [エーレン・ヴェーァト] 形 〖雅〗りっぱな, 尊敬すべき, 名誉ある.

Eh·ren⸗wort [エーレン・ヴォルト] 中 -[e]s/-e (名誉をかけた)誓約. Ich gebe dir mein Ehrenwort darauf. それは請け合っていいよ / Auf [mein] Ehrenwort! 誓って(そのとおりです).

Eh·ren⸗zei·chen [エーレン・ツァイヒェン] 中 -s/- 名誉章, 勲章.

ehr·er·bie·tig [エーァエァビーティヒ] 形 〖雅〗うやうやしい, 敬意をこめた.

Ehr⸗er·bie·tung [エーァ・エァビートゥング] 女 -/ 〖雅〗尊敬, 敬意.

Ehr⸗furcht [エーァ・ふルヒト] 女 -/ 敬(畏)敬の念], 畏怖(いふ). 人³ seine Ehrfurcht⁴ bezeigen 人³を深く尊敬する / vor 人·物³ Ehrfurcht⁴ haben 人·物³に畏敬の念をいだく.

ehr·fürch·tig [エーァ・ふュルヒティヒ] 形 畏敬の念をもった, うやうやしい.

ehr·furchts·voll [エーァふルヒツ・ふぉる] 形 〖雅〗畏敬(いふ)の念に満ちた, うやうやしい.

Ehr⸗ge·fühl [エーァ・ゲふューる] 中 -[e]s/ 自尊心, プライド. keinen Funken Ehrgefühl haben まるっきりプライドがない.

Ehr⸗geiz [エーァ・ガイツ] 男 -es/-e 〚ふつう 単〛功名心, 名誉欲, 野心. aus Ehrgeiz 野心に駆られて.

ehr⸗gei·zig [エーァ・ガイツィヒ] 形 功名心の強い, 野心的な.

*ehr·lich [エーァリヒ é:rlɪç] 形 ①(特に金銭的なことに関して)正直な, 信頼できる. (米 honest). ein ehrlicher Angestellter 信頼できる職員 / ein ehrliches Kind 正直な子供 / Sei ehrlich! 正直であれ / Ehrlich währt am längsten.(諺)正直は最長の美策だ. ②うそ偽りのない, 本当の, 率直な. meine ehrliche Meinung 私の率直な意見 / ehrlich gesagt 正直(率直)に言うと / Ich war krank, ehrlich! ぼくは病気だったんだ, 本当だよ / Ich war ehrlich überrascht. ぼくは本当に驚いた. ③ちゃんとした, りっぱな. ein ehrliches Begräbnis りっぱな葬儀.

Ehr·lich·keit [エーァリヒカイト] 女 -/ 誠実さ, 正直さ, 率直さ.

ehr·los [エーァ・ろース] 形 不名誉な, 破廉恥な.

Ehr⸗lo·sig·keit [エーァ・ろーズィヒカイト] 女 -/ 不名誉, 不面目, 破廉恥.

ehr·te [エーァテ] *ehren (尊敬する)の 過去

Eh·rung [エールング] 女 -/-en ① 表彰[式],

顕彰[式]. ② 表彰(顕彰)の贈り物.
ehr∙würdig [エーァ・ヴュルディヒ] 形 畏敬(いけい)の念を起こさせる、厳かな、気品のある.
ei! [アイ ái] 間 ① (特に子供が驚いたときに:)わーっ. ② (幼児) (なでたり慰めたりしながら:)よしよし.

‡*das* **Ei** [アイ ái]

> 卵 Ich hätte gern ein weiches *Ei*.
> イヒ ヘッテ ゲルン アイン ヴァイヒェス アイ
> 卵を半熟でいただきたいのですが.

中 (単2) -[e]s/(複) Eier (3格のみ Eiern) ① 卵. (英 egg). Spiegel*ei* 目玉焼き / ein frisches *Ei* 新鮮な卵 / ein rohes *Ei* 生卵 / ein hartes (weiches) *Ei* 堅ゆで(半熟)卵 / verlorene *Eier*《料理》落とし卵、ポーチト・エッグ / das *Ei* des Kolumbus コロンブスの卵 / ein *Ei*⁴ legen a) 卵を産む, b)《比》(苦心して)考え出す, c)《俗》糞をする / ein *Ei*⁴ auf|schlagen 卵を割る / ein *Ei*⁴ braten (kochen) 卵を焼く(ゆでる) / ein *Ei*⁴ trennen 卵の黄身と白身を分ける / wie **auf** *Eiern* gehen《口語》慎重に行動する(←卵の上を歩くように) / wie aus dem *Ei* gepellt sein《口語》こざっぱりとした身なりをしている(←むきたての卵のように) / 人・物⁴ wie ein rohes *Ei*⁴ behandeln 人・物⁴を非常に慎重に扱う(←生卵を扱うように) / Die Zwillinge gleichen sich wie ein *Ei* dem anderen. その双子は瓜(うり)二つだ / Das *Ei* will klüger sein als die Henne. (ことわざ) 青二才の知ったかぶり(←卵はめんどりより利口ぶる).
② 《生》卵子. ③《覆》《口語》お金; マルク.
..ei [..アイ ..ái]《女性名詞をつくる 接尾》アクセントをもつ》① 《性質》例: Kind*erei* 子供じみたふるまい. ② 《産業》例: Fisch*erei* 漁業. ③ 《総称》例: Büch*erei* 蔵書. ④ 《反復的動作》例: Ras*erei* 狂気のさた.
Ei∙be [アイベ áibə] 女 -/-n 《植》イチイ(水松).
Ei∙bisch [アイビッシュ áibiʃ] 男 -es/-e 《植》タチアオイ.
Eich∙amt [アイヒ・アムト] 中 -[e]s/..ämter 度量衡検定局.

die **Ei∙che** [アイヒェ áiçə] 女 (単) -/(複) -n ① 《植》オーク(ナラ・カシの類). ② 《覆 なし》オーク材. Kork*eiche* コルク樫(かし).

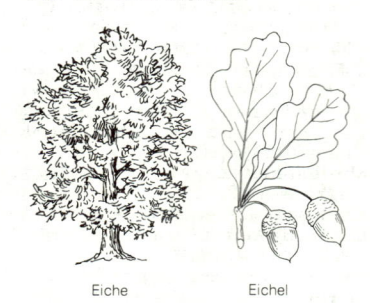

Ei∙chel [アイヒェる áiçəl] 女 -/-n ① オークの実、どんぐり. ② 《医》(陰茎・陰核の)亀頭. ③ 《覆 で 冠詞なしで》(ドイツ式トランプの)クラブ.
Ei∙chel∙hä∙her [アイヒェる・ヘーァァ] 男 -s/-《鳥》カケス.
ei∙chen¹ [アイヒェン áiçən] 形 《付加語としてのみ》オーク[材]の.
ei∙chen² [アイヒェン áiçən] 他 (h) (計量器など⁴を)検定する.
◊☞ geeicht
Ei∙chen∙dorff [アイヒェン・ドルふ áiçən-dɔrf] -s/《人名》アイヒェンドルフ (Joseph Freiherr von *Eichendorff* 1788–1857; ドイツ・ロマン派の作家).
Eich∙horn [アイヒ・ホルン] 男 -[e]s/..hörner = Eichhörnchen
Eich∙hörn∙chen [アイヒ・ヘルンヒェン] 中 -s/-《動》リス.
Eich∙maß [アイヒ・マース] 中 -es/-e (計量器検定の)基準器, 度量衡原器.

der **Eid** [アイト áit] 男 (単2) -es (まれに -s)/(複) -e (3格のみ -en) 誓い, 宣誓, 誓約. (英 *oath*). ein feierlicher *Eid* 厳粛な誓い / einen *Eid* ab|legen (または leisten) 宣誓する / 人³ einen *Eid* ab|nehmen 人³に宣誓させる / einen *Eid* auf die Bibel schwören 聖書にかけて誓う / Ich nehme es auf meinen *Eid*, dass er unschuldig ist. 誓って言うが, 彼は無実だ / 事⁴ unter *Eid* aus|sagen 宣誓して事⁴を証言する.
Eid∙bruch [アイト・ブルフ] 男 -[e]s/..brüche 誓約(宣誓)違反.
eid∙brü∙chig [アイト・ブリュヒヒ] 形 宣誓違反の, 誓いを破った.
Ei∙dech∙se [アイデクセ áidɛksə] 女 -/-n 《動》トカゲ.
Ei∙der∙en∙te [アイダァ・エンテ] 女 -/-n 《鳥》ケワタガモ.
ei∙des∙statt∙lich [アイデス・シュタットりヒ] 形 宣誓に代わる.
Eid∙ge∙nos∙se [アイト・ゲノッセ] 男 -n/-n ① スイス[連邦共和国の]国民. ② 同盟者, 盟友.
Eid∙ge∙nos∙sen∙schaft [アイト・ゲノッセンシャふト] 女 -/-en ① 《成句的に》die Schweizerische *Eidgenossenschaft* スイス連邦[共和国]. ② (宗教的・政治的な)同盟.
eid∙ge∙nös∙sisch [アイト・ゲネスィッシュ] 形 スイス連邦[共和国]の.
eid∙lich [アイトりヒ] 形 宣誓による.
Ei∙dot∙ter [アイ・ドッタァ] 男 中 -s/-《生》Ei (卵)の覆
Ei∙er [アイァァ] ‡Ei (卵)の覆
Ei∙er∙be∙cher [アイアァ・ベッヒャァ] 男 -s/- (ゆで卵をのせる)エッグカップ.
Ei∙er∙ku∙chen [アイアァ・クーヘン] 男 -s/-《料理》卵入りパンケーキ.
Ei∙er∙löf∙fel [アイアァ・れッふェる] 男 -s/- エッグスプーン.
Ei∙er∙scha∙le [アイアァ・シャーれ] 女 -/-n 卵の殻.
Ei∙er∙stock [アイアァ・シュトック] 男 -[e]s/

Eiche   Eichel

Ei·er⹀tanz [アイアァ・タンツ] 男 -es/..tänze エッグダンス(ばらまいた卵の間を目隠しで踊る);《比》微妙な状況におけるきわめて慎重な行動.

Ei·er⹀uhr [アイアァ・ウーァ] 女 -/-en 卵ゆで用の[砂]時計.

die **Ei·fel** [アイふェる áifəl] 女 -/《定冠詞とともに》《山名》アイフェル(ライン左岸の高原. ☞ 地図 C-3).

der **Ei·fer** [アイふァァ áifər] 男 (単2) -s/ 熱意, 熱中. Sein *Eifer* erlahmte bald. 彼の熱意はすぐにさめた / in *Eifer* geraten 熱中する / im *Eifer* des Gefechts 熱中のあまり, あわてて(←戦闘に熱中して) / mit *Eifer* 熱心に / Blinder *Eifer* schadet nur.《ことわざ》短気は損気.

Ei·fe·rer [アイふェラァ áifərər] 男 -s/- (特に政治的な)熱中(熱狂)者;《宗》狂信者.

ei·fern [アイふァァン áifərn] 自 (h) ① 熱中する. **für** (**gegen**)《人・事》*eifern*《人・事》[4]に対してやっきになって賛成する(反対する). ② 《**nach**《物》[3] ~》《雅》(必死になって《物》[3]を)得ようとする.

die **Ei·fer⹀sucht** [アイふァァ・ズフト áifərzʊxt] 女 (単) -/die ..süchte (3格のみ ..süchten) 《ふつう 単》嫉妬(ヒと), やきもち, ねたみ.《英》 *jealousy*). *Eifersucht*[4] empfinden 嫉妬する / aus *Eifersucht* ねたんで, 嫉妬から.

Ei·fer⹀süch·te·lei [アイふァァ・ズヒテらイ] 女 -/-en《ふつう 複》嫉妬(ヒと)からの[絶え間のない]いさかい.

*ei·fer⹀süch·tig** [アイふァァ・ズュヒティヒ áifər-zʏçtɪç] 形 嫉妬(ヒと)深い, やきもちやきの. (《英》*jealous*). *eifersüchtige* Blicke 嫉妬深いまなざし / Sie ist *eifersüchtig* **auf** ihre Schwester. 彼女は姉をねたんでいる.

der **Eif·fel⹀turm** [アイふェる・トゥルム] 男 -[e]s/《定冠詞とともに》(パリの)エッフェル塔.

ei⹀för·mig [アイ・ふェるミヒ] 形 卵形の.

*eif·rig** [アイふりヒ áifrɪç] 形 熱心な, 熱中した, まじめな. (《英》*keen*). ein *eifriger* Schüler 勉強熱心な生徒 / *eifrig* lernen 熱心に学ぶ. (☞《類語》*fleißig*).

Ei⹀gelb [アイ・グるブ] 中 -s/-e (単位: -/-)《料理》卵の黄身.

*ei·gen** [アイゲン áigən] 形 ① 自分自身の, 自分の, 自己[所有]の. (《英》 *own*). eine *eigene* Meinung 自分自身の意見 / Er hat einen *eigenen* Wagen. 彼は自分の車をもっている / Ich habe es mit [meinen] *eigenen* Augen gesehen. 私はそれをこの目で見た / Das ist mein *eigen* (新形 mein *Eigen*). それは私のものだ.

◇《前置詞とともに》**auf** *eigene* Gefahr (警告の表示などで:)万一の場合の責任は負いません(←危険は自己の負担で) / auf *eigenen* Füßen stehen《比》独立している / auf *eigene* Kosten 自費で / **aus** *eigenem* Entschluss (または Antrieb) 自発的に / aus *eigener* Erfahrung 自分の経験から / in *eigener* Person 自ら, 自分(その人)自身が 《人》[3]《物》[4] **zu** *eigen* (新形 **zu** *Eigen*) geben《雅》《人》[3]《物》[4]を与える(ゆだねる) / sich[3] 事[4] zu *eigen* (新形 zu *Eigen*) machen 事[4]を自分のものにする;習得する.

② 《人・物》[3]に特有の, 固有の. der ihm *eigene* Gang 彼独特の歩き方 / eine *eigene* Ausdrucksweise 独特な表現法.

③ 奇妙な, 風変わりな. Er ist ein ganz *eigener* Mensch. 彼はまったく変わった人だ / Mir ist so *eigen* zumute (または zu Mute). 私はとても妙な気持ちだ. ④《方》ひどくきちょうめんな, ペダンティックな.

Ei·gen [アイゲン] 中 -s/《雅》所有地(物). Das ist mein *Eigen*. それは私のものだ / 物[4] sein *Eigen* nennen 物[4]を所有する / 物[4] **zu** *Eigen* haben 物[4]を所有する /《人》[3] zu *Eigen* geben《人》[3]《物》[4]を与える(ゆだねる) / sich[3] 事[4] zu *Eigen* machen 事[4]を自分のものにする; 習得する.

..ei·gen [..アイゲン ..aigən]《形容詞をつくる接尾》① (…所有の) 例: werk*eigen* 工場所属(所有)の. ② (…に特有の) 例: zeit*eigen* 時代特有の.

Ei·gen⹀art [アイゲン・アールト] 女 -/-en ① 《複 なし》特性, 特徴. ② 特異性, 癖.

ei·gen⹀ar·tig [アイゲン・アールティヒ] 形 ① 独特な, 特異な. Er ist ein *eigenartiger* Mensch. 彼は個性的な人間だ. ② 変な, 奇妙な. ein *eigenartiges* Gefühl 妙な気持ち.

Ei·gen⹀be·darf [アイゲン・ベダルふ] 男 -[e]s/ 自家(自国)消費[量].

Ei·gen⹀bröt·ler [アイゲン・ブレートらァ] 男 -s/- 一匹おおかみ, 変人.

Ei·gen⹀ge·wicht [アイゲン・ゲヴィヒト] 中 -[e]s/-e《工》自重;《経》正味[重量].

ei·gen⹀hän·dig [アイゲン・ヘンディヒ] 形 自らの手による, 自筆の. eine *eigenhändige* Unterschrift 自筆のサイン / *eigenhändig* abzugeben《略号》《郵》親展.

Ei·gen⹀heim [アイゲン・ハイム] 中 -[e]s/-e (一戸建ての)持ち家, マイホーム.

Ei·gen·heit [アイゲンハイト] 女 -/-en 特異性, 癖.

Ei·gen⹀le·ben [アイゲン・れーベン] 中 -s/ 自分なりの(独自の)生活.

Ei·gen·lie·be [アイゲン・リーベ] 女 -/ 自己愛, 利己心, 虚栄心.

Ei·gen⹀lob [アイゲン・ろープ] 中 -[e]s/-e 自画自賛, 自慢. *Eigenlob* stinkt.《口語》自慢話は鼻持ちならない.

ei·gen⹀mäch·tig [アイゲン・メヒティヒ] 形 独断的な, 自分勝手な(行動・決定など).

Ei·gen·na·me [アイゲン・ナーメ] 男 -ns (3格・4格 -n)/-n《言》固有名詞.

Ei·gen⹀nutz [アイゲン・ヌッツ] 男 -es/ 利己心, エゴイズム. **aus** *Eigennutz* 利己心から.

ei·gen⹀nüt·zig [アイゲン・ニュッツィヒ] 形 利己的な, 自分本位の.

ei·gens [アイゲンス] 副 特に, ことさら, わざわざ; もっぱら, ただ. *eigens* zu diesem Zweck も

っぱらこの目的のために.

* _die_ **Ei·gen·schaft** [アイゲンシャフト áigənʃaft] 囡 (単) -/(複) -en ① 性質, 特性, 特質. (英 quality). Er hat auch gute _Eigenschaften_. 彼にも長所もいくつかある. ② 資格. Er ist in amtlicher _Eigenschaft_ hier. 彼は公的資格でここに来ている / in meiner _Eigenschaft_ als Vorsitzender 私の議長としての資格において.

Ei·gen·schafts⊿wort [アイゲンシャフツ・ヴォルト] 回 -(e)s/..wörter 《言》形容詞 (=Adjektiv).

Ei·gen⊿sinn [アイゲン・ズィン] 男 -[e]s/ わがまま, 強情, 頑固. Das ist nur _Eigensinn_ von ihm. それは彼のわがままにすぎない.

* **ei·gen⊿sin·nig** [アイゲン・ズィニヒ áigənzınıç] 形 わがままな, 強情な, 頑固な. (英 stubborn). ein _eigensinniges_ Kind わがままな子供.

ei·gen⊿stän·dig [アイゲン・シュテンディヒ] 形 独立の, 自主的な. eine _eigenständige_ Kultur 独自の文化.

* **ei·gent·lich** [アイゲントりヒ áigəntlıç] I 副 ①《文全体にかかって》実際[は], 本当は. (英 really). Er heißt _eigentlich_ Meyer. 彼は本当はマイアーという名前だ.
②《文全体にかかって》本来, 厳密に言えば. _Eigentlich_ hat er Recht. 厳密に言えば彼は正しい.
③《疑問文で; 文中でのアクセントなし》《話し手の疑問・疑念を強めて》いったい, そもそも. Wann fahren Sie _eigentlich_ nach Osaka? ところであなたはいつ大阪に行かれますか / Was willst du _eigentlich_ hier? いったい君はここで何がしたいんだい.
II 形《付加語としてのみ》本来の, もともとの; 実際の, 本当の. die _eigentliche_ Bedeutung dieses Wortes この語の本来の意味 / Der _eigentliche_ Machthaber war nicht der Präsident. 実際の権力者は大統領ではなかった.

Ei·gen⊿tor [アイゲン・トーァ] 回 -[e]s/-e 《スポ》(サッカーなどの)オウンゴール, 自殺点(誤って自軍ゴールにボールを入れること);《比》自殺行為.

* _das_ **Ei·gen·tum** [アイゲントゥーム áigəntu:m] 回 (単2) -s/ 所有物, 財産; 所有権. (英 property). Privat_eigentum_ 私有財産 / öffentliches _Eigentum_ 公共財産 / Das Haus ist sein _Eigentum_. この家は彼の所有である / geistiges _Eigentum⁴_ an 物³ haben 《法》物³の著作権を持っている.

Ei·gen·tü·mer [アイゲントゥーマァ áigənty:mər] 男 -s/- 所有権者, 所有主.

* **ei·gen·tüm·lich** [アイゲンテュームりヒ áigənty:mlıç または アイゲンテューム..] 形 (英 peculiar) ① 奇妙な, 風変わりな. ein _eigentümlicher_ Geruch 変なにおい. ②《人·物³~》(人·物³)に固有な, 特有の. Die Redeweise ist ihm _eigentümlich_. その話し方は彼独特のものだ.

Ei·gen·tüm·lich·keit [アイゲンテュームりヒカイト または アイゲンテューム..] 囡 -/-en ①《複なし》特性, 特質. ② 特異な点; 奇妙なところ.

Ei·gen·tums⊿woh·nung [アイゲントゥームス・ヴォーヌング] 囡 -/-en (マンションなどの)分譲住宅.

ei·gen⊿wil·lig [アイゲン・ヴィりヒ] 形 ① 個性的な, 癖のある. ② 強情な, わがままな.

der **Ei·ger** [アイガァ áigər] 男 -s/ 《定冠詞とともに》(山名)アイガー (スイス中部, アルプスの高峰. ☞ 地図 D-5).

* **eig·nen** [アイグネン áignən] du eignest, er eignet (eignete, hat...geeignet) I 再帰 《定了 haben》《_sich⁴_ **für** 人·物⁴ (または **zu** 人·物³) ~》(人·物⁴(または 人·物³)に)ふさわしい, 適している. Der Film _eignet_ sich nicht für Kinder. この映画は子供向きではない / Er _eignet_ sich zum Arzt. 彼は医者に向いている / Dieses Buch _eignet_ sich zum (または als) Geschenk. この本は贈り物によい.
II 自《定了 haben》《雅》《人·物³に》特有である. Ihm _eignet_ eine gewisse Gutmütigkeit. 彼にはお人よしなところがある.
◊ ☞ geeignet

eig·ne·te [アイグネテ] *eignen 再帰 で: ふさわしい の 過去.

Eig·ner [アイグナァ áignər] 男 -s/- ① 船主. ②《古》所有者.

Eig·nung [アイグヌング] 囡 -/-en 《ふつう単》適性, 能力.

Eig·nungs⊿prü·fung [アイグヌングス・プリューフング] 囡 -/-en 適性検査.

Eig·nungs⊿test [アイグヌングス・テスト] 男 -[e]s/-e (または -s) =Eignungsprüfung

eigtl. [アイゲントりヒ] 《略》本来[の] (=eigentlich).

Ei·land [アイラント áilant] 回 -[e]s/-e 《詩》島 (=Insel).

Eil⊿bo·te [アイる・ボーテ] 男 -n/-n 速達配達人; 急使. durch _Eilboten_ 《郵》(手紙の上書きで)速達で.

Eil⊿brief [アイる・ブリーふ] 男 -[e]s/-e 《郵》速達[便].

* _die_ **Ei·le** [アイれ áilə] 囡 (単) -/ 急ぎ; 急ぐこと. (英 hurry). Ich habe _Eile_. 私は急いでいる / Die Sache hat keine _Eile_. その件は急ぎません / in _Eile_ 急いで / in aller _Eile_ 大急ぎで / In der _Eile_ habe ich das vergessen. あわてていたのでそれを忘れました.

Ei⊿lei·ter [アイ・らイタァ] 男 -s/- 《医》卵管.

* **ei·len** [アイれン áilən] (eilte, ist/hat...geeilt) I 自《ist》《定了 haben》 ① (s)《方向を表す語句とともに》(…へ)急いで行く. (英 hurry). Er _eilte_ nach Hause. 彼は急いで帰宅した / zum Bahnhof _eilen_ 駅へ急いで行く / 人³ zu Hilfe _eilen_ (人³を)助けに行く / _Eile_ mit Weile! 《諺》急がば回れ. ② (h) 急を要する, 急ぐ. Der Brief _eilt_. その手紙は急を要する / _Eilt_! (手紙などの上書きで:)至急. ◊

...s を主語として》Es *eilt* mir damit. 至急...を要することだ. ...haben) sich⁴ *eilen* 急ぐ. Du ...dich nicht zu *eilen*. 君は急ぐ必要...

...ds [アイレンツ áilənts] 副 急いで, 至急.
...er‐tig [アイる・フェルティヒ] 形 ①《雅》性..., あわてた. ② かいがいしい, まめまめしい.
...gut [アイる・グート] 中 ‐[e]s/..güter《鉄道》急行便貨物.

ei‧lig [アイりヒ áiliç] 形 ① 急いでいる, 急ぎの.《英 hasty》. *eilige* Schritte 急ぎ足 / Nur nicht so *eilig*! そんなにせかせかするな. ② 急を要する, 緊急の. ein *eiliger* Bericht 緊急の報告. ③《成句的に》es⁴ [mit 3格] *eilig* haben [3格]を急いでいる. Er *hat* es *mit der Sache eilig*. 彼はその件を急いでいる.(☞ es は形式目的語).

類語 **eilig** (時間がないので)急いで, 足早に. **hastig**: (気がせくので)せかせかと, あわただしく. Sie sprach *hastig*. 彼女はせきこんでしゃべった. **schnell**: (速いテンポ・スピードで)急いで.

Eil‧marsch [アイる・マルシュ] 男 ‐[e]s/..märsche《軍》急行軍, 強行軍.
Eil‧post [アイる・ポスト] 女/《郵》速達[郵便].
eil‧te [アイるテ] *eilen (急いで行く) の 過去
Eil‧zug [アイる・ツーク] 男 ‐[e]s/..züge《鉄道》快速列車, 準急[列車] (略: E).(☞ Zug 表).
Eil‧zu‧stel‧lung [アイる・ツーシュテるンク] 女 ‐/‐en《郵》速達便.

der Ei‧mer [アイマァ áimər] 男 (単2) ‐s/ (複) ‐ (3格のみ ‐n) バケツ, 手桶.《英 bucket》. Mülleimer ごみバケツ / ein *Eimer* [voll] Wasser バケツ一杯の水 / Es gießt wie aus (または ein) *Eimern*.《口語》土砂降りだ (←バケツから注ぐように) / im *Eimer* sein《俗》だめになっている, だいなしになっている ⇒ Die Uhr ist im *Eimer*. この時計は使いものにならない.

:**ein**¹ [(I では:) アイン ain; (II では:) アイン áin]

ある, 一つ[の]

Wo ist hier *eine* Bank?
ヴォー イスト ヒーァ アイネ バンク
この辺りで銀行はどこにありますか.

格	男	女	中	複
1	ein	eine	ein	
2	eines	einer	eines	(なし)
3	einem	einer	einem	
4	einen	eine	ein	

I 冠《不定冠詞; アクセントをもたず, 複数はない》
①《初めて話題にのぼる単数名詞につけて》ある, 一つの, 一人の.《英 a, an》. *Ein* Mann sucht dich. [ある]男の人が君を探しているよ / *eine* Frau ある女性 / Es war einmal *ein* König. Der König... 昔々一人の王様がおりました. その王様は… ◇《副詞的に 2 格で》*eines* Tages ある日.
②《種類を表して》一種の…, …の一種. Der Wal ist *ein* Säugetier. 鯨は哺乳(ほにゅう)動物[の一種]である / Sie ist noch *ein* Kind. 彼女はまだ子供だ.

☞ 職業・身分・国籍などを表す名詞が述語になるときはふつう無冠詞. 例: Sie ist Studentin. 彼女は大学生です.

③《種類全体を表して》…というものは, どんな…でも. *Ein* Kind will spielen. 子供というものは遊びたがるものだ / *Ein* Gletscher besteht aus Eis. 氷河は氷でできている.
④《人名とともに》…と[か]いう; …のような; …の作品. *ein* Herr Meyer マイアーさんとかいう人 / *ein* Goethe ゲーテのような人 / Er besitzt *einen* Rubens. 彼はルーベンスの絵を1枚持っている.
⑤《物質名詞につけて》一杯の; …のたくいの. Herr Ober, *einen* Kaffee bitte! ボーイさん, コーヒーを1杯ください / *ein* trockener Wein 辛口のワイン[グラス1杯].
⑥《ander と呼応に》一方の. *ein* Bein⁴ über das andere schlagen 足を組む(←一方の足を他方の足に重ねる) / *einen* Brief nach dem anderen schreiben 次々に何通も手紙を書く.
⑦《成句的に》*ein* paar 二三の / *ein* bisschen または *ein* wenig 少しばかりの / *ein* jeder 各々が.

II 数《アクセントをもつ; 語尾変化は前に定冠詞などがあれば形容詞と同じ, なければ不定冠詞と同じ》① 一つの, 一人の.《英 one》. *Ein* Mann und zwei Frauen saßen auf der Bank. 一人の男と二人の女がベンチに腰掛けていた / Das kostet *eine* Mark. それは1マルクです / *ein* Jahr später 1年後に / mit *einem* Wort 一言で言えば / der *eine* Gott 唯一神 / unser *einer* Sohn 私たちの一人息子 / *ein* Viertel 4分の1 / um *ein* Uhr 1時に.(☞ 時刻を表す Uhr の前では無語尾).

◇《名詞的に》: 語尾変化は不定代名詞 einer と同じ;(☞ *einer²*) / *einer* von ihnen 彼らのうちの一人 / *eine* meiner Töchter² 私の娘の一人.

◇《成句的に》*ein für alle Mal* これを最後に, 最終的に / in *einem* fort 続けざまに.
② 同じ, 同一の. Sie sind in *einer* Klasse. 彼らは同級生だ / Wir waren alle *einer* Meinung². われわれはみんな同じ意見だった.

ein² [アイン] 副《成句的に》① ein und aus gehen [人]³の所に出入りしている / Ich weiß nicht mehr weder *ein* noch aus. 私はもうどうしてよいかわからない.

ein‧‧ [アイン.. áin..] 《分離動詞の 前つづり; つねにアクセントをもつ》①《内へ》例: *ein*|führen 輸入する. ②《包囲》例: *ein*|fassen (縁で)囲む. ③《状態の変化》例: *ein*|frieren 凍る. ④《崩壊》例: *ein*|schlagen 打ち砕く. ⑤《開始》

例: *ein*|läuten 鐘で開始を知らせる.

Ein·ak·ter [アイン・アクタァ] 男 -s/- 《劇》1幕物.

ein≠ak·tig [アイン・アクティヒ] 形 《劇》1幕物の.

*ei·nan·der [アイナンダァ ainánder] 代《相互代名詞; 無変化》《雅》互いに, 相互に. (英 one another). Sie helfen *einander*. 彼らは互いに助け合っている / Sie lieben *einander*. 彼らは愛し合っている. 《✍》ふつうは einander の代わりに再帰代名詞を用いる. 例: Sie helfen sich³. 「彼らは互いに助け合っている」 また前置詞といっしょに用いられるときは融合して aufeinander, mit*einander* のようになる).

ein|ar·bei·ten [アイン・アルバイテン áin-àrbaitən] 他 (h) ① (人⁴に)仕事を教え込む. Er *arbeitete* seinen Nachfolger *ein*. 彼は後継者に仕事を仕込んだ. ◇再帰的に) *sich*⁴ in die neuen Aufgaben *einarbeiten* 新しい任務に慣れる. ② 《A⁴ in B⁴ ～》(A⁴ を B⁴ に)はめ込む, 加える. ③ (残業して遅れ⁴を)とり戻す.

ein·ar·mig [アイン・アルミヒ] 形 ① 片腕の; 一本の腕(アーム)を備えた(機械など). ② 片腕を用いた. ein *einarmiger* Liegestütz 片腕立て伏せ.

ein|äschern [アイン・エッシァン áin-ὲʃərn] 他 (h) ① (建物など⁴を)焼いて灰にする, 焼き尽くす. ② (死体⁴を)火葬にする.

Ein·äsche·rung [アイン・エッシェルング] 女 -/-en 焼却; 火葬.

ein|at·men [アイン・アートメン áin-à:tmən] I 自 (h) 息を吸う. 《✍》「息を吐く」は ausǀatmen). durch die Nase *einatmen* 鼻から息を吸う. II 他 (h) (空気など⁴を)吸い込む. Staub⁴ *einatmen* ほこりを吸う.

ein≠äu·gig [アイン・オイギヒ] 形 片目の, 一つ目の; 1眼の(カメラなど).

Ein·bahn·stra·ße [アインバーン・シュトラーセ] 女 -/-n 《交通》 一方通行路.

ein|bal·sa·mie·ren [アイン・バるザミーレン áin-balzamì:rən] 他 (h) (死体など⁴を)防腐処理する.

Ein·band [アイン・バント áin-bant] 男 -[e]s/..bände (本の)装丁, 表紙.

ein≠bän·dig [アイン・ベンディヒ] 形 《全》1巻の.

Ein·bau [アイン・バオ áin-bau] 男 -[e]s/-ten ① 《複 なし》(家具などの)作り付け, (機器などの)取り付け. ② 《複 なし》組み入れ, 補足, 補強. ③ 作り付け(はめ込み)部分.

ein|bau·en [アイン・バオエン áin-bàuən] 他 (h) ① (室内に家具など⁴を)作り付ける, (機器など⁴を)取り付ける, 内蔵する. ② (補足部⁴として)組み入れる, 挿入する. Zitate⁴ in einen Vortrag *einbauen* 引用文を講演の中に織り込む(挿入する).

Ein·bau·kü·che [アインバオ・キュッヒェ] 女 -/-n システムキッチン.

Ein≠baum [アイン・バオム] 男 -[e]s/..bäume 丸木舟, くり舟.

Ein·bau≠mö·bel [アインバオ・メーベル] 中 -s/- 《ふつう 複》作り付け家具, [～ベル]

ein|be·grei·fen* [アイン・ベグライフェン bəgràifən] 他 (h) 《雅》含めて考える, 含む.

ein·be·grif·fen [アイン・ベグリッフェン] einǀbegreifen (含めて考える)の 過分 II 形 れた, 算入された. Die Bedienung ist Preis [mit] *einbegriffen*. サービス料は料金に含まれています.

ein|be·hal·ten* [アイン・ベハるテン áin-bəhàltən] (過分 einbehalten) 他 (h) ① 保留する, 渡さずにおく, (税など⁴を)天引きする. ② 《官庁》拘留する.

ein·bei·nig [アイン・バイニヒ] 形 ① 1本足の, 片足の. ② (比喩) 利き足が片方だけの.

ein|be·ru·fen* [アイン・ベルーフェン áin-bərù:fən] (過分 einberufen) 他 (h) ① (会議など⁴を)召集する. ② (人員⁴を)召集する, 徴兵する.

Ein·be·ru·fung [アイン・ベルーフング] 女 -/-en ① (会議などの)召集. ② (人員の)召集, 徴兵.

ein|bet·ten [アイン・ベッテン áin-bètən] 他 (h) 《A⁴ in B⁴ ～》(A⁴ を B⁴ に)埋め込む; 挿入する. ein Rohr⁴ in die Erde *einbetten* パイプを地中に埋める.

Ein·bett≠zim·mer [アインベット・ツィンマァ] 中 -s/- (ホテル・病院などの)シングルルーム, 1人部屋.

ein|be·zie·hen* [アイン・ベツィーエン áin-bətsì:ən] (過分 einbezogen) 他 (h) ① 《A⁴ in B⁴ ～》(A⁴ を B⁴ に)取り込む, 算入する. ② 考慮に入れる.

ein|bie·gen* [アイン・ビーゲン áin-bi:gən] I 自 (s) (人・車が)(わき道へ)曲がる. II 他 (h) 内側へ曲げる(たわめる). III 再帰 (h) *sich*⁴ *einbiegen* 内側に曲がる(たわむ).

*ein|bil·den [アイン・ビるデン áin-bìldən] du bildest...ein, er bildet...ein (bildete...ein, hat...eingebildet) 再帰 《定了 haben》 *sich*³ 物·事⁴ *einbilden* ① (誤って 事⁴に)思い込む. Du *bildest* dir nur *ein*, krank zu sein. 君は自分で病気だと思い込んでいるだけだよ / Was *bildest* du *dir* eigentlich *ein*? 《口語》君はいったい何を考えているのか. ② 《viel⁴, nichts⁴ などとともに; *sich*³ *auf* 事⁴ ～》(事⁴を…に)自慢する. Er *bildet* sich viel (nichts) auf seinen Erfolg *ein*. 彼は自分の成功を大いに自慢する(少しも鼻にかけない). ③ 《方》(物⁴を)ひどく欲しがる.

◇☞ eingebildet

Ein·bil·dung [アイン・ビるドゥング] 女 -/-en ① 《複 なし》 想像, 観念〖の世界〗. ② 幻想, 妄想. Das ist bloße *Einbildung*. それは幻想にすぎないさ. ③ 《複 なし》高慢, うぬぼれ.

Ein·bil·dungs≠kraft [アインビるドゥングス・クラフト] 女 -/ 想像力.

ein|bin·den* [アイン・ビンデン áin-bindən] 他 (h) ① 装丁(製本)する. ein Buch⁴ in

Leinen *einbinden* 本を布で装丁する. ② 包む, くるむ.

ein|bla·sen* [アイン・ブラーゼン áin-blà:zən] 他 (h) ① (空気など⁴を)吹き込む;《比》(アイディアなど⁴を)吹き込む. ② (管楽器⁴を)吹いて鳴らす. ③《口語》(人³に答えなど⁴を)こっそり教える.

ein≈blät·te·rig [アイン・ブレッテリヒ] 形《植》単葉の, 葉が1枚の.

ein≈blätt·rig [アイン・ブレットリヒ] 形 ＝ein-blätterig

ein|bläu·en [アイン・ブロイエン áin-blɔ́yən] 他 (h)《人³に事⁴を》覚え込ませる, たたき込む.

ein|blen·den [アイン・ブレンデン áin-blèn-dən] I 他 (h)《映・放送》(別の音・映像など⁴を)フェードインする, 挿入する. einen Werbespot in eine Sendung *einblenden* 放送にコマーシャルをはさむ. II 再帰 (h) *sich*⁴ *einblenden*《放送》(フェードインしながら)次の番組を始める. Wir *blenden uns* in wenigen Minuten wieder *ein*. 数分後に再び放送いたします.

ein|bleu·en ☞《所λ》 ein|bläuen

Ein·blick [アイン・ブリック áin-blík] 男 -[e]s/-e ① 中をのぞくこと;(書類などを)閲覧すること. ② 洞察, 認識, 見抜くこと. einen *Einblick* in 事⁴ bekommen (または gewinnen) 事⁴をはっきり見抜く, 認識する / 人³ einen *Einblick* in 事⁴ geben 人³に事⁴を認識させる.

・**ein|bre·chen*** [アイン・ブレッヒェン áin-brèçən] du brichst…ein, er bricht…ein (brach…ein, *ist*/*hat*…eingebrochen) I 自 (定了) sein または haben) ① (s, h) (泥棒などが)侵入する, 押し入る. Diebe *sind* in die Werkstatt *eingebrochen*. または Diebe *haben* in der Werkstatt *eingebrochen*.〖現在完了〗仕事場に泥棒が入った. ② (s) (軍隊などが)侵入する; 襲う. ③ (s) (夜・冬などが)急に訪れる. Der Winter *brach ein*. 急に冬になった. ◇〖現在分詞の形で〗bei *einbrechender* Dunkelheit 日暮れに. ④ (s) (足もとの氷などが割れて)落ち込む;(屋根などが)崩れ落ちる. ⑤ (s) (水が)どっと流れ込む;(光がぱっと差し込む. II 他 (定了) haben) (ドアなど⁴を)打ち破る, 壊して開ける.

Ein·bre·cher [アイン・ブレッヒャァ áin-brèçər] 男 -s/- 侵入者, [押し込み]強盗.

ein|bren·nen* [アイン・ブレンネン áin-brè-nən] I 他 (h) (料理)(小麦粉など⁴を)いる, いためる. ② (家畜などに印(烙印)を)焼き付ける. II 再帰 (h) *sich*⁴ *einbrennen* (印象などが心に)焼き付く.

ein|brin·gen* [アイン・ブリンゲン áin-brìŋən] 他 (h) ① (収穫物など⁴を)運び入れる, 持ち込む;(船を港へ)入れる. ② (利益など⁴を)もたらす. Diese Arbeit *bringt* nichts *ein*. この仕事はもうけにならない. ③ (法案・動議⁴を)提出する. ④ 損失などを)取り戻す. den Verlust [wieder] *einbringen* 損失を埋め合わせる. ⑤《印》(行⁴を)詰める.

ein·bring·lich [アイン・ブリングリヒ áin-brɪŋlɪç] 形 収益(利益)の多い.

ein|bro·cken [アイン・ブロッケン áin-brɔ̀kən] 他 (h) ① 砕いて入れる. Brot⁴ in die Suppe *einbrocken* パンを砕いてスープに入れる. ②《口語》(人³にひどいことを⁴)してつかす. ◇《再帰的に》Diese Sache *hast* du *dir* selbst *eingebrockt*. それは君の自業自得だ.

Ein·bruch [アイン・ブルフ áin-brux] 男 -[e]s/..brüche ① 侵入, 侵略, 押し入り. *Einbruch* in eine Bank 銀行への押し入り. ②〖複 なし〗《雅》(不意の) 始まり,(季節などの) 訪れ. bei *Einbruch* der Nacht? 日暮れに. ③ 落ち込み, 崩壊;《経》(株の)暴落;《地学》陥没.

ein·bruch[s]·si·cher [アインブルフ[ス]・ズィッヒャァ] 形 侵入(盗難)に対して安全な(錠・金庫など).

Ein·buch·tung [アイン・ブフトゥング] 女 -/-en ① くぼみ, へこみ; 入江. ②《俗》投獄.

ein|bür·gern [アイン・ビュルガァン áin-bỳr-gərn] I 他 (h) ①《人⁴に市民権を与える ②《外来の動植物⁴を》帰化させる. ③ (外国の言葉・風習など⁴を)定着させる. II 再帰 (h) *sich*⁴ *einbürgern* ① (外国の言葉・風習などが)定着する. ② (外来の動植物が)帰化する.

Ein·bür·ge·rung [アイン・ビュルゲルング] 女 -/-en 国籍(市民権)の獲得;(外来の動植物の)帰化.

Ein·bu·ße [アイン・ブーセ áin-bu:sə] 女 -/-n 損失, 損害. *Einbuße*⁴ erleiden 損害を被る.

ein|bü·ßen [アイン・ビューセン áin-bỳ:sən] 他 (h) (被害に遭って)失う. Er *hat* bei dem Unfall ein Auge *eingebüßt*. 彼はその事故で片目を失った. II 自 (h)〖**an** 事³ ～〗(事³の一部を)失う. an Autorität *einbüßen* 威信をそこなる.

ein|che·cken [アイン・チェッケン áin-tʃèkən] I 自 (h)《空》搭乗手続きをする, チェックインする. II 他 (h)《空》(乗客・貨物など⁴の)搭乗手続きをする.

ein|cre·men [アイン・クレーメン áin-krè:mən または ..krè:mən] 他 (h)《顔など⁴に)クリームを塗り込む. ◇《再帰的に》*sich*⁴ *eincremen* (自分の体にクリームを塗る.

ein|däm·men [アイン・デンメン áin-dèmən] 他 (h) ① (堤防で水流⁴を)せき止める. den Fluss *eindämmen* 川に堤防を築く. ②《比》(伝染病・山火事など⁴を)くいとめる, 抑える.

ein|de·cken [アイン・デッケン áin-dèkən] I 再帰 (h)〖*sich*⁴ **mit** 物³ ～〗(物³を)買い置きする. II 他 (h) ①《人⁴ **mit** 物³ ～〗《口語》(人⁴に物³を)どっさり与える. Ich *bin* mit Arbeit *eingedeckt*.〖状態受動・現在〗私は仕事が山ほどある. ② (保護するために)覆う.

Ein·de·cker [アイン・デッカァ áin-dɛ̀kər] 男 -s/-①《空》単葉機. ②《海》単層甲板の船.

ein|dei·chen [アイン・ダイヒェン áin-dàɪçən] 他 (h) (物⁴を)堤防で囲む.

*ein⹀deu·tig [アイン・ドイティヒ áin-dɔʏtɪç] 形 ① 明らかな，明白な，はっきりした．(英 obvious). eindeutige Beweise はっきりした証拠．(☞ 類語 deutlich). ② 一義的な．ein eindeutiger Begriff 明確に定義された概念．

Ein·deu·tig·keit [アイン・ドイティヒカイト] 女 -/-en ①《複 なし》明白であること，明快さ．② 粗野(露骨)な言葉，下品な冗談．

ein|deut·schen [アイン・ドイチェン áin-dɔʏtʃən] 他 (h) ①（外来語⁴を）ドイツ語風に発音する，(外来語⁴を)ドイツ語に取り入れる. ②（人⁴を)ドイツに帰化させる; (地域⁴を)ドイツに帰属させる．

ein|di·cken [アイン・ディッケン áin-dɪkən] I 他 (h) (ソース など²を)煮て濃縮する. II 自 (s) (ソースなどが)濃くなる．

ein|di·men·si·o·nal [アイン・ディメンズィオナール] 形 一次元の．《比》(思考が)一面的な．

ein|drän·gen [アイン・ドレンゲン áin-drɛŋən] I 再帰 (h) 《sich⁴ in 物·事⁴ ～》(物⁴の)中へ割り込む，(比)《車⁴に》介入する. II 自 (s) 《auf 人⁴ ～》(人⁴に向かって)殺到する．

ein|dril·len [アイン・ドリレン áin-drɪlən] 他 (h)《口語》(人³に)知識などを⁴たたき込む．

ein|drin·gen [アイン・ドリンゲン áin-drɪŋən] 自 (s)《in 物⁴ ～》(物⁴に)入り込む，侵入する，浸水する．Die Salbe dringt schnell in die Haut ein. その塗り薬はすぐに皮膚に染み込む / in ein Geheimnis eindringen (比) 秘密を突きとめる / in ein Fachgebiet eindringen 《比》ある専門領域に精通する. ②《in 物⁴》(bei 人³)～》(人³の所に)泥棒などが押し入る; (軍隊などが)侵入する. ③《auf 人⁴ ～》(人⁴に)強く迫る．Sie drang mit Fragen auf ihn ein. 彼女は彼を質問攻めにした．

ein·dring·lich [アイン・ドリングリヒ] 形 心に迫る，説得力のある，迫力のある，強い調子の．Seine Rede war klar und eindringlich. 彼の演説は明快で説得力があった．

Ein·dring·lich·keit [アイン・ドリングリヒカイト] 女 -/ 迫力，説得力，切実さ．

Ein·dring·ling [アイン・ドリングリング áin-drɪŋlɪŋ] 男 -s/-e 侵入者，闖入(ちんにゅう)者．

*der Ein·druck [アイン・ドルック áin-drʊk] 男 (単 2) -[e]s/《複》..drücke [..ドリュッケ] (3 格のみ ..drücken) ① 印象，感銘．《英 impression). Gesamteindruck 全体的印象 / ein positiver Eindruck 好印象 / der erste Eindruck 第一印象 / Ich habe den Eindruck, dass... 私は…という印象を持っている / den Eindruck erwecken, als ob... まるで…のような印象をいだかせる / einen guten Eindruck⁴ auf 人⁴ machen (人⁴に)いい印象を与える / Welchen Eindruck hast du von ihm? 彼の印象はどうですか．

② (押しつけてきた)跡．der Eindruck des Fußes im Schnee 雪の中の足跡．

Ein·drü·cke [アイン・ドリュッケ] *Eindruck (印象)の 複

ein|dru·cken [アイン・ドルッケン áin-drʊkən] 他 (h) (模様など⁴を)刷り込む，プリントする．

ein|drü·cken [アイン・ドリュッケン áin-drʏkən] I 他 (h) ① (ドアなど⁴を外から)押し破る．② 押してへこませる，押しつぶす．einen Kotflügel eindrücken フェンダーをへこませる．③ (足跡など⁴を)押しつける．eine Spur⁴ in den Boden eindrücken 地面に跡を残す. II 再帰 (h)《sich⁴ in 物⁴ ～》(物⁴に)跡形が残る，《比》印象として残る．

ein·drucks⹀voll [アインドルックス・ふォる] 形 印象的な，感銘深い．

• **ei·ne** [(I では:) アイネ aɪnə; (II, III では:) アイネ áɪnə] I 冠《不定冠詞; 女性単数の 1 格·4 格; ☞ ein¹ I》Ich habe eine Schwester. 私には姉(妹)がいます．

II 数 ☞ ein¹ II. eine Mark 1 マルク．

III 代《不定代名詞； 女性単数の 1 格·4 格; ☞ einer²》Gibt es hier eine Bar? — Ja, es gibt eine. この辺に酒場があるかい — うん，あるよ / eine der Frauen² その婦人たちのうちの一人．

ein|eb·nen [アイン・エーブネン áin-èːbnən] 他 (h) 平らにする，(差異⁴を)ならす，均等にする．

ein·ei·ig [アイン・アイイヒ] 形《生》一卵性の．eineiige Zwillinge 一卵性双生児．

ein⹀ein·halb [アイン・アインハるブ] 数《分数; 無語尾で》1 と 2 分の 1 の [の] (=anderthalb). eineinhalb Jahre 1 年半．

• **ei·nem** [(I では:) アイネム aɪnəm; (II, III では:) アイネム áɪnəm] I 冠《不定冠詞; 男性·中性単数の 3 格; ☞ ein¹ I》mit einem Mann ある男と．

II 数 ☞ ein¹ II. vor einem Jahr 1 年前に．

III 代《不定代名詞》①《男性·中性単数の 3 格; ☞ einer²》mit einem der Männer² その男たちの一人と． ②《man の 3 格として; ☞ man》Was man gern tut, das fällt einem nicht schwer.《諺》好きこそものの上手なれ(←人が喜んですることは難しくない)．

• **ei·nen¹** [(I では:) アイネン aɪnən; (II, III では:) アイネン áɪnən] I 冠《不定冠詞; 男性単数の 4 格; ☞ ein¹ I》Ich habe einen Bruder. 私には兄(弟)がいます．

II 数 ☞ ein¹ II. einen Tag später 1 日遅く．

III 代《不定代名詞》①《男性単数の 4 格; ☞ einer²》Haben Sie einen Wagen? — Ja, ich habe einen. 車をお持ちですか — ええ，持ってます． ②《man の 4 格として; ☞ man》Was man nicht weiß, macht einen nicht heiß.《諺》知らぬが仏(←知らないことは人を熱くしない)．

ei·nen² [アイネン] 他 (h)《雅》一つにまとめる，統一する．

ein|en·gen [アイン・エンゲン áin-ɛŋən] 他 (h) ①（人⁴に)とって)窮屈である，締めつける．Dieses Kleid engt mich ein. この服は私には窮屈だ． ② 狭める，限定(制限)する． ③《化》濃縮する．

ei·ner[1] [(I では:) アイナァ áinər; (II, III では:) アイナァ áinər] **I** 冠 《不定冠詞; 女性単数の 2 格・3 格; ☞ ein[1] I》mit *einer* Frau ある女性と.
II 数 ☞ ein[1] II. vor *einer* Woche 1 週間前に.
III 代 《不定代名詞; 男性単数の 1 格および女性単数の 2 格・3 格; ☞ einer[2]》mit *einer* der Frauen[2] その女性たちの一人と.

‡**ei·ner**[2] [アイナァ áinər]

> だれか[一人], 何か一つ
>
> *Einer* von uns muss gehen.
> アイナァ フォン ウンス ムス ゲーエン
> ぼくらのうちのだれか一人が行かなければならない.

格	男	女	中	複
1	einer	eine	ein[e]s	
2	eines	einer	eines	(なし)
3	einem	einer	einem	
4	einen	eine	ein[e]s	

代 《不定代名詞》① だれか[一人], 何か一つ. (英 one). *einer* der Männer[2] その男たちの一人 / *eine* der Frauen[2] その女性たちの一人 / So *einer* bist du also! 君はそういうやつなのか / Ich will dir ein[e]s sagen. 君に一言言いたいことがある / *einen* trinken 《口語》一杯ひっかける.
② 《既出の名詞を受けて》一人, 一つ. Ist das ein Porsche? — Ja, das ist *einer*. あの車はポルシェですか — ええ, そうです / Hast du keinen Füller? — Doch, ich habe *einen*. 万年筆を持っていないの? — いや, 持っているよ.
③ 《男》で《一般的に:》人 (=man). Das soll *einer* wissen! そういうことは当然知っておくべきだ / Das stört *einen*. それは[人の]じゃまになる.
④ 《**ander** と呼応して; 定冠詞のあとで語尾変化は形容詞と同じ》一方の, 片方の. Der *eine* kommt, der andere geht. 来る者もあれば, 去る者もある / Sie kamen *einer* nach dem ander[e]n. 彼らは次々にやって来た / Sie helfen *einer* dem ander[e]n. 彼らは互いに助け合う / **zum einen** …, **zum ander[e]n** ~ 一方では…, 他方では~.

Ei·ner [アイナァ] 男 -s/- ① 《ふつう 複》1 の位の数(1から9まで). ② 《競艇の》シングルスカル.

ei·ner·lei [アイナァらイ áinərlái] 形 《無語尾で》① 《述語としてのみ》どうでもよい, どちらでもかまわない. Das ist mir *einerlei*. それは私にはどうでもよい. ② 1 種類の; 同種類の, 単調な.

Ei·ner·lei [アイナァらイ] 中 -s/ 単調[さ]. das *Einerlei* des Alltags 日々の単調さ.

***ei·ner·seits** [アイナァ・ザイツ áinər-záits] 副 一方では. *einerseits* …, **ander[er]seits** ~ 一方では…, 他方では~.

*‡**ei·nes** [(I では:) アイネス aınəs; (II, III では:) アイネス aınəs] **I** 冠 《不定冠詞; 男性・中性単数の 2 格; ☞ ein[1] I》der Sohn *eines* Arztes [ある]医者の息子.
II 数 ☞ ein[1] II
III 代 《不定代名詞; 男性・中性単数の 2 格および中性単数の 1 格・4 格; eins という形になることが多い; ☞ einer[2]》

ei·nes·teils [アイネス・タイるス] 副 一方では (=einerseits).

‡**ein|fach** [アイン・ふァッハ áin-fax]

> 簡単な Das ist ganz *einfach*!
> ダス イスト ガンツ アインふァッハ
> それは実に簡単なことですよ.

I 形 ① 簡単な, 容易な. (英 *simple*). eine *einfache* Aufgabe 易しい課題 / in *einfachen* Worten わかりやすい言葉で. (☞ 類語 leicht).
② 簡素な, 質素な; 単純な, 素朴な. ein *einfaches* Essen 質素な食事 / Er ist ein *einfacher* Mann. 彼は単純な男だ / *einfach* leben 質素に暮らす.
③ 単一の, 一重の; 《切符が》片道の. eine *einfache* Fahrkarte 片道乗車券 / Einmal Bonn *einfach*, bitte! (駅の切符売り場で:)ボンまで片道を 1 枚ください / *einfache* Buchführung 《商》単式簿記 / *einfache* Nelken 《植》一重のなでしこ / ein *einfacher* Bruch 《数》単分数 / *einfache* Zahlen 《数》素数.
II 副 ① まったく, とにかく. Das ist *einfach* unverschämt! それはまったく恥知らずだよ.
② さっさと, あっさりと. Er ging *einfach* weg. 彼はさっさと出て行った.

Ein·fach·heit [アイン・ふァッハハイト] 女 -/ ① 容易さ, 単純. der *Einfachheit*[2] halber 簡単にするために. ② 簡素さ, 質素, 素朴.

ein|fä·deln [アイン・ふェーデるン áin-fɛ:dəln] **I** 他 (h) ① 《糸[4]を》針に通す; 《針[4]に》糸を通す. ② 《口語》《計略などを》仕組む. **II** 再帰 (h) sich[4] *einfädeln* 《交通》《しかるべき》車の流れに入る, 車線に車を入れる. sich[4] in eine andere Fahrspur *einfädeln* 別の車線に入り込む. **III** 自 (h) 《スキーで:》スキーを旗門に引っかける.

ein|fah·ren* [アイン・ふァーレン áin-fà:rən] **I** 自 (s) ① 《乗り物が・人が乗り物で》入って来る. Das Schiff *fuhr* in den Hafen *ein*. 船が入港した. ②《坑》入坑する. ③《狩》《きつねなどが》穴にもぐり込む. **II** 他 (h) ① 《収穫物[4]を》納屋に運び入れる; 《車をガレージに》乗り入れる. ② 《車をぶつけて壁など[4]を》壊す. ③《新車[4]を》慣らし運転する. **III** 再帰 (h) sich[4] *einfahren* ① 運転に慣れる. ②《比》《事柄が》だんだん定着してくる, 慣例になる.
◇☞ eingefahren

*die **Ein·fahrt** [アイン・ふァールト áin-fa:rt] 女 (単) -/(複) -en ① 《車庫, 高速道路などの》入口, 進入口, 進入ランプ. (《反》「出口」は Ausfahrt). *Einfahrt* freihalten! 進入口の前の掲示で:)進入口そばの駐車ご遠慮ください. ②《複なし》乗り入れ, 《駅への》進入, 《船の》入港; 《坑》

Einfall

入坑. (英 entry). Der Zug hat noch keine *Einfahrt*. その列車にはまだ進入許可が出ていない / Vorsicht **bei** [**der**] *Einfahrt* des Zuges! 列車の進入にご注意ください.

* *der* **Ein·fall** [アイン・ふァる áin-fal] 男 (単2) -[e]s/(複) ..fälle [..ふェれ] (3格のみ ..fällen) ① 思いつき, 着想, アイディア. (☞ *idea*). ein guter *Einfall* いい思いつき / Ihm kam der *Einfall* (または Er kam **auf** den *Einfall*), dass … 彼は…ということをふと思いついた / Das war nur so ein *Einfall* von mir. それは私がふと思いついただけのことでした. ②〖複〗なし〗(光の)入射. ③ 〖雅〗 (冬などの)急な訪れ. ④ (軍隊などの)侵入.

Ein·fäl·le [アイン・ふェれ] * Einfall (思いつき)の 複

* **ein|fal·len*** [アイン・ふァれン áin-falən] du fällst…, er fällt…ein (fiel…ein, ein·gefallen) 自 (完了 sein) ① 〖人³の〗念頭に浮かぶ, 〖人が〗思いつく. Sein Name *fällt* mir jetzt nicht *ein*. 彼の名前が今思い出せない / Plötzlich *fiel* ihm *ein*, dass … 彼の頭にふと…ということが思い浮かんだ / Was *fällt* dir denn *ein*! 君はなんてことをする(言う)のだ. ②(建物などが)倒壊(崩壊)する. ③〖**in** 物⁴ ~〗〖物⁴に〗侵入(侵攻)する. Der Feind *fiel* in unser Land *ein*. 敵はわが国に侵入した. ④(光が)差し込む, 入射する. ⑤(合奏・合唱・会話に)途中から加わる. Dann *fielen* die Geigen *ein*. それからヴァイオリンが加わった. ⑥〖雅〗(冬などが)急に訪れる.
◊ ☞ **eingefallen**

ein·falls≠reich [アインふァるス・ライヒ] 形 着想の豊かな, アイディアに富んだ.

Ein·falls≠win·kel [アインふァるス・ヴィンケる] 男 -s/- (光)入射角.

Ein·falt [アイン・ふァるト áin-falt] 女 -/〖雅〗① お人よし, (頭の)単純素朴. ② 純真さ.

ein·fäl·tig [アイン・ふェるティヒ áin-felticҫ] 形 お人よしの; (頭の)単純素朴な. (☞ 類語 *naiv*).

Ein·falts≠pin·sel [アイン・ふァるツ・ピンぜる] 男 -s/- 〖口語〗お人よし, 単純なもの.

Ein·fa·mi·li·en≠haus [アインふァミーリエン・ハオス] 中 -es/..häuser 一世帯用(一戸建)住宅.

ein|fan·gen* [アイン・ふァンゲン áin-faŋən] 他 (h) ① 捕らえる, 逮捕する. sich³ eine Grippe⁴ *einfangen* 〖口語〗インフルエンザをもらう. ②〖雅〗うまくとらえて(よく観察して)表現する, 描写する.

ein≠far·big [アイン・ふァルビヒ] 形 単色の, 一色の, 無地の.

ein|fas·sen [アイン・ふァッセン áin-fasən] 他 (h) (縁で)囲む, (レースなどで)縁取りする, (枠などに)はめ込む. einen Garten **mit** einer Hecke *einfassen* 庭に垣根を巡らす / einen Edelstein **in** Gold *einfassen* 宝石を金の台にはめ込む.

Ein·fas·sung [アイン・ふァッスング] 女 -/-en ①〖複〗なし〗(縁で)囲むこと, 縁取り, はめ込むこと. ② 囲い, 額縁, (宝石をはめる)台, 枠.

ein|fet·ten [アイン・ふェッテン áin-fètən] 他 (h) (物⁴に)油脂(グリース・クリーム)を塗る.

ein|fin·den* [アイン・ふィンデン áin-findən] 再帰 (h) sich⁴ *einfinden* (ある場所に)現れる, 姿を現す.

ein|flech·ten* [アイン・ふれヒテン áin-flèçtən] 他 (h) ① (髪にリボンなど⁴を)編み込む; (髪などを)編む. ein Band⁴ **in** die Zöpfe *einflechten* お下げ髪にリボンを結ぶ. ②〖比〗(話に引用など⁴を)織り込む, 差しはさむ.

ein|flie·gen* [アイン・ふリーゲン áin-fli:gən] I 他 (h) ① (新しい飛行機⁴を)テスト飛行する. ② (人·物⁴を…へ)空輸する. II 自 (s) (…へ)飛んで入る; (敵機などが)飛来する, 侵入する.

ein|flie·ßen* [アイン・ふリーセン áin-fli:sən] 自 (s) 流れ込む. Abwässer *fließen* **in** den Kanal *ein*. 下水が下水道に流れ込む / 〖事⁴ *einfließen lassen*〗〖比〗(話の途中に)〖事⁴を差しはさむ.

ein|flö·ßen [アイン・ふれーセン áin-flø:sən] 他 (h) ① (人³の口に物⁴を)流し込む. einem Kranken Arznei⁴ *einflößen* 病人の口に薬を流し込んでやる. ②〖比〗(人³に信頼感・恐怖感など⁴を)いだかせる.

* *der* **Ein·fluss** [アイン・ふるス áin-flυs] 男 (単2) -es/(複) ..flüsse [..ふリュッセ] (3格のみ ..flüssen) ① 影響, 感化; 影響力, 勢力. (☞ *influence*). ein persönlicher *Einfluss* 個人的な影響[力] / *Einfluss*⁴ **auf** 人·事⁴ aus|üben (haben) 人·事⁴に影響を及ぼす(影響力を持っている) / Er steht völlig **unter ihrem** *Einfluss*. 彼は完全に彼女の影響を受けている / ein Mann **von großem** *Einfluss* 実力者, 有力者.
② 〖稀〗流入, (川の)合流.

Ein·fluß ☞ 新形 Einfluss

Ein·fluss≠be·reich [アインふるス・ベライヒ] 男 -[e]s/-e 影響(勢力)範囲, 勢力圏.

Ein·fluß≠be·reich ☞ 新形 Einflussbereich

Ein·flüs·se [アイン・ふリュッセ] * Einfluss (影響)の 複

ein·fluss≠reich [アインふるス・ライヒ] 形 影響力の強い, 勢力のある, 有力な.

ein·fluß≠reich ☞ 新形 einflussreich

ein|flüs·tern [アイン・ふリュスタァン áin-flỳstərn] 他 (h) ① (人³に物⁴を)耳打ちする, こっそり教える. ② (疑惑など⁴を)吹き込む, たきつける. II 自 (h) 〖**auf** 人⁴ ~〗(人³に)しきりに耳打ちする.

ein|for·dern [アイン・ふォルダァン áin-fɔrdərn] 他 (h) (支払いなど⁴を)強く請求する, (貸した物⁴の)返却を強く求める.

ein≠för·mig [アイン・ふェルミヒ] 形 変化のない, 単調な, (生活など).

Ein·för·mig·keit [アイン・ふェルミヒカイト] 女 -/-en 単調さ, 退屈.

ein|frie·den [アイン・フリーデン áɪn-friːdən] 他 (h)《雅》垣(塀・柵(⅔))で囲む.

ein|frie·ren* [アイン・フリーレン áɪn-friːrən] I 自 (s) ① 凍る,凍結する. Die Wasserleitung *ist eingefroren.*《現在完了》水道が凍った. ◆《過去分詞の形で》ein *eingefrorener* Kredit (比) 焦げついたクレジット. ② (船が)氷に閉じ込められる. II 他 (h) ① 冷凍する. ②《比》(交渉など⁴を)凍結する.

ein|fü·gen [アイン・フューゲン áɪn-fỳːgən] I 他 (h) はめ込む,(文章など⁴を)挿入する. ein Zitat⁴ **in** einen Text *einfügen* 本文に引用句を挿入する. II 再帰 (h) 《*sich*⁴ **in** 事⁴ ～》(事⁴(環境など)に)順応する,慣れる.

Ein·fü·gung [アイン・フューグング -/-en ① 《複》はめこみ,挿入. ② 挿入物. ③ 順応,適応.

ein|füh·len [アイン・フューれン áɪn-fỳːlən] 再帰 (h) 《*sich*⁴ **in** 人·物⁴ ～》(人·物⁴に)感情を移入する,(人·物⁴の)気持ちになってみる. Ich *kann mich* gut in dich (deine Lage) *einfühlen.* 君の気持ち(君の立場)はよくわかるよ.

ein·fühl·sam [アイン・フューるザーム] 形 感情移入の能力のある,人の気持ちを思いやれる.

Ein·füh·lung [アイン・フューるング] 女 -/ 感情移入,心をくみ取ること.

Ein·füh·lungs⋄ver·mö·gen [アインフューるングス・フェァメーゲン] 中 -s/ 感情移入の能力.

* *die* **Ein·fuhr** [アイン・フーァ áɪn-fuːr] 女 (単) -/(複) -en 《経》① 《複 なし》輸入 (= Import). (英 import). (メモ「輸出」は Ausfuhr). die *Einfuhr* **von** Holz 木材の輸入. ② 輸入品 (= Import). die *Einfuhren* **aus** Japan 日本からの輸入品.

* **ein|füh·ren** [アイン・フューレン áɪn-fỳːrən] (führte…ein, hat…eingeführt) I 他 (英 haben) ① 輸入する. (英 import). (メモ「輸出する」は aus|führen). Getreide⁴ **aus** Übersee *einführen* 穀物を海外から輸入する. ② (風習・流行などを)取り入れる,(新製品などを)採用する. (英 introduce). die Sommerzeit *einführen* サマータイム制を導入する. ③ 引き合わせる,紹介する. Er *hat* sie **bei** seinen Eltern *eingeführt.* 彼は彼女を両親に引き合わせた / 人⁴ **in** die Familie *einführen* 人⁴を家族に紹介する. ④ 《人⁴ **in** 事⁴ ～》(人⁴に事⁴の)手ほどきをする. 人⁴ **in** die Astronomie *einführen* 人⁴に天文学の初歩を教える. ⑤ 《A⁴ **in** B⁴ ～》(A⁴を B⁴に)差し込む. eine Sonde⁴ in den Magen *einführen* ゾンデを胃に挿入する.
II 再帰 (完了 haben) *sich*⁴ *einführen* ① 《商》(商品などが)受け入れられる. Dieses Produkt *hat sich* wirklich gut *eingeführt.* この製品は実によく売れた. ② (…の)印象を与える. *sich*⁴ gut *einführen* いい印象を与える.

* *die* **Ein·füh·rung** [アイン・フューるング áɪn-fỳːruŋ] 女 (単) -/(複) -en ① (新しい事物の)導入,採用. (英 introduction). die *Einführung* einer neuen Maschine² 新しい機械の導入. ② (学問などの)手ほどき,入門,序論. eine *Einführung* **in** die deutsche Grammatik ドイツ文法入門. ③ (人の)引き合わせ,(新入会員などの)紹介. ④ (ホースなどの)挿入.

Ein·fuhr⋄ver·bot [アインフーァ・フェァボート] 中 -[e]s/-e 輸入禁止.

Ein·fuhr⋄zoll [アインフーァ・ツォる] 男 -[e]s/..zölle《経》輸入税.

ein|fül·len [アイン・フュれン áɪn-fỳlən] 他 (h)《A⁴ **in** B⁴ ～》(A⁴を B⁴(容器)に)注ぎ込む,注入する; 詰め込む.

Ein·ga·be [アイン・ガーベ áɪn-gaːbə] 女 -/-n ① 請願[書]. eine *Eingabe*⁴ **an** eine Behörde (または **bei** einer Behörde) machen 当局に請願する. ② 《複》(薬などの)投与. ③ 《複 なし》《コンピュ》インプット,入力;(入力されたデータ. (メモ「アウトプット」は Ausgabe).

* *der* **Ein·gang** [アイン・ガング áɪn-gaŋ] 男 (単)-[e]s/(複)..gänge[..ゲンゲ](3 格のみ..gängen) ① 入口,戸口 (英 entrance).「出口」は Ausgang. Haus*eingang* 建物の入口 / Das Haus hat zwei *Eingänge.* その家には二つの入口がある / Er wohnt **am** *Eingang* des Dorfes. 彼は村の入口に住んでいる / **vor** dem *Eingang* warten 入口の前で待つ.
② 《複 なし》入ること,入場. *Eingang* verboten! 立ち入り禁止 / *Eingang*¹ **in** 物⁴ finden 物⁴(サークルなどの)一員として受け入れられる.
③ 《複 なし》(郵便物などの)到着,(商品などの)入荷. nach *Eingang* des Geldes 代金受領後に. ④ 《ふつう 複》到着郵便物,入荷商品. die *Eingänge*⁴ sortieren 到着郵便物を仕分けする. ⑤ 《複 なし》初め[の部分],冒頭. **am** *Eingang* des Vortrags 講演の冒頭に.

Ein·gän·ge [アイン・ゲンゲ] ‡Eingang (入口) の 複.

ein·gän·gig [アイン・ゲンギヒ áɪn-gɛŋɪç] 形 わかりやすい,頭に入りやすい. 事⁴ *eingängig* dar|stellen 事⁴をわかりやすく説明する.

ein·gangs [アイン・ガングス] I 副 初めに. II 前《2 格とともに》…の初めに. *eingangs* des dritten Kapitels 第 3 章の初めに.

ein|ge·ben* [アイン・ゲーベン áɪn-gèːbən] 他 (h) ① (人³に薬などを⁴)投与する. ②《コンピュ》(データなど⁴を)インプットする,入力する. ③《雅》(人³に考えなど⁴を)吹き込む. ④《古》(申請書など⁴を)提出する.

ein·ge·bil·det [アイン・ゲビるデット] I *ein|bilden* (再帰 で: 思い込む)の 過分 II 形 思いあがった,うぬぼれた.

ein·ge·bo·ren [アイン・ゲボーレン áɪn-gəboːrən] 形 ① 《付加語としてのみ》その土地の,土着の. ②《雅》持って生まれた,生得の. ③《付加語としてのみ》《宗教》神のひとり子として生まれた. Gottes *eingeborener* Sohn 神のひとり子(キリスト).

Ein·ge·bo·re·ne[*r*] [アイン・ゲボーレネ(..ナァ)

áin-gəbo:rənə (..nər)]男女《語尾変化は形容詞と同じ》土着の人;原住民.

ein·ge·bro·chen [アイン・ゲブロッヘン] *ein|brechen (侵入する)の過分

Ein·ge·bung [アイン・ゲーブング]女 -/-en《雅》(直観的な)思いつき,霊感,インスピレーション.

ein·ge·denk [アイン・ゲデンク áin-gədɛŋk]形《成句的に》 軍² *eingedenk* sein (または bleiben)《雅》軍²を忘れないでいる,心に留めている.

ein·ge·fah·ren [アイン・ゲファーレン] I ein|fahren (乗り物が入って来る)の過分 II 形 運転に慣れた;平凡な. sich⁴ auf (または in) *eingefahrenen* Gleisen bewegen (議論などが)お決まりのコースを出ない.

ein·ge·fal·len [アイン・ゲふァれン] I *ein|fallen (念頭に浮かぶ)の過分 II 形 落ちくぼんだ (目など),こけた(頬(ほほ)など).

ein·ge·fleischt [アイン・ゲふらイシュト áin-gəflaıʃt]形 ① 《付加語としてのみ》根っからの. ein *eingefleischter* Optimist 根っからの楽天家. ② 習性となった,身に染みついた.

ein·ge·führt [アイン・ゲふューァト] *ein|führen (輸入する)の過分

ein·ge·gan·gen [アイン・ゲガンゲン] *ein|gehen (受け入れられる)の過分

ein|ge·hen [アイン・ゲーエン áin-gè:ən] (ging…ein, *ist*…eingegangen) I 自 (ist sein) ① 《口語》(人³に)受け入れられる,理解される. Das *geht* mir nicht *ein*. それがどういうことか私にはわからない / Das Lob *ging* ihm glatt *ein*. その賛辞を彼はいい気分で聞いた. ②(郵便物などが)到着する,届く. Der Brief *ist* nicht bei uns *eingegangen*. 【現在完了】その手紙は私たちの所に届かなかった. ③(動物が)死ぬ;(植物が)枯れる;《口語》(商店などが)つぶれる,(新聞などが)廃刊になる. Der Baum *ist eingegangen*.【現在完了】その木は枯れてしまった. ④《auf 軍⁴ ~》(軍⁴に)とり組む,応じる,同意する. auf einen Vorschlag *eingehen* 提案に同意する / Darauf *werde* ich nachher noch *eingehen*. その事はのちほどまた詳しく述べましょう. ⑤《auf 人⁴ ~》(人⁴(子供など)に)理解をさける,相手になる. ⑥《in 軍⁴》《雅》(軍⁴に)入る. Sein Name *ist* in die Geschichte *eingegangen*.【現在完了】彼の名前は歴史に残った. ⑦(衣類などが)縮む. ⑧《口語》損をする.(スポ・隠語》大敗する. II 他(*h*) sein) ① 他動詞であるが sein をとることに注意)《行為を表す名詞を目的語として》行う,…する. mit 人³ die Ehe⁴ *eingehen* 人³と結婚する / eine Wette⁴ *eingehen* 賭(か)をする / Verpflichtungen⁴ *eingehen* 義務を引き受ける.

ein·ge·hend [アイン・ゲーエント] I *ein|gehen (受け入れられる)の現分 II 形 詳細な,立ち入った. eine *eingehende* Beschreibung 詳しい記述.

ein·ge·holt [アイン・ゲホーるト] *ein|holen (追

ein·ge·kauft [アイン・ゲカオふト] *ein|kaufen (買い物をする)の過分

ein·ge·keilt [アイン・ゲカイるト áin-gəkaılt]形 (人ごみ・渋滞の中で)身動きできない.

ein·ge·la·den [アイン・ゲらーデン] *ein|laden¹(招待する)の過分

Ein·ge·mach·te[s] [アイン・ゲマハテ[ス] áin-gəmaxtə[s]]中《語尾変化は形容詞と同じ》(びん詰めなどの)保存食品 (ジャム・ピクルスなど).

ein·ge·mein·den [アイン・ゲマインデン áin-gəməìndən]他(h)(町・村⁴を)合併(編入)する.

ein·ge·nom·men [アイン・ゲノンメン] *ein|nehmen (得る)の過分 II 形 心を奪われた. für (gegen) 人・物⁴ *eingenommen* sein 人・物⁴に好感(反感)をいだいている / von sich³ *eingenommen* sein うぬぼれている.

ein·ge·packt [アイン・ゲパックト] *ein|packen (包装する)の過分

ein·ge·pfercht [アイン・ゲプふェルヒト] I ein|pferchen (囲いの中へ追い込む)の過分 II 形 ぎゅうぎゅう詰めの.

ein·ge·räumt [アイン・ゲロイムト] *ein|räumen (家具などを部屋に入れる)の過分

ein·ge·rich·tet [アイン・ゲリヒテット] *ein|richten (家具調度を備えつける)の過分

ein·ge·schal·tet [アイン・ゲシャるテット] *ein|schalten (スイッチを入れる)の過分

ein·ge·schla·fen [アイン・ゲシュらーふェン] *ein|schlafen (眠り込む)の過分

ein·ge·schlos·sen [アイン・ゲシュろッセン] *ein|schließen (閉じ込める)の過分. ◇【成句的に】Bedienung *eingeschlossen* サービス料込みで.

ein·ge·schränkt [アイン・ゲシュレンクト] I *ein|schränken (制限する)の過分 II 形 ① 制限された. ② 切り詰めた. *eingeschränkt* leben 切り詰めて生活する.

ein·ge·schrie·ben [アイン・ゲシュリーベン] I *ein|schreiben (記入する)の過分 II 形 ① (名簿に)登録された. *eingeschriebene* Mitglieder 正会員. ②(郵)書留の. ein *eingeschriebener* Brief 書留の手紙 / einen Brief *eingeschrieben* schicken 手紙を書留で出す.

ein·ge·schwo·ren [アイン・ゲシュヴォーレン áin-gəʃvo:rən]形 固く誓った,断固たる. auf 人・物⁴ *eingeschworen* sein 人・物⁴を固く支持している.

ein·ge·ses·sen [アイン・ゲゼッセン áin-gəzɛsən]形 昔からそこに住みついている,土着の.

ein·ge·setzt [アイン・ゲゼッツト] *ein|setzen (はめ込む)の過分

ein·ge·stan·de·ner·ma·ßen [アインゲシュタンデナァ・マーセン]副 自白によると,白状すれば.

Ein·ge·ständ·nis [アイン・ゲシュテントニス]中 ..nisses/..nisse 自白,告白,白状,自分の過失を認めること.

ein|ge·ste·hen* [アイン・ゲシュテーエン áin-gəʃtè:ən] (過分) eingestanden)他(h)(軍⁴を

自白(白状)する, (自分の過失⁴を)認める.

ein·ge·stellt [アイン・ゲシュテルト] I *ein|stellen(しまう)の過分 II 形 (…の)考え方を持った, (…の)立場にある. ein liberal *eingestellter* Mensch リベラルな考え方の人 / **auf** 事⁴ *eingestellt* sein a) 事⁴に対する準備ができている, b) 事⁴にねらいを定めている / **gegen** 人・物⁴ *eingestellt* sein 人・物⁴に反対の立場をとっている.

ein·ge·stie·gen [アイン・ゲシュティーゲン] ‡ein|steigen(乗り込む)の過分

ein·ge·tra·gen [アイン・ゲトラーゲン] I ein|tragen(記入する)の過分 II 形《官庁》登記(登録)された. ein *eingetragenes* Warenzeichen 登録商標.

ein·ge·tre·ten [アイン・ゲトレーテン] ‡ein|treten(入る)の過分

ein·ge·trof·fen [アイン・ゲトロッフェン] *ein|treffen(着く)の過分

ein·ge·wandt [アイン・ゲヴァント] *ein|wenden(反論としてあげる)の過分

Ein·ge·wei·de [アイン・ゲヴァイデ áin-gə-vaɪdə] 中 -s/- 《ふつう 複》内臓, はらわた.

Ein·ge·weih·te[r] [アイン・ゲヴァイテ (..タァ) áin-gəvaɪtə (..tər)] 男 女《語尾変化は形容詞と同じ》事情(内情)に通じた人, 消息通.

ein·ge·wen·det [アイン・ゲヴェンデット] *ein|wenden(反論としてあげる)の過分

ein·ge·wöh·nen [アイン・ゲヴェーネン áingəvø:nən] (過分 eingewöhnt) 再帰 (h) *sich⁴ eingewöhnen* (環境などに)慣れる, なじむ. Ich *habe* mich in meiner neuen Firma rasch *eingewöhnt*. 私は新しい会社にすぐに慣れた.

ein·ge·zahlt [アイン・ゲツァールト] *ein|zahlen(払い込む)の過分

ein·ge·zo·gen [アイン・ゲツォーゲン] *ein|ziehen(引っ込める)の過分

ein|gie·ßen* [アイン・ギーセン áin-gì:sən] 他 (h) ① (人³に)酒・は物⁴を)注ぐ. Darf ich Ihnen noch Kaffee *eingießen*? コーヒーをおつぎしましょうか. ② (A⁴ in B⁴ ~)(A⁴(金属)を B⁴ に)流し込む.

ein|glei·sig [アイン・グらイズィヒ] 形 《鉄道》単線の.

ein|glie·dern [アイン・グリーダァン áin-glì:dərn] 他 (h) 組み入れる, 編入する. ◇《再帰的に》*sich⁴* 事⁴ *eingliedern* 物⁴に組み込まれ, 適応(順応)する.

Ein·glie·de·rung [アイン・グリーデルング] 女 -/-en 組み入れ, 編入; 適応.

ein|gra·ben* [アイン・グラーベン áin-grà:bən] I 他 (h) ① (土を掘って物⁴を)埋める;(植物⁴を)植えつける. ② (銘など⁴を)彫りつける. eine Inschrift⁴ in Stein *eingraben* 碑文を石に刻む. II 再帰 (h) *sich⁴ eingraben* ① (穴を掘って)もぐり込む. ② 刻み込まれる.

ein|gra·vie·ren [アイン・グラヴィーレン áin-gravi:rən] 他 (h) 彫り込む. die Initialen⁴ in den Ring *eingravieren* イニシャルを指輪に彫り込む.

ein|grei·fen* [アイン・グライフェン áin-gràɪfən] 他 (h) ① 介入(干渉)する. 決定的な影響を及ぼす. in eine Diskussion *eingreifen* 討論に割って入る / Diese Maßnahme *greift* tief in unsere Rechte *ein*. この措置は私たちの権利を著しく侵害する. ② 《in 物⁴ ~》《工》(歯車などが物⁴に)かみ合う.

ein|gren·zen [アイン・グレンツェン áingrèntsən] 他 (h) ① (垣根などが物⁴の)周りを囲んでいる. ② 限定する. ein Thema⁴ **auf** die wesentlichen Fragen *eingrenzen* テーマを本質的な問題に絞る.

Ein·griff [アイン・グリふ áin-grif] 男 -[e]s/-e ① (不当な)介入, 干渉, 侵害. ein *Eingriff* in die private Sphäre プライベートな領域への介入. ② 《医》手術(＝Operation).

ein|ha·ken [アイン・ハーケン áin-hà:kən] I 他 (h) ① 留め金(ホック)で留める. ② (人⁴と)腕を組む. ◇《過去分詞の形で》*eingehakt gehen* (だれかと)腕を組んで歩く. II 再帰 (h) 《*sich⁴* **bei** 人³ ~》(人³と)腕を組む. III 自 (h) 《口語》(人の話に)口を差しはさむ.

Ein·halt [アイン・ハると áin-halt] 男《成句的に》人・事³ *Einhalt⁴* gebieten (または tun)《雅》人・事³を阻止する.

ein|hal·ten* [アイン・ハるテン áin-hàltən] I 他 (h) ① (約束・期限など⁴を)守る, 遵守する;(速度・コースなど⁴を)保つ. die Zeit⁴ *einhalten* 時間を守る. ② 《服飾》(布⁴に)ひだを取る. II 自 (h) 《in (または mit) 事³ ~》《雅》(事³を)中止(中断)する, やめる. im Lesen (または mit dem Lesen) *einhalten* 読書を中断する.

Ein·hal·tung [アイン・ハるトゥング] 女 -/-en 《ふつう 単》(約束・期限などを)守ること, 遵守.

ein|häm·mern [アイン・ヘンマァン áin-hèmərn] I 他 (h) ① (ハンマーで)打ち込む. ② 《比》(人³に事⁴を)たたき込む. II 自 (h) 《**auf** 物⁴ ~》(物⁴を)ハンマーでがんがんたたく.

ein|han·deln [アイン・ハンダるン áin-hàndəln] 他 《A⁴ **gegen** (または **für**) B⁴ ~》(A⁴ を B⁴ と引き換えに)手に入れる. II 再帰 (h) *sich³* 事⁴ *einhandeln*《口語》事⁴(お目玉・病気など)をくらう, もらう.

ein·hän·dig [アイン・ヘンディヒ] 形 片手の; 片手による.

ein|hän·di·gen [アイン・ヘンディゲン áinhèndɪgən] 他 (h) (人³に物⁴を)手渡す, 引き渡す, 交付する.

ein|hän·gen [アイン・ヘンゲン áin-hèŋən] 他 (h) (留め金具に)掛ける;(ドアなど⁴を)ちょうつがいに取り付ける. II 再帰 (h) 《*sich⁴* **bei** 人³ ~》(人³と)腕を組む.

ein|hau·en⁽*⁾ [アイン・ハオエン áin-hàʊən] I 他 (h) ① (紋章など⁴を)彫り込む, (くぎなど⁴を)打ち込む. ② たたき壊す. II 自 (h) 《**auf** 人・物⁴ ~》(人・物⁴を)さんざんなぐる. ② 《口語》がつがつと食う.

ein|hef·ten [アイン・ヘフテン áin-hèftən] 他 (h) ① (書類など⁴を)とじ込む, ファイルする. ② (しつけ糸で)縫い付ける.

ein·hei·misch [アイン・ハイミッシュ áɪn-haɪmɪʃ] 形 土着の,その土地の(住民)の;自国の,国内の. die *einheimische* Industrie 国内産業.

Ein·hei·mi·sche[r] [アイン・ハイミッシェ (..シャァ) áɪn-haɪmɪʃə (..ʃər)] 男 女 《語尾変化は形容詞と同じ》その土地の人,土着の人.

ein|heim·sen [アイン・ハイムゼン áɪn-haɪmzən] 他 (h) 《口語》(大量に)獲得する;(称賛などを)受ける. Geld^4 *einheimsen* お金をしこたまもうける.

Ein·hei·rat [アイン・ハイラート áɪn-haɪraːt] 女 -/-en (特に男性が結婚によって)家族や同族会社の一員になること.

ein|hei·ra·ten [アイン・ハイラーテン áɪn-haɪraːtən] 自 (h) 結婚によって加わる. in eine Familie (Firma) *einheiraten* (特に男性が)結婚してある家族(同族会社)の一員になる.

* *die* **Ein·heit** [アインハイト áɪnhaɪt] 女 (単)-/(複) -en ① 統一,まとまり;調和,一致. (英 unity). die politische *Einheit* eines Volkes 民族の政治的統一 / *Einheit* von Form und Inhalt 形式と内容の統一. ② (計量の)**単位**. (英 unit). Gewichts*einheit* 重量単位 / Der Meter ist die *Einheit* des Langenmaßes. メートルは長さの単位である. ③ (軍)部隊. eine motorisierte *Einheit* 機械化部隊.

* **ein·heit·lich** [アインハイトリヒ áɪnhaɪtlɪç] 形 ① 統一のある,まとまった,一貫した. ein *einheitliches* Werk まとまりのある作品. ② 一様な,均一の;画一的な. *einheitliche* Kleidung 制服.

Ein·heit·lich·keit [アインハイトリヒカイト áɪnhaɪtlɪçkaɪt] 女 -/ 統一性,一貫性;一様さ,画一性.

Ein·heits⸗preis [アインハイツ・プライス] 男 -es/-e 均一(標準)価格.

ein|hei·zen [アイン・ハイツェン áɪn-haɪtsən] I 他 (h) (ストーブなど^{4}を)たく. II 自 (h) ① ストーブをたく,暖房する. ②《口語》(人^{3}に)気合いを入れる,はっぱをかける. ③《口語》酒をしこたま飲む.

ein·hel·lig [アイン・ヘリヒ áɪn-hɛlɪç] 形 全員一致の,異口同音の. *einhellige* Anerkennung 満場一致の承認.

Ein·hel·lig·keit [アイン・ヘリヒカイト áɪn-hɛlɪçkaɪt] 女 -/ 全員(満場)一致,異口同音.

ein·her [アイン・ヘーァ aɪn-héːr] 副 《古ファラ》こちら[の中]へ(=herein).

ein·her|ge·hen* [アイン・ヘーァ・ゲーエン aɪn-héːr-geːən] 自 (s) 《雅》①(得意げに・着飾って)さっそうと歩く. ②(同時に)生じる. mit 物^3 *einhergehen* (病気などが)物^{3}を伴って現れる ⇒ Masern *gehen* mit Fieber und Ausschlag *einher*. はしかは熱と発疹(はっしん)を伴う.

* **ein|ho·len** [アイン・ホーレン áɪn-hòːlən] (holte...ein, hat...eingeholt) 他 《完了》haben) ① (人^{4}に)**追いつく**;(遅れ・損失など^{4}を)取り戻す. die verlorene Zeit^4 *einholen* むだにした時間を取り戻す. ②(助言・許可など^{4}を)もらう,(情報など^{4}を)手に入れる. Ich *habe* seinen Rat *eingeholt*. 私は彼の助言を得た. ③(綱など^{4}を)たぐり寄せる,(旗^{4}を)下ろす,(帆^{4}を)収める. ④(賓客など^{4}を)盛大に出迎える. ⑤《口語》(食料品など^{4}を)**買って来る**. ◊〔目的語なしでも〕Ich muss noch *einholen* gehen. 私はこれから買い物に行かなければならない.

Ein⸗horn [アイン・ホルン] 中 -[e]s/..hörner 一角獣,ユニコーン(伝説上の動物. マリア伝説とかかわり貞潔のシンボルとなっている).

ein|hül·len [アイン・ヒュレン áɪn-hỳlən] 他 (h) 包み込む,くるむ. das Kind^4 in eine Decke *einhüllen* 子供を毛布にくるむ.

── ドイツ・ミニ情報 5 ──

ドイツ統一 Deutsche Einheit

米・ソ・英・仏の戦勝4か国は, 第二次世界大戦で敗戦したドイツを4つの占領地区に分けて共同管理したが,その過程でいわゆる冷戦が表面化した. 1949 年に旧ソ連の占領地区からドイツ民主共和国(東ドイツ)が, 西側3か国の占領地区からドイツ連邦共和国(西ドイツ)が誕生して,ドイツは2つに分断された. その後,資本主義の西ドイツと社会主義の東ドイツの間で経済格差が大きくなり, 豊かな生活を求めて西へ亡命する者が後をたたないため, 人口の流出を恐れた東ドイツ政府は 1961 年にベルリンの壁を築き,東ドイツ国民の西側への旅行を禁止した.

1985 年,当時のソ連の共産党書記長に就任したゴルバチョフは「鉄のカーテン」と呼ばれた共産圏の閉鎖性をペレストロイカ(改革)政策で打破しようと試み, 東ヨーロッパ諸国で自由を求める気運が一挙に高まった. 東ドイツでもデモが激化し, 1989 年のベルリンの壁崩壊へと発展した. さらに翌年行われた東ドイツの議会選挙で,早い統一を主張する政党が圧勝する. 早急に統一を推進するために,東ドイツ議会が「ドイツ連邦共和国の基本法(憲法)を受け入れる」ことを承認し,5 つの新州として西ドイツに組み込まれるという形で統一が成立した. したがって, 統一ドイツの正式名称はドイツ連邦共和国, 国旗も黒・赤・金の三色旗で,西ドイツのものをそのまま踏襲している.

ベルリンの壁崩壊

ein·hun·dert [アイン・フンダァト] 数 〖基数; 無語尾で〗 100 [の].

* **ei·nig** [アイニヒ áınıç] 形 ① 意見が一致した, 同意見の, 同じ考えの. (英 agreed). Sie sind jetzt wieder *einig*. 彼らは今はまた仲直りしている / sich³ mit 人³ über 事⁴(または in 事³) *einig* sein 事⁴(または事³)について人³と意見が一致している ⇨ Darüber sind wir uns³ *einig*. その件については私たちは意見が一致した. ② 統一された, 一つにまとまった, 団結した. eine *einige* Nation 統一国家.

: **ei·ni·ge** [アイニゲ áınıɡə] 代 〖不定代名詞; 語尾変化は dieser と同じ; 男性・中性単数 2 格で名詞に -[e]s が付く場合はふつう einigen となる〗 ① 〖複数名詞とともに〗 いくつかの, 二三の, 若干の. (英 a few). Ich war *einige* Male dort. 私はそこに何度か行ったことがある / *einige* Leute 何人かの人たち / vor *einigen* Tagen 数日前に / *einige* hundert (または Hundert) Menschen 数百人の人々. ◇〖名詞的に〗 何人かの人たち. *einige* von ihnen 彼らのうちの数人.
② 〖単数名詞とともに〗 いくらかの, 少しばかりの. Ich habe *einiges* Geld gespart. 私はいくらかお金を蓄えた / *einige* Hoffnung いくばくかの希望. ◇〖名詞的に〗 いくつかのこと(もの). *Einiges* davon weiß ich schon. そのことなら多少はもう知っています.
③ 〖10 位の数とともに〗 …よりいくらか多くの. Er ist *einige* vierzig Jahre alt. 彼は 40 歳を少し越えている.
④ (反語的に:) かなりの. Hierin hat er *einige* Erfahrung. この点では彼は相当の経験がある.

> 新例
> **ei·ni·ge Mal[e]** 二三回, 数回. Ich war *einige Mal[e]* dort. 私は二三回そこに行ったことがある.

ein|igeln [アイン・イーゲルン áın-iːɡəln] 再帰 (h) sich⁴ *einigeln* ① (針ねずみのように)丸く縮こまる. ② 〈比〉 引きこもる. ③ 〈軍〉(陣地に)立てこもる.

ei·ni·gem [アイニゲム] 代 〖不定代名詞〗 ☞ einig*e*

ei·ni·ge mal 副 (新例) einige Mal[e] ☞ einig*e*

* **ei·ni·gen¹** [アイニゲン áınıɡən] (einigte, hat …geeinigt) I 再帰 (定了 haben) 〖sich⁴ [mit 人³] ~〗 ([人³と])意見が一致する, 合意する. (英 agree). sich⁴ auf einen Vergleich *einigen* (両者が)和解に合意する / Ich habe mich mit ihm endlich über den Preis *geeinigt*. 私はやっと値段について彼と折り合いがついた / Sie *einigten* sich dahin, dass… 彼らは…ということについて合意した.
II 他 (定了 haben) ① (民族など⁴を)統一する. ② 和解させる.

ei·ni·gen² [アイニゲン], **ei·ni·ger** [アイニガァ] 代 〖不定代名詞〗 ☞ einig*e*

* **ei·ni·ger·ma·ßen** [アイニガァ・マーセン áınıɡər-máːsən] 副 ① ある程度, まあまあ. Wie geht es dir? — *Einigermaßen*. 調子はどう? — まあまあだよ. ② 〈口語〉 かなり, 相当に.

ei·ni·ges [アイニゲス] 代 〖不定代名詞〗 ☞ einig*e*

Ei·nig·keit [アイニヒカイト] 女 -/ (意見の)一致, 合意; 団結.

ei·nig·te [アイニヒテ] *einigen¹ (再帰) で: 意見が一致する)の 過去

Ei·ni·gung [アイニグング] 女 -/-en ① 統一, 統合. ② (意見の一致), 合意.

ein|imp·fen [アイン・インプフェン áın-impfən] 他 (h) ① (人・動物³にワクチンなど⁴を)接種する. ② 〈口語・比〉([人³]に偏見など⁴を)植え付ける.

ein|ja·gen [アイン・ヤーゲン áın-jàːɡən] 他 (h) ([人³]に恐怖心など⁴を)いだかせる. [人³] einen Schrecken *einjagen* [人³]をぎょっとさせる.

ein·jäh·rig [アイン・イェーリヒ] 形 ① 〖付加語としてのみ〗 1 歳の; 1 年[間]の. ein *einjähriges* Kind 1 歳の子供. ② 〈植〉 1 年生の.

ein·jähr·lich [アイン・イェーァリヒ] 形 1 年ごとの.

ein|kal·ku·lie·ren [アイン・カルクリーレン áın-kalkuliːrən] 他 (h) ① 計算(勘定)に入れる. ② (あらかじめ)考慮に入れる, 見込む.

ein|kap·seln [アイン・カプセルン áın-kàpsəln] I 他 (h) (薬剤など⁴を)カプセルに入れる. II 再帰 (h) sich⁴ *einkapseln* ① 〈医〉 被包する, 被嚢(ひのう)する. ② 〈比〉 引きこもって暮らす.

ein|kas·sie·ren [アイン・カスィーレン áın-kasiːrən] 他 (h) ① (会費など⁴を)徴収する. ② 〈口語〉(他人のもの⁴を)取り上げる.

* *der* **Ein·kauf** [アイン・カオフ áın-kaof] 男 (単 2) -[e]s/(複) ..käufe [..コイフェ] (3 格の..käufen) ① 買い物, 買い入れ, 購入; 買った品物. (英 purchase). die täglichen *Einkäufe* 毎日の買い物 / der *Einkauf* von Waren 商品の購入 / *Einkäufe*⁴ machen 買い物をする ⇨ Ich muss noch einige *Einkäufe* machen. 私はまだ二三買い物をしなければならない / Der Mantel war ein guter *Einkauf*. そのコートはよい買い物だった. ② (金を払っての)加入, 入会. der *Einkauf* in eine Lebensversicherung 生命保険への加入. ③ 〖(複) なし〗〈商〉(会社などの)仕入部. ④ 〈ュヅ・隠語〉 スカウト契約(選手).

Ein·käu·fe [アイン・コイフェ] *Einkauf (買い物)の 複

: **ein|kau·fen** [アイン・カオフェン áın-kàofən] (kaufte…ein, hat…eingekauft) I 自 (定了 haben) (日用品などの)買い物をする. (英 shop). Er *kauft* immer im Supermarkt *ein*. 彼はいつもスーパーマーケットで買い物をする / *einkaufen* gehen (fahren) 買い物に行く(車で買い物に行く) ⇨ Ich *gehe* jetzt *einkaufen*. 私は今から買い物に行きます / ohne Geld (または kostenlos) *einkaufen* 〈戯〉 万引きする.

Einkäufer

II 他 (完了 haben) ① (日用品など⁴を)買う, 買い入れる;(商品⁴を)仕入れる. Wir *müssen Milch und Eier einkaufen.* 私たちは牛乳と卵を買わなければならない / 物⁴ billig *einkaufen* 物⁴を安く買う. ② (スポ・隠語)(選手⁴を)スカウトする.
III 再帰 (完了 haben) 《sich⁴ in 物⁴ ~》お金を払って(物⁴へ)入る権利(資格)を得る. *sich⁴ in ein Altenheim einkaufen* (お金を払って)老人ホームに入る.

Ein·käu·fer [アイン・コイふァァ áın-kɔyfər] 男 -s/- (会社などの)仕入れ係;《スポ・隠語》スカウト.

Ein·kaufs✳bum·mel [アインカオふス・ブンメる] 男 -s/- 《口語》買い物をしながらぶらつくこと, (ぶらぶら歩いての)ショッピング.

Ein·kaufs✳ge·nos·sen·schaft [アインカオふス・ゲノッセンシャふト] 女 -/-en 購買(仕入れ)協同組合.

Ein·kaufs✳netz [アインカオふス・ネッツ] 中 -es/-e (網状の)買い物袋.

Ein·kaufs✳preis [アインカオふス・プライス] 男 -es/-e 《商》仕入値. 物⁴ *zum Einkaufspreis kaufen* 物⁴を仕入値で買う.

Ein·kaufs✳ta·sche [アインカオふス・タッシェ] 女 -/-n ショッピングバッグ, 買い物袋.

Ein·kaufs✳wa·gen [アインカオふス・ヴァーゲン] 男 -s/- (スーパーマーケットなどの)ショッピングカート.

Ein·kaufs✳zent·rum [アインカオふス・ツェントルム] 中 -s/..zentren (大規模な)ショッピングセンター.

Ein·kehr [アイン・ケーァ áın-ke:r] 女 -/ ①《雅》内省, 自省. ②《古》(飲食店・旅館などに)立ち寄ること.

ein|keh·ren [アイン・ケーレン áın-kè:rən] 自 (s) ① 《in 物³~》(物³(飲食店など)に)立ち寄る. *in einem Gasthaus einkehren* レストランに立ち寄る. ②《雅》(季節・喜びなどが)訪れる. *Da kehrte wieder Hoffnung bei ihm ein.* すると彼の胸に再び希望がわいてきた.

ein|kel·lern [アイン・ケらァン áın-kèlərn] 他 (h) (冬に備えて物⁴を)地下室に貯蔵する.

ein|ker·ben [アイン・ケルベン áın-kèrbən] 他 (h) ①(物⁴に)刻み目を付ける. ②(印(しるし)など⁴を)刻み込む.

ein|ker·kern [アイン・ケルカァン áın-kèrkərn] 他(h)《雅》投獄する.

ein|kes·seln [アイン・ケッセるン áın-kèsəln] 他 (h)《軍》包囲する.

ein|kla·gen [アイン・クらーゲン áın-klà:gən] 他 (h) 告訴して請求する.

ein|klam·mern [アイン・クらンマァン áın-klàmərn] 他 (h) (語・文など⁴を)かっこに入れる.

Ein·klang [アイン・クらング áın-klaŋ] 男 -[e]s/..klänge 《ふつう 単》①《音楽》同度, 同音, ユニゾン. ②《雅》一致, 調和. *Pflicht⁴ und Neigung⁴ in Einklang bringen* 義務と好みを一致(調和)させる / *mit 人³ in Einklang stehen* 人³と協調している.

ein|kle·ben [アイン・クれーベン áın-klè:bən] 他 (h) 貼(は)り付ける. *Fotos⁴ in ein Album einkleben* 写真をアルバムに貼る.

ein|klei·den [アイン・クらイデン áın-klàıdən] 他 (h) ①(人⁴に)[新しい]服を着せる;(人⁴に)制服を着せる. ◇《再帰的に》*sich⁴ neu einkleiden* 新しい服を着る. ②《雅》(A⁴ in B⁴の形で)表現する. *Sie kleidete ihren Wunsch in eine Frage ein.* 彼女は自分の希望を質問の形で表した.

ein|klem·men [アイン・クれンメン áın-klɛ̀mən] 他 (h) はさ[み込]む, 締めつける. *sich³ den Finger einklemmen* (自分の)指をはさむ.

ein|klin·ken [アイン・クリンケン áın-klìŋkən] **I** 他 (h) (ドアなど⁴に)掛け金を掛ける. **II** 自 (s) 掛け金が掛かる.

ein|kni·cken [アイン・クニッケン áın-knìkən] **I** 他 (h) 折り曲げる, 折りたたむ. **II** 自 (s) 折れ曲がる.

ein|ko·chen [アイン・コッヘン áın-kɔ̀xən] **I** 他 (h) (果物・野菜など⁴を)煮詰める. **II** 自 (s) 煮詰まる.

ein|kom·men* [アイン・コンメン áın-kɔ̀mən] 自 (s) ①(お金などが)入る. ②(スポ)(ランナーが)ゴールインする;(船)入港する. ③《雅》《*um 事⁴~*》(正式に事⁴を)願い出る.

✱ *das* **Ein·kom·men** [アイン・コンメン áın-kɔmən] 中 (単2) -s/(複) — 収入, 所得. (英 *income*). *ein geringes (hohes) Einkommen* 低収入(高収入) / *Er hat ein gutes Einkommen.* 彼には十分な収入がある / *Wie hoch ist Ihr monatliches (jährliches) Einkommen?* あなたの月収(年収)はいくらですか.

Ein·kom·mens✳schwach [アインコンメンス・シュヴァッハ] 形 低所得の.

Ein·kom·men[s]✳steu·er [アインコンメン[ス]・シュトイアァ] 女 -/-n 《法》所得税.

ein|krat·zen [アイン・クラッツェン áın-kràtsən] **I** 他 (h) (ひっかいて)刻みつける. *eine Inschrift⁴ in Stein einkratzen* 碑文を石に刻む. **II** 再帰 (h) 《*sich⁴ bei 人³ ~*》《俗》(人³にとり入る.

ein|krei·sen [アイン・クライゼン áın-kràızən] 他 (h) ①(日付・名前など⁴を)丸印で囲む. ②(敵など⁴を)包囲する. ③(問題など⁴の)核心に迫る.

ein|krie·gen [アイン・クリーゲン áın-krì:gən] **I** 他 (h) 《口語》(人⁴に)追いつく. **II** 再帰 (h) *sich⁴ einkriegen* 《口語》落ち着きを取り戻す.

Ein·künf·te [アイン・キュンふテ áın-kʏnftə] 複 収入, 所得.

ein|kup·peln [アイン・クッペるン áın-kùpəln] 他 (h) 《自動車》クラッチをつなぐ.

✱ ein|la·den¹* [アイン・らーデン áın-là:dən]

招待する

Darf ich Sie zum Essen einladen?
ダルふ イヒ ズィー ツム エッセン アインらーデン
あなたを食事にご招待したいのですが.

du lädst...ein, er lädt...ein (lud...ein, hat... eingeladen) 他 (完了 haben) ① (人⁴を)招待する. (人⁴を食事などに)招く;(人⁴に)おごる. (英 invite). 人⁴ ins Konzert einladen 人⁴をコンサートに招待する / Er lädt mich nach Berlin ein. 彼は私をベルリンへ招待してくれる / 人⁴ zum Geburtstag einladen 人⁴を誕生日に招待する / 人⁴ zu sich³ einladen 人⁴を自分の家に招く / Wir sind heute Abend eingeladen. 《状態受動・現在》私たちは今晩招待されている / Komm, ich lade dich ein. さあ,ぼくがおごるよ.
② 《人⁴ zu 事³ ~ 》(人⁴に事³を)勧める,要請する. 人⁴ zum Hereinkommen einladen 人⁴に入るように勧める. ◊《zu 不定詞[句]とともに》Sie lud mich ein, Platz zu nehmen. 彼女は私に座るように勧めてくれた.

ein|la·den²* [アイン・ラーデン] 他 (h) (貨物など⁴を)積み込む.

ein·la·dend [アイン・ラーデント] I ≠ein|laden¹ (招待する)の 現分 II 形 人の気をそそるような;魅惑的な(微笑など),誘うような. einladende Speisen おいしそうな料理.

* *die* **Ein·la·dung** [アイン・ラードゥング áin-la:dʊŋ] 女 (単) -/-en ① 招待,(食事などへの)招き,案内; **招待状**. (英 invitation). eine Einladung⁴ an|nehmen (ab|lehnen) 招待に応じる(招待を断る) / eine Einladung⁴ bekommen 招待状をもらう / 人³ eine Einladung⁴ schicken 人³に招待状を送る / eine Einladung⁴ zum Tee bekommen お茶に招待される. ② お客を招いての催し(パーティー). ③ (荷物の)積み込み.

Ein·la·ge [アイン・ラーゲ áin-la:gə] 女 -/-n ① (郵便の)同封物. eine Einlage⁴ in den Brief legen 手紙に同封物を入れる. ② 《服飾》(衣服に入れる)しん, パッド; (靴の)中敷き. ③ 《料理》スープの実 (=Suppeneinlage). ④ 補強材. ⑤ 《医》(歯の)充塡(じゅうてん)物,インレー[充塡]. ⑥ (催し物の)合間の出し物. ⑦ 《経》出資金,(口座への)払込金,(銀行の)預金.

ein·la·gern [アイン・ラーガァン áin-là:gərn] I 他 (h) (倉庫などに)貯蔵する. die Kartoffeln⁴ im Keller einlagern じゃがいもを地下室に貯蔵する. II 再帰 (h) sich⁴ einlagern (石灰分などが)沈着する.

Ein·lass [アイン・ラス áin-las] 男 -es/..lässe ① 《覆 なし》(劇場・映画館などへの)入場[許可],立ち入り[許可]. Einlass ab 18 Uhr 18時開場. ② 《古》入口.

Ein·laß ☞ 新形 Einlass

ein·las·sen* [アイン・ラッセン áin-làsən] I 他 (h) ① (人⁴を)中へ入れてやる. Er wollte niemanden einlassen. 彼はだれも中へ入れようとしなかった. ② (水など⁴を)流し込む;(壁などに)埋め込む. Wasser⁴ in die Wanne einlassen 水を浴槽に入れる / eine Tafel⁴ in Stein einlassen 石に銘板をはめ込む. II 再帰 (h) sich⁴ einlassen ① 《sich⁴ auf (または in) 事⁴ ~ 》(事⁴に)手を出す,加わる. ② 《sich⁴ mit 人³ ~ 》(人³と)つき合う,かかわり合う. Lass dich nicht mit ihm ein! あいつなんかとつき合うんじゃないよ.

Ein·lauf [アイン・ラォフ áin-lauf] 男 -[e]s/..läufe ① 《覆 なし》《スポ》(競走・競馬などで:)ゴールラインを通過すること;着順;(競技場への)入場. ② (郵便物などの)到着;到着した郵便物(商品). ③ 《医》浣腸(かんちょう). 人³に浣腸をする. ④ 《料理》(スープの)つなぎ. ⑤ 《狩》(囲い場への)追い込み口. ⑥ (下水などの)流入口.

ein|lau·fen* [アイン・ラォフェン áin-làufən] I 自 (s) ① (液体が容器に)流れ込む,入る. Das Wasser läuft in die Wanne ein. 浴槽に水が入る. ② (列車が駅に)入って来る,(船が)入港する;《スポ》(選手が競技場に)走り込んで来る. Der Zug läuft gerade auf Gleis 6 ein. その列車はちょうど6番線に入って来るところだ. ③ (郵便物などが)到着する;(寄付金・投書などが)届く,舞い込む. ④ (布地が洗濯で)縮む. II 他 (h) ① (新しい靴⁴を)はき慣らす. ② 《成句的に》人³ das Haus⁴ (または die Bude⁴) einlaufen 《口語》人³の家にしょっちゅう押しかけて困らせる. III 再帰 (h) sich⁴ einlaufen ① 《スポ》ウォーミングアップをする. ② (機械が始動後しばらくして)正常に動き始める;(事業などが)軌道に乗る. Die Maschine muss sich erst einlaufen. この機械はまず慣らし運転をする必要がある.

ein|läu·ten [アイン・ロィテン áin-lɔ̀ytən] 他 (h) (事⁴の)始まりを鐘を鳴らして知らせる. Die Glocken läuten das neue Jahr ein. 鐘が新年の始まりを告げる.

ein|le·ben [アイン・レーベン áin-lè:bən] 再帰 (h) 《sich⁴ in 物³ ~ 》(物³(環境など)に)慣れる,なじむ;(物³(絵など)に)ひたりきる. Er hat sich in unserer Stadt gut eingelebt. 彼は私たちの町にすっかり住み慣れた.

ein|le·gen [アイン・レーゲン áin-lè:gən] 他 (h) ① 入れる, はめ込む; (手紙などに)同封する. einen Film [in die Kamera] einlegen フィルムをカメラに入れる / Bilder⁴ in einen Brief einlegen 写真を手紙に同封する. ② 《料理》漬ける. Gurken⁴ einlegen きゅうりを酢漬けにする. ③ (物⁴に)飾りをはめ込む, 象眼する. Holz⁴ mit Elfenbein einlegen 木に象牙(ぞうげ)をはめ込む. ◊《過去分詞の形で》eine eingelegte Arbeit 象眼細工. ④ (追加として)差しはさむ, 挿入する. eine Pause⁴ einlegen 間に休憩を入れる. ⑤ 《経》(銀行にお金⁴を)振り込む,預け入れる. ⑥ (槍(やり)など⁴を)構える. ⑦ 《行為などを表す名詞を目的語として》行う, ...する. ein gutes Wort⁴ für 人⁴ einlegen 人⁴のためにとりなす / Protest⁴ gegen 事⁴ einlegen 事⁴に抗議する.

Ein·le·ge·sohle [アイン・レーゲ・ゾーレ] 女 -/-n 靴の敷き革,中敷き.

ein|lei·ten [アイン・ラィテン áin-làitən] 他 (h) ① (事⁴の)準備をする,(手続きなど⁴を)とる.

Einleitung

eine Untersuchung⁴ *einleiten* 研究の糸口を開く / ein Verfahren⁴ **gegen** 人⁴ *einleiten* 人⁴に対して訴訟を起こす. ② (催しなど⁴を)始める, 開会する. ein Fest⁴ mit Musik *einleiten* 祭典を音楽で始める. ◇《現在分詞の形で》*einleitende* Worte 開会のあいさつ. ③ (本⁴などの)序文を書く. ein Buch⁴ *einleiten* 本の序文を書く.

Ein·lei·tung [アイン・らイトゥング] 囡 -/-en ① 開始, 着手, (とりかかる)準備. ② 序文, 序論; 導入部, 前奏; 手引き, 入門[書].

ein|len·ken [アイン・れンケン áɪn-lɛŋkən] I 自 (s, h) ① (s) (乗り物が・人が乗り物で…に)曲がって入る. Das Auto *lenkte* in eine Seitenstraße *ein*. その車はわき道へ曲がった. ② (h)《比》譲歩する, 折れる. II 他 (h) (車などを…へ)向ける. eine Rakete⁴ in ihre Bahn *einlenken* ロケットを軌道に乗せる.

ein|leuch·ten [アイン・ろイヒテン áɪn-lɔ̀ʏçtən] 自 (h) (人³にとって)理解できる, 納得がいく. Das *will* mir nicht *einleuchten*. それはどうも私には納得がいかない.

ein·leuch·tend [アイン・ろイヒテント áɪn-leuchtend (理解できる)の 現分 II 形 よくわかる, 納得のいく(説明など).

ein|lie·fern [アイン・リーふァァン áɪn-lì:fərn] 他 (h) ① (病人・囚人などを当該施設に)引き渡す. 人⁴ **ins** Krankenhaus *einliefern* 人⁴を病院に入れる. ② (郵便物⁴を)[さし]出す. Pakete⁴ **bei** der Post *einliefern* 小包を郵便局に出す.

Ein·lie·fe·rung [アイン・リーふェルング] 囡 -/-en (病人・囚人などの)引き渡し; (郵便物の)さし出し.

ein·lie·gend [アイン・リーゲント áɪn-li:gənt] 形《書》同封の.

ein|lo·chen [アイン・ろッヘン áɪn-lɔ̀xən] 他 (h)《俗》刑務所にぶち込む.

ein|lö·sen [アイン・れーゼン áɪn-lø̀:zən] 他 (h) ① (小切手など⁴を)現金に換える. ② (質ぐさ⁴を)請け出す. ③《雅》(約束など⁴を)果たす.

Ein·lö·sung [アイン・れーズング] 囡 -/-en ① (小切手の)現金化. ② (質ぐさの)請け出し. ③《雅》(義務・約束の)履行.

ein|lul·len [アイン・るれン áɪn-lʊ̀lən] 他 (h)《口語》① 子守歌で寝かしつける. ②《比》うまいことを言ってだます(なだめる).

ein|ma·chen [アイン・マッヘン áɪn-màxən] 他 (h) (野菜・果物など⁴を)煮てびん詰めにする.

Ein·mach≈glas [アインマッハ≈グらース] 中 -es/..gläser (野菜・果物などの)貯蔵用びん.

:ein≈mal [アイン・マーる áɪn-ma:l]

> 1度 Ich versuche es noch *einmal*.
> イヒ フェアズーヘ エス ノッホ アインマーる
> 私はそれをもう1度やってみます.

副 **A**) ① 1度, 1回 (⇔ *once*). Er geht *einmal* in der Woche ins Kino. 彼は週に1回映画を見に行く / *Einmal* Bonn, bitte! (駅 の切符売場で)ボンまで1枚ください / *Einmal* fünf ist fünf. 1掛ける5は5 / *Einmal* ist keinmal.《ことわざ》一度は数のうちに入らない / noch *einmal* もう一度 / nur *einmal* または only *einmal* und nicht wieder 一度だけ / *einmal* übers (または ums) andere 何回も.

◇《**auf** *einmal* の形で》一度(同時)に; 突然. Iss doch nicht alles auf *einmal*! 全部一度に食べてはいけないよ / Auf *einmal* brach der Ast. 突然枝が折れた.

② ある時は…. *einmal* A, *einmal* B ある時は A, ある時は B.

B) [アイン・マーる または ..マーる] ① かつて, 昔, 以前. Waren Sie schon *einmal* in Köln? あなたはケルンにいらっしゃったことがありますか / Es war *einmal* ein König. 昔々一人の王様がいました.

② いつか, そのうちに, 将来. Kommen Sie doch *einmal* zu uns! いつかうちに来てください / *Einmal* wird es so sein. いつかそうなるでしょう.

C)《文中でのアクセントなし》① (他の副詞とともに) **erst** *einmal* まず初めに, まず最初に / **nun** *einmal* とにかく, どうせ, なんと言っても ⇒ Es ist nun *einmal* geschehen.《現在完了》とにかくそれはもう起こってしまったことだ / **nicht** *einmal* … …すらない ⇒ Er hat nicht *einmal* „auf Wiedersehen" gesagt. 彼は「さようなら」すら言わなかった / **wieder** *einmal* またしても ⇒ Er hat wieder *einmal* Recht gehabt. またしても彼の言うとおりだった.

②《命令文で》さあ, まあ, ちょっと. Sag *einmal*! さあ, 言ってごらん / Denk nur *einmal*! まあ考えてもごらん / Lesen Sie das *einmal*! ちょっとそれを読んでください. (☞ 特に B), C) の意味では口語でしばしば mal となる; ☞ mal²)

Ein·mal·eins [アインマーる・アインス] 中 -/- ① 九々[の](kleine (große) *Einmaleins* 1から10(1から20)までの数に1から10の数を掛ける掛け算[表] / das *Einmaleins*⁴ aufsagen 九々を唱える. ②《比》(学問・商売などの)いろは.

ein≈ma·lig 形 ① [アイン・マーりヒ] 一回[かぎり]の; 一度きりの. eine *einmalige* Zahlung 一回払い / eine *einmalige* Gelegenheit 一度きりの機会. ② [アイン・マーりヒ または アイン・マー..]《比》比類のない, 抜群の. eine *einmalige* Leistung 比類のない業績.

Ein·mark≈stück [アインマルク・シュテュック] 中 -[e]s/-e 1マルク硬貨.

Ein·marsch [アイン・マルシュ áɪn-marʃ] 男 -es/..märsche (選手団の)入場; (軍隊の)進駐.

ein|mar·schie·ren [アイン・マルシーレン áɪn-marʃì:rən] 自 (s) **in** 物⁴ ~》(選手団が 物⁴に)行進して入場する; (軍隊が)進駐する.

ein|mau·ern [アイン・マオァァン áɪn-màʊərn] 他 (h) ① (人・物⁴を)壁で囲む, 壁の中に閉じこめる, (記録の文句など⁴を)壁に埋め込む. ② (フックなど⁴を)壁に[埋め込んで]取り付ける.

ein|mei·ßeln [アイン・マイセるン áɪn-màɪ-

ein|men·gen [アイン・メンゲン] áin-mèŋən 再帰 (h) =ein|mischen

ein|mie·ten¹ [アイン・ミーテン] áin-mì:tən] I 他 (h) (人⁴に)部屋を借りてやる. II 再帰 (h) 《sich⁴ bei 人³ ~》(人³の所に)部屋を借りる.

ein|mie·ten² [アイン・ミーテン] 他 (h) 《農》(じゃがいもなど⁴を)室(½)に入れて貯蔵する.

ein|mi·schen [アイン・ミッシェン] áin-mìʃən] 再帰 (h) 《sich⁴ in 事⁴ ~》(事⁴に)ちょっかいを出す, 干渉する.

Ein·mi·schung [アイン・ミッシュング] 女 -/-en 介入, 干渉.

ein*mo·na·tig [アイン・モーナティヒ] 形 《付加語としてのみ》生後 1 か月の; 1 か月[間]の.

ein·mo·nat·lich [アイン・モーナトリヒ] 形 《累》月 1 回の.

ein*mo·to·rig [アイン・モトーリヒ] 形 単発の, エンジンが一つの.

ein|mot·ten [アイン・モッテン] áin-mòtən] 他 (h) (衣類など⁴を)防虫剤を入れてしまっておく.

ein|mum·meln [アイン・ムンメるン] áin-mùməln] 他 (h) =ein|mummen

ein|mum·men [アイン・ムンメン] áin-mùmən] 他 (h) 《口語》(毛布などで)暖かく包むくるむ. ◇《再帰的に》sich⁴ einmummen 暖かくくるまる.

ein|mün·den [アイン・ミュンデン] áin-mỳndən] 自 (h, s) (川が)流れ込む, 合流する;(道が)通じる. ins Meer einmünden 海に注ぐ.

Ein·mün·dung [アイン・ミュンドゥング] 女 -/-en ① 合流. ② 合流点; 河口.

ein*mü·tig [アイン・ミューティヒ] 形 全員一致の, 意見が一致した. einmütige Zustimmung 全員一致の賛成.

Ein·mü·tig·keit [アイン・ミューティヒカイト] 女 -/ 意見の[全員]一致, 合意.

Ein·nah·me [アイン・ナーメ] áin-na:mə] 女 -/-n ① 《ふつう 複》収入, 所得. (☞「支出」は Ausgabe). private Einnahmen 個人所得. ② 《複 なし》《雅》(食物の)摂取;(薬の)服用. ③ 《複 なし》《軍》占領, 奪取.

Ein·nah·me·quel·le [アイン・ナーメ・クヴェれ] 女 -/-n 財源, 収入源.

•ein|neh·men* [アイン・ネーメン áin-nè:mən] du nimmst...ein, er nimmt...ein (nahm...ein, hat...eingenommen) 他 《完了 haben》① (収入としてお金⁴を)得る, 受け取る, 稼ぐ; (税金など⁴を)徴収する. Er hat heute viel eingenommen. 彼はきょうはたくさん稼いだ. ② 《雅》 (飲食物⁴を)とる; (薬⁴を)服用する. Nehmen Sie die Medizin regelmäßig ein! 薬を規則的に飲んでください. ③ 《軍》占領する. ④ (座席など⁴に)着く; (地位など⁴を)占める; (ある立場・態度⁴を)とる. eine abwartende Haltung⁴ einnehmen 静観的な態度をとる / Bitte die Plätze einnehmen! (一同に):ご着席ください. ⑤ (場所・空間⁴を)占める; 《比》(考え

などが人⁴の頭を)占める. Der Schrank nimmt viel Platz ein. そのたんすはスペースをたくさんとる. ⑥ (船が荷物⁴を)積み込む. ⑦ 《人⁴ für (gegen) 人・物⁴ ~》(人⁴に人・物⁴に対する)好感(反感)をいだかせる. Seine aufrechte Gesinnung nimmt alle für ihn ein. 彼の正直な心根(ここ)はみんなに好印象を与える.

◇☞ **eingenommen**

ein·neh·mend [アイン・ネーメント] I *ein|nehmen (得る)の 現分 II 形 感じのよい, 好感の持てる, 魅力的な.

ein|ni·cken [アイン・ニッケン] áin-nìkən] 自 (s) (席に)座ったまま居眠りする, うとうとする.

ein|nis·ten [アイン・ニステン] áin-nìstən] 再帰 (h) sich⁴ einnisten ① (他人の家に)長居する. ② 《医》(受精卵が子宮内膜に)着床する. ③ 《鳥》(鳥が…に)巣をつくる, 巣がける.

Ein·öde [アイン・エーデ] áin-ø:də] 女 -/-n 荒涼とした寂しい場所.

ein|ölen [アイン・エーれン] áin-ø:lən] 他 (h) (物⁴に)油を塗り込む, 油を差す.

ein|ord·nen [アイン・オルドネン] áin-òrdnən] I 他 (h) 整理する, 分類する. die Bücher⁴ alphabetisch einordnen 本をアルファベット順に整理(配列)する. II 再帰 (h) sich⁴ einordnen ① 適応(順応)する. sich⁴ in die Gemeinschaft einordnen 共同生活に適応する. ② 指定車線に入る.

•ein|pa·cken [アイン・パッケン] áin-pàkən] (packte...ein, hat...eingepackt) I 他 (完了 haben) ① 包装する, 包む; 荷作りする. (☞「取り出す」は aus|packen). Sie packt das Geschenk in buntes Papier ein. 彼女は贈り物をカラフルな紙に包む / die Kleider⁴ in den Koffer einpacken 衣服をスーツケースに詰める. ② 《口語》(人⁴を衣類などにくるむ. Die Mutter packte das Kind in eine Decke ein. 母親は子供を毛布にくるむ. ◇《再帰的に》sich⁴ warm einpacken 暖かく着込む.

II 自 (完了 haben) ① (旅行の)荷作りをする. Ich muss jetzt einpacken. これから荷作りをしなくては / Pack ein! 《口語》a) とっととうせろ, b) よせやい. ② 《成句的に》einpacken können または sich⁴ einpacken lassen können 《口語》 なんの役にもたたない, どうしようもない. Damit kannst du einpacken. それじゃあ君はどうしようもないよ.

ein|par·ken [アイン・パルケン] áin-pàrkən] 自 (h) (駐車場などで)間に割り込むように駐車する.

ein|pas·sen [アイン・パッセン] áin-pàsən] I 他 (h) (部品など⁴を)ぴったりとはめ込む, 差し込む. II 再帰 (h) sich⁴ einpassen 適応(順応)する.

ein|pau·ken [アイン・パオケン] áin-pàokən] 他 (h) 《口語》(人³に事⁴を)無理やりに覚え込ませる.

ein|pen·deln [アイン・ペンデるン] áin-pèndəln] 再帰 (h) sich⁴ einpendeln (物価などが)安定する, 落ち着く.

ein|pen·nen [アイン・ペンネン] áin-pènən] 自 (s) 《俗》眠り込む(=ein|schlafen).

Ein·per·so·nen·haus·halt [アインペルゾーネン・ハオスハルト] 男 -[e]s/-e 単身者世帯.

ein|pfer·chen [アイン・プフェルヒェン áinpfɛrçən] 他 (h) ① (家畜⁴を)囲いの中へ追い込む. ② (人⁴を列車などに)詰め込む.
◇☞ **eingepfercht**

ein|pflan·zen [アイン・プフランツェン áinpflàntsən] 他 (h) ①(植物⁴を)植え付ける;《医》(人³に臓器⁴を)移植する. 人³に eine fremde Niere⁴ *einpflanzen* 人³に他人の腎臓(ξ)を移植する. ② 《比》(人³の心に事⁴を)植え付ける, 教え込む.

ein|pla·nen [アイン・プラーネン áin-plà:nən] 他 (h) 計画に入れる(組み込む).

ein|pö·keln [アイン・ペーケルン áin-pø̀:kəln] 他 (h)《料理》(魚・肉など⁴を)塩漬けにする(= ein|salzen).

ein=po·lig [アイン・ポーリヒ] 形《物・電》単極の.

ein|prä·gen [アイン・プレーゲン áin-prɛ̀:gən] I 他 (h) ①(人³に事⁴を)しっかり教え込む, 覚え込ませる. Ich *prägte* ihm *ein*, pünktlich zu sein. 私は彼に時間を守ることを教え込んだ. ②(銘文など⁴を)刻み込む. in einen Stein eine Inschrift⁴ *einprägen* 石に銘文を刻み込む. II 再帰 (h) 《 *sich*³ 事⁴ *einprägen* 事⁴を心に刻み込む. Ich *habe* mir ihr Gesicht *eingeprägt*. 私は彼女の顔を深く記憶にとどめた. ② *sich*⁴ ~ *einprägen* 人³の心に残る. Seine Worte *prägten sich* mir tief *ein*. 彼の言葉は私に深い印象を残した.

ein·präg·sam [アイン・プレークザーム] 形 記憶に残りやすい, 印象的な.

ein|pu·dern [アイン・プーダァン áin-pù:dərn] 他 (h) (人・物⁴に)パウダーをつける.

ein|quar·tie·ren [アイン・クヴァティーレン áin-kvartì:rən] 他 (h) (人⁴を)宿泊させる;《軍》宿営させる. ◇《再帰的に》 *sich*⁴ *bei* 人³ (in einer Stadt) *einquartieren* 人³の所に(ある町に)泊まる.

Ein·quar·tie·rung [アイン・クヴァティールング] 女 -/-en ① 宿泊. ②《複なし》宿泊者.

ein|rah·men [アイン・ラーメン áin-rà:mən] 他 (h) ① 額縁(枠)に入れる. Das kannst du dir *einrahmen* lassen.《口語》それはたいしたものではないと思うよ(←額縁にでも入れてもらえよ). ② 《比》(町など⁴を)取り囲む.

ein|ras·ten [アイン・ラステン áin-ràstən] 自 (s) ①《工》(締め金などが)きちんと掛かる, (歯車が)かみ合う. ②《口語・戯》腹を立てる, むっとする.

***ein|räu·men** [アイン・ロイメン áin-rɔ̀ymən] (*räumte...ein*, *hat...eingeräumt*) 他 (定了 haben) ①(家具など⁴を部屋に)入れる, (食器など⁴を戸棚に)しまう. Er *räumte* die Möbel *ins* Wohnzimmer *ein*. 彼は家具を居間に収めた. ②(部屋など⁴に)家具を入れる, (戸棚など⁴に)物をしまう. Schubladen⁴ *einräumen* 引き出しにしまう. ③(人³に部屋・席など⁴を)明け渡す, 譲る. Er *räumte* ihr seinen Platz *ein*. 彼は彼女に自分の席を譲った. ④ 認める, 容認する. 人³ Rechte⁴ *einräumen* 人³に権利を認める / Ich *muss* leider *einräumen*, dass...《雅》私は残念ながら…ということを認めざるをえない. ◇《現在分詞の形で》 eine *einräumende* Konjunktion《言》認容(譲歩)の接続詞(例: obgleich).

Ein·räu·mung [アイン・ロイムング] 女 -/-en ①《複なし》認容, 譲歩, 承認. ② 容認(譲歩)の言葉.

ein|rech·nen [アイン・レヒネン áin-rèçnən] 他 (h) 計算に入れる, 考慮に入れる. ◇《過去分詞の形で》fünf Personen, mich *eingerechnet* 私を含めて5人.

ein|re·den [アイン・レーデン áin-rè:dən] I 他 (h) (人⁴に事⁴を)信じ込ませる, 吹き込む. Wer *hat* dir das *eingeredet*? だれが君にそんなことを吹き込んだのか / *sich*³ 事⁴ *einreden lassen* 事⁴を真に受ける. II 再帰 (h) *sich*³ 事⁴ *einreden* 事⁴を[自分で勝手に]信じ込む. III 自 (h) 《 *auf* 人⁴ ~》(人⁴に)しつこく言い聞かせる, (人⁴を)説得する.

ein|reg·nen [アイン・レーグネン áin-rè:gnən] I 自 (s) ① 雨でずぶぬれになる. ② 長雨のために足止めされる. II 再帰 (h) 《 *es regnet sich*³ *ein* の形で》(雨が)本降りになる.

ein|rei·ben* [アイン・ライベン áin-ràibən] 他 (h) (クリームなど⁴を皮膚などに)すり込む; (物⁴にクリームなどを)すり込む. Salbe⁴ *in* die Haut *einreiben* 軟膏(ぐ)を皮膚にすり込む / die Schuhe⁴ mit Schuhcreme *einreiben* 靴に靴クリームをすり込む.

ein|rei·chen [アイン・ライヒェン áin-ràiçən] 他 (h) (官庁などに書類⁴を)提出する. ein Gesuch⁴ *einreichen* 申請書を提出する / Urlaub⁴ *einreichen* 休暇を申請する / eine Klage⁴ gegen 人⁴ *einreichen* 人⁴を告訴する.

ein|rei·hen [アイン・ライエン áin-ràiən] I 再帰 (h)《 *sich*⁴ *in* 物⁴ ~》(物⁴(行列など)に)加わる. II 他 (h) (人⁴をグループなどに)加える, 組み入れる.

Ein·rei·her [アイン・ライアァ áin-raiər] 男 -s/-《服飾》シングルの上着(コート).

ein=rei·hig [アイン・ライイヒ] 形 1列の;《服飾》1列ボタンの, シングルの(上着など).

Ein·rei·se [アイン・ライゼ áin-raizə] 女 -/-n (正式な手続きによる)入国.(☞「出国」は Ausreise).

Ein·rei·se=er·laub·nis [アインライゼ・エァらオプニス] 女 -/..nisse《ふつう 単》入国許可.

ein|rei·sen [アイン・ライゼン áin-ràizən] 自 (s) (正式な手続きを経て…へ)入国する.(☞「出国する」は aus|reisen). in die Schweiz (nach Italien) *einreisen* スイスへ(イタリアへ)入国する.

Ein·rei·se=ver·bot [アインライゼ・フェァボート] 中 -[e]s/-e 入国禁止.

ein|rei·ßen* [アイン・ライセン áin-ràisən] 他 (h) ①(物⁴に)裂け目を入れる, ひびを入れる.

Einsamkeit

...einreißen (使用済みとしeine Eintritt...をつける。②（家などを）取り壊す。...がる、ほころびる。III 再帰 (h)《成（悪習など）einen Dorn einreißen（誤って）...句的に）

...en [アイン・レンケン áin-rèŋkən] 他（医）（脱臼した腕などを）整復（整...を）正常化する。◇再帰的に sich⁴ ein-en（関係などが）元どおりになる。

...en·nen* [アイン・レンネン áin-rènən] 他 (h)（ドアなどを）ぶつかって壊す。②《口語》（頭などを）ぶつけてけがをする。sich³ den Schädel an einer Wand einrennen 壁にぶつかって頭をけがする。

ein|rich·ten [アイン・リヒテン áin-riçtən] du richtest ...ein, er richtet ...ein (richtete ...ein, hat ...eingerichtet) I 他（完了 haben）①（住居・部屋などに家具調度を）備えつける、（家具などで）整える。ein Zimmer⁴ mit neuen Möbeln einrichten 部屋に新しい家具を備えつける / Er hat das Wohnzimmer sehr modern eingerichtet. 彼は居間をとてもモダンにしつらえた。②（軍などの）都合をつけて、手はずを整える。Kannst du es einrichten, heute mit mir zu essen? きょうぼくと食事をするよう都合をつけてくれないか / Ich werde es so einrichten, dass er kommt. 彼が来るように手はずを整えます。③（施設・支店などを）設立する、開設する。④（機械などを）調整する。⑤《医》整復する。⑥（脚本・楽曲などを）アレンジする。⑦《数》約分（通分）する。
II 再帰（完了 haben）sich⁴ einrichten ①（家具調度を入れて）自分の住居を整える。Sie hat sich hübsch eingerichtet. 彼女は自分の住居をきれいにしつらえた。② 状況に適応する、（少ない経費で）やりくりする。③《sich⁴ auf 人・事⁴ ～》（人・事⁴に備えて）準備をする。sich⁴ auf Gäste einrichten 客を迎える用意をする。

die Ein·rich·tung [アイン・リヒトゥング áin-riçtʊŋ] 女（単）-/(複) -en ① 家具調度[を整えること]。Die Wohnung hat eine geschmackvolle Einrichtung. その住居には趣味のいい家具が備えてある。② 設備、装置。eine automatische Einrichtung 自動装置。③（公共の）施設。soziale Einrichtungen 社会施設。④《複 なし》（事務所・学校などの）設立、開設；（脚本・楽曲の）アレンジ；《医》整復。⑤ 慣行、慣例行事。

ein|rol·len [アイン・ロレン áin-ròlən] I 他 (h) ①（円筒形に）巻く。sich³ die Haare⁴ einrollen 髪をカールする。②（ホッケーで：）（ボール⁴を）ロール・インする。II 自 (s)（ボールが）転がり込む；（列車などが）入って来る。III 再帰 (h) sich⁴ einrollen（猫などが）体を丸くする。

ein|ros·ten [アイン・ロステン áin-ròstən] 自 (s) ① 錆がさびつく。②《口語・戯》（体が）硬くなる／頭の働きが鈍くなる。

ein|rü·cken [アイン・リュッケン áin-rỳkən] I 自 (s) ① 進駐する。Die Truppen rücken in die Stadt ein. 部隊が町に進駐する。②《軍》入隊する。③《in 事⁴ ～》（事⁴に）昇格する。II 他 (h) ①（行⁴の）頭を引っ込める。②（記事・広告⁴を）掲載する。

ein|rüh·ren [アイン・リューレン áin-rỳːrən] 他 (h) ①（物⁴を）入れてかき混ぜる、かき混ぜながら入れる。ein Ei⁴ in die Suppe einrühren 卵をかきまぜながらスープに入れる。②《口語》（人³に対していやなこと⁴を）でかす。

:eins [アインス áins] I 数《基数》（☞ ein¹ II）1、一。《英 one》。Eins und zwei ist drei. 1 足す 2 は 3 / Es ist eins. 1 時だ / eins a (= Ia)《商》極上の / Eins, zwei, drei war sie weg!《口語》あっという間に彼女はいなくなった / Eins zu null für mich!《口語》ぼくの言ったとおりだろう（←1 対 0 でぼくの勝ちだ）。

....

☞ 1 および 101（[ein]hunderteins）のように最後に 1 を読む場合以外は ein とする。例: 31 (ein-unddreißig).

II 形《述語としてのみ》① 同一の、同じ。Das ist doch alles eins. それはまったく同じことだ / in eins いっしょに / mit 人³ eins sein 人³と同じ考えである / mit 人・物³ eins werden 人・物³と一体になる。
②《口語》どうでもよい。Das ist [mir] alles eins. そんなことは[私には]どうでもいいことだ。
III 代《不定代名詞、中性単数の 1 格・4 格；☞ einer², eines III》一つのこと（もの）、何か一つ。noch eins もう一つ / Eins muss ich dir noch sagen. 君に一つ言っておきたい / Gibt es hier ein Hotel? — Ja, es gibt eins. この辺にホテルがありますか — ええ、ありますよ / Das kommt auf eins heraus. 帰するところは同じだ。

Eins [アインス áins] 女 -/-en（数字の）1；（トランプ・さいころの）1［の目］；《口語》（バス・電車などの）1番［系統］；（成績評価の）1（秀）。

ein|sa·cken [アイン・ザッケン áin-zàkən] I 他 (h) ①（穀物などを）袋に詰める。②《口語》（他人のものを）失敬する。III 自 (s) 陥没する。

ein|sal·zen* [アイン・ザルツェン áin-zàltsən] 他 (h)（魚・肉などを）塩漬けにする。

ein·sam [アインザーム áinzaːm] 形 ① 孤独な、寂しい；ひとりぼっちの、ぽつんと離れた。《英 lonely》。ein einsames Leben 孤独な生活 / Ohne dich fühle ich mich einsam. 君がいないとぼくは寂しい / Sie lebt sehr einsam. 彼女はひとり寂しく暮らしている / ein einsames Boot 一隻ぽつんと浮かんだ小船。② 人里離れた、人気のない。ein einsamer Strand 人気のない海岸。

die Ein·sam·keit [アインザームカイト áinzaːmkaɪt] 女（単）-/(複) -en《ふつう 単》《雅》① 孤独、寂しさ。《英 loneliness》。ein Gefühl der Einsamkeit² 孤独感 / die Ein-

einsammeln

samkeit[4] lieben (suchen) 孤独を好む(求める). ② 人気(ひとけ)のない(寂しい)所.

ein·sam·meln [アイン・ザンメルン áɪn-zà-məln] 他 (h) ① 拾い集める, 収集する. ② (寄付・レポートなど[4]を)集める.

ein·sar·gen [アイン・ザルゲン áɪn-zàrgən] (h) (死者[4]を)棺に納める.

der **Ein·satz** [アイン・ザッツ áɪn-zats] 男 (単 2) -es/(複) ..sätze [..ゼッツェ] (3 格のみ ..sätzen) ① 《覆 なし》 (人・機械などの)投入; 動員, 出動; 《軍》 出撃. der *Einsatz* von Arbeitskräften 労働力の投入 / Diese Aufgabe verlangt den vollen *Einsatz* [der Person][2]. この任務は全力の傾注を必要とする / Er rettete das Kind unter *Einsatz* seines Lebens. 彼は自分の命を賭(と)けてその子供を救った / **zum** *Einsatz* **kommen** 動員される. ② はめ込み[部分]; (トランクなどの)中仕切り箱, 入れ子. ③ (ギャンブルの)賭金(かけきん); 担保. ④ 《音楽》 (合唱・合奏の)出だし[の合図], アインザッツ. den *Einsatz* geben (指揮者が)出だしの合図をする.

ein·satz⸗be·reit [アインザッツ・ベライト] 形 ① (機械などが)すぐ使える; 出動準備の整った. ② 進んで手を貸してくれる.

Ein·satz⸗be·reit·schaft [アインザッツ・ベライトシャフト] 女 -/ (機械などが)いつでも使えるようにしてあること; 出動準備ができていること; 手を貸す用意(心構え)ができていること.

Ein·sät·ze [アイン・ゼッツェ] *Einsatz (はめ込み)の複

ein|sau·gen(*) [アイン・ザオゲン áɪn-zàʊgən] 他 (h) ① (液体[4]を)吸い込む, 吸収する. Der trockene Boden *sog* (または *saugte*) den Regen *ein*. 乾いた大地が雨を吸い込んだ. ② 《不規則変化》《雅》(香りなど[4]を)吸い込む.

ein|säu·men [アイン・ゾイメン áɪn-zɔ̀ʏmən] 他 (h) ① (服飾) (布地[4]に)縁を付ける, 縁取りをする. ② (樹木などが)取り囲む.

ein|schal·ten [アイン・シャルテン áɪn-ʃàltən] du schaltest...ein, er schaltet...ein (schaltete...ein, hat...eingeschaltet) I 他 (定了 haben) ① (テレビなど[4]の)スイッチを入れる; (車のギア[4]を)入れる. (英 turn on). (英)「スイッチを切る」は aus|schalten). Er *schaltete* das Licht *ein*. 彼は電灯をつけた / Er *schaltete* den zweiten Gang *einschalten* ギアをセカンドに入れる. ② (言葉・休憩など[4]を)差しはさむ, 挿入する. eine Erklärung[4] **in** die Rede *einschalten* 演説に説明を入れる / eine Pause[4] *einschalten* 休憩をはさむ. ③ (調査などに専門家など[4]を途中から)参加させる.

II 再帰 (定了 haben) *sich*[4] *einschalten* ① (自動的に)スイッチが入る. ② 介入する, 口をはさむ. Ich *schaltete mich* **in** die Diskussion *ein*. 私はその議論に口をはさんだ.

Ein·schal⸗quo·te [アインシャルト・クヴォーテ] 女 -/-n 《放送》視聴率, 聴取率.

Ein·schal·tung [アイン・シャルトゥング] 女 -/

-en ① スイッチ(ギア)を入れ挿入されたもの, 挿話; (会話と…) ② 挿入; 介入. ③ 《言》挿入文(語句). の)割り込み.

ein|schär·fen [アイン・シェルフェン áɪn-ʃɛ̀r-fən] 他 (h) (人[3]に事[4]を)懇々と説(と)く, 銘記させる.

ein|schät·zen [アイン・シェッツェン áɪn-ʃɛ̀tsən] 他 (h) ① (能力・財産など[4]を…と)する, 判断する. Wie *schätzt* du die L*ein*? 君はこの状況をどう判断するか. ② (…の)税額を査定する.

Ein·schät·zung [アイン・シェッツング] 女 -/-en 評価, 判断; (税額の)査定.

ein|schen·ken [アイン・シェンケン áɪn-ʃɛ̀ŋ-kən] 他 (h) (ビールなど[4]を)つぐ; (カップなど[4]に)つぐ. *Darf* ich Ihnen noch ein Glas Wein *einschenken*? ワインをもう一杯おつぎしましょうか.

ein|sche·ren [アイン・シェーレン áɪn-ʃè:rən] 自 (s) 《交通》(自動車が)走行車線に戻る.

ein|schi·cken [アイン・シッケン áɪn-ʃìkən] 他 (h) (文書など[4]を)送り届ける, 送付する.

ein|schie·ben(*) [アイン・シーベン áɪn-ʃì:bən] I 他 (h) ① 押し込む. das Brot[4] in den Ofen *einschieben* パンをオーブンに入れる. ② (語句など[4]を)挿入する; 差しはさむ; (人[4]を)割り込ませる. II 再帰 (h) *sich*[4] *einschieben* 割り込む.

Ein·schie·nen⸗bahn [アインシーネン・バーン] 女 -/-en 《交通》モノレール, 単軌鉄道.

ein|schie·ßen(*) [アイン・シーセン áɪn-ʃì:sən] I 他 (h) ① (窓など[4]を)射撃して破壊する. ② (新しい銃[4]を)慣らし撃ちする. ③ (リベットなど[4]を)打ち込む. ④ (サッカーなどで:)(ボール[4]を)シュートしてゴールを決める. II 再帰 (h) *sich*[4] *einschießen* 射撃練習をする. *sich*[4] **auf** ein Ziel *einschießen* 試射して目標への射程を合わせる / *sich*[4] **auf** 人[4] *einschießen* 《比》人[4]にしつこく論難する. III 自 (s) (水などが)流れ込む.

ein|schif·fen [アイン・シッフェン áɪn-ʃìfən] 他 (h) (人[4]を)乗船させる, (荷物[4]を)船に積む. II 再帰 (h) *sich*[4] *einschiffen* 乗船する.

Ein·schif·fung [アイン・シッフング] 女 -/-en 《ふつう 単》乗船; 船積み.

einschl. [アイン・シュリースりヒ] 《略》…を含めて (=einschließlich).

ein|schla·fen(*) [アイン・シュラーフェン áɪn-ʃlà:fən] du schläfst...ein, er schläft...ein (schlief...ein, ist...eingeschlafen) 自 (定了 sein) ① 眠りに入る, 寝つく. Ich *kann* nicht *einschlafen*. 私は寝つけない / Er *schlief* sofort *ein*. 彼はすぐに寝入った / beim Fernsehen *einschlafen* テレビを見ているうちに眠り込む. (類語 schlafen).
② 《婉曲》 (安らかに)永眠する. ③ (手足などが)しびれる. Mir *ist* der linke Fuß *eingeschlafen*. 《現在完了》私は左足がしびれてしまった. ④ 《比》(交通・交友などがしだいに)とだえる.

ein|schlä·fern [アイン・シュレーふァン áɪnʃlɛ̀ːfərn] 他 (h) ① 眠り込ませる;《医》《人⁴に》麻酔をかける;（動物⁴を）薬殺する. ②《比》（良心など⁴を）麻痺(ﾏﾋ)させる;《人⁴を》油断(安心)させる.

ein·schlä·fernd [アイン・シュレーファァント] I ein|schläfern（眠り込ませる）の 現分 II 形 眠気を誘う, 催眠の. ein *einschläferndes* Mittel 催眠(麻酔)剤.

Ein·schlag [アイン・シュラーク áin-ʃlaːk] 男 -[e]s/..schläge ① (弾丸などの)命中; 打ち当たること; 着弾[点], 弾痕(ﾀﾞﾝｺﾝ). ②（特徴などの)混入, 気味. Er hat einen südlichen *Einschlag*. 彼は南方系の血を引いている. ③《林》伐採[した]木. ④《自動車》(前輪の)施回[角]. ⑤《服飾》折り返し, タック.

ein·schla·gen* [アイン・シュラーゲン áin-ʃlàːgən] I 他 (h) ① (くぎなど⁴を)打ち込む. einen Nagel *in* die Wand *einschlagen* くぎを壁に打ち込む. ② 打ち砕く, (ドア・窓など⁴を)打ち壊す. 人³ den Schädel *einschlagen* 人³の頭を打ち割る / Eier⁴ *einschlagen*（フライパンなどに)卵を割って入れる. ③（贈り物など⁴を)包む, 包装する. ein Geschenk⁴ *in* buntes Papier *einschlagen* プレゼントをカラフルな紙に包む. ④（道・方向⁴を)取って進む. die Straße⁴ nach Süden *einschlagen* 南へ向かう道を取って進む. ⑤《自動車》(ハンドル⁴を…へ)切る. ⑥《服飾》(袖(ｿﾃﾞ)など⁴を)内側へ折り曲げる, 折り返す. ⑦《農》仮植する. II 自 (h) ①《砲弾・雷など》落ちる. ②《auf 人·物 ~》《人·物⁴を》さんざんなぐる. ③（承諾の印(ｼﾙｼ)に)握手する. *Schlag ein!* これで手を打とう. ④（新製品・演劇などが)当たる, 好評を博する;（人が)成功する, うまく行く. Dieser Film *hat* überall *eingeschlagen*. この映画はどこでも好評だった.

ein·schlä·gig [アイン・シュレーギヒ áin-ʃlɛːgɪç] 形《付加語としてのみ》 当該の, 関連する. die *einschlägige* Literatur 関連文献.

ein|schlei·chen* [アイン・シュらイヒェン áin-ʃlàɪçən] 再帰 (h) sich⁴ *einschleichen* ①（泥棒などが)忍び込む. ②（間違いなどが)まぎれ込む. ③（疑いなどが)生じる.

ein|schlep·pen [アイン・シュレッペン áin-ʃlɛpən] 他 (h) ①（船⁴を港に)曳航(ｴｲｺｳ)する. ②（伝染病などを)持ち込む.

ein|schleu·sen [アイン・シュろイゼン áin-ʃlɔ̀yzən] 他 (h)（スパイなど⁴を)ひそかに潜入させる;（麻薬など⁴を)ひそかに持ち込む. ◊《再帰的に》sich⁴ *einschleusen* こっそり潜入する.

★ **ein|schlie·ßen*** [アイン・シュリーセン áin-ʃliːsən] du schließt…ein (schloss…ein, hat…eingeschlossen) 他 (完了 haben) ①（鍵(ｶｷﾞ)をかけて)閉じ込める;（囚人⁴を)監房に入れる.（英 lock in）.（注意 「閉め出す」は aus|schließen). Sie *haben* die Kinder in der Wohnung（または in die Wohnung) *eingeschlossen*. 彼らは子供たちを家に残して鍵をした. ◊《再帰的に》sich⁴ *einschließen*（部屋などに)閉じこもる.

②（たんすなどに)しまい込む, 収納する. Sie *schloss* ihren Schmuck **in** den Schrank（または in dem Schrank) *ein*. 彼女は装身具をたんすにしまい込んだ. ③（壁などが)取り囲む;（敵など⁴を)包囲する. Hohe Mauern *schließen* den Hof *ein*. 高い壁が中庭を取り囲んでいる. ④ 含める, 計算に入れる. Die Bedienung *ist* im Preis *eingeschlossen*.《状態受動・現在》サービス料は料金に含まれています.

◊☞ eingeschlossen

ein·schließ·lich [アイン・シュリースリヒ] I 前《2格とともに》…を含めて,「…を除いて」は ausschließlich). *einschließlich* Porto（または des Portos) 郵送料を含めて, 送料込みで.（注意 冠詞や付加語がない場合, 名詞には2格の-[e]s をつけず, [数え] られない). bis zum 31.（=einunddreißigsten) Juli *einschließlich* 7月31日まで(31日を含む).

ein·schlum·mern [アイン・シュるンマァン áin-ʃlùmərn] 自 (s)《雅》うとうとと眠り込む.

Ein·schluss [アイン・シュるス áin-ʃlus] 男 -es/..schlüsse ①《地学》 (鉱物の)含有物. ② 包含, 包括. **mit**（または **unter**) *Einschluss* von 物³ 物³を含めて. ③（囚人などを閉じ込めること;（動物を閉じ込める)囲い.

Ein·schluß ☞ 旧正 Einschluss

ein|schmei·cheln [アイン・シュマイヒェるン áin-ʃmàɪçəln] 再帰 (h)《*sich* **bei** 人³ ~》（人³にとり入る.

ein|schmei·chelnd [アイン・シュマイヒェるント] I ein|schmeicheln（再帰 で, とり入る)の 現分 II 形 こびるような, 快い. mit einer *einschmeichelnden* Stimme 猫なで声で.

ein|schmel·zen* [アイン・シュメるツェン áin-ʃmɛ̀ltsən] 他 (h)（金属⁴を再加工のために)溶かす,（金属製品⁴を)鋳つぶす.

ein|schmie·ren [アイン・シュミーレン áin-ʃmìːrən] (過分) 他 (h)《口語》①（人·物⁴に)油を塗る, 軟膏(ﾅﾝｺｳ)（クリーム)をすり込む. ②（口など⁴を)汚す.

ein|schmug·geln [アイン・シュムッゲるン áin-ʃmùgəln] 他 (h) ① 密輸する. Alkohol⁴ *einschmuggeln* 酒類を密輸入する. ②（人⁴をこっそり中へ入れる, 潜り込ませる. ◊《再帰的に》sich⁴ *einschmuggeln* こっそり入る, 潜入する.

ein|schnap·pen [アイン・シュナッペン áin-ʃnàpən] 自 (s) ①（錠などが)ぱちんとかかる,（ドアが)がちゃんと閉まる. ②《口語》（ちょっとしたことで)むくれる. 《過去分詞の形で》Sei nicht *eingeschnappt*! 気を悪くしないでくれ.

ein|schnei·den* [アイン・シュナイデン áin-ʃnàɪdən] I 自 (h)（ひもなどが皮膚などに)食い込む. tief **ins** Herz *einschneiden*《比》深く心に食い入る. II 他 (h) ① 刻み込む. Namen⁴ **in** die Baumrinde *einschneiden* 名前を樹皮に刻み付ける. ②（物⁴に)刻み目を入れる. ③ 刻んで(切って)入れる. Kartoffeln⁴ **in** die Suppe *einschneiden* じゃがいもを刻んでスープに入れる.

ein·schnei·dend [アイン・シュナイデント] I ein|schneiden (食い込む)の 現分 II 形 決定的な, 徹底的な, 影響の大きい. *einschneidende* Veränderungen 重大な変更.

ein|schnei·en [アイン・シュナイエン áinʃnàiən] 自 (s) 雪で覆われる; 雪に閉じ込められる.

Ein·schnitt [アイン・シュニット áin-ʃnɪt] 男 -[e]s/-e ① 切れ目を入れること; (医) 切開. ② 切れ目, 切り口; 切り通し. ③ (文章の)切れ目, 段落; (人生の)区切り. Die Heirat war ein *Einschnitt* in seinem Leben. 結婚は彼の人生にとって一つの区切りだった.

ein|schnü·ren [アイン・シュニューレン áin-ʃnỳːrən] 他 (h) ① ひもで結ぶ(縛る). ② (ベルトなどで)締めつける.

***ein|schrän·ken** [アイン・シュレンケン áin-ʃrɛŋkən] (schränkte...ein, hat...eingeschränkt) I 他 (完了 haben) (自由など⁴を)制限する, 縮小する, 減らす; (支出など⁴を)節減する. (英 limit). Er *hat* das Rauchen *eingeschränkt*. 彼はたばこを減らした / die Ausgaben⁴ auf das Notwendigste *einschränken* 支出を必要最小限に抑える / 人 in seinen Rechten *einschränken* 人⁴の権利を制限する. II 再帰 (完了 haben) *sich⁴ einschränken* 生活を切り詰める, つましく暮らす.
◇☞ eingeschränkt

Ein·schrän·kung [アイン・シュレンクング] 女 -/-en 制限; 節約; 保留, 条件. mit (ohne) *Einschränkung* 条件付きで(無条件で).

Ein·schrei·be·brief [アインシュライベ・ブリーフ] 男 -[e]s/-e (郵) 書留[郵便].

Ein·schrei·be·ge·bühr [アインシュライベ・ゲビューァ] 女 -/-en ① (大学の)学籍登録料. ② (郵) 書留料金.

ein|schrei·ben [アイン・シュライベン áin-ʃràibən] (schrieb...ein, hat...eingeschrieben) I 他 (完了 haben) ① (帳簿に出費など⁴を)記入する. Einnahmen⁴ und Ausgaben⁴ in ein Heft *einschreiben* 収支を帳簿に記入する. ② (名簿に参加者など⁴を)登録する. einen Schüler **ins** Klassenbuch *einschreiben* 生徒の名前をクラス名簿に登録する. ◇《再帰的に》*sich⁴* **an** einer Universität *einschreiben* 大学への入学手続きをする / *sich⁴* **für** eine Vorlesung *einschreiben* 講義の聴講手続きをする. ③ 《郵》 書留にする. einen Brief *einschreiben* lassen 手紙を書留にしてもらう. ④ (万年筆など⁴を)書いて慣らす.
II 再帰 (完了 haben) *sich⁴ einschreiben* (テーマの扱い方などに)書きながら慣れる.
◇☞ eingeschrieben

Ein·schrei·ben [アイン・シュライベン] 中 -s/- 《郵》 書留[郵便物]. einen Brief **als** *Einschreiben* schicken 手紙を書留で送る.

ein|schrei·ten* [アイン・シュライテン áin-ʃràitən] 自 (s) 断固たる処置をとる, (権力を行使して)介入する. gegen die Demonstranten *einschreiten* デモ隊を規制する.

ein|schrump·fen [アイン・シュルンプフェン áin-ʃrʊmpfən] 自 (s) (りんごなどが)干からびる, (花などが)しぼむ; 《比》(蓄えなどが)減る.

Ein·schub [アイン・シューブ áin-ʃuːp] 男 -[e]s/..schübe ① 挿入語句(文), 書き入れ. ② (テーブルなどの)引き出し板; 天井の梁(はり)の間に入れた[防音]板.

ein|schüch·tern [アイン・シュヒタァン áin-ʃỳçtərn] 他 (h) 脅す, 威圧する, 縮み上がらせる. Ich *lasse* mich nicht *einschüchtern*! 脅してもだめだぞ.

Ein·schüch·te·rung [アイン・シュヒテルング] 女 -/-en 脅し, 威圧.

ein|schu·len [アイン・シューレン áin-ʃùːlən] 他 (h) (児童⁴を)就学させる, 小学校に入学させる.

Ein·schu·lung [アイン・シューるング] 女 -/-en (児童の)就学, 小学校に入学させること.

Ein·schuss [アイン・シュス áin-ʃʊs] 男 -es/..schüsse ① (弾丸の)命中[箇所], 射入口. ② 混入; (液体などの)混合[物]. ③ 《宇宙》(ロケットなどを)軌道に乗せること. ④ 《織》 横糸. ⑤ 《スポ》(サッカーなどの)シュート. ⑥ 《経》出資[金], 投資, 払込金.

Ein·schuß [アイン・シュス] ☞ 新形 Einschuss

ein|schwen·ken [アイン・シュヴェンケン áin-ʃvèŋkən] 自 (s) 方向を変える, 旋回する. links *einschwenken* 左に曲がる.

ein|seg·nen [アイン・ゼーグネン áin-zèːgnən] 他 (h) ① (新郎新婦など⁴を)祝福する, 祝別する. ② 《キリ教》(人⁴に)堅信礼を施す.

Ein·seg·nung [アイン・ゼーグヌング] 女 -/-en ① 祝福, 祝別. ② 《キリ教》 堅信礼.

ein|se·hen* [アイン・ゼーエン áin-zèːən] 他 (h) ① 理解する, (誤りなどを)悟る. *Siehst* du das nicht *ein*? そのことがわからないのか. (☞ 類語 verstehen). ② (ある場所⁴を)のぞき見る. ③ (書類・記録など⁴を)調べる, 閲覧する. Rechnungen⁴ *einsehen* 請求書を調べる.

Ein·se·hen [アイン・ゼーエン] 中 《成句的に》 ein (kein) *Einsehen*⁴ haben 理解がある(ない), ものわかりがいい(わるい).

ein|sei·fen [アイン・ザイフェン áin-zàifən] 他 (h) ① (人・物⁴に)石けんを塗りつける. *sich³* das Gesicht⁴ *einseifen* 顔に石けんをつける. ② 《口語》口車に乗せる.

***ein|sei·tig** [アイン・ザイティヒ áin-zaitɪç] 形 ① 片側の, 片面の; (当事者のうち)一方の. eine *einseitige* Lähmung 半身不随 / Papier⁴ nur *einseitig* bedrucken 紙に片面だけ印刷する / eine *einseitige* Liebe 片思い. ② かたよった, 一面(一方)的な, 片手落ちな. eine *einseitige* Auffassung かたよった見解.

Ein·sei·tig·keit [アイン・ザイティヒカイト] 女 -/-en 《ふつう 単》 一面性, かたより; 不公平.

ein|sen·den(*) [アイン・ゼンデン áin-zɛ̀ndən] 他 (h) (資料・文書など⁴を)送る, 送付する; 書[寄稿]する. ein Gedicht⁴ einer Zeitung³

Zeitung) *einsenden* 詩を新聞(または an ei)に投稿する. [アイン・ゼンダァ áin-zɛndər] 男

Ein·sen·der 文書などの)送り主, 送信者; 投書者. -s/-

Ein·sen·dung [アイン・ゼンドゥング] 女 -/-en (寄稿). ② 送付物; 投書, 寄稿.

Ein·ser [アインザァ áinzər] 男 -s/-《口語》(数字); (成績評価の) 1 (秀).

ein·set·zen [アイン・ゼッツェン áin-zètsən] setzt ... ein (setzte ... ein, hat ... eingesetzt) I 他 (完了 haben) ① (窓ガラス・宝石・義歯などを)はめ込む, (部品などを)組み込む, (語句などを)書き入れる; (若木などを)植えつける. Scheiben⁴ in ein Fenster *einsetzen* ガラスを窓にはめる / 人³ einen künstlichen Zahn *einsetzen* 人³に義歯を入れる / Fische⁴ [in einen Teich] *einsetzen* 魚を[養魚池に]放す. ② 任命する; 指定する. 人⁴ als Richter *einsetzen* 人⁴を裁判官に任命する / 人⁴ in ein Amt *einsetzen* 人⁴をある職に任ずる / Sein Onkel *setzte* ihn **zu** seinem Erben (または **als** seinen Erben) *ein*. 彼のおじは彼を相続人に指定した. ③ (軍隊・武器・力などを)投入する. Er *setzte* alle Mittel ein, um sein Ziel zu erreichen. 彼は目的を果たすためにあらゆる手段を講じた / Polizei⁴ *einsetzen* 警察をさし向ける / all seine Kräfte⁴ für 事⁴ *einsetzen* 事⁴に全力を尽くす. ④ (お金・命などを)賭(か)ける.
II 再帰 (完了 haben) sich⁴ *einsetzen* 力を尽くす, 努力する. sich⁴ **für** 人・事⁴ *einsetzen* 人・事⁴のために力を尽くす, 肩入れする.
III 自 (完了 haben) 始まる, 生じる, 現れる; (楽器が)鳴りだす. Der Winter *hat* dieses Jahr früh *eingesetzt*. 冬が今年は早く始まった.

Ein·set·zung [アイン・ゼッツング] 女 -/-en ① はめ込み, 組み入れ, 挿入. ② (役職などへの)任命; 指定. ③ (軍隊などの)投入, 配置.

die Ein·sicht [アイン・ズィヒト áin-zɪçt] 女 (単) -/(複) -en ① 認識, 洞察. (英 insight). neue *Einsichten* gewinnen 新しい認識を得る. ②『複なし』理解, 分別. Haben Sie doch *Einsicht*! どうかわかってください / **zur** *Einsicht* kommen 納得がいく. ③『複なし』中を見ること; 閲覧. *Einsicht*⁴ in 物⁴ nehmen 物⁴を検閲する.

ein·sich·tig [アイン・ズィヒティヒ áin-zɪçtɪç] 形 ① 分別のある, もののわかった, 見識のある. ② わかりやすい, 理解しやすい.

Ein·sichts·nah·me [アインズィヒト・ナーメ] 女 -/-n《書》(文書などの) 閲覧, 閲読.

ein·sichts·voll [アインズィヒツ・ふォる] 形 分別のある, ものわかりのよい.

ein·si·ckern [アイン・ズィッカァン áin-zìkərn] 自 (s) 染み込む;《比》(スパイなどが)潜り込む.

Ein·sie·de·lei [アイン・ズィーデらイ aɪn-zi:dəláɪ] 女 -/-en 隠者の住み家, わび住まい, 草庵.

Ein·sied·ler [アイン・ズィードらァ áin-zi:dlər] 男 -s/- 隠者, 仙人, 世捨て人.

ein·sied·le·risch [アイン・ズィードれリッシュ áin-zi:dlərɪʃ] 形 隠者のような, 世を捨てた.

ein·sil·big [アイン・ズィるビヒ] 形 ①《言》単音節の, 1 音節の. ② 無口な, そっけない.

Ein·sil·big·keit [アイン・ズィるビヒカイト] 女 -/ ①《言》単音節(1 音節)から成ること. ② 無口, 寡黙.

ein|sin·ken* [アイン・ズィンケン áin-zìŋkən] 自 (s) ① (足が雪などに)めり込む, はまる. ② (床などが)沈下する; (地盤などが)陥没する; (頬(ほお)などが)落ちくぼむ.

Ein·sit·zer [アイン・ズィッツァァ] 男 -s/- 一人乗りの乗り物(自動車・飛行機など).

ein·sit·zig [アイン・ズィッツィヒ] 形 一人乗りの, 1 座席の.

ein|span·nen [アイン・シュパンネン áin-ʃpànən] 他 (h) ① (枠に)はめ込む, はさみ込む. einen Film [in die Kamera] *einspannen* フィルムをカメラに入れる. ② (馬・牛⁴を)車につなぐ. Pferde⁴ *einspannen* 馬を馬車につなぐ. ③《口語》(人⁴を)仕事に駆り出す. ◇《過去分詞の形で》tüchtig *eingespannt* sein 仕事に追われている.

Ein·spän·ner [アイン・シュペンナァ] 男 -s/- ① 一頭立ての馬車. ② 交際嫌いな人;《口語・戯》独り者, (妻がその年の男やもめ. ③《オースト》ウィンナーコーヒー; (一本ずつばらになった)ウィンナーソーセージ.

ein|spän·nig [アイン・シュペニヒ] 形 ① 一頭立ての(馬車). ②《口語・戯》独身の. *einspännig* leben 独身生活をする.

ein|spa·ren [アイン・シュパーレン áin-ʃpàːrən] 他 (h) (時間・お金などを)節約する.

Ein·spa·rung [アイン・シュパールング] 女 -/-en 節約.

ein|spei·chern [アイン・シュパイヒャァン áin-ʃpaiçərn] 他 (h)《コンピ》(データ⁴をコンピュータに)記憶させる.

ein|sper·ren [アイン・シュペレン áin-ʃpèrən] 他 (h) ① 閉じ込める; 監禁する. ②《口語》投獄する.

ein|spie·len [アイン・シュピーれン áin-ʃpì:lən] I 他 (h) ① (楽器⁴を)弾き慣らす, 吹き慣らす. eine Geige⁴ *einspielen* ヴァイオリンを弾き慣らす. ② (楽曲⁴を)レコード (CD) に録音する; (音楽など⁴を)放送の途中に挿入する. ③《映・劇》(製作費⁴を)興行によって取り戻す. II 再帰 (h) sich⁴ *einspielen* ① (制度・規則などが)軌道に乗る, なじむ. ② (演奏の前に)準備練習をする, (競技の前に)ウォーミングアップする. ③ (共演者などが)息が合う.

Ein·spra·che [アイン・シュプラーへ áin-ʃpra:xə] 女 -/-n (《オースト・スイス》) 異議, 抗議 (=Einspruch).

ein·spra·chig [アイン・シュプラーヒヒ] 形 1 言語による(辞典など).

ein|spre·chen* [アイン・シュプレッヒェン áin-ʃprèçən] 自 (h) 【**auf** 人⁴~】(人⁴を)しつこく説

ein|spren·gen [アイン・シュプレンゲン áin-ʃprɛŋən] 他 (h) ① (物⁴に)水を振りかけてぬらす. Wäsche⁴ einsprengen アイロンをかける前に洗濯物に霧を吹く. ② 爆破して開ける.

ein|sprin·gen* [アイン・シュプリンゲン áin-ʃprɪŋən] I 自 (s) 〖für 人⁴ ～〗(人⁴の)代役を務める. II 再帰 (h) sich⁴ einspringen (スポ)(競技後に)ジャンプの練習をする.

ein|sprit·zen [アイン・シュプリッツェン áin-ʃprɪtsən] 他 (h) ① (医) (人³に物⁴を)注射する. 人³ ein schmerzstillendes Mittel⁴ einspritzen 人³に痛み止めの注射をする. ②《自動車》(燃料を)内燃機関へ噴射する.

Ein·sprit·zung [アイン・シュプリッツング] 女 -/-en ①《医》注射. ②《自動車》(燃料の)噴射.

Ein·spruch [アイン・シュプルフ áin-ʃprʊx] 男 -[e]s/..sprüche 異議, 抗議;《官庁・法》異議申したて. gegen 事⁴ Einspruch⁴ erheben 事⁴に異議を申したてる.

Ein·spruchs·recht [アインシュプルフス・レヒト] 中 -[e]s/-e 《法》異議申したての権利.

ein·spu·rig [アイン・シュプーリヒ] 形 ① 1 車線の. ②(鉄道)単線の.

＊einst [アインスト áinst] 副 (雅) ① かつて, 昔は, 以前は(に). (英 once). Einst stand hier eine Burg. 昔はここに城があった.
② いつか, 将来, 他日. Einst wird er es bedauern. いつの日か彼はこのことを後悔するだろう.

ein·stamp·fen [アイン・シュタンプフェン áin-ʃtampfən] 他 (h) ①(踏みつけて野菜など⁴を)樽(た)に詰め込む. ②(古紙など⁴を)つぶしてパルプにする.

Ein·stand [アイン・シュタント áin-ʃtant] 男 -[e]s/..stände ①《南ド・オースト》就任, 就職, 就学; 就任披露のパーティー, 入社祝い. ② 〖複 なし〗(スポ)新しいチーム(選手)のデビュー戦. ③〖複 なし〗(スポ)(テニスの)ジュース. ④(狩)(野生動物の)隠れ場所.

ein|ste·chen* [アイン・シュテッヒェン áin-ʃtɛçən] I 自 (h) (針などで)突き刺す. II 他 (h) (針など⁴を)突き刺す.

ein|ste·cken [アイン・シュテッケン áin-ʃtɛkən] 他 (h) ① 差し込む. den Stecker [in die Steckdose] einstecken プラグを[コンセントに]差し込む. ②(口語)(手紙⁴を)投函(とうかん)する. ③(財布・鍵(かぎ)など⁴を)ポケットに入れる. ④(口語)着服する, (もうけ⁴を)ひとり占めする. ⑤(侮辱・批判など⁴を)甘受する, 耐え忍ぶ. ⑥(口語)監獄にぶち込む.

ein|ste·hen* [アイン・シュテーエン áin-ʃtɛːən] 自 (s) 〖für 人・事⁴ ～〗(人・事⁴を)保証する, 請け合う, (事⁴(損害などの)補償をする. ②(南ド・オースト・口語)就職(入学)する.

＊ein|stei·gen* [アイン・シュタイゲン áin-ʃtaɪgən] 自 (完了 sein) ①(乗り物に)乗り込む, 乗る. (英 get on). (反対)「降りる」は den Bus einsteigen バスに乗(steigen). in sofort in den Zug eingestiege Wir sind 私たちはただちに列車に乗り込んだ 〔住完了〕 steigen! (駅のアナウンスなどで:)ご乗 ein- (類語) steigen).
②〖in 事⁴ ～〗(口語)(事⁴(企画などに)る; (事⁴(政治などに)関与する. Willst unser Projekt einsteigen? 君もぼくらのに加わるかい. ③(泥棒などが)忍び込む. 〖in 物⁴ ～〗(物⁴(絶壁などに)よじ登って取りつく. ⑤(スポ)(…な)プレーをする.

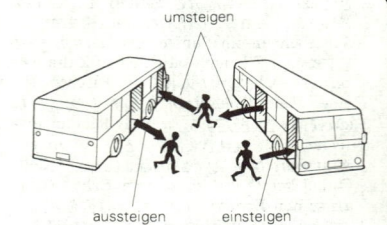

umsteigen

aussteigen   einsteigen

Ein·stein [アイン・シュタイン áin-ʃtaɪn] -s/《人名》アインシュタイン (Albert Einstein 1879–1955; 相対性理論 Relativitätstheorie をうちたてたドイツの理論物理学者. 1933 年ナチに追われアメリカに亡命).

ein·stell·bar [アイン・シュテるバール] 形 調節できる, 加減できる.

＊ein|stel·len [アイン・シュテれン áin-ʃtɛlən] (stellte...ein, hat...eingestellt) I 他 (完了 haben) ①(ある場所に)しまう, 格納する. die Bücher⁴ in das Regal einstellen 本を書棚にしまう / das Auto⁴ in die Garage einstellen 車をガレージに入れる. ②(社員など⁴を)雇い入れる, 雇用する. neue Mitarbeiter⁴ einstellen 新しい従業員を雇う. ③(一時的に)止める, 中止する. die Produktion⁴ einstellen 生産を中止する. ④(ラジオ・望遠鏡など⁴を)調節する, セットする. die Kamera⁴ auf die richtige Entfernung einstellen カメラのピントを合わせる. ⑤(成句的に) den Weltrekord einstellen (スポ)(世界記録⁴と)タイ記録を出す.
II 再帰 (完了 haben) sich⁴ einstellen ① 姿を現す, (熱などが)出る; (季節が)到来する. Er stellte sich pünktlich bei uns ein. 彼は時間どおりに私たちのところへやって来た. ② 〖sich⁴ auf 事⁴ ～〗(事⁴に対して)心の準備をする, 順応する. ③ 〖sich⁴ auf 人⁴ ～〗(人⁴に)合わせる. Sie stellt sich ganz auf ihn ein. 彼女はすっかり彼に合わせている.
◇☞ eingestellt

ein·stel·lig [アイン・シュテリヒ] 形 (数が)一けたの.

Ein·stel·lung [アイン・シュテるング] 女 -/-en ① 収納, 格納. ②(従業員などの)雇用, 採

用. ③ (仕事などの)中止, 休止. ④ (ラジオ・望遠鏡などの)調節, 調整. ⑤ 考え方, 立場, 態度. eine politische *Einstellung* ある政治的立場 / Ich kenne seine *Einstellung* zu dieser Sache. この件に対する彼の考えは私にはわかっている. (☞類語 Haltung). ⑥《映》カット, ショット. ⑦《²⁴》《法》(市民権などの)剝奪(⁽ˢ⁾).

Ein·stieg [アイン・シュティーク áin-ʃtiːk]男 -[e]s/-e ① 乗車, 乗船;(電車・バスなどの)乗車口. ⇔「降車[口]」は Ausstieg. ② (登山で;)(岩壁への)登り[口]. ③ (難問への)アプローチ.

eins·tig [アインスティヒ áinstɪç]形《付加語としてのみ》昔の, 以前の.

ein|stim·men [アイン・シュティンメン áinʃtɪmən] I 他 (h) ① 《音楽》(楽器⁴の)音合わせをする. ein Instrument⁴ auf den Kammerton *einstimmen* 楽器の音を標準調子に合わせる. ②《人³に auf 事⁴》(人⁴の気持ちを事⁴に)備えさせる. ◇《再帰的に》sich⁴ auf 事⁴ *einstimmen* 事⁴への心の準備をする. II 自 (h) ①(合唱・演奏に)加わる. in den Gesang [mit] *einstimmen* 歌声に加わる. ② 同意する.

ein·stim·mig [アイン・シュティミヒ]形 ① 満場一致の, 異口同音の. ②《音楽》単声の, ユニゾンの.

Ein·stim·mig·keit [アイン・シュティミヒカイト]女 -/ ① 意見の一致, 満場一致. ②《音楽》単旋律.

einst⹁mals [アインスト・マールス]副《雅》① かつて, 以前, 昔[に]. ② 《稀》将来, かつて.

ein⹁stö·ckig [アイン・シュテッキヒ]形 2 階建ての;《方》平屋の.

ein|strei·chen* [アイン・シュトライヒェン áinʃtràɪçən]他 (h) ①《物⁴に一面に》塗る. die Tapete⁴ mit Kleister *einstreichen* 壁紙に糊(⁽ˢ⁾)を塗る. ②《口語》(利益など⁴を)ひとり占めする, 着服する.

ein|streu·en [アイン・シュトロイエン áinʃtrɔ̀ʏən]他 (h) ① (ばらばらとまいて入れる. Stroh⁴ in den Stall *einstreuen* 家畜小屋にわらを敷く. ②《物⁴に》一面にまく. den Kuchen mit Zucker *einstreuen* ケーキに砂糖をまぶす. ③ (注釈・引用などを)ちりばめる.

ein|strö·men [アイン・シュトレーメン áinʃtrøːmən]自 (s) ① (水・ガスなどが)流れ込む. ② (群衆などが)なだれ込む.

ein|stu·die·ren [アイン・シュトゥディーレン áin-ʃtudìːrən]他 (h) ① (役など⁴を)練習して覚え込む, (劇などの)けいこをする. sich³ ein Gedicht⁴ *einstudieren* 詩を暗唱する. ② (人³に事⁴を)教え込む.

ein|stu·fen [アイン・シュトゥーフェン áinʃtùːfən]他 (h)《人·物⁴ in 事⁴ ~》(人·物⁴を事⁴に)等級付け(格付け)する.

ein⹁stu·fig [アイン・シュトゥーフィヒ]形 1 段の.

Ein·stu·fung [アイン・シュトゥーフング]女 -/-en 等級付け, 格付け.

ein⹁stün·dig [アイン・シュテュンディヒ]形《付加語としてのみ》1 時間の.

ein|stür·men [アイン・シュテュルメン áinʃtʏrmən]自 (s)《auf 人⁴ ~》(人⁴に)襲いかかる;(思い出などが)押し寄せる. auf den Feind *einstürmen* 敵に襲いかかる / Die Kinder stürmten mit Fragen auf die Mutter *ein*. 子供たちは母親を質問攻めにした.

Ein·sturz [アイン・シュトゥルツ áin-ʃtʊrts]男 -es/..stürze 倒壊, 崩壊; 陥没.

ein|stür·zen [アイン・シュテュルツェン áinʃtʏrtsən]自 (s) ① 倒壊(崩壊)する; 陥没する. ②《auf 人⁴ ~》(人⁴を)不意に襲う.

einst⹁wei·len [アインスト・ヴァイレン]副 ① さしあたり, 当分は. ② その間に.

einst⹁wei·lig [アインスト・ヴァイリヒ]形《付加語としてのみ》《官庁》仮の, 臨時の, 暫定の.

ein⹁tä·gig [アイン・テーギヒ]形《付加語としてのみ》1 日[間]の.

Ein·tags·flie·ge [アインタークス・ふリーゲ]女 -/-n ①《昆》カゲロウ. ②《口語・比》はかないもの, 短命の人(もの).

ein|tau·chen [アイン・タオヘン áin-tàʊxən] I 他 (h) (液体に)浸す, 漬ける; 沈める. die Feder⁴ in die Tinte *eintauchen* ペンをインクに浸す. II 自 (s) (泳者・潜水艦などが)水中に潜る. ins Wasser *eintauchen* 潜水する.

ein|tau·schen [アイン・タオシェン áin-tàʊʃən]他 (h) 交換する. A⁴ gegen (または für) B⁴ *eintauschen* A⁴ を B⁴ と交換する.

ein⹁tau·send [アイン・タオゼント]数《基数; 無語尾で》1,000 [の].

ein|tei·len [アイン・タイレン áin-tàɪlən]他 (h) ① 分ける, 区分する; 分類する. ein Buch⁴ in 5 Kapitel *einteilen* 本を 5 章に分ける / Pflanzen⁴ nach Arten *einteilen* 植物を種類別に分類する. ② (お金・時間などを)配分する, 割り振る. Du *musst* [dir] deine Zeit besser *einteilen*! 君は時間の配分をもっと工夫しなくてはいけない. ③《人³ zu 事³ (または für 事⁴)~》(人⁴に事³(または事⁴)を)割り当てる.

ein⹁tei·lig [アイン・タイリヒ]形 一つの部分から成る, ワンピースの(水着など).

Ein·tei·lung [アイン・タイルング]女 -/-en 区分, 分割; 分類; 配分; (仕事などの)割り当て.

ein⹁tö·nig [アイン・テーニヒ]形 一様な, 単調な, 退屈な.

Ein·tö·nig·keit [アイン・テーニヒカイト]女 -/ 一様なこと, 単調さ; 退屈さ.

Ein·topf [アイン・トプふ]男 -[e]s/..töpfe《料理》アイントプフ, ごった煮(一つの鍋で野菜や肉などを煮込んだ簡単料理).

Ein·tracht [アイン・トラハト áin-traxt]女 -/ (意見の)一致, 協調, 調和. die *Eintracht*⁴ stören 協調を乱す / Sie lebten in [Frieden und] *Eintracht* miteinander. 彼らはいっしょに仲よく暮らした.

ein·träch·tig [アイン・トレヒティヒ áin-trɛçtɪç]形 打ち解け合った, 仲のよい.

Ein·trag [アイン・トラーク áin-traːk]男 -[e]s/..träge ①《複 なし》記入(登録)すること. ②

《官庁》記入(登録)事項; メモ, 覚え書き. einen *Eintrag* ins Klassenbuch bekommen えんま帳にマークされる. ③ 〖成句的に〗 物³ *Eintrag*⁴ tun 《雅》物³に損害を与える.

ein|tra・gen* [アイン・トラーゲン áin-trà:gən] 他 (h) ① 記入(記録)する;《官庁》登記(登録)する. die Namen⁴ der Teilnehmer² in eine Liste *eintragen* 参加者の名前をリストに載せる / Das Auto *ist* auf seinen Namen *eingetragen.*《状態受動・現在》その車は彼の名義で登録されている. ② (人³に)利益・名声など⁴を)もたらす. Sein Verhalten *trug* ihm Sympathie *ein.* 彼はそのふるまいで共感を得た.
◊ ☞ eingetragen

ein・träg・lich [アイン・トレークリヒ] 形 もうかる, 有利な, 割のいい(仕事など).

Ein・tra・gung [アイン・トラーグング] 女 -/-en ① 記入; 登録. ② 記入(登録)事項; 書き込み.

ein|trän・ken [アイン・トレンケン áin-trènkən] 他 (h) ① 《口語》(人³に事⁴の)仕返しをする. ② ぬらす, 湿らせる.

ein|träu・feln [アイン・トロイフェルン áintròyfəln] 他 《医》(薬など⁴を)点滴注入する.

ein|tref・fen [アイン・トレッフェン áintrèfən] du triffst…ein, er trifft…ein (traf…ein, *ist*…eingetroffen) 自 (完了 sein) ① 着く, 到着する. (英 arrive). Er *traf* pünktlich *ein*. 彼は時間通りに着いた. (☞ 類語 an|kommen). ② (予想したことが)現実に起こる, (予言などが)的中する. Meine Ahnungen sind leider *eingetroffen.*《現在完了》私の予感は残念ながら当たった.

ein|trei・ben* [アイン・トライベン áin-tràibən] 他 (h) ① (お金⁴を)取りたてる, (税金⁴を)徴収する, (掛け金⁴を)回収する. ② (家畜⁴を小屋へ)追い込む. ③ (くぎ・くいなど⁴を)打ち込む.

****ein|tre・ten*** [アイン・トレーテン áin-trè:tən] du trittst…ein, er tritt…ein (trat…ein, *ist/hat*…eingetreten) I 自 (完了 sein) ① (部屋などに)入る. (英 enter). Bitte, *treten* Sie *ein!* どうぞお入りください / Er *trat* leise *in* das Zimmer *ein.* 彼は静かにその部屋に入った. ② (事⁴ ~)(事⁴(局面・段階などに)に)入る. in das 50. (=fünfzigste) Lebensjahr *eintreten* 50歳になる / Wir *treten* jetzt in die Diskussion *ein*. 私たちはこれから討論に入ります.
③ 〖**in** 物⁴ ~〗(物⁴(政党・会社など)に)入る. (⇔ 〘雅〙 は aus|treten). in einen Klub *eintreten* クラブに入会する.
④ (事件などが)起こる, (ある状態が)生じる, 始まる. Ein unerwartetes Ereignis *ist eingetreten.*《現在完了》思いがけない事件が起きた / Die Dunkelheit *trat ein*. 暗くなりはじめた.
⑤ 〖**für** 人・事⁴ ~〗(人・事⁴の)味方をする, (人・事⁴を)支持する, 擁護する. Er *trat für* mich *ein*. 彼は私の味方をしてくれた.
II 他 (完了 haben) ① (ドアなど⁴を)踏み破る, け破る. ② (靴など⁴を)はき慣らす.

III 再帰 (完了 haben) *sich*³ 物⁴ *eintreten* (踏みつけて)物⁴を足の裏に刺す. Ich *habe* mir einen Nagel *eingetreten*. 私はくぎを踏み抜いた.

ein|trich・tern [アイン・トリヒテァン áin-triçtərn] 他 (h) 《口語》① (人³に事⁴を)苦心して教え込む, たたき込む. ② (人³に薬など⁴を)苦心して飲ませる.

* *der* **Ein・tritt** [アイン・トリット áin-trit] 男 (単2) -[e]s/(複) -e (3格のみ -en) ① 入ること, 入場; 入会, 加入. (英 entry). *Eintritt* verboten! 立ち入り禁止 / *Eintritt* in einen Verein 協会への加入. ② (ある状態が)始まること, 開始, 発生. **bei** *Eintritt* der Dunkelheit² 薄暗くなってきたときに. ③ 入場料 (=*Eintritts*geld). Der *Eintritt* kostet drei Mark. 入場料は3マルクだ / *Eintritt* frei! 入場無料.

Ein・tritts=geld [アイントリッツ・ゲルト] 中 -[e]s/-er 入場料, 入会(入学)金.

* *die* **Ein・tritts=kar・te** [アイントリッツ・カルテ áintrits-kartə] 女 (単) -/(複) -n **入場券, チケット**. (英 ticket). eine *Eintrittskarte*⁴ lösen (または kaufen) 入場券を買う.

ein・trock・nen [アイン・トロックネン áin-trɔknən] 自 (s) 乾く, 干からびる, しなびる.

ein|trü・ben [アイン・トリューベン áin-trỳ:bən] 再帰 (h) *sich*⁴ *eintrüben* (空が)曇る, どんよりする. ◊〘非人称の es を主語として〙Es *trübt sich ein*. 空が曇る.

ein|tru・deln [アイン・トルーデルン áin-trù:dəln] 自 (s) 《口語》(ゆうゆうと)遅れてやって来る.

ein|tun・ken [アイン・トゥンケン áin-tùŋkən] 他 (h)《方》(液体に)浸す (=ein|tauchen).

ein|üben [アイン・ユーベン áin-ỳ:bən] I 他 (h) ① (練習して)覚える, 習い覚える. ein Lied⁴ *einüben* 歌を覚える. ② (人³ (または **mit** 人³) 事⁴ ~)(人³に事⁴を練習させて)教え込む. II 再帰 (h) 〖*sich*⁴ **in** 事⁴ ~〗(事⁴を)習得する.

ein=und=ein・halb [アイン・ウント・アインハルプ] 数 〖分数; 無語尾で〗1 と 2分の 1 (1¹/₂)[の].

ein|ver・lei・ben [アイン・フェァらイベン áinferlàibən] (過分 einverleibt) (⇔ 現在形・過去形には非分離動詞としても) I 他 (h) (A⁴ を B³ に)合併(併合)する, 編入する. II 再帰 (h) *sich*³ 物・事⁴ *einverleiben*《戯》物⁴(飲食物)を平らげる;《比》事⁴(知識など)を自分のものにする.

Ein・ver・lei・bung [アイン・フェァらイブング] 女 -/-en 合併, 併合;《戯》(飲食物)を平らげること;《比》(知識など)を吸収すること.

Ein・ver・nah・me [アイン・フェァナーメ áinferna:mə] 女 -/-n (スィス・スストリ)《法》尋問, 審問.

Ein・ver・neh・men [アイン・フェァネーメン áin-fɛrne:mən] 中 -s/ 一致, 協調;《官庁》了解, 合意. **mit** 人³ **in** gutem *Einvernehmen* stehen 人³と仲がよい / *sich*⁴ **mit** 人³ ins *Einvernehmen* setzen 《書》人³と了解し合

:ein·ver·stan·den [アイン・フェアシュタンデン áɪn-fɛrʃtandən] 形 《mit 人・事³ ~》(人・事³に)同意した, 了解した, 合意の. *Einverstanden!* 承知した, オーケー! / Ich bin mit deinem Vorschlag *einverstanden*. 私は君の提案に同意します / Sie ist mit ihm als Chef nicht *einverstanden*. 彼女は彼のことを上役とは認めていない.

Ein·ver·ständ·nis [アイン・フェアシュテントニス] 中 ..nisses/..nisse《ふつう 単》同意, 了解; 一致. im *Einverständnis* mit 人³ 人³の了承のもとで / stillschweigendes *Einverständnis* 暗黙の了解.

ein|wach·sen¹ [アイン・ヴァクセン áɪn-vàksən] 自 (s) (植物が…に)根づく; (爪(ツメ)などが伸びて指先の肉に)食い込む.

ein|wach·sen² [アイン・ヴァクセン] 他 (h) (物⁴に)ワックスを塗り込む.

***der* Ein·wand** [アイン・ヴァント áɪn-vant] 男 (単2) -[e]s/(複) ..wände [..ヴェンデ] (3格のみ ..wänden) 異議, 異論, 抗議; 《法》抗弁. (英 *objection*). gegen 事⁴ einen *Einwand* machen (または erheben) 事⁴に異議を唱える / Ich habe keine *Einwände*. 私には異存はありません.

Ein·wän·de [アイン・ヴェンデ] *Einwand (異議)の複

Ein·wan·de·rer [アイン・ヴァンデラァ áɪn-vandərər] 男 -s/- (他国からの)移住者, 移民 (=Immigrant).

ein|wan·dern [アイン・ヴァンダァン áɪn-vàndərn] 自 (s) (他国から)移住する. (⇔「(他国へ)移住する」は aus|wandern). nach Kanada (in die USA) *einwandern* カナダ(アメリカ合衆国)へ移住する.

Ein·wan·de·rung [アイン・ヴァンデルング] 女 -/-en (他国からの)移住, 移民.

ein·wand≠frei [アインヴァント・フライ] 形 ① 非の打ちどころのない, 申し分のない. ② 疑う余地のない, 明白な.

ein·wärts [アイン・ヴェルツ áɪn-vɛrts] 副 内へ[向かって], 内側へ.

ein|wech·seln [アイン・ヴェクセルン áɪn-vèksəln] 他 (h) ① 両替する. Er *wechselte* 300 DM in französische Francs *ein*. 彼は 300 マルクをフランスフランに両替した. ② (スポ) (人⁴を)メンバーチェンジして試合に出す.

ein|we·cken [アイン・ヴェケン áɪn-vèkən] 他 (h) (果物など⁴を)びん詰めにする.

Ein·weg≠fla·sche [アインヴェーク・フらッシェ] 女 -/-n (引き取ってもらえない)使い捨てびん. (⇔「リターナブルびん」は Mehrwegflasche).

Ein·weg≠ver·pa·ckung [アイン・ヴェーク・フェアパックング] 女 -/-en 使い捨て包装.

ein|wei·chen [アイン・ヴァイヒェン áɪn-vàɪçən] 他 (h) (液体に)浸して柔らかくする. Wäsche⁴ *einweichen* (汚れが落ちやすいようにあらかじめ)洗濯物を洗剤につける / Erbsen⁴ *einweichen* えんどう豆を水につけてふやかす.

ein|wei·hen [アイン・ヴァイエン áɪn-vàɪən] 他 (h) ① (物⁴の)落成式(除幕式・開通式)を行う. ein Denkmal⁴ *einweihen* 記念碑の除幕式を行う. ② 《口語・戯》(衣服・道具など⁴を)初めて使う, おろす. ③ 《人⁴ in 事⁴ ~》(人⁴に事⁴(計画など)を)打ち明ける, (人⁴に事⁴の)手ほどきをする.

Ein·wei·hung [アイン・ヴァイウング] 女 -/-en ① 落成式, 開通式, 除幕式. ② 打ち明けること; (秘伝などの)手ほどき, 伝授.

ein|wei·sen* [アイン・ヴァイゼン áɪn-vàɪzən] 他 (h) 《人⁴ in 物⁴ ~》(人⁴に物⁴(病院など)に)入るように指示する. Der Arzt *wies* den Patienten ins Krankenhaus *ein*. 医者はその患者を入院させた. ② (人⁴に)手ほどきをする. 人⁴ in eine neue Arbeit *einweisen* 人⁴に新しい仕事の手ほどきをする. ③ (乗り物・運転手⁴を)誘導する.

Ein·wei·sung [アイン・ヴァイズング] 女 -/-en ① (入院・入所などの)指示. ② (仕事などの)手ほどき. ③ (乗り物の)誘導.

***ein|wen·den**(*) [アイン・ヴェンデン áɪn-vèndən] du wendest…ein, er wendet…ein (wandte…ein, hat…eingewandt または wendete…ein, hat…eingewendet) 他 (完了 haben) (事⁴に)反論としてあげる. viel⁴ gegen 事⁴ *einwenden* 事⁴に対して大いに反対する / Ich habe nichts [dagegen] *einzuwenden*. それに異存はありません / Er *wandte* (または *wendete*) *ein*, dass es zu spät sei. 彼はもう遅すぎると言って反対した.

Ein·wen·dung [アイン・ヴェンドゥング] 女 -/-en ① 異議, 異論 (=Einwand). *Einwendungen*⁴ machen 異議を唱える. ② 《法》抗弁.

ein|wer·fen* [アイン・ヴェルフェン áɪn-vèrfən] I 他 (h) ① 投げ入れる, (手紙⁴を)投函(とうかん)する. eine Münze⁴ in den Automaten *einwerfen* 硬貨を自動販売機に入れる. ② (何かを投げて物⁴を)壊す. eine Fensterscheibe⁴ *einwerfen* (石などを投げて)窓ガラスを割る. ③ (言葉など⁴を)差しはさむ. eine kritische Bemerkung⁴ *einwerfen* 批判的な意見を差しはさむ. ④ (球技で:)(ボール⁴を:)シュートする. II 自 (h) (球技で:)スローインする; シュートする.

ein·wer·tig [アイン・ヴェーァティヒ] 形 《化・数・言》1価の.

ein|wi·ckeln [アイン・ヴィッケルン áɪn-vìkəln] 他 (h) ① 包む, くるむ. eine Ware⁴ in Papier *einwickeln* 品物を包装紙に包む. ② 《俗》言いくるめる, まるめ込む.

ein|wie·gen [アイン・ヴィーゲン áɪn-vì:gən] 他 (h) (子供⁴を)揺すって寝かしつける.

ein|wil·li·gen [アイン・ヴィリゲン áɪn-vìlɪgən] 自 (h) 《in 事⁴ ~》(事⁴に)同意する, 承諾する. in die Scheidung *einwilligen* 離婚に同意する.

Ein·wil·li·gung [アイン・ヴィリグング] 女 -/-en 同意, 承諾.

ein|wir·ken [アイン・ヴィルケン] áin-vìrkən] I 自 (h) 《**auf** 人・物⁴ ~》〔人・物〕⁴に)影響を及ぼす, 作用する. erzieherisch auf 人⁴ *einwirken* 人⁴に教育的な影響を与える. II 他 (h) (模様など⁴を)織り込む.

Ein·wir·kung [アイン・ヴィルクング] 女 -/-en 影響, 作用, 効果.

ein·wö·chent·lich [アイン・ヴェッヒェントリヒ] 形 1 週間ごとの, 毎週の.

ein·wö·chig [アイン・ヴェヒヒ] 形 《付加語としてのみ》1 週[間]の.

der **Ein·woh·ner** [アイン・ヴォーナァ áinvo:nər] 男 (単) -s/(複) - (3 格のみ -n) 住民, 居住者. (英 *inhabitant*). (⚠ 女性形は Einwohnerin). die *Einwohner* von Berlin ベルリンの住民 / Die Stadt hat zwei Millionen *Einwohner*. その都市は人口 200 万を擁する.

Ein·woh·ner≈mel·de·amt [アインヴォーナァ・メるデアムト] 中 -[e]s/..ämter (市町村の)住民登録局(課).

Ein·woh·ner·schaft [アイン・ヴォーナァシャふト] 女 -/-en 《ふつう 単》(総称として:)全住民, 全人口.

Ein·woh·ner≈zahl [アインヴォーナァ・ツァーる] 女 -/-en 人口, 居住者数.

Ein·wurf [アイン・ヴルふ áin-vʊrf] 男 -[e]s/..würfe ① (相手の発言中に)差しはさむ意見(反論), 口出し. einen *Einwurf* machen 異議を差しはさむ. ② 投入, 投函(ホネ); (郵便物などの)投入口, 差し入れ口. ③ (サッカーなどの)スローイン.

ein|wur·zeln [アイン・ヴルツェるン áin-vùrtsəln] 自 (s) 《再帰》(h) *sich*⁴ *einwurzeln* 根づく, 根を下ろす.

Ein·zahl [アイン・ツァーる] 女 -/-en 《ふつう 単》《言》単数[形] (=Singular). (⚠ 「複数[形]」 は Mehrzahl).

*ein|zah·len** [アイン・ツァーれン áin-tsà:lən] (zahlte...ein, hat...eingezahlt) 他 《完了 haben》払い込む; 預金する. eine Summe⁴ **auf** ein Konto *einzahlen* ある金額を銀行口座に払い込む / Geld⁴ **bei** der Bank *einzahlen* 銀行に預金する.

Ein·zah·lung [アイン・ツァーるング] 女 -/-en ① 払い込み. ② 払込金額; 預金.

Ein·zah·lungs≈schein [アイン・ツァーるングス・シャイン] 男 -[e]s/-e ① 払い込み証明書. ② (⭐) (郵便振替の)払込用紙 (=Zahlkarte).

ein|zäu·nen [アイン・ツォイネン áin-tsɔ̀ynən] 他 (h) 垣で囲む, (物⁴に)垣根を巡らす.

Ein·zäu·nung [アイン・ツォイヌング] 女 -/-en ① 囲いをすること. ② 垣, 囲い.

ein|zeich·nen [アイン・ツァイヒネン áintsàiçnən] 他 (h) 書き入れる, 記入する. die Campingplätze⁴ **auf** (または **in**) der Karte (または in die Karte) *einzeichnen* キャンプ場を地図に書き入れる. ◇《再帰的に》*sich*⁴ in die Liste (または in der Liste) *einzeichnen* 名簿に自分の名前を記入する.

ein·zei·lig [アイン・ツァイリヒ] 形 1 行の, 1 行からなる.

Ein·zel [アインツェる áintsəl] 中 -s/- (テニスなどの)シングルス (=Einzelspiel).

Ein·zel≈fall [アインツェる・ふァる] 男 -[e]s/..fälle 個々の場合(ケース); (特殊な)事例.

Ein·zel≈fra·ge [アインツェる・ふラーゲ] 女 -/-n 《ふつう 複》個別的な問題.

Ein·zel≈gän·ger [アインツェる・ゲンガァ] 男 -s/- 一匹おおかみ; 一匹だけで行動する動物.

Ein·zel≈haft [アインツェる・ハふト] 女 -/-en 独房監禁.

Ein·zel≈han·del [アインツェる・ハンデる] 男 -s/- 小売り, 小売業.

Ein·zel·han·dels≈preis [アインツェるハンデるス・プライス] 男 -es/-e 小売価格.

Ein·zel≈händ·ler [アインツェる・ヘンドらァ] 男 -s/- 小売業者.

die **Ein·zel·heit** [アインツェるハイト áintsəlhaɪt] 女 (単) -/(複) -en 詳細, 細目; 個々の事項. (英 *detail*). **auf** *Einzelheiten* eingehen 個々の点に詳しく触れる / 事⁴ bis **in** die kleinsten *Einzelheiten* erklären 事⁴を事細かに説明する.

Ein·zel≈kampf [アインツェる・カンプふ] 男 -[e]s/..kämpfe ① 《軍》一騎打ち. ② (スポ) 個人戦.

Ein·zel≈kind [アインツェる・キント] 中 -[e]s/-er 一人っ子.

Ein·zel·ler [アイン・ツェらァ] 男 -s/- 《生》単細胞生物.

ein·zel·lig [アイン・ツェリヒ] 形 《生》単細胞の.

*ein·zeln** [アインツェるン áintsəln] 形 ① 個個の, 一つ一つの; 単独の, 単一の. (英 *individual*). Der *einzelne* Mensch ist machtlos. 人間一人一人は無力である / ein *einzelner* Baum ぽつんと一本立っている木 / ein *einzelner* Schuh 靴の片方. ◇《副詞的に》Die Gäste kamen *einzeln*. お客たちはばらばらにやって来た / Bitte *einzeln* eintreten! お一人ずつお入りください.

◇《名詞的に》ein *Einzelner* 一人, 個人 / im *einzelnen* (新形 im *Einzelnen*) 個々の点について, 詳細に / ins *einzelne* (新形) ins *Einzelne*) gehen 細部にわたる / **vom** *Einzelnen* ins Ganze gehen 個から全体へと至る.

② いくつかの, 二三の, 若干の. 二三の会員がそれに反対した / *einzelne* Regenschauer (天気予報で:)ときどき(所により)にわか雨.

◇《名詞的に》*Einzelnes* will ich herausheben. 二三の点を私は強調したい / *Einzelne* sagen, dass ... 二三の人々が…と言っている.

Ein·zel≈teil [アインツェる・タイる] 中 -[e]s/-e [個々の]部分.

Ein·zel‹we·sen [アインツェる・ヴェーゼン] 中 -s/- 個人, 個体, 個別的存在.

das Ein·zel‹zim·mer [アインツェる・ツィンマァ áintsəl-tsɪmər] 中 (単2) -s/(複) - (3格のみ -n) (ホテルなどの)**一人部屋**, シングル[ルーム], 個室. (⇨「二人部屋」は Doppelzimmer). Haben Sie ein *Einzelzimmer* frei? (ホテルで):シングルルームは空いていますか.

ein|zie·hen* [アイン・ツィーエン áintsi:ən] (zog...ein, *hat*/*ist*...eingezogen) I 他 (⇨ haben) ① **引っ込める**, しまい込む. den Bauch *einziehen* 腹を引っ込める / Die Katze *zieht* die Krallen *ein*. 猫が爪(ﾂﾒ)を引っ込める / den Schwanz *einziehen* (犬などが)しっぽを巻く / die Fahne⁴ *einziehen* 旗を下ろす / die Netze⁴ *einziehen* 網を引き上げる. ② (税金など⁴を)**徴収する**, 取りたてる; (財産など⁴を)没収する; (通貨など⁴を)回収する. Der Staat *hat* ihren Besitz *eingezogen*. 国家は彼らの財産を没収した. ③ 召集する, 徴兵する. ④ (糸など⁴を)通す; (窓ガラスなど⁴を)はめ込む. einen Faden in die Nadel *einziehen* 糸を針に通す. ⑤ (情報など⁴を)収集する. ⑥ (空気など⁴を)吸い込む.
II 自 (⇨ sein) ① **引っ越して来る**, 入居する. (⇨「引っ越して行く」は aus|ziehen). Wir *sind* gestern **in** das neue Haus *eingezogen*. 〖現在完了〗 私たちはきのう新しい家に引っ越して来た. ② (選手団が競技場に)入場する; (勝って)進出する. **in** die Endrunde *einziehen* 決勝戦に進出する. ③ (水などが)染み込む. Die Creme *zieht* rasch [**in** die Haut] *ein*. そのクリームはすぐ肌に染み込む. ④ 《雅》 (季節などが)訪れる.

ein·zig [アインツィヒ áɪntsɪç] I 形 ① **ただ一つの, ただ一人の, 唯一の**. (⇨ only). nur ein *einziges* Mal ただ一度だけ / Inge ist unser *einziges* Kind. インゲは私たちの一人娘です / Ich habe nur einen *einzigen* Anzug. 私はスーツを一着しか持っていない. ◇〖名詞的に〗Das ist das *einzige* (新つ das *Einzige*), was wir tun können. これが私たちにできるただ一つのことです.
② 比類のない, 抜群の. Darin bist du wirklich *einzig*. その分野で君は実際第一人者だ.
II 副 ただ一つ (一人) だけ. *einzig* und allein ただ…だけ, ひとえに / *Einzig* er ist daran schuld. 彼だけにその責任があるのです.

ein·zig‹ar·tig [アインツィヒ・アールティヒ] 形 二つとない, 二人といない, 比類のない.

Ein·zim·mer‹woh·nung [アインツィンマァ・ヴォーヌング] 女 -/-en ワンルームマンション, 1DKのアパート.

ein|zu·ckern [アイン・ツッカァン áɪn-tsùkərn] 他 (h) (果物など⁴に)砂糖漬けにする.

Ein·zug [アイン・ツーク áɪn-tsu:k] 男 -[e]s/..züge ① 入居, 転入. (⇨「住居を引き払うこと」は Auszug). der *Einzug* **in** ein neues Haus 新しい家への引っ越し. ③ 入場[行進], (軍隊の)入城. ④ (季節などの)到来, 訪れ. ⑤ (税金などの)徴収. ⑥ 《印》(行頭の)字下げ.

Ein·zugs‹be·reich [アインツークス・ベライヒ] 男 (まれに 中) -[e]s/-e 経済圏, 市場(原料供給)地域; (放送局のサービスエリア).

Ein·zugs‹ge·biet [アインツークス・ゲビート] 中 -[e]s/-e ① =Einzugsbereich ② 《地理》 (河川の)流域.

ein·zu·kau·fen [アイン・ツ・カオフェン] *ein|kaufen (買い物をする)の zu 不定詞.

ein·zu·la·den [アイン・ツ・らーデン] *ein|laden (招待する)の zu 不定詞.

ein·zu·schla·fen [アイン・ツ・シュらーフェン] *ein|schlafen (眠り込む)の zu 不定詞.

ein·zu·stei·gen [アイン・ツ・シュタイゲン] *ein|steigen (乗り込む)の zu 不定詞.

ein·zu·tre·ten [アイン・ツ・トレーテン] *ein|treten (入る)の zu 不定詞.

ein|zwän·gen [アイン・ツヴェンゲン áɪntsvɛŋən] 他 押し込む, 無理に入れる.

eis, Eis¹ [エース é:ɪs] 中 -/- 《音楽》 嬰(エイ)ホ音.

das Eis² [アイス áɪs]

氷; アイスクリーム

Möchten Sie den Whisky mit *Eis*?
 メヒテン ズィーデン ヴィスキー ミット アイス
ウィスキーには氷を入れますか.

中 (単2) -es/ ① 氷. (英 ice). Glatteis つるつるの氷 / Das *Eis* schmilzt. 氷が溶ける / Das *Eis* bricht. 氷が割れる / Das *Eis* trägt noch nicht. 氷はまだ[人が乗れるほど]厚くない / Sie ist kalt wie *Eis*. 彼女は氷のように冷たい / **auf** dem *Eis* Schlittschuh laufen スケートをする / aufs *Eis* *führen* a) 物·事⁴ *auf Eis legen* a) 物⁴を冷蔵する, b) 《比》 物·事⁴を当分棚上げにする, c) 物⁴(お金などを)使わずに取っておく / Das *Eis* ist gebrochen. 〖現在完了〗 a) 氷が割れた, b) 《比》 気分がほぐれた, わだかまりが解けた.
② (アイスホッケーなどの)リンク.
③ アイスクリーム. Zwei *Eis* mit Sahne, bitte! 生クリームを添えたアイスクリームを二つください / *Eis* am Stiel アイススティック.

(慣用) ....

Eis lau·fen [アイス] スケートをする.

Eis‹bahn [アイス・バーン] 女 -/-en スケートリンク.

Eis‹bär [アイス・ベーァ] 男 -en/-en 《動》 シロクマ, ホッキョクグマ.

Eis‹be·cher [アイス・ベッヒャァ] 男 -s/- ① アイスクリームカップ. ② パフェ, サンデー(果物·生クリームなどを添えたアイスクリーム).

Eis‹bein [アイス・バイン] 中 -[e]s/-e ① 《料理》 アイスバイン(塩漬けにした豚の脚をゆでた料理). ② 〖複 で〗《口語·戯》 冷えた足. *Eisbeine*⁴

bekommen 足が冷えきってしまう.
Eis-berg [アイス・ベルク] 男 -[e]s/-e 氷山.
Eis-beu-tel [アイス・ボイテル] 男 -s/-《医》氷囊(のう), 氷枕(まくら).
Eis-blu-me [アイス・ブルーメ] 女 -/-n 《ふつう複》(窓ガラスなどにできた)氷の花模様.
Eis-bre-cher [アイス・ブレッヒャァ] 男 -s/- ① 《海》砕氷船. ② 《土木》(橋脚の)氷よけ.
Eis-creme [アイス・クレーム] 女 -/-s アイスクリーム.
Eis-die-le [アイス・ディーレ] 女 -/-n アイスクリームパーラー.

das **Ei-sen** [アイゼン áɪzən] 中 (単2) -s/(複) - ① 《複 なし》鉄(記号: Fe). (英 *iron*). *Eisen*[4] schmieden 鉄を鍛える / fest wie *Eisen* 鉄のように頑丈な / Das ist ein heißes *Eisen*. 《比》これはやっかいな問題だ(←熱い鉄だ) / noch ein *Eisen*[4] im Feuer haben 《口語》他に打つ手がある / Das Tor ist aus *Eisen*. その門は鉄製だ / Er ist wie von *Eisen*. 彼は頑健だ / Not bricht *Eisen*. 《諺》窮すれば通ず(←困窮は鉄を砕く) / Man muss das *Eisen* schmieden, solange es heiß ist. 《諺》鉄は熱いうちに打て / 《物》[4] zum alten *Eisen* werfen 《口語》物[4]をお払い箱にする(←古鉄の所に投じる) / zum alten *Eisen* gehören 《口語》(年をとって)役にたたなくなる(←古鉄の一部になる).
② (鉄製の器具:) アイロン (=Bügel*eisen*); (登山用の)アイゼン (=Steig*eisen*); (ゴルフの)アイアン; 蹄鉄 (=Huf*eisen*); 《狩》鉄製のわな.

Ei-se-nach [アイゼナッハ áɪzənax] 中 -s/《都市名》アイゼナハ(ドイツ, チューリンゲン州. 郊外に伝説や歌合戦, またルターが聖書を翻訳したことで知られるヴァルトブルク城がある. J.S. バッハの生地. ☞ 《地図》E-3).

die **Ei-sen-bahn** [アイゼン・バーン áɪzənba:n] 女 (単) -/(複) -en ① 鉄道. (英 *railroad*). mit der *Eisenbahn* fahren 列車で行く / Er ist bei der *Eisenbahn*. 彼は鉄道会社に勤めている / Es ist [die] höchste *Eisenbahn*. 《口語》もうこれ以上は待てない, ぐずぐずできない. ② (おもちゃの)鉄道模型.

Ei-sen-bah-ner [アイゼン・バーナァ áɪzənba:nər] 男 -s/- 鉄道[職]員.
Ei-sen-bahn-fäh-re [アイゼンバーン・フェーレ] 女 -/-n 列車フェリー.
Ei-sen-bahn-kno-ten-punkt [アイゼンバーン・クノーテンプンクト] 男 -[e]s/-e 鉄道の乗り換え(接続)駅.
Ei-sen-bahn-netz [アイゼンバーン・ネッツ] 中 -es/-e 鉄道網.
Ei-sen-bahn-über-gang [アイゼンバーン・ユーバァガング] 男 -[e]s/..gänge 鉄道の踏切.
Ei-sen-bahn-un-glück [アイゼンバーン・ウングリュック] 中 -[e]s/-e 鉄道事故.
Ei-sen-bahn-wa-gen [アイゼンバーン・ヴァーゲン] 男 -s/- 鉄道車両.
ei-sen-be-schla-gen [アイゼン・ベシュらーゲン] 形 鉄を張った(打ち付けた).
Ei-sen-be-ton [アイゼン・ベトーン] 男 -s/-s (また-e) 《オースタ・スイス》鉄筋コンクリート (=Stahlbeton).
Ei-sen-blech [アイゼン・ブレヒ] 中 -[e]s/-e 《工》薄鋼板.
Ei-sen-erz [アイゼン・エーァツ] 中 -es/-e 鉄鉱[石].
ei-sen-hal-tig [アイゼン・ハルティヒ] 形 鉄[分]を含んだ.
ei-sen-hart [アイゼン・ハルト] 形 鉄のように堅い; 《比》堅固な(意志など).
Ei-sen-hüt-te [アイゼン・ヒュッテ] 女 -/-n 製鉄所.
Ei-sen-stadt [アイゼン・シュタット áɪzən-ʃtat] 中 -s/《都市名》アイゼンシュタット(オーストリア, ブルゲンラント州の州都; ☞ 《地図》H-5).
Ei-sen-wa-ren [アイゼン・ヴァーレン] 複 鉄製品, 金物.
Ei-sen-werk [アイゼン・ヴェルク] 中 -[e]s/-e ① 鉄製の装飾品. ② 精錬所, 冶金工場.
Ei-sen-zeit [アイゼン・ツァイト] 女 -/《考古》鉄器時代.

*ei-sern [アイザァン áɪzərn] I 形 ① (付加語としてのみ) 鉄の, 鉄製の. (英 *iron*). ein *eisernes* Geländer 鉄製の手すり / eine *eiserne* Kette 鉄の鎖. ② 《比》揺るぎない, 強じんな; 厳格な, 仮借ない. *eiserne* Nerven 強じんな神経 / ein *eiserner* Wille 強固な意志 / mit *eiserner* Faust 情け容赦なく(←鉄のこぶしで). II 副 《比》断固として, 頑として. *eisern* schweigen かたくなに黙り通す / [Aber] *eisern*! 《口語》(返事として:)もちろんですとも.

Eis-feld [アイス・フェルト] 中 -[e]s/-er 氷原.
Eis-flä-che [アイス・ふれッヒェ] 女 -/-n 氷[結]面.
eis-frei [アイス・フライ] 形 氷の張らない, 不凍の(湖・港など).
Eis-gang [アイス・ガング] 男 -[e]s/ (春になり)川の氷が割れて流れること.
eis-ge-kühlt [アイス・ゲキュールト] 形 氷(冷蔵庫)で冷やした.
eis-grau [アイス・グラオ] 形 霜のように白い. *eisgraues* Haar 銀髪.
die Eis-hei-li-gen [アイス・ハイリゲン] 複 《定冠詞とともに》5 月中旬の寒波(元の意味は「氷の聖人」. 5 月中旬の聖人たちの祝日ごろに寒さがぶり返すとがあることから).
Eis-ho-ckey [アイス・ホッキー] 中 -s/ (スポ) アイスホッケー.

*ei-sig [アイズィヒ áɪzɪç] 形 ① 氷のように冷たい(寒い). (英 *icy*). ein *eisiger* Wind 肌を刺すように冷たい風 / ein *eisiger* Schrecken ぞっとするような恐怖. ② 《比》冷ややかな, 冷淡な. eine *eisige* Antwort 氷のように冷たい返事.
Eis-kaf-fee [アイス・カふェー] 男 -s/-s コーヒーフロート(アイスクリームを浮かせたアイスコーヒー).
eis-kalt [アイス・カルト] 形 ① 氷のように冷たい(飲み物など). *eiskaltes* Wasser 氷のように冷たい水. ② 《比》冷ややかな, 冷淡な, 冷徹な.
Eis-kris-tall [アイス・クリスタる] 中 -s/-e 《ふつ

Eis≈kunst·lauf [アイス・クンストらオふ] 男 -(e)s/《スポ》フィギュアスケート.

Eis≈lauf [アイス・らオふ] 男 -[e]s/ [アイス]スケート.

eis|lau·fen* 自 (s) (新形 Eis laufen) ☞ Eis

Eis≈ma·schi·ne [アイス・マシーネ] 女 -/-n アイスクリーム製造機(フリーザー).

Eis≈meer [アイス・メーァ] 中 -[e]s/-e 極洋, 氷海. das nördliche (südliche) *Eismeer* 北(南)氷洋.

Eis≈pi·ckel [アイス・ピッケる] 男 -s/- (登山の)[アイス]ピッケル.

Ei≈sprung [アイ・シュプルング] 男 -[e]s/..sprünge 《動・医》排卵.

Eis≈re·gen [アイス・レーゲン] 男 -s/ 氷雨(ﾋｻﾒ).

Eis≈re·vue [アイス・レヴュー] 女 -/-n [..ヴューエン] アイス(氷上)レビュー.

Eis≈schie·ßen [アイス・シーセン] 中 -s/《スポ》カーリング(取っ手付きの円盤を氷上に滑らせ, 円形の的にできるだけ近くに寄せる競技).

Eis≈schnelllauf ☞ 新形 Eisschnelllauf

Eis≈schnell·lauf [アイス・シュネるらオふ] 男 -[e]s/《スポ》スピードスケート[競技].

Eis≈schol·le [アイス・ショれ] 女 -/-n (流氷・浮氷などの)氷塊.

Eis≈schrank [アイス・シュランク] 男 -[e]s/..schränke 冷蔵庫(=Kühlschrank); アイスボックス.

Eis≈tanz [アイス・タンツ] 男 -es/《スポ》アイスダンス.

Eis≈vo·gel [アイス・ふォーゲる] 男 -s/..vögel ①《鳥》カワセミ. ②《昆》イチモンジチョウ.

Eis≈wür·fel [アイス・ヴュるふェる] 男 -s/- (冷凍庫で作った)角氷, アイスキューブ.

Eis≈zap·fen [アイス・ツァプふェン] 男 -s/- つらら.

Eis≈zeit [アイス・ツァイト] 女 -/-en 氷河期;《地学》氷河時代.

***ei·tel** [アイテる áitəl] 形 (比較 eitler, 最上 eitelst; 格変化語尾がつくときは eitl-) ① うぬぼれ, (虚栄心)の強い, 見えっぱりの. (英 vain). ein *eitler* Mensch 虚栄心の強い人 / Er ist *eitel* wie ein Pfau. 彼はくじゃくのように虚栄心が強い / auf 車⁴ *eitel* sein 車⁴を鼻にかけている. ②《雅》むない, 空虚な. *eitle* Hoffnung むない希望. ③《付加語としてのみ; 無語尾で》《雅・戯》純粋な, ただ…だけの. Die Figur ist *eitel* Gold. その彫像は純金製だ.

Ei·tel·keit [アイテるカイト] 女 -/-en 《ふつう 単》 ① うぬぼれ, 虚栄[心]. ②《雅》空虚, 無価値. die *Eitelkeit* der Welt² この世のむなしさ.

Ei·ter [アイタァ áitər] 男 -s/《医》膿(ｳﾐ), うみ.

Ei·ter·beu·le [アイタァ・ボイれ] 女 -/-n 《医》膿瘍(ﾉｳﾖｳ), おでき (=Furunkel).

ei·te·rig [アイテリヒ áitəriç] 形 《医》=eitrig

ei·tern [アイタァン áitərn] 自 (h) 《医》化膿(ｶﾉｳ)する.

Ei·te·rung [アイテルング] 女 -/-en 《医》化膿(ｶﾉｳ).

eit·rig [アイトリヒ áitriç] 形 化膿(ｶﾉｳ)した, 化膿性の; 膿状の.

Ei≈weiß [アイ・ヴァイス] 中 -es/-e ①《ふつう 単》(単位: -/-) [卵の]白身, 卵白. Dotter⁴ und *Eiweiß*⁴ trennen [卵の]黄身と白身を分ける / drei *Eiweiß* 卵白 3個. ②《生・化》蛋白(ﾀﾝﾊﾟｸ)質.

ei·weiß≈hal·tig [アイヴァイス・ハるティヒ] 形 蛋白(ﾀﾝﾊﾟｸ)質を含む.

ei·weiß≈reich [アイヴァイス・ライヒ] 形 蛋白(ﾀﾝﾊﾟｸ)質に富んだ.

Ei≈zel·le [アイ・ツェれ] 女 -/-n 卵細胞.

EKD [エー・カー・デー]《略》ドイツ福音教会 (= Evangelische Kirche in Deutschland).

E·kel [エーケる] I 男 -s/ 吐き気, むかつき; 嫌悪[感], 不快[感]. einen *Ekel* vor 人・物³ haben 人・物³に対して吐き気を催す, 人・物³がいやでたまらない / ein *Ekel* vor sich³ selbst 自己嫌悪. II 中 -s/-《口語》(胸がむかつくほど)いやな人.

〜〜〜〜〜〜〜〜〜〜新形〜〜〜〜〜〜〜〜〜〜

E·kel er·re·gend 吐き気を催すような.

〜〜〜〜〜〜〜〜〜〜〜〜〜〜〜〜〜〜〜〜〜

ekel≈er·re·gend 形 (新形 Ekel erregend) ☞ Ekel

e·kel·haft [エーケるハふト] I 形 吐き気を催すような, むかつくような; いやな, 不快な. ein *ekelhafter* Geruch 吐き気を催すようなにおい / ein *ekelhaftes* Wetter ひどい天気.
II 副《口語》非常に, とても, ひどく. Es ist *ekelhaft* kalt. とても寒い.

e·ke·lig [エーケリヒ é:kəliç] 形 《話》=eklig

e·keln [エーケるン é:kəln] I 再帰 (h) 《sich⁴ vor 人・物³ 〜》いやな感を覚える, (人・物³)が嫌いである. Ich *ekle* mich vor Spinnen. 私はくもが大嫌いだ. II 非人称 (h) 《es ekelt 人⁴(または 人³) vor 人・物³の形で》人⁴(または 人³)が人・物³がいやである. Es *ekelt* mich (または mir) vor ihm. 私は彼がいやである. III 他 (h) (人⁴に)嫌悪感を催させる.

EKG [エー・カー・ゲー] 中 -[s]/-[s] 《略》《医》心電図 (= Elektrokardiogramm).

Ek·lat [エクらー eklá: または エクら] [ﾗ] 男 -s/- センセーション, スキャンダル.

ek·la·tant [エクらタント eklatánt] 形 ① 明白な, 公然の. ② センセーショナルな.

ek·lig [エークリヒ é:kliç] I 形 吐き気を催すような;《口語》感じの悪い, ひどくいやな. II 副《口語》ひどく, とても.

Eks·ta·se [エクスターゼ ekstá:zə] 女 -/-n 忘我, 恍惚(ｺｳｺﾂ); エクスタシー;《宗》法悦. in *Ekstase* geraten 恍惚となる.

eks·ta·tisch [エクスターティッシュ ekstá:tiʃ] 形 忘我の, 恍惚(ｺｳｺﾂ)の.

E·ku·a·dor [エクアドーァ ekuadó:r] 中 -s/《国名》エクアドル[共和国] (= Ecuador).

Ek·zem [エクツェーム ektsé:m] 中 -s/-e 《医》湿疹(ｼｯｼﾝ).

E·la·bo·rat [えらボラート elabo:rá:t] 中 -[e]s/

-e《雅》練り上げた文章, 労作; 駄文, 駄作.
E.lan [エラーン elá:n または エラーン elá:] 男 -s/ 感情の高揚, 感激.
e.las.tisch [エラスティッシュ elásti∫] 形 ① 弾力[性]の, 伸縮性の(材料など). ② しなやかな, 弾むような. mit *elastischem* Schritt 軽やかな足取りで. ③《比》融通の利く, 順応性のある. eine *elastische* Politik 柔軟な政策.
E.las.ti.zi.tät [エラスティツィテート elastitsité:t] 女 -/-en《ふつう 単》① 弾力[性], 伸縮性. ② しなやかさ, 柔軟性;《比》融通性, 順応性. ③《工》弾性.
die **El.be** [エルベ élbə] 女 -/《定冠詞とともに》《川名》エルベ川(チェコ北西部に発し, ドイツを貫流して北海に注ぐ: ☞《地図》F-3~E-2~D-2).
Elch [エルヒ élç] 男 -[e]s/-e《動》ヘラジカ.
El.do.ra.do [エルドラード εldorá:do] 中 -s/-s 楽園, 理想郷(南米にあるとされた伝説上の黄金郷の名から).
der **E.le.fant** [エレファント elefánt] 男(単 2.3.4) -en/(複) -en《動》ゾウ(象). (=*der* *elephant*). ein afrikanischer *Elefant* アフリカ象 / Er benimmt sich wie ein *Elefant* im Porzellanladen.《口語》彼は不器用なふるまいでへまをする(←陶磁器店に入った象のようにふるまう) / aus einer Mücke einen *Elefanten* machen《口語》針小棒大に言う, 誇張する(←蚊から象を作る).
e.le.gant [エレガント elegánt] 形《比較》eleganter,《最上》elegantest ① **エレガント**(優雅)な, 上品な, 洗練された. (英 *elegant*). eine *elegante* Kleidung あか抜けした服装. ② 鮮やかな, 巧みな, スマートな(問題の解決など). ③ 精選された.
E.le.ganz [エレガンツ elegánts] 女 -/ 優雅さ, 上品さ, 洗練; 如才なさ, 巧みさ.
E.le.gie [エレギー elegí:] 女 -/-n [..ギーエン] エレジー, 悲歌, 哀歌.
e.le.gisch [エレーギッシュ elé:gı∫] 形 ① エレジーの, 悲歌[体]の. ②《比》哀調を帯びた.
e.lek.tri.fi.zie.ren [エレクトリフィツィーレン elɛktrifitsí:rən] 他 (h) (鉄道など[4])を電化する.
E.lek.tri.fi.zie.rung [エレクトリフィツィールング] 女 -/-en 電化.
E.lek.trik [エレクトリク eléktrık] 女 -/-en ①(総称として:)電化設備. ②《覆 なし》《口語》電気工学(=Elektrotechnik).
E.lek.tri.ker [エレクトリカァ eléktrikər] 男 -s/- 電気技師, 電気工.
*** e.lek.trisch** [エレクトリッシュ eléktrı∫] 形 (英 *electric*) ① 電気の, 電気的な. *elektrischer* Strom 電流 / die *elektrische* Spannung 電圧 / ein *elektrischer* Widerstand 電気抵抗 / *elektrische* Energie 電気エネルギー.
② 電動[式]の, 電気による. ein *elektrisches* Gerät 電気器具 / ein *elektrischer* Rasierapparat 電気かみそり / Er bekam einen *elektrischen* Schlag. 彼は感電した / 物[4] *elekt-risch* betreiben 物[4]を電気で動かす(操作する) / Wir heizen *elektrisch*. 私たちの家は電気で暖房をしている.
e.lek.tri.sie.ren [エレクトリズィーレン elɛktrizí:rən] 他 (h) ① (物[4]に)電流を通じる, 帯電させる;《医》(人[4]に)電気治療をする. ②《比》感動(熱狂)させる, そくそくさせる. II 再帰 (h) sich[4] *elektrisieren* 感電する. Er hat sich an der Steckdose *elektrisiert*. 彼はコンセントで感電した.
* *die* **E.lek.tri.zi.tät** [エレクトリツィテート elɛktritsité:t] 女《単》-/《物》電気; 電力, 電流. (英 *electricity*). statische *Elektrizität* 静電気 / eine Stadt[4] mit *Elektrizität* versorgen ある都市に電力を供給する.
E.lek.tri.zi.täts=werk [エレクトリツィテーツ・ヴェルク] 中 -[e]s/-e 発電(変電・配電)所.
e.lek.tro.. [エレクトロ・ elɛktro.. または エレクトロ..]《形容詞につける 接頭》《電気[の]》例: *elektro*magnetisch 電磁気の.
E.lek.tro.. [エレクトロ・ または エレクトロ..]《名詞につける 接頭》《電気》例: *Elektro*chemie 電気化学.
E.lek.tro=au.to [エレクトロ・アオトー] 中 -s/-s 電気自動車.
E.lek.tro.de [エレクトローデ elɛktró:də] 女 -/-n《電子》電極.
E.lek.tro=ge.rät [エレクトロ・ゲレート] 中 -[e]s/-e 電気器具.
E.lek.tro=ge.schäft [エレクトロ・ゲシェフト] 中 -[e]s/-e《口語》電気器具店, 電気屋.
E.lek.tro=herd [エレクトロ・ヘーァト] 男 -[e]s/-e 電気レンジ.
E.lek.tro=in.dust.rie [エレクトロ・インドゥストリー] 女 -/-n [..リーエン]《ふつう 単》電気機械(電機)産業.
E.lek.tro=in.ge.ni.eur [エレクトロ・インジェニエァ] 男 -s/-e 電気技師.
E.lek.tro=kar.di.o.gramm [エレクトロ・カルディオグラム] 中 -s/-e《医》心電図(略: EKG).
E.lek.tro.ly.se [エレクトロリューゼ elɛktrolý:zə] 女 -/-n《物・化》電[気分]解.
E.lek.tro=mag.net [エレクトロ・マグネート] 男 -en(または -[e]s)/-e[n] 電磁石.
e.lek.tro=mag.ne.tisch [エレクトロ・マグネーティッシュ] 形 電磁気の. *elektromagnetische* Wellen 電磁波.
E.lek.tro=me.cha.ni.ker [エレクトロ・メヒャーニカァ] 男 -s/- 電気機械工.
E.lek.tro=mo.tor [エレクトロ・モートァ] 男 -s/-en [..モートーレン]《工》電動機, 電気モーター.
E.lek.tron [エーレクトロン é:lɛktrɔn または エレク.. elék..] 中 -s/-en [エレクトローネン]《物》電子, エレクトロン.
E.lek.tro.nen=blitz.ge.rät [エレクトローネン・ブリッツゲレート] 中 -[e]s/-e《写》ストロボ.
E.lek.tro.nen=ge.hirn [エレクトローネン・ゲヒルン] 中 -[e]s/-e《口語》電子頭脳, 電子計算

機 (=Computer).

E·lek·tro·nen≠mik·ro·skop [エレクトローネン・ミクロスコープ] 中 -s/-e 電子顕微鏡.

E·lek·tro·nen≠rech·ner [エレクトローネン・レヒナァ] 男 -s/- 電子[計]算機, コンピュータ.

E·lek·tro·nen≠röh·re [エレクトローネン・レーレ] 女 -/-n [電]電子管.

E·lek·tro·nik [エレクトローニク elektró:nɪk] 女 -/-en ①《複 なし》電子工学, エレクトロニクス. ② 電子機器.

e·lek·tro·nisch [エレクトローニッシュ elektró:nɪʃ] 形 電子[工学]の.

E·lek·tro≠ra·sie·rer [エレクトロ・ラズィーラァ] 男 -s/- 電気かみそり.

E·lek·tro≠schock [エレクトロ・ショック] 男 -[e]s/-s (まれに -e) [医]電気ショック.

E·lek·tro≠tech·nik [エレクトロ・テヒニク] 女 -/ 電気工学.

E·lek·tro≠tech·ni·ker [エレクトロ・テヒニカァ] 男 -s/- 電気技術者.

e·lek·tro≠tech·nisch [エレクトロ・テヒニッシュ] 形 電気工学の.

∗*das* **E·le·ment** [エレメント elemént] 中 (単2) -[e]s/(複 -e (3格のみ -en)) (英 element) ①《構成》要素, 成分;《化》元素;《ミマテム》素子, エレメント;《数》要素, 元. ein wesentliches *Element* 本質的要素 / Die Musik enthält einige *Elemente* des Jazz. この音楽にはジャズの要素がいくらか入っている / die radioaktiven *Elemente* 放射性元素 / Sauerstoff ist ein chemisches *Element*. 酸素は化学元素だ / die vier *Elemente* 四大(土・水・火・空気; 古代哲学者が万物を構成する四大元素と考えた). ②《ふつう 複》自然力. das Toben der *Elemente*[2] 自然力の猛威(暴風雨). ③《複 で》(ある学問の)基礎, 初歩. die *Elemente* der Mathematik[2] 数学の基礎知識. ④《複 なし》本領. Hier ist er in seinem *Element*. ここでは彼は水を得た魚のように生き生きしている. ⑤《ふつう 複》(ろくでなしの)連中. gefährliche *Elemente* 危険分子. ⑥[電]電池.

∗**e·le·men·tar** [エレメンタール eleméntaːr] 形 ① 基本的な; 初歩的な. (英 elementary). *elementare* Rechte 基本的な権利 / *elementare* Kenntnisse 初歩的な知識. ② 自然[力]の; 荒々しい, 激しい. mit *elementarer* Gewalt 猛烈な力で.

E·le·men·tar≠teil·chen [エレメンタール・タイるヒェン] 中 -s/- [理]素粒子.

∗*e*·**lend** [エーれント éːlɛnt] I 形 (比較 elender, 最上 elendest) ① 惨めな, 哀れな, 不幸な. (英 miserable). ein *elendes* Leben[4] führen 悲惨な生活を送る. ② みすぼらしい, 貧相な. eine *elende* Hütte みすぼらしい小屋. ③ 体の具合の悪い. Mir ist *elend*. 私は気分が悪い. ④ 卑劣な, 浅ましい. So ein *elender* Kerl! なんとも浅ましいやつだ. ⑤《口語》ひどい, すごい. Ich habe einen *elenden* Durst. 私はのどが渇いている.

II 副《口語》ひどく, ものすごく. Es ist heute *elend* heiß. きょうはやけに暑い.

∗*das* **E·lend** [エーれント éːlɛnt] 中 (単2) -[e]s/ 悲惨, 不幸, 惨めな境遇; 貧窮. (英 misery). im *Elend* leben 惨めな暮らしをする / ins *Elend* geraten 貧窮に陥る, 落ちぶれる / das graue (または heulende) *Elend*[4] kriegen《口語・戯》憂うつになる, 気がめいる / Es ist ein *Elend* mit ihm. 彼には困ったものだ.

E·lends≠vier·tel [エーれンツ・フィァテる] 中 -s/- 貧民窟(くつ), スラム街.

E·le·o·no·re [エれオノーレ eleonóːrə] -[n]s/《女名》エレオノーレ.

E·le·ve [エレーヴェ eléːvə] 男 -n/-n (演劇学校・農林学校などの)生徒, 弟子.

∗**elf** [エるふ élf] 数《基数; 無語尾で》**11** [の]. (英 eleven). *elf* Bücher 11 冊の本 / Es ist *elf* Uhr. 11 時だ.

Elf[1] [エるふ] 女 -/-en (数字の)11;《口語》(バス・電車などの) 11 番[系統];(スマホ)(サッカーなどの) 11 人のチーム, イレブン.

Elf[2] [エるふ] 男 -en/-en エルフ(伝説・童話などに登場する超自然的な力を持つと考えられた小さな妖精).

El·fe [エるフェ élfə] 女 -/-n (女の)妖精, 妖魔.

El·fen≠bein [エるフェン・バイン] 中 -[e]s/-e ①《ふつう 単》象牙(ぞうげ). ②《ふつう 複》象牙(ぞうげ)細工.

el·fen·bei·nern [エるフェン・バイナァン élfənbaɪnərn] 形《付加語としてのみ》象牙(ぞうげ)[製]の.

die **El·fen·bein≠küs·te** [エるフェンバイン・キュステ] 女 -/ ①《定冠詞とともに》《地名》象牙(ぞうげ)海岸. ②《ふつう定冠詞とともに》《国名》コート・ジヴォアール[共和国](西アフリカ, ギニア湾岸. 首都はアビジャン).

El·fen·bein≠turm [エるフェンバイン・トゥルム] 男 -[e]s/-türme 《比》象牙(ぞうげ)の塔(世間から孤立した学者などの世界).

El·fen≠kö·nig [エるフェン・ケーニヒ] 男 -[e]s/-e 魔王 (Elf[2]の王).

El·fer [エるファァ élfər] 男 -s/- ①《スポ》隠語》(サッカーの)ペナルティーキック (=Elfmeter). ②《方》(数字の)11.

elf≠jäh·rig [エるふ・イェーリヒ] 形《付加語としてのみ》11 歳の; 11 年[間]の.

elf≠mal [エるふ・マーる] 副 11 度, 11 回; 11 倍.

elf≠ma·lig [エるふ・マーリヒ] 副《付加語としてのみ》11 回の; 11 倍の.

Elf≠me·ter [エるふ・メータァ] 男 -s/- (サッカーの)ペナルティーキック. einen *Elfmeter* ausführen ペナルティーキックをする.

El·frie·de [エるふリーデ ɛlfríːdə] -[n]s/《女名》エルフリーデ.

∗**elft** [エるふト élft] 数《elf の序数; 語尾変化は形容詞と同じ》第 **11**[番目]の. (英 eleventh). zu *elft* 11 人で / das *elfte* Gebot《戯》第十一戒 (モーセの十戒をもじった表現で,「なんとっつかまることなかれ」という意味).

elf≠tau·send [エるふ・タオゼント] 数《基数; 無語尾で》11,000 [の].

elf·tel [エるフテる élftəl] 数 《分数; 無語尾で》11分の1[の].

Elf·tel [エるフテる] 中(ﾟ,ﾞ; 男) -s/- 11分の1.

elf·tens [エるフテンス élftəns] 副 第11に, 11番目に.

E·li·as [エリーアス elí:as] -/ ① 《男名》エリーアス. ② 《聖》《人名》エリヤ(旧約聖書の預言者).

e·li·mi·nie·ren [エりミニーレン eliminí:rən] 他 (h) ① 《物⁴を》取り除く, 削除する; 《数》消去する. ② (競争相手など⁴を)打ち負かす, 排除する.

E·li·sa·beth [エリーザベット elí:zabɛt] -s/ 《女名》エリーザベト.

E·li·se [エリーゼ elí:zə] -[n]s/ 《女名》エリーゼ (Elisabeth の短縮).

e·li·tär [エリテーァ elité:r] 形 エリートに属する; エリートぶった. ein *elitäres* Bewusstsein エリート意識.

E·li·te [エリーテ elí:tə] 女 -/-n ① エリート, 選ばれた者, えり抜きの人々. ② 《複 なし》(タイプライターの)エリート活字.

E·li·xier [エリクスィーァ eliksí:r] 中 -s/-e 《薬》エリキシル剤(甘味・芳香のあるエタノールを含む水薬); 《比》霊験, 仙薬.

der **Ell·bo·gen** [エる・ボーゲン él-bo:gən] 男 (単2) -s/《複》- ひじ; 《複 で》《比》強引さ. (米 elbow). (☞ Körper 図). die *Ellbogen*⁴ auf den Tisch auf stützen 机に両ひじをつく / 人⁴ mit dem *Ellbogen* stoßen 人⁴をひじで押す / seine *Ellbogen*⁴ gebrauchen 《比》(自分の意志などを)がむしゃらに押し通す / Er hat keine *Ellbogen*. 《比》彼は押しがきかない.

Ell·bo·gen⸗frei·heit [エる・ボーゲン・フライハイト] 女 -/ ① ひじを動かせるゆとり. ② 《比》(他人を押しのけてでも行使する)活動の自由.

El·le [エれ éla] 女 -/-n ① 《医》尺骨(ｼｬｯｺﾂ). ② (尺寸の長さによる昔の尺度. 約55～85cm). alles⁴ mit der gleichen *Elle* messen 《比》なんでも同じ基準で判断する, 十把ひとからげにする.

El·len⸗bo·gen [エれン・ボーゲン] 男 -s/- ひじ (=Ellbogen).

el·len⸗lang [エれン・ラング] 形 《口語》ひどく長い, 長たらしい (元の意味は「1エレの長さの」).

El·lip·se [エリプセ elípsə] 女 -/-n ① 《数》楕円(ﾀﾞｴﾝ). ② 《言》省略[法]; 省略文.

el·lip·tisch [エリプティッシュ elíptɪʃ] 形 ① 《数》楕円(ﾀﾞｴﾝ)の. ② 《言》省略のある, 不完全な.

Elms⸗feu·er [エるムス・フォイァァ] 中 -s/- 《気象》セント・エルモの火(雷雨時にマストや避雷針などに生じやすい放電現象で, 古代より凶兆とされた).

E·lo·quenz [エろクヴェンツ elokvénts] 女 -/ 雄弁, 能弁.

El·sa [エるザ élza] -s/ 《女名》エルザ (Elisabeth の短縮).

das **El·sass** [エるザス élzas] 中 -(または -es)/ 『定冠詞とともに』《地名》エルザス, アルザス(フランス北東部, ライン左岸地方. フランス名アルザス).

das **El·saß** ☞ 新形 Elsass

El·säs·ser [エるゼッサァ élzɛsər] 男 -s/- I ① エルザス(アルザス)の住民(出身者). ② エルザス(アルザス)産のワイン. II 形 《無語尾で》エルザス(アルザス)の.

el·säs·sisch [エるゼスィッシュ élzɛsɪʃ] 形 エルザス(アルザス)の.

El·sass-Loth·rin·gen [エるザス・ロートリンゲン élzas-ló:trɪŋən] 中 -s/ 《地名》エルザス・ロートリンゲン, アルザス・ロレーヌ(フランス北東部地方).

El·saß-Loth·rin·gen ☞ 新形 Elsass-Lothringen

El·se [エるゼ élzə] -[n]s/ 《女名》エルゼ. (Elisabeth の短縮)

Els·ter [エるスタァ élstər] 女 -/-n 《鳥》カササギ. eine diebische (schwatzhafte) *Elster* 《比》耳ざとく悪い口の軽い婦女.

el·ter·lich [エるタァりヒ] 形 《付加語としてのみ》父母の, 両親の. *elterliche* Liebe 父母の愛.

*die **El·tern** [エるタァン éltərn]

| 両親 | Wo wohnen Ihre *Eltern*?
ヴォー ヴォーネン イーレ エるタァン
ご両親はどちらにお住まいですか. |

複 両親, 父母 (=Vater und Mutter). (英 parents). Groß*eltern* 祖父母 / *Eltern* und Kinder 両親と子供 / strenge *Eltern* 厳しい両親 / Meine *Eltern* sind beide sehr gesund. 私の両親は二人ともたいへん健康です / Er lebt noch bei seinen *Eltern*. 彼はまだ両親のもとで暮らしている / Das war nicht von schlechten *Eltern*. 《口語》それはなかなかのもの(みごとなもの)だった.

El·tern⸗abend [エるタァン・アーベント] 男 -s/-e 父母教師会(PTA)の[夕方の]集まり.

El·tern⸗haus [エるタァン・ハオス] 中 -es/..häuser 生家, 実家; (養育の場としての)家庭. Er stammt aus einem guten *Elternhaus*. 彼は良家の出である.

el·tern⸗los [エるタァン・ろース] 形 両親のない.

El·tern·schaft [エるタァンシャフト] 女 -/-en ① 《ふつう 単》(総称として:)(生徒などの)親たち. ② 《複 なし》親であること.

E·ly·si·um [エリューズィウム elý:zium] 中 -s/..sien [..ズィエン] ① 《複 なし》《ｷﾞ神》エリュシオン, 至福の園(神々に愛された英雄や人間が死後連れて至福の生活を味わった園); 楽土. ② 《詩》至福の地, パラダイス.

E·mail [エマイ emái または エマーイ emá:j] [ﾗﾝｽ] 中 -s/-s エナメル, ほうろう.

E-Mail [イー・メイる] [英] 女 -/-s (または 中 -s/-s) 《ｺﾝﾋﾟｭｰﾀ》電子メール, E メール.

e-mai·len [イー・メイれン] I 他 (h) (人・ホームページなど⁴に) E メールを送る. II 自 (h) E メールを送る.

E·mail·le [エマリェ emáljə または エマーイ emá:j] 女 -/-n エナメル, ほうろう = Email

e-mail·lie·ren [エマイイーレン emailí:rən または エマリィー.. emailí:..] 他 (h) (物⁴に)エナメルを塗る, (物⁴を)ほうろう引きにする.

E·ma·nu·el [エマーヌエール emá:nue:l または ..ヌエる ..nuel] -s/《男名》エマーヌエル.

E·man·zi·pa·ti·on [エマンツィパツィオーン emantsipatsió:n] 囡 -/-en 解放, 同権化. die *Emanzipation* der Frau[2] 女性解放.

e·man·zi·pa·to·risch [エマンツィパトーリッシュ emantsipató:rɪʃ] 形 解放(同権化)を目指した.

e·man·zi·pie·ren [エマンツィピーレン emantsipí:rən] I 再帰 (h) *sich*[4] *emanzipieren* 解放される, 自立する. II 他 (h) (法) (人[4]を)解放する, 自立させる; 同権化する.

e·man·zi·piert [エマンツィピーァト] I emanzipieren (再帰 で: 解放される)の 過分 II 形 自立した, 解放された, 因襲にとらわれない.

Em·bar·go [エンバルゴ ɛmbárgo] 中 -s/-s 《法》① 輸出入禁止. ② (商船の)抑留.

Em·blem [エンブれーム ɛmblé:m または アンã..] 中 -s/-e 象徴, シンボル, 紋章, エンブレム; 国章.

Em·bo·lie [エンボリー ɛmbolí:] 囡 -/-n [..リーエン] 《医》塞栓(症).

Em·bryo [エンブリュオ émbryo] 男 (チュリッヒ 中も) -s/-s (または -nen [..オーネン]) ①《動·医》胎児. ②《植》胚(ﾊｲ).

em·bry·o·nal [エンブリュオナーる ɛmbryoná:l] 形 ①《動·医》胎児の;《植》胚(ﾊｲ)の; 未成熟の. ②《比》初期[段階]の.

e·me·ri·tie·ren [エメリティーレン emerití:rən] 他 (h) (聖職者·大学教授など[4]を)定年退職させる. ein《過去分詞の形で》 *emeritierter* Professor 退職教授.

E·mig·rant [エミグラント emigránt] 男 -en/-en (国外への)移住者, [国外]亡命者.（◁女性形は Emigrantin;「[国外からの]移民」は Immigrant).

E·mig·ra·ti·on [エミグラツィオーン emigratsió:n] 囡 -/-en ①（国外への)移住, 亡命. in der *Emigration* leben 亡命生活をする. ②〖複 なし〗移住(亡命)地. ③〖複 なし〗(総称として:)移住(亡命)者.

e·mig·rie·ren [エミグリーレン emigrí:rən] 自 (s) (国外へ)移住する; 亡命する. ins Ausland (nach Kanada) *emigrieren* 外国へ(カナダへ)移住(亡命)する.

E·mil [エーミル é:mi:l] -s/《男名》エーミール.

E·mi·lia [エミーリア emí:lia] -s/《女名》エミーリア.

E·mi·lie [エミーリエ emí:liə] -[n]s/《女名》エミーリエ.

e·mi·nent [エミネント eminént] I 形 優れた, 卓越した; きわめて重要な. eine *eminente* Begabung 卓越した才能. II 副 著しく, 大いに. Das ist *eminent* wichtig. それは非常に重要だ.

E·mi·nenz [エミネンツ eminénts] 囡 -/-en (カトリック) ①〖複 なし〗閣下(枢機卿に対する尊称). ② 枢機卿(ﾂｳ).

E·mis·si·on [エミスィオーン emisió:n] 囡 -/-en ①《経》(有価証券などの)発行. ②《物》(電磁波などの)放射, 放出. ③《ﾗｼﾞ》ラジオ放送.

e·mit·tie·ren [エミティーレン emití:rən] 他 (h) ①《経》(有価証券·切手など[4]を)発行する. ②《物》(電磁波など[4]を)放出する. ③ (汚染物質[4]を)排出する.

Em·ma [エンマ éma] -s/《女名》エマ (Erm[en]gart, Irm[en]gart の 短縮).

Em·men·ta·ler [エンメン·タールァ émenta:lər] I 男 -s/- ① エメンタールの住民(出身者). ② エメンタール·チーズ (*Emmental* はスイス, ベルン州の一地方). II 形〖無語尾で〗エメンタールの.

e-Moll [エー·モる] 中 -/《音楽》ホ短調 (記号: e).

E·mo·ti·on [エモツィオーン emotsió:n] 囡 -/-en 心の動き, 感情.

e·mo·ti·o·nal [エモツィオナーる emotsioná:l] 形 感情的な, 情緒的な.

emp.. [エンプ.. ɛmp..] 形《非分離動詞の 前つづり》アクセントをもたない〗=ent.. (f の前では emp.. になる). 例: *emp*fangen 受け取る.

Empf. [エンプフェンゲァ]《略》受取人, 受信者 (=Empfänger).

emp·fahl [エンプファーる] *empfehlen (勧める) の 過去

emp·fäh·le [エンプフェーれ] *empfehlen (勧める) の 接2

emp·fand [エンプファント] *empfinden (感じる) の 過去

emp·fän·de [エンプフェンデ] *empfinden (感じる) の 接2

* *der* **Emp·fang** [エンプファング ɛmpfáŋ] 男 (単2) -[e]s/(複) ..fänge [..フェンゲ] (3格のみ ..fängen) ①〖複 なし〗受け取り, 受領.《圏 receipt》. den *Empfang* einer Ware[2] bestätigen 品物の受領を通知する / **in** *Empfang* nehmen 物[4]を受け取る / 人[4] **in** *Empfang* nehmen 《口語》人[4]を出迎える. ②〖複 なし〗《放送》(ラジオなどの)受信, (テレビの)受像. Heute haben wir einen guten *Empfang*. きょうは受信状態がいい. ③〖複 なし〗《雅》(公式の)歓迎, 接待. 人[3] einen herzlichen *Empfang* bereiten 人[3]を心から歓迎する. ④ 歓迎会, レセプション. einen *Empfang* geben レセプションを催す. ⑤ (ホテルの)フロント, 受付.

: **emp·fan·gen**[1]* [エンプファンゲン ɛmpfáŋən] du empfängst, er empfängt (empfing, hat...empfangen) 他 (定了 haben) ①《雅》受け取る, 受領する; (印象など[4]を)受ける.《圏 receive》. Geschenke[4] *empfangen* 贈り物を受け取る / Ich *habe* Ihren Brief *empfangen*. お手紙を拝受しました / die Taufe[4] *empfangen* 洗礼を受ける / neue Eindrücke[4] *empfangen* 新たな印象を受ける.

②《放送》**受信する**. einen Sender **auf** Kanal 12 *empfangen* 12 チャンネルの放送を受

empfangen

信する. ③《雅》迎える, 歓迎する. 人⁴ herzlich *empfangen* 人⁴を心から歓迎する / Gäste⁴ bei sich³ *empfangen* 客を迎える. ④《雅》懐妊する. Sie *hat* [ein Kind von ihm] *empfangen*. 彼女は[彼の子を]身ごもった.

類語 **empfangen**: (お客として)迎える, 歓迎(歓待)する. **ab|holen**: (人を迎えに行って)連れてくる. 出迎える. Er *hat* uns am (または vom) Bahnhof *abgeholt*. 彼はわれわれを駅に出迎えてくれた.

emp·fan·gen² [エンプファンゲン] *empfangen¹ (受け取る)の過分

* *der* **Emp·fän·ger** [エンプフェンガァ εmpféŋɐ] 男 (単2) -s/(複) - (3格のみ -n) ① 受取人, 受信者. (☞ 女性形は Empfängerin; 「差出人」は Absender). der *Empfänger des Briefes* 手紙の受取人. ② 受信機, 受像機. Radio*empfänger* ラジオ受信機.

emp·fäng·lich [エンプフェングリヒ] 形 感じやすい, 敏感な; (病気に)かかりやすい. Er ist *für* Komplimente (Erkältungen) *empfänglich*. 彼はお世辞に乗りやすい(風邪をひきやすい).

Emp·fäng·lich·keit [エンプフェングリヒカイト] 女 -/- 感受性, 感じやすさ; (特定の病気への)かかりやすさ.

Emp·fäng·nis [エンプフェングニス] 女 /..nisse [ふつう単] 受胎, 妊娠.

Emp·fäng·nis·ver·hü·tend [エンプフェングニス・フェアヒュートェント] 形 避妊用の. ein *empfängnisverhütendes* Mittel 避妊薬.

Emp·fäng·nis·ver·hü·tung [エンプフェングニス・フェアヒュートゥング] 女 -/-en 避妊.

Emp·fangs·be·schei·ni·gung [エンプファングス・ベシャイニグング] 女 -/-en 受領(領収)証.

Emp·fangs·**chef** [エンプファングス・シェフ] 男 -s/-s (デパート・ホテルなどの)応接(案内)主任.

Emp·fangs·**da·me** [エンプファングス・ダーメ] 女 -/-n (デパート・ホテルなどの)女性応接(案内)係.

Emp·fangs·**stö·rung** [エンプファングス・シュテールング] 女 -/-en 受信(受像)障害.

emp·fängst [エンプフェングスト] *empfangen¹ (受け取る)の2人称単数 現在

Emp·fangs·zim·mer [エンプファングス・ツィンマァ] 申 -s/- 応接室.

emp·fängt [エンプフェングト] *empfangen¹ (受け取る)の3人称単数 現在

emp·feh·len [エンプフェーれン εmpféːlən] du empfiehlst, er empfiehlt (empfahl, *hat* ...empfohlen) I 他 (完了 haben) (人³に) (人・物⁴を)勧める, 推薦する; (人³に人⁴のことを)よろしく伝える. (英 recommend). Was können Sie uns *empfehlen*? 何を私たちにお勧めができますか / Der Arzt *hat* mir eine Kur *empfohlen*. 医者は私に療養を勧めた / Er *empfahl* mir seinen Hausarzt. 彼は私にかかりつけの医者を紹介してくれた / *Empfehlen* Sie mich bitte Ihren Eltern! ご両親によろしくお伝えください / Es *wird empfohlen*, sofort Zimmer zu bestellen. 《受動・現在》すぐに部屋を予約するほうがいい.

II 再帰 (完了 haben) *sich⁴ empfehlen* ① 自薦する. Er *empfahl sich als* geeigneter Mann. 彼は自分を適任者だと売り込んだ / Gute Produkte *empfehlen sich* selbst. いい製品は[宣伝しなくても]おのずと売れる. ② 得策である. Es *empfiehlt sich*, einen Regenschirm mitzunehmen. 傘を持って行ったほうがいい. ③《雅》いとまを告げる, 立ち去る. Ich *empfehle mich*! おいとまします / *sich⁴* [auf] französisch *empfehlen*《比》フランス流に(あいさつなしで)こっそり立ち去る.

Emp·feh·lens·wert [エンプフェーレンス・ヴェーァト] 形 推薦に値する, お勧めの; 得策の. Es wäre *empfehlenswert*, rechtzeitig dort zu sein.《接2・現在》そこには遅れずに行くほうがいいでしょう.

* *die* **Emp·feh·lung** [エンプフェーるング εmpféːluŋ] 女 (単) -/(複) -en ① 勧め; 推薦. (英 recommendation). *auf Empfehlung* des Arztes 医者の勧めにより. ② 推薦状, 紹介状. Haben Sie eine *Empfehlung*? 紹介状をお持ちですか. ③《雅》(よろしくとの)あいさつ. mit freundlichen (または den besten) *Empfehlungen* (手紙の結びで:)敬具.

Emp·feh·lungs·schrei·ben [エンプフェーるングス・シュライベン] 申 -s/- 推薦状, 紹介状.

emp·fiehl [エンプフィーる] *empfehlen (勧める)の du に対する 命令

emp·fiehlst [エンプフィーるスト] *empfehlen (勧める)の2人称単数 現在

emp·fiehlt [エンプフィーるト] *empfehlen (勧める)の3人称単数 現在

:**emp·fin·den*** [エンプフィンデン εmpfíndən] du empfindest, er empfindet (empfand, *hat* ...empfunden) 他 (完了 haben) (肉体的・精神的に)感じる, 知覚する. (英 feel). Hunger⁴ *empfinden* 空腹を覚える / Freude⁴ *an* Musik *empfinden* 音楽に喜びを感じる / Er *empfindet* nichts *für* sie. 彼は彼女には愛情を感じない / Achtung⁴ *vor* 人³ *empfinden* 人³に尊敬の念をいだく / Ich *empfand* seine Worte *als* Ironie. 私は彼の言葉を皮肉だと感じた / 事⁴ *als* ungerecht *empfinden* 事⁴を不当だと感じる. (☞ 類語 fühlen).

Emp·fin·den [エンプフィンデン] 申 -s/《雅》感情; 感覚, センス. ein feines *Empfinden für* 事⁴ haben 事⁴に対して繊細な感覚を持っている.

・**emp·fin·d·lich** [エンプフィントリヒ εmpfíntlɪç] I 形 ① (刺激に)敏感な; (体質が)虚弱な; (計器などの)感度が高い, (英 sensitive). eine *empfindliche* Haut (刺激に)敏感な皮膚 / ein *empfindliches* Kind 虚弱な子供. ② (心理的に)傷つきやすい, 感受性の強い, 神

経質な；いらいら(ぴりぴり)した． Sie ist *gegen* Kritik sehr *empfindlich*. 彼女は批判をとても気にする． ③（品物が）傷みやすい，汚れやすい． ④ 手痛い，痛烈な． *empfindliche* Verluste 手痛い損失．
II 副 ひどく，激しく． Es ist *empfindlich* kalt. ひどく寒い．

Emp·find·lich·keit [エンプフィントリヒカイト] 女 -/-en ① 《ふつう 複》感覚，性質，感度，敏感さ；《比》（計器などの）感度． ② 《ふつう 単》（心理的な）傷つきやすさ． ③ 《ふつう 複》敏感な反応，かっとなってする言動． ④ 《複 なし》病気にかかりやすいこと；（品物が）傷みやすいこと．

emp·find·sam [エンプフィントザーム] 形 ① 感じやすい，感情のこまやかな． ② 感傷的な，センチメンタルな（小説など）．

Emp·find·sam·keit [エンプフィントザームカイト] 女 -/ ① 敏感さ，感じやすさ；感傷，多感． ② 《文学》(18 世紀後半の)感傷主義.

*die **Emp·fin·dung** [エンプフィンドゥング ɛmpfíndʊŋ] 女 -/ (複) -en (英 feeling) ① 感覚，知覚，感じること． die *Empfindung* von Kälte 冷たさを感じること． ② 感情，気分，気持ち． mit viel *Empfindung* sprechen 感情を込めて話す．

emp·fin·dungs=los [エンプフィンドゥングス・ロース] 形 感覚の麻痺(まひ)した；無感情の．

emp·fing [エンプフィング] *empfangen¹ (受け取る)の 過去

emp·fin·ge [エンプフィンゲ] *empfangen¹ (受け取る)の 接2

emp·föh·le [エンプフェーれ] *empfehlen (勧める)の 接2

emp·foh·len [エンプフォーれン] *empfehlen (勧める)の 過分

emp·fun·den [エンプフンデン] *empfinden (感じる)の 過分

Em·pha·se [エムファーゼ ɛmfá:zə] 女 -/-n 《ふつう 単》《修》強調〔すること〕．

em·pha·tisch [エムファーティッシュ ɛmfá:tɪʃ] 形 強調された，強勢のある，力をこめた．

Em·pire [アンピーァ ɑ̃piːr] [フス] 中 -[s] ① 《ナポレオン 1 世・ナポレオン 3 世治下の》フランス帝国． ② 《美》アンピール様式（ナポレオン 1 世時代の美術・装飾・服装などの様式）．

Em·pi·rie [エンピリー ɛmpirí:] 女 -/ 経験に基づく方法；経験上の知識．

Em·pi·ri·ker [エンピーリカァ ɛmpí:rikər] 男 -s/- 経験主義者．

em·pi·risch [エンピーリッシュ ɛmpí:rɪʃ] 形 経験的な，経験に基づく．

em·por [エンポーァ ɛmpó:r] 副 《雅・詩》上方へ，高いところへ．

em·por.. [エンポーァ.. ɛmpó:r..] 《分離動詞の前つづり；つねにアクセントをもつ》《上へ・高く》例：*empor*|heben 高くあげる．

em·por|ar·bei·ten [エンポーァ・アルバイテン ɛmpó:r-àrbaɪtən] 再帰 (h) *sich*⁴ *emporarbeiten* 《雅》（努力して）出世（昇進）する．

em·por|bli·cken [エンポーァ・ブリッケン ɛmpó:r-blɪkən] 自 (h) 《**zu** 人·物³ ~》《雅》（人·物³を）見上げる．

Em·po·re [エンポーレ ɛmpó:rə] 女 -/-n 《建》（教会などの回廊風の）2 階席．

*em·pö·ren [エンペーレン ɛmpǿ:rən] (empörte, hat...empört) **I** 再帰 (完了 haben) *sich*⁴ *empören* ① 《*sich*⁴ **über** 人·事⁴ ~》（人·事⁴に）憤慨する，腹を立てる． Ich *empörte mich* über sein Benehmen. 私は彼の態度に憤慨した． ② 《*sich*⁴ **gegen** 人·事⁴ ~》（人·事⁴に）反抗(抵抗)する．
II 他 (完了 haben) 憤慨させる，怒らせる． Seine Worte *empörten* sie aufs Äußerste. 彼の言葉は彼女をひどく怒らせてしまった．

em·pö·rend [エンペーレント] **I** *empören (再帰) で憤慨する）の 現分 **II** 形 腹立たしい，けしからぬ． ein *empörendes* Benehmen けしからぬふるまい．

Em·pö·rer [エンペーラァ ɛmpǿ:rər] 男 -s/- 《雅》反逆者．

em·por|kom·men* [エンポーァ・コンメン ɛmpó:r-kòmən] 自 (s) ① 上がって来る． ② 昇進(出世)する；成り上がる． ③ 起こる，現れる．

Em·por·kömm·ling [エンポーァ・ケムリング] 男 -s/-e 成り上がり者，成金．

em·por|ra·gen [エンポーァ・ラーゲン ɛmpó:r-rà:gən] 自 (h) 《雅》(山・塔などが)そびえる；《比》（能力などが)ずば抜けている．

em·por|stei·gen* [エンポーァ・シュタイゲン ɛmpó:r-ʃtàɪgən] 自 (s) ① 上がる，昇る；（霧などが)立ちのぼる． ② 昇進(出世)する．

em·pört [エンペーァト] *empören (再帰) で憤慨する）の 過去

em·pör·te [エンペーァテ] *empören (再帰) で憤慨する）の 過去

Em·pö·rung [エンペールング] 女 -/-en ① 《複 なし》憤慨，憤激． ② 謀反，反乱．

die **Ems** [エムス ɛms] 女 -/ 《定冠詞とともに》《川名》エムス川（ドイツ・オランダの国境近くを流れる）．

*em·sig [エムズィヒ ɛmzɪç] 形 せっせと働く，勤勉な． *emsige* Bienen 休みなく働く蜜蜂(みつばち)／物⁴ *emsig* sammeln 物⁴をこつこつ集める．(☞ 類語 fleißig).

E·mu [エームー é:mu] 男 -s/-s 《鳥》エミュー（オーストラリアに生息するダチョウに似た鳥）．

E·mul·si·on [エムルズィオーン emulzió:n] 女 -/-en 《化》乳濁液，エマルジョン；《写》感光乳剤．

en bloc [アンブロック ɑ̃ blɔk] [フス] ひとまとめにして，一括して．

End=bahn·hof [エント・バーンホーフ] 男 -[e]s/..höfe 《鉄道》終着駅，ターミナルステーション．

‡*das* **En·de**¹ [エンデ éndə]

| 終わり；端 | *Ende* gut, alles gut. エンデ グート アれス グート 終わり良ければ，すべて良し． |

Ende

中 (単2) -s/(複) -n ① 《ふつう 単》終わり, 最後; 端, 末端. (英 end). (☞「初め」は Anfang). Kriegs*ende* 戦争の終結 / das *Ende* des Zuges 列車の最後部 / *Ende* April 4月の末に / Er ist *Ende* fünfzig. 彼は50歳代の終わりだ / Er kommt *Ende* der Woche. 彼は週末に来る / letzten *Endes* 結局は, つまるところ / ein *Ende*⁴ finden (または nehmen) 終わる ➡ Er findet ein *Ende* mit Erzählen. 彼は話しだすとなかなか終わらない / ein böses (または kein gutes) *Ende*⁴ nehmen 悪い結末に終わる / einem Streit ein *Ende*⁴ machen (または setzen) 争いにけりをつける / das dicke *Ende* 《口語》(予想外の)難事 ➡ Das *Ende* vom Lied war, dass ... 《口語》がっかりしたことに, 結局は…だった(民謡がしばしば悲しい結末で終わることから).

◇《前置詞とともに》**am** *Ende* des Jahres 1年の終わりに / Wir wohnen am *Ende* der Stadt. 私たちは町のはずれに住んでいる / Sie ist mit ihrer Kraft am *Ende*. 彼女は力尽きた / **am** *Ende* 結局は, とどのつまりは (☞ 類語 endlich) / 《入》³ **bis ans** *Ende* der Welt³ folgen 入³にどこへでもついて行く / **bis** *Ende* der Woche² 週末まで / **von** Anfang **bis** *Ende* 初めから終わりまで / **gegen** *Ende* des Jahres その年の終わりごろ / Das ist eine Schraube **ohne** *Ende*. それは果てしがない(←末端のないねじだ) / **von einem** *Ende* **zum** andern laufen 端から端まで走る / **zu** *Ende* gehen 終わる ➡ Der Tag geht zu *Ende*. 一日が終わる / eine Arbeit⁴ **zu** *Ende* bringen (または führen) 仕事を終わらせる / mit 人³ **zu** *Ende* kommen 人³(仕事など)を済ます / Meine Geduld ist zu *Ende*. もう我慢できない / Es geht mit ihm zu *Ende*. 彼はいよいよ終わりだ(死にかかっている).

② 末端部, 切れ端. das *Ende* der Wurst² ソーセージの切れ端. ③ 《複 なし》《口語》(かなりの)道のり. Es ist noch ein gutes *Ende* bis zum Bahnhof. 駅まではまだかなりの道のりがある.

En·de² [エンデ] -s/ 《人名》エンデ (Michael Ende 1929–1995; ドイツの作家).

*en·den [エンデン éndən] du endest, er endet (endete, hat...geendet) 自 (完了 haben) ① **終わる**, 終了する; 話(演奏)を終える. (英 end). (☞「始まる」は an|fangen, beginnen). Der Roman *endet* glücklich. この小説はハッピーエンドだ / Die Sitzung *hat* um 18 Uhr ge*endet*. 会議は18時に終わった / Diese Eisenbahnlinie *endet* an der Grenze. この鉄道は国境まで延びている / Der Streit *endete* mit einer Prügelei. そのけんかはついになぐり合いになった. ② (まれに 完了 sein) 生涯を終える, 死ぬ.

....

類語 **enden**:「終わる」という意味で最も一般的な語. **schließen**:(あるやり方で)しめくくられる, 終わる. Seine Rede *schloss* mit folgenden Bemerkungen: „..." 彼の話は「…」という言葉で終わった. **auf|hören**:(それ以上続かずに)やむ, 中断する. Der Regen *hörte* endlich *auf*. やっと雨があがった.

....

End·er·geb·nis [エント・エァゲープニス] 中 ..nisses/..nisse 最終結果.

en dé·tail [アンデタイ ā detáj] 《フランス》 ① 《商》小売りで. ② 個々に, 詳細にわたって.

en·de·te [エンデテ] *enden(終わる)の 過去.

***end·gül·tig** [エント・ギュルティヒ éntgyltɪç] 形 最終的な, 決定的な. (英 final). ein *endgültiges* Urteil 最終判決 / 事⁴ *endgültig* entscheiden 事⁴を最終的に決定する.

End·gül·tig·keit [エント・ギュルティヒカイト] 女 -/ 最終的(決定的)であること.

End·hal·te·stel·le [エント・ハルテシュテレ] 女 -/-n (バス・路面電車の)終点.

En·di·vie [エンディーヴィエ ɛndíːvjə] 女 -/-n 《植》エンダイブ, キクヂシャ. (☞ Gemüse 図).

End·kampf [エント・カンプフ] 男 -[e]s/..kämpfe 《スポーツ》決勝戦;《軍》決戦.

End·la·ger [エント・らーガァ] 中 -s/- (核廃棄物などの)最終貯蔵所.

End·la·ge·rung [エント・らーゲルング] 女 -/-en (核廃棄物などの)最終貯蔵.

:**end·lich** [エントリヒ éntlɪç]

> やっと Sie ist *endlich* gekommen.
> ズィー イスト エントリヒ ゲコンメン
> 彼女はやっとやって来た.

I 副 ① (待ちに待って)やっと, ついに, ようやく;(いらいらした気持ちで)いいかげんに, もうそろそろ. (英 finally). *Endlich* habe ich die Stelle gefunden. やっと私はその場所を見つけた / Komm doch *endlich*! もういいかげんに来いよ / Na *endlich*!《口語》やれやれ.

② 最後に[は], 結局[は]. *Endlich* musste er doch nachgeben. 結局彼は譲歩せざるをえなかった.

II 形 ① 《数》有限の;《哲》限りある. eine *endliche* Zahl 有限数 / unser *endliches* Leben 私たちの無常の生.

② 《口語》待ち望んだ. seine *endliche* Zustimmung 待ち望んでいた彼の賛成.

③ 最後の. das *endliche* Ergebnis 最終結果.

....

類語 **endlich**: この語の「やっと」は待望の気持ちを表す. Du bist du *endlich*! やっと来てくれた. **schließlich**: (経過はどうであれ最後の段階では)ついに, とどのつまりは. Er ist *schließlich* doch noch gekommen. 彼は結局のところやはりやって来た. **am Ende**: (時間的に)終わりに, 最後は. Das ist *am Ende* dasselbe. それは結局は同じことだ.

....

End·lich·keit [エントリヒカイト] 女 -/-en 《ふつう 単》有限[性];《雅》(現世の)無常さ.

end·los [エント・ろース] 形 終わりのない, 無限の;《工》エンドレスの, 継ぎ目のない. ein *endlo*-

ser Streit 果てしない争い / endlos reden 延々と話す.

End‗lo‧sig‧keit [エント・ローズィヒカイト] 囡 -/ 無限[であること], 永久, 不滅.

en‧do‧gen [エンドゲーン endogéːn] 形 ① 《医・心》内因性の. (⇔「外因性の」は exogen). ② 《植》内生の. ③ 《地学》地球内部から生み出された, 内成の.

End‗punkt [エント・プンクト] 男 -[e]s/-e 終点, 終極点, 終着点; (旅の)目的地.

End‗reim [エント・ライム] 男 -[e]s/-e 《詩学》脚韻. (⇔「頭韻」は Stabreim).

End‗run‧de [エント・ルンデ] 囡 -/-n 《スポ》決勝戦, (ボクシングの)最終ラウンド.

End‗sil‧be [エント・ズィルベ] 囡 -/-n 《言》(単語の)語末音節.

End‗spiel [エント・シュピール] 中 -[e]s/-e 《スポ》決勝戦; (チェスの)終盤[戦].

End‗spurt [エント・シュプルト] 男 -[e]s/-s (まれに -e) (競争の)ラストスパート.

End‗sta‧ti‧on [エント・シュタツィオーン] 囡 -/-en 終着駅, 終点.

End‗sum‧me [エント・ズンメ] 囡 -/-n 総和, 総計.

En‧dung [エンドゥング] 囡 -/-en 《言》語尾; 接尾辞, 後つづり.

End‗ver‧brau‧cher [エント・フェァブラオハァ] 男 -s/- 《経》末端消費者, エンドユーザー.

End‗ziel [エント・ツィール] 中 -[e]s/-e 最終目標.

• *die* **E‧ner‧gie** [エネルギー enɛrgíː] 囡 《単》 -/《複》 -n [..キーエン] ① 《複 なし》活力, 精力, 活動力, エネルギー. (⇔ *energy*). ein Mensch voller *Energie*² 活力にあふれた人 / alle *Energie*⁴ für 物⁴ auf|bieten 物⁴のために全精力を傾注する / mit aller *Energie* 全精力を傾けて. ② 《物》エネルギー. Sonnen*energie* 太陽エネルギー / potentielle *Energie* 位置(ポテンシャル)エネルギー / *Energien*⁴ speichern エネルギーを蓄える.

E‧ner‧gie‗be‧darf [エネルギー・ベダルフ] 男 -[e]s/ エネルギー需要.

E‧ner‧gie‗ein‧spa‧rung [エネルギー・アインシュパールング] 囡 -/-en エネルギー節減.

E‧ner‧gie‗kri‧se [エネルギー・クリーゼ] 囡 -/-n エネルギー危機.

e‧ner‧gie‗los [エネルギー・ロース] 形 元気(活力)のない.

E‧ner‧gie‗po‧li‧tik [エネルギー・ポリティーク] 囡 -/ エネルギー政策.

E‧ner‧gie‗quel‧le [エネルギー・クヴェれル] 囡 -/-n エネルギー[供給]源.

E‧ner‧gie‗spa‧ren [エネルギー・シュパーレン] 中 -s/ エネルギーの節約, 省エネ.

E‧ner‧gie‗ver‧brauch [エネルギー・フェァブラオホ] 男 -[e]s/ エネルギー消費[量].

E‧ner‧gie‗ver‧sor‧gung [エネルギー・フェァゾルグング] 囡 -/-en エネルギーの供給.

E‧ner‧gie‗wirt‧schaft [エネルギー・ヴィルトシャフト] 囡 -/ (電力・ガスなどの)エネルギー産業, エネルギー管理(経済).

• **e‧ner‧gisch** [エネルギッシュ enérgɪʃ] I 形 ① 精力的な, エネルギッシュな. (⇔ *energetic*). ein energischer Mann エネルギッシュな男. ② 断固とした, 決然とした. *energische* Maßnahmen 断固たる処置.

II 副 力をこめて, 断固として. 物⁴ *energisch* betonen 物⁴を特に強調する.

En‧fant ter‧ri‧ble [アンふァン テリーブる ɑ̃fɑ̃ teríbl] [フランス] 中 --/--s -s はた迷惑な人(社会的ルールを破って周囲の人を当惑させる無思慮な人. 元の意味は「恐るべき子供」).

: **eng** [エング éŋ]

> 狭い
>
> Meine Wohnung ist sehr *eng*.
> マイネ ヴォーヌンク イスト ゼーァ エング
> 私のアパートはとても狭い.

形 (比較 enger, 最上 engst) ① (部屋などが)狭い. (⇔ *narrow*). (⇔「広い」は weit). ein *enges* Zimmer 狭い部屋 / Die Gassen hier sind sehr *eng*. この辺りの路地は非常に狭い.
② (衣服などが)体にぴったりフィットした, きつめの. ein *enger* Rock タイトスカート / Das Kleid ist mir zu *eng* geworden. 《現在完了》このワンピースは私には窮屈になった.
③ (間隔が)びっしり詰まった, 密集した. *eng* schreiben びっしり詰めて書く / Die Schüler sitzen zu *eng*. 生徒たちはぎゅうぎゅう詰めに座っている.
④ 《比》限定された, 制約された. im *engeren* Gesichtskreis 狭い視野 / im *engeren* Sinne 狭義では / in die *engere* Wahl kommen 最終選考に残る / 物⁴ *eng* aus|legen (sehen) 物⁴(規則など)を厳密に解釈する(見る).
⑤ 《比》(関係が)親しい, 親密な. eine *enge* Freundschaft 親密な友情 / im *engsten* Familienkreis ごく内輪で / Wir sind *eng* befreundet. 私たちはとても仲がよい.

....

類語 *eng*: (左右が迫っていたり, 空間的広がりの余地がなく)狭い. *schmal*: (幅がなく)狭い. eine *schmale* Treppe 狭い階段.

das **En‧ga‧din** [エンガディーン éŋgadiːn または ..ディーン] 中 -s/《定冠詞とともに》《地名》エンガディーン(スイス, グラウビュンデン州. イン川上流にあるウィンタースポーツの中心地の一つ).

En‧ga‧ge‧ment [アンガジュマーン ɑ̃gaʒəmɑ́ː] [フランス] 中 -s/-s ① 《複 なし》(政治・社会問題への)関与, 参加, アンガージュマン. ein politisches *Engagement* 政治参加. ② (芸能人などの)雇用, [雇用]契約. ③《経》証券売買契約履行の義務.

en‧ga‧gie‧ren [アンガジーレン ɑ̃gaʒíːrən] I 再帰 (h) *sich*⁴ *engagieren* (責任をもって)関与(参加)する, かかわり合う. *sich*⁴ *für* 物⁴ *enga-*

engagiert

gieren 事⁴のために尽力する / *sich*⁴ *in* 事³ *engagieren* 事³に関与する．**II** 他 (h) (芸能人など⁴と)[雇用]契約を結ぶ; (家庭教師など⁴を)雇用する．

en·ga·giert [アンガジーァト] **I** engagieren (再帰 で: 関与する)の過分 **II** 形 (政治・社会問題に)積極的に参加した，社会参加の(作家・映画など)．

En·ge [エンゲ əŋə] 女 -/-n 〖複 なし〗狭いこと，狭さ．② 狭い場所，狭い道．Meer*enge* 海峡 / Land*enge* 地峡 / 人⁴ in die Enge treiben《比》人⁴を窮地に追い込む．

der **En·gel** [エンゲる éŋəl] 男 (単 2) -s/(複) - (3格のみ -n) ①《宗》天使．（英）angel) - Schutz*engel* 守護天使 / ein gefallener *Engel* 堕落天使(悪魔のこと) / Sie ist schön wie ein *Engel*. 彼女は天使のように美しい / Ein *Engel* fliegt (または geht) durchs Zimmer.《比》ふいに会話がとぎれる(←天使が部屋を通る) / Er hörte die *Engel*⁴ im Himmel singen.《口語》彼は苦痛のあまりに気が遠くなった(←天国で天使が歌うのを聞いた)．② 救い主，救いの神;《口語》(ふつう皮肉で:)純真(無邪気)な人．

en·gel·haft [エンゲるハふト] 形 天使のようにかわいい(優しい)．

En·gel≤ma·che·rin [エンゲる・マッヘリン] 女 -/..rinnen《口語》やみ堕胎を行う女(産婆)．

En·gels [エンゲるス éŋəls] -/《人名》エンゲルス (Friedrich *Engels* 1820–1895; ドイツの社会主義者でマルクスの協力者).

En·gels≤ge·duld [エンゲるス・ゲドゥるト] 女 -/ (天使のような)大きな忍耐(寛容)．

En·ger·ling [エンガァリング éŋərlɪŋ] 男 -s/-e 《昆》ジムシ(コガネムシなどの幼虫)．

eng·her·zig [エング・ヘルツィヒ] 形 心の狭い，狭量な，こせこせした．

Eng·her·zig·keit [エング・ヘルツィヒカイト] 女 -/ 心の狭いこと，狭量．

engl. [エングリッシュ]《略》イギリス[人]の，英語の (=englisch).

*⁕**Eng·land*** [エングらント éŋlant] 中 (単 2) -s/ ①《国名》イギリス，英国(「グレートブリテンおよび北アイルランド連合王国」の通称．首都はロンドン)．②《地名》イングランド(グレートブリテン島の南半分で，ウェールズを除いた地方)．

der **Eng·län·der** [エングれンダァ éŋlɛndər] 男 (単 2) -s/(複) - (3格のみ -n) イギリス人． （英) 女性形は Engländerin).

*⁕**eng·lisch*** [エングリッシュ éŋlɪʃ] 形 (英) *English*) ① イギリスの，イギリス人の; イギリス的な．die *englische* Sprache 英語 / ein *englischer* Freunde. 私にはイギリス人の友だちがいる / der *Englische* Garten in München ミュンヒェンのイギリス式庭園(自然の景観を生かした庭園)．② 英語の，英語による．auf *englisch* (新形) auf *Englisch*) sprechen 英語で話す / *englische* Literatur 英文学．

*⁕**Eng·lisch*** [エングリッシュ éŋlɪʃ] 中 (単 2) -[e]s/《冠詞なして》①（一般的に:）英語．（英) *English*)．（← 用法については Deutsch の項参照)．*Englisch*⁴ sprechen 英語を話す / Ich lerne *Englisch*. 私は英語を学んでいます / auf *Englisch* sprechen 英語で話す．② (特定の)英語．Sein *Englisch* ist einwandfrei. 彼の英語は非の打ちどころがない．

Eng·li·sche [エングリッシェ éŋlɪʃə] 中 〖複 なし; 定冠詞とともに〗語尾変化は形容詞と同じ〗 ① 英語．（← 用法については Deutsche の項参照)．im *Englischen* 英語で / Ich übersetze den Roman ins *Englische*. 私はその小説を英語に翻訳する．② イギリス的なもの(こと)．

Eng·lisch≤horn [エングリッシュ・ホルン] 中 -[e]s/..hörner《音楽》イングリッシュホルン．

eng·ma·schig [エング・マッシヒ] 形 編み目の細かい，目の詰んだ．

Eng·pass [エング・パス] 男 -es/..pässe ①（山間などの)峡道，隘路(ˇ)．《比》ネック．②（物資不足などによる)窮境，供給不足．

Eng·paß ☞ (新形) Engpass

en gros [アングロ ã gró] [ззу]《商》卸で．

eng·stir·nig [エング・シュティルニヒ] 形 視野の狭い，偏狭な，頑迷な．

der **En·kel** [エンケる éŋkəl] 男 (単 2) -s/(複) - (3格のみ -n) ① 孫．（英) grandchild)．Sie hat schon vier *Enkel*. 彼女にはもう 4 人の孫がいる．②〖複 -〗子孫．

En·ke·lin [エンケリン éŋkəlɪn] 女 -/..linnen 孫娘．

En·kel≤kind [エンケる・キント] 中 -[e]s/-er (幼い)孫．

En·kla·ve [エンクらーヴェ ɛŋkláːvə] 女 -/-n (自国内にある他国の)飛び領土．

en masse [アン マス ã más] [зз]《口語》大量に，多量に．

en mi·ni·a·ture [アン ミニヤテュール ã minjatý:r] [зз] ミニチュアで，縮尺で．

e·norm [エノるム enórm] **I** 形 ① 巨大な．②《口語・比》驚くべき，すばらしい．**II** 副《口語》非常に，とてつもなく．

en pas·sant [アン パサン ã pasã] [зз] ついでに；通りすがりに．

En·que·te [アンケート ãké:t または ..т ..tə] 女 -/-n ① (公的な)アンケート (=Rundfrage, Umfrage).②《ɛıщ》研究集会．

En·sem·ble [アンサンブる ãsã:bl] 中 -s [..ブる[ス]]/-s [..ブる[ス]] ① 劇団，アンサンブル;《音楽》アンサンブル(室内楽などの小編成での合奏など)．②《服飾》(上衣・コートなどの)アンサンブル．③ 調和のとれた全体[像]．

ent.. [エント.. ɛnt..]《非分離動詞の 前つづり; アクセントをもたない》〖対応〗例: *ent*sprechen 相応する．②《除去》例: *ent*giften 解毒する．③《離脱》例: *ent*laufen 逃げ去る．④《開始》例: *ent*brennen 燃え上がる．⑤《悪化》例: *ent*arten 堕落する．⑥《起源・生成》例: *ent*springen 由来する．

ent·ar·ten [エント・アールテン ɛnt-áːrtən] 自 (s) 堕落する, 退化する. ◊《過去分詞の形で》 *entartete* Kunst (ナチス用語で)頽廃芸術(ナチスの芸術観に合致しない芸術の総称).

Ent·ar·tung [エント・アールトゥング ɛnt-áːrtuŋ] 女 -/-en ① 《複 なし》堕落, 悪化, 退化. ② 堕落現象, 退化形態. ③ 《医》変性, 退化.

ent·äu·ßern [エント・オイサァン ɛnt-ɔ́ysərn] 再帰 *sich*[4] *entäußern*《雅》物[2]を放棄(断念)する, 手放す.

ent·band [エント・バント] ＊entbinden (解放する)の 過去

＊**ent·beh·ren** [エント・ベーレン ɛnt-béːrən] (entbehrte, hat...entbehrt) **I** 他 《定了 haben) ① 《雅》(人・物[4]が)[い]ないのが寂しい(不自由である). Sie *entbehrt* schmerzlich ihren Freund. 彼女はボーイフレンドと離れていてひどく寂しい. ② 《ふつう **können, müssen** などとともに》(人・物[4])なしで済ます. Ich *kann* das Buch nicht *entbehren*. 私はその本がなくても困る. **II** 自 《定了 haben)《雅》《事[2]を欠いている. Diese Behauptung *entbehrt* jeder Grundlage. この主張にはなんら根拠がない.

ent·behr·lich [エント・ベーァリヒ] 形 なくても済む, 不必要な, 余計な.

ent·behrt [エント・ベーァト] ＊entbehren (ないのが寂しい)の 過分

ent·behr·te [エント・ベーァテ] ＊entbehren (ないのが寂しい)の 過去

Ent·beh·rung [エント・ベールング] 女 -/-en 欠乏, 不自由を忍ぶこと.

ent·bie·ten＊ [エント・ビーテン ɛnt-bíːtən] 他 (h)《雅》① (人を介して人[3]にあいさつなど[4]を)伝える. Der Minister *entbietet* Ihnen seine Grüße. 大臣が貴殿によろしくと申しております. ② 《成句的に》人[4] **zu** sich[3] *entbieten* 人[4]を呼び寄せる.

＊**ent·bin·den**＊ [エント・ビンデン ɛnt-bíndən] du entbindest, er entbindet (entband, hat...entbunden) **I** 他 《定了 haben) ① 〔人[4] **von** 事[3] ～ 〕(人[4]を事[3](義務など)から)解放する. 人[4] von seinen Ämtern (雅：人[4] seiner Ämter[2]) *entbinden* 人[4]を職責から解放する. ② (人[4]に)分娩(ぶんべん)させる, 出産させる. **II** 自 《定了 haben) 分娩(ぶんべん)する, 出産する. Sie *hat* gestern *entbunden*. 彼女はきのうお産をした.

Ent·bin·dung [エント・ビンドゥング] 女 -/-en ① 解放, 免除. ② 分娩(ぶんべん), お産, 出産. eine leichte *Entbindung* 安産.

ent·blät·tern [エント・ブレッタァン ɛnt-blɛ́tərn] **I** 他 (h)《風などが樹木[4]の)葉を落とす. **II** 再帰 (h) *sich*[4] *entblättern* (樹木が)葉を落とす;《口語・戯》服を脱ぐ.

ent·blö·den [エント・ブレーデン ɛnt-blǿːdən] 再帰《成句的に》*sich*[4] *nicht entblöden*, **zu** 不定詞[句]《雅》臆面(おくめん)もなく…する.

ent·blö·ßen [エント・ブレーセン ɛnt-blǿːsən] 他 (h) ① (胸・腕など[4]を)露出させる, むき出しにする;(刀[4]を)抜く. die Brust[4] *entblößen* 胸をはだける. ◊《再帰的に》*sich*[4] *entblößen* 裸になる;《比》心中を打ち明ける. ◊《過去分詞の形で》mit *entblößtem* Kopf 帽子を脱いで. ② 〔人[4] **von** 物[3] ～ 〕(人[4]から物[3]を)取り上げる.

Ent·blö·ßung [エント・ブレースング] 女 -/-en 露出;暴露;剥奪(はくだつ).

ent·bren·nen＊ [エント・ブレンネン ɛnt-brɛ́nən] 自 (s)《雅》① (戦争などが)突発する, 勃発(ぼっぱつ)する. ② (感情が)燃え上がる. Sein Herz *entbrannte* **in** Liebe zu ihr. 彼の心は彼女への思いに燃えた.

ent·bun·den [エント・ブンデン] ＊entbinden (解放する)の 過分

：**ent·de·cken** [エント・デッケン ɛnt-dékən] (entdeckte, hat...entdeckt) 他 《定了 haben) ① 発見する. 《英》discover). einen neuen Stern *entdecken* 新しい星を発見する / Wer *hat* das Aidsvirus *entdeckt*? だれがエイズウイルスを発見したのですか.
② 見つける, 見つけ出す. einen Fehler *entdecken* 誤りを見つける / Ich *entdeckte* ihn zufällig unter den Gästen. 偶然に私は客の中に彼がいるのに気づいた.
③ 《雅》(人[3]に事[4]を)打ち明ける. Er *hat* ihr sein Herz *entdeckt*. 彼は彼女に愛を打ち明けた. ◊《再帰的に》*sich*[4] 人[3] *entdecken* 人[3]に心中を打ち明ける.

Ent·de·cker [エント・デッカァ ɛnt-dékər] 男 -s/- 発見者.

ent·deckt [エント・デックト] ＊entdecken (発見する)の 過分, 3 人称単数・2 人称複数 現在

ent·deck·te [エント・デックテ] ＊entdecken (発見する)の 過去

＊*die* **Ent·de·ckung** [エント・デックング ɛnt-dékuŋ] 女 (単) -/(複) -en ① 発見.《英》discovery). die *Entdeckung* eines neuen Sterns 新しい星の発見 / eine große *Entdeckung*[4] machen 一大発見をする. ② 発見されたもの.

Ent·de·ckungs⊱rei·se [エントデックングス・ライゼ] 女 -/-n 探検旅行.

＊*die* **En·te** [エンテ ɛ́ntə] 女 (単) -/(複) -n ① 《鳥》カモ(鴨);アヒル.《英》duck). Die *Enten* schnattern. 鴨ががあがあ鳴く / lahme *Ente*《口語》a) のろま(にやつ), b) おんぼろ車(船・飛行機) / Er schwimmt wie eine bleierne *Ente*.《口語》彼は泳ぎが下手だ(←鉛でできた鴨のように泳ぐ). ② 雌の鴨(めすあひる). ③ 《隠語》(新聞などの)虚報, でっちあげの記事. ④ 《口語》(あひるの形をした)男子用の尿(にょう)びん. ⑤ 《成句的に》kalte *Ente* コブラー(ワイン・シャンパン・レモンをミックスした飲み物).

ent·eh·ren [エント・エーレン ɛnt-éːrən] 他 (h) ① (人[4]の)名誉を傷つける;(名前など[4]を)けがす. ② 《古》(女性[4]を)辱める.

ent·eig·nen [エント・アイグネン ɛnt-áɪɡnən] 他 (h)《法》(人[4]の)財産を没収する, (土地など[4]を)

接収(収用)する.

Ent·eig·nung [エント・アイグヌング] 女 -/-en 《法》(法規による)[土地]接収, 公用徴収, 収用.

ent·ei·len [エント・アイレン] ɛnt-áilən 自 (s) 《雅》急いで立ち去る;《比》(時間が)早く過ぎ去る

ent·ei·sen [エント・アイゼン] ɛnt-áizən 他 (h) (物⁴の)氷を除去する.

En·ten·bra·ten [エンテン・ブラーテン] 男 -s/- 鴨(ﾂ)の焼き肉, ローストダック.

En·ten·te [アンターント] ɑtɑ̃ːt または ..ˈtɛ ..tə [ﾀﾝ] 女 -/-n [..テン] 《政》協約, 協商.

ent·er·ben [エント・エルベン] ɛnt-érbən 他 (h) (人⁴の)相続権を奪う.

Ent·er·bung [エント・エルブング] 女 -/-en 相続権剥奪(はく).

En·te·rich [エンテリヒ] éntərɪç 男 -s/-e 雄の鴨(ｶﾓ)(あひる).

en·tern [エンタァン] éntərn I 自 (s) 《海》よじ登る. **in die Masten** entern マストによじ登る. II 他 《海》(敵船⁴を)乗っ取る. ② 《口語》(塀など⁴に)よじ登る.

En·ter·tai·ner [エンタテイナァ] ɛntərtéɪnər [英] 男 -s/- エンターテイナー, 芸能人.

ent·fa·chen [エント・ファッヘン] ɛnt-fáxən 他 (h)《雅》(火⁴を)燃え上がらせる;《比》(憎しみ・欲情など⁴を)あおる, かき立てる.

ent·fah·ren* [エント・ファーレン] ɛnt-fáːrən 自 (s)(言葉・ため息などが人³の)口から思わず漏れる;(音・光などが物³から)突然出てくる.

ent·fal·len* [エント・ファレン] ɛnt-fálən 自 (s) ① 《雅》(人³の手から・手など³から)滑り落ちる. **Das Buch** entfiel **ihm** (または **seinen Händen**). その本が彼の手から落ちた. ② (人³の)記憶から消える. **Der Name** ist **mir** entfallen.《現在完了》私はその名前を忘れた. ③ 《書》もはや行われない, とりやめになる. ④ 《**auf** ~》(人⁴の)取り分となる. **Auf jeden Teilnehmer** entfallen **100 DM**. 各参加者の取り分は 100 マルクとなる.

***ent·fal·ten** [エント・ファるテン] ɛnt-fáltən **du entfaltest, er entfaltet** (**entfaltete, hat**...**entfaltet**) I 他 《定了 haben》① (包みなど⁴を)開ける, (地図など⁴を)広げる;(草木が花・葉⁴を)広げる. **eine Serviette**⁴ entfalten ナプキンを広げる. ② (能力・才能⁴を)伸ばす;発揮する. **sein ganzes Können**⁴ entfalten 全能力を発揮する. ③ (意見など⁴を)述べる, 開陳する. **er entfaltete vor uns seine Gedanken**. 彼は私たちに自分の考えを披露した. ④ (活動など⁴を)繰り広げる, 展開する.
II 再帰 《定了 haben》 sich⁴ entfalten ① (落下傘などが)開く, 広がる;(花が)開く. ② (能力などが)伸びる;発展する;展開する.

ent·fal·tet [エント・ファるテット] *entfalten (開けるの) 過分

ent·fal·te·te [エント・ファるテテ] *entfalten (開けるの) 過去

Ent·fal·tung [エント・ファるトゥング] 女 -/-en

開ける(広げる)こと;(意見の)開陳;展開, 発展.

***ent·fer·nen** [エント・フェルネン] ɛnt-férnən (**entfernte, hat**...**entfernt**) I 他 《定了 haben》① 取り除く, 取り去る. (英 *remove*). **einen Flecken aus dem Kleid** entfernen ワンピースの染みを抜く / **Sie** hat **das Bild der Wand** entfernt. 彼女はその絵を壁から取りはずした. ② 遠ざける;退学(退職)させる. **einen Schüler aus der Schule** entfernen 生徒を退学させる / **Diese Frage** entfernt **uns zu weit vom Thema**. この問題を論じると私たちは本論から遠くそれてしまう.
II 再帰 《定了 haben》 sich⁴ entfernen 遠ざかる, 離れる;(話題が)それる. **Er entfernte sich heimlich aus der Stadt.** 彼はひそかに町を立ち去った / sich⁴ **von der Wahrheit** entfernen 真実から離れる.

:**ent·fernt** [エント・フェルント] ɛnt-férnt I *entfernen (取り除く)の 過分
II 形 《比較 entfernter, 最上 entferntest》① 遠く離れた, へんぴな. (英 *distant*). **ein** entfernter **Ort** へんぴな場所 / **Der Hof liegt weit** entfernt **von der Straße**. その農場は道路からずっと離れている / **weit davon** entfernt **sein, zu 不定詞[句]**《比》…するつもりは全然ない ⇨ **Ich bin weit davon** entfernt, **ihm zu glauben**. 私は彼の言うことを信じる気はさらさらない. (☞ 類語 fern).
② 《数量を表す 4 格とともに》(…の)距離のある. **Unser Haus liegt 50 m von der Straße** entfernt. 私たちの家は通りから 50 メートル離れている / **Der Strand ist zehn Autominuten** entfernt. その海岸は車で 10 分の所にある.
③ (血縁などが)遠い. entfernte **Verwandte** 遠縁の人たち.
④ かすかな, わずかな. **Er hat nur eine** entfernte **Ähnlichkeit mit dir.** 彼は君とほんの少ししか似ていない / 人³ 事⁴ entfernt **an|deuten** 人³に事⁴をそれとなくほのめかす. ◇《名詞的に》**nicht im** entferntesten (新形 **im Entferntesten**) 全然…ない.

ent·fern·te [エント・フェルンテ] *entfernen (取り除く)の 過去

***die Ent·fer·nung** [エント・フェルヌング] ɛnt-férnʊŋ 女 (単) -/(複) -en ① (2 点間の) 距離, 間隔. (英 *distance*). **die Entfernung**⁴ **messen** 距離を測る / **Die Entfernung beträgt 100 Meter.** その距離は 100 メートルある / **aus** (**in**) **einiger Entfernung** 少し離れた所から(少し離れて). ② 取り除く(遠ざける)こと, 除去;解任. **die Entfernung der Trümmer**² がれきの除去 / **die Entfernung aus dem Amt** 免職.

Ent·fer·nungs⹀mes·ser [エント・フェルヌングス・メッサァ] 男 -s/- 《写》距離計;測距儀.

ent·fes·seln [エント・フェッセルン] ɛnt-fésəln 他 (h) (反乱・戦争など⁴を)引き起こす, 巻き起こす;(感情など⁴を)爆発させる.

ent·fes·selt [エント・フェッセるト] I entfesseln

(引き起こす)の 過分 II 形 解き放たれた，束縛を脱した．*entfesselte* Leidenschaften 奔放な情熱．

ent·fet·ten [エント・ふェッテン ɛnt-fétən] 他 (h) (物⁴を)脱脂する．

ent·flam·men [エント・ふらンメン ɛnt-flámən] I 他 (h) 《雅》(感情⁴・人⁴の気持ちを)燃え上がらせる．Sie *hat* sofort seine Liebe *entflammt*. 彼女はたちまち彼の恋心を燃え上がらせた． ◇過去分詞の形で》für 人⁴ *entflammt* sein 人³に熱を上げている． II 自 (s) 《雅》① (感情が)燃え上がる． ②《烹》(争いなどが)起こる．

ent·flech·ten(*) [エント・ふれヒテン ɛnt-fléçtən] 他 (h) ① (経) (大企業など⁴を)解体する． ② (編まれたもの⁴を)解く，ほどく；(複雑な関係など⁴を)すっきりさせる．

Ent·flech·tung [エント・ふれヒトゥング] 女 -/-en (経) (大企業などの)解体，分割；(編まれたものを)解く(ほどく)こと．

ent·flie·hen* [エント・ふリーエン ɛnt-flí:ən] 自 (s) ① 逃げ去る，逃走する；(人・物³から)逃れる．aus dem Gefängnis *entfliehen* 脱獄する / dem Lärm *entfliehen* 騒音から逃れる． ② 《雅》(時間・幸福が)矢のように過ぎ去る．

ent·frem·den [エント・ふレムデン ɛnt-frémdən] I 他 (h) ① (人³から人・物⁴を)遠ざける．Die Arbeit *hat* ihn mir *entfremdet*. 仕事が彼の気持ちを私から遠ざけた． ②《成句的に》物⁴ seinem Zweck *entfremden* 物⁴を本来の目的(用途)以外のことに使う． II 再帰 (h) sich⁴ 人・事³ *entfremden* 人・事³と疎遠になる．

Ent·frem·dung [エント・ふレムドゥング] 女 -/-en ① 疎遠，(関係の)冷却． ②《哲》(特にマルクス主義用語で):疎外．

Ent·fros·ter [エント・ふロスタァ ɛnt-fróstər] 男 -s/- 霜取り装置，デフロスター．

ent·füh·ren [エント・ふューレン ɛnt-fý:rən] 他 (h) ① (人⁴を)誘拐する；(飛行機⁴を)ハイジャックする． ②《戯》(人³から物⁴を)拝借する．

Ent·füh·rer [エント・ふューラァ ɛnt-fý:rər] 男 -s/- 誘拐犯人，ハイジャッカー．

Ent·füh·rung [エント・ふュールング] 女 -/-en 誘拐；ハイジャック．

ent·gan·gen [エント・ガンゲン ɛnt-gáŋən] *entgehen (逃れる)の 過分．

:**ent·ge·gen** [エント・ゲーゲン ɛnt-gé:gən] I 前《3格とともに；名詞のあとに置かれることもある》…に反して，…とは逆に．*entgegen* allen Erwartungen あらゆる期待に反して / *Entgegen* meinem Wunsch (または Meinem Wunsch *entgegen*) ist er nicht gekommen.《現在完了》私の望みに反して彼は来なかった．
II 副 ① (人・物³の方へ)向かって．dem Wind *entgegen* 風に向かって．
② (人・事³に)反して，逆らって．Dieser Beschluss ist meinen Wünschen völlig *entgegen*. この決定は私の希望にまっこうから対立するものだ．

ent·ge·gen.. [エント・ゲーゲン.. ɛntgé:gən..]《分離動詞の前つづり；つねにアクセントをもつ》① 《接近・歓迎》例: *entgegen*|kommen 出迎える． ②《対立・敵対》例: *entgegen*|stehen 対立する．

ent·ge·gen|brin·gen* [エントゲーゲン・ブリンゲン ɛntgé:gən-briŋən] 他 (h) (人³に信頼・好意などを)寄せる；(事³に関心などを)示す．

ent·ge·gen|ge·hen* [エントゲーゲン・ゲーエン ɛntgé:gən-gè:ən] 自 (s) (人³を)迎えに出る；《比》(事³を)迎える，(危険など³に)立ち向かう．

ent·ge·gen|ge·kom·men [エントゲーゲン・ゲコンメン] *entgegen|kommen (…の方にやって来る)の 過分．

·**ent·ge·gen=ge·setzt** [エントゲーゲン・ゲゼッツト ɛntgé:gən-gazɛtst] I entgegen|setzen (対置させる)の 過分
II 形 ① (位置的に)反対側の；逆の(方向など). (英) *opposite*). Er wohnt am *entgegengesetzten* Ende der Stadt. 彼はこの町の反対側のはずれに住んでいる / in die *entgegengesetzte* Richtung gehen 逆方向へ行く． ② (意見などが)対立した．In diesem Punkt sind wir *entgegengesetzter* Meinung². この点では私たちの意見は対立している．

ent·ge·gen|hal·ten* [エントゲーゲン・ハルテン ɛntgé:gən-hàltən] 他 (h) ① (人³に手など⁴を)さし出す． ② (人³に事⁴を持ち出して)反論する，異議を唱える．

·**ent·ge·gen|kom·men*** [エントゲーゲン・コンメン ɛntgé:gən-kòmən] (kam...entgegen, *ist*...entgegengekommen) 自 (完了 sein) ① (人・物³の方に)やって来る；(人³を)出迎える．Sie *kam* mir auf der Treppe *entgegen*. 彼女は私を階段の途中まで迎えに来てくれた． ② (人³の)意にそう，(希望などに)応じる．Im Preis *kommen* wir Ihnen gerne *entgegen*. 値段については喜んでご意向に応じます．

Ent·ge·gen=kom·men [エントゲーゲン・コンメン] 中 -s/ ① 好意，親切． ② 容認，譲歩．

ent·ge·gen·kom·mend [エントゲーゲン・コンメント] I *entgegen|kommen (…の方にやって来る)の 現分 II 形 好意的な，親切な．

ent·ge·gen|lau·fen* [エントゲーゲン・らウふェン ɛntgé:gən-làufən] 自 (s) ① (人³を)駆け寄って出迎える． ②《比》(事³に)反する，対立する．

ent·ge·gen|neh·men* [エントゲーゲン・ネーメン ɛntgé:gən-nè:mən] 他 (h) (贈り物など⁴を)受け取る，(注文など⁴を)受ける，(願い・苦情などを)受け入れる．

ent·ge·gen|se·hen* [エントゲーゲン・ゼーエン ɛntgé:gən-zè:ən] 自 (h) ① (事³を…な気持ちで)待ち受ける． ② (人・物³の方を)見る．

ent·ge·gen|set·zen [エントゲーゲン・ゼッツェン ɛntgé:gən-zètsən] I 他 (h) (人・事³に対して物⁴を)対置(対抗)させる．Er *setzte* mir Widerstand *entgegen*. 彼は私に抵抗した． II 再帰 (h) sich⁴ 人・事³ *entgegensetzen* 人・事³に対抗(反対)する．

◇☞ entgegengesetzt

ent·ge·gen|ste·hen* [エントゲーゲン・シュテーエン ɛntgéːgən-ʃtèːən] 自 (h) ① 〖人・事³〗の妨げになっている. ② 〖事³〗と対立している.

ent·ge·gen|stel·len [エントゲーゲン・シュテレン ɛntgéːgən-ʃtèlən] I 他 (h) (A³ に B⁴ を)対置する, 対抗して持ち出す. II 再帰 (h) sich⁴ 〖人・事〗 entgegenstellen 〖人・事³〗を妨げる.

ent·ge·gen|stre·cken [エントゲーゲン・シュトレッケン ɛntgéːgən-ʃtrɛ̀kən] 他 (h) 〖人³〗に両腕など⁴を差し伸べる.

ent·ge·gen|tre·ten* [エントゲーゲン・トレーテン ɛntgéːgən-trɛ̀ːtən] 自 (s) 〖人・事³〗に立ち向かう; 〖人³〗の身に起こる.

ent·ge·gen|wir·ken [エントゲーゲン・ヴィルケン ɛntgéːgən-vìrkən] 自 (h) 〖人³〗のじゃまをする, 〖事³〗を阻止しようとする.

ent·geg·nen [エント・ゲーグネン ɛntgéːgnən] 自 (h) 答える, 言い返す. „Ja", entgegnete er.「はい」と彼は答えた / auf 事⁴ entgegnen 事⁴に対して言い返す. (☞ 類語 antworten).

Ent·geg·nung [エント・ゲーグヌング] 女 -/-en 応答, 返答; 反論, 口答え.

ent·ge·hen [エント・ゲーエン ɛntgéːən] (entging, ist...entgangen) 自 (完了 sein) ① 〖事³〗を逃れる, 免れる. einer Gefahr³ entgehen 危険を逃れる / der Strafe³ entgehen 処罰を免れる. ② 〖人³〗に見落とされる, 見逃される. Dieser Fehler ist mir entgangen. 〖現在完了〗私はこの誤りを見落としてしまった / sich³ 物⁴ entgehen lassen 物⁴を見逃す, 見落とす ⇒ Er lässt sich keinen Vorteil entgehen. 彼はどんな利益も見逃さない.

ent·geis·tert [エント・ガイスタァト ɛntgáɪstɐt] 形 ぼうぜんとした, あっけにとられた.

Ent·gelt [エント・ゲるト ɛntgélt] 中 -[e]s/-e 代償, 報酬. Er arbeitet gegen (まれに für) ein geringes Entgelt. 彼はわずかな代償で働いている / als (または zum) Entgelt für meine Mühe 私の苦労の代償として.

ent·gel·ten* [エント・ゲるテン ɛntgéltən] 他 (h) 〖雅〗 ① 〖人³〗の〖事⁴〗に報いる; 報復(仕返し)する. ② (過失など⁴の)償い(補償)をする. 人⁴ 事⁴ entgelten lassen 人⁴に事⁴の償いをさせる(仕返しをする).

ent·gif·ten [エント・ギふテン ɛntgíftən] 他 (h) ① 〖物⁴〗の毒を取り除く, 〖物⁴を解毒する〗;〖比〗(雰囲気など⁴を)和らげる. ② 〖軍〗〖人・物⁴〗を消毒する.

ent·ging [エント・ギング] *entgehen (逃れる)の 過去

ent·glei·sen [エント・ぐらイゼン ɛntgláɪzən] 自 (s) ① 〖鉄道〗脱線する. ② 〖比〗(話などが)脱線する; 不穏当な発言(行為)をする.

Ent·glei·sung [エント・ぐらイズング] 女 -/-en ① 〖鉄道〗脱線. ② 〖比〗(話などの)脱線, 逸脱; 不穏当な発言(行為).

ent·glei·ten* [エント・ぐらイテン ɛntgláɪtən] 自 (s) 〖雅〗 ① 〖人³の手などから〗滑り落ちる.

Die Vase ist ihr (または ihren Händen) entglitten. 〖現在完了〗 花びんが彼女の手から滑り落ちた. ② 〖比〗〖人³の〗手に負えなくなる.

ent·grä·ten [エント・グレーテン ɛntgrɛ́ːtən] 他 (h) (魚⁴の)骨を抜く(取る).

ent·haa·ren [エント・ハーレン ɛnthá:rən] 他 (h) (足など⁴を)脱毛する. sich³ die Achseln⁴ enthaaren わきの下を脱毛する.

Ent·haa·rungs⸗mit·tel [エントハールングス・ミッテる] 中 -s/- 脱毛剤.

ent·hält [エント・ヘるト] *enthalten¹ (含んでいる) の 3 人称単数 現在

ent·hal·ten¹ [エント・ハるテン ɛnt-háltən] du enthältst, er enthält (enthielt, hat...enthalten) I 他 (完了 haben) 含んでいる, 含有している. (英 contain). Dieser Wein enthält 8% (=Prozent) Alkohol. このワインは 8 パーセントのアルコールを含んでいる / Die Flasche enthält bloß Wasser. そのびんには水しか入っていない. II 再帰 (完了 haben) sich⁴ 事² enthalten 〖雅〗事²を断念する, さし控える. sich⁴ des Alkohols enthalten 酒をやめる / sich³ der Stimme² enthalten 投票を棄権する / Ich konnte mich des Lachens nicht enthalten. 私は笑わずにはいられなかった.

ent·hal·ten² [エント・ハるテン] I *enthalten¹ (含んでいる)の 過分 II 形 含まれている. Im Gemüse sind Vitamine enthalten. 野菜にはビタミンが含まれている.

ent·halt·sam [エント・ハるトザーム] 形 控えめな, 節度のある; 禁欲的な. enthaltsam leben 節制した生活を送る.

Ent·halt·sam·keit [エント・ハるトザームカイト] 女 -/ 控えめ, 節制; 禁欲.

Ent·hal·tung [エント・ハるトゥング] 女 -/-en ① 〖複 なし〗節制, 禁欲. ② (投票の)棄権.

ent·här·ten [エント・ヘルテン ɛnthértən] 他 (h) (物⁴を)軟化する. Wasser⁴ enthärten 水を軟水化する.

ent·haup·ten [エント・ハオプテン ɛnt-háuptən] 他 (h) 〖雅〗(人⁴の)首をはねる.

Ent·haup·tung [エント・ハオプトゥング] 女 -/-en 打ち首, 斬首(ざんしゅ).

ent·he·ben* [エント・ヘーベン ɛnthéːbən] 他 (h) 〖雅〗(人⁴を事²から)解放する, 免除(放免)する. 人⁴ seines Amtes entheben 人⁴を解任する.

Ent·he·bung [エント・ヘーブング] 女 -/-en 〖雅〗(義務などからの)解放, 放免; 解任.

ent·hei·li·gen [エント・ハイりゲン ɛnt-háɪlɪɡən] 他 (h) (物⁴の)神聖を汚す.

ent·hem·men [エント・ヘンメン ɛnt-hémən] 他 (h) 〖心〗〖人⁴を抑制(抑圧)から解放する. ◇〖過去分詞の形で〗 völlig enthemmt sein すっかり自制心を失っている. ② (機械など⁴の)ブレーキ装置をはずす.

ent·hielt [エント・ヒーるト] *enthalten¹ (含んでいる) の 過去

ent·hiel·te [エント・ヒーるテ] *enthalten¹ (含ん

ent·hül·len [エント・ヒュレン ɛnt-hýlən] 他 (h) ① 《雅》《物⁴の》覆いを取る. ein Denkmal⁴ *enthüllen* 記念碑の除幕式を行う. ② 《雅》暴露する，《秘密など⁴を》明かす，打ち明ける. ◇《再帰的に》*sich⁴ enthüllen* あらわになる，露呈する ⇒ *sich⁴* als Lügner *enthüllen* うそつきの正体を現す.

Ent·hül·lung [エント・ヒュるング] 女 -/-en ① 覆いを取ること，除幕[式]. ②《ふつう複》暴露されたこと，露見.

En·thu·si·as·mus [エントゥズィアスムス ɛntuziásmʊs] 男 -/ 熱中，熱狂，感激.

En·thu·si·ast [エントゥズィアスト ɛntuziást] 男 -en/-en 熱狂的な信奉者(ファン).

en·thu·si·as·tisch [エントゥズィアスティッシュ ɛntuziástɪʃ] 形 熱狂的な，熱中した.

ent·jung·fern [エント・ユングファァン ɛnt-júŋfərn] 他 (h)《女性⁴の》処女を奪う.

ent·kal·ken [エント・カるケン ɛnt-kálkən] 他 (h)《物⁴から》石灰分を取り除く.

ent·kei·men [エント・カイメン ɛnt-káɪmən] I 他 (h) ① 殺菌する. ②《じゃがいもなど⁴の》芽を摘む. II 自 (s)《詩》《物³から》芽生える.

ent·ker·nen [エント・ケルネン ɛnt-kérnən] 他 (h)《果物⁴の》種(しん)を取り除く.

ent·klei·den [エント・クらイデン ɛnt-kláɪdən] 他 (h) ①《雅》《人⁴の》衣服を脱がせる. das Kind⁴ *entkleiden* 子供の服を脱がせる. ◇《再帰的に》*sich⁴ entkleiden* 衣服を脱ぐ. ②《人⁴から官位など²を》奪う, 剝奪(はくだつ)する.

ent·kom·men＊ [エント・コンメン ɛnt-kómən] 自 (s) 逃れる，逃走する. der Polizei³ *entkommen* 警察の手を逃れる / der Gefahr³ *entkommen* 危険を免れる / aus dem Gefängnis *entkommen* 脱獄する / ins Ausland *entkommen* 外国へ逃亡する.

ent·kor·ken [エント・コルケン ɛnt-kórkən] 他 (h)《びんなど⁴の》コルク栓を抜く.

ent·kräf·ten [エント・クレフテン ɛnt-kréftən] 他 (h) ①《人⁴の》力をそぐ，弱らせる. ②《主張・論拠など⁴を》論破する.

Ent·kräf·tung [エント・クレフトゥング] 女 -/-en ① 衰弱，疲労. ② 論破.

ent·la·den＊ [エント・らーデン ɛnt-láːdən] I 他 (h) ①《物⁴から》荷を降ろす. ein Schiff⁴ *entladen* 船の荷を降ろす / ein Gewehr⁴ *entladen* 銃から弾丸(装薬)を抜く ②《物》(電池などを⁴)放電させる. II 再帰 (h) *sich⁴ entladen* ① (雷雨などが)不意に襲う；(感情が)爆発する. ②《物》(電池などが)放電する.

※ent·lang [エント・らング ɛnt-láŋ] I 前《名詞のあとに置かれて》4格(まれに 3格)とともに，《名詞の前に置かれて》3格(まれに 2格)とともに ⋯に沿って. (英 along). die Straße *entlang* 通りに沿って / Das Ufer *entlang* ging sie. 岸に沿って彼女は歩いた / *entlang* dem Fluss 川に沿って.

II 副 ⋯に沿って. am Ufer *entlang* 岸に沿って / Hier *entlang*! こちらへお進みください.

ent·lang.. [エントラング.. ɛntláŋ..]《分離動詞の前つづり》つねにアクセントをもつ《(⋯に沿って)》例: den Fluss *entlang*|gehen 川に沿って行く.

ent·lang|ge·hen [エントらング・ゲーエン ɛnt-láŋ-gèːən] 自 (s) ⋯に沿って歩く. eine Allee⁴ *entlanggehen* 並木道に沿って歩く.

ent·lar·ven [エント・らルフェン ɛnt-lárfən] 他 (h)《人⁴の》仮面をはぐ，《軍⁴の》正体を暴く. 人⁴ als Betrüger *entlarven* 人⁴が詐欺師であることを暴く.

◆**ent·las·sen**¹＊ [エント・らッセン ɛnt-lásən] du entlässt, er entlässt (entließ, *hat*.....entlassen) 他 (定形 haben) ① 去らせる，釈放(放免)する；除隊させる. Sie *entließ* ihn mit einer Handbewegung. 彼女は手ぶりで彼を立ち去らせた. ②《人⁴を》aus dem Krankenhaus *entlassen* 人⁴を退院させる / 人⁴ aus einer Verantwortung *entlassen* 《比》人⁴を責任から免除する. ② 解雇する，退職させる. 人⁴ aus dem Amt *entlassen* 人⁴を罷免(ひめん)する.

ent·las·sen² [エント・らッセン] ＊entlassen¹ (去らせる)の 過分

ent·lässt [エント・れスト] ＊entlassen¹ (去らせる) の 2人称単数・3人称単数 現在

ent·läßt ☞ 旧正 entlässt

Ent·las·sung [エント・らッスング] 女 -/-en ① 釈放；卒業；退院，除隊. nach seiner *Entlassung* aus dem Krankenhaus 彼の退院後に. ② 解雇，解任；解雇状.

ent·las·ten [エント・らステン ɛnt-lástən] 他 (h) ① (人・物⁴の)負担を軽くする. den Chef [bei der Arbeit] *entlasten* 所長の仕事を軽減する / den Verkehr *entlasten* 交通量を緩和する. ②《法》(証言によって⁴の)嫌疑を晴らす.

Ent·las·tung [エント・らストゥング] 女 -/-en (負担などの)軽減，(交通量の)緩和；免責.

Ent·las·tungs·zeu·ge [エントらストゥングス・ツォイゲ] 男 -n/-n《法》被告に有利な証言をする証人.

ent·lau·ben [エント・らオベン ɛnt-láʊbən] I 他 (h) (草木⁴の)葉を落とす. II 再帰 (h) *sich⁴ entlauben* (草木が)落葉する.

ent·lau·fen＊ [エント・らオフェン ɛnt-láʊfən] 自 (s) 逃げ去る，脱走する. aus dem Gefängnis *entlaufen* 脱獄する.

ent·le·di·gen [エント・れーディゲン ɛnt-léːdɪgən] 再帰 (h) *sich⁴ entledigen*《雅》 人・物²(敵などを)片づける，物²(借金などの)片をつける；物²(コートなどを)脱ぐ；軍²(任務などを)果たす.

ent·lee·ren [エント・れーレン ɛnt-léːrən] 他 (h) (容器など⁴を)空にする；《比》空疎にする. einen Eimer *entleeren* バケツを空にする / die Blase⁴ (den Darm) *entleeren* 小便(大便)をする(←膀胱(腸)を空にする). ◇《再帰的に》*sich⁴ entleeren* 空になる；《比》空疎になる.

Ent·lee·rung [エント・れールング] 女 -/-en 空にすること；排泄《物》.

ent·le·gen [エント・れーゲン ɛnt-léːgən] 形 ①

人里離れた、へんぴな. ② とっぴな.

ent·leh·nen [エント・レーネン ɛnt-lé:nən] 他 (h) (言葉など⁴を)借用する. Das Wort *ist aus dem Lateinischen entlehnt.*《状態受動・現在》この単語はラテン語からの借用である.

Ent·leh·nung [エント・レーヌング] 女 -/-en ① (言葉などの)借用. ② 借用語.

ent·lei·hen* [エント・らイヘン ɛnt-láiən] 他 (h) (物⁴を)借りる. Ich *habe* mir das Buch aus der Bibliothek (von ihm) *entliehen.* 私はその本を図書館から借り出した(彼から借りた).

ent·ließ [エント・リース] **entlassen*¹ (去らせる)の過去

ent·lo·ben [エント・ろーベン ɛnt-ló:bən] 再帰 (h) sich⁴ *entloben* 婚約を解消する.

Ent·lo·bung [エント・ろーブング] 女 -/-en 婚約の破棄(解消). (☞「婚約」は Verlobung.)

ent·lo·cken [エント・ろッケン ɛnt-lɔ́kən] 他 (h) (人・物³から事⁴を)巧みに引き出す, 誘い出す. 人³ ein Geheimnis⁴ *entlocken* 人³から秘密を聞き出す / 人³ Tränen⁴ *entlocken* 人³の涙を誘う / Er *entlockte* seiner Flöte herrliche Weisen. 彼はフルートですばらしいメロディーをかなでた.

ent·loh·nen [エント・ろーネン ɛnt-ló:nən] 他 (h) (人⁴に)賃金を支払う.

Ent·loh·nung [エント・ろーヌング] 女 -/-en 賃金の支払い; 賃金.

ent·lüf·ten [エント・リュフテン ɛnt-lýftən] 他 (h) (部屋など⁴の)換気をする, (物⁴の)気体を抜く.

Ent·lüf·tung [エント・リュふトゥング] 女 -/-en 換気, 排気; 換気装置.

ent·mach·ten [エント・マハテン ɛnt-máxtən] 他 (h) (人⁴から)権力を奪う, (人⁴を)無力にする.

Ent·mach·tung [エント・マハトゥング] 女 -/-en 権力を奪うこと, 無力にすること.

ent·man·nen [エント・マンネン ɛnt-mánən] 他 (h) ① 去勢する. ② (人・事⁴の)力を弱める.

ent·men·schen [エント・メンシェン ɛnt-ménʃən] 他 (h) (人⁴の)人間性を失わせる.

ent·mi·li·ta·ri·sie·ren [エント・ミリタリズィーレン ɛnt-militarizí:rən] 他 (h) (ある地域⁴を)非武装化する.

Ent·mi·li·ta·ri·sie·rung [エント・ミリタリズィールング] 女 -/-en (ある地域の)非武装化.

ent·mün·di·gen [エント・ミュンディゲン ɛnt-mýndɪgən] 他 (h) (法) (人⁴に)禁治産の宣告を下す.

Ent·mün·di·gung [エント・ミュンディグング] 女 -/-en (法) 禁治産の宣告.

ent·mu·ti·gen [エント・ムーティゲン ɛnt-mú:tɪgən] 他 (h) (人⁴の)意欲を失わせる, 落胆(がっかり)させる. sich⁴ nicht *entmutigen lassen* くじけない, 落ち込まない.

Ent·nah·me [エント・ナーメ ɛnt-ná:mə] 女 -/-n 取り出すこと. Blut*entnahme* 採血.

ent·na·zi·fi·zie·ren [エント・ナツィふィツィーレン ɛnt-natsifitsí:rən] 他 (h) 非ナチ化する.

ent·neh·men* [エント・ネーメン ɛnt-né:mən] 他 (h) ① (人・物³から物⁴を)取り出す. [aus] der Kasse³ 500 Mark *entnehmen* 金庫から500マルク取り出す / Er *entnahm* dem Etui eine Brille. 彼は眼鏡ケースから眼鏡を取り出した / 人³ eine Blutprobe⁴ *entnehmen* 人³から採血する. ② (物³から)推察する, 察知する. [Aus] Ihrem Schreiben *haben* wir *entnommen,* dass… お手紙から…と拝察いたしました.

ent·ner·ven [エント・ネルふェン ɛnt-nérfən] 他 (h) (人⁴の)神経をへとへとに疲れさせる.

En·to·mo·lo·ge [エントモろーゲ ɛntomoló:gə] 男 -n/-n 昆虫学者.

En·to·mo·lo·gie [エントモろギー ɛntomologí:] 女 -/ 昆虫学.

ent·pflich·ten [エント・プふりヒテン ɛnt-pflíçtən] 他 (h) 退官(退職)させる.

ent·pup·pen [エント・プッペン ɛnt-púpən] 再帰 (h) sich⁴ *entpuppen* 正体を現す. Er *entpuppte sich* **als** Betrüger. 彼は詐欺師であることが明らかになった.

ent·rah·men [エント・ラーメン ɛnt-rá:mən] 他 (h) (牛乳⁴を)脱脂する. ◇《過去分詞の形で》*entrahmte* Frischmilch 脱脂粉乳.

ent·ra·ten* [エント・ラーテン ɛnt-rá:tən] 自 (h) 《雅》(物²を)欠いている, (物²なしで)済ます. Ich *kann* deiner Hilfe nicht *entraten.* 私は君の助力がどうしても必要だ.

ent·rät·seln [エント・レーツェルン ɛnt-rɛ́:tsəln] 他 (h) (秘密など⁴の)なぞを解く, (秘密・古文書など⁴を)解明(解読)する.

ent·rech·ten [エント・レヒテン ɛnt-réçtən] 他 (h) (人⁴の)権利を奪う.

En·tree [アントレー ɑ̃tré:] 《フラ》 中 -s/-s ① 入口, 玄関; 玄関の間. ② 入場, 入ること; 《ボッ》入場料. ③ 《料理》前菜, アントレ.

ent·rei·ßen* [エント・ライセン ɛnt-ráisən] 他 (h) ① (人³から物⁴を)奪い取る, もぎ取る. 人³ die Handtasche⁴ *entreißen* 人³のハンドバッグをひったくる. ② 《雅》(人⁴を事³から)救い出す, 引き戻す. Der Arzt *hat* ihn dem Tode *entrissen.* 医者は彼の命を救った.

ent·rich·ten [エント・リヒテン ɛnt-ríçtən] 他 (h) (官庁)(料金・税金など⁴を)支払う, 納める. (☞ 類語 zahlen).

Ent·rich·tung [エント・リヒトゥング] 女 -/-en (官庁)支払い, 納付.

ent·rin·gen* [エント・リンゲン ɛnt-ríŋən] I 他 (h) 《雅》(人³から物⁴を)奪い取る, (秘密など⁴を)聞き出す. II 再帰 (h) sich⁴ (人・物³) *entringen* 《雅》① (人・物³から)身を振りほどく. ② (ため息などが人・物³から)漏れる.

ent·rin·nen* [エント・リンネン ɛnt-rínən] 自 (s) ① 《雅》(人・事³から)逃れる. Ge*fahr*³ (dem Tod) *entrinnen* 危険から逃れる(死を免れる). ②《詩》(目³から涙などが)流れ出る; (時が)流れ去る.

ent·rol·len [エント・ろれン ɛnt-rɔ́lən] I 他 (h) 《雅》(巻いた物⁴を)広げる. II 再帰 (h) sich⁴ *entrollen* 《雅》(光景などが)繰り広げられる. III 自 (s) 《雅》(物³から)転がり落ちる.

ent·ros·ten [エント・ロステン ɛnt-rósten] 他 (h) (物⁴の)さびを落とす.

ent·rü·cken [エント・リュッケン ɛnt-rýkən] 他 (h)《雅》(人⁴を物³から)遠ざける, 引き離す; (人⁴を恍惚》とさせる, うっとりさせる. Sie *war* der Wirklichkeit *entrückt*. 彼女は現実を忘れ去っていた. ◊《過去分詞の形で》ein *entrückter* Ausdruck 恍惚とした表情.

ent·rüm·peln [エント・リュンペルン ɛnt-rýmpəln] 他 (h) (物置など⁴の)がらくたを片付ける.

ent·rüs·ten [エント・リュステン ɛnt-rýstən] I 他 (h) 怒らせる, 憤慨させる. ◊《過去分詞の形で》**über** 事⁴ ~. II 再帰 (h) *sich*⁴ *entrüsten* 怒る, 憤慨(憤激)する. Er *hat sich* **über** diese Zustände *entrüstet*. 彼はこの状況に憤慨した.

Ent·rüs·tung [エント・リュストゥング] 女 –/–en 憤慨, 憤激.

ent·saf·ten [エント・ザフテン ɛnt-záftən] 他 (h) (果物・野菜⁴を)搾って汁を出す.

Ent·saf·ter [エント・ザフタァ ɛnt-záftɐ] 男 –s/– ジューサー.

ent·sa·gen [エント・ザーゲン ɛnt-zá:gən] 自 (h)《雅》(物³を)放棄する, 断念する. dem Rauchen *entsagen* たばこをやめる / dem Thron (der Welt³) *entsagen* 退位する(世を捨てる).

Ent·sa·gung [エント・ザーグング] 女 –/–en《雅》放棄, 断念.

Ent·satz [エント・ザッツ ɛnt-záts] 男 –es/–《軍》(敵の包囲を解くための)救援[部隊].

ent·schä·di·gen [エント・シェーディゲン ɛnt-ʃɛ́:dɪɡən] 他 (h) (人⁴に)償いをする. 人⁴ **für** einen Verlust *entschädigen* 人⁴に損害の補償をする.

Ent·schä·di·gung [エント・シェーディグング] 女 –/–en 賠償, 補償; 賠償(弁償)金.

ent·schär·fen [エント・シェルフェン ɛnt-ʃɛ́rfən] 他 (h) ① (爆弾など⁴の)信管をはずす. ② (危険・激論など⁴を)和らげる; (本・映画など⁴の)政治的・性的に)きわどい箇所を削る.

Ent·scheid [エント・シャイト ɛnt-ʃáit] 男 –[e]s/–e (裁判による)決定, (医師の)判断, (審判員の)判定; (一般に:)決定(= Entscheidung).

:ent·schei·den* [エント・シャイデン ɛnt-ʃáidən] du entscheidest, er entscheidet (entschied, *hat*...entschieden) I 他 (定了 haben) (事⁴を)**決定する**, (事⁴に)決着をつける; (事⁴に)判定(判決)を下す. (英 *decide*). Ich kann nicht *entscheiden*. それは私には決められません / Dieses Tor *entschied* das Spiel. このゴールが試合を決めた. ◊《目的語なしでも》Das Los *soll entscheiden*. くじ(抽選)で決めることにしよう.

II 再帰 (定了 haben) *sich*⁴ *entscheiden* ① (選択して)**決める**. Ich *kann mich* heute noch nicht *entscheiden*. 私はきょうはまだ決心がつかない / *sich*⁴ **für** (**gegen**) 人・物⁴ *entscheiden* 人・物⁴の方を採る(採らない)ことに決める ⇨ Der Kunde *entschied sich* für die blaue Krawatte. 買い物客は青いネクタイのほうに決めた.

② (最終的に)決まる, 決着がつく. Morgen *wird* es *sich entscheiden*, ob … かどうか, あしたにはればはっきりするだろう.

III 自 (定了 haben)《**über** 事⁴ ~》(事⁴について)決定を下す. über den Einsatz von Truppen *entscheiden* 軍隊の投入について決定する. ◊☞ **entschieden**

*****ent·schei·dend** [エント・シャイデント ɛnt-ʃáidənt] I ☞ entscheiden (決定する)の 現分 II 形 **決定的な**, 重大な. (英 *decisive*). ein *entscheidender* Faktor 決定的要因 / im *entscheidenden* Augenblick 決定的な瞬間に / Dieses Ereignis war *entscheidend* **für** ihn. この出来事は彼にとって決定的なものだった.

*****die Ent·schei·dung** [エント・シャイドゥング ɛnt-ʃáidυŋ] 女 (単)–/(複) –en (英 *decision*) ① **決定**. eine gerichtliche *Entscheidung* 判決 / eine *Entscheidung*⁴ treffen 決定を下す. ② **決心, 決意**. einer *Entscheidung*³ aus|weichen 決断を避ける / **zu** einer *Entscheidung* kommen 決心する.

Ent·schei·dungs·spiel [エント・シャイドゥングス・シュピール] 中 –[e]s/–e (球技で:)[同点]決勝戦, 決定戦.

ent·schied [エント・シート] ☞ entscheiden (決定する)の 過去

ent·schie·de [エント・シーデ] ☞ entscheiden (決定する)の 接2

*****ent·schie·den*** [エント・シーデン ɛnt-ʃí:dən] I ☞ entscheiden (決定する)の 過分 II 形 ① 決定済みの. Die Sache ist bereits *entschieden*. その件はもう決定済みだ. ② **断固とした, きっぱりした**. eine *entschiedene* Haltung 決然とした態度 / ein *entschiedener* Gegner der Todesstrafe² 断固たる死刑反対論者 / Sie lehnte den Heiratsantrag *entschieden* ab. 彼女はプロポーズをきっぱり断わった. ③ 明らかな, 歴然とした. ein *entschiedener* Vorteil 明らかな利点 / Das geht *entschieden* zu weit. それは明らかに行き過ぎだ.

Ent·schie·den·heit [エント・シーデンハイト] 女 –/– 決然(断固)たる態度. **mit** aller *Entschiedenheit* 決然たる態度で.

ent·schla·fen* [エント・シュラーフェン ɛnt-ʃlá:fən] 自 (s)《雅》眠り込む;《比》永眠する. ◊《過去分詞の形で; 名詞的に》der (die) *Entschlafene* 故人.

ent·schlei·ern [エント・シュライアァン ɛnt-ʃláiɐn] 他 (h)《雅》(人・物⁴の)ヴェールを取る;《比》(秘密など⁴を)暴く. ◊《再帰用法》*sich*⁴ *entschleiern* ヴェールを脱ぐ;《比》(秘密などが)あらわになる, 明らかになる.

*****ent·schlie·ßen**** [エント・シュリーセン ɛnt-ʃlí:sən] du entschließt (entschloss, *hat*...entschlossen) 再帰 (定了 haben) *sich*⁴ *entschließen* **決心する, 心を決める**. (英 *make up*

Entschließung

one's mind). *sich*⁴ *zu* ³ *entschließen* 車³ をしようと決心する ⇨ Sie *entschloss sich zur* Scheidung. 彼女は離婚しようと決心した。 ◊ 〖*zu* 不定詞[句]とともに〗 Ich *habe mich entschlossen*, *das Haus zu verkaufen*. 私はその家を売ることにした。
◊ ☞ **entschlossen**

Ent·schlie·ßung [エント・シュリースング] 女 -/-en ① 決心. ② (公的な)決定, 決議.

ent·schloss [エント・シュろス] *entschließen (再帰 で: 決心する)の過去

ent·schloß ☞ 新形 entschloss

ent·schlös·se [エント・シュれッセ] *entschließen (再帰 で: 決心する)の接2

* **ent·schlos·sen** [エント・シュろッセン] ent-ʃlɔ́sən] I *entschließen (再帰 で: 決心する)の過分. ◊〖成句的に〗 kurz *entschlossen* 思いつとすぐに, ためらわずに.
II 形 ① 決心した. Er ist fest *entschlossen*, morgen abzureisen. 彼はあす旅立とうと固く決心している. ② 決然とした, 断固とした. Hier ist ein *entschlossenes* Handeln nötig. 今や断固たる行動が必要だ.

Ent·schlos·sen·heit [エント・シュろッセンハイト] 女 決意, 覚悟, 決然とした態度.

ent·schlüp·fen [エント・シュリュプフェン ent-ʃlýpfən] 自 (s) ① ([人³から]すり抜けて)逃げ去る. ② ([人³の口などから言葉が]うっかり漏れる. Ihm (または Seinen Lippen) *entschlüpfte* eine unvorsichtige Bemerkung. 彼の口から不用意な発言が漏れた.

* *der* **Ent·schluss** [エント・シュるス ent-ʃlús] 男 (単2) -es/(複) ..schlüsse [..シュリュッセ] (3格のみ ..schlüssen) 決心, 決断. (英 decision). ein kühner *Entschluss* 大胆な決心 / Es ist sein fester *Entschluss*, das zu tun. 彼はそれをしようと固く決心している / einen *Entschluss* fassen 決心する / **zu** keinem *Entschluss* kommen 決心がつかない.

Ent·schluß ☞ 新形 Entschluss

Ent·schlüs·se [エント・シュリュッセ] *Entschluss (決心)の複

ent·schlüs·seln [エント・シュリュッセるン ent-ʃlýsəln] 他 (h) (暗号など⁴を)解読する, (秘密など⁴を)解き明かす.

ent·schluss·fä·hig [エントシュるス・フェーイヒ] 形 決断能力のある.

ent·schluß·fä·hig ☞ 新形 entschlussfähig

ent·schuld·bar [エント・シュるトバーる] 形 許されうる(過失など), 申しわけのたつ.

* **ent·schul·di·gen** [エント・シュるディゲン ent-ʃúldigən]

> 許す　*Entschuldigen* Sie bitte!
> エントシュるディゲン ズィー ビッテ
> 失礼ですが(ごめんなさい).

(entschuldigte, hat...entschuldigt) I 他 (定⁴)

haben) ① 許す, 容赦する. (英 excuse). *Entschuldigen* Sie bitte die Störung! おじゃましてすみません / *Entschuldige* bitte, dass ich zu spät komme! 遅れて来てごめんね. ◊〖目的語なしで〗 *Entschuldigen* Sie bitte! a) (謝って:) すみません, ごめんなさい, b) (人に呼びかけて:) すみません, 失礼ですが, c) (中座するときに:) 失礼します.

② (車⁴の)**弁解**をする, 言い訳をする. Er *entschuldigte* sein Verhalten **mit** Nervosität. 彼はそんな態度をとったのはいらいらしていたからだと弁解した / Seine Krankheit *entschuldigt* seinen Missmut. 彼は病気なのだから不機嫌なのはしかたがない.

③ ([人⁴の)欠席を届け出る. Sie *hat* ihr Kind **beim** Lehrer *entschuldigt*. 彼女は先生に子供の欠席を届けた / sich⁴ *entschuldigen lassen* (ほかの人を通じて)欠席の通知をする.

II 再帰 (定⁴ haben) *sich*⁴ *entschuldigen* 謝る, わびる, 弁解する. Ich *möchte mich* **bei** dir *entschuldigen*. ぼくは君に謝りたい / Er *hat sich* **für** seine Faulheit *entschuldigt*. 彼は自分の怠惰をわびた / Er *entschuldigt sich* **mit** Krankheit. 彼は病気で行けないと言いわけする.

類語 **entschuldigen**: (間違ってしたことなどを見逃してやるという意味で)許す, 容赦する. **verzeihen**: 許す (entschuldigen より改まった表現). **vergeben**: 《雅》(相手の過失に)許しを与える.

ent·schul·digt [エント・シュるディヒト] *entschuldigen (許す)の過分, 3人称単数・2人称複数 現在

ent·schul·dig·te [エント・シュるディヒテ] *entschuldigen (許す)の過去

* *die* **Ent·schul·di·gung** [エント・シュるディグング ent-ʃúldigʊŋ] 女 (単) -/(複) -en ① 言いわけ, 弁解, 口実; 学校への欠席届. nach einer *Entschuldigung* suchen 口実を探す / **ohne** *Entschuldigung* fehlen 無届けで欠席する.

② 許し. *Entschuldigung* [,bitte]! a) (謝って:) すみません, ごめんなさい, b) (人に呼びかけて:) すみません, 失礼ですが, c) (中座するときに:) 失礼します / Ich bitte Sie um *Entschuldigung* für die Störung. おじゃましてすみません / *Entschuldigung*, wie komme ich zum Bahnhof? すみませんが, 駅へはどう行けばよいのでしょうか.

Ent·schul·dung [エント・シュるドゥング] 女 -/-en 負債(債務)の免除.

ent·schwin·den* [エント・シュヴィンデン ent-ʃvíndən] 自 (s) 《雅》① 消え去る; (視界など³から)消える; 《比》([人³の記憶から)消える. ② (時が)過ぎ去る.

ent·seelt [エント・ゼーるト ent-zéːlt] 形 《雅》魂の抜けた, 死んだ.

ent·sen·den(*) [エント・ゼンデン ent-zéndən] 他 (h) 《雅》(使者など⁴を...へ)派遣する.

ent·set·zen [エント・ゼッツェン ɛnt-zétsən] du entsetzt (entsetzte, *hat*...entsetzt) **I** 再帰 (定了) haben) *sich*[4] *entsetzen* びっくり仰天する, ぎょっとする. Er entsetzte sich bei (または vor) diesem Anblick. 彼はこの光景にぎくりとした.
II 他 (定了) haben) ① びっくり仰天させる, ぎょっとさせる. Die Nachricht *hat* mich *entsetzt*. そのニュースを聞いて私はびっくりした. ② 《軍》(包囲された要塞など[4]を)解放する. ◇☞ entsetzt

Ent·set·zen [エント・ゼッツェン] 中 -s/ 驚がく, ぎょっとすること. Ich habe mit *Entsetzen* davon gehört. 私はそれを聞いてぎょっとした.

ent·setz·lich [エント・ゼッツリヒ ɛnt-zétsliç] **I** 形 ① 恐ろしい, ぎょっとするような. ein *entsetzliches* Unglück 恐ろしい事故. ② 《口語》途方もない, ひどい. *entsetzlichen* Hunger[4] haben すごく腹がへっている.
II 副 《口語》ものすごく, ひどく. Ich war *entsetzlich* müde. 私はひどく疲れていた.

ent·setzt [エント・ゼッツト] **I** * entsetzen (再帰 で: びっくり仰天する)の 過分 **II** 形 ぎょっとした. ein *entsetzter* Blick びっくり仰天したまなざし.

ent·setz·te [エント・ゼッツテ] * entsetzen (再帰 で: びっくり仰天する)の 過去

ent·seu·chen [エント・ゾイヒェン ɛnt-zóyçən] 他 (h) ① (ある地域[4]の放射能・生物兵器などによる)汚染を除去する. ② 消毒する, 殺菌する.

Ent·seu·chung [エント・ゾイヒュング] 女 -/-en ① (放射能・生物兵器などによる)汚染の除去. ② 消毒, 殺菌.

ent·si·chern [エント・ズィッヒャァン ɛnt-zíçɐrn] 他 (h) (ピストルなど[4]の)安全装置をはずす.

ent·sin·nen [エント・ズィンネン ɛnt-zínən] 再帰 (h) 《*sich*[4] 人·物[2] (または an 人·物[4]) ~》(人·物[2] (または人·物[4])を)思い出す, 記憶している.

ent·sor·gen [エント・ゾルゲン ɛnt-zórgən] 他 (h) 《官庁》 ① (工場などの)危険な廃棄物を処理する. ② (危険な廃棄物など[4]を)処理する.

Ent·sor·gung [エント・ゾルグング] 女 -/-en (工場などの)ごみ処理, 廃棄物処理. die *Entsorgung* von Kernkraftwerken 原子力発電所の廃棄物処理.

ent·span·nen [エント・シュパンネン ɛnt-ʃpánən] 他 (h) (筋肉[4]などを)緩める, (手足[4]を)弛緩(ふかん)させる; (事態など[4]の)緊張を緩和する. ◇《再帰的に》*sich*[4] *entspannen* 緊張がほぐれる(緩む), くつろぐ ⇨ *sich*[4] im Urlaub *entspannen* 休暇でリラックスする / Die Lage *hat sich entspannt*. 緊張状態は和らいだ.

Ent·span·nung [エント・シュパンヌング] 女 -/-en ① (疲れた体を)ほぐすこと, 息抜き; リラックス, ストレスの解消. ② (事態の)緊張緩和; (軍事的・政治的)デタント.

Ent·span·nungs·po·li·tik [エント・シュパンヌングス・ポリティーク] 女 -/ 《政》緊張緩和(デタント)政策.

ent·spin·nen[*] [エント・シュピンネン ɛnt-ʃpínən] 再帰 (h) *sich*[4] *entspinnen* (口論などが)始まる. (友情・恋などが)芽生える, 生じる.

ent·sprach [エント・シュプラーハ] * entsprechen (一致する)の 過去

ent·spre·chen[*] [エント・シュプレッヒェン ɛnt-ʃpréçən] du entsprichst, er entspricht (entsprach, *hat*...entsprochen) 自 (定了) haben) ① (事実・希望など[3]に)一致する, 合致する. (英 correspond). Das Zimmer *entspricht* nicht meinen Erwartungen. その部屋は私の期待に合わない. ② (要望など[3]に)応じる. Ich kann Ihrer Bitte leider nicht *entsprechen*. 残念ながらご依頼には応じかねます.

ent·spre·chend [エント・シュプレッヒェント ɛnt-ʃpréçənt] **I** * entsprechen (一致する)の 現分
II 形 ① 相応の, ふさわしい. eine *entsprechende* Belohnung 相応の報酬 / eine der Tat[3] *entsprechende* Strafe 犯行に見合う罰 / Bei der Kälte musst du dich *entsprechend* warm anziehen. 寒いときにはそれに合わせて暖かい服装をしないといけないよ. ② 《付加語としてのみ》当該の, 担当の(役所など).
III 前 《3格とともに; 名詞のあとに置かれることもある》 ...に応じて. *entsprechend* Ihrem Vorschlag または Ihrem Vorschlag *entsprechend* ご提案どおりに.

Ent·spre·chung [エント・シュプレッヒュング] 女 -/-en ① 対応[関係]. ② 対応するもの; 《言》相当語, 同意表現. Für dieses Wort gibt es im Japanischen keine *Entsprechung*. この言葉に相当する語は日本語にはない.

ent·sprichst [エント・シュプリヒスト] * entsprechen (一致する)の 2 人称単数 現在

ent·spricht [エント・シュプリヒト] * entsprechen (一致する)の 3 人称単数 現在

ent·sprie·ßen[*] [エント・シュプリーセン ɛnt-ʃpríːsən] 自 (s) 《雅》 ① (植物が大地など[3]から)芽を出す. ② (物[3]から)生まれる, 生じる.

ent·sprin·gen[*] [エント・シュプリンゲン ɛnt-ʃpríŋən] 自 (s) ① (川などが...に)源を発する. Der Rhein *entspringt* in der Schweiz. ライン川はスイスに源を発している. ② 《事[3] (または aus 事[3]) ~》(事[3]から)生じる. (考えなどが事[3]に)基づく. Sein Verhalten *entspringt* [aus] einer bloßen Laune. 彼は単なる気まぐれから行動する. ③ (刑務所など[3]から)脱走する.

ent·spro·chen [エント・シュプロッヘン] * entsprechen (一致する)の 過分

ent·stam·men [エント・シュタンメン ɛnt-ʃtámən] 自 (s) (家系など[3]の)出身である, (物[3]に)由来する.

ent·stand [エント・シュタント] * entstehen (生じる)の 過去

ent·stän·de [エント・シュテンデ] * entstehen (生じる)の 接2

ent·stan·den [エント・シュタンデン] * entstehen (生じる)の 過分

ent·ste·hen* [エント・シュテーエン ɛntʃtéːən] (entstand, ist...entstanden) 自 (完了 sein) 生じる, 発生する, 起こる. Hier *entsteht* eine neue Siedlung. ここに新しい団地ができる / Wie *ist* das Leben *entstanden*? 《現在完了》生命はどのようにして発生したのだろうか / Aus Vorurteilen *können* Kriege *entstehen*. 偏見から戦争が起こることがある / Daraus *entstehen* Ihnen keine Unkosten. そのことであなたには何も費用はかかりません.

Ent·ste·hung [エント・シュテーウング] 女 -/-en 発生, 由来; (作品などの)成立.

Ent·ste·hungs·ge·schich·te [エントシュテーウングス・ゲシヒテ] 女 -/-n ① 発生史, 成立史. ② 《聖》創世記.

ent·stei·gen* [エント・シュタイゲン] 自 (s) 《雅》① (車など⁴から)降りる; (ふろなど³から)上がる. ② (霧などが湖など³から)立ち昇る.

ent·stei·nen [エント・シュタイネン ɛnt-ʃtáɪnən] 他 (果物など⁴の)種を取り除く.

ent·stel·len [エント・シュテれン ɛnt-ʃtélən] 他 (h) ① 〈人·物⁴を〉醜くする, そこなう, ゆがめる. ② 《事実など⁴を》ゆがめる, 歪曲(ゎぃきょく)する. ◇《過去分詞の形で》einen Vorfall *entstellt* wieder|geben 出来事を歪曲して伝える.

Ent·stel·lung [エント・シュテるング] 女 -/-en ① 形がゆがめられていること, 不格好になっていること. ② 歪曲(ゎぃきょく), 曲解.

ent·stö·ren [エント・シュテーレン ɛnt-ʃtǿːrən] 他 (h) 《電》(ラジオ·電話など⁴の)雑音(電波障害)を取り除く.

ent·strö·men [エント・シュトレーメン ɛnt-ʃtrǿːmən] 自 (s) 《雅》(物³から)流れ出る.

ent·stün·de [エント・シュテュンデ] *entstehen (生じる)の 接2

***ent·täu·schen** [エント・トイシェン ɛnt-tóʏʃən] (enttäuschte, hat...enttäuscht) 他 (完了 haben) 〈人³を〉失望させる, がっかりさせる, (期待·信頼など⁴を)裏切る. (英 *disappoint*). Er *hat* mich sehr *enttäuscht*. 彼は私をひどくがっかりさせた / Ich *will* dein Vertrauen nicht *enttäuschen*. ぼくは君の信頼を裏切るつもりない. ◇《目的語なしでも》Das Fußballspiel *enttäuschte*. そのサッカーの試合は期待はずれだった. ◇《現在分詞の形で》ein *enttäuschendes* Spiel 期待はずれの試合(演奏).

***ent·täuscht** [エント・トイシュト ɛnt-tóʏʃt] I *enttäuschen (失望させる)の 過分, 3人称複数·2人称複数 現在
II 形 失望した, がっかりした. (英 *disappointed*). ein *enttäuschtes* Gesicht⁴ machen がっかりした顔をする / über ihr Verhalten (または von ihrem Verhalten). 私は彼女の態度に失望している / Ich bin angenehm *enttäuscht*. 《口語·戯》私にとってはうれしい誤算だった.

ent·täusch·te [エント・トイシュテ] *enttäuschen (失望させる)の 過去

*die **Ent·täu·schung** [エント・トイシュング ɛnt-tóʏʃʊŋ] 女 (単)-/(複)-en 失望, 幻滅, 期待はずれ. (英 *disappointment*). Das war für mich eine *Enttäuschung*. それは私にとって期待はずれだった / mit 〈人·物〉³ eine *Enttäuschung* erleben 〈人·物〉³に失望する / 〈人〉³ eine *Enttäuschung*⁴ bereiten 〈人〉³を失望させる.

ent·thro·nen [エント・トローネン ɛnt-tróːnən] 他 (h) 《雅》(王など⁴を)退位させる.

ent·völ·kern [エント・フぇるカァン ɛnt-fǿlkɐrn] 他 (h) (ある地域⁴の)人口を減少させる. ◇《再帰的に》sich⁴ *entvölkern* (ある地域の)人口が減少する.

Ent·völ·ke·rung [エント・フぇるケルング] 女 -/ 人口の減少.

ent·wach·sen* [エント・ヴァクセン ɛnt-váksən] 自 (s) ① (成長して〈人·物〉³から)離れる. der Mutter³ *entwachsen* 母親の手を離れる / Er *ist* den Kinderschuhen *entwachsen*. 《現在完了》《比》彼はもう子供ではない(←子供靴から離れた). ② 《雅》(地面など³から)生え出る.

ent·waff·nen [エント・ヴァふネン ɛnt-váfnən] 他 (h) ① 〈人〉·部隊など⁴の〉武器を取り上げる, 武装を解く. ② 《比》〈人⁴の〉敵意を失わせる, 心を和らげる.

Ent·waff·nung [エント・ヴァふヌング] 女 -/-en 武装解除; 敵意を失わせること.

ent·warf [エント・ヴァるふ] *entwerfen (下絵を書く) 過去

ent·war·nen [エント・ヴァるネン ɛnt-várnən] 自 (h) 《空襲》警報を解除する.

Ent·war·nung [エント・ヴァるヌング] 女 -/-en 《空襲》警報解除.

ent·wäs·sern [エント・ヴェッサァン ɛnt-vésɐrn] I 他 (h) (湿地など⁴の)排水をする; 《医》(組織など⁴の)水を取る. II 自 (h) 流れ出る.

Ent·wäs·se·rung [エント・ヴェッセルング] 女 -/-en ① 水分の除去, 排水[工事], 脱水. ② 下水道, 排水網.

***ent·we·der** [エント・ヴェーダァ ɛnt-veːdɐ ま たは ..ヴェーダァ] 接 《並列接続詞》《*entweder* A oder B の形で》A か B か[どちらか一方]. (英 *either A or B*). Er kommt *entweder* heute oder morgen. 彼はきょうかあすやってくる / *entweder* alles oder nichts オール·オア·ナッシング / Entweder, oder! どちらかに決めなさい / Entweder komme ich (または ich komme), oder ich schreibe. 私は出かけて行くか, それとも手紙を書きましょう / *Entweder* du oder ich spreche mit ihm. 君かぼくかのどちらかが彼と話すとしよう (注意 主語を結ぶ場合, 動詞の人称変化は近いほうの主語に合わせる).

Ent·we·der-oder [エントヴェーダァ·オーダァ] 中 -/- 二者択一, あれかこれか. Hier gibt es nur ein *Entweder-oder*. この場合はもうどちらかに決めるしかない.

Ent·we·der-Oder 〔新形〕 Entweder-oder

ent·wei·chen* [エント・ヴァイヒェン ɛnt-váɪçan] 自 (s) ① (ガスなどが)漏れる;《比》消える, 無くなる. Die Luft *entwich* **aus** dem Ballon. 空気が風船から抜けた. ② 逃亡する.

ent·wei·hen [エント・ヴァイエン ɛnt-váiən] 他 (h) (物⁴の)神聖さをけがす, 冒瀆(ぼうとく)する.

Ent·wei·hung [エント・ヴァイウング] 女 -/-en (神聖さを)けがす(けがされる)こと, 神聖冒瀆(ぼうとく).

ent·wen·den [エント・ヴェンデン ɛnt-véndən] 他 (h) (雅) ([人³から]物⁴を)かすめ取る, [こっそり]盗む.

Ent·wen·dung [エント・ヴェンドゥング] 女 -/-en 盗み; 窃盗.

·ent·wer·fen* [エント・ヴェルフェン ɛnt-vérfən] du entwirfst, er entwirft (entwarf, *hat* ...entworfen) 他 (完了 haben) ① (物⁴の)下絵を書く, 設計図を書く. ein neues Modell⁴ *entwerfen* 新型をデザインする / ein Bild⁴ von 人·物³ *entwerfen* 《比》人·物³の特徴(特性)を描く. ② (講演など⁴の)草稿を作る, (計画など⁴を)構想(立案)する. eine Rede⁴ *entwerfen* 演説の草稿を書く.

ent·wer·ten [エント・ヴェーァテン ɛnt-vé:rtən] 他 (h) ① (物⁴の)効力をなくす;(切符など⁴に)パンチを入れる, (切手⁴に)消印を押す. eine Fahrkarte⁴ *entwerten* 乗車券にパンチを入れる. ② (物⁴の)価値を下げる.

Ent·wer·ter [エント・ヴェーァタァ ɛnt-vé:rtɐr] 男 -s/- 自動改札機. die Fahrkarte⁴ in den *Entwerter* stecken 乗車券を自動改札機に入れる.

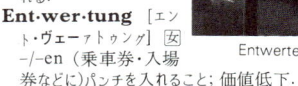

Ent·wer·tung [エント・ヴェーァトゥング] 女 -/-en (乗車券・入場券などに)パンチを入れること; 価値低下.

Entwerter

:ent·wi·ckeln [エント・ヴィッケルン ɛnt-víkəln] ich entwickle (entwickelte, *hat*...entwickelt) (分 *develop*) I 再帰 (完了 haben) sich⁴ *entwickeln* ① (…に)成長する, 発展する, 進展する. Das Kind *hat sich* gut *entwickelt*. その子はすくすくと育った / Die Verhandlungen *entwickeln sich* gut. 交渉は順調に進んでいる / Japan *hat sich* **zu** einer Industriemacht *entwickelt*. 日本は産業大国に発展した.

② (しだいに)生じる, 発生する. Gase *entwickeln sich*. ガスが発生する / **Aus** der Raupe *entwickelte sich* der Schmetterling. 毛虫がちょうになった / Aus dem Gespräch *entwickelte sich* ein Streit. 話をしているうちにけんかになった.

II 他 (完了 haben) ① 生じさせる, 発生させる. Der Brand *entwickelte* eine heftige Hitze. その火事は猛烈な熱を出した.

② (新しい製品·方法など⁴を)開発する. ein neues Heilmittel⁴ *entwickeln* 新薬を開発する.

③ 《A⁴ zu B³ ~》(A⁴ を B³ に)育て上げる, 発展させる. 人⁴ zum großen Schauspieler *entwickeln* 人⁴をりっぱな俳優に育て上げる.

④ (計画·考えなど⁴を)述べる, 展開する. eine Theorie⁴ *entwickeln* 理論を展開する. ⑤ (能力など⁴を)発揮する, 示す. Fantasie⁴ *entwickeln* 想像力を発揮する / eine ungeheure Kraft⁴ *entwickeln* すごい力を出す. ⑥《写》(フィルム⁴を)現像する. ⑦《数》(数式など⁴を)展開する.

ent·wi·ckelt [エント・ヴィッケルト] **ent*wickeln (再帰 で: 成長する)の 過分, 3 人称単数·2 人称複数 現在

ent·wi·ckel·te [エント・ヴィッケるテ] **ent*wickeln (再帰 で: 成長する)の 過去

ent·wick·le [エント・ヴィックる] **ent*wickeln (再帰 で: 成長する)の 1 人称単数 現在

Ent·wick·ler [エント・ヴィックらァ ɛnt-víklɐr] 男 -s/- ①《写》現像液. ②《口語》(新製品などの)開発者.

·die Ent·wick·lung [エント・ヴィックるング ɛnt-víkluŋ] 女 (単) 《複》 -en (英 *development*) ① **発展**, 発達, 成長, 進歩; (新製品などの)開発. die wirtschaftliche *Entwicklung* 経済的発展 / Sie ist jetzt **in** der *Entwicklung*. 彼女は今成長期だ. ② 発生, 生成. Gas*entwicklung* ガスの発生. ③ (能力などの)発揮; 例示. ④《写》(フィルム⁴の)現像. ⑤《数》(数式の)展開.

ent·wick·lungs=fä·hig [エントヴィックるングス・フェーイヒ] 形 成長の可能性のある, 発展(将来)性のある.

Ent·wick·lungs=ge·schich·te [エント・ヴィックるングス・ゲシヒテ] 女 -/-n 発達史, 発展史;《生》発生学.

Ent·wick·lungs=hil·fe [エントヴィックるングス・ヒるフェ] 女 -/ (発展途上国への)開発援助[資金].

Ent·wick·lungs=jah·re [エントヴィックるングス・ヤーレ] 複 思春期, 発達期.

Ent·wick·lungs=land [エントヴィックるングス・らント] 中 -[e]s/..länder 発展(開発)途上国.

Ent·wick·lungs=ro·man [エントヴィックングス・ロマーン] 男 -s/-e《文学》発展(発達)小説(主人公の精神的発展過程を描いた長編小説).

Ent·wick·lungs=stu·fe [エントヴィックるングス・シュトゥーフェ] 女 -/-n 発展(発達)段階.

ent·win·den* [エント・ヴィンデン ɛnt-víndən] I 他 (h)《雅》([人³から]物⁴を)もぎ取る, 力ずくで奪う. II 再帰 (h) sich⁴ 人·物³ *entwinden*《雅》人·物³から身を振りほどく.

ent·wirf [エント・ヴィルフ] *entwerfen (下絵を書く)の du に対する 命令

ent·wirfst [エント・ヴィルフスト] *entwerfen (下絵を書く)の 2 人称単数 現在

ent·wirft [エント・ヴィルフト] *entwerfen (下絵を書く)の 3 人称単数 現在

ent·wir·ren [エント・ヴィレン ɛnt-vírən] 他

entwischen

(h)《雅》① (結び目・もつれ⁴を)解きほぐす. ② 《比》(混乱した事態⁴を)収拾する, 打開する.

ent·wi·schen [エント・ヴィッシェン ɛnt-víʃən] 自 (s) 《口語》すばやく(こっそり)逃げる. der Polizei³ (aus dem Gefängnis) *entwischen* 警察の手を逃れる(脱獄する).

ent·wöh·nen [エント・ヴェーネン ɛnt-vǿːnən] 他 (h) ① (乳児⁴を)離乳させる. ②《雅》(人⁴に事²の)習慣をやめさせる. ◇《再帰的に》 *sich⁴ des Rauchens entwöhnen* たばこをやめる.

ent·wor·fen [エント・ヴォルフェン] *entwerfen (下絵を書く)の 過分

ent·wür·di·gen [エント・ヴュルディゲン ɛnt-výrdɪɡən] 他 (h) (人⁴の)尊厳を傷つける, (人⁴を)辱める.

ent·wür·di·gend [エント・ヴュルディゲント] I *entwürdigen* (尊厳を傷つける)の 現分 II 形 屈辱的な(扱いなど).

Ent·wür·di·gung [エント・ヴュルディグング] 女 -/-en 面目を失わせること, 辱めること.

*der **Ent·wurf** [エント・ヴルフ ɛnt-vúrf] 男 (単2) -[e]s/(複) ..würfe [..ヴュルフェ] (3格のみ ..würfen) 構想, 設計[図], 下絵, スケッチ; 草案, 草稿. einen *Entwurf* eines Hauses anfertigen 家の設計図を作成する / der *Entwurf zu* einem Roman 長編小説の構想.

Ent·wür·fe [エント・ヴュルフェ] *Entwurf (構想)の 複

ent·wur·zeln [エント・ヴルツェルン ɛnt-vúrtsəln] 他 (h) ① (草木⁴を)根こそぎにする. ②《比》(人・物⁴を)根無し草にする.

ent·zau·bern [エント・ツァオバァン ɛnt-tsáubərn] 他 (h)《雅》① (人・物⁴を)魔法から解いてやる. ② (人・物⁴の)魔力(魅力)を失わせる.

ent·zer·ren [エント・ツェレン ɛnt-tséran] 他 (h)(工)(映像など⁴の)ひずみを補正する.

ent·zie·hen* [エント・ツィーエン ɛnt-tsíːən] I 他 (h) ① (人・物³から物⁴を)取り上げる, 奪う. 人³ den Führerschein *entziehen* 人³から運転免許証を取り上げる / 人³ die Hand *entziehen* 人³から手を引っ込める / Die Pflanze *entzieht* dem Boden Wasser. 植物は地面から水を吸い上げる. ② (人³に物⁴を与えるのを)やめる. 人³ die Unterstützung⁴ *entziehen* 人³への援助を打ち切る / 人³ den Alkohol *entziehen* 人³にアルコールを断たせる. ③ (人⁴を物³から)遠ざける. II 再帰 (h) *sich⁴*・人・事³ *entziehen* (人)《雅》(人・事³を)避ける. *sich⁴* der Welt³ *entziehen* 世間から身を引く. ② (人・事³を)逃れる, 免れる. *sich⁴* der Verantwortung³ *entziehen* 責任を逃れる / Das *entzieht* sich meiner Kenntnis. それは私にはわからない.

Ent·zie·hung [エント・ツィーウング] 女 -/-en ① (免許証などを)取り上げること, 剝奪(はく)[だつ]. ② 禁断療法 (= *Entziehung*skur).

Ent·zie·hungs·kur [エントツィーウングス・クーア] 女 -/-en (医) 禁断療法.

ent·zif·fern [エント・ツィッファァン ɛnt-tsíːfərn] 他 (h) (手稿・暗号など⁴を)解読(判読)する.

Ent·zif·fe·rung [エント・ツィッフェルング] 女 -/-en (手稿・暗号などの)解読, 判読.

ent·zü·cken [エント・ツュッケン ɛnt-tsýkən] 他 (h) うっとりさせる, 魅了する. Der Anblick *entzückte* mich. その光景に私はうっとりした / Er war ganz von ihr *entzückt*. 《状態受動・過去》彼は彼女にすっかり魅せられていた. ◇《再帰的に》*sich⁴ an* 物³ *entzücken* 物³にうっとりする.

Ent·zü·cken [エント・ツュッケン] 中 -s/《雅》恍惚(こう)[こつ], 歓喜. 物³ *mit Entzücken* betrachten 物³をうっとり眺める.

***ent·zü·ckend** [エント・ツュッケント ɛnt-tsýkənt] I *entzücken* (うっとりさせる)の 現分 II 形 魅力的な, 愛らしい, うっとりさせるような. (英) charming. ein *entzückendes* Kleid すてきなドレス.

Ent·zü·ckung [エント・ツュックング] 女 -/-en 《雅》恍惚(こう)[こつ]状態.

Ent·zug [エント・ツーク ɛnt-tsúːk] 男 -[e]s/ (免許証などを)取り上げること, 剝奪(はく)[だつ].

Ent·zugs·er·schei·nung [エントツークス・エァシャイヌング] 女 -/-en 禁断症状.

ent·zünd·bar [エント・ツュントバール] 形 燃えやすい, 可燃性の;《比》興奮しやすい, 怒りっぽい.

***ent·zün·den** [エント・ツュンデン ɛnt-tsýndən] du entzündest, er entzündet (entzündete, *hat*…*entzündet*) I 再帰 (定了 haben) *sich⁴ entzünden* ① 発火する, 燃え始める. Das Heu *hat* sich *entzündet*. 干し草が燃え始めた. ② (傷などが)炎症を起こす. ③ (争いなどが)起こる. An diesem Thema *entzündete* sich unser Streit. このテーマでわれわれの論争に火がついた.

II 他 (定了 haben)《雅》① (物⁴に)火をつける. ein Streichholz⁴ *entzünden* マッチに火をつける / ein Feuer⁴ *entzünden* 火をおこす / sich³ eine Zigarette⁴ *entzünden* たばこに火をつける. ②《比》(愛・憎しみなど⁴を)燃え立たせる, かきたてる. Ihre Schönheit *entzündete* seine Leidenschaft. 彼女の美しさが彼の情熱をかきたてた.

ent·zün·det [エント・ツュンデット] *entzünden (再帰 で: 発火する)の 過分

ent·zün·de·te [エント・ツュンデテ] *entzünden (再帰 で: 発火する)の 過去

ent·zünd·lich [エント・ツュントリヒ] 形 ① 燃えやすい, 可燃性の;《比》興奮しやすい, 怒りっぽい. ② (医)炎症[性]の.

Ent·zün·dung [エント・ツュンドゥング] 女 -/-en ① (医)炎症. eine chronische *Entzündung* 慢性の炎症. ② 発火, 点火.

Ent·zün·dungs·hem·mend [エント・ツュンドゥングス・ヘンメント] 形 (医)炎症を抑える.

***ent·zwei** [エント・ツヴァイ ɛnt-tsvái] 形 《述語としての》二つ(こなごな)に割れた, 壊れた. Das Glas ist *entzwei*. そのコップは割れてしまった.

ent·zwei|bre·chen* [エントツヴァイ・ブレッ

ヒェン ɛnt-tsvái-brɛçən） I 他 (h) 《物》⁴を二つに(こなごなに)割る(折る). II 自 (s) 二つに(こなごなに)割れる(折れる).
ent·zwei·en [エント・ツヴァイエン ɛnt-tsváiən] I 再帰 (h) 《sich⁴ [mit 人³] ～》([人³と])仲たがいする. II 自 [人³を]仲たがいさせる.
ent·zwei|ge·hen* [エントツヴァイ・ゲーエン ɛnt-tsvái-gè:ən] 自 (s) 二つに割れる, こなごなに壊れる.
en vogue [アン ヴォーク ā vó:k] 《ラン》《成句的に》*en vogue* sein はやっている.
En·zi·an [エンツィアーン éntsia:n] 男 -s/-e ① 《植》リンドウ. ② りんどうブランデー.
En·zyk·li·ka [エンツューク リカ ɛntsý:klika] 女 -/..liken 《カトッ》(ローマ教皇の)回勅.
En·zyk·lo·pä·die [エンツュクロペディー ɛntsyklopedí:] 女 -/-n [..ディーエン] 百科事典, エンサイクロペディア.
en·zyk·lo·pä·disch [エンツュクロペーディッシュ ɛntsyklopé:diʃ] 形 百科全書的な; 博識な.
En·zym [エンツューム ɛntsý:m] 中 -s/-e 《生化》酵素 (=Ferment).
E·pau·let·te [エポルッテ epolétə] 女 -/-n (将校服などの)肩章.
E·pen [エーペン] Epos (叙事詩)の複.
E·pi·de·mie [エピデミー epidemí:] 女 -/-n [..ミーエン] 流行病, 疫病.
e·pi·de·misch [エピデーミッシュ epidé:miʃ] 形 流行性の, 流行[病]の.
E·pi·der·mis [エピデルミス epidérmɪs] 女 -/..dermen 《生・医》表皮.
E·pi·di·a·skop [エピ・ディアスコープ epi-diaskó:p] 中 -s/-e エピディアスコープ(スライドだけでなく不透明な絵なども投影できるプロジェクター).
E·pi·go·ne [エピゴーネ epigó:nə] 男 -n/-n 亜流[芸術家], (独創性のない)模倣者, エピゴーネン. Goethes *Epigone* ゲーテの亜流.
E·pi·gramm [エピグラム epigrám] 中 -s/-e 《文学》エピグラム, 警句, 風刺(格言詩).
E·pik [エーピク é:pɪk] 女 -/ 《文学》叙事詩, 叙事文学.
E·pi·ker [エーピカァ é:pikər] 男 -s/- 叙事詩人; 物語作家.
E·pi·kur [エピクーァ epikú:r] -s/ 《人名》エピクロス(前341-前270; 古代ギリシアの哲学者).
E·pi·ku·re·er [エピクレーアァ epikuré:ər] 男 -s/- ① エピクロス派の哲学者. ② エピキュリアン, 快楽主義者.
E·pi·lep·sie [エピレプスィー epilɛpsí:] 女 -/-n [..スィーエン] 《医》てんかん.
E·pi·lep·ti·ker [エピレプティカァ epiléptikər] 男 -s/- てんかん患者.
e·pi·lep·tisch [エピレプティッシュ epiléptiʃ] 形 てんかん[性]の.
E·pi·log [エピローク epiló:k] 男 -s/-e 《劇》エピローグ; (文学作品などの)結び, あと書き. (⇔ 『プロローグ』は Prolog).
e·pisch [エーピッシュ é:piʃ] 形 叙事詩的な, 叙事的な. eine *epische* Dichtung 叙事文学.

E·pis·ko·pal [エピスコパーる epɪskopá:l] 形 司教の.
E·pis·ko·pat [エピスコパート epɪskopá:t] 中 (神学: 男) -[e]s/-e ① 《複 なし》司教の職. ② (総称的として)司教団.
***die E·pi·so·de** [エピゾーデ epizó:də] 女 (単) -/(複) -n ① エピソード, 挿話. eine lustige *Episode* 愉快なエピソード. ② 《劇・文学》(本筋と関係のない)挿話. ③ 《音楽》エピソード, 間奏.
e·pi·so·disch [エピゾーディッシュ epizó:dɪʃ] 形 エピソード風の, 挿話的な.
E·pis·tel [エピステる epístəl] 女 -/-n ① 《宗教》(新約聖書中の)使徒書簡; (ミサの際の)使徒書簡朗読. ② 《古・戯》長たらしい手紙.
Epi·taph [エピターふ epitá:f] 中 -s/-e 墓碑銘, 碑文; (教会内の壁にはめ込まれた死者のための)記念碑板.
E·pi·zent·rum [エピツェントルム epitséntrum] 中 -s/..zentren 《地学》震央(震源の真上の地表上の地点).
e·po·chal [エポハーる epoxá:l] 形 画期的な, 新時代を画する.
***die E·po·che** [エポッヘ epóxə] 女 (単) -/(複) -n ① (歴史上の特徴的な)時代, 時期, エポック. (英 epoch). die *Epoche* der Weltraumfahrt² 宇宙飛行の時代 / der Beginn einer neuen *Epoche*² 新しい時代の始まり / Dieses Werk wird *Epoche* machen. この作品は新時代を画するであろう. ② 《地学》期; 《天》元期(ゲッ).

⸺⸺⸺⸺⸺⸺⸺⸺⸺⸺
E·po·che ma·chend エポックメーキングな, 画期的な, 新時代を開く(発明など).
⸺⸺⸺⸺⸺⸺⸺⸺⸺⸺

epo·che⁀ma·chend 形 《新形》Epoche machend) ☞ Epoche
E·pos [エーポス é:pɔs] 中 -/Epen 《文学》叙事詩. Helden*epos* 英雄叙事詩.
E·qui·pa·ge [エクヴィパージェ ekvipá:ʒə または エキ.. eki..] 女 -/-n 《古》① (豪華な)馬車. ② (船の)乗組員. ③ (士官の)装具.
***er** [エーァ é:r]

彼は; それは		
Er ist krank.	1格	*er*
エァ イスト クランク	2格	seiner
彼は病気です.	3格	ihm
	4格	ihn

代 《人称代名詞; 3人称男性単数の1格》 (⇔ 人だけでなく物・事でも男性名詞であれば er で受ける); それは(它). (英 *he, it*). *er* und sie 彼と彼女 / Wo ist der Vater? — *Er* ist im Zimmer. お父さんはどこにいるの — 彼は部屋にいます / Hier ist dein Hut, *er* lag auf dem Schrank. ほら君の帽子だよ, たんすの上にあったよ.
Er¹ [エーァ] 男 -/-s 《口語》男; (動物の)雄. ein *Er* und eine Sie 男と女.

Er² [エー・エル]《化・記号》エルビウム (=**Erbium**).

er.. [エァ.. ɛr..]《非分離動詞の前つづり;アクセントをもたない》① 《生成》例: erbauen 建てる. ② 《開始》例: ertönen 鳴り出す. ③ 《結果》例: ergeben 生じる. ④ 《到達・獲得》例: erreichen 到達する. ⑤ 《形容詞・自動詞の他動詞化》例: ermöglichen 可能にする / erleben 体験する.

..er [..エァ .. ər]《名詞・形容詞をつくる接尾》I 《男性名詞をつくる》① 《動詞の語幹につけて「人」や「道具」を表す》例: Arbeiter 労働者 / Öffner 栓抜き. ② 《名詞につけて集団の構成員を表す》例: Gewerkschafter 労働組合員. ③ 《国・都市名につけて,その出身者を表す》例: Schweizer スイス人. II 《無変化の付加語的形容詞をつくる》《町名や地名につけて「その町(地方)の」を表す》例: die Berliner Bevölkerung ベルリンの人口.

er·ach·ten [エァ・アハテン ɛr-áxtən] 他 (h)《成句的に》物⁴ für (または als) … erachten《雅》物⁴を…と見なす. Ich erachte das für (または als) eine Bosheit (falsch). 私はそれは悪意(間違い)だと思う. (全 …には4格の名詞や形容詞がくる).

Er·ach·ten [エァ・アハテン] 中《成句的に》meinem Erachten nach または nach meinem Erachtens または meines Erachtens (略: m. E.) 私の考えでは.

er·ar·bei·ten [エァ・アルバイテン ɛr-árbaitən] 他 (h) ① 《物⁴を》働いて手に入れる; 勉強(努力)して身につける. [sich³] eine Position⁴ erarbeiten 努力してある地位を得る. ② (計画・報告書など⁴を)共同で作り上げる.

E·ras·mus [エラスムス erásmus] -/ 《人名》エラスムス (Desiderius *Erasmus*, 通称 *Erasmus von Rotterdam* 1466?-1536; オランダの人文主義者).

Erb·adel [エルプ・アーデル] 男 -s/ 世襲貴族.

Erb≠an·la·ge [エルプ・アンラーゲ] 女 -/-n 《生》遺伝因子;《医》遺伝性素質.

Erb≠an·spruch [エルプ・アンシュプルフ] 男 -[e]s/..sprüche 相続請求権.

er·bar·men [エァ・バルメン ɛr-bármən] I 再帰 (h) sich⁴ 人² erbarmen《雅》人²を哀れむ, 気の毒に思う. Herr, *erbarme* dich meiner! 主よ,われを哀れみたまえ. II 他 (h) (人⁴に)哀れみの情を起こさせる. Sein Schicksal *erbarmt* mich. 彼の運命を私はかわいそうに思う.

Er·bar·men [エァ・バルメン] 中 同情. mit 人³ *Erbarmen*⁴ haben 人³に同情する / Er kennt kein *Erbarmen*. 彼は情けを知らない / **zum** *Erbarmen* 哀れなほど[ひどく].

er·bar·mens·wert [エァバルメンス・ヴェーァト] 形 哀れな,かわいそうな.

er·bärm·lich [エァ・ベルムリヒ] I 形 ① 哀れな,かわいそうな. Er war in *erbärmlichen* Zustand. 彼は哀れむべき状態にあった. ② (内容が)貧弱な,お粗末な. eine *erbärmliche* Leistung お粗末な業績. ③ あ

さましい,低劣な. ④ すごい,ひどい. *erbärmliche* Kälte ものすごい寒さ. II 副 ものすごく,非常に.

er·bar·mungs≠los [エァバルムングス・ロース] 形 無慈悲な,冷酷な,情け容赦ない.

***er·bau·en** [エァ・バオエン ɛr-báuən] (erbaute, hat...erbaut) I 他 (完了 haben) ① 建てる,建築する,建設する. (英 build). eine Kirche⁴ *erbauen* 教会を建てる / Rom *ist* nicht an (または in) einem Tage *erbaut worden*.《受動・現在完了》(諺) ローマは一日にして成らず. (☞ 類語 bauen). ② 《雅》(人⁴を)感動させる. Ich *bin* von dieser Nachricht nicht sehr *erbaut*.《状態受動・現在》私はこの知らせをそれほど喜んではいない.
II 再帰 (完了 haben)《sich⁴ an 事³ ~》《雅》(事³に)感動する,(事³に)感銘を受ける.

Er·bau·er [エァ・バオアァ ɛr-báuər] 男 -s/- 建築者,建設者; 創設(設立)者.

er·bau·lich [エァ・バオリヒ] 形 教化的な,信仰心を起こさせる,心を高める; 喜ばしい.

er·baut [エァ・バオト] *erbauen (建てる)の 過分

er·bau·te [エァ・バオテ] *erbauen (建てる)の 過去

Er·bau·ung [エァ・バオウング] 女 -/-en 教化, (知的な)啓発.

*das **Er·be¹** [エルベ érbə] 中 (単 2) -s/ 遺産,相続財産. (英 inheritance). das väterliche *Erbe* 父方の遺産 / das kulturelle *Erbe* 文化遺産 / ein *Erbe*⁴ an|treten 遺産を相続する.

*der **Er·be²** [エルベ érbə] 男 (単 2・3・4) -n/(複) -n 相続人,あと継ぎ. (英 heir). 人⁴ als (または zum) *Erben* ein|setzen 人⁴を相続人に指定する.

er·be·ben [エァ・ベーベン ɛr-bé:bən] 自 (s) ① 突然激しく揺れる,震動する. ② 《雅》ぶるぶる震える. vor Angst *erbeben* 恐怖におののく.

***er·ben** [エルベン érbən] (erbte, hat...geerbt) 他 (完了 haben) ① (財産など⁴を)相続する;《口語》(お下がり⁴を)もらう. (英 inherit). vom Großvater ein Haus⁴ *erben* 祖父から家を相続する. ② (遺伝的に才能など⁴を)受け継ぐ. Dieses Talent *hat* er von seinem Vater *geerbt*. この才能を彼は父親から受け継いだ.

er·bet·teln [エァ・ベッテルン ɛr-bétəln] 他 (h) (物⁴を)物ごいして(しきりにせがんで)手に入れる.

er·beu·ten [エァ・ボイテン ɛr-bóytən] 他 (h) (戦利品として)奪い取る,分捕る.

Erb≠feh·ler [エルプ・フェーラァ] 男 -s/- 遺伝的欠陥; 代々の宿弊 (しゅくへい).

Erb≠feind [エルプ・ファイント] 男 -[e]s/-e ① 宿敵. ② 《複 なし》《婉曲》悪魔.

Erb≠fol·ge [エルプ・フォるゲ] 女 -/-n 相続[順位];王位継承.

Erb≠gut [エルプ・グート] 中 -[e]s/..güter ① 《生》(総称として:)遺伝素質,遺伝子型. ② 相続財産.

er·bie·ten* [エァ・ビーテン ɛr-bí:tən] 再帰 (h) *sich*⁴ erbieten, **zu** 不定詞[句]《雅》…しようと

申し出る.

Er·bin [エルビン érbɪn] 囡 -/..binnen (女性の)相続人.

er·bit·ten* [エァ・ビッテン ɛr-bítən] 他 (h) (雅) ① 懇願する, 請い求める. Ich erbitte mir einen Rat von Ihnen. あなたに一つご助言を賜りたい. ② 《成句的に》 sich⁴ erbitten lassen [人の]願いを聞き入れる, 承諾する.

er·bit·tern* [エァ・ビッテァン ɛr-bítərn] 他 (h) 憤慨(激怒)させる. ◇《再帰的に》 sich⁴ erbittern 怒る, 憤慨する.

er·bit·tert [エァ・ビッタァト] I erbittern (怒らせる)の 過分 II 形 ① 憤慨した, 激怒した. ② (戦い・抵抗などが)激烈な, 激しい.

Er·bit·te·rung [エァ・ビッテルング] 囡 -/ 憤慨, 怒り.

Er·bi·um [エルビウム érbium] 中 -s/《化》エルビウム (記号: Er).

Erb·krank·heit [エルプ・クランクハイト] 囡 -/-en 《医》遺伝病, 遺伝性疾患.

er·blas·sen [エァ・ブらッセン ɛr-blásən] 自 (s) ① (雅) 蒼白(蒼白)となる. ② (詩) みまかる.

Erb·las·ser [エルプ・らッサァ] 男 -s/- 《法》被相続人, 遺贈者.

er·blei·chen [エァ・ブらイヒェン ɛr-bláiçən] 自 (s) (雅) 蒼白(蒼白)となる; (物が)色あせる.

erb·lich [エルプリヒ] 形 ① 相続される, 世襲の. ② 遺伝性の. eine erbliche Krankheit 遺伝性の病気.

* **er·bli·cken** [エァ・ブリッケン ɛr-blíkən] (erblickte, hat...erblickt) 他 (完了 haben) ① (雅) (人・物⁴の姿を)見つける, 認める. Am Horizont erblickten sie die Berge. 地平線に彼らは山の姿を認めた. ② 《in A³ B⁴ ~》 (A³ を B⁴ と)見なす, 思う. Er erblickte in mir meinen Retter. 彼は私を救い主と見なした. / Darin erkannen ich keinen Vorteil erblicken. その点を私はなんら長所とは思わない.

er·blickt [エァ・ブリックト] *erblicken (見つける)の 過分

er·blick·te [エァ・ブリックテ] *erblicken (見つける)の 過去

er·blin·den [エァ・ブリンデン ɛr-blíndən] 自 (s) 失明する; (ガラスなどが)曇る.

Er·blin·dung [エァ・ブリンドゥング] 囡 -/-en 失明.

er·blü·hen [エァ・ブリューエン ɛr-blýːən] 自 (s) (雅) (花が)咲く, 開花する; (比) (女の子が)美しく成長する, (文化などが)栄える, 花開く.

Erb·mas·se [エルプ・マッセ] 囡 -/-n ① 《生》(総称として:)遺伝素質, 遺伝子型. ② 《法》相続財産.

er·bo·sen [エァ・ボーゼン ɛr-bóːzən] I 他 (h) (人⁴を)怒らせる. ◇《過去分詞の形で》über 事⁴ erbost sein 事⁴に怒っている. II 再帰 (h) 《sich⁴ [über 人・事⁴] ~》([人・事⁴]に)怒る.

er·bö·tig [エァ・ベーティヒ ɛr-bǿːtɪç] 形 《成句的に》erbötig sein, zu 不定詞[句]…する用意(気持ち)がある / sich⁴ erbötig machen, zu 不

定詞[句]…する気があると申し出る.

er·bre·chen* [エァ・ブレッヒェン ɛr-bréçən] I 他 (h) ① (雅) (ドア・金庫などを)こじ開ける. ② 吐く. II 自 (h)・再帰 (h) sich⁴ erbrechen 嘔吐(嘔吐)する.

Er·bre·chen [エァ・ブレッヒェン] 中 《成句的に》 bis zum Erbrechen 《口語》へどが出るほど.

Erb·recht [エルプ・レヒト] 中 -[e]s/-e 《法》① 《複 なし》(総称として:)相続法. ② 相続権.

er·brin·gen* [エァ・ブリンゲン ɛr-bríŋən] 他 (h) (結果・利益など⁴を)もたらす; (費用など⁴を)調達する. einen Nachweis erbringen 立証する.

Erb·schaft [エルプシャふト] 囡 -/-en 相続財産, 遺産. eine Erbschaft⁴ an|treten 遺産を相続する.

Erb·schafts⸗steu·er [エルプシャふツ・シュトイァァ] 囡 -/-n 相続税.

Erb·schlei·cher [エルプ・シュらイヒァァ] 男 -s/- 遺産横領者.

*die **Erb·se** [エルプセ érpsə] 囡 (単) -/(複) -n 《植》エンドウ; えんどう豆. Erbsen⁴ pflücken えんどうを摘む.

Erb·sen⸗sup·pe [エルプセン・ズッペ] 囡 -/-n 《料理》えんどう[豆]スープ.

Erb⸗stück [エルプ・シュテュック] 中 -[e]s/-e 相続物, 形見;《法》相続動産.

Erb⸗sün·de [エルプ・ズュンデ] 囡 -/《キリ教》原罪.

erb·te [エルプテ] *erben (相続する)の 過去

Erb⸗teil [エルプ・タイる] 中 (法: 男) -[e]s/-e ① 《法》相続分. ② 遺伝的素質.

Erd·ach·se [エーァト・アクセ] 囡 -/《地学》地軸.

Erd⸗an·zie·hung [エーァト・アンツィーウング] 囡 -/ 地球の引力.

Erd⸗ap·fel [エーァト・アプふェる] 男 -s/..äpfel 《南ド》じゃがいも (= Kartoffel).

Erd⸗ar·bei·ten [エーァト・アルバイテン] 複 (建) (地面に関する)土木工事.

Erd⸗ball [エーァト・バる] 男 -[e]s/ (雅) 地球.

*das **Erd⸗be·ben** [エーァト・ベーベン éːrt-beːbən] 中 (単2) -s/(複) - 地震. (英) earthquake). ein heftiges Erdbeben 激しい地震.

Erd⸗bee·re [エーァト・ベーレ] 囡 -/-n 《植》(オランダ)イチゴ, ストローベリー. Erdbeeren⁴ pflücken いちごを摘み取る.

Erd⸗bo·den [エーァト・ボーデン] 男 -s/ 地面, 大地. eine Stadt⁴ dem Erdboden gleich|machen ある町を完全に破壊する(←地面と同じ高さにする) / Der Mann war wie vom Erdboden verschluckt. その男は突然姿を消した(←大地に飲み込まれたように).

*die **Er·de** [エーァデ éːrdə]

> 地球; 地面
>
> Die *Erde* ist rund. 地球は丸い.
> ディ エーァデ イスト ルント

erden

囡 (単) -/(複) -n 《ふつう 単》(函 earth) ① 【覆なし】**地球**. Die *Erde* kreist um die Sonne. 地球は太陽の周りを回る.
② 【覆なし】**大地**, 地面. (☞ 空は Himmel). Die *Erde* bebte. 大地が揺れた / die *Erde* (または **zur** Erde) fallen 地面に落ちる / auf der bloßen (または nackten) *Erde* schlafen 《口語》地べたに寝る / auf der *Erde* bleiben《口語》現実を見失わない / Sie steht mit beiden Beinen fest auf der *Erde*.《比》彼女は足が地についている(現実家だ) / Erde⁴ **aus** der *Erde* stampfen (魔法のように)あっという間に物⁴を作りだす / 囚⁴ **unter** die *Erde* bringen《口語》a) 囚⁴の死期を早める, b) 囚⁴を埋葬する.
③ **土**, 土壌. fruchtbare *Erde* 肥沃(ピュ)な土. (特定の)土地, 地域. in fremder *Erde* ruhen《雅》異国の土地に眠る. ⑤ この世, 現世, 地上. **auf Erden**《雅》この世で, 地上で, 浮世で ⇨ Er hat den Himmel auf *Erden*. 彼は非常に幸福だ(←この世で天国を持っている). (☞ Erden は単数 3 格の古形). ⑥ 【電】アース.

er·den [エァデン é:rdən] 他 (h) 【電】(物⁴を)接地(アース)する.

er·den·ken* [エァ・デンケン εr-déŋkən] 他 (h) 考え出す, 案出する. ◇【過去分詞の形で】eine *erdachte* Geschichte 作り話.

er·denk·lich [エァ・デンクリヒ] 形 考えうるかぎりの. sich³ alle *erdenkliche* Mühe⁴ geben あらんかぎりの手を尽くす.

Erd·er·wär·mung [エーァト・エァヴェルムング] 囡 -/ 地球温暖化.

Erdg. [エーァト・ゲショス] 《略》 1 階 (= Erdgeschoss).

Erd·gas [エーァト・ガース] 中 -es/ 天然ガス.

Erd·geist [エーァト・ガイスト] 男 -es/-er 地霊.

* *das* **Erd·ge·schoss** [エーァト・ゲショス é:rt-gəʃɔs] 中 (単 2) -es/(複) -e (3 格のみ -en) **1 階**, 階下(地面に接している階). (略: Erdg.). (☞「2 階」は der erste Stock). Wir wohnen **im** *Erdgeschoss*. 私たちは 1 階に住んでいる.

Erd·ge·schoß ☞ 《新形》Erdgeschoss

er·dich·ten [エァ・ディヒテン εr-díçtən] 他 (h) 《雅》(口実など⁴を)考え出す, (架空の話⁴を)作り上げる, でっち上げる.

er·dig [エァディヒ é:rdɪç] 形 ① 土の, 土を含んだ; 《雅》土まみれの. eine *erdige* Masse 土のかたまり. ② 土のようなにおい(味)のする.

Erd·in·ne·re[s] [エーァト・インネレ[ス]] 中 《語尾変化は形容詞と同じ》 地球の内部.

Erd·ka·bel [エーァト・カーベる] 中 -s/- 地下ケーブル.

Erd·kreis [エーァト・クライス] 男 -es/ 《詩》地球, 全世界.

Erd·krus·te [エーァト・クルステ] 囡 -/ 《地学》地殻.

Erd·ku·gel [エーァト・クーゲる] 囡 -/ 地球; 地球儀.

Erd·kun·de [エーァト・クンデ] 囡 -/ 地理学 (= Geographie).

erd·kund·lich [エーァト・クントリヒ] 形 地理学[上]の.

Erd·mag·ne·tis·mus [エーァト・マグネティスムス] 男 -/ 《物》地磁気.

Erd·nuss [エーァト・ヌス] 囡 -/..nüsse 《植》ピーナッツ, ラッカセイ(落花生).

Erd·nuß ☞ 《新形》Erdnuss

Erd·ober·flä·che [エーァト・オーバァふれッヒェ] 囡 -/ 地球の表面, 地表.

Erd·öl [エーァト・エーる] 中 -[e]s/ 石油.

er·dol·chen [エァ・ドるヒェン εr-dólçən] 他 (h) 《雅》短刀で刺し殺す.

Erd·reich [エーァト・ライヒ] 中 -[e]s/ 土, 土壌.

er·dreis·ten [エァ・ドライステン εr-dráɪstən] 再帰 (h) *sich*⁴ *erdreisten*, **zu** 不定詞[句]《雅》あつかましくも…する.

Erd·rin·de [エーァト・リンデ] 囡 -/ 《地学》地殻 (= Erdkruste).

er·dröh·nen [エァ・ドレーネン εr-dró:nən] 自 (h) 鳴り響く, とどろき(響き)渡る.

er·dros·seln [エァ・ドロッセるン εr-drósəln] 他 (h) (囚⁴を)絞殺する; 《比》(批判など⁴を)押さえ込む.

er·drü·cken [エァ・ドリュッケン εr-drýkən] 他 (h) ① (人・物⁴を)押しつぶす, 圧殺する. ② 《比》圧倒する; 打ちのめす. Die Arbeit *erdrückt* mich fast. 私は仕事に押しつぶされそうだ. ◇【現在分詞の形で】eine *erdrückende* Übermacht 圧倒的な優勢.

Erd·rutsch [エーァト・ルッチュ] 男 -[e]s/-e 地滑り, 山崩れ; 《比》地滑り的な現象(選挙での大敗北など).

Erd·sa·tel·lit [エーァト・ザテリート] 男 -en/-en 地球を回る[人工]衛星.

Erd·schol·le [エーァト・ショれ] 囡 -/-n 土くれ, 土のかたまり.

Erd·stoß [エーァト・シュトース] 男 -es/..stöße (激しい地震による)突発的な地面の震動.

Erd·teil [エーァト・タイる] 男 -[e]s/-e 大陸, 州. die fünf *Erdteile* 五大州.

er·dul·den [エァ・ドゥるデン εr-dúldən] 他 (h) (苦痛など⁴を)耐え忍ぶ.

Erd·um·dre·hung [エーァト・ウムドレーウング] 囡 -/-en 地球の自転.

Erd·um·krei·sung [エーァト・ウムクライズング] 囡 -/-en (人工衛星などの)地球周回.

Er·dung [エァドゥング] 囡 -/-en 《電》接地, アース.

Erd·wär·me [エーァト・ヴェルメ] 囡 -/ 《地学》地熱.

er·ei·fern [エァ・アイふァァン εr-áɪfərn] 再帰 (h) *sich*⁴ *ereifern* 憤激する, いきりたつ. *sich*⁴ über jede Kleinigkeit *ereifern* ささいなことにもかっとなる.

* **er·eig·nen** [エァ・アイグネン εr-áɪgnən] es

ereignet (ereignete, hat...ereignet) 再帰 (定了) haben) *sich*[4] *ereignen* (事件などが)起こる, 生じる, 発生する. (英) *happen*). Ein Unfall *ereignete sich* **an** der Kreuzung. 交差点で事故が起こった. (☞ 類語 geschehen).

er·eig·net [エァ・アイグネット] *ereignen (再帰で 起こる)の 過分

er·eig·ne·te [エァ・アイグネテ] *ereignen (再帰で 起こる)の 過去

‡*das* **Er·eig·nis** [エァ・アイグニス εr-áıgnıs] 中 (単 2) ..nisses/(複) ..nisse (3 格のみ ..nissen) **出来事**, 事件. (英) *event*). ein historisches *Ereignis* 歴史的な出来事 / Keine besonderen *Ereignisse*! 特に変わったことはありません / Das Konzert war ein *Ereignis* für unsere Stadt. そのコンサートはわが町にとっては特記すべきことだった / ein freudiges *Ereignis*《婉曲》おめでた(← 喜ばしい出来事).

er·eig·nis⸗los [エァアイグニス・ロース] 形 これといった事件もない, 平穏無事な.

er·eig·nis⸗reich [エァアイグニス・ライヒ] 形 事件の多い, 波乱万丈の.

er·ei·len [エァ・アイレン εr-áılən] 他 (h)《雅》(不幸などが 人[4]を)不意に襲う.

E·rek·ti·on [エレクツィオーン erεktsió:n] 女 -/-en (ペニスの)勃起(ぼっき).

E·re·mit [エレミート eremí:t] 男 -en/-en 隠[遁]者, 世捨て人.

E·re·mi·ta·ge [エレミタージェ eremitá:ʒə] 女 -/-n ① (18 世紀の庭園の)あずまや. ②《複なし》エルミタージュ美術館(ロシア, ペテルブルグにある).

er·erbt [エァ・エルプト εr-έrpt] 形 ① 相続によって得た. ein *ererbtes* Haus 相続した家屋. ② 遺伝性の, 生まれつきの.

‡**er·fah·ren**[1]* [エァ・ファーレン εr-fá:rən] du erfährst, er erfährt (erfuhr, hat...erfahren) **I** 他 (定了 haben) ① [聞き]知る, [読んで]知る. Wann *erfahre* ich das Ergebnis? いつ結果を教えてもらえますか / Ich *habe* gestern durch Zufall *erfahren*, dass er krank ist. 私はきのう偶然に彼が病気だということを知った. (☞ 類語 hören).

②《雅》(わが身に)**経験**する, (不幸など[4]に)遭う. Er *hat* in seinem Leben viel Böses *erfahren*. 彼は生涯に多くの不幸な目に遭った.

③《行為などを表す名詞を目的語として》(動[4]を)被る, 受ける. eine schlechte Behandlung[4] *erfahren* そんざいな扱いを受ける / eine Verbesserung[4] *erfahren* 改良される.

II 自 (定了 haben)《**von** 動[3] ~》(動[3]について)

* **er·fah·ren**[2] [エァ・ファーレン εr-fá:rən] **I** *erfahren[1] (聞き知る) 過分

II 形 経験豊かな, ベテランの, 熟練した. ein *erfahrener* Arzt 経験豊かな医師 / Er ist auf diesem Gebiet sehr *erfahren*. 彼はこの分野ではベテランだ. (☞ 類語 geschickt).

er·fährst [エァ・フェーアスト] *erfahren[1] (聞き知る)の 2 人称単数 現在

er·fährt [エァ・フェーアト] *erfahren[1] (聞き知る)の 3 人称単数 現在

*die **Er·fah·rung** [エァ・ファールング εr-fá:ruŋ] 女 (単) -/(複) -en 《英》*experience*). ① **経験**[すること], [聞き]知ること. Lebens*erfahrung* 人生経験 / *Erfahrungen*[4] sammeln 経験を積む / Er hat viel *Erfahrung* auf diesem Gebiet. 彼はこの分野では経験豊かだ / Ich habe bittere *Erfahrungen* mit ihm gemacht. 私は彼のことでにがい経験をした. ◇《前置詞とともに》Das weiß ich **aus** eigener *Erfahrung*. そのことは私は自分で経験してわかっている / **durch** *Erfahrung* lernen 経験を通して学ぶ / 動[4] **in** *Erfahrung* bringen 動[4]を調べて知る, 聞き出す / ein Mann **mit** (または **von**) *Erfahrung* 経験豊富な男

Er·fah·rungs⸗aus·tausch [エァファールングス・アオスタオシュ] 男 -es/ (経験に基づく)情報の交換.

Er·fah·rungs⸗ge·mäß [エァファールングス・ゲメース] 副 経験上, 経験によれば.

er·fah·rungs⸗mä·ßig [エァファールングス・メースィヒ] 形 経験上の, 経験による.

er·fand [エァ・ファント] *erfinden (発明する)の 過去

er·fän·de [エァ・フェンデ] *erfinden (発明する)の 接 2

er·fas·sen [エァ・ファッセン εr-fásən] 他 (h) ① つかむ, 捕らえる, (動きの中に)巻き込む. 人[4] **am** Arm *erfassen* 人[4]の腕をつかむ / Der Wagen *erfasste* den Radfahrer. その車が自転車に乗っている人をはねた. ②《比》(恐怖感などが 人[4]を)襲う. ③ 理解(把握)する. Er *erfasste* die Lage mit einem Blick. 彼はその状況を一目で理解した. ④ リストアップする, (統計に)数え入れる.

‡**er·fin·den*** [エァ・フィンデン εr-fíndən] du erfindest, er erfindet (erfand, hat...erfunden) 他 (定了 haben) ① **発明**する, 考案する. (英) *invent*). eine neue Maschine[4] *erfinden* 新しい機械を発明する / Gutenberg *erfand* die Buchdruckerkunst. グーテンベルクが印刷術を発明した.

② (作り話など[4]を)考え出す, でっち上げる. eine Ausrede[4] *erfinden* 口実をでっち上げる.

*der **Er·fin·der** [エァ・フィンダァ εr-fíndər] 男 (単 2) -s/(複) - (3 格のみ -n) **発明家**, 考案者. (英) *inventor*). (⇨ 女性形は Erfinderin).

er·fin·de·risch [エァ・フィンデリッシュ εr-fíndərıʃ] 形 発明の才のある, 創意に富む. Not macht *erfinderisch*.《諺》必要は発明の母.

*die **Er·fin·dung** [エァ・フィンドゥング εr-fíndʊŋ] 女 (単) -/(複) -en 《英》*invention*). ①《複 なし》**発明**, 案出, 考案. eine praktische *Erfindung* 実用的な発明. ② 発明品. eine *Erfindung*[4] machen 発明をする. ③ 作りごと, 虚構, でっち上げ. Es ist reine *Erfindung*, was er erzählt. 彼が言うことはまったくの作り

er·fle·hen [エァ・ふれーエン εr-fléːən] 他 (h) 《雅》(支援など⁴を)懇願する, 請い求める.

＊der Er·folg [エァ・ふォるク εr-fólk]

> 成功　Viel *Erfolg*! ご成功を祈ります.
> ふぃーる エァふォるク

男 (単2) -[e]s/(複) -e (3格のみ -en) 成功, 好結果; 成果. (英 success). (🖙「失敗」は Misserfolg). Teil*erfolg* 部分的成功 / ein großer *Erfolg* 大成功 / mit 物³ *Erfolg*⁴ haben 物³に成功する, 成果を収める / Die Aufführung war ein voller *Erfolg*. その上演は大当たりだった / Er hat *Erfolg* bei Frauen. 彼は女性にもてる / mit *Erfolg* 首尾よく / Sein Versuch blieb leider ohne *Erfolg*. 彼の実験は残念ながら不成功に終った. (🖙類語 Ergebnis).

新形
Er·folg ver·spre·chend 成功の見込みのある, 有望な.

＊er·fol·gen [エァ・ふォるゲン εr-fólgən] (erfolgte, *ist*...erfolgt) 自 (完了 sein) ① (結果として)起こる, 生じる. (英 occur). Kurz darauf *erfolgte* das Unglück. そのすぐあとで事故が起こった. ② (物事が)行われる, なされる. Auf meinen Brief hin *ist* keine Antwort *erfolgt*. 《現在完了》私の手紙には何の返事もなかった.

er·folg＝los [エァふォるク・ろース] 形 成果のない, 不成功の, 徒労に終わった. *erfolgloses* Bemühen むだな骨折り.

＊er·folg＝reich [エァふォるク・ライヒ εr-fólk-raiç] 形 成功した, 上首尾の, 成果の上がる. (英 successful). ein *erfolgreicher* Forscher 成功した研究者 / ein *erfolgreiches* Theaterstück 大当たりの芝居 / eine *erfolgreiche* Politik 成果の上がった政策.

Er·folgs＝aus·sicht [エァふォるクス・アオスズィヒト] 女 -/-en 《ふつう複》成功の見込み.

Er·folgs＝er·leb·nis [エァふォるクス・エァれープニス] 中 ..nisses/..nisse 成功の満足感, 達成感.

er·folgt [エァ・ふォるクト] ＊erfolgen (起こる)の 過分

er·folg·te [エァ・ふォるクテ] ＊erfolgen (起こる)の 過去

er·folg＝ver·spre·chend 形 (新形 Erfolg versprechend) 🖙 Erfolg

＊er·for·der·lich [エァ・ふォるダァりヒ εr-fórdərliç] 形 必要な, 欠くことのできない. (英 neccessary). Für diese Arbeit ist viel Erfahrung *erforderlich*. この仕事には豊富な経験が必要だ.

＊er·for·dern [エァ・ふォるダァン εr-fórdərn] (erforderte, hat...erfordert) 他 (完了 haben) (物事が 人・物⁴を)必要とする. Dieses Projekt *erfordert* viel Geld. この企画にはたくさんのお金がかかる.

Er·for·der·nis [エァ・ふォるダァニス] 中 ..nisses/..nisse 必要とされるもの; 必要条件, 前提条件.

er·for·dert [エァ・ふォるダァト] ＊erfordern (必要とする)の 過分

er·for·der·te [エァ・ふォるダァテ] ＊erfordern (必要とする)の 過去

er·for·schen [エァ・ふォルシェン εr-fórʃən] 他 (h) 研究(調査)する, 探究(究明)する; (秘密・真意など⁴を)探る.

Er·for·scher [エァ・ふォルシャァ εr-fórʃər] 男 -s/- 探検家; 研究者, 探究者. der *Erforscher* der Antarktis² 南極探検家.

Er·for·schung [エァ・ふォルシュング] 女 -/-en 探検, 研究, 探究.

er·fra·gen [エァ・ふラーゲン εr-fráːgən] 他 (h) (事⁴を)尋ね[て知]る, 聞き出す. den Weg zum Museum *erfragen* 美術館へ行く道を尋ねる.

er·fre·chen [エァ・ふレッヒェン εr-fréçən] 再帰 (h) sich⁴ *erfrechen*, zu 不定詞[句]《雅》あつかましくも...する.

er·freu·en [エァ・ふロイエン εr-fróyən] I 他 (h) 喜ばせる, 楽しませる. 人⁴ mit einem Geschenk *erfreuen* 贈り物をして人⁴を喜ばせる / Dein Brief *hat* uns sehr *erfreut*. 君の手紙が私たちにはとてもうれしかった. II 再帰 (h) sich⁴ *erfreuen* ① 《sich⁴ an 物³ ~》物³を楽しむ. Sie *erfreute sich* am Anblick der vielen Blumen. 彼女はたくさんの花を見て楽しんだ. ② 《雅》《事²を》享受する, 受けている. sich⁴ eines guten Rufes *erfreuen* 評判が良い / Er *erfreut sich* bester Gesundheit. 彼はこの上もない健康に恵まれている.
◇🖙 erfreut

er·freu·lich [エァ・ふロイヒト] 形 喜ばしい, うれしい; 好ましい, 好都合な. eine *erfreuliche* Nachricht うれしい知らせ. (🖙類語 froh).

er·freu·li·cher·wei·se [エァふロイリッヒャァ・ヴァイゼ] 副 うれしいことには, 幸いにも.

er·freut [エァ・ふロイト] I erfreuen (喜ばせる)の 過分 II 形 うれしい, 喜んだ. **über** 事⁴ *erfreut* sein 事⁴を喜んでいる / Sehr *erfreut*! (人から紹介されたときのあいさつで)初めまして, どうぞよろしく.

er·frie·ren* [エァ・ふリーレン εr-fríːrən] I 自 (s) ① 凍死する; 冷害(霜害)にやられる; (手足が)凍傷にかかる. Ihm *sind* zwei Finger *erfroren*.《現在完了》彼は指が2本凍傷にかかった. ② (寒さで)かじかむ, こわばる. II 他 (h) (体の一部⁴に)凍傷を負う. sich³ die Füße⁴ *erfrieren* 足が凍傷にかかる.

Er·frie·rung [エァ・ふリールング] 女 -/-en 凍死, 凍傷; (植物の)冷害.

＊er·fri·schen [エァ・ふリッシェン εr-fríʃən] (erfrischte, hat...erfrischt) I 再帰 (完了 haben) sich⁴ *erfrischen* 元気を回復する, さわやかになる. sich⁴ mit einem Bad *erfrischen* ひとふろ浴びてさっぱりする.

II 他 (完了) (haben) (コーヒーなどが 人・物⁴を) 元気づける, さわやかにする. Der Kaffee *hat* uns *erfrischt*. コーヒーを飲んで私たちはしゃんとした気分になった. ◊《目的語なしでも》Dieses Obst *erfrischt* köstlich. この果実を食べるととてもさわやかになる.

er·fri·schend [エァ・フリッシェント] **I** *erfrischen (再帰 で: 元気を回復する)の 現分 **II** 形 さわやかにする, すがすがしい. *erfrischende Getränke* 清涼飲料水.

er·frischt [エァ・フリシュト] *erfrischen (再帰 で: 元気を回復する)の 過分

er·frisch·te [エァ・フリシュテ] *erfrischen (再帰 で: 元気を回復する)の 過去

***die Er·fri·schung** [エァ・フリッシュング ɛr-fríʃʊŋ] 女 (単) -/(複) -en ① [複 なし] 元気を回復させること, 気分をさわやかにすること. (英 *refreshment*). die *Erfrischung* durch ein Bad ひとふろ浴びてさっぱりすること. ② 清涼飲料水, (元気を回復させる)軽い飲み物(食べ物). 人³ eine *Erfrischung*⁴ anbieten 人³に軽い飲み物(食べ物)をさし出す.

Er·fri·schungs⸗ge·tränk [エァ・フリッシュングス・ゲトレンク] 中 -[e]s/-e 清涼飲料.

Er·fri·schungs⸗raum [エァ・フリッシュングス・ラオム] 男 -[e]s/..räume (劇場・デパートなどの)軽食堂, 喫茶室.

Er·fri·schungs⸗tuch [エァ・フリッシュングス・トゥーフ] 中 -[e]s/..tücher リフレッシュ・ティッシュ, ウェット・ティッシュ.

er·fuhr [エァ・フーァ] *erfahren¹ (聞き知る)の 過去

er·füh·re [エァ・フューレ] *erfahren¹ (聞き知る)の 接2

***er·fül·len** [エァ・フュレン ɛr-fýlən] (erfüllte, *hat*...erfüllt) **I** 他 (完了) (haben) ① 満たす, いっぱいにする. Lärm *erfüllte* den Saal. 騒音がホールを満たした / Die Blumen *erfüllen* das Zimmer mit ihrem Duft. 部屋は花の香りでいっぱいだ. ② (人⁴の)心を占める(いっぱいにする). Freude *erfüllte* ihn. 喜びで彼の胸はいっぱいだった. ③ ([人³の]要求・願い⁴を)実現させる, かなえる. Die Großeltern *erfüllten* dem Enkel jeden Wunsch. 祖父母は孫の希望はなんでもかなえてやった. ④ (義務・責任など⁴を)果たす, (条件・期待など⁴を)満たす.

II 再帰 (完了) (haben) *sich*⁴ *erfüllen* (要求・願い⁴が)満たされる, かなえられる, (予言などが)実現する. Mein Wunsch *hat sich erfüllt*. 私の願いはかなえられた.

er·füllt [エァ・フュルト] *erfüllen (満たす)の 過分

er·füll·te [エァ・フュルテ] *erfüllen (満たす)の 過去

***die Er·fül·lung** [エァ・フュルング ɛr-fýlʊŋ] 女 (単) -/(複) -en (願望などが)満たされること, 充実感, (願いなどの)実現, 成就, (約束の)履行. Er findet *Erfüllung* in seiner Arbeit. 彼は仕事に充足感を味わっている / in *Erfüllung* gehen 実現する.

er·fun·den [エァ・フンデン] *erfinden (発明する)の 過分

Er·furt [エルフルト érfʊrt] 中 -s/《都市名》エアフルト, エルフルト(ドイツ, チューリンゲン州の州都: ☞ 地図 E-3).

Erg [エルク érk] 中 -s/-《物》エルグ(CGS 系のエネルギー単位; 記号: erg).

erg. [エァ・ゲンツェ]《略》補え, 補充せよ (=ergänze!).

er·gab [エァ・ガープ] *ergeben¹ (生み出す)の 過去

***er·gän·zen** [エァ・ゲンツェン ɛr-géntsən] du ergänzt (ergänzte, *hat*...ergänzt) **I** 他 (完了) (haben) (不足分⁴を)補う, 補足する, (補足して)完全にする; (発言など⁴を)付け加える. (英 *complete*). einen Bericht *ergänzen* 報告文を補足して完全にする / Bitte *ergänzen* Sie die fehlenden Wörter! 欠けている語を補ってください / Darf ich hierzu noch etwas *ergänzen*? これについてもう少し説明を加えてもいいですか.

II 再帰 (完了) (haben) *sich*⁴ *ergänzen* 補われる; (互いに)補い合う. Mann und Frau *ergänzen sich*. 男と女は補い合う.

er·gänzt [エァ・ゲンツト] *ergänzen (補う)の 過分

er·gänz·te [エァ・ゲンツテ] *ergänzen (補う)の 過去

Er·gän·zung [エァ・ゲンツング] 女 -/-en ① [補って]完全にすること, 補足, 補遺, 補充. ②《言》補足語.

Er·gän·zungs⸗band [エァ・ゲンツングス・バント] 男 -[e]s/..bände (書物の)補遺, 別巻.

Er·gän·zungs⸗far·be [エァゲンツングス・ファルベ] 女 -/-n 補色.

Er·gän·zungs⸗win·kel [エァゲンツングス・ヴィンケる] 男 -s/-《数》補角.

er·gat·tern [エァ・ガッタァン ɛr-gátərn] 他 (h) 《口語》(珍しいものなど⁴を)まんまと手に入れる.

er·gau·nern [エァ・ガオナァン ɛr-gáʊnərn] 他 (h) だまし取る, 詐取する.

er·ge·ben¹ [エァ・ゲーベン ɛr-gé:bən] du ergibst, er ergibt (ergab, *hat*...ergeben) **I** 他 (完了) (haben) (結果として)生み出す; (…であることを)明らかにする; (計算の結果…になる). Vier mal drei *ergibt* zwölf. 4 掛ける 3 は 12 / Die Untersuchung *ergab* seine Unschuld. 審理の結果彼の無罪が明らかになった. **II** 再帰 (完了) (haben) *sich*⁴ *ergeben* ① (結果として)生じる; 明らかになる, 判明する. (英 *result*). Aus diesen Bemerkungen *ergab sich* eine lebhafte Diskussion. こうした発言から活発な議論が起こった / Bei der Untersuchung *ergab sich*, dass… 調査の結果…ということが判明した. ② (人・事³に)身をゆだねる. *sich*⁴ dem Trunk *ergeben* 飲酒にふける. ③ 《*sich*⁴ in 事⁴ ～》(事⁴[運命など]に)従う. Er *hat sich* schließlich in sein Schicksal *ergeben*. 彼は結局自分の運命に従った. ④ 降

伏する, 屈服する.

er·ge·ben[2] [エァ・ゲーベン] I *ergeben[1]（生み出す）の過分 II 形 《人・事[3]に》服従(心服)した; 《雅》忠実な, 従順な. Ihr *ergebener* Paul Witte (手紙の結びで)パウル・ヴィッテ敬白.

Er·ge·ben·heit [エァ・ゲーベンハイト] 女 -/ ① 献身, 心服. ② 従順, 忍従.

* *das* **Er·geb·nis** [エァ・ゲープニス ɛr-gé:pnɪs] 中 (単2) ..nisses/(複) ..nisse (3格のみ ..nissen) 結果, 成果；(計算などの)答え. (英 result). End*ergebnis* 最終結果 / ein günstiges *Ergebnis* 有利な結果 / das *Ergebnis* der Wahl[2] 選挙の結果 / das *Ergebnis* einer Multiplikation[2] 掛け算の答え / im *Ergebnis* 結局 / ohne *Ergebnis* 成果なく / Wir kamen zu folgendem *Ergebnis*: …… われわれは次のような結論に達した, すなわち…

───────────────

類語 das Ergebnis: (一般的に研究・努力の結果, 成果. der Erfolg: (努力して得た)良い結果, 成功. Er erntete großen *Erfolg*. 彼は大成功を収めた. die Folge: (行為・事件の良くない)結果, 成り行き. Die *Folgen* der Katastrophe sind unübersehbar. その災害の結果は見当もつかない. die Wirkung: 作用, 影響, 効果. Seine Worte hatten eine ungeahnte *Wirkung*. 彼の言葉は思いがけない反響を呼んだ.

───────────────

er·geb·nis≠los [エァゲープニス・ロース] 形 成果のない, 無益な, 得るところのない.

er·ge·hen* [エァ・ゲーエン ɛr-gé:ən] I 自 (s) ①《雅》(命令・警告などが)発せられる；(規則・法律などが)公布される；(判決が)下される. Ein neues Gesetz ist ergangen. [現在完了] 新しい法律が公布された / Gnade[4] für Recht *ergehen* lassen 寛大に処置する. ② 《成句的に》 事[4] **über** sich *ergehen* lassen 事[4]を耐え忍ぶ. eine Rede[4] über sich[4] *ergehen* lassen 我慢して演説に耳を傾ける. II 非人称 (s) 《es *ergeht* 人[3]... の形で》人[3]に…の状態が起こる(ふりかかる). Ihm *ist* es dort schlecht *ergangen*. [現在完了] 彼はそこでひどい目に遭った. III 再帰 (h) sich[4] ergehen ① 《sich[4] in 事[3]で》(賛辞・悪口などを)長々と述べる, (事[3]に)ふける. ②《雅》(公園などを)散策する.

er·gibt [エァ・ギープト] *ergeben[1]（生み出す）の3人称単数 [現在]

er·gie·big [エァ・ギービヒ ɛr-gí:bɪç] 形 収穫(収量)の多い, 収益の多い；《比》(議論などが)実りの多い, 生産的な.

er·gie·ßen* [エァ・ギーセン ɛr-gí:sən] 再帰 (h) *sich[4] ergießen*（大量に…へ）流れ出る. [降り]注ぐ. Der Fluss *ergießt* sich **ins** Meer. その川は海に注いでいる / Das Wasser *ergoss* sich **über** die Wiesen. 川の水が草原にあふれ出た / Eine Flut von Schimpfworten *ergoss* sich über ihn. 《比》彼はさんざん罵言(ばげん)を浴びた.

er·glän·zen [エァ・グレンツェン ɛr-gléntsən] 自 (s) 《雅》光る, きらめく, 輝きだす.

er·glü·hen [エァ・グリューエン ɛr-glý:ən] 自 (s) 《雅》燃えるように(赤々と)輝き出す；(顔が)紅潮する. vor Scham *erglühen* 恥ずかしさに赤面する.

er·go [エルゴ érgo] [ラテ] 副 それゆえに, したがって (=also, folglich).

Er·go·no·mie [エルゴノミー ɛrgonomí:] 女 -/ 人間工学.

er·göt·zen [エァ・ゲッツェン ɛr-gǽtsən] I 他 (h) 《雅》楽しませる, 喜ばせる. II 再帰 (h) 《*sich[4]* **an** 事[3] ~》《雅》(事[3]を)楽しむ.

Er·göt·zen [エァ・ゲッツェン] 中 -s/ 《雅》楽しませること, 楽しみ, 喜び. **zum** *Ergötzen* der Kinder[2] 子供たちが喜んだことに.

er·götz·lich [エァ・ゲッツリヒ] 形 《雅》愉快な, 楽しい, おもしろい.

er·grau·en [エァ・グラオエン ɛr-gráʊən] 自 (s) 白髪になる；《比》年老いる.

er·grei·fen [エァ・グライフェン ɛr-gráɪfən] (ergriff, *hat*...ergriffen) 他 (h) ① つかむ, 握る；(犯人など[4]を)捕らえる. (英 grasp). Er *ergriff* ihren Arm. または Er *ergriff* sie beim Arm. 彼は彼女の腕をつかんだ. ② (病気・恐怖などが人[4]を)襲う. Furcht *ergriff* alle Anwesenden. 居合わせた者は皆恐怖に襲われた. ③ (人[4]を)感動させる. Diese Musik *hat* mich tief *ergriffen*. この音楽に私は大変感動した. ④ (特定の名詞を目的語として)行う, …する. einen Beruf *ergreifen* 職業に就く / die Gelegenheit[4] *ergreifen* 機会をとらえる / die Macht[4] *ergreifen* 権力を掌握する / Maßnahmen[4] *ergreifen* 方策を講じる. ◊☞ ergriffen

er·grei·fend [エァ・グライフェント] I *ergreifen*（つかむ）の現分 II 形 感動的な, 心を打つ.

Er·grei·fung [エァ・グライフング] 女 -/-en 《ふつう 単》① つかむこと, (権力などの)掌握. ② 逮捕.

er·griff [エァ・グリフ] *ergreifen*（つかむ）の過去

er·grif·fen [エァ・グリッフェン] I *ergreifen*（つかむ）の過分 II 形 感動した, 心を打たれた.

Er·grif·fen·heit [エァ・グリッフェンハイト] 女 -/ 感動, 感激.

er·grim·men [エァ・グリンメン ɛr-grímən] I 自 (h) 《雅》激怒する. II 他 (h) (人[4]を)激怒させる.

er·grün·den [エァ・グリュンデン ɛr-grýndən] 他 (h) (原因など[4]を)究明する, (秘密など[4]を)解明する.

Er·guss [エァ・グス ɛr-gús] 男 -es/..güsse ① 《医》血腫(けっしゅ), 内出血；射精. ② 《地学》(溶岩などの)噴出, 流出. ③ (軽蔑的に:)長談義, くどくどしい心情の吐露.

Er·guß ☞ 新形 Erguss

***er·ha·ben** [エァ・ハーベン ɛr-há:bən] 形 ① 崇高な, 壮大な, 厳かな. ein *erhabener* Anblick 壮麗な景観. ②《**über** 人・事[4] ~》(人・事[4]を)超えている, 超越している. Seine Leistung ist über jedes Lob *erhaben*. 彼の

業績はいくらほめてもほめ足りない. ③（軽蔑的に:）お高くとまった，うぬぼれている. ④（平面から）浮き出た，盛り上がった. eine *erhabene* Arbeit 浮き彫り，レリーフ.

Er·ha·ben·heit [エァ・ハーベンハイト] 囡 -/-en ①《覆 なし》崇高さ，厳かさ. ②《毘》隆起.

Er·halt [エァ・ハルト εr-hált] 男 -[e]s/ ①《書》受領. ②（建造物・食物などの）保存，維持.

er·hält [エァ・ヘルト] *erhalten[1]（受け取る）の3人称単数 現在

:er·hal·ten[1]* [エァ・ハルテン εr-háltən] du erhältst, er erhält (erhielt, *hat*...erhalten) I 他 (定了 haben) ①（手紙・報酬など[4]を）受け取る，もらう. （英 *receive*). ein Paket[4] *erhalten* 小包を受け取る / ein Geschenk[4] *erhalten* プレゼントをもらう / Ich *habe* Ihren Brief *erhalten*. お手紙を受け取りました / Besuch[4] *erhalten* 訪問を受ける / Sie *erhält* **für** einen Auftritt 2000 Mark. 彼女は1回の出演で2,000マルクもらう / eine Erlaubnis[4] *erhalten* 許可をもらう / eine gute Note[4] *erhalten* いい点をもらう / eine Strafe[4] *erhalten* 罰をくらう. ◇《過去分詞とともに》軍[4] *bestätigt erhalten* 軍[4]を証明してもらう.

② (人·物[4]を) 守る, 保存 (維持) する. Gemüse[4] frisch *erhalten* 野菜を新鮮に保つ / ein altes Bauwerk[4] *erhalten* 古い建物を保存する / einen Patienten künstlich am Leben *erhalten* 患者の生命を人工的に維持する.

③（家族など[4]を）養う，扶養する. Er hat eine große Familie zu *erhalten*. 彼は大家族を養わなければならぬ. ④（産物など[4]を）得る. Teer[4] *erhält* man **aus** Kohle. タールは石炭から得られる.

II 再帰 (定了 haben) sich[4] *erhalten* ①（自分を…に）保つ. sich[4] gesund *erhalten* 自分を健康に保つ. ②保存(維持)される. Dieser Brauch *hat sich* bis heute *erhalten*. このしきたりは今日まで守られてきた.

er·hal·ten[2] [エァ・ハルテン] I *erhalten[1]（受け取る）の 過分 II 形 保たれた, 保存された. Das Bild ist noch gut *erhalten*. その絵はまだ保存状態がよい / ein gut *erhaltenes* Auto よく保存されている車.

er·hält·lich [エァ・ヘルトリヒ] 形 手に入る, 入手できる, 購入できる.

er·hältst [エァ・ヘルツト] *erhalten[1]（受け取る）の2人称単数 現在

Er·hal·tung [エァ・ハルトゥング] 囡 -/ ①保存, 維持. Satz von der *Erhaltung* der Energie[2]《理》エネルギー保存の法則. ②扶養.

er·hän·gen [エァ・ヘンゲン εr-héŋən] I 再帰 (h) sich[4] *erhängen* 首つり自殺をする. II 他 (h)（人[4]を）絞首刑にする.

Er·hard [エーァ・ハルト é:r-hart] -s/《男名》エーアハルト.

er·här·ten [エァ・ヘルテン εr-hértən] I 他 (h) ①（主張など[4]を）裏づける, 確かなものにする.

einen Verdacht *erhärten* 容疑を固める. ②《雅》《物》[4]を固める, 硬化させる. II 固 (s)《雅》（コンクリートなどが）固まる, 堅くなる.

Er·här·tung [エァ・ヘルトゥング] 囡 -/-en（主張などの）裏づけ, 強化;《雅》硬化.

er·ha·schen [エァ・ハッシェン εr-háʃən] 他 (h) ①《物》[4]をすばやくとらえる. ②《比》[ちらっと]見てとる, 聞き取る. einen Blick von 人[3] *erhaschen* 人[3]をちらっと見る.

* **er·he·ben*** [エァ・ヘーベン εr-hé:bən] (erhob, *hat*...erhoben) I 他 (定了 haben) ①持ち上げる, [上へ]上げる. （英 *raise*). die Hand[4] zum Schwur *erheben* 宣誓をするために手を上げる / Ich *erhebe* mein Glas auf dein Wohl. 私は君の健康を願ってグラスを上げよう. (☞ 類語 heben). ②（人·物[4]を）昇格させる. eine Gemeinde[4] **zur** Stadt *erheben* 町を市に昇格させる. ③（叫び声など[4]を）あげる. ④（税金・料金など[4]を）取りたてる, 徴収する. ⑤（苦情・要求など[4]を）申したてる. Anspruch[4] **auf** 物[4] *erheben* 物[4]を要求する / Einspruch[4] **gegen** 物[4] *erheben* 物[4]に対して異議を唱える.

II 再帰 (定了 haben) sich[4] *erheben* ①立ち上がる. Er *erhob sich* und grüßte höflich. 彼は立ち上がって, ていねいにあいさつした. ②（鳥・飛行機が）飛び立つ. ③（山などが）そびえ立つ. In der Ferne *erhob sich* ein Gebirge. 遠方に山脈がそびえていた. ④《sich[4] **über** 人·事[4]》（人·事[4]を）越えている;（人·事[4]を）見下す. *sich[4]* über den Durchschnitt *erheben* 平均以上である / Du *erhebst dich* zu gern über die anderen. 君はとかく他人を見下しがちだね. ⑤ 蜂起する. Das Volk *erhob sich* **gegen** den Diktator. 民衆は独裁者に対して蜂起した. ⑥《雅》（あらし・争いなどが）起こる, 生じる.

er·he·bend [エァ・ヘーベント] I *erheben（持ち上げる）の 現分 II 形 精神を高揚させる, 厳かな, 感動させる.

* **er·heb·lich** [エァ・ヘープリヒ εr-hé:plɪç] I 形 相当な, かなりの, 少なからぬ. (英 *considerable*). ein erheblicher Schaden かなりの損害. II 副 相当, かなり. Er ist *erheblich* jünger als sein Bruder. 彼は兄よりもずっと若い.

Er·he·bung [エァ・ヘーブング] 囡 -/-en ①高み, 隆起. ②昇格. ③感情の高揚, 幸福感. ④（税金・料金などの）徴収. ⑤蜂起, 反乱. ⑥（公的な）調査. statistische *Erhebungen* 統計的調査 / *Erhebungen*[4] machen 調査する.

er·hei·tern [エァ・ハイタァン εr-háɪtərn] I 他 (h)（人[4]を）楽しい気分にさせる, 愉快にさせる. II 再帰 (h) sich[4] *erheitern*《雅》（空が）晴れる;（顔などが）明るくなる.

Er·hei·te·rung [エァ・ハイテルング] 囡 -/-en《ふつう 軍》楽しませること; 気晴らし.

er·hel·len [エァ・ヘレン εr-hélən] I 他 (h) ①（部屋など[4]を）明るくする;《比》（顔など[4]を）明るくする, 晴れやかにする. ◇《再帰的に》sich[4] *erhel-*

erhielt

len (部屋・顔などが)明るくなる. ② (事態など４を)明らかにする. II 自 (h)《**aus** 車³ ～》(車³から)明らかになる, 判明する.

er·hielt [エァ・ヒールト] ＊erhalten¹ (受け取る)の過去

er·hiel·te [エァ・ヒールテ] ＊erhalten¹ (受け取る)の接²

er·hit·zen [エァ・ヒッツェン ɛr-hítsən] I 他 (h) ① (液体・金属など４を)熱する, 加熱する; (人４を)上気させる. Wasser⁴ auf 100 Grad *erhitzen* 水を100度に熱する. ② 《比》(人４を)興奮させる, (空想など４を)かきたてる. ◇《過去分詞の形で》mit *erhitztem* Gesicht 興奮した顔で. II 再 (h) *sich*⁴ *erhitzen* ① 熱くなる; 体がほてる. ② 《比》興奮する, 逆上する. Sie *erhitzten sich* an dieser Frage. 彼らはこの問題でかっかした.

Er·hit·zung [エァ・ヒッツング] 女 -/-en 《ふつう単》加熱すること; 興奮.

er·hob [エァ・ホープ] ＊erheben (持ち上げる)の過去

er·ho·ben [エァ・ホーベン] ＊erheben (持ち上げる)の過分

er·hof·fen [エァ・ホッフェン ɛr-hófən] 他 (h) (物⁴を)期待する. **von** 人³ Geschenke⁴ *erhoffen* 人³からプレゼントを期待する / Was *erhoffst* du dir davon? 君はそれに何を期待しているんだい. ◇《過去分詞の形で》die *erhoffte* Wirkung 期待した効果.

＊**er·hö·hen** [エァ・ヘーエン ɛr-hó:ən] (erhöhte, hat…erhöht) I 他 《完了》haben) ① (壁・堤防など４を)高くする. Er *will* das Haus um ein Stockwerk *erhöhen*. 彼は家を上に1階増築するつもりだ. (☞類語 heben). ② (速度・価格など⁴を)上げる; (効果など⁴を)高める; (数量など⁴を)増す. die Geschwindigkeit⁴ *erhöhen* 速度を上げる / Steuern⁴ um 3% (= Prozent) *erhöhen* 税金を3パーセント上げる. ◇《過去分詞の形で》*erhöhte* Temperatur 微熱. ③ 《雅》(人⁴を)昇進(昇格)させる. ④ 《音楽》(音⁴を)半音上げる.
II 再 《完了》haben) *sich*⁴ *erhöhen* (価格などが)上がる; (数量などが)増す. Die Preise *haben sich* um 10% (=Prozent) *erhöht*. 物価が10パーセント上がった.

er·höht [エァ・ヘート] ＊erhöhen (高くする)の過分

er·höh·te [エァ・ヘーテ] ＊erhöhen (高くする)の過去

Er·hö·hung [エァ・ヘーウング] 女 -/-en ① (堤防などを)高くすること; (速度・物価・賃金などの)引き上げ, 上昇; 増大. ② 《雅》昇格; (精神的な)高まり. ③ 《書》隆起, 丘. ④ 《音楽》半音上げること.

＊**er·ho·len** [エァ・ホーレン ɛr-hó:lən] (erholte, hat…erholt) 再 《完了》haben) *sich*⁴ *erholen* (休養して)元気を取り戻す, 休養する. (英 recover). Du *musst* dich einmal richtig *erholen*. 君は一度ちゃんと休養しないといけないよ / Ich *habe* mich im Urlaub gut *erholt*. 私は休暇中にすっかり元気を取り戻した. ② 《*sich*⁴ *von* 物³ ～》(物³から)立ち直る. *sich*⁴ von einer Krankheit *erholen* 病気から立ち直る / Ich *kann* mich von dem Schrecken noch gar nicht *erholen*. 私はショックからまだ全然立ち直れない. ③ 《経》(相場などが)持ち直す, 回復する.

er·hol·sam [エァ・ホーるザーム] 形 元気を回復させる, 休養(保養)になる.

er·holt [エァ・ホールト] ＊erholen (再帰 で) 元気を取り戻す)の過分, 3人称単数・2人称複数現在

er·hol·te [エァ・ホールテ] ＊erholen (再帰 で) 元気を取り戻す)の過去

＊*die* **Er·ho·lung** [エァ・ホーるング ɛr-hó:luŋ] 女 《単》-/ ① 元気回復, 休養, 保養;《心》レクリエーション. *Erholung*⁴ suchen 休養を求める / Er hat dringend *Erholung* nötig. 彼にはぜひ休養が必要だ / Gute *Erholung*! (保養地へ出かける人に:) ゆっくり骨休めをしてください / **zur** *Erholung* an die See fahren 海へ保養に行く.

er·ho·lungs‡be·dürf·tig [エァホーるングス・ベデュルフティヒ] 形 休養(保養)を必要とする.

Er·ho·lungs‡heim [エァ・ホーるングス・ハイム] 中 -[e]s/-e 保養所, レクリエーションセンター.

Er·ho·lungs‡rei·se [エァホーるングス・ライゼ] 女 -/-n 保養(レクリエーション)旅行.

er·hö·ren [エァ・ヘーレン ɛr-hó:rən] 他 (h) 《雅》(願い⁴・人⁴の願いなどを)聞き入れる.

Er·hö·rung [エァ・ヘールング] 女 -/-en 《ふつう単》(願いなどを)聞き入れること.

E·rich [エーリヒ é:rɪç] -s/《男名》エーリヒ.

E·ri·ka¹ [エーリカ é:rika] -s/《女名》エーリカ.

E·ri·ka² [エーリカ まれに エリーカ] 女 -/Eriken (または -s) 《植》エリカ, ヒース.

er·in·ner·lich [エァ・インナリヒ] 形 《人³にとって》思い出すことのできる. Das ist mir nicht *erinnerlich*. それは私には思い出せない.

＊**er·in·nern** [エァ・インナァン ɛr-ínərn]

┌──────────────
│ 再帰 で) : 思い出す, 覚えている
│ Ich *erinnere mich* noch gut an ihn.
│ イヒ　エアインネレ　ミヒ　　　ノッホ　グート　アン　イーン
│ 私は彼のことをまだよく覚えている.
└──────────────

(erinnerte, hat…erinnert) I 再帰 《完了》haben) 《*sich*⁴ **an** 人・事⁴ ～》(人・事⁴を)思い出す, 覚えている. (英 remember). Ich *kann* mich an den Vorfall nicht mehr *erinnern*. 私はその事件をもう思い出せない / *Erinnerst* du *dich* noch an den Tag? 君はあの日のことをまだ覚えているかい / Wenn ich *mich* recht *erinnere*, … 私の記憶が正しければ, …
(注 オーストリア, スイスでは an の代わりに auf を用いる. また雅語では2格目的語をとる).
II 他 《完了》haben) 《*sich*⁴ **an** 人・事⁴ ～》(人⁴に人・事⁴を)思い出させる; (忘れないように)注意する. Sie *erinnert* mich an meine erste Freun-

din. 彼女は私の最初のガールフレンドを思い起こさせる / Ich *erinnerte* ihn an sein Versprechen. 私は彼に約束を忘れないように注意した / Diese Geschichte *erinnert* mich an ein Erlebnis. この話は私にある体験を思い出させる.

er·in·nert [エァ・インナァト] ＊erinnern（再帰で; 思い出すの）過分, 3 人称単数・2 人称複数 現在

er·in·ner·te [エァ・インナァテ] ＊erinnern（再帰で; 思い出すの）過去

＊*die* **Er·in·ne·rung** [エァ・インネルング ɛr-ínərʊŋ] 女（単）-/（複）-en ① 記憶[力]; 思い出; 回想. （英 *memory*）. Jugend*erinnerung* 青春時代の思い出 / Wenn mich meine *Erinnerung* nicht täuscht, … 私の記憶に間違いがなければ, … / Ich habe keine *Erinnerung* **an** meine Kindheit. 私は幼いころのことを覚えていない / 人 事[4] in *Erinnerung* bringen 人[3]に 事[4]を思い出させる / 人・事[4] in [der] *Erinnerung* behalten 人・事[4]を記憶にとどめる, 覚えておく / 人・事[4] in guter *Erinnerung* haben 人・事[4]についてよい思い出を持っている / **nach** meiner *Erinnerung* または meiner *Erinnerung* nach 私の記憶によれば.
② 記念, 思い出の品 (als または **zur**) *Erinnerung* **an** 事[4] 事[4]の記念として. ③ 〖複〗回想録, 追想記. ④（支払いなどの）督促, 催促. ⑤〖法〗異議［の申したて］.

Er·in·ne·rungs·lü·cke [エァインネルングス・リュッケ] 女/-/n 記憶喪失（欠落）.

Er·in·ne·rungs·ver·mö·gen [エァインネルングス・フェァメーゲン] 中 -s/ 記憶力.

E·rin·nye [エリンニュエ erínye] 女 -/-n《ふつう 複》《ギリ神》エリニュス（不正, 特に殺人に対する復讐の女神. ローマ神話のフリア[エ]に当たる）.

E·rin·nys [エリンニュス erínys] -/-Erinnyen《ふつう 複》= Erinnye

er·ja·gen [エァ・ヤーゲン ɛr-já:gən] 他（h）狩りをして捕らえる;《比》努力して獲得する.

er·kal·ten [エァ・カルテン ɛr-káltən] 自（s）冷える, 冷たくなる;《比》（愛情などが）冷める.

＊**er·käl·ten** [エァ・ケるテン ɛr-kéltən] du erkältest, er erkältet (erkältete, hat…erkältet) I 再帰〖定〗haben) *sich*[4] *erkälten* 風邪をひく.（英 *catch* **a**] *cold*). Ich *habe* mich er*kältet*. 私は風邪をひいた.
II 他（定〗haben）①（胃など[4]を）冷やして悪くする. Ich *habe* mir den Magen *erkältet*. 私は冷えておなかをこわした. ②《雅》 冷やす;《比》（感情など[4]を）冷却させる. Der eisige Wind *erkältete* ihm Gesicht und Hände. 氷のように冷たい風で彼の顔と手は冷たくなった.

er·käl·tet [エァ・ケるテット] I ＊erkälten 再帰で: 風邪をひくの 過分, 3 人称単数・2 人称複数 現在 II 形 風邪をひいている. Ich bin stark *erkältet*. 私はひどい風邪をひいている.

er·käl·te·te [エァ・ケるテテ] ＊erkälten 再帰で: 風邪をひくの 過去

＊*die* **Er·käl·tung** [エァ・ケるトゥング ɛr-kéltʊŋ] 女（単）-/（複）-en 風邪, 感冒.（英 *cold*). Er hat eine schwere (leichte) *Erkältung*. 彼はひどい（軽い）風邪をひいている / eine *Erkältung*[4] bekommen 風邪をひく / Sie leidet **an** einer heftigen *Erkältung*. 彼女はひどい風邪にかかっている.

er·kämp·fen [エァ・ケンプフェン ɛr-kémpfən] 他（h）戦い取る, 勝ち取る; やっとのことで手に入れる. *sich*[3] den ersten Preis *erkämpfen* 1 等賞を勝ち取る.

er·kannt [エァ・カント] ＊erkennen（見分けるの）過分

er·kann·te [エァ・カンテ] ＊erkennen（見分けるの）過去

er·kau·fen [エァ・カオフェン ɛr-káʊfən] 他（h）①（苦労して）獲得する, あがなう. ②（地位など[4]を）買収によって手に入れる.

er·kenn·bar [エァ・ケンバール] 形 識別のできる, 認識できる, 見分けのつく.

＊**er·ken·nen**＊ [エァ・ケンネン ɛr-kénən] (erkannte, *hat* … erkannt) I 他（定〗haben)（英 *recognize*）①（人・物[4]を）見分ける. Ich konnte die Schrift in der Dunkelheit kaum *erkennen*. 暗くて私はほとんど字が読めなかった / Hier sind noch Bremsspuren zu *erkennen*. ここにまだブレーキの跡が認められる.
②（特徴などから 人・物[4] だと）わかる, 識別する. die Melodie[4] *erkennen* そのメロディーがわかる / Ich *erkannte* ihn an der Stimme. 私は声を聞いて彼だとわかる / Der Arzt *erkannte* die Krankheit sofort. 医者はその病気[の種類]を即座に判定した / *sich*[4] zu *erkennen* geben 自分の素性を明らかにする ⇒ Er gab sich **als** Deutscher zu *erkennen*. 彼は自分がドイツ人であることを明らかにした.
③（事[4]を）悟る, 気づく, 認識する. Er *hat* seinen Irrtum endlich *erkannt*. 彼は自分の思い違いにやっと気づいた / 事[4] **als** falsch *erkennen* 事[4]が間違っていると悟る.
II 自（定〗haben)〖**auf** 事[4] ～〗〖法〗（事[4]という）判決を下す. Das Gericht *erkannte* **auf** Freispruch. 裁判所は無罪の判決を下した.

er·kenn·te [エァ・ケンテ] ＊erkennen（見分けるの）接2

er·kennt·lich [エァ・ケントりヒ] 形 ① 認識しやすい, 識別できる. ②〖成句的に〗 *sich*[4] **für** 事[4] *erkenntlich* zeigen 事[4]に謝意を表する.

Er·kennt·lich·keit [エァ・ケントりヒカイト] 女 -/-en ①〖複 なし〗謝意. ② お礼の品（金）.

＊*die* **Er·kennt·nis** [エァ・ケントニス ɛr-kéntnɪs] 女（単）-/（複）..nisse (3 格のみ ..nissen) ① 認識, 理解; 知識. Selbst*erkenntnis* 自己認識 / neue *Erkenntnisse*[4] gewinnen 新しい知識を得る / **zu** der *Erkenntnis* kommen（または gelangen）, dass… …ということを認識する[に至る]. ②〖複 なし〗 認識能力.

Er·kennt·nis≠the·o·rie [エァケントニス・テオ

Erkennungsdienst

Er·ken·nungs·dienst [エァケンヌングス・ディーンスト] 男 -[e]s/-e (警察の)鑑識課.

Er·ken·nungs·mar·ke [エァケンヌングス・マルケ] 女 -/-n (兵士などが胸に下げる)認識票.

Er·ken·nungs·zei·chen [エァケンヌングス・ツァイヒェン] 中 -s/- 目印, 識別標.

Er·ker [エルカァ érkər] 男 -s/- (建)(出窓のある)張り出し部.

Er·ker·fens·ter [エルカァ・フェンスタァ] 中 -s/- 張り出し窓, 出窓.

er·klär·bar [エァ・クレーァバール] 形 説明できる, 説明のつく.

*er·klä·ren [エァ・クレーレン εr-klέ:rən]

説明する

Können Sie mir das *erklären*?
ケンネン ズィー ミァ ダス エァクレーレン
私にこれを説明していただけますか.

(erklärte, hat…erklärt) I 他 (定) haben) ① 説明する, 解説する; 解釈する. (英 explain). ein Wort⁴ *erklären* ある単語の説明をする / Der Lehrer *erklärte* den Schülern die Aufgabe. 先生は生徒たちに問題を解説した / 事⁴ an einem Beispiel *erklären* 事⁴を例をあげて説明する / Ich *kann* mir sein Verhalten nicht *erklären*. 私には彼の態度がわからない. ② 表明する, 宣言する. Der Minister *erklärte* seinen Rücktritt. 大臣は辞任を表明した / einem Land den Krieg *erklären* ある国に宣戦を布告する / Er *erklärte* dem Mädchen seine Liebe. 彼はその女の子に愛を打ち明けた / A⁴ für B⁴ *erklären* A⁴をB⁴と宣言(明言)する ⇨ eine Behauptung⁴ für eine Lüge *erklären* ある主張をうそだと断言する / Der Richter *erklärte* den Angeklagten für schuldig. 裁判官は被告に有罪を宣告した (△ B⁴の代わりに形容詞がくることもある).

II 再帰 (定) haben) sich⁴ *erklären* ① 自分の意志(態度)を表明する; 愛を打ち明ける. Er *erklärte* sich bereit mitzumachen. 彼は協力する用意があると言った / sich⁴ für (gegen) 人⁴ *erklären* 人⁴に賛成(反対)であると表明する.

② 説明がつく, 説明される. Das *erklärt* sich **aus** der Tatsache, dass… そのことは…という事実から説明がつく / Das *erklärt* sich einfach. それは簡単に説明できる.

◇☞ erklärt

er·klär·lich [エァ・クレーァリヒ] 形 説明のつく, 理解できる.

er·klärt [エァ・クレーァト] I *erklären (説明する)の 過分, 3人称単数・2人称複数 現在 II 形 [付加語としてのみ] ① 公然の; 断固とした. ein *erklärter* Gegner der Todesstrafe² 断固たる死刑反対論者. ② 明白な, はっきりとした(目標など).

er·klär·te [エァ・クレーァテ] *erklären (説明する)の 過去

*die **Er·klä·rung** [エァクレールング εr-klέ:ruŋ] 女 (単) -/(複) -en ① 説明, 解説; 解釈. (英) explanation). eine knappe *Erklärung* 簡潔な説明 / für 事⁴ eine *Erklärung*⁴ haben (または finden) 事⁴を説明する, 事⁴の理由を述べる / Das bedarf keiner *Erklärung*². それには説明は要らない.
② (公的な)表明, 声明, 宣言; (愛の)告白. eine *Erklärung*⁴ ab|geben 声明を発表する.

er·kleck·lich [エァ・クレックリヒ] 形 (雅) 相当の, かなりの.

er·klet·tern [エァ・クレッタァン εr-klέtərn] 他 (h) (物⁴の)頂上までよじ登る; (頂上⁴に)よじ登る.

er·klim·men* [エァ・クリンメン εr-klímən] 他 (h) (雅) (努力して山を⁴)頂上によじ登る; (比) (高い地位⁴に)登りつめる.

er·klin·gen* [エァ・クリンゲン εr-klíŋən] 自 (s) (鐘などが)鳴り出す, 響き始める. die Gläser *erklingen lassen* グラスを打ち合わせる.

er·kran·ken [エァ・クランケン εr-kráŋkən] 自 (s) 病気になる. **an** [einer] Grippe *erkranken* インフルエンザにかかる.

Er·kran·kung [エァ・クランクング] 女 -/-en 発病, 罹病(りびょう); 病気. im Falle einer *Erkrankung*² 病気の場合は.

er·küh·nen [エァ・キューネン εr-ký:nən] 再帰 (h) sich⁴ *erkühnen*, **zu** 不定詞[句] (雅) あえて(大胆にも)…する. Er *erkühnte* sich, danach zu fragen. 彼はあえてそのことを尋ねた.

er·kun·den [エァ・クンデン εr-kúndən] 他 (h) 探り出す; (軍) (敵陣など⁴を)偵察する, 探索する.

*er·kun·di·gen [エァ・クンディゲン εr-kúndɪgən] (erkundigte, hat…erkundigt) 再帰 (定) haben) sich⁴ *erkundigen* 問い合わせる, 尋ねる. sich⁴ **bei** 人³ **nach** dem Weg *erkundigen* 人³に道を尋ねる / Ich möchte mich erkundigen, ob… …かどうかお尋ねしたいのですが.

er·kun·digt [エァ・クンディヒト] *erkundigen (再帰 で・問い合わせる)の 過分

er·kun·dig·te [エァ・クンディヒテ] *erkundigen (再帰 で・問い合わせる)の 過去

Er·kun·di·gung [エァ・クンディグング] 女 -/-en 問い合わせ, 照会. **über** 人・事⁴ *Erkundigungen*⁴ ein|ziehen 人・事⁴について照会する.

Er·kun·dung [エァ・クンドゥング] 女 -/-en (特に軍隊の)偵察, 探索.

er·lah·men [エァ・ラーメン εr-lá:mən] 自 (s) ① 疲れる, (手足などが)麻痺(まひ)する. ② (雅)

(力・興味などが)衰える, 弱まる.

er·lan·gen [エァ・らンゲン ɛr-láŋən] (erlangte, *hat* ... erlangt) 他 (完了) haben) ① (努力して)手に入れる, 獲得する. (英 attain). die absolute Mehrheit⁴ *erlangen* 絶対多数を獲得する / die Erlaubnis⁴ *erlangen*, zu 不定詞[句] …する許しを得る / Er *erlangte* eine wichtige Position. 彼は重要な地位に就いた. ② (年齢・高度など⁴に)達する, 到達する. ein hohes Alter⁴ *erlangen* 高齢に達する.

Er·lan·gen [エルりンゲン érlaŋən] 中 -s/《都市名》エアランゲン, エルランゲン(ドイツ, バイエルン州. ☞ 地図 E-4).

er·langt [エァ・らングト] ＊erlangen (手に入れる)の過分

er·lang·te [エァ・らングテ] ＊erlangen (手に入れる)の過去

Er·lass [エァ・らス ɛr-lás] 男 -es/-e (オリュス: ..lässe) ① (法令の)発令, 発布, 公布; (公的な)命令, 条令, 布告. ② 免除, 赦免.

Er·laß ☞ 新旧 Erlass

er·las·sen* [エァ・らッセン ɛr-lásən] 他 (h) ① (法律⁴を)発布する, (命令・布告⁴を)公布する, 出す. ② (人³に義務・債務など⁴を)免ずる, 免除する.

er·lau·ben [エァ・らオベン ɛr-láobən] (erlaubte, *hat* ... erlaubt) I 他 (完了 haben) ① (人³に事⁴を)許可する, 許す. (英 allow). (参考 「禁じる」は verbieten). Meine Eltern *erlauben* mir die Reise nicht. 両親は私にその旅行を許してくれない / Ich *habe* [es] ihm *erlaubt*, mit ins Kino zu gehen. 私は彼にいっしょに映画に行ってもいいと言った / Erlauben Sie, dass ich rauche? たばこを吸ってもよろしいですか. ◇《目的語なしでも》Wenn Sie *erlauben*, … もしよろしければ, … / *Erlaube* mal!《口語》どうしてそんなことを言うのか(するのか)! ② (事情・条件などが)許す, 可能にする. Mein Gesundheitszustand *erlaubt* es mir nicht. 私の健康状態ではそれはできない / Wenn es die Umstände *erlauben*, … 事情が許せば, …
II 再帰 (完了 haben) sich³ 物・事⁴ *erlauben* ① (事⁴を)あえてする, 勝手にする. Ich *erlaube* mir, eine Stunde später zu kommen. 勝手ですが1時間遅れて参ります / Darf ich *mir* eine Bemerkung *erlauben*? 意見を申し上げてよろしいでしょうか / sich³ Freiheiten⁴ *erlauben* 勝手気ままなことをする / Was *erlauben* Sie *sich*! 何ということをおっしゃる(なさる)のですか. ② (物⁴を)手に入れる余裕がある. Ich *kann* mir kein eigenes Auto *erlauben*. 私にはマイカーを持つ余裕がない.

類語 **erlauben**: (人がしたいと思っていることを)許可する. **gestatten**: (公式に)許可する. (erlauben に比べ, やや形式的に表現する場合に用いられる). Er *gestattete* mir, die Bibliothek zu benutzen. 彼は私が図書館を利用することを許可した. **zu|las**

sen: (入場・参加などを)許す, 許可する. Er *wurde* zur Prüfung *zugelassen*. 彼は受験を許可された. **genehmigen**: (官庁が申請などを)許可する, 認可する.

die Er·laub·nis [エァ・らオプニス ɛr-láopnɪs] 女 (単) -/(複) ..nisse (3格のみ ..nissen)《ふつう 単》許可. (英 permission). Einreise*erlaubnis* 入国許可 / die polizeiliche *Erlaubnis* 警察の許可 / 人³ die *Erlaubnis*⁴ geben 人³に許可を与える / mit *Erlaubnis* 許可を得て / mit Ihrer *Erlaubnis* おさし支えなければ / ohne *Erlaubnis* 許可なしに / 人⁴ um *Erlaubnis* bitten 人⁴に許可を求める.

er·laubt [エァ・らオプト] I ＊erlauben (許可するの)過分, 3人称単数・2人称複数 現在 II 形 許された, さし支えない. Das ist nicht *erlaubt*. それをすることは許されていない.

er·laub·te [エァ・らオプテ] ＊erlauben (許可するの)過去

er·läu·tern [エァ・ろイタァン ɛr-lóʏtərn] 他 (h) (詳しく)説明する, 解説する, 注釈する. einen Text *erläutern* テキストの注解をする.

Er·läu·te·rung [エァ・ろイテルング] 女 -/-en 解説, 注解, 注釈.

Er·le [エルれ érlə] 女 -/-n 《植》ハンノキ.

er·le·ben [エァ・れーベン ɛr-lé:bən] (erlebte, *hat* ... erlebt) 他 (完了 haben) ① 体験する, 経験する, 見聞する. (英 experience). So etwas *habe* ich noch nicht *erlebt*. そのようなことは私はまだ経験したことがない / eine Enttäuschung⁴ *erleben* 幻滅を味わう / eine Niederlage⁴ *erleben* 敗北を喫する / Das Buch *erlebt* schon die 5. (=fünfte) Auflage. この本はすでに5版を重ねている / Wenn du das tust, dann *kannst* du etwas *erleben*!《口語》そんなことをしたら, 思い知らせてやるぞ / So aufgeregt *habe* ich ihn noch nie *erlebt*. 彼があんなに興奮しているのは見たことがない. ◇過去分詞の形で die *erlebte* Rede《言》体験話法. ② (事⁴を)長生きして経験する(迎える). Er *hat* seinen 70. (=siebzigsten) Geburtstag noch *erlebt*. 彼は70歳の誕生日を迎えることができた.

das Er·leb·nis [エァ・れープニス ɛr-lé:pnɪs] 中 (単 2) ..nisses/(複) ..nisse (3格のみ ..nissen) 体験, 経験. (英 experience). Kriegs*erlebnis* 戦争体験 / ein schönes *Erlebnis*⁴ haben すばらしい体験をする / Diese Reise war ein *Erlebnis* für mich. この旅行は私にとって感銘深い体験でした.

er·lebt [エァ・れープト] ＊erleben (体験する)の過分

er·leb·te [エァ・れープテ] ＊erleben (体験する)の過去

er·le·di·gen [エァ・れーディゲン ɛr-lé:dɪgən] (erledigte, *hat* ... erledigt) I 他 (完了 haben) ① (仕事など⁴を)済ます, 片づける; 仕上げる; 処理する. eine Arbeit⁴ *erledigen* 仕事

erledigt

を片づける / notwendige Einkäufe⁴ *erledigen* 必要な買物を済ます / einen Streit *erledigen* 争いを調停する / Die Sache *ist erledigt*. 《状態受動・現在》その件はもう済んだことだ. ② (相手⁴を)やっつける, 失脚させる. den Gegner *erledigen* 敵をやっつける.
II 再帰 (完了 haben) *sich⁴ erledigen* (事件などが)片がつく, 決着がつく. Die Angelegenheit *hat sich von selbst erledigt*. その件はおのずと決着がついた.

er·le·digt [エァ・れーディヒト] I *erledigen (済ます)の過去分詞 II 形 《口語》くたくたの, 疲れ果てた.

er·le·dig·te [エァ・れーディヒテ] *erledigen (済ます)の過去

Er·le·di·gung [エァ・れーディグング] 女 -/-en ① 《複 なし》処理, 片づけ. ② 仕事, 任務; 《ふつう複》買いもの, 調達.

er·le·gen¹ [エァ・れーゲン *er-lé:gən*] 他 (h) ① 《雅》(野獣⁴を)射とめる, 銃でしとめる(倒す). ② 《オーストリア》(お金⁴を)支払う, (担保⁴を)入れる.

er·le·gen² [エァ・れーゲン] *erliegen* (負ける)の過去分詞

er·leich·tern [エァ・らイヒタァン *εr-láiçtərn*] I 他 (h) ① (負担など⁴を)軽くする, 緩和する; 楽(容易)にする. 人³ die Arbeit⁴ *erleichtern* 人³の仕事を軽減する. ② (苦痛・気持ち⁴を)和らげる, 楽にする. (人⁴の)気持ちを楽にする. einem Kranken seine Schmerzen⁴ *erleichtern* 病人の苦痛を和らげる / Die Nachricht *hat mich sehr erleichtert*. その知らせで私はとても気が楽になった. ③ (荷物など⁴を)軽くする. ④ 《人⁴ um 物⁴ ~》《口語・戯》(人⁴から物⁴を)巻き上げる. II 再帰 (h) *sich⁴ erleichtern* 気持ちが楽になる, ほっとする. *sich⁴ durch Tränen erleichtern* 涙を流して気が楽になる.

er·leich·tert [エァ・らイヒタァト] I *erleichtern* (軽くする)の過去分詞 II 形 安心した, ほっとした. *erleichtert auf*|atmen ほっと息をつく.

Er·leich·te·rung [エァ・らイヒテルング] 女 -/-en ① 《複 なし》安堵(あんど), 安心. mit *Erleichterung* ほっとして. ② (苦痛の)軽減, 緩和.

er·lei·den* [エァ・らイデン *εr-láidən*] 他 (h) ① (苦しみなど⁴を)耐え忍ぶ, 我慢する. große Schmerzen⁴ *erleiden* ひどい苦しみに耐える. ② (損害など⁴を)被る, 受ける. eine Niederlage⁴ *erleiden* 敗北する / Verluste⁴ *erleiden* 損失を被る / den Tod *erleiden* 死ぬ / Schiffbruch⁴ *erleiden* a) 難破する, b)《比》(企てなどが)失敗する.

er·lern·bar [エァ・れルンバール] 形 習得可能な, 覚えられる.

er·ler·nen [エァ・れルネン *εr-lérnən*] 他 (h) 習得する, 身につける, 覚え込む. ein Handwerk⁴ *erlernen* 手仕事を覚える.

er·le·sen [エァ・れーゼン *εr-lé:zən*] 形 えり抜きの, 精選された. ein *erlesener* Wein 極上のワイン.

er·leuch·ten [エァ・ろイヒテン *εr-lóyçtən*] 他 (h) ① 明るくする, 照らす. ◇《再帰的に》*sich⁴ erleuchten* 明るくなる, 映える. ◇《過去分詞の形で》ein hell *erleuchteter* Saal 明るく照らされたホール. ② 《雅》(人³に)ひらめき(啓示)を与える.

Er·leuch·tung [エァ・ろイヒトゥング] 女 -/-en (突然の)悟り, 霊感, インスピレーション.

er·lie·gen* [エァ・リーゲン *εr-lí:gən*] 自 (s) ① (人³に)負ける, 屈する; (軍³がもとで)死ぬ. dem Gegner *erliegen* 敵に敗れる / einer Versuchung³ *erliegen* 誘惑に負ける / einem Herzschlag *erliegen* 心臓麻痺(まひ)で死ぬ. ② 《オーストリア》(金品などが)保管されている.

Er·lie·gen [エァ・リーゲン] 中 -s/ 停止, 休止. 物⁴ zum *Erliegen* bringen 物⁴を停止(休止)させる / zum *Erliegen* kommen (交通などが)麻痺(まひ)する.

er·lischt [エァ・リシュト] *erlöschen* (消える)の3人称単数 現在

Erl·kö·nig [エルる・ケーニヒ] 男 -s/-e ① 《複 なし》魔王(ゲーテのバラードの題名). ② 《自動車・隠語》覆面試作車.

er·lo·gen [エァ・ろーゲン *εr-ló:gən*] 形 うそのでっちあげの.

Er·lös [エァ・れース *εr-lǿ:s*] 男 -es/-e 売上金, 収益金.

er·losch [エァ・ろッシュ] *erlöschen* (消える)の過去

er·lo·schen [エァ・ろッシェン] *erlöschen* (消える)の過去分詞

er·lö·schen* [エァ・れッシェン *εr-lǿʃən*] es erlischt (erlosch, *ist...erloschen*) 自 (s) ① (火・文字などが)消える; (色が)あせる. Das Feuer *ist erloschen*. 《現在完了》火が消えてしまった. ② 《比》(情熱・活気などが)弱まる, 静まる. Die Epidemie *ist erloschen*. 《現在完了》伝染病が治まった. ◇《現在分詞の形で》mit *erlöschender* Stimme 消え入るような声で. ③ 《比》(家系などが)絶える; 消滅する; (資格などが)失効する.

er·lö·sen [エァ・れーゼン *εr-lǿ:zən*] 他 (h) ① (苦しみ・束縛などから)救い出す, 救済する. 人⁴ aus großer Not *erlösen* 人⁴をひどい窮状から救い出す. ◇《現在分詞の形で》das *erlösende* Wort 救いになる(ほっとさせる)言葉. ② (物を売ってお金⁴を)得る, もうける.

Er·lö·ser [エァ・れーザァ *εr-lǿ:zər*] 男 -s/- 救済者, 救い主; 《複 なし》《宗教》救世主(キリスト).

Er·lö·sung [エァ・れーズング] 女 -/-en 《ふつう 単》救済, (苦悩からの)解放; (キリスト教の)救い.

er·mäch·ti·gen [エァ・メヒティゲン *εr-méçtɪgən*] 他 (h) 《人⁴ zu 事³ ~》(人⁴に事³をする)権限(全権)を与える. Dazu *bin* ich nicht *ermächtigt*. 《状態受動・現在》そうする権限は私にはありません / 人⁴ *ermächtigen*, zu 不定詞[句]. 人⁴に…する権限を与える.

Er·mäch·ti·gung [エァ・メヒティグング] 女 -/-en 全権[委任]; 権限, 権能.

*er·mah·nen [エァ・マーネン *εr-má:nən*]

(ermahnte, hat...ermahnt) 他 (完了 haben) (人⁴に厳しく) **注意する**, 忠告する, いさめる. 人⁴ **zu** 事³ *ermahnen* 人⁴に事³をするように注意する ⇨ Ich *ermahnte* ihn zur Pünktlichkeit. 私は彼に時間を守るように注意した. ◊**zu** 不定詞[句]とともに》Sie *ermahnten* die Kinder, ruhig zu sein. 彼らは子供たちに静かにするように注意した.

er·mahnt [エァ・マーント] *ermahnen (注意する)の 過分

er·mahn·te [エァ・マーンテ] *ermahnen (注意する)の 過去

Er·mah·nung [エァ・マーヌング] 女 -/-en 注意, 警告, 戒め.

er·man·geln [エァ・マンゲルン ɛr-máŋəln] 自 (h)《雅》(事²を)欠いている. Sein Vortrag *ermangelte* der Lebendigkeit. 彼の講演には迫力がなかった.

Er·man·ge·lung [エァ・マンゲルング] 女《成句的に》**in** *Ermangelung* 物² 物²がないので.

er·man·nen [エァ・マンネン ɛr-mánən] 再帰 (h) *sich*⁴ *ermannen*《雅》勇気を出す, 奮起する

er·mä·ßi·gen [エァ・メースィゲン ɛr-mɛ́:sɪɡən] I 他 (h) (値段⁴を)下げる, 割り引きする. den Preis **auf** die Hälfte *ermäßigen* 値段を半額に値下げする. ◊《過去分詞の形で》**zu** *ermäßigter* Gebühr 割引料金で. II 再帰 (h) *sich*⁴ *ermäßigen* (値段が)安くなる, 割り引きされる. *sich*⁴ **um** 10% (=Prozent) *ermäßigen* 10パーセント割り引きされる.

Er·mä·ßi·gung [エァ・メースィグング] 女 -/-en 値下げ; 割引. Eintrittskarten mit einer *Ermäßigung* von 30% (=Prozent) 30 パーセント値引きの入場券.

er·mat·ten [エァ・マッテン ɛr-mátən] I 自 (s)《雅》ひどく疲れる, 衰弱する;《比》(気力などが) 減退する. II 他 (h)《雅》ひどく疲れさせる, 衰弱させる.

er·mat·tet [エァ・マッテット] I ermatten (ひどく疲れる)の 過分 II 形《雅》疲れ果てた.

er·mat·tung [エァ・マットゥング] 女 -/-en 疲労, 疲れ, 倦怠(ぬぃ).

er·mes·sen* [エァ・メッセン ɛr-mésən] 他 (h) (価値・意義など⁴を)評価する, 判断する.

Er·mes·sen [エァ・メッセン] 中 -s/ 評価, 判断, 裁量. **nach** meinem *Ermessen* 私の判断では / **nach** menschlichem *Ermessen* たいていは, 十中八九 / Das stelle ich in Ihr *Ermessen*. 私はそれをあなたのご判断にお任せします.

Er·mes·sens≳fra·ge [エァメッセンス・フラーゲ] 女 -/ 個人の裁量(判断)に任された問題.

er·mit·teln [エァ・ミッテルン ɛr-mítəln] I 他 (h) ① (犯人・真相など⁴を)つきとめる, 捜し出す. die Wahrheit⁴ *ermitteln* 真相を明らかにする. ② (数値など⁴を)算出する. II 自 (h)《法》取り調べをする. **gegen** 人⁴ *ermitteln* 人⁴の取り調べを行う, 捜査をする.

Er·mitt·lung [エァ・ミットルング] 女 -/-en 探索, 調査;《法》捜査. *Ermittlungen*⁴ an|stellen 捜査する.

Er·mitt·lungs≳ver·fah·ren [エァミットるングス・フェアファーレン] 中 -s/《法》捜査手続き.

er·mög·li·chen [エァ・メークリッヒェン ɛr-mǿ:klɪçən] 他 (h) (事⁴を)可能にする. Der Onkel *hat* ihm sein Studium *ermöglicht*. おじは彼が大学で勉強できるようにしてくれた.

er·mor·den [エァ・モルデン ɛr-mórdən] 他 (h) 殺害する, 暗殺(謀殺)する.

Er·mor·dung [エァ・モルドゥング] 女 -/-en 殺害, 暗殺, 謀殺.

er·mü·den [エァ・ミューデン ɛr-mý:dən] I 自 (s) ① 疲れる, くたびれる; 眠くなる. ②《工》(金属が)疲労する. II 他 (h) 疲れさせる, くたびれさせる. ◊《現在分詞の形で》eine *ermüdende* Beschäftigung つらい仕事.

Er·mü·dung [エァ・ミュードゥング] 女 -/-en《ふつう 単》① 疲れ, 疲労. ②《工》(金属などの材質の)疲労.

er·mun·tern [エァ・ムンタァン ɛr-múntərn] 他 (h) ①《人⁴ **zu** 事³ ~》《人⁴に事³をするように》励ます, 元気づける, 促す. 人⁴ **zum** Sprechen *ermuntern* 人⁴を励まして話をさせる. ② (人⁴の)眠気を覚ます. Der Kaffee *wird* dich wieder *ermuntern*. コーヒーを飲めば君は眠気が覚めるだろう. ◊《再帰的に》*sich*⁴ *ermuntern* 眠気が覚める.

Er·mun·te·rung [エァ・ムンテルング] 女 -/-en 励まし; 励ましの言葉.

er·mu·ti·gen [エァ・ムーティゲン ɛr-mú:tɪɡən] 他 (h) 勇気づける, 激励する. ◊《現在分詞の形で》*ermutigende* Worte 励ましの言葉.

Er·mu·ti·gung [エァ・ムーティグング] 女 -/-en 勇気づけ, 激励; 励ましの言葉.

・**er·näh·ren** [エァ・ネーレン ɛr-né:rən] (ernährte, *hat*...ernährt) I 他 (完了 haben) ① (人・家畜など⁴に)栄養を与える. (英 feed). Der Kranke *wurde* künstlich *ernährt*.《受動・過去》患者には人工栄養が与えられた / Das Kind *ist* schlecht *ernährt*.《状態受動・現在》この子は栄養不良だ. ② (子供・家族⁴を)養う, 扶養する. Sie *muss* die ganze Familie allein *ernähren*. 彼女は家族全部をひとりで養わねばならない.
II 再帰 (完了 haben) *sich*⁴ *ernähren* 栄養を摂取する; 暮らしをたてる. **Von** dem Gehalt *kann* ich mich kaum *ernähren*. この給料では私はほとんど暮らしていけない.

Er·näh·rer [エァ・ネーラァ ɛr-né:rər] 男 -s/- 扶養者, 養育者, (一家の)稼ぎ手.

er·nährt [エァ・ネーァト] *ernähren (栄養を与える)の 過分

er·nähr·te [エァ・ネーァテ] *ernähren (栄養を与える)の 過去

Er·näh·rung [エァ・ネールング] 女 -/ ① 栄養を与えること; 食べ物. mangelhafte *Ernährung* 栄養不良 / künstliche *Ernährung* 人

工栄養 / tierische *Ernährung* 動物性食品. ② 扶養, 養育.

Er·näh·rungs=stö·rung [エァネールングス・シュテールング] 囡 -/-en 《医》栄養障害.

er·nen·nen* [エァ・ネンネン εr-nénən] 他 (h) 囚^4 **zum** Vorsitzenden *ernennen* 囚^{4}を議長に任命する.

Er·nen·nung [エァ・ネンヌング] 囡 -/-en 任命, 指名.

er·neu·ern [エァ・ノイアァン εr-nɔ́yərn] I 他 (h) ① 《物^{4}を》新しいものと取り替える. die Autoreifen^4 *erneuern* 車のタイヤを取り替える. ② 修理する, 改築(改装)する. ③ 復活させる, 心によみがえらせる. eine alte Freundschaft^4 *erneuern* 旧交を温める. ④ 《契約など^{4}を》更新する. II 再帰 (h) *sich*^{4} *erneuern* 新しくなる, 更新される, 復調する.

Er·neu·e·rung [エァ・ノイエルング] 囡 -/-en ① 《新しいものに》取り替えること. ② 修理, 改築. ③ 復活. ④ 《契約などの》更新.

er·neut [エァ・ノイト εr-nɔ́yt] I 形 新たな, 更新された, 再度の. ein *erneuter* Versuch 新たな試み. II 副 改めて, 再度.

er·nied·ri·gen [エァ・ニードリゲン εr-níːdrigən] 他 (h) ① 《囚^{4}を》辱める. 《囚^{4}の》自尊心を傷つける. ◇《再帰的に》*sich*^{4} *erniedrigen* 品位を落とす. ② 《価格など^{4}を》下げる, 低くする. ③ 《音楽》《音^{4}を》半音下げる.

Er·nied·ri·gung [エァ・ニードリグング] 囡 -/-en 辱めること;《品位の》低下;《価格などの》引き下げること;《音楽》半音下げること.

****ernst** [エルンスト érnst] 形 《比較》 ernster,《最上》 ernstest) ① まじめな, 真剣な; 本気の, 内心からの. (英 serious). ein *ernster* Mensch まじめな人間 / eine *ernste* Miene^4 machen 真剣な顔つきをする / *ernste* Musik クラシック音楽 / Er nimmt die Sache nicht *ernst*. 彼はそのことをまじめに考えていない / Ich meine es *ernst* mit ihr. 私は本気で彼女のことを思っている (メモ es は形式目的語).

② 重大な; 深刻な, 容易ならぬ. eine *ernste* Krankheit 重病気 / Die internationale Lage ist *ernst*. 国際情勢は深刻である.

新形

ernst ge·meint 本気の, 真剣な, まじめな.

*der **Ernst**^{1} [エルンスト érnst] 男 《単2》 -es (まれに -s)/ 《英 *seriousness*》① まじめさ, 真剣さ; その《冗談》は Scherz). Ist das dein *Ernst*? 君は本気でそう思っているのか / Aus dem Spiel wird *Ernst*. 戯れが本気になる / **im** *Ernst* 本気で / **allen** *Ernstes* または **in allem** *Ernst* 大まじめに / **mit** *Ernst* 真剣に / **mit tierischem** *Ernst*《口語》くそまじめに / **mit** 事^3 *Ernst*^{4} **machen** 事を本当にやる(実行に移す). ② 重大さ; 深刻さ, ゆゆしさ. der *Ernst* des Lebens 人生の厳しさ.

Ernst^2 [エルンスト] -s/ I《男名》エルンスト. II -s/-s《姓》エルンスト.

Ernst=fall [エルンスト・ファル] 男 -[e]s/ 万一の場合, 災害(戦争)が起こったとき; 緊急の場合には, いざというときには. **im** *Ernstfall*

ernst=ge·meint 形 (新形 ernst gemeint) ☞ ernst

ernst·haft [エルンストハフト] 形 ① まじめな, 真剣な, 本気の. ein *ernsthaftes* Angebot 真剣な申し出. ② 重大な, 深刻な; 重態の. *ernsthafte* Mängel 重大な欠陥.

Ernst·haf·tig·keit [エルンストハフティヒカイト] 囡 -/ まじめさ, 本気.

ernst·lich [エルンストリヒ] 形 ① 重大な, 深刻な. eine *ernstliche* Krankheit 重病. ② まじめな, 本気の.

*die **Ern·te** [エルンテ érntə] 囡 《単》-/《複》-n ① 収穫, 取り入れ. (英 *harvest*). Aussaat und *Ernte* 種まきと取り入れ / Die Bauern sind **bei** (または **in**) **der** *Ernte*. 農夫たちは収穫作業をしている.

② 収穫物; 収穫高;《比》成果. eine gute (schlechte) *Ernte* 豊作(凶作) / die *Ernte* an Obst 果物の収穫高 / die *Ernte*^{4} ein|bringen 収穫物を納屋にしまう / die *Ernte* deines Fleißes《比》君の努力の成果 / Ihm ist die ganze *Ernte* verhagelt.《口語》彼は失敗してしょげている(←全収穫物がひょうにやられた).

Ern·te=dank·fest [エルンテ・ダンクフェスト] 中 -[e]s/-e 収穫感謝祭(ふつう10月の第1日曜日に行われる).

***ern·ten** [エルンテン érntən] du erntest, er erntet (erntete, hat ... geerntet) 他 (完了 haben) ①《農作物^{4}を》**収穫する**, 取り(刈り)入れる. (英 *harvest*). Kartoffeln^4 *ernten* じゃがいもを収穫する. ②《比》《称賛など^{4}を》得る, 受ける. großen Beifall *ernten* 拍手喝采 (カッサイ) を浴びる / Spott^4 *ernten* 嘲笑 (チョウショウ) をかう.

ern·te·te [エルンテテ] *ernten (収穫する) の過去

er·nüch·tern [エァ・ニュヒタァン εr-nýçtərn] 他 (h) ①《囚^{4}の》酔いをさます. Die frische Nachtluft *ernüchterte* ihn. さわやかな夜風が彼の酔いをさました. ②《比》《囚^{4}を》冷静にさせる;《囚^{4}を》興ざめさせる.

Er·nüch·te·rung [エァ・ニュヒテルング] 囡 -/-en 酔い(興奮)がさめること.

Er·o·be·rer [エァ・オーベラァ εr-óːbərər] 男 -s/- 征服者, 侵略者.

***er·o·bern** [エァ・オーバァン εr-óːbərn] (eroberte, hat ... erobert) 他 (完了 haben) ① 征服する, 占領する, 攻略する. (英 *conquer*). eine Festung^4 *erobern* 要塞 (ヨウサイ) を攻略する. ◇《過去分詞の形で》die *eroberten* Städte 占領された町々. ②《比》《努力して物^{4}を》獲得する,《囚^{4}の心》を自分のものにする. [*sich*^{3}] neue Märkte^4 *erobern* 新しい市場を獲得する / eine Frau^4 *erobern* 女性の心を射とめる.

er·o·bert [エァ・オーバァト] *erobern (征服する) の 過分

er·o·ber·te [エァ・オーバァテ] *erobern (征服する) の 過去

*die Er·o·be·rung [エァ・オーベルング ɛróːbəruŋ] 囡 (単) -/(複) -en ① 征服, 占領. (英 conquest). die Eroberung einer Stadt² ある町の占領. ② 征服(獲得)したもの. eine Eroberung⁴ (または Eroberungen⁴) machen a) 《戯》(好きな人を)くどき落とす, b) (好きな物を)手に入れる.

*er·öff·nen [エァ・エフネン ɛr-ǽfnən] du eröffnest, er eröffnet (eröffnete, hat...eröffnet) I 他 (完了 haben) ① (店など⁴を)開業する, オープンする, (展示会など⁴を)開催する. (英 open). ein Geschäft⁴ eröffnen 開店する / eine Ausstellung⁴ eröffnen 展示会を開催する / eine Straße⁴ eröffnen 道路を開通させる. ② 開始する, 始める; 《商》(口座⁴を)開く. Er eröffnete die Sitzung. 彼は会議の開会を宣言した / eine Verhandlung⁴ eröffnen 交渉を開始する / ein Konto⁴ bei der Bank eröffnen 銀行に口座を開く. ③《雅》(人³に)(事⁴を)打ち明ける, 知らせる. ④ (人³に)可能性にする. ⑤ 《官庁》(遺言状など⁴を)開封する;《医》切開する.
II 再帰 (完了 haben) sich 人³ eröffnen ① (希望・可能性などが 人³に)開ける. Eine völlig neue Welt eröffnete sich ihm. まったく新しい世界が彼には開けた. ②《雅》(人³に)心中を打ち明ける.

er·öff·net [エァ・エフネット] *eröffnen (開業する)の 過分

er·öff·ne·te [エァ・エフネテ] *eröffnen (開業する)の 過去

Er·öff·nung [エァ・エフヌング] 囡 -/-en ① 開始, 開くこと; 開業, 開店; 開場. ② 打ち明け話,(心中の吐露). ③《医》切開.

er·ör·tern [エァ・エルタァン ɛr-ǽrtərn] 他 (h) (事⁴を詳細に)論じる, 討議(論議)する, 検討する. ein Problem⁴ wissenschaftlich erörtern ある問題を学問的に論じる.

Er·ör·te·rung [エァ・エルテルング] 囡 -/-en 討議, 論議, 検討. gründliche Erörterungen⁴ über 事⁴ an|stellen 事⁴を徹底的に討議する.

E·ros [エーロス éːrɔs] I 男 -/ ① 愛, 恋愛; 性愛. ②《哲》エロス(真・善・美に対する純粋愛). II -/Eroten [エーローテン] エロス(愛の神. ローマ神話のアモール, キューピッドに当たる).

E·ro·si·on [エロズィオーン erozión] 囡 -/-en ①《地学》(風・水などによる)浸食[作用]. ②《医》ただれ.

E·ro·tik [エローティク eróːtik] 囡 -/ 性愛, 恋愛;《婉曲》好色, エロティシズム.

e·ro·tisch [エローティッシュ eróːtiʃ] 形 性愛の, 恋愛の;《婉曲》好色な, エロチックな.

Er·pel [エルペる érpəl] 男 -s/- 雄鴨(♂).

er·picht [エァ・ピヒト ɛr-píçt] 形《成句的に》**auf** 物⁴ erpicht sein 物⁴に執着している, 貪欲(どんよく)である. Er ist aufs Geld erpicht. 彼はお金に意地汚い.

er·pres·sen [エァ・プレッセン ɛr-présən] 他 (h) ① (人⁴を)恐喝する, ゆする. ② 強奪する, 無理強いする. **von** 人³ Geld⁴ erpressen 人³からお金を脅し取る. ◇《過去分詞の形で》eine erpresste Zusage 強要された承諾.

Er·pres·ser [エァ・プレッサァ ɛr-présər] 男 -s/- ゆする[をする人], 恐喝者, 強奪者.

Er·pres·sung [エァ・プレッスング] 囡 -/-en ゆすり, 恐喝, 強奪.

er·pro·ben [エァ・プローベン ɛr-próːbən] 他 (h) (人・物⁴を)試す, テストする, 試験(検査)する.

er·probt [エァ・プロープト] I erproben (試す)の 過分 II 形 実証済みの; 信頼できる.

Er·pro·bung [エァ・プロープング] 囡 -/-en 試すこと, 試験, 検査.

er·qui·cken [エァ・クヴィッケン ɛr-kvíkən] 他 (h)《雅》元気づける, さわやかにする, 爽快(そうかい)にする. Das Getränk erquickte ihn. 飲み物を飲んで彼は元気になった. ◇《再帰的に》*sich*⁴ *erquicken* 元気を回復する, さわやかになる. ◇《現在分詞の形で》ein erquickendes Getränk 清涼飲料水.

er·quick·lich [エァ・クヴィックりヒ] 形《雅》さわやかな, 快適な, 喜ばしい.

Er·qui·ckung [エァ・クヴィックング] 囡 -/-en 《雅》① 元気回復, 元気(活力)を与えること. ② 元気を回復させてくれるもの(美しい景色・清涼飲料・軽い飲食物など).

er·rät [エァ・レート] *erraten¹ (言い当てる)の 3 人称単数 現在

er·ra·ten¹ [エァ・ラーテン ɛr-ráːtən] du errätst, er errät (erriet, hat...erraten) 他 (完了 haben) (推測して)[言い]当てる. (英 guess). das Geheimnis⁴ erraten 秘密を言い当てる / Ich habe seine Absicht erraten. 私は彼の意図を当てた.

er·ra·ten² [エァ・ラーテン] *erraten¹ (言い当てる)の 過分

er·ra·tisch [エラーティッシュ erá:tɪʃ] 形《地学》漂移性の. ein erratischer Block (氷河が残した)迷子石, 漂石.

er·rätst [エァ・レーツト] *erraten¹ (言い当てる)の 2 人称単数 現在

er·rech·nen [エァ・レヒネン ɛr-réçnən] I 他 (h) (物⁴を)算出する, 算定する. sich³ 事⁴ errechnen 事⁴を予測(期待)する. II 再帰 (h) sich⁴ errechnen 《書》算出される.

er·reg·bar [エァ・レークバール] 形 (刺激に)敏感な, 神経過敏の, 興奮しやすい.

*er·re·gen [エァ・レーゲン ɛr-réːgən] (erregte, hat...erregt) I 他 (完了 haben) ① (人⁴の感情を)興奮させる, 刺激する. 人⁴ sinnlich erregen 人⁴の官能を刺激する. ② (感情・欲望など⁴を)呼び起こす, 生じさせる. Mitleid⁴ erregen 同情を呼ぶ / Neid⁴ erregen 嫉妬(しっと)心をかきたてる / Sein Betragen erregte Anstoß. 彼のふるまいは不快感を起こさせた. II 再帰 (h) 《sich⁴ über 人・事⁴ ~》(人・事⁴のことで)興奮(憤慨)する.
◇☞ erregt

er·re·gend [エァ・レーゲント] I *erregen (興

Erreger

奮させる)の 過分 II 形 刺激的な, 興奮させる.

Er·re·ger [エァ・レーガァ ɛr-ré:gər] 男 -s/- 〔刺激など〕何かを引き起こすもの;《医》病原体.

er·regt [エァ・レークト] I ＊erregen（興奮させる）の 過分 II 形 興奮した, 激しい. eine *erregte* Diskussion 激論.

er·reg·te [エァ・レークテ] ＊erregen（興奮させる）の 過去

＊*die* **Er·re·gung** [エァ・レーグング ɛr-ré:guŋ] 女 (単)/(複) -en ① 興奮. in *Erregung* geraten 興奮する. ② (感情などを)引き起こすこと; 刺激. *Erregung* öffentlichen Ärgernisses[2]《法》公序良俗違反(公衆に不快感を起こさせること).

er·reich·bar [エァ・ライヒバール] 形 到達できる, 届きうる; 連絡のとれる. Er ist telefonisch *erreichbar*. 彼には電話で連絡がつく.

＊**er·rei·chen** [エァ・ライヒェン ɛr-ráiçən] (erreichte, *hat*...erreicht) 他 (完了 haben) (英 reach) ①【4格とともに】(物[4]に)手が届く. Das Kind *erreicht* mit der Hand gerade die Türklinke. その子はドアの取っ手にやっと手が届く.

② (人[4]に)連絡をつける. Wie *kann* ich Sie *erreichen*? どうすればあなたに連絡できますか / 人[4] telefonisch *erreichen* 人[4]に電話で連絡がつく.

③ (人・物[4]に)到達する,（列車など[4]に）間に合う. Der Brief *erreichte* ihn zu spät. 手紙が彼に届くのが遅すぎた / In wenigen Minuten *erreichen* wir Dresden.（列車のアナウンスで:）あと数分でドレスデンに到着します / eine Geschwindigkeit[4] von 220 km/h (= Kilometer pro Stunde) *erreichen* 時速 220 キロに達する / ein hohes Alter[4] *erreichen* 高齢に達する / den Zug *erreichen* 列車に間に合う.（☞ 類語 an|kommen）.

④（目的など[4]を）達成する,（意図など[4]を）実現する. Sie *konnte* bei ihm alles *erreichen*. 彼女は彼になんでも望みをかなえてもらうことができた.

er·reicht [エァ・ライヒト] ‡erreichen（手が届く）の 過分, 3人称単数・2人称複数 現在

er·reich·te [エァ・ライヒテ] ‡erreichen（手が届く）の 過去

er·ret·ten [エァ・レッテン ɛr-rétən] 他 (h)《雅》救う, 救出する. 人[4] aus der Gefahr *erretten* 人[4]を危険から救い出す / 人[4] vom Tode (または vor dem Tode) *erretten* 人[4]を死の危険から救う.

Er·ret·tung [エァ・レットゥング] 女 -/-en《雅》救助, 救済.

er·rich·ten [エァ・リヒテン ɛr-ríçtən] 他 (h) ① 建てる, 建設する, 築く. ein Denkmal[4] *errichten* 記念碑を建てる / ein Gebäude[4] *errichten* 建物を建設する / auf einer Geraden die Senkrechte[4] *errichten*《数》直線上に垂線を引く.（☞ 類語 bauen）. ②（会社・財団など[4]を）設立する;（制度など[4]を）創設する. eine neue Gesellschaft[4] *errichten* 新しい会社を設立する. ③ 〖成句的に〗 ein Testament[4] *errichten*《法》遺言状を作成する.

Er·rich·tung [エァ・リヒトゥング] 女 -/-en 建設; 設立, 創設.

er·riet [エァ・リート] ＊erraten[1]（言い当てる）の 過去

er·rin·gen＊ [エァ・リンゲン ɛr-ríŋən] 他 (h) （勝利など[4]を）戦い（勝ち）取る,（信頼など[4]を）獲得する. einen Preis *erringen* 賞を獲得する.

er·rö·ten [エァ・レーテン ɛr-rö́:tən] 自 (s)《雅》 （顔が）赤くなる, 赤面する. vor Scham *erröten* 恥ずかしくて赤面する.

Er·rö·ten [エァ・レーテン] 中 -s/ 赤面. 人[4] zum *Erröten* bringen 人[4]を赤面させる.

Er·run·gen·schaft [エァ・ルンゲンシャフト] 女 -/-en （苦労して）獲得されたもの;（研究などの）成果, 業績.

＊*der* **Er·satz** [エァ・ザッツ ɛr-záts] 男 (単2) -es/ ① 代わりの人（物）, 代役, 補欠; 代用品, スペア.（英 substitute）. Zahnersatz 入れ歯 / als *Ersatz* für 人[4] ein|springen 人[4]の代わりを務める. ② 補償. für einen Schaden *Ersatz*[4] fordern 損害の補償を要求する. ③《軍》補充部隊.

Er·satz_an·spruch [エァザッツ・アンシュプルフ] 男 -[e]s/..sprüche 賠償請求[権].

Er·satz_dienst [エァザッツ・ディーンスト] 男 -[e]s/《軍》（兵役拒否者に課せられる）代役（役）.

Er·satz_hand·lung [エァザッツ・ハントルング] 女 -/-en《心理》代償[的]行動.

Er·satz_mann [エァザッツ・マン] 男 -[e]s/ ..männer (または ..leute) 代理人,《スポ》補欠.

Er·satz_rei·fen [エァザッツ・ライフェン] 男 -s/- スペアタイヤ.

Er·satz_spie·ler [エァザッツ・シュピーらァ] 男 -s/-《スポ》補欠選手.

Er·satz_teil [エァザッツ・タイル] 中 (まれに 男) -[e]s/-e《工》（補充の）交換部品, スペア.

er·satz_wei·se [エァザッツ・ヴァイゼ] 副 代償として, 代わりに.

er·sau·fen＊ [エァ・ザオフェン ɛr-záufən] 自 (s) ①《俗》おぼれ死ぬ. ②（畑・作物などが）冠水する;（坑）（坑内などが）水びたしになる.

er·säu·fen [エァ・ゾイフェン ɛr-zóyfən] 他 (h) ①（動物[4]を）溺死（できし）させる. ②《比》（悩みなどを酒で）まぎらす. seinen Kummer im Alkohol *ersäufen* 酒で悩みをまぎらす.

er·schaf·fen＊ [エァ・シャッフェン ɛr-ʃáfən] 他 (h)《雅》創造する; 作り出す, 創作する.

Er·schaf·fung [エァ・シャッフング] 女 -/《雅》創造, 創作.

er·schal·len(＊) [エァ・シャれン ɛr-ʃálən] 自 (s)《雅》響き渡る, 鳴り響く.

er·schau·dern [エァ・シャオダァン ɛr-ʃáudərn] 自 (s)《雅》身震いする. vor Angst *erschaudern* 不安におののく.

er·schau·ern [エァ・シャオアァン ɛr-ʃáuərn] 自 (s)《雅》身震いする. vor Kälte *erschauern* 寒さに震えあがる.

:er·schei·nen* [エァ・シャイネン εr-ʃáɪnən] (erschien, ist...erschienen) 自 (完了 sein) (英 appear) ① 現れる, 姿を見せる. am Horizont erscheinen 地平線(水平線)上に現れる / auf einer Versammlung erscheinen 会合に姿を見せる / Sie erschien im Abendkleid. 彼女はイブニングドレスを着て現れた / Ich muss als Zeuge vor Gericht erscheinen. 私は証人として法廷に出頭しなければならない.

② 出版される, 発行される. Die Zeitschrift erscheint monatlich. その雑誌は毎月発行される.

③ (人³にとって…と)思われる, (人³にとって…に)見える. Alles erschien mir wie ein Traum. 何もかも私には夢のように思われた / Das erscheint mir sonderbar. それは私には変に思われる. (☞ 類語 scheinen).

Er·schei·nen [エァ・シャイネン] 中 -s/ ① 出現, 出席, 登場. ② (本の)出版, 発行.

*die Er·schei·nung [エァ・シャイヌング εr-ʃáɪnʊŋ] 女 (単) -/(複) -en ① 現象, 現れ. (英 phenomenon). Naturerscheinung 自然現象 / Das ist eine typische Erscheinung unserer Zeit. これは現代に典型的な現象だ / in Erscheinung treten 現れる / das Fest der Erscheinung² des Herrn (キリ教) 主の公現(ぷけ)の祝日(1月6日). ② (人の)外見, 見かけ. (英 appearance). eine stattliche Erscheinung 堂々たる風采(ふき)の人. ③ 幻影, 幽霊. Er hat Erscheinungen. 彼は幻影に悩まされている.

er·schien [エァ・シーン] *erscheinen (現れる)の過去

er·schie·ne [エァ・シーネ] *erscheinen (現れる)の接2

er·schie·nen [エァ・シーネン] *erscheinen (現れる)の過分

er·schie·ßen* [エァ・シーセン εr-ʃíːsən] 他 (h) 射殺する, 銃殺する. 人⁴ hinterrücks erschießen 人⁴を背後から銃殺する. ◇《再帰的に》sich⁴ mit einer Pistole erschießen ピストルで自殺する. ◇《過去分詞の形で》erschossen sein《口語・比》くたびれ果てている.

Er·schie·ßung [エァ・シースング] 女 -/-en 射殺, 銃殺.

er·schlaf·fen [エァ・シュらッフェン εr-ʃláfən] I 自 (s) ① (筋肉などが)ぐったりとなる. ② (皮膚が)たるむ. II 他 (h) ぐったりさせる.

er·schla·gen¹* [エァ・シュらーゲン εr-ʃláːgən] 他 (h) なぐり(打ち)殺す, 打ちのめす;《比》圧倒する. Er wurde vom Blitz erschlagen.《受動・過去》彼は雷に打たれて死んだ.

er·schla·gen² [エァ・シュらーゲン] I erschlagen¹ (なぐり殺す)の過分 II 形《口語》① 疲れきった, へたばった. ② 驚いた.

er·schlei·chen* [エァ・シュらイヒェン εr-ʃláɪçən] 他 (h) こっそり(不正な手段で)手に入れる, 横領する. sich³ ein Erbe⁴ erschleichen 遺産をだまし取る.

er·schlie·ßen* [エァ・シュリーセン εr-ʃlíːsən] I 他 (h) ① (土地・資源⁴を)開発(開拓)する. eine Gegend⁴ als Reisegebiet erschließen ある地方を観光地として開発する. ② (人⁴に)打ち明ける. ③ 推論する, 推定する. Daraus ist zu erschließen, dass... そのことから…ということが考えられる. II 再帰 (h) sich⁴ erschließen ① 《雅》(つぼみ・花が)開く. ② 明らかになる, わかる. ③《雅》心を開く.

Er·schlie·ßung [エァ・シュリースング] 女 -/-en ① 開発, 造成. ② 推論, 推定.

*er·schöp·fen [エァ・シェプフェン εr-ʃǿpfən] (erschöpfte, hat...erschöpft) I 他 (完了 haben) (英 exhaust) ① 使い果たす, 使い尽くす. Vorräte⁴ erschöpfen 蓄えを使い果たす. ② (問題など⁴を)論じ尽くす. ein Thema⁴ erschöpfen ある問題を徹底的に論じる. ③ 疲れ果てさせる. Diese Arbeit erschöpft mich. この仕事で私はくたくただ. ◇《再帰的に》sich⁴ erschöpfen 疲れ果てる, へとへとに疲れる.

II 再帰 (完了 haben) sich⁴ erschöpfen ① 尽きる, なくなる. Der Gesprächsstoff erschöpfte sich schnell. 話題はたちまち尽きた. ②《sich⁴ in 事³ ~》(事³に)尽きる, (事³の)域を出ない. Die Diskussion erschöpfte sich in leerem Geschwätz. 議論は空虚なおしゃべりに終始した.

◇☞ erschöpft

er·schöp·fend [エァ・シェプフェント] I *erschöpfen (使い果たす)の現分 II 形 余す所のない, 徹底的な.

er·schöpft [エァ・シェプふト] I *erschöpfen (使い果たす)の過分 II 形 ① 使い尽くされた. Die Batterie ist erschöpft. 電池(バッテリー)が切れた. ② 疲れ果てた, へとへとの.

Er·schöp·fung [エァ・シェプふング] 女 -/-en 《ふつう 単》① 使い果たすこと; 論じ尽くすこと. ② 疲労困憊(ぱぃ). bis zur Erschöpfung arbeiten くたくたになるまで働く.

er·schrak [エァ・シュラーク] *erschrecken¹ (驚く)の過去

er·schre·cken¹ [エァ・シュレッケン εr-ʃrékən] du erschrickst, er erschrickt (erschrak, ist...erschrocken) 自 (完了 sein) 驚く, びっくりする, どきっとする. (英 get a fright). Sie erschrickt beim leisesten Geräusch. 彼女はかすかな物音にもどきっとする / Wir erschraken über sein Aussehen. われわれは彼の様子に驚いた / vor dem Hund erschrecken 犬を見てどきっとする.

◇☞ erschrocken

er·schre·cken² [エァ・シュレッケン εr-ʃrékən] (erschreckte, hat...erschreckt) 他 (完了 haben) 驚かす, びっくりさせる, どきっとさせる. (英 frighten). Die Nachricht hat mich sehr *erschreckt*. 私はその知らせにたいへん驚いた.

er·schre·cken[3(*)] [エァ・シュレッケン] 再帰 (h) *sich*[4] *erschrecken*《口語》驚く, びっくりする. Wie *habe* ich *mich* darüber *erschreckt* (または *erschrocken*)! 私はそのことにどんなに驚いたことか.

er·schre·ckend [エァ・シュレッケント] I *erschrecken*[2]《驚かす》の 現分 II 形 驚くべき, 恐ろしい.

er·schreckt [エァ・シュレックト] *erschrecken*[2]《驚かす》の 過分

er·schreck·te [エァ・シュレックテ] *erschrecken*[2]《驚かす》の 過去

er·schrickst [エァ・シュリックスト] *erschrecken*[1]《驚く》の 2 人称単数 現在

er·schrickt [エァ・シュリックト] *erschrecken*[1]《驚く》の 3 人称単数 現在

er·schro·cken [エァ・シュロッケン] I *erschrecken*[1]《驚く》の 過分 II 形 驚いた, ぎょっとした. **über** 物[4] *erschrocken* sein 物[4]に驚く / ein *erschrockenes* Gesicht[4] machen びっくりした顔をする.

er·schüt·tern [エァ・シュッタァン ɛr-ʃýtərn] 他 (h) ① 揺さぶる, 揺り動かす;《証拠・信頼など[4]を》ぐらつかせる. Ein Erdbeben *erschütterte* die Häuser. 地震で家々が揺れた. ② (人[4]に)ショックを与える. Diese Nachricht hat mich sehr *erschüttert*. この知らせは私に大変ショックを与えた / Wir *waren* über seinen Tod sehr *erschüttert*.《状態受動・過去》私たちは彼の死にたいへんショックを受けていた.

Er·schüt·te·rung [エァ・シュッテルング] 女 -/-en ① 揺れ動くこと, 震動;(信念などの)動揺. ② (精神的な)衝撃, ショック.

er·schwe·ren [エァ・シュヴェーレン ɛr-ʃvé:rən] 他 (h)《物事[4]を》困難にする, 妨げる. Glatteis *erschwert* das Fahren. 路面が凍結していて運転しにくい. ◇《再帰的に》*sich*[4] *erschweren* さらに困難になる.

Er·schwer·nis [エァ・シュヴェーアニス] 女 -/..nisse 困難, 障害, (さらなる)負担.

er·schwin·deln [エァ・シュヴィンデルン ɛr-ʃvíndəln] 他 (h) だまし取る.

er·schwin·gen* [エァ・シュヴィンゲン ɛr-ʃvíŋən] 他 (h) (費用など[4]を)調達する, 工面する.

er·schwing·lich [エァ・シュヴィングリヒ] 形 (費用などが)調達できる, 都合のつく.

er·se·hen* [エァ・ゼーエン ɛr-zé:ən] 他 (h) 《A aus B[3] ~》(B[3] から A[4] を)見てとる, 察知する, 気づく. Ich *ersehe* aus Ihrem Brief, dass … あなたの手紙から…ということがわかります.

er·seh·nen [エァ・ゼーネン ɛr-zé:nən] 他 (h) 《雅》(人・物[4]を)待ち望む, 熱望する.

er·setz·bar [エァ・ゼッツバール] 形 取り替えの利く, 補充の利く.

***er·set·zen** [エァ・ゼッツェン ɛr-zétsən] du *ersetzt* (*ersetzte*, *hat* … *ersetzt*) 他 (完了)

haben) ① (人・物[4]を)取り替える, 交換する;(選手など[4]を)交代させる. (英 *replace*). eine Glühbirne[4] *ersetzen* 電球を取り替える / alte Reifen[4] durch neue *ersetzen* 古いタイヤを新しいのと取り替える. ② (人・物[4]の)代わりをしている. Sie *ersetzt* ihm die Mutter. 彼女は彼の母親代わりをしている. ③ ([人[3])に損害など[4]を)弁償する, 返済する. 人[3] einen Schaden *ersetzen* 人[3]に損害を賠償する.

er·setzt [エァ・ゼッツト] *ersetzen* (取り替える)の 過分

er·setz·te [エァ・ゼッツテ] *ersetzen* (取り替える)の 過去

er·sicht·lich [エァ・ズィヒトリヒ] 形 はっきりわかる, 明白な, 明らかな. ohne *ersichtlichen* Grund これといった理由もなく.

er·sin·nen* [エァ・ズィンネン ɛr-zínən] 他 (h) 《雅》考え出す, 案出する, でっち上げる.

er·spä·hen [エァ・シュペーエン ɛr-ʃpɛ́:ən] 他 (h)《雅》見つけ(探し)出す;《比》(機会など[4]を)とらえる.

er·spa·ren [エァ・シュパーレン ɛr-ʃpá:rən] 他 (h) ① 蓄える, ためる; お金を蓄えて買う. sich[3] 1000 Mark *ersparen* 1,000 マルク蓄える / Ich *habe* mir ein Haus *erspart*. 私は貯蓄して家を買った. ② (人[3]に労力・心配など[4]を)省いてやる, 免れさせる. Ich *möchte* ihm den Ärger *ersparen*. 私は彼にいやな思いをさせたくない. ◇《再帰的に》*sich*[3] 事[4] *ersparen* 事[4]をしないで済む ⇒ Die Mühe *kannst* du *dir ersparen*. 君はそんなに骨折ることはないよ.

Er·spar·nis [エァ・シュパールニス] 女 -/..nisse (オースト: 中 ..nisses /.nisse も) ①《ふつう 複》貯金, 貯蓄. ②《女》節約, 節減.

er·sprieß·lich [エァ・シュプリースリヒ] 形 《雅》有益な, 役に立つ, 効果的な.

:**erst**[1] [エーァスト é:rst] 数《eins の序数; 語尾変化は形容詞と同じ》第一(番目)の, 最初の, 初めの; トップの, 第一級(等)の. (英 *first*). (↔「最後の」は letzt). die *erste* Liebe 初恋 / der *erste* Stock 2 階 (↔「1 階」は Erdgeschoss) / die *erste* Fassung (本の)初版 / Heute ist der *erste* Mai. きょうは 5 月 1 日だ / [die] *Erste* (*erste*) Hilfe 応急手当 / die *ersten* Symptome einer Krankheit[2] 病気の初期症状 / die *erste* Geige[4] spielen a) 第一ヴァイオリンを弾く, b)《比》指導的役割を果たす / *erster* Klasse[2] fahren (乗り物の)1 等で旅行する / Strümpfe *erster* Wahl[2] 一級品のストッキング / das *erste* Mal 初めて / als *erstes* (新形 als *Erstes*) まず[第一に] / Liebe auf den *ersten* Blick ひと目ぼれ / aus *erster* Hand kaufen じかに(仲介者を通さずに)買う / bei der *ersten* Gelegenheit 機会がありしだい / beim *ersten* Mal[e] はじめのうちは / fürs *Erste* さしあたり, 当分は / in *erster* Linie なによりもまず / zum *ersten* (新形 zum *Ersten*) 第一に, 何はさてお

き / zum ersten Mal[e] 初めて.
◇《固有名詞の場合大文字で》der *Erste* Mai メーデー / der *Erste* Weltkrieg 第一次世界大戦.
◇**der (die, das) *erste beste* の形で》**手近の,手当たりしだいの. bei der *ersten besten* Gelegenheit 機会がありしだい.

‡**erst**² [エーァスト éːrst]

> 最初に *Erst* du, dann ich.
> エーァスト ドゥー ダン イヒ
> まず君だ, それからぼくだ.

副 ① 最初に, 初めに, まず. (英 *at first*). Sprich *erst* mit deinem Arzt! まず医者に相談しなさい / *Erst* die Arbeit, und dann das Vergnügen.(ことわざ)まず仕事, 楽しみはそれから. ② ようやく, やっと; まだ; さっき…したばかり. *Erst* jetzt verstehe ich! やっと今わかった / Sie ist *erst* neun Jahre alt. 彼女はやっと9歳になったばかりだ / *erst* jetzt a) 今になってようやく, b) たった今 / Ich bin eben *erst* zurückgekommen.《現在完了》私はやっと今帰ってきたところだ / Es ist *erst* 6 Uhr. まだ6時だ. ③ さらに, いっそう. *erst* recht ますます, いよいよ, なおさら / Er ist schon frech, aber *erst* sein Bruder! 彼はなるほどあつかましいが, 弟はそれ以上だ. ④《条件・願望を表して》…しさえすれば. Wenn er *erst* abgereist ist, dann …彼が旅に出さえすれば, そのときは… / Hätten wir *erst* unsere eigene Wohnung!《接2・現在》私たちに自分の家さえあったらなあ.

er·star·ken [エァ・シュタルケン ɛr-ʃtárkən] 自 (s)《雅》強くなる, 強まる.

er·star·ren [エァ・シュタレン ɛr-ʃtárən] 自 (s) ① 《液体が》固まる;《比》硬直化する. *zu Eis erstarren* 氷結する. ②《寒さで手足がこわばる》かじかむ. ③《恐怖で》立ちすくむ.

er·starrt [エァ・シュタルト] I erstarren (固まる)の 過分 II 形 硬直した; (体が)こわばった; 凝固した.

Er·star·rung [エァ・シュタルング] 女 -/ ① 硬直, 凝固. ② 硬直状態, こわばり.

er·stat·ten [エァ・シュタッテン ɛr-ʃtátən] 他 (h) ①(会社などが経費などを)支払う, 弁償する.《人³ das Fahrgeld⁴ erstatten 《人³に運賃を支給する / Unkosten⁴ erstatten 費用を弁償する. ②《特定の名詞を目的語として》《官庁》行う, …する. Bericht⁴ erstatten 報告する / gegen 《人⁴ Anzeige⁴ erstatten 《人⁴を告発する.

Erst≠auf·füh·rung [エーァスト・アオフュェールング] 女 -/-en 《劇》初演;《映》封切り.

*****er·stau·nen** [エァ・シュタオネン ɛr-ʃtáunən] (erstaunte, hat/ist …erstaunt) I 他(完了 haben)驚かす, びっくりさせる.(英 *astonish*) Ihr Verhalten *hat* mich sehr *erstaunt*. 彼女の態度は私をとてもびっくりさせた. II 自(s sein)《über 事⁴ ～》(事⁴に)驚く, びっくりする. Sie *erstaunte* über diesen Bericht. 彼女はこの知らせを聞いてびっくりした. ◇☞ erstaunt

***das* Er·stau·nen** [エァ・シュタオネン ɛr-ʃtáunən] 中《単2》-s/ 驚き.(英 *astonishment*).《人⁴ in *Erstaunen* versetzen 《人⁴をびっくりさせる / zu meinem großen *Erstaunen*[私が]とても驚いたことには.

***er·staun·lich** [エァ・シュタオンリヒ ɛr-ʃtáunlɪç] I 形 驚くべき, 驚嘆すべき.(英 *astonishing*). eine *erstaunliche* Leistung 驚くべき業績. ② とても大きい.
II 副 非常に, ものすごく. Seine Eltern sind *erstaunlich* jung. 彼の両親はびっくりするくらい若い.

er·staunt [エァ・シュタオント] I *erstaunen* (驚かす)の 過分 II 形 驚いた, びっくりした. *erstaunte* Blicke 驚いたまなざし / Sie war *über* die Ergebnisse sehr *erstaunt*. 彼女はその結果に非常に驚いた.

er·staun·te [エァ・シュタオンテ] *erstaunen* (驚かす)の 過去

Erst≠aus·ga·be [エーァスト・アオスガーベ] 女 -/-n ① 初版[本]. ②(切手の)初刷.

erst≠best [エーァスト・ベスト] 形《付加語としてのみ; 定冠詞とともに》手近の, 手当たりしだいの. Wir gingen ins *erstbeste* Café. 私たちは手近な喫茶店に入った.

Erst≠be·stei·gung [エーァスト・ベシュタイグング] 女 -/-en 初登頂.

Erst≠druck [エーァスト・ドルック] 男 -[e]s/-e ①《印》初校. ② 初版[本].

er·ste·chen* [エァ・シュテッヒェン ɛr-ʃtéçən] 他 (h) 突き殺す, 刺し殺す.

er·ste·hen* [エァ・シュテーエン ɛr-ʃtéːən] I 自(s)《雅》① 生じる, 発生する, 現れる. ② よみがえる;《宗》復活する. II 他 (h)(苦労して・運よく)購入する, 買い求める.

er·stei·gen* [エァ・シュタイゲン ɛr-ʃtáigən] 他 (h)(山・階段など⁴の)頂上まで登る, 登りつめる. eine Treppe⁴ *ersteigen* 階段のいちばん上まで登る.

er·stei·gern [エァ・シュタイガァン ɛr-ʃtáigərn] 他 (h) (競売で)競り落とす.

Er·stei·gung [エァ・シュタイグング] 女 -/-en 登頂.

er·stel·len* [エァ・シュテレン ɛr-ʃtélən] 他 (h) ①《書》建設(建造)する. ②(文書など⁴を)作成する.

ers·te≠mal 副《成句的に》das *erstemal* (新正 das *erste* Mal) ☞ erst¹

ers·ten≠mal 副《成句的に》zum *ersten mal* (新正 zum *ersten* Mal) ☞ erst¹

***ers·tens** [エーァステンス éːrstəns] 副 第一に, 最初に. *erstens* …, *zweitens* ～ 第一に…, 第二に～.

Ers·te[r] [エーァステ(..ター) éːrste (..tər)] 男 女 《語尾変化は形容詞と同じ》一番目の男(女). Wilhelm der *Erste* ヴィルヘルム1世 / der

Erste von rechts 右から1番目の男 / Er ist der *Erste* (Sie ist die *Erste*) in der Klasse. 彼(彼女)はクラスでトップだ.

ers・ter [エースタ/ é:rstər] 形 *erst*¹ の 比較 【付加語としてのみ】(前で述べた二つのうち)前者の. in der *ersten* Bedeutung 前者の意味では. ◇[名詞的に] Von den beiden Kleidern hat mir *Ersteres* (または *ersteres*) besser gefallen. その二つの服のうちでは前者の方が気に入りました / Der (die, das) *Erstere*…, der (die, das) Letztere~ 前者は…, 後者は~.

er・ster・ben* [エァ・シュテルベン ɛr-ʃtɛ́rbən] 自 (s) (雅) ① (希望・微笑などが)しだいに消える. ② 死に絶える.

Ers・te[s] [エーァステ[ス] é:rstə[s]] 中 語尾変化は形容詞と同じ】一番目の, 最初のこと. als *Erstes* まず[第一に] / fürs *Erste* さしあたり / zum *Ersten* 第一に, 何はさておき.

erst≠ge・bo・ren [エーァスト・ゲボーレン] 形 最初に生まれた, 長子の.

Erst≠ge・burt [エーァスト・ゲブールト] 囡 -/-en ① 長子. ② 〔覆なし〕(法)長子相続権.

***er・sti・cken** [エァ・シュティッケン ɛr-ʃtíkən] (erstickte, *ist*/*hat*…erstickt) I 自 〔宅了 sein〕 窒息[死]する, 息が詰まる. (英 *suffocate*). Ich *bin* in dieser schlechten Luft fast *erstickt*. 『現在完了』私はこの汚れた空気の中で息が詰まりそうだった / in Arbeit *ersticken* 〔比〕仕事に忙殺されている.

II 他 〔宅了 haben〕① 窒息[死]させる, 息苦しくさせる. Die Tränen *erstickten* seine Stimme. 涙で彼の声は詰まった. ② 〔比〕(感情・涙など⁴を)抑える; (反乱⁴を)鎮圧する. einen Wunsch *ersticken* 願望を抑える / eine Gefahr⁴ im Keim *ersticken* 危険を未然に防ぐ. ◇[過去分詞の形で] mit *erstickter* Stimme (不安などのため)押し殺した声で. ③ (火など⁴を)覆って消す.

Er・sti・cken [エァ・シュティッケン] 中 -/ 窒息. Tod durch *Ersticken* 窒息死 / Es ist **zum** *Ersticken* heiß. 息苦しいほど暑い.

er・stickt [エァ・シュティックト] *ersticken (窒息する)の 過分

er・stick・te [エァ・シュティックテ] *ersticken (窒息する)の 過去

Er・sti・ckung [エァ・シュティックング] 囡 -/ 窒息[死]; 〔比〕(感情などの)抑圧.

erst≠klas・sig [エーァスト・クラスィヒ] 形 ① 第一級の, 一流の, 優秀な, ファーストクラスの. ② (競)1部リーグの.

Erst≠kläss・ler [エーァスト・クレスラァ] 男 -s/- 〔南ドィ・スィス〕(学校の)1年生.

Erst≠kläß・ler 〔旧〕 Erstklässler

Erst・ling [エーァストリング é:rstlɪŋ] 男 -s/-e ① (芸術家の)処女作, 第一作. ② (雅)長子. ③ 〔覆 で〕(雅) (果実の)初なり, 初もの.

erst≠ma・lig [エーァスト・マーリヒ] 形 最初の, 初めての, 第一回の.

erst≠mals [エーァスト・マールス] 副 初めて, 最初に (=zum ersten Mal).

erst≠ran・gig [エーァスト・ランギヒ] 形 ① 最重要の(問題など). ② 第一級の, 一流の.

er・stre・ben [エァ・シュトレーベン ɛr-ʃtré:bən] 他 (h) (雅) (物⁴を)追求する, 得ようと努める.

er・stre・bens・wert [エァシュトレーベンス・ヴェーァト] 形 追求する価値のある.

er・stre・cken [エァ・シュトレッケン ɛr-ʃtrékən] 再帰 (h) *sich*⁴ *erstrecken* ① (…へ)広がって(伸びて)いる. Der Wald *erstreckt sich bis ins Tal*. 森は谷まで広がっている. ② (時間的に…まで)およんでいる(わたっている). ③ 〔*sich*⁴ *auf* 人・事⁴ ~〕(人・事⁴に)およぶ, (人・事⁴に)適用される.

Erst≠stim・me [エーァスト・シュティンメ] 囡 -/-n 第一票(ドイツの連邦議会選挙で, 選挙区の候補者に投じられる). 〔ペモ〕「第二票」は Zweitstimme)

er・stun・ken [エァ・シュトゥンケン] 形 〔成句的に〕 Das ist doch *erstunken* und erlogen! (俗)それは真っ赤なうそだ.

er・stür・men [エァ・シュテュルメン ɛr-ʃtýrmən] 他 (h) (要塞(ᏕᎠ)・町など⁴を)攻略する; 〔比〕(山頂⁴を)征服する.

er・su・chen [エァ・ズーヘン ɛr-zú:xən] 他 (h) 〔人⁴ *um* 事⁴ ~〕(雅) (人⁴に事⁴を)懇願する, 願いする.

Er・su・chen [エァ・ズーヘン] 中 -s/- (官庁)懇願, (ていねいな)依頼, 要請.

er・tap・pen [エァ・タッペン ɛr-tápən] I 他 (h) (不意を襲って)捕らえる. 〔人⁴ *auf* frischer Tat *ertappen* 人⁴を現行犯で逮捕する. II 再帰 (h) 〔*sich*⁴ *bei* 事³ ~〕(事³をしている)自分にはっと気づく.

***er・tei・len** [エァ・タイレン ɛr-táilən] (erteilte, *hat*…erteilt) 他 〔宅了 haben〕(〔人³に〕事⁴を)与える, 授ける. (英 *give*). 〔人³〕einen Befehl *erteilen* 〔人³〕に命令する / 〔人³〕eine Vollmacht⁴ *erteilen* 〔人³〕に全権を与える / Er *erteilt* Unterricht in Deutsch. 彼はドイツ語の授業をする.

er・teilt [エァ・タイルト] *erteilen (与える)の 過分

er・teil・te [エァ・タイルテ] *erteilen (与える)の 過去

er・tö・nen [エァ・テーネン ɛr-tǿ:nən] 自 (s) ① (音楽・声などが突然)鳴り出す, 聞こえてくる, 響き渡る. Unerwartet *ertönte* ein Gong. 不意にゴングが響き渡った. ② 〔*von* 物³ ~〕(雅) (物³(響きなど)で)満たされる.

Er・trag [エァ・トラーク ɛr-trá:k] 男 -[e]s/..träge ① (特に農産物の)収穫, 収量. gute (または reiche) *Erträge* 豊かな収穫. ② 収益, 利益. *Ertrag*⁴ bringen 収益をもたらす.

***er・tra・gen**¹* [エァ・トラーゲン ɛr-trá:gən] du erträgst, er erträgt (ertrug, *hat*…ertragen) 他 〔宅了 haben〕(人・事⁴に)耐える, 我慢する. (英 *bear*). Leiden⁴ *ertragen* 苦しみに耐える / Ich *kann* sie (ihre Launen) nicht mehr *ertragen*. 私は彼女(彼女の気まぐれ)にもう我慢できない.

er·tra·gen² [エァ・トラーゲン] *ertragen¹ (耐える)の過分

***er·träg·lich** [エァ・トレークリヒ εr-tré:klıç] 形 ① 耐えられる, 我慢できる. (英 bearable). Die Hitze ist noch erträglich. この暑さはまだ我慢できる. ②《口語》まあまあの, 特によくも悪くもない. ein erträgliches Leben まずまずの暮らし.

er·trag≠reich [エァトラーク・ライヒ] 形 収穫の多い, 収益の多い, 豊作の.

er·trägst [エァ・トレークスト] *ertragen¹ (耐える)の2人称単数 現在

er·trägt [エァ・トレークト] *ertragen¹ (耐える)の3人称単数 現在

er·trank [エァ・トランク] *ertrinken (おぼれる)の 過去

er·trän·ken [エァ・トレンケン εr-tréŋkən] 他 (h) (人・動物⁴を)溺死(ﾃﾞﾃ)させる. seine Sorgen⁴ in (または im) Alkohol ertränken《比》心配事を酒でまぎらす. ◇[再帰的に] sich⁴ ertränken 入水自殺する.

er·träu·men [エァ・トロイメン εr-tróymən] 他 (h) (人・物⁴を手に入れたいと)夢にまで見る, 夢想する. einen ruhigen Lebensabend erträumen 静かな晩年を送りたいと夢想する.

er·trin·ken [エァ・トリンケン εr-tríŋkən] (ertrank, ist…ertrunken) 自 (完了 sein) おぼれる, おぼれ死ぬ. (英 drown). Er ist beim Baden ertrunken.《現在完了》彼は泳いでいておぼれ死んだ / Wir ertrinken in einer Flut von Briefen.《比》私たちは手紙の洪水にあっぷあっぷしている.

Er·trin·ken [エァ・トリンケン] 中 -s/ 溺死(ﾃﾞﾃ). 人⁴ vor dem Ertrinken retten 人⁴を溺死から救う.

er·trug [エァ・トルーク] *ertragen¹ (耐える)の 過去

er·trun·ken [エァ・トルンケン] *ertrinken (おぼれる)の過分

er·tüch·ti·gen [エァ・テュヒティゲン εr-týçtıgən] 他 (h) (人⁴を)鍛える, 鍛練する. ◇[再帰的に] sich⁴ ertüchtigen 体を鍛える.

er·üb·ri·gen [エァ・ユーブリゲン εr-ý:brıgən] I 他 (h) (お金など⁴を節約して)残す; 取っておく, (時間⁴を)さく. II 他 (h) sich⁴ erübrigen 不必要である, 余計である. Jedes weitere Wort erübrigt sich. それ以上言う必要はない.

e·ru·ie·ren [エルイーレン eruí:rən] 他 (h) (調査して事実など⁴を)確認する, 割り出す; (ﾎﾞﾝｻﾞｸ) (犯人など⁴を)つきとめる.

E·rup·ti·on [エルプツィオーン eruptsió:n] 女 -/-en ① 〖地学〗(火山の)爆発, 噴火, (溶岩などの)噴出. ②〖医〗発疹(ﾎﾞｼﾝ).

Erw. [エァ・ヴァクセネ (..ナァ)]《略》大人, 成人 (=Erwachsene[r]).

***er·wa·chen** [エァ・ヴァッヘン εr-váxən] (erwachte, ist…erwacht) 自 (完了 sein)《雅》 ① 目を覚ます, 意識が戻る. (英 awake). aus dem Schlaf erwachen 眠りから覚める / aus der Narkose erwachen 麻酔から覚める / Ich bin von dem Lärm erwacht.《現在完了》私はその騒音で目が覚めた. ②(感情が)目覚める, 呼び起こされる. Sein Gewissen ist erwacht.《現在完了》彼の良心が目覚めた.

Er·wa·chen [エァ・ヴァッヘン] 中 -s/ 目覚め. beim Erwachen 目が覚めたときに.

***er·wach·sen**¹* [エァ・ヴァクセン εr-váksən] du erwächst, er erwächst (erwuchs, ist…erwachsen) 自 (完了 sein) (しだいに)生じる, 発生する. Tiefes Misstrauen war zwischen uns erwachsen.《過去完了》私たちの間に深い不信感が生まれていた / aus 事³ erwachsen 事³から生じる ⇒ Daraus kann kein Vorteil erwachsen. そこからは何も利益は生じない.

er·wach·sen² [エァ・ヴァクセン] I *erwachsen¹ (生じる)の過分 II 形 成長(成人)した, 大人の.

Er·wach·se·nen≠bil·dung [エァヴァクセネネ・ビるドゥング] 女 -/ 成人教育.

***Er·wach·se·ne[r]** [エァ・ヴァクセネ (..ナァ) εr-váksənə (..nər)] 男 女〖語尾変化は形容詞と同じ ☞ Alte[r]〗(例: 男 1格 der Erwachsene, ein Erwachsener) 大人, 成人 (略: Erw.). (⇔ 〘子供〙は Kind). Der Film ist nur für Erwachsene. この映画は成人向けだ.

er·wächst [エァ・ヴェクスト] *erwachsen¹ (生じる)の2人称単数・3人称単数 現在

er·wacht [エァ・ヴァハト] *erwachen (目を覚ます)の 過分

er·wach·te [エァ・ヴァハテ] *erwachen (目を覚ます)の 過去

er·wä·gen* [エァ・ヴェーゲン εr-vé:gən] 他 (h) ①(計画など⁴を)よく検討する. ②(…しようかと)考える. Er erwog, aufs Land zu ziehen. 彼は田舎に引っ越そうかと考えた.

er·wä·gens≠wert [エァヴェーゲンス・ヴェーァト] 形 検討(考慮)に値する.

Er·wä·gung [エァ・ヴェーグング] 女 -/-en 検討, 考慮, 吟味. 事⁴ in Erwägung ziehen 事⁴を熟考する / nach reiflicher Erwägung 十分吟味してから.

er·wäh·len [エァ・ヴェーれン εr-vé:lən] 他 (h) 《雅》① 選ぶ. [sich³] einen Beruf erwählen ある職業を選ぶ. ②(A⁴ zu B³ ~] (A⁴をB³に)選出する. 人⁴ zum Senator erwählen 人⁴を評議員に選出する.

***er·wäh·nen** [エァ・ヴェーネン εr-vé:nən] (erwähnte, hat…erwähnt) 他 (完了 haben) (人・事⁴に)言及する, 触れる. (英 mention). einen Vorfall erwähnen ある事件について言及する / Davon hat er nichts erwähnt. そのことについては彼は何も触れなかった. ◇[過去分詞の形で] wie oben erwähnt 上に述べたように.

er·wäh·nens≠wert [エァヴェーネンス・ヴェーァト] 形 言及する価値のある.

er·wähnt [エァ・ヴェーント] *erwähnen (言及する)の 過分

er·wähn·te [エァ・ヴェーンテ] *erwähnen (言

Erwähnung

Er·wäh·nung [エァ・ヴェーヌング] 囡 -/-en 言及, 述べること.

er·warb [エァ・ヴァルプ] ＊erwerben (獲得する) の 過去

er·wär·men [エァ・ヴェルメン ɛr-vérmən] 他 (h) ① 暖める, 熱する. Wasser⁴ **auf** 40 Grad *erwärmen* 水を40度に熱する. ◇《再帰的に》*sich*⁴ *erwärmen* (空気・水などが)暖まる. ② (人⁴ **für** 人・事⁴ ~) (人⁴に)(人・事⁴に対する)共感を起こさせる. ◇《再帰的に》Ich *kann mich für diesen Plan nicht erwärmen.* 私はこの計画には共鳴できない.

Er·wär·mung [エァ・ヴェルムング] 囡 -/-en 暖める(暖まる)こと; 加熱.

＊**er·war·ten** [エァ・ヴァルテン ɛr-vártən] du erwartest, er erwartet (erwartete, *hat...erwartet*) 他 (完了 haben) 《英 expect》① (人・物⁴を期待して)待つ, 待ち望む. Ich *erwarte* dich um acht Uhr. 君を8時に待っているよ / Die Kinder *können* Weihnachten nicht *erwarten.* 子供たちはクリスマスが待ちきれない / Wir *erwarten* heute Abend Gäste. うちに今晩お客さんが来ることになっている / ein Paket⁴ *erwarten* 小包が届くのを待ち受けている / Sie *erwartet* ein Kind. 彼女は妊娠している. ② (事⁴を)予期する, 当てにする, 期待する. Das *habe* ich nicht *erwartet.* 私はそんなことは予期していなかった / 事⁴ **von** 人³ *erwarten* 事⁴を人³に期待する ⇒ Ich *erwarte* von dir, dass du kommst. 君が来ることを当てにしているよ / Ich *erwarte* mir viel von ihm. 私は彼に期待している.

Er·war·ten [エァ・ヴァルテン] 中 -s/ 予期, 予想. **über** *Erwarten* 予想以上に / **wider** *Erwarten* 予想に反して.

er·war·tet [エァ・ヴァルテット] ＊erwarten (期待して待つ)の 過分, 3人称単数・2人称複数 現在

er·war·te·te [エァ・ヴァルテテ] ＊erwarten (期待して待つ)の 過去

＊*die* **Er·war·tung** [エァ・ヴァルトゥング ɛr-vártuŋ] 囡 (単) -/(複) -en 《英 expectation》① 〖複 なし〗期待[感], 待望. Alle sind voller *Erwartung*². 皆が期待に胸をふくらませている. ② 《ふつう 複》 見込み, 予期. Das Buch hat unsere *Erwartungen* enttäuscht. その本は見込み違いだった / **in der** *Erwartung*, **dass** ... を見込んで(期待しながら).

er·war·tungs·voll [エァヴァルトゥングス・フォる] 形 期待に満ちた.

er·we·cken [エァ・ヴェッケン ɛr-vékən] 他 (h) ① (感情・記憶などを⁴を)呼び起こす, 喚起する. **in** 人³ Zweifel⁴ *erwecken* 人³の心に疑念を呼び起こす / Sein Brief *erweckt* den Eindruck, als ob ... 彼の手紙はあたかも ... であるかのような印象を与える. ②《雅》目覚めさせる, 蘇生(そせい)させる, 《比》 (風習など⁴を)復活させる. 人⁴ **vom** Tode *erwecken* 人⁴を蘇生させる.

er·weh·ren [エァ・ヴェーレン ɛr-vé:rən] 再帰 (h) *sich*⁴ 人・事² *erwehren*《雅》人・事²から身を守る, 事²を抑える. Ich *konnte* mich des Lachens nicht *erwehren.* 私は笑いを抑えられなかった.

er·wei·chen [エァ・ヴァイヒェン ɛr-váiçən] I 他 (h) 柔らかくする, (アスファルトなど⁴を)溶かす;《比》(心など⁴を)和やかにする. *sich*⁴ *erweichen lassen* (心が)和やかになる. II 自 (s) 柔らかくなる;《比》(心が)和やかになる.

Er·wei·chung [エァ・ヴァイヒュング] 囡 -/-en 軟化, 和やかにする(なる)こと.

Er·weis [エァ・ヴァイス ɛr-váis] 男 -es/-e 証明, 実証. den *Erweis* für 事⁴ erbringen 事⁴を立証する.

＊**er·wei·sen**＊ [エァ・ヴァイゼン ɛr-váizən] du erweist (erwies, *hat...erwiesen*) I 他 (完了 haben) 《英 *prove*》① 証明する, 立証する. 事⁴ **als** falsch *erweisen* 事⁴が間違いであることを証明する / Der Prozess *hat* seine Unschuld *erwiesen.* 裁判によって彼の無罪が立証された / Es *ist* noch nicht *erwiesen,* ob ... 〖状態受動・現在〗 ... かどうかはまだ証明されていない. ② (人³に事⁴を言動によって)示す, 表明する. 人³ Achtung⁴ *erweisen* 人³に敬意を表す. II 再帰 (完了 haben) *sich*⁴ *erweisen* ① 〖成句的に〗*sich*⁴ **als** ... *erweisen* ... であることが判明する, はっきりする. Die Nachricht *erwies* sich als Irrtum. その知らせは間違いだったことが判明した / Er hat sich als sehr tüchtig *erwiesen.* 彼はとても有能であることがわかった. (《英》... には1格の名詞や形容詞がくる). ② (... の)態度を示す. *sich*⁴ dankbar gegen 人⁴ *erweisen* 人⁴に感謝の気持ちを表す.

er·wei·tern [エァ・ヴァイタァン ɛr-váitərn] I 他 (h) 広げる, 拡大(拡張)する. eine Öffnung⁴ *erweitern* 穴を広げる / seinen Horizont *erweitern* 《比》視野を広げる / einen Bruch *erweitern* 《数》分子と分母に同じ数をかける. 〖過去分詞の形で〗*erweiterte* Auflage 増補版. II 再帰 (h) *sich*⁴ *erweitern* 広がる, 拡大(拡張)される.

Er·wei·te·rung [エァ・ヴァイテルング] 囡 -/-en 拡大, 拡張.

Er·werb [エァ・ヴェルプ ɛr-vérp] 男 -[e]s/-e ① 獲得; 購入; (知識などの)習得. ② (生計をたてるための)仕事, 収入の道. ③ 獲得した物; 習得したこと.

＊**er·wer·ben**＊ [エァ・ヴェルベン ɛr-vérbən] du erwirbst, er erwirbt (erwarb, *hat...erworben*) 他 (完了 haben) 獲得する, 手に入れる, 取得する. 《英 *acquire*》. ein Grundstück⁴ [käuflich] *erwerben* 土地を購入する. 《再帰代名詞(3格)とともに》 *sich*³ Kenntnisse⁴ *erwerben* 知識を身につける / *sich*³ Ruhm⁴ *erwerben* 《比》名声を得る.

◆☞ **erworben**

er·werbs·fä·hig [エァヴェルプス・フェーイヒ] 形 生計(就業)能力のある.

er·werbs‹los [エァヴェルプス・ろース] 形 無職
の, 失業中の;《官庁》職なくしかも失業保険を
受ける資格もない.

Er·werbs‹lo·se[r] [エァヴェルプス・ろーゼ (..
ザァ)] 男 女《語尾変化は形容詞と同じ》失業者.

er·werbs‹tä·tig [エァヴェルプス・テーティヒ]
形 職に就いている, 仕事を持っている.

Er·werbs‹tä·ti·ge[r] [エァヴェルプス・テー
ティゲ (..ガァ)] 男 女《語尾変化は形容詞と同じ》
就業者.

er·werbs‹un·fä·hig [エァヴェルプス・ウン
フェーイヒ] 形 生計(就業)能力のない.

Er·wer·bung [エァヴェルブング] 女 -/-en
① 《複 なし》獲得;購入. ② 獲得した物;購入品.

＊**er·wi·dern** [エァ・ヴィーダァン ɛr-víːdərn]
(erwiderte, hat...erwidert) 他 《定了 haben)
① (…と)答える, 返答する. (英 reply). „Ja",
erwiderte er. 「はい」と彼は答えた / Darauf
konnte ich nichts erwidern. それに対して私は
何も答えることができなかった. (類語 antwor-
ten). ② (あいさつなど⁴に)答える, (軍⁴の)お返
しをする. (英 return). Sie erwiderte unsere
Grüße. 彼女は私たちのあいさつに答えた /
einen Besuch erwidern 答礼として訪問する /
Böses⁴ mit Gutem erwidern 悪に報いるに善
をもってする.

er·wi·dert [エァ・ヴィーダァト] ＊erwidern (…
と答える)の過分

er·wi·der·te [エァ・ヴィーダァテ] ＊erwidern
(…と答える)の過去

Er·wi·de·rung [エァ・ヴィーデルング] 女 -/-en
① 返答, 返事. ② お返し, 返礼.

er·wies [エァ・ヴィース] ＊erweisen (証明する)の
過去

er·wie·sen [エァ・ヴィーゼン] ＊erweisen (証明
する)の過分

er·wie·se·ner‹ma·ßen [エァヴィーゼナァ・
マーセン] 副 証明されているとおり, 明らかに.

Er·win [エルヴィーン érviːn] -s/《男名》エルヴ
ィーン.

er·wirb [エァ・ヴィルプ] ＊erwerben (獲得する)の
du に対する命令

er·wirbst [エァ・ヴィルプスト] ＊erwerben (獲得
する)の 2 人称単数 現在

er·wirbt [エァ・ヴィルプト] ＊erwerben (獲得す
る)の 3 人称単数 現在

er·wir·ken [エァ・ヴィルケン ɛr-vírkən] 他 (h)
(手を尽くして)軍⁴を手に入れる, 勝ち取る. bei
人³ eine Erlaubnis⁴ erwirken 人³に頼んで許
可を得る.

er·wi·schen [エァ・ヴィッシェン ɛr-víʃən]
他 (h)《口語》① (泥棒など⁴を)ひっ捕らえる, 取
り押さえる. 人⁴ beim Stehlen erwischen
人⁴の盗みの現場を押さえる. ② (かろうじてひ
っつかむ; (かろうじて)手に入れる; (列車など⁴にか
ろうじて)間に合う. 人⁴ am Kragen erwi-
schen 人⁴の襟首をつかむ / Er hat den letz-
ten Zug noch erwischt. 彼はどうにか終列車
に間に合った. II 非人称 (h)《es erwischt 人⁴

の形で》《口語》人⁴にひどいことが起こる. Es hat
ihn erwischt. a) 彼は病気になった(負傷した,
死んだ), b)《戯》彼は突然恋のとりこになった.

er·wor·ben [エァ・ヴォルベン] I ＊erwerben
(獲得する)の 過分 II 形 ① 獲得された; 習得さ
れた. ②《医》後天性の.

er·wuchs [エァ・ヴークス] ＊erwachsen¹ (生じ
る)の 過去

er·wünscht [エァ・ヴュンシュト ɛr-výnʃt] 形
望みどおりの, 望ましい, 歓迎される. das er-
wünschte Ergebnis 願ったとおりの結果 / Du
bist hier nicht erwünscht. 君にはここにいても
らいたくない.

er·wür·gen [エァ・ヴュルゲン ɛr-výrgən] 他
(h)(人⁴を)絞殺する;《比》(自由など⁴を)圧殺す
る.

Erz [エーァツ éːrts または エルツ érts] 中 -es/-e
① 鉱石, 粗鉱. Erz⁴ waschen (gewinnen)
洗鉱(採鉱)する. ②《複 なし》《雅》青銅 (=
Bronze). Er stand da wie aus (または in)
Erz gegossen.《比》彼はそこに不動の姿勢で立
っていた(←青銅で造られたように).

erz.., Erz.. [エルツ.. érts..]《形容詞・名詞につ
ける》《接頭》《最高(最悪)・第一・ひどい》例: Erz-
engel 大天使 / erzdumm 大ばかの.

Erz‹ader [エーァツ・アーダァー] 女 -/-n《地学・
坑》鉱脈.

＊**er·zäh·len** [エァ・ツェーれン ɛr-tséːlən]

物語る　Erzähl mal einen Witz!
　　　　エァツェーる マーる アイネン ヴィッツ
　　　　ジョークを一つ話してくれよ.

(erzählte, hat...erzählt) I 他 (定了 haben)
(体験など⁴を)物語る, (物語など⁴を)話して聞かせ
る; 伝える, 知らせる, 打ち明ける. (英 tell).
Sie erzählt dem Kind ein Märchen. 彼女
は子供に童話を話して聞かせる / Er hat mir er-
zählt, dass er morgen verreist. 彼は私にあす
旅に出ると言った / den Hergang eines
Unfalls erzählen 事故の経緯を話す / Man
erzählt sich³, dass… という[世間のうわさ
だ / Mir kannst du viel erzählen!《口語》何
とでも言え, 信じるものか. ◇《現在分詞の形で》
die erzählende Dichtung《文学》叙事文学.
II 自 (定了 haben) 物語る, 話して聞かせる.
Sie kann gut erzählen. 彼女は話して聞かせ
るのがうまい / von einer Reise (または über eine
Reise) erzählen 旅行の話をして聞かせる.

Er·zäh·ler [エァ・ツェーらァ ɛr-tséːlər] 男 -s/-
語り手, 話し手; 物語作家, 小説家.

er·zäh·le·risch [エァ・ツェーれリッシュ ɛr-
tséːlərɪʃ] 形 語りの, 物語風の.

er·zählt [エァ・ツェーるト] ＊erzählen (物語る)の
過分, 3 人称単数・2 人称複数 現在

er·zähl·te [エァ・ツェーるテ] ＊erzählen (物語
る)の 過去

＊die **Er·zäh·lung** [エァ・ツェーるング ɛr-
tséːlʊŋ] 女 (単) -/(複) -en (英 story) ① 話;
物語ること. Sie hörte seiner Erzählung zu.

彼女は彼の話に耳を傾けた.
② 〖文学〗物語, 小説. eine historische *Erzählung* 歴史物語.

Erz:bi·schof [エルツ・ビショフ] 男 -s/..schöfe 《リック》大司教;大主教.

erz·bi·schöf·lich [エルツ・ビショふりヒ] 形 《リック》大司教の.

Erz:bis·tum [エルツ・ビストゥーム] 中 -s/..tümer 《リック》大司教区.

er·zei·gen [エァ・ツァイゲン ɛr-tsáigən] I 他 (h)《雅》〖人³〗に敬意・信頼など⁴を示す, 表す. II 再帰 (h) *sich⁴ erzeigen* (…の)気持ちを表す. *sich⁴* 〖人³〗[gegenüber] dankbar *erzeigen* 〖人³〗に感謝の気持ちを表す / *sich⁴* als Gentleman *erzeigen* 紳士であることを態度で示す.

Erz·en·gel [エルツ・エンゲる] 男 -s/-《聖》大天使, 首天使 (ミカエル, ガブリエル, ラファエル, ウリエル).

****er·zeu·gen** [エァ・ツォイゲン ɛr-tsɔ́ygən] (erzeugte, *hat*...erzeugt) 他 (〖完了〗 haben) 《英 *produce*》① 〖物⁴〗を**生み出す**, 引き起こす;(子供⁴を)もうける. Reibung *erzeugt* Wärme. 摩擦は熱を生む / Das *erzeugte* Misstrauen. それは不信の念を呼び起こした. ② (農作物・製品など⁴を)**生産する**, 産出する;《カトリック》(衣服・靴など⁴を)製造する. Waren⁴ *erzeugen* 商品を生産する.

Er·zeu·ger [エァ・ツォイガァ ɛr-tsɔ́ygər] 男 -s/- ① 実父. ② 生産(製造)者.

Er·zeu·ger:preis [エァ・ツォイガァ・プライス] 男 -es/-e 生産者価格.

das **Er·zeug·nis [エァ・ツォイクニス ɛr-tsɔ́yknɪs] 中 (単 2) ..nisses/(複) ..nisse (3 格のみ ..nissen) **生産物**, 製品;作品.《英 *product*》. Industrie*erzeugnis* 工業生産物 / ein deutsches *Erzeugnis* ドイツ製品 / ein literarisches *Erzeugnis* 文学作品.

er·zeugt [エァ・ツォイクト] *erzeugen (生み出す)の 過分

er·zeug·te [エァ・ツォイクテ] *erzeugen (生み出す)の 過去

die **Er·zeu·gung [エァ・ツォイグング ɛr-tsɔ́ygʊŋ] 女 (単) -/(複) -en 〖ふつう 単〗**生産**, 産出;《カトリック》製造;(熱などを)発生させること.《英 *production*》. die *Erzeugung* von Lebensmitteln 食料の生産.

Erz:feind [エルツ・ふァイント] 男 -[e]s/-e ① 不俱戴天(ふぐたいてん)の敵. ② 〖宗〗悪魔, サタン.

das **Erz·ge·bir·ge** [エーァツ・ゲビルゲ é:rtsgəbɪrɡə] 中 -s/《定冠詞とともに》〖山名〗エルツ山地(ドイツ, ザクセン州とチェコのボヘミア地方にまたがる山地).

Erz:her·zog [エルツ・ヘァァツォーク] 男 -[e]s/ ..zöge 大公 (旧オーストリア皇太子の称号. 1453-1918).

Erz:her·zo·gin [エルツ・ヘァァツォーギン] 女 -/..ginnen 大公妃.

Erz:her·zog·tum [エルツ・ヘァァツォークトゥーム] 中 -s/..tümer 大公領.

er·zieh·bar [エァ・ツィーバール] 形 教育できる, しつけられる(子供など).

:er·zie·hen* [エァ・ツィーエン ɛr-tsí:ən] (erzog, *hat*...erzogen) 他 (〖完了〗 haben) **教育する**, しつける.《英 *educate*》. Sie *erziehen* ihr Kind sehr frei. 彼らは子供をたいへん自由に教育している / einen Hund *erziehen* 犬をしつける / 〖人⁴〗zu einem anständigen Menschen (zur Selbstständigkeit) *erziehen* 〖人⁴〗をりっぱな人間に(自立心が身につくように)育てる. ◇《過去分詞の形で》ein gut *erzogenes* Kind しつけのよい子供.

Er·zie·her [エァ・ツィーァァ ɛr-tsí:ər] 男 -s/- 教育者;(幼稚園の)先生. (ふつう 女性形は Er-zieherin;「学校の教師」は Lehrer); der geborene *Erzieher* 生まれながらの教育者.

er·zie·he·risch [エァ・ツィーエリッシュ ɛr-tsí:ərɪʃ] 形 教育[上]の, 教育の.

die **Er·zie·hung** [エァ・ツィーウング ɛr-tsí:ʊŋ] 女 (単) -/ ① **教育**.《英 *education*》. die sittliche *Erziehung* 道徳教育 / 〖人³〗eine gute *Erziehung* geben 〖人³〗に十分な教育を授ける / eine gute *Erziehung⁴* haben (または genießen) 十分な教育を受ける.
② しつけ, 作法. Ihm fehlt jede *Erziehung*. 彼はまるでしつけができていない.

....

《ミニ》 ..erziehung のいろいろ: Kinder*erziehung* 児童教育 / Kunst*erziehung* 芸術教育 / Musik*erziehung* 音楽教育 / Sexual*erziehung* 性教育 / Vorschul*erziehung* 就学前の教育

....

Er·zie·hungs:be·rech·tig·te[r] [エァツィーウングス・ベレヒティヒテ(..ター)] 男女〖語尾変化は形容詞と同じ〗教育権(親権)者.

Er·zie·hungs:geld [エァツィーウングス・ゲるト] 中 -[e]s/ 育児手当(新生児養育のために 1 年間国家から支給される).

Er·zie·hungs:we·sen [エァツィーウングス・ヴェーゼン] 中 -s/ 教育制度.(「ドイツ連邦共和国の教育制度」☞ 巻末付録, 1810 ページ).

Er·zie·hungs:wis·sen·schaft [エァツィーウングス・ヴィッセンシャふト] 女 -/ 教育学 (= Pädagogik).

er·zie·len [エァ・ツィーれン ɛr-tsí:lən] 他 (h) (事⁴を)**手に入れる**, 達成する,(成果など⁴を)収める. eine Einigung⁴ *erzielen* 合意に達する.

er·zit·tern [エァ・ツィッタァン ɛr-tsítərn] 自 (s) (人・地面などが)震え出す, 震動し始める.

er·zog [エァ・ツォーク] *erziehen (教育する)の 過去

er·zö·ge [エァ・ツェーゲ] *erziehen (教育する)の 接2

er·zo·gen [エァ・ツォーゲン] *erziehen (教育する)の 過分

er·zür·nen [エァ・ツュルネン ɛr-tsýrnən] I 他 (h) 怒らせる, 立腹させる. II 再帰 (h) 〖*sich*⁴ über 〖人・事⁴〗~〗〖人・事⁴〗に腹を立てる.

er·zwin·gen* [エァ・ツヴィンゲン ɛr-tsvíŋən]

⦿ (h) (車)⁴を)強要する, 無理強いする. ein Versprechen⁴ von 人³ *erzwingen* 無理やり人³に約束させる. ◇《過去分詞の形で》ein *erzwungenes* Geständnis 強要された自白.

er·zwun·ge·ner·ma·ßen [エァツヴンゲナァ・マーセン] 副 強制的に.

:es¹ [エス és] 代 《人称代名詞; 3 人称中性単数の 1 格・4 格; 2 格 seiner, 3 格 ihm; 短縮されて 's となることがある》① 《先行する語や文などを受けて》それは, それが; それを. (愛 it). ⑦《中性単数の名詞を受けて》それ; (その名詞が人を表す場合:)彼, 彼女. Wo ist denn mein Buch? — Hier liegt *es* doch! ぼくの本はどこだろう — ここではないあるじゃないか. ⑦《性・数に関係なく前の名詞を受けて》それは, その人[たち]は. Ich kannte diesen Mann. *Es* war unser Nachbar. 私はこの男を知っていた. [この人は]私たちの近所に住んでいる男だった. ⑨《前文の全体または一部を受けて》それ, そのこと. Sie ist krank. — Ich weiß *es*. 彼女は病気だ — 私はそのことを知っている / Er sang, und wir taten *es* auch. 彼は歌った, 私たちもそうした(歌った) / Die Aufgabe scheint leicht zu sein, ist *es* aber nicht. その仕事は簡単に見えるが, そうではない. 《状況や文脈からわかるものを指して》*Es* ist gut so. それでいいのだ / Jetzt ist *es* genug! [もう]十分だ.

② 《あとに続く **zu** 不定詞[句]・**dass** 文などを受けて》*Es* freut mich, Sie kennenzulernen. あなたとお知り合いになれてうれしいです / Es ist gewiss, dass er kommt. 彼が来るのは確かだ / Ich weiß [*es*] nicht, ob… …かどうか私にはわからない (⚠︎ 目的語としての es は省略されることが多い).

③ 《あとに続く関係文を指して》*Es* war Hans (または Hans war *es*), der das sagte. それを言ったのはハンスだった. (⚠︎ 関係代名詞の性・数は es ではなく, sein と結ばれた名詞や代名詞と一致する).

④ 《仮の主語として》*Es* war einmal ein König. 昔々一人の王様がいました / *Es* kamen viele Leute. 大勢の人が来た. (⚠︎ この es は必ず文頭に置かれ, あとに続く実際上の主語が複数なら動詞の人称変化形も複数になる).

⑤ 《形式的な主語として》⑦《自然現象の表現で》*Es* regnet. 雨が降る / *Es* schneit. 雪が降る / *Es* dunkelt. 日が暮れる / *Es* ist kalt. 寒い. ⑦《時間などの表現で》Wie spät ist *es*? — *Es* ist acht Uhr. 何時ですか — 8 時です / *Es* ist schon Mittagszeit. もうお昼だ / *Es* wird Frühling. 春になる. ⑨《生理・心理状態の表現で》*Es* ist mir kalt. または *Es* friert mich. 私は寒い / *Es* graut mir vor der Prüfung. 私は試験がこわい. ⑫《主語を明示しないで出来事に重点を置く表現で》*Es* brennt! 火事だ! / *Es* klopft. ノックの音がする / *Es* klingelt. ベルが鳴る. ⑨《自動詞の受動文および再帰的表現で》*Es* wird heute Abend getanzt. 今晩ダンスがある / Hier wohnt *es* sich gut. ここは住み心地がよい.

⑥ 《特定の動詞の主語として》Wie geht *es* Ihnen? — Danke, [*es* geht mir] gut. ご機嫌いかがですか — ありがとう, 元気です / Wie gefällt *es* Ihnen in Japan? 日本はいかがですか / Es geht **um** meine Familie. 私の家族のことが問題だ / *Es* fehlt mir **an** Geld. 私はお金が不足している / *Es* kommt **auf** seinen Willen an. 彼の意志しだいだ / *Es* handelt sich *um* meine Arbeit. 私の仕事の話です.

◇《*es* gibt 人・物⁴の形で》人・物⁴が*存在する*, ある, いる; 起こる. *Es* gibt hier viele Schlänge. ここには蛇がたくさんいる / Was gibt *es* Neues? どんなニュースがありますか / Bald gibt *es* Regen. まもなく雨になるだろう.

⑦ 《形式的な目的語として》Ich habe *es* eilig. 私は急いでいる / Sie hat *es* gut mit dir. 彼女は君に好意を持っているよ / Er hat *es* weit gebracht. 彼は出世(成功)した.

es², Es¹ [エス] 中 -/- 《音楽》変ホ音. *Es-Dur* 変ホ長調 / *es-Moll* 変ホ短調.

Es² [エス] 中 -/- 《心》無意識.

E·sche [エッシェ éʃə] 女 -/-n ① 《植》トネリコ. ② 《覆 なし》とねりこ材.

Es-Dur [エス・ドゥーァ] 中 -/- 《音楽》変ホ長調 (記号: Es).

* *der* **E·sel** [エーゼる é:zəl] 男 《単 2》-s/《複》- (3 格のみ -n) ① 《動》ロバ. (愛 *ass*). ein störrischer *Esel* 強情なろば / dumm wie ein *Esel* ろばのように愚かな / ein *Esel* in der Löwenhaut 虎(⁻⁻⁻)の威を借るきつね(←ライオンの皮をまとったろば) / Wenn es dem *Esel* zu wohl wird, geht er aufs Eis [tanzen]. (⁻⁻⁻)ばかは調子に乗るととんでもないことをする(←ろばはいい気になると氷の上へ踊り出る). ② 《口語》とんま, ばか, 愚か者. Du, alter *Esel*! このばかめ.

E·se·lei [エーゼらィ e:zəlái] 女 -/-en 《口語》愚かな行為, 愚行.

E·se·lin [エーゼリン é:zəlɪn] 女 -/..linnen 雌のろば.

E·sels·brü·cke [エーゼるス・ブリュッケ] 女 -/-n 《口語》記憶(理解)用のメモ; (生徒言葉で)訳本, 虎(⁻⁻⁻)の巻.

E·sels·ohr [エーゼるス・オーァ] 中 -[e]s/-en ① ろばの耳. ② 《口語》(本のページの端の)耳折れ.

Es·ka·la·ti·on [エスカろツィオーン eskalatsió:n] 女 -/-en (戦争などの)段階的拡大, エスカレーション.

es·ka·lie·ren [エスカリーレン ɛskalí:rən] I 他 (h) (戦争などを)段階的に拡大させる, エスカレートさせる. II 自 (h) エスカレートする.

Es·ka·pa·de [エスカパーデ eskapá:də] 女 -/-n ① (馬術で)調教馬の跳び誤り. ② 《雅・比》はめをはずすこと, 脱線, 奔放な行動.

Es·ki·mo [エスキモ éskimo] 男 -[s]/-[s] ① エスキモー(イヌイット)人. ② 《覆 なし》《織》エスキモー織り(厚いコート地).

Es·kor·te [エスコルテ ɛskɔ́rtə] 女 -/-n 護衛, 護送; 護衛(護送)隊(艦・機).

es·kor·tie·ren [エスコルティーレン ɛskɔrtí:-

es-Moll

rən] 他 (h) 護衛(護送)する.
es-Moll [エス・モる] 中 -/《音楽》変ホ短調(記号: es).
e·so·te·risch [エゾテーリッシュ ezoté:rɪʃ] 形 秘教的な, 部外者にはわかりにくい.
Es·pe [エスペ éspə] 女 -/-n《植》ヤマナラシ, アスペン(ポプラの一種).
Es·pen=laub [エスペン・らオプ] 中 -[e]s/(総称として)やまならしの葉. wie *Espenlaub* zittern《口語》ぶるぶる震える.
Es·pe·ran·to [エスペラントー esperánto] 中 -[s]/ エスペラント語(1887年, ポーランド人ザメンホフ 1859–1917によって創始された人造世界語).
Es·pres·so [エスプレッソ espréso] [俗] I 男 -[s]/-s (または ..pressi) エスプレッソ・コーヒー. II 中 -[s]/-s エスプレッソ・コーヒー店.
Esp·rit [エスプリー esprí:] [フス] 男 -s/ エスプリ, 当意即妙の機知.
Es·say [エッセ ése または エセー] [英] 男 -s/-s エッセイ, 小論, 随筆.
Es·say·ist [エスイスト eseíst] 男 -en/-en エッセイスト. (⚠ 女性形は Essayistin).
ess·bar [エスバール] 形 食べられる, 食用の. *essbare* Pilze 食用きのこ.
eß·bar ☞〈新形〉essbar
Ess=be·steck [エス・ベシュテック] 中 -[e]s/-e 食器のワンセット(ナイフ・フォーク・スプーン一組).
Eß=be·steck ☞〈新形〉Essbesteck
Es·se [エッセ ésə] 女 -/-n《東中部ドシ》煙突.
es·sen [エッセン ésən]

食べる	Wir *essen* oft Fisch. ヴィア エッセン オふト ふィッシュ 私たちはよく魚を食べます.

人称	単	複
1	ich esse	wir essen
2	{du **isst** {Sie essen	{ihr esst {Sie essen
3	er **isst**	sie essen

(aß, hat...gegessen) I 他 (完了 haben) (物)⁴ を**食べる**, 食う. (英 meal). 〈⚠「**飲む**」は trinken). Ich *esse* gern Obst. 私は果物が好きだ / Er *isst* kein Fleisch. 彼は肉を食べない / Suppe⁴ *essen* スープを飲む (⚠ Suppe には trinken (飲む)ではなく *essen* を用いる) / den Teller leer *essen* 皿の料理を平らげる / Wir haben nichts zu *essen*. 私たちは何も食べるものがない. ◊〖再帰的に〗Das *isst sich*⁴ gut. または Das *lässt sich*⁴ gut *essen*. これはおいしい.
II 自 (完了 haben) **食事をする**, 食べる. Wann *essen* wir **zu** Mittag (zu Abend)? いつ昼食(夕食)を食べましょうか (⚠「朝食を食べる」は frühstücken) / Wir *essen* mittags warm. われわれは昼に温かい食事をとる / kalt *essen* (ハム・パンなどの)火を通さない食事をとる / zu viel *essen* 食べすぎる / In diesem Restaurant *kann* man gut *essen*. このレストランの料理はおいしい / auswärts *essen* 外食する /

essen gehen 食事に行く / Was gibt es heute zu *essen*? きょうはどんな料理があるのですか.
III 再帰 (完了 haben) *sich*⁴ *essen* 食べて[その結果]…になる. *sich*⁴ satt *essen* 満腹になる.

類語 **essen**:「食べる」という意味の最も一般的な語. **speisen**: *essen* の上品な語. (テーブルについて作法通りに食事をする場合に用いる). in einer Gaststätte *speisen* レストランで食事をする. **fressen**: (動物が)食う;(人が)がつがつ食べる.

---

*das **Es·sen**¹ [エッセン ésən]

食事; 料理	Das *Essen* ist fertig. ダス エッセン イスト ふェルティヒ 食事の用意ができました.

中 (単2) -s/(複) - ① [複なし] **食事**[をすること]. (英 meal). **beim** *Essen* 食事中に / **nach** (**vor**) dem *Essen* 食後(食前)に / [人]⁴ **zum** *Essen* ein|laden [人]⁴を食事に招待する / Er kommt mittags zum *Essen* in die Mensa. 彼はお昼には学生食堂に食事に来る.
② **料理**, 食べ物. (英 meal, food). Abend*essen* 夕食 / ein warmes (kaltes) *Essen* 温かい(冷たい)料理 / [das] *Essen*⁴ machen (または kochen) 料理を作る / Das *Essen* wird kalt. 料理が冷める.
③ **宴会**. ein *Essen*⁴ geben 宴会を催す.

類語 das **Essen**:(「食べること」から派生した最も一般的な意味での)食事. das **Mahl**:(雅)(祝宴のような)食事. ein behagliches *Mahl* くつろいだ会食. die **Mahlzeit**:(定時にとる)食事. Er nahm seine *Mahlzeit* immer in einem Lokal ein. 彼はいつも飲食店で食事をした. der **Imbiss**: 軽食, スナック. einen *Imbiss* nehmen 軽い食事をする. die **Speise**:(調理された)食べ物, 料理(上品な用語). In diesem Lokal gibt es gute *Speisen*. このレストランではおいしい料理が出る. das **Gericht**:(正餐用の温かい一品の)料理.

Salat — Salatschüssel
Glas — Weinglas
Gabel
Suppenteller
Löffel
Teller
Serviette
Messer

essen

Es·sen[2] [エッセン] 中 -s/《都市名》エッセン(ドイツ, ノルトライン・ヴェストファーレン州; ☞ 地図 C-3).

Es·sen[s]≠mar·ke [エッセン[ス]・マルケ] 女 -/-n (学生・社員食堂などの)食券.

Es·sens≠zeit [エッセンス・ツァイト] 女 -/-en 食事どき, 食事の時間. Es ist *Essenszeit*. 食事の時間ですよ.

es·sen·ti·ell [エセンツィエる ɛsɛntsiél] 形 =essenziell

Es·senz [エセンツ ɛsénts] 女 -/-en ① 《複 なし》真髄, 基本概念;《哲》本質. die *Essenz* einer Lehre[2] ある学説の基本概念. ② (植物などの)エキス.

es·sen·zi·ell [エセンツィエる ɛsɛntsiél] 形 ① 本質的な, 主要な. *essenzielle* Daten 重要なデータ. ②《化・生》必要な, 不可欠の, 必須の. ③《医》特発性の.

Es·ser [エッサァ ésɐr] 男 -s/- 食べる人. ein guter (schlechter) *Esser* 大食漢(少食の人).

Ess≠ge·schirr [エス・ゲシる] 中 -[e]s/ (総称として)食器.

Eß≠ge·schirr ☞ 新形 Essgeschirr

der **Es·sig** [エスィヒ ésiç] 男 (単) -s/(種類を表すときの複: -e)《料理》酢. ein milder (scharfer) *Essig* 弱い(強い)酢 / *Essig*[4] an den Salat tun サラダに酢を加える / Gurken[4] in *Essig* ein|legen きゅうりを酢漬けにする / Mit unserem Ausflug ist es *Essig*.《口語》ぼくたちの遠足はおじゃんになった.

Es·sig≠gur·ke [エスィヒ・グルケ] 女 -/-n きゅうりのピクルス.

es·sig≠sau·er [エスィヒ・ザオアァ] 形《化》酢酸の.

Es·sig≠säu·re [エスィヒ・ゾイレ] 女 -/《化》酢酸.

Ess≠kas·ta·nie [エス・カスターニエ] 女 -/-n《植》クリの実.

Eß≠ka·sta·nie ☞ 新形 Esskastanie

Ess≠löf·fel [エス・れっふェる] 男 -s/- テーブルスプーン, スープスプーン, 大さじ.

Eß≠löf·fel ☞ 新形 Esslöffel

Ess≠stäb·chen [エス・シュテープヒェン] 中 -s/-《ふつう複》はし(箸). mit *Essstäbchen* essen はしで食べる.

Eß≠stäb·chen ☞ 新形 Essstäbchen

Ess≠tisch [エス・ティッシュ] 男 -[e]s/-e 食卓.

Eß≠tisch ☞ 新形 Esstisch

Ess≠wa·ren [エス・ヴァーレン] 複 食料品.

Eß≠wa·ren ☞ 新形 Esswaren

das **Ess≠zim·mer** [エス・ツィンマァ éstsɪmɐr] 中 (単) -s/(複) - (3格のみ -n) ① ダイニングルーム, 食堂. 《 dining room). Möchten Sie im *Esszimmer* frühstücken, oder im Bett? ダイニングルームで朝食を召し上がりますか, それともベッドで. ② 食堂用家具一式.

Eß≠zim·mer ☞ 新形 Esszimmer

Es·tab·lish·ment [イスタブリッシュメント ɪstǽblɪʃmənt] 《英》中 -s/-s 支配層, 支配階級;(軽蔑的に:)体制側.

Es·te [エーステ é:stə または エステ éstə] 男 -n/-n エストニア人. (☞ 女性形は Estin).

Es·ter [エスタァ éstɐr] 男 -s/-《化》エステル.

Est·land [エースト・らント é:st-lant または エスト..ést..] 中 -s/《国名》エストニア[共和国](バルト海沿岸. 首都はタリン).

est·nisch [エストニッシュ é:stnɪʃ または エスト..ést..] 形 エストニア[人・語]の.

Est·rich [エストリヒ éstrɪç] 男 -s/-e ① (コンクリートの)たたき, 床. ②《ﾌﾟ南》屋根裏部屋.

e·tab·lie·ren [エタブリーレン etabli:rən] I 他 (h) (会社など[4]を)設立する;(秩序など[4]を)確立する. II 再帰 (h) *sich*[4] *etablieren* ① 店を開く, 開業する; 居を構える. ② 地位を確立する;(文化として)定着する, 根づく.

e·tab·liert [エタブリーァト] I etablieren (設立する)の 過分 II 形 確立された, 安定した; 地位を確立した, 体制側の.

E·tab·lis·se·ment [エタブリセマーン etablɪsəmã:] 中 -s/-s《雅》① 企業, 会社, 商店. ② レストラン; ナイトクラブ;《婉曲》売春宿.

die **E·ta·ge** [エタージェ etá:ʒə] 《ﾌﾟ》女 (単) -/(複) -n (建物の)階 (=Stockwerk). (☞ ふつう1階を除いて数える;「1階」は Erdgeschoss または Parterre). Wir wohnen in (または auf) der dritten *Etage*. 私たちは4階に住んでいます.

E·ta·gen≠bett [エタージェン・ベット] 中 -[e]s/-en 2段ベッド.

E·ta·gen≠woh·nung [エタージェン・ヴォーヌング] 女 -/-en 単層住宅, フラット(同じ階の数室を一戸単位として使う住居).

E·tap·pe [エタッペ etápə] 女 -/-n ①(旅行などの)一行程; 一区間;《発展》段階. ②《軍》後方基地, 兵站(へいたん)地.

e·tap·pen≠wei·se [エタッペン・ヴァイゼ] 副 段階的に, 徐々に.

E·tat [エター etá:] 《ﾌﾟ》男 -s/-s《国家》予算 [案]; 予算額.

E·tat≠jahr [エター・ヤール] 中 -[e]s/-e 会計年度.

etc. [エト ツヴェータラ]《略》など, 等々, その他 (= et cetera).

e·te·pe·te·te [エーテペテーテ e:təpeté:tə または e:tə..apə..] 形《口語》ひどく気取った; 非常に気難しい.

E·thik [エーティク é:tɪk] 女 -/-en ① 倫理学. ②《複 なし》倫理, 道徳.

e·thisch [エーティッシュ é:tɪʃ] 形 ① 倫理学の. ② 倫理的な, 道義[上]の, 道徳的な.

eth·nisch [エトニッシュ étnɪʃ] 形 民族的な; 民族に特有の.

Eth·no·gra·fie [エトノグラフィー ɛtnografí:] 女 -/-n [..ふぃーエン] =Ethnographie

Eth·no·gra·phie [エトノグラフィー ɛtnografí:] 女 -/-n [..ふぃーエン] 民族誌[学].

Eth·no·lo·ge [エトノローゲ ɛtnoló:gə] 男 -n/

Ethnologie

-n 民族学者.

Eth·no·lo·gie [エトノロギー ɛtnologí:] 女 -/ 民族学.

E·thos [エートス é:tɔs] 中 -/《哲》エートス; 道徳性, 倫理感.

E·ti·kett [エティケット etikét] 中 -[e]s/-e[n] (または -s) ラベル, レッテル. Flaschen*etikett* びんのラベル / ein *Etikett*⁴ auf|kleben ラベルを貼(は)る.

E·ti·ket·te [エティケッテ etikétə] 女 -/-n ① 《ふつう 単》エチケット, 礼儀作法. die *Etikette*⁴ wahren エチケットを守る / der *Etikette*³ entsprechend 礼儀作法にのっとって. ②《スイ,オースト》= Etikett

E·ti·ket·ten·schwin·del [エティケッテン・シュヴィンデる] 男 -s/ 偽ラベル[の使用], 商標の盗用.

e·ti·ket·tie·ren [エティケティーレン etikɛti:rən] 他 (h) (物⁴に)レッテル(ラベル)を貼(は)る, 札を付ける. einen Politiker als links *etikettieren*《比》ある政治家に左翼のレッテルを貼る.

et·li·che [エトりッヒェ étliçə] 代《不定代名詞; 語尾変化は dieser と同じ. ただし男性・中性単数の2格で名詞に -[e]s がつく場合はふつう etlichen となる》《雅》いくらかの, いくつかの; かなりの. *etliche* Mal[e] 何度か / *etliches* Geld 少しばかりの金.
◇《名詞的に》何人かの人たち; いくつかのこと. *etliche* von ihnen 彼らのうちの数人 / *etliches* いくつかのこと(もの).

E·tü·de [エテューデ etý:də] 女 -/-n ①《音楽》練習曲, エチュード. ②《美》習作.

E·tui [エトヴィー ɛtví: または エテュイー etyí:] [フラ] 中 -s/-s (眼鏡・たばこなどの)ケース.

***et·wa** [エトヴァ étva]

> およそ
>
> Er ist *etwa* dreißig Jahre alt.
> エア イスト エトヴァ ドライスィヒ ヤーレ アるト
> 彼は 30 歳ぐらいだ.

副 ① およそ, 約, ほぼ.(英 about). *etwa* 5 Meter 約 5 メートル / in *etwa* およそ, ほぼ, ある点で ⇨ Wir stimmen in *etwa* überein. 私たちの意見はほぼ一致している / *Etwa* an dieser Stelle geschah es. それはだいたいこの辺で起こった.

② 例えば. Wenn man Europa *etwa* mit Australien vergleicht, … ヨーロッパを例えばオーストラリアと比較すれば… / andere Dichter wie *etwa* Goethe 他の詩人たち, 例えばゲーテ[のような].

③《疑問文・条件文で; 文全体にかかって》ひょっとして, ことによると. Ist sie *etwa* krank? 彼女はもしや病気ではないか / Ist das *etwa* nicht seine Schuld? それは彼の責任でなくてもいうのか / Wenn er *etwa* sterben sollte, …《接 2・現在》万一彼が死ぬようなことになったら…

④《nicht *etwa* の形で》決して…でない, …なんかではない. Glauben Sie nicht *etwa*, dass … …などとは決してお考えにならないでください / Er ist nicht *etwa* dumm, sondern nur faul. 彼はばかなんかではない, 怠惰だけだ.

et·wa·ig [エトヴァイヒ étvaiç または ..ヴァーイヒ] 形《付加語としてのみ》ひょっとすると起こるかもしれない, 万が一の.

***et·was** [エトヴァス étvas]

> あるもの; 少し
>
> Ich muss dir *etwas* sagen.
> イヒ ムス ディア エトヴァス ザーゲン
> 君に言っておかねばならないことがある.

代《不定代名詞; 無変化》① あるもの, あること, 何か.(英 something).《メモ》「何も…ない」は nichts). Ist *etwas* passiert?《現在完了》何かあった(起こった)のか / so *etwas* そんなもの(こと) / [so] *etwas* wie… …のようなもの / irgend *etwas* 何かあるもの / Noch *etwas*? まだほかに何か[ご用ですか] / So *etwas* von Unhöflichkeit! なんて失礼な[ことだ].

◇《zu 不定詞[句]とともに》Hast du *etwas* zu essen? 何か食べ物があるかい.

◇《名詞化した形容詞とともに》*etwas* Gutes よいもの / *etwas* Neues 新しいもの, ニュース / Das ist *etwas* [ganz] anderes (または Anderes). それは[まったく]別問題だ.

② 少し[のもの], いくらか (=ein wenig, ein bisschen). Er versteht *etwas* davon. 彼はそれについていくらかわかっている / Er hat *etwas* von einem Künstler. 彼には何か芸術家らしいところがある.

◇《名詞の付加語として》Kann ich bitte noch *etwas* Salat haben? もう少しサラダをいただけますか / *etwas* Geld 少しばかりのお金.

◇《haben の漠然とした目的語として》Der Plan hat *etwas* für sich.《口語》その計画はなかなかいい / Er hat *etwas* gegen mich. 彼は私に反感をいだいている / Die beiden haben *etwas* miteinander.《口語》その二人は恋仲だ.

◇《副詞的に》Ich bin *etwas* müde. 私はちょっと疲れた / Sie spricht *etwas* Deutsch. 彼女はいくらかドイツ語が話せる.

③ しかるべきもの, 相当のもの(こと), 重要なもの(こと). Das ist doch *etwas*. それはたいしたものだ / Aus ihm wird einmal *etwas*. 彼はいつかひとかどの人物になるだろう.

《メモ》口語では etwas の代わりにしばしば was が用いられる. 例: Gibt's *was* Neues? 何かニュースはありますか.

Et·was [エトヴァス] 中 -/- (戯: Etwasse) (不特定の)あるもの;《哲》存在, 有. Er stieß an ein spitzes, hartes *Etwas*. 彼は何かとがった堅いものにぶつかった / das gewisse *Etwas* a)(男性を引きつける)言うに言われぬ魅力, b)(芸術的な)才能.

E·ty·mo·lo·gie [エテュモろギー etymologí:] 囡 -/-n [..ギーエン]《言》① 《複なし》語源学. ② 語源.

e·ty·mo·lo·gisch [エテュモろーギッシュ etymoló:gɪʃ] 厖《言》語源学[上]の; 語源の.

Eu [エー・ウー]《化・記号》ユーロピウム (= Europium).

EU [エー・ウー] 囡 -/《略》ヨーロッパ連合 (= Europäische Union).「ヨーロッパ連合 (EU) 諸国」☞ 巻末付録, 1829 ページ.

:euch [オイヒ ɔyç] 代《人称代名詞; 2 人称親称・複数 ihr の 3 格・4 格》① 《3 格で》君たち(あなたたち)に, おまえたちに; 君たち(あなたたち)にとって. Ich danke *euch*. 君たちに礼を言うよ / Wie geht's *euch*? 君たち元気かい. ◇《前置詞とともに》Ich gehe auch mit *euch*. ぼくも君たちといっしょに行くよ. ◇《再帰代名詞として》Macht *euch* keine Sorgen! 君たち心配するなよ.

② 《4 格で》君たち(あなたたち)を, おまえたちを. Wir möchten *euch* mal zu uns einladen. 君たちを一度家に招待したいのだが. ◇《前置詞とともに》Das ist für *euch*. これは君たちのものだ. ◇《再帰代名詞として》Beeilt *euch*! 君たち急ぎなさい.

(☞ 旧正書法では手紙の場合, 文頭以外でも Euch と頭文字を大文字で書いた).

Eu·cha·ris·tie [オイヒャりスティー ɔyçaristí:] 囡 -/-n [..ティーエン]《新教》聖餐(ᡵん)式;《複》聖体[の秘蹟].

:eu·er [オイァァ ɔyər]

君たちの	Ist das *euer* Wagen?
	イスト ダス オイアァ ヴァーゲン
	これは君たちの車かい.

格	男	女	中	複
1	euer	eu[e]re	euer	eu[e]re
2	eu[e]res	eu[e]rer	eu[e]res	eu[e]rer
3	eu[e]rem	eu[e]rer	eu[e]rem	eu[e]ren
4	eu[e]ren	eu[e]re	euer	eu[e]re

格語尾がつくとき r の前の e を省くのがふつう. また euerm (←euerem), euern (←eueren) という形もある.

I 冠《所有冠詞; 2 人称親称・複数》(ihr で呼びかける相手に対して:) 君たち(あなたたち)の, おまえたちの. (⽶ your). *euer* Vater 君たちのお父さん / *eure* Mutter 君たちのお母さん / *eure* Kinder 君たちの子供たち / Das ist *eure* Sache. それは君たち自身の問題だ / Ist das *euer* Bus? あれは君たちが[いつも]乗るバスなのか.

◇《高位の男性に対する尊称で》*Eure* (または *Euer*) Exzellenz 閣下.

II 代 **A)**《所有代名詞》① 君たち(あなたたち)のもの, おまえたちのもの. (⽶ yours). Das ist nicht unser Schirm, sondern eu[e]rer. それはぼくたちの傘ではなくて, 君たちのだ.

② 《定冠詞とともに》君たち(あなたたち)の…, おまえたちの… Das ist nicht unser Verdienst, sondern der eu[e]re.《雅》これはぼくらの功績ではなく, 君たちの功績だ. ◇《名詞的に》die Eu[e]ren または die eu[e]ren 君たちの家族 / das Eu[e]re または das eu[e]re a) 君たちの義務, b) 君たちの財産.

(☞ 格変化は定冠詞がない場合は男性 1 格で eu[e]rer, 中性 1 格・4 格で eu[e]res または euers となるほかは上の表と同じ. 定冠詞がつく場合は男性1格と女性・中性 1 格・4 格で eu[e]re, 他は eu[e]ren または euern.

B)《人称代名詞; 2 人称親称・複数 ihr の 2

― ドイツ・ミニ情報 6 ―

ヨーロッパ連合 EU

「ヨーロッパ各国は国ごとに国民の繁栄を保証するにはあまりに小さすぎ, 経済共同体を盛り込んだ一種の連邦を形成すべきだ」, と提唱したフランスのジャン・モネの発案に基づき, 1952 年に欧州石炭鉄鋼共同体 (ECSC) が発足した. これが後に欧州共同体 (EC) に発展するが, 本来は包括的な連合体を目指していたにもかかわらず各国のナショナリズムが強すぎ, 経済上のみの協力関係という性格からなかなか脱却できなかった.

それを打破したのが, 第 7 代 EC 委員長のジャック・ドロールである.「欧州内の国境を 1992 年までに全廃する」という EC 統合計画を発表し, 経済面のみならず政治面でも共通政策をとるヨーロッパ連合 (EU) の設立を決めたマーストリヒト条約が調印された. 1995 年に EU 域内の人の国境管理が廃止され, 1999 年には共通通貨ユーロが導入されて,「どこに住むのも, どこで働くもの自由なヨーロッパ」が実現しつつある.

ドイツは, フランスとともに欧州統合を積極的に推進してきた国の一つ. 統一によりヒトラー時代の帝国主義が復活するのではないかと隣国から懸念されたときに,「ドイツはあくまでヨーロッパの中のドイツ, 欧州諸国との共存を望む」と明言した. EU の中で最も安定した経済力を誇り, ユーロの価値を管理する欧州中央銀行の設置場所にもフランクフルトが選ばれて, EU の中心的役割を期待されている.(「ヨーロッパ連合 (EU) 諸国」☞ 巻末付録, 1829 ページ).

格》Wir gedenken *euer*. 《雅》私たちは君たちのことを忘れないよ.
(☞ 旧正書法では手紙の場合, I, II とも文頭以外でも Euer と頭文字を大文字で書いた).

eu・e・re [オイレ], **eu・e・rem** [オイエレム], **eu・e・ren** [オイエレン], **eu・e・rer** [オイエラァ], **eu・e・res** [オイエレス] 冠《所有冠詞》☞ euer I

eu・er=seits [オイア・ザイツ] 副 君たちの方(側)で (=euerseits).

eu・ert=hal・ben [オイアァト・ハルベン] 副 君たちのために (=euerthalben).

Eu・gen [オイゲーン ɔygé:n または ..ゲーン] -s/《男名》オイゲーン.

Eu・ge・nik [オイゲーニク ɔygé:nɪk] 囡 -/《医》優生学.

Eu・ka・lyp・tus [オイカリュプトゥス ɔykalýptus] 男 -/..lypten (または -)《植》ユーカリ(樹).

Euk・lid [オイクリート ɔyklí:t] -s/《人名》エウクレイデス, ユークリッド(紀元前300年頃のギリシアの数学者).

Eu・le [オイレ ɔ́ylə] 囡 -/- ① 《鳥》フクロウ(知恵・醜悪の象徴). *Eulen*⁴ nach Athen tragen 《比》余計なことをする(←知恵の神アテネの守る町に知恵の鳥を持って行く). ② (のののしって)醜い女. ③ 《北ドツ》羽ぼうき. ④ 《昆》ヤガ(夜蛾)《科》.

Eu・len・spie・gel [オイレン・シュピーゲル ɔ́ylən-ʃpi:gəl] I -s/《人名》ティル・オイレンシュピーゲル (Till *Eulenspiegel*; 14世紀に実在したといわれている有名ないたずら者で, 15–16世紀の民衆本の主人公). II 男 -s/-《比》いたずら者.

Eu・len・spie・ge・lei [オイレン・シュピーゲらイ ɔylən-ʃpi:gəlái] 囡 -/-en 悪ふざけ, いたずら.

Eu・nuch [オイヌーフ ɔynú:x] 男 -en/-en ① 去勢された男. ② 宦官(かん).

Eu・phe・mis・mus [オイフェミスムス ɔyfemísmus] 男 -/..mismen《修》婉曲[語]法, 婉曲した表現.

eu・phe・mis・tisch [オイフェミスティッシュ ɔyfemístɪʃ] 形 婉曲な, 遠回しの(表現など).

Eu・pho・rie [オイふォーリー ɔyfori:] 囡 -/..rien [..リーエン] ① (一時的な)精神の高揚, 幸福感. ② 《複なし》《医・心》多幸症, 多幸感.

eu・pho・risch [オイふォーリッシュ ɔyfó:rɪʃ] 形 ① 精神の高揚した, 幸福感いっぱいの. ② 《医・心》多幸症(感)の.

Eu・rail=pass [ユレーる・パス] [英] 男 -es/..pässe《鉄道》ユーレイルパス.

Eu・rail=paß ☞ 新形 Eurailpass

Eu・ra・si・en [オイラーズィエン ɔyrá:ziən] 囲 -s/《地名》ユーラシア大陸 (**Eu**ropa と **As**ien の合成).

eu・ra・sisch [オイラーズィッシュ ɔyrá:zɪʃ] 形 ユーラシアの.

Eu・ra・tom [オイラトーム ɔyrató:m] 囡 -/《略》ヨーロッパ原子力共同体 (=**Eu**ropäische **Atom**gemeinschaft).

eu・re [オイレ], **eu・rem** [オイレム], **eu・ren** [オイレン], **eu・rer** [オイラァ] 冠《所有冠詞》☞ euer I

eu・rer=seits [オイラァ・ザイツ] 副 君たちの方(側)で.

eu・res [オイレス] 冠《所有冠詞》☞ euer I

eu・res=glei・chen [オイレス・グらイヒェン]《指示代名詞; 無変化》君たちのような人.

eu・ret=hal・ben [オイレット・ハルベン] 副 = euretwegen

eu・ret=we・gen [オイレット・ヴェーゲン] 副 君たちのために.

eu・ret=wil・len [オイレット・ヴィレン] 副《成句的に》um *euretwillen* 君たちのために.

eu・ri・ge [オイリゲ ɔ́yrigə] 冠《所有代名詞; 定冠詞とともに; 語尾変化は形容詞と同じ》《雅》君たち(あなたたち)のもの, おまえたちのもの. Ist der Wagen der *eurige*? この車は君たちのものか. ◊《名詞的に》die *Eurigen* または die *eurigen* 君たちの家族 / das *Eurige* または das *eurige* a) 君たちの義務, b) 君たちの財産.

Eu・ri・pi・des [オイリーピデス ɔyrí:pidɛs] -/《人名》エウリピデス(前484?-前406; 古代ギリシアの悲劇詩人).

der **Eu・ro** [オイロ ɔ́yro] 男《単2》-[s]/《複》-[s] ユーロ(1999年より実施された欧州共通通貨単位)(記号: €). Ein *Euro* hat 100 Cent. 1ユーロは100セントである. / in *Euro* zahlen ユーロで支払う.

Eu・ro=cheque [オイロ・シェック] 男 -s/-s ユーロチェック(ヨーロッパの各国で換金できる小切手).

Eu・ro=cheque=kar・te [オイロシェック・カルテ] 囡 -/-n ユーロチェック・カード.

Eu・ro=ci・ty [オイロ・スィティ] 男 -s/-s = Eurocityzug

Eu・ro・ci・ty=zug [オイロスィティ・ツーク] 男 -[e]s/..züge ヨーロッパ都市間特急[列車](略: EC). (☞ **Eu**ro**ci**ty-**Z**ug)

Eu・ro・ci・ty=Zug ☞ 新形 Eurocityzug

Eu・ro=land [オイロ・らント] 囡 -[e]s/..länder ユーロランド, ユーロ圏(統一通貨 Euro を導入した地域); ユーロ参加国.

Eu・ro・pa [オイローパ ɔyró:pa] I 囲 -s/《地名》ヨーロッパ, 欧州. (英 *Europe*). Mittel*europa* 中部ヨーロッパ / eine Rundreise durch *Europa* ヨーロッパ周遊旅行. II -s/《ギ神》エウロペ(ゼウスに誘拐されたフェニキアの王女).

der **Eu・ro・pä・er** [オイロペーアァ ɔyropέ:ər] 男《単2》-s/《複》- (3格のみ -n) ヨーロッパ人. (英 *Europian*). ←女性形は Europäerin). Er ist ein wahrer Europäer. 彼は真のヨーロッパ人だ.

eu・ro・pä・isch [オイロペーイッシュ ɔyropέ:ɪʃ] 形 ヨーロッパの, ヨーロッパ統合に関する. (英 *European*). die *europäischen* Länder ヨーロッパ諸国 / die *Europäische* Gemeinschaft ヨーロッパ共同体(略: EG; 英 EC) / die *Europäische* Union ヨーロッパ連合(略: EU).

Eu・ro・pa=rat [オイローパ・ラート] 男 -[e]s/ ヨーロッパ会議(ヨーロッパ統合をめざして, 1949年に

立された: 略:ER).

eu·ro·pa⸗weit [オイローパ・ヴァイト] 形 全ヨーロッパの.

Eu·ro·pi·um [オイローピウム ɔyróːpiʊm] 中 -s/《化》ユーロピウム(記号: Eu).

Eu·ro⸗vi·si·on [オイロ・ヴィズィオーン] 女 -/ユーロビジョン(ヨーロッパの国際テレビ中継網).

Eu·ter [オイタァ ɔ́ytɐr] 中 (方: 男も) -s/- (哺乳(ほにゅう)動物の)乳房.

Eu·tha·na·sie [オイタナズィー ɔytanazíː] 女 -/《医》安楽死, 安死術.

ev. [エヴァンゲーリッシュ] 《略》プロテスタント(新教)の, 福音[主義]の (=evangelisch).

eV [エれクトローネン・ヴォぅト] 《略》《物》電子ボルト (=Elektronenvolt).

e. v., E. V. [エー ふァオ] 《略》社団法人 (=eingetragener Verein).

E·va [エー ふァ éːfa または ..ヴァ ..va] I -s/ ① 《聖》《人名》エヴァ, エバ, イバ(アダムの妻; 創世記2-4など). ② 《女名》エーファ, エーヴァ. II 女 -/-s 《口語·戯》(妻·恋人として典型的な)女性; 《俗》裸の女性.

e·va·ku·ie·ren [エヴァクイーレン evakuíːrən] 他 (h) ① (住民⁴を)避難させる, 疎開させる; (町など⁴の)住民を避難(疎開)させる. ② 《工》(容器など⁴を)真空にする.

E·va·ku·ier·te[r] [エヴァクイーァテ (..タァ) evakuíːrtə (..tɐr)] 男 女 『語尾変化は形容詞と同じ』避難民, 疎開者.

E·va·ku·ie·rung [エヴァクイールング] 女 -/-en ① 避難, 疎開. ② 《工》真空化, 排気.

★**e·van·ge·lisch** [エヴァンゲーリッシュ evaŋɡéːlɪʃ] 形 《宗教》 ① プロテスタントの, 新教の. (英 Protestant). Mein Mann ist *evangelisch.* 私の夫はプロテスタントです. ② 福音に基づいた. *evangelische* Räte (ラッラ) 福音的勧告(キリストが説いた清貧·貞潔·従順の教え).

E·van·ge·list [エヴァンゲリスト evaŋɡelíst] 男 -en/-en ① 《ﾞキﾘｽﾄ 教》《四》福音書の著者(マタイ, マルコ, ルカ, ヨハネ). ② (東方教会の)福音書を読みあげる助祭. ③ 《新教》巡回牧師.

E·van·ge·li·um [エヴァンゲーリウム evaŋɡéːliʊm] 中 -s/..lien [..リエン] 《ﾞキﾘｽﾄ 教》 ① 《複なし》(キリスト教の)福音. das *Evangelium*⁴ verkündigen 福音を伝える. ② (新約聖書中の)福音書(マタイ, マルコ, ルカ, ヨハネ).

e·va·po·rie·ren [エヴァポリーレン evaporíːrən] I 自 (s) (液体が)蒸発する. II 他 (h) (工·化)(液体⁴を)蒸発させて濃縮する. ◊過去分詞の形で) *evaporierte* Milch エバミルク.

E·vas⸗kos·tüm [エーふァス・コスチューム] 中 《成句的に》im *Evaskostüm* 《口語·戯》(女性が)素っ裸で.

E·ven·tu·a·li·tät [エヴェントゥアリテート eventualitέːt] 女 -/-en 万一の場合, 不測の事態. sich⁴ gegen alle *Eventualitäten* schützen あらゆる不測の事態に備える.

★**e·ven·tu·ell** [エヴェントゥエる eventuéll] I 副 ひょっとすると, 場合によっては. (英 possibly). *Eventuell* komme ich früher. ひょっとしたらもっと早く行くかもしれません. II 形 場合によってはありうる, 万一の.

E·ver·green [エヴァァ・グリーン évɐr-griːn] [英] 男 -s/-s ① エヴァーグリーン(人気の衰えない流行歌). ②(ジャズの)スタンダードナンバー.

e·vi·dent [エヴィデント evidént] 形 明らかな, 明白な.

ev.-luth. [エヴァンゲーリッシュ・るッテリッシュ] 《略》ルター派[教会]の (=evangelisch-lutherisch).

E·vo·lu·ti·on [エヴォるツィオーン evolutsióːn] 女 -/-en ① ゆるやかな進展(発展). ② 《生》進化.

ev.-ref. [エヴァンゲーリッシュ・レふォルミーァト] 《略》カルヴァン(改革)派[教会]の (=evangelisch-reformiert).

evtl. [エヴェントゥエる] 《略》場合によっては[ありうる] (=eventuell).

E·wald [エーヴァるト éːvalt] -s/《男名》エーヴァルト.

E-Werk [エー・ヴェルク] 中 -[e]s/-e 発電所 (=Elektrizitätswerk).

EWG [エー・ヴェー・ゲー] 女 -/《略》ヨーロッパ経済共同体 (=Europäische Wirtschaftsgemeinschaft). (英 EEC).

★**e·wig** [エーヴィヒ éːvɪç] I 形 ① 永遠の, 永久の; 不滅の. (英 eternal). das *ewige* Leben 永遠の生命 / **auf** *ewig* 永遠に (=für immer) / das *Ewige* (新形) 永遠なもの / Licht (カトリック教会の)永明灯 / *ewiger* Schnee 万年雪 / die *Ewige* Stadt 永遠の都(ローマ) / 人³ *ewige* Liebe⁴ schwören 人³に永遠の愛を誓う.
② 《口語》絶え間ない, やむことのない. Ich habe diese *ewigen* Klagen satt. 私はだらだら続くこの愚痴にはあきあきした.
II 副 《口語》 ① 非常に長い間; 絶え間なく, 際限なく. Das dauert ja *ewig*! これはまたなんといつまで続くことか / *ewig* und drei Tage 《戯》いやになるほど長い間.
② 非常に, 実に. Es ist *ewig* schade. それは実に残念だ.

E·wig·keit [エーヴィヒカイト] 女 -/-en ① 《複なし》永遠, 永久; 《宗》(神の)永遠なる世界, (死後の)永遠の生. **in** [alle] *Ewigkeit* 永遠に, いつまでも. ② 《口語》長時間. seit *Ewigkeiten* または seit einer *Ewigkeit* ずいぶん長い間, ずっと前から.

ex [エクス éks] [ラテン] 副 《口語》 ① 《成句的に》 *ex* trinken グラスを一気に飲み干す / *Ex*! 乾杯! ② 終わりで. Diese Freundschaft ist *ex*. この友情はおしまいだ. ③ 《俗》死んで, くたばって.

Ex. [エクセンプらール] 《略》見本, 例 (=Exemplar).

Ex.. 《名詞などにつける 接頭》 ① [エクス.. éks..] 《前·先》*Ex*kanzler 前首相. ② [エクス..] 《外へ》例: *Ex*port 輸出. ③ [エクス..] 《除外》例:

exakt

*Ex*kommunikation 破門.

E·xakt·heit [エクサクトハイト] 囡 -/ 精確さ,精密さ,厳密さ.

e·xal·tiert [エクサるティーアト ɛksaltíːrt] 厖 ① 心の高ぶった,興奮した,ヒステリックな. ② 大げさな,とっぴな,常識はずれの.

das **E·xa·men** [エクサーメン ɛksáːmən] 甲 (単2) -s/(複) (まれに Examina) 試験(特に大学修了時の). (英 *examination*). Staats*examen* 国家試験 / das mündliche (schriftliche) *Examen* 口頭(筆記)試験 / das *Examen*[4] bestehen 試験に合格する / ein *Examen*[4] machen (または ab|legen) 試験を受ける / sich[4] auf (または für) das *Examen* vor|bereiten 試験の準備をする,試験勉強をする / Er ist durchs *Examen* gefallen.《現在完了》彼は試験に落第した.

E·xa·mi·na [エクサーミナ] *Examen (試験) の複.

e·xa·mi·nie·ren [エクサミニーレン ɛksaminíːrən] 他 (h) ① (人[4]を)試験する,(人[4]に)試問する. ② (機械など[4]を)検査する.

E·xe·ge·se [エクセゲーゼ ɛksegéːzə] 囡 -/-n 注解,特に聖書の解釈.

e·xe·ku·tie·ren [エクセクティーレン ɛksekutíːrən] 他 (h) ① (人[4]を)死刑に処す;《古》(法)処罰する. ② (顆)(判決など[4]を)執行する. ③《オーストリア》(官庁)(人[4]の担保物件を)差し押さえる.

E·xe·ku·ti·on [エクセクツィオーン ɛksekutsióːn] 囡 -/-en ① 処刑,死刑執行. ② (命令などの)執行,実施. ③《オーストリア》(官庁) 差し押さえ.

E·xe·ku·ti·ve [エクセクティーヴェ ɛksekutíːvə] 囡 -/-n ①《法・政》執行権. ②《オーストリア》執行機関.

E·xem·pel [エクセンぺる ɛksémpəl] 甲 -s/- ① 例,実例;模範;見せしめ. ein *Exempel*[4] an 人[3] statuieren 人[3]を見せしめにする / zum *Exempel* 例えば(=zum Beispiel) / 人・事[4] zum *Exempel* nehmen 人・事[4]を例にとる. ②《古》算術問題.

das **E·xem·plar** [エクセンプらール ɛksemplár] 甲(単2) -s/(複) -e (3格のみ -en) サンプル,(同種類のものの)一つ,見本;(本などの)一冊,部(略: Ex., Expl.). Muster*exemplar* 商品見本 / ein seltenes *Exemplar* 珍しいサンプル / zehn *Exemplare* der ersten Auflage[2] 初版の10冊.

e·xem·pla·risch [エクセンプらーリッシュ ɛksemplárɪʃ] 厖 模範的な,見本の,実例による;見せしめの. eine *exemplarische* Lösung 模範解答.

e·xem·pli·fi·zie·ren [エクセンプリふィツィーレン ɛksemplifitsíːrən] 他 (h) 例をあげて説明する,例証する.

e·xer·zie·ren [エクセルツィーレン ɛksɛrtsíːrən] I 他 (h) ①《軍》(兵士など[4]を)訓練する,教練する. ②《口語》反復練習する;(新しい方法など[4]を)実地に試す. II 自 (h)《軍》教練を実施する.

E·xer·zier=platz [エクセルツィーァ・プらッツ] 男 -es/..plätze《軍》練兵場.

Ex·hi·bi·ti·o·nis·mus [エクスヒビツィオニスムス ɛkshibitsionísmus] 男 -/《心》露出症(癖).

ex·hu·mie·ren [エクスフミーレン ɛkshumíːrən] 他 (h)《法》(死体[4]を)掘り出す.

E·xil [エクスィーる ɛksíːl] 甲 -s/-e 国外追放,亡命;亡命地. ins *Exil* gehen 亡命する.

E·xil=re·gie·rung [エクスィーる・レギールング] 囡 -/-en 亡命政府(政権).

e·xis·tent [エクスィステント ɛksɪstént] 厖 存在する,現存の,実在の.

E·xis·ten·ti·a·lis·mus [エクスィステンツィアリスムス ɛksɪstɛntsialísmus] 男 -/ =Existenzialismus

E·xis·ten·ti·a·list [エクスィステンツィアリスト ɛksɪstɛntsialíst] 男 -en/-en =Existenzialist

e·xis·ten·ti·ell [エクスィステンツィエる ɛksɪstɛntsiél] 厖 =existenziell

die **E·xis·tenz** [エクスィステンツ ɛksɪsténts] 囡 (単) -/(複) -en (英 *existence*) ①《複》なし 存在[すること],生存,《哲》実存. die *Existenz* eines Staates 一国の存在. ② 生計,生活[の基盤],暮らし. eine sichere *Existenz*[4] haben 生活が安定している / Ich habe mir eine neue *Existenz* aufgebaut. 私は暮らしを立て直した. ③ (怪しげな人物,やつ,連中). eine zweifelhafte *Existenz* いかがわしい人物.

E·xis·tenz=be·rech·ti·gung [エクスィステンツ・ベレヒティグング] 囡 -/-en《ふつう単》生存権.

e·xis·tenz=fä·hig [エクスィステンツ・フェーイヒ] 厖 生存可能な.

E·xis·tenz=grund·la·ge [エクスィステンツ・グルントらーゲ] 囡 -/-n 生活基盤.

E·xis·ten·zi·a·lis·mus [エクスィステンツィアリスムス ɛksɪstɛntsialísmus] 男 -/《哲》実存主義,実存哲学.

E·xis·ten·zi·a·list [エクスィステンツィアリスト ɛksɪstɛntsialíst] 男 -en/-en 実存主義(哲学)者.

e·xis·ten·zi·ell [エクスィステンツィエる ɛksɪstɛntsiél] 厖《哲》実存的な;[人間]存在にかかわる,きわめて重要な.

E·xis·tenz=mi·ni·mum [エクスィステンツ・ミーニムム] 甲 -s/ 最低生活費.

E·xis·tenz=phi·lo·so·phie [エクスィステンツ・ふィろゾフィー] 囡 -/ 実在哲学.

***e·xis·tie·ren** [エクスィスティーレン ɛksɪstíːrən] (existierte, *hat*...existiert) 自《完了 haben》① 存在する,ある,実在する.《英

exist). Die Stadt *existiert* nicht mehr. その町はもう存在しない．　② 生きて(暮らして)いく．**Von** (または **Mit**) 800 Mark monatlich *kann* man kaum *existieren*. 月に800マルクではほとんどやっていけない．

e·xis·tiert ［エクスィスティーアト］ *existieren (存在する)の過分

e·xis·tier·te ［エクスィスティーアテ］ *existieren (存在する)の過去

exkl. ［エクスクるズィーヴェ］《略》…を除いて(= exklusive).

Ex·kla·ve ［エクスクらーヴェ εksklá:və］ 女 -/-n ① (他国の領域内にある)飛び領土．　② 《生》飛び分布圏．

ex·klu·siv ［エクスクるズィーふ εkskluzí:f］ 形 ① 特定の人々だけに限られた；高級な．eine *exklusive* Gesellschaft 上流社会 / ein *exklusives* Restaurant 高級レストラン．　② 独占的な．ein *exklusives* Interview 独占インタビュー．

ex·klu·si·ve ［エクスクるズィーヴェ εkskluzí:və］ I 前《2格とともに》…を除いて(略: exkl.).　(◯字)「…を含めて」は inklusive). *exklusive* des Portos 郵送料を除いて．II 副《ふつう **bis** とともに》(最後のものを除いて)…まで．bis zum 10. (=zehnten) Oktober *exklusive* 10月9日まで．

ex·kom·mu·ni·zie·ren ［エクスコムニツィーレン εkskɔmunitsí:rən］ 他 (h)《カトリック》(教会から)破門(追放)する．

Ex·kre·ment ［エクスクレメント εkskremént］ 中 -[e]s/-e《ふつう複》排泄(せつ)物，(特に)糞．

Ex·kurs ［エクスクルス εkskúrs］ 男 -es/-e (論文などの)余論，付説，補説．

Ex·kur·si·on ［エクスクルズィオーン εkskurzió:n］ 女 -/-en 団体研修(調査)旅行，見学旅行．(▷語類 Reise).

Ex·ma·tri·ku·la·ti·on ［エクス・マトリクらツィオーン εks-matrikulatsió:n］ 女 -/-en (大学生の)除籍，退学．(◯字)「(大学生の)入学」は Immatrikulation).

ex·ma·tri·ku·lie·ren ［エクス・マトリクリーレン εks-matrikulí:rən］ 他 (h) (大学生4を)学籍簿から除籍する，退学させる．◇《再帰的に》sich4 *exmatrikulieren* または sich4 *exmatrikulieren lassen* 退学の手続きをとる．

e·xo·gen ［エクソゲーン εksogé:n］ 形 ① 《医・心》外因性の．(◯字)「内因性の」は endogen).　② 《植》外生の．　③ 《地学》外成の．

E·xot ［エクソート εksó:t］ 男 -en/-en ① 異国人，(動植物の)外来種(特に遠い南国から来たもの)．② 《複で》《経》海外有価証券．

e·xo·tisch ［エクソーティッシュ εksó:tɪʃ］ 形 ① 異国趣(特に熱帯)の，外国[産]の．　② エキゾチックな，異国趣味(風)の．

ex·pan·die·ren ［エクスパンディーレン εkspandí:rən］ I 他 (h) 拡大(膨張)させる．II 自 (s) 拡大(膨張)する．

Ex·pan·si·on ［エクスパンズィオーン εkspanzió:n］ 女 -/-en ① 拡大，拡張；《政·経》領土(勢力)拡大．　② 《理》膨張．

ex·pan·siv ［エクスパンズィーふ εkspanzí:f］ 形 拡大する，伸張性の；拡張を目指した．

Ex·pe·di·ent ［エクスペディエント εkspediént］ 男 -en/-en (商品などの)発送係；旅行社の社員．

ex·pe·die·ren ［エクスペディーレン εkspedí:rən］ 他 (h) (商品など4を)発送する；(人4を別の所へ)派遣する．

Ex·pe·di·ti·on ［エクスペディツィオーン εkspeditsió:n］ 女 -/-en ① 探検(調査)旅行；探検(調査)隊．　② 《外国》派遣団．　③ (会社などの)［商品］発送部．　④ 《古》(軍隊の)遠征［隊・軍］．

* *das* **Ex·pe·ri·ment** ［エクスペリメント εksperimént］ 中 (単2) -[e]s/(複) -e (3格のみ -en) ① 実験．(▷ *experiment*). *Experimente* an (または mit) Tieren 動物実験 / chemische *Experimente*4 machen (または anstellen) 化学実験をする．　② 《比》(大胆な)試み．Mach keine *Experimente*! 危いことはやめてくれ．

ex·pe·ri·men·tell ［エクスペリメンテる εksperimεntél］ 形 ① 実験に基づく．die *experimentelle* Physik 実験物理学．　② 実験的な(芸術作品など)．

ex·pe·ri·men·tie·ren ［エクスペリメンティーレン εksperimεntí:rən］ 自 (h) 実験をする．mit Chemikalien *experimentieren* 化学製品の実験を行う．

Ex·per·te ［エクスペルテ εkspέrtə］ 男 -n/-n エキスパート，専門家．(▷ 女性形は Expertin).

Ex·per·ti·se ［エクスペルティーゼ εkspεrtí:zə］ 女 -/-n (専門家の)鑑定[書].

Expl. ［エクセンプらール］《略》見本，例 (= **Exemplar**).

* **ex·plo·die·ren** ［エクスプろディーレン εksplodí:rən］ (explodierte, *ist...*explodiert) 自 (完了 sein) ① **爆発する**，破裂する；《比》(人口・物価などが)急増(急騰)する．(▷ *explode*). Eine Bombe *ist explodiert*.《現在完了》爆弾が爆発した．　② 《比》感情を爆発させる．**vor** Wut *explodieren* 激怒する，かっとなる．

ex·plo·diert ［エクスプろディーアト］ *explodieren (爆発的な)の過分

ex·plo·dier·te ［エクスプろディーアテ］ *explodieren (爆発的な)の過去

* *die* **Ex·plo·si·on** ［エクスプろズィオーン εksplozió:n］ 女 (単) -/(複) -en (▷ *explosion*). ① **爆発**；《比》感情の爆発．Gas*explosion* ガス爆発 / eine Bombe4 **zur** *Explosion* bringen 爆弾を爆発させる．　② 《比》(人口・経費などの)爆発的な増加．

Ex·plo·si·ons·ge·fahr ［エクスプろズィオーンス·ゲふァール］ 女 -/-en 爆発の危険．

ex·plo·siv ［エクスプろズィーふ εksplozí:f］ 形 ① 爆発性の，爆発性の；非常に危険な．*explosive* Stoffe 爆発物 / eine *explosive* Stimmung 一触即発の空気．　② 《比》激し

Exponat

やすい, 怒りっぽい(性質など). ③《言》破裂音の.

Ex・po・nat [エクスポナート εksponá:t] 中 -[e]s/-e (展覧会の)展示品.

Ex・po・nent [エクスポネント εksponém] 男 -en/-en ① (政党などの)代表者, 代表的人物. ②《数》《冪(%)》指数.

ex・po・nie・ren [エクスポニーレン εksponí:rən] 他 ① (人・物⁴を)人目につかせる, 目だたせる; 危険(攻撃)にさらす; (写》(フィルム⁴を)露出する. ◇《再帰的に》*sich⁴ exponieren* 人目につく; 危険(攻撃)に身をさらす. ②《軍⁴を》説明する.

ex・po・niert [エクスポニーァト] Ⅰ exponieren (人目につかせる)の過分 Ⅱ 形 ① (位置的に)危険にさらされた, 攻撃を受けやすい. ② 風当たりの強い(地位など).

*der **Ex・port** [エクスポルト εkspórt] 男 (単 2) -[e]s/(複) -e (3格のみ -en) ①《複なし》輸出. (英 export). (注意 「輸入」は Import). den *Export* fördern 輸出を振興する. ② 輸出品.

Ex・por・teur [エクスポルテーァ εkspɔrtǿ:r] 男 -s/-e《経》輸出商, 輸出業者.

*** ex・por・tie・ren** [エクスポルティーレン εkspɔrtí:rən] (exportierte, *hat*...exportiert) 他 (完了 haben) 輸出する. (英 export). (注意 「輸入する」は importieren). Deutschland *exportiert* sehr viele Industrieprodukte. ドイツはたいへん多くの工業製品を輸出している.

ex・por・tiert [エクスポルティーァト] *exportieren (輸出する)の過分

ex・por・tier・te [エクスポルティーァテ] *exportieren (輸出する)の過去

Ex・port≠kauf・mann [エクスポルト・カオフマン] 男 -[e]s/..leute 輸出業者, 貿易商[人].

Ex・po・sé [エクスポゼー εkspozé:] 中 -s/-s = Exposee

Ex・po・see [エクスポゼー εkspozé:] 中 -s/-s ① 報告書, 説明書. ② 要旨, 概要. ③《文学・映》筋書き, あら筋.

Ex・po・si・ti・on [エクスポズィツィオーン εkspozitsió:n] 女 -/-en ①《文学》(劇の)提示部, 発端. ②《音楽》提示部.

ex・preß [エクスプレス εksprés] 副 ① 急いで; 速達で. ②《方》特別に, わざわざ.

Ex・preß ☞ 新形 express

Ex・press [エクスプレス] 男 -es/《ふつう単》[遠距離]急行列車.

Ex・preß ☞ 新形 Express

Ex・press≠gut [エクスプレス・グート] 中 -[e]s/..güter (鉄道)急行便貨物(小荷物).

Ex・preß≠gut ☞ 新形 Expressgut

Ex・pres・si・o・nis・mus [エクスプレスィオニスムス εkspresionísmus] 男 -/ 表現主義(主観的表現を特徴とする 20 世紀初頭のドイツの芸術運動で, 美術・文学・音楽・演劇・映画の各分野に及んでいる).

ex・pres・si・o・nis・tisch [エクスプレスィオニスティッシュ εkspresionístiʃ] 形 表現主義の.

ex・pres・siv [エクスプレスィーフ εkspresí:f] 形 表情に富む, 表現力豊かな, 力強い表現の.

Ex・press≠zug [エクスプレス・ツーク] 男 -[e]s/..züge (ツューゲ) [遠距離]急行列車.

Ex・preß≠zug (ツーク) ☞ 新形 Expresszug

ex・qui・sit [エクスクヴィズィート εkskvizí:t] 形 精選した, えり抜きの, 極上の.

ex・tem・po・rie・ren [エクステンポリーレン εkstempori:rən] 自 (h)《劇》即興で演じる(演奏する); 即興(アドリブ)で話す.

ex・ten・siv [エクステンズィーフ εkstɛnzí:f] 形 ① 広範な, 広範囲の; 伸びた, 広まった.《反》「集中的の」は intensiv. ②《法》拡大した(解釈など). ③《農》粗放的な.

ex・tern [エクステルン εkstérn] 形 外の, 外部の; 外来の, 外部からの; (図目) 外づけの(外部装置など). (反) 「内部の」は intern). ein *externer* Schüler (寄宿生に対して:)通学生.

ex・ter・ri・to・ri・al [エクステリトリアール εkstɛrito:riá:l] 形《法》治外法権の.

*** ex・tra** [エクストラ ékstra] Ⅰ 副 ① 別に, 別別に. Legen Sie es *extra*! それだけは別に置いてください / 物⁴ *extra* ein|packen 物⁴を別に包む. ◇《付加語としても》ein *extra* Zimmer《口語》特別室, 個室. ② 余分に, 他に, 追加して. Der Vater gab ihm noch 20 Mark *extra*. 父親はその別に 20 マルクを彼に与えた. ③ わざわざ; わざと. Das habe ich *extra* für dich getan. 私はそれをわざわざ君のためにやったのだ. ④ 特に;《方》特に優れて. ein *extra* fein gemahlener Kaffee 極細びきのコーヒー / Es geht mir nicht *extra*. 私はそんなに調子はよくない.

Ⅱ 形《南ドイツ・オーストリア》気難しい, 注文の多い.

Ext・ra [エクストラ] 中 -s/-s《ふつう複》特別付属品, 《特に自動車の》オプショナルパーツ.

ext・ra.., **Ext・ra..** [エクストラ.. ékstra.. またはエクストラ..]《形容詞・名詞などにつける 接頭》《外部・余分・特別》例: *Extra*urlaub 特別休暇.

Ext・ra≠blatt [エクストラ・ブラット] 中 -[e]s/..blätter (新聞の)号外.

ext・ra≠fein [エクストラ・ファイン] 形《口語》極上の, 特別上等の.

ex・tra・hie・ren [エクストラヒーレン εkstrahí:rən] 他 (h) ①《医》摘出する; (歯⁴を)抜く; (胎児⁴を)娩出(ﾒﾅ)する. ②《化・薬》抽出する.

Ext・ra≠klas・se [エクストラ・クラッセ] 女 -/-n 極上品; 特にすぐれた人. ein Film der *Extraklasse* 最優秀作の映画.

Ext・rakt [エクストラクト εkstrákt] 男 -[e]s/-e ①《中 も》《化》抽出[物], エキス. ② (本からの)抜粋, 要約, レジュメ.

Ext・ra≠tour [エクストラ・トゥーァ] 女 -/-en《口語》自分勝手な(身勝手な)行動.

ext・ra・va・gant [エクストラヴァガント ékstravagant または ..ガント]《複》形 奇抜な, とっぴな.

Ext·ra·va·ganz [エクストラヴァガンツ ɛkstravagants または ..ガンツ] 女 -/-en ① 〖複なし〗奇抜さ,とっぴ. ② 〘ふつう複〙奇抜(とっぴ)な言動.

Ext·ra‿wurst [エクストラ・ヴルスト] 女 〖成句的に〙《口語》 人³ eine *Extrawurst*⁴ braten 人³を特別扱いする / eine *Extrawurst*⁴ [gebraten] kriegen 自分だけ特別扱いにしてもらう.

ext·rem [エクストレーム ɛkstré:m] 形 極端な,極度の; 過激な,急進的な. *extreme* Kälte 極寒 / die *extreme* Linke 極左.

Ext·rem [エクストレーム] 中 -s/-e 極端, 極度; 過激. von (または aus) einem *Extrem* ins andere fallen 極端から極端に走る.

Ext·re·mis·mus [エクストレミスムス ɛkstremísmʊs] 男 -/..mismen 過激(急進)主義.

Ext·re·mist [エクストレミスト ɛkstremíst] 男 -en/-en 急進主義者; 過激派の人.

Ext·re·mi·tät [エクストレミテート ɛkstremitέ:t] 女 -/-en ① 先端; 極端. ② 〘ふつう複〙手足, 四肢. die oberen (unteren) *Extremitäten* 上肢(下肢).

Exz. [エクスツェれンツ] 〘略〙閣下 (＝Exzellenz).

ex·zel·lent [エクスツェれント ɛkstsɛlént] 形 優秀な, 優れた, すばらしい.

Ex·zel·lenz [エクスツェれンツ ɛkstsɛléntsː] 女 -/-en (大使などに対する敬称:)閣下 (略: Exz.). (☞ 直接呼びかけるときは Eure (または Euer) *Exzellenz*; 間接には Seine *Exzellenz* という).

Ex·zent·rik [エクスツェントリク ɛkstséntrik] 女 -/ ① 常軌を逸したふるまい. ② (サーカスなどの)道化曲芸.

ex·zent·risch [エクスツェントリッシュ ɛkstséntriʃ] 形 ① 中心からはずれた; 《数・天》離心(偏心)の. *exzentrische* Kreise 偏心円. ②《比》風変わりな, とっぴな, エキセントリックな.

ex·zer·pie·ren [エクスツェルピーレン ɛkstsɛrpí:rən] 他 (h) 抜粋する, 抄録する.

Ex·zerpt [エクスツェルプト ɛkstsérpt] 中 -[e]s/-e 抜粋, 抄録 (＝Auszug).

Ex·zess [エクスツェス ɛkstsés] 男 -es/-e 過度, 極端; 乱行, 乱暴.

Ex·zeß ☞ 〘新形〙 Exzess

ex·zes·siv [エクスツェスィーふ ɛkstsɛsíːf] 形 過度の, 極端な. ein *exzessives* Klima (気温変化の激しい)大陸性気候.

F f

f¹, F¹ [エフ éf] 中 -/- エフ(ドイツ語アルファベットの第6字).

f², F² [エフ] 中 -/- 《音楽》ヘ音. *F-Dur* ヘ長調 / *f-Moll* ヘ短調.

f³ [ふォルテ] 《記号》《音楽》フォルテ, 強く (= forte).

F³ 《略》① [ふァーレンハイト] 《物》(温度計の)華氏 (= Fahrenheit). ② [エフ] 《化・記号》フッ素 (= Fluor). ③ [ふァラート] ファラッド(電気容量の単位) (= Farad).

f. 《略》① [ふォるゲンデ ザイテ] および次のページ (= folgende [Seite]). S. 7 *f.* 7ページおよび8ページ. ② [フューァ] …のために, …にとって, …の代わりに (= für). ③ [ふェーミニーヌム] 《言》女性名詞 (= Femininum).

Fa. [ふィルマ] 《略》商社 (= Firma).

*die **Fa·bel** [ふァーベる fá:bəl] 女 (単) -/(複) -n ① 《文学》寓話(ぐうわ)(主に動物を主人公にした教訓的な話). (英 fable). äsopische *Fabeln* イソップ寓話. ② 作り話. Das gehört ins Reich der *Fabel*. そんなのは作り話だ. ③ 《文学》(小説などの)筋, プロット.

*fa·bel·haft [ふァーベるハふト fá:bəlhaft] I 形 (比較 fabelhafter, 最上 fabelhaftest) ① すばらしい, すてきな. (英 fabulous). eine *fabelhafte* Leistung すばらしい成績 / Der Film war *fabelhaft*. その映画はすばらしかった. ② 《口語》ものすごい, 巨大な, ばくだいな. ein *fabelhafter* Reichtum 巨額の財産. II 副 《口語》ものすごく, 非常に. Er ist *fabelhaft* reich. 彼はものすごく金持ちだ.

fa·beln [ふァーベるン fá:bəln] I 自 (h) 作り話をする, たわごとを言う. II 他 (h) 《架空のこと・くだらないこと⁴を》話す.

Fa·bel·tier [ふァーベる・ティーァ] 中 -[e]s/-e 想像上の動物(竜・一角獣など).

Fa·bel·we·sen [ふァーベる・ヴェーゼン] 中 -s/- 想像上の動物(妖精など).

*die **Fa·brik** [ふァブリーク fabrí:k] 女 (単) -/(複) -en 工場, 製造(製作)所. (英 factory). Papier*fabrik* 製紙工場 / eine chemische *Fabrik* 化学工場 / eine *Fabrik*⁴ aufbauen 工場を建てる / Sie geht in die *Fabrik*. 《口語》彼女は工場に勤めている.

Fab·rik⋍an·la·ge [ふァブリーク・アンらーゲ] 女 -/-n 工場施設.

Fab·ri·kant [ふァブリカント fabrikánt] 男 -en/-en 工場経営者, 工場主, メーカー.

Fab·rik⋍ar·bei·ter [ふァブリーク・アルバイタァ] 男 -s/- 工場労働者, 工員.

Fab·ri·kat [ふァブリカート fabriká:t] 中 -[e]s/-e ① 工場製品. ② (製品の)型, モデル.

Fab·ri·ka·ti·on [ふァブリカツィオーン fabrikatsió:n] 女 -/-en (工場での)生産, 製造.

Fab·ri·ka·ti·ons⋍feh·ler [ふァブリカツィオーンス・フェーらァ] 男 -s/- 製造上の欠陥.

Fab·rik⋍be·sit·zer [ふァブリーク・ベズィッツァァ] 男 -s/- 工場経営者, 工場主.

fab·rik⋍mä·ßig [ふァブリーク・メースィヒ] 形 工場生産の, 大量生産の.

fab·rik⋍neu [ふァブリーク・ノイ] 形 新品の, まだ使ったことのない(自動車など).

fab·ri·zie·ren [ふァブリツィーレン fabritsí:rən] 他 (h) ① 《口語》(素人が)どうにか作りあげる; (ばかなこと⁴を)してかす. ② (工場で)生産する.

fa·bu·lie·ren [ふァブリーレン fabulí:rən] I 自 (h) 作り話をする. von *fabulieren* 事³ について作り話をする, 事³ を脚色して話す. II 他 (h) (事⁴を)空想豊かに物語る.

Fa·cet·te [ふァセッテ fasétə] 《仏》女 -/-n ① (宝石・カットグラスの)切り子面; 《比》(物事の)側面. ② 《動》(複眼を構成する)個眼. ③ 《医》人工歯冠. ④ 《印》ファセット.

Fa·cet·ten⋍au·ge [ふァセッテン・アオゲ] 中 -s/-n 《動》複眼.

*das **Fach** [ふァッハ fáx] 中 (単2) -es (まれに -s)/(複) Fächer [ふェッヒァァ] (3格のみ Fächern) ① 仕切り[棚]; (窓・戸棚などの)仕切り, (机の)引き出し, 《英 compartment), ein *Fach* im Schrank たんすの仕切り[棚] / Die Handtasche hat mehrere *Fächer*. そのハンドバッグには仕切りがいくつかある / 物⁴ in einem *Fach* aufbewahren 物⁴を引き出しにしまっておく / Die Post liegt im *Fach*. 郵便は私書箱に入っている / 物⁴ unter Dach und *Fach* bringen 《口語》a) 物⁴を安全な場所に置く, b) 《比》物⁴を仕上げる.

② 専門[領域], 科目; 学科. (英 subject). Das ist nicht mein *Fach*. それは私の専門ではない / Welche *Fächer* studieren Sie? あなたはどんな科目を専攻しているのですか / Er ist vom *Fach*. 彼は専門家だ.

> 合成 ..*fach* のいろいろ: Haupt*fach* 主専攻 / Lehr*fach* 教科 / Neben*fach* 副専攻 / Post*fach* 郵便私書箱 / Schließ*fach* コインロッカー / Schrank*fach* 戸棚の仕切り / Schub*fach* 引き出し / Studien*fach* 専攻科目

..fach [..ふァッハ ..fax] 《形容詞をつくる 接尾》 (…倍の・…重の). 例: drei*fach* 3倍の.

Fach⋍ar·bei·ter [ふァッハ・アルバイタァ] 男 -s/- 専門工, (検定試験をパスした)熟練工.

Fach⋍arzt [ふァッハ・アールツト] 男 -es/..ärzte

専門医.(⇨ 女性形はFachärztin). *Facharzt für innere Krankheiten* 内科医.

Fach꠰aus・bil・dung [ふァッハ・アオスビるドゥング] 囡 -/-en （職業上の）専門教育.

Fach꠰aus・druck [ふァッハ・アオスドルック] 男 -[e]s/..drücke 専門用語, 術語.

Fach꠰be・reich [ふァッハ・ベライヒ] 男 -[e]s/-e ① 専攻領域. ② （大学の）学群, 専門群 （従来の学部をより緊密な専門別に細分した大学の研究教育組織. 現在のドイツの大学には専門区分としてFakultätとFachbereichの二通りがある）.

fä・cheln [ふェッヒェるン féçəln] I 他 (h) （扇で）あおぐ;（風が人・物[4]に）そよそよと吹き寄せる. ◇（再帰的に）*sich*[4] *mit dem Taschentuch fächeln* ハンカチで自分をあおぐ. II 自 (h)《雅》① （風が）そよそよと吹き寄せる. ② （木の葉が）風にそよぐ.

Fä・cher[1] [ふェッヒャァ] ＊Fach（仕切り）の 複

Fä・cher[2] [ふェッヒャァ féçər] 男 -s/- ① 扇, 扇子; うちわ. *den Fächer entfalten* 扇を広げる. ② （扇状の）しゅろの葉.

fä・cher・för・mig [ふェッヒャァ・ふェルミヒ] 形 扇形の, 扇状の.

Fach꠰ge・biet [ふァッハ・ゲビート] 中 -[e]s/-e 専門領域.

Fach꠰ge・lehr・te[r] [ふァッハ・ゲれーァテ (..タァ)] 男 囡《語尾変化は形容詞と同じ》専門学者.

fach꠰ge・mäß [ふァッハ・ゲメース] 形 専門的な, 専門家らしい.

fach꠰ge・recht [ふァッハ・ゲレヒト] 形 ＝fachgemäß

Fach꠰ge・schäft [ふァッハ・ゲシェふト] 中 -[e]s/-e 専門店.

Fach꠰hoch・schu・le [ふァッハ・ホーホシューれ] 囡 -/-n 専門単科大学.

Fach꠰idi・ot [ふァッハ・イディオート] 男 -en/-en 専門馬鹿.

Fach꠰kennt・nis [ふァッハ・ケントニス] 囡 -/..nisse《ふつう複》専門知識.

fach꠰kun・dig [ふァッハ・クンディヒ] 形 専門的知識を持った, 専門的知識に基づいた.

Fach꠰leu・te [ふァッハ・ろイテ] ＊Fachmann （専門家）の複

fach・lich [ふァハリヒ] 形 専門の, 専門的な. *fachliche Kenntnisse* 専門知識.

Fach꠰li・te・ra・tur [ふァッハ・リテラトゥーァ] 囡 -/-en 専門文献.

＊*der* **Fach꠰mann** [ふァッハ・マン fáx-man] 男 （単2) -[e]s/(複) ..leute [..ろイテ] (3格のみ ..leuten) まれに (複) ..männer [..メンナァ] (3格のみ ..männern) **専門家**, エキスパート. (英 expert). (⇨「素人」はLaie). *ein Fachmann für Straßenbau* 道路建設の専門家 / *Er ist Fachmann auf diesem Gebiet.* 彼はこの分野の専門家だ.

fach꠰män・nisch [ふァッハ・メニッシュ] 形 専門家の, 専門家としての.

Fach꠰rich・tung [ふァッハ・リヒトゥング] 囡 -/-en （大学の）専攻学科, 専門領域の部門.

Fach꠰schu・le [ふァッハ・シューれ] 囡 -/-n [職業]専門学校.（「ドイツ連邦共和国の教育制度」☞ 巻末付録1810ページ）.

Fach꠰sim・pe・lei [ふァッハ・ズィンペらイ] 囡 -/-en（ふつう軽蔑的に:）（仲間うちだけの）専門(仕事)上の話.

fach・sim・peln [ふァッハ・ズィンペるン fáx-zɪmpəln] 自 (h)《口語》（ふつう軽蔑的に:) 専門（仕事）のことばかり話す.

Fach꠰spra・che [ふァッハ・シュプラーヘ] 囡 -/-n 専門[用]語, 術語 (＝Terminologie).

Fach꠰werk [ふァッハ・ヴェルク] 中 -[e]s/-《建》①《複 なし》木骨建築, ハーフティンバー（木骨を壁面に露出させた木造建築様式）. ② （木組み家屋の）骨組み, トラス.

Fach꠰werk꠰haus [ふァッハヴェルク・ハオス] 中 -es/..häuser 木骨家屋, ハーフティンバー造りの家.

Fachwerkhaus

Fach꠰wis・sen [ふァッハ・ヴィッセン] 中 -s/ 専門知識.

Fach꠰zeit・schrift [ふァッハ・ツァイトシュリふト] 囡 -/-en 専門雑誌.

Fa・ckel [ふァッケる fákəl] 囡 -/-n たいまつ, トーチ;《比》光明. *eine Fackel*[4] *an|zünden* たいまつに点火する.

fa・ckeln [ふァッケるン fákəln] 自 (h)《口語》ぐずくずする, ためらう.

Fa・ckel꠰zug [ふァッケる・ツーク] 男 -[e]s/..züge たいまつ行列.

fad [ふァート fá:t] 形《南ドッ・ネシ┽ッシ》＝fade

Fäd・chen [ふェートヒェン féːtçən] 中 -s/-（Fadenの縮小）細い糸.

fa・de [ふァーデ fá:də] 形 ① 気の抜けた（ビールなど）, 風味のない（スープなど）. ②《口語》おもしろみのない, 退屈な;《南ドッ・ネシ┽ッシ》でぃびくした.

fä・deln [ふェーデるン fé:dəln] 他 (h) ① （糸などを[4]）通す;（ひもに通して）つなげる. *einen Faden durch* （または *in*） *das Nadelöhr fädeln* 糸を針の穴に通す / *Perlen* *auf eine Schnur fädeln* 真珠を糸に通す. ②《口語》[抜け目なく]やってのける.

＊*der* **Fa・den** [ふァーデン fá:dən] 男（単2) -s/ （複) Fäden（または ..den）① **糸**, 縫い糸;糸状のもの. (⇨ 「針」はNadel). *Seidenfaden* 絹糸 / *Fäden aus Baumwolle*

Fäden 424

木綿糸 / ein dünner (dicker) *Faden* 細い(太い)糸 / einen *Faden* ein|fädeln 糸を針に通す / Der *Faden* verknotet sich. 糸がもつれて結び目ができる / Der Käse zieht *Fäden*. チーズが糸を引く / der rote *Faden*《比》(一貫して流れる)主題, 中心思想 / den *Faden* verlieren《比》(話の)脈絡を失う / keinen guten *Faden* miteinander spinnen《口語・比》仲が悪い(←互いにいい糸をつむぎ合えない) / alle *Fäden*⁴ in der Hand haben / der rote *Faden* in der Hand halten)《口語・比》状況を完全に掌握している, すべてを操っている.

◇《前置詞とともに》Die Marionetten hängen an *Fäden*. 操り人形は糸につり下がっている / Sein Leben hängt an einem [seidenen] *Faden*.《比》彼の生命は風前のともしびだ(←[絹]糸にぶら下がっている) / [物]⁴ mit Nadel und *Faden* an|nähen [物]⁴を針と糸で縫い付ける.

② 〚[複] Faden〛《海》(水深の単位:)ひろ(約 1.8 m).

Fä·den [ふェーデン] * Faden(糸)の[複]

Fa·den≠kreuz [ふァーデン・クロイツ] [中] -es/-e《光》(望遠鏡などの照準用)十字線.

Fa·den·nu·del [ふァーデン・ヌーデる] [女] -/-n 〚ふつう [複]〛《料理》バーミセリ(そうめんに似たぬ類. スープに入れる).

fa·den≠schei·nig [ふァーデン・シャイニヒ] [形] ① (衣服などが)すり切れて糸目の見える. ② 《比》見えすいた(口実・謝辞など).

Fa·gott [ふァゴット fagɔ́t] [中] -[e]s/-e《音楽》ファゴット(低音の木管楽器).

*___**fä·hig** [ふェーイヒ féːɪç] [形] 《英》able) ① 有能な. ein *fähiger* Arzt 有能な医者. ② 〚zu [事]³ ~〛 ([事]³を)する)能力のある, ([事]³ができる. Er ist zu allem *fähig*. 彼は何だって(どんな悪いことでも)やってのける / *fähig* sein, zu 不定詞 [句] …できる ⇨ Sie war nicht *fähig*, auch nur ein Wort zu sprechen. 彼女は一言もしゃべることができなかった / [事]² *fähig* sein《雅》[事]²をする能力がある.

..fä·hig [..ふェーイヒ ..féːɪç] [形容詞をつくる 接尾]《能力がある》例: kritik*fähig* 批判力がある.

*___**die Fä·hig·keit** [ふェーイヒカイト féːɪçkaɪt] [女]《単》-/《複》-en 《英》ability) ① 〚ふつう [複]〛 才能, 素質, 手腕. künstlerische *Fähigkeiten* 芸術的な素質 / ein Mensch von großen *Fähigkeiten* 優れた才能を持った人. ② 〚[複] なし〛(…する)能力. die *Fähigkeit* zur Anpassung 適応能力.

fahl [ふァーる fáːl] [形] 淡い色の, 色のあせた; 青白い. das *fahle* Licht des Mondes 月の淡い光.

Fähn·chen [ふェーンヒェン féːnçən] [中] -s/- (Fahne の [縮小]) ① [旗] 小旗. ② 《口語》(安物の)ぺらぺらした[婦人]服.

fahn·den [ふァーンデン fáːndən] [自] (h)〚nach [人・物]³ ~〛《警察が[人・物]³を捜す, 捜索する.

Fahn·dung [ふァーンドゥング] [女] -/-en (警察の)捜索, 捜査.

*___**die Fah·ne** [ふァーネ fáːnə] [女]《単》-/《複》-n ① 旗. (《英》flag). Wetter*fahne* 風見(かざ) / eine *Fahne*⁴ auf|ziehen (ein|holen) 旗を揚げる(降ろす) / die weiße *Fahne* 白旗(降伏の印) / Die *Fahne* weht. 旗が風になびいている / die *Fahne*⁴ nach dem Wind drehen《比》そのときどきの多数意見に同調する / die *Fahne*⁴ der Freiheit² hoch|halten《比》毅然(きぜん)として自由を擁護する / 〚mit fliegenden *Fahnen* zu [人・事]³ über|gehen《比》突然[人・事]³の側に寝返る.

② 〚[複]〛《口語》酒臭い息. ③《印》棒組みゲラ刷り. *Fahnen*⁴ korrigieren ゲラ刷りを校正する. ④《狩》(りすなどの)ふさふさした尾.

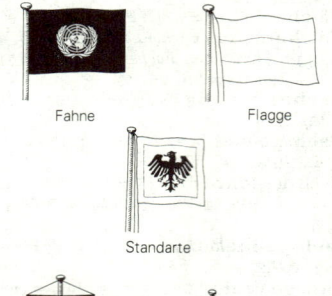

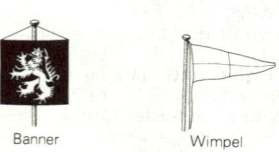

Fahne

Flagge

Standarte

Banner

Wimpel

旗のいろいろ

Fah·nen≠eid [ふァーネン・アイト] [男] -[e]s/-e《軍》(軍旗への忠誠を誓う)入隊時の宣誓.

Fah·nen≠flucht [ふァーネン・ふるフト] [女] -/《軍》脱走, 逃亡.

fah·nen≠flüch·tig [ふァーネン・ふりュヒティヒ] [形]《軍》脱走(逃亡)した(兵士など).

Fah·nen≠stan·ge [ふァーネン・シュタンゲ] [女] -/-n 旗ざお.

Fah·nen≠trä·ger [ふァーネン・トレーガァ] [男] -s/- 旗手.

Fähn·lein [ふェーンらイン féːnlaɪn] [中] -s/- (Fahne の [縮小]) ① [旗] 小旗. ② 《史》(16-17世紀の歩兵部隊(300-600人から成る).

Fähn·rich [ふェーンりヒ féːnrɪç] [男] -s/-e ①《軍》幹部(士官)候補生. ②《史》(中世の)旗手; (プロイセン陸軍で:)最年少士官.

Fahr≠aus·weis [ふァール・アオスヴァイス] [男] -es/-e《軍》乗車(乗船)券. ②《スイス》運転免許証(= Führerschein).

Fahr≠bahn [ふァール・バーン] [女] -/-en 車道, 車線. die *Fahrbahn*⁴ überqueren 車道を

横断する.

fahr·bar [ファールバール] 形 ① 運搬できる, 移動式の. ein fahrbares Bett 移動式のベッド. ②《古》通行(航行)できる.

fahr≈be·reit [ファール・ベライト] 形 発車(走行)準備のできた(車など); 出発準備のできた.

Fahr≈damm [ファール・ダム] 男 -(e)s/..dämme 《公》車道, 車線(＝Fahrbahn).

Fahr·dienst≈lei·ter [ファールディーンスト・ライタァ] 男 -s/-《鉄道》運輸業務主任.

*die **Fäh·re** [フェーレ fέːrə] 女 (単) -/(複) -n ① フェリー[ボート], 渡し船. (英 ferry). Autofähre カーフェリー / Die Fähre legt am Ufer an. フェリーが岸に着く / 人⁴ **mit** der Fähre über|setzen 人⁴をフェリーで渡す. ②《宇宙》[月]着陸船(＝Landefähre).

‡**fah·ren*** [ファーレン fáːrən]

(乗り物で)行く

Ich *fahre* heute mit dem Auto.
イヒ　ファーレ　ホイテ　ミット　デム　アオトー
私はきょうは車で行きます.

人称	単	複
1	ich fahre	wir fahren
2	du **fährst** / Sie fahren	ihr fahrt / Sie fahren
3	er **fährt**	sie fahren

(fuhr, *ist* / *hat* ... gefahren) I 自 (完了 sein) ① (乗り物で)**行く**; 運転する. Gehen wir zu Fuß, oder fahren wir? 歩いて行きましょうか, それとも乗り物で行きましょうか / Er *fährt* gut (schlecht). 彼は運転がうまい(下手だ) / Sie *fährt* schon zehn Jahre lang unfallfrei. 彼女はもう10年間無事故運転だ / vorsichtig *fahren* 慎重に運転する / erster Klasse² *fahren* 1 等車で行く / **spazieren** *fahren* (車などで)ドライブをする.

◇《前置詞とともに》**gegen** einen Baum *fahren* (乗り物で)木に衝突する / Ich **bin in** die Stadt *gefahren*.《現在完了》私は町へ出かけた / **in** (または **auf**) Urlaub *fahren* 休暇旅行に出かける / **mit** dem Zug *fahren* 列車で行く / Wir *fahren* morgen **nach** Wien. 私たちはあすウィーンへ行く / **per** Anhalter *fahren* ヒッチハイクをする / 人³ **über** den Fuß *fahren* (車などで)人³の足をひく / **zum** Bahnhof *fahren* 駅へ行く. ◇《乗り物を表す無冠詞の名詞とともに》Fahrrad⁴ *fahren* 自転車に乗る / **Rad⁴ *fahren*** 自転車に乗って行く ⇨ Sie *ist* Rad *gefahren*.《現在完了》彼女は自転車に乗って行った / Karussell⁴ *fahren* メリーゴーラウンドに乗る / Ski⁴ *fahren* スキーをする.

◇《区間・距離などを表す 4 格とともに》Ich *fahre* diese Strecke täglich. 私はこの区間を毎日車で走っている / einen Umweg *fahren* 回り道をする. (注意 完了の助動詞に haben をとることもある).

② (乗り物が)**走る**, 動く; 運行する. Das Auto *fährt* schnell (langsam). その車は速い(遅い) / Wann *fährt* der nächste Bus? 次のバスは何時[発]ですか / Der Zug *fährt* nach München. その列車はミュンヒェンに行く.

③《方向を表す語句とともに》(…へ/…から)急に(さっと)動く; さっとなでる, ふく. **aus** dem Bett *fahren* ベッドから飛び起きる / 人³ **mit** der Hand **durchs** Haar *fahren* 人³の髪をなでる / Ein Gedanke *fuhr* mir durch den Kopf.《比》ある考えがぱっと頭に浮かんだ / **in** die Höhe *fahren* (びっくりして)飛び上がる / **in** die Kleider *fahren* さっと服を着る / Der Schreck *fuhr* mir in die Glieder.《比》恐怖のおののきが私の全身に走った / Was *ist* denn in dich *gefahren*?《現在完了》《比》君はどうしたんだ / Er *fuhr* mit einem Tuch **über** den Tisch. 彼は布でテーブルの上をふいた / 人³ über den Mund *fahren*《比》人³の言葉をさえぎる.

④《成句的に》gut (schlecht) *fahren*《口語》うまくいく(いかない). **Mit** diesem Kauf *sind* wir gut *gefahren*.《現在完了》この買い物で私たちは得をした / Sie *fahren* besser, wenn ... あなたは…したほうが得策です.

II 他 (完了 haben または sein) ① (h)(乗り物⁴を)**運転する**. den Traktor⁴ *fahren* トラクターを運転する / Er *fährt* einen Mercedes. 彼はベンツに乗っている / den Wagen⁴ **in** die Garage *fahren* 車をガレージに入れる.

② (h)(乗り物⁴を)**運ぶ**, 運搬する. Sand⁴ mit einem Lkw *fahren* 砂をトラックで運ぶ / Ich *fahre* dich nach Hause. 君を車で家に送って行くよ.

③ (h, s) (レース⁴に)出場する, (レースで記録⁴を)出す. ein Rennen⁴ *fahren* 自動車レースに出る / die beste Zeit⁴ *fahren* 最高記録を出す. ④ (h)《工》(機械など⁴を)操作する, 動かす. ⑤ (h)《隠語》(作業など⁴を)やり抜く.

III 再帰 (完了 haben) *sich*⁴ *fahren*《乗り物の)運転のくあいが…である. Der Wagen *fährt sich* leicht. その車は運転しやすい. ◇《非人称の **es** を主語として》Auf dieser Straße *fährt* es *sich* gut. この道は[車が]走りやすい.

(新形)

fah·ren las·sen ① (手から)放す. ②《比》(地位などをあきらめる, (計画など⁴を)断念する. ③《成句的に》einen [Wind] *fahren lassen*《俗》おならをする.

....

類語 **fahren**: (車をある場所や方向に向けて)運転する, ドライブする. **steuern**: (乗り物をハンドル・舵で思いどおりに)操縦する. **lenken**: (乗り物や馬などをしかるべき方向へ)操る, 運転する. Ich *lenkte* den Wagen in eine Nebenstraße. 私は車をうまく運転してわき道へ入った.

....

fah·rend [ファーレント] I ＊fahren (乗り物で行く)の 現分 II 形 ① 動いている, 進行中の(列車など). ②《史》遍歴の. ein *fahrender* Sänger 吟遊詩人 / *fahrendes* Volk 流浪の民,

旅芸人. ③《法》動産の. *fahrendes* Gut 動産.

Fah·ren·heit [ファーレンハイト fáːrənhaɪt]《物》(寒暖計の)華氏(⁀)(記号: F). 32°F (= zweiunddreißig Grad *Fahrenheit*) 華氏 32 度 (ドイツの物理学者 Daniel Gabriel *Fahrenheit* 1686–1736 の名から. 32°F＝0°C, 212°F＝100°C).

fah·ren|las·sen* [他] (h)（新形）fahren lassen) ☞ fahren

der **Fah·rer** [ファーラァ fáːrər] 男 (単 2) -s/ (複) - (3 格のみ -n) (自動車などの)**運転者**, ドライバー; (職業として:)運転手. (英 *driver*). (☞ 女性形は Fahrerin). ein sicherer *Fahrer* 腕の確かなドライバー / Bitte nicht mit dem *Fahrer* sprechen! (バス・電車内の掲示で:)運転手に話しかけないでください.

Fah·rer=flucht [ファーラァ・ふルフト] 女 -/ ひき逃げ.

Fahr=er·laub·nis [ファール・エァらオプニス] 女 -/..nisse《官庁》(自動車の)運転免許証).

Fahr=gast [ファール・ガスト] 男 -[e]s/..gäste 乗客, 旅客.

Fahr=geld [ファール・ゲるト] 中 -[e]s/-er 運賃. *Fahrgeld*⁴ abgezählt bereithalten! (掲示で:) 運賃はおつりのいらないように願います.

Fahr=ge·le·gen·heit [ファール・ゲれーゲンハイト] 女 -/-en 乗り物の便.

Fahr=ge·stell [ファール・ゲシュテる] 中 -[e]s/-e ① (自動車などの)車台, シャーシー. ②《空》(飛行機の)脚. ③《俗》《戯》(人の)脚.

fah·rig [ファーリヒ fáːrɪç] 形 落ち着きのない, そわそわ(せかせか)した, 注意散漫な.

die **Fahr=kar·te** [ファール・カルテ fáːrkartə] 女 (単) -/(複) -n (特に列車の)**乗車券**, 切符; 乗船券. (英 *ticket*). Rück*fahrkarte* 往復乗車券 / eine *Fahrkarte*⁴ lösen 乗車券を買う / Die *Fahrkarten* bitte! (車掌のせりふ:)乗車券を拝見させていただきます.

Fahr·kar·ten=schal·ter [ファールカルテン・シャるタァ] 男 -s/- 乗車券売場, 出札口.

fahr=läs·sig [ファール・れスィヒ] 形 不注意な, 軽率な, うかつな. *fahrlässige* Tötung《法》過失致死.

Fahr=läs·sig·keit [ファール・れスィヒカイト] 女 -/-en 不注意, 軽率;《法》過失. aus *Fahrlässigkeit* 不注意から.

Fahr=leh·rer [ファール・れーラァ] 男 -s/- (自動車学校の)指導員.

Fähr=mann [フェーァ・マン] 男 -[e]s/..männer (または ..leute) フェリーの運転士; 渡し守.

der **Fahr=plan** [ファール・プらーン fáːrplaːn] 男 (単 2) -[e]s/(複) ..pläne [..プれーネ] (3 格のみ ..plänen) ① (列車などの)**時刻表**, ダイヤ. (英 *timetable*). Sommer*fahrplan* 夏のダイヤ. ②《口語》予定, 計画.

fahr·plan=mä·ßig [ファールプらーン・メースィヒ] 形 ダイヤ(時刻表)どおりの, 定時の. Der Zug kommt *fahrplanmäßig* um 13 Uhr an. その列車は時刻表どおり 13 時に到着する.

Fahr=pra·xis [ファール・プラスィス] 女 -/ 運転経験.

Fahr=preis [ファール・プライス] 男 -es/-e 運賃.

Fahr=prü·fung [ファール・プリューふング] 女 -/-en 運転免許試験.

das **Fahr=rad** [ファール・ラート fáːrraːt] 中 (単 2) -[e]s/(複) ..räder [..レーダァ] (3 格のみ ..rädern) **自転車**. (英 *bicycle*). *Fahrrad*⁴ (または **auf einem** *Fahrrad*) fahren 自転車に乗る / Ich bin **mit** dem *Fahrrad* da. 私は自転車で来ました.

Fahr=rä·der [ファール・レーダァ] ‡Fahrrad (自転車の)複

Fahr=rin·ne [ファール・リンネ] 女 -/-n (水深の浅い川や海に作られた)航路, 水路.

der **Fahr=schein** [ファール・シャイン fáːrʃaɪn] 男 (単 2) -[e]s/(複) -e (3 格のみ -en) (特にバス・市電などの)**乗車券**, 切符 (＝Fahrkarte). (英 *ticket*). die *Fahrscheine*⁴ entwerten 切符にパンチを入れる.

Fahr=schu·le [ファール・シューれ] 女 -/-n 自動車学校(教習所).

Fahr=schü·ler [ファール・シューらァ] 男 -s/- 自動車学校の生徒, 運転教習者.

Fahr=spur [ファール・シュプーァ] 女 -/-en 車線, レーン (白線で区切られた車道).

fährst [フェーアスト] ‡fahren (乗り物で行く)の 2 人称単数 現在

der **Fahr=stuhl** [ファール・シュトゥーる fáːrʃtuːl] 男 (単 2) -[e]s/(複) ..stühle [..シュテューれ] (3 格のみ ..stühlen) ① **エレベーター** (＝Aufzug). (英 *elevator*). Bitte benutzen Sie den *Fahrstuhl*! どうぞエレベーターをご利用ください / **mit** dem (または **im**) *Fahrstuhl* fahren エレベーターで行く. ② 車いす.

Fahr=stun·de [ファール・シュトゥンデ] 女 -/-n (自動車教習所の)教習時間.

die **Fahrt** [ファールト fáːrt] 女 (単) -/(複) -en ①《複 なし》(乗り物での)**走行**, ドライブ, (乗り物の)進行. (英 *drive*). Der Zug hat freie *Fahrt*. その列車には青信号が出ている / die *Fahrt*⁴ unterbrechen 途中下車する / nach drei Stunden *Fahrt* 3 時間走ったのちに / **Während** der *Fahrt* nicht aus dem Fenster lehnen! (車内の掲示で:)走行中は窓から身をのり出さないでください.

② (乗り物での)**旅行**. Auto*fahrt* ドライブ / Gute *Fahrt*! (乗り物で旅行する人に:)気をつけて行ってらっしゃい / **auf der** *Fahrt* nach Berlin ベルリンへの旅の途中に / eine *Fahrt* ins Blaue あてどのない旅. (☞ 類語 Reise).

③ (数日間にわたる)徒歩旅行. **auf** *Fahrt* gehen (若者がテントを持って)徒歩旅行に出かける. ④ (乗り物の)走行速度. die *Fahrt*⁴ beschleunigen (verlangsamen) 速度を上げる(落とす) / **in voller** *Fahrt* 全速力で / **in** *Fahrt* kommen (または geraten)《口語・比》 a) (気分的に)勢いづく, b) 腹を立てる, 怒る. ⑤ (坑) (立て坑用の)はしご. ⑥《海》航行

域.

fährt [ふエーァト] *fahren (乗り物で行く)の3人称単数 現在

Fähr·te [フェーァテ fé:rtə] 囡 -/-n ①《狩》(獣の)足跡, 臭跡(にお). eine *Fährte*⁴ verfolgen 足跡を追う. ② 《比》(追究の)手がかり. auf der falschen *Fährte* sein 見当違いをしている / 人⁴ / 人⁴ auf die richtige *Fährte* bringen 人⁴を正しい推論に導く.

Fahr·ten·buch [ファールテン・ブーフ] 中 -(e)s/..bücher ① 運転日誌. ② 旅行日誌.

Fahrt≠rich·tung [ファールト・リヒトゥング] 囡 -/-en (乗り物の)進行方向.

Fahr·richtungs≠an·zei·ger [ファールトリヒトゥングス・アンツァイガァ] 男 -s/- (自動車の)方向指示器, ウインカー.

fahr≠tüch·tig [ファール・テュヒティヒ] 形 (人・乗り物が)運転可能な状態にある.

Fahr≠ver·bot [ファール・フェァボート] 中 -(e)s/-e (自動車運転の)免許停止, 免停.

Fahr·was·ser [ファール・ヴァッサァ] 中 -s/- (水深の浅い川や海に作られた)航路, 水路. in [ein] politisches *Fahrwasser* geraten 《比》(議論などが)政治色を帯びてくる / in seinem (または im richtigen) *Fahrwasser* sein 《口語》得意の領域にある, 水を得た魚のようである.

Fahr≠zeit [ファール・ツァイト] 囡 -/-en 運転(走行)時間, 乗車時間, 飛行(航行)時間.

* *das* **Fahr≠zeug** [ファール・ツォイク fá:rzɔyk] 中 (単2) -(e)s/(複) -e (3格のみ -en) 乗り物. (英 vehicle).

Fahr·zeug≠hal·ter [ファールツォイク・ハルタァ] 男 -s/- 《法》(自動車などの)車両保有者.

Fai·ble [フェーブる fé:bl] [仏] 中 -s/-s 愛好, 偏愛; 弱味. ein *Faible*⁴ für 人・物⁴ haben 人・物⁴がたまらなく好きである.

fair [フェーァ fé:r] [英] 形 公平(公正)な, フェアな. ein *faires* Spiel (スポ) フェアプレー.

Fair·ness [フェーァネス fé:rnɛs] [英] 囡 -/ 公明正大(な態度), フェアなこと; (スポ) フェアプレー.

Fair·neß ☞ 新旧 Fairness

Fair·play [フェーァ・プれー fé:r-plé-] [英] 中 -/ フェアプレー.

Fair Play [フェーァ プれー fé:r plé:] [英] 中 -- / =Fairplay

Fait ac·com·pli [フェタコンプリ fɛtakɔ̃plí] [仏] 中 --/-s -s [フェザコンプリ] 既成事実.

fä·kal [フェカーる fɛká:l] 形 《医》排泄(はい)の.

Fä·ka·li·en [フェカーリエン fɛká:liən] 複 《医》排泄(はい)物, (特に)糞尿(ふんにょう).

Fa·kir [ファーキーァ fá:ki:r] 男 -s/-e ① (イスラム教国の)行者, 托鉢(たく)僧. ② (行者の格好をした)奇術師.

Fak·si·mi·le [ファクスィーミれ fakzí:mile] 中 -s/-s ファクシミリ, 写真技術による[古]文書の複写, 復刻.

Fak·si·mi·le≠ge·rät [ファクスィーミれ・ゲレート] 中 -(e)s/-e ファクシミリ装置, ファクス機.

fak·si·mi·lie·ren [ファクスィミリーレン fakzimilí:rən] 他 (h) ファクシミリで複写する, ファクスで送る.

Fak·ta [ファクタ] Faktum (事実)の 複

Fak·ten [ファクテン] Faktum (事実)の 複

fak·tisch [ファクティッシュ fáktɪʃ] I 形 事実上の, 実際の. II 副 ① 本当に, 実際. Es ist *faktisch* unmöglich. それは本当に不可能だ. ②《シュプーㇾ・口語》ほとんど.

* *der* **Fak·tor** [ファクトァ fáktɔr] 男 (単2) -s/(複) -en [..トーレン] ① **ファクター**, 要因; 《生》遺伝[因]子; 《数》因数; 《化》力価. (英 factor). ein entscheidender *Faktor* 決定的な要因. ②(印刷所などの)職工長, 係長.

Fak·to·ren [ファクトーレン] *Faktor (ファクター)の 複

Fak·to·tum [ファクトートゥム faktó:tum] 中 -s/-s (または ..toten) (長年勤めていて何でもこなす)執事, 家政婦, ベテラン社員; 《比》何でも屋.

Fak·tum [ファクトゥム fáktum] 中 -s/Fakten (または Fakta) 事実, 現実.

Fak·tur [ファクトゥーァ faktú:r] 囡 -/-en 《商》送り状, 納品書, インボイス.

* *die* **Fa·kul·tät** [ファクるテート fakultɛ́:t] 囡 (単1) -/(複) -en ① (大学の)学部. (英 faculty). die juristische *Fakultät* 法学部 / Er studiert an der philosophischen *Fakultät*. 彼は哲学部(文学部)で学んでいる / der anderen *Fakultät* sein 《戯》a) 思想(主義)が異なる, b) ホモである. ②(総称として)学部構成員(教授と学生たち). ③《数》階乗.

fa·kul·ta·tiv [ファクるタティーフ fákulati:f または ..ティーふ] 形 任意の, 自由選択の(科目など). (ドイツ「義務的な, 必修の」は obligatorisch).

falb [ふァるプ fálp] 形 《雅》淡黄色の, 黄灰色の.

Fal·be[r] [ふァるべ(..バァ) fálbə-] 男 ||語尾変化は形容詞と同じ|| 淡黄色(黄灰色)の馬.

Fal·ke [ふァるケ fálkə] 男 -n/-n ① (鳥) ハヤブサ(隼), タカ(鷹). ②《ふつう 複》《政》タカ派[的政治家]. (ドイツ「ハト派[的政治家]」は Taube).

Falk·ner [ふァるクナァ fálknər] 男 -s/- 《狩》鷹匠(たかじょう).

* *der* **Fall** [ふァる fál] 男 (単2) -es (まれに -s)/(複) Fälle [ふェれ] (3格のみ Fällen) ①《飾りなし》落下, 降下, 墜落; 転倒; 挫折(ざせつ); 堕落. (英 fall). Wasser*fall* 滝 / der *Fall* des Wasserstands 水位の低下 / der freie *Fall* 《物》(物体の)自由落下 / Er hat sich⁴ beim *Fall* schwer verletzt. 彼は転んで大けがをした / zu *Fall* kommen a) 《雅》転倒する, b) 挫折(失脚)する / 人⁴ zu *Fall* bringen a) 《雅》人⁴を転倒させる, b) 人⁴を破滅させる.

② 場合, 事例, ケース; 事情, 事態. (英 case). Not*fall* 緊急の場合 / ein ungewöhnlicher *Fall* 異常事態 / Das ist nicht der *Fall*. それは実情とは違う / Sie ist nicht gerade mein *Fall*. 彼女は必ずしも私の好みではない / Klarer *Fall*! もちろんだとも, 当然だよ / Gesetzt den *Fall*, dass... ...の場合には, ...と仮定すれば.

Fallbeil

◊《前置詞とともに》**auf** jeden *Fall* どんなことがあっても / **auf** alle *Fälle* a) どんなことがあっても, b) 念(用心)のために / **auf** keinen *Fall* 決して…てない / **für** alle *Fälle* 万一の場合に備えて / **für** diesen *Fall* こういう場合に備えて / **in** jedem *Fall* いずれにしても / **im** schlimmsten *Fall* 最悪の場合には / **im** *Fall*, dass... …の場合には / **von** *Fall* **zu** *Fall* ケースバイケースで. ③《法》[訴訟]事件, 判例. ④《医》症例[患者]. ein schwerer *Fall* 重度の症例. ⑤《言》格(＝Kasus). Das Deutsche hat vier *Fälle*. ドイツ語には四つの格がある.

Fall⋅beil [ふぁる・バイる] 田 -[e]s/-e 断頭台, ギロチン.

Fall⋅brü⋅cke [ふぁる・ブリュッケ] 囡 -/-n (城塞(ﾋﾞｮｳ)などの堀などに架かる)はね橋, つり上げ橋.

Fal⋅le [ふぁれ fálə] 囡 -/-n ① わな, 落とし穴;《比》策, 計略. ein Tier⁴ **in** (または **mit**) einer *Falle* fangen 獣をわなで捕える / 囚³ eine *Falle* stellen 囚³を罠にかける / 囚⁴ **in** eine *Falle* locken 囚⁴を陥れようとする / 囚³ **in** die *Falle* gehen 囚³の計略にはまる. ②《俗》ベッド, 寝床. **in** die *Falle* gehen 就寝する. ③《錠前》(ばねかんぬき);《ｽｲ》ドアノブ.

Fäl⋅le [ふぇれ] ‡Fall (場合)の複

‡**fal⋅len*** [ふぁれン fálən]

> 落ちる
> Im Herbst *fallen* die Blätter.
> イム ヘルプスト ふァれン ディ ブれッタァ
> 秋には木の葉が落ちる.

人称	単	複
1	ich falle	wir fallen
2	du **fällst** / Sie fallen	ihr fallt / Sie fallen
3	er **fällt**	sie fallen

(fiel, *ist*...gefallen) 圁 (完了 sein) ① **落ちる**, 落下する; **倒れる**, 転倒する.《変 fall》. Der Vorhang *fällt*. (劇場の)幕が下りる / Regen (Schnee) *fällt*. 雨(雪)が降る / Vorsicht, *fall* nicht! 気をつけて, 転ぶなよ.
◊《前置詞とともに》Die Erbschaft *fiel* **an** seine Schwester. 遺産は彼の妹のものになった / Er *fiel* **auf** den Boden (または **zu** Boden). 彼は地面に倒れた / Das Messer *fiel* mir **aus** der Hand. 私の手からナイフが落ちた / **durch** die Prüfung *fallen*《口語》試験に落ちる / Das Kind *fiel* **in** den Bach. 子供が小川に落ちた / **über** einen Stein *fallen* 石につまずいて転ぶ / Die Äpfel *fallen* **vom** Baum. りんごが木から落ちる.
◊《**lassen** とともに》Das Kind ließ die Tasse *fallen*. その子はカップを落とした / Erschöpft ließ ich mich aufs Bett *fallen*.《口語》疲れ果てて私はベッドに倒れこんだ.
② (温度・水位・価格などが)**下がる**, 低くなる.（注意）「上がる」は steigen). Die Temperatur *fällt*. 気温が下がる / Die Kurse *fallen*. 相場が下がる.
③《方向を表す語句とともに》(…へ)さっと動く, 飛びつく. Er *fiel* vor ihr **auf** die Knie. 彼は彼女の前にひざまずいた / 囚³ **in** den Arm *fallen* 囚³の腕をつかんで制止する / Die Tür *fiel* ins Schloss. ドアがばたんと閉まった / 囚³ **um** den Hals *fallen* 囚³に抱きつく / 囚³ **zu** Füßen *fallen* 囚³の足もとにひれ伏す.
④ 戦死する;《狩》(動物が)死ぬ; (都市などが)陥落する. Er *ist* im letzten Krieg *gefallen*.《現在完了》彼はこの前の戦争で戦死した.
⑤ (障害などが)なくなる, (制度などが)廃止になる. Das Tabu *ist* jetzt *gefallen*.《現在完了》そのタブーは今は消滅した.
⑥ (言葉などが)発せられる; (決定などが)下される, (発砲などが)なされる. In der Sitzung *fielen* scharfe Worte. 会議では激しい言葉が飛び交った / Plötzlich *fiel* ein Schuss. 突然1発の銃声がした.
⑦ (髪・布などが)たれ下がっている. Das Haar *fällt* ihm bis **auf** die Schultern. 彼の髪は肩までたれている.
⑧《方向を表す語句とともに》(光などが…へ)差し込む, 当たる; (視線・疑いなどが…に)向けられる. Ein Sonnenstrahl *fällt* **ins** Zimmer. 日光が部屋に差し込んでいる / Der Verdacht *fiel* **auf** ihn. 嫌疑が彼にかかった.
⑨〔**auf**（または **in**）事⁴ ～〕(日付などが事⁴(ある日・時期)に)当たる, かち合う. Weihnachten *fällt* dieses Jahr auf einen Freitag. クリスマスは今年は金曜日に当たる / In diese Zeit *fallen* die Hauptwerke des Dichters. この詩人の主要な作品はこの時期に書かれている.
⑩〔**in**（または **unter**）事⁴ ～〕(事⁴に)属する. Das *fällt* in (または unter) dieselbe Kategorie. それは同じ範疇(ﾊﾝﾁｭｳ)に属する.
⑪〔**in** 事⁴ ～〕(事⁴(ある状態)に)なる, 陥る. in 事⁴ *fallen*《比》事⁴という状態に陥る ⇒ Er *fiel* **in** Ohnmacht. 彼は気を失った / **in** tiefen Schlaf *fallen* 深い眠りに落ちる.
⑫《特定の形容詞などとともに》囚・物³ anheim *fallen* 囚・物³の所有に帰する / 囚³ leicht *fallen* 囚³にとってたやすい / 囚³ schwer *fallen* 囚³にとって困難である.
◊ ☞ **gefallen**

〔新形〕‥‥‥‥‥‥‥‥‥‥‥‥‥

fal⋅len las⋅sen ① (計画・意図など⁴を)放棄する, 断念する. ② (友人など⁴を)見捨てる. ③ (言葉⁴を)もらす, 口走る.

‥‥‥‥‥‥‥‥‥‥‥‥‥‥‥‥‥

fäl⋅len [ふェれン félən] 他 (h) ① (木⁴を)切り倒す, 伐採する. ② 《軍》(銃剣など⁴を)構える. die Lanze⁴ *fällen*（攻撃のために）槍(ﾔﾘ)を構える. ③ (判断・判決⁴を)下す. ein Urteil⁴ *fällen* 判決を下す / eine Entscheidung⁴ *fällen* 決定する. ④ 《数》(垂線⁴を)下ろす;《化》沈殿させる.

fal⋅len|las⋅sen* 他 (h) (新形 fallen lassen) ☞ fallen

Fall:ge·setz [ふァる・ゲゼッツ] 中 -es/《物》落下の法則.

Fall:gru·be [ふァる・グルーベ] 女 -/-n《狩》落とし穴;《比》策略.

fäl·lig [ふェljヒ] 形 ① 支払期限に達した,満期の. Die Miete ist am ersten Tag des Monats *fällig*. 家賃の支払いは月の第1日目です. ② 行われるはずの, [とっくに]行われるべき. ③ 到着予定の.

Fäl·lig·keit [ふェリヒカイト] 女 -/-en《経》支払期日, (債務返済などの)満期.

Fall:obst [ふァる・オープスト] 中 -[e]s/《風・虫などのために)落ちた果実.

Fall-out, Fall·out [ふォーる・アオト]《英》男 -s/-s《物》(核爆発による)放射性降下物, 死の灰.

Fall:reep [ふァる・レープ] 中 -[e]s/-e《海》(船の舷梯(げんてい), タラップ.

***falls** [ふァるス fáls] 接《従属接続詞; 動詞の人称変化形は文末》① ...の場合には, もし...ならば (=wenn). *Falls* das Wetter schön ist, wollen wir einen Ausflug machen. 天気が良ければ遠足に行こう. ②《口語》...の場合に備えて. Nimm den Schirm mit, *falls* es regnet! 雨に備えて傘を持って行きなさい.

Fall:schirm [ふァる・シルム] 男 -[e]s/-e パラシュート, 落下傘. den *Fallschirm* öffnen パラシュートを開く / mit dem *Fallschirm* ab|springen パラシュートで降下する.

Fall:schirm:jä·ger [ふァるシルム・イェーガァ] 男 -s/-《軍》落下傘部隊員.

Fall·schirm:sprin·ger [ふァるシルム・シュプリンガァ] 男 -s/- ①《軍》落下傘部隊員. ② スカイダイバー.

Fall·schirm:trup·pe [ふァるシルム・トルッペ] 女 -/-n《軍》落下傘(空挺)部隊.

fällst [ふェるスト] ※ fallen (落ちる), fällen (切り倒す)の2人称単数現在.

Fall:strick [ふァる・シュトリック] 男 -[e]s/-e わな, 落とし穴. ein Examen voller *Fallstricke*[2] 落とし穴のいっぱいある試験 / 人[3] *Fallstricke*[4] legen《比》人[3]を陥れる.

Fall·stu·die [ふァる・シュトゥーディエ] 女 -/-n ケーススタディー, 事例研究.

fällt [ふェるト] ※ fallen (落ちる), fällen (切り倒す)の3人称単数現在.

Fall:tür [ふァる・テューァ] 女 -/-en ① (天井などの)はね上げ戸, (床の)落とし戸, ハッチ. ② (落とし穴用の)落とし戸.

***falsch** [ふァるシュ fálʃ]

> 間違った
>
> Die Rechnung ist *falsch*.
> ディ レヒヌンク イスト ふァるシュ
> 勘定が間違っている.

形 ① 間違った, 誤りの. (英 *wrong*). (⇔「正しい」は richtig). *falsche* Lösung einer Aufgabe[2] ある問題の誤答 / einen *falschen* Weg ein|schlagen 間違った道を行く / Deine Antwort ist *falsch*. 君の答えは間違っている. ◇《副詞的に》Das hast du *falsch* verstanden. 君はそれを誤解した / *falsch* singen 調子はずれに歌う / ein Wort[4] *falsch* schreiben ある単語のつづりを間違える / Seine Uhr geht *falsch*. 彼の時計は狂っている / Ich bin *falsch* verbunden.《状態受動・現在》(電話で:)かけ間違えました.《名詞的に》**an den** *Falschen*(または an die *Falsche*) geraten(問題などを)お門違いのところへ持っていく.

② 不適当な, 見当違いの. *falsche* Bescheidenheit 場違いな遠慮.

③ 偽の, 模造の, 偽造の; 人工の. (⇔「本物の」は echt). *falsche* Zähne 義歯 / *falsche* Haare かつら / *falscher* Hase《料理》ミートローフ / Dieser Ausweis ist *falsch*. この身分証明書は偽物だ.

④ 不誠実な, 不実な, ごまかしの. ein *falscher* Freund 不実な友人 / *falsch* lächeln 作り笑いを浮かべる. ⑤《方・口語》怒った, 激怒した. 人[4] *falsch* machen 人[4]を怒らせる / **auf** 人[4] *falsch* sein 人[4]に腹を立てている.

fäl·schen [ふェるシェン félʃən] 他 (h)(貨幣・文書などを)偽造(模造)する; (事実などを)ゆがめる. einen Pass *fälschen* パスポートを偽造する. ◇《過去分詞の形で》mit *gefälschtem* Scheck zahlen 偽造小切手で支払う.

Fäl·scher [ふェるシャァ félʃər] 男 -s/- 偽造(模造)者.

Falsch·geld [ふァるシュ・ゲるト] 中 -[e]s/-er 偽金, 偽造貨幣.

Falsch·heit [ふァるシュハイト] 女 -/ ① 偽り, 虚偽;《哲》誤謬. ② 不[誠]実, 悪意, 底意.

fälsch·lich [ふェるシュリヒ] 形 間違った, 誤った; 偽りの.

fälsch·li·cher·wei·se [ふェるシュリッヒァァ・ヴァイゼ] 副 間違って, 誤って.

Falsch·mel·dung [ふァるシュ・メるドゥンク] 女 -/-en 誤報, 虚報.

Falsch·mün·zer [ふァるシュ・ミュンツァァ] 男 -s/- 偽金造り, 貨幣偽造者.

Falsch·spie·ler [ふァるシュ・シュピーらァ] 男 -s/- いかさまとばく師.

Fäl·schung [ふェるシュンク] 女 -/-en ①《ふつう無》(貨幣・文書などの)偽造. ② 偽造(模造)品, 偽造文書, 偽物.

Fal·sett [ふァるゼット falzét] 中 -[e]s/-e《ふつう無》《音楽》ファルセット, 裏声.

Fal·si·fi·kat [ふァるズィふィカート falzifikáːt] 中 -[e]s/-e 偽造品, 模造品.

Falt:boot [ふァるト・ボート] 中 -[e]s/-e 折りたたみ式ボート.

Fal·te [ふァるテ fáltə] 女 -/-n ①(布・紙などの)折り目, しわ, ひだ. die *Falten*[4] aus|bügeln アイロンでしわを伸ばす / die *Falten*[4] glätten しわを伸ばす / *Falten*[4] schlagen (または is werfen) しわになる / Stoff[4] **in** *Falten* legen 布にひだをつける. ②(顔などの)しわ. die Stirn[4] **in** *Falten* legen(または ziehen) 額にし

fälteln わを寄せる. ③《地学》褶曲(しゅうきょく).

fäl・teln [フェるテるン fɛ́ltəln] 他 (物⁴に)細かい折り目(ひだ)をつける.

***fal・ten** [ふァるテン fáltən] du faltest, er faltet (faltete, hat...gefaltet) 他 (物⁴を)①折りたたむ，折る. (英 fold). einen Brief falten 手紙を折りたたむ. ②(手など⁴を)組み合わせる. die Hände⁴ falten 両手を組み合わせる. ◇《過去分詞の形で》mit gefalteten Händen beten 両手を組み合わせて祈る. ③(物⁴に)しわを寄せる. die Stirn⁴ falten 額にしわを寄せる. ◇《再帰的に》sich⁴ falten しわが寄る.

fal・ten・los [ふァるテン・ろース] 形 ひだ(折り目)のない，しわのない.

Fal・ten=rock [ふァるテン・ロック] 男 -[e]s/..röcke プリーツスカート.

Fal・ten=wurf [ふァるテン・ヴルふ] 男 -[e]s/- (衣服・カーテンなどの)ひだ取り.

Fal・ter [ふァるタァ fáltər] 男 -s/- 《昆》鱗翅(りんし)類; ちょう類.

fal・te・te [ふァるテテ] * falten (折りたたむ)の過去.

fal・tig [ふァるティヒ fáltıç] 形 ① ひだ(しわ・折り目)のある. ② しわの寄った(額・顔など).

..fäl・tig [..ふェるティヒ ..feltıç]《形容詞をつくる接尾》(…倍の…重の). 例: dreißigfältig 30倍の / vielfältig 多様な.

Falz [ふァるツ fálts] 男 -es/-e ①《製本》折り目; (表紙と背の間の)溝. ②《建》(板と板との継ぎ目の)さねはぎ. ③《工》(金属板などの)折り目，継ぎ目.

fal・zen [ふァるツェン fáltsən] 他 (h) ①《製本》(紙⁴を)折る. ②(板⁴などに)さね継ぎの溝を彫る; (ブリキなど⁴を)たたみ折りで継ぐ. ③(皮⁴を)裏削りして平らにする.

Fam. [ふァミーりエ]《略》家族，…家 (=Familie).

Fa・ma [ふァーマ fá:ma] I -/ 《ロ神》ファーマ(うわさの女神). II 女 -/ うわさ，評判.

fa・mi・li・är [ふァミリエーァ familiέ:r] 形 ① 家族の，家庭の. familiäre Angelegenheiten 家庭内の事情. ② 親しい，打ち解けた; なれなれしい. Sie wurden ziemlich familiär miteinander. 彼らは互いにずいぶん親しくなった.

***die* Fa・mi・lie** [ふァミーリエ famí:liə]

家族　Haben Sie *Familie*?
　　　　ハーベン　ズィー ふァミーリエ
　　　　ご家族はいらっしゃいますか.

女 (単) -/(複) -n ① 家族，家庭，一家; 一族，家柄. (英 family). *Familie* Schmidt シュミット家 / die Heilige *Familie* 聖家族(マリアとヨゼフと幼児イエス) / eine glückliche *Familie* 幸せな家庭 / eine alte *Familie* 古い家柄 / Wir sind eine große *Familie*. わが家は大家族だ / eine vierköpfige *Familie* 4人家族 / eine *Familie*⁴ gründen 家庭を築く，結婚する / Er hat keine *Familie*. 彼は世帯を持っていない / aus guter *Familie* sein 良家の出である / Dieses Talent liegt in der *Familie*. この才能は一族の血筋だ / Das bleibt in der *Familie*.《比》これはうちうちのことだ(ここだけの話だ) / Das kommt in den besten *Familien* vor. それはだれにだって起こりうることだ，そんなに気にすることはない.
② 《生》(動物・植物の)科.

《参》家族を表す語いろいろ: Großeltern 祖父母 / Großvater 祖父 / Großmutter 祖母 / Eltern 両親 / Vater 父 / Mutter 母 / Kind 子供 / Sohn 息子 / Tochter 娘 / Bruder 兄(弟) / Schwester 姉(妹) / Geschwister 兄弟姉妹 / Enkel 孫

Fa・mi・li・en=an・ge・hö・ri・ge[r] [ふァミ

ドイツ・ミニ情報 7

家庭 Familie

1968年当時全盛であった学生運動において中心的な役割を果たした学生団体・議会外野党 (APO) は，権威主義を否定し，既成概念を打破しなければ社会を変えられないと主張した. それ以来ドイツでは，結婚に対する意識も大きく変化し，未婚の男女の同棲がかなり一般化した. 未婚のまま長年一緒に暮らし，そろそろ家庭を築こうかという気持ちになると，児童福祉手当や税金面で結婚していたほうが有利なため，婚姻届を出すケースがよく見られる.

パートナーは自分で探すのがふつうで，お見合いの習慣はない. 学歴や家柄にこだわらず，気があいと思った人と暮らし始めるので，さまざまな組み合わせのカップルがいる. 青少年も10代後半ともなると，社会的に成人と同じ扱いを受け，子供の異性関係に親が介入することもなくなる. 異性と知り合う機会になかなか恵まれず，自分を最大限にアピールした求婚広告を新聞に出す人もいるが，広告が功を奏して結婚まで至る確率はそれほど高くない.

結婚しない男女が増えた結果，少子化にますます拍車がかかり，また核家族も当たりまえになっている. 農家などの大家族を除けば，結婚後も親と同居する人はまれで，老人養護施設や一人で暮らすお年寄りがほとんどである. しかし，長期滞在をして互いに訪問し合ったり，連絡を欠かさず取り合ったりしており，別居のほうがお互いの生活を尊重しながらいい家族関係を保てると考える人が多いようだ.

fantasieren

リェン・アンゲヘーリゲ (..ガァ)] 男 女 《語尾変化は形容詞と同じ》家族[の一員].

Fa·mi·li·en⇗an·ge·le·gen·heit [ふァミーリェン・アンゲレーゲンハイト] 女 -/-en 家庭の事情, 私事.

Fa·mi·li·en⇗an·schluss [ふァミーリェン・アンシュるス] 男 -es/ (使用人・下宿人などの)家族同様の待遇.

Fa·mi·li·en⇗an·schluß ☞ 新旧 Familienanschluss

Fa·mi·li·en⇗auf·ent·halt [ふァミーリェン・アオふエントハるト] 男 -[e]s/- ホームステイ.

Fa·mi·li·en⇗be·trieb [ふァミーリェン・ベトリープ] 男 -[e]s/-e 家族経営社(会社).

Fa·mi·li·en⇗kreis [ふァミーリェン・クライス] 男 -es/ 一家[の人々], 内輪(ﾗﾁ).

Fa·mi·li·en⇗le·ben [ふァミーリェン・れーベン] 中 -s/ 家庭生活.

* *der* **Fa·mi·li·en⇗na·me** [ふァミーリェン・ナーメ famí:liən-na:mə] 男 (単 2)-[e]n, (単 3.4)-n/(複)-n 姓, 名字, 家族名.(⇨「姓に対する名」は Vorname). Wie ist Ihr *Familienname*? あなたの姓はなんと言いますか.

Fa·mi·li·en⇗pla·nung [ふァミーリェン・プらーヌング] 女 -/-en 家族計画.

Fa·mi·li·en⇗stand [ふァミーリェン・シュタント] 男 -[e]s/ 配偶状況(未婚・既婚・離婚などの区別).

Fa·mi·li·en⇗va·ter [ふァミーリェン・ふァータァ] 男 -s/..väter (家長としての)父親, 一家の長.

Fa·mi·li·en⇗zu·sam·men·füh·rung [ふァミーリェン・ツザンメンふューるング] 女 -/-en (戦争などで離れ離れになった)家族の再会.

fa·mos [ふァモース famó:s] 形 《口語》すばらしい, すてきな

Fa·mu·lus [ふァームるス fá:mulus] 男 -/..lusse (または ..li) ① 医学実習生. ② (昔の)助手[学生].

Fan [ふェン fén] [英] 男 -s/-s ファン, 熱狂的愛好者. Sportfan スポーツファン / begeisterte *Fans* 熱狂したファンたち.

Fa·nal [ふァナール faná:l] 中 -s/-e 《雅》(変革・変化などの)のろし, 先駆け, 指標.

Fa·na·ti·ker [ふァナーティカァ faná:tikɐr] 男 -s/- 狂信者, 熱狂的な愛好者. (⇨ 女性形は Fanatikerin). ein religiöser *Fanatiker* 宗教にこり固まった人.

fa·na·tisch [ふァナーティッシュ faná:tɪʃ] 形 狂信的な, 熱狂的な.

Fa·na·tis·mus [ふァナティスムス fanatísmus] 男 -/ 狂信, 熱狂.

fand [ふァント] *finden (見つける)の 過去

fän·de [ふェンデ] *finden (見つける)の 接2

Fan·fa·re [ふァンふァーレ fanfá:rə] 女 -/-n 《音楽》① ファンファーレ[の演奏・曲]. ② ファンファーレ用トランペット.

Fang [ふァング fáŋ] 男 -[e]s/Fänge ① 《複 なし》捕獲, 猟, 漁; 獲物; 《比》成果. einen guten *Fang* machen (または tun) 大猟(大漁)である / auf *Fang* aus|gehen 猟(漁)に出る.

② 《複》なし》《狩》〔獣・犬の〕口; 《ふつう 複》〔獣・犬の〕歯; (いのししなどの)きば; 《複 で》〔鷲(ﾜﾚ)〕の爪(ﾂﾒ)[のある足]. ③ 《狩》とどめの一発.

Fang⇗arm [ふァング・アルム] 男 -[e]s/-e 《動》(クラゲ・イカなどの)触手.

:**fan·gen*** [ふァンゲン fáŋən] du fängst, er fängt (fing, *hat* ... gefangen) **I** 他 (定了 haben)

① (人・動物など⁴を)捕まえる, 捕らえる, 捕獲する; 《比》魅了する. 《英》catch). Die Katze *fängt* keine Mäuse mehr. この猫はもうねずみを捕まえない / Die Polizei *fing* den Dieb sehr schnell. 警察は泥棒をすぐに捕まえた / Fische⁴ *fangen* 魚をとる / Feuer⁴ *fangen* a) 引火する, 燃え出す, b) 《比》熱中する, ほれ込む.

② (ボールなど⁴を)受け止める. Der Torwart *fängt* den Ball. ゴールキーパーがボールをキャッチする / Gleich *fängst* du eine. 《南ドィッ・ォースドリア》すぐに一発お見舞いするからな.

③ 《口語・比》策略にのせる, ひっかける. So leicht *lasse* ich mich nicht *fangen*! そう簡単にはひっかからないぞ.

II 再帰 (定了 haben) *sich*⁴ *fangen* ① 《*sich*⁴ **in** 物³ ～》(動物などが物³(ﾜﾅなど)に)ひっかかる; 《比》(風が物³に)吹きたまる. Der Fisch *hat sich* im Netz *gefangen*. 魚が網にかかった.

② 体のバランスを取り戻す; 《比》心の落ち着きを取り戻す, 立ち直る.

◊☞ gefangen

類語 fangen: (いろいろな手段を用いて人・動物を) 捕まえる. (捕まえたものを自分のものとして確保しておく意味が含まれる). fassen: (あるものをむんずと)つかむ. packen: (すばやく・激しく)つかむ. greifen, ergreifen: (手を伸ばして)つかまえる, 握る.

Fan·gen [ふァンゲン] 中 -s/ 鬼ごっこ. *Fangen*⁴ spielen 鬼ごっこをする.

Fän·ger [ふェンガァ féŋɐr] 男 -s/- 捕獲者, 漁師, 猟師.

Fang⇗fra·ge [ふァング・ふらーゲ] 女 -/-n (相手にかまをかける)誘導尋問.

Fang⇗lei·ne [ふァング・らイネ] 女 -/-n 《海》もやい綱, とも綱.

fängst [ふェングスト] *fangen (捕まえる)の 2 人称単数 現在

fängt [ふェングト] *fangen (捕まえる)の 3 人称単数 現在

* *die* **Fan·ta·sie** [ふァンタズィー fantazí:] 女 (単)-/(複)-n [..ズィーエン] (《英》fantasy) ① 《複 なし》想像力, 空想力 / Er hat viel *Fantasie*. 彼は想像力が豊かだ. ② 想像[したこと], 想像の産物. Das ist reine *Fantasie*. それは絵空ごとにすぎない. ③ 《複 で》《心・医》幻覚, 幻想. ④ 《音楽》幻想曲, ファンタジア.

fan·ta·sie⇗los [ふァンタズィー・ろース] 形 想像(空想)力のない.

* **fan·ta·sie·ren** [ふァンタズィーレン fan-

fantasiert

tazíːrən] (fantasierte, hat...fantasiert) 自 (完了 haben) ① 空想する, 夢想する. Er *fantasiert* von einem neuen Haus. 彼は新しい家を夢みている. ②《医》うわ言を言う. ③《音楽》即興演奏する.

fan·ta·siert [ファンタ ズィーァト] ＊fantasieren (空想する)の 過分

fan·ta·sier·te [ファンタ ズィーァテ] ＊fantasieren (空想する)の 過去

fan·ta·sie⹀voll [ファンタズィーふォる] 形 (人が)想像力豊かな; 空想に富む(作品など).

Fan·tast [ファンタスト fantást] 男 -en/-en (軽蔑的に:)空想家, ほら吹き.

＊**fan·tas·tisch** [ファンタスティッシュ fantástɪʃ] 形 (英 *fantastic*) ① 空想的な, 幻想的な, 想像[上]の. eine *fantastische* Geschichte 空想的な話. ②《口語》すばらしい, すごくすてきな; 信じられないほどの, とてつもない. fantastisches Wetter すばらしい天気 / Der Gedanke ist *fantastisch*. その考えはとてもすばらしい / eine *fantastische* Geschwindigkeit ものすごいスピード.(☞ 類語 wunderbar).

Farb⹀auf·nah·me [ふァルプ・アオふナーメ] 女 -/-n (映·写) カラー撮影; カラー写真.

Farb⹀band [ふァルプ・バント] 中 -[e]s/-bänder (タイプライターの)リボン.

Farb⹀bild⹀schirm [ふァルプビるト・シルム] 男 -[e]s/-e (ビジ) カラーディスプレー.

Farb⹀druck [ふァルプ・ドルック] 男 -[e]s/-e カラー印刷, 色刷り.

＊**die Far·be** [ふァルベ fárbə]

> 色 Sie liebt modische *Farben*.
> ズィー リープト モーディッシェ ふァルベン
> 彼女は流行色を好む.

女 (単) -/(複) -n ① 色, 色彩. (英 *color*). Haut*farbe* 肌の色 / eine dunkle (helle) *Farbe* 暗い(明るい)色 / grelle *Farben* けばけばしい色 / Welche *Farbe* hat dein neuer Mantel? 君の新しいコートは何色ですか / Haben Sie das in einer anderen *Farbe*? (店員に:)これの別の色はありませんか.

② 顔色, 血色. Sein Gesicht hat eine gesunde *Farbe*. 彼の顔は健康な色をしている / *Farben*⁴ bekommen 血色を取り戻す, 元気になる / die *Farbe*⁴ verlieren 血の気がなくなる, 蒼白になる / die *Farbe*⁴ wechseln 顔色を変える.

③ 絵の具, 染料; 塗料. Öl*farbe* 油絵の具 / die *Farben*⁴ mischen 絵の具を混ぜる / Die *Farbe* blättert von der Wand ab. 塗料が壁からはげ落ちる / *Farben*⁴ in den leuchtendsten (dunkelsten) *Farben* schildern 《比》事⁴を楽観的(悲観的)に描く.

④ シンボルカラー; 旗印, 主義. Rot ist die *Farbe* der Liebe. 赤は愛のシンボルカラーだ / Die deutschen *Farben* sind Schwarz, Rot und Gold. ドイツの旗の色は黒赤金だ / die *Farbe*⁴ wechseln 主義を変える.

⑤《トランプ》(トランプの)同一組の札. *Farbe*⁴ bekennen a) (台札と)同じ組のカードを出す, b)《比》自分の考え(立場)を明らかにする.

> 〈参考〉色のいろいろ: blau 青い / braun 褐色の / gelb 黄色い / golden 金色の / grau グレーの / grün 緑の / rosa ピンクの / rot 赤い / schwarz 黒い / silbern 銀色の / violett 紫い / weiß 白い

farb⹀echt [ふァルプ・エヒト] 形 色のさめない, 色落ちしない.

Fär·be⹀mit·tel [ふェルベ・ミッテる] 中 -s/- 染料, 着色料.

fär·ben [ふェルベン fέrbən] I 他 (h) ① (布地などを)染める, 着色する. einen Stoff *färben* 生地を染める / sich³ das Haar⁴ *färben* 髪を染める / ein Kleid⁴ blau *färben* ワンピースをブルーに染める / Schamröte *färbte* ihre Wangen. 彼女の頬は恥じらいのために赤くなった. ②《比》粉飾する, 潤色する. II 再帰 (h) sich⁴ *färben* 色づく, 染まる, 紅葉する. Die Blätter *färben* sich schon. 木の葉がもう色づいている. III 自 (h)《口語》色(染料)が落ちる.

◇☞ **gefärbt**

far·ben⹀blind [ふァルベン・ブリント] 形 色盲の.

far·ben⹀freu·dig [ふァルベン・ふロイディヒ] 形 カラフルな, 色鮮やかな; 鮮やかな色を好む.

Far·ben⹀leh·re [ふァルベン・れーレ] 女 -/ 色彩論(学).

far·ben⹀präch·tig [ふァルベン・プレヒティヒ] 形 色の華やかな, 絢爛(けんらん)たる.

Fär·ber [ふェルバァ fέrbər] 男 -s/- 染色工, 染物師.

Fär·be·rei [ふェルベライ fɛrbərái] 女 -/-en ①《複 なし》染色(技術). ② 染色工場.

Farb⹀fern·se·hen [ふァルプ・ふェルンゼーエン] 中 -s/ カラーテレビ[放送].

Farb⹀film [ふァルプ・ふぃるム] 男 -[e]s/-e 《写》カラーフィルム. einen *Farbfilm* in die Kamera ein|legen カラーフィルムをカメラに入れる. ② カラー映画.

Farb⹀ge·bung [ふァルプ・ゲーブング] 女 -/- 色の使い方, 配色.

＊**far·big** [ふァルビヒ fárbɪç] 形 ① 色のついた, カラーの, 多色の; 色とりどりの. (英 *colorful*). *farbige* Postkarten カラーの絵はがき. ② 有色[人種]の. ③《比》生き生きとした, 生彩のある. eine *farbige* Schilderung 生き生きした描写.

..far·big [..ふァルビヒ ..farbɪç] 《形容詞をつくる接尾》(..色の). 例: mehr*farbig* 多色の.

Far·bi·ge[r] [ふァルビゲ (..ガァ) fárbigə (..gər)] 男 女《語尾変化は形容詞と同じ》有色人[種].

farb·lich [ふァルプりヒ] 形 色彩の, 色調の.

farb·los [ふァルプ・ろース] 形 ① 無色の, 透明の;《比》青ざめた(顔色など). ② 特色のない.

Farb⹀stift [ふァルプ・シュティふト] 男 -[e]s/-e 色鉛筆.

Farb・stoff [ファルプ・シュトフ] 男 -[e]s/-e 色素; 染料.

Farb・ton [ファルプ・トーン] 男 -[e]s/..töne 色調, 色合い.

Fär・bung [フェルブング] 女 -/-en 染色, 着色; 彩色; 色彩, 色合い;《比》傾向, 色合い. die politische *Färbung* einer Zeitung² 新聞の政治色.

Far・ce [ファルセ fársə] [仏] 女 -/-n ①《文学・劇》笑劇, 茶番劇, ファルス. ② 茶番, ばかげたこっけいなこと. ③《料理》(肉料理などの)詰め物(刻んだ肉・魚・野菜・卵・香辛料など).

Farm [ファルム fárm] 女 -/-en ①《英語圏の》農場, 農園. ②(鶏などの)飼育場, 養殖場.

Far・mer [ファルマァ fármər] [英] 男 -s/-(英語圏の)農場主.

Farn [ファルン fárn] 男 -[e]s/-e 《植》シダ(羊歯).

Fär・se [フェルゼ férzə] 女 -/-n (まだ子を産まない)若い雌牛.

Fa・san [ファザーン fazá:n] 男 -[e]s/-e (または -en)《鳥》キジ(雉).

Fa・sa・ne・rie [ファザネリー fazanərí:] 女 -/-n [..リーエン] 雉《鳥》飼育場.

Fa・sching [ファッシング fáʃɪŋ] 男 -s/-e (または -s)《南ドッ・*ェトック》カーニバル, 謝肉祭(=Fastnacht, Karneval). *Fasching*⁴ feiern カーニバルを祝う.

Fa・schis・mus [ファシスムス faʃísmus] 男 -/ ①《史》(1922‒1945 年のイタリアにおける)ファシズム. ②《政》ファシズム.

Fa・schist [ファシスト faʃíst] 男 -en/-en ファシスト.

fa・schis・tisch [ファシスティッシュ faʃístɪʃ] 形 ファシズムの; ファッショ的.

fa・schis・to・id [ファシストイート faʃɪstói:t] 形 ファシズム的傾向のある.

Fa・se・lei [ファーゼライ fa:zəlái] 女 -/-en《口語》たわごと, むだ口, おしゃべり.

fa・se・lig [ファーゼリヒ fá:zəlɪç] 形《口語》そそっかしい, 軽率な, くだらないことを言う.

fa・seln [ファーゼルン fá:zəln] 自 (h)・他 (h)《口語》くだくだ言う(書く).

Fa・ser [ファーザァ fá:zər] 女 -/-n ①繊維, 筋. Pflanzen*faser* 植物繊維 / Chemie*faser* 化学繊維. ②繊維細胞. Muskel*faser* 筋[肉]繊維.

fa・se・rig [ファーゼリヒ fá:zərɪç] 形 繊維質の, 糸状の; けば立ちやすい.

fa・sern [ファーザァン fá:zərn] 自 (h) ほつれる, けば立つ.

‡*das* **Fass** [ファス fás] 中 (単 2) -es/(複) Fässer [フェッサァ] (3 格のみ Fässern)《数量単位としては:(複) - も》① 樽(たる). (英 *barrel*). Bier*fass* ビール樽 / drei *Fass* Wein ワイン 3 樽 / ein *Fass*⁴ an|stechen (または an|zapfen) 樽の口を開ける / ein *Fass*⁴ auf|machen《口語・比》にぎやかに酒盛りをする / Er ist ein richtiges *Fass*.《口語》彼はビール樽のように太っている / ein *Fass* ohne Boden《比》むだな骨折り(←底なしの樽)/ Bier **vom** *Fass* 生ビール / Das schlägt dem *Fass* den Boden aus!《比》そいつには堪忍袋の緒が切れる(←樽の底を打ち抜く).

②(若者言葉)達人, 名人.

Faß ☞ (新形) Fass

Fas・sa・de [ファッサーデ fasá:də] 女 -/-n ①(建物の)正面, 前面, ファサード. ②(ふつう軽蔑的に:)見かけ, 外観;《口語》(人の)顔.

fass・bar [ファスバール] 形 具体的な; 理解できる, 把握できる.

faß・bar ☞ (新形) fassbar

Fass・bier [ファス・ビーァ] 中 -[e]s/-e 樽(たる)詰めのビール, 生ビール. (ベ「びんビール」は Flaschenbier).

Faß・bier ☞ (新形) Fassbier

Fass・bin・der [ファス・ビンダァ] 男 -s/《南ドッ・*ェトック*》樽(たる)職人(=Böttcher).

Faß・bin・der ☞ (新形) Fassbinder

Fäss・chen [フェスヒェン fésçən] 中 -s/- (Fass の縮小) 小さな樽(たる), 小樽.

Fäß・chen ☞ (新形) Fässchen

*‡***fas・sen** [ファッセン fásən] du fasst, er fasst (fasste, *hat*...gefasst) I 他 (完了 haben) ①つかむ; 捕まえる. (英 *grasp*). das Seil⁴ mit beiden Händen *fassen* ロープを両手でつかむ / Das Kind *fasste* die Mutter **an** (または **bei**) der Hand. 子供は母親の手をつかんだ / Die Polizei *hat* den Täter schon *gefasst*. 警察は犯人をもう捕まえた. ◊《目的語なしでも》*Fass*!(犬に対する命令?)かかれ. (☞ 類語 fangen). ②(ホール・容器などが)収容できる. Der Saal *fasst* tausend Menschen. そのホールは千人収容できる / Die Flasche *fasst* einen Liter. そのびんは 1 リットル入る.

③《雅》**理解する**, 把握する;(本当だと)信じる. Ich *kann* den Sinn dieser Worte nicht *fassen*. 私はこれらの言葉の意味が理解できない / einen Begriff weit (eng) *fassen* ある概念を広く(狭く)解釈する / Das ist nicht zu *fassen*! それは信じられないよ. (☞ 類語 verstehen).

④(枠などに)はめ込む, (柵などで)囲む. einen Edelstein in Gold *fassen* 宝石を金の台にはめ込む. ⑤《雅》(感情などが人⁴を)襲う. Entsetzen *fasste* uns bei diesem Anblick. この光景を見て私たちはぞっとした. ⑥(事⁴を…に)表現する. Wie *soll* ich das **in** Worte *fassen*? それは言葉でどう表せばいいのだろう. ⑦《特定の名詞を目的語として》行う, …する. einen Entschluss *fassen* 決心する / Mut⁴ *fassen* 勇気を出す / einen Plan *fassen* 計画を立てる / Vertrauen⁴ zu J³ *fassen* 人³に対して信頼の念をいだく. ⑧《軍》(食事・弾薬など⁴の)支給を受ける.

II 自 (完了 haben) ①《方向を表す語句とともに》(…へ)手を伸ばしてつかむ(触る). Ich

Fässer

fasste **an** den heißen Ofen. 私は熱いストーブに触った / 〖人〗³ **ins** Gesicht *fassen* 〖人〗³の顔に触る / ins Leere *fassen* 空(⁀)をつかむ / **nach einem Glas** *fassen* グラスに手を伸ばす. ② (ねじなどが)利いている, (歯車が)かみ合っている. III 再帰 (完了) haben) *sich*⁴ *fassen* ① 気を落ち着ける, 冷静になる. Er *konnte sich* vor Freude kaum *fassen*. 彼はうれしくていても立ってもいられなかった / *sich*⁴ **in** Geduld *fassen* じっと我慢する. ② 自分の考えを述べる. *Fass[e] dich kurz!* 手短に話しなさい.
◇☞ **gefasst**

Fäs·ser [フェッサァ] *Fass (樽)の 複

Fas·set·te [ファセッテ faséta] 女 -/-n (宝石などの)切り子面; 〖動〗(複眼を構成する)個眼. (= Facette).

fass·lich [ファスリヒ] 形 理解できる, わかりやすい. Die Abhandlung ist leicht *fasslich*. その論文は容易に理解できる.

faß·lich ☞ (新形) **fasslich**

Fas·son [ファゾーン fasɔ̃ː] [沒] 女 -/-s (南ドイツ・オーストリア: -en) ① (衣服の)仕立て, 型. ein Mantel von neuester *Fasson* 最新型のコート / seine *Fasson*⁴ verlieren 型が崩れる. ② 仕方, 流儀. **nach seiner** *Fasson* 自分の流儀で.

fasst [ファスト] *fassen (つかむ)の2人称単数・3人称単数・2人称複数 現在

faßt ☞ (新形) **fasst**

fass·te [ファステ] *fassen (つかむ)の 過去

faß·te ☞ (新形) **fasste**

Fas·sung [ファッスング] 女 -/-en ① 枠, フレーム, (宝石などの)台, (電球などの)ソケット. ② (作品などの)草案, 稿本, テキスト, 版. die zweite *Fassung* 第2稿 / die deutsche *Fassung* eines amerikanischen Films アメリカ映画のドイツ語版. ③ 〖複 なし〗 落ち着き, 平静. die *Fassung*⁴ bewahren 平静を保つ / die *Fassung*⁴ verlieren とり乱す / 〖人〗⁴ aus der *Fassung* bringen 〖人〗⁴を狼狽させる. ④ 《美》(彫像の)彩色. ⑤ 〖複 なし〗 〖古〗 理解, 把握.

Fas·sungs⸗kraft [ファッスングス・クラフト] 女 -/ 理解力. Das geht über meine *Fassungskraft*. それは私の理解力を越えることだ (私にはわからない).

fas·sungs⸗los [ファッスングス・ロース] 形 平静さを失った, とり乱した, うろたえた; あっけにとられた.

Fas·sungs⸗ver·mö·gen [ファッスングス・フェァメーゲン] 中 -s/ ① (容器の)容量, 容積; (ホールなどの)収容能力. ② 理解力.

***fast** [ファスト fást]

> ほとんど　Die Arbeit ist *fast* fertig.
> ディ　アルバイト　イスト　ファスト　フェルティヒ
> 仕事はほぼ終わりました.

副 ① ほとんど, ほぼ. (英 *nearly*). *fast* **in allen Fällen** または **in** *fast* allen Fällen ほとんどどんな場合にも / *fast* tausend Personen ほぼ千人 / *fast* wie ein Kind まるで子供のように.
② 〖接続法第2式の文で〗 危うく, すんでのことで. Ich wäre *fast* gestürzt. 〖接⸗過去〗 私はもう少しで転ぶところだった.

fas·ten [ファステン fástən] 自 (h) 断食(絶食)する. drei Tage *fasten* 3日間断食する.

Fas·ten [ファステン] I 複 (カソリック) 四旬節(復活祭前40日間の精進). II 中 -s/ (四旬節の)断食, 精進.

Fas·ten⸗zeit [ファステン・ツァイト] 女 -/-. 〖宗〗 断食期間; (カソリック) 四旬節.

Fast·nacht [ファスト・ナハト] 女 -/-(⁀) 懺悔 (ᵇᵉⁱᵉ)の火曜日; 謝肉祭, カーニバル.

Fast⸗tag [ファスト・ターク] 男 -[e]s/-e 断食日, 精進日.

Fas·zi·na·ti·on [ファスツィナツィオーン fastsinatsio̯ːn] 女 -/-en 魅惑, 魅了.

fas·zi·nie·ren [ファスツィニーレン fastsiniːrən] 他 (h) 魅惑する, 魅了する. Er *faszinierte* seine Zuhörer. 彼は聴衆を魅了した. ◇〖現在分詞の形で〗 ein *faszinierendes* Lächeln 魅惑的な微笑.

Fa·ta [ファータ] Fatum (宿命)の 複

fa·tal [ファターる fatáːl] 形 ① 具合の悪い, 困った, やっかいな. ② 宿命的な; 致命的な.

Fa·ta·lis·mus [ファタリスムス fatalísmʊs] 男 -/ 宿命論.

Fa·ta·lis·tisch [ファタリスティッシュ fatalístɪʃ] 形 宿命論的な.

Fa·ta Mor·ga·na [ファータ モルガーナ fáːta mɔrgáːna] 女 - -/- - ..ganen (または - -s) 蜃気楼(ᵏⁱⁿᵍ).

Fa·tum [ファートゥム fáːtʊm] 中 -s/Fata (ふつう) 宿命, 運命 (= Schicksal).

Fatz·ke [ファッツケ fátskə] 男 -n/-n (または -s/-s) 〖口語〗 気取り屋, うぬぼれ屋.

fau·chen [ファオヘン fáuxən] I 自 (h) ① (動物が興奮して)ふーっとうなる. ② (比) (機関車などが)しゅっと蒸気を吐く; (風が)ひゅーひゅー吹く. II 他 (h) (…と)どなる.

***faul** [ファオる fául] 形 ① 怠惰な, 怠け者の. (英 *lazy*). (反) 勤勉な, fleißig. ein *fauler* Kerl (Zahler) 怠け者(支払期限を守らない人) / Er ist zu *faul* zum Schreiben. 彼はひどく無精なので手紙など書かない. ◇〖nicht *faul* の形で〗 さっと, すばやく. Er, nicht *faul*, antwortete schlagfertig. 彼はすかさず当意即妙に答えた.

② 腐った, 腐敗した. (英 *rotten*). *faules* Obst 腐った果物 / ein *fauler* Geruch 腐臭 / Die Fische sind *faul*. 魚は腐っている.

③ 〖口語〗 疑わしい, いかがわしい, すっきりしない; おそまつな. eine *faule* Ausrede 信用できない言いわけ / ein *fauler* Kompromiss いかがわしい妥協 / Das ist alles *fauler* Zauber. それはすべてペテンだ / *faule* Witze⁴ erzählen だじゃれを言う / ein *fauler* Wechsel 不渡り手形.

Fäu·le [ふォイレ fɔ́ylə] 囡 -/《雅》=Fäulnis

fau·len [ふァオれン fáulən] (s, h)(肉・果実などが)腐る;腐朽する;化膿(ぅ)する.

fau·len·zen [ふァオれンツェン fáuləntsən] 圓 (h) ぶらぶら怠けている;のんびり過ごす.

Fau·len·zer [ふァオれンツァァ fáuləntsər] 男 -s/- 怠け者, のらくら者.

Fau·len·ze·rei [ふァオれンツェライ faulən-tsəráɪ] 囡 -/-en《ふつう單》怠惰[な生活].

Faul·heit [ふァオるハイト] 囡 -/ 怠惰, 無精. (⋄觧)「勤勉」は Fleiß. Er stinkt vor *Faulheit*.《口語》彼はひどい怠け者だ.

fau·lig [ふァオりヒ fáulɪç] 形 腐りかけた.

Fäul·nis [ふォイるニス] 囡 -/ 腐敗;《比》堕落.

Faul ≈ pelz [ふァオる・ぺるツ] 男 -es/-e《口語》怠け者.

Faul ≈ tier [ふァオる・ティーァ] 中 -[e]s/-e ① 《動》ナマケモノ. ② 《口語》怠け者.

Faun [ふァオン fáun] 男 -[e]s/-e ① 《ロ⌒神》ファウヌス(上半身は人間, 下半身はやぎの姿をした森の神. ギリシア神話のパンに当たる). ② 《雅・比》好色漢.

Fau·na [ふァオナ fáuna] 囡 -/Faunen (ある地域の)動物相, ファウナ (*Fauna* はローマの豊饒の女神). die *Fauna* Afrikas アフリカの動物相.

⋆*die* **Faust**¹ [ふァオスト fáust] 囡 -(単)/-(複) Fäuste [ふォイステ] (3格のみ Fäusten) 握りこぶし, げんこつ. (英 fist). die *Faust*⁴ ballen こぶしを握る / 人³ eine *Faust* machen げんこつを振り上げて人³を脅す / **auf eigene** *Faust* 独力で, 自分の責任で / mit dem Messer **in** der *Faust* ナイフを握りしめて / **mit** der *Faust* auf den Tisch schlagen こぶしで机をたたく / die *Faust*⁴ **im Nacken spüren**《比》a) 抑えつけられていると感じる, b) 強制されている / [zu 人・事³] passen wie die *Faust* aufs Auge《口語》a) [人・事³にまるっきりそぐわない(←目にパンチをくらうようなもの), b) (よくないものどうしが)ぴったり合う.

Faust² [ふァオスト] -s/《人名》ファウスト (Doktor Johann *Faust*; 15-16 世紀ドイツの伝説の魔術師. 民衆本・人形劇やゲーテの戯曲などの素材となった).

Fäust·chen [ふォイストヒェン fɔ́ystçən] 中 -s/- (*Faust*¹ の縮小) 小さなこぶし. sich³ **ins** *Fäustchen* **lachen** ひそかにほくそ笑む.

faust ≈ dick [ふァオスト・ディック] 形 ① こぶし大の. ② 《口語・比》ひどい. eine *faustdicke* Lüge 大うそ.

Fäus·te [ふォイステ] **Faust*¹(握りこぶし)の 複

Fäus·tel [ふォイステる fɔ́ystəl] 男 -s/- ① (鉱夫などが用いる)ハンマー, つち. ② 《方》二また手袋(=Fausthandschuh).

faus·ten [ふァオステン fáustən] 他 (h) (ボール⁴をこぶしで打つ, (サッカーで:)パンチングする.

Faust ≈ hand·schuh [ふァオスト・ハントシュー] 男 -[e]s/-e (親指だけ別に入れる)二また手袋, ミトン.

faus·tisch [ふァオスティッシュ fáustɪʃ] 形 ファウスト的な (ゲーテの『ファウスト』の主人公名にちなむ).

Faust ≈ kampf [ふァオスト・カンプふ] 男 -[e]s/..kämpfe《雅》ボクシング[の試合].

Fäust·ling [ふォイストりング fɔ́ystlɪŋ] 男 -s/-e ① 二また手袋 (=Fausthandschuh). ② (坑)こぶし大の石.

Faust ≈ pfand [ふァオスト・プふァント] 中 -[e]s/..pfänder《法》占有質(⋄).

Faust ≈ recht [ふァオスト・レヒト] 中 -[e]s/《史》自力救済権;《比》自衛権.

Faust ≈ re·gel [ふァオスト・レーゲる] 囡 -/-n 大まかな規則.

Faust ≈ schlag [ふァオスト・シュらーク] 男 -[e]s/..schläge こぶしで打つこと, パンチ.

Faux·pas [ふォパ fopá] [ぇス] 男 - [ふォパ[ス]]/- [ふォパス] (社交上の)不作法, 醜態.

fa·vo·ri·sie·ren [ふァヴォリズィーレン favori-zíːrən] 他 (h) ① 優遇する, ひいきする. ② (スぷ)(チームなど⁴を)優勝候補にあげる.

Fa·vo·rit [ふァヴォリート favoríːt] 男 -en/-en ① お気に入り;《比》人気商品. ② (スぷ)優勝候補, 本命;《比》(選挙の)本命候補者.

Fax [ふァクス fáks] 中 -/-[e] ファクス, ファクシミリ (=Tele*fax*).

Fa·xe [ふァクセ fáksə] 囡 -/-n ① 《ふつう複》あどけた顔(身ぶり). *Faxen*⁴ **machen** おどける. ② 《複》でたらげたこと, ふざけ.

fa·xen [ふァクセン fáksən] I 他 (h) (文書など⁴をファクスで送る. II 圓 (h) ファクスを送る.

Fa·xen ≈ ma·cher [ふァクセン・マッハァ] 男 -s/- ひょうきん者.

Fax ≈ ge·rät [ふァクス・ゲレート] 中 -[e]s/-e ファクス機.

Fax ≈ num·mer [ふァクス・ヌンマァ] 囡 -/-n ファクス番号.

Fa·yence [ふァヤーンス fajáːs] 囡 -/-n [..セン] ファヤンス(彩色した白色陶器. イタリアの都市 Faenza の名から).

FAZ [エふ・アー・ツェット] 囡 -/《略》(新聞名:) フランクフルター・アルゲマイネ・ツァイトゥング (=Frankfurter Allgemeine Zeitung).

Fa·zit [ふァーツィット fáːtsɪt] 中 -s/-e (または -s) ① 結論, 結果. das *Fazit*⁴ aus 事³ ziehen 事³の結論を出す. ② 《古》総計.

FD [エふ・デー]《略》長距離急行列車 (=Fern-D-Zug).

FDJ [エふ・デー・ヨット] 囡 -/《略》(旧東ドイツの) 自由ドイツ青年団 (=Freie Deutsche Jugend).

FDP [エふ・デー・ペー] 囡 -/《略》(ドイツの)自由民主党 (=Freie Demokratische Partei).

F-Dur [エふ・ドゥーァ] 中 -/《音楽》ヘ長調(記号: F).

FD-Zug [エふデー・ツーク] 男 -[e]s/-Züge《略》長距離急行列車 (=Fern-**D**-Zug).

Fe [エふ・エー]《化・記号》鉄 (=Ferrum).

Fea·ture [ふィーチァァ fíːtʃər] [英] 中 -s/-s (または 囡 -/-s) ① 《放送》(ラジオ・テレビの)特集番組, ドキュメンタリー番組. ② (新聞・雑誌の)特集記事.

Febr. [フェーブルアール] 《略》2月 (=Februar).

‡*der* **Fe·ru·ar** [フェーブルアール fé:brua:r] 男 (単2) -[s](複) -e (3格のみ -en) 《ふつう 無》2月(略: Febr.). (英 February). (✍ 月名☞ Monat). Anfang (Ende) *Februar* 2月初句に(末に) / **im** *Februar* 2月に.

fech·ten* [フェヒテン féçtən] du fichtst, er ficht (focht, *hat*…gefochten) I 自 (h) ① (刀剣で)戦う; フェンシングをする. Er *ficht* mit dem Degen. 彼は剣で戦う / Er *focht* für das Recht der Schwachen. (比) 彼は弱者の権利のために戦った. ② 《口語》(家々を回って)物ごいする. II 他 (h) ① (フェンシングの試合・戦い'で) einen Gang *fechten* フェンシングを一試合戦う. ② 《口語》せがんで手に入れる.

Fech·ter [フェヒタァ féçtər] 男 -s/- フェンシングの選手, 剣士.

‡*die* **Fe·der** [フェーダァ fé:dər] 女 (単) -/(複) -n ① (鳥の)羽毛, 羽. (英 feather). Gänse*feder* がちょうの羽毛 / Der Vogel sträubt die *Federn*. 鳥が羽を逆立てる / *Federn*[4] lassen [müssen] (口語・比) 損害を被る / Er ist leicht wie eine *Feder*. 彼は体重が羽毛のように軽い / sich[4] **mit** fremden *Federn* schmücken (比) 他人の手柄を横取りする(←ほかの鳥の羽で身を飾る).
② ペン, ペン先;（万年筆の）万年筆, ぺん軸;(比) 文筆, 文体. (英 pen). Füll*feder* 万年筆 / ein Mann der *Feder*[2] 文筆家 / eine spitze *Feder*[4] schreiben 辛らつな文章を書く / 人[3] 物[4] **in die** *Feder* diktieren 人[3]に物[4]を口述筆記させる / **zur** *Feder* greifen ペンを執る. ③ 《覆で》(口語) 寝床, ベッド. **aus den** *Federn* kriechen 寝床からはい出す / Er liegt noch **in den** *Federn*. 彼はまだ寝ている. ④ 《工》ぜんまい, ばね, スプリング.

Fe·der≠ball [フェーダァバル] 男 -[e]s/..bälle ① 《覆 なし》バドミントン〔競技〕. ② (バドミントン用の)シャトルコック, 羽根.

Fe·der≠ball≠spiel [フェーダァバル・シュピール] 中 -[e]s/-e ① 《覆 なし》バドミントン〔競技〕. ② バドミントンの道具一式.

Fe·der≠bett [フェーダァ・ベット] 中 -[e]s/-en 羽布団.

Fe·der≠busch [フェーダァ・ブッシュ] 男 -es/..büsche ① (鶏などの)とさか. ② (帽子の)羽飾り.

Fe·der≠fuch·ser [フェーダァ・フクサァ] 男 -s/- 《軽》杓子《きゃくし》定規な人. ② 三文文士.

fe·der≠füh·rend [フェーダァ・フューレント] 形 管轄権のある, 所轄の(省庁など).

Fe·der≠ge·wicht [フェーダァ・ゲヴィヒト] 中 -[e]s/-e 《覆 なし》ボクシングなどの）フェザー級. ② フェザー級の選手.

Fe·der≠hal·ter [フェーダァ・ハるタァ] 男 -s/- ペン軸.

Fe·der≠kiel [フェーダァ・キール] 男 -[e]s/-e 羽軸, 羽茎;(昔の:)羽根ペン.

Fe·der≠kis·sen [フェーダァ・キッセン] 中 -s/- 羽毛まくら(クッション).

Fe·der≠kraft [フェーダァ・クラフト] 女 -/ (ばねの)弾力; 弾性.

fe·der≠leicht [フェーダァ・らイヒト] 形 羽毛のように軽い; 軽やかな(動きなど).

Fe·der≠le·sen [フェーダァ・レーゼン] 中 《成句的に》nicht viel *Federlesen*[s] mit 人・物[3] machen 人[3]を遠慮会釈なく扱う, 物[3]をさっさと片づける / **ohne viel** *Federlesen*[s] または **ohne langes** *Federlesen* 遠慮会釈なく, さっさと.

Fe·der≠mäpp·chen [フェーダァ・メップヒェン] 中 -s/- (生徒などの)筆入れ, ペンケース.

Fe·der≠mes·ser [フェーダァ・メッサァ] 中 -s/- ペンナイフ, 小型のポケットナイフ.

fe·dern [フェーダァン fé:dərn] I 自 (h) (ばね・板などが)弾む, 弾力性がある. Das Polster *federt* [gut]. そのクッションはスプリングがきいている. ◇《現在分詞の形で》mit *federnden* Schritten はずむような足取りで. II 他 (h) (物[4]にばね(スプリング)を付ける. ◇《過去分詞の形で》ein schlecht *gefederter* Wagen スプリングの良くない車.

Fe·der≠strich [フェーダァ・シュトリヒ] 男 -[e]s/-e 一筆, 一字画《ぃ》. **mit einem** *Federstrich* または **durch einen** *Federstrich* (比) あっさり, 有無を言わせず.

Fe·de·rung [フェーデルング] 女 -/-en (自動車の)サスペンション, スプリング装置.

Fe·der≠vieh [フェーダァ・フィー] 中 -[e]s/ 《口語》家禽《かきん》.

Fe·der≠waa·ge [フェーダァ・ヴァーゲ] 女 -/-n ばね秤《はかり》.

Fe·der≠wei·ße [フェーダァ・ヴァイセ] 男 《語尾変化は形容詞と同じ》(発酵中の白くにごった)新ワイン.

Fe·der≠zeich·nung [フェーダァ・ツァイヒヌング] 女 -/-en 《美》ペン画.

Fee [フェー fé:] 女 -/Feen [フェーエン] (女の)妖精《ようせい》, 妖魔.

fe·en·haft [フェーエンハフト] 形 妖精《ようせい》のような, (妖精のように)優美な; おとぎ話のような.

Fe·ge≠feu·er [フェーゲ・フォイアァ] 中 -s/ 《カット》煉獄《れんごく》.

‣**fe·gen** [フェーゲン fé:gən] (fegte, *hat*…gefegt) I 他 《南で》 haben) ① (ほうきで部屋など[4]を)掃く, 掃除する. (英 sweep). Er *hat* die Straße *gefegt*. 彼は街路を掃除した. ◇《目的語なしでも》*Hast du hier schon gefegt*? ここはもう掃除したの. ② 《方向を表す語句とともに》(ごみなどを…から/…へ)掃き出す, 掃き寄せる; (比) (人・物[4]を…から/…へ)追いたてる, 払いのける. den Schmutz aus dem Zimmer *fegen* ごみを部屋から掃き出す. ③ 《南ドィッ・スィス》(鍋《ヘ》など[4]を)磨く. ④ 《狩》(鹿が角[4]を)研ぐ. II 自 (h sein) 《方向を表す語句とともに》(…を)さっと走りすぎる, (風が…を)さっと吹き抜ける. Die Jungen *fegten* über die Straße. 少年たちが通りをさっと走って行った.

feg・te [ふェークテ] ＊fegen (掃く)の過去

Feh・de [ふェーデ fé:də] 囡 -/-n ① 《史》(中世のフェーデ, 実力による復讐(ふくしゅう)行為. ② 《雅・比》(長年にわたる)争い, 不和.

Feh・de・hand・schuh [ふェーデ・ハントシュー] 男 《成句的に》 囚³ den Fehdehandschuh hin|werfen 《雅》囚³に挑戦する / den Fehdehandschuh auf|heben 《雅》挑戦に応じる.

fehl [ふェーる fé:l] 副《成句的に》fehl am Ort (またはPlatz[e])sein 場違いである, 不適切である.

Fehl [ふェーる] 男《成句的に》 ohne Fehl [und Tadel]《雅》欠点のない, 申し分がない.

fehl・bar [ふェーるバール] 形 ①《スマ》罪(違反)を犯した; 病弱な. ②《琺》誤りを犯しうる.

Fehl≠be・trag [ふェーる・ベトラーク] 男 -[e]s/..träge 不足額, 欠損, 赤字.

Fehl≠di・ag・no・se [ふェーる・ディアグノーゼ] 囡 -/-n 《医》誤診.

Fehl≠ein・schät・zung [ふェーる・アインシェツング] 囡 -/-en 誤った評価(査定).

＊**feh・len** [ふェーれン fé:lən] (fehlte, hat ... gefehlt) Ⅰ 自 (定て haben) ① 欠席している, 来ていない. (英 be absent). Wer fehlt heute? きょうはだれが欠席していますか / Einer fehlt noch. もう一人来ていません.
② ([人³に])欠けている, 足りない; なくなっている. In dem Buch fehlen zwei Seiten. その本は2ページ欠けている / Mir fehlt das Geld für die Reise. 私には旅行するお金がない / Mir fehlt mein Kugelschreiber. 私のボールペンが見あたらない / Es fehlte nicht viel, und wir hätten Streit bekommen. もう少しのところで私たちはけんかになるところだった / Das hat mir gerade noch gefehlt! これは弱り目にたたり目だ(←これがまだ欠けていたとは).
③《比》(囚³の)体の具合が悪い. Fehlt dir etwas?, Fehlt dir was?: nein, mir fehlt nichts. 君はどこか具合が悪いのか — いや, ぼくはどこも悪くないよ.
④ ([人]にとって[人・物]¹が)いなくて寂しい, なくて困る. Das Kind fehlt mir sehr. その子がいなくて私はとても寂しい / Sein Auto fehlt ihm sehr. 自分の車がなくて彼はたいへん困っている.
⑤《雅》過ちを犯す. ◇《過去分詞の形で》Weit gefehlt! とんでもない, 大間違いだ.
Ⅱ 非人称 (定で haben)《es fehlt [囚³] an 人・物³の形で》[囚³にとって]人・物³が不足している. Es fehlt an Lehrern. 教師が不足している / Es fehlt ihm an Mut. 彼には勇気が欠けている / Wo fehlt's denn? 《口語》どうしたの / An mir soll es nicht fehlen. 私はできるだけ力になりますので. ◇《lassen とともに》Sie lässt es an nichts fehlen. 彼女のもてなしは申し分ない(←何も不足させない).

....
類語 **fehlen**: (人に必要な能力・特性・手段などが)不足している. **mangeln**: (話し手から見て大切と思われるものが)欠けている. Dir mangelt der rechte Ernst. 君には真のまじめさがない.
....

437　　　　　　　　　　　　　　　　　　　Fehlurteil

＊der **Feh・ler** [ふェーらァ fé:lər]

> 誤り; 欠点
> Du hast im Diktat drei Fehler.
> ドゥ ハスト イム ディクタート ドライ ふェーらァ
> 君は書き取りで三つ間違っている.

男 (単2) -s/(複) -(3格のみ -n) ① 誤り, 間違い; 過失, エラー. (英 error). Rechenfehler 計算の誤り / ein grammatischer Fehler 文法上の誤り / ein grober (kleiner) Fehler ひどい(ちょっとした)間違い / Das ist nicht mein Fehler. それは私の落ち度ではない / einen Fehler korrigieren 誤りを訂正する / einen Fehler begehen (またはmachen) 過ちを犯す.
② 欠点, 短所; (商品などの)傷. (英 fault). ein charakterlicher Fehler 性格上の欠点 / Jeder Mensch hat seine Fehler. だれにでも欠点はある / Porzellan mit kleinen Fehlern ちょっとした傷のある磁器.

feh・ler・frei [ふェーらァ・ふライ] 形 誤りのない, 欠点(欠陥)のない, 完璧(かんぺき)の. fehlerfreies Deutsch⁴ sprechen 完璧なドイツ語を話す.

feh・ler・haft [ふェーらァハふト] 形 誤りのある, 欠点(欠陥)のある.

feh・ler・los [ふェーらァ・ろース] 形 誤り(欠点)のない (=fehlerfrei).

Fehl≠ge・burt [ふェーる・ゲブァト] 囡 -/-en ① 失産, 流産. ② 流産した胎児.

fehl|ge・hen* [ふェーる・ゲーエン fé:l-gè:ən] 自 (s)《雅》① 道を間違える, 道に迷う; (弾丸などが)的をはずれる. ② 間違う, 思い違いする.

Fehl≠griff [ふェーる・グリふ] 男 -[e]s/-e 誤った処置(選択), しくじり.

Fehl≠leis・tung [ふェーる・らイストゥング] 囡 -/-en《心》失錯行為(ふとした言い違え・書きそこないなど).

Fehl≠pass [ふェーる・パス] 男 -es/..pässe (球技で:)パスミス.

Fehl≠paß ☞ 新形 Fehlpass

Fehl≠schlag [ふェーる・シュらーク] 男 -[e]s/..schläge ① (企てなどの)失敗. ② (球技で:)打ち損じ.

fehl|schla・gen* [ふェーる・シュらーゲン fé:l-ʃla:gən] 自 (s) (企てなどが)失敗する, 失敗に終わる. Das Projekt ist [mir] fehlgeschlagen. 《現在完了》その計画は失敗した.

Fehl≠schluss [ふェーる・シュるス] 男 -es/..schlüsse 誤った推論.

Fehl≠schluß ☞ 新形 Fehlschluss

Fehl≠start [ふェーる・シュタルト] 男 -[e]s/-s (走るに -e) ①《スポ》フライング. ②《空・工》(飛行機・ロケットの)離陸失敗.

fehl・te [ふェーるテ] ＊fehlen (欠席している)の過去

fehl|tre・ten* [ふェーる・トレーテン fé:l-trè:tən] 自 (s)《雅》① 足を踏みはずす. ② 過ちを犯す.

Fehl≠tritt [ふェーる・トリット] 男 -[e]s/-e ① 踏みはずし. ②《雅》(道徳的な)過ち, 過失.

Fehl≠ur・teil [ふェーる・ウァタイる] 中 -[e]s/-e

Fehl-zün-dung [フェーる・ツュンドゥング] 囡 -/-en〘工〙(内燃機関の)不点火, ミスファイア. eine *Fehlzündung*⁴ haben《口語》のみ込みが悪い, ちゃんと理解しない.

*die **Fei·er** [ファイアァ fáiər] 囡(単) -/(複) -n 祝典, 式典, 祝賀会(パーティー).（英 celebration）. Geburtstags*feier* 誕生日のパーティー / Eine würdige *Feier* findet statt. 荘厳な祝典が催される / eine *Feier*⁴ veranstalten 祝賀会を催す / **an** einer *Feier* teil|nehmen 祝賀会に参加する / **auf**（または **bei**）einer *Feier* eine Rede⁴ halten 祝典で祝辞を述べる / **zur** *Feier* des Tages〘戯〙この日を祝って.

*der **Fei·er·abend** [ファイアァ・アーベント fáiər-a:bənt] 男(単2) -s/(複) -e (3格のみ -en) ① 仕事(店)じまい, 終業[時刻]. *Feierabend* machen〔その日の〕仕事を終わりにする / **nach** *Feierabend* 終業後 / Für heute ist *Feierabend*! きょうはこれで仕事じまいだ(閉店です) / Jetzt ist aber *Feierabend*!《口語》(その話は)もうおしまいにしろよ, もう我慢も限界だ. ② 終業後の余暇(自由時間). Er verbringt seinen *Feierabend* mit Lesen. 彼は仕事が終わってからの時間を読書で過ごす.

**fei·er·lich* [ファイアァりヒ fáiərlɪç] I 形 壮重な, 厳粛な, 厳かな; 改まった, 儀式ばった. eine *feierliche* Zeremonie 厳かな儀式 / in *feierlicher* Stimmung 壮重な雰囲気の中で / Das ist ja [schon] nicht mehr *feierlich*.《口語》それは我慢ならない.
II 副 強い調子で, 真剣に. 事⁴ *feierlich* versprechen 事⁴を力をこめて約束する.

Fei·er·lich·keit [ファイアァりヒカイト] 囡-/-en ①〘複なし〙厳粛さ, 荘重さ; 形式ばった言葉. ②《ふつう複》式典, 祭典.

**fei·ern* [ファイアァン fáiərn] (feierte, hat... gefeiert) I 他 (完了 haben) ①〔祝日・誕生日など⁴を〕祝う;〔祝典など⁴を〕催す.（英 celebrate）. Weihnachten⁴ *feiern* クリスマスを祝う / Wir *feierten* seinen Geburtstag. 私たちは彼の誕生日を祝った.
②〔人⁴を〕称賛する, ほめたたえる. Der Sieger *wurde* sehr *gefeiert*.《受動・過去》勝利者は大いにたたえられた.
II 自 (完了 haben) ① パーティーをする. Wir *haben* die ganze Nacht *gefeiert*. 私たちは一晩中パーティーをした. ②《口語》(やむをえず)仕事を休む. Die Arbeiter *mussten* drei Tage *feiern*. 労働者たちは 3 日間仕事を休まざるをえなかった.

Fei·er·stun·de [ファイアァ・シュトゥンデ] 囡-/-n〘記念〙式典.

*der **Fei·er·tag** [ファイアァ・タ-ク fáiər-ta:k] 男(単2) -[e]s/(複) -e (3格のみ -en) ① 祝日, 祭日; 休日.（英 holiday）.（〘ウィークデー〙は Werktag）.（「祝祭日」▶巻末付録, 1811 ページ）. ein kirchlicher *Feiertag* 教会の祝祭日 / an Sonn- und *Feiertagen* geschlossen 日曜祭日閉店.（▶類語 Urlaub）. ②（個人的な）記念[すべき]日.

fei·er·te [ファイアァテ] ‡feiern (祝う)の過去

feig [ファイク fáik] 形 =feige

**fei·ge* [ファイゲ fáigə] 形（比較 feiger, 最上 feigst; 格変化語尾がつくときは feig-）（英 cowardly）① 臆病(おくびょう)な, 小心な. ein *feiger* Kerl 臆病なやつ. ② ひきょうな, 卑劣な. ein *feiger* Verräter ひきょうな裏切者 / eine *feige* Tat 卑劣な行為.

Fei·ge [ファイゲ] 囡-/-n〘植〙イチジク[の実・木].

Fei·gen·blatt [ファイゲン・ブらット] 中 -[e]s/..blätter ① いちじくの葉. ②（影像・絵画などにおける)陰部の覆い.

Feig·heit [ファイクハイト] 囡-/ 臆病(おくびょう), 小心.

Feig·ling [ファイクりング fáiklɪŋ] 男 -s/-e 臆病(おくびょう)者, 意気地なし.

feil [ファイる fáil] 形 ①《雅》(軽蔑的に:) 金で買える. eine *feile* Dirne 売春婦. ②《古》売り物の, 売りに出されている.

feil|bie·ten* [ファイる・ビーテン fáil-bì:tən] 他 (h)《雅》売りに出す.

Fei·le [ファイれ fáilə] 囡-/-n〘工〙やすり. 物⁴ **mit** der *Feile* bearbeiten 物⁴にやすりをかける / die letzte *Feile*⁴ **an** 物⁴ legen《雅・比》物⁴(作品など)に最後の仕上げをする.

fei·len [ファイれン fáilən] I 他 (h)（物⁴に）やすりをかける. 物⁴ glatt *feilen* 物⁴にやすりをかけてなめらかにする. II 自 (h)《an 物³ ~》(物³に)やすりをかける;《比》(文章・詩句など)を推敲(すいこう)する. Er *hat* lange an seinem Aufsatz *gefeilt*. 彼は長時間かけて作文を推敲した.

feil·schen [ファイるシェン fáilʃən] 自 (h)（しつこく）値切る. **um** den Preis *feilschen* 値切る.

Feil·span [ファイる・シュパーン] 男 -[e]s/..späne《ふつう複》やすりくず.

*fein [ファイン fáin] I 形（英 fine）① 細かい, 細い, 小粒の; ほっそりした(手足など). *feines* Gewebe 細い糸で織った織物 / ein *feines* Sieb 目の細かいふるい(篩) / *feine* Hände きゃしゃな手 / Du *musst* den Kaffee *fein* mahlen. 君はコーヒーを細かくひかないといけない.（▶類語 dünn).
② 繊細な, 鋭敏な, デリケートな. Er hat eine *feine* Nase. 彼は鼻がよく利く / eine *feine* Bemerkung 鋭い論評 / 物⁴ *fein* ein|stellen 物⁴(楽器・計器など)を微調整する.
③ 良質の, 上等の, 純良の; 味(香り)の良い. *feines* Gebäck 上等のクッキー / *feines* Gold 純金 / *feine* Weine 極上のワイン.
④ 洗練された, 上品な, エレガントな. ein *feines* Benehmen 上品な身のこなし / die *feine* Gesellschaft 上流社会 / Er ist ein *feiner* Mensch. 彼は品のいい紳士だ / sich⁴ *fein* machen めかしこむ.
⑤ 綿密な(計画など); 巧妙な. ein *feiner*

Schachzug 巧妙なチェスの指し手(駆け引き). ⑥《口語》すばらしい, すてきな. Das ist eine *feine* Sache! それはすごい.
II 副《口語》ちゃんと, きちんと. Nun sei *fein* still![ちゃん]静かにするんだよ / 物⁴ *fein* säuberlich ab|schreiben 物⁴をとてもきれいに書き写す / Er ist *fein* heraus. 彼は[難局を切り抜けて]うまくやっている.

Fein⁼ab·stim·mung [ファイン・アップシュティンムング] 女 -/-en 《工》微調整.

feind ☞ 新形 Feind ③

der **Feind** [ファイント fáint] 男 (単2)-es (まれに -s)/(複) -e (3格のみ -en) ① 敵, 敵対者. (英 enemy). (女性形は Feindin;「友人」は Freund). ein *Feind* des Volkes 民衆の敵 / Er hat viele *Feinde*. 彼には敵が多い / Er ist mein größter *Feind*. 彼は私の最大の敵だ / sich 人⁴ zum *Feind* machen 人⁴を敵に回す. ②《複なし》敵軍. den *Feind* an|greifen 敵を攻撃する / Ran an den *Feind*!《口語・戯》さあ, 仕事にかからう(くずぐずするな). ③《成句的に》人・物³ *Feind* sein《雅》人・物³に敵意をいだいている.

·**feind·lich** [ファイントリヒ fáintlɪç] 形 ① 敵意のある, 敵対的な. 反目している. (英 hostile). *feindliche* Worte 敵意のこもった言葉 / Er ist mir *feindlich* gesinnt. 彼は私に敵意を持っている / zwei *feindliche* Brüder 仲の悪い二人の兄弟. ②《軍》敵[軍]の. die *feindlichen* Truppen 敵の部隊.

..feind·lich [..ファイントリヒ ..fáintlɪç]《形容詞をつくる接尾》《…に敵対的な》例: ausländer*feindlich* 外国人に敵対的な

Feind·schaft [ファイントシャフト] 女 -/-en ①《複なし》敵意, 憎しみ. ②《ふつう《軍》敵対関係, 反目. (⇔「友情」は Freundschaft). mit 人³ in *Feindschaft* leben 人³と反目している.

feind⁼se·lig [ファイント・ゼーリヒ] 形 敵意のある. *feindselige* Blicke 敵意に満ちた目つき.

Feind·se·lig·keit [ファイント・ゼーリヒカイト] 女 -/-en ①《複 なし》敵意, 憎しみ. ②《複で》戦闘行為. die *Feindseligkeiten*⁴ ein|stellen (eröffnen) 戦闘行為をやめる(始める).

Fein⁼ein·stel·lung [ファイン・アインシュテルング] 女 -/-en《工》微調整.

fein⁼füh·lig [ファイン・フューリヒ] 形 感情のこまやかな, 敏感な.《工》感度のよい.

Fein⁼ge·fühl [ファイン・ゲフュール] 中 -[e]s/ 繊細さ, 思いやり, 心づかい, デリカシー.

fein⁼glied·rig [ファイン・グリードリヒ] 形 きゃしゃな, ほっそりした.

Fein⁼gold [ファイン・ゴルト] 中 -[e]s/ 純金.

Fein·heit [ファインハイト] 女 -/-en ①《複なし》こまやかさ, 繊細さ, 精巧さ; 優良, 上等, 純良. ②《ふつう複》細かい点, 微妙なニュアンス. ③《複なし》上品, 気品, 優雅さ.

fein⁼kör·nig [ファイン・ケルニヒ] 形 ① 粒の細かい. ②《写》微粒子の(フィルム).

Fein⁼kost [ファイン・コスト] 女 -/ 美味な食物,

デリカテッセン, 特選食品.

fein⁼ma·schig [ファイン・マッシヒ] 形 (網・編み物などが)目の細かい.

Fein⁼me·cha·nik [ファイン・メヒャーニク] 女 -/ 精密機械工学.

Fein⁼me·cha·ni·ker [ファイン・メヒャーニカァ] 男 -s/- 精密機械工.

Fein⁼schme·cker [ファイン・シュメッカァ] 男 -s/- 美食家, 食通, グルメ.

fein⁼sin·nig [ファイン・ズィニヒ] 形 感覚の繊細な, 美的センスのある.

feist [ファイスト fáist] 形 でぶの, でっぷり太った.

fei·xen [ファイクセン fáiksən] 自 hat feix[es]t (h)《口語》(意地悪く)にやにや(にたにた)笑う.

Fel·chen [フェるヒェン félçən] 男 -s/- 《魚》フェルヒェン(マス科の魚).

das **Feld** [フェるト félt] 中 (単2)-es (まれに -s)/(複) -er (3格のみ -ern) (英 field) ① 畑, 耕地. Gemüse*feld* 野菜畑 / das *Feld*⁴ bebauen (bestellen) 畑を耕す, 耕作する / Der Bauer geht **aufs** *Feld*. 農夫が野良仕事に出かける / Die Felder stehen gut.《比》田畑の作柄が良い.
②《雅》野, 野原. ein weites *Feld* 広々とした野原 / durch *Feld* und Wald schweifen 野や森をさまよい歩く.
③《スポ》フィールド, 競技場. den Ball⁴ ins *Feld* werfen ボールをフィールドに投げ入れる.
④《スポ》(マラソンなどの)選手集団. ⑤《複なし》戦場. ins *Feld* ziehen 出陣する / im *Feld* stehen 戦地にいる / das *Feld*⁴ behaupten《比》自分の地位を確保する / 人³ das *Feld*⁴ überlassen《比》人³に譲歩する. ⑥《複なし》(活動・専門の)範囲, 領域, 分野. das *Feld* der Wissenschaft² 学問の分野 / Das ist ein weites *Feld*.《比》それは解決の見通しもつかない(広範な)問題だ. ⑦ (一定の)区画; (書式用紙の)記入欄; (チェス盤の)目; (旗・紋章の)地(ヒ). ⑧《物》場(κ); 《言》場.

Feld⁼ar·beit [フェるト・アルバイト] 女 -/-en ① 野良仕事. ② フィールドワーク, 現地調査 (研究・採集).

Feld⁼bett [フェるト・ベット] 中 -[e]s/-en (携帯用の)折りたたみ式ベッド.

Feld⁼fla·sche [フェるト・ふらッシェ] 女 -/-n 《軍》水筒.

Feld⁼frucht [フェるト・ふルフト] 女 -/..früchte 《ふつう複》農作物.

feld⁼grau [フェるト・グラオ] 形 灰緑色の(旧ドイツ軍の制服の色).

Feld⁼herr [フェるト・ヘル] 男 -n/-en《古》総司令官, 将軍.

Feld⁼kü·che [フェるト・キュッヒェ] 女 -/-n 《軍》野戦炊事場(車).

Feld⁼la·za·rett [フェるト・らツァレット] 中 -[e]s/-e《軍》野戦病院.

Feld⁼mar·schall [フェるト・マルシャる] 男 -[e]s/..schälle《古》(昔の:)元帥.

Feld⁼maus [フェるト・マオス] 女 -/..mäuse 《動》ノネズミ.

Feld･post [ふェるト・ポスト] 女 -/ 軍事(野戦)郵便.

Feld･sa･lat [ふェるト・ザらット] 男 -[e]s/-e 《植》ノヂシャ. (☞ Gemüse 図).

Feld･spat [ふェるト・シュパート] 男 -[e]s/-e (または ..späte) 《鉱》長石.

Feld･ste･cher [ふェるト・シュテッヒァァ] 男 -s/- 双眼鏡(=Fernglas).

Feld･we･bel [ふェるト・ヴェーべる] 男 -s/- ① 《軍》(昔の)軍曹; (ドイツ軍の)下士官. ② 《方・戯》特に大輪の花. ③ 《口語》おしゃべりでがさつな女.

Feld･weg [ふェるト・ヴェーク] 男 -[e]s/-e 野道, 農道.

Feld･zug [ふェるト・ツーク] 男 -[e]s/..züge ① 《軍》出兵, 出征. ② キャンペーン[活動].

Fel･ge [ふェるゲ félgə] 女 -/-n ① (自転車・自動車の車輪の)リム, ホイール. ② (こう)(鉄棒の)回転.

Fe･lix [ふェーりクス féːliks] -[ens]/ 《男名》フェーりクス.

das **Fell** [ふェる fél] 中(単2) -[e]s/(複) -e (3格のみ -en) ① (動物の)皮, 毛皮; なめし皮. ein weiches *Fell* 柔らかい毛皮 / *Felle*⁴ gerben 獣皮をなめす / einem Hasen das *Fell* ab|ziehen うさぎの皮をはぐ. ② 《口語》(人間の)皮膚. ein dickes *Fell*⁴ haben 《口語》鈍感である(←分厚い皮をしている) / 人³ das *Fell*⁴ gerben 《口語》人³をさんざんぶんなぐる / Dich (または Dir) juckt wohl das *Fell*? 《俗》なぐられたいのか(←一皮膚がかゆいのか) / 人³ das *Fell*⁴ über die Ohren ziehen 《俗・比》人³をぺてんにかけて利益を得る.

der **Fels**¹ [ふェるス féls] 男(単2) -/ 岩, 岩石. (英 rock). der nackte *Fels* 露出した岩石.

Fels² [ふェるス] 男 -ens (古: -en)/-en 《雅》=Felsen

Fels･block [ふェるス・ブろック] 男 -[e]s/..blöcke 岩塊.

der **Fel･sen** [ふェるゼン félzən] 男(単2) -s/(複) - 岩塊, 岩山, 岩壁. auf einen *Felsen* klettern 岩山に登る.

fel･sen･fest [ふェるゼン・ふェスト] 形 岩のように堅い, 堅固な. *felsenfest* an 事⁴ glauben 事⁴を固く信じている.

fel･sig [ふェるズィヒ félzɪç] 形 岩でできた; 岩の多い.

Fe･me [ふェーメ féːmə] 女 -/-n ① 《史》(ドイツ中世の)秘密裁判. ② (特に政敵の暗殺を決する)秘密会議.

fe･mi･nin [ふェーミニーン féːminiːn または ふェミニーン] 形 ① 《雅》女性の; 女らしい; (男が)めめしい. ② 《言》女性の(=weiblich).

Fe･mi･ni･num [ふェーミニーヌム féːminiːnum] 中 -s/..nina 《言》女性名詞; 【複 なし】(名詞の)女性(略: f.).

Fe･mi･nis･mus [ふェミニスムス feminísmus] 男 -/..nismen ① 【複 なし】フェミニズム, 女性解放運動. ② 《医》(男性の)女性化; 《動》(雄の)雌性化.

Fe･mi･nist [ふェミニスト feminíst] 男 -en/-en 女性解放論者.

Fe･mi･nis･tin [ふェミニスティン feminístin] 女 -/..tinnen (女性の)女性解放論者.

fe･mi･nis･tisch [ふェミニスティッシュ feminístɪʃ] 形 ① フェミニズムの, 女性解放論(運動)の. ② 《医》女性化の; 《動》雌性化の.

Fen･chel [ふェンヒェる fénçəl] 男 -s/《植》ウイキョウ[の実](薬品・香辛料として用いる). (☞ Gemüse 図).

Fenn [ふェン fén] 中 -[e]s/-e 《北ド》湿原, 沼地.

das **Fens･ter** [ふェンスタァ fénstər]

窓

Darf ich das *Fenster* aufmachen?
ダルふ イヒ ダス ふェンスタァ アオふマッヘン
窓を開けてもいいでしょうか.

中(単2) -s/(複) - (3格のみ -n) ① 窓; 窓ガラス. (英 window). Doppel*fenster* 二重窓 / ein vergittertes *Fenster* 格子窓 / Das Zimmer hat zwei *Fenster*. その部屋には窓が二つある / das *Fenster*⁴ öffnen (または auf|machen) 窓を開ける / das *Fenster*⁴ schließen (または zu|machen) 窓を閉める / die *Fenster*⁴ putzen 窓ガラスを磨く / Das *Fenster* ist blind geworden. 【現在完了】窓ガラスが曇った / Das *Fenster* geht auf die Straße [hinaus]. その窓は通りに面している / ein *Fenster*⁴ in die Welt (または zur Welt) öffnen 《比》世界に向かって門戸を開く. ◊《前置詞とともに》 **ans** *Fenster* klopfen 窓[ガラス]をたたく / **aus dem** *Fenster* sehen 窓から外を眺める / ein Briefumschlag **mit** *Fenster* 《比》窓付き封筒 / Er ist weg **vom** *Fenster*. 《口語》彼は世間から忘れられている / **zum** *Fenster* hinaus|sehen 窓から外を眺める / sich⁴ zum *Fenster* hinaus|lehnen 窓から身を乗り出す / zum *Fenster* hinaus|reden《比》a) 聞く耳を持たない人に向かって演説をする, b) 大衆に政治演説をする / das Geld⁴ zum *Fenster* hinaus|werfen 《比》お金を浪費する. ② 《口語》ショーウィンドー(=Schau*fenster*).

Fens･ter･bank [ふェンスタァ・バンク] 女 -/..bänke ① 窓敷居. ② 窓際のベンチ.

Fens･ter･brett [ふェンスタァ・ブれット] 中 -[e]s/-er 窓敷居.

Fens･ter･brief･um･schlag [ふェンスタァ・ブリーふウムシュらーク] 男 -[e]s/..schläge (中のあて名が見える)窓付き封筒.

Fens･ter･flü･gel [ふェンスタァ・ふりューゲる] 男 -s/- 開き窓の戸.

Fens･ter･glas [ふェンスタァ・グらース] 中 -es/..gläser 窓ガラス.

Fens･ter･la･den [ふェンスタァ・らーデン] 男 -s/..läden (まれに-) 窓のよろい戸.

Fens･ter･platz [ふェンスタァ・プらッツ] 男 -es/

..plätze 窓際(窓側)の席.

Fens·ter≠put·zer [フェンスタァ・プッツァァ] 男 -s/- 窓ふき掃除人.

Fens·ter≠rah·men [フェンスタァ・ラーメン] 男 -s/- 窓枠.

die **Fens·ter≠schei·be** [フェンスタァ・シャイベ fénstər-ʃaɪbə] 女 (単) -/(複) -n 窓ガラス. Die *Fensterscheibe* ist zerbrochen. 《現在完了》窓ガラスが割れた.

Fer·di·nand [フェルディナント férdinant] -s/ 《男名》フェルディナント.

die **Fe·ri·en** [フェーリエン féːriən]

> 休暇　Wir haben jetzt *Ferien*.
> ヴィァ ハーベン イェッット フェーリエン
> 私たちは今休暇中です.

複 (英 vacation) ① (学校などの)**休暇**. Sommer*ferien* 夏休み / Weihnachts*ferien* クリスマス休暇 / die großen *Ferien* (学校の)長い夏休み / Die *Ferien* dauern fünf Wochen. 休暇は5週間だ / Wohin fährst du **in** den *Ferien*? 休暇にはどこへ行くの. (☞ 類語 Urlaub).
② (個人的にとる)休暇. *Ferien*⁴ nehmen (または bekommen)休暇をとる / *Ferien*⁴ an der See machen 休暇を海辺で過ごす.

Fe·ri·en≠haus [フェーリエン・ハオス] 中 -es/..häuser 休暇用の家.

Fe·ri·en≠kurs [フェーリエン・クルス] 男 -es/-e 休暇中の講習会(夏休みなどに大学で行われる外国語などの講習会)

die **Fe·ri·en≠rei·se** [フェーリエン・ライゼ féːriən-raizə] 女 (単) -/(複) -n **休暇旅行**. Wir machen eine *Ferienreise* ans Meer. 私たちは海へ休暇旅行に出かける.

Fer·kel [フェルケル férkəl] 中 -s/- ① 子豚. ② 《俗》(ののしって):不潔なやつ; 恥知らず.

fer·keln [フェルケルン férkəln] 自 (h) ① (豚が)子を産む. ② 《口語》 みだらなことをする(言う);(食事中に)周りを汚す.

Fer·ma·te [フェルマーテ fɛrmáːtə] 女 -/-n 《音楽》フェルマータ、延音記号(記号:⌢).

Fer·ment [フェルメント fɛrmént] 中 -[e]s/-e 《生化》酵素 (=Enzym).

fer·men·tie·ren [フェルメンティーレン fɛrmɛntíːrən] 他 (h) (茶など⁴を)発酵させる.

fern [フェルン férn] I 形 (英 far) ① 《場所的に》**遠い**、はるかな、遠方の. (⇔ 「近い」は nahe). *ferne* Länder 遠い国々 / der *Ferne* Osten 極東 / Das Gewitter ist noch *fern*. 雷雨がまだ遠い / Er lebt *fern* **von** uns. 彼は私たちから遠く離れて暮らしている / 物⁴ **von** *fern* beobachten 物⁴を離れて見る / von *fern* betrachten a) 遠くから見ると, b) 《比》冷静に考えると / Das sei *fern* von mir! 〔接1・現在〕そんな事はまっぴらだ、とんでもない.
② 《時間的に》**遠い**(過去・将来). **in** *ferner* Vergangenheit (Zukunft) ずっと昔(遠い将来)に / in nicht mehr *ferner* Zeit 間もなく / Der Tag ist nicht mehr *fern*. その日はもう遠からずやって来る.
II 前 《3格とともに》《雅》 …から遠く離れて. *fern* der Stadt 都会から遠く離れて.

〈新刊〉

fern hal·ten 《雅》遠ざけておく. die Kinder⁴ **von** dem Kranken *fern* halten 子供たちが病人に近づかないようにする / sich⁴ **von** 人・事³ *fern* halten 人・事³ を避ける.

fern lie·gen ① 遠く離れている. ② 《意図などが 人³の)念頭にない. Es *liegt* mir *fern*, das zu tun. 私にはそんなことをするつもりは毛頭ない.

fern ste·hen 《雅》(人・事³に精神的に)距離を置いている、(人・事³と)かかわりがない.

〔類語〕*fern*: (ある立脚点から見て)遠い. *weit*: (主体から見て距離的に)遠い. Bis zum nächsten Dorf war es *weit*. 隣りの村まではたいへん遠かった. *entfernt*: (ある人・物から隔っていて)遠い. (*von* と結びついて *weit* が添えられることが多い). Ziemlich weit *entfernt* von hier liegt ein altes Bauernhaus. ここからかなり遠く離れた所に古い農家がある.

fern≠ab [フェルン・アップ] 副 《雅》遠く離れて、遠く離れたところで.

Fern≠amt [フェルン・アムト] 中 -[e]s/..ämter (昔の)長距離(市外)電話局.

Fern≠be·die·nung [フェルン・ベディーヌング] 女 -/-en リモートコントロール、遠隔操作.

fern|blei·ben* [フェルン・ブライベン férnblaıbən] 自 (s) 《雅》(授業・集会など³に)出席(参加)しない. der Schule³ wegen Krankheit *fernbleiben* 病気で学校を休んでいる.

Fern≠blick [フェルン・ブリック] 男 -[e]s/-e 見晴らし、展望.

Fern-D-Zug [フェルン・デー・ツーク] 男 -[e]s/-Züge 長距離急行列車 (略:FD、FD-Zug).

fer·ne [フェルネ férnə] 形 《雅》 = fern

die **Fer·ne** [フェルネ férnə] 女 (単) -/(複) -n ① 〔複 なし〕**遠方**、遠い所. (⇔「近い所」は Nähe). 物⁴ **aus** der *Ferne* betrachten 物⁴を遠くから観察する / **in** der *Ferne* 遠くで / **in** die *Ferne* ziehen 遠くへ引っ越す.
② 《ふつう 単》遠い過去; 遠い将来. Der Plan liegt noch **in** weiter *Ferne*. その計画はまだ遠い将来のことだ.

fer·ner [フェルナァ férnər] (# fern の 比較) I 形 《付加語としてのみ》 ① より遠い. ② 《書》それ以上の、将来にわたって続く.
II 副 ① 《接続詞的に》その上、さらに. *Ferner* erklärte er… さらに彼は…と説明した. ② 《雅》今後も、引き続き. Das solltet ihr auch *ferner* so halten! これからも君たちにはこのままやってほしい.

fer·ner·hin [フェルナァ・ヒン] 副 = ferner II

Fern≠fah·rer [フェルン・ファーラァ] 男 -s/-

ferngelenkt

長距離トラックの運転手.
fern・ge・lenkt [フェルン・ゲレンクト] 形 リモートコントロールの, 遠隔操縦の, 無線誘導の.
fern・ge・se・hen* fern|sehen (テレビを見る)の 過分
*das **Fern＝ge・spräch** [フェルン・ゲシュプレーヒ férn-gəʃprɛːç] 中 (単2) -(e)s/(複) -e (3格のみ -en) 長距離電話, 市外通話. (〈注〉「市内通話」は Ortsgespräch). ein Ferngespräch⁴ an|melden 長距離電話を申し込む.
fern・ge・steu・ert [フェルン・ゲシュトイアァト] 形 リモートコントロール (遠隔操作) による.
Fern＝glas [フェルン・グらース] 中 -es/..gläser 双眼鏡.
fern|hal・ten* 他 (h) (新形 fern halten) ☞ fern
Fern＝hei・zung [フェルン・ハイツング] 女 -/-en 地域暖房.
Fern＝ko・pie・rer [フェルン・コピーラァ] 男 -s/- ファクス.
Fern＝kurs [フェルン・クルス] 男 -es/-e 通信 (放送) 講座.
Fern＝las・ter [フェルン・らスタァ] 男 -s/- 《口語》長距離(運送)トラック.
Fern＝lei・he [フェルン・らイエ] 女 -/-n (図書館どうしの)遠隔地貸し出し.
Fern＝lei・tung [フェルン・らイトゥング] 女 -/-en (ガス・水道などの)長距離パイプライン; (電話の)長距離ケーブル.
fern|len・ken [フェルン・れンケン férn-lènkən] 他 (h) 《ふつう不定詞・過去分詞で用いる》リモートコントロールする, 遠隔操作する.
Fern＝len・kung [フェルン・れンクング] 女 -/-en 《ふつう単》リモートコントロール, 遠隔操作.
Fern＝licht [フェルン・りヒト] 中 -(e)s/ (ヘッドライトの)上向きライト, ハイビーム.
fern|lie・gen* 自 (h) (新形 fern liegen) ☞ fern
Fern・mel・de＝amt [フェルンメるデ・アムト] 中 -(e)s/..ämter 電信電話局.
Fern・mel・de＝dienst [フェルンメるデ・ディーンスト] 男 -(e)s/ 電気通信サービス.
Fern・mel・de＝ge・büh・ren [フェルンメるデ・ゲビューレン] 複 電話料金.
fern＝münd・lich [フェルン・ミュントりヒ] 形 電話による (=telefonisch).
Fern＝ost [フェルン・オスト] 男 《冠詞なし; 無変化で》極東.
fern＝öst・lich [フェルン・エストりヒ] 形 《付加語としてのみ》極東の.
Fern＝rohr [フェルン・ローァ] 中 -(e)s/-e 望遠鏡 (=Teleskop).
Fern＝schnell・zug [フェルン・シュネるツーク] 男 -(e)s/..züge 長距離急行列車.
Fern＝schrei・ber [フェルン・シュライバァ] 男 -s/- テレタイプ, テレプリンター.
Fern・seh＝an・sa・ger [フェルンゼー・アンザーガァ] 男 -s/- テレビのアナウンサー. (〈注〉女性形は Fernsehansagerin).

Fern・seh＝an・ten・ne [フェルンゼー・アンテーネ] 女 -/-n テレビアンテナ.
*der **Fern・seh＝ap・pa・rat** [フェルンゼー・アパラート férnzeː-aparaːt] 男 (単2) -(e)s/(複) -e (3格のみ -en) テレビ[受像機]. Ich habe mir einen neuen Fernsehapparat gekauft. 私は新しいテレビを買いました.
fern|se・hen [フェルン・ゼーエン férnzeːən] du siehst..., er sieht... fern (直 sah fern, hat...ferngesehen) 自 (〈完了〉haben) テレビを見る. Wir haben gestern lange ferngesehen. 私たちはきのう長い間テレビを見ていた.
*das **Fern＝se・hen** [フェルン・ゼーエン férnzeːən] 中 (単2) -s/ ① テレビ[放送]. (〈英〉 television). (〈注〉「ラジオ[放送]」は Rundfunk). Satellitenfernsehen 衛星テレビ放送 / Was bringt das Fernsehen heute Abend? または Was gibt es heute Abend im Fernsehen? 今夜はテレビで何があるの / Den Film haben wir im Fernsehen gesehen. その映画を私たちはテレビで見ました.
② テレビ局. Sie arbeitet beim Fernsehen. 彼女はテレビ局で働いている. ③ 《口語》テレビ受像機 (=Fernsehapparat).
*der **Fern＝se・her** [フェルン・ゼーアァ férnzeːər] 男 (単2) -s/(複) - (3格のみ -n) 《口語》① テレビ[受像機]. ein tragbarer Fernseher ポータブル(携帯)テレビ / den Fernseher ein|schalten テレビのスイッチを入れる. ② テレビの視聴者.
Fern・seh＝film [フェルンゼー・フィるム] 男 -(e)s/-e テレビ映画.
Fern・seh＝ge・rät [フェルンゼー・ゲレート] 中 -(e)s/-e テレビ[受像機].
Fern・seh＝pro・gramm [フェルンゼー・プログラム] 中 -s/-e テレビ番組.
Fern・seh＝sen・der [フェルンゼー・ゼンダァ] 男 -s/- テレビ放送局.
Fern・seh＝sen・dung [フェルンゼー・ゼンドゥング] 女 -/-en テレビ放送.
Fern・seh＝spiel [フェルンゼー・シュピーる] 中 -(e)s/-e テレビドラマ.
Fern・seh＝teil・neh・mer [フェルンゼー・タイるネーマァ] 男 -s/- 《官庁》(テレビの所有者としての)テレビ視聴者.
Fern・seh＝über・tra・gung [フェルンゼー・ユーバァトラーグング] 女 -/-en テレビ中継.
Fern・seh＝zu・schau・er [フェルンゼー・ツーシャオアァ] 男 -s/- テレビ視聴者.
Fern＝sicht [フェルン・ズィヒト] 女 -/ 遠望, 見晴らし.
Fern・sprech＝amt [フェルンシュプレヒ・アムト] 中 -(e)s/..ämter 電話[交換]局.
Fern・sprech＝an・sa・ge・dienst [フェルンシュプレヒ・アンザーゲディーンスト] 男 -(e)s/-e テレホンサービス.
Fern・sprech＝an・schluss [フェルンシュプレヒ・アンシュるス] 男 -es/..schlüsse 電話接続.
Fern・sprech＝an・schluß ☞ (新形) Fern-

sprechanschluss

Fern·sprech·ap·pa·rat [フェルンシュプレヒ・アパラート] 男 -[e]s/-e 電話[機] (=Telefon).

Fern·spre·cher [フェルン・シュプレッヒャァ] 男 -s/ 《官庁》電話[機] (=Telefon).

Fern·sprech‐teil·neh·mer [フェルンシュプレヒ・タイルネーマァ] 男 -s/ 電話加入者.

Fern·sprech‐zel·le [フェルンシュプレヒ・ツェレ] 女 -/-n 〔公衆〕電話ボックス.

fern|ste·hen* 自 (h) (新形 fern stehen) ☞ fern

fern|steu·ern [フェルン・シュトイァァン férnʃtɔyərn] 他 (h) 〔物4を〕リモートコントロール(遠隔操作)する.

Fern‐steu·e·rung [フェルン・シュトイエルング] 女 -/-en リモートコントロール, 遠隔操作.

Fern‐stu·di·um [フェルン・シュトゥーディウム] 中 -s/..dien [..ディエン] 大学の通信教育[の受講].

Fern‐uni·ver·si·tät [フェルン・ウニヴェルズィテート] 女 -/-en 通信制大学, 放送大学.

Fern‐un·ter·richt [フェルン・ウンタァリヒト] 男 -[e]s/ 通信教育[の受講].

Fern‐ver·kehr [フェルン・フェァケァ] 男 -s/ ① 遠距離交通, 遠距離運輸. ② 市外通話.

Fern‐weh [フェルン・ヴェー] 中 -s/《雅》はるかなもの(遠い国々)へのあこがれ.

Fern‐wir·kung [フェルン・ヴィルクング] 女 -/-en 〔物〕遠隔作用; 〔エ〕遠隔操作; 〔心〕テレパシー; 長期にわたる影響.

Fern‐ziel [フェルン・ツィール] 中 -[e]s/-e 〔遠い〕将来の目標.

Fer·rum [フェルム férum] 中 -s/ 鉄 (=Eisen)(記号: Fe).

***die Fer·se** [フェルゼ férzə] 女 (単) -/(複) -n ① 〔足の〕かかと. (英 heel). (☞ Körper 図). Die Ferse tut mir weh. 私はかかとが痛い / die Ferse des Achilles《比》〔強者の〕弱点(←アキレスのかかと). / 人3 die Fersen4 zeigen《雅》人3 の所から逃げ出す / 人3 auf den Fersen sein 人3 の跡をつけている / 人3 auf den Fersen folgen 人3 のすぐあとからついて行く. ② 〔靴下の〕かかと.

Fersen‐geld [フェルゼン・ゲルト] 中《成句的に》Fersengeld4 geben《口語・戯》逃走する, ずらかる.

:**fer·tig** [フェルティヒ fértıç]

出来上がった
> Die Arbeit ist *fertig*.
> ディ　アルバイト　イスト　フェルティヒ
> 仕事は終わった.

形 ① **出来上がった, 完成した; 既製の**. (英 finished). ein *fertiges* Manuskript 完成原稿 / Der Neubau ist *fertig* その新築家屋は完成した / Das Essen ist fertig. 食事はできている / ein halb *fertiges* Haus できかけの家 / *fertige* Speisen インスタント食品.

② **終えた, 済ませた**. Ich bin mit der Arbeit *fertig*. 私はその仕事を終えた / mit 人3 *fertig* sein《口語》人3 とかかわりたくないと思っている, 縁を切っている ➩ Ich bin mit den Fersen 私は彼とはもうかかわりがない / mit 人3 *fertig* werden《口語》人3 を上手にあしらう / mit 事3 *fertig* werden a) 事3 を終える, b) 事3 を克服する / Ich habe das Buch *fertig*.《口語》私はその本を読み終えた.

③ **用意(準備)ができた**. (英 ready). Ich bin *fertig* zur Abreise. 私は旅に出かける支度ができました / Achtung, *fertig*, los!《ㇲ》位置について, 用意, スタート!

④ **熟練した, 一人前の**. ein *fertiger* Künstler 円熟した芸術家.

⑤《口語》**疲れ果てた**. Ich bin völlig *fertig*. 私はもうへとへとだ / Sie ist mit den Nerven *fertig*. 彼女は神経が参ってしまっている. ⑥《成句的に》fix und *fertig* sein《口語》a) 完全に仕上がった, すっかり準備ができた, b) くたくたに疲れた.

新形 ……………………………………………

fer·tig be·kom·men《口語》=fertig bringen

fer·tig brin·gen ① やってのける, (…することができる. Ich *bringe* es nicht *fertig*, ihm das zu sagen. 私は彼にそんなことはとても言えない. ② 〔仕事など4を〕成し遂げる.

***fer·tig ma·chen** ① 〔作品など4を〕**仕上げる, 完成する**. das Referat4 *fertig machen* レポートを仕上げる. ② **用意する, 支度する**; 〔人4に〕支度をさせる. Er *macht* das Reisegepäck *fertig*. 彼は旅行手荷物の用意をする / die Kinder4 **zum** Ausflug *fertig machen* 子供たちに遠足の支度をさせる / sich4 **für** den Theaterbesuch *fertig machen* 芝居を見に行く支度をする. ③《口語》へとへとに疲れさせる, 〔人4の〕神経を参らせる; 厳しくしかる. ④《俗》なぐり倒す; 殺す.

fer·tig stel·len 〔建物・書類など4を〕**仕上げる, 完成させる**.

……………………………………………

..fer·tig [..フェルティヒ ..fertıç]〔形容詞をつくる 接尾〕 ① 《出来上がった》 例: koch*fertig*(食品)がインスタントの. ② 《支度のできた》 例: reise*fertig* 旅支度のできた.

Fer·tig‐bau [フェルティヒ・バオ] 男 -[e]s/-ten ① プレハブ建築物. ② プレハブ建築工法.

Fer·tig‐bau·wei·se [フェルティヒ・バオヴァイゼ] 女 -/-n プレハブ建築工法.

fer·tig|be·kom·men* 他 (h) (新形 fertig bekommen) ☞ fertig

fer·tig|brin·gen* 他 (h) (新形 fertig bringen) ☞ fertig

fer·ti·gen [フェルティゲン fértıgən] 他 (h)《雅》作る, 製作(製造)する. ◆〔過去分詞の形で〕mit der Hand *gefertigte* Waren 手作りの品物.

fer·tig·ge·macht fertig|machen (fertig machen〔仕上げる〕の 旧形) の 過分

Fer·tig=ge·richt [フェルティヒ・ゲリヒト] 中 -[e]s/-e (食べる前に温めるだけの)調理済み食品, インスタント食品.

Fer·tig=haus [フェルティヒ・ハオス] 中 -es/..häuser プレハブ建築(住宅).

Fer·tig·keit [フェルティヒカイト] 女 -/-en 熟練, 熟達; [複] で(専門的な)技能.

Fer·tig=klei·dung [フェルティヒ・クライドゥング] 女 -/-en 既製服.

fer·tig|ma·chen 他 (h) (新形) fertig machen) ☞ fertig

Fer·tig=pro·dukt [フェルティヒ・プロドゥクト] 中 -[e]s/-e 完成品, 既製品 (=Fertigware).

fer·tig|stel·len 他 (h) (新形) fertig stellen) ☞ fertig

Fer·tig=stel·lung [フェルティヒ・シュテルング] 女 -/-en 仕上げ, 完成.

Fer·tig=teil [フェルティヒ・タイル] 中 -[e]s/-e (プレハブ住宅などの)完成部品.

Fer·ti·gung [フェルティグング] 女 -/ 製造, 製作. Massen*fertigung* 大量生産.

Fer·tig=wa·re [フェルティヒ・ヴァーレ] 女 -/-n 完成品, 既製品.

fes, Fes[1] [フェス fés] 中 -/- (音楽) 変ヘ音.

Fes[2] [フェス] 男 -[es]/-[e] トルコ帽.

fesch [フェッシュ féʃ] 形 ① (オストリ・口語) いきな, スマートな, スポーティーな. ② (オストリ) 親切な.

Fes·sel[1] [フェッセる fésəl] 女 -/-n 』(ふつう 複) 手かせ, 足かせ; (比) 束縛, 拘束. 人[3] *Fesseln*[4] an|legen または 人[4] in *Fesseln* legen 人[3] (または 人[4]) に手かせ(足かせ)をはめる / die *Fesseln* der Liebe 愛のしがらみ.

Fes·sel[2] [フェッセる] 女 -/-n ① あくと(馬などのひずめとくるぶしの間の部分). ② (人間, 特に女性の)ふくらはぎとかかとの間, 足首.

Fes·sel=bal·lon [フェッセる・バローン] 男 -s/-s (または -e) 係留気球.

***fes·seln** [フェッセるン fésəln] ich fessle (fesselte, *hat...gefesselt*) 他 (完了 haben) ① 縛る; 鎖につなぐ; 拘束する. 人[4] **an** einen Baum *fesseln* 人[4]を木に縛りつける / Sie *ist* schon seit Wochen ans Bett *gefesselt*.【状態受動・現在】(比) 彼女はすでに数週間前から寝たきりだ / Seine Zunge *war gefesselt*.【状態受動・過去】(比) 彼は物が言えなかった. ② (比) (注意・関心など[4]を)ひく, (人[4]を)魅了する. seine Aufmerksamkeit[4] *fesseln* 彼の注意をひく / Sie *fesselte* ihn durch ihre Reize. 彼女の魅力が彼をとりこにした.

fes·selnd [フェッセるント] I *fesseln (縛る)の 現分 II 形 人の心をひきつける, 興味津々(ぶる)の. ein *fesselndes* Buch すごくおもしろい本.

fes·sel·te [フェッセるテ] *fesseln (縛る)の 過去

fess·le [フェッスれ] *fesseln (縛る)の 1 人称単数 現在

feß·le ☞ (新形) fessle

***fest** [フェスト fést] 形 (比較 fester, 最上 festest) ① 固体の, 固形の. (英 solid). *feste* Nahrung 固形食.

② 堅い, しっかりした, 丈夫な, 頑丈な; がっしりした. (英 firm). (反) 「柔らかい」は weich). *festes* Gestein 堅い岩石 / ein *festes* Gewebe 丈夫な布地 / *feste* Schuhe 丈夫な靴 / Er hat *feste* Beine. 彼はがっしりした脚をしている.

③ 固定した, ぐらつかない. ein *fester* Händedruck 固い握手 / eine *feste* Stellung[4] haben 地位が安定している / Er hat einen *festen* Schlaf. 彼は熟睡する / 物[4] *fest* halten 物[4]をしっかり持っている / die Tür[4] *fest* schließen ドアをきちんと閉める.

④ 強固な, 不動の, 確固たる. *feste* Grundsätze[4] haben 確固たる主義を持っている / Er ist der *festen* Überzeugung[2], dass... 彼は…ということを確信している / steif und *fest* 断固として / [軍][4] *fest* versprechen [軍][4]をはっきり約束する.

⑤ 不変の, 一定の, 変わらない. *feste* Preise 定価 / ein *festes* Einkommen[4] haben 定収入がある / Er ist *fest* angestellt. (状態受動・現在) 彼は常勤である / Er hat eine *feste* Freundin. (口語) 彼には決まった彼女がいる.

(新形) ....

fest an·ge·stellt 常勤の. Er ist noch nicht *fest angestellt*. 彼はまだ常勤ではない.

....

..fest [..フェスト ..fést] 《形容詞をつくる 接尾》 ① (…に対して強い) 例: feuer*fest* 耐火性の. ② (強固な) 例: charakter*fest* 性格のしっかりした.

***das* Fest** [フェスト fést] 中 (単2) -es (まれに -s)/(複) -e (3格のみ -en) ① 祭り; 祝宴, 祝賀パーティー. Sport*fest* 体育祭 / ein fröhliches *Fest* 楽しい祭り / das *Fest* der goldenen Hochzeit[2] 金婚式のお祝い / ein *Fest*[4] feiern (または geben) 祝宴を開く / an einem *Fest* teil|nehmen 祝宴に参加する / auf ein *Fest* (または zu einem *Fest*) gehen 祝宴に行く / Man muss die *Feste* feiern, wie sie fallen. (諺) 好機を逸するな, 善は急げ (←祭りはその当日に祝わなければならない) / Es war mir ein *Fest*. (口語・戯) とても楽しかったよ.

② (教会の)祝祭日. ein bewegliches *Fest* (年によって日が変わる)移動祝祭日 / ein unbewegliches *Fest* (年によって日の変わらない)固定祝祭日 / Frohes *Fest*! (祝日のあいさつ:)おめでとう.

Fest=akt [フェスト・アクト] 男 -[e]s/-e 式典, 祝賀会.

fest=an·ge·stellt 形 (新形) fest angestellt) ☞ fest

fest|bei·ßen* [フェスト・バイセン fést-bàɪsən] 再帰 (h) 《*sich*[4] **an** (または **in**) 物[3] ~》 (物[3]に)かみつく, 食らいつく.

fest|bin·den* [フェスト・ビンデン fést-bìndən] 他 (h) (結び)付ける, つなぐ. ein Boot[4] am Ufer *festbinden* ボートを岸につなぐ.

fest|blei·ben* [フェスト・ブらイベン fést-blàɪbən] 自 (s) 信念を貫く, 動じない.

Fest=es·sen [フェスト・エッセン] –s/– 祝宴, 饗宴(きょう), 宴会.

fest|fah·ren* [フェスト・ファーレン fést-fà:rən] 自 (s)・再帰 (h) *sich⁴ festfahren* ① (乗り物が・人が乗り物で)立ち往生する. Der Wagen *ist im Schnee festgefahren.* 《現在完了》車は雪にはまり込んで動けなくなった. ②《比》(交渉などが)行き詰る. *Ich habe mich in dieser Frage festgefahren.* 私はこの問題ではとても行き詰まった.

fest·ge·hal·ten [フェスト・ゲハルテン] *fest|halten (つかんでいる) の過分.

Fest=geld [フェスト・ゲルト] 中 –[e]s/–er 定期預金.

fest·ge·macht [フェスト・ゲマハト] *fest|machen (固定する) の過分.

fest·ge·stellt [フェスト・ゲシュテルト] *fest|stellen (確かめる) の過分.

Fest·hal·le [フェスト・ハレ] 女 –/–n (祝典の)式場, 宴会場.

fest|hal·ten [フェスト・ハルテン fést-hàltən] du hältst...fest, er hält...fest (hielt...fest, hat...festgehalten) I 他 (定了) haben) ① つかんでいる, 捕まえておく;《比》(人・事⁴を)引き止める. *Bitte halten Sie Ihren Hund fest!* あなたの犬をつかまえていてください / *Sie hielt das Kind am Arm fest.* 彼女は子供の腕をつかんでいた / *jn⁴ widerrechtlich festhalten* 人⁴を不法に拘禁する.
(⇔ *fest halten* は「しっかり持っている, つかんで離さない」の意味で使われる. ⇒ *fest* ③, *halten* I ①).
② (人・事⁴を写真・記録などの形で)残しておく. *ein Ereignis⁴ im Film festhalten* ある事件をフィルムに収めておく.
II 再帰 (定了) haben) *sich⁴ festhalten* しっかりつかまる, しがみつく. *Ich hielt mich am Geländer fest.* 私は手すりにしっかりつかまった.
III 自 (定了) haben) 〖**an** 人・事³ ~〗(人・事³ に)**固執する**. *Er hält an seiner Meinung fest.* 彼は自分の意見をあくまで主張する.

fes·ti·gen [フェスティゲン féstıgən] I 他 (h) (関係・地位など⁴を)強化する, 安定させる;(人⁴を)たくましくする. *die Freundschaft⁴ festigen* 友情を固める / *die Währung⁴ festigen* 通貨を安定させる. II 再帰 (定了) haben) *sich⁴ festigen* (関係・地位などが)強固になる, 安定する.

Fes·tig·keit [フェスティヒカイト] 女 –/ ① 堅さ;《工》強度; 耐性. ② (精神的な)強さ.

Fes·ti·gung [フェスティグング] 女 –/–en 強固にすること, 強化; (通貨の)安定.

Fes·ti·val [フェスティヴェる féstival または ..ヴァる ..val] [英] 中 (ˀ₂: 男) も) –s/–s フェスティバル (定期的な催し), ..祭.

fest|klam·mern [フェスト・クラマァン fést-klàmərn] 他 (h) (洗濯ばさみなどで)留める.

fest|kle·ben [フェスト・クレーベン fést-klè:bən] I 他 (h) (糊)などでくっつける, 貼(は)りつける. II 自 (s) 〖**an** 物³ ~〗(物³ に)付着する, くっつく.

fest|klem·men [フェスト・クレムメン fést-klèmən] I 自 (s) (ドア・引き出しなどが)動かない, 開かない. II 他 (h) (しっかりと)はさみ込む.

Fest=land [フェスト・ラント] 中 –[e]s/..länder ① 大陸 (=Kontinent), (島に対して:)本土. ②《複》なし)(海に対して:)陸[地].

fest|le·gen [フェスト・レーゲン fést-lè:gən] I 他 (h) ① (計画など⁴を)定める, 確定する. *die Tagesordnung⁴ festlegen* 議事日程を定める. ②〖人 **auf** 事⁴ ~〗(人⁴に事⁴の)責任を負わせる. *jn⁴ auf seine Äußerung festlegen* 人⁴ の言質をとる. ③ (お金⁴を)長期投資する. II 再帰 (h) *sich⁴ festlegen* 拘束される: 自分の態度を明らかにする. *Ich möchte mich noch nicht festlegen.* 私はまだ明言をさし控えたい.

fest·lich [フェストリヒ féstlıç] 形 **祝祭の**, お祝いの, (祭りのように)盛大な, 華やかな. *ein festlicher Empfang* 盛大な歓迎パーティー / *ein festliches Kleid* 晴れ着 / *den Geburtstag festlich begehen* 誕生日を盛大に祝う.

Fest·lich·keit [フェストリヒカイト] 女 –/–en ① 《複》なし) お祭り気分, 華やかさ. ② 祭り(祝賀会)の行事, 盛大な催し物.

fest|lie·gen* [フェスト・リーゲン fést-lì:gən] 自 (h) ① (日時などが)確定している. ② (資本が)固定している. ③ (車・船が)立ち往生している.

fest|ma·chen [フェスト・マッヘン fést-màxən] (machte...fest, hat...festgemacht) I 他 (定了) haben) ① **固定する**, つなぐ. *ein Brett⁴ an der Wand festmachen* 板を壁に固定する / *ein Boot⁴ am Ufer festmachen* ボートを岸につなぐ. ② とり決める. *ein Geschäft⁴ festmachen* 取り引きの契約を結ぶ. II 自 (定了) haben) 《海》(船が)停泊する.

Fest=mahl [フェスト・マーる] 中 –[e]s/–e (古:..mähler)《雅》祝宴.

Fest=me·ter [フェスト・メータァ] 男 中 –s/– 《林》フェストメートル (木材の実体積を表す単位. 1 m³; 略: fm).

fest|na·geln [フェスト・ナーゲルン fést-nà:gəln] 他 (h) ① くぎで打ちつける. ②《口語》(人⁴に)責任を負わせる. *jn⁴ auf 事⁴ festnageln* 人⁴ に事⁴ の責任を取らせる.

Fest=nah·me [フェスト・ナーメ] 女 –/–n 《法》逮捕.

fest|neh·men* [フェスト・ネーメン fést-nè:mən] 他 (h) 逮捕する.

Fest=plat·te [フェスト・プラッテ] 女 –/–n 《コンピ》ハードディスク.

Fest=preis [フェスト・プライス] 男 –es/–e 《経》公定価格, 定価.

fest|schnal·len [フェスト・シュナれン fést-ʃnàlən] 他 (h) (留め金などで)固定する (締める).

Fest=schrift [フェスト・シュリフト] 女 –/–en 記念刊行物 (論文集).

fest|set·zen [フェスト・ゼッツェン fést-zètsən] I 他 (h) ① (期限・値段など⁴を)決める, とり決める. *einen Termin festsetzen* 期日を決める / *den Preis auf 500 Mark festsetzen* 価

Festsetzung

格を500マルクに決める． ② (犯罪者など⁴を)拘留する． II 再帰 (h) *sich*⁴ *festsetzen* ① (汚れ・さびなどが)付着する，たまる；(比)(考えなどが)取りつく． In den Ritzen *setzt sich* leicht Staub *fest.* すきまにはほこりがたまりやすい / Dieser Gedanke hatte sich *bei* (または *in*) ihm *festgesetzt.* この考えに彼は取りつかれていた． ② (口語)住みつく，定住する．

Fest≈set·zung [ふェスト・ゼッツング] 囡 -/-en ① 確定，決定，とり決め． ② 拘留．

fest|sit·zen* [ふェスト・ズィッツェン fést-zìtsən] 圓 (h) ① (汚れが)付着している． ② (ねじなどが)しっかり固定されている． ③ (車などが)立ち往生している．

Fest≈spiel [ふェスト・シュピール] 回 -[e]s/-e ① 祝典劇． ② 〖複 で〗フェスティバル，音楽(演劇・映画)祭． die Salzburger *Festspiele* ザルツブルク音楽祭．

fest·ste·hen* [ふェスト・シュテーエン fést-ʃtèːən] 圓(h) 確定している，確実である． Der Termin *steht* noch nicht *fest.* 期日はまだ確定していない / Es *steht fest*, dass... ということは確実である． ◇〖現在分詞の形で〗eine *feststehende* Redensart 決まり文句．

*fest|stel·len [ふェスト・シュテレン féstʃtèlən] (stellte... fest, hat... festgestellt) 他 〖定で〗 haben) ① 確かめる，確認する，つきとめる． die Herkunft⁴ eines Wortes *feststellen* ある単語の語源をつきとめる / Ich habe *festgestellt*, dass... 私は…ということを確かめた． ② (軍⁴に)気づく． Fehler⁴ *feststellen* 間違いに気づく / Er *stellte* plötzlich *fest,* dass sein Hut nicht mehr da war. 彼は突然自分の帽子がなくなっていることに気づいた． ③ (…と)断言する． Ich muss leider *feststellen*, dass... 残念ながら…であると断言せざるをえません． ④ 固定する，ロックする．

Fest≈stel·lung [ふェスト・シュテルング] 囡 /-en 確認，確定；断言，確言．

Fest≈tag [ふェスト・ターク] 男 -[e]s/-e ① 祝[祭]日，記念日． ein kirchlicher *Festtag* キリスト教の祝日． ② 〖複 で〗(定期的な)フェスティバルの期間．

Fes·tung [ふェストゥング] 囡 -/-en ① 要塞(ようさい)，砦(とりで)，城塞． (☞ 類語 Burg)． ② = Festungshaft

Fes·tungs·haft [ふェストゥングス・ハふト] 囡 -/ (昔の)要塞(ようさい)内禁固．

fest≈ver·zins·lich [ふェスト・ふェアツィンスリヒ] 形 (経)確定利付きの．

Fest≈wo·che [ふェスト・ヴォッヘ] 囡 -/-n ① フェスティバル週間，芸術週間． ② 〖複 で〗(定期的な)フェスティバルの期間．

Fest≈zug [ふェスト・ツーク] 男 -[e]s/..züge 祭り(祝祭)の行列．

fest·zu·hal·ten [ふェスト・ツ・ハルテン] *fest|halten (つかんでいる)の zu 不定詞．

fest·zu·stel·len [ふェスト・ツ・シュテレン] *fest|stellen (確かめる)の zu 不定詞．

Fe·te [ふェーテ féːtə] [フェ] 囡 -/-n (口語・戯) (仲間うちの)宴会，パーティー，お祭り騒ぎ，コンパ．

Fe·tisch [ふェーティッシュ féːtɪʃ] 男 -[e]s/-e (民族)呪物(じゅぶつ)(未開民族の宗教で礼拝される木・石・像など．

Fe·ti·schis·mus [ふェティシスムス fetiʃɪsmus] 男 -/ ① (民族) 呪物(じゅぶつ)崇拝． ② (心)フェティシズム，淫物(いんぶつ)愛，拝物愛．

*fett [ふェット fét] 形 (比較 fetter, 最上 fettest) (英 fat) ① 脂肪の多い，油っこい(肉・料理など)． (反義 「脂肪の少ない」は mager). *fettes* Fleisch 脂肪分の多い肉 / *fette* Speisen 油っこい料理．
② 太った，肥えた． (反義 「やせた」は mager). ein *fettes* Schwein 太った豚 / Er ist dick und *fett.* 彼は肥満体だ．(☞ 類語 dick).
③ 肥沃(ひよく)な，実り豊かな；(比)実入りの多い，もうかる． *fetter* Boden 肥沃な土地 / Das macht den Kohl (または das Kraut) nicht *fett.* そんなことをしても役にたたない / Davon kann man nicht *fett* werden. (口語)これはもうけにはならない． ④ (印)ボールド体の，肉太の(活字)．
〈新形〉
fett ge·druckt 太字で印刷された，ボールド体の．

*das Fett [ふェット fét] 中(単2) -es (まれに -s)/(複) -e (3格のみ -en) (英 fat) ① 油脂(ラード・ヘットなど)． pflanzliche (tierische) *Fette* 植物性(動物性)油脂 / das *Fett*⁴ ab|schöpfen (口語)うまい汁を吸う (←肉汁の中のうまいところをすくい飲む)． ② (体内の)脂肪；(肉の)脂身． *Fett*⁴ an|setzen 太る / *im eigenen Fett* ersticken (口語)ぜいたくをして身を滅ぼす(←自分の脂肪の中で息がつまる)．

fett≈arm [ふェット・アルム] 形 脂肪の少ない．

Fett≈au·ge [ふェット・アオゲ] 中 -s/-n (スープなどの表面に浮かぶ)脂肪の玉．

Fett≈druck [ふェット・ドルック] 男 -[e]s/ 太字(ボールド体)印刷．

fet·ten [ふェッテン fétən] I 他 (h) (物⁴に)脂を塗る(差す)． II 圓(h) 脂が浮かぶ；脂がにじむ．

Fett≈fleck [ふェット・ふれック] 男 -[e]s/-e 脂肪のしみ．

fett≈frei [ふェット・ふライ] 形 脂肪を含まない．

fett≈ge·druckt 形 〈新形〉 fett gedruckt) ☞ fett

Fett≈ge·halt [ふェット・ゲハルト] 男 -[e]s/ 脂肪の含有量．

Fett≈ge·we·be [ふェット・ゲヴェーベ] 中 -s/- (医)脂肪組織．

fet·tig [ふェッティヒ fétɪç] 形 ① 脂肪質の，油脂性の；脂っこい． ② 脂じみた，脂で汚れた．

fett≈lei·big [ふェット・らイビヒ] 形 (雅)肥満の．

Fett≈lei·big·keit [ふェット・らイビヒカイト] 囡 -/ (雅)肥満．

Fett≈näpf·chen [ふェット・ネプふヒェン] 中 〖成句的に〗bei 人³ ins *Fettnäpfchen* treten

Fett‧säu‧re [フェット・ゾイレ] 女 -/-n《化》脂肪酸.

Fett=sucht [フェット・ズフト] 女 -/《医》脂肪過多[症], 肥満[症].

Fett=wanst [フェット・ヴァンスト] 男 -[e]s/..wänste《俗》太鼓腹[の人], でぶ.

Fe‧tus [フェートゥス fé:tus] 男 - (または Fetusses)/Fetusse (または Feten)《医》(妊娠 3 か月以後の)胎児.

fet‧zen [フェッツェン fétsən] I 他 (h) ずたずたに引き裂く. II 自 (h)《成句的に》Das *fetzt*.(若者言葉)素晴らしい.

Fet‧zen [フェッツェン] 男 -s/① 切れ端, 断片; 布切れ, ぼろ. 物⁴ *in Fetzen* zerreißen 物⁴をずたずたに引き裂く / Das Kleid ist nur noch ein *Fetzen*. その服はもうぼろ切れみたいだ. ②《口語》ぼろ服;《ﾂｿ》エプロン; ぞうきん.

‡**feucht** [フォイヒト fɔyçt] 形 (比較 feuchter, 最上 feuchtest) 湿った, 湿気のある, 湿っぽい;(涙に)ぬれた. (≒ *damp*). *feuchte* Luft 湿っぽい空気 / *feuchte* Augen 涙ぐんだ目 / ein *feuchter* Abend《口語》酒がたくさん飲める夜 / Die Wäsche ist noch *feucht*. 洗たく物はまだ湿っている / *feuchte* Umschläge⁴ machen 湿布する / eine *feuchte* Aussprache⁴ haben 唾(ﾂﾊﾞ)を飛ばして話す / den Boden *feucht* auf|wischen ぬれそうきんで床をふく.

Feuch‧te [フォイヒテ fɔyçtə] 女 -/ 湿り[気], 湿気.

feuch‧ten [フォイヒテン fɔyçtən] I 他 (h)《詩》湿らせる, ぬらす. ◆《再帰的に》*sich*⁴ *feuchten* 湿る, (目が)うるむ. II 自 (h) ①《詩》湿っている. ②《狩》(大などが)小便をする.

feucht=fröh‧lich [フォイヒト・フレーリヒ] 形《口語‧戯》ほろ酔い機嫌の, 酔って浮かれた.

Feuch‧tig‧keit [フォイヒティヒカイト] 女 -/ 湿気; 湿度. die *Feuchtigkeit* der Luft² 空気の湿度.

Feuch‧tig‧keits=mes‧ser [フォイヒティヒカイツ・メッサァ] 男 -s/《工》湿度計.

feucht=warm [フォイヒト・ヴァルム] 形 じめじめして暖かい, 蒸し暑い.

‡**feu‧dal** [フォイダール fɔydá:l] 形 ① 封建制の, 封建的な. die *feudale* Gesellschaftsordnung 封建的な社会秩序. ② 上流(貴族)社会の. ③《口語》豪華な, 豪勢な. ein *feudales* Restaurant 豪勢なレストラン. ④ (特にマルクス主義で:)反動的な.

Feu‧da‧lis‧mus [フォイダリスムス fɔydalísmus] 男 -/① 封建制[度], 封建主義. ② 封建時代.

‡*das* **Feu‧er** [フォイアァ fɔ́yər]

| 火 | Haben Sie *Feuer* ?
ハーベン ズィー フォイアァ
[たばこの]火をお持ちですか. |

中 (単2) -s/(複) – (3格のみ -n) ① 火. (英 *fire*). Lager*feuer* キャンプファイヤー / ein helles *Feuer* 赤々と燃える火 / das olympische *Feuer* オリンピックの聖火 / *Feuer*⁴ an|zünden (または an|machen) 火をつける / *Feuer*⁴ aus|löschen (または aus|machen) 火を消す / *Feuer*⁴ fangen a) 燃え始める, b)《比》夢中になる / Das *Feuer* im Ofen brennt gut. ストーブの火はよく燃えている / Die Wunde brennt wie *Feuer*. 焼けるように傷が痛む / 人³ *Feuer*⁴ unter dem Hintern machen《俗》人³をさかんにせきたてる / Die beiden sind wie *Feuer* und Wasser. その二人は水と油のような仲だ (←火と水のような).
◆《前置詞とともに》 sich⁴ **am** *Feuer* wärmen 火のそばで暖まる / die Pfanne⁴ **aufs** *Feuer* stellen フライパンを火にかける / **für** 人⁴ **durchs** *Feuer* gehen 人⁴のためなら水火(ｽｲｶ)をもおかさない / 物⁴ **ins** *Feuer* werfen 物⁴を火にくべる / **für** 人⁴ die Hand **ins** *Feuer* legen《比》人⁴のことを絶対に保証する (←火の中に手を入れる) / **mit** dem *Feuer* spielen《比》火遊びをする.
② 火事 (＝Brand). *Feuer*⁴ [an ein Haus] legen [家に]放火する / das *Feuer*⁴ löschen 火事を消しとめる / *Feuer*! 火事だ.
③《複 なし》射撃, 砲火. *Feuer*⁴ geben 発砲する / *Feuer*! 撃て / zwischen zwei *Feuer* geraten はさみうちに会う.
④《複 なし》(宝石・目などの)輝き. ⑤《複 なし》激情, 情熱; (愛・憎悪の)炎; (酒類の)強さ. das *Feuer* der Jugend² 青春の血気 / *Feuer* und Flamme für 人‧物³ sein《口語》物⁴にすっかり夢中になっている / Dieser Wein hat *Feuer*. このワインは強い / **in** *Feuer* geraten かっとなる. ⑥《海》灯台の光.

Feu‧er spei‧end 火を吐いている. ein *Feuer speiender* Vulkan 噴火している火山.

Feu‧er=alarm [フォイアァ・アラルム] 男 -[e]s/-e 火災警報. *Feueralarm*⁴ geben 火災警報を出す.

Feu‧er‧bach [フォイアァ・バッハ fɔ́yər-bax] -s/《人名》フォイエルバッハ (Ludwig Feuerbach 1804–1872; ドイツの哲学者).

feu‧er=be‧stän‧dig [フォイアァ・ベシュテンディヒ] 形 耐火性の, 不燃性の.

Feu‧er=be‧stat‧tung [フォイアァ・ベシュタットゥング] 女 -/-en 火葬.

Feu‧er=ei‧fer [フォイアァ・アイファァ] 男 -s/ 熱中, 夢中. mit *Feuereifer* 夢中になって.

feu‧er=fest [フォイアァ・フェスト] 形 耐火性の, 不燃性の. *feuerfestes* Glas 耐火ガラス.

Feu‧er=ge‧fahr [フォイアァ・ゲファール] 女 -/ 火災(引火)の危険.

feu‧er=ge‧fähr‧lich [フォイアァ・ゲフェーアリヒ] 形 火災の危険のある, 引火しやすい.

Feu‧er=ha‧ken [フォイアァ・ハーケン] 男 -s/- 火かき棒; (消火用の)とび口.

Feu‧er=lei‧ter [フォイアァ・ライタァ] 女 -/-n ① 避難ばしご. ② 消火ばしご.

Feu‧er=lö‧scher [フォイアァ・レッシァァ] 男

-s/- 消火器.

Feu·er⋞mel·der [ふォイアァ・メルダァ] 男 -s/- 火災報知器.

feu·ern [ふォイアァン fɔ́yərn] I 自 (h) ① 火たく; 暖房する (=heizen). **mit Holz** *feuern* たきぎをたく(たいて暖房する). ② 《軍》射撃する, 発砲する. **auf** 人·物⁴ *feuern* 人·物⁴ 目がけて撃つ. II 他 (h) ① (ストーブなど⁴に)たく, 燃す(物⁴を…へ)投げつける. **das Buch**⁴ **an die Wand** *feuern* 本を壁に投げつける. ③《口語》首にする.

Feu·er⋞pro·be [ふォイアァ・プローベ] 女 -/-n ①(金属などの)耐火試験. ②《史》(中世の)神明裁判(熱した鉄片を持たせ, やけどを負わなければ無罪とされた); 《比》厳しい試練. **die** *Feuerprobe*⁴ **bestehen** 試練に耐える.

feu·er⋞rot [ふォイアァ・ロート] 形 火のように赤い, 真っ赤な.

Feu·ers⋞brunst [ふォイアァス・ブルンスト] 女 -/..brünste 《雅》大火事, 大火.

Feu·er⋞schiff [ふォイアァ・シふ] 中 -[e]s/-e 《海》灯台船.

Feu·er⋞schutz [ふォイアァ・シュッツ] 男 -es/ ① 防火[設備・対策]. ②《軍》援護射撃.

Feu·er⋞si·cher [ふォイアァ・ズィッヒァァ] 形 耐火性の, 不燃性の; 火災に対して安全な.

feu·er⋞spei·end 形 《新形》 Feuer speiend) ☞ Feuer

Feu·er⋞sprit·ze [ふォイアァ・シュプリッツェ] 女 -/-n 消防ポンプ.

Feu·er⋞stein [ふォイアァ・シュタイン] 男 -[e]s/-e ① 火打ち石. ② ライターの石.

Feu·er⋞stel·le [ふォイアァ・シュテれ] 女 -/-n 炉, かまど (=Herd); (野外の)火たき場.

Feu·er⋞stuhl [ふォイアァ・シュトゥーる] 男 -[e]s/..stühle (若者言葉:)(スポーツタイプの)オートバイ(←火のいす) (=Motorrad).

Feu·er⋞tau·fe [ふォイアァ・タオふェ] 女 -/-n 初試練(←砲火による洗礼).

Feu·er⋞über⋞fall [ふォイアァ・ユーバァふァる] 男 -[e]s/..fälle 《軍》奇襲砲撃(射撃).

Feu·e·rung [ふォイエルンク] 女 -/-en ① 燃焼装置, 炉, かまど. ②【複 なし】火をたくこと, 燃焼. ③【複 なし】燃料.

Feu·er⋞ver·si·che·rung [ふォイアァ・ふェァズィッヒェルンク] 女 -/-en 火災保険.

Feu·er⋞wa·che [ふォイアァ・ヴァッヘ] 女 -/-n ① 消防署. ② 火災監視人.

Feu·er⋞waf·fe [ふォイアァ・ヴァッふェ] 女 -/-n 火器, 銃砲.

die **Feu·er⋞wehr** [ふォイアァ・ヴェーァ fɔ́yər-ve:r] 女 (単) -/-(複) -en ① 消防[隊]. **die** *Feuerwehr*⁴ **alarmieren** 消防[隊]に急を知らせる / **wie die** *Feuerwehr* **kommen** 《口語》またたく間にやって来る(←消防隊のように). ②(おもちゃの)消防自動車.

Feu·er⋞wehr⋞au·to [ふォイアァヴェーァ・アオト·] 中 -s/-s 消防自動車.

Feu·er⋞wehr⋞mann [ふォイアァヴェーァ・マン]

男 -[e]s/..männer (または ..leute) 消防士.

Feu·er⋞werk [ふォイアァ・ヴェルク] 中 -[e]s/-e 花火; 《比》(才能などのきらめき.

Feu·er⋞wer·ker [ふォイアァ・ヴェルカァ] 男 -s/-s 花火製造者; 爆薬の専門家; 《軍》火薬係下士官.

Feu·er⋞werks⋞kör·per [ふォイアァヴェルクス・ケルパァ] 男 -s/- [打ち上げ]花火の玉.

Feu·er⋞zan·gen⋞bow·le [ふォイアァツァンゲン・ボーれ] 女 -/-n《料理》ホットパンチ(棒砂糖にラム酒をかけて点火し, 溶けた砂糖を温めた赤ワインに落として味付けした飲み物).

* *das* **Feu·er·zeug** [ふォイアァ・ツォイク fɔ́yər-tsɔyk] 中 (単 2) -[e]s/(複) -e (3 格のみ -en) ライター. (英 lighter). **Das** *Feuerzeug* **geht** (または **brennt**) **nicht**. このライターは火がつかない.

Feuil·le·ton [ふェイェトーン fœjətɔ́ː または ふェイェトン] [フ] 男 -s/-s ①(新聞の)文芸欄, 学芸欄. ② 文芸(学芸)欄の読み物.

Feuil·le·to·nist [ふェイェトニスト fœjətoníst] 男 -en/-en (新聞の)文芸欄の執筆者.

feuil·le·to·nis·tisch [ふェイェトニスティッシュ fœjətonístɪʃ] 形 ①(新聞の)文芸欄の, 学芸欄の. ② 雑文風の(文体など); 浅薄な.

feu·rig [ふォイリヒ fɔ́yrɪç] 形 ① 激しい, 情熱的な; 強い(酒). **ein** *feuriger* **Charakter** 激しい性格 / **eine** *feurige* **Rede**⁴ **halten** 熱弁をふるう. ② 燃えている, 赤熱している; 《雅》真っ赤な; きらきら輝く.

Fez [ふェーツ féːts] 男 -es/《口語》悪ふざけ, 冗談 (=Spaß). *Fez* **machen** ふざける.

ff (記号) ① [エふ・エふ]《商》極上[の] (=sehr fein). ② [ふォルティッスィモ]《音楽》フォルティッシモ, きわめて強く (=fortissimo).

ff. [ウント]ふォるゲンデ [ザイテン]《略》次ページ以下 (=[und] folgende [Seiten]). **35 ff.** 35 ページならびにそれに続くページ.

Fi·a·ker [ふィアカァ fiáker] 男 -s/- 《オーストリア》(昔の:)(二頭立て)辻馬車; 辻馬車の御者.

Fi·a·le [ふィアーれ fiáːlə] 女 -/-n 《建》(ゴシック式の)小尖塔(しょうせんとう), ピナクル.

Fi·as·ko [ふィアスコ fiásko] [イ] 中 -s/-s [大]失敗; 惨めな結果. **ein** *Fiasko*⁴ **erleben** [大]失敗に終わる.

Fi·bel¹ [ふィーベる fíːbəl] 女 -/-n ①(学童が初年度に使う)絵入り読本. ②(専門知識の)入門書.

Fi·bel² [ふィーベる] 女 -/-n《美》(古代ゲルマン人の)留め金, ブローチ.

Fi·ber [ふィーバァ fíːbər] 女 -/-n ①《医・生》繊維(動植物の)筋. ②【複 なし】人造繊維, ファイバー.

Fiche [ふィーシュ fiːʃ] [フ] 中 男 -s/-s マイクロフィッシュ.

ficht [ふィヒト] I fechten (刀剣で戦う)の3人称単数 現在 II fechten (刀剣で戦う)の du に対する 命令

Fich·te¹ [ふィヒテ fíçtə] 女 -/-n ①《植》[ドイ

ッ]トウヒ. ② 《覆》なし)[ドイツ]トウヒ材.

Fich·te[2] [ふぃヒテ] -/ 《人名》フィヒテ (Johann Gottlieb *Fichte* 1762-1814; ドイツの哲学者).

fichst [ふぃヒツト] fechten (刀剣で戦う)の 2 人称単数 現在

fi·cken [ふぃッケン fíkən] I 自 (h) 《俗》セックスする. II 他 (h) 《俗》《人[4]とセックスする.

fi·del [ふぃデーる fidé:l] 形《口語》陽気な.

Fi·di·bus [ふぃーディブス fí:dibus] 男 (h) (また ..busses)/-(または ..busse) 戯 (パイプなどに火をつける)紙こより.

*das **Fie·ber** [ふぃーバァ fí:bər] 中 (単 2) -s/(複)-(英 fever) ① (病気の)熱, 発熱; 熱病. Er hat *Fieber*. 彼は熱がある / hohes *Fieber*[4] bekommen 高熱が出る / [das] *Fieber*[4] messen 体温を計る / Das *Fieber* fällt (steigt). 熱が下がる(上がる) / Wie hoch ist das *Fieber*? 熱は何度ありますか / im *Fieber* sprechen 熱にうかされてうわ言を言う / mit *Fieber* im Bett liegen 熱が出て床についている.
② 《雅》熱狂, 熱中. das *Fieber* des Ehrgeizes 激しい巧名心.

Fie·ber≠fan·ta·sie [ふぃーバァ・ふァンタズィー] 女 -/-n [..ズィーエン] 高熱に伴う幻覚.

fie·ber·frei [ふぃーバァ・ふライ] 形 熱のない.

fie·ber·haft [ふぃーバァハふト] 形 ① 熱にうかされたような, 熱狂的な. ② 熱の出る, 熱性の(病気など).

fie·be·rig [ふぃーベリヒ fí:bəriç] 形 =fiebrig

*fie·bern [ふぃーバァン fí:bərn] (fieberte, hat …gefiebert) 自 (定了 haben) ① 熱がある, 熱を出す. Der Kranke *fiebert* hoch. その病人は高い熱がある. ② 非常に興奮している. Er *fiebert* vor Spannung. 彼は緊張のあまりひどく興奮している. ③ 《nach 事[3] ~》(事[3]を)熱望している.

Fie·ber≠phan·ta·sie [ふぃーバァ・ふァンタズィー] 女 -/-n [..ズィーエン] =Fieberfantasie

fie·ber·te [ふぃーバァテ] *fiebern (熱がある)の 過去

Fie·ber≠ther·mo·me·ter [ふぃーバァ・テルモメータァ] 中 -s/- 体温計.

fieb·rig [ふぃーブリヒ fí:brıç] 形 ① 熱のある, 熱性の, 熱が出る(病気など). ② 《比》熱にうかされたような, 熱狂的な.

Fie·del [ふぃーデる fí:dəl] 女 -/-n 《古・戯》ヴァイオリン (=Geige).

fie·deln [ふぃーデるン fí:dəln] I 他 (h) 《戯》(曲を)下手にヴァイオリンで弾く. II 自 (h) 《戯》(下手に)ヴァイオリンを弾く.

fiel [ふぃーる] *fallen (落ちる)の 過去

fie·le [ふぃーれ] *fallen (落ちる)の 接[2]

fie·pen [ふぃーペン fí:pən] 自 (h) (狩)(鹿などが)か細く高い声で鳴く. ② (小犬・小鳥などが)くんくん(ぴーぴー)鳴く.

fies [ふぃース fi:s] 形《口語》むかつくような, 気持ちの悪い(食物など), いやらしい(性格など).

Fi·fa, FIFA [ふぃーふァ fi:fa] 女 -/ 《略》《スポ》国際サッカー連盟 (=Fédération Internationale de Football Association).

fif·ty-fif·ty [ふぃふティ・ふぃふティ] [英] 副《口語》《成句的に》*fifty-fifty* machen 半分ずつ分ける / *fifty-fifty* stehen (五分五分で)どちらとも言えない.

Fig. [ふぃーグーァ]《略》図, 図解 (=Figur).

Fi·ga·ro [ふぃーガロ fí:garo] -s/ 《人名》フィガロ (モーツァルトの歌劇の主人公).

figh·ten [ふァイテン fáıtən] 自 (h) (スポ) 果敢に戦う; (ボクシングで:)積極的に攻撃する.

*die **Fi·gur** [ふぃグーァ figú:r] 女 (単) -/(複) -en (英 figure) ① 姿, 容姿, スタイル. Idealfigur 理想的なスタイル / Sie hat eine gute *Figur*. 彼女はスタイルがいい / Er ist von kleiner *Figur*. 彼は小柄だ / eine gute (schlechte) *Figur*[4] machen 《口語》良い(悪い)印象を与える. ② (絵画・彫刻などの)像, 彫像; 人形. eine *Figur* aus Stein 石像.
③ 人物, (小説などの)登場人物;《俗》やつ. Hauptfigur 中心人物, 主人公, 主役 / Er ist eine wichtige *Figur* in der Politik. 彼は政界の重要人物だ / die *Figuren* eines Dramas ドラマの登場人物たち / eine komische *Figur* (劇中の)こっけいな役. ④ (チェスの)こま. ⑤ (ダンスの)フィギュア. ⑥ 《数》図形. ⑦《音楽》音型. ⑧《修》文彩.

fi·gür·lich [ふぃギューァリヒ] 形 ①《言》比喩的な. ② 容姿の, 姿格好の. ③《美》(人・動物などの)姿を表した.

Fik·ti·on [ふぃクツィオーン fıktsió:n] 女 -/-en ① 虚構, フィクション, 作り話. ②《哲》仮設.

fik·tiv [ふぃクティーふ fıktí:f] 形 虚構の, 架空の; 作為の.

Fi·let [ふぃれー filé:] [ろス] 中 -s/-s ①《料理》(牛・豚などの)ヒレ肉; 魚の切り身; (鳥の)胸肉. ②《織》網地, ネット.

Fi·li·a·le [ふぃリアーれ filiá:lə] 女 -/-n ① (特に食料品店などの)支店, チェーン店. eine *Filiale*[4] eröffnen 支店を開く. ② (銀行・保険会社などの)支店, 支社, 出張所.

Fi·li·gran [ふぃリグラーン filigrá:n] 中 -s/-e (金銀の)線条細工, フィリグリー.

Fi·li·us [ふぃーリウス fí:lius] 男 -/Filii (または Filiusse) 《戯》(少年期の)息子 (=Sohn).

*der **Film** [ふぃるム film] 男 (単 2) -[e]s/(複) -e (3 格のみ -en) ①《写》フィルム. (英 film). Farbfilm カラーフィルム / einen neuen *Film* in die Kamera ein|legen カメラに新しいフィルムを入れる / den *Film* entwickeln フィルムを現像する / den *Film* wechseln フィルムを取り替える.
② 映画. Fernsehfilm テレビ映画 / Kriminalfilm 探偵映画 / einen *Film* drehen 映画を撮影する / einen *Film* auf|führen (または vor|führen) 映画を上映する / sich[3] einen *Film* an|sehen 映画を見る / Der *Film* läuft seit Freitag. その映画は金曜日から上映されている / [Bei] ihm ist der *Film* gerissen.《現在完了》《口語・比》彼は話の脈絡がわからなくなっ

た(←フィルムがぷっつり切れた).
③ 『なし』映画界. Er ist beim *Film*. 《口語》彼は映画俳優だ. ④ (物の表面を覆う)薄い膜.

Film≠ar·chiv [ふぃるム・アルヒーふ] 中 -s/-e フィルムライブラリー.

Film≠ate·li·er [ふぃるム・アテリエー] 中 -s/-s 映画撮影スタジオ.

Film≠auf·nah·me [ふぃるム・アオふナーメ] 女 -/-n 映画撮影; ショット.

Fil·me≠ma·cher [ふぃるメ・マッハァ] 男 -s/- 《隠語》映画監督.

fil·men [ふぃるメン fílmən] I 他 (h) (人・物⁴を)撮影する, 映画に撮る. II 自 (h) ① 映画を撮影する. ② 映画に出演する.

Film≠fest·spie·le [ふぃるム・ふェストシュピーれ] 複 映画祭.

Film≠in·dust·rie [ふぃるム・インドゥストリー] 女 -/-n [..リーエン] 映画産業.

fil·misch [ふぃるミッシュ fílmɪʃ] 形 映画の, 映画による.

Film≠ka·me·ra [ふぃるム・カメラ] 女 -/-s (映画の)撮影機(カメラ).

Film≠kunst [ふぃるム・クンスト] 女 -/ 映画芸術.

Film≠mu·sik [ふぃるム・ムズィーク] 女 -/-en 映画音楽.

Film≠re·gis·seur [ふぃるム・レジセーァ] 男 -s/-e 映画監督.

Film≠schau·spie·ler [ふぃるム・シャオシュピーらァ] 男 -s/- 映画俳優.

Film≠schau·spie·le·rin [ふぃるム・シャオシュピーれリン] 女 -/..rinnen 映画女優.

Film≠star [ふぃるム・シュタール] 男 -s/-s 映画スター.

Film≠stu·dio [ふぃるム・シュトゥーディオ] 中 -s/-s 映画スタジオ.

Film≠the·a·ter [ふぃるム・テアータァ] 中 -s/- (規模の大きな)映画館.

Film≠ver·leih [ふぃるム・ふェァらイ] 男 -[e]s/-e 映画配給[会社].

Film≠vor·füh·rung [ふぃるム・ふォーァふューるング] 女 -/-en 映写の上映.

Fi·lou [ふぃるー filú:] [ʃɪː] 男 (方: 中 も) -s/-s 《戯》ずるいやつ, いたずら者.

Fil·ter [ふぃるタァ fíltər] 男 -s/- ① フィルター, ろ過器(装置). ② (たばこの)フィルター.

Fil·ter≠kaf·fee [ふぃるタァ・カふェ] 男 -s/ フィルター(ドリップ)コーヒー.

fil·tern [ふぃるタァン fíltərn] 他 (h) ① (液体・気体⁴をフィルターで)こす, ろ過する. den Kaffee *filtern* コーヒーをこす. ② (写・光) (光線⁴を)フィルターにかける.

Fil·ter≠pa·pier [ふぃるタァ・パピーァ] 中 -s/-e ろ紙, フィルター.

Fil·ter≠zi·ga·ret·te [ふぃるタァ・ツィガレッテ] 女 -/-n フィルター付きたばこ.

filt·rie·ren [ふぃるトリーレン fɪltríːrən] 他 (h) (フィルターで)こす, ろ過する (=filtern).

Filz [ふぃるツ fɪlts] 男 -es/-e ① (織)フェルト.

ein Hut aus *Filz* フェルト帽. ② フェルト状のもの; 毛氈(がん). ③ フェルト帽. ④ 《口語》ビールマット. ⑤ 《口語》けち.

fil·zen [ふぃるツェン fíltsən] I 自 (h, s) ① (h, s) フェルト状に縮む(固まる). ② (口語) ぐっすり眠る. II 他 (h) ① 《口語》(徹底的に)検査する, 調べる. ② 《俗》盗む (=bestehlen).

Filz≠hut [ふぃるツ・フート] 男 -[e]s/..hüte フェルト帽.

fil·zig [ふぃるツィヒ fíltsɪç] 形 ① フェルト[状]の; 毛氈(がん)で覆われた. ② 《口語》けちな.

Filz≠laus [ふぃるツ・らオス] 女 -/..läuse 《昆》ケジラミ.

Filz≠pan·tof·fel [ふぃるツ・パントッふェる] 男 -s/-n フェルトのスリッパ.

Filz≠schrei·ber [ふぃるツ・シュライバァ] 男 -s/- フェルトペン.

Filz≠stift [ふぃるツ・シュティふト] 男 -[e]s/-e フェルトペン.

Fim·mel [ふぃンメる fíməl] 男 -s/- 《口語》気違いじみた, 熱狂. Der hat ja einen *Fimmel*! やつは少々おかしい.

fi·nal [ふぃナー finá:l] 形 ① 最後の, 最終の, 終局の. ② 《哲・言》目的の, 目的に関する.

Fi·na·le [ふぃナーれ finá:lə] 中 -s/-[s] ① 《音楽》終楽章, フィナーレ, (オペラの)終曲. ② 大詰め, 大団円. ③ 《スポ》決勝戦, ファイナル; ラストスパート.

Fi·na·list [ふぃナリスト finalíst] 男 -en/-en 《スポ》決勝戦出場者.

Fi·nanz [ふぃナンツ finánts] 女 -/ ① 財政, 金融. ② (総称として:)金融資本家, 財界人.

Fi·nanz≠amt [ふぃナンツ・アムト] 中 -[e]s/..ämter 《法》税務署(財務局)[の建物].

Fi·nanz≠be·am·te[r] [ふぃナンツ・ベアムテ(..タァ)] 男 《語尾変化は形容詞と同じ》大蔵省官吏; 財務(税務)官吏.

Fi·nan·zen [ふぃナンツェン finántsən] 複 ① 金融(業界). ② (国・自治体などの)財政, 財源. ③ 《口語》(個人の)懐具合, 金回り.

Fi·nanz≠ho·heit [ふぃナンツ・ホーハイト] 女 -/ (国家の)財政権.

*****fi·nan·zi·ell** [ふぃナンツィエる finantsiél] 形 財政上の, 経済上の, 資金面での. 《英 financial》. eine *finanzielle* Krise 財政的な危機 / 人⁴ *finanziell* unterstützen 人⁴を資金面で援助する.

fi·nan·zie·ren [ふぃナンツィーレン finantsíːrən] 他 (h) ① (人・物⁴に)資金を提供する, 融資する. 人³ das Studium⁴ *finanzieren* 人³ に学費を出してやる. ② 《商》ローンで買う.

Fi·nan·zie·rung [ふぃナンツィールング] 女 -/-en 資金の調達; 融資.

Fi·nanz≠jahr [ふぃナンツ・ヤール] 中 -[e]s/-e 会計年度.

Fi·nanz≠la·ge [ふぃナンツ・らーゲ] 女 -/ 財政状態.

Fi·nanz≠mi·nis·ter [ふぃナンツ・ミニスタァ]

男-s/- 大蔵大臣.

Fi‧nanz‧mi‧nis‧te‧ri‧um [ふぃナンツ・ミニステーリウム] 中 -s/..rien [..リエン] 大蔵省.

Fi‧nanz‧po‧li‧tik [ふぃナンツ・ポリティーク] 女 -/ 財政政策.

Fin‧del‧kind [ふィンデる・キント] 中 -(e)s/-er 捨て子, 拾い子.

fin‧den* [ふィンデン fíndən]

見つける

Ich *finde* meine Brille nicht.
イヒ ふィンデ マイネ ブリれ ニヒト
私の眼鏡が見つからない.

人称	単	複
1	ich finde	wir finden
2	{du findest / Sie finden}	{ihr findet / Sie finden}
3	er findet	sie finden

(fand, hat...gefunden) **I** 他 (定了 haben) (英 find) ① 見つける, 見つけ出す, 発見する. Pilze⁴ *finden* きのこを見つける / Ich *kann* ihn nirgends *finden*. 彼はどこにも見あたらない / Endlich hatten wir den Schlüssel *gefunden*. やっと鍵(ガギ)が見つかった / eine Arbeit⁴ *finden* 仕事を見つける / eine Lösung⁴ *finden* 解決策を見つける.

② 《人⁴を...だと》思う, (...と)見なす. Ich *finde* die Jacke billig. 私はこのジャケットを安いと思う / Wie *finden* Sie dieses Bild? この絵をどう思いますか / Ich *finde*, dass er Recht hat. 私は彼の言うとおりだと思う. ◊《目的語なしでも》*Finden* Sie? そうお思いですか.

③ 《人⁴を》得る, 手に入れる, 受ける. Hilfe⁴ *finden* 助けを得る / einen Partner *finden* パートナーを得る / Sein Vorschlag *fand* allgemeine Zustimmung. 彼の提案は大方の賛同を得た / Sie *kann* keinen Schlaf *finden*. 彼女は眠れない / Spaß⁴ **an** 事³ *finden* 事³を楽しむ / Was *findet* er nur an ihr? 彼はいったい彼女のことをどう思っているのだろうか / Ich **habe in** ihm einen Freund *gefunden*. 私は彼という友を得た.

◊《特定の名詞を目的語として》...される. Beachtung⁴ *finden* 注目される / Verwendung⁴ *finden* 使用される.

④ (人⁴物⁴が...であるのを)見て知る. Er *fand* das Haus verschlossen. 彼はその家に鍵(ガギ)がかかっているのに気づいた / Wir *fanden* ihn krank im Bett. 私たちが行ってみると彼は病気で寝ていた.

II 再帰 (定了 haben) *sich⁴ finden* ① 見つかる; ある, いる, 存在する. Der Ring *hat sich* wieder *gefunden*. (なくした)指輪が見つかった / Für diese Arbeit *fand sich* niemand. この仕事をしてくれる人はだれもいなかった.

② 明らかになる. Das (または Es) *wird sich* alles *finden*. a) それはそのうちにはっきりするでしょ, b) 何もかもうまくいくでしょう.

③《*sich⁴* **in** 事⁴ ~》《雅》《事⁴に》順応する.

III 自 (定了 haben) 《方向を表す語句とともに》(...へ)行き着く; (...から)出る. **nach** Hause *finden* 家にたどり着く / Du *findest* leicht **zu** uns. ぼくたちの家へ来る道はすぐわかるよ.

Fin‧der [ふィンダァ fíndər] 男 -s/- 発見者, 拾得者.

Fin‧der‧lohn [ふィンダァ・ろーン] 男 -(e)s/..löhne 拾い主へのお礼.

fin‧dig [ふィンディヒ fíndıç] 形 アイディアに富んだ, 機転の利く, 抜け目のない.

Fin‧dig‧keit [ふィンディヒカイト] 女 -/ 機転, 抜け目のないこと, 明敏[なこと].

Find‧ling [ふィントリング fíntlıŋ] 男 -s/-e ①《地学》捨て子石, 漂石. ②《旧》捨て子 (= Findelkind).

Fi‧nes‧se [ふィネッセ finésə] 女 -/-n ①《ふつう》技巧, こつ. ②狡猾(ｺｳｶﾂ)さ, 策略. ③《ふつう複》精巧さ, 技術の精華. ein Auto mit allen *Finessen* 技術の粋をこらした自動車.

fing [ふィング] *fangen (捕まえる)の 過去

fin‧ge [ふィンゲ] *fangen (捕まえる)の 接2

***der* Fin‧ger** [ふィンガァ fíŋər]

指

Der *Finger* blutet.
デァ ふィンガァ ブるーテット
指から血が出ている.

男《単2》-s/《複》- (3格のみ -n) (手の)指. (英 *finger*). (☞ Körper 図). (注意「足の指」は Zehe). dicke (zarte) *Finger* 太い(細い)指 / geschickte *Finger* 器用な指 / *Finger* weg! 触るな. (☞ (手の)指の呼び名: Daumen 親指 / Zeige*finger* 人差し指 / Mittel*finger* 中指 / Ring*finger* 薬指 / der kleine *Finger* 小指).

◊《動詞とともに》einen schlimmen *Finger* **haben** 指を傷めている / bei 事³ die *Finger*⁴ im Spiel haben 《口語・比》事³に一枚かんでいる / die *Finger*⁴ **krümmen** 指を曲げる / **sich³** die *Finger*⁴ **nach** 物³ **lecken** 《口語》物³ が欲しくてたまらない / den *Finger* auf den Mund **legen** 人差し指を口に当てる (「黙れ」というしぐさ) / keinen *Finger* **rühren** はたらかない / den *Finger* krumm **machen**《口語》何一つしようとしない / lange (または krumme) *Finger*⁴ machen《口語》盗みを働く / Der *Finger* **schmerzt**. 指が痛む / die *Finger*⁴ **strecken** 指を伸ばす.

◊《前置詞とともに》einen Ring **am** *Finger* **tragen** 指輪をしている / **sich³** 事³ **an** den [fünf] *Fingern* abzählen können《口語》事⁴ は一目瞭然(リョウゼン)だ (←5本の指で数えられる) / Er hat an jedem *Finger* eine. 《口語》彼にはたくさんの恋人(ファン)がいる / 《人³ **auf** die *Finger* sehen《口語》人³を〔よく働くかどうか〕監視する / 人³ **auf** die *Finger* **klopfen**《口語》人³ をしかりつける / *sich³* 事⁴ **aus** den *Fingern* **saugen**

《口語》事⁴をでっち上げる / 人⁴ durch die *Finger* sehen《口語・比》人⁴を大目に見てやる / sich³ in den *Finger* schneiden a)（誤って）指を切る，b)《比》ひどい見込み違いをする / 物⁴ in den *Finger* bekommen（または kriegen）《口語》物⁴を偶然手に入れる / 事⁴ im kleinen *Finger* haben《口語・比》事⁴に精通している / 人³ in die *Finger* fallen（または geraten）《口語》人³の手中に陥る / mit dem *Finger* auf 物⁴ zeigen 指で物⁴を指し示す / 人³ mit dem *Finger* drohen 指を立てて人⁴を脅す / 事⁴ mit dem kleinen *Finger* machen《口語・比》事⁴を苦もなくやってのける / 物⁴ mit spitzen *Fingern* an|fassen 物⁴をいやいや指先きでつまむ / 人⁴ um den [kleinen] *Finger* wickeln《口語・比》人⁴を意のままに操る / Das Geld zerrinnt ihm **unter**（または **zwischen**）den *Fingern*. 彼は金にしまりがない．

Fin·ger=ab·druck ［ふィンガァ・アップドルク］男 -[e]s/..drücke 指紋．

fin·ger=breit ［ふィンガァ・ブライト］形 指の幅ほどの．

Fin·ger=breit ［ふィンガァ・ブライト］男 -/- 指の幅．

Fin·ger=dick ［ふィンガァ・ディック］形 指の太さ(厚さ)ほどの．

fin·ger·fer·tig ［ふィンガァ・フェルティヒ］形 手先(指)の器用な．

Fin·ger·fer·tig·keit ［ふィンガァ・フェルティヒカイト］女 -/- 手先(指)の器用さ．

Fin·ger=glied ［ふィンガァ・グリート］中 -[e]s/-er《医》指骨．

Fin·ger=hand·schuh ［ふィンガァ・ハントシュー］男 -[e]s/-e (5本指の)手袋．

Fin·ger=hut ［ふィンガァ・フート］男 -[e]s/..hüte ①（裁縫用の）指ぬき．②《植》ジギタリス．

Fin·ger·ling ［ふィンガァリング］男 -s/-e ① 指サック．② 手袋の指．

fin·gern ［ふィンガァン］動 I 自 (h) 指でいじる；手探りする．Er *fingert* immer **an** seiner Krawatte. 彼はいつもネクタイをいじっている．II 他 (h) ①《A⁴ **aus** B³ ～》(A⁴をB³から)指でつまみ出す．②《俗》事⁴をうまくやってのける．③《俗》くすねる．

Fin·ger=na·gel ［ふィンガァ・ナーゲる］男 -s/..nägel 指の爪(𝑐𝑚)．

Fin·ger=satz ［ふィンガァ・ザッツ］男 -es/..sätze《音楽》運指法，フィンガリング．

Fin·ger=spit·ze ［ふィンガァ・シュピッツェ］女 -/-n《事》mit den *Fingerspitzen* berühren 物⁴に指先で触る / Er ist musikalisch bis **in** die *Fingerspitzen*. 彼はとことん音楽的だ〔＝指の先まで〕．

Fin·ger·spit·zen=ge·fühl ［ふィンガァシュピッツェン・ゲふュール］中 -[e]s/ 鋭敏な感覚．

Fin·ger=spra·che ［ふィンガァ・シュプラーヘ］女 -/-n（ろうあ者の）手話[法]．

Fin·ger=zeig ［ふィンガァ・ツァイク］男 -[e]s/-e ヒント，示唆，暗示．人³ einen *Fingerzeig* geben 人³にヒントを与える．

fin·gie·ren ［ふィンギーレン］fɪŋɡíːrən] 他 (h) でっち上げる，偽る．◇《過去分詞の形で》ein *fingierter* Name 偽名．

Fi·nish ［ふィニッシュ fínɪʃ］［英］中 -s/-s ①（製造工程などの）仕上げ．②《競》ラストスパート，フィニッシュ；決勝[戦]．

fi·nit ［ふィニート finíːt］形《言》（動詞が）定形の．

Fink ［ふィンク fíŋk］男 -en/-en《鳥》アトリ科の鳥（アトリ・ヒワなど）．

Fin·ne¹ ［ふィンネ fínə］男 -n/-n フィンランド人．（ℱ 女性形は Finnin）．

Fin·ne² ［ふィンネ］I 女 -/-n ①《動》（サナダ虫などの）条虫類の幼虫．②《医》丘疹(𝑘𝑦𝑢𝑠ℎ𝑖𝑛)，にきび，吹き出物．II 女 -/-n ①《動》（サメやクジラの）背びれ．②（ハンマーの）とがった端．

fin·nisch ［ふィニッシュ fínɪʃ］形 フィンランド[人・語]の．

＊Finn·land ［ふィン・らント fín-lant］中 (単2) -s/《国名》フィンランド［共和国］(首都はヘルシンキ)．

Finn·wal ［ふィン・ヴァーる］男 -[e]s/-e《動》ナガスクジラ．

＊fins·ter ［ふィンスタァ fínstər］形 (比較 finst[e]rer, 最上 finsterst) ① 真っ暗な，暗い；暗黒の．ein *finsterer* Raum 真っ暗な部屋 / Es wird *finster*. 暗くなる / das *finstere* Mittelalter《比》暗黒の中世．◇《名詞的に》im *Finstern*（新形 im *Finstern*) tappen 暗中模索する．(☞ 類語 dunkel)．② 不機嫌な，陰気な．Er macht ein *finsteres* Gesicht. 彼は不機嫌な顔をしている．③ 不気味な，不吉な；いかがわしい，うさんくさい．eine *finstere* Ahnung 不吉な予感 / eine *finstere* Kneipe いかがわしい飲み屋．

＊die Fins·ter·nis ［ふィンスタァニス fínstərnɪs］女 (単) -/(複) ..nisse (3格は ..nissen) ① 暗闇(𝑘𝑢𝑟𝑎𝑦𝑎𝑚𝑖)，暗黒．die *Finsternis* der Nacht? 夜の暗闇 / das Reich der *Finsternis²*《聖》地獄 / eine ägyptische *Finsternis*《比》真っ暗闇(出エジプト記20, 21–23)．②《天》食(𝑠ℎ𝑜𝑘𝑢)．Sonnen*finsternis* 日食 / Mond*finsternis* 月食 / eine partielle (totale) *Finsternis* 部分(皆既)食．

Fin·te ［ふィンテ fíntə］女 -/-n ① 策略，術策；口実．人⁴ durch eine *Finte* täuschen 術策を用いて人⁴を欺く．②（フェンシング・ボクシングなどの）フェイント．

Fir·le·fanz ［ふィルれふァンツ fírləfants］男 -es/-e《口語》① がらくた，安ぴか物．② ばかげたこと，ナンセンス[な行為]．

firm ［ふィルム firm］形《成句的に》in 物³ *firm* sein 物³に熟達(精通)している．

＊die Fir·ma ［ふィルマ fírma］女 (単) -/(複) Firmen ① 会社，商社，商会 (略: Fa.)．（英 firm）．Bau*firma* 建設会社 / eine *Firma*⁴ leiten 会社を経営する / in（または **bei**）einer *Firma* arbeiten ある会社に勤めている / Die *Firma* dankt.《戯》いや，結構です．② 《経》社名，商号．

Fir·ma·ment [フィルマメント firmamént] 中 -[e]s/《詩》天空, 蒼穹(ぞうきゅう).

fir·men [フィルメン fírmən] 他 (h) (カトリック) (人⁴に)堅信を授ける.

Fir·men [フィルメン] ⁑Firma (会社)の 複

Firˑmenːinˑhaˑber [フィルメン・インハーバァ] 男 -s/- 社主, 店主.

Fir·menːschild [フィルメン・シルト] 中 -[e]s/-er 会社(商会)の看板.

Fir·menːzei·chen [フィルメン・ツァイヒェン] 中 -s/- 商標, 社標.

fir·mie·ren [フィルミーレン firmí:rən] 自 (h) 社名(ある)社名を名乗る; 《商》名前のサインをする.

Firmˑling [フィルムリング fírmlɪŋ] 男 -s/-e (カトリック)堅信を受ける人(子供), 受堅者.

Firˑmung [フィルムング] 女 -/-en (カトリック) 堅信.

Firn [フィルン fɪrn] 男 -[e]s/-e[n] 万年雪; 《スイス・オストリア》万年雪に覆われた雪嶺(せつれい); 氷河.

Firˑnis [フィルニス fírnɪs] 男 ..nisses/..nisse ニス, ワニス.

firˑnisˑsen [フィルニッセン fírnɪsən] 他 (h) (物⁴に)ニス(ワニス)を塗る.

First [フィルスト fɪrst] 男 -[e]s/-e (屋根の)棟; 《雅》稜線, 尾根.

fis, Fis [フィス fɪs] 中 -/- 《音楽》嬰(えい)ヘ音. *Fis*-Dur 嬰ヘ長調 / *fis*-Moll 嬰ヘ短調.

⁑*der* **Fisch** [フィッシュ fɪʃ]

魚

> Freitags gibt es immer *Fisch*.
> フライタークス ギープト エス インマァ フィッシュ
> 金曜日にはいつも魚の料理が出る.

男 (単2) -es (まれに -s)/(複) -e (3格のみ -en) ① 魚; 魚肉. (英 *fish*). (注意)「(鳥獣の肉)」はFleisch. Fluss*fisch* 川魚 / frische (geräucherte) *Fische* 新鮮な(くん製の)魚 / ein großer (または dicker) *Fisch* 《口語・戯》重要人物, 大物 / *Fische*⁴ angeln 魚を釣る / einen *Fisch* braten 魚をフライにする / *Fische*⁴ mit dem Netz fangen 魚を網で捕らえる / Der Junge schwimmt wie ein *Fisch*. その少年は魚のように泳ぎがうまい / Er ist munter wie ein *Fisch* im Wasser. 《口語》彼は水を得た魚のように元気はつらつとしている / Er ist stumm wie ein *Fisch*. 《口語》彼は黙りこくっている / faule *Fische* 《口語》見えすいた言い逃れ(←腐った魚) / ein kalter *Fisch* 《口語・比》冷淡な人間 / kleine *Fische* 《口語》とるに足らないこと(←小さな魚) / [Der] *Fisch* will schwimmen. 《口語》魚料理には酒がつきものだ(←魚は泳ぎたがる) / Das sind ungefangene *Fische*. 《比》それは捕らぬたぬきの皮算用だ(←捕まえていない魚) / Das ist weder *Fisch* noch Fleisch. 《口語》それはどっちつかずだ(←魚でも肉でもない).

② 〚複〛で; 定冠詞とともに〛《天》魚座; 双魚宮.

....
(注意) ドイツで見かける魚: Aal うなぎ / Barsch すずき / Forelle にじます / Hecht 川かます / Hering にしん / Karpfen 鯉 / Lachs さけ / Makrele 鯖 / Sardelle アンチョビー / Sardine いわし / Scholle かれい / Seezunge 舌びらめ / Steinbutt ひらめ / Thunfisch まぐろ

FischːadˑIer [フィッシュ・アードらァ] 男 -s/- 《鳥》ミサゴ.

Fischːbein [フィッシュ・バイン] 中 -[e]s/ 鯨ひげ(傘や骨組みやコルセットの芯に用いられた).

⁑**fiˑschen** [フィッシェン fíʃən] (fischte, *hat*... gefischt) (英 *fish*) Ⅰ 他 (完了 haben) ① (魚⁴を)釣る, 捕る; (真珠など⁴を)採る. Sie *fischen* Heringe mit dem Netz. 彼らは網でにしん漁をしている / Dabei ist nichts zu *fischen*. 《口語》それは何の得にもならない(←それでは何も釣れない). ② 〚人・物⁴ **aus** 物³ ~〛《口語》(〚人・物⁴〛から)すくい上げる, 引き上げる, 取り出す. ein Kind⁴ aus dem Wasser *fischen* 子供を水中から引き上げる / die Fahrkarte⁴ aus der Tasche *fischen* 切符をポケットから取り出す.

Ⅱ 自 (完了 haben) ① 釣りをする, 漁をする. Er *geht fischen*. 彼は釣りに行く / im Trüben *fischen* 《比》どさくさまぎれにうまいことをする(←にごった水のところで釣りをする). ② 〚**nach** 物³ ~〛《口語》(物³を)[手探りで]捜す. Sie *fischte* in ihrer Tasche nach dem Hausschlüssel. 彼女はバッグに手を入れて家の鍵(かぎ)を捜した.

⁑*der* **Fiˑscher**¹ [フィッシァァ fíʃər] 男 (単2) -s/(複) - (3格のみ -n) 漁師, 漁夫; 《口語》釣り人. (英 *fisherman*).

Fiˑscher² [フィッシァァ] -s/-s 《姓》フィッシャー.

Fiˑscherːboot [フィッシァァ・ボート] 中 -[e]s/-e 漁船.

Fiˑscheˑrei [フィッシェライ fɪʃərái] 女 -/-en 漁業, 水産業.

Fischːfang [フィッシュ・ふァング] 男 -[e]s/ 漁, 漁労.

Fischːgeˑricht [フィッシュ・ゲリヒト] 中 -[e]s/-e 魚料理.

Fischːgräˑte [フィッシュ・グレーテ] 女 -/-n (細くとがった)魚の骨.

Fischˑgräˑtenːmusˑter [フィッシュグレーテン・ムスタァ] 中 -s/- 《服飾》杉綾(すぎあや)模様, ヘリンボーン.

Fischːhändˑler [フィッシュ・ヘンドらァ] 男 -s/- 魚屋, 魚売り.

fiˑschig [フィッシヒ fíʃɪç] 形 ① 魚臭い. ② 魚のように冷たい目つきの.

Fischːkonˑserˑve [フィッシュ・コンゼルヴェ] 女 -/-n 魚の缶詰(びん詰).

Fischːkutˑter [フィッシュ・クッタァ] 男 -s/- 《漁》小型漁船.

Fischːlaich [フィッシュ・らイヒ] 男 -[e]s/-e 魚卵.

Fischːmehl [フィッシュ・メーる] 中 -[e]s/-e 魚粉.

Fischːotˑter [フィッシュ・オッタァ] 男 -s/- 《動》

Fisch=ro.gen [ふィッシュ・ローゲン] 男 -s/- 魚の腹子(はらこ).

fisch.te [ふィシュテ] *fischen (釣る)の過去

Fisch=zucht [ふィッシュ・ツフト] 女 -/-en 魚の養殖, 養魚.

Fisch=zug [ふィッシュ・ツーク] 男 -[e]s/..züge ① 《漁》魚網を引くこと, 網引き. ② 《比》一獲千金の大仕事.

Fis-Dur [ふィス・ドゥーァ] 中 -/《音楽》嬰(えい)へ長調(記号: Fis).

Fi-si-ma-ten-ten [ふィズィマテンテン fizimaténtən] 複《口語》言い逃れ, ごまかし.

fis.ka.lisch [ふィスカーリッシュ fɪská:lɪʃ] 形 国庫の, 国家財政の, 国有の.

Fis-kus [ふィスクス fískus] 男 -/Fisken (または Fiskusse)《ふつう 単》国庫; (国庫の所有者としての)国家.

fis-Moll [ふィス・モる] 中 -/《音楽》嬰(えい)へ短調(記号: fis).

Fi.so.le [ふィゾーれ fizó:lə] 女 -/-n 《オーストリア》いんげん豆.

Fis-tel [ふィステる fístəl] 女 -/-n ① 《医》ろう(瘻)[孔], フィステル. ② =Fistelstimme

Fis-tel=stim.me [ふィステる・シュティンメ] 女 -/-n ① 《音楽》裏声, ファルセット. ② (男性の)かん高い声.

fit [ふィット fɪt] 《英》形 (体の)コンディションがよい, 体調がよい. sich⁴ *fit* machen コンディション(体調)を整える.

Fit.ness [ふィットネス fítnɛs] 《英》女 -/《スポ》(体の)良好なコンディション(体調).

Fit-neß (新形) Fitness

Fit.tich [ふィティヒ fítɪç] 男 -[e]s/-e 《詩》翼 (=Flügel). Er nahm sie unter seine *Fittiche*.《口語・戯》彼は彼女の面倒を見た.

*fix [ふィクス fíks] 形 (比較 fixer, 最上 fixest) ① 《口語》すばやい, 機敏な. Er ist ein *fixer* Junge. 彼はすばしこい少年だ / Mach *fix*! 急げ. ② 固定した, 決まった;《ふつう》永続的な. eine *fixe* Idee 固定観念 / ein *fixes* Gehalt⁴ bekommen 固定給をもらう. ③ 《成句的に》*fix* und fertig 《口語》a) 完全に片づいた, すっかり準備できた, b) くたくたに疲れた.

fi.xen [ふィクセン fíksən] 自 (h) ① 《経》(株取り引きで)空売りする. ② 《隠語》麻薬を打つ.

Fi.xer [ふィクサァ fíksər] 男 -s/- ① 《経》空売りする人. ② 《隠語》麻薬の常習者.

Fi.xier.bad [ふィクスィーァ・バート] 中 -[e]s/..bäder 《写》定着浴.

fi.xie.ren [ふィクスィーレン fɪksí:rən] 他 (h) ① 書き留める, 記録する. Beschlüsse⁴ in einem Protokoll *fixieren* 決議を議事録に書き留める. ② (日時など⁴を)決める. ③ 固定する. einen Knochenbruch *fixieren* (ギプスなどで)骨折を固定する. ④ 《写》定着する. ⑤ じっと見すえる, 凝視する.

Fi.xie.rung [ふィクスィールング] 女 -/-en ① 記録. ② (日時などの)決定. ③ 固定. ④ 《写》定着. ⑤ 凝視.

Fix=stern [ふィクス・シュテルン] 男 -[e]s/-e 《天》恒星.

Fi.xum [ふィクスム fíksum] 中 -s/Fixa 固定給, 定収入.

Fjord [ふィヨルト fjɔrt] 男 -es (まれに -s)/-e 《地理》フィヨルド(ノルウェーなどの峡湾).

FKK [エふ・カー・カー] 女 -/ 《略》ヌーディズム, 裸体主義 (=Freikörperkultur).

*flach [ふらッハ fláx] 形 ① 平らな, 平たんな. (愛) *flat*). ein *flaches* Gelände 平たんな土地 / ein *flaches* Dach 平屋根 / auf der *flachen* Hand 手のひらの上で / Der Kranke muss *flach* liegen. その病人は体を水平にして寝ていなければならない.
② 低い, 平べったい. eine *flache* Nase 低い鼻 / Sie trägt *flache* Absätze. 彼女はローヒールの靴をはいている.
③ 浅い. ein *flacher* Teller 平皿 / Der Fluss ist an dieser Stelle *flach*. 川はこの場所で浅くなっている / *flach* atmen 浅く呼吸する.
④ 《比》浅薄な, 皮相な, つまらない. eine *flache* Unterhaltung つまらないおしゃべり / Er ist ein *flacher* Kopf. 彼は平凡な人間だ.

Flach=dach [ふらッハ・ダッハ] 中 -[e]s/..dächer 《建》陸(ろく)屋根, 平屋根.

*die Flä.che [ふれッヒェ fléçə] 女 (単) -/(複) -n ① 平地, 地面. Grünfläche 緑地 / eine *Fläche* von 100 km² (=Quadratkilometern) 100 平方キロの平地. ② **平面, 表面**;《数》面;面積. Oberfläche 表面 / eine *Fläche* berechnen 面積を計算する.

Flä.chen=aus.deh.nung [ふれッヒェン・アオスデーヌング] 女 -/-en [平]面積, 平面の広がり.

flä.chen.haft [ふれッヒェンハフト] 形 平面の, 平面的な.

Flä.chen=in.halt [ふれッヒェン・インハルト] 男 -[e]s/-e 《数》面積.

Flä.chen=maß [ふれッヒェン・マース] 中 -es/-e 《数》面積[測定]の単位(ヘクタールなど).

flach|fal.len* [ふらッハ・ふァれン fláx-fàlən] 自 (s) 《俗》(期待していたことが)中止になる, 起こらない.

Flach.heit [ふらッハハイト] 女 -/-en ① 《複 なし》平たん, 平たいこと. ② 《複 なし》浅薄さ. ③ 浅薄な言動.

flä.chig [ふれヒヒ fléçɪç] 形 ① 平たい, 平べったい(顔など). ② 平たく広がった.

Flach=land [ふらッハ・らント] 中 -[e]s/ 《地理》平地, 平野, 低地.

Flachs [ふらクス fláks] 男 -es/ ① 《植》アマ(亜麻); 亜麻の繊維. *Flachs*⁴ spinnen 亜麻を紡ぐ. ② 《口語》からかい, 冗談, ふざけ. Mach keinen *Flachs*! 冗談はよせ, ふざけるな.

flachs=blond [ふらクス・ブろント] 形 淡いブロンドの, 亜麻色の(髪).

flach.sen [ふらクセン fláksɛn] 自 (h) 《口語》

からかう，冗談を言う．**mit** 人³ *flachsen* 人³をからかう．

Flach=zan·ge [ふらッハ・ツァンゲ] 囡 -/-n 平ペンチ, 平やっとこ.

fla·ckern [ふらッカァン flákərn] 圊 (h) ① (炎などが) ちらちらする, (火が)ゆらゆら燃える. ② 《雅》(視線が)揺らぐ.

Fla·den [ふらーデン flá:dən] 男 -s/- ① 《料理》パンケーキ. ② (平べったい)どろどろしたかたまり; 牛の糞.

die **Flag·ge** [ふらッゲ flágə] 囡 (単) -/(複) -n 旗. (英 flag). (☞ Fahne 図). Nationalflagge 国旗 / die deutsche Flagge ドイツの国旗 / die Flagge⁴ auf|ziehen (または hissen) 旗を掲げる / die Flagge⁴ ein|ziehen (または ein|holen) 旗を下ろす / Flagge⁴ zeigen 《比》自分の考え(期待)をはっきり示す / **unter** falscher Flagge segeln 《比》素性を偽る, 偽名を使う(←偽りの旗を掲げて帆走する).

flag·gen [ふらッゲン flágən] 圊 (h) 旗を掲げる. halbmast *flaggen* 半旗を掲げる.

Flagg=schiff [ふらック・シふ] 田 -[e]s/-e 《軍》旗艦.

fla·grant [ふらグラント flagránt] 形 明白な, 目に余る(違反など).

Flair [ふれーァ flɛ́:r] [フラ] 田 -s/ ① 雰囲気 (=Atmosphäre). ② 《スイス》鋭い勘.

Flak [ふらック flák] 囡 -/-[s] 《軍》① 高射砲 (=Flug[zeug]abwehrkanone). ② 高射砲部隊.

Fla·kon [ふらコーン flakóː] 田 -s/-s (栓つきの)小びん; 香水びん.

flam·bie·ren [ふらンビーレン flambíːrən] 他 (h) 《料理》(物⁴に)ブランデーをかけて火をつける.

Fla·me [ふらーメ fláːmə] 男 -n/-n (ベルギーのフラマン人. (⇔ 女性形は Flamin または Flämin).

Fla·min·go [ふらミンゴ flamíŋgo] 男 -s/-s 《鳥》フラミンゴ, ベニヅル.

flä·misch [ふれーミッシ flɛ́ːmɪʃ] 形 フラマン(語・人)の.

die **Flam·me** [ふらンメ flámə] 囡 (単) -/(複) -n ① 炎, 火炎. (英 flame). Gasflamme ガスの炎 / eine helle *Flamme* 明るい炎 / Die *Flamme* der Kerze brennt ruhig. ろうそくの炎が静かに燃えている / Die *Flammen* flackern (lodern). 炎がゆらめく(燃え上がる) / die *Flammen*⁴ löschen 炎を消す / **auf** kleiner *Flamme* kochen a)《料理》弱火で煮る, b)《比》つましい生活をする / **in** [Rauch und] *Flammen* auf|gehen 焼失する / ein Haus⁴ in *Flammen* setzen 家に放火する / in [hellen] *Flammen* stehen 赤々と燃えている. ② (ガスレンジの)火口. ③ 《詩》激情, 激しい情熱. die *Flammen* der Leidenschaft² 情熱の炎. ④《口語》恋人, 愛人.

flam·men [ふらンメン flámən] 圊 (h)《雅》① (炎を上げて)燃える. ② (目などが)輝く, きらめく; (顔などが)紅潮する. Seine Augen *flamm*ten vor Zorn. 彼の目は怒りに燃えていた.

flam·mend [ふらンメント] I flammen (燃える)の 現分 II 形 ① 燃えるような, 真っ赤な. ② 熱烈な, 情熱的な(演説など).

Flam·men=meer [ふらンメン・メーァ] 田 -[e]s/-e《雅》火の海.

Flam·men=wer·fer [ふらンメン・ヴェルふァァ] 男 -s/-《軍》火炎放射器.

Flam·me·ri [ふらンメリ flámeri] 男 -[s]/-s 《料理》フラメリ(牛乳・卵・小麦粉・果実などで作ったプディング).

Flan·dern [ふらンダァン flándərn] 田 -s/《地名》フランドル(ベルギー・フランスにまたがる北海沿岸地方).

Fla·nell [ふらネる flanél] 男 -s/-e《織》フランネル, フラノ.

fla·nie·ren [ふらニーレン flaníːrən] 圊 (h, s) ぶらつく. **im** Park *flanieren* 公園をぶらつく.

Flan·ke [ふらンケ flánkə] 囡 -/-n ①《スポ》(体操の)側面向き踏び越し; (球技の)センタリング, ウィング. ②《軍》側面, 翼. den Feind **in** der Flanke an|greifen 敵の側面を突く. ③ (馬などの)わき腹.

flan·ken [ふらンケン fláŋkən] 圊 (h) ① (球技で:)センタリングする. ② (体操で:)側面向き跳びをする.

flan·kie·ren [ふらンキーレン flaŋkíːrən] 他 (h) (人・物⁴の)わき(両側)に立つ, (人・物⁴の)わき(両側)を歩く. Zwei Soldaten *flankierten* den Minister. 二人の兵士が[護衛のため]大臣の両わきに立っていた.

Flansch [ふらンシュ flánʃ] 男 -[e]s/-e《工》フランジ, (管などの)継ぎ手.

Flaps [ふらップス fláps] 男 -es/-e《口語》不作法な, 礼儀知らずの若者.

flap·sig [ふらプスィヒ flápsɪç] 形《口語》不作法な, 礼儀知らずの.

die **Fla·sche** [ふらッシェ fláʃə]

びん	Die *Flasche* ist leer. ディ ふらッシェ イスト れーァ そのびんは空だ.

囡 (単) -/(複) -n ① びん(瓶). (英 bottle). Bierflasche ビールびん / eine dicke *Flasche* 太いびん / eine *Flasche* aus Plastik プラスチック[製の]びん / eine *Flasche* Wein ワイン1本 / zwei *Flaschen* Bier ビール2本 / eine *Flasche*⁴ öffnen びんを開ける / einer *Flasche*³ den Hals brechen [口語・戯] (ワインなどの)びんの栓を抜く, 一杯やる / dem Baby die *Flasche*⁴ geben [哺乳(ほにゅう)びんで]赤ん坊にミルクを飲ませる / Wein³ **auf** *Flaschen* ziehen (または **in** *Flaschen* ab|füllen) ワインをびんに詰める / Bier⁴ **aus** der *Flasche* trinken ビールをらっぱ飲みする / **zur** *Flasche* greifen 酒びたりになる.

② (びん状のもの:)フラスコ, ボンベ. ③《口語》間抜け[なやつ], 能なし. So eine *Flasche*! 間抜けめ.

Fla·schen≠bier [ふらッシェン・ビーァ] 中 -[e]s/-e びん[詰めの]ビール.（⦿「樽詰めのビール」は Fassbier）.

Fla·schen≠bürs·te [ふらッシェン・ビュルステ] 女 -/-n びん洗い用のブラシ.

Fla·schen≠gas [ふらッシェン・ガース] 中 -es/-e ボンベ入りのガス.

fla·schen≠grün [ふらッシェン・グリューン] 形 暗緑色の,濃い緑色の.

Fla·schen≠hals [ふらッシェン・ハルス] 男 -es/..hälse ① びんの首. ②《口語》(交通などの)ネック,狭くなっている区間.

Fla·schen≠öff·ner [ふらッシェン・エフナァ] 男 -s/- (びんの)栓抜き.

Fla·schen≠pfand [ふらッシェン・プふァント] 中 -[e]s/..pfänder (飲料水などのびんのデポジット.

Fla·schen≠post [ふらッシェン・ポスト] 女 -/ びん入りの手紙(海難の際などに海へ投げられる).

Fla·schen≠wein [ふらッシェン・ヴァイン] 男 -[e]s/-e びん[詰めの]ワイン.

Fla·schen≠zug [ふらッシェン・ツーク] 男 -[e]s/..züge (工) 滑車[装置].

flat·ter·haft [ふらッタァハふト] 形 浮わついた,浅薄な,移り気な.

Flat·ter·haf·tig·keit [ふらッタァハふティヒカイト] 女 -/ 浮わついていること,浅薄さ,移り気.

flat·te·rig [ふらッテリヒ flátərɪç] 形 浮わついた,落ち着きのない(脈はづきの)不規則な.

***flat·tern** [ふらッタァン flátərn] (flatterte, *ist*/*hat*...flattert) 自 (完了 sein または haben) (英 flutter) ① (s)《方向を表す語句とともに》(鳥などが…へ)ばたばたと飛んで行く,(ちょう・紙片などが…へ)ひらひらと飛んで行く;(比)(手紙などが思いがけず)舞い込む. Der Vogel *flatterte* von einem Ast zum andern. その鳥は枝から枝へとせわしげに飛び移った／Ein Brief *ist* mir gestern **auf** den Tisch *geflattert*.『現在完了』1通の手紙がきのう私の所へ舞い込んだ. ② (h)(鳥が)ばたつく,(旗・髪などが)なびく,はためく. Die Fahne *flattert* im Wind. 旗が風にはためいている. ③ (h)(手などが)震える;(胸などが)どきどきする;(まぶたなどが)ぴくぴく動く. ④ (h)《口語》(車輪などが)がたつく.

flat·ter·te [ふらッタァテ] ＊flattern (ばたばたと飛んで行く)の過去.

flau [ふらオ fláu] 形 ①《口語》気分の悪い,ふらふらの. Mir ist *flau* vor Hunger. 私は空腹で気分が悪い. ② 弱々しい,力の抜けた;味のない,気の抜けた(食べ物);ぼやけた(色);《写》露出不足の. ③《商》売れ行きの悪い,不活発な(市場など). Das Geschäft geht *flau*. 商売が思わしくない.

Flau·heit [ふらオハイト] 女 -/ 衰弱,疲労;《商》不振,不況.

Flaum [ふらオム fláum] 男 -[e]s/ ① (鳥の)綿毛. ② 産毛;産ひげ.

Flaum≠fe·der [ふらオム・フェーダァ] 女 -/-n (鳥の)綿毛.

flau·mig [ふらオミヒ fláumɪç] 形 ① 産毛(綿毛)のある. ②《俗》綿毛のように)柔らかい.

Flausch [ふらオシュ fláuʃ] 男 -[e]s/-e ①《織》フリーズ(厚手のウール). ② フリーズのコート.

flau·schig [ふらオシヒ fláuʃɪç] 形 厚手ウールのように柔らかい,ふわふわした.

Flau·se [ふらオゼ fláuzə] 女 -/-n 《ふつう 複》《口語》① くだらない考え,たわ言. ② 言い逃れ(=Ausrede). Mach keine *Flausen*! 言い逃れをするな.

Flau·te [ふらオテ fláutə] 女 -/-n ①《海》凪(なぎ). ②《商》不振,不況. ③ (一時的な)不調,スランプ.

flä·zen [ふれーツェン flé:tsən] 再帰 (h) *sich fläzen*《口語》だらしなく座る.

Flech·se [ふれㇰクセ fléksə] 女 -/-n (特に動物の)腱.

Flech·te [ふれヒテ fléçtə] 女 -/-n ①《医》苔癬. ②《植》地衣類. ③《雅》お下げ[髪].

flech·ten* [ふれヒテン fléçtən] du flichtst, er flicht (flocht, *hat*...geflochten) 他 (h) 編む;編んで作る. einen Zopf *flechten* または die Haare[4] zu einem Zopf *flechten* 髪をお下げにする／einen Korb aus Weidenruten *flechten* 柳の枝でかごを編む／Zitate[4] in eine Rede *flechten* 演説に引用を織り混ぜる.

Flecht·werk [ふれヒト・ヴェルク] 中 -[e]s/ ① 編み[枝]細工. ②《建》縄編み模様.

* *der* **Fleck** [ふれㇰク flék] 男 (単2) -[e]s/(複) -e (3格のみ -en) 《英 spot》① 染み,汚れ;《比》汚点. Tinten*fleck* インクの染み／Das Tischtuch hat einen *Fleck*. そのテーブルクロスには染みがある／einen *Fleck* entfernen 染みを抜く／Er hat einen *Fleck* auf seiner weißen Weste.《口語・比》彼は良心にやましいところがある（←白いベストに染みがある）. ② 斑点(はんてん);あざ. Er hat einen blauen *Fleck* am Bein. 彼は脚に青あざがある／ein weißer *Fleck* a) 白いぶち(まだら), b) (地図上の)空白,未調査地／der blinde *Fleck* im Auge《医》目の盲点. ③《口語》(特定の)場所,地点. am falschen *Fleck*《比》見当違いの箇所で／Ich stehe schon eine Stunde auf demselben *Fleck*. 私はもう1時間も同じ場所に立っている／Er hat das Herz auf dem rechten *Fleck*.《口語・比》彼はまともな考え方の持ち主だ（←正しい場所に心臓を持っている）／Er kommt mit seiner Arbeit nicht **vom** *Fleck*.《口語》彼は仕事が一向にはかどらない／vom *Fleck* weg《口語》その場で,即座に. ④《方》(衣服などの)継ぎ[布](=Flicken). ⑤ 《複》で;雑 なし 臓物《料理》.

fle·cken [ふれㇰケン flékən] 自 (h)《方》① 染みがつく,染みになる. ②《口語》(仕事などが)はかどる.

⟡-☆ **geflectkt**

Fle·cken [ふれㇰケン] 男 -s/- ① 染み,汚れ;《比》汚点;斑点(はんてん),まだら;あざ;《方》継ぎ[布](=Flicken). ② (昔の)(若干の都市

Fle·cken·ent·fer·ner [ふれッケン・エントフェルナァ] 男 -s/- 染み抜き剤.

fle·cken⇄los [ふれッケン・ロース] 形 染みのない，汚れていない；《比》欠点のない，潔白な.

Fle·cken⇄was·ser [ふれッケン・ヴァッサァ] 中 -s/- 染み抜き液(ベンジンなど).

Fleck⇄fie·ber [ふれック・フィーバァ] 中 -s/《医》発疹(ほっ)チフス.

fle·ckig [ふれッキヒ flékɪç] 形 染みの付いた；斑点(はん)のある，あざのある.

Fleck⇄ty·phus [ふれック・テューフス] 男 -/《医》発疹(ほっ)チフス.

fled·dern [ふれッダァン flédərn] 他 (h) (死体・失神者など4を)身ぐるみはぐ.

Fle·der·maus [ふれーダァ・マオス] 女 -/..mäuse 《動》コウモリ.

Fle·gel [ふれーゲる flé:gəl] 男 -s/- ① 不作法者，がさつなやつ(若者). ② 《農》(脱穀用の)からざお.

Fle·ge·lei [ふれーゲらイ fle:gəláɪ] 女 -/-en 不作法，粗野；不作法(粗野)な言動.

fle·gel·haft [ふれーゲるハフト] 形 不作法な，粗野な.

Fle·gel·jah·re [ふれーゲる・ヤーレ] 複 生意気盛り[の年頃]. Der Junge ist in den *Flegeljahren.* その男の子は生意気盛りだ.

fle·geln [ふれーゲるン flé:gəln] 再帰 (h) *sich*4 *flegeln* 《口語》(だらしなく…へ)腰を下ろす.

fle·hen [ふれーエン flé:ən] 自 (h) 《雅》嘆願する，哀願する；祈願する．Sie *flehte* bei ihm **um** Hilfe. 彼女は彼に助けを請い求めた / **zu** Gott *flehen* 神に祈る．◇《現在分詞の形で》ein *flehender* Blick 嘆願するようなまなざし．

fle·hent·lich [ふれーヘントりヒ] 形 嘆願(哀願)するような，切々とした．Sie blickte mich *flehentlich* an. 彼女は哀願するように私を見つめた．

das **Fleisch** [ふらイシュ fláɪʃ]

> 肉 Er isst kein *Fleisch.*
> エァ イスト カイン ふらイシュ
> 彼は肉は食べない．

中 (単2) -es (まれに -s)/ ① (食用の)肉；(魚肉に対して:)鳥獣の肉；《比》「魚肉」は Fisch). Rind*fleisch* 牛肉 / Schweine*fleisch* 豚肉 / gebratenes *Fleisch* 焼き肉 / gehacktes *Fleisch* ひき肉 / zähes (weiches) *Fleisch* 堅い(柔らかい)肉 / ein Kilo[gramm] *Fleisch*⁴ kaufen 1 キログラムの肉を買う．
② (骨・皮に対して:)肉．Der Riemen schneidet **ins** *Fleisch.* 革ひもが肉に食い込む / Das ist mir in *Fleisch* und Blut übergegangen. 『現在完了』それはすっかり私の身についてしまった(←私の血肉になった) / sich³ ins eigene *Fleisch* schneiden 《比》自ら不利を招く(←自分の肉を切る) / Menschen von *Fleisch* und Blut 生身の人間 / vom *Fleisch* fallen 《口語》やせこける / mein eigen[es] *Fleisch* und Blut 《雅》

(血を分けた)わが子．③ 《聖》(霊に対して:)肉[体]，人間．Der Geist ist willig, aber das *Fleisch* ist schwach. 心は熱しているが，肉体は弱いのである(マタイによる福音書 26，41). ④ (りんごなどの)果肉 (=Frucht*fleisch*).

《新形》

Fleisch fres·send 肉食の；食虫性の(植物). *Fleisch fressende* Tiere 肉食動物.

Fleisch⇄be·schau [ふらイシュ・ベシャオ] 女 -/ 食肉検査.

Fleisch⇄brü·he [ふらイシュ・ブリューヘ] 女 -/-n 《料理》肉スープ，ブイヨン.

der **Flei·scher** [ふらイシャァ fláɪʃər] 男 (単2) -s/(複) - (3格のみ -n) 肉屋[の主人]，食肉業者 (=Metzger). 《英 butcher》. beim *Fleischer* ein*kaufen* 肉屋で買い物をする / **zum** *Fleischer* gehen 肉屋に行く.

Flei·sche·rei [ふらイシェライ flaɪʃəráɪ] 女 -/-en 肉屋[の店]；食肉加工販売業.

Flei·sches⇄lust [ふらイシェス・るスト] 女 -/《雅》肉欲，情欲.

Fleisch⇄ex·trakt [ふらイシュ・エクストラクト] 男 -[e]s/-e 肉エキス.

fleisch⇄far·ben [ふらイシュ・ふァルベン] 形 肉色の，肌色の.

fleisch⇄fres·send 形 (《新形》 Fleisch fressend) ⇨ Fleisch

Fleisch⇄fres·ser [ふらイシュ・ふレッサァ] 男 -s/-《動》肉食動物.

Fleisch⇄ge·richt [ふらイシュ・ゲリヒト] 中 -[e]s/-e 肉料理.

Fleisch⇄hau·er [ふらイシュ・ハオアァ] 男 -s/- 《オーストリア》肉屋 (=Fleischer).

flei·schig [ふらイシヒ fláɪʃɪç] 形 肉づきのよい，太った；(果実が)多肉質の.

Fleisch⇄kloß [ふらイシュ・クろース] 男 -es/..klöße ① 《料理》肉団子，ミートボール．② 大きな肉塊.

Fleisch⇄klöß·chen [ふらイシュ・クろースヒェン] 中 -s/- (Fleischkloß の 縮小) 《料理》(小形の)肉団子，ミートボール.

Fleisch⇄kon·ser·ve [ふらイシュ・コンゼルヴェ] 女 -/-n 肉の缶詰(びん詰).

fleisch·lich [ふらイシュりヒ] 形 ① 肉を使った(料理)．②《雅》肉体の；肉感的な．*fleischliche* Begierden 肉欲.

fleisch⇄los [ふらイシュ・ろース] 形 ① 肉を使わない(料理)．② やせこけた，肉づきの悪い.

Fleisch⇄wa·ren [ふらイシュ・ヴァーレン] 複 食肉加工品，肉製品.

Fleisch⇄wer·dung [ふらイシュ・ヴェーアドゥング] 女 -/《キリスト教》受肉(神がイエスという人間として現れたこと)，託身.

Fleisch⇄wolf [ふらイシュ・ヴォるふ] 男 -[e]s/..wölfe 肉ひき器.

Fleisch⇄wun·de [ふらイシュ・ヴンデ] 女 -/-n 筋肉に達する傷.

der **Fleiß** [ふらイス fláɪs] 男 (単2) -es/ 勤勉，

精励, 熱心, 努力.（英 diligence).（⇔「怠惰」は Faulheit). viel *Fleiß*⁴ auf eine Arbeit verwenden 仕事に精を出す / **Durch** *Fleiß* hat er sein Ziel erreicht. 一生懸命に努力して彼は目的を達成した / **mit** unermüdlichem *Fleiß* たゆまず励んで / **mit** *Fleiß* 《方》故意に / **Ohne** *Fleiß* kein Preis!《諺》骨折らざれば利得なし（←努力なしには報償もない）.

*flei·ßig [ふらイスィヒ fláɪsɪç]

> 勤勉な　Er ist sehr *fleißig*.
> エァ　イスト ゼーァ　ふらイスィヒ
> 彼はとてもがんばり屋だ.

形《比較》fleißiger, 《最上》fleißigst) ① 勤勉な, まじめな, 熱心な.《英 diligent).（⇔「怠惰な」は faul). Er ist ein *fleißiger* Schüler. 彼はまじめな生徒だ / Sie arbeitet *fleißig*. 彼女は一生懸命働く（熱心に勉強する).

② 入念な. eine *fleißige* Arbeit 念の入った仕事.

③《口語》頻繁な, 度々の. Er geht *fleißig* ins Theater. 彼は足しげく劇場に通っている.

·····································

《類語》*fleißig*:（一般的な意味で）勤勉な. **eifrig**:（関心・興味を持って）熱心な. Er war *eifrig* dabei, sein Auto zu waschen. 彼は夢中で車を洗っていた. **emsig**:（一心に, こつこつ励む意味で）勤勉な. ein *emsiger* Sammler 熱心な収集家.

flek·tie·ren [ふれクティーレン flɛktíːrən] I 他 （言）（単語⁴を）語形変化させる. II 自 （h）《言》（単語が）語形変化をする.

flen·nen [ふれンネン flénən] 自 （h）《口語》泣きわめく.

flet·schen [ふれッチェン flétʃən] 他 （h）《成句的に》die Zähne⁴ *fletschen*（犬などが）歯をむき出す.

fle·xi·bel [ふれクスィーべる flɛksíːbəl] 形 ① 曲げやすい, しなやかな. ②《比》融通の利く, 柔軟な. eine *flexible* Haltung 柔軟な態度. ③《言》語形変化の可能な.

Fle·xi·bi·li·tät [ふれクスィビりテート flɛksibilitέːt] 女 -/ ① 曲げやすさ, しなやかさ. ② 融通性, 柔軟性, 順応性.

Fle·xi·on [ふれクスィオーン flɛksióːn] 女 -/-en ①《言》語形変化. die starke (schwache) *Flexion* des Verbs 動詞の強（弱）変化. ②《医》（器官の）屈曲.

flicht [ふりヒト] I flechten（編む)の 3 人称単数《現在》II flechten（編む）の du に対する《命令》

flichtst [ふりヒツト] flechten（編む）の 2 人称単数《現在》

*fli·cken [ふりッケン flíkən]（flickte, hat... geflickt) 他（《完了》haben)（衣服など⁴を）繕う. 《口語》（破れ目など⁴を）ふさぐ；《口語》修繕（修理）する.（英 patch). eine Hose⁴ *flicken* ズボンを繕う / *Kannst* du mir das Loch im Reifen *flicken*? ぼくのタイヤのパンクを直してくれないか?

Fli·cken [ふりッケン] 男 -s/-（布・革などの）継ぎ. einen *Flicken* auf|setzen 継ぎを当てる.

Fli·cke·rei [ふりッケライ flɪkəráɪ] 女 -/-en （うんざりするような）繕い仕事.

flick·te [ふりックテ] *flicken（繕う）の《過去》

Flick·werk [ふりック・ヴェルク] 中 -[e]s/ 継ぎはぎ細工；《軽蔑的に》(寄せ集めの)駄作.

Flick·wort [ふりック・ヴォルト] 中 -[e]s/..wörter 《言・文学》虚辞, 助辞（文中に挿入されるあまり意味のない語. nun, wohl など).

Flick·zeug [ふりック・ツォイク] 中 -[e]s/（タイヤなどの）補修材料（道具）.

Flie·der [ふりーダァ flíːdɐ] 男 -s/-《植》① ライラック, リラ. ②《北ドイツ》ニワトコ（= Holunder).

flie·der·far·ben [ふりーダァ・ふァルベン] 形 ライラック色の, 薄紫色の.

*die **Flie·ge** [ふりーゲ flíːɡə] 女（単）-/（複）-n ①《昆》ハエ.（英 fly). eine lästige *Fliege* うるさいはえ / *Fliegen*⁴ verjagen（または verscheuchen) はえを追い払う / Die *Fliegen* summen. はえがぶんぶんいう / zwei *Fliegen*⁴ mit einer Klappe schlagen《口語》一石二鳥だ（←一打ちで2匹のはえをたたく）/ Er kann keiner *Fliege* etwas zuleide tun.《口語》彼は虫一匹も殺せない善人だ / Sie starben wie die *Fliegen*.《口語》彼らはばたばたと死んでいった. ② ちょうネクタイ. ③ ちょびひげ.（☞ Bart 図).

flie·gen [ふりーゲン flíːɡən]

> 飛ぶ　Ich *fliege* morgen nach Wien.
> イヒ　ふりーゲ　モルゲン　ナーハ ヴィーン
> 私はあした飛行機でウィーンに行きます.

(flog, *ist/hat*...geflogen) I 自（《完了》sein または haben) ①（s）（鳥・飛行機などが）飛ぶ.（英 fly). Die Schwalben *fliegen* heute tief. つばめがきょうは低く飛んでいる / Die Maschine *fliegt* **nach** Berlin. その飛行機はベルリン行きだ / Das Raumschiff *fliegt* **zum** Mond. 宇宙船が月へ行く.

②（s）飛行機で行く,（飛行機などで）飛ぶ. *Fliegen* Sie, oder fahren Sie mit der Bahn? あなたは飛行機で行きますか, それとも鉄道で行きますか / Er *ist* gestern **nach** Deutschland *geflogen*.《現在完了》彼はきのう飛行機でドイツへ行った.

◇《時間・区間などを表す4格とともに》Der Pilot *ist*（または *hat*) 10000 Stunden *geflogen*.《現在完了》そのパイロットは1万時間の飛行経験がある.（注）完了の助動詞は「場所の移動」に重点が置かれるときは sein を,「飛行する行為」に重点があれば haben を用いる.

③（s）（石・ボールなどが）飛ぶ,（風で）吹き飛ぶ. Der Ball *flog* **über** die Mauer. ボールは壁を越えて飛んで行った / **in** die Luft *fliegen*（爆発で）空中に吹っ飛ぶ. ④（s）（旗・髪などが）はためく, なびく. Die Fahnen *fliegen* **im** Wind. 旗が風にはためく. ⑤（s）《方向を表す

語句とともに]《雅》(…へ)飛ぶように動く(行く). Ich *flog* nach Hause. 私は家に飛んで帰った / Ein Lächeln *flog* **über** ihr Gesicht.《比》彼女の顔に一瞬ほほえみが浮かんだ / 〖人³〗 **um den Hals** *fliegen* 〖人³〗の首に抱きつく / ⑥ 《口語》落ちる, 転倒する. **auf die Nase** *fliegen* うつぶせに倒れる (←鼻の上へ) / **durchs** Examen *fliegen*《比》試験に落ちる / **von der Leiter** *fliegen* はしごから落ちる. ⑦ (s)《口語》追い出される. **aus der Stellung** *fliegen* 勤め先を首になる / **von der Schule** *fliegen* 放校になる. ⑧ (s) 〖**auf** 〖人・物〗⁴ ~〗《口語》〖人・物〗⁴に夢中になる. ⑨ (h)《雅》(体などが)震える; (脈はくが)速く打つ.

II 他《完了 haben》① (飛行機など⁴を)操縦する. Der Pilot *flog* die Maschine zum ersten Mal. そのパイロットはその飛行機を初めて操縦した. ②〖方向を表す語句とともに〗(人・物⁴を…へ)飛行機で運ぶ, 空輸する. Medikamente⁴ in das Katastrophengebiet *fliegen* 医薬品を被災地へ空輸する.

III 再帰《完了 haben》 *sich⁴ fliegen* (飛行機などの)操縦のぐあい(乗り心地)が…である. Die Maschine *fliegt sich* leicht. この飛行機は操縦しやすい. ◇《非人称の **es** を主語として》Es *fliegt sich* herrlich in dieser Maschine. この飛行機は乗り心地がすばらしい.

flie·gend [ふりーゲント flíːɡənt] I ☆*fliegen* (飛ぶ)の《現分》
II 形《付加語としてのみ》① 飛ぶ[ような]; (風に)はためく, なびく. *fliegende* (《新形》*Fliegende*) Fische トビウオ / das *fliegende* Personal (総称として:)搭乗員 / in *fliegender* Eile 大急ぎで / mit *fliegenden* Haaren 髪をなびかせて. ② 移動する, 巡回の. ein *fliegender* Händler 行商人 / eine *fliegende* Ambulanz 巡回診療車 / der *fliegende* (《新形》*Fliegende*) Holländer さまよえるオランダ人(ヴァーグナーの歌劇の題名およびその主人公). ③ 急性の; 一時的な. *fliegende* Hitze 間欠熱.

Flie·gen⁀fän·ger [ふりーゲン・フェンガァ] 男 -s/- ① はえ取りテープ. ②《鳥》ヒタキ.

Flie·gen⁀ge·wicht [ふりーゲン・ゲヴィヒト] 中 -(e)s/-e 《複 なし》(ボクシングなどの)フライ級. ② フライ級の選手.

Flie·gen⁀klat·sche [ふりーゲン・クラッチェ] 女 -/-n はえたたき.

Flie·gen⁀pilz [ふりーゲン・ピルツ] 男 -es/-e 《植》ベニテングタケ.

Flie·ger [ふりーガァ flíːɡɐr] 男 -s/- ① 飛行士, パイロット (= Pilot). ②《口語》航空兵. ③《口語》飛行機 (= Flugzeug). ④ (½²)(自転車の)短距離[競走]選手; (競馬の)短距離競走馬.

Flie·ger⁀ab·wehr [ふりーガァ・アップヴェーァ] 女 -/《¹²》《軍》対空防衛, 防空.

Flie·ger⁀alarm [ふりーガァ・アラルム] 男 -(e)s/-e 空襲警報.

Flie·ger⁀an·griff [ふりーガァ・アングりふ] 男 -(e)s/-e 空襲.

Flie·ger⁀horst [ふりーガァ・ホルスト] 男 -(e)s/-e 《軍》航空基地, 空軍基地.

☆**flie·hen** [ふりーエン flíːən] (floh, ist/hat… geflohen) I 自《完了 sein》① 逃げる, 逃走する. (*flee*). **aus der Stadt** *fliehen* 町から逃げ出す / Er *ist* **ins Ausland** *geflohen*.《現在完了》彼は外国へ逃亡した / Die Bevölkerung *floh* **vor dem Feind**. 住民は敵を避けて逃げた / **zu** 〖人³〗 *fliehen* 〖人³〗の所へ逃げ込む. ②《詩》(時間が)飛ぶように過ぎ去る.

II 他《完了 haben》《雅》(敵・危険など⁴を)避ける, 遠ざける; 見捨てる. die Gesellschaft⁴ *fliehen* 交際を避ける / Der Schlaf *flieht* mich seit Tagen.《比》ここ数日私は眠れない (←眠りが私を避ける).

《類語》 **fliehen**: (危険・苦痛から)逃げ去る, 遠ざかる. **flüchten**: (安全な場所へ)逃げ込む, 逃げ出す. **davon|laufen**:《口語》(ある場所から)走り去る, 逃げ去る. Er *ist* einfach *davongelaufen*. 彼はさっさと逃げ去った.

flie·hend [ふりーエント] I ☆*fliehen* (逃げる)の《現分》 II 形《付加語としてのみ》引っ込んだ(あご・額など).

Flieh⁀kraft [ふりー・クラふト] 女 -/《物》遠心力.

Flie·se [ふりーゼ flíːzə] 女 -/-n タイル.

flie·sen [ふりーゼン flíːzən] 他 (h)(床・壁など⁴に)タイルを張る.

Fließ⁀ar·beit [ふりース・アルバイト] 女 -/《工》流れ作業.

Fließ⁀band [ふりース・バント] 中 -(e)s/..bänder 《工》ベルトコンベヤー. **am** *Fließband* **arbeiten** 流れ作業に従事している.

☆**flie·ßen** [ふりーセン flíːsən] (floss, ist…geflossen) 自《完了 sein》① (水などが)流れる. (英 *flow*). Das Blut *fließt* **aus** der Wunde. 血が傷口から流れ出る / Der Rhein *fließt* **in** die Nordsee. ライン川は北海に注ぐ / Tränen *flossen* ihr **über** die Wangen. 涙が彼女の頬(ﾎﾎ)を流れた / Der Wein *floss* **in Strömen**.《比》大量のワインが飲まれた / Alles *fließt*.《比》万物は流転する (ヘラクレイトスの言葉).

② (蛇口などが)水を流し出す. Die Quelle *fließt* reichlich. その泉はこんこんとわき出ている / Die Nase *fließt*. 鼻水がたれる.

③《比》(言葉などが)流れるように出る; (交通・仕事などが)よどみなく進む; (お金・情報などが)流れるように入って来る. Die Verse *fließen* ihm leicht **aus der Feder**. 詩句が彼のペンからすらすらと流れ出る / Der Verkehr *fließt* zügig. 車はスムーズに流れている.

④ (衣服・髪などが)さらりとたれ下っている.

《類語》 **fließen**: (川・液体などが)流れる. **strömen**: (川・大量の水が)勢いよく流れる. Still und mächtig *strömte* der Fluss. ゆったりと力強く川は流れていた. **rinnen**: (涙·汗などが)滴るように流れる. **rieseln**: (小川などが)さらさら(ちょろちょろ)流れる.

....

***flie·ßend** [ふりーセント flíːsənt] I ‡fließen (流れる)の 現分
II 形 ① 流暢(りゅうちょう)な, よどみない. in *fließendem* Deutsch 流暢なドイツ語で / der *fließende* Verkehr スムーズな交通 / Er spricht *fließend* Deutsch. 彼は流暢にドイツ語を話す. ② 流れる(水など). ein Zimmer mit *fließendem* Wasser (ホテルなどの)洗面設備のある部屋. ③ (境界などが)定かでない, はっきりしない.

Fließ·pa·pier [ふりース・パピーァ] 中 -[e]s/-e 吸取紙.

Flim·mer·kis·te [ふリンマァ・キステ] 女 -/-n (口語·戯)テレビ[受像機] (=Fernsehgerät).

flim·mern [ふリンマァン flímərn] 自 (h) ちらちら(きらきら)輝く;(画面などが)ちらつく. Die Sterne *flimmerten* am Nachthimmel. 星が夜空にきらめいていた / Das Fernsehbild *flimmert*. テレビの画面がちらつく. ◇〈非人称の es を主語として〉Es *flimmert* mir vor den Augen. 私は目がちらちらする. II 他 (h)《方》(床など⁴を)ぴかぴかに磨く.

***flink** [ふリンク flɪŋk] 形 (比較 flinker, 最上 flink[est]) 敏捷(びんしょう)な, すばしこい;器用な. Er ist *flink* wie ein Wiesel. 彼はいたちのようにすばしこい / ein *flinkes* Mundwerk⁴ haben 能弁(口が達者)である / Sie arbeitet mit *flinken* Händen. 彼女はてきぱきと仕事をする. (☞ 類語 schnell).

Flink·heit [ふリンクハイト] 女 -/ 敏捷(びんしょう)さ, 機敏さ.

Flin·te [ふリンテ flɪ́ntə] 女 -/-n (狩猟用の)散弾銃, 猟銃. die *Flinte*⁴ ins Korn werfen《口語》さじを投げる, やる気をなくす(←鉄砲を穀物畑に投げ捨てる).

Flip [ふリップ flɪp] 男 -s/-s《料理》フリップ(卵·砂糖·香料を混ぜたカクテル).

Flip·per [ふリッパァ flɪ́pər] 男 -s/- フリッパー(ゲーム場のピンボールマシン).

flir·ren [ふリレン flɪ́rən] 自 (h)《雅》ちらちら(きらきら)輝く (=flimmern).

Flirt [ふリルト flɪ́rt] 男 -s/-s (態度·言葉などによる)いちゃつき, 戯れの恋.

flir·ten [ふリルテン flɪ́rtən] 自 (h) いちゃつく; 言い寄る. mit 人³ *flirten* 人³といちゃつく.

Flitt·chen [ふリットヒェン flɪ́tçən] 中 -s/-《口語》浮気娘.

Flit·ter [ふリッタァ flɪ́tər] 男 -s/- ① (舞台衣装などの)金ぴかの飾り, スパンコール. ②【複 なし】金ぴかの安物.

Flit·ter·wo·chen [ふリッタァ·ヴォッヘン] 複 ハネムーン, 蜜月(みつげつ).

flit·zen [ふリッツェン flɪ́tsən] 自 (s) (口語)(矢のように…へ)突っ走る;ストリーキングをする.

Flit·zer [ふリッツァァ flɪ́tsər] 男 -s/-《口語》① 高速の小型自動車. Sport*flitzer* スポーツカー. ② ストリーカー (=Blitzer).

flocht [ふろホト] flechten (編む)の 過去

flöch·te [ふれヒテ] flechten (編む)の 接²

Flo·cke [ふろッケ flɔ́kə] 女 -/-n ① 薄片, (雪の)一ひら, 雪片 (=Schnee*flocke*);毛くず, 泡. Dicke *Flocken* fielen vom Himmel. ぼたん雪が降った. ②《ふつう 複》フレーク. ③【複で】《俗》お金.

flo·ckig [ふろッキヒ flɔ́kɪç] 形 ふわふわした, 綿くずのような, 薄片状の.

flog [ふろーク] ‡fliegen (飛ぶ)の 過去

flö·ge [ふれーゲ] ‡fliegen (飛ぶ)の 接²

floh [ふろー] ‡fliehen (逃げる)の 過去

Floh [ふろー floː] 男 -[e]s/Flöhe ①〔昆〕ノミ(蚤). *Flöhe*⁴ fangen のみを捕まえる / 人³ einen *Floh* ins Ohr setzen (口語·比) 人³ をわくわくさせる (←人³の耳にノミを入れて落ちつきをなくさせる) / Er hört die *Flöhe* husten.《口語》(軽蔑的に:)彼は自分が賢いと思い込んでいる(←のみがはきをするのが聞こえる). ②【複 で】《俗》お金.

flö·he [ふれーエ] ‡fliehen (逃げる)の 接²

flö·hen [ふれーエン flǿːən] 他 (h) ① (犬など⁴の)のみを取る. ② (口語) (人⁴から)お金を巻き上げる.

Floh·markt [ふろー・マルクト] 男 -[e]s/..märkte のみの市(いち), がらくた市.

Flom [ふろーム floːm] 男 -[e]s/-e (北ドイツ) (豚の)腹部と腎臓(じんぞう)の脂肪(ラードの原料となる).

Flop·py·disk [ふろッピー・ディスク flɔ́pi-dɪ́sk]〔英〕女 -/-s〔コンピュータ〕フロッピーディスク.

Flop·py Disk [ふろッピー ディスク flɔ́pi dɪ́sk]〔英〕女 --/--s =Floppydisk

Flor¹ [ふろーァ flóːr] 男 -s/-e《ふつう 単》《雅》繁栄, 花盛り;《比》盛り, 繁栄期. Der Park steht in vollem *Flor*. 公園は花盛りだ / ein *Flor* schöner Mädchen² (比)美しい盛りの乙女たち.

Flor² [ふろーァ] 男 -s/-e ①《織》紗(しゃ). ② 喪章. ③ (ビロードなどの)けば.

Flo·ra [ふろーラ flóːra] 女 -/Floren ①〔植〕(分布上の)植物相. ② 植物誌.

Flo·ren·ti·ner [ふろレンティーナァ florentíːnər] I 男 -s/- ① (イタリアの)フィレンツェの市民(出身者). ②《服飾》つばの広い〔婦人用〕麦わら帽. ③ アーモンド入りクッキー. II 形《無語尾で》フィレンツェの.

Flo·renz [ふろレンツ floréːnts] 中 -/《都市名》フィレンツェ (イタリア中部. ルネサンスの中心地).

Flo·rett [ふろレット florét]〔スポーツ〕 中 -[e]s/-e ① フェンシング用の剣, フルーレ. ②【複 なし】(フェンシングの)フルーレ競技.

Flo·ri·an [ふろーリアーン flóːriaːn] -s/《男名》フローリアーン.

flo·rie·ren [ふろリーレン floríːrən] 自 (h) 栄える, 繁栄する. Das Geschäft *floriert*. 商売が繁盛する.

Flo·rist [ふろリスト florɪ́st] 男 -en/-en ① 植物学者. ② フラワーデザイナー; 花屋.

Flos·kel [ふろスケル flɔ́skəl] 女 -/-n [内容のない]決まり文句, 紋切り型の言い回し.

floss [フロス] ＊**fließen**（流れる）の過去
floß ☞ 新形 floss
Floß [フロース flóːs] 中 -es/Flöße ① いかだ. ② (釣り具などの)浮き.
Flos・se [フロッセ flɔ́sə] 女 -/-n ①《魚》ひれ；《動》(アザラシなどの)ひれ状の前肢. ②(スキンダイビング用の)フリッパー, 足ひれ. ③《工》(飛行機の)垂直(水平)安定板, (潜水艦の)水平舵(だ). ④《口語・戯》手；《ふつう複》《俗》足.
flös・se [フレッセ] ＊**fließen**（流れる）の接2
flö・ßen [フレーセン flǿːsən] 他 (h) ①（材木⁴ を)いかだに組んで流す, いかだで運ぶ. ②《A⁴ in B⁴ ～》(A⁴ を B⁴ へ)流し込む. dem Kind Milch⁴ in den Mund *flößen* 子供にミルクを少しずつ飲ませる.
Flö・ßer [フレーサァ flǿːsər] 男 -s/- いかだ乗り, いかだ師.
die **Flö・te** [フレーテ flǿːtə] 女 (単) -/(複) -n ①《音楽》フルート, 笛.（英 flute). Blockflöte リコーダー / [die] *Flöte*⁴ spielen または **auf der** *Flöte* **blasen** フルートを吹く. ②《音楽》(オルガンの)フルートストップ. ③ 細長い[シャンパン]グラス.
flö・ten [フレーテン flǿːtən] 自 (h) ①(小鳥が)さえずる；《方》口笛を吹く. ②(女性などが)高い甘えた声で言う. ③《俗》フルートを吹く.

新形
flö・ten ge・hen (口語) ①(お金・時間などが)なくなる, 失われる. ②(窓ガラス・皿などが)壊れる, 割れる.

‥‥‥‥‥‥‥‥‥‥‥‥‥‥‥‥‥
flö・ten|ge・hen* 自 (s)（新形 flöten gehen) ☞ flöten
Flö・tist [フレティスト fløtíst] 男 -en/-en フルート奏者.（英 女性形は Flötistin).
*flott [フロット flɔ́t] 形 (比較 flotter,（最上 flottest) ①《口語》すばやい, 機敏な, てきぱきした. eine *flotte* Bedienung てきぱきした客扱い / *flott* machen さっさとやる. ②《口語》しゃれた, 粋(いき)な；魅力的な(女の子など). ein *flotter* Mantel しゃれたコート. ③ 気楽な, 浮ついた. ein *flottes* Leben⁴ führen 気楽な生活をする. ④《海》航行可能な. Das Auto ist wieder *flott*.《比》その車は[修理して]また走れるようになった.
Flot・te [フロッテ flɔ́tə] 女 -/-n ①（総称として:)一国の全艦船；(個々の)艦隊；船隊, 船団. ②《化》染浴(漂白・染色などの溶液).
Flot・ten=stütz=punkt [フロッテン・シュテュッツプンクト] 男 -[e]s/-e《軍》[国外の]海軍基地.
Flot・til・le [フろティィれ flɔtílə か..リ..lje] 女 -/-n ①《軍》小艦隊. ②《漁》漁船団.
flott|ma・chen [フロット・マッヘン flɔ́t-màxən] 他 (h) ①《海》(座礁した船⁴を)浮揚させる, 離礁させる. ②《口語》(故障した車など⁴を)動くようにする.（英 flott machen は「さっさとやる」を意味する).
flott=weg [フろット・ヴェーク] 副《口語》てきぱきと, さっさと, 次から次へ.

Flöz [フレーツ flǿːts] 中 -es/-e《坑》(石炭などの)層, 炭層.
Fluch [フるーフ flúːx] 男 -[e]s/Flüche ① ののしり, 悪態. ② のろい, 呪咀(じゅそ). ③《複 なし》天罰；《宗》破門. *Fluch* über dich! 罰当たりめ.
＊**flu・chen** [フるーヘン flúːxən] (fluchte, *hat* ...geflucht) 自 (定了 haben) ① 悪態をつく, [口汚く]ののしる. laut *fluchen* 大声でののしる / Er *fluchte* **auf**（または **über**）seinen Vorgesetzten. 彼は上司をののしった. ②《雅》(人・軍³を)のろう.
＊*die* **Flucht**¹ [フるフト flúxt] 女 (単) -/(複) -en ①《複 なし》逃走, 逃亡, 脱走.（英 flight). *Fahrerflucht* ひき逃げ / Er ist **auf der** *Flucht* vor der Polizei. 彼は警察の目から行方をくらましている / vor 人³ die *Flucht* ergreifen 人³から逃走する / den Feind **in die** *Flucht* **schlagen** 敵を敗走させる. ② 逃避, 回避. die *Flucht* aus der Wirklichkeit 現実からの逃避. ③《狩》(鹿などの)跳躍.
Flucht² [フるフト flúxt] 女 -/-en《建》①(家・部屋の)並び, 列. Die Häuser stehen **in einer** *Flucht*. 家屋が1列に並んで立っている. ②《雅》(ドアでつながれた)一続きの部屋.
flucht=ar・tig [フるフト・アールティヒ] 形 逃げるような, 大急ぎの. *fluchtartig* den Raum verlassen 部屋から大急ぎで退出する
fluch・te [フるーフテ] ＊**fluchen**（悪態をつく)の過去
＊**flüch・ten** [フりュヒテン flýçtən] du flüchtest, er flüchtet (flüchtete, *ist/hat* ...geflüchtet)
I 自 (定了 sein) 逃げる, 逃走する, 避難する.（英 flee). ins Ausland *flüchten* 国外へ逃亡する / vor 人・物³ *flüchten* 人・物³から逃れる / Sie *sind* vor dem Gewitter in ein nahes Gebäude *geflüchtet*.《現在完了》彼らは雷雨を避けて近くの建物に逃げ込んだ.（☞ 類語 fliehen).
II 再帰 (定了 haben) *sich*⁴ *flüchten*《方向を表す語句とともに》(…へ)避難する；逃避する. Das Kind *flüchtete* sich **in** meine Arme. その子供は[助けを求めて]私に抱きついた / Er *flüchtet* sich **in** die Arbeit. 彼は仕事に逃げ場を探す.
flüch・te・te [フりュヒテテ] ＊**flüchten**（逃げる)の過去
Flucht=hel・fer [フるフト・へルファァ] 男 -s/- 逃亡幇助(ほうじょ)者.
＊**flüch・tig** [フりュヒティヒ flýçtɪç] 形 ① 逃走中の, 逃げている. ein *flüchtiger* Verbrecher 逃走中の犯人. ② ちょっと[の間]だけの；うわべだけの；大ざっぱな, ぞんざいな. ein *flüchtiger* Blick 一瞥(いちべつ) / Ich kenne ihn nur *flüchtig*. 私は彼とちょっとだけ面識がある / ein Buch³ *flüchtig* lesen ある本を流し読む / eine *flüchtige* Arbeit ぞんざいな仕事. ③ はかない, たちまち過ぎ去る, つかの間の. *flüchtige* Freuden はかない喜び. ④《化》揮発性の.

Flüch·tig·keit [ふリュヒティヒカイト] 囡 -/-en ① 《覆 なし》軽率さ; つかの間; 《化》揮発性. ② ケアレスミス.

Flüch·tig·keits≠feh·ler [ふリュヒティヒカイツ・フェーらァ] 男 -s/- ケアレスミス, うっかりした誤り.

der **Flücht·ling** [ふリュヒトリング flýçtlɪŋ] 男 (単2) -s/(複) -e (3格のみ -en) 避難民, 逃亡者; 亡命者. 《英 *refugee*》. ein politischer *Flüchtling* 政治亡命者.

Flücht·lings≠la·ger [ふリュヒトリングス・らーガァ] 甲 -s/- 難民収容所.

Flucht≠li·nie [ふるフト・リーニェ] 囡 -/-n ① 《建》建築(家並)線. ② (透視画の)消[尽]線.

Flucht≠ver·such [ふるフト・フェァズーフ] 男 -[e]s/-e 逃亡の企て.

Flucht≠weg [ふるフト・ヴェーク] 男 -[e]s/-e 逃げ道; (非常の際の)避難経路.

fluch≠wür·dig [ふるーフ・ヴュルディヒ] 《雅》のろうべき, 忌まわしい.

der **Flug** [ふるーク flú:k] 男 (単2) -es (まれに -s)/(複) Flüge [ふリューゲ] (3格のみ Flügen) 《英 *flight*》 ① 《覆 なし》飛ぶこと, 飛行. Blind*flug* 盲目(計器)飛行 / den *Flug* einer Rakete² beobachten ロケットの飛行を観察する / Die Zeit vergeht [wie] im *Flug*[e]. 月日は飛ぶように過ぎて行く / einen Vogel im *Flug* schießen 飛んでいる鳥を撃ち落とす / der freie *Flug* der Gedanken² 《比》思想の自由な飛翔(ひしょう).
② 空の旅, 飛行機の便, フライト. Wann geht der nächste *Flug* nach Rom? ローマ行きの次のフライトは何時ですか / der *Flug* von Berlin nach Wien ベルリンからウィーンへの飛行[機] / Wir sind **auf** dem *Flug* nach Berlin. 私たちはベルリンへ向けて飛行中です / Guten (または Angenehmen) *Flug*! 快適な空の旅を祈ります. ③ 《狩》(飛ぶ鳥の)群れ. ein *Flug* Tauben 一群れの鳩(はと). ④ (スキーのジャンプ競技で)飛行, フライト.

Flug≠ab·wehr [ふるーク・アップヴェーァ] 囡 -/ 《軍》防空.

Flug≠angst [ふるーク・アングスト] 囡 -/ 飛行[機]恐怖症.

Flug≠bahn [ふるーク・バーン] 囡 -/-en 弾道; (ロケット・投げたボールなどの)軌道.

flug≠be·reit [ふるーク・ベライト] 形 離陸準備の整った.

Flug≠blatt [ふるーク・ブラット] 甲 -[e]s/..blätter ビラ, ちらし.

Flug≠boot [ふるーク・ボート] 甲 -[e]s/-e 飛行艇, 水上飛行機.

Flü·ge [ふリューゲ] *Flug (空の旅)の 複.

der **Flü·gel** [ふリューゲる flý:gəl] 男 (単2) -s/(複) - (3格のみ -n) ① (鳥の)翼, (昆虫の)羽 (☞ 図 A), 《空》(主)翼; (風車・スクリューなどの)羽根. 《英 *wing*》. Der Vogel schlägt mit den *Flügeln*. 鳥が羽ばたく / Ach, hätte ich nur *Flügel*! 《接2・現在》ああ, 私に翼がありさえすれば / sich³ die *Flügel*⁴ verbrennen 《雅》[高望みをして]失敗する (←自分の翼を焼く) / 人³ die *Flügel*⁴ beschneiden (または stutzen) 《比》人³の自由を束縛する, 意欲をそぐ(←翼を切る) / die *Flügel*⁴ hängen lassen 《口語・比》意気消沈している (←翼をたらしている).
② (両開きの)扉, ドア, 窓. (☞ 図 B). ③ (建物の)翼部, そで. (☞ 図 C). ④ 《音楽》グランドピアノ. (☞ 図 D). ⑤ (スポーツ)(サッカーなどの)ウイング; 《軍》翼(よく); 《政》(政党などの)派. der linke (rechte) *Flügel* der Partei² 政党の左派(右派).

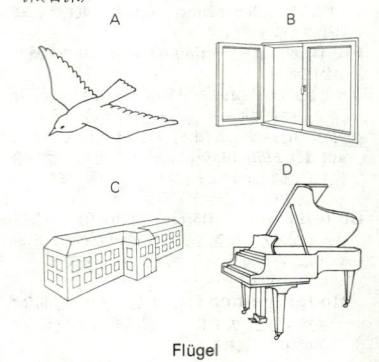

Flügel

Flü·gel≠fens·ter [ふリューゲる・フェンスタァ] 甲 -s/- 両開き(観音開き)の窓.

flü·gel≠lahm [ふリューゲる・らーム] 形 (鳥が)翼の利かない, 飛べなくなった; 《比》活気のない.

Flü·gel≠mut·ter [ふリューゲる・ムッタァ] 囡 -/-n 《工》ちょうナット.

Flü·gel≠schlag [ふリューゲる・シュらーク] 男 -[e]s/..schläge 羽ばたき.

Flü·gel≠schrau·be [ふリューゲる・シュラオベ] 囡 -/-n 《工》ちょうねじ.

Flü·gel≠stür·mer [ふリューゲる・シュテュルマァ] 男 -s/- (サッカーなどの)ウイング.

Flü·gel≠tür [ふリューゲる・テューァ] 囡 -/-en 両開き(観音開き)のドア.

Flug≠gast [ふるーク・ガスト] 男 -[e]s/..gäste 飛行機の乗客.

flüg·ge [ふリュッゲ flýgə] 形 (ひな鳥が)羽が生えそろって飛べるようになった; 《戯・比》(子供が)ひとり立ちできるようになった.

Flug≠ge·schwin·dig·keit [ふるーク・ゲシュヴィンディヒカイト] 囡 -/-en 飛行速度.

Flug≠ge·sell·schaft [ふるーク・ゲゼるシャフト] 囡 -/-en 航空会社.

der **Flug≠ha·fen** [ふるーク・ハーフェン flú:k-ha:fən] 男 (単2) -s/(複) ..häfen [..へーフェン] 空港, エアポート. 《英 *airport*》. ein internationaler *Flughafen* 国際空港 / **auf** dem *Flughafen* 空港で / 人⁴ **zum** *Flughafen*

Flug‣hö‣he [ふるーク・ヘーエ] 女 -/-n 飛行高度.

Flug‣ka‣pi‣tän [ふるーク・カピテーン] 男 -s/-e 《空》機長.

Flug‣kör‣per [ふるーク・ケルパァ] 男 -s/- 飛行物体(ロケット・宇宙船など).

Flug‣leh‣rer [ふるーク・れーラァ] 男 -s/- (パイロット養成の)操縦教官.

Flug‣li‣nie [ふるーク・リーニエ] 女 -/-n 《空》航空路, エアライン;《口語》航空会社.

Flug‣lot‣se [ふるーク・ローツェ] 男 -n/-n 航空管制官.

Flug‣ob‣jekt [ふるーク・オブイェクト] 中 -(e)s/-e 飛行物体. ein unbekanntes *Flugobjekt* 未確認飛行物体.

Flug‣plan [ふるーク・プらーン] 男 -(e)s/..pläne 航空時刻表, (飛行機の)タイムテーブル.

Flug‣platz [ふるーク・プらッツ] 男 -es/..plätze [専用]飛行場.

Flug‣post [ふるーク・ポスト] 女 -/ 航空[郵]便 (=Luftpost).

Flug‣rei‣se [ふるーク・ライゼ] 女 -/-n 空の旅.

Flug‣rou‣te [ふるーク・ルーテ] 女 -/-n 飛行ルート.

flugs [ふるクス flúks] 副 大急ぎで, すぐに.

Flug‣sand [ふるーク・ザント] 男 -(e)s/ (砂漠などの)風で吹き寄せられた砂.

Flug‣schein [ふるーク・シャイン] 男 -(e)s/-e ① 航空券. ② 飛行士証[明書].

Flug‣schrei‣ber [ふるーク・シュライバァ] 男 -s/- フライトレコーダー.

Flug‣schrift [ふるーク・シュリふト] 女 -/-en パンフレット, 宣伝ビラ.

Flug‣si‣che‣rung [ふるーク・ズィッヒェルング] 女 -/ (航空管制などによる)飛行安全の確保.

Flug‣steig [ふるーク・シュタイク] 男 -(e)s/-e (空港の)[搭乗]ゲート.

Flug‣stre‣cke [ふるーク・シュトレッケ] 女 -/-n 飛行距離(区間).

Flug‣ti‣cket [ふるーク・ティケット] 中 -s/-s (飛行機の)搭乗券, 航空券.

Flug‣ver‣kehr [ふるーク・フェァケーァ] 男 -(e)s/ 航空交通, 空の便.

Flug‣we‣sen [ふるーク・ヴェーゼン] 中 -s/ 航空.

Flug‣zeit [ふるーク・ツァイト] 女 -/-en 飛行時間.

※*das* **Flug‣zeug** [ふるーク・ツォイク flúːktsɔʏk] 中 (単2) -(e)s/(複) -e (3格のみ -en) 飛行機, 航空機. (英) *airplane*). Düsen*flugzeug* ジェット機 / ein einsitziges *Flugzeug* 単座機 / Das *Flugzeug* startet (landet). 飛行機が離陸する(着陸する) / ein *Flugzeug*[4] führen (または steuern) 飛行機を操縦する / mit dem *Flugzeug* fliegen (reisen) 飛行機で行く(旅行する).

Flug‣zeug‣ent‣füh‣rer [ふるーク・ツォイク・エントフューラァ] 男 -s/- ハイジャック犯人.

Flug‣zeug‣ent‣füh‣rung [ふるーク・ツォイク・エントフュールング] 女 -/-en ハイジャック.

Flug‣zeug‣füh‣rer [ふるーク・ツォイク・フューラァ] 男 -s/- パイロット, 操縦士 (=Pilot).

Flug‣zeug‣hal‣le [ふるーク・ツォイク・はれ] 女 -/-n (飛行機の)格納庫.

Flug‣zeug‣trä‣ger [ふるーク・ツォイク・トレーガァ] 男 -s/- 航空母艦, 空母.

Flug‣zeug‣un‣glück [ふるーク・ツォイク・ウングリュック] 中 -(e)s/-e 航空機事故.

Flu‣i‣dum [ふるーイドゥム flúːidum] 中 -s/ Fluida (人・物が持っている)雰囲気, ムード.

Fluk‣tu‣a‧ti‧on [ふるクトゥアツィオーン fluktuatsióːn] 女 -/-en ① (人数などの)増減; (価格などの)変動. ②《医》波動.

fluk‣tu‧ie‧ren [ふるクトゥイーレン fluktuíːrən] 自 (h) (人数などが)増減する, (物価などが)変動する, 高下する.

Flun‧der [ふるンダァ flúndər] 女 -/-n 《魚》カレイ.

Flun‧ke‧rei [ふるンケライ fluŋkəráɪ] 女 -/-en 《口語》①《複 なし》ほら[を吹くこと]. ② うそ八百.

flun‧kern [ふるンカァン flúŋkərn] 自 (h) 《口語》ほらを吹く, うそ八百を並べる.

Flunsch [ふるンシュ flúnʃ] 男 -(e)s/-e 《口語》(への字に)ゆがめた口. einen *Flunsch* ziehen (または machen) (不機嫌に・泣き出しそうに)口をゆがめる.

Flu‧or [ふるーオァ flúːɔr] 中 -s/《化》フッ素(記号: F).

Flu‧o‧res‧zenz [ふるオレスツェンツ fluɔrɛstsénts] 女 -/《物・化》蛍光.

flu‧o‧res‧zie‧ren [ふるオレスツィーレン fluɔrɛstsíːrən] 自 (h) 蛍光を発する.

※*der* **Flur**¹ [ふるーァ flúːr] 男 (単2) -(e)s/(複) -e (3格のみ -en) ① 廊下 (=Korridor). (英 *corridor*). Er wartet auf dem (または im) *Flur*. 彼は廊下で待っている. ② 玄関の間(ホール) (=Haus*flur*). ③ 床(ゆか) (=Fußboden).

Flur² [ふるーァ] 女 -/-en ①《雅》野, 野原. ② (町村所属の)農地, 耕地.

Flur‧be‧rei‧ni‧gung [ふるーァ・ベライニグング] 女 -/-en 耕地整理.

Flur‧scha‧den [ふるーァ・シャーデン] 男 -s/..schäden (獣・軍事演習などによる)農地(農作物)の被害.

※*der* **Fluss** [ふるス flús]

> 川 Unser Haus liegt am *Fluss*.
> ウンザァ ハオス リークト アム ふるス
> わが家は川のほとりにあります.

男 (単2) -es/(複) Flüsse [ふりュッセ] (3格のみ Flüssen) ① 川, 河川. (英 *river*). Neben*fluss* 支流 / ein tiefer *Fluss* 深い川 / ein reißender *Fluss* 流れの急な川 / den *Fluss* abwärts (aufwärts) fahren 川を下る(上る) / am *Fluss* 川辺に / auf dem *Fluss*

Fluß

fahren [船で]川を航行する / im *Fluss* baden 川で水浴びる / Die Brücke führt über den *Fluss*. 橋が川に架かっている.

② 《複 なし》(話・仕事などの)流れ, 進展. der *Fluss* des Verkehrs 交通の流れ / Die Verhandlungen sind noch im *Fluss*. 交渉はまだ進行中だ / 事4 in *Fluss* bringen 事4を軌道に乗せる / in *Fluss* kommen (または geraten) 動き(進み)始める ⇒ Endlich kam die Arbeit in *Fluss*. ようやく仕事が軌道に乗ってきた.

③ 《複 なし》《工》(金属などの)溶融[状態].

《類語》 der Fluss: (最も一般的に用いられる語で, 中程度の)川. der Strom: (ゆるやかな流れの)大河. der Bach: (山野を流れる)小川. Der *Bach* rauscht. 小川がさらさらと音をたてている.

Fluß ☞ 《新形》 Fluss

fluss≈ab[·wärts] [ふるス・アップ[ヴェルツ]] 副 川を下って.

fluß≈ab[·wärts] ☞ 《新形》 flussab[wärts]

Fluss≈arm [ふるス・アルム] 男 -[e]s/-e (川の)支流.

Fluß≈arm ☞ 《新形》 Flussarm

fluss≈auf[·wärts] [ふるス・アオフ[ヴェルツ]] 副 川をさかのぼって.

fluß≈auf[·wärts] ☞ 《新形》 flussauf[wärts]

Fluss≈bett [ふるス・ベット] 中 -[e]s/-en (まれに -e) 河床.

Fluß≈bett ☞ 《新形》 Flussbett

Flüs·se [ふりュッセ] ‡Fluss (川)の複

*flüs·sig [ふりュスィヒ flýsɪç] 形 ① 液体の, 液状の, 溶けた, 流動体の.(英 liquid). *flüssige* Nahrung 流動食 / *flüssige* Luft 液体空気 / Butter⁴ durch Erhitzen *flüssig* machen バターを熱して溶かす. ② よどみない, 流暢(りゅうちょう)な. *flüssiger* Verkehr スムーズに流れる交通 / *flüssig* sprechen すらすら話す. ③ 手持ちの, 自由に使える(お金・資本など),《経》換金できる, 流動性のある. *flüssige* Gelder 現金 / Ich bin nicht *flüssig*.《口語》私はお金の持ち合わせがない.

《新形》..................................

flüs·sig ma·chen (資金⁴を)調達する, 工面する,(財産など⁴を)換金する.

Flüs·sig≈gas [ふりュスィヒ・ガース] 中 -es/- 《化》液化ガス.

*die **Flüs·sig·keit** [ふりュスィヒカイト flýsɪçkaɪt] 女 -/-en ① 液体; 溶液. eine farblose *Flüssigkeit* 透明な液体. ② 《複 なし》(話し方・文体などの)なめらかさ, 流暢(りゅうちょう)さ.

Flüs·sig≈kris·tall [ふりュスィヒ・クリスタる] 男 -s/-e 《化》液晶.

flüs·sig|ma·chen 他 (h) 《新形》 flüssig machen) ☞ flüssig

Fluss≈krebs [ふるス・クレープス] 男 -es/-e 《動》ザリガニ.

Fluß≈krebs ☞ 《新形》 Flusskrebs

Fluss≈lauf [ふるス・らオフ] 男 -[e]s/..läufe 川の流れ.

Fluß≈lauf ☞ 《新形》 Flusslauf

Fluss≈mün·dung [ふるス・ミュンドゥング] 女 -/-en 河口.

Fluß≈mün·dung ☞ 《新形》 Flussmündung

Fluss≈pferd [ふるス・プフェーアト] 中 -[e]s/-e 《動》カバ(河馬).

Fluß≈pferd ☞ 《新形》 Flusspferd

Fluss≈schiff·fahrt ☞ 《新形》 Flussschifffahrt

Fluss≈schiff·fahrt [ふるス・シふふァールト] 女 -/ 河川航行.

Fluss≈spat [ふるス・シュパート] 男 -[e]s/-e (または ..späte) 《鉱》蛍石.

Fluß≈spat ☞ 《新形》 Flussspat

Fluss≈ufer [ふるス・ウーふァァ] 中 -s/- 川岸.

Fluß≈ufer ☞ 《新形》 Flussufer

*·**flüs·tern** [ふりュスタァン flýstərn] (flüsterte, hat..geflüstert) (英 whisper) I 自 (完了 haben) ささやく, 小声で話す, ひそひそ話す. Sie *flüsterten* miteinander. 彼らはひそひそ話し合った / Die Blätter *flüstern* im Wind. 《比》風に吹かれて木の葉がさらさら音をたてている. II 他 (完了 haben) (事⁴を)ささやく, 小声で言う. Er *flüsterte* mir ihren Namen ins Ohr. 彼は私に彼女の名前を耳打ちした / Dem *werde* ich was *flüstern*!《口語》あいつには文句を言ってやるから / Das *kann* ich dir *flüstern*!《口語》それは当てにしてもいいよ.

Flüs·ter≈pro·pa·gan·da [ふりュスタァ・プロパガンダ] 女 -/ 口コミ宣伝.

flüs·ter·te [ふりュスタァテ] *flüstern (ささやく) の過去

Flüs·ter≈ton [ふりュスタァ・トーン] 男 -[e]s/..töne ささやくような調子(声).

*die **Flut** [ふるート flúːt] 女 -(単)-/(複)-en (英 flood) ① 《複 なし》満ち潮, 満潮, 上げ潮.(⇔「干き潮」は Ebbe). Die *Flut* kommt (または steigt). 潮が満ちてくる / Die *Flut* geht (または fällt). 潮が引く. ② 《雅》滔々(とうとう)たる流れ; 洪水. die *Fluten* des Rheins ラインの滔滔たる流れ. ③ 《比》多量,(人などの)波. eine *Flut* von Briefen 山ほどの手紙.

flu·ten [ふるーテン flúːtən] I 自 (s) 《雅》(水・人・光などが)氾濫(はんらん)する, あふれる. Das Wasser *flutete* über die Dämme. 川の水が堤防を越えてあふれ出た / Die Besucher *fluteten* aus dem Saal. 見物客がホールからどっと出て来た. II 他 (h) 《海》(ドックなど⁴に)注水する.

Flut≈licht [ふるート・リヒト] 中 -[e]s/-er (競技場, 劇場などの)投光照明, フラッドライト.

flut·schen [ふるッチェン flútʃən] 自 (s,h) 《口語》① (s)《北ドツ》(手・指の間から)つるりと抜け

落ちる．② (h) (仕事などが)はかどる，順調に進む．

Flut-wel・le [ふるーと・ヴェれ] 囡 -/-n 潮波；津波．

fm [ふェスト・メータァ]《記号》立方メートル（= Festmeter）．

Fm [エフ・エム]《化・記号》フェルミウム（= Fermium）．

FM [エフ・エム]《略》FM 放送（= Frequenz-modulation）．

f-Moll [エふ・もる] 回 -/《音楽》へ短調(記号: f)．

focht [ふォホト] fechten (刀剣で戦う)の過去．

föch・te [ふェヒテ] fechten (刀剣で戦う)の接2．

Fock [ふォック fɔk] 囡 -/-en 《海》(帆船の)フォース (いちばん前のマストの主帆); (ヨットの)ジブ (船首の三角帆)．

Fö・de・ra・lis・mus [ふェデラリスムス fødera-lísmʊs] 男 -/《政》連邦主義，連邦制．

fö・de・ra・lis・tisch [ふェデラリスティッシュ føderalístɪʃ] 形 《政》連邦主義の，連邦制度の．

Fö・de・ra・ti・on [ふェデラツィオーン føderatsió:n] 囡 -/-en ①《政》国家連合，連邦．② (組織の)連合，連盟，同盟．

fö・de・ra・tiv [ふェデラティーふ føderatí:f] 形 連合の，連盟の，同盟の; 連邦の．

foh・len [ふォーれン fó:lən] 自 (h) (馬・ろばなどが)子を産む．

Foh・len [ふォーれン] 回 -s/- 子馬，若ごま．

Föhn [ふェーン fø:n] 男 -[e]s/-e ①《気象》フェーン(山岳，特にアルプスから吹き降ろす乾いた熱風)．② ヘアドライヤー．

föh・nen [ふェーネン fǿ:nən] 他 (h) (髪など4を)ドライヤーで乾かす．

föh・nig [ふェーニヒ fǿ:nɪç] 形 フェーンの吹く，フェーン現象の．

Föh・re [ふェーレ fǿ:rə] 囡 -/-n 《方》《植》マツ(松) (= Kiefer)．

Fo・kus [ふォークス fó:kʊs] 男 -/..kusse ①《光》(レンズなどの)焦点．②《医》病巣．

***die* Fol・ge** [ふォるゲ fɔ́lgə] 囡 -/(複) -n ① 結果，成り行き，結論，帰結．Grund und *Folge* 原因と結果 / Sein Leichtsinn hatte schlimme *Folgen*. 彼の軽率さが悪い結果を招いた． / Du musst die *Folgen* selbst tragen. 君はその結果を自ら負わなければならない / nicht **ohne** *Folgen* bleiben 《婉曲》ただではすまない(情事の報いとして妊娠することなど) / 事4 **zur** *Folge* haben 結果として事4を伴う．(☞ 類語 Ergebnis)．② 連続，継続；(刊行物などの)シリーズ，続編; 順番．eine *Folge* von Unfällen 事故の連続 / die nächste *Folge* der Zeitschrift2 その雑誌の次号 / **in** rascher *Folge* 矢継ぎ早に / **in** der *Folge* または **für** die *Folge* 今後[は]，引き続いて．③《成句的に》事3 *Folge*4 leisten《書》事3(命令などに)応じる，服従する．

Fol・ge・er・schei・nung [ふォるゲ・エァシャイヌング] 囡 -/-en 後続現象；《医》後遺(併発)症状．

:fol・gen [ふォるゲン fɔ́lgən]

| ついて行く | Bitte, *folgen* Sie mir! |
| ビッテ ふォるゲン ズィー ミァ |
| 私について来てください． |

(folgte, ist/hat...gefolgt) 自 (完了) sein または haben) ①（人・物3に)ついて行く，(人・物3の)あとを追う．(英) follow).人3 heimlich *folgen* 人3のあとをこっそりつける / Die Touristen *folgen* dem Führer durch das Schloss. 観光客たちが城の中をガイドについて行く / 人3 **auf** dem Fuß (または den Fersen) *folgen* 人3のあとにぴったりついて行く / Der Hund *folgte* uns auf Schritt und Tritt. その犬は私たちにどこまでもつきまとった / 人3 **mit** den Augen *folgen* 人3を目で追う．

② (s) (話など3の内容について行く．Sie *sind* aufmerksam seinem Vortrag *gefolgt*.《現在完了》彼らは熱心に彼の講演に聞き入った / *Kannst* du mir *folgen*?《戯》君は私の言っていることが本当にわかるの?

③ (s) 〖人・物3(または **auf** 人・物4) ~〗(人・物3(または 人・物4)に)続いて起こる，あとに続く；(人3の)あとを継ぐ．Dem ersten Schuss *folgten* noch drei weitere. 最初の銃声のあとでさらに3発続いた / Auf Karl den Großen *folgte* Ludwig der Fromme. カール大帝のあとは敬虔(いふ)王ルートヴィヒが王位を継承した / Auf Regen *folgt* Sonnenschein.《ことわざ》苦あれば楽あり(← 雨のあとには日が差す) / Fortsetzung *folgt*.（雑誌などの連載で:)以下次号 / Er schreibt **wie** *folgt*. 彼は次のように書いている．

④ (s) (命令など3に)従う，(手本など3に)ならう，(招待など3に)応じる．Sie *folgt* ihrem Gewissen. 彼女は自分の良心に従う / der Mode3 *folgen* 流行を追う．

⑤ (h) (人3の)言うことを聞く，服従する．Das Kind *folgt* [der Mutter] nicht. その子供は[母親の]言うことを聞かない / 人3 aufs Wort *folgen* 人3の命令を聞く．⑥ (s) 〖**aus** 事3 ~〗(事3から)推論される，結果として生じる．Aus seinen Worten *folgt*, dass... 彼の言葉から…ということが推察できる / Was *folgt* daraus? その結果はどうなるだろうか．

....

類語 **folgen**: (模範などに)従う．**befolgen**: (命令・規則に)従う．eine Vorschrift4 *befolgen* 規則を守る．**nach|kommen**: (願い・要求などを)聞き入れる．Ich *kam* dem Wunsch meiner Mutter *nach*. 私は母の願いを聞き入れた．**gehorchen**: (上位の人や権威に)従う．

・fol・gend [ふォるゲント fɔ́lgənt] I :folgen (ついて行く)の 現分
II 形 次の，以下の，あとに続く．(英 *following*). am *folgenden* Tag 次の日に / dieser und der darauf *folgende* Wagen これとそれに続く車 / Siehe Seite 16 und *folgende* Seiten! 16 ページ以下を参照のこと（略: s. S. 16 ff.) /

folgendermaßen

ein Brief *folgenden* Inhalts 次のような内容の手紙. ◊《名詞的に》im *folgenden*（新形 im *Folgenden*）次に, 以下に / Er sagte *folgendes*（新形 *Folgendes*）. 彼は次のことを言った.

fol·gen·der·ma·ßen [ふォるゲンダァ・マーセン] 副 次のように.

Fol·gen·de[s] [ふォるゲンデ[ス] fólgəndə[s]] 中 [語尾変化は形容詞と同じ] 次の(以下の)こと. Ich möchte dir *Folgendes* (または das *Folgende*) berichten. 私は君に次のことを伝えたい / im *Folgenden* 次に, 以下に.

fol·gen·reich [ふォるゲン・ライヒ] 形 影響(効果)の大きい.

fol·gen·schwer [ふォるゲン・シュヴェーァ] 形 重大な結果を引き起こす, ゆゆしい.

fol·ge·rich·tig [ふォるゲ・リヒティヒ] 形 首尾一貫した, 筋の通った.

Fol·ge·rich·tig·keit [ふォるゲ・リヒティヒカイト] 女 -/ 首尾一貫していること, 一貫性.

*__fol·gern__ [ふォるガァン fólgərn] (folgerte, *hat* ...gefolgert) 他 (旧正 haben)《A⁴ aus B³ ～》(A⁴ を B³ から) 推論する, 推察する. Aus seinen Worten *folgerte* man, dass er zufrieden sei. 彼の言葉から彼が満足していることがうかがえた / Daraus lässt sich *folgern*, dass... そのことから…ということが推論される. ◊《目的語なしでも》richtig *folgern* 正しい推論をする.

fol·ger·te [ふォるガァテ] ＊folgern (推論する)の 過去

Fol·ge·rung [ふォるゲルング] 女 -/-en 推論, 結論. eine *Folgerung*⁴ aus 事³ ableiten (または ziehen) 事³からある結論を導き出す.

Fol·ge·satz [ふォるゲ・ザッツ] 男 -es/..sätze《言》《文》結果文.

fol·ge·wid·rig [ふォるゲ・ヴィードリヒ] 形 首尾一貫しない, 筋の通らない, 矛盾した.

Fol·ge·zeit [ふォるゲ・ツァイト] 女 -/-en 次の時期(時代), 後世.

*__folg·lich__ [ふォるクリヒ fólkliç] 副 だから, したがって. (＝ consequently). Es regnet, *folglich* müssen wir zu Hause bleiben. 雨が降っている, だからぼくたちは家にいるしかない.

folg·sam [ふォるクザーム] 形 大人の言うことをよく聞く, 従順な, 素直な(子供など).

Folg·sam·keit [ふォるクザームカイト] 女 -/ 従順さ, 素直さ.

folg·te [ふォるクテ] ＊folgen (ついて行く)の 過去

Fo·li·ant [ふォリアント foliánt] 男 -en/-en 全紙二つ折り判の[大型]本.

Fo·lie [ふォーリェ fó:liə] 女 -/-n ① (金属やプラスチックの)箔(⁺), フォイル, ラップ, ビニールフィルム. Aluminium*folie* アルミフォイル. ②《比》(事物を際だたせる)背景, 引きたて役. 人³ als *Folie* dienen 人³の引きたて役に回る.

Fo·lio [ふォーリオ fó:lio] 中 -s/..lien [.リェン](または -s) ①《覆 なし》《書籍》全紙二つ折り判(略: Fol.). ein Buch in *Folio* 二つ折り判の本. ②《商》(帳簿の)見開きページ.

Folk·lo·re [ふォるクローレ folkló:rə] または ふォるク..] [英] 女 -/ ① 民間伝承(民謡・民俗舞踏など). ②《音楽》民俗音楽.

folk·lo·ris·tisch [ふォるクロリスティシュ folklórístiʃ] 形 ① 民間伝承の. ② 民俗学[上]の. ③ 民俗音楽の.

Folk=sän·ger [ふォウク・ゼンガァ] 男 -s/- フォークシンガー.

Fol·ter [ふォるタァ fóltər] 女 -/-n ① 拷問. ② 拷問具, 拷問台. 人⁴ auf die *Folter* spannen《比》人⁴をじらす(←拷問にかける). ③《雅》ひどい苦痛. Es war eine wahre *Folter* für mich. それは私にとってはひどい苦痛だった.

Fol·ter·bank [ふォるタァ・バンク] 女 -/..bänke 拷問台.

Fol·ter=kam·mer [ふォるタァ・カンマァ] 女 -/-n 拷問室.

Fol·ter=knecht [ふォるタァ・クネヒト] 男 -[e]s/-e (中世の:)拷問吏.

fol·tern [ふォるタァン fóltərn] 他 (h) ① 拷問にかける, 拷問する. Die Gefangenen *wurden* gefoltert.《受動・過去》囚人たちは拷問にかけられた. ②《雅》ひどく苦しめる(悩ます). Die Angst *folterte* mich. 私は不安にさいなまれた.

Fol·te·rung [ふォるテルング] 女 -/-en 拷問, 責め苦.

Fön [ふェーン fő:n] 男 -[e]s/-e《商標》ヘアドライヤー. (＝Föhn ②).

Fond [ふォーン fő:] [フラ] 男 -s/-s ① (自動車の)後部座席. ② (舞台・絵の)背景;(布の模様などの)下地. ③ 基盤, 根底. ④《料理》(肉料理の)残り汁, 肉汁.

Fon·dant [ふォンダーン fődá:] [フラ] 男 中 -s/-s フォンダン(砂糖を溶かしてクリーム状に練ったもの. またそれで作ったボンボン).

Fonds [ふォーン fő:] [フラ] 男 - [ふォーン[ス]]/- [ふォーンス] ① 基金, 準備金, 積立金. ②《雅》知識の蓄え. ③《経》国債, 公債.

Fon·due [ふォンデュー fődý:] [フラ] 男 中 -s/-s (または -s)《料理》フォンデュー(熱く溶けたチーズにパンを浸して食べるスイスの鍋料理. フランスでは熱した油に肉を浸して食べる).

fö·nen 他 (h) ☞ 新形 föhnen

Fon·ta·ne [ふォンターネ fontá:nə] -s/《人名》フォンターネ (Theodor *Fontane* 1819-1898; ドイツの小説家).

Fon·tä·ne [ふォンテーネ fonté:nə] 女 -/-n (噴水の)噴き出る水, 水柱; 噴水. Aus dem Teich stieg eine hohe *Fontäne* auf. 池から噴水の水が高く噴き出していた.

Fon·ta·nel·le [ふォンタネれ fontanélə] 女 -/-n《医》泉門.

fop·pen [ふォッペン fópən] 他 (h)《口語》(人⁴を)かつぐ, からかう.

Fop·pe·rei [ふォッペライ fopəráI] 女 -/-en [人⁴を]かつぐこと, からかい, 悪ふざけ.

for·cie·ren [ふォるスィーレン fɔrsí:rən] 他 (h) ① (速度・生産などを⁴を)一段と速める, 高める;(計画などを⁴を)強引に推し進める. Er *hat* das Tempo *forciert*. 彼は速度を上げた. ②(愛

for・ciert [フォルスィーァト] **I** forcieren (一段と速めるの)過分 **II** 形 わざとらしい, 不自然な.

Förde [フェーァデ fǿːrdə] 女 -/-n 《北ドツ》《地理》(バルト海沿岸の陸地に深く入り込んだ)入り江, 小湾, フィヨルド.

Förder・anlage [フェルダァ・アンラーゲ] 女 -/-n 《エ・坑》コンベヤー[システム].

Förder・band [フェルダァ・バント] 中 -[e]s/..bänder《エ》コンベヤーベルト.

Förderer [フェルデラァ fǿrdərər] 男 -s/- ① (芸術・学問などの)後援者(会), パトロン. ②《エ》コンベヤー.

Förder・korb [フェルダァ・コルプ] 男 -[e]s/..körbe 《坑》リフトケージ.

förder・lich [フェルダァリヒ] 形 (人・事³ の)役にたつ, 有効な. Sport ist deiner Gesundheit *förderlich.* スポーツは君の健康のためになるよ.

‡**fordern** [フォルダァン fǿrdərn] (forderte, hat...gefordert) 他 (完了 haben) ① (人が事⁴ を)**要求する**; (事物が人・事⁴ を必要とする. (英 *demand*). Er *hat* 100 Mark **für** seine Arbeit *gefordert.* 彼は自分の仕事に対して100マルクを請求した / Rechenschaft⁴ **von** 人³ *fordern* 人³ に釈明を求める / Der Unfall *forderte* viele Opfer. 《比》その事故は多くの犠牲者を出した.
② (人⁴ に)力の限りを出させる, 忙しい思いをさせる. Sein Beruf *fordert* ihn sehr. 彼は職務に追われててこまいている. ③ (人⁴ に)挑む; (人⁴ に)出頭を求める. 人⁴ **auf** Pistolen *fordern* 人⁴ にピストルによる決闘を申し込む / **zum** Duell *fordern* 人⁴ に決闘を申し出る / 人⁴ **vor** Gericht *fordern* 人⁴ を法廷に召喚する.

***fördern** [フェルダァン fǿrdərn] (förderte, hat...gefördert) 他 (完了 haben) ① (人・事⁴ を)**援助する**, 支援する, (事⁴ の進展を)促進する, 振興する. (英 *support*). Er *hat* viele junge Künstler *gefördert.* 彼はたくさんの若い芸術家を援助した / den Handel *fördern* 貿易を振興する. ②《坑》(鉱石・石炭などを⁴ を地中から)採掘する, 搬出する;《エ》(ベルトコンベヤーが)運ぶ. ③《成句的に》事⁴ zutage *fördern* 《比》事⁴ を明るみに出す ⇒ Seine Forschungen *haben* viel Neues zutage *gefördert.* 彼の研究は多くの新しい事実を明らかにした.

forderte [フォルダァテ] ‡**fordern** (要求する)の 過去

förderte [フェルダァテ] *fördern (援助する)の 過去

*die **For・de・rung** [フォルデルング fǿrdə-ruŋ] 女 (単) -/(複) -en ① **要求**, 要請. (英 *demand*). eine gerechte *Forderung* 当然の要求 / eine soziale *Forderung* 社会的な要請 / die *Forderung* des Tages 目下の急務 / eine *Forderung*⁴ erfüllen (ab|lehnen) 要求を満たす(はねつける) / an 人⁴ eine *Forderung*⁴ nach 物³ stellen 人に物³ を要求する. ②《商》請求[額];《法》債権. eine *Forderung*⁴ **an** 人⁴ haben 人⁴ に貸しがある. ③ (昔の:)(決闘の)挑戦.

*die **Förde・rung** [フェルデルング fǿrdə-ruŋ] 女 (単) -/(複) -en ① 援助, 促進, 振興, 助成; (青少年の)育成. (英 *support*). die *Förderung* der Künste² 芸術の振興. ②《坑》(石炭などの)採掘; 産出[高]. 《エ》(コンベヤーなどによる)運搬.

*die **Forelle** [フォレレ forélə] 女 (単) -/(複) -n ①《魚》[ニジ]マス, [ブラウン]トラウト. (英 *trout*). *Forellen* angeln ますを釣る. ②《料理》ます. *Forelle* blau (まるごと)ゆでたます / *Forelle* Müllerin (まるごと)油で揚げたます.

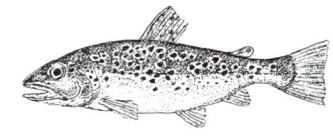

Forelle

Foren [フォーレン] Forum (フォーラム)の 複

forensisch [フォレンズィッシュ forénziʃ] 形 裁判の, 司法の. *forensische* Medizin 法医学 / *forensische* Psychologie 犯罪心理学.

Forke [フォルケ fórkə] 女 -/-n《北ドツ》(干草用の)熊手, 三つまた.

‡*die* **Form** [フォルム fórm] 女 (単) -/(複) -en (英 *form*) ① **形**, 外形, 外観, 姿. Kugel*form* 球形 / Die Vase hat eine schöne *Form.* その花びんは美しい形をしている / eine feste *Form*⁴ (または feste *Formen*⁴) an|nehmen (計画などが)はっきりした形をとってくる / **aus** der *Form* gehen《口語・戯》(太りすぎて)体の線が崩れる / ein Ornament **in** *Form* einer Blume² 花の形をした飾り / 物⁴ **in** *Form* bringen 物⁴ をちゃんとした形に仕上げる. ② 形式, 形態. eine Darstellung in der *Form* eines Dialogs 対話形式による描写. ③ (社交上の)**作法**, 行儀; 慣例. die *Form*⁴ wahren (verletzen) 作法を守る(作法に背く) / nur der *Form*² halber (または **wegen**) 単に儀礼的に / **in** aller *Form* 正式に(本式に) / ein Mann **ohne** *Formen* 不作法な男. ④ [複 なし](体・心の)調子;《ぷ》(選手の)コンディション. Ich bin heute nicht **in** *Form.* 私はきょうは調子がよくない. ⑤ (帽子・菓子などの)型, 型枠. flüssiges Metall⁴ **in** eine *Form* gie-ßen 溶けた金属を鋳型(ぃポ)に流し込む.

formal [フォルマール formáːl] 形 ① 形式[上]の, 外形の. die *formale* Struktur eines Dramas ドラマの形式上の構成 / *formale* Logik《数》形式論理[学]. ② 形だけの, うわべの. Er ist nur *formal* der Vor-sitzende. 彼は形ばかりの議長だ.

Formalie [フォルマーリエ formáːliə] 女 -/-n《ふつう 複》形式上の事柄, 手続き.

For·ma·lis·mus [フォルマリスムス formalísmus] 男 -/..lismen ① 〖覆 なし〗形式主義;《文学》フォルマリズム. ② 形式的なこと.

For·ma·list [フォルマリスト formalíst] 男 -en/-en 形式主義者;《文学》フォルマリスト.

for·ma·lis·tisch [フォルマリスティッシュ formalístiʃ] 形 形式主義の;《文学》フォルマリズムの.

For·ma·li·tät [フォルマリテート formalité:t] 女 -/-en (正式の)手続き;形式的なこと. die Formalitäten[4] erledigen 手続きを済ます.

For·mat [フォルマート formá:t] 中 -[e]s/-e ① (紙・本などの)型, (A5判・B6判などの)判. ein Briefbogen im Format DIN A4 ドイツ工業規格 A4 判の便箋(びんせん). ② 〖覆 なし〗《比》(人物・能力などの)大きさ, 風格. ein Mann von Format スケールの大きな人物.

for·ma·tie·ren [フォルマティーレン formatí:rən] 他 (h) 〖コン〗(フロッピーディスクなど[4]を)初期化する.

For·ma·ti·on [フォルマツィオーン formatsió:n] 女 -/-en ① 形成, 構成(構造). ② (団体・チームなどの)編成;《軍》隊形, 編隊. ③ 共通の利・利害などを共にする人々のグループ. eine Formation innerhalb einer Partei 党内の一派. ④ 〖地学〗地層;〖動植物相によって区分される〗地質時代, 紀. ⑤ 〖植〗群系.

Form-blatt [フォルム・ブラット] 中 -[e]s/..blätter (書式・記入欄の印刷してある)用紙.

*die **For·mel** [フォルメる fɔ́rməl] 女 (単) -/(複) -n (英 formula) ① 決まり文句. Grußformel あいさつの決まり文句 / Zauberformel 呪文 / eine stereotype Formel 月並みな決まり文句. ② 簡潔な言い回し. 軍[4] auf eine kurze (または einfache) Formel bringen 軍[4] を簡潔に言い表す. ③〖理〗定式, 公式. eine mathematische (chemische) Formel 数式(化学式). ④ (レーシングカーの)公式規格, フォーミュラ.

for·mell [フォルメる formél] 形 正式の, 決まりどおりの;形式的;儀式的な, 他人行儀な. ein formeller Besuch 儀礼的な訪問.

* **for·men** [フォルメン fɔ́rmən] (formte, hat ...geformt) I 他 〖定て〗haben) ① 作る, 形作る, (一定の)形にする. 《英》form). eine Figur[4] aus (または in) Wachs formen ろう像を作る / den Ton zu einer Vase formen 陶土を花びんの形にする / Sätze[4] formen 文を作る / einen Laut formen 音を声に出す. ② (人[4]の)人格を形成する;(人格[4]を)形成する. Die Ereignisse haben ihn (または seinen Charakter) geformt. それらの出来事が彼の性格を形作った.
II 再帰 (〖定て〗haben) sich[4] formen 形成される, 形をなす.

For·men·leh·re [フォルメン・レーレ] 女 -/-n 〖言〗形態論;〖音楽〗楽式論;〖生〗形態学.

Form-feh·ler [フォルム・フェーラァ] 男 -s/- ① 〖法〗形式(手続き)上の不備;非礼, 不作法. ② (特に家電の)奇形.

Form=ge·bung [フォルム・ゲーブング] 女 -/-en 型づくり, 造形, 鋳造.

for·mie·ren [フォルミーレン formí:rən] I 他 (h) (グループなど[4]を)組織(編成)する;(隊列など[4]を)組む. II 再帰 (h) sich[4] formieren 整列する;結集する. Sie formierten sich zu einem Zug. 彼らは行列を作った.

..för·mig [..フェルミヒ ..fœrmɪç] 〖形容詞をつくる 接尾〗(…の形の) 例: kugelförmig 球形の.

* **förm·lich** [フェルムリヒ fœ́rmlɪç] I 形 ① 正式の, 公式の, 形式にかなった. 《英》formal). eine förmliche Einladung 正式の招待. ② 形式ばった, 儀式ばった, 堅苦しい. ein förmliches Benehmen 堅苦しい態度. ③ まったくの, まぎれもない.
II 副 文字どおり, まったく. Er geriet förmlich in Panik. 彼は文字どおりパニックに陥った.

Förm·lich·keit [フェルムリヒカイト] 女 -/-en ① 形式, 正式(正規)の手続き. eine juristische Förmlichkeit (正式の)法的手続き. ② 儀礼的態度.

form·los [フォルム・ロース] 形 ① 一定の(ちゃんとした)形を成していない, 定形を守らない, 略式の(文書など). ② 形式(格式)ばらない, くだけた(態度など).

Form=lo·sig·keit [フォルムローズィヒカイト] 女 -/ 形式(格式)ばらないこと;不作法.

Form=sa·che [フォルム・ザッヘ] 女 -/-n 形式上の事柄.

form·te [フォルムテ] *formen (作る)の 過去

*das **For·mu·lar** [フォルムらール formulá:r] 中 (単 2) -s/(複) -e (3格のみ -en) 申込用紙, 願書, 届出(申請)用紙 (=Anmeldeformular). ein Formular[4] ausfüllen 用紙に記入する ⇒ Füllen Sie bitte dieses Formular aus! この申込用紙にご記入ください / ein Formular[4] unterschreiben 申込用紙に署名する.

for·mu·lie·ren [フォルムリーレン formulí:rən] 他 (h) ① (適切に)言葉で表す, 定式化する. ② (文書[4]を)作成する.

For·mu·lie·rung [フォルムリールング] 女 -/-en ① 〖ふつう 単〗言葉にすること, 定式化. ② (言葉による)表現;文書.

For·mung [フォルムング] 女 -/-en ① 形成, 作成. ② 〖覆 なし〗教育, 陶冶(とうや).

form=voll·en·det [フォルム・フォるエンデット] 形 形式の完成された, 洗練された.

forsch [フォルシュ fɔrʃ] 形 たくましい, エネギッシュな;活動的な, はつらつとした.

* **for·schen** [フォルシェン fɔ́rʃən] (forschte, hat ...geforscht) 自 (〖定て〗haben) ① 研究する, 調査する. 《英》research). in den Quellen forschen 原典を調べる / Er hat jahrelang auf diesem Gebiet geforscht. 彼は数年間この分野の研究をした. (☞類語 studieren). ② 〖nach 人・軍[3] ~〗(人・軍[3]を)探し求める, 捜査する, 調査する. Er forschte nach den Ursa-

chen des Unglücks. 彼はその事故の原因を調査した / nach dem Täter **forschen** 犯人を捜す. ◊《現在分詞の形で》 **forschende** Blicke 探るようなまなざし.

* *der* **For·scher** [ふォルシャァ fɔ́rʃər] 男 (単2) -s/(複) - (3格のみ -n) **研究者**(家), 学者; [学術]調査員. (⇔ 女性形は Forscherin). Bibel*forscher* 聖書研究者.

forsch·te [ふォルシュテ] * forschen (研究する)の 過去

* *die* **For·schung** [ふォルシュング fɔ́rʃʊŋ] 女 (単) -/(複) -en ① **研究**, 探究; 調査. (英 *research*). Kern*forschung* 原子力研究 / Markt*forschung* 市場調査 / die medzinische *Forschung* 医学研究 / *Forschung*[4] betreiben 研究をする. ②《覆なし》研究者グループ.

For·schungs⊱ge·biet [ふォルシュングス・ゲビート] 中 -[e]s/-e 研究領域.

For·schungs⊱in·sti·tut [ふォルシュングス・インスティトゥート] 中 -[e]s/-e 研究所.

For·schungs⊱rei·se [ふォルシュングス・ライゼ] 女 -/-n 研究(調査)旅行, 学術探険.

For·schungs⊱zent·rum [ふォルシュングス・ツェントルム] 中 -s/..zentren (特に自然科学の)研究センター.

Forst [ふォルスト fɔ́rst] 男 -es (まれに -s)/-e[n] (法的に管理されている)森林, 公有林, 営林地区.

Forst⊱amt [ふォルスト・アムト] 中 -[e]s/..ämter 営林署(局).

Förs·ter [ふェルスタァ fœ́rstər] 男 -s/- 営林署員, 林務官.

Förs·te·rei [ふェルステライ fœrstəráɪ] 女 -/-en 営林署員(林務官)の執務所(官舎).

Forst⊱haus [ふォルスト・ハオス] 中 -es/..häuser 営林署員(林務官)の官舎.

Forst⊱we·sen [ふォルスト・ヴェーゼン] 中 -s/- (総称として)林業, 営林.

Forst⊱wirt·schaft [ふォルスト・ヴィルトシャふト] 女 -/- 山林経営, 林業, 営林.

* **fort** [ふォルト fɔ́rt] 副 ① 去って, いなくなって, なくなって. (英 *away*). *Fort* mit dir! おまえなんかどこかへ行ってしまえ / *Fort* damit! そんなもの捨てなさい / Die Kinder sind schon *fort*. 《口語》子供たちはもう行ってしまった / Meine Brieftasche ist *fort*. 《口語》私の財布がなくなった.
② さらに先(前方)へ, 続けて. Nur immer so *fort*! さあどんどん先へ行きなさい(続けなさい) / in einem *fort* ぶっ続けで / und so *fort* 等々 (略: usf.) (=und so weiter) / *fort* und *fort* 絶えず.

Fort [ふォーァ fó:r] 《フス》 中 -s/-s 砦(とりで), 要塞(ようさい).

fort.. [ふォルト.. fɔ́rt..] 《分離動詞の前つづり; 力点のアクセントをもつ》 ① 《去って》 例: *fort*|gehen 立ち去る. ② 《前へ》 例: *fort*|schreiten 前進する. ③《継続》 例: *fort*|setzen 継続する.

fort⊱an [ふォルト・アン] 副《雅》今後は, その後.

Fort⊱be·stand [ふォルト・ベシュタント] 男 -[e]s/ 存続, 持続.

fort|be·ste·hen* [ふォルト・ベシュテーエン fɔ́rt-bəʃtè:ən] (過分 fortbestanden) 自 (h) (制度などが)存続(持続)する.

fort|be·we·gen [ふォルト・ベヴェーゲン fɔ́rt-bəvè:gən] (過分 fortbewegt) I 他 (h) 動かす, 移動させる. II 再帰 *sich*[4] *fortbewegen* 動く, 進む, 移動する.

Fort⊱be·we·gung [ふォルト・ベヴェーグング] 女 -/-en 移動, 前進.

fort|bil·den [ふォルト・ビるデン fɔ́rt-bìldən] 他 (h) (人[4]を)研修させる, 引き続き教育する. ◊《再帰的に》 *sich*[4] *fortbilden* 研修を受ける, 勉強を続ける.

Fort⊱bil·dung [ふォルト・ビるドゥング] 女 -/-en (職業上の)継続教育(研修).

fort|blei·ben* [ふォルト・ブらイベン fɔ́rt-blàɪbən] 自 (s) 立ち去ったままでいる, 帰って来ない.

fort|brin·gen* [ふォルト・ブリンゲン fɔ́rt-brìŋən] I 他 (h) ① 運び(持ち)去る, 連れ去る. ②(重い物[4]を)動かす. ③《口語・比》(植物[4]を)栽培する, (動物[4]を)飼育する. II 再帰 (h) *sich*[4] *fortbringen* 《口語》(なんとか)生計をたてていく.

Fort⊱dau·er [ふォルト・ダオァァ] 女 -/ 継続, 持続.

fort|dau·ern [ふォルト・ダオァァン fɔ́rt-dàʊərn] 自 (h) 相変わらず続く, 持続する.

for·te [ふォルテ fɔ́rtə] 《音》副《音楽》フォルテ, 強く (記号: f).

* **fort|fah·ren*** [ふォルト・ふァーレン fɔ́rt-fà:rən] du fährst...fort, er fährt...fort (fuhr...fort, ist/hat...fortgefahren) I 自 (完了) sein または haben) ① (s) (乗り物で)**立ち去る**, 出発する. Er *ist* gestern Abend mit dem Auto *fortgefahren*. 《現在完了》彼は昨夜自動車で出発した. ② (h, s) 《in (または mit) 事[3] ~》《事[3]を)続ける, 続行する. Er *fuhr* in (または mit) seiner Arbeit *fort*. 彼は仕事を続けた. ◊《zu 不定詞[句]とともに》Sie *fuhr* fort, ihn zu necken. 彼女は彼をからかい続けた.
II 他 (完了 haben) (乗り物で)運び去る, 連れ去る.

Fort⊱fall [ふォルト・ふァる] 男 -[e]s/ なくなること, 脱落.

fort|fal·len* [ふォルト・ふァれン] 自 (s) なくなる, 脱落する.

fort|flie·gen* [ふォルト・ふりーゲン fɔ́rt-flì:gən] 自 (s) 飛び去る.

fort|füh·ren [ふォルト・ふューレン fɔ́rt-fỳ:rən] 他 (h) ① 連れ(運び)去る. ② 継続する, 引き継ぐ. das Geschäft[4] des Vaters *fortführen* 父親の店を継ぐ.

Fort⊱füh·rung [ふォルト・ふューるング] 女 -/-en《ふつう 単》連れ(運び)去ること; 継続, 続行.

Fort⊱gang [ふォルト・ガング] 男 -[e]s/ ① 立ち

去ること, 退去. ② 発展, 進展; 進行, 継続. der *Fortgang* der Verhandlungen² 交渉の進展.

fort-ge-fah-ren [フォルト・ゲファーレン] *fort|fahren (乗り物で立ち去る)の 過分

fort-ge-gan-gen [フォルト・ゲガンゲン] *fort|gehen (立ち去る)の 過分

fort|ge-hen [フォルト・ゲーエン] fórt-gè:ən] (ging…fort, *ist*…fortgegangen) 自 (完了 sein) ① 立ち去る. 出発する. Er *ging* ohne Gruß *fort*. 彼はあいさつもしないで立ち去った. ② (事態などが)続く, 進行(進展)する.

fort-ge-schrit-ten [フォルト・ゲシュリッテン] I *fort|schreiten* (進歩する)の 過分 II 形 ① 進んだ, 進歩した, 上級の. ein industriell *fortgeschrittener* Staat 工業の進んだ国 / ein *fortgeschrittener* Schüler 初歩を終えた生徒. ② (時が)経過した. ein Mann im *fortgeschrittenen* Alter 初老の男.

Fort-ge-schrit-te-ne[r] [フォルト・ゲシュリッテネ (..nər) fórt-gəʃrɪtənə (..nər)] 男 (話 変化は形容詞と同じ)初級修了者, 中(上)級者. Deutsch für *Fortgeschrittene* 上級者向きのドイツ語.

fort-ge-setzt [フォルト・ゲゼッツト] I *fort|setzen (続ける)の 過分 II 形 連続した, 絶え間のない. ein *fortgesetzter* Lärm ひっきりなしの騒音.

for-tis-si-mo [フォルティッスィモ fortísimo] [フォ(ル)] 副 《音楽》フォルティッシモ, きわめて強く(記号: ff).

fort|ja-gen [フォルト・ヤーゲン fórt-jà:gən] I 他 (h) 追い払う, 追い出す. II 自 (s) 大急ぎで立ち去る.

fort|kom-men* [フォルト・コンメン fórt-kɔ̀mən] 自 (s) ① 立ち去る; 消えうせる, なくなる. Mach, dass du *fortkommst*! とっとと消えうせろ / Mein Geld *ist fortgekommen*. 《現在完了》私のお金がなくなった. ② 前進する; 進歩する, はかどる. mit der Arbeit *fortkommen* 仕事がうまくいく. ③ (植物などが)成長する.

Fort-kom-men [フォルト・コンメン] 中 -s/ ① 前進; (仕事の)進展. ein rasches *Fortkommen*⁴ haben 上達が早い. ② 出世, 昇進; 生計, 暮らし.

fort|las-sen* [フォルト・ラッセン fórt-làsən] 他 (h) ① 立ち去らせる, 行かせる, 釈放する. ② (語句など⁴を)省略する; 書き落とす. ein Wort⁴ *fortlassen* ある単語を書き落とす.

fort|lau-fen* [フォルト・ラオフェン fórt-làufən] 自 (s) ① 走り去る, 逃げ去る. Die Kinder *sind* schnell *fortgelaufen*. 《現在完了》子供たちはすばやく逃げ去った. ② (道が)延びている, 続いている. Der Weg läuft *am* Fluss *fort*. 道は川沿いに続いている.

fort-lau-fend [フォルト・らオフェント] I fort|laufen (走り去る)の 現分 II 形 連続した, とぎれのない. 物⁴ *fortlaufend* nummerieren 物⁴に通し番号を付ける.

fort|le-ben [フォルト・れーベン fórt-lè:bən] 自 (h) (名声などが死後も)生き続ける, (人々の)記憶に残る. Er *lebt* in seinen Werken *fort*. 彼は自分の作品の中に生き続けている.

fort|ma-chen [フォルト・マッヘン fórt-màxən] I 再帰 (h) *sich*⁴ *fortmachen* 《口語》立ち去る; 人知れず死ぬ. II 自 (h, s) ① (口語)続行する. ② (s) 《方》引っ越す.

fort|pflan-zen [フォルト・ふらンツェン fórt-pflàntsən] I 再帰 (h) *sich*⁴ *fortpflanzen* ① 繁殖(増殖)する. *sich*⁴ geschlechtlich (ungeschlechtlich) *fortpflanzen* 有性(無性)繁殖する. ② (光・音などが)伝わる; (思想・信仰などが)伝播(はっぱ)する. II 他 (h) ① (子孫などを)絶やさず伝える, 繁殖させる. ② (話)(音・名声など⁴を)伝える.

Fort-pflan-zung [フォルト・プふランツング] 女 -/ ① 繁殖, 増殖. ② (光・音・思想などの)伝播(は゛ん).

fort|rei-ßen* [フォルト・ライセン fórt-ràısən] 他 (h) ① (強引に)引きちぎる, もぎ取る; (波などが)さらって行く. Das Hochwasser *riss* alles mit sich *fort*. 洪水が何もかもさらって行った. ② 《比》(人⁴の)心を奪う. Der Pianist *riss* das Publikum *fort*. そのピアニストは聴衆を魅了した / sich⁴ *fortreißen lassen* 夢中になる, われを忘れる.

Forts. [フォルト・ゼッツング]《略》続き, 以下次号 (=Fortsetzung).

fort|schaf-fen [フォルト・シャッフェン fórt-ʃàfən] 他 (h) 運び(持ち)去る, 連れ去る.

fort|sche-ren [フォルト・シェーレン fórt-ʃè:rən] 再帰 (h) *sich*⁴ *fortscheren* 《口語》急いで立ち去る, 消えうせる.

fort|schi-cken [フォルト・シッケン fórt-ʃìkən] 他 (h) ① 立ち去らせる, 追い払う. ② (郵便物⁴を)発送する.

fort|schlep-pen [フォルト・シュれッペン fórt-ʃlèpən] I 他 (h) 《口語》引きずって行く. II 再帰 (h) *sich*⁴ *fortschleppen* 《口語》足を引きずるようにして歩く.

fort|schrei-ten* [フォルト・シュライテン fórt-ʃràıtən] 自 (s) ① (仕事などが)進捗(しんちょく)する, はかどる; (技能が)上達する. Die Arbeit *schreitet* schnell *fort*. 仕事がどんどんはかどる. ② (時が)過ぎ去る. ③ (病気などが)進行する. ◇《現在分詞の形で》ein *fortschreitendes* Waldsterben ますますひどくなる森林の枯死. ◇☞ fortgeschritten

* *der* **Fort⸗schritt** [フォルト・シュリット fórt-ʃrɪt] 男 (単2) -[e]s/(複) -e (3格のみ -en) 進歩, 前進, 発達. (⇔ progress). (⇔「後退」は Rückschritt). der *Fortschritt* der Technik² 技術の進歩 / der *Fortschritt* in der Wissenschaft 学問の進展 / *Fortschritte*⁴ machen 進歩(上達)する / Das ist schon ein *Fortschritt*! それでも前進は前進さ(ないよりはましだ).

***fort-schritt-lich** [フォルト・シュリットりヒ

fórt-ʃrɪtlɪç] 形 進歩的な, 進歩主義の; 先進的な. (英 progressive). ein fortschrittlicher Politiker 進歩的な政治家 / Er denkt fortschrittlich. 彼は進歩的な考え方をする.

*fort|set·zen [ふォルト・ゼッツェン fórt-zètsən] du setzt ... fort (setzte ... fort, hat ... fortgesetzt) I 他 (完了 haben) 続ける, 続行する. (英 continue). die Reise⁴ fortsetzen 旅行を続ける / Nach einer kurzen Pause setzte er seine Arbeit fort. 小休止のあと彼はまた仕事を続けた / den Weg fortsetzen その道を歩き続ける.
II 再帰 (完了 haben) sich⁴ fortsetzen (会話などが)続く, (森などが)連なる. Die Diskussion hat sich noch lange fortgesetzt. 討論はなお長い間続いた.
◇⇨ fortgesetzt

*die Fort⌇set·zung [ふォルト・ゼッツング fórt-zɛtsʊŋ] 女 (単) -/(複) -en (英 continuation) ① 継続, 続行. die Fortsetzung eines Gesprächs 対話の続行. ② (小説・番組などの)続編. Fortsetzung folgt. 以下次号 / ein Roman in Fortsetzungen 連載小説.

fort|steh·len* [ふォルト・シュテーれン fórt-ʃtè:lən] 再帰 (h) sich⁴ fortstehlen こっそり立ち去る.

fort|tra·gen* [ふォルト・トラーゲン fórt-trà:gən] 他 (h) 運び(持ち)去る.

fort|trei·ben* [ふォルト・トライベン fórt-tràibən] I 他 (h) ① 追い出す(払う), (家畜⁴を)追い立てる. ② (流れがボートなど⁴を)押し流す. ③ (車⁴を)続ける. II 自 (s) (ボートなどが)流される, 漂流する.

For·tu·na [ふォルトゥーナ fɔrtú:na] I -/ (《ロ神》フォルトゥーナ(豊穣多産の女神. のちに幸福と運命の女神とされた). II 女 -/ (《雅》) 幸運. ein Kind der Fortuna² 幸運児 / Fortuna war ihm hold. または Fortuna lächelte ihm. (《雅》) 彼は幸運に恵まれた.

fort|wäh·ren [ふォルト・ヴェーレン fórt-vɛ̀:rən] 自 (h) (《雅》) 持続する.

fort·wäh·rend [ふォルト・ヴェーレント fórt-vɛ̀:rənt] I fort|währen (持続する)の 現分 II 形 絶え間ない(妨害など); 持続する. eine fortwährende Störung ひっきりなしに続くじゃま / fortwährend rauchen ひっきりなしにたばこを吸う.

fort|zie·hen* [ふォルト・ツィーエン fórt-tsì:ən] I 他 (h) 引っぱって行く, 引っぱって除く, 引き離す. 人⁴ vom Schaufenster fortziehen ショーウィンドーから離れようとしない人⁴を引っぱって行く / den Vorhang fortziehen カーテンを引いて開ける. II 自 (s) 引っ越して行く, 移動する, (鳥が)渡って行く.

Fo·rum [ふォールム fó:rʊm] 中 -s/Foren ① フォーラム, [公開]討論会, 討論の場; 専門委員会. ② 〘複 Fora も〙 〘史〙古代ローマの広場(集会や裁判が行われた).

fos·sil [ふォスィール fɔsíːl] 形 化石の, 化石化した; (《比》) 時代遅れの.

Fos·sil [ふォスィール] 中 -s/..silien [..スィーリエン] 化石; (《比》) 時代遅れの人.

*das Fo·to¹ [ふォート― fó:to] 中 (単) -s/(複) -s (²x̌: 女 -/-s) 写真 (= Fotografie). (英 photo). Passfoto パスポート用の写真 / Fotos⁴ in ein Album ein|kleben 写真をアルバムに貼(は)る / Ich mache ein Foto. 私は写真を撮ります.

Fo·to² [ふォート― fó:to] 男 -s/-s 《口語》カメラ, 写真機 (= Fotoapparat).

*der Fo·to⌇ap·pa·rat [ふォート・アパラート fó:to-apara:t] 男 (単) -[e]s/(複) -e (3 格のみ -en) カメラ, 写真機 (= Kamera).

fo·to·gen [ふォトゲーン fotogé:n] 形 写真写りのいい, 写真向きの.

*der Fo·to·graf [ふォトグラーふ fotográ:f] 男 (単) -en/(複) -en カメラマン, 写真家.

Fo·to·gra·fie [ふォトグラふィー fotografí:] 女 -/-n [..ふィーエン] ① (複 なし) 写真撮影, 写真術. ② 写真.

*fo·to·gra·fie·ren [ふォトグラふィーレン fotografí:rən] (fotografierte, hat ... fotografiert) I 他 (完了 haben) (人・物⁴を)撮影する. das Baby⁴ fotografieren 赤ちゃんの写真を撮る / sich⁴ fotografieren lassen 写真を撮ってもらう.
II 自 (完了 haben) 写真を撮る. Sie fotografiert gerne. 彼女は写真を撮るのが好きだ.
III 再帰 (完了 haben) sich⁴ fotografieren 写真写りが…である. Sie fotografiert sich gut. 彼女は写真写りがよい.

fo·to·gra·fiert [ふォトグラふィ―アト] *fotografieren (撮影する)の 過分

fo·to·gra·fier·te [ふォトグラふィ―アテ] *fotografieren (撮影する)の 過去

fo·to·gra·fisch [ふォトグラ―ふィッシ fotográ:fɪʃ] 形 写真[撮影]の; 写真による.

Fo·to⌇ko·pie [ふォート・コピー] 女 -/-n [..コピーエン] 写真複写, コピー.

fo·to·ko·pie·ren [ふォート・コピーレン fotokopí:rən] 他 (h) 写真複写する, コピーする.

Fo·to⌇mo·dell [ふォート・モデる] 中 -s/-e 写真モデル.

Fo·to⌇mon·ta·ge [ふォート・モンタージェ] 女 -/-n ① (写真による)モンタージュ[技法]. ② モンタージュ写真.

Fo·to⌇re·por·ter [ふォート・レポルタァ] 男 -s/- 報道カメラマン.

Fo·to⌇satz [ふォート・ザッツ] 男 -es/ (《印》) 写真植字.

Fö·tus [ふェートゥス fó:tus] 男 -[ses]/Föten (または Fötusse) (《医》) (妊娠 3 か月以上の)胎児 (= Fetus).

Foul [ふァオる fául] (英) 中 -s/-s (スポ) 反則, ファウル.

fou·len [ふァオれン fáulən] I 他 (h) (スポ) (人⁴に対して)反則をする. II 自 (h) (スポ) 反則をする.

Fox·ter·ri·er [ふォクス・テリアァ fóks-tɛriər]

Fox·trott 男 -s/- フォックステリア(愛玩犬の一種).
Fox·trott [フォクス・トロット fóks-trɔt] 男 -[e]s/-e (または -s) フォックストロット(4/4拍子の社交ダンス).
Fo·yer [フォアイエー foajé:] [ﾌﾗ] 中 -s/-s フォアイエ(劇場・映画館などのロビー).
fr [フラーン] 《略》フラン(フランスの貨幣単位)(=Franc).
Fr [エフ・エル] 《化・記号》フランシウム(=Francium).
Fr. 《略》① [フラオ] …夫人, …さん (=Frau). ② [フランケン] スイスフラン (=Franken). ③ [フライ・ターク] 金曜日 (=Freitag).
Fracht [フラハト fráxt] 女 -/-en ① 貨物, 積み荷;《比》心の重荷. die *Fracht*⁴ ein|laden (aus|laden) 積み荷を積み込む(降ろす). ② 貨物運賃, 運送料.
Fracht≠brief [フラハト・ブリーふ] 男 -[e]s/-e (貨物の)運送状, 送り状.
Frach·ter [フラハタァ fráxtər] 男 -s/- 貨物船.
fracht≠frei [フラハト・フライ] 形 運送費(運賃)無料の.
Fracht≠füh·rer [フラハト・ふューラァ] 男 -s/- 貨物運送業者.
Fracht≠geld [フラハト・ゲルト] 中 -[e]s/-er 貨物運送料.
Fracht≠gut [フラハト・グート] 中 -[e]s/..güter [運送]貨物, 積み荷.
Fracht≠kos·ten [フラハト・コステン] 複 貨物運送料.
Fracht≠schiff [フラハト・シふ] 中 -[e]s/-e 貨物船.
Fracht≠stück [フラハト・シュテュック] 中 -[e]s/-e (個々の)運送貨物.
Fracht≠ver·kehr [フラハト・ふェァケーァ] 男 -[e]s/ 貨物運輸.
Frack [フラック frák] 男 -[e]s/Fräcke (または -s) 燕尾(えんび)服.

≠die Fra·ge [ふラーゲ frá:gə]

> 問い Ich hätte eine *Frage*.
> イヒ ヘッテ アイネ ふラーゲ
> お尋ねしたいことがあるのですが.

女 (単) -/(複) -n ① 問い, 質問; 疑問. (英 question). (注) 「返事」は Antwort). eine dumme *Frage* 愚問 / Hat jemand noch eine *Frage*? だれかまだ質問がありますか / 人³ eine *Frage*⁴ stellen 人³に質問する / eine *Frage*⁴ beantworten 質問に答える / eine *Frage*⁴ bejahen (verneinen) 質問に対してはい(いいえ)と答える / an 人⁴ eine *Frage*⁴ richten 人⁴に質問する / Das ist gar keine *Frage*! それはわかりきったことさ.

◇《前置詞とともに》Bitte antworte mir **auf** meine *Frage*! 私の質問に答えなさい / Das ist (または steht) **außer** *Frage*. それは疑問の余地がない / 事⁴ **in** *Frage* stellen a) 事⁴を疑問視する, b) 事⁴を危うくする / **ohne** *Frage* 疑いもなく, 明らかに / Er hat *Fragen* **über** *Fragen* gestellt. 彼は次から次に質問した.

② (解決すべき)問題[点]. (英 problem). eine politische *Frage* 政治上の問題 / eine brennende *Frage* 緊急の問題 / eine *Frage*⁴ an|schneiden (auf|werfen) 問題を提起する(投げかける) / eine *Frage*⁴ lösen 問題を解決する / Das ist eine andere *Frage*. それは別問題だ / Das ist nur eine *Frage* des Geldes. それはお金の問題にすぎない / **in** *Frage* kommen 考慮に値する / Das kommt nicht in *Frage*! それは問題にならない.

....
(類語) die **Frage**: (解決される必要のある, 一般的意味での)問題. das **Problem**: (論議の対象となり, 簡単には解けないような知的努力を要する)問題. Das Ozonloch stellt ein ernstes *Problem* dar. オゾン層破壊は深刻な問題である. die **Aufgabe**: (宿題・試験などの)問題, 課題. eine leichte *Aufgabe* やさしい問題.
....

Fra·ge≠bo·gen [ふラーゲ・ボーゲン] 男 -s/- (南ドˌオーストˌスイス ..bögen も) アンケート(質問)用紙.

≠fra·gen [ふラーゲン frá:gən]

> 尋ねる Darf ich Sie etwas *fragen*?
> ダルふ イヒ ズィー エトヴァス ふラーゲン
> ちょっとお尋ねしてよろしいでしょうか.

人称	単	複
1	ich frage	wir fragen
2	du fragst / Sie fragen	ihr fragt / Sie fragen
3	er fragt	sie fragen

(fragte, hat…gefragt) **I** 他 (完了 haben) ① 《4格とともに》(人⁴に)**尋ねる**, 問う, 質問する. (英 ask). (注 「答える」は antworten). Ich *frage* den Lehrer. 私は先生に尋ねる / Er *fragte* mich, ob du morgen kommst. 彼は私に, 君があす来るのかどうか尋ねた / Sie *fragte* [mich]: „Was ist das?" 彼女は[私に]「これは何ですか」と尋ねた / 人⁴ **nach** 人・事³ *fragen* 人⁴に人・事³のことを尋ねる ⇒ Er *fragte* mich nach dem Weg. 彼は私に道を尋ねた / Ich *habe* ihn nach seinen Eltern *gefragt*. 私は彼に両親のことを尋ねた / 人⁴ **wegen** 事² *fragen* 人⁴に事²のことを問い合わせる / 人⁴ 事⁴ *fragen* 人⁴に事⁴を尋ねる ⇒ Was *hat* sie dich *gefragt*? 彼女は君に何を尋ねたの / Das *frage* ich dich. それはこっちがききたいことだ / Da *fragst* du mich zu viel. 《口語》私もわからないよ (←君は私に尋ねすぎる).

◇《目的語なしで》*Frag* doch nicht so dumm! そんなばかな質問をするな / Wie alt sind Sie, wenn ich *fragen darf*? 失礼ですが, あなたは何歳ですか(←もしお尋ねしてよろしければ) / *Hat* jemand nach mir *gefragt*? だれかが私のことを尋ねて来ましたか.

② 《人⁴ **um** 事⁴ ~》(人⁴に事⁴(助言・許可など)

を)求める.
③《受動態で》《商》求められる, 需要がある. Dieser Artikel *ist* (まれに *wird*) stark *gefragt*. この商品はすごく売れ行きがよい.
II 自 (定了 haben)《ふつう否定的な意味の文で》【**nach** 人・事₃】(人・事)³のことを問う, 人に尋ねる. Kein Mensch *fragt* nach dem Kranken. だれもその病人のことなど気にかける者はいない.
III 再帰《定了 haben) *sich⁴ fragen* (事⁴ を)よく考えてみる, 疑問に思う. Das *frage* ich *mich* auch! 私もそれを疑問に思っています.
② 疑わしい, 不確かである. Das *fragt sich* noch. それはまだわからない / Es *fragt sich*, ob er kommt. 彼が来るかどうか疑わしい.

◇☞ **gefragt**

Fra·gen [ふラーゲン] 中 -s/ 尋ねること. *Fragen* kostet nichts. (諺) 質問して損になることはない.
fra·gend [ふラーゲント] I *‡* fragen (尋ねる)の 現分 II 形 尋ねるような. *fragende* Blicke もの問いたげな(不審そうな)まなざし.
Fra·ge͜satz [ふラーゲ・ザッツ] 男 -es/..sätze 《言》疑問文.
Fra·ge͜stel·ler [ふラーゲ・シュテらァ] 男 -s/- 質問者, インタビューアー (=Interviewer).
Fra·ge͜stel·lung [ふラーゲ・シュテるンク] 女 -/-en ① 質問(の仕方), 問題提起. ②(学問的・哲学的な)問題.
Fra·ge͜wort [ふラーゲ・ヴォルト] 中 -[e]s/-wörter 《言》疑問詞.

* *das* **Fra·ge͜zei·chen** [ふラーゲ・ツァイヒェン frá:gə-tsaiçən] 中 (単 2) -s/(複) - 《言》疑問符(記号: ?). ein *Fragezeichen⁴* setzen 疑問符をうつ / Es bleiben noch einige *Fragezeichen*. 《比》まだ不明確な点がある.

fra·gil [ふラギーる fragí:l] 形 《雅》もろい, きゃしゃな.
frag·lich [ふラークリヒ] 形 ① 不確かな, 疑わしい. Es ist noch sehr *fraglich*, ob er kommt. 彼が来るかどうかまだ非常に不確かだ. ②《付加語としてのみ》問題の, 当該の. die *fragliche* Angelegenheit 問題になっている要件.
frag͜los [ふラーク・ろース] 形 疑いもなく, 確かに.
Frag·ment [ふラグメント fragmént] 中 -[e]s/-e 断片, 断章, 未完の作品;《美》トルソー.
frag·men·ta·risch [ふラグメンターリッシュ fragmentá:rɪʃ] 形 断片(断章)の; 未完の.
frag·te [ふラークテ] *‡* fragen (尋ねる)の 過去
frag͜wür·dig [ふラーク・ヴュルディヒ] 形 疑わしい; 怪しげな, いかがわしい.
Frak·ti·on [ふラクツィオーン fraktsió:n] 女 -/-en ①(国会内の)議員団;(ある党内部の)会派, 党派; 派閥. ②《化》(蒸留の)留分.
Frak·ti·ons͜zwang [ふラクツィオーンス・ツヴァンク] 男 -[e]s/《政》(派閥の決定に従って投票する)党派の強制.
Frak·tur [ふラクトゥーァ fraktú:r] 女 -/-en ①《複なし》ドイツ文字(アルファベット: 巻頭 viii ページ). 物⁴ **in** *Fraktur* drucken 物⁴ をドイツ文字で印刷する / [mit 人³] *Fraktur*⁴

reden 《口語》[人³に]ずけずけものを言う. ②《医》骨折 (= Knochenbruch).
Franc [ふラーン frá:] [ス²²] 男 -/-s (単位: -/-)フラン(フランス・ベルギー・ルクセンブルクなどの貨幣[単位]; 略: フランスで F または FF; ベルギーで bfr, 複 bfrs; ルクセンブルクで lfr, 複 lfrs).
Fran·ci·um [ふランツィウム frántsium] 中 -s/《化》フランシウム(アルカリ金属群の放射性元素; 記号: Fr).
frank [ふランク fráŋk] 形《成句的に》*frank und frei* 率直に, 腹蔵なく.
Frank [ふランク] -s/《男名》フランク.
Fran·ke [ふランケ fráŋkə] 男 -n/-n ① フランク人(ライン川流域に住んでいたゲルマン民族). ② フランケン地方の住民(出身者).
Fran·ken¹ [ふランケン fráŋkən] 男 -s/- スイス フラン(スイスの貨幣[単位]; 略: スイスで Fr または sFr; ドイツの銀行で sfr, 複 sfrs).
Fran·ken² [ふランケン] 中 -s/《地名》フランケン地方(ドイツのマイン川の中・上流地方).
Frank·furt [ふランク・ふルト fráŋk-furt] 中 -s/《都市名》 ① フランクフルト・アム・マイン (= *Frankfurt am Main*)(ドイツ, ヘッセン州. マイン川沿いにあり, ドイツ経済の中心都市. ゲーテの生地; 略: *Frankfurt* a. M.:《地図》D-3). ② フランクフルト・アン・デァ・オーダー (=*Frankfurt an der Oder*)(ドイツ, ブランデンブルク州. オーダー川沿いの都市; 略: *Frankfurt* a. d. O.:☞ 《地図》G-2).
Frank·fur·ter [ふランク・ふルタァ fráŋk-furtər] I 男 -s/- フランクフルトの市民(出身者). II 女 -/- フランクフルト・ソーセージ. III 形 《無語尾で》フランクフルトの.
fran·kie·ren [ふランキーレン fraŋkí:rən] 他 (h)《郵》(郵便物⁴に)切手を貼(ほ)る,(郵便物⁴の)料金を前納する.
frän·kisch [ふレンキッシュ fréŋkɪʃ] 形 フランク族の; フランケン地方の.
fran·ko [ふランコ fráŋko] [ス¹²] 副《商》送料(運賃)無料で. Die Ware wird *franko* geliefert. 《受動・暗》その商品は無料で配達される.

* **Frank·reich** [ふランク・ライヒ fráŋk-raiç] 中 (単 2) -s/《国名》フランス[共和国](首都はパリ). nach *Frankreich* reisen フランスへ旅行する / Er lebt wie Gott in *Frankreich*. 《俗》彼はぜいたくな暮らしをしている.

Fran·se [ふランゼ fránzə] 女 -/-n フリンジ, 房になった縁飾り;《比》たれ下がった髪の毛.
fran·sig [ふランズィヒ fránzɪç] 形 房状の, (ほつれて)房状になった.
Franz [ふランツ fránts] -ens/《男名》フランツ (Franziskus の 短縮).
Franz͜brannt·wein [ふランツ・ブラントヴァイン] 男 -[e]s/ フランス・ブランデー(薄めたアルコールと芳香物質とを混合したリューマチ用塗り薬).
Fran·zis·ka [ふランツィスカ frantsíska] -s/《女名》フランツィスカ.
Fran·zis·ka·ner [ふランツィスカーナァ frantsɪská:nər] 男 -s/-《カトリック》フランシスコ会[修道

Fran·zis·kus [ふランツィスクス frantsískus] -/《男名》フランツィスクス.

der **Fran·zo·se** [ふランツォーゼ frantsóːzə] 男 (単2·3·4) -n(複) ① フランス人. ② 自在スパナ. ③《方》ゴキブリ.

Fran·zö·sin [ふランツェーズィン frantsǿːzɪn] 女 -/..sinnen フランス人(女性).

****fran·zö·sisch** [ふランツェーズィッシュ frantsǿːzɪʃ] 形 (英 *French*) ① フランスの、フランス人の. die *französische* Sprache フランス語 / *französische* Weine フランスワイン / die *Französische* Revolution フランス革命 / sich⁴ *französisch* empfehlen (または verabschieden)《口語》[フランス流に]さようならも言わずに帰る、こっそり立ち去る. ② フランス語の、フランス語による. die *französische* Schweiz スイスのフランス語地域 / **auf** *französisch*《新形 auf *Französisch*》フランス語で / sich⁴ *französisch* unterhalten フランス語で歓談する.

****Fran·zö·sisch** [ふランツェーズィッシュ frantsǿːzɪʃ] 中 (単2) -[s] フランス語.《英 *French*).（← 用法については Deutsch の項参照). Er spricht *Französisch*. 彼はフランス語を話す / **auf** *Französisch* sagen 何⁴をフランス語で言う / Das Buch ist **in** *Französisch* geschrieben.《状態受動·現在》その本はフランス語で書かれている.

Fran·zö·si·sche [ふランツェーズィッシェ frantsǿːzɪʃə] 中《複なし; 定冠詞とともに; 語尾変化は形容詞と同じ》① フランス語.（← 用法については Deutsche の項参照). aus dem *Französischen* ins Japanische übersetzen フランス語から日本語に翻訳する. ② フランス語のもの(こと).

frap·pant [ふラパント frapánt]《雅》形 目をみはるような、あきれるばかりの(類似性など).

frap·pie·ren [ふラピーレン frapíːrən] 他 (h) ① 驚かす、人⁴の目をみはらせる. ②《酒など⁴を》氷で冷やす.

Frä·se [ふレーゼ fréːzə] 女 -/-n ①《工》フライス盤; ロータリー式耕運機. ② フレーズひげ.（← Bart 図).

frä·sen [ふレーゼン fréːzən] 他 (h) ①《工》フライス加工する、フライス削りする. ②《農》ロータリー式耕運機で耕す.

Fräs=ma·schi·ne [ふレース·マシーネ] 女 -/-n《工》フライス盤.

fraß [ふラース] ‡fressen (動物が食べる)の 過去

Fraß [ふラース] 男 -es/-e《ふつう 単》① (動物、特に猛獣の)餌; 《俗》まずい食い物. ② (植物が虫などに)食われること、食害.

frä·ße [ふレーセ] ‡fressen (動物が食べる)の 接2

fra·ter·ni·sie·ren [ふラテルニズィーレン fraternizíːrən] 自 (h)《**mit** 人³ ~》(人³と)兄弟のように仲良くする、親しくする.

Fratz [ふラッツ fráts] 男 -es/-e (⁰⁻:⁻ -en/-en) かわいい子;《南ド·オーストリア》わんぱく、(特に)おてんば.

Frat·ze [ふラッツェ frátsə] 女 -/-n ① 醜い顔;《口語》しかめっ面. eine *Fratze*⁴ schneiden しかめっ面をする. ②《俗》つら; 人.

frat·zen·haft [ふラッツェンハふト] 形 顔をゆがめた、しかめっ面の.

‡die **Frau** [ふラオ fráu]

> 女性; 妻 Sie ist eine aktive *Frau*.
> ズィー イスト アイネ アクティーヴェ ふラオ
> 彼女は活動的な女性だ.
>
> …さん Guten Tag, *Frau* Lang!
> グーテン ターク ふラオ らング
> ラングさん、こんにちは.

女 (単) -/(複) -en ① (成人の)**女性**、婦人、女子、女.（英 *woman*).（← 「男性」は Mann). Hausfrau 主婦 / eine junge (schöne) *Frau* 若い(美しい)女性 / eine berufstätige *Frau* 職に就いている婦人 / eine verheiratete *Frau* 既婚の女性 / Er heiratete eine reiche *Frau*. 彼は金持ちの女性と結婚した / Er hat viele *Frauen* gehabt. 彼にはたくさんの女性がいた(女性関係がはでだった).（← 類語).

② **妻**、女房、夫人（=Ehefrau).（英 *wife*).（← 「夫」は Mann). meine *Frau* 私の妻 / Er hat noch keine *Frau*. 彼にはまだ奥さんがいない / Sie lebten wie Mann und *Frau* zusammen. 彼らはまるで夫婦のようにいっしょに暮らしていた / Er hat eine Japanerin **zur** *Frau*. 彼は日本女性と結婚している / 人⁴ zur *Frau* nehmen 人⁴を妻にする.

③ (女性の姓や称号の前について:) …さん(夫人·様)（略: Fr.).（英 *Mrs.*).（← 今日では16歳ぐらい以上の女性に既婚·未婚の区別なくつける). *Frau* Müller ミュラーさん / Herr und *Frau* Müller ミュラー夫妻 / *Frau* Professor a.) (女性の)教授, b.) 教授夫人 / Ihre *Frau* Gemahlin《雅》あなたの奥様 / Ihre *Frau* Mutter《雅》あなたのお母様 / Gnädige *Frau*!（丁重な呼びかけ）奥様 / Liebe (Sehr geehrte) *Frau* Müller!（手紙の冒頭で）親愛なるミュラーさん(敬愛するミュラー様).

④ 女主人. ⑤《成句的に》Unsere Liebe *Frau*（カ゚ッッ）聖母マリア.

[類語] die **Frau**: 女性.（既婚または未婚の女性を含めて「成年女子」一般を意味する. また、名前とともに敬称·呼びかけにも用いる). die **Dame**: 元来は「貴族婦人」の意味. 現在では既婚·未婚の別なく「淑女、ご婦人」を意味する上品な言い方. Meine *Damen* und Herren!（聴衆に向かって:）みなさん! das **Weib**: 女.（今日では軽蔑のニュアンスを持つ古語). So ein blödes *Weib*! なんてばかな女だ. das **Fräulein**: a) 未婚の成年女性. 年齢に関係ないが、たいてい若い人を指す. b) 名前とともに用いると、未婚女性に対する敬称·呼びかけ.（今日では女性に対する敬称·呼びかけとしては Frau が使われよう). das **Mädchen**:（未婚の)女の子、若い女性.

Frau·chen [ふラオヒェン fráuçən] 中 -s/- (Frau の 縮小) ① 小柄な女性. ② 女房. ③ (飼犬の)女主人.

Frau·en⚬arzt [フラオエン・アールツト] 男 -es/..ärzte 婦人科医. (メモ 女性形は Frauenärztin).

Frau·en⚬be·we·gung [フラオエン・ベヴェーグング] 女 -/ 女性[解放]運動.

Frau·en⚬eman·zi·pa·ti·on [フラオエン・エマンツィパツィオーン] 女 -/ 女性解放.

frau·en⚬feind·lich [フラオエン・ファイントリヒ] 形 女性の権利を損う, 女性差別の.

frau·en⚬haft [フラオエンハフト] 形 女らしい, 女性的な.

Frau·en⚬haus [フラオエン・ハオス] 中 -es/..häuser 女性の家(夫の暴力から逃れてきた妻たちを収容する駆け込み寺のような施設).

Frau·en⚬held [フラオエン・へルト] 男 -en/-en 女性にもてる男性.

Frau·en⚬kli·nik [フラオエン・クリーニク] 女 -/-en 婦人科病院.

Frau·en⚬lei·den [フラオエン・ライデン] 中 -s/- 《ふつう 複》婦人病.

Frau·en⚬recht·le·rin [フラオエン・レヒトレリン] 女 -/..rinnen 女権(男女同権)を主張する女性, 女権論者.

Frau·en⚬zim·mer [フラオエン・ツィンマァ] 中 -s/- 《俗》女, あま; 《方》女性.

✱ *das* **Fräu·lein** [フロイらイン fróylaɪn] 中 (単2) -s/(複) -s) ① (未婚の)**女性**, お嬢さん. ein junges *Fräulein* 若いお嬢さん. (類語 Frau).

② (未婚女性の姓の前につけて:) …さん, …嬢(略: Frl.). (英 *Miss*). Guten Tag, *Fräulein* Müller! こんにちは, ミュラーさん. (メモ 近年未婚女性にも一般に Frau をつけて呼びかけるようになった. ☞ Frau / Gnädiges *Fräulein*! (丁重な呼びかけで)お嬢様 / Ihr *Fräulein* Tochter (雅)あなたのお嬢様.

③ (口語) ウェートレス, 女店員, 女子従業員. (メモ 近年この意味ではあまり用いられなくなった). das *Fräulein* vom Amt 電話交換嬢 / *Fräulein*, bitte zahlen! (ウェートレスに:)お勘定お願いします.

frau·lich [フラオリヒ] 形 (成熟した)女性にふさわしい, 女らしい.

✱ **frech** [ふレヒ fréç] 形 ① あつかましい, 生意気な, ずうずうしい. (英 *cheeky*). ein *frecher* Junge 生意気な男の子 / *zu* 人³ *frech* sein 人³に対して不遜な態度をとる. ② 人目をひく, 思いきった. ein *freches* Hütchen 大胆な[デザインの]帽子.

Frech⚬dachs [ふレヒ・ダクス] 男 -es/-e 《戯》生意気な子(若者).

Frech·heit [ふレヒハイト] 女 -/-en ① 《複 なし》あつかましさ, 生意気, ずうずうしさ. ② あつかましい(生意気な)言動.

Free·sie [ふレーズィエ fré:ziə] 女 -/-n (植) フリージア.

Fre·gat·te [ふレガッテ fregátə] 女 -/-n (軍) フリゲート艦.

:**frei** [ふライ fráɪ]

> 自由な: 空いている
>
> Ist hier noch *frei*?
> イスト ヒーァ ノッホ ふライ
> この席はまだ空いていますか.

形 (比較 freier, 最上 frei[e]st) ① **自由な**, 拘束(制限)されていない; 捕らわれている状態の身の. (英 *free*). aus *freiem* Willen 自由意志で / *Freie* Hansestadt Bremen 自由ハンザ同盟都市ブレーメン / eine *freie* Übersetzung 《比》意訳 / Der Räuber läuft noch *frei* herum. その強盗はまだ逃走中だ.

② 自由[奔放]な, 遠慮のない, 率直な. Sie führt ein *freies* Leben. 彼女は気ままな生活をしている / Ich bin so *frei*! (勧められて:)では遠慮なく / sich⁴ *frei* aus|drücken 率直に表現する.

③ 《付加語としてのみ》(職業的に)フリーの. ein *freier* Fotograf フリーのカメラマン.

④ (席などが)**空いている**, ふさがっていない. (メモ 「ふさがっている」は besetzt). Haben Sie noch ein Zimmer *frei*? (ホテルで:)部屋はまだ空いていますか / Sind Sie *frei*? (タクシーの運転手に:)車は空いていますか / Sie ist noch *frei*. 彼女にはまだ決まった相手がいない.

⑤ (時間などが)空いている, (仕事などから)休みの. Ich bin jetzt *frei*. 私は今暇です / in meiner *freien* Zeit 私の暇なときに / Morgen ist *frei*. あすは[仕事は・学校は]休みだ / *frei* haben 休みである / eine Stunde⁴ *frei* bekommen 1 時間の暇をもらう.

⑥ 《*von* 物·事³ ~ 》(物·事³から)**免れている**. Er ist *frei* von Sorgen. 彼には何の心配ごともない / *frei* von chemischen Zusätzen 化学添加物を含まない.

⑦ さえぎるもののない; 覆い隠されていない, 裸の. ein *freier* Blick 広々とした眺望 / unter *freiem* Himmel 露天で.

⑧ 補助手段なしの. **aus** *freier* Hand フリーハンドで / Er kann keine *freie* Rede halten. 彼は原稿なしではスピーチができない.

⑨ 無料の, ただの. Eintritt *frei*! 入場無料 / Jeder Fluggast hat 20 Kilogramm Gepäck *frei*. 搭乗客は 20 キログラムの荷物までは無料です / Wir liefern die Ware *frei* Haus. 当店では品物を無料配達します.

⑩ (球) (特にサッカーで:)ノーマークの. ⑪ 《化·物》化合(融合)していない.

新町 **frei le·bend** (動物が)野生の.

..frei [..ふライ ..fraɪ] 《形容詞をつくる 接尾》 ① 《免れている》 例: steuer*frei* 免税の. ② 《含んでいない》 例: alkohol*frei* アルコールを含まない. ③ 《必要でない》 例: bügel*frei* アイロンのいらない, ノーアイロンの.

Frei⚬bad [ふライ・バート] 中 -[e]s/..bäder 屋

外プール.

frei｜be｜kom｜men* [フライ・ベコンメン frái-bəkɔ̀mən] (過分 freibekommen) 他 (h) ① 《口語》(一定の時間⁴を)休みにしてもらう. eine Stunde⁴ *freibekommen* 1時間の休みをもらう. ② (保釈金などによって人⁴を)釈放してもらう; (物⁴を)返還してもらう.
(⇦ frei bekommen ともつづる) ☞ frei ⑤

frei≎be･ruf･lich [フライ・ベルーふりヒ] 形 自由業の.

Frei≎be･trag [フライ・ベトラーク] 男 -(e)s/..träge (法) 非課税額, 控除額.

Frei≎beu･ter [フライ・ボイタァ] 男 -s/- (昔の:) 海賊; 利益をむさぼる者, がりがり亡者.

Frei≎bier [フライ・ビーァ] 中 -(e)s/- (祭り・開店祝い時の)ふるまいのビール, 無料ビール.

frei≎blei･bend [フライ・ブライベント] 形《商》無拘束の, 価格契約のない.

Frei≎brief [フライ・ブリーふ] 男 -(e)s/-e (史) ① (中世の国王・領主による)認可状, 特許状; (比) 公認, めこぼし. ② (農奴の)解放状.

Frei≎burg [フライ・ブルク frái-burk] 中 -s/ 《都市名》① フライブルク[・イム・ブライスガウ](=*Freiburg* im Breisgau) (ドイツ, バーデン・ヴュルテンベルク州の大学都市; 略: *Freiburg* i. Br.: ☞ 地図 C-4). ② フライブルク・イン・デァ・シュヴァイツ (=*Freiburg* in der Schweiz), フリブール (=Fribourg) (スイス26州の一つ, およびその州都; 略: *Freiburg* i. d. S.: ☞ 地図 C-5).

Frei≎den･ker [フライ・デンカァ] 男 -s/- (特に宗教上の)自由思想家.

*das **Freie** [フライエ fráiə] 中 (語尾変化は形容詞と同じ ☞ Alte[s]) 戸外, 野外. **im** *Freien* 戸外(野外)で / **ins** *Freie* gehen 戸外(野外)へ出る.

Frei･er [フライァァ fráiər] 男 -s/- ① 求婚者. ② (婉曲)(売春婦などの)客.

Frei≎ers≎fü･ße [フライァス・ふューセ] 複《成句的に》**auf** *Freiersfüßen* gehen 《戯》嫁探しをする, (男が)結婚したいと思っている.

Frei≎exem･plar [フライ・エクセンプラール] 中 -s/-e 《書籍》献本, 贈呈本.

Frei≎frau [フライ・フラオ] 女 -/-en 男爵夫人.

Frei≎ga･be [フライ・ガーベ] 女 -/-n 解放, 釈放; (制限・管理状態からの)解除.

frei≎ge･ben* [フライ・ゲーベン frái-gèːbən] I 他 (h) ① (捕虜など⁴を)自由の身にする, 解放(釈放)する. Sie *hat* ihren Verlobten *freigegeben.* 彼女は婚約を解消した. ② (制限・管理状態から)解除する; (物⁴の)公開(使用)を許可する. 人³ den Weg *freigeben* 人³に道を空ける / **zum** Verkauf *freigeben* 物⁴の販売を許可する. II 自 (h) (人³に)休暇を与える.

frei≎ge･big [フライ・ゲービヒ] 形 気前のいい, 物惜しみしない. Sie ist sehr *freigebig.* 彼女はとても気前がいい.

Frei≎ge･big･keit [フライ・ゲービヒカイト] 女 -/ 気前のよさ.

Frei≎ge･he･ge [フライ・ゲヘーゲ] 中 -s/- (動物園などの)放し飼い式動物飼育場.

Frei≎geist [フライ・ガイスト] 男 -(e)s/-er (特に宗教上の)自由思想家 (=Freidenker).

Frei≎ge･päck [フライ・ゲペック] 中 -(e)s/- (航空旅客などの)無料手荷物.

frei≎ha･ben* [フライ・ハーベン frái-hàːbən] 自 (h) 《口語》(人が)休みである. Ich *habe* morgen *frei.* 私はあすは休みです.
(⇦ frei haben ともつづる) ☞ frei ⑤

Frei≎ha･fen [フライ・ハーふェン] 男 -s/..häfen 《商》自由港(輸出入とも無関税の港).

frei≎hal･ten* [フライ・ハるテン frái-hàltən] 他 (h) ① (人⁴の)勘定を代わって支払う, (人⁴に)おごる. ② (場所など⁴を)空けておく, とっておく. 人³ einen Platz *freihalten* 人³に席をとっておく / Einfahrt bitte *freihalten*! (車庫の前などの掲示:)入口をふさがないでください.

Frei≎han･del [フライ・ハンデる] 男 -s/ 《商》自由貿易, 自由通商.

Frei-han･dels≎zo･ne [フライハンデるス・ツォーネ] 女 -/-n 自由貿易地域.

frei≎hän･dig [フライ・ヘンディヒ] 形 ① (道具を使わず)手だけの. *freihändig* zeichnen フリーハンドで描く. ② (支えを使わず)手だけの; 手で支えない. *freihändig* Rad fahren 手放しで自転車に乗る.

*die **Frei･heit** [フライハイト fráihait] 女 (単) -/(複) -en ① (覆 なし)自由; (拘束などからの)解放; (義務などの)免除. (英 freedom). Meinungs*freiheit* 言論の自由 / die *Freiheit* der Presse² 報道(出版)の自由 / 人³ die *Freiheit* geben (または schenken) 人³に自由を与える, 人³を自由の身にしてやる / **für** die *Freiheit* kämpfen 自由のために戦う / **in** voller *Freiheit* まったく自由に / *Freiheit* **von** Not und Furcht 窮乏と恐怖からの解放. ② (自由な特権, 気まま, 勝手. Er genießt als Künstler viele *Freiheiten*. 彼は芸術家だからずいぶん気ままに暮らしている / Ich nehme mir die *Freiheit*, das zu sagen. 勝手ながらそれを言わせていただきます.

frei･heit･lich [フライハイトりヒ] 形 自由を求める, 自由主義的な, リベラルな.

Frei･heits≎be･rau･bung [フライハイツ・ベラオブング] 女 -/《法》不法監禁.

Frei･heits≎drang [フライハイツ・ドラング] 男 自由への熱望.

Frei･heits≎krieg [フライハイツ・クリーク] 男 -(e)s/-e 独立(解放)戦争; (覆 で)《史》(ナポレオンに対するドイツの)解放戦争(1813-1815).

Frei･heits≎stra･fe [フライハイツ・シュトラーふェ] 女 -/-n 《法》自由刑(個人の自由を取り上げる刑. 懲役・禁固・拘留など).

frei≎he･raus [フライ・ヘラオス] 副 率直に, 腹蔵なく. *freiheraus* gesagt 率直に言えば.

Frei≎herr [フライ・ヘル] 男 -n/-en 男爵 (略: Frhr.) (Graf 「伯爵」と Ritter 「騎士」の中間の爵位).

Frei≈kar·te [フライ・カルテ] 女 -/-n 無料入場券.

frei|kau·fen [フライ・カオフェン frái-kàufən] 他 (h) 身代金を払って自由の身にする.

frei|kom·men [フライ・コンメン frái-kòmən] 自 (s) (囚人などが)釈放される.

Frei≈kör·per≈kul·tur [フライケルパァ・クルトゥーァ] 女 -/ 裸体主義, ヌーディズム (略: FKK).

Frei≈land [フライ・ラント] 中 -[e]s/ 《農・園芸》露地(ビニールハウスなどでなく, 露天の栽培地).

frei|las·sen* [フライ・ラッセン frái-làsən] 他 (h) (囚人など4を)釈放(解放)する; (鳥など4を)放してやる.

Frei≈las·sung [フライ・ラッスング] 女 -/-en 釈放, 解放; (鳥などを)放すこと.

Frei≈lauf [フライ・ラォフ] 男 -[e]s/..läufe 《工》(自転車・自動車の)フリーホイール装置.

frei≈le·bend 形 (新形 frei lebend) ☞ frei

frei|le·gen [フライ・レーゲン frá-lè:gən] 他 (h) (覆いを除いて)露出させる; (埋もれたもの4を)発掘する.

Frei≈lei·tung [フライ・ライトゥング] 女 -/-en (電)架空電線, 空中ケーブル.

*** frei·lich** [フライリヒ fráilɪç] 副 ① 《南ド》もちろん, 言うまでもなく (=natürlich). Kommst du mit?—Ja, *freilich*. いっしょに来る?—ええ, もちろん. ② もっとも[…ではあるが], ただし. Sie arbeitet schnell, *freilich* nicht sehr gründlich. 彼女は仕事が速い, もっともあまり綿密ではないが.

Frei·licht≈büh·ne [フライリヒト・ビューネ] 女 -/-n 野外劇場.

Frei·licht≈ki·no [フライリヒト・キーノ] 中 -s/-s 野外映画館.

Frei·licht≈mu·se·um [フライリヒト・ムゼーウム] 中 -s/..museen [..ムゼーエン] (古い農家などを展示する)野外[民俗]博物館.

Frei·licht≈the·a·ter [フライリヒト・テアータァ] 中 -s/- 野外劇場.

frei|ma·chen [フライ・マッヘン frái-màxən] I 他 (h) (郵便物4に)切手を貼(は)る, (郵便物4の)料金を前納する. II 再帰 (h) *sich*4 *freimachen* 《口語》時間を空ける. *Kannst* du *dich* heute Nachmittag für mich *freimachen*? きょうの午後ぼくのために時間を空けてくれないか? III 自 (h) 《口語》休みをとる, 仕事を休む.

Frei≈mar·ke [フライ・マルケ] 女 -/-n 郵便切手 (=Briefmarke).

Frei≈mau·rer [フライ・マオラァ] 男 -s/- フリーメーソンの会員.

Frei≈mau·re·rei [フライ・マオレライ] 女 -/ フリーメーソン[運動].

Frei≈mut [フライ・ムート] 男 -[e]s/ 率直さ, 正直さ, 公明正大. 軍 mit *Freimut* bekennen 軍4を正直に白状する.

frei·mü·tig [フライ・ミューティヒ] 形 率直な, あけすけな, 臆面(おくめん)もない.

Frei·mü·tig·keit [フライ・ミューティヒカイト] 女 -/ 率直さ, 正直さ (=Freimut).

frei|pres·sen [フライ・プレッセン frái-prɛ̀sən] 他 (h) 強迫手段を使って釈放させる.

frei≈schaf·fend [フライ・シャッフェント] 形 フリーで仕事をしている. ein *freischaffender* Schriftsteller フリーのライター(著述家).

Frei≈schär·ler [フライ・シェーァラァ] 男 -s/- 《史》義勇兵.

Frei≈schütz [フライ・シュッツ] 男 -en/-en 魔弾の射手(伝説上の人物. ヴェーバーのオペラで有名).

frei|schwim·men* [フライ・シュヴィンメン frái-ʃvìmən] 再帰 (h) *sich*4 *freischwimmen* (15 分間泳ぐ)水泳の基本試験に合格する.

frei|set·zen [フライ・ゼッツェン frái-zɛ̀tsən] 他 (h) ①《理》(元素など4を)遊離させる; (エネルギーなど4を)発生させる. ②《経》配置転換する; 解雇する.

frei≈sin·nig [フライ・ズィニヒ] 形 《古》自由思想の.

frei|spre·chen* [フライ・シュプレッヒェン fráiʃprɛ̀çən] 他 (h) ①《法》(人4に)無罪を言い渡す. ②《人4 von 事3 ~》(比)(人4を事3(責任・非難などの))いわれがないとする. Von Eitelkeit *muss* man ihn *freisprechen*. うぬぼれているというそしりは彼には当てはまらない. ③ (徒弟4に)職人の資格を与える.

Frei≈spre·chung [フライ・シュプレッヒュング] 女 -/-en ①《法》無罪判決. ② 職人の資格の認定.

Frei≈spruch [フライ・シュプルフ] 男 -[e]s/..sprüche 《法》無罪判決.

Frei≈staat [フライ・シュタート] 男 -[e]s/-en 共和国 (=Republik).

Frei≈statt [フライ・シュタット] 女 -/..stätten 《雅》避難所, 隠れ家.

frei|ste·hen* [フライ・シュテーエン frái-ʃtè:ən] 自 (h) ①(人3の)自由である. Es *steht* Ihnen völlig *frei*, zu gehen oder zu bleiben. 行こうがとどまろうが, それはまったくあなたの自由です. ②(部屋などが)空いている.

frei|stel·len [フライ・シュテルン frái-ʃtɛ̀lən] 他 (h) ①(人3に事4の選択を)任せる, ゆだねる. ②《人4 von 事3 ~》(人4を事3から)解放(免除)する.

Frei≈stil [フライ・シュティール] 男 -[e]s/ 《スポ》(レスリング・水泳の)フリースタイル, 自由型.

Frei≈stoß [フライ・シュトース] 男 -es/..stöße (サッカーの)フリーキック.

Frei≈stun·de [フライ・シュトゥンデ] 女 -/-n (学校・職場などの)休み時間, 休憩時間.

*** *der* **Frei·tag** [フライ・ターク frái-ta:k] 男 (単2) -[e]s/(複) -e (3格のみ -en) 金曜日 (略: Fr.). (英 *Friday*). (曜日名 ☞ Woche). am *Freitag* 金曜日に / [am] nächsten *Freitag* 今度の金曜日に / der Stille *Freitag* (グッカ) 聖金曜日.

Frei·tag≈abend [フライターク・アーベント] 男 -s/-e 金曜日の晩.

frei·tag≈abends [フライターク・アーベンツ] 副

金曜日の晩に.
frei·tags [フライ・タークス] 副 [毎週]金曜日に, 金曜日ごとに.
Frei≈tisch [フライ・ティッシュ] 男 -[e]s/-e (特に苦学生のための)無料給食.
Frei≈tod [フライ・トート] 男 -[e]s/-e 《雅・婉曲》自殺(=Selbstmord).
frei·tra·gend [フライ・トラーゲント] 形 《建》支柱のない(橋など).
Frei≈trep·pe [フライ・トレッペ] 女 -/-n 屋外階段.
Frei≈übung [フライ・ユーブング] 女 -/-en 《スポ》徒手体操.
Frei≈um·schlag [フライ・ウムシュラーク] 男 -[e]s/..schläge [返信用]切手を貼(は)った封筒.
Frei≈wild [フライ・ヴィルト] 中 -[e]s/ 他人の意のままになりやすい人.

***frei≈wil·lig** [フライ・ヴィリヒ frái-vɪlɪç] 形 自由意志による, 自発的な, 志願の. (英 voluntary). eine freiwillige Versicherung 任意保険 / Er ist freiwillig mitgekommen.《現在完了》彼は自ら進んでついて来た.
Frei≈wil·li·ge[r] [フライ・ヴィリゲ (..ガァ)] 男 女 [語尾変化は形容詞と同じ]志願者, 義勇)兵.
Frei≈wil·lig·keit [フライ・ヴィリヒカイト] 女 -/ 自由意志, 自発性.
Frei≈wurf [フライ・ヴルフ] 男 -[e]s/..würfe (バスケットボールなどの)フリースロー.
Frei≈zei·chen [フライ・ツァイヒェン] 中 -s/- (電話の)呼び出し音.

*die **Frei≈zeit** [フライ・ツァイト frái-tsaɪt] 女 -/-en (仕事のない)自由な時間, 余暇. (英 leisure). In meiner Freizeit lese ich viel. 暇なときは私はよく読書をします.
Frei·zeit≈ge·stal·tung [フライツァイト・ゲシュタるトゥング] 女 -/-en 余暇利用, レジャー活動.
Frei·zeit≈in·dust·rie [フライツァイト・インドゥストリー] 女 -/ レジャー産業.
frei≈zü·gig [フライ・ツューギヒ] 形 ① 移住(住所選択)の自由のある. ② おうような, 太っ腹の; (既成のモラルなどに)とらわれない.
Frei≈zü·gig·keit [フライ・ツューギヒカイト] 女 -/-en 移住(移転)の自由; (既成のモラルなどに)とらわれないふるまい.

**fremd [フレムト frémt]

> よその; 見知らぬ
> Ich bin hier *fremd*.
> イヒ ビン ヒーァ フレムト
> 私はこの土地は不案内だ.

形 (比較 fremder, 最上 fremdest) ① よその[国・土地の], 外国の, 異国の. (英 foreign). fremde Länder 諸外国 / eine fremde Sprache 外国語 / fremde Sitten よその国の風習.
② 他人の, よその人の. fremdes Eigentum 他人の財産 / Das Haus kam in fremde Hände. その家は人手に渡った / unter fremdem Namen schreiben 匿名(偽名)で書く.
③ 見知らぬ, なじみのない, よそよそしい. (英 strange). Ein fremder Mann sprach ihn an. 見知らぬ男が彼に話しかけた / Diese Sache ist mir fremd. こういうことは私にはなじみがない / Warum tust du so fremd? どうしてそんなによそよそしくするの.
④ いつもと違った. In der neuen Frisur sah sie ganz fremd aus. 新しい髪型にすると彼女は別人のように見えた.

fremd≈ar·tig [フレムト・アールティヒ] 形 見慣れない, 風変わりな, 異様な; 異国風の.
Frem·de [フレムデ frémdə] 女 -/ 《雅》他国, 外国, 異郷. in der Fremde leben 外国で暮らす / in die Fremde ziehen 外国へ行く.
Frem·den≈buch [フレムデン・ブーフ] 中 -[e]s/..bücher 宿泊人名簿, 宿帳.
frem·den≈feind·lich [フレムデン・ファイントりヒ] 形 よそ者(外国人)に対して敵意をもった(発言・態度など).
Frem·den≈füh·rer [フレムデン・フューラァ] 男 -s/- 観光ガイド; [観光]ガイドブック.
Frem·den≈le·gi·on [フレムデン・れギオーン] 女 -/ (フランスの)外人部隊.
Frem·den≈ver·kehr [フレムデン・フェァケーァ] 男 -s/ 観光[客の往来]; 観光[事業].
Frem·den≈zim·mer [フレムデン・ツィンマァ] 中 -s/- 客用寝室, 客室.

***Frem·de[r]** [フレムデ (..ダァ) frémdə (..dər)] 男 女 [語尾変化は形容詞と同じ ☞ Alte[r]] ① 見知らぬ人, 外国人; (in Fremder) よその人, 外国人; 見知らぬ人. Ein Fremder fragte mich nach dem Weg. 一人の外国人(見知らぬ男性)が私に道を尋ねた.
fremd≈ge·hen* [フレムト・ゲーエン frémt-gèːən] 自 (s) 《口語》浮気をする.
Fremd≈herr·schaft [フレムト・ヘルシャフト] 女 -/-en 《ふつう 複》《政》外国による支配(統治).
Fremd≈kör·per [フレムト・ケルパァ] 男 -s/- ① 《医・生》異物. ② 《比》周囲(環境)に溶け込めない人(物).
fremd≈län·disch [フレムト・れンディッシュ] 形 外国の, 外来(種)の, 異国風の.
Fremd≈ling [フレムトリング frémtlɪŋ] 男 -s/-e 《詩》よその人, よそ者.

*die **Fremd≈spra·che** [フレムト・シュプラーヘ frémt-ʃpraːxə] 女 (単) -/(複) -n 外国語. (英 foreign language). (⇔「母[国]語」= Muttersprache). eine Fremdsprache[4] erlernen 外国語を習得する / Er spricht (beherrscht) drei Fremdsprachen. 彼は三つの外国語を話す(マスターしている).
fremd≈spra·chig [フレムト・シュプラーヒヒ] 形 外国語を話す; 外国語で書かれた; 外国語でなされる. fremdsprachiger Unterricht 外国語で行われる授業.
fremd≈sprach·lich [フレムト・シュプラーハリヒ] 形 外国語の, 外国語に関する. fremd-

sprachlicher Unterricht 外国語の授業.

Fremd∗wort [ふレムト・ヴォルト] 中 -[e]s/..wörter 《言》外来語.

Fremd·wör·ter∗buch [ふレムトヴェルタァ・ブーフ] 中 -[e]s/..bücher 外来語辞典.

fre·ne·tisch [ふレネーティッシ frenéːtıʃ] 形 熱狂的な, 熱烈な(喝采(ｶｯｻｲ)など).

fre·quen·tie·ren [ふレクヴェンティーレン frekventíːrən] 他 (h)《雅》(ある場所⁴を)しばしば訪れる, よく利用する.

Fre·quenz [ふレクヴェンツ frekvénts] 女 -/-en ① 来訪者数, 出席者数;(統計の)頻度. ②《物》振動数, 周波数, サイクル;《医》脈はく数. Hoch*frequenz* 高周波.

Fres·ko [ふレスコ frésko] 中 -s/Fresken《美》フレスコ壁画.

Fres·sa·li·en [ふレサーりエン frɛsáːliən] 複《口語・戯》食い物.

Fres·se [ふレッセ frésə] 女 -/-n《俗》① 口(=Mund). eine große *Fresse*⁴ haben 大口をたたく / Halt die *Fresse*! 黙れ. ② 顔, 面. 人³ die *Fresse*⁴ polieren 人³の顔に一発くらわす.

*****fres·sen*** [ふレッセン frésən] du frisst, er frisst (fraß, fressen) **I** 他 (完了 haben)① (動物が餌(ｴｻ)など⁴を)食べる;《俗》(人が)がつがつ食う, むさぼり食う.(⇨「(人が)食べる」は essen). Kühe *fressen* Gras. 牛が草をはんでいる / Gib dem Hund etwas zu *fressen*! 犬に何か食べものをやりなさい / Keine Angst, ich *will* dich nicht *fressen*.《口語・戯》心配するな, 君を取って食ったりしないから / Den habe ich *gefressen*.《口語》あいつはふんだりだ / Jetzt *hat* er es endlich *gefressen*.《口語》今やっと彼にはそのことがのみ込めた.(⇨ 類語 essen).

② 《雅》(燃料・お金など⁴を)くう, 消費する. Dieser Wagen *frisst* viel Benzin. この車はたくさんガソリンをくう / Sein Hobby *frisst* Zeit und Geld. 彼の趣味は時間とお金がかかる.

③ 《雅》侵食する. Die Sonne *frisst* den Schnee. 太陽が雪を解かす.

④ 〚A⁴ in B⁴ ~〛(A⁴(穴)を B⁴に)あける. Die Motten *haben* Löcher in den Anzug *gefressen*. 虫がスーツに穴をあけた.

II 自 (完了 haben)① (動物が)食べる, 餌(ｴｻ)を食う;《俗》(人が)がつがつ食う. Er isst nicht, er *frisst*. 彼の食べ方は人間というよりはまるで動物だ / 人³ **aus** der Hand *fressen* a) (動物が)人³の手から餌を食べる, b)《比》人³の言いなりになる.

② 侵食する, むしばむ. Rost *frisst* **am** Eisen. さびが鉄を腐食する / Die Sorge *frisst* an ihr.《比》心配が彼女の心をさいなむ.

III 再帰 (完了 haben) *sich*⁴ *fressen* ① 《口語》食べて[その結果]…になる. *sich*⁴ dick und rund *fressen* たくさん食べて丸々太る.

② 〚*sich*⁴ **in** (または **durch**) 物³ ~〛(物³へ)食い

込む. Der Wurm *frisst sich* ins Holz. 虫が材木を食って中へ入り込む.

Fres·sen [ふレッセン] 中 -s/ ① 食べること. 人⁴ **zum** *Fressen* gern baben《口語・戯》人⁴ が食べてしまいたいほど好きである / zum *Fressen* sein(または aus|sehen)《口語》(少女・幼児などが)食べてしまいたいほど可愛い. ③ (動物の)餌(ｴｻ);《俗》(人間の)食い物.

Fres·ser [ふレッサァ frésər] 男 -s/-《農》餌(ｴｻ)を食う動物;《俗》大食漢.

Fres·se·rei [ふレッセラィ frɛsərái] 女 -/-en 《俗》大ごちそう; 大食い;〚複 なし〛行儀の悪い食べ方.

Fress∗sack [ふレス・ザック] 男 -[e]s/..säcke 《俗》大食漢.

Freß∗sack ⇨ 新形 Fresssack

Frett·chen [ふレットヒェン frétçən] 中 -s/- 《動》フェレット(ケナガイタチの一種. うさぎ狩りなどに使われた).

Freud [ふロィト fróyt] -s/《人名》フロイト(Sigmund *Freud* 1856–1939; オーストリアの精神科医. 精神分析の創始者).

***die* Freu·de** [ふロィデ fróydə] 女 (単) -/(複) -n 喜び, うれしさ, 歓喜; 楽しみ, 喜びの種. (英 joy).(⇨「悲しみ」は Leid). eine große *Freude* 大きな喜び / Das ist aber eine *Freude*! こいつはうれしいや / Das ist keine reine *Freude*. これはあまりうれしいことではない / Er hat an der Arbeit viel *Freude*. 彼は仕事が大好きだ / 人³ **mit** 物³ eine *Freude*⁴ machen(または bereiten) 人³を物³で喜ばす / die *Freude*⁴ verderben(または versalzen) 人³の楽しみをだいなしにする / Es wird mir eine *Freude* sein, Sie zu begleiten. 喜んでお伴をさせていただきます / Geteilte *Freude* ist doppelte *Freude*.《ことわざ》人と分け合う喜びは二倍の喜びだ.

◇〚前置詞とともに〛**in** *Freud* und Leid《雅》喜びにつけ, 悲しみにつけ / Begleiten Sie mich? — **Mit** *Freuden*! 私についていらっしゃいますか — 喜んで / Sie weinte **vor** *Freude*. 彼女はうれし泣きした / **zu** meiner größten *Freude* 私にとってとてもうれしかったことには.

類語 die **Freude**: (一般的な意味での)喜び. das **Vergnügen**: (感覚的な)喜び, 満足. (Freude に比べて受動的). der **Spaß**: (娯楽などの表面的な)楽しみ, 喜び. (Vergnügen よりは能動的な喜び). die **Lust**: (感覚的に快い)喜び, 楽しみ. die Lust am Musizieren 音楽をする楽しみ.

Freu·den∗feu·er [ふロィデン・フォィアァ] 中 -s/- 祝いのかがり火.

Freu·den∗haus [ふロィデン・ハォス] 中 -es/..häuser《婉曲》売春宿, 娼家(ｼｮｳｶ).

Freu·den∗mäd·chen [ふロィデン・メートヒェン] 中 -s/-《婉曲》売春婦.

Freu·den∗tau·mel [ふロィデン・タォメる] 男 -s/- 有頂天, 狂喜.

Freu·den∗trä·ne [ふロィデン・トレーネ] 女 -/

freudestrahlend

-n 《ふつう㋬》うれし涙.

freu·de·strah·lend [ふロイデ・シュトラーレント] 形 喜びに輝いた, 喜色満面の.

＊freu·dig [ふロイディヒ frɔ́ydıç] 形 うれしい, 楽しげな; 喜ばしい, 喜びをもたらす. (英 joyful). ein *freudiges* Gesicht⁴ machen うれしそうな顔をする / eine *freudige* Nachricht うれしい知らせ / ein *freudiges* Ereignis 《婉曲》めでた (子供の誕生). (☞ 類語 froh).

freud≠los [ふロイト・ロース] 形 喜び(楽しみ)のない.

＊freu·en [ふロイエン frɔ́yən]

> 再帰で:)**喜ぶ**
> Ich *freue* mich auf die Ferien.
> イヒ ふロイエ ミヒ アオふ ディ ふェーリエン
> 私は休暇を楽しみにしています.

(freute, *hat* ... gefreut) I 再帰 (完了 haben) *sich*⁴ freuen 喜ぶ, うれしく思う. (英 be glad). *sich*⁴ wie ein Kind *freuen* 子供のように喜ぶ / Ich *freue* mich sehr, wenn du mir hilfst. 君が手伝ってくれたらとてもうれしいんだが / Wir *freuen* uns, dass Sie gekommen sind. あなたに来ていただいて私たちはうれしいです / *sich*⁴ 属 *freuen* 《雅》㋬²を喜ぶ(楽しむ) ⇒ Ich *freue* mich deines Glückes. 君が幸せで私はうれしい.

◊〖*sich*⁴ **an** ㋥・物³ ～〗(㋥・物³を見て)楽しむ, 喜ぶ, 喜んで味わう. Er *freute* sich an den Blumen. 彼は花を眺めて楽しんだ.

◊〖*sich*⁴ **auf** ㋥・物⁴ ～〗(㋥・物⁴を)楽しみにして[待って]いる. Wir *freuen* uns auf Weihnachten. 私たちはクリスマスが待ち遠しい / Die Kinder *freuen* sich [darauf], die Tante bald zu sehen. 子供たちはもうすぐおばさんに会うのを楽しみにしている.

◊〖*sich*⁴ **über** ㋥・物⁴ ～〗(㋥・物⁴のことを)喜ぶ, うれしく思う. Er *hat* sich sehr über das Geschenk *gefreut*. 彼はそのプレゼントをもらってとても喜んだ / Ich *freue* mich [darüber], dass sie das Spiel gewonnen hat. 私は彼女が試合に勝ったことがうれしい.

II 他 (完了 haben) **喜ばせる**, うれしがらせる. Das *freut* mich sehr. それはとてもうれしいです / Dein Brief *hat* ihn *gefreut*. 君の手紙は彼を喜ばせた / Es *freut* mich, Sie hier zu treffen. ここであなたに出会えてうれしいです. ◊〖主語を省略して〗*Freut* mich sehr! (紹介されて:)はじめまして.

＊der Freund [ふロイント frɔ́ynt]

> 友人 Das ist mein *Freund* Peter.
> ダス イスト マイン ふロイント ペータァ
> こちらは私の友人のペーターです.

男 (単 2) -es (まれに -s)/(複) -e (3 格のみ -en)
① **友人**, 友だち; 味方. (英 friend). (㊟「敵」は Feind). mein bester *Freund* 私のい ちばんの親友 / Er ist ein guter *Freund* von mir. 彼は私の親友です / Er hat viele *Freunde*. 彼にはたくさん友だちがいる / Sie sind dicke *Freunde*. 《口語》彼らは大の仲良しだ / Als *Freund* möchte ich dir sagen, … 友人として私は君に言いたいのだが, … / Er wird von *Freund* und Feind geachtet. 《受動・現在》彼はだれからも尊敬される(←味方からも敵からも) / Du bist mir ein schöner *Freund*! (反語的に:)君は実にいい友だちだよ | **unter Freunden** 仲間内で / sich³ ㋥⁴ **zum Freund machen** ㋥⁴を友人にする.

② **ボーイフレンド**, (男性の)恋人. (㊟「ガールフレンド」は Freundin). Sie hat einen neuen *Freund*. 彼女には新しいボーイフレンドがいる. (㊟ 女性の立場からこの語が使われる場合「深い仲の男友だち」を表すことが多い. 「ふつうの男友だち」なら ein Bekannter と表すのが無難).

③ **愛好家**, ファン; 支持者. Er ist ein *Freund* der Oper. 彼はオペラの愛好家だ / Ich bin kein *Freund* von vielen Worten. 多言は私の好むところではない.

④ (呼びかけ) Lieber *Freund*! (手紙の冒頭で:)友よ / Mein lieber *Freund*! 〔いいかね〕君!

㊟ ..freund のいろいろ: Brief*freund* ペンフレンド / Duz*freund* "du" で呼び合う友 / Geschäfts*freund* (商売の)取引相手 / Herzens*freund* 親友 / Jugend*freund* 若いころの友人 / Natur*freund* 自然愛好家 / Schul*freund* 学校の友だち / Sport*freund* スポーツ愛好家 / Studien*freund* 大学時代の友だち

類語 der Freund (気の合った)友人, 友だち. der Kamerad: (仕事・学校・軍隊などでの)仲間, 戦友. der Kollege: (職場での)同僚, 仕事仲間. der Kommilitone: (大学での)学友, 同級生.

Freund·chen [ふロイントヒェン frɔ́yntçən] 中 -s/- (Freund の 縮小) (威嚇的な呼びかけで:)君, あんた. Na warte, *Freundchen*! おいあまえ, ちょっと待て.

Freun·des≠kreis [ふロインデス・クライス] 男 -es/-e 交友範囲. einen großen *Freundeskreis* haben 交友範囲が広い.

＊die Freun·din [ふロインディン frɔ́yndın] 女 (単) -/(複) ..dinnen ① (女性の)友人. Sie ist die *Freundin* meiner Tochter. 彼女は私の娘の友だちです. ② ガールフレンド, (女性の)恋人. (㊟「ボーイフレンド」は Freund). Er hat eine feste *Freundin*. 彼にはステディな仲の彼女がいる. (㊟ 男性の立場からこの語が使われる場合「深い仲の女友だち」を表すことが多い. 「ふつうの女友だち」なら eine Bekannte と表すのが無難).

＊freund·lich [ふロイントリヒ frɔ́yntlıç] 形
① **親切な**, 好意的な; 友好的な. (英 friendly). (㊟「敵意のある」は feindlich). eine *freundliche* Verkäuferin 親切な女店員 / ein *freundliches* Gesicht⁴ machen 愛想のいい顔をする / Das ist sehr *freundlich* von Ihnen. ご親切ありがとうございます / Würden Sie so

freundlich sein, mir zu helfen?〖接2・現在〗すみませんが手伝ってくださいませんか / mit *freundlichen* Grüßen（手紙の結びで:)敬具 / Bitte recht *freundlich*!（写真を撮るときに:)にっこり笑って! / Sie war immer *freundlich* zu mir. 彼女はいつも私に親切だった / 囚⁴ *freundlich* an|sehen 囚⁴をやさしく見つめる.
② 好ましい，快適な．(色などが)明るい感じの．*freundliches* Wetter 好天 / eine *freundliche* Wohnung 快適な住居.

〘類語〙 *freundlich*: (友好的・協力的で)親切な. **gut**: (好意的で)やさしい．Er ist sehr *gut* zu seiner Mutter. 彼は母親にとてもやさしい．**liebenswürdig**: 親切でていねいな．(freundlich よりも好意的な感情が込もっている). **nett**: (見た感じ・接した感じが)親切で感じのいい．

..freund·lich [..ふロイントリヒ..frɔ́yntlɪç]〘形容詞をつくる 接尾〙 ①〘友好的な〙例: hunde*freundlich* 犬好きな. ②〘…になじむ〙例: haut*freundlich* 皮膚になじみやすい.

* *die* **Freund·lich·keit** [ふロイントリヒカイト frɔ́yntlɪçkaɪt] 囡〘単〙-/〘複〙-en ①〘複なし〙親切, 好意. Ich danke Ihnen für Ihre *Freundlichkeit*. ご親切に感謝します / Hätten Sie die *Freundlichkeit*, mir zu helfen? 〖接2・現在〗手伝っていただけませんでしょうか. ② 親切(好意的)な言動. 囚³ *Freundlichkeiten*⁴ sagen 囚³に親切な言葉をかける.

* *die* **Freund·schaft** [ふロイントシャふト frɔ́ynt-ʃaft] 囡〘単〙-/〘複〙-en ① 友情, 友好関係. (英 *friendship*). (対義 「敵意」は Feindschaft). eine treue *Freundschaft* 変わらぬ友情 / 囚³ mit 囚³ *Freundschaft*⁴ schließen 囚³と友情を結ぶ / Das nennt sich nun *Freundschaft*!（反語的に:)これが友情というものか / 車⁴ aus *Freundschaft* tun 友情から車⁴をする / Ich sage es dir in aller *Freundschaft*. 私は君のためを思えばこそ言ってやるのだよ. ②〘複〙つき合い仲間. ③〘複なし〙〘方〙親類.

* **freund·schaft·lich** [ふロイントシャふトりヒ frɔ́yntʃaftlɪç]〘形〙**友好的な, 友情ある, 親しい**. ein *freundschaftlicher* Rat 友情のこもった忠告 / *freundschaftliche* Beziehungen⁴ unterhalten 友好関係を保っている.

Freund·schafts⸗be·such [ふロイントシャふツ⸗ベズーフ] 男 -[e]s/-e 親善訪問.

Freund·schafts⸗dienst [ふロイントシャふツ⸗ディーンスト] 男 -[e]s/-e 友情からの助力.

Freund·schafts⸗spiel [ふロイントシャふツ⸗シュピール] 甲 -[e]s/-e 〘スポ〙親善試合.

freu·te [ふロイテ]※**freuen** (再帰で: 喜ぶ)の過去

Fre·vel [ふレーふェる] 男 -s/-〘雅〙(秩序・法律などへの)違反, 不法[行為]; 冒瀆(ぼうとく)[的行為].

fre·vel·haft [ふレーふェるハふト]〘形〙〘雅〙破廉恥な, 冒瀆(ぼうとく)の, 不法な.

fre·veln [ふレーふェるン fré:fəln]〘自〙(h)〘雅〙違反(不法)行為を行う, 悪事を働く．**gegen** das Gesetz *freveln* 法を犯す.

fre·vent·lich [ふレーふェントりヒ]〘形〙破廉恥な, freventhaft.

Frev·ler [ふレーふらァ fré:flər] 男 -s/-〘雅〙犯罪者; 無法者.

Frey·tag [ふライ・ターク fráɪ-taːk] -s/〘人名〙フライターク (Gustav Freytag 1816–1895; ドイツの作家).

Frhr. [ふライ・ヘル]〘略〙男爵 (= **Freiherr**).

Frie·da [ふリーダ fríːda] -s/〘女名〙フリーダ. (Friede.., ..friede の 短縮)

Frie·de [ふリーデ fríːdə] 男 -ns (3格・4格 -n)/-n〘雅〙= Frieden

‡ *der* **Frie·den** [ふリーデン fríːdən] 男〘単2〙-s/〘複〙- ①〘複なし〙平和. (英 *peace*). (対義「戦争」は Krieg). Welt*frieden* 世界平和 / ein ewiger *Frieden* 永遠の平和 / Krieg und *Frieden* 戦争と平和 / den *Frieden* erhalten (brechen) 平和を維持する(破る) / mit dem Feind *Frieden*⁴ schließen 敵と講和を結ぶ / für den *Frieden* kämpfen 平和のために戦う / im *Frieden* 平時に / in *Frieden* und Freiheit leben 平和と自由の中に生きる.
② 講和条約[締結]. der Westfälische *Frieden* von 1648 1648年のウェストファリア講和条約 (30年戦争の終結時).
③〘複なし〙安らぎ, 平穏; 和合. der häusliche *Frieden* 家庭の安らぎ / der *Frieden* des Herzens 心の安らぎ / in Ruhe und *Frieden* 平穏に / Lass mich in *Frieden*! ほっといてくれ / Ruhe in *Frieden*! （死者に対する弔辞:)安らかに眠りたまえ / um des lieben *Friedens* willen zu|stimmen ことを荒だてないために同意する.

Frie·dens⸗be·we·gung [ふリーデンス・ベヴェーグンク] 囡 -/-en 平和運動.

Frie·dens⸗bruch [ふリーデンス・ブルフ] 男 -[e]s/..brüche 平和(講和)条約違反.

Frie·dens⸗kon·fe·renz [ふリーデンス・コンふェレンツ] 囡 -/-en 平和(講和)会議.

Frie·dens⸗no·bel·preis [ふリーデンス・ノーベるプライス] 男 -es/-e ノーベル平和賞.

Frie·dens⸗pfei·fe [ふリーデンス・プふァイふェ] 囡 -/-n 平和のパイプ (アメリカインディアンが和解の儀式でパイプを回し飲みしたことから).

Frie·dens⸗rich·ter [ふリーデンス・リヒタァ] 男 -s/- ①〘法〙(特にアメリカ・イギリスの)治安判事. ②(昔の:)仲裁(調停)者.

Frie·dens⸗schluss [ふリーデンス・シュるス] 男 -es/..schlüsse 平和(講和)条約締結.

Frie·dens⸗schluß〘新形〙Friedensschluss

Frie·dens⸗stif·ter [ふリーデンス・シュティふタァ] 男 -s/- 調停者, 仲裁者.

Frie·dens⸗tau·be [ふリーデンス・タオベ] 囡 -/-n 平和の[シンボルとしての]鳩(はと).

Frie·dens⸗ver·hand·lun·gen [ふリーデンス・ふェアハンドるンゲン] 囡 平和交渉.

Frie·dens⸗ver·trag [ふリーデンス・ふェアトラー

ク] 男 -[e]s/..träge 平和(講和)条約.
Frie・de・ri・ke [ふリーデリーケ fri:dərí:kə] -[n]s/ 《女名》フリーデリーケ.
fried≈fer・tig [ふリート・フェルティヒ] 形 平和を好む, 穏やかな, 温厚な.
Fried≈fer・tig・keit [ふリート・フェルティヒカイト] 女 -/ 平穏, 温和な(性格).
der **Fried≈hof** [ふリート・ホーふ frí:t-ho:f] 男 (単2) -[e]s/(複)..höfe [..ヘーふェ] (3格のみ..höfen) 墓地, 霊園. den Friedhof besuchen 墓参りをする.
* **fried・lich** [ふリートリヒ frí:tlɪç] 形 ① 平和な, 平和を好む; 平和に役だつ. (英 peaceful). die friedliche Nutzung der Kernenergie² 核エネルギーの平和的利用 / eine friedliche Koexistenz 平和共存. ② 穏やかな, 和やかな;《雅》安らぎに満ちた, 平安な. eine friedliche Atmosphäre 和やかな雰囲気 / friedlich ein|schlafen《雅》永眠する. (類語 still).
fried≈lie・bend [ふリート・リーベント] 形 平和を愛する, 争いを好まない.
fried≈los [ふリート・ロース] 形 ①《雅》平和(安らぎ)のない, 不安な. ②《史》追放された, 法的な保護を奪われた.
Fried・rich [ふリードリヒ frí:drɪç] -s/ I《男名》フリードリヒ. II -s/-s《姓》フリードリヒ. III -s/《人名》Friedrich der Große フリードリヒ大王(1712–1786; 在位 1740–1786; プロイセン王フリードリヒ2世の通称).
‡**frie・ren*** [ふリーレン frí:rən] (fror, hat/ist gefroren) I 自 (完了 haben または sein) ① (h)(人が)寒がる, 寒けを感じる;(手・足などが)凍える. (英 freeze). Ich friere. 私は寒い / Sie friert sehr leicht. 彼女はとても寒がりだ / Ich friere an den Füßen. または Die Füße frieren mir. 私は足が冷える.
② (s) 凍る, 氷結する. Das Fenster ist gefroren.《現在完了》窓が凍りついた.
II 非人称 (完了 haben) ① 『es friert 人⁴ の形で』『人⁴ が寒がる. Es friert mich. または Mich friert. 私は寒い / Mich friert an den Händen. 私は手が冷える. (人→ es は文周以外ではふつう省かれる).
② Es friert. (気温が)氷点下になる, 凍るように寒い. Draußen friert es. 外は凍ってつくほど寒い.

Fries [ふリース frí:s] 男 -es/-e ①《建》フリーズ, (壁面上部の)帯状装飾. ②《織》フリーズ(粗ラシャの一種).
Frie・se [ふリーゼ frí:zə] 男 -n/-n フリース人.
frie・sisch [ふリーズィッシュ frí:zɪʃ] 形 フリース[人・語]の.
Fries・land [ふリース・らント frí:s-lant] 中 -s/《地名》フリースラント(ドイツ, ニーダーザクセン州の東フリースラントとオランダ北部の西フリースラントにまたがる地域).
fri・gid [ふリギート frigí:t] 形《医》(女性について:)不感症の.

fri・gi・de [ふリギーデ frigí:də] 形 =frigid
Fri・gi・di・tät [ふリギディテート frigidité:t] 女 -/《医》(女性の)不感症.
Fri・ka・del・le [ふリカデれ frikadélə] 女 -/-n 《料理》フリカデレ(ミンチを丸めて焼いたもの).
Fri・kas・see [ふリカセー frikasé:] 中 -s/-s 《料理》フリカッセ(細切り肉をソースで煮込んだ料理).
fri・kas・sie・ren [ふリカスィーレン frikasí:rən] 他 (h) ①《料理》(肉⁴を)フリカッセにする. ②《口語・戯》(人⁴を)さんざんなぐる.
Frik・ti・on [ふリクツィオーン frıktsió:n] 女 -/-en ①《工》摩擦. ②《経》〔経済〕摩擦. ③《雅》(稀) 不和, 軋轢(あつれき). ④《医》(軟膏(なんこう)の)塗擦; マッサージ.
‡**frisch** [ふリッシュ frɪʃ] 形《比較 frischer, 最上 frischest) ① **新鮮な**, 真新しい, 出来たての, …したての. (英 fresh). (←「古くなった」は alt). frisches Brot 焼きたてのパン / frisches Gemüse 新鮮な野菜 / eine frische Wunde 生傷(なまきず) / 人⁴ auf frischer Tat ertappen 人⁴を現行犯で捕える / Das Obst ist noch frisch. その果物はまだ新鮮だ / frisch gebackenes Brot 焼きたてのパン / Er ist frisch verheiratet.《口語》彼は新婚ほやほやだ / Vorsicht, frisch gestrichen!(掲示などで)注意, ペンキ塗りたて / Frisch gewagt ist halb gewonnen.《諺》断じて行えば半ば成功.
② 清潔な, 洗いたての. Die Handtücher sind frisch. そのタオルは洗いたてです / ein frisches Hemd⁴ an|ziehen 洗いたてのシャツを着る.
③ 元気な, はつらつとした, 生き生きとした. ein frisches Mädchen ぴちぴちした少女 / Er ist wieder frisch und munter. 彼はまた元気はつらつになった.
④ (色・記憶などが)鮮明な. frische Farben 鮮やかな色.
⑤ 冷え冷えとする, うすら寒い[ほどの]. ein frischer Morgen 冷え冷えとした朝 / Es ist frisch draußen. 外はひんやりしている.
《新形》..........
frisch ge・ba・cken ① 焼きたての(パンなど). ②《口語》なりたての, 新米の. ein frisch gebackener Ehemann 新婚ほやほやの夫.
....
frisch≈ba・cken [ふリッシュ・バッケン] 形 焼きたての(パンなど).
Fri・sche [ふリッシェ frɪ́ʃə] 女 -/ ① 元気, はつらつ, 活発. in körperlicher und geistiger Frische 心身ともにはつらつとして. ② 新鮮さ; 爽快さ(そうかい), 清涼[感]. die Frische des Morgens 朝の爽快さ.
frisch≈ge・ba・cken 形 (《新形》frisch gebacken) ☞ frisch
Frisch≈ge・mü・se [ふリッシュ・ゲミューゼ] 中 -s/- 新鮮な野菜, 生野菜.
Frisch・hal・te・beu・tel [ふリッシュハるテ・ボイテる] 男 -s/- (食品保存用の)ビニール袋.

fröhlich

...**te≠pa·ckung** [フリッシュハるテ・パックング] -/-en (食品保存用の)真空パック.
...**ling** [フリッシュリング fríʃlɪŋ] 男 -s/-e (狩) いのししの1歳子. ② (戯) 新参者, 新米.

trisch≠weg [フリッシュ・ヴェック] 副 さっさと, ためらわずに, あっさりと.

Frisch·zel·len≠the·ra·pie [フリッシュツェлレン・テラピー] 女 -/-n (医) 細胞注入療法.

der **Fri·seur** [フリゼーァ frizö:r] 男 (単2) -s/(複) -e (3格のみ -en) 理髪師, 美容師. (英 hairdresser). (⇨ 女性形は Friseuse, 特に Friseurin). Damen*friseur* (女性のための)美容師 / Herren*friseur* (男性のための)理髪師 / sich³ beim (または vom) *Friseur* die Haare⁴ schneiden lassen 床屋(美容院)で髪を切ってもらう / zum *Friseur* gehen 床屋へ行く.

Fri·seu·se [フリゼーゼ frizö:zə] 女 -/-n (女性の)理髪師, 美容師.

*fri·sie·ren [フリズィーレン frizí:rən] (frisierte, hat ...frisiert) 他 ((完了) haben) ① (人⁴の)髪型を整える(セットする), (髪⁴を整える). Der Friseur *hat* dich sehr schön *frisiert*. 美容師は君の髪をとてもきれいにセットしてくれたね / sich³ *frisieren* lassen 髪をセットしてもらう / (人³ (sich³) das Haar⁴ *frisieren* (人⁴の)髪を整える. ◇(再帰的に) sich⁴ *frisieren* 自分の髪を整える, 整髪する. ② (口語) ごまかす, 粉飾する. eine Statistik⁴ *frisieren* 統計をごまかす. ③ (自動車) (性能を高めるように)改造する. einen Motor *frisieren* エンジンを改造して性能を高める.

Fri·sier≠sa·lon [フリズィーァ・ザろーン] 男 -s/-s 理髪店, 美容院, ビューティーサロン.

fri·siert [フリズィーァト] ＊frisieren (髪型を整える)の 過分

fri·sier·te [フリズィーァテ] ＊frisieren (髪型を整える)の 過去

Fri·sier≠tisch [フリズィーァ・ティッシュ] 男 -[e]s/-e 化粧台.

Fri·sör [フリゼーァ frizö:r] 男 -s/-e 理髪師 (=Friseur).

friss [フリス] ＊fressen (動物が食べる)の du に対する 命令

friß ☞ (新形) friss

frisst [フリスト] ＊fressen (動物が食べる)の 2 人称単数・3 人称単数 現在

frißt ☞ (新形) frisst

die **Frist** [フリスト fríst] 女 (単) -/(複) -en ① 期限, 期間. (英 period). Lieferfrist 納入期間 / eine kurze *Frist* 短期間 / eine *Frist* von drei Jahren 3 年の期限 / Die *Frist* ist abgelaufen. (現在完了) 期限が切れた / eine *Frist*⁴ verlängern 期間を延ばす. ② 期日, タイムリミット. eine *Frist*⁴ bestimmen (または fest|setzen) 期日を定める / bis zu dieser *Frist* (一定の)猶予期間.

fris·ten [フリステン frístən] 他 (h) (生活などを)かろうじて維持していく.

frist≠ge·recht [フリスト・ゲレヒト] 形 期限どおりの.

frist≠los [フリスト・ろース] 形 猶予のない, 即時の. eine *fristlose* Entlassung 即時解雇.

die **Fri·sur** [フリズーァ frizú:r] 女 (単) -/(複) -en ① ヘアスタイル, 髪型. die *Frisur*⁴ ändern 髪型を変える. ② (自動車などの性能アップのための)改造.

fri·tie·ren 他 (h) ☞ (新形) frittieren

Frit·ta·te [フリターテ frɪtá:ta] 女 -/-n (複数) (料理) (スープに入れる細切りにした)パンケーキ.

frit·tie·ren [フリティーレン frɪtí:rən] 他 (h) (料理) (肉・魚など⁴を)油で揚げる, フライにする.

Fritz [フリツ fríts] I -ens/ (男名) フリッツ (Friedrich の 短縮). II 男 -en/-en (軽蔑的に:)ドイツ人, ドイツ野郎(外国人, 特にイギリス人がドイツ人を指して言う).

fri·vol [フリヴォーる frivó:l] 形 ① 軽薄な, 浮薄な. ② 下品な, 卑猥(ぼう)な(冗談など).

Fri·vo·li·tät [フリヴォリテート frivolitɛ́:t] 女 -/-en ① (覆 なし)軽薄さ, 浮薄さ. ② きわどい(いかがわしい)言動. ③ (ふつう 複) (手芸) タッチング(レース風の編糸細工).

Frl. [フロイらイン] (略) …嬢, …さん (=Fräulein).

*froh [フロー fró:]

> 楽しい *Frohe* Weihnachten!
> フローエ　ヴァイナハテン
> メリー・クリスマス!

形 (比較 froher, 最上 froh[e]st) ① 楽しい (気分の), 朗らかな. (英 glad). ein *froher* Mensch 朗らかな人 / ein *frohes* Gesicht うれしそうな顔 / Er hat ein *frohes* Gemüt. 彼は明るい心の持ち主だ. (☞ 類語 lustig).
② (口語) (満足して・ほっとして)喜んでいる, うれしい. Ich bin *froh* über diese Lösung. 私はこの解決を喜んでいる / Ich bin *froh*, dass du gekommen bist. 私は君が来てくれてうれしい / (物・事)² *froh* sein (雅) (物・事)²を喜んでいる.
③ (付加語としてのみ) 喜ばしい. eine *frohe* Nachricht うれしいニュース / ein *frohes* Ereignis⁴ feiern めでたい出来事を祝う / *Frohes* Fest! (祝日のあいさつで:)おめでとう / die *Frohe* Botschaft (キリスト教) 福音.

> (類語) **froh:** (満足して・ほっとして)うれしい. **freudig** 喜びに満ちた. **fröhlich:** (うきうきして)楽しげな. 楽しい. **erfreulich:** 満足すべき, 喜ばしい. Das Ergebnis ist *erfreulich*. その結果は喜ばしいものだ.

froh≠ge·mut [フロー・ゲムート] 形 朗らかな, 快活な.

*fröh·lich [フレーりヒ frö:lɪç] I 形 ① 快活な, 陽気な. (英 merry). Sie ist immer *fröhlich*. 彼女はいつも陽気だ. (☞ 類語 lustig).
② (雰囲気が)楽しい, 愉快な. eine *fröhliche* Gesellschaft 楽しい集い / *Fröhliche* Weihnachten! メリー・クリスマス! (☞ 類語)

Fröhlichkeit

froh).
II 副 《口語》気にせずに. Er parkt immer *fröhlich* im Halteverbot. 彼はいつもかまわず禁止地区に駐車する.

Fröh‧lich‧keit [フレーリヒカイト] 女 -/ 快活さ, 陽気さ; 楽しさ, 愉快さ.

froh‧lo‧cken [フロロッケン frolɔ́kən] (過分 frohlockt) 自 (h) 《雅》歓声をあげて喜ぶ; 他人の不幸を喜ぶ. Er *frohlockte* über die Niederlage seines Gegners. 彼は敵の敗北に歓声をあげて喜んだ.

Froh≉na‧tur [フロー・ナトゥーア] 女 -/-en 《複 なし》快活(陽気)な性格. ② 快活(陽気)な人.

Froh≉sinn [フロー・ズィン] 男 -[e]s/ 快活さ, 陽気さ, 愉快な気分.

* **fromm** [フロム frɔm] 形 (比較 frommer, 最上 frommst または 比較 frömmer, 最上 frömmst) ① 信心深い, 敬虔(けいけん)な; 信心ぶった. (英 religious). ein *frommer* Christ 敬虔なキリスト教徒. ② 誠実な, 善意の;《古》実直な, 勤勉な. eine *fromme* Lüge 善意から出たうそ / ein *frommer* Wunsch 〔殊勝な, しかし〕かなうことのない望み. ③ 従順な, おとなしい(動物).

Fröm‧me‧lei [フレンメライ fræməláɪ] 女 -/-en ① 《複 なし》信心ぶること, 偽信. ② 信心ぶった言動.

fröm‧meln [フレンメルン frǽməln] 自 (h) 信心ぶる.

from‧men [フロンメン frɔ́mən] 自 (h) 《人・物3》の役にたつ.

fröm‧mer [フレンマァ] *fromm (信心深い)の 比較

Fröm‧mig‧keit [フレミヒカイト] 女 -/ 敬虔(けいけん)さ, 信心深いこと.

Frömm‧ler [フレムラァ frǽmlər] 男 -s/- 信心家ぶる人, 偽信者.

frömmst [フレムスト] *fromm (信心深い)の 最上

Fron [フローン fróːn] 女 -/-en 《ふつう 単》 ① 《史》賦役. ② 《雅》つらい仕事.

Fron≉ar‧beit [フローン・アルバイト] 女 -/-en ① =Fron ② 《ベイ》 (自治体などへの)無料奉仕活動.

Fron≉dienst [フローン・ディーンスト] 男 -[e]s/-e ① 《史》賦役. ② 《ベイ》(自治体などへの)無料奉仕活動.

frö‧nen [フレーネン frǿːnən] 自 (h)《雅》(悪習・趣味など3)にふける, おぼれる.

Fron≉leich‧nam [フローン・ライヒナーム] 男 -[e]s/ 《ふつう冠詞なしで》《カトリック》聖体の祝日.

* *die* **Front** [フロント frónt] 女 -/-en 《複》 (英 front). ① (建物の)正面, 前面;(隊列の)前列. die prächtige *Front* des Rathauses 市庁舎の壮麗な正面 / gegen 《人4》(または vor 《人3》) *Front* machen 《人4》 《人3》の方に顔を向けて敬礼する / gegen 《人・事 《人3》 *Front*4 machen 《比》《人・事》4に反抗する.

《軍》戦線, 前線. **an** die *Front* geh に就く. ③ (政治上の)統一戦線. die der Kriegsgegner² 反戦者同盟. ④ 《成的に》**in** *Front* (位置) 先頭をきって, トップに立ち て. ⑤《気象》前線. Kalt*front* 寒冷前線.

fron‧tal [フロンターる frɔntáːl] 形 前面の, 正面[から]の.

Front≉an‧trieb [フロント・アントリーブ] 男 -[e]s/-e 《自動車》前輪駆動.

fror [フロール] *frieren (寒がる)の 過去

frö‧re [フレーレ] *frieren (寒がる)の 接2

* *der* **Frosch** [フロッシュ frɔ́ʃ] 男 (単2) -[e]s/ (複) Frösche [フレッシェ] (3格のみ Fröschen) ① 《動》カエル, 蛙.《英 frog》. Die Frösche quaken im Teich. 蛙が池でげろげろ鳴いている / Er bläst sich auf wie ein *Frosch*. 彼はいばってそっくりかえっている (←蛙のように体をふくらます) / Sei kein *Frosch*!《口語》そう気取るなよ, 仲間に入れよ / Ich habe einen *Frosch* im Hals.《口語》私の声はしゃがれている(←のどの中に蛙を持っている). ② ねずみ花火(点火すると地上を跳び回る). ③《音楽》(弦楽器の弓の)元どめ, ナット.

Frö‧sche [フレッシェ] *Frosch (カエル)の 複

Frosch≉mann [フロッシュ・マン] 男 -[e]s/ ..männer 潜水工作員, ダイバー.

Frosch≉per‧spek‧ti‧ve [フロッシュ・ペルスペクティーヴェ] 女 -/-n 地面(低い所)からの視点, ローアングル;《比》狭い視野. 《軍4》 **aus** der *Froschperspektive* betrachten (または sehen) 《比》狭い視野で《軍4》を見る.

Frosch≉schen‧kel [フロッシュ・シェンケる] 男 -s/-《料理》蛙のもも(後脚).

* *der* **Frost** [フロスト frɔ́st] 男 (単2) -es (まれに -s)/(複) Fröste [フレステ] (3格のみ Frösten) ① (氷点下の)寒気, 厳寒; 霜.《英 frost》. strenger *Frost* 厳しい寒気 / Dieser Baum hat *Frost* bekommen. この木は霜にやられた. ② 悪寒(おかん), 寒け.

Frost≉beu‧le [フロスト・ボイレ] 女 -/-n《医》霜焼け, 凍瘡(とうそう).

Frös‧te [フレステ] *Frost (寒気)の 複

frös‧teln [フレステルン frǽstəln] I 自 (h) 寒けがする, 震える. **vor** Angst *frösteln* 恐怖で震える. II 非人称 (h)《es *fröstelt* 《人4》の形で》《人4》が寒けを感じる. Es *fröstelt* mich. または Mich *fröstelt*. 私は寒けがする.

fros‧ten [フロステン frɔ́stən] I 他 (h) (野菜・肉などを4)を冷凍する. II 非人称 (h) Es *frostet*.《雅》(気温が)氷点下になる, 凍るように寒い.

Fros‧ter [フロスタァ frɔ́stər] 男 -s/- フリーザー, 冷凍室(庫).

fros‧tig [フロスティヒ frɔ́stɪç] 形 ① 非常に寒い, 凍りつくような. eine *frostige* Nacht 寒さの厳しい夜. ②《比》冷淡な, 冷ややかな. ein *frostiger* Empfang 冷ややかな出迎え.

Frost≉scha‧den [フロスト・シャーデン] 男 -s/ ..schäden (植物・道路などの)霜害, 凍害.

Frost≉schutz≉mit‧tel [フロストシュッツ・ミッ

Frot·té [フロテー frɔté:] [ззз] 中 男 -[s]/-s
《ﾌﾗﾝｽ》=Frottee

Frot·tee [フロテー frɔté:] 中 男 -[s]/-s 《織》パイル織りの布,《口語》タオル地.

frot·tie·ren [フロティーレン frɔtí:rən] 他 (h) (タオルなどで[人]⁴の)体を摩擦する.

Frot·tier·tuch [フロティーァ・トゥーフ] 中 -[e]s/..tücher タオル.

frot·zeln [フロッツェるン frótsəln] I 他 (h) 《口語》からかう,ひやかす. II 自 (h) 『**über** [人·物]⁴~』《口語》([人·物]⁴を)からかう,ひやかす.

die **Frucht** [フルフト frúxt] 女 (単) -/(複) Früchte [フリュヒテ] (3格のみ Früchten) ① 果実,果物,(植物の)実(=Obst). (《英》 *fruit*). eine reife (süße) *Frucht* 熟した(甘い)果実 / die *Früchte*⁴ pflücken 果実をもぐ / verbotene *Früchte* 《比》禁断の木の実(創世記 3, 2-6) / Der Baum trägt reiche *Früchte*. その木はいっぱい実をつける。 ② 《覆 なし》《方》穀物(=Getreide). Die *Frucht* steht dieses Jahr gut. 今年は穀物の出来ぐあいがよい。 ③ 胎児. ④《比》成果,所産. Das Buch ist die *Frucht* langer Arbeit. この本は長年の研究の成果である.

*frucht·bar** [フルフトバール frúxtba:r] 形 ① 実り豊かな,(土地が)肥えた,肥沃(ひよく)な. (《英》 *fertile*). Dieser Boden ist sehr *fruchtbar*. この土地はたいへん肥えている。 ② 多産な,繁殖力旺盛(おうせい)な. Kaninchen sind sehr *fruchtbar*. うさぎはとても繁殖力が強い / ein *fruchtbarer* Schriftsteller《比》多作の作家. ③ 有益な, 有効な. ein *fruchtbares* Gespräch 有益な話し合い.

Frucht·bar·keit [フルフトバールカイト] 女 -/ 肥沃(ひよく),実り豊かなこと,多産;有益性.

Frucht·bon·bon [フルフト・ボンボン] 男 中 -s/-s フルーツドロップ,フルーツキャンデー.

frucht·brin·gend [フルフト・ブリンゲント] 形 実り豊かな,生産的な;有益な.

Frücht·chen [フリュヒチェン frýçtçən] 中 -s/- (Frucht の 縮小) ① 小さな実. ②《口語》ろくでなし,ごくつぶし.

Frücht·te [フリュヒテ] *Frucht (果実)の 覆

fruch·ten [フルフテン frúxtən] 自 (h) (忠告などが)効果がある,役にたつ.

Frucht·fleisch [フルフト・ふらイシュ] 中 -[e]s/ 果肉.

Frucht·fol·ge [フルフト・フォるゲ] 女 -/-n 《農》輪作.

fruch·tig [フルフチヒ frúxtıç] 形 果実の風味(芳香)のある,フルーティーな.

Frucht·kno·ten [フルフト・クノーテン] 男 -s/- 《植》子房.

frucht·los [フルフト・ロース] 形 実りのない, 効果のない,無益な;《比》不妊の.

Frucht·lo·sig·keit [フルフト・ローズィヒカイト] 女 -/ 実り(効果)のないこと,無益;《比》不妊.

Frucht·pres·se [フルフト・プレッセ] 女 -/-n ジューサー.

Frucht·saft [フルフト・ザフト] 男 -[e]s/..säfte 果汁,フルーツジュース.

Frucht·was·ser [フルフト・ヴァッサァ] 中 -s/ 《医》羊水.

Frucht·wech·sel [フルフト・ヴェクセる] 男 -s/-《農》輪作.

Frucht·zu·cker [フルフト・ツッカァ] 男 -s/ 《化》果糖.

fru·gal [フルガーる frugá:l] 形 質素な,つましい. ein *frugales* Mahl 質素な食事.

*früh** [フリュー frý:]

> 早い Ich stehe immer *früh* auf.
> イヒ シュテーエ インマァ フリュー アオふ
> 私はいつも早く起きる.

I 形 (比較) früher, (最上) früh[e]st) ① (時刻などが)早い;初期の. (《英》 *early*). (反 「(時刻などが)遅い」は spät; 「(速度が)速い」は schnell). am *frühen* Morgen 早朝に / in *früher* Kindheit ごく幼いころに / der *frühe* Beethoven 《比》初期のベートーヴェン / Es ist noch *früh* am Tag[e]. まだ朝のうちだ.
② (予定・基準より)早い,早めの. ein *früher* Winter 例年より早く訪れた冬 / eine *frühe* Apfelsorte 早生(わせ)りんご / *früh* sterben 夭逝(ようせい)(早死に)する.
II 副 ① 早く. *früh* auf|stehen 早く起きる / Komm möglichst *früh*! できるだけ早く来てくれ / Ich habe es von *früh* an gelernt. 私は子供のころからそれを学んだ.
② 朝に. heute *früh* 今朝 / morgen *früh* 明朝 / [am] Montag *früh* 月曜の朝に / um vier Uhr *früh* 朝の4時に / Er arbeitet von *früh* bis spät. 彼は朝から晩まで働く.

früh·auf [フリュー・アオふ] 『成句的に』 von *frühauf* 幼いころから,子供の時から.

Früh·auf·ste·her [フリュー・アオふシュテーアァ] 男 -s/- 早起きの人.

Früh·beet [フリュー・ベート] 中 -[e]s/-e 温床.

Frü·he [フリューエ frý:ə] 女 /《雅》早朝. in aller *Frühe* 朝早く,朝まだきに.

*frü·her** [フリューァ frý:ər] (*früh の 比較)
I 形 ① より早い. Wir nehmen einen *früheren* Zug. 私たちはもっと早く出る列車に乗ります. ②《付加語としてのみ》以前の,かつての,昔の. der *frühere* Minister 前(元)の大臣 / in *früheren* Zeiten 昔.
II 副 ① より早く. Wir essen heute eine Stunde *früher*. 私たちはきょうは[いつもより]1時間早く食事をします / *früher* **oder später** 遅かれ早かれ / Je *früher*, desto besser. 早ければ早いほどよい. ② 以前, かつて, 昔は. Sie war *früher* Verkäuferin. 彼女はかつて店員をしていた / Wir kennen uns von *früher* [her]. 私たちは昔からの知り合いです.

Früh·er·ken·nung [フリュー・エァケンヌング] 女 -/《医》(癌(がん)などの)早期発見.

frü·hest [フリューエスト frý:əst] (*früh の

(最上) 形 最も早い; 初期の. **am** *frühesten* いちばん早く / **in** *frühester* **Kindheit** ごく幼いころに / **die** *frühesten* **Kulturen** 最古の文化.

frü·hes·tens [フリューエステンス frýːəstəns] 副 早くとも. 《メモ》「遅くとも」は spätestens). *frühestens* **morgen** 早くてもあす.

Früh⹀ge·burt [フリュー・ゲブールト] 女 -/-en 早産; 早産児.

Früh⹀ge·schich·te [フリュー・ゲシヒテ] 女 -/ ① 〔史〕原史[期]（先史時代に続く時期）. ② (思想・運動などの)初期段階.

Früh⹀jahr [フリュー・ヤール] 中 -[e]s/-e (農業暦などの)春（1月から5月まで）.

der **Früh·ling** [フリューリング frýːlɪŋ]

春	**Der** *Frühling* **ist da!** 春が来た.
	デア　フリューリングイスト ダー

男 (単2) -s/(複) -e (3格のみ -en) 《ふつう 単》春. 《英》 spring). （「夏」は Sommer,「秋」は Herbst,「冬」は Winter). **ein warmer** *Frühling* 暖かい春 / **Es wird** *Frühling*. 春になる / **Im** *Frühling* **blühen die Bäume**. 春になると木々に花が咲く / **der** *Frühling* **des Lebens** 《比》人生の春.

früh·lings·haft [フリューリングスハフト] 形 春のような, 春めいた.

früh⹀mor·gens [フリュー・モルゲンス] 副 早朝に.

früh⹀reif [フリュー・ライフ] 形 ① 早熟の, ませた. ② (果物・穀物などの)早生(ワセ)の.

Früh⹀rei·fe [フリュー・ライフェ] 女 -/ ① 早熟. ② (果物・穀物などの)早生(ワセ).

Früh⹀schop·pen [フリュー・ショッペン] 男 -s/- 仲間と朝酒を一杯やること.

das **Früh·stück** [フリュー・シュテュック frýː-ʃtʏk] 中 (単2) -s/(複) -e (3格のみ -en) 朝食. 《口語》朝食[のための]休憩時間.《英》breakfast). **Um acht Uhr ist** *Frühstück*. 8時に朝食です / **das** *Frühstück*⁴ **nehmen** 朝食をとる / **zum** *Frühstück* **ein Ei**⁴ **essen** 朝食に卵を食べる / **das zweite** *Frühstück* 小昼(コビル) (朝と昼の間にとる軽い食事) （「昼食」は Mittagessen,「夕食」は Abendessen).

früh·stü·cken [フリュー・シュテュッケン frýː-ʃtʏkən] (frühstückte, *hat*…gefrühstückt) I 自 (完了 haben) **朝食を食べる**. *Hast* **du schon** *gefrühstückt*? もう朝食は済んだの? 《メモ》「昼食を食べる」は zu Mittag essen,「夕食を食べる」は zu Abend essen). II 他 (完了 haben) 〔物⁴を〕朝食に食べる. **Spiegeleier**⁴ *frühstücken* 目玉焼きを朝食に食べる.

früh⹀stück·te [フリュー・シュテュックテ] *früh·stücken (朝食を食べる)の 過去

früh⹀zei·tig [フリュー・ツァイティヒ] I 形 早い, 早期の; (予定・基準より)早い. **die** *frühzeitige* **Erkennen der Krankheit**² 病気の早期発見 / **ein** *frühzeitiger* **Winter** 例年より早く訪れた冬. II 副 早くに. *frühzei-*

tig **auf|stehen** 早起きする.

Frust [フルスト frúst] 男 -[e]s/《口語》= Frustration

Frus·tra·ti·on [フルストラツィオーン frustratsióːn] 女 -/-en 〔心〕フラストレーション, 欲求不満.

frus·trie·ren [フルストリーレン frustríːrən] 他 (h) ①《心》〔人⁴に〕フラストレーション（欲求不満)を起こさせる. ②〔目標⁴を〕失望させる.

F-Schlüs·sel [エフ・シュリュッセる] 男 -s/- 《音楽》ヘ音記号, 低音部記号.

der **Fuchs** [フクス fúks] 男 (単2) -es/(複) Füchse [フュクセ] (3格のみ Füchsen) ①《動》キツネ(狐).《英》fox). 《女性形は Füchsin》. **Rotfuchs** 赤ぎつね / **dort, wo sich die** *Füchse* **gute Nacht sagen** 《戯》人里離れた所（＝ときどき「おやすみ」とあいさつし合う所). ② きつねの毛皮. **Sie trägt einen** *Fuchs*. 彼女はきつねの襟巻をしている. ③《口語》ずる賢い人. ④ 赤毛の人; 栗毛の馬. ⑤ (学生言葉）(学生組合の)新入生. ⑥〔昆〕ヒオドシチョウ.

Fuchs⹀bau [フクス・バオ] 男 -[e]s/-e 〔狩〕きつねの巣穴.

Füch·se [フュクセ] *Fuchs (キツネ)の 複

fuch·sen [フクセン fúksən] I 他 (h)《口語》すごく怒らせる. **Das** *fuchst* **mich**. これには腹が立つ. II 再帰 (h)〔*sich*⁴ **über** 人・事⁴〕《口語》〔人・事⁴に〕すごく腹が立つ.

Fuch·sie [フクスィエ fúksiə] 女 -/-n〔植〕フクシア, ツリウキソウ.

fuch·sig [フクスィヒ fúksɪç] 形 ① きつね色の. ② 性急な, 短気な;《口語》ひどく腹を立てた.

Fuchs⹀jagd [フクス・ヤークト] 女 -/-en [..ヤークデン]〔狩〕きつね狩り;《スポ》きつね狩りゲーム.

Fuchs⹀rot [フクス・ロート] 形 (髪などが)きつね色の, 赤茶色の.

Fuchs⹀schwanz [フクス・シュヴァンツ] 男 -es/..schwänze ① きつねの尾. ②〔工〕片刃の小型のこ. ③〔植〕ヒユ属 (エノコログサなど).

fuchs·teu·fels·wild [フクストイフェるス・ヴィるト]《口語》怒り狂った.

Fuch·tel [フフテる fúxtəl] 女 -/-n ①〔史〕(刑罰用の)広刃の軍刀. ②《覆 なし》《口語》厳格な監督（規律). **unter der** *Fuchtel* **des Lehrers stehen** 先生の厳しい監督下にある. ③ 《けなす》口やかましい女房.

fuch·teln [フフテるン fúxtəln] 自 (h)《mit 物³ ~》《口語》〔物³を〕振り回す.

fuch·tig [フフティヒ fúxtɪç] 形 怒り狂った.

Fu·der [フーダァ fúːdɐr] 中 -s/- ① 荷馬車1台分の荷(積載量). **ein** *Fuder* **Heu** 荷馬車1台分の干し草. ②《口語》多量. ③ (特に酒類の)容量単位 (おおよそ1,000~1,800 リットル).

Fug [フーク fúːk] 男 《成句的に》**mit** *Fug* [**und Recht**] まったく当然のこととして.

Fu·ge¹ [フーゲ fúːɡə] 女 -/-n ① (れんが・角材などの)継ぎ目, 接ぎ目; 裂け目. **aus den** *Fugen* **gehen** (または geraten) a) 継ぎ目が離れてばらばらになる, b)《比》収拾がつかなくなる.

führen

② 《言》(複合語における)接合部.

Fu·ge² [フーゲ] 囡 -/-n 《音楽》フーガ, 遁走(とんそう)曲.

fu·gen [フーゲン fúːɡən] 他 (h)《建》① (建材⁴を)継ぎ合わせる. ② (壁⁴の)目地仕上げをする.

* **fü·gen** [フューゲン fýːɡən] (fügte, hat ... gefügt) I 他 (定了 haben) ① 《方向を表す語句とともに》(物⁴を…へ)つなぎ合わせる, 組み合わせる; はめ込む. A⁴ **an** B⁴ fügen A⁴ を B⁴ につなぎ合わせる ⇒ ein Wort⁴ an ein anderes fügen 単語と単語をつなぎ合わせる / den Stein **in** die Mauer fügen 石を壁にはめ込む. ◇《再帰的に》Das Brett fügt sich in die Lücke. この板はすき間にうまく合う. ② 《雅》組み立てる. eine Mauer⁴ fügen 塀を組み立てる. ③ 《A⁴ **zu** B³ ~》(A⁴ を B³ に)つけ加える, 追加する. ◇《雅》(運命などが)定める, 仕組む. Der Zufall fügte es, dass er sie wiedersah. 偶然にも彼は彼女に再会した.

II 再帰 (定了 haben) sich⁴ fügen ① 《sich⁴ **in** 事⁴》(事⁴に)順応する. Er fügte sich in sein Schicksal. 彼は自分の運命に甘んじた. ② (人・事⁴ に)従う, 応じる. Schließlich fügte er sich dem Wunsch seines Vaters. 彼は結局父の望みに従った. ③《雅》(偶然にも…と)なる. Es fügte sich, dass... 偶然にも…となった.

Fug·ger [フッガァ fúɡər] I 覆《定冠詞とともに》フッガー家(の人々)(14–16世紀ドイツの大商業資本家一族). II -s/《人名》フッガー (Jacob Fugger 1459–1525; フッガー家の全盛期を築いた).

füg·lich [フュークリヒ] 副 正当に, 当然.

füg·sam [フュークザーム] 形 従順な, 素直な, 扱いやすい.

Füg·sam·keit [フュークザームカイト] 囡 -/ 従順さ, 素直さ, 扱いやすさ.

füg·te [フュークテ] *fügen(つなぎ合わせる)の 過去

Fü·gung [フューグング] 囡 -/-en ① (神の)摂理, 定め. ② 《言》(文・語句の)接続, 結合.

fühl·bar [フュールバール] 形 (はっきり)それと感じられる, 著しい. ein fühlbarer Unterschied 歴然たる相違.

: **füh·len** [フューレン fýːlən]

感じる　Wie fühlen Sie sich?
ヴィー フューレン ズィー ズィヒ
気分はいかがですか.

(fühlte, hat ... gefühlt) I 他 (定了 haben) ① (肉体的に)感じる, 知覚する. (英 feel). einen Schmerz fühlen 痛みを感じる / Hunger⁴ fühlen 空腹を感じる / Sie fühlte seine Hand auf ihrem Arm. 彼女は自分の腕に彼の手が触れるのを感じた. ◇zu のない不定詞とともに》Ich fühlte mein Herz schlagen. 私は心臓の鼓動を感じた.

② (精神的に)感じる, (…という)気がする. Liebe⁴ (Hass⁴) fühlen 愛情(憎しみ)を感じる / Sie fühlte Mitleid mit ihm. 彼女は彼に同情した / Ich fühle, dass er nicht die Wahrheit sagt. どうも彼は本当のことを言っていないような気がする. ◇《現在分詞の形で》ein fühlendes Herz 情け深い人 / ein zart fühlendes Kind 思いやりのある子供.

③ 触って調べる, 触って確かめる. Der Arzt fühlte ihm den Puls. 医者は彼の脈をとった. ◇《目的語なしでも》Fühlen Sie mal hier! ここを触ってごらんなさい.

II 再帰 (定了 haben) sich⁴ fühlen (自分が…であると)感じる. Ich fühle mich nicht wohl. 私は気分が良くない / sich⁴ **als** Held fühlen 英雄になった気になる / sich⁴ betrogen fühlen だまされたと思う / sich⁴ **wie** zu Hause fühlen 自分の家にいるように感じる, くつろぐ / Der fühlt sich aber!《口語》あいつはなんてうぬぼれているんだ.

III 自 (定了 haben) ① 《**nach** 物³ ~》(物³を)手探りで探す. Er fühlte im Dunkeln nach dem Lichtschalter. 彼は暗闇(くらやみ)の中で電灯のスイッチを手探りで探した.
② 《**mit** 人³ ~》(人³に)共感(同情)する.

─────────────

類語 **fühlen**:「感じる」の意味で最も一般的な語. **empfinden**: (ある感情の元となっているものをはっきり)意識して)感じる. Ich empfand Freude über unser Geschenk. 彼は私たちの贈り物を喜んだ. **spüren**: (ある感情が突然に起こるのを)感じる. **versp ü ren**: (快・不快の感情などを強く)感じる.

─────────────

Füh·ler [フューラァ fýːlər] 男 -s/- ① (動) (昆虫・カニなどの)触角, 触手. die Fühler⁴ aus|strecken a) 触角(触手)を伸ばす. b) (比)慎重に探りを入れる. ② (工)センサー, 感知器.

fühl·te [フュールテ] *fühlen (感じる)の 過去

Füh·lung [フューるング] 囡 -/ 接触, 交渉, 関係. mit 人³ Fühlung⁴ nehmen (または auf|nehmen) 人³と接触を保つ / mit 人³ **in** Fühlung bleiben 人³と交渉を持ち続ける.

Füh·lung s nah·me [フューるング・ナーメ] 囡 -/-n 接触(すること), 関係をつけること.

fuhr [フーァ] *fahren (乗り物で行く)の 過去

Fuh·re [フーレ fúːrə] 囡 -/-n ① 荷車; (1台分の)積み荷. eine Fuhre Heu 荷馬車 1 台分の干し草. ② (車での)運送, 運搬すること.

füh·re [フューレ] I *führen (導く)の 1 人称単数 現在 II *fahren (乗り物で行く)の 接 2

: **füh·ren** [フューレン fýːrən]

導く, 案内する

Ich führe dich durch die Stadt.
イヒ フューレ ディヒ ドゥルヒ ディ シュタット
君に町を案内しよう.

通じている

Die Straße führt zum Rathaus.
ディ シュトラーセ フューァト ツム ラートハオス
その道は市庁舎へ通じている.

(führte, hat ... geführt) I 他 (定了 haben) ①

führend

導く, 案内する, 連れて行く. (英 lead). das Kind⁴ **an** der Hand *führen* 子供の手を引いて行く / Er *führte* seinen Hund an der Leine. 彼は犬をひもにつないで歩いた / die Wirtschaft⁴ **aus** der Krise *führen* 経済を危機から救う / ein Land⁴ **ins** Chaos *führen* ある国を混乱に陥れる / eine Dame⁴ **zu** Tisch *führen* ご婦人をテーブルに案内する / Was *führt* Sie zu mir? 何のご用で私のところへ来られたのですか / Beim Tanzen *soll* der Herr [die Dame] *führen*. ダンスでは男性が[女性を]リードするものだ.
② 指導する; 率いる, 経営(管理)する. Schüler⁴ streng *führen* 生徒たちを厳しく指導する / eine Delegation⁴ *führen* 代表団を率いる / Meine Eltern *führen* ein Restaurant. 私の両親はレストランを経営しています.
③ (道具など⁴を…のぐあいに)操る, 扱う. den Bogen weich *führen* (ヴァイオリンの)弓をしなやかに操る.
④ (官庁)(乗り物⁴を)操縦する, 運転する. ein Flugzeug⁴ *führen* 飛行機を操縦する.
⑤ 〖方向を表す語句とともに〗(物⁴を…へ手で)運ぶ, 動かす. Er *führte* das Glas *langsam* **zum** Mund. 彼はグラスをゆっくりと口へ運んだ.
⑥ 携帯する; (車両など⁴を)引っぱっている; (川・船などが)運ぶ. Dieser Zug *führt* keinen Speisewagen. この列車は食堂車を連結していない / einen Pass **bei** sich³ *führen* パスポートを携帯する / Das Schiff *führt* Kohle. その船は石炭を運ぶ.
⑦ (標識など⁴を)付けている; (称号など⁴を)持っている. Die Stadt *führt* einen Löwen in ihrem Wappen. その町はライオンを紋章にしている / Er *führt* den Doktortitel. 彼は博士号を持っている.
⑧ (商品⁴を)扱う, 売っている. Diesen Artikel *führen* wir nicht. この商品は私どもでは扱っておりません.
⑨ 〖方向を表す語句とともに〗(道路など⁴を…へ)通す, 巡らす. eine Straße⁴ **um** einen See *führen* 湖の周りに道を通す.
⑩ 〖特定の名詞を目的語として〗行う, …する. den Beweis *führen* 立証する / einen Briefwechsel *führen* 文通をする / eine glückliche Ehe *führen* 幸せな結婚生活を送る / ein Gespräch⁴ mit 人³ *führen* 人³と話しをする / einen Prozess *führen* 訴訟を起こす / Verhandlungen⁴ *führen* 交渉をする.
⑪ (帳簿など⁴を)つける, (リストなど⁴を)作成する; (人・物⁴をリストなどに)載せてある / ein Tagebuch⁴ *führen* 日記をつける.
II 自 (完了 haben) ① 〖方向を表す語句とともに〗(道が…へ)通じている. Die Treppe *führt* in den Keller. この階段は地下室へ通じている / Alle Wege *führen* **nach** Rom. (ことわざ) すべての道はローマへ通じる / Eine Brücke *führt* **über** die Bucht. 橋が入り江に架かっている.
② 〖**zu** 物³ ~〗(結果として物³に)なる. Das *führt* sicher zum Erfolg. それはきっと成功します / Alle Bemühungen *führten* zu nichts. あらゆる努力が無に帰した / Wohin *soll* das *führen*? それはどういう結果になるのだろうか.
③ 先頭に立つ, リードする. Das Land *führt* in der Gentechnologie. その国は遺伝子工学では先端を行っている / Diese Mannschaft *führt* [mit] 4:2 (=vier zu zwei). このチームが4対2でリードしている.
III 再帰 (完了 haben) *sich*⁴ *führen* 行状が…である. Der Schüler *hat* sich gut *geführt*. その生徒の態度はよかった

füh·rend [ビューレント] I ‡*führen* (導く)の 現分 II 形 指導的な, 一流の. eine *führende* Rolle⁴ spielen 主導的役割を演じる / Diese Firma ist *führend* auf ihrem Gebiet. この会社はその分野では一流だ.

der **Füh·rer** [フューラァ fyːrər] 男 (単 2) -s/(複) - (3格のみ -n) ① 指導者, リーダー, (隊の)指揮者. (英 leader). (注 女性形は Führerin). Geschäftsführer (会社などの)支配人 / der *Führer* einer Partei² ある党派の党首. ② 案内人, ガイド. (英 guide). Bergführer 山の案内人. ③ 案内書, ガイドブック. ein handlicher *Führer* durch München ハンディーなミュンヒェンのガイドブック. ④ 〘史〙 (ナチス・ドイツの)総統 (アドルフ・ヒトラーの称号). ⑤ 〘スイ〙 (自動車などの)運転者.

Füh·rer≠haus [フューラァ・ハオス] 中 -es/..häuser (トラック・クレーンなどの)運転台.

füh·rer≠los [フューラァ・ロース] 形 指導者(リーダー)のいない; 案内人なしの; 運転者なしの.

der **Füh·rer≠schein** [フューラァ・シャイン] 男 (単 2) -[e]s/(複) -e (3格のみ -en) 運転免許証. den *Führerschein* machen 運転免許を取る / 人³ den *Führerschein* entziehen 人³の運転免許証を取り上げる.

Füh·rer≠sitz [フューラァ・ズィッツ] 男 -es/-e 運転者(操縦者)席.

Füh·rer≠stand [フューラァ・シュタント] 男 -[e]s/..stände (機関車・市電などの)運転席.

Fuhr≠park [フーァ・パルク] 男 -s/-s (まれに-e) (運送会社・軍隊などの)車両保有数.

führ·te [フューァテ] ‡*führen* (導く)の 過去

die **Füh·rung** [フューァング fyːruŋ] 女 (単) -/(複) -en ① 〘覆 なし〙 指導, 指揮, 管理; 指導部. die *Führung* eines Betriebes 企業の経営 / die *Führung*⁴ haben 指揮する / **unter** [der] *Führung* von Herrn Kohl コール氏の指導(指揮)のもとに. ② 案内, 案内人付きの見物. eine *Führung*⁴ durch ein Museum mit|machen 美術館の案内付きの見学に加わる. ③ 〘覆 なし〙 リード, 優位. **in** *Führung* gehen (スポーツで)リードする. ④ 〘覆 なし〙 ふるまい, 行状. ⑤ 〘覆 なし〙 (器具などの)操作; 〘官庁〙 (自動車の)運転. ⑥ (帳簿などの)記入, 記録.

Füh·rungs≠schicht [フューゥルングス・シヒト] 女 -/-en 指導者層.

Füh·rungs⸗stab [フュールングス・シュタープ] 男 –[e]s/..stäbe ① (軍隊の)総合幕僚本部. ② (大企業などの)首脳部, オペレーションスタッフ.

Füh·rungs⸗zeug·nis [フュールングス・ツォイクニス] 中 ..nisses/..nisse ① (警察発行の)無犯罪証明書. ② (雇用主による)勤務評定書.

Fuhr⸗un·ter·neh·mer [フーァ・ウンタァネーマァ] 男 -s/- 運送業者.

Fuhr⸗werk [フーァ・ヴェルク] 中 –[e]s/-e [荷]馬車.

fuhr·wer·ken [フーァ・ヴェルケン fúːr-vɛrkən] (gefuhrwerkt) 自 (h) 《口語》① (台所などで)せわしなく動き回る, あくせく働く. ② 《南ドィッ・ォーストリァ》馬車で走る.

Ful·da [ふルダ fúlda] I 中 -s/ 《都市名》フルダ (ドイツ, ヘッセン州: ☞ 地図 D-3). II 女 《定冠詞とともに》《川名》フルダ川 (フルダ市の近くを流れヴェーザー川となる).

die **Fül·le** [ふュれ fýlə] 女 (単) –/(複) –n ① 《複 なし》**豊富**, たくさん, 大量. 《英 *plenty*). eine *Fülle* von Arbeit (Waren) たくさんの仕事(大量の商品) / **in** [Hülle und] *Fülle* たっぷり, 豊富に ⇒ Wein war in *Fülle* vorhanden. ワインはたっぷりあった. ②《複なし》《雅》充満, 充実. Er steht in der *Fülle* seiner Kraft. 彼は精力に満ちている. ③《複なし》肥満. Er neigt zur *Fülle*. 彼は太る体質だ. ④《ふつう 単》《南ドィッ・ォーストリァ》(料理の)詰め物.

⸙fül·len [ふュれン fýlən] (füllte, *hat*...gefüllt) I 他 《完了》 haben) ① (容器など4を)**満たす**, いっぱいにする. 《英 *fill*). ein Glas4 mit Wein *füllen* グラスにワインを満たす / Ich habe den Eimer voll *gefüllt*. 私はバケツをいっぱいに満たした / Ein zahlreiches Publikum *füllte* den Saal. 大勢の観客がホールを満たした / eine Gans4 *füllen* (料理で)がちょうに詰め物をする / einen Zahn *füllen* 歯を充塡(じゅうてん)する. ② (A4 **in** B4 ~) (A4 を B4 に)いっぱい入れる, 詰める. Wasser4 in den Eimer *füllen* バケツに水をいっぱい入れる / die Kartoffeln4 in Säcke *füllen* じゃがいもを袋に詰める. ③ (場所などを)占める. Die Bücher *füllen* zwei Schränke. 本が書棚を二つ占めている. II 再帰 《完了》 haben) *sich4 füllen* いっぱいになる, 満ちる. Der Saal *füllt sich* langsam. ホールはしだいにいっぱいになる / Seine Augen *füllten sich* **mit** Tränen. 《雅》彼の目は涙でいっぱいになった.
◇☞ **gefüllt**

Fül·len [ふュれン] 中 -s/- 《雅》子馬 (=Fohlen).

der **Fül·ler** [ふュらァ fýlər] 男 (単2) –s/(複) -(3格のみ -n) ①《口語》**万年筆** (=Füllfederhalter). 《英 *fountain pen*). Der *Füller* schmiert. この万年筆はインクが出すぎる. ②《隠語》(新聞などの)埋め草[記事].

Füll·fe·der·hal·ter [ふュる・フェーダァハるタァ] 男 -s/- 万年筆 (=Füller).

Füll⸗ge·wicht [ふュる・ゲヴィヒト] 中 –[e]s/-e 正味重量.

Füll⸗horn [ふュる・ホルン] 中 –[e]s/..hörner 宝角(ほうかく)(果物・穀物・花のあふれたやぎの角の装飾品. 豊穣・幸運の女神の象徴).

fül·lig [ふュりヒ fýlɪç] 形 ① ふくよかな, ふっくらした. ② 音量(響き)の豊かな.

Füll·sel [ふュるぜる fýlzəl] 中 –s/– ① (すき間を埋める物; (新聞などの)埋め草[記事]. ② (料理)(肉料理の)詰め物.

füll·te [ふュるテ] ⁂füllen (満たす)の 過去

Fül·lung [ふュるンク] 女 –/-en ① (料理・寝具などの)詰め物; (歯などの)充塡(じゅうてん)材. ②《ふつう 単》詰める(満たす)こと.

ful·mi·nant [ふるミナント fulminánt] 形 輝かしい, 卓越した, みごとな.

fum·meln [ふンメるン fúməln] 自 (h) 《口語》① (**an** 物3 ~) (物3を)いじり回す. ② (**in** 物3 ~) (物3の中を)あちこち探る. ③ (〔**mit** 人3〕~) (〔人3を〕)愛撫(ぁぃぶ)する. ④ (サッカーで:) いやにもドリブルをする, ボールをもてあそぶ.

Fund [ふント fúnt] 男 –es/–[e]s/-e ① 発見, 発掘. ② 発見(発掘)物; 拾得物. archäologische *Funde* 考古学上の発掘物.

Fun·da·ment [ふンダメント fundamént] 中 –[e]s/-e ① 基礎, 土台. die Maschine4 **auf** die *Fundamente* setzen 機械を土台の上に据える. ② (精神的な)基盤, 基礎. das *Fundament*4 **zu** 物3 legen 物3の基礎を置く.

fun·da·men·tal [ふンダメンターる fundamentá:l] 形 基礎の, 根本的な, 非常に重要な.

Fun·da·men·ta·lis·mus [ふンダメンタリスムス fundamentalísmus] 男 –/ (政治・宗教上の)原理主義, ファンダメンタリズム.

Fund⸗bü·ro [ふント・ビュロー] 中 –s/-s 遺失物(拾得物)取扱所.

Fund⸗gru·be [ふント・グルーベ] 女 –/-n (収集物などの)宝庫 (元の意味は「豊かな鉱脈」).

fun·die·ren [ふンディーレン fundíːrən] 他 (h) ① 基礎(根拠)づける, (理論など4を)確立する. ② (物4を)財政的に保証する.

fun·diert [ふンディーァト] I fundieren (基礎づける)の 過分 II 形 ① 基礎づけられた, 根拠のある. ein *fundiertes* Wissen しっかりした知識. ② 財政的に保証された. eine *fundierte* Schuld 《経》確定公債.

fün·dig [ふュンディヒ fýndıç] 形《坑・地学》(鉱脈などが)有望な. *fündig* werden a) 鉱脈を掘り当てる. b)《比》(長い間探して)見つける.

Fund⸗sa·che [ふント・ザッヘ] 女 –/-n 拾得物, 遺失物.

Fun·dus [ふンドゥス fúndus] 男 –/– ① (劇場の)装置・衣装一式. ② (知識などの)蓄え, 土台. ③《医》底(眼底など). ④《史》地所.

⸙fünf [ふュンふ fýnf] 数《基数; 無語尾で》**5** [の]. 《英 *five*). *fünf* Personen 5人 / Es ist *fünf* [Uhr]. 5時です / Mein Onkel hat *fünf* Kinder. 私のおじには5人の子供がいる / die *fünf* Sinne 五感 / *fünf* gerade sein lassen 《口語》大目に見る, やかましく言わない (←5を偶

Fünf

数ということにする) / sich³ 軍⁴ an den *fünf* Fingern abzählen können 《口語》軍⁴を理解するのは容易である(←5本の指で数えられる).

Fünf [ふュンふ] 女 -/-en (数字の)5; (トランプ・さいころの)5 [の目]; 《口語》(電車・バスなどの)5番[系統]; (成績評価の)5(不可).

Fünf≈eck [ふュンふ・エック] 中 -[e]s/-e 5角形.

fünf≈eckig [ふュンふ・エッキヒ] 形 5角形の.

Fün·fer [ふュンふァァ fýnfər] 男 -s/- ① 《口語》5ペニヒ硬貨. ② (当たりくじの)5つの数字. ③ (数字の)5; (トランプ・さいころの)5[の目]; (成績評価の)5; 《口語》(電車・バスなどの)5番[系統].

fün·fer·lei [ふュンふァらイ fýnfərlāi] 形 《無語尾で》5種[類]の, 5通りの.

fünf·fach [ふュンふ・ふァッハ] 形 5倍の, 5重の.

fünf≈fäl·tig [ふュンふ・ふェるティヒ] 形 = fünffach

fünf≈hun·dert [ふュンふ・フンダァト] 数 《基数; 無語尾で》500 [の].

Fünf·jah·res≈plan [ふュンふヤーレス・プらーン] 男 -[e]s/..pläne 5か年計画.

fünf≈jäh·rig [ふュンふ・イェーリヒ] 形 《付加語としてのみ》5歳の; 5年[間]の. ein *fünfjähriges* Kind 5歳の子供.

fünf≈jähr·lich [ふュンふ・イェーァリヒ] 形 5年ごとの.

Fünf·jahr≈plan [ふュンふヤール・プらーン] 男 -[e]s/..pläne = Fünfjahresplan

Fünf≈kampf [ふュンふ・カンプふ] 男 -[e]s/(ぶ)五種競技.

Fünf·ling [ふュンふりング fýnfliŋ] 男 -s/-e 五つ子[の一人]; 〘複 で〙五つ子.

fünf≈mal [ふュンふ・マーる] 副 5度, 5回; 5倍に.

fünf≈ma·lig [ふュンふ・マーリヒ] 形 《付加語としてのみ》5回の; 5倍の.

Fünf≈mark≈stück [ふュンふマルク・シュテュック] 中 -[e]s/-e 5マルク硬貨.

fünf≈mo·na·tig [ふュンふ・モーナティヒ] 形 《付加語としてのみ》生後5か月の; 5か月[間]の.

fünf≈mo·nat·lich [ふュンふ・モーナトりヒ] 形 5か月ごとの.

Fünf·pro·zent≈klau·sel [ふュンふプロツェント・クらオゼる] 女 -/ 5パーセント条項(ドイツの連邦議会選挙で, 得票率5パーセント未満の政党には議席が配分されないという規定).

fünf≈sai·tig [ふュンふ・ザイティヒ] 形 5弦の(弦楽器など).

fünf≈sei·tig [ふュンふ・ザイティヒ] 形 《付加語としてのみ》5面の, 5辺の, 5角[形]の; 5ページある.

fünf≈stö·ckig [ふュンふ・シュテッキヒ] 形 6階建ての; (方)5階建ての.

*****fünft** [ふュンふト fýnft] 数 《fünf の序数; 語尾変化は形容詞と同じ》第5[番目]の. (英 *fifth*). Karl der *Fünfte* カール5世 / der *fünfte* März 3月5日 / am *fünften* jedes Monats 毎月5日に / zu *fünft* 5人で. ◊《名詞的に》Beethovens *Fünfte* ベートーヴェンの第5[交響曲].

Fünf·ta·ge≈wo·che [ふュンふターゲ・ヴォッヘ] 女 -/-n 週5日[労働]制, 週休2日[制].

fünf≈tä·gig [ふュンふ・テーギヒ] 形 《付加語としてのみ》5日[間]の.

fünf≈tau·send [ふュンふ・タオゼント] 数 《基数; 無語尾で》5,000[の].

fünf≈tei·lig [ふュンふ・タイりヒ] 形 五つの部分から成る.

fünf·tel [ふュンふテる fýnftəl] 数 《分数; 無語尾で》5分の1[の]. ein *fünftel* Meter 5分の1メートル.

Fünf·tel [ふュンふテる] 中 (ス^(イ): 男) -s/- 5分の1. drei *Fünftel* 5分の3.

fünf·tens [ふュンふテンス fýnftəns] 副 第5に, 5番目に.

*****fünf≈zehn** [ふュンふ・ツェーン fýnf-tse:n] 数 《基数; 無語尾で》15[の]. (英 *fifteen*). Es ist *fünfzehn* [Uhr]. 15時だ.

fünf·zehnt [ふュンふ・ツェーント fýnf-tse:nt] 数 《序数》第15[番目]の.

fünf≈zei·lig [ふュンふ・ツァイりヒ] 形 5行の, 5行から成る.

*****fünf≈zig** [ふュンふツィヒ fýnftsɪç] 数 《基数; 無語尾で》50[の]. (英 *fifty*). Er ist *fünfzig* [Jahre alt]. 彼は50歳だ.

Fünf·zig [ふュンふツィヒ] 女 -/-en ① (数字の)50. ② 50歳[代].

fünf·zi·ger [ふュンふツィガァ fýnftsɪgər] 形 《無語尾で》50歳[代]の, 50年[代]の. in den *fünfziger* Jahren des 20.. (=zwanzigsten) Jahrhunderts 20世紀の50年代に.

Fünf·zi·ger [ふュンふツィガァ] 男 -s/- ① 50歳[代]の男性. ② 〘複 で〙50[歳]代; (ある世紀の)50年代. ③ [19]50年産のワイン; 《口語》50ペニヒの貨幣(切手).

fünf·zig≈jäh·rig [ふュンふツィヒ・イェーリヒ] 形 《付加語としてのみ》50歳の; 50年[間]の.

fünf·zigst [ふュンふツィヒスト fýnftsɪçst] 数 《序数》第50[番目]の.

fünf·zigs·tel [ふュンふツィヒステる fýnftsɪçs-təl] 数 《分数; 無語尾で》50分の1[の].

fun·gie·ren [ふンギーレン fuŋgíːrən] 自 (h) 〘als 人·物¹ ~〙(人·物¹として)役割(任務)を果たす. Er *fungierte* als mein Vertreter. 彼は私の代理役を務めた.

***der* Funk** [ふンク fúŋk] 男 (単2) -s/ ① ラジオ[放送] (=Rund*funk*). durch *Funk* und Fernsehen ラジオとテレビを通じて. ② 《ふつう冠詞なしで》無線電信, 無線機. Amateur*funk* アマチュア無線 / eine Nachricht⁴ durch *Funk* übermitteln ニュースを無線電信で送る.

Funk≈ama·teur [ふンク・アマテーァ] 男 -s/-e アマチュア無線家, ハム.

Funk≈bild [ふンク・ビるト] 中 -[e]s/-er [無線]電送写真.

Fünk·chen [ふュンクヒェン fýŋkçən] 中 -s/-

(Funke の縮小) 小さい火花; 微少. Er hat kein *Fünkchen* [von] Anstand im Leib. 彼には礼節のかけらもない.

der **Fun·ke** [フンケ fúŋkə] 男 (単2) -ns; (単3·4) -n (複) -n ① 火花, 火の粉; 閃光 (単3·4); 《比》(才知などの)ひらめき. (英 *spark*). ein elektrischer *Funke* 電気火花, スパーク / Die *Funken* sprühen aus dem Ofen. 炉から火花が飛び散る / *Funken*⁴ aus dem Stein schlagen 石を打って火花を出す / Ihre Augen sprühten *Funken*. (興奮のあまり)彼女の目はきらきら光った. ② ごく少量. Er hat keinen *Funken* [von] Ehrgefühl. 彼にはプライドのかけらもない.

·**fun·keln** [フンケルン fúŋkəln] (funkelte, *hat* …gefunkelt) 自 (完了 haben) (星などが)きらきら輝く, きらめく. (英 *twinkle*). Die Sterne *funkeln* in der Nacht. 星が夜空にきらめく / Seine Augen *funkelten* vor Freude. 彼の目は喜びに輝いた.

fun·kel·na·gel·neu [フンケルナーゲる・ノイ] 形《口語》真新しい, 出来たての, ぴかぴかの.

fun·kel·te [フンケるテ] *funkeln (きらきら輝く) の 過去

fun·ken [フンケン fúŋkən] I 他 (h) (SOS など⁴を)無線で発信する. II 自 (h) ① 火花を発する. ②《口語》(器械などが)機能する, 作動する. III 非人称 (h)《口語》① なくなれる. Wenn du nicht hörst, *funkt* es! ちゃんと聞かないと, ぶんなぐられるぞ. ② (事情が)わかる. Es *funkte* bei ihm. 彼は事態をのみ込んだ. ③ ごたごたが起こる. Zwischen ihnen *hat's* (=*hat es*) *gefunkt*. 彼らの間にもめ事があった. ④ 恋愛関係が生まれる. Bei (または Zwischen) den beiden *hat es gefunkt*. その二人は熱い仲になった.

Fun·ken [フンケン] 男 -s/- =Funke

Fun·ker [フンカァ fúŋkər] 男 -s/- 無線技師, オペレーター.

Funk⹀ge·rät [フンク・ゲレート] 中 -[e]s/-e 無線機.

Funk⹀kol·leg [フンク・コれーク] 中 -s/-s (または ..kollegien [..コれーギエン]) ラジオ講座.

Funk⹀spruch [フンク・シュプルフ] 男 -[e]s/..sprüche 無線通信.

Funk⹀sta·ti·on [フンク・シュタツィオーン] 女 -/-en ラジオ放送局, 無線局.

Funk⹀stil·le [フンク・シュティれ] 女 -/ 放送のない時間;《比》沈黙.

Funk⹀strei·fe [フンク・シュトライフェ] 女 -/-n (警察の無線パト[ロール]カーによる)パトロール.

Funk⹀ta·xi [フンク・タクスィ] 中 -s/-s 無線タクシー.

Funk⹀tech·nik [フンク・テヒニク] 女 -/ 無線通信工学, ラジオ工学.

die **Funk·ti·on** [フンクツィオーン fuŋktsióːn] 女 (単) -/(複) -en (英 *function*) ① 機能, 働き, 作用. die *Funktion* des Herzens 心臓の機能 / Die Anlage ist außer *Funktion*. その装置は働いていない / in *Funktion* treten 作動する, 活動を始める. ② 職務, 職分; 役割. eine wichtige *Funktion*⁴ haben 重要な職務に就いている / Er erfüllt seine *Funktion* gut. 彼は職責をしっかり果たしている. ③《数》関数.

funk·ti·o·nal [フンクツィオナーる fuŋktsionáːl] 形 機能に関する, 機能[上]の.

Funk·ti·o·när [フンクツィオネーァ fuŋktsionέːr] 男 -s/-e (政党·組合などの)幹部, 役員.

funk·ti·o·nell [フンクツィオネる fuŋktsionέl] 形 機能的な, 機能上の; 実用的な;《医》機能性の. *funktionelle* Störungen《医》(器官の)機能障害.

*·**funk·ti·o·nie·ren** [フンクツィオニーレン fuŋktsioníːrən] (funktionierte, *hat* …funktioniert) 自 (完了 haben) (機械·装置などが)作動する, (正常に)動く, 機能する. (英 *function*). Die Maschine *funktioniert* nicht. この機械は動かない / Sein Gedächtnis *funktioniert* noch gut. 彼の記憶はまだはっきりしている.

funk·ti·o·niert [フンクツィオニーァト] *funktionieren (作動する) の 過去分

funk·ti·o·nier·te [フンクツィオニーァテ] *funktionieren (作動する) の 過去

funk·ti·ons⹀tüch·tig [フンクツィオーンス・テュヒティヒ] 形 よく機能する.

Funk⹀turm [フンク・トゥルム] 男 -[e]s/..türme 無線塔, 放送塔.

Funk⹀ver·kehr [フンク・フェァケーァ] 男 -s/ 無線交信(連絡).

Fun·zel [フンツェる fúntsəl] 女 -/-n《口語》薄暗いランプ.

*·**für** [フューァ fýːr]

| …のために | Ist das *für* mich? イスト ダス フューァ ミヒ これを私にくださるのですか. |

前《4格とともに》(定冠詞 das と融合して fürs となることがある)(英 *for*) ①《目的·目標》…のために. Er arbeitet *für* sein Examen. 彼は試験のために勉強している / *für* die Olympiade trainieren オリンピックに備えてトレーニングする / *für* alle Fälle あらゆる場合に備えて, 念のために.

②《利益·用途》…のために, …向けの. Ich tue alles *für* dich. ぼくは君のためならなんでもするよ / *für* die Familie arbeiten 家族のために働く / eine Sendung *für* Kinder 子供向けの放送番組 / ein Mittel *für* den Husten せき止めの薬 / Institut *für* Ökologie 生態学研究所.

③《賛成》…に賛成して. (反対 「…に反対して」は gegen). *für* den Vorschlag stimmen 提案に賛成の投票をする / Ich bin *für*. 私はそれに賛成です. (反対 「私はそれに反対です」は Ich bin dagegen.) ◊《名詞的に》 das *Für* und Wider 賛成と反対.

Fürbitte

④《代理》…の代わりに. *für* 人⁴ unterschreiben 人⁴の代わりに署名する / Er isst *für* drei. 彼は3人分食べる.

⑤《交換・代償》…と引き換えに. Er hat ein Haus *für* viel Geld gekauft. 彼は大金をはたいて家を買った / Er bekam 50 Mark *für* seine Arbeit. 彼はその仕事の代償に50マルクもらった / *für* nichts und wieder nichts いたずらに, むだに.

⑥《関連・判断の基準》…にとって, …の割に, …にしては. Die Prüfung war *für* mich zu schwer. 試験は私には難しすぎた / *Für* den Preis ist der Stoff zu schlecht. 値段の割にはこの布地は質が悪すぎる / ich *für* meine Person 私としては.

⑦《理由》…のことで, …のゆえに. Ich danke Ihnen *für* Ihre Freundlichkeit. あなたのご親切に感謝します / *Für* seine Frechheit ist er bekannt. 彼はあつかましいことで有名だ.

⑧《予定の期間》…の間. Er geht *für* zwei Jahre nach Amerika. 彼は2年の予定でアメリカへ行く / *für* immer 永久に / *fürs* Erste さしあたり.

⑨《予定の日時》…日(時)に. Ich bin *für* vier Uhr zum Arzt bestellt. 私は4時に医者の予約を取っている / *für heute* きょうのところは / *für* alle Mal 今回かぎり, きっぱり.

⑩《*für sich* の形で》一人で, それだけで. Er ist gern *für* sich. 彼は一人でいるのが好きだ / an und *für* sich それ自体としては / Das ist eine Sache *für* sich. それは別個の事柄だ.

⑪《前後に同じ名詞をともなって》Schritt *für* Schritt 一歩一歩 / Stück *für* Stück 1個ずつ / Tag *für* Tag 来る日も来る日も / Wort *für* Wort übersetzen 一語一語(逐語的に)訳す.

⑫《*was für [ein]* … の形で》どんな…; なんという…. Was *für* ein Kleid möchten Sie? どんなワンピースをお望みですか / Was ist er *für* ein Mensch? 彼はどういう人間だろう / Was *für* eine Überraschung! なんという驚きだ! / aus was *für* Gründen auch immer どんな理由であれ. (⚠ *für* に続く名詞は4格とに限らず文中の役割によって決まる. また, *für [ein]…* を was と離して文末に置くこともある).

⑬《特定の動詞・形容詞とともに》Ich halte ihn *für* meinen Freund. 私は彼を私の友人と思っている / 事⁴ *für* ungültig erklären 事⁴を無効だと宣言する / sich⁴ *für* 人・物⁴ entscheiden 人・物⁴に決める / sich⁴ *für* 人・物⁴ interessieren 人・物⁴に興味がある / *für* 事⁴ verantwortlich sein 事⁴に対して責任がある.

Für·bit·te [フューア・ビッテ] 囡 –/–n とりなし. bei A³ *für* B⁴ *Fürbitte*⁴ ein|legen A³に B⁴のためのとりなしをする.

Fur·che [フルヒェ fúrçə] 囡 –/–n ① (畑の)畝間(⅔). ② (顔などの)深いしわ; 溝[状の部分].

fur·chen [フルヒェン fúrçən] 他 (h)《雅》① (土地⁴に)溝(みぞ)をつける, 畝を作る. ② (物⁴に)しわを寄せる. die Stirn⁴ *furchen* 額にしわを寄せる / Das Schiff *furcht* die See.《比》船が航跡を残して進む.

die **Furcht** [フルヒト fúrçt] 囡《単》–/ ① 恐怖, 恐れ; 不安. (英 fear). die *Furcht vor* dem Tod 死への恐怖 / *Furcht*⁴ haben (または empfinden) 人³に恐れをいだく / *Furcht* ergreift ihn. 恐怖が彼をとらえる / aus *Furcht* vor Strafe lügen 処罰を恐れてうそをつく / 人⁴ in *Furcht* versetzen 人⁴をこわがらせる / vor *Furcht* zittern 恐怖のあまり震える. (🖙 類語 Sorge). ② (神への)畏敬(いけい).

furcht·bar [フルヒトバール fúrçtba:r] I 形 ① 《英 terrible》恐ろしい, ぞっとするような, いやな. eine *furchtbare* Krankheit 恐ろしい病気 / Es war ein *furchtbarer* Anblick. それはぞっとするような光景だった / Sie ist *furchtbar* in ihrer Wut. 怒る彼女はこわい.
② 《口語》ひどい, ものすごい. eine *furchtbare* Kälte ひどい寒さ.
II 副《口語》ひどく, ものすごく. Das ist *furchtbar* teuer. それはとてつもなく高価だ.

fürch·ten [フュルヒテン fýrçtən] du fürchtest, er fürchtet (fürchtete, hat…gefürchtet) I 他 《完了 haben》① (人・事⁴を)恐れる, こわがる; (神⁴を)畏敬(いけい)する. Alle *fürchten* ihn. みんなが彼を恐れている / Kritik⁴ *fürchten* 批判を恐れる. ◇《過去分詞の形で》ein *gefürchteter* Kritiker 恐れられている批評家.
② (…ではないかと)心配する, 懸念する. Ich *fürchte*, es ist bereits zu spät. もう遅すぎるのではないかと心配だ / Er *fürchtet*, seinen Arbeitsplatz zu verlieren. 彼は職を失うのではないかと心配している.
II 再帰《完了 haben》*sich*⁴ *fürchten* 恐れる, こわがる. Er *fürchtet* sich vor nichts. 彼は何事も恐れない / Sie *fürchtet sich*, allein zu gehen. 彼女は一人で行くのをこわがっている.
III 自《完了 haben》《*für*(または *um*) 人・事⁴ ~》(人・事⁴を)気づかう. Ich *fürchte* für (または um) seine Gesundheit. 私は彼の健康が心配だ.

Fürch·ten [フュルヒテン] 中《成句的に》人³ das *Fürchten*⁴ lehren 人³を恐れさせる / Das ist [ja] zum *Fürchten*. それは恐ろしいことだ.

fürch·ter·lich [フュルヒタァリヒ fýrçtərlıç] I 形 ① 恐ろしい, 恐るべき, ぞっとするような. ein *fürchterliches* Unglück 恐ろしい事故. ②《口語》ひどい, すごい. eine *fürchterliche* Hitze 猛暑.
II 副《口語》ひどく, ものすごく. Es war *fürchterlich* komisch. それはひどくおかしかった.

fürch·te·te [フュルヒテテ] ⇨*fürchten* (恐れる)の過去.

furcht^zlos [フルヒト・ロース] 形 恐れを知らない, 大胆な.

Furcht^zlo·sig·keit [フルヒト・ローズィヒカイト] 囡 –/ 恐れを知らないこと, 大胆不敵.

furcht·sam [フルヒトザーム] 形 こわがりの, 臆病(おくびょう)な, びくびくしている.

Furcht·sam·keit [フルヒトザームカイト] 女 -/ 小心、臆病(おくびょう)．

für≠ei·nan·der [フューァ・アイナンダァ] 副 お互いのために、互いに[対して]．

Fu·rie [ふーリェ fúːria] I -/-n 《ふつう 複》《ロマ神》フリア[エ] (復讐の三女神．ギリシア神話のエリニュ[エ]スに当たる)．II 女 -/-n ① 《比》狂暴な女．② 《複 なし》狂暴、激怒．

fu·ri·os [ふリオース furióːs] 形 激しい、熱気を帯びた(論争など)；[人を]熱狂させるような．

Fur·nier [ふルニーァ furníːr] 中 -s/-e 《工》張り板、化粧張り．

fur·nie·ren [ふルニーレン furníːrən] 他 (h) (家具など[4]に)化粧板を張る、化粧張りをする．

Fu·ro·re [ふローレ furóːrə] 女 (または 中) 《成句的に》 *Furore*[4] machen 大当たりする、大喝采(かっさい)を博する．

fürs [フューァス] 《前置詞 für と定冠詞 das の融合形》 *fürs* Erste さしあたり．

Für≠sor·ge [フューァ・ゾルゲ] 女 -/ ① 世話、保護、配慮．② 社会福祉事業(事業)；福祉事務所；《口語》福祉手当．

Für·sor·ge≠er·zie·hung [フューァゾルゲ・エァツィーウング] 女 -/ (少年院などにおける)保護教育、補導．

Für·sor·ger [フューァ・ゾルガァ fýːr-zɔrɡər] 男 -s/- 福祉事業にたずさわる人、ケースワーカー．

für·sorg·lich [フューァ・ゾルクリヒ] 形 思いやりのある、配慮の行き届いた．

Für≠spra·che [フューァ・シュプラーヘ] 女 -/-n とりなし、仲介． bei A[3] für B[4] *Fürsprache*[4] ein|legen A[3]に B[4]のためのとりなしをする．

Für≠spre·cher [フューァ・シュプレッヒャァ] 男 -s/- ① とりなす人、調停者．② 《スイ》弁護士．

der **Fürst** [フュルスト fýrst] 男 (単 2・3・4) -en/(複) -en ① 侯爵 (Herzog 「公爵」と Graf 「伯爵」の中間の爵位だが、女性形は Fürstin)．② 君主、領主、王侯；《史》侯 (中世ドイツで Kaiser 「皇帝」、König 「国王」に次ぐ領主の称号)．Kur*fürst* 選帝侯 / geistliche *Fürsten* 聖職にある諸侯 / Er lebt wie ein *Fürst*. 彼は大名暮らしをしている / der *Fürst* dieser Welt[2] 《比》悪魔．③ 《雅》(ある分野の)第一人者．

Fürs·ten·tum [フュルステントゥーム] 中 -s/..tümer 侯爵領、侯国．

Fürs·tin [フュルスティン fýrstin] 女 -/..tinnen 侯爵婦人；(女性の)侯爵．

fürst·lich [フュルストリヒ] 形 ① 《付加語としてのみ》侯爵の、領主の． ② 《比》(王侯のような)豪勢な、豪華な． ein *fürstliches* Essen 豪勢な食事．

Furt [ふルト fúrt] 女 -/-en (歩いて渡れる)浅瀬．

Furt·wäng·ler [ふルト・ヴェングらァ fúrt-vɛŋlər] -s/ 《人名》フルトヴェングラー (Wilhelm *Furtwängler* 1886–1954；ドイツの指揮者)．

Fu·run·kel [ふルンケる furúŋkəl] 男 中 -s/- 《医》フルンケル、癤(せつ)．

für≠wahr [フューァ・ヴァール] 副 《雅》確かに、まことに．

Für≠wort [フューァ・ヴォルト] 中 -[e]s/..wörter 《言》代名詞 (=Pronomen)．

Furz [フルツ fúrts] 男 -es/Fürze 《俗》屁、おなら；《比》ささいな(つまらぬ)こと．

fur·zen [ふルツェン fúrtsən] 自 (h) 《俗》おならをする．

Fu·sel [ふーぜる fúːzəl] 男 -s/- 《ふつう 単》《口語》安ブランデー．

fü·si·lie·ren [ふズィリーレン fyzilíːrən] 他 (h) 銃殺刑に処す．

Fu·si·on [ふズィオーン fuzióːn] 女 -/-en ① (会社・政党などの)合併、合同．② 《生》(細胞の)融合．③ 《光》(左右の目に生じた像の単一像への)融合．④ 《物》核融合．

fu·si·o·nie·ren [ふズィオニーレン fuzioníːrən] 自 (h) (会社・政党などが)合併する． mit einer Firma *fusionieren* ある会社と合併する．

der **Fuß** [ふース fúːs]

足	Gehen wir zu *Fuß*?
	ゲーエン ヴィァ ツー ふース
	歩いて行きましょうか．

格	単	複
1	der Fuß	die Füße
2	des Fußes	der Füße
3	dem Fuß	den Füßen
4	den Fuß	die Füße

男 (単 2) -es/(複) Füße [ふューセ] (3 格のみ Füßen) ① 足．(比) 《☞ Körper 図》《☞》くるぶしから下を指す．「脚」は Bein；「手」は Hand． der linke (rechte) *Fuß* 左(右)足 / ein schmaler *Fuß* 細い足 / Meine *Füße* tun weh. 私は足が痛い / trockenen *Fußes* 足をぬらさずに / leichten *Fußes*《雅》足取り軽く．

◇《動詞の目的語として》 kalte *Füße*[4] bekommen《口語》しり込みする / Das Buch hat *Füße* bekommen.《口語》その本は消えてなくなった (←足が生えた) / sich[3] den *Fuß* brechen 足を骨折する / [festen] *Fuß* fassen 《確たる》地歩を固める、根をおろす / sich[3] den *Fuß* vertreten 足をくじく / einen *Fuß* vor|setzen 一方の足を前へ出す．

◇《前置詞とともに》 人・事[3] auf dem *Fuß* folgen a) 人[3]のあとにぴったりついて行く、b) 事[3]のすぐあとに起こる / auf großem *Fuße* leben a) ぜいたくに暮らす b)《戯》足がでかい / auf freiem *Fuß* sein (犯人などが)逃走中である / mit 人[3] auf gutem *Fuß* stehen《比》人[3]と仲が良い / auf eigenen *Füßen* stehen《比》独立している / 人[3] auf den *Fuß* (または die *Füße*) treten a) 人[3]の足を踏む、b)《比》人[3]をしかる、せきたてる / immer [wieder] auf die *Füße* fallen《比》(難関などに)いつもうまく切り抜ける / auf festen *Füßen* stehen《比》足もと(基盤)がしっかりしている / Das Unternehmen steht auf schwachen *Füßen*. 《比》その事業は基盤が弱い / Bei *Fuß*! (犬に対して:)[私の足も

Fußabstreifer

とに)じっとしていろ / mit bloßen *Füßen* はだしで / mit beiden *Füßen* im Leben stehen 足が地についている，現実的に生きている / mit dem *Fuß* stampfen (怒って)じだんだを踏む / 人物⁴ mit *Füßen* treten《比》人・物⁴を踏みつけにする / Er steht schon mit einem *Fuß* im Grabe. 彼は死にかけている(←片足を墓穴に入れている) / den Boden unter den *Füßen* verlieren 基盤(よりどころ)を失う / von einem *Fuß* auf den anderen treten (いらいらして)足踏みする / 人³ 物⁴ vor die *Füße* werfen (怒って)物⁴を人³の足もとに投げつける / **zu** *Fuß* **gehen** 歩いて行く ⇨ Wir gingen zu *Fuß* nach Hause. 私たちは歩いて帰宅した / 人³ zu *Füßen* fallen a) 人³の足元にひれ伏す，b)《比》人³に嘆願する / 人³ zu *Füßen* liegen《雅》人³をあがめる / 人³ 物⁴ zu *Füßen* legen《雅》人³・物⁴ ② (柱などの)基底部; (家具・容器などの)脚部; (山などの)ふもと，すそ．Säulen*fuß* 柱脚／Lampen*fuß* 電気スタンドの脚 / **am** *Fuß* **des Berges** 山のふもとに．③《詩学》詩脚．④ (靴下などの)足部．⑤《数量単位としては：覆 》 フィート(昔の長さの単位．25-40cm). drei *Fuß* lang 長さ3フィート．

Fuß·ab·strei·fer [フース・アップシュトライファァ] 男 -s/- (^3^) ＝Fußabtreter

Fuß·ab·tre·ter [フース・アップトレータァ] 男 -s/- (玄関の)靴ぬぐい，ドアマット．

Fuß·an·gel [フース・アンゲル] 女 -/-n 鉄菱 (ひし) (泥棒よけに地面に埋めるとがった鉄具)．

Fuß·bad [フース・バート] 中 -[e]s/..bäder《医》足浴(浴); 足湯．

*der **Fuß·ball** [フース・バル fúːs-bal] 男 (単2) -[e]s/(複) ..bälle ..べれ] (3格のみ ..bällen) ① 《覆 なし》(競技名として:)サッカー．(英 soccer, football). Profi*fuß*ball プロサッカー / Wir spielen gern *Fuß*ball. 私たちはよくサッカ

ーをします．② (サッカー用の)ボール．mit dem *Fuß*ball spielen サッカーボールで遊ぶ．

Fuß·bal·ler [フース・バラァ fúːs-balɐr] 男 -s/-《口語》サッカー選手(＝Fußballspieler).

Fuß·ball·mann·schaft [フースバル・マンシャフト] 女 -/-en サッカーチーム．

Fuß·ball·platz [フースバル・プラッツ] 男 -es/..plätze サッカー競技場．

Fuß·ball·spiel [フースバル・シュピール] 中 -[e]s/-e サッカーの試合(競技)．

Fuß·ball·spie·ler [フースバル・シュピーらァ] 男 -s/- サッカー選手．

Fuß·ball·to·to [フースバル・トート－] 中 男 -s/-s サッカートトカルチョ．

Fuß·ball·welt·meis·ter·schaft [フースバる・ヴェるトマイスタァシャフト] 女 -/-en サッカーのワールドカップ[の試合]．

Fuß·bank [フース・バンク] 女 -/..bänke 足[のせ]台．

*der **Fuß·bo·den** [フース・ボーデン fúːs-boːdən] 男 (単2) -s/(複) ..böden ..ベーデン] 床(ゆか). ((英) floor). den *Fußboden* auf|wischen (scheuern) 床をふく(ごしごし洗う)．

Fuß·bo·den·hei·zung [フースボーデン・ハイツング] 女 -/-en 床暖房．

Fuß·breit [フース・ブライト] 男 -[e]s/ 足幅の《比》わずかの幅．keinen *Fußbreit* von 事³ ab|weichen《比》事³から一歩も引かない．

Fuß·brem·se [フース・ブレムゼ] 女 -/-n フットブレーキ．

Fü·ße [フューセ] ＊Fuß (足)の覆

Fus·sel [フッセる fúsəl] 女 -/-n (または 男 -s/-[n]) 綿くず，糸くず．

fus·se·lig [フッセりヒ fúsəlɪç] 形 ① けば立った，ほつれた; 毛玉のできた．sich³ den Mund *fusselig* reden《口語》口を酸っぱくして言う．② 《口語》気の散った，落ち着きのない．

fus·seln [フッセるン fúsəln] 自 (h) けば立つ．

― ドイツ・ミニ情報 8 ―

サッカー Fußball

ドイツで最も人気の高いスポーツは，国技とも言われるサッカーである．ドイツサッカー連盟(DFB)に登録している会員数だけでも620万人のサッカー人口を誇る．ドイツでは学校単位の部活動はほとんど行われておらず，居住地域ごとのクラブ制が主である．一つのクラブの中に，6～18歳までを2歳ずつ区分で分けた青少年チーム，成人チーム(場合によっては女子チーム)があり，子供の頃から年間を通じたリーグ戦に参加し，毎週末に試合を楽しむ．

620万人が毎週試合をすれば，おびただしい試合数になるが，DFBの下部組織である21の州協会が試合運営を管理し，広くサッカーに親しめる環境を提供している．町村レベルから全国レベルまで，さまざまなクラスがあり，その頂点がプロのブンデスリーガ(連邦リーグ)である．このリーグ

は1部と2部から成り，それぞれ18チームで年間成績を競い，1部下位3チームと2部上位3チームが翌シーズンに入れ替わる．

ブンデスリーガの中でさらに際だった選手が，ナショナルチームのメンバーとして，国別対抗の国際試合に出場する．ドイツ代表チームには，これまで数多くの世界的名プレーヤーを輩出し，ワールドカップでは過去3回優勝した．このような輝かしい成果を収めてきた裏には，底辺からトップまで，選手，指導者，審判を一貫して養成できるドイツの完璧なサッカー組織の存在を忘れることができない．

fu·ßen [フーセン fúːsən] 自 (h) ① 《**auf** 事³ ~》(事³に)基づいている, 立脚している. ②《狩》(鳥などが)とまっている.

Füs·sen [フュッセン fýsən] 中 -s/《都市名》フュッセン(ドイツ, バイエルン州: ☞地図 E-5).

Fuß·en·de [フース・エンデ] 中 -s/-n (ベッドなどの)足を置く側.

Fuß·fall [フース・ふァる] 男 -[e]s/ ひざまずくこと, 平伏. einen *Fußfall* **vor** 人³ machen 《雅・比》人³の前にひざまずく.

der **Fuß⸗gän·ger** [フース・ゲンガァ fúːsɡɛŋɐr] 男 (単2) -s/(複) - (3格のみ -n) 歩行者.《英》*pedestrian*.《女》女性形は Fußgängerin). Neben der Straße ist ein Weg für *Fußgänger*. 大通りと並んで歩行者用の道がある.

Fuß·gän·ger⸗brü·cke [フース・ゲンガァ・ブリュッケ] 女 -/-n 歩道橋.

Fuß·gän·ger⸗**über·weg** [フースゲンガァ・ユーバァヴェーク] 男 -[e]s/-e 横断歩道.

Fuß·gän·ger⸗**zo·ne** [フースゲンガァ・ツォーネ] 女 -/-n 歩行者専用区域, 歩行者天国.

Fuß⸗ge·lenk [フース・ゲレンク] 中 -[e]s/-e 足首の関節;《医》足関節.

fuß⸗ge·recht [フース・ゲレヒト] 形 (靴などが)足にぴったり合った.

..fü·ßig [..ふユースィヒ ..fyːsɪç]《形容詞をつくる 接尾》(…脚の) 例: drei*füßig* 3 脚の.

Fuß⸗knö·chel [フース・クネッヒェル] 男 -s/- くるぶし.

fuß⸗krank [フース・クランク] 形 (行軍などで)足を傷めた.

Füß·ling [フュースリング fýːslɪŋ] 男 -s/-e (ストッキングなどの)足部.

Fuß⸗mat·te [フース・マッテ] 女 -/-n (玄関などの)足ふきマット, 靴ぬぐい.

Fuß⸗no·te [フース・ノーテ] 女 -/-n 脚注.

Fuß⸗pfad [フース・プふァート] 男 -[e]s/-e (車の通れない)小道.

Fuß⸗pfle·ge [フース・プふれーゲ] 女 -/ 足の手入れ, ペディキュア(足の爪の美容術).

Fuß⸗pfle·ger [フース・プふれーガァ] 男 -s/- ペディキュアをする美容師.

Fuß⸗pilz [フース・ピるツ] 男 -es/-e 《医》(水虫などを起こす)白癬(はくせん)菌.

Fuß⸗soh·le [フース・ゾーれ] 女 -/-n 足の裏.

Fuß⸗spit·ze [フース・シュピッツェ] 女 -/-n 足のつま先. **auf** den *Fußspitzen* **gehen** つま先立って歩く.

Fuß⸗spur [フース・シュプーァ] 女 -/-en 足跡.

Fuß⸗stap·fen [フース・シュタプふェン] 男 -s/- 足跡. Er trat **in** seines Vaters *Fußstapfen*.《比》彼は父親を範とした.

Fuß⸗tritt [フース・トリット] 男 -[e]s/-e ① 足げ, けとばすこと;《比》侮辱. dem Hund einen *Fußtritt* geben (または versetzen) 犬をけとばす. ②《古》足取り, 足音.

Fuß⸗volk [フース・ふォるク] 中 -[e]s/..völker 《古》歩兵隊 (= Infanterie);《比》下っ端.

Fuß⸗weg [フース・ヴェーク] 男 -[e]s/-e 歩道; (車の通れない)小道; 徒歩での行程. Das ist ein *Fußweg* von etwa zehn Minuten. 歩いて約 10 分の距離だ.

futsch [ふッチュ fʊtʃ] 形《述語としてのみ》《俗》消え失せた, なくなった; 壊れた, だめになった.

das **Fut·ter**¹ [ふッタァ fútɐr] 中 (単2) -s/ ① (家畜の)飼料, 餌(えさ).《英》*feed*). dem Vieh *Futter*⁴ geben 家畜に飼料をやる. ②《俗》(人間の)食い物. Er ist gut im *Futter*. 彼は栄養がしっかりいきわたっている(太っている).

Fut·ter² [ふッタァ] 中 -s/- ① (服・封筒などの)裏地. ② (窓などの)枠張り; 裏張り, 内張り. ③《工》(旋盤などの)チャック, こま.

Fut·te·ral [ふッテラーる futərɑ́ːl] 中 -s/-e (眼鏡・楽器などの)ケース, サック.

Fut·ter⸗krip·pe [ふッタァ・クリッペ] 女 -/-n かいば桶(おけ). **an** die *Futterkrippe* **kommen** 《俗》(甘い汁の吸える)ポストにありつく.

fut·tern [ふッタァン fútɐrn] 自 (h)・他 (h)《口語》ぱくぱく(もりもり)食べる.

*füt·tern*¹ [ふュッタァン fýtɐrn] (**futterte**, *hat* …**gefüttert**) 他 (完了 **haben**) ① (動物⁴に)餌(えさ)をやる, 飼料を与える.《英》*feed*). die Pferde⁴ *füttern* 馬に餌をやる / Er *füttert* die Schweine **mit** Kartoffeln. 彼は豚にじゃがいもを与える. ② (餌(えさ)として 物⁴を)与える. Hafer⁴ *füttern* 燕麦(えんばく)を餌として与える. ③ (子供・病人などに⁴)に食べ物を食べさせてやる. einen Kranken *füttern* 病人に食べ物を食べさせてやる. ④《人⁴ **mit** 物³ ~》(人⁴に物³を)食べさせすぎる. ein Kind⁴ mit Schokolade *füttern* 子供にチョコレートを食べさせすぎる. ⑤《コンピュ》(データ⁴を)入れる; (コンピュータ⁴に)インプットする. Daten⁴ **in** einen Computer *füttern* データをコンピュータに入れる / einen Computer mit einem Programm *füttern* コンピュータにプログラムをインプットする. ⑥《口語》(自動販売機などに⁴)投入する. einen Automaten **mit** Münzen *füttern* 自動販売機にコインを入れる.

füt·tern² [ふュッタァン] 他 (h) (衣服⁴に)裏地をつける, 内張りを施す. ein Kleid⁴ **mit** Seide *füttern* 服に絹の裏地を付ける.

Füt·tern [ふュッタァン] 中《成句的に》*Füttern* **verboten**! (動物園の掲示:) 餌(えさ)はやらないでください.

Fut·ter⸗neid [ふッタァ・ナイト] 男 -[e]s/ (家畜などの)餌(えさ)についてのねたみ;《俗》(他人の)利得(食べ物)に対するねたみ.

Fut·ter⸗stoff [ふッタァ・シュトふ] 男 -[e]s/-e (服の)裏地.

füt·ter·te [ふュッタァテ] *füttern*¹ (餌をやる)の 過去.

Fut·ter⸗trog [ふッタァ・トローク] 男 -[e]s/..tröge (特に豚のための)飼料桶(おけ).

Füt·te·rung¹ [ふュッテルング] 女 -/-en 飼料を与えること; (動物用の)餌台(えさだい).

Füt·te·rung² [ふュッテルング] 女 -/-en ①《ふつう 単》(服などに)裏地をつけること. ② 裏地.

Fu·tur [ふトゥーァ futú:*r*] 中 -s/-e《言》未来[時称]. erstes (zweites) *Futur* 未来(未来完了).

Fu·tu·ris·mus [ふトゥリスムス futurísmus] 男 -/ 未来派(20世紀初頭イタリアに起こった急進的な反伝統主義的芸術運動).

Fu·tu·ro·lo·gie [ふトゥロろギー futurologí:] 女 -/ 未来学.

G g

g¹, G¹ [ゲー gé:] 中 -/- ゲー(ドイツ語アルファベットの第7字).

g², G² [ゲー] 中 -/-《音楽》ト音. *G*-Dur ト長調 / *g*-Moll ト短調.

g ①《グラム》グラム(=Gramm). ②《グロッシェン》《略》グロッシェン(=Groschen).

Ga [ゲー・アー]《化・記号》ガリウム(=Gallium).

gab [ガープ] ‡geben (与える)の過去

*die **Ga·be** [ガーベ gá:bə] 囡 (単) -/(複) -n ① 《雅》贈り物(=Geschenk).(英 *gift*). ②《雅》施し物, 寄付金(=Spende). eine milde *Gabe* (貧者への慈善の)施し. ③ 天分, 才能. ein Mensch mit glänzenden *Gaben* すばらしい天分の持ち主 / die *Gabe* der Rede² 弁舌の才. ④〖覆 なし〗(薬の)投与. ⑤ (1回分の薬の)服用量.

gä·be [ゲーベ] ‡geben (与える)の接²

‡*die* **Ga·bel** [ガーベル gá:bəl] 囡 (単) -/(複) -n ① フォーク.(英 *fork*). mit Messer und *Gabel* essen ナイフとフォークで食事する / mit der fünfzinkigen *Gabel* essen《口語·戯》手づかみで食べる(←五股のフォークで).
② (農作業用の)熊手. Heu*gabel* 干し草用熊手. ③ (股状のもの:)木の股 (=Ast*gabel*); (鹿などの)枝角(えだづの); (股状の)受話器掛け. den Hörer auf die *Gabel* legen 受話器を置く. ④ (チェスで)両当たり.

ga·bel≳för·mig [ガーベル・フェルミヒ] 形 フォーク状の, 股状の, 又状の.

Ga·bel·früh·stück [ガーベル・フリューシュテュック] 中 -[e]s/-e 小昼(こびる)(祝祭日などにとる朝食と昼食の間の軽い食事).

ga·beln [ガーベルン gá:bəln] I 再帰 (h) *sich*⁴ *gabeln* (道などが)二股に分かれる, 分岐する. Der Weg *gabelt sich* hinter der Brücke. 道は橋の向こうで二つに分かれる. II 他 (h) ① (干し草などを)熊手で積む(下ろす). ②〖農〗フォークで刺して取る. III 自 (h)〖農〗フォークで食べる.

Ga·bel≳stap·ler [ガーベル・シュタープラァ] 男 -s/-《工》フォークリフト.

Ga·be·lung [ガーベルング] 囡 -/-en 二股をなすこと, 分岐; 分岐点.

Ga·ben·tisch [ガーベン・ティッシュ] 男 -[e]s/-e 贈り物を載せたテーブル(誕生日やクリスマスでの).

Ga·bi [ガービ gá:bi] -s/《女名》ガービ(Gabriele の短縮).

Gab·ri·el [ガーブリエール gá:briel または ..エル ..ɛl] 《男名》ガーブリエル[-]ル. II -s/《聖》ガブリエル(主座天使の一人).

ga·ckern [ガッカァン gákərn] 自 (h) ① (鶏などが)こっこっ(があがあ)と鳴く. ②《口語》(少女たちがくすくす笑いながら)おしゃべりをする.

gaf·fen [ガッフェン gáfən] 自 (h) ぽかんと見とれる.

Gaf·fer [ガッファァ gáfər] 男 -s/-(軽蔑的に:)ぽかんと見とれ[てい]る人.

Gag [ゲック gék または ゲーク][英] 男 -s/-s ①《劇·映·放送》アドリブ, 場当たり文句, ギャグ. ② 意外な効果, 独特の着想.

Ga·ge [ガージュ gá:ʒə] [フラ] 囡 -/-n (特に俳優·演奏家などへの)ギャラ.

*‡**gäh·nen** [ゲーネン gé:nən] (gähnte, *hat*... gegähnt) 自 (定了) haben) ① あくびをする.(英 *yawn*). Er *gähnte* laut. 彼は大あくびをした. ②《雅·比》(深淵(しんえん)などが)ぽっかりと口を開けている. Vor uns *gähnte* eine tiefe Schlucht. われわれの前には深い谷間が口を開けていた. ◇〖現在分詞の形で〗 Im Stadion herrschte (または war) *gähnende* Leere. スタジアムはがら空きだった.

gähn·te [ゲーンテ] ‡gähnen (あくびをする)の過去

Ga·la [ガラ gála または ガーラ] 囡 ① 正装, 礼装, 晴れ着;《史》宮廷服. in [großer] *Gala* 正装で / sich⁴ in *Gala* werfen《口語·戯》晴れ着でめかしこむ. ② ガラ公演(=*Galavorstellung*).

Ga·la≳kon·zert [ガラ·コンツェルト] 中 -[e]s/-e (祝祭のときの)特別記念コンサート, ガラコンサート.

ga·lak·tisch [ガらクティッシュ galáktɪʃ] 形《天》銀河系の.

Ga·lan [ガらーン galá:n] 男 -s/-e (皮肉って:)(女性に)親切な男;《口語》(軽蔑的に:)情夫, (男の)愛人.

ga·lant [ガらント galánt] 形 ① (女性に対して)丁重で親切な, いんぎんな. ②〖付加語としてのみ〗色恋の, 情事の.

Ga·lan·te·rie [ガらンテリー galantərí:] 囡 -/-n [..リーエン] (女性に対して)丁重で親切なこと; いんぎんなお世辞.

Ga·la≳vor·stel·lung [ガら·フォーァシュテるング] 囡 -/-en 《劇·オペラなどの》特別記念上演(公演), ガラ公演.

Ga·la·xie [ガらクスィー galaksí:] 囡 -/-n [..スィーエン] 《天》ギャラクシー(銀河系外の大星雲, 恒星系).

Ga·lee·re [ガれーレ galé:rə] 囡 -/-n (中世の)ガレー船(奴隷などにこがせた櫂のある帆船).

Ga·lee·ren≳skla·ve [ガれーレン·スクらーヴェ] 男 -n/-n (中世の)ガレー船奴隷.

*die **Ga·le·rie** [ガれリー galərí:] 囡 (単) -/(複) -n [..リーエン] ① ギャラリー, 画廊, 美術館; 絵画コレクション; 美術店.(英 *gallery*). ②

Ga·le·rist (劇場などの)天井桟敷，最上階[の席]．(☞ Theater 図)．Die *Galerie* ist voll besetzt.【状態受動・現在】天井桟敷は大入り満員だ．③《建》(教会・城などの)回廊，歩廊．④《戯》たくさん，多数．eine *Galerie* schöner Mädchen² 居並ぶ美少女たち．

Ga·le·rist [ガれリスト galəríst]男 -en/-en ① 画廊経営者；画商．②《ドィッ》犯罪者．

Gal·gen [ガるゲン gálgən]男 -s/- ① 絞首台．人⁴ an den *Galgen* bringen 人⁴を告訴して絞首台に送る．②《工》つり下げ装置．

Gal·gen≈frist [ガるゲン・フリスト]女 -/-en《ふつう単》(決定的な出来事が起こるまでの)最後の猶予期間(元の意味は「死刑執行までの期間」)．

Gal·gen≈hu·mor [ガるゲン・フモーァ]男 -s/ 引かれる者の小唄，ブラックユーモア．

Gal·gen≈vo·gel [ガるゲン・フォーゲる]男 -s/..vögel《口語》ならず者，ごろつき．

Ga·li·lei [がれれーイ galiléːi] -s/《人名》ガリレイ (Galileo *Galilei* 1564-1642; イタリアの物理学者・天文学者).

Ga·li·ons≈fi·gur [ガリオーンス・フィグーァ]女 -/-en《海》船首像，フィギュアヘッド(船首の飾り．ふつう婦人像); 《比》宣伝用の有名人．

gä·lisch [ゲーリッシュ gέːlɪʃ]形 ゲール人(語)の．

Ga·li·zi·en [ガリーツィエン galíːtsiən] -s/《地名》ガリツィア(ポーランド南東部とウクライナ共和国西部にまたがる地方)．

Gall≈ap·fel [ガる・アプふェる]男 -s/..äpfel《植》虫こぶ(昆虫・線虫などによって生じる異常な増殖部分)．

Gal·le [ガれ gálə]女 -/-n ①《複 なし》《医》胆汁．bitter wie *Galle* 胆汁のようににがい．②《口語》胆嚢(たんのう) (= *Gallenblase*)．③《比》不機嫌，立腹．Gift⁴ und *Galle*⁴ speien 激怒する / Mir läuft die *Galle* über. 私は腹が煮えくりかえっている．

gal·le[n]·bit·ter [ガれ[ン]・ビッタァ]形 (胆汁のように)ひどくにがい．

Gal·len≈bla·se [ガれン・ブらーゼ]女 -/-n《医》胆嚢(たんのう)．

Gal·len≈stein [ガれン・シュタイン]男 -[e]s/-e《医》胆石．

Gal·lert [ガらァト gálərt または ガれルト galért] -[e]s/(種類:) -e ①《化》ゼラチン，ゲル．②《料理》ゼリー．

gal·lert≈ar·tig [ガらァト・アールティヒ]形 ゲル(ゼリー)状の．

Gal·li·en [ガリエン gáliən] -s/《地名》ガリア(古代ケルト民族の居住地．今日のフランス・ベルギー・北イタリアの地方)．

gal·lig [ガリヒ gálɪç]形 ① 胆汁のような, (胆汁のように)ひどくにがい．② 怒りっぽい，辛らつな(批評など)．

gal·lisch [ガリッシュ gálɪʃ]形 ガリア人(語)の．

Gal·li·um [ガリウム gálium] -s/《化》ガリウム(記号:Ga)．

Gal·lo·ne [ガろーネ galóːnə]女 -/-n ガロン(英・米の液量単位．英ガロンは4.546リットル，米ガロンは3.785リットル)．

Ga·lopp [ガろップ galóp]男 -s/-e (または -s) ① 《馬術の》ギャロップ，駆け足．im *Galopp* reiten ギャロップで馬を走らせる / im *Galopp*《口語》大急ぎで．② ガロップ(4分の2拍子の速い輪舞)．

ga·lop·pie·ren [ガろピーレン galopíːrən] (h, s) (馬が・人が馬で)ギャロップで駆けて行く．◇《現在分詞の形で》*galoppierende* Inflation 急速に進行するインフレ．

Ga·lo·sche [ガろッシェ galóʃə]女 -/-n (ゴム製の)オーバーシューズ．

galt [ガるト]※*gelten* (有効である)の過去．

gäl·te [ゲるテ]※*gelten* (有効である)の接2．

gal·va·nisch [ガるヴァーニッシュ galvάːnɪʃ]形《理》ガルヴァーニ電流の，直流電気の．*galvanisches* Element ガルヴァーニ電池．

gal·va·ni·sie·ren [ガるヴァニズィーレン galvanizíːrən] 他 (h)《工》(物⁴に)電気メッキをする．

Gal·va·no [ガるヴァーノ galvάːno] -s/-s《印》電気版．

Gal·va·no≈me·ter [ガるヴァノ・メータァ] -s/-《電》検流計．

Ga·ma·sche [ガマッシェ gamáʃə]女 -/-n《ふつう複》ゲートル；スパッツ．

Gam·be [ガンベ gámbə]女 -/-n《音楽》ヴィオラ・ダ・ガンバ(16-18世紀に使われた弦楽器)．

Gam·ma≈strah·len [ガンマ・シュトラーれン]複《物・医》ガンマ線．

gam·me·lig [ガンメリヒ gáməlɪç]形《口語》① (食べ物が)古くなって腐った，傷んだ．② (服装などが)だらしない．

gam·meln [ガンメるン gáməln] 自 (h)《口語》(特に若者が)ぶらぶらして過ごす；ぶらぶらする．②《口語》(パン・肉などが)古くなって傷む(腐る)，悪くなる．

Gamm·ler [ガンムらァ gámlər]男 -s/-《口語》(軽蔑的に:)ヒッピー，ふうてん．

Gams≈bart [ガムス・バールト] -[e]s/..bärte アルプスかもしかのひげ．

Gäm·se [ゲムゼ gέmzə]女 -/-n《動》アルプスカモシカ．

gang [ガング gáŋ]《成句的に》*gang* und gäbe sein(古》広く行われている，習慣になっている ⇒ Das ist hier *gang* und gäbe. それはここではよくあることだ．

der **Gang**¹ [ガング gáŋ]男 (単2) -es (まれに -s)/(複) Gänge [ゲンゲ] (3格のみ Gängen) ①《複 なし》歩き方，足取り; (人・馬などの)歩調．(英 *walk*)．Er hat einen leichten *Gang*. 彼は足取りが軽い / Ich erkannte ihn an seinem *Gang*. 歩き方で彼だとわかった．

② 歩くこと，(ある場所へ)行くこと；用足し[に行くこと]；巡回．Spazier*gang* 散歩 / Ich machte einen *Gang* durch die Stadt. 私は町を一巡り歩いた / Ich muss noch einen *Gang* machen. 私はこれからまだ用足しに出かけなければならない / 人⁴ **auf** seinen letzten *Gang* begleiten《雅・婉曲》人⁴の野辺の送りを

する.

③ **通路**, 廊下. ein unterirdischer *Gang* 地下通路 / Dieser *Gang* führt in den Hof. この通路は中庭へ通じている.

④ (機械などの)**動き**, 作動; (事の)進行, 経過. Die Maschine ist **in** *Gang*. その機械は作動している / 物・事⁴ in *Gang* bringen (または setzen) a) 物⁴(機械など)を始動させる, b)《比》事⁴を始める / 物・事⁴ in *Gang* halten a) 物⁴(機械など)を動かし続ける, b)《比》事⁴を持続させる / in *Gang* kommen a) (機械などが)動き始める, b)《比》(事柄が)始まる.

⑤ 〘工〙 ギヤ (変速ギヤの段階). den ersten *Gang* ein|legen (または ein|kuppeln) ローギヤに入れる / im dritten *Gang* fahren サード[ギヤ]で走る.

⑥ 〘スポ〙 ラウンド, 一試合. ⑦《料理》(コースの)一品, 一皿. Das Festessen hatte fünf *Gänge*. その宴会の料理は 5 品だった. ⑧《坑》岩脈, 鉱脈.

Gang² [ゲング gén]《英》女 -/-s ギャング, (悪党・不良などの)一味, 暴力団.

Gang·art [ガング・アールト] 女 -/-en ① 歩き方, 足並み, 歩調;《スポ》足運び. ②《坑》脈石.

gang·bar [ガングバール] 形 ① 通行できる(道など);《比》実行可能な(方法など). ② [一般に] 通用している(貨幣など), 普通の(考え方など).

Gän·ge [ゲンゲ] *Gang¹ (歩くこと)の複.

Gän·gel⇗band [ゲンゲる・バント] 中 -[e]s/..bänder《古》(幼児用の)歩行バンド. 人⁴ **am** *Gängelband* führen 人⁴を思いのままに操る.

gän·geln [ゲンゲるン génəln] 他 (h)《口語》(人⁴を)意のままに操る, 思いのままにコントロールする.

der **Gan·ges** [ガンゲス gáŋgɛs または gáŋəs] 男 -/《定冠詞とともに》《川名》ガンジス川(インドの大河).

gän·gig [ゲンギヒ géŋɪç] 形 ① 一般に行われている, 普及している. die *gängige* Meinung 世間一般の考え方. ② よく売れている(商品など). ③ (貨幣が)通用する, 使用できる. ④ (機械などが)ちゃんと動く.

Gang⇗schal·tung [ガング・シャるトゥング] 女 -/-en《工》ギアシフト機構, ギア切換装置.

Gangs·ter [ゲングスタァ géŋstər]《英》男 -s/- ギャング[の一味], 暴力団.

Gang·way [ギャング・ウェイ gǽŋ-weɪ]《英》女 -/-s (船・飛行機の)タラップ.

Ga·no·ve [ガノーヴェ ganóːvə] 男 -n/-n《口語》ペテン師, 泥棒, やくざ.

die **Gans** [ガンス gáns] 女 (単) -/(複) Gänse [ゲンゼ] (3 格のみ Gänsen) (鳥) **ガチョウ**.《英》*goose*). Die *Gänse* schnattern. がちょうががあがあ鳴いている / *Gänse*⁴ mästen がちょうを肥育する. ② がちょうのロースト (= *Gänsebraten*). ③《口語》小娘, おぼこ娘. Dumme *Gans*! ばかな女め.

Gän·se [ゲンゼ] *Gans (ガチョウ)の複.

Gän·se⇗blüm·chen [ゲンゼ・ブりューム ヒェン] 中 -s/-《植》デージー, ヒナギク.

Gän·se⇗bra·ten [ゲンゼ・ブラーテン] 男 -s/-《料理》がちょうのロースト(焼き肉).

Gän·se⇗füß·chen [ゲンゼ・フュースヒェン] 中 -s/-《口語》引用符 (記号: „…") (= Anführungszeichen).

Gän·se⇗haut [ゲンゼ・ハオト] 女 -/ 鳥肌. eine *Gänsehaut*⁴ bekommen 鳥肌が立つ.

Gän·se⇗klein [ゲンゼ・クライン] 中 -s/ がちょうの内臓(頭・首・手羽)など[の料理].

Gän·se⇗le·ber [ゲンゼ・れーバァ] 女 -/-n がちょうの肝臓;《料理》フォアグラ.

Gän·se⇗le·ber⇗pas·te·te [ゲンゼれーバァ・パステーテ] 女 -/-n《料理》フォアグラ入りのパイ.

Gän·se⇗marsch [ゲンゼ・マルシュ] 男《成句的に》im *Gänsemarsch* gehen 一列縦隊で行く.

Gän·se·rich [ゲンゼリヒ génzərɪç] 男 -s/-e がちょうの雄.

Gän·se⇗schmalz [ゲンゼ・シュマるツ] 中 -es/ がちょうの脂.

‡**ganz** [ガンツ gánts]

> まったく; 全部の
>
> *Ganz* richtig! まったくそのとおりだ.
> ガンツ リヒティヒ

I 副 ① まったく, 完全に, すっかり. (《英》*completely*). Du hast *ganz* Recht. まったく君の言うとおりだ / Das ist mir *ganz* egal (または gleich). それは私にはまったくどうでもいいことだ / Er ist wieder *ganz* gesund. 彼は元どおりすっかり元気になった / Er war *ganz* Ohr. 彼は全身を耳にしていた.

◇《成句的に》**nicht** *ganz* 必ずしも … というわけではない ⇒ Das habe ich nicht *ganz* verstanden. それを私は完全に理解したわけではない / *ganz* **und gar** まったく, すっかり, 完全に ⇒ Er hat *ganz* und gar versagt. 彼は完全に失敗した / Das gefällt mir *ganz* und gar nicht. 私はそれが全然気に入らない.

② 《**gut**, **nett**, **schön** などとともに; 文中でのアクセントなし》かなり, まあまあ. Er hat *ganz* gut gesprochen. 彼はかなり上手に話した / Na ja, das war *ganz* nett. そうだなあ, まあまあ結構だったよ / Es geht mir *ganz* gut. 私はまあまあ元気です.

③ 非常に, たいへん. Er war *ganz* glücklich. 彼はとても幸せだった.

....

⸺注 ② の場合あまり積極的な評価ではないことに注意. アクセントがある場合は ③ の「非常に」の意味になるが, まぎらわしいので ③ の意味にはふつう sehr を使う.

....

II 形 ①《付加語としてのみ》**全部の**, 全体の, … 中. (《英》*whole*). die *ganze* Familie 家族全員 / in der *ganzen* Welt 世界中で / **den** *ganzen* **Tag** 一日中 / die *ganze* Zeit [über] その

Gänze

間中ずっと / ein *ganzes* Jahr まる一年 / ein *ganzes* Brot パン1個まるごと / Sie hat ihr *ganzes* Vermögen verloren. 彼女は全財産を失った / Ich wünsche es [mir] von *ganzem* Herzen. 私は心の底からそれを望んでいます / Das ist mein *ganzes* Geld. これが私が持っているお金全部です. (⇨ 類語 all).

◊《冠詞のない地名の前で; 無語尾で》全… in *ganz* Deutschland ドイツ中で / Er kennt *ganz* Europa. 彼はヨーロッパ中を知っている.

◊《名詞的に》 im *ganzen* 《新形》 im *Ganzen* a) 全部で, ひっくるめて, b) 全体としては, 総体的には / im großen und *ganzen* 《新形》 im Großen und *Ganzen* 大体においては.

② 《付加語としてのみ》 完全な. Er ist ein *ganzer* Mann. 彼こそは真の男だ / Er ist der *ganze* Vater. 《口語》彼はどこからどこまで父親そっくりだ / *ganze* Zahl 《数》 整数 / *ganze* Note 《音楽》 全音符 / *ganze* zwei Stunden まる2時間.

③ 《付加語としてのみ》 《口語》 相当の, かなりの. eine *ganze* Menge 相当な量 / Es dauerte eine *ganze* Weile. それはかなり長い間続いた.

④ 《数詞とともに》 《口語》 たった…だけの, わずか…の. Das Buch kostet *ganze* fünf Mark. その本はたったの5マルクだ.

⑤ 《口語》 (品物が) 無傷の, 壊れていない. Ist das Spielzeug noch *ganz*? そのおもちゃはまだ壊れていませんか.

Gän·ze [ゲンツェ géntsə] 囡 《成句的に》 in seiner (ihrer) *Gänze* 《雅》 全体として / zur *Gänze* 完全に.

Gan·ze[s] [ガンツェ[ス] gántsə[s]] 中《語尾変化は形容詞と同じ》全体, 全部, すべて. aufs *Ganze* gehen 《口語》(中途半端でなく)とことんまでやる / im *Ganzen* a) 全部で, ひっくるめて, b) 全体としては, 総体的には / im Großen und *Ganzen* 大体においては / Es geht ums *Ganze*. いちかばちかだ, のるかそるかだ.

Ganz·heit [ガンツハイト] 囡 -/-en 《ふつう 単》 全体, 総体; 完全[性].

ganz·heit·lich [ガンツハイトリヒ] 形 全体的な.

Ganz·heits⹀me·tho·de [ガンツハイツ⹀メトーデ] 囡 -/ 《教》 全習法(一つの語を個々の字母の集まりとしてではなく, 一つのまとまりとして読みとらせる授業法).

ganz·jäh·rig [ガンツ·イェーリヒ] 形 一年中の, 通年の.

Ganz⹀le·der [ガンツ·レーダァ] 中 -s/ 《製本》 革装, 総革.

***gänz·lich** [ゲンツリヒ géntslɪç] Ⅰ 副 完全に, まったく, すっかり. 《英》 completely). Ich habe es *gänzlich* vergessen. 私はそれをすっかり忘れていた.

Ⅱ 形 完全な, まったくの. ein *gänzlicher* Mangel an Verständnis 理解の完全な欠如.

ganz⹀tä·gig [ガンツ·テーギヒ] 形 一日中の, 全日の. Das Geschäft ist *ganztägig* geöffnet. 《状態受動·現在》その店は終日開いている.

Ganz·tags⹀schu·le [ガンツタークス·シューレ] 囡 -/-n 全日制の学校.

***gar**¹ [ガール gá:r]

全然[…でない]

Das ist *gar* nicht wahr.
ダス イスト ガール ニヒト ヴァール
それは全然本当のことではない.

副 A) ① 《否定を強調して》 全然[…でない], 決して[…でない]. Er war *gar* nicht böse. 彼は全然怒っていなかった / Er hat *gar* nichts gesagt. 彼はまったく一言も言わなかった / ganz und *gar* まったく ⇨ Das ist ganz und *gar* nicht richtig. それはまったくうそっぱちだ.

② それどころか(=sogar). Zuletzt bedrohte er mich *gar*. それどころか最後には彼は私を脅すことさえした.

③ 《南ﾄﾞ·ｵｰｽﾄ·ｽｲｽ》非常に, たいへん. Das schmeckt *gar* gut. それはとてもおいしい.

B) 《文中のアクセントあり》《zu, so を強調して》あまりにも, きわめて. Sie ist *gar* zu ängstlich. 彼女はあまりにも臆病(ｵｸﾋﾞｮｳ)だ / Das ist *gar* so schwierig. それはきわめて難しい.

C) 《文中のアクセントあり》① 《特に〔反語的〕疑問文で》ひょっとして, まさか, よもや. Ist sie *gar* schon verlobt? 彼女はまさかもう婚約しているんじゃないだろうね.

② 《ふつう und とともに》 ましてや. Der Schmutz im Hotel war schon schlimm, und *gar* das Ungeziefer. ホテルが汚ないのも困ったのだったが, ましてやのみ, しらみが出たのではたまったものではない.

③ 本当に, 実際. Er ist *gar* zu allem fähig. 彼は実際なんでもよくできる.

gar² [ガール] 形 A) ① 煮えた, 焼けた. *gares* Fleisch よく焼けた肉 / Die Kartoffeln sind noch nicht *gar*. じゃがいもはまだ煮えていない.

② 《農》 耕してある, 農耕に適した. ③ 《南ﾄﾞ·ｵｰｽﾄ》使い果たされた, なくなった.

***die Ga·ra·ge** [ガラージェ gará:ʒə] [ｱｸｾﾝﾄ] 囡 (単) -/(複) -n ガレージ, 車庫. (英) garage). das Auto⁴ aus der *Garage* holen 車を車庫から出してくる / das Auto⁴ in die *Garage* fahren (または bringen) 車を車庫に入れる.

Ga·rant [ガラント garánt] 男 -en/-en 保証人.

***die Ga·ran·tie** [ガランティー garantí:] 囡 (単) -/(複) -n [..ティーエン] 保証. (英) *guarantee*). Sicherheits*garantie* 安全保証 / eine Uhr mit einem Jahr *Garantie* 1年間保証つきの時計 / Das Gerät hat ein Jahr *Garantie*. この器具は1年間の保証つきだ / Die Firma leistet für das Gerät ein Jahr *Garantie*. この会社はその器具に1年間の保証をつけてくれる / die *Garantie*⁴ für 物⁴ übernehmen 物⁴に対する保証を引き受ける / Darauf gebe ich dir meine *Garantie*. 《口語》それはぼくが保証するよ / unter *Garantie* 《口語》確かに, きっと.

ga·ran·tie·ren [ガランティーレン garantíːrən] (garantierte, hat...garantiert) **I** 他 (定了 haben) ([人³に]事⁴を)保証する, 請け合う. (英 guarantee). 人³ ein festes Einkommen⁴ garantieren 人³に決まった収入を保証する.
II 自 (定了 haben) [**für** 事⁴ ~]〖事⁴を〗保証する, 請け合う. Wir garantieren für die gute Qualität unserer Ware. 私どもは商品の品質の良さを保証します.

ga·ran·tiert [ガランティーァト] **I** *garantieren (保証する)の過分 **II** 形 保証された, 折り紙付きの. **III** 副 《口語》確かに, きっと. Er kommt garantiert. 彼は間違いなく来る.

ga·ran·tier·te [ガランティーァテ] *garantieren (保証する)の過去

Ga·ran·tie≠schein [ガランティー・シャイン] 男 -(e)s/-e 保証書.

Ga·ran·tie≠zeit [ガランティー・ツァイト] 女 -/-en 保証期間.

Gar≠aus [ガール・アオス] 男《成句的に》人・事³ den Garaus machen《口語・戯》a) 人³にとどめを刺す, 人³を殺す, b) 事³を廃止する.

Gar·be [ガルベ] 女 -/-n ① 麦などの束; (光線の)束; (軍)(機関銃などの)集束弾道. Getreide⁴ **in** (または **zu**) Garben binden 穀物を束ねる.

Gar·de [ガルデ gárdə] 女 -/-n ① 近衛隊, (えり抜きの)護衛隊. ② 仕事仲間, 有志グループ.

***die* Gar·de·ro·be** [ガルデローベ gardaróːbə] [23] 女 (単) -/(複) -n ① (劇場などの)クローク, 携帯品預かり所. (英 checkroom). den Mantel **an** der Garderobe ab|geben コートをクロークに預ける. ② (玄関などの)コート掛け. ③ (俳優などの)化粧室, 楽屋, 衣装室. ④ [複 なし](ある人のすべての衣装, 持ち衣装.

Gar·de·ro·ben≠frau [ガルデローベン・フラオ] 女 -/-en クローク係の女性.

Gar·de·ro·ben≠**mar·ke** [ガルデローベン・マルケ] 女 -/-n クロークの携帯品預かり札.

Gar·de·ro·ben≠**stän·der** [ガルデローベン・シュテンダァ] 男 -s/- スタンド式コート掛け.

Gar·de·ro·bi·e·re [ガルデロビエーレ gardarobiéːrə] 女 -/-n ① (劇)(俳優などの)衣装係[の女性]. ② クローク係の女性.

***die* Gar·di·ne** [ガルディーネ gardíːnə] 女 (単) -/(複) -n (薄地の)**カーテン**, レース地のカーテン. (英了)「厚地のカーテン」は Vorhang). die Gardinen⁴ auf|hängen カーテンをつるす / die Gardinen⁴ auf|ziehen (zu|ziehen) カーテンを引いて開ける(閉める) / **hinter** schwedischen Gardinen sitzen《口語・戯》刑務所に入っている.

Gar·di·nen≠pre·digt [ガルディーネン・プレーディヒト] 女 -/-en《口語・戯》(あまり効き目のない)小言(元の意味は「酔って遅く帰宅した夫に女房がベッドカーテンの中から言う小言」. 英語の curtain lecture に当たる).

Gar·di·nen≠**stan·ge** [ガルディーネン・シュタンゲ] 女 -/-n カーテンレール; カーテン棒(開け閉めするために用いる).

Gar·dist [ガルディスト gardíst] 男 -en/-en 近衛兵, 護衛兵.

ga·ren [ガーレン gáːrən] **I** 他 (h) 《料理》十分に煮る(焼く). **II** 自 (h) 《料理》十分に煮える(焼ける).

gä·ren(*) [ゲーレン géːrən] (gor, hat/ist...gegoren または gärte, hat/ist...gegärt) **I** 自 (定了 haben または sein) ① (h, s) (ビール・果汁などが)**発酵する**. Das Bier gärt. ビールが発酵する. ② (s)〖**zu** 物³ ~〗発酵して(物³)になる. Der Wein ist zu Essig gegoren. 《現在完了》ワインが発酵して酢になった. ③ (h)《ふつう規則変化》〖**in** 人³ ~〗(怒りなどが)人³の心中に煮えくりかえる. Die Wut gärt in ihm. 彼の心は怒りに煮えくりかえっている. ◇非人称の **es** を主語として〗Im Volk gärt es. 民衆の間に不穏な空気がみなぎっている.
II 他 (定了 haben) 発酵させる. Bier⁴ gären ビールを発酵させる.

Gar·misch-Par·ten·kir·chen [ガルミッシュ・パルテンキルヒェン gármɪʃ-partənkírçən] 中 -s/《地名》ガルミッシュ・パルテンキルヒェン(ドイツ, バイエルン州. ミュンヒェン南方, ツークシュピッツェのふもとの町. ☞《地図》E-5).

***das* Garn** [ガルン gárn] 中 (単2) -(e)s/(複) -e (3格のみ -en) ① 〖紡ぎ〗**糸**. (英 thread). Nähgarn 縫い糸 / Garn⁴ spinnen 糸を紡ぐ / Flachs⁴ **zu** Garn spinnen 亜麻を紡いで糸にする / ein (または sein) Garn⁴ spinnen《比》作り話をする. ② (狩・漁) (狩猟・漁業用の)網; 《比》わな. 人³ **ins** Garn gehen 人³のわなにはまる.

Gar·ne·le [ガルネーレ garnéːlə] 女 -/-n 《動》コエビ, シュリンプ(シマエビなど).

gar·nie·ren [ガルニーレン garníːrən] 他 (h) ① (食品・衣服など⁴に)飾りを付ける. die Torte⁴ **mit** Sahne garnieren ケーキに生クリームの飾りを付ける. ② 《料理》(物⁴に)つけ合わせを添える.

Gar·nie·rung [ガルニールング] 女 -/-en ① (食品・衣服などに)飾りを付けること. ② [縁]飾り; 《料理》添え物, つけ合わせ, つま.

Gar·ni·son [ガルニゾーン garnizóːn] [23] 女 -/-en 《軍》① 駐留(駐屯)地. **in** Garnison liegen 駐屯している. ② 駐屯軍, 守備隊.

Gar·ni·tur [ガルニトゥーァ garnitúːr] 女 -/-en ① (家具・衣服などの)一式, セット, 組. eine Garnitur Geschirr 一そろいの食器. ② 《口語》(スポーツなどの技術によってわけられた)チーム. die zweite Garnitur 二軍. ③ (衣服・帽子などの)装飾品;《料理》つけ合わせ.

Garn≠knäu·el [ガルン・クノイエる] 中男 -s/- (巻いた)糸[の]玉.

Garn≠rol·le [ガルン・ロれ] 女 -/-n 糸巻き.

gars·tig [ガルスティヒ gárstɪç] 形 いやな, 醜い(容姿など), しつけの悪い(子供);《雅》不快な(におい・天気など).

gär·te [ゲーテ] ＊gären (発酵する)の 過去

***der* Gar·ten** [ガルテン gártən]

> 庭 Die Kinder spielen im *Garten*.
> ディ キンダァ シュピーれン イム ガルテン
> 子供たちは庭で遊んでいる.

男 (単2) -s/(複) Gärten [ゲルテン] 庭, 庭園. (英 garden). ein gepflegter *Garten* 手入れの行き届いた庭 / ein botanischer *Garten* 植物園 / ein zoologischer *Garten* 動物園 / ein englischer *Garten* イギリス式庭園 (フランス式庭園の幾何学的構成に対して, 自然の景観を生かした庭園. ミュンヒェンのものが有名) / einen *Garten* an|legen 庭園を築く / im *Garten* arbeiten 庭仕事をする / ein Haus mit *Garten* 庭付きの家.

メモ ..garten のいろいろ: Blumen*garten* 花園 / Gemüse*garten* 菜園 / Kinder*garten* 幼稚園 / Klein*garten* (郊外の)レジャー用小菜園 / Obst*garten* 果樹園 / Schloss*garten* 宮殿の庭園 / Schreber*garten* (郊外の)レジャー用小菜園 / Wein*garten* ぶどう畑

Gär·ten [ゲルテン] ＊Garten (庭)の 複
Gar·ten≈ar·beit [ガルテン・アルバイト] 女 -/-en 庭仕事, 庭いじり, 園芸.
Gar·ten≈ar·chi·tekt [ガルテン・アルヒテクト] 男 -en/-en 造園家, 造園技師.
Gar·ten≈bau [ガルテン・バオ] 男 -(e)s/ 造園, 庭造り.
Gar·ten≈fest [ガルテン・フェスト] 中 -(e)s/-e ガーデンパーティー.
Gar·ten≈ge·rät [ガルテン・ゲレート] 中 -(e)s/-e 園芸用具.
Gar·ten≈haus [ガルテン・ハオス] 中 -es/..häuser ① 園亭, あずまや. ② 《口語》 前庭付きの家.
Gar·ten≈lau·be [ガルテン・らオベ] 女 -/-n 園亭, あずまや.
Gar·ten≈par·ty [ガルテン・パールティ] 女 -/-s ガーデンパーティー.
Gar·ten≈schau [ガルテン・シャオ] 女 -/-en 園芸博覧会.
Gar·ten≈sche·re [ガルテン・シェーレ] 女 -/-n 剪定(せんてい)ばさみ, 刈り込みばさみ.
Gar·ten≈stadt [ガルテン・シュタット] 女 -/..städte [..シュテーテ] 田園都市.
Gar·ten≈zaun [ガルテン・ツァオン] 男 -(e)s/..zäune 庭の垣[根].
Gar·ten≈zwerg [ガルテン・ツヴェルク] 男 -(e)s/-e ① 庭を飾るための陶製の小人人形. ② 《俗》 (ののしって:) くだらないやつ.
Gärt·ner [ゲルトナァ gértnər] 男 -s/- 造園家, 庭師, 園芸家.
Gärt·ne·rei [ゲルトネライ gɛrtnəráı] 女 -/-en ① 造園業, 植木商. ② 《複 なし》 《口語》 造園, 庭造り, 園芸.
Gärt·ne·rin [ゲルトネリン gértnərın] 女 -/-rinnen (女性の)造園家, 園芸家.
gärt·ne·risch [ゲルトネリッシュ gértnərıʃ] 形 園芸の, 造園の.
gärt·nern [ゲルトナァン gértnərn] 自 (h) 庭仕事をする, 庭いじりをする, 園芸する.
Gä·rung [ゲールング] 女 -/-en ① 発酵. alkoholische *Gärung* アルコール発酵. ② 《比》 (精神的・社会的な)動揺, 興奮, 不穏.

***das* Gas** [ガース gá:s] 中 (単2) -es/(複) -e (3格のみ -en) (英 gas) ① 気体, ガス. ein brennbares *Gas* 可燃性ガス / einen Ballon mit *Gas* füllen 気球にガスを入れる.
② (燃料用・灯火用の)ガス. Stadt*gas* 都市ガス / das *Gas*⁴ an|zünden (ab|stellen) ガスに点火する(ガスを切る) / das *Gas*⁴ ab|drehen (コックをひねって)ガスを止める / mit *Gas* kochen ガスで調理する / 人³ das *Gas*⁴ ab|drehen 《俗》人³の息の根を止める.
③ 《複 なし》 《口語》 ガスこんろ. ④ 《複 なし》 (自動車に使う)混合気体; 《口語》 (車の)アクセル. *Gas*⁴ geben (weg|nehmen) スピードを上げる(落とす) / aufs *Gas* treten アクセルを踏む.
Gas≈an·stalt [ガース・アンシュタるト] 女 -/-en ガス工場.
Gas≈bren·ner [ガース・ブレンナァ] 男 -s/- ガスバーナー.
Gas≈feu·er·zeug [ガース・フォイアツオイク] 中 -(e)s/-e ガスライター.
Gas≈fla·sche [ガース・ふらッシェ] 女 -/-n ガスボンベ.
gas≈för·mig [ガース・フェルミヒ] 形 ガス状の, 気体の.
Gas≈hahn [ガース・ハーン] 男 -(e)s/..hähne ガス栓. den *Gashahn* auf|drehen a) ガスの栓を開ける, b) 《婉曲》 ガス自殺する.
Gas≈he·bel [ガース・ヘーベる] 男 -s/- (自動車などの)アクセル, 加速ペダル.
Gas≈hei·zung [ガース・ハイツング] 女 -/-en ガス暖房.
Gas≈herd [ガース・ヘーアト] 男 -(e)s/-e ガスレンジ, ガスこんろ. den *Gasherd*⁴ an|zünden (または an|machen) ガスレンジに点火する.
Gas≈kam·mer [ガース・カンマァ] 女 -/-n (ナチの強制収容所の)ガス室.
Gas≈ko·cher [ガース・コッハァ] 男 -s/- ガスこんろ.
Gas≈lei·tung [ガース・らイトゥング] 女 -/-en ガス管.
Gas≈mann [ガース・マン] 男 -(e)s/..männer 《口語》 ガス会社の検針員.
Gas≈mas·ke [ガース・マスケ] 女 -/-n ガスマスク, 防毒面.
Gas≈ofen [ガース・オーふェン] 男 -s/..öfen ガスストーブ.
Ga·so·me·ter [ガゾメータァ gazomé:tər] 男 -s/- (大型の)ガスタンク.
Gas≈pe·dal [ガース・ペダーる] 中 -s/-e (自動車の)アクセル. aufs *Gaspedal* treten アクセルを踏む.

die Gas·se [ガッセ gásə] 囡 (単) -/(複) -n ① 路地, 小路. (英 *lane*). Sack*gasse* 袋小路 / eine krumme *Gasse* 曲がりくねった路地 / für 人⁴ eine *Gasse*⁴ bilden《比》(人ごみの中で)人⁴のために道を空ける / auf der *Gasse* spielen 路地で遊ぶ / auf allen *Gassen* いたるところで. (☞ 類語 Weg). ② 路地の住民たち. ③《オースチリア》街路, 通り(=Straße). ④ (サッカーの)オープンスペース; (ラグビーの)ラインアウト.

Gas·sen·hau·er [ガッセン・ハオアァ] 男 -s/-《口語》流行歌, はやり歌.

Gas·sen·jun·ge [ガッセン・ユンゲ] 男 -n/-n 不良少年, 浮浪児.

der Gast [ガスト gást] 男 (単 2) -es (まれに -s)/(複) Gäste [ゲステ] (3 格のみ Gästen) ① 客, 来客, 訪問客. (英 *guest*). ein willkommener *Gast* 歓迎される客 / *Gäste*⁴ zum Essen ein|laden お客を食事に招く / Wir haben heute Abend Gäste. 私たちは今晩来客がある / Sie sind heute mein *Gast*. (レストランなどで):きょうは私にごちそうしてください(←あなたは私が招いたお客) / 人⁴ zu *Gast* haben 人⁴を客として招いている / 人⁴ zu *Gast*[e] bitten (または laden)《雅》人⁴を招待する / bei 人³ zu *Gast* sein 人³のもとに客となっている. ② (ホテル・レストランなどの)客; 旅客; 顧客. einen *Gast* bedienen お客に給仕する. ③ 客演者, ゲスト[出演者]; 《スポ》遠征(招待)チーム. als *Gast* auf|treten (俳優などが)ゲストとして出演する.

《メモ》 ..gast のいろいろ: Bade*gast* 湯治客 / Ehren*gast* 来賓 / Fahr*gast* 乗客 / Flug*gast* 飛行機の乗客 / Kur*gast* 療養客 / Stamm*gast* (飲食店などの)常連 / Tisch*gast* 食事への招待客 / Zaun*gast* (柵の外から見る)ただ見客

Gast·ar·bei·ter [ガスト・アルバイタァ] 男 -s/- 外国人労働者. (メモ 女性形は Gastarbeiterin).

Gäs·te [ゲステ] ‡Gast (客)の複

Gäs·te·buch [ゲステ・ブーフ] 中 -[e]s/..bücher 来客記念帳; (ホテルなどの)宿泊者名簿, 宿帳.

Gäs·te·haus [ゲステ・ハオス] 中 -es/..häuser ゲストハウス, 迎賓館.

Gäs·te·zim·mer [ゲステ・ツィンマァ] 中 -s/- ① 客間, 客室. ②《稀》(ホテルなどの)ラウンジ.

Gast·fa·mi·lie [ガスト・ファミーリエ] 囡 -/-n ホームステイ(受け入れ)家庭, ホストファミリー.

gast·frei [ガスト・フライ] 形 客を歓待する, もてなしのよい, 客好きな.

Gast·frei·heit [ガスト・フライハイト] 囡 -/ 客の歓待, もてなしのよいこと.

gast·freund·lich [ガスト・フロイントリヒ] 形 客を手厚くもてなす, 客好きな.

Gast·freund·schaft [ガスト・フロイントシャフト] 囡 -/ 客を手厚くもてなすこと, 歓待.

Gast·ge·ber [ガスト・ゲーバァ] 男 -s/- ①（客を迎える側の)主人, ホスト. (メモ 女性形は Gastgeberin). ②《スポ》(遠征チームに対して:)ホームチーム.

Gast·haus [ガスト・ハオス] 中 -es/..häuser (飲食店を兼ねた)宿屋, 旅館. (☞ 類語 Restaurant, Hotel).

Gast·hof [ガスト・ホーフ] 男 -[e]s/..höfe (おもに田舎の飲食店を兼ねた)宿屋, 旅館. (☞ 類語 Hotel).

Gast·hö·rer [ガスト・ヘーラァ] 男 -s/- (大学の)聴講生.

gast·ie·ren [ガスティーレン gastíːrən] 自 (h) ① (他の劇場で)客演する. ②《スポ》相手チームのホームグラウンドで試合をする.

Gast·land [ガスト・ラント] 中 -[e]s/..länder 受け入れ側の国, 招待国.

gast·lich [ガストリヒ] 形 もてなしのよい, 客好きな.

Gast·lich·keit [ガストリヒカイト] 囡 -/ もてなしのよいこと, 客の歓待.

Gast·mahl [ガスト・マール] 中 -[e]s/..mähler (または -e)《雅》饗宴(キョッエン), 宴会.

Gast·mann·schaft [ガスト・マンシャフト] 囡 -/-en《スポ》遠征チーム, ビジター.

Gast·recht [ガスト・レヒト] 中 -[e]s/-e 客として保護を受ける権利. *Gastrecht*⁴ genießen 歓待を受ける.

Gas·tri·tis [ガストリーティス gastríːtɪs] 囡 -/..tiden [..リティーデン]《医》胃炎.

Gas·tro·nom [ガストロノーム gastronóːm] 男 -en/-en ① (味に厳しい)レストランの主人. ② 食通, 美食家, グルメ.

Gas·tro·no·mie [ガストロノミー gastronomíː] 囡 -/ ① 飲食店業. ② (美食の)調理法.

gas·tro·no·misch [ガストロノーミッシュ gastronóːmɪʃ] 形 ① 飲食店業の. ② 美食の, 調理法の.

Gast·spiel [ガスト・シュピール] 中 -[e]s/-e ①《劇·音楽》客演. ②《スポ》遠征試合.

Gast·stät·te [ガスト・シュテッテ] 囡 -/-n レストラン, 飲食店. (☞ 類語 Restaurant).

Gast·stu·be [ガスト・シュトゥーベ] 囡 -/-n (旅館などの)食堂[部分].

Gast·vor·stel·lung [ガスト・フォーアシュテルング] 囡 -/-en《劇·音楽》客演.

Gast·wirt [ガスト・ヴィルト] 男 -[e]s/-e 飲食店の主人.

Gast·wirt·schaft [ガスト・ヴィルトシャフト] 囡 -/-en (質素な)飲食店.

Gas·uhr [ガース・ウーァ] 囡 -/-en ガスメーター(=Gaszähler).

Gas·ver·gif·tung [ガース・フェァギフトゥング] 囡 -/-en ガス中毒.

Gas·werk [ガース・ヴェルク] 中 -[e]s/-e ガス製造工場.

Gas·zäh·ler [ガース・ツェーラァ] 男 -s/- ガスメーター.

GATT [ガット gát] 中 -s/《略》ガット(関税と貿易に関する一般協定) (=General Agreement on Tariffs and Trade).

Gat・te [ガッテ gátə] 男 -n/-n ① 《雅》ご主人, 夫君. (☞ オーストリアでは一般に自分の「夫」の意味でも用いる). Wie geht es Ihrem *Gatten*? ご主人様はお元気でいらっしゃいますか. ② 《複》で 夫婦 (= Ehepaar).

Gat・ter [ガッタァ gátər] 中 -s/- ① (森や野原の)柵(さく)囲い; 格子[戸]; (馬術の障害の)垣根. ② コンピュ ゲート[回路].

Gat・tin [ガッティン gátɪn] 女 -/..tinnen 《雅》ご夫人, 奥様. (☞ オーストリアでは一般に自分の「妻」の意味でも用いる). Grüßen Sie bitte Ihre *Gattin* von mir! 奥様にどうぞよろしく.

Gat・tung [ガットゥング] 女 -/-en ① 種類; (芸術作品などの)ジャンル; 類[概念]. ② 《生》(動植物の)属.

Gat・tungs♦na・me [ガットゥングス・ナーメ] 男 -ns (3格・4格 -n)/-n ① 《動・植》属名. ② 《言》普通名詞.

Gau [ガオ gáu] 男 (方: 中) -[e]s/-e ① 《史》(ゲルマン民族の)定留地 (元の意味は「森や水の多い地域」. 今では Rheingau のような地名に残っている). ② (ナチス用語で:) 大管区.

GAU [ガオ] 男 -s/-[s] 《略》予想される(原子炉の)最大級災害 (= größter anzunehmender Unfall).

Gau・di [ガオディ gáudi] 女 -s/ (南ドゥ・オーストリッ:女 -/) 《口語》= Gaudium

Gau・di・um [ガオディウム gáudium] 中 -s/ 楽しみ, 気晴らし (= Spaß).

Gau・ke・lei [ガオケらイ gaukəláɪ] 女 -/-en 《雅》ごまかし, ペテン; 悪ふざけ.

gau・keln [ガオケるン gáukəln] 自 (s, h) ① (s) 《詩》(ちょうなどが…へ)ひらひら舞う, ちらちらする. ② (h) 《雅》ごまかす; 手品をする.

Gau・kel♦spiel [ガオケる・シュピーる] 中 -[e]s/-e 《雅》ごまかし, ペテン.

Gauk・ler [ガオクらァ gáuklər] 男 -s/- 《雅》大道芸人, 奇術師; ペテン師.

Gaul [ガオる gául] 男 -[e]s/Gäule ① 駄馬. ② 《方》馬.

Gau・men [ガオメン gáumən] 男 -s/- ① 口蓋(こうがい), 上あご. der harte (weiche) *Gaumen* 硬口蓋(軟口蓋) / Mir klebt [vor Durst] die Zunge am *Gaumen*. 私ののどがからからだ(← 舌が上あごにくっついている). ② 《比》味覚; (味を感じる場所としての)口. einen feinen *Gaumen* haben 舌が肥えている / Das kitzelt den *Gaumen*. それは食欲をそそる.

Gau・men♦laut [ガオメン・らオト] 男 -[e]s/-e 《言》口蓋(こうがい)音 ([g, k, ŋ] など).

Gau・ner [ガオナァ gáunər] 男 -s/- ① 詐欺師, ならず者. ② 《口語》抜け目のないやつ.

Gau・ne・rei [ガオネライ gaunəráɪ] 女 -/-en 詐欺, いかさま.

gau・nern [ガオナァン gáunərn] 自 (h) 詐欺を働く, 人をだます.

Gau・ner♦spra・che [ガオナァ・シュプラーヘ] 女 (泥棒仲間などの)隠語.

Gauß [ガオス gáus] 中 -/- 《物》ガウス(磁束密度の単位; 記号: G; ドイツの数学者 C. F. *Gauß* 1777–1855 の名から).

Ga・ze [ガーゼ gá:zə] 女 -/-n 《織》ガーゼ; 紗(しゃ).

Ga・zel・le [ガツェれ gatséla] 女 -/-n 《動》ガゼル(カモシカの一種).

Gd 中 《化・記号》ガドリニウム (= Gadolinium).

G-Dur [ゲー・ドゥーァ] 中 -/ 《音楽》ト長調(記号: G).

Ge [ゲー・エー] 《化・記号》ゲルマニウム (= Germanium).

ge.. [ゲ.. gə..] 《アクセントをもたない》 I 《非分離動詞の 前つづり》 ① 《集合》例: gerinnen 凝結する. ② 《完了・結果》例: gebären 産む. ③ 《強意》例: gedenken 思い出す. II 《名詞・形容詞・動詞の語幹と結合して》 ① 《集合・共同》例: gemein 共同の. ② 《動作の反復》例: Gekicher くすくす笑い. ③ 《動作の結果》例: Geschenk 贈り物. III 《過去分詞の 前つづり として》例: gegangen.

ge・ach・tet [ゲ・アハテット] ≠achten (注意を払う)の 過分

Ge・äch・te・te[r] [ゲ・エヒテテ (..タァ) gə-éçtətə (..tər)] 男 女 《語尾変化は形容詞と同じ》法律の保護を奪われた者;《史》被追放者.

Ge・äch・ze [ゲ・エヒツェ gə-éçtsə] 中 -s/ [絶え間ない]うめき[声].

ge・ädert [ゲ・エーダァト gə-é:dərt] 形 脈管(葉脈)のある, 網目模様のついた.

ge・ahnt [ゲ・アーント] ≠ahnen (予感する)の 過分

ge・än・dert [ゲ・エンダァト] ≠ändern (変える)の 過分

ge・an・gelt [ゲ・アンゲるト] ≠angeln (魚釣りをする)の 過分

ge・ant・wor・tet [ゲ・アントヴォルテット] ≠antworten (答える)の 過分

ge・ar・bei・tet [ゲ・アルバイテット] ≠arbeiten (働く)の 過分

ge・är・gert [ゲ・エルガァト] ≠ärgern (怒らせる)の 過分

ge・ar・tet [ゲ・アールテット] I ≠arten (似てくる)の 過分 II 形 (…の)性質の. Seine Kinder sind gut *geartet*. 彼の子供たちは出来がいい.

Ge・äst [ゲ・エスト gə-ést] 中 -es/ (総称として:) (1本の木の)枝葉.

ge・at・met [ゲ・アートメット] ≠atmen (呼吸する)の 過分

ge・äu・ßert [ゲ・オイサァト] ≠äußern (述べる)の 過分

geb. 《略》① [ゲ・ボーレン または ゲ・ボーレン (..ナァ)] …生まれの (= geboren); 旧姓…(geboren[r]). ② [ゲ・ブンデン] 製本された (= gebunden).

***das* Ge・bäck** [ゲ・ベック gə-bék] 中 (単2) -[e]s/(種類を表すときのみ: 複) -e クッキー, ビスケット. Weihnachts*gebäck* クリスマス用のクッキー / zum Kaffee *Gebäck*⁴ an|bieten コーヒーにクッキーを添えて出す.

ge・ba・cken [ゲ・バッケン] I ≠backen¹ (パンなどを焼く)の 過分 II 形 焼けた. frisch *gebacke* *nes* Brot 焼きたてのパン / selbst *gebackener* Kuchen 自分で焼いたケーキ / das frisch *gebackene* Ehepaar《口語・比》新婚ほやほやの夫婦.

ge·ba·det [ゲ・バーデット] *baden (入浴する)の過分

Ge·bälk [ゲ・ベルク gə-bélk] 中 -[e]s/-e《ふつう単》① (総称として:)(建物の)梁(はり), 木組み. ②《建》(古代［ギリシア］建築の)柱上部構造.

ge·ballt [ゲ・バルト] I ballen (丸く固める)の過分 II 形 丸く固めた(雪・こぶしなど); 集中(密集)した. mit *geballter* Kraft 力を集中して.

ge·bannt [ゲ・バント] I bannen (呪縛する)の過分 II 形 魅了されている.

ge·bar [ゲ・バール] *gebären (産む)の過去

* *die* **Ge·bär·de** [ゲ・ベーァデ gə-bɛ́ːrdə] 女 (単) -/(複) -n ① 身ぶり, 手ぶり, ジェスチャー.(英 *gesture*). Er machte eine drohende *Gebärde*. 彼は威嚇的な身ぶりをした / sich⁴ durch *Gebärden* verständigen 身ぶり手ぶりで意志を疎通する. ②《雅》態度, 物腰.

ge·bär·den [ゲ・ベーァデン gə-bɛ́ːrdən] 再帰 (h) sich⁴ *gebärden* (…のようにふるまう, (…のような)ふりをする. Er *gebärdete* sich wie ein Verrückter. 彼は狂人のようにふるまった.

ge·bä·re [ゲ・ベーレ] *gebären (産む)の接2

Ge·ba·ren [ゲ・バーレン gə-báːrən] 中 -s/ (目だった)ふるまい, 挙動, 態度.

ge·bä·ren [ゲ・ベーレン gə-bɛ́ːrən] du gebärst, sie gebärt (雅: du gebierst, sie gebiert) (gebar, *hat*…geboren) 他 (完了 haben) ①(子供⁴を)産む, 出産する. (英 *bear*). ein Kind⁴ *gebären* 子供を産む / Sie *hat* Zwillinge *geboren*. 彼女は双子を産んだ. ◊《受動態で》Sie *wurde* 1970 in Berlin *geboren*.《受動・過去》彼女は 1970 年にベルリンで生まれた / Wo *sind* Sie *geboren*? — Ich *bin* in Osaka *geboren*.《状態受動・現在》あなたはお生まれはどちらですか — 私は大阪の生まれです. (⇐ ふつう, 故人や経歴について述べるときは, *wurde*…*geboren* が用いられ, 日常会話などでは *ist*…*geboren* が用いられる). ◊《目的語なしでも》unter Schmerzen *gebären* 難産で出産する.

② 《雅》(考え・事態など⁴を)生む, 生み出す. Hass *gebiert* neuen Hass. 憎しみはまた新たな憎しみを生む.

◊ ☞ geboren

Ge·bär=mut·ter [ゲベーァ・ムッタァ] 女 -/..mütter《医》子宮.

ge·bas·telt [ゲ・バステルト] *basteln (工作をする)の過分

ge·bauch·pin·selt [ゲ・バオホピンゼルト gə-báuxpɪnzəlt] 形《成句的に》sich⁴ *gebauchpinselt* fühlen《口語・戯》お世辞を言われてくすぐったい思いをする.

* *das* **Ge·bäu·de** [ゲ・ボイデ gə-bɔ́ydə] 中 (単) -s/(複) - (3格のみ -n) ① 建物, 建造(建築)物, 家屋. (英 *building*). Schul*gebäu*-*de* 校舎 / ein öffentliches *Gebäude* 公共建築物. (☞ 類語 Haus).

② 構造, 組織, 体系. das *Gebäude* einer Wissenschaft² ある学問の体系. ③《坑》鉱坑.

ge·baut [ゲ・バオト] I *bauen (建てる)の過分 II 形 (…の)体つきの. Er ist stark *gebaut*. 彼はがっしりした体格をしている.

ge·bebt [ゲ・ベープト] *beben (揺れる)の過分

Ge·bein [ゲ・バイン gə-báin] 中 -[e]s/-e 〚複で〛《雅》骸骨(がいこつ), 白骨. ②《古》(人体の)四肢.

Ge·bell [ゲ・ベル gə-bɛ́l] 中 -[e]s/ (犬などがしきりにほえること(声).

ge·bellt [ゲ・ベルト] *bellen (ほえる)の過分

ge·ben [ゲーベン géːbən]

与える

Geben Sie mir bitte ein Bier!
ゲーベン ズィー ミァ ビッテ アイン ビーァ
ビールを 1 杯ください.

人称	単	複
1	ich gebe	wir geben
2	{ du **gibst** / Sie geben	{ ihr gebt / Sie geben
3	er **gibt**	sie geben

(gab, *hat*…gegeben) I 他 (完了 haben) ① (人³に物⁴を)**与える**, やる; (人³に物⁴を)**手渡す**, さし出す; (ある教科を)教える. (英 *give*). Er *gibt* seinem Sohn zu viel Taschengeld. 彼は息子に小遣いを与えすぎる / Ich *gebe* dir noch eine Chance. 君にもう一度チャンスをあげよう / *Gib* mir bitte mal das Salz! (食卓で:)塩を取っておくれ / 人³ Feuer⁴ *geben* 人³にたばこの火を貸す / 人³ die Hand⁴ *geben* (握手を求めて)人³に手をさし出す / 人³ Mut⁴ *geben* 人³に勇気を与える / dem Kind einen Namen *geben* 子供に名前をつける / *Geben* Sie mir bitte Herrn Meyer!《比》(電話で:)マイアーさんをお願いします / Der Lehrer *gibt* Biologie und Chemie. その先生は生物と化学を教えている / Was *hast* du für den Mantel *gegeben*? 君はコートを買うのにいくら払ったの / Ich *gäbe* viel darum, wenn ich das wüsste.《接2・現在》なんとしてもそれを知りたいものだ(←そのことを知ることができるなら, たくさん払うのだが).

◊《行為などを表す名詞を目的語として》行う, …する. auf 人・物⁴ Acht *geben* 人・物⁴に注意を払う / 人³ eine Antwort⁴ *geben* 人³に返答する / 人³ einen Befehl *geben* 人³に命令する / 軍⁴ bekannt *geben* 軍⁴を公表する / 人³ einen Kuss *geben* 人³にキスする / 人³ eine Nachricht *geben* 人³に報告する / 人³ einen Rat *geben* 人³に助言する / 人³ einen Stoß *geben* 人³を突く / 人³ das Versprechen⁴ *geben* 人³に約束する.

◊《zu 不定詞[句]とともに》Die Mutter *gab* dem Jungen zu essen. 母親は男の子に食べ物を与えた / [人]³ [事]⁴ zu verstehen *geben* [人]³ に [事]⁴ をわからせる, ほのめかす / Die Sache *gibt* mir zu denken. 私はその件が気がかりです.（←私に考えさせる）.

◊《目的語なしでも》Sie *gibt* gern. 彼女は気前がいい / Wer *gibt*? a) 《トランプ》だれがカードを配る番ですか, b) 《テニス》だれがサーブをする番ですか.

② 《方向を表す語句とともに》([人・物]を…へ) ゆだねる, 預ける. Er *gab* den Koffer in die Gepäckaufbewahrung. 彼はトランクを手荷物預かり所に預けた / ein Kind⁴ in Pflege *geben* 子供を里子に出す / ein Paket⁴ zur Post (または auf die Post) *geben* 小包を郵便局に出す.

③ 催す, 開催する;（劇など⁴を）上演する;（ある役⁴を）演じる. ein Konzert⁴ *geben* コンサートを開く / eine Party⁴ *geben* パーティーを催す / Was *wird* heute im Theater *gegeben*?《受動・現在》きょうは劇場で何が上演されますか.

④ (光・熱などを) 発する, 出す, 放つ. Die Birne *gibt* nur ein schwaches Licht. その電球の光は実に弱いものだった / Die Kuh *gibt* täglich 10 Liter Milch. この雌牛は毎日10リットルの乳を出す.

⑤ (結果として) もたらす, (人・物⁴に) なる. Drei mal drei *gibt* neun. 3 掛ける 3 は 9 / Der Junge *wird* einmal einen guten Techniker *geben*. その少年はいつかりっぱな技術者になるだろう / Was *wird* das *geben*? それはどうなるのだろう.

⑥《成句的に》[物]⁴ von sich³ *geben* a) [物]⁴ (言葉・声などを) 発する, b) 《口語》[物]⁴ を吐き出す, 戻す. Er *gibt* keinen Laut von sich. 彼はうんともすんとも言わない.

⑦《viel⁴, nichts⁴ などとともに; auf [人・物]⁴ ～》([人・物]⁴を…に) 評価する. Auf solche Äußerungen *gebe* ich nichts. そんな発言を私は問題にしない.

II 《非人称》《完了 haben》《es *gibt* [人・物]⁴ の形で》[人・物]⁴がある, いる, 存在する; …が起こる. Es *gibt* einen Gott. 神は存在する / In Japan *gibt* es viele Vulkane. 日本には火山がたくさんある / Was *gibt* es heute zu Mittag? きょうの昼食は何ですか / Im Fernsehen *gibt* es heute Abend „Momo". テレビで今晩『モモ』が放映される / Da *gibt*'s (=*gibt* es) [gar] nichts. 《口語》それは[まったく]問題外だ, そんなことはもってのほかだ / Es *gibt* bald Regen. まもなく雨になる / Nach dem Fest *gab* es Streit. 祭りのあとでけんかが起きた. (☞ 類語 sein).

III 《再帰》《完了 haben》sich⁴ *geben* ① (…に) ふるまう, (…の) ふりをする. Er *gibt* sich ganz natürlich. 彼はごく自然にふるまう / Sie *gibt* sich, wie sie ist. 彼女はありのままにふるまう / sich⁴ als Experte *geben* 専門家のふりをする.

② (痛みなどが) 治まる, 和らぐ. Die Schmerzen *werden* sich bald *geben*. 痛みはじきに治まるでしょう.

③（自分が…だと）観念する. sich⁴ besiegt *geben* 負けたと認める / sich⁴ gefangen *geben* 降服して捕虜になる. ④《雅》（機会などが）訪れる.

◊☞ **gegeben**

Ge·ber [ゲーバァ gé:bər] 男 -s/- ① 《電》送信機. ②《工》ピックアップ, 検出器. ③《古》贈与者, 与える人.

Ge·ber=lau·ne [ゲーバァ・らオネ] 女 -/ 気前のよい気分. in Geberlaune 気前よく.

ge·bes·sert [ゲ・ベッサァト] ＊bessern 《再帰》で: 良くなるの過分

*das **Ge·bet** [ゲ・ベート gə-bé:t] 中 (単2) -[e]s/(複) -e (3格のみ -en) 祈り, 祈禱(きとう); 祈りの言葉. 《英 prayer》. Abendgebet 夕べの祈り / das Gebet des Herrn 《雅》主の祈り（マタイによる福音書 6, 9–13) / ein Gebet⁴ sprechen 祈りを唱える / [人]⁴ ins *Gebet* nehmen 《口語》[人]⁴に厳しく注意(意見)する.

Ge·bet·buch [ゲベート・ブーフ] 中 -[e]s/..bücher ① 祈禱(きとう)書. ②《口語・戯》(トランプの) カード.

ge·be·ten [ゲ・ベーテン] ＊bitten (頼む) の 過分

ge·be·tet [ゲ・ベーテト] ＊beten (祈る) の 過分

ge·bet·telt [ゲ・ベッテると] ＊betteln (物ごいをする) の 過分

ge·beugt [ゲ・ボイクト] I ＊beugen (曲げる) の 過分 II 形 身をかがめた.

ge·bier [ゲ・ビーァ] ＊gebären (産む) の du に対する 命令《雅》

ge·bierst [ゲ・ビーァスト] ＊gebären (産む) の 2 人称単数 現在《雅》

ge·biert [ゲ・ビーァト] ＊gebären (産む) の 3 人称単数 現在《雅》

*das **Ge·biet** [ゲ・ビート gə-bí:t] 中 (単2) -[e]s/(複) -e (3格のみ -en) ① 地域, 地帯; 領土, 領域. 《英 area》. Grenzgebiet 国境地帯 / ein besetztes *Gebiet* 占領地域 / fruchtbares *Gebiet* 肥沃(ひよく)な地帯 / das *Gebiet* der Schweiz スイスの領土. ②（学問などの）分野, 領域. 《英 field》. Fachgebiet 専門領域 / Er ist auf diesem *Gebiet* führend. 彼はこの分野では一流だ.

ge·bie·ten* [ゲ・ビーテン gə-bí:tən] I 他 (h) 《雅》命令する, 命ずる; 要求する. [人]³ Schweigen⁴ *gebieten* [人]³に沈黙を命ずる / Die Lage *gebietet* Vorsicht. 状況は慎重を要する. II 自 (h) 《über [物]⁴ ～》《雅》[物]⁴を支配する; 意のままにする. über ein Land *gebieten* ある国を統治する.

◊☞ **geboten**

Ge·bie·ter [ゲ・ビータァ gə-bí:tər] 男 -s/- 《古》命令者; 支配者, 統治者.

ge·bie·te·risch [ゲ・ビーテリッシュ gə-bí:tərɪʃ] 形《雅》支配者のような, 命令的な, 尊大な, 有無を言わせぬ.

Ge·bil·de [ゲ・びるデ gə-bíldə] 中 -s/- 形づくられた物, 形成物; 形象. ein *Gebilde* der

Fantasie² 空想の産物.

ge·bil·det [ゲ・ビるデット gə-bíldət] I ＊bilden (形づくる)の 過分
II 形 **教養のある,教育を受けた**. (英 educated). ein gebildeter Mensch 教養のある人 / Sie ist akademisch gebildet. 彼女は大学教育を受けている.

Ge·bil·de·te[r] [ゲ・ビるデテ(..タァ) gə-bíldəta (..tər)] 男 女 《語尾変化は形容詞と同じ》教養のある人, (高い)教育を受けた人, 知識人.

Ge·bim·mel [ゲ・ビンメる gə-bíməl] 中 -s/《口語》ベル(鈴・鐘)が鳴り続けること(音).

Ge·bin·de [ゲ・ビンデ gə-bíndə] 中 -s/- ① 束ねたもの; 花束, 枝の束; 穀物の束. ②《建》(屋根の)けた組み. ③《たる》[大きな]樽(☆).

＊**das Ge·bir·ge** [ゲ・ビルゲ gə-bírgə] 中 (単2) -s/-; (3格のみ -n) ① **山岳[地帯], 山地, 連山, 山脈**. (英 mountains). ein vulkanisches Gebirge 火山脈 / Wir fahren zur Erholung ins Gebirge. 私たちは山地へ保養に出かける / den Urlaub im Gebirge verbringen 休暇を山で過ごす / ein Gebirge von Akten 《比》書類の山. (☞ 類語 Berg).
② 《坑》岩盤.

ge·bir·gig [ゲ・ビルギヒ gə-bírgɪç] 形 山地の; 山の多い, 山のある.

Ge·birg·ler [ゲ・ビルクらァ gə-bírklər] 男 -s/- 山地の住民.

Ge·birgs∻kamm [ゲビルクス・カム] 男 -[e]s/..kämme 山の背, 尾根.

Ge·birgs∻ket·te [ゲビルクス・ケッテ] 女 -/-n 連山, 山脈.

Ge·birgs∻zug [ゲビルクス・ツーク] 男 -[e]s/..züge 山脈.

Ge·biss [ゲ・ビス gə-bís] 中 -es/-e ① (総称として)歯, 歯列, (全部の)歯. (英)「個々の歯」は Zahn). Er hat ein gesundes Gebiss. 彼は健康な歯をしている / das bleibende Gebiss 永久歯. ② 入れ歯[の全体]. ein [künstliches] Gebiss⁴ tragen 入れ歯をしている. ③ (馬のくつわの)はみ.

Ge·biß ☞ 新正 Gebiss

ge·bis·sen [ゲ・ビッセン gə-bísən] ＊beißen (かむ)の 過分

Ge·blä·se [ゲ・ブれーゼ gə-blέːzə] 中 -s/- 《工》① 送風機, 送風ポンプ, ふいご. ②《隠語》ブローランプ, トーチランプ(溶接などに用いる携帯用火吹きランプ).

ge·bla·sen [ゲ・ブらーゼン gə-bláːzən] ＊blasen (息を吹きかける)の 過分

ge·blät·tert [ゲ・ブれッタァト gə-blέtərt] ＊blättern (ページをめくる)の 過分

ge·blen·det [ゲ・ブれンデット gə-bléndət] ＊blenden (まぶしがらせる)の 過分

ge·bli·chen [ゲ・ブリッヒェン gə-blíçən] bleichen² (色あせる)の 過分

ge·blickt [ゲ・ブリックト gə-blíkt] ＊blicken (目を向ける)の 過分

ge·blie·ben [ゲ・ブリーベン gə-blíːbən] ＊bleiben (とどまる)の 過分

ge·blitzt [ゲ・ブリッツト gə-blítst] ＊blitzen (非人称で: 稲光がする)の 過分

Ge·blök [ゲ・ブれーク gə-blǿːk] 中 -s/《口語》(牛・羊などがしきりに鳴くこと(声).

ge·blüht [ゲ・ブリューート gə-blýːt] ＊blühen (咲いている)の 過分

ge·blümt [ゲ・ブリュームト gə-blýːmt] 形 ① 花模様のある, 花飾りのある. ein geblümtes Kleid 花柄のワンピース. ② 美辞麗句を用いた(文章など).

Ge·blüt [ゲ・ブリューート gə-blýːt] 中 -[e]s/ ① 《雅》血筋, 血統; 《天性の》素質, 資質. ② 《古》(全身の)血.

ge·blu·tet [ゲ・ブるーテット gə-blúːtət] ＊bluten (出血する)の 過分

ge·bo·gen [ゲ・ボーゲン gə-bóːɡən] I ＊biegen (曲げる)の 過分 II 形 曲がった, 屈曲した.

ge·bohrt [ゲ・ボーァト gə-bóːrt] ＊bohren (穴などをあける)の 過分

＊**ge·bo·ren** [ゲ・ボーレン gə-bóːrən] I ＊gebären (産む)の 過分
II 形 (英 born) ① 《時・場所を表す語句とともに》(…に)**生まれた**. Wann bist du geboren? 君はいつ生まれたの / Ich bin am 6. (=sechsten) Juli 1960 in Hamburg geboren. 私は1960年7月6日ハンブルクの生まれです / Fritz Keller, geboren (略: geb.) 1975 フリッツ・ケラー, 1975年生まれ / ein tot geborenes Kind a) 死産児, b)《比》最初から成功の見込みのない計画.
② **生まれながらの, 天性の**. ein geborener Wiener 生粋のウィーンっ子 / Er ist der geborene (または ein geborener) Erzähler. 彼は生まれながらの作家だ / Er ist **zum** Schauspieler geboren. 彼は俳優になるために生まれてきたようなものだ.
③ 旧姓…(略: geb.). Frau Maria Müller, geb. (=geborene) Schulze マリーア・ミュラー夫人, 旧姓シュルツェ.

ge·bor·gen [ゲ・ボルゲン gə-bórgən] I bergen (救出する)の 過分 II 形 かくまわれた, 保護された, 安全な. sich⁴ geborgen fühlen 安心感をいだく.

Ge·bor·gen·heit [ゲ・ボルゲンハイト gə-bórgənhait] 女 -/ 保護されていること, 安全.

ge·borgt [ゲ・ボルクト gə-bórkt] ＊borgen (貸す)の 過分

ge·bors·ten [ゲ・ボルステン gə-bórstən] bersten (破裂する)の 過分

＊**das Ge·bot** [ゲ・ボート gə-bóːt] 中 (単2) -[e]s/(複) -e (3格のみ -en) ① 道徳的・宗教的な**律法, 戒律, おきて**. die Zehn Gebote《聖》モーセの十戒 / ein Gebot⁴ beachten (または befolgen) おきてを守る. ② (法律上の)規定, 規則; 命令. ein Gebot⁴ übertreten 規定に違反する / 人³ **zu** Gebot[e] stehen 人³の意のままである. ③ 要請, 要求. das Gebot der Stunde² 目下の急務. ④ 《商》(競売の)付け値.

ge·bo·ten [ゲ・ボーテン gə-bóːtən] I ＊bieten (提供しようと申し出る), gebieten (命令する)の 過分 II 形

《雅》必要な, 望ましい. Hier ist Vorsicht *geboten*. ここは注意が必要だ.

Gebr. [ゲ・ブリューダァ] (略)《商》兄弟商会(= Gebrüder).

ge·bracht [ゲ・ブラハト] ‡bringen (持って来る) の過分

ge·brannt [ゲ・ブラント] I ‡brennen (燃える) の過分 II 形 燃えた, 焼けた, 焦げた; やけどをした. braun *gebrannt* 褐色に日焼けした / Ein *gebranntes* Kind scheut das Feuer. (諺) あつものにこりてなますを吹く (←やけどをした子は火をこわがる).

ge·bra·ten [ゲ・ブラーテン] I ‡braten (焼く)の過分 II 形 焼いた, フライにした(肉など).

Ge·bräu [ゲ・ブロイ gə-bróy] 中 -[e]s/-e 醸造酒, (特に)(安物の)混成酒.

*der **Ge·brauch** [ゲ・ブラオホ gə-bráux] 男 (単2) -[e]s/(複) Gebräuche [ゲ・ブロイヒェ] (3格のみ Gebräuchen) ① [複なし] 使用, 利用. (英 use). der *Gebrauch* von Messer und Gabel ナイフとフォークの使用 / von 物³ *Gebrauch*⁴ machen 物³を使う(利用)する / Bitte machen Sie keinen *Gebrauch* von unserem Gespräch! どうぞ私たちの会談については他言しないでください.

◇[前置詞とともに] außer *Gebrauch* kommen 使われなくなる / in *Gebrauch* kommen 使われるようになる / 物⁴ in (または im) *Gebrauch* haben 物⁴を使っている, 利用している / 物⁴ in *Gebrauch* nehmen 物⁴を使い始める / Die neue Anlage ist bereits in *Gebrauch*. その新しい施設はすでに使われている / die Flasche⁴ nach *Gebrauch* gut verschließen 使用後はびんのふたをしっかり閉める / Vor *Gebrauch* schütteln! (薬びんなどの注意書き:) 使用前によく振ること.

② 《ふつう 複》 風習, 慣習, しきたり. Sitten und *Gebräuche* 風俗習慣 / die alten *Gebräuche* eines Volkes ある民族の昔からのしきたり.

Ge·bräu·che [ゲ・ブロイヒェ] *Gebrauch (風習)の 複

‡**ge·brau·chen** [ゲ・ブラオヘン gə-bráuxən] (gebrauchte, *hat*...gebraucht) 他 (完了 haben) ① 使う, 使用する, 利用する. (英 use). ein Werkzeug⁴ *gebrauchen* ある道具を使う / Das alte Fahrrad kann ich noch gut *gebrauchen*. その古い自転車はまだ十分使える / derbe Worte⁴ *gebrauchen* 下品な言葉使いをする / Er ist zu nichts zu *gebrauchen*. 《口語》彼は何の役にもたたない.

② 《北ドィ・口語》 (物⁴を) 必要とする (=brauchen).

◇☞ gebraucht

(類語) gebrauchen: (ある物をその目的・機能に応じて) 使う. benutzen: (自分の有利になるように) 使う, 利用する. Er *benutzte* sie als Alibi. 彼は彼女をアリバイとして利用した. verwenden: (ある特別の目的のために) 活用する. Er *verwendet* das Buch im Unterricht. 彼はその本を授業で使う.

....

ge·bräuch·lich [ゲ・ブロイヒリヒ] 形 一般に行われている, 慣例の, 通用している. eine *gebräuchliche* Redensart 慣用句.

Ge·brauchs≠an·wei·sung [ゲブラオホス・アンヴァイズンク] 女 -/-en (薬・器具などの)使用上の注意, 使用説明書.

Ge·brauchs≠ar·ti·kel [ゲブラオホス・アルティーケル] 男 -s/- 日用品.

ge·brauchs≠fer·tig [ゲブラオホス・フェルティヒ] 形 すぐそのままで使える.

Ge·brauchs≠ge·gen·stand [ゲブラオホス・ゲーゲンシュタント] 男 -[e]s/..stände 日用(実用)品.

Ge·brauchs≠gra·fik [ゲブラオホス・グラーフィク] 女 -/ (ポスターなどの)商業デザイン(美術), グラフィックデザイン.

Ge·brauchs≠gut [ゲブラオホス・グート] 中 -[e]s/..güter 《ふつう 複》耐久消費財.

ge·braucht [ゲ・ブラオホト] I ‡gebrauchen (使う)の 3 人称単数・2 人称複数 現在 II ‡brauchen (必要とする), ‡gebrauchen (使う)の 過分 III 形 使い古しの; 中古の. *gebrauchte* Kleidung 古着 / einen Wagen *gebraucht* kaufen 車を中古で買う.

ge·brauch·te [ゲ・ブラオホテ] ‡gebrauchen (使う)の 過去

Ge·braucht≠wa·gen [ゲブラオホト・ヴァーゲン] 男 -s/- 中古[自動]車.

Ge·braucht≠wa·ren [ゲブラオホト・ヴァーレン] 複 中古品.

ge·bräunt [ゲ・ブロイント] I bräunen (褐色にする)の 過分 II 形 褐色に焼けた, 日焼けした.

Ge·brau·se [ゲ・ブラオゼ gə-bráuzə] 中 -s/ (風・波が)ごうごうと鳴ること(音).

ge·braust [ゲ・ブラオスト] *brausen (ごうごう音をたてる)の 過分

ge·bre·chen* [ゲ・ブレッヒェン gə-bréçən] 非人称 (h) [es *gebricht* 人³ an 物³ の形で] 《雅》 人³に物³が欠けている, 不足している. Es *gebricht* ihm an Mut. 彼には勇気が欠けている.

Ge·bre·chen [ゲ・ブレッヒェン] 中 -s/- 《雅》 (特に身体的な)欠陥, 障害.

ge·brech·lich [ゲ・ブレヒリヒ] 形 ① (年をとって)身体の弱い, 老衰した; (身体に)欠陥のある, 虚弱な. ② (古) 壊れやすい, もろい.

Ge·brech·lich·keit [ゲ・ブレヒリヒカイト] 女 -/ 老衰; (身体の)虚弱, 欠陥.

ge·bremst [ゲ・ブレムスト] *bremsen (ブレーキをかける)の 過分

ge·bro·chen [ゲ・ブロッヘン] I ‡brechen (折る), gebrechen (非人称で: 欠けている)の 過分 II 形 ① 折れた, 砕けた, 割れた; ぎくしゃくした(関係); ジグザグの(線); 屈折した(光). ② (言葉が)ブロークンな. Er spricht nur *gebrochenes* Deutsch. 彼はブロークンなドイツ語しか話さない. ③ 打ちひしがれた, 意気消沈した. ein *gebrochener* Mensch 失意の人. ④《音楽》分散の

(和音);《数》分数の. ⑤ 混ざり合った(色);《言》母音混和した.

Ge·brü·der [ゲ・ブリューダァ gə-brýːdər] 覆 ① 《商》兄弟商会 (略: Gebr.). *Gebrüder Meier* マイヤー兄弟商会. ②《古》(ある家族の)男兄弟[全部].

Ge·brüll [ゲ・ブリュる gə-brýl] 甲 -[e]s/ (犬などがしきりに)ほえること(声); 大声でわめくこと(声).

ge·brüllt [ゲ・ブリュると] ＊brüllen (ほえる)の 過分

Ge·brumm [ゲ・ブルム gə-brúm] 甲 -[e]s/ しきりにうなること(音); しきりにぶつぶつ言うこと(声).

ge·bucht [ゲ・ブーフト] ＊buchen (記帳する)の 過分

ge·bückt [ゲ・ビュックト] I ＊bücken (再帰で: 身をかがめる)の 過分 II 形 身をかがめた(姿勢など).

ge·bü·gelt [ゲ・ビューゲるト] ＊bügeln (アイロンをかける)の 過分

‡*die* **Ge·bühr** [ゲ・ビューァ gə-býːr] 女 (単) -/(複) -en ① (主として公共の)料金, 手数料, 使用料. (英 *charge*). Park*gebühr* 駐車料金 / eine *Gebühr*⁴ entrichten (または bezahlen) 料金を払う / gegen *Gebühr* 物⁴ leihen 料金と引き換えに 物⁴を貸す.
② (弁護士などへの)謝礼. ③ 分相応, 応分. nach *Gebühr* 分相応に, それにふさわしく / über *Gebühr* 分を越えて, 必要以上に.

ge·büh·ren [ゲ・ビューレン gə-býːrən] I 自 (h)《雅》(人·事³にふさわしい, 与えられて(払われて)当然である. Ihm *gebührt* Anerkennung. 彼は認められてしかるべきだ / Dem Alter *gebührt* Respekt. 年寄りは尊敬されるべきである. II 再帰 (h) ◊非人称の **es** を主語として成句的に》wie es sich *gebührt*《雅》しかるべく, 適切に.

ge·büh·rend [ゲ・ビューレント] I gebühren (ふさわしい)の 現分 II 形《雅》ふさわしい, それ相応の.

ge·büh·ren·frei [ゲビューレン・フライ] 形 料金(手数料)不要の, 無料の.

Ge·büh·ren·ord·nung [ゲビューレン・オルドヌング] 女 -/-en 料金(手数料)規定.

ge·büh·ren·pflich·tig [ゲ・ビューレン・プふりヒティヒ] 形 料金(手数料)の要る, 有料の.

ge·bum·melt [ゲ・ブンメると] ＊bummeln (ぶらつく)の 過分

ge·bun·den [ゲ・ブンデン] I ‡binden (結ぶ)の 過分 II 形 ① 強制(拘束)された; 結合(固定)された; 予定のある; 婚約(結婚)している. Er ist **an** Vorschriften *gebunden*. 彼は規則にしばられている. ②《詩》韻律を施した;《音楽》レガートの. *gebundene* Rede 韻文. ③《書籍》製本(装丁)された. ④《料理》とろみをつけた(スープなど).

Ge·bun·den·heit [ゲ・ブンデンハイト] 女 -/ 束縛, 制限, 拘束.

ge·bürs·tet [ゲ・ビュルステット] ＊bürsten (ブラ

‡*die* **Ge·burt** [ゲ・ブーフト gə-búːrt] 女 (単) -/(複) -en ① 誕生, 出生; 出産, 分娩(ﾌﾞﾝ). (英 *birth*). (⇔「死亡」は Tod). Früh*geburt* 早産 / eine leichte (schwere) *Geburt* 安産(難産) / **von** *Geburt* [an] 生まれたときから / im 5. (=fünften) Jahrhundert vor (nach) Christi² *Geburt* 西暦紀元前(後) 5 世紀に / Das war eine schwere *Geburt*.《口語・比》それは骨の折れる仕事だった.
② 生まれ, 家柄, 血統. Sie ist **von** hoher *Geburt*. 彼女は高貴の出だ / Er ist **von** *Geburt* Deutscher. 彼は(血統としては)ドイツ人だ. ③ (事物の)成立, 発生; 産物, 所産. die *Geburt* eines neuen Zeitalters 新時代の幕開け.

Ge·bur·ten·kon·trol·le [ゲブーァテン・コントロれ] 女 -/ 受胎調節.

Ge·bur·ten·re·ge·lung [ゲブーァテン・レーゲるング] 女 -/ 受胎調節, 産児制限.

Ge·bur·ten·rück·gang [ゲブーァテン・リュックガング] 男 -[e]s/..gänge 出生率の低下.

ge·bur·ten·schwach [ゲブーァテン・シュヴァッハ] 形 出生率の低い(年度など).

ge·bur·ten·stark [ゲブーァテン・シュタルク] 形 出生率の高い(年度など).

Ge·bur·ten·zif·fer [ゲブーァテン・ツィッファァ] 女 -/-n 出生率.

ge·bür·tig [ゲ・ビュルティヒ gə-býrtıç] 形 …生まれの. ein *gebürtiger* Schweizer スイス生まれの人 / Ich bin **aus** Berlin *gebürtig*. 私はベルリン生まれだ.

Ge·burts·an·zei·ge [ゲブーァツ・アンツァイゲ] 女 -/-n ① (新聞などに出す)出生(誕生)の広告. ② (役所への)出生届.

Ge·burts·da·tum [ゲブーァツ・ダートゥム] 甲 -s/..daten 生年月日.

Ge·burts·feh·ler [ゲブーァツ・フェーらァ] 男 -s/- 先天的欠陥.

＊*das* **Ge·burts·haus** [ゲブーァツ・ハオス gəbúːrts-haus] 甲 (単2) -es/(複) ..häuser [..ホイザァ] (3 格のみ ..häusern) 生家. Goethes *Geburtshaus* ゲーテの生家.

Ge·burts·hel·fer [ゲブーァツ・へるファァ] 男 -s/- 産科医, 助産夫.

Ge·burts·hel·fe·rin [ゲブーァツ・へるフェリン] 女 -/..rinnen (女性の)産科医, 助産婦.

Ge·burts·hil·fe [ゲブーァツ・ヒるフェ] 女 -/ ① 助産[術]. ② 産科学.

Ge·burts·jahr [ゲブーァツ・ヤール] 甲 -[e]s/-e 生年, 生まれた年.

Ge·burts·na·me [ゲブーァツ・ナーメ] -ns (3格·4格 -n)/-n 出生時の姓, 旧姓.

＊*der* **Ge·burts·ort** [ゲブーァツ・オルト gə-búːrts-ɔrt] 男 (単2) -[e]s/(複) -e (3格のみ -en) 出生地. Wo ist Ihr *Geburtsort*? あなたの出生地はどこですか.

Ge·burts·schein [ゲブーァツ・シャイン] 男 -[e]s/-e 出生証明書.

*_der_ **Ge·burts⸗tag** [ゲブーァツ・タ-ク gəbúːrts-taːk]

誕生日 Er hat heute _Geburtstag_.
エア ハット ホイテ グブーァツターク
彼はきょう誕生日だ.

男(単2) -[e]s/(複) -e (3格のみ -en) ① 誕生日. (英 _birthday_). Er feiert heute seinen 50. (=fünfzigsten) _Geburtstag_. 彼はきょう50歳の誕生日を祝う / Alles Gute (または Herzlichen Glückwunsch) **zum** _Geburtstag_! お誕生日おめでとう / 人³ zum _Geburtstag_ gratulieren 人³に誕生日のお祝いを言う / 人³ zum _Geburtstag_ 物⁴ schenken 人³の誕生日に物⁴をプレゼントする / Was wünschst du dir zum _Geburtstag_? 誕生日のお祝いに何が欲しいの. ②《官庁》生年月日.

Ge·burts·tags⸗fei·er [ゲブーァツタ-クス・ファイァァ]女-/-n 誕生日の祝い.
Ge·burts·tags⸗**kind** [ゲブーァツタ-クス・キント]中-[e]s/-er(戯)誕生日を祝われる人.
Ge·burts⸗ur·kun·de [ゲブーァツ・ウ-アクンデ]女-/-n 出生証明書.
Ge·burts⸗we·hen [ゲブーァツ・ヴェ-エン]複 陣痛.(比)産みの苦しみ.
Ge·büsch [ゲ・ビュッシュ gə-býʃ] 中-[e]s/-e 茂み, やぶ, 灌木(½ೣく)林.
Geck [ゲック gék] 男 -en/-en ①(軽蔑的に:)しゃれ者, だて男, 気取り屋. ②(方)ばか.
ge·cken·haft [ゲッケンハフト] 形 おしゃれな, 気取った.
ge·dacht [ゲ・ダハト]I *denken(考える), *gedenken (思い起こす)の過分 II 形 (…と)考えられた, (…の)つもりで(ためのもの)である. Die Blumen waren für dich _gedacht_. これらの花は君のために贈られたものだ.
ge·dach·te [ゲ・ダハテ] *gedenken (思い起こす)の過去

*_das_ **Ge·dächt·nis** [ゲ・デヒトニス gədéçtnɪs] 中(単2) ..nisses/(複) ..nisse (3格のみ ..nissen) ① 記憶[力]. (英 _memory_). ein gutes (schlechtes) _Gedächtnis_⁴ haben 記憶力がよい(悪い) / Ich habe kein _Gedächtnis_ **für** Namen. 私は人の名前がなかなか覚えられない / Mein _Gedächtnis_ lässt nach. 私の記憶力は衰えている / Er hat ein kurzes _Gedächtnis_.《口語》彼は忘れっぽい / Wenn mich mein _Gedächtnis_ nicht täuscht,… 私の記憶違いでなければ,… / Ich habe ein _Gedächtnis_ wie ein Sieb.《口語》私は非常に忘れっぽい (←ざるのような記憶力). ◇《前置詞とともに》ein Gedicht **aus** dem _Gedächtnis_ her|sagen 詩を暗唱する / 事⁴ **im** _Gedächtnis_ behalten (または bewahren) 事⁴を記憶している / sich³ 人·事⁴ ins _Gedächtnis_ zurück|rufen 人·事⁴ を思い出す. ② 記念, 思い出, 追憶. **zum** _Gedächtnis_ **an** 人⁴ 人⁴を記念して. ③(ズス)追悼式, 記念祭.
Ge·dächt·nis⸗fei·er [ゲデヒトニス・ファイァァ]女-/-n 追悼式, 記念祭.
Ge·dächt·nis⸗schwund [ゲデヒトニス・シュヴント]男-[e]s/ 記憶喪失.
ge·däm·mert [ゲ・デンマァト] *dämmern (しだいに明るくなる)の過分
ge·dämpft [ゲ・デンプフト] I dämpfen (和らげる)の過分 II 形 ①《料理》蒸した, ふかした. ②《理》減衰した. ③ 和らげられた, 抑えられた(色·声·光など).《音楽》弱音器を付けた. mit _gedämpfter_ Stimme 声をひそめて.

*_der_ **Ge·dan·ke** [ゲ・ダンケ gə-dáŋkə]

考え Das ist ein guter _Gedanke_!
ダス イスト アイン グーターァ ゲダンケ
それはいい考えだ.

格	単	複
1	der Gedanke	die Gedanken
2	des Gedankens	der Gedanken
3	dem Gedanken	den Gedanken
4	den Gedanken	die Gedanken

男(単2) -ns; (単3.4) -n/(複) -n ① 考え, 思考, 思想; 思いつき. (英 _thought_). Grundgedanke 根本思想 / ein kluger _Gedanke_ 賢明な考え / Dieser _Gedanke_ liegt mir fern. そんなことは考えたこともない(←私から遠く離れている) / Ein _Gedanke_ fuhr (または ging) mir durch den Kopf. ある考えが私の頭にひらめいた / keinen _Gedanken_ fassen 考えがまとまらない / einem _Gedanken_ nach|gehen 考えにふける / Kein _Gedanke_!《口語》とんでもない. ◇《前置詞とともに》**auf** einen _Gedanken_ kommen ある考えを思いつく / 人⁴ **auf** einen _Gedanken_ bringen 人⁴にある考えをいだかせる / 人⁴ **auf** andere _Gedanken_ bringen 人⁴の考えをほかのことに向けさせる / **in** _Gedanken_ verloren (または versunken) sein 物思いに沈んでいる / Das habe ich **in** _Gedanken_ getan. 私はそれを知らず知らず(うっかり)してしまった / sich³ **über** 人·物⁴ _Gedanken_⁴ machen 人·物⁴について心配する(気をもむ) / _Gedanken_ sind [zoll]frei.(諺)考えるのは勝手だ(←考えることに関税はかからない) / Schon der _Gedanke_ daran lässt mich schaudern. それを考えただけで私はぞっとする.
②〔複 で〕意見, 見解. _Gedanken_⁴ aus|tauschen 意見を交換する / Darüber habe ich so meine eigenen _Gedanken_. それについては私は自分なりの考えを持っている.
③ 計画, 意図. **mit** dem _Gedanken_ spielen (…しようと)考える / Er kam mit dem _Gedanken_, uns zu helfen. 彼は私たちを助けるつもりでやって来た. ④ 概念, 観念. der _Gedanke_ der Freiheit² 自由という概念.
Ge·dan·ken [ゲ・ダンケン] 男 -s/- (略) = Gedanke
Ge·dan·ken⸗aus·tausch [ゲダンケン・アオスタオシュ] 男-[e]s/ 意見の交換.
Ge·dan·ken⸗blitz [ゲダンケン・ブリッツ] 男

−es/-e《口語・戯》とっさの思いつき, ひらめき.

Ge·dan·ken⁀frei·heit [ゲダンケン・ふライハイト] 女 -/ 思想の自由.

Ge·dan·ken⁀gang [ゲダンケン・ガング] 男 -[e]s/..gänge 思考(思想)の筋道, 思考過程.

Ge·dan·ken⁀gut [ゲダンケン・グート] 中 -[e]s/ (ある時代などの)思想[の所産].

ge·dan·ken⁀los [ゲダンケン・ろース] 形 ① 思慮のない, 軽率な. ② 放心した, ぼんやりした.

Ge·dan·ken⁀lo·sig·keit [ゲダンケン・ろーズィヒカイト] 女 -/-en ①《複 なし》思慮のなさ, 軽率さ; 放心状態. **aus** *Gedankenlosigkeit* 軽はずみな(放心状態での)言動.

Ge·dan·ken⁀sprung [ゲダンケン・シュプルング] 男 -[e]s/..sprünge 思考の飛躍, 連想.

Ge·dan·ken⁀strich [ゲダンケン・シュトリヒ] 男 -[e]s/-e《言》ダッシュ(記号: —).

Ge·dan·ken⁀über·tra·gung [ゲダンケン・ユーバァトラーグング] 女 -/-en テレパシー, 精神感応, 以心伝心.

ge·dan·ken⁀voll [ゲダンケン・ふォる] 形 ① 物思いに沈んだ, 瞑想(めいそう)的な. ②《雅》思想の豊かな.

ge·dank·lich [ゲ・ダンクリヒ] 形 思想上の, 思想に関する; 観念的な, 頭の中の.

ge·dankt [ゲ・ダンクト] ＊danken (感謝する)の 過分

Ge·därm [ゲ・デルム gə-dérm] 中 -[e]s/-e 内臓, はらわた (= Eingeweide).

ge·dau·ert [ゲ・ダオァァト] ＊dauern (続く)の 過分

Ge·deck [ゲ・デック gə-dék] 中 -[e]s/-e ① (一人分の)食器(ナイフ・フォーク・皿などの1セット). ② (レストランなどの)定食. ein *Gedeck*⁴ bestellen 定食を注文する.

ge·deckt [ゲ・デックト] I ＊decken (覆う)の 過分 II 形 地味な(色・柄など).

ge·dehnt [ゲ・デーント] ＊dehnen (伸ばす)の 過分

Ge·deih [ゲ・ダイ gə-dái] 男《成句的に》 **auf** *Gedeih* **und Verderb** (どういう結果になろうと) ともかく, 無条件に.

＊**ge·dei·hen**＊ [ゲ・ダイエン gə-dáiən] (gedieh, *ist*...gediehen) 自 (完了 sein) ① **成長する**, (植物が)すくすくと伸びる, 繁る; (動物が)繁殖する. Diese Pflanze *gedeiht* nur bei viel Sonne. この植物は日当たりのよい所でしか育たない. ② 進捗(しんちょく)する, はかどる. Wie weit *ist er* mit seinem Studium *gediehen*? 『現在完了』彼の研究はどの程度進んだのか.

ge·deih·lich [ゲ・ダイリヒ] 形《雅》有益な, 実りのある, 順調な.

＊**ge·den·ken**＊ [ゲ・デンケン gə-déŋkən] (gedachte, *hat*...gedacht) I 自 (完了 haben) 『2格とともに』《雅》(人・事²を)思い起こす, しのぶ; (人・事²に)言及する. Wir *gedenken* der Toten in Dankbarkeit. 私たちは感謝の気持ちを持ってその故人をしのぶ.

II 他 (完了 haben) 『zu 不定詞[句]とともに』 《雅》 (…する)つもりである, (…しようと)思う. Wir *gedenken*, länger zu bleiben. 私たちはもっと長く滞在するつもりです.

Ge·den·ken [ゲ・デンケン] 中 -s/ 思い出, 回想.

Ge·denk⁀fei·er [ゲデンク・ふァイァァ] 女 -/-n 記念祭, 追悼式.

Ge·denk⁀stät·te [ゲデンク・シュテッテ] 女 -/-n 記念(追憶)の場所.

Ge·denk⁀ta·fel [ゲデンク・ターふェる] 女 -/-n (壁などにはめ込む)記念牌(はい), 記念銘板.

Ge·denk⁀tag [ゲデンク・ターク] 男 -[e]s/-e 記念日.

ge·deucht [ゲ・ドイヒト] dünken (…と思われる)の 過分《古》

ge·deu·tet [ゲ・ドイテット] ＊deuten (解釈する)の 過分

＊*das* **Ge·dicht** [ゲ・ディヒト gə-díçt] 中 (単 2) -es (まれに -s)/(複) -e (3 格のみ -en) 詩. (英 *poem*). Liebes*gedicht* 恋愛詩 / ein *Gedicht* von Goethe ゲーテの詩 / ein lyrisches (episches) *Gedicht* 抒情(叙事)詩 / ein *Gedicht*⁴ auf|sagen 詩を暗唱する / Die Torte ist ein *Gedicht*!《口語》このケーキは絶品だ.

ge·dich·tet [ゲ・ディヒテット] ＊dichten¹ (創作する)の 過分

Ge·dicht⁀samm·lung [ゲディヒト・ザムるング] 女 -/-en 詩集.

ge·die·gen [ゲ・ディーゲン gə-dí:gən] 形 ① 堅実な, 信頼できる; しっかりした, 堅固な. eine *gediegene* Arbeit 確実な仕事 / *gediegene* Möbel 造りのしっかりした家具. ② (金属が)純粋な, 混じり気のない. *gediegenes* Gold 純金. ③《口語》おかしな; 奇妙な.

Ge·die·gen·heit [ゲ・ディーゲンハイト] 女 -/ 堅実さ, 信頼性; 堅固さ; 純粋さ;《口語》奇妙さ.

ge·dieh [ゲ・ディー] ＊gedeihen (成長する)の 過去

ge·die·he [ゲ・ディーエ] ＊gedeihen (成長する)の 接2

ge·die·hen [ゲ・ディーエン] ＊gedeihen (成長する)の 過分

ge·dient [ゲ・ディーント] I ＊dienen (仕える)の 過分 II 形 兵役を終えた.

ge·don·nert [ゲ・ドンナァト] ＊donnern (非人称で: 雷が鳴る)の 過分

Ge·drän·ge [ゲ・ドレンゲ gə-dréŋə] 中 -s/- ①《複 なし》(群衆などが)押し寄せること; 雑踏, 人ごみ. **im** *Gedränge* 人ごみの中で / **ins** *Gedränge* **kommen** (または geraten)《比》苦境に陥る. ② (ラグビーの)スクラム.

ge·drängt [ゲ・ドレングト] I ＊drängen (押しやる)の 過分 II 形 ① 混雑した, 込み合った. ② 簡潔な. ein *gedrängter* Stil 簡潔な文体.

Ge·drängt·heit [ゲ・ドレングトハイト] 女 -/ (文体などの)簡潔さ.

ge·dreht [ゲ・ドレート] ＊drehen (回す)の 過分

ge·droht [ゲ・ドロート] ‡drohen (脅す)の過分

ge·dro·schen [ゲ・ドロッシェン] dreschen (脱穀する)の過分

ge·druckt [ゲ・ドルックト] ‡drucken (印刷する)の過分. ◊《成句的に》wie *gedruckt* lügen (《口語》もっともらしいうそをつく (←印刷されたように)).

ge·drückt [ゲ・ドリュックト] I ‡drücken (押す)の過分 II 形 押さえつけられた; 意気消沈した.

ge·drun·gen [ゲ・ドルンゲン] I ‡dringen (押し進む)の過分 II 形 ずんぐりした, 小太りの.

ge·duf·tet [ゲ・ドゥフテット] ‡duften (香る)の過分

***die* Ge·duld** [ゲ・ドゥルト gə-dúlt] 女 (単) -/ 忍耐, 辛抱, 我慢, 根気. (英 *patience*). (《ロミ》「短気」は Ungeduld). Engels*geduld* 天使のような忍耐心 / *Geduld*⁴ haben 辛抱(我慢)する ⇒ Bitte haben Sie noch etwas *Geduld*! どうかもう少しご辛抱ください / Nur *Geduld*! まあ辛抱しろよ / die *Geduld*⁴ verlieren 我慢ができなくなる / Jetzt reißt mir aber die *Geduld*! 私はもう我慢できない / mit 人³ *Geduld*⁴ haben 人³に寛大である / Dazu habe ich keine *Geduld*. 私にはそれをする根気はない / sich⁴ in *Geduld* fassen じっと我慢する / mit [viel] *Geduld* 根気よく, 辛抱強く / 人⁴ um *Geduld* bitten 人⁴に辛抱してくださいと頼む.

ge·dul·den [ゲ・ドゥるデン gə-dúldən] 再帰 (h) sich⁴ *gedulden* 我慢(辛抱)する; 辛抱して待つ. Du *musst* dich noch ein bisschen *gedulden*. 君はもう少し辛抱しなくてはならない.

ge·dul·det [ゲ・ドゥるデット] ‡dulden (我慢する), geduldet (再帰 で: 我慢する)の過分

***ge·dul·dig** [ゲ・ドゥるディヒ gə-dúldıç] 形 忍耐強い, 辛抱強い; 気長な. (英 *patient*). ein *geduldiger* Lehrer 忍耐強い先生 / *geduldig* warten 辛抱強く待つ.

Ge·dulds≠fa·den [ゲドゥるツ・ふァーデン] 男 -s/ 《口語》堪忍袋の緒. Jetzt reißt mir der *Geduldsfaden*. もう堪忍袋の緒が切れた.

Ge·dulds≠pro·be [ゲドゥるツ・プローベ] 女 -/-n 忍耐力を試されるようなこと, 試練.

Ge·dulds≠spiel [ゲドゥるツ・シュピーる] 中 -[e]s/-e 忍耐力を要するゲーム, 《比》根気仕事.

ge·dun·gen [ゲ・ドゥンゲン] I dingen (金で雇う)の過分 II 形 金(かね)で雇われた(殺し屋など)

ge·dun·sen [ゲ・ドゥンゼン gə-dúnzən] 形 ふくれた, はれぼったい.

ge·durft [ゲ・ドゥルふト] ‡dürfen¹ (…してもよい)の過分

ge·duscht [ゲ・ドゥシュト または ゲ・ドゥーシュト] *duschen (シャワーを浴びる)の過分

ge·duzt [ゲ・ドゥーツト] *duzen (du で呼ぶ)の過分

***ge·ehrt** [ゲ・エーアト gə-é:rt] I *ehren (尊敬する)の過分

II 形 尊敬されている, 敬愛する. (英 *dear*). Sehr *geehrter* Herr (*geehrte* Frau) Kohl! (手紙の冒頭で:)拝啓コール様.

ge·eicht [ゲ・アイヒト] I eichen² (検定する)の過分 II 形 検定済みの(計量器など); 折り紙つきの. auf 物⁴ *geeicht* sein 物⁴に熟練している.

***ge·eig·net** [ゲ・アイグネット gə-áıgnət] *eignen (再帰 で: ふさわしい)の過分 II 形 適した, 向いている, ふさわしい. (英 *suitable*). *geeignete* Maßnahmen 適切な対策 / Er ist **für** diese Arbeit (**zum** Lehrer) *geeignet*. 彼はこの仕事(教師)に向いている.

ge·eilt [ゲ・アイるト] *eilen (急いで行く)の過分

ge·ei·nigt [ゲ・アイニヒト] *einigen¹ (再帰 で: 意見が一致する)の過分

ge·en·det [ゲ・エンデット] *enden (終わる)の過分

ge·erbt [ゲ・エルプト] *erben (相続する)の過分

ge·ern·tet [ゲ・エルンテット] *ernten (収穫する)の過分

Geest [ゲースト gé:st] 女 -/-en 《地理》(ドイツ北西沿海地方の)乾燥不毛地.

***die* Ge·fahr** [ゲ・ふァール gə-fá:r] 女 (単) -/ (複) -en 危険, 危機. (英 *danger*). (《ロミ》「安全」は Sicherheit). Lebens*gefahr* 生命の危険 / eine akute *Gefahr* さし迫った危険 / Eine *Gefahr* droht. 危険が迫っている / *Gefahr*⁴ laufen 危険を冒す / Es besteht die *Gefahr*, dass... …の危険がある / Es ist keine *Gefahr*. 危険はない / sich⁴ einer *Gefahr*³ aus|setzen 危険に身をさらす.

◊《前置詞と》auf die *Gefahr* hin 危険を冒して / **auf eigene** *Gefahr* 自己の責任において(危険を伴う場所の標示などで, 万一の場合責任を負えないことを示す) / Der Kranke ist **außer** *Gefahr*. 病人は危機を脱した / in *Gefahr* geraten (または kommen) 危険に陥る / 人・物³ in *Gefahr* bringen 人・物⁴を危険にさらす / in *Gefahr* sein 危機にある / Wer sich in *Gefahr* begibt, kommt darin um. 《諺》君子危きに近寄らず(←危険に赴く者はそこで死ぬ) / Er rettete sie **mit** (または **unter**) *Gefahr* seines Lebens. 彼は生命の危険を冒して彼女を救った.

ge·fähr·den [ゲ・ふェーァデン gə-fé:rdən] 他 (h) 危険にさらす, (健康・平和など⁴を)危うくする. sein Leben⁴ *gefährden* 自分の命を危険にさらす. ◊《過去分詞の形で》*gefährdete* Jugendliche 非行に走る危険のある青少年.

Ge·fähr·dung [ゲ・ふェーァドゥング] 女 -/-en 危険にさらす(さらされる)こと.

ge·fah·ren [ゲ・ふァーレン] ‡fahren (乗り物で行く)の過分

Ge·fah·ren≠zo·ne [ゲふァーレン・ツォーネ] 女 -/-n 危険地帯(区域).

***ge·fähr·lich** [ゲ・ふェーァりヒ gə-fé:rlıç] 形 危険な, 危ない; 物騒な. (英 *dangerous*). eine *gefährliche* Kurve 危険なカーブ / ein *gefährlicher* Mensch 危険人物 / eine *gefährliche* Krankheit 危険な病気 / ein Mann im *gefährlichen* Alter a) (健康上)注意を要する中年男性, b) 《戯》(浮気に走りが

ちな)危険な中年男性 / Das ist nicht so *gefährlich.*《口語》それはたいしたことではない.

Ge·fähr·lich·keit [ゲ・フェーァリヒカイト] 囡 -/ 危険[性]; 危険なこと.

ge·fahr-los [ゲファール・ロース] 形 危険のない.

Ge·fährt [ゲ・フェーァト gə-fέːrt] 匣 -[e]s/-e《雅》乗り物(荷車・馬車・自動車など).

*der **Ge·fähr·te** [ゲ・フェーァテ gə-fέːrtə] 男 (単 2·3·4) -n/(複) -n《雅》**連れ**, 同伴者; 仲間. Lebens*gefährte* 人生の伴侶(㌕) / Sie waren *Gefährten* auf einer Reise. 彼らは旅の道連れだった.

Ge·fähr·tin [ゲ・フェーァティン gə-fέːrtɪn] 囡 -/..tinnen《雅》(女性の)連れ, 同伴者; 仲間.

ge·fahr≠voll [ゲファール・ふォる] 形 危険の多い, 危険に満ちた.

Ge·fäl·le [ゲ・ふェれ gə-fέlə] 匣 -s/- ① 傾斜, 勾配(㌘). Die Straße hat ein starkes *Gefälle*. この通りは急勾配だ. ② 落差, 格差.

***ge·fal·len**[1]* [ゲ・ふァれン gə-fálən]

> 気に入る　Das *gefällt* mir gut.
> ダス　ゲふェるト　ミァ　グート
> これが私は気に入っています.

du gefällst, er gefällt (gefiel, *hat* ... gefallen) I 自 (完了 haben)《3格とともに》《人3の》**気に入る**, 気に入っている.《⊛ *please*》Dieses Bild *gefällt* mir nicht. 私はこの絵が気に入らない / Sie *gefiel* ihm gleich. 彼女のことを彼はすぐに気に入った / Er *gefällt* mir heute nicht.《口語》(病気ではないかと)きょうの彼の顔色が気がかりだ.
◊《非人称の es を主語として》Wie *gefällt* es Ihnen in Japan? 日本は気に入りましたか.
◊《lassen とともに》sich[3] 囲[4] *Gefallen* lassen《口語》a) 囲[4]を我慢する, b) 囲[4]を歓迎する ⇒ Das *lasse* ich mir nicht *gefallen*! そんなことは承知しないぞ.
II (再帰)(完了 haben)《*sich*[3] **in** 囲[3] ~》(囲[3]で)得意(いい気)になっている. Er *gefällt* sich in der Rolle des Intellektuellen. 彼はインテリぶって得意になっている.

ge·fal·len[2] [ゲ・ふァれン] I *fallen(落ちる), *gefallen[1] (気に入る)の 過分 II 形 戦死した; 墜落した.

Ge·fal·len [ゲ・ふァれン] I 匣 -s/ 気に入ること, 好み, 楽しみ. **an** 人・物[3]が気に入る, 好む / 人[3] **zu** *Gefallen* reden 人[3]にお世辞を言う(←気に入るように話す). II 男 -s/- 好意, 親切. 人[3] einen *Gefallen* tun 人[3]に好意を示す ⇒ Kannst du mir einen *Gefallen* tun? 一つお願いしたいことがあるんだけど.

Ge·fal·le·ne[r] [ゲ・ふァれネ (..ナァ) gə-fálənə (..nɐr)] 男 囡《語尾変化は形容詞と同じ》戦死(戦没)者.

***ge·fäl·lig** [ゲ・ふェりヒ gə-fέlɪç] 形 ① 親切な, 世話好きな. ein *gefälliger* Nachbar 世話好きな隣人 / 人[3] *gefällig* sein 人[3]に親切である / sich[3] 人[3] *gefällig* erweisen 人[3]に親切にする. ② 好ましい, 快い, 感じのよい. eine *gefällige* Musik 耳に快い音楽. ③ 望まれる, 欲しい. noch ein Stück Kuchen *gefällig*? ケーキをもう一ついかがですか / Ist sonst noch etwas *gefällig*? (店員が客に:)ほかに何かお望みでしょうか / Da (または Hier) ist [et]was *gefällig*.《口語》こいつはひょっとすると一騒ぎあるぞ.

Ge·fäl·lig·keit [ゲ・ふェりヒカイト] 囡 -/-en ① 好意, 親切. 人[3] eine *Gefälligkeit*[4] erweisen 人[3]に好意を示す / **aus** reiner *Gefälligkeit* まったくの好意から. ②《複 なし》(態度などの)感じのよさ.

ge·fäl·ligst [ゲ・ふェりヒスト gə-fέlɪçst] 副 (命令文などうちだちを示して:) いいかげん, どうか, お願いですから. Hör *gefälligst* zu! 頼むからちゃんと聞いてくれ.

ge·fällst [ゲ・ふェるスト] *gefallen[1] (気に入る)の 2 人称単数 現在

Ge·fall≠sucht [ゲふァる・ズフト] 囡 -/ 機嫌とり, 媚態(㌕), 媚(㌢)びること.

ge·fall≠süch·tig [ゲふァる・ズュヒティヒ] 形 機嫌とりの, 媚(㌢)びた.

ge·fällt [ゲ・ふェるト] I *gefallen[1] (気に入る)の 3 人称単数 現在 II fällen (切り倒す)の 過分

ge·fal·tet [ゲ・ふァるテット] *falten (折りたたむ)の 過分

ge·fan·gen [ゲ・ふァンゲン] I *fangen (捕まえる)の 過分 II 形 捕らえられた; 捕虜になった.
(新形)
ge·fan·gen hal·ten ① 捕えて(抑留して)おく. ②《雅》とりこにする.

ge·fan·gen neh·men ① 捕虜にする, 逮捕する. ②《雅》とりこにする.

Ge·fan·ge·nen≠la·ger [ゲふァンゲネン・らーガァ] 匣 -s/- 捕虜収容所.

***Ge·fan·ge·ne[r]** [ゲ・ふァンゲネ (..ナァ) gə-fáŋənə (..nɐr)] 男 囡《語尾変化は形容詞と同じ》☞ Alte[r] (例:男 1 格 der Gefangen*e*, ein Gefangen*er*) (⊛ *prisoner*) ① 捕虜. die *Gefangenen*[4] aus|tauschen 捕虜を交換する. ② 囚人. ein politischer *Gefangener* 政治犯.

ge·fan·gen|hal·ten* 他 (h) (新形) gefangen halten) ☞ gefangen

Ge·fan·gen≠nah·me [ゲふァンゲン・ナーメ] 囡 -/ 逮捕, 監禁; 捕虜にすること.

ge·fan·gen|neh·men* 他 (h) (新形) gefangen nehmen) ☞ gefangen

Ge·fan·gen·schaft [ゲ・ふァンゲンシャふト] 囡 -/-en《ふつう 単》捕らえられている(捕虜になっている)こと; 監禁状態. **in** *Gefangenschaft* geraten 捕虜になる.

das **Ge·fäng·nis [ゲ・ふェングニス gə-fέŋnɪs] 匣 (単 2) -nisses/(複) ..nisse (3 格のみ ..nissen) ① **刑務所**, 監獄, 牢獄. (⊛ *pri-*

son). **aus** dem *Gefängnis* aus|brechen 脱獄する / 人^4 **ins** *Gefängnis* bringen 人^{4}を刑務所に入れる / **im** *Gefängnis* sitzen 刑務所に入っている.
②《複 なし》懲役[刑]. drei Jahre *Gefängnis*^{4} bekommen 3年の懲役刑を受ける.

Ge·fäng·nis⹀stra·fe [ゲ・フェングニス・シュトラーフェ] 女 -/-n 禁固刑.

Ge·fäng·nis⹀wär·ter [ゲ・フェングニス・ヴェルタァ] 男 -s/- 看守.

ge·färbt [ゲ・フェルプト] I färben (染める)の過分 II 形 染めた(髪・布など).

***das Ge·fäß** [ゲ・フェース gə-fέːs] 中 (単2) -es/(複) -e (3格のみ -en) ① 容器, 入れもの(つぼ・コップなど), 器(うつわ). Glas*gefäß* ガラス容器 / ein *Gefäß* **aus** Kunststoff プラスチック製の容器 / 物^4 **in** ein *Gefäß* füllen 物^{4}を容器に入れる. ②《医》脈管, 血管;《植》導管. Blut*gefäß* 血管. ③ (剣の)つか.

***ge·fasst** [ゲ・ファスト gə-fást] I ‡fassen (つかむ)の過分
II 形 (比較) gefasster, (最上) gefasstest) ① 冷静な, 落ち着いた. (英 composed). Sie war ganz *gefasst*. 彼女はまったく落ち着いていた / die Todesnachricht^4 *gefasst* auf|nehmen 死の知らせを冷静に受けとめる. ②《**auf** 事^4 ~》(事^{4}を覚悟した). Ich bin auf das Schlimmste *gefasst*. 私は最悪の事態を覚悟している / sich^4 auf 事^4 *gefasst* machen 事^{4}を覚悟する.

ge·faßt ☞ 新形 gefasst

Ge·fecht [ゲ・フェヒト gə-féçt] 中 -[e]s/-e ① (小規模な)戦闘; 小競り合い;《雅・比》論争. Wort*gefecht* 口論 / 人^4 **außer** *Gefecht* setzen 人^{4}の戦闘力を失わせる / 事^4 **ins** *Gefecht* führen《雅》事^{4}を論拠としてあげる. ②（フェンシングの)対戦.

ge·fechts⹀klar [ゲ・フェヒツ・クラール] 形《海》戦闘準備のできた.

Ge·fechts⹀stand [ゲ・フェヒツ・シュタント] 男 -[e]s/..stände《軍》前線司令部.

ge·fegt [ゲ・フェークト] *fegen (掃く)の過分

ge·fehlt [ゲ・フェールト] ‡fehlen (欠席している)の過分

ge·fei·ert [ゲ・ファイアァト] ‡feiern (祝う)の過分

ge·feit [ゲ・ファイト gə-fáit] 形《雅》抵抗力のある, 安全な. **gegen** 物^4 *gefeit* sein 物^{4}に対して抵抗力がある(免疫がある).

ge·fes·selt [ゲ・フェッセルト] *fesseln (縛る)の過分

ge·fie·bert [ゲ・フィーバァト] *fiebern (熱がある)の過分

Ge·fie·der [ゲ・フィーダァ gə-fíːdər] 中 -s/- (鳥の)羽毛, 羽.

ge·fie·dert [ゲ・フィーダァト gə-fíːdərt] 形 ① 羽[毛]のある, 羽[毛]を付けた. ②《植》羽状の.

ge·fiel [ゲ・フィール] ‡gefallen^1 (気に入る)の過去

ge·fie·le [ゲ・フィーレ] ‡gefallen^1 (気に入る)の接2

Ge·fil·de [ゲ・フィルデ gə-fíldə] 中 -s/-《雅》野; 地方; 領域, 分野. die *Gefilde* der Seligen^2 (ぜいゲン神) 天国, パラダイス, エリュシオン.

ge·fischt [ゲ・フィシュト] *fischen (釣る)の過分

ge·flat·tert [ゲ・フラッタァト] *flattern (ばたばたと飛んで行く)の過分

Ge·flecht [ゲ・フレヒト gə-fléçt] 中 -[e]s/-e ① 編物; 編物細工. ein *Geflecht* **aus** Stroh わら細工. ②叢(むらがり);《医》叢(そう). das *Geflecht* der Adern^2 血管叢.

ge·fleckt [ゲ・フレックト] I flecken (染みがつく)の過分 II 形 斑点の, しみの, ぶちの.

ge·flickt [ゲ・フリックト] *flicken (繕う)の過分

ge·flis·sent·lich [ゲ・フリッセントリヒ] I 副 故意に, わざと, 意図的に. 人・事^4 *geflissentlich* übersehen 人・事^{4}をわざと見逃す. II 形《古》親切な, 好意ある.

ge·floch·ten [ゲ・フロホテン] flechten (編む)の過分

ge·flo·gen [ゲ・フローゲン] ‡fliegen (飛ぶ)の過分

ge·flo·hen [ゲ・フローエン] ‡fliehen (逃げる)の過分

ge·flos·sen [ゲ・フロッセン] ‡fließen (流れる)の過分

ge·flucht [ゲ・フルーフト] *fluchen (悪態をつく)の過分

ge·flüch·tet [ゲ・フリュヒテット] *flüchten (逃げる)の過分

Ge·flü·gel [ゲ・フリューゲる gə-flýːgəl] 中 -s/- ① 家禽(かきん), (鶏・あひるなど). ② 鳥肉.

Ge·flü·gel⹀farm [ゲ・フリューゲる・ファルム] 女 -/-en 家禽(かきん)飼育場; 養鶏場.

ge·flü·gelt [ゲ・フリューゲるト gə-flýːgəlt] 形 ① 翼のある. ein *geflügeltes* Wort《比》人口に膾炙(かいしゃ)した言葉, 名言(← 翼の生えた言葉) / *geflügelte* Samen《植》翼果. ②《狩》翼を打ち抜かれた.

Ge·flüs·ter [ゲ・フリュスタァ gə-flýstər] 中 -s/- 絶え間ないささやき(ざわめき).

ge·flüs·tert [ゲ・フリュスタァト] *flüstern (ささやく)の過分

ge·foch·ten [ゲ・フォホテン] fechten (刀剣で戦う)の過分

Ge·fol·ge [ゲ・フォるゲ gə-fólgə] 中 -s/- ① 随員, お供; 葬列. ②《書》結果, 結末. **im** *Gefolge* haben 事^{4}を結果として伴う ⇨ Kriege haben oft Hungersnöte im *Gefolge*. 戦争にはしばしば飢饉(ききん)がつきまとう.

ge·fol·gert [ゲ・フォるガァト] *folgern (推論する)の過分

Ge·folg·schaft [ゲ・フォるクシャフト] 女 -/-en ①《複 なし》服従; 臣従. 人^3 *Gefolgschaft*^{4} leisten 人^{3}に忠実に従う, お供する. ②《史》《複 なし》(古代ゲルマンの)従士[団]. ③《比》信奉者, 賛同者. ④ (ナチス用語で:)(一企業の

Ge·folgs‖mann [ゲ・フォるクス・マン] 男 -[e]s/..männer (または ..leute)《史》(ゲルマンの)従士;《比》信奉者.

ge·folgt [ゲ・フォるクト] ＊folgen (ついて行く)の 過分

ge·for·dert [ゲ・フォルダァト] ＊fordern (要求する)の 過分

ge·för·dert [ゲ・フェルダァト] ＊fördern (援助する)の 過分

ge·formt [ゲ・フォルムト] ＊formen (作る)の 過分

ge·forscht [ゲ・フォルシュト] ＊forschen (研究する)の 過分

ge·fragt [ゲ・フらークト] I ＊fragen (尋ねる)の 過分 II 形 需要のある, 人気のある. Das Buch ist sehr *gefragt*. この本はたいへん売れている.

ge·frä·ßig [ゲ・ふレースィヒ gə-fréː-sɪç] 形 大食の, 食い意地の張った, がつがつした.

Ge·frä·ßig·keit [ゲ・ふレースィヒカイト] 女 -/ 大食, 食い意地が張っていること.

Ge·frei·te[r] [ゲ・ふライテ (..ター) gə-fráɪ-tə (..tər)] 男《語尾変化は形容詞と同じ》《軍》一等[水]兵.

ge·fres·sen [ゲ・ふレッセン] ＊fressen (動物が食べる)の 過分

ge·freut [ゲ・ふロイト] ＊freuen (再帰で: 喜ぶ)の 過分

ge·frie·ren＊ [ゲ・ふリーレン gə-fríː-rən] 自 (s) 凍る, 凍結(氷結)する. Das Wasser *gefriert* [zu Eis]. 水が凍る.

Ge·frier‖fach [ゲふリーァ・ふァッハ] 中 -[e]s/..fächer (冷蔵庫の)冷凍室.

Ge·frier‖fleisch [ゲふリーァ・ふらイシュ] 中 -[e]s/ 冷凍肉.

Ge·frier‖ge·trock·net [ゲふリーァ・ゲトロックネット] 形 凍結乾燥した(食品など).

Ge·frier‖punkt [ゲ・ふリーァ・プンクト] 男 -[e]s/-e 氷点; 凝固点.

Ge·frier‖schrank [ゲふリーァ・シュランク] 男 -[e]s/..schränke 冷凍庫.

Ge·frier‖tru·he [ゲふリーァ・トルーエ] 女 -/-n 冷凍庫.

ge·fro·ren [ゲ・ふローレン] ＊frieren (寒がる), gefrieren (凍る)の 過分

Ge·fro·re·ne[s] [ゲ・ふローレネ[ス] gə-fróː-rənə[s]] 中《語尾変化は形容詞と同じ》《南ドッ, オッ》アイスクリーム, 氷菓子 (=Speiseeis).

ge·früh·stückt [ゲ・ふリューシュテュックト] ＊frühstücken (朝食を食べる)の 過分

Ge·fü·ge [ゲ・ふューゲ gə-fýː-gə] 中 -s/ ① 組み立てられたもの. ein *Gefüge* aus Balken 梁(はり)の[全]構造. ② (内部の)構造, 組織. das *Gefüge* eines Staates ある国家の組織.

ge·fü·gig [ゲ・ふューギヒ gə-fýː-gɪç] 形 言いなりの, (過度に)従順な.

Ge·fü·gig·keit [ゲ・ふューギヒカイト] 女 -/ 言いなりになること, (過度な)従順.

ge·fügt [ゲ・ふュークト] ＊fügen (つなぎ合わせる)の 過分

過分

＊*das* **Ge·fühl** [ゲ・ふューる gə-fýːl]

感情; 感覚

Hast du denn kein *Gefühl*?
ハスト　ドゥ デン　カイン ゲふューる
君には感情というものがないのか.

中 (単 2) -s (まれに -es)/(複) -e (3 格のみ -en)《英》feeling) ① 感情, 気持ち, 情緒. ein beglückendes *Gefühl* 幸福感 / ein *Gefühl* der Dankbarkeit[2] 感謝の念 / kein *Gefühl*[4] haben 思いやりがない / Er verletzte ihre *Gefühle*. 彼は彼女の感情を傷つけた / Sie folgte ihrem *Gefühl*. 彼女は自分の気持ちに従った / Er hegt zärtliche *Gefühle* für sie.《雅》彼は彼女に愛情をいだいている / **mit** gemischten *Gefühlen* 複雑な気持ちで / **mit** *Gefühl* 感情を込めて / Das ist das höchste der *Gefühle*[2].《口語》あれがせいぜいのところだ.
② 感覚. ein prickelndes *Gefühl* ちくちくする感覚 / das *Gefühl* für warm und kalt 温冷感覚 / Ich habe vor Kälte kein *Gefühl* in den Fingern. 冷たくて私は指の感覚がない / Dem *Gefühl* **nach** ist es Holz. 感触から判断すると, それは木材だ.
③《複 なし》予感. Ich habe das *Gefühl*, dass er nicht wieder kommt. 彼は戻って来ないような気がする / **im** *Gefühl* haben[4]が勘でわかる. ④《複 なし》感受性, 感性, センス. Er hat ein *Gefühl* **für** Musik. 彼は音楽に対するセンスがある.

━━━━━━━━━━━━━━━━━━━━
　..**gefühl** のいろいろ: Ehr*gefühl* 自尊心 / Fein*gefühl* 繊細な感覚 / Mit*gefühl* 同情 / National*gefühl* 国民意識 / Pflicht*gefühl* 義務感 / Scham*gefühl* 羞恥心 / Schuld*gefühl* 罪悪感 / Sprach*gefühl* 語感 / Takt*gefühl* 思いやり
━━━━━━━━━━━━━━━━━━━━

ge·fühl‖los [ゲふューる・ロース] 形 ① (手足などの)感覚がない, 麻痺(ま ひ)した. ② 感情のない, 冷酷な, 無神経な.

Ge·fühl‖lo·sig·keit [ゲふューる・ローズィヒカイト] 女 -/-en ①《複 なし》無感覚, 麻痺(ま ひ); 冷酷さ. ② 冷酷な行為.

Ge·fühls‖du·se·lei [ゲふューるス・ドゥーゼらイ] 女 -/-en《口語》感傷; 感傷的な言動.

Ge·fühls‖mä·ßig [ゲふューるス・メースィヒ] 形 感情の, 感情的な; 感情の上での.

Ge·fühls‖mensch [ゲふューるス・メンシュ] 男 -en/-en 感情家, 感情的な人.

ge·fühlt [ゲ・ふューると] ＊fühlen (感じる)の 過分

ge·fühl‖voll [ゲふューる・ふォる] 形 感情豊かな; 感傷的な.

ge·führt [ゲ・ふューァト] ＊führen (導く)の 過分

ge·füllt [ゲ・ふュると] I ＊füllen (満たす)の 過分 II 形 いっぱいの, 詰まった, 満員の.

ge·fun·den [ゲ・ふンデン] ＊finden (見つける)の 過分

ge·fun·kelt [ゲ・フンケるト] *funkeln (きらきら輝く)の 過分

ge·fürch·tet [ゲ・フュルヒテット] ‡fürchten (恐れる)の 過分

ge·füt·tert [ゲ・フュッタァト] *füttern¹ (餌をやる)の 過分

ge·gähnt [ゲ・ゲーント] *gähnen (あくびをする)の 過分

ge·gan·gen [ゲ・ガンゲン] ‡gehen (行く)の 過分

ge·gärt [ゲ・ゲァート] *gären (発酵する)の 過分

ge·ge·ben [ゲ・ゲーベン] I ‡geben (与える)の 過分 II 形 ① 与えられた，現にある；実際の. im *gegebenen* Fall a) この場合には，b) 場合によっては / unter den *gegebenen* Umständen 目下の状況では. ② 《付加語としてのみ》適切な. zu *gegebener* Zeit 適当なときに.

ge·ge·be·nen⸗falls [ゲゲーベネン・ファるス] 副 場合によっては，もしかすると，必要があれば.

Ge·ge·ben·heit [ゲ・ゲーベンハイト] 女 -/-en 実状，現状；《哲》所与.

‡**ge·gen** [ゲーゲン géːgən]

…に反対して

Ich bin *gegen* diesen Plan.
イヒ ビン ゲーゲン ディーゼン プらーン
私はこの計画には反対だ.

I 前 《4格とともに》① 《反対・対抗》…に反対して，…に対抗して. (英 against). (「…に賛成して」は für). *gegen* meinen Willen 私の意志に反して / Ich bin da*gegen*. 私はそれに反対だ. (注意 「私はそれに賛成だ」は Ich bin da*für*.) / Wir haben *gegen* die ungerechte Behandlung protestiert. 私たちは不当な扱いに対して抗議した / Das ist *gegen* die Abmachung. それは協定違反だ / drei *gegen* einen 1人対3人 / ein Mittel *gegen* Husten せき止めの薬.

② 《逆方向》…に逆らって. *gegen* die Strömung schwimmen 流れに逆らって泳ぐ / 物⁴ *gegen* das Licht halten 物⁴を光にかざす. ③ 《おおよその方向》…に[向かって]，…の方へ. *gegen* Osten 東の方へ / *gegen* die Wand stoßen 壁にぶつかる / Er fuhr *gegen* einen Baum. 彼は車で木に衝突した / Sie marschieren *gegen* die Stadt. 彼らは町へ向かって行進する / Die Wellen schlagen *gegen* die Felsen. 波が岩に打ち寄せる.

④ 《関係・対象》…に対して. *gegen* 人⁴ freundlich (streng) sein 人⁴に対して親切である(厳しい) / Er ist *gegen* Hitze sehr empfindlich. 彼は暑さに対してとても敏感だ(暑さに弱い) / Er war taub *gegen* meine Bitten. 彼は私の願いに対して聞く耳を持たなかった.

⑤ 《おおよその時間》…のころに，…近くに. Ich komme dann *gegen* 8 Uhr. それでは8時ごろ参ります / *gegen* Mittag お昼ごろ / *gegen* Ostern 復活祭のころに.

⑥ 《比較・対比》…と比べて，…と比較して.

Gegen dich bin ich noch ein Anfänger. 君に比べればぼくはまだ駆け出しだよ.

⑦ 《交換》…と引き換えに. *gegen* Bezahlung 支払いと引き換えに / 物⁴ *gegen* bar verkaufen 物⁴を現金払いで売る / Dieses Medikament gibt es nur *gegen* Rezept. この薬は処方箋(⸻)と引き換えにしか出せません.

II 副 ほぼ，約 (＝ungefähr). *gegen* 100 Mark およそ100マルク / Es waren *gegen* 30 Personen anwesend. 約30人が出席していた.

Ge·gen.. [ゲーゲン.. géːgən..] 《主に名詞につける 接頭》① 《対立・対抗》例: *Gegen*beweis 反証. ② 《対応》例: *Gegen*geschenk 返礼の贈り物. ③ 《重複・確認》例: *Gegen*rechnung 検算.

Ge·gen⸗an·griff [ゲーゲン・アングリふ] 男 -[e]s/-e 反撃，反攻，逆襲.

Ge·gen⸗an·trag [ゲーゲン・アントラーク] 男 -[e]s/..träge 反対提案(動議).

Ge·gen⸗bei·spiel [ゲーゲン・バイシュピーる] 中 -[e]s/-e 反対例，反証.

Ge·gen⸗be·such [ゲーゲン・ベズーフ] 男 -[e]s/-e 答礼訪問.

Ge·gen⸗be·weis [ゲーゲン・ベヴァイス] 男 -es/-e 《法》反証.

‡*die* **Ge·gend** [ゲーゲント géːgənt] 女 (単)(複) -en ① 地方，地帯，地域. (英 region). eine einsame *Gegend* 寂しい地域 / Diese *Gegend* ist gebirgig. この地方は山が多い / Er wohnt in einer vornehmen *Gegend*. 彼は高級住宅街に住んでいる.

② 《ある場所の》周辺，付近，辺り. durch die *Gegend* spazieren 付近を散歩する / Er lebt jetzt in der *Gegend* von Hamburg. 彼は今ハンブルクの近辺に住んでいる / Schmerzen in der *Gegend* des Magens 胃の辺りの痛み / 物⁴ in die *Gegend* werfen 物⁴を辺りに投げ散らす.

③ 付近の住民. Die ganze *Gegend* kam zum Fest. 近辺の人がみんなお祭りにやってきた. ④ (およその)方向.

Ge·gen⸗dienst [ゲーゲン・ディーンスト] 男 -[e]s/-e 好意に対するお返し(お礼).

Ge·gen⸗druck [ゲーゲン・ドルック] 男 -[e]s/① 《握手の際の》握り返し；《比》抵抗. ② 《化》逆庄；《工》背圧.

***ge·gen⸗ei·nan·der** [ゲーゲン・アイナンダァ géːgən-aɪnándər] 副 相対して，互いに向かい合って. *gegeneinander* kämpfen 戦いを交える / Sie haben etwas *gegeneinander*. 《口語》彼らの間には何かわだかまりがある.

Ge·gen⸗fahr·bahn [ゲーゲン・ファールバーン] 女 -/-en 対向車線.

Ge·gen⸗for·de·rung [ゲーゲン・フォルデルング] 女 -/-en 反対要求；《経》反対債務.

Ge·gen⸗fra·ge [ゲーゲン・フラーゲ] 女 -/-n 反問. eine *Gegenfrage*⁴ stellen 反問する.

Ge·gen⸗ge·schenk [ゲーゲン・ゲシェンク] 中 -[e]s/-e 返礼の贈り物.

Ge·gen⹀ge·wicht [ゲーゲン・ゲヴィヒト] 中 -[e]s/-e (はかりなどの)釣り合いおもり;《比》平衡, 釣り合い.

Ge·gen⹀gift [ゲーゲン・ギフト] 中 -[e]s/-e 解毒剤.

Ge·gen⹀kan·di·dat [ゲーゲン・カンディダート] 男 -en/-en 対立候補者.

ge·gen⹀läu·fig [ゲーゲン・ろィふィヒ] 形 逆方向の, 逆方向に進む.

Ge·gen⹀leis·tung [ゲーゲン・ろィストゥング] 女 -/-en お返し, 代償;《法》反対給付.

Ge·gen⹀licht [ゲーゲン・リヒト] 中 -[e]s/《写》(撮影の際の)逆光.

Ge·gen⹀licht⹀auf·nah·me [ゲーゲンリヒト・アオふナーメ] 女 -/-n《写》逆光での撮影.

Ge·gen⹀lie·be [ゲーゲン・リーベ] 女 -/ 愛にこたえること;《比》(よい)反響, 賛同, 称賛. Der Plan fand keine *Gegenliebe*. その計画は支持されなかった.

Ge·gen⹀maß·nah·me [ゲーゲン・マースナーメ] 女 -/-n 対応(対抗)措置.

Ge·gen⹀mit·tel [ゲーゲン・ミッテる] 中 -s/- 対抗手段; 解毒剤.

Ge·gen⹀par·tei [ゲーゲン・パルタイ] 女 -/-en 反対党(派); 敵方, 相手方.

Ge·gen⹀pro·be [ゲーゲン・プローベ] 女 -/-n ① (計算の際の)検算; 再吟味(検討). ② (採決時に反対票を数えることによる)再検査.

Ge·gen⹀rech·nung [ゲーゲン・レヒヌング] 女 -/-en 検算; (負債の相殺[請求].

Ge·gen⹀re·de [ゲーゲン・レーデ] 女 -/-n ①《雅》回答, 返事. ② 反論, 抗弁.

Ge·gen⹀re·for·ma·ti·on [ゲーゲン・レふォルマツィオーン] 女 -/《史》反宗教改革 (1555-1648).

* *der* **Ge·gen⹀satz** [ゲーゲン・ザッツ] gé:-gən-zats] 男 (単2) -es/(複) ..sätze [..ゼッツェ] (3格のみ ..sätzen) ① **対立**, 矛盾; 反対, 対比.(英 *contrast*). der *Gegensatz* der Interessen² 利害の対立 / Der *Gegensatz* von „weiß" ist „schwarz". 「黒」の反対は「白」だ / im *Gegensatz* zu 人·物³ 〈人·物³とは逆に, 反対に ⇨ Im *Gegensatz* zu ihm ist sie sehr großzügig. 彼とは対照的に彼女はたいへん太っ腹だ / Seine Worte stehen in einem krassen *Gegensatz* zu seinen Taten. 彼の発言はその行動とひどく矛盾している. ②《履 で》意見の相違(対立). *Gegensätze*⁴ überbrücken 意見の相違を調停する.

gegen·sätz·lich [ゲーゲン・ゼッツリヒト] 形 対立する, 矛盾する; 反対の, 逆の; (相互に)非常に異なった. *gegensätzliche* Meinungen 対立する意見 / Die beiden Schwestern sind sehr *gegensätzlich*. その二人の姉妹は非常に対照的だ.

Ge·gen⹀sätz·lich·keit [ゲーゲン・ゼッツリヒカイト] 女 -/ 対立, 矛盾; 反対.

Ge·gen⹀schlag [ゲーゲン・シュらーク] 男 -[e]s/..schläge ① 打ち返し, 反撃. ② 断固とした措置.

Ge·gen⹀sei·te [ゲーゲン・ザイテ] 女 -/-n ① 反対側, 向こう側. ② 反対党, 相手方.

* **ge·gen⹀sei·tig** [ゲーゲン・ザイティヒ gé:-gən-zaɪtɪç] 形 **相互の**, お互いの; 双方の.(英 *mutual*). *gegenseitiges* Vertrauen 相互の信頼 / im *gegenseitigen* Einvernehmen 双方の合意のもとに / Sie helfen sich³ *gegenseitig* bei den Schulaufgaben. 彼らは互いに助け合って宿題をする.

Ge·gen·sei·tig·keit [ゲーゲン・ザイティヒカイト] 女 -/ 相互[関係]. Vertrag *auf Gegenseitigkeit* 相互協定 / Das beruht auf *Gegenseitigkeit*. それはお互いさまだ.

Ge·gen⹀spie·ler [ゲーゲン・シュピーらァ] 男 -s/- 反対者, 敵方;《ﾆｭﾞ》相手[方];《劇》(主役の)敵役.

* *der* **Ge·gen⹀stand** [ゲーゲン・シュタント gé:gən-ʃtant] 男 (単2) -es (まれに -s)/(複) ..stände [..シュテンデ] (3格のみ ..ständen) ① **物**, 事物, 物件, 物体, (英 *object*). ein schwerer (runder) *Gegenstand* 重い(丸い)物 / *Gegenstände* des täglichen Bedarfs 生活必需品. ②《ふつう 単》**主題**, テーマ. der *Gegenstand* eines *Gesprächs* 話題 / der *Gegenstand* einer Abhandlung² 論文のテーマ / **vom** *Gegenstand* ab|kommen テーマからそれる. ③ **対象**, 目的[物]. Sie wurde zum *Gegenstand* des allgemeinen Gespötts. 彼女はみんなの物笑いの種になった. ④《ﾌｫｭ》(学校の)科目.

ge·gen⹀länd·lich [ゲーゲン・シュテントりヒ] 形 具体(具象)的な, 対象の; 明快な. *gegenständliche* Kunst 具象芸術.

ge·gen·stands⹀los [ゲーゲンシュタンツ・ろース] 形 ① 無用な, 余計な; 根拠のない, いわれのない. ② 抽象的な, 非具象的な(芸術作品など).

Ge·gen⹀stim·me [ゲーゲン・シュティンメ] 女 -/-n ① 反対票; 反対の声. ②《音楽》対声, 旋律線.

Ge·gen⹀stoß [ゲーゲン・シュトース] 男 -es/..stöße ① 突き返し; 逆襲. ②《軍》反撃.

Ge·gen⹀strö·mung [ゲーゲン・シュトレームング] 女 -/-en ① 逆流. ②《比》反対の気運.

Ge·gen⹀stück [ゲーゲン・シュテュック] 中 -[e]s/-e ① 対応する人, 対応物; 対をなすもの, 片方. ② 反対(逆)[のもの].

* *das* **Ge·gen⹀teil** [ゲーゲン・タイる gé:gən-taɪl] 中 (単2) -[e]s/(複) -e (3格のみ -en) **反対, 逆**; 反対(逆)のもの. (英 *opposite*). das *Gegenteil*⁴ behaupten 反対のことを主張する / Er ist genau das *Gegenteil* seines Bruders. 彼は兄とは正反対だ / **im** *Gegenteil* 反対に, 逆に, それどころか / eine Behauptung⁴ ins *Gegenteil* verkehren 主張を翻す.

ge·gen⹀tei·lig [ゲーゲン・タイりヒ] 形 反対の, 逆の. eine *gegenteilige* Behauptung 反対の主張.

***ge·gen·über** [ゲーゲン・ユーバァ ge:gəný:bər] **I** 前 《3格とともに; 名詞のあとに置かれることもある》 ① …の向かい側に. (英 opposite). Das Warenhaus steht *gegenüber* dem Bahnhof (または dem Bahnhof *gegenüber*). デパートは駅の向かい側にある / Er wohnt mir *gegenüber*. 彼は私の家の向かい側に住んでいる (注意 代名詞とともに用いられるときはつねに後に置かれる). ◊《von とともに》 Ludwigshafen liegt *gegenüber* von Mannheim. ルートヴィヒスハーフェンはマンハイムの対岸にある.

② …に対して, …に直面して. Mir *gegenüber* ist er immer sehr höflich. 私に対しては彼はいつも非常に丁重だ / *Gegenüber* diesen Tatsachen war ich machtlos. このような事実に対して私は無力だった.

③ …に比べて. Er ist dir *gegenüber* im Vorteil. 彼は君に比べれば有利な立場にいる.

II 副 向かい合って, 向かい側に. Meine Eltern wohnen schräg *gegenüber*. 私の両親は斜め向かいに住んでいます / die Leute von *gegenüber* 向かいの家の人たち.

Ge·gen·über [ゲーゲン・ユーバァ] 中 -s/-《ふつう 単》向かい側の(向かい側に座っている)人; 向かい側にいる人.

ge·gen·über·ge·stan·den [ゲーゲンユーバァ・ゲシュタンデン] *gegenüber|stehen (向かい合って立っている) 過分

ge·gen·über|lie·gen* [ゲーゲンユーバァ・リーゲン ge:gəný:bər-li:gən] 自 (h) (人・物³に)向かい合っている, 対峙(ぢ)している.

ge·gen·über|sit·zen* [ゲーゲンユーバァ・ズィッツェン ge:gəný:bər-zitsən] 自 (h) (人³と)向かい合わせに座っている.

ge·gen·über|ste·hen [ゲーゲンユーバァ・シュテーエン ge:gəný:bər-ʃtè:ən] (stand …gegenüber, *hat* …gegenübergestanden) 自 (完了 haben) ① (人・物³に)向かい合って立っている. Unser Haus steht dem Park *gegenüber*. 私たちの家は公園の向かい側にある. ◊《相互的に》 *sich*³ *gegenüberstehen* [互いに] 対立している; (比) 対戦する ⇒ Hier stehen sich zwei Auffassungen *gegenüber*. ここでは二つの見解が相対立している. ② (事³に)直面している. einer Gefahr³ *gegenüberstehen* 危機に直面している. ③ (事³に対して…の)態度をとる. Er *steht* dem Plan skeptisch *gegenüber*. 彼はその計画に懐疑的だ.

ge·gen·über|stel·len [ゲーゲンユーバァ・シュテレン ge:gəný:bər-ʃtèlən] 他 (h) ① (A⁴ を B³ と)対決(対立)させる. ② 対比する, 対照する. die Bewerber⁴ einander *gegenüberstellen* 応募者を互いに比較する.

Ge·gen·über≈stel·lung [ゲーゲンユーバァ・シュテルング] 女 -/-en 対決, 対立; 比較, 対照.

ge·gen·über|tre·ten* [ゲーゲンユーバァ・トレーテン ge:gəný:bər-trè:tən] 自 (s) (人³の)前に出る, 顔を合わせる; (問題など³に)立ち向かう.

Ge·gen≈ver·kehr [ゲーゲン・フェァケーァ] 男 -[e]s/ 対向車; 対面交通. Straße ohne *Gegenverkehr* 一方通行道路.

Ge·gen≈vor·schlag [ゲーゲン・フォァシュラーク] 男 -[e]s/..schläge 反対提案.

***die Ge·gen≈wart** [ゲーゲン・ヴァルト gé:gən-vart] 女 -/ ① 現在; 現代. (英 present). (注意 「過去」は Vergangenheit, 「未来」は Zukunft). die Technik der *Gegenwart*² 現代の技術 / in der *Gegenwart* 現代に[おいて]. ② (その場に)居合わせること, 出席. (英 presence). Er sagte es in meiner *Gegenwart*. 彼はそれを私の面前で言った. ③ 《言》現在[時称](=Präsens).

***ge·gen≈wär·tig** [ゲーゲン・ヴェルティヒ または ..ヴェルティヒ] **I** 形 ① 現在の, 目下の; 現代の, 今日の. (英 present). der *gegenwärtige* Zustand 現在の状況 / die *gegenwärtige* Regierung 現政権. ② 出席している, 居合わせている; [記憶の中に]残っている. Der Vorsitzende war bei der Sitzung nicht *gegenwärtig*. 議長はその会議に出席していなかった / (人)³ *gegenwärtig* sein (人)³の記憶に残っている / (事)⁴ *gegenwärtig* haben 《雅》(事)⁴をはっきり覚えている.

II 副 現在. Er wohnt *gegenwärtig* in Bonn. 彼は今ボンに住んでいる.

ge·gen·warts≈nah [ゲーゲンヴァルツ・ナー] 形 時代(現代)に密着した, アクチュアルな.

Ge·gen≈wehr [ゲーゲン・ヴェーァ] 女 -/ 自衛, 防御, 抵抗.

Ge·gen≈wind [ゲーゲン・ヴィント] 男 -[e]s/-e 向かい風, 逆風.

Ge·gen≈wir·kung [ゲーゲン・ヴィルクング] 女 -/-en 反作用, 反動.

ge·gen|zeich·nen [ゲーゲン・ツァイヒネン gé:gən-tsàiçnən] 他 (h) (書類など⁴に)連署する.

Gegen≈zug [ゲーゲン・ツーク] 男 -[e]s/..züge ① (チェスの)応じ手; (比) 逆襲. ② 《鉄道》対向列車. ③ (比) 反撃.

ge·ges·sen [ゲ・ゲッセン] *essen (食べる)の 過分

ge·glänzt [ゲ・グレンツト] *glänzen (輝く)の 過分

ge·glaubt [ゲ・グらオプト] *glauben (…と思う)の 過分

ge·gli·chen [ゲ・グリッヒェン] *gleichen (似ている)の 過分

ge·glie·dert [ゲ・グリーダァト] **I** gliedern (分ける)の 過分 **II** 形 分けられた, (…から)成る.

ge·glis·sen [ゲ・グリッセン] gleißen (きらきら光る)の 過分

ge·glit·ten [ゲ・グリッテン] *gleiten (すべる)の 過分

ge·glom·men [ゲ・グろンメン] glimmen (かすかに燃える)の 過分

ge·glüht [ゲ・グリュート] *glühen (真っ赤に燃える)の 過分

*der **Geg·ner** [ゲーグナァ gé:gnər] 男 (単2)

-s/(複) - (3格のみ -n) 敵[対者], 反対者; (🗣) 相手方, 対戦者. (英 opponent). (👩 女性形は Gegnerin). ein politischer *Gegner* 政敵 / den *Gegner* besiegen 敵に打ち勝つ.

geg·ne·risch [ゲーグネリッシュ] 形 『付加語としてのみ』敵の, 敵対者の; (🗣) 相手方の, 対戦者の.

Geg·ner·schaft [ゲーグナァシャふト] 女 -/-en ① 敵対, 敵意; 敵対関係. ② 『複 なし』『集』 (総称として:)敵.

ge·gol·ten [ゲ・ゴルテン] ＊gelten (有効である)の 過分

ge·gönnt [ゲ・ゲント] ＊gönnen (快く認める)の 過分

ge·go·ren [ゲ・ゴーレン] ＊gären (発酵する)の 過分

ge·gos·sen [ゲ・ゴッセン] ＊gießen (注ぐ)の 過分

gegr. [ゲ・グリュンデット] 《略》設立(創立)された (=gegründet).

ge·gra·ben [ゲ・グラーベン] ＊graben (掘る)の 過分

ge·grenzt [ゲ・グレンツト] ＊grenzen (境を接している)の 過分

ge·grif·fen [ゲ・グリッふェン] ＊greifen (つかむ)の 過分

ge·grün·det [ゲ・グリュンデット] ＊gründen (創設する)の 過分

ge·grüßt [ゲ・グリュースト] ＊grüßen (あいさつする)の 過分

ge·guckt [ゲ・グックト] ＊gucken (見る)の 過分

Ge·ha·be [ゲ・ハーベ gə-háːbə] 中 -s/ ① 気取り, わざとらしさ. ② 態度, ふるまい.

ge·ha·ben [ゲ・ハーベン gə-háːbən] 再帰 (h) 『成句的に』*Gehab dich* wohl!《古・戯》ではお達者で, ご機嫌よう.

Ge·ha·ben [ゲ・ハーベン] 中 -s/ ① 態度, ふるまい. ② 《集》気取り, わざとらしさ.

ge·habt [ゲ・ハープト] Ⅰ ＊haben (持っている)の 過分 Ⅱ 形 《口語》いつもの, 通例の. wie *gehabt* いつものように.

ge·hackt [ゲ・ハックト] ＊hacken (くわで耕す)の 過分

Ge·hack·te[s] [ゲ・ハックテ[ス] gə-háktə[s]] 中 『語尾変化は形容詞と同じ』ひき肉 (=Hackfleisch).

ge·haf·tet [ゲ・ハふテット] ＊haften (くっつく)の 過分

＊*das* **Ge·halt**[1] [ゲ・ハルト gə-hált] 中 (🗣: 男) (単2) -[e]s/(複) ..hälter [ゲ・ヘるタァ] (3格のみ ..hältern) 給料, 俸給. (英 salary). Jahres*gehalt* 年俸 / Monats*gehalt* 月給 / ein festes *Gehalt* 固定給 / ein hohes *Gehalt* 高い給料 / Er hat (または bezieht) ein *Gehalt* von 3 000 DM. 彼は3,000マルクの給料をもらっている / Wie hoch ist denn Ihr *Gehalt*? あなたの給料はいくらですか.

....

類語 das **Gehalt**: (サラリーマンなどの固定した)給料.

der **Lohn**: (労働者に対して支払われる)賃金. Die wöchentliche *Lohn* beträgt 500 DM. 週給は500マルクになる. die **Bezahlung**: (労働の代償として支払われる)報酬. ohne *Bezahlung* arbeiten 報酬なしで働く. das **Honorar**: (作家などの自由業の人に対する)謝礼, 原稿料. das Autorenhonorar 印税.

＊*der* **Ge·halt**[2] [ゲ・ハルト gə-hált] 男 (単2) -[e]s/(複) -e (3格のみ -en) ① (芸術作品などの)内容, 中味. (英 content). der gedankliche *Gehalt* eines Werkes 作品の思想的な内容.

② (成分の)含有量; 濃度. Gold*gehalt* 含金量 / der *Gehalt* an Alkohol アルコール含有量.

ge·hal·ten [ゲ・ハるテン] Ⅰ ＊halten (しっかり持っている)の 過分 Ⅱ 形 (雅) ① 『zu 不定詞[句]とともに』(雅) …の義務を負っている. Wir waren *gehalten*, monatlich einmal Bericht zu erstatten. われわれは月に1度報告するように義務づけられていた. ② 節度ある, 慎重な, 控えめな.

Ge·häl·ter [ゲ・ヘるタァ] ＊Gehalt[1] (給料)の 複

ge·halt≠los [ゲハるト・ろース] 形 ① 内容のない(作品など). ② 栄養のない.

Ge·halts≠emp·fän·ger [ゲハるツ・エンプふェンガァ] 男 -s/- サラリーマン, 給与生活者.

Ge·halts≠er·hö·hung [ゲハるツ・エァヘーウング] 女 -/-en 昇給, 増俸, ベースアップ.

Ge·halts≠zu·la·ge [ゲハるツ・ツーらーゲ] 女 -/-n 追加給, (本俸のほかに支払われる)手当.

ge·halt≠voll [ゲハるト・ふォる] 形 ① 内容豊かな(作品など). ② 滋養に富む, 栄養のある.

ge·han·delt [ゲ・ハンデるト] ＊handeln (行動する)の 過分

ge·han·di·kapt [ゲ・ヘンディケップト gə-héndikɛpt] 形 ハンディキャップのある, 不利な立場にある.

Ge·hän·ge [ゲ・ヘンゲ gə-héŋə] 中 -s/- ① ペンダント, イヤリング. ② (俗) (男性の)性器, (女性の)バスト. ③ (狩) 猟犬のたれた耳. ④ 《土木》(水流調節のための)そだ束. ⑤ 《🔧》(山の)斜面. ⑥ 《工》懸架装置, つり下げ[形].

ge·han·gen [ゲ・ハンゲン] ＊hängen[1] (掛かっている)の 過分

ge·hängt [ゲ・ヘングト] ＊hängen[2] (掛ける)の 過分

ge·har·nischt [ゲ・ハルニシュト gə-hárnɪʃt] 形 ① 断固(決然)とした. ② よろいを身に着けた.

ge·häs·sig [ゲ・ヘスィヒ gə-hésɪç] 形 悪意のある, 敵意に満ちた, 意地の悪い.

Ge·häs·sig·keit [ゲ・ヘスィヒカイト] 女 -/-en ① 『複 なし』悪意. ② 悪意のある言動.

ge·hasst [ゲ・ハスト] ＊hassen (憎む)の 過分

ge·haßt 🆕 gehasst

ge·hau·en [ゲ・ハオエン] ＊hauen (たたく)の 過分

Ge·häu·se [ゲ・ホイゼ gə-hóyzə] 中 -s/- ① 容器, ケース, 箱, カプセル, カバー. Blech-

gehäuse ブリキの容器 / **Uhr**gehäuse 時計の側(㌍). ② (りんご・なしなどの)果心 (= **Kern**gehäuse). ③ 〘㌼・隠語〙(サッカーなどの)ゴール.

ge·haut [ゲ・ハオト] *hauen (たたく)の 過分 (方)

geh·be·hin·dert [ゲー・ベヒンダァト] 形 (身体障害などで)歩くのが不自由な.

ge·hef·tet [ゲ・ヘフテット] I *heften (留める)の 過分 II 形 仮とじの.

Ge·he·ge [ゲ・ヘーゲ gə-héːgə] 中 -s/- ①〘狩〙猟区. 囚³ ins *Gehege* kommen 〘比〙囚³の領分を侵す, じゃまをする. ② (動物園の)囲い場, 飼育用地.

ge·heilt [ゲ・ハイルト] *heilen (治す)の 過分

*__ge·heim__ [ゲ・ハイム gə-háim] 形 ① 秘密の, 内密の. (英 secret). eine *geheime* Sitzung 秘密会議 / ein *geheimer* Wunsch ひそかな願い / *Geheime* Staatspolizei ゲシュタポ (ナチスの秘密国家警察; 略: Gestapo) / streng *geheim* 極秘の / **im** *geheimen* 〖新形〗**im** *Geheimen* a) こっそり, b) 心中ひそかに. ② 目に見えない, 隠された. eine *geheime* Anziehungskraft 隠れた魅力.

〖新形〗

ge·heim hal·ten 秘密にしておく. 事⁴ **vor** 囚³ *geheim halten* 事⁴を囚³に秘密にしておく.

Ge·heim⊰agent [ゲハイム・アゲント] 男 -en/-en 秘密諜報(㍊)部員.

Ge·heim⊰dienst [ゲハイム・ディーンスト] 男 -[e]s/-e (政府の)諜報(㍊)部, 秘密情報機関.

Ge·heim⊰fach [ゲハイム・ファッハ] 中 -[e]s/..fächer 隠し引き出し.

ge·heim|hal·ten* 他 (h) (〖新形〗) geheim halten) ☞ geheim

Ge·heim⊰hal·tung [ゲハイム・ハルトゥング] 女 -/ 秘密を守ること, 秘密保持.

*__das Ge·heim·nis__ [ゲ・ハイムニス gə-háimnɪs] 中 (単 2) -nisses/(複) -nisse (3格のみ ..nissen) ① 秘密; 機密; 隠事, ないしょごと. (英 secret). Staats*geheimnis* 国家機密 / Das ist mein *Geheimnis*. これは私の秘密です / militärische *Geheimnisse* 軍の機密 / ein offenes *Geheimnis* 公然の秘密 / ein *Geheimnis*⁴ bewahren 秘密を守る / ein *Geheimnis*⁴ verraten (aus|plaudern) 秘密を漏らす(しゃべってしまう) / 囚³ ein *Geheimnis*⁴ an|vertrauen 囚³に秘密を打ち明ける / kein *Geheimnis*⁴ aus einem Plan machen 計画を隠さない / Ich habe ein *Geheimnis* **vor** ihm. 私は彼にないしょにしていることがある / ein süßes *Geheimnis*⁴ haben 〘戯〙おめでたである. ② 秘訣(㍍), 極意. ③ 不可思議, 神秘. das *Geheimnis* der Natur 自然の神秘.

Ge·heim·nis⊰krä·mer [ゲハイムニス・クレーマァ] 男 -s/- 〘口語〙隠しごとを好む人; 秘密を知っていることを得意がる人.

Ge·heim·nis⊰trä·ger [ゲハイムニス・トレーガァ] 男 -s/- 守秘義務を負う人.

Ge·heim·nis⊰tu·e·rei [ゲハイムニス・トゥーエライ] 女 -/ 〘口語〙秘密めかすこと, いわくありげにもったいぶること.

ge·heim·nis⊰voll [ゲハイムニス・ふぉる] 形 ① 秘密に満ちた, 神秘的な. ② 意味ありげな, いわくありげな. ein *geheimnisvolles* Gesicht⁴ machen 意味ありげな顔をする.

Ge·heim⊰po·li·zei [ゲハイム・ポリツァイ] 女 -/-en 〘ふつう 単〙秘密警察.

Ge·heim⊰rat [ゲハイム・ラート] 男 -[e]s/..räte 〘枢密〙顧問官.

Ge·heim⊰schrift [ゲハイム・シュリふト] 女 -/-en 暗号, 符丁.

Ge·heim⊰tipp [ゲハイム・ティップ] 男 -s/-s ① 将来有望な人材, 金の卵. ② 内々の情報, 秘密のヒント.

ge·hei·ra·tet [ゲ・ハイラーテット] *heiraten (結婚する)の 過分

Ge·heiß [ゲ・ハイス gə-háis] 中 -es/ 〘雅〙(口頭による)命令, 言いつけ, 指図. **auf** sein *Geheiß* 彼の言いつけで.

ge·hei·ßen [ゲ・ハイセン] *heißen (…という名前である)の 過分

ge·heizt [ゲ・ハイツト] *heizen (暖める)の 過分

ge·hemmt [ゲ・ヘムト] I *hemmen (妨げる)の 過分 II 形 抑制された; 内気な.

__ge·hen__ [ゲーエン géːən]

行く; 歩く	Ich *gehe* in die Stadt.
	イヒ ゲーエ インディ シュタット
	私は町へ行きます.

人称	単	複
1	ich gehe	wir gehen
2	du gehst Sie gehen	ihr geht Sie gehen
3	er geht	sie gehen

(ging, *ist*/*hat*…gegangen) I 自 (完了 sein) (英 go) ① 〖方向を表す語句とともに〗(…へ)行く, 出かける; (学校などに)通う; (仕事などの世界へ)入る. (〖注〗「来る」「(聞き手の所へ)行く」は kommen). Wohin *gehst* du? 君はどこに行くの.

◇〖前置詞とともに〗**an** die Arbeit *gehen* 仕事にとりかかる / **auf** Reisen *gehen* 旅に出る / auf die Universität *gehen* 大学に通う / Das *geht* **gegen** mein Gewissen. そんなことは私の良心に反する / Dieser Vorwurf *geht* gegen dich. この非難は君に向けられたものだ / **ins** Kino *gehen* 映画を見に行く / in die Politik *gehen* 政界に入る / in sich⁴ *gehen* 反省する / **nach** Haus[e] *gehen* 家へ帰る ⇒ Wir *gehen* jetzt nach Hause. 私たちは今から家に帰ります / Sie *ging* nach Wien, um Musik zu studieren. 彼女は大学で音楽を学ぶためにウィーンへ行った / Seine Familie *geht* ihm **über** alles. 彼には家族が何よりも大切だ / Das *geht* über meine Kräfte. それは私の力に余ることだ / **unter** die Leute *gehen* 人と交わる / Was *geht* hier **vor** sich? ここで何が起きているのですか / Er *geht* noch **zur** Schule. 彼はまだ学校に通っている / zum Arzt *gehen* 医者に行く / zum Bahnhof *gehen* 駅へ行く / **zu** (または ins) Bett *gehen* 床につく / zum Film *gehen* 映画界に入る.

◊〖**zu** のない不定詞とともに〗Wir *gehen* jetzt **einkaufen**. 私たちは今から買い物に行きます / **schwimmen** *gehen* 泳ぎに行く / **spazieren** *gehen* 散歩する / **tanzen** *gehen* ダンスをしに行く.

② **歩く**, 歩いて行く. (英) walk). (口) 「走る」は laufen). *Gehen* wir **zu** Fuß, oder nehmen wir ein Taxi? 歩いて行きましょうか, それともタクシーに乗りましょうか / langsam (schnell) *gehen* ゆっくり(急いで)歩く / hin und her *gehen* 行ったり来たりする / Das Kind *kann* noch nicht *gehen*. その子供はまだ歩けない.

◊〖距離・時間などを表す4格とともに〗einen Kilometer *gehen* 1キロ歩く / zwei Stunden⁴ *gehen* 2時間歩く.

③ **去る**, 去って行く; 退職する;〔列車・バスなどが〕出発する. Ich *muss* jetzt *gehen*. 私はもうおいとましないといけません / Der Minister *musste gehen*. 大臣は辞職しなければならなかった / Wann *geht* der nächste Zug nach Hamburg? ハンブルク行きの次の列車は何時発ですか /〔口語〕stiften *gehen*〔口語〕こっそり逃げ出す.

④〔機械などが〕**動く**, 作動する;〔パン生地などが〕ふくらむ. Die Uhr *geht* richtig. 時計が正確に動いている / Die Bremse *geht* nicht. ブレーキが効かない / Es *geht* das Gerücht, dass... 〔比〕…といううわさが広まっている.

⑤〔事が…に〕**進行する**, 運ぶ. Das Geschäft *geht* gut. 商売がうまくいく / Alles *geht* nach Wunsch. すべてが望みどおりにいく.

⑥〔事が〕可能である, うまくいく;《口語》まあまあだ, 何とか我慢できる. Das *geht* nicht. それはだめです / Der Mantel *geht* noch. そのコートはまだ着られる / Das *geht* zu weit! それは行き過ぎだ. ◊〔非人称の **es** を主語として〕So *geht* es nicht. そうはいきませんよ / Am Dienstag *geht* es nicht. 火曜日は都合が悪い / Es *geht* **mit** ihm zu Ende. 彼はもうだめだ / Gefällt es dir? — Es *geht*. 気に入った? — まあね.

⑦〔商品が〕売れる. Dieser Artikel *geht* sehr gut. この商品はとてもよく売れる.

⑧〔長さ・数量などが…に〕達する, 届く. Der Rock *geht* bis **an** die Knie. そのスカートのすそはひざまである / Er *geht* **auf** die 60. 彼はまもなく60歳になる. ◊〔非人称の **es** を主語として〕Es *geht* **auf** Mittag. もうすぐお昼だ.

⑨〔方向を表す語句とともに〕(道路などが…へ)通じている; (窓・視線などが…)に向いている. Der Weg *geht* geradeaus. その道はまっすぐに延びている / Wohin *geht* die Reise? どちらへご旅行ですか / Das Fenster *geht* **auf** den Garten. 窓は庭に面している.

⑩〔方向を表す語句とともに〕(…に)収まる, 入る; (ある数が…に)含まれる. Der Schrank *geht* nicht **durch** die Tür. たんすが戸口を通らない / **In** diesen Eimer *gehen* zehn Liter. このバケツには10リットル入る / In zwölf *geht* vier dreimal. 12を4で割ると3になる.

⑪〔口語〕(…の)身なりをしている. Sie *geht* **in** Schwarz. 彼女は喪服を着ている / Er *geht* immer gut gekleidet. 彼はいつもりっぱな服装をしている.

⑫〔様態を表す語句とともに〕(…に)なる. 人³ **nahe** *gehen* 人³の心を揺り動かす, 人³を悲しませる / **schief** *gehen*〔仕事などが〕うまくいかない / **verloren** *gehen* なくなる / **vorwärts** *gehen*〔仕事などが〕はかどる.

⑬〖**mit** 人³ ~〗〔口語〕(人³と)親密である. Er *geht* mit meiner Schwester. 彼は私の姉(妹)とつき合っている.

⑭〖**an** 物³ ~〗〔口語〕(物³を)いじる; (物³を)そこなう.

⑮〖**nach** 人・事³ ~〗(人・事³を)基準にして判断する; (人³の)思いどおりになる, (事³〔計画など〕の)とおりになる. Er *geht* nur nach dem Äußeren. 彼は外見だけで判断する / Es *geht* nicht nach dir. 君の思いどおりにはならない.

II 〖非人称〗(完了 sein) ①〖**es geht** 人³...〗の形で〗人³の調子(具合い)が…である. Wie *geht* es Ihnen? — Danke, [es *geht* mir] gut. ご機嫌いかがですか — おかげさま, 元気です.

②〖**es geht mit** 人・事³の形で〗人・事 の状態(状況)が…である. Mit seiner Gesundheit *geht* es abwärts (aufwärts). 彼の健康状態は下り坂だ(回復しつつある).

③〖**es geht um** 人・事⁴ の形で〗人・事⁴が問題である, 人・事⁴にかかわることだ. Es *geht* um meine Ehre. 私の名誉がかかっているのです / Worum *geht* es hier? ここでは何が問題なのですか.

III 〘再帰〙(完了 haben)〖**es geht sich**⁴... の形で〗歩くぐあいが…である. Es *geht sich* gut in diesen Schuhen. この靴は歩きやすい.

‥‥‥‥‥‥‥‥‥‥‥‥‥‥‥‥‥‥‥‥‥
(新形) **ge‧hen las‧sen**〔綱など⁴を〕放す. sich⁴ *gehen lassen* 気ままにふるまう.
‥‥‥‥‥‥‥‥‥‥‥‥‥‥‥‥‥‥‥‥‥

類語 **gehen**:「歩く」という意味の最も一般的な語. **laufen**: (乗り物に乗らずに)歩いて行く; (幼児などが)よちよち歩く. **wandern**: 徒歩旅行をする, ハイキングをする. **marschieren**: (隊伍を整え隊列を組んで)行進する; (長距離を早足で)歩く.

Ge‧hen [ゲーエン] 中 -s/ ① 歩くこと, 行くこと. ② (陸上競技の)競歩.

ge‧hen|las‧sen* 他 (h) (新形) gehen lassen ☞ gehen

Ge‧her [ゲーアァ gé:ər] 男 -s/- (陸上競技の)競歩選手; 山歩きのベテラン.

ge‧herrscht [ゲ・ヘルシュト] *herrschen (支

ge·hetzt [ゲヘッツト] I *hetzen (追いたてる)の過分 II 形 追いたてられた.

ge·heu·er [ゲ・ホイアァ gə-hóɪər] 形《成句的に》nicht [ganz] geheuer a) 気味悪い, b) 不愉快な, c) 怪しい. Es ist hier nicht geheuer. このあたりはお化けが出そうだ(薄気味悪い) / Mir ist das nicht geheuer. 私にはそのことがどうも疑わしく思われる.

Ge·heul [ゲ・ホイル gə-hóɪl] 中 -[e]s/ ① しきりにほえること(声). ②《口語》泣きわめくこと(声).

ge·heult [ゲ・ホイルト] *heulen (遠ぼえする)の過分

Ge·hil·fe [ゲ・ヒルフェ gə-hílfə] 男 -n/-n ① (正規の)見習い期間修了者. ②《雅》手伝いの人, 助手. ③《法》(犯罪の)幇助(ほうじょ)者.

Ge·hil·fin [ゲ・ヒルフィン gə-hílfɪn] 女 -/..finnen (女性の)見習い期間修了者;《雅》手伝いの人, 助手;《法》(犯罪の)幇助(ほうじょ)者.

ge·hin·dert [ゲ・ヒンダァト] *hindern (妨げる)の過分

ge·hinkt [ゲ・ヒンクト] *hinken (足を引きずって歩く)の過分

*das **Ge·hirn** [ゲ・ヒルン gə-hírn] 中《単2》-[e]s/《複》-e (3格のみ -en)《英 brain》①《医》脳, 脳髄. ②《口語》頭脳, 知力. Sein Gehirn arbeitet schnell. 彼は頭の回転が速い.

Ge·hirn⹀er·schüt·te·rung [ゲヒルン・エァシュッテルング] 女 -/-en《医》脳震盪(のうしんとう).

Ge·hirn⹀haut·ent·zün·dung [ゲヒルンハオト・エントツュンドゥング] 女 -/-en《医》脳膜炎.

Ge·hirn⹀schlag [ゲヒルン・シュラーク] 男 -[e]s/..schläge《医》脳卒中.

Ge·hirn⹀tod [ゲヒルン・トート] 男 -es/-e《医》脳死.

Ge·hirn⹀wä·sche [ゲヒルン・ヴェッシェ] 女 -/ 洗脳.

gehn [ゲーン gé:n] =gehen

ge·ho·ben [ゲ・ホーベン] I *heben (上げる)の過分 II 形 ①(社会的に)身分の高い. Er ist Beamter des gehobenen Dienstes. 彼は上級公務員だ. ②(趣味が)高尚な;(言葉・文章が)荘重な;雅語の(略: geh.). in gehobener Ausdrucksweise 荘重な言い回しで. ③ 高ぶった, はしゃいだ. in gehobener Stimmung sein 高揚した気分である.

ge·hockt [ゲ・ホックト] *hocken (しゃがんでいる)の過分

ge·hofft [ゲ・ホフト] *hoffen (望むの)過分

Ge·höft [ゲ・ホェーフト gə-hǿ:ft] 中 -[e]s/-e 農家の家屋敷(農場も含む).

ge·hol·fen [ゲ・ホルフェン] *helfen (助ける)の過分

ge·holt [ゲ・ホールト] *holen (取って来る)の過分

Ge·hölz [ゲ・ヘルツ gə-hǿlts] 中 -es/-e ① 林, 小さな森. ②《覆で》《植》(草本植物に対して)木本(もくほん)植物, 樹木.

*das **Ge·hör** [ゲ・ヘーァ gə-hǿ:r] 中《単2》-[e]s/ ① 聴覚, 聴力.《英 hearing》. ein empfindliches Gehör 敏感な聴覚 / Er hat ein gutes Gehör. 彼は耳がいい / das Gehör verlieren 聴力を失う / nach dem Gehör singen 楽譜なしで〔聞き覚えで〕歌う. ② 傾聴. Gehör⁴ finden 聞いてもらえる / 人³ Gehör⁴ schenken 人³に耳をかす, 傾聴する / 人⁴ um Gehör bitten 人⁴に聞いてほしいと頼む / ein Musikstück⁴ zu Gehör bringen《雅》曲を演奏する.

*ge·hor·chen [ゲ・ホルヒェン gə-hórçən] (gehorchte, hat…gehorcht)《自》《完了 haben》《英 obey》① (人・事³に)従う, (人³の)言うことを聞く. 人³ blind gehorchen 人³に盲従する / Das Kind gehorcht nur der Mutter. その子は母親の言うことしか聞かない. (☞ 類語 folgen). ② (人³の)意のままになる;(気分・法則など³に)従って行動する. Das Auto gehorcht mir. この車は運転しやすい.

ge·horcht [ゲ・ホルヒト] I *gehorchen (従う), *horchen (聞き耳をたてる)の過分

ge·horch·te [ゲ・ホルヒテ] *gehorchen (従う)の過去

*ge·hö·ren [ゲ・ヘーレン gə-hǿ:rən]

| …のものである | Wem gehört das? ヴェーム ゲヘールト ダス これはだれのものですか. |

(gehörte, hat…gehört) I 自《完了 haben》①《3格とともに》《人³の)ものである.《英 belong》. Das Auto gehört mir. その車は私のものです / Meine Freizeit gehört meiner Familie. 私の暇な時間は家族のためのものだ.

②《zu 人・物³ ~》(人・物³)の**一員(一部)である**, (人・物³)に所属している. Ich gehöre zum Judoklub. 私は柔道部に所属しています / Die Insel gehört zu Japan. その島は日本の一部だ.

③《方向を表す語句とともに》(…に)ある(いる)べきである. Wohin gehört dieses Buch? この本はどこに置いたらいいですか / Kranke gehören ins Bett. 病人はベッドに寝ているものだ / Das gehört nicht hierher. そのことはここでは関係ない.

④《zu 事³ ~》(事³に)必要である, 欠かせない. Zu dieser Arbeit gehört viel Mut. この仕事をするには大変勇気がいる.

II 再帰《完了 haben》sich⁴ gehören 礼儀作法にかなっている, ふさわしい. Das gehört sich nicht! そんなことをしては失礼だ / wie es sich gehört しかるべく.

Ge·hör⹀gang [ゲヘーァ・ガング] 男 -[e]s/..gänge《医》耳道.

ge·hö·rig [ゲ・ヘーリヒ gə-hǿ:rɪç] I 形 ① ふさわしい, 適当な. der gehörige Respekt しかるべき(相応の)敬意. ② 相当な; ひどい, したたかな. ③ (人³の)所有する, (物³に)所属の.

die ihm *gehörigen* Bücher 彼の蔵書. ④《**zu** 物³ ～》(物³に)属する. die zu unserer Gruppe *gehörigen* Teilnehmer われわれのグループに属する参加者. **II** 副 したたかに，大いに，非常に.

ge·hör⹁los [ゲヘーァ・ろース] 形 聴覚のない，耳の聞こえない.

Ge·hörn [ゲ・ヘルン gə-hǽrn] 中 -[e]s/-e ①《動》角(ﾂﾉ). ②《狩》(のろ鹿の枝角(ｴﾀﾞﾂﾉ)).

ge·hörnt [ゲ・ヘルント gə-hǽrnt] 形 ① 角(ﾂﾉ)のある. ②《口語》妻を寝取られた.

* **ge·hor·sam** [ゲ・ホーァザーム gə-hóːrzaːm] 形 従順な，素直な，言うことをよく聞く. (英 obedient). ein *gehorsames* Kind 素直な子供／人³ *gehorsam* sein《雅》人³の言うことをよく聞く，人³に従順である. (☞ 類語 brav).

Ge·hor·sam [ゲ・ホーァザーム] 男 -s/ 従順，服従. blinder *Gehorsam* 盲従／人³ den *Gehorsam* verweigern 人³に服従を拒否する.

Ge·hör⹁sinn [ゲヘーァ・ズィン] 男 -[e]s/ 聴覚 (=Gehör).

ge·hört [ゲ・ヘーァト] I *gehören (…のであるの) 3 人称単数・2 人称複数 現在 II *hören (聞こえる), *gehören (…のであるの) 過分.

ge·hör·te [ゲ・ヘーァテ] *gehören (…のであるの) 過去.

Geh⹁rock [ゲー・ロック] 男 -[e]s/..röcke フロックコート.

Geh⹁steig [ゲー・シュタイク] 男 -[e]s/-e 歩道.

ge·hüllt [ゲ・ヒュるト] *hüllen (包む) 過分.

ge·hun·gert [ゲ・フンガァト] *hungern (空腹である) 過分.

ge·hüpft [ゲ・ヒュプフト] *hüpfen (ぴょんぴょん跳ぶ) 過分.

ge·hupt [ゲ・フープト] *hupen (クラクションを鳴らす) 過分.

ge·hus·tet [ゲ・フーステット] *husten (せきをする) 過分.

ge·hü·tet [ゲ・ヒューテット] *hüten (番をする) 過分.

Geh⹁weg [ゲー・ヴェーク] 男 -[e]s/-e ① 歩道. ② 歩行者用の道.

Gei·er [ガイアァ gáiər] 男 -s/-《鳥》ハゲタカ，ハゲワシ；《口語・比》貪欲な人. Hol dich der *Geier*! くたばっちまえ，ちくしょう／Weiß der *Geier*! そんなこと知ったことではない.

Gei·fer [ガイふァァ gáifər] 男 -s/ ① よだれ，(口から出す)泡. ②《雅》のののしり(怒り)の言葉.

gei·fern [ガイふァァン gáifərn] 自 (h) ① よだれをたらす. ②《**gegen** 人³ ～》《雅》(人⁴を)のしる，(人³に)毒づく.

* *die* **Gei·ge** [ガイゲ gáigə] 女 (単) -/(複) -n《音楽》ヴァイオリン (=Violine). (英 violin). *Geige*⁴ spielen ヴァイオリンを弾く／Die *Geige* hat einen guten Klang. このヴァイオリンは音色がよい／Die erste *Geige*⁴ spielen a) 第一ヴァイオリンを弾く，b)《口語・比》指導的役割を演じる／ein Stück⁴ **auf der** *Geige* spielen ある曲をヴァイオリンで弾く／**nach** seiner *Geige* tanzen《口語》彼の思いのままになる(←彼のヴァイオリンに合わせて踊る).

gei·gen [ガイゲン gáigən] I 自 (h)《口語》① ヴァイオリンを弾く. Sie *geigt* täglich drei Stunden. 彼女は毎日 3 時間ヴァイオリンを弾く. ②《比》(こおろぎなどが)鳴く. II 他 (h)《口語》① (曲⁴を)ヴァイオリンで弾く. einen Walzer *geigen* ヴァイオリンでワルツを弾く. ②(人³に意見など⁴を)はっきり言う. ◊**es** *ihm* ⁴ *geigen* にがみがみお説教をする.

Gei·gen⹁bo·gen [ガイゲン・ボーゲン] 男 -s/- (南ドイツ・オーストリア・スイス..bögen も) ヴァイオリンの弓.

Gei·gen⹁kas·ten [ガイゲン・カステン] 男 -s/..kästen ① ヴァイオリンケース. ②《ふつう 複》《俗・戯》どた靴，大きな靴.

Gei·ger [ガイガァ gáigər] 男 -s/- ヴァイオリン奏者，ヴァイオリニスト.

Gei·ger⹁zäh·ler [ガイガァ・ツェーらァ] 男 -s/- ガイガーカウンター，放射能測定器(ドイツの物理学者 H. *Geiger* 1882–1945 の名から).

geil [ガイる gáil] 形 ① みだらな，好色な；さかりのついた. **auf** 人・事⁴ *geil* sein なんとしても 人・事⁴を自分のものにしたがっている. ②《俗》(若者言葉)いかした，すごい. *geile* Musik すごい音楽. ③《農》(植物が)徒長した，ぼうぼうに伸びた；肥料を入れ過ぎた(土).

Geil·heit [ガイるハイト] 女 -/-en ①《複 なし》好色，色情. ② みだらな言動. ③《複 なし》《農》(植物の)徒長.

ge·impft [ゲ・インプふト] *impfen (予防接種をする) 過分.

ge·irrt [ゲ・イルト] *irren (再帰 で: 思い違いをする) 過分.

Gei·sel [ガイぜる gáizəl] 女 -/-n (まれに 男 -s/-) 人質. 人⁴ **als** (または **zur**) *Geisel* nehmen 人⁴を人質に取る.

Gei·sel⹁nah·me [ガイぜる・ナーメ] 女 -/-n 人質を取ること.

Gei·ser [ガイザァ gáizər] 男 -s/-《地学》間欠泉.

Gei·sha [ゲーシャ géːʃa または ガイシャ gáiʃa] 女 -/-s 芸者.

Geiß [ガイス gáis] 女 -/-en ①《南ドイツ・オーストリア・スイス》雌やぎ. ②《狩》(かもしか・鹿などの)雌.

Geiß⹁blatt [ガイス・ブらット] 中 -[e]s/《植》スイカズラ.

Geiß⹁bock [ガイス・ボック] 男 -[e]s/..böcke《南ドイツ・オーストリア・スイス》雄やぎ.

Gei·ßel [ガイせる gáisəl] 女 -/-n ①(昔の:)むち. ②《比》災厄，災い，こらしめ. Aids wird zur *Geißel* der Menschheit. エイズは人類の災いになるだろう. ③《生》鞭毛(ﾍﾞﾝﾓｳ).

gei·ßeln [ガイせるン gáisəln] 他 (h) ①(事⁴を)非難する，糾弾する. ②(苦行・罰として人⁴を)むちで打つ；《比》(不幸などが人⁴を)襲う，苦しめる.

Gei·ße·lung [ガイせるング] 女 -/-en むち打ち，笞刑(ﾁｹｲ); 弾劾，糾弾.

der Geist [ガイスト gáist] 男 (単2) -es (まれに -s)/(複) -er (3格のみ -ern) ① 〘複 なし〙(肉体に対する)**精神**, 心, (英 mind). (〈=〉「体」は Körper). ein edler Geist 高潔な精神 / der menschliche Geist 人間の精神 / Geist und Körper 心身 / die Freiheit des Geistes 精神の自由 / Der Geist ist willig, aber das Fleisch ist schwach. 心は熱しているが, 肉体は弱いのである(マタイによる福音書26, 41) / Wir werden im Geist bei euch sein. 私たちは君たちのことをいつも心に思っているよ.
② 〘複 なし〙(ある時代・事柄などの)**精神**, 精神的傾向, 風潮. der Geist der Zeit² 時代精神 / der olympische Geist オリンピックの精神 / Ich will wissen, wes Geistes Kind er ist. 彼がどんな考えの持ち主かを私は知りたいのだ.
③ 〘複 なし〙**知力, 才気, エスプリ**. Er hat viel Geist. 彼は才気に富んでいる / ein Mann von Geist 聡明な男.
④ (…の)**精神の持ち主**. Er ist ein großer Geist. 彼は偉大な人物だ / die führenden Geister unserer Zeit² われわれの時代の指導的人物たち.
⑤ **霊, 精霊; 亡霊, 幽霊**. der Heilige Geist (カネ教) 聖霊 / der Geist des Toten 死者の亡霊.
⑥ 〘種類を表すときのみ: (複) -e〙《化》**アルコール, 酒精**.

Geis·ter [ガイスタァ] *Geist (…の精神の持ち主, 霊)の 複

Geis·ter⊱bahn [ガイスタァ・バーン] 女 -/-en (遊園地などの)化け物めぐりコースター.

Geis·ter⊱be·schwö·rer [ガイスタァ・ベシュヴェーラァ] 男 -s/- 霊魂(亡霊)を呼び出す人, 降霊術者.

Geis·ter⊱fah·rer [ガイスタァ・ファーラァ] 男 -s/- (高速道路を誤って)逆走するドライバー.

geis·ter·haft [ガイスタァハフト] 形 幽霊のような, 気味の悪い.

geis·tern [ガイスタァン gáistərn] 自 (s, h) ① (s) (…へ)幽霊のようにさまよう; 《比》(考えなどが脳裏を)かすめる. ② (h) (明かりなどが)ちらつく; 《比》(考えなどが脳裏を)よぎる.

Geis·ter⊱stun·de [ガイスタァ・シュトゥンデ] 女 -/ 《戯》深夜, うし三つ時(←幽霊の出る時間)(ドイツでは午前0時から1時まで).

geis·tes⊱ab·we·send [ガイステス・アップヴェーゼント] 形 放心した, ぼんやりした, うわの空の.

Geis·tes⊱ab·we·sen·heit [ガイステス・アップヴェーゼンハイト] 女 -/ 放心(失神)[状態].

Geis·tes⊱blitz [ガイステス・ブリッツ] 男 -es/-e 《口語》突然のひらめき. einen Geistesblitz haben 急にアイデアが浮かぶ.

Geis·tes⊱ga·ben [ガイステス・ガーベン] 複 知的才能.

Geis·tes⊱ge·gen·wart [ガイステス・ゲーゲンヴァルト] 女 -/ 沈着, 当意即妙.

geis·tes⊱ge·gen·wär·tig [ガイステス・ゲーゲンヴェルティヒ] 形 沈着な, 当意即妙の.

geis·tes⊱ge·stört [ガイステス・ゲシュテールト] 形 精神障害のある.

Geis·tes⊱ge·stört·heit [ガイステス・ゲシュテールトハイト] 女 -/ 精神障害.

Geis·tes⊱grö·ße [ガイステス・グレーセ] 女 -/-n ① 〘複 なし〙精神の偉大さ. ② 偉大な精神の持ち主.

geis·tes⊱krank [ガイステス・クランク] 形 精神病の.

Geis·tes⊱kran·ke[r] [ガイステス・クランケ (..カァ)] 男 女 〘語尾変化は形容詞と同じ〙精神病患者.

Geis·tes⊱krank·heit [ガイステス・クランクハイト] 女 -/-en 精神病.

geis·tes⊱schwach [ガイステス・シュヴァッハ] 形 精神薄弱の.

Geis·tes⊱schwä·che [ガイステス・シュヴェッヒェ] 女 -/ 精神薄弱.

Geis·tes⊱ver·fas·sung [ガイステス・フェアファッスング] 女 -/ 精神状態, 心理状態.

geis·tes⊱ver·wandt [ガイステス・フェアヴァント] 形 精神(気性)の似通った.

Geis·tes⊱wis·sen·schaft [ガイステス・ヴィッセンシャフト] 女 -/-en 〘ふつう 複〙精神科学. (〈=〉「自然科学」は Naturwissenschaft.)

geis·tes⊱wis·sen·schaft·lich [ガイステス・ヴィッセンシャフトリヒ] 形 精神科学の.

Geis·tes⊱zu·stand [ガイステス・ツーシュタント] 男 -[e]s/ 精神状態.

*__geis·tig__ [ガイスティヒ gáistıç] 形 ① 精神的な, 知的な. (英 spiritual). (〈=〉「肉体的な」は körperlich). geistige Entwicklung 精神的な発達 / geistige Fähigkeiten 知的能力 / Er ist geistig träge. 彼は頭の働きが鈍い. ② 想像上の, 霊的な. ③ 〘付加語としてのみ〙アルコールを含む, アルコールの. geistige Getränke アルコール飲料.

Geis·tig·keit [ガイスティヒカイト] 女 -/ 精神性; 知性, 理知; 霊性.

*__geist·lich__ [ガイストリヒ gáistlıç] 形 宗教上の; 教会の; 聖職の, 僧侶の. (〈=〉「世俗の」は weltlich). geistliche Lieder 賛美歌 / ein geistlicher Herr 聖職者 / der geistliche Stand 聖職者(僧侶)階級.

Geist·li·che[r] [ガイストリッヒェ (..ヒャァ) gáistlıçə (..çar)] 男 女 〘語尾変化は形容詞と同じ〙 (カネ教) 聖職者, 牧師, 司祭.

Geist·lich·keit [ガイストリヒカイト] 女 -/ (総称として) 聖職[階級].

geist·los [ガイスト・ロース] 形 才気に欠けた, 自分の考えのない; 内容のない, つまらない.

geist⊱reich [ガイスト・ライヒ] 形 才気あふれる, 機知に富んだ.

geist⊱tö·tend [ガイスト・テーテント] 形 退屈極まりない, 単調な.

geist⊱voll [ガイスト・フォる] 形 才気あふれる(= geistreich).

Geiz [ガイツ gáits] 男 -es/-e ① 〘複 なし〙けち. krankhafter Geiz 病的なけち. ② 《農》(幹の養分を吸い取る)側枝, 側芽.

gei·zen [ガイツェン gáitsən] 自 (h) ① 《mit 物³ ~》《物³を》惜しむ, けちる. mit der Zeit *geizen* 時間を惜しむ / Man *geizte* nicht mit Lob. 人々は称賛を惜しまなかった. ② 《nach 物³》《物³を》熱望する. nach Ruhm *geizen* 名声を渇望する.

Geiz·hals [ガイツ·ハるス] 男 -es/..hälse けち坊.

gei·zig [ガイツィヒ gáitsɪç] 形 けちな, しみったれた. (英 stingy). Der Alte ist sehr *geizig*. その老人はひどくけちだ.

Geiz·kra·gen [ガイツ·クラーゲン] 男 -s/ 《口語》けち坊.

ge·jagt [ゲ·ヤークト] *jagen (狩る) の 過分

Ge·jam·mer [ゲ·ヤンマァ gə-jámər] 中 -s/ 《口語》いつまでも嘆き悲しむこと(声).

ge·jam·mert [ゲ·ヤンマァト] *jammern (嘆き悲しむ) の 過分

ge·jauchzt [ゲ·ヤオホツト] *jauchzen (歓声をあげる) の 過分

Ge·joh·le [ゲ·ヨーれ gə-jóːlə] 中 -s/ 《口語》しきりにわめくこと(声).

ge·ju·belt [ゲ·ユーべるト] *jubeln (歓声をあげる) の 過分

ge·juckt [ゲ·ユックト] *jucken (かゆい) の 過分

ge·kämmt [ゲ·ケムト] *kämmen (くしでとかす) の 過分

ge·kämpft [ゲ·ケンプふト] *kämpfen (戦う) の 過分

ge·kannt [ゲ·カント] I *kennen (知っている) の 過分

ge·kauft [ゲ·カオふト] *kaufen (買う) の 過分

ge·kaut [ゲ·カオト] *kauen (かむ) の 過分

ge·kehrt [ゲ·ケーァト] *kehren¹ (向ける) の 過分

Ge·kei·fe [ゲ·カイふェ gə-káifə] 中 -s/ 《口語》絶えずがみがみ言う(ののしる)こと(声).

ge·keimt [ゲ·カイムト] *keimen (芽を出す) の 過分

ge·keucht [ゲ·コイヒト] *keuchen (あえぐ) の 過分

Ge·ki·cher [ゲ·キッヒァァ gə-kíçər] 中 -s/ 《口語》くすくす笑うこと(声).

ge·ki·chert [ゲ·キッヒァァト] *kichern (くすくす笑う) の 過分

ge·kippt [ゲ·キップト] *kippen (傾く) の 過分

Ge·kläff [ゲ·クれふ gə-kléf] 中 -[e]s/ 《口語》しきりにほえること(声).

ge·klagt [ゲ·クラークト] *klagen (苦情を言う) の 過分

Ge·klap·per [ゲ·クらッパァ gə-klápər] 中 -s/ 《口語》しきりにがらがら鳴ること(音).

ge·klap·pert [ゲ·クらッパァト] *klappern (がたがた音をたてる) の 過分

ge·klappt [ゲ·クらップト] *klappen (ぱたんと上げる) の 過分

ge·klärt [ゲ·クれーァト] *klären (澄ます) の 過分

ge·klatscht [ゲ·クらッチュト] *klatschen (ぱちっと音をたてる) の 過分

ge·klebt [ゲ·クれープト] *kleben (貼り付ける) の 過分

ge·klei·det [ゲ·クらイデット] I *kleiden (衣服を着せる) の 過分 II 形 (…な) 服装をした. Er ist immer gut *gekleidet*. 彼はいつもよい身なりをしている.

ge·klemmt [ゲ·クれムト] *klemmen (はさむ) の 過分

ge·klet·tert [ゲ·クれッタァト] *klettern (よじ登る) の 過分

Ge·klim·per [ゲ·クリンパァ gə-klímpər] 中 -s/ 《口語》絶えずちゃりんちゃりん(じゃらじゃら)音をたてること(ちゃりんちゃりんという音).

Ge·klin·gel [ゲ·クリンゲる gə-klíŋəl] 中 -s/ 《口語》しきりにベルが鳴ること(音).

ge·klin·gelt [ゲ·クリンゲるト] *klingeln (鳴る) の 過分

Ge·klirr [ゲ·クリル gə-klír] 中 -[e]s/ しきりにかちゃかちゃ(がらがら)鳴ること(音).

ge·klom·men [ゲ·クろンメン] klimmen (よじ登る) の 過分

ge·klopft [ゲ·クろプふト] *klopfen (とんとんたたく) の 過分

ge·klun·gen [ゲ·クるンゲン] *klingen (鳴る) の 過分

ge·knallt [ゲ·クナるト] *knallen (どんと音をたてる) の 過分

Ge·knat·ter [ゲ·クナッタァ gə-knátər] 中 -s/ 《口語》(エンジンなどが)だだだっと鳴り続けること(音).

ge·knickt [ゲ·クニックト] I *knicken (折り曲げる) の 過分 II 形 落胆した, 意気消沈した.

ge·kniet [ゲ·クニート] *knien (ひざまずいている) の 過分

ge·knif·fen [ゲ·クニッふェン] *kneifen (つねる) の 過分

ge·knipst [ゲ·クニプスト] *knipsen (ぱちっと音をたてる) の 過分

ge·knirscht [ゲ·クニルシュト] *knirschen (ぎしぎしいう) の 過分

ge·knis·tert [ゲ·クニスタァト] *knistern (ぱちぱち音をたてる) の 過分

ge·knüpft [ゲ·クニュプふト] *knüpfen (結ぶ) の 過分

ge·knurrt [ゲ·クヌルト] *knurren (うなる) の 過分

ge·kocht [ゲ·コホト] I *kochen (煮る) の 過分 II 形 煮られた, ゆでられた. hart (weich) *gekochte* Eier 固ゆで(の半熟)の卵.

ge·kom·men [ゲ·コンメン] *kommen (来る) の 過分

ge·konnt [ゲ·コント] I *können¹ (できる) の 過分 II 形 できばえのよい, みごとな.

ge·ko·ren [ゲ·コーレン] küren (選ぶ) の 過分

ge·kos·tet [ゲ·コステット] *kosten (…の値段である) の 過分

ge·kracht [ゲ·クラハト] *krachen (すさまじい音をたてる) の 過分

ge·kräf·tigt [ゲ·クレふティヒト] *kräftigen (強くする) の 過分

ge·kränkt [ゲ·クレンクト] *kränken (気持ちを

ge·kratzt [ゲ・クラッット] *kratzen (引っかく)の 過分

Ge·kreisch [ゲ・クライシュ ɡə-kráɪʃ] 中 -[e]s/ 絶え間なく金切り声をたてること, 金切り声; (ブレーキなどが)きしむこと(音).

Ge·krei·sche [ゲ・クライシェ] 中 -s/ =Gekreisch

ge·kreist [ゲ・クライスト] *kreisen (回る)の 過分

ge·kreuzt [ゲ・クロイツト] *kreuzen (交差させる)の 過分

ge·kriegt [ゲ・クリークト] *kriegen (もらう)の 過分

ge·kri·schen [ゲ・クリッシェン] kreischen (金切り声をあげる)の 過分

Ge·krit·zel [ゲ・クリッツェる ɡə-krítsəl] 中 -s/ なぐり書き; くしゃくしゃ書いたもの.

ge·kro·chen [ゲ・クロッヘン] *kriechen (はう)の 過分

ge·krönt [ゲ・クレーント] *krönen (冠を授ける)の 過分

Ge·krö·se [ゲ・クレーゼ ɡə-krǿ:zə] 中 -s/- ① 〖医〗腸間膜; 内臓. ② 〖料理〗(牛・羊などの)臓物(ぞう).

ge·krümmt [ゲ・クリュムト] *krümmen (曲げる)の 過分

ge·kühlt [ゲ・キューるト] *kühlen (冷やす)の 過分

ge·küm·mert [ゲ・キュンマァト] *kümmern (再帰: で面倒を見る)の 過分

ge·kün·digt [ゲ・キュンディヒト] *kündigen (解約を通知する)の 過分

ge·küns·telt [ゲ・キュンステるト ɡə-kýnstəlt] 形 わざとらしい, 不自然な.

ge·kürzt [ゲ・キュルツト] *kürzen (短くする)の 過分

ge·küsst [ゲ・キュスト] *küssen (キスする)の 過分

ge·küßt ☞ 新形 gekusst

Gel [ゲーる gé:l] 中 -s/-e 〖化〗ゲル(コロイド溶液がゼリー状に固まったもの).

Ge·la·ber [ゲ・らーバァ ɡə-láːbər] 中 -s/ 《俗》くだらないおしゃべり.

ge·lä·chelt [ゲ・れッヒェるト] *lächeln (ほほえむ)の 過分

ge·lacht [ゲ・らハト] *lachen (笑う)の 過分

Ge·läch·ter [ゲ・れヒタァ ɡə-léçtər] 中 -s/- 〖ふつう 単〗① 高笑い, 爆笑. schallendes *Gelächter* 響き渡る笑い声 / in *Gelächter* aus|brechen 爆笑する. ② 〖複 なし〗物笑いの種. zum *Gelächter* werden 笑い者になる.

ge·lack·mei·ert [ゲ・らックマイアァト ɡə-lákmaɪərt] 形 《俗・戯》一杯くわされた, ぺてんにかけられた.

ge·la·den [ゲ・らーデン] I *laden¹ (積み込む)の 過分 II 形 ① 《俗》腹を立てた, 怒った. auf 人・事⁴ *geladen* sein 人・事⁴に腹を立てている. ② 充電(帯電)した; (銃に)装填(そう)した.

Ge·la·ge [ゲ・らーゲ ɡə-láːɡə] 中 -s/- にぎやかな酒宴(酒盛り), どんちゃん騒ぎ.

ge·la·gert [ゲ・らーガァト] I *lagern (貯蔵する)の 過分 II 形 (…の)状態(性質)である. Der Fall ist anders *gelagert*. この件は事情が違う.

ge·lähmt [ゲ・れームト ɡə-léːmt] I *lähmen (麻痺させる)の 過分 II 形 (手足が)麻痺(ま)した, 不随の.

* *das* **Ge·län·de** [ゲ・れンデ ɡə-léndə] 中 (単2) -s/(複) - (3格のみ -n) ① (自然の状態のままの)土地, 地域, 地形. ein hügeliges *Gelände* 丘の多い土地 / Das *Gelände* steigt leicht an. その土地は軽い登り坂になっている. ② (建築用などの)用地, 敷地; (スキーの)ゲレンデ. Bau*gelände* 建築用地 / das *Gelände* des Bahnhofs 駅の敷地.

Ge·län·de=fahr·zeug [ゲれンデ・ファールツォイク] 中 -[e]s/-e オフロードカー, RV 車.

ge·län·de=gän·gig [ゲれンデ・ゲンギヒ] 形 オフロード用の(車・バイクなど).

Ge·län·de=lauf [ゲれンデ・らオふ] 男 -[e]s/ ..läufe (陸上競技の)クロスカントリー.

Ge·län·der [ゲ・れンダァ ɡə-léndər] 中 -s/- (階段・バルコニーなどの)手すり, 欄干(らん).

Ge·län·de=sport [ゲれンデ・シュポルト] 男 -[e]s/-arten (まれに -e) 野外スポーツ.

ge·lan·det [ゲ・らンデット] *landen (着陸する)の 過分

Ge·län·de=wa·gen [ゲれンデ・ヴァーゲン] 男 -s/- オフロードカー, RV 車.

ge·lang [ゲ・らンク] *gelingen (うまくいく)の 過去

ge·lan·ge [ゲ・らンゲ] *gelingen (うまくいく)の 接2

* **ge·lan·gen** [ゲ・らンゲン ɡə-láŋən] (gelangte, *ist*...gelangt) 自 (在て sein) ① 〖方向を表す語句とともに〗(…に)到着する, 達する, 届く. (来 reach). ans Ziel *gelangen* 目的地に到着する, 目標に達する / Der Brief *gelangte* nicht in seine Hände. 手紙は彼のもとには届かなかった / zum Bahnhof *gelangen* 駅に着く. ② 〖zu 物³ ~〗(物³の)状態になる, (物³を)得る. zur Reife *gelangen* 成熟する / zu Ansehen *gelangen* 名望を得る. ③ 〖zu 事³ ~〗(事³がなされる. zur Aufführung *gelangen* 上演される / zum Druck *gelangen* 印刷される / zu einer Ansicht *gelangen*, dass… …という見解に達する. ④ 〖スイ〗訴える. an ein Obergericht *gelangen* 州裁判所に訴える.

ge·langt [ゲ・らンクト] *gelangen (到着する), langen (十分である)の 過分

ge·lang·te [ゲ・らンクテ] *gelangen (到着する)の 過去

ge·lang·weilt [ゲ・らングヴァイるト] I *langweilen (退屈させる)の 過分 II 形 退屈した.

ge·lärmt [ゲ・れルムト] *lärmen (騒ぐ)の 過分

* **ge·las·sen** [ゲ・らッセン ɡə-lásən] I *lassen¹ (やめる)の 過分 II 形 平静な, 沈着な, 落ち着いた. ein *gelassener* Mensch 冷静な人 / mit *gelassener* Stimme 落ち着いた声で.

Ge·las·sen·heit [ゲ・らッセンハイト] 囡 -/ 平静, 沈着. **mit** *Gelassenheit* 落ち着いて.

Ge·la·ti·ne [ジェらティーネ ʒelati:nə] 囡 -/ ゼラチン.

ge·lau·fen [ゲ・らオフェン] *laufen (走る) の 過分

ge·läu·fig [ゲ・ろイふィヒ gə-lɔ́yfɪç] 形 ① よく知られた, 周知の. ein *geläufiger* Ausdruck よく用いられる表現. ② 流暢(りゅうちょう)な, よどみない. in *geläufigem* Englisch 達者な英語で / Deutsch⁴ *geläufig* sprechen 流暢にドイツ語を話す / *geläufig* Klavier⁴ spielen 流れるようにピアノを弾く.

Ge·läu·fig·keit [ゲ・ろイふィヒカイト] 囡 -/ ① よく知られていること, 周知. ② 流暢(りゅうちょう)であること, なめらかさ; 完成[度].

ge·launt [ゲ・らオント gə-láunt] 形 ① (…の)気分である. Er ist gut (schlecht) *gelaunt*. 彼は機嫌がいい(悪い) / Wie ist sie heute *gelaunt*? きょうの彼女の機嫌はどう? ② (…)する気がある. Ich bin nicht *gelaunt*, dorthin zu gehen. 私はそこへ行く気にならない.

ge·lauscht [ゲ・らオシュト] *lauschen (耳を傾ける)の 過分

Ge·läut [ゲ・ろイト gə-lɔ́yt] 中 -[e]s/-e ① (教会などの)組み合わされた鐘. ② 〚複 なし〛鐘が鳴ること, 鐘の音.

Ge·läu·te [ゲ・ろイテ gə-lɔ́ytə] 中 -/ ① 鐘の音. ② 〈狩〉(猟犬の)ほえ声.

ge·lau·tet [ゲ・らオテット] *lauten (…という内容である)の 過分

ge·läu·tet [ゲ・ろイテット] *läuten (鳴る)の 過分

***gelb** [ゲるプ gélp]

黄色の

Die Blätter werden schon *gelb*.
ディ ブレッタァ ヴェーァデン ショーン ゲるプ
木々の葉はもう黄色く色づき始めている.

形 黄色の, 黄の. (英 *yellow*). eine *gelbe* Bluse 黄色のブラウス / das *Gelbe* Meer 黄海 / die *gelbe* Rasse 黄色人種 / die *gelbe* (新形 *Gelbe*) Rübe 〈南ドイツ〉 にんじん / Sie wurde *gelb* vor Neid. 〚比〛彼女は嫉妬(しっと)のあまり顔色を変えた(黄色は嫉妬の色とされている).

Gelb [ゲるプ] 中 -s/-(口語: -s) 黄色.

Gel·be[s] [ゲるべ[ス] gélbə(s)] 中 〚語尾変化は形容詞と同じ〛黄色のもの. das *Gelbe* vom Ei a) 卵の黄身, b) 〚口語〛最良のもの, 最善策.

Gelb≠fie·ber [ゲるプ・ふィーバァ] 中 -s/〈医〉黄熱病.

Gelb≠fil·ter [ゲるプ・ふィるタァ] 男 中 -s/- 〈写〉黄色フィルター.

gelb≠grün [ゲるプ・グリューン] 形 黄緑色の.

gelb·lich [ゲるプリヒ] 形 黄ばんだ, 黄色っぽい.

Gelb≠sucht [ゲるプ・ズフト] 囡 -/〈医〉黄疸(おうだん).

‡*das* **Geld** [ゲるト gélt]

お金 Ich habe kein *Geld* bei mir.
イヒ ハーベ カイン ゲるト バイ ミァ
私はお金の持ち合わせがない.

中 (単2) -es (まれに -s)/(複) -er (3格のみ -ern) ① 〚複 なし〛お金, 金銭, 通貨, 貨幣. (英 *money*). bares *Geld* 現金 / falsches *Geld* 偽金 / kleines (großes) *Geld* 小銭(お札) / leichtes *Geld* 楽に稼いだお金 / schmutziges *Geld* 不正に稼いだ金, 悪銭 / *Geld* und Gut 〈雅〉全財産 / Das ist sein *Geld* wert. それはその代価だけの値うちはある.

◆〚動詞の目的語として〛*Geld*⁴ von der Bank ab|heben お金を銀行からおろす / *Geld*⁴ aus|geben お金を支出する / *Geld*⁴ für 物⁴ bezahlen 物⁴のお金を払う / Er hat *Geld* auf der Bank. 彼は銀行に預金している / Er hat *Geld* wie Heu. それにはお金が大金かかる (←干し草のように) / *Geld*⁴ zum Fenster hinaus|werfen 〚口語〛お金を浪費する(←窓から投げる) / Das kostet viel *Geld*. それには大金がかかる / [das große] *Geld*⁴ **machen** 〚口語〛[大]金をもうける / *Geld* regiert die Welt. 〚ことわざ〛地獄のさたも金しだい (←お金は世の中を支配する) / *Geld*⁴ **sparen** お金をためる / *Geld*⁴ **ver·dienen** お金を稼ぐ / Können Sie mir *Geld* wechseln? 両替していただけませんか / 人³ das *Geld*⁴ aus der Tasche ziehen 〚口語〛人³から金を搾り取る.

◆〚前置詞とともに〛Es fehlt an *Geld*. お金が足りない / am *Geld* hängen (または kleben) 〚口語〛お金に執着する / 物⁴ für teures *Geld* kaufen 物⁴を高いお金を払って買う / Er schwimmt im *Geld*. 〚口語〛彼はお金をあり余るほど持っている (←お金の中を泳いでいる) / Das geht (または läuft) ins *Geld*. 〚口語〛それは金がかかる / 人³ *Geld* aus|helfen 人³にお金を用だてる / mit dem *Geld* um sich werfen 〚口語〛お金を浪費する(←自分の周りにお金を投げる) / nach *Geld* stinken 〚口語〛大金持ちである (←お金のにおいがする) / um *Geld* spielen 金を賭(か)けてゲームをする / Schade ums *Geld*! 〚口語〛(そんなことに使って)お金がもったいない / zu *Geld* kommen 金持ちになる / 物⁴ zu *Geld* machen 金に困って物⁴を売る.

② 〚ふつう 複〛資金, 基金. öffentliche *Gelder* 公金 / staatliche *Gelder* 国庫金.

....
..*geld* のいろいろ: Bar*geld* 現金 / Bedienungs*geld* サービス料 / Eintritts*geld* 入場料, 入会金 / Fahr*geld* 運賃 / Hart*geld* 硬貨 / Klein*geld* 小銭 / Papier*geld* 紙幣 / Schul*geld* 授業料 / Taschen*geld* 小遣い銭 / Trink*geld* チップ
....

Geld≠an·la·ge [ゲるト・アンらーゲ] 囡 -/-n 投資; 投資の対象.

Geld≠au·to·mat [ゲるト・アオトマート] 男 -en/-en 現金自動支払機.

Geld‹beu‹tel [ゲルト・ボイテル] 男 -s/ 財布;《比》お金. auf dem *Geldbeutel* sitzen《口語》けちである(←財布の上に座っている).

Geld‹bör‹se [ゲルト・ベルゼ] 女 -/-n《雅》財布.

Geld‹bu‹ße [ゲルト・ブーセ] 女 -/-n 罰金, 過料.

Geld‹ein‹wurf [ゲルト・アインヴルフ] 男 -[e]s/..würfe (自動販売機などの)硬貨投入口.

Geld‹ent‹wer‹tung [ゲルト・エントヴェーァトゥング] 女 -/-en《経》インフレーション, 通貨価値の下落(=Inflation).

Gel‹der [ゲルダァ] ‡Geld (資金)の 複

Geld‹ge‹ber [ゲルト・ゲーバァ] 男 -s/- 出資者, 資本家.

Geld‹ge‹schäft [ゲルト・ゲシェフト] 中 -[e]s/-e《ふつう 複》金融業[務].

Geld‹gier [ゲルト・ギーァ] 女 -/ 金銭欲.

geld‹gie‹rig [ゲルト・ギーリヒ] 形 金銭欲の強い.

Geld‹hei‹rat [ゲルト・ハイラート] 女 -/-en 金銭(財産)目当ての結婚.

Geld‹knapp‹heit [ゲルト・クナップハイト] 女 -/-en 金詰まり, 金融逼迫(ひっぱく).

geld‹lich [ゲルトリヒ] 形 金銭上の.

Geld‹man‹gel [ゲルト・マンゲル] 男 -s/ 資本不足, お金の欠乏.

Geld‹markt [ゲルト・マルクト] 男 -[e]s/《経》金融市場, 貨幣市場.

Geld‹mit‹tel [ゲルト・ミッテル] 複 資金, 財力.

Geld‹quel‹le [ゲルト・クヴェれ] 女 -/-n 財源, 資金源.

Geld‹sa‹che [ゲルト・ザッヘ] 女 -/-n《ふつう 複》金銭問題(取引).

Geld‹schein [ゲルト・シャイン] 男 -[e]s/-e 紙幣, 銀行券.

Geld‹schrank [ゲルト・シュランク] 男 -[e]s/..schränke 金庫. ein feuerfester *Geldschrank* 耐火金庫.

Geld‹sen‹dung [ゲルト・ゼンドゥング] 女 -/-en 送金.

Geld‹spen‹de [ゲルト・シュペンデ] 女 -/-n 現金寄付, 寄金.

Geld‹stra‹fe [ゲルト・シュトラーフェ] 女 -/-n《法》罰金刑.

Geld‹stück [ゲルト・シュテュック] 中 -[e]s/-e 硬貨(=Münze).

Geld‹sum‹me [ゲルト・ズンメ] 女 -/-n 金額.

Geld‹um‹lauf [ゲルト・ウムらオフ] 男 -[e]s/..läufe《経》通貨の流通高; 貨幣流通.

Geld‹ver‹le‹gen‹heit [ゲルト・フェァれーゲンハイト] 女 -/-en《婉曲》(一時的な)現金不足.

Geld‹wech‹sel [ゲルト・ヴェクセル] 男 -s/- 両替.

Geld‹wert [ゲルト・ヴェーァト] 男 -[e]s/-e 金銭[換算]価値; 貨幣価値.

Geld‹wirt‹schaft [ゲルト・ヴィルトシャフト] 女 -/ 貨幣経済.

ge‹lebt [ゲ・れープト] ‡leben (生きている)の 過分

ge‹leckt [ゲ・れックト] I *lecken (なめる)の 過分 II 形 (なめたように)きれいな. wie *geleckt* aus|sehen《口語・戯》a) とても清潔に見える, b) やけにきちんとした身なりをしている.

Ge‹lee [ジェれー ʒəlé: または ʒə..] 男 中 -s/-s《料理》(果物などの)ゼリー; (魚や肉の)煮こごり, アスピック.

ge‹leert [ゲ・れーァト] *leeren (空にする)の 過分

Ge‹le‹ge [ゲ・れーゲ gə-lé:gə] 中 -s/- (巣などに産み落とされた全部の)卵.

ge‹le‹gen [ゲ・れーゲン] I ‡liegen (横たわっている)の 過分 II 形 ① (…の)場所・状態にある. Das Haus ist einsam *gelegen*. その家はぽつんと立っている. ② 適当な, 都合のいい. Ihr Angebot kommt mir sehr *gelegen*. あなたの申し出は私にとってたいへん好都合です / **zu** *gelegener* Zeit 適当な時に. ③ 重要な. Mir ist viel (nichts) daran *gelegen*. それは私にとって大切なことだ(少しも大切ではない).

‡*die* **Ge‹le‹gen‹heit** [ゲ・れーゲンハイト gə-lé:gənhait] 女 (単) -/(複) -en ① 機会, 好機, チャンス; きっかけ. (英 opportunity). eine einmalige *Gelegenheit* 二度とないチャンス / Ich habe wenig *Gelegenheit*, Deutsch zu sprechen. 私はドイツ語を話す機会がほとんどない / eine (günstige) *Gelegenheit*⁴ ab|warten 好機をじっと待つ / eine *Gelegenheit*⁴ ergreifen (nützen) チャンスをとらえる(利用する) / eine *Gelegenheit*⁴ verpassen (または versäumen) 好機を逃す / die *Gelegenheit* beim Schopfe fassen 好機を逃さずつかむ / Wenn sich eine *Gelegenheit* bietet, ... 機会があれば… / **bei** *Gelegenheit* 機会を見て, 何かの折りに / **bei** dieser *Gelegenheit* この機会に / **bei** der ersten [besten] *Gelegenheit* 機会がありしだい / ein Anzug **für** alle *Gelegenheiten* どんな場合にも着て行けるスーツ / *Gelegenheit* macht Diebe. (諺) 盗み心は出来心(←チャンスが泥棒をつくる).

② (一定の目的のために使用する)場所, 施設, 設備. Schlaf*gelegenheit* 宿泊の設備.

③《商》特価[品]. ④《婉曲》トイレ.

Ge‹le‹gen‹heits‹ar‹beit [ゲれーゲンハイツ・アルバイト] 女 -/-en 臨時の仕事.

Ge‹le‹gen‹heits‹ar‹bei‹ter [ゲれーゲンハイツ・アルバイタァ] 男 -s/- 臨時雇い, 臨時工.

Ge‹le‹gen‹heits‹kauf [ゲれーゲンハイツ・カオフ] 男 -[e]s/..käufe 安い買物のチャンス; 格安(見切)品, 掘り出し物.

***ge‹le‹gent‹lich** [ゲ・れーゲントりヒ gə-lé:gəntlɪç] I 形 折にふれての, ついでの, 偶然の; ときどきの. (英 occasional). *gelegentliche* Anrufe ときどきかかってくる電話 / *gelegentliche* Niederschläge (天気予報で:) ときどき雨.
II 副 折にふれて, ついでの折に; ときどき. (英 occasionaly). Ich werde dich *gelegentlich* besuchen. 折を見て君を訪ねていくよ / Sie raucht *gelegentlich*. 彼女はときどきたばこを吸う. (☞ 類語 manchmal).
III 前《2格とともに》《書》…の折に, …について

ge·legt [ゲ・レークト] *legen (横たえる)の過分

ge·lehnt [ゲ・レーント] *lehnen (立て掛ける)の過分

ge·leh·rig [ゲ・レーリヒ gə-léːrɪç] 形 物覚えのよい, のみ込みの早い. ein *gelehriger* Schüler のみ込みの早い生徒.

Ge·leh·rig·keit [ゲ・レーリヒカイト] 女 -/ 物覚えのよさ, のみ込みの早さ, 利口さ.

ge·lehr·sam [ゲ・レーァザーム] 形 ① 物覚えのよい. ② 《古》博識な.

Ge·lehr·sam·keit [ゲ・レーァザームカイト] 女 -/ 《雅》学識のあること, 博識, 博学.

***ge·lehrt** [ゲ・レーァト gə-léːrt] I *lehren (教える)の過分
II 形 (比較 gelehrter, 最上 gelehrtest) (英 learned) ① 学識のある, 学問のある; 学問[上]の. ein *gelehrter* Mann 学者 / eine *gelehrte* Abhandlung 学術論文 / ein *gelehrtes* Haus 《口語·戯》物知り. ② 《口語》難解な, わかりにくい.

***Ge·lehr·te[r]** [ゲ・レーァテ (..タァ) gə-léːrtə (..tər)] 男 女 《語尾変化は形容詞と同じ ☞ Alte[r]》(例: 男 1格 der Gelehrte, ein Gelehrter) 学者. ein bedeutender *Gelehrter* 著名な学者.

Ge·lei·se [ゲ・ライゼ gə-láɪzə] 中 -s/- (↑ライゼ) 軌道, 線路, レール. (＝Gleis).

ge·leis·tet [ゲ・ライステット] *leisten (成し遂ぐ)の過分

Ge·leit [ゲ・ライト gə-láɪt] 中 -[e]s/-e ① 《雅》同伴, 随行, 護衛. 人³ das *Geleit*⁴ geben 《雅》人³に随行(同行)する / 人³ das letzte *Geleit*⁴ geben 《雅》人³の葬式に参列する / **zum** *Geleit* (本の巻頭で:)緒言, 初めに. ② 同伴者, 従者; 護衛[兵]; 随行車両.

ge·lei·ten [ゲ・ライテン gə-láɪtən] 他 (h) 《雅》(…へ人⁴に)付き添って行く, (人³を…へ)送って行く, 護衛する. Er geleitete den Gast ins Zimmer. 彼は客を部屋へ案内した.

ge·lei·tet [ゲ・ライテット] *leiten (率いる), geleiten (付き添って行く)の過分

Ge·leit=wort [ゲライト·ヴォルト] 中 -[e]s/-e 序文(序言); 献辞.

Ge·leit=zug [ゲライト·ツーク] 男 -[e]s/..züge 《軍》護送船団.

***das Ge·lenk** [ゲ・レンク gə-léŋk] 中 (単2) -[e]s/(複) -e (3格のみ -en) ① 《医》関節. (英 *joint*). Hand*gelenk* 手首の関節. ② 《工》ちょうつがい, ジョイント. ③ 《植》(葉柄の)節.

Ge·lenk=ent·zün·dung [ゲレンク·エントツュンドゥング] 女 -/-en 《医》関節炎.

ge·len·kig [ゲ・レンキヒ gə-léŋkɪç] 形 ① しなやかな, 柔軟な; 敏捷(びんしょう)な. ② 関節による; 《工》ちょうつがいの働きをする, ジョイントのある.

Ge·len·kig·keit [ゲ・レンキヒカイト] 女 -/ しなやかさ, 柔軟[さ]; 曲げやすさ.

Ge·lenk=rheu·ma·tis·mus [ゲレンク·ロイマティスムス] 男 -/..tismen 《医》関節リューマチ.

ge·lenkt [ゲ・レンクト] *lenken (運転する)の過分

Ge·lenk=wel·le [ゲレンク・ヴェレ] 女 -/-n 《工》カルダン軸, ジョイント軸.

ge·lernt [ゲ・レルント] I *lernen (学ぶ)の過分
II 形 熟練した, 職業訓練を終えた.

ge·le·sen [ゲ・レーゼン] *lesen (読む)の過分

ge·leuch·tet [ゲ・ロイヒテット] *leuchten (輝く)の過分

ge·leug·net [ゲ・ロイグネット] *leugnen (否認する)の過分

Ge·lich·ter [ゲ・リヒタァ gə-líçtər] 中 -s/- ならず者, 無法者.

ge·liebt [ゲ・リープト] I *lieben (愛する)の過分
II 形 親愛な, 愛する.

Ge·lieb·te[r] [ゲ・リープテ (..タァ) gə-líːptə (..tər)] 男 女 《語尾変化は形容詞と同じ》① 愛人, 情婦, 情夫; 恋人. ② 《雅》(恋人への呼びかけ:) 恋人よ.

ge·lie·fert [ゲ・リーふァァト] I *liefern (配達する)の過分 II 形 《俗》救いようのない, おしまいの.

ge·lie·hen [ゲ・リーエン] *leihen (貸す)の過分

ge·lie·ren [ジェリーレン ʒelíːrən または ʒə..] 自 (h) ゼリーになる, ゼリー状に凝固する.

ge·lind [ゲ・リント gə-línt] 形 ＝gelinde

ge·lin·de [ゲ・リンデ gə-líndə] 形 ①《雅》穏やかな, 温和な, 軽微な; ほどよい. *gelindes* Klima 穏やかな気候 / ein *gelinder* Wind 微風 / ein *gelinder* Schmerz 軽い痛み. ② 控えめな, 婉曲な(表現など). *gelinde* gesagt 婉曲に言えば. ③ 《口語》抑えきれない(怒りなど).

:ge·lin·gen* [ゲ・リンゲン gə-líŋən] (gelang, ist ... gelungen) 自 (⬩ sein) (仕事·試みなどが人³にとって)うまくいく, 成功する. (英 succeed). (⬩「失敗する」は misslingen). Ihm *gelingt* alles. 彼は何をしてもうまくいく / Die Arbeit *ist* gut *gelungen*.『現在完了』仕事はうまくいった / Der Kuchen *ist* mir gut *gelungen*.『現在完了』私のケーキはよくできた / Es *gelang* mir nicht, ihn zu überzeugen. 私は彼を説得することができなかった.
◇☞ gelungen

Ge·lin·gen [ゲ・リンゲン] 中 -s/ 成功, 成就. auf gutes *Gelingen* 成功を祈って.

ge·lit·ten [ゲ・リッテン] *leiden (苦しむ)の過分

gell [ゲる ɡɛl] 形 《雅》かん高い(叫び声など).

gell? [ゲる] 間《南ド》ねえ, そうでしょう (＝gelt).

gel·len [ゲレン gélən] 自 (h) ① (音·声が)かん高く響く. Ein Schrei *gellte* durch die Stille. 静けさを破ってかん高い叫び声が響き渡った. ◇『現在分詞の形で』ein *gellendes* Lachen 高笑い. ② (建物·耳などが)がんがん響く. Von dem Lärm *gellten* ihm die Ohren. 騒音が彼の耳にがんがん響いた.

ge·lo·ben [ゲ・ローベン gə-lóːbən] 他 (h) 《雅》([人³に]事⁴を)誓う, 誓約する. Ich *habe* ge-

lobt, es nie zu verraten. 私はそれを決して人に漏らさないと誓った. ◇〖過去分詞の形で〗 das *Gelobte* Land 〖聖〗約束の地(カナンの地). ◇〖再帰的に〗 *sich*³ 〖軍〗⁴ *geloben* 〖軍〗⁴を固く心に誓う.

Ge·löb·nis [ゲ・レープニス] 中 ..nisses/..nisse 〖雅〗誓い, 誓約.

ge·lobt [ゲ・ローブト] *loben (ほめる), geloben (誓う)の過分

ge·lockt [ゲ・ロックト] *locken¹ (おびき寄せる)の過分

ge·lo·gen [ゲ・ローゲン] *lügen (うそをつく)の過分

ge·lohnt [ゲ・ローント] *lohnen (再帰で: …するに値する)の過分

ge·löscht [ゲ・レシュト] *löschen¹ (消す)の過分

ge·löst [ゲ・レースト] I *lösen (はがす)の過分 II 形 くつろいだ, 緊張の解けた.

gelt? [ゲルト gɛlt] 間〖南ドヅ・オストリア〗〖口語〗ねえ, そうでしょう(=nicht wahr?).

G

gel·ten [ゲルテン géltən]

〖有効である〗
　Die Fahrkarte *gilt* vier Tage.
　ディ ファールカルテ ギルト フィーァターゲ
　この乗車券は4日間有効です.

du giltst, er gilt (galt, *hat* …gegolten) I 自 (完了 haben) ① 〖乗車券・法律などが〗有効である, 通用する. Ihr Pass *gilt* nicht mehr. あなたのパスポートはもう期限が切れています / Diese Bestimmung *gilt für* alle. この規則はすべての人に適用される / Dasselbe *gilt* auch für dich (または von dir). 同じことが君についても言えるよ / Das *gilt* nicht! (ゲームなどで:)それは反則だ! ◇〖**lassen** とともに〗人・事⁴ *gelten lassen* …を承認する ⇒ Diese Antwort *lasse* ich nicht *gelten*. 私はこの回答に承服しない.

② 〖成句的に〗**als** (または **für**)…*gelten* …と思われている, 見なされている. Er *gilt als der* Klügste der Schule. 彼は学校でいちばん頭のいい生徒だと思われている / Die Nachricht *gilt für* sicher. そのニュースは確かなものと思われる. (〈注〉als のあとには1格の名詞や形容詞, für のあとには4格の名詞や形容詞がくる.

③ 〖非難・愛情などが〗人・事³に〗向けられている. Seine Liebe *gilt* den Kindern. 彼の愛情は子供たちに向けられている / *Gilt* das mir? それは私のことを言っているのですか.

II 他 (完了 haben)〖ふつう **viel**⁴, **wenig**⁴ などとともに〗(…の)価値がある, (…に)値する. Er *gilt bei* ihnen viel (wenig). 彼は彼らに重んじられている(軽んじられている) / Was *gilt* die Wette? 何を賭(ゕ)けようか.

III 非人称 (完了 haben) ① 〖**es gilt, zu** 不定詞[句]の形で〗…することが肝要である. Jetzt *gilt* es, Zeit zu gewinnen. 今は時間を稼ぐことが肝心である.

② 〖**es gilt** 〖軍〗⁴の形で〗〖雅〗〖軍〗⁴にかかわることだ. Es *gilt* sein Leben. 彼の命にかかわることだ.

gel·tend [ゲルテント] I *gelten (有効である)の現分 II 形 有効な, 通用する; 現行の. die *geltende* Meinung 支配的な意見 / nach *geltendem* Recht 現行法によれば. ◇〖成句的に〗〖軍〗⁴ *geltend machen* 〖軍〗⁴(権利・要求など)を主張する / sich⁴ *geltend machen* (影響などが)現れる, 目に見えてくる.

Gel·tung [ゲルトゥング] 女 -/ (法律などの)効力, 有効性, (貨幣などの)通用; 影響力, 効果; 重要性. *in Geltung sein* 有効である, 通用する / 〖物〗⁴ *zur Geltung bringen* 〖物〗⁴に効果を発揮させる, 引きたたせる / *zur Geltung kommen* 効果を発揮する, 引きたつ ⇒ Das Bild kommt an dieser Stelle besser *zur Geltung*. 絵はここに置くともっと引きたつ / *sich*³ *Geltung*⁴ *verschaffen* 自分を認めさせる, 重んじられるようになる.

Gel·tungs₌be·dürf·nis [ゲルトゥングス・ベデュルフニス] 中 ..nisses/ 名声欲, 自己顕示欲.

Gel·tungs₌dau·er [ゲルトゥングス・ダオアァ] 女 -/ 有効(通用)期間.

Ge·lüb·de [ゲ・リュプデ gə-lýpdə] 中 -s/- 〖雅〗(神に対する)誓い, 誓約.

Ge·lum·pe [ゲ・ルンペ gə-lúmpə] 中 -s/ 〖口語〗がらくた. ② 人間のくず, やくざ者.

ge·lun·gen [ゲ・ルンゲン] I *gelingen (うまくいく)の過分 II 形 ① 成功した, うまくいった. ② 〖方〗奇妙な, 変な, おかしな. ein *gelungener* Kerl 変なやつ.

Ge·lüst [ゲ・リュスト gə-lýst] 中 -[e]s/-e 〖雅〗 (突然の)欲望, 欲求, (特に食物への)渇望.

Ge·lüs·te [ゲ・リュステ gə-lýstə] 中 -s/- = Gelüst

ge·lüs·ten [ゲ・リュステン gə-lýstən] 非人称 (h) 〖**es gelüstet** 人⁴ *nach* 物³ の形で〗〖雅〗人⁴は物³が欲しくてたまらない. *Mich* gelüstet [es] *nach* Kuchen. 私はケーキを食べたい / Es *gelüstete* mich, ihm zu widersprechen. 私は彼に反論したくてたまらなかった. (〈注〉 es は文語以外ではふつう省かれる.

ge·lutscht [ゲ・ルッチュト] *lutschen (しゃぶる)の過分

ge·mach [ゲ・マーハ gə-má:x] 副 しだいに, ゆっくり. Nur *gemach*! まあまあ, あわてるな.

Ge·mach [ゲ・マーハ] 中 -[e]s/..mächer (古: -e) 〖雅〗部屋, 居間.

ge·mäch·lich [ゲ・メーヒりヒ または ゲ・メヒ..] 形 ゆったりとした, 落ち着いた; 気楽な, くつろいだ, のんびりした(生活など).

ge·macht [ゲ・マハト] I *machen (する)の過分 II 形 ① 出来上がった, 完成した. ein *gemachter* Mann 成功した人. ② おあつらえ向きの, 適切な. **zu** 〖軍〗³ (または **für** 〖軍〗⁴) *gemacht sein* 〖軍〗³ (または 〖軍〗⁴)にとっておあつらえ向きである. ③ 人為的な, わざとらしい. eine *gemachte* Freundlichkeit 見せかけの親切.

Ge·mahl [ゲ・マーる gə-má:l] 男 -s/-e 〖ふつう 単〗〖雅〗ご主人. (〈注〉自分の夫に対しては用いな

gemeinsam

い). Ihr Herr *Gemahl* あなたのご主人様 / Grüßen Sie bitte Ihren Herrn *Gemahl*! ご主人様にどうぞよろしく.

ge·mah·len [ゲ・マーレン] ＊mahlen (穀物などをひく)の 過分

Ge·mah·lin [ゲ・マーリン gə-máːlɪn] 女 -/..linnen 《ふつう 単》《雅》奥様. (⚠ 自分の妻に対しては用いない). Ihre Frau *Gemahlin* あなたの奥様 / Empfehlen Sie mich bitte Ihrer Frau *Gemahlin*! 奥様にどうぞよろしくお伝えください.

ge·mah·nen [ゲ・マーネン gə-máːnən] 他 (h) 〖[人³] **an** 人·事⁴ ~〗《雅》([人³に]人·事⁴を)思い出させる.

ge·mahnt [ゲ・マーント] ＊mahnen (促す), gemahnen (思い出させる)の 過分

ge·mäht [ゲ・メート] ＊mähen¹ (刈る)の 過分

＊*das* **Ge·mäl·de** [ゲ・メーるデ gə-mέːldə] 中 (単2) -s/(複) - (3格のみ -n) ① 絵画, 絵. (英 *painting*). Wand*gemälde* 壁画 / ein *Gemälde* von Rubens ルーベンスの絵 / *Gemälde* in Öl 油絵. ② 《比》(生き生きとした)描写, 記述. Das Buch ist ein *Gemälde* des bürgerlichen Lebens. この本は市民の生活を生き生きと描き出している.

Ge·mäl·de⌃aus·stel·lung [ゲメーるデ・アオスシュテるング] 女 -/-en 絵画展.

Ge·mäl·de⌃ga·le·rie [ゲメーるデ・ガ・れリー gəmέːldə-..-] 女 -/-n [..リーエン] ギャラリー, 画廊, 絵画館.

ge·malt [ゲ・マーると] ＊malen (描く)の 過分

ge·man·gelt [ゲ・マンゲると] ＊mangeln¹ (欠けている)の 過分

Ge·mar·kung [ゲ・マルクング] 女 -/-en ① 市町村全区域; 入会(ﾆ)地(市町村に属する森や牧草地). ② 境界.

ge·ma·sert [ゲ・マーザァト] I masern (木目模様)をつける.の 過分 II 形 木目模様のある.

ge·mäß [ゲ・メース gə-mέːs] I 前 〖3格とともに; 名詞のあとに置かれることが多い〗…に従って, …に応じて. *gemäß* den Anordnungen 指図どおりに / Ihrem Wunsch *gemäß* あなたのご希望どおりに. II 形 〖人·事³に〗適した, ふさわしい. eine seinen Fähigkeiten *gemäße* Stellung 彼の能力にふさわしい勤め口.

..ge·mäß [..ゲ・メース ..gəmεːs]〖形容詞をつくる 接尾〗(…にかなった····どおりの) 例: plan*gemäß* 計画どおりの.

ge·mä·ßigt [ゲ・メースィヒト] I mäßigen (適度にする)の 過分 II 形 穏やかな, ほどよい; 温暖な. ein *gemäßigtes* Klima 穏やかな気候 / die *gemäßigte* Zone 温帯.

Ge·mäu·er [ゲ・モイアァ gə-mɔ́yvər] 中 -s/- 《雅》古びた外壁, 廃墟(ﾋ)の壁.

Ge·me·cker [ゲ・メッカァ gə-mέkər] 中 -s/- ① (羊などの)鳴き声. ② (軽蔑的に:)げたげた笑い. ③ 《口語》いつまでも続く泣き言(小言).

＊**ge·mein** [ゲ・マイン gə-máɪn] I 形 ① 卑しい, 卑劣な, 下劣な, 低俗な. 《英 *mean*》. ein *gemeiner* Betrüger 卑劣な詐欺師 / *gemeine* Witze 下品なしゃれ. ② 《口語》ひどい, 腹立たしい. Das ist ja *gemein*! それはあんまりだ. ③ 《付加語としてのみ》普通の, 平凡な;《生》通常種の. ein *gemeines* Jahr (うるう年に対して:)平年 / der *gemeine* Mann 普通の人間. ④ 公共の, 公の; 共通の. das *gemeine* Wohl 公共の福祉 / das *gemeine* Recht 《法》普通法 / 物⁴ **mit** 人³ *gemein* haben 物⁴を人³と共有する / nichts mit 人³ *gemein* haben 人³と無関係である / sich⁴ mit 人³ *gemein* machen 人³(不品行な人)の仲間になる.

II 副 《口語》ひどく. Es ist *gemein* kalt. ひどく寒い.

＊*die* **Ge·mein·de** [ゲ・マインデ gə-máɪndə] 女 (単) -/(複) -n ① (市·町·村などの)地方自治体, 市町村; (総称として:)市町村の住民. **auf** die *Gemeinde* (または **zur** *Gemeinde*) gehen 《比》町役場に行く. ② 《ｷﾘｽﾄ教》教区; (総称として:)教区民; 礼拝の会衆. ③ 同好の集まり, 支持者団体. ④ 《ｽｲｽ》(地方自治体の)有権者集会.

Ge·mein·de⌃haus [ゲマインデ・ハオス] 中 -es/..häuser 教区公会堂; 市町村役場.

Ge·mein·de⌃rat [ゲマインデ・ラート] 男 -es/..räte 市(町·村)議会(議員).

Ge·mein·de⌃schwes·ter [ゲマインデ・シュヴェスタァ] 女 -/-n 教区看護婦.

Ge·mein·de⌃ver·wal·tung [ゲマインデ・フェアヴァるトゥング] 女 -/-en 市(町·村)行政.

ge·meind·lich [ゲ・マイントりヒ] 形 地方自治体(市町村)の.

Ge·mein⌃ei·gen·tum [ゲマイン・アイゲントゥーム] 中 -s/ 共通財産; 《法》公有(国有)財産.

ge·mein⌃ge·fähr·lich [ゲマイン・ゲフェーァりヒ] 形 公安を害する, 社会にとって危険な.

ge·mein⌃gül·tig [ゲマイン・ギュるティヒ] 形 一般に当てはまる.

Ge·mein⌃gut [ゲマイン・グート] 中 -[e]s/《雅》公共物;《比》(精神的な)共有財産.

Ge·mein·heit [ゲ・マインハイト] 女 -/-en ① 〖複 なし〗下劣さ, 野卑, 下品さ. ② 下劣(下品)な言動. ③ 《口語》腹立たしいこと. So eine *Gemeinheit*! なんてひどいことだ.

ge·mein⌃hin [ゲマイン・ヒン] 副 通常, 一般に.

Ge·mein⌃nutz [ゲマイン・ヌッツ] 男 -es/ 公益. *Gemeinnutz* geht vor Eigennutz. 公益は私益に優先する.

ge·mein⌃nüt·zig [ゲマイン・ニュッツィヒ] 形 公共の利益になる, 公益の.

Ge·mein⌃platz [ゲマイン・プらッツ] 男 -es/..plätze (軽蔑的に:)決まり文句.

＊**ge·mein·sam** [ゲ・マインザーム gəmáɪnzaːm] 形 ① 共通の, 共有の; 共通している. 《英 *common*》. unser *gemeinsamer* Freund 私たちの共通の友人 / *gemeinsamer* Besitz 共有財産 / der *Gemeinsame* Markt 《口語》共通市場, ヨーロッパ経済共同体 /

Das blonde Haar ist ihnen *gemeinsam*. 彼らはともにブロンドの髪をしている / 事⁴ mit 人・事³ *gemeinsam* haben 事⁴の点で人・事³と共通している. ② 共同の, いっしょの. ein *gemeinsames* Leben 共同生活 / Wir gehen *gemeinsam* ins Kino. 私たちはいっしょに映画に出かける / mit 人³ *gemeinsame* Sache⁴ machen 人³と手を組む.

Ge·mein·sam·keit [ゲ・マインザームカイト] 囡 -/-en ① 共同, 共通[性]. ② 【覆 なし】一致, 連帯[性].

die **Ge·mein·schaft** [ゲ・マインシャフト gə·máinʃaft] 囡 -/-(単) -/(複) -en ① 共通の信仰, 理念などに基づく共同体, 共同社会, ゲマインシャフト. (英 community). (⇔「利益社会」は Gesellschaft). Arbeits*gemeinschaft* 研究グループ / die Europäische *Gemeinschaft* ヨーロッパ共同体 (略: EG). ② 【覆 なし】 共同, 連帯. die eheliche *Gemeinschaft* 夫婦の結びつき, 婚姻関係 / in *Gemeinschaft* mit 人³と共同して / mit 人³ in *Gemeinschaft* leben 人³と生活を共にする.

ge·mein·schaft·lich [ゲ・マインシャフトリヒ] 形 共通の, 共有の; 共同の. Das Haus ist unser *gemeinschaftlicher* Besitz. その家は私たちの共同の所有だ / einen Betrieb *gemeinschaftlich* verwalten 会社を共同管理する.

Ge·mein·schafts⹀an·ten·ne [ゲマインシャフツ・アンテネ] 囡 -/-n 共同[受信]アンテナ.

Ge·mein·schafts⹀ar·beit [ゲマインシャフツ・アルバイト] 囡 -/- ① 【覆 なし】 共同作業(研究). ② 共同作業による成果(作品).

Ge·mein·schafts⹀ge·fühl [ゲマインシャフツ・ゲフュール] 匣 -[e]s/ 連帯感[情].

Ge·mein·schafts⹀kun·de [ゲマインシャフツ・クンデ] 囡 -/ (教科としての)社会科.

Ge·mein·schafts⹀ver·pfle·gung [ゲマインシャフツ・フェアプふれーグング] 囡 -/-en [集団]給食.

Ge·mein⹀sinn [ゲマイン・ズィン] 男 -[e]s/ 公共心, 共同[体]精神.

ge·meint [ゲ・マイント] I ✳meinen¹ (思う)の 過分 II 形 思われた. gut (または wohl) *gemeint* 好意的な, 善意からの.

ge·mein⹀ver·ständ·lich [ゲマイン・フェアシュテントりヒ] 形 平易な, だれにでも理解できる.

Ge·mein⹀we·sen [ゲマイン・ヴェーゼン] 匣 -s/- 公共体(国家・市町村など);公的団体.

Ge·mein⹀wohl [ゲマイン・ヴォール] 匣 -[e]s/ 公益, 公共の福祉.

ge·mel·det [ゲ・メるデット] ✳melden (届け出る)の 過分

ge·melkt [ゲ・メるクト] ✳melken (乳を搾る)の 過分

Ge·men·ge [ゲ・メンゲ gə·méŋə] 匣 -s/- ① (ふつう成分が目に見える)混合物. ein *Gemenge* aus Sand und Steinen 砂と石の混合物. ② 混合; 雑踏. ein *Gemenge* von Sprachen 言語の混合. ③ 【農】 混作[作物]. ④ 【古】 取っ組み合い[のけんか].

Ge·meng·sel [ゲ・メングぜる gə·méŋzəl] 匣 -s/- ごた混ぜ.

ge·merkt [ゲ・メルクト] ✳merken (気づく)の 過分

ge·mes·sen [ゲ・メッセン] I ✳messen (測る)の 過分 II 形 ① 落ち着いた, ゆったりした; 控えめな. in *gemessener* Haltung 落ち着いた態度で. ② 適切な, しかるべき. in *gemessenem* Abstand 適当な間隔をおいて.

Ge·met·zel [ゲ・メッツェる gə·métsəl] 匣 -s/- 虐殺, 殺りく.

ge·mie·den [ゲ・ミーデン] ✳meiden (避ける)の 過分

ge·mie·tet [ゲ・ミーテット] ✳mieten (賃借りする)の 過分

Ge·misch [ゲ・ミッシュ gə·míʃ] 匣 -[e]s/-e ① (ふつう成分が目に見えない)混合物;《比》入りまじったもの(気持など). ein *Gemisch* aus Gips, Sand und Kalk 石膏(ｾｯｺｳ)と砂と石灰の混合物 / mit einem *Gemisch* aus Zorn und Bewunderung《比》怒りと驚嘆の入り混じった気持ちで. ② 《自動車》(ガソリンと空気の)混合気.

ge·mischt [ゲ・ミシュト] I ✳mischen (混ぜる)の 過分 II 形 ① 混合した, 混じった. ein *gemischter* Chor 混声合唱[団] / ein *gemischtes* Doppel (テニスなどの)混合ダブルス / *gemischter* Salat ミックスサラダ. ② いかがわしい, 低俗な. eine *gemischte* Gesellschaft いかがわしい連中.

Ge·mischt·wa·ren⹀hand·lung [ゲミシュトヴァーレン・ハンドるング] 囡 -/-en 食料雑貨店.

Gem·me [ゲンメ gémə] 囡 -/-n ① 像を彫りつけた準宝石. (⇔「像を浮き彫りにした準宝石」は Kamee). ② 【ふつう 覆】【植】 無柄芽.

ge·mocht [ゲ・モホト] ✳mögen¹ (好む)の 過分

ge·mol·ken [ゲ・モるケン] ✳melken (乳を搾る)の 過分

Gems·e ⹀☞ 新形 Gämse

ge·mün·det [ゲ・ミュンデット] ✳münden (流れ込む)の 過分

Ge·mun·kel [ゲ・ムンケる gə·múŋkəl] 匣 -s/ 《口語》ひそひそ話, ささやき, 陰口.

Ge·mur·mel [ゲ・ムルメる gə·múrməl] 匣 -s/ ぶつぶつつぶやくこと, つぶやき; ざわめき.

ge·mur·melt [ゲ・ムルメるト] ✳murmeln (つぶやく)の 過分

das **Ge·mü·se** [ゲ・ミューゼ gə·mýːzə]

野菜 *Gemüse* ist gesund.
ゲミューゼ イスト ゲズント
野菜は健康によい.

匣 (単2) -s/(複) - (3格のみ -n) -n) ① 野菜. (英 vegetable). frisches *Gemüse* 新鮮な野菜 /

rohes *Gemüse* 生野菜 / *Gemüse*⁴ an|bauen 野菜を栽培する / *Gemüse*⁴ kochen 野菜を料理する / junges *Gemüse*《口語・戯》青二才 (←若い野菜). ② 野菜料理.

<メモ> ドイツでよく見かける野菜: Artischoke アーティチョーク / Blumenkohl カリフラワー / Bohne 豆 / Chicorée チコリ / Endivie エンダイブ / Fenchel ういきょう / Erbse えんどう豆 / Feldsalat 野ぢしゃ / Gurke きゅうり / Karotte, Möhre にんじん / Knoblauch にんにく / Kohl キャベツ / Kohlrabi かぶキャベツ / Kopfsalat レタス / Lauch ねぎ / Linse レンズ豆 / Paprika ピーマン / Petersilie パセリ / Pilz きのこ / Porree 西洋ねぎ / Radieschen ラディッシュ / Rettich 大根 / Rosenkohl 芽キャベツ / Sellerie セロリ / Spargel アスパラガス / Spinat ほうれん草 / Tomate トマト / Zwiebel 玉ねぎ / Wirsing ちりめん玉菜

Kopfsalat　　Feldsalat
Endivie　　Artischocke
Chicorée　　Wirsing
Kohlrabi　　Radieschen
Porree　　Sellerie
Rosenkohl　　Fenchel

Gemüse

Ge·mü·se⸗an·bau [ゲミューゼ・アンバオ] 男 -(e)s/ 野菜栽培.
Ge·mü·se⸗bau [ゲミューゼ・バオ] 男 -(e)s/ = Gemüseanbau
Ge·mü·se⸗gar·ten [ゲミューゼ・ガルテン] 男 -s/..gärten 菜園, 野菜畑. quer durch den *Gemüsegarten*《比》ごた混ぜの, いろいろのものが混ざった.
Ge·mü·se⸗händ·ler [ゲミューゼ・ヘンドラァ] 男 -s/- 八百屋, 青物商.
Ge·mü·se⸗la·den [ゲミューゼ・らーデン] 男 -s/..läden 八百屋, 野菜屋(店).
ge·musst [ゲ・ムスト] *müssen¹(しなければならない)の 過分
ge·mußt ☞ 新形 gemusst
ge·mus·tert [ゲ・ムスタァト] I mustern (じろじろ見る)の 過分 II 形 模様の入った.

* *das* **Ge·müt** [ゲ・ミュート gə-mýːt] 中 (単2) -(e)s/(複) -er (3格のみ -ern) ①《複 なし》心情, 情緒, 心; 気質. ein heiteres *Gemüt* 明るい気性 / Er hat kein *Gemüt*. 彼は情け知らずだ / Meine Frau hat viel *Gemüt*. 私の妻は感受性が豊かだ / ein *Gemüt* wie ein Fleischerhund《口語》非情な心 (←猛犬のような) / 人³ **aufs** *Gemüt* schlagen 人³を意気消沈させる / ein Film **fürs** *Gemüt* お涙ちょうだいの映画 / sich³ 事⁴ **zu** *Gemüte* führen a) 事⁴を肝に銘じる, b) 物⁴を味わう. ② (ある心情を持った)人. Sie ist ein ängstliches *Gemüt*. 彼女は気が小さい.

***ge·müt·lich** [ゲ・ミュートリヒ gə-mýːtlıç] 形 ① 居心地のよい, 快適な. (英 comfortable). eine *gemütliche* Wohnung 快適な住まい / ein *gemütlicher* Sessel 座り心地の良い安楽いす / Mach es dir *gemütlich*! まあ楽にしてくれ.

② くつろいだ, 和やかな. einen *gemütlichen* Abend verbringen くつろいだ夕べを過ごす / Wir plauderten *gemütlich* miteinander. 私たちはくつろいでおしゃべりをした. (☞ 類語 bequem).

③ (人柄が)親しみやすい, 人あたりのよい. ein *gemütlicher* alter Herr 気のいい老紳士.

④ (テンポなどが)ゆったりした, のんびりした. *gemütlich* spazieren gehen のんびり散歩する.

Ge·müt·lich·keit [ゲ・ミュートリヒカイト] 女 -/ 居心地のよさ; (社交・だんらんの)和やかさ, くつろぎ. in aller *Gemütlichkeit* のんびりと, くつろいで.

ge·müts⸗arm [ゲミューツ・アルム] 形 感情に乏しい.
Ge·müts⸗art [ゲミューツ・アールト] 女 -/-en 気質, 性格. Er ist **von** heiterer *Gemütsart*. 彼はほがらかなたち(性格)だ.
Ge·müts⸗be·we·gung [ゲミューツ・ベヴェーグング] 女 -/-en 心の動き, 情動.
ge·müts⸗krank [ゲミューツ・クランク] 形《医・心》情性疾患の, 感情疾患の.
Ge·müts⸗krank·heit [ゲミューツ・クランクハイト] 女 -/-en《医・心》情性疾患, 感情疾患.
Ge·müts⸗mensch [ゲミューツ・メンシュ] 男 -en/-en《口語》のんびり屋; (反語的に:)(相手の気持ちを考えない)のんきな人, 気の利かない人.

Ge·müts⹀ru·he [ゲミューツ・ルーエ] 女 -/ 冷静さ, 落ち着き. in aller *Gemütsruhe* 平然と落ち着きはらって, 悠然と.

Ge·müts⹀ver·fas·sung [ゲミューツ・フェアファッスング] 女 -/-en 気分, 情緒.

Ge·müts⹀zu·stand [ゲミューツ・ツーシュタント] 男 -[e]s/..stände 気分, 情緒.

ge·müt⹀voll [ゲミュート・ふォル] 形 情を解する, 情け深い, 心のこもった.

gen [ゲン gén] 前 《4格とともに》《詩》…に向かって(=gegen). *gen* Süden 南に向かって.

Gen [ゲーン gé:n] 中 -s/-e 《生》遺伝[因]子.

Gen. [ゲーニティーふ] 《略》《言》2格, 属格(= Genitiv).

ge·nagt [ゲ・ナークト] *nagen (かじる)の 過分

ge·nä·hert [ゲ・ネーァァト] *nähern (再帰 で: 近づく)の 過分

ge·nährt [ゲ・ネーァト] *nähren (栄養を与える)の 過分

ge·näht [ゲ・ネート] *nähen (縫う)の 過分

ge·nannt [ゲ・ナント] I *nennen (名づける)の 過分 II 形 ① 名づけられた, …と呼ばれる. Otto der Erste, *genannt* der Große オットー1世, 通称は大帝 / **sogenannt** (新形) **so genannt** いわゆる(略: sog.). ② (名前などを)あげられた, 上述の.

ge·nas [ゲ・ナース] genesen¹ (回復する)の 過去

ge·nä·se [ゲ・ネーゼ] genesen¹ (回復する)の 接²

*__ge·nau__ [ゲ・ナオ gə-náu]

<u>正確な; ちょうど</u>

Es ist *genau* drei Uhr.
エス イスト ゲナオ ドライ ウーァ
ちょうど3時です.

I (比較 genauer, 最上 genau[e]st) 形 ① **正確な**, ぴったりの. (英 *exact*). eine *genaue* Waage 正確なはかり / die *genaue* Bedeutung des Wortes 言葉の正確な意味 / Das ist *genau* das gleiche. それはまったく同じことだ / Meine Uhr geht *genau*. 私の時計は正確だ. ◊《名詞的に》 *Genaues* weiß ich nicht. [それについて]正確なところを私は知りません.

② **厳密な**, 精密な; 詳しい. ein *genauer* Bericht 詳しい報告 / ein *genaues* Instrument 精密機械 / Er ist ein sehr *genauer* Mensch. 彼は非常にきちょうめんな人だ / *genau* prüfen 詳細に調べる / es mit jm³ *genau* nehmen 事³について厳格である.

③ 《成句的に》 **mit** *genauer* **Not** かろうじて.
④ けちな, 金銭に細かい. Sie ist eine *genaue* Frau. 彼女はお金に細かい人だ.

II 副 ちょうど, まさに. (英 *exactly*). *Genau*! (同意を強めて:)そのとおり / *Genau* das ist nötig! まさにそれが必要なんだ / Es sind *genau* zwei Meter. ちょうど2メートルだ / Er ist *genau* der Mann für diese Aufgabe. 彼はまさにこの任務にうってつけの人だ.

(新形) **ge·nau ge·nom·men** 厳密に言えば.

類語 **genau**: (実際のものとかけはなれていないという意味で)正確な. **richtig**: (間違いないという意味で)正確な. eine *richtige* Auffassung 正しい見解. **exakt**: 正確'で精密な. die *exakten* Wissenschaften 精密科学. **präzis**[e]: (細かい点に至るまで)厳密な. Die Definitionen waren sehr *präzis*[e]. それらの定義はたいへん厳密だった. **klar**: (だれにでもわかり)明確な.

ge·nau⹀ge·nom·men 副 (新形) genau genommen ☞ genau

Ge·nau·ig·keit [ゲナオイヒカイト] 女 -/ ① 正確さ, 精密さ, 精度. die *Genauigkeit* einer Waage² はかりの精密さ. ② 厳格さ, きちょうめん. ③ 節約, 倹約.

*__ge·nau⹀so__ [ゲナオ・ゾー gənáu-zo:] 副 まったく同じように(同じ程度に). Dieses Kleid ist *genauso* schön wie das andere. このワンピースはもう一方のとまったく同じくらいすてきだ.

Gen·darm [ジャンダルム ʒandárm または ジャン..ʒã..] 男 -en/-en 《やや.古》(地方の)警察官.

Gen·dar·me·rie [ジャンダルメリー ʒandarməríː または ジャン..ʒã..] 女 -/-n [..リーエン] 警察署, 警察隊; 警察署.

Ge·ne·a·lo·gie [ゲネアろギー genealogíː] 女 -/-n [..ギーエン] ①《複 なし》系譜(系図)学. ② 系譜, 系図.

ge·neckt [ゲ・ネックト] *necken (からかう)の 過分

ge·nehm [ゲ・ネーム gə-néːm] 形《雅》(人³にとって)好ましい, 都合のよい. Wenn es Ihnen *genehm* ist,… ご都合がよろしければ,…

*__ge·neh·mi·gen__ [ゲ・ネーミゲン gəné:migən] (genehmigte, *hat*…genehmigt) I 他 (完了 haben) **認可する**, 許可する. (英 *approve*). einen Antrag *genehmigen* 申請を認可する / jm³ Urlaub⁴ *genehmigen* 人³に休暇を許可する. (☞ 類語 **erlauben**).

II 再帰 (完了 haben) *sich*³ *genehmigen* 《口語・戯》物⁴を味わう, 楽しむ. *sich*³ einen *genehmigen* 酒を一杯ひっかける.

ge·neh·migt [ゲ・ネーミヒト] *genehmigen (認可する)の 過分

ge·neh·mig·te [ゲ・ネーミヒテ] *genehmigen (認可する)の 過去

*__die Ge·neh·mi·gung__ [ゲ・ネーミグング gə-né:miguŋ] 女 (単) -/(複) -en ① (官庁による)認可, 許可. (英 *approval*). Ausreisegenehmigung 出国許可 / eine *Genehmigung*⁴ ein|holen (または erhalten) 認可をもらう. ② 認可(許可)証.

ge·neigt [ゲ・ナイクト] I *neigen (傾ける)の 過分 II 形 ① …の傾向がある, …する気のある. zur Versöhnung *geneigt* sein 和解する気になっている / Ich bin nicht *geneigt*, das zu tun. 私はそれをする気はない. ②《雅》好意のある, 親切な. jm³ *geneigt* sein jm³に好

意を持っている / Leihen Sie mir Ihr *geneigtes* Ohr! 私の話に耳を貸してください.

Ge·neigt·heit [ゲ・ナイクトハイト] 囡 -/ ① 傾向, 志向. ② 《雅》好意, 愛着, 親切.

Ge·ne·ral [ゲネラーる genərá:l] 男 -s/-e (または ..räle) ① 《軍》陸軍(海軍)大将, 将軍. ② 《カトリック》(修道会の)総長;(救世軍の)総司令官.

Ge·ne·ral.. [ゲネラーる.. genərá:l..] 《名詞などにつける 接頭》(一般・普遍・総合・主要・頭》 例: *General*streik ゼネスト / *General*direktor 総支配人.

Ge·ne·ral⹀bass [ゲネラーる・バス] 男 -es/..bässe 《音楽》通奏低音, ゼネラルバス.

Ge·ne·ral⹀baß ☞ 《新旧》 Generalbass

Ge·ne·ral⹀di·rek·tor [ゲネラーる・ディレクトァ] 男 -s/-en [..トーレン] 総支配人, 社長; 総裁.

Ge·ne·ral⹀feld·mar·schall [ゲネラーる・ふェるトマルシャる] 男 -[e]s/..schälle 《軍》陸軍(空軍)元帥.

Ge·ne·ral⹀in·ten·dant [ゲネラーる・インテンダント] 男 -en/-en 《劇》(大劇場の)総監督.

ge·ne·ra·li·sie·ren [ゲネラりズィーレン genəralizí:rən] 他 (h) 一般(普遍)化する.

Ge·ne·ra·li·tät [ゲネラリテート genəralité:t] 囡 -/ ① 《軍》(総称として:)将官. ② 《古》一般[性].

Ge·ne·ral⹀kon·sul [ゲネラーる・コンズる] 男 -s/-n 総領事.

Ge·ne·ral⹀kon·su·lat [ゲネラーる・コンズらート] 中 -[e]s/-e 総領事館(職). das *Generalkonsulat* der Bundesrepublik Deutschland ドイツ連邦共和国総領事館.

Ge·ne·ral⹀leut·nant [ゲネラーる・ろイトナント] 男 -s/-s (まれに -e) 《軍》陸軍(空軍)中将.

Ge·ne·ral⹀ma·jor [ゲネラーる・マヨーァ] 男 -s/-e 《軍》陸軍少将.

Ge·ne·ral⹀pro·be [ゲネラーる・プローベ] 囡 -n 《劇・音楽》(初演直前の)舞台げいこ, ゲネプロ.

Ge·ne·ral⹀sek·re·tär [ゲネラーる・ゼクレテァ] 男 -s/-e (経済団体などの)事務総長, 事務局長, (政党などの)書記長.

Ge·ne·ral⹀stab [ゲネラーる・シュターブ] 男 -[e]s/..stäbe 《軍》参謀本部.

Ge·ne·ral⹀streik [ゲネラーる・シュトライク] 男 -[e]s/-s ゼネスト.

ge·ne·ral·über·ho·len [ゲネラーる・ユーバァホーれン genərá:l·y:bərho:lən] 《過分》 generalüberholt) 他 (h) 《不定詞・分詞でのみ用いる》《工》(車・エンジン⁴を)オーバーホールする.

Ge·ne·ral⹀ver·samm·lung [ゲネラーる・フェァザムるング] 囡 -/-en 総会;《経》株主総会.

*die **Ge·ne·ra·ti·on** [ゲネラツィオーン genəratsió:n] 囡 (単) -/(複) -en ① 世代, ジェネレーション; ある時代の人々. (英 generation). Computer*generation* コンピュータ世代 / die junge *Generation* 若い世代 / die *Generation* der Eltern² 両親の世代 / die *Generation* nach dem Krieg 戦後世代 / ein Computer der fünften *Generation*² 第5世代のコンピュータ / In diesem Haus wohnen drei *Generationen*. この家には3世代が住んでいる / von *Generation* zu *Generation* 世代から世代へ, 代々. ② 《社》一世代(30年から35年). Er ist eine *Generation* jünger als ich. 彼は私より一世代若い.

Ge·ne·ra·ti·ons⹀kon·flikt [ゲネラツィオーンス・コンふリクト] 男 -[e]s/-e 世代間の争い.

Ge·ne·ra·tor [ゲネラートァ genərá:tɔr] 男 -s/-en [..ラトーレン] ① 発電機; ガス発生炉. ② 《コンピュ》作製ルーティン.

ge·ne·rell [ゲネレる genərél] 形 一般的な, 全般の, 普遍的な. (⇔「特別な」は speziell).

ge·ne·rös [ゲネレース genərǿ:s または ジェ..ʒe..] 形 《雅》気前のいい, 太っ腹の, 度量のある.

Ge·ne·ro·si·tät [ゲネロズィテート genərozité:t または ジェ.. ʒe..] 囡 -/-en 《ふつう単》気前のよさ, 度量があること.

Ge·ne·se [ゲネーゼ gené:zə] 囡 -/ 発生, 生成.

ge·ne·sen¹* [ゲネーゼン gə·né:zən] (genas, *ist* ...genesen) 自 (s) 《雅》(病人などが)回復する, 再び健康になる. von einer Krankheit *genesen* 病気が治る. ② 《詩》(子供²を)産む.

ge·ne·sen² [ゲ・ネーゼン] genesen¹ (回復する)の 過分

Ge·ne·sen·de[r] [ゲ・ネーゼンデ (..ダァ) gəné:zəndə (..dər)] 男 囡 《語尾変化は形容詞と同じ》回復期の患者.

Ge·ne·sis [ゲーネズィス gé:nezis または ゲネ..géne..] 囡 -/ ① 《聖書》創世記. ② 発生.

Ge·ne·sung [ゲ・ネーズング] 囡 -/ 《雅》(病気からの)回復, 治癒.

Ge·ne·tik [ゲネーティク gené:tik] 囡 -/ 《生》遺伝学.

ge·ne·tisch [ゲネーティッシュ gené:tiʃ] 形 《生》遺伝の, 発生の; 遺伝学の. *genetische* Information 遺伝情報.

Genf [ゲンふ génf] 中 -s/ 《地名・都市名》ジュネーヴ(スイス26州の一つ, またその州都; モン・ブラン山を眺望できるレマン湖畔の都市. ☞ 地図 C–5).

Gen·fer [ゲンふァァ génfər] I 男 -s/- ジュネーヴの住民(出身者). II 形 《無語尾で》ジュネーヴの. die *Genfer* Konvention ジュネーヴ(赤十字)条約 / der *Genfer* See レマン湖.

ge·ni·al [ゲニアール geniá:l] 形 天才的な, 独創的な;(思いつきなどが)すばらしい. ein *genialer* Künstler 天才的な芸術家.

Ge·ni·a·li·tät [ゲニアりテート genialité:t] 囡 -/ 天才[的な才能], 独創性, 創造力.

Ge·nick [ゲ・ニック gə·ník] 中 -s (まれに -es)/-e うなじ, 首, 首筋. ein steifes *Genick*⁴ haben 首筋がこっている / 人³ das *Genick*⁴ brechen a) 人³の首の骨を折る, b) 《比》人³を破滅させる.

Ge·nick⹀star·re [ゲ・ニック・シュタレ] 囡 -/-n 《医》項部強直(脳脊髄の髄膜炎による).

ge·nickt [ゲ・ニックト] *nicken (うなずく) の 過分

***das Ge·nie** [ジェニー ʒeníː] 中 (単 2) -s/(複) -s 《英》 *genius*) ① 天才, 天分のある人. ein großes *Genie* 偉大な天才 / Er ist ein musikalisches *Genie*. 彼は音楽の天才だ. ②〖複なし〗優れた才能, 天賦の才. das *Genie* eines Künstlers 芸術家の才能.

ge·nie·ren [ジェニーレン ʒeníːrən] I 再帰 (h) *sich*[4] *genieren* 恥ずかしがる, 気がねする. *Genieren* Sie *sich* nicht!. どうぞご遠慮なく[召し上がってください]. II 他 (h) (人[4]の)じゃまをする, 困らす, わずらわす.

ge·nier·lich [ジェニーァリヒ] 形《口語》やっかいな, わずらわしい; 内気な, はにかんだ.

ge·nieß·bar [ゲ・ニースバール] 形 食べられる, 飲める, 味わえる;《比》機嫌のよい. *genießbare* Pilze 食べられるきのこ / Er ist heute nicht *genießbar*.《口語》彼はきょうはご機嫌斜めだ.

ge·nie·ßen [ゲ・ニーセン gə·níːsən] du genießt (genoss, *hat*...genossen) 他 (完了 haben) ①楽しむ, 味わう, エンジョイする.《英 *enjoy*). Ich *habe* meinen Urlaub sehr *genossen*. 私は休暇を大いに楽しんだ / den schönen Ausblick *genießen* すばらしい眺めを楽しむ.
②食べる, 飲む. Ich *habe* heute gar nichts *genossen*. 私はきょうは何にも食べていない / Das Fleisch ist nicht zu *genießen*. この肉は[まずくて]食えたものではない.
③ (教育・信頼など[4]を)受ける, 享受する. eine gute Erziehung[4] *genießen* 良い教育を受ける / Er *genießt* unser Vertrauen. 彼は私たちの信頼を受けている.

Ge·nie·ßer [ゲ・ニーサァ gə·níːsər] 男 -s/- 享楽(享受)者; 美食家; (酒・音楽などの)通.

ge·nie·ße·risch [ゲ・ニーセリッシュ gə·níːsərɪʃ] 形 舌(目・耳)の肥えた, 通人らしい.

ge·niest [ゲ・ニースト] *niesen (くしゃみをする) の 過分

ge·ni·tal [ゲニターる genitáːl] 形《医》生殖器の.

Ge·ni·ta·li·en [ゲニターりエン genitáːliən] 複《医》生殖器.

Ge·ni·tiv [ゲーニティーふ géːnitiːf] 男 -s/-e [..ヴェ]《言》2格, 属格, 所有格 (略: Gen.).

Ge·ni·us [ゲーニウス géːnius] 男 -/Genien [..ニエン] ① (特に古代ローマの)守護神, 守り神. ②〖複なし〗《雅》独創的精神, 創造力, 天才. der *Genius* Goethes ゲーテの天才性.

Gen≠ma·ni·pu·la·ti·on [ゲーン・マニプらツィオーン] 女 -/-en《生》遺伝子操作.

ge·nom·men [ゲ・ノンメン] *nehmen (取る) の 過分. ◇〖成句的に〗genau (または streng) *genommen* 厳密に言えば / im Grunde *genommen* a) 本来は, b) 詰まるところ.

ge·noss [ゲ・ノス] *genießen (楽しむ) の 過去

ge·noß ☞ 新形 genoss

Ge·nos·se [ゲ・ノッセ gə·nósə] 男 -n/-n ① (左翼系の政党で:)党友, 党員; (呼びかけとして:)同志. ② 仲間, 友人. Zeit*genosse* 同時代の人. ③《経》共同組合員.

ge·nös·se [ゲ・ノッセ] *genießen (楽しむ) の 接2

ge·nos·sen [ゲ・ノッセン] *genießen (楽しむ) の 過分

Ge·nos·sen·schaft [ゲ・ノッセンシャふト] 女 -/-en (同じ経済的目的を持った)[協同]組合. eine landwirtschaftliche *Genossenschaft* 農業協同組合.

ge·nos·sen·schaft·lich [ゲ・ノッセンシャふトリヒ] 形《協同》組合の.

Ge·nos·sin [ゲ・ノッスィン gə·nósɪn] 女 -/..sin·nen (女性の)党友, 同志; 仲間;《経》共同組合員.

ge·nö·tigt [ゲ・ネーティヒト] *nötigen (強要する) の 過分

Ge·no·zid [ゲノツィート genotsíːt] 男 中 -(e)s/-e (または ..zidien [..ツィーディエン]) (民族などの)集団虐殺, ジェノサイド.

Gen·re [ジャーンレ ʒɑ̃ːrə または ジャーンル ʒɑ̃ːr] [ラス] 中 -s/-s (文学などの)ジャンル, 様式. die literarischen *Genres* 文学上のジャンル / Das ist nicht mein *Genre*.《口語》これは私の好みに合わない.

Gen·re≠bild [ジャーンレ・ビるト] 中 -(e)s/-er《美》風俗画.

Gen≠tech·no·lo·gie [ゲーン・テヒノろギー] 女 -/《生》遺伝子工学.

Ge·nua [ゲーヌア géːnua] 中 -s/《都市名》ジェノヴァ(イタリア北西部の港湾都市).

***ge·nug** [ゲ・ヌーク gə·núːk]

| 十分に | Ich habe *genug* Geld.
イヒ ハーベ ゲヌーク ゲるト
私はお金は十分持っている. |

副 十分に, たっぷり; ずいぶん. (《英》 *enough*). Danke, es ist *genug*. (食べ物などをすすめられて:) ありがとう, もう結構です / von 人・物[3] *genug* haben 人・物[3]はもうたくさんだ, 人・物[3]にはうんざりしている / Jetzt habe ich [*oder* ist es] aber *genug*! もうたくさんだ, もううんざりだ / Er ist sich[3] selbst *genug*. 彼は他人とつき合う必要を感じない / *Genug* davon! それはもうたくさんだ / Ich kann ihn nicht *genug* bewundern. 私は彼をいくらほめてもほめ足りない.
◇〖形容詞・副詞を修飾して; この場合は形容詞・副詞のあとに置かれる〗Der Schrank ist groß *genug*. 戸棚は十分に大きい / Das Wasser ist zum Baden warm *genug*. 水は十分泳げるほど暖かい / Sie ist alt *genug*, [um] das zu verstehen. 彼女はそれを十分理解できるだけの年になっている.

Ge·nü·ge [ゲ・ニューゲ gə·nýːgə] 女〖成句的に〗zur *Genüge* 十分に /事[3] *Genüge*[4] tun (または leisten) 《雅》事[3]を充足する / an 事[3] *Genüge*[4] finden 事[3]に満足する.

***ge·nü·gen** [ゲ・ニューゲン gə·nýːgən] (genügte, *hat*...genügt) 自 (完了 haben) ①

十分である，足りる；(人³を)満足させる．Zwei Zimmer genügen mir. 私は二部屋で十分だ / Danke, das genügt [mir]. ありがとう，それで結構です / sich³ **an** 事³ genügen lassen 事³に満足する / Das genügt für uns. われわれには十分だ． ②（要求・願望など³を)満たす，かなえる，(義務など³を)果たす． den Anforderungen genügen 諸要求をかなえる．

ge·nü·gend [ゲ・ニューゲント] **I** *genügen (十分である)の現在 **II** 形 十分な，申し分のない；(学校の成績が)可の．(⇨ 成績評価については ☞ gut ⑪). Sie hat in Deutsch die Note „genügend" bekommen. 彼女はドイツ語で「可」の成績をもらった．

ge·nüg·sam [ゲ・ニュークザーム] 形 控えめな，欲のない，つつましい，節度のある．

Ge·nüg·sam·keit [ゲ・ニュークザームカイト] 女 -/ 控えめ，つつましさ，節度．

ge·nügt [ゲ・ニュークト] *genügen (十分である)の 過分

ge·nüg·te [ゲ・ニュークテ] *genügen (十分である)の 過去

ge·nug|tun* [ゲヌーク・トゥーン gənúːk-tùːn] 自 (h) (人・事³を)満足させる．◇[成句的に] sich³ nicht genugtun können, zu 不定詞[句] …してやまない ⇒ Er konnte sich nicht genugtun, sie zu loben. 彼は彼女をほめたたえてやまなかった．

Ge·nug·tu·ung [ゲヌーク・トゥーウング] 女 / -en 《ふつう 単》 ① 満足． mit Genugtuung 満足して． ②《雅》償い，補償；名誉の回復． 人³ Genugtuung fordern 人³に補償を要求する / 人³ Genugtuung⁴ geben 人³に補償する．

Ge·nus [ゲーヌス géːnʊs] 中 -/ Genera ① 種類，類；《動·植》属． ②《言》(名詞などの)性；(動詞の)態．

*der **Ge·nuss** [ゲ・ヌス gə-núːs] 男 (単2) -es/(複) ..nüsse [ゲ・ニュッセ] (3 格のみ ..nüssen) ① 《複 なし》 飲食[すること]． Übermäßiger Genuss von Alkohol ist schädlich. アルコールの飲み過ぎは体によくない． ② 楽しみ，享楽． die Genüsse des Lebens 人生の楽しみ / Dieses Konzert war ein besonderer Genuss. この音楽会はことのほか楽しかった / ein Buch⁴ mit Genuss lesen 本を楽しく読む．◇[成句的に] **in** den Genuss **von** 物³ kommen 物³(助成金など)を受ける(もらう)．

Ge·nuß ☞ 新形 Genuss

Ge·nüs·se [ゲ・ニュッセ] *Genuss (楽しみ)の 複

ge·nüss·lich [ゲ・ニュスりヒ] 形 享楽的な，味わいながらの． Genüsslich schlürfte er den Wein. 彼はうまそうにワインをちびちび飲んだ．

ge·nüß·lich ☞ 新形 genüsslich

Ge·nuss⸗mit·tel [ゲヌス・ミッテる] 中 -s/- 嗜好(ご)品．

Ge·nuß⸗mit·tel ☞ 新形 Genussmittel

ge·nuss⸗reich [ゲヌス・ライヒ] 形 楽しみの多い．

ge·nuß⸗reich ☞ 新形 genussreich

Ge·nuss⸗sucht [ゲヌス・ズフト] 女 -/ 享楽(快楽)欲．

Ge·nuß⸗sucht ☞ 新形 Genusssucht

ge·nuss⸗süch·tig [ゲヌス・ズュヒティヒ] 形 享楽を好む，快楽を求める．

ge·nuß⸗süch·tig ☞ 新形 genusssüchtig

ge·nutzt [ゲ・ヌッツト] *nutzen (役にたつ)の 過分

ge·nützt [ゲ・ニュッツト] *nützen (役にたつ)の 過分

ge·öff·net [ゲ・エふネット] *öffnen (開ける)の 過分

Ge·o·graf [ゲオグラーふ geográːf] 男 -en/-en = Geograph

Ge·o·gra·fie [ゲオグラふィー geografíː] 女 -/ = Geographie

ge·o·gra·fisch [ゲオグラーふィッシュ geográːfɪʃ] 形 = geographisch

Ge·o·graph [ゲオグラーふ geográːf] 男 -en/-en 地理学者．

*die **Ge·o·gra·phie** [ゲオグラふィー geografíː] 女 《単》 -/ 地理学．(英 geography).

ge·o·gra·phisch [ゲオグラーふィッシュ geográːfɪʃ] 形 地理学[上]の；地理的な． die geographische Breite (Länge) 緯度(経度)．

Ge·o·lo·ge [ゲオろーゲ geolóːgə] 男 -n/-n 地質学者．

Ge·o·lo·gie [ゲオろギー geologíː] 女 -/ 地質学．

ge·o·lo·gisch [ゲオろーギッシュ geolóːgɪʃ] 形 地質学[上]の．

Ge·o·me·ter [ゲオメータァ geómeːtər] 男 -s/- ① 測量技師． ② 幾何学者．

Ge·o·me·trie [ゲオメトリー geometríː] 女 -/ 幾何学．

ge·o·met·risch [ゲオメートリッシュ geométrɪʃ] 形 ① 幾何学[上]の． geometrische Reihe 等比級数． ② 幾何学的な． ein geometrisches Muster 幾何学模様．

ge·op·fert [ゲ・オプふァァト] *opfern (ささげる)の 過分

Ge·o·phy·sik [ゲオ・ふュズィーク géːo-fyziːk または ゲオ・ふュズィーク] 女 -/ 地球物理学．

Ge·o·po·li·tik [ゲオ・ポリティーク géːo-politiːk または ゲオ・ポリティーク] 女 -/ 地政学．

ge·ord·net [ゲ・オルドネット] **I** *ordnen (順序よく並べる)の 過分 **II** 形 きちんとした，整然とした，組織だった．

Ge·org [ゲーオルク géːɔrk または ゲオルク] -s/- 《男名》ゲオルク．

Ge·or·ge [ゲオルゲ geórgə] -s/ 《人名》ゲオルゲ (Stefan George 1868–1933; ドイツの詩人)．

*das **Ge·päck** [ゲ・ペック gə-pék] 中 (単2) -[e]s/- ① 手荷物，(旅行用の)荷物．(英 baggage). Reisegepäck 旅行手荷物 / kleines (großes) Gepäck 小さい(大きい)手荷物 / drei Stück Gepäck 手荷物 3 個 / viel Gepäck⁴ haben 手荷物がたくさんある / Haben Sie

Gepäckabfertigung

Gepäck? (ホテルなどで:)お荷物はございますか / das *Gepäck*⁴ auf|geben (鉄道などで)手荷物を送る / Er reist mit wenig *Gepäck*. 彼はあまり荷物を持たずに旅行する.
② 《軍》(行軍の)携帯装備.

Ge·päck=ab·fer·ti·gung [ゲペック・アップフェルティグング] 囡 -/-en ① 《覆 なし》手荷物の取り扱い(発送). ② 手荷物の取扱(発送)所.

Ge·päck=an·nah·me [ゲペック・アンナーメ] 囡 -/-n ① 《覆 なし》手荷物の受け付け(取り扱い). ② 手荷物受付(取扱)所.

Ge·päck=auf·be·wah·rung [ゲペック・アオふベヴァールング] 囡 -/-en ① 《覆 なし》手荷物[一時]預かり. ② 手荷物[一時]預かり所.

Ge·päck=aus·ga·be [ゲペック・アオスガーベ] 囡 -/-n ① 《覆 なし》手荷物引き渡し. ② 手荷物引渡所.

Ge·päck=netz [ゲペック・ネッツ] 中 -es/-e (列車などの)網棚.

Ge·päck=schein [ゲペック・シャイン] 男 -[e]s/-e 手荷物預かり証.

Ge·päck=stück [ゲペック・シュテュック] 中 -[e]s/-e (個々の)手荷物.

ge·packt [ゲ·パックト] ＊packen (荷物を詰める)の 過分

Ge·päck=trä·ger [ゲペック・トレーガァ] 男 -s/- ① (駅などの)ポーター, 赤帽. ② (自転車の)荷台.

Ge·päck=wa·gen [ゲペック・ヴァーゲン] 男 -s/- (鉄道)(列車の)[手]荷物車.

Ge·pard [ゲーパルト gé:part] 男 -[e]s/-e 《動》チータ.

ge·parkt [ゲ·パルクト] ＊parken (駐車する)の 過分

ge·passt [ゲ·パスト] ＊passen (ぴったり合う)の 過分

ge·paßt ☞ 新形 gepasst

ge·pfef·fert [ゲ·プふェッふァァト] ＊pfeffern (こしょうを振りかける)の 過分 II 形 《口語》① (金額が)ひどく高い. *gepfefferte* Preise 目玉の飛び出るような値段. ② 手厳しい(批判など); 下品な, みだらな(冗談など).

ge·pfif·fen [ゲ·プふィッふェン] ＊pfeifen (口笛を吹く)の 過分

ge·pflanzt [ゲ·プふらンツト] ＊pflanzen (植える)の 過分

ge·pflegt [ゲ·プふれークト] I ＊pflegen (世話をする)の 過分 II 形 手入れの行き届いた(庭など); 品質のよい(ワインなど); 洗練された, 上品な(会話など); きちんとした(身なりなど).

ge·pflo·gen [ゲ·プふろーゲン] ＊pflegen (はぐくむ)の 過分 《雅》

Ge·pflo·gen·heit [ゲ·プふろーゲンハイト] 囡 -/-en 《雅》慣習, ならわし. nach den hiesigen *Gepflogenheiten* 当地の慣習によれば.

ge·pflückt [ゲ·プふりュックト] ＊pflücken (摘む)の 過分

ge·pflügt [ゲ·プふりュークト] ＊pflügen (耕す)の 過分

ge·plagt [ゲ·プらークト] ＊plagen (困らせる)の 過分

Ge·plän·kel [ゲ·プれンケる gə-pléŋkəl] 中 -s/- ① 《軍》小競り合い, 撃ち合い. ② 《比》言い争い, いがみ合い.

ge·plant [ゲ·プらーント] ＊planen (計画する)の 過分

Ge·plap·per [ゲ·プらッパァ gə-plápər] 中 -s/ 《口語》ぺらぺらしゃべり続けること(特に小さな子供が); むだ話, 長談義.

Ge·plät·scher [ゲ·プれッチャァ gə-plétʃər] 中 -s/ (水などの)ぴちゃぴちゃ(ばちゃばちゃ)当たる音; ぴちゃぴちゃ.

ge·plät·schert [ゲ·プれッチャァト] ＊plätschern (ぴちゃぴちゃ音をたてる)の 過分

ge·platzt [ゲ·プらッツト] ＊platzen (破裂する)の 過分

Ge·plau·der [ゲ·プらオダァ gə-pláʊdər] 中 -s/ おしゃべり, 雑談.

ge·plau·dert [ゲ·プらオダァト] ＊plaudern (おしゃべりする)の 過分

ge·pocht [ゲ·ポホト] ＊pochen (とんとんたたく)の 過分

Ge·pol·ter [ゲ·ポるタァ gə-póltər] 中 -s/ ① しきりにごろごろ(ばたんばたん)音をたてること, 騒音. ② やかましい小言, ののしり.

Ge·prä·ge [ゲ·プレーゲ gə-préːgə] 中 -s/- ① (貨幣·メダルなどの)刻印. ② 《覆 なし》《雅》特徴, 特色. 物³ das *Gepräge*⁴ geben 物³に特色を与える.

ge·prägt [ゲ·プレークト] ＊prägen (型押し加工をする)の 過分

ge·prahlt [ゲ·プラーるト] ＊prahlen (自慢する)の 過分

Ge·prän·ge [ゲ·プレンゲ gə-préŋə] 中 -s/ 《雅》華やかさ, 壮麗, 華美.

ge·pre·digt [ゲ·プレーディヒト] ＊predigen (説教をする)の 過分

ge·presst [ゲ·プレスト] I ＊pressen (加圧する)の 過分 II 形 ぎゅうぎゅう詰めの; 押し殺した(声など), 重苦しい(雰囲気など); 搾りたての(ジュースなど).

ge·preßt ☞ 新形 gepresst

ge·prie·sen [ゲ·プリーゼン] ＊preisen (称賛する)の 過分

ge·probt [ゲ·プローブト] ＊proben (リハーサルをする)の 過分

ge·prüft [ゲ·プリューふト] ＊prüfen (検査する)の 過分

ge·prü·gelt [ゲ·プリューゲるト] ＊prügeln (なぐる)の 過分

ge·punk·tet [ゲ·プンクテット] I punkten (採点する)の 過分 II 形 斑点(はん)のある, 水玉模様の; 点から成る. eine *gepunktete* Linie 点線.

ge·putzt [ゲ·プッツト] ＊putzen (きれいにする)の 過分

ge·qualmt [ゲ·クヴァるムト] ＊qualmen (煙を出す)の 過分

ge·quält [ゲ·クヴェーるト] I ＊quälen (苦しめる)の 過分 II 形 苦しまぎれの, ぎこちない(微笑など); 苦しげな(表情など).

ge·quetscht [ゲ・クヴェッチュト] ＊quetschen（押しつける）の過分

ge·quol·len [ゲ・クヴォれン] ＊quellen¹（わき出る）の過分

Ge·ra [ゲーラ géːra] 中 -s/《都市名》ゲーラ（ドイツ，チューリンゲン州；地図 F-3）

ge·rächt [ゲ・レヒト] ＊rächen（復讐する）の過分

＊**ge·ra·de**¹ [ゲラーデ gərá:də]

> ちょうど Ich bin *gerade* fertig.
> イヒ ビン ゲラーデ フェルティヒ
> 私はちょうど終わったところだ．

I 副 ① 《時間的に》 ちょうど，今しがた．*gerade* jetzt たった今 / Er ist *gerade* gekommen. 《現在完了》彼はたった今来たところだ / Es war *gerade* 2 Uhr. ちょうど2時だった．

② 《場所的に》ちょうど，まさに，まともに．*gerade* vor der Tür ドアの真ん前で / *gerade* gegenüber 真向かいに / Er wohnt *gerade* an der Ecke. 彼はちょうどその角に住んでいる．

③ 《口語》ちょっと． Kannst du mir *gerade*[mal] das Buch geben? ちょっとその本を貸してくれないか．

④ やっと，どうにか，ぎりぎり． Er kam *gerade* zur rechten Zeit. 彼はぎりぎり間に合った / Mit diesem Geld kann man *gerade* noch leben. これだけのお金があればなんとか生きていける．

⑤ まさに，まったく．*gerade* deshalb それだからこそ / Das ist es ja *gerade*! まさにそれが問題なんです / Das kommt mir *gerade* recht! a) それは私にとってまさに好都合だ，b)《反語的に》なんてタイミングの悪いことだ．

⑥《不満・怒り》 よりによって． Warum muss *gerade* ich gehen? どうしてよりにもよってこの私が行かねばならないのか．

⑦《**nicht *gerade*** の形で》《口語》とりわけ（必ずしも）…というのではない． Er ist nicht *gerade* fleißig. 彼はそれほど勤勉というわけではない．

⑧《間投詞的に》《口語》いよいよもって． Nun [aber] *gerade*! せずにおくものか（←ますますやってやる）．

II 形 《格変化語尾がつくときは gerad-》 ① まっすぐな，直線の，直立した．（英 straight）．eine *gerade* Linie 直線 / eine *gerade* Haltung 背筋を伸ばしたよい姿勢 / Das Bild hängt nicht *gerade*. その絵はまっすぐに掛かっていない．

②《比》正直な，率直な． ein *gerader* Mensch 誠実な人． ③《比》ちょうど，まったくの． das *gerade* Gegenteil 正反対．

新形
ge·ra·de bie·gen （曲がったもの⁴を）まっすぐに伸ばす． （ ☞ gerade|biegen は「もとどおりにきちんとする」を意味する）．

ge·ra·de ste·hen まっすぐに立っている． （ ☞ gerade|stehen は「責任を負う」を意味する）．

....

ge·ra·de² [ゲラーデ] 形《数》偶数の． eine *gerade* Zahl 偶数．

Ge·ra·de [ゲラーデ] 女《語尾変化は形容詞と同じ》（または -/-n）①《数》直線． ②《ス掌》直線コース． ③ （ボクシングの）ストレート．

＊**ge·ra·de·aus** [ゲラーデ・アオス gəra:dəáʊs] 副 まっすぐに．（英 straight ahead）．Wie komme ich zum Museum? — Immer *geradeaus*. 博物館へはどう行ったらよいでしょうか — ずっとまっすぐ行きなさい / Sie ist immer sehr *geradeaus*.《比》彼女はいつも真っ正直だ．

ge·ra·de|bie·gen¹＊ [ゲラーデ・ビーゲン gərá:de-bi:gən] 他 (h) もとどおりにきちんとする．

ge·ra·de|bie·gen²＊ 他 (h) 《新形》 *gerade* biegen （まっすぐに伸ばす） ☞ gerade

ge·ra·de·he·raus [ゲラーデ・ヘラオス] 副《口語》率直に，ざっくばらんに． *geradeheraus* gesagt 率直に言えば．

ge·rä·dert [ゲ・レーダァト] **I** rädern（車裂きの刑に処する）の過分 **II** 形《口語》くたくたに疲れた． sich⁴ wie *gerädert* fühlen 疲れ果てている．

ge·ra·de·so [ゲラーデ・ゾー] 副 まったく同様に，同じ程度に（＝ebenso）．

ge·ra·de|ste·hen¹＊ [ゲラーデ・シュテーエン gərá:de-ʃteːən] 自 (h)《für 人・事⁴ ～》（人・事⁴に対して）責任を負う．

ge·ra·de|ste·hen²＊ 自 (h)《新形》 *gerade* stehen（まっすぐに立っている）☞ gerade¹

ge·ra·de·wegs [ゲラーデ・ヴェークス] 副 ① （回り道をせず）まっすぐに． ② 単刀直入に，遠慮なく．

ge·ra·de·zu 副 ① [ゲラーデ・ツー] まさに，まったく，ほとんど． Das ist *geradezu* ein Wunder. それはまさしく奇跡だ． ② [ゲラーデ・ツー]《方》ずけずけと，ざっくばらんに．

Ge·rad·heit [ゲラートハイト] 女 -/ 率直さ，正直さ；《比》まっすぐなこと．

ge·rad·li·nig [ゲラート・リーニヒ] 形 直線の；直系の；誠実な，実直な．

ge·ragt [ゲ・ラークト] ＊ragen（そびえている）の過分

ge·ram·melt [ゲ・ランメルト] **I** rammeln（激しく揺さぶる）の過分 **II** 副《成句的に》*gerammelt* voll《口語》超満員の，すし詰めの．

Ge·ra·nie [ゲラーニエ gerá:niə] 女 -/-n《植》ペラゴニウム，テンジクアオイ属（いわゆるゼラニウム）．

ge·rannt [ゲ・ラント] ＊rennen（走る）の過分

Ge·ras·sel [ゲ・ラッセる gə-rásəl] 中 -s/《口語》絶えずがちゃがちゃ（がたがた）いうこと（音）．

ge·rast [ゲ・ラースト] ＊rasen（疾走する）の過分

ge·ras·tet [ゲ・ラステット] ＊rasten（休息する）の過分

ge·rät [ゲ・レート] ＊geraten¹（…へ行き着く）の3人称単数現在

＊*das* **Ge·rät** [ゲ・レート gə-ré:t] 中（単2）-[e]s/(複) -e（3格のみ -en）① 器具，用具，器械；ラジオ（＝Radio*gerät*）；テレビ（＝Fernseh*gerät*）． Mess*gerät* 計測器 / ein elektrisches *Gerät* 電気器具 / Das *Gerät* funktioniert nicht. この器具はちゃんと作動しない / das *Gerät*⁴ ab|stellen ラジオ(テレビ)を消す / an den *Geräten* turnen 器械体操をする. (🔲*類語* Werkzeug). (🔲 *複* なし)(総称として)道具[一式].

＊ge·ra·ten¹＊ [ゲ・ラーテン gə·rá:tən] du gerätst, er gerät (geriet, *ist*...geraten) 自 (完了 sein) ① 《方向を表す語句とともに》(偶然…へ)行き着く、入り(迷い)込む、出くわす. **an**⁴ *geraten* 人⁴に偶然出会う / Sie *gerieten* immer tiefer **in** den Wald. 彼らはますます森の奥深く迷い込んだ / in einen Sumpf *geraten* 沼地にはまり込む / Wohin *sind* wir denn *geraten*?《現在完了》私たちはどこへ来てしまったのだろう.

② (…の状態・気分に)陥る、なる. Er geriet **außer** sich³ vor Freude. 彼は喜びのあまりわれを忘れた / **in**⁴ *geraten* 事⁴[の状態]に陥る ⇒ in Panik *geraten* パニックに陥る / in Angst *geraten* 不安になる / in Bewegung *geraten* 動き始める / in Streit *geraten* けんかになる / in Vergessenheit *geraten* 忘れ去られる / in Wut *geraten* 激怒する.

③ (仕事などが)うまくいく、成功する; (子供・植物などが)育つ. Ihm *gerät* alles gut. 彼は何をしてもうまくいく / Der Kuchen *ist* heute nicht *geraten*.《現在完了》ケーキ作りはきょうは失敗だった / Seine Kinder *sind* gut *geraten*.《現在完了》彼の子供たちはすくすくと成長した.

④ 《**nach** 人³ ~》(人³に)似てくる. Er *ist* ganz nach seinem Vater *geraten*.《現在完了》彼はすっかり父親に似てきた.

ge·ra·ten² [ゲ・ラーテン] I ＊raten (忠告する), ＊geraten¹ (…へ行き着く)の 過分 II 形 当を得た、適切な. Ich halte es für *geraten*, zunächst einmal zu warten. 私はまず待ってみるほうがよいと思う.

Ge·rä·te⋮tur·nen [ゲレーテ・トゥルネン] 中 -s/ 器械体操.

Ge·ra·te⋮wohl [ゲラーテ・ヴォール] 中 《成句的に》**aufs** *Geratewohl*《口語》運を天にまかせて、行き当たりばったりに.

Ge·rät·schaft [ゲ・レートシャフト] 女 -/-en 《ふつう 複》① 道具類. ② 装備, 装具.

ge·rätst [ゲ・レーツト] ＊geraten¹ (…へ行き着く)の 2 人称単数 現在.

ge·raubt [ゲ・ラオプト] ＊rauben (奪う)の 過分.

ge·räu·chert [ゲ・ロイヒャァト] ＊räuchern (くん製にする)の 過分.

Ge·räu·cher·te[s] [ゲ・ロイヒャァテ[ス] gə-rɔ́yçərtə(s)] 中《語尾変化は形容詞と同じ》くん製の肉.

ge·raucht [ゲ・ラオホト] ＊rauchen (たばこを吸う)の 過分.

ge·raum [グラオム gəráum] 形《雅》かなり長い(時間など). eine *geraume* Zeit かなり長い間.

ge·räu·mig [ゲ・ロイミヒ gərɔ́ymıç] 形 (部屋などが)広々とした、十分なスペースのある.

Ge·räu·mig·keit [ゲロイミヒカイト] 女 -/ (部屋などが)広々としていること.

ge·räumt [ゲ・ロイムト] ＊räumen (立ち退く)の 過分.

＊*das* **Ge·räusch** [ゲ・ロイシュ gə·rɔ́yʃ] 中 (単2) -[e]s/(単4) -e (3格のみ -en) 騒音、雑音; 物音. (英 noise). Motoren*geräusch* エンジンの騒音 / ein lautes *Geräusch*⁴ machen 大きな物音をたてる / mit viel *Geräusch*《比》大騒ぎで.

Ge·räusch⋮ku·lis·se [ゲロイシュ・クリッセ] 女 -/-n ① 《劇・放送》音響効果, 擬音. ② 環境騒音(鳴りっぱなしのラジオ音楽など).

ge·räusch⋮los [ゲロイシュ・ロース] 形 ① 音(雑音)のない. ② 《口語》人目にたたない.

ge·rauscht [ゲ・ラオシュト] ＊rauschen (ざわざわと音をたてる)の 過分.

ge·räusch⋮voll [ゲロイシュ・フォる] 形 騒々しい, やかましい.

ge·räus·pert [ゲ・ロイスパァト] ＊räuspern (再帰 で: せき払いをする)の 過分.

ger·ben [ゲルベン gérbən] 他 (h) (皮⁴を)なめす. 人³ das Fell⁴ gerben《口語》人³をさんざんなぐる.

Ger·ber [ゲルバァ gérbər] 男 -s/- 皮なめし工, 製革工.

Ger·be·rei [ゲルベライ gerbərái] 女 -/-en ① 《複 なし》製革[法], 製革業. ② 製革工場.

Gerb⋮säu·re [ゲルプ・ゾイレ] 女 -/-n《化》タンニン酸.

Gerb⋮stoff [ゲルプ・シュトふ] 男 -[e]s/-e 皮なめし剤(タンニンなど).

Ger·da [ゲルダ gérda] -s/《女名》ゲルダ (Hildegard, Gerdrud の 短縮).

ge·rech·net [ゲ・レヒネット] ＊rechnen (計算する)の 過分.

＊**ge·recht** [ゲレヒト gəréçt] 形 (比較 gerechter, 最上 gerechtest) ① 公正な, 公平な. (英 just). ein *gerechter* Richter 公正な裁判官 / Er *ist gerecht* gegen alle. 彼はだれに対しても公正だ. ② (社会通念上から言って)正当な, 当然の. eine *gerechte* Forderung 正当な(もっともな)要求 / 人・物³ *gerecht* werden 人・物³を正当に評価する. (🔲*類語* richtig). ③ (条件など³に)適した, ふさわしい, 対処できる. eine jeder Witterung³ *gerechte* Kleidung どんな天候にも向く服装 / 事³ *gerecht* werden 事³に応じる, 事³を満たす ⇒ Er ist der Aufgabe nicht *gerecht* geworden.《現在完了》彼はその任務を果たすことができなかった. ④《聖》(神によって)義とされた.

..ge·recht [..ゲレヒト ..gəréçt]《形容詞をつくる 接尾》《…の要求にかなった, …に適した》例: familien*gerecht* 家族に適した(住居など).

ge·recht·fer·tigt [ゲ・レヒトフェルティヒト] I ＊rechtfertigen (正当化する)の 過分 II 形 正当な, 正しい, 当然の.

＊*die* **Ge·rech·tig·keit** [ゲレヒティヒカイト gəréçtıçkaıt] 女 (単) -/ ① 公正, 公平; 正

義;正当[性].(英 justice). die *Gerechtigkeit* eines Urteils 判決の公正さ / 人³ *Gerechtigkeit*⁴ widerfahren lassen 人³を公正に扱う. ②《雅》司法, 司直. ③《古》(認められた)権利, 権限.

*das **Ge·re·de** [ゲ・レーデ gə-réːdə] 中《単2》-s/ ①《口語》おしゃべり, むだ話. dummes *Gerede* ばかげたおしゃべり. ②(悪い)うわさ, 陰口. 人⁴ **ins** *Gerede* **bringen** 人³のうわさをたてる / ins *Gerede* kommen うわさの種になる. ③《スイス》会話, 対話.

ge·re·det [ゲ・レーデット] *reden (話す)の 過分

ge·re·gelt [ゲ・レーゲルト] I *regeln (規制する)の 過分 II 形 規則正しい(食事など); きちんとした(生活など).

ge·reg·net [ゲ・レーグネット] *regnen (非人称で; 雨が降る)の 過分

ge·regt [ゲ・レークト] *regen (再帰で; わずかに動く)の 過分

ge·rei·chen [ゲ・ライヒェン gə-ráiçən] 自 (h)《文》《雅》(人)にとって 事³(に)なる. 人³ zum Nutzen (Schaden) gereichen 人³にとって得(損)になる.

ge·reicht [ゲ・ライヒト] *reichen (さし出す), gereichen (人³にとって…になる)の 過分

ge·reift [ゲ・ライフト] I *reifen¹ (熟する)の 過分 II 形 円熟(成熟)した(人格など).

ge·rei·nigt [ゲ・ライニヒト] *reinigen (きれいにする)の 過分

ge·reist [ゲ・ライスト] *reisen (旅行する)の 過分

ge·reizt [ゲ・ライツト] I *reizen (刺激する)の 過分 II 形 怒った, 興奮した, いらいらした. in *gereiztem* Ton 怒った口調で.

Ge·reizt·heit [ゲ・ライツトハイト] 女 -/ いらだち, 立腹.

ge·ret·tet [ゲ・レッテット] *retten (救う)の 過分

ge·reu·en [ゲ・ロイエン gə-róyən] 他 (h)《雅》後悔させる. Es *gereut* mich, dass… 私は…ということを後悔している.

ge·reut [ゲ・ロイト] *reuen (後悔させる), gereuen (後悔させる)の 過分

Ger·hard [ゲーァ・ハルト géːr-hart] -s/《男名》ゲールハルト.

Ge·ri·at·rie [ゲリアトリー geriatríː] 女 -/ 老人医学.

‡*das* **Ge·richt**¹ [ゲ・リヒト gə-ríçt] 中《単2》-[e]s/《複》-e (3格のみ -en) 料理. (英 dish). Haupt*gericht* (料理の)メインコース / ein schmackhaftes *Gericht* おいしい料理 / ein *Gericht* aus Fleisch und Gemüse 肉と野菜の料理 / ein *Gericht*⁴ bestellen (zu|bereiten) 料理を注文する(作る). (☞ 類語 Essen).

‡*das* **Ge·richt**² [ゲ・リヒト gə-ríçt] 中《単2》-[e]s/《複》-e (3格のみ -en) ① 裁判所; 法廷. (英 court). Amts*gericht* 区裁判所 / das zuständige *Gericht* 所轄の裁判所 / *Gericht*⁴ an|rufen 裁判に訴える / 人⁴ **bei** *Gericht* verklagen 人⁴を告訴する / 人⁴ **vor** *Gericht* bringen 人⁴を法廷に引き出す / vor *Gericht* stehen 裁判を受けている.

② 《複 なし》裁判, 裁き. (英 judg[e]ment). das Jüngste *Gericht*《宗教》最後の審判 / über 人⁴ *Gericht*⁴ halten《雅》人⁴を裁く, 裁判する / mit 人³ scharf ins *Gericht* gehen a) 人³を厳しく処罰する, b) 人³を激しく非難する / über 人⁴ **zu** *Gericht* sitzen《雅》a) 人⁴を裁く, b) 人⁴を厳しく批判する.

③(総称として)裁判官. Hohes *Gericht*! (法廷内での呼びかけ)裁判官殿!

ge·rich·tet [ゲ・リヒテット] *richten (向ける)の 過分

***ge·richt·lich** [ゲ・リヒトリヒ gə-ríçtlıç] 形 裁判[上]の, 裁判所の, 法廷の, 司法の; 裁判所による. (英 judicial). *gerichtliche* Medi-

---

ドイツ・ミニ情報 9

料理 Gericht

ドイツの食生活は, 決して多彩とは言えない. 緯度からいえば北海道より北に位置する寒い国なので, 育つ作物に限りがある. じゃがいもはゆでたり, 焼いたり, 油で揚げたりとさまざまに調理し, パンと並んで重要な主食となっている. 朝食は当然パンだが夕食もふつうパンにハムやチーズをのせる程度の質素なもので, 熱を使った料理となることが多い. 元来は昼食がメインだが, 都市部ではライフスタイルの変化に合わせ, 夕食を主にする家庭も増えてきた.

海に面した地域が少なく, 川魚も種類が限られており, 魚はあまり食べない. 肉料理が中心で, 特に豚は, 捨てるところがないと言われるほど最大限に利用する. 豚肉を使った多くの名物料理があり, ソーセージも多く, 地方色豊かで多種多様だ. 牛肉の消費も多いが, 近年イギリスで狂牛病(ウシ海綿状脳症)が発生し, 似た症状の人間の病気であるクロイツフェルト・ヤコブ病との関連がとりざたされて, 警戒心が高まっている.

ドイツの食事は全般的に脂が多く, 最近では健康上の理由や動物愛護の精神から, 菜食主義に転じる若者が増えてきた. 遺伝子技術による人工的な食品が人体に与える影響を懸念して, 自然食品や有機栽培農法にも人気を集めている. どの町でも毎週定期的に広場に市(いち)が立ち, 新鮮な食材を求める買い物客でにぎわう. いちごの季節にはいたるところでいちごが, 白アスパラの季節にはいたるところで白アスパラが売られ, 旬を感じさせる.

Ge·richts·bar·keit [ゲ・リヒツバールカイト] 囡 -/-en ① 【複 なし】裁判権. ② 裁判権(司法権)の行使.

Ge·richts≠**hof** [ゲリヒツ・ホーフ] 男 -(e)s/..höfe (上級審の)裁判所.

Ge·richts≠**kos·ten** [ゲリヒツ・コステン] 複 裁判費用.

Ge·richts≠**me·di·zin** [ゲリヒツ・メディツィーン] 囡 -/ 法医学.

Ge·richts≠**saal** [ゲリヒツ・ザール] 男 -(e)s/..säle 法廷.

Ge·richts≠**schrei·ber** [ゲリヒツ・シュライバァ] 男 -s/-《スス》裁判所書記.

Ge·richts≠**stand** [ゲリヒツ・シュタント] 男 -(e)s/..stände 【法】裁判管轄地, 裁判籍.

Ge·richts≠**ver·fah·ren** [ゲリヒツ・フェアファーレン] 田 -s/- 裁判(訴訟)手続き.

Ge·richts≠**ver·hand·lung** [ゲリヒツ・フェアハンドルング] 囡 -/-en (裁判所の)審理, 公判.

Ge·richts≠**voll·zie·her** [ゲリヒツ・フォるツィーァ] 男 -s/- 【法】執行官, 執行吏.

ge·rie·ben [ゲ・リーベン] I ＊reiben (こする)の 過分 II 形 《口語》抜け目のない, ずるい. ein geriebener Kerl ずる賢いやつ.

ge·rie·hen [ゲ・リーエン] reihen² (仮縫いする)の 過分

ge·riet [ゲ・リート] ＊geraten¹ (…へ行き着く)の 過去

ge·rie·te [ゲ・リーテ] ＊geraten¹ (…へ行き着く)の 接2

＊**ge·ring** [ゲリング gərín] 形 ① (数量・程度などが)わずかな, 小さい, 少しの. eine geringe Menge 少量 / eine geringe Begabung 乏しい才能 / Er hatte nur ein geringes Einkommen. 彼はほんのわずかの収入しかなかった / Er war in nicht geringer Verlegenheit. 彼はかなり当惑していた / Gering gerechnet, wird das hundert Mark kosten. 少なく見積もってもそれは100マルクするだろう / von 人³ gering denken 人³を軽視する. (『類語 wenig).

② 《雅》身分の低い;（話 (品質などが)劣った. von geringer Herkunft sein 下層階級の出身である / eine geringe Qualität 低い品質.

【新形】

ge·ring ach·ten 軽視する.
ge·ring schät·zen 軽視する.

....

ge·ring|ach·ten 他 (h) (新形 gering achten) ☞ gering

ge·rin·ger [ゲリンガァ gəríŋər] (＊gering の 比較) 形 より少ない, よりわずかな, より劣った. Unsere Vorräte werden immer geringer. 私たちの蓄えはますます少なくなる. ◇【成句的に】 kein Geringerer als … ほかならぬ…が ⇨ Das hat kein Geringerer als Einstein gesagt. これはほかでもないあのアインシュタインが言ったことだ.

ge·ring≠**fü·gig** [ゲリング・フューギヒ] 形 微々たる, ささいな, つまらない.

ge·ring≠**fü·gig·keit** [ゲリング・フューギヒカイト] 囡 -/-en ①【複 なし】微少, 軽微. ② 微少なこと, ささいなこと.

ge·ring|schät·zen 他 (h) (新形 gering schätzen) ☞ gering

ge·ring≠**schät·zig** [ゲリング・シェッツィヒ] 形 軽視するような, 軽蔑的な, 見下すような.

Ge·ring≠**schät·zung** [ゲリング・シェッツング] 囡 -/ 軽視, 軽蔑, 侮り.

ge·ringst [ゲリングスト gəríŋst] (＊gering の 最上) 形 最も少ない, 最もわずかな, 最も劣った. Das ist meine geringste Sorge. そのことを私はあまり心配していない(←私の最も小さい心配だ). ◇【否定を表す語句とともに】まったく…ない. Ich habe nicht die geringste Lust. 私は全然その気がない. ◇【名詞的に】das Geringste 最小限のこと / nicht das geringste (新形 das Geringste) または nicht im geringsten (新形 im Geringsten) まったく…ない ⇨ Das interessiert mich nicht im Geringsten. 私はそれにはまったく関心がない.

ge·rin·nen* [ゲ・リンネン gə·rínən] 自 (s) (血液などが)固まる, 凝固(凝結)する.

Ge·rinn·sel [ゲ・リンゼる gə·rínzəl] 田 -s/- ① 凝固物;【医】凝血塊. ② 小川, せせらぎ.

Ge·rip·pe [ゲ・リッペ gə·rípə] 田 -s/- 骨組み, 骨格; 《比》骸骨のようにやせた人.

ge·rippt [ゲ・リップト gə·rípt] 形 ① 畝織(うねおり)りの. ein gerippter Stoff 畝織りの生地. ② 《植》肋(あばら)のある(葉).

ge·ris·sen [ゲ・リッセン] I ＊reißen (引き裂く)の 過分 II 形 《口語》ずる賢い, 抜け目のない.

ge·rit·ten [ゲ・リッテン] ＊reiten (馬などに乗る)の 過分

Ger·ma·ne [ゲルマーネ germá:nə] 男 -n/-n ゲルマン人(インド・ヨーロッパ語族の中で, ゲルマン系の言語を話した民族. 北部・中部ヨーロッパに住み, 今日のドイツ人, イギリス人, デンマーク人などの先祖). (女 女性形は Germanin).

Ger·ma·ni·en [ゲルマーニエン germá:niən] 田 -s/【地名】ゲルマニア(古代ゲルマン人の居住地域. ドナウ川の北, ライン川の東).

＊**ger·ma·nisch** [ゲルマーニッシュ germá:nɪʃ] 形 ゲルマン[人・語]の. (英 Germanic). die germanischen Völker ゲルマン民族 / die germanischen Sprachen ゲルマン諸語.

Ger·ma·nist [ゲルマニスト germaníst] 男 -en/-en ドイツ学(文学・語学)研究者, ゲルマニスト. Er ist Germanist. 彼はドイツ文学(語学)者だ.

Ger·ma·nis·tik [ゲルマニスティク germanístɪk] 囡 -/ ドイツ学(文学・語学), ゲルマニスティク. Er studiert Germanistik im 5. (=fünften) Semester. 彼はドイツ文学(語学)を専攻し

て5学期目だ.

ger·ma·ni·stisch [ゲルマニスティッシュ germanístɪʃ] 形 ドイツ学(文学・語学)の.

Ger·ma·ni·um [ゲルマーニウム germá:nium] 中 -s/《化》ゲルマニウム(記号: Ge).

***gern** [ゲルン gérn]

> 好んで　Ich trinke *gern* Bier.
> イヒ　トリンケ　ゲルン　ビーァ
> 私はビールが好きです.

副 (比較 lieber, 最上 am liebsten) ① 喜んで, 好んで.(英 gladly). Sie spielt *gern* Klavier. 彼女はピアノを弾くのが好きだ / Kommst du mit? — [Ja,] *gern*! いっしょに来るかい — はい, 喜んで / Aber (または Sehr) *gern*! (頼みに対し)承知しました, 喜んで / Ich helfe Ihnen doch *gern*. 喜んでお手伝いしますとも / Danke schön! — *Gern* geschehen! どうもありがとう — いいえ / Er ist bei uns *gern* gesehen.《状態受動・現在》彼の来訪は私たちのところでは歓迎される / Das habe ich nicht *gern* gemacht.《口語》私はそれをわざとやったんじゃないんですよ / Das glaube ich *gern*. そうだろうとも.
◇《haben とともに》好む. Ich habe ihn sehr *gern*. 私は彼が大好きだ / So etwas habe ich *gern*!（反語的に:）そんなことは大嫌いだ / Der kann mich *gern* haben!《口語》（反語的に:）あいつのことなんか知るもんか.
② 《同意・承認》…してもいい. Du kannst *gern* mitkommen. 君もいっしょに来てかまわないよ.
③ 《接続法2式とともに》《控えめな願い》…したいのですが, …を欲しいのですが. Ich hätte *gern* ein Kilo Äpfel. りんごを1キロください / Ich möchte *gern* Herrn kommen, aber… おうかがいしたいのですが, しかし….
④ 《口語》とかく[…]しがち, よく［…する］. Weiden wachsen *gern* am Wasser. 柳はよく水辺に生える.
⑤ 《成句的に》gut und gern 優に, たっぷり. Der Kuchen ist gut und *gern* drei Tage alt. このケーキは焼いてからたっぷり3日はたっている.

***ger·ne** [ゲルネ gérnə] 副 =gern

Ger·ne·groß [ゲルネ・グロース] 男 -/-e《口語・戯》見えっぱり, いばり屋.

ge·ro·chen [ゲ・ロッヘン] *riechen (におう) の 過分

Ge·röll [ゲ・レる gə·rǽl] 中 -[e]s/-e 川原石, 岩屑(いわくず); (山の斜面などの)がれ;《地学》[漂]礫(れき).

ge·rollt [ゲ・ロるㇳ] *rollen (転がる) の 過分

ge·ron·nen [ゲ・ロンネン] *rinnen (流れる), gerinnen (固まる) の 過分

Ge·ron·to·lo·gie [ゲロンㇳろギー gerɔntoloɡíː] 女 -/ 老人医学.

ge·ros·tet [ゲ・ロステㇳ] *rosten (さびる) の

ge·rös·tet [ゲ・レーステㇳ または ゲ・レス..] *rösten (あぶる) の 過分

Gers·te [ゲルステ gérstə] 女 -/(種類:) -n (植) オオムギ(大麦).

Gers·ten·korn [ゲルステン・コルン] 中 -[e]s/..körner ① 大麦の粒. ② 《医》麦粒腫(ばくりゅうしゅ), ものもらい.

Gers·ten·saft [ゲルステン・ザふㇳ] 男 -[e]s/《戯》ビール(← 大麦のジュース).

Ger·te [ゲルテ gértə] 女 -/-n しなやかな小枝; 笞(しもと).

Ger·trud [ゲルㇳルーㇳ gértru:t] -s/《女名》ゲルトルート.

*der **Ge·ruch** [ゲ・ルふ gə·rúx] 男 (単2)-[e]s/(複) ..rüche [ゲ・リュッヒェ] (3格のみ ..rüchen) ① におい, 香り.(英 smell). Mund*geruch* 口臭 / ein süßlicher (stechender) *Geruch* 甘ったるい香り(つーんとくるにおい) / ein *Geruch* nach (または von) Kaffee コーヒーの香り. ② 《複 なし》嗅覚(きゅうかく). Er hat einen feinen *Geruch*. 彼は鼻が利く. ③ 《複 なし》《雅》評判. in üblem *Geruch* stehen 評判が悪い.

Ge·rü·che [ゲ・リュッヒェ] *Geruch (におい) の 複

ge·ruch·los [ゲルふ・ろース] 形 においのない, 無臭の.

Ge·ruchs·sinn [ゲルふス・ズィン] 男 -[e]s/ 嗅覚(きゅうかく).

*das **Ge·rücht** [ゲ・リュヒㇳ gə·rýçt] 中 (単2)-[e]s/(複) -e (3格のみ -en) うわさ, 評判, 風評.(英 rumor). Ein *Gerücht* entsteht (verbreitet sich). うわさがたつ(広まる) / Das ist nur ein *Gerücht*. それは単なるうわさに過ぎない / Es geht ein *Gerücht*, dass… …といううわさが流れている.

ge·rüch·t·wei·se [ゲリュヒㇳ・ヴァイゼ] 副 うわさで, うわさによると.

ge·rückt [ゲ・リュックㇳ] *rücken (動かす) の 過分

ge·ru·dert [ゲ・ルーダァㇳ] *rudern (こぐ) の 過分

ge·ru·fen [ゲ・ルーふェン] *rufen (叫ぶ) の 過分

ge·ru·hen [ゲ・ルーエン gə·rúːən] 自 (h)《雅》《zu 不定詞[句]とともに》[おそれおおくも]…してくださる.

ge·rühmt [ゲ・リューㇺㇳ] *rühmen (ほめたたえる) の 過分

ge·rührt [ゲ・リューァㇳ] I *rühren (かき混ぜる) の 過分 II 形 感動した. über 事⁴ *gerührt* sein 事⁴に感動している.

ge·ruh·sam [ゲ・ルーザーㇺ] 形 のんびりした, 落ち着いた, ゆったりした.

ge·ruht [ゲ・ルーㇳ] *ruhen (休息する), geruhen (おそれおおくも…してくださる) の 過分

Ge·rüm·pel [ゲ・リュンペる gə·rýmpəl] 中 -s/ (家具などの)がらくた, 古道具.

Ge·run·di·um [ゲルンディウム gerúndium]

ge·run·gen [ゲ・ルンゲン] ＊ringen (格闘する)の 過分

ge·run·zelt [ゲ・ルンツェるト] ＊runzeln (しわを寄せる)の 過分

Ge·rüst [ゲ・リュスト] gə-rýst 中 -[e]s/-e ①《建》足場；台架，台，(仮設の)桟敷. ②《比》構想，輪郭.

ge·rüs·tet [ゲ・リュステット] ＊rüsten (軍備を整える)の 過分

ge·rüt·telt [ゲ・リュッテるト] Ⅰ ＊rütteln (揺る)の 過分 Ⅱ 副《成句的に》gerüttelt voll いっぱい詰まった．

ges, Ges [ゲス gés] 中 -/-《音楽》変ト音. *Ges*-Dur 変ト長調．

ge·sagt [ゲ・ザークト] ＊sagen (言う)の 過分. ◊《成句的に》besser *gesagt* もっと適切に言えば / kurz *gesagt* 簡単に言えば / nebenbei *gesagt* ついでに言えば / offen *gesagt* 実を言うと / unter uns *gesagt* ここだけの話だが / wie *gesagt* すでに言ったように / *Gesagt*, getan. 言うが早いか実行した．

ge·sägt [ゲ・ゼークト] ＊sägen (のこぎりでひく)の 過分

ge·sal·zen [ゲ・ザるツェン] Ⅰ ＊salzen (塩味をつける)の 過分 Ⅱ 形《俗》① ひどい，法外な(値段など). ② 痛烈なひんたなど． ③ ぶっきらぼうな，無愛想な(手紙など).

ge·salzt [ゲ・ザるツト] ＊salzen (塩味をつける)の 過分《化》

ge·sam·melt [ゲ・ザンメるト] Ⅰ ＊sammeln (集める)の 過分 Ⅱ 形 ① 集められた，収集された. Kafkas *gesammelte* Werke カフカ作品集(全集). in seiner *Gesamtheit* 全体として. ② 精神を集中した，落ち着いた．

＊**ge·samt** [ゲザムト] gəzámt 形《付加語としてのみ》全体の，総体の，すべての．(⊛ whole). die *gesamte* Bevölkerung 全住民, 総人口 / das *gesamte* Einkommen 総収入.（☞ 類語 all).

Ge·samt≠an·sicht [ゲザムト・アンズィヒト] 女 -/-en 全景，全体的な眺め．

Ge·samt≠aus·ga·be [ゲザムト・アオスガーベ] 女 -/-n《印》(作家・思想家などの)全集[版].

Ge·samt≠deutsch [ゲザムト・ドイチュ] 形 ① 全ドイツの. ② (統一以前の)東西両ドイツに関する．

Ge·samt≠ein·druck [ゲザムト・アインドルック] 男 -[e]s/..drücke 全体の印象．

Ge·samt·heit [ゲザムトハイト] 女 -/-en《ふつう 単》① 全体，全員. in seiner *Gesamtheit* 全体として. ② 公共，全国民．

Ge·samt≠hoch·schu·le [ゲザムト・ホーホシューれ] 女 -/-n 統合大学(ドイツ同地域のいくつかの単科大学を一つの総合大学と関係させたもの. 1972年以降に発足).

Ge·samt≠schu·le [ゲザムト・シューれ] 女 -n 総合学校(ドイツの一部の州の新しいタイプの学校で Hauptschule, Realschule, Gymnasium を単一の組織にまとめたもの).

ge·sandt [ゲ・ザント] ＊senden (送る)の 過分

Ge·sand·te[r] [ゲ・ザンテ (..タァ)] gə-zánte (..tər) 男《語尾変化は形容詞と同じ》外交使節；公使．

Ge·sand·tin [ゲ・ザンティン] gə-zántın 女 -/..tinnen (女性の)外交使節；公使．

Ge·sandt·schaft [ゲ・ザントシャフト] 女 -/-en ① 公使館員. ② 公使(大使)館．

＊*der* **Ge·sang** [ゲ・ザング gə-záŋ] 男《単》-[e]s/..sänge (ゲ・ゼンゲ) (3格のみ ..sängen) ①《複 なし》歌うこと，歌声；歌唱，声楽. (⊛ singing). *Gesang*⁴ studieren 声楽を勉強する / der *Gesang* der Vögel² 鳥のさえずり. ② 歌，歌曲 (= Lied). (⊛ song). geistliche *Gesänge* 賛美歌. ③《複 なし》《詩》詩歌；《文学》(叙事詩の)章．

Ge·sang≠buch [ゲザング・ブーフ] 中 -[e]s/..bücher 賛美歌集，聖歌集．

Ge·sän·ge [ゲ・ゼンゲ] ＊Gesang (歌)の 複

ge·sang·lich [ゲ・ザングりヒ] 形 歌の，声楽の；歌うような(弾き方など)．

Ge·sang≠ver·ein [ゲザング・フェアアイン] 男 -[e]s/-e 合唱団，コーラスグループ．

Ge·säß [ゲ・ゼース gə-zé:s] 中 -es/-e 尻(しり)，臀部(でんぶ).（☞ Körper 図).

ge·sät [ゲ・ゼート] ＊säen (種をまく)の 過分

ge·sät·tigt [ゲ・ゼッティヒト] Ⅰ sättigen (満腹させる)の 過分 Ⅱ 形《化》飽和状態の；《商》供給過剰の．

ge·säu·bert [ゲ・ゾイバァト] ＊säubern (きれいにする)の 過分

ge·saugt [ゲ・ザオクト] ＊saugen (吸う)の 過分

ge·saust [ゲ・ザオスト] ＊sausen (ざわざわと音をたてる)の 過分

ge·scha·det [ゲ・シャーデット] ＊schaden (害する)の 過分

Ge·schä·dig·te[r] [ゲ・シェーディヒテ (..タァ) gə-ʃé:dıçtə (..tər)] 男《語尾変化は形容詞と同じ》被害者；(身体・精神などの)障害者；《ペッ》負傷者．

ge·schaf·fen [ゲ・シャッフェン] ＊schaffen² (創造する)の 過分

ge·schafft [ゲ・シャフト] ＊schaffen¹ (やり遂げる)，＊schaffen² (生じさせる)の 過分

＊*das* **Ge·schäft** [ゲ・シェふト gə-ʃéft]

> 商店；商売
>
> Das *Geschäft* ist geschlossen.
> ダス ゲシェふト イスト ゲシュろッセン
> その店は閉まっている．

中《単》-[e]s/《複》-e (3格のみ -en) ① 商店，店；会社；事務所，営業所. (⊛ shop). Blumen*geschäft* 花屋 / ein *Geschäft*⁴ eröffnen (führen) 店を開業する(経営する) / Die *Ge-*

schäfte schließen um 18 Uhr. 店は18時に閉まる / **ins** *Geschäft* gehen《口語》会社へ出勤する.

② **商売**, 取り引き, ビジネス. (⊛ business). ein solides *Geschäft* 手堅い商売 / Das *Geschäft* geht gut. 商売はうまくいっている / Das *Geschäft* ist *Geschäft*. 商売に情は禁物 (←商売は商売だ) / mit 人³ *Geschäfte*⁴ machen 人³ と取り引きをする / mit 人³ **ins** *Geschäft* kommen 人³と取り引きを始める.

③ 〚複なし〛もうけ, 利益. Das war für uns kein *Geschäft*. それは私たちにはもうけにならなかった / mit 物² ein gutes *Geschäft*⁴ machen 物³でたっぷり利益を上げる.

④ 用事, 仕事. wichtige *Geschäfte*⁴ erledigen 重要な用件を片づける / Er versteht sein *Geschäft*. 彼は仕事がよくできる. ⑤〚成句的に〛《婉曲》ein großes (kleines) *Geschäft*⁴ machen 大便(小便)をする.

──────────
⟨・⟩ 店のいろいろ: Bäckerei パン屋 / Blumen*geschäft* 花屋 / Fach*geschäft* 専門店 / Kaufhaus デパート / Lebensmittel*geschäft* 食料品店 / Schuh*geschäft* 靴屋 / Spielwaren*geschäft* おもちゃ屋 / Sport*geschäft* スポーツ用品店 / Supermarkt スーパーマーケット
──────────

Ge·schäf·te·ma·cher [ゲシェフテ・マッハァ] 男 -s/- 何でも商売にする人, あくどい商人.

ge·schäf·tig [ゲ・シェフティヒ gə-ʃéftɪç] 形 多忙な, 忙しく働く, 活気のある, 活動的な. Sie ist immer sehr *geschäftig*. 彼女はいつも忙しくしている.

Ge·schäf·tig·keit [ゲ・シェフティヒカイト] 女 -/ 多忙, 活気, 活動.

*ｇe·schäft·lich [ゲ・シェフトリヒ gə-ʃéftlɪç] 形 ① 商売[上]の, 仕事[上]の, ビジネス[上]の. *geschäftliche* Dinge⁴ besprechen 業務上のことがらを相談する, 商談をする / Er ist *geschäftlich* nach London unterwegs. 彼は仕事でロンドンに向かっている. ② 事務的な, そっけない. in *geschäftlichem* Ton 事務的な口調で.

Ge·schäfts·be·reich [ゲシェフツ・ベライヒ] 男 -[e]s/-e (大臣などの)管轄区域.

ge·schäfts·fä·hig [ゲシェフツ・フェーイヒ] 形 《法》行為能力のある.

Ge·schäfts·frau [ゲシェフツ・フラオ] 女 -/-en 女性実業家, ビジネスウーマン.

Ge·schäfts·freund [ゲシェフツ・フロイント] 男 -[e]s/-e 得意先, 取引先.

ge·schäfts·füh·rend [ゲシェフツ・フューレント] 形 業務を執行(管理)する.

Ge·schäfts·füh·rer [ゲシェフツ・フューラァ] 男 -s/- ① 会社の経営者, 支配人. ②(会社などの)首脳陣;〚政〛(政党の)幹事長.

Ge·schäfts·füh·rung [ゲシェフツ・フューるング] 女 -/-en ① 〚複なし〛マネージメント, 業務管理, 経営. ② 経営者, マネージャー.

Ge·schäfts·gang [ゲシェフツ・ガング] 男 -s/..gänge ① 〚複なし〛営業状態. ②〚複なし〛事務手続き. ③ 事務上の旅行(用足し).

Ge·schäfts·in·ha·ber [ゲシェフツ・インハーバァ] 男 -s/- 商店主, 店主.

Ge·schäfts·jahr [ゲシェフツ・ヤール] 中 -[e]s/-e 営業(事業)年度.

Ge·schäfts·kos·ten [ゲシェフツ・コステン] 複 〚成句的に〛 **auf** *Geschäftskosten* 会社の費用で, 社費で.

Ge·schäfts·la·ge [ゲシェフツ・らーゲ] 女 -/-n ① 経営状態. ② 店(事務所)の立地条件.

Ge·schäfts·leu·te [ゲシェフツ・ろイテ] *Ge·schäftsmann(ビジネスマン)の複

*der **Ge·schäfts·mann** [ゲシェフツ・マン gəʃéfts-man] 男 (単2) -[e]s/(複) ..leute (3格のみ ..leuten) ビジネスマン, 実業家. (⊛ businessman).

ge·schäfts·mä·ßig [ゲシェフツ・メースィヒ] 形 営業上の, 商売上の; 事務的な, そっけない(口調など).

Ge·schäfts·ord·nung [ゲシェフツ・オルドヌング] 女 -/-en 職務規定;〚法〛議院規則.

Ge·schäfts·rei·se [ゲシェフツ・ライゼ] 女 -/-n 商用旅行, 出張.

Ge·schäfts·schluss [ゲシェフツ・シュるス] 男 -es/..schlüsse 閉店, 店じまい, 終業.

Ge·schäfts·schluß ☞ 新町 Geschäftsschluss

Ge·schäfts·stel·le [ゲシェフツ・シュテれ] 女 -/-n 事務(営業)所, [支]店.

Ge·schäfts·stun·den [ゲシェフツ・シュトゥンデン] 複 営業(開店)時間, 執務時間.

Ge·schäfts·trä·ger [ゲシェフツ・トレーガァ] 男 -s/- 代理公使.

ge·schäfts·tüch·tig [ゲシェフツ・テュヒティヒ] 形 商売(取引)上手の; 抜け目のない.

Ge·schäfts·ver·bin·dung [ゲシェフツ・フェァビンドゥング] 女 -/-en 取引関係.

Ge·schäfts·ver·kehr [ゲシェフツ・フェァケァ] 男 -[e]s/ 商取引, 営業(商業)活動.

Ge·schäfts·vier·tel [ゲシェフツ・フィァテる] 中 -s/- 商業地域, 商店街.

Ge·schäfts·zeit [ゲシェフツ・ツァイト] 女 -/-en 営業(執務)時間.

Ge·schäfts·zweig [ゲシェフツ・ツヴァイク] 男 -[e]s/-e 営業部門.

ge·schah [ゲ・シャー] *geschehen¹ (起こる)の過去

ge·schä·he [ゲ・シェーエ] *geschehen¹ (起こる)の接²

ge·schallt [ゲ・シャるト] *schallen (響く)の過分

ge·schält [ゲ・シェーるト] *schälen (皮をむく)の過分

ge·schal·tet [ゲ・シャるテット] *schalten (切り替える)の過分

ge·schämt [ゲ・シェームト] *schämen (再帰で: 恥じる)の過分

ge·schärft [ゲ・シェルフト] *schärfen (鋭くす

ge·schätzt [ゲ・シェッツト] *schätzen (見積る)の 過分

ge·schau·kelt [ゲ・シャオケルト] *schaukeln (揺れる)の 過分

ge·schaut [ゲ・シャオト] ‡schauen (見る)の 過分

ge·scheckt [ゲ・シェックト] gə-ʃékt 形 斑点(はん)のある、まだらの、ぶちの.

***ge·sche·hen**[1]* [ゲ・シェーエン] gə-ʃé:ən]

> 起こる Hier *geschehen* oft Unfälle.
> ヒーア ゲシェーエン オフト ウンフェレ
> ここではよく事故が起こる.

es geschieht (geschah, *ist*…geschehen) 自 (完了 sein) ① (事件などが)起こる、生じる. (英 *happen*). Im Bergwerk *ist* ein Unglück *geschehen*.『現在完了』鉱山で惨事が起きた / Es geschah eines Tages, dass … ある日…ということが起こった. ◇『過去分詞の形で』*Geschehen* ist *geschehen*.(ことわざ)起きたことは起きたことだ(しかたがない).

② (人⁴の)身に降りかかる. Ihm *ist* Unrecht *geschehen*.『現在完了』彼は不当な扱いを受けた / Dem Kind *ist* bei dem Unfall nichts *geschehen*.『現在完了』その子供は事故の際に無事だった / Das *geschieht* ihm recht! 彼がそんな目に遭うのは当然だ(いい気味だ).

③ なされる、行われる. Zu seiner Rettung *muss* etwas *geschehen*. 彼を救うために何かしなくてはならない / Was *soll* mit den alten Zeitungen *geschehen*? この古新聞はどうしたらいんだ. ◇『**lassen** とともに』動⁴ *geschehen* lassen 動⁴をほうっておく、起こるがままにしておく ⇒ Du *lässt* alles mit dir *geschehen*. 君は何もかもされるがままじゃないか. ◇『過去分詞の形で』Danke schön! — Gern *geschehen*! ありがとう — どういたしまして (←喜んでなされた).

④『**es** ist **um** 人·事⁴ *geschehen* の形で』人·事⁴はもうだめである. Es *ist* um seine Ruhe *geschehen*. 彼は冷静さを失った.

....

類語 geschehen: 「起こる」の意味で最も一般的な語. **sich⁴ ereignen**: (目をひく出来事が)突発する. **passieren**: (ありがたくないこと·不快なことが)起こる. **vor|fallen**: (思いがけなく、いやなことが)起こる.

....

ge·sche·hen[2] [ゲ・シェーエン] ‡geschehen[1] (起こる)の 過分

Ge·sche·hen [ゲ・シェーエン] 中 -s/- 『ふつう 単』(雅) 出来事、事件;(出来事の)経過.

Ge·scheh·nis [ゲ・シェーニス] 中 ..nisses/..nisse 〖雅〗出来事、事件.

***ge·scheit** [ゲシャイト] gəʃáit] 形 (比較 gescheiter, 最上 gescheitest) ① 利口な、才気のある、気の利いた. ein gescheiter Einfall 気の利いたアイディア / Ich werde daraus nicht *gescheit*. 私にはそれには合点がいかない. (☞類語 **klug**). ② 《口語》分別のある、まともな. Es wäre *gescheiter*, nach Hause zu gehen. 『接2·現在』家に帰ったほうがいいと思うよ / Du bist wohl nicht ganz *gescheit*. 君は[頭]がどうかしてるんじゃないか.

ge·schei·tert [ゲ・シャイタァト] *scheitern (失敗する)の 過分

Ge·scheit·heit [ゲシャイトハイト] 女 -/-en『ふつう 単』才気、利口[なこと].

*das **Ge·schenk** [ゲ・シェンク gə-ʃéŋk]

> 贈り物
> Das ist ein *Geschenk* für dich.
> ダス イスト アイン ゲシェンク フューア ディヒ
> これは君へのプレゼントだ.

中 (単2) -[e]s/(複) -e (3格のみ -en) 贈り物、プレゼント. (英 *gift*). Weihnachts*geschenk* クリスマスプレゼント / ein schönes *Geschenk* すばらしいプレゼント / ein *Geschenk* von meiner Mutter 私の母からのプレゼント / 人³ ein *Geschenk*⁴ mit|bringen 人³にプレゼントを持って来る / ein *Geschenk*⁴ an|nehmen (erhalten) プレゼントを受け取る(もらう) / 人³ ein *Geschenk*⁴ zum Geburtstag kaufen 人³の誕生日のプレゼントを買う / 人³ ein *Geschenk*⁴ machen 人³に贈り物をする / Sie machte ihm ein Buch **zum** *Geschenk*. 彼女は彼に本をプレゼントした / ein *Geschenk* des Himmels (比) 願ってもかなったり (←天からの賜り物) / Kleine *Geschenke* erhalten die Freundschaft. (ことわざ)寸志交わりを温む (←ささやかな贈り物は友情を長持ちさせる).

ge·schenkt [ゲ・シェンクト] ‡schenken (贈る)の 過分

ge·schert [ゲ・シェーアト gə-ʃé:rt] 形『南ドイツ·オーストリア·俗』愚かな;粗野な、田舎者の.

ge·scherzt [ゲ・シェルツト] *scherzen (冗談を言う)の 過分

ge·scheut [ゲ・ショイト] *scheuen (しり込みする)の 過分

*die **Ge·schich·te** [ゲ・シヒテ gə-ʃíçtə] 女 (単) -/(複) -n ① 『複 なし』歴史;歴史学. (英 *history*). Welt*geschichte* 世界史 / die deutsche *Geschichte* ドイツ史 / die *Geschichte* der Menschheit 人類の歴史 / Er studiert *Geschichte*. 彼は歴史学を専攻している / *Geschichte*⁴ machen (比) 画期的な意義を持つ / in die *Geschichte* ein|gehen (雅) 歴史に名をとどめる.

② 物語、話. eine spannende *Geschichte* 手に汗握る物語 / eine *Geschichte*⁴ erzählen (vor|lesen) 物語を話して聞かせる(読んで聞かせる) / Kinder hören gern *Geschichten*. 子供たちは物語を聞くのが好きだ.

③ 《口語》出来事;事柄、ごたごた. Mach keine *Geschichten*! a) ばかなまねはよせ、b) もったいぶるな / Das sind doch alte *Geschichten*. それはとっくに知られたことさ / Die ganze *Geschichte* kostet 200 Mark. 全部

Ge·schich·ten⸗er·zäh·ler [ゲシヒテン・エァツェーらァ] 男 -s/- 物語の語り手.

*__ge·schicht·lich__ [ゲ・シヒトひ gə-ʃíçtlıç] 形 歴史の, 歴史的な; 歴史上実在する, 歴史に残る. (英) *historical*). die *geschichtliche* Entwicklung 歴史的発展 / *geschichtliche* Tatsachen 史実 / eine *geschichtliche* Leistung 歴史に残る偉業.

Ge·schichts⸗buch [ゲシヒツ・ブーフ] 中 -[e]s/..bücher 歴史の教科書.

Ge·schichts⸗for·scher [ゲシヒツ・フォルシャァ] 男 -s/- 歴史家, 歴史学者.

Ge·schichts⸗for·schung [ゲシヒツ・フォルシュング] 女 -/-en 歴史研究.

*__das Ge·schick__ [ゲ・シック gə-ʃík] I 中 (単2) -[e]s/(複) -e (3格のみ -en) ①《雅》運命 (=Schicksal). (英) *fate*). ein glückliches Geschick 幸運. ②《ふつう 複》(政治的・経済的)情勢, 命運, 盛衰.
II 中 (単2) -[e]s/- ① 器用さ, 熟練, 巧みさ, 手腕. (英) *skill*). diplomatisches *Geschick* 外交的手腕 / Sie hat *Geschick* zu Handarbeiten (または für Handarbeiten). 彼女は手芸が上手だ. ② 秩序, 整頓(禁).

Ge·schick·lich·keit [ゲ・シックリヒカイト] 女 -/ 器用さ, 熟練, 腕前.

*__ge·schickt__ [ゲ・シックト gə-ʃíkt] I *schicken (送る)の 過分
II 形 (比較 geschickter, 最上 geschicktest) ① 器用な, 熟練した, 巧みな. (英 *skillful*). ein *geschickter* Arbeiter 熟練労働者 / Er hat *geschickte* Finger. 彼は手先が器用だ. 如才ない, 抜け目のない. *geschickte* Fragen[4] stellen 巧妙な質問をする. ③《南ドラ》便利な, 役にたつ; 都合のよい.

> 類語 *geschickt*: (手仕事・人の扱いなどが)器用な, 手慣れた. *gewandt*: (すぐれた才能の表れとして)老練な. ein *gewandter* Diplomat 老練な外交官. *erfahren*: (豊かな経験によって才能が磨かれて)練達の, ベテランの. ein *erfahrener* Pilot 経験豊かなパイロット.

Ge·schie·be [ゲ・シーベ gə-ʃíːbə] 中 -s/- ①《複 なし》(口語) 押し合いへし合い, 雑踏. ②《地学》(氷河などが運んだ)岩塊.

ge·schie·den [ゲ・シーデン] *scheiden (離婚させる)の 過分 II 形 離婚した (略: gesch.; 記号: ∞).

ge·schieht [ゲ・シート] *geschehen[1] (起こる)の 3 人称単数 現在

ge·schie·nen [ゲ・シーネン] *scheinen (輝く)の 過分

ge·schil·dert [ゲ・シるダァト] *schildern (描写する)の 過分

ge·schimpft [ゲ・シンプふト] *schimpfen (ののしる)の 過分

*__das Ge·schirr__ [ゲ・シる gə-ʃír] 中 (単2) -[e]s/(複) -e (3格のみ -en) ①《複 なし》食器[類]; 食器セット; 台所用具. Silber*geschirr* 銀食器 / das *Geschirr*[4] spülen 食器を洗う. ② 馬具, 引き具. sich[4] ins *Geschirr* legen a) (馬などが)懸命に引きはじめる, b)《比》がむしゃらに働く.

Ge·schirr⸗spü·ler [ゲシる・シュピューらァ] 男 -s/- 《口語》=Geschirrspülmaschine

Ge·schirr⸗spül·ma·schi·ne [ゲシる・シュピューるマシーネ] 女 -/-n [自動]食器洗い機.

Ge·schirr⸗tuch [ゲシる・トゥーフ] 中 -[e]s/..tücher ふきん.

ge·schis·sen [ゲ・シッセン] scheißen (くそをする)の 過分

ge·schlach·tet [ゲ・シュらハテット] *schlachten (屠殺する)の 過分

ge·schla·fen [ゲ・シュらーふェン] *schlafen (眠る)の 過分

ge·schla·gen [ゲ・シュらーゲン] I *schlagen (打つ)の 過分 II 形 ① 敗北した. ②《口語》(時間について)まるまる… zwei *geschlagene* Stunden まるまる 2 時間.

*__das Ge·schlecht__ [ゲ・シュれヒト gə-ʃléçt] 中 (単2) -[e]s/(複) -er (3格のみ -ern) ① (男女・雌雄の)性. (英) *sex*). das andere *Geschlecht* 異性 / das männliche (weibliche) *Geschlecht* 男性(女性), 雄(雌) / das starke (schwache) *Geschlecht* 《口語・戯》男(女). ② 種族, 類. das menschliche *Geschlecht* 人類. ③ 世代 (=Generation). die kommenden *Geschlechter* 後代の人々 / von *Geschlecht* zu *Geschlecht* 世代から世代へと, 代々. ④ 一族, 家系, 家柄. Er ist aus altem *Geschlecht*. 彼は古い家柄の出だ. ⑤《複 なし》性器. ⑥《言》(名詞の)性 (=Genus). männliches (weibliches, sächliches) *Geschlecht* 男性(女性, 中性).

ge·schlecht·lich [ゲ・シュれヒトりヒ] 形 性の; 性的な, 性欲の. *geschlechtliche* Fortpflanzung 有性生殖 / mit 人[3] *geschlechtlich* verkehren 人[3]と性的関係を持つ.

Ge·schlechts⸗akt [ゲシュれヒツ・アクト] 男 -[e]s/-e 性行為.

ge·schlechts⸗krank [ゲシュれヒツ・クランク] 形 性病にかかった.

Ge·schlechts⸗krank·heit [ゲシュれヒツ・クランクハイト] 女 -/-en 性病.

Ge·schlechts⸗le·ben [ゲシュれヒツ・れーベン] 男 -s/ 性生活.

ge·schlechts⸗los [ゲシュれヒツ・ろース] 形 性のない, 無性の. *geschlechtslose* Fortpflanzung 無性生殖.

Ge·schlechts⸗merk·mal [ゲシュれヒツ・メルクマーる] 中 -[e]s/-e《ふつう 複》《生》性徴. primäre *Geschlechtsmerkmale* 第一次性徴.

Ge·schlechts⸗or·gan [ゲシュれヒツ・オルガーン] 中 -s/-e 《生》生殖器, 性器.

ge·schlechts⸗reif [ゲシュれヒツ・ライふ] 形 性的に成熟した, 生殖機能のある.

Ge·schlechts⹊teil [ゲシュレヒツ・タイル] 中 男 -[e]s/-e 性器, 外陰部.

Ge·schlechts⹊trieb [ゲシュレヒツ・トリープ] 男 -[e]s/-e 性衝動, 性欲.

Ge·schlechts⹊um·wand·lung [ゲシュレヒツ・ウムヴァンドるング] 女 -/-en 性転換.

Ge·schlechts⹊ver·kehr [ゲシュレヒツ・フェアケーァ] 男 -s/ 性交.

Ge·schlechts⹊wort [ゲシュレヒツ・ヴォルト] 中 -[e]s/..wörter 《言》冠詞 (= Artikel).

ge·schleppt [ゲ・シュれプト] *schleppen (引きずるようにして運ぶ)の 過分

ge·schleu·dert [ゲ・シュろイダァト] *schleudern (投げる)の 過分

ge·schli·chen [ゲ・シュリッヒェン] *schleichen (忍び足で歩く)の 過分

ge·schlif·fen [ゲ・シュリッふェン] I *schleifen¹ (研ぐ)の 過分 II 形 ① 洗練された, あか抜けした. ein *geschliffener* Stil 洗練された文体. ② 鋭い, 辛らつな (言葉など).

Ge·schlin·ge [ゲ・シュリング gə-ʃlíŋə] 中 -s/- (屠畜の) 内臓, 臓腑.

Ge·schlos·sen [ゲ・シュろッセン] I *schließen (閉める)の 過分 II 形 ① 閉じられた; 非公開の, 閉鎖的な. ② まとまった, 完成した; 一致した, 共通の; 統一のとれた. Die Regierung ist *geschlossen* zurückgetreten. 『現在完了』内閣は総辞職した. ③《言》(母音が) 閉音の; (音節が) 子音で終わる, 閉音節の.

Ge·schlos·sen·heit [ゲ・シュろッセンハイト] 女 -/ ① 一致, 団結. die *Geschlossenheit* der streikenden Arbeiter² ストライキ中の労働者たちの団結. ②（作品などの）緊密な構成; 完結性. ③ 密集した（緊密な）状態.

ge·schluchzt [ゲ・シュるフツト] *schluchzen (すすり泣く)の 過分

ge·schluckt [ゲ・シュるックト] *schlucken (飲み込む)の 過分

ge·schlum·mert [ゲ・シュるンマァト] *schlummern (まどろむ)の 過分

ge·schlun·gen [ゲ・シュるンゲン] *schlingen¹ (巻きつける)の 過分

ge·schlüpft [ゲ・シュリュプふト] *schlüpfen (するりと抜け出す)の 過分

✱der Ge·schmack [ゲ・シュマック gə-ʃmák] 男 (単2) -[e]s/(複) ..schmäcke [ゲ・シュメッケ] (3格のみ ..schmäcken) まれに (複) Geschmäcker (3格のみ Geschmäckern) (愛 taste) ① 味, 風味. Nach*geschmack* あと味 / ein bitterer (süßer) *Geschmack* にがい (甘い) 味 / Die Suppe hat einen kräftigen *Geschmack*. このスープはこってりした味がする.
②《複 なし》味覚. Er hat wegen seines Schnupfens keinen *Geschmack*. 彼は鼻風邪をひいていて味覚がない.
③ 好み, 趣味; 審美眼, (美的な)センス. Zeit*geschmack* 時代の好み / Sie hat einen guten *Geschmack*. 彼女は趣味がいい / an 物³ *Geschmack*⁴ finden 物³ が好きになる, auf den *Geschmack* kommen 味を覚える, (徐々に) いいところがわかってくる / Das ist nicht mein *Geschmack* (または **nach** meinem *Geschmack*). それは私の好みではない / Die *Geschmäcker* sind verschieden.《口語・戯》好みは各人各様 / Über [den] *Geschmack* lässt sich nicht streiten.《諺》たで食う虫も好き好き (← 人の好みについては議論しても始まらない).
④《雅》礼儀作法.

Ge·schmä·cke [ゲ・シュメッケ] ✱Geschmack (味)の 複

ge·schmack·lich [ゲ・シュマックリヒ] 形 味に関する; 美的感覚についての.

Ge·schmack⹊los [ゲ・シュマック・ろース] 形 ① 味のない, 無味の (食物など). ② 悪趣味な, 不格好な; 不作法な, 粗野な (態度など).

Ge·schmack⹊lo·sig·keit [ゲ・シュマック・ろーズィヒカイト] 女 -/-en ①《複 なし》悪趣味; 俗悪; 不作法, 粗野. ② 悪趣味(俗悪・粗野)な言動.

Ge·schmack⹊sa·che [ゲ・シュマック・ザッヘ] 女 -/ 好みの問題.

Ge·schmacks⹊rich·tung [ゲ・シュマックス・リヒトゥング] 女 -/-en 味付け; 好み, 好尚.

Ge·schmacks⹊sa·che [ゲ・シュマックス・ザッヘ] 女 -/ 好みの問題.

Ge·schmacks⹊sinn [ゲ・シュマックス・ズィン] 男 -[e]s/ 味覚.

Ge·schmacks⹊ver·ir·rung [ゲ・シュマックス・フェァイルング] 女 -/-en 悪趣味 (なとり合わせ).

Ge·schmack⹊voll [ゲ・シュマック・ふぉる] 形 趣味のよい, 上品な.

ge·schmeckt [ゲ・シュメックト] ✱schmecken (…の味がする)の 過分

ge·schmei·chelt [ゲ・シュマイヒェるト] *schmeicheln (お世辞を言う)の 過分

Ge·schmei·de [ゲ・シュマイデ gə-ʃmáidə] 中 -s/-《雅》(高価な) 装身具.

ge·schmei·dig [ゲ・シュマイディヒ gə-ʃmáidɪç] 形 ① 曲げやすい, しなやかな; 弾力性のある. ein *geschmeidiges* Leder しなやかな革. ② 敏捷な, すばしこい. *geschmeidige* Bewegungen すばやい動き. ③ 融通の利く, 駆け引きのうまい. ④《工》延性 (展性)のある.

Ge·schmei·dig·keit [ゲ・シュマイディヒカイト] 女 -/ しなやかさ; 弾力[性]; 融通の利くこと;《工》延性, 展性.

Ge·schmeiß [ゲ・シュマイス gə-ʃmáis] 中 -es/ ① うじ虫, 害虫. ② ならず者, 人間のくず. ③《狩》猛禽の糞.

ge·schmerzt [ゲ・シュメルツト] *schmerzen (痛む)の 過分

ge·schmie·det [ゲ・シュミーデット] *schmieden (鉄などを鍛える)の 過分

Ge·schmier [ゲ・シュミーァ gə-ʃmíːr] 中 -[e]s/《口語》べとべとしたもの; なぐり書き, 乱筆; 駄作; へたな文 (絵).

Ge·schmie·re [ゲ・シュミーレ gə-ʃmíːrə] 中 -s/《口語》= Geschmier

ge·schmiert [ゲ・シュミーァト] ＊schmieren (油を差す)の過分

ge·schminkt [ゲ・シュミンクト] ＊schminken (化粧する)の過分

ge·schmis·sen [ゲ・シュミッセン] ＊schmeißen (投げる)の過分

ge·schmol·zen [ゲ・シュモるツェン] ＊schmelzen (溶ける)の過分

Ge·schmor·te[s] [ゲ・シュモーァテ[ス] gəʃmóːrtə(s)] 中《複》なし; 語尾変化は形容詞と同じ《口語》《料理》シチュー.

ge·schmückt [ゲ・シュミュックト] ＊schmücken (飾る)の過分

ge·schnallt [ゲ・シュナるト] ＊schnallen (締める)の過分

ge·schnappt [ゲ・シュナップト] ＊schnappen (ぱくっと食いつこうとする)の過分

ge·schnarcht [ゲ・シュナルヒト] ＊schnarchen (いびきをかく)の過分

Ge·schnat·ter [ゲ・シュナッタァ gəʃnátər] 中 -s/《口語》がああが鳴く声;《比》おしゃべり.

ge·schneit [ゲ・シュナイト] ＊schneien (非人称で: 雪が降る)の過分

ge·schnie·gelt [ゲ・シュニーゲるト] Ⅰ schniegeln (飾りたてる) 過分 Ⅱ 形《口語》(特に男性が)めかしこんだ, 着飾った.

ge·schnit·ten [ゲ・シュニッテン] Ⅰ ＊schneiden (切る)の過分 Ⅱ 形 刻まれた, 裁断された.

ge·schnitzt [ゲ・シュニッツト] ＊schnitzen (彫る)の過分

ge·schno·ben [ゲ・シュノーベン] schnauben (荒い鼻息をする)の過分

ge·schnürt [ゲ・シュニューァト] ＊schnüren (ひもをかける)の過分

ge·scho·ben [ゲ・ショーベン] ＊schieben (押す)の過分

ge·schol·ten [ゲ・ショるテン] ＊schelten (しかる)の過分

ge·schont [ゲ・ショーント] ＊schonen (いたわる)の過分

Ge·schöpf [ゲ・シェップふ gəʃǽpf] 中 -[e]s/-e ① 被造物, 神の創造物; 生き物. Wir sind alle Gottes *Geschöpfe*. われわれはすべて神の被造物である. ② 人間; やつ. Das arme *Geschöpf*! あわれなやつだ. ③ (創作上の)人物;(想像上の)産物. ein *Geschöpf* seiner Fantasie[2] 彼の空想の産物.

ge·schöpft [ゲ・シェップふト] ＊schöpfen (くむ)の過分

ge·scho·ren [ゲ・ショーレン] scheren[1] (刈る)の過分

Ge·schoss [ゲ・ショス gəʃós] 中 -es/-e (南ド・オ·スイス: -es/-e) ① 弾丸, 弾;《比》(サッカーの)強力なシュート. Gewehr*geschoss* 小銃弾. ② 《建》階, [階]層. Erd*geschoss* 1階 / Er wohnt im ersten *Geschoss*. 彼は2階に住んでいる.

Ge·schoß ☞ 《新形》 Geschoss

Ge·schoss⸗bahn [ゲショス・バーン] 女 -/-en 弾道.

Ge·schoß⸗bahn ☞ 《新形》 Geschossbahn

ge·schos·sen [ゲ・ショッセン] ＊schießen (撃つ)の過分

ge·schraubt [ゲ・シュラオプト] Ⅰ schrauben (ねじで締める)の過分 Ⅱ 形《口語》気取った, わざとらしい, 不自然な.

ge·schreckt [ゲ・シュレックト] ＊schrecken[1] (驚かす)の過分

＊*das* **Ge·schrei** [ゲ・シュライ gəʃrái] 中 (単2) -s/ ① 叫び声, わめき声;《口語》(つまらぬことでの)大騒ぎ. ein klägliches *Geschrei* 悲鳴 / ein lautes *Geschrei*[4] erheben 大声をあげる / Mach doch kein solches *Geschrei*! そんなに大騒ぎするな. ②《方》うわさ.

Ge·schreib·sel [ゲ・シュライプセる gəʃráipsəl] 中 -s/《口語》なぐり書き; 駄文, 駄作.

ge·schrie·ben [ゲ・シュリーベン] ＊schreiben (書く)の過分

ge·schrie·en ☞ geschrien

ge·schrien [ゲ・シュリーン] ＊schreien (叫ぶ)の過分

ge·schrit·ten [ゲ・シュリッテン] ＊schreiten (歩く)の過分

ge·schun·den [ゲ・シュンデン] schinden (酷使する)の過分

Ge·schüt·telt [ゲ・シュッテるト] ＊schütteln (振る)の過分

ge·schüt·tet [ゲ・シュッテット] ＊schütten (つぐ)の過分

Ge·schütz [ゲ・シュッツ gəʃýts] 中 -es/-e 《軍》大砲, 火砲. ein schweres *Geschütz* 重砲 / grobes *Geschütz*[4] auffahren《口語》激しく反論する.

Ge·schütz⸗feu·er [ゲシュッツ・ふォイアァ] 中 -s/ 砲火.

ge·schützt [ゲ・シュッツト] Ⅰ ＊schützen (守る)の過分 Ⅱ 形 保護された.

Ge·schwa·der [ゲ・シュヴァーダァ gəʃváːdər] 中 -s/ 《軍》(空軍の)飛行隊;(海軍の)小(中)艦隊;(昔の:)騎兵中隊.

ge·schwankt [ゲ・シュヴァンクト] ＊schwanken (揺れる)の過分

ge·schwärmt [ゲ・シュヴェルムト] ＊schwärmen (群がる)の過分

Ge·schwätz [ゲ・シュヴェッツ gəʃvéts] 中 -es/《口語》むだ話, おしゃべり; うわさ.

ge·schwät·zig [ゲ・シュヴェッツィヒ gəʃvétsɪç] 形 おしゃべりな, 口数の多い, 多弁な.

Ge·schwät·zig·keit [ゲ・シュヴェッツィヒカイト] 女 -/ おしゃべり, 饒舌(じょう), 多弁.

ge·schwatzt [ゲ・シュヴァッツト] ＊schwatzen (おしゃべりをする)の過分

ge·schwebt [ゲ・シュヴェープト] ＊schweben (漂っている)の過分

ge·schweift [ゲ・シュヴァイふト] Ⅰ schweifen (さすらう)の過分 Ⅱ 形 ① 尾のある. ein *geschweifter* Stern 彗星[4]. ② 湾曲した.

ge·schwei·ge [ゲ・シュヴァイゲ gəʃváɪɡə] 《ふつう denn とともに》いわんや(まして)…でない.

Ich habe sie nicht gesehen, *geschweige* [denn] gesprochen. 私は彼女に会ったことはないし、ましてや話をしたことなどありません.

ge·schwenkt [ゲ・シュヴェンクト] *schwenken (振る)の 過分

ge·schwie·gen [ゲ・シュヴィーゲン] *schweigen (黙っている)の 過分

‡**ge·schwind** [ゲ・シュヴィント gə-ʃvínt] 形 (比較) geschwinder, (最上) geschwindest;《方》速い, 迅速な, すばやい (=schnell). *geschwinden* Schrittes 足早に / Mach *geschwind!* さっさとやれ.

ge·schwin·delt [ゲ・シュヴィンデルト] *schwindeln (非人称で: 目まいがする)の 過分

‡*die* **Ge·schwin·dig·keit** [ゲ・シュヴィンディヒカイト gə-ʃvíndɪçkaɪt] 女 (単) -/(複) -en 速度, 速さ, スピード.《米》speed). Licht*geschwindigkeit* 光速 / eine große (または hohe) *Geschwindigkeit* ハイスピード / die *Geschwindigkeit*[4] steigern (herab|setzen) スピードを上げる(落とす) / Wir fahren **mit** einer *Geschwindigkeit* von 100 Kilometern in der Stunde. われわれは時速100キロで走る / mit affenartiger *Geschwindigkeit* も のすごい速さで (←猿のような速さで).

Ge·schwin·dig·keits⹁be·gren·zung [ゲシュヴィンディヒカイツ・ベグレンツング] 女 -/-en (交通機関の)速度制限.

Ge·schwin·dig·keits⹁be·schrän·kung [ゲシュヴィンディヒカイツ・ベシュレンクング] 女 -/-en (交通機関の)速度制限.

Ge·schwin·dig·keits⹁mes·ser [ゲシュヴィンディヒカイツ・メッサァ] 男 -s/- スピードメーター, 速度計.

‡*das* **Ge·schwis·ter** [ゲ・シュヴィスタァ gə-ʃvístər] 中 (単2) -s/(複) - (3格のみ -n) ① 複 で (男女含めきょうだい), 兄弟姉妹. 《米》brothers and sisters). 《独》「兄弟」は Bruder, 「姉妹」は Schwester). Haben Sie *Geschwister*? ごきょうだいはいらっしゃいますか / Ich habe drei Brüder und zwei Schwestern, zusammen sind wir sechs *Geschwister*. 私は兄弟が3人、姉妹が2人で、合わせて6人きょうだいです.
② 《雅》(統計で:)きょうだいの一人.

ge·schwis·ter·lich [ゲ・シュヴィスタァリヒ] 形 兄弟姉妹の, きょうだいのような.

ge·schwitzt [ゲ・シュヴィッツト] *schwitzen (汗をかく)の 過分

ge·schwol·len [ゲ・シュヴォレン] I *schwellen[1] (ふくれる)の 過分 II 形 ① ふくらんだ, はれた. ② 誇張した, もったいぶった. eine *geschwollene* Ausdrucksweise 大げさな言い方.

ge·schwom·men [ゲ・シュヴォンメン] *schwimmen (泳ぐ)の 過分

ge·schwo·ren [ゲ・シュヴォーレン] I *schwören (誓う)の 過分 II 形 《成句的に》ein *geschworener* Feind (または Gegner) von 事[3] sein 事[3]に対する断固たる反対者である.

Ge·schwo·re·ne[r] [ゲ・シュヴォーレネ (..ナァ) gə-ʃvóːrənə (..nər)] 男 《語尾変化は形容詞と同じ》《法》(アメリカなどの)陪審員;《ドイツ》名誉裁判官.

Ge·schwulst [ゲ・シュヴルスト gə-ʃvúlst] 女 -/..schwülste 《医》腫瘍(しゅよう); できもの. eine bösartige *Geschwulst* 悪性腫瘍.

ge·schwun·den [ゲ・シュヴンデン] *schwinden (減る)の 過分

ge·schwun·gen [ゲ・シュヴンゲン] I *schwingen (揺れる)の 過分 II 形 アーチ形の, 弓形の.

Ge·schwür [ゲ・シュヴューァ gə-ʃvýːr] 中 -[e]s/-e 《医》潰瘍(かいよう); 《比》(社会の)病弊. Magen*geschwür* 胃潰瘍 / ein *Geschwür*[4] auf|schneiden 潰瘍を切開する.

Ges-Dur [ゲス・ドゥーァ] 中 -/ 《音楽》変ト長調 (記号: Ges).

ge·se·gelt [ゲ・ゼーゲルト] *segeln (帆走する)の 過分

ge·seg·net [ゲ・ゼーグネット] I *segnen (祝福する)の 過分 II 形 ① 祝福された, 幸福な. *Gesegnetes* Neues Jahr! 新年おめでとう. ② 十分な, 豊かな. einen *gesegneten* Schlaf haben ぐっすり眠る / mit 人·物[3] *gesegnet* sein 《雅》(ふつう皮肉に:) 人·物[3](子供·富などに)に恵まれている.

ge·se·hen [ゲ・ゼーエン] ‡sehen (見える)の 過分

ge·sehnt [ゲ・ゼーント] *sehnen (再帰で: あこがれる)の 過分

Ge·selch·te[s] [ゲ・ゼるヒテ[ス] gə-zélçtə[s]] 中 複 なし; 語尾変化は形容詞と同じ 《南ドイツ, オーストリア》くん製の肉.

‡*der* **Ge·sel·le** [ゲ・ゼれ gə-zélə] 男 (単2·3·4) -n/(複) -n ① (手工業の)職人 (Lehrling 「見習い」と Meister 「親方」の中間段階). ②若者, やつ. ein lustiger *Geselle* 愉快なやつ. ③《話》仲間, 同僚.

ge·sel·len [ゲ・ゼれン gə-zélən] 再帰 (h) *sich*[4] *gesellen* ① 《*sich*[4] zu 人[3] ~》(人[3]の)仲間になる. Auf dem Heimweg *gesellte er sich* zu ihr. 帰りがけに, 彼は彼女と一緒になった. ②《*sich*[4] zu 事[3] ~》(事[3]に)付け加わる. Zu meiner Erkältung *gesellten sich* auch noch Ohrenschmerzen. 風邪に加えて耳も痛くなった.

Ge·sel·len⹁brief [ゲゼれン・ブリーふ] 男 -[e]s/-e 職人検定合格証.

Ge·sel·len⹁stück [ゲゼれン・シュテュック] 中 -[e]s/-e (徒弟が)職人検定試験に提出する作品.

ge·sel·lig [ゲ・ゼリヒ gə-zélɪç] 形 ① 社交的な, 人づき合いのいい;《生》群居性の, 群棲(ぐんせい)の. Sie ist sehr *gesellig*. 彼女はとても社交的だ. ② (会合などが)気楽な, くつろいだ. ein *geselliges* Beisammensein 懇親会(親睦会).

Ge·sel·lig·keit [ゲ・ゼリヒカイト] 女 -/-en ① 複 なし 社交, 交際, 人づき合い. ② 懇親会, 社交上の集まり.

‡*die* Ge·sell·schaft [ゲ・ゼルシャフト gəzél∫aft] 囡 (単) -/(複) -en ① **社会**; 利益社会. (英 *society*). (⇨英)「共同社会」は Gemeinschaft). die bürgerliche *Gesellschaft* 市民社会 / die Stellung der Frau[2] in der *Gesellschaft* 社会における女性の地位 / die vornehme (または feine) *Gesellschaft* 上流社会.
② (社交的な)**会合**, 集い, パーティー; サークル. Abend*gesellschaft* 夜のパーティー / eine geschlossene *Gesellschaft* 会員制(内輪)のパーティー / eine *Gesellschaft*[4] geben パーティーを催す.
③ **交際**, つき合い; [交際]仲間. Er sucht ihre *Gesellschaft*. 彼は彼女との交際を求めている / [人][3] *Gesellschaft*[4] leisten [人][3]のお相手をする / **in** schlechte *Gesellschaft* geraten 悪い仲間に入る / Er trank **zur** *Gesellschaft* ein Glas Wein mit. 彼はおつき合いにワインを一杯飲んだ.
④ **団体**, 協会; 組合. eine wissenschaftliche *Gesellschaft* 学術団体 / **in** eine *Gesellschaft* ein|treten ある団体に入会する.
⑤ (経) **会社**. Aktien*gesellschaft* 株式会社 / eine *Gesellschaft* mit beschränkter Haftung (略: GmbH).

Ge·sell·schaf·ter [ゲ・ゼるシャフタァ gəzél∫aftər] 男 -s/- ① (パーティーなどの)ホスト役, [話し]相手; 社交家, 人づき合いのうまい人. ② 《商》(合資会社などの)社員, 共同出資者. (英 女性形は Gesellschafterin).

***ge·sell·schaft·lich** [ゲ・ゼるシャフトりヒ gəzél∫aftlıç] 形 ① **社会の, 社会的な**; 公共の. (英 *social*). die *gesellschaftliche* Entwicklung 社会の発展 / die *gesellschaftliche* Tätigkeit 社会的活動. ② 上流社会の, 社交界の; 社交的な. *gesellschaftliche* Formen 上流社会の作法. ③ (マルクス主義で:)共有の, (旧東ドイツで:)社会に貢献する.

Ge·sell·schafts·an·zug [ゲぜるシャフツ・アンツーク] 男 -[e]s/..züge 礼服, 夜会服.

ge·sell·schafts·fä·hig [ゲ・ゼるシャフツ・フェーイヒ] 形 [上流]社会に出入りできる, 社交界に受け入れられる.

Ge·sell·schafts·kri·tisch [ゲぜるシャフツ・クリーティッシュ] 形 社会批判の.

Ge·sell·schafts·ord·nung [ゲぜるシャフツ・オルドヌング] 囡 -/-en 社会体制; 社会秩序.

Ge·sell·schafts·rei·se [ゲぜるシャフツ・ライゼ] 囡 -/-n 団体旅行.

Ge·sell·schafts·schicht [ゲぜるシャフツ・シヒト] 囡 -/-en 社会階層.

Ge·sell·schafts·spiel [ゲぜるシャフツ・シュピーる] 田 -[e]s/-e (数名で楽しむ)ゲーム, 室内遊戯.

Ge·sell·schafts·tanz [ゲぜるシャフツ・タンツ] 男 -es/..tänze 社交ダンス.

ge·sen·det [ゲ・ゼンデット] *senden (放送する) の 過分

ge·senkt [ゲ・ゼンクト] *senken (下ろす) の 過分

ge·ses·sen [ゲ・ゼッセン] *sitzen (座っている) の 過分

‡*das* Ge·setz [ゲ・ゼッツ gə-zéts] 田 (単2) -es/(複) -e (3格のみ -en) ① **法律**, 法規, おきて. (英 *law*). Straf*gesetz* 刑法 / ein strenges *Gesetz* 厳しい法律 / Das *Gesetz* tritt sofort in Kraft. その法律はただちに発効する / ein *Gesetz*[4] ein|bringen 法案を提出する / ein *Gesetz*[4] beraten 法案を審議する / ein *Gesetz*[4] erlassen 法律を公布する / die *Gesetze*[4] ein|halten (brechen) 法律を守る(破る) / im Namen des *Gesetzes* 法の名において. ◊《前置詞とともに》sich **an** das *Gesetz* halten 法を守る / **gegen** die *Gesetze* verstoßen 法律に違反する / **im** *Gesetz* nach|schlagen 法典を参照する / eine Lücke im *Gesetz* 法の抜け道 / **mit** dem *Gesetz* in Konflikt geraten 法に抵触する / **nach** dem *Gesetz* 法に従って / **Vor** dem *Gesetz* sind alle gleich. 法の前ではみんな平等だ.
② 法則, 原理. Natur*gesetz* 自然法則 / das *Gesetz* von Angebot und Nachfrage 需要と供給の法則 / **nach** dem *Gesetz* der Serie[2] 連続の法則によって, 二度あることは三度あるというわけで.
③ 規則, 決まり, (行動などの)原則. ein ungeschriebenes *Gesetz* 不文律 / die *Gesetze* der Dichtung[2] 作詩上の決まり.

Ge·setz·blatt [ゲゼッツ・ブらット] 田 -[e]s/..blätter 法律広報, 官報.

Ge·setz·buch [ゲゼッツ・ブーフ] 田 -[e]s/..bücher 法典.

Ge·setz·ent·wurf [ゲゼッツ・エントヴるふ] 男 -[e]s/..würfe 法案.

Ge·set·zes·kraft [ゲゼッツェス・クラふト] 囡 -/ 法的効力.

Ge·set·zes·vor·la·ge [ゲゼッツェス・ふォーァらーゲ] 囡 -/-n 法案.

ge·setz·ge·bend [ゲゼッツ・ゲーベント] 形 立法の. die *gesetzgebende* Gewalt 立法権.

Ge·setz·ge·ber [ゲゼッツ・ゲーバァ] 男 -s/- 立法機関, 立法者(府).

Ge·setz·ge·bung [ゲゼッツ・ゲーブング] 囡 -/-en 立法.

***ge·setz·lich** [ゲ・ゼッツりヒ gə-zétslıç] 形 **法律[上]の**, 法定の; 合法の. (英 *legal*). *gesetzliche* Bestimmungen 法規 / ein *gesetzlicher* Feiertag 法律で定められた祝日 / Das ist *gesetzlich* verboten. それは法律で禁じられている.

Ge·setz·lich·keit [ゲ・ゼッツりヒカイト] 囡 -/ ① 合法(適法)性. ② 合法(適法)状態.

ge·setz·los [ゲゼッツ・ろース] 形 法律のない, 無法の.

Ge·setz·lo·sig·keit [ゲゼッツ・ろーズィヒカイト] 囡 -/-en ① 《複 なし》無法[状態]. ② 法律の無視.

ge·setz·mä·ßig [ゲゼッツ・メースィヒ] 形 ① 規則的な, 法則どおりの. ② 合法的な, 適法の.

Ge·setz⹁mä·ßig·keit [ゲゼッツ・メースィヒカイト] 女 -/ ① 規則性, 法則性. ② 合法(適法)性.

ge·setzt [ゲ・ゼッツト] **I** ✱setzen (再帰的で: 座る)の 過分. ◇«成句的に» *gesetzt* [den Fall], dass... …と仮定すれば. **II** 形 落ち着いた, 慎重な, 分別のある. **in** *gesetzten* Jahren sein 分別盛りの年齢である.

ge·setz·ten⹁falls [ゲゼッツテン・ふァるス] 副 «成句的に» *gesetztenfalls*, dass... …と仮定すれば.

Ge·setzt·heit [ゲ・ゼッツトハイト] 女 -/ 落ち着き, 慎重, 分別.

ge·setz⹁wid·rig [ゲ・ゼッツ・ヴィードリヒ] 形 《法》法律違反の, 違法の, 非合法の. eine *gesetzwidrige* Handlung 違法行為.

Ge·setz·wid·rig·keit [ゲ・ゼッツ・ヴィードリヒカイト] 女 -/ 法律違反, 違法[性].

ge·seufzt [ゲ・ゾイふツト] ✱seufzen (ため息をつく)の 過分.

ge·si·chert [ゲ・ズィッヒャァト] ✱sichern (安全にする)の 過分.

✱✱**das Ge·sicht**[1] [ゲ・ズィヒト gə-zíçt]

> 顔 Er hat ein blasses *Gesicht*.
> エァ ハット アイン ブらッセス ゲズィヒト
> 彼は青白い顔をしている.

中 (単2) -[e]s/(複) -er (3格のみ -ern) ① 顔. (英) face). (☞ Körper 図). Poker*gesicht* ポーカーフェイス / ein hübsches *Gesicht* かわいい顔 / ein rundes (schmales) *Gesicht* 丸顔(細面(ほそおもて)) / ein bekanntes *Gesicht* 《比》顔見知り / ein neues *Gesicht* 《比》新顔 / Ihr *Gesicht* strahlte. 彼女の顔は[喜びに]輝いた / Sein *Gesicht* verzerrte sich. 彼の顔は[怒りに]ゆがんだ / das *Gesicht*[4] ab|wenden 顔を背ける / das *Gesicht*[4] verzerren 顔をしかめる / Er zeigte sein wahres *Gesicht*. 彼は正体を現した(←本当の顔を).
◇«前置詞とともに» Er ist seinem Vater wie **aus** dem *Gesicht* geschnitten. 彼は父親に瓜(うり)二つだ (←父の顔から切り取ったようだ) / 人[3] **ins** *Gesicht* sehen 人[3]の顔を直視する / den Tatsachen[3] ins *Gesicht* sehen 事実を直視する / 人[3] ins *Gesicht* schlagen a) 人[3]の顔をなぐる, b) 《比》人[3]を侮辱する / 人[3] ins *Gesicht* lachen 人[3]をあざけり笑う / 人[3] 事[4] ins *Gesicht* sagen 人[3]に事[4]をあからさまに言う / 人[3] ins *Gesicht* springen 《口語》(怒って)人[3]につかみかかる / Er lachte **über** das ganze *Gesicht*. 《口語》彼は相好を崩して笑った / Der Hut steht ihr gut **zu** *Gesicht*. その帽子は彼女の顔によく似合う.

....

顔の部分: Stirn 額 / Braue 眉 / Auge 目 / Ohr 耳 / Nase 鼻 / Wange 頬 / Mund 口 / Lippe 唇 / Zahn 歯 / Kinn あご

....

② 顔つき, 表情; 外見, 様子. ein freundliches (böses) *Gesicht* 愛想のいい(怒った)顔 / das *Gesicht* der Stadt[2] 町の様子 / ein langes *Gesicht*[4] machen がっかりした表情をする (←長い顔をする) / ein anderes *Gesicht*[4] auf|setzen (または machen) (一変して)愛想のいい顔をする / ein anderes *Gesicht*[4] bekommen 様子が変わる / ein offizielles *Gesicht*[4] an|nehmen もっともらしい顔つきをする / Die Lüge steht ihm im *Gesicht* geschrieben. うそだということが彼の顔に書いてある / 人[3] 事[4] **vom** *Gesicht* ab|lesen 人[3]の顔つきから事[4]を読み取る.

③ 《比》面目, 体面. das *Gesicht*[4] wahren (verlieren) 面目を保つ(失う).

④ 《複 なし》視力; 視野. Sein *Gesicht* lässt nach. 彼の視力は衰えつつある / das zweite *Gesicht* 千里眼 / 人・物[4] **aus** dem *Gesicht* verlieren 人・物[4]を見失う / 人・物[4] **zu** *Gesicht* bekommen 人・物[4]を目にする / 人[3] **zu** *Gesicht* kommen 人[3]の目に触れる.

Ge·sicht[2] [ゲ・ズィヒト] 中 -[e]s/-e 幻, 幻影.

Ge·sich·ter [ゲ・ズィヒタァ] ✱*Gesicht*[1] (顔)の 複.

Ge·sichts⹁aus·druck [ゲズィヒツ・アオスドルック] 男 -[e]s/..drücke 顔の表情, 顔つき. ein ernster *Gesichtsausdruck* 真剣な顔つき.

Ge·sichts⹁far·be [ゲズィヒツ・ふァルベ] 女 -/ 顔色, 血色. eine frische *Gesichtsfarbe*[4] haben 血色がよい.

Ge·sichts⹁feld [ゲズィヒツ・ふェルト] 中 -[e]s/-er 視野, 視界.

Ge·sichts⹁kreis [ゲズィヒツ・クライス] 男 -es/-e ① 視野; 《比》(精神的な)視野. seinen *Gesichtskreis* erweitern 視野を広める / einen weiten (beschränkten) *Gesichtskreis* haben 視野が広い(狭い). ② 《古》地平(水平)線.

Ge·sichts⹁punkt [ゲズィヒツ・プンクト] 男 -[e]s/-e 視点, 観点, 見地. **von** diesem *Gesichtspunkt* **aus** betrachtet この観点から見ると.

Ge·sichts⹁was·ser [ゲズィヒツ・ヴァッサァ] 中 -s/(種類:) ..wässer (顔につける)化粧水, ローション.

Ge·sichts⹁win·kel [ゲズィヒツ・ヴィンケる] 男 -s/- ① 《理》視角. ② 視点. **unter** diesem *Gesichtswinkel* この視点から見れば.

Ge·sichts⹁zug [ゲズィヒツ・ツーク] 男 -[e]s/..züge 《ふつう 複》顔だち, 容貌(ようぼう).

ge·sie·det [ゲ・ズィーデット] ✱sieden (沸く)の 過分.

ge·siegt [ゲ・ズィークト] ✱siegen (勝つ)の 過分.

Ge·sims [ゲ・ズィムス gə-zíms] 中 -es/-e 《建》コルニス, 蛇腹.

Ge·sin·de [ゲ・ズィンデ gə-zíndə] 中 -s/- 《古》(特に農家の)召使, 使用人.

Ge·sin·del [ゲ・ズィンデる gə-zíndəl] 中 -s/ 無頼の徒, ならず者.

ge·sinnt [ゲ・ズィント gə-zínt] 形 (…な)考え方をする, (…の)心を有する. ein fortschrittlich gesinnter Politiker 進歩的な考えを持つ政治家 / Er ist mir freundlich gesinnt. 彼は私に好意を持っている.

*die **Ge·sin·nung** [ゲ・ズィンヌング gə-zínuŋ] 囡 (単) -/(複) -en 考え方, [心的]態度; 信念, 思想的立場. politische Gesinnung 政治的信念 / Er hat mehrmals seine Gesinnung gewechselt. 彼は何度か自分の考え方を変えた / Sie hat eine fortschrittliche Gesinnung. 彼女は進歩的な考え方をしている / Er zeigte seine wahre Gesinnung. 彼は本心を明かした.

Ge·sin·nungs⊰ge·nos·se [ゲズィンヌングス・ゲノッセ] 男 -n/-n (特に政治上の)同志.

ge·sin·nungs⊰los [ゲズィンヌングス・ロース] 形 定見のない, 無節操な.

ge·sin·nungs⊰treu [ゲズィンヌングス・トロイ] 形 節操のある, 信念を貫く.

ge·sit·tet [ゲ・ズィッテット gə-zítət] 形 しつけ(行儀)のよい, 礼儀正しい, 道徳をわきまえた; 開けた, 文明化した(国など).

Ge·sit·tung [ゲ・ズィットゥング] 囡 -/《雅》礼儀正しさ, 礼節, 上品さ.

Ge·socks [ゲ・ゾックス gə-zóks] 中 -[es]《俗》ならず者たち.

Ge·söff [ゲ・ゼフ gə-zéf] 中 -[e]s/-e《俗》まずい飲み物, 安酒.

ge·sof·fen [ゲ・ゾッフェン] *saufen (飲む)の 過分

ge·so·gen [ゲ・ゾーゲン] *saugen (吸う)の 過分

ge·sollt [ゲ・ゾルト] *sollen¹ (するべきだ)の 過分

ge·son·dert [ゲ・ゾンダァト] I sondern² (より分ける)の 過分 II 形 別々の, 個別の.

ge·son·nen [ゲ・ゾンネン] I *sinnen (思案する)の 過分 II 形 ①《zu 不定詞[句]とともに; 述部としてのみ》(…の)つもりである. Ich bin nicht gesonnen, meinen Plan aufzugeben. 私は計画を中止するつもりはない. ②(…な)考え方をする, (…の)心を有する(=gesinnt).

ge·sorgt [ゲ・ゾルクト] *sorgen (世話をする)の 過分

ge·sot·ten [ゲ・ゾッテン] *sieden (沸く)の 過分

ge·spal·ten [ゲ・シュパルテン] I *spalten (割る)の 過分 II 形 割れた, 裂けた; 分裂した.

ge·spal·tet [ゲ・シュパルテット] *spalten (割る)の 過分

Ge·spann [ゲ・シュパン gə-ʃpán] 中 -[e]s/-e ①(車につながれた)一連の牛馬; (一連の牛馬の)ひく車. ②(人間の)カップル, ペア. Die beiden geben ein gutes Gespann ab. その二人はぴったり息が合っている.

*****ge·spannt*** [ゲ・シュパント gə-ʃpánt] I *spannen (ぴんと張る)の 過分 II 形 (比較) gespannter, (最上) gespanntest ① 期待に満ちた, (好奇心などで)わくわくした. in gespannter Erwartung 期待にわくわくして / auf 人·事⁴ gespannt sein 人·事⁴を心待ちにしている / Ich bin gespannt, wie sie darauf reagiert. 彼女がそれにどんな反応を示すか私は興味津々(しんしん)だ. ② 緊張した, 緊迫した. eine gespannte Lage 緊迫した局面.

Ge·spannt·heit [ゲ・シュパントハイト] 囡 -/ ① 期待感, 好奇心. ② 緊張, 緊迫.

ge·spart [ゲ・シュパールト] *sparen (蓄える)の 過分

ge·speist [ゲ・シュパイスト] *speisen (食事をする)の 過分

ge·spen·det [ゲ・シュペンデット] *spenden (寄付する)の 過分

*das **Ge·spenst** [ゲ・シュペンスト gə-ʃpénst] 中 -[e]s (まれに -s)/(複) -er (3格のみ -ern) 幽霊, 亡霊, お化け. (英 ghost). Hier geht ein Gespenst um. ここに幽霊が出る / Du siehst aus wie ein Gespenst. 君は青ざめているよ(←幽霊のように見える) / Gespenster⁴ sehen《比》ありもしないことを心配する, いらない心配をする / das Gespenst des Krieges《比》(迫り来る)戦争の脅威.

ge·spens·ter·haft [ゲ・シュペンスタァハふト] 形 幽霊のような, 薄気味悪い.

ge·spens·tig [ゲ・シュペンスティヒ gə-ʃpénstɪç] 形 幽霊のような, 不気味な, 気味の悪い.

ge·spens·tisch [ゲ・シュペンスティッシュ gə-ʃpénstɪʃ] 形 =gespenstig

ge·sperrt [ゲ・シュペルト] *sperren (遮断する)の 過分

ge·spie·en ☞ 新形 gespien

Ge·spie·le [ゲ・シュピーレ gə-ʃpíːlə] 男 -n/-n 遊び友だち, 幼なじみ;《戯》恋人(男性).

Ge·spie·lin [ゲ・シュピーリン gə-ʃpíːlɪn] 囡 -/..linnen 遊び友だち, 幼なじみ(女性);《戯》恋人(女性).

ge·spielt [ゲ・シュピールト] *spielen (遊ぶ)の 過分

ge·spien [ゲ・シュピーン] speien (唾を吐く)の 過分

Ge·spinst [ゲ・シュピンスト gə-ʃpínst] 中 -es/-e より糸, つむぎ糸;(くもなどの)巣;《織》目の粗い織物. Seidengespinst まゆ / ein Gespinst von Lügen《比》うそのかたまり(←うその織り物).

ge·spitzt [ゲ・シュピッツト] *spitzen (とがらす)の 過分

ge·spon·nen [ゲ・シュポンネン] *spinnen (紡ぐ)の 過分

Ge·spött [ゲ・シュペット gə-ʃpét] 中 -[e]s/ あざけり[の的], 物笑い[の種]. 人⁴ zum Gespött der Leute² machen 人⁴を人々の笑い草にする / zum Gespött werden 嘲笑(ちょうしょう)の的になる.

ge·spot·tet [ゲ・シュポッテット] *spotten (あざ笑う)の 過分

*das **Ge·spräch** [ゲ・シュプレーヒ gə-ʃpréːç] 中 (単 2) -[e]s/(複) -e (3格のみ -en) ① 会話, 話し合い, 対話, 会談.《英 conversation》. ein offenes Gespräch 率直な話し合い / ein politisches Gespräch 政治会談 / das Ge-

gesprächig

*sprach*⁴ ab|brechen 談話を中断する / mit 囚³ ein *Gespräch*⁴ führen 囚³と話し合う / das *Gespräch*⁴ auf 事⁴ bringen 話を事⁴の方へ持っていく / ein *Gespräch* zwischen Lehrer und Schülern 教師と生徒たちとの話し合い / *Gespräch* unter vier Augen 二人だけの話し合い / mit 囚³ ins *Gespräch* kommen 囚³と話し合いを始める / mit 囚³ im *Gespräch* bleiben 囚³との話し合い(折衝)を継続する.

② (電話の)**通話**. (英 call). Ferngespräch 長距離電話 / ein dringendes *Gespräch* 緊急通話 / ein *Gespräch*⁴ nach Berlin an|melden ベルリンへの通話を申し込む / ein *Gespräch*⁴ mit Tokio führen 東京と通話する / Legen Sie das *Gespräch* bitte auf mein Zimmer! この通話を私の部屋へつないでください.

③ (世間の)**話題**. Tages*gespräch* 時の話題, トピック / das *Gespräch* der ganzen Stadt² 町中の話の種 / im *Gespräch* sein 話題になっている.

類語 das **Gespräch**: (一般的な意味での)会話. der **Rede**: 対話. der **Rede**: (ある考えを系統的に説明する)話, 演説. der **Vortrag**: (公の場で行う)講演. die **Unterhaltung**: (日常のことを話題にした)歓談, 談笑. die **Plauderei**: おしゃべり.

---

ge·sprä·chig [ゲ・シュプレーヒヒ gə-ʃpréːçiç] 形 話し好きな, おしゃべりな.

Ge·sprä·chig·keit [ゲ・シュプレーヒヒカイト] 女 -/ 話し好き.

Ge·sprächs⹀part·ner [ゲシュプレーヒス・パルトナァ] 男 -s/- 話し相手.

Ge·sprächs⹀stoff [ゲシュプレーヒス・シュトふ] 男 -[e]s/-e 話題.

Ge·sprächs⹀wei·se [ゲシュプレーヒス・ヴァイゼ] 副 会話の中で, 話しているうちに.

ge·spreizt [ゲ・シュプライツト] I *spreizen (広げる)の 過分 II 形 大げさな, 誇張した, わざとらしい(言い方・文体など).

Ge·spreizt·heit [ゲ・シュプライツトハイト] 女 -/ 大げさ, わざとらしさ, 不自然さ.

ge·sprengt [ゲ・シュプレングト] *sprengen (爆破する)の 過分

ge·spren·kelt [ゲ・シュプレンケルト] I sprenkeln (斑点をつける)の 過分 II 形 斑点(はん)のある, まだらの.

ge·spritzt [ゲ・シュプリッツト] *spritzen (水などをまく)の 過分

ge·spro·chen [ゲ・シュプロッヘン] *sprechen (話す)の 過分

ge·spros·sen [ゲ・シュプロッセン] sprießen (発芽する)の 過分

ge·spru·delt [ゲ・シュプルーデルト] *sprudeln (わき出る)の 過分

ge·sprüht [ゲ・シュプリュート] *sprühen (吹き付ける)の 過分

ge·sprun·gen [ゲ・シュプルンゲン] *springen (跳ぶ)の 過分

ge·spuckt [ゲ・シュプックト] *spucken (唾を吐く)の 過分

ge·spült [ゲ・シュピューるト] *spülen (すすぐ)の 過分

Ge·spür [ゲ・シュピューァ gə-ʃpýːr] 中 -s/ 勘, 感覚, センス. ein feines *Gespür*⁴ für 事⁴ haben 事⁴に対する繊細な感覚をもつ.

ge·spürt [ゲ・シュピューァト] *spüren (感じる)の 過分

Ge·sta·de [ゲ・シュターデ gə-ʃtáːdə] 中 -s/- 《詩》(海・湖・川などの)岸.

***die* Ge·stalt** [ゲ・シュタるト gə-ʃtált] 女 (単) -/(複) -en ①『ふつう 単』形, 形状; (人間の)体つき, 姿. (英 form). eine runde Gestalt 丸い形 / eine schlanke Gestalt すらりとした体つき / Er hat eine kräftige Gestalt. 彼はがっしりした体つきをしている / *Gestalt*⁴ an|nehmen (または gewinnen) (計画などが)具体的になる / 物³ *Gestalt*⁴ geben (または verleihen) 物³を具体化する / der Teufel in *Gestalt* einer Schlange² 蛇の姿をした悪魔 / ein Mann von hagerer *Gestalt* やせ細った男 / Sie ist zierlich von *Gestalt*. 彼女の容姿はきゃしゃだ.

② (だれとははっきりしない)人影, 物影. Eine dunkle *Gestalt* kam näher. 黒い人影が近寄って来た.

③ (重要な)人物; (文学作品などの)登場人物. die zentrale *Gestalt* eines Romans 小説の中心人物 / die großen *Gestalten* der Geschichte² 歴史上の偉人たち.

***ge·stal·ten** [ゲ・シュタるテン gə-ʃtáltən] du gestaltest, er gestaltete (gestaltete, *hat* ... gestaltet) I 他 (完了 haben) 形作る, 形成する. (英 form). eine Vase⁴ aus Ton gestalten 陶土で花びんを形作る / den Abend gemütlich gestalten 夜の集まりをくつろげたものにする / 事⁴ zu einem Drama gestalten 事⁴をドラマに仕立てる / Der Park *wurde* völlig neu *gestaltet*. 『受動・過去』公園はまったく新しく作り変えられた.

II 再帰 (完了 haben) *sich*⁴ *gestalten* (事柄が…に)展開する, (…の)状態になる. *sich*⁴ günstig *gestalten* 有利に展開する / Die Sache *gestaltete sich* anders als erwartet. 事件は予想外の展開をした / *sich*⁴ zu einem Erfolg *gestalten* (ある事柄が)成功する.

ge·stal·te·risch [ゲ・シュタるテリッシュ gə-ʃtáltərɪʃ] 形 創造的な, 造形的な.

ge·stal·tet [ゲ・シュタるテット] *gestalten (形作る)の 過分

ge·stal·te·te [ゲ・シュタるテテ] *gestalten (形作る)の 過去

ge·stalt⹀los [ゲシュタるト・ろース] 形 形のない, 実体のない; 抽象的な.

Ge·stalt⹀psy·cho·lo·gie [ゲシュタるト・プスュヒョろギー] 女 -/ ゲシュタルト(形態)心理学.

Ge·stal·tung [ゲ・シュタるトゥング] 女 -/-en ①『ふつう 単』形成, 構成, 造形, デザイン,

Freizeits*gestaltung* 余暇の利用の仕方 / die äußere *Gestaltung* einer Zeitschrift² 雑誌の外面のレイアウト. ② (芸) 造形物, 作られたもの.

Ge·stam·mel [ゲ・シュタンメル gə-ʃtáməl] 中 -s/ しきりにどもること; つかえつかえの話.

ge·stam·melt [ゲ・シュタンメルト] *stammeln (どもりながら言う)の 過分

ge·stammt [ゲ・シュタムト] *stammen (…の出身である)の 過分

ge·stampft [ゲ・シュタンプフト] *stampfen (どしんどしんと足を踏み鳴らす)の 過分

ge·stand [ゲ・シュタント] *gestehen (白状する)の 過去

ge·stan·den [ゲ・シュタンデン] I ‡stehen (立っている), *gestehen (白状する)の 過分 II 形 経験豊かな, 老練な, ベテランの.

ge·stän·dig [ゲ・シュテンディヒ gə-ʃténdıç] 形 白状(自白)した.

*das **Ge·ständ·nis** [ゲ・シュテントニス gə-ʃténtnıs] 中 (単 2) ..nisses/(複) ..nisse (3 格のみ ..nissen) 自白, 白状; 告白. (英 confession). ein erzwungenes *Geständnis* 強制自白 / ein *Geständnis*⁴ ab|legen 自白する /⌊人⌋³ ein *Geständnis*⁴ machen ⌊人⌋³に告白する.

Ge·stän·ge [ゲ・シュテンゲ gə-ʃténə] 中 -s/- ① 柵(ミミ). ② (工) リンク装置, 連動棒(ミミ).

Ge·stank [ゲ・シュタンク gə-ʃtáŋk] 男 -[e]s/ 悪臭.

Ge·sta·po [ゲスターポ gestá:po または ゲシュターポ gəʃtá:po] 女 -/ (略) ゲシュタポ (ナチスの秘密国家警察) (= Geheime Staatspolizei).

ge·starrt [ゲ・シュタルト] *starren (じっと見つめる)の 過分

ge·star·tet [ゲ・シュタルテット] ‡starten (スタートする)の 過分

***ge·stat·ten** [ゲ・シュタッテン gə-ʃtátən] du gestattest, er gestattet (gestattete, *hat* ...gestattet) I 他 (定了 haben) 許す, 許可する, 容認する. (英 allow, permit). *Gestatten* Sie eine Frage? お尋ねしてもよろしいでしょうか / *Gestatten* Sie, dass ich rauche? たばこを吸ってもよろしいでしょうか / Ich komme, wenn es die Umstände *gestatten*. 事情が許せば参ります. ◇(目的語なしでも) *Gestatten* Sie? (お人の前を通るときなどに:) ちょっと失礼します. (☞ 類語 erlauben).
II 再帰 (定了 haben) *sich*³ *車*⁴ *gestatten* 《雅》車⁴をあえてする. *Darf* ich mir gestatten, Sie morgen anzurufen? あす電話してもよろしいでしょうか / Wenn Sie mir eine Bemerkung gestatten darf,... 一言申し上げてよければ...

ge·stat·tet [ゲ・シュタッテット] ‡gestatten (許す)の 過分

ge·stat·te·te [ゲ・シュタッテテ] ‡gestatten (許す)の 過分

ge·staunt [ゲ・シュタオント] *staunen (驚く)の 過分

ge·staut [ゲ・シュタオト] *stauen (せき止める)の 過分

Ges·te [ゲステ géstə または ゲーステ gé:stə] 女 -/-n ① 身ぶり, ジェスチャー. mit großer *Geste* 大仰な身ぶりで. ② (間接的な) 意志表示; 見せかけ, ポーズ. Diese Einladung ist nur eine höfliche *Geste*. この招待は単に儀礼的なジェスチャーにすぎない.

Ge·steck [ゲ・シュテック gə-ʃték] 中 -[e]s/-e ① フラワーデザイン, 生け花. ② 《南ドイツ・オーストリア》帽子の飾り (羽根など).

ge·steckt [ゲ・シュテックト] ‡stecken (差し込む)の 過分

ge·ste·hen [ゲ・シュテーエン gə-ʃté:ən] (gestand, *hat* ...gestanden) 他 (定了 haben) ① 白状する, (犯行などを) 認める. (英 confess). das Verbrechen⁴ *gestehen* 犯行を白状した. [um] die Wahrheit⁴ zu *gestehen* 本当のことを言うと / Ich muss zu meiner Schande *gestehen*, dass... 恥ずかしいことではあるが, 私は…だと認めざるをえない. ◇《過去分詞の形で》 Offen *gestanden*, ich... 実を言うと, 私は…

Ge·ste·hungs‖kos·ten [ゲシュテーウングス・コステン] 複 (経) 生産費, 原価.

ge·stei·gert [ゲ・シュタイガァト] *steigern (上げる)の 過分

Ge·stein [ゲ・シュタイン gə-ʃtáın] 中 -[e]s/-e ① 岩石. ② 岩塊 (= Fels).

Ge·stell [ゲ・シュテル gə-ʃtél] 中 -[e]s/-e ① 台, 足場, 骨組; 書架, 棚; (家具・ミシン・いすなどの) 脚部; (眼鏡・ベッドなどの) フレーム. Bücher*gestell* 書架, 書棚 / Bett*gestell* ベッドのフレーム. ② (機械などの) 台[座], 足台; 《俗》(人間の) 脚. ③ 《俗》ひょろっとした人.

ge·stellt [ゲ・シュテルト] I ‡stellen (立てる)の 過分 II 形 ポーズをつけた, わざとらしい. ② (成句的に) gut (schlecht) *gestellt* sein 経済状態が良い (悪い) / auf sich⁴ [selbst] *gestellt* sein (経済的に) 自立している.

ge·stemmt [ゲ・シュテムト] *stemmen (頭上に持ち上げる)の 過分

ge·stem·pelt [ゲ・シュテンペルト] *stempeln (スタンプを押す)の 過分

‡**ges·tern** [ゲスタァン géstərn]

> きのう　*Gestern* war ich bei ihm.
> ゲスタァン ヴァール イヒ バイ イーム
> きのう私は彼の所にいた.

副 ① きのう, 昨日は. (英 yesterday). (対 「きょう」は heute, 「あす」は morgen). *gestern* Abend 昨晩 / *gestern* Morgen きのうの朝 / *gestern* Nachmittag きのうの午後 / Ich habe ihn gestern gesehen. 私はきのう彼に会った / bis (seit) *gestern* 昨日まで (昨日から) / Die Zeitung ist von *gestern*. この新聞はきのうのだ / Er ist doch nicht von *gestern*. 《口

語》彼は無知(未熟)ではないよ(←きのう生まれたわけではない).
② 過去に. die Welt von *gestern* 過去の世界 / Seine Idee ist einfach von *gestern*. 《口語》彼のアイディアはもう時代遅れだ.

ge·steu·ert [ゲ·シュトイアァト] *steuern (運転する)の 過分

ge·stickt [ゲ·シュティックト] *sticken (刺しゅうする)の 過分

ge·stie·felt [ゲ·シュティーフェルト] I stiefeln (大股でのっしのっしと歩いて行く)の 過分 II 形 長靴をはいた. der *Gestiefelte* Kater 長靴をはいた[雄]猫(ペローの童話の主人公).

ge·stie·gen [ゲ·シュティーゲン] *steigen (登る)の 過分

ge·stif·tet [ゲ·シュティフテット] *stiften (設立·基金を出す)の 過分

Ges·tik [ゲスティク géstɪk または ゲース.. géː..] 女 -/ 身ぶり, 手まね, ジェスチュア.

ges·ti·ku·lie·ren [ゲスティクリーレン gɛstikuliːrən] 自 (h) (…の)身ぶり手ぶりをする.

ge·stimmt [ゲ·シュティムト] *stimmen (事実に合っている)の 過分

Ge·stirn [ゲ·シュティルン gə·ʃtírn] 中 -[e]s/-e 《雅》天体(太陽·月·星など); (総称として:)星. Er ist unter einem glücklichen *Gestirn* geboren.《状態受動·現在》《比》彼は幸せな星の下に生まれている.

ge·stirnt [ゲ·シュティルント] 形《雅》星でいっぱいの, 星のまたたく(空など).

ge·sto·ben [ゲ·シュトーベン] *stieben (飛び散る)の 過分

Ge·stö·ber [ゲ·シュテーバァ gə·ʃtǿːbər] 中 -s/- (強風による雨·ほこりなどの)吹きつけ; 吹雪.

ge·sto·chen [ゲ·シュトッヘン] I *stechen (刺す)の 過分 II 形 細心な, 念入りな(筆跡など); 正確な(パンチなど).

ge·stockt [ゲ·シュトックト] *stocken (止まる)の 過分

ge·stoh·len [ゲ·シュトーれン] *stehlen (盗む)の 過分

ge·stöhnt [ゲ·シュテーント] *stöhnen (うめく)の 過分

ge·stol·pert [ゲ·シュトるパァト] *stolpern (つまずく)の 過分

ge·stopft [ゲ·シュトプふト] *stopfen (繕う)の 過分

ge·stoppt [ゲ·シュトプト] *stoppen (止める)の 過分

ge·stor·ben [ゲ·シュトルベン] *sterben (死ぬ)の 過分

ge·stört [ゲ·シュテーァト] I *stören (じゃまをする)の 過分 II 形 問題のある; 障害のある. geistig *gestört* sein 精神に障害がある.

ge·sto·ßen [ゲ·シュトーセン] *stoßen (突く)の 過分

Ge·stot·ter [ゲ·シュトッタァ gə·ʃtótər] 中 -s/ 《口語》しきりにどもること, つかえつかえ話すこと.

ge·stot·tert [ゲ·シュトッタァト] *stottern (どもる)の 過分

ge·straft [ゲ·シュトラーふト] *strafen (罰する)の 過分

ge·strahlt [ゲ·シュトラーるト] *strahlen (光を発する)の 過分

ge·sträubt [ゲ·シュトロイプト] *sträuben (逆立てる)の 過分

Ge·sträuch [ゲ·シュトロイヒ gə·ʃtrɔ́yç] 中 -[e]s/ 低木の茂み, やぶ; 灌木(ぬき)林, 叢林(誌).

ge·strebt [ゲ·シュトレープト] *streben (得ようと努力する)の 過分

ge·streckt [ゲ·シュトレックト] *strecken (伸ばす)の 過分

ge·strei·chelt [ゲ·シュトライヒェるト] *streicheln (なでる)の 過分

ge·streift [ゲ·シュトライふト] I *streifen (軽く触れる)の 過分 II 形 縞(よ)のある, ストライプの. ein *gestreiftes* Kleid 縞模様のワンピース.

ge·streikt [ゲ·シュトライクト] *streiken (ストライキをする)の 過分

ge·streng [ゲ·シュトレング gə·ʃtréŋ] 形 厳しい, 厳格な. ein *gestrenger* Lehrer 厳格な先生.

ge·streut [ゲ·シュトロイト] *streuen (まく)の 過分

ge·stri·chelt [ゲ·シュトリッヒェるト] I stricheln (破線で描く)の 過分 II 形 破線(点線)で書かれた.

ge·stri·chen [ゲ·シュトリッヒェン] I *streichen (塗る)の 過分. ◇《成句的に》Frisch *gestrichen*! (揭示などで:)ペンキ塗りたて. II 形 ① 縁(き)まで(すりきり)いっぱいの. ein *gestrichener* Teelöffel Zucker ティースプーンの縁までいっぱいの砂糖. ② 線を引いて消した.

ge·strickt [ゲ·シュトリックト] *stricken (編む)の 過分

gest·rig [ゲストリヒ géstrɪç] 形 ① 《付加語としてのみ》昨日の, きのうの. die *gestrige* Zeitung 昨日の新聞 / am *gestrigen* Tag 昨日. ② 《比》古くさい, 時代遅れの.

ge·strit·ten [ゲ·シュトリッテン] *streiten (争う)の 過分

ge·strömt [ゲ·シュトレームト] *strömen (流れ出る)の 過分

Ge·strüpp [ゲ·シュトリュプ gə·ʃtrýp] 中 -[e]s/-e やぶ, 茂み;《比》からみ合い.

Ge·stühl [ゲ·シュテューる gə·ʃtýːl] 中 -[e]s/-e (総称として:) (教会·劇場などの)いす席, 座席.

ge·stun·ken [ゲ·シュトゥンケン] *stinken (臭いにおいがする)の 過分

ge·stürmt [ゲ·シュテュルムト] *stürmen (非人称で: あらしが吹く)の 過分

ge·stürzt [ゲ·シュテュルツト] *stürzen (転落する)の 過分

Ge·stüt [ゲ·シュテュート gə·ʃtýːt] 中 -[e]s/-e ① [種]馬の飼育場. ② 飼育場にいる一群の馬. ③ 馬の血統証明.

ge·stützt [ゲ·シュテュッツト] *stützen (支える)の 過分

Ge·such [ゲ·ズーフ gə·zúːx] 中 -[e]s/-e (役所などへ出す)申請[書]; 申し込み[用紙]. ein

*Gesuch*⁴ ein|reichen 申請書を出す.

ge·sucht [ゲ・ズーフト] **I** *suchen (さがす)の 過分 **II** 形 ① わざとらしい，気取った(言い回しなど). ② 需要の多い，(人から)求められる. ein *gesuchter* Anwalt 売れっ子弁護士.

***ge·sund** [ゲ・ズント gə-zúnt]

> 健康な Sie ist wieder *gesund*.
> ズィー イスト ヴィーダァ ゲズント
> 彼女はまた元気になった．

形 (比較 gesünder, 最上 gesündest まれに 比較 gesunder, 最上 gesundest) ① **健康な，元気な，丈夫な**. (英 *healthy*). (←→ 「病気の」は krank). ein *gesundes* Kind 健康な子供 / ein *gesunder* Magen 丈夫な胃 / Er hat einen *gesunden* Appetit. 彼は食欲旺盛(ホネ)だ / Bleiben Sie *gesund*! 体に気をつけてください / Der Arzt hat ihn *gesund* geschrieben. 医者は彼の健康証明書を書いた / Diese Firma ist *gesund*. 《比》この企業は健全な経営をしている. (☞ 類語 lebhaft).

② **健康によい，体によい**. eine *gesunde* Lebensweise 健康に配慮した生活法 / Obst ist *gesund*. 果物は体によい.

③ 正常な，まともな. der *gesunde* Menschenverstand 良識 / Aber sonst bist du *gesund*?《口語》君は正気なのか．

ge·sund|be·ten [ゲズント・ベーテン gəzúntbè:tən] 他 (h) (人⁴の病気がなおるように)加持祈禱(ポ)する．

Ge·sund∮brun·nen [ゲズント・ブルンネン] 男 -s/- (効力のある)鉱泉;《雅》健康の源泉.

ge·sun·den [ゲ・ズンデン gə-zúndən] 自 (s) 《雅》病気が直る，回復する;《比》正常に復する，(景気などが)元の状態にもどる．

ge·sün·der [ゲ・ズュンダァ] *gesund (健康な)の 比較

ge·sün·dest [ゲ・ズュンデスト] *gesund (健康な)の 最上

*die **Ge·sund·heit** [ゲ・ズントハイト gəzúnthaɪt] 女 (単) -/ **健康**;《比》健全さ. (英 *health*). (←→ 「病気」は Krankheit). Er ist die *Gesundheit* selbst. 彼は健康そのものだ / Er hat eine eiserne *Gesundheit*. 彼は頑健そのものである (←鉄のような健康を持つ) / **bei guter *Gesundheit* sein** 健康である / *Gesundheit*! (くしゃみをした人に)お大事に / Das schadet der *Gesundheit*³. それは健康に悪い / **Auf Ihre *Gesundheit*!** (乾杯の際に:)あなたのご健康を祈って．

ge·sund·heit·lich [ゲ・ズントハイトリヒ] 形 健康上の，衛生上の；健康によい．Wie geht's *gesundheitlich*? 体の具合はどう？

Ge·sund·heits∮amt [ゲズントハイツ・アムト] 中 -[e]s/..ämter 衛生局，保健所．

Ge·sund·heits∮be·wusst [ゲズントハイツ・ベヴスト] 形 健康を意識した，健康に留意した．

ge·sund·heits∮be·wußt ☞ 新形 gesundheitsbewusst

ge·sund·heits∮hal·ber [ゲズントハイツ・ハるバァ] 副 健康上の理由で．

Ge·sund·heits∮pfle·ge [ゲズントハイツ・プふれーゲ] 女 -/ 健康(衛生)管理．

ge·sund·heits∮schäd·lich [ゲズントハイツ・シェートりヒ] 形 健康に害のある，非衛生的な．

Ge·sund·heits∮we·sen [ゲズントハイツ・ヴェーゼン] 中 -s/ (総称として)保健衛生機関．

Ge·sund·heits∮zeug·nis [ゲズントハイツ・ツォイクニス] 中 ..nisses/..nisse 健康診断書．

Ge·sund·heits∮zu·stand [ゲズントハイツ・ツーシュタント] 男 -[e]s/ 健康状態．

ge·sün·digt [ゲ・ズュンディヒト] *sündigen (罪を犯す)の 過分

ge·sund|ma·chen [ゲズント・マッヘン gəzúnt-màxən] 再帰 (h) *sich*⁴ *gesundmachen*《口語》(巧みな商売で)大もうけをする．

ge·sund|schrei·ben* [ゲズント・シュライベン gəzúnt-ʃràɪbən] 他 (h) (人⁴の)健康証明書を書く．

ge·sund|schrumpfen [ゲズント・シュルンプふェン gəzúnt-ʃrùmpfən] 自 (h)《口語》(企業など⁴の)規模を縮小して経営を健全化する．**II** 再帰 (h) *sich*⁴ *gesundschrumpfen* (リストラなどによって)経営を立て直す．

ge·sund|sto·ßen* [ゲズント・シュトーセン gəzúnt-ʃtò:sən] 再帰 (h) *sich*⁴ *gesundstoßen* 《口語》(巧みな商売で)大もうけをする．

Ge·sun·dung [ゲ・ズンドゥング] 女 -/《雅》健康になること，病気の回復．

ge·sun·gen [ゲ・ズンゲン] *singen (歌う)の 過分

ge·sun·ken [ゲ・ズンケン] *sinken (沈む)の 過分

ge·ta·delt [ゲ・ターデるト] *tadeln (しかる)の 過分

ge·tan [ゲ・ターン] *tun (する)の 過分

ge·tankt [ゲ・タンクト] *tanken (タンクに入れる)の 過分

ge·tanzt [ゲ・タンツト] *tanzen (踊る)の 過分

ge·tas·tet [ゲ・タステット] *tasten (手探りする)の 過分

ge·taucht [ゲ・タオホト] *tauchen (潜る)の 過分

ge·tauft [ゲ・タオふト] *taufen (洗礼を施す)の 過分

ge·tauscht [ゲ・タオシュト] *tauschen (交換する)の 過分

ge·täuscht [ゲ・トイシュト] *täuschen (だます)の 過分

ge·taut [ゲ・タオト] *tauen¹ (解ける)の 過分

ge·teilt [ゲ・タイるト] **I** *teilen (分ける)の 過分 **II** 形 分かれた(意見など)；分割された；分かち合った(悲しみなど)；《数》割った．15 *geteilt* durch 3 ist 5. 15 割る 3 は 5．

Ge·tier [ゲ・ティーァ gə-tí:ɐ̯] 中 -[e]s/ (総称として)[小]動物；虫けら．

ge·ti·gert [ゲ・ティーガァト] **I** tigern (歩いて出かける)の 過分 **II** 形 虎(ㅏ)のような縞(ㅏ)のある(猫

ge·tippt [ゲ・ティップト] *tippen¹（軽くたたく）の 過分

ge·tobt [ゲ・トープト] *toben（荒れ狂う）の 過分
ge·tönt [ゲ・テーント] *tönen（響く）の 過分
Ge·tö·se [ゲ・テーゼ gə-tö́:zə] 中 -s/ 絶えざる 轟音(ごう), どよめき. mit Getöse すさまじい音 をたてて.
ge·tö·tet [ゲ・テーテット] *töten（殺す）の 過分
ge·tra·gen [ゲ・トラーゲン] I *tragen（持ち運ぶ）の 過分 II 形 ① 着(は)き古した. ② 荘重な，厳かな（音楽・話し方など）.
Ge·tram·pel [ゲ・トランペる gə-trámpəl] 中 -s/《口語》しきりに足を踏み鳴らすこと（音）.

*das **Ge·tränk** [ゲ・トレンク gə-tréŋk] 中 (単2) -[e]s/(複) -e (3格のみ -en) 飲み物.《愛 drink）. Erfrischungsgetränk 清涼飲料 / ein kaltes (warmes) Getränk 冷たい（温かい）飲み物 / alkoholische (alkoholfreie) Getränke アルコール飲料（ソフトドリンク）/ den Gästen³ Getränke⁴ an|bieten 客たちに飲み物を出す.

（メモ） 飲み物のいろいろ: Apfelsaft りんごジュース / Cola コーラ / Kaffee コーヒー / Kakao ココア / Kräutertee ハーブティー / Limonade レモネード / Milch ミルク / Mineralwasser ミネラルウォーター / Orangensaft オレンジジュース / Tee 紅茶 / Traubensaft グレープジュース

Apfelwein りんご酒 / Bier ビール / Glühwein 温めたワイン / Korn 穀物焼酎 / Schnaps シュナップス / Sekt 発泡ワイン / Wein ワイン

Ge·trän·ke·au·to·mat [ゲトレンケ アオトマート] 男 -en/-en 飲み物用自動販売機.
ge·trau·en [ゲ・トラオエン gə-tráuən] 再帰 (h) sich⁴（または sich³）事⁴ getrauen 事⁴をあえてする，事⁴をする勇気がある. Ich getraute mich nicht, ihn anzureden. 私は彼に話しかける勇気がなかった.
ge·trau·ert [ゲ・トラオアァト] *trauern（悲しむ）の 過分
ge·träumt [ゲ・トロイムト] *träumen（夢を見る）の 過分
ge·traut [ゲ・トラオト] *trauen（信用する），getrauen（再帰：あえてする）の 過分

*das **Ge·trei·de** [ゲ・トライデ gə-tráidə] 中 (単2) -s/(複) -(3格のみ -n) （総称として：）穀物，穀類.《愛 grain）. Getreide⁴ an|bauen（ernten）穀物を栽培する（収穫する）/ Das Getreide steht dieses Jahr gut. 今年は穀物の作柄がよい.

（メモ） 穀物のいろいろ: Gerste 大麦 / Hafer カラス麦 / Mais トウモロコシ / Reis 米 / Roggen ライ麦 / Weizen 小麦

Ge·trei·de·spei·cher [ゲトライデ・シュバイヒャァ] 男 -s/- 穀物倉庫，サイロ.
ge·trennt [ゲ・トレント] I *trennen（切り離す）の 過分 II 形 分けられた，別[々]の. getrennte Kasse⁴ machen 別々に清算する / mit getrennter Post 別便で / getrennt leben 別居する.
ge·tre·ten [ゲ・トレーテン] *treten（歩む）の 過分
ge·treu [ゲ・トロイ gə-trói] 形 ①《雅》忠実な，誠実な，信頼できる. ein getreuer Freund 誠実な友人 / seinem Versprechen getreu handeln 約束に忠実に行動する. ② 正確な，実物どおりの. eine getreue Übersetzung 正確な（原文に忠実な）翻訳.
ge·treu·lich [ゲ・トロイりヒ] 形《雅》① 忠実な. ② 正確な，ありのままの.
Ge·trie·be [ゲ・トリーベ gə-trí:bə] 中 -s/- ①《工》（自動車の）変速機，歯車装置；《比》機構，仕組み，メカニズム. ② 活発な活動；雑踏，混雑. im Getriebe einer Großstadt² 大都会のあわただしさの中で.
ge·trie·ben [ゲ・トリーベン] *treiben（追いたてる）の 過分
ge·trock·net [ゲ・トロックネット] *trocknen（乾かす）の 過分
ge·trof·fen [ゲ・トロッふェン] *treffen（会う），triefen（ぽたぽた落ちる）の 過分
ge·tro·gen [ゲ・トローゲン] *trügen（欺く）の 過分
ge·trom·melt [ゲ・トロンメるト] *trommeln（太鼓をたたく）の 過分
ge·tropft [ゲ・トロプふト] *tropfen（滴り落ちる）の 過分
ge·trost [ゲ・トロースト gə-tró:st] I 副 安心して(…してよい). Du kannst getrost nach Hause gehen. 君は遠慮せずに家へ帰っていいんだよ. II 形 安心した. Sei getrost! 安心しなさい.
ge·trös·tet [ゲ・トレーステット] *trösten（慰める）の 過分
ge·trotzt [ゲ・トロッツト] *trotzen（抵抗する）の 過分
ge·trübt [ゲ・トリュープト] *trüben（にごらせる）の 過分
ge·trun·ken [ゲ・トルンケン] *trinken（飲む）の 過分
Get·to [ゲットー géto] 中 -s/-s ゲットー（ユダヤ人を隔離して居住させた地区）；（少数民族・集団の）居住地区.
ge·tue [ゲ・トゥーエ gə-tú:ə] 中 -s/《口語》大げさなふるまい；空騒ぎ.
Ge·tüm·mel [ゲ・テュンメる gə-týməl] 中 -s/-s《ふつう単》雑踏，人ごみ；混乱. das Getümmel eines Festes お祭りの人ごみ.
ge·türmt [ゲ・テュルムト] *türmen¹（積み上げる）の 過分
ge·turnt [ゲ・トゥルント] *turnen（体操をする）の 過分
ge·übt [ゲ・ユープト] I *üben（練習する）の 過分 II 形 よく訓練された；熟練（熟達）した. in 事³ geübt sein 事³に熟達している.
ge·ur·teilt [ゲ・ウァタイるト] *urteilen（判断す

Ge·viert [ゲ・フィーアト] 中 -[e]s/-e 正方形, 四辺形; 正方形の広場(空地). zwölf Meter **im** *Geviert* 12 メートル平方.

das **Ge·wächs** [ゲ・ヴェクス gə-véks] 中 (単2) -es/(復) -e (3格のみ -en) ① 植物. Garten*gewächs* 園芸植物 / tropische *Gewächse* 熱帯植物. ② (農作物, 特にワインについて)…産[のもの]. ein 90er (=neunziger) *Gewächs* [19]90年産のワイン / eigenes *Gewächs* 自家製のワイン. ③ はれ物, でき物; 腫瘍(しゅよう). ④《俗》(あるタイプの)人間, やつ. ein eigenartiges *Gewächs* 一風変わったやつ.

ge·wach·sen [ゲ・ヴァクセン] I **wachsen*¹ (成長する)の過分 II 形 ①《成句的に》人・事³ *gewachsen* sein an) 人³に匹敵する, 人³と比べて遜色(そんしょく)がない, 事³を克服できる, 人³に堪えられる. ② 成長した. ③ 自然のままの.

Ge·wächs·haus [ゲヴェクス・ハオス] 中 -es/..häuser (農・園芸)温室.

ge·wacht [ゲ・ヴァハト] *wachen(目を覚している)の過分

ge·wa·ckelt [ゲ・ヴァッケルト] *wackeln(ぐらぐらする)の過分

ge·wagt [ゲ・ヴァークト] I *wagen(思いきってする)の過分 II 形 ① 思いきった, 大胆な; 危険な. eine *gewagte* Behauptung 大胆な主張. ② きわどい, ひんしゅくを買うような.

ge·wählt [ゲ・ヴェールト] I *wählen(選ぶ)の過分 II 形 選ばれた, えり抜きの; 洗練された, 上品な. eine *gewählte* Ausdrucksweise 洗練された表現.

ge·wahr [ゲ・ヴァール gə-váːr] 形《雅》《成句的に》人・物⁴(または 人・物²) *gewahr* werden 人・物⁴(または 人・物²)に気づく, 目を留める / 事⁴(または事²) *gewahr* werden あとになって事⁴(または事²)に気づく ⇨ Er wurde seines Irrtum (または seines Irrtums) *gewahr*. 彼はあとになって自分の間違いに気づいた.

Ge·währ [ゲ・ヴェーァ gə-vέːr] 女-/ 保証, 担保. ohne *Gewähr* 保証なしで / **für** 事⁴ *Gewähr*⁴ leisten 事⁴を保証する.

ge·wah·ren [ゲ・ヴァーレン gə-váːrən] 他 (h) 《雅》(思いがけなく)認める, 気づく.

*   **ge·wäh·ren** [ゲ・ヴェーレン gə-vέːrən] (gewährte, *hat*...gewährt) I 他 (完了 haben) ① (人³に希望するもの⁴を)**与える**, 認める, 許可する. (英 grant). 人³ Asyl⁴ *gewähren* 人³の亡命を許す / 5 % (=Prozent) Rabatt⁴ *gewähren* (お客に)5 パーセント割引きしてあげる / Die Mutter *gewährte* ihm Trost. 母親が彼にとっては慰めだった. ② (人³の願いなど⁴を)かなえてやる. 人³ einen Wunsch *gewähren* 人³の望みをかなえてやる. II 自 (完了 haben)《成句的に》人⁴ *gewähren* lassen 人⁴を好きなように(思いどおりに)させる.

ge·währ·leis·ten [ゲヴェーァ・ライステン gə-vέːr-laıstən] (過分 gewährleistet) 他 (h) 保証する. die Sicherheit⁴ *gewährleisten* 安全を保証する. (⇨ *Gewähr* leisten ともつづる) ⇨ **Gewähr**

Ge·währ·leis·tung [ゲヴェーァ・らイストゥング] 女 -/-en ① 保証. ②《法》担保.

Ge·wahr·sam [ゲ・ヴァールザーム] I 男 -s/ ① 保管, 保護. 物⁴ in *Gewahrsam* bringen 物⁴を保管(保護)する. ② 拘留, 監禁. 人⁴ in *Gewahrsam* nehmen 人⁴を拘留する. II 中 -s/-e《古》刑務所, 牢獄.

Ge·währs·mann [ゲヴェーァス・マン] 男 -[e]s/..männer (または ..leute) (支持してくれる)証人;(信頼できる)情報提供者.

ge·währt [ゲ・ヴェーァト] *gewähren(与える)の過分

ge·währ·te [ゲ・ヴェーァテ] *gewähren(与える)の過去

Ge·wäh·rung [ゲ・ヴェールング] 女 -/-en《ふつう単》承認, 許可; 願いをかなえること.

die **Ge·walt** [ゲ・ヴァるト gə-vált] 女(単)-/(複) -en ① 権力, 支配力. (英 power). Befehls*gewalt* 命令権 / die staatliche (richterliche) *Gewalt* 国家権力(司法権) / die elterliche *Gewalt*《法》親権 / 人・物⁴ **in** seiner *Gewalt* haben 人・物⁴を意のままにできる / sich⁴ in der *Gewalt* haben 自制する / Sie stehen völlig in (または **unter**) seiner *Gewalt*. 彼らは完全に彼の支配下にある / Er verlor plötzlich die *Gewalt* über seinen Wagen.《比》彼は突然車をコントロールできなくなった. (⇨ 類語 Kraft).

②《複 なし》暴力, 力ずく; (不法な)強制. (英 force). **mit** *Gewalt* 力ずくで, 無理やりに; 急激に / 人³ *Gewalt*⁴ antun《雅・婉曲》人³(女性)に暴行を加える / der *Wahrheit*³ *Gewalt*⁴ antun 真実をねじ曲げる / *Gewalt* geht vor Recht.《諺》無理が通れば道理がひっこむ (←力が正義に先行する).

③《雅》(自然界の)猛威, 激しい力. die *Gewalt* des Sturmes あらしの猛威 / höhere *Gewalt* 不可抗力.

Ge·wal·ten·tei·lung [ゲヴァるテン・タイるング] 女 -/-en《ふつう単》《政》三権分立.

ge·walt·frei [ゲヴァるト・フライ] 形 暴力を用いない, 平和的な.

Ge·walt·herr·schaft [ゲヴァるト・ヘルシャフト] 女 -/ 独裁(専制)[政治].

*   **ge·wal·tig** [ゲ・ヴァるティヒ gə-váltıç] I 形 ① 巨大な. (英 huge). ein *gewaltiges* Bauwerk 巨大な建造物. ② ものすごい, とてつもない. (英 tremendous). ein *gewaltiger* Eindruck 強烈な印象 / ein *gewaltiger* Irrtum とんでもない間違い. ③ 強力な, 権力を有する. ein *gewaltiger* Herrscher 強力な権限を有する支配者.
II 副《口語》激しく, ひどく, 大いに. Es hat *gewaltig* geschneit. ひどく雪が降った.

ge·walt·los [ゲヴァるト・ろース] 形 暴力を用いない, 非暴力の.

ge·walt·sam [ゲ・ヴァるトザーム] 形 暴力的な,

Ge·walt·streich [ゲヴァるト・シュトライヒ] 男 -[e]s/-e 不意打ち, 急襲;《政》クーデター.

Ge·walt·tat [ゲヴァると・タート] 女 -/-en 暴力[行為].

ge·walt·tä·tig [ゲヴァるト・テーティヒ] 形 暴力的な, 乱暴な.

Ge·walt·tä·tig·keit [ゲヴァるト・テーティヒカイト] 女 -/-en ①《複 なし》乱暴. ② 暴行, 暴力行為.

ge·wälzt [ゲ・ヴェるツト] *wälzen (転がす)の 過分

Ge·wand [ゲ・ヴァント gə-vánt] 中 -[e]s/..wänder (詩: -e)《雅》衣装, 式服;《比》装い, 外観. Braut*gewand* 花嫁衣装 / **in** neuem *Gewand* 装いを新たにして.

ge·wan·delt [ゲ・ヴァンデるト] *wandeln (再帰 で: 変わる)の 過分

ge·wan·dert [ゲ・ヴァンダァト] *wandern (ハイキングをする)の 過分

* **ge·wandt** [ゲ・ヴァント gə-vánt] I *wenden (向ける) 過分 II 形 (比較 gewandter, 最上 gewandtest) 熟練した, 巧みな, 器用な; 如才ない. eine *gewandte* Redeweise そつのない話し方.(☞ 類語 geschickt).

Ge·wandt·heit [ゲ・ヴァントハイト] 女 -/ 熟練, 巧妙さ, 器用さ; 機敏さ, 如才なさ.

ge·wankt [ゲ・ヴァンクト] *wanken (くらくらする)の 過分

ge·wann [ゲ・ヴァン] *gewinnen (勝つ)の 過去

ge·wän·ne [ゲ・ヴェンネ] *gewinnen (勝つ)の 接2

ge·wärmt [ゲ・ヴェルムト] *wärmen (温める)の 過分

ge·warnt [ゲ・ヴァルント] *warnen (警告する)の 過分

ge·war·tet [ゲ・ヴァルテット] *warten (待つ)の 過分

ge·wär·tig [ゲ・ヴェルティヒ gə-vértiç] 形《成句的に》事2 *gewärtig* sein 事2 を予期(覚悟)している.

ge·wär·ti·gen [ゲ・ヴェルティゲン gə-vértigən] 他 (h)《雅》① 期待する. ②(不快なこと4 を)覚悟する.

Ge·wäsch [ゲ・ヴェッシュ gə-véʃ] 中 -[e]s/《口語》むだ話, 雑談.

ge·wa·schen [ゲ・ヴァッシェン] *waschen (洗う)の 過分

Ge·wäs·ser [ゲ・ヴェッサァ gə-vésər] 中 -s/- (総称的に:) (河川・湖沼などの)水; 海洋, 河川, 湖沼. ein fließendes (stehendes) *Gewässer* 河川(湖沼).

*das **Ge·we·be** [ゲ・ヴェーベ gə-vé:bə] 中 (単2) -s/(複) - (3格のみ -n) ① 織物, 布地.《英 *fabric*》. ein wollenes *Gewebe* 毛織物 / ein dünnes *Gewebe* 薄い布地 / ein *Gewebe* von Lügen《比》張りめぐらされたうそ. ②《医・生》組織. Binde*gewebe* 結合組織 / das *Gewebe* der Nerven[2] 神経の組織.

ge·webt [ゲ・ヴェープト] *weben (織る)の 過分

ge·wech·selt [ゲ・ヴェクセるト] *wechseln (取り替える)の 過分

ge·weckt [ゲ・ヴェック] I *wecken (起こす)の 過分 II 形 利発な, 賢い.

*das **Ge·wehr** [ゲ・ヴェーァ gə-vé:r] 中 (単2) -[e]s/(複) -e (3格のみ -en) ① 銃, 小銃, 鉄砲.《英 *rifle*》. Maschinen*gewehr* 機関銃. / das *Gewehr*[4] an|legen 銃を構える / das *Gewehr*[4] laden 銃に弾丸を込める / das *Gewehr*[4] schultern 銃を担う / mit dem *Gewehr* auf 人4 zielen 銃で人4 をねらう / *Gewehr* bei Fuß stehen a) 立て銃(ツ)の姿勢でいる. b)《比》身構えている / Das *Gewehr* über!《軍》担え銃 / Präsentiert das *Gewehr*!《軍》ささげ銃. ②《狩》雄いのししのきば.

Ge·wehr≠kol·ben [ゲヴェーァ・コるベン] 男 -s/- (小銃の)床尾, 銃床.

Ge·wehr≠lauf [ゲヴェーァ・らおふ] 男 -[e]s/..läufe 銃身.

ge·wehrt [ゲ・ヴェーァト] *wehren (再帰 で: 抵抗する)の 過分

ge·weht [ゲ・ヴェート] *wehen (風が吹く)の 過分

ge·wei·gert [ゲ・ヴァイガァト] *weigern (再帰 で: 拒む)の 過分

Ge·weih [ゲ・ヴァイ gə-váI] 中 -[e]s/-e《狩》(鹿などの)[枝]角.

ge·weiht [ゲ・ヴァイト] *weihen (神聖にする)の 過分

ge·weint [ゲ・ヴァイント] *weinen (泣く)の 過分

ge·wen·det [ゲ・ヴェンデット] *wenden (裏返す)の 過分

*das **Ge·wer·be** [ゲ・ヴェルベ gə-vérbə] 中 (単2) -s/(複) - (3格のみ -n) ① 生業, 職業; 商売, 営業.《英 *trade*》. Bau*gewerbe* 建築業 / ein ehrliches *Gewerbe* まともな職業 / ein einträgliches *Gewerbe* もうかる商売 / das älteste *Gewerbe* der Welt[2]《戯》売春 (←世界で最も古い商売) / ein *Gewerbe*[4] aus|üben (または betreiben) 生業を営む. ②《複 なし》中小企業.

Ge·wer·be≠frei·heit [ゲヴェルベ・ふライハイト] 女 -/ 営業(職業)の自由.

Ge·wer·be≠ord·nung [ゲヴェルベ・オルドヌング] 女 -/ 営業法(略: GewO).

Ge·wer·be≠schein [ゲヴェルベ・シャイン] 男 -[e]s/-e 営業許可証.

Ge·wer·be≠steu·er [ゲヴェルベ・シュトイアァ] 女 -/-n 営業税.

Ge·wer·be≠trei·ben·de[r] [ゲヴェルベ・トライベンデ(..ダァ)] 男 女《語尾変化は形容詞と同じ》商売を営む人, 自営業者.

ge·werb·lich [ゲ・ヴェルプリヒ] 形 職業の, 産業の; 営業の. *gewerbliche* Tätigkeit 営業行為.

ge·werbs≠mä·ßig [ゲヴェルプス・メースィヒ]

形 営業[上]の; 職業[上]の.

***die* Ge·werk·schaft** [ゲ・ヴェルクシャフト gə-vérkʃaft] 囡 (単) -/(複) -en ① 労働組合. in eine *Gewerkschaft* ein|treten 労働組合に加入する. ②《坑》[共同持ち分]鉱業組合.

Ge·werk·schaf·ter [ゲ・ヴェルクシャふタァ gə-vérkʃaftər] 男 -s/- 労働組合員(活動家). (⇐ 女性形は Gewerkschafterin).

Ge·werk·schaft·ler [ゲ・ヴェルクシャふトラァ gə-vérkʃaftlər] 男 -s/- =Gewerkschafter

ge·werk·schaft·lich [ゲ・ヴェルクシャふトリヒ] 形 労働組合の.

Ge·werk·schafts⸗bund [ゲヴェルクシャふツ・ブント] 男 -[e]s/ 労働組合同盟. Deutscher *Gewerkschaftsbund* ドイツ労働組合総同盟(略: DGB).

Ge·werk·schafts⸗mit·glied [ゲヴェルクシャふツ・ミットグリート] 囲 -[e]s/- 労働組合員.

ge·we·sen [ゲ・ヴェーゼン] I *sein¹ (…である) の 過分 II 形《付加語としてのみ》かつての, 元の. die *gewesene* Sängerin かつて歌手だった女性.

ge·wet·tet [ゲ・ヴェッテット] *wetten (賭をする) の 過分

ge·wi·chen [ゲ・ヴィッヒェン] *weichen¹ (消え去る) の 過分

ge·wichst [ゲ・ヴィクスト] I wichsen (つや出しワックスで磨く) の 過分 II 形 ①《口語》ずる賢い. ②《古》飾りたてた, 着飾った.

***das* Ge·wicht** [ゲ・ヴィヒト gə-víçt] 囲 (単 2) -[e]s/(複) -e (3 格のみ -en) ①《覆 なし》重さ, 重量. (⇐ weight). Körper*gewicht* 体重 / das spezifische *Gewicht*《物》比重 / ein *Gewicht* von 45 kg 45 キログラムの重さ / Der Koffer hat sein *Gewicht*. そのトランクはかなり重い / 物⁴ **nach** *Gewicht* verkaufen 物⁴を重さで量り売りする.

②《覆 なし》**重要性**. auf 事⁴ *Gewicht*⁴ legen 事⁴を重要視する / Dieser Umstand fällt besonders **ins** *Gewicht*. この情況は特に重大である / eine Meinung **von** *Gewicht* 重みのある意見.

③(はかりの)分銅, おもり. Er legte drei *Gewichte* auf die Waage. 彼は分銅を3個はかりにのせた / ein *Gewicht*⁴ stemmen《スポ》重量挙げをする.

Ge·wicht·he·ber [ゲヴィヒト・ヘーバァ] 男 -s/- 重量挙げ(ウエイトリフティング)の選手.

ge·wich·tig [ゲ・ヴィヒティヒ gə-víçtıç] 形 ① 重い, 重量のある. ein *gewichtiges* Paket 重たい小包. ② 重要な, 重大な; 重々しい.

Ge·wichts⸗klas·se [ゲヴィヒツ・クラッセ] 囡 -/-n《スポ》(ボクシングなどの)体重別の階級.

Ge·wichts⸗**ver·lust** [ゲヴィヒツ・フェァるスト] 男 -[e]s/-e 体重減少; 重量の目減り.

ge·wi·ckelt [ゲ・ヴィッケルト] *wickeln (巻く) の 過分

ge·wid·met [ゲ・ヴィトメット] *widmen (ささ

げる) の 過分

ge·wieft [ゲ・ヴィーふト gə-víːft] 形《口語》ずるい, 抜け目のない.

ge·wiegt [ゲ・ヴィークト] I *wiegen² (揺り動かす) の 過分 II 形《口語》経験した, 老練な.

Ge·wie·her [ゲ・ヴィーアァ gə-víːər] 囲 -s/- (馬の)いななき; (俗)高笑い, ばか笑い.

ge·wie·sen [ゲ・ヴィーゼン] *weisen (指し示す) の 過分

ge·willt [ゲ・ヴィるト gə-vílt] 形《成句的に》*gewillt* sein, **zu** 不定詞[句]…するつもり(気)がある. Bist du *gewillt*, uns zu helfen? 君は私たちを助ける気があるのか.

Ge·wim·mel [ゲ・ヴィンメる gə-víməl] 囲 -s/- 人ごみ, 雑踏, 混雑.

Ge·wim·mer [ゲ・ヴィンマァ gə-vímər] 囲 -s/- めそめそ泣き続けること(声).

Ge·win·de [ゲ・ヴィンデ gə-víndə] 囲 -s/- ①《工》ねじ[山]. ein *Gewinde*⁴ schneiden ねじ切りをする. ②《古》(花・som枝などを編んだ)輪.

Ge·win·de⸗boh·rer [ゲヴィンデ・ボーラァ] 男 -s/-《工》ねじタップ.

ge·winkt [ゲ・ヴィンクト] *winken (合図する) の 過分

***der* Ge·winn** [ゲ・ヴィン gə-vín] 男 (単 2) -[e]s/(複) -e (3 格のみ -en) ① 利益, もうけ, 利潤; 成果. (⇐ *profit*). ein großer *Gewinn* 多額の利益 / Gewinn und Verlust 利益と損失 / *Gewinn*⁴ ab|werfen (または ein|bringen) 利益をもたらす / aus einem Geschäft *Gewinn*⁴ schlagen (または ziehen) 商売をして利益を得る / Er konnte sein Haus **mit** *Gewinn* verkaufen. 彼は家を売ってもうけた. ②《覆 なし》(比) 効用, 有益. ein Buch⁴ mit großem *Gewinn* lesen 本を読んで大いに得るところがある / einen *Gewinn* 事³ haben 事³から得るところがある(有益なことを学ぶ). ③ 当たりくじ; (くじの)賞金, 賞品. Jedes Los ist *Gewinn*. 空くじなし (←どのくじも当たりくじ).

《新形》

Ge·winn brin·gend 利益をもたらす, もうかる; 有意義な. (⇐ gewinnbringend ともつづる).

Ge·winn⸗an·teil [ゲヴィン・アンタイる] 男 -[e]s/-e《経》利益配当.

Ge·winn⸗be·tei·li·gung [ゲヴィン・ベタイリグング] 囡 -/-en《経》利潤分配[制度].

ge·winn⸗brin·gend [ゲヴィン・ブリンゲント] 形 利益をもたらす, もうかる; 有益な, 有意義な. (⇐ Gewinn bringend もつづる) ☞ Gewinn

‡**ge·win·nen*** [ゲ・ヴィンネン gə-vínən] (gewann, *hat*…gewonnen) I 他《完了》haben) ① (試合など⁴に)**勝つ**. (⇐ *win*). (⇐「負ける」は verlieren). den Krieg (einen Prozess) *gewinnen* 戦争(訴訟)に勝つ / Sie **haben** das Spiel [mit] 2:1 (= zwei zu eins) *gewonnen*. 彼らはその試合に 2 対 1 で勝った.

②(賞金など4を)獲得する. Er hat im Lotto 5000 Mark gewonnen. 彼はナンバーくじ(宝くじ)で5,000マルクもうけた / einen Pokal gewinnen 優勝カップを獲得する.

③(信頼など4を)得る, (確信など4を)持つようになる. großes Ansehen4 gewinnen 大きな信望を得る / Macht4 gewinnen 権力を握る / Ich habe sein Vertrauen gewonnen. 私は彼の信頼を得た / einen Vorsprung gewinnen 優位に立つ / Zeit4 gewinnen 時間を稼ぐ / Klarheit4 über 事4 gewinnen 事4がはっきりわかってくる / Ich gewann den Eindruck, dass … という印象を受けた / 人4 lieb gewinnen 人4を好きになる.

④(説得して人4に)参加してもらう, (味方などに)なってもらう. 人4 als Mitglied gewinnen 人4にメンバーになってもらう / Er hat sie für seinen Plan gewonnen. 彼は彼女を自分の計画に引き入れた / 人4 zum Freund gewinnen 人4を友だちにする. ⑤(石炭などを)採掘する. ⑥《A4 aus B3 ～》(A4をB3から)製造する. Saft4 aus Äpfeln gewinnen ジュースをりんごから作る. ⑦《雅》(ある場所4に)たどり着く.

II 自 (完了 haben) ① (試合などで)勝つ, 優勝する. (くじで)当たる; (くじが)当たる. Er hat [in diesem Spiel] klar gewonnen. 彼は[この試合で]圧勝した / in der Lotterie gewinnen 宝くじに当たる / Jedes Los gewinnt. 空くじなし (←どのくじも当たる).

② 引きたつ, よくなる. Das Gedicht gewinnt durch diese Änderung sehr. その詩はこのように変えることによってぐんとよくなる.

③《an 事3 ～》(事3を)増す. Das Flugzeug gewann an Höhe. 飛行機は高度を上げた / an Reiz gewinnen 魅力を増す.

ge·win·nend [ゲ・ヴィンネント] I *gewinnen (勝つ)の 現分 II 形 感じのいい, 魅力的な. ein gewinnendes Lächeln 魅力的なほほえみ.

Ge·win·ner [ゲ・ヴィンナァ gə-vínər] 男 -s/- 勝者, 受賞者. (宝くじの)当選者. (☞ 女性形は Gewinnerin).

Ge·winn·span·ne [ゲヴィン・シュパンネ] 女 -/-n 《経》利ざや, マージン.

Ge·winn·sucht [ゲヴィン・ズフト] 女 -/ ..süchte 《ふつう 単》利欲, 利益追求心.

ge·winn·süch·tig [ゲヴィン・ズュヒティヒ] 形 利欲に駆られた, 貪欲な.

Ge·win·nung [ゲ・ヴィンヌング] 女 -/-en 《ふつう 単》(鉱物の)採掘; (材木の)伐採; 生産, 産出. die Gewinnung von Erdöl 石油の産出.

Ge·winn·zahl [ゲヴィン・ツァール] 女 -/-en 《ふつう 複》(くじの)当選番号.

Ge·win·sel [ゲ・ヴィンぜる gə-vínzəl] 中 -s/ ①(犬が)くんくん泣くこと(声); めそめそ泣き続けること(声). ② 哀願, 哀訴.

ge·wir·belt [ゲ・ヴィルベルト] *wirbeln (渦を巻く)の 過分

ge·wirkt [ゲ・ヴィルクト] *wirken (作用する)の 過分

Ge·wirr [ゲ・ヴィル gə-vír] 中 -[e]s/-e ① (糸などの)もつれ. ② 混乱, ごたごた.

ge·wischt [ゲ・ヴィシュト] *wischen (ふき取る)の 過分

***ge·wiss** [ゲ・ヴィス gə-vís] I 形 (比較 gewisser, 最上 gewissest) ① 確かな, 確実な. (英 certain). Ist das schon gewiss? それはもう確かですか / gewisse Nachrichten 確かな情報 / Eine Strafe ist ihm gewiss. 彼が罰を受けるのは確かだ. (類語 sicher).

◇《2格とともに》[sich3] 事2 gewiss sein 事2を確信している. Er war sich3 seines Erfolges gewiss. 彼は自分の成功を確信していた.

②《付加語としてのみ》ある, ある種の. aus einem gewissen Grunde ある理由で / ein gewisser Herr Meyer マイアーとかいう人 / in gewisser Beziehung (または Hinsicht)ある点で / Über gewisse Dinge spricht man nicht gern. ある種の事柄については人は話したがらぬものだ / einen gewissen Ort auf|suchen 《口語》トイレに行く.

③《付加語としてのみ》ある程度の. eine gewisse Ähnlichkeit ある程度の類似性.

II 副 ①《文全体にかかって》きっと, 確かに, 必ず. Er kommt gewiss. 彼はきっと来る.

②(返事として) [Ganz] gewiss! [まったく]そのとおり! Aber gewiss [doch]! もちろん.

ge·wiß ☞ 新形 gewiss

***das* **Ge·wis·sen** [ゲ・ヴィッセン gə-vísən] 中 (単2) -s/(複)- (英 conscience). 良心. das menschliche Gewissen 人間の良心 / das ärztliche Gewissen 医者としての良心 / ein reines Gewissen4 haben 心にやましいところがない / ein schlechtes Gewissen4 haben 心にやましいところがある / Er hat kein Gewissen. 彼には良心がない / sich3 kein Gewissen4 aus 事3 machen 事3を気に病まない / 人4 auf dem Gewissen haben 人4のこと(不幸など)に責任を感じる / 事4 auf dem Gewissen haben 事4で心がとがめている / Auf Ehre und Gewissen!(誓うときの言葉:)名誉と良心にかけて / 人3 ins Gewissen reden 人3の良心に訴える / mit gutem Gewissen reden 良心に恥じることなく / Ein gutes Gewissen ist ein sanftes Ruhekissen. (諺)心やましからざれば眠りもまた安らかなり (←良心は柔らかい安眠のまくら).

ge·wis·sen·haft [ゲ・ヴィッセンハフト] 形 入念な, 精密な, 良心的な. eine gewissenhafte Untersuchung 綿密な調査 / Sie arbeitet sehr gewissenhaft. 彼女はとても入念に仕事をする.

Ge·wis·sen·haf·tig·keit [ゲ・ヴィッセンハフティヒカイト] 女 -/ 入念さ, 良心的なこと.

ge·wis·sen·los [ゲ・ヴィッセン・ろース] 形 良心のない, 不誠実な, 無責任な.

Ge·wis·sen·lo·sig·keit [ゲヴィッセン・ろーズィヒカイト] 女 -/-en ① 《複 なし》良心のなさ, 不誠実, 無責任. ② 不誠実(背信的)な行為.

Ge·wis·sens·biss [ゲヴィッセンス・ビス] 男 -es/-e 《ふつう 複》良心の苛責(かしゃく), 罪悪感

Gewölbe

Gewissensbisse[4] bekommen 良心の苛責を感じる.
Ge·wis·sens⸗biß ☞ 新形 Gewissensbiss
Ge·wis·sens⸗**frei·heit** [ゲヴィッセンス・フライハイト] 囡 -/ 良心の自由.
Ge·wis·sens⸗**kon·flikt** [ゲヴィッセンス・コンフリクト] 男 -[e]s/-e 良心の葛藤(かっとう).

***ge·wis·ser·ma·ßen** [ゲヴィッサァ・マーセン gəvísər-másən] 副 いわば, ある意味で, ある程度まで. Er ist *gewissermaßen* ihr Freund. 彼はいわば彼女の恋人だ.

Ge·wiss·heit [ゲヴィスハイト] 囡 -/-en 《ふつう 単》確実[性]; 確信; 確証, 確実なこと(もの). **mit** *Gewissheit* はっきりと, 確実に / **zur** *Gewissheit* werden 確実なものとなる.

Ge·wiß·heit ☞ 新形 Gewissheit
ge·wiss·lich [ゲ・ヴィスリヒ] 副 《雅》確かに, きっと.
ge·wiß·lich ☞ 新形 gewisslich

das **Ge·wit·ter** [ゲ・ヴィッタァ gə-vítər] 中 (単2) -s/(複) - (3格のみ -n) ① 雷雨, 夕立. (英 *thunderstorm*). ein heftiges *Gewitter* 激しい雷雨 / Ein *Gewitter* droht (または zieht auf). 雷雨が近づいている.
② 《比》激しいいさかい, 騒動. ein häusliches *Gewitter* 家庭争議.

ge·wit·tern [ゲ・ヴィッタァン gə-vítərn] 非人称 (h) Es *gewittert*. 雷雨になる.
Ge·wit·ter⸗re·gen [ゲヴィッタァ・レーゲン] 男 -s/- 雷雨, 夕立. **in einen** *Gewitterregen* geraten 夕立に遭う.
ge·wit·ter⸗schwül [ゲ・ヴィッタァ・シュヴュール] 形 《雷雨でも来そうに》蒸し暑い.
ge·witt·rig [ゲ・ヴィットリヒ gə-vítriç] 形 雷雨(夕立)が来そうな; 雷雨の.
ge·wit·zigt [ゲ・ヴィッツィヒト gə-vítsıçt] 形 《痛い目にあって》利口になった.
ge·witzt [ゲ・ヴィッツト gə-vítst] 形 抜け目のない, 利口な.
ge·wo·ben [ゲ・ヴォーベン] *weben (織る)の 過分 《雅》
ge·wo·gen [ゲ・ヴォーゲン] I *wiegen¹ (重さを量る), wägen (重さを量る)の 過分 II 形 《雅》好意的な, 親切な. 人·事³ *gewogen* sein 人·事³に好意を持っている.
Ge·wo·gen·heit [ゲ・ヴォーゲンハイト] 囡 -/ 《雅》好意, 親切.

*　**ge·wöh·nen** [ゲ・ヴェーネン gə-vǿ:nən] (gewöhnte, hat...gewöhnt) I 他 《完了》haben)《人⁴ **an** 人·物⁴ ~》《人⁴を人·物⁴に》慣れさせ, 習慣づける. Die Mutter *gewöhnt* die Kinder an Ordnung. 母親は子供たちにきちんと整理する習慣をつけさせる.
II 再帰 《完了 haben)《*sich*⁴ **an** 人·物⁴ ~》《人·物⁴に》慣れる. Wir **haben uns** an die neue Wohnung schon *gewöhnt*. 私たちは新しい住まいにもう慣れました / Er *gewöhnt sich* [daran], früh aufzustehen. 彼は早起きすることに慣れた.
◊ ☞ **gewöhnt**

die **Ge·wohn·heit** [ゲ・ヴォーンハイト gə-vó:nhart] 囡 (単) -/(複) -en 習慣, 習性, 癖; 慣習. (英 *habit*). Lebens*gewohnheit* 生活習慣 / eine gute *Gewohnheit* an|nehmen 良い習慣を身につける / eine schlechte *Gewohnheit*⁴ ab|legen 悪い習慣をやめる / 動⁴ **aus** *Gewohnheit* tun 動⁴を習慣でする / Das geht **gegen** meine *Gewohnheit*. それは私の習慣に反する / Das ist mir **zur** *Gewohnheit* geworden. 《現在完了》それはもう私の癖になっている.

Ge·wohn·heits⸗mä·ßig [ゲヴォーンハイツ・メースィヒ] 形 習慣的な, 癖となった.
Ge·wohn·heits⸗mensch [ゲヴォーンハイツ・メンシュ] 男 -en/-en 習慣に従って生活する人, 習慣どおりにしないと気の済まない人.
Ge·wohn·heits⸗recht [ゲヴォーンハイツ・レヒト] 中 -[e]s/-e 《ふつう 単》《法》慣習法.
Ge·wohn·heits⸗tier [ゲヴォーンハイツ・ティーァ] 中 -[e]s/-e 《戯》=Gewohnheitsmensch
Ge·wohn·heits⸗ver·bre·cher [ゲヴォーンハイツ・フェアブレッヒャァ] 男 -s/- 《法》常習犯[人].

*　**ge·wöhn·lich** [ゲ・ヴェーンリヒ gə-vǿ:nlıç] 形 ① ふつうの, いつもの, 日常の. (英 *usual*). im *gewöhnlichen* Leben 日常生活では / unter *gewöhnlichen* Umständen ふつうの場合には / zur *gewöhnlichen* Stunde いつもの時間に / **für** *gewöhnlich* たいてい, ふつう / **wie** *gewöhnlich* いつものように / Ich stehe *gewöhnlich* um 7 Uhr auf. 私はふつう7時に起床する.
② 低俗な, 卑しい, 下品な.

*　**ge·wohnt** [ゲ・ヴォーント gə-vó:nt] I *wohnen (住む)の 過分
II 形 ① いつもの, ふだんの, 通常の. (英 *usual*). zur *gewohnten* Stunde いつもの時間に / in *gewohnter* Weise いつものやり方で / mit *gewohnter* Sorgfalt 例のごとく慎重に.
② 《動⁴に》慣れている. Sie ist harte Arbeit *gewohnt*. 彼女はつらい仕事に慣れている / Ich bin [es] *gewohnt*, früh ins Bett zu gehen. 私は早く就寝するのに慣れている.

ge·wöhnt [ゲ・ヴェーント] I *gewöhnen (慣れさせる)の 過分. 3人称単数·2人称複数 現在
II 形 《an 物⁴ ~》《物⁴に》慣れている. Ich bin an diese Arbeit *gewöhnt*. 私はこの仕事に慣れている.

ge·wöhn·te [ゲ・ヴェーンテ] *gewöhnen (慣れさせる)の 過去

Ge·wöh·nung [ゲ・ヴェーヌング] 囡 -/ 慣らすこと(慣れること), 習慣づけ; 順応, 適応. die *Gewöhnung* **an** eine neue Umgebung 新しい環境への順応.

Ge·wöl·be [ゲ・ヴェるべ gə-vǽlbə] 中 -s/- ① アーチ形天井, 丸天井; ドーム, 丸屋根;《比》大

空, 青天井. *Gewölbe des Himmels* 大空. ② 丸天井のある地下室.
ge·wölbt [ゲ・ヴェるプト] I wölben (再帰で: アーチ形にな[っている]の)過分 II 形 アーチ形の, 丸天井の, 反った; 丸く突き出た(額など).
ge·wollt [ゲ・ヴォるト] I ‡wollen¹ (欲する)の過分 II 形 わざとらしい, 不自然な. *gewollt wirken* わざとらしい感じがする.
ge·wön·ne [ゲ・ヴェンネ] ‡gewinnen (勝つ)の接2
ge·won·nen [ゲ・ヴォンネン] ‡gewinnen (勝つ)の過分
ge·wor·ben [ゲ・ヴォルベン] *werben (宣伝をする)の過分
ge·wor·den [ゲ・ヴォルデン] *werden (…の)過分
ge·wor·fen [ゲ・ヴォルフェン] *werfen (投げる)の過分
ge·wrun·gen [ゲ・ヴるンゲン] wringen (絞る)の過分
Ge·wühl [ゲ・ヴュール gə-vý:l] 中 -[e]s/ ① ひっかき回すこと. ② 雑踏, 混雑. *Menschengewühl* 人ごみ / *Er verschwand im Gewühl.* 彼は雑踏の中に消えていった.
ge·wühlt [ゲ・ヴュールト] *wühlen (穴を掘る)の過分
ge·wun·den [ゲ・ヴンデン] I *winden (再帰で: 身をくねらせる)の過分 II 形 曲がりくねった(道・川など); 持って回った. *sich⁴ gewunden aus|drücken* 持って回った言い方をする.
ge·wun·dert [ゲ・ヴンダァト] ‡wundern (驚かす)の過分
ge·wun·ken [ゲ・ヴンケン] ‡winken (合図する)の過分
ge·wünscht [ゲ・ヴュンシュト] ‡wünschen (望む)の過分
ge·wür·digt [ゲ・ヴュルディヒト] *würdigen (正当に評価する)の過分
ge·wür·felt [ゲ・ヴュルフェるト] I würfeln (さいころ遊びをする)の過分 II 形 市松模様の, チェックの, 格子縞(½)の.
Ge·würm [ゲ・ヴュルム gə-výrm] 中 -[e]s/-e (ふつう単) 総称として: ① 多数の虫; 虫けら.
***das* Ge·würz** [ゲ・ヴュルツ gə-výrts] 中 (単2) -es/(複) -e (3格のみ -en) スパイス, 香辛料, 薬味. (英 spice). *ein scharfes (mildes) Gewürz* 舌にぴりっとくる(マイルドな)スパイス / *die Soße⁴ mit Gewürzen ab|schmecken* ソースに香辛料で味つけをする.
Ge·würz=gur·ke [ゲヴュルツ・グルケ] 女 -/-n きゅうりのピクルス.
Ge·würz=kraut [ゲヴュルツ・クラオト] 中 -[e]s/..kräuter 香草, ハーブ.
Ge·würz=mi·schung [ゲヴュルツ・ミッシュング] 女 -/-en ミックススパイス.
Ge·würz=nel·ke [ゲヴュルツ・ネルケ] 女 -/-n (植) チョウジ(丁子).
ge·würzt [ゲ・ヴュルツト] *würzen (味付けする)の

過分
ge·wusst [ゲ・ヴスト] ‡wissen (知っている)の過分
ge·wußt [☞ 新形] gewusst
ge·wü·tet [ゲ・ヴューテット] *wüten (暴れる)の過分
Gey·sir [ガイズィァ gáɪzɪr] 男 -s/-e (地学) 間欠泉.
gez. [ゲ・ツァイヒネット] (略) 署名のある; 記号のある (=gezeichnet).
ge·zackt [ゲ・ツァックト] I zacken (ぎざぎざを付ける)の過分 II 形 のこぎり歯状の, ぎざぎざの[ある].
ge·zahlt [ゲ・ツァーるト] ‡zahlen (支払う)の過分
ge·zählt [ゲ・ツェーるト] ‡zählen (数を数える)の過分
ge·zähmt [ゲ・ツェームト] *zähmen (飼いならす)の過分
ge·zähnt [ゲ・ツェーント] I zähnen (歯を付ける)の過分 II 形 刻み目のある; のこぎり歯状の; ミシン目の入った(切手など).
Ge·zänk [ゲ・ツェンク gə-tséŋk] 中 -[e]s/ (絶え間のない)けんか, 口論.
ge·zankt [ゲ・ツァンクト] *zanken (再帰で: 口げんかをする)の過分
ge·zau·bert [ゲ・ツァオバァト] *zaubern (魔法を使う)の過分
ge·zeich·net [ゲ・ツァイヒネット] I ‡zeichnen (描く)の過分 II 形 ① 模様のある(動植物など). ② (雅) (…の)模様を呈した, 刻印された. *Sie war vom Tode gezeichnet.* 彼女[の顔]には死相が出ていた. ③ 署名のある (コピーに記し, 原本に本人の署名があることを示す; 略: gez.).
ge·zeigt [ゲ・ツァイクト] ‡zeigen (見せる)の過分
Ge·zei·ten [ゲ・ツァイテン gə-tsáɪtən] 複 潮の満干(ポポ), 干満, (比) 盛衰, 転変. *die Gezeiten eines Lebens* 人生の盛衰.
Ge·zei·ten=kraft·werk [ゲツァイテン・クラフトヴェルク] 中 -[e]s/-e 潮力発電所.
ge·zerrt [ゲ・ツェルト] *zerren (引っぱる)の過分
Ge·ze·ter [ゲ・ツェータァ gə-tsé:tər] 中 -s/ しきりに助けを呼ぶこと(声), 悲鳴. *über ein Gezeter⁴ an|stimmen* 単⁴に悲鳴をあげる.
ge·zie·hen [ゲ・ツィーエン] zeihen (責める)の過分
ge·zielt [ゲ・ツィーるト] I *zielen (ねらう)の過分 II 形 目標(ねらい)を定めた, 集中的な.
ge·zie·men [ゲ・ツィーメン gə-tsí:mən] I 自 (h) (雅) (人³に)ふさわしい, 似つかわしい. II 再帰 (h) (雅) *sich⁴ geziemen* 礼儀作法にかなっている, ふさわしい. *Dieses Benehmen geziemt sich nicht.* このようなふるまいは礼儀にもとる.
ge·zie·mend [ゲ・ツィーメント] I geziemen (ふさわしい)の現分 II 形 (雅) ふさわしい, 似つかわしい, 適当な.
ge·ziert [ゲ・ツィーァト] I zieren (飾る)の過分 II 形 気取った, すました, わざとらしい(話し方・身ぶりなど).

Ge·zi·schel [ゲ・ツィッシェる gətsíʃəl] 中 -s/ ひそひそ話.

ge·zischt [ゲ・ツィシュト] *zischen (しゅっしゅっと音をたてる)の 過分

ge·zit·tert [ゲ・ツィッタァト] *zittern (震える)の 過分

ge·zo·gen [ゲ・ツォーゲン] *ziehen (引く)の 過分

ge·zö·gert [ゲ・ツェーガァト] *zögern (ためらう)の 過分

Ge·zücht [ゲ・ツュヒト gəts ýçt] 中 -[e]s/-e 《ふつう 単》《雅》やくざ者, ならず者, ごろつき.

ge·züch·tet [ゲ・ツュヒテット] *züchten (飼育する)の 過分

ge·zuckt [ゲ・ツックト] *zucken (ぴくぴく動く)の 過分

ge·zün·det [ゲ・ツュンデット] *zünden (点火する)の 過分

ge·zupft [ゲ・ツァふト] *zupfen (つまんで引っぱる)の 過分

ge·zwei·felt [ゲ・ツヴァイふェるト] *zweifeln (疑う)の 過分

Ge·zweig [ゲ・ツヴァイク gətsváik] 中 -[e]s/ 《雅》(総称として:)枝.

Ge·zwit·scher [ゲ・ツヴィッチャァ gətsvítʃər] 中 -s/ (小鳥の絶え間ない)さえずり[声].

ge·zwit·schert [ゲ・ツヴィッチャァト] *zwitschern (さえずる)の 過分

ge·zwun·gen [ゲ・ツヴンゲン] I *zwingen (強いる)の 過分 II 形 ① 強いられた, 無理やりの. ② 不自然な, わざとらしい. ein gezwungenes Benehmen ぎこちない態度.

ge·zwun·ge·ner·ma·ßen [ゲツヴンゲナァ・マーセン] 副 強制的に, 無理やりに, やむをえず.

GG [ゲー・ゲー] 《略》基本法 (=Grundgesetz).

Gha·na [ガーナ gá:na] 中 -s/《国名》ガーナ[共和国](アフリカ西部ギニア湾岸. 首都はアクラ).

Ghet·to [ゲット- gétoː] 中 -s/-s ゲットー (ユダヤ人を隔離して居住させた地区); (少数民族・集団の)居住地区. (=Getto).

gib [ギープ] *geben (与える)の du に対する 命令

Gib·bon [ギッボン gíbɔn] [ジブ] 男 -s/-s 《動》テナガザル.

gibst [ギープスト] *geben (与える)の 2 人称単数 現在

gibt [ギープト] *geben (与える)の 3 人称単数 現在

Gicht [ギヒト gíçt] 女 -/ 《医》痛風.

gich·tisch [ギヒティッシュ gíçtiʃ] 形 痛風の.

Gicht⸗kno·ten [ギヒト・クノーテン] 男 -s/- 《医》痛風結節.

gicks [ギックス gíks] 《成句的に》weder gicks noch gacks sagen (wissen)《口語》うんともすんとも言わない(まるっきり知らない).

* *der* **Gie·bel**¹ [ギーベる gí:bəl] 男 (単 2) -s/ (複) -(3 格のみ -n)《建》切妻, 破風(はふ); 切妻壁. 《英 gable》. ein Haus mit einem spitzen Giebel とがった切妻の家.

Gie·bel² [ギーベる] 男 -s/-《魚》フナ(鮒).

Gier [ギーァ gíːr] 女 -/ 激しい欲望, 渇望. *Gier* nach Macht 権勢欲.

gie·ren [ギーレン gíːrən] 自 (h)《nach 物³~》《雅》《物³を熱望(渇望)する.

* **gie·rig** [ギーリヒ gíːrɪç] 形 貪欲(どんよく)な, むさぼるような. 《英 greedy》. gierige Blicke 貪欲な目つき / **nach** 物³ gierig sein 物³が欲しくてたまらない / 物⁴ gierig essen 物⁴をがつがつ(むさぼるように)食べる.

Gieß⸗bach [ギース・バッハ] 男 -[e]s/..bäche 急流, 激流.

* **gie·ßen*** [ギーセン gíːsən du gießt (goss, hat...gegossen) I 他 (定テ) haben) ① 《方向を表す語句とともに》(液体⁴を…に)注ぐ, つぐ; (誤って)こぼす. 《英 pour》. *Gießen* Sie mir Wein **ins** Glas! 私のグラスにワインをついてください / Öl⁴ ins Feuer gießen《比》火に油を注ぐ / Er *hat* die Tinte **über** das Heft *gegossen.* 彼はノートにインクをこぼした.

② (花など⁴に)水をやる, (庭など⁴に)水をまく. die Blumen⁴ *gießen* 花に水をやる. ◊《目的語に》Er *muss* fast jeden Abend *gießen.* 彼はほとんど毎晩水をやらなければならない.

③ 《冶》(鋳型に)流し込む; 鋳造する. Eisen⁴ **in** eine Form *gießen* 鉄を鋳型に流し込む / Glocken⁴ *gießen* 鐘を鋳造する.

II 非人称 (定テ) haben)《口語》Es gießt. 雨が激しく降る. Es goss in Strömen. 土砂降りの雨だった.

III 再帰 (定テ) haben)《*es gießt sich*⁴... の形で》(ポットなどの)つぎぐあいが…である. Aus dieser Kanne *gießt* es sich nicht gut. このポットはつぎにくい.

Gie·ßen [ギーセン] 中 -s/《都市名》ギーセン(ドイツ, ヘッセン州. ☞ 地図 D-3).

Gie·ßer [ギーサァ gíːsər] 男 -s/- 鋳物職人.

Gie·ße·rei [ギーセライ gìːsəráɪ] 女 -/-en ① 《複 なし》鋳造[術]. ② 鋳造所, 鋳物工場.

Gieß⸗kan·ne [ギース・カンネ] 女 -/-n じょうろ.

* *das* **Gift** [ギふト gíft] 中 (単 2) -es (まれに -s) / (複) -e (3 格のみ -en) 毒, 毒物, 毒薬. 《英 *poison*》. Rauschgift 麻薬 / ein gefährliches *Gift* 危険な毒物 / 人³ *Gift*⁴ geben 人³に毒を盛る / *Gift*⁴ nehmen 毒を飲む ⇨ Darauf kannst du *Gift nehmen!*《口語・比》それは絶対に間違いないよ(当てにしていいよ) / Dieses Buch ist *Gift* für ihn. この本は彼には

有害だ / Das Messer schneidet wie *Gift*.《口語》このナイフはすごくよく切れる. ② 《覆なし》《比》 悪意; 憎しみ. *Gift*[4] und Galle[4] speien 怒りをぶちまける.

gif·ten [ギフテン gíftən] **I** 他 (h) 《口語》怒らせる. ◇《再帰的に》*sich*[4] *giften* 怒る, 腹を立てる. **II** 自 (h) 《口語》毒づく, くそみそに言う.

Gift⸗gas [ギフト・ガース] 中 -es/-e 毒ガス.

*gif·tig** [ギフティヒ gíftiç] 形 ① **有毒な**, 毒性のある. ◇ *poisonous*). ein *giftiger* Pilz 毒きのこ / *giftige* Chemikalien 有害な化学物質. ② 《口語・比》 悪意の, 意地の悪い. ein *giftiger* Blick 意地悪い目つき. ③ (色が)毒々しい, どぎつい.

Gif·tig·keit [ギフティヒカイト] 女 -/ 毒性; 意地の悪さ;（色の）どぎつさ.

Gift⸗müll [ギフト・ミュル] 男 -[e]s/ 有毒産業廃棄物.

Gift⸗pflan·ze [ギフト・プふランツェ] 女 -/-n 《生》有毒植物.

Gift⸗pilz [ギフト・ピルツ] 男 -es/-e 毒きのこ.

Gift⸗schlan·ge [ギフト・シュランゲ] 女 -/-n 毒蛇.

Gift⸗zahn [ギフト・ツァーン] 男 -s/..zähne 《動》毒牙(ビ);《比》悪意.

Gig [ギック gík] **I** -s/-s (一頭立ての)軽二輪馬車. **II** -s/-s (まれに 中 -s/-s)(レース用の)小ボート;《海》(船載用の)軽ボート.

Gi·gant [ギガント gigánt] 男 -en/-en ①《雅》巨人, 巨漢.《ジャ神》ギガンテス(巨人)族. ②《比》傑出した人(物), 巨匠;《天》巨星.

gi·gan·tisch [ギガンティッシュ gigántiʃ] 形 巨大な, 巨人のような; ものすごい, 法外な. ein *gigantisches* Projekt 巨大プロジェクト.

Gi·go·lo [ジーゴろ ʒíːgolo または ジゴろ ʒígolo] 《フラ》 男 -s/-s (昔の:) (ダンスホールなどの)男の職業ダンサー. ② ジゴロ(女に養われている若い男), ひも.

Gil·de [ギるデ gíldə] 女 -/-n ① 《史》ギルド(中世の商人・手工業者などの同業組合). ② (同じ趣味の人々の)協会, 同好会.

gilt [ギるト] *gelten (有効である)の3人称単数現在

giltst [ギるツト] *gelten (有効である)の2人称単数現在

Gim·pel [ギンペる gímpəl] 男 -s/- ① 《鳥》ウソ. ②《口語・比》お人よし.

Gin [ヂン dʒín] 《英》 男 -s/(種類:) -s ジン.

ging [ギング] *gehen (行く)の過去

gin·ge [ギンゲ] *gehen (行く)の接[2]

Gink·go [ギンコ gíŋko] -s/-s 《植》イチョウ (日本語の「銀杏」に由来.).

Gin·ko [ギンコ] 男 -s/-s =Gingko

Gins·ter [ギンスタァ gínstər] 男 -s/- 《植》エニシダ.

*der **Gip·fel** [ギプふェる gípfəl] 男 (単2) -s/(複) - (3格のみ -n) ① **山頂**, 頂上. ③ (*summit*). steile *Gipfel* 傾斜の急な山頂 / auf dem *Gipfel* des Berges 山の頂上で.

②《比》頂点, 絶頂[点], 極致. der *Gipfel* des Glücks 幸福の絶頂 / Das ist [doch] der *Gipfel*! 《口語》それはひどいよ. ③《政》首脳会談, サミット (=*Gipfel*konferenz). ④ 《ネゴ》クロワッサン (=Kipfel).

Gip·fel⸗kon·fe·renz [ギプふェる・コン・ふェレンツ] 女 -/-en 首脳会談, サミット.

gip·feln [ギプふェるン gípfəln] 自 (h) 《in 男[3]~》《男[3]において》頂点(クライマックス)に達する.

Gip·fel⸗punkt [ギプふェる・プンクト] 男 -[e]s/-e 最高点, 頂点.

Gip·fel⸗tref·fen [ギプふェる・トレッふェン] 中 -s/- 首脳会談, サミット (=Gipfelkonferenz).

*der **Gips** [ギップス gíps] 男 (単2) -es/(種類を表すときのみ: 複) -e ① 石膏(セッコウ). eine Büste aus *Gips* 石膏の胸像. ②《医》ギプス. Das Bein[4] in *Gips* legen 脚にギプスをはめる.

gip·sen [ギプセン gípsən] 他 (h) ① (物[4]に)石膏(セッコウ)(しっくい)を塗って修理する. ②《口語》(腕など[4]に)ギプスを施す. ③ (ワイン[4]に)石膏(セッコウ)を添加する.

Gips⸗ver·band [ギップス・フェアバント] 男 -[e]s/..bände 《医》ギプス, 石膏(セッコウ)包帯.

Gi·raf·fe [ギラッふェ giráfə] 女 -/-n 《動》キリン, ジラフ.

Girl [ガーる gáːrl] 《英》 中 -s/-s ①《俗・戯》女の子, ガール, ギャル. ② (ダンシングチームなどの)踊り子.

Gir·lan·de [ギルらンデ gırlándə] 女 -/-n 花綵(ハナヅナ)(花・葉などを編んでつくった飾り); 《建》(建物・彫刻などの)花飾り.

Gi·ro [ジーロ ʒíːro] 中 -s/-s 《シャギ: Giri も》 《経》① 振替決済, 信用取引, (口座から口座への)振替. ② (手形・小切手などの)裏書き.

Gi·ro⸗kon·to [ジーロ・コント] 中 -s/..kon·ten (または -s, ..konti) 振替口座, 当座預金口座. ◇「貯蓄口座」は Sparkonto).

Gi·ro⸗ver·kehr [ジーロ・フェアケーァ] 男 -s/ 振替取引(制度).

gir·ren [ギレン gírən] 自 (h) ① (鳩(ハト)などが)くっくっと鳴く. ②《比》コケティッシュに笑う(話す).

gis, Gis [ギス gís] 中 -/- 《音楽》嬰(エイ)ト音. *gis*-Moll 嬰ト短調.

Gischt [ギシュト gíʃt] 男 -[e]s/-e (または 女 -/-en)《ふつう 単》沸き立つ波, しぶき; 泡立つ水.

Gi·se·la [ギーぜら gíːzəla] 《女名》ギーゼラ.

*die **Gi·tar·re** [ギタレ gitárə] 女 -/(複) -n 《音楽》ギター. ⦅英⦆ *guitar*). Elektro*gitarre* エレキギター / *Gitarre*[4] spielen ギターを弾く / zur *Gitarre* singen ギターの伴奏で歌う.

Gi·tar·rist [ギタリスト gitaríst] 男 -en/-en ギター奏者.

*das **Git·ter** [ギッタァ gítər] 中 (単2) -s/(複) - (3格のみ -n) ① **格子**; 格子囲い; 格子戸. 《英》 *grating*). hinter *Gittern* sitzen 《口語》入獄している. ② (地図などの)碁盤目. ③《電》(真空管の)格子, グリッド.

Git·ter⸗bett [ギッタァ・ベット] 中 -[e]s/-en (柵(╴)の付いた)小児用ベッド.

Git·ter⸗fens·ter [ギッタァ・フェンスタァ] 中 -s/- 格子窓.

Gla·cé [グらセー glasé:] [㋩] 中 -[s]/-s ① グラーで, 光沢のある織物. ② 《複で》セーム(キッド)革の手袋.

Gla·cee [グらセー glasé:] 中 -[s]/-s =Glacé

Gla·cee⸗hand·schuh [グらセー・ハントシュー] 男 -[e]s/-e =Glacéhandschuh

Gla·cé⸗hand·schuh [グらセー・ハントシュー] 男 -[e]s/-e セーム(キッド)革の手袋.

Gla·di·a·tor [グらディアートァ gladiá:tɔr] 男 -s/-en [..アトーレン] (古代ローマの)剣士.

Gla·di·o·le [グらディオーれ gladió:lə] 女 -/-n 《植》グラジオラス.

Gla·mour⸗girl [グらマァ・ガーる] [英] 中 -s/-s 魅惑的な女性; (ポスターなどの)女性モデル.

*der **Glanz** [グらンツ glánts] 男 (単2) -es/ ① 輝き, きらめき; 光沢, つや. (英 shine). Seiden*glanz* 絹の光沢 / der *Glanz* der Sterne² 星のきらめき / Der Spiegel hat seinen *Glanz* verloren. その鏡は光沢を失った. ② 輝かしさ, 栄光, 壮麗さ. der *Glanz* der Jugend² 青春の輝き / ein Fest⁴ **mit** großem *Glanz* feiern 祭を盛大に祝う / ein Examen⁴ mit *Glanz* bestehen 試験にみごとに合格する / mit *Glanz* und Gloria 《口語》a) みごとに, b) (皮肉って:)もののみごとに.

***glän·zen** [グれンツェン gléntsən] du glänzt (glänzte, *hat* ... geglänzt) 自 《完了》haben) ① 輝く, 光る, きらめく. (英 shine). Die Wasserfläche *glänzt* in der Sonne. 水面が陽の光にきらめいている / Seine Augen *glänzten* vor Freude. 彼の目は喜びで輝いていた / Es ist nicht alles Gold, was *glänzt*. 《ことわざ》輝くもの必ずしも金ならず.
② 《比》際だつ, 抜きんでている; 目だつ. Er *glänzt* durch sein Wissen. 彼は知識の点で際だっている / Er *glänzte* durch Abwesenheit. 《口語》(皮肉って:)彼がいないのが人目を引いた.

glän·zend [グれンツェント] I *glänzen (輝く)の 現分 II 形 ① 輝きのある, 輝かしい. mit *glänzenden* Augen 目を輝かせて. ② 《口語》すばらしい, みごとな. eine *glänzende* Idee すばらしいアイディア / ein *glänzender* Tennisspieler すばらしいテニスプレーヤー / Es geht ihm *glänzend*. 彼の調子は最高だ.

Glanz⸗le·der [グらンツ・れーダァ] 中 -s/- 光沢革, エナメル革.

Glanz⸗leis·tung [グらンツ・らイストゥング] 女 -/-en 優秀な成績(業績).

glanz⸗los [グらンツ・ろース] 形 光沢のない; 《比》意気の上がらない, ぱっとしない.

Glanz⸗num·mer [グらンツ・ヌンマァ] 女 -/-n (サーカスなどの)当たり芸, ハイライト.

Glanz⸗pa·pier [グらンツ・パピーァ] 中 -s/-e 光沢紙, コート紙.

Glanz⸗punkt [グらンツ・プンクト] 男 -[e]s/-e 頂点, 全盛, クライマックス.

glänz·te [グれンツテ] *glänzen (輝く)の 過去

glanz⸗voll [グらンツ・ふぉる] 形 輝かしい, 華華しい; すばらしい, 卓越した.

Glanz⸗zeit [グらンツ・ツァイト] 女 -/-en 全盛期, 全盛(黄金)時代.

⁑*das* **Glas** [グらース glá:s] 中 (単2) -es/(複) Gläser [グれーザァ] (3688のみ Gläsern)《数量単位としては:(複)–》① 《複 なし》ガラス. (英 *glass*). Fenster*glas* 窓ガラス / feuerfestes *Glas* 耐火ガラス / kugelsicheres *Glas* 防弾ガラス / *Glas*⁴ blasen ガラスを吹く / *Glas* zerbricht leicht. ガラスは割れやすい / Vorsicht *Glas*! 割れ物注意 / Die Schale ist **aus** *Glas*. この皿はガラス製です / Du bist doch nicht aus *Glas*! 《口語》君がそこにいては向こうが見えない (←君はガラスでできているのではないぞ) / ein Bild **unter** *Glas* ガラス付き額縁に入った絵.
② グラス, コップ; ガラス容器. ein leeres *Glas* 空のコップ / Kann ich bitte ein *Glas* Wasser haben? 水を1杯いただけませんか / zwei *Glas* Wein グラス2杯のワイン / mit den *Gläsern* an|stoßen (乾杯の際に)グラスを打ち合わせる / Er hat ein bißchen zu tief **ins** *Glas* geguckt.《口語・戯》彼はちょっと飲みすぎた (←グラスを深くのぞき過ぎた).
③ 眼鏡[のレンズ]; オペラグラス (=Opern*glas*); 双眼鏡 (=Fern*glas*).

Glas⸗au·ge [グらース・アオゲ] 中 -s/-n 義眼.

Glas⸗blä·ser [グらース・ブれーザァ] 男 -s/- ガラス[吹き]工.

Gläs·chen [グれースヒェン glé:sçən] 中 -s/- (*Glas* の 縮小) 《雅》小さいコップ(グラス). ein *Gläschen* Wein グラス1杯のワイン.

Gla·ser [グらーザァ glá:zər] 男 -s/- ガラス屋.

Glä·ser [グれーザァ] (*Glas* (グラス)の 複)

Gla·se·rei [グらーゼらイ glazəráɪ] 女 -/-en ① 《複 なし》ガラス職. ② ガラス工場.

glä·sern [グれーザァン glé:zərn] 形 ① 《付加語としてのみ》ガラスの, ガラス製の. ein *gläsernes* Auge ガラスの義眼. ② 《比》透明な, 澄んだ; 清廉潔白な(代議士など); かん高い(声).

Glas⸗fa·ser [グらース・ファーザァ] 女 -/-n 《ふつう複》グラスファイバー, ガラス繊維.

Glas⸗glo·cke [グらース・グろッケ] 女 -/-n ガラス製の鐘; ガラス製の鐘形のおおい(ふた).

Glas⸗haus [グらース・ハオス] 中 -es/..häuser (ガラス張りの)温室; ガラス張りの建物.

Glas⸗hüt·te [グらース・ヒュッテ] 女 -/-n ガラス工場.

gla·sie·ren [グらズィーレン glazí:rən] 他 (h) ① (陶器など⁴に)うわ薬を塗る. ② (ケーキなど⁴に)糖衣をつける.

gla·sig [グらーズィヒ glá:zɪç] 形 ① ガラス状(質)の, ガラスのような. ② 生気のない, うつろな(目つきなど).

Glas⸗kas·ten [グらース・カステン] 《口語》男 -s/..kästen ガラス[製の]箱; (守衛などが座って

いる)ガラス張りの小部屋.
glas·klar [グラース・クラール] 形 ① ガラスのように澄んだ. ② [グラース・クラール] 明白な, 明らかな.
Glas·ma·le·rei [グラース・マーレライ] 囡 -/-en ① (腹 なし).(美) ステンドグラスの技法. ② ステンドグラス.
Glas·nost [グラスノスト glásnɔst] 囡 -/ (旧ソ連の)グラスノスチ, 情報公開.
Glas·pa·last [グラース・パラスト] 男 -[e]s/..paläste ガラス窓のたくさんあるビル.
Glas·per·le [グラース・ペルレ] 囡 -/-n ガラス玉, ビーズ; 模造真珠.
Glas·röh·re [グラース・レーレ] 囡 -/-n ガラス管.
Glas·schei·be [グラース・シャイベ] 囡 -/-n 窓ガラス; ガラス板.
Glas·scher·be [グラース・シェルベ] 囡 -/-n ガラスの破片.
Glas·schrank [グラース・シュランク] 男 -[e]s/..schränke ガラス戸棚; ガラス製のショーケース.
Glas·split·ter [グラース・シュプリッタァ] 男 -s/- ガラスの破片.
Glas·tür [グラース・テューァ] 囡 -/-en ガラス製のドア.
Gla·sur [グラズーァ glazú:r] 囡 -/-en ① (陶磁器の)うわ薬. ② (料理)(ケーキの)糖衣.
Glas·wol·le [グラース・ヴォれ] 囡 -/-n ガラス繊維, グラスウール.
***glatt** [グラット glát] I 形 (比較) glatter, (最上) glattest または (比較) glätter, (最上) glättest) ① なめらかな, つるつるした. (英 smooth). ein glattes Gesicht すべすべした顔 / glattes Haar (カールしていない)まっすぐな髪 / Die Straße ist heute sehr glatt. 通りはきょうはとても滑りやすい.
② 円滑な, 順調な, スムーズな. ein glattes Geschäft 円滑な取り引き / eine glatte Landung スムーズな着陸 / Ist alles glatt gegangen? (現在完了)万事うまくいったかい.
③ (口語) 明白な, まったくの, あからさまの. Das ist eine glatte Lüge. それは真っ赤なうそだ.
④ 如才ない, つかまえ所のない. ein glatter Diplomat 如才ない外交官.
II 副 きっぱりと; (口語) すっかり. Er hat meine Bitte glatt abgelehnt. 彼は私の頼みをきっぱりと断った / Das habe ich glatt vergessen! 私はそれをすっかり忘れていた.

(新形)
glatt ge·hen (口語) (仕事などが)うまくいく.
glatt ma·chen 平らにする, なめらかにする. (人云 glatt|machen は「清算する」を意味する).
glatt strei·chen (しわになった布・紙などを)なでて平らにする, なでてしわを伸ばす.

Glät·te [グレッテ gléta] 囡 -/ ① 平ら[なこと], 平たん; つるつるしていること; なめらかさ. Straßenglätte 道路の氷結. ② (軽蔑的に:)如才ないこと, 要領のよさ.
Glatt·eis [グラット・アイス] 田 -es/ (路面に張った)氷. Vorsicht, Glatteis! (交通標識で:)[路面]氷結によるスリップに注意 / 入⁴ **aufs** Glatteis führen (比)入⁴をまんまと乗せる(わなにかける).
glät·ten [グレッテン glétən] I 他 (h) ① 平らにする, なめらかにする. (英⁴の)しわを伸ばす. sich³ das Haar⁴ glätten 髪をなでつける. ② (比)(感情⁴を)静める. ③ (ズボン⁴に)アイロンをかける. II 再帰 (h) sich⁴ glätten (波が)静まる; (比)(感情などが)静まる; しわが伸びる.
glät·ter [グレッタァ] ≠glatt (なめらかな)の 比較
glät·test [グレッテスト] ≠glatt (なめらかな)の 最上
glatt|ge·hen* 自 (s) (新形 glatt gehen) ☞ glatt
glatt|ma·chen¹ [グラット・マッヘン glát-màxən] 他 (h) (口語) 清算する.
glatt|ma·chen² 他 (h) (新形 glatt machen (平らにする)) ☞ glatt
glatt|strei·chen* 他 (h) (新形 glatt streichen) ☞ glatt
glatt·weg [グラット・ヴェック] 副 あっさりと, 無造作に; きっぱりと.
Glat·ze [グラッツェ glátsə] 囡 -/-n はげ, はげ頭. eine Glatze⁴ bekommen はげになる.
Glatz·kopf [グラッツ・コプふ] 男 -[e]s/..köpfe はげ頭; はげ頭の人.
glatz·köp·fig [グラッツ・ケプふィヒ] 形 はげ頭の, 頭のはげた.

***der Glau·be** [グラオベ gláubə] 男 (単2) -ns; (単3·4) -n/(複) -n ① (ふつう 単) ① 信念, 確信, 信頼. (英 belief). ein fester Glaube 確たる信念 / ein blinder Glaube 盲信 / der Glaube an die Vernunft 理性への信頼 / den Glauben an 入⁴ verlieren 入⁴への信頼を失う / in gutem (または im guten) Glauben 正しいと思って / Er lebt in dem Glauben, dass... 彼は…と信じて生きている / Der Glaube versetzt Berge. (ことわざ)信念は山をも動かす. ② (宗教上の)信仰, 信心. der christliche Glaube キリスト教の信仰 / der Glaube an Gott 神への信仰.

***glau·ben** [グラオベン gláubən]

思う; 信じる Das glaube ich nicht!
ダス グラオベ イヒ ニヒト
私はそう思いません.

(glaubte, hat...geglaubt) (英 believe) I 他 (完了 haben) ① (…と)思う. Ich glaube, dass er krank ist. 彼は病気だと思う, glaube ich. 私は彼は病気だと思う / Sie glaubt, er sei tot. 彼女は彼が死んだと思っている / Kommt sie? — Ich glaube, ja (nein)! 彼女は来ますか — そう思います(そうは思いません) / Er glaubte, sie gesehen zu haben. 彼は彼女に会ったことがあると思った / Was

glaubst du, wie viel das kostet? 君はこれがいくらすると思うかい。◇《目的語なしでも》Sie wollen mehr Gehalt? Ich *glaube* gar!《口語》もっと給料が欲しいって? とんでもない。(☞ 類語 denken).
② (人・物が…にいると/…であると)思う。Ich *glaubte* dich längst in Berlin. 君はとっくにベルリンにいるものと思っていたよ / Sie *glaubte* sich⁴ unbeobachtet. 彼女はだれにも見られていないと思った。
③ (本当かどうか)信じる, 信用する. Ich *glaube* die Geschichte. 私はその話を信じる / Er *glaubt* alles, was sie sagt. 彼は彼女が言うことなら何でも信じる / 人³事⁴ *glauben* 人³の事⁴を信じる ⇨ Ich *glaube* ihm kein Wort. 私は彼の言葉を信じない / Das ist doch kaum zu *glauben*.《口語》それはとても信じられない / Er will mich *glauben* machen, dass… 彼は私に…だと信じこませようとする.
II 圁 (☞ haben) ① 《an 人・事 ~》(人・事⁴の)存在を信じる；(人⁴を)信頼する, (事⁴を)確信する. Ich *glaube* an Gott. 私は神の[存在を]信じる / Der Schüler *glaubt* an seinen Lehrer. その生徒は先生を信頼している / Er *glaubt* an seine Zukunft. 彼は自分の将来を固く信じている / dran *glauben müssen* a)《俗》くたばる, 死ぬ, b)《口語》犠牲となる, 不利益を受ける.
② (人・事³を)信用する, (人³の)言うことを信じる. Ich *glaube* dir. 君の言うことを信じるよ.
③ 信仰を持っている. Sie *glaubt* fest. 彼女は確固たる信仰心を持っている。

....

類語 **glauben**：(主観的に)信じるに足ると思う. **trauen**：信頼する。(人・物の性格について)信頼できる, できない, という判断を示す。Ich *traue* seinem Talent nicht. 彼の才能は当てにならない. **vertrauen**：(人・事柄についてその美点・長所を期待して)信頼する. Ich *vertraue* seinem gesunden Menschenverstand. 私は彼の健全な理性を信頼する.

....

Glau·ben [グラオベン] 男 -s/- =Glaube
Glau·bens⸗be·kennt·nis [グラオベンス・ケントニス] 中 ..nisses/..nisse ① 《宗》信仰告白. ② 《覆 なし》《欠 教》信仰箇条. ③ 信条, 信念. Das ist sein politisches *Glaubensbekenntnis*. これが彼の政治的信念だ.
Glau·bens⸗frei·heit [グラオベンス・フライハイト] 女 -/ 信教(信仰)の自由.
Glau·bens⸗satz [グラオベンス・ザッツ] 男 -es/ ..sätze 教義, 信仰箇条.
Glau·ber⸗salz [グラオバァ・ザルツ] 中 -es/ 《化》グラウバー塩, 芒硝(ぼうしょう) (ドイツの化学者 J. R. *Glauber* 1604–1670 の名から).
glaub·haft [グラオプハフト] 形 信じられる, 信用(信頼)できる. ein *glaubhafter* Bericht 信用できる報告.
Glaub·haf·tig·keit [グラオプハフティヒカイト] 女 -/ 信憑(しんぴょう)性, 信頼性.

gläu·big [グロイビヒ glǿybɪç] 形 信心深い, 信仰心のある；信頼に満ちた, 信じて疑わない.
Gläu·bi·ge[r] [グロイビゲ (..ガァ) glǿybɪgə(..gɐr)] 男 女 《語尾変化は形容詞と同じ》信者.
Gläu·bi·ger [グロイビガァ glǿybɪgɐr] 男 -s/- 債権者. (☞ 「債務者」は Schuldner).
Gläu·big·keit [グロイビヒカイト] 女 -/ 信心[深いこと]；確信, 信頼.
glaub·lich [グラオプリヒ] 形 《成句的に》Das ist kaum *glaublich*. それはとても考えられない.
glaub·te [グラオプテ] ＊glauben (…と思う)の過去
glaub⸗wür·dig [グラオプ・ヴュルディヒ] 形 信じるに値する, 信用(信頼)できる. eine *glaubwürdige* Aussage 信じるに足る証言.
Glaub⸗wür·dig·keit [グラオプ・ヴュルディヒカイト] 女 -/ 信憑(しんぴょう)性, 信用できること.
gla·zi·al [グラツィアーる glatsiá:l] 形 《地学》氷河[時代]の. *glaziale* Ablagerungen 氷河時代の堆積(たいせき)物.

＊**gleich** [グらイヒ gláɪç]

すぐに; 同じ   Ich komme *gleich*.
　　　　　　 イヒ コンメ グらイヒ
　　　　　　 私はすぐに参ります.

I 副 ① すぐに, 間もなく. (英 right away). *gleich* nach dem Essen 食後すぐに / *gleich* heute きょうすぐにでも / **Bis *gleich*!** じゃあまたあとで. (☞ 類語 sofort).
② すぐそばに. Sein Zimmer ist *gleich* neben dem Eingang. 彼の部屋は入口のすぐ隣りにあります.
③ 同じく, 同様に, 等しく. *gleich* alt sein 同い年である / Sie spricht Englisch und Französisch *gleich* gut. 彼女は英語とフランス語を同じように上手に話す.
④ 《ふつう数詞とともに》いっぺんに, 一度に. *gleich* zwei Paar Schuhe⁴ kaufen いっぺんに2足も靴を買う.
⑤ 《疑問文で; 文中でのアクセントなし》《忘れたことを思い出そうに》…だっけ. Wie hieß er doch *gleich*? 彼の名前は何といったっけ.
⑥ 《文中でのアクセントあり》《不快・あきらめを表して:》《どうせ》…でいいんだ. Dann lass es *gleich* bleiben. それならやめればいいさ.
⑦ 《**wenn** または **ob** とともに》《雅》たとえ…であっても. Wenn ich *gleich* noch sehr jung bin,… たとえ私がまだとても若いにしても,…. (☞ ふつうは obgleich, wenngleich を用いる).
II 形 ① 同じ, 等しい; 同様の. (英 same). die *gleiche* Farbe 同じ色 / Er hat das *gleiche* Fahrrad wie du. 彼は君と同じ自転車を持っている / auf die *gleiche* Weise 同じやり方で / im *gleichen* Alter 同年齢の / zur *gleichen* Zeit 同時に / Zwei und drei *gleich* fünf. 2足す3は5.
◇《名詞的に》Das kommt **auf** das *gleiche* (新形 **auf** das *Gleiche*) hinaus. それは結局同じことだ / *Gleich* und *Gleich* gesellt sich

gern. (諺) 類は友を呼ぶ. ② 変わらない, 不変の, いつもの. Er ist immer *gleich*. 彼はいつも変わない / mit immer *gleicher* Freundlichkeit いつも変わらぬ親切さで. ③ (口語) (人³にとって) どうでもよい, よい. Das ist mir ganz *gleich*. それは私にとってはどうでもよい.

III 前 (3 格とともに) (雅) …のように. *gleich* einem Sturm あらしのように.

(新形)

gleich blei·ben 同じままである, 一定(安定)している. mit *gleich* bleibender Geschwindigkeit fahren 一定の速度で走行する.

gleich ge·sinnt 同じ意見(考え)を持っている, 志を同じくする.

gleich ge·stimmt 同じ気持ちの.

gleich lau·tend 同じ文面の; 同音の. *gleich lautende* Namen 同音の名前.

gleich·al·te·rig [グライヒ・アルテリヒ] 形 = gleichaltrig

gleich⊱alt·rig [グライヒ・アルトリヒ] 形 同じ年齢の.

gleich⊱ar·tig [グライヒ・アールティヒ] 形 同種の, 同質の.

gleich⊱be·deu·tend [グライヒ・ベドイテント] 形 同じ意味の, 同等の. Das ist *gleichbedeutend* mit einer Annahme. それは承認したと言うに等しい.

gleich⊱be·rech·tigt [グライヒ・ベレヒティヒト] 形 同権の, 同等の権利を持った.

Gleich⊱be·rech·ti·gung [グライヒ・ベレヒティグング] 女 -/ 同権, 平等. die *Gleichberechtigung* der Geschlechter² 男女同権.

gleich|blei·ben 自 (s) (新形) gleich bleiben) ☞ gleich

*★**glei·chen*** [グライヒェン gláıçən] (glich, hat…geglichen) 自 (完了 haben) (人・物³に) 似ている. Sie *gleicht* ihrer Mutter. 彼女は母親に似ている / 人³ im Aussehen *gleichen* 人³ と容貌(ぼう)が似ている. ◇(相互的に) Sie *gleichen sich*³ wie Tag und Nacht. 彼らはお互いに全然似ていない (←昼と夜のように).

Glei·che[r] [グライヒェ(..ヒャァ) gláıçə(..çɐ)] 男 女 (語尾変化は形容詞と同じ) 同じ人. Er ist immer der *Gleiche*. 彼は少しも変わっていない(相変わらずだ).

glei·cher·ma·ßen [グライヒャァ・マーセン] 副 同じように, 同等に, 同じ程度に.

glei·cher·wei·se [グライヒャァ・ヴァイゼ] 副 = gleichermaßen

Glei·che[s] [グライヒェ(ス) gláıçə(s)] 中 (語尾変化は形容詞と同じ) 同じ(ような)もの. Das kommt **auf** das *Gleiche* hinaus. それは結局同じことになる / 物⁴ ins *Gleiche* bringen 物⁴を修復する, 整理する / *Gleiches*⁴ mit *Gleichem* vergelten しっぺ返しをする.

*★**gleich⊱falls*** [グライヒ・ファルス gláıç-fals] 副 同様に, 同じく, …もまた. (英 *likewise*). Schönes Wochenende! — Danke, *gleichfalls*! よい週末をお過ごしください! — ありがとう, [あなたも]ご同様に!

gleich⊱för·mig [グライヒ・フェルミヒ] 形 同じ形(姿)の, 同様な; 単調な.

Gleich⊱för·mig·keit [グライヒ・フェルミヒカイト] 女 -/ 同一[性], 同じこと; 単調さ.

gleich⊱ge·schlecht·lich [グライヒ・ゲシュレヒトリヒ] 形 同性の; 同性愛の.

gleich⊱ge·sinnt 形 (新形) gleich gesinnt) ☞ gleich

gleich⊱ge·stimmt 形 (新形) gleich gestimmt) ☞ gleich

*★ *das* **Gleich⊱ge·wicht** [グライヒ・ゲヴィヒト gláıç-gəvıçt] 中 (単2) -[e]s/ ① バランス, 釣り合い, 均衡. (英 *balance*). stabiles *Gleichgewicht* 安定した釣り合い / das politische (ökologische) *Gleichgewicht* 政治的な(生態系の)バランス / das *Gleichgewicht*⁴ halten (verlieren) バランスを保つ(失う) / aus dem *Gleichgewicht* kommen バランスを失う / Die Waage ist **im** *Gleichgewicht*. はかりは均衡を保っている. ② (心の)落ち着き, 平静. das innere *Gleichgewicht*⁴ bewahren 平静を保つ / Er verliert niemals sein *Gleichgewicht*. 彼は決して平静を失わない / aus dem *Gleichgewicht* geraten 平静を失う.

*★**gleich⊱gül·tig*** [グライヒ・ギュルティヒ gláıç-gyltıç] 形 ① 無関心な, 冷淡な. (英 *indifferent*). ein *gleichgültiges* Gesicht⁴ machen 無関心な表情をする / **gegen** 人・事⁴ *gleichgültig* sein 人・事⁴に対して無関心である. ② (人³にとって)どうでもよい, 重要でない. Willst du Kaffee oder Tee? — Das ist mir *gleichgültig*. コーヒーと紅茶とどちらをお飲みしますか — 私はどちらでも結構です.

Gleich⊱gül·tig·keit [グライヒ・ギュルティヒカイト] 女 -/ 無関心, むとんじゃく, 冷淡.

Gleich·heit [グライヒハイト] 女 -/-en 同一; (意見の)一致; (覆 なし)同等, 平等.

Gleich·heits⊱zei·chen [グライヒハイツ・ツァイヒェン] 中 -s/ 《数》等号 (記号: =).

Gleich⊱klang [グライヒ・クラング] 男 -[e]s/ ..klänge (音の)協和; (比)調和, 一致.

gleich⊱lau·tend 形 (新形) gleich lautend) ☞ gleich

gleich|kom·men* [グライヒ・コンメン gláıç-kɔmən] 自 (s) (人・物³に)等しい, 匹敵する. Niemand *kommt* ihm **an** Fleiß *gleich*. 勤勉さではだれも彼にはかなわない.

gleich⊱lau·tend 形 (新形) gleich lautend) ☞ gleich

gleich|ma·chen [グライヒ・マッヘン gláıç-maxən] 他 (h) 同じにする, 同等に扱う. 物⁴ dem Erdboden *gleichmachen* (比) 物⁴を完全に破壊する (←地面と同じ高さにする).

Gleich⊱ma·che·rei [グライヒ・マッヘライ] 女 -/-en 悪平等.

Gleich⊱maß [グライヒ・マース] 中 -es/ 釣り合い, 均整; 落ち着き, 平静.

gleich⹀mä·ßig [グライヒ・メースィヒ gláıç-mɛːsıç] 形 (委 *even*) ① **一様な，一定の**. ein *gleichmäßiger* Puls 一定した脈はく / *gleichmäßig* atmen 規則正しく呼吸する. ② 均等な，平等の. die Geschenke⁴ *gleichmäßig* verteilen プレゼントを平等に分ける.

Gleich·mä·ßig·keit [グライヒ・メースィヒカイト] 囡 -/ 一様(一定)(性); 均等，平等.

Gleich⹀mut [グライヒ・ムート] 男 -[e]s/ (方: 囡 -/ も) 落ち着き，平静，冷静. mit *Gleichmut* 落着いて，冷静に.

gleich⹀mü·tig [グライヒ・ミューティヒ] 形 落ち着いた，冷静な.

gleich⹀**na·mig** [グライヒ・ナーミヒ] 形 同名の; 《数》公分母の; 《物》同極の. *gleichnamige* Brüche 公分母の分数.

Gleich·nis [グライヒニス] 中 ..nisses/..nisse 比喩; たとえ話, 寓話. 事⁴ in einem *Gleichnis* ausdrücken 事⁴を比喩で表現する.

gleich⹀ran·gig [グライヒ・ランギヒ] 形 同じ等級(地位)の，同格の.

Gleich⹀rich·ter [グライヒ・リヒタァ] 男 -s/- 《電》整流器.

gleich·sam [グライヒザーム] 副 《雅》いわば，あたかも.

gleich|schal·ten [グライヒ・シャルテン gláıç-ʃaltən] I 他 (h) (思想などを⁴を)統制する，画一化する. II 再帰 (h) sich⁴ *gleichschalten* (意見などに)同調する，付和雷同する.

Gleich⹀schal·tung [グライヒ・シャルトゥング] 囡 -/-en (言論・思想などの)統制，画一化.

gleich⹀schenk·lig [グライヒ・シェンクリヒ] 形 《数》二等辺の. ein *gleichschenkliges* Dreieck 二等辺三角形.

Gleich⹀schritt [グライヒ・シュリット] 男 -[e]s/ 同じ歩調. im *Gleichschritt* 歩調をそろえて.

gleich|se·hen* [グライヒ・ゼーエン gláıç-zèːən] 自 (h) ① (人・物³に)似ている. Er *sieht* seinem Vater *gleich*. 彼は父親に似ている. ② 《口語》(人³に)似つかわしい. Das *sieht* ihm *gleich*. それはいかにも彼のやりそうなことだ.

gleich⹀sei·tig [グライヒ・ザイティヒ] 形 《数》等辺の. ein *gleichseitiges* Dreieck 正三角形.

gleich|set·zen [グライヒ・ゼッツェン gláıç-zètsən] 他 (h) ① (A⁴ mit B³ ～)(A⁴ を B³ と)同一視する. ② (A⁴ と B³ を)同等に取り扱う.

Gleich⹀stand [グライヒ・シュタント] 男 -[e]s/ 《25》同点, タイ[スコア]; 《政》勢力の均衡.

gleich|ste·hen* [グライヒ・シュテーエン gláıç-ʃtèːən] 自 (h) (人³に)同等である，対等である，等しい.

gleich|stel·len [グライヒ・シュテレン gláıç-ʃtèlən] 他 (h) (A⁴ を B³ と)同等(対等)にする，同列(同格)に置く.

Gleich⹀strom [グライヒ・シュトローム] 男 -[e]s/..ströme 《電》直流. (委 「交流」は Wechselstrom).

gleich⹀tun* [グライヒ・トゥーン gláıç-tùːn] 他 (h) 《es を目的語として成句的に》es⁴ 人³ in 事³ *gleichtun* a) 事³で人³をまねる, b) 事³で人³にひけをとらない. Er *wollte* es ihr in allem *gleichtun*. 彼は何から何まで彼女と張り合おうとした.

Glei·chung [グライヒュング] 囡 -/-en 《数・化》方程式. eine einfache *Gleichung* 化学方程式 / eine quadratische *Gleichung* 一次(二次)方程式.

gleich⹀viel [グライヒ・フィール] 副 どちらであろうとも，どうでもよい. Ich tu's, *gleichviel* ob es Sinn hat oder nicht. それをすることに意味があろうとなかろうと，私はそれをやるよ.

gleich⹀wer·tig [グライヒ・ヴェーァティヒ] 形 等価値の，等価の，《理》等価の，同値の.

gleich⹀wie [グライヒ・ヴィー] 接 《従属接続詞; 動詞の人称変化形は文末》《雅》ちょうど…のように.

gleich⹀wink·lig [グライヒ・ヴィンクリヒ] 形 《数》等角の.

gleich⹀wohl [グライヒ・ヴォール] 副 それにもかかわらず. Er hatte hohes Fieber, *gleichwohl* wollte er nicht im Bett bleiben. 彼は高熱があった，それなのにベッドで休んでいようとはしなかった.

gleich⹀zei·tig [グライヒ・ツァイティヒ gláıç-tsaıtıç] I 副 **同時に**，いっせいに. (委 *at the same time*). Alle rannten *gleichzeitig* los. みんないっせいに走り出した / Der Raum dient *gleichzeitig* als Wohn- und Schlafzimmer. その部屋は居間であると同時に寝室でもある.

II 形 同時に行われる(催しなど).

gleich|zie·hen* [グライヒ・ツィーエン gláıç-tsìːən] 自 (h) 《mit 人³ ～》(人³と)同じレベルに達する; (人³に)追いつく，同点になる.

das **Gleis** [グライス gláıs] 中 (単2) -es/(複) -e (3格のみ -en) 《鉄道》(電車などの)レール，線路; …番線. (委 *track, line*). Nebengleis (鉄道の)側線 / Überschreiten der *Gleise* verboten! (掲示で:)線路の横断を禁ず / Der Zug fährt auf *Gleis* 6 ein. その列車は6番線に入る / 事⁴ auf ein totes *Gleis* schieben 《比》事⁴を棚上げにする (←行き止まりの待避線へ押しやる) / auf (または in) ein falsches *Gleis* geraten 《比》道を誤る / aus dem *Gleis* kommen 《比》ふつうの状態でなくなる，常軌をはずれる / im *Gleis* sein 《比》正常(順調)である / 事⁴ wieder ins [rechte] *Gleis* bringen 《比》事⁴を常態に戻す.

Gleis⹀an·schluss [グライス・アンシュルス] 男 -es/..schlüsse (鉄道の)本線への接続; 引込線.

Gleis⹀an·schluß ☞ 新形 Gleisanschluss

glei·ßen⁽*⁾ [グライセン gláısən] (gleißte, hat ...gegleißt (方: gliss, hat ...geglissen)) 自 (h) 《詩》きらきら光る，輝く.

Gleit⹀boot [グライト・ボート] 中 -[e]s/-e 滑走艇; 水中翼船.

glei・ten* [グライテン gláɪtən] du gleitest, er gleitet (glitt, *ist/hat*...geglitten) 自 (変了) sein または haben) ① (s) 滑る, 滑って行く; 滑るように動く, 滑走(滑空)する. (英) *glide*. Das Tuch glitt ihr **aus** der Hand. ハンカチが彼女の手から滑り落ちた / Sie *glitt* aus dem Zimmer. 彼女は部屋から滑るように出て行った / **durch** die Luft *gleiten* 滑空する / Der Schlitten *gleitet* **über** den Schnee. そりが雪の上を滑って行く. ② (h)《口語》(フレックスタイム制で)勤務時間を自由にずらす.

glei・tend [グライテント] I *gleiten (滑る)の 現分 II 形 スライド制の; 変更可能な. *gleitende* Arbeitszeit フレックスタイム制(出退勤時間を自由に定めてよい制度).

Gleit≈flug [グライト・フルーク] 男 -[e]s/..flüge《空》滑空. **im** *Gleitflug* landen 滑空して着陸する.

Gleit・klau・sel [グライト・クらゼる] 女 -/-n (労働協約の)エスカレーター条項.

Gleit≈schutz [グライト・シュッツ] 男 -es/《自動車》(タイヤの)すべり止め, スリップ防止装置(スノータイヤ・スノーチェーンなど).

Gleit≈zeit [グライト・ツァイト] 女 -/-en 自由出退勤時間;《口語》フレックスタイム[制].

Glet・scher [グれッチャァ glétʃər] 男 -s/- 氷河.

Glet・scher≈brand [グれッチャァ・ブラント] 男 -[e]s/ (高山での紫外線による)日焼け, 雪焼け.

Glet・scher≈spal・te [グれッチャァ・シュパるテ] 女 -/-n 氷河の裂け目, クレバス.

glich [グリヒ] *gleichen (似ている)の 過去

gli・che [グリッヒェ] *gleichen (似ている)の 接2

‡*das* **Glied** [グリート glíːt] 中 (単2) -es (まれに -s)/ (複) -er (3格のみ -ern) ① **手足**; 四肢, (手・足の)関節と関節の間の部分. (英) *limb*). ein künstliches *Glied* 義肢 / die *Glieder*⁴ recken (または strecken) 手足を伸ばす / vor Kälte kein *Glied*⁴ rühren können 寒くて身動きできない / das männliche *Glied* ペニス / Sie zitterte **an** allen *Gliedern*. 彼女は全身を震わせていた.

② (家族・団体などの)**一員**, メンバー; 構成要素. (英) *member*). Mit*glied* 構成員 / die *Glieder* eines Satzes 文の成分 / ein nützliches *Glied* der Gesellschaft² 社会の有用な一員. ③ 隊列, 横列. das erste *Glied* 最前列 / **aus** dem *Glied* treten 列を離れる / **im** *Glied* stehen 隊列を組んでいる. ④ (鎖の)環 (=Ketten*glied*). die *Glieder* eines Armbands ブレスレットの環.

Glie・der [グリーダァ] *Glied (手足)の 複

Glie・der≈fü・ßer [グリーダァ・フューサァ] 男 -s/-《動》節足動物.

glie・der≈lahm [グリーダァ・らーム] 形 (疲れで)手足が動かない.

glie・dern [グリーダァン glíːdərn] I 他 (h) ①《A⁴ in B⁴ ~》(A⁴ を B⁴ に)区分する. ein Buch⁴ in 20 Kapitel *gliedern* 本を20章に分ける. ② (論文など⁴を)構成する. II 再帰 (h) *sich*⁴ *gliedern* 区分される, 分けられる.
◇⇒ gegliedert

Glie・der≈pup・pe [グリーダァ・プッペ] 女 -/-n (手足の動く)人形, 模型人形(マネキンなど).

Glie・de・rung [グリーデルング] 女 -/ 区 -/-en ① 区分, 分割. ② 構成, 組織.

Glied≈ma・ße [グリート・マーセ] 女 -/-n《ふつう 複》四肢.

glim・men(*) [グリンメン glímən] (glomm, *hat* ...geglommen または glimmte, *hat* ...geglimmt) 自 (h) (炎を出さずに)かすかに燃える, ほのかに光る. Die Zigaretten *glimmten* (雅: *glommen*) in der Dunkelheit. たばこの火が暗闇 (くらやみ)の中で光っていた.

Glim・mer [グリンマァ glímər] 男 -s/- ①《鉱》雲母(うんも). ②《雅》ほのかな輝き, 微光.

glim・mern [グリンマァン glímərn] 自 (h) ちらちら光る, ほのかに輝く.

glimpf・lich [グリンプふりヒ] 形 ① どうにか無事な, 大きな損害のない. Er ist noch *glimpflich* davongekommen.《現在完了》彼はなんとか無事に切り抜けた. ② 寛大な, おだやかな. ein *glimpfliches* Urteil 寛大な判決.

gliss [グリス] gleißen (きらきら光る)の 過去

gliß ⇒ 新形 gliss

glis・se [グリッセ] gleißen (きらきら光る)の 接2

glit・schen [グリッチェン] 自 (s, h) ①《口語》つるりと滑[り落ち]る. ② (h, s) (s)《口語》(氷上を)滑る, スケートで滑走する.

glit・schig [グリッチヒ glítʃɪç] 形 ①《口語》(ぬれて)ぬめらかな, つるつるする, ぬるぬるする. ②《方》生焼けの(パンなど).

glitt [グリット] *gleiten (滑る)の 過去

glit・te [グリッテ] *gleiten (滑る)の 接2

glit・zern [グリッツァァン glítsərn] 自 (h) きらめく, きらきら光る. Die Sterne *glitzern* am Himmel. 空に星がきらめいている.

glo・bal [グろバーる globáːl] 形 ①《全》世界的な, グローバルの. *globale* Probleme グローバルな問題. ② 包括的な,《比》大ざっぱな.

Glo・be・trot・ter [グローベ・トロッタァ] 男 -s/- 世界漫遊旅行者.

Glo・bus [グろーブス glóːbʊs] 男 - (または Globusses)/Globusse (または Globen) ① 地球儀; 天体儀; 月球儀. einen Ort auf dem *Globus* suchen 地球儀である場所を探す. ② 地球.

Glöck・chen [グれックヒェン glǽkçən] 中 -s/- (Glocke の 縮小) 小さな鐘(鈴).

‡*die* **Glo・cke** [グろッケ glɔ́kə] 女 (単) -/(複) -n ① 鐘;《方》呼び鈴, ベル.《英》*bell*). Kirchen*glocke* 教会の鐘 / eine bronzene *Glocke* 青銅の鐘 / eine *Glocke*⁴ gießen 鐘を鋳造する / Die *Glocke* tönt. 鐘が鳴る / Die *Glocke* läutet (klingelt). 鐘が鳴る(ベルが鳴る) / Die *Glocke* schlägt zehn Uhr. 鐘が10時を告げる / 慣⁴ **an** die große *Glocke* hängen《口語・比》慣⁴を世間に言いふらす (←

Glück

大きな鐘(につるす) / Er weiß, was die *Glocke* geschlagen hat. (《口語・比》)どんな事態になるか彼にはよくわかっている.
② (鐘状のもの):鐘形のチーズケース; 鐘形のランプシェード; 鐘形の帽子(スカート); 鐘形の花.

Glo·cken·blu·me [グロッケン・ブルーメ] 囡 -/-n 《植》ホタルブクロ属(チシマギキョウなど).

glo·cken·för·mig [グロッケン・フェルミヒ] 形 鐘型の, つり鐘状の.

Glo·cken·ge·läut [グロッケン・ゲロイト] 中 -[e]s/ 鐘(鈴)の音.

glo·cken·hell [グロッケン・ヘル] 形 鐘の音のように高くさえた(声など).

Glo·cken·klang [グロッケン・クラング] 男 -[e]s/..klänge 鐘(鈴)の音.

glo·cken·rein [グロッケン・ライン] 形 鐘の音のように澄んだ(声など).

Glo·cken·rock [グロッケン・ロック] 男 -[e]s/..röcke 《服飾》ベルスカート, 釣り鐘形スカート.

Glo·cken·schlag 男 -[e]s/..schläge 時鐘を打つ音. **auf** den *Glockenschlag* または **mit** dem *Glockenschlag* きっかり時間どおりに.

das **Glo·cken·spiel** [グロッケン・シュピール glókən-ʃpi:l] 中 (単 2) -[e]s/(複) -e (3 格のみ -en) ① カリヨン(教会・市庁舎の塔などにある組み鐘. しばしば仕掛け人形と組み合わされる). ②《音楽》グロッケンシュピール, 鉄琴.

Glo·cken·stuhl [グロッケン・シュトゥール] 男 -[e]s/..stühle 鐘架, 鐘をつるす枠組.

Glo·cken·turm [グロッケン・トゥルム] 男 -[e]s/..türme 鐘楼, 鐘塔.

Glo·cken·zei·chen [グロッケン・ツァイヒェン] 中 -s/- 鐘の合図.

glo·ckig [グロッキヒ glókıç] 形 鐘形の, 釣り鐘状の(スカートなど).

Glöck·ner [グレックナァ glǽknər] 男 -s/- 《古》(教会の)鐘を鳴らす人, 鐘楼守.

glomm [グロム] glimmen (かすかに燃える)の過去

glöm·me [グレンメ] glimmen (かすかに燃える)の接2

Glo·ria [グローリア glóːria] I 中 -s/ (または 囡 -/) (ふつう反語的に:)栄光. an die Erinnerung an Preußens *Gloria* プロイセンの栄光を思い出して. II 中 -s/-s (ミサ) グロリア(神の栄光をたたえる賛歌).

Glo·rie [グローリエ glóːriə] 囡 -/-n 《雅》① 光栄, 栄誉. ② =*Glorien*schein

Glo·ri·en·schein [グローリエン・シャイン] 男 -[e]s/-e (聖像[画]などの)後光, 光輪, 輪光.

glo·ri·fi·zie·ren [グローリフィツィーレン glorifitsíːrən] 他 (h) 賛美する.

Glo·ri·o·le [グローリオーレ gloriólə] 囡 -/-n (聖像[画]などの)後光, 光輪, 輪光.

glo·ri·os [グローリオース gloriós] 形 =*glor*reich

glor·reich [グローァ・ライヒ] 形 栄光ある, 光栄な, 名声に満ちた.

Glos·sar [グロサール glosáːr] 中 -s/-e ① 語彙(い)集, 単語集. ② (古写本などの)注解[集].

Glos·se [グロッセ glósə] 囡 -/-n ① 皮肉なコメント, 酷評, (新聞・雑誌の辛らつな)寸評. ②《言・文学》(古写本などの)注釈, 注解; 傍注.

glos·sie·ren [グロスィーレン glosíːrən] 他 (h) ①《物》に注釈をつける. einen Text *glossieren* テキストに注釈をつける. ② (人・事⁴を)酷評する; (新聞などで)寸評する.

Glotz·au·ge [グロッツ・アオゲ] 中 -s/-n ①《ふつう 複》《口語》ぎょろっとした目. ②《医》眼球突出.

Glot·ze [グロッツェ glótsə] 囡 -/-n 《俗》テレビ[受像機].

glot·zen [グロッツェン glótsən] 自 (h) ①《口語》(ぽかんと)見つめる. ②《俗》テレビを見る.

✱ *das* **Glück** [グリュック glʏk]

幸運; 幸福	Viel *Glück*!
	ふぃーる グリュック
	幸運を祈ります.

中 (単 2) -[e]s/(複) -e (3 格のみ -en) 《ふつう 単》
① 幸運. (英 luck). (対 「不運」は Pech). *Glück*⁴ haben 運がよい, ついている / [Es ist] ein *Glück*, dass du da bist. 君が来てくれてありがたい / Das war *Glück* im Unglück. それは不幸中の幸いだった / Er hat viel *Glück* bei Frauen. 彼は女性にもてる / 人³ zum Geburtstag *Glück*⁴ wünschen 人³に誕生日のお祝いを言う / 人³ für ein Vorhaben *Glück*⁴ wünschen 人³に計画の成功を祈る / Er hat mehr *Glück* als Verstand. 彼は考えられないくらいついている (← 頭がいいというより運がいい) / Damit hast du bei mir kein *Glück*. 私はそんな手には乗らないぞ / **auf** gut *Glück* 運を天にまかせて / **von** *Glück* sagen (または reden) können たいへん運がよいと言わなければならない / **zum** *Glück* 運よく / *Glück* ab! (離陸する搭乗員に向かって:)無事を祈る / *Glück* auf! (入坑する鉱員に向かって:)無事を祈る.

② 幸福, 幸せ. (英 happiness). (対 「不幸」は Unglück). das höchste *Glück* 最高の幸せ / das *Glück* des jungen Paares 若いカップルの幸せ / Das Kind ist ihr ganzes *Glück*. その子供は彼女の幸せのすべてだ / **in** *Glück* und Unglück 良いときも悪いときも / *Glück* und Glas, wie leicht bricht das! (ことわざ) 幸せとガラスはなんとももろいことか / Jeder ist seines *Glückes* Schmied. (ことわざ) 幸せは自分で作るもの (← 各人が自分の幸せの鍛冶屋)

③ 幸運の女神. Das *Glück* ist launisch. 幸運の女神は移り気だ.

《新形》

Glück brin·gend 幸運(幸せ)をもたらす. ein *Glück bringender* Anhänger 縁起のいいペンダント.

Glück ver·hei·ßend 幸運を約束する, さい先の良い.

glück≠brin‧gend [形] (新形) Glück bringend) ☞ Glück

Glu‧cke [グルッケ glúkə] [女] -/-n 卵を抱いているひよ子を連れためんどり.

glu‧cken [グルッケン glúkən] [自] (h) ① めんどりがひよこを呼んでくっくっと鳴く; 抱卵する. ② 《口語》(人が)何もしないでじっとしている.

glü‧cken [グリュッケン glýkən] [自] (s) 成功する, うまく行く. Alles *ist* ihm *geglückt*.《現在完了》彼は万事うまくいった.

glu‧ckern [グルッカァン glúkərn] [自] (h, s) ① (h) (液体が)ごぼごぼ音をたてる. ② (s) (…へ) ごぼごぼと音をたてて流れる.

***glück‧lich** [グリュックリヒ glýklɪç]

> 幸運な; 幸福な　Ich bin *glücklich*.
> イヒ ビン グリュックリヒ
> 私は幸せです.

Ⅰ [形] ① **幸運な**, 運のいい, ついている. (英 *lucky*). der *glückliche* Gewinner (宝くじなどで:)幸運な当せん者 / Die Mannschaft kam zu einem *glücklichen* Sieg. そのチームは運よく勝った / Der Film endet *glücklich*. この映画はハッピーエンドに終わる / *Glückliche* Reise! (旅に出る人に:)楽しいご旅行を, 行ってらっしゃい.
② **幸福な**, 幸せな. (英 *happy*). eine *glückliche* Familie 幸福な家庭 / Ein *glückliches* neues Jahr! 新年おめでとう / [人]⁴ *glücklich* machen [人]⁴を幸せにする / **über** [事]⁴ *glücklich* sein [事]⁴を喜んでいる.
③ **都合のよい**, うまい. ein *glücklicher* Einfall うまい考え / Das Thema war nicht *glücklich* gewählt.《状態受動・過去》そのテーマの選び方はまずかった.
Ⅱ [副] 《口語》ついに, とうとう, ようやく. Jetzt habe ich es *glücklich* doch noch geschafft. 今とうとう私はこれをやり遂げた.

***glück‧li‧cher≠wei‧se** [グリュックリッヒァァ・ヴァイゼ glýklɪçərvàɪzə] [副] 運よく, 幸運にも, 幸い. *Glücklicherweise* wurde niemand verletzt. 幸いだれもけがをしなかった.

glück≠se‧lig [グリュック・ゼーリヒ] [形] とても幸せな, 至福の.

Glück≠se‧lig‧keit [グリュック・ゼーリヒカイト] [女] -/-en ①《複 なし》とても幸せな(至福の)状態. ② 幸せ(幸福)な体験(出来事).

gluck‧sen [グルクセン glúksən] [自] (h) ① (液体が)どばどば音をたてる(流れ出る). ②《比》(声を押し殺して)くっくっと笑う(泣く).

Glücks≠fall [グリュックス・ふァる] [男] -[e]s/ ..fälle 幸運, 僥倖(ぎょうこう), 思わぬチャンス. im *Glücksfall* 運がよければ.

Glücks≠göt‧tin [グリュックス・ゲッティン] [女] -/ ..tinnen 幸運の女神.

Glücks≠gü‧ter [グリュックス・ギューター] [複] 《雅》富, 財宝.

Glücks≠kind [グリュックス・キント] [中] -[e]s/ -er 幸運児, 果報者.

Glücks≠klee [グリュックス・クれー] [男] -s/ 四つ葉のクローバー. ②《植》モンカタバミ.

Glücks≠pfen‧nig [グリュックス・プふェニヒ] [男] -s/-e (お守りとして持ち歩く)幸運の小銭(縁起ものの拾った古銅貨).

Glücks≠pilz [グリュックス・ピるツ] [男] -es/-e 《口語》幸運児, 果報者.

Glücks≠rad [グリュックス・ラート] [中] -[e]s/ ..räder ① (年の市(½)などの)回転式抽選器. ② 幸運の女神(フォルトゥーナ)の輪(有為転変のシンボル).

Glücks≠rit‧ter [グリュックス・リッタァ] [男] -s/- 運任せの冒険家.

Glücks≠sa‧che [グリュックス・ザッヘ] [女] -/ 運しだいのこと. Das ist [reine] *Glückssache*. それは[まったく]運しだいだ.

Glücks≠spiel [グリュックス・シュピーる] [中] -[e]s/-e 賭(か)けごと, 賭博(とばく), ばくち.

Glücks≠stern [グリュックス・シュテルン] [男] -[e]s/-e 幸運の星.

Glücks≠sträh‧ne [グリュックス・シュトレーネ] [女] -/-n 幸運続き, 運がついている時.

glück≠strah‧lend [グリュックス・シュトラーれント] [形] 幸福(喜び)に輝いている.

glück≠ver‧hei‧ßend [形] (新形) Glück verheißend) ☞ Glück

*der **Glück≠wunsch** [グリュック・ヴンシュ glýkvʊnʃ] [男] -[e]s/《複》..wünsche [..ヴュンシェ] (3格のみ ..wünschen) お祝いの言葉], 祝辞. (英 *congratulation*). Herzlichen *Glückwunsch* zum Geburtstag! 誕生日おめでとう / *Glückwünsche* zur bestandenen Prüfung. 合格おめでとう / [人]³ die herzlichsten *Glückwünsche*⁴ aus|sprechen [人]³に心からお祝いの言葉を述べる.

Glück‧wunsch≠kar‧te [グリュックヴンシュ・カルテ] [女] -/-n お祝いのカード(はがき).

Glu‧co‧se [グるコーゼ glukóːzə] [女] -/《化》グルコース, ぶどう糖.

Glüh≠bir‧ne [グリュー・ビルネ] [女] -/-n (西洋梨の形の)電球.

***glü‧hen** [グリューエン glýːən] (glühte, *hat*... geglüht) Ⅰ [自] (完了 haben) ① (炎をあげずに)真っ赤に燃える, (コイルなどが)赤熱する, 白熱する. (英 *glow*). Die Kohlen *glühen* noch. 石炭はまだ赤々と燃えている. ②《比》赤々と輝く; (顔・体が)ほてっている. Die Berge *glühen* in der Abendsonne. 山々が夕日に赤く映えている / Ihr Gesicht *glüht* vor Hitze. 彼女の顔は暑さにほてっている. ③《雅》(感情が)燃えている, 熱中している. **für** [人・物]⁴ *glühen* [人・物]⁴ に夢中である / Sie *glühte* in Liebe. 彼女は恋に燃えていた / Er *glüht* **danach**, sich zu rächen. 彼は復讐(ふくしゅう)心に燃えている / Er *glühte* **vor** Begeisterung. 彼は感激のあまり胸が熱くなっていた.
Ⅱ [他] (完了 haben) (金属など⁴を)真っ赤に焼く.

glü‧hend [グリューエント] Ⅰ *glühen (真っ赤に燃える)の 現分 Ⅱ [形] ① 赤く燃えている, 灼熱

(いぶり)している(鉄・石炭など). ②《比》熱烈な, 熱狂的な, 燃えるような(まなざし・憎しみなど). die *glühenden* Wangen 真っ赤な頬(ほお) / *glühende* Liebe 熱烈な恋.

Glüh⋅fa⋅den [グリュー・ファーデン] 男 -s/ ..fäden (電球の)フィラメント.

Glüh⋅lam⋅pe [グリュー・らンペ] 女 -/-n [白熱]電球.

Glüh⋅strumpf [グリュー・シュトルンプふ] 男 -[e]s/..strümpfe (ガス灯の)白熱マントル.

glüh⋅te [グリューテ] *glühen (真っ赤に燃える)の 過去

Glüh⋅wein [グリュー・ヴァイン] 男 -[e]s/-e グリューワイン(香辛料を入れて温めた赤ワイン).

Glüh⋅würm⋅chen [グリュー・ヴュルムヒェン] 中 -s/-《昆》ホタル(蛍)(=Leuchtkäfer).

Glu⋅ko⋅se [グルコーゼ glukóːzə] 女 -/《化》グルコース, ぶどう糖(=Glucose).

Glut [グルート glúːt] 女 -/-en ① 赤々と燃える火, 白熱; 残り火,《比》真っ赤な輝き; 炎暑, 灼てり. Unter der Asche war noch *Glut*. 灰の下にまだ残り火があった. ②《雅》情熱, 熱情, 激情. die *Glut* des Hasses 憎しみの炎.

Glu⋅ta⋅min [グるタミーン glutamíːn] 中 -s/《化》グルタミン.

Glu⋅ta⋅min⋅säu⋅re [グるタミーン・ゾイレ] 女 -/-n《化》グルタミン酸.

Glut⋅hit⋅ze [グルート・ヒッツェ] 女 -/ 灼熱(しゃくねつ), 炎暑, 熱暑.

glut⋅rot [グルート・ロート] 形 燃えるように赤い, 真っ赤な.

Gly⋅ko⋅gen [グリュコゲーン glykogéːn] 中 -s/ 《医・生》グリコーゲン, 糖原質.

Gly⋅ze⋅rin [グリュツェリーン glytseríːn] 中 -s/《化》グリセリン.

GmbH [ゲー・エム・ベー・ハー]《略》有限会社(=Gesellschaft mit beschränkter Haftung).

g-Moll [ゲー・モる] 中 -/《音楽》ト短調(記号: g).

*die **Gna⋅de** [グナーデ gnáːdə] 女 (単) -/(複) -n《ふつう 単》① 好意, 恩恵, 寵愛(ちょうあい);《宗》(神の)恩寵(おんちょう). (英 mercy). 人[3] eine *Gnade*[4] erweisen (または gewähren) 人[3]に好意を示す / Jetzt findet niemand vor einen *Gnade* vor seinen Augen. 今だれ一人として彼のお眼鏡にかなう者はいなかった / auf *Gnade* und (または oder) Ungnade 無条件で | 事[4] aus *Gnade* [und Barmherzigkeit] tun 事[4]を慈悲心から行う. ② 恩赦, 赦免. *Gnade*[4] vor Recht (または für Recht) ergehen lassen 寛大な処置をとる / um *Gnade* bitten 恩赦を請う. ③《成句的に》Euer (または Ihro, Ihre) *Gnaden*《古》(呼びかけで:)閣下, 殿下.

Gna⋅den⋅bild [グナーデン・ビるト] 中 -[e]s/-er (カトリック)(霊験あらたかな)聖像(特に聖母マリア像).

Gna⋅den⋅brot [グナーデン・ブロート] 中 -[e]s/ 恵みのパン(老齢者や老馬などへのねぎらいの食事).

Gna⋅den⋅frist [グナーデン・ふリスト] 女 -/-en (お情けによる)猶予[期間];(刑の)執行猶予.

Gna⋅den⋅ge⋅such [グナーデン・ゲズーフ] 中 -[e]s/-e 恩赦の請願[書], 減刑嘆願[書].

gna⋅den⋅los [グナーデン・ろース] 形 無慈悲な, 容赦ない.

Gna⋅den⋅stoß [グナーデン・シュトース] 男 -es/..stöße とどめの一突き(一撃)(断末魔の苦しみから救うための).

Gna⋅den⋅tod [グナーデン・トート] 男 -[e]s/《雅》安楽死.

Gna⋅den⋅weg [グナーデン・ヴェーク] 男 -[e]s/《法》恩赦による救済(罪の軽減)の方法.

***gnä⋅dig** [グネーディヒ gnέːdɪç] 形 ① 情け深い; (しばしば反語的に:)ご親切な. Sei doch so *gnädig* und hilf mir! 頼むから手を貸ってくれ / Er war so *gnädig*, mich nach Hause zu begleiten. 彼はご親切にも私を家まで送ってくれた / *gnädig* nicken おうようにうなづく / *Gnädige* Frau! 奥様 / *Gnädiger* Herr!《古》だんな様. ② 寛大な, 温情のある. ein *gnädiges* Urteil 寛大な判決. ③《宗》恵み(慈悲)深い.

Gneis [グナイス gnáɪs] 男 -es/-e《地学》片麻岩.

Gnom [グノーム gnóːm] 男 -en/-en ①(地下の宝を守る)地の精, 小鬼. ②《口語》とても小柄な人.

gno⋅men⋅haft [グノーメンハふト] 形 地の精(小人)のような.

Gnu [グヌー gnúː] 中 -s/-s《動》ヌー(カモシカの一種).

Goal [ゴーる góːl]《英》中 -s/-s (フットボール・スキー)(サッカーなどの)ゴール, 得点.

Go⋅be⋅lin [ゴべリーン gobəlɛ́ː] (フランス) 男 -s/-s ゴブラン織り[の壁掛け].

Go⋅ckel [ゴッケる gókəl] 男 -s/-《南ドイツ・口語》おんどり(=Hahn).

Goe⋅the [ゲーテ gɔ́ːtə] -s/《人名》ゲーテ (Johann Wolfgang von *Goethe* 1749–1832; ドイツの詩人・小説家. 小説『若きヴェルテルの悩み』, 戯曲『ファウスト』などで世界に知られる).

Goe⋅the-In⋅sti⋅tut [ゲーテ・インスティトゥート] 中 -[e]s/-e ゲーテ・インスティトゥート, ドイツ文化センター(ドイツ語・ドイツ文化を外国に普及させることを目的とするドイツの国際交流機関).

goe⋅tesch [ゲーテッシュ góːtəʃ] 形 ゲーテ風の, ゲーテ的な.

goe⋅thisch [ゲーティッシュ góːtɪʃ] 形 =goetesch

das* **Gold [ゴるト gɔ́lt] 中 (単 2) -es (まれに -s)/ ① 金, 黄金 (記号: Au). (英 gold). reines *Gold* 純金 / 24-karätiges *Gold* 24 金 / Der Ring ist aus *Gold*. その指輪は金製だ / Er ist treu wie *Gold*.《比》彼はたいへん誠実だ / das schwarze *Gold* 石炭(←黒い金) / das flüssige *Gold* 石油(←液体の金) / Es ist nicht alles *Gold*, was glänzt.《ことわざ》光るもの必ずしも金ならず.

② 金貨; お金; 金製品;《比》富. Sie hat *Gold* in der Kehle. 彼女はすばらしい声をしている(←のどの中に金貨が持っている) / im *Gold* schwimmen《比》大金持ちである(←お金の中で泳いでいる) / Das ist nicht mit *Gold* zu bezahlen. それはお金で買えるものではない / Morgenstunde hat *Gold* im Munde.《諺》早起きは三文の得(←朝の時間は口に金貨を持つ). ③ 金メダル(= *Gold*medaille). ④ 金色[の輝き].

Gold≠am・mer [ゴルト・アンマァ]囡 -/-n《鳥》キアオジ(ホオジロ属).

Gold≠bar・ren [ゴルト・バレン]男 -s/- 金の延べ棒.

＊**gol・den** [ゴるデン góldən]形 ①《付加語としてのみ》金[製]の, 金で作った.(英 golden). eine *goldene* Kette 金のネックレス / ein *goldener* Ring 金の指輪. ②《詩》黄金(ホネホ)色の, 金色の. *goldenes* Haar 黄金色の髪. ③《比》この上なく貴重な, すばらしい. Er hat einen *goldenen* Humor. 彼はすばらしいユーモアの持ち主だ / die *goldene* Mitte 中庸 / *goldene* Worte 金言, 格言 / der *Goldene* (新形) *goldene*) Schnitt《数》黄金分割 / das *Goldene* (新形) *goldene*) Zeitalter 黄金時代.

gold≠far・ben [ゴルト・ファルベン]形 金色の.

Gold≠fa・san [ゴルト・ファザーン]男 -[e]s/-e[n]《鳥》キンケイ(金鶏);《戯》お気に入りの人].

Gold≠fisch [ゴルト・ふィッシュ]男 -[e]s/-e ① 金魚. ②《口語・戯》金持ちの娘(息子).

Gold≠ge・halt [ゴルト・ゲハルト]男 -[e]s/- 金含有量.

gold≠gelb [ゴルト・ゲルプ]形 黄金(ホネホ)色の.

Gold≠ge・wicht [ゴルト・ゲヴィヒト]中 -[e]s/- 金衡(ホネホ), カラット(貴金属・宝石に使われる質量単位).

Gold≠grä・ber [ゴルト・グレーバァ]男 -s/- 金採掘者.

Gold≠gru・be [ゴルト・グルーベ]囡 -/-n ① 金坑, 金山. ②《口語》大いにもうかる企業(店), ドル箱.

gol・dig [ゴルディヒ góldıç]形 ①《口語》(子供や小動物などが)かわいい, 愛らしい;《方》気だてのいい, 親切な. ②《詩》金色に輝く.

Gold≠kind [ゴルト・キント]中 -[e]s/-er《口語》愛児, 秘蔵っ子.

Gold≠lack [ゴルト・ラック]男 -[e]s/-《植》ニオイアラセイトウ.

Gold≠me・dail・le [ゴルト・メダルエ]囡 -/-n 金メダル.

Gold≠mün・ze [ゴルト・ミュンツェ]囡 -/-n 金貨.

Gold≠re・gen [ゴルト・レーゲン]男 -s/- ①《植》キングサリ(フジ属). ②《比》(黄金の雨のように火花がたれ下がる)花火; 思いがけず入った大金.

gold≠rich・tig [ゴルト・リヒティヒ]形《口語》まったく正しい.

Gold≠schmied [ゴルト・シュミート]男 -[e]s/-e ① 金細工師. ②《昆》大型コガネムシ.

Gold≠schnitt [ゴルト・シュニット]男 -[e]s/-e (本の)金縁(ネネ), 金小口.

Gold≠stück [ゴルト・シュテュック]中 -[e]s/-e (昔の:)金貨;《俗・戯》愛すべき有用な人(部下).

Gold≠waa・ge [ゴルト・ヴァーゲ]囡 -/-n (貴金属を量る)精巧なはかり. jedes Wort[4] auf die *Goldwaage* legen《ことわざ》a) 一言一句真に受ける, b) 言葉を慎重に選ぶ.

Gold≠wäh・rung [ゴルト・ヴェールング]囡 -/-en《経》金本位[制].

Go・lem [ゴーれム gó:lɛm]男 -s/- ゴーレム(ユダヤの民間信仰で神秘的な力を持つとされる粘土人形).

Golf[1] [ゴるふ gólf]男 -[e]s/-e (比較的大きい)湾, (奥行きの深い)入江. der Persische *Golf* ペルシャ湾.

Golf[2] [ゴるふ]《英》中 -s/-《スポ》ゴルフ. *Golf*[4] spielen ゴルフをする.

Golf≠krieg [ゴるふ・クリーク]男 -[e]s/- 湾岸戦争(1991年).

Golf≠platz [ゴるふ・プラッツ]男 -es/..plätze ゴルフ場.

Golf≠schlä・ger [ゴるふ・シュれーガァ]男 -s/- (ゴルフの)クラブ.

Golf≠spie・ler [ゴるふ・シュピーらァ]男 -s/- ゴルファー.

der **Golf≠strom** [ゴるふ・シュトローム]男 -[e]s/-《定冠詞とともに》メキシコ湾流.

Gol・ga・tha [ゴるガタ gólgata] I 中 -[s]/《聖》《地名》ゴルゴタ(キリストが十字架にかけられたエルサレム近郊の丘). II 男 -[s]/《比》苦難, 受苦.

Go・li・ath [ゴーリアット gó:liat] I -s/《聖》《人名》ゴリアテ(ダビデに殺されたペリシテ族の巨人). II 男 -s/-s《比》大男, 巨人.

göl・te [ゴるテ]⇒**gelten**(有効である)の接[2]

Gon・del [ゴンデル góndəl]囡 -/-n ①(ヴェネツィアの)ゴンドラ. ②(ロープウェー・気球などの)つりかご; (飛行船の)つり舟. ③(観葉植物用の)つり鉢. ④(デパートの)オーブン陳列台(品物を四方から手で取れる).

gon・deln [ゴンデるン góndəln]自 (s)《口語》① のんびりと舟で行く. ② ぶらぶらと(あてもなく)歩き回る, のんびりと旅をする.

Gon・do・li・e・re [ゴンドリエーレ gɔndolié:rə]男 -/..lieri (ヴェネツィアの)ゴンドラの船頭.

Gong [ゴング góŋ]男(まれに中) -s/-s《音楽》どら, ゴング; (合図の)ゴング[の音].

gon・gen [ゴンゲン góŋən] I 自 (h) どら(ゴング)を鳴らす. II 非人称 (h) Es *gongt*. どら(ゴング)が鳴る. Es *gongte* zum Abendessen. 夕食を知らせるどらが鳴った.

Gong≠schlag [ゴング・シュらーク]男 -[e]s/..schläge どら(ゴング)の合図(音).

＊**gön・nen** [ゲンネン gǽnən](gönnte, *hat*... gegönnt) (完了) haben) ① (人)の事[4]を快く認める, 喜ぶ. Ich *gönne* ihm seinen Erfolg von Herzen. 私は彼の成功を心から喜んでいる / (人)[3] alles Gute[4] *gönnen* (人)[3]の幸運

を祈る / Diesen Reinfall *gönne* ich ihm. (皮肉って:)あいつががっかりしていい気味だ． ② (人³に物⁴を)快く与える． 人³ keinen Blick *gönnen* 人³に目もくれない / Sie *gönnte* ihm kein gutes Wort. 彼女は優しい言葉の一つもかけてやらなかった．《再帰的に》Er *gönnt sich*³ kaum eine Pause. 彼はほとんど休憩をとらない．

Gön·ner [ゲンナァ génər] 男 -s/- パトロン，後援者．(⇨ 女性形は Gönnerin)．

gön·ner·haft [ゲンナァハフト] 形 パトロン(後援者)ぶった，恩着せがましい．

Gön·ner≠mie·ne [ゲンナァ・ミーネ] 女 -/-n パトロンぶった(恩着せがましい)顔．

Gön·ner·schaft [ゲンナァシャフト] 女 -/ ① (財政的)後援，支援，保護． ②《総称として:》パトロン，後援者．

gönn·te [ゲンテ] *gönnen (快く認める)の過去

Go·nor·rhö[e [ゴノレー gonɔró:] 女 -/..rhöen (レーエン)《医》淋疾の, 淋病．

gor [ゴーァ] *gären (発酵する)の過去

Gör [ゲーァ gó:r] 中 -[e]s/-en =Göre

gor·disch [ゴルディッシュ górdɪʃ] 形《成句的に》den *gordischen* Knoten durchhauen (または durch|hauen) ゴルディオスの結び目を断ち切る，難問題を一気に解決する(古代アジアのフリギア王ゴルディオス Gordios が結んだ堅い結び目をアレクサンドロス大王が一刀のもとに両断した故事による)．

gö·re [ゲーレ] *gären (発酵する)の接Ⅱ

Gö·re [ゲーレ gó:rə] 女 -/-n 《北ドᇰ》 ①《ふつう 複》ちびっこ，腕白小僧． ② おてんば[娘]．

Go·ril·la [ゴリラ gorílα] 男 -s/-s ①《動》ゴリラ． ②《口語》《ごつい体格の》ボディーガード．

Go·sche [ゴッシェ góʃə] 女 -/-n 《南ドᇰ・オースト》《俗》《ふつう軽蔑的に》口 (=Mund, Maul)．

Gos·lar [ゴスらァ góslar] 中 -s/《都市名》ゴスラル(ドイツ，ニーダーザクセン州の古都; ⇨ 地図 E-3)．

goss [ゴス] *gießen (注ぐ)の過去

goß ⇨ 新형 goss

Gos·se [ゴッセ gósə] 女 -/-n ① 下水溝，どぶ． ②《比》どん底[社会]，スラム街． 人⁴ aus der *Gosse* auf|lesen 《口語》人⁴をどん底から救い出す / 人³ durch die *Gosse* ziehen 人⁴の悪評を流す / in der *Gosse* enden 落ちぶれ果てる．

gös·se [ゲッセ] *gießen (注ぐ)の接Ⅱ

Gös·sel [ゲッセる gǽsəl] 中 -s/-[n]《北ドᇰ》がちょうの子．

Go·te [ゴーテ gó:tə] 男 -n/-n ゴート人(ゲルマン民族の一種族)．

Go·tha [ゴータ gó:ta] 中 -s/《都市名》ゴータ(ドイツ，チューリンゲン州; ⇨ 地図 E-3)．

Go·tik [ゴーティク gó:tɪk] 女 -/《建》ゴシック[期]，ゴシック様式(教会建築を中心にしたヨーロッパの中世後半12-15世紀の芸術様式で，高い尖塔，豊富な彫刻による外面装飾やステンドグラスなどが特徴;「建築様式」⇨ 巻末付録, 1813 ページ)．

go·tisch [ゴーティッシュ gó:tɪʃ] 形 ① ゴート[人・語]の． die *gotische* Sprache ゴート語． ② ゴシック[期・様式]の． die *gotische* Baukunst ゴシック建築 / die *gotische* Schrift《印》ゴシック体．

‡*der* **Gott** [ゴット gót]

神　Glauben Sie an *Gott*?
　　グらオベン　ズィーアン　ゴット
　　あなたは神を信じますか．

男《単2》-es/《複》Götter [ゲッタァ] (3格のみ Göttern) (英 god) ①《複》なし; 形容詞による規定を伴わないときは冠詞なしで》《キリスト教の》神. der liebe *Gott* 神様 / *Gott*, der Allmächtige 全能の神 / *Gottes* Sohn 神の子(ᄉᆞ)(イエス・キリスト) / *Gott*⁴ an|beten 神を礼拝する / *Gott*⁴ loben (または preisen) 神をたたえる / wie es *Gott*³ gefällt 神の御心(ᄉ๛ᵒ)のままに / Der Mensch denkt, *Gott* lenkt. 《諺》企てるのは人間だが，成り行きは神のおぼし召しによる / an *Gott* glauben 神を信じる / auf *Gott* vertrauen 神に頼る / bei *Gott* schwören 神にかけて誓う / Du bist wohl ganz [und gar] von *Gott* verlassen. 《状態受動・現在》《口語》君はまったくどうかしているよ(← 神から見放されている) / zu *Gott* beten 神に祈る．

◊《成句的に》*Gott* sei Dank! (ほっとして:)やれやれ，ありがたいことに / Großer *Gott*! (驚いて:)おやまあ，これはたいへん / **Grüß *Gott***! 《南ドᇰ・オースト》おはよう，こんにちは，こんばんは / [Ach,] leider *Gottes* 《口語》残念ながら，あいにく / [Ach,] du lieber *Gott*! または Mein *Gott*! (驚いて:)おやまあ，これはたいへん / In *Gottes* Namen! 《口語》しかたがない，かってにしろ / *Gott* segne dich! 《接Ⅰ·現在》神の祝福があなたにありますように / so *Gott* will 《口語》うまくいけば / um *Gottes* willen 《口語》a) うへー，とんでもない，b) 後生だから / weiß *Gott* 本当に，たしかに / *Gott* weiß 《口語》わかったものじゃない / *Gott* und die Welt ありとあらゆるもの(人)(← 神とこの世と) / leben wie *Gott* in Frankreich 《口語》ぜいたくに暮らす / Sie stand da, wie *Gott* sie geschaffen hatte. 《戯》彼女はすっ裸でそこに立っていた(← 神が造りたもうたままに).

② 《キリスト教以外の》神. die griechischen *Götter* ギリシアの神々 / Das wissen die *Götter*! 《口語》そんなことはわかりませんよ(← 神々の知ることだ) / wie ein junger *Gott*(この世のわざとは思われないくらい)絶妙に，すばらしく．

Göt·ter [ゲッタァ] *Gott (神)の複

Gott≠er·bar·men [ゴット・エァバルメン] 中《成句的に》**zum *Gotterbarmen*** 《口語》a) 見るも哀れに，痛々しいばかりに，b) 情けないほど[下手に]．

Göt·ter≠däm·me·rung [ゲッタァ・デンメルング] 女 -/ ①《北欧神》神々の滅亡． ②『神々のたそがれ』(ヴァーグナーの楽劇の題名)．

gott≠er·ge·ben [ゴット・エァゲーベン] 形 神に帰依した，運を天にまかせた，恭順な．

Göt·ter≠spei·se [ゲッタァ・シュパイゼ] 女 -/-n ①《複》なし》《ᄀᄀ神》神々の不老不死の食べ物． ②《戯》とてもおいしい食べ物． ③ フルーツゼリー．

Göt·ter≈trank [ゲッタァ・トランク] 男 -[e]s/ ..tränke ① 《複 なし》《ギリシャ神》神々の不老不死の飲み物. ② 《戯》おいしい飲み物, 美酒.

Got·tes≈acker [ゴッテス・アッカァ] 男 -s/ ..äcker 《方・雅》墓地(=Friedhof).

Got·tes≈an·be·te·rin [ゴッテス・アンベーテリン] 女 -/..rinnen 《昆》カマキリ.

Got·tes≈dienst [ゴッテス・ディーンスト] 男 -[e]s/-e (教会の礼拝[式]で, 特に)ミサ.

got·tes≈fürch·tig [ゴッテス・フュルヒティヒ] 形 敬神の念にあつい, 敬虔(ケイケン)な.

Got·tes≈ge·richt [ゴッテス・ゲリヒト] 中 -[e]s/-e ① 神の裁き. ② 《史》(特に中世の)神明裁判(=Gottesurteil).

Got·tes≈haus [ゴッテス・ハオス] 中 -es/..häuser 《雅》教会, 礼拝堂.

got·tes≈läs·ter·lich [ゴッテス・レスタァリヒ] 形 瀆神(トクシン)の, 神を冒瀆(ボウトク)する.

Got·tes≈läs·te·rung [ゴッテス・レステルング] 女 -/-en 瀆神(トクシン), 神への冒瀆(ボウトク).

Got·tes≈ur·teil [ゴッテス・ウァタイル] 中 -s/-e 《史》(特に中世の)神明裁判.

Gott·fried [ゴット・フリート gɔ́t-fri:t] -s/《男名》ゴットフリート.

gott≈ge·fäl·lig [ゴット・ゲフェリヒ] 形 《雅》神の御心(ミココロ)にかなった.

Gott·heit [ゴットハイト] 女 -/-en ① 《複 なし》定冠詞とともに》(キリスト教の)神. ② (キリスト教以外の)神, 女神. ③ 《複 なし》《雅》神性.

*die **Göt·tin** [ゲッティン gœ́tin] 女 《単》-/《複》..tinnen 女神. die Göttin der Freiheit² 自由の女神.

Göt·tin·gen [ゲッティンゲン gœ́tıŋən] 中 -s/《都市名》ゲッティンゲン(ドイツ, ニーダーザクセン州; ☞ 地図 D-3).

*** gött·lich** [ゲットリヒ gœ́tlıç] 形 《英 divine》① 神の, 神による; 神についての. die göttliche Allmacht 神の全能. ② 神のような, 神々しい; 《比》この世のものならぬ, 驚くほどすばらしい; 《戯》とんでもない. eine göttliche Stimme この世のものとも思えない美声.

Gött·lich·keit [ゲットリヒカイト] 女 -/ 神性.

gott≈lob! [ゴット・ロープ] 間 (歓喜・安堵を表して:)ありがたい, やれやれ.

gott≈los [ゴット・ロース] 形 ① 神を畏(オソ)れない, ふらちな. ② 神を信じない, 無神論の.

Gott≈lo·sig·keit [ゴット・ローズィヒカイト] 女 -/ ① 神への不敬. ② 不信心, 無神論.

Gott·sched [ゴット・シェート gɔ́t-ʃe:t] -s/《人名》ゴットシェート (Johann Christoph *Gottsched* 1700–1766; ドイツの文学史家・作家).

Gott≈sei·bei·uns 男 -/ 《婉曲》悪魔(=Teufel).

gotts≈er·bärm·lich [ゴッツ・エァベルムリヒト] Ⅰ 形 ① 《俗》ひどく哀れな, 惨めな. ② [いやになるほど]ひどい. Ⅱ 副 《俗》ひどく, ものすごく.

Gott≈va·ter [ゴット・ファーテァ] 男 -s/ 《ふつう冠詞なしで》《キリスト教》父なる神.

gott≈ver·las·sen [ゴット・フェァラッセン] 形 ① 《口語》荒涼とした, 人里離れた. ② 神に見捨てられた, 惨めな.

Gott≈ver·trau·en [ゴット・フェァトラオエン] 中 -s/ 神に対する信頼.

gott≈voll [ゴット・フォル] 形 《口語》ひどくこっけいな.

Götz [ゲッツ gœts] -[ens]/《男名》ゲッツ (Gottfried など Gott.. の 短縮形).

Göt·ze [ゲッツェ gœ́tsə] 男 -n/-n ① 偶像, 神像. ② 《雅》(軽蔑的に:)崇拝の的.

Göt·zen≈bild [ゲッツェン・ビルト] 中 -[e]s/-er 偶像.

Göt·zen≈dienst [ゲッツェン・ディーンスト] 男 -[e]s/ ① 偶像崇拝. ② 《雅》(軽蔑的に:)盲目的崇拝, 心酔.

Gou·da·kä·se [ガオダ・ケーゼ] 男 -s/- ゴーダチーズ(オランダの地名による).

Gour·mand [グルマーン gurmã́:] 《フランス》男 -s/-s 健啖(ケンタン)な(よく食べる)美食家.

Gour·met [グルメー gurmé:] 《フランス》男 -s/-s 食通, グルメ, ワイン通.

gou·tie·ren [グティーレン gutí:rən] 他 (h) たしなむ, 愛好する.

Gou·ver·nan·te [グヴェルナンテ guvɛrnántə] 《フランス》女 -/-n 《古》女性家庭教師;《比》おせっかいやきで教師タイプの)女性.

Gou·ver·neur [グヴェルネーァ guvɛrnǿ:r] 《フランス》男 -s/-e (大昔などの)知事; (郡などの)長官; (植民地などの)総督.

*das **Grab** [グラープ grá:p] 中 《単2》-es (まれに-s)/《複》Gräber [グレーバァ] (3格のみ Gräbern) 墓, 墓穴; 墓地. 《英 *grave*》ein tiefes *Grab* 深い墓穴 / das *Grab* des Unbekannten Soldaten 無名戦士の墓 / ein *Grab*⁴ besuchen 墓参りをする / ein *Grab*⁴ pflegen 墓地の手入れをする / ein feuchtes *Grab*⁴ finden 《雅》溺死(デキシ)する / ein frühes *Grab*⁴ finden 《雅》若死にする / sich³ selbst sein *Grab*⁴ schaufeln (または graben) 《比》自ら墓穴を掘る / am Rande des *Grabes* stehen 《雅》死に瀕(ヒン)している / bis **ans** (または **ins**) *Grab* または bis **über** das *Grab* hinaus 《雅》死に至るまで / im *Grab* liegen (または ruhen) 墓に眠る / mit einem Bein (または Fuß) im *Grabe* stehen 棺桶(カンオケ)に片足を突っ込んでいる / ins *Grab* sinken 《雅》死ぬ / 人⁴ ins *Grab* bringen a) 人⁴ を死に追いやる, b) 《比》人⁴ を絶望させる / 事⁴ mit ins *Grab* nehmen 《雅》事⁴(秘密など)を明かさぬまま死ぬ / 人・事⁴ **zu** *Grabe* tragen 《雅》a) 人⁴ を埋葬する, b) 《比》事⁴ を断念(放棄)する.

*** gra·ben*** [グラーベン grá:bən] du gräbst, er gräbt (grub, *hat*..gegraben) Ⅰ 他 (完了 haben) ① (井戸・地下道など⁴ を)掘る. 《英 *dig*》. einen Brunnen *graben* 井戸を掘る / ein Loch⁴ *graben* 穴を掘る / Wer andern eine Grube *gräbt*, fällt selbst hinein. 《諺》人ののろわば穴二つ(←他人に落とし穴を掘る者は自らその穴に落ち込む). ② (石炭など⁴ を)掘り出

す，採掘する．③《A⁴ in B⁴ ～》(A⁴をB⁴に)刻み込む，彫り込む；《比》(頭・心に)刻み込む．Namen⁴ in die Rinde eines Baumes *graben* 樹皮に名前を彫り込む / Ich *habe* es mir tief ins Gedächtnis *gegraben*.《比》私はそれを深く記憶の中に刻み込んだ．
II 自 (完了 haben) 掘る．**im** Garten *graben* 庭の土を掘る / **nach** 物³ *graben* 掘って物³を探す．
III 再帰 (完了 haben)《*sich⁴* **in** 物⁴ ～》(物⁴に)食い込む，刻み込まれる．Die Räder *gruben sich* tief in den sandigen Weg. 車輪が砂利道に深くめり込んだ．

*der **Gra·ben** [グラーベン grá:bən] 男 (単2) -s/(複) Gräben [グレーベン] ① 溝，下水溝，堀．(英 *ditch*). Straßen*graben* (道路の)側溝 / einen *Graben* aus|heben 溝を掘る / einen *Graben* nehmen (馬術など で):溝を跳び越える / Der Wagen fuhr **in** den *Graben*. 自動車が側溝に突っ込んだ．②《軍》塹壕(ぎら)．im *Graben* liegen 最前線にいる．③《地学》地溝．

Grä·ben [グレーベン] *Graben (溝)の 複
Grä·ber [グレーバァ] *Grab (墓)の 複
Gra·bes·stil·le [グラーベス・シュティれ] 女 -/- (墓の中のような)静けさ．
Gra·bes·stim·me [グラーベス・シュティンメ] 女 -/-《口語》陰にこもった声．
Grab·ge·sang [グラーブ・ゲザング] 男 -[e]s/..sänge 葬送歌，哀悼の歌，挽歌(ばんか)．
Grab·hü·gel [グラーブ・ヒューゲる] 男 -s/- (土まんじゅう形の)塚，墳墓．
Grab·in·schrift [グラーブ・インシュリふト] 女 -/-en 墓碑銘．
Grab·le·gung [グラーブ・れーグング] 女 -/-en キリスト埋葬図；(稀) 埋葬．
Grab·mal [グラーブ・マーる] 中 -[e]s/..mäler (雅 -e) 墓標，墓碑(死者のための)記念碑．
Grab·re·de [グラーブ・レーデ] 女 -/-n (埋葬の際の)弔辞．
gräbst [グレーブスト] *graben (掘る)の 2 人称単数 現在
Grab·stät·te [グラーブ・シュテッテ] 女 -/-n 埋葬地，墓所，墓地．
Grab·stein [グラーブ・シュタイン] 男 -[e]s/-e 墓石，墓碑．
gräbt [グレーブト] *graben (掘る)の 3 人称単数 現在
Gra·bung [グラーブング] 女 -/-en (特に考古学上の)発掘，採掘．

*der **Grad** [グラート grá:t] 男 (単2) -es (まれに -s)/(複) -[] ① (温度・体温の)**度** (記号:°)．(英 *degree*). 20 *Grad* Celsius 摂氏 20 度 / Das Thermometer zeigt minus 5 *Grad*. 温度計はマイナス 5 度を示している / Er hat vierzig *Grad* Fieber. 彼は 40 度の熱がある．
② (角度の)度；《天・地理》(緯度・経度の)度 (記号:°)．ein Winkel von 90 *Grad* 90 度の角 / 34 *Grad* nördlicher Breite² 北緯 34 度．
③ **度[合い]**，程度．Härte*grad* 硬度 / der *Grad* der Reife² (ワインなどの)熟成度 / einen hohen *Grad* von Verschmutzung auf|weisen 高い汚染度を示す / **in** gewissem *Grad*[e] 幾分か，ある程度 / in höchstem (また im höchsten) *Grad*[e] 極度に / [**um**] einen *Grad* または um einige *Grade* あと少し / ein Künstler **von** hohen *Graden* 第一級の芸術家 / bis **zu** einem gewissen *Grad*[e] ある程度まで．
④ 等級，位階，学位；(軍隊の)階級．Doktor*grad* [ドクターの]学位 / einen akademischen *Grad* erwerben 学位を取る．⑤《法》親等．ein Verwandter dritten *Grades*² 3 親等の親族．⑥《数》次．eine Gleichung zweiten *Grades*² 2 次方程式．

gra·de [グラーデ grá:də] 副 形《口語》ちょうど (=gerade).
Grad·ein·tei·lung [グラート・アインタイるング] 女 -/-en (物差しなどの)目盛り．
gra·die·ren [グラディーレン gradí:rən] 他 (h) ① (物⁴に)度数の目盛りをつける；(物⁴に)段階 (濃淡)をつける．② 強化する，高める；(塩水などを⁴)濃縮する．
Grad·mes·ser [グラート・メッサァ] 男 -s/- 標準，基準，目安．
Grad·netz [グラート・ネッツ] 中 -es/-e (地図の)経緯度線．
gra·du·ell [グラドゥエる graduél] 形 ① 程度 (等級)の(差異など)．② 段階的な，漸進的な．
gra·du·ie·ren [グラドゥイーレン graduí:rən] 他 (h) ① (人⁴に)学位を授ける．② (物⁴に)目盛りをつける；ランクをつける．
Gra·du·ier·te[r] [グラドゥイーァテ (..タァ) graduí:rtə (..tər)] 男 女《語尾変化は形容詞と同じ》大学の卒業生．
grad·wei·se [グラート・ヴァイぜ] 副 しだいに，徐々に，だんだん．
Graf [グラーふ grá:f] 男 -en/-en ① 伯爵 (Fürst「侯爵」と Freiherr「男爵」の間の爵位)．②《史》伯(王の代官)．
..graf [..グラーふ ..grá:f]《名詞をつくる 接尾》《書く人・書かれたもの》例: Geo*graf* 地理学者．
..gra·fie [..グラふィー ..grafí:]《女性名詞をつくる 接尾》《記述・学》例: Geo*grafie* 地理学．
Gra·fik [グラーふィク grá:fɪk] 女 -/-en ①《複なし》グラフィック[アート]．② グラフィック[アート]の作品，版画．③ グラフ，図．
Gra·fi·ker [グラーふィカァ grá:fɪkər] 男 -s/- グラフィックアーティスト，グラフィックデザイナー．(注 女性形は Grafikerin).
Grä·fin [グレーふィン gré:fɪn] 女 -/..finnen 伯爵夫人．
gra·fisch [グラーふィッシュ grá:fɪʃ] 形 ① グラフィック[アート]の，グラフィックデザインの．die *grafische* Kunst グラフィックアート．② 図[表]を用いた，グラフ[式]の．③《言》文字記号の．

Gra·fit [グラふィート grafíːt] 男 -s/(種類:) -e ＝Graphit

gräf·lich [グレーふりヒ] 形 伯爵の; 伯爵のような.

Gra·fo·lo·gie [グラふォろギー grafologíː] 女 -/ ＝Graphologie

Graf·schaft [グラーふシャふト] 女 -/-en ① 伯爵領. ② (特にイギリスの)州.

Gral [グラーる gráːl] 男 -s/ (中世文学で:) 聖杯, 聖石. der [Heilige] Gral 聖杯.

Grals≠rit·ter [グラーるス・リッタア] 男 -s/- (中世文学で:) 聖杯を守る騎士.

gram [グラーム grám] 形 《成句的に》人³ gram sein 《雅》人³に恨み(憎しみ)をいだいている.

Gram [グラーム] 男 -s (まれに -es)/ 《雅》悲嘆, 心痛, 断腸の思い. Er ist von Gram erfüllt. 《状態受動·現在》彼は悲嘆に暮れている / sich⁴ vor Gram verzehren 悲しみにやつれる.

grä·men [グレーメン gréːmən] I 再帰 (h) {sich⁴ [über (または um) 人·事⁴] ～} 《人·事⁴について》深く悲しむ. II 他 (h) 《雅》(人·事⁴のことを)深く悲しむ. (人⁴を)深く悲しませる.

gräm·lich [グレームりヒ] 形 むっつりした, 不機嫌な.

※das Gramm [グラム grám] 中 (単2) -s/(複) -e (3格のみ -en)《数量単位としては: (複) -》グラム (記号: g). (英 gram). Das Päckchen wiegt 500 Gramm. その小包は500 グラムだ / Ich hätte gern 200 Gramm Schinken.《接2·現在》ハムを200グラム欲しいのですが.

※die Gram·ma·tik [グラマティク gramátɪk] 女 (単) -/(複) -en (英 grammar) ① 文法. die deutsche Grammatik ドイツ[語]文法. ② 文法書, 文典.

gram·ma·ti·ka·lisch [グラマティカーリッシュ gramatikáːlɪʃ] 形 文法[上]の (＝grammatisch).

Gram·ma·ti·ker [グラマティカア gramátikər] 男 -s/- 文法学者.

※gram·ma·tisch [グラマティッシュ gramátɪʃ] 形 《言》文法[上]の; 文法にかなった. (英 grammatical). ein grammatischer Fehler 文法上の間違い / grammatisches Geschlecht 文法上の性 / grammatisch richtig schreiben 文法的に正しい書き方をする.

Gram·mo·fon [グラモふォーン gramofóːn] 中 -s/-e ＝Grammophon

Gram·mo·phon [グラモふォーン gramofóːn] 中 (ズミ: 男も) -s/-e 《商標》グラモフォン(昔の蓄音機の商標名).

gram≠voll [グラーム・ふォる] 形 悲嘆に満ちた.

Gran [グラーン gráːn] 中 -[e]s/- (昔の薬剤用重量単位. 約65 mg); 《比》ごくわずか.

Gra·nat [グラナート gránaːt] 男 -[e]s/-e (ﾂﾁｭ: -en/-en) ① 《鉱》ガーネット, ざくろ石. ② 《動》いかさま睹博(ばく)師.

Gra·nat≠ap·fel [グラナート・アプふェる] 男 -s/ ..äpfel 《植》ザクロ[の実].

Gra·na·te [グラナーテ gránaːtə] 女 -/-n ①《軍》[手]榴弾(りゅうだん). ② (ｽﾎﾟ·隠語)(サッカーなどの)強烈なシュート.

Gra·nat≠split·ter [グラナート・シュプリッタア] 男 -s/- [手]榴弾(だん)の破片.

Gra·nat≠trich·ter [グラナート・トリヒタア] 男 -s/- [手]榴弾(だん)による弾孔.

Gra·nat≠wer·fer [グラナート・ヴェルふァア] 男 -s/- 《軍》擲弾(ﾃｷﾀﾞﾝ)筒; (小型の)迫撃砲.

Gran·dez·za [グランデッツァ grandétsa] 女 -/ 威厳, 品格.

gran·di·os [グランディオース grandióːs] 形 壮大な, 雄大な; すばらしい, みごとな.

Gra·nit [グラニート graníːt] 男 -s/-e 花崗(コウ)岩, みかげ石. hart wie Granit 非常に頑固な / bei 人³ auf Granit beißen 《比》人³の強い抵抗にあう.

gra·ni·ten [グラニーテン graníːtən] 形 ① 花崗(コウ)岩でできた(柱など). ② 《雅》堅固な, 頑強な, 揺るぎない.

Gran·ne [グランネ gránə] 女 -/-n ① 《植》(麦などの)のぎ. ② (動物の毛皮の)剛毛.

gran·tig [グランティヒ grántɪç] 形《南ドッ·ｵｰｽﾄﾘｱ·口語》不機嫌な, 気難しい.

gra·nu·lie·ren [グラヌリーレン granulíːrən] I (他) ① (細かく)粒状にする. II 自 (s, h) 《医》(組織が)肉芽を形成する.

Grape·fruit [グレープ・ふルート gréːp-fruːt] 女 -/-s 《植》グレープフルーツ.

..graph [..グラーふ ..gráːf] 《名詞をつくる 接尾》 ＝..graf

..gra·phie [..グラふィー ..grafíː] 《女性名詞をつくる 接尾》 ＝..grafie

Gra·phik [グラーふィク gráːfɪk] 女 -/-en ＝Grafik

Gra·phi·ker [グラーふィカア gráːfikər] 男 -s/- ＝Grafiker

gra·phisch [グラーふィッシュ gráːfɪʃ] 形 ＝grafisch

Gra·phit [グラーふィート grafíːt] 男 -s/(種類:) -e (鉱) 黒鉛, 石墨.

Gra·pho·lo·gie [グラふォろギー grafologíː] 女 -/ 筆跡学, 筆跡鑑定学(法).

grap·schen [グラプシェン grápʃən] I 他 (h) 《口語》ひっつかむ. 人⁴ am Ärmel grapschen 人⁴の袖(そで)をつかむ. II 自 (h) {nach 物³ ～} (物³に)手を伸ばす.

※das Gras [グラース gráːs] 中 (単2) -es/(複) Gräser [グレーザァ] (3格のみ Gräsern) ① (個個の)草. (英 grass). seltene Gräser⁴ sammeln 珍しい草を収集する.

② 《覆 なし》(総称として:)草, 牧草; 草地, 牧草地, 草むら. grünes Gras 青草 / üppiges Gras 生い茂った草 / Gras⁴ mähen 草を刈る / Die Kühe fressen Gras. 雌牛たちが草を食べている / im Gras liegen 草むらに横たわっている / ins Gras beißen 《俗》死ぬ (←地べたの草をかむ) / Über diese Sache ist längst Gras gewachsen.《現在完了》《口語》この件はとっくに忘れられてしまった(←草に覆われた) / Er hört das *Gras* wachsen.《口語》彼は自分が賢いとうぬぼれている(←草が生える音でも聞こえると言う).

gra·sen [グラーゼン grá:zən] 自 (h) ① (動物が)草を食べる. ② (ﾋﾄが)草を刈る. ③《**nach** 物³~》(物³を)あちこち探す.

Grä·ser [グレーザァ] *Gras (草)の複

gras╱grün [グラース・グリューン] 形 草色の.

Gras╱halm [グラース・ハルム] 男 -[e]s/-e 草の茎.

Gras╱**hüp·fer** [グラース・ヒュプふァァ] 男 -s/- 《昆》《口語》バッタ(イナゴ・キリギリス)[の類].

gra·sig [グラーズィヒ grá:zɪç] 形 ① 草のような. ② 草の生えた, 草の生い茂った.

Gras╱land [グラース・らント] 中 -[e]s/ 草地, 草原[地帯]; ステップ.

Gras╱**mü·cke** [グラース・ミュッケ] 女 -/-n 《鳥》ノドジロムシクイ.

Gras╱**nar·be** [グラース・ナルベ] 女 -/-n 草地の表土.

Grass [グラス grás] -/《人名》グラス(Günter Grass 1927–; ドイツの作家. 1999年ノーベル文学賞受賞).

gras·sie·ren [グラスィーレン grasí:rən] 自 (h) (病気が)蔓延[ﾏﾝｴﾝ]する;(うわさなどが)広がる.

*****gräss·lich** [グレスりヒ gréslɪç] I 形 ① 恐ろしい, 身の毛もよだつ, ぞっとするような.（英 horrible). ein *grässlicher* Anblick ぞっとする光景. ②《口語》いやな; ひどい. ein *grässliches* Wetter いやな天気.
II 副《口語》ものすごく. Es war *grässlich* langweilig. それはひどく退屈だった.

gräß·lich ☞ grässlich

Grat [グラート grá:t] 男 -[e]s/-e ①(山の)尾根, 岩山の[鋭くとがった]頂. ②《建》(屋根の)隅棟[ｽﾐﾑﾈ]. ③《工》(切った端の)まくれ, そぎ端[ﾊﾞ], 鋭い縁[ﾌﾁ].

Grä·te [グレーテ gré:tə] 女 -/-n ① 魚の骨. ②《複》で》《俗》(人の)骨.

Gra·ti·fi·ka·ti·on [グラティふィカツィオーン gratifikatsió:n] 女 -/-en 特別手当, 賞与.

gra·ti·nie·ren [グラティニーレン gratiní:rən] 他 (h)《料理》《物⁴を》グラタンにする.

gra·tis [グラーティス grá:tɪs] 副 無料で, 無償で. Eintritt *gratis*! 入場無料.

Grät·sche [グレーチェ gré:tʃə] 女 -/-n (体操の)開脚跳び(姿勢).

grät·schen [グレーチェン gré:tʃən] I 他 (h) (体操で)(跳ぶときに両脚⁴を)広げる, 開脚する. II 自 (s)《**über** 物⁴~》(体操で:)(跳馬など⁴を)開脚で跳ぶ.

Gra·tu·lant [グラトゥらント gratulánt] 男 -en/-en 祝賀者(客), 祝辞を述べる人.

Gra·tu·la·ti·on [グラトゥらツィオーン gratulatsió:n] 女 -/-en ① お祝い. ② 祝辞, 祝詞.

*****gra·tu·lie·ren** [グラトゥリーレン gratulí:rən] (gratulierte, *hat* ... gratuliert) 自 (h) (gratuliert *haben*)（[人³に]お祝いを言う, おめでとうと言う.（英 congratulate).［Ich] *gratuliere*! おめでとう /《人³ **zu** 事³ *gratulieren*《人³に》《事³のお祝いを言う》⇒ Ich *gratuliere* dir zum Geburtstag! お誕生日おめでとう / Darf man schon *gratulieren*?（試験などについて:)うまくいったかい. ◇《再帰的に》*sich³ gratulieren können* 喜んでいられる ⇒ Zu diesem Sohn *kannst* du *dir gratulieren*. こんな息子さんを持って君は幸せだよ.

gra·tu·liert [グラトゥリーァト] *gratulieren (お祝いを言う)の過分

gra·tu·lier·te [グラトゥリーァテ] *gratulieren (お祝いを言う)の過去

Grat╱wan·de·rung [グラート・ヴァンデルング] 女 -/-en 尾根歩き;《比》危険度の高い事業.

*****grau** [グラオ gráu] 形 ① 灰色の, グレーの, ねずみ色の.（英 gray). ein *grauer* Anzug グレーのスーツ / Sie hat *graue* Augen. 彼女は灰色の目をしている / Er ist *grau* geworden.《現在完了》彼は白髪が増えた / ein *graues* Gesicht 血の気のうせた顔 / der *graue* Star《医》白内障.
②（気分的に)味気ない, 単調な. der *graue* Alltag 単調な毎日 / Er sieht（または malt) alles *grau in grau*. 彼はすべてを悲観的に見る. ③ はるかむかし, はっきりしない;（時間的・空間的に)はるか遠い. im *grauen* Altertum はるかな古代に / Ich habe nur eine *graue* Vorstellung davon. それについては私は漠然としたイメージしか持っていない. ④《口語》(商取り引きなどが)非合法すれすれの. der *graue* Markt 非合法すれすれの市場.

G

《新形》
grau me·liert 白髪混じりの; グレーの縞[ｼﾏ]の入った(服地).

Grau [グラオ] 中 -s/-（口語: -s）① 灰色, グレー, ねずみ色. Sie kleidet sich gern **in** *Grau*. 彼女は好んでグレーを着る. ②(生活の)単調さ, 味気なさ. ③(過去・未来の)不確かさ.

grau╱blau [グラオ・ブらオ] 形 灰青色の.

Grau╱brot [グラオ・ブロート] 中 -[e]s/-e ライ麦パン(ライ麦と小麦の混合粗びき粉で作ったパンで, 黒ずんだ色をしている).

Grau·bün·den [グラオ・ビュンデン grau-býndən] 中 -s/《地名》グラウビュンデン(スイス東部の州).

Gräu·el [グロイエる gróyəl] 男 -s/- ①《ふつう複》《雅》残虐行為. ② 嫌悪の対象, いやでたまらない物(人).

Gräu·el·mär·chen [グロイエる・メーァヒェン] 中 -s/- ぞっとするような話, 残酷物語.

Gräu·el╱tat [グロイエる・タート] 女 -/-en (身の毛もよだつ)残虐行為.

grau·en¹ [グラオエン gráuən] I 自 (h) ①《雅》薄明るくなる. Der Morgen（Der Abend) *graut*. 夜が明けてくる(日が暮れかかる). ②《髪》灰色になる; 白髪になる.

grau·en² [グラオエン] I 非人称 (h)《**es** *graut* 人³ (または人⁴)の形で》《人³(または人⁴)がこわがる,

Grauen

恐怖を感じる. Es *graute* mir (または mich) **vor** diesem Kerl. 私はこの男がこわかった / Mir *graut* vor der Prüfung. 私は試験がこわい. (⚠ es は文頭以外ではふつう省かれる). II 再帰 (h) *sich⁴ grauen* 恐れる, こわがる.

Grau·en [グラオエン] 中 -s/- ①《複 なし》恐怖, 戦慄(**). Ein *Grauen* erfasste (または überkam) mich. 私は恐怖感に襲われた. ② そびとする事件, 惨事.

grau·en·haft [グラオエンハフト] 形 ① そびとするような, 恐ろしい. ②《口語》ひどく不快な, ひどい.

grau·en≠voll [グラオエン・ふォる] 形 =grauenhaft

grau≠haa·rig [グラオ・ハーリヒ] 形 灰色(グレー)の髪の, 白髪頭の.

grau·len [グラオれン gráulən] I 再帰 (h) 〖*sich⁴ vor* 人・物³ ~〗《口語》(人・物³をこわがる. *sich⁴ vor* der Dunkelheit *graulen* 暗闇(**)をこわがる. II 非人称 (h) 〖*es grault* (人³(または 人⁴) の形で〗《口語》人³(または 人⁴)がこわがる. Es *graulte* ihm **vor** der Prüfung. 彼は試験がこわかった / Mir (または Mich) *grault* **bei** diesem Gedanken. こう考えるとこわくなる. (⚠ es は文頭以外ではふつう省かれる). III 他 (h)《口語》邪険(**)に追い出す.

grau·lich¹ [グラオリヒ] 形 恐ろしい, 身の毛もよだつ; こわがっている.

grau·lich² [グラオリヒ] =gräulich¹

gräu·lich¹ [グロイリヒ] 形 灰色(グレー)がかった.

gräu·lich² [グロイリヒ] 形 ① ぞっとする, 身の毛もよだつような. ②《口語》ひどくいやな; 我慢できないほどの.

grau≠me·liert 形 (新形 grau meliert) ☞ grau

Grau·pe [グラオぺ gráupə] 女 -/-n ①《ふつう 複》ひき割り麦(の粒); 〖複 で〗ひき割り麦のかゆ. [große] *Graupen⁴* im Kopf haben《口語》大それたことを考えている. ②《坑》グレーン, 粒(ツ).

Grau·pel [グラオぺる gráupəl] 女 -/-n《ふつう 複》あられ(霰).

grau·peln [グラオぺるン gráupəln] 非人称 (h) Es *graupelt*. あられが降る.

Graus [グラオス gráus] 男〖成句的に〗es ist ein *Graus* [mit 人・事³]《口語》〖人・事³〗はまったくひどいものである / O *Graus!*《口語・戯》おお, 恐ろしい.

***grau·sam** [グラオザーム gráuza:m] I 形 ① 残酷な, 残忍な. (変 *cruel*). ein *grausamer* Herrscher 残酷な支配者. ② 過酷な;《口語》ひどい, ものすごい. eine *grausame* Kälte 厳寒.
II 副《口語》ひどく, ものすごく. Ich bin *grausam* müde. 私はひどく疲れている.

Grau·sam·keit [グラオザームカイト] 女 -/-en ①《複 なし》残酷[さ], 残忍. ② 残忍(残忍)な行為.

grau·sen [グラオゼン gráuzən] I 非人称 (h)〖*es graust* (人³(または 人⁴)の形で)〗人³(または 人⁴)はこわくてたまらない, ぞっとする. Es *graust* ihm (または ihn) **bei** dem Anblick. その光景に彼はぞっとした / Mir (または Mich) *graust*, wenn ich nur daran denke. そのことを考えただけでもぞっとする. (⚠ es は文頭以外では省かれることがある). II 再帰 (h)〖*sich⁴ vor* 物³ ~〗(物³)にぞっとする. Sie *graust sich* vor Spinnen. 彼女はくもが大嫌いだ.

Grau·sen [グラオゼン] 中 -s/- 恐怖, 戦慄(**). mit *Grausen* ぞっとして.

grau·sig [グラオズィヒ gráuziç] I 形 ① ぞっとするような, 身の毛もよだつような. ②《口語》ひどい, たまらない(寒さなど). II 副《口語》ひどく.

Grau≠tier [グラオ・ティーァ] 中 -[e]s/-e《口語・戯》ろば(=Esel); らば(=Maultier).

Grau≠zo·ne [グラオ・ツォーネ] 女 -/-n 灰色地帯(合法と非合法の境界領域).

Gra·veur [グラヴィーァ gravǿ:r] 男 -s/-e (ガラス・金属などの)彫刻師, 彫版工.

gra·vie·ren [グラヴィーレン graví:rən] 他 (h) ①(文字・模様などを)彫る, 彫刻する. eine Schrift⁴ in Glas *gravieren* 文字をガラスに刻み込む. ②(指輪などに)彫刻を施す.

gra·vie·rend [グラヴィーレント] 形 重大な, 容易ならぬ(誤り・損失など). ein *gravierender* Fehler 重大な誤り.

Gra·vie·rung [グラヴィールング] 女 -/-en ①《複 なし》彫刻[すること]. ② 彫り込んだ模様(文字).

Gra·vi·ta·ti·on [グラヴィタツィオーン gravitatsió:n] 女 -/《物》重力, [万有]引力.

gra·vi·tä·tisch [グラヴィテーティッシュ gravitǽ:tɪʃ] 形 荘重な, 威厳のある; もったいぶった.

Graz [グラーツ grá:ts] 中 -/《都市名》グラーツ(オーストリア, シュタイアーマルク州の州都: ☞ 地図 G-5).

Gra·zie [グラーツィエ grá:tsiə] I 女 -/ 優美, 優雅, 上品. II -/-n《ふつう 複》(ワ神) グラツィア(優美の三女神). III 女 -/-n《戯》きれいな女の子.

gra·zil [グラツィーる gratsí:l] 形 ほっそりした, きゃしゃな, しなやかな; 愛らしい.

gra·zi·ös [グラツィエース gratsiǿ:s] 形 優美(優雅)な, 上品な, 愛らしい.

Green≠peace [グリーン・ピース] [英] 男 -s/ グリーンピース(国際環境保護団体. 1969 年結成).

Gre·gor [グレーゴァ gré:gɔr] -s/《男名》グレーゴル.

Greif [グライふ gráɪf] 男 -[e]s (または -en)/ -e[n] ①《ヲ神》グリフィン(ライオンの胴体に鷲の頭と翼を持つ怪獣). ②《鳥》猛禽[類](=*Greifvogel*).

greif·bar [グライふバール] 形 ① 手の届く[ところ]にある]. in *greifbarer* Nähe 手近に. ②《述語としての》(商品などが)手持ちの, すぐに入手(供給)可能な;《口語》(人が)連絡のつく. Er ist nie *greifbar*. 彼はなかなかつかまらない(連絡がつかない). ③ 明白な, 具体的な. *greif-*

bare Ergebnisse 具体的な(目に見える)成果.

__grei・fen__ [グらイふェン gráifan] (griff, *hat...* gegriffen) I 他 (完了 haben) ① つかむ, 手に取る. (英 grasp). einen Stein *greifen* 石をつかむ / Ich *kann* den Ast mit der Hand *greifen*. 私はその枝を手でつかむことができる. ② 捕まえる. einen Dieb *greifen* 泥棒を捕まえる / Ich *werde* ihn mir schon *greifen*!《口語》彼をとっちめてやろう. ③ (楽器の鍵盤・弦を手で押さえて和音4を)鳴らす. einen Akkord auf dem Klavier *greifen* ピアノで和音を鳴らす. ④ 見積もる, 評価する. Das *ist* viel zu hoch (niedrig) *gegriffen*.《状態受動・現在》それは過大(過小)評価もいいところだ.

II 自 (完了 haben) ① 《方向を表す語句とともに》《つかもうとして・・・へ》手を伸ばす, (・・・に)手をやる. Er *griff* sich³ **an** die Stirn. 彼は額に手をやった(困ったときの身ぶり)/ 人³ an die Ehre *greifen*《比》人³の名誉を傷つける / Diese Melodie *greift* mir ans Herz.《雅》このメロディーは私の心を打つ / **in** die Tasche *greifen* (取り出そうとして)ポケットに手を突っ込む / ins Leere *greifen* 空(ś)をつかむ / in die Saiten *greifen* 弦をかき鳴らす / **nach** dem Glas *greifen* グラスに手を伸ばす / nach den Sternen *greifen*《比》高望みをする (← 星へ手を伸ばす) / **um** sich⁴ *greifen* (火事・疫病などが)広がる ⇨ Das Gerücht *griff* rasch um sich. そのうわさはすぐに広まった / 人³ **unter** die Arme *greifen* a) 人³を抱き起こす, b)《比》人³に援助の手をさし伸べる / Abends *greift* er gern **zu** einem Buch.《雅》夜には彼は好んで本を手にする(読書する)/ zur Zigarette *greifen*《雅》たばこを手にする(吸う)/ zur Feder *greifen*《雅》筆を執る.

② (工)(タイヤが)路面をとらえる(滑らない); (ねじなどが)利く, 効果がある.

Grei・fen [グライフェン] 中 《成句的に》 *Greifen* spielen 鬼ごっこをする / **zum** *Greifen* nah[e] sein 手が届くす近くにある.

grei・fend [グライふェント] I *greifen (つかむ)の 現分 II 形《成句的に》 tief *greifend* 深部にまで達する; 根本的な, 徹底的な.

Grei・fer [グライふァァ gráifɐ] 男 -s/- (工)つかむ道具, つかみ機, (クレーンの)グラブ.

Greif=vo・gel [グライふ・ふォーゲる] 男 -s/ ..vögel (鳥) 猛禽(ホェ).

grei・nen [グライネン gráinən] 自 (h)《口語》泣きべそをかく; 泣きごとを言う.

greis [グライス gráis] 形《雅》老齢の; 白髪の. (☞ 類語 alt).

Greis [グライス] 男 -es/-e (男性の)老人.

Grei・sen・al・ter [グライゼン・アるタァ] 中 -s/ 老齢, 高齢, 老年.

grei・sen・haft [グライゼンハふト] 形 老齢の, 老衰した; 年寄りめいた.

Grei・sin [グライズィン gráizɪn] 女 -/..sinnen 老女.

grell [グレる grél] 形 ① ぎらぎらする, まばゆい (光など); けばけばしい, はでな(色). die *grelle* Sonne ぎらぎら輝く太陽 / Die Farbe ist mir zu *grell*. その色は私にははですぎる. ② 鋭い, かん高い(声など). eine *grelle* Stimme 金切り声.

Gre・mi・um [グレーミウム grémium] 中 -s/ ..mien [..ミエン] [専門] 委員会, 審議(諮問)委員会.

Grenz=be・woh・ner [グレンツ・ベヴォーナァ] 男 -s/- 国境地域の住民.

*__die Gren・ze__ [グレンツェ gréntsə]

> 境界　Bald kommt die *Grenze*.
> バるト　コムト　ディ　グレンツェ
> 間もなく国境だ.

女 (単) -/(複) -n ① 境界[線], 境; 国境; 国境地帯. (英 border). eine natürliche *Grenze* 自然の国境 / die *Grenze* Deutschlands ドイツの国境 / die *Grenze* zwischen Frankreich und Deutschland フランスとドイツの国境 / eine *Grenze*⁴ ziehen 境界線を引く / die *Grenze*⁴ passieren (überschreiten) 国境を通過する(越える) / Sie wohnen **an** der *Grenze*. 彼らは国境地帯に住んでいる / Sie sind schon längst **über** die *Grenze* (または in der *Grenze*).《口語》彼らはもうとっくに国外に出ている / über die grüne *Grenze* gehen《口語》ひそかに(不法に)国境を越える.

② 《ふつう 複》限度, 限界; 制限. (英 limit). Alles hat seine *Grenzen*. すべて物事には限度がある / die *Grenzen*⁴ des Erlaubten überschreiten 許容の限度を越える / Er kennt seine *Grenzen*. 彼は分(ぎ)をわきまえている(自分の能力の限界を知っている) / sich⁴ **in** *Grenzen* halten 度を越さない, ほどほどである / Sein Stolz war **ohne** *Grenzen*. 彼の自慢はとどまるところを知らなかった / bis **zur** äußersten *Grenze* gehen 極端に走る.

***gren・zen** [グレンツェン gréntsən] (grenzte, *hat...*gegrenzt) 自 (完了 haben)《**an** 物·事⁴ ~》《物⁴に》境を接している;《比》《事⁴に》ほとんど等しい. (英 border). Unser Garten *grenzt* an den Wald. わが家の庭は森に隣接している / Sein Verhalten *grenzt* an Unverschämtheit. 彼の態度はほとんど破廉恥と言ってもいいほどだ. ◇《現在分詞の形で》ein an Frechheit *grenzendes* Benehmen ずうずうしいと言ってもいい態度.

gren・zen=los [グレンツェン・ろース] I 形 ① 限りない, 果てしない; 無制限の, 無条件の. *grenzenloses* Vertrauen 限りない信頼. ② 途方もない, 法外な. II 副 非常に, ひどく. Er war *grenzenlos* enttäuscht. 彼はひどく失望した.

Gren・zen・lo・sig・keit [グレンツェン・ろーズィヒカイト] 女 -/ 無[制]限; 過度.

Grenz=fall [グレンツ・ふァる] 男 -[e]s/..fälle ① どっちつかず[の場合], ボーダーライン上のケー

Grenzgänger　584

ス. ② 特殊ケース.

Grenz≈gän·ger [グレンツ・ゲンガァ] 男 -s/- 国境を越えて通勤する勤労者(通学する生徒).

Grenz≈ge·biet [グレンツ・ゲビート] 中 -[e]s/-e ① 国境地帯. ② 学際領域.

Grenz≈kon·flikt [グレンツ・コンふリクト] 男 -[e]s/-e 国境紛争.

Grenz≈li·nie [グレンツ・リーニエ] 女 -/-n 境界(国境)線, ボーダーライン.

Grenz≈schutz [グレンツ・シュッツ] 男 -es/ ① 国境警備[隊]. ②《口語》(ドイツの)連邦国境守備隊.

Grenz≈stadt [グレンツ・シュタット] 女 -/..städte [..シュテーテ] 国境の町.

Grenz≈stein [グレンツ・シュタイン] 男 -[e]s/-e 境界石.

grenz·te [グレンツテ] *grenzen (境を接している)の過去.

Grenz≈über·gang [グレンツ・ユーバァガング] 男 -[e]s/..gänge ① 国境通過, 越境. ② 国境通過所, チェックポイント.

Grenz≈ver·kehr [グレンツ・フェアケーァ] 男 -[e]s/ 国境の往来. kleiner *Grenzverkehr* (国境地帯居住者のための)簡易出入国[制度].

Grenz≈wert [グレンツ・ヴェーァト] 男 -[e]s/-e 限界値;《数》極限[値].

Grenz≈wis·sen·schaft [グレンツ・ヴィッセンシャふト] 女 -/-en 境界学問(複数の分野にまたがる学問).

Grenz≈zwi·schen·fall [グレンツ・ツヴィッシェンふァる] 男 -[e]s/..fälle 国境での突発事件.

Gret·chen [グレートヒェン gréːtçən] -s/《女名》グレートヒェン (Margarete の愛称).

Gret·chen≈fra·ge [グレートヒェン・ふラーゲ] 女 -/《雅》(良心にかかわる)決定的問題(宗教上・政治上の信念に関する決定的な問いかけ. ゲーテの『ファウスト』第1部におけるグレートヒェンのファウストに対する問いに由来する).

Gre·te [グレーテ gréːtə] -[n]s/《女名》グレーテ (Margarete の短縮).

Gre·tel [グレーテる gréːtəl] -s/《女名》グレーテル (Margarete の愛称).

Greu·el ☞ 新形 Gräuel

Greu·el≈mär·chen ☞ 新形 Gräuelmärchen

Greu·el≈tat ☞ 新形 Gräueltat

greu·lich ☞ 新形 gräulich²

Grie·be [グリーベ gríːbə] 女 -/-n ①《ふつう複》肉をいためて溶け出した脂;(ソーセージなどの中の)粒状の脂. ②《方》(口の)発疹(ほっしん).

Grie·che [グリーヒェ gríːçə] 男 -n/-n ギリシア人. (☞ 女性形は Griechin).

Grie·chen·land [グリーヒェン・らント gríːçən-lant] 中 -s/《国名》ギリシア[共和国](首都はアテネ).

Grie·chen·tum [グリーヒェントゥーム] 中 -s/ ギリシア精神(文化), ヘレニズム.

grie·chisch [グリーヒッシュ gríːçɪʃ] 形 ギリシア[人・語]の. die *griechische* Sprache ギリシア語.

Grie·chisch [グリーヒッシュ] 中 -[s]/ ギリシア語. (☞ 用法については Deutsch の項参照).

Grie·chi·sche [グリーヒッシェ gríːçɪʃə] 中 複なし; 定冠詞とともに; 語尾変化は形容詞と同じ) ① ギリシア語. (☞ 用法については Deutsche の項参照). ② ギリシア的なもの(こと).

grie·chisch-ka·tho·lisch [グリーヒッシュ・カトーリッシュ] 形 ギリシア・カトリックの(略: gr.-kath.)

grie·nen [グリーネン gríːnən] 自 (h)《北ドツ》にやにや笑う.

Gries·gram [グリース・グラーム] 男 -[e]s/-e 不機嫌な人, 気難し屋.

gries≈grä·mig [グリース・グレーミヒ] 形 不機嫌な, 気難しい.

Grieß [グリース gríːs] 男 -es/(種類:) -e 粗びきの穀粉; 粗砂; 粉炭;《医》結石.

griff [グリふ] *greifen (つかむ)の過去

der **Griff** [グリふ gríf] 男 (単2) -[e]s/(複) -e (3格のみ -en) ① (ドアなどの)取っ手, 引き手, (ナイフなどの)柄, 握り, (器具の)レバー, グリップ, (ヴァイオリンなどの)さお. (英 grip). der *Griff* des Schirmes 傘の柄 / Der *Griff* des Messers ist lose. ナイフの柄がゆるんでいる. ② つかむこと, 握ること; つかみ(握り)方, 扱い方;(楽器の)指使い, 運指法; こつ. ein sicherer *Griff* 安全な握り方 / 物⁴ im *Griff* haben 《比》a) 物⁴の扱いをものにする, b) 物⁴をコントロールしている /事⁴ in den *Griff* bekommen《口語》事⁴のこつを心得る / einen *Griff* in die Kasse tun 《婉曲》金庫のお金に手を出す / mit einem *Griff* いっぺんに, 容易に / Mit diesem Kauf hast du einen guten *Griff* getan. この買い物をしたのは君にとって成功だった / der *Griff* zur Flasche 飲酒癖. ③《織》(織物の)手触り. ④《狩》(猛禽(もうきん)などの)爪(つめ).

griff≈be·reit [グリふ・ベライト] 形 すぐ手に取れる, すぐ使える.

grif·fe [グリふェ] *greifen (つかむ)の接2

Grif·fel [グリッふェる gríffəl] 男 -s/- ① 石筆. ②《植》花柱. ③《ふつう複》《俗》指.

grif·fig [グリふィヒ grífɪç] 形 ① 扱いやすい(道具など), 使いやすい(言い回しなど). ② 滑らない(タイヤ・路面など). ③ 手触りのいい(布など). ④《ふつう》粒の粗い(小麦粉など).

Grill [グリる gríl] 《英》男 -s/-s (肉などを焼く)グリル, トースター;(肉などを焼く)焼き網.

Gril·le [グリれ gríːlə] 女 -/-n ①《昆》コオロギ. Die *Grillen* zirpen im Garten. こおろぎが庭でリーンリーンと鳴いている. ②《ふつう複》気まぐれ, むら気, ふさぎの虫, 物思い. *Grillen*⁴ fangen ふさぎ込む / *Grillen*⁴ im Kopf haben 《口語》a) ふさぎ込んでいる, b) 気まぐれである / Das ist nur eine *Grille* von ihm. それは彼の気まぐれにすぎない.

gril·len [グリれン gríːlən] 他 (h) (肉など⁴を)グリル(焼き網)で焼く. sich⁴ in der Sonne gril-

len [*lassen*]〔比〕日光浴をして十分肌を焼く.（☞〖類語〗backen）.

Grill·par·zer [グりる・パるツァァ grílpartsər] -s/《人名》グリルパルツァー（Franz *Grillparzer* 1791–1872; オーストリアの劇作家）.

Gri·mas·se [グりマッセ grimásə] 囡 -/-n しかめっ面, 渋面（ﾂﾞｭｳ）. *Grimassen*[4] schneiden（または machen）しかめっ面をする.

Grimm[1] [グりム grím] -〔e〕s/《雅》激怒.

Grimm[2] [グりム] -〔e〕s/《人名》グリム. die Brüder *Grimm* グリム兄弟（兄 Jacob *Grimm* 1785–1863; 弟 Wilhelm *Grimm* 1786–1859; ともにドイツの言語学者・童話集成家）.

Grim·mels·hau·sen [グりンメるス・ハオゼン grímǝls-hauzǝn] -s/《人名》グリンメルスハウゼン（Hans Jakob Christoffel von *Grimmelshausen* 1622?–1676; ドイツの作家）.

grim·mig [グりミヒ grímɪç] 形 ① 激怒した, ひどく怒った. ② 激しい, 猛烈な.

Grind [グりント grínt] 男 -〔e〕s/-e ① 〖医〗痂皮（ｶﾋ）;《口語》かさぶた. ②〖植〗(ぶどうなどの)黒痘病. ③〖狩〗(鹿などの)頭.

grin·dig [グりンディヒ gríndɪç] 形 かさぶたのある, かさぶたの.

grin·sen [グりンゼン grínzǝn] 自 (h) にやにや(にやりと)笑う. Er *grinste* spöttisch. 彼はあざけるようににやにや笑った.（☞〖類語〗lachen）.

grip·pal [グりパる gripá:l] 形〖医〗インフルエンザの, 流行性感冒の.

die **Grip·pe** [グりッペ grípǝ] [弱変] 囡 (単) -/(複) -n《医》インフルエンザ, 流行性感冒. (英 *influenza*). die *Grippe*[4] haben 流感にかかっている.

Grips [グりップス gríps] 男 -es/-e〖ふつう 単〗《口語》知力, 理解力. Nimm doch deinen *Grips* zusammen! 知恵を絞れよ.

gr.-kath. [グリーヒッシュ・カトーりッシュ]《略》〖宗〗ギリシア・カトリックの（= **g**riechisch-**kath**olisch).

*⋆ **grob** [グロープ gró:p] 形 (比較 gröber, 最上 gröbst) ① (きめの)粗い, ざらざらした(布・紙など); こつい(顔・手など). (英 *coarse, rough*). *grober* Sand 粒の粗い砂 / *grobes* Papier ざら紙. ② 大ざっぱな, 大まかな(輪郭など). eine *grobe* Skizze 大まかな見取図 / *grob* gerechnet 大まかに見積もって. ③ ひどい, はなはだしい(間違いなど). Das ist eine *grobe* Lüge. それは真っ赤なうそだ. ④ **粗野な**, がさつな, 不作法な, 荒っぽい. ein *grober* Mensch 不作法な人 / eine *grobe* Antwort ぞんざいな返事 /〔人〕[3] *grob* kommen《口語》〔人〕[3]に失礼なことを言う. ⑤ 荒れた(海).

grö·ber [グレーバァ] *⋆grob (粗い)の(比較)

Grob·heit [グロープ・ハイト] 囡 -/-en ①《覆 なし》粗野, 無神経, 不作法. ② 粗野な言動.

Gro·bi·an [グローピーアン gró:bia:n] 男 -〔e〕s/-e 不作法者, がさつな人.

grobs·kör·nig [グロープ・ケルニヒ] 形 ① 粒の粗い. ②〖写〗粒子の粗い.

gröb·lich [グレープリヒ] 形 ①《雅》ひどい, はなはだしい. ②《古》きめ(粒)のやや粗い.

grobs·schläch·tig [グロープ・シュれヒティヒ] 形 ごつくて不格好な; 無骨な.

gröbst [グレープスト]（*grob の 最上）形 最も粗い. ◇〖名詞的に〗 Er ist endlich **aus** dem *Gröbsten* heraus.《口語》彼は最大の困難をやっと切り抜けた.

Grog [グロク grók] 男 -s/-s グロッグ酒(ラム酒などを砂糖湯で割った飲み物).

grog·gy [グロッギ grógi] [英] 形 ①（ボクシングで）打ちのめされた, グロッキーの. ②《口語》くたくたに疲れた, くたびれ果てた.

grö·len [グレーれン gró:lǝn] 自 (h)・他 (h)《口語》わめく, どら声で歌う.

Groll [グロる gról] 男 -〔e〕s/《雅》(根深い)恨み, 怨恨（ｴﾝｺﾝ）. **gegen**〔人〕[4] *Groll*[4] hegen〔人〕[4]に恨みをいだいている.

grol·len [グロれン grólǝn] 自 (h)《雅》① 恨みをいだいている. [**mit**]〔人〕[3] *grollen*〔人〕[3]を恨んでいる. ② (雷などが)鈍くとどろく.

Grön·land [グレーン・らント gró:n-lant] 中 -s/《島名》グリーンランド.

Grön·län·der [グレーン・れンダァ gró:n-lɛn-dǝr] 男 -s/- グリーンランド人.

Gros[1] [グロー gró:]〖弱変〗 中 - [グロース]/- [グロース]《集団の》《単》大部分, 主要部分, 本隊.

Gros[2] [グロス grós] 中 Grosses/Grosse グロス(12 ダース)(略: Gr.).

der **Gro·schen** [グロッシェン gróʃǝn] 男 (単2) -s/(複) - ① グロッシェン(オーストリアの最小貨幣単位. 100分の1シリング; 略: g). ②《口語》(ドイツの) 10 ペニヒ硬貨; 〖覆〗で〗〖戯〗小銭. Dafür zahle ich keinen *Groschen*. それには私はびた一文払わない / Endlich ist der *Groschen* bei ihm gefallen.《現在完了》《口語》やっと彼にはそれがわかった（← 10 ペニヒ硬貨が落ちた; 自動販売機から来る連想）. ③ (昔の:)グロッシェン銀貨.

*⋆ **groß** [グロース gró:s]

| 大きい | Köln ist eine *große* Stadt. ケルン イスト アイネ グローセ シュタット ケルンは大都市だ. |

I 形 (比較 größer, 最上 größt) ① (容積が)**大きい**, (面積が)広い; (背が)高い. (英 *big*). (⇔「小さい」は klein). ein *großes* Haus 大きい家 / *große* Augen[4] machen (びっくりして)目を丸くする / Kleider in *großen* Größen 大きいサイズの衣服 / der *große* Zeiger der Uhr[2] 時計の長針 / Diese Schuhe sind mir zu *groß*. その靴は私には大きすぎる / Er fährt ein *großes* Auto. 彼は大きな車に乗っている / Der Junge ist *groß* für sein Alter. その少年は年の割には背が高い /〔人〕[4] *groß* an|sehen〔人〕[4]を目を丸くして見る / *groß* **und** breit 非常に詳しく.

②《数量を表す 4 格とともに》…の大きさの, …の背丈の. Wie *groß* bist du? — Ich bin

1,70m (＝einen Meter siebzig または eins Komma siebzig Meter) *groß*. 君の身長はどれくらいあるの — 170センチだよ / ein 600 m² (＝Quadratmeter) *großes* Grundstück 600平方メートルの土地.

③ (時間的に)長い, 長期間(時間)の. die *großen* Ferien 長期休暇, 夏休み / in der *großen* Pause 長い休憩時間に.

④ 成長した, 大人になった; 年長の. mein *großer* Bruder 私の兄 / Sie hat schon *große* Kinder. 彼女にはもう大きな子供たちがいる / Wenn du *groß* bist, darfst du das auch. 大人になったらおまえもそうしていいよ / *groß* und klein (新形) *Groß* und *Klein* 大人も子供も (メモ) この表現は単数としても複数としても用いられる.

⑤ 多数の, 多量の. eine *große* Familie 大家族 / ein *großes* Vermögen ばくだいな財産 / *große* Kosten 多額の費用.

⑥ (程度が)大きい, かなりの, 激しい. ein *großer* Irrtum 大きな間違い / *große* Hitze 猛暑 / Wir haben *großen* Hunger. 私たちはものすごくおなかがすいている / Sie ist eine *große* Schönheit. 彼女はものすごい美人だ.

⑦ 重大な, 重要な; 偉い, 優れた. eine *große* Aufgabe 重大な任務 / ein *großer* Dichter 偉大な詩人.

⑧ 大がかりな, 大げさな. ein *großes* Fest 盛大な祭典 / eine *große* Geste⁴ machen 大げさなジェスチャーをする.

⑨ 主要な, 大まかな. in *großen* Zügen 大まかに, おおざっぱに. ◇《名詞的に》im *großen* und ganzen (新形) im *Großen* und Ganzen) 大体においては. ⑩ 《雅》気高い, 高貴な. Sie ist eine *große* Seele. 彼女は高潔な魂の持ち主だ.

II 副《口語》《否定詞とともに》たいして(…でない), ほとんど(…でない). Niemand freute sich *groß*. だれもたいして喜ばなかった.

- -
(新形)
groß an·ge·legt 大規模な(調査・捜査など).

groß schrei·ben《口語》《重[要]視する. ◇《主に受動態で》Bei uns *wird* Kundendienst *groß geschrieben*. 当店では顧客サービスが重要視されます. (メモ) *groß*│schreiben は「(単語など)⁴の頭文字を大文字で書く」を意味する).
- -

groß⹀an·ge·legt 形 (新形 groß angelegt) ☞ groß

* **groß·ar·tig** [グロース・アールティヒ gróːsaːrtɪç] 形 ① すばらしい, みごとな, 卓越した. (英 *wonderful*). eine *großartige* Idee すばらしい思いつき / Dieser Wein ist *großartig*. このワインはすばらしい / Sie hat *großartig* gesungen. 彼女はみごとに歌った. (☞ 類語 wunderbar). ② もったいぶった, 横柄な.

Groß⹀auf·nah·me [グロース・アオフナーメ] 囡 -/-n《写・映》大写し, クローズアップ.

Groß⹀be·trieb [グロース・ベトリープ] 男 -[e]s/-e 大企業; 大農場.

Groß⹀bri·tan·ni·en [グロース・ブリタンニエン groːs-britániən または -britániən] 匣 ①《島名》グレートブリテン島. ②《国名》グレートブリテン・北アイルランド連合王国.

Groß⹀buch·sta·be [グロース・ブーフシュターベ] 男 -ns (まれに -n) (3格・4格 -n)/-n 大文字.

* *die* **Grö·ße** [グレーセ gróːsə] 囡 (単) -/(複) -n ①《ふつう 単》大きさ, サイズ, 容積, 面積; 身長; (数値の)多さ. (英 *size*). Schuhgröße 靴のサイズ / die *Größe* eines Hauses 家の大きさ / die *Größe* eines Grundstücks 土地の広さ / ein Mann mittlerer *Größe*² (または von mittlerer Größe). 中背の男 / Sie trägt *Größe* 38. 彼女の服(靴)のサイズは38です / Schuhe in allen *Größen* あらゆるサイズの靴 / 物⁴ nach der *Größe* ordnen 物⁴を大きさの順に並べる.

②《複 なし》偉大さ, 重要性. die innere *Größe* eines Menschen ある人間の精神的偉大さ. ③《数・物》量, 値;《天》等級. eine unbekannte *Größe* 未知量 / ein Stern erster *Größe*² 1等星. ④ 大物(おおもの), 大家(たいか). Er ist eine *Größe* in seinem Fach. 彼はその専門分野での大家だ.

Groß⹀ein·kauf [グロース・アインカオフ] 男 -[e]s/..käufe 大量購入.

* *die* **Groß·el·tern** [グロース・エルタァン gróːs-ɛltɐn] 祖父母. (英 *grandparents*). Meine *Großeltern* sind noch rüstig. 私の祖父母はまだかくしゃくたるものです.

Groß⹀en·kel [グロース・エンケる] 男 -s/- 孫.

Grö·ßen·ord·nung [グレーセン・オルドヌング] 囡 -/-en (数量の)規模; (大きさの)寸法;《数・物》オーダー.

gro·ßen·teils [グローセン・タイるス] 副 大部分, 大半は.

Grö·ßen⹀ver·hält·nis [グレーセン・フェアへるトニス] 匣 ..nisses/..nisse 大きさの割合(比率).

Grö·ßen⹀wahn [グレーセン・ヴァーン] 男 -[e]s/ 誇大妄想.

grö·ßen⹀wahn·sin·nig [グレーセン・ヴァーンズィニヒ] 形 誇大妄想の.

Gro·ße[r] [グローセ(..サァ) gróːsə (..sər)] 囡《語尾変化は形容詞と同じ》① 大人; 男長, 女長. die *Großen* und die *Kleinen* 大人たちと子供たち / Unsere *Große* studiert jetzt. うちの上の娘は今大学に通っています. ② 偉大な人. Karl der *Große* カール大帝.

* **grö·ßer** [グレーサァ gróːsər] (は groß の 比較) 形 より大きい; 年長の; 比較的大きい. Sie ist *größer* als er. 彼女は彼よりも大きい / ihre *größere* Schwester 彼女のお姉さん.

Gro·ße[s] [グローセ(ス) gróːsə(s)] 匣《語尾変化は形容詞と同じ》大きなこと(もの). im *Gro-*

ßen und *Gazen* 大体においては.

der **Groß·glock·ner** [グロース・グロックナァ gróːs-glɔknər] 男 -s/ 《定冠詞とともに》《山名》グロースグロックナー山(オーストリア西部にある同国の最高峰. 3397 m: ☞ 地図 F–5).

Groß⸗grund·be·sitz [グロース・グルントベズィッツ] 男 -es/ 大土地所有[者層].

Groß⸗grund·be·sit·zer [グロース・グルントベズィッツァ] 男 -s/- 大地主.

Groß⸗**han·del** [グロース・ハンデる] 男 -s/ 卸商, 卸売業.

Groß⸗**händ·ler** [グロース・ヘントらァ] 男 -s/- 卸商人, 卸売業者.

groß⸗her·zig [グロース・ヘルツィヒ] 形 《雅》寛大な, 心の広い, 度量の大きい, 高潔な.

Groß⸗**her·zig·keit** [グロース・ヘルツィヒカイト] 女 -/ 《雅》寛大さ, 度量の大きさ, 高潔さ.

Groß⸗**her·zog** [グロース・ヘァツォーク] 男 -[e]s/..zöge 大公 (König「国王」と Herzog「公爵」の間の身分). (⊂ᴇ 女性形は Großherzogin)

Groß⸗**hirn** [グロース・ヒルン] 中 -[e]s/-e 《医》大脳.

Groß⸗**in·dust·rie** [グロース・インドゥストリー] 女 -/-n ..リーエン 大企業, 巨大産業.

Groß⸗**in·dust·ri·el·le[r]** [グロース・インドゥストリエれ (..らァ)] 男 女 《語尾変化は形容詞と同じ》大企業家, 大巨大産業経営者.

Gros·sist [グロスィスト grɔsíst] 男 -en/-en 卸商人 (=Großhändler).

groß⸗jäh·rig [グロース・イェーリヒ] 形 成年の.

Groß⸗kauf·mann [グロース・カオフマン] 男 -[e]s/..kaufleute ① 卸商人(=Großhändler). ② 大商人.

groß⸗kot·zig [グロース・コッツィヒ] 形 《俗》いばった, 思いあがった, 大ぼら吹きの.

Groß⸗macht [グロース・マハト] 女 -/..mächte 強国, 大国.

groß⸗mäch·tig [グロース・メヒティヒ] 形 《雅》強大な, 強力な.

Groß·manns⸗sucht [グロースマンス・ズフト] 女 -/ いばり癖, 権勢欲, 自己顕示欲.

Groß⸗maul [グロース・マオる] 中 -[e]s/..mäuler 《口語》ほら吹き, 大ぶろしきを広げる人.

groß⸗mäu·lig [グロース・モイりヒ] 形 《口語》大ぼら吹きの.

Groß⸗mut [グロース・ムート] 女 -/ 寛大さ, 気前のよさ, 太っ腹, おおらかさ.

groß⸗mü·tig [グロース・ミューティヒ] 形 寛大な, 気前のよい, 太っ腹の, おおらかな.

die **Groß⸗mut·ter** [グロース・ムッタァ gróːs-mʊtər] 女 (単) -/(複) ..mütter [..ミュッタァ] (3格のみ ..müttern) ① 祖母, おばあさん. (英 *grandmother*). (⊂ᴇ 子供言葉としては Oma; 「祖父」は Großvater). meine *Großmutter* väterlicherseits 私の父方の祖母 / Das kannst du deiner *Großmutter* erzählen. 《口語》そんなことは信じられないね (←それはおばあさんに言うがいい).

② 《口語》(血縁とは無関係に:)おばあさん.

Groß⸗on·kel [グロース・オンケる] 男 -s/- 大おじ.

Groß⸗raum⸗bü·ro [グロースラオム・ビュロー] 中 -s/-s オープンプラン・オフィス (間仕切りで小さく区切らないオフィス).

groß⸗räu·mig [グロース・ロイミヒ] 形 ① 広域の. ② 容積の大きい, 広い部屋のある.

Groß⸗rei·ne·ma·chen [グロース・ライネマッヘン] 中 -s/ 《口語》大掃除.

groß|schrei·ben¹* [グロース・シュライベン gróːs-ʃraɪbən] 他 (h) (単語などの)頭文字を大文字で書く.

groß|schrei·ben²* 他 (h) (新形 groß schreiben(重[要]視する)) ☞ groß

Groß⸗schrei·bung [グロース・シュライブング] 女 -/ (頭文字の)大文字書き.

Groß⸗spre·cher [グロース・シュプレッヒァァ] 男 -s/- ほら吹き, 自慢屋.

groß⸗spre·che·risch [グロース・シュプレッヒェリッシュ] 形 ほら吹きの.

groß⸗spu·rig [グロース・シュプーリヒ] 形 尊大な, 思いあがった.

*die **Groß⸗stadt** [グロース・シュタット gróːs-ʃtat] 女 (単) -/(複) ..städte [..シュテーテ または ..シュテッテ] (3格のみ ..städten) 大都市 (⊂ᴇ ドイツでは公式には人口 10 万以上の都市をいう). (英 *large city*). Wir wohnen in einer *Großstadt*. 私たちは大都市に住んでいます.

Groß⸗**städ·ter** [グロース・シュテータァ] 男 -s/- 大都会(大都市)の住民.

groß⸗städ·tisch [グロース・シュテーティッシュ] 形 大都会(大都市)の, 都会風の.

***größt** [グレースト gróːst] (=groß の 最上) 形 最も大きい; 最年長の. die *größte* Chance seines Lebens 彼の一生のチャンス. ◇ 《名詞的に》mein Größter 私の長男

Groß⸗tan·te [グロース・タンテ] 女 -/-n 大おば.

Groß⸗teil [グロース・タイる] 男 -[e]s/-e 主要部分; 大多数, 大部分. **zum** *Großteil* 大多数(大部分)は.

größ·ten·teils [グレーステン・タイるス] 副 大部分は, たいてい. Ich übernachte *größtenteils* in Jugendherbergen. 私はたいていユースホステルに泊まります.

größt⸗mög·lich [グレースト・メークりヒ] 形 できる限り大きな(多量の), 最大の.

groß⸗tu·e·risch [グロース・トゥーエリッシュ] 形 自慢屋の, ほら吹きの.

groß|tun* [グロース・トゥーン gróːs-tùːn] I 自 (h) いばる, 偉そうにする. II 再帰 (h) 《*sich*⁴ mit 男³ ~》(男³を)自慢する.

Groß⸗un·ter·neh·men [グロース・ウンタァネーメン] 中 -s/- 大企業.

*der **Groß⸗va·ter** [グロース・ファータァ gróːs-fa:tər] 男 (単 2) -s/(複) ..väter [..フェータァ] (3格のみ ..vätern) ① 祖父, おじいさん. (英 *grandfather*). (⊂ᴇ 子供言葉としては Opa;

Großvieh

「祖母」は Großmutter). mein *Großvater* mütterlicherseits 私の母方の祖父 / als der *Großvater* die Großmutter⁴ nahm 《戯》昔昔には (←祖父が祖母を嫁に迎えたころ).
② (口語)(血縁とは無関係に:)おじいさん.

Groß⋄vieh [グロース・フィー] 甲 -[e]s/ (総称として:) 大型家畜(牛・馬など).

Groß·wet·ter·la·ge [グロース・ヴェッタァラーゲ] 女-/《気象》広域気象[状況].

groß|zie·hen* [グロース・ツィーエン gró:stsi:ən] 他 (h) (子供・動物などを⁴)育てる, 育てあげる.

*__groß⋄zü·gig__ [グロース・ツューギヒ gró:stsy:gɪç] 形 ① 寛大な, 度量の大きい, 心の広い. (⦅ *tolerant*). (⦆「こせこせした」は kleinlich). ein *großzügiger* Mensch おおらかな人. ② 気前のよい, 金離れのいい. ein *großzügiges* Trinkgeld 気前のよいチップ. ③ 大規模な, 広大な. *großzügige* Bauten 壮大な建造物.

Groß⋄zü·gig·keit [グロース・ツューギヒカイト] 女-/ 寛大さ, 気前のよさ, 太っ腹.

gro·tesk [グロテスク grotésk] 形 グロテスクな, 奇怪な, ばかげた, おかしな.

Gro·tes·ke [グロテスケ gotéskə] 女 -/-n ① 《美》グロテスク模様. ② 《文学》グロテスク文学. ③ グロテスクダンス.

Grot·te [グロッテ grótə] 女 -/-n (庭園などの人工の)洞窟.

Grou·pie [グルーピー grú:pi] 《英》甲 -s/-s (スターなどの)親衛隊の女の子, グルーピー.

grub [グループ] *graben (掘る)の 過1

Grüb·chen [グリューブヒェン grý:pçən] 甲 -s/- (Grube の 縮小) えくぼ.

*_die_ **Gru·be** [グルーベ grú:bə] 女 (単)-/(複)-n ① (地中に掘られた)穴, くぼみ, 《狩》落とし穴 (=Fall*grube*). (⦆ *pit*). eine *Grube*⁴ aus|heben (または graben) 穴を掘る / Wer andern eine *Grube* gräbt, fällt selbst hinein. 《諺》人をのろわば穴二つ (←他人に落とし穴を掘る者は自らその穴に落ち込む). ② 《坑》坑. ③ 墓. in die *Grube* (または zur *Grube*) fahren 《雅》死ぬ.

grü·be [グリューベ] *graben (掘る)の 接2

Grü·be·lei [グリューべらイ gry:bəláɪ] 女 -/-en くよくよ思いわずらうこと, 思案[すること].

grü·beln [グリューベルン grý:bəln] 自 (h) くよくよ考える, 思い悩む. über 事⁴ *grübeln* 事⁴をくよくよと考える.

Gru·ben·ar·bei·ter [グルーベン・アルバイタァ] 男 -s/- 坑夫, 鉱山労働者.

Gru·ben⋄brand [グルーベン・ブラント] 男 -[e]s/..brände 坑内火災.

Gru·ben⋄gas [グルーベン・ガース] 甲 -es/-e 坑内ガス, メタンガス.

Gru·ben⋄lam·pe [グルーベン・らンペ] 女 -/-n (坑内の)安全灯.

Gru·ben⋄un·glück [グルーベン・ウングリュック] 甲 -[e]s/-e 坑内事故.

Grüb·ler [グリューブらァ gý:blər] 男 -s/- くよくよ思い悩む人.

grüb·le·risch [グリューブれリッシュ gý:blərɪʃ] 形 くよくよ思い悩む, 物思いにふけりがちな.

Gruft [グルフト grúft] 女 -/Grüfte 《雅》[地下] 納骨所; 墓[穴].

Grum·met [グルンメット grúmət] 甲 -s/《農》二番刈りの牧草.

‡**grün** [グリューン grý:n]

> 緑の Die Bäume sind schon *grün*.
> ディ ボイメ ズィント ショーン グリューン
> 木々はもう緑だ.

形 ① 緑[色]の, グリーンの. (⦆ green). *grüne* Wiesen (Wälder) 緑の草原(森) / *grüner* Tee 緑茶 / *grüner* Salat グリーンサラダ / *grüne* Weihnachten 雪のないクリスマス / *grüne* Lungen einer Großstadt² 大都市の緑地帯 (←緑の肺) / *grüner* Star 《医》緑内障 / über die *grüne* Grenze gehen 《口語》ひそかに(不法に)国境を越える / Ach, du *grüne* Neune! 《口語》こいつはたまげた / Mir wurde es *grün* und blau (または *grün* und gelb) vor den Augen. 《口語》私は気分が悪くなった / sich⁴ *grün* und blau (または *grün* und gelb) ärgern《口語》血相を変えて怒る / auf keinen *grünen* Zweig kommen 《口語》成功しない, うまくいかない.

② (交通信号の)青の. Die Ampel ist jetzt *grün*. [交通]信号は今青だ / *grüne* Welle (中央制御式の)連続青信号 / *grünes* Licht⁴ haben 青信号である ⇨ Wir haben *grünes* Licht für unser Vorhaben. 《比》われわれの計画にはゴーサインをもらっている.

③ 熟していない, 生の; 新鮮な; 《比》未熟な, 経験の浅い. *grünes* Obst 熟れていない果物 / *grüne* Heringe 生にしん / Der Apfel ist noch *grün*. りんごはまだ熟していない / *grüne* Ware 新鮮野菜 (←緑の商品) / ein *grüner* Junge 青二才.

④ 《政》環境保護を標榜(ʰˢᵘ)する. die Partei der *Grünen*² 緑の党(反核・環境保護をとなえるドイツの政党) / der *grüne* Punkt グリーンポイント (リサイクル容器のマーク).

⑤ 《成句的的》人³ nicht *grün* sein 《口語》人³に好意を持っていない. Sie ist ihm nicht *grün*. 彼女は彼を嫌っている.

*_das_ **Grün** [グリューン grý:n] 甲 (単2) -s/ (複) -s ① 緑色, グリーン; 緑色の服; (交通信号の)青. (⦆ green). ein tiefes *Grün* 深緑 / Die Ampel zeigt *Grün* (または auf *Grün*). 交通信号が青だ / eine Dame in *Grün* グリーンの服を着ている婦人 / Das ist dasselbe in *Grün*. 《口語》結局は同じことだ. ② 《複》なし》若葉, 青草. das erste *Grün* 新緑 / bei Mutter *Grün* schlafen 《口語》野宿する. ③ (ゴルフの)グリーン. ④《冠詞なしで》《トランプ》スペードの札.

Grün⋄an·la·ge [グリューン・アンらーゲ] 女-/

-n 緑地帯, [緑地]公園.

grün꞊äu·gig [グリューン・オイギヒ] 形 緑色の目の.

‡*der* **Grund** [グルント grúnt] 男 (単2) -es (まれに -s)/(複) Gründe [グリュンデ] (3格のみ Gründen) ① **理由, 根拠, 動機, 原因.** (英 *reason*). ein einleuchtender *Grund* もっともな理由 / 事4 als *Grund* an|geben 事4を理由としてあげる / Dafür habe ich meine *Gründe*. それについては私なりの理由があります / Ich habe keinen *Grund* zum Klagen. 私には不平を言う理由はない / auf *Grund* einer Aussage² 証言²に基づいて / Schon aus diesem *Grund* ist es unmöglich. すでにこの理由からしてそれはあり得ないことだ / aus persönlichen *Gründen* 個人的な理由から / aus (または mit) gutem *Grund* 十分な根拠があって / ohne *Grund* 理由(根拠)なしに. (☞ 類語 Ursache).
② 【複 なし】**土地, 地面, 地所.** (英 *ground*). sandiger *Grund* 砂地 / *Grund* und Boden 地所, 土地 / Er wohnt auf eigenem *Grund*. 彼は自分の地所に住んでいる.
③ 【複 なし】**基礎, 土台.** (英 *foundation*). den *Grund* zu 事³ legen 事³の基礎を置く / 事³ auf den *Grund* gehen (こまたは kommen) 事³の根源を究明する, 事³の真相を究める / 物⁴ bis auf den *Grund* zerstören 物⁴を徹底的に破壊する / in *Grund* und Boden 徹底的に, すっかり, とことんまで / im *Grunde* [genommen] 根本においては, 結局のところ, 実際は / von *Grund* auf (または aus) 根底から, 完全に, 徹底的に.
④ 【複 なし】**(川・湖などの)底, 水底; ⦅雅⦆(容器の)底.** (英 *bottom*). bis auf den *Grund* tauchen 水底まで潜る / ein Glas⁴ bis auf den *Grund* leeren 杯を飲み干す / ein Schiff⁴ in den *Grund* bohren ⦅雅⦆船を沈める（←船底に穴をあける) / im *Grunde* seines Herzens ⦅比⦆彼の心の奥底では / *zu Grunde* gehen a) だめになる, 破滅する, b) 死ぬ. ⑤ (織物などの)地, 下地(ピポ); 背景. rote Rosen auf weißem *Grund* 白地に赤いばら. ⑥ ⦅雅⦆谷, くぼ地.

grund.., Grund.. [グルント.. grúnt..] 形容詞・名詞などにつける 接頭 ⦅基本的な・まったく・非常に⦆ 例: *grund*falsch まったく間違っている / *Grund*kenntnis 基礎知識.

Grund꞊be·din·gung [グルント・ベディングング] 女 -/-en 基本条件, 根本条件.

Grund꞊be·griff [グルント・ベグリフ] 男 -[e]s/-e 基礎概念, 根本概念; ⦅ふつう 複⦆(学問の)初歩.

Grund꞊be·sitz [グルント・ベズィッツ] 男 -es/- 土地所有; 所有地; ⦅法⦆不動産.

Grund꞊be·sit·zer [グルント・ベズィッツァァ] 男 -s/- 土地所有者, 地主.

Grund꞊buch [グルント・ブーフ] 中 -[e]s/..bücher 土地(不動産)登記簿, 土地台帳.

Grün·de [グリュンデ] ‡Grund (理由)の 複

grund꞊ehr·lich [グルント・エーァリヒ] 形 真っ正直な, 心から正直な.

grün·deln [グリュンデルン grýndəln] 自 (h) (あひるなどが)水底の餌(ポ)をあさる.

*‡**grün·den** [グリュンデン grýndən] du gründest, er gründet (gründete, *hat*..gegründet) I 他 (完了 haben) ① (会社・団体などを⁴)**創設する, 設立する.** (英 *found*). eine Firma⁴ gründen 会社を設立する / Die Stadt *wurde* um 1500 (=fünfzehnhundert) *gegründet*. ⦅受動・過去⦆ その町は1500年ごろに建設された / eine neue Partei⁴ gründen 新党を結成する.
② 【A⁴ auf B⁴ ~】(A⁴(考えなど)の基礎をB⁴に)**置く, 基づかせる.** (B⁴ を A⁴ の) 基礎とする. Er *gründete* seine Hoffnung auf ihre Aussage. 彼がその希望をいだいたのは彼女の発言のせいだった.
II 再帰 (完了 haben) 【*sich*⁴ auf 事⁴ ~】(事⁴に)**基づいている.** Mein Verdacht *gründet sich* auf eigene Beobachtungen. 私の疑惑は自らの観察に基づくものだ.
III 自 (完了 haben) 【auf (または in) 事³ ~】(事³に)基づいている.

Grün·der [グリュンダァ grýndər] 男 -s/- 創設者, 創立者. (☞ 女性形は Gründerin).

Grün·der꞊jah·re [グリュンダァ・ヤーレ] 複 ⦅史⦆(普仏戦争直後の)泡沫(勞)会社乱立時代(1871–1873).

Grün·der꞊zeit [グリュンダァ・ツァイト] 女 -/ =Gründerjahre

grün·de·te [グリュンデテ] ‡gründen (創設する)の 過去

grund꞊falsch [グルント・ファるシュ] 形 根本的に間違った, まったく誤りの.

Grund꞊far·be [グルント・ファルベ] 女 -/-n ⦅美・印⦆原色(赤・黄・青の三原色のうちの1つ); 地色.

Grund꞊fes·te [グルント・フェステ] 女 -/-n ⦅ふつう 複⦆基礎, 土台. an den *Grund*festen von 物³ rütteln 物³の根底を揺るがす.

Grund꞊flä·che [グルント・ふれッヒェ] 女 -/-n ⦅数⦆底面[積]; 床面積.

Grund꞊form [グルント・ふォルム] 女 -/-en ① 基本形, 原型. ② ⦅言⦆基本文型. ③ ⦅言⦆不定詞, 不定形.

Grund꞊ge·bühr [グルント・ゲビューァ] 女 -/-en 基本料金.

Grund꞊ge·dan·ke [グルント・ゲダンケ] 男 -ns (3格・4格 -n)/-n 基本的な考え[方], 根本思想(理念).

Grund꞊ge·setz [グルント・ゲゼッツ] 中 -es/-e ① 根本法則. ② ⦅法⦆基本法 (特に1949年制定の旧西ドイツ憲法. 現在はそれがそのままドイツ憲法となっている. 略: GG).

Grund꞊herr [グルント・ヘル] 男 -[e]n/-[e]n ⦅史⦆(封建制下の)荘園領主, 大地主.

grun·die·ren [グルンディーレン grundí:rən] 他 (物⁴の)(壁・カンバスなどに⁴)下塗りをする.

Grund꞊kurs [グルント・クルス] 男 -es/-e (学校・講習会の)基礎コース, 基礎課程.

‡*die* **Grund·la·ge** [グルント・らーゲ grúnt-

Grundlagenforschung

la:gə] 女(単)-/(複)-n 基礎, 土台; 根拠. (英 basis). die *Grundlagen*⁴ für 冊⁴ schaffen 冊⁴のための基礎をつくる / Ihre Behauptung entbehrt jeder *Grundlage*²! あなたの主張にはなんら根拠がない.

Grund·la·gen·for·schung [グルントらーゲン・フォルシュング] 女-/-en 基礎研究.

grund⹀le·gend [グルント・れーゲント] I 形 基礎的な, 根本的な. II 副 完全に, まったく.

***gründ·lich** [グリュントりヒ grýntlɪç] I 形 徹底的な, 入念な, 周到な. (英 thorough). eine *gründliche* Untersuchung 徹底的な調査 / Er arbeitet sehr *gründlich*. 彼はとても入念に仕事をする.
II 副《口語》ひどく. Du hast dich *gründlich* geirrt. 君はひどい思い違いをしている.

Gründ·lich·keit [グリュントりヒカイト] 女-/ 徹底性.

Grund·li·nie [グルント・リーニエ] 女-/-n ① 《数》(多角形の)底辺. ② 《スホ》(コートの)ベースライン, バックライン. ③ 基本方針(路線).

Grund⹀lohn [グルント・ろーン] 男-[e]s/..löhne 基本賃金.

grund⹀los [グルント・ろース] 形 ① 根拠のない, 理由のない. ein *grundloser* Verdacht いわれのない嫌疑. ② 《古》底なしの, 非常に深い; ぬかるんだ(道など).

Grund⹀mau·er [グルント・マオアァ] 女-/-n 《建》基礎壁, 台座.

Grund⹀nah·rungs·mit·tel [グルント・ナールングスミッテる] 冊 -s/- 主要食糧(パン・じゃがいもなど).

Grün·don·ners·tag [グリューン・ドンナァスターク] 男-[e]s/-e《キゥ教》聖木曜日(復活祭前の木曜日).

Grund⹀pfei·ler [グルント・プふァイらァ] 男 -s/-《建》礎柱;《比》礎(いしずえ), よりどころ.

Grund⹀recht [グルント・レヒト] 冊 -[e]s/-e《ふつう複》《法》基本的権利, 基本的人権.

Grund⹀re·gel [グルント・レーゲる] 女-/-n 基本法則(ルール), 原則.

Grund⹀riss [グルント・リス] 男-es/-e ① 《数》水平投影図;《建》平面図. ② 概要, アウトライン, 概説. ein *Grundriss* der deutschen Grammatik² ドイツ文法概説.

Grund⹀riß [新形] Grundriss

***der Grund·satz** [グルント・ザッツ grúntzats] 男(単2) -es/(複) ..sätze [..ゼッツェ] (3格のみ ..sätzen) 原則, 主義, 信条. (英 principle). ein demokratischer *Grundsatz* 民主主義の原則 / Ich habe meine *Grundsätze*. 私には私なりの主義がある / Er ist ein Mensch mit (または von) *Grundsätzen*. 彼は信念の人だ.

***grund·sätz·lich** [グルント・ゼッツりヒ grúnt-zɛtslɪç] 形 原則的な, 基本的な, 根本的な. (英 basic). eine *grundsätzliche* Frage 基本的な問題 / *Grundsätzlich* bin ich für den Vorschlag. 原則的には私はその提案に賛成だ.

Grund⹀schu·le [グルント・シューれ] 女 -/-n (義務教育の)基礎学校, 小学校(日本の小学校に相当する. ドイツとオーストリアでは4年間;「ドイツ連邦共和国の教育制度」 ☞ 巻末付録, 1810 ページ).

Grund⹀stein [グルント・シュタイン] 男 -[e]s/-e 《建》礎石, 土台石;《比》基礎. den *Grundstein* zu 物³ legen a) 物³の礎石を据える, b) 《比》冊³の基礎を築く.

Grund·stein·le·gung [グルントシュタイン・れーグング] 女-/-en《建》定礎, 起工式.

Grund⹀steu·er [グルント・シュトイアァ] 女 -/-n 固定資産税, 地租, 土地税.

Grund⹀stock [グルント・シュトック] 男 -[e]s/ ..stöcke 基礎(となるもの);基[本]金.

Grund⹀stoff [グルント・シュトふ] 男 -[e]s/-e

ドイツ・ミニ情報 10

基本法 Grundgesetz

ドイツ語で憲法は Verfassung というが, ドイツ連邦共和国の憲法は, あえて Verfassung という言葉を使わずに, 基本法 (Grundgesetz) と呼ばれている. これは, 1949年の建国時の経緯に由来する. 戦勝4か国のうち, 旧ソ連は戦後ドイツを中央集権国家に, 米・英・仏は地方分権国家にすべきだと主張して譲らず, 終戦から数年が過ぎた. 対立は冷戦に発展して和解の見込みはまったくなく, かといって4か国による共同占領統治をいつまでも続けるわけにもいかない. そこで西側3 か国は, 自分たちの占領地区を合わせて新しい国を作らせようと, 地区内11州の代表を集めて憲法の制定にあたらせた.
しかし州代表たちは, 再建を進めるためにとりあえず西側だけで国を作らざるをえないが, ドイツはあくまで一つであり, 憲法は全ドイツが完全に主権を回復した時に初めて制定されるべきものと考えた. その後冷戦が長引き, 40年も分断の歴史が続くとは, 当時誰も予想しなかったからである. こうしてドイツが統一されるまでの暫定的な国の基本方針を定めた法律という意味で, 憲法ではなく基本法という名称が選ばれた. その第146条には「この基本法は, ドイツ国民の自由な決定によって議決された憲法が施行される日にその効力を失う」と明記されている. 1990年, ドイツは再び一つとなった. 基本法が憲法に代わる日も近いのかもしれない.

ドイツ連邦共和国の紋章

① 《化》元素. ② 原料.

***das* Grund‐stück** [グルント・シュテュック grúnt-ʃtʏk] 中 (単2) ‒[e]s/(複) ‒e (3格のみ ‒en) (一定区画の)土地, 地所; 不動産. **mit** *Grundstücken* **spekulieren** 土地投機をする.

Grund‐stücks‐mak‐ler [グルントシュテュックス・マークらァ] 男 ‒s/‒ 不動産業者.

Grund‐stu‐fe [グルント・シュトゥーフェ] 女 ‒/‒n ① 初級; 《義務教育の》基礎段階. ② 《言》(形容詞・副詞の)原級 (＝Positiv).

Grund‐ton [グルント・トーン] 男 ‒[e]s/..töne ① 《音楽》(音階の)主音; (和音の)根音. ② (色の)基調, 下地の色調;《比》(考え方などの)基調.

Grund‐um‐satz [グルント・ウムザッツ] 男 ‒es/..sätze 《生》基礎代謝[率].

Grün‐dung [グリュンドゥング] 女 ‒/‒en ① 基礎を置くこと; 創立, 設立. ② 《建》(建物の)基礎[部].

grund‐ver‐schie‐den [グルント・フェァシーデン] 形 根本的に違った, まったく異なる.

Grund‐was‐ser [グルント・ヴァッサァ] 中 ‒s/ 地下水.

Grund‐was‐ser‐spie‐gel [グルントヴァッサァ・シュピーゲる] 男 ‒s/‒ 地下水面.

Grund‐wort‐schatz [グルント・ヴォルトシャッツ] 男 ‒es/..schätze 《言》基本語彙(ごい).

Grund‐zahl [グルント・ツァーる] 女 ‒/‒en 基数. (⇔「序数」は Ordnungszahl).

Grund‐zug [グルント・ツーク] 男 ‒[e]s/..züge [根本的]特徴, [基本的]特色; 概要. **die** *Grundzüge* **einer Lehre**[2] ある学説の概要.

Grü‐ne [グリューネ grý:nə] 女 ‒/《雅》緑色[であること], 青々とした様子.

grü‐nen [グリューネン grý:nən] 自 (h) 《雅》(草木が)緑色になる, 芽生える;《比》よみがえる.

Grü‐ne[r] [グリューネ(..r) grý:nə (..nər)] I 男 中《語尾変化は形容詞と同じ》《ふつう 複》緑の党の党員(反核・環境保護などを旗印とする). **die** *Grünen* 緑の党[の党員たち]. II 男《語尾変化は形容詞と同じ》① 《口語》警官(制服の色から). ② 《俗》[旧] 20 マルク紙幣.

Grü‐ne[s] [グリューネ[ス] grý:nə[s]] 中《語尾変化は形容詞と同じ》① 緑色[であること]. ② 《ふつう冠詞なしで》《口語》緑の植物, 緑草; 青野菜. ③ 緑野, 緑豊かな自然(郊外). **im** *Grünen* 緑の多い郊外で.

Grü‐ne‐wald [グリューネ・ヴァるト grý:nəvalt] ‒s/《人名》グリューネヴァルト (Matthias Grünewald 1460?‒1528;ドイツの画家).

Grün‐fink [グリューン・ふィンク] 男 ‒en/‒en 《鳥》カワラヒワ.

Grün‐flä‐che [グリューン・ふれッヒェ] 女 ‒/‒n (町の中の)緑地;《ふつう 複》(自治体に属する)緑地公園.

Grün‐fut‐ter [グリューン・ふッタァ] 中 ‒s/《農》(動物の)緑餌, 青草飼料.

Grün‐glas [グリューン・グらース] 中 ‒es/..gläser (分別回収される)緑色のびん.

Grün‐gür‐tel [グリューン・ギュルテる] 男 ‒s/‒ (都市周辺の)緑地帯, グリーンベルト.

Grün‐kern [グリューン・ケルン] 男 ‒[e]s/(スープ用の)未熟な小麦類の粒.

Grün‐kohl [グリューン・コーる] 男 ‒[e]s/《植》チリメンキャベツ.

grün‐lich [グリューンりヒ] 形 緑がかった, 緑色を帯びた.

Grün‐schna‐bel [グリューン・シュナーベる] 男 ‒s/..schnäbel 《俗》(生意気な)青二才, 若造; 新米, 初心者.

Grün‐span [グリューン・シュパーン] 男 ‒[e]s/《化》緑青(ろくしょう).

Grün‐strei‐fen [グリューン・シュトライふェン] 男 ‒s/‒ [高速]道路の)グリーンベルト.

grun‐zen [グルンツェン grúntsən] I 自 (h) (豚などが)ぶうぶう鳴く. II 他 (h) 《口語》(事[4] を不満げに)ぶつぶつ言う.

Grün‐zeug [グリューン・ツォイク] 中 ‒[e]s/ ① 《口語》青物, 野菜. ② 《口語・戯》青二才, 若造.

***die* Grup‐pe** [グルッペ grúpə]

グループ

Wir reisen in einer *Gruppe*.
ヴィァ ライゼン イン アイナァ グルッペ
私たちはグループで旅行しています.

女 (単) ‒/(複) ‒n ① グループ, 群れ, 集団. (英 group). Wort*gruppe* 語群 / eine radikale *Gruppe* 過激派グループ / eine *Gruppe* von Studenten 一群の学生たち / In der Schule haben wir oft Unterricht in *Gruppen*. 学校では私たちはしばしばグループ別に授業を受けます.
② (スポ)チーム;《軍》分隊;《数》群.

Grup‐pen‐ar‐beit [グルッペン・アルバイト] 女 ‒/ グループ作業;《教》グループワーク.

Grup‐pen‐bild [グルッペン・ビるト] 中 ‒[e]s/‒er 《美》群像[画];グループ写真.

Grup‐pen‐dy‐na‐mik [グルッペン・デュナーミク] 女 ‒/《社》グループ・ダイナミックス, 集団力学.

Grup‐pen‐rei‐se [グルッペン・ライゼ] 女 ‒/‒n グループ旅行.

Grup‐pen‐sex [グルッペン・ゼクス] 男 ‒[es]/ グループセックス, 乱交.

Grup‐pen‐the‐ra‐pie [グルッペン・テラピー] 女 ‒/‒n [..ピーエン]《医・心》集団療法.

grup‐pen‐wei‐se [グルッペン・ヴァイゼ] 副 群れをなして, 集団的に, グループごとに.

grup‐pie‐ren [グルピーレン grupí:rən] I 他 (h) グループ分けする;[寄せ]集める; 配列する. II 再帰 (h) *sich*[4] *gruppieren* グループをつくる, 集まる; 整列する. Wir gruppierten uns **um** den Tisch. 私たちはテーブルの周りに集まった.

Grup‐pie‐rung [グルピールング] 女 ‒/‒en ① 群れ(集団)の形成, グループ化. ② グループ, 班.

Grus [グルース grúːs] 男 ‒es/(種類)‒e ① 《地

学)岩屑(がんせつ), 砂礫(されき). ② 粉炭.

gru·se·lig [グルーゼリヒ grúːzəlɪç] 形 不気味な, ぞっとする, 身の毛もよだつ.

gru·seln [グルーゼるン grúːzəln] I 非人称 (h)【es gruselt 人³ (または 人⁴) の形で】人³ (または 人⁴) がぞっとする. Vor diesem Anblick *gruselte* [es] ihr (または sie). この光景に彼女は身の毛がよだった. (🈁 es は文頭以外では省かれることがある). II 再帰 (h) *sich⁴ gruseln* ぞっとする, 身の毛がよだつ.

grus·lig [グルースリヒ grúːslɪç] 形 =gruselig

*der **Gruß** [グルース grúːs] 男 (単2) -es/(複) Grüße [グリューセ] (3格のみ Grüßen) あいさつ, あいさつの言葉. (英 greeting). Neujahrs*gruß* 新年のあいさつ / ein höflicher (militärischer) *Gruß* 丁重なあいさつ(軍隊式の敬礼) / *Grüße⁴* wechseln (または tauschen) あいさつを交わす / Herzliche *Grüße* aus Japan!(手紙の結びで:)日本より心からのあいさつ / Ich soll Ihnen *Grüße* von Herrn Müller bestellen. ミュラーさんからよろしくとのことでした / Sagen Sie ihm herzliche *Grüße* von mir! 彼にどうぞよろしくお伝え下さい / Mit herzlichen (freundlichen) *Grüßen* (手紙の結びで:)心からなる(親愛なる)あいさつをこめて / 人³ die Hand⁴ zum *Gruß* reichen (または bieten) 人³ にあいさつのため握手を求める.

Grü·ße [グリューセ] *Gruß (あいさつ)の複

*grü·ßen [グリューセン grýːsən]

あいさつする

Grüßen Sie Ihre Frau von mir!
グリューセン ズィー イーレ フラオ フォン ミァ
奥様によろしく!

du grüßt (grüßte, *hat*...gegrüßt) 他 (完了 haben) ① 【4格とともに】(人⁴に)あいさつする, 会釈する. (英 greet). Er *grüßt* uns immer höflich. 彼は私たちにいつもていねいにあいさつする / 人⁴ mit einem Nicken *grüßen* 人⁴にうなずいて会釈する / *Grüß* Gott!《南ドミ・オーストリア》おはよう, こんにちは, さようなら / *Grüß* dich!《口語》おはよう, こんにちは, さようなら. ◊【相互的に】Sie *grüßen sich⁴* nicht mehr. 彼らはもうお互いにあいさつを交わさない. ◊【目的語なしでも】Er *hat* von ferne *gegrüßt*. 彼は遠くからあいさつをした. ② (人⁴に)よろしくと伝える. *Grüßen* Sie Ihre Eltern herzlich **von** mir! ご両親にどうぞよろしくお伝えください / Ich *soll* dich von ihm *grüßen*. または Er *lässt* dich *grüßen*. 彼から君によろしくとのことです. ③《雅》(人⁴に)見えてくる, 聞こえてくる. Die Berge *grüßten* [ihn] aus der Ferne. 彼の目に山々がはるかかなたに見えてきた.

grüß·te [グリューステ] *grüßen (あいさつする)の過去

Grüt·ze [グリュッツェ grýtsə] 女 -/(種類:) -n ①《ふつう複》ひき割り麦; オートミール. ②《口

G-Schlüs·sel [ゲー・シュリュッセる] 男 -s/- 《音楽》ト音記号, 高音部記号.

*gu·cken [グッケン gúkən] (guckte, *hat*...geguckt) I 自 (完了 haben)《口語》① 見る, のぞく, うかがう. (英 look). *Guck* mal! 見てごらん / Lass mich doch mal *gucken*! どれ見せてごらん / aus dem Fenster *gucken* 窓から外を見る / durch ein Fernglas *gucken* 望遠鏡でのぞく / in den Spiegel *gucken* 鏡をのぞく. (🈁 類語 sehen). ②(…の顔・目で)見る. freundlich *gucken* 愛想のいい顔で見る. ③(ちらりと)見えている. Das Taschentuch *guckt aus* der Tasche. ポケットからハンカチがのぞいているよ / Der Schelm *guckt* ihm aus den Augen. 彼はいかにもいたずらっ子の目つきをしている.
II 他 (完了 haben)《口語》(絵・テレビなど⁴を)見る.

Guck⹀kas·ten [グック・カステン] 男 -s/..kästen (昔の:)(拡大鏡で見せる)のぞきからくり;《口語》テレビ[受像機].

Guck⹀loch [グック・ろッホ] 中 -[e]s/..löcher (ドア・壁などの)のぞき穴.

guck·te [グックテ] *gucken (見る)の過去

Gue·ril·la [ゲリリヤ gerílja] [スペ] I 女 -/-s ゲリラ戦; ゲリラ隊. II 男 -[s]/-s《ふつう複》ゲリラ[隊員].

Gu·gel⹀hupf [グーゲる・フプふ] 男 -[e]s/-e 《南ドミ・オーストリア》(丸い形の)バウンドケーキ. (🈁 Kuchen 図).

Guil·lo·ti·ne [ギリョティーネ gɪljotíːnə または ギヨ.. gijo..] 女 -/-n ギロチン, 断頭台.

guil·lo·ti·nie·ren [ギリョティニーレン gɪljotiníːrən または ギヨ.. gijo..] (h) ギロチンにかけ, (断頭台で)人⁴の首をはねる.

Gu·lasch [グーらッシュ gúːlaʃ または グらッシュ gúlaʃ] 中 男 -[e]s/-e (または -s)《料理》グーラシュ(ハンガリー産パプリカ入りの肉シチュー).

Gu·lasch⹀ka·no·ne [グーらッシュ・カノーネ] 女 -/-n《軍・戯》野戦用炊事車.

Gu·lasch⹀sup·pe [グーらッシュ・ズッペ] 女 -/-n《料理》グーラシュスープ.

Gul·den [グるデン gúldən] 男 -s/- ①《史》グルデン (14-19 世紀に使われたオランダ・ドイツ・オーストリアの旧金(銀)貨). ② ギルダー(現在のオランダの貨幣単位, 略: hfl).

gül·den [ギュるデン gýldən] 形《詩》金[製]の (=golden).

Gül·le [ギュれ gýlə] 女 -/-n《南西部ドイツ・スイス》《農》水肥, 下肥; 汚水.

Gul·ly [グリ gúli] [英] 男 中 -s/-s (道路の)側溝, 排水孔.

*gül·tig [ギュるティヒ gýltɪç] 形 有効な, 法的効力を有する; 一般に通用している. (英 valid). ein *gültiger* Pass 有効なパスポート / Dieser Ausweis ist fünf Jahre *gültig*. この身分証明書は5年間有効です / Diese Regel ist für alle *gültig*. この規則はだれにでも当てはまる.

Gül·tig·keit [ギュるティヒカイト] 女/ 有効性, 通用, 効力;《法》合法[性], 妥当[性].

Gül·tig·keits⊿dau·er [ギュるティヒカイツ・ダオアァ] 女/ 有効(通用)期間.

der **Gum·mi**¹ [グンミ gúmi] I 男 中 (単2) -s/(種類を表すときのみ: 複) -[s] ゴム. (英 gum). eine Schürze **aus** *Gummi* ゴム製のエプロン. II 男 (単2) -s/(複) -s ① 消しゴム (＝Radiergummi). 物⁴ **mit dem** *Gummi* weg/radieren 物⁴を消しゴムで消す. ② 《俗》コンドーム.

Gum·mi² [グンミ] 中 -s/-s 《口語》ゴムバンド (＝*Gummi*band).

Gum·mi⊿ara·bi·kum [グンミ・アラービクム] 中 -s/ アラビアゴム.

Gum·mi⊿band [グンミ・バント] 中 -[e]s/..bänder ゴムバンド, ゴムひも.

Gum·mi⊿bär·chen [グンミ・ベーァヒェン] 中 -s/-s 《ふつう 複》熊形のグミ《キャンディー》(ゴムのように弾力性がある).

Gum·mi⊿baum [グンミ・バオム] 男 -[e]s/..bäume 《植》ゴム[の木].

gum·mie·ren [グミーレン gumíːrən] 他 (h) ①（製造過程で切手など⁴に）糊⁽⁵⁾《接着剤》を塗る. ②《織》(布地など⁴に）ゴムで防水加工をする.

Gum·mi⊿hand·schuh [グンミ・ハントシュー] 男 -[e]s/-e ゴム手袋.

Gum·mi⊿knüp·pel [グンミ・クニュッペる] 男 -s/- ゴム製の警棒.

Gum·mi⊿pa·ra·graph [グンミ・パラグラーふ] 男 -en/-en 《口語》いろいろに解釈できる条項.

Gum·mi⊿ring [グンミ・リング] 男 -[e]s/-e 輪ゴム; パッキング用のゴム輪.

Gum·mi⊿schlauch [グンミ・シュらオホ] 男 -[e]s/..schläuche ゴムホース; (タイヤの) チューブ.

Gum·mi⊿stie·fel [グンミ・シュティーふェる] 男 -s/- ゴム長靴.

Gum·mi⊿zel·le [グンミ・ツェれ] 女 -/-n (精神病患者用の) ゴム張りの小部屋.

die **Gunst** [グンスト gúnst] 女 (単) -/(複) -en ①《複なし》好意, 親切; ひいき. (英 favor). 人³ seine *Gunst*⁴ schenken 人³に目をかける / bei 人³ **in** *Gunst* stehen 人³に気に入られている / Sie bemüht sich um seine *Gunst*. 彼女は彼に気に入られようと努めている. ②《腹で》有利, 好都合. **zu** meinen *Gunsten* 私のために, 私にとって有利になるように.

* **güns·tig** [ギュンスティヒ gýnstɪç] 形 ① 有利な, 好都合の. (英 favorable). Das ist eine *günstige* Gelegenheit. これは絶好のチャンスだ / Das war ein *günstiger* Kauf. これはよい買い物だ / bei *günstigem* Wetter 天候に恵まれれば / 物⁴ **in** einem *günstigen* Licht dar/stellen 物⁴を良く見せる / **unter** *günstigen* Bedingungen 有利な条件で.
②《古》に好意的な, 人³に気に入っている. Das Glück war uns *günstig*. 運命はわれわれに好意的だった / Die Nachricht wurde *günstig* aufgenommen.《受動・過去》その知ら

せは好意的に受けとめられた.

..güns·tig [..ギュンスティヒ ..gʏnstɪç]《形容詞をつくる 接尾》《有利な・恵まれた》例: preis*günstig* 格安な, 買い得な.

Günst·ling [ギュンストリング gýnstlɪŋ] 男 -s/-e (軽蔑的に:) お気に入り, 寵児⁽⁵ょう⁾.

Günst·lings⊿wirt·schaft [ギュンストリングス・ヴィルトシャふト] 女 -/ 情実(えこひいき)人事.

Gün·t[h]er [ギュンタァ gýntər] I -s/《男名》ギュンター. II《姓》-s/-s ギュンター. [die] *Günt[h]ers* ギュンター家[の人々].

Gur·gel [グルゲる gúrɡəl] 女 -/-n のど, 咽喉⁽いん⁾. 人⁴ **an** (または **bei**) *der* Gurgel 人⁴ののど元をつかむ / 人³ **an die** *Gurgel* springen 人³ののど首に飛びかかる / 人³ **die** *Gurgel* zu/drücken (または zu/schnüren) a) 人³ののどを絞める, b)《俗》人³を破滅させる / 物⁴ **durch die** *Gurgel* jagen《口語》物⁴《お金・時間など》を酒に浪費する.

gur·geln [グルゲるン gúrɡəln] I 自 (h) ① うがいをする. ②（小川などが）ごぼごぼ音をたてる. II 他 (h) (事⁴を) がらがら声で話す.

die **Gur·ke** [グルケ gúrkə] 女 (単) -/(複) -n ① 《植》キュウリ, 《英 cucumber》. saure *Gurken* きゅうりのピクルス. ② 《俗》不格好で大きな鼻; ペニス; ぼろ車, ぼろ靴; おかしなやつ.

Gur·ken⊿sa·lat [グルケン・ザらート] 男 -[e]s/-e《料理》きゅうりのサラダ.

gur·ren [グレン gúrən] 自 (h) ①（鳩⁽¹⁾が）くうくうと鳴く. ②《比》（甘えた声で）くっくっと笑う, こびるように話す.

Gurt [グルト gúrt] 男 -[e]s/-e (方: -en も) (幅の広い) 帯, (丈夫な) ベルト, 革帯, つり革, （馬具の) 腹帯, (乗り物の) 安全ベルト. Degen*gurt* 剣帯 / die Pistole⁴ **aus dem** *Gurt* ziehen ピストルを腰[帯]から抜く / sich⁴ **mit dem** *Gurt* an|schnallen 安全ベルトを締める. ②《建》(トラスの) 弦[材].

der **Gür·tel** [ギュルテる gýrtəl] 男 (単2) -s/(複) - (3格のみ -n) ① ベルト, バンド, 帯.（英 belt). Leder*gürtel* 革ベルト / ein schmaler *Gürtel* 細いベルト / **den** *Gürtel* um/binden (または um/schnallen) ベルトを締める / **den** *Gürtel* ab/legen (または ab|nehmen) ベルトをはずす / **den** *Gürtel* enger schnallen a) ベルトをもっときつく締める, b)《口語・比》生活費を切り詰める. ② 帯状の地帯. Grün*gürtel* 緑地帯, グリーンベルト.

Gür·tel·li·nie [ギュルテる・リーニエ] 女 -/《服飾》ウエストライン; (ボクシングで) ベルトライン. ein Schlag **unter die** *Gürtellinie*《口語》アンフェアなやり方 (←ロ-ブロー).

Gür·tel⊿rei·fen [ギュルテる・ライふェン] 男 -s/- ラジアルタイヤ.

Gür·tel⊿ro·se [ギュルテる・ローゼ] 女 -/《医》帯状疱疹⁽⁾, 帯状ヘルペス.

Gür·tel⊿tier [ギュルテる・ティーァ] 中 -[e]s/-e 《動》アルマジロ.

gur·ten [グルテン gúrtən] 自 (h) 安全ベルトを

締める; 馬に鞍(%)をつける.
gür・ten [ギュルテン gÝrtan] 他 (h) ベルト(帯)で締める, (人・物)⁴に)帯を巻く. ◇《再帰的に》 *sich*⁴ *gürten* ベルト(帯)を締める / *sich*⁴ mit dem Schwert *gürten* 剣を帯びる.
Gu・ru [グール― gú:ru] 男 -s/-s (ヒンズー教の)導師; (宗教・政治グループなどの)指導者.
GUS [グス または ゲー・ウー・エス] 女 -/(略) 独立国家共同体(旧ソ連邦) (=die Gemeinschaft Unabhängiger Staaten).
Guss [グス gús] 男 -es/Güsse ① 鋳込み, 鋳造; 鋳物. der *Guss* einer Glocke² 鐘の鋳造 / ein *Guss* aus Bronze 青銅の鋳造 / [wie] aus einem *Guss* (建築物・芸術作品などが)統一のとれた, 渾然(%)一体の(←一度に鋳造されたように). ② (1回の注入量); 注入物. ③《口語》(短時間の)土砂降り, しゅう雨. Ich bin in einen *Guss* gekommen. 【現在完了】私は土砂降りに遭った. ④《料理》アイシング(ケーキにかける糖衣).
Guß (新形) ☞ Guss
Guss=ei・sen [グス・アイゼン] 中 -s/ 鋳鉄.
Guß=ei・sen ☞ (新形) Gusseisen
guss=ei・sern [グス・アイザン] 形 鋳鉄[製]の.
guß=ei・sern (新形) ☞ gusseisern
Guss=form [グス・フォルム] 女 -/-en 鋳型.
Guß=form (新形) ☞ Gussform
Gus・tav [グスタフ gÝstaf] -s/ 【男名】グスタフ.
Gus・to [グスト― gÝsto] [俗] 男 -s/-s 《ふつう 無》① 好み, 趣味. ② 食欲.

*gut [グート gú:t]

> 良い Dein Vorschlag ist sehr *gut*.
> ダイン フォーアシュラーク イスト ゼーア グート
> 君の提案はとてもいい.

形 (比較 besser, 最上 best) ① (質的に)良い, 上等の, 上手な. (英 good). (☞ 「悪い」は schlecht). ein *gutes* Buch 良い本 / ein *guter* Wein 上等のワイン / eine *gute* Leistung りっぱな業績 / Sie hat noch *gute* Augen. 彼女はまだ[視力の]いい目をしている / die *gute* alte Zeit 古き良き時代 / Er hört noch *gut*. 彼はまだ耳がよく聞こえる / Sie kann sehr *gut* Klavier spielen. 彼女はたいへん上手にピアノが弾ける / eine *gut* angezogene Frau 身なりをした婦人.
② (薬などが)効き目のある. Dieser Tee ist *gut* gegen (口語: für) den Husten. このお茶はせきに効きます.
③ 善良な; 気立て(しつけ)の良い, 上品な. ein *guter* Mensch 善人 / Sie ist eine *gute* Seele.《口語》彼女は人がいい / ein *gutes* Kind しつけの良い子供 / ein Mädchen aus *gutem* Hause 良家の娘 / ein *gutes* Benehmen 礼儀正しいふるまい.
④ 好都合な. eine *gute* Gelegenheit 好機 / Es trifft sich *gut*, dass er kommt. 彼が来てくれるのは好都合だ / *gut* daran tun, zu 不定詞[句] …した方が良い ⇨ Du tust *gut* daran, dich zu entschuldigen. 君は謝ったほうがいい.
⑤ 好ましい, 喜ばしい; 元気な; 調子のよい. eine *gute* Nachricht 喜ばしい知らせ / *Guten* Morgen! おはよう / *Guten* Tag! こんにちは / *Guten* Abend! こんばんは / *Gute* Nacht! おやすみなさい / Er hat es *gut*. 彼はうまくやっている (☞ es は形式目的語) / Diese Bücher gehen *gut*. この本は売れ行きがよい / Das Geschäft geht *gut*. 商売はうまくいっている / Es geht mir *gut*. 私は元気だ / Er ist *gut* gelaunt. 彼は上機嫌だ.
⑥ 親切な, 好意的な; 仲のいい, 親しい. ein *guter* Freund 親友 / (人)³ *gute* Worte⁴ geben (人)³に親切な言葉をかける / (人)³ *gut* sein (人)³に好意を寄せている / Seien Sie so *gut* und warten Sie einen Augenblick! すみませんがちょっと待ってください / im *guten* (新形 im Guten) 穏やかに, 好意的に / es⁴ *gut* mit (人)³ meinen (人)³に対して好意的である / mit (人)³ *gut* stehen (人)³と仲がいい. (☞ 類語 freundlich).
⑦ とっておきの, 特別な[ときの]. der *gute* Anzug よそ行きのスーツ / die *gute* Stube 客間.
⑧ (数・量の)十分な, たっぷりの. eine *gute* Ernte 豊作 / Er hat einen *guten* Appetit. 彼は大いに食欲がある / Ich wartete eine *gute* Stunde auf ihn. 私はたっぷり1時間彼を待った / Das hat noch *gute* Weile. それにはまだたっぷり時間がある / Das sind *gut* vier Kilometer. それはたっぷり4キロメートルはある / *gut* und gern《口語》たっぷり, 少なくとも.
⑨ […するのは]容易である. Das kann ich *gut*. それなら簡単にできるよ / Das Buch liest sich *gut*. その本は読みやすい / Hinterher hat (または kann) man *gut* reden. あとからならなんとでも言えるさ / Du hast *gut* lachen. 君は[局外者だから]笑っていられるからいいよ.
⑩《間投詞的に》(同意・承認を表して:) *Gut*! わかりました, よろしい, オーケーだ / Also *gut*! それならよいでしょう / Na *gut*! まあいいや / Und damit *gut*! これで十分だ / Schon *gut*! (礼・わびを言われて:) もういい.
⑪ (学校の成績で:) 優. (☞ ㊙)
⑫ 《成句的に》so *gut* wie …《口語》…も同然の. Das ist so *gut* wie sicher. それは確実だと言っていい.

(新形) ··

gut aus・se・hend 器量のよい. eine *gut aussehende* Frau 器量よし, 美人.
gut be・zahlt 報酬のいい, 高給の(地位・ポストなど); 実入り(稼ぎ)のいい(会社員など).
gut ge・hen (仕事などが)うまくいく. Es geht (人)³ *gut* の形で) (人)³の体調(調子)がいい. ◇(mit (人)³ *geht es gut* の形で) (人)³との仲がうまくいく.
gut ge・hend 繁盛している, 実入りの多い(店など).
gut ge・launt 上機嫌の.
gut ge・meint 好意的な, 善意の(忠告, 提

gut si·tu·iert 裕福な, 恵まれた地位(境遇)にある.

gut tun ([人³の])健康のためによい, 気分をよくする; (薬などが[人³に])効く. Die frische Luft *wird dir gut tun.* 新鮮な空気は君の健康のためによいだろう.

類語 成績評価(数が小さいほどよい)

	6 段階評価	(ドイツ) 5 段階評価
1	sehr gut	sehr gut
2	gut	gut
3	befriedigend	befriedigend
4	ausreichend	genügend
5	mangelhaft	nicht genügend
6	ungenügend	

類語 **gut**: (あるものの性質・状態などが)良い. **hervorragend**: (才能・能力・品質などが群を抜いて)優れた, 抜群の. **ausgezeichnet**: (一般水準をはるかに越えていて)優秀な, すばらしい. **vortrefflich**: (特定の領域で技術・知識などが)優れた. **vorzüglich**: (他と比べて)特に良い.

* *das* **Gut** [グート gúːt] 中 (単2) -es (まれに -s)/ (複) Güter [ギュータァ] (3格のみ Gütern) ① **財産**, 財宝; (英) goods). Geld und *Gut* 全財産 / ererbtes *Gut* 相続した財産 / liegende (または unbewegliche) *Güter* 不動産 / bewegliche *Güter* 動産 / geistige *Güter* 精神的財産 / Gesundheit ist das höchste *Gut.* 健康は何よりの財産だ / Unrecht *Gut* gedeih[e]t nicht. 〈諺〉悪銭身につかず. ② **所有地**; (大)農場. ein *Gut*⁴ erwerben 農地を手に入れる. ③ **貨物**, 積荷. *Güter*⁴ auf|geben 貨物を託送する. ④《海》索具一式.

Gut·ach·ten [グート・アハテン] 中 -s/- **(専門家の)所見, 鑑定[書], 専門的意見(判断)**. über 物⁴ ein *Gutachten*⁴ ab|geben 物⁴について鑑定する, 所見を述べる / von 人³ ein *Gutachten*⁴ ein|holen 人³に鑑定を求める.

Gut·ach·ter [グート・アハタァ] 男 -s/- **鑑定人, (鑑定する)専門家, 判定者**. (女性形は Gutachterin).

gut·ar·tig [グート・アールティヒ] 形 ① **おとなしい, 従順な**(子供・犬など). ② 〔医〕**良性の**.

gut ⸗aus·se·hend 形 (新形 gut aussehend) ☞ gut

gut ⸗be·zahlt 形 (新形 gut bezahlt) ☞ gut

gut ⸗bür·ger·lich [グート・ビュルガァリヒ] 形 **いかにも中流階級の市民らしい, 堅実な.**

Gut·dün·ken [グート・デュンケン] 中 -s/ **意見, 判断.** nach [eigenem] *Gutdünken* 自分の判断で.

* *die* **Gü·te** [ギューテ gýːtə] 女 (単) -/ ① **親切, 好意, 善意, 思いやり**, (英 kindness). die *Güte* Gottes 神の慈しみ / Hätten Sie die *Güte,* mir zu helfen?《接2・現在》〈雅〉恐れ入りますが, 手を貸していただけませんか / Ich danke Ihnen für Ihre *Güte.* ご親切ありがとうございます / sich⁴ in *Güte* einigen 穏便に和解する / [Ach] du liebe (または meine) *Güte*!《俗》おやおや, これは驚いた. ② [品]**質; 品質の良さ**; (品質の)等級. eine Ware erster *Güte*² 一級品.

Gu·ten·berg [グーテン・ベルク gúːtən-bɛrk] -s/《人名》グーテンベルク (Johannes *Gutenberg* 1397?–1468; ドイツの活版印刷術発明者).

Gu·te[r] [グーテ (..タァ) gúːtə (..tər)] 男 女《語尾変化は形容詞と同じ》**善人, 善良な人.** Mein *Guter*! (親しみを込めて)ねえ君よ.

Gü·ter [ギュータァ] * Gut (財産)の 複

Gü·ter⸗ab·fer·ti·gung [ギューターァ・アップフェルティグンク] 女 -/-en 〔鉄道〕**貨物取扱[所]**.

Gü·ter⸗bahn·hof [ギューターァ・バーンホーふ] 男 -[e]s/..höfe 〔鉄道〕**貨物駅**.

Gü·ter⸗ge·mein·schaft [ギューターァ・ゲマインシャふト] 女 -/ 〔法〕(夫婦間の)財産共有[制].

Gü·ter⸗tren·nung [ギューターァ・トレヌンク] 女 -/-en 〔法〕(夫婦間の)別財産制.

Gü·ter⸗wa·gen [ギューターァ・ヴァーゲン] 男 -s/- 〔鉄道〕**貨車, 貨物車両**.

Gü·ter⸗zug [ギューターァ・ツーク] 男 -[e]s/..züge **貨物列車**.

* **Gu·te[s]** [グーテ[ス] gúːtə[s]] 中《複》なし; 語尾変化は形容詞と同じ》**良いもの(こと), 善行**. Alles *Gute*! a) (別れる際に:)お元気で, b) ご多幸を祈ります / Was gibt es heute Mittag *Gutes*? きょうの昼はどんなおいしいものが出るのかな / Er hat viel *Gutes* getan. 彼は良いことをたくさんした / Es hat alles sein *Gutes.* 何にだっていい所はある / Das ist des *Guten* zu viel! それはやり過ぎだ(行き過ぎだ) / im *Guten* 穏やかに, 好意的に.

Gü·te·zei·chen [ギューテ・ツァイヒェン] 中 -s/- (商品の)**品質保証マーク**.

gut|ge·hen* 自 (s) (新形 gut gehen) ☞ gut

gut⸗ge·hend 形 (新形 gut gehend) ☞ gut

gut⸗ge·launt 形 (新形 gut gelaunt) ☞ gut

gut⸗ge·meint 形 (新形 gut gemeint) ☞ gut

gut⸗gläu·big [グート・グロイビヒ] 形 (他人の言葉を)**信じやすい, 人のいい**.

gut|ha·ben* [グート・ハーベン gúːt-hàːbən] 他 (h) (物⁴ bei 人³ ~)(人³に 物⁴の)**貸しがある**.

Gut·ha·ben [グート・ハーベン] 中 -s/- (銀行の)**預金[残高]; 貸し, 売掛金**.

gut|hei·ßen* [グート・ハイセン gúːt-hàisən] 他 (h) (疑わしいにもかかわらず)**承認する, 是認する**.

gut⸗her·zig [グート・ヘルツィヒ] 形 **善良な, 気だての良い, 思いやりのある**.

* **gü·tig** [ギューティヒ gýːtɪç] 形 **優しい, 情け深い, 親切な**, (英 kind). Sie hat ein *gütiges* Herz. 彼女は心の優しい人だ / Zu *gütig*! (反語的に:)これはこれはご親切に / Würden Sie so *gütig* sein, mir zu helfen?《接2・現在》すみませんがちょっと手伝っていただけませんか.

güt·lich [ギュートリヒ] 形 平和的な, 穏便な. eine *gütliche* Einigung 和解 / sich⁴ mit 人³ *gütlich* einigen 人³と和解する / sich⁴ an 物³ *gütlich* tun 物³を楽しみ味わう.

gut|ma·chen [グート・マッヘン gúːt-màxən] 他 (h) ① 償う, 補償する; (遅れ⁴を)取り戻す; (事⁴の)お返しをする. Das ist nicht wieder *gutzu*machen. それは取り返しがつかない. ② (ある金額⁴を)もうける.

***gut≠mü·tig** [グート・ミューティヒ gúːtmyːtɪç] 形 気のいい, 優しい, お人よしな. ein *gutmütiger* Mensch 気のいい人.

Gut≠mü·tig·keit [グート・ミューティヒカイト] 女 -/ 気だてのよさ, 人のよさ.

gut≠nach·bar·lich [グート・ナハバールリヒ] 形 善隣の(国家関係など).

gut|sa·gen [グート・ザーゲン gúːt-zàːgən] 自 (h) 《**für** 人・事⁴ ~》(人・事⁴を)保証する.

Guts≠be·sit·zer [グーツ・ベズィッツァァ] 男 -s/- 農場主, 大地主.

Gut≠schein [グート・シャイン] 男 -[e]s/-e (現金・商品との)引換券, 商品券.

gut≠schrei·ben* [グート・シュライベン gúːtʃràɪbən] 他 (h) (商)(金額⁴を人・事³の)貸方に記入する. 人³ einen Betrag *gutschreiben* ある金額を人³の貸方に記入する.

Gut≠schrift [グート・シュリふト] 女 -/-en 《商》貸し, 貸し方.

Guts≠herr [グーツ・ヘル] 男 -[e]n/-[e]n (小作人・農民に対して:)農場主, 地主.

Guts≠hof [グーツ・ホーふ] 男 -[e]s/..höfe 農園; (農場主の)家屋敷.

gut≠si·tu·iert 形 (新形) gut situiert) ☞ gut

Guts≠ver·wal·ter [グーツ・フェァヴァるタァ] 男 -s/- 農場(領地)管理人.

gut|tun* 自 (h) (新形) gut tun) ☞ gut

gut·tu·ral [グトゥラーる guturáːl] 形 のどから出る(声); 《言》喉頭(㌔)音の.

gut≠wil·lig [グート・ヴィリヒ] 形 ① 気のいい, 素直な. ② 自発的な, やる気のある.

Gut≠wil·lig·keit [グート・ヴィリヒカイト] 女 -/ 素直さ; 進んで(喜んで)すること.

Gym·na·si·ast [ギュムナズィアスト gymnaziást] 男 -en/-en ギムナジウム(ドイツの中・高等学校)の生徒. (㊟ 女性形は Gymnasiastin)

Gym·na·si·en [ギュムナーズィエン] *Gymnasium* (ギムナジウム)の 複

***das* Gym·na·si·um** [ギュムナーズィウム gymnáːzium] 中 (単2) -s/(複) ..sien [..ズィエン] ギムナジウム(ドイツの中・高等学校; Grundschule に続く5学年から13学年までの9年制. オーストリアでは8年制. 卒業者は大学入学資格を得る; 「ドイツ連邦共和国の教育制度」☞ 巻末付録, 1810 ページ). ein humanistisches *Gymnasium* 文科系ギムナジウム(古典語教育を中心とする) / ein neusprachliches *Gymnasium* 近代語ギムナジウム / ein naturwissenschaftliches *Gymnasium* 理科系ギムナジウム.

Gymnasium の学年

学年	ドイツ	オーストリア	日本
9	Oberprima		大1
8	Unterprima	Oktava	高3
7	Obersekunda	Septima	高2
6	Untersekunda	Sexta	高1
5	Obertertia	Quinta	中3
4	Untertertia	Quarta	中2
3	Quarta	Tertia	中1
2	Quinta	Sekunda	小6
1	Sexta	Prima	小5

Gym·nas·tik [ギュムナスティク gymnástɪk] 女 -/ 体操, 体育. Heil*gymnastik* 治療体操 / *Gymnastik*⁴ treiben 体操をする.

gym·nas·tisch [ギュムナスティッシュ gymnástɪʃ] 形 体操の, 体育の. *gymnastische* Übungen 体操.

Gy·nä·ko·lo·ge [ギュネコローゲ gynɛkolóːgə] 男 -n/-n 婦人科医. (㊟ 女性形は Gynäkologin)

Gy·nä·ko·lo·gie [ギュネコロギー gynɛkologíː] 女 -/ 婦人科学.

H h

h¹, H¹ [ハー há:] 中 -/- ハー(ドイツ語アルファベットの第8字).

h², H² [ハー] 中 -/- 《音楽》口音. (⇔ 英語では b). H–Dur 口長調 / h-Moll 口短調.

H³ ① (ハルテ・シュテレ)《略》(バスなどの)停留所 (=Haltestelle). ② (ヘレン)(トイレの表示で;)男子(殿方)用 (=Herren). ③ [ハー]《化・記号》水素 (=Hydrogenium).

ha [ヘクタール または ..タール]《略》ヘクタール (=Hektar).

ha! [ハー há:] 間 ① (うれしい驚きを表して:)おや、まあ、へえ. ② (勝利・優越を表して:)それみろ、ほら.

der **Haag** [ハーク há:k] 男 -s/《定冠詞とともに》《都市名》ハーグ(オランダ語では Den Haag: ☞ 地図 B-2). im Haag ハーグ市で.

‡*das* **Haar** [ハール há:r]

髪	Sie hat blondes *Haar*.
	ズィー ハット ブロンデス ハール
	彼女はブロンドの髪をしている.

中 (単2) -[e]s/(複) -e (3格のみ -en) ① 髪[の毛],毛髪,頭髪; 毛,体毛. (英 hair). (⇔ 頭髪全体を指すときは単数, ☞ Körper 図). kurzes (langes) Haar 短い(長い)髪 / dunkles Haar 黒っぽい髪 / glattes Haar なめらかな髪 / künstliches Haar かつら / lockiges Haar カールした髪.

◇《動詞とともに》⑦《主語として》Die Haare hängen in die Stirn. 髪が額にたれている / Ihre Haare sitzen gut. 彼女の髪型はよく似合っている / 人³ stehen die Haare zu Berge または 人³ sträuben sich⁴ die Haare《口語》人³は髪が逆立つほど驚く / Seine Haare wachsen schnell. 彼の髪は伸びるのが早い.

⑦《目的語として》das Haar³ (または die Haare⁴) bürsten 髪にブラシをかける / sich³ das Haar⁴ färben (自分の)髪を染める / ein Haar³ in der Suppe finden《口語》あら探しをする(←スープの中に髪の毛を見つける)/ das Haar³ (または die Haare⁴) föhnen 髪をドライヤーで乾かす / Haare⁴ auf den Zähnen haben《口語》(特に女性が)すぐくってかかる(←一歯にまで体毛が生えている)/ das Haar³ (または die Haare⁴) kämmen 髪を櫛(く)でとかす / 人³ kein Haar⁴ krümmen 人³に指一本触れない / kein gutes Haar⁴ an 人・物³ lassen《口語》人・物³を徹底的に批判する / sich³ das Haar⁴ machen 髪を整える(セットする)/ sich³ die Haare⁴ raufen (怒って・絶望して)自分の髪をかきむしる / sich³ die Haare⁴ schneiden lassen 散髪してもらう / Sie trägt das Haar kurz. 彼女は髪を短くしている / sich³ über 事⁴ keine grauen Haare⁴ wachsen lassen《口語》事⁴のことで余計な心配をしない(←[心配して]白髪を生えさせない)/ sich³ das Haar⁴ waschen 髪を洗う.

◇《前置詞とともに》an einem Haar hängen《口語》風前のともしびである(←髪1本にぶら下がっている)/ auf ein Haar または aufs Haar《口語》寸分たがわず ⇒ Sie gleichen sich aufs Haar. 彼らは互いにそっくりだ / sich³ (または einander) in die Haare geraten《口語・比》(つかみ合いの)けんかになる / sich³ in den Haaren liegen《口語》いがみ合っている / mit Haut und Haar[en]《比》丸ごと、すっかり(←皮も毛もいっしょに)/ 人³ übers Haar streichen 人³の髪をなでる / um ein Haar《口語・比》a) 間一髪のところで、危うく、b) ほんの少しだけ ⇒ Das Kind wäre um ein Haar überfahren worden.《受動・接2・過去》その子供はあわや車にひかれるところだった / nicht um ein Haar または um kein Haar 少しも…でない.

②《ふつう複》(動植物の)毛、綿毛；《織》けば.

Pferdeschwanz　Pagenkopf　Locke[n]

Schnecke[n]　Chignon　Kranz

Haar

Haar⸗an·satz [ハール・アンザッツ] 男 -es/..sätze 髪の生え際.

Haar⸗aus·fall [ハール・アオスファル] 男 -[e]s/..fälle 抜け毛；《医》(病的な)脱毛[症].

Haar⸗breit [ハール・ブライト] 中《成句的に》nicht [um] ein Haarbreit または [um] kein Haarbreit 少しも…でない、まったく…ない(←毛1本分の幅も…ない).

Haar⸗bürs·te [ハール・ビュルステ] 女 -/-n ヘアブラシ.

haa·ren [ハーレン há:rən] 自 (h)／再帰 (h) sich⁴ haaren (毛皮・犬などの)毛が抜け落ちる.

Haa·res⸗brei·te [ハーレス・ブライテ] 女《成句的に》um Haaresbreite a) 間一髪のところで、b) ほんの少しだけ.

Haar⸗far·be [ハール・ファルベ] 女 -/-n 髪の色.
haar⸗fein [ハール・ファイン] 形 髪の毛のように

細い;きわめて微妙な.
haar・ge・nau [ハール・ゲナオ] 形《口語》非常に正確な,寸分の狂いもない.
haa・rig [ハーリヒ há:rıç] 形 ① 毛深い,毛むくじゃらの. ② 《比》やっかいな,困難な.
Haar≠klam・mer [ハール・クランマァ] 女 -/-n ヘアクリップ.
haar・klein [ハール・クライン] 形 きわめて詳細な.
haar≠los [ハール・ろース] 形 毛のない,はげの.
Haar≠na・del [ハール・ナーデる] 女 -/-n ヘアピン.
Haar・na・del・kur・ve [ハールナーデる・クルヴェ] 女 -/-n (道路の)ヘアピンカーブ.
Haar≠netz [ハール・ネッツ] 中 -es/-e ヘアネット.
haar≠scharf [ハール・シャルふ] I 副 すぐ近くを,すれすれに,間一髪のところで. Das Auto fuhr *haarscharf* an mir vorbei. 自動車が私のそばをすれすれに通って行った. II 形 きわめて精確な.
Haar≠schnitt [ハール・シュニット] 男 -[e]s/-e ヘアカット,理髪,調髪.
Haar≠sieb [ハール・ズィーブ] 中 -[e]s/-e 目のごく細かいふるい.
Haar≠spal・te・rei [ハール・シュパるタライ] 女 -/-en 小さい事をやかましく言うこと.
Haar≠spray [ハール・シュプレー] 男 中 -s/-s ヘアスプレー.
haar≠sträu・bend [ハール・シュトロイベント] 形 身の毛もよだつような;あまりにもひどい.
Haar≠trock・ner [ハール・トロックナァ] 男 -s/- ヘアドライヤー.
Haar≠was・ser [ハール・ヴァッサァ] 中 -s/..wäs・ser ヘアトニック,ヘアローション.
Haar≠wuchs [ハール・ヴークス] 男 -es/ ① 髪の伸び. ② 髪の量.
Haar・wuchs・mit・tel [ハールヴークス・ミッテる] 中 -s/- 養毛剤,毛生え薬.
Hab [ハープ há:p] 中《成句的に》*Hab* und Gut《雅》全財産.
*__ha・be__ [ハーベ há:bə] I *haben (持っている)の1人称単数 現在. Ich *habe* Hunger. 私はおなかがすいている. II *haben (持っている)の 接1. (⇨ 完了の助動詞 ☞ haben III).
Ha・be [ハーベ] 女 -/《雅》所有物,財産(= Gut). bewegliche *Habe* 動産.
ha・ben * [ハーベン há:bən]

持っている　*Haben* Sie Kinder?
ハーベン　ズィー　キンダァ
お子さんはいらっしゃいますか.

現在人称変化
人称	単	複
1	ich habe	wir haben
2	du **hast** / Sie haben	ihr **habt** / Sie haben
3	er **hat**	sie haben

過去人称変化
人称	単	複
1	ich hatte	wir hatten
2	du hattest / Sie hatten	ihr hattet / Sie hatten
3	er hatte	sie hatten

(hatte, *hat*...gehabt) (英 *have*) I 他 (定1 haben) ① 持っている,所有している,備えている. Er *hat* ein Haus. 彼は家を1軒持っている / Sie *hat* viele Bücher. 彼女は本をたくさん持っている / Ich *habe* einen Sohn. 私には息子が一人います / *Hast* du Zeit? — Nein, ich *habe* leider keine Zeit mehr. 暇があるかい — いや,残念ながらもう暇はないよ / Sie *hat* langes Haar. 彼女は長い髪をしている / *Haben* Sie auch Ansichtskarten? (客が店員に:)絵はがきもありますか / Diese Größe *haben* wir leider nicht auf Lager. このサイズはあいにく在庫がございません / Unser Auto *hat* ein Schiebedach. うちの車にはサンルーフが付いている.
◇《性質・状態などを表す名詞とともに成句的に》 Erfolg⁴ *haben* 成功する / Glück⁴ *haben* 幸運である / Er *hat* wirklich Mut. 彼は本当に勇気がある / Du *hast* **Recht** (**Unrecht**). 君の言っていることは正しい(間違っている).
◇《気候・日時などを表す名詞とともに》 Wir *haben* heute schönes Wetter. きょうはいい天気だ / Heute *haben* wir den 10. (=zehnten) Mai. きょうは5月10日です.
◇《感情・体の状態などを表す名詞とともに》 Ich *habe* Hunger (Durst). 私はおなかがすいている(のどが渇いている) / Fieber⁴ *haben* 熱がある / Er *hat* Angst. 彼はこわがっている / Ich *habe* keine Lust mehr zu arbeiten. 私はもう仕事をする気はない / Was *hast* du? 君どうしたの.
◇《数量などを表す4格とともに》 Eine Stunde *hat* 60 Minuten. 1時間は60分だ / Die Stadt *hat* 50 000 Einwohner. その町は人口5万人だ.
◇《学科目などを表す語句とともに》 Wir *haben* heute Deutsch.《口語》きょうはドイツ語[の授業]がある / Morgen *haben* wir keine Schule. あしたは学校がない.
◇《副詞・形容詞とともに成句的に》 事⁴ **fertig** *haben* 事⁴を終えている / 物⁴ **frei** *haben* 物⁴が空いている ⇒ *Haben* Sie ein Zimmer **frei**? 部屋は空いていますか / 人・物⁴ **gern** *haben* 人・物⁴が好きである ⇒ Ich *habe* ihn gern. 私は彼が好きである / 人⁴を愛している,人⁴が好きである / 物⁴ **nötig** *haben* 物⁴を必要とする / 事⁴ **satt** *haben* 事⁴に飽きている.
◇《前置詞とともに》 Das *hat* er so **an** sich³.《口語》それが彼の癖(やり方)だ / Das *hat* nichts **auf** sich³. それはたいしたことはない / Ich *habe* leider kein Geld **bei** mir. 残念ながら私はお金の持ち合わせがない / Dieser Vorschlag *hat* viel **für** sich³. この提案には良い点がたくさんある / etwas⁴ **gegen** 人⁴ *haben* 人⁴を嫌っている / 事⁴ **hinter** sich³ *haben* 事⁴を済

ませている / Er *hat* etwas **mit** der Frau.《口語》彼はその女性と恋仲だ / Er *hat* viel **von** seiner Mutter. 彼はいろんな特徴を母親から受け継いでいる / Ich *habe* es von ihr. 私はそのことを彼女から聞いて知っている / Davon *habe* ich nichts. それは私には役にたたない / Er *hat* eine schwere Prüfung **vor** sich^{3}. 彼は難しい試験を目前にしている / 人^{4} **zum** Besten *haben* 人^{4}をからかう.

② **手に入れる**, 得る, もらう. Mama, *kann* ich einen Apfel *haben*? お母さん, りんごを一つちょうだい / In diesem Kaufhaus *kann* man beinahe alles *haben*. このデパートではほとんどすべてのものが手に入る / **zu** *haben* sein 入手できる, 買える ⇨ Das Buch ist leider nicht mehr zu *haben*. この本は残念ながらもう入手できない / Sie ist noch zu *haben*.《口語》彼女にはまだ決まった相手がいない.

③〔**zu** 不定詞[句]とともに〕㋐ …するもの(こと)がある. Er *hat* nichts zu essen. 彼には食べるものが何もない / Ich *habe* heute viel zu tun. 私はきょうはすることがたくさんある / **mit** 人·物^{3} etwas^{4} (nichts^{4}) zu tun *haben* 人·物^{3}と関係がある(ない) ⇨ Er *hat* mit dem Mord etwas zu tun. 彼はその殺人事件と関係がある. ㋑ …しなければならない. Ich *habe* noch zu arbeiten. 私はまだ仕事をしなければならない.

④〔zu のない不定詞とともに〕㋐〔**liegen**, **hängen**, **sitzen**, **stehen** などとともに〕(ある場所で物^{4}を…の状態に)している. Er *hat* ein Fass Wein **im** Keller liegen. 彼はワイン樽(たる)を地下室に貯蔵している / Sie *hat* ihre Kleider im Schrank hängen. 彼女は自分の服を洋服だんすに掛けている. ㋑〔**gut** または **leicht** とともに〕…していられる. Du *hast* gut reden. 君の立場なら何とでも言えるさ.

⑤〔**es** を目的語として成句的に〕Ich *hab*'s (=*habe* es)!《口語》(答えが)わかったぞ / Da *hast* du's (=du es)! a) そら, やるよ, b)《口語》それ, 言わんことじゃない / Er *hat* es **an** der Leber.《口語》彼は肝臓が悪い / es^{4} **in** sich^{3} *haben*《口語》a)(中身があって)重い, b)(問題などが)難しい, c) (酒などが)効く ⇨ Dieser Wein *hat* es in sich. このワインは強い.

◇〔形容詞とともに〕Ich *habe* es **eilig**.《口語》私は急いでいます / Er *hat* es **gut**. 彼はうまくいっている(幸せだ) / Sie *hat* es **schwer**. 彼女は苦労している / Wir *haben* es **warm** in der Wohnung. 私たちの住居は暖かい.

類語 **haben**: (一般的な意味である物を)持つ, 持っている. **besitzen**: (価値あるものの所有権·処分権があるという意味で)持っている, 所有している.

II 再帰 (完了 haben) *sich*^{4} *haben* ①《口語》芝居じみたことをする. *Hab dich* nicht so! そんな芝居がかったことをするなよ.

②〔**es** *hat sich*^{4} の形で〕《俗》けりがつく. Damit *hat* es *sich*. それでおしまいだ. ③《口語》けんかする.

III 助動〔完了の助動詞〕

> …した *Hast* du schon gegessen?
> ハスト ドゥ ショーン ゲゲッセン
> もう食事はしたの?

〔動詞の過去分詞とともに完了形を作る〕①〔現在完了形で〕㋐《現在と関連のある過去》Gestern *habe* ich zu viel getrunken. きのう私は飲みすぎた. (メモ 過去の事柄を表す場合に, 日常会話では現在完了形が好んで用いられる). ㋑《完了》Ich *habe* das Buch eben durchgelesen. 私はこの本をたった今読み終えたところだ. ㋒《経験》Ich *habe* ihn nur einmal gesehen. 私は彼に 1 度だけ会ったことがある. ㋓《未来完了の代用》Morgen Abend *habe* ich die Arbeit beendet. (=Morgen Abend *werde* ich die Arbeit beendet *haben*.) あしたの夕方には私はこの仕事を終えているだろう.

②〔過去完了形で〕(メモ 過去のある時点よりも以前に起きた事柄を表す時に用いられる). Nachdem er gegessen *hatte*, ging er ins Kino. 彼は食事を済ませたあとで映画を見に行った.

◇☞ **gehabt**

メモ 場所の移動を表す自動詞 (gehen など), 状態の変化を表す自動詞 (werden など), および sein, bleiben などでは完了の助動詞に sein を用いる.

Ha·ben [ハーベン] 中 -s/《商》貸方. Soll und *Haben* 貸借.

Ha·be·nichts [ハーベ·ニヒツ há:bə-nɪçts] 男 -〔es〕/-e 持たざる者, 無産者, 一文無し.

Ha·ben≠sei·te [ハーベン·ザイテ] 女 -/-n《商·経》貸方.

Hab≠gier [ハーブ·ギーァ] 女 -/ 貪欲(どんよく), 欲張り, 強欲.

hab≠gie·rig [ハーブ·ギーリヒ] 形 貪欲(どんよく)な.

hab·haft [ハーブハふト] 形 ①〔成句的に〕人^{2} *habhaft* werden《雅》人^{2}を捕らえる / 物^{2} *habhaft* werden 物^{2}をやっと手に入れる. ②《方》(食物が)こってりした.

Ha·bicht [ハービヒト há:bɪçt] 男 -s/-e《鳥》オオタカ.

ha·bil. [ハビリタートゥス]《略》大学教授資格を持つ (=**habil**itatus).

Ha·bi·li·ta·ti·on [ハビリタツィオーン habilitatsió:n] 女 -/-en 大学教授資格の取得.

ha·bi·li·tie·ren [ハビリティーレン habilití:rən] **I** 他 (h) (人^{4}に)大学教授資格を与える. **II** 自 (h)·再帰 (h) *sich*^{4} *habilitieren* 大学教授の資格を得る.

Ha·bi·tus [ハービトゥス há:bitus] 男 -/ ① 風采(ふうさい), 風貌(ふうぼう);《比》(精神的·道徳的)態度. ②《医》体型, 体質; (病気の)外見的特性, 症候. ③《生》(動植物の)外的特徴.

die **Habs·burg** [ハープス·ブルク há:ps-burk] 女 -/〔定冠詞とともに〕ハープスブルク城 (スイス, アールガウ州にあるハープスブルク一族のかつての居城).

Habs·bur·ger [ハープス·ブルガァ há:ps-bur-

Habseligkeit

gər] 男 -s/- ハープスブルク家[の人] (13世紀よりドイツ王家．1483-1806年神聖ローマ帝国皇帝位，1918年オーストリア皇帝カール1世の退位によって消滅．die *Habsburger* ハープスブルク家[の人].

Hab·se·lig·keit [ハープ・ゼーリヒカイト] 女 -/-en 《ふつう 複》こまごました家財道具，がらくた．

Hab=sucht [ハープ・ズフト] 女 -/ 貪欲(<small>どんよく</small>) (＝Habgier).

hab·süch·tig [ハープ・ズュヒティヒ] 形 貪欲(<small>どんよく</small>)な (＝habgierig).

***habt** [ハープト há:pt] *haben (持っている)の2人称複数現在．*Habt* ihr Geld? 君たちはお金を持っているかい．(<small>ぜ</small> 完了の助動詞 ☞ haben III).

Hach·se [ハクセ háksə] 女 -/-n《料理》(子牛・豚などの)すね肉．《口語・戯》(人間の)足．

Hack=bra·ten [ハック・ブラーテン] 男 -s/-《料理》ミートローフ．

Hack=brett [ハック・ブレット] 中 -[e]s/-er ① [肉切り用の]まな板．②《音楽》ダルシマー，ツィンバロン(ばちで打ち鳴らす中世の打弦楽器).

Ha·cke¹ [ハッケ háka] 女 -/-n ① くわ(鍬)，つるはし，ホー(耕作・除草に用いる). ②《<small>スラブ</small>》斧(<small>おの</small>).

Ha·cke² [ハッケ] 女 -/-n《方》(人の)かかと (＝Ferse); (靴・靴下の)かかと. sich³ die *Hacken*⁴ **nach** 物³ ab|laufen 物³を得ようと駆けずり回る / die *Hacken*⁴ zusammen|schlagen 直立不動の姿勢をとる(←靴のかかとをかちっと合わせる).

***ha·cken** [ハッケン hákən] (hackte, *hat*...gehackt) I 他 (完了 haben) ①（花壇など⁴を）くわで耕す．den Boden *hacken* 土地を耕す．② (まきなど⁴を斧(<small>おの</small>)で)たたき割る；(肉・野菜など⁴を)細かく刻む．Holz⁴ *hacken* まきを割る / Zwiebeln⁴ *hacken* 玉ねぎを刻む．◇過去分詞の形で *gehacktes* Fleisch ひき肉．③（穴⁴をうがつ．ein Loch⁴ **ins** Eis *hacken* 氷に穴をあける．
II 自 (完了 haben) ① くわで耕す．**aufs** Klavier *hacken*《比》ピアノをがんがんたたく．②【**nach** 物³ ～】(鳥などが³をつつく，ついばむ．③《<small>スポ</small>・隠語》ラフプレーをする．

Ha·cken [ハッケン] 男 -s/- ＝Hacke².

Ha·cke=pe·ter [ハッケ・ペータァ] 男 -s/《北ドイツ》ミンチ[ミート]《料理》タルタルステーキ．

Ha·cker [ハッカァ hákər] 男 -s/- ①《<small>コンピュ</small>》ハッカー．②《<small>スポ</small>・隠語》ラフプレーヤー．

Hack=fleisch [ハック・ふらイシュ] 中 -[e]s/ ひき肉，ミンチ[ミート]．**aus** 人³ *Hackfleisch*⁴ machen《口語》人³をぶちのめす．

Hack=frucht [ハック・ふルフト] 女 -/..früchte《ふつう 複》《農》根菜 (元の意味は「くわ入れを必要とする農作物」).

Häck·sel [ヘクセる héksəl] 男 中 -s/《農》(飼料用の)切りわら．

Hack=steak [ハック・ステーク] 中 -s/-s ハンバーグステーキ．

hack·te [ハックテ] *hacken (くわで耕す)の過去．

Ha·der [ハーダァ há:dər] 男 -s/《雅》争い，不和，けんか；不満．

ha·dern [ハーダァン há:dərn] 自 (h)《雅》① 【**mit** 人³ ～】(人³と)言い争う，口論する．②【**mit** 事³ ～】(事³に)不満をいだく．

Ha·des [ハーデス há:dɛs] I -/《ギリ神》ハーデス (死者の国の神). II 男 -/ 死者の国，冥府(<small>めいふ</small>)，よみの国．

***der Ha·fen**¹ [ハーフェン há:fən] 男 (単2) -s/(複) Häfen [ヘーフェン] ① 港．(英 harbor). Flug*hafen* 空港 / der Hamburger *Hafen* ハンブルク港 / einen *Hafen* an|laufen 寄港する / aus dem *Hafen* aus|laufen 出港する / Das Schiff läuft **in** den *Hafen* ein. 船が入港する．
②《比》避難所，休息所．Wir sind **im** [sicheren] *Hafen*. われわれは安全だ(かくまわれている) / **in** den *Hafen* der Ehe² ein|laufen《戯》身を固める．[やっと結婚する]

Ha·fen² [ハーフェン] 男 -s/Häfen ①《南ドイツ・<small>スイス</small>・オーストリア》土鍋(<small>どなべ</small>)，つぼ．②《北ドイツ》大きなガラス容器．

Hä·fen [ヘーフェン] *Hafen¹ (港)の複．

Ha·fen=an·la·gen [ハーフェン・アンらーゲン] 複 港湾施設，埠頭(<small>ふとう</small>)．

Ha·fen=ar·bei·ter [ハーフェン・アルバイタァ] 男 -s/- 港湾労働者，沖仲仕．

Ha·fen=stadt [ハーフェン・シュタット] 女 -/..städte [..シュテーテ] 港町，港湾都市．

Ha·fer [ハーふァァ há:fər] 男 -s/-《植・農》オートムギ，からすムギ．Ihn sticht der *Hafer*.《口語》彼は得意になっている．

Ha·fer=brei [ハーふァァ・ブライ] 男 -[e]s/-e オートミール[のかゆ]．

Ha·fer=flo·cken [ハーふァァ・ふろッケン] 複 オート麦のフレーク．

Ha·fer=schleim [ハーふァァ・シュらイム] 男 -[e]s/-e (病人用の)オートミールのかゆ．

Haff [ハふ háf] 中 -[e]s/-s (または -e) (砂洲で外海から隔てられた)海岸湖，潟(<small>かた</small>)．

Haf·ner [ハーふナァ há:fnər] 男 -s/-《南ドイツ・<small>オーストリア・スイス</small>》陶工．

Haf·ni·um [ハーフニウム há:fnium または ハふ..] 中 -s/《化》ハフニウム(記号: Hf).

Haft [ハふト háft] 女 -/ 禁止；監禁；《法》拘留．人⁴ aus der *Haft* entlassen 人⁴を釈放する / 人⁴ in *Haft* nehmen 人⁴を拘留する．

..haft [..ハふト ..haft]《形容詞をつくる 接尾》①《...の性質の》例: krank*haft* 病的な．②《...のような》例: helden*haft* 英雄らしい．

haft·bar [ハふトバール] 形《成句的に》**für** 事⁴ *haftbar* sein《法》事⁴に対して責任がある / 人⁴ **für** 事⁴ *haftbar* machen《法》人⁴に事⁴の責任を負わせる．

Haft=be·fehl [ハふト・ベフェーる] 男 -[e]s/-e《法》拘留命令[書]，拘留状．

***haf·ten** [ハふテン háftən] du haftest, er haftet (haftete, *hat*...gehaftet) 自 (完了 haben) ① くっつく，付着する．(英 stick). Das Etikett *haftet* schlecht. このラベルはよくくっつかない. ② 『**an** (または **auf** または **in**) 物³ ~』(法)に)くっついている, 付着している.　An den Schuhen *haftet* Schmutz. 靴に泥がくっついている / im Gedächtnis *haften* 記憶にこびりついている. / 『**für** 人·事⁴ ~』(法)(して)**責任がある**, (事⁴を)**保証する**. für einen Schaden *haften* 損害を保証する / Eltern *haften* für ihre Kinder. 両親は子供の起こしたことに責任がある / Er *haftet* mir dafür, dass ... 彼は私に…ということを保証する.

(新形)

haf·ten blei·ben (…に)くっついて離れない; 《比》(人³の)記憶に焼きついて離れない.

haf·ten|blei·ben* 自 (s) (新形) haften bleiben) ☞ haften

haf·te·te [ハフテテ] *haften（くっつく）の 過去

Häft·ling [ヘフトリング héftlɪŋ] 男 -s/-e 被拘留者, 囚人.

Haft∙pflicht [ハフト·プフリヒト] 女 -/-en《法》賠償義務.

haft∙pflich·tig [ハフト·プフリヒティヒ] 形《法》賠償義務のある.

Haft∙pflicht∙ver·si·che·rung [ハフトプフリヒト·フェアズィッヒェルング] 女 -/-en《法》責任保険.

Haft∂scha·le [ハフト·シャーレ] 女 -/-n 《ふつう 複》コンタクトレンズ(=Kontaktlinse).

Haf·tung [ハフトゥング] 女 -/-en ①《複 なし》付着, 粘着. ②《ふつう 単》(損害を賠償する)責任. *Haftung*⁴ **für** 事⁴ übernehmen 事⁴に対して責任を負う / Dafür wird keine *Haftung* übernommen.《受動·現在》それについては責任は負いかねます.

Hag [ハーク há:k] 男 -[e]s/-e (ス↯: Häge)《詩》生け垣; 垣で囲んだ小さな森.

Ha·ge∂but·te [ハーゲ·ブッテ] 女 -/-n 野いばらの実.

Ha·ge∂dorn [ハーゲ·ドルン] 男 -[e]s/-e《植》サンザシ(=Weißdorn).

* *der* **Ha·gel** [ハーゲル há:gəl] 男《単 2》-s/ あられ(霰), ひょう(雹). (英 hail). Der *Hagel* zerstörte die Saat. ひょうが苗をだいなしにした / ein *Hagel* von Geschossen《比》雨あられと飛んで来る弾丸.

Ha·gel∂korn [ハーゲる·コルン] 中 -[e]s/..körner ① あられの粒. ②《医》(まぶたの)霰粒腫(さんりゅうしゅ), ものもらい.

ha·geln [ハーゲルン há:gəln] I 非人称 (h) ① Es *hagelt*. あられ(ひょう)が降る. ②『**es** *hagelt* 物⁴ の形で』《比》物⁴が雨あられのように降る. Es *hagelte* Vorwürfe. 雨あられのように非難が浴びせられた. II 自 (h)（爆弾などが）雨あられと降りかかる.

Ha·gel∂schau·er [ハーゲる·シャオアァ] 男 -s/- 降りひょう.

Ha·gel∂schlag [ハーゲる·シュらーク] 男 -[e]s/..schläge 激しい降りひょう.

Ha·gen¹ [ハーゲン há:gən] 中 -s/《都市名》ハーゲン（ドイツ, ノルトライン·ヴェストファーレン州; ☞ 地図 C-3).

Ha·gen² [ハーゲン] -s/《北欧神》ハーゲン（ニーベルンゲン伝説に登場する勇士）.

ha·ger [ハーゲァ há:gər] 形 やせて骨ばった, ひょろ長い. ein *hageres* Gesicht やせこけた顔.

Ha·ger·keit [ハーガァカイト] 女 -/ やせぎす, やせっぽち.

Ha·ge∂stolz [ハーゲ·シュトルツ] 男 -es/-e《古》いつまでも独身でいる[変わりものの]男性.

ha·ha! [ハハー hahá: または ハハ] 間（笑い声）: はっは.

Hä·her [ヘーアァ hé:ər] 男 -s/-《鳥》カケス.

∗ *der* **Hahn** [ハーン há:n] 男《単 2》-[e]s/《複》Hähne [ヘーネ] (3格のみ Hähnen) ① おんどり(雄鶏). (英 cock). (注)「めんどり」は Henne; 雌雄を区別なく言うときの「鶏」は Huhn). Die *Hähne* krähen. おんどりが鳴く / *Hahn* im Korb sein《口語》大勢の女性に男一人囲まれている, ちやほやされている（←かごの中のおんどり）/ Er stolziert umher wie ein *Hahn* [auf dem Mist]. 彼はふんぞり返って歩き回る（←堆肥の上のおんどりのように）/ Danach kräht kein *Hahn*.《口語》そんなことを気にかける者はいない. ②（おんどり形の）風見鶏(かざみどり). ③《複》 Hähne または 工·方: -en》(ガス·水道の)栓, コック. den *Hahn* auf|drehen (zu|drehen) (水道の)栓を開ける（締める）. ④（銃の）撃鉄. den *Hahn* spannen 撃鉄を引く. ⑤《複 -en》《狩》雄鳥.

Hähn·chen [ヘーンヒェン hé:nçən] 中 -s/- (Hahn の 縮小) 若鶏(わかどり);《料理》ブロイラー. gebratenes *Hähnchen* フライドチキン, ローストチキン.

Häh·ne [ヘーネ] ∗Hahn（おんどり）の 複

Hah·nen∂fuß [ハーネン·フース] 男 -es/-e《植》キンポウゲ[属の植物].

Hah·nen∂kamm [ハーネン·カム] 男 -[e]s/..kämme ① とさか(鶏冠). ②《植》ケイトウ.

Hah·nen∂schrei [ハーネン·シュライ] 男 -[e]s/-e（特に朝の）鶏の鳴き声.

Hah·nen∂tritt [ハーネン·トリット] 男 -[e]s/-e ①（卵黄の）胚盤. ②《複 なし》《織》千鳥格子[の模様]. ③（馬の）跛行(はこう)症.

Hai [ハイ hái] 男 -[e]s/-e《魚》サメ.

Hai∂fisch [ハイ·フィッシュ] 男 -[e]s/-e《魚》サメ (=Hai).

Hain [ハイン háin] 男 -[e]s/-e《詩》小さな森; 神苑, 鎮守の森.

Ha·i·ti [ハイーティ haí:ti] 中 -s/《国名》ハイチ[共和国]（首都はポルトープランス）.

Häk·chen [ヘークヒェン hε:kçən] 中 -s/- (Haken の 縮小) ① 小さな鉤(かぎ). ②《言》省略符, アポストローフ（記号: '）; 綴字記号（ð の上の ˇ など）.

Hä·ke·lei [ヘーケらイ hε:kəláɪ] 女 -/-en ① クロシェット編み. ②《口語》(ふざけ半分の)口げんか.

hä·keln [ヘーケるン hé:kəln] **I** 他 (h) 《物⁴を》鉤針(ポシ)で編む. **II** 自 (h) 鉤針(ポシ)編みをする. **III** 再帰 (h) 《sich⁴ mit 人³ ～》《方》《人³とふざけ半分のけんかをする.

Hä·kel·na·del [ヘーケる・ナーデる] 女 -/-n 《編み物用の》鉤針(ポシ).

ha·ken [ハーケン há:kən] **I** 他 (h) 《鉤》などに)引っかける《留める・つるす》. **II** 自 (h) ① 《鉤》などに)引っかかっている. ② 《アイスホッケーなどで》スティックで引っかける; 《サッカーで》トリッピングをする.

*der **Ha·ken** [ハーケン há:kən] 男 《単2》 -s/ 《複》- ① 鉤(ポシ), 掛けくぎ, ホック; 洋服掛け (=Kleider*haken*); 釣り針. 《英》hook). einen *Haken* in die Wand schlagen 掛けくぎを壁に打ち付ける / *Haken* und Öse 《服飾》フックと留め金 / den Mantel an (または auf) einen *Haken* hängen コートを洋服掛けに掛ける / mit *Haken* und Ösen 《口語》あらゆる手口で, 手段を選ばずに.
② 《口語》《思わぬ》障害, 難点. Die Sache hat einen *Haken*. そのことには一つ難点がある.
③ 鉤形(ポシ)の動き. einen *Haken* schlagen 《狩》《うさぎなどが逃げるときに》急に方向を変える.
④ 鉤状(ポジ)のチェック印. ⑤ 《ボクシングの》フック.

Ha·ken|kreuz [ハーケン・クロイツ] 中 -es/-e 鉤(ポシ)十字 《ナチスの記章: 卐》.

Ha·ken|na·se [ハーケン・ナーゼ] 女 -/-n 鉤鼻(ガショ).

Ha·la·li [ハらリー halalí:] 中 -s/-[s] 《狩》《獲物をしとめた時の》歓声; 《狩りの》終了の合図の角笛.

* **halb** [ハるブ hálp]

> 半分の Das Fenster ist *halb* offen.
> ダス フェンスタァ イスト ハるブ オッふェン
> その窓は半開きになっている.

形 《英》*half*) ① 半分の, 2分の1の. ein *halbes* Dutzend 半ダース / ein *halbes* Jahr 半年 / ein *halber* Meter 半(0.5)メートル / eine *halbe* Stunde 半時間, 30分 / alle *halbe* Stunde 30分ごとに / drei und eine *halbe* Stunde 3時間半 / auf *halbem* Wege 中途で / ein Kleid mit *halbem* Arm 半袖(ネネ)のワンピース / zum *halben* Preis 半値で / *halbe* Note 《音楽》2分音符 / *halber* Ton 《音楽》半音 / *halb*..., *halb* ～ 半分は…, 半分は～ ⇨ *halb* weinend, *halb* lachend 半ば泣き, 半ば笑いながら / [mit 人³] *halb* und *halb* (または *halbe-halbe*) machen 《口語》《人³と》もうけを半分に分ける《損を半々にかぶる》. ◇《無語尾で》*Halb* Europa war besetzt.《状態を示す副詞の過去》ヨーロッパの半分が占領されていた.《必 中性の地名の前では冠詞なして無語尾》.
② 《時刻》…半, 30分. Es ist *halb* fünf. 4時半です《←5時に向かって半分》/ Es ist fünf nach (vor) *halb* fünf. 4時35分《4時25分》です.
③ 不十分な, 不完全な, 中途半端な; 部分的な, 弱められた. eine *halbe* Maßnahme 不十分な処置 / Er hat nur eine *halbe* Arbeit getan. 彼は中途半端な仕事をした / Das ist nur die *halbe* Wahrheit. それは幾分かの真実にすぎない / mit *halber* Geschwindigkeit 減速して / Er spricht mit *halber* Stimme. 彼は声を抑えて話す / nur mit *halbem* Ohr zu|hören 《人の言うことを》生半可にしか聞いていない / Das ist *halb* so schlimm. それはそれほど悪くない / Das Fleisch ist noch *halb* roh. その肉はまだ半生(ポショ)だ. ◇《名詞的に》nichts *Halbes* und nichts Ganzes sein どっちつかずである.
④ 大半の, 大部分の, かなりの. Er ist ja noch ein *halbes* Kind. 彼はまだほとんど子供だよ / Die *halbe* Stadt weiß es. 町の大半の人がそれを知っている / eine *halbe* Ewigkeit 《口語》非常に長い間《←ほとんど永遠に》/ sich⁴ *halb* tot|lachen 死ぬほど笑う / *halb* und *halb* 《口語》まあまあ, だいたい.

新형

halb fer·tig 半ば完成した, できかけの, 半製品の.

halb gar 生煮えの, 生焼けの.

halb leer 途中まで空になった.

halb links 《サッカーで:》レフトインナー《左ハーフ》で.

halb nackt 半裸で.

halb of·fen ① 半ば開いた, 半開きの《花・ドアなど》. ② 全日《フルタイム》でない《看護など》.

halb rechts 《サッカーで:》ライトインナー《右ハーフ》で.

halb tot 半死半生の, 死にかけた. Er war schon *halb tot*. 彼はもう死んだも同然だった.

halb voll 半分ほど入れた《グラスなど》, 半盛りの《皿など》.

halb=amt·lich [ハるブ・アムトりヒ] 形 半ば公式の《報道など》; 半官半民の《新聞など》.

Halb=blut [ハるブ・ブるート] 中 -[e]s/ 《動植物の》混血種; 混血の人, ハーフ《=Mischling》.

Halb=bru·der [ハるブ・ブルーダァ] 男 -s/..brü·der 異父《異母》兄弟.

Halb=dun·kel [ハるブ・ドゥンケる] 中 -s/ 薄暗がり, 薄明.

Halb=edel·stein [ハるブ・エーデるシュタイン] 男 -[e]s/-e 《古》準宝石.

hal·be-hal·be [ハるベ・ハるべ] 副 《成句的に》 [mit 人³] *halbe-halbe* machen 《口語》《人³と》もうけを半分に分ける《損を半々にかぶる》.

..hal·ben [..ハるベン ..hálbən] 《副詞をつくる接尾》《古》《…のために》例: meinet*halben* 私のために, 私としては.

Hal·be[r] [ハるバァ hálbər] 男 女 中 《語尾変化は形容詞と同じ》《口語》《ビールなどの》半リットル.

hal·ber [ハるバァ] 前 《2格とともに; 名詞のあとに置かれる》《雅》…のために. Geschäfte *halber* 仕事のために / der Ordnung *halber* 秩序のため

めに.

..hal・ber [..ハるバァ ..halbər] 《副詞をつくる接尾》(…のために) 例: krankheits*halber* 病気のために / sicherheits*halber* 安全のために, 念のために.

Halb=fab・ri・kat [ハるプ・ファブリカート] 中 -[e]s/-e 《経》半[加工]製品.

halb=fer・tig 形 (新形 halb fertig) ☞ halb

Halb=fi・na・le [ハるプ・フィナーれ] 中 -s/- 《スポ》準決勝[戦], セミファイナル.

halb=gar 形 (新形 halb gar) ☞ halb

Halb=gott [ハるプ・ゴット] 男 -es/..götter 《神》(古代神話の)半神半人; (皮肉っぽく)お偉方. *Halbgötter* in Weiß 《口語》病院のお偉方たち, 医長たち(←白衣のお偉方たち).

Halb=heit [ハるプハイト] 女 -/-en 中途半端[な行為・処置].

hal・bie・ren [ハるビーレン halbí:rən] 他 (h) 2 等分する, 半分にする, 折半する.

* *die* **Halb=in・sel** [ハるプ・インぜる hálpɪnzəl] 女 (単)/-n (複)-n 半島. (英 peninsula). die Iberische *Halbinsel* イベリア半島.

Halb=jahr [ハるプ・ヤール] 中 -[e]s/-e 半年, 6 か月. im ersten *Halbjahr* 2000 (=zweitausend) 2000 年の前半に.

halb=jäh・rig [ハるプ・イェーリヒ] 形 《付加語としてのみ》生後 6 か月の; 半年[間]の.

halb=jähr・lich [ハるプ・イェーァリヒ] 形 半年ごとの.

Halb=kreis [ハるプ・クライス] 男 -es/-e 半円. im *Halbkreis* um 人⁴ herum|stehen 人⁴を半円形に囲んで立つ.

halb=kreis=för・mig [ハるプクライス・フェるミヒ] 形 半円形の.

Halb=ku・gel [ハるプ・クーゲる] 女 -/-n 半球. die nördliche (südliche) *Halbkugel* 北半球(南半球).

halb=lang [ハるプ・らング] 形 半分(中くらい)の長さの. ein *halblanger* Ärmel 半袖(㍿) / [Nun] mach [aber] mal *halblang*! 《口語》そんなにいばるな, 大口をたたくな.

halb=laut [ハるプ・らオト] 形 小声の.

Halb=le・der [ハるプ・れーダァ] 中 -s/ 《書籍》(本の)背革とじ.

halb=leer 形 (新形 halb leer) ☞ halb

Halb=lei・nen [ハるプ・らイネン] 中 -s/ ① 混紡麻布. ② 《書籍》(本の)背クロスとじ.

Halb=lei・ter [ハるプ・らイタァ] 男 -s/- 《電》半導体.

halb=links 副 (新形 halb links) ☞ halb

halb=mast [ハるプ・マスト] 副 マストの中ほどに. die Flagge⁴ auf *halbmast* setzen または *halbmast* flaggen 半旗を掲げる.

Halb=mes・ser [ハるプ・メッサァ] 男 -s/- 《数》半径(記号: r, R) (=Radius).

Halb=mond [ハるプ・モーント] 男 -[e]s/-e ① 《複なし》《天》半月. ② 半月形のもの.

halb=nackt 形 (新形 halb nackt) ☞ halb

halb=of・fen 形 (新形 halb offen) ☞ halb

halb=part [ハるプ・パルト] 副 《成句的に》mit 人³ *halbpart* machen 《口語》人³と山分けする, 折半する.

Halb=pen・si・on [ハるプ・パンズィオーン] 女 -/ 《ふつう冠詞なし》2 食付き宿泊 (朝食と昼食または夕食付きの宿泊). (☞ 「3 食付き宿泊」は Vollpension).

halb=rechts 副 (新形 halb rechts) ☞ halb

halb=rund [ハるプ・るント] 形 半円[形]の.

Halb=schat・ten [ハるプ・シャッテン] 男 -s/- 《天・光》半影; 薄暗がり.

Halb=schlaf [ハるプ・シュらーふ] 男 -[e]s/ 浅い眠り, 仮眠, まどろみ. im *Halbschlaf* 事⁴ hören うとうとしながら事⁴を聞く.

Halb=schuh [ハるプ・シュー] 男 -[e]s/-e 短靴. (☞ Schuh 図).

Halb=schwer=ge・wicht [ハるプシュヴェァ・ゲヴィヒト] 中 -[e]s/-e ① 《複なし》(ボクシングなどの)ライトヘビー級. ② ライトヘビー級の選手.

Halb=schwes・ter [ハるプ・シュヴェスタァ] 女 -/-n 異父(異母)姉妹.

halb=sei・tig [ハるプ・ザイティヒ] 形 ① 半ページの(記事など). ② 片側だけの(頭痛・麻痺(㍿)など). Er ist *halbseitig* gelähmt. 彼は半身不随だ.

Halb=star・ke[r] [ハるプ・シュタルケ(..カァ)] 男 《語尾変化は形容詞と同じ》《口語》ちんぴら, 非行少年, つっぱり.

halb=stün・dig [ハるプ・シュテュンディヒ] 形 《付加語としてのみ》半時間(30 分)の.

halb=stünd・lich [ハるプ・シュテュントりヒ] 形 半時間(30 分)ごとの.

halb=tä・gig [ハるプ・テーギヒ] 形 《付加語としてのみ》半日[間]の.

halb=tags [ハるプ・タークス] 副 半日[間].

Halb・tags=ar・beit [ハるプタークス・アルバイト] 女 -/-en 半日勤務の仕事, パートタイム.

Halb=ton [ハるプ・トーン] 男 -[e]s/..töne ① 《音楽》半音. ② 《美》中間色調, ハーフトーン.

halb=tot 形 (新形 halb tot) ☞ halb

halb=tro・cken [ハるプ・トロッケン] 形 やや辛口の(ワイン).

halb=voll 形 (新形 halb voll) ☞ halb

Halb=wai・se [ハるプ・ヴァイゼ] 女 -/-n 片親を失った子.

halb=wegs [ハるプ・ヴェークス] 副 ① ある程度, 幾分, まあまあ. ② 中途で.

Halb=welt [ハるプ・ヴェるト] 女 -/ 怪しげな社交界, 花町, 花柳界.

Halb=werts=zeit [ハるプヴェーァツ・ツァイト] 女 -/-en 《物》(放射性元素の)半減期.

halb=wüch・sig [ハるプ・ヴュークスィヒ] 形 未成年の, 未成熟の.

Halb=wüch・si・ge[r] [ハるプ・ヴュークスィゲ(..ガァ)] 男 女 《語尾変化は形容詞と同じ》未成年者.

Halb=zeit [ハるプ・ツァイト] 女 -/-en 《スポ》試合の前半(後半), ハーフタイム; ハーフタイムの休憩.

Hal·de [ハルデ háldə] 女 -/-n ① 《雅》(山・丘の)斜面、スロープ、山腹. ② 〔坑〕貯炭量; ぼた山;《比》大量の備蓄. **auf Halde liegen** 出荷態勢にある、(大量に)在庫している.

half [ハルフ] ‡**helfen** (助ける)の過去

häl·fe [ヘルフェ] ‡**helfen** (助ける)の 接2 (旧)

die **Hälf·te** [ヘルフテ hélftə] 女 (単) -/(複) -n ① 半分、2分の1、半ば. (英 half). die erste (zweite) *Hälfte* des Jahres 年の前半(後半) / die obere (untere) *Hälfte* 上半分(下半分) / die größere (kleinere) *Hälfte*《口語》(二つに割った)大きい方(小さい方) / Die *Hälfte* der Schüler ist krank. 生徒の半数は病気だ / einen Apfel **in** zwei *Hälften* zerschneiden りんごを二つに切る / in der gegnerischen *Hälfte* (スポ) 敵陣内で / **zur** *Hälfte* 半分ずつ / meine bessere *Hälfte*《口語・戯》ベターハーフ、うちの女房(まれに: 亭主).
② (スポ)(コートの)半分、サイド.

Half·ter [ハルフタァ hálftər] 男 中 -s/- 〔古:女 -/-n〕(馬などの)端綱(はづな).

Hall [ハル hál] 男 -[e]s/-e《ふつう単》① 《雅》(しだいに小さくなっていく)音、響き (=Schall). ② 反響、こだま.

die **Hal·le**¹ [ハレ hálə] 女 (単) -/(複) -n ① ホール、大広間、会堂; 会館. (英 hall). Tennis **in** *Halle* 室内テニス.
② (ホテルなどの)ロビー、ラウンジ、控え室. Bitte warten Sie in der *Halle*! どうぞロビーでお待ちください.

⟨合⟩ ..**halle** のいろいろ: Bahnhofs*halle* 駅のホール / Eingangs*halle* 玄関ホール / Fest*halle* 宴会場 / Hotel*halle* ホテルのロビー / Markt*halle*(ホール型の)屋内市場 / Sport*halle*, Turn*halle* 体育館 / Vor*halle* 玄関ホール

Hal·le² [ハレ] 中 -s/《都市名》ハレ(ドイツ、ザクセン・アンハルト州. ☞ 地図 E-3).

hal·le·lu·ja! [ハレルーヤ haleluːja] 間 (聖歌などで:)ハレルヤ(「主をたたえよ」の意味. 祈りや聖歌などで喜びの表現として用いる).

Hal·le·lu·ja [ハレルーヤ] 中 -s/-s ハレルヤ聖歌.

hal·len [ハレン hálən] 自 (h) (声などが)響きわたる; (足音・部屋などが)反響する.

Hal·len·bad [ハレン・バート] 中 -[e]s/..bäder 室内(屋内)プール

Hal·len·sport [ハレン・シュポルト] 男 -[e]s/- 室内スポーツ(競技).

Hal·lig [ハリヒ hálɪç] 女 -/-en 北海沿岸の小島(堤防がなく平たんなために高潮に没することがある). die *Halligen* ハリゲン諸島(北海沿岸の群島).

hal·lo! [ハロ hálo] 間 ①《呼びかけで:》もしもし、ちょっとそこの人;《電話で:》もしもし(特に声がとだえたときなどに). *Hallo*, wer ist am Apparat? (電話で:)もしもし、どちら様ですか. ② [ハローｰ] (うれしい驚きを表して:)やあ、まあ. *Hallo*, da seid ihr ja! やあ、君たちここにいたのか. ③ [ハロ] (若者言葉で:あいさつで:)《口語》やあ. *Hallo*, Leute! やあ、みんな.

Hal·lo [ハロー または ハロ] 中 -s/-s ① おおっという声、喜びのざわめき. ②《男も》《方》大騒ぎ. Es gab ein großes *Hallo*. 大騒ぎになった.

Hal·lu·zi·na·ti·on [ハルツィナツィオーン halutsinatsióːn] 女 -/-en 〔心〕幻覚. optische (akustische) *Halluzinationen* 幻視(幻聴).

der **Halm** [ハルム hálm] 男 -[e]s/-e (3格のみ -en) (草・麦などの)茎. (英 stem). Stroh*halm* 麦わら、ストロー / das Getreide⁴ **auf dem** *Halm* **kaufen** 穀物を収穫前に買う / Das Getreide steht gut auf dem *Halm*. 穀物の作柄が良い.

Hal·ma [ハルマ hálma] 中 -s/- ハルマ(2人または4人でする盤上ゲームの一種).

Ha·lo·gen [ハロゲーン halogéːn] 中 -s/-e 〔化〕ハロゲン[族元素].

Ha·lo·gen·schein·wer·fer [ハロゲーン・シャインヴェルファァ] 男 -s/- 《自動車》(自動車の)ハロゲン前照灯.

der **Hals** [ハルス háls]

> 首 Sie hat einen schlanken *Hals*.
> ズィー ハット アイネン シュランケン ハルス
> 彼女はほっそりとした首をしている.

男 (単2) -es/(複) Hälse [ヘルゼ] (3格のみ Hälsen) ① 首, 首すじ;〔医〕頚部(ﾄﾞ). (英 neck). (☞ Körper 図). ein kurzer (langer) *Hals* 短い(長い)首 / ein gedrungener *Hals* ずんぐりした首 / *Hals*- und Beinbruch!《口語》(激励の言葉として:)がんばれ / *Hals* **über** Kopf《口語》大あわてで(大急ぎで).

◆《動詞の目的語として》人³ den *Hals* **ab**|**schneiden** (**brechen**, **um**|**drehen**)《口語》a) 人³の首をはねる(折る、絞める), b)《比》人³を破滅させる / Es kostet ihm den *Hals*. それは彼の命取りになりかねない / einen langen *Hals* **machen**《口語》(よく見ようと)首を伸ばす / sich³ nach 人・物³ den *Hals* **verrenken**《口語》かたずをのんで 人・物³を見守る.

◆《前置詞とともに》sich⁴ 人³ **an den** *Hals* **werfen**《口語》a) 人³の首に抱きつく, b) 人³にしつこく言い寄る / **bis an den** *Hals* (または **bis zum** *Hals*) **im** Wasser stehen 首まで水につかっている / Das Wasser reicht (または steht) ihm bis an den *Hals*.《比》彼は破滅寸前だ / 人・物⁴ **am** (または **auf dem**) *Hals* **haben**《口語・比》人・物⁴にわずらわされている / 人・物⁴ **auf den** *Hals* **laden**《口語・比》人・物⁴を背負い込んでしまう / Ich stecke bis **über den** *Hals* **in** Schulden.《口語・比》私は首まで借金につかっている / sich⁴ 人³ **an den** *Hals* **fallen**人³の首に抱きつく / sich⁴ **um den** *Hals* **reden**《口語・比》うっかり口をすべらせて身の破滅を招く / 人³ **mit** 事³ **vom** *Hals* **bleiben**《口語》人³に 事³をわずらわせない / sich³ 人・物⁴ **vom** *Hals*[e] **schaffen**《口語》人・物⁴をやっかい払いする.

② のど. (英 throat). ein entzündeter *Hals* 炎症を起こしたのど / ein trockener *Hals* からののど / Mein *Hals* tut weh. 私はのどが痛い / Er kann den *Hals* nicht voll genug kriegen. 《口語》彼はいくらもうっても満足しない / **aus** vollem *Hals*[e] 大声で / Die Gräte bleibt mir **im** *Hals* stecken. 私ののどに魚の小骨がひっかかっている / Ich habe es im *Hals*. 《口語》私ものどが痛い / 車[4]の in der falschen *Hals* bekommen 《口語》車[4]を曲解して慎慨する / Es hängt (または wächst) mir **zum** *Hals*[e] heraus. 《口語》もうたくさんだ(うんざりだ). ③ (首状のもの:)びんの首, (弦楽器などの)頚部 ("ヘッド"). einer Flasche[3] den *Hals* brechen (酒の)びんを開ける. ④ 《狩》(犬の)ほえ声. *Hals*[4] geben (犬が)ほえたてる.

Hals≠ab·schnei·der [ハルス・アップシュナイダァ] 男 -s/- 《口語》高利貸し, 暴利をむさぼる人.

Hals≠**band** [ハルス・バント] 中 -[e]s/..bänder ① (特に犬の)首輪. ② ネックバンド, 首飾り.

hals≠bre·che·risch [ハルス・ブレッヒェリッシュ] 形 命がけの, 危険極まりない.

Häl·se [ヘルゼ] ‡*Hals* (首)の 複.

Hals≠**ent·zün·dung** [ハルス・エントツュンドゥング] 女 -en 《医》咽喉(いんこう)炎.

Hals≠**ket·te** [ハルス・ケッテ] 女 -/-n ネックレス.

Hals≠**krau·se** [ハルス・クラオゼ] 女 -/-n ひだのある襟飾り, ひだ襟.

Hals-Na·sen-Oh·ren-Arzt [ハルス・ナーゼン・オーレン・アールツト] 男 -es/..ärzte 耳鼻咽喉(いびいんこう)科医(略: HNO-Arzt).

Hals≠**schlag·ader** [ハルスシュラーク・アーダァ] 女 -/-n 《医》頚(けい)動脈.

Hals≠**schmerz** [ハルス・シュメルツ] 男 -es/-en 《ふつう 複》のどの痛み. Ich habe starke *Halsschmerzen*. 私はのどがひどく痛い.

hals≠star·rig [ハルス・シュタリヒ] 形 頑固な, 強情な.

Hals≠**tuch** [ハルス・トゥーフ] 中 -[e]s/..tücher スカーフ, ネッカチーフ, ネックスカフ.

Hals≠**weh** [ハルス・ヴェー] 中 -[e]s/ 《口語》のどの痛み (= Halsschmerzen).

Hals≠**wir·bel** [ハルス・ヴィルベル] 男 -s/- 《医》頚椎(けいつい).

halt[1] [ハルト hált] I ‡halten (しっかり持っている) の du に対する 命令 II 間 止まれ, やめろ, ストップ. *Halt*! Von rechts kommt ein Auto. ストップ! 右から車が来るよ / *Halt* [mal], das stimmt nicht. 《口語》待ってくれ, それは違うよ.

halt[2] [ハルト] 副 《南ドィッ・オーストリア・スイス》(あきらめを表して:)なんといっても, とにかく[…なのだからしかたがない]. Das ist *halt* so. とにかくそういうことさ.

* der **Halt** [ハルト hált] 男 (単2) -[e]s/(複) -e (3格のみ -en) または (複) -s ① 《複 なし》支え, よりどころ, 手(足)がかり. 《英 support》. einen *Halt* finden 手がかりを見つける / den *Halt* verlieren 足がかり(安定)を失う / Er suchte *Halt* an der Felswand. 彼は岩壁に足がかり を探した / Sie hat an ihm einen *Halt*. 《比》彼女は彼を頼りにしている. ② 停止, 休止, 停車. Der Zug fährt **ohne** *Halt* durch. その列車は止まらずに通過する / *Halt* (または halt) rufen と叫ぶ / 人・事[3] *Halt*[4] gebieten 《雅》人・事[3]の進行を食い止める. ③ 《スキ》面積. 新形

Halt ma·chen 休憩する; [立ち]止まる. **vor** 人・物[3] *Halt machen* 人・物[3]を容赦しない / **vor** nichts *Halt machen* 何事にもひるまない.

hält [ヘルト] ‡halten (しっかり持っている)の 3 人称単数 現在.

halt·bar [ハルトバール] 形 ① もちのよい(食べ物), 長く使える, 丈夫な(品など). *haltbare* Lebensmittel もちのよい(腐りにくい)食料品 / *haltbare* Tuche 丈夫な布. ② 支持できる, 根拠のしっかりした(主張・理論など). 《スイス》ふつう否定詞とともに用いられる). Diese Behauptung ist nicht *haltbar*. この主張には根拠がない. ③ 《スキ》止められる(シュートなど); 《軍》(攻撃に)耐えうる.

Halt·bar·keit [ハルトバールカイト] 女 -/ 長持ちすること, 耐久性, 持続性.

Halt·bar·keits≠da·tum [ハルトバールカイツ・ダートゥム] 中 -s/..daten (食品の)賞味期限.

* **hal·ten*** [ハルテン háltən]

(しっかり)持っている

Keine Angst, ich *halte* die Leiter.
カイネ アングスト イヒ ハルテ ディ ライタァ
心配するな, ぼくがはしごを支えているから.

(乗り物が)止まる

Hält dieser Zug in Hameln?
ヘルト ディーザァ ツーク イン ハーメルン
この列車はハーメルンに止まりますか.

人称	単	複
1	ich halte	wir halten
2	du hältst / Sie halten	ihr haltet / Sie halten
3	er hält	sie halten

(hielt, hat...gehalten) I 他 《完了 haben》① (しっかり)持っている, つかんでいる; 支えている. 《英 hold》. eine Stange[4] *halten* 棒を持っている / Ich *halte* dir die Tasche. 君のバッグを持っていてあげるよ / Er *hielt* ihr den Mantel. 彼は彼女にコートを着せかけてやった / *Haltet* den Dieb! その泥棒をつかまえろ / Das Regal *wird* von zwei Haken *gehalten*. 《受動・現在》その棚は 2 本の鉤(かぎ)で固定されている / ein Kind[4] **an** (または **bei**) der Hand *halten* 子供の手を取っている / Die Mutter *hält* das Baby **im** Arm. 母親は赤ちゃんを腕に抱いている / 物[4] **mit** der Zange fest *halten* 物[4]をペンチでしっかりはさんでいる.

② 保つ, 守る, 保持する, 維持する. Die Soldaten *halten* die Stellung. 《軍》兵隊たちが陣地を守っている / den Rekord *halten* 記録を保持している / Er *hat* sein Versprechen (または sein Wort) *gehalten*. 彼は約束を守った / Freundschaft⁴ mit 人³ *halten* 人³との親交を保つ / Ordnung⁴ *halten* 秩序を保つ / den Kurs *halten* コースを保つ / das Tempo⁴ *halten* テンポを崩さない / mit 人³ Schritt⁴ *halten* 人³と歩調を合わせる / mit 物³ Haus *halten* 物³(お金・時間など)を倹約する.
③ 〖人・物⁴を…に〗しておく, 保つ. Sie *hält* das Essen warm. 彼女は料理を冷めないようにしている / die Wagentür⁴ offen *halten* 車のドアを開けたままにしておく / das Zimmer⁴ sauber *halten* 部屋をきれいにしておく / Hunde⁴ bitte **an der Leine halten**!（公園などの掲示:）犬は引き綱につないでください / 物⁴ in Ordnung *halten* 物⁴をきちんとしておく / die Kinder⁴ von dem Kranken fern *halten* 子供たちを病人から遠ざけておく / 事⁴ **vor** 人³ geheim *halten* 事⁴を人³に秘密にしておく.
④ (会議などを)行う, 催す;（スピーチなどを)す る. einen Gottesdienst *halten* ミサ(礼拝)を行う / eine Rede⁴ *halten* 演説をする / Wann *wollt* ihr Hochzeit *halten*? 君たちはいつ結婚式をあげるつもりなの / Wache⁴ *halten* 見張りをする.
⑤ 引き止める, 抑える;〖ﾆｭｰ〗（シュート⁴を)止める, セーブする;（水など⁴を)漏らさない. Ich *halte* Sie nicht. あなたを引き止めはしません.
⑥ 〖成句的に〗人・物⁴ **für** … *halten* 人・物⁴を…と見なす, 思う. Er *hält* dich für seinen Freund. 彼は君のことを友達だと思っている / Ich *halte* es für gefährlich. それは危険だと思う.（✍ …は４格の名詞や形容詞がくる.）
⑦ 〖方向を表す語句とともに〗人・物⁴を…へ動かしてそのままにしておく, かざす, 当てがう. die Hand⁴ **an** den Ofen *halten* 手をストーブにかざす / das Negativ⁴ **gegen** das Licht *halten* ネガを光にかざす / 物⁴ **in** die Höhe *halten* 物⁴を高く掲げる / die Hand⁴ **vor** den Mund *halten* 手を口に当てる / den Arm ausgestreckt *halten* 腕をまっすぐに伸ばしている.
⑧ (犬など⁴を)飼っている;（使用人など⁴を)雇っている;（新聞などを)取っている. Ich *halte* [mir] Katzen. 私は猫を飼っている / Er *hält* mehrere Zeitungen. 彼はいくつも新聞を取っている.
⑨ 〖人・物⁴を…に〗扱う. Er *hält* seine Kinder sehr streng. 彼は子供たちをたいへん厳しくしつける.
⑩ 〖**viel⁴, nichts⁴** などとともに; **von** 人・物³ ~〗（人・物³を…に)評価する. Von ihm *halte* ich nicht viel. 彼のことを私はあまり買っていない / Was *halten* Sie von diesem Plan? この計画をどう思いますか.
⑪ 〖**es** を目的語として成句的に〗**es⁴ mit** 人・事³ *halten* a) 人・事³に味方する, 人・事³が好きである, b) 人・事³に対して…の態度をとる. Er *hält* es immer mit seinem Vater. 彼はいつも父親の肩を持つ / Wie *hältst* du es mit der Religion? 君は宗教についてどう思う?
II 自 《完了》 haben) ① （乗り物などが)止まる, 停車する.（⯎ stop). Der Bus *hält* hier nicht. そのバスはここに止まらない / Der Wagen *hielt* vor dem Haus. 車はその家の前に止まった.
② (食物・天気などが)もつ, 長持ち(持続)する; しっかりしている. Die Rosen *halten* sicher noch zwei Tage. このばらはきっとあと二日はもちます.
③ 〖成句的に〗**an** sich⁴ *halten* 自分の感情を抑える, 自制する. Sie *konnte* vor Wut nicht mehr an sich *halten*. 彼女は怒りのあまりもはや自分の感情を抑えることができなかった.
④ 〖**auf** 物⁴ ~〗（事⁴を)重んじる, 気にかける. sehr auf Ordnung *halten* 秩序を非常に重視する / Sie *hält* auf sich. 彼女は体面を重んじる. ⑤ 〖**zu** 人³ ~〗（人³に)味方する. Ich *halte* zu dir. ぼくは君の味方だよ.
III 再帰 《完了》 haben) *sich⁴ halten* ① 持ちこたえる;（食物・天気などが)もつ. Du *hast* dich in der Prüfung gut *gehalten*. 君は試験でよくがんばったね / Die Milch *hält* sich bis morgen. この牛乳はあすまでもちます. ② （…の)姿勢をしている;（…の状態に)自分を保つ. Er *hält* sich aufrecht. 彼は背筋を伸ばしている / *sich⁴* ruhig *halten* じっと落ち着いている. ③ 体を支える. Ich *konnte* mich nicht mehr *halten* und fiel. 私はもうバランスを保てなくなって倒れた. ④ 〖方向を表す語句とともに〗（…に)進み続ける. *Halten* Sie *sich* immer **nach** Norden! ずっと北へ向かって進みなさい. ⑤ 〖場所を表す語句とともに〗（…の)位置にいる. Er *hielt sich* immer an ihrer Seite. 彼はいつも彼女のそばにいた. ⑥ 〖*sich⁴* **an** 事⁴ ~〗（事⁴を)守る, 尊重する;（事⁴に)依拠する. Man *muss sich* an die Spielregeln *halten*. 試合のルールを守らないといけない. ⑦ 〖*sich⁴* **an** 人³ ~〗（人³に)頼る. In diesem Punkt *halte* ich *mich* an ihn. この点については私は彼を頼りにしている.
◇ ☞ **gehalten**

Hal·te·₌punkt [ハルテ・プンクト] 男 -[e]s/- 〔臨時〕停車場.

Hal·ter [ハルタァ háltər] 男 -s/- ① 留め具; 取っ手, グリップ, ハンドル. ② 《口語》万年筆 (=Füllfeder*halter*);（ストッキングの)ガーター (=Strumpf*halter*); ブラジャー (=Büsten*halter*). ③ 乗り物の持ち主 (=Fahrzeug*halter*); 動物の飼い主 (=Tier*halter*). ④ 〖ﾆｭｰ〗牛飼い.

Hal·te·rung [ハルテルング] 女 -/-en 取り付け具, 留め具.

Hal·te·sig·nal [ハルテ・ズィグナール] 中 -s/- 停止信号.

die **Hal·te·stel·le** [ハルテ・シュテレ hálta-ʃtɛlə] 女 (単) -/(複) -n （バス・市街電車

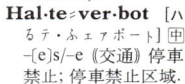

Hal·te·ver·bot [ハルテ・フェアボート] 中 -[e]s/-e《交通》停車禁止;停車禁止区域.

..hal·tig [..ハルティヒ ..haltɪç]《形容詞をつくる接尾》(…を含んだ)例: alkoholhaltig アルコールを含んだ.

halt·los [ハルト・ロース] 形 ① (精神的に)不安定な,ふらふらした. ② 根拠のない(主張・うわさなど).

Halt·lo·sig·keit [ハルト・ローズィヒカイト] 女 -/ ① (精神的な)不安定,無定見,移り気. ② 根拠のないこと,事実無根.

halt|ma·chen 自 (h) (新形 Halt machen) ☞ Halt 人称単数 現在

hältst [ヘルツト] *halten (しっかり持っている)の2人称単数 現在

*die **Hal·tung** [ハルトゥング háltʊŋ] 女 (単) -/(複) -en ① 《ふつう 単》姿勢,ポーズ.（英 posture）. eine aufrechte *Haltung*⁴ haben 姿勢がしゃんとしている / *Haltung*⁴ an|nehmen《軍》直立不動の姿勢をとる / in gebückter *Haltung* 身をかがめて. ② 《ふつう 単》(精神的な)態度,姿勢,心構え,考え方,(思想的な)立場.《英 attitude》. eine politische *Haltung* 政治姿勢 / eine progressive (konservative) *Haltung* 進歩的な(保守的な)態度 / eine ablehnende *Haltung*⁴ in (または zu) einer Frage ein|nehmen ある問題に対して拒否的な態度をとる. ③ 《複 なし》落ち着き,平静;自制. die *Haltung*⁴ verlieren 平静を失う. ④ (家畜の)飼育.

――――――――――――――――

類語 die **Haltung**:（内面的な心構えとしての)態度. das **Verhalten**:（周囲に対する反応としての)態度. (Haltungより能動的な意味を持つ). vorbildliches *Verhalten* 模範的な態度. die **Einstellung**:（考え方を示す意味での知的態度). Man bekommt mit der Zeit eine andere *Einstellung*. 時代とともに人の態度(考え方)も変わるものだ.

――――――――――――――――

Ha·lun·ke [ハルンケ halúŋkə] 男 -n/-n ならず者;《戯》いたずら小僧.

Ham·burg [ハン・ブルク hám-burk] 中 -s/《地名·都市名》ハンブルク(ドイツ16州の一つ,およびその州都.エルベ川下流の河港都市.旧ハンザ同盟の中心地.ドイツ最大の貿易港. ☞ 地図 E-2).

Ham·bur·ger¹ [ハン・ブルガァ hám-burgər] I 男 -s/- ハンブルクの市民(出身者). II 形 《無語尾で》ハンブルクの.

Ham·bur·ger² [ハンバーガァ hǽmbaːrgər またはハンブルガァ hámburgər] [英] 男 -s/- (英語式発音のとき): -s《料理》① ハンバーグ[ステーキ]. ② ハンバーガー.

Ha·meln [ハーメルン háːməln] 中 -s/《都市名》ハーメルン(ドイツ,ニーダーザクセン州.笛吹き男の伝説で有名な. ☞ 地図 D-2).

hä·misch [ヘーミッシュ hέːmɪʃ] 形 悪意のある,意地の悪い,陰険な.

Ham·mel [ハンメル háməl] 男 -s/- (または Hämmel) ① 去勢された雄羊. ② 羊肉,マトン. ③ 《俗》間抜け,とんま.

Ham·mel≠bein [ハンメル・バイン] 中《成句的に》人³ die *Hammelbeine*⁴ lang ziehen 《口語》人³に訓戒する(意見する) / 人³ bei den *Hammelbeinen* nehmen (または kriegen)《口語》a) 人⁴の足をつかむ, b)《比》人⁴の責任を追求する.

Ham·mel≠bra·ten [ハンメル・ブラーテン] 男 -s/-《料理》羊の焼き肉,ローストマトン.

Ham·mel≠fleisch [ハンメル・フらイシュ] 中 -[e]s/ 羊肉,マトン.

Ham·mel≠keu·le [ハンメル・コイれ] 女 -/-n 羊のもも肉.

Ham·mel≠sprung [ハンメル・シュプルング] 男 -[e]s/《政》再入場採決方式(全議員が一度退場し,賛成·反対·保留の3箇所の入口から入りその人数を数える採決方法. 元の意味は「羊の跳躍」. 1870年代,党首のあとに議員が羊のように従ったことから).

*der **Ham·mer** [ハンマァ hámər] 男 (単 2) -s/-複 Hämmer [ヘンマァ](3格のみ Hämmern) ① ハンマー,つち(槌),金づち(陸上競技の)ハンマー.《英 hammer》. Holzhammer 木づち / ein kleiner *Hammer* 小づち / Er schlägt mit dem *Hammer* einen Nagel in die Wand. 彼はハンマーでくぎを壁に打ち込む / Das Haus kommt unter den *Hammer*.《比》その家は競売に付される / 物⁴ unter den *Hammer* bringen《比》物⁴を競売に付する / zwischen *Hammer* und Amboss geraten《比》窮地に陥る(←ハンマーと金敷の間に).

② 《医》(中耳の)槌骨(つち);《音楽》(ピアノの)ハンマー. ③《複 なし》《競技》(サッカーなどで)強いシュート[力]. ④《口語》ひどい間違い;とんでもないこと;すばらしいこと. einen *Hammer* haben《口語》頭がおかしい / Das ist ja ein *Hammer*!《俗》a) それはとんでもないことだ, b) そいつはすごいや.

Häm·mer [ヘンマァ] *Hammer (ハンマー)の 複

häm·mern [ヘンマァン hέmərn] I 自 (h) ① ハンマーでたたく(打つ),ハンマーを使って仕事をする. ② とんとんと(どんどんと)たたく. an die Tür *hämmern* ドアをどんどんたたく. ③《口語》(心臓が)どきんどきんと脈打つ. ④（ピアノ·タイプライターなどが)ぽつんぽつんと音をたてる. II 他 (h) ハンマーで加工する(延ばす). ◊《過去分詞

の形で〗*gehämmertes* Gold 圧延金.

Ham·mer⸗wer·fen [ハンマァ・ヴェルふェン] 中 -s/ 《$^{スポ}_{ーツ}$》(陸上競技の)ハンマー投げ.

Hä·mo·glo·bin [ヘモグろビーン hɛmoglobí:n] 中 -s/ 《生・医》ヘモグロビン, 血色素(略: Hb).

Hä·mor·rho·i·de [ヘモロイーデ hɛmɔroí:də] 女 -/-n 〖ふつう 複〗《医》痔(じ), 痔核.

Hä·mor·ri·de [ヘモリーデ] 女 -/-n 〖ふつう 複〗 ＝Hämorrhoide

Ham·pel⸗mann [ハンペる・マン] 男 -[e]s/ ..männer 踊り人形(ひもを引くと手足を動かす); 《口語・比》(他人の意のままになる)お人よし, ロボット, かいらい. 人^4 **zum** *Hampelmann* **machen** 人^{4}を意のままに操る.

Hams·ter [ハムスタァ hámstər] 男 -s/- 《動》ハムスター.

Hams·te·rer [ハムステラァ hámstərər] 男 -s/- 《口語》買いだめする(ためこむ)人(ハムスターの習性から).

Hams·ter⸗kauf [ハムスタァ・カオふ] 男 -[e]s/ ..käufe (特に食料品の)買いだめ.

hams·tern [ハムスタァン hámstərn] 自 (h)・他 (h) 買いだめする; (田舎へ)買い出しに行く.

Ha·nau [ハーナオ há:nau] 中 -s/ 《都市名》ハーナウ(ドイツ, ヘッセン州の都市).

***die* **Hand** [ハント hánt]

> 手
>
> Ich habe jetzt keine *Hand* frei.
> イヒ ハーベ イェツト カイネ ハント ふライ
> 私は今手が空いていない.

格	単		複
1	die Hand	die	Hände
2	der Hand	der	Hände
3	der Hand	den	Händen
4	die Hand	die	Hände

女 (単) -/(複) Hände [ヘンデ] (3格のみ Händen) ① 手. (英 *hand*). (メモ「腕」は Arm; 「足」は Fuß; ☞ Körper 図). die rechte (linke) *Hand* 右手(左手) / schmale *Hände* ほっそりした手 / die öffentliche *Hand* または die öffentlichen *Hände* 当局, 国家[機関] / *Hände* hoch! 手をあげろ / *Hand* aufs Herz! 誓ってそのとおりです(←手を心臓の上に) / Eine *Hand* wäscht die andere. 《$^{こと}_{わざ}$》持ちつ持たれつ(←一方の手は他方の手を洗う).

◇〖動詞の目的語として〗 *Hand*^{4} **an|legen** 手を貸す, 手伝う / 人^3 die *Hand*^{4} **bieten** 人^{3}に手をさし出す(和解・あいさつなどの印として) / 人^3 die *Hand*^{4} **drücken** 人^{3}と握手する / die *Hände*^{4} **falten** (祈るときなどに:)手を[組み]合わせる / 人^3 die *Hand*^{4} **geben** 人^{3}に握手の手をさし出す / Ich gebe dir die *Hand* darauf. そのことは請け合うよ / schmutzige *Hände*^{4} **haben** a) 手が汚れている, b) 《雅》不法行為に関与している / eine milde (または offene) *Hand*^{4} haben 気前がいい / zwei linke *Hände*^{4} haben 《口語・比》無器用である / *Hand*^{4} und Fuß^4 haben 《比》(計画などが)よく考え抜かれている / bei 事^3 die *Hand*^{4} im Spiel haben 事^{3}にひそかに関係している / in 事^3 freie *Hand*^{4} haben 《比》事^{3}を意のままにできる / beide *Hände*^{4} voll zu tun haben 仕事を手いっぱいかかえている / die *Hand*^{4} auf der Tasche **halten** 《口語》お金を出ししぶる / *Hand*^{4} **heben** (採決のときなどに:)挙手する / 人^3 die *Hand*^{4} **küssen** 人^{3}の手にキスする / [die] letzte *Hand*^{4} an 物^4 **legen** 物^{4}に最後の仕上げをする / sich^3 die *Hände*^{4} **reiben** 手をこすり合わせる / 人^3 die *Hand*^{4} **reichen** 人^{3}に手をさし出す(握手・キスなどのために) / die *Hände*^{4} **ringen** (絶望して)手をもむ / keine *Hand*^{4} **rühren** 《口語》(困っている人を見ても)手をこまねいている / 人^3 die *Hand*^{4} **schütteln** 人^{3}と握手する / sich^3 die *Hände*^{4} **waschen** (自分の)手を洗う.

◇〖前置詞とともに〗 人^3 **an** die *Hand* gehen 人^{3}を援助する / 人^3 物^4 an die *Hand* geben 人^{3}に物^{4}を任せる, 用だてる / 物^4 an der *Hand* haben 物^{4}を手元に持っている / 人^4 an der *Hand* haben 《口語》人^{4}にコネがある / ein Kind^4 an der *Hand* führen 子供の手を引く / Das liegt [klar] **auf** der *Hand.* それは明白だ / 人^4 auf *Händen* tragen 人^{4}を溺愛(できあい)する(←両手にのせて運ぶ) / 物^4 **aus** der *Hand* geben 物^{4}を手放す / 人^3 物^4 aus der *Hand* nehmen 人^{3}の手から物^{4}を取り上げる / aus der *Hand* (確かな)資料なしに, 詳しく調べないで / aus erster *Hand* a) (提供者などから)じかに, 仲介なしに, b) 確かな筋から(知る) / aus freier *Hand* フリーハンドで / aus zweiter *Hand* a) 中古で(入手する), b) 仲介者を通して / 物^4 **bei** der *Hand* haben 物^{4}を手元に用意している / 人^4 bei der *Hand* nehmen 人^{4}の手を取る(案内する) / Er ist mit einer Ausrede schnell bei der *Hand.* 彼はいつでもすぐに口実を見つける / **durch** viele *Hände* gehen 持ち主が何度も変わる / **hinter** vorgehaltener *Hand* a) 口に手を当てて, b) 《比》ひそかに / *Hand* **in** *Hand* 手に手を取って, いっしょに / 人^3 in die *Hände* fallen 人^{3}の手中に陥る / 人・物^4 in die *Hand* (または in die *Hände*) bekommen 人・物^{4}をたまたま入手する / 人・物^4 in der *Hand* haben a) 物^{4}を手に持っている, b) 《比》人^{4}を意のままに動かせる / in die *Hände* klatschen 拍手する / 物・事^4 in die *Hand* nehmen a) 物^{4}を手に取る, b) 《比》事^{4}の責任を引き受ける / 人^3 物^4 in die *Hände* spielen 人^{3}に物^{4}をこっそり渡してやる / Das Geld ist bei ihm in guten *Händen.* そのお金は彼のところに大事に保管されている / **mit** der *Hand* schreiben (ワープロなどを使わずに)手で書く / mit beiden *Händen* 両手で / mit bloßen *Händen* 素手で / mit leeren *Händen* a) 手ぶらで, b) 何の成果もなく / mit vollen *Händen* 気前よく, たっぷりと(←両手いっぱいに) / mit der linken *Hand* または mit leichter

Hand《口語》片手間に, やすやすと / sich⁴ mit *Händen* und Füßen gegen 事⁴ sträuben (または wehren)《口語》事⁴に必死で抵抗する / **unter** der *Hand* ひそかに, こっそりと / 事⁴ unter den *Händen* haben 事⁴に従事している / Die Sache geht ihm leicht **von** der *Hand*. そんなことだったら彼にはやすやすとやれる / 事⁴ **von** der *Hand* weisen 事⁴を断る / von der *Hand* in den Mund leben その日暮らしをする / von *Hand* **zu** *Hand* gehen 手から手へ渡る, 持ち主が次々に変わる / 物⁴ **zur** *Hand* haben 物⁴を手元に持っている ⇒ Ich habe das Buch nicht **zur** *Hand*. その本は今私の手元にない/人³ **zur** *Hand* gehen 人³を手伝う(援助する) / 人³ 物⁴ **zu** treuen *Händen* übergeben 人³を信頼して物⁴を任せる / **zur** linken (rechten) *Hand* 左側(右側)に / Firma Meyer, **zu** *Händen* [von] Herrn Müller マイアー社気付, ミュラー様.
② 《複 なし, ふつう冠詞なしで》(サッカーで:) ハンド[リング]. ③ 《複 なし》筆跡.

新形
Hand voll 一握り, 一つかみ; 少数, 少量. eine *Hand voll* Kirschen 一つかみのさくらんぼ / eine *Hand voll* Menschen ほんの少数の人々.

Hand*ar·beit* [ハント・アルバイト] 女 -/-en ① 《複 なし》手仕事. ② 手作り[の品], 手芸[品].

Hand*ball* [ハント・バル] 男 -[e]s/..bälle ① 《複 なし》ハンドボール[競技]. ② ハンドボール用のボール.

Hand*be·we·gung* [ハント・ベヴェーグング] 女 -/-en 手ぶり, 手まね.

Hand*bib·lio·thek* [ハント・ビブリオテーク] 女 -/-en ① 参考[専門]図書. ② レファレンスライブラリー(図書館などでひとつのコーナーにまとめられた館内閲覧用図書).

hand*breit* [ハント・ブライト] 形 手の幅ほどの.

Hand*breit* [ハント・ブライト] 女 -/- 手の幅[ほどの長さ].

Hand*brem·se* [ハント・ブレムゼ] 女 -/-n ハンドブレーキ, 手動ブレーキ.

Hand*buch* [ハント・ブーフ] 中 -[e]s/..bücher ハンドブック, 案内書, 手引き書.

Händ·chen [ヘントヒェン héntçən] 中 -s/- (Hand の 縮小) 小さな手, おてて. *Händchen*⁴ halten《口語》(恋人どうしが)手を取り合っている.

Hän·de [ヘンデ] ⁎Hand (手)の複.

Hän·de*druck* [ヘンデ・ドルック] 男 -[e]s/..drücke 握手.

⁎*der* **Han·del**¹ [ハンデる hándəl] 男 (単 2) -s/ ① **商売**, 商業, 貿易. 《英 *trade*》. ein blühender *Handel* 景気のいい商売 / der internationale (überseeische) *Handel* 国際(海外)貿易 / der *Handel* und Gewerbe 商工業 / der *Handel* mit Rohstoffen 原料の取り引き / *Handel*⁴ treiben 商売をする ⇒ Wir treiben mit diesen Ländern keinen *Handel*. 私たちはこれらの国々とは貿易をしていない / ein neues Produkt⁴ **in** den *Handel* bringen 新製品を市場に出す.
② 売買契約, 商談. ein günstiger *Handel* 有利な商談 / einen *Handel* mit 人³ abschließen 人³と売買契約を結ぶ / mit 人³ **in** *Handel* kommen 人³と商談に入る.

新形
Han·del trei·bend 商業(貿易)を営んでいる.

.....**handel** のいろいろ: Außen*handel* 外国貿易 / Buch*handel* 書籍販売業 / Einzel*handel* 小売業] / Frei*handel* 自由貿易 / Groß*handel* 卸売商 / Klein*handel* 小売商 / Schwarz*handel* 闇取り引き / Straßen*handel* 街頭販売 / Tausch*handel* バーター取引 / Versand*handel* 通信販売 / Welt*handel* 世界貿易

Han·del² [ハンデる] 男 -s/Händel《ふつう 複》《雅》(つかみ合いの)けんか, 不和. **mit** 人³ *Händel*⁴ haben 人³とけんかをしている / mit 人³ *Händel*⁴ suchen 人³にけんかを売る.

Hän·del [ヘンデる héndəl] -s/《人名》ヘンデル (Georg Friedrich Händel 1685-1759; ドイツ生まれのイギリスの作曲家).

⁎**han·deln** [ハンデるン hándəln]

行動する Er *handelt* rasch.
エァ ハンデるト ラッシュ
彼はてきぱきと行動する.

ich handle (handelte, *hat*...gehandelt) I 自 (完了 haben) ① **行動する**, ふるまう.《英 *act*》. Wir *müssen* jetzt *handeln*. 私たちは今こそ行動しなければならない / mutig *handeln* 勇敢にふるまう / Nicht reden, sondern *handeln*! 口で言うより実行だ / **an** 人³ gut (schlecht) *handeln* 人³に親切にする(つらくあたる) / **gegen** 人⁴ als Freund *handeln* 人⁴に対して友人らしくふるまう. ◇《現在分詞の形で》die *handelnden* Personen (ドラマの)登場人物.
② 《**mit** 物³ ~》(物³の)**商売をする**, (物³を)商う. Er *handelt* mit Lebensmitteln. 彼は食料品を商っている.
③ 《**mit** 人³ ~》(人³と)取り引きする, 取り引きがある. Die Firma *handelt* mit vielen Ländern. その商社は多くの国々と取り引きがある.
④ 値切る; 値引きの交渉をする. Er versucht immer zu *handeln*. 彼はいつも値切ろうとする / **um** den Preis von 物³ *handeln* 物³の値段を負けさせる, 物³を値切る. ◇《**lassen** とともに》Er *lässt* nicht **mit** sich³ *handeln*. 彼は値引きしてくれない(取り引きに応じない).
⑤ 《**von** 人・物³ (または **über** 人・物³) ~》(人・物³ (または 人・物³))を)扱う, 論じる. Das Buch *handelt* von Napoleon. この本はナポレオンのことを扱っている.

Handelsabkommen

II 再帰 (完了 haben) 〖**es** *handelt sich*⁴ **um** 人・事⁴ の形で〗人・事がが問題(話題)となっている, 人・事のことである. Worum *handelt* es *sich*? — Es *handelt sich* um meine Arbeit. 何の話(用件)ですか — 私の仕事のことです / Bei dem Fremden *handelte* es *sich* um einen Bruder seiner Frau. その見知らぬ人は彼の奥さんの兄弟だった.

III 他 (完了 haben) (株式・商品など⁴を)商う, 取り引きする, 売買する. Gold *wird* jetzt zu hohen Preisen *gehandelt*. 〖受動・現在〗金は目下高値で売買されている.

Han·dels⹀ab·kom·men [ハンデるス・アプコンメン] 中 -s/- (国家間の)通商協定.

Han·dels⹀bi·lanz [ハンデるス・ビらンツ] 女 -/-en ① (会社などの)収支決算[書]. ② 貿易収支.

han·dels⹀ei·nig [ハンデるス・アイニヒ] 形 〖成句的に〗 *handelseinig* werden 商談がまとまる.

Han·dels⹀flot·te [ハンデるス・ふロッテ] 女 -/-n (一国の)商船隊.

Han·dels⹀frei·heit [ハンデるス・ふライハイト] 女 -/ 通商の自由, 自由貿易.

Han·dels⹀ge·sell·schaft [ハンデるス・ゲゼるシャふト] 女 -/-en 商事会社. offene *Handelsgesellschaft* 合名会社 (略: OHG).

Han·dels⹀ge·setz [ハンデるス・ゲゼッツ] 中 -es/-e 商法.

Han·dels⹀ha·fen [ハンデるス・ハーふェン] 男 -s/.. häfen 商[業]港, 貿易港.

Han·dels⹀kam·mer [ハンデるス・カンマァ] 女 -/-n 商業会議所.

Han·dels⹀ma·ri·ne [ハンデるス・マリーネ] 女 -/-n (一国の)商船隊.

Han·dels⹀mar·ke [ハンデるス・マルケ] 女 -/-n (商)商標, トレードマーク.

Han·dels⹀or·ga·ni·sa·ti·on [ハンデるス・オルガニザツィオーン] 女 -/-en ① 商業(販売)組織. ② 〖覆 なし〗(旧東ドイツの)国営販売店, 国営[商]店 (略: HO).

Han·dels⹀po·li·tik [ハンデるス・ポリティーク] 女 -/ 商業(貿易)政策.

Han·dels⹀re·gis·ter [ハンデるス・レギスタァ] 中 -s/ 商業登記簿.

Han·dels⹀schiff [ハンデるス・シふ] 中 -[e]s/-e 商船.

Han·dels⹀schu·le [ハンデるス・シューれ] 女 -/-n 商業学校.

Han·dels⹀span·ne [ハンデるス・シュパンネ] 女 -/-n マージン, 売買差益.

han·dels⹀üb·lich [ハンデるス・ユープりヒ] 形 商慣習[上]の.

Han·dels⹀ver·trag [ハンデるス・ふェアトラーク] 男 -[e]s/..träge 通商条約, 商事契約.

Han·dels⹀ver·tre·ter [ハンデるス・ふェアトレータァ] 男 -s/ エージェント, 代理商.

Han·dels⹀wa·re [ハンデるス・ヴァーれ] 女 -/-n 商品.

han·del·te [ハンデるテ] ≉handeln (行動する)の過去.

han·del·trei·bend 形 (新形 Handel treibend) ☞ Handel

hän·de⹀rin·gend [ヘンデ・リンゲント] 副 ① もみ手をしながら(絶望・哀願のしぐさ). ② 〖口語〗せっぱつまって, 緊急に.

Hand⹀fe·ger [ハント・ふェーガァ] 男 -s/- ブラシ, 小さいほうき.

Hand⹀fer·tig·keit [ハント・ふェルティヒカイト] 女 -/ 手先の器用さ, 巧妙さ.

hand·fest [ハント・ふェスト] 形 ① たくましい, がっしりした. ② 栄養たっぷりの, 実質のある(食事など). ③ 確実な, はっきりした(情報など); ひどい. eine *handfeste* Lüge ひどいうそ.

Hand·feu·er·waf·fe [ハント・ふォイアァヴァッふェ] 女 -/-n 携帯火器(ピストル・小銃など).

Hand⹀flä·che [ハント・ふれッヒェ] 女 -/-n 手のひら.

hand⹀ge·ar·bei·tet [ハント・ゲアルバイテット] 形 手作りの, 手製の.

Hand⹀geld [ハント・ゲるト] 中 -[e]s/-er ① (昔の:)手付金, 内金, 頭金. ② (雇用の際の)支度金.

Hand⹀ge·lenk [ハント・ゲれンク] 中 -[e]s/-e 手首の関節. aus dem *Handgelenk* [heraus] (口語) a) 即座に, b) やすやすと, 無造作に / ein lockeres (または loses) *Handgelenk*⁴ haben 〖口語〗手が早い, すぐになぐる.

hand⹀ge·mein [ハント・ゲマイン] 形 〖成句的に〗 [miteinander] *handgemein* werden [互いに]なぐり合い(つかみ合い)になる.

Hand⹀ge·men·ge [ハント・ゲメンゲ] 中 -s/- ① なぐり合い, つかみ合い. ② 〖軍〗白兵戦, 接近戦.

Hand⹀ge·päck [ハント・ゲペック] 中 -[e]s/ 手荷物.

hand⹀ge·schrie·ben [ハント・ゲシュリーベン] 形 手書きの.

Hand⹀gra·na·te [ハント・グラナーテ] 女 -/-n 手榴弾(〃だん).

hand⹀greif·lich [ハント・グライふりヒ] 形 ① 明白な, はっきりした. ein *handgreiflicher* Beweis 明白な証拠. ② 腕ずくの, つかみ合いの.

Hand⹀griff [ハント・グりふ] 男 -[e]s/-e ① 取り扱い方, 操作[法]. die richtigen *Handgriffe*⁴ lernen 正しい取り扱い方を学ぶ / keinen *Handgriff* tun 仕事を何もしない. ② 取っ手, 柄, 握り.

Hand⹀ha·be [ハント・ハーベ] 女 -/-n ① 手がかり, きっかけ. ② (雅) =Handgriff

hand·ha·ben [ハント・ハーベン hánt-ha:bən] du handhabst, er handhabt (handhabte, *hat*...gehandhabt) 他 (h) ① (器具など⁴を)取り扱う, 操作する. Das Gerät ist einfach zu *handhaben*. その器具は扱いやすい. ② (法律・方法など⁴を)適用する; 実施する, 処置する.

Hand·ha·bung [ハント・ハーブング] 女 -/-en ① 取り扱い, 操作; 使用. die *Handhabung* eines Gerätes 器具の取り扱い. ② 適用; 実施, 処置.

Hand⹀har·mo·ni·ka [ハント・ハーモニカ] 女 -/-s (または ..niken)《音楽》アコーディオン.

Han·di·cap [ヘンディキップ] [英] 中 -s/-s = Handikap

Han·di·kap [ヘンディキップ héndikɛp] [英] 中 -s/-s ① ハンディキャップ，不利な条件．② (ﾙﾌ)(ゴルフなどの)ハンディ．

Hand⹀kof·fer [ハント・コッファァ] 男 -s/- 小型スーツケース，小型トランク．

Hand⹀kuss [ハント・クス] 男 -es/..küsse ① (男性が女性の)手にするキス(敬意・歓迎を表すためのキス). 事⁴ mit *Handkuss* tun《比》事⁴を喜んでする．② (聖職者，特にローマ教皇の)指輪にするキス．

Hand⹀**kuß** ⇨ 〈新形〉 Handkuss

Hand⹀**lan·ger** [ハント・ランガァ] 男 -s/- ① 単純労働者，下働き．②《比》手先，へつらって協力する人．

hand·le [ハンドれ] *handeln (行動する)の1人称単数 現在

Händ·ler [ヘンドらァ héndlər] 男 -s/- 商人．(☞ 女性形は Händlerin). Einzel*händler* 小売商人 / ein fliegender *Händler* 行商人 / *Händler* in Textilien 織物商[人]．

hand·lich [ハントりヒ] 形 ① 扱いやすい，手ごろな，ハンディな．ein *handlicher* Taschenrechner ハンディーなポケット電卓．②《ﾙﾌ》有能な；すばしこい；手による．

*die **Hand⹀lung** [ハンドるング hándluŋ] 女 (単) -/(複) -en ① 行為，行動，動作．(☞ act). eine unbewusste *Handlung* 無意識の行動 / eine unüberlegte *Handlung* 無分別な行動 / eine heilige *Handlung*《ﾘｯｸ》(ミサ・洗礼などの)神聖な儀式．②《小説・劇の》筋，ストーリー．die *Handlung* des Dramas ドラマの筋．③ 商売，商店．Buch*handlung* 書店．

Hand·lungs⹀be·voll·mäch·tig·te[r] [ハンドるングス・ベふォるメヒティヒテ(..タァ)] 男 女 『語尾変化は形容詞と同じ』《法》商事代理人．

hand·lungs⹀fä·hig [ハンドるングス・フェーイヒ] 形 ① 行動能力のある．②《法》行為能力のある．

Hand·lungs⹀frei·heit [ハンドるングス・ふライハイト] 女 -/ 行動の自由．

Hand·lungs⹀**rei·sen·de[r]** [ハンドるングス・ライゼンデ(..ダァ)] 男 女 『語尾変化は形容詞と同じ』セールスマン(セールスウーマン)，外交販売員．

Hand·lungs⹀**wei·se** [ハンドるングス・ヴァイゼ] 女 -/-n (一定の情況下での)態度，行状．

Hand-out, Hand⹀out [ヘンド・アオト héndaut] [英] 中 -s/-s (会議・教室などで配布する)プリント，ハンドアウト．

Hand⹀**rei·chung** [ハント・ライヒュング] 女 -/-en ① 手助け．② 助言，勧め；方針．

Hand⹀**rü·cken** [ハント・リュッケン] 男 -s/- 手の甲．

Hand⹀**schel·le** [ハント・シェれ] 女 -/-n 《ふつう 複》手錠．

Hand⹀schlag [ハント・シュらーク] 男 -[e]s/..schläge ① (ふつう 単)(誓約・約束の印)としての握手，手打ち．ein Versprechen⁴ durch *Handschlag* bekräftigen 握手をして約束に念を押す．②《ﾛ》手で打つこと．keinen *Handschlag* tun《ﾛ》(略: Hs.; 複 Hss.) 何一つしない．

Hand⹀schrift [ハント・シュリふト] 女 -/-en ① 筆跡，手書き．eine deutliche *Handschrift* はっきりした筆跡．②(作家や作品など)作風．③ 手書きの文書，原稿；写本 (略: Hs.; 複 Hss.). eine *Handschrift* aus dem 14. (=vierzehnten) Jahrhundert 14 世紀の写本．

hand·schrift·lich [ハント・シュリふトりヒ] 形 ① 手書きの．ein *handschriftlicher* Lebenslauf 手書きの履歴書．② 写本の．

*der **Hand⹀schuh** [ハント・シュー hánt-ʃuː] 男 (単 2) -[e]s/(複) -e (3 格のみ -en) 手袋．(☞ glove). ein Paar *Handschuhe* 一組の手袋 / *Handschuhe*⁴ tragen 手袋をはめている / *Handschuhe*⁴ an|ziehen (aus|ziehen) 手袋をはめる(脱ぐ) /〔人〕³ den *Handschuh* hin|werfen《比》〔人〕³に挑戦する(←手袋を投げつける) / den *Handschuh* auf|nehmen《比》挑戦に応じる．

Hand·schuh⹀fach [ハントシュー・ふァッハ] 中 -[e]s/..fächer (自動車助手席の前方の)小物入れ，グラブコンパートメント，グローブボックス．

Hand⹀stand [ハント・シュタント] 男 -[e]s/..stände (体操の)逆立ち，倒立．

Hand⹀**streich** [ハント・シュトライヒ] 男 -[e]s/-e 《軍》奇襲．

*die **Hand⹀ta·sche** [ハント・タッシェ hánt-taʃə] 女 (単) -/(複) -n ハンドバッグ．(☞ handbag). eine lederne *Handtasche* 革製のハンドバッグ / 物⁴ aus der *Handtasche* heraus|holen 物⁴をハンドバッグから取り出す．

Hand⹀**tel·ler** [ハント・テらァ] 男 -s/- 手のひら．

*das **Hand⹀tuch** [ハント・トゥーフ hánt-tuːx] 中 (単 2) -[e]s/..tücher [..テューヒャァ] (3 格の ..tüchern) ① タオル，手ぬぐい．(☞ towel). ein frisches *Handtuch* 洗いたてのタオル / das *Handtuch*⁴ werfen a)（ボクシングで敗北の印として:)タオルを投げ入れる，b)《口語》(難しい仕事などを)投げ出す．②《口語》(タオルのように)細長い部屋(он所).

Hand⹀**um·dre·hen** [ハント・ウムドレーエン] 中《成句的に》im *Handumdrehen* たちまち，あっという間に(←手を返すうちに).

Hand⹀**voll** 女 -/- (〈新形〉 Hand voll) ⇨ Hand

hand·warm [ハント・ヴァルム] 形 ぬるい，微温の．物⁴ *handwarm* waschen 物⁴をぬるま湯で洗濯する．

Hand⹀wä·sche [ハント・ヴェッシェ] 女 -/ ① (洗濯物の)手洗い．② 手洗いしかできない(洗濯機にかけられない)洗濯物．

*das **Hand⹀werk** [ハント・ヴェルク hánt-vɛrk] 中 (単 2) -[e]s/(複) -e (3 格のみ -en) 手仕事；手工業，（一般に:)職業．ein *Hand-*

Handwerker

werk⁴ aus|üben (または [be]treiben) 手工業を営む / ein *Handwerk*⁴ erlernen 手仕事を身につける / Er versteht sein *Handwerk*. 彼は仕事の腕がたつ / 囚³ das *Handwerk*⁴ legen 《比》囚³の悪い行いをやめさせる / 囚³ ins *Handwerk* pfuschen 囚³の領分に手を出す / *Handwerk* hat goldenen Boden.《ことわざ》芸は身を助ける(←手仕事は黄金の大地を持っている).

Hand·wer·ker [ハント・ヴェルカァ] 男 -s/- 職人, 手工業者.

hand·werk·lich [ハント・ヴェルクリヒ] 形 手仕事の, 手工業の; 職人仕事の.

Hand·werks·kam·mer [ハントヴェルクス・カンマァ] 女 -/-n 手工業会議所, 職人組合.

Hand·werks·zeug [ハントヴェルクス・ツォイク] 中 -[e]s/ [手]工具, 職人の道具.

Hand·wur·zel [ハント・ヴルツェる] 女 -/-n 《医》手根(骨), 手首.

Han·dy [ハンディ hǽndi] 《英》中 -s/-s 携帯電話.

Hand·zei·chen [ハント・ツァイヒェン] 中 -s/- ① (手による)合図, ジェスチャー; (採決の際の)挙手. ② (文盲の人の)署名代わりの記号.

Hand·zeich·nung [ハント・ツァイヒヌング] 女 -/-en 素描, スケッチ, デッサン.

Hand·zet·tel [ハント・ツェッテる] 男 -s/- ビラ, ちらし.

ha·ne·bü·chen [ハーネビューヒェン há:nəby:çən] 形 《雅》途方もない, 恥知らずの. *hanebüchener* Unsinn まったくのナンセンス.

Hanf [ハンふ hánf] 男 -[e]s/ ①《植》アサ(麻), タイマ(大麻). [wie der Vogel] im *Hanf* sitzen《比》安楽に暮らしている. ② 麻の繊維. ③ 麻の実.

Hänf·ling [ヘンふリング hénflɪŋ] 男 -s/-e ①《鳥》ムネアカヒワ. ②《比》きゃしゃな人.

Hang [ハング háŋ] 男 -[e]s/Hänge ① 斜面, 坂. ein steiler *Hang* 急な斜面 / den *Hang* hinauf|steigen 斜面を登る. ②《覆 なし》傾向, 性癖; 愛着. Er hat einen *Hang* zum Alkohol. 彼は飲み癖がある. ③ (体操で:) (鉄棒の)懸垂(‰).

Han·gar [ハンガール háŋga:r または ..ガール] 男 -s/-s (飛行機などの)格納庫.

Hän·ge·bauch [ヘンゲ・バオホ] 男 -[e]s/ ..bäuche たれ腹, ほてい腹;《医》下垂腹.

Hän·ge·brü·cke [ヘンゲ・ブリュッケ] 女 -/-n つり橋.

Hän·ge·lam·pe [ヘンゲ・らンペ] 女 -/-n つり下げ(ペンダント式)ランプ.

Hän·ge·mat·te [ヘンゲ・マッテ] 女 -/-n ハンモック.

✱hän·gen¹✱ [ヘンゲン héŋən]

> 掛かっている
>
> Wo *hängt* mein Mantel?
> ヴォー　ヘンゲト　マイン　マンテる
> 私のコートはどこに掛かっていますか.

(hing, *hat*...gehangen) 自 (完了 haben) ①《場所を表す語句とともに》(…に)掛かっている, ぶら(たれ)下がっている;《雅》(煙・霧などがたれ(立ち)込めている. (変 hang). Das Bild *hängt* an der Wand. その絵は壁に掛けてある / Das Kind *hing* ihm am Hals. その子は彼の首に抱きついていた / Die Zuhörer *hingen* an seinen Lippen.《比》聴衆は彼の話を注意深く聞いた / Sie *hingen* **aus** den Fenstern. 彼らは窓から身を乗り出していた / Die Zweige *hängen* bis **auf** die Erde. 枝が地面までたれ下がっている / Der Anzug *hängt* **im** Schrank. スーツは洋服だんすに掛かっている / Feuchte Nebel *hingen* **über** der Stadt.《雅》湿っぽい霧がこの町にたれ込めていた / Die Uhr *hängt* schief. その時計は斜めに掛かっている..

◊《**voll[er]** とともに》(…で)いっぱいである. Der Schrank *hängt* voller Kleider². 洋服だんすには服がびっしり掛かっている.

②《**an** 囚・物³ ~》(囚・物³に)執着している, 愛着を持っている. Sie *hängt* sehr an dem Kind. 彼女はその子をとても愛している / am Geld *hängen* お金に執着している / an der Heimat *hängen* 故郷に愛着を持っている.

③《**an** 囚・物³ ~》(囚・物³に)(…)しだいである. Das *hängt* an ihm, ob…… かどうかは彼しだいだ / Woran *hängt* es denn noch?《口語》どこに問題(原因)があるのかな.

④《口語》(ひっかかって)停滞している, 滞る, 居続ける. Der Prozess *hängt* immer noch. その訴訟はいまだに決着がつかない / am Telefon *hängen* 長電話をしている / in der Kneipe *hängen* 飲み屋でねばっている / Er *hängt* in Mathematik. 彼は数学の成績が悪い.

⑤ (壁などが)傾いている.

(新形)

hän·gen blei·ben ① 引っかかって(くっついて)いる;《比》(記憶などに)残っている. Er *ist* mit der Hose an einem Nagel *hängen geblieben*.《現在完了》彼はズボンを釘に引っかけた. ②《口語》進級できない; (…で)長居する. Er *wird* wohl dieses Jahr *hängen bleiben*. 彼は今年たぶん留年するだろう.

hän·gen las·sen ① (コートなど⁴を)掛けたままにしておく, 掛けたまま忘れる; (頭などを)たれている. ②《口語》(約束を守らずに囚⁴を)ほったらかしにする. sich⁴ *hängen lassen*《口語》意気消沈する ⇨ *Lass* dich nicht so *hängen*! そんなにしょげるなよ.

✱**hän·gen**² [ヘンゲン héŋən]

> 掛ける
>
> *Hängen* Sie das Bild an die Wand!
> ヘンゲン　ズィーэ　ダス　ビるト　アンディ　ヴァント
> その絵を壁に掛けなさい.

(hängte, *hat*...gehängt) I 他 (完了 haben) ①《方向を表す語句とともに》(囚・物⁴を…へ)掛

ける, ぶら下げる, つるす.《英》 *hang*). Er *hängte* den Mantel *an* (または *auf*) einen Haken. 彼はコートをフックに掛けた / eine Fahne[4] *aus* dem Fenster *hängen* 旗を窓からたらす / Er *hat* den Anzug *in* den Schrank *gehängt*. 彼はスーツを洋服だんすに掛けた / eine Lampe[4] *über* den Tisch *hängen* 電灯をテーブルの上につるす.
② 〖人[4]を〗絞首刑にする.
II 再帰 (完了 haben) *sich*[4] *hängen* ① 〖*sich*[4] *an* 人・物[3] ~〗(物[3]に)ぶら下がる, しがみつく; (泥などが 人・物[3] に)くっつく. *sich*[4] an einen Ast *hängen* 枝にぶら下がる / *sich*[4] *an* 人[4] *hängen* 〖比〗人[4]につきまとう / *sich*[4] ans Telefon *hängen* 〖口語・比〗長電話をする.
② 〖*sich*[4] *an* 人・物[3] ~〗〖人・物[4]に〗執着する, 夢中になる. *sich*[4] ans Geld *hängen* お金に執着する. ③ 首をくくって死ぬ.
hän·gen|blei·ben* 自 (s) 新形 *hängen* bleiben) ☞ *hängen*[1]
hän·gen|las·sen* 他 (h) 新形 *hängen* lassen) ☞ *hängen*[1]
Hän·ger [ヘンガァ héŋər] 男 -s/- ① (女性・子供用の)ゆったりしたコート, スモック. ② 〖口語〗トレーラー.
häng·te [ヘンクテ] ‡*hängen*[2] (掛ける)の 過去
Han·na [ハンナ hána] -s/〖女名〗ハンナ (Johanna の 短縮).
Han·no·ver [ハノーふァァ hanó:fər] 中 -s/ 〖都市名〗ハノーファー(ドイツ, ニーダーザクセン州の州都で, 経済・文化の中心地: ☞ 地図 D−2).
Han·no·ve·ra·ner [ハノヴェラーナァ hanovará:nər] I 男 -s/- ハノーファーの市民(出身者). II 形 〖無語尾で〗ハノーファーの.
Hans [ハンス háns] I −(en)s/〖男名〗ハンス (Johann[es] の 短縮). II 男 -/Hänse (平凡な人の代名詞としてふつう軽蔑的に:) ……者, やつ. *Hans* im Glück 幸運児, ラッキーボーイ / *Hans* Liederlich 道楽者, くうたら / Jeder *Hans* findet seine Grete. 破鍋(われなべ)に綴蓋(とじぶた) (←どのハンスにもどのグレーテを見つけるものだ).
Häns·chen [ヘンスヒェン hénsçən] -s/〖男名〗ハンスちゃん (Hans の 縮小).
Hans⹀dampf [ハンス・ダンプふ] 男 〖ふつう成句的に〗ein *Hansdampf* in allen Gassen 《口語》 知ったかぶり[をする人], おせっかい屋.
Han·se [ハンゼ hánzə] 女 -/ 〖史〗ハンザ同盟 (中世のドイツ北部を中心とする北ヨーロッパ商業都市の同盟).
han·se·a·tisch [ハンゼアーティッシュ hanzeá:tɪʃ] 形 ハンザ同盟[都市]の.
Hän·sel [ヘンゼル hénzəl] -s/〖男名〗ヘンゼル (Hans の 愛称). „*Hänsel* und Gretel" 『ヘンゼルとグレーテル』(グリム童話の一つ).
hän·seln [ヘンゼルン hénzəln] 他 (h) なぶりものにする, からかう.
Han·se⹀stadt [ハンゼ・シュタット] 女 -/..städte [..シュテーテ]〖史〗ハンザ同盟都市; ハンザ自由都市 (ブレーメン・ハンブルク・リューベックなど).
Hans⹀wurst [ハンス・ヴルスト] 男 −[e]s/-e (戯: ..würste) ① (18世紀の演劇の)道化役. ② 《俗》 ばか者, おろか者.
Han·tel [ハンテル hántəl] 女 -/-n (体操の)亜鈴(あれい); (重量挙げの)バーベル.
han·tie·ren [ハンティーレン hantí:rən] 自 (h) ① (……で)手を使って)せっせと働く. ② 〖mit 物[3] ~〗(物[3]を)操作する, 使って仕事をする.
ha·pern [ハーパァン háːpərn] 非人称 (h) ① 〖*es hapert an* 人・物[3] の形で〗人・物[3]が不足している, 足りない. Bei ihm *hapert* es stets am Geld. 彼はいつもお金に不自由している. ② 〖*es hapert mit* (または **in**) 事[3] の形で〗事[3]がはかどらない, うまくいかない. Es *hapert* mit der Bezahlung. 支払いが滞っている / Es *hapert* bei ihm in Chemie. 彼は化学が不得手だ.
Hap·pen [ハッペン hápən] 男 -s/-《口語》一口(の食物). schnell einen *Happen* essen 急いで一口食べる / ein fetter *Happen*《比》うまいもうけ口.
Hap·pe·ning [ヘップニング hépənɪŋ] 〖英〗中 -s/-s (特に前衛芸術・演劇における)ハプニング.
hap·pig [ハピヒ hápɪç] 形 ①《口語》はなはだしい, ひどい, 途方もない. ②《北ド》貪欲(どんよく)な. nach 物[3] *happig* sein 物[3]が欲しくてたまらない.
Hap·py-End [ヘッピ・エント hépi-ént] 〖英〗中 −[s]/-s ハッピー・エンド
Hap·py End [ヘッピ エント] 〖英〗中 −−[s]/−-s ＝Happyend
Här·chen [ヘーァヒェン hé:rçən] 中 -s/- (Haar の 縮小) 細毛, わた毛.
Hard·ware [ハード・ウェア há:rd-wεər] 〖英〗女 -/-s〖コンピュ〗ハードウェア. (←「ソフトウェア」は Software).
Ha·rem [ハーレム há:rεm] 男 -s/-s ① (イスラム教国の)後宮, ハーレム. ② (総称として:) ハーレムに住む女たち.
Hä·re·sie [ヘレズィー hεrezí:] 女 -/-n [..ズィーエン] ①〖カトリック〗異端. ② 異論, 異説.
Hä·re·ti·ker [ヘレーティカァ hεré:tikər] 男 -s/-〖カトリック〗異端者. ② 異論を持つ人, 反論者.
*die **Har·fe** [ハルふェ hárfə] 女 (単) -/(複) -n ①〖音楽〗ハープ, たて琴.《英》 *harp*). *Harfe*[4] (または **auf** der *Harfe*) spielen ハープを弾く / die *Harfe*[4] zupfen ハープをつま弾く. ②《方》(牧草などの)乾燥棚.
Har·fe·nist [ハルふェニスト harfənɪ́st] 男 -en/-en ハープ奏者. (女性形は Harfenistin).
Har·ke [ハルケ hárkə] 女 -/-n ①《北ド》熊手, レーキ. Dem werde ich zeigen, was eine *Harke* ist.《俗》あいつに思い知らせてやろう. ②《俗》(櫛状(くしじょう)の)アンテナ; 櫛.
har·ken [ハルケン hárkən] 他 (h)《北ド》① (土・苗床などを)レーキでかきならす. ② (芝生などを)かいてきれいにする. ③ (落葉などを)熊手でかき集める.
Har·le·kin [ハルれキーン hárleki:n] 男 -s/-e 〖劇〗(イタリア喜劇の)アルレッキーノ, 道化役; 《比》おどけ者.

Harm [ハルム hárm] 男 -[e]s/《雅》心痛, 悲嘆, 深い悲しみ.

här·men [ヘルメン hérmən] I 再帰 (h) *sich*[4] *härmen*《雅》深く悲しむ, 悲嘆する. *sich*[4] *um* 人·事[4] ~ 人·事[4]のことで心を痛める. II 他 (h) (人[4]を)深く悲しませる.

***harm=los** [ハルム·ロース hárm-lo:s] 形 (比較 harmloser, 最上 harmlosest) ① 無害の, 危険のない; (病気などの)軽度の. (🇬🇧 *harmless*). Dieses Schlafmittel ist ganz *harmlos*. この睡眠薬はまったく副作用がない. ② 悪意のない; 無邪気な, 罪のない. eine *harmlose* Frage 無邪気な質問.

Harm·lo·sig·keit [ハルム·ローズィヒカイト] 女 -/-en ① 《複 なし》無害, 危険のないこと. ② 悪意のないこと, 無邪気[な言動].

Har·mo·nie [ハルモニー harmoníː] 女 -/-n [..ニーエン] ① 〖音楽〗和音, 協和音, ハーモニー; (色·形などの)融合. (🇬🇧 「不協和音」は Disharmonie). ② 調和, 一致, 和合. *Harmonie* zwischen Leib und Seele 肉体と精神との調和 / mit 人[3] in *Harmonie* leben 人[3]と仲良く暮らす.

har·mo·nie·ren [ハルモニーレン harmoníːrən] 自 (h) ① 〖音楽〗和音になる. ② 〖mit 物[3] ~〗(物[3]と)調和する, 合う. Der Hut *moniert* gut mit der Handtasche. その帽子はハンドバッグによく合う. ③ 〖mit 人[3] ~〗(人[3]と)仲が良い. Die Eheleute *harmonieren* gut miteinander. その夫婦は仲が良い.

Har·mo·ni·ka [ハルモーニカ harmóːnika] 女 -/-s (または ..niken) ① 〖音楽〗アコーディオン (=Hand*harmonika*); ハーモニカ (=Mund*harmonika*). ② (列車などの)連結幌(ほろ); (写真機の)蛇腹.

har·mo·nisch [ハルモーニッシュ harmóːnɪʃ] 形 ① 〖音楽〗和声の, 協和音の. ② 調和のとれた; 仲のいい, むつまじい. eine *harmonische* Bewegung 調和のとれた動き / *harmonische* Reihe 〖数〗調和数列 / Sie leben sehr *harmonisch* miteinander. 彼らは互いに仲むつまじく暮らしている.

Har·mo·ni·um [ハルモーニウム harmóːnium] 中 -s/..nien [..エン] (または -s) 〖音楽〗(足踏み式の)オルガン, ハルモニウム (リードオルガンの一種). (🇬🇧 「パイプオルガン」は Orgel).

Harn [ハルン hárn] 男 -[e]s/-e 尿 (=Urin). *Harn*[4] lassen 小便をする.

Harn=bla·se [ハルン·ブラーゼ] 女 -/-n 〖医〗膀胱(ぼうこう).

Har·nisch [ハルニッシュ hárnɪʃ] 男 -[e]s/-e 甲冑 人[4] in *Harnisch* bringen《比》人[4]を激怒させる / in *Harnisch* geraten (または kommen)《比》激怒する.

Harn=röh·re [ハルン·レーレ] 女 -/-n 〖医〗尿道.

Harn=säu·re [ハルン·ゾイレ] 女 -/ 〖化〗尿酸.

harn=trei·bend [ハルン·トライベント] 形 〖医〗利尿作用のある.

Har·pu·ne [ハルプーネ harpúːnə] 女 -/-n (特に捕鯨用の)もり (銛).

har·pu·nie·ren [ハルプニーレン harpuníːrən] 他 (h) (鯨などに)もりを撃ち込む.

har·ren [ハレン hárən] 自 (h) 〖人·事〗[2] *auf* 人·事[2] ~》《雅》(人·事[2](または人·事[4])を)待っている; 《比》(任務などが人[3](または人[4])を)待ち受けている.

harsch [ハルシュ hárʃ] 形 ① 氷結した, 凍って固くなった(雪面); 《詩》氷のように冷たい(風など). ② 《雅》無愛想な, ぶっきらぼうな.

Harsch [ハルシュ] 男 -[e]s/ (表面が氷結した)硬雪, クラスト.

:hart [ハルト hárt]

固い, 堅い	Das Brot ist *hart*.
	ダス ブロート イスト ハルト
	このパンは堅い.

I 形 (比較 härter, 最上 härtest) (🇬🇧 *hard*) ① 固い, 堅い. (🇬🇧 「柔らかい」は weich). *hartes* Holz 堅い木材 / ein *hartes* Ei 固ゆでの卵 / *hart* wie Stahl 鋼のように堅い / einen *harten* Kopf haben 頑固である, 頭が固い.
② 厳しい, 厳格な, 非情な. ein *hartes* Herz 冷酷な心 / eine *harte* Strafe 厳罰.
③ (仕事などが)困難な, 骨の折れる. eine *harte* Arbeit つらい仕事 / ein *harter* Kampf 苦闘 / Es kommt mich *hart* an, dir das zu sagen. それを君に言うのはつらい.
④ (度合が)強い, 激しい, 厳しい. *harte* Getränke アルコール度の強い飲み物 / *harte* Farben どぎつい色彩 / *harte* Drogen 強い(習慣性のある)麻薬 / ein *harter* Winter 厳しい冬 / ein *hartes* Negativ コントラストの強いネガ / Es geht *hart auf hart*. 大激戦(論)になっている, 事態は風雲急を告げている / ein *hartes* Französisch[4] sprechen (発音が)硬いフランス語を話す.
⑤ (人が)たくましい, タフな. *harte* Burschen タフな連中 / Er ist *hart* im Nehmen.《比》彼は受け身にまわったときに強い(失敗や批判にこたえない).
⑥ (通貨が)安定した, 変動のない. eine *harte* Währung 安定通貨 / in *hartem* Yen bezahlen 強い円で支払う.
⑦ (水の)硬質の. *hartes* Wasser 硬水.
II 副 すぐ近くに, 接近して, すれすれに. Das Haus liegt *hart* an der Straße. その家は道路すれすれにたっている / *hart* an der Grenze 国境のすぐそばに.

〈新形〉..
hart ge·fro·ren かちかちに凍った.
hart ge·kocht 固ゆでの(卵など).
hart ge·sot·ten 〖方〗=hart gekocht.
(🇬🇧 hartgesotten は「非情な」を意味する).
....

Här·te [ヘルテ hértə] 女 -/-n ① 堅いこと, 堅さ, 堅固; (通貨の安定性; (水の)硬度. die *Härte* des Eisens 鉄の硬度 / die *Härte* des japanischen Yen 日本円の安定性. ② (法律などの)厳しさ, (運命などの)過酷さ. ③ (色・音の強さ, どぎつさ, 著しい対照(差異・コントラスト). die *Härte* der Gegensätze² 対立の著しさ.

Här·te⇗fall [ヘルテ・ファる] 男 -[e]s/..fälle (法規を厳格に適用することによって生じる)社会的不公正, (法規の)過酷な適用事例.

här·ten [ヘルテン hértən] I 他 (h) 堅く(強く)する, (鉄など⁴を)鍛える, (プラスチック・脂など⁴を)硬化させる. ◊ 《再帰的に》 *sich*⁴ *härten* 堅くなる, 硬化する. II 自 (h) 堅くなる, 硬化する.

här·ter [ヘルタァ] ‡hart (固い)の比較

här·test [ヘルテスト] ‡hart (固い)の最上

Hart·fa·ser⇗plat·te [ハルトファーザァ・プらッテ] 女 -/-n ハードファイバーボード, 硬質繊維板.

hart⇗ge·fro·ren 形 (新形) hart gefroren ☞ hart

hart⇗ge·kocht 形 (《新形》 hart gekocht) ☞ hart

Hart⇗geld [ハルト・ゲるト] 中 -[e]s/ 硬貨, コイン. (⇔「紙幣」は Papiergeld).

hart⇗ge·sot·ten¹ [ハルト・ゲゾッテン] 形 非情な, 冷酷な, ハードボイルドの; 悔い改めない(罪人など).

hart⇗ge·sot·ten² 形 (新形) hart gesotten (固ゆでの)) ☞ hart

Hart⇗gum·mi [ハルト・グンミ] 男 中 -s/ 硬化ゴム, エボナイト.

hart⇗her·zig [ハルト・ヘルツィヒ] 形 無情な, 冷酷な.

Hart⇗holz [ハルト・ホるツ] 中 -es/..hölzer 硬材.

hart⇗lei·big [ハルト・らイビヒ] 形 ① 頑固な. ② 《医》便秘の.

Hart·mann [ハルト・マン hárt-man] 《姓》-s/-s ハルトマン

* **hart⇗nä·ckig** [ハルト・ネッキヒ hárt-nɛkɪç] 形 (英 *obstinate*) ① 頑固な, 強情な; 粘り強い. ein *hartnäckiger* Bursche 頑固な若者 / *hartnäckig* 事⁴ leugnen あくまでも事⁴を否定する. ② (病気が)治りにくい. eine *hartnäckige* Erkältung しつこい風邪.

Hart⇗nä·ckig·keit [ハルト・ネッキヒカイト] 女 -/ 頑固さ, 強情さ.

Harz¹ [ハールツ há:rts] 中 -es/-e 樹脂, [松]やに. Kiefern*harz* 松やに.

der **Harz²** [ハールツ] 男 -es/ 《定冠詞とともに》《山名》 ハルツ山地 (ドイツ中央部の山地: ☞ 地図 E-3).

har·zig [ハールツィヒ há:rtsɪç] 形 ① 樹脂の多い; 樹脂を含んだ. ② (次第) 長引く, だらだらとした, やっかいな.

Ha·sar·deur [ハザルデーァ hazardǿ:r] 男 -s/-e 賭博(とばく)師, 《比》勝負師, 向こう見ずな人.

Ha·sard⇗spiel [ハザルト・シュピーる] 中 -[e]s/-e 賭博(とばく); 《比》投機[的企て].

Hasch [ハッシュ háʃ] 中 -s/ 《口語》 = Haschisch

Ha·schee [ハシェー haʃéː] 中 -s/-s 《料理》ひき肉(こま切れ肉)料理.

ha·schen¹ [ハッシェン háʃən] I 他 (h) すばやく捕える. ◊ 《相互的に》 *sich*⁴ *haschen* 鬼ごっこしようとする; 《比》 (事³を)得ようとする. II 自 (h) 《nach 物・事³ ~》 (物・事³を)捕えようとする; 《比》 (事³を)得ようとする.

ha·schen² [ハッシェン] 自 (h) 《口語》 ハシッシュを吸う.

Häs·chen [ヘースヒェン héːsçən] 中 -s/- (Hase の縮小) 小うさぎ.

Ha·schisch [ハシッシュ háʃɪʃ] 中 男 -[s]/ ハシッシュ, マリファナ(インド大麻から作る麻薬).

* *der* **Ha·se** [ハーゼ háːzə] 男 (単2·3·4) -n/ (複) -n ① 《動》 ノウサギ(野兎). (英 *hare*). (⇔「カイウサギ」は Kaninchen). Der *Hase* hoppelt. 野うさぎがぴょんぴょん跳んで行く / ein alter *Hase* (仕事の)老練な専門家 / Er ist furchtsam wie ein *Hase*. 彼はうさぎのように臆病(おくびょう)だ / Er weiß, wie der *Hase* läuft. 《口語》 彼は事情をよく心得ている(←うさぎがどのように走るか) / Er ist kein heuriger *Hase* mehr. 《口語》 彼はもう初心者ではない / Da liegt der *Hase* im Pfeffer. 《口語》 そこが肝心なところだ. ② 《複》なし; 定冠詞とともに》 《天》うさぎ座.

Ha·sel⇗nuss [ハーゼる・ヌス] 女 -/..nüsse 《植》① ハシバミ[の木]. ② ヘーゼルナッツ(はしばみの実).

Ha·sel⇗nuß 中 (新形) ☞ Haselnuss

Haselnuss

Ha·sen⇗bra·ten [ハーゼン・ブラーテン] 男 -s/- うさぎの焼き肉.

Ha·sen⇗fuß [ハーゼン・フース] 男 -es/..füße 《口語》(ののしって)臆病(おくびょう)者.

Ha·sen⇗klein [ハーゼン・クらイン] 中 -s/ 《料理》うさぎのもつ料理.

Ha·sen⇗pa·nier [ハーゼン・パニーァ] 中 《成句的に》 das *Hasenpanier*⁴ ergreifen (脱兎(だっと)のごとく)逃亡する, すばやく逃げ去る.

ha·sen⇗rein [ハーゼン・ライン] 形 《狩》 (猟犬が)命令をしっかり守り追いかけないように訓練されている. ◊ 《成句的に》 nicht ganz *hasenrein* 少々怪しい, うさんくさい.

Ha·sen⇗schar·te [ハーゼン・シャルテ] 女 -/-n 《医》兎唇(としん).

Hä·sin [ヘーズィン héːzɪn] 女 -/..sinnen 雌うさぎ.

Has·pe [ハスペ háspə] 女 -/-n (戸・窓などの)

掛け金, 留め金.
Has·pel [ハスペル háspəl] 囡 -/-n（まれに 男 -s/-）⦅工⦆巻き上げ機, ウィンチ；⦅織⦆糸巻き車.
has·peln [ハスペルン háspəln] I 他 (h)⦅工⦆巻き上げる；⦅織⦆(糸⁴を)糸車に巻く. II 自 (h)⦅口語⦆気ぜわしく働く；せっかちにしゃべる.

*der **Hass** [ハス hás] 男 (単2) Hasses/ 憎しみ, 憎悪.（英 hate）.（仏「愛」は Liebe）. blinder *Hass* やみくもの憎悪 / *Hass*² auf（または gegen）人⁴ empfinden 人⁴に憎しみをいだく / aus *Hass* 憎しみにかられて / sich³ den *Hass* der Kollegen² zu|ziehen 同僚の恨みをかう.

Haß ⦅新形⦆ Hass

‡**has·sen** [ハッセン hásən] du hasst, er hasst (hasste, *hat*...gehasst) 他⦅雅⦆憎む, (ひどく)嫌う.（英 hate）. 人・物⁴ auf den Tod *hassen* 人・物⁴を徹底的に憎む（←死ぬほど）/ Ich *hasse* den Krieg. 私は戦争は大嫌いだ / Sie *hasst* es, laut zu sprechen. 彼女は大きな声で話すのをひどく嫌う.

has·sens·wert [ハッセンス・ヴェーァト] 形 憎むべき.

hass·er·füllt [ハス・エァふェュルト] 形 憎しみに満ちた.

haß·er·füllt ⦅新形⦆ hasserfüllt

*‡**häss·lich** [ヘスリヒ héslɪç] 形 ① 醜い, 不格好な.（英 ugly）.（仏「美しい」は schön）. ein *hässliches* Gesicht 醜い顔. ② いやな, 不快な；下劣な, ひどい. *hässliches* Wetter いやな天気 / *hässliche* Worte 下品な言葉 / *hässlich* von 人³ sprechen 人³を悪しざまに言う.

häß·lich ⦅新形⦆ hässlich

Häss·lich·keit [ヘスリヒカイト] 囡 -/-en ⦅覆 なし⦆ ① (外見の)醜さ；(性質などの)卑劣さ. ② (覆) 卑劣な言動.

Häß·lich·keit ⦅新形⦆ Hässlichkeit

hasst [ハスト]‡hassen (憎む)の2人称単数・3人称複数 現在

haßt ⦅新形⦆ hasst

hass·te [ハステ]‡hassen (憎む)の過去

haß·te ⦅新形⦆ hasste

*‡**hast** [ハスト hást]‡haben (持っている)の2人称単数 現在. *Hast* du ein Auto? 君は車を持っている?（⦅こ⦆完了の助動詞 ⦅☞ haben III）.

*die **Hast** [ハスト hást] 囡 (単) -/ あわただしさ, [大]急ぎ.（英 haste）. in（または mit）großer *Hast* 大急ぎで / ohne *Hast* あわてずに.

has·ten [ハステン hástən] 自 (s)⦅雅⦆(...へ)急いで行く. zum Bahnhof *hasten* 駅へ急ぐ.

*‡**has·tig** [ハスティヒ hástɪç] 形 ひどく急いだ, せかせかした, 性急な.（英 hasty）. *hastige* Schritte 急ぎ足 / eine *hastige* Abreise あわただしい旅立ち / Sie sprach *hastig*. 彼女はせかせかしゃべった.（⦅☞類語⦆ eilig）.

*‡**hat** [ハット hát]‡haben (持っている)の3人称単数 現在. Er *hat* viel Geld. 彼は大金を持っている.（⦅こ⦆完了の助動詞 ⦅☞ haben III）.

hät·scheln [ヘーチェルン hé:tʃəln] 他 (h)⦅口語⦆① (子供など⁴を)かわいがる；甘やかす, ちやほやする. ② (計画など⁴に)執着する.

hat·schi! [ハチー hatʃíː または ハッチー hátʃi] ⦅口語⦆（くしゃみの音）はくしょん.

*‡**hat·te** [ハッテ hátə] ‡haben (持っている)の1人称単数・3人称単数 過去. Ich *hatte* keine Zeit. 私は暇がなかった.（⦅こ⦆完了の助動詞 ⦅☞ haben III）.

*‡**hät·te** [ヘッテ hétə] ‡haben (持っている)の 接2 ① ⦅間接話法の文で⦆ Er glaubt, ich *hätte* viel Geld. 彼は私がたくさんお金を持っていると思っている. この場合 接1 の habe は直説法と同形になるので 接2 の *hätte* を用いる. ② ⦅非現実の表現⦆ Wenn ich Zeit *hätte*, ginge ich ins Kino. 暇があれば映画を見に行くのだがね. ③ ⦅控えめな表現⦆ Ich *hätte* eine Frage. 質問したいことがあるのですが / Ich *hätte* gerne Tulpen. （買い物で）:チューリップをください.
（⦅こ⦆完了の助動詞 ⦅☞ haben III）.

hat·ten [ハッテン] ‡haben (持っている)の1人称複数・2人称(敬称)・3人称複数 過去.（⦅こ⦆完了の助動詞 ⦅☞ haben III）.

hat·test [ハッテスト] ‡haben (持っている)の2人称単数 過去.（⦅こ⦆完了の助動詞 ⦅☞ haben III）.

hat·tet [ハッテット] ‡haben (持っている)の2人称複数 過去.（⦅こ⦆完了の助動詞 ⦅☞ haben III）.

Hatz [ハッツ háts] 囡 -/-en ①⦅狩⦆追い出し猟. ②（犯人などの）追跡. ③⦅南ド・口語⦆せかせか(やきもき)すること.

Hau·be [ハオベ háubə] 囡 -/-n ① 頭巾(￥ん)．(昔は既婚婦人がかぶっていた). ein Mädchen⁴ unter die *Haube* bringen ⦅口語・戯⦆娘を結婚させる / unter die *Haube* kommen ⦅口語・戯⦆(女性が)結婚する. ②（一般に:) 帽子, フード；（水泳・入浴用の）キャップ. Schwesternhaube ナースキャップ. ③（頭巾状のもの:)（コーヒー沸かしなどの）保温カバー（＝Kaffee*haube*）;（ボンネット型の）ヘアドライヤー；（自動車の）ボンネット；（鳥の)とさか. Die *Haube* schließt nicht. ボンネットが閉まらない.

Haube

Hau·bit·ze [ハオビッツェ haubítsə] 囡 -/-n ⦅軍⦆榴弾(ゅぅだん)砲.

Hauch [ハオホ háux] 男 -[e]s/-e ⦅雅⦆① 息, 呼吸, いぶき. den letzten *Hauch* von sich geben 息を引き取る, 死ぬ. ② 微風, かすかな香り. ein *Hauch* von Rosen ほのかなばらの香り. ③ 薄く漂うもの；薄い膜(層)；かすかな兆し；気配, 雰囲気. einen *Hauch* Rouge auf|legen うっすらと口紅を塗る / der *Hauch* eines Lächelns かすかな笑み.

hauch⊿dünn [ハオホ・デュン] 形 非常に薄い. ein *hauchdünner* Sieg (ﾆｭｰ・隠語) 辛勝.

hau・chen [ハオヘン hǎuxən] I 自 (h) (…へ) 息を吐きかける. **auf** den Spiegel (**gegen** die Scheibe) *hauchen* 鏡に(窓ガラスに)息を吐きかける / **in** die Hände *hauchen* 両手に息を吐きかける. II 他 (h) ささやくように言う. 人³ 事⁴ **ins** Ohr *hauchen* 人³の耳に事⁴をささやく / 人³ einen Kuss **auf** die Stirn *hauchen*《雅・比》人³の額にそっとキスをする.

hauch⊿fein [ハオホ・ファイン] 形 ごく薄い; ごく細かい.

hauch⊿zart [ハオホ・ツァールト] 形 (織物などが)ごく薄地の.

Hau・de・gen [ハオ・デーゲン] 男 -s/- ① (両刃の)剣. ② 勇猛な戦士, 古つわもの.

Haue [ハオエ hǎuə] 女 -/-n ① 《南ドィッ・ｵｰｽﾄﾘｱ》くわ(鍬). ② 《覆ない》《俗》殴打, なぐること.

*✻**hau・en**⁽⁎⁾ [ハオエン hǎuən] (haute または hieb, *hat*…gehauen (方: gehaut)) I 他 (完了 haben) ① 〖過去 haute (まれに hieb)〗《口語》(子供など⁴を)たたく, なぐる, ぶつ. 《☆ *hit*). Er *hat* den Jungen immer wieder *gehauen*. 彼は息子を何度もひっぱたいた / 人³ eine⁴ *hauen* 人³に一発くらわす / 人⁴ **zu** Brei *hauen* 《俗》人³をこてんこてんにぶちのめす. ◊《相互的に》Die Schüler *hauten* sich⁴. 生徒たちがなぐり合いをした. ② 〖過去 haute〗《A⁴ **in** B⁴ ～ 》《口語》(A⁴をB⁴へ)打ち込む. Er *haute* den Nagel in die Wand. 彼は壁にくぎを打ち付けた. ③ 〖過去 haute〗 切って(削って)作り出す. ein Loch⁴ **ins** Eis *hauen* 氷に穴をあける / eine Büste⁴ in Marmor *hauen* 大理石で胸像を彫る. ④ 〖過去 haute〗《方向を表す語句とともに》《俗》(物⁴を…へ)ほうり投げる. die Mappe⁴ **auf** den Tisch *hauen* 書類かばんを机の上にほうり投げる. ◊《再帰的に》*sich*⁴ aufs Bett *hauen* ベッドに身を投げる. ⑤ 〖過去 haute〗《方》(木・石など⁴を)切る, (まき⁴を)割る; (肉など⁴を)細かく刻む; (草⁴を)刈る.

II 自 (完了 haben または sein) ① (h) 〖過去 haute (まれに hieb)〗《方向を表す語句とともに》《口語》(…を)なぐる, ぶつ. Ich *haute* ihm **ins** Gesicht. 私は彼の顔をなぐった. ② (h) 〖過去 hieb (口語: haute)〗《方向を表す語句とともに》(剣・棒などで…へ)切りかかる, 打ちかかる. Er *hieb* mit dem Säbel **auf** den Feind. 彼はサーベルで敵に切りつけた / mit dem Stock **um** sich *hauen* 棒を振り回す. ③ (h) 〖過去 haute または hieb〗《方向を表す語句とともに》《口語》(…を)どんとたたく. mit der Faust **auf** den Tisch (**gegen** die Tür) *hauen* こぶしで机を(ドアを)どんとたたく. ④ (s) 〖過去 haute〗《方向を表す語句とともに》(…へ激しく)落下する; 《略》(…へ)ぶつかる. Das Flugzeug *haute* **in** den Acker. 飛行機は畑に墜落した / mit dem Kopf **an** die Wand *hauen* 頭を壁

にぶつける.

Hau・er [ハオアァ hǎuər] 男 -s/- ① (坑)〖熟練〗採鉱夫. ② 《狩》(雄いのししの)きば. ③ 《南ドィッ・ｵｰｽﾄﾘｱ》ぶどう栽培農家.

Häuf・chen [ホイフヒェン hǒyfçən] 中 -s/- (Haufen の 縮小) 小さなかたまり, 小さな堆積 (益). wie ein *Häufchen* Elend (または Unglück)《口語》惨めな姿で.

häu・feln [ホイフェルン hǒyfəln] 他 (h) ① 《園・農》(じゃがいもなどに)土寄せをする. ② (干し草など⁴を)積み上げる.

*✻*der* **Hau・fen** [ハオフェン hǎufən] 男 (単 2) -s/-(複) - ① 積み重ね, 堆積(益), (物を積み重ねてできた)山. 《☆ *heap*). Misthaufen 積み上げた堆肥(た) / ein *Haufen* Getreide 穀物の山 / einen *Haufen* machen (口語・婉曲)くそをする / 物⁴ **auf** einen *Haufen* legen 物⁴を山積みにする / das Heu⁴ **in** *Haufen* setzen 干し草を山積みにする / 人⁴ **über** den *Haufen* rennen (fahren)(口語)人⁴を突き倒す(車でひく) / einen Plan über den *Haufen* werfen 《口語・比》計画をご破算にする. ② 《口語》たくさん. Er hat einen *Haufen* Schulden. 彼には借金が山ほどある. ③ 群れ, 集団; (兵隊言葉:) 小隊. in hellen *Haufen* 大勢群れをなして.

häu・fen [ホイフェン hǒyfən] I 他 (h) 山のように積み上げる, 山積みする. das Essen **auf** den Teller *häufen* 皿に料理を山のように盛る / Vorwürfe⁴ auf 人⁴ *häufen*《比》人⁴に非難を集中する. II 再帰 (h) *sich*⁴ *häufen* 山積みになる, 山のように集まる; 増加する. Die Spenden *häufen* sich zu Bergen. 寄付金が山ほど集まった.

hau・fen⊿wei・se [ハオフェン・ヴァイゼ] 副《口語》群れ(集団)をなして; 山のように, どっさりと.

Hau・fen⊿wol・ke [ハオフェン・ヴォルケ] 女 -/-n 積雲.

Hauff [ハオフ hǎuf] -s/《人名》ハウフ (Wilhelm *Hauff* 1802-1827; ドイツの詩人・童話作家).

*✻**häu・fig** [ホイフィヒ hǒyfɪç] I 形 たびたびの, たび重なる. 《☆ *frequent*). *häufige* Besuche たびたびの訪問 / ein *häufiger* Fehler よくある間違い.

II 副 しょっちゅう. (ｺｯｰ「まれに」は selten). Er kommt *häufig* zu spät zur Schule. 彼はしょっちゅう学校に遅刻する. (☞ 類語 oft).

Häu・fig・keit [ホイフィヒカイト] 女 -/-en 《ふつう 単》頻繁さ, 頻発(益); 度数, 頻度.

Häu・fung [ホイフング] 女 -/-en ① 積み重ね, 蓄積; 大量貯蔵. ② 増加; 頻発(益).

*✻*das* **Haupt** [ハオプト hǎupt] 中 (単 2) -es (まれに -s)/(複) Häupter [ホイプタァ] (3 格のみ Häuptern)《雅》① 頭. 《☆ *head*). das *Haupt*⁴ neigen 頭をたれる, うなだれる / Er schüttelte verzweifelt sein *Haupt*. 彼は絶望的に頭を振った / ein graues *Haupt* 白髪の老人 / die *Häupter* der Berge²《比》山々の頂(峰) / **an** *Haupt* und Gliedern 徹底的に,

Haupt.., haupt..

完全に / 八⁴ **aufs** *Haupt* **schlagen** 八⁴を完全に打ち負かす / **mit bloßem** *Haupt* 無帽で / **zu** *Häupten* **des Toten** 死者の枕(⁶ₖ)もとに. (☞ 類語 **Kopf**). ② 頭(⁶ₖ), 首長, 頭目, 頭領. **das** *Haupt* **der Familie**² 家長.

Haupt.., haupt.. [ハオプト.. háupt..] 《名詞・形容詞につける 接頭》《頭の・主要な・中央の・最大(最高)の》例: *Haupt*bahnhof 中央駅 / *haupt*sächlich 主として.

Haupt⹀au·gen·merk [ハオプト・アオゲンメルク] 中 -[e]s/ 特別の注意, 主眼. **das** *Hauptaugenmerk*⁴ **auf** 物⁴ **richten** 物⁴に特別の注意を払う.

* *der* **Haupt⹀bahn·hof** [ハオプト・バーンホーフ háupt-ba:nho:f] 男 (単2) -[e]s/ (複) ..höfe [..へーふェ] (3格のみ ..höfen) (大都市の) **中央駅** (略: Hbf.). (英 *main station*). Wie kommt man **zum** *Hauptbahnhof*? 中央駅へはどう行ったらよいでしょうか.

Haupt⹀be·ruf [ハオプト・ベルーふ] 男 -[e]s/- 本職, 本業.

haupt⹀be·ruf·lich [ハオプト・ベルーふりヒ] 形 本職の, 本業の.

Haupt⹀be·stand·teil [ハオプト・ベシュタントタイる] 男 -[e]s/-e 主成分; 主要な構成要素.

Haupt⹀buch [ハオプト・ブーフ] 中 -[e]s/..bücher 《商》原簿, 元帳, 台帳.

Haupt⹀dar·stel·ler [ハオプト・ダールシュテらァ] 男 -s/- 《劇・映》主演俳優. (〈⚠〉 女性形は **Hauptdarstellerin**).

Haupt⹀ein·gang [ハオプト・アインガング] 男 -[e]s/..gänge 中央(正面)入口.

Häup·ter [ホイプタァ] * **Haupt** (頭)の 複

Haupt⹀fach [ハオプト・ふァッハ] 中 -[e]s/..fächer ① (大学での)主専攻. (〈⚠〉「副専攻」は **Nebenfach**). **Er studiert Geschichte im** (または **als**) *Hauptfach*. 彼の主専攻は歴史だ. ② (高校までの学校の)主要科目.

Haupt⹀fi·gur [ハオプト・ふィグーァ] 女 -/-en (小説などの)主人公, 主要人物; 中心人物.

Haupt⹀ge·bäu·de [ハオプト・ゲボイデ] 中 -s/- 本館.

Haupt⹀ge·richt [ハオプト・ゲリヒト] 中 -[e]s/-e (料理の)メインディッシュ, メインコース.

Haupt⹀ge·schäft [ハオプト・ゲシェふト] 中 -[e]s/-e (企業などの)本社, 本店.

Haupt⹀ge·winn [ハオプト・ゲヴィン] 男 -[e]s/-e (くじ・懸賞の)大当たり, 1 等賞.

Haupt⹀grund [ハオプト・グルント] 男 -[e]s/..gründe 主な理由(原因).

Häupt·ling [ホイプトリング hóyptlɪŋ] 男 -s/-e 族長, 酋長;(盗賊などの)頭目, 頭(⁶ₖ).

Haupt⹀mahl·zeit [ハオプト・マールツァイト] 女 -/-en 正餐(ばん) (一日の内の主な食事. ドイツでは主に昼食).

Haupt⹀mann¹ [ハオプト・マン] 男 -[e]s/..leute 《軍》陸軍(空軍)大尉; 中隊長.

Haupt·mann² [ハオプト・マン háupt-man] -s/《人名》ハウプトマン (Gerhart *Hauptmann* 1862-1946; ドイツの劇作家. 1912 年ノーベル文学賞).

Haupt⹀merk·mal [ハオプト・メルクマーる] 中 -[e]s/-e 主な特徴.

Haupt⹀nen·ner [ハオプト・ネンナァ] 男 -s/- 《数》公分母.

Haupt⹀per·son [ハオプト・ペルゾーン] 女 -/-en 主役, 主人公; 主要人物.

Haupt⹀post·amt [ハオプト・ポストアムト] 中 -[e]s/..ämter 中央郵便局.

Haupt⹀pro·be [ハオプト・プローベ] 女 -/-n 《劇・音楽》本げいこ, ゲネプロ.

Haupt⹀quar·tier [ハオプト・クヴァルティーァ] 中 -s/-e 《軍》司令部.

Haupt⹀rol·le [ハオプト・ロれ] 女 -/-n 主役. **in** (または **bei**) 事³ **die** *Hauptrolle*⁴ **spielen** 事³において中心的役を演じる.

* *die* **Haupt⹀sa·che** [ハオプト・ザッヘ háupt-zaxə] 女 (単) -/(複) -n **主要(重要)なこと, 本題**. **Die** *Hauptsache* **ist, dass**... 肝心なのは…だ / **in der** *Hauptsache* 主として, とりわけ / **zur** *Hauptsache* **kommen** 本題に入る.

* **haupt⹀säch·lich** [ハオプト・ゼヒりヒ háupt-zɛçlɪç] I 副 主として, おもに, とりわけ. (英 *mainly*). **Dieses Theater spielt** *hauptsächlich* **moderne Stücke.** この劇場は主として現代劇を上演している.

II 形 主要な, おもな, 重要な. (英 *main*). **meine** *hauptsächliche* **Arbeit** 私のおもな仕事.

Haupt⹀sai·son [ハオプト・ゼゾーン] 女 -/-s (南ドィッ・ォーストリ: -en も) (観光シーズンなどの)最盛期.

Haupt⹀satz [ハオプト・ザッツ] 男 -es/..sätze ① 《言》主文[章]. (〈⚠〉「副文[章]」は **Nebensatz**). ② (学問の)基本原則. ③ 《音楽》主要楽節.

Haupt⹀schlag·ader [ハオプト・シュらークアーダァ] 女 -/-n 《医》大動脈.

Haupt⹀schlüs·sel [ハオプト・シュりュッセる] 男 -s/- マスターキー.

Haupt⹀schuld [ハオプト・シュるト] 女 -/ 主な責任(責務).

Haupt⹀schul·di·ge[r] [ハオプト・シュるディゲ (..ガァ)] 男 女 《語尾変化は形容詞と同じ》主な責任(責務)を負う人;《法》主犯.

Haupt⹀schu·le [ハオプト・シューれ] 女 -/-n 基幹学校(基礎学校 4 年終了後の 5 学年から 9 学年まで;「ドイツ連邦共和国の教育制度」☞ 巻末付録, 1810 ページ).

* *die* **Haupt⹀stadt** [ハオプト・シュタット háupt-ʃtat] 女 (単) -/(複) ..städte [..シュテーテ または ..シュテッテ] (3格のみ ..städten) **首都, 首府** (略: Hptst.). (英 *capital*). **Die** *Hauptstadt* **Japans ist Tokio.** 日本の首都は東京だ.

Haupt⹀städ·tisch [ハオプト・シュテーティッシュ] 形 首都の.

* *die* **Haupt⹀stra·ße** [ハオプト・シュトラーセ háupt-ʃtra:sə] 女 (単) -/(複) -n **本通り**, メイ

ンストリート, 目抜き通り, 幹線道路. (㊇ main street). die Geschäfte **auf** der *Hauptstraße* 目抜き通りの商店.

Haupt⹀teil [ハオプト・タイル] 男 -[e]s/-e 主要部分.

Haupt⹀the·ma [ハオプト・テーマ] 中 -s/..themen 主要テーマ.

Haupt⹀tref·fer [ハオプト・トレッふァ] 男 -s/- (くじ・懸賞の)大当たり, 1 等賞.

Haupt⹀ver·kehrs·stra·ße [ハオプト・フェアケーァス・シュトラーセ] 女 -/-n 幹線道路.

Haupt⹀ver·kehrs·zeit [ハオプト・フェアケーァス・ツァイト] 女 -/-en ラッシュアワー.

Haupt⹀ver·samm·lung [ハオプト・フェアザムるンぐ] 女 -/-en (経) 総会; 株主総会.

Haupt⹀werk [ハオプト・ヴェルク] 中 -[e]s/-e ① 主要作品. ②《音楽》(オルガンの)主鍵盤(ばん). ③ (大企業の)本社工場.

Haupt⹀wort [ハオプト・ヴォルト] 中 -[e]s/..wörter 〔言〕名詞 (=Substantiv).

Haupt⹀zeu·ge [ハオプト・ツォイゲ] 男 -n/-n 《法》主要(重要)証人.

Haupt⹀zweck [ハオプト・ツヴェック] 男 -[e]s/-e 主[要]目的.

hau ruck! [ハオ ルック háu rúk] 間 (力仕事の掛け声で)よいしょ, それ.

das **Haus** [ハオス háus]

家	Er hat ein eigenes *Haus*.
	エァ ハット アイン **ア**イゲネス ハオス
	彼には自分の家がある.

格	単		複	
1	das	Haus	die	Häuser
2	des	Hauses	der	Häuser
3	dem	Haus	den	Häusern
4	das	Haus	die	Häuser

中 (単2) -es/(複) Häuser [ホイザァ] (3 格のみ Häusern) ① 家, 建物; (建物としての)住宅. (㊇ house). ein modernes *Haus* モダンな家 / *Haus* und Hof 家屋敷 / 物⁴ frei *Haus* liefern 物⁴を無料で配達する.

◊〖動詞の目的語として〗ein *Haus*⁴ **bauen** (**bewohnen**) 家を建てる(家に住む) / Häuser⁴ auf 人⁴ bauen 《比》人³を無条件に信頼する (←人³の上に家を建てる) / ein eigenes *Haus*⁴ **besitzen** (または **haben**) わが家を持つ / 人³ das *Haus*⁴ **ein|rennen** (または **ein|laufen**)《口語》人³の家にうるさく押しかける / das *Haus*⁴ **hüten** (特に病気などで)家に引きこもっている / ein *Haus*⁴ **mieten** (**vermieten**) 家を借りる(貸す) / 人³ das *Haus*⁴ **verbieten** 人³に家への出入りを禁じる.

◊〖前置詞とともに〗mit 人³ *Haus* **an** *Haus* wohnen 人³と隣り合って住む / **aus** dem *Haus* gehen 外出する / Wir essen heute **außer** *Haus*[e]. 私たちはきょうは外食します / Wir wohnen **in** einem alten *Haus*. 私たちは古い家に住んでいます / 人³ **ins** *Haus* platzen (または **schneien** または **geschneit kommen**)《口語》人³の家に突然やって来る / Eine Feier steht [uns³] ins *Haus*.《口語》祝典が[私たちの]間近に迫っている / **nach** *Haus*[e] gehen (または **kommen**) 家へ帰る, 帰宅する, 帰郷する / 人⁴ nach *Haus*[e] begleiten (または **bringen**) 人⁴を家に送って行く / Kommen Sie gut nach *Haus*[e]! ご無事でお帰りください / **von** *Haus* **zu** *Haus* 家から家へと.

◊〖**zu** *Haus*[e] の形で〗㋐ 在宅している, 家にいる. *zu Haus*[e] bleiben 自宅にとどまる / Ich bin heute nicht *zu Haus*[e]. 私はきょうは家におりません / Ich bin heute für niemanden *zu Haus*[e]. 私はきょうはだれが来ても会わない / Fühlen Sie sich wie *zu Haus*[e]! どう

ドイツ・ミニ情報 11

家 Haus

衣食住の中で, ドイツ人が最もお金をかけるのは何といっても住居であろう. 南部の山岳地帯を除き, 国土のほとんどが居住可能な起伏の穏やかな地形なので, 土地は充分にあるし比較的安価である. 広い敷地の一軒家に, 好みの家具調度をそろえて自分の空間を楽しむ. 基礎工事だけ専門家に頼み, あとは時間をかけて自分で建てる人も少なくない. 都市部では集合住宅が多いが, 賃貸で部屋を借りる場合も個性的な住まいづくりに余念がない.

家で家族と過ごすプライベートな時間が多いという生活条件も, 住まいへの執着に拍車をかけている. 週休 2 日が定着し, 週 35 時間労働のところも多い上に, 一極集中型ではなく地方都市が発達していることから住居と職場が近く, 通勤に時間をとられない. 残業や, 会社帰りに同僚と飲んだり道することも少なく, 学校の授業も通常昼食前には終わり, 大人も子供も早い時間帯に家へ帰って来る. 私的生活を何よりも大事にし, その中心が家なのである.

個々の家だけでなく, ドイツは町全体の景観がどこも美しい. 各市町村が家の高さや, 場合によっては屋根の色から窓の大きさに至るまで, 都市計画条例でこと細かに規制しており, 町全体が調和を保っているからだ. 原則として電線はすべて地下に埋めるため, 電柱がない. 土地の区画も秩序正しく, 通りの名称と家屋番号だけでシステマティックに住所が決められている. ドイツの街並みの美しさは世界でも有名だが, 数々の規制や住民の日頃の努力の結果だといえる.

そお楽になさってください(←自分の家にいるように) / *zu Haus[e]* an|rufen 家に電話をかける / von *zu Haus* kommen 自宅から来る.

④ 定住している，郷里にいる；(習慣などが)行われている．Sie ist in Berlin *zu Hause*. 彼女はベルリンに住んでいる(ベルリンが郷里だ) / Dieser Brauch ist dort noch *zu Hause*. この習慣はそこではまだ続いている．

⑦《口語》精通している．auf einem Gebiet *zu Hause* sein ある領域に精通している / Sie ist **in** vielen Sprachen *zu Hause*. 彼女は多くの外国語に通じている．

② 家事，家政，所帯．ein großes *Haus*⁴ führen (しばしば客を招いたりして)はでに暮らす．

③《雅》家系；家庭．das *Haus* Habsburg ハープスブルク家 / Er ist **aus** gutem *Hause*. 彼は良家の出である / **von** *Haus[e]* **aus** 生まれつき，元来．

④《口語》(総称として:)(家屋の)居住者たち．Das ganze *Haus* lief auf die Straße. 全居住者が通りへ走り出た．

⑤ (一定の目的のための建物:)会館，劇場，教会，国会(議事堂)；(総称として:)(劇場などの)観衆．das *Haus* des Herrn《雅》教会 (=Kirche)(←主の家) / das hohe *Haus* 国会 / das erste *Haus* am Platz 当地第一級の店(ホテル) / Das *Haus* klatschte Beifall. 観衆は拍手を送った．⑥ 会社；(総称として:)従業員．Er ist außer *Haus[e]*. 彼は今社内にいません．⑦《戯》やつ．Er ist ein fideles *Haus*. あいつは陽気なやつだ．⑧《天》(十二宮の)宮，宿．

Haus hal·ten《成句的に》mit 物³ *Haus halten* 物³(お金・時間などを)節約(倹約)する．(メモ haus|halten ともつづる．)

(メモ) ..**haus**のいろいろ: Bauern*haus* 農家 / Einfamilien*haus* 一世帯用住宅 / Fertig*haus* プレハブ家屋 / Gäste*haus* ゲストハウス / Geburts*haus* 生家 / Hoch*haus* 高層ビル / Kranken*haus* 病院 / Miets*haus* 賃貸アパート / Rat*haus* 市庁舎 / Reform*haus* 自然食品店 / Reihen*haus* テラスハウス / Schul*haus* 校舎 / Wochenend*haus* 週末用別荘 / Wohn*haus* 住宅．

(類語) das **Haus**: 「一戸建ての家屋」を意味する一般的な語．die **Wohnung**: (大きなアパートなどの一区画の)住宅．(☞ Wohnung (メモ))．das **Heim**: (わが家のニュアンスをもつ)ホーム．der **Bau**:

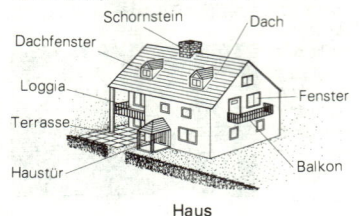

(一般的に)建造物．das **Gebäude**: (おもに公共の)建物，ビルディング．

Haus⸗an·ge·stell·te [ハオス・アンゲシュテルテ] 囡《語尾変化は形容詞と同じ》お手伝いさん．

Haus⸗an·schluss [ハオス・アンシュルス] 男 -es/..schlüsse (電気・電話の)引込線，(水道の)給水管，(ガスの)供給管．

Haus⸗an·schluß 新形 ☞ Hausanschluss

Haus⸗apo·the·ke [ハオス・アポテーケ] 囡 -/-n 家庭常備薬，家庭用救急箱．

Haus⸗ar·beit [ハオス・アルバイト] 囡 -/-en ① 家事．② (学校の)宿題．

Haus⸗ar·rest [ハオス・アレスト] 男 -[e]s/-e 自宅監禁，禁足．

Haus⸗arzt [ハオス・アールツト] 男 -es/..ärzte かかりつけの医者，ホームドクター．

Haus⸗auf·ga·be [ハオス・アオフガーベ] 囡 -/-n《ふつう 複》宿題．*Hausaufgaben*⁴ machen 宿題をする．

haus⸗ba·cken [ハオス・バッケン] 形 ① 平凡な，月並みな，ぱっとしない．②《古》自家焼きの，手製の(パンなど)．

Haus⸗be·set·zung [ハオス・ベゼツツング] 囡 -/-en 家屋不法占拠．

Haus⸗be·sit·zer [ハオス・ベズィッツァァ] 男 -s/- 家主，家屋所有者．(メモ 女性形は Hausbesitzerin．)

Haus⸗be·such [ハオス・ベズーフ] 男 -[e]s/-e (医者の)往診，(ケースワーカーなどの)家庭訪問．

Haus⸗be·woh·ner [ハオス・ベヴォーナァ] 男 -s/- 同じ建物に住んでいる人．

Häus·chen [ホイスヒェン hɔ́yscən] 中 -s/- (Haus の縮小) ① 小さな家．ganz **aus** dem *Häuschen* sein《口語》(喜びのあまり)すっかり興奮している，われを忘れている / Das bringt mich ganz aus dem *Häuschen*.《口語》それは私を有頂天にさせる．②《口語》(家の外にある)便所．

haus⸗ei·gen [ハオス・アイゲン] 形 (ホテル・会社などの)自家専用の．

hau·sen [ハオゼン háuzən] 自 (h)《口語》① (みすぼらしい家などに)住む，居住する．② (盗賊などが)乱暴を働く；(あらしなどが)荒れ狂う．

Häu·ser [ホイザァ] 複 Haus (家)の複数．

Häu·ser⸗block [ホイザァ・ブロック] 男 -[e]s/-s (まれに: ..blöcke) (道路で区切られた)1 区画の家屋群，街区，ブロック．

Schornstein
Dach
Dachfenster
Loggia
Fenster
Terrasse
Haustür
Balkon
Haus

都市の家並み

Reihenhaus
Hochhaus

Häu·ser≠meer [ホイザァ・メーァ] 中 -[e]s/ 海のように広がる家並み.

Haus≠flur [ハオス・ふルーァ] 男 -[e]s/-e 玄関の間(ま).

die **Haus≠frau** [ハオス・ふラオ háus-frau] 女(単) -/(複) -en ① 主婦. (英 housewife). Sie ist berufstätig, *Hausfrau* und Mutter. 彼女は仕事を持っている上に主婦でもあり母親でもある. ② 《南ドィッ・オーストリア》《女性の》家主.

haus≠frau·lich [ハオス・ふラオリヒ] 形 主婦の, 主婦としての.

Haus≠freund [ハオス・ふロイント] 男 -[e]s/-e ① 家族全員の友人. ② 《戯·婉曲》既婚婦人の愛人.

Haus≠frie·dens·bruch [ハオス・ふリーデンスブルフ] 男 -es/ 《法》宅宅(住居)侵入[罪].

Haus≠ge·brauch [ハオス・ゲブラオホ] 男 -[e]s/ 家庭での使用, 自家用. Gemüse für den *Hausgebrauch* 自分の家で食べる野菜.

Haus≠ge·hil·fin [ハオス・ゲヒるふィン] 女 -/ ..finnen お手伝いさん, 家政婦.

haus≠ge·macht [ハオス・ゲマハト] 形 自家製の. *hausgemachte* Wurst ホームメイドのソーセージ.

der **Haus≠halt** [ハオス・はルト háus-halt] 男(単2) -[e]s/(複) -e (3格のみ -en) ① 家政, 家事, 家計. 人³ den *Haushalt* führen 人³ のために家政を見る, 家事を切り盛りする / Die Kinder helfen ihrer Mutter³ im *Haushalt*. 子供たちがお母さんの家事を手伝う. ② 世帯. ein *Haushalt* von fünf Personen 5 人所帯. ③ 《経》《国·州などの》財政, 予算. über den *Haushalt* beraten 予算を審議する.

haus|hal·ten* [ハオス・はるテン háus-hàltən] 自(h) 《ふつう不定詞の形で》節約(倹約)する; 《時間などを》やりくりする. Er *kann* mit seinem Geld nicht *haushalten*. 彼はお金を倹約できない. (☞ Haus halten ともつづる) ☞ Haus

Haus≠häl·te·rin [ハオス・ヘるテリン] 女 -/ ..rinnen 家政婦, ハウスキーパー.

haus≠häl·te·risch [ハオス・ヘるテリッシュ] 形 やりくりの上手な, つましい.

Haus·halts≠ar·ti·kel [ハオスハるツ・アルティーケる] 男 -s/- 《ふつう複》家庭用品(食器·料理用品など).

Haus·halts≠geld [ハオスハるツ・ゲると] 中 -[e]s/-er 《ふつう単》家計費.

Haus·halts≠hil·fe [ハオスハるツ・ヒるふェ] 女 -/-n お手伝いさん, 家政婦.

Haus·halts≠jahr [ハオスハるツ・ヤール] 中 -[e]s/-e ①《経·政》会計年度. ②《若い女性の》家事見習いの1年.

Haus·halts≠plan [ハオスハるツ・プらーン] 男 -[e]s/..pläne 《経·政》《国·自治体の》予算案.

Haus·halts≠wa·ren [ハオスハるツ・ヴァーレン] 複 家庭用品(食器·料理用品など).

Haus≠hal·tung [ハオス・はるトゥング] 女 -/ -en 家政, 家計; 財政.

Haus≠herr [ハオス・ヘル] 男 -n/-en ① 一家の主人; 《法》世帯主. ②《南ドィッ·オーストリア》家主. ③《ニズャ·隠語》ホームチーム.

haus≠hoch [ハオス・ホーホ] Ⅰ 形 非常に高い (←家と同じくらい). *haushohe* Flammen めらめらと燃え上がる炎. Ⅱ 副 著しく. *haushoch* verlieren 大敗を喫する.

hau·sie·ren [ハオズィーレン hauzíːrən] 自(h) 行商する. mit 物·事³ *hausieren* a) 物³を家から家へと売り歩く, b)《口語·比》事³をふいちょうして回る.

Hau·sie·rer [ハオズィーラァ hauzíːrər] 男 -s/- 行商人, (戸別訪問の)セールスマン.

Haus≠leh·rer [ハオス・れーラァ] 男 -s/- (おかかえの)家庭教師. (☞ 女性形は Hauslehrerin).

***häus·lich** [ホイスリヒ hóyslıç] 形 ① 家の, 家庭の, 家族の. (英 domestic). *häusliches* Glück 家庭の幸せ / am *häuslichen* Herd 《雅》わが家で(←家のかまどのそばで). ② 家庭的な; やりくり上手な, 所帯持ちのよい. Er ist ein *häuslicher* Typ. 彼は家庭的なタイプだ.

Häus·lich·keit [ホイスリヒカイト] 女 -/-en ① 家庭に(好んで)いること. ② 家庭的なこと; やりくりがうまいこと.

Haus·ma·cher≠art [ハオスマッハァ・アールト] 女 《成句的に》nach *Hausmacherart* ホームメイド風の.

Haus·ma·cher≠wurst [ハオスマッハァ・ヴルスト] 女 -/..würste 自家製ソーセージ.

Haus≠mann [ハオス・マン] 男 -[e]s/..männer ① (勤めに出ないで)家事をする夫, 主夫. ② ビルなどの管理人.

Haus·manns≠kost [ハオスマンス・コスト] 女 -/ (簡単で滋養のある)家庭の常食, 簡素な家庭料理;《比》平凡なもの.

Haus≠mar·ke [ハオス・マルケ] 女 -/-n ① (家財·家具などに付けた)屋号マーク(印(しるし)); (会社の)独特の商品. ②《口語》愛用のブランド(銘柄); (レストランなどの)安く飲めるワイン.

Haus≠meis·ter [ハオス・マイスタァ] 男 -s/- ① ビルなどの管理人. ②《ドイッ》家主.

Haus≠mit·tel [ハオス・ミッテる] 中 -s/- 家庭薬.

Haus≠müll [ハオス・ミュる] 男 -/ 家庭ごみ.

Haus≠mu·sik [ハオス・ムズィーク] 女 -/ ホームコンサート, 家庭音楽[会].

Haus≠num·mer [ハオス・ヌンマァ] 女 -/-n 家の番号, 番地.

Haus≠ord·nung [ハオス・オルドヌング] 女 -/ -en 居住者心得, 館内(社内)規則.

Haus≠putz [ハオス・プッツ] 男 -es/ 大掃除.

Haus≠rat [ハオス・ラート] 男 -[e]s/ 家財道具.

Haus≠recht [ハオス・レヒト] 中 -[e]s/ 《法》家宅不可侵権.

Haus≠schlüs·sel [ハオス・シュリュッセる] 男 -s/- 家[の玄関]の鍵(かぎ).

Haus≠schuh [ハオス・シュー] 男 -[e]s/-e 上靴, 室内ばき.

Haus·se [ホーセ hóːsə または オース óːs] 《フランス語》女 -/-n [..セン]《経》好景気; (株価の)値上がり.

Haus≈se·gen [ハオス・ゼーゲン] 男 -s/- (昔の:)(ドア・壁の正面に掲げてある)祝福の銘. Bei ihm hängt der *Haussegen* schief.《口語》彼の家庭にはいさかいが絶えない.

Haus≈stand [ハオス・シュタント] 男 -[e]s/《雅》所帯, 家族; 家政, 家計. einen eigenen *Hausstand* gründen 所帯を持つ.

Haus≈su·chung [ハオス・ズーフング] 女 -/-en 家宅捜索.

Haus≈tier [ハオス・ティーア] 中 -[e]s/-e 家畜; ペット, 愛玩(あいがん)動物.

Haus≈tor [ハオス・トーア] 中 -[e]s/-e (家の)[表]門.

die **Haus≈tür** [ハオス・テューア háus-ty:r] 女 (単) -/(複) -en (建物の)**玄関のドア**, 戸口. (←「(住まいの)玄関のドア」は Wohnungstür). Die *Haustür* stand offen. 玄関のドアは開いていた / an der *Haustür* klingeln 玄関のベルを鳴らす.

Haus≈ver·bot [ハオス・フェアボート] 中 -[e]s/-e (住居・家屋への)立入禁止.

Haus≈ver·wal·ter [ハオス・フェアヴァるタァ] 男 -s/- 家屋管理人.

Haus≈wirt [ハオス・ヴィルト] 男 -[e]s/-e 家主;《古》家長. (←女性形は Hauswirtin).

Haus≈wirt·schaft [ハオス・ヴィルトシャふト] 女 -/-en ① 家政, 家事. *Hauswirtschaft* unterrichten 家庭科を教える. ②《経》自給自足経済.

die **Haut** [ハオト háut] 女 (単) -/(複) Häute [ホイテ] (3格のみ Häuten) ①《ふつう 単》(人間の)**皮膚**, 肌. 《口語》eine weiche *Haut* 柔らかい肌 / Seine *Haut* ist sehr empfindlich. 彼の皮膚はとても敏感だ / die *Haut*⁴ in der Sonne bräunen 日光で肌をきつね色に焼く / Er ist nur noch *Haut* und Knochen.《口語・比》彼はただもう骨と皮ばかりだ / seine *Haut*⁴ zu Markte tragen a)《口語》(他人のために)わが身を危険にさらす, b)《口語・戯》売春する, ストリッパーとして働く(← 自分の肌を市場に運ぶ).

◇《前置詞とともに》bis **auf** die *Haut* nass werden びしょぬれになる / auf der faulen *Haut* liegen《口語・比》のらくらしている / **aus** der *Haut* fahren《口語・比》激高する, かっとなる / nicht aus seiner *Haut* [heraus] können《口語・比》自分の殻を抜け出せない / Ich möchte nicht **in** seiner *Haut* stecken.《口語・比》私は彼の立場にはなりたくない / Mir ist nicht wohl in meiner *Haut*.《口語》私は自分の境遇に満足していない / in keiner gesunden *Haut* stecken《口語》病弱である / **mit** heiler *Haut* davon|kommen《口語・比》(危険などから)無事に脱出する, 罰せられずにすむ / mit *Haut* und Haar[en]《口語・比》ことごとく, すっかり, すべて / 《英》³ unter die *Haut* gehen《口語・比》³を深く感動させる.

② (動物の)皮, 毛皮; (果物・野菜などの)皮, 外皮. *Häute*⁴ gerben 皮をなめす. ③ (牛乳などの表面にできる)薄い膜. ④《覆 なし》(船などの)外板. ⑤《口語》やつ. eine lustige *Haut* おもしろいやつ.

Haut≈arzt [ハオト・アールツト] 男 -es/..ärzte 皮膚科医.

Haut≈aus·schlag [ハオト・アオスシュラーク] 男 -[e]s/..schläge 発疹(ほっしん), 皮疹.

Häut·chen [ホイトヒェン hóytçən] 中 -s/- (Haut の 縮小) 薄い皮; 皮膜.

Haut≈creme [ハオト・クレーム] 女 -/-s (化粧用の)スキンクリーム.

hau·te [ハオテ] *hauen (たたく) の 過去

Häu·te [ホイテ] *Haut (皮膚) の 覆

häu·ten [ホイテン hóytən] I 他 (h) (動物など⁴の)皮をはぐ. II 再帰 (h) *sich*⁴ *häuten* (蛇などが)脱皮する.

haut≈eng [ハオト・エング] 形 (衣服が)体にぴったり合った, スキンタイトの.

Haut≈far·be [ハオト・ふァルベ] 女 -/-n 皮膚の色.

haut≈freund·lich [ハオト・ふロイントりヒ] 形 肌(皮膚)に優しい.

Haut≈krank·heit [ハオト・クランクハイト] 女 -/-en 皮膚病.

Haut≈krebs [ハオト・クレープス] 男 -es/-e 皮膚癌(がん).

haut≈nah [ハオト・ナー] 形 ① 皮下の. ②《スポ・隠語》相手をぴったりマークしている. ③《口語》(描写などが)生々しい.

Haut≈pfle·ge [ハオト・プふれーゲ] 女 -/ 肌の手入れ, スキンケア.

Haut≈trans·plan·ta·ti·on [ハオト・トランスプらンタツィオーン] 女 -/-en《医》皮膚移植[術].

Häu·tung [ホイトゥング] 女 -/-en 皮をはぐこと;(動) 脱皮. die *Häutung* einer Schlange² 蛇の脱皮.

Ha·van·na [ハヴァンナ havána] I 中 -s/《都市名》ハバナ(キューバ共和国の首都). II 女 -/-s ハバナ産の葉巻. III 男 -s/ ハバナたばこ.

Ha·va·rie [ハヴァリー havarí:] 女 -/-n [..エン] ①《海》(船・航空機などの)破損, 事故; 海損;(大型機械などの)破損. ②《オーストリア》(自動車の)事故.

die **Ha·vel** [ハーふェる há:fəl] 女 -/《定冠詞とともに》《川名》ハーフェル川(エルベ川最大の右支流: 参照 地図 F-2).

Ha·waii [ハヴァイイ haváii または ハヴァイハイ] 中 -s/《地名》ハワイ[諸島].

Ha·xe [ハクセ háxə] 女 -/-n《南ドイツ》《料理》(子牛・豚などの)すね肉 (= Hachse);《口語・戯》(人間の)足.

Haydn [ハイドン háidn] -s/《人名》ハイドン (Franz Joseph *Haydn* 1732-1809; オーストリアの作曲家).

Hbf. [ハオプト・バーンホーふ]《略》中央駅 (= Hauptbahnhof).

H-Bom·be [ハー・ボンベ] 女 -/-n 水素爆弾 (= Wasserstoffbombe).

h. c. [ハー ツェー] [ハーツェー]《略》名誉のために (=

Heckenrose

honoris causa). Dr. h. c. 名誉博士.

H-Dur [ハー・ドゥーア] 中 -/《音楽》ロ長調（記号: H）.

he! [ヘー hé:] 間 ① (注意を促して:)おい, もし. ② (驚き・拒絶・立腹などを表して)へえー, ふん. *He*, was soll denn das? ふん, 何のつもりだい. ③ (付加疑問的に:)えっ. Wo kommst du her, *he*? 君はどこから来たんだい, えっ.

He [ハー・エー](化・記号) ヘリウム (＝Helium).

h. e. [ホック エスト] [ﾎｯｸ](略) すなわち (＝hoc est).

Hea·ring [ヒアリング híərɪŋ] [英] 中 -[s]/-s《政》公聴会, ヒアリング.

Heb:am·me [ヘープ・アンメ] 女 -/-n 助産婦, 産婆.

Heb·bel [ヘッべる hébəl] -s/《人名》ヘッベル (Friedrich *Hebbel* 1813-1863; ドイツの劇作家).

He·be:büh·ne [ヘーベ・ビューネ] 女 -/-n《工》(自動車などの)リフティングジャッキ, 巻き上げ機.

He·bel [ヘーべる hébəl] 男 -s/- てこ, ジャッキ;《物》[てこの]動力. den *Hebel* an|setzen a) てこを入れる, b)《口語・比》てこ入れする / alle *Hebel* in Bewegung setzen《口語・比》あらゆる手段を尽くす, 全力を傾ける. ② (機械などの)レバー, ハンドル. einen *Hebel* betätigen レバーを動かす.

He·bel:arm [ヘーべる・アルム] 男 -[e]s/-e《物》てこの腕.

＊**he·ben**＊ [ヘーベン hé:bən]

> 上げる　Das kann ich nicht *heben*.
> 　　　　ダス　カン　イヒ ニヒト　ヘーベン
> これは私には持ち上げられません.

(hob, *hat*...gehoben) I 他 (定了 haben) ① (人・物⁴を)上げる, 持ち上げる. (英 lift). die Hand⁴ *heben* 手を上げる / die Faust⁴ *heben* こぶしを振り上げる / die Augen⁴《雅》*heben* 目を上げる / Er hob mühelos den schweren Koffer. 彼は楽々とその重いスーツケースを持ち上げた / das Glas⁴ *heben* (乾杯のために:)グラスを上げる / einen *heben*《口語》一杯やる.

◇《前置詞とともに》人⁴ auf die Bahre *heben* 人⁴を担架にのせる /人⁴ auf die Schultern *heben* 人⁴を肩車する / Der Vater *hebt* das Kind aus dem Bett. 父親が子供をベッドから抱き上げる / den Ball über den Torwart ins Tor *heben* (サッカーで:)ゴールキーパーの頭を越えるループシュートをする.

② (沈没船⁴を)引き上げる; (財宝など⁴を)掘り出す. ein gesunkenes Schiff⁴ *heben* 沈没船を引き上げる.

③《比》(水準・気分など⁴を)高める, 向上させる. den Lebensstandard *heben* 生活水準を高める / Diese Werbung *hebt* den Umsatz. この宣伝は売り上げを伸ばす / Gewürze *heben* den Geschmack. 薬味は味を引きたてる.

II 再帰 (定了 haben) *sich*⁴ *heben* ① 上がる, 持ち上がる; (鳥などが)飛び立つ, (煙・霧などが)立ちのぼる;《雅》(塔などが)そびえ立つ. Die Schranke *hob sich* langsam. 遮断機がゆっくり上がった / Das Flugzeug *hob sich* in die Luft. 飛行機は空へ飛び立った.

② 《比》(水準・気分などが) 高まる, 向上する. Sein Wohlbefinden *hob sich* zusehends. 彼の健康状態は目に見えてよくなった / Der Handel *hat sich* in letzter Zeit sehr *gehoben*. 最近商売の売り上げはとても伸びた.

III 自 (定了 haben)《es *hebt* 人⁴ の形で》《口語》人⁴は吐き気がする.

◇☞ *gehoben*

> 類語 *heben*: 「持ち上げる」意味の一般的な語. *erheben*: *heben* のややおごそかな表現. das Glas⁴ *erheben* 乾杯する. *erhöhen*: (建物・壁などを)高くする. *steigern*: (値段などを)上げる. die Miete⁴ *steigern* 家賃を上げる.

He·ber [ヘーバァ hé:bər] 男 -s/- ① 《化》サイフォン; ピペット, スポイト. ② 《工》ジャッキ. ③ 重量挙げ選手 (＝Gewicht*heber*).

Heb·rä·er [ヘブレーァ hebré:ər] 男 -s/- (特に旧約聖書で:)ヘブライ人, イスラエルの民.

heb·rä·isch [ヘブレーイッシュ hebré:ɪʃ] 形 ヘブライ人(語)の.

He·bung [ヘーブング] 女 -/-en ① (沈没船などの)引き上げ, (宝物の)発掘. ② 《覆 なし》向上, 改善, 上昇. die *Hebung* des Lebensstandards 生活水準の向上. ③ 《地学》地殻の隆起. ④《詩学》強音部, 揚格.

He·chel [ヘッヒェる héçəl] 女 -/-n (麻などの)すき櫛(ぐ).

he·cheln¹ [ヘッヒェるン héçəln] I 他 (h) (麻などを)すく. II 自 (h)《über 人・事⁴ ～》《口語》《人・事⁴を》こきおろす.

he·cheln² [ヘッヒェるン] 自 (h) (犬などが)はっはっとあえぐ.

Hecht [ヘヒト héçt] 男 -[e]s/-e ① 《魚》カワカマス(淡水魚). ② 《口語》生きのいい若者. ③《口語》＝*Hecht*sprung ④ 《覆 なし》《俗》たばこのもうもうとした煙.

hech·ten [ヘヒテン héçtən] 自 (h) ① (水泳で:)えび形飛び込みをする; (体操で:)伸身(しんしん)跳びをする. ② (サッカーで:)(…へ)キーパーが頭から飛びついてセービングする.

Hecht:sprung [ヘヒト・シュプルング] 男 -[e]s/..sprünge (水泳の)えび形飛び込み, (体操の)伸身(しんしん)跳び.

Heck [ヘック hék] 中 -[e]s/-e (または -s)《海》船尾; (飛行機の)機尾; (自動車の)後部, テール.

＊*die* **He·cke**¹ [ヘッケ hékə] 女 -(単)/-(複) ① 生け垣; やぶ, 茂み. (英 *hedge*). Rosen*hecke* ばらの生け垣 / um den Garten eine *Hecke*⁴ an|legen 庭に生け垣をめぐらす.

He·cke² [ヘッケ] 女 -/-n 《古》① 繁殖(孵化(ふか))期; 繁殖地. ② (鳥・猫などの)一腹(の子).

he·cken [ヘッケン hékən] 他(h) (鳥・ねずみなどが)一度にたくさん子を産む, 繁殖する.

He·cken:ro·se [ヘッケン・ローゼ] 女 -/-n《植》イヌバラ(ノバラの一種).

He·cken≠**schüt·ze** [ヘッケン・シュッツェ] 男 -n/-n ゲリラ兵, 狙撃(そげき)兵.

Heck≠**mo·tor** [ヘック・モートァ] 男 -s/-en [..モトーレン] (自動車の)リヤエンジン.

he·da! [ヘーダ hé:da] 間 (注意を促して:)おーい, もしもし (=hallo!).

*das **Heer** [ヘーァ hé:r] 中 (単2) -[e]s/(複) -e (3格のみ -en) ① 軍隊, (特に:)陸軍 (= Armee). (英 army). das stehende *Heer* 常備軍. ② 大勢, 大群. ein *Heer* von Arbeitern 大勢の労働者.

Hee·res≠**lei·tung** [ヘーレス・らイトゥング] 女 -/-en (軍)司令部, 参謀本部.

Heer≠**füh·rer** [ヘーァ・ヒューラァ] 男 -s/- 軍司令官, 将軍.

Heer≠**schar** [ヘーァ・シャール] 女 -/-en 《ふつう 複》(古) 軍勢; (比) 多数, 群れ.

He·fe [ヘーフェ hé:fə] 女 -/(種類:) -n ① 酵母, イースト. ②(雅) 沈殿物, おり, かす. die *Hefe* des Volkes (比) 最下層民.

He·fe≠**teig** [ヘーフェ・タイク] 男 -[e]s/-e (パンなどの)イースト入りの生地.

‡das **Heft**¹ [ヘフト héft] 中 (単2) -[e]s/(複) -e (3格のみ -en) ノート, 帳面. (英 notebook). ein dünnes *Heft* 薄いノート / ein *Heft* für Rechenarbeiten 計算ノート / 物⁴ ins *Heft* schreiben 物⁴をノートに書く.
② (雑誌の)号, 分冊; (仮とじの)小冊子. Der Aufsatz erscheint in *Heft* 5. その論文は第5号に掲載される / in einzelnen *Heften* 分冊にして.

Heft² [ヘフト] 中 -[e]s/-e (雅) (道具・刃物の)柄, 取っ手; (比) 支配権. das *Heft* des Messers ナイフの柄 / das *Heft*⁴ in der Hand haben 支配権(実権)を握っている.

***hef·ten** [ヘフテン héftən] du heftest, er heftet (heftete, *hat*…geheftet) (完了 haben) ① 《A⁴ **an** B⁴ ~》(A⁴をB⁴にピン・クリップなどで)留める, 貼(は)る. einen Zettel an die Tür *heften* メモ紙をドアに留める / 人³ einen Orden an die Brust *heften* 人³の胸に勲章をつける. ② 《成句的に》die Augen⁴ (または den Blick) **auf** 人・物⁴ *heften* (雅) 視線を人・物⁴に留める. Er *heftete* seine Augen fest auf sie. 彼は彼女をじっと見つめた. ◇《再帰的に》Ihre Augen *hefteten sich*⁴ auf ihn. 彼女の目は彼に注がれた. ③ 《服飾》仮縫いする; (製本) 仮とじする.
☞ **geheftet**

Hef·ter [ヘフタァ héftər] 男 -s/- ファイル, バインダー.

hef·te·te [ヘフテテ] *heften (留める)の 過去

***hef·tig** [ヘフティヒ héftıç] 形 ① 激しい, 強烈な, ひどい. (英 violent). ein *heftiger* Regen 激しい雨 / eine *heftige* Auseinandersetzung 激しい論争 / 人⁴ *heftig* tadeln 人⁴を激しく非難する. ② 怒りっぽい, 気性の激しい. ein *heftiger* Mensch 怒りっぽい人 / Er wird gleich *heftig*. 彼はすぐかっとなる.

Hef·tig·keit [ヘフティヒカイト] 女 -/ 激しさ, 強烈さ; 気性の激しさ.

Heft≠**klam·mer** [ヘフト・クらンマァ] 女 -/-n ① ステープル(ホッチキスの針). ② クリップ.

Heft≠**ma·schi·ne** [ヘフト・マシーネ] 女 -/-n とじ機, ホッチキス.

Heft≠**pflas·ter** [ヘフト・ぷふらスタァ] 中 -s/- (中央部にガーゼの付いた)絆創(ばんそう)こう.

Heft≠**zwe·cke** [ヘフト・ツヴェッケ] 女 -/-n 画鋲(びょう).

He·ge [ヘーゲ hé:gə] 女 -/ (林・狩) (森林・鳥獣などの)保護, 手入れ, 保育.

He·gel [ヘーゲる hé:gəl] 男 -s/ (人名) ヘーゲル (Georg Wilhelm Friedrich *Hegel* 1770–1831; ドイツの哲学者).

He·ge·mo·nie [ヘゲモニー hegemoní:] 女 -/-n [..ニーエン] ヘゲモニー, 覇権, 指導権.

he·gen [ヘーゲン hé:gən] 他 (h) ① (森林・野性動物など⁴を)保護する; (人⁴の)面倒を見る. 人・物⁴ *hegen* und pflegen 人・物⁴を大事に世話する. ②(雅)(考え・感情⁴を)いだく. einen Verdacht *hegen* 疑惑をいだく.

Hehl [ヘーる hé:l] 中 (または 男)《成句的に》kein (または keinen) *Hehl*⁴ **aus** 事³ machen 事³を隠したてしない.

Heh·ler [ヘーらァ hé:lər] 男 -s/- (法) 贓物(ぞうぶつ)罪を犯した者, (盗品の)隠匿(いんとく)者.

Heh·le·rei [ヘーれライ he:ləraı] 女 -/-en (法) 贓物(ぞうぶつ)収得(罪), (盗品の)隠匿(いんとく)罪.

hehr [ヘーァ hé:r] 形 (雅) 荘厳な, 崇高な.

hei! [ハイ háı] 間 (うきうきして・はしゃいで:) わーい. *Hei*! Das macht Spaß! わーい, こいつはおもしろい.

Heia [ハイア háıa] 女 -/-[s] 《ふつう 単》(幼児)(子供の)ベッド. Jetzt aber ab in die *Heia*! もうおねんねしなさい.

*der **Hei·de**¹ [ハイデ háıdə] 男 (単2・3・4) -n/(複) -n 異教徒(特にキリスト教から見ての異教徒, 特に多神教徒を指す). (英 heathen). die *Heiden*⁴ bekehren 異教徒を改宗させる.

*die **Hei·de**² [ハイデ háıdə] 女 -/(複) -n (英 heath) ① 原野, 荒れ野(ふつう砂地で, ヒース・えにしだなどが生えている). die Lüneburger *Heide* リューネブルク原野. ② 《複 なし》(植) ヒース, エリカ (=*Heide*kraut).

Hei·deg·ger [ハイデッガァ háıdεgər] -s/ 《人名》ハイデッガー (Martin *Heidegger* 1889–1976; ドイツの哲学者).

Hei·de≠**kraut** [ハイデ・クラオト] 中 -[e]s/ (植) ヒース, エリカ.

Hei·del≠**bee·re** [ハイデる・ベーレ] 女 -/-n (植) コケモモ. (☞ Beere 図).

Hei·del·berg [ハイデる・ベルク háıdəl-bεrk] 中 -s/ 《都市名》ハイデルベルク(ドイツ, バーデン・ヴュルテンベルク州, ネッカル河畔の古都で, ドイツ最古の大学がある. ☞ D–4).

Hei·del·ber·ger [ハイデる・ベルガァ háıdəl-bεrgər] I 男 -s/- ハイデルベルクの市民(出身者). II 形 《無語尾で》ハイデルベルク市の.

das *Heidelberger* Schloss ハイデルベルク城.

Hei・den≈angst [ハイデン・アングスト] 女 -/《口語》ひどい不安.

Hei・den≈**geld** [ハイデン・ゲルト] 中 -[e]s/《口語》すごい大金.

Hei・den≈**lärm** [ハイデン・れルム] 男 -[e]s/《口語》ものすごい騒音.

Hei・den≈**rös・chen** [ハイデン・レースヒェン] 中 -s/- 野ばら (=Heideröschen).

Hei・den≈**rös・lein** [ハイデン・レースらイン] 中 -s/-《雅》野ばら (=Heideröschen).

Hei・den・tum [ハイデントゥーム] 中 -s/ 異教, 邪教; 異教徒(国).

Hei・de・rös・chen [ハイデ・レースヒェン] 中 -s/- 野ばら.

Hei・di [ハイディ háidi] -s/《女名》ハイジ, ハイディ (Adelheid, Heidrun の愛称).

Hei・din [ハイディン háidɪn] 女 -/..dinnen (女性の)異教徒.

heid・nisch [ハイドニッシュ háidnɪʃ] 形 異教の, 異教徒の.

Heid≈schnu・cke [ハイト・シュヌッケ] 女 -/-n《動》ハイトシュヌッケ, ハイデ羊 (リューネブルク原野で飼育されている).

***hei・kel** [ハイケる háikəl] 形 (比較 heikler, 最上 heikelst; 格変化語尾がつくときは heikl-) ① (問題などが)扱いにくい, やっかいな. eine *heikle* Angelegenheit やっかいな要件.《類語》schwierig). ② 《方》好みのうるさい, 気難しい.

・**heil** [ハイる háil] 形 ① **無傷の**, けがのない; (傷などが)治った, 元どおりよくなった. *heile* Glieder[4] haben 五体満足である / *heil* am Ziel an|kommen 無事に目的地に到着する / Mein Finger ist wieder *heil*. 私の指の傷は治った. ② 破損していない, 壊れていない. eine *heile* Hose 破れていないズボン / Das Glas war noch *heil*. そのグラスはまだひび一つ入っていなかった.

*das **Heil** [ハイる háil] 中 (単2) -[e]s/ ① **無事**; 幸せ, 幸福. 人[3] *Heil*[4] und Segen[4] wünschen 人[3]の無事(幸せ)を祈る / Er sucht sein *Heil* im Alkohol. 彼はアルコールに救いを求めている. ② 《宗》**救済**, 救い, 至福. das ewige *Heil* 永遠の救い / das *Heil* der Seele[2] 魂の救済. ③ 《祝福のあいさつ》Ski *Heil*!（スキーヤーのあいさつ:）シー・ハイル / *Heil* Hitler!（ナチ時代のあいさつ:）ハイル・ヒトラー.

Hei・land [ハイらント háilant] 男 -[e]s/-e《覆なし》《キリスト教》救世主, 救い主(イエス・キリスト). ②《雅》救済者, 救い手.

Heil≈an・stalt [ハイる・アンシュタるト] 女 -/-en 療養所; 精神病院. eine *Heilanstalt* für Tuberkulosekranke 結核療養所.

Heil≈**bad** [ハイる・バート] 中 -[e]s/..bäder ① 湯治場, 薬湯. ② (治療のための)薬浴.

heil≈bar [ハイるバール] 形 治る見込みのある, 治療できる.

Heil≈**brin・gend** [ハイる・ブリンゲント] 形 ① 永遠の救済をもたらす. ② 治療効果のある.

Heil≈**bronn** [ハイる・ブロン hail-brón] 中 -s/《都市名》ハイルブロン(ドイツ, バーデン・ヴュルテンベルク州, ネッカル河畔). [☞ 地図 D-4).

Heil≈**butt** [ハイる・ブット] 男 -[e]s/-e《魚》オヒョウ(北海産の大ヒラメ).

:**hei・len** [ハイれン háilən] (heilte, *hat/ist... geheilt*) I 他 (完了 haben) ① (病人・病気などを[4])治す, 治療する. (英 cure). 人[4] **von** einer Krankheit *heilen* 人[4]の病気を治す / Der Arzt *hat* die Krankheit *geheilt*. 医者はその病気を治療した / Die Zeit *heilt* alle Wunden.《諺》時はすべての傷をいやす.

② 《比》(人[4]の悪癖などを)直す, 取り除く. 人[4] **von** einer fixen Idee *heilen* 人[4]の固定観念を取り除く / Davon *bin* ich für immer *geheilt*.《状態受動・現在》《口語》こんな失敗は二度としないぞ.

II 自 (完了 sein) (病気・傷などが)治る, 治癒する. Der Finger *ist* schon *geheilt*.《現在完了》指の傷はもうよくなった.

heil≈**froh** [ハイる・ふロー] 形 《口語》ほっとしている. Ich bin *heilfroh*, dass die Prüfung vorbei ist. 私は試験が終わってほっとしている.

Heil≈**gym・nas・tik** [ハイる・ギュムナスティク] 女 -/《ときに医》リハビリ(治療)体操.

***hei・lig** [ハイりヒ háilɪç] I 形 ① **聖なる**, 神聖な. (英 holy). die *heilige* Elisabeth 聖エリーザベト. ◇《頭文字を大文字で》der *Heilige* Abend クリスマスイブ / die *Heilige* Nacht 聖夜 / die *Heilige* Familie 聖家族 (幼子イエス, マリア, ヨセフ) / der *Heilige* Geist 聖霊 / die *Heilige* Jungfrau 聖母マリア / das *Heilige* Land 聖地(パレスチナ) / die *Heilige* Schrift 聖書(=Bibel) / der *Heilige* Vater 教皇 / das *Heilige* Römische Reich [Deutscher Nation]《史》[ドイツ国民の]神聖ローマ帝国 (962–1806).

② 信心深い, 敬虔(けいけん)な. ein *heiliges* Leben[4] führen 敬虔な生活を送る.

③ 《雅》崇高な, 厳粛な, 犯しがたい. ein *heiliger* Zorn (近寄りがたいほどの)激怒 / eine *heilige* Stille 厳粛な静けさ / Das ist mein *heiliger* Ernst. 私はとっても真剣なんだよ / 事[4] hoch und *heilig* versprechen 事[4]を厳粛に(神かけて)誓う.

④ 《口語》ひどい, とんでもない. *Heiliger* Himmel!（驚き・怒りなどを表して:）おやおや, なんてこった / mit 人[3] seine *heilige* Not[4] haben 人[3]のことでとんだ苦労をする.

II 副 《方》本当に, まったく. Ich habe *heilig* nichts damit zu tun. 私はそのこととまったくかかわりがありません.

《新形》
hei・lig hal・ten (安息日・戒律など[4]を)守る; 尊ぶ, あがめる.
hei・lig spre・chen《カトリック》(死者[4]を)聖列する.

Hei・lig≈abend [ハイりヒ・アーベント] 男 -s/-e

クリスマスイブ(=Weihnachtsabend).

hei·li·gen [ハイリゲン háiligən] 他 (h) ① 《雅》神聖にする, 清める; 聖別する. ② あがめる. die Feiertag *heiligen* (神聖なものとして)祭日を守る / Unser Vater im Himmel, *geheiligt werde dein Name*. 【受動・接1・現在】天にいますわれらの父よ, 御名(な)があがめられ(主の祈り: マタイによる福音書 6, 9).

Hei·li·gen=bild [ハイリゲン・ビルト] 中 -[e]s/-er 聖人像(画).

Hei·li·gen=schein [ハイリゲン・シャイン] 男 -[e]s/-e 後光, 光輪. 囚⁴ mit einem *Heiligenschein* umgeben 《比》囚⁴を美化する.

Hei·li·ge[r] [ハイリゲ (..ガァ) háiligə (..gər)] 男 女 《語尾変化は形容詞と同じ》《ラック》聖者, 聖人, 聖女. einen *Heiligen* verehren 聖者を崇拝する. ② 《口語》変わり者. Er ist ein komischer *Heiliger*. 彼は変わった人だ.

hei·lig|hal·ten* 他 (h) 《新形》 heilig halten ロ⇒ heilig

Hei·lig·keit [ハイリヒカイト] 女 -/ ① 神聖さ. die *Heiligkeit* Gottes 神の神聖さ. ② 《雅》犯すことができない尊厳, 不可侵性.

hei·lig|spre·chen* 他(h) 《新形》 heilig sprechen ロ⇒ heilig

Hei·lig·tum [ハイリヒトゥーム] 中 -[e]s/..tümer ① 神聖な場所, 聖域, 聖所. ② 神聖な物; (ラック) 聖遺物.

Heil=kraft [ハイる・クラフト] 女 -/..kräfte 治癒力, 効き目.

heil=kräf·tig [ハイる・クレフティヒ] 形 治癒力のある, 効能のある.

Heil=kraut [ハイる・クラオト] 中 -[e]s/..kräuter 薬用植物, 薬草(=Heilpflanze).

Heil=kun·de [ハイる・クンデ] 女 -/ 医学(=Medizin).

heil=los [ハイる・ろース] 形 ① 救いがたい, 手のつけようがない. ② 下劣な, いやな.

Heil=mit·tel [ハイる・ミッテる] 中 -s/- 治療剤; 治療法.

Heil=pflan·ze [ハイる・プふらンツェ] 女 -/-n 薬用植物, 薬草.

Heil=prak·ti·ker [ハイる・プラクティカァ] 男 -s/- 民間療法専門家, 治療師 (医者の資格は持たないが国の許可を得て治療に当たる).

Heil=quel·le [ハイる・クヴェれ] 女 -/-n 療養泉, 鉱泉.

heil·sam [ハイるザーム] 形 ① ためになる, 有益な. eine *heilsame* Lehre 有益な教訓. ② 治療効果のある, 健康によい.

Heils=ar·mee [ハイるス・アルメー] 女 -/ 《キリスト教》救世軍.

Heil=stät·te [ハイる・シュテッテ] 女 -/-n 療養所, サナトリウム.

heil·te [ハイるテ] ‡heilen (治す)の過去

Hei·lung [ハイるング] 女 -/《ふつう 単》① 治療. die *Heilung* der Krankheit² 病気の治療. ② 治癒, 回復. ③ (精神的な)救い.

Heil=ver·fah·ren [ハイる・フェアふァーレン] 中 -s/- ① 治療[法]; (保健の範囲での)医療措置. ② 年金保険.

***heim** [ハイム háim] 副 家へ, 郷里へ, 祖国へ.

***das Heim** [ハイム háim] 中 (単2) -[e]s/(複) -e (3格のみ -en) ①《ふつう 単》わが家, 自宅, 住居, 家庭. (英 home). ein behagliches *Heim* くつろげるわが家 / ein eigenes *Heim*⁴ besitzen マイホームを持っている / in ein neues *Heim* ein|ziehen 新しい住まいに引っ越す. (ロ⇒類語 Haus). ② ホーム, 集会所, 【療養】施設. Studenten[wohn]*heim* 学生寮 / ein *Heim* für ledige Mütter 未婚の母のためのホーム.

heim.. [ハイム.. háim..] 《分離動詞などの前つづり; つねにアクセントをもつ》① 《家へ》例: *heim*|fahren 帰宅する. ② 《郷里へ・祖国へ》例: *heim*|kehren 帰郷する.

Heim=ar·beit [ハイム・アルバイト] 女 -/-en 家内工業; 家内工業製品.

***die Hei·mat** [ハイマート háima:t] 女 (単)/(複) -en 《ふつう 単》① 故郷, ふるさと; 祖国. (英 home). München ist seine *Heimat*. ミュンヒェンは彼の故郷だ / Berlin ist meine zweite *Heimat*. ベルリンは私の第二の故郷です / Er hat keine *Heimat* mehr. 彼にはもう故郷はない / die *Heimat*⁴ lieben 故郷を愛する / in die *Heimat* zurück|kehren 故郷へ帰る. ② (動植物の)原産地; (技術などの)発祥の地.

Hei·mat=ha·fen [ハイマート・ハーフェン] 男 -s/..häfen 母港, 船籍港.

Hei·mat=kun·de [ハイマート・クンデ] 女 -/ 郷土研究, 郷土誌; (授業としての)郷土の学習.

Hei·mat=land [ハイマート・らント] 中 -[e]s/..länder 祖国, 故国.

hei·mat·lich [ハイマートりヒ] 形 故郷の; 故郷をしのばせる. *heimatliche* Bräuche 郷土の風習 / der *heimatliche* Dialekt ふるさとの方言, お国訛(なま)り.

hei·mat=los [ハイマート・ろース] 形 故郷のない, 国籍のない; 故郷を追われた.

Hei·mat=mu·se·um [ハイマート・ムゼーウム] 中 -s/..museen [..ムゼーエン] 郷土博物館.

Hei·mat=stadt [ハイマート・シュタット] 女 -/..städte [..シュテーテ] 故郷の町, ふるさとの町.

Hei·mat=ver·trie·be·ne[r] [ハイマート・フェアトリーベネ (..ナァ)] 男 女 《語尾変化は形容詞と同じ》故郷(故国)を追われた人; (特に第二次大戦後の旧ドイツ帝国東部からの)難民.

heim|be·glei·ten [ハイム・ベグらイテン háimbəglàitən] 過分 heimbegleitet 他 (h) 家まで送って行く.

Heim·chen [ハイムヒェン háimçən] 中 -s/- ① 〖昆〗イエコオロギ. ② 《口語》《軽蔑的に》平凡な女. ein *Heimchen* am Herd[e] 《比》家事だけで満足している主婦.

Heim=com·pu·ter [ハイム・コンピュータァ] 男 -s/- ホームコンピュータ, パソコン.

hei·me·lig [ハイメりヒ háiməliç] 形 わが家のように居心地のいい, 気楽な, くつろげる.

heim|fah·ren* [ハイム・ファーレン háim-fà:rən] **I** 自 (s) (乗り物で)帰宅(帰郷)する. **II** 他 (h) (乗り物で人⁴を)家まで送る.

Heim⇗fahrt [ハイム・ファールト] 女 –/-en 帰宅; 帰郷, 帰国の旅.

heim|füh·ren [ハイム・フューレン háim-fỳ:rən] 他 (h) ① (人⁴を介助して)家まで送る. Kinder⁴ *heimführen* 子供たちを家まで送り届ける. ②《雅》(人⁴を)妻にとる.

Heim⇗gang [ハイム・ガング] 男 –[e]s/《雅・婉曲》逝去(ﾎﾟ), 他界.

heim|ge·hen* [ハイム・ゲーエン háim-gè:ən] 自 (s) ① 家へ帰る. ②《雅》他界する.

***hei·misch** [ハイミッシュ háimiʃ] 形 ① その土地の, 土着の; 自国の, 国内の.《英 native》. die *heimische* Bevölkerung その土地の住民 / die *heimischen* Pflanzen 在来種の植物. ② 故郷の, わが家の. die *heimische* Mundart お国訛(ﾅﾏ). ③ 慣れ親しんだ(場所など). **in** (または **an**) 人³ *heimisch* sein 人³に慣れ親しんでいる ⇒ Sie war in Wien *heimisch*. 彼女はウィーンになじんでいた / In diesem Fach ist er *heimisch*.《比》《鷹》彼はこの分野に精通している.

Heim⇗kehr [ハイム・ケーア] 女 –/ 帰宅, 帰郷, 帰国, 帰還.

heim|keh·ren [ハイム・ケーレン háim-kè:rən] 自 (s) 帰宅する, 帰郷(帰国)する; 帰還する.

Heim⇗keh·rer [ハイム・ケーラァ] 男 –s/– 帰郷(帰国)者; 帰還兵.

heim|kom·men* [ハイム・コンメン háim-kɔ̀mən] 自 (s) 帰宅する, 帰郷(帰国)する.

Heim⇗kunft [ハイム・クンフト] 女 –/《雅》帰宅, 帰郷, 帰国.

heim|leuch·ten [ハイム・ロイヒテン háim-lɔ̀yçtən] 他 (h) ① (人³に)ランプをともして家まで送る. ②《俗》(人³を)追い返す, はねつける.

***heim·lich** [ハイムリヒ háimlɪç] 形 ① 秘密の, ひそかな.《英 secret》. ein *heimlicher* Plan 秘密の計画 / *heimliche* Wege gehen《比》禁を犯す / sich⁴ *heimlich* mit 人³ treffen 人³とひそかに会う / *heimlich*, still und leise《口語》こっそりと音もたてずに. ②《ｵｰｽﾄﾘｱ》居心地のいい, わが家のようにくつろげる.

〈新形〉··

heim·lich tun 思わせぶりをする, 秘密めかす. **mit** 事³ *heimlich tun* 事³を隠しだてする.

··

Heim·lich·keit [ハイムリヒカイト] 女 –/-en ①《ふつう 複》秘密[事項], ないしょごと. ② [他の]人に気づかれないこと. in aller *Heimlichkeit* ごく内密に.

Heim·lich⇗tu·er [ハイムリヒ・トゥーアァ hámlɪç-tu:ər] 男 –s/– 思わせぶりをする人, 秘密めかす人.

heim·lich|tun* 自 (h) (新形 heimlich tun) ☞ heimlich

Heim⇗rei·se [ハイム・ライゼ] 女 –/-n 帰国(帰郷)の旅.

Heim⇗spiel [ハイム・シュピール] 中 –[e]s/-e《ｽﾎﾟｰﾂ》ホームゲーム.

Heim⇗stät·te [ハイム・シュテッテ] 女 –/-n ①《ふつう 単》わが家, 住みか, くつろげる場所. ②(難民などのための)[庭付きの]小住宅.

heim|su·chen [ハイム・ズーヘン háim-zù:xən] 他 (h) ① (不幸・災害などが人⁴を)襲う, 見舞う. ②《口語》(不意に人⁴の家に)押しかける.

Heim⇗su·chung [ハイム・ズーフング] 女 –/-en ① (大きな)不幸, 苦難; 神の試練. ② Mariä *Heimsuchung*《ｶﾄﾘｯｸ》聖マリアの[聖エリザベツ]訪問祭 (5月31日. 元来は7月2日). ③《南ﾄﾞ》家宅捜査.

Heim⇗tü·cke [ハイム・テュッケ] 女 –/ 陰険さ, 悪巧み.

heim⇗tü·ckisch [ハイム・テュキッシュ] 形 陰険な, 邪悪な;《比》(潜行性で)悪性の(病気など).

heim⇗wärts [ハイム・ヴェルツ] 副 わが家へ, 故郷へ向かって.

Heim⇗weg [ハイム・ヴェーク] 男 –[e]s/-e 帰路, 家路. auf dem *Heimweg* sein 帰宅中である.

* *das* **Heim⇗weh** [ハイム・ヴェー háim-ve:] 中 (単2) –s/ ホームシック, 郷愁.《英 homesickness》. *Heimweh*⁴ **nach** 人・物³ haben 人・物³を恋しがる / Sie fuhr **aus** *Heimweh* wieder zurück. 彼女はホームシックにかられて帰郷した / **an** (または **unter**) *Heimweh* leiden ホームシックにかかっている.

Heim⇗wer·ker [ハイム・ヴェルカァ] 男 –s/– 日曜大工をする人; 家庭用電動工具.

heim|zah·len [ハイム・ツァーレン háim-tsà:lən] 他 (h) (人³に事⁴の仕返し(報復)をする. 人³ 事⁴ **in** (または **mit**) gleicher Münze *heimzahlen* 人³に事⁴のしっぺ返しをする.

Hei·ne [ハイネ háinə] –s/《人名》ハイネ (Heinrich *Heine* 1797–1856; ドイツの詩人・批評家).

Hein·rich [ハインリヒ háinrɪç] –s/《男名》ハインリヒ.

Heinz [ハインツ háints] –[ens]/《男名》ハインツ (Heinrich の短縮).

Hein·zel⇗männ·chen [ハインツェル・メンヒェン] 中 –s/–《ふつう 複》(童話の)小人(ｺﾋﾞﾄ), 小妖精(夜間や留守中に家事を片づけるという).

* *die* **Hei·rat** [ハイラート háira:t] 女 (単) –/ (複) -en 結婚, 婚姻.《英 marriage》. eine späte *Heirat* 晩婚 / eine *Heirat*⁴ mit 人³ ein|gehen 人³と結婚する.

***hei·ra·ten** [ハイラーテン háira:tən]

| 結婚する | Sie will *heiraten*. ズィー ヴィる ハイラーテン 彼女は結婚するつもりだ. |

du heiratest, er heiratet (heiratete, hat... geheiratet) **I** 他 (完了 haben)《4格とともに》(人⁴と)結婚する.《英 marry》. Er *heiratete* die Tochter seines Nachbarn. 彼は隣の娘

と結婚した / 人⁴ aus Liebe *heiraten* 人⁴と恋愛結婚する.
II 自 (完了 haben) ① 結婚する. Sie haben gestern geheiratet. 彼らはきのう結婚した / früh (spät) *heiraten* 若いときに(年をとってから)結婚する / zum zweiten Mal *heiraten* 再婚する / Sie mussten *heiraten*. 《口語・婉曲》彼らは[子供ができたので]結婚せざるをえなかった.
② 《方向を表す語句とともに》結婚して(…へ)移る, (…へ)嫁ぐ. nach Amerika *heiraten* アメリカへ嫁(婿)に行く.

hei·ra·te·te [ハイラーテテ] ‡heiraten(結婚する)の 過去.

Hei·rats︲an·trag [ハイラーツ・アントラーク] 男 -[e]s/..träge 結婚の申し込み, プロポーズ. Er machte ihr einen *Heiratsantrag*. 彼は彼女にプロポーズした.

Hei·rats︲an·zei·ge [ハイラーツ・アンツァイゲ] 女 -/-n ① 結婚通知[状]; (新聞による)結婚通知の広告. ② (新聞などの)求婚広告(自分のプロフィールや理想のタイプを新聞に掲載する).

hei·rats︲fä·hig [ハイラーツ・フェーイヒ] 形 (法的に)結婚の許される年齢に達した, 結婚適齢期の.

hei·rats︲lus·tig [ハイラーツ・るスティヒ] 形 《戯》結婚したがっている.

Hei·rats︲schwind·ler [ハイラーツ・シュヴィンドらァ] 男 -s/- 結婚詐欺師.

Hei·rats︲ur·kun·de [ハイラーツ・ウーァクンデ] 女 -/-n 婚姻(結婚)証明書.

Hei·rats︲ver·mitt·ler [ハイラーツ・フェアミットらァ] 男 -s/- 結婚仲介業者.

Hei·rats︲ver·mitt·lung [ハイラーツ・フェアミットるング] 女 -/-en 結婚仲介業.

hei·sa! [ハイザ háiza または :.サ -:sa] 間 《古》① (喜びを表して:)わーい. ② (励まして:)さあ.

hei·schen [ハイシェン háiʃən] 他 (h) 《雅》 (4格を)強く要求する; 懇願する.

Hei·sen·berg [ハイゼン・ベルク háizən-bɛrk] -s/ 《人名》ハイゼンベルク(Werner Karl *Heisenberg* 1901-1976; ドイツの物理学者. 量子力学を確立. 1932年ノーベル賞).

*****hei·ser** [ハイザァ háizər] 形 (声の)しわがれた, かすれた. (英 hoarse). mit *heiserer* Stimme しわがれた声で / sich⁴ *heiser* schreien 叫びすぎて声をからす.

Hei·ser·keit [ハイザァカイト] 女 -/-en 《ふつう 単》声がかれていること, しわがれ声.

‡**heiß** [ハイス háis]

> 熱い, 暑い　Es ist heute sehr *heiß*.
> エス イスト ホイテ ゼーァ ハイス
> きょうはとても暑い.

形 (比較 heißer, 最上 heißest) (英 hot) ① 熱い, 暑い. (←→ 「冷たい」は kalt). *heiße* Luft 熱風 / ein *heißer* Sommer 暑い夏 / *heißes* Wasser 熱湯 / die *heiße* Zone 熱帯 / ein *heißes* Bad⁴ nehmen 入浴する / ein *heißer* Draht ホットライン(二国間の首脳を結ぶ直通電話) / Mir ist *heiß*. 私は[汗が出るほど]暑い / Das Kind ist ganz *heiß*. この子は熱がある / sich⁴ *heiß* duschen お湯のシャワーを浴びる / Mir läuft es *heiß* und kalt den Rücken hinunter. 私は背筋がぞっとする / Was ich nicht weiß, macht mich nicht *heiß*. (ことわざ) 知らぬが仏 (← 私が知らないことは私を熱くしない). (参考 気温の「通常の暑さ」やお湯の「通常の熱さ」にはふつう warm を用いる).

② 熱烈な, 情熱的な, 激しい. ein *heißer* Wunsch 熱望 / ein *heißes* Blut⁴ haben 情熱家である / eine *heiße* Liebe 激しい恋 / ein *heißer* Kampf 激戦 / *Heißen* Dank!《口語》本当にありがとう.

③ 刺激的な, 熱狂的な. *heiße* Musik 強烈な音楽.

④ 《口語》危ない, やっかいな. ein *heißes* Thema やっかいなテーマ / *heiße* Ware 危ない商品(盗品・密輸品など).

⑤ 《付加語としてのみ》《口語》(スポーツなどで)優秀な, 有望な; 高性能の(スポーツカーなど). eine *heiße* Favoritin 優勝候補本命の女性 / ein *heißer* Wagen 高性能の車.

⑥ (若者言葉) とてもすてきな, すごい, イケてる. Der Film ist echt *heiß*. この映画は本当にすごい. ⑦ 《物》高放射能の. *heiße* Stoffe 高放射性物質. ⑧ 《口語》(動物などが)発情した;《俗》(人間が)さかりのついた.

新形

heiß er·sehnt 待望の, 待ち焦がれた.
heiß ge·liebt 熱愛されている.
heiß um·strit·ten 激しい議論の的になっている(なった).

heiß︲blü·tig [ハイス・ブリューティヒ] 形 情熱的な, 怒りっぽい, 血の気の多い.

‡**hei·ßen*** [ハイセン háisən]

> …という名前である
> Wie *heißen* Sie?
> ヴィー ハイセン ズィー
> お名前は何とおっしゃいますか.

人称	単	複
1	ich heiße	wir heißen
2	du heißt	ihr heißt
	Sie heißen	Sie heißen
3	er heißt	sie heißen

(hieß, hat...geheißen) I 自 (完了 haben) ① (…という)名前である, (…と)呼ばれている; (題名などが…と)いう. Wie *heißt* du? — Ich *heiße* Petra. 君の名前は何ていうの — 私はペートラよ / Wie *heißt* diese Straße? この通りは何という名前ですか / Der Titel des Buches *heißt* „Das Schloss". その本の題名は『城』である.

② (…という)意味である, (…と)いうことである.

Wie *heißt* das auf Deutsch? それはドイツ語で何といいますか / Was *soll* das *heißen*? これはどういうことだ / Das *will* viel (nichts) *heißen.* それはたいした(とるに足らない)ことだ / **das heißt** すなわち、つまり、ただし (略: d. h.) ⇒ wir, das heißt, meine Frau und ich 私たち、つまり妻と私 / Ich komme morgen, das *heißt*, nur wenn es nicht regnet. 私はあす参ります、もっとも雨が降らなければの話ですが / Das *hieße* doch, den Plan aufgeben (または aufzugeben). 《接 2・現在》それは計画を断念するということになるだろう.

II 他 (定了 haben) ① 《雅》(人・物⁴を…と)呼ぶ、言う. Er *hieß* mich einen Lügner. 彼は私のことをうそつきと言った / Das *heiße* ich Mut! これこそ勇気というものだ / 人⁴ willkommen *heißen* 人⁴を歓迎する. 《注意》…は4格の名詞・形容詞・zu のない不定詞がくる.
② (A⁴ を B⁴ と) 名づける (＝nennen). Sie *haben* das Kind Wilhelm *geheißen*. 彼らはその子をヴィルヘルムと名づけた.
③〖不定詞[句]とともに〗《雅》(人⁴に…するように)命じる. Er *hat* mich warten *heißen* (または *geheißen*). 〖現在完了〗彼は私に待つように命じた / Wer *hat* dich *geheißen*, heute zu kommen? だれが君にきょう来るように命じたのか.

III 非人称 (定了 haben) ① 〖**es** *heißt*, …の形で〗《雅》(…と)言われている、…と書かれている. Es *heißt*, man habe den Dieb gefasst. その泥棒はつかまったそうだ / In der Bibel (Bei Goethe) *heißt* es, dass… 聖書(ゲーテ)には…と書いてある.
②〖過去分詞 または zu のない不定詞とともに〗《雅》(…する)ことが必要(肝要)だ. Hier *heißt* es aufgepasst (または aufpassen). ここは用心が必要だ.

heiß⹀er·sehnt 形 (新形 heiß ersehnt) ☞ heiß

heiß⹀ge·liebt 形 (新形 heiß geliebt) ☞ heiß

Heiß⹀hun·ger [ハイス・フンガァ] 男 -s/ [突然の]猛烈な食欲; [比]渇望.

heiß⹀hung·rig [ハイス・フングリヒ] 形 猛烈な食欲の、がつがつした; [比]渇望している.

heiß|lau·fen* [ハイス・らオフェン] hárs-làufan] 自 (s) 再帰 (h) *sich*⁴ *heißlaufen* 〖工〗(エンジンなどが)過熱する.

Heiß⹀luft [ハイス・るフト] 女 -/ (ドライヤーなどの)熱風、熱気.

Heiß⹀sporn [ハイス・シュポルン] 男 -[e]s/-e 短気な(怒りっぽい)人.

heiß⹀um·strit·ten 形 (新形 heiß umstritten) ☞ heiß

Heiß·was·ser⹀spei·cher [ハイスヴァッサァ・シュパイヒァァ] 男 -s/- 温水[貯蔵]器.

..heit [..ハイト ..hart] 〖女性名詞をつくる接尾〗① 〈性質・状態〉例: Schön*heit* 美. ②〈集合体〉例: Mensch*heit* 人類.

・**hei·ter** [ハイタァ háitər] 形 (比較 heit[e]rer, 最上 heiterst) (英 *bright*) ① 朗らかな、快活な、上機嫌な; 愉快な、楽しい. ein *heiteres* Gesicht 快活な顔 / ein *heiterer* Roman 楽しい小説 / Das kann ja *heiter* werden. 《口語》(反語的に:) けしからんことになるぞ. 《口語》 lustig. ② 晴れた、快晴の; 澄んだ. *heiteres* Wetter 晴天 / *heiter* bis wolkig (天気予報で:)晴れまたは曇り / Die Nachricht kam wie ein Blitz aus *heiterem* Himmel. その知らせは青天の霹靂(へきれき)だった(思いがけなかった).

Hei·ter·keit [ハイタァカイト] 女 -/ ① 快活さ、朗らかさ、上機嫌. ② 笑い[声]. ③ 晴天.

Heiz⹀an·la·ge [ハイツ・アンらーゲ] 女 -/-n [集中]暖房装置、セントラルヒーティング.

heiz⹀bar [ハイツバール] 形 暖房の効く; 暖房設備のある.

Heiz⹀de·cke [ハイツ・デッケ] 女 -/-n 電気毛布.

‡**hei·zen** [ハイツェン hártsən] du heizt (heizte, hat…geheizt) I 他 (定了 haben) ① (部屋など⁴を)暖める、暖房する. 《英》*heat*). ein Zimmer⁴ *heizen* 部屋を暖房する / Die Wohnung *ist* gut *geheizt*. 〖状態受動・現在〗この住まいは暖房がよく利いている.
② (ストーブなど⁴に)火をつける; (燃料⁴を)燃やす. einen Ofen *heizen* ストーブをたく / Kohle⁴ *heizen* 石炭をたく.
II 自 (定了 haben) ① 暖房する. elektrisch (mit Gas) *heizen* 電気で(ガスで)暖房する. ② (暖房器具が…の)暖房効果を示す. Der Ofen *heizt* gut. このストーブは暖房効果がいい.
III 再帰 (定了 haben) *sich*⁴ *heizen* (部屋などが)暖まる、暖房が利く. Das Zimmer *heizt sich* schlecht. この部屋は暖房があまり利かない.

Hei·zer [ハイツァァ hártsər] 男 -s/- ボイラーマン.

Heiz⹀gas [ハイツ・ガース] 中 -es/-e 燃料ガス.

Heiz⹀kes·sel [ハイツ・ケッセる] 男 -s/- 暖房用ボイラー.

Heiz⹀kis·sen [ハイツ・キッセン] 中 -s/- (体を暖めるための)電気クッション.

Heiz⹀kör·per [ハイツ・ケルパァ] 男 -s/- (暖房器の)放熱体(器); ラジエーター.

Heiz⹀lüf·ter [ハイツ・リュフタァ] 男 -s/- ファンヒーター.

Heiz⹀ma·te·ri·al [ハイツ・マテリアーる] 中 -s/..alien [..アーリエン] [暖房]燃料.

Heiz⹀öl [ハイツ・エーる] 中 -[e]s/-e (暖房用の)石油.

Heiz⹀plat·te [ハイツ・プらッテ] 女 -/-n (電気レンジの)加熱プレート、ホットプレート.

Heiz⹀son·ne [ハイツ・ゾンネ] 女 -/-n 反射式電気ストーブ.

heiz·te [ハイツテ] ‡heizen (暖める)の 過去

・*die* **Hei·zung** [ハイツング hártsuŋ] 女 (単) -/(複) -en (英 *heating*) ① 暖房装置. 《口語》 暖房器、放熱器. Zentral*heizung* セントラルヒーティング / die *Heizung*⁴ an|stellen (ab|-

stellen) 暖房のスイッチを入れる(切る). ② 〖複なし〗暖房, ヒーティング. Miete mit *Heizung* 暖房費込みの家賃.

Hei·zungs=an·la·ge [ハイツングス・アンラーゲ] 囡 -/-n 〖集中〗暖房装置, セントラルヒーティング (=Heizanlage).

Heiz=wert [ハイツ・ヴェート] 男 -[e]s/-e 〖物〗発熱量.

Hek·tar [ヘクタール héktaːr または ..タール] 固 男 (發:男のみ) -s/-e (単位: -/-) ヘクタール, 100 アール (面積の単位; 記号: ha).

Hek·tik [ヘクティク héktɪk] 囡 -/ あわただしさ, せわしなさ, 目まぐるしさ.

hek·tisch [ヘクティッシュ héktɪʃ] 形 ① あわただしい, せかせかした. ein *hektischer* Verkehr あわただしい交通. ② 〖医〗肺結核の; 消耗性の. ein *hektisches* Fieber 消耗熱.

Hek·to.. [ヘクト.. hɛkto- または ヘクト..]〖単位名につける 接頭〗; 母音の前では Hekt..〗(100) 例: *Hektometer* ヘクトメートル.

Hek·to·li·ter [ヘクト・リータァ] 固 男 (發:男のみ) -s/- (単位: -/-) ヘクトリットル, 100 リットル (容積の単位; 記号: hl).

Hek·to·pas·cal [ヘクト・パスカル] 固 -s/- (単位: -/-) 〖気象〗ヘクトパスカル, 100 パスカル(気圧指度の単位; 記号: hPa).

***der* Held** [ヘルト hɛlt] 男 (単2·3·4) -en/(複) -en (爽 hero) ① 英雄, 勇士. Volks*held* 国民的英雄 / die *Helden* der germanischen Sagen² ゲルマン伝説の英雄たち / Im Rechnen ist er kein *Held*. 〖口語·戯〗計算は彼は得意でない / den *Helden* spielen 英雄を気取る, 虚勢を張る. ② 〖ふつう 単〗〖文学〗(小説·劇の男性の)主人公, 主役, ヒーロー; 花形. der tragische *Held* 悲劇の主人公.

hel·den·haft [ヘルデンハフト] 形 英雄的な, 勇ましい.

Hel·den=mut [ヘルデン・ムート] 男 -[e]s/ 英雄の勇気, 剛勇, 豪胆.

hel·den=mü·tig [ヘルデン・ミューティヒ] 形 英雄的な, (英雄のように)豪胆な, 勇猛果敢な.

Hel·den=stück [ヘルデン・シュテュック] 中 -[e]s/-e (ふつう皮肉って:)英雄的行為.

Hel·den=tat [ヘルデン・タート] 囡 -/-en 英雄的行為, 偉業.

Hel·den=tod [ヘルデン・トート] 男 -[e]s/-e 〖雅〗戦死.

Hel·den·tum [ヘルデントゥーム] 中 -s/ 英雄的精神(行為), 剛勇, 豪胆.

Hel·din [ヘルディン héldɪn] 囡 -/..dinnen ① 〖雅〗〖匪〗女丈夫, 女傑. ② 〖文学〗(小説·劇の女性の)主人公, ヒロイン.

hel·disch [ヘルディッシュ héldɪʃ] 形 〖雅〗① (伝説的)英雄[時代]の. ② =heldenhaft

He·le·na [ヘーレナ héːlena] -s/ 〖ギリシャ神〗ヘレナ, ヘレネ(スパルタ王メネラオスの妻で, ギリシャ第一の美女. トロイアの王子パリスに誘惑され, トロイア戦争の原因となる).

He·le·ne [ヘレーネ heléːnə] -[n]s/ 〖女名〗ヘレーネ.

＊hel·fen＊ [ヘルフェン hélfən]

助ける	Können Sie mir *helfen*?
	ケンネン ズィー ミア ヘルフェン
	助けていただけますか.

人称	単	複
1	ich helfe	wir helfen
2	du **hilfst**	ihr helft
	Sie helfen	Sie helfen
3	er **hilft**	sie helfen

(half, hat...geholfen) 自 (爽 haben) ①〖3格とともに〗〖人³を〗**助ける**, 手伝う. (爽 help). Ich *helfe* dir. 君を助けてあげよう / *Kann* ich Ihnen *helfen*? a) お手伝いしましょうか, b) (店員が客に:)何をさしあげましょうか / Ihm ist nicht zu *helfen*. 彼は救いようがない / Ich *werde* (または *will*) dir *helfen*. 〖口語〗(悪さをした子供などに:)ただではおかないぞ.

◊〖前置詞とともに〗人³ **auf** die Beine *helfen* a) 人³を助け起こす, b) 〖比〗(経済的·医学的に) 人³を再起させる / 人³ **aus** dem Auto *helfen* 人³が車から降りるのを手伝う / 人³ **aus** der Not *helfen* 人³を窮地から救い出す / 人³ **bei** 物³ *helfen* 人³が物³をするのを手伝う ⇒ Er *hilft* mir bei der Arbeit. 彼は私の仕事を手伝ってくれる / Er *half* ihr **in** den Mantel. 彼は彼女がコートを着るのを手伝った.

◊〖zu のない不定詞とともに〗Er *half* ihr aufräumen. 彼は彼女が片づけるのを手伝った / Ich *habe* ihm das Buch suchen *helfen* (または *geholfen*). 私は彼がその本を捜すのを手伝った.

◊〖zu 不定詞[句]とともに〗Er *half* ihr, den Koffer zu tragen. 彼は彼女がスーツケースを運ぶのを手伝った / Ich *habe* ihm *geholfen*, das Auto zu waschen. 私は彼が車を洗うのを手伝った.

◊〖再帰的に〗sich³ *helfen* 自力でなんとかする ⇒ *Hilf* dir selbst, so *hilft* dir Gott. 神は自ら助くる者を助く(←おまえ自身を助けよ, そうすればおまえを神が助ける) / Er weiß *sich* zu *helfen*. 彼は自分の力でなんとかするすべを心得ている / Ich *kann* mir nicht *helfen*, [aber]... ほかにしようがないのですが…, どうしても

② 役にたつ, (薬などが)効く. Weinen und Schreien *hilft* nicht[s]. 〖口語〗泣いてもわめいてもしかたがない / Das *hilft* mir wenig. それは私にはあまり役にたたない / Dieses Medikament *hilft* gut **gegen** (または **bei**) Kopfschmerzen. この薬は頭痛によく効く. ◊〖非人称の **es** を主語として〗Es *hilft* nichts. どうしようもない.

類語 helfen: 「助ける, 手伝う」の意味で用いられる最も一般的な語. bei|stehen: (難しい状況にある人を親身になって)助ける, 支援する. unterstützen: (人を助言などにより精神的に, あるいはまた経済的

Hel・fer [ヘるファァ hélfər] 男 -s/- 助力者, 手伝い; 相談相手; 《古》顧問. (⇨ 女性形は Helferin)

Hel・fers・hel・fer [ヘるファァス・ヘるファァ] 男 -s/- (軽蔑的に)共犯者, (悪事の)仲間.

Hel・ga [ヘるガ hélga] -s/《女名》ヘルガ.

Hel・go・land [ヘるゴ・ラント hélgo-lant] 中 -s/《地名》ヘルゴラント島(北海にあるドイツ領の島). ☞ 地図 C–1).

He・li・kop・ter [ヘリコプタァ helikóptər] 英 -s/- ヘリコプター (= Hubschrauber).

He・li・os [ヘーリオス hé:lios] -/《ギシ神》ヘリオス (太陽神. ローマ神話のソルに当たる)

He・li・o・trop [ヘりオトロープ heliotró:p] I 中 -s/-e ① 〘植〙ヘリオトロープ, キダチルリソウ. ② 〘覆 なし〙ヘリオトロープ色[顔料]. ③ (昔の)回光機, 日光反射器. II 男 -s/-e 〘鉱〙血石(ケッセキ).

He・li・um [ヘーリウム hé:lium] 中 -s/《化》ヘリウム (記号: He).

***hell** [ヘる hél]

> 明るい Es wird *hell.* 明るくなる.
> エス ヴィルト ヘる

I 形 ① 明るい; 澄んだ. (英 bright). (⇨ 「暗い」は dunkel). ein *helles* Zimmer 明るい部屋 / am *hellen* Tag a) 白昼に, b) 公然と / ein *heller* Tag 晴れわたった日 / Im Sommer bleibt (または ist) es länger *hell.* 夏は日が長い. ② 明るい色の, 淡い, 淡色の. ein *helles* Bier (黒ビールに対して:)ふつうのビール / *helles* Haar 金髪 / Sie hat sehr *helle* Haut. 彼女の肌はとても白い.

③ (音・声の)澄んだ, 高い音の. ein *heller* Klang 澄んだ響き / eine *helle* Stimme かん高い声.

④ 聡明な, 明晰(メイセキ)な. ein *helles* Kind 利発な子供 / Sie ist sehr *hell.* 彼女はとても利口だ.

⑤ 《口語》 非常に, 激しい. in *heller* Verzweiflung まったく絶望して / Er geriet in *helle* Wut. 彼はかんかんに怒った.

II 副 非常に, ひどく. Er ist *hell* begeistert. 彼はとても感激している.

(新形)
hell leuch・tend 明るく光る, きらきら輝く.

hell・auf [ヘる・アオふ] 副 大いに, 非常に.

hell・blau [ヘる・ブらオ] 形 ライトブルー(淡青色)の.

hell・blond [ヘる・ブロント] 形 淡いブロンド色の.

hell・dun・kel [ヘる・ドゥンケる] 形 薄明るい; 《絵画》〘美〙明暗の交錯する.

Hell・dun・kel [ヘる・ドゥンケる] 中 -s/ 明暗の交錯; 《絵画》明暗法.

Hel・le [ヘれ héla] 女 -/《雅》明るさ, 明るい光.

Hel・le・bar・de [ヘれバルデ heləbárdə] 女 -/-n 矛槍(ホコヤリ)(中世後期の矛と槍を組み合わせた武器).

Hel・le・ne [ヘれーネ hélé:nə] 男 -n/-n 古代ギリシア人.

Hel・le・nis・mus [ヘれニスムス helenísmus] 男 -/ ① ヘレニズム, 後期ギリシア時代(文化) (アレクサンドロス大王以後の古代ローマ帝国にいたる東洋的要素の混入したギリシア時代・文化). ② ヘレニズム時代のギリシア学問.

hel・le・nis・tisch [ヘれニスティッシュ helenísti∫] 形 ヘレニズム[期]の.

Hel・ler [ヘれァ hélər] 男 -s/- ヘラー(昔のドイツの少額銅貨・銀貨). bis auf den letzten *Heller* (または auf *Heller* und Pfennig) bezahlen 《口語》最後の一銭にいたるまできっかりと払う / Er hat keinen *Heller* mehr. 《口語》彼はもう一文なしだ / keinen (または nicht einen) *Heller* wert sein 《口語》一文の値打ちもない.

Hel・le[s] [ヘれ[ス] hélə[s]] 中《語尾変化は形容詞と同じ》 ① (黒ビールに対して:)淡色ビール. Herr Ober, bitte ein *Helles* (zwei *Helle*)! ボーイさん, [淡色ビール 1 杯(2 杯)ください. ② 明るい状態, 明るい所. ins *Helle* treten 明るい所へ出る.

hell・leuch・tend 形 (新形 hell leuchtend) ☞ hell

hell・hö・rig [ヘる・ヘーリヒ] 形 ① (壁などの)音の通りやすい. ② 《古》耳ざとい, 注意深い. *hellhörig* werden 不審に思って聞き耳を立てる, 注意深くなる.

hellicht ☞ (新形) helllicht

Hel・lig・keit [ヘりヒカイト] 女 -/-en ① 〘覆 なし〙明るさ, 明度; 明るい光. ② 〘覆 なし〙光度, 輝度. ③ 〘天〙(星の)等級.

hell・licht [ヘる・リヒト] 形 《付加語としてのみ》明るい. am *helllichten* Tag 真っ昼間に.

hell・se・hen* [ヘる・ゼーエン hél-zè:ən] 《不定詞でのみ用いる》 自 (h) 透視する, 千里眼で見抜く. Ich *kann* doch nicht *hellsehen*! [そんなことは]わかるものか.

Hell・se・hen [ヘる・ゼーエン] 中 -s/ 千里眼, 透視.

Hell・se・her [ヘる・ゼーアァ] 男 -s/- 千里眼[の人], 透視者. (⇨ 女性形は Hellseherin).

hell・se・he・risch [ヘる・ゼーエリッシュ] 形 千里眼の, 透視のできる; 炯眼(ケイガン)の.

hell・sich・tig [ヘる・ズィヒティヒ] 形 鋭い洞察力のある, 先見の明のある.

hell・wach [ヘる・ヴァッハ] 形 ① はっきりと目覚めた. ② 聡明(ソウメイ)な, 明敏な.

***der* **Helm** [ヘるム hélm] 男 (単 2) -[e]s/(複) -e (3 格のみ -en) ① ヘルメット, [鉄]かぶと; (騎士の)かぶと. (英 helmet). den *Helm* aufsetzen ヘルメットをかぶる. ② 《建》尖塔(センタッ)の屋根, とんがり屋根. ③ 〘工〙(器具・煙突などにかぶせる)傘状のカバー.

Hel・mut [ヘるムート hélmu:t] -s/《男名》ヘルムート.

Hel・sin・ki [ヘるズィンキ hélzɪŋki] 中 -s/《都

市名)ヘルシンキ(フィンランドの首都).

‡*das* **Hemd** [ヘムト hémt]

> シャツ
>
> Das *Hemd* ist am Hals zu eng.
> ダス ヘムト イスト アム ハルス ツー エング
> このシャツは首がきつすぎる.

中 (単2) -es (まれに -s)/(複) -en シャツ; アンダーシャツ, 肌着 (＝Unter*hemd*); ワイシャツ (＝Ober*hemd*). (英 shirt). ein langärmeliges *Hemd* 長袖(㊁)シャツ / ein bügelfreies *Hemd* ノーアイロン(アイロン不要)のシャツ / ein frisches *Hemd*⁴ an|ziehen 洗いたてのワイシャツを着る / ein *Hemd*⁴ bügeln (waschen) シャツにアイロンをかける(シャツを洗う) / das *Hemd*⁴ wechseln シャツを着替える / ein halbes *Hemd* 《俗》 a) 生意気な若造, b) やせぎすの男 / Er wechselt seine Meinung wie das *Hemd*.《口語》彼は意見をしばしば変える(←シャツのように) / bis aufs letzte *Hemd* her|geben 《比》 一切を手放してしまう(←最後のシャツをやってしまう) / Das *Hemd* ist mir näher als der Rock.《諺》人のことよりまずわが身(←シャツの方が上着よりも私に近い) / bis **aufs** *Hemd* 一つ残らず, すっかり / **im** bloßen *Hemd* シャツだけで(上着を着ないで) / Mach dir nicht ins *Hemd*!《俗》そんなにもったいぶるなよ.

Hemd⇗blu·se [ヘムト・ブルーゼ] 囡 -/-n シャツブラウス.

Hemd⇗**brust** [ヘムト・ブルスト] 囡 -/ (礼服などの)胸当て, ディッキー.

Hemd·en·knopf [ヘムデン・クノプふ] 男 -[e]s/..knöpfe シャツのボタン.

Hemds⇗är·mel [ヘムツ・エルメる] 男 -s/- 《ふつう 複》 [ワイ]シャツの袖(㊁). in Hems*därmeln*《口語》上着を脱いで, [ワイ]シャツ姿で.

hemds·är·me·lig [ヘムツ・エルメりヒ] 形 ① [ワイ]シャツ姿の. ② 《口語》 ざっくばらんな, くだけた(態度など).

He·mi·sphä·re [ヘミ・スふェーレ hemi-sfέːrə] 囡 -/-n ① (地球・天体の)半球. die nördliche (südliche) *Hemisphäre* 北半球 (南半球). ② 〔医〕 (大脳・小脳の)半球.

* **hem·men** [ヘンメン hémən] (hemmte, *hat* ...gehemmt) 他 (完了 haben) ① (人・事⁴を)妨げる, (車⁴を)はばむ, 阻止(抑止)する. (英 hinder). die Entwicklung⁴ *hemmen* 発展をはばむ / 人⁴ in seiner Arbeit *hemmen* 人⁴の仕事を妨げる / Seine Anwesenheit *hemmt* mich. 彼がいると私は気後れする. ◇現在分詞の形で eine *hemmende* Wirkung 抑止力. ② (物⁴に)ブレーキをかける, (物⁴の)速度を遅くする. (英 brake). einen Wasserlauf *hemmen* 水の流れをせき止める / einen Wagen *hemmen* 車にブレーキをかける.
◇[☞] **gehemmt**

Hemm·nis [ヘムニス] 中 ..nisses/..nisse 妨害, 障害.

Hemm⇗schuh [ヘム・シュー] 男 -[e]s/-e (自動車などの)ブレーキシュー, 車輪止め; 《比》 障害.

hemm·te [ヘムテ] *hemmen (妨げる)の 過去

Hem·mung [ヘンムング] 囡 -/-en ① 妨害, 障害, 阻止, 制動. ② ためらい, 気後れ; 〔複〕で〕 (心理的な)抑制. Er hat keine *Hemmungen*, so zu handeln. 彼はなんのためらいもなくそのような行動をとる. ③ 〔工〕 (時計の)エスケープメント(歯車の逃がし止め).

hem·mungs⇗los [ヘンムングス・ロース] 形 自制心のない, (感情が)抑制できない; 慎みのない, 無遠慮な. *hemmungslos* weinen 泣きたいだけ泣く.

Hem·mungs·lo·sig·keit [ヘンムングス・ローズィヒカイト] 囡 -/ 自制心のなさ; 慎みのなさ.

Hengst [ヘングスト héŋst] 男 -[e]s/-e 雄馬; (ろば・らくだなどの)雄.

Hen·kel [ヘンケる hέŋkəl] 男 -s/- (コーヒーカップ・ポット・かごなどの)取っ手, 柄; 《方》襟つり.

Hen·kel⇗krug [ヘンケる・クルーク] 男 -[e]s/..krüge ジョッキ; 取っ手付きの水差し.

hen·ken [ヘンケン hέŋkən] 他 (h) 絞首刑にする.

Hen·ker [ヘンカァ hέŋkər] 男 -s/- 刑吏, 死刑執行人; 《比》暴君, 独裁者. Hol's der *Henker*! または **Zum** *Henker*! こん畜生! / Hol dich der *Henker*! 〔接1・現在〕《俗》おまえなんかくたばっちまえ.

Hen·kers⇗mahl·zeit [ヘンカァス・マーるツァイト] 囡 -/-en ① (昔の)処刑前の食事. ② 《戯》 (長い別れなどの前の)最後の会食.

*die **Hen·ne** [ヘンネ hένə] 囡 (単) -/(複) -en めんどり(雌鶏). (英 hen). (⇔「おんどり」は Hahn). Die *Henne* brütet. めんどりが卵を抱いている.

He·pa·ti·tis [ヘパティーティス hepatíːtɪs] 囡 -/ ..titiden [..ティティーデン] 〔医〕肝炎.

‡**her** [ヘーァ héːr] 副 ① (空間的に)こちらへ. (⇔「あちらへ」は hin;[☞] 図). *Her* zu mir! 私のそばへおいで / Bier *her*! ビールをくれ / *Her* mit dem Geld! その金をよこせ / **hin** und *her* あちこちに, 行ったり来たり.

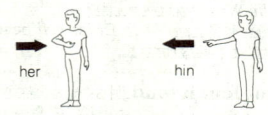

her　　　　　　　hin

② 《時間的に》 …から現在まで, これまで. Das ist schon lange *her*. それはずっと以前[から]のことだ. ◇《時間を表す4格とともに》 die letzten Tage *her* ここ何日か / Es ist schon eine Woche *her*, seit wir uns gesehen haben. この前お会いしてからもう1週間になりますね. ③ 《**von**...の形で》 ㋐ 《空間的に》 …から. vom Himmel *her* 天から / von außen *her* 外から / Vom Norden *her* weht ein kalter Wind. 北から冷たい風が吹く. ㋑ 《時間的に》

…から. von meiner Jugend *her* 私の若い時から / Das kenne ich von früher *her*. それは私は以前から知っている. ⑦《由来・前提》…[の立場]から. vom Inhalt *her* 内容から考えて / von der Form *her* 形から見て.
④《成句的に》**hinter (vor)** 人・物³ *her*《移動している》人・物³のあと(前)を / hinter 人・物³ *her* sein《口語》a)《人³の》跡をつけ回している, b)《物³を》欲しがっている / Mit ihren Kenntnissen ist es nicht weit *her*.《口語》彼女の知識はたいしたことはない / **um** 人・物⁴ *her* 人・物⁴の周りに, 人・物⁴をめぐって.

《新形》

her sein ① (ある期間が)過ぎている. Es ist ein Jahr *her*. もう1年になります. ②《成句的に》**hinter** 人・物³ *her* sein《口語》人・物³を追い求めている / Mit 事³ *ist* es nicht weit *her*.《口語》事³は程度が高くない.

her.. [ヘーァ.. héːr..]《分離動詞の前つづり》つねにアクセントをもつ ①《こちらへ》例: *her*|kommen こちらへ来る. ②《起源》例: *her*|rühren 起因する. ③《整理・仕上げ》例: *her*|stellen 作り上げる. ④《機械的反復》例: *her*|sagen 暗唱する.

He·ra [ヘーラ héːra] -/《ギ神》ヘラ(ゼウスの正妻. ローマ神話のユノに当たる).

*****he·rab** [ヘラップ heráp] 副《雅》(上からこちらの)下へ. (⇔「ここから向こうの)上へ」は hinauf). *Herab* mit euch! 君たちこっちへ下りて来なさい / von den Bergen *herab* bis ins Tal 山の上から下の谷にいたるまで / 人⁴ von oben *herab* behandeln《比》人⁴を見下したような態度をとる.

he·rab.. [ヘラップ.. heráp..]《分離動詞の前つづり》つねにアクセントをもつ 《上方から話し手のいる下方に向かって》下へ・(下の)こちらへ 例: *herab*|kommen 降りてくる.

he·rab|bli·cken [ヘラップ・ブリッケン heráp-blìkən] 自 (h) ① (こちらへ)見下ろす. ②《**auf** 人⁴ ~》《雅》(人⁴を軽蔑して)見下す.

he·rab|hän·gen* [ヘラップ・ヘンゲン heráp-hɛ̀ŋən] 自 (h) (こちらへ)たれ下がっている.

he·rab|las·sen [ヘラップ・ラッセン heráp-làsən] I 他 (h)《雅》(こちらへ)降ろす. 下げる. ◇《再帰的に》*sich⁴ herablassen* (こちらへ)降りて来る. II 再帰 (h)《*sich⁴* **zu** 事³ ~》(皮肉で)(事³を)わざわざしてくださる. Werden Sie sich endlich *herablassen*, meine Frage zu beantworten? 私みたいな者の質問にも答えてくださるでしょうか.

he·rab|las·send [ヘラップ・ラッセント] I *herab*|lassen (降ろす)の現分 II 形 人を見下したなれなれしい態度の.

He·rab·las·sung [ヘラップ・ラッスング] 女 -/ 人を見下したなれなれしい態度.

he·rab|se·hen* [ヘラップ・ゼーエン heráp-zèːən] 自 (h) (こちらへ)見下ろす (= *herab*|blicken).

he·rab|set·zen [ヘラップ・ゼッツェン heráp-zètsən] 他 (h) ① (価格⁴を)引き下げる, (価値など⁴を)低下させる, (速度など⁴を)減少させる. ◇《過去分詞の形で》mit *herabgesetzter* Geschwindigkeit スピードを落として. ② けなす, 過少評価する.

He·rab·set·zung [ヘラップ・ゼッツング] 女 -/-en ① 引き下げ, 低下, 減少. ② けなすこと, 過少評価すること.

he·rab|wür·di·gen [ヘラップ・ヴュルディゲン heráp-vỳrdigən] 他 (h) (人⁴の品位を)おとしめる.

He·rab·wür·di·gung [ヘラップ・ヴュルディグング] 女 -/-en (品位を)おとしめること, 誹謗(ひぼう).

He·rak·les [ヘーラクれス héːrakləs] -/《ギ神》ヘラクレス(= Herkules).

He·rak·lit [ヘラクリート heraklíːt] -s/《人名》ヘラクレイトス(前540?—前480?; 古代ギリシアの哲学者).

He·ral·dik [ヘラるディク heráldɪk] 女 -/ 紋章学.

he·ral·disch [ヘラるディッシュ heráldɪʃ] 形 紋章学の.

*****he·ran** [ヘラン herán] 副 こちらへ, 近く寄りへ. Etwas näher *heran*! もうちょっとこっちへ / Nur *heran*! さあこちらへ / Zu mir *heran*! 私のそばへ来なさい.

he·ran.. [ヘラン.. herán..]《分離動詞の前つづり》つねにアクセントをもつ ①《(…へ向かっての)接近》例: *heran*|treten 歩み寄る. ②《成長・発展》例: *heran*|wachsen 成長する.

he·ran|bil·den [ヘラン・ビるデン herán-bìldən] 他 (h) 養成(育成)する. ◇《再帰的に》*sich⁴ heranbilden* 養成される.

he·ran|brin·gen* [ヘラン・ブリンゲン herán-brìŋən] 他 (h) ① (こちらへ)持って(連れて)来る. ②《A⁴ **an** B⁴ ~》(A⁴をB⁴に)なじませる, 親しませる.

he·ran|füh·ren [ヘラン・フューレン herán-fỳːrən] 他 (h) ① 近づける. ②《人⁴ **an** 事⁴ ~》(人⁴に事⁴を)手ほどきする, (人⁴を事⁴に)親しませる.

he·ran|ge·hen* [ヘラン・ゲーエン herán-gèːən] 自 (s) ①《**an** 人・物⁴ ~》(人・物⁴に)近づく, 迫る. ②《**an** 事⁴ ~》(事⁴に)とりかかる.

he·ran|kom·men* [ヘラン・コンメン herán-kòmən] 自 (s) ① 近寄ってくる; (時間的に)近づいて来る. Der Hund kam ganz nahe an mich *heran*. 犬が私のすぐ近くに寄ってきた / Weihnachten kommen *heran*. クリスマスが近づく /《事⁴ *herankommen lassen*《口語・比》事⁴を成り行きにまかせる. ②《**an** 人・物⁴ ~》(人・物⁴に)手が届く, (物³を)手に入れる. Man *kann* nicht an ihn *herankommen*. 彼は近寄りがたい人だ.

he·ran|ma·chen [ヘラン・マッヘン herán-màxən] 再帰 (h) *sich⁴ heranmachen*《口語》①《*sich⁴* **an** 人⁴ ~》(下心を持って人⁴に)近づ

く．② 〖*sich*⁴ an 事⁴ ~〗(事⁴)にとりかかる．

he·ran|rei·chen [ヘラン・ライヒェン hɛránraɪçən] 自 (h) 〖an 物⁴ ~〗(物⁴に)手が届く．② 〖an 人・事⁴ ~〗(人・事⁴に)匹敵するようになる，(人・事⁴と)同じレベルに達する．

he·ran|rei·fen [ヘラン・ライフェン hɛránraɪfən] 自 (s) ① (人・作物が)成熟する，(…へ)成長する．② 《比》(機運などが)熟する．

he·ran|tra·gen* [ヘラン・トラーゲン hɛrántràːgən] 他 (h) ① 運んで来る．② 〖事⁴ an 人⁴ ~〗(事⁴を人⁴のところに)持ち込む，申し出る．

he·ran|tre·ten* [ヘラン・トレーテン hɛrántrèːtən] 自 (s) ① 〖an 人・物⁴ ~〗(人・物⁴に)歩み寄る；(問題などが)迫る．Bitte *treten* Sie näher *heran*! もっと近寄ってください．② 〖mit 事³ an 人⁴ ~〗(事³(頼みごとなど)を人⁴に)持ち込む．

he·ran|wach·sen* [ヘラン・ヴァクセン hɛránvàksən] 自 (s) 成長(成人)する．zur Frau *heranwachsen* 一人前の女性に成長する．

he·ran|wa·gen [ヘラン・ヴァーゲン hɛránvàːgən] 再帰 (h) 〖*sich*⁴ an 人・物⁴ ~〗(人・物⁴にあえて近づく；《比》(物⁴に)思いきって着手する．

he·ran|zie·hen* [ヘラン・ツィーエン hɛrántsìːən] I 他 (h) ① 引き寄せる．einen Stuhl zu sich³ *heranziehen* いすを手元に引き寄せる．② (動植物⁴を)育てる；(後継者など⁴を)養成する．③ 〖人 zu 事³ ~〗(人⁴を事³のために)動員する，ひっぱり出す．④ (事⁴を)考慮に入れる，引き合いに出す．einen Text zum Vergleich *heranziehen* あるテキストを比較の対象にする．II 自(s) 近づいて来る．

***he·rauf** [ヘラォふ hɛráʊf] 副 ① (下からこちらの上へ，(こちらへ)上がって，《廉》*upwards*．(⚠)「こちらから向こうの下へ」は *hinunter*)．*Herauf*! 上がって来い / die Treppe *herauf* 階段を上がって / von unten *herauf* 下から上へ．

② (口語》(北から見て)南から北へ．Sie hat von Bayern *herauf* nach Norddeutschland gewandelt. 彼女はバイエルンから[北上して]北ドイツへ嫁いだ．

he·rauf.. [ヘラォふ... hɛráʊf..] 〖分離動詞の前つづり；つねにアクセントをもつ〗①《下方から話し手のいる方に向かって)上へ (上のこちらへ) 例: *herauf*|kommen 上がって来る．

he·rauf|be·schwö·ren* [ヘラォふ・ベシュヴェーレン hɛráʊf-bəʃvèːrən] (過分 heraufbeschworen) 他 (h) ① (軽率な行いによって)(戦争・災いなど⁴を)引き起こす，招く．② (過去のことなど⁴を)思い起こさせる．

he·rauf|kom·men* [ヘラォふ・コンメン hɛráʊf-kɔmən] 自 (s) ① 上がって来る．② (太陽などが)昇って来る；(雷雨などが)近づいて来る．

he·rauf|set·zen [ヘラォふ・ゼッツェン hɛráʊf-zètsən] 他 (h) (価格など⁴を)[引き]上げる．

he·rauf|stei·gen* [ヘラォふ・シュタイゲン hɛráʊf-ʃtàɪɡən] 自 (s) ① 上がって(登って)来る；《比》(霧などが)立ち昇る；《雅》(疑念などが)生じ

る．② 《雅》(新しい時代などが)始まる．

he·rauf|zie·hen* [ヘラォふ・ツィーエン hɛráʊf-tsìːən] I 他 (h) 引っぱり上げる．II 自 (s) ① (あらしなどが)近づいて(迫って)来る．② 上の階へ(南から北へ)引っ越して来る．

:**he·raus** [ヘラオス hɛráʊs] 副 ① (中からこちらへ)外へ，外のこちらへ．(⚠ *out*)．(⚠「中から向こうの外へ」は *hinaus*,「こちらから向こうの中へ」は *hinein*)．*Heraus* aus dem Bett! (口語》起きろ / *Heraus* mit dem Geld! (口語》金をよこせ / *Heraus* mit der Sprache! (口語》さっさと言え，白状しろ / von innen *heraus* a) 中から外へ，b)《比》心の底から．(⚠ 口語では raus となることがある)．

② 〖*sein* とともに〗(口語》⑦ 外に出ている．⑦ (新製品などが市場に出ている，(本などが)出版されている．⑨ (事実などが)公になっている，(期日などが)決まっている．Das ist noch nicht *heraus*. それはまだ決まっていない．④ 抜け出している，脱している．

新形

he·raus sein (口語》① 外に出ている．② 市場に出ている．③ (事実などが)公になっている，(期日などが)決まっている．④ 抜け出している，脱している．

he·raus.. [ヘラオス.. hɛráʊs..] 〖分離動詞の前つづり；つねにアクセントをもつ〗①《中からこちらの外へ》例: *heraus*|kommen 外へ出て来る．② ((はっきりしなかったものを)明るみに出す》例: sich⁴ *heraus*|stellen 判明する．

he·raus|ar·bei·ten [ヘラオス・アルバイテン hɛráʊs-àrbaɪtən] I 他 (h) ① 際だたせる，はっきりさせる．einen Unterschied *herausarbeiten* 違いをはっきりさせる．② (文字など⁴を)浮き彫りにする．③ (口語》(休む期間⁴を)埋め合わせるために働く．II 再帰 (h)〖*sich*⁴ aus 物³ ~〗(物³から)苦労して脱出する．

he·raus|be·kom·men* [ヘラオス・ベコンメン hɛráʊs-bəkɔmən] (過分 herausbekommen) 他 (h) ① (染みなど⁴を)取り除く，(くぎなど⁴を)抜き取る．den Fleck aus dem Kleid *herausbekommen* ワンピースの染みを取る．② (ある金額⁴を)お釣りにもらう．③ (人⁴を)解放する．④ (口語》(秘密など⁴を)聞き出す，探り出す．(なぞなど⁴を)解く．

he·raus|bil·den [ヘラオス・ビるデン hɛráʊs-bɪldən] 再帰 (h) sich⁴ *herausbilden* 生じる，形成される．

he·raus|brin·gen* [ヘラオス・ブリンゲン hɛráʊs-brɪŋən] 他 (h) ① (中からこちらへ)運び出す，連れ出す．② (全集など⁴を)世に出す，(新作など⁴を)上演する，(記念切手など⁴を)発行する，(新製品など⁴を)発表する，市場に出す，(歌手など⁴を)売り出す．③ (言葉など⁴を)口に出す．Er *brachte* vor Angst kein Wort *heraus*. 彼は不安のあまり一言も発しなかった．④ (口語》(くぎ・栓など⁴を)抜き取る；(汚れなど⁴を)取り除く．einen Nagel aus der Wand *herausbringen* くぎを壁から抜き取る. ⑤《口語》(秘密など⁴を)聞き出す;(なぞなど⁴を)解く.

he·raus|fah·ren* [ヘラオス・ファーレン hɛráus-fàːrən] **I** 他 (h) ① (自動車⁴を車庫などから)出す. Er *fuhr* das Auto **aus** der Garage *heraus*. 彼は車をガレージから出した. ② (モーターレースで好タイム⁴を)出す;(勝利⁴を)おさめる. **II** 自 (s) ① 《*aus* 物³ ~》(乗り物が・人が乗り物で物³から)出て来る. Der Zug *fährt* aus dem Bahnhof *heraus*. 列車が駅から出てくる. ② 《口語》(ベッドなどから)急に飛び出す;(人の口から言葉などが)うっかり飛び出す. Das *ist* mir nur so *herausgefahren*. 〚現在完了〛うっかり口がすべって言っただけだ.

he·raus|fin·den* [ヘラオス・フィンデン hɛráus-fìndən] **I** 他 (h) ① (多くの中から)見つけ出す;(原因・誤りなど⁴を)つきとめる. **II**⁴ **aus** der Menge *herausfinden* 人込みの中から人⁴を見つけ出す. **II** 自 (h)・再帰 (h) *sich*⁴ *herausfinden* (森などから)外に出る道を見つける;《比》(苦境などから)抜け出す. *sich*⁴ aus dem Hochhaus *herausfinden* 高層ビルの出口が見つかる.

he·raus|for·dern [ヘラオス・フォルダァン hɛráus-fɔ̀rdərn] 他 (h) ① (人⁴に)挑む, 挑戦する. **zum** Zweikampf *herausfordern* 人⁴に決闘を挑む. ② 挑発する;(挑発して危険など⁴を)招く. Kritik⁴ *herausfordern* ことさら批判を受けるようなことをする.

he·raus·for·dernd [ヘラオス・フォルダァント] **I** heraus|fordern (挑む)の 現分 **II** 形 挑発的な, 挑戦的な, 横柄な. ein *herausforderndes* Benehmen 挑発的な態度.

He·raus·for·de·rung [ヘラオス・フォルデルング] 女 –/–en 挑発. 〘スポ〙挑戦.

He·raus⸗ga·be [ヘラオス・ガーベ] 女 –/–n ① (本などの)出版, 発行, 編集. ② (保管していたものなどの)引き渡し.

he·raus|ge·ben [ヘラオス・ゲーベン hɛráus-gèːbən] du gibst...heraus, er gibt...heraus (gab...heraus, hat...herausgegeben) **I** 他 (定了 haben) ① (中からこちらへ)渡す. *Geben* Sie mir bitte meinen Koffer durchs Fenster *heraus*! 私のスーツケースを窓からこちらへ渡してください. ② (保管物など⁴を)返す;(捕虜など⁴を)引き渡す. den Schlüssel *herausgeben* (ホテルのフロントで:)鍵(½)を返す. ③ (本など⁴を)**出版**する, 編集する;(切手・記念硬貨など⁴を)発行する. Goethes Werke⁴ *herausgeben* ゲーテ著作集を出版する. ④ 釣り銭として渡す. ⑤ (条例など⁴を)発布する. **II** 自 (定了 haben) ① (〖人〗に)釣り銭を出す. *Können* Sie mir **auf** 100 Mark *herausgeben*? 100マルクのお釣りをくれませんか. ②《方》言い返す.

◊☞ *herausgegeben*

He·raus⸗ge·ber [ヘラオス・ゲーバァ] 男 –s/– 編者;編集者, 発行人(略: Hg. または Hrsg.).

he·raus⸗ge·ge·ben [ヘラオス・ゲゲーベン] **I** *heraus|geben (渡す)の 過分 **II** 形 編集(発行)された(略: hg. または hrsg.). *herausgegeben* von Prof. Schmidt シュミット教授編集.

he·raus|ge·hen* [ヘラオス・ゲーエン hɛráus-gèːən] 自 (s) ① (中からこちらへ)出て来る. aus sich³ *herausgehen*《口語》打ち解けてくる. ② (染みなどが)落ちる, 抜ける.

he·raus·ge·kom·men [ヘラオス・ゲコンメン] **heraus|kommen* (出て来る)の 過分

he·raus·ge·nom·men [ヘラオス・ゲノンメン] **heraus|nehmen* (取り出す)の 過分

he·raus|grei·fen* [ヘラオス・グライフェン hɛráus-gràifən] 他 (h) 選び出す;(例など⁴を)あげる.

he·raus|ha·ben* [ヘラオス・ハーベン hɛráus-hàːbən] 他 (h)《口語》① (汚れなど⁴を取り除いてある, (くぎなど⁴を)抜き取ってある;(借家人など⁴を)追い出してしまう. ② (要領など⁴を)わかっている;(問題など⁴を)解いている.

he·raus|hal·ten* [ヘラオス・ハルテン hɛráus-hàltən] 他 (h) ① (中からこちらへ)さし出す. ② (人・物⁴を争いなどに)巻き込まれないようにする. ◊《再帰的に》 *sich*⁴ *heraushalten* (事件などに)関係しない, 巻き込まれない.

he·raus|hän·gen¹* [ヘラオス・ヘンゲン hɛráus-hèŋən] 自 (h) (中からこちらへ)たれ下がっている.

he·raus|hän·gen² [ヘラオス・ヘンゲン] 他 (h) ① (中から外へ)たらす, ぶら下げる. ② 《口語》(地位などを)ひけらかす, 鼻にかける. den Doktor *heraushängen* 博士であることを鼻にかける.

he·raus|he·ben* [ヘラオス・ヘーベン hɛráus-hèːbən] 他 (h) ① (人・物⁴を)持ち上げて取り出す. ② 際だたせる. ◊《再帰的に》 *sich*⁴ *herausheben* 目だつ, 際だつ.

he·raus|hel·fen* [ヘラオス・ヘルフェン hɛráus-hèlfən] 他 (h) (人³に)手を貸して外に出してやる;(人³を苦境から)救い出す. 人³ **aus** dem Schnee *heraushelfen* 人³を雪の中から助け出す.

he·raus|ho·len [ヘラオス・ホーレン hɛráus-hòːlən] 他 (h) ① (中からこちらへ)取り出す, 持ち出す, 連れ出す. die Zeitung⁴ **aus** der Tasche *herausholen* かばんから新聞を取り出す. ② 《口語》(情報など⁴を)引き出す;(利益・能力など⁴を)引き出す;(勝利など⁴を)おさめる. ③ 《口語》(隠されているもの⁴を)はっきりさせる.

he·raus|keh·ren [ヘラオス・ケーレン hɛráus-kèːrən] 他 (h) (力・地位などを⁴)誇示する, ひけらかす. den Lehrer *herauskehren* 教師ぶる.

he·raus|kom·men [ヘラオス・コンメン hɛráus-kɔ̀mən] (kam...heraus, *ist*...herausgekommen) 自 (s) ① (外へ)**出て来る**;外出する;(郷土・施設などから)抜け出る;(花・芽などが)現れ出る. (英 *come out*). *Komm* doch *heraus*! 外に出ておいて / aus dem Zimmer *herauskommen* 部屋から出て来る / Aus dem Schornstein *kommt* schwarzer Qualm *heraus*. 煙突から黒い煙が出ている. ② 《口語》(苦境から)抜け出す. aus den

Sorgen *herauskommen* 心配から解放される. ③ (本が)出版(発行)される; (新製品などが)市場に出る. Diesese Buch *wird* erst im Winter *herauskommen*. この本はようやく冬に出版されるだろう / **mit** einem neuen Modell *herauskommen* (会社などが)新型を出す. ④《口語》(秘密などが)露見する. ⑤《口語》口ぶりが…である. Der Vorwurf *kam* etwas zu scharf *heraus*. その非難の口ぶりが少し厳しすぎた. ⑥《成句的に》groß *herauskommen*《口語》(社会的に)成功をおさめる. ⑦ (…の)結果になる. Bei der Addition *kommt* eine hohe Summe *heraus*. 足し算すると大きな金額になる / Das *kommt* auf dasselbe (または eins) *heraus*. それは同じ結果になる. ⑧《口語》(ダンスなどで)調子がはずれになる, (スポーツなどで)腕がなまる. ⑨《**mit** 事³》《口語》(事³を)やっと口に出す. mit einem Wunsch *herauskommen* 要望をためらいがちに言う. ⑩ (色・特色などが)はっきり出ている, 目だつ. ⑪《口語》(トランプで)最初の札を出す.

he·raus|krie·gen [ヘラオス・クリーゲン hɛráus-kri:gən] 他 (h)《口語》① (染み・くぎなどを)抜き取る. ② 救い出す. ③ (秘密などを)聞き出す;(問題を)解く. (釣り銭⁴を)もらう.

he·raus|kris·tal·li·sie·ren [ヘラオス・クリスタリズィーレン hɛráus-kristalizi:rən] 他 (h) ① 結晶として取り出す. ◇《再帰的に》*sich*⁴ *herauskristallisieren* 結晶する. ② 《比》(要点など⁴を)明確にする. ◇《再帰的に》*sich*⁴ *herauskristallisieren* 明確になる.

he·raus|lo·cken [ヘラオス・ロッケン hɛráus-lɔkən] 他 (h) ① おびき出す, 誘い出す. ein Tier⁴ aus seinem Bau *herauslocken* 動物を巣からおびき出す. ② (お金⁴を)巻き上げる; (秘密⁴を)うまく聞き出す. **aus** 人³ Geld⁴ *herauslocken* 人³からお金を巻き上げる.

he·raus|ma·chen [ヘラオス・マッヘン hɛráus-màxən] 他 (h)《口語》(染み・とげなど⁴を)取り除く. II 再帰 (h) *sich*⁴ *herausmachen*《口語》① (体が)回復する, 成長する. ② (社会的に)成長する.

he·raus|neh·men [ヘラオス・ネーメン hɛráus-nè:mən] du nimmst…heraus, er nimmt…heraus (nahm…heraus, *hat*…herausgenommen) I 他 (完了 haben) ① **取り出す**. (※ *take out*). ein Buch⁴ aus dem Schrank *herausnehmen* 本を書棚から取り出す. ② (内臓など⁴を)摘出する. 人³ eine Niere⁴ *herausnehmen* 人³の腎臓(뉴)を摘出する. ③ (人⁴を学校・試合などから)引き揚げさせる. Wir *wollen* unseren Sohn aus der Schule *herausnehmen*. われわれは息子を退学させようと思う. II 再帰 (完了 haben) *sich*³ 事⁴ *herausnehmen*《口語》事⁴をあえてする. Er *nimmt sich* zu viel *heraus*. 彼はあまりにも勝手なふるまいをする.

he·raus|plat·zen [ヘラオス・プラッツェン hɛráus-plàtsən] 自 (s)《口語》① (こらえきれずに)吹き出す, 爆笑する. ②《**mit** 事³ ～》(事³を)不意に言う. mit einer Frage *herausplatzen* いきなり質問する.

he·raus|put·zen [ヘラオス・プッツェン hɛráus-pùtsən] 他 (h) 飾りたてる; (人⁴に)盛装させる.

he·raus|ra·gen [ヘラオス・ラーゲン hɛráus-rà:gən] 自 (h) ① 突き出ている. ② 抜きん出ている, 卓越している. ◇《現在分詞の形で》ein *herausragender* Komponist 傑出した作曲家.

he·raus|re·den [ヘラオス・レーデン hɛráus-rè:dən] 再帰 (h) *sich*⁴ *herausreden*《口語》言い逃れをする. *sich*⁴ **mit** 事³ *herausreden* 事³を口実に言い逃れる.

he·raus|rei·ßen* [ヘラオス・ライセン hɛráus-ràisən] 他 (h) ① (ページなど⁴を)破り取る, 引き抜く. Unkraut⁴ *herausreißen* 雑草を引き抜く. ② (慣れた環境などから)引き離す. ③《口語》(窮地から)救い出す;(欠点など⁴を)埋め合わせる. ④《口語》ほめちぎる.

he·raus|rü·cken [ヘラオス・リュッケン hɛráus-rỳkən] I 他 (h) ① (中からこちらへ出す, 押しやる. ② 《口語》(お金など⁴を)しぶしぶ出す. II 自 (s) ① (中からこちらへ出る. ②《**mit** 事³ ～》(事³を)しぶしぶ話す.

he·raus|rut·schen [ヘラオス・ルッチェン hɛráus-rùtʃən] 自 (s) 滑り落ちる;《口語》(言葉が人³から)うっかり漏れる.

he·raus|schla·gen* [ヘラオス・シュラーゲン hɛráus-ʃlà:gən] I 他 (h) ① (ハンマーなどで)たたいて出す, 打ち出す. ②《口語》(お金・利益など⁴を)まんまと手に入れる. II 自 (炎などが)吹き出してくる.

her·aus|sein* 自 (s) (新形) heraus sein (外へ出ている) ☞ heraus

he·raus|sprin·gen* [ヘラオス・シュプリンゲン hɛráus-ʃpriŋən] 自 (s) ① 飛び出して来る. aus dem Fenster *herausspringen* 窓から飛び出して来る. ②《口語》もうかる, 利益があがる.

he·raus|stel·len [ヘラオス・シュテレン hɛráus-ʃtèlən] I 他 (h) ① 外に置く(出す); (選手⁴を)退場させる. Stell die Blumen hier auf den Balkon heraus! 花をこのバルコニーに出しなさい. ② (考え・原則など⁴を)はっきり示す, 強調する. II 再帰 (h) *sich*⁴ *herausstellen* 判明する, わかる. Er *hat sich* **als** Betrüger *herausgestellt*. 彼は詐欺師であることがわかった / Es *hat sich herausgestellt*, dass……ということが判明した.

he·raus|strei·chen* [ヘラオス・シュトライヒェン hɛráus-ʃtràiçən] 他 (h) ① 削除する, 除去する, 抹殺する. einige Sätze⁴ **aus** dem Manuskript *herausstreichen* いくつかの文を原稿から削除する. ② ほめそやす. ◇《再帰的に》*sich*⁴ *herausstreichen* 自画自賛する.

he·raus|su·chen [ヘラオス・ズーヘン hɛráus-zù:xən] 他 (h) (多くの中から)探し出す, 選び

出す.

he·raus|tre·ten* [ヘラオス・トレーテン] hɛ-ráus-trè:tən] 自 (s) ① (中から外へ)出て来る. ② (医) (血管などが)隆起する, 浮き出る.

he·raus|wach·sen* [ヘラオス・ヴァクセン hɛ-ráus-vàksən] 自 (s) 《aus 物³ ~》 (植物が物³から)伸びてはみ出す; (子供が成長して物³が)合わなくなる. Der Junge *ist* aus den Schuhen *herausgewachsen*. 《現在完了》少年は大きくなって靴が合わなくなった.

he·raus|wer·fen* [ヘラオス・ヴェルフェン hɛ-ráus-vèrfən] 他 (h) (中からこちらへ)投げてよこす.

he·raus|zie·hen* [ヘラオス・ツィーエン hɛ-ráus-tsì:ən] 他 (h) ① 引き出す, 引き抜く. 人³ Zähne⁴ *herausziehen* (人³の歯を抜く / einen Verletzten **aus** dem Auto *herausziehen* 負傷者を車から引っぱり出す. ②《A⁴ **aus** B³ ~》(A⁴ を B³ から)抜き書きする, 抜粋する.

***herb** [ヘルプ hérp] 形 ① にがみ(辛み)のある, 渋み(酸味)のある. ein *herber* Wein 辛口のワイン. ② つらい, 耐えがたい(運命など); 辛らつな, 手厳しい(批評など); ひどい(損失など). eine *herbe* Enttäuschung 耐えがたい幻滅. ③ 無愛想な, よそよそしい. ein *herbes* Mädchen つんと澄ました女の子.

Her·ba·ri·um [ヘルバーリウム hɛrbá:rium] 中 -s/..rien [..リエン] 押し葉標本, [乾燥]植物標本.

***her⚡bei** [ヘァ・バイ hɛr-báɪ] 副 こちらへ, こっちへ. *Herbei* zu mir! こちらへおいで / Alles *herbei*! みんなこっちへいらっしゃい.

her·bei.. [ヘァバイ.. hɛrbáɪ..] 《分離動詞の 前つづり; つねにアクセントをもつ》《話し手の方への)接近》例: *herbei*|eilen [こちらへ]急いで来る.

her·bei|ei·len [ヘァバイ・アイレン hɛrbáɪ-àɪlən] 自 (s) こちらへ急いで来る.

her·bei|füh·ren [ヘァバイ・フューレン hɛrbáɪ-fỳ:rən] 他 (h) ① (ある結果⁴を)引き起こす, (不幸など⁴を)招く. ②《誰》(人⁴を)こちらへ連れて来る.

her·bei|ho·len [ヘァバイ・ホーレン hɛrbáɪ-hò:lən] 他 (h) [行って]連れて来る, 呼んで来る; [行って]持って来る. *Holen* Sie schnell Hilfe *herbei*! 急いで助けを呼んで来てください.

her·bei|las·sen* [ヘァバイ・ラッセン hɛrbáɪ-làsən] 再帰 (h)《*sich*⁴ **zu** 事³ ~》《雅》(事³を)やっとする気になる.

her·bei|ru·fen* [ヘァバイ・ルーフェン hɛrbáɪ-rù:fən] 他 (h) 呼び寄せる; 助けを求めて叫ぶ.

her·bei|schaf·fen [ヘァバイ・シャッフェン hɛrbáɪ-ʃàfən] 他 (h) [こちらへ]持って来る, 運んで(連れて)来る.

her·bei|strö·men [ヘァバイ・シュトレーメン hɛrbáɪ-ʃtrò:mən] 自 (s) (見物人などが)[どっと]押し寄せて来る.

her·bei|wün·schen [ヘァバイ・ヴュンシェン hɛrbáɪ-vỳnʃən] 他 (h) (人・物⁴の)出現を願う.

her·bei|zie·hen* [ヘァバイ・ツィーエン hɛr-

bái-tsì:ən] 他 (h) (こちらへ)引き寄せる. Er *zog* sich³ einen Stuhl *herbei*. 彼はいすを引き寄せた.

her|be·mü·hen [ヘーァ・ベミューエン hé:r-bəmỳ:ən] (過分 herbemüht) I 他 (h)《雅》(人⁴に)わざわざ来てもらう. II 再帰 (h) *sich*⁴ *herbemühen*《雅》わざわざこちらへ来る.

Her·ber·ge [ヘァベルゲ hérbɛrgə] 女 -/-n ① 簡易宿泊所, 安宿; ユースホステル (= Jugend-*herberge*). ②《ふつう 単》《古》宿泊.

Her·bergs|mut·ter [ヘァベルクス・ムッタァ] 女 -/..mütter ユースホステルの女性管理者.

Her·bergs|va·ter [ヘァベルクス・ファータァ] 男 -s/..väter ユースホステルの男性管理者.

Her·bert [ヘァベルト hérbɛrt] -s/《男名》ヘルベルト.

her|be·stel·len [ヘーァ・ベシュテレン hé:r-bəʃtèlən] (過分 herbestellt) 他 (h) (人⁴に)来るようにと言う; 呼び寄せる.

Herb·heit [ヘルプハイト] 女 -/ ① (味の)にがみ(辛み), 渋み(酸味). ② 辛らつさ; 無愛想.

her|bit·ten* [ヘーァ・ビッテン hé:r-bitən] 他 (h) (人⁴に)こちらへ来るように頼む.

Her·bi·zid [ヘルビツィート hɛrbitsí:t] 中 -[e]s/-e《化》除草剤.

her|brin·gen* [ヘーァ・ブリンゲン hé:r-brìŋ-ən] 他 (h) (人⁴に)持って来る, 連れて来る.
◇☞ hergebracht

*der **Herbst** [ヘルプスト hérpst]

秋	Es wird *Herbst*. 秋になる.
	エス ヴィルト ヘルプスト

男 (単2) -es/(複) -e (3格のみ -en)《ふつう 単》① 秋. (⇔ *fall, autumn*). (⇔「春」は Frühling, 「夏」は Sommer, 「冬」は Winter). ein warmer (kalter) *Herbst* 暖かい(寒い)秋 / im *Herbst* nächsten Jahres 来年の秋に / Die Tagung findet im kommenden *Herbst* statt. 会議は今年の秋に開催される / der *Herbst* des Lebens《比》人生の秋.
②《方》(ぶどうなどの)取り入れ, 収穫.

herbs·ten [ヘルプステン hérpstən] I 非人称 (h) Es *herbstet*. 秋になる, 秋めく. II 自 (h)《方》(ぶどうなどを)収穫する.

Herbst·fe·ri·en [ヘルプスト・フェーリエン] 複 (学校の)秋の休暇.

herbst·lich [ヘルプストリヒ] 形 秋の, 秋らしい.

Herbst|tag [ヘルプスト・ターク] 男 -[e]s/-e 秋の日.

Herbst|zeit·lo·se [ヘルプスト・ツァイトローゼ] 女 -/-n《植》イヌサフラン.

*der **Herd** [ヘーァト hé:rt] 男 (単2) -es (まれに -s)/(複) -e (3格のみ -en) ① レンジ, こんろ, かまど;《比》家庭(のだんらん). Elektro*herd* 電気レンジ / ein *Herd* mit vier Kochplatten クッキングプレートが四つあるレンジ / den *Herd* an|machen (または an|zünden) レンジに点火する / **am** heimischen (または häuslichen) *Herd* わが家で / am *Herd* stehen《口語》料理を作

る / einen Topf **auf** den *Herd* stellen 鍋(%)をレンジにかける / Ich habe gerade das Essen auf dem *Herd*. 《口語》私は食事の用意をしているところです / Eigener *Herd* ist Goldes wert. (諺) わが家に勝る所なし(←自分のかまどは黄金の値打ちがある).
② (災害・伝染病などの)発生地, 中心地; 《医》病巣. der *Herd* eines Erdbebens 地震の震源地. ③ 《工》炉床.

Her·de [ヘーァデ hé:rdə] 囡 -/-n ① (一種類の)家畜(野生動物)の群れ. eine *Herde* Schafe 羊の群れ. ② (軽蔑的に:)群衆, 大衆; 《雅》(教会の)教区民.

Her·den≠mensch [ヘーァデン・メンシュ] 男 -en/-en (軽蔑的に:)主体性のない人, 付和雷同する人.

Her·den≠tier [ヘーァデン・ティーァ] 田 -[e]s/-e ① 群居(群棲(%))動物. ② (軽蔑的に:)主体性のない人, 付和雷同する人.

Her·den≠trieb [ヘーァデン・トリープ] 男 -[e]s/-e ① 群居(群棲(%))本能. ② (軽蔑的に:)人間の群集本能.

her·den≠wei·se [ヘーァデン・ヴァイゼ] 副 群れをなして.

Her·der [ヘルダァ hérdər] -s/ 《人名》ヘルダー(Johann Gottfried von *Herder* 1744-1803; ドイツの歴史哲学者・文学者).

Herd≠plat·te [ヘーァト・プラッテ] 囡 -/-n (電気調理器などの)クッキングプレート; (石炭ストーブのふたの)鉄板.

***he·rein** [ヘライン hɛráın] 副 (外からこちらの)中へ, 中のこちらへ. (⇔「(こちらから向こうの)中へ」は hinein,「(中から向こうの)外へ」は hinaus). *Herein*! (ノックに対して:)お入り[ください] / von draußen *herein* 外から中へ. (⇔ 口語では rein となることがある).

he·rein.. [ヘライン.. hɛráın..] 《分離動詞の 前つづり》つねにアクセントをもつ》《(外から話し手のいるこちらの)中へ》例: *herein*|treten 入って来る.

he·rein|bre·chen [ヘライン・ブレッヒェン hɛráın-brɛçən] 自 (s) ① 崩れ落ちる; どっと注ぎ(流れ)込む. ② 《**über** 人·物⁴ ~》《雅》(不幸・災害などが人·物⁴を)襲う. ③ 《雅》突然始まる. Die Nacht *bricht herein*. 急に日が暮れる.

he·rein|fal·len* [ヘライン・ファレン hɛráın-fàlən] 自 (s) ① 落ち込む; (光が)降り注ぐ. ② 《口語》まんまと(光が)降り注ぐ. ひっかかる. **auf** 人·事⁴ *hereinfallen* 人·事⁴にだまされる, ひっかかる / **bei** (または **mit**) 人·物³ *hereinfallen* a) 人³にいやな食わされる, b) 物³にがっかりさせられる(失敗する).

he·rein·ge·kom·men [ヘライン・ゲコンメン] *herein|kommen (入って来る)の 過分

he·rein|kom·men [ヘライン・コンメン hɛráın-kòmən] (kam...herein, *ist*...hereingekommen) 自 (完了 sein) ① 入って来る. (≋ *come in*). Bitte, *kommen* Sie doch *herein*! どうぞお入りください. ② 《口語》入荷する; (お

金が)入る.

he·rein|las·sen* [ヘライン・ラッセン hɛráın-làsən] 他 (h) 《口語》(外からこちらの中へ)入らせる.

he·rein|le·gen [ヘライン・レーゲン hɛráın-lè:gən] 他 (h) ① 中へ入れる(置く). ② 《口語》まんまとだます.

he·rein|plat·zen [ヘライン・プロッツェン hɛráın-plàtsən] 自 (s) 《口語》突然入って来る.

he·rein|schau·en [ヘライン・シャオエン hɛráın-ʃàuən] 自 (h) 《方》[こちらの]中を見る, のぞき込む; 《口語》様子を見に立ち寄る.

he·rein|schnei·en [ヘライン・シュナイエン hɛráın-ʃnàıən] I 非人称 (h) Es *schneit herein*. 雪が降り込んで来る. II 自 (s) 《口語》突然入って来る.

he·rein|spa·zie·ren [ヘライン・シュパツィーレン hɛráın-ʃpatsì:rən] 自 (s) 《口語》ぶらりと入って来る.

he·rein|strö·men [ヘライン・シュトレーメン hɛráın-ʃtrò:mən] 自 (s) 流れ込んで来る.

he·rein|tre·ten [ヘライン・トレーテン hɛráın-trè:tən] 自 (s) (こちらへ)足を踏み入れる, 入って来る.

he·rein|zie·hen* [ヘライン・ツィーエン hɛráın-tsì:ən] I 他 (h) 引き入れる, 連れ込む. II 非人称 (h) Es *zieht herein*. すき間風が入って来る. III 自 (s) 《口語》① 引っ越して来る. ② (行進しながら)入って来る.

her|fah·ren* [ヘーァ・ファーレン hé:r-fà:rən] I 自 (s) (乗り物で)こちらへ来る; (乗り物が)やって来る. II 他 (h) (乗り物で)運んで(連れて)来る.

Her≠fahrt [ヘーァ・ファールト] 囡 -/-en (乗り物で)こちらへ来ること, 復路. (⇔「往路」は Hinfahrt), auf der *Herfahrt* 帰りに.

her|fal·len* [ヘーァ・ファレン hé:r-fàlən] 自 (s) 《**über** 人·物⁴ ~》(人·物⁴に)襲いかかる; (人⁴を)激しく非難する. über das Essen *herfallen* 《口語》がつがつ食べ始める.

Her≠gang [ヘーァ・ガング] 男 -[e]s/ (事件・出来事の)いきさつ, 経過, 成り行き.

her|ge·ben [ヘーァ・ゲーベン hé:r-gè:bən] du gibst...her, er gibt...her (gab...her, *hat*...hergegeben) 他 (完了 haben) ① こちらへ手渡す, よこす. *Gib* mir bitte mal das Buch *her*! ちょっとその本をこちらへよこして. ② さし出す, 提供する; (貯金など⁴を)はたく. Dazu (または **Dafür**) *gebe* ich meinen Namen nicht *her*. 私はそんなことに名前は貸さない. ◇《再帰的に》*sich*⁴ zu 事³ *hergeben* 事³(悪事などに)力を貸す, 加担する. ③《**viel⁴, nichts⁴**などとともに》(…の)成果・利益などをもたらす. Das Buch *gibt* nichts *her*. その本からはなんら得るところがない.

her·ge·bracht [ヘーァ・ゲブラハト] I her|bringen (持って来る)の 過分 II 形 伝統的な, 昔からの.

her·ge·ge·ben [ヘーァ・ゲゲーベン] *her|geben (こちらへ手渡す)の 過分

her|ge·hen* [ヘーァ・ゲーエン hé:r-gè:ən] I 自(s) ① (人について)歩く. hinter 人³ hergehen 人³の後について行く / vor 人³ hergehen 人³のすぐ前を歩く. ②《南ドイツ・オーストリア》こちらへ来る. II 非人称(s)《口語》①《es geht ... her の形で》…の成り行きだ. Hier geht es lustig her. ここは楽しい雰囲気だ. ②《es geht über 人⁴ her の形で》人⁴が非難される. Gestern ging es scharf über ihn her. きのう彼はひどく非難された. ③《es geht über 物⁴ her の形で》物⁴が大量に消費される.

her·ge·kom·men [ヘーァ・ゲコンメン] *herkommen (こちらへ来る)の 過分

her·ge·lau·fen [ヘーァ・ゲらオフェン] I herlaufen (走って来る)の 過分 II 形 素性の知れない, えたいの知れない.

her·ge·stellt [ヘーァ・ゲシュテるト] ‡herstellen (製造する)の 過分

her|ha·ben [ヘーァ・ハーベン] 他 (h)《wo とともに》《口語》物⁴を…から手に入れている. Wo hat er das Geld her? 彼はどこからそのお金を手に入れたのか.

her|hal·ten* [ヘーァ・ハるテン hé:r-hàltən] I 他 (h) (こちらへ)さし出す. II (h)《müssen とともに》いやな役を引き受けなければならない. Er muss immer für andere herhalten. 彼はいつも人のしりぬぐいをさせられる / als Zielscheibe des Spottes herhalten müssen 嘲笑(ちょうしょう)の的にされる.

her|ho·len [ヘーァ・ホーれン] 他 (h) 取って(連れて)来る. Das ist weit hergeholt.《状態受動・現在》《比》それはこじつけだ.

her|hö·ren [ヘーァ・ヘーレン] 自 (h) (話し手の方へ)耳を傾ける.

*der **He·ring** [ヘーリング hé:rıŋ] 男 (単 2) -s/(複) -e (3 格のみ -en) ①《魚》ニシン.《俗》herring). Salzhering 塩漬けにしん / geräucherte Heringe くん製にしん / Sie standen da wie die Heringe.《口語・戯》彼らはすし詰めになって立っていた. ②《口語・戯》やせっぽち[の男]. ③ (テント用の)くい.

he·rin·nen [ヘリンネン hɛrínən] 副《南ドイツ・オーストリア》ここの中で.

her|kom·men [ヘーァ・コンメン hé:r-kɔ̀mən] (kam...her, ist...hergekommen) 自(s) ① こちらへ来る. Komm bitte mal her! ちょっとこっちへ来てくれ. ②(…の)出である; (…に)由来する. ◊ふつう wo...? の疑問文で》Wo kommen Sie denn her? ご出身はどちらですか / Wo kommt der Wein her? このワインはどこの産ですか / Wo kommt dieses Geld her? どこから手に入れたのか / Der Dichter kommt von der Romantik her. その詩人はロマン主義の流れをくんでいる.

Her·kom·men [ヘーァ・コンメン] 中 -s/ ① 慣習, しきたり, 伝統. nach altem Herkommen 昔からのしきたりに従って. ② 由来, 素性.

her·kömm·lich [ヘーァ・ケムリヒ] 形 習慣的な, 従来どおりの, 伝来の. die herkömmlichen Gewohnheiten 昔からの習慣.

Her·ku·les [ヘルクれス hérkules] I -/《ギリシャ神》ヘラクレス(ゼウスの息子でギリシアの英雄). II 男 -/..lesse《比》怪力無双の男. ②《複》なし (中)《天》ヘラクレス座.

her·ku·lisch [ヘルクーリッシュ hɛrkúːlıʃ] 形 ヘラクレスのような; 超人的な.

*die **Her·kunft** [ヘーァ・クンフト hé:r-kunft] 女 (単) -/(複) ..künfte [..キュンフテ] (3 格のみ ..künften)《ふつう単》① 素性, 血統, 家柄.(英 origin). Er ist adliger Herkunft². 彼は貴族の出だ / Er ist nach seiner Herkunft Franzose. 彼は素性から言うとフランス人だ. ② 起源, 出所(しゅっしょ), 由来. die Herkunft eines Wortes ある単語の語源 / Die Ware ist ausländischer Herkunft². この商品は外国製だ.

her|lau·fen* [ヘーァ・らオフェン hé:r-làufən] 自 (s) [こちらへ]走って(歩いて)来る; ついて行く(歩く). hinter 人³ herlaufen 人³を追う, 人³について行く.

◊☞ hergelaufen

her|lei·ten [ヘーァ・らイテン hé:r-làıtən] 他 ① (公式など⁴を)導き出す. ②《A⁴ aus (または von) B³ ~》(B³に A⁴ の)由来(起源)を求める. ◊《再帰的に》sich⁴ aus (または von) 人·事³ herleiten 人·事³に由来する, 人·事³から出ている.

her|ma·chen [ヘーァ・マッヘン hé:r-màxən] I 再帰 (h) sich⁴ hermachen《口語》①《sich⁴ über 物·事³ ~》(事³に)精力的に取りかかる; (物³に)かぶりつく. sich⁴ über die Arbeit hermachen 仕事に取りかかる. ②《sich⁴ über 人⁴ ~》(人⁴に)襲いかかる;《比》(人⁴に)非難を浴びせる. II 他 (h)《成句的に》viel⁴ (nichts⁴) hermachen《口語》見ばえがする(ぱっとしない) / viel⁴ von 人·物³ hermachen《口語》人·物³をもてはやす, 大げさに騒ぎたてる.

Her·mann [ヘァマン hérman] -s/《男名》ヘルマン.

Her·maph·ro·dit [ヘルマフロディート hɛrmafrodíːt] 男 -en/-en 《生・医》半陰陽者, 両性具有者 (=Zwitter);《生》雌雄同体.

Her·me·lin [ヘルメリーン hɛrmelíːn] I 中 -s/-e《動》オコジョ, エゾイタチ, ヤマイタチ. II 男 -s/-e アーミン(オコジョの毛皮).

Her·mes [ヘルメス hérmɛs] -/《ギリシャ神》ヘルメス (神々の使者で商業・雄弁・学芸・科学・盗賊・交通の神. ローマ神話のメルクリウスに当たる).

her·me·tisch [ヘルメーティッシュ hɛrméːtıʃ] 形 ① 気密の, 密閉した. ② 秘教科学の.

Her·mi·ne [ヘァミーネ hɛrmíːnə] -[n]s/《女名》ヘルミーネ.

her|müs·sen* [ヘーァ・ミュッセン hé:r-mỳsən] 自 (h)《口語》こちらへ来なければならない. Ein neuer Kühlschrank muss her. 新しい冷蔵庫を買わなくては.

her·nach [ヘァ・ナーハ] 副 そのあとに, 次に; あとになって. gleich hernach すぐそのあとに.

her|neh·men* [ヘーァ・ネーメン hé:r-nè:-mən] 他 (h) ① 取って来る, 手に入れる. ◊《ふつう **wo**...? の疑問文で》Wo *soll* ich das denn *hernehmen*? それはどこで手に入れたらいのですか. ② 《方》疑労困憊(ﾋﾊｲ)させる. ③ 《方》(人⁴を呼びつけて)しかりつける.

Her·nie [ヘルニエ hérnia] 女 -/-n 〖医〗ヘルニア, 脱腸.

her·nie·der [ヘァ・ニーダァ] 副 《雅》(こちらへ向かって)下へ.

He·ro·en [ヘローエン] Heros (半神)の 複

He·ro·in [ヘロイーン heroí:n] 中 -s/ ヘロイン (モルヒネから作られる麻薬).

He·ro·i·ne [ヘロイーネ heroí:nə] 女 -/-n 〖劇〗(劇の)ヒロイン, 女主人公; 主人公を演ずる女優.

***he·ro·isch** [ヘローイッシュ heró:ɪʃ] 形 ① 英雄の, 英雄的な; 勇ましい. (英 *heroic*). eine *heroische* Tat 英雄的な行為. ② 崇高な, 雄大な. eine *heroische* Landschaft 〖絵〗(古代神話の人物を配した)壮大な風景.

He·ro·is·mus [ヘロイスムス heroísmus] 男 -/ 英雄主義, ヒロイズム; 英雄的行為(精神).

He·rold [ヘーロルト hé:rɔlt] 男 -[e]s/-e 〖史〗伝令使(官), 使者;《雅》告知者, 先触れ.

He·ros [ヘーロス hé:rɔs] 男 -/Heroen [ヘローエン] 〖ｷﾞﾘｼｬ神〗半神, 神人;《比》英雄, 勇士.

Her·pes [ヘルペス hérpɛs] 男 -/Herpetes [ヘルペーテス] 〖ふつう 単〗〖医〗ヘルペス, 疱疹(ﾎｳｼﾝ).

****der Herr** [ヘル hér]

紳士

Der *Herr* kommt aus Japan.
デァ ヘル コムト アオス ヤーパン
あの紳士は日本から来た方です.

…さん

Guten Tag, *Herr* Schmidt!
グーテン ターク ヘル シュミット
シュミットさん, こんにちは.

格	単		複	
1	der	Herr	die	Herren
2	des	Herrn	der	Herren
3	dem	Herrn	den	Herren
4	den	Herrn	die	Herren

男 (単 2·3·4) -n/(複) -en ① 紳士, 男性, 殿方. (英 *gentleman*). (⇔「ご婦人」は Dame). ein alter *Herr* 老紳士 / ein älterer *Herr* 中年の紳士 / Alter *Herr* a) 《口語・戯》おやじ, b) (学生言葉)(学友会の)先輩 / Alte *Herren* (ｽﾎﾟｰﾂ) 壮年[チーム] / der geistliche *Herr* 《方》聖職者 / Ein *Herr* möchte Sie sprechen. ある紳士があなたにお会いしたいそうです / Hier gibt es alles für den *Herrn*! ここには紳士用品は何でもそろっています. (☞ 類語 Mann).

② 〖男性に対する敬称・呼びかけ; 略: 1格 Hr.; 3格·4格 Hrn.〗…さん(様・殿・君・氏). (英 *Mr.*). *Herr* Roth! ロートさん / *Herr* Direktor! 所長(学長)さん / *Herr* Doktor! (医者・博士に対して:)先生, 博士 / *Herr* Professor! (大学教授に対して:)先生 / Bitte, *Herr* Ober! (レストランで:)ちょっと, ボーイさん / mein *Herr* (呼びかけとして:)もし, もし[あなた] / Meine [sehr verehrten] Damen und *Herren*! (講演などで:)(ご列席の)皆さま! / Meine *Herren*! a) 諸君! b) 《俗》何だって, へえ, これはこれは / Sehr geehrter *Herr* Müller! (手紙の冒頭で:)敬愛するミュラー様 (目上の人に対する手紙の「拝啓」に当たる. なお親しい相手には Lieber *Herr* Müller!). ◊《会話で相手の身内を指すときに添えて》Ihr *Herr* Vater 《雅》ご尊父様.

③ 主人, 雇い主; 支配者, 主君. der *Herr* des Hauses 一家の主(あるじ) / Sind Sie der *Herr* dieses Hundes? あなたはこの犬の飼主ですか / den großen *Herrn* spielen 《比》偉そうにする / Er möchte endlich sein eigener *Herr* sein. 彼はやっぱり自分の思いどおりにしたがっている / 軍² *Herr* werden 軍²を制する, コントロールする / aus aller *Herren*² Länder[n] 《雅》四方八方から / über 人·事⁴ *Herr* werden 人·事⁴を自由にできる / Er ist nicht *Herr* über sich selbst. 彼は自分を抑えることができない.

④ 〖複 なし〗(ｷﾘｽﾄ教)主(ｼｭ), 神. der *Herr* Jesus 主イエス / *Herr*, hilf uns! 主よ, われらを救いたまえ / dem *Herrn* danken 主に感謝する.

Herr·chen [ヘルヒェン hérçən] 中 -s/- (Herr の 縮小) ① 小柄な紳士. ② (犬の)飼主. Wo ist denn dein *Herrchen*? (犬に:)お前の飼主はどこにいるの. ③ 〖口語・戯〗若い男.

Her·ren=abend [ヘレン・アーベント] 男 -s/-e 男性だけの夕べの集まり.

Her·ren=an·zug [ヘレン・アンツーク] 男 -[e]s/..züge 紳士服, 紳士用スーツ.

Her·ren=ar·ti·kel [ヘレン・アルティーケル] 男 -s/-〖ふつう 複〗紳士用品.

Her·ren=aus·stat·ter [ヘレン・アオスシュタタァ] 男 -s/- 紳士用品[専門]店.

Her·ren=be·klei·dung [ヘレン・ベクらイドゥング] 女 -/ 紳士服.

Her·ren=be·such [ヘレン・ベズーフ] 男 -[e]s/-e (女性の所への)男性の訪問[客].

Her·ren=dop·pel [ヘレン・ドッぺる] 中 -s/- (テニスなどの)男子ダブルス.

Her·ren=ein·zel [ヘレン・アインツェる] 中 -s/- (テニスなどの)男子シングルス.

Her·ren=fah·rer [ヘレン・ファーラァ] 男 -s/- (モーターレースの)オーナードライバー; (皮肉って:)大型車をわが者顔で乗り回す人.

Her·ren=fri·seur [ヘレン・ふりゼーァ] 男 -s/-e (男性のための)理髪師.

Her·ren=haus [ヘレン・ハオス] 中 -es/..häuser ① 貴族の邸宅, 領主の館. ② (昔のプロイセン・オーストリアの)貴族院, 上院.

her·ren=los [ヘレン・ろース] 形 主人のない; 持ち主のわからない. ein *herrenloser* Hund 野

良犬 / ein *herrenloses* Gut 遺棄物, 拾得品.

Her·ren⹁sitz [ヘレン・ズィッツ] 男 -es/-e ① 『複 なし』(乗馬で:)男乗り(馬にまたがる乗り方). im *Herrensitz* reiten (女性が)男乗りで騎行する. ② 貴族の邸宅, 領主の館(ᵗᵃᶜʰ).

Herr·gott [ヘル・ゴット] 男 -s/ ① 《話》主なる神. *Herrgott* [noch mal]! (不快・怒りを表して:)ちくしょう. ②《南ドᵢ・オーᵢストᵢ》キリストの十字架像.

Herr·gotts⹁frü·he [ヘルゴッツ・フリューエ] 女 『成句的に』in aller *Herrgottsfrühe* 早朝に.

her|rich·ten [ヘーァ・リヒテン hé:r-rɪçtən] I 他 ① 整える, しつらえる, 準備する. ein Zimmer⁴ für einen Gast *herrichten* 客のために部屋の支度をする. ②（建物・衣服など⁴を)修理する, 修繕する. II 再帰 (h) *sich⁴ herrichten*《方》身なりを整える, おめかしをする.

Her·rin [ヘリン hérɪn] 女 -/..rinnen（女性の)主人; 主婦;（女性の)家主.

her·risch [ヘリッシュ hérɪʃ] 形 主人のような, 横柄な, 尊大な. in *herrischem* Ton sprechen 横柄な口をきく.

herr·je! [ヘル·イェー hɛr-jé:] 間 (口語)(驚き·驚嘆を表して:)おや, まあ, おやおや.

herr·je·mi·ne! [ヘル·イェーァミネ hɛr-jé:-mine] 間 = herrje!

***herr·lich** [ヘルリヒ hérlɪç] 形 すばらしい.（英 *marvelous*). ein *herrlicher* Anblick すばらしい眺め / Heute ist *herrliches* Wetter. きょうはすばらしい天気だ / Das schmeckt *herrlich*. これはとてもおいしい. (☞ 類語 *wunderbar*).

Herr·lich·keit [ヘルりヒカイト] 女 -/-en ① 『複 なし』すばらしさ, 壮麗. ②『ふつう 複』すばらしいもの. ③『冠詞なしで』(史）(呼びかけで:)Eure *Herrlichkeit*! 殿下, 閣下.

Herrn [ヘルン] *Herr (紳士）の単数 2·3·4 格

* *die* **Herr·schaft** [ヘルシャフト Hérʃaft] 女 (単) -/(複) -en ① 『複 なし』支配, 統治; 支配(統治)権, 権力; 統制.（⊗ *reign*). Allein*herrschaft* 独裁 / die absolute *Herrschaft* 絶対支配 / die *Herrschaft*⁴ an|treten 権力の座に就く / die *Herrschaft*⁴ über 人·物⁴ aus|üben 人·物⁴を支配する / die *Herrschaft*⁴ über das Auto verlieren《比》(ドライバーが)自動車をコントロールできなくなる / unter *der Herrschaft* des Kaisers 皇帝の支配下に. ②『複 で』（社交の場に居合わせている)紳士淑女たち. Meine *Herrschaften*! (呼びかけで:)ご出席の方々!, 皆さん! / Wünschen die *Herrschaften* etwas zu trinken? お客様方, お飲み物は何になさいますか. ③『成句的に』*Herrschaft* [noch mal]!《口語》(不快や怒りを表して:)とんでもない, いやはや. ④《史》領主[一家]; 領地.

herr·schaft·lich [ヘルシャフトりヒ] 形 ① 主人(領主·支配者)の. ② 主人にふさわしい; 優雅な(住居など).

***herr·schen** [ヘルシェン hérʃən] (herrschte, hat ... geherrscht) 自 (完了) haben) ① 支配する, 統治する, 治める. ((⊗ *rule*). Ein König *herrscht* in diesem Land. ある国王がこの国を治めている / über 人·物⁴ *herrschen* 人·物⁴を支配する. ②（ある状態が)支配的である, 優勢である;（病気などが)蔓延(ᵐᵃⁿ)している. Es *herrsche* tiefes Schweigen. 静まりかえっていた(← 深い沈黙が支配していた) / Seit Tagen *herrscht* in diesem Gebiet Nebel. 数日前からこの地方は霧が立ち込めている.

herr·schend [ヘルシェント] I *herrschen（支配する)の 現分 II 形 統治権を有する; 有力な, 支配的な, 一般に行われている. die *herrschende* Macht im Staat 国の統治権 / das *herrschende* Gesetz 現行法 / die *herrschenden* Meinungen 支配的な意見.

Herr·scher [ヘルシャァ hérʃɐ] 男 -s/- 支配(統治)者, 主権者, 君主. ein grausamer *Herrscher* 暴君 / Er ist *Herrscher* über ein Land. 彼は一国の支配者だ.

Herr·scher⹁ge·schlecht [ヘルシャァ·ゲシュれヒト] 中 -[e]s/-er 王室, 王家, 王族の家系.

Herr·scher⹁**haus** [ヘルシャァ·ハオス] 中 -es/..häuser = Herrschergeschlecht

Herr·sche·rin [ヘルシェリン hérʃərɪn] 女 -/..rinnen（女性の)支配(統治)者, 女性君主.

Herrsch⹁sucht [ヘルシュ·ズフト] 女 -/ 支配欲, 権勢欲, 野心.

herrsch⹁süch·tig [ヘルシュ·ズュヒティヒ] 形 支配(権勢)欲の強い, 野心のある.

herrsch·te [ヘルシュテ] *herrschen（支配する)の 過去

her|rüh·ren [ヘーァ·リューレン hé:r-rỳ:rən] 自 (h)『von 事³ ~』(事³に)起因する.

her|sa·gen [ヘーァ·ザーゲン hé:r-zà:gən] 他 (h) ①（詩など⁴を)暗唱する. ② いいかげんに言う.

her|sein* 自 (s) (新形) her sein (ある期間が過ぎている)) ☞ her

her|stam·men [ヘーァ·シュタンメン hé:-ʃtàmən] 自 (h) ①（…の)出である. Wo *stammen* Sie *her*? あなたはどこのお生れですか. ② 由来する.

***her|stel·len** [ヘーァ·シュテれン hé:r-ʃtɛ̀lən] (stellte ... her, hat ... hergestellt) I 他 （完了) haben) ① 製造する, 生産する. (⊗ *produce*). Diese Firma *stellt* Motoren *her*. この会社はエンジンを製造している / Diese Waren *sind* in Deutschland *hergestellt*. 『状態受動·現在』これらの商品はドイツ製です. (☞ 類語 *machen*).

②（関係など⁴を)作り上げる, 確立する;（連絡など⁴を)つける. die diplomatischen Beziehungen⁴ *herstellen* 外交関係を樹立する / telefonisch eine Verbindung⁴ *herstellen* 電話で連絡をつける.

③ 人·事⁴を回復させる. Sie *ist* wieder völlig *hergestellt*. 『状態受動·現在』彼女はすっかり

病気が治った. ④《口語》こちらへ立てて置く. *Stell* die Blumen nur *her!* 花はこちらに置いてくれ. **II** 再帰 (完了 haben) *sich⁴ herstellen* ① (ある状態などが)作り出される, 得られる. ② こちらへ来て立つ.

Her·stel·ler [ヘーァ・シュテラァ hé:r-ʃtelər] 男 -s/- ① 製造者, 生産者. ②《書籍》(出版社の編集(製作)者.

Her·stel·lung [ヘーァ・シュテルング] 女 (単) -/-en ①《複なし》製造, 製作, 生産. die serienmäßige *Herstellung* von Waren (組み立てラインによる)商品の大量生産方式. ②《複なし》(外交関係などの)成立, 樹立. ③《複なし》(建物などの)修復, 復旧, (病気などの)回復. ④《ふつう 複》(出版社の編集部.

Her·stel·lungs·kos·ten [ヘーァシュテルングス・コステン] 複 製造費, 製作費.

Hertz [ヘルツ hérts] 中 -/-《物》ヘルツ(周波数・振動数の単位, ドイツの物理学者 H. R. *Hertz* 1857-1894 の名から; 記号: Hz).

*he·rü·ber [ヘリューバァ herý:bər] 副 (間にあるものを越えて)こちらへ. *herüber* und hinüber あちこちへ.

he·rü·ber.. [ヘリューバァ.. herý:bər..]《分離動詞の 前つづり; つねにアクセントをもつ》《向こうから話し手の方のこちらへ》例: *herüber|*bringen こちらへ持って来る.

he·rü·ber|rei·chen [ヘリューバァ・ライヒェン herý:bər-raiçən] **I** 自 (h) こちらへ届く(達する). **II** 他 (h) (こちらへ)手渡す.

he·rü·ber|zie·hen* [ヘリューバァ・ツィーエン herý:bər-tsi:ən] **I** 他 (h) こちらへ引き寄せる. 人³ zu sich³ *herüberziehen*《比》人³ (有権者などを)自分の味方につける. **II** 自 (s) こちらへ移動してくる, 引っ越ししてくる.

*he·rum [ヘルム herúm] 副 ① 回って. (英 round). links *herum* 左へ回って / im Kreis *herum* 輪になって / die Reihe *herum* 順番に.
②《**um** とともに》⑦ 周辺に, 周りに. die Gegend um Berlin *herum* ベルリンの周辺 / Um den Platz *herum* stehen hohe Bäume. その広場の周囲には高い木が立っている. ⑦《口語》(英 *about*). um 1930 *herum* 1930 年ごろ / um Ostern *herum* 復活祭のころ / Es kostete so um 100 Mark *herum*. それにはおよそ 100 マルクかかった. ⑦ (休暇などが)過ぎ去っている.

新形
  he·rum sein《口語》①《**um** 人⁴ ~ 》(人⁴に)付き添っている. Sie *ist* ständig um ihre kranke Mutter *herum*. 彼女は絶えず病気のお母さんに付き添っている. ② 過ぎ去っている.

he·rum.. [ヘルム.. herúm..]《分離動詞の 前つづり》つねにアクセントをもつ ①《(周囲を)回って》例: *herum|*führen 案内して回る.

《無意味に・無計画に》例: *herum|*sitzen ぼんやり座っている. ③《いつまでもぐずぐずと》例: sich⁴ *herum|*ärgern しきりに腹を立てる.

he·rum|be·kom·men* [ヘルム・ベコンメン herúm-bəkɔ̀mən]《過分 herumbekommen》他 (h) ① 《俗》説得する, 口説き落とす. ②《口語》(時間⁴を)過ごす.

he·rum|brin·gen* [ヘルム・ブリンゲン herúm-brìŋən] 他 (h)《口語》① (時間⁴を)過ごす. ② 言いふらす.

he·rum|bum·meln [ヘルム・ブンメるン herúm-bùməln] 自 (s, h)《口語》① (s) ぶらぶら歩き回る. ② (h) だらだら仕事をする.

he·rum|dok·tern [ヘルム・ドクタァン herúm-dòktərn] 自 (h)《口語》①《**an** 人³ ~ 》(人³に)素人療法をあれこれ試みる. ②《**an** 物³ ~ 》(物³を)直そうと下手にいじりまわす.

he·rum|dre·hen [ヘルム・ドレーエン herúm-drè:ən] **I** 他 (h) ぐるっと回す;《口語》裏返しにする. den Schlüssel im Schloss *herumdrehen* 錠前の鍵(⁴)をぐるっと回す / das Wort⁴ im Munde *herumdrehen*《比》人³ の言葉を逆にとる. ◇《再帰的に》*sich⁴ herumdrehen* ぐるっと回転する ⇒ *sich⁴* im Schlaf *herumdrehen* 寝返りをうつ. **II** 自 (h)《**an** 物³ ~ 》《口語》(物³(ダイヤルなど)を)ぐるぐる回す. am Radio *herumdrehen* ラジオのダイヤルをぐるぐる回す.

he·rum|drü·cken [ヘルム・ドリュッケン herúm-drỳkən] **I** 他 (h) (レバーなど⁴を)押して回す. **II** 再帰 (h) *sich⁴ herumdrücken*《口語》① (何もせずに)ぶらぶらしている. ②《*sich⁴* **um** 事⁴ ~ 》(事⁴を)回避する, さぼる.

he·rum|druck·sen [ヘルム・ドルクセン herúm-drùksən] 自 (h)《口語》(思っていることを)なかなか口に出さない.

he·rum|fah·ren* [ヘルム・ファーレン herúm-fà:rən] **I** 自 (s, h) ① (s)《**um** 人·物⁴ ~ 》(乗り物か・人が乗り物で(人·物⁴の)周りを回る. ② (s)《口語》(乗り物で)あちこち回る, ドライブする. Wir *sind* ein wenig in der Stadt *herumgefahren*.《現在完了》私たちはちょっと町を車で走り回った. ③ (s) (驚いて)ぱっと振り向く(返る). ④ (s,h)《口語》さっと手を動かす; なでる. mit den Händen in der Luft *herumfahren* 両手を振り回す. **II** 他 (h) (ドライブなどで人⁴を)乗せてあちこち回る.

he·rum|füh·ren [ヘルム・ヒューレン herúm-fỳ:rən] **I** 他 (h) ① 案内して回る. 人⁴ in der Stadt *herumführen* 人⁴を連れて市内を案内して回る. ②《A⁴ um B⁴ ~ 》(A⁴(塀など)を B⁴の周りに)巡らす. **II** 自 (h)《**um** 物⁴ ~ 》(道などが物⁴の周りを)巡っている.

he·rum|ge·hen* [ヘルム・ゲーエン herúm-gè:ən] 自 (h)《口語》① (当てもなく)歩き回る. ② (人から人へと)回る, 一巡する. 物⁴ *herumgehen lassen* 物⁴を順々に回す, 回覧する. ③ (うわさなどが)広まる. ④ (時が)過ぎる. 《**um** 物⁴ ~ 》(物⁴の周りを)回る;《比》(物⁴を)回避する. um eine Pfütze *herumgehen* 水たま

りをよけて通る.

he·rum|ha·cken [ヘルム・ハッケン hɛrúmhàkən] 自 (h)《口語》① あちこち掘り起こす. ②『auf 人³ ~』(人³)にあれこれけちをつける,しじゅう文句を言う.

he·rum|hor·chen [ヘルム・ホルヒェン hɛrúm-hòrçən] 自 (h)《口語》あちこち聞いて回る.

he·rum|kom·men* [ヘルム・コンメン hɛrúm-kòmən] 自 (s) ①《口語》(カーブ・角などを)回って来る; (木の幹などを)取り囲む. Sie kam gerade um die Ecke herum. 彼女はちょうど角を曲って来た. ② あちこち旅して回る. ③『mit 事³ ~』(事³)を片づける. ④『um 事⁴ ~』(事⁴)を回避できる, 免れる. Um diese Tatsache kommen wir nicht herum. 私たちはこの事実を避けて通るわけにはいかない.

he·rum|krie·gen [ヘルム・クリーゲン hɛrúmkrì:gən] 他 (h) ①《俗》説得する, 口説き落とす. ②《口語》(時間⁴を)過ごす.

he·rum|lau·fen* [ヘルム・ろォォォェン hɛrúmlàufən] 自 (s) ① あちこち歩き回る. ②『um 物⁴ ~』(物⁴の周りを)ぐるっと回る. um den See herumlaufen 湖の周りをぐるっと回る. ③《口語》(…の格好で)出歩く.

he·rum|lie·gen* [ヘルム・リーゲン hɛrúmlì:gən] 自 (h) ①《口語》散らかっている; ごろごろ寝そべっている. ②『um 物 ~』(物⁴の)周りにある.

he·rum|lun·gern [ヘルム・ルンガァン hɛrúm-lùŋərn] 自 (h, s)《俗》ぶらぶらしている.

he·rum|rei·chen [ヘルム・ライヒェン hɛrúmràiçən] I 他 (h) 次々に回す, 順々に渡す. II 自 (h)『um 物⁴ ~』(物⁴を)一巻きするだけの長さがある.

he·rum|rei·ßen* [ヘルム・ライセン hɛrúmràisən] 他 (h) ① (自動車など⁴の向きを)急に変える. ②《口語》(人⁴に)衝撃を与える, びっくりさせる.

he·rum|rei·ten* [ヘルム・ライテン hɛrúmràitən] 自 (s) ①《口語》あちこち馬を乗り回す. ②『um 人・物⁴ ~』(人・物⁴の周りを)馬でくるくる回る. ③『auf 人³ ~』《口語》(人³)をくどくど非難する; (事³)をくどくど話す.

he·rum|schla·gen* [ヘルム・シュらーゲン hɛrúm-ʃlà:gən] I 他 (h)『A⁴ um B⁴ ~』(A⁴ (紙・布など)で B⁴を)くるむ, 包む. eine Decke⁴ um das Kind herumschlagen 毛布で子供をくるむ. II 再帰 (h)『sich⁴ mit 人・事³ ~』《口語》人³となぐり合いをする; 事³ととり組む. sich⁴ mit dem Haushalt herumschlagen 家計のやりくりに苦労する.

he·rum|schlep·pen [ヘルム・シュれッペン herúm-ʃlɛpən] 他 (h) ①《重い荷物など⁴を)あちこち引きずって歩く. ②『事⁴ mit sich³ ~』(事⁴(心配事・病気など)を)いつまでも引きずっている. ③ (人⁴を)あちこち引きずり回す.

he·rum|schnüf·feln [ヘルム・シュニュッフェるン hɛrúm-ʃnỳfəln] 自 (h)《口語》(探るように)かぎ回る.

her·um|sein* 自 (s) (新形 herum sein) ☞ herum

he·rum|sit·zen* [ヘルム・ズィッツェン hɛrúm-zìtsən] 自 (h)《口語》① ぼんやり座っている. ②『um 人・物⁴ ~』(人・物⁴の)周囲に座っている.

he·rum|ste·hen* [ヘルム・シュテーエン hɛrúm-ʃtè:ən] 自 (h)《口語》① ぼんやり立っている; (物が)散らかっている. ②『um 人・物 ~』(人・物⁴の)周りに立っている.

he·rum|tra·gen* [ヘルム・トラーゲン hɛrúmtrà:gən] 他 (h) ① 持ち歩く, (赤ん坊など⁴を)抱いて歩き回る. ②《比》(不安など⁴を)ふれ回る. ein Problem⁴ mit sich herumtragen 問題を抱えている. ③ (うわさなど⁴を)ふれ回る.

he·rum|trei·ben* [ヘルム・トライベン hɛrúmtràibən] I 他 (h) (動物など⁴を)あちこち追い回す. II 再帰 (h) sich⁴ herumtreiben《口語》[あちこち]歩き(遊び)回る. sich⁴ in Lokalen herumtreiben あちこち酒場を飲み歩く.

He·rum≠trei·ber [ヘルム・トライバァ] 男 -s/-《口語》①（定職もなく）ぶらぶらしている人. ②《戯》いつもどこにいるかわからない人.

he·rum|wer·fen* [ヘルム・ヴェルフェン hɛrúm-vèrfən] I 他 (h) ① 投げ散らす. ② (舵(䑪)など⁴を)急に回す; ひっくり返す. ◇『再帰的に』sich⁴ herumwerfen 寝返りをうつ. II 自 (h)《口語》『mit 物³ ~』(物³)をやたらに多く使う, 濫用(䦰)する. mit Fachausdrücken herumwerfen やたらに専門用語を口にする.

he·rum|zie·hen* [ヘルム・ツィーエン hɛrúmtsì:ən] I 自 (s) ①《口語》あちこち歩き回る, 旅をして回る. ②『um 物⁴ ~』(物⁴の周りを)ぐるりと行進する(歩く). II 他 (h)《口語》引っぱり回す. III 再帰 (h)『sich⁴ um 物⁴ ~』(垣根などが物⁴を)ぐるりと[巡って]囲む.

***he·run·ter** [ヘルンタァ hɛrúntər] 副 ① (向うからこちらの)下へ, [こちらへ]下って. (英 down). (注意「こちらから向こうの)上へ」は hinauf; 口語では runter となることがある). Herunter mit dir! 降りて来い / Herunter vom Tisch! 机から降りろ / Vom Berg herunter weht ein kalter Wind. 山から冷たい風が吹き下ろして来る / von Lübeck herunter nach München リューベックから下って(南下して)ミュンヘンへ.

②『sein とともに』《口語》⑦ (ブラインドなどが)下りている. ⑥ (体調などが)弱っている. völlig mit den Nerven herunter sein 神経がすっかり参っている.

新形 ......

he·run·ter sein《口語》① (ブラインドなどが)下りている. ② (体調などが)弱っている.

......

he·run·ter.. [ヘルンタァ.. hɛrúntər..]《分離動詞の前つづり; つねにアクセントをもつ》①《(上からこちらの)下へ》例: herunter|kommen 下りて来る. ②《低下・軽視》例: herunter|machen こきおろす. ③《除去》例: herunter|reißen は

ぎ取る。 ④《単調な繰り返し》例: *herunter*|leiern《詩など》単調に朗読する。

he·run·ter|brin·gen* [ヘルンタァ・ブリンゲン hɛrúntər-brìŋən] 他 (h) ① 持って(連れて)下りて来る。② 《口語》〖人・物⁴を〗だめにする,衰えさせる。eine Firma⁴ *herunterbringen* 会社を経営不振にさせる。③ 《口語》〖食物⁴を〗飲み込むことができる。

he·run·ter|fal·len* [ヘルンタァ・ふァれン hɛrúntər-fàlən] 自 (s) 落ちて来る。von der Leiter *herunterfallen* はしごから転げ落ちる。

he·run·ter|ge·hen* [ヘルンタァ・ゲーエン hɛrúntər-gè:ən] 自 (s) ① 歩いて下りて来る; (飛行機などが)高度を下げる。den Berg *heruntergehen* 山を下りて来る。② 〖mit 物³ ~〗《口語》〖物³を〗下げる, どける。mit den Preisen *heruntergehen* 値段を下げる。③ (温度・価格などが)下がる。④ 《口語》(汚れなどが)落ちる。

he·run·ter·ge·kom·men [ヘルンタァ・ゲコンメン] I herunter|kommen(下りて来る)の 過分 II 形 《口語》衰えた, 衰弱した; 落ちぶれた; 堕落した; 経営不振に陥った(会社など)。

he·run·ter|hau·en(*) [ヘルンタァ・ハオエン hɛrúntər-hàuən] 他 (h) ① 〖成句的に〗〖人³ eine⁴ *herunterhauen*〗《俗》〖人³に〗一発くらわせる。② 《口語》書きなぐる。

he·run·ter|ho·len [ヘルンタァ・ホーレン hɛrúntər-hò:lən] 他 (h) ① 〖行って下へ持って(連れて)来る。② 《口語》(飛行機など⁴を)撃ち落とす。

he·run·ter|kom·men* [ヘルンタァ・コンメン hɛrúntər-kòmən] 自 (s) ① 下りて来る。Sie *kam* eilends die Treppe *herunter*. 彼女は急いで階段を下りて来た。② 《口語》落ちぶれる, 堕落する; (会社などが)不振になる;(健康が)衰える。③ 〖von 事³ ~〗《口語》(事³(悪い状態など)から)抜け出て良くなる。
◇☞ heruntergekommen

he·run·ter|las·sen* [ヘルンタァ・らッセン hɛrúntər-làsən] 他 (h) 下ろす, 下げる。die Jalousien⁴ *herunterlassen* ブラインドを下ろす。

he·run·ter|lei·ern [ヘルンタァ・らイアァン hɛrúntər-làiərn] 他 (h) 《俗》(詩・祈りなど⁴を)棒読みで朗読する(唱える)。

he·run·ter|ma·chen [ヘルンタァ・マッヘン hɛrúntər-màxən] 他 (h) ① 《俗》こきおろす; しかりつける。② 〖物⁴ von 物³ ~〗《口語》(物³(びんなど)から 物⁴(ラベルなど)を)はがす。

he·run·ter|put·zen [ヘルンタァ・プッツェン hɛrúntər-pùtsən] 他 (h) 《俗》しかりつける。

he·run·ter|rei·ßen* [ヘルンタァ・ライセン hɛrúntər-ràisən] 他 (h) ① (うっかり引っかけて)下へ落とす。② 引きはがす, はぎ取る。ein Plakat⁴ *herunterreißen* ポスターをはぐ。③ 《方》着古す。④ 《俗》こきおろす, けなす。⑤ 《俗》(兵役など⁴を)終える。

he·run·ter|sein* 自 (s) (新形 herunter sein)☞ herunter

he·run·ter|set·zen [ヘルンタァ・ゼッツェン hɛrúntər-zètsən] 他 (h) ① (価格・速度など⁴を)下げる。die Preise⁴ *heruntersetzen* 値段を下げる。② けなす, 侮辱する。

he·run·ter|spie·len [ヘルンタァ・シュピーれン hɛrúntər-ʃpi:lən] 他 (h) ① (口語) (曲⁴を)一本調子に演奏する。② 故意に軽視する。

he·run·ter|wirt·schaf·ten [ヘルンタァ・ヴィルトシャふテン hɛrúntər-vìrtʃaftən] 他 (h) 《口語》(会社など⁴を)経営不振に陥らせる。

he·run·ter|zie·hen* [ヘルンタァ・ツィーエン hɛrúntər-tsì:ən] I 他 (h) ① (シャッターなど⁴を)引き下ろす, (ズボンなど⁴を)下げる。② 〖人⁴を道徳的・社会的に〗引きずり下ろす, 堕落させる。II 自 (s) ① 下の階へ(北から南へ)引っ越して来る。② [行進して]下って来る。

***her⹀vor** [ヘァ・ふォーァ hɛr-fó:r] 副 《雅》(後ろ・奥からこちらの)前へ; (中・間からこちらの)外へ。*Hervor* mit dir! こっちへ出ておいで / Durch die Wolken *hervor* schimmerte Mondlicht. 雲の間から月の光がほのかに漏れていた。

her·vor.. [ヘァふォーァ.. hɛrfó:r..]《分離動詞の 前つづり》つねにアクセントをもつ》① (後ろまたは奥から)前へ・外へ〉例: *hervor*|kommen (中から外へ)出て来る。② (比喩的に外へ)例: *hervor*|bringen 生み出す。

her·vor|bre·chen* [ヘァふォーァ・ブレッヒェン hɛrfó:r-brèçən] 自 (s) 《雅》① 突然現れる, (花などが)姿を現す。② 《比》(感情などが)ほとばしり出る, 思わず出てしまう。

her·vor|brin·gen* [ヘァふォーァ・ブリンゲン hɛrfó:r-brìŋən] 他 (h) ① 取り出す, 持ち出す。② (木が花・実など⁴を)つける; (作品など⁴を)作り出す, 生み出す。③ (言葉など⁴を)発する; (楽器で音⁴を)出す。eine Melodie⁴ *hervorbringen* メロディーを奏でる。

her·vor|ge·hen* [ヘァふォーァ・ゲーエン hɛrfó:r-gè:ən] 自 (s) 《雅》① 〖aus 物³ ~〗(物³から)生まれる, (偉人などが)輩出する。② 〖aus 事³ ~〗(事³の結果…と)なる。aus einem Kampf siegreich *hervorgehen* 試合の結果勝つ。③ 〖aus 事³ ~〗(事³から)明らかになる, 判明する。Daraus *geht hervor*, dass... そのことから…ということが明らかになる。

her·vor|he·ben* [ヘァふォーァ・ヘーベン hɛrfó:r-hè:bən] 他 (h) 強調する, 際だたせる。

her·vor|keh·ren [ヘァふォーァ・ケーレン hɛrfó:r-kè:rən] 他 (h) 《雅》(権力など⁴を)露骨に表す, むき出しにする。

her·vor|ra·gen [ヘァふォーァ・ラーゲン hɛrfó:r-rà:gən] 自 (h) ① (下から上へ・中から外へ)突出する, そそり立つ。② 抜きん出ている。

***her·vor·ra·gend** [ヘァふォーァ・ラーゲント hɛrfó:r-ra:gənt] I hervor|ragen (突出する)の 現分
II 形 卓越した, 抜群の, 優れた; 特別な。(英 excellent). ein *hervorragender* Physiker 卓越した物理学者 / Der Wein ist *hervorragend*. このワインは抜群だ / Das Ereignis ist

von *hervorragender* Bedeutung. その出来事は特別の意義を持っている. (☞ 類語 gut).

her·vor|ru·fen* [ヘァフォーァ・ルーフェン hɛrfóːr-ruːfən] 他 (h) ① 呼び出す,（歌手など⁴に）カーテンコールをする. ② (混乱・病気など⁴を)呼び起こす, 引き起こす.

her·vor|ste·chen* [ヘァフォーァ・シュテッヒェン hɛrfóːr-ʃtɛçən] 自 (h) ① (先端が)突き出ている. ② 際だっている.

her·vor·ste·chend [ヘァフォーァ・シュテッヒェント] I hervor|stechen(突き出ている)の 現分 II 形 際だった, 傑出した. eine *hervorstechende* Eigenschaft 際だった特徴.

her·vor|ste·hen* [ヘァフォーァ・シュテーエン hɛrfóːr-ʃtèːən] 自 (h) 突き出ている.

her·vor|tre·ten* [ヘァフォーァ・トレーテン hɛrfóːr-trèːtən] 自 (s) ① (…から)出て来る, 現れる. ② [はっきり]見えてくる, 浮かび上がる;（頬骨(<small>ほお</small>)などが)突き出ている. Deutlich traten die Umrisse der Berge *hervor*. 山の稜線(<small>りょうせん</small>)がはっきり見えてきた. ③ 〖**mit** 物³ ～〗(物³で)世に出る, 有名になる.

her·vor|tun* [ヘァフォーァ・トゥーン hɛrfóːr-tùːn] 再帰 (h) *sich*⁴ *hervortun* ① 優れた技量を示す, 抜きん出る. *sich*⁴ **als** Chirurg *hervortun* 外科医として頭角を現す. ② (才能などを)ひけらかす.

her·wärts [ヘーァ・ヴェルツ] 副 こちらへ.

Her-weg [ヘーァ・ヴェーク] 男 -[e]s/-e こちらへ来る道. **auf** dem *Herweg* こちらへ来る途中で.

‡ *das* **Herz** [ヘルツ hɛrts]

心臓; 心

Was macht Ihr *Herz*?
ヴァス マハト イーァ ヘルツ
あなたの心臓の具合はどうですか.

格	単	複
1	das Herz	die Herzen
2	des Herzens	der Herzen
3	dem Herzen	den Herzen
4	das Herz	die Herzen

中 (単2) -ens; (単3) -en/(複) -en ① 心臓. (英 heart). Kunst*herz* 人工心臓 / ein gesundes (schwaches) *Herz* 健康な(弱い)心臓.

◆〖動詞とともに〗㋐〖主語として〗Sein *Herz* **arbeitet** nicht richtig. 彼の心臓は正常に働いていない / Mir **blutet** das *Herz*, wenn ich daran denke. そのことを思うと, 私はひどく胸が痛む / Ihm **lachte** das *Herz* im Leib[e]. 《比》彼は小踊りして喜んだ / Das *Herz* **schlägt** regelmäßig. 心臓が規則正しく鼓動する / Vor Angst schlug ihm das *Herz* bis zum Hals. 不安で彼は息が詰まりそうだった(←心臓がのどまで鼓動した) / Ihm **stockte** das *Herz* vor Schreck. 《雅》ぎょっとして彼は心臓が止まりそうだった. ㋑〖目的語として〗人³ das *Herz*⁴ **brechen** 《雅》人³をひどく悲しませる / das *Herz*⁴ **untersuchen** 心臓を検査する / ein *Herz*⁴ **verpflanzen** 心臓を移植する.

◆〖前置詞とともに〗㋐ **ans** (または an sein) *Herz* drücken《雅》人⁴を抱き締める / Er hat es am *Herz*[en]. 《口語》彼は心臓が悪い / 人・物⁴ **auf** *Herz* und Nieren prüfen《口語》人・物⁴を徹底的に調べる / Hand *aufs* *Herz*! 正直に言えよ(←胸に手を当てろ) / ein Kind⁴ **unter** dem *Herzen* tragen《雅》子供を身ごもっている.

② 心, 心情; 思いやり. ein gutes *Herz* 善良な心 / ein kaltes (warmes) *Herz* 冷たい(温かい)心 / ein weiches *Herz* 優しい心 / Sie sind ein *Herz* und eine Seele. 彼らは一心同体だ(←一つの心と一つの魂).

◆〖2格で〗《雅》leichten (schweren) *Herzens* 心も軽く(重苦しい気持ちで) / traurigen *Herzens* 悲しい気持ちで.

◆〖動詞とともに〗㋐〖主語として〗Er hat alles, was das *Herz* **begehrt**. 彼は欲しいものはなんでも持っている / Sein *Herz* **gehört** der Musik³. 《雅》彼は音楽に打ち込んでいる / Mein *Herz* **hängt** an dieser Stadt.《雅》私はこの町がとても気に入っている / Das *Herz* **hüpfte** ihm vor Freude. 彼はうれしくて胸が躍った / Mir **ist** das *Herz* schwer. 私はとても悲しい. ㋑〖目的語として〗人³ sein *Herz*⁴ **aus|schütten** 人³に胸中を打ち明ける / *sich*³ ein *Herz*⁴ **fassen** 勇気を奮い起こす / ein *Herz*⁴ für 人・物⁴ **haben** 人・物⁴に対して思いやりがある / kein *Herz*⁴ haben 思いやりがない / Hans hat ein *Herz* aus Stein. ハンスは石のように冷酷な心の持ち主だ / ein reines *Herz*⁴ haben 心にやましいところがない(←純潔な心を持っている) / Ich muss meinem *Herzen* Luft⁴ **machen**.《口語》私はうっ憤を晴らさずにはいられない / *sich*³ das *Herz*⁴ **schwer machen** 人³の心を重苦しくする / sein *Herz*⁴ für 人⁴ **verlieren** 人⁴にほれ込む.

◆〖前置詞とともに〗㋐ 人³ **am** *Herzen* **liegen** 人³にとって気がかり(大事)である / Das Kind ist mir ans *Herz* gewachsen.《現在完了》私にはその子がかわいくてたまらなくなった / 人³ 物⁴ ans *Herz* legen 人³に物⁴を気にかけてくれるよう頼む / 物⁴ **auf** dem *Herzen* haben 物⁴を気にかけている / **aus** tiefstem *Herzen*《雅》心の底から / Das war mir aus dem *Herzen* gesprochen. それは私の気持ちをそっくり代弁するものだった / 人⁴ **ins** *Herz* schließen 人⁴を心から愛する / 人⁴ ins *Herz* treffen《口語》人⁴の心を深く傷つける / **mit** halbem *Herzen*《雅》うわの空で(←半分の心で) / Ich kann es nicht **übers** *Herz* bringen, das zu tun. 私はそれをする気になれない / **von** *Herzen* 心から / von ganzem *Herzen* a) 心の底から, b) 確信を持って / *sich*³ 物⁴ **zu** *Herzen* **nehmen** a) 物⁴を肝に銘じる, b) 物⁴を深刻に考える.

③ (呼びかけとして:)愛する人, いとしい人.

Mein *Herz*! ねえ, あなた(君). ④ 中心部, 真ん中; (植物の)しん. im *Herzen* von Berlin ベルリンの都心に(で). ⑤ ハート形[の物]. schokoladene *Herzen* ハート形のチョコレート. ⑥《複》なし; 冠詞なし》(トランプのハート).

herz=al·ler·liebst [ヘルツ・アらァリープスト]〖形〗いとしい, 最愛の.

Herz=an·fall [ヘルツ・アンふァる]〖男〗-[e]s/..fälle《医》心臓発作.

Herz=be·schwer·den [ヘルツ・ベシュヴェーァデン]〖複〗心臓障害.

Herz=blatt [ヘルツ・ブらット]〖中〗-[e]s/..blätter ①《植》子葉. ②《比》最愛の人, 愛児;(呼びかけて:)あなた, おまえ.

Herz=blut [ヘルツ・ブるート]〖中〗-[e]s/ 心血. 《ふつう成句的に:》sein *Herzblut*⁴ für 人事⁴ hin|geben《雅》a) 人のために真心を尽くす, b)〖事〗⁴のために心血を注ぐ.

Herz·chen [ヘルツヒェン hértsçən]〖中〗-s/- (Herz の 縮小) ① 最愛の人;(呼びかけて:)あなた, おまえ. ②(小さな)ハート型のもの. ③(軽蔑的に:)お人よし.

Her·ze=leid [ヘルツェ・らイト]〖中〗-[e]s/《雅》心痛, 傷心.

her·zen [ヘルツェン hértsən]〖他〗(h)《雅》[胸に]抱き締める.

Her·zens=angst [ヘルツェンス・アングスト]〖女〗-/..ängste《雅》心痛, 苦悩.

Her·zens=bre·cher [ヘルツェンス・ブレヒャァ]〖男〗-s/-(女性に)もてる男性.

her·zens=gut [ヘルツェンス・グート]〖形〗心から善良な; とても親切な.

Her·zens=gü·te [ヘルツェンス・ギューテ]〖女〗-/《雅》心からの親切.

Her·zens=lust [ヘルツェンス・るスト]〖女〗〖成句的に〗**nach *Herzenslust*** 思う存分, 心ゆくまで.

Her·zens=wunsch [ヘルツェンス・ヴンシュ]〖男〗-[e]s/ 念願, 熱望.

herz=er·freu·end [ヘルツ・エァふロイエント]〖形〗とてもうれしい(喜ばしい).

herz=er·fri·schend [ヘルツ・エァふリッシェント]〖形〗心をすがすがしくさせる, 心楽しい.

herz=er·grei·fend [ヘルツ・エァグライフェント]〖形〗きわめて感動的な, 深く心をとらえる.

Herz=feh·ler [ヘルツ・フェーらァ]〖男〗-s/-《医》心臓欠陥, (特に:)心臓弁膜症.

herz=för·mig [ヘルツ・フェルミヒ]〖形〗ハート形の.

Herz=ge·gend [ヘルツ・ゲーゲント]〖女〗-/ 心臓部位.

Herz=gru·be [ヘルツ・グルーベ]〖女〗-/-n《医》心臓部(ひ), みぞおち.

herz·haft [ヘルツハふト]〖形〗① 力強い; 勇気のある, 大胆な, 思いきった. einen *herzhaften* Schluck nehmen ぐいと一飲みする / ein *herzhafter* Entschluss 断固たる決意. ② 栄養のある, ボリュームのある(食事など); スパイスの効いた. ein *herzhaftes* Frühstück ボリュームのある朝食.

Herz·haf·tig·keit [ヘルツハふティヒカイト]〖女〗-/ ① したたかさ; 大胆さ. ②(食事などに)栄養(ボリューム)があること.

her|zie·hen* [ヘーァ・ツィーエン hé:r-tsi:ən] I〖他〗(h)《口語》[こちらへ]引き寄せる; 引っ張って行く. 人·物⁴ hinter sich³ *herziehen* 人·物⁴を引っ張って行く. II〖自〗(s, h) ①(s)(パレードなどに)ついて行く. hinter (neben) der Musikkapelle *herziehen* 楽団の後ろ(横)について歩いて行く. ②(s)引っ越して来る. ③(s, h)《über 人·物⁴ ~》《口語》(人·物⁴の)悪口を言う.

her·zig [ヘルツィヒ hértsıç] かわいい, 愛らしい. ein *herziges* Kind かわいい子供.

Herz=in·farkt [ヘルツ・インふァルクト]〖男〗-[e]s/-e《医》心筋梗塞(こう).

Herz=kam·mer [ヘルツ・カンマァ]〖女〗-/-n《医》心室.

Herz=klap·pe [ヘルツ・クらッペ]〖女〗-/-n《医》心臓弁, 心弁膜.

Herz=klop·fen [ヘルツ・クろプフェン]〖中〗-s/ 動悸(ぎ);《医》心悸亢進(とうしん). mit *Herzklopfen* 胸をどきどきさせて.

herz=krank [ヘルツ・クランク]〖形〗心臓病の.

Herz=krank·heit [ヘルツ・クランクハイト]〖女〗-/-en 心臓病.

Herz=kranz=ge·fäß [ヘルツクランツ・ゲふェース]〖中〗-es/-e《ふつう複》《医》(心臓の)冠状血管.

Herz=läh·mung [ヘルツ・レームング]〖女〗-/-en《医》心臓麻痺(ひ).

Herz=lei·den [ヘルツ・らイデン]〖中〗-s/- 心臓病.

＊herz·lich [ヘルツりヒ hértslıç] I〖形〗① 心からの, 心の込もった. (英 *hearty*). eine *herzliche* Bitte 心からのお願い / *Herzliche* Grüße an Ihre Frau! 奥様にどうぞよろしく / *Herzlichen* Dank! 本当にありがとう / *Herzlichen* Glückwunsch zum Geburtstag! 誕生日おめでとう / *Herzliches* Beileid! まことにご愁傷さまです / *Herzlich* willkommen! ようこそいらっしゃいました / mit *herzlichen* Grüßen (手紙の結びで:)敬具, かしこ / 人⁴ *herzlich* empfangen 人⁴を心から歓迎する. ② 優しい, 思いやりのある. *herzliche* Worte 思いやりのある言葉 / Er war sehr *herzlich* zu mir. 彼は私にとても優しかった. II〖副〗たいへん, 非常に, まったく. Der Film war *herzlich* langweilig. その映画はとても退屈だった / Das ist mir *herzlich* gleichgültig. それは私にはまったくどうでもいいことだ.

Herz·lich·keit [ヘルツりヒカイト]〖女〗-/-en ①《複》なし》真心, 誠意の込もった言動. ② 真心, 誠意.

herz·los [ヘルツ・ろース]〖形〗無情な, つれない, 残酷な.

Herz·lo·sig·keit [ヘルツ・ろーズィヒカイト]〖女〗-/-en ①《複》なし》無情, 無慈悲. ②(無慈悲)な言動.

Herz-Lun-gen-Ma-schi-ne [ヘルツ・るンゲン・マシーネ] 囡 -/-n 《医》人工心肺.

Herz⚬mit-tel [ヘルツ・ミッテる] 囲 -s/- 《口語》強心剤(薬).

Herz⚬mus-kel [ヘルツ・ムスケる] 男 -s/《医》心筋.

Her-zog [ヘァツォーク hértso:k] 男 -[e]s/..zöge (まれに ..zoge) ① 公爵 (König「国王」と Fürst「侯爵」の間の爵位). ② (古代ゲルマンの)将軍.

Her-zo-gin [ヘァツォーギン hértso:gɪn] 囡 -/..ginnen 公爵夫人; (女性の)公爵.

her-zog-lich [ヘァツォークリヒ] 形 公爵の; 公爵領の.

Her-zog-tum [ヘァツォークトゥーム] 中 -[e]s/..tümer 公国, 公爵領.

Herz⚬schlag [ヘルツ・シュらーク] 男 -[e]s/..schläge ① (心臓の)鼓動, 心拍. einen *Herzschlag* lang《雅》しばらくの間. ② 心機能不全, 心臓発作. an einem *Herzschlag* sterben 心臓発作で死ぬ.

Herz⚬schritt-ma-cher [ヘルツ・シュリットマッハァ] 男 -s/- 《医》ペースメーカー(心拍数を整える装置).

Herz⚬schwä-che [ヘルツ・シュヴェッヒェ] 囡 -/《医》心[臓]衰弱.

herz⚬stär-kend [ヘルツ・シュテルケンド] 形 強心作用のある. ein *herzstärkendes* Mittel 強心剤.

Herz⚬still-stand [ヘルツ・シュティるシュタント] 男 -[e]s/《医》心[拍]停止.

Herz⚬ton [ヘルツ・トーン] 男 -[e]s/..töne 《ふつう覆》《医》心音.

Herz⚬trans-plan-ta-ti-on [ヘルツ・トランスプらンタツィオーン] 囡 -/-en《医》心臓移植[術].

her⚬zu [ヘァ・ツー] 副《雅》こちらへ.

her-zu-stel-len [ヘーァ・ツ・シュテれン] ‡her|stellen (製造する)の 不定詞.

Herz⚬ver-fet-tung [ヘルツ・フェァフェットゥング] 囡 -/-en《医》心脂肪沈着[症].

Herz⚬ver-sa-gen [ヘルツ・フェァザーゲン] 中 -s/《医》心不全.

herz⚬zer-rei-ßend [ヘルツ・ツェァライセント] 形 胸の張り裂けるような, 悲痛極まりない.

Hes-se [ヘッセ ヘッセ] 男 -s/《人名》ヘッセ (Hermann *Hesse* 1877–1962; ドイツの詩人・小説家).

Hes-sen [ヘッセン hésən] 中 -s/《地名》ヘッセン(ドイツ16州の一つ. 州都はヴィースバーデン: 🖝 地図 D–3~4).

hes-sisch [ヘスィッシュ hésɪʃ] 形 ヘッセン[州・地方]の, 方言の.

he-te-ro-gen [ヘテローゲン heterogé:n] 形 不均一の, 不等質の; 異質の, 異種の.

He-te-ro-se-xu-a-li-tät [ヘテロ・ゼクスアリテート] 囡 -/ 異性愛. (🖝「同性愛」は Homosexualität).

he-te-ro-se-xu-ell [ヘテロ・ゼクスエる] 形 異性愛の.

Hetz⚬blatt [ヘッツ・ブらット] 中 -[e]s/..blätter 扇動的な新聞(雑誌・パンフレット・アジビラ).

Het-ze [ヘッツェ hétsə] 囡 -/-n 《ふつう単》① あわただしさ, 大急ぎ. in großer *Hetze* 大急ぎで. ②〘覆 なし〙扇動, アジ; 中傷, 非難. eine wilde *Hetze*⁴ gegen 人⁴ betreiben 人⁴を激しく非難する. ③〈狩〉(犬を使った)追いたて猟.

＊**het-zen** [ヘッツェン hétsən] du hetzt (hetzte, *hat/ist ... gehetzt*) I 他 (定了 haben) ① (獲物など⁴を)追いたてる, 駆りたてる; (犬などを)けしかける. Wild⁴ mit Hunden *hetzen* 犬を使って獲物を追いたてる / den Hund auf 人⁴ *hetzen* 人⁴に犬をけしかける. ②〘人³ zu 事³ ~〙(人⁴を事³に)駆りたてる, 追いたてる. 人⁴ zum Krieg *hetzen* 人⁴を戦争へと駆りたてる.

II 自 (定了 haben または sein) ① (h) せかせかする, せかせかと動きまわる. ② (s) 急いで(走って)行く. Er *hetzte* zur Post. 彼は大急ぎで郵便局へ行った. ③ (h) あおる, 扇動する. gegen die Regierung *hetzen* 反政府の扇動をする.

III 再帰 (定了 haben) *sich*⁴ *hetzen* 急ぐ, せかせかと動きまわる.

◇🖝 gehetzt

Het-zer [ヘッツァァ hétsər] 男 -s/- 扇動者, そそのかす人, アジテーター.

Het-ze-rei [ヘッツェライ hɛtsəráɪ] 囡 -/-en ①〘覆 なし〙大急ぎ, 大あわて. ②《口語》扇動, そそのかし.

het-ze-risch [ヘッツェリッシュ hétsərɪʃ] 形 扇動的な.

Hetz⚬jagd [ヘッツ・ヤークト] 囡 -/-en [..ヤークデン]〈狩〉(犬を使った)追いたて猟.

hetz-te [ヘッツテ] ‡hetzen (追いたてる)の 過去.

＊*das* **Heu** [ホイ hɔ́ʏ] 中 (単2) -[e]s/ ① 干し草, まぐさ. (愛 hay). *Heu*⁴ machen 干し草を作る / den Pferden *Heu*⁴ geben 馬に干し草をやる / Geld wie *Heu* haben《口語》馬に食わすほどお金を持っている. ②《口語》大金.

Heu⚬bo-den [ホイ・ボーデン] 男 -s/..böden ① 干し草置き場(ふつう納屋の屋根裏など). ②《俗・戯》天井桟敷.

Heu-che-lei [ホイヒェらイ hɔʏçəláɪ] 囡 -/-en ①〘覆 なし〙偽善, 虚偽. ② 偽善的な言葉.

heu-cheln [ホイヒェるン hɔ́ʏçəln] I 自 (h) うわべを偽る, 見せかける; 偽善を行う, 善人ぶる. II 他 (h) (事⁴を)装う. Mitleid⁴ *heucheln* 同情しているようなふりをする.

Heuch-ler [ホイヒらァ hɔ́ʏçlər] 男 -s/- 偽善者. (🖝 女性形は Heuchlerin).

heuch-le-risch [ホイヒれリッシュ hɔ́ʏçlərɪʃ] 形 偽善的な; 見せかけの, 偽りの.

heu-en [ホイエン hɔ́ʏən] 自 (h)《方》干し草を作る.

heu-er [ホイァァ hɔ́ʏər] 副《南ド・オーストリア・スイス》今年は, 本年は.

Heu-er [ホイァァ] 囡 -/-n 〈海〉① (水夫・船員の)給料, 賃金. ② (水夫・船員の)雇い入れ.

heu·ern [ホイアァン hóyərn] 他 (h) (船員⁴を)雇い入れる.

Heu⸗ern·te [ホイ・エルンテ] 女 -/-n 干し草の刈り入れ.

Heu⸗fie·ber [ホイ・フィーバァ] 中 -s/ 《医》枯草(ネォ)熱 (= Heuschnupfen).

Heu⸗ga·bel [ホイ・ガーべる] 女 -/-n 干し草用の熊手(フォーク状の農具).

Heu⸗hau·fen [ホイ・ハオふェン] 男 -s/- 干し草の山.

Heul⸗bo·je [ホイる・ボーイェ] 女 -/-n ① 《海》サイレンブイ. ② 《口語》(下手にわめくだけの)流行歌手.

*__**heu·len**__ [ホイれン hóylən] (heulte, hat...geheult) 自 (匚丁 haben) ① (犬・おおかみなどが)遠ぼえする. (英 howl). Die Hunde heulen. 犬が遠ぼえをしている. ② (比)(風などが)びゅうびゅう音をたてる、(サイレンなどが)うなるように鳴る. ③ 《口語》(人が)泣きわめく、おいおい泣く. vor Wut heulen 怒りのあまり泣き叫ぶ.

Heu·len [ホイれン] 中 (成句化的) Es ist **zum** Heulen. まったく泣きたくなるよ(がっかりだ).

Heul⸗su·se [ホイる・ズーゼ] 女 -/-n 《口語》泣き虫(の女の子).

heul·te [ホイるテ] *heulen (遠ぼえする)の過去

heu·re·ka! [ホイレカ hóyreka] 間 わかったぞ、解けたぞ (アルキメデスが風呂の中で浮力の法則を発見したときの叫び声に由来する).

heu·rig [ホイリヒ hóyrıç] 形 《付加語としてのみ》《南ド, ｵｰｽﾄ, ｽｲｽ》今年の (= diesjährig). heuriger Wein 本年産のワイン.

Heu·ri·ge[r] [ホイリゲ (..ガァ) hóyrıgə (..gər)] 男 (語尾変化は形容詞と同じ) ① (ｵｰｽﾄﾘｱ) 本年産のワイン、ワインの新酒. ② ホイリゲ(ウィーン郊外などにできたワインを飲ませる酒場). ③ 《ふつう 複》 新じゃがいも.

Heu⸗schnup·fen [ホイ・シュヌップふェン] 男 -s/ 《医》枯草(ネォ)[性]鼻カタル、花粉によるアレルギー性鼻炎.

Heu⸗scho·ber [ホイ・ショーバァ] 男 -s/- 《南ド, ｵｰｽﾄ》(戸外に積んだ)干し草の山.

Heu⸗schre·cke [ホイ・シュレッケ] 女 -/-n 《昆》バッタ、イナゴ.

*__**heu·te**__ [ホイテ hóytə]

> きょう Heute ist Sonntag.
> ホイテ   イスト ゾンタ—ク
> きょうは日曜日だ.

副 ① きょう、本日. (英 today). (比)「きのう」は gestern, 「あす」は morgen). Heute bin ich zu Hause. きょう私は家にいます / Der Wievielte ist heute? または Den Wievielten haben wir heute? きょうは何日ですか / Heute ist der 10. (= zehnte) Mai. または Heute haben wir den 10. (= zehnten) Mai. きょうは5月10日です. / heute Abend 今晩 / heute früh または heute Morgen 今朝 / heute oder morgen 《口語》きょうあすのうちに / lieber heute als morgen 《口語》できるだけ早いうちに (←あすよりもむしろきょう) / heute Nachmittag きょうの午後 / heute Nacht a) 今夜, b) 昨夜 (前日の夜半から今朝方まで) / noch heute または heute noch a) きょうのうちに[も], b) 今もなお. ◇《前置詞とともに》 ab heute きょうから / bis heute きょうまで / für heute きょうのところは / heute in acht Tagen または heute über eine Woche 来週のきょう / von heute an (または ab) きょうから / von heute auf morgen a) きょうからあすにかけて, b) 一朝一夕に(思いもよらず突然に) / Dies ist die Zeitung von heute. これはきょうの新聞だ / heute vor acht Tagen 先週のきょう / heute mir, morgen dir. (ことわざ)あすはわが身 (←きょうは私に、明日は君に). ② 今日(訟)、現在(現代)[では]. das Deutschland von heute 現代のドイツ / die Jugend von heute 現代の若者たち. ◇《名詞的に》 das Gestern und das Heute 過去と現代.

*__**heu·tig**__ [ホイティヒ hóytıç] 形 ① きょうの、きょう行われる. die heutige Zeitung きょうの新聞 / bis auf den heutigen Tag きょうに至るまで. ② 今日(訟)の、今の、現代の. die heutige Jugend 今どきの若者.

*__**heut⸗zu·ta·ge**__ [ホイト・ツ・タ—ゲ hóyt-tsu-ta:gə] 副 今日(訟)では、現在、今ごろ. (英 nowadays). Heutzutage leben die Menschen länger als früher. 今日では人々は以前よりも長生きするようになった.

He·xa·me·ter [ヘクサメータァ heksá:metər] 男 -s/- 《詩学》6歩格[の詩] (1行6詩脚からなる詩行).

*die **He·xe** [ヘクセ héksə] 女 (単) -/(複) -n ① 魔女. (英 witch). ② (童話などに登場する)女魔法使い. ③ 意地悪女; 妖婦.

he·xen [ヘクセン héksən] I 自 (h) 魔法を使う; 《口語・比》早業をやる. Ich kann doch nicht hexen. ぼくにはそんな早業はできないよ. II 他 (h) 魔法で呼び出す. Regen⁴ hexen 魔法(呪術)で雨を降らせる.

He·xen⸗jagd [ヘクセン・ヤークト] 女 -/-en [..ヤークデン] (中世の)魔女狩り; 《比》(政治的な)迫害.

He·xen⸗kes·sel [ヘクセン・ケッセる] 男 -s/- 《比》大混乱、大騒ぎ. (ことば) 元の意味は「魔女が秘薬を煮る大釜」.

He·xen⸗meis·ter [ヘクセン・マイスタァ] 男 -s/- (男の)魔法使い.

He·xen⸗pro·zess [ヘクセン・プロツェス] 男 -es/-e (中世の)魔女裁判.

He·xen⸗pro·zeß ☞ 新形 Hexenprozess

He·xen⸗schuss [ヘクセン・シュス] 男 -es/ (突然の)腰痛, ぎっくり腰.

He·xen⸗schuß ☞ 新形 Hexenschuss

He·xe·rei [ヘクセライ hɛksərái] 女 -/-en 《ふつう 単》魔術、魔法、妖術.

Hf [ハ—・エふ] 《化・記号》ハフニウム (= Hafnium).

HF [ハ—・エふ] 《略》高周波 (= Hochfrequenz).

hfl [ホれンディッシェ グるデン] 《略》オランダ・ギル

ダー(フローリン)(=Hollands Florijn).

Hg [ハー・ゲー]《化・記号》水銀 (=Hydrargyrum).

hg. [ヘラオス・ゲゲーベン]《略》…出版の, …編(著)の ≠herausgegeben.

Hg. [ハーラオス・ゲーバァ]《略》編(著)者, 出版者 (=Herausgeber).

HGB [ハー・ゲー・ベー]《略》商法典 (=Handelsgesetzbuch).

hie [ヒー hí:]《副》《成句的に》*hie und da* a) ここかしこに, あちこちに, b) ときどき.

hieb [ヒープ]《haupen(たたく)の過去》

Hieb [ヒープ hí:p]《男》-es (まれに -s)/-e ① 一撃, 一突き. einen *Hieb* auf|fangen (フェンシングなどで)打ち込みを受け止める / **auf** einen *Hieb*《口語》急に, 突然 / Auf den ersten *Hieb* fällt kein Baum.《ことわざ》大事業は一挙にはできない(← 最初の一撃では木は倒れない). ②《複》《口語》殴打, パンチ. *Hiebe*[4] bekommen (または kriegen) なぐられる. (なぐられてきた)傷, 傷あと. ④《方》(酒の)一飲み; ほろ酔い. ⑤《複 なし》《林》伐採. ⑥《工》(やすりの)刻み目.

hie・be [ヒーベ] ＊hauen (たたく)の接2

hieb≠fest [ヒープ・フェスト]《形》《成句的に》 *hieb-* und stich*fest* (証拠などが)確実な.

hielt [ヒールト] ＊halten (しっかり持っている)の過去

hiel・te [ヒールテ] ＊halten (しっかり持っている)の接2

hie≠nie・den [ヒー・ニーデン; (指示的意味の強いときは:) ヒー..]《副》《詩》この世で, 現世で.

‡**hier** [ヒーア hí:r]

ここに | Ich arbeite *hier*.
イヒ　アルバイテ　ヒーア
私はここで働いています.

《副》①《空間的に》ここに, ここで. (⇔ here). (比)「あそこに」は dort). *hier* in Japan 日本で / der Mann *hier* こちらの男の人 / *hier* entlang ここに沿って / *hier* herum この辺りに / *hier* in der Nähe ここの付近に / *hier* oben (unten) ここの上に(下に) / *hier* und da (または dort) a) あちこちに, そこここで, b) ときどき / *hier* und jetzt または *hier* und heute《雅》今すぐ / *Hier*! (名前を呼ばれて:)はい / **von** *hier* aus ここから / **von** *hier* bis dorthin ここからここまで / Ich bin nicht von *hier*. 私はここの土地の者ではありません / *Hier* ist (または spricht) Franz Schmidt.（電話で:)こちらはフランツ・シュミットです / Du *hier*?《口語》君も来ていたのか / Wo ist *hier* die Post? この辺りで郵便局はどこにありますか.

② この点で, この場合. *Hier* hast du Recht. この点では君の言うとおりだ / *Hier* gibt es nichts zu lachen. これは笑いごとではないぞ.

③（物をさし出しながら:)さあ, ここに. *Hier* bitte! さあどうぞ / *Hier*, nimm das Buch! さあ, この本を取りなさい.

④《時間的に》このとき, 今. von *hier* an (ま

たは ab) 今から, このとき以来.

《新形》………………………………………………
hier blei・ben ここにとどまる.
………………………………………………

hier‥ [ヒーァ.. または ヒーァ..]《前置詞・副詞ともに副詞をつくる接頭》指示的意味が強いときはアクセントは hier.. におく《ここ・これ》例: *hier* auf この上に.

hie・ran [ヒーラン; (指示的意味の強いときは:) ヒー..]《副》① ここで; ここへ. ② これによって; これについて; この点において.

Hie・rar・chie [ヒエラルヒー hierarçí:]《女》-/-n [..ヒーエン] ①（ピラミッド型の）階級制度. ②《複 なし》《カトリック》（聖職者の）階級制度.

hie・rar・chisch [ヒエラルヒッシュ hierárçıʃ]《形》階級制の, ヒエラルヒーの.

hie・rauf [ヒーラオふ; (指示的意味の強いときは:) ヒー..]《副》① ここで, この上で, ここへ, この上へ. ② このあと, それから. ③ これについて; これによって.

hie・raus [ヒーラオス; (指示的意味の強いときは:) ヒー..]《副》① ここから, この中から. ② このことから. *Hieraus* folgt, dass… このことから…が明らかになる. ③ これで, この材料から.

hier≠bei [ヒーァ・バイ; (指示的意味の強いときは:) ヒー..]《副》① このそばに. ② この際に.

hier|blei・ben* [ヒーァ..]《自》(s)（新形 hier bleiben）☞ hierher

hier≠durch [ヒーァ・ドゥルヒ; (指示的意味の強いときは:) ヒー..]《副》① ここを通って. ② これによって, このために. ③ この書面(本状)により.

hier≠für [ヒーァ・ふューァ; (指示的意味の強いときは:) ヒー..]《副》① このために. ② これに関して, これについて. ③ この代わりに.

hier≠ge・gen [ヒーァ・ゲーゲン; (指示的意味の強いときは:) ヒー..]《副》① これに向かって. ② これに対して. ③ これに比べて.

+hier≠her [ヒーァ・ヘーァ hi:r-hé:r; (指示的意味の強いときは:) ヒーァ..]《副》こちらへ, ここへ. Komm *hierher*! こちらへいらっしゃい / Setz dich *hierher*! ここへ座りなさい / auf dem Weg *hierher* ここへ来る途中で / **Bis** *hierher*! ここまでにしよう.

《新形》………………………………………………
hier・her ge・hö・ren ① ここに置いておくべきものである. ② ここ(当家・当地・当団体など)の者である. ③ これに関係している; このために重要である. Das *gehört* nicht *hierher*. それは別問題だ.
………………………………………………

hier・her|ge・hö・ren《自》(h)（新形 hierher gehören）☞ hierher

hier・he・rum [ヒーァ・ヘルム; (指示的意味の強いときは:) ヒーァ..]《副》① こちらへ(回って). ②《口語》このあたりに.

hier≠hin [ヒーァ・ヒン; (指示的意味の強いときは:) ヒーァ..]《副》こちらへ, ここへ. *hierhin* und dorthin あちこちへ / **bis** *hierhin* ここまで, この点まで.

hie・rin [ヒーリン;(指示的意味の強いときは:) ヒー..] 副 ① ここの中に. ② この点に関して.

hier*mit [ヒーァ・ミット;(指示的意味の強いときは:) ヒーァ..] 副 ① これで; このやり方で; 《官》この書面(本状)によって. *Hiermit* bestätige ich, dass... これによって私は…を確認する. ② これに関して.

hier*nach [ヒーァ・ナーハ;(指示的意味の強いときは:) ヒーァ..] 副 ① これによって. ② これに従って. ③ このあと、それから.

Hie・ro・gly・phe [ヒエログリューフェ hierogly̌:fə] 女 -/-n ① (特に古代エジプトの)象形文字. ②〘複〙で〘戯〙(手書きの)読みづらい文字.

hier*orts [ヒーァ・オルツ;(指示的意味の強いときは:) ヒーァ..] 副 ① ここで、当地で.

hie・rü・ber [ヒーリューバァ;(指示的意味の強いときは:) ヒーァ..] 副 ① この上に、ここを越えて; これに関して. ②《雅》この間に.

hie・run・ter [ヒールンタァ;(指示的意味の強いときは:) ヒーァ..] 副 ① この下で; この下へ. ② この状況のもとで. ③ これらの中で; これらの中へ.

hier*von [ヒーァ・フォン;(指示的意味の強いときは:) ヒーァ..] 副 ① ここから; これらのうちの. ② これについて. ③ これによって.

hier*zu [ヒーァ・ツー;(指示的意味の強いときは:) ヒーァ..] 副 ① これに加えて. ② これについて. ③ このために.

hier*zu・lan・de [ヒーァ・ツ・らンデ hí:r-tsulándə];(指示的意味の強いときは:) ヒーァ・ツ・らンデ] 副 ここでは、当地では. *Hierzulande* ist das so üblich. 当地ではそれがふつうです. (⇔ hier zu Lande ともつづる) ☞ Land ①

hie・sig [ヒーズィヒ hí:zɪç] 形 ここの、当地[産]の. ein *hiesiger* Wein 当地産のワイン.

hieß [ヒース] ＊heißen (…という名前である)の 過去.

hie・ße [ヒーセ] ＊heißen (…という名前である)の 接２.

hie・ven [ヒーフェン hí:fən または ..ヴェン ..vən] 他 (h)《海》(積み荷など⁴を)揚げる、巻き上げる.

Hi-Fi [ハイ・ふィ または ハイ・ふァイ] (略) ハイファイ (=High Fidelity, Highfidelity).

Hi-Fi-An・la・ge [ハイ・ふィ・アンらーゲ] 女 -/-n ハイファイ装置.

high [ハイ hái] [英] 形 〘述語としてのみ〙《隠語》麻薬で興奮している;《口語・比》気分が高揚している.

High-life [ハイ・らイふ hái-laɪf] [英] 中 -[s]/ 上流社会の生活;《比》楽しい集まり.

High-so・ci・e・ty [ハイ・ソサィェティ hái-səsáɪətɪ] [英] 女 -/ ハイソサエティー, 上流社会.

High Soci・e・ty [ハイ ソサイエティ] [英] 女 -/ =Highsociety

High-tech¹ [ハイ・テック hái-ték] 男 -[s]/ (インテリアの)ハイテク様式.

High-tech² [ハイ・テック] 中 -[s]/ (または 女 -/) 先端技術、ハイテク.

High Tech¹ [ハイ・テック hái ték] 男 --[s]/ =Hightech¹

High Tech² [ハイ テック] 中 --[s]/ (または 女 --/) =Hightech²

Hil・des・heim [ヒるデス・ハイム híldəs-haɪm] 中 -s/〘都市名〙ヒルデスハイム(ドイツ, ニーダーザクセン州: ☞ 地図 D-2).

hilf [ヒるふ] ＊helfen (助ける)の du に対する 命令

＊*die* **Hil・fe** [ヒるフェ hílfə]

> 助け　　*Hilfe*!　　助けて!
> 　　　　ヒルフェ

女〘単〙-/〘複〙-n ① 助け, 助力, 援助, 救助. (＊ *help*). Soforthilfe 緊急援助 / gegenseitige *Hilfe* 相互援助 / finanzielle *Hilfe* 財政援助 / bei 人³ *Hilfe*⁴ suchen 人³に援助を求める / erste *Hilfe* 応急手当て / *Hilfe* in Notfällen 緊急時の援助 / 人³ *Hilfe*⁴ leisten 人³を援助する.
◆〘前置詞とともに〙 mit *Hilfe* von 物³ 物³の助けを借りて / mit *Hilfe* einer Schnur² ひもを使って / ohne fremde *Hilfe* 他人の助けを借りずに / um *Hilfe* rufen 助けを求めて叫ぶ / 人⁴ um *Hilfe* bitten 人⁴に助けを請う / 物⁴ zu *Hilfe* nehmen 物⁴の助けを借りる、物⁴を利用する / 人³ zu *Hilfe* kommen 人³を助けにやって来る.
② お手伝いさん; 手伝いの人. Haushalts*hilfe* 家政婦.

〘新形〙
Hil・fe su・chend 助けを求める[ような].

Hil・fe*leis・tung [ヒるフェ・らイストゥング] 女 -/-en 援助[活動], 救助[作業].

Hil・fe*ruf [ヒるフェ・ルーふ] 男 -[e]s/-e 助けを求める[叫び]声.

Hil・fe*stel・lung [ヒるフェ・シュテるング] 女 -/-en ①〘綱なし〙(体操の)補助. ② 補助をする人.

hil・fe・su・chend 形 (〘新形〙 Hilfe suchend) ☞ Hilfe

＊**hilf*los** [ヒるふ・ろース hílf-lo:s] 形 (＊ *helpless*) ① 助け[る者]のない, 頼りのない, 途方に暮れた. ein *hilfloser* Greis 寄る辺のない老人. ② 不器用な, ぎこちない. eine *hilflose* Antwort もたもたした返事.

Hilf・lo・sig・keit [ヒるふ・ろーズィヒカイト] 女 -/ 助け(頼り・寄る辺)のないこと; 不器用なこと.

hilf*reich [ヒるふ・ライヒ] 形《雅》① 進んで人助けをする, 援助を惜しまない. 人³ eine *hilfreiche* Hand⁴ reichen 人³に援助の手を差し伸べる. ②(困ったときなどに)役にたつ, 有益な.

Hilfs*ak・ti・on [ヒるふス・アクツィオーン] 女 -/-en 救援活動.

Hilfs*ar・bei・ter [ヒるふス・アルバイタァ] 男 -s/- (資格を持たない)臨時雇い, 臨時工.

hilfs*be・dürf・tig [ヒるふス・ベデュルふティヒ] 形 援助(救助)を必要としている, 困窮している.

hilfs*be・reit [ヒるふス・ベライト] 形 進んで人助けをする, 助力を惜しまない.

Hilfs*be・reit・schaft [ヒるふス・ベライトシャ

ふと] 医 -/ 進んで人助けをする気持ち, 親切.

Hilfs⹀dienst [ヒるフス・ディーンスト] 男 -[e]s/-e ① 救援活動. ② 救援組織(機関).

Hilfs⹀**kraft** [ヒるフス・クラフト] 女 -/..kräfte 補助員, 助手.

Hilfs⹀mit·tel [ヒるフス・ミッテる] 中 -s/- ① 補助手段, 救済策, 手だて. ② 《複 で》援助(補助)金, 援助物資.

hilfst [ヒるフスト] *helfen(助ける)の2人称単数 現在.

Hilfs⹀trup·pe [ヒるフス・トルッペ] 女 -/-n 《ふつう複》《軍》援軍.

Hilfs⹀**verb** [ヒるフス・ヴェるプ] 中 -s/-en《言》助動詞.

Hilfs⹀zeit·wort [ヒるフス・ツァイトヴォルト] 中 -[e]s/..wörter《言》助動詞(=Hilfsverb).

hilft [ヒるフト] *helfen(助ける)の3人称単数 現在.

der **Hi·ma·la·ja** [ヒマーらヤ himá:laja または ヒマーらヤ] 男 -[s]/《定冠詞とともに》《山名》ヒマラヤ山脈.

Him·bee·re [ヒン・ベーレ hím-be:rə] 女 -/-n 《植》[ヨーロッパ]キイチゴ, ラズベリー[の実]. (☞ Beere 図)

Him·beer⹀saft [ヒンベーァ・ザフト] 男 -[e]s/..säfte キイチゴ(ラズベリー)ジュース.

★*der* **Him·mel** [ヒンメる híməl] 男《単2》-s/《複》-《3格のみ -n》《ふつう単》①空, 天[空]. (英 sky). (⇔「大地」= Erde). Stern*himmel* 星空 / ein blauer *Himmel* 青い空 / ein klarer (bewölkter) *Himmel* 澄んだ空(曇り空) / Der *Himmel* klärt sich auf (bezieht sich). 空が晴れる(曇る) / Der *Himmel* ist bedeckt. 空が曇っている.

◇《前置詞とともに》Die Sonne steht hoch **am** *Himmel*. 太陽は空高く上がっている / **wie** ein Blitz **aus** heiterem *Himmel*《口語》青天の霹靂(へきれき)のように(←晴れた空の稲妻のように) / **in** den *Himmel* ragen 空にそびえる / 人⁴ **in** den *Himmel* heben《口語》人⁴をオーバーにほめる / **unter** freiem *Himmel* 野外で / Er stand da wie **vom** *Himmel* gefallen. 彼はまるで降ってわいたようにそこに立っていた(←空から落ちてきたように) / **zwischen** *Himmel* und Erde schweben 宙づりになっている(←空と大地の間を漂う).

② 天国. (英 heaven). (⇔「地獄」= Hölle). Sie hat dort den *Himmel* auf Erden. 《雅》そこでは彼女はこの上なく幸せだ(←この世で天国を持っている) / 人³ den *Himmel* auf Erden versprechen 人³にこの上ない幸せを約束する / den *Himmel* offen sehen《雅》(すべての望みを達して)この上なく幸せに思う / **aus** allen *Himmeln* fallen(または stürzen) ひどくがっかりする(←あらゆる天国から落ちる) / **in** den *Himmel* kommen 天国へ行く,《婉曲》(子供に向かって)おじいちゃんは天国の人になられたのよ / sich⁴ [wie] im sieb[en]ten *Himmel* fühlen《口語》この上ない幸福感にひたっている(←第7番目すなわち最上の天国にいるように感じる).

③ 神, 運命. Du lieber *Himmel*!《口語》ああどうしよう, たいへんだ / Dem *Himmel* sei Dank!《接1·現在》ありがたや / Das weiß der *Himmel*!《口語》そんなことだれが知るものか / **Um** *Himmels* **willen**! a) とんでもない, b) お願いだから. ④ (祭壇などの)天蓋(がい).

him·mel⹀angst [ヒンメる・アングスト] 形《成句的に》人³ ist (wird) *himmelangst* 人³はひどく不安である(不安になる).

Him·mel⹀bett [ヒンメる・ベット] 中 -[e]s/-en 天蓋(がい)付きの寝台.

him·mel⹀blau [ヒンメる・ブらオ] 形 空色の.

Him·mel⹀fahrt [ヒンメる・ファールト] 女 -/-en ①《キリスト教》昇天[祭]. Christi² *Himmelfahrt* キリストの昇天[祭](復活祭の40日後) / Mariä² *Himmelfahrt*《カトリック》聖母被昇天[祭](8月15日). ②《口語》命がけの試み.

Him·mel·fahrts⹀kom·man·do [ヒンメるファールツ・コマンド] 中 -s/-s《俗》《軍》決死的任務; 決死隊の隊員.

him·mel⹀hoch [ヒンメる・ホーホ] 形 非常に高い, 空高くそびえる.

Him·mel⹀reich [ヒンメる・ライヒ] 中 -[e]s/《キリスト教》天国, 神の国;《比》楽園.

him·mel⹀schrei·end [ヒンメる・シュライエント] 形 あまりにもひどい, 途方もない.

Him·mels⹀ge·wölb·e [ヒンメるス・ゲヴェるベ] 中 -s/-《詩》天空, 大空.

Him·mels⹀kör·per [ヒンメるス・ケルパァ] 男 -s/-《天》天体.

Him·mels⹀ku·gel [ヒンメるス・クーゲる] 女 -/-n《天》天球[儀].

Him·mels⹀rich·tung [ヒンメるス・リヒトゥング] 女 -/-en (東西南北の)方位. **in** alle *Himmelsrichtungen* 四方八方へ.

Him·mels⹀schlüs·sel [ヒンメるス・シュリュッセる] 男 中 -s/-《植》セイヨウサクラソウ.

Him·mels⹀strich [ヒンメるス・シュトリヒ] 男 -[e]s/-e《雅》地方, 地帯.

Him·mels⹀stür·mer [ヒンメるス・シュテュルマァ] 男 -s/-《雅》熱狂的な理想家(夢想家).

Him·mels⹀zelt [ヒンメるス・ツェるト] 中 -[e]s/《詩》天空, 大空.

him·mel⹀wärts [ヒンメる・ヴェルツ] 副《雅》天へ, 天に向かって.

him·mel⹀weit [ヒンメる・ヴァイト] 形《口語》非常に遠い; はなはだしい. ein *himmelweiter* Unterschied 雲泥(うんでい)の差.

himm·lisch [ヒンムリッシュ hímlɪʃ] 形 ① 天国の, あの世の, 神による; 神々しい. unser *himmlischer* Vater《聖》天にましますわれらが父(神). ◇《名詞的に》die *Himmlischen* 神々, 天使たち. ②《古》天の, 天からの. das *himmlische* Licht《詩》太陽の光. ③ この世のものならぬ, すばらしい.《口語》たいへんな, すごい. eine *himmlische* Musik 妙(たえ)なる音楽 / eine *himmlische* Geduld⁴ haben たいへん辛抱強い.

hin [ヒン hín] 副 ① 〔空間的に〕あちらへ, 向こうへ. (⚠「こちらへ」は her; ☞ her 図). nach links *hin* 左へ向かって / nach vorne *hin* 前方へ / nach außen *hin* a) 外に向かって, b) 外面上は / vor sich *hin* reden ひとりごとを言う / ***hin* und zurück** 往復で ⇒ Bitte einmal Köln *hin* und zurück! ケルンまで往復 1 枚ください / ***hin* und her** a) あっちこっちへ, 行ったり来たり, b) あれやこれや. ◇〔名詞的に〕das *Hin* und Her 行き来.
② 〔空間的に〕…に沿って, …に広がって. an der Wand *hin* 壁沿いに / über die ganze Welt *hin* 世界中に / Das Wohnzimmer liegt zur Straße *hin*. その居間は通りに面している.
③ 〔時間的に〕…に向かって, …近くに; 続いて, ずっと引き続き. gegen Mittag *hin* 正午近くに / zum Winter *hin* 冬に向けて / lange Zeit *hin* 長い間〔ずっと〕 / Es ist noch lange *hin*, bis… …までにはまだ時間がかかる / durch (または über) viele Jahre *hin* 長年にわたり / ***hin* und wieder** ときおり, ときたま.
④ 〔**her** とともに成句的に〕Das ist *hin* wie her. それは結局同じことだ / *hin* oder her 〔口語〕たかだか, 多かれ少なかれ / …*hin*, …her 〔口語〕…は…として, …はさておき ⇒ Geld *hin*, Geld her, ich musste das Auto kaufen. お金のことはさておき, 私はその車を買わずにはいられなかった.
⑤ 〔口語〕そこへ (=dahin). Ist es weit bis *hin*? そこまでは遠いのですか.
⑥ 〔成句的に〕**auf** 事⁴ *hin* a) 事⁴を目ざして, b) 事⁴に基づいて, c) 事⁴に関して. auf die Zukunft *hin* 将来に向けて / Ich habe es auf seinen Rat *hin* getan. 私はそれを彼の忠告に基づいてしたのです / auf die Gefahr *hin* 危険を冒して / ein Wort⁴ auf seine Herkunft *hin* untersuchen ある単語をその由来に関して調べる.

〈新形〉
hin sein 〔口語〕① 〖**zu** 人³ ~〗 〈人³の〉所へ駆けつけている. ② 失われている; 壊れている; 疲れきって〔死んでしまって〕いる. ③ 〖**bis** とともに〗(…まで)間 (=*bis*) あるは Bis zu deinem Geburtstag *ist* [es] noch lange *hin*. 君の誕生日まではまだだいぶ間がある.

hin.. [ヒン hín..] 〖分離動詞などの前つづり; つねにアクセントをもつ〗 ① 〖ある目標に向かって〗そちらへ・向こうへ〗例: *hin*|gehen (ある所へ)行く. ② 〖下方のある場所へ〗例: *hin*|legen (ある場所へ)置く. ③ 〖ゆっくりとした〗消滅〗例: *hin*|siechen やつれていく.

***hi·nab** [ヒナプ hináp] 副 (向こうの)下へ, 下方へ. (⚠「(下からこちらの)上へ」は herauf). den Fluss *hinab* 川を下って.

hi·nab.. [ヒナプ.. hináp..] 〖分離動詞の前つづり; つねにアクセントをもつ〗(上から下へ・下方へ)例: *hinab*|stürzen 墜落する.

hi·nan [ヒナン hinán] 副 〔雅〕(向こうの)上へ, 上方へ (=hinauf). den Berg *hinan* 山上へ / zum Himmel *hinan* 天に向かって.

hin|ar·bei·ten [ヒン・アルバイテン hín-àrbaıtən] 自 (h) 〖**auf** 事⁴~〗〈事⁴を〉目指して努力する. auf das Examen *hinarbeiten* 試験を目指して勉強する.

***hi·nauf** [ヒナオフ hináuf] 副 (こちらから向こうの)上へ, 〔あちらの〕上方へ (⚠ *up*). (⚠「(向こうからこちらの)下へ」は herunter). den Fluss *hinauf* 川をさかのぼって / die Treppe *hinauf* 階段を上がって / Los, *hinauf* mit dir auf den Wagen! さあ, 車に乗るんだ / zum Gipfel *hinauf* 山頂まで / Wo willst du *hinauf*? 〔口語〕君はどこへ上がって(登って)行きたいんだい.

hi·nauf.. [ヒナオフ.. hináuf..] 〖分離動詞の前つづり; つねにアクセントをもつ〗〖(こちらから向こうの)上へ〗例: *hinauf*|gehen 上がる.

hi·nauf|ar·bei·ten [ヒナオフ・アルバイテン hináuf-àrbaıtən] 再帰 (h) *sich*⁴ *hinaufarbeiten* ① 一生懸命に登る. ② 努力して出世する.

hi·nauf|ge·hen* [ヒナオフ・ゲーエン hináufgè:ən] 自 (s) ① 上がって行く. ② (上の方へ)通じている. ③ 〔口語〕(物価などが)上がる. ④ 〖**mit** 物³~〗(物³〈値段など〉を)上げる.

hi·nauf|kom·men* [ヒナオフ・コンメン hináuf-kòmən] 自 (s) ① 上がって来る, 登る. ② 〔比〕昇進する, 出世する.

hi·nauf|set·zen* [ヒナオフ・ゼッツェン hináufzètsən] 他 (h) ① 高い所に置く. ② (値段など⁴を)上げる. die Preise⁴ (eine Ware⁴ im Preis) *hinaufsetzen* 値段(商品の値段)を上げる.

hi·nauf|stei·gen* [ヒナオフ・シュタイゲン hináuf-ʃtàıgən] 自 (s) 上がる, 上に登る. bis zum Gipfel *hinaufsteigen* 頂上まで登る.

hi·nauf|trei·ben* [ヒナオフ・トライベン hináuf-tràıbən] 他 (h) ① (家畜など⁴を)上の方へ追いたてる. ② (値段など⁴を)つり上げる.

hi·nauf|zie·hen* [ヒナオフ・ツィーエン hináuf-tsì:ən] I 他 (h) (ブラインドなど⁴を)引き上げる. II 自 (s) ① 上の階へ(南から北へ)引っ越して行く. ② 上がって行く. III 再帰 (h) *sich*⁴ *hinaufziehen* 上の方へ広がって(伸びて)いる.

***hi·naus** [ヒナオス hináus] 副 ① (中から向こうの)外へ, 表へ. (⚠「(外からこちらの)中へ」は herein). *hinaus* ins Freie 戸外へ / dort *hinaus* そこから外へ / *Hinaus* [mit dir]! 出ていけ / zum Fenster *hinaus* 窓から外へ / zur Tür *hinaus* ドアから外へ.
② 〖成句的に〗**auf** 事⁴ *hinaus* 事⁴(ある期間)にわたって ⇒ auf Monate *hinaus* planen 数か月先まで計画する. ③ 〖成句的に〗**über** 事⁴ *hinaus* a) 事⁴(空間・時間)を越えて, b) 事⁴(数量)以上に ⇒ über die Grenze *hinaus* 国境を越えて / über Mittag *hinaus* 正午を過ぎて /

darüber *hinaus* それを越えて，さらに.

hi·naus.. [ヒナウス.. hináus..] 《分離動詞の前つづり》；つねにアクセントをもつ》① 《中から向こうの》外へ》例: *hinaus*|*werfen* 投げ出す. ② 《ある点を》越えて》例: über 物⁴ *hinaus*|*gehen* 物⁴を越えている.

hi·naus|be·glei·ten [ヒナオス・ベグらイテン hináus-bəglàɪtən] (過分 hinausbegleitet) 他 (h) (外まで)送って行く，見送る.

hi·naus|beu·gen [ヒナオス・ボイゲン hináusbɔ̀ɪɡən] 再帰 (h) *sich*⁴ *hinausbeugen* (窓から)身を乗り出す.

hi·naus|ekeln [ヒナオス・エーケるン hináusè:kəln] 他 (h) 《口語》いやがらせをして追い出す，いびり出す.

hi·naus|fah·ren* [ヒナオス・ファーレン hináus-fà:rən] I 自 (s) ① (乗り物が・人が乗り物で)出て行く，出かける. **aus der Garage** *hinausfahren* 車庫から出て行く. ② (外へ)飛び出る. II 他 (h) (乗り物で外へ)運び出す；(乗り物⁴を外へ)出す.

hi·naus|flie·gen* [ヒナオス・ふりーゲン hináus-flì:ɡən] I 自 (s) ① 飛んで出る，飛び出る；脱出する. Der Vogel *ist* aus dem Käfig *hinausgeflogen*. 《現在完了》鳥が鳥かごから飛び出した. ② 《口語》追い出される. II 他 (h) 飛行機で運び出す.

hi·naus·ge·gan·gen [ヒナオス・ゲガンゲン] *hinaus|*gehen* (外へ出る)の過分

hi·naus|ge·hen [ヒナオス・ゲーエン hináus-ɡè:ən] (ging...hinaus, ist...hinausgegangen) 自 (完了 sein) ① **外へ出る**，出て行く. (英 go out). *Geh hinaus*! 出て行け. ◇《非人称の es を主語として》 Hier *geht* es *hinaus*. ここから外へ出られる. ② (道などが外へ)通じている. ③ 『**auf** 物⁴ または **nach** 物³ ~ 』 (物⁴または物³に)面している. Das Zimmer *geht* auf den Garten (nach Süden) *hinaus*. その部屋は庭に面している(南向きだ). ④ 『**über** 物⁴ ~ 』 (物⁴(能力など)を)越えている. Dies *geht* über meine Kräfte *hinaus*. これは私の手に余る.

hi·naus|kom·men* [ヒナオス・コンメン hináus-kɔ̀mən] 自 (s) ① 外へ(戸外へ)出る. ② 『**auf** 事⁴ ~ 』 《口語》(事⁴という)結果になる. ③ 『**über** 事⁴ ~ 』 (事⁴(程度など)を)越える.

hi·naus|kom·pli·men·tie·ren [ヒナオス・コンプりメンティーレン hináus-kɔmplimenti:rən] 他 (h) ① 体よく追い払う. ② (客などを⁴)丁重に送り出す.

hi·naus|lau·fen* [ヒナオス・らオふェン hináus-làʊfən] 自 (s) ① 外へ走って出る. ② 『**auf** 事⁴ ~ 』 (事⁴という)結果になる. Das *läuft* alles auf dasselbe *hinaus*. それらはすべて同じ結果になる. ③ 『**über** 事⁴ ~ 』 (事⁴を)超える，上回る.

hi·naus|leh·nen [ヒナオス・れーネン hináus-lè:nən] 再帰 (h) *sich*⁴ *hinauslehnen* (外へ)身を乗り出す. Nicht *hinauslehnen*! (列車などの表示で:)窓から身を乗り出さないこと!

hi·naus|schau·en [ヒナオス・シャオエン hináus-fàʊən] 自 (h) 《南ドイツ》《口語》 (外を)見[や]る. zum Fenster *hinausschauen* 窓から外を見る.

hi·naus|schie·ben* [ヒナオス・シーベン hináus-ʃì:bən] 他 (h) ① 外へ押し出す. ◇《再帰的に》 *sich*⁴ *hinausschieben* 外へ出る. ② (期限などを⁴)延期する.

hi·naus|schmei·ßen* [ヒナオス・シュマイセン hináus-ʃmàɪsən] 他 (h) 《口語》(外へ)投げ出す.

hi·naus|stür·zen [ヒナオス・シュテュルツェン hináus-ʃtỳrtsən] I 自 (s) 外へ転がり落ちる；外へ飛び出る. II 再帰 (h) *sich*⁴ *hinausstürzen* (窓などから)外へ身を投げる.

hi·naus|wach·sen* [ヒナオス・ヴァクセン hináus-vàksən] 自 (s) ① 『**über** 人・物⁴ ~ 』 (人・物⁴よりも)大きくなる，成長して乗り越える. ② 『**über** 人⁴ ~ 』 (人⁴を)しのぐ，超える. über sich⁴ [selbst] *hinauswachsen* かつてない成果を示す.

hi·naus|wer·fen* [ヒナオス・ヴェルふェン hináus-vèrfən] 他 (h) ① (外へ)投げ出す，ほうり投げる. 物⁴ **zum** Fenster *hinauswerfen* 物⁴を窓からほうり投げる. ② 《口語》追い出す；首にする. einen Mieter *hinauswerfen* 借家人を立ち退かせる. ③ さっさと処分する.

hi·naus|wol·len* [ヒナオス・ヴォれン hináus-vòlən] 自 (h) 《口語》① 外に出ようとする. ② 《成句的に》hoch *hinauswollen* 出世しようとする. ③ 『**auf** 事⁴ ~ 』 (事⁴を)目指す，ねらう. Ich weiß, worauf du *hinauswillst*. 君が何を意図しているのかぼくにはわかっている.

hi·naus|zie·hen* [ヒナオス・ツィーエン hináus-tsì:ən] I 他 (h) ① 外へ引き(連れ)出す. ② (交渉などを⁴)長引かせる；(出発などを⁴)延期する. die Entscheidung⁴ absichtlich *hinausziehen* 決定を故意に引き延ばす. ◇《再帰的に》 *sich*⁴ *hinausziehen* (交渉などが)引き長く；(出発などが)延びる. II 自 (...へ)出て行く，出かける；(...へ)引っ越す. **aufs Land** *hinausziehen* 田舎へ出かける(引っ越す). III 再帰 (h) *sich*⁴ *hinausziehen* (道などが...へ)延びている.

hi·naus|zö·gern [ヒナオス・ツェーガァン hináus-tsö̀:ɡərn] 他 (h) 延期する，繰り延べる. ◇《再帰的に》 *sich*⁴ *hinauszögern* 先へ延びる.

Hin≈blick [ヒン・ブリック] 男 《成句的に》 im (まれに in) *Hinblick* **auf** 事⁴ a) 事⁴を考慮して，b) 事⁴に関して(ついて).

hin|brin·gen* [ヒン・ブリンゲン hín-brìŋən] 他 (h) ① 連れて行く，運んで(持って)行く. ② 《口語》仕上げる，済ます. ③ (時間⁴を)過ごす.

Hin·den·burg [ヒンデン・ブルク híndənbʊrk] -s/ 《人名》ヒンデンブルク (Paul von *Hindenburg* 1847-1934；ドイツの軍人・政治家).

hin·der·lich [ヒンダァりヒ] 形 ① 動きの妨げになる(包帯など). ② じゃまになる. Das ist mir (または für mich) sehr *hinderlich*. それはひどく私のじゃまになる.

hin·dern [ヒンダァン híndərn] (hinderte, hat...gehindert) 他 (定了 haben) ① 〖人⁴ an 事³ ~〗(人⁴が事³をするのを)**妨げる**, さえぎる, 阻止する. (英 hinder). Der Polizist *hinderte* ihn an der Weiterfahrt. 警官は彼が[車で]先へ行こうとするのをさえぎった / Er *hat* mich daran *gehindert*, das Buch aufzuheben. 彼は私が本を拾い上げるのを妨げた.
② 〖人・事⁴の〗じゃまになる. Das *hindert* den Verkehr. それは交通のじゃまだ / Der Verband *hindert* mich beim Schreiben. 字を書くのに包帯がじゃまになる.

*das **Hin·der·nis** [ヒンダァニス híndərnis] 中 (単 2) ..nisses/(複) ..nisse (3 格のみ ..nissen) ① **障害**[物], じゃま[もの]; 支障, 困難. (英 obstacle). ein *Hindernis*⁴ beseitigen 障害物を取り除く / Dieser Umstand ist kein *Hindernis* für uns. この状況は私たちにとって妨げとなるものではない / auf ein *Hindernis* stoßen 障害にぶつかる / *Hindernisse*⁴ überwinden 障害を克服する / 〖人³〗*Hindernisse*⁴ in den Weg legen 人³のじゃまをする.
②《スザ》ハードル;(馬術の)障害物;(ゴルフの)バンカー.

Hin·der·nis⸗lauf [ヒンダァニス・らオフ] 男 -[e]s/..läufe (陸上競技の)障害物(ハードル)競走.

Hin·der·nis⸗ren·nen [ヒンダァニス・レンネン] 中 -s/- ① (馬術の)障害レース. ② (陸上競技の)障害物(ハードル)競走.

hin·der·te [ヒンダァテ] ‡hindern (妨げる)の過去

Hin·de·rung [ヒンデルング] 女 -/-en 妨害, 障害, じゃま.

hin⸗deu·ten [ヒン・ドイテン hín-dɔ̀ʏtən] 自 (h) ① 〖auf 人・物⁴〗(人・物⁴を)指し示す.
② 〖auf 事⁴〗(事⁴を)指摘する;(事⁴を)暗示する,(事⁴の兆候を)示している.

Hin·di [ヒンディ híndi] 中 -/ ヒンディー語.

Hin·du [ヒンドゥ híndu] 男 -[s]/-[s] ヒンズー教徒.

Hin·du·is·mus [ヒンドゥイスムス hınduísmus] 男 -/ ヒンズー教.

*hin⸗durch [ヒン・ドゥルヒ hın-dúrç] 副 ① (ある場所を)通って, 突き抜けて, 貫いて. (英 through). hier *hindurch* ここを通って / quer durch den Wald *hindurch* 森を横切って. ② (ある期間を)通して, ずっと. Jahre *hindurch* 数年にわたって / den ganzen Tag *hindurch* 一日中.

‡**hi·nein** [ヒナイン hınáın] 副 ①《空間的に》(こちらから向こうの)**中へ**, 内へ. (英「中からこちらの)外へ」は heraus). *Hinein* ins Bett! もう寝なさい / mitten *hinein* 真ん中へ / [mitten] in die Stadt *hinein* 町中(まちじゅう)へ / zum Fenster *hinein* 窓から中へ.
② 《時間的に》…に至るまで. bis in die Nacht *hinein* 夜ふけまで.

hi·nein.. [ヒナイン.. hınáın..] 《分離動詞の前つづり》; つねにアクセントをもつ《(こちらから向こうの)中へ》例: *hinein*|gehen 中へ入って行く.

hi·nein|den·ken* [ヒナイン・デンケン hınáın-dɛ̀ŋkən] 再帰 (h) sich⁴ *hineindenken* (ある状況に)身を置いて考える. *sich⁴* in 人⁴ *hineindenken* 人⁴の身になって考える.

hi·nein|dür·fen* [ヒナイン・デュルフェン hınáın-dỳrfən] 自 (h) (中へ)入ってもいい.

hi·nein|fal·len* [ヒナイン・ファれン hınáın-fàlən] 自 (s) ① (穴などに)落ちる. Er ließ sich in den Sessel *hineinfallen*. 彼は疲れて安楽いすにへたり込んだ. ② (光が)差し込む.
③ 《口語》(策略などに)はまる.

hi·nein|fin·den* [ヒナイン・フィンデン hınáın-fìndən] I 自 (h) 入る道(入口)がわかる. II 再帰 〖*sich*⁴ in 事⁴ ~〗(事⁴に)順応する;(事⁴に)順応する.

hi·nein|ge·hen* [ヒナイン・ゲーエン hınáın-gèːən] 自 (s) ① 中へ入って行く. tief in den Wald *hineingehen* 森の奥深くに入る. ② 収まる, 収容できる. In diesen Saal *gehen* 2 000 Menschen *hinein*. このホールには 2,000 人収容できる.

hi·nein|ge·ra·ten* [ヒナイン・ゲラーテン hınáın-gərà:tən] 過分 hineingeraten 自 (s) 〖in 物⁴ ~〗(物⁴の中に)迷い込む.

hi·nein|knien [ヒナイン・クニーン hınáın-kniːn] 再帰 〖*sich*⁴ in 事⁴ ~〗《口語》(事⁴に)没頭する.

hi·nein|kom·men* [ヒナイン・コンメン hınáın-kòmən] 自 (s) ① 中へ入る, 入り込む.
② 〖in 事⁴ ~〗(事⁴に)習熟する, 慣れる.

hi·nein|la·chen [ヒナイン・らッヘン hınáın-làxən] 自 (h) 笑いかける. Sie *lachte* in sich *hinein*. 彼女はほくそえんだ.

hi·nein|le·gen* [ヒナイン・れーゲン hınáın-lèːɡən] I 他 (h) ① 〖A⁴ in B⁴ ~〗(A⁴を B⁴の中に)入れる, 詰める; (A⁴ (願望などを) を B⁴の中に)読み取る. ②《口語》一杯くわせる, ペテンにかける. II 再帰 〖*sich*⁴ in 物⁴ ~〗(物⁴の中に)身を横たえる.

hi·nein|pas·sen [ヒナイン・パッセン hınáın-pàsən] I 自 (h) ① (一定の数量の)入る余地がある. ② 〖in 物·事⁴ ~〗(物·事⁴の中に)うまく収まる, 順応(適合)する. II 他 (h) はめ込む. A⁴ in B⁴ *hineinpassen* A⁴ を B⁴の中にはめ込む.

hi·nein|re·den* [ヒナイン・レーデン hınáın-rèːdən] I 自 (h) ① 〖in 物⁴ ~〗(物⁴の中に向かって)話しかける. ins Dunkel *hineinreden* 暗闇(くらやみ)へ向かって話しかける. ② 口をはさむ, (話に)割って入る. 人³ in 事⁴ *hineinreden* 人³の事⁴に口出しする. II 再帰 (h) 〖*sich*⁴ in 事⁴ ~〗話しているうちに(事⁴の状態)になる.

hi·nein|schlit·tern [ヒナイン・シュリッタァン hınáın-ʃlɪtərn] 自 (s) 〖in 物·事⁴ ~〗(物⁴の中へ)滑って入る;《口語》(事⁴(悪い状況など)に)ずるずると入り込む.

hi·nein|ste·cken [ヒナイン・シュテッケン hınáın-ʃtɛ̀kən] 他 (h) ① 差し込む. ②《口

語)(お金・時間など⁴を)つぎ込む. ③《口語》無理に押し込む.

hi·nein|stei·gern [ヒナイン・シュタイガァン hɪnáɪn-ʃtaɪgərn] 再帰 (h)《*sich*⁴ *in* 事⁴ ~》(感情などが事⁴の状態に)高まってくる; (事⁴に)のめり込む.

hi·nein|stür·zen [ヒナイン・シュテュルツェン hɪnáɪn-ʃtʏrtsən] I 自 (s)《in 物⁴ ~》(物⁴の中へ)落ち込む; 駆け込む. II 他 (h)《人⁴ *in* 物⁴ ~》(人⁴を物⁴の中に)突き落とす;《比》陥れる. III 再帰 (h) *sich*⁴ *hineinstürzen* 飛び込む. *sich*⁴ *in die Arbeit hineinstürzen*《比》仕事に没頭する.

hi·nein|ver·set·zen [ヒナイン・フェァゼッツェン hɪnáɪn-fɛrzɛtsən] (過分 hineinversetzt) 再帰 (h)《*sich*⁴ *in* 人⁴ ~》(人⁴の)身になって考える, (事⁴を)おもんぱかる.

hi·nein|wach·sen* [ヒナイン・ヴァクセン hɪnáɪn-vàksən] 自 (s)《in 物⁴ ~》《口語》(体が成長して物⁴(服など)に)体が合うようになる. ② 《*in* 事⁴ ~》成長して(事⁴に)達する; (事⁴に)慣れる.

hi·nein|zie·hen* [ヒナイン・ツィーエン hɪnáɪn-tsi:ən] I 他 (h) 引き入れる, 引っぱり込む. II 自 (s) (…へ)引っ越して入る; (行列して…へ)入って行く.

hin|fah·ren* [ヒン・ファーレン hín-fà:rən] I 自 (s) ① (乗り物が・人が乗り物で向こうへ)行く; (乗り物が・人が乗り物で)走り去る. ② 《*über* 物⁴ ~》(物⁴の上を)なでる. *mit der Hand über* 物⁴ *hinfahren* 手で物⁴の上をなでる. ③ (…へ)すばやく動く. II 他 (h) (乗り物で)連れて行く, 運ぶ.

Hin·fahrt [ヒン・ファールト] 女 -/-en (乗り物での)往路. (⇔「帰路」は Rückfahrt). *Hin- und Rückfahrt* 往復《*auf* (または *bei*) *der Hinfahrt* 行きに.

hin|fal·len* [ヒン・ファレン hín-fàlən] 自 (s) ① 転ぶ, 倒れる. *Das Kind ist hingefallen.*【現在完了】その子供は転んだ / *der Länge nach hinfallen* 大の字になって(ばったり)倒れる. ② 《*vor* 人³ ~》(人³の前に)ひれ伏す.

hin·fäl·lig [ヒン・フェりヒ hín-fɛlɪç] 形 ① (年老いて)弱くなった; もろい. ② 根拠のない; 無効の; 不要になった.

hin|fin·den* [ヒン・フィンデン hín-fìndən] 自 (h)・再帰 (h) *sich*⁴ *hinfinden* 行く道がわかる.

hin|flie·gen* [ヒン・ふりーゲン hín-fli:gən] I 自 (s) ① (向こうへ)飛んで行く. ②《比》飛ぶように走って行く. ③《口語》転ぶ, 倒れる. II 他 (h) 空輸する.

Hin·flug [ヒン・ふるーク] 男 -[e]s/..flüge 行きの飛行, 往便. (⇔「帰りの飛行」は Rückflug).

hin·fort [ヒン・フォルト] 副《ᵅᵈ·雅》今後には].

hin|füh·ren* [ヒン・フューレン hín-fy:rən] I 他 (h) (向こうへ)連れて行く, 導く. II 自 (h) (道などが…へ)通じている. *Wo soll das hinführen?*《口語》この結果はどうなるのだろう.

hing [ヒンク] *hängen¹ (掛かっている)の 過去

Hin·ga·be [ヒン・ガーベ] 女 -/ ① 献身, 帰依; 没頭, 熱意. *mit Hingabe* a) 献身的に, b) 熱心に, 一心に. ②《雅·婉曲》(女性が男性に)身を任せること. ③《雅》犠牲.

hin·ge [ヒンゲ] *hängen¹ (掛かっている)の 接2

hin|ge·ben* [ヒン・ゲーベン hín-gè:bən] I 他 (h) ① 手渡す, 引き渡す. ②《雅》ささげる, 犠牲にする. ◊【現在分詞の形で】*eine hingebende Pflege* 献身的な看護. II 再帰 (h) *sich*⁴ ·事³ *hingeben*《事³に没頭する, ふける; 《婉曲》(女性が)人³(男性に)身を任せる.

Hin·ge·bung [ヒン・ゲーブング] 女 -/ 献身, 帰依; 没頭, 熱意.

hin·ge·bungs·voll [ヒンゲーブングス・ふぉる] 形 献身的な, 面倒見のよい.

hin ge·gen [ヒン・ゲーゲン] 副 それに反して, 一方.

hin|ge·hen* [ヒン・ゲーエン hín-gè:ən] 自 (s) ① (ある所へ)行く, 出かける; 《雅》死ぬ. *zu* 人³ *hingehen* 人³を訪問する. ② (時が)たつ, 過ぎ去る. ③《*über* 物⁴ ~》(目・視線が物⁴の上を)さっと動く. *die Augen*⁴ *über* 物⁴ *hingehen lassen* 物⁴にさっと視線を走らせる. ④ まあまあ我慢できる. *Diese Arbeit geht gerade noch hin.* この論文の出来はまあまあだ. ◊《*lassen* とともに》事⁴ *hingehen lassen* 事⁴を大目に見る.

hin|ge·hö·ren [ヒン・ゲヘーレン hín-gəhø̀:rən] 自 (h) (過分 hingehört)《口語》(本来…に)置いておくものである. *Wo gehört das hin?* それはどこにある(置く)べきですか.

hin·ge·legt [ヒン・ゲれークト] *hin|legen (置く)の 過分

hin ge·ris·sen [ヒン・ゲリッセン] I hin|reißen (魅了する)の 過分 II 形 うっとりした, 心を奪われた.

hin·ge·setzt [ヒン・ゲゼッツト] *hin|setzen (置く)の 過分

hin·ge·wie·sen [ヒン・ゲヴィーゼン] *hin|weisen (指し示す)の 過分

hin|hal·ten* [ヒン・ハるテン hín-hàltən] 他 (h) ① さし出す. 人³ *die Hand*⁴ *hinhalten* 人³に手をさし伸べる. ② (故意に)待たせる, 引き止める. 人⁴ *lange hinhalten* 人⁴を長く待たせる.

hin|hän·gen¹ [ヒン・ヘンゲン hín-hèŋən] 他 (h)《口語》(コートなど⁴を)掛ける.

hin|hän·gen²* [ヒン・ヘンゲン] 自 (h)《成句的に》事⁴ *hinhängen lassen*《口語》事⁴を放置する.

hin|hau·en⁽*⁾ [ヒン・ハオエン hín-hàʊən] I 自 (h, s) ① (h)《口語》打ってかかる. ② (s) ぶっ倒れる. ③ (h)《方·俗》急ぐ. ④ (s)《俗》うまくいく; 十分である. II 他 (h)《俗》(怒って)投げつける; (仕事など⁴を)投げ出す. ②《俗》投げ倒す; あぜんとさせる. ③《俗》ざっと(ぞんざいに)仕上げる. III 再帰 (h) *sich*⁴ *hinhauen*《俗》(ごろっと)横になる; 身を投げ出す.

hin|hö·ren [ヒン・ヘーレン hín-hø̀:rən] 自 (h) よく聞く, 傾聴する.

***hin·ken** [ヒンケン hínkən] (hinkte, hat/ist... gehinkt) 自 (定了 haben または sein) ① (h) 足を引きずって歩く. (英 limp). Er *hinkt* mit (または auf) dem rechten Fuß. 彼は右足を引きずって歩く. ② (s)〖方向を表す語句とともに〗(…へ)足を引きずって歩いて行く. zum Arzt *hinken* 足を引きずって医者に行く. ③ (h) (詩句のリズムが)不均整である, 乱れている. ④ (h) (比較などが)当を得ない, ぴったりしない.

hin|kom·men* [ヒン·コンメン hín-kɔmən] 自 (s) ① (ある場所へ)行く, 来る, 着く. nach Berlin *hinkommen* ベルリンに着く / Wo *kommen* die Bücher *hin*? (口語) これらの本はどこへ置けばいいですか. ②〖mit 物³ ~〗《口語》(物³で何とか)間に合わせる. Ich *komme* mit dem Geld nicht *hin*. 私はこのお金では足りない. ③《口語》① うまくいく; 足りている. ② (物⁴を)修理する; (人⁴の)病気(けが)を治す.

hin|krie·gen [ヒン·クリーゲン hín-kri:gən] 他 (h)《口語》うまくやってのける.

hink·te [ヒンクテ] *hinken (足を引きずって歩く) の過去

hin·läng·lich [ヒン·レングリヒ] 形 十分な, 不足のない.

***hin|le·gen** [ヒン·レーゲン hín-le:gən] (legte...hin, hat...hingelegt) I 他 (定了 haben) ① (そこへ)置く; (手放して)置く. den Hörer *hinlegen* 受話器を置く. ② (子供などを⁴)寝かせる. ③《口語》(かなりの金額を⁴)支払う. ④《口語》転倒させる. ⑤《俗》(演技などを⁴)みごとにやって見せる.
II 再帰 (定了 haben) *sich*⁴ *hinlegen* ① 横になる; 寝る. ②《口語》転倒する.

hin|neh·men* [ヒン·ネーメン hín-ne:mən] 他 (h) ① (あっさりと)受け取る. ② (非難·運命などを⁴)甘受する. 事⁴ als Tatsache *hinnehmen* 事⁴を事実として受け入れる. ③《口語》(人·物⁴を…に)連れて(持って)行く.

hin|nei·gen [ヒン·ナイゲン hín-nàigən] I 他 (h) (頭などを⁴…へ)傾ける. den Kopf (sich⁴) zu 人·物³ *hinneigen* 人·物³の方に頭をかしげる(身をかがめる). II 自 (h)〖zu 事³ ~〗 (事³(見解などに)傾く.

hin·nen [ヒンネン hínən] 副〖成句的に〗von *hinnen*《雅》ここから.

hin|raf·fen [ヒン·ラッフェン hín-ràfən] 他 (h) 《雅》(疫病などが人⁴の)命を奪う.

hin|rei·chen [ヒン·ライヒェン hín-ràiçən] I 他 (h) さし出す, 渡す. II 自 (h) ① 十分である, 足りる. ② (ある場所に)達する, 届く.

hin·rei·chend [ヒン·ライヒェント] I hin|reichen (さし出す) の現分 II 形 十分な(情報など), 不足のない(収入など).

Hinʑrei·se [ヒン·ライゼ] 女 -/-n (ある場所への)旅, 往路. (対義「帰路」は Rückreise. *Hin*- und Rückreise 往復旅行 / auf (または bei) der *Hinreise* 行きに.

hin|rei·sen [ヒン·ライゼン hín-ràizən] 自 (s) (ある場所へ)旅行する.

hin|rei·ßen* [ヒン·ライセン hín-ràisən] 他 (h) ① 魅了する, 感動させる. Seine Musik riss die Zuhörer *hin*. 彼の音楽は聴衆を魅了した. ◊〖過去分詞の形で〗von 物³ *hingerissen* sein (物³にうっとりしている. ②《成句的に》 sich⁴ *hinreißen lassen* かっとなる. sich⁴ zu einer Beleidigung *hinreißen lassen* かっとなって侮辱するようなことを言う.
◊☞ hingerissen

hin·rei·ßend [ヒン·ライセント] I hin|reißen (魅了する)の現分 II 形 魅了するような, 感動的な, うっとりさせる.

hin|rich·ten [ヒン·リヒテン hín-riçtən] 他 (h) 処刑する.

Hin·rich·tung [ヒン·リヒトゥング] 女 -/-en 死刑, 処刑.

hin|schla·gen* [ヒン·シュラーゲン hín-ʃla:gən] 自 (h, s) ① (h) なぐりつける. ② (s) 《口語》(ばったり)倒れる.

hin|schlep·pen [ヒン·シュレッペン hín-ʃlèpən] I 他 (h) ① (ある場所へ)引きずって行く. ② (交渉などを⁴)だらだらと続ける. II 再帰 (h) sich⁴ *hinschleppen* ① (弱って·疲れて)足を引きずるように歩いて行く. ② (会議などが)だらだらと長引く.

hin|schmei·ßen* [ヒン·シュマイセン hín-ʃmàisən] 他 (h)《俗》投げ[つけ]る, 投げ出す.

hin|schrei·ben* [ヒン·シュライベン hín-ʃràibən] I 他 (h) 書きつける. さっと書く. II 自 (h)《口語》(会社·官庁などに)手紙を出す.

hin|se·hen* [ヒン·ゼーエン hín-zè:ən] 自 (h) 目をやる, そちらを見る.

hin|sein* 自 (s) (新形) hin sein (駆けつけている)
☞ hin

***hin|set·zen** [ヒン·ゼッツェン hín-zètsən] du setzt...hin (setzte...hin, hat...hingesetzt) I 他 (h) (そこへ)置く, 下ろす; 座らせる. eine Vase⁴ auf den Tisch *hinsetzen* 花びんをテーブルの上に置く.
II 再帰 (定了 haben) sich⁴ *hinsetzen* (そこに)腰を下ろす, 着席する. Setzen Sie *sich* doch *hin*! 席にお着きください / sich⁴ *hinsetzen* und Deutsch lernen 腰を据えてドイツ語の勉強にとりかかる.

****die* Hinʑsicht** [ヒン·ズィヒト hín-zɪçt] 女 (単) -/(複) -en〖ふつう 単〗〘広〙観点, 視点, 関係. ◊〖成句的に〗in dieser *Hinsicht* この点では / in politischer *Hinsicht* 政治的観点からすると / in *Hinsicht* auf 事⁴ 事⁴の点に関して, 事⁴を考慮に入れて.

hinʑsicht·lich [ヒン·ズィヒトリヒ] 前〖2 格とともに〗…に関しては. *hinsichtlich* des Klimas 気候に関しては.

hin|sie·chen [ヒン·ズィーヒェン hín-zì:çən] 自 (s)《雅》(病気などで)やつれていく, 衰弱する.

hin|stel·len [ヒン·シュテレン hín-ʃtèlən] I 他 (h) ① 立てて置く, 据える. ② (荷物などを⁴)下ろす, 下へ置く. ③〖成句的に〗人·物⁴ als...*hinstellen* 人·物⁴を…と言う, 評価する.

hin4 **als** Lügner (dumm) *hinstellen* 人4をうそつき(ばか)だと言う. (⇔…には4格の名詞や形容詞がくる). ◊《再帰的に》 *sich*4 **als** … *hinstellen* …だと自称する. (⇔…には1格(まれに4格)の名詞や形容詞がくる). II 再帰 (h) *hinstellen* 立つ, 出る. *sich*4 **vor** 人4 (または 人3) *hinstellen* 人4(または 人3)の前に立つ(立ちふさがる).

hin|stre·cken [ヒン・シュトレッケン hín-ʃtrɛ̀kən] I 他 (h) ① (手など4を)さし出す(伸ばす). ② 《雅》(敵4を)打ち倒す, 殺す. II 再帰 (h) *sich*4 *hinstrecken* ① 長々と横になる. ② 広がっている, 伸びている.

hint·an|set·zen [ヒントアン・ゼッツェン hɪntán-zɛ̀tsən] 他 (h) 《雅》 なおざりにする, 無視する, 顧みない.

hint·an|stel·len [ヒントアン・シュテルン hɪntán-ʃtɛ̀lən] 他 (h) あと回しにする; 軽視する.

Hint·an⸗stel·lung [ヒントアン・シュテルング] 女 -/ 《雅》あと回し; 軽視.

✱**hin·ten** [ヒンテン híntən] 副 後ろに(で), 後方に, 裏に, 背後に; 後尾に; 奥に. (英 *behind*). (⇔「前に」は vorn[e]). Der Kofferraum ist *hinten*. トランクルームは後ろにある / Bitte *hinten* einsteigen! (バスなど:)どうぞ後ろの扉からお乗りください! / *hinten* Augen4 haben 《口語》何もかもお見通しである(←後ろに目がある) / Ich habe *hinten* keine Augen! 《口語》後ろには目がないんでね(うっかり後ろの人にぶつかったことをとがめられて, 言い返すとき) / *hinten* bleiben 《口語》遅れている, 出世が遅い / **nach** *hinten* 後方へ / Der Wind kommt **von** *hinten* [her]. 風は背後から吹いて来る / 人3 *hinten* hinein|kriechen 《俗》人3にへつらう.

◊《**vorn**[e] とともに》 *hinten* und vorn[e] 《口語》何から何まで, すっかり(←後ろも前も) / weder *hinten* noch vorn[e] 決して…でない / Ich weiß nicht [mehr], wo *hinten* und vorn[e] ist. 《口語》私はもうどうしていいかわからない(←どこが後ろか前かわからない).

hin·ten⸗he·rum [ヒンテン・ヘルム] 副 ① 後ろに回って; 《婉曲》お尻(り)の辺りに. ② こっそりと, 闇(やみ)で.

hin·ten⸗nach [ヒンテン・ナーハ] 副 《南ドイツ・オーストリア》後ろから; あとから, 遅れて.

hin·ten⸗über [ヒンテン・ユーバァ] 副 あおむけに.

✱**hin·ter** [ヒンタァ híntər] I 前 《3格·4格と》 (定冠詞と融合して hinterm (← *hinter* dem), hinters (← *hinter* das) の形も) ① (空間的に) ⑦ 《どこに》《3格と》…の後ろに, …の裏に, …の陰に. (英 *behind*). (⇔「…の前に」は vor). Die Lampe steht *hinter* dem Stuhl. スタンドは いすの後ろにある (☞ 図) / Die Garage ist *hinter* dem Haus. ガレージは家の裏にある / Er stand *hinter* mir. 彼は私の後ろに立っていた / *hinter* 人·物3 her|gehen 人·物3の後ろから ついて行く / *hinter* 人·物3 her sein 人·物3を追い求める ⇒ Er ist *hinter* dem Mädchen her. 《口語》彼はその女の子を追っかけ回している / Er ist sehr *hinter* seinen Sachen her. 彼は自分のことばかり構っている(自分のことにはうるさい). ◊《再帰代名詞(3格)とともに》 die Tür4 *hinter* sich3 schließen ドアを後ろ手に閉める / 人4 *hinter* sich3 haben 人4を後ろ盾にしている, 人4の支持がある / 事4 *hinter* sich3 haben 事4(試験などを)済ます, 終える ⇒ Das Schlimmste haben wir *hinter* uns. 最悪の事態をわれわれは克服した.

⑦ 《どこへ》《4格と》…の後ろへ, …の裏へ. Hans stellt die Lampe *hinter* den Stuhl. ハンスはスタンドをいすの後ろに置く(☞ 図) / Er ging *hinter* das Haus. 彼は家の裏へ回った /

hinter den Stuhl

Setz dich *hinter* mich! 私の後ろにお座り! / *hinter* die Wahrheit kommen 真相をつきとめる(知る). ◊《再帰代名詞(4格)とともに》 事4 *hinter* sich4 bringen 事4(試験などを)済ます, 終える ⇒ die Arbeit4 *hinter* sich4 bringen 仕事を終える.

② 《順位》…の次に, …に遅れて(劣って). ⑦ 《3格と》 *hinter* 人3 an die Reihe kommen 人3 の次に順番がくる / *hinter* 人3 zurück|stehen 人3に劣っている / *hinter* der Entwicklung zurück|bleiben 発展に遅れをとっている. ◊《再帰代名詞(3格)とともに》 人4 [weit] *hinter* sich3 lassen 人4を[はるかに]追い抜く.

⑦ 《4格と》 Er ist in seinen Leistungen *hinter* seine Mitschüler zurückgefallen. 《現在完了》《口語》彼は成績で同級生に負けた.

II 形 《比較》 なし, 《最上》 hinterst) 《付加語としてのみ》 後ろの, 裏の, 奥の. (⇔「前の」は vorder). die *hintere* Tür 裏のドア / in der *hintersten* Reihe 最後列に.

hin·ter.. [ヒンタァ.. híntər..] I 《分離動詞の 前つづり》; つねにアクセントをもつ》 ① 《後ろへ·背後へ》 例: *hinter*|gehen 後ろへ行く. ② 《下へ》 例: *hinter*|schlucken 飲み込む. II 《非分離動詞の 前つづり》; アクセントをもたない》 ① 《秘密》 例: *hinter*bringen 密告する. ② 《あとに残す》 例: *hinter*lassen 遺産として残す. III 《名詞·形容詞につける 接頭》 《後部·裏》 例: *Hinter*rad 後輪 / *hinter*listig 狡猾(こうかつ)な.

Hin·ter⸗ach·se [ヒンタァ・アクセ híntər-aksə] 女 -/-n (自動車などの)後車軸.

Hin·ter⸗ba·cke [ヒンタァ・バッケ] 女 -/-n 《口語》臀部(でんぶ).

Hin·ter⸗bein [ヒンタァ・バイン] 中 -[e]s/-e (動物の)後ろ脚. (⇔「前脚」は Vorderbein). sich4 **auf** die *Hinterbeine* stellen 《口語》a) 反抗する, b) がんばる.

Hin·ter⸗blie·be·ne[r] [ヒンタァ・ブリーベネ(..ナァ)] 男 女 《語尾変化は形容詞と同じ》 遺族.

hin·ter|brin·gen1✱ [ヒンタァ・ブリンゲン] 《分

離》他 (h) ① 《東部ド・南ド・ｵｰｽﾄ・口語》後ろへ持って行く. ② 《東部ド》 (食べ物を)飲み込む.

hin·ter·brin·gen[2]* [ヒンタァ・ブリンゲン hɪntər-brínən]《非分離》他 (h) (人[3]に事[4]を)こっそり知らせる, 告げ口する.

hin·ter=drein [ヒンタァ・ドライン] 副 後ろから; あとから.

hin·ter=ei·nan·der [ヒンタァ・アイナンダァ] 副 ① 《空間的に》相前後して, 縦に並んで, 次々に. ② 《時間的に》続いて, 続けざまに. drei Tage hintereinander 3日間続けて.

hin·ter-fra·gen [ヒンタァ・フらーゲン hɪntər-frá:gən] 他 (h) (事[4]の背景(根拠)を探る.

Hin·ter=fuß [ヒンタァ・フース] 男 -es/..füße (動物の)後ろ足. (⇔「前足」は Vorderfuß).

Hin·ter·gan·gen [ヒンタァ・ガンゲン] *hintergehen[1] (だます)の過分

Hin·ter=ge·dan·ke [ヒンタァ・ゲダンケ] 男 -ns (3格・4格 -n)/-n 下心, 底意.

* **hin·ter·ge·hen**[1]* [ヒンタァ・ゲーエン hɪntər-gé:ən]《非分離》(hinterging, hat...hintergangen) 他 (完了) haben) だます, 欺く, 裏切る. (英 deceive). Er hat mich dauernd hintergangen. 彼はしょっちゅう私をだました.

hin·ter=ge·hen[2]* [ヒンタァ・ゲーエン híntərgè:ən]《分離》自 (s) (東部ド・南ド・ｵｰｽﾄ・口語》後ろの方へ行く.

hin·ter·ging [ヒンタァ・ギング] *hintergehen[1] (だます)の過去

*der **Hin·ter=grund** [ヒンタァ・グルント híntər-grʊnt]男 -[e]s/-gründe [..グリュンデ] (3格のみ ..gründen) ① 《ふつう単》背景, バック;《比》目だたない所. (英 background). (⇔「前景」は Vordergrund). der Hintergrund der Bühne[2] 舞台背景 / im Hintergrund des Bildes 絵の遠景に / sich[4] im Hintergrund halten または im Hintergrund bleiben 表舞台に出ない / Er steht im Hintergrund. 彼はあまり注目されない (陰の存在だ) / 人・物[4] in den Hintergrund drängen 人・物[4]を陰に押しやる / in den Hintergrund treten (または rücken) a) 背景へ引っ込む, b) 《比》影が薄くなる. ② 《複で》背後関係, 裏の事情. politische Hintergründe 政治的背後関係.

hin·ter=grün·dig [ヒンタァ・グリュンディヒ] 形 意味深長な, 含みのある. hintergründig lächeln 含み笑いをする.

Hin·ter=halt [ヒンタァ・ハルト] 男 -[e]s/-e ① 待ち伏せ[の場所]; わな. im Hinterhalt liegen (または lauern) 待ち伏せている / in einen Hinterhalt fallen (または geraten) わなにかかる. ② 《口語》(予備の)蓄え. 物[4] im Hinterhalt haben 物[4]を蓄えている. ③ 《複 なし》《古》遠慮; 後ろ盾.

hin·ter=häl·tig [ヒンタァ・ヘルティヒ] 形 底意のある, 下心のある, 陰険な.

Hin·ter=hand [ヒンタァ・ハント] 女 -/ ① (馬などの)後脚部. ② 《とう》最後手[の人]. in der Hinterhand sein (または sitzen) 最後手である / 物[4] in der Hinterhand haben 物[4] (蓄え・最後の切り札など)を持っている.

Hin·ter=haus [ヒンタァ・ハオス] 中 -es/..häuser ① (通りに面した家の)裏の家. ② 建物の裏側.

***hin·ter=her** 副 ① [ヒンタァ・ヘーァ hɪntər-hé:r] 《空間的に》後ろから. Er ging voran und wir hinterher. 彼が先に行き, われわれはあとからついて行った. ② [ヒンタァ・ヘーァ または ヒンタァ..] 《時間的に》あとから, 遅れて. Den Pudding essen wir hinterher. このプディングはあとで食べよう.
(新形)
hin·ter·her sein ① (人[3]を)追跡している. ② (…になるように)気をつけて(配慮して)いる. ③ (人・物[3]を)熱心に手に入れようとしている. ④ 《mit (または in) 事[3] ~ ~》(事[3]において)遅れをとっている.

hin·ter·her|lau·fen* [ヒンタァヘーァ・らオフェン hɪntərhé:r-làʊfən] 自 (s) ① (人・物[3]の)あとを追う. ② (口語) (人・物[3]を得ようと)つきまとう.

hin·ter·her|sein* 自 (s) (新形) hinterher sein) ☞ hinterher

Hin·ter=hof [ヒンタァ・ホーフ] 男 -[e]s/..höfe (通りに面していない)裏庭, 中庭.

Hin·ter=kopf [ヒンタァ・コプふ] 男 -[e]s/..köpfe 後頭部. 事[4] im Hinterkopf haben (または behalten) 事[4]を念頭に置く.

Hin·ter=land [ヒンタァ・らント] 中 -[e]s/ 後背地, 背域(港湾・都市などの背後の地域で, その経済的・文化的恩恵を受ける地域).

hin·ter·las·sen* [ヒンタァ・らッセン hɪntər-lásən] 他 (h) ① あとに残す; 言い(書き)残す. im Sand Spuren[4] hinterlassen 砂に足跡を残す / eine Nachricht[4] hinterlassen 伝言を書き残す. ② 死後に残す. Er hinterließ mir ein Vermögen. 彼は私に一財産残してくれた. (☞ 類語 lassen).

Hin·ter·las·sen·schaft [ヒンタァ・らッセンシャふト] 女 -/-en ① 故人が残したもの, 遺産. ② 《雅》(移動の際に)置いていったもの.

hin·ter·le·gen [ヒンタァ・れーゲン hɪntər-lé:-gən] 他 (h) (荷物・宝石[4]を)預ける, 保管させる; 供託する.

Hin·ter·le·gung [ヒンタァ・れーグング] 女 -/-en 供託.

Hin·ter=leib [ヒンタァ・らイプ] 男 -[e]s/-e 《生》(特に昆虫の)腹, 腹部.

Hin·ter=list [ヒンタァ・リスト] 女 -/-en 《ふつう単》悪巧み, 術策; 裏切り, 不実.

hin·ter=lis·tig [ヒンタァ・リスティヒ] 形 悪巧みをする, 腹黒い, ずる賢い.

hin·term [ヒンタァム] (口語)《前置詞 hinter と定冠詞 dem の融合形》

Hin·ter=mann [ヒンタァ・マン] 男 -[e]s/

..männer ① (座席などが)後ろの人; 後続車(船);【復】で('ぶ') 後衛. ② (秘密の)情報提供者. ③《ふつう【復】》(悪事などの)黒幕,後ろ盾. ④《経》裏書き人.

hin·tern [ヒンタァン]《口語》《前置詞 hinter と定冠詞 den の融合形》

Hin·tern [ヒンタァン híntərn] 男 -s/-《口語》尻(し) (=Gesäß). 人³ den *Hintern* verhauen (または versohlen) 人³の尻をひっぱたく / sich⁴ auf den *Hintern* setzen《俗》a) 腰を据えて勉強する, b) 尻もちをつく, c) びっくり仰天する.

Hin·ter⸗rad [ヒンタァ・ラート] 中 -[e]s/..räder (自動車などの)後輪.(⇨「前輪」は Vorderrad).

Hin·ter·rad⸗an·trieb [ヒンタァラート・アントリープ] 男 -[e]s/《自動車》後輪駆動.

hin·ter⸗rücks [ヒンタァ・リュックス] 副 ① [いきなり]背後から. 人⁴ *hinterrücks* überfallen 後ろから人⁴に襲いかかる. ② 陰で,ひそかに.

hin·ters [ヒンタァス]《口語》《前置詞 hinter と定冠詞 das の融合形》

Hin·ter⸗sinn [ヒンタァ・ズィン] 男 -[e]s/ ① 深い意味. ② (隠された)裏の意味.

hin·ter·sin·nig [ヒンタァ・ズィニヒ] 形 ① 意味深長な; 裏の意味を持った. ② 憂うつな.

hin·terst [ヒンタァスト híntərst] (≠hinter の最上) 形 いちばん後ろの. in der *hintersten* Reihe 最後列に. ◊《名詞的に》der (die) *Hinterste* いちばん後ろの人.

Hin·ter⸗teil [ヒンタァ・タイル] 中 -[e]s/-e ①《口語》尻('し'). ②《男 も》《古》《海》後部.

Hin·ter⸗tref·fen [ヒンタァ・トレッフェン] 中《成句的に》im *Hintertreffen* sein《口語》不利[な状況]である, 割りが悪い / ins *Hintertreffen* geraten (または kommen)《口語》不利な状況になる, 引けをとる.

hin·ter·trei·ben* [ヒンタァ・トライベン hɪntər-tráɪbən] 他 (h) (計画など⁴を)妨害する, 挫折(ざ)させる.

Hin·ter⸗trep·pe [ヒンタァ・トレッペ] 女 -/-n 裏口の階段.

Hin·ter⸗tür [ヒンタァ・テューァ] 女 -/-en ① 裏口のドア; 非常口. ②《比》抜け(逃げ)道. durch die (または eine) *Hintertür* こっそりと / sich³ eine *Hintertür* offen halten (または offen lassen) 逃げ道を空けておく.

Hin·ter⸗wäld·ler [ヒンタァ・ヴェるトらァ] 男 -s/- 田舎者, 世間知らず.

hin·ter·zie·hen* [ヒンタァ・ツィーエン hɪntər-tsí:ən] 他 (h) (税金など⁴を)ごまかす.

Hin·ter·zie·hung [ヒンタァ・ツィーウング] 女 -/-en 横領, 着服; 脱税.

Hin·ter⸗zim·mer [ヒンタァ・ツィンマァ] 中 -s/- ① 奥(裏)の部屋; 離れ. ② (店の奥の)私室, 控えの部屋.

hin|tre·ten* [ヒン・トレーテン hín-trè:tən] 自 (s) (向こうへ)歩いて行く.

hin|tun* [ヒン・トゥーン hín-tù:n] 他 (h)《口語》(ある場所に)置く.

***hi·nü·ber** [ヒニューバァ hɪný:bər] 副 向こう側へ, 越えて. *hinüber* auf die andere Seite 向こう側へ越えて.

新形 **hi·nü·ber sein**《口語》① 死んでいる. ② 壊れている, 使えない, 着られない. ③ 腐っている. ④ 酔っ払っている. ⑤ あちらへ出かけている.

hi·nü·ber.. [ヒニューバァ.. hɪný:bər..]《分離動詞の前つづり》; つねにアクセントをもつ》《かなたへ・越えて》例: *hinüber*|gehen 向こうへ行く.

hi·nü·ber|ge·hen* [ヒニューバァ・ゲーエン hɪný:bər-gè:ən] 自 (s) ① 向こうへ行く, 渡る. über die Straße *hinübergehen* 通りを向こう側へ渡る. ②《雅》他界する (=sterben).

hi·nü·ber|rei·chen [ヒニューバァ・ライヒェン hɪný:bər-ràɪçən] I 自 (h) (向こうへ)達する, 届く. II 他 (h) (向こうへ)さし出す, 手渡す.

hin·über|sein* 自 (s)（新形 hinüber sein) ☞ hinüber

***hi·nun·ter** [ヒヌンタァ hɪnúntər] 副 (こちらから向こうの)下へ, 下って;《口語》(地図上で:)南下して;(地位・等級などが上から)下へ. *hinunter* ins Tal 下の谷に向かって / den Berg *hinunter* 山を下って.

hi·nun·ter.. [ヒヌンタァ.. hɪnúntər..]《分離動詞の前つづり》; つねにアクセントをもつ》《(こちらから向こうの)下へ》例: *hinunter*|gehen 降りて行く.

hi·nun·ter|ge·hen* [ヒヌンタァ・ゲーエン hɪnúntər-gè:ən] 自 (s) ① 下りて行く; (飛行機が)降下する. die Treppe⁴ *hinuntergehen* 階段を下りる. ② (道が)下りになっている, (下の方へ)通じている.

hi·nun·ter|schlu·cken [ヒヌンタァ・シュるッケン hɪnúntər-ʃlùkən] 他 (h) ① (食べ物・丸薬など⁴を)飲み込む. ②《口語》(怒りなど⁴を)ぐっとこらえる; (批判などを)我慢して聞き流す. die Tränen⁴ *hinunterschlucken* ぐっと涙をこらえる.

hi·nun·ter|spü·len [ヒヌンタァ・シュピューれン hɪnúntər-ʃpỳ:lən] 他 (h) ① (下へ)洗い流す. ②《口語》(物⁴を飲み物といっしょに)飲み下す.

hi·nun·ter|stür·zen [ヒヌンタァ・シュテュルツェン hɪnúntər-ʃtỳrtsən] I 自 (s) ① [転がり]落ちる. ②《口語》駆け下りる. II 他 (h) ① 突き落とす. ②《口語》一気に飲む. III 再帰 (h) sich⁴ *hinunterstürzen* 飛び降りる, 飛び降り自殺する.

hin·wärts [ヒン・ヴェルツ] 副 向こうへ, あちらへ.

hin⸗weg [ヒン・ヴェック] 副 ①《雅》向こうへ, 去って. *Hinweg* [mit dir]! あちらへ去れ. ②《成句的に》über 物⁴ *hinweg* 物⁴を越えて向こうへ. über den Tisch *hinweg* テーブル越しに / über viele Jahre *hinweg* 長年.

Hin⸗weg [ヒン・ヴェーク] 男 -[e]s/-e 往路, 行

き. **auf dem** *Hinweg* 行く途中[で]. (⊂ヱ「帰路」は Rückweg).

hin·weg.. [ヒンヴェック.. hɪnvék..] 〖分離動詞の前つづり〗; つねにアクセントをもつ》《向こうへ・去って》例: *hinweg*|gehen 越えて行く.

hin·weg|ge·hen* [ヒンヴェック・ゲーエン hɪnvék-gè:ən] 圓 (s) ①〖**über** 人・事⁴ ~〗 (人・事⁴を)無視する, 黙殺する. ②〖**über** 人・物⁴ ~〗(人・物⁴を)越えて行く.

hin·weg|hel·fen* [ヒンヴェック・ヘるフェン hɪnvék-hèlfən] 圓(h)〖人³ **über** 事⁴ ~〗(人³を助けて事⁴(困難などを)乗り切らせる.

hin·weg|kom·men* [ヒンヴェック・コンメン hɪnvék-kòmən] 圓 (s) 〖**über** 事⁴ ~〗(事⁴(困難などを)乗り越える, 克服する.

hin·weg|se·hen* [ヒンヴェック・ゼーエン hɪnvék-zè:ən] 圓(h) ①〖**über** 人・物⁴ ~〗(人・物⁴越しに)向こうを見る. ②〖**über** 人・事⁴ ~〗(人・事⁴を)大目に見る; 無視する, 問題にしない.

hin·weg|set·zen [ヒンヴェック・ゼッツェン hɪnvék-zètsən] I 圓 (s, h)〖**über** 物⁴ ~〗(物⁴の上を)飛び越える. II 再帰 (h)〖*sich*⁴ **über** 事⁴ ~〗(事⁴を)無視する. *sich*⁴ **über** eine Vorschrift *hinwegsetzen* 規則を守らない.

hin·weg|täu·schen [ヒンヴェック・トイシェン hɪnvék-tɔ̀yʃən] 他(h)〖人⁴ **über** 事⁴ ~〗(人⁴をだまして事⁴に)気づかせないようにする, (事⁴を)見誤らせる. ◆〖再帰的に〗*sich*⁴ **über** 事⁴ *hinwegtäuschen* 事⁴を見落す, 思い違いする.

*der **Hin·weis** [ヒン・ヴァイス hín-vaɪs] 男 (単2) -es/(複) -e (3格のみ -en) ① 指示, 指摘, 助言. (英 advice, hint). 人³ *Hinweise*⁴ **für** die Benutzung (または **zur** Benutzung) geben 人³に使用上の指示を与える / **unter** *Hinweis* **auf** 事⁴ 事⁴を指摘して. ② 暗示, 示唆, ヒント.

hin|wei·sen [ヒン・ヴァイゼン hín-vàɪzən] du weist...hin (wies...hin, *hat*...hingewiesen) I 圓 (完了 haben) ①〖**auf** 人・物・事⁴ ~〗(人・物⁴を)[指し]示す. (英 point). Er *wies* mit der Hand auf das Gebäude *hin*. 彼は手でその建物を指し示した / Das Schild *weist* auf den Parkplatz *hin*. その標識は駐車場の方向を示している. ◆〖現在分詞の形で〗ein *hinweisendes* Fürwort 〖言〗指示代名詞. ②〖**auf** 事⁴ ~〗(事⁴を)指摘する. Ich *muss* darauf *hinweisen*, dass... 私は…ということを指摘しなければなりません.

II 他 (完了 haben)〖人⁴ **auf** 事⁴ ~〗(人⁴に事⁴への)注意を促す, 人⁴ **auf** einen Fehler *hinweisen* 人⁴に誤りを指摘する.

hin|wen·den* [ヒン・ヴェンデン hín-vèndən] 他 (h) (顔などを…へ)向ける. ◆〖再帰的に〗*sich*⁴ **zu** (または **nach**) 人・物³ *hinwenden* 人・物³の方を向く.

hin|wer·fen* [ヒン・ヴェルフェン hín-vèrfən]

I 他 (h) ① 投げ[つけ]る, 投げ出す; (餌(⁵)などを)投げ与える. Er *wirft* dem Hund einen Knochen *hin*. 彼は犬に骨を投げ与える. ②《口語》(いやになって)ほうり出す. seine Arbeit⁴ *hinwerfen* 仕事を投げ出す. ③《口語》(言葉⁴を)ふと漏らす; (文字⁴を)書きなぐる. II 再帰 (h) *sich*⁴ *hinwerfen* 身を投げ出す, ひれ伏す.

hin·wie·de·rum [ヒン・ヴィーデルム] 副 またもや; 他方, それに反して.

Hinz [ヒンツ hínts] 男〖成句的に〗*Hinz* und Kunz《口語》だれも彼も, 猫もしゃくしも(元は男性名 Heinrich の短縮).

hin|zie·hen* [ヒン・ツィーエン hín-tsì:ən] I 他 (h) ①〖人・物を…へ〗引っぱる, 引き寄せる; (人⁴の心を…へ)引きつける. ◆〖非人称の **es** を主語として〗Es *zieht* mich immer wieder **in** die Stadt *hin*. 私の心はいつもその町へ引き寄せられる. ②（会議など⁴を)長引かせる, 引き延ばす; (出発など⁴を)先に延ばす. II 圓 (s) ① 引っ越して行く. ② 進んで(移って)行く. III 再帰 (h) *sich*⁴ *hinziehen* ①（会議などが)長引く, 引き延ばされる; (出発などが)先に延びる. ② (道・土地などが)伸びて(広がって)いる.

hin|zie·len [ヒン・ツィーれン hín-tsì:lən] 圓 (h)〖**auf** 事⁴ ~〗(事⁴を)目指す, もくろむ; (事⁴を)指して言う, あてこする.

hin≈zu.. [ヒンツー.. hɪntsú:..] 〖分離動詞の前つづり〗; つねにアクセントをもつ》①《付加・加入》例: *hinzu*|kommen さらに加わる. ②（ある所へ)向かって》例: *hinzu*|treten 歩み寄る.

***hin·zu·fü·gen** [ヒンツー・フューゲン hɪntsú:-fỳ:gən] (fügte...hinzu, *hat*...hinzugefügt) 他 (完了 haben) 付け加える, 添える; 補足する. (英 add). der Suppe³ noch etwas Salz⁴ *hinzufügen* スープにあと少し塩を加える / dem Buch einen Anhang *hinzufügen* 本に付録を付ける / „Aber es gibt Ausnahmen", *fügte* er *hinzu*. 「しかし例外もあるよ」と彼は付け加えた.

Hin·zu·fü·gung [ヒンツー・フューグング] 女 -/-en ①〖ふつう 単〗付け加えること, 追加, 添加. ② 付け加えられたもの.

hin·zu·ge·fügt [ヒンツー・ゲフュークト] *hinzu|fügen (付け加える)の 過分

hin·zu|kom·men* [ヒンツー・コンメン hɪntsú:-kòmən] 圓 (s) ① その場に来合わせる. ② やって来て加わる. ③ さらに加わる. Es *kommt* noch *hinzu*, dass... その上…である. ◆〖現在分詞の形で〗eine *hinzukommende* Krankheit 余病.

hin·zu|set·zen [ヒンツー・ゼッツェン hɪntsú:-zètsən] I 他 (h) 追加する, 付け加える. II 再帰 (h) *sich*⁴ *hinzusetzen* (仲間に入って)座る, 加わる.

hin·zu|zäh·len [ヒンツー・ツェーれン hɪntsú:-tsɛ̀:lən] 他(h) 加算する, 勘定に入れる.

hin·zu|zie·hen* [ヒンツー・ツィーエン hɪntsú:-tsì:ən] 他 (h) (専門家など⁴に)相談する, 助言を求める. einen Arzt *hinzuziehen* 医者に診察を頼む.

Hi·ob [ヒーオプ híːɔp] -s/ 《聖》《人名》ヨブ (旧約聖書ヨブ記に描かれている, すべてのものを失う試練に耐えた信仰の人).

Hi·obs·bot·schaft [ヒーオプス・ボートシャフト] 女 -/-en 《聖》悪い知らせ, 凶報 (旧約聖書ヨブ記による).

Hip·pie [ヒッピー hípi] 《英》男 -s/-s ヒッピー.

Hip·po·drom [ヒポドローム hɪpodróːm] 男 中 -s/-e ① (古代ギリシアの)競馬[車]場. ② (縁日などの)馬術演技場, 曲馬場.

Hirn [ヒルン hírn] 中 -(e)s/-e ① 《医》《解》脳, 脳髄 (=Gehirn); 《料理》(動物の)脳. ② 《口語》頭脳, 知能. sein *Hirn*⁴ an|strengen 頭を働かす.

Hirn⸗ge·spinst [ヒルン・ゲシュピンスト] 中 -es/-e 妄想, 幻想.

Hirn⸗scha·le [ヒルン・シャーれ] 女 -/-n 《医》頭蓋(ガス).

Hirn⸗schlag [ヒルン・シュらーク] 男 -(e)s/..schläge 《医》脳卒中.

Hirn⸗tod [ヒルン・トート] 男 -(e)s/ 《医》脳死.

hirn⸗ver·brannt [ヒルン・フェアブラント] 形 狂気の, ばかげた.

* *der* **Hirsch** [ヒルシュ hírʃ] 男 (単2) -(e)s/ (複) -e (3格のみ -en) ① 《動》シカ(鹿); アカシカ(の雄). 《英》deer. ein kapitaler *Hirsch* 角のりっぱな雄鹿. ② 《ﾗﾃﾝ・口語》エキスパート. ③ 《戯》(ののしって)ばか者. ④ 《戯》自転車, オートバイ.

Hirsch⸗fän·ger [ヒルシュ・フェンガァ] 男 -s/- 《狩》猟刀.

Hirsch⸗ge·weih [ヒルシュ・ゲヴァイ] 中 -(e)s/-e 鹿の枝角.

Hirsch⸗kä·fer [ヒルシュ・ケーファァ] 男 -s/- 《昆》クワガタ.

Hirsch⸗kalb [ヒルシュ・カるプ] 中 -(e)s/..kälber 雄の子鹿.

Hirsch⸗kuh [ヒルシュ・クー] 女 -/..kühe 雌鹿.

Hirsch⸗le·der [ヒルシュ・れーダァ] 中 -s/- 鹿革.

Hir·se [ヒルゼ hírzə] 女 -/(種類:) -n 《植》キビ, アワ, ヒエ.

Hirt [ヒルト hírt] 男 -en/-en ① 牧人, 家畜番; 牛飼い (=Rinder*hirt*); 羊飼い (=Schaf*hirt*). Wie der *Hirt*, so die Herde. 《諺》上を見れば下がわかる (← 羊たちも羊飼いと同じようになる). ② 《雅・比》指導者;《ｷﾘｽﾄ教》牧師, 司祭.

Hir·te [ヒルテ hírtə] 男 -n/-n ① =Hirt ② 《成句的に》der Gute *Hirte* 《聖》よい羊飼い (キリストのこと; ヨハネによる福音書 10, 11).

Hir·ten⸗amt [ヒルテン・アムト] 中 -(e)s/..ämter 《ｷﾘｽﾄ教》司牧職.

Hir·ten⸗brief [ヒルテン・ブリーフ] 男 -(e)s/-e 《ｶﾄﾘｯｸ》司教教書.

his, His [ヒス hís] 中 -/- 《音楽》嬰(ﾎ)ロ音.

his·sen [ヒッセン hísən] 他 (h) (旗⁴を)掲揚する, (帆⁴を)巻き上げる.

His·to·lo·gie [ヒストろギー hɪstologíː] 女 -/ 《医》組織学.

His·tör·chen [ヒステーァヒェン hɪstǿːrçən] 中 -s/- 小話, 逸話.

His·to·rie [ヒストーリエ hɪstóːriə] 女 -/-n ① 《複 なし》[世界の]歴史. ② 《複 なし》《古》歴史学. ③ 《古》物語.

His·to·ri·ker [ヒストーリカァ hɪstóːrikər] 男 -s/- 歴史学者, 史学者.

* **his·to·risch** [ヒストーリッシュ hɪstóːrɪʃ] 形 ① 歴史[上]の, 歴史に関する. 《英》historical). eine *historische* Stätte 史跡 / ein *historischer* Roman 歴史小説 / eine *historische* Tatsache 歴史的事実. ② 歴史的に重要な, 歴史的な. ein *historischer* Augenblick 歴史的瞬間.

Hit [ヒット hít] 《英》男 -[s]/-s ① 《口語》ヒットソング. ② 《口語》ヒット, 大当たり, 大流行. ③ 《隠語》一回分の麻薬.

Hit·ler [ヒットらァ hítlər] -s/ 《人名》ヒトラー (Adolf Hitler 1889-1945; ナチス・ドイツの総統).

Hit⸗pa·ra·de [ヒット・パラーデ] 女 -/-n ヒットパレード, ヒット曲の放送番組.

* *die* **Hit·ze** [ヒッツェ hítsə] 女 (単) -/ ① 暑さ, 炎暑; 熱さ, 熱; 高温. 《英》heat). 《対》「寒さ」は Kälte). eine feuchte *Hitze* 蒸し暑さ / fliegende *Hitze* 《医》間欠熱 / **Bei** der *Hitze* kann man nicht arbeiten. この暑さでは仕事にならない / den Kuchen bei mittlerer *Hitze* backen ケーキを中火で焼く.
② 興奮; 激情. in *Hitze*⁴ geraten 興奮する, かっとなる / in der *Hitze* des Gefechts 《口語》興奮のあまり (← 戦闘の興奮状態で). ③ (雌犬・雌猫の)発情期.

hit·ze⸗be·stän·dig [ヒッツェ・ベシュテンディヒ] 形 耐熱性の(ガラスなど), 暑さに強い.

hit·ze⸗emp·find·lich [ヒッツェ・エンプフィントりヒ] 形 耐熱性のない, 暑さに弱い.

hit·ze⸗frei [ヒッツェ・フライ] 形 (学校・会社などが)暑気休みである. Wir haben heute *hitzefrei*. または Heute ist *hitzefrei*. きょうは暑気休みだ.

Hit·ze⸗frei [ヒッツェ・フライ] 中 -s/ 《ふつう冠詞なしで》暑気休み.

Hit·ze⸗wel·le [ヒッツェ・ヴェれ] 女 -/-n (数日・数週続く)熱波.

hit·zig [ヒッツィヒ hítsɪç] 形 ① 怒りっぽい, すぐかっとなる; 情熱的な. ein *hitziger* Mensch 怒りっぽい人 / Nur nicht so *hitzig*! まあそう怒るな. ② 激しい, 激烈(熱烈)な. eine *hitzige* Debatte 激しい論戦. ③ 《古》熱い, 熱のある.

Hitz⸗kopf [ヒッツ・コプふ] 男 -(e)s/..köpfe 怒りっぽい人, 短気者.

hitz⸗köp·fig [ヒッツ・ケプふィヒ] 形 怒りっぽい, 短気な.

Hitz⸗schlag [ヒッツ・シュらーク] 男 -(e)s/

..schläge《医》熱射病.

HIV [ハー・イー・ファオ] 中 -[s]/《略》ヒト免疫不全(エイズ)ウイルス (=human immunodeficiency virus).

hl [ヘクト・リータァ または ..リータァ]《記号》ヘクトリッター(100リットル) (=Hektoliter).

hl. [ハイリヒ]《略》神聖な, 聖… (=heilig).

hm! [フム hm]間 ① (せき払いの音:)えへん. ② (ためらいながら同意して:)うん, うん. ③ (驚きながら聞き返して:)えっ. ④ (批判・不満を表して:)やれやれ.

H-Milch [ハー・ミヒ] 女 -/ ロングライフミルク(超高温殺菌による長期保存牛乳).

h-Moll [ハー・モル] 中 -/《音楽》ロ短調(記号: h).

Ho [ハー・オー]《化・記号》ホルミウム (=Holmium).

HO [ハー・オー]《略》(旧東ドイツの)国営販売店, 国営[商]店 (=Handelsorganisation).

hob [ホープ] ‡heben (上げる)の過去

Hob·by [ホビ h́ɔbi][英] 中 -s/-s 趣味, 道楽, ホビー. Meine *Hobbys* sind Tennisspielen und Skifahren. 私の趣味はテニスとスキーです.

Hob·by=raum [ホビ・ラオム] 男 -[e]s/..räume ホビールーム.

hö·be [ヘーベ] ‡heben (上げる)の接2

Ho·bel [ホーベる hóːbəl] 男 -s/- ① かんな(鉋). ②《野菜などの》スライス器, 薄切り器.

Ho·bel=bank [ホーベる・バンク] 女 -/..bänke かんな台,(木工用の)工作台.

ho·beln [ホーベるン hóːbəln] 他 (h) ① 《物⁴に》かんなをかける; 《溝などを》かんなをかけて作る. ②(スライス器で)薄切りにする.

‡**hoch** [ホーホ hóːx]

高い Der Turm ist sehr *hoch*.
ダァ トゥルム イスト ゼーァ ホーホ
その塔はたいへん高い.

I 形 (比較 höher, 最上 höchst; 格変化語尾がつくときは hoh-) ① 高い, 高所の. (⇔ high). (⇔「低い」は niedrig;「身長が高い」は groß). ein *hoher* Berg 高い山 / *hoher* Schnee 深い雪 / *hohe* Schuhe a) ブーツ, b) 《南ドイツ》ハイヒール / Das ist mir (または für mich) zu *hoch*. 《口語》それは私には難しすぎる / die Arme⁴ *hoch* heben 両腕を高く上げる / *hoch* oben am Himmel 空高く / die Treppe *hoch* 階段を登って / Die Sonne steht *hoch*. 日が高い.
②【数量を表す4格とともに】…の高さの. ein zwei Meter *hoher* Schrank 2メートルの高さの戸棚 / Das Haus ist zehn Meter (fünf Stockwerke) *hoch*. その家は10メートルの高さだ(6階建てだ).
③ (金額などの)高い; (温度などの)高い; (数量などの)多い, 大きい. Wie *hoch* ist der Preis? 値段はいくらですか / eine *hohe* Summe 高額 / *hohes* Fieber 高い熱 / wenn es *hoch* kommt《口語》せいぜい, たかだか.
④ (程度・質などが)高い. ein *hoher* Lebensstandard 高い生活水準 / *hohe* Ansprüche⁴ stellen 高い要求を出す.
⑤《時間的に》盛りの, たけなわの; 高齢の. im *hohen* Mittelalter 中世の最盛期に / Es ist *hoher* Sommer. [今は]夏の盛りだ / ein *hohes* Alter 高齢 / Er war *hoch* in den sechzig (または Sechzigern). 彼はとっくに60歳を越えていた.
⑥ 身分の高い, 偉い; 高貴な, 高潔な. ein *hoher* Beamter 高級官僚 / eine *hohe* Persönlichkeit 高潔な人格 / 聖⁴ *hoch* und heilig versprechen 聖⁴を厳粛に(神かけて)誓う. ◇【名詞的に】*hoch* und niedrig (新形 *Hoch* und Niedrig) 貴賎(豸ん)の別なく.
⑦ (声・音が)高い. eine *hohe* Stimme 高い声 / ein *hoher* Ton 高音. ⑧《口語》(地図で:)上の方の, 北の. nach Dänemark hinauf ヂンマークに向かって北上して. ⑨《海》沖の. auf *hoher* See a) 沖で, b) 公海で. ⑩《数》…乗. 2 *hoch* 4 2の4乗 (=2⁴).

II 副 ① 大いに, 非常に. 人⁴ *hoch* verehren 人⁴を深く尊敬する. ② 上へ. *Hoch*, steh auf! さあ起きろ.

新形

hoch ach·ten たいへん尊敬する, 高く評価する.

hoch be·gabt 天分の豊かな.

hoch be·zahlt 高給の, 給料の高い.

hoch emp·find·lich 高感度の(機器・フィルムなど).

hoch ent·wi·ckelt 高度に発達した.

hoch ge·stellt 地位の高い, 高位(高官)の.

hoch ge·wach·sen 背丈の高い, のっぽの.

hoch qua·li·fi·ziert 非常に熟練した(優秀な).

hoch schät·zen《雅》尊敬する, 高く評価する.

hoch ste·hend 社会的に高い地位にある.

Hoch [ホーホ] 中 -s/-s ① 万歳[の声]; 乾杯の声. ein *Hoch*⁴ auf 人⁴ aus|bringen 人⁴のために万歳を唱える(乾杯をする). ②《気象》高気圧[圏]. (⇔「低気圧[圏]」は Tief).

hoch.. [ホーホ.. hóːx..] ①【分離動詞の前つづり】つねにアクセントをもつ】《上へ・高く》例: *hoch*|gehen 上にのぼる. II【形容詞・名詞につける接頭】《高い・非常に》例: *hoch*aktuell 非常に今日的な / *Hoch*wasser 洪水.

hoch|ach·ten 他 (h) (新形 hoch achten) ☞ hoch

Hoch=ach·tung [ホーホ・アハトゥング] 女 -/ 尊敬, 敬意. *Hochachtung*⁴ vor 人³ haben 人³に敬意をいだく / mit vorzüglicher *Hochachtung* (形式ばった手紙の結びで:)敬具.

hoch=ach·tungs=voll [ホーホアハトゥングス・ふぉる] 副 尊敬の念に満ちて; (形式ばった手紙の結びで:)敬具.

hoch=ak·tu·ell [ホーホ・アクトゥエる] 形 非常に今日的の, きわめてアクチュアルな.

Hoch=al·tar [ホーホ・アるタール] 男 -[e]s/..altäre 中央祭壇.

Hoch⸗amt [ホーホ・アムト] 中 -[e]s/..ämter 《カ___》荘厳ミサ.

hoch|ar·bei·ten [ホーホ・アルバイテン hóːxàrbaɪtən] 再動 (h) *sich*[4] *hocharbeiten* 努力して出世する.

Hoch⸗bahn [ホーホ・バーン] 女 -/-en 高架鉄道.

Hoch⸗**bau** [ホーホ・バオ] 男 -[e]s/-ten 〔建〕① 《覆なし》地上工事.《「地下(地下)工事」は Tiefbau》. ② 地上建築物.

hoch⸗be·gabt 形 (新形) hoch begabt) ☞ hoch

hoch⸗**bei·nig** [ホーホ・バイニヒ] 形 ① 脚の長い(人・動物など). ② 高脚の(家具など).

hoch⸗**be·tagt** [ホーホ・ベタークト] 形 高齢の. Sie starb *hochbetagt*. 彼女は高齢で死んだ.

Hoch⸗be·trieb [ホーホ・ベトリープ] 男 -[e]s/ 《口語》たいへんな活気, (商業などの)大繁盛.

hoch⸗be·zahlt 形 (新形) hoch bezahlt) ☞ hoch

Hoch⸗blü·te [ホーホ・ブリューテ] 女 -/ (経済・文化などの)最盛期, 黄金時代.

hoch⸗**brin·gen*** [ホーホ・ブリンゲン hóːxbrɪŋən] 他 (h) ① 運び上げる. ② 育て上げる. ③ (人[4]の)健康を回復させる. ④ 《口語》怒らせる.

Hoch⸗burg [ホーホ・ブルク] 女 -/-en 城塞(ジョウサイ); 《比》(思想・運動などの)牙城(ガジョウ), 拠点.

hoch⸗deutsch [ホーホ・ドイチュ] 形 標準ドイツ語の; 高地ドイツ語の. *hochdeutsch* sprechen 標準ドイツ語を話す.

Hoch⸗deutsch [ホーホ・ドイチュ] 中 -[s]/ 標準ドイツ語; 高地ドイツ語.

Hoch⸗**druck** [ホーホ・ドルック] 男 -[e]s/ ①〔物〕高圧. ②〔医〕高血圧. ③〔気象〕高気圧. ④《口語》全力, 大急ぎ. mit (または unter) *Hochdruck* arbeiten 全力をあげて働く. ⑤《印》凸版印刷.

Hoch·druck⸗ge·biet [ホーホドルック・ゲビート] 中 -[e]s/-e〔気象〕高気圧域.

Hoch⸗ebe·ne [ホーホ・エーベネ] 女 -/-n 高原, 高地. (☞「平地」は Tiefebene).

hoch⸗emp·find·lich 形 (新形) hoch empfindlich) ☞ hoch

hoch⸗ent·wickelt 形 (新形) hoch entwickelt) ☞ hoch

hoch|fah·ren* [ホーホ・ファーレン hóːxfàːrən] I 自 (s) ①《口語》(乗り物で)上へ行く; 北の方へ行く. ②(驚いて)跳び上がる, 飛び起きる; 急に怒りだす. II 他 (h)《口語》(乗り物で)上へ運ぶ; 北の方へ連れて行く.

hoch·fah·rend [ホーホ・ファーレント] I hoch|fahren (上へ行く)の現分 II 形 高慢な(性格など), 横柄な(態度など).

Hoch⸗fi·nanz [ホーホ・フィナンツ] 女 -/ (総称として:)財界の首脳.

hoch⸗flie·gend [ホーホ・フリーゲント] 形 遠大な(計画など); 高邁(ラバ)な.

Hoch⸗flut [ホーホ・フルート] 女 -/-en ① 高潮. ②(突然の)供給過多.

Hoch⸗form [ホーホ・フォルム] 女 -/ 《スポ》(選手の)ベストコンディション, 絶好調. in *Hochform* sein ベストコンディションである.

Hoch⸗**for·mat** [ホーホ・フォルマート] 中 -[e]s/-e (本・文書・写真などの)縦長判.

Hoch⸗**fre·quenz** [ホーホ・フレクヴェンツ] 女 -/-en〔物〕高周波(略: HF).

Hoch⸗**ga·ra·ge** [ホーホ・ガラージェ] 女 -/-n 階上ガレージ(駐車場).

hoch⸗ge·bil·det [ホーホ・ゲビるデット] 形 教養の高い.

Hoch⸗ge·bir·ge [ホーホ・ゲビルゲ] 中 -s/- 高い山脈, 高い山並み.

Hoch⸗ge·fühl [ホーホ・ゲフューる] 中 -[e]s/-e 高揚した気持ち(感情).

hoch|ge·hen* [ホーホ・ゲーエン hóːx-gèːən] 自 (s) ①(幕などが)上がる;《比》(物価が)上がる. ②《口語》(人が)上がって(登って)行く. die Treppe[4] *hochgehen* 階段を上がって行く. ③《口語》爆発する. ④《口語》怒る, 激怒する. Er *geht* leicht *hoch*. 彼はすぐかっとなる. ⑤《口語》(警察に)あげられる, パクられる.

hoch⸗ge·mut [ホーホ・ゲムート] 形 《雅》快活な, 機嫌のよい.

Hoch⸗ge·nuss [ホーホ・ゲヌス] 男 -es/..nüsse 格別の楽しみ, 無上の喜び.

Hoch⸗**genuß** (新形) Hochgenuss

hoch⸗ge·schlos·sen [ホーホ・ゲシュろッセン] 形 ハイネックの(ブラウスなど).

hoch⸗ge·sinnt [ホーホ・ゲズィント] 形 気高い(心の), 高邁(ラバ)な.

hoch⸗ge·spannt [ホーホ・ゲシュパント] 形 ① ひどく緊張した, 張り詰めた. ②〔工〕高圧の.

hoch⸗ge·stellt 形 (新形) hoch gestellt) ☞ hoch

hoch⸗ge·sto·chen [ホーホ・ゲシュトッヘン] 形《口語》難解な, 取っつきにくい(本・話など); お高くとまった(人など).

hoch⸗ge·wach·sen 形 (新形) hoch gewachsen) ☞ hoch

Hoch⸗glanz [ホーホ・グらンツ] 男 -es/ みごとな光沢, ぴかぴかしたつや.

hoch⸗gra·dig [ホーホ・グラーディヒ] 形 高度の, 強度の; 激しい, 極端な.

hoch|hal·ten* [ホーホ・ハるテン hóːx-hàltən] 他 (h) ① 高く掲げて[いる], 高く上げ[ている]. die Arme[4] *hochhalten* 両腕を高く上げ[てい]る. ②《雅》(伝統・真理など[4]を)大事に守り続けている.

Hoch⸗haus [ホーホ・ハオス] 中 -es/..häuser 高層ビル.

hoch|he·ben* [ホーホ・ヘーベン hóːx-hèːbən] 他 (h) 持ち上げる.

hoch⸗her·zig [ホーホ・ヘルツィヒ] 形《雅》高潔な, 気高い; 寛大な, 雅量のある.

hoch⸗kant [ホーホ・カント] 副 (直方体のものの)幅の狭い方を下にして, 縦に. eine Kiste[4] *hochkant* stellen 箱を縦にする. /*hochkant* hinaus|werfen《俗》(人[4]をたたき出す.

hoch|kom·men* [ホーホ・コンメン hóːx-kòmən] 自 (s)《口語》① 上がって(登って)来る；(表面に)浮かび上がる． Das Essen *kommt* mir *hoch*.《比》私は胃がむかむかする（←食べた物が上がって来る）． ② 立ち(起き)上がる． ③ 元気になる，回復する． ④ 出世する． ⑤ (悲しみなどの心に)わき上がる．

Hoch⊱kon·junk·tur [ホーホ・コンユンクトゥーァ] 女 -/-en 《経》好景気．

Hoch⊱land [ホーホ・ラント] 中 -[e]s/..länder (または -e) 高地，高原．《注意》「低地」は Tiefland).

hoch|le·ben [ホーホ・れーベン hó:x-lè:bən] 他 (h)《成句的に》人·事⁴ hochleben lassen 人·事⁴のために万歳を唱える / Die Demokratie *lebe hoch*!《接1·現在》民主主義万歳．

Hoch⊱leis·tung [ホーホ・らイストゥング] 女 -/-en りっぱな業績；高性能．

höch·lich [ヘーヒリヒ] 副 大いに，非常に，はなはだ．

hoch⊱mo·dern [ホーホ・モデルン] 形 最新[式]の，流行の先端を行く，非常にモダンな．

Hoch⊱mut [ホーホ・ムート] 男 -[e]s/ 高慢，尊大，思いあがり． *Hochmut* kommt vor dem Fall.《諺》おごれる者久しからず（←高慢は没落の前に来る）．

hoch⊱mü·tig [ホーホ・ミューティヒ] 形 高慢な，尊大な，思いあがった． *hochmütig* lächeln せせら笑う．

hoch⊱nä·sig [ホーホ・ネーズィヒ] 形《口語》高慢な，不遜(ふそん)な．

hoch|neh·men* [ホーホ・ネーメン hó:x-nè:mən] 他 (h) ① 持ち上げる，(すそ⁴を)からげる，(子供⁴を)抱き上げる． ②《口語》からかう；(人⁴から)お金を巻き上げる．

Hoch⊱ofen [ホーホ・オーフェン] 男 -s/..öfen《工》(製鉄用の)溶鉱炉．

Hoch⊱par·ter·re [ホーホ・パルテル] 中 -s/-s《建》中2階．

hoch⊱pro·zen·tig [ホーホ・プロツェンティヒ] 形 (成分などの)比率の高い；(アルコールの)度の高い．

hoch⊱qua·li·fi·ziert 形（新形 hoch qualifiziert）☞ hoch

hoch|rap·peln [ホーホ・ラッペるン hó:x-ràpəln] 再帰 (h) sich⁴ *hochrappeln* やっとのことで立ち上がる；元気を回復する．

Hoch⊱rech·nung [ホーホ・レヒヌング] 女 -/-en (選挙の得票数などの)推計，予想．

hoch⊱rot [ホーホ・ロート] 形 真っ赤な，赤くほてった(顔・耳など)．

Hoch⊱ruf [ホーホ・ルーふ] 男 -[e]s/-e 万歳の叫び，歓呼．

Hoch⊱sai·son [ホーホ・ゼゾーン] 女 -/-s (または -en [..ネン]) (シーズンの)最盛期，絶好のシーズン．

hoch|schät·zen [ホーホ・シェッツェン] 他 (h)（新形 hoch schätzen）☞ hoch

hoch|schla·gen* [ホーホ・シュらーゲン hó:x-ʃlà:gən] 他 (h) Ⅰ (襟⁴を)立てる，(袖(そで)⁴を)まくり上げる． Ⅱ (s) (波などが)どっと砕ける，(炎などが)噴き上げる．

***die* Hoch⊱schu·le** [ホーホ・シューれ hó:x-ʃu:lə] 女 (単) -/(複) -n ① (総合・単科大学を総称して:)**大学**．《英 *college*》．《注意》「(いくつかの学部から成る)総合大学」は Universität；「ドイツ連邦共和国の教育制度」☞ 巻末付録，1810 ページ） an einer *Hochschule* studieren 大学で学ぶ． ② (狭義では:)単科大学． Musik-*hochschule* 音楽大学 / eine technische *Hochschule* 工業大学（略: T. H.）．

Hoch·schul⊱leh·rer [ホーホシューる・れーラァ] 男 -s/- 大学教師．《注意》女性形は Hoch-schullehrerin).

Hoch·schul⊱rei·fe [ホーホシューる・ライふェ] 女 -/ 大学入学資格．

hoch⊱schwan·ger [ホーホ・シュヴァンガァ] 形 妊娠後期の，臨月の．

Hoch⊱see [ホーホ・ゼー] 女 -/ 外洋；《法》公海．

Hoch·see⊱fi·sche·rei [ホーホゼー・ふィッシェライ] 女 -/ 遠洋漁業．

Hoch⊱som·mer [ホーホ・ゾンマァ] 男 -s/ 盛夏，真夏．

Hoch⊱span·nung [ホーホ・シュパンヌング] 女 -/-en ①《電》(1,000 ボルトを超える)高電圧．②《複 なし》極度の緊張[感]；緊迫[状態]．

hoch|spie·len [ホーホ・シュピーれン hó:x-ʃpì:lən] 他 (h) (あまりにも)持ち上げすぎる，評価しすぎる．

Hoch⊱spra·che [ホーホ・シュプラーヘ] 女 -/《言》標準語．

Hoch⊱sprung [ホーホ・シュプルング] 男 -[e]s/..sprünge (スぷ) 走り高飛び，ハイジャンプ．

***höchst** [ヘーヒスト hó:çst] (≠hoch の 最上) Ⅰ 形 ① 最も高い，最高の．《英 *highest*》． Die Zugspitze ist der *höchste* Berg in Deutschland. ツークシュピッツェはドイツで最も高い山です． ② 極度の． aufs *Höchste* 非常に / in *höchstem* Grade 極度に / Es ist *höchste* Zeit. a) 絶好のチャンスだ， b) ぎりぎりの時だ．

Ⅱ 副 非常に，きわめて． Ich war *höchst* erstaunt. 私は非常に驚いた．

Hoch⊱sta·pe·lei [ホーホ・シュターぺライ] 女 -/-en (名士を装った)詐欺．

Hoch⊱stap·ler [ホーホ・シュタープらァ] 男 -s/- (名士を装った)詐欺師．

Höchst⊱be·las·tung [ヘーヒスト・べらストゥング] 女 -/-en 最大負荷．

hoch⊱ste·hend 形（新形 hoch stehend）☞ hoch

***höchs·tens** [ヘーヒステンス hó:çstəns] 副 せいぜい，たかだか．《注意》「少なくとも」は mindestens)． Sie ist *höchstens* 20 Jahre alt. 彼女はせいぜい 20 歳というところだ / Er verreist nie, *höchstens* zu seinen Verwandten. 彼は旅行をしない，せいぜい親戚を訪ねるぐらいだ．

Höchst⊱fall [ヘーヒスト・ふァる] 男《成句的に》im *Höchstfall*

Höchst⊱form [ヘーヒスト・ふォルム] 女 -/ (スぷ)

い人 / mit 人³ in *höflichem* Ton reden 人³ と丁重な調子で話をする / sich⁴ *höflich* verbeugen ていねいにおじぎする.

Höf·lich·keit [ヘーふりヒカイト] 女 -/-en ① 〖複なし〗礼儀[正しい態度], エチケット. nur **aus** *Höflichkeit* tun 事⁴をただ儀礼上行う. ② 〖ふつう複〗丁重な言葉; お世辞. 人³ *Höflichkeiten*⁴ sagen 人³にお世辞を言う.

Höf·lich·keits゠be·such [ヘーふりヒカイツ・ベズーフ] 男 -[e]s/-e 表敬訪問.

Höf·ling [ヘーふりンヒ hǿːflɪŋ] 男 -s/-e 〖ふつう複〗廷臣, 宮内官; おべっか使い.

Hof·manns·thal [ホーふマンス・ターる hóːfmans-taːl] -s/ 《人名》ホーフマンスタール(Hugo von *Hofmannsthal* 1874–1929; オーストリアの作家).

Hof゠narr [ホーふ・ナル] 男 -en/-en 宮廷道化師.

Hof゠rat [ホーふ・ラート] 男 -[e]s/..räte 宮廷(枢密)顧問官[の称号].

Hof゠staat [ホーふ・シュタート] 男 -[e]s/ (総称として)廷臣, 宮内官.

ho·he [ホーエ] 形 ☞ hoch

die **Hö·he** [ヘーエ hǿːə] 女 (単) -/(複) -n (英 *height*) ① (空間的な)高さ, 高度; 標高; (地理)緯度; 高所, 高み. (ご注意)「深さ」は Tiefe). die *Höhe* eines Berges 山の高さ / Der Turm hat eine *Höhe* von 100 Metern. その塔は高さが100メートルある / Länge, Breite und *Höhe* 長さと幅と高さ / **auf** der gleichen *Höhe* liegen 同じ緯度にある / auf (または **in**) gleicher *Höhe* (競走で:)横一線に並んで / 物⁴ **in** die *Höhe* heben 物⁴を高く上げる / **in** die *Höhe* gehen a) 上昇する, b) 〖口語〗かっとなる / Die Preise gehen in die *Höhe*. 物価が上がる / Das ist ja die *Höhe*!〖口語〗それはとんでもないことだ.

② (温度・価格などの)高さ. die *Höhe* der Temperatur² 気温の高さ / die *Höhe* des Preises 値段の高さ / die *Höhe* eines Tones 音の高さ.

③ 高所, 高地, 丘. Dort **auf** der *Höhe* wohnen wir. あそこの高台に私たちは住んでいます. ④ 頂点, 絶頂, 全盛. **auf** der *Höhe* sein 《口語》(体調などが)好調である. 彼は名声の極みにある / Er ist wissenschaftlich auf der *Höhe*. 彼は学問的に時代の先端を走っている. ⑤ 〖数〗高さ, 垂線;〖天〗仰角.

Ho·heit [ホーハイト] 女 -/-en ① 〖複なし〗(国家の)主権, 統治権. ② 殿下, 陛下. Eure [Königliche] *Hoheit* 殿下. ③ 〖複なし〗〖雅〗崇高, 高貴, 壮厳.

Ho·heits゠ge·biet [ホーハイツ・ゲビート] 中 -[e]s/-e 領土, 主権領土(国家主権のおよぶ領域).

Ho·heits゠ge·wäs·ser [ホーハイツ・ゲヴェッサァ] 中 -s/-〖ふつう複〗領海.

Ho·heits゠voll [ホーハイツ・ふぉる] 形 〖雅〗威厳のある, いかめしい.

Ho·heits゠zei·chen [ホーハイツ・ツァイヒェン] 中 -s/- 《政》主権標章, 国章(旗・ワッペンなど. ドイツの国章は黄金色地に単頭の鷲).

Ho·he゠lied [ホーエ・リート] 中《Hohe- の語尾変化は形容詞と同じ》(新形) Hohe Lied (旧約聖書の雅歌) ☞ Lied

Hö·hen゠angst [ヘーエン・アングスト] 女 -/ (医・心)高所恐怖[症].

Hö·hen゠flug [ヘーエン・ふるーク] 男 -[e]s/..flüge 〖空〗(高度 4,000 m を超す)高空飛行 /〖比〗(精神的な)高揚.

Hö·hen゠krank·heit [ヘーエン・クランクハイト] 女 -/《医》高山病.

Hö·hen゠la·ge [ヘーエン・ラーゲ] 女 -/-n ① 海抜, 高度. ② 高所, 高原.

Hö·hen゠luft [ヘーエン・るふト] 女 -/ 山の空気.

Hö·hen゠mes·ser [ヘーエン・メッサァ] 男 -s/- 《空》高度計.

Hö·hen゠son·ne [ヘーエン・ゾンネ] 女 -/-n ①《気象》高地の太陽照射. ②《商標・医》(紫外線療法用の)太陽灯.

Ho·hen·stau·fe [ホーエン・シュタオふェ hoːənˈʃtaufə] 男 -n/-n ホーエンシュタウフェン家の人(シュヴァーベンの王侯の家系. 1138–1254 年ドイツ王家).

Hö·hen゠steu·er [ヘーエン・シュトイアァ] 中 -s/-《空》昇降舵(だ).

Hö·hen゠strah·lung [ヘーエン・シュトラーるング] 女 -/-en《物》宇宙線.

Ho·hen·zol·ler [ホーエン・ツォら rz hoːəntsɔ́lər] 男 -n/-n ホーエンツォレルン家の人(ドイツの王侯・皇帝の家系).

Hö·hen゠zug [ヘーエン・ツーク] 男 -[e]s/..züge 〖地理〗丘陵, 連山, 山脈.

Ho·he゠prie·ster 男 -s/-《Hohe- の語尾変化は形容詞と同じ》(新形) Hohe Priester (司祭長) ☞ Priester

der **Hö·he゠punkt** [ヘーエ・プンクト hǿːəpʊŋkt] 男 (単) -[e]s/(複) -e (3 格のみ -en) 頂点; 絶頂, クライマックス, ピーク. Die Stimmung erreichte ihren *Höhepunkt*. 気分は最高潮に達した.

* **hö·her** [ヘーアァ hǿːər] (‡hoch の 比較) 形 より高い, より上の; 上級の. Der Turm ist zehn Meter *höher* als das Haus. この塔はあの家よりも 10 メートル高い / die *höheren* Klassen 上のクラス / die *höhere* Schule 高等学校.

* **hohl** [ホーる hoːl] 形 ① 空洞の, がらんどうの. (英 *hollow*). ein *hohler* Baum (幹が)空洞になっている木. ② くぼんだ. *hohle* Wangen こけた頬(ほお) / *hohle* Augen くぼんだ目. ③ (声・音が)うつろな, さえない. mit *hohler* Stimme うつろな声で. ④ 空虚な, 内容のない (話などの). ein *hohles* Gerede くだらないおしゃべり.

hohl゠äu·gig [ホーる・オイギヒ] 形 目のくぼんだ.

* *die* **Höh·le** [ヘーれ hǿːlə] 女 -/(複) -n ① 洞穴, 洞窟(どうくつ). (英 *cave*). Tropfstein*höhle* 鍾乳(しょうにゅう)洞 / eine dunkle (tiefe) *Höhle* 暗い(深い)洞窟. ②(獣の)巣穴. in

die *Höhle* des Löwen gehen 《戯》思いきってやってみる(←ライオンの穴に入る). ③ みすぼらしい住まい; 《口語》安心できる自分の部屋.

Höh·len‚be·woh·ner [ヘーレン・ベヴォーナァ] 男 -s/- (石器時代の)穴居人; 穴居動物.

Höh·len‚for·schung [ヘーレン・フォルシュング] 女 -/ 洞窟(に関する)調査(研究).

Höh·len‚mensch [ヘーレン・メンシュ] 男 -en/-en (石器時代の)穴居人.

Hohl·heit [ホール ハイト] 女 -/ うつろなこと; 空洞, 《比》空虚, 無内容, 浅薄.

Hohl·kopf [ホール・コプフ] 男 -[e]s/..köpfe 間抜け, とんま.

Hohl‚maß [ホール・マース] 中 -es/-e 体積(容積)[の単位]; 升(ます).

Hohl‚raum [ホール・ラオム] 男 -[e]s/..räume 空所, 空洞.

Hohl‚saum [ホール・ザオム] 男 -[e]s/..säume 《手芸》縁かがり, ヘムステッチ.

Hohl‚spie·gel [ホール・シュピーゲる] 男 -s/-《光》凹面鏡.

Höh·lung [ヘールング] 女 -/-en ① 《複 なし》くぼみを付けること. ② くぼみ, 穴, 空洞.

hohl‚wan·gig [ホール・ヴァンギヒト] 形 頬(ほほ)のこけた.

Hohl‚weg [ホール・ヴェーク] 男 -[e]s/-e 切り通し, 谷あいの道.

der **Hohn** [ホーン hoːn] 男 (単2) -[e]s/ あざけり, 嘲笑(ちょうしょう), 《英》scorn). bitterer *Hohn* 痛烈なあざけり / Er erntete nur *Hohn* und Spott. 彼は物笑いの種になっただけだった / Das ist ja der rein[st]e *Hohn*. これはまた人をばかにした話だ.

《新形》

Hohn la·chen あざ笑う, 嘲笑(ちょうしょう)する. (←e hohn|lachen ともつづる).

Hohn spre·chen 《格3》に反する, そぐわない. (←e hohn|sprechen ともつづる).

höh·nen [ヘーネン hóːnən] I 自 (h) 《雅》あざけって言う. II 他 (h) 《雅》《人·事4》をあざける.

Hohn‚ge·läch·ter [ホーン・ゲれヒタァ] 中 -s/- 嘲笑(ちょうしょう), あざ笑い.

höh·nisch [ヘーニッシュ hóːnɪʃ] 形 嘲笑(ちょうしょう)的な, あざけりの, さげすんだ. *höhnisch* lachen あざ笑う.

hohn|la·chen [ホーン・らッヘン hóːn-laxən] 自 (h) 《ふつう不定詞·現在分詞の形で》あざ笑う, 嘲笑(ちょうしょう)する. (←e Hohn lachen ともつづる) ☞ **Hohn**

hohn|spre·chen* 自 (h) 《ふつう不定詞·現在分詞の形で》《格3》に反する, そぐわない. (←e Hohn sprechen ともつづる) ☞ **Hohn**

Ho·kus·po·kus [ホークス·ポークス hoːkus-póːkus] 男 -/ ① 《冠詞なしで》ちちんぷいぷい[という呪文]; まじない. ② いんちき, ペテン. ③ 《悪》ふざけ, いたずら.

Hol·bein [ホるバイン hólbaɪn] -s/《人名》ホルバイン (Hans *Holbein* 父 1465?-1524; 子 1497?-1543; 父子とともに有名なドイツ·ルネサンスの画家).

hold [ホるト hɔlt] 形 ① 《詩》愛らしい, 優美な, 好ましい. ein *holdes* Mädchen 愛らしい少女. ② 《成句的に》《人·物3》*hold* sein 《雅》《人·物3》に好意を寄せている. Das Glück ist ihm *hold*. 彼は運が向いている.

Höl·der·lin [ヘるダァリーン hǽldərliːn] -s/《人名》ヘルダーリン (Friedrich *Hölderlin* 1770-1843; ドイツの詩人).

hold‚se·lig [ホるト・ゼーリヒト] 形 《詩》とても愛らしい, 優美な, 好ましい.

Hold‚se·lig·keit [ホるト・ゼーリヒカイト] 女 -/《詩》愛らしさ, 優美さ, 優雅さ.

*****ho·len** [ホーレン hóːlən]

> 取って来る
>
> Ich *hole* uns mal ein Bier.
> イヒ ホーれ ウンス マール アイン ビーァ
> ちょっとビールを取って来るよ.

(holte, *hat*...geholt) I 他 《完了》haben) ① 取って来る, (取りに)行って持って来る; 取り出す. *Hol* mir bitte einen Stuhl! いすを取って来ておくれ / Wein4 *aus* dem Keller *holen* ワインを地下室から取って来る / einen Anzug aus dem Schrank *holen* スーツをたんすから取り出す / Brot4 *vom* Bäcker *holen* パンをパン屋から買って来る / Da ist nichts zu *holen*.《口語》それはなんの得にもならない. (☞ 類語 bringen).
② (電話などで)呼び寄せる, (迎えに)行って連れて来る. *Hol* den Arzt! 医者を呼んでくれ / die Polizei4 *holen* 警察を呼ぶ / 人4 *holen lassen* 人4を迎え(呼び)にやる.
③ 持ち去る, 連れ去る. Morgen *wird* der Müll *geholt*.《受動·現在》あすはごみが回収される / Der Tod *hat* sie *geholt*.《婉曲》彼女はお迎えが来た(死んだ) / Dich soll der Teufel *holen*! 《俗》おまえなんかくたばってしまえ(←悪魔にさらわれるがいい).
④ (賞·得点など4を)獲得する. [sich3] einen Preis *holen* 賞をもらう.
⑤ (息などを)吸いこむ. Atem4 *holen* 息を吸う, 一息つく.
II 再帰 《完了》haben) *sich3* 事4 *holen* ① (事4(助言など)を)得る, 受ける. *sich3* bei 人3 Hilfe4 *holen* 人3の援助を得る / Ich *holte* mir seine Erlaubnis. 私は彼の許しを得た.
② (《口語》)(事4(病気·災いなど)を)招く. Ich *habe* mir eine Erkältung *geholt*. 私は風邪をひいた / *sich3* eine Abfuhr4 *holen* 拒絶される, はねつけられる.

*****Hol·land** [ホるント hɔ́lant] 中 (単2) -s/《国名》オランダ[王国] (die Niederlande の通称. 首都はアムステルダム).

Hol·län·der [ホれンダァ hɔ́lɛndər] I 男 -s/- ① オランダ人. der Fliegende *Holländer* さまようオランダ人(ヴァーグナーの歌劇の題名およびその主人公). ② 《複 なし》オランダチーズ. ③ (おもちゃの)手押し四輪車. ④ 《工》ホラン

ベストコンディション, 絶好調.

Höchst⹀ge·schwin·dig·keit [ヘーヒスト・ゲシュヴィンディヒカイト] 囡 -/-en 最高速度.

Höchst⹀gren·ze [ヘーヒスト・グレンツェ] 囡 -/-n 最高限度, 最大限, マキシマム.

Hoch⹀stim·mung [ホーホ・シュティンムング] 囡 -/ 華やいだ雰囲気, お祭り気分.

Höchst⹀leis·tung [ヘーヒスト・らイストゥング] 囡 -/-en (㐍) 最高記録; (機械などの)最高能率, 最高性能, 最大出力.

Höchst⹀maß [ヘーヒスト・マース] 囲 -es/ 最高度, 最大限.

höchst⹀mög·lich [ヘーヒスト・メークリヒ] 形 可能なかぎりの.

höchst⹀per·sön·lich [ヘーヒスト・ペルゼーンリヒ] 形 (高位の人に関して:)おん自らの.

Höchst⹀preis [ヘーヒスト・プライス] 囲 -es/-e 最高価格.

höchst⹀wahr·schein·lich [ヘーヒスト・ヴァールシャインリヒ] 副 十中八九は, たぶん, 間違いなく.

höchst⹀zu·läs·sig [ヘーヒスト・ツーれスィヒ] 形《付加語としてのみ》(許される)最大限の.

Hoch⹀tou·ren [ホーホ・トゥーレン] 複《成句的に》auf *Hochtouren* laufen (機械が)フル回転する / Er arbeitet auf *Hochtouren*. 彼は全力で仕事をする.

hoch⹀tou·rig [ホーホ・トゥーリヒ] 形 (工) 高速回転の.

hoch⹀tra·bend [ホーホ・トラーベント] 形 誇張した, 大げさな(文体・言い回しなど).

Hoch⹀ver·rat [ホーホ・フェァラート] 囲 -[e]s/ 内乱[罪], 大逆[罪].

Hoch⹀ver·rä·ter [ホーホ・フェァレータァ] 囲 -s/- 内乱罪の犯人.

Hoch⹀wald [ホーホ・ヴァるト] 囲 -[e]s/..wäl·der《林》(下生えの少ない)高木林.

*das **Hoch⹀was·ser** [ホーホ・ヴァッサァ hóːx-vasər] 匣 (単 2) -s/(複 – (3 格のみ -n)【ふつう 単】洪水, 大水; 高潮. *Hochwasser* haben a)（川が）氾濫(はんらん)する, b)《口語・戯》寸詰まりのズボンをはいている.

hoch⹀wer·tig [ホーホ・ヴェーァティヒ] 形 質の高い, 高級な; 栄養価の高い.

Hoch⹀wild [ホーホ・ヴィるト] 匣 -[e]s/《狩》(総称として:)大型(高級)猟獣(鹿など).

Hoch⹀wür·den [ホーホ・ヴュルデン] 囡 -/《成句的に》冠詞なしで》(カトリックの司祭および新教の[高位]牧師に対する呼びかけで:). Euer (または Eure) *Hochwürden*! 神父様!

Hoch⹀zahl [ホーホ・ツァーる] 囡 -/-en (数) 指数.

*die **Hoch⹀zeit**[1] [ホーホ・ツァイト hóx-tsaɪt] 囡 (単) -/(複) -en 結婚式, 婚礼.《雅》wedding). goldene (silberne) *Hochzeit* 金婚式 (銀婚式) / grüne *Hochzeit* 結婚式当日 / Wann ist denn deine *Hochzeit*? 君の結婚式はいつなの / *Hochzeit*[4] halten (または machen) 結婚式をあげる / 囚[4] zur *Hochzeit* ein|laden 囚[4]を結婚式に招待する / Man kann nicht auf zwei *Hochzeiten* tanzen.《口語》二つの催しに同時に出るわけにはいかない (←二つの結婚式で踊ることはできない) / auf allen *Hochzeiten* tanzen どこにでも顔を出す.

Hoch⹀zeit[2] [ホーホ・ツァイト] 囡 -/-en《雅》全盛期, 黄金期.

hoch·zeit·lich [ホホ・ツァイトリヒ] 形 結婚[式]の; 婚礼のための.

Hoch·zeits·fei·er [ホホツァイツ・ファイアァ] 囡 -/-n 結婚式, 婚礼.

Hoch·zeits·kleid [ホホツァイツ・クらイト] 匣 -[e]s/-er ① ウェディングドレス, 花嫁衣装. ②《生》(繁殖期の動物の)婚衣, 生殖羽.

Hoch·zeits·nacht [ホホツァイツ・ナハト] 囡 -/..nächte 新婚初夜.

Hoch·zeits·rei·se [ホホツァイツ・ライゼ] 囡 -/-n 新婚旅行, ハネムーン.

Hoch·zeits·tag [ホホツァイツ・ターク] 囲 -[e]s/-e ① 結婚式の日. ② 結婚記念日.

hoch|zie·hen* [ホーホ・ツィーエン hóːxtsiːən] I 他 (h) 引き上げる. den Rollladen *hochziehen* ブラインドを引き上げる / die Schultern[4] *hochziehen* 肩をすくめる. II 自 (s) (雲・あらしなどが)近づいて来る.

Ho·cke [ホッケ hóka] 囡 -/-n ① しゃがんだ姿勢; (㐍) 屈膝(くっしつ). in die *Hocke* gehen しゃがむ. ②《北ドツ》(乾燥させるために立て掛けた)穀物の刈束, 稲むら.

***ho·cken** [ホッケン hókən] (hockte, hat/ist... gehockt) I 自 (定了 haben または sein) ① (h; 南ドツ: s)《場所を表す語句とともに》(…に)しゃがんでいる;《口語》うずくまっている. am Boden (または auf dem Boden) *hocken* 地面(床)にしゃがみこんでいる / Sie *hockte* traurig in der Ecke des Zimmers. 彼女は悲しそうに部屋の隅にうずくまっていた. ② (h; 南ドツ: s)《場所を表す語句とともに》《口語》(…に)居続ける. Er *hockt* den ganzen Tag vor dem Fernseher. 彼は一日中テレビにかじりついている. ③ (s) (南ドツ) (…に)座っている. ④ (s) (体操で:)屈膝(くっしつ)姿勢で跳ぶ.
II 再帰 (定了 haben) *sich*[4] hocken《方向を表す語句とともに》(…へ)しゃがみこむ. *sich*[4] auf den Boden *hocken* 地面(床)にしゃがみこむ.

Ho·cker [ホッカァ hókar] 囲 -s/- ① (背のない)腰かけ, スツール. (☞ Stuhl 図). ②《方》長居をする人.

Hö·cker [ヘッカァ hǽkər] 囲 -s/- ① (らくだなどの)こぶ; (医) 隆起. ②《口語》猫背, せむし; いぼ; (小さな)丘.

hö·cke·rig [ヘッケリヒ hǽkərɪç] 形 こぶのある; でこぼこした(地面など).

Ho·ckey [ホッキー hóki または ホッケ hóke] [英] 匣 -s/ (㐍) ホッケー.

hock·te [ホックテ] *hocken (しゃがんでいる)の過去

Ho·de [ホーデ hóːdə] 囲 -n/-n (または 囡 -/-n)【ふつう 複】(解) = Hoden

Ho·den [ホーデン hóːdən] 男 -s/- 《ふつう 複》《医》睾丸(がん), 精巣.

Ho·den≠sack [ホーデン・ザック] 男 -[e]s/..säcke 《医》陰嚢(のう).

der **Hof** [ホーふ hóːf] 男 (単2) -[e]s/(複) Höfe [ヘーふェ] (3格のみ Höfen) ① (建物などで囲まれた)**中庭**, 構内. (英 yard). Das Fenster geht *auf* den *Hof*. 窓は中庭に向いている / auf dem (または **im**) *Hof* spielen 中庭で遊ぶ.
② 農場, (屋敷・田畑を含めて:)農家. (英 farm). einen *Hof* bewirtschaften 農場を経営する. ③ 宮廷, (総称として:)廷臣. (英 court). am *Hofe* verkehren 宮廷に出入りする / einem Mädchen den *Hof* machen (比) 女の子に言い寄る(←宮廷女人のように女の子に仕える). ④《天》(太陽・月の)暈(かさ). ⑤《地名などとともに》(ホテル名などで:)…館(かん). Hotel Frankfurter *Hof* ホテル・フランクフルターホーフ.

《新形》

Hof hal·ten(君主が…に)宮廷を構える.

《注》..**hof** のいろいろ: Bahn*hof* 駅[舎] / Fried*hof* 墓地 / Gast*hof* 旅館 / Gerichts*hof* 裁判所 / Hinter*hof* 裏庭 / Innen*hof* 中庭 / Kauf*hof* デパート / Schloss*hof* 宮殿の中庭 / Schul*hof* 校庭

Hof≠da·me [ホーふ・ダーメ] 女 -/-n 宮廷女官, 侍女.

Hö·fe [ヘーふェ] ⇒Hof (中庭)の複

hof≠fä·hig [ホーふ・フェーイヒ] 形 宮廷に出る資格のある; 社交の席に出られる.

Hof·fart [ホッふァルト hóffart] 女 -/《雅》高慢, 尊大, 思いあがり, うぬぼれ.

hof·fär·tig [ホッふェルティヒ hóffɛrtɪç] 形《雅》高慢な, 尊大な.

hof·fen [ホッふェン hófən]

> 望む Ich *hoffe* es sehr.
> イヒ ホッふェ エス ゼーア
> ぜひそうなってほしいものです.

(hoffte, *hat*...gehofft) I 他 (完了 haben) **望む**, 希望する, (…であればよいと)思う. (英 hope). Ich *hoffe*, dass alles gut geht. 私は何もかもうまくいってほしいと思っている / Ich *hoffe*, wir sehen uns bald wieder. 近いうちにまたお会いできたらと思います / Ich *will* es *hoffen*. そう願いたいね / Das *will* ich nicht *hoffen*. そうでなければよいのだが / Es steht zu *hoffen*, dass......ということが望まれる.

II 自 (完了 haben) ① 《**auf** 人・事⁴ ~》(事⁴の実現を)望む, (人⁴の助力を)当てにする. auf ein Wiedersehen *hoffen* 再会を望む / Ich *hoffe* auf schönes Wetter. 天気が良ければいいのだが / auf den Freund *hoffen* 友人を当てにする.
② 希望を持つ. Er *hofft* immer noch. 彼は今だに希望を持ち続けている.

hof·fent·lich [ホッふェントリヒ hófəntlɪç] 副《文全体にかかって》…であればよいのだが, 望むらくは. *Hoffentlich* kommt er bald. 彼がじきに来ればよいのだが / Kannst du das? — *Hoffentlich*! 私にそれができるのかい — できたらいいんだけど / Das hat er doch *hoffentlich* nicht getan. 彼がそれをしていなければよいのだが.

Hoff·mann [ホふ・マン hóf-man] I -s/《人名》ホフマン (Ernst Theodor Amadeus *Hoffmann* 1776–1822; ドイツの小説家). II -s/-s《姓》ホフマン. [die] *Hoffmanns* ホフマン家[の人人].

die **Hoff·nung** [ホふヌンゲ hófnʊŋ] 女 (単) -/(複) -en ① 《複 なし》希望; 期待, 見込み. (英 hope). eine vage *Hoffnung* 漠然とした期待 / eine schwache *Hoffnung*⁴ haben かすかな希望を持つ / die *Hoffnung*⁴ hegen (auf|geben) 希望をいだく(捨てる) / Es besteht keine *Hoffnung* mehr. もはや見込みがない / voller *Hoffnung*² sein 希望に満ちあふれている / 人³ jede *Hoffnung*⁴ nehmen 人³ の希望をすべて奪う / 人³ *Hoffnung*[en]⁴ ma·chen 人³ に期待をいだかせる / große *Hoffnungen*⁴ auf 人・物⁴ setzen 人・物⁴ に大きな期待をかける / in der *Hoffnung*, dass... ということを期待して / guter *Hoffnung*² sein は in [der] *Hoffnung* sein《雅》妊娠している / ohne *Hoffnung* auf Besserung 回復(改善)の見込みなく.
② 希望の星, ホープ. unsere olympische *Hoffnung* わが国のオリンピックのホープ.

hoff·nungs≠los [ホふヌンゲス・ロース] I 形 希望(望み)のない, 絶望的な; (実現・改善の)見込みのない. Der Zustand des Kranken ist *hoffnungslos*. 病人の状態は絶望的だ. II 副 どうしようもなく, ひどく.

Hoff·nungs≠lo·sig·keit [ホふヌンゲス・ローズィヒカイト] 女 -/ 希望(見込み)のないこと, 絶望[状態].

Hoff·nungs≠schim·mer [ホふヌンゲス・シンマァ] 男 -s/《雅》一縷(いちる)の望み, かすかな希望.

Hoff·nungs≠strahl [ホふヌンゲス・シュトラーる] 男 -[e]s/-en《雅》=Hoffnungsschimmer

hoff·nungs≠voll [ホふヌンゲス・ふォる] 形 希望に満ちた; 見込みのある, 有望な. ein *hoffnungsvoller* junger Mann 前途有望な青年.

hoff·te [ホふテ] ⇒hoffen (望む)の過去

hof|hal·ten* 自 (h) (新形 Hof halten) ⇒Hof

ho·fie·ren [ホふィーレン hofíːrən] 他 (h)《古》(人⁴の)機嫌をとる, (人⁴に)とり入る, 媚(こ)びる.

hö·fisch [ヘーふィッシュ hóːfɪʃ] 形 ① 宮廷[風]の. die *höfische* Dichtung《文学》宮廷文学. ② 優雅な, 上品な. *höfisches* Benehmen 優雅なふるまい.

höf·lich [ヘーふりヒ hóːflɪç] 形 礼儀正しい, ていねいな. (英 polite). 《注》「礼儀知らずな」は unhöflich). ein *höflicher* Mensch 礼儀正し

ダー (パルプの粉砕機). **II** 形 《無語尾で》オランダ [製・産] の. *Holländer* Käse オランダチーズ.

hol·län·disch [ホれンディッシュ hɔ́lɛndɪʃ] 形 オランダ [人・語] の.

Hol·län·disch [ホれンディッシュ] 中 -[s]/ オランダ語. (〈話〉用法については Deutsch の項参照).

Hol·le [ホれ hɔ́lə] -/《成句的に》Frau *Holle* ホレ婆さん (伝説や昔話に出てくる. 天気に関する慣用句が多い). Frau *Holle* schüttelt die Betten [aus]. 《比》雪が降る (← ホレ婆さんが羽布団かを振っている).

die **Höl·le** [へれ hǽlə] 女 (単) -/(複) -n ①ふつう 単 《宗》地獄; 地獄のような場所. (⇔ *hell*). (〈話〉「天国」は Himmel). die Qualen der *Hölle*[2] 地獄の苦しみ / der Fürst der *Hölle*[2] 悪魔 (←地獄の君主) / die grüne *Hölle* 熱帯の密林 / die *Hölle*[4] auf Erden haben 耐えがたい苦境にある (←この世の地獄) / 人[3] die *Hölle*[4] heiß machen 《口語》人[3]をおじけさせる (←地獄の炎が燃え上がっている恐ろしさを説く) / Im Kinderzimmer ist die *Hölle* los. 《口語》子供部屋はどんちゃん騒ぎだ / **in die Hölle kommen** 地獄に落ちる / 人[4] **zur *Hölle* wünschen** 《雅》人[4]をのろう / Fahr zur *Hölle*! 《俗》とっとと消えうせろ.

Höl·len·angst [へれン・アングスト] 女 /..ängste 《口語》非常な恐怖.

Höl·len·lärm [へれン・れルム] 男 -[e]s/《口語》大騒ぎ, ものすごい [騒] 音.

Höl·len·ma·schi·ne [へれン・マシーネ] 女 /-n ものすごい騒音を出す機械; 時限爆弾.

höl·lisch [ヘルッシュ hǽlɪʃ] **I** 形 ① 地獄の [ような]; 悪魔の [ような]. das *höllische* Feuer 地獄の業火. ② 《口語》非常な, ものすごい. *höllische* Schmerzen ひどい痛み. **II** 副 《口語》恐ろしく, ものすごく. Heute ist es *höllisch* kalt. きょうは恐ろしく寒い.

Holm[1] [ホるム hɔ́lm] 男 -[e]s/-e ① (体操で:) (平行棒の) バー. ② (はしごの) 手すり. ③《空》翼のけた, スパー. ④ 《建》横げた, 梁(はり). ⑤ (ハンマーなどの) 柄.

Holm[2] [ホるム] 男 -[e]s/-e 《北ドツ》① 小島. ② 《話》造船所, 浮きドック.

Hol·mi·um [ホるミウム hɔ́lmium] 中 -s/《化》ホルミウム (記号: Ho).

Ho·lo·caust [ホーろカオスト hɔ́ːlokaust または ホロカオスト] 男 -[s]/-s ホロコースト, (ナチによるユダヤ人の) 大量虐殺; 皆殺し.

hol·pe·rig [ホるペリヒ hɔ́lpəriç] 形 ＝holprig

hol·pern [ホるパァン hɔ́lpərn] 自 (s, h) ① (s) (乗り物が) がたがた走る. ② (h) (乗り物が) がたがた揺れる. ③ (s) 《比》よろめきながら歩く. ④ (h) つかえつかえ読む (話す).

holp·rig [ホるプリヒ hɔ́lpriç] 形 ① でこぼこの (道など). ② ぎこちない, たどたどしい (言葉など). *holprig* lesen たどたどしく読む.

hol·te [ホーテ] ＊holen (取って来る) の過去.

hol·ter·die·pol·ter [ホるタァ・ディ・ポるタァ] 副 《口語》あわてふためいて, どたばたと.

Ho·lun·der [ホるンダァ holúndər] 男 -s/- ①《植》ニワトコ. ②《複 なし》にわとこの花 (実).

＊das **Holz** [ホるツ hɔ́lts]

木材	Der Teller ist aus *Holz*.
	デァ テらァ イスト アオス ホるツ
	その皿は木製です.

中 (単) -es/(複) Hölzer [へるツァァ] (3格のみ Hölzern) ①《複は種類を表すときのみ》木材, (素材として:) 木, 材木; (〈英〉 *wood*). grünes (trocknes) *Holz* 生 (乾燥) 材 / hartes (weiches) *Holz* 硬質 (軟質) 木材 / edle *Hölzer* 極上の木材 / *Holz*[4] fällen 木を切り倒す / *Holz*[4] hacken まきを割る / *Holz*[4] sägen a) 木材をのこぎりで切る, b) 《口語》大いびきをかく / Er sitzt da wie ein Stück *Holz*. 《口語》彼は黙りこくって座っている (←一片の木材のように) / [viel] *Holz*[4] vor der Hütte haben 《口語・戯》豊満な胸をしている.
◇《前置詞とともに》Möbel **aus** *Holz* 木製の家具 / Ich bin doch nicht **aus** *Holz*! はじめて血の通った人間なんだよ (← 材木でできてはいない) / **aus** dem gleichen (**aus** anderem) *Holz* [geschnitzt] sein 《比》性格が同じである (異なっている) / *Holz*[4] **in** den Wald tragen 《比》無意味なことをする (← 木材を森へ運ぶ) / Wir heizen **mit** *Holz*. 私たちはまきで暖房している / die Wände[4] **mit** *Holz* verkleiden 壁を板張りにする.
② (細長い) 木製器具 (球技の) 木製バット. ③《複 -》(ボウリング・九柱戯の) ピン. ④《複 なし》《音楽》 (総称として:) 木管楽器. ⑤《複 なし》《方》《狩》森.

Holz·ap·fel [ホるツ・アプフェる] 男 -s/..äpfel 《植》ヤマリンゴ.

Holz·bau [ホるツ・バオ] 男 -[e]s/-ten ①《複 なし》木造建築. ② 木造家屋.

Holz·blas·in·stru·ment [ホるツ・ブラースインストルメント] 中 -[e]s/-e 木管楽器.

Holz·bock [ホるツ・ボック] 男 -[e]s/..böcke ① 木挽(びき) 台. ②《昆》マダニ.

hol·zen [ホるツェン hɔ́ltsən] 自 (h, s) ① (h) 木を切り倒す. ② (h) (サッカーなどで:) ラフプレーをする, 反則する. ③ (h, s) 《狩》 (動物が) 木に登る.

Höl·zer [へるツァァ] ＊Holz (木材) の複

＊**höl·zern** [へるツァァン hǽltsərn] 形 ①《付加語としてのみ》木の, 木製 (木造) の. (〈英〉 *wooden*). *hölzernes* Spielzeug 木製のおもちゃ. ② ぎこちない (動作・言葉など).

Holz·fäl·ler [ホるツ・フェらァ] 男 -s/- 木こり.

Holz·fa·ser·plat·te [ホるツ・ファーザァ・プらッテ] 女 -/-n 《建》木質繊維板, ファイバーボード.

holz·frei [ホるツ・ふライ] 形 木質繊維を含まない (上質の紙など).

Holz·ham·mer [ホるツ・ハンマァ] 男 -s/..hämmer 木づち.

hol·zig [ホるツィヒ hɔ́ltsıç] 形 木質の; (アスパ

ラガスなどの野菜が)筋っぽくて堅い.
Holz・klotz [ホルツ・クロッツ] 男 -es/..klötze 丸太, 太い角材;《比》無骨者, でくの坊.
Holz・kohle [ホルツ・コーレ] 囡 -/-n 木炭.
Holz・kopf [ホルツ・コプふ] 男 -(e)s/..köpfe ① (人形などの)木製の頭. ②《俗》うすのろ.
Holz・scheit [ホルツ・シャイト] 囲 -(e)s/-e (ﾊﾘﾂﾞｰﾂﾞ: -er) まき, たきぎ.
Holz・schliff [ホルツ・シュリふ] 男 -(e)s/ (製紙用の)木材パルプ.
Holz・schnitt [ホルツ・シュニット] 男 -(e)s/-e ①【複】木版彫刻. ② 木版画.
Holz・schnit・zer [ホルツ・シュニッツァァ] 男 -s/- 木彫家.
Holz・schuh [ホルツ・シュー] 男 -(e)s/-e 《ふつう複》コーレ-ン 木靴.
Holz・span [ホルツ・シュパーン] 男 -(e)s/..späne 《ふつう複》木くず, かんなくず.
Holz・stoff [ホルツ・シュトふ] 男 -(e)s/-e (製紙用の)木材パルプ; 木質素.
Holz・weg [ホルツ・ヴェーク] 男 -(e)s/-e (材木を運ぶための)林道. **auf dem** *Holzweg* **sein** 思い違いをしている(←林道に迷いこんでいる).
Holz・wolle [ホルツ・ヴォれ] 囡 -/ (詰め物用の)木毛(ﾓｸﾓｳ), 木くず.
Holz・wurm [ホルツ・ヴルム] 男 -(e)s/..würmer 《昆》キクイムシ.
Home・page [ホウム・ペイチュ hóum-peɪtʃ] [英] 囡 -/-s [..ペイチズ] (ﾗﾞｲｻﾞ) ホームページ; (一般に:) WWW ページ.
Ho・mer [ホメーァ homéːr] -s/《人名》ホメロス (前8世紀頃のギリシアの詩人. 叙事詩『イーリアス』『オデュッセイア』の作者とされる).
ho・me・risch [ホメーリッシュ homéːrɪʃ] 形 ホメロス[風]の. *homerisches Gelächter* (際限のない)高笑い.
Ho・mo[1] [ホーモ hóːmo] 男 -s/Homines [ホーミネース]《生》ヒト属.
Ho・mo[2] [ホーモ] 男 -s/-s《口語》ホモ, 同性愛の男性.
ho・mo.., **Ho・mo..** [ホモ.. homo.. または ホーモ..]《形容詞・名詞につける接頭》《同じ・同類》例: *homo*sexuell 同性愛の.
ho・mo・fon [ホモふォーン homofóːn] 形 =homophon
ho・mo・fo・nie [ホモふォニー homofoníː] 囡 -/ =Homophonie
ho・mo・gen [ホモゲーン homogéːn] 形 同質(等質)の; 均質の, 均一の.
ho・mo・ge・ni・sie・ren [ホモゲニズィーレン homogenizíːrən] 他 (h) 均質化する. ◇《過去分詞の形で》*homogenisierte* Milch ホモ牛乳.
Ho・mo・ge・ni・tät [ホモゲニテート homogenitéːt] 囡 -/ 同質, 等質; 均質[性], 均一[性].
ho・mo・nym [ホモニューム homonýːm] 形《言》同音異義の.
Ho・mo・nym [ホモニューム] 囲 -s/-e《言》同音異義語(例: das *Steuer* 舵, die *Steuer* 税).
Ho・mö・o・path [ホメオパート homøopáːt] 男 -en/-en 同種(類似)療法医.

Ho・mö・o・pa・thie [ホメオパティー homøopatíː] 囡 -/《医》同種(類似)療法.
ho・mö・o・pa・thisch [ホメオパティッシュ homøopáːtɪʃ] 形 同種(類似)療法の.
ho・mo・phon [ホモふォーン homofóːn] 形 ①《音楽》ホモフォニーの. ②《言》同音[異義]の.
Ho・mo・pho・nie [ホモふォニー homofoníː] 囡 -/ ①《音楽》ホモフォニー, 単声音楽の. (ﾂﾞｴ「多声音楽」は Polyphonie). ②《言》同音[異義].
Ho・mo sa・pi・ens [ホーモ ザーピエンス hóːmo záːpiɛns] 男 --/ ホモ・サピエンス(知性の所有者としての現生人類).
Ho・mo・se・xu・a・li・tät [ホモ・ゼクスアリテート] 囡 -/ 同性愛, ホモ, レズ. (ﾂﾞｴ「異性愛」は Heterosexualität).
ho・mo・se・xu・ell [ホーモ・ゼクスエる] 形 同性愛の, ホモの, レズの.
***der* Ho・nig** [ホーニヒ hóːnɪç] 男 (単2) -s/(種類を表すときのみ: 複) -e 蜂蜜(ﾊﾁﾐﾂ). (ﾂﾞｴ honey). **Die Bienen sammeln** *Honig*. 蜜蜂(ﾐﾂﾊﾞﾁ)が蜂蜜を集める / *Honig*[4] **aufs Brot streichen** 蜂蜜をパンに塗る / 囚[3] *Honig*[4] **um den Bart (または den Mund) schmieren**《口語》囚[3]にごまをする(←人の口の周りに蜂蜜を塗る).
Ho・nig・bie・ne [ホーニヒ・ビーネ] 囡 -/-n《昆》ミツバチ.
Ho・nig・mond [ホーニヒ・モーント] 男 -(e)s/-e《戯》蜜月(ﾐﾂｹﾞﾂ), ハネムーン.
ho・nig・süß [ホーニヒ・ズュース] 形 ① 蜜(ﾐﾂ)のように甘い. ②(言葉などが)甘ったるい.
Ho・nig・wa・be [ホーニヒ・ヴァーベ] 囡 -/-n (蜜(ﾐﾂ)の満ちた)蜜蜂(ﾐﾂﾊﾞﾁ)の巣.
***das* Ho・no・rar** [ホノラール honoráːr] 囲 (単2) -s/(複) -e (3格のみ -en) (医者・弁護士などへの)謝礼, 報酬. **gegen** *Honorar* **arbeiten** 報酬をもらって働く. (ﾂﾞｴ 類語 Gehalt).
Ho・no・rar・pro・fes・sor [ホノラール・プロふェッソァ] 男 -s/-en [..ソーレン] 非常勤(客員)教授(略: Hon.-Prof.).
Ho・no・ra・ti・o・ren [ホノラツィオーレン honoratsióːrən] 複 (村や町での)名士, 有力者.
ho・no・rie・ren [ホノリーレン honoríːrən] 他 (h) ①(医者・芸術家など[4]に)謝礼を払う; (事[4]に対して)報酬を払う. ②(功績などに)報いる; (事[4]の)真価を認める. ③《商》(手形[4]を)引き受ける, 支払う.
ho・no・rig [ホノーリヒ honóːrɪç] 形 ① 尊敬すべき, りっぱな. ② 気前のよい.
Hoo・li・gan [フーリガン húːlɪgən] [英] 男 -s/-s ① よた者, 不良. ② フーリガン(騒ぎを起こす熱狂的なサッカーファン).
Hop・fen [ホプふェン hópfən] 男 -s/-《植》ホップ(ビールに苦味を付ける). **bei** (または **an**) 囚[3] **ist** *Hopfen* **und Malz verloren**《口語》囚[3]にはどうしようもない, 囚[3]には薬のつけようがない(←ホップと麦芽がだだになるだけだ).
Hopfen・stan・ge [ホプふェン・シュタンゲ] 囡

hören

-/-n ホップの支柱;《口語・比》のっぱ.

hopp! [ホップ hóp] 間 (すばやい動作を促して:)さあ, それ. *Hopp*, steh auf! さあ, 起きろ / Ein bisschen *hopp*! 少し急ごう.

hop·peln [ホペルン hópəln] 自 (s) (うさぎなどが)ぴょんぴょんはねて行く.

hopp·la! [ホップラ hópla] 間 (つまずいたり, 人にぶつかったりしたときに:)おっと, どっこい.

hops¹ [ホップス hóps] 間 (跳ぶことを促して:)さあ[跳べ].

hops² [ホップス] 副《口語》あっという間に. *hops* sein《俗》なくなって; 死んで; 壊れて.

hop·sa·sa! [ホプササ hópsasa] 間 (跳ぶことを促して:)さあ[跳べ].

hop·sen [ホプセン hópsən] 自 (s)《口語》(子供などが)ぴょんぴょん跳びはねる; ぴょんぴょんはねて行く.

Hop·ser [ホプサァ hópsər] 男 -s/-《口語》ぴょんと跳びはねること, 跳躍; 急テンポの踊り; (陸上競技で:)三段跳びなどのホップ.

Ho·ra [ホーラ hó:ra] 女 -/-Horen《ふつう 複》《カトり》聖務日課の時課; 祈りの時間.

Hör·ap·pa·rat [ヘーァ・アパラート] 男 -[e]s/-e 補聴器.

Ho·raz [ホラーツ horá:ts] -[ens]/《人名》ホラティウス (Quintus *Horatius* Flaccus 前65-前8; 古代ローマの詩人).

hör·bar [ヘーァバール] 形 聞きとれる, 聞こえる. kaum *hörbar* ほとんど聞こえない.

***hor·chen** [ホルヒェン hórçən] (horchte, hat ...gehorcht) 自 (完了 haben) ① 聞き耳をたてる; 盗み聞きする. Er *horcht* an der Tür. 彼はドアの所で立ち聞きしている. (類語 hören). ② 『auf 4格 ~』 (4格に)耳を傾ける, (4格を)注意深く聞く. auf das Schlagen der Uhr² *horchen* 時を告げる時計の音に耳を傾ける. ③ 『auf 4格 ~』《方》(人4格の)言うことに従う.

Hor·cher [ホルヒァァ hórçər] 男 -s/- 盗み(立ち)聞きする人. Der *Horcher* an der Wand hört seine eigne Schand! 《ことわざ》盗み聞きする者はおのれの恥を聞く.

Horch·ge·rät [ホルヒ・ゲレート] 中 -[e]s/-e 《軍》(飛行機の爆音などを探知する)聴音機.

horch·te [ホルヒテ] *horchen (聞き耳をたてる)の過去.

Hor·de [ホルデ] 女 -/-n ① (規律のない)群れ, 集団. ②《民族》遊牧(流浪)の民.

***hö·ren** [ヘーレン hǿ:rən]

聞こえる; 聞く

Hören Sie mich? 私の声が聞こえますか.
ヘーレン ズィー ミヒ

(hörte, hat...gehört) **I** 他 (完了 haben) (英 hear) ① (音・声などを⁴)聞こえる, (人⁴の)声(足音)が聞こえる. einen Lärm *hören* 騒音が聞こえる / Ich *hörte* meinen Vater schon von weitem. 遠くからもう私には父の足音が聞こえた. ◊《zu のない不定詞とともに》Ich *hörte* den Hund bellen. 私は犬がほえるのを聞いた / Er hat die Kinder lachen *hören* (または *gehört*). 『現在完了』彼は子供たちが笑うのを耳にした.
② (物⁴を意識的に)聞く, 傾聴する; (人⁴の)言い分(意見)を聞く. Ich *höre* gern Musik. 私は音楽を聞くのが好きです / Radio⁴ *hören* ラジオを聞く / Ich *höre* [eine Vorlesung] bei Professor Schmidt. シュミット教授の講義を受けている / Wir *müssen* auch ihn *hören*. 私たちは彼の言い分も聞かないといけない. ◊《zu のない不定詞とともに》Ich *höre* ihn Mozart spielen *hören* (または *gehört*).『現在完了』私は彼がモーツァルトを演奏するのを聞いた. ◊《目的語なしでも》*Hör* mal! または *Hören* Sie mal!《口語》a)《おねがい:》ねえちょっと, b)《抗議を唱えて:》何を言っているんだ. ◊《**lassen** とともに》*Lass hören*! 話してごらん / Der Vorschlag *lässt* sich⁴ *hören*. その提案は傾聴に値する.
③ **聞き知る**. etwas Neues⁴ *hören* 新しいことを聞き知る / Ich habe *gehört*, dass er krank ist. 私は彼が病気だと聞いた / Diese Geschichte habe ich **von** ihm *gehört*. この話を私は彼から聞いた / Ich habe **von** ihr nichts *gehört*. 私は彼女の消息について何も聞いていない. ◊《**lassen** とともに》Er *lässt* nichts von sich *hören*. 彼からは何の便りもない(←自分について何も聞かせない).
④ 『A⁴ **an** B³ ~』 (A⁴ を B³ で)聞き分ける. Am Schritt *hörte* ich, dass du es warst. 足音を聞いて, 君だということがわかったよ.

II 自 (完了 haben) ① **耳が聞こえる**. Er *hört* gut (schlecht). 彼は耳がよく聞こえる(聞こえない) / Er *hört* nur auf einem Ohr. 彼は片方の耳しか聞こえない.
② **言うことを聞く**. Das Kind *hört* nicht.《口語》あの子は言うことを聞かない / *Höre* **auf** meinen Rat! 私の忠告に従え / Der Hund *hört* **auf** den Namen Bello. a) その犬はベロと呼べば言うことを聞く, b) その犬はベロという名前だ / Wer nicht *hören* will, muss fühlen.《ことわざ》言って聞かぬ者は痛い目にあわねばならぬ(←感じなければならない).
③ **聞き知る**. Ich habe **von** diesem Unglück *gehört*. 私はこの惨事について聞いています / Wie ich *höre*, ... 私の聞くところでは… ◊《**lassen** とともに》*Lassen* Sie bald von sich *hören*! 近いうちにお便りをください(←自分について聞かせてください).
④ 『**auf** 4格 ~』 (4格に)耳を傾ける. auf die Glockenschläge *hören* 鐘の音に耳を澄ます.

類語 **hören**: (耳で音や声を)聞き取る, 聞き分ける. **erfahren**: (情報などを)聞き知る. Hast du Näheres *erfahren*? 君は詳しいことを聞いたかい. **zu|hören**: (人・物³に)耳を傾ける. Alle *hörten* ihm *zu*. 一同は彼の話に聞き入っていた. **horchen**: (耳を澄まして)聞きとろうとする. *Horch*, da kommt jemand. ほら, だれか来るよ. **lauschen**: (熱心に)聞き入る.

Hö·ren⸗sa·gen [ヘーレン・ザーゲン] 中 -s/ うわさ,評判. 覆⁴ nur vom *Hörensagen* kennen (または wissen) 覆⁴をうわさで知っているだけである.

*der **Hö·rer** [ヘーラァ hǿːrər] 男 (単 2) -s/ (複) - (3格のみ -n) ① 聞き手.(英 listener). (参 女性形は Hörerin;「話し手」は Sprecher). ② (ラジオの)聴取者. Liebe Hörerinnen und *Hörer*! 聴取者の皆さん! ③ (講義の) 聴講生,受講者. ④ (電話の)**受話器**,レシーバー. Kopf*hörer* ヘッドホン / den *Hörer* ab|nehmen (auf|legen) 受話器を取る(置く).

Hö·rer·schaft [ヘーラァシャフト] 女 -/ (総体として)聴衆;(ラジオの)聴取者;(大学の)受講生.

Hör⸗feh·ler [ヘーァ・フェーラァ] 男 -s/- ① 聞き違い. ② 聴覚障害,難聴.

Hör⸗funk [ヘーァ・フンク] 男 -s/ (テレビ放送に対して:)ラジオ放送.

Hör⸗ge·rät [ヘーァ・ゲレート] 中 -[e]s/-e 補聴器.

hö·rig [ヘーリヒ hǿːrɪç] 形 ① 『成句的に』人・物³ *hörig* sein (特に性的に)人・物³のとりこになっている. ② 《史》(半自由民として)隷属している.

Hö·ri·ge[r] [ヘーリゲ (..ガァ) hǿːrɪgə (..gər)] 男 女 『語尾変化は形容詞と同じ』《史》農奴.

Hö·rig·keit [ヘーリヒカイト] 女 -/-en 『ふつう単』① とりこになった状態;盲従(盲信). ② 《史》隷属.

*der **Ho·ri·zont** [ホリツォント horitsónt] 男 (単 2) -[e]s/(複) -e (3格のみ -en) ① **地平線**,水平線.(英 horizon). Die Sonne verschwindet **am** (または **hinter** dem) *Horizont*. 太陽が水平線に姿を消す / der politische *Horizont* (比) 政治的情況,政局. ② (精神的な)視野,(理解力の)範囲. einen weiten *Horizont* haben 視野が広い / Das geht **über seinen** *Horizont*. それは彼の理解力を越えることだ. ③ 《地学》層準.

ho·ri·zon·tal [ホリツォンターる horitsontáːl] 形 水平の.(参 「垂直の」は vertikal).

Ho·ri·zon·ta·le [ホリツォンターれ horitsontáːlə] 女 -/-n 《は冠詞なしで; 語尾変化形容詞と同じ》水平線(面);水平状態.

Hor·mon [ホルモーン hormóːn] 中 -s/-e 《医》ホルモン. weibliche *Hormone* 女性ホルモン.

hor·mo·nal [ホルモナーる hormonáːl] 形 ホルモンの,ホルモン性の.

hor·mo·nell [ホルモネる hormonέl] 形 = hormonal

Hor·mon⸗prä·pa·rat [ホルモーン・プレパラート] 中 -[e]s/-e 《薬》ホルモン剤.

Hör⸗mu·schel [ヘーァ・ムッシェる] 女 -/-n (受話器の)受話口.

*das **Horn** [ホルン hórn] **I** 中 (単) -[e]s/(複) Hörner [ヘルナァ] (3格のみ Hörnern) ① (動物の)**角**(ヮ). (英 horn). (☞ 図 A). spitze *Hörner* とがった角 / Der Stier senkte drohend die *Hörner*. その雄牛は角を低く構えて威嚇した / sich³ die *Hörner*⁴ ab|laufen (または ab|stoßen)《口語》(つらい経験をして)分別がつく,角(ヵ)が取れる / dem Ehemann *Hörner*⁴ auf|setzen《口語》(妻が)浮気する. ② (音楽)**角笛**,ホルン.(☞ 図 B);クラクション. [das] *Horn*⁴ blasen 角笛を吹く / mit 人³ **ins gleiche** *Horn* stoßen (または blasen)《口語》人³と同意見である. ③ (角の形をしたもの:)角杯;(とがった)山頂,岬.
II 中 (単 2) -[e]s/(複) -e (3格のみ -en) 角質,(材料としての)角. ein Kamm **aus** *Horn* 角製の櫛(ヵ).

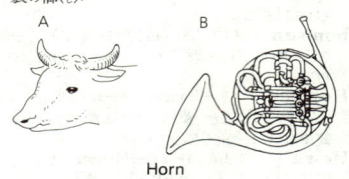

Horn

Horn⸗bril·le [ホルン・ブリれ] 女 -/-n 角縁(ヵ)眼鏡.

Hörn·chen [ヘルンヒェン hǿrnçən] 中 -s/- (Horn の 縮小) ① 小さな角(ヵ). ② クロワッサン.(☞ Brot 図). ③ 《動》リス『類』.

Hör·ner [ヘルナァ] *Horn (角)の複.

Horn·haut [ホルン・ハオト] 女 -/ ① (皮膚の)角質層,たこ. ② (医)(眼球の)角膜.

hor·nig [ホルニヒ hórnɪç] 形 角質の,角質化した.

Hor·nis·se [ホルニッセ hornísə または ホル..] 女 -/-n (昆) モンスズメバチ.

Hor·nist [ホルニスト horníst] 男 -en/-en ホルン奏者. (参 女性形は Hornistin).

Horn⸗och·se [ホルン・オクセ] 男 -n/-n《俗》大ばか(とんま)野郎.

Horn⸗vieh [ホルン・フィー] 中 -[e]s/-er ① 『複なし』角のある家畜(牛など). ② = Hornochse.

Ho·ro·skop [ホロスコープ horoskóːp] 中 -s/-e (星占い用の)天宮図;星占い. Wochen*horoskop* 今週の運勢 / 人³ das *Horoskop*⁴ stellen 人³の星占いをする.

hor·rend [ホレント horént] 形 ものすごい,ひどい,法外な. *horrende* Preise 法外な値段.

Hör⸗rohr [ヘーァ・ローァ] 中 -[e]s/-e ① 聴診器. ② (昔の:)(らっぱ形の)補聴器.

Hor·ror [ホロァ hórər] 男 -s/ 戦慄(ビヅ),恐怖;憎悪. vor 人・事³ einen *Horror* haben 人・事³をひどく嫌っている.

*der **Hör⸗saal** [ヘーァ・ザーる hǿːr-zaːl] 男 -[e]s/..säle [..ゼーれ] (3格のみ ..sälen) ① (大学の)**講義室**,[階段]教室. ② 『複なし』(総体として:)講義室の聴講者.

Hors·d'œu·vre [オルデーヴレ ɔrdǿːvrə または オーァ.. oːr..] [オッ] 中 -s/-s 《料理》オードブル,前菜.

Hör-spiel [ヘーァ・シュピーる] 中 -[e]s/-e《文学》放送劇, ラジオドラマ.

Horst [ホルスト hórst] 男 -[e]s/-e ① (高所にある鷲(ﾜｼ)などの)巣. ② 空軍基地. ③《林》(樹齢・種類などがそろった)樹木林, 団. ④《植》叢生(ｿｳｾｲ). ⑤《地学》地塁.

Hort [ホルト hórt] 男 -[e]s/-e ① 《詩》宝, 財宝 (=Schatz). der *Hort* der Nibelungen[2] ニーベルンゲンの宝. ②《雅》保護施設, 避難所; 保護者; 中心地, 本拠地. ③ 託児施設 (=Kinder*hort*).

hör-te [ヘーァテ] ‡hören (聞こえる)の 過去

hor-ten [ホルテン hórtən] 他 (h) (お金・食料などを)[4]蓄える, 集める.

Hor-ten-sie [ホルテンズィエ hɔrténziə] 女 -/-n《植》アジサイ.

Hort-ne-rin [ホルトネリン hórtnərɪn] 女 -/..rinnen (保育所の)保母.

Hör-wei-te [ヘーァ・ヴァイテ] 女 -/-n 音(声)の聞こえる範囲, 可聴距離. **außer** *Hörweite* sein [呼んでも]聞こえない所にいる.

Hös-chen [ヘースヒェン hǿ:sçən] 中 -s/- (Hose の 縮小) (特に子供の)短ズボン; (女性の)パンティー, ショーツ. heiße *Höschen*《口語・戯》ホットパンツ.

‡*die* **Ho-se** [ホーゼ hó:zə]

ズボン Die *Hose* steht dir gut.
ディ ホーゼ シュテート ディア グート
そのズボンは君によく似合う.

女 (単) -/(複) -n ① ズボン, スラックス. (英 *pants, trousers*).（注意 しばしば複数形で用いられる;「上着」は Jacke). Reit*hose* 乗馬ズボン / eine kurze (lange) *Hose* 半ズボン(長ズボン) / ein Paar neue *Hosen* 新しい1着のズボン / die *Hose*[4] an|ziehen (aus|ziehen) ズボンをはく(脱ぐ) / die *Hosen*[4] tragen (口語: an|haben) ズボンをはいている ⇨ Sie hat [zu Hause] *Hosen* an.《口語》彼女は夫を尻(ｼﾘ)に敷いている(←彼女は[家で]ズボンをはいている) / die *Ho-se*[n][4] [gestrichen] voll haben《俗》ひどくこわがっている / einem Kind die *Hosen*[4] stramm|ziehen《戯》子供の尻をぶつ / Das ist Jacke wie *Hose*.《口語》それはどっちでもいいことだ / sich[4] **auf die** *Hosen* setzen《口語》腰を据えて勉強する / **in die** *Hosen* machen《口語》(子供が)おもらしをする / in die *Hosen* gehen《俗》(計画などが)失敗に終わる / sich[3] [vor Angst] in die *Hosen* machen《俗》[こわくて]しり込みする.
② ズボン下; (女性用の)パンティー. ③《複》で》《動》(特に馬の)太ももの筋肉. ④《動》《猛鳥の)脚の羽毛.

Ho-sen-an-zug [ホーゼン・アンツーク] 男 -[e]s/..züge《服飾》パンタロン(スラックス)スーツ.

Ho-sen-bo-den [ホーゼン・ボーデン] 男 -s/..böden (口語) ズボンの尻(ｼﾘ)「当て」. sich[4] auf den *Hosenboden* setzen《口語》腰を据えて勉強する.

Ho-sen-bund [ホーゼン・ブント] 男 -[e]s/..bünde (ズボンの)ウエストバンド(ベルト).

Ho-sen-latz [ホーゼン・らッツ] 男 -es/..lätze (ﾚｯﾂｪ -e) ①《服飾》(ズボンのボタン・ファスナーを隠す)前たて. ②《方》=Hosenschlitz

Ho-sen-rock [ホーゼン・ロック] 男 -[e]s/..röcke《服飾》キュロットスカート.

Ho-sen-schei-ßer [ホーゼン・シャイサァ] 男 -s/-《俗》意気地なし, 臆病(ｵｸﾋﾞｮｳ)者.

Ho-sen-schlitz [ホーゼン・シュリッツ] 男 -es/-e (ズボンの)前開き.

Ho-sen-ta-sche [ホーゼン・タッシェ] 女 -/-n ズボンのポケット.

Ho-sen-trä-ger [ホーゼン・トレーガァ] 男 -s/-《ふつう複》ズボンつり, サスペンダー.

ho-si-an-na! [ホズィアンナ hoziána] 間《ｷﾘｽﾄ教》ホサナ, ホザンナ(喜びの声).

Hos-pi-tal [ホスピターる hɔspitáːl] 中 -s/-e (また..täler) ①(小規模の)病院. ②《古》養護院, 養老院.

Hos-pi-tant [ホスピタント hɔspitánt] 男 -en/-en ①(大学の)聴講生 (=Gasthörer). ②《政》客員党員.

hos-pi-tie-ren [ホスピティーレン hɔspitíːrən] 自 (h) (大学などで)聴講する.

Hos-piz [ホスピーツ hɔspíːts] 中 -es/-e ①(末期患者のための)ホスピス. ②(巡礼者用の)宿泊所, 宿坊. ③(キリスト教徒用の)ホテル, ペンション.

Hos-tess [ホステス hóstɛs または ..テス] 女 -/-en [..テッセン] ①(催し物・ホテルなどの)ホステス, コンパニオン. ②スチュワーデス, グランドホステス. ③《婉曲》(新聞広告などで)娼婦(ｼｮｳﾌ).

Ho-steß ☞ 新形 Hostess

Hos-tie [ホスティエ hóstiə] 女 -/-n《ｷﾘｽﾄ教》ホスチア, 聖体(ミサ・聖さん式のパン).

‡*das* **Ho-tel** [ホテる hotél]

ホテル In welchem *Hotel* wohnen Sie?
イン ヴェるヒェム ホテる ヴォーネン ズィー
どのホテルにお泊りですか.

中 (単2) -s/(複) -s ホテル. (英 *hotel*). ein erstklassiges *Hotel* 一流のホテル / ein billiges *Hotel* (宿泊費の)安いホテル / in einem *Hotel* übernachten (wohnen) ホテルに泊まる(泊まっている). / Gibt es hier ein preiswertes *Hotel*? この辺りに手ごろな値段のホテルがありますか.

....
類語 das Hotel: ホテル(レストランがあり近代的な設備を有する). das Gasthaus: (飲食店をかねた小規模の)旅館, 旅館. der Gasthof: (やや古くさい表現で田舎の)旅館. die Pension: ペンション(主として家族経営の簡易ホテル). das Motel: モーテル(自動車旅行者用のホテル). die Jugendherberge: ユースホステル.
....

Ho-tel gar-ni [ホテる ガルニー hotél garní:]

Ho·tel·gast [ホテル・ガスト] 男 –[e]s/..gäste ホテルの[泊り]客.

Ho·tel≠hal·le [ホテル・ハれ] 女 –/–n ホテルのロビー.

Ho·te·li·er [ホテリエー hotɛlié: または hotə..] 男 –s/–s ホテル経営者(所有者).

Ho·tel≠zim·mer [ホテる・ツィンマァ] 中 –s/– ホテルの部屋.

hott! [ホット hót] 間 (御者が車を引く牛馬に:)さあ進め; 右へ行け.

hPa [ヘクト・パスカル または ..パスカル]《記号》ヘクトパスカル (= Hektopascal).

Hr. [ヘル]《略》(男性に対する敬称として:)…さん, …氏 (= Herr).

Hrn. [ヘルン]《略》Herr の単数3格・4格 (= Herrn).

hrsg. [ヘラオス・ゲゲーベン]《略》…出版の, …編 (著)の (= herausgegeben).

Hrsg. [ヘラオス・ゲーバァ]《略》編(著)者, 出版者 (= Herausgeber).

hu! [フー hú:] 間 ① (こわがって:)ひゃー, わーっ. ② (嫌悪を表して:)へっ. ③ (寒さにふるえて:)ぶるぶる. ④ (他人を驚かそうとして:)わっ.

hü! [ヒュー hý:] 間 (御者が車を引く牛馬に:)さあ進め; 止まれ. einmal *hü* und einmal *hott* sagen《口語》(どうしてよいかわからなくて)言うことをころころ変える.

Hub [フープ hú:p] 男 –[e]s/Hübe《工》① (クレーンなどによる)巻き(押し・つり)上げ. ② (ピストンの)行程, ストローク.

hü·ben [ヒューベン hý:bən] 副 こちら側に. *hüben* und drüben こちら側にもあちら側にも.

Hub≠raum [フープ・ラオム] 男 –[e]s/..räume《工》気筒(シリンダー)容積, 排気量.

***hübsch** [ヒュプシュ hýpʃ]

> **かわいらしい**
> Anna ist sehr *hübsch*.
> アンナ イスト ゼーア ヒュプシュ
> アンナはとてもかわいい.

I 形 (比較 hübscher, 最上 hübschest) ① かわいらしい, きれいな, 感じのよい. (英 *pretty*). ein *hübsches* Mädchen かわいい女の子. (☞ 類語 schön).
② 好ましい, 快い. eine *hübsche* Wohnung 快適な住まい / eine *hübsche* Melodie 快いメロディー.
③《口語》相当な, かなりの. eine *hübsche* Summe Geld かなりの大金 / eine *hübsche* Strecke かなりの道のり. ④《口語》(反語的に:)いやな, 不快な. Das ist ja eine *hübsche* Geschichte. それはまったくすてきなお話だね.
II 副《口語》① 非常に, 相当に. Es war ganz *hübsch* kalt. とても寒かった. ② ちゃんと, りっぱに. Sei *hübsch* artig! ちゃんと行儀よくしていなさい.

Hub≠schrau·ber [フープ・シュラオバァ] 男 –s/–《空》ヘリコプター (= Helikopter).

Hu·cke [フッケ húkə] 女 –/–n《方》① 背中. ② 背負った荷.人³ die *Hucke*⁴ voll hauen (lügen)《口語》人³をしたたかになぐる(人³にぬけぬけとうそをつく).

hu·cke·pack [フッケ・パック húkə-pak] 副《成句的に》人·物⁴ *huckepack* nehmen (tragen)《口語》人·物⁴を背負う(背負って行く).

Hu·de·lei [フーデらイ hu:dəláɪ] 女 –/–en《方·口語》そんざいなやり方(仕事).

Huf [フーフ hú:f] 男 –[e]s/–e (牛·馬などの)ひづめ. Pferde*huf* 馬のひづめ.

Huf≠ei·sen [フーフ・アイゼン] 中 –s/– 蹄鉄(ていてつ).

huf·ei·sen≠för·mig [フーフアイゼン・フェルミヒ] 形 馬蹄形の.

Huf≠lat·tich [フーフ・らティヒ] 男 –s/–e《植》フキタンポポ.

Huf≠na·gel [フーフ・ナーゲる] 男 –s/..nägel 蹄鉄(ていてつ)用くぎ.

Huf≠schmied [フーフ・シュミート] 男 –[e]s/–e 蹄鉄(ていてつ)工.

Hüft≠bein [ヒュフト・バイン] 中 –[e]s/–e《医》腰骨.

****die* Hüf·te** [ヒュフテ hýftə] 女 (単)(複)–n ① 腰, ヒップ, 臀部(でんぶ). (英 *hip*). (☞ Körper 図). Sie hat breite (schmale) *Hüften*. 彼女はがっしりした(ほっそりした)腰をしている / aus der *Hüfte* schießen (銃を)腰に構えて発射する / Sie wiegt sich⁴ beim Gehen in den *Hüften*. 彼女は腰を振って歩く / die Hände¹¹ in den *Hüften* stützen 両手を腰に当てる. ②《複なし》《料理》(特に牛の)腰肉.

Hüft≠ge·lenk [ヒュフト・ゲれンク] 中 –[e]s/–e《医》股(こ)関節.

Hüft≠gür·tel [ヒュフト・ギュルテる] 男 –s/–《服飾》ガーターベルト.

Hüft≠hal·ter [ヒュフト・はるタァ] 男 –s/–《服飾》ガーター付きガードル.

****der* Hü·gel** [ヒューゲる hý:gəl] 男 (単2)–s/(複)–(3格のみ –n) ① 丘, 丘陵, 小山. (英 *hill*). Sand*hügel* 砂丘 / ein sanfter *Hügel* なだらかな丘. (☞ 類語 Berg). ②《詩》墓の盛り土, 塚. ③ 積み上げた山. ein *Hügel* von Kohle 石炭の山.

hü·ge·lig [ヒューゲりヒ hý:gəlɪç] 形 丘陵[状]の, 丘陵の多い, 起伏のある.

Hü·gel≠land [ヒューゲる・らント] 中 –[e]s/..länder 丘陵地.

Hu·ge·not·te [フゲノッテ hugənótə] 男 –n/–n ユグノー教徒(フランスのカルヴァン派新教徒).

Hu·go [フーゴ hú:go] –s/–《男名》フーゴー.

****das* Huhn** [フーン hú:n] 中 (単2)–[e]s/(複) Hühner [ヒューナァ] (3格のみ Hühnern) ①《動》(雌雄の区別なく:) ニワトリ(鶏). (英 *fowl*). (注「おんどり」は Hahn, 「めんどり」は Henne, 「ひよこ」は Küken). Mast*huhn* 肥育鶏 / ein gebratenes *Huhn*《料理》ローストチキン / [sich³] *Hühner*⁴ halten 鶏を飼う / mit den

Hühnern auf|stehen (zu Bett gehen)《戯》早起きする(早寝する)(← 鶏といっしょに寝起きする) / Ein blindes *Huhn* findet auch einmal ein Korn. 《諺》下手な鉄砲も数撃ちゃ当たる(← 目の見えない鶏も粒粒を見つけることがある) / Da lachen ja die *Hühner*!《口語》(人の発言に対して):そんなばかな[話はない]. ② めんどり. Die *Hühner* legen (brüten) Eier. めんどりが卵を産む[抱く]. ③《狩》ヨーロッパヤマウズラ (= Rebhuhn). ④《口語》やつ. ein dummes *Huhn* ばかなやつ.

Hühn·chen [ヒューンヒェン hýːnçən] 中 -s/- (Huhn の縮小形) ひよこ,小鳥.

Hüh·ner [ヒューナァ] *Huhn (ニワトリ)の複

Hüh·ner╱au·ge [ヒューナァ・アオゲ] 中 -s/-n 《医》鶏眼, 魚(ミ)の目. 人³ auf die *Hühneraugen* treten《口語》a) 人³の痛い所を突く, b) 人³に[忘れないように]念を押す.

Hüh·ner╱brü·he [ヒューナァ・ブリューエ] 女 -/-n《料理》チキンブイヨン.

Hüh·ner╱ei [ヒューナァ・アイ] 中 -[e]s/-er 鶏卵.

Hüh·ner╱hund [ヒューナァ・フント] 男 -[e]s/-e《狩》鳥猟犬(ポインター・セッターなど).

Hüh·ner╱lei·ter [ヒューナァ・ライタァ] 女 -/-n ① 鶏がとまり木に上るためのはしご. ②《戯》狭くて急な階段.

Hüh·ner╱stall [ヒューナァ・シュタル] 男 -[e]s/..ställe 鶏小屋,鶏舎.

Hüh·ner╱zucht [ヒューナァ・ツフト] 女 -/ 養鶏[業].

hui! [フイ húi] 間 ① (驚いて:)まあ, おや. ②(風などがはげしくざわめく音:)ひゅー,ぴゅー, ざあーっ. oben *hui* und unten pfui または außen *hui* und innen pfui 見かけはりっぱで, 中味はお粗末. ◇《名詞的に》*im* (または in einem) *Hui*《口語》あっという間に, たちまち.

Huld [フルト húlt] 女 -/《雅》(皮肉としても:)寵愛(ちょう), 恩寵; (目下の者への)好意.

hul·di·gen [フルディゲン húldıgən] 自 (h) ①《雅》[人³に]敬意を表する; ③(王など³に)忠誠を誓う. ②《雅》〔軍³を〕信奉する; (飲酒など³に)ふける.

Hul·di·gung [フルディグング] 女 -/-en 敬意[を表すること];《古》忠誠の誓い; 敬意のしるし.

huld╱reich [フルト・ライヒ] 形 《雅》(ふつう皮肉って:)慈悲深い, いんぎんな.

huld╱voll [フルト・フォル] 形 = huldreich

hül·fe [ヒュるフェ] *helfen (助ける)の接 2

* *die* **Hül·le** [ヒュル hýlə] 女 (単) -/(複) -n ① 覆い, 包み, カバー; ケース.《英》cover). eine *Hülle* aus Plastik (定期券などを入れる)プラスティックのケース / die *Hülle*⁴ von 物³ entfernen 物³の覆いを取り除く / die sterbliche *Hülle*《雅・婉曲》亡きがら, 遺体. ②《口語・戯》衣服. die *Hüllen*⁴ ab|streifen (または fallen lassen) 服を脱ぐ. ◇《成句的に》in *Hülle* und Fülle あり余るほど, たっぷり. ③《植》総苞(ホッ), さや.

* **hül·len** [ヒュレン hýlən] 他 (hüllte, *hat...* gehüllt)《雅》①[A⁴ in B⁴ ~] (A⁴ を B⁴ に)包む, 覆う, くるむ. (《英》*wrap*). einen Blumenstrauß in Papier *hüllen* 花束を紙に包む / Die Berge *waren* in Nebel *gehüllt*. 山々は霧に包まれていた. ◇《再帰的に》*sich*⁴ in einen Mantel *hüllen* コートに身を包む / *sich*⁴ in Schweigen *hüllen*《比》沈黙を守る. ②[A⁴ **um** B⁴ ~] (A⁴ を B⁴ に) 引っ掛ける. eine warme Decke⁴ um 人⁴ *hüllen* 人⁴に温かい毛布を掛けてやる.

hül·len╱los [ヒュレン・ろース] 形 ① 覆いのない, あからさまな. ②《戯》裸の.

hüll·te [ヒュるテ] *hüllen (包む)の過去

Hül·se [ヒュるゼ hýlzə] 女 -/-n ① 豆のさや. ②(さや状の)容器, ケース; キャップ, サック; 薬莢.

Hül·sen╱frucht [ヒュるゼン・フルフト] 女 -/..früchte《ふつう複》《植》豆果(ご), マメ科植物.

hu·man [フマーン humáːn] 形 ① 人間的な, 人道的な; 寛大な, 思いやりのある. ②《医》人の, 人間特有の.

Hu·ma·nis·mus [フマニスムス humanísmus] 男 -/ ① ヒューマニズム, 人道主義. 人文主義; (14–16 世紀における)古典研究.

Hu·ma·nist [フマニスト humaníst] 男 -en/-en ① ヒューマニスト, 人道主義者. ② 人文主義者; 古典学者.

hu·ma·nis·tisch [フマニスティッシュ humanístıʃ] 形 ① ヒューマニズムの, 人道主義の. ② 人文主義の; 古典[文学]の. ein *humanistisches* Gymnasium (古典語教育を重視する)古典語ギムナジウム / *humanistische* Bildung 人文主義的な教養.

hu·ma·ni·tär [フマニテーァ humanitéːr] 形 人道的な, 博愛の; 情け深い, 慈善の. aus *humanitären* Gründen 人道的な理由から.

Hu·ma·ni·tät [フマニテート humanitéːt] 女 -/ ヒューマニティー, 人間愛, 人道, 人間性.

Hu·man╱me·di·zin [フマーン・メディツィーン] 女 -/《獣医学に対して:》人間医学.

Hum·boldt [フンボるト húmbɔlt] -s/《人名》フンボルト(兄 Wilhelm von *Humboldt* 1767–1835; 言語学者・政治家. 弟 Alexander von *Humboldt* 1769–1859; ドイツの自然科学者).

Hum·bug [フンブク húmbuk]《英》男 -s/《口語》いかさま, ごまかし, たわごと, ナンセンス.

Hum·mel [フメる húməl] 女 -/-n《昆》マルハナバチ. eine wilde *Hummel*《戯》おてんば娘.

Hum·mer [フマァ húmər] 男 -s/-《動》ロブスター.

* *der* **Hu·mor** [フモーァ humóːr] 男 (単) -s/ (複) -e (3格のみ -en) ①《複なし》ユーモア[精神], おかしみ.《英》*humor*). Er hat einen goldenen *Humor*. 彼はすばらしいユーモアの持ち主だ / ein Mensch **ohne** *Humor* ユーモアのない

(わからない)人 / Er hat keinen Sinn für *Humor*. 彼にはユーモアのセンスがない. ② ユーモアのある表現(言葉), しゃれ, 風刺. ein schwarzer *Humor* ブラックユーモア. ③ 〚複〛なし〛楽しい気分, 上機嫌.

Hu·mo·res·ke [フモレスケ humoréskə] 囡 -/-n ① 《文学》ユーモア小説, 小話. ② 《音楽》ユモレスク.

hu·mo·rig [フモーリヒ humó:rɪç] 形 ユーモアのある, 機知に富んだ.

Hu·mo·rist [フモリスト humoríst] 男 -en/-en ① ユーモア作家. ② コメディアン.

hu·mo·ris·tisch [フモリスティッシュ humorístɪʃ] 形 ユーモラスな, 快活で楽しい.

hu·mor·los [フモーァ・ろース] 形 ユーモアのない, ユーモアを欠いた.

hu·mor·voll [フモーァ・ふぉる] 形 ユーモアたっぷりの, 陽気な.

hum·peln [フンペるン húmpəln] 自 (h, s) ① 片足を引きずる; (…へ)片足を引きずって歩く. ②《方》(車が)がたがた走る.

Hum·pen [フンペン húmpən] 男 -s/- (取っ手・ふたの付いた)大ジョッキ.

Hu·mus [フームス hú:mʊs] 男 -/《農》腐植土, 肥沃(ひよく)土.

*_der_ **Hund** [フント]

> 犬 Vorsicht, bissiger *Hund*!
> ふォーァズィヒト ビスィガァ フント
> 猛犬に注意!

男 (単 2) -es (まれに -s)/(複) -e (3 格のみ -en) ①《動》イヌ(犬). 《英》dog). ein treuer *Hund* 忠犬 / ein herrenloser *Hund* 野良犬 / Der *Hund* bellt (knarrt). 犬がほえる(うなる) / Der *Hund* wedelt mit dem Schwanz. 犬がしっぽを振る / [sich³] einen *Hund* halten 犬を飼う / den *Hund* spazieren führen 犬を散歩させる / einen *Hund* an der Leine führen 犬をひもにつないで歩く / der Große (Kleine) *Hund*《天》大犬(小犬)座 / *Hunde*⁴ dressieren 犬を調教する / *Hunde*, die bellen, beißen nicht.《ことわざ》ほえる犬はかみつかない / Da liegt der *Hund* begraben.《口語》そこが問題だ(← [財宝を守る]犬が埋められている) / Das ist ein dicker *Hund*!《口語・比》a)とんでもない(あつかましい)ことだ, b)とんでもない間違いだ / wie ein *Hund* leben《口語》(犬のように)みじめな生活をする / wie *Hund* und Katze leben《口語》犬猿の間柄である(← 犬と猫のように暮らす) / Er ist müde wie ein *Hund*.《口語》彼はへとへとに疲れている.

◇《前置詞とともに》人⁴ auf den *Hund* bringen《口語・比》人⁴を破滅させる / auf den *Hund* kommen《口語・比》(健康が)衰える, 落ちぶれる / Er ist **mit** allen *Hunden* gehetzt.《状態受動・現在》《口語・比》彼はしたたか者(海千山千)だ(← どんな猟犬で狩りたてられても逃げる獣のようだ) / **vor** die *Hunde* gehen《口語・比》滅びる.

②《俗》やつ, 野郎. ein armer *Hund* 哀れなやつ. ③《坑》トロッコ.

⟨⚐⟩ ..hund のいろいろ: Blinden*hund* 盲導犬 / Hirten*hund* 牧羊犬 / Jagd*hund* 猟犬 / Polizei*hund* 警察犬 / Schäfer*hund* 牧羊犬 / Schoß*hund*(ひざに乗るほどの)愛玩犬 / Spür*hund* 捜索犬 / Wach*hund* 番犬

hun·de.., Hun·de.. [フンデ.. húndə..] 形容詞・名詞につける 接頭 ①《きわめて・非常に》例: *hunde*kalt とても寒い. ②《悪い・みじめな》例: *Hunde*wetter 悪天候.

hun·de=elend [フンデ・エーれント] 形《口語》ひどくみじめな, ひどく気分が悪い.

Hun·de=hüt·te [フンデ・ヒュッテ] 囡 -/-n 犬小屋.

hun·de=kalt [フンデ・カるト] 形《口語》すごく寒い.

Hun·de=käl·te [フンデ・ケるテ] 囡 -/《口語》ひどい寒さ, 酷寒.

Hun·de=le·ben [フンデ・れーベン] 中 -s/《口語》みじめな暮らし.

Hun·de=lei·ne [フンデ・らイネ] 囡 -/-n 犬の引き綱.

Hun·de=mar·ke [フンデ・マルケ] 囡 -/-n ① 犬の鑑札. ②《俗・戯》兵隊の認識票, 私服警官のバッジ.

hun·de=mü·de [フンデ・ミューデ] 形《述語としてのみ》《口語》へとへとに疲れた.

***hun·dert** [フンダァト húndərt] 数《基数; 無語尾で》①〚100〛の.《英》hundred). *hundert* Personen 100 人の人 / nach (vor) *hundert* Jahren 100 年後(前)に / ein Buch mit *hundert* Seiten 100 ページの本 / [mit] *hundert* fahren《口語》時速 100 キロで車を走らせる / auf *hundert* kommen (sein)《口語》かんかんに怒る(怒っている)(← 時速 100 キロに達する(達している)) /人⁴ auf *hundert* bringen《口語》人⁴をかんかんに怒らせる.

②《口語》数百の, 非常に多くの. (⟨⚐⟩ ②の意味の場合は頭文字を大文字でも書く. ☞ Hundert¹ ②)

*_das_ **Hun·dert**¹ [フンダァト húndərt] 中 (単 2) -s/(複) -e (3 格のみ -en)《数量単位としては: (複) -】① 〚100, 100 人(個)〛. ein halbes *Hundert* 50 / fünf **von** *Hundert* 5 パーセント(略: 5 v.H.). ②《口語》数百, 多数. einige *Hundert* (または *hundert*) Zigarren 葉巻き数百本 / *Hunderte* (または *hunderte*) von Menschen 何百人もの人々 / Die Kosten gehen **in** die *Hunderte* (または *hunderte*).《口語》費用は数百マルクに達する / **zu** *Hunderten* (または *hunderten*) 幾百となく.

Hun·dert² [フンダァト] 囡 -/-en (数字の)100.

Hun·der·ter [フンダァタァ húndərtər] 男 -s/- ①《口語》100 マルク紙幣. ②《数》3 けたの数; 100 のつく数.

hun·der·ter·lei [フンダァタァらイ húndərtərláɪ] 形《無語尾で》《口語》種々の, ありとあら

hun·dert⁼fach [フンダァト・ファッハ] 形 100 倍の.

Hun·dert·jahr⁼fei·er [フンダァトヤール・ファイアァ] 女 -/-n 100 年祭.

hun·dert⁼jäh·rig [フンダァト・イェーリヒ] 形 100 歳の; 100 年[間]の. der *Hundertjährige* Krieg《史》100 年戦争 (1339-1453).

hun·dert⁼jähr·lich [フンダァト・イェーァリヒ] 形 100 年ごとの.

hun·dert⁼mal [フンダァト・マール] 副 ① 100 度, 100 回; 100 倍. ②《口語》何度も何度も.

hun·dert⁼ma·lig [フンダァト・マーリヒ] 形《付加語としてのみ》100 回の; 100 倍の.

Hun·dert·mark⁼schein [フンダァトマルク・シャイン] 男 -[e]s/-e 100 マルク紙幣.

hun·dert⁼pro·zen·tig [フンダァト・プロツェンティヒ] 形 ① 100 パーセントの, 純粋な. *hundertprozentige* Wolle 純毛. ②《口語》完全な, 信頼のおける, 確実な.

hun·dertst [フンダァツト húndərtst] 数《序数》第 100[番目]の. zum *hundertsten* Mal a) 百度目に, b) 何度となく. ◇《名詞的に》vom *Hundertsten* ins Tausendste kommen 本題からどんどんはずれる.

hun·derts⁼tel [フンダァツテル húndərtstəl] 数《分数; 無語尾で》100 分の 1 [の].

Hun·derts⁼tel [フンダァツテル 中《ス゛: 男》-s/- 100 分の 1.

hun·dert⁼tau·send [フンダァト・タオゼント] 数《基数; 無語尾で》10 万[の], 何十万[の].

Hun·de⁼steu·er [フンデ・シュトイアァ] 女 -/ 畜犬税.

Hun·de⁼wet·ter [フンデ・ヴェッタァ] 中 -s/《口語》悪天候, 荒天, しけ.

Hün·din [ヒュンディン hýndɪn] 女 -/..dinnen 雌犬.

hün·disch [ヒュンディッシュ hýndɪʃ] 形 ① 卑屈な, ぺこぺこする (元の意味は「犬のように従属な」). ② 低俗な, 低劣な; 卑劣な.

Hunds⁼fott [フンツ・フォット] 男 -[e]s/..fötter (または -e)《俗》やくざ, 悪党.

hunds⁼ge·mein [フンツ・ゲマイン] 形《口語》① ひどく卑劣な(悪らつな); ひどく下品な. ② ひどい, たいへんな.

Hunds⁼ta·ge [フンツ・ターゲ] 複 盛夏(7 月 24 日から 8 月 23 日まで).

Hü·ne [ヒューネ hýːnə] 男 -n/-n 巨人; 大男.

Hü·nen⁼grab [ヒューネン・グラープ] 中 -[e]s/..gräber [巨石]墳墓.

hü·nen·haft [ヒューネンハフト] 形 巨人のような; 巨大な, 怪力の.

✱**der Hun·ger** [フンガァ húŋər]

| 空腹 | Ich habe *Hunger*.
 イヒ ハーベ フンガァ
 私はおなかがすいた. |

男《単 2》-s/ ① 空腹, 飢え. (英 *hunger*). *Hunger*⁴ bekommen おなかがすく / Wir haben großen *Hunger*. 私たちは腹ぺこです / *Hunger*⁴ leiden 飢える / Er hatte *Hunger* wie ein Bär. 彼はひどく空腹だった(←熊のように) / **an** (または **vor**) *Hunger* sterben 餓死する / den *Hunger* stillen 飢えをいやす / *Hunger* ist der beste Koch. 空腹時はまずいものなし(←空腹は最良の料理人).

② 飢饉(ḱ_ん), 食糧不足. ③《雅》渇望, 欲求. *Hunger* nach Ruhm 名声欲.

Hun·ger⁼kur [フンガァ・クーァ] 女 -/-en《医》断食(絶食)療法.

Hun·ger⁼lei·der [フンガァ・らイダァ] 男 -s/-《口語》ひどく貧乏な人.

Hun·ger⁼lohn [フンガァ・ろーン] 男 -[e]s/..löhne ひどい低賃金, 食うにも足りない薄給.

✱**hun·gern** [フンガァン húŋərn] (hungerte, *hat*...gehungert) **I** 自《完了 haben》① 空腹である, 飢えている; 絶食(減食)している. *hungern lassen* 人⁴を飢えさせる / Das ganze Land *hungert*. 国中が飢えている / Sie *hungert*, um schlank zu werden. 彼女はやせるために絶食(減食)している. ②《**nach** 物³ ~》《雅》《物³を》渇望している. Das Kind *hungerte* nach Liebe. その子供は愛情に飢えていた.

II 非人称《完了 haben》《**es** *hungert* 人⁴の形で》《詩》人⁴は腹がすいている. Es *hungert* mich. または Mich *hungert*. 私は空腹だ(←ふつうは Ich habe Hunger. または Ich bin hungrig. と表現する) / Es *hungerte* ihn (または Ihn *hungerte*) **nach** Wissen.《雅》彼は知識に飢えていた. (←es は文頭以外ではふつう省かれる).

III 再帰《完了 haben》*sich*⁴ *hungern* 絶食(減食)して[その結果]...になる. *sich*⁴ schlank *hungern* 減食してやせる / *sich*⁴ zu Tode³ *hungern* 餓死する.

Hun·ger⁼ödem [フンガァ・エデーム] 中 -s/-e《医》飢餓浮腫(Ŀ_.), 飢餓水腫(ŝ_..).

Hun·gers⁼not [フンガァス・ノート] 女 -/..nöte 飢饉(ḱ_ん).

Hun·ger⁼streik [フンガァ・シュトライク] 男 -[e]s/-s ハンガーストライキ. **in den** *Hungerstreik* treten ハンストに入る.

hun·ger·te [フンガァテ] ✱hungern (空腹である) の過去.

Hun·ger⁼tuch [フンガァ・トゥーフ] 中 -[e]s/..tücher 四旬節(断食節)に祭壇に張られた布. **am** *Hungertuch* nagen《口語・戯》飢えに苦しむ.

✱**hung·rig** [フングリヒ húŋrɪç] 形 ① 空腹の, ひもじい, 飢えている. (英 *hungry*). *hungrige* Kinder おなかをすかせた子供たち / Ich bin *hungrig* wie ein Wolf. 私はものすごく腹がへっている(←おおかみのように) / **nach** 物³ *hungrig* sein 物³を食べたがっている ⇒ Sie ist *hungrig* nach Obst. 彼女は果物を食べたがっている.

②《雅》渇望している. *hungrige* Augen⁴ haben 貪欲(ᵗ_.)な目つきをしている / Sie war *hungrig* **nach** Mitgefühl. 彼女は同情に飢え

ていた.

Hun·ne [フネ húnə] 男 -n/-n ① フン族(5世紀にアッティラ王のもとで大帝国を建設した北方遊牧民族). ② (軽蔑的に:)野蛮人.

der **Huns·rück** [フンス・リュック húns-ryk] 男 -s/《定冠詞とともに》《山名》フンスリュック山地(ライン粘板岩山地南西部; ☞ 地図 C-4).

*die **Hu·pe** [フーペ hú:pə] 女 《単》-/《複》-n (自動車などの)クラクション, 警笛. (英 horn). **auf die** *Hupe* **drücken** クラクションを[押して]鳴らす.

***hu·pen** [フーペン hú:pən] (hupte, hat…gehupt) 自《定了》haben) (人・車が)クラクション(警笛)を鳴らす. (英 hoot). **Der Fahrer** *hupte* **mehrmals.** ドライバーは何度かクラクションを鳴らした.

***hüp·fen** [ヒュプフェン hýpfən] (hüpfte, ist…gehüpft) 自《定了》sein) ① ぴょんぴょん跳ぶ, はねる. (英 hop). **auf einem Bein** *hüpfen* 片足でぴょんぴょん跳ぶ / **Der Vogel** *hüpft*. 小鳥がぴょんぴょん跳びはねる / **Das Herz** *hüpfte* **ihm vor Freude.** 《比》彼は喜びに胸を躍らせた. ② 《方向を表す語句とともに》(…へ)ぴょんぴょん跳んで行く. **über einen Bach** *hüpfen* 小川をひょいと跳び越える.

hüpf·te [ヒュプフテ] *hüpfen (ぴょんぴょん跳ぶ)の 過去

hup·te [フープテ] *hupen (クラクションを鳴らす)の 過去

Hür·de [ヒュルデ hýrdə] 女 -/-n ① (陸上競技の)ハードル, (競馬の)障害物. **eine** *Hürde*[4] **nehmen** 《比》難関を突破する. ② (家畜を囲う)移動柵(さく), 囲いのある牧場.

Hür·den-lauf [ヒュルデン・らオふ] 男 -[e]s/..läufe (陸上競技の)ハードル(障害物)競走.

Hu·re [フーレ hú:rə] 女 -/-n 娼婦(しょうふ), 売春婦; (女性をののしって:)尻軽(しりがる)女.

hu·ren [フーレン hú:rən] 自 (h) みだらな性行為をする, 売春行為をする.

Hu·re·rei [フーレライ hu:rərái] 女 -/-en みだらな性行為; 売春行為.

hur·ra! [フラー huráː または フラ] 間 (歓喜の気持ちを表して:)万歳, わーい. *Hurra*, **es schneit!** わーい, 雪だ.

Hur·ra [フラー または フラ] 中 -s/-s 万歳の叫び, 歓呼. 人[4] **mit einem** *Hurra* **begrüßen** 人[4]を歓呼して迎える.

Hur·ra-pa·tri·o·tis·mus [フラー・パトリオティスムス] 男 -/ 狂信的愛国主義.

Hur·ri·kan [フリカン húrikan] 男 -s/-e (英語式発音 [ハリケン]のとき: -s/-s) ハリケーン(西インド諸島と南西アメリカに起こる大旋風).

hur·tig [フルティヒ húrtıç] 形 《方》すばやい, 機敏な.

Hu·sar [フザール huzáːr] 男 -en/-en 《軍》(昔の)軽騎兵(元は 15 世紀ハンガリーの軽騎兵).

husch! [フッシュ húʃ] 間 ① (音をたてないすばやい動きを表して:)さっ, すーっ. ② (促して:)さあ, さっさと. **Kinder,** *husch*, *husch*, **ins Bett!** 子供たち, さあさあ, お休みなさい.

hu·schen [フッシェン húʃən] 自 (s) さっと(すっと)動く, かすめ去る.

Hus·serl [フッサァる húsərl] -s/《人名》フッサール (Edmund *Husserl* 1859–1938; ドイツの哲学者).

hüs·teln [ヒュステるン hýːstəln] 自 (h) 軽くせきをする, 軽くせきばらいする.

***hus·ten** [フーステン húːstən] **du hustest, er hustet** (hustete, hat…gehustet) I 自《定了》haben) ① せきをする. (英 cough). **Er** *hustet* **schon tagelang.** 彼はもう何日もせきをしている / **diskret** *husten* (合図として:)そっとせきばらいする / **auf** 物[4] *husten* 《俗》物[4]を問題にしない. ② 〘口語〙(エンジンが)ノッキングする.
II 他 《定了》haben) (たんなど[4]を)せきをして吐き出す. **Blut**[4] *husten* 喀血(かっけつ)する, せきをして血を吐く / **Ich** *werde* **dir eins** *husten!* 《俗》おまえの言うとおりになどするものか.

*der **Hus·ten** [フーステン húːstən] 男 《単 2》-s/《複》関 せき. 《英 cough》. **Keuch-** *husten* 百日ぜき / **trockener** *Husten* 乾性せき, からぜき / *Husten*[4] **haben** せきが出る ⇒ **Ich habe** *Husten*. 私はせきが出ます.

Hus·ten-an·fall [フーステン・アンふァる] 男 -[e]s/..fälle せきの発作.

Hus·ten-bon·bon [フーステン・ボンボーン] 中 男 -s/-s せき止めドロップ.

Hus·ten-mit·tel [フーステン・ミッテる] 中 -s/- せき止め薬.

hus·te·te [フーステテ] *husten (せきをする)の 過去

Hu·sum [フーズム húːzʊm] 中 -s/《都市名》フーズム(ドイツ, シュレースヴィヒ・ホルシュタイン州の港町; ☞ 地図 D-1).

*der **Hut**[1] [フート húːt]

帽子	**Wo ist mein** *Hut*?
	ヴォー イスト マイン フート
	私の帽子はどこ?

男 《単 2》-es (まれに -s)/《複》Hüte [ヒューテ] (3 格のみ Hüten) ① (縁のある)帽子. (英 hat). (定了)「縁のない帽子」は Mütze). **Damen**hut 婦人帽 / **einen** *Hut* **tragen** 帽子をかぶっている ⇒ **Sie trägt einen schicken** *Hut*. 彼女はシックな帽子をかぶっている / **den** *Hut* **ab|neh-men (auf|setzen)** 帽子を脱ぐ(かぶる) / **den** *Hut* **lüften** 帽子をちょっと上げてあいさつする / *Hut* **ab vor dieser Leistung!**〘口語〙この業績はりっぱなものだ(←この業績の前で帽子をとれ) / **vor** 人[3] **den** *Hut* **ziehen** 人[3]に敬意を払う / **Das ist ein alter** *Hut*. 〘口語〙それはもう古くさい話だ.

◆《前置詞とともに》**eins**[4] **auf den** *Hut* **be-kommen**〘口語〙a) 一発なぐられる, b) 《比》ひどくしかられる / 物[4] **aus dem** *Hut* **machen**〘口語・比〙物[4]をその場でやってのける / **Mit dem** *Hut* **in der Hand kommt man durch**

das ganze Land.《口語》腰を低くすれば何もかもうまくいく(←帽子を脱いで手に持てば，国中を渡り歩ける) / alle⁴ **unter** einen *Hut* bringen《口語・比》全員を一致(調和)させる．
② (帽子状のもの:)《植》きのこ傘．

帽子のいろいろ
Hut / Zylinder / Schirmmütze / Zipfelmütze / Badekappe (Bademütze)

Hut² [フート] 男 -/《雅》① 保護，監督．in guter *Hut* sein よく保管(保護)されている．② 用心，警戒．bei (または vor) 人³ **auf** den *Hut* sein 人³を警戒している．

Hü·te [ヒューテ] *Hut¹ (帽子)の 複

****hü·ten** [ヒューテン hýːtən] du hütest, er hütet (hütete, *hat*...gehütet) **I** 他 (<haben) (人・物⁴の)番をする，見張る，守る．(英 guard). Kühe⁴ *hüten* 牛の番をする / Kinder⁴ *hüten* 子供たちのお守りをする / das Bett⁴ *hüten*《比》病気で床についている / ein Geheimnis⁴ *hüten*《比》秘密を守る．
II 再帰 (<haben) sich⁴ *hüten* 用心する，気をつける．sich⁴ **vor** Anstekkung *hüten* (病気の)感染にも用心する / *Hüte dich,* dass du nicht... ...しないように気をつけなさい．◊**zu** 不定詞(句)とともに] Ich *werde mich hüten,* ihm das zu sagen. 私はそれを彼に言わないように気をつけよう．

Hü·ter [ヒュータァ hýːtər] 男 -s/- ①《雅》番人，監視人．(英 女性形は Hüterin). der *Hüter* des Gesetzes《戯》警官(←法律の番人). ②《聖》ゴールキーパー (= Tor*hüter*).

hü·te·te [ヒューテテ] *hüten (番をする)の 過去

Hut・krem・pe [フート・クレンペ] 女 -/-n (帽子の)縁，つば．

Hut・schach・tel [フート・シャハテる] 女 -/-n 帽子箱．

Hut・schnur [フート・シュヌーァ] 女 -/..schnüre 帽子のひも．

*****die Hüt・te** [ヒュッテ hýtə] 女 (単)-/(複)-n ① 小屋，あばら屋；ヒュッテ，山小屋，スキーロッジ (=Ski*hütte*). (英 hut). Wir übernachteten **in** einer *Hütte*. 私たちは山小屋に泊まる / Hier lasst uns *Hütten* bauen!《口語》ここに落ち着く(定住する)ことにしよう．
② (海) 後甲板船室．精錬所．Eisen*hütte* 製鉄所．

Hut·ten [フッテン hútən] -s/《人名》フッテン (Ulrich von *Hutten* 1488–1523; ドイツの人文主義者．宗教改革を支持した).

Hüt·ten·werk [ヒュッテン・ヴェルク] 中 -[e]s/-e 冶金(ゃ)工場，精錬(製鉄)所．

Hüt·ten·we·sen [ヒュッテン・ヴェーゼン] 中 -s/ 冶金(ゃ)，溶鉱．

hut·ze·lig [フッツェリヒ hútsəliç] 形《口語》しわだらけの，しわくちゃな；ひからびた，しなびた．

hut·zlig [フッツリヒ hútslıç] 形 =hutzelig

Hy·ä·ne [ヒュエーネ hyéːnə] 女 -/-n ①《動》ハイエナ．②《覆》強欲者．

Hy·a·zinth [ヒュアツィント hyatsínt] **I** -[e]s/《ギ神》ヒュアキントス(アポロに愛された美少年). **II** 男 -[e]s/-e《鉱》ヒアシンス，赤色ジルコン．

Hy·a·zin·the [ヒュアツィンテ hyatsíntə] 女 -/-n《植》ヒアシンス．

hy·brid [ヒュブリート hybríːt] 形 ① 雑種の；混成の；混種の．② 思いあがった，不遜(ん)な．

Hyb·rid-Au·to [ヒュブリート・アオト] 中 -s/-s (二種類の動力源で走る)ハイブリッドカー．

Hyb·ri·de [ヒュブリーデ hybríːdə] 女 -/-n (または 男 -n/-n)《生》雑種．

Hyb·ris [ヒューブリス hýːbrıs] 女 -/ 思いあがり，不遜(ん)，尊大．

Hyd·ra [ヒュードラ hýːdra] 女 -/Hydren ①《動》ヒドラ．②《覆 なし》《ギ神》ヒドラ(九つの頭を持つ水蛇). ③《覆 なし；定冠詞とともに》《天》海蛇座．

Hyd·rant [ヒュドラント hydránt] 男 -en/-en (路上の)消火栓，給水栓．

Hyd·rat [ヒュドラート hydráːt] 中 -[e]s/-e 《化》水化物，含水化合物．

Hyd·rau·lik [ヒュドラオリク hydráulık] 女 -/ 《工》水力学，水理学．

hyd·rau·lisch [ヒュドラオリッシュ hydráulıʃ] 形《工》水力の；水圧(油圧)の．eine *hydraulische* Bremse 油圧ブレーキ．

hyd·ro.., **Hyd·ro..** [ヒュドロ.. hydro.. または ヒュードロ..]《形容詞・名詞につける 接頭》《水 [の]》例: *Hydro*kultur 水栽培．

Hyd·ro·dy·na·mik [ヒュードロ・デュナーミク hýːdro-dyna:tık または ヒュドロ・デュナー..] 女 -/《物》流体[動]力学．

Hyd·ro·kul·tur [ヒュードロ・クるトゥーァ hýːdro-kultuːr または ヒュドロ・クるトゥーァ] 女 -/《園芸》水栽培[法]．

Hyd·ro·ly·se [ヒュドロリューゼ hydrolýːzə] 女 -/-n《化》加水分解．

Hyd·ro·sta·tik [ヒュードロ・スターティク hýːdro-staːtık または ヒュドロ・スター..] 女 -/《物》流体静力学．

Hy·gi·e·ne [ヒュギエーネ hygiéːnə] 女 -/《医》衛生学，予防医学．② 保健衛生[対策]．die öffentliche *Hygiene* 公衆衛生．③ 清潔；清潔維持対策．

hy·gi·e·nisch [ヒュギエーニッシュ hygiéːnıʃ] 形 ① 衛生学[上]の．② 衛生的な，きわめて清潔な．

Hyg·ro·me·ter [ヒュグロメータァ hygroméː-

Hyg·ro·skop [ヒュグロスコープ hygroskóːp] 中 -s/-e《気象》験湿器.

Hy·men [ヒューメン hýːmən] 中 男 -s/-《医》処女膜.

Hym·ne [ヒュムネ hýmnə] 女 -/-n 賛歌, 頌歌(しょうか); 賛美歌, 聖歌. National*hymne* 国歌 / eine *Hymne* auf die Freiheit 自由賛歌.

Hym·nus [ヒュムヌス hýmnus] 男 -/Hymnen《雅》= Hymne

hy·per.., **Hy·per..** [ヒュパァ.. hypər.. または ヒューパァ..]《形容詞・名詞につける接頭》《超・過》例: *hyper*modern 超モダンな.

Hy·per·bel [ヒュペルベる hypérbəl] 女 -/-n ①《数》双曲線. ②《修》誇張法.

hy·per=mo·dern [ヒューパァ・モデルン] 形 超モダンな.

Hy·per·to·nie [ヒュパァトニー hypərtoniː] 女 -/-n [..-ニーエン]《医》高張, 緊張過度; 高血圧[症].

Hyp·no·se [ヒュプノーゼ hypnóːzə] 女 -/-n 催眠[術], 催眠状態. 人[4] in *Hypnose* versetzen 人[4]に催眠術をかける.

hyp·no·tisch [ヒュプノーティッシュ hypnóːtɪʃ] 形 催眠[術]の, 催眠性の; 催眠作用のある.

Hyp·no·ti·seur [ヒュプノティゼーァ hypnotizǿːr] [フランス] 男 -s/-e 催眠術師; 催眠療法医.

hyp·no·ti·sie·ren [ヒュプノティズィーレン hypnotizíːrən] 他 (h)(人[4]に)催眠術をかける;《比》(魅力で)とりこにする.

Hy·po·chon·der [ヒュポホンダァ hypoxóndər または hypo..] 男 -s/-《医》ヒポコンデリー患者, 心気症の人.

Hy·po·chon·drie [ヒュポホンドリー hypoxondríː または hypo..] 女 -/-n [..-リーエン]《ふつう 単》《医》ヒポコンデリー, 心気症.

hy·po·chon·drisch [ヒュポホンドリッシュ hypoxóndrɪʃ または hypo..] 形《医》ヒポコンデリーの, 心気症の.

Hy·po·phy·se [ヒュポフューゼ hypofýːzə] 女 -/-n《医》《脳》下垂体.

Hy·po·te·nu·se [ヒュポテヌーゼ hypotenúːzə] 女 -/-n《数》(直角三角形の)斜辺.

Hy·po·thek [ヒュポテーク hypotéːk] 女 -/-en ①《法》抵当[権], 担保; (抵当によって借り入れた)資金. die erste *Hypothek* 一番抵当 / eine *Hypothek*[4] auf ein Haus aufnehmen 家を抵当に入れる. ② 負担, 重荷.

Hy·po·the·ken=brief [ヒュポテーケン・ブリーふ] 男 -[e]s/-e 抵当証券.

Hy·po·the·se [ヒュポテーゼ hypotéːzə] 女 -/-n 仮説, 仮定. eine *Hypothese*[4] aufstellen 仮説をたてる.

hy·po·the·tisch [ヒュポテーティッシュ hypotéːtɪʃ] 形 ① 仮定の, 仮定的な. ② 仮説の.

Hy·po·to·nie [ヒュポトニー hypotoníː] 女 -/-n [..-ニーエン]《医》低張, 緊張低下; 低血圧[症].

Hys·te·rie [ヒュステリー hysteríː] 女 -/-n [..-リーエン]《医》ヒステリー.

Hys·te·ri·ker [ヒュステーリカァ hystéːrikər] 男 -s/-《医》ヒステリー患者; ヒステリックな人.

hys·te·risch [ヒュステーリッシュ hystéːrɪʃ] 形《医》ヒステリー性の; ヒステリックな. *hysterische* Anfälle ヒステリーの発作.

Hz [ヘルツ]《記号》《物》ヘルツ(= Hertz).

I i

i, I [イー í:] 中 -/- イー(ドイツ語アルファベットの第9字). der Punkt (または das Tüpfelchen) auf dem *i* (比)最後の仕上げ(←i の上の点).

i! [イー] 間 (拒否・嫌悪・不快を表して:)うぇー, ひぇー. *I*, schmeckt das komisch! うぇー, 変な味がする / *I* bewahre! または *I* wo!《口語》ひぇー, とんでもない!

i. [イム または イン]《略》…の中に (=im, in).

i. A., I. A. [イム アオフ・トラーク]《略》委任により, 代理で (=im Auftrag, Im Auftrag).

i-ah! [イーアー í:á: または イアー] 間 (ろばの鳴き声:)ひーん.

i. allg. 〔新形〕i. Allg.

i. Allg. [イム アる・ゲマイネン]《略》一般に, 概して (=im Allgemeinen).

ib. [イビデム または イービデム]《略》同書に, 同じ箇所(ページ)に.

ibd. [イビデム または イービデム]《略》=ibidem

i·be·risch [イベーリッシュ ibé:rɪʃ] 形 イベリア[半島]の.

ibid. [イビーデム または イービデム]《略》=ibidem

i·bi·dem [イビーデム ibí:dɛm または イービデム] [?] 同書に, 同じ箇所(ページ)に (略: ib., ibd., ibid.).

Ib·sen [イプセン ípsən] 男 -s/《人名》イプセン (Henrik *Ibsen* 1828-1906; ノルウェーの劇作家).

IC [イー・ツェー]《略》インターシティー, (ドイツの)都市間特急列車 (=Intercity[zug]). (🖙 Zug)

ICE [イー・ツェー・エー]《略》インターシティー・エクスプレス, (ドイツの)都市間超特急列車 (=Intercityexpress). (🖙 Zug 🖙).

__ich__ [イヒ íç]

私は		
Ich bin Student.	1格	*ich*
イヒ ビン シュトゥデント	2格	meiner
私は大学生です.	3格	mir
	4格	mich

代《人称代名詞; 1人称単数の1格》私は(が), ぼくは(が). (英 *I*). (🖙 文頭以外では小文字; 「私たちは」は wir). *Ich* habe Hunger. 私は空腹だ / du und *ich* 君とぼく(あなたと私) / *Ich* für meine Person habe nichts dagegen. 私個人としてはそれに異存はありません.

Ich [イヒ] 中 -[s]/-[s] 自己, 自分; 自我. mein zweites *Ich* 私の分身 / mein besseres *Ich* 私の良心.

ich⹀be·zo·gen [イヒ・ベツォーゲン] 形 自己中心的な, 自分勝手な.

Ich⹀er·zäh·lung [イヒ・エァツェーるング] 女 -/-en《文学》一人称形式の物語.

Ich⹀form [イヒ・フォルム] 女 -/ 一人称形式.

Ich⹀ro·man [イヒ・ロマーン] 男 -s/-e《文学》一人称形式の長篇小説.

Ich⹀sucht [イヒ・ズフト] 女 -/ エゴイズム, 利己主義.

ich⹀süch·tig [イヒ・ズュヒティヒ] 形《雅》エゴイスティックな, 利己的な.

Ich·thy·o·lo·gie [イヒテュオろギー ıçtyologí:] 女 -/ 魚類学.

__i·de·al__ [イデアーる ideá:l] 形 (英 ideal) ① 理想的な, 申し分のない. ein *idealer* Partner 理想的なパートナー / Das Wetter war *ideal* zum Skilaufen. スキーにはもってこいの天気だった. ② 想像上の, 理念上の. (🖙「現実の」は real). der *ideale* Staat (架空の)理想国家. ③ 精神的な.

__das I·de·al__ [イデアーる ideá:l] 中 (単2) -s/(複) -e (3格のみ -en) 理想; 理想像, 模範. (英 *ideal*). *Ideal* und Wirklichkeit 理想と現実 / ein *Ideal* an Schönheit 美の極致 / einem *Ideal* nach|streben 理想を追い求める / Ich habe keine *Ideale* mehr. 私はもはや理想などは持たない / Er war das *Ideal* eines Lehrers. 彼は模範的な教師だった.

I·de·al⹀bild [イデアーる・ビるト] 中 -es/-er 理想像.

i·de·a·li·sie·ren [イデアリズィーレン idealizí:rən] 他 (h) 理想化する, (現実など⁴を)美化する.

I·de·a·lis·mus [イデアリスムス idealísmus] 男 -/ ① 理想主義[的情熱]. ② 《哲》観念論. (🖙「唯物論」は Materialismus).

I·de·a·list [イデアリスト idealíst] 男 -en/-en ① 理想主義者. ② 《哲》観念論者.

i·de·a·lis·tisch [イデアリスティッシュ idealístıʃ] 形 ① 理想主義の. ② 《哲》観念論的な.

__die I·dee__ [イデー idé:]

思いつき	Das ist eine gute *Idee*!
	ダス イスト アイネ グーテ イデー
	それはいい考えだ.

女 (単) -/(複) Ideen [イデーエン] ① 思いつき, 着想, アイディア, 考え, 観念. (英 *idea*). eine glänzende *Idee* すばらしい思いつき / eine fixe *Idee* 固定観念, 思い込み / Das ist keine schlechte *Idee*. それはなかなかいい考えだ / Ich habe eine *Idee*! 私にいい考えがある / keine *Idee*⁴ von 事³ haben 事³について少しも知らない, 考えたこともない / auf eine *Idee* kommen 思いつく ⇒ Wie kommst du denn auf so

eine *Idee*? どうしてまた君はそんなことを思いついたの.
② 〖哲〗理念, イデー. Grund*idee* 根本理念 / politische *Ideen* 政治理念. ③ 〖eine *Idee* の形で〗〖口語〗少し, ちょっぴり. eine *Idee* Salz 少量の塩.

i·de·ell [イデエる ideél] 形 理念的な, 観念(精神)的な. (⟨こ〉「物質的な」は materiell).

I·de·en [イデーエン] ‡Idee (思いつき)の 複

i·de·en≠arm [イデーエン・アルム] 形 アイディア(着想)に乏しい.

i·de·en≠reich [イデーエン・ライヒ] 形 アイディア(着想)に富んだ.

I·den·ti·fi·ka·ti·on [イデンティふィカツィオーン identifikatsió:n] 女 -/-en ① (同一であることの)確認, 同定, (死体·犯人などの)身元の検証. ② 〖心〗同一化.

i·den·ti·fi·zie·ren [イデンティふィツィーレン idɛntifitsí:rən] I 他 (h) ① 〖人·物⁴を〗本人(同一物)であると確認する. einen Verhafteten *identifizieren* 逮捕者の身元を確認する / A⁴ als B⁴ *identifizieren* A⁴ が B⁴ であることを確認する. ② 〖A⁴ mit B³ 〜〗(A⁴ を B³ と)同一視する. II 再帰 (h) 〖*sich*⁴ mit 〖人·事〗³ 〜〗〖人·事〗³と)一体化する, 考えが一致する.

I·den·ti·fi·zie·rung [イデンティふィツィールング] 女 -/-en ① (同一であることの)確認, 同定, (死体·犯人などの)身元の検証. ② 〖心〗同一化.

i·den·tisch [イデンティッシュ idɛ́ntɪʃ] 形 同一の; 一致した. A ist mit B *identisch*. A は B と同一である.

I·den·ti·tät [イデンティテート identitɛ́:t] 女 -/ ① 本人であること, 身元; 〖心〗アイデンティティー, 自己同一性. ② (完全な)一致, 同一であること.

I·de·o·lo·ge [イデオろーゲ ideoló:ɡə] 男 -n/ -n ① イデオローグ, (政治的なイデオロギーの)理論的指導者. ② (世間離れした)空論家.

*die **I·de·o·lo·gie** [イデオろギー ideoloɡí:] 女 (単)-/(複)-n [..ギーエン] ① イデオロギー, 観念形態, 政治理論. (英) *ideology*). die marxistische *Ideologie* マルクス主義のイデオロギー. ② 空理空論.

i·de·o·lo·gisch [イデオろーギッシュ ideoló:- ɡɪʃ] 形 ① イデオロギーの. ② 〖貶〗空理空論の.

I·di·om [イディオーム idió:m] 中 -s/-e 〖言〗① (ある地方·階級などに)特有な語法, 方言. ② 慣用句, イディオム, 熟語, 成句.

I·di·o·ma·tik [イディオマーティク idiomá:tɪk] 女 -/ 〖言〗特殊(慣用)語法[論].

i·di·o·ma·tisch [イディオマーティッシュ idiomá:tɪʃ] 形 〖言〗特殊語法の, 慣用句(イディオム)の; 特殊(慣用)語法論の.

I·di·o·syn·kra·sie [イディオズュンクラズィー idiozynkrazí:] 女 -/-n [..ズィーエン] 〖医〗特異体質; 〖心〗病的嫌忌(ケンキ).

I·di·ot [イディオート idió:t] 男 -en/-en ① 〖医〗白痴[者]. ② 〖口語〗ばか, あほう.

I·di·o·ten≠hü·gel [イディオーテン·ヒューゲる] 男 -s/- 〖口語·戯〗(スキーの)初心者用スロープ.

I·di·o·ten≠si·cher [イディオーテン·ズィッヒャァ] 形 〖口語·戯〗だれにでも操作できる(装置·器具など). 失敗しようのない(方法など).

I·di·o·tie [イディオティー idiotí:] 女 -/-n [..ティーエン] ① 〖医〗痴呆(チホウ), 白痴. ② 〖口語〗白痴的言動, 愚行.

i·di·o·tisch [イディオーティッシュ idió:tɪʃ] 形 ① 〖医〗白痴の. ② 〖口語〗ばかばかしい, ひどく愚かな.

I·dol [イドーる idó:l] 中 -s/-e ① 崇拝の対象, 理想像, アイドル. ② 〖美〗偶像, 神像.

I·dyll [イデュる idýl] 中 -s/-e 素朴な生活風景, 牧歌的生活.

I·dyl·le [イデュれ idýlə] 女 -/-n ① 〖文学〗牧歌, 牧歌劇(小説), 田園詩. ② =Idyll

i·dyl·lisch [イデュリッシュ idýlɪʃ] 形 田園風な, 牧歌的な;〖文学〗田園詩の.

i. e. [イット エスト]〖略〗すなわち (=id est).

..ie·ren [..イーレン ..í:rən]〖外来語の名詞·形容詞などにつけて動詞をつくる接尾〗つねにアクセントをもつ〗例: stud*ieren* 大学で学ぶ / marsch*ieren* 行進する. (⟨こ〉..ieren に終る動詞の過去分詞には ge- をつけない).

IG [イー·ゲー]〖略〗① 産業労働組合 (=Industriegewerkschaft). ② 利益共同体 (=Interessengemeinschaft).

..ig [..イヒ ..ɪç]〖形容詞をつくる接尾〗(…のある·…の性質の)例: schwarzäug*ig* 黒い目の / schlamp*ig* だらしのない.

I·gel [イーゲる íːɡəl] 男 -s/- 〖動〗ハリネズミ.

Ig·lu [イーグるー íːɡlu] 中男 -s/-s イグルー(イヌイットの人々が雪で作る半球形の住居).

Ig·no·rant [イグノラント ɪɡnoránt] 男 -en/-en 無知な人, 無学な人; 愚か者.

Ig·no·ranz [イグノランツ ɪɡnoránts] 女 -/ 無知, 無学; 愚鈍.

ig·no·rie·ren [イグノリーレン ɪɡnorí:rən] 他 (h) 〖人·事⁴を〗無視する, 顧みない, 見て見ぬふりをする.

IHK [イー·ハー·カー]〖略〗商工会議所 (=Industrie- und Handelskammer).

*‡**ihm** [イーム íːm] 代 〖人称代名詞; 3人称男性単数 er および中性単数 es の3格〗彼に; それに; 彼(それ)にとって. (英) *him*; *it*). (⟨こ〉人だけでなく事物にも用いられる). Geben Sie *ihm* das Buch! その本を彼に渡してください / Die Arbeit war *ihm* zu hart. その仕事は彼にはつらすぎた. ◇〖前置詞とともに〗Sie kommt mit *ihm*. 彼女は彼といっしょに来る / ein Brief von *ihm* 彼からの手紙.

*‡**ihn** [イーン íːn] 代 〖人称代名詞; 3人称男性単数 er の4格〗彼を; それを. (英) *him*; *it*). (⟨こ〉人だけでなく事物にも用いられる). Ich kenne *ihn* gut. 私は彼をよく知っています. ◇〖前置詞とともに〗Sie wartet auf *ihn*. 彼女は彼を待っている / für *ihn* 彼のために.

*‡**ih·nen** [イーネン íːnən] 代 〖人称代名詞; 3

人称複数 sie の3格》彼ら(彼女たち・それら)に; 彼ら(彼女たち・それら)にとって. (英 them). (メモ 人だけでなく事物にも用いられる). Das habe ich *ihnen* gesagt. それを私は彼らに言った / Das Haus ist *ihnen* zu groß. その家は彼らには大きすぎる. ◇《前置詞とともに》bei *ihnen* 彼らの所(家)で / mit *ihnen* 彼らといっしょに.

Ih·nen [イーネン íːnən] 代《人称代名詞; 2人称敬称 Sie の3格》あなた[がた]に; あなた[がた]にとって. (英 *you*). Ich danke Ihnen. あなた[がた]にお礼申しあげます / Wie geht es *Ihnen*? — Danke, gut. Und *Ihnen*? ご機嫌いかがですか — ありがとう, 元気です. あなたは? ◇《前置詞とともに》Es war sehr schön bei *Ihnen*. (お宅で)とても楽しく過ごさせていただきました / mit *Ihnen* あなた[がた]といっしょに.

ihr¹ [イーァ íːr]

君たち(あなたたち)は
Kommt *ihr* mit?
コムト　イーァ　ミット
君たちもいっしょに来る?

1格	*ihr*
2格	*euer*
3格	*euch*
4格	*euch*

代 **A)**《人称代名詞; 2人称親称・複数の1格》**君たち(あなたたち)は(が)**, おまえたちは(が). (英 *you*). Was macht *ihr* denn da? 君たちはそこで何をしているの.

・・
(メモ) *ihr* は家族・親友・学生どうしなど遠慮のいらない間柄, また子供・動物などに対して用いられ, その他の相手に対してはふつう Sie を用いる. 旧正書法では手紙の場合, 文頭以外でも Ihr と頭文字を大文字で書いた.
・・

B)《人称代名詞; 3人称女性単数 sie の3格》**彼女に**; それに; 彼女(それ)にとって. (英 *her, it*). (英 人だけでなく事物にも用いられる). Ich gab *ihr* fünf Mark. 私は彼女に5マルク与えた. ◇《前置詞とともに》bei *ihr* 彼女の所(家)で / mit *ihr* 彼女といっしょに.

ihr² [イーァ íːr]

彼女の; 彼らの
Ist das *ihr* Fahrrad?
イスト ダス イーァ ファールラート
これは彼女の自転車ですか.

格	男	女	中	複
1	ihr	ihre	ihr	ihre
2	ihres	ihrer	ihres	ihrer
3	ihrem	ihrer	ihrem	ihren
4	ihren	ihre	ihr	ihre

I 冠《所有冠詞; 3人称女性単数および3人称複数》**彼女の(それも)の**; 彼ら(彼女たち・それら)の. (英 *her, its; their*). Sie fährt heute *ihr* neues Auto. 彼女はきょうは新しい車に乗っている / Eltern mit *ihren* Kindern 子供連れの親.

II 代《所有代名詞》① **彼女のもの; 彼ら(彼女たち)のもの**. (英 *hers, theirs*). Das ist nicht mein Auto, sondern *ihr*[*e*]*s*. これは私の車ではなく彼女(彼ら)のです.
② 《定冠詞とともに》彼女の…, 彼ら(彼女たち)の… Das ist nicht meine Angelegenheit, sondern die *ihre*. それは私の問題ではなく彼女(彼ら)の問題だ. ◇《名詞的に》der *Ihre* または der *ihre* 彼女の夫 / die *Ihren* または die *ihren* 彼女(彼ら)の家族 / das *Ihre* または das *ihre* a) 彼女(彼ら)の義務, b) 彼女(彼ら)の財産.

・・
(メモ) 格変化は定冠詞がない場合は男性1格でihrer, 中性1格・4格でihr[e]s となるほかは上の表と同じ. 定冠詞がつく場合は男性1格と女性・中性1格・4格で ihre, 他は ihren.
・・

Ihr [イーァ íːr]

あなた[がた]の
Wie ist *Ihr* Name bitte?
ヴィー イスト イーァ ナーメ ビッテ
お名前はなんとおっしゃいますか.

格	男	女	中	複
1	Ihr	Ihre	Ihr	Ihre
2	Ihres	Ihrer	Ihres	Ihrer
3	Ihrem	Ihrer	Ihrem	Ihren
4	Ihren	Ihre	Ihr	Ihre

I 冠《所有冠詞; 2人称敬称》(Sie で呼びかける相手に対して:)**あなた[がた]の**. (英 *your*). Ist das *Ihr* Wagen? これはあなたの車ですか / Wie geht es *Ihrer* Frau? 奥さまはお元気ですか.

II 代 **A)**《所有代名詞》① **あなた[がた]のもの**. (英 *yours*). Mein Wagen ist kleiner als *Ihrer*. 私の車はあなた[がた]のより小さい. ② 《定冠詞とともに》あなた[がた]の… Das ist nicht unsere Sache, sondern die *Ihre*. それは私達の問題ではなくあなた[がた]の問題です / die *Ihren* あなた[がた]の家族 / das *Ihre* a) あなた[がた]の義務, b) あなた[がた]の財産.

・・
(メモ) 格変化は定冠詞がない場合は男性1格で Ihrer, 中性1格・4格で Ihr[e]s となるほかは上の表と同じ. 定冠詞がつく場合は男性1格と女性・中性1格・4格で Ihre, 他は Ihren.
・・

B)《人称代名詞》① 2人称親称・複数 *ihr* の手紙での (旧形). ☞ ihr¹ A) (英 ② (古)《2人称敬称として》あなた[がた]は (=Sie).

ih·re [イーレ], **ih·rem** [イーレム], **ih·ren** [イーレン] 冠《所有冠詞》☞ ihr¹ A)

Ih·re [イーレ], **Ih·rem** [イーレム], **Ih·ren** [イーレン] 冠《所有冠詞》☞ Ihr I

ih·rer¹ [イーラァ íːrɐr] 代《人称代名詞; 3人称女性単数および複数 sie の2格》彼女(彼ら)の代わりに / Wir gedenken *ihrer*. 《雅》私たちは彼女(彼ら)のことを覚えている.

ih·rer² [イーラァ] 冠《所有冠詞》☞ ihr² I

Ih·rer[1] [イーラァ] 代 《人称代名詞; 2 人称敬称 Sie の 2 格》statt Ihrer あなた[がた]の代わりに / Wir gedenken Ihrer. 《雅》私たちはあなた[がた]のことを覚えています.

Ih·rer[2] [イーラァ] 冠 《所有冠詞》☞ Ihr I

ih·rer·seits [イーラァ・ザイツ] 副 彼女(彼ら)の側で.

Ih·rer·seits [イーラァ・ザイツ] 副 あなた[がた]の側で.

ih·res·glei·chen [イーレス・グらイヒェン] 代 《指示代名詞; 無変化》彼女(彼ら)のような人; その(それらの)ようなもの.

Ih·res·glei·chen [イーレス・グらイヒェン] 代 《指示代名詞; 無変化》あなた[がた]のような人.

ih·ret·hal·ben [イーレット・ハるベン] 副 = ihretwegen

Ih·ret·hal·ben [イーレット・ハるベン] 副 = Ihretwegen

ih·ret·we·gen [イーレット・ヴェーゲン] 副 彼女(彼ら)のために.

Ih·ret·we·gen [イーレット・ヴェーゲン] 副 あなた[がた]のために.

ih·ret·wil·len [イーレット・ヴィれン] 副 《成句的に》um ihretwillen 彼女(彼ら)のために.

Ih·ret·wil·len [イーレット・ヴィれン] 副 《成句的に》um Ihretwillen あなた[がた]のために.

ih·ri·ge [イーリゲ í:rɪgə] 代 《所有代名詞; 定冠詞とともに; 語尾変化は形容詞と同じ》《雅》彼女のもの; 彼ら(彼女たち)のもの. Das ist nicht meine Sache, sondern die ihrige. それは私の問題ではなくて, 彼女の(彼らの)問題だ. ◇《名詞的に》die Ihrigen または die ihrigen 彼女(彼ら)の家族 / das Ihrige または das ihrige a) 彼女(彼ら)の義務, b) 彼女(彼ら)の財産.

Ih·ri·ge [イーリゲ] 代 《所有代名詞; 定冠詞とともに; 語尾変化は形容詞と同じ》《雅》あなた[がた]のもの. Unser Garten ist nicht so groß wie der Ihrige. 私たちの庭はあなた[がた]のほどは大きくない. ◇《名詞的に》die Ihrigen あなた[がた]の家族 / das Ihrige a) あなた[がた]の義務, b) あなた[がた]の財産.

i. J. [イム ヤール (ヤーレ)] 《略》…年に (= im Jahr[e]).

I·ke·ba·na [イケバーナ ikebá:na] 中 -s/ 生け花, 華道.

I·kon [イコーン ikó:n] 中 -s/-e (二ごミ) アイコン.

I·ko·ne [イコーネ ikó:nə] 女 -/-n 《ギリシア正教の》イコン, 聖像.

il.. [イる.. ıl.. または イル..] 《形容詞などにつける接頭》= in.. (l の前で il..) 例: illegal 違法の.

I·li·as [イーリアス í:lias] 女 -/ 《文学》『イーリアス』(ホメロスの叙事詩)

ill. [イるストリーアト] 《略》イラスト(挿絵)入りの (= illustriert).

il·le·gal [イれガーる ílega:l または ..ガール] 形 不法な, 違法の, 非合法の.

Il·le·ga·li·tät [イれガりテート ílegalitɛ:t または ..テート] 女 -/-en ① 《覆なし》不法, 違法, 非合法. ② 不法行為, 非合法活動.

il·le·gi·tim [イれギティーム ílegiti:m または ..ティーム] 形 ① 不法の, 変則の. ② 正式な結婚によらない. ein illegitimes Kind 私生児.

Il·le·gi·ti·mi·tät [イれギティミテート ílegitimite:t または ..テート] 女 -/ 不法, 変則, 違法; 私生, 庶出.

il·lo·yal [イろヤーる íloaja:l または ..ヤール] 形 忠誠心のない, 不誠実な.

Il·lu·mi·na·ti·on [イるミナツィオーン ıluminatsió:n] 女 -/-en ① イルミネーション. ② 《宗》啓示. ③ 《美》(写本などの)彩飾.

il·lu·mi·nie·ren [イるミニーレン ıluminí:rən] 他 (h) イルミネーションで飾る.

die **Il·lu·si·on** [イるズィオーン ıluzió:n] 女 (単) -/(複) -en ① 幻想, 幻覚; (間違った)思い込み. 《廃 illusion》. sich⁴ einer Illusion³ hin|geben 幻想にふける / Darüber mache ich mir keine Illusionen. それについて私は幻想はいだいていない. ② 《心》錯覚. ③ (手品の)トリック.

il·lu·so·risch [イるゾーリッシュ ıluzó:rıʃ] 形 幻想の, 錯覚の; 無益な, むだな.

Il·lus·tra·ti·on [イるストラツィオーン ılustratsió:n] 女 -/-en ① 挿絵, 図解, イラスト[レーション]. ② 明示, 説明, 例証.

Il·lus·tra·tor [イるストラートァ ılustrá:tɔr] 男 -s/-en [..ラトーレン] イラストレーター, 挿絵画家.

il·lus·trie·ren [イるストリーレン ılustrí:rən] (illustrierte, hat…illustriert) 他 《完了 haben》《廃 illustrate》① (本など⁴に)イラスト(挿絵)を入れる, 図版(写真)を入れる. ② (図表・実例によって)説明する, 解説する. 事⁴ durch Beispiele illustrieren 事⁴を例をあげて説明する.

il·lus·triert [イるストリーアト] I *illustrieren (イラストを入れる)の過分 II 形 イラスト(挿絵)入りの.

il·lus·trier·te [イるストリーァテ] *illustrieren (イラストを入れる)の過去

die **Il·lus·trier·te** [イるストリーァテ ılustrí:rtə] 女 《語尾変化は形容詞と同じ ☞ Alte[r]》グラフ雑誌, 写真週刊(月刊)誌 (本来は illustrierte Zeitschrift).

Il·se [イるゼ ílzə] -[n]s/ 《女名》イルゼ (Elisabeth の短縮).

Il·tis [イるティス íltıs] 男 ..tisses/..tisse ① 《動》ケナガイタチ. ② 毛長いたちの毛皮.

im [イム ím] 《前置詞 in と定冠詞 dem の融合形》Er ist im Garten. 彼は庭にいる.

im.. [イム.. ım.. または イム..] 《形容詞などにつける接頭》= in.. (m, b, p で始まる語の前では im..).

I·mage [イミッチュ ímıtʃ または イミッチ ímıdʒ] 《英》中 -[s]/-s [イミッチ[ス]] イメージ, 心象. ein gutes Image⁴ haben 良いイメージを持つ.

i·ma·gi·när [イマギネーァ imaginé:r] 形 想像上の, 架空の. eine imaginäre Zahl《数》虚数.

I·ma·gi·na·ti·on [イマギナツィオーン imaginatsióːn] 囡 -/-en 想像[力].

***der Im·biss** [インビス ímbɪs] 男 (単2) -es/(複) -e (3格のみ -en) ① 軽食, スナック. (英 *snack*). einen *Imbiss* ein|nehmen 軽い食事をとる. (☞類語 Essen). ② 軽食堂, インビス (=*Imbisshalle*, *Imbissstube*). Beim nächsten *Imbiss* essen wir etwas. 今度インビスがあったら何か食べようよ.

Im·biß ☞ 新形 Imbiss
Im·biss⸗hal·le [インビス・ハレ] 囡 -/-n (駅などにあるセルフサービスの)軽食堂.
Im·biß⸗hal·le ☞ 新形 Imbisshalle
Im·biss⸗stu·be, **Im·biss-Stu·be** [インビス・シュトゥーベ] 囡 -/-n =Imbisshalle
Im·biß⸗stu·be ☞ 新形 Imbissstube
I·mi·ta·ti·on [イミタツィオーン imitatsióːn] 囡 -/-en ① 模倣, まね; 模造品, イミテーション. ②《音楽》(主題などの)模倣(反復).
I·mi·ta·tor [イミタートァ imitáːtor] 男 -s/-en [..タトーレン] 模倣者; 声帯模写(物まね)芸人.
i·mi·tie·ren [イミティーレン imitíːrən] 他 (h) 模倣する, まねる; 模造する. ◇〖過去分詞の形で〗*imitierter* Schmuck 模造のアクセサリー(装身具).
Im·ker [イムカァ ímkər] 男 -s/- 養蜂(ﾖｳﾎｳ)業者.
Im·ke·rei [イムケライ ɪmkəráɪ] 囡 -/-en ① 〖複なし〗養蜂(ﾖｳﾎｳ). ② 養蜂(ﾖｳﾎｳ)場(業).
im·ma·nent [イマネント ɪmanént] 形 ① 内在している. 事³ *immanent* sein 事³に内在している. ②〖哲〗経験(認識)の範囲内の, 内在的.
im·ma·te·ri·ell [インマテリエる ímateriɛl または ..リエる] 形 非物質的な; 精神的な. (☞メモ「物質的な」は materiell).
Im·ma·tri·ku·la·ti·on [イマトリクらツィオーン ɪmatrikulatsióːn] 囡 -/-en ① (大学生の)入学(学籍簿への登録), 大学入学許可. (☞メモ「(大学生の)除籍」は Exmatrikulation). ②《ﾒｽ》自動車の登録.
im·ma·tri·ku·lie·ren [イマトリクリーレン ɪmatrikulíːrən] 他 (h) ① (大学が囚⁴を)学籍簿に登録する, (囚⁴に)大学入学を許可する. ◇〖再帰的に〗*sich*⁴ [an einer Hochschule] *immatrikulieren* (学生が)大学に入学手続をする, 学籍登録をする. ②《ﾒｽ》(自動車⁴の)登録をする.
Im·me [インメ ímə] 囡 -/-n 《詩》蜜蜂(ﾐﾂﾊﾞﾁ) (=Biene).
im·mens [イメンス ɪméns] 形 計り知れない, ばくだいな, 膨大な.

‡**im·mer** [インマァ ímər]

> いつも Sie ist *immer* fröhlich.
> ズィー イスト インマァ ふレーりヒ
> 彼女はいつも陽気だ.

副 ① いつも, 絶えず. (英 *always*). Er kommt *immer* zu spät. 彼はいつも遅れて来る / **auf**(または **für**) *immer* いつまでも, 永遠に / **noch** *immer* または *immer* **noch** いまだに, 相変わらず, 依然として / **wie** *immer* いつものように / *immer* **wieder** 再三再四, 繰り返し繰り返し / *Immer* ich!《口語》(不満を表して:)いつだって私のせいにされる(私がやらされる)んだから / *Immer* wenn wir ausgehen wollen, regnet es. 私たちが外出しようとするといつも雨が降る. ◇〖**nicht** とともに〗**nicht** *immer* つねに(必ずしも)…であるとはかぎらない ⇒ Er ist nicht *immer* zu Hause. 彼はいつも家にいるとはかぎらない / *immer* **nicht** つねに…でない ⇒ Er ist *immer* nicht zu Hause. 彼はいつも家にいない. ②〖比較級とともに〗ますます, いっそう. Es wird *immer* kälter. ますます寒くなる / Er wird *immer* reicher. ますます金持ちになる. ③〖数詞とともに〗《口語》…ずつ. *immer* fünf und fünf 5人ずつ / *immer* der fünfte 5人目ごとに. ④〖**was**, **wer**, **wie**, **wo** などを伴う譲歩文で; しばしば **auch** とともに〗たとえ…であろうとも. was auch *immer* du tust 君が何をしようとも / wie *immer* es auch gehen mag たとえどうなろうとも. ⑤〖話法の助動詞とともに〗できるかぎり. Er lief, **so** schnell er *immer* konnte. 彼はできるだけ速く走った / Du kannst essen, so viel du *immer* magst. 君は好きなだけ食べていいよ. ⑥〖疑問文で〗いったい. Was machst du *immer* so? いったい君はそんなに何をしているのか. ⑦《口語》(消極的な許可を表して:)かまわないから(勝手に)[…するがよい]. Lass sie nur *immer* reden! 彼女には勝手に言わせておくがいい / Das mag sie *immer* tun. 彼女がそうするならやらせておくさ. ⑧《口語》(促して:)さあ, どんどん. *Immer* langsam! ゆっくりやれよ / *Immer* mit der Ruhe! とにかく落ち着いて.

新形

im·mer wäh·rend 永遠に続く, 絶え間ない.

類語 **immer**: 「いつも」の意味で最も一般的な語.
stets: immer と同じ意味だがやや古めかしい言い方.
ständig: (ほとんど規則的に, とぎれることなく)いつも. (不愉快な「習慣」や「くせ」と感じられる場合に用いられることがある).

im·mer⸗dar [インマァ・ダール] 副《雅》いつま

でも，永遠に．

im·mer⁼fort [インマァ・フォルト] 副 絶えず，間断なく．

im·mer⁼grün [インマァ・グリューン] 形 常緑の．

***im·mer⁼hin** [インマァ・ヒン ímər-hín] 副 ① ともかく，それでも，少なくとも；何といっても，とにもかくにも．Er hat es *immerhin* gemacht. ともかく彼はそれをやるだけはやったのだ / Sei nicht so streng, er ist *immerhin* dein Bruder. そう厳しくするなよ，彼は何といっても君の弟じゃないか / Versuchen wir es *immerhin*! とにかくそれをやってみよう．② 《**mögen** とともに》《雅》たとえ…であっても．Mag es *immerhin* spät werden, … たとえ時間が遅くなっても…

im·mer⁼wäh·rend [..ヴェー] 形 《新形》 immer während) ☞ immer

im·mer⁼zu [インマァ・ツー] 副 《口語》ずっと，いつも．

Im·mi·grant [イミグラント ɪmigránt] 男 -en/-en （国外からの）移住者．（参 女性形は Immigrantin;「国外への移住者」は Emigrant）．

Im·mi·gra·ti·on [イミグラツィオーン ɪmigratsió:n] 女 -/-en （国外からの）移住，入植．（参「国外への移住」は Emigration）．

im·mi·grie·ren [イミグリーレン ɪmigríːrən] 自 (s) （外国から）移住する，入植する．

Im·mis·si·on [イミスィオーン ɪmisió:n] 女 -/-en ① （臭気・騒音などによる）公害，インミッション．② 《古》（公職への）任用．

Im·mo·bi·lie [イモビーリエ ímobiːliə または イモビー..] 女 -/-n 《ふつう 覆》不動産，固定資産．

Im·mo·bi·li·en⁼händ·ler [インモビーリエン・ヘンドラァ] 男 -s/- 不動産業者．

im·mun [イムーン ɪmúːn] 形 ① （医）免疫[性]の．Ich bin gegen Diphterie *immun*. 私はジフテリアに対する免疫を持っている / gegen eine Verlockung *immun* sein《比》誘惑を受けつけない．

im·mu·ni·sie·ren [イムニズィーレン ɪmuniːzíːrən] 他 (h) （病気に対して）免疫[性]にする．

Im·mu·ni·sie·rung [イムニズィールング] 女 -/-en 免疫性を与えること．

Im·mu·ni·tät [イムニテート ɪmunitéːt] 女 -/-en 《ふつう 単》 ① （医）免疫[性]．② （法）（外交官などの）不可侵[特]権，治外法権．

Im·mu·no·lo·gie [イムノろギー ɪmunoloɡíː] 女 -/ 免疫学．

Im·pe·danz [インペダンツ ɪmpedánts] 女 -/-en （電）インピーダンス．

Im·pe·ra·tiv [インペラティーふ ímperatiːf] 男 -s/-e [..ヴェ] ① 《言》命令法．② 道徳的な命令（要請）．der kategorische *Imperativ* 《哲》定言的命令．

Im·per·fekt [インペルふェクト ímperfekt] 中 -s/-e （言）（ドイツ文法での）過去；未完了過去．

Im·pe·ri·a·lis·mus [インペリアリスムス ɪmperialísmus] 男 -/..lismen ① 《覆 なし》帝国主義．② 《ふつう 単》帝国主義的行動．

Im·pe·ri·a·list [インペリアリスト ɪmperialíst] 男 -en/-en 帝国主義者．

im·pe·ri·a·lis·tisch [インペリアリスティッシュ ɪmperialístɪʃ] 形 帝国主義の，帝国主義的な．

Im·pe·ri·um [インペーリウム ɪmpéːrium] 中 -s/..rien [..リエン] ① 《史》［ローマ］帝国．② （広大な）支配領域．

im·per·ti·nent [インペルティネント ɪmpertinént] 形 あつかましい，ずうずうしい．

Im·per·ti·nenz [インペルティネンツ ɪmpertinénts] 女 -/-en ① 《覆 なし》厚顔[無恥]，横柄．② 《覆》横柄な言動．

***imp·fen** [インプふェン ímpfən] (impfte, *hat* …geimpft) 他 （完了 haben） ① （医）（人⁴に）予防接種をする，予防注射をする；《比》（人³の心に憎しみなどを⁴）植えつける．ein Kind⁴ gegen Grippe *impfen* 子供にインフルエンザの予防接種をする．② （農）（土壌⁴に）バクテリアなどを接種する．

Impf⁼schein [インプふ・シャイン] 男 -[e]s/-e 予防接種証明書．

Impf⁼stoff [インプふ・シュトふ] 男 -[e]s/-e ワクチン．

impf·te [インプふテ] *impfen（予防接種をする）の 過去

Imp·fung [インプふング] 女 -/-en ① （医）予防接種（注射），ワクチン注射，種痘；《比》（人の心に）吹き込むこと．② （農）（土壌へのバクテリアなどの）接種．

Impf⁼zwang [インプふ・ツヴァング] 男 -[e]s/- 強制接種，接種義務．

Im·plan·ta·ti·on [イン・プらンタツィオーン ɪm-plantatsió:n] 女 -/-en （医）組織の移植；《生》（受精卵の）着床．

im·plan·tie·ren [イン・プらンティーレン ɪm-plantíːrən] 他 (h) （医）（他人の臓器などを⁴）移植する，（人³の体内にペースメーカーなどを⁴）埋め込む．

im·pli·zie·ren [インプリツィーレン ɪmpli-tsíːrən] 他 (h) （事⁴の）意味を含んでいる，含意（ガンイ）する．

Im·plo·si·on [インプろズィオーン ɪmploziá:n] 女 -/-en （外圧による）内側への破裂．

im·pon·de·ra·bi·li·en [イン・ポンデラビーリエン ɪm-pɔnderabíːliən] 覆 計ることのできない（評価できない）もの（気分・感情など）．

im·po·nie·ren [インポニーレン ɪmponíːrən] 自 (h) （人³の）胸を打つ，（人³に）感銘を与える．

im·po·nie·rend [インポニーレント] I imponieren（胸を打つ）の 現分 II 形 感銘を与える，印象的な．eine *imponierende* Leistung 堂々たる業績．

Im·po·nier⁼ge·ha·be [インポニーア・ゲハーベ] 中 -s/-（動物の雄が雌またはライバルに示す）威圧行動．

***der* **Im·port** [インポルト ɪmpɔ́rt] 男 （単 2）-[e]s/（覆）-e（3格のみ -en）① 《覆 なし》輸入．（英 import）．（参「輸出」は Export）．der *Import* von Wein aus Deutschland ドイツ

からのワインの輸入 / den *Import* beschränken (fördern) 輸入を制限する(促進する). ② 輸入品.

Im·por·te [インポルテ impórtə] 囡 -/-n ① 《覆》輸入品. ② 輸入葉巻.

Im·por·teur [インポルテーァ importǿːr] 男 -s/-e 輸入業者.

***im·por·tie·ren** [インポルティーレン importíːrən] (importierte, *hat*...importiert) (〈完〉 haben) **輸入する**. (〈英〉 import). (〈対〉「輸出する」は exportieren). Südfrüchte⁴ **aus** Spanien *importieren* トロピカルフルーツをスペインから輸入する

im·por·tiert [インポルティーァト] *importieren (輸入する)の過分

im·por·tier·te [インポルティーァテ] *importieren (輸入する)の過去

im·po·sant [インポザント impozánt] 形 堂々とした、りっぱな、強い印象を与える.

im·po·tent [インポテント ímpotent または ..テント] 形 ① 《医》(男性が)性交不能の, インポテンツの. ② 無能な, 創造性のない.

Im·po·tenz [インポテンツ ímpotɛnts または ..テンツ] 囡 -/ ① 《医》(男性の)性交不能[症], インポテンツ, 陰萎. ② 無能な, 創造力の欠如.

im·präg·nie·ren [インプレグニーレン imprɛgníːrən] 他 (h) (物⁴を)防水(防腐)加工する. ◇《過去分詞の形で》 *imprägniertes* Tuch 防水(加工をした)布.

Im·präg·nie·rung [インプレグニールング] 囡 -/-en 防水(防腐)化, 防水(防腐)加工.

Im·pres·si·on [インプレスィオーン imprɛsióːn] 囡 -/-en 印象, 感銘.

Im·pres·si·o·nis·mus [インプレスィオニスムス imprɛsionísmus] 男 -/ 印象主義, 印象派. (19世紀後半の分野で起こった絵画の流派. その後, 音楽や文学の分野でも使用されるようになる).

Im·pres·si·o·nist [インプレスィオニスト imprɛsioníst] 男 -en/-en 印象主義者, 印象派の人.

im·pres·si·o·nis·tisch [インプレスィオニスティッシュ imprɛsioníst[ʃ] 形 印象主義の, 印象派の.

Im·pres·sum [インプレッスム imprɛ́sum] 中 -s/..pressen 《書籍》奥付, 刊記(発行者名・印刷所名・発行年など).

Im·pri·ma·tur [インプリマートゥァ imprimáːtur] 中 -s/ 《書籍》出版認可(許可).

Im·pro·vi·sa·ti·on [インプロヴィザツィオーン improvizatsióːn] 囡 -/-en ① 即興, アドリブ. ② 即興詩, 即興曲; 即興演奏.

im·pro·vi·sie·ren [インプロヴィズィーレン improvizíːrən] I 他 (h) (演説・パーティーなど⁴を)準備なしで行う, (食事など⁴を)即席で[間に合わせに]作る. II 自 (h) 即興演奏をする; 《劇》アドリブを入れる.

Im·puls [インプるス impúls] 男 -es/-e ① 衝撃, 刺激. ② (心の)衝動, はずみ, 出来心. **aus** einem *Impuls* heraus 衝動に駆られて.

③ 《物》衝撃, 力積; 《電・医》《インパルス.

im·pul·siv [インプるズィーふ impulzíːf] 形 衝動的な, 一時の感情に駆られた, とっさの.

Im·pul·si·vi·tät [インプるズィヴィテート impulzivitɛ́ːt] 囡 -/ 衝動的な性質(挙動).

***im·stan·de** [イム・シュタンデ imʃtándə] 副 …できる, 可能な. *imstande* sein, **zu** 不定詞[句] …することができる ⇒ Leider bin ich nicht *imstande*, dir zu helfen. 残念ながら私は君を助けることができない / **zu** 事³ *imstande* sein 事³をすることができる / 囚¹ ist *imstande* **und** … 囚¹ は…しかねない ⇒ Er ist *imstande* und plaudert alles aus. 彼は何もかもしゃべりかねない.

(〈対〉 im Stande ともつづる) ☞ Stand ④

:**in** [イン ín] I 前 《3格・4格とともに》(定冠詞と融合して in (← in dem), ins (← in das) となることがある). (〈英〉 in) ① 《空間的に》 ⑦ 《どこに》 《3格と》…の中に, …の中で. Die Blumen stehen *in* der Vase. 花は花びんに生けてある (☞図) / *in* der Stadt wohnen 町(都会)に住む / *im* Norden Deutschlands ドイツの北部に / *in* der Nähe 近くに / Die Kinder spielen *im* Kinderzimmer. 子供たちは子供部屋で遊んでいる.

⑦ 《どこへ》《4格と》…の中へ. Hanna stellt die Blumen *in* die Vase. ハンナは花を花びんに生ける (☞図) / *in* die Stadt fahren 町(都心)へ行く / *ins* Kino gehen 映画を見に行く / Wein⁴ *in* das Glas gießen ワインをグラスにつぐ / Er geht noch *in* die Schule. 彼はまだ学校に通っている / Ich fahre *in* die Schweiz. 私はスイスへ行く (〈対〉 無冠詞で使う地名・国名には nach を用いる. 例: *nach* Frankreich fahren「フランスへ行く」). (☞《類語》 nach).

② 《時間的に》 ⑦ 《時点・期間》《3格と》…[中]に, …のうちに. *In* diesem Sommer war es sehr heiß. この夏はとても暑かった / *in* der Nacht 夜中に / *in* den Ferien 休暇中に / Ich erledigte die Arbeit *in* einer Stunde. 私はその仕事を1時間で片づけた / *im* Mai 5月に / *im* Frühling 春に / *im* Jahr[e] 1648 1648年に / *in* [der] Zukunft 将来は / *in* der Frühe auf]stehen 早起きする / *in* der Jugend 青春時代に. ⑦ 《これから経過する期間》《3格と》…の時間(期間)たって, …のあとに. *In* einer Stunde komme ich wieder. 1時間後にまた来ます / *in* zwei Stunden 2時間後に / *in* acht (vierzehn) Tagen 来週(再来週)のきょう / *in* kurzer Zeit しばらくすれば. (〈対〉 過去において経過した期間には nach を用いる. 例: *Nach* drei Wochen kam er wieder. 「3週

間後に彼はまたやって来た」).　⑦〖**bis** とともに〗〘**4格**と〙…まで. bis *in* die Nacht hinein 夜中遅くまで / bis *in* die Zukunft 将来まで.
③〘状態〙 ⑦〘今の状態〙〘**3格**と〙 *in* Angst sein 不安である / Sie ist immer *in* guter Laune. 彼女はいつも機嫌がよい / *in* Schwierigkeiten sein 困難な状況にある / *im* (または *in*) Bau sein 建設中である.　〘状態の変化〙〘**4格**と〙 *in* Angst[4] geraten 不安になる / 人[4] *in* Verlegenheit bringen 人[4]を当惑させる / Er übersetzte einen Roman aus dem Japanischen *ins* Deutsche. 彼はある小説を日本語からドイツ語に翻訳した.
④〘方法・様態〙〘**3格**と〙…で. *in* dieser Weise このようなやり方で / *im* Spaß (Ernst) 冗談で(まじめに) / in aller Eile 大急ぎで / *in* eigener Person 自分で, 自ら / *in* großer Menge 大量に / *im* heutigen Deutsch 今日のドイツ語で言うと / Er kam gestern ganz *in* Grün. 彼はきのう上から下まで緑色の服を着てやって来た / *in* Wirklichkeit 実際には.
⑤〖再帰代名詞とともに〗 *in* sich[4] gehen 反省する / The Whisky hat's (=hat es) *in* sich[3]. このウイスキーは強い / Er hat's *in* sich[3]. 彼はできる(手ごわい).
⑥〖特定の動詞・形容詞とともに〗 *in* 事[3] bestehen 事[3]に存する / *in* A[3] B[4] sehen A[3] を B[4]とみなす / sich[4] *in* 事[4] ein|willigen 事[4]に同意する / *in* 事[3] bewandert sein 事[3]に精通している / *in* 事[3] tüchtig sein 事[3]において有能である.
II 副〖成句的に〗*in* sein〘口語〙a) 受けている, 人気がある, b) 流行している. Der Schlagersänger ist zurzeit *in*. この流行歌手は今や売れっ子だ.

In [イ—・エン]《化・記号》インジウム (=**Indium**).

in.., **In..** [イン..・in..または イン..]〖形容詞・名詞につける接頭〗《不…・無…・反…》例: *in*aktiv 不活発な / *In*toleranz 不寛容. (ℹ l の前で il..、Il..; b, m, p の前で im..、Im..; r の前で ir..、Ir..となる).

..in [..イン・..in]〖女性名詞をつくる接尾〗《女性》例: Student*in* 女子学生.

in·adä·quat [イン・アデクヴァート ín-adɛkva:t または ..アトエクヴァート ..atɛkva:t] 形 不適当な, 適切(妥当)でない.

in·ak·tiv [イン・アクティーフ ín-akti:f または ..ティーフ] 形 ① 活動的でない, 不活発な. (ℹ「活動的な」は aktiv).　② 現役でない, 退役(退官)した.　③〘化〙不活性の.　④〘医〙非同化的.

in·ak·zep·ta·bel [イン・アクツェプターべル ín-aktsɛpta:bəl または ..ターべル] 形 受け入れがたい(要求・条件など).

In·an·griff∢nah·me [イナングリフ・ナーメ] 女 -/-n〘書〙(仕事への)着手, 着工, 開始.

In·an·spruch∢nah·me [イナンシュプルフ・ナーメ] 女 -/-n〘書〙① (権利などの)要求; 利用, 使用.　② (仕事の)重圧, 労苦; (機械・原料などの)使い過ぎ, 酷使.

in·ar·ti·ku·liert [イン・アルティクリーアト ín-

artikuli:rt または ..リーァト] 形 (話し方が)はっきりしない, 聞き取りにくい; (考えが)はっきり表現されていない, あいまいな.

In·be·griff [イン・ベグリフ ín-bəgrɪf] 男 -[e]s/-e ① 権化, 典型, 極致. der *Inbegriff* der Schönheit[2] 美の権化, 絶世の美人.　②《哲》真髄, 本質.

in·be·grif·fen [イン・ベグリッフェン ín-bəgrɪfən] 形 含まれている, 込みの. Bedienung *inbegriffen* サービス料込みで / Frühstück ist im Preis *inbegriffen*. 朝食は宿泊料に含まれている.

In·be·sitz∢nah·me [インベズィッツ・ナーメ] 女 -/-n〘書〙自分のものにすること, 占有.

In·be·trieb∢nah·me [インベトリープ・ナーメ] 女 -/-n〘書〙(会社などの)操業開始, 開業; (機械などの)運転開始.

In·be·trieb∢set·zung [インベトリープ・ゼッツング] 女 -/-en〘書〙自分のものにすること, 占有.

In·brunst [イン・ブルンスト ín-brʊnst] 女〘雅〙情熱, 熱情, 熱中. mit *Inbrunst* 熱心に.

in·brüns·tig [イン・ブリュンスティヒ ín-brʏnstɪç] 形〘雅〙熱烈な, 熱情的な.

incl. [インクるズィーヴェ または ..ズィーヴェ]《略》…を含めて (=**inclusive**, **inklusive**).

Ind.《略》①[インデクス] 索引, 目録 (=**Index**).　②[インディカティーフ]〘言〙直説法 (=**Indikativ**).　③[インドゥストリー] 工業, 産業 (=**Industrie**).

In·de·fi·ni·tum [インデフィニートゥム Indefiní:tum] 中 -s/..nita〘言〙不定代名詞.

*****in·dem** [イン・デーム ɪn-dé:m] I 接〖従属接続詞; 動詞の人称変化形は文末〗① …することによって. Ich beruhigte ihn, *indem* ich das Problem ausführlich erklärte. 私はその問題を詳細に説明して彼を安心させた.　② …している間に, …しながら. *Indem* sie sprach, öffnete sich die Tür. 彼女が話している間にドアが開いた. (ℹ この意味では一般に während が用いられる).
II 副〘古〙そうしている間に.

In·der [インダァ índar] 男 -s/- インド人. (ℹ 女性形は Inderin).

in·des [イン・デス ɪn-dés] 接(副) =**indessen**

*****in·des·sen** [イン・デッセン ɪn-désən] I 副 ① その間に. (ℛ *meanwhile*). Ich gehe einkaufen, du kannst dich *indessen* ausruhen. 私は買い物に行ってくるから, 君はその間休んでいていいよ.　② しかし, それにもかかわらず. Ich machte ihm mehrere Angebote, er lehnte *indessen* alles ab. 私は彼にいくつかの申し出をしたが, 彼はすべて拒絶した.
II 接〖従属接続詞; 動詞の人称変化形は文末〗〘雅〙① …する(している)間に (=**während**). Er erledigte schnell seine Arbeit, *indessen* die anderen auf ihn warteten. 他の者たちが待っている間に, 彼は急いで仕事を片づけた.　② …であるのに対して(反して). Du kannst schon gehen, *indessen* ich noch bleibe. 君

In·dex [インデクス índɛks] 男 -[es]/-e (または -/ Indizes (または Indices) [インディツェース]) ① 索引, インデックス, 目録, 見出し. ② 《複 Indexe》(昔の)禁書目録. ③ 《複 Indizes》《経・数》指数, 率(物価指数, 成長率など); 添え字(X₁, Y₂の数字など).

In·di·a·ner [インディアーナァ indiá:nər] 男 -s/- アメリカインディアン. (女性形は Indianerin).

in·di·a·nisch [インディアーニッシュ indiá:nɪʃ] 形 アメリカインディアン[語]の.

In·di·ces [インディツェース] = Indizes

***In·di·en** [インディエン índiən] 中 (単 2) -s/ 《国名》インド[共和国](首都はニューデリー).

In·dienst·stel·lung [インディーンスト・シュテるング] 女 -/-en 《書》任用, 雇用; (船の)就航.

in·dif·fe·rent [イン・ディふェレント ín-dɪfərɛnt または ..レント] 形 ① 無関心な, 冷淡な, 無神経な. ② 《化・医》無作用の. ③ 《電》中性の.

In·dif·fe·renz [イン・ディふェレンツ ín-dɪfərɛnts または ..レンツ] 女 -/-en ①《複なし》無関心. ② 《化・医》無作用.

in·di·gniert [インディグニーァト ɪndɪgní:rt] 形 憤慨した, 立腹した.

In·di·go [インディゴ índigo] 中・男 -s/(種類:) -s インジゴ, インド藍(青い染料).

In·di·ka·ti·on [インディカツィオーン ɪndikatsió:n] 女 -/-en ①《医》(治療上の)指示, 適応[症]. ② 《法》妊娠中絶を適用すべき理由.

In·di·ka·tiv [インディカティーふ índikati:f] 男 -s/-e [..ヴェ] 《言》(動詞の)直説法.

In·di·ka·tor [インディカートァ ɪndiká:tɔr] 男 -s/-en [..カトーレン] ① 指標. ② 《化》指示薬. ③《工》インジケーター, 指示器. ④《物》指示原素, トレーサー.

In·dio [インディオ índio] 男 -s/-s (中南米の)インディオ.

***in·di·rekt** [イン・ディレクト ín-dirɛkt または ..ディレクト] 形 間接的な, 間接の, 直接的でない, 遠回しの. (英 indirect). (「直接的でない」は direkt). *indirekte* Steuern 間接税 / eine *indirekte* Beleuchtung 間接照明 / die *indirekte* Rede《言》間接話法 / 動⁴ *indirekt* beeinflussen 動⁴に間接的に影響を与える.

in·disch [インディッシュ índɪʃ] 形 インド[人]の. der *Indische* Ozean インド洋.

in·dis·kret [イン・ディスクレート ín-dɪskre:t または ..クレート] 形 無遠慮な, 配慮のない(質問など); 口の軽い.

In·dis·kre·ti·on [イン・ディスクレツィオーン ín-dɪskretsio:n または ..オーン] 女 -/-en 無遠慮, 配慮のなさ; 口の軽いこと.

in·dis·ku·ta·bel [イン・ディスクターべる ín-dɪskuta:bəl または ..ターべる] 形 論じる価値のない.

in·dis·po·niert [イン・ディスポニーァト ín-dɪspʊponi:rt または ..ニーァト] 形 (歌手などが)不調の.

In·di·um [インディウム índiʊm] 中 -s/《化》インジウム (記号: In).

In·di·vi·du·a·lis·mus [インディヴィドゥアリスムス ɪndividualísmus] 男 -/ ① 《哲》個人主義. ② 利己主義.

In·di·vi·du·a·list [インディヴィドゥアリスト ɪndividualíst] 男 -en/-en 個人主義者.

in·di·vi·du·a·lis·tisch [インディヴィドゥアリスティッシュ ɪndividualístɪʃ] 形 個人主義の.

In·di·vi·du·a·li·tät [インディヴィドゥアリテート ɪndividualité:t] 女 -/-en ①《複なし》個性. ② (個性の持ち主としての)個人, 人格.

in·di·vi·du·ell [インディヴィドゥエる ɪndividuél] 形 個人の, 個人的な; 個性的な, 独自の.

In·di·vi·du·en [インディヴィードゥエン] * Individuum (個人)の複

***das In·di·vi·du·um** [インディヴィードゥゥム ɪndiví:duʊm] 中 (単 2) -s/(複) ..duen ① 個人, 個体. (英 *individual*). die Stellung des *Individuums* in der Gesellschaft 社会における個人の地位. ② (軽蔑的に:)変わり者, やつ. ein verdächtiges *Individuum* うさんくさいやつ.

In·diz [インディーツ ɪndí:ts] 中 -es/..dizien [..ツィエン] ①《ふつう複》《法》(犯罪の)状況証拠, 徴憑(ちょう). ② 徴候, しるし.

In·di·zes [インディツェース] Index (索引)の複

In·di·zi·en-be·weis [インディーツィエン・ベヴァイス] 男 -es/-e 《法》状況証拠[による証明].

in·di·zie·ren [インディツィーレン ɪndítsi:rən] 他 (h) ① (適切などなど⁴を)示す, 証明する. ② 《医》(治療法などの⁴)必要性を示す. ③ (物⁴に)インデックス(索引)を付ける. ④ (本などを⁴)禁書にする.

In·do-chi·na [インド・ヒーナ índo-çí:na] 中 -s/《地名》インドシナ.

in·do-eu·ro·pä·isch [インド・オイロペーイッシュ] 形 《言》インド・ヨーロッパ語[族]の, 印欧語[族]の.

in·do-ger·ma·nisch [インド・ゲルマーニッシュ] 形 = indoeuropäisch

In·dok·tri·na·ti·on [インドクトリナツィオーン ɪndoktrinatsió:n] 女 -/-en 《政》(軽蔑的に:)(思想などの)教化.

in·dok·tri·nie·ren [インドクトリニーレン ɪndoktriní:rən] 他 (h) 《政》(軽蔑的に:)(人⁴に思想などを)吹き込む, 教化する.

in·do·lent [インドれント índolɛnt または ..れント] 形 不精な, 怠惰な;《医》(痛みに対して)無感覚な, 無痛の.

In·do·lenz [インドれンツ índolɛnts または ..れンツ] 女 -/ ① 不精, 怠惰. ②《医》無痛[性], 無感覚.

In·do·ne·si·en [インドネーズィエン ɪndoné:ziən] 中 -s/《国名》インドネシア[共和国](首都はジャカルタ).

In·do·ne·si·er [インドネーズィァ ɪndoné:ziər] 男 -s/- インドネシア人. (女性形は Indonesierin).

in·do·ne·sisch [インドネーズィッシュ Indoné:zɪʃ] 形 インドネシア[人・語]の.

In·dos·sa·ment [インドサメント ɪndɔsamént] 中 -[e]s/-e 《経》(手形などの)裏書き.

in·dos·sie·ren [インドスィーレン ɪndɔsí:rən] 他 (h) 《経》(手形など⁴に)裏書きする.

In·duk·ti·on [インドゥクツィオーン ɪnduktsió:n] 女 -/-en ① 《哲》帰納[法]. (⦿「演繹[法]」は Deduktion). ② 《電・生》誘導.

in·duk·tiv [インドゥクティーふ ɪnduktí:f または ..ティーふ] 形 ① 《哲》帰納的な. (⦿「演繹的な」は deduktiv). ② 《電》誘導性の.

der **In·dus** [インドゥス índus] 男 -[es]/ 《定冠詞とともに》《川名》インダス川.

In·dust·ri·al·de·sign [インドゥストリアる・ディザイン ɪndÁstrɪəl-dɪzáɪn] 〔英〕 中 -s/ 工業デザイン.

in·dust·ri·a·li·sie·ren [インドゥストリアリズィーレン ɪndustrializí:rən] 他 (h) (国・部門など⁴を)工業化する. ◇《過去分詞の形で》 *industrialisierte* Länder 〔先進〕工業諸国.

In·dust·ri·a·li·sie·rung [インドゥストリアリズィールング] 女 -/ 工業化.

* *die* **In·dust·rie** [インドゥストリー ɪndustrí:] 女 〔単〕 -/〔複〕 -n [..リーエン] 産業, 工業 (略: Ind.). (⦿ *industry*). Auto*industrie* 自動車産業 / Schwer*industrie* 重工業 / die chemische *Industrie* 化学工業 / die japanische *Industrie* 日本の産業 / die einheimische *Industrie* 地場産業 / Er arbeitet in der *Industrie*. 彼は産業界で働いている.

In·dust·rie⸗ab·wäs·ser [インドゥストリー・アップヴェッサァ] 複 工場廃水(廃液).

In·dust·rie⸗an·la·ge [インドゥストリー・アンらーゲ] 女 -/-n 工業施設.

In·dust·rie⸗ar·bei·ter [インドゥストリー・アルバイタァ] 男 -s/- 工業(産業)労働者.

In·dust·rie⸗be·trieb [インドゥストリー・ベトリープ] 男 -[e]s/-e 《経》工業企業[体]; 工場.

In·dust·rie⸗er·zeug·nis [インドゥストリー・エァツォイクニス] 中 ..nisses/..nisse 工業生産物.

In·dust·rie⸗ge·biet [インドゥストリー・ゲビート] 中 -[e]s/-e 工業地帯.

In·dust·rie⸗ge·werk·schaft [インドゥストリー・ゲヴェルクシャふト] 女 -/-en 産業労働組合 (略: IG).

in·dust·ri·ell [インドゥストリエる ɪndustriéll] 形 工業の, 産業の. die *industrielle* Produktion 工業生産 / die *industrielle* Revolution 産業革命.

In·dust·ri·el·le[*r*] [インドゥストリエれ (..らァ) ɪndustriélə (..ləɾ)] 男 女 《語尾変化は形容詞と同じ》工業(実業)家, 企業家.

In·dust·rie⸗müll [インドゥストリー・ミュる] 男 -[e]s/ 産業廃棄物.

In·dust·rie⸗pro·dukt [インドゥストリー・プロドゥクト] 中 -[e]s/-e 工業生産物.

In·dust·rie⸗ro·bo·ter [インドゥストリー・ロボタァ] 男 -s/- 産業用ロボット.

In·dust·rie⸗staat [インドゥストリー・シュタート] 男 -[e]s/-en 工業国.

In·dust·rie⸗stadt [インドゥストリー・シュタット] 女 -/..städte 工業都市.

In·dust·rie- und Han·dels·kam·mer [インドゥストリー ウント ハンデるス・カンマァ] 女 -/-n 商工会議所 (略: IHK).

In·dust·rie⸗zweig [インドゥストリー・ツヴァイク] 男 -[e]s/-e 工業(産業)部門.

in·du·zie·ren [インドゥツィーレン ɪndutsí:rən] 他 ① 《哲》帰納する. ② 《電・生》誘導する.

in·ef·fi·zi·ent [イン・エふィツィエント ín-ɛfitsient または ..エント] 形 効率の悪い, 非能率的な.

* **in⸗ei·nan·der** [イン・アイナンダァ ɪn-aɪnánder] 副 互いの中へ; 入り交じって. Die Kanäle fließen *ineinander*. 水路が合流する / Sie sind *ineinander* verliebt. 彼らは相思相愛の仲だ.
〔新形〕
in·ei·nan·der grei·fen (歯車などが) かみ合う; 《比》相互に関連し合う.

in·ein·an·der|grei·fen* 自 (h) (〔新形〕ineinander greifen) ⇨ ineinander

Inf. [インふィニティーふ] 《略》(動詞の)不定形 (= Infinitiv).

in·fam [インふァーム ɪnfá:m] I 形 ① 卑劣な, 悪らつな, 破廉恥な. ② 《口語》ひどい, ものすごい. II 副 ひどく.

In·fa·mie [インふァミー ɪnfamí:] 女 -/-n [..ミーエン] ① 《覆 なし》卑劣さ, 破廉恥. ② 卑劣な言動, 破廉恥行為. ③ 《カック》(教会法上の)名誉剥奪.

In·fant [インふァント ɪnfánt] 男 -en/-en (スペイン・ポルトガルの)王子, 親王.

In·fan·te·rie [インふァンテリー ínfantəri: または ..リー] 女 -/-n [..リーエン または ..リーン] 《軍》歩兵部隊; 《覆 なし》(総称として:)歩兵. zur *Infanterie* gehen 歩兵隊に入隊する.

In·fan·te·rist [インふァンテリスト ínfantərist または ..リスト] 男 -en/-en 《軍》歩兵.

in·fan·til [インふァンティーる ɪnfantí:l] 形 子供っぽい, 幼稚な, 未発達の; 幼児期の.

In·fan·ti·lis·mus [インふァンティリスムス ɪnfantilísmus] 男 -/ 《心・医》幼稚(小児)症.

In·farkt [インふァルクト ɪnfárkt] 男 -[e]s/-e 《医》梗塞(エシ). Herz*infarkt* 心筋梗塞.

In·fekt [インふェクト ɪnfékt] 男 -[e]s/-e 《医》① 感染症. ② 《口語》炎症.

In·fek·ti·on [インふェクツィオーン ɪnfɛktsió:n] 女 -/-en ① 《医》感染, 伝染. ② 《口語》炎症.

In·fek·ti·ons⸗herd [インふェクツィオーンス・ヘーァト] 男 -[e]s/-e 《医》感染巣(~).

In·fek·ti·ons⸗krank·heit [インふェクツィオーンス・クランクハイト] 女 -/-en 感染症, 伝染病.

in·fek·ti·ös [インフェクツィエース ɪnfɛktsiö:s] 形 《医》感染[性]の, 伝染性の.

In·fe·ri·o·ri·tät [インフェリオリテート ɪnferiorité:t] 女 -/ 下位; 下等; 劣等[感].

in·fer·na·lisch [インフェルナーリッシュ ɪnferná:lɪʃ] I 形 ① 悪魔のような, 極悪非道の. ② ひどい, 耐えがたい. II 副 ひどく

In·fer·no [インフェルノ ɪnférno] 中 -s/ 地獄; 《比》生き地獄, 惨事の(起きた場所).

In·filt·ra·ti·on [イン・ふぃるトラツィオーン ɪnfiltratsió:n] 女 -/-en ① (液体の)浸透, 浸入; (思想の)浸透. ② 《医》浸潤.

in·filt·rie·ren [イン・ふぃるトリーレン ɪnfɪltrí:rən] I 自 (h) 浸透する, 侵入する;《医》浸潤する. II 他 (h) ① 〖物⁴に〗浸透する, 侵入する. ② 〖人³に〗流動食などを〗流し込む, 注入する. ③ 《政》(地域・組織⁴に)潜入する.

in·fi·nit [インふぃニート ínfini:t または ..ニート] 形 《言》不定詞(不定形)の. die infinite Form 不定形.

In·fi·ni·tiv [インふぃニティーふ ínfiniti:f] 男 -s/-e [..ヴェ]《言》(動詞の)不定詞, 不定形(人称・数・時形によって規制されていない動詞の基本形. 例: gehen, lesen).

in·fi·zie·ren [インふぃツィーレン ɪnfitsí:rən] I 他 (h) 〖人⁴ mit 物³ ~〗《医》(人⁴に物³を)感染させる, うつす; (病原菌などで)汚染する. 〖人⁴ mit [dem] Husten infizieren 人⁴にせきをうつす. II 再帰 (h) 〖sich⁴ [mit 物³] ~〗([物³]に)感染する.

in flag·ran·ti [イン ふらグランティ ɪn flagránti] [⁹º] 現行犯で.

In·fla·ti·on [インふらツィオーン ɪnflatsió:n] 女 -/-en 《経》インフレーション;《比》供給過剰. (☞「デフレーション」は Deflation).

in·fla·ti·o·när [インふらツィオネーァ ɪnflatsioné:r] 形 インフレーションの.

in·fla·ti·o·nis·tisch [インふらツィオニスティッシュ ɪnflatsionístɪʃ] 形 インフレーション政策の.

In·flu·en·za [インふるエンツァ ɪnfluéntsa] 女 -/《医》インフルエンザ, 流行性感冒.

In·fo [インふぉ ínfo] 中 -s/-s《口語》宣伝パンフ, ちらし (=Informationsblatt).

*__in·fol·ge__ [イン・ふぉるゲ ɪn-fólgə] 前 〖**2 格**とともに〗《原因》…のために, …によって. Die Straße war infolge eines Unfalls gesperrt. 〖状態受動・過去〗事故のために道路は閉鎖されていた. ◊〖von とともに副詞的に〗infolge von Krankheit 病気のために.

in·fol·ge·des·sen [インふぉるゲ・デッセン] 副 その結果, したがって, だから.

In·for·mand [インふぉルマント ɪnfɔrmánt] 男 -en/-en 情報受容者.

In·for·mant [インふぉルマント ɪnfɔrmánt] 男 -en/-en ① 情報提供者, インフォーマント. ② 《言》資料提供者.

In·for·ma·tik [インふぉルマーティク ɪnfɔrmá:tɪk] 女 -/ 情報科学.

*__die In·for·ma·ti·on__ [インふぉルマツィオーン ɪnfɔrmatsió:n] 女 (単) -/(複) -en (愛) information ① **情報**, インフォメーション, 知らせ. eine vertrauliche Information 内々の情報 / Informationen⁴ ein|holen (または erhalten) 情報を手に入れる /〖人〗³ eine Information⁴ über 事⁴ geben〖人〗³に事⁴に関する情報を提供する. ②〖複 なし〗情報の提供. das Recht des Bürgers auf Information 情報提供を要求する市民の権利. ③ (駅などの)案内所. (☞図). bei (または in) der Information fragen 案内所で尋ねる.

In·for·ma·ti·ons-aus·tausch [インふぉルマツィオーンス・アオスタオシュ] 男 -[e]s/ 情報交換.

In·for·ma·ti·ons-blatt [インふぉルマツィオーンス・ブらット] 中 -[e]s/..blätter (情報提供用の)パンフレット.

In·for·ma·ti·ons-bü·ro [インふぉルマツィオーンス・ビュロー] 中 -s/-s 〖観光案内所, インフォメーション; (会社などの)情報室.

In·for·ma·ti·ons-ma·te·ri·al [インふぉルマツィオーンス・マテリアーる] 中 -s/..alien [..アーリエン] 情報[を得るための]資料.

In·for·ma·ti·ons-quel·le [インふぉルマツィオーンス・クヴェれ] 女 -/-n 情報源.

In·for·ma·ti·ons-ver·ar·bei·tung [インふぉルマツィオーンス・ふェアアルバイトゥング] 女 -/《コンピ》情報処理.

In·for·ma·ti·ons-wert [インふぉルマツィオーンス・ヴェーァト] 男 -[e]s/-e 情報価値.

In·for·ma·ti·ons-zent·rum [インふぉルマツィオーンス・ツェントルム] 中 -s/..zentren 情報センター.

in·for·ma·tiv [インふぉルマティーふ ɪnformatí:f] 形 情報(知識)を与えてくれる, 啓発的な.

in·for·ma·to·risch [インふぉルマトーリッシュ ɪnformató:rɪʃ] 形 (さしあたりの)情報を与えてくれる.

in·for·mell [イン・ふぉルメる ín-fɔrmɛl または ..メる] 形 非公式の, 正式でない.

*__in·for·mie·ren__ [インふぉルミーレン ɪnfɔrmí:rən] (informierte, hat ..informiert) I 他 (定テン haben) 〖人〗⁴に情報を与える, 知らせる, 教える. (愛 inform). 〖人⁴ über einen Vorfall informieren ある事件について〖人〗⁴に知らせる / Er ist immer gut informiert. 〖状態受動・現在〗彼はいつも情報に通じている. ◊〖過去分詞の形で〗informierte Kreise 消息筋.
II 再帰 (定テン haben) sich⁴ informieren 情報を得る, 調べる. Er hat sich über die Vorgänge informiert. 彼は事の経過について情報を得た.

in·for·miert [インふぉルミーァト] *informieren (情報を与える)の過分

in·for·mier·te [インふぉルミーァテ] *informieren (情報を与える)の過去

In·fo·thek [インフォテーク infoté:k] 女 -/-en 情報センター.

in·fra·ge [インフラーゲ ɪn-frá:gə] 《成句的に》 *infrage* kommen 考慮される ⇨ Das kommt nicht *infrage*. そんなことはありえない (問題にならない) / 人·事⁴ *infrage* stellen a) 人·事⁴を疑う, b) 事⁴を危うくする. (⛛ in Frage ともつづる) ☞ Frage ①②

inf·ra·rot [インふラ・ロート] 形 赤外[線]の.

Inf·ra·struk·tur [インふラ・シュトルクトゥーァ] 女 -/-en ① インフラストラクチャー, 基盤施設 (一国の経済·防衛上間接的に役だつ施設); 下部構造 (交通網·通信網など). ② (総称として:) 軍事施設.

In·fu·si·on [インふズィオーン ɪnfuzió:n] 女 -/-en 《医》(体内への)注入.

Ing. [インジェニエーァ] 《略》エンジニア, 技師 (= Ingenieur).

In·ge [インゲ íŋə] -s/《女名》インゲ.

In·ge·borg [インゲ・ボルク íŋə-bɔrk] -s/《女名》インゲボルク.

✻der In·ge·ni·eur [インジェニエーァ ɪnʒenió:r] [??] 男 (単2) -s/(複) -e (3格のみ -en) 技師, エンジニア (略: Ing.). 《英 engineer》. (⛛ 女性形は Ingenieurin.) Elektro*ingenieur* 電気技師 / *Ingenieur* für Maschinenbau 機械製造技師.

In·ge·ni·eur·schu·le [インジェニエーァ・シューれ] 女 -/-n 技師養成大学.

in·ge·ni·ös [インゲニエース ɪngenió:s] 形 《雅》 創意に富む, 独創的な; よく工夫された.

In·gre·di·enz [イングレディエンツ ɪngrediénts] 女 -/-en 《ふつう 複》① 《薬·料理》添加物. ② (薬の)成分.

Ing·rid [イングリット íŋgrɪt または ..グリート ..gri:t] -s/《女名》イングリット, イングリート.

Ing·wer [イングヴァァ íŋvər] 男 -s/- ①《複なし》《植》ショウガ. ② しょうがの根茎; しょうが入りリキュール.

Inh. [インハーバァ] 《略》所有者 (= Inhaber).

In·ha·ber [イン・ハーバァ ín-ha:bər] 男 -s/- 所有者, 持ち主; (会社·商店などの)オーナー (略: Inh.). der *Inhaber* des Weltrekordes (スポーツの)世界記録保持者.

in·haf·tie·ren [イン・ハふティーレン ɪn-hafti:rən] 他 (h) 拘留(拘置)する.

In·haf·tie·rung [イン・ハふティールング] 女 -/-en 拘留, 拘置.

In·ha·la·ti·on [インハらツィオーン ɪnhalatsió:n] 女 -/-en 《医》(蒸気などの)吸入.

in·ha·lie·ren [インハリーレン ɪnhalí:rən] 他 (h) 《医》(蒸気など⁴を)吸入する;《口語》(たばこの煙⁴を)深く吸い込む.

✻der In·halt [イン・ハると ín-halt] 男 (単2) -[e]s/(複) -e (3格のみ -en) 《英 content》 ① (容器の)中身, 内容[物]; 《数》容積, 体積, 面積. der *Inhalt* eines Pakets 小包の中身 / Der *Inhalt* des Behälters beträgt fünf Liter. この容器は 5 リットル入る / den *Inhalt* eines Körpers berechnen 物体の容積を計算する.

② (本·手紙などの)内容; 意味, 要旨. *Inhalt* und Form eines Gedichtes 詩の内容と形式 / ein Leben ohne *Inhalt* 空虚な人生.

in·halt·lich [イン・ハるトリヒ] 形 内容に関する, 内容[上]の.

In·halts·an·ga·be [インハるツ・アンガーベ] 女 -/-n (小包などの)内容表示; (本·劇などの)内容の要約, 梗概(ガイ).

in·halts·los [インハるツ・ろース] 形 内容のない, 空疎な.

in·halts·reich [インハるツ・ライヒ] 形 内容の豊かな, 意義深い.

in·halts·schwer [インハるツ・シュヴェーァ] 形 重要な意味を持つ, 意義深い.

In·halts·ver·zeich·nis [インハるツ・フェァツァイヒニス] 中 -nisses/..nisse (本の)目次; (小包などの)内容表示.

in·hä·rent [インヘレント ɪnhərént] 形 《哲》(事³に)固有の, 内在的な.

in·hu·man [イン・フマーン ín-huma:n または ..フマーン] 形 非人道的な, 人間味のない, 残酷な.

I·ni·ti·a·le [イニツィアーれ initsiá:lə] 女 -/-n 頭文字; (章の初めなどの)装飾文字.

I·ni·ti·al·zün·dung [イニツィアーる·ツュンドゥング] 女 -/-en ① 起爆. ②《比》(起爆剤となる)アイディア.

I·ni·ti·a·ti·ve [イニツィアティーヴェ initsiatí:və] 女 -/-n ① 主導性, イニシアティブ, 首唱, 発起, 手始め. die *Initiative*⁴ ergreifen イニシアティブをとる / aus eigener *Initiative* 率先して. ② 市民運動[への参加]. ③《複 なし》進取の精神, 独創力. ④《政》(法案の)発議権. ⑤ (ス¹) 国民投票の請願.

I·ni·ti·a·tor [イニツィアートァ initsiá:tɔr] 男 -s/-en [..アトーレン] 主導者, イニシアティブをとる人, 首唱者.

i·ni·ti·ie·ren [イニツィイーレン initsií:rən] 他 (h) ①《事⁴を》発足させる, 開始する. ②《人⁴を団体などに》受け入れる.

In·jek·ti·on [インイェクツィオーン ɪnjektsió:n] 女 -/-en ①《医》注射, 注入; 充血. ②《建》(セメントなどの)注入. ③《地学》(マグマの)貫入. ④《物》(素粒子の)ドーピング.

in·ji·zie·ren [インイツィーレン ɪnjitsí:rən] 他 (h)《医》(薬など⁴を)注射する, 注入する.

In·kar·na·ti·on [インカルナツィオーン ɪnkarnatsió:n] 女 -/-en ①《宗》(神の)受肉, 託身. ② 肉体化, 具体化, 権化.

In·kas·so [インカッソ ɪnkáso] 中 -s/-s (キッテン) ..kassi)《商》代金取りたて.

inkl. [インクるズィーヴェ または ..ズィーヴェ]《略》 ...を含めて (= inklusive).

in·klu·si·ve [インクるズィーヴェ ínkluzi:və または ..ズィーヴェ] I 前《2格とともに》...を含めて (略: inkl.). (⛛「...を除いて」は exklusive). *inklusive* des Portos 郵送料も含めて. II 副

Innenseite

《ふつう **bis** とともに》(最後のものを)含めて. bis zum 10. (=zehnten) Oktober *inklusive* 10 月 10 日まで(10 日を含む).

in·kog·ni·to [インコグニトー ɪnkógnito] 副 匿名で,お忍びで,変名で. *inkognito* reisen 身分を隠して旅行する.

In·kog·ni·to [インコグニトー] 中 -s/-s 《ふつう 単》匿名,変名. das *Inkognito*⁴ wahren (lüften) 正体を隠したままでいる(正体を明かす).

in·kom·men·su·ra·bel [イン・コメンズラーベル ín-kɔmɛnzura:bəl または ..ラーベル] 形 測り(量り)えない,同一の基準では計りえない,比較できない.

in·kom·pe·tent [イン・コンペテント ín-kɔmpetent または ..テント] 形 ① 無資格の,権限のない;専門知識のない ②《地学》コンピーテントでない(岩盤).

In·kom·pe·tenz [イン・コンペテンツ ín-kɔmpetents または ..テンツ] 女 -/-en 無資格,無権限;専門知識の欠如.

in·kon·gru·ent [イン・コングルエント ín-kɔngruɛnt または ..エント] 形 ① 一致しない,そぐわない. ②《数》不合同の,不等の.

in·kon·se·quent [イン・コンゼクヴェント ín-kɔnzekvɛnt または ..クヴェント] 形 (ふるまいが)首尾一貫していない.

In·kon·se·quenz [イン・コンゼクヴェンツ ín-kɔnzekvɛnts または ..クヴェンツ] 女 -/-en [言行]不一致,矛盾,矛盾した言動.

in·kor·rekt [イン・コレクト ín-kɔrɛkt または ..コレクト] 形 不正確な,間違った(書き方など);妥当でない,不穏当な(行動など).

In·kraft≠tre·ten ☞ 新形 In-Kraft-Treten

In-Kraft-Tre·ten [インクラふト・トレーテン] 中 -s/ (法律などの)効力発生,発効,施行.

In·ku·ba·ti·ons·zeit [インクバツィオーンス・ツァイト] 女 -/-en《医》(病原菌の)潜伏期.

das In·land [イン・らント ín-lant] 中 (単2) -es (まれに -s)/ ① 国内,自国. (◆⇔「外国」は Ausland). im *Inland* 国内で. ② 内陸部.

In·län·der [イン・れンダァ ín-lɛndər] 男 -s/- 国内居住者,自国民.

In·land≠flug [インらント・ふるーク] 男 -es/..flüge (航空路線の)国内線.

in·län·disch [イン・れンディッシュ ín-lɛndɪʃ] 形 国内の,自国の;国産の. der *inländische* Markt 国内市場 / *inländische* Produkte 国産品.

In·lands≠markt [インらンツ・マルクト] 男 -[e]s/..märkte《経》国内市場.

In·lett [インれット ínlɛt] 中 -[e]s/-e (または -s) (羽布団・枕(まくら)などのカバー,覆い.

in·lie·gend [イン・リーゲント ín-li:gənt] 形 《商》同封の,封入されている.

in·mit·ten [イン・ミッテン ín-mítən] 前《2 格とともに》《雅》…の中央(真ん中)に,…に囲まれて. *inmitten* des Dorfes 村の中心部に. ◊《von とともに副詞的に》*inmitten* von Blumen 花に囲まれて.

der **Inn** [イン ín] 男-[s]/《定冠詞とともに》《川名》イン川 (ドナウ川の支流:☞ 地図 E〜F-5, F-4).

in·ne [インネ ína]《成句的に》動² inne sein《雅》動²に気がついている,動²を意識(理解)している.

新形 ....
in·ne sein《雅》動²に気がついている.

in·ne|ha·ben* [インネ・ハーベン ína-hà:bən] 他 (h) ① (官職・地位など⁴を)占めている. ②《雅》所有している.

in·ne|hal·ten* [インネ・ハるテン ína-hàltən] 自 (h) [一時]中断する. in der Arbeit *innehalten* 仕事を中断する.

***in·nen** [インネン ínən]

中で

Innen ist das Haus sehr schön.
インネン イスト ダス ハオス ゼーァ シェーン
その家は中がとてもすてきですよ.

副 ① 中で,内部(内側)に. (英 inside). (⇔「外で」は außen). Der Apfel war *innen* faul. このりんごは中が腐っていた / Die Tür geht nach *innen* auf. このドアは内側へ開く / *innen* laufen《スポ》インコースを走る / von *innen* her[aus] 内部から. ②《だうタ》屋内で.

In·nen≠an·ten·ne [インネン・アンテンネ] 女 -/-n 室内アンテナ.

In·nen≠ar·chi·tekt [インネン・アルヒテクト] 男 -en/-en 室内装飾家,インテリアデザイナー.

In·nen≠ar·chi·tek·tur [インネン・アルヒテクトゥーァ] 女 -/ 室内装飾[術],インテリア.

In·nen≠auf·nah·me [インネン・アオふナーメ] 女 -/-n《映・写》屋内(室内)撮影.

In·nen≠aus·stat·tung [インネン・アオスシュタットゥング] 女 -/-en 内装;《服飾》裏打ち.

In·nen≠bahn [インネン・バーン] 女 -/-en《スポ》(トラックの)内側コース,(プールの)中央側コース.

In·nen≠dienst [インネン・ディーンスト] 男 -[e]s/ 内勤.

In·nen≠ein·rich·tung [インネン・アインリヒトゥング] 女 -/-en 室内設備,インテリア.

In·nen≠hof [インネン・ホーふ] 男 -[e]s/..höfe 中庭.

In·nen≠le·ben [インネン・れーベン] 中 -s/ ① 内的(精神)生活. ②《口語・戯》内装.

In·nen≠mi·nis·ter [インネン・ミニスタァ] 男 -s/- 内務大臣.

In·nen≠mi·nis·te·ri·um [インネン・ミニステーリウム] 中 -s/..rien [..リエン] 内務省.

In·nen≠po·li·tik [インネン・ポリティーク] 女 -/ 内政,国内政治.

in·nen≠po·li·tisch [インネン・ポリティッシュ] 形 内政[上]の,国内政治の.

In·nen≠raum [インネン・ラオム] 男 -[e]s/..räume (建物・自動車などの)内部空間.

In·nen≠sei·te [インネン・ザイテ] 女 -/-n 内側,

（物体の)内面.

In·nen·spie·gel [インネン・シュピーゲる] 男 -s/- (自動車の)室内バックミラー.

In·nen⹀stadt [インネン・シュタット] 女 -/..städte [..シュテーテ] 市の中心部, 都心, 中心街(=Stadtmitte). Er wohnt **in** der *Innenstadt*. 彼は都心に住んでいる.

In·nen⹀welt [インネン・ヴェると] 女 -/ 内面の世界, 精神界.

***in·ner** [インナァ ínər] 形 (比較 なし, 最上 innerst)《付加語としてのみ》① 内の, 内部の, 内側の. (英 inner). (〈キ〉「外の」は äußer). die *innere* Jackentasche 上着の内ポケット / die *innere* Stadt 都心. ②《医》内部の; 体内の. die *innere* Medizin 内科 / *innere* Krankheiten 内科疾患 / die *innere* Blutung 内出血. ③ 内面の, 精神的な. das *innere* Auge 心眼 / *innere* Ruhe 心の安らぎ. ④ 国内の. die *inneren* Probleme 内政問題.

in·ner‥ [インナァ‥ ínər‥]《形容詞につける 接頭》《内の・内部の》例: *inner*parteilich 党内の.

in·ner⹀deutsch [インナァ・ドイチュ] 形 ドイツ国内の; 旧東西ドイツ間の.

In·ne·rei·en [インネライエン ɪnəráɪən] 複 (料理用の)臓物(ぞうもつ).

In·ne·re[s] [インネレ[ス] ínərə[s]] 中 《語尾変化は形容詞と同じ》① 内部, 内側, 国内; 奥地. das *Innere* eines Schiffes 船体の内部 / der Minister des *Inneren* 内務大臣. ② 内面, 心[の中], 内面, 核心, 中心. 人³ sein *Inneres*⁴ öffnen 人³に心中を打ち明ける / im *Inner[e]n* 心の中では, 胸の奥では.

***in·ner⹀halb** [インナァ・ハるプ ínər·halp] Ⅰ 前《2 格とともに》①《空間的に》…の中に, …の内に. (英 inside). (〈キ〉「…の外に」は außerhalb). Wir wohnen *innerhalb* der Stadt. 私たちは町の中に住んでいます / *innerhalb* des Hauses 家の中に / *innerhalb* Berlins ベルリン市内に. ②《時間的に》…以内に. (英 within). *innerhalb* eines Jahres 1年以内に. ◇《3 格とともに》*innerhalb* zehn Jahren.
Ⅱ 副 …の中で; …以内に. ◇《von とともに》*innerhalb* von Europa ヨーロッパ域内で / *innerhalb* von zehn Jahren 10年以内に.

***in·ner·lich** [インナァリヒ ínərlɪç] 形 (英 internal) ① 心の中の, 内面的な;《雅》内省的な. *innerliche* Hemmungen 心の内のためらい / *innerlich* lachen 心の中で笑う / ein *innerlicher* Mensch 内省的な人. ② 内部の, 内心の;《薬》内服用の. (〈キ〉「外部の」は äußerlich). ein Medikament zur *innerlichen* Anwendung 内服薬.

In·ner·lich·keit [インナァリヒカイト] 女 -/ 内面性; 深い情操, 豊かな内面[生活].

In·ners·te[s] [インナァステ[ス] ínərstə[s]] 中 《語尾変化は形容詞と同じ》内奥, 心底, 心の奥底. bis **ins** *Innerste* 心の底まで.

in·ne⹀sein* 自 (s) (新形 inne sein) ☞ inne

in·ne⹀wer·den* [インネ・ヴェーァデン ínə·vè:rdən] 自 (s) (事⁴に)気づく, (事⁴を)意識(理解)する.

in·ne⹀woh·nen [インネ・ヴォーネン ínə·vò:nən] 自 (h) 《雅》(ある特性・能力などが 人・物³に)内在する, 備わっている.

***in·nig** [イニヒ íniç] 形 ① 心からの, 真心こめた, 親密な. eine *innige* Liebe 切なる愛情 / 人³ *innigen* Dank sagen 人³に心からの礼を言う / 事⁴ *innig* hoffen 事⁴を切に望む. ② 緊密な, 密接な. eine *innige* Verbindung 緊密な結びつき.

In·nig·keit [イニヒカイト] 女 -/ 優しさ, 親切, 思いやり; 親密さ; 誠実さ.

in·nig·lich [イニヒリヒ] 形《雅》=innig

In·no·va·ti·on [イノヴァツィオーン ɪnovatsióːn] 女 -/-en (社) 革新, 刷新;《経》新機軸, 技術革新, イノベーション.

in·no·va·tiv [イノヴァティーふ ɪnovatíːf] 形 革新的な, 新機軸の.

Inns·bruck [インス・ブルック íns·bruk] 中 -s/《都市名》インスブルック(オーストリア, チロル州の州都. 昔から交通上重要な都市で, チロル観光の拠点: ☞ 地図 E-5).

In·nung [インヌング] 女 -/-en《史》(手工業者の)同業組合, ギルド.

in·of·fi·zi·ell [イン・オふィツィエる ín·ɔfitsiɛl または ..エる] 形 非公式の, 内々の, 内輪の. (〈キ〉「公式の」は offiziell).

in pet·to [イン ペット・ɪn péto] [ラテ]《成句的に》事⁴ *in petto* haben 事⁴を計画している.

in punc·to [イン プンクト・ɪn púŋkto] [ラテ] …の点で, …に関しては.

In·put [イン・プット ín·put] [英] 男 中 -s/-s ①《ニン》インプット, 入力. (〈キ〉「出力」は Output). ②《経》(原料などの)投入.

In·qui·si·ti·on [インクヴィズィツィオーン ɪnkvizitsióːn] 女 -/-en《史》①《複 なし》(12-18世紀の)宗教裁判, 異端審問. ②《宗教裁判の》厳しい尋問;《比》厳しい審理.

In·qui·si·tor [インクヴィズィートァ ɪnkvizíːtor] 男 -s/-en [..ズィトーレン]《史》宗教裁判官.

in·qui·si·to·risch [インクヴィズィトーリッシュ ɪnkvizitóːrɪʃ] 形 (宗教裁判官のように)厳しい, 仮借ない.

***ins** [インス ins]《前置詞 in と定冠詞 das の融合形》*ins* Kino gehen 映画に行く.

In·sas·se [イン・ザッセ ín·zasə] 男 -n/-n 乗客; (施設などの)入居者, 収容者.

insb. [インス・ベゾンデレ]《略》特に, とりわけ (=insbesondere).

***ins·be·son·de·re** [インス・ベゾンデレ ɪns·bəzɔ́ndərə] 副 特に, とりわけ. (英 *particularly*). Sie mag sehr gern Blumen, *insbesondere* Rosen. 彼女はとても花が好きだが, なかでも特にばらが好きだ.

ins·be·sond·re [インス・ベゾンドレ] 副 =insbesondere

In·schrift [イン・シュリふト ín·ʃrɪft] 女 -/-en

(石碑・貨幣などに刻まれた)銘, 碑文.

*das **In·sekt** [インゼクト ɪnzékt] 中 (単2) -[e]s/(複) -en 昆虫. (英 insect). nützliche (schädliche) *Insekten* 益虫(害虫).

In·sek·ten≠fres·ser [インゼクテン・フレッサァ] 男 -s/- 《動》食虫生物.

In·sek·ten≠**kun·de** [インゼクテン・クンデ] 女 -/ 昆虫学 (=Entomologie).

In·sek·ten≠**stich** [インゼクテン・シュティヒ] 男 -[e]s/-e 虫に刺された傷, 虫刺され.

In·sek·ti·zid [インゼクティツィート ɪnzɛktitsíːt] 中 -s/-e 殺虫剤.

*die **In·sel** [インゼる ínzəl] 女 (単) -/(複) -n ① 島. (英 island). Halb*insel* 半島 / die japanischen *Inseln* 日本列島 / eine unbewohnte *Insel* 無人島 / **auf** einer *Insel* landen 島に上陸する / Sie leben auf einer *Insel*. 彼らは島で暮らしている.
② 《比》孤立した場所. Verkehrs*insel* (道路上の)安全地帯.

In·sel≠be·woh·ner [インゼる・ベヴォーナァ] 男 -s/- 島民.

In·sel≠**grup·pe** [インゼる・グルッペ] 女 -/-n 群島.

In·sel≠**land** [インゼる・らント] 中 -[e]s/..länder 島国.

In·se·rat [インゼラート ɪnzɛráːt] 中 -[e]s/-e (新聞・雑誌の)広告. ein *Inserat*⁴ in die Zeitung setzen 新聞に広告を載せる.

In·se·rent [インゼレント ɪnzɛrént] 男 -en/-en 広告主(者).

in·se·rie·ren [インゼリーレン ɪnzɛríːrən] I 他 (h) (新聞などに物⁴の)広告を出す. II 自 (h) 広告を出す. in einer Zeitung *inserieren* 新聞に広告を出す.

ins≠ge·heim [インス・ゲハイム] 副 ひそかに, 内心, こっそりと.

ins≠ge·samt [インス・ゲザムト] 副 全部で, 一括して, ひとまとめにして; 全体的に.

In·si·der [インサイダァ ínsaɪdər] [英] 男 -s/- ① 内[部事]情に通じた人. ② (金融会社などの)インサイダー.

In·sig·ni·en [インズィグニエン ɪnzígniən] 複 (権力・位階などを象徴する)記章, 勲章.

*in·so·fern** I [イン・ゾーフェルン ɪn-zóːfɛrn] 副 その点では, そのかぎりでは. *Insofern* hast du Recht. その点では君の言うとおりだ. ◇《als とともに》…という点では. Er hat *insofern* Recht, als er die Lage beurteilen kann. 彼が状況を判断できる立場にあるという点では, 彼の言うとおりだ.
II [イン・ゾフェルン] 接 《従属接続詞; 動詞の人称変化形は文末》…であるかぎり[は], …であれば. Er wird kommen, *insofern* es seine Zeit erlaubt. 彼は時間が許せば来るだろう.

in·sol·vent [イン・ゾるヴェント ín-zɔlvɛnt または ..ヴェント] 形 《経》支払不能の.

In·sol·venz [イン・ゾるヴェンツ ín-zɔlvɛnts または ..ヴェンツ] 女 -/-en 《経》支払不能, 破産.

in·son·der·heit 副 (新形) in Sonder(特に)) ☞ Sonderheit

in·so·weit I [イン・ゾーヴァイト ɪn-zóːvaɪt] 副 その点では, そのかぎりでは (=insofern I). II [イン・ゾヴァイト] 接 《従属接続詞; 動詞の人称変化形は文末》…であるかぎり[は], …であれば (= insofern II).

in spe [イン スペー ɪn spéː] [ラテ] 《名詞のあとに置かれる》未来の. meine Schwiegermutter *in spe* 私の姑(しゅうとめ)となる人.

In·spek·teur [インスペクテーァ ɪnspɛktǿːr] 男 -s/-e 検査(監督)局長;《軍》査閲長官.

In·spek·ti·on [インスペクツィオーン ɪnspɛktsióːn] 女 -/-en ① 検査, 視察; 監視;《自動車》車検. eine *Inspektion*⁴ vor|nehmen 検査をする. ② 監督官庁, 検査局.

In·spek·tor [インスペクトァ ɪnspéktɔr] 男 -s/-en [..トーレン] 検査官, 監督官; 検閲官.

In·spi·ra·ti·on [インスピラツィオーン ɪnspiratsióːn] 女 -/-en ① 霊感, インスピレーション; 神霊感応; 着想. ② 《複 なし》《医》吸気.

in·spi·rie·ren [インスピリーレン ɪnspiríːrən] 他 (h) (精神的に人⁴に)活気(刺激)を与える, インスピレーションを与える. 人⁴ zu 事³ *inspirieren* 人⁴に事³への刺激を与える.

In·spi·zi·ent [インスピツィエント ɪnspitsiént] 男 -en/-en ① 《劇》舞台監督;《映》助監督;《放送》ディレクター. ② 《古》(官庁の)監督官.

in·spi·zie·ren [インスピツィーレン ɪnspitsíːrən] 他 (h) 検査する, 視察(監督)する.

in·sta·bil [イン・スタビーる ɪn-stabiːl または ..ビーる] 形 変わりやすい;《物・工》不安定な.

In·stal·la·teur [インスタらテーァ ɪnstalatǿːr] 男 -s/-e (電気・水道・ガスなどの)取り付け職人, 配管(配電)工.

In·stal·la·ti·on [インスタらツィオーン ɪnstalatsióːn] 女 -/-en ① (電気・水道・ガスなどの)取り付け; 配管(配電)設備. ② 《コンピ》(ソフトウェアの)インストール. ③ 《宗》(聖職への)就任, 任命.

in·stal·lie·ren [インスタリーレン ɪnstalíːrən] I 他 (h) ① (設備などを)取り付ける, 設置する; (電線・ガス管などを)配線(配管)する.《コンピ》(ソフトウェア⁴を)インストールする. ② 《雅》(聖職などに)任命する. II 再帰 (h) sich⁴ *installieren* (ある土地に)落ち着く, 居を定める.

in·stand [イン・シュタント ɪn-ʃtánt] 副 良い状態に. 物⁴ *instand* halten 物⁴(器具・建物など)を整備(手入れ)しておく / 物⁴ *instand* setzen 物⁴を修理する / 人⁴ *instand* setzen, zu 不定詞[句] 人⁴が…することを可能にする.
(新 in Stand ともつづる) ☞ Stand ④

In·stand≠hal·tung [イン・シュタント・ハるトゥング] 女 -/-en 《書》手入れ, 整備; 修理, 修繕.

in·stän·dig [イン・シュテンディヒ ín-ʃtɛndɪç] 形 切実な, さし迫った, 心からの.

In·stand≠set·zung [イン・シュタント・ゼッツング] 女 -/-en 《書》修復, 修理.

In·stanz [インスタンツ ɪnstánts] 女 -/-en ①

Instanzenweg

所管(当該)官庁. sich⁴ an die höhere *Instanz* wenden 上級の官庁に問い合わせる. ② 《法》(審級の一つとしての)裁判所. die erste *Instanz* 第一審 / in letzter *Instanz* 最終審で.

In·stan·zen·weg [インスタンツェン・ヴェーク] 男 -[e]s/-e 《ふつう 単》官庁の手続き;《法》審級順序.

*der **Ins·tinkt** [インスティンクト ɪnstíŋkt] 男 (単2) -[e]s/(複) -e (3格のみ -en) ① 本能. (英) *instinct*). der mütterliche *Instinkt* 母性本能 / Das Tier folgt seinem *Instinkt*. 動物は本能に従う / 単 **aus** *Instinkt* tun 単⁴ を本能的に行う. ② 勘, 直感. ein sicherer *Instinkt* 確かな勘 / **mit** feinem *Instinkt* 鋭い勘で.

ins·tink·tiv [インスティンクティーふ ɪnstɪŋktíːf] 形 本能的な; 直感的な.

*das **In·sti·tut** [インスティトゥート ɪnstitúːt] 中 (単2) -[e]s/(複) -e (3格のみ -en) ① 研究所, (研究·教育のための)施設, 協会; 学院. (英) *institute*). Max-Planck-*Institut* マックス·プランク研究所 / Goethe-*Institut* ゲーテ·インスティトゥート, ドイツ文化センター(ドイツ語·ドイツ文化を普及するための国際交流機関) / *Institut* für Deutsche Sprache ドイツ語研究所. ② 《法》制度.

In·sti·tu·ti·on [インスティトゥツィオーン ɪnstitutsióːn] 女 -/-en ① (学術的·社会的な目的の)協会, (公共の)機関, 施設. ② 《社》(社会の)制度.

in·stru·ie·ren [インストルイーレン ɪnstruíːrən] 他 (h) ① (人⁴ **über** 単⁴ ~)(人⁴に 単⁴について)知らせる, 教える. ② (人⁴に)指図を与える, 指導する.

In·struk·teur [インストルクテーァ ɪnstruktǿːr] 男 -s/-e インストラクター, 指導員.

In·struk·ti·on [インストルクツィオーン ɪnstruktsióːn] 女 -/-en 指導, 教示; 指示, 訓令.

in·struk·tiv [インストルクティーふ ɪnstruktíːf] 形 (教育上)ためになる, 有益な, 啓発的な.

*das **In·stru·ment** [インストルメント ɪnstrumént] 中 (単2) -[e]s/(複) -e (3格のみ -en) (英) *instrument*) ① (学術用の精密な)器具, 器械. Mess*instrument* 計測器 / ein medizinisches *Instrument* 医療器具. (☞ 類語) Werkzeug). ② 楽器. (=Musik*instrument*). Er spielt fast alle *Instrumente*. 彼はほとんどすべての楽器を演奏する. ③ 《雅》道具, 手段. die Sprache als *Instrument* der Kommunikation² コミュニケーションの手段としての言語.

in·stru·men·tal [インストルメンターる ɪnstrumentáːl] 形 ① 《音楽》楽器の, 器楽の; 器具の. ② 《言》具格の, 助格の.

In·stru·men·tal·mu·sik [インストルメンターる·ムズィーク] 女 -/ 器楽[曲]. (☞ 「声楽[曲]」は Vokalmusik).

In·stru·men·ta·ti·on [インストルメンタツィオーン ɪnstrumentatsióːn] 女 -/-en 《音楽》管弦楽法, オーケストレーション.

in·stru·men·tie·ren [インストルメンティーレン ɪnstrumentíːrən] 他 (h) ① 《音楽》オーケストラ用に編曲する. ② (物⁴に)計器(器具)を取り付ける.

In·sub·or·di·na·ti·on [イン·ズボルディナツィオーン ínzupɔrdinatsioːn または ..オーン] 女 -/-en (任命などへの)不服従, 抗命.

In·suf·fi·zi·enz [イン·ズふィツィエンツ ínzufitsiɛnts または ..エンツ] 女 -/-en ① 不十分, 能力不足. ② 《医》機能不全[症]. ③ 《法》債務者の財産不足.

In·su·la·ner [インズらーナァ ɪnzulá:nər] 男 -s/- 《古·戯》島民, 島の住民.

In·su·lin [インズリーン ɪnzulíːn] 中 -s/ ① 膵臓(すいぞう)ホルモン. ② 《商標》インシュリン(糖尿病

ドイツ・ミニ情報 12

インスティトゥート Institut

ドイツは伝統的に学術研究に優れ, なかでも 19 世紀末～20 世紀初頭は自然科学の全盛期で, 31 個ものノーベル賞がドイツ人学者たちに授与された. これは, 全国規模のインスティトゥート(研究所)が多数存在し, 国をあげて学術研究を支援する体制が整っているという事情によるところが大きい.

1911 年に創設された「カイザー·ヴィルヘルム学術振興協会」もその一つだが, 名称がプロイセン時代の帝国主義を連想させるとして, 1948 年に「マックス·プランク協会」と改名した. プランクは 1918 年にノーベル賞を受賞し, 1945～46 年にカイザー·ヴィルヘルム学術振興協会の会長をつとめた物理学者である. その後この財団は, あらゆる学問分野を網羅する総合的な研究機関に発展し, 全国 60 か所に研究所が点在する.

1932 年に創設された「ドイツ·アカデミー」も, 外務省の委託を受けた半官半民の研究機関. ドイツという言葉を全面に出すとヒトラー時代の国粋主義を連想させるとして, 1951 年に文豪ゲーテの名をとって 「ゲーテ·インスティトゥート」 と改称した. ミュンヒェンに本部を置き, ドイツ語の普及を主な活動としており, 国内で 1662, 国外で 5520 の語学講座を運営する. 日本にも, 東京·大阪·京都に設置されている. それに対して, マンハイムにある「ドイツ国語研究所」は, 現状に合ったドイツ語運用の管理を任務とし, 正書法の改正案などを検討する機関となっている.

in·sze·nie·ren [インスツェニーレン ɪn-stseníːrən] 他 (h) ① 《劇・映》(ドラマなど⁴を)演出する, 監督する. ②《スキャンダル・騒乱などを⁴》仕組む.

In·sze·nie·rung [インスツェニールング] 女 -/-en ①《劇・映》演出, 監督. ②《スキャンダルなどを》仕組むこと, やらせ.

in·takt [インタクト ɪntákt] 形 損傷のない, 無傷の; 完全に機能を果たしている; 健全な.

in·te·ger [インテーガァ intéːɡɐr] 形 ① 完全無欠の; 清廉潔白な. ②《古》真新しい.

in·teg·ral [インテグラール integráːl] 形 (統一体を構成するのに)不可欠な.

In·teg·ral [インテグラール] 中 -s/-e 《数》積分. (⇔「微分」は Differenzial).

In·teg·ral⊿rech·nung [インテグラール・レヒヌング] 女 -/-en 《数》積分[学]; 積分[法]計算.

In·teg·ra·ti·on [インテグラツィオーン integratsióːn] 女 -/-en ①(国家・団体・企業などの)統合, 統一, 融合, 協調. die europäische *Integration* ヨーロッパ統合. ②《社》(個人・集団の)社会への融和. ③《数》積分法. ④《言》(諸方言の)標準語への統一; (単語を統合する)造語. ⑤《心》人格の統合.

in·teg·rie·ren [インテグリーレン integríːrən] 他 (h) ① 統合(統一)する. ② 《A⁴ in B⁴ ~》(A⁴を B⁴に)組み入れる. ◇《再帰的に》 *sich⁴ integrieren* 組み入れられる. ③《数》積分する.

in·teg·rie·rend [インテグリーレント] Ⅰ integrieren (統合する)の 現分 Ⅱ 形 (全体の一部として)欠かせない, 不可欠の.

In·teg·ri·tät [インテグリテート integritέːt] 女 -/ ① 完全無欠; 清廉潔白, 誠実. ②《政・法》(国境などの)不可侵性.

In·tel·lekt [インテルクト ɪntɛlékt] 男 -[e]s/ 知性, 知力, 思考力.

in·tel·lek·tu·ell [インテレクトゥエル ɪntɛlɛktuέl] 形 ① 知的な, 知性(思考力)の豊かな. ② 知識人の, インテリの.

In·tel·lek·tu·el·le[r] [インテレクトゥエレ(..ㇽァ) ɪntɛlɛktuέlə (..lər)] 男 女 《語尾変化は形容詞と同じ》インテリ, 知的水準の高い人, 知識人.

*****in·tel·li·gent** [インテリゲント ɪntɛliɡέnt] 形 ① 知能の高い, 知的な; 聡明(ぞうめい)な. (英 *intelligent*). eine *intelligente* Frau 理知的な女性 / Der Schüler ist sehr *intelligent*. その生徒はとても頭がいい / eine *intelligente* Antwort よく考えた(賢明な)答え. ②《コンピュ》人工知能による, 情報処理能力を持つ.

*****die* In·tel·li·genz** [インテリゲンツ ɪntɛliɡέnts] 女 (単) -/(複) -en ①《複 なし》知能, 知力; 聡明(ぞうめい)さ. (英 *intelligence*). ein Mensch von großer *Intelligenz* 優れた知能の持ち主. ②《複 なし》(総称として:)インテリ[層], 知識階級. (英 *intelligentsia*). ③《ふつう 複》知的生物.

In·tel·li·genz⊿quo·ti·ent [インテリゲンツ・クヴォツィエント] 男 -en/-en 知能指数(略: IQ).

In·tel·li·genz⊿test [インテリゲンツ・テスト] 男 -[e]s/-s (または -e) 知能テスト.

In·ten·dant [インテンダント ɪntɛndánt] 男 -en/-en (劇場・放送局などの)総監督(支配人).

In·ten·danz [インテンダンツ ɪntɛndánts] 女 -/-en (劇場・放送局などの)総監督(支配人)の職(事務室).

In·ten·si·tät [インテンズィテート ɪntɛnzitέːt] 女 -/-en 《ふつう 単》① 強烈さ, 激しさ, [精神的]緊張. ②《農》(農業の)集約性. ③《物》(色・光・力・エネルギーなどの)強さ.

in·ten·siv [インテンズィーフ ɪntɛnzíːf] 形 ① 集中的な, 徹底的な. (⇔「広範な」は extensiv). ein *intensiver* Unterricht 集中授業. ② 強烈な(色・においなど), 激しい(痛みなど). ③《農》集約的な. *intensive* Landwirtschaft 集約農業.

in·ten·si·vie·ren [インテンズィヴィーレン ɪntɛnziví:rən] 他 (h) いっそう強める, 強化する.

In·ten·siv⊿kurs [インテンズィーフ・クルス] 男 -es/-e (外国語などの)インテンシブコース, 集中講座.

In·ten·siv⊿sta·ti·on [インテンズィーフ・シュタツィオーン] 女 -/-en 《医》(重病患者のための)集中治療室(病棟), ICU.

In·ten·ti·on [インテンツィオーン ɪntɛntsióːn] 女 -/-en 《ふつう 複》① 意図, もくろみ. ②《医》傷の治癒経過.

in·ter.., In·ter.. [インタァ.. ɪntər.. または インタァ..] 《形容詞・名詞につける 接頭》①《間の》例: *inter*kontinental 大陸間の. ②《国際の》例: *Inter*pol 国際刑事警察機構.

In·ter·ci·ty [インタァ・スィティ ɪntər-síti] 男 -s/-s =Intercityzug

In·ter·ci·ty⊿ex·press [インタァスィティ・エクスプレス] 男 -[e]s/-e =Intercityexpresszug

In·ter·ci·ty⊿ex·press·zug [インタァスィティ・エクスプレスツーク] 男 -[e]s/..züge インターシティ超特急列車(略: ICE).

In·ter·ci·ty⊿zug [インタァスィティ・ツーク] 男 -[e]s/..züge インターシティー, (ドイツの)都市間特急列車(略: IC).

In·ter·de·pen·denz [インタァ・デペンデンツ ɪntər-dependénts] 女 -/-en 相互依存.

in·ter·dis·zip·li·när [インタァ・ディスツィプりネーァ ɪntərdɪstsiplinέːr または ..ネーァ] 形 学際的な, 数部門にわたる(研究など).

*****in·te·res·sant** [インテレサント ɪntərɛsánt]

興味深い

Das Buch ist sehr *interessant*.
ダス ブーフ イスト ゼーァ インテレサント
その本はとてもおもしろい.

形 (比較 interessanter, 最上 interessantest) ① 興味深い, 興味(関心)をひく, おもしろい. (英 *interesting*). ein *interessanter* Vortrag 興

味深い講演 / Er will sich *interessant* machen. 彼は人目をひこうとする / Er kann *interessant* erzählen. 彼はおもしろおかしく話せる.
② 《商》有利な, もうけになる.

das In·te·res·se [インテレッセ intɛrésə] 匣 (単2) -s/(複) -n (英 *interest*) ① 《厖 なし》興味, 関心. das *Interesse*[4] der Öffentlichkeit[2] erregen 世間の興味をかきたてる / Ich habe *Interesse* **an ihm. 私は彼に関心がある / Er zeigte starkes *Interesse* **für** unsere Arbeit. 彼は私たちの仕事に強い関心を示した / **mit** *Interesse* 関心を持って / Diese Sache ist nicht **von** *Interesse*. この事柄はだれの興味もひかない.
② 《ふつう 複》利害[関係], 利益; 関心事. gegensätzliche *Interessen* 対立する利害 / Wir haben viele gemeinsame *Interessen*. 私たちの間には共通の利害関係がたくさんある / **im** *Interesse* des Verbrauchers 消費者の[利益の]ために / im eigenen *Interesse* handeln 自分の利益のために行動する. ③ 《商》購買欲, 需要. An diesem Artikel besteht kein *Interesse*. この商品には需要がない. ④ 《複 で》《古》利子.

in·te·res·se·los [インテレッセ・ロース] 厖 興味を感じない, 関心を示さない, 無関心な.

In·te·res·sen·ge·biet [インテレッセン・ゲビート] 匣 -[e]s/-e 関心(興味)のある領域.

In·te·res·sen**ge·mein·schaft** [インテレッセン・ゲマインシャふト] 囡 -/-en 利益協同体 (略: IG).

In·te·res·sen·grup·pe [インテレッセン・グルッペ] 囡 -/-n 利益[代表]団体.

In·te·res·sent [インテレセント intɛrɛsént] 男 -en/-en ① 関心を持っている人, (入会・購入などの)希望者, 応募者. ② 買い手.

**in·te·res·sie·ren [インテレスィーレン intɛrɛsíːrən]

(再帰で:)**興味を持つ**

Ich *interessiere mich* für Musik.
イヒ インテレスィーレ ミヒ ふューァ ムズィーク
私は音楽に興味があります.

(interessierte, *hat*...interessiert) **I** 再帰 (完了 haben)《*sich*[4] **für** 人・物[4] ~》(人・物[4]に)興味を持つ, 関心がある. Er *interessiert sich* nicht für Sport. 彼はスポーツには興味がない / Ich *interessiere mich* für diesen neuen Wagen. 私はこの新車に関心を持っている(条件しだいでは買いたい).
II 他 (完了 haben) (英 *interest*) ①(人[4]の)興味をひく. Das Buch *interessiert* mich. その本は私の興味をひく.
②《人[4] **für** 物[4] (または **an** 物[3]) ~》(人[4]に物[4] (または物[3])に対して)興味を持たせる, 関心をいだかせる. Er *hat* uns für seine Pläne *interessiert*. 彼は彼の計画に対して私たちの関心を引きつけた / 人[4] an einem Beruf interessieren 人[4]にある職業への興味を持たせる.

*in·te·res·siert [インテレスィーァト intɛresíːɐt] **I** *interessieren (再帰で: 興味を持つ)の過分, 3 人称単数・2 人称複数 現在.
II 厖 興味を持った, 関心がある. (英 *interested*). 《人・事[3] ~ sein》人・事[3]に関心を持っている / Sie ist politisch *interessiert*. 彼女は政治に関心がある.

in·te·res·sier·te [インテレスィーァテ] *interessieren (再帰で:興味を持つ)の過去

In·ter·fe·renz [インタァふェレンツ intɐferénts] 囡 -/-en 《理》(相互の)干渉;《言》言語干渉.

In·ter·fe·ron [インタァふェローン intɐferóːn] 匣 -s/-e 《生・医》インターフェロン(ウイルスの増殖を抑える体内物質).

In·ter·ho·tel [インタァ・ホテノレ íntɐ-hotɛl] 匣 -s/-s (旧東ドイツの)国際ホテル.

In·te·ri·eur [エンテリエーァ ɛteriǒːr] [ジュ] -s/-s (または -e) ①(部屋などの)内部; 室内装飾, インテリア, インテリア. ②《美》室内画.

In·te·rim [インテリム ínterim] 匣 -s/-s ① 中間(移行)期. ② 仮協定, 仮の規定.

in·te·ri·mis·tisch [インテリミスティッシュ interimístiʃ] 厖 仮の, 暫定的な.

In·ter·jek·ti·on [インタァイェクツィオーン intɐrjɛktsióːn] 囡 -/-en 《言》間投詞(例: oh!).

in·ter·kon·ti·nen·tal [インタァ・コンティネンタール íntɐrkɔntinɛntaːl または ..タール] 厖 大陸間の.

In·ter·kon·ti·nen·talʀ**ra·ke·te** [インタァコンティネンタール・ラケーテ] 囡 -/-n 《軍》大陸間[弾道]ミサイル.

In·ter·mez·zo [インタァメッツォ intɐrmétso] 匣 -s/-s (または ..mezzi) ①《劇》(劇・オペラの)幕間(まく)劇;《音楽》インテルメッツォ, 間奏曲. ②《比》[陽気な]突発事[件].

in·tern [インテルン intérn] 厖 ① 内部の, 部内の; 内輪の, 《コンピュ》内蔵の(記憶装置など). (⇔「外部の」は extern). ein *interner* Schüler (通学生に対して:)寄宿生. ②《医》内科の.

In·ter·nat [インタァナート intɐrnáːt] 匣 -[e]s/-e 学生寮; [全]寮制学校.

*in·ter·na·ti·o·nal [インタァ・ナツィオナーる intɐr-natsiona:l または..ナール] 厖 国際的な, 国際間の, インターナショナル. (英 *international*). (⇔「国内の」は national). *internationale* Beziehungen 国際関係 / ein *internationaler* Kongress 国際会議 / Er ist *international* bekannt. 彼は国際的に知られている.

In·ter·na·ti·o·na·le [インタァ・ナツィオナーれ intɐr-natsioná:lə] 囡 -/-n ① 国際労働者同盟, インターナショナル. (⇔ *Internationale* Arbeiterassoziation の短縮形). ②《厖 なし》インターナショナルの歌.

In·ter·net [インタァ・ネット íntɐr-nɛt] 匣 -s/-s《コンピュ》インターネット. im *Internet* surfen ネットサーフィンする.

in·ter·nie·ren [インタァニーレン ɪntərníːrən] 他 (h) ① (戦争中に在留敵国人⁴を)抑留する，収容する． ② (病人⁴を)隔離する．

In·ter·nie·rung [インタァニールング] 囡 -/-en 抑留; (病人の)隔離．

In·ter·nie·rungs≠la·ger [インタァニールングス・らーガァ] 囲 -s/- 抑留者収容所．

In·ter·nist [インタァニスト ɪntərníst] 男 -en/-en 〘医〙内科医． (☞ 女性形は Internistin; 「外科医」は Chirurg).

In·ter·pol [インタァ・ポーる íntərpoːl] 囡 -/- 国際刑事警察機構（＝Internationale Kriminalpolizeiliche Organisation).

In·ter·po·la·ti·on [インタァぽりツィオーン ɪntərpolatsióːn] 囡 -/-en ① 〘数〙内挿法，補間法． ② (原典への)加筆; 加筆された語句.

in·ter·po·lie·ren [インタァポリーレン ɪntərpolíːrən] 他 (h) ① 〘数〙(数値⁴を)内挿する，補間する． ② (原典⁴を)改ざんする，加筆する．

In·ter·pret [インタァプレート ɪntərpréːt] 男 -en/-en ① 解説者，解釈者． (☞ 女性形は Interpretin). ② 演奏者，歌手; 演出者; 演技者．

In·ter·pre·ta·ti·on [インタァプレタツィオーン ɪntərpretatsióːn] 囡 -/-en ① 解説，解釈． ② (音楽などの)再現，演奏; (劇などの)演出; 演技．

in·ter·pre·tie·ren [インタァプレティーレン ɪntərpretíːrən] 他 (h) ① (テキスト・作品など⁴を)解釈する; (人・事⁴を…と)解釈する． einen schwierigen Text *interpretieren* 難しいテキストを解釈する ／ 事⁴ böswillig *interpretieren* 事⁴を悪意にとる． ② (解釈を加えて音楽・劇など⁴を)演奏する, 演出する, 演技する．

In·ter·punk·ti·on [インタァプンクツィオーン ɪntərpʊŋktsióːn] 囡 -/ 〘言〙句読(くとう)法．

In·ter·punk·ti·ons≠zei·chen [インタァプンクツィオーンス・ツァイヒェン] 囲 -s/- 〘言〙句読(くとう)点．

In·ter·ro·ga·tiv≠pro·no·men [インテロガティーふ・プロノーメン] 囲 -s/- (または ..nomina) 〘言〙疑問代名詞．

In·ter·shop [インタァ・ショップ íntərʃɔp] 男 -[s]/-s (旧東ドイツの)インターショップ(西側諸国の品物を外貨で買うことのできた国営店).

In·ter·vall [インタァヴァる ɪntərvál] 囲 -s/-e ① 間隔，(物理的)距離; 合間． ② 〘音楽〙音程． ③ 〘数〙区間．

in·ter·ve·nie·ren [インタァヴェニーレン ɪntərveníːrən] 圁 (h) ① 仲介をする，仲裁する，調停する． ② 〘政〙抗議する; 内政干渉する．

In·ter·ven·ti·on [インタァヴェンツィオーン ɪntərventsióːn] 囡 -/-en ① 仲裁，調停． ② 〘政〙抗議; 内政干渉，介入．

In·ter·view [インタァヴュー íntərvjuː または ..ヴュー] 〘英〙囲 -s/-s インタビュー，記者会見; (社・心・医) 面談による調査(診察). mit 人³ ein *Interview*⁴ machen 人³にインタビューする．

in·ter·vie·wen [インタァヴューエン íntərvjuːən または ..ヴューエン] 過分 interviewt] 他 (h) (人⁴に)インタビューする．

In·ter·vie·wer [インタァヴューアァ íntərvjuːər または ..ヴューアァ] 〘英〙男 -s/- インタビューアー, 会見記者．

in·tim [インティーム ɪntíːm] 形 ① 親しい, 親密な; 〘婉曲〙性的な． ein *intimer* Freund 親友 ／ eine *intime* Feier 内輪の祝い ／ *intime* Beziehungen mit 人³ haben 人³と性的関係を持つ． (☞ 類語 vertraut). ② 生殖器(性器)に関する． ③ 内心の, 心の奥にある(願望など). ④ 詳細な(知識など)，精通した． ein *intimer* Kenner der Verhältnisse² 事情をよく心得ている人． ⑤ くつろげる, 居心地のよい(店・照明など).

In·ti·mi·tät [インティミテート ɪntimitɛ́ːt] 囡 -/-en ① 〘覆なし〙親しさ, 親密; くつろいだ雰囲気． ② 〘ふつう 覆〙プライベート(性的)な言動． ③ 〘覆なし〙＝Intimsphäre

In·tim≠sphä·re [インティーム・スフェーレ] 囡 -/ プライベートな領域, 私生活, プライバシー．

In·ti·mus [インティームス íntimus] 男 -/..timi 〘戯〙親友．

in·to·le·rant [イン・トれラント ín-tolerant または ..ラント] 形 ① 寛容でない, 狭量な． ② 〘医〙不耐性の．

In·to·le·ranz [イン・トれランツ ín-tolerants または ..ランツ] 囡 〘覆なし〙不寛容, 狭量, 偏狭． ② 〘医〙不耐性．

In·to·na·ti·on [イントナツィオーン ɪntonatsióːn] 囡 -/-en ① 〘言〙イントネーション, 声の抑揚, 音調． ② 〘音楽〙調音; (グレゴリオ聖歌などの)先導部分, 歌い始め．

in·to·nie·ren [イントニーレン ɪntoníːrən] 他 (h) (歌・曲⁴を)歌い始める, 演奏し始める; 調音する．

int·ra·mus·ku·lär [イントラ・ムスクれーア íntra-muskulɛːr または ..れーア] 形 〘医〙筋肉内の, 筋肉内への．

in·tran·si·tiv [イン・トランズィティーふ ín-tranzitiːf] 形 〘言〙自動詞の． *intransitive* Verben 自動詞．

In·tran·si·tiv [イン・トランズィティーふ] 囲 -s/-e [..ヴェ] 〘言〙自動詞． (☞ 「他動詞」は Transitiv).

int·ra·ve·nös [イントラ・ヴェネース íntra-venøːs または ..ネース] 形 〘医〙静脈内の, 静脈内への．

in·tri·gant [イントリガント ɪntrigánt] 形 陰謀を好む; 悪賢い, ずるい．

In·tri·gant [イントリガント] 男 -en/-en 陰謀家, 策略家．

In·tri·ge [イントリーゲ ɪntríːɡə] 囡 -/-n 陰謀, 策略．

int·ri·gie·ren [イントリギーレン ɪntrigíːrən] 圁 (h) 陰謀を企てる． gegen 人・事⁴ *intrigieren* 人・事⁴に対して陰謀をたくらむ．

In·tro·duk·ti·on [イントロドゥクツィオーン ɪntroduktsióːn] 囡 -/-en ① 入門, 序言, 序論． ② 〘音楽〙序奏[部], 導入部．

in·tro·ver·tiert [イントロヴェルティーアト ɪntrovertí:rt] 形《心》内向的な.

In·tu·i·ti·on [イントゥイツィオーン ɪntuitsióːn] 囡 -/-en 直観, 直覚.

in·tu·i·tiv [イントゥイティーふ ɪntuitíːf] 形 直観的な.

in·tus [イントゥス íntus] 副《成句的に》《物・事⁴ *intus* haben》《口語》a)《物⁴を食べて(飲んで)しまっている, b)《事⁴が頭に入っている / Er hat einen *intus*.《口語》彼は一杯機嫌だ.

in·va·lid [インヴァリート ɪnvalíːt] 形 傷病の; 傷病のために働けない.

In·va·li·de [インヴァリーデ ɪnvalíːdə] 形 = invalid

In·va·li·de[**r**] [インヴァリーデ (..ダァ) ɪnvalíːdə (..dər)] 男 囡《語尾変化は形容詞と同じ》傷病のために働けない人; 傷病兵.

In·va·li·den·ren·te [インヴァリーデン・レンテ] 囡 -/-n 身障(傷病)者恩給(年金).

In·va·li·den‗ver·si·che·rung [インヴァリーデン・フェアズィッヒェルング] 囡 -/-en 傷病保険.

In·va·si·on [インヴァズィオーン ɪnvaziːóːn] 囡 -/-en ① [不法]侵入, 侵略; ②(観光客などの)殺到. ②《医》(病原菌などの)侵入.

In·ven·tar [インヴェンタール ɪnventáːr] 中 -s/-e ① 財産, 家財, (企業などの)総資産. ② (在庫品)目録; 動産.

in·ven·ta·ri·sie·ren [インヴェンタリズィーレン ɪnventarizíːrən] 他 (h) 《物⁴の》[財産]目録を作る.

In·ven·tur [インヴェントゥーァ ɪnventúːr] 囡 -/-en 財産(在庫品)目録; たな卸し[表].

In·ven·tur‗aus·ver·kauf [インヴェントゥーァ・アオスフェアカオふ] 男 -[e]s/..käufe 在庫品大売り出し, 残品見切り売り.

In·ver·si·on [インヴェルズィオーン ɪnverzióːn] 囡 -/-en ① 反対(逆)になること, 転倒. ②《言》倒置[法]. ②《医》性的倒錯, 同性愛; (臓器の)逆位. ④《化》転化; 《生》(遺伝子配列の)逆位; 《数》相反, 反転. ⑤《音楽》(音程・和音の)転回. ⑥《地学》層位逆転. ⑦《気象》(気温の)逆転.

in·ves·tie·ren [インヴェスティーレン ɪnvestíːrən] 他 (h) ①《経》(資本など⁴を)投資する. ②《比》(精力・時間⁴を)つぎ込む.

In·ves·tie·rung [インヴェスティールング] 囡 -/-en (資本の)投資; 《比》(精力・時間などの)投入.

In·ves·ti·ti·on [インヴェスティツィオーン ɪnvestitsióːn] 囡 -/-en《経》投資, 出資.

In·ves·ti·tur [インヴェスティトゥーァ ɪnvestitúːr] 囡 -/-en (特に司教職の)叙任[式].

In·vest·ment‗ge·sell·schaft [インヴェストメント・ゲゼルシャふト] 囡 -/-en《経》投資[信託]会社.

in‗wen·dig [イン・ヴェンディヒ] 形 中の, 内部の, 内側の; 《比》内心の. eine *inwendige* Tasche 内ポケット / 《人・事⁴ *in*- und *auswendig* kennen》《口語》人・事⁴の裏も表も知りつくしている.

in·wie·fern [イン・ヴィふェルン ɪn-vifrn] 副《疑問副詞》どういう点で; どうして, なぜ.

in·wie·weit [イン・ヴィヴァイト ɪn-viváit] 副《疑問副詞》どの程度に[まで], どれだけ. Ich weiß nicht, *inwieweit* er Recht hat. 彼のいうことがどの程度正しいか私にはわからない.

In·zest [インツェスト ɪntsést] 男 -[e]s/-e 近親相姦(ｿｳｶﾝ); 《生》近親交配.

In·zucht [イン・ツふト ɪn-tsuxt] 囡 -/-en《生》同系交配, 近親交配; 近親結婚.

‡in·zwi·schen [イン・ツヴィッシェン ɪn-tsvífən] 副 その間に, そうこうするうちに. 《≈ meantime》 *Inzwischen* rauchte er eine Zigarette. その間に彼はたばこを一服した / Ich muss noch arbeiten, du kannst *inzwischen* essen. ぼくはまだ仕事があるから君はその間に食事を済ませていいよ.

IOK [イー・オー・カー]《略》国際オリンピック委員会 (＝Internationales Olympisches Komitee).

Ion [イオーン ióːn または イーオン íːon] 中 -s/-en [イオーネン]《物・化》イオン.

Io·ni·en [イオーニエン ióːniən] 中 -s/《地名》イオニア(小アジア半島西海岸).

io·nisch [イオーニッシュ ióːnɪʃ] 形 イオニア[人]の; 《建》イオニア式の. eine *ionische* Säule イオニア式円柱.

io·ni·sie·ren [イオニズィーレン ionizíːrən] 他 (h)《化》イオン化する, 電離させる.

Io·ni·sie·rung [イオニズィールング] 囡 -/-en《化》イオン化, 電離.

Io·no·sphä·re [イオノ・スふェーレ iono-sféːrə] 囡 -/《物》電離層[圏].

i-Punkt [イー・プンクト] 男 -[e]s/-e i の上の点. bis auf den *i-Punkt* きわめて正確(綿密)に.

I-Punkt 《新》 i-Punkt

IQ [イー・クー]《略》知能指数 (＝Intelligenzquotient).

Ir [イー・エル]《化・記号》イリジウム (＝Iridium).

ir.. [イル.. または イール..]《形容詞または名につける接頭》= in.. (r の前で ir..). 例: *irreal* 非現実的な.

i. R. [イム ルーエ・シュタント]《略》退職(退官)した (＝im Ruhestand).

[*der*] **I·rak** [イラーク iráːk または イーラク]《国名》イラク[共和国](首都はバグダッド).

I·ra·ker [イラーカァ iráːkər] 男 -s/- イラク人. 《≒》女性形は Irakerin).

i·ra·kisch [イラーキッシュ iráːkɪʃ] 形 イラク[人]の.

[*der*] **I·ran** [イラーン iráːn] 男 -s/《ふつう定冠詞とともに》《国名》イラン[回教共和国](首都はテヘラン).

I·ra·ner [イラーナァ iráːnər] 男 -s/- イラン人. 《≒》女性形は Iranerin).

i·ra·nisch [イラーニッシュ iráːnɪʃ] 形 イラン[人]の.

ir·den [イルデン írdən] 形 陶製の; 《粘》土製の, 土の. ein *irdenes* Geschirr 陶器.

ir·disch [イルディッシュ írdɪʃ] 形 ① この世の, 現世の, 俗界の;《比》無常の. (英 *worldly*). das *irdische* Leben 現世の生活 / *irdisches* Glück この世の幸福. ②《付加語としてのみ》地球[上]の. die *irdischen* Gesteine 地球上の岩石.

I·re [イーレ í:rə] 男 -n/-n アイルランド人 (= Irländer). (⇦ 女性形は Irin).

I·re·ne [イレーネ iré:nə] -[n]s/《女名》イレーネ.

ir·gend [イルゲント írgənt] 副 ①《不定代名詞とともに》だれか[ある人], 何か[あるもの]. *irgend* jemand (新形 *irgend*jemand) だれか[ある人] / *irgend* etwas (新形 *irgend*etwas) 何か[あるもの].
②《wenn, wie, wo などとともに条件文などで》まあなんとか, どうにか. Wenn ich *irgend* kann, dann werde ich dir helfen. なんとかぼくにできることがあればお手伝いしよう.

ir·gend.. [イルゲント.. írgənt..]《疑問代名詞・疑問副詞・不定冠詞などについた接頭》《不特定の》例: *irgend*jemand だれかある人.

ir·gend∥ein [イルゲント・アイン írgəntáın] 冠《不定冠詞; -ein の部分の語尾変化は不定冠詞 ein と同じ; 複は irgendwelche》何かある…, それかある… aus *irgendeinem* Grund 何らかの理由で / Ich suche *irgendein* Buch über Elektrotechnik. 私は何か電子工学関係の本を探している.

ir·gend∥ei·ner [イルゲント・アイナァ] 代《不定代名詞; -einer の部分の語尾変化は不定代名詞 einer と同じ; 複は irgendwelche》だれかある人, 何かある(こと).

ir·gend∥ein·mal [イルゲント・アインマーる] 副 いつかあるとき.

ir·gend∥et·was [イルゲント・エトヴァス] 代《不定代名詞》何かある物.

ir·gend∥je·mand [イルゲント・イェーマント] 代《不定代名詞》だれかある人.

ir·gend∥wann [イルゲント・ヴァン] 副 いつか, いつかある時.

ir·gend∥was [イルゲント・ヴァス] 代《不定代名詞》《口語》= irgendetwas

ir·gend∥wel·cher [イルゲント・ヴェるヒァァ] 代《不定代名詞; ..welcher の部分の語尾変化は dieser と同じ》だれかある…, 何かある…

ir·gend∥wer [イルゲント・ヴェーァ] 代《不定代名詞》《口語》だれか[ある人] (= irgendjemand).

ir·gend∥wie [イルゲント・ヴィー írgəntví:] 副 ① なんらかの方法で, どうにかして. (英 *somehow*). *Irgendwie* muss ich die Arbeit schaffen. なんとかして仕事を片づけなくては. ② なんとなく, どことなく.

ir·gend∥wo [イルゲント・ヴォー írgəntvó:] 副 どこかで. (英 *somewhere*). *irgendwo* anders どこかほかの所で / Sie wollten *irgendwo* in Italien Urlaub machen. 彼らはイタリアのどこかで休暇を過ごしたいと思った.

ir·gend∥wo·her [イルゲント・ヴォヘーァ] 副 どこかから; どういうわけか.

ir·gend∥wo·hin [イルゲント・ヴォヒン] 副 どこかへ.

I·ri·di·um [イリーディウム irí:dium] 中 -s/《化》イリジウム (記号: Ir).

I·ris [イーリス í:rɪs] **I** -/《ギ神》イリス(虹の女神. 神々の使者). **II** 女 -/- (または Iriden [イリーデン], Irides [イーリーデース])《ふつう 単》《医》(眼球の)虹彩(こぅ). **III** 女 -/- ①《植》アイリス. ②《ふつう 単》《気象》虹.

i·risch [イーリッシュ í:rɪʃ] 形 アイルランド[人・語]の.

i·ri·sie·ren [イリズィーレン irizí:rən] 自 (h) 虹色に光る.

IRK [イー・エル・カー]《略》国際赤十字社 (= Internationales Rotes Kreuz).

Ir·land [イル・らント ír-lant] 中 -s/《国名》アイルランド (首都はダブリン).

Ir·län·der [イル・れンダァ ír-lɛndər] 男 -s/- アイルランド人. (⇦ 女性形は Irländerin).

Ir·län·disch [イル・れンディッシュ ír-lɛndɪʃ] 形 アイルランド[人・語]の.

***die* I·ro·nie** [イロニー ironí:] 女 (単) -/(複) -n [..ニーエン]《ふつう 単》皮肉, 当てこすり, 風刺, (英 *irony*). eine beißende *Ironie* 痛烈な皮肉 / eine *Ironie* des Schicksals 運命の皮肉 / 車⁴ mit *Ironie* sagen 車⁴を皮肉を込めて言う.

i·ro·nisch [イローニッシュ iró:nɪʃ] 形 皮肉な, 風刺的な; 反語的な. (英 *ironical*). eine *ironische* Anspielung 皮肉な当てこすり / *ironisch* lächeln 皮肉な微笑を浮かべる.

i·ro·ni·sie·ren [イロニズィーレン ironizí:rən] 他 (h) 皮肉る, 風刺する, 当てこする.

irr [イル ír] 形 正気を失った (= irre).

ir·ra·ti·o·nal [イラツィオナーる íratsiona:l または ..ナーる] 形 非合理な, 理屈に合わない, 不合理な. *irrationale* Zahlen《数》無理数.

Ir·ra·ti·o·na·lis·mus [イラツィオナリスムス íratsionalısmus または ..リスムス] 男 -/..lismen ①《複 なし》《哲》非合理主義; 非合理, 不合理. ② 非合理的要素(言動).

ir·re [イレ írə] **I** 形 ① 正気を失った, とり乱した, うろたえた; 迷った. ein *irrer* Blick もの狂おしい目つき / an 人・物³ *irre* werden (新形 *irre*werden) 人・物³のことがわからなくなる. ②《俗》気違いじみた, ものすごい. **II** 副《俗》ものすごく.

Ir·re [イレ] 女《成句的に》人⁴ in die *Irre* führen a) 人⁴ 間違った道に導く, b) 《比》 人⁴に思い違いをさせる / in die *Irre* gehen a) 道に迷う, b) 《比》思い違いをする.

ir·re·al [イレアーる írea:l または ..アーる] 形 非現実的な, 現実離れした.

ir·re|füh·ren [イレ・フューレン írə-fy:rən] 他 (h) ① 惑わす, 欺く. 人⁴ durch falsche Angaben *irreführen* 間違った申し立てをして 人⁴を惑わす. ②《稀》道に迷わせる.

ir·re·füh·rend [イレ・フューレント] **I** irre|füh-

ir·re·ge·hen* [イレ・ゲーエン íra-gè:ən] 自 (s) 《雅》① 道に迷う. ② 《比》思い違いをする.

ir·re·gu·lär [イレグレーァ íregulɛːr または ..れーァ] 形 ① 不規則な, 変則の. ② 《カッラ》宗規によらない.

ir·re|lei·ten [イレ・ライテン íra-làitən] 他 (h) 《雅》① 間違った方向(道)に導く, (郵便物⁴を)誤配する. ② 《比》(人⁴を)惑わす.

ir·re·le·vant [イレレヴァント írelevant または ..ヴァント] 形 重要でない, とるに足らない.

ir·re|ma·chen [イレ・マッヘン íra-màxən] 他 (h) 迷わす, 惑わす, 当惑させる.

*ir·ren [イレン írən] (irrte, hat/ist ... geirrt) I 再帰 (完了 haben) sich⁴ irren 思い違いをする, 間違える. Da irren Sie sich. ⇒ Ab それはあなたの思い違いです / Wenn ich mich nicht irre, ... 私の思い違いでなければ, ... / sich⁴ in 人・事³ irren 人・事³について思い違いをする / Ich habe mich in Datum geirrt. 私は日付を間違えた / sich⁴ in der Person irren 人違いをする / Ich habe mich in dir geirrt. ぼくは君を見そこなっていたよ / sich⁴ um 50 Pfennig irren 50 ペニヒ[だけ]計算違いをする.
II 自 (完了 haben または sein) ① (h) 思い違いをする. Hier irrt der Autor. この点で著者は思い違いをしている.
② (s) 『方向を表す語句とともに』(…へ)さまよい歩く, 放浪する. durch die Stadt irren 町をあちこちさまよう / Seine Augen irrten suchend durch den Saal. 《比》ホールで彼は人を探して目をきょろきょろさせた.

Ir·ren [イレン] 中 -s/ 思い違いをすること. *Irren ist menschlich.* 《ﾋ諺》過ちは人の常.

Ir·ren·an·stalt [イレン・アンシュタルト] 女 -/-en (昔の)精神病院.

Ir·ren=arzt [イレン・アールツト] 男 -es/..ärzte 《古》精神科医 (=Psychiater).

Ir·ren=haus [イレン・ハオス] 中 -es/..häuser 精神病院 (=Irrenanstalt).

Ir·re[r] [イレ ..ラァ] íra (..rər) 男 女 『語尾変化は形容詞と同じ』精神異常者, 狂人.

ir·re·pa·ra·bel [イレパラーベル írepara:bəl または ..ラーベル] 形 修理できない; 取り返しのつかない(損失など); 不治の(病気など).

Ir·re=sein [イレ・ザイン] 中 -s/ 精神異常.

ir·re|wer·den* [イレ・ヴェーァデン íra-vè:r-dən] 自 (s) 『an 人・物³ ~』(人・物³のことが)わからなくなる, 信じられなくなる.

Irr=fahrt [イル・ふァールト] 女 -/-en 間違った道をきむこと; さまようこと, さすらい.

Irr=gar·ten [イル・ガルテン] 男 -s/..gärten 迷宮.

Irr=glau·be [イル・グらオベ] 男 -ns (3格・4格 -n)/-n ① 誤解. ② 誤った信仰, 邪教.

irr=gläu·big [イル・グろイビヒ] 形 異端の, 邪教の.

ir·rig [イリヒ íriç] 形 誤った, 間違いの.

ir·ri·ger·wei·se [イリガァ・ヴァイゼ] 副 思い違いで, 間違って.

Ir·ri·ta·ti·on [イリタツィオーン iritatsió:n] 女 -/-en 刺激; 興奮, いらだち; 混乱状態.

ir·ri·tie·ren [イリティーレン iríti:rən] 他 (h) ① いらだたせる, いらいらさせる. ② まごつかせる, 面くらわせる.

Irr=läu·fer [イル・ろイふァァ] 男 -s/- 誤配[郵便]物.

Irr=leh·re [イル・れーレ] 女 -/-n 邪説; 邪教.

Irr=licht [イル・リヒト] 中 -[e]s/-er 鬼火.

Irr=sinn [イル・ズィン] 男 -[e]s/ 狂気[のさた].

irr=sin·nig [イル・ズィニヒ] I 形 ① 狂気の, 精神錯乱の; 気も狂わんばかりの; ばかげた. ② 《口語》途方もない, すごい. ein *irrsinniger* Preis 途方もない値段. II 副 《口語》ものすごく.

irr·te [イルテ] *irren (再帰で: 思い違いをする)の過去

*der Irr·tum [イルトゥーム írtu:m] 男 (単2) -s/(複) ..tümer [..テューマァ] (3格のみ ..tümern) 誤り, 考え違い, 思い違い; 《法》錯誤. (英 *mistake*). ein großer (kleiner) *Irrtum* 大きな(小さな)誤り / einen *Irrtum* begehen 誤りを犯す / Da sind Sie **im** *Irrtum*! その点であなたは思い違いをしていらっしゃる.

Irr·tü·mer [イルテューマァ] *Irrtum (誤り)の複

irr·tüm·lich [イルテュームりヒ] 形 間違いの, 誤った, 考え(思い)違いの.

Ir·rung [イルング] 女 -/-en 《詩》=Irrtum

Irr=weg [イル・ヴェーク] 男 -[e]s/-e 間違った[比]行動.

Irr=wisch [イル・ヴィッシュ] 男 -[e]s/-e ① 鬼火. ② 動き回る子供; 落ち着きのない人.

***die* I·sar** [イーザァ í:zar] 女 -/ 《定冠詞とともに》《川名》イーザル川(ドナウ川の支流: ☞ 《地図》E-5~4, F-4).

ISBN [イー・エス・ベー・エン] 《略》国際標準図書番号 (=Internationale Standardbuchnummer).

..isch [..イッシュ ..ɪʃ] 『形容詞をつくる接尾』① (…の) 例: amerikan*isch* アメリカの. ② (…のような・…っぽい) 例: kind*isch* 子供じみた.

Is·chi·as [イッシアス íʃias または イスト.. ísçi..] 男 中 《医》: 女 -/ 《医》座骨神経痛.

ISDN [イー・エス・デー・エン] 《略》統合デジタル通信網 (=Integrated Services Digital Network).

I·se·grim [イーゼグリム í:zəgrɪm] 男 -s/-e ① 『覆 なし』イーゼグリム(動物寓話に登場するおおかみの名). ② 《比》不平家.

Is·lam [イスらーム islá:m または イスらム] 男 -[s]/ イスラム教, 回教.

is·la·misch [イスらーミッシュ islá:mɪʃ] 形 イスラム[教]の, 回教の.

Is·land [イース・らント í:slant] 中 -s/ 《国名》アイスランド[共和国](首都はレイキャビク).

Is·län·der [イース・れンダァ í:slendər] 男 -s/- アイスランド人. (☞ 《女性形は Isländerin).

is·län·disch [イース・れンディッシュ íːs-lɛndɪʃ] 形 アイスランド[人・語]の.

..is·mus [..イスムス ..ísmus]《男性名詞をつくる接尾》① 《主義》例: Kapital*ismus* 資本主義. ②《特性・傾向》例: Anachron*ismus* 時代錯誤.

I·so·la·ti·on [イゾらツィオーン izolatsióːn] 女 -/-en (伝染病患者などの)隔離. ② 孤立[状態], 孤独. ③ (音・熱などの)遮断, 断絶,(電気の)絶縁.

I·so·la·ti·o·nis·mus [イゾらツィオニスムス izolatsionísmus] 男 -/《政》(国際政治上の)孤立主義.

I·so·la·tor [イゾらートァ izoláːtɔr] 男 -s/-en [..らトーレン] ①《工・電》絶縁体, 碍子(ガ゚ィ). ②《建》断熱(防音)材(装置).

I·sol·de [イゾるデ izólda] -[n]s/ ①《女名》イゾルデ. ②《人名》イゾルデ(トリスタン伝説の女性主人公).

I·so·lier≠band [イゾリーァ・バント] 中 -[e]s/..bänder《電》絶縁テープ.

***i·so·lie·ren** [イゾリーレン izolíːrən] (isolierte, *hat*...isoliert) 他 《完了》haben) ① 隔離する, 孤立させる; 分離する. (= *isolate*). Kranke⁴ *isolieren* 病人を隔離する. ◊[再帰的に] sich⁴ *isolieren* 孤立する, 交際を絶つ. ②(電気など⁴を)絶縁する;(音・熱など⁴を)遮断する. elektrische Leitungen⁴ *isolieren* 電線を絶縁する.

I·so·lier≠sta·ti·on [イゾリーァ・シュタツィオーン] 女 -/-en (伝染病患者などの)隔離病棟.

i·so·liert [イゾリーァト] Ⅰ *isolieren (隔離する)の 過分 Ⅱ 形 隔離されて. 軍⁴ *isoliert* betrachten 軍⁴を他との関連なしに考察する.

i·so·lier·te [イゾリーァテ] *isolieren (隔離する)の過去

I·so·lie·rung [イゾリールング] 女 -/-en 隔離; 孤立; 遮断;《電》絶縁.

I·so·top [イゾトープ izotóːp] 中 -s/-e《ふつう複》同位元素, アイソトープ.

***Is·ra·el** [イスラエーる ísraeːl または ..エる ..ɛl] Ⅰ 中 (単 2) -s/《国名》イスラエル[共和国](首都はエルサレム). Ⅱ 中 (単 2) -s/《旧約聖書における》ユダヤ民族. Ⅲ (単 2) -s/《聖》《人名》イスラエル (ヤコブの尊称. 創世記 32, 28).

Is·ra·e·li [イスラエーり israéːli] Ⅰ 男 -[s]/-[s] (現代の)イスラエル人(男性). Ⅱ 女 -/-[s] (現代の)イスラエル人(女性).

is·ra·e·lisch [イスラエーりッシュ israéːlɪʃ] 形 イスラエル共和国の.

Is·ra·e·lit [イスラエリート israelíːt] 男 -en/-en (旧約聖書における)イスラエル人, ユダヤ人.

is·ra·e·li·tisch [イスラエリーティッシュ israelíːtɪʃ] 形 イスラエル人の, ユダヤ人の.

iss [イス] *essen (食べる)の du に対する 命令

iß ☞《新形》iss

isst [イスト] *essen (食べる)の 2 人称単数・3 人称単数 現在

ißt ☞《新形》isst

***ist** [イスト íst] *sein¹ (…である)の 3 人称単数 現在. Er *ist* Student. 彼は学生です.(☞ 完了の助動詞 ☞ sein¹ Ⅱ A; 状態受動の助動詞 ☞ sein¹ Ⅱ B).

..ist [..イスト ..íst]《男性名詞をつくる接尾》①《主義者》例: Kommun*ist* 共産主義者. ②《専門家》例: Kompon*ist* 作曲家.

Ist≠be·stand [イスト・ベシュタント] 男 -[e]s/..stände《商》実際在高; 在庫現在高.

Ist-Be·stand ☞《新形》Istbestand

Isth·mus [イストムス ístmus] 男 -/Isthmen《地理》地峡(特にコリント地峡).

Ist≠stär·ke [イスト・シュテルケ] 女 -/-n《軍》現有兵力, 現員.

Ist-Stär·ke ☞《新形》Iststärke

***I·ta·li·en** [イターりエン itáːliən] 中 (単 2) -s/《国名》イタリア[共和国](首都はローマ). in *Italien* イタリアで / Wir reisen nach *Italien*. 私たちはイタリアへ旅行します.

*der **I·ta·li·e·ner** [イタリエーナァ italiéːnər] 男 (単 2) -s/(複) - (3 格のみ -n) イタリア人.

I·ta·li·e·ne·rin [イタリエーネリン italiéːnərɪn] 女 -/..rinnen イタリア人(女性).

***i·ta·li·e·nisch** [イタリエーニッシュ italiéːnɪʃ] 形 (英 *Italian*) ① イタリアの, イタリア人の; イタリア的な. die *italienische* Sprache イタリア語.

② イタリア語の, イタリア語による.

I·ta·li·e·nisch [イタリエーニッシュ] 中 -[s]/ イタリア語. (☞ 用法については Deutsch の項参照).

I·ta·li·e·ni·sche [イタリエーニッシェ italiéːnɪʃə] 中《複》なし; 定冠詞とともに; 語尾変化は形容詞と同じ) ① イタリア語. (☞ 用法については Deutsche の項参照). ② イタリア的なもの(のこと).

i-Tüp·fel·chen [イー・テュプふるヒェン] 中 -s/- i の上の点. bis aufs *i-Tüpfelchen* きわめて正確(綿密)に.

I-Tüp·fel·chen ☞《新形》i-Tüpfelchen

..iv [..イーふ ..íːf または ..イーふ]《形容詞をつくる接尾》①《…する機能・性質のある》例: informat*iv* 情報を提供してくれる. ②《…する能力のある》例: produkt*iv* 生産力のある.

i. v., I. V.《略》①《イン フェァ・トレートゥング》代理で(=in Vertretung). ②《イン ふォる・マハト》委任されて(=in Vollmacht).

J j

j, J¹ [ヨット jót] 中 -/- ヨット(ドイツ語アルファベットの第10字).

J² [ヨット] 《化・記号》ヨウ素(=Jod).

＊ja [ヤー já:]

> **はい**
> Kommen Sie mit? — *Ja*, gern.
> コンメン　ズィー ミット　ヤー ゲルン
> いっしょに行きますか. — ええ, 喜んで.

副 **A)** ① 〖肯定の答え〗はい, ええ, そうです. (英 yes). (⇔「いいえ」は nein). Bist du heute zu Hause? — *Ja*. 君はきょう家にいるかい — うん, いるよ / *ja* (または *Ja*) zu 事³ sagen 事³に賛成(同意)する ⇨ Dazu kann ich nicht *ja* (または *Ja*) sagen. 私はそれには賛成できません / *Ja* oder nein? イエスかノーかどちらなんだい / *Ja* und nein! そうだともそうでないとも言える.
◆〖副詞・間投詞などとともに〗 ㋐〖快諾〗*Ja* freilich (または gewiß)! ええ, もちろん / *Ja* gern. ええ, 喜んで. ㋑〖肯定の強調〗O, *ja*! そうですとも / Aber *ja*! または *Ja* doch! もちろんそうですよ / *Ja* wohl! はい, そのとおりです. ㋒〖ためらいがちな肯定〗 Na (または Nun) *ja*! まあそうですね.

〖メモ〗「否定」を含む問いに対して, その答えの内容が肯定になるときは, ふつう ja でなく **doch** を用いる. Siehst du das nicht? — Doch! 君にはそれが見えないのか? — 見えますとも!
----

② 〖前文の内容を自問自答して〗そうだとも. *Ja*, das kann nicht wahr sein! そうだとも, それが本当なんてありえない.
③ 〖前文の疑問を強めて〗まったく, いったい. Wozu arbeite ich? *Ja*, wozu arbeite ich? 私は何のために働いているんだろう, まったく何のために働いているんだろう.
④ 〖単独で用いて〗《口語》 *Ja*? a) (電話で:)はい, どなたでしょうか. b) (問い返して:)何ですって (=Wie bitte?).

B) 〖文中でのアクセントあり〗① 〖肯定の返事を期待して〗…だろうね. Du kommst doch mit, *ja*? もちろん君もいっしょに来るんだろうね.
② 〖命令・要求の強調〗ぜひ, きっと. Seien Sie *ja* vorsichtig! よく注意してくださいよ / Tu das *ja* nicht! そんなことをするものではないよ.
C) 〖文中でのアクセントなし〗① 〖強調〗確かに, 本当に. Ich komme *ja* schon. 私はもう行くよ / Das habe ich *ja* gewusst. そのこともちろん知っていたよ.

② 《驚きなどを表して》…じゃないか, まさに…だ. Es schneit *ja*. 雪が降っているじゃないか / Da bist du *ja* endlich! やっと来てくれたか.
③ 〖**aber** とともに〗なるほど…ではあるが. Ich möchte *ja*, aber ich kann nicht. なるほど私はそうしたい, しかしできない.
④ それどころか (=sogar). Das ist schwer, *ja* unmöglich. それは困難だ, いや不可能だ.

Ja [ヤー] 中 -[s]/-[s] 承諾, 賛成[の返事]; 肯定. eine Frage⁴ mit *Ja* beantworten 質問に「はい」と答える / mit *Ja* stimmen 賛成の投票をする.

Ja·bo [ヤーボ já:bo] 男 -s/-s 《略》《軍》戦闘爆撃機 (=Jagdbomber).

Jacht [ヤハト jáxt] 女 -/-en 《海》ヨット.

＊die Ja·cke [ヤッケ jákə]

> **上着** Zieh deine *Jacke* an!
> ツィー ダイネ ヤッケ アン
> 上着を着なさい.

女 (単) -/(複) -n 上着, ジャケット. (英 jacket). (⇔「ズボン」は Hose). Wind*jacke* ウィンドブレーカー / eine lederne *Jacke* 革の上着 / die *Jacke*⁴ an|ziehen (aus|ziehen) 上着を着る(脱ぐ) / 囚³ die *Jacke*⁴ voll hauen 《口語》 囚³をさんざんなぐる / die *Jacke*⁴ voll kriegen 《口語》さんざんなぐられる / Das ist *Jacke* wie Hose. 《口語》どっちでもいいことだ.

Ja·cken·kleid [ヤッケン・クライト] 中 -[e]s/-er (婦人用の)ツーピース, スーツ.

Ja·ckett [ジャケット ʒakét] 中 -s/-s (まれに -e) (肯広の)上着.

Ja·de [ヤーデ já:də] 男 -[s]/ (または 女 -/) 《鉱》翡翠(ひすい).

＊die Jagd [ヤークト já:kt] 女 (単) -/(複) -en [ヤークデン] ① 狩り, 狩猟. (英 hunt). Falken*jagd* たか狩り / die *Jagd* auf Hasen うさぎ狩り / auf die *Jagd* gehen 狩りに出かける / die hohe (niedere) *Jagd* 大物(小物)猟. ② 狩りの一行; 狩り場, 猟区. ③ 追跡; 追求. auf 囚⁴ *Jagd*⁴ machen 囚⁴を追跡する / die *Jagd* nach Geld 《比》金銭の追求.

Jagd≠auf·se·her [ヤークト・アオフゼーァァ] 男 -s/- 狩猟区の監視人.

Jagd≠beu·te [ヤークト・ボイテ] 女 -/-n 猟の獲物.

Jagd≠bom·ber [ヤークト・ボンバァ] 男 -s/- 《軍》戦闘爆撃機(略: Jabo).

Jagd≠flie·ger [ヤークト・ふリーガァ] 男 -s/- 戦闘機のパイロット.

Jagd≠flug·zeug [ヤークト・ふルークツォイク] 中 -[e]s/-e 《軍》戦闘機.

Jagd≠fre·vel [ヤークト・ふレーふぇる] 男 -s/- 密猟.

Jagd≠ge·wehr [ヤークト・ゲヴェーァ] 中 -[e]s/-e 猟銃.

Jagd≠grund [ヤークト・グルント] 男 -[e]s/..gründe 《ふつう 複》 猟区. **in die ewigen** *Jagdgründe* **ein|gehen**《婉曲》あの世へ行く.

Jagd≠horn [ヤークト・ホルン] 中 -[e]s/..hörner 狩猟角笛, ほら貝.

Jagd≠hund [ヤークト・フント] 男 -[e]s/-e 猟犬.

Jagd≠hüt·te [ヤークト・ヒュッテ] 女 -/-n 狩猟小屋.

Jagd≠mes·ser [ヤークト・メッサァ] 中 -s/- 猟刀.

Jagd≠re·vier [ヤークト・レヴィーァ] 中 -s/-e 狩猟区.

Jagd≠schein [ヤークト・シャイン] 男 -[e]s/-e 狩猟許可証.

Jagd≠schloss [ヤークト・シュろス] 中 -es/..schlösser（王侯などの)狩猟用別邸.

Jagd≠schloß ☞ 新形 Jagdschloss

*****ja·gen** [ヤーゲン já:gən] (jagte, *hat*/*ist*... gejagt) **I** 他 (完了 haben) ① (鳥・獣など⁴を)狩る. (英 hunt). In dieser Gegend *darf* man Hasen *jagen*. この地域ではうさぎ狩りをすることが許されている.

② 追いかける, 追跡する. einen Verbrecher *jagen* 犯人を追跡する / Ein Ereignis *jagte* das andere.《比》事件が次々に起きた / Mit diesem Essen *kannst* du mich *jagen*!《口語》私はこの料理が大嫌いだ(←この料理で君は私を追いかけることができる).

③《方向を表す語句とともに》人・物⁴を…へ)追いやる, (人・物⁴を…から)追い出す. 人⁴ **aus dem Hause** *jagen* 人⁴を家から追い出す / Tiere⁴ **in den Stall** *jagen* 家畜を小屋へ追い立てる.

④《A⁴ **in** (または **durch**) B⁴ ～》《口語》(A⁴をB⁴(体の一部)に)突き刺す, 撃ち込む. 人³ eine Spritze⁴ in den Arm *jagen* 人³の腕に注射針を刺す / sich³ eine Kugel⁴ durch den Kopf *jagen* 弾丸を自分の頭に撃ち込む.

II 自 (完了 haben または sein) ① (h) 狩りをする. Er *geht* jagen. 彼は狩りに行く / **auf** Hasen *jagen* うさぎ狩りをする.

② (h)《**nach** 事³ ～》(事³を)追い求める. nach Ruhm³ *jagen* 名声を追い求める.

③ (s) (人・乗り物などが)疾走する, 大急ぎで走る. Die Autos *jagen* **über die Autobahn**. 車が高速道路をとばして行く.

Jä·ger [イェーガァ jé:gər] 男 -s/- ① 狩人, 猟師, ハンター. ②《軍》狙撃(ﾞ)兵; 戦闘機.

Jä·ge·rei [イェーゲらイ jè:gərái] 女 -/ 狩猟, 狩猟術(業); (総称として:)猟師.

Jä·ger·la·tein [イェーガァ・らタイン] 中 -s/ [猟師jの自慢話, ほら話.

jag·te [ヤークテ] *jagen (狩る)の 過去

Ja·gu·ar [ヤーグアール já:gua:r] 男 -s/-e 《動》ジャガー.

jäh [イェー jé:] 形《雅》① 急な, 突然の, 不意の, 予期せぬ. ein *jäher* Tod 急死. ② 険しい, 切り立った(絶壁など).

jäh·lings [イェーリングス jé:lɪŋs] 副 ① 突然, 急に. ② 急傾斜に, 険しく.

*** *das* **Jahr** [ヤール já:r]

| 年 | Es ist ein *Jahr* her. エス イスト アイン ヤール ヘーァ あれから1年になる. |

格	単	複
1	das Jahr	die Jahre
2	des Jahres	der Jahre
3	dem Jahr	den Jahren
4	das Jahr	die Jahre

中 (単 2) -es (まれに -s)/(複) -e (3格のみ -en)
① 年.(英 year). (ｽﾞ)「日」は Tag,「週」は Woche,「月」は Monat. Schalt*jahr* うるう年 / ein ganzes (halbes) *Jahr* まる1年(半年) / das alte (neue) *Jahr* 旧年(新年) / voriges *Jahr* 去年 / dieses *Jahr* 今年 / nächstes *Jahr* 来年 / jedes *Jahr* 毎年 / alle zehn *Jahre* 10年ごとに / im April vorigen (nächsten) *Jahres*² 去年(来年)の4月に / lange *Jahre* [hindurch] 長年の間 / drei *Jahre* lang 3年間 / das Buch des *Jahres* 年間ベストセラーの本 / Die *Jahre* gehen (または fliegen) dahin. 年月が過ぎて行く / Fröhliche Weihnachten und ein glückliches neues *Jahr*! メリー・クリスマスそして新年おめでとう.

◇《前置詞とともに》**auf** *Jahre* hinaus 向こう数年間にわたって / auf *Jahr* und Tag (日付に至るまで)詳しく, 正確に / auf (または **für**) fünf *Jahre* 向こう5年間の予定で / *Jahr* **für** *Jahr* 来る年も来る年も / einmal **im** *Jahr* 年に1度 / im [e] 1648 1648年に / in den 20er (=zwanziger) *Jahren* des 19. (=neunzehnten) Jahrhunderts 19世紀の20年代に / in einem *Jahr* 1年後に / im nächsten *Jahr* 来年に / **mit** den *Jahren* 年とともに / **nach** einem *Jahr* 1年後に / nach *Jahr* und Tag 何年もあとに / **pro** *Jahr* 1年当たり / **seit** drei *Jahren* 3年来 / seit *Jahren* 数年来 / seit *Jahr* und Tag ずっと前から / **übers** (口語)1年後に / *Jahr* um *Jahr* 来る年も来る年も / **Von** *Jahr* **zu** *Jahr* wird es besser. 年とともに状況はよくなる / heute **vor** einem *Jahr* 1年前のきょう / vor *Jahr* und Tag 何年も前に / **während** des ganzen *Jahres* 1年中.

② 年齢, …歳. Ich bin achtzehn *Jahre* alt. 私は18歳です / Er hat 80 *Jahre* auf dem Buckel.《口語》彼は80歳だ(←背中に80年を背負っている).

◇《前置詞とともに》Kinder **ab** 6 *Jahren* 6歳以上の子供 / Er ist noch jung (schon hoch) **an** *Jahren*. 彼はまだ年が若い(もう年だ) / **Für** seine 70 *Jahre* ist er noch rüstig. 70

jahraus

歳にしては彼はまだまだ壮健だ / **in** jungen *Jahren* 若いときに / in die *Jahre* kommen《婉曲》年をとる / ein Mann in den besten *Jahren* 男盛りの人 / ein Mann in den vierziger *Jahren* 40歳代の男性 / eine Frau in meinen *Jahren* 私と同年輩の女性 / mit den *Jahren* 年をとるにつれて / Er ist **um** *Jahre* gealtert.《現在完了》彼はめっきり老いこんだ / Kinder **über** 8 *Jahre* 8歳以上の子供たち / Kinder **unter** 16 *Jahren* 16歳未満の子供たち / ein Kind **von** zehn *Jahren* 10歳の子供 / Schüler bis **zu** 18 *Jahren* 18歳までの生徒.

jahr⸗aus [ヤール・アオス] 副《成句的に》*jahraus*, jahrein 来る年も来る年も, 年がら年じゅう, 相も変わらず.

Jahr⸗buch [ヤール・ブーフ] 中 -[e]s/..bücher 年鑑, 年報. Goethe-*Jahrbuch* ゲーテ年鑑.

jahr⸗ein [ヤール・アイン] 副 ☞ jahraus

***jah·re⸗lang** [ヤーレ・らング já:rə-laŋ] 形 長年の, 何年も続く; 数年間の. *jahrelange* Unterdrückung 多年にわたる弾圧.

jäh·ren [イェーレン jé:rən] 再帰 (h) *sich*⁴ *jähren* (ある事が起こって)1年になる. *sich*⁴ **zum** fünften Male *jähren* 5年になる.

Jah·res⸗abon·ne·ment [ヤーレス・アボネマーン] 中 -s/-s 年間予約[購読].

Jah·res⸗ab·schluss [ヤーレス・アップシュるス] 男 -es/..schlüsse 年の終わり, 年末;《経・商》年度末の決算[書].

Jah·res⸗ab·schluß ☞ 新形 Jahresabschluss

Jah·res⸗an·fang [ヤーレス・アンファング] 男 -[e]s/..fänge 年の初め, 年頭.

Jah·res⸗be·richt [ヤーレス・ベリヒト] 男 -[e]s/-e 年間[事業]報告書, 年報.

Jah·res⸗durch·schnitt [ヤーレス・ドゥルヒシュニット] 男 -[e]s/-e 年[間]平均.

Jah·res⸗ein·kom·men [ヤーレス・アインコンメン] 中 -s/- 年収.

Jah·res⸗en·de [ヤーレス・エンデ] 中 -s/-n 年の終わり, 年[度]末.

Jah·res⸗frist [ヤーレス・ふリスト] 女 -/《冠詞句で, ふつう特定の前置詞とともに》1年の期限. **in**(または **innerhalb**) *Jahresfrist* 1年以内に.

Jah·res⸗ring [ヤーレス・リング] 男 -[e]s/-e《ふつう複》《植》年輪.

Jah·res⸗tag [ヤーレス・ターク] 男 -[e]s/-e (毎年の)記念日.

Jah·res⸗ur·laub [ヤーレス・ウーらオプ] 男 -[e]s/-e 年次有給休暇.

Jah·res⸗wech·sel [ヤーレス・ヴェクセる] 男 -s/- 年が変わる(改まる)こと. Glückwünsche **zum** *Jahreswechsel*! 新年おめでとう.

Jah·res⸗wen·de [ヤーレス・ヴェンデ] 女 -/-n 年の変わり目.

Jah·res⸗zahl [ヤーレス・ツァーる] 女 -/-en (紀元の)年数, 暦年数.

*die **Jah·res⸗zeit** [ヤーレス・ツァイト já:-rəs-tsaɪt] 女 (単) -/(複) -en 季節, シーズン. (英 season). die warme (kalte) *Jahreszeit* 暖かい(寒い)季節 / im Wechsel der *Jahreszeiten*² 季節の変わり目に / Es ist für die *Jahreszeit* zu warm. この季節にしては暖かすぎる / Ein Jahr hat vier *Jahreszeiten*, Frühling, Sommer, Herbst und Winter. 1年には四つの季節がある, すなわち春夏秋冬だ.

jah·res⸗zeit·lich [ヤーレス・ツァイトりヒ] 形 季節の, 季節による.

*der **Jahr⸗gang** [ヤール・ガング já:r-gaŋ] 男 (単2) -[e]s/(複) ..gänge (3格のみ ..gängen) ① …年生まれの人(略: Jgg.). der *Jahrgang* 1975 1975年生まれ[の人] / Er ist mein *Jahrgang*. 彼は私と同じ年の生まれです. ②(ワインに関して:)…年産, …年もの. ein guter *Jahrgang* 出来のいい年のワイン / Wein des *Jahrgangs* 1992 1992年産のワイン. ③(新聞・雑誌の)…年刊行分. zehn *Jahrgänge* einer *Zeitschrift*² 10年分の雑誌.

*das **Jahr·hun·dert** [ヤール・フンダァト ja:r-húndərt] 中 (単) -s/(複) -e (3格のみ -en) 世紀, 100年(略: Jh.). (英 century). Ein neues *Jahrhundert* beginnt. 新しい世紀が始まる / das *Jahrhundert* der Entdeckungen² 発見の世紀 / zu Ende des 20. (=zwanzigsten) *Jahrhunderts* 20世紀の終わりに / Dieses Werk stammt **aus** dem 17. (=siebzehnten) *Jahrhundert*. この作品は17世紀にできたものだ / in unserem *Jahrhundert* 今世紀に / seit *Jahrhunderten* 数世紀以来.

jahr·hun·der·te⸗lang [ヤールフンダァテ・らング] 形 数百年[間]の, 数世紀にわたる.

Jahr·hun·dert⸗fei·er [ヤールフンダァト・ファイァ] 女 -/-n 百年祭.

Jahr·hun·dert⸗wen·de [ヤールフンダァト・ヴェンデ] 女 -/-n 世紀の変わり目(転換期).

jäh·rig [イェーリヒ jé:rɪç] 形《古》1歳の; 1年[間]の.

..jäh·rig [..イェーリヒ ..je:rɪç]《形容詞をつくる 接尾》(…歳の・…年[間]の) 例: drei*jährig* (=3-jährig) 3歳の, 3年[間]の.

***jähr·lich** [イェーァリヒ jé:rlɪç] I 形 毎年の, 例年の; 1年[間]の. (英 annual). ein *jährlicher* Urlaub / die Zahl der *jährlichen* Unfälle² 年間の事故件数.
II 副 毎年; 1年[間]に. Die Tagung findet *jährlich* statt. その会議は毎年開かれる / zweimal *jährlich* 年2回.

..jähr·lich [..イェーァリヒ ..je:rlɪç]《形容詞をつくる 接尾》(…年ごとの) 例: zwei*jährlich* (=2-jährlich) 2年ごとの.

Jähr·ling [イェーァリング jé:rlɪŋ] 男 -s/-e (馬などの)1年子.

Jahr·markt [ヤール・マルクト] 男 -[e]s/..märkte 年の市(いち), 大市.

Jahr·markts⸗bu·de [ヤールマルクツ・ブーデ] 女 -/-n 年の市(いち)の屋台(見せ物小屋).

Jahr·tau·send [ヤール・タオゼント] 中 -s/-e

1,000年, 10世紀.

*das **Jahr❩zehnt** [ヤール・ツェーント ja:rtséːnt] 中 (単2) -[e]s/(複) -e (3格のみ -en) **10年**. (英 *decade*). fünf *Jahrzehnte* lang 50年間.

jahr·zehn·te❩lang [ヤールツェーンテ・ラング] 形 数十年間の, 数十年にわたる.

Jah·ve [ヤーヴェ jáːva] -s/ (聖) ヤハウェ, エホバ (旧約聖書に現れるユダヤ教の神).

Jah·we [ヤーヴェ jáːva] -s/ =Jahve

Jäh·zorn [イェー・ツォルン] 男 -[e]s/ かんしゃく, 短気.

jäh·zor·nig [イェー・ツォルニヒ] 形 かんしゃく持ちの, 短気な.

Jak [ヤック ják] 男 -s/-s (動) ヤク.

Ja·kob [ヤーコプ jáːkɔp] -s/ ① (聖) (人名) ヤコブ (イサクの第2子. イスラエル民族の祖). ② (男名) ヤーコプ.

Ja·ko·bi·ner [ヤコビーナァ jakobíːnər] 男 -s/ ① (史) ジャコバン党員 (フランス革命時代の過激共和主義党員). ② (宗) (フランスの) ドミニコ会[修道]士.

Ja·kobs❩lei·ter [ヤーコプス・ライタァ] 女 -/-n ① (聖) ヤコブのはしご (ヤコブが夢にみた天に通じるはしご. 創世記28, 12). ② (海) 縄ばしご.

Ja·lou·set·te [ジャるゼッテ ʒaluzétə] 〔仏〕 -/-n [ヴェネチアン]ブラインド (軽金属またはプラスチック製の軽い巻き上げブラインド).

Ja·lou·sie [ジャるズィー ʒaluzíː] 〔仏〕 女 -/-n [..ズィーエン] 巻き上げブラインド. die *Jalousie*⁴ herunter|lassen (hoch|ziehen) ブラインドを降ろす(上げる).

Jam·bus [ヤンプス jámbus] 男 -/Jamben 《詩学》弱強(短長)格, イアンボス.

*der **Jam·mer** [ヤンマァ jámər] 男 (単2) -s/ ① 悲嘆, 悲しみ, 嘆き[声]. ② 悲惨, 困窮; 残念[なこと]. (英 *misery*). ein Bild⁴ des *Jammers* bieten 見るも哀れな姿を見せる / Es ist ein *Jammer*, dass…《口語》…だとはとても残念だ.

Jam·mer❩bild [ヤンマァ・ビるト] 中 -[e]s/-er 惨めな様子; 哀れな姿.

Jam·mer❩ge·stalt [ヤンマァ・ゲシュタるト] 女 -/-en 哀れな姿;《口語》貧相な人.

Jam·mer❩lap·pen [ヤンマァ・ラッペン] 男 -s/-《口語》弱虫, 腰抜け.

jäm·mer·lich [イェンマァリヒ] I 形 悲痛な, 嘆きの; 惨めな; 貧弱な, くだらない, 情けない. ein *jämmerlicher* Anblick 悲惨な光景 / ein *jämmerliches* Leben 情けない生活. II 副 ひどく. Es ist *jämmerlich* kalt. ひどく寒い.

*jam·mern** [ヤンマァン jámərn] (jammerte, hat…gejammert) I 自 (英⇒ haben) 嘆き悲しむ, 悲しんで泣く. (英 *wail*). nach 人·物³ *jammern* 人·物³を求めて泣く ⇨ Das Kind *jammerte* nach seiner Mutter. その子は母親に会いたがって泣いた / über 人·事⁴ (人·事⁴について嘆き悲しむ ⇨ Sie *jammerten* über ihr Schicksal. 彼らは自分たちの運命を嘆き悲しんだ / um 人·物⁴ *jammern* 人·物⁴をなくしたことを惜しんで嘆き悲しむ.
II 他 (英⇒ haben)《雅》(人⁴に) 哀れみの情を起こさせる. Sein Zustand *jammert* mich. 私は彼の境遇を気の毒に思う.

jam·mer❩scha·de [ヤンマァ・シャーデ] 形 《成句的に》Es ist *jammerschade*, dass…《口語》…はとても残念だ / um 人⁴ ist es *jammerschade*《口語》人⁴は(状況がよければうまくいったかもしれないのに)とても惜しい.

Jam·mer❩tal [ヤンマァ・タール] 中 -[e]s/《雅》現世, 浮き世.

jam·mer·te [ヤンマァテ] *jammern (嘆き悲しむ)の過去

jam·mer❩voll [ヤンマァ・フォる] 形 悲痛な; 惨めな; 貧弱な (=jämmerlich I).

Jan. [ヤヌアール] 《略》1月 (=Januar).

*der **Jang·tse·ki·ang** [ヤングツェ・キアング jáŋtsə-kiaŋ] 男 -s/《定冠詞とともに》《川名》揚子江.

Jan·ker [ヤンカァ jáŋkər] 男 -s/-《南ドィ·ォーストリ》ヤンカー (バイエルン風の男子用上着).

Jän·ner [イェンナァ jénər] 男 -s/-《ふつう 単》《ォーストリ》1月 (=Januar).

*der **Ja·nu·ar** [ヤヌアール jánua:r] 男 (単2) -[s]/(複) -e (3格のみ -en)《ふつう 単》1月 (略: Jan.). (英 *January*). (英 月名 ☞ Monat). ein kalter *Januar* 寒い1月 / Mitte (Ende) *Januar* 1月中旬(下旬)に / im *Januar* に / am 3. (=dritten) *Januar* 1月3日に.

Ja·nus [ヤーヌス jáːnus] -/ 《ロ神》ヤヌス (門の神. 反対に向いた二つの頭を持つ. 物事の始め·矛盾などの象徴で, Januarの語源).

*die **Ja·pan** [ヤーパン jáːpan] 中 (単2) -s/《国名》日本[国]. (英 *Japan*). Ich komme **aus** *Japan*. 私は日本から来ました / *Japan* ist ein Inselland. 日本は島国です / Kommen Sie doch mal **nach** *Japan*! 一度日本へいらしてください.

*der **Ja·pa·ner** [ヤパーナァ japáːnər] 男 (単2) -s/(複) - (3格のみ -n) 日本人. (英 *Japanese*). Ich bin *Japaner*. 私は日本人です / In Düsseldorf wohnen viele *Japaner*. デュッセルドルフにはたくさんの日本人が住んでいる.

*die **Ja·pa·ne·rin** [ヤパーネリン japáːnə-rɪn] 女 (単) -/(複) ..rinnen 日本人[女性]. (英 *Japanese [woman]*). Er hat eine *Japanerin* zur Frau. 彼は日本人を妻にしている.

*ja·pa·nisch** [ヤパーニッシュ japáːnɪʃ] 形 (英 *Japanese*) ① 日本の, 日本人の; 日本的な. die *japanische* Automobilindustrie 日本の自動車産業 / ein *japanisches* Gericht 日本料理.
② 日本語の, 日本語による. die *japanische* Übersetzung eines Romans ある小説の日本語訳 / Wie heißt das **auf** *japanisch* (英⇒ **auf** *Japanisch*)? それは日本語でなんと言いますか / Der Deutsche spricht *japanisch*. そのドイツ人は日本語で話す.

Ja・pa・nisch [ヤパーニッシュ japáːnɪʃ] 田 (単2) −[s] / 日本語. (英 *Japanese*). (⚓ 用法については Deutsch の項参照). Er lernt *Japanisch*. 彼は日本語を学んでいる / Sie sprechen ja gut *Japanisch*! あなたは日本語がお上手ですね / Verstehen Sie *Japanisch*? 日本語がおわかりですか / Sein *Japanisch* ist akzentfrei. 彼の日本語はなまりがない / Wie heißt das **auf** *Japanisch*? それは日本語でなんと言いますか.

Ja・pa・ni・sche [ヤパーニッシェ japáːnɪʃə] 【覆】 なし; 定冠詞とともに; 語尾変化は形容詞と同じ】① 日本語. (⚓ 用法については Deutsche の項参照). ein Gedicht⁴ aus dem Deutschen ins *Japanische* übersetzen ある詩をドイツ語から日本語に翻訳する. ② 日本的なもの(こと).

Ja・pa・no・lo・ge [ヤパノローゲ japanolóːgə] 男 −n/−n 日本学者(日本の言語・文化・歴史・社会などを研究する学者). (⚓ 女性形は Japanologin).

Ja・pa・no・lo・gie [ヤパノロギー japanologíː] 女 −/ 日本学(日本の言語・文化・歴史・社会などを研究する学問分野).

jap・sen [ヤプセン jápsən] 自 (h) 《口語》(口をぱくぱくさせて)あえぐ, あえぎながら言う.

Jar・gon [ジャルゴーン ʒargɔ̃ː] [ʒaʀ] 男 −s/−s 《ある社会層・職業上の》特殊用語, ジャルゴン, 隠語; 荒っぽい言葉使い.

Ja・sa・ger [ヤー・ザーガァ] 男 −s/− (軽蔑的に:)イエスマン(なんにでも同意する人). (⚓ 「ノーマン」は Neinsager).

Jas・min [ヤスミーン jasmíːn] 男 −s/−e 《植》ジャスミン.

Jas・pers [ヤスパァス jáspərs] −/ 《人名》ヤスパース (Karl *Jaspers* 1883−1969; ドイツの哲学者).

Jas・pis [ヤスピス jáspɪs] 男 −または ..pisses/ (種類:) ..pisse 《鉱》碧玉(へきぎょく).

Ja・stim・me [ヤー・シュティンメ] 女 −/−n 賛成票. (⚓ 「反対票」は Neinstimme).

jä・ten [イェーテン jέːtən] 他 (h) (雑草⁴を)引き抜く;(庭・畑などを⁴の)除草をする.

Jau・che [ヤオヘ jáuxə] 女 −/−n 《農》水肥(すいひ), 下肥(しもごえ).

Jau・che・gru・be [ヤオヘ・グルーベ] 女 −/−n 《農》肥だめ.

jau・chen [ヤオヘン jáuxən] 他 (h) 《農》(畑などを⁴に)肥やしをやる.

***jauchz・en** [ヤオホツェン jáuxtsən] du jauchzt (jauchzte, hat...gejauchzt) 自 (完了 haben) 歓声をあげる, 歓呼の声をあげる. Er *jauchzte* **über** diese Nachricht. 彼はこの知らせに歓声をあげた / **vor** Freude *jauchzen* 喜びのあまり歓声をあげる.

Jauchz・er [ヤオホツァァ jáuxtsər] 男 −s/− 歓声.

jauchz・te [ヤオホツテ] *jauchzen (歓声をあげる)の 過去

jau・len [ヤオレン jáulən] 自 (h) ① (犬などが)悲しげに鳴く, 遠ぼえする. ② 《比》(風・機械などが)うなりをあげる.

Jau・se [ヤオゼ jáuzə] 女 −/−n 《オーストリア》午後の間食, おやつ.

***ja・wohl** [ヤ・ヴォール ja-vóːl] 副 《ja を強めて》そうですとも, たしかにそうです;(命令に対して:)承知しました, かしこまりました. Verstanden? — *Jawohl*, Herr Leutnant! わかったか — 承知しました, 少尉殿.

Ja・wort [ヤー・ヴォルト] 田 −[e]s/−e 《ふつう 単》承諾(同意)[の言葉]. das *Jawort*⁴ geben (特に女性がプロポーズに対して:)承諾を与える.

Jazz [チェス dʒéːs または ヤッツ játs] 【英】男 −/ 《音楽》ジャズ【音楽】.

Jazz・band [チェス・ベント] 【英】女 −/−s ジャズバンド.

jaz・zen [チェッセン dʒέsən または ヤッツェン játsən] 自 (h) ジャズを演奏する(歌う), ジャズダンスをする.

Jazz・ka・pel・le [チェス・カペレ] 女 −/−n ジャズバンド (=Jazzband).

je¹ [イェー jéː] I 副 ① かつて; いつか. (英 *ever*). Hast du *je* davon gehört? 君は今までにそのことを聞いたことがあるかい / Es geht ihm besser denn (または als) *je*. 彼は以前より元気だ / **seit** [eh und] *je* 以前から, ずっと前から / **wie** [eh und] *je* いつもと同じように / *je* und *je* 《雅》ときどき.

② 《数詞の前で》それぞれ, ...ずつ. Er gab ihnen *je* fünf Mark. 彼は彼らにそれぞれ5マルクずつ与えた / *je* drei Personen 3人ずつ.

◊《*je* **nach** ...の形で》...に応じて, ...しだいで. *je* nach den Umständen 状況しだいで / *je* nach Geschmack 好みに応じて.

◊《*je* **nachdem** ...の形で》...に応じて, ...しだいで, ...かどうかによって. *je* nachdem, ob er Zeit hat 彼に暇があるかどうかによって / *je* nachdem, wie man das versteht それをどう解釈するかによって / Kommst du mit? — *Je* nachdem. 君も来るかい — 都合しだいだ.

II 前 《4格とともに》...につき, ...ごとに. *je* Person zehn Stück 一人当たり10個.

III 接 《従属接続詞; 動詞の人称変化形は文末》《*je* +比較級, desto (または umso) +比較級の形で》...であればあるほど, ますます... *Je* mehr, desto besser. 多ければ多いほどよい / *Je* älter er wird, umso vernünftiger wird er auch. 年をとればとるほど, 彼にもだんだん分別がついてくる.

je²! [イェー] 間 《驚き・残念さなどを表して:》Ach *je*! あー あ【残念】/ O *je*! おやおや.

Jean Paul [ジャン パオル ʒɑ̃ pául] −−s/ 《人名》ジャン・パウル (1763−1825; ドイツの小説家. 本名は Johann Paul Friedrich Richter).

Jeans [チーンズ dʒíːnz] 【英】覆 ジーンズ, ジーパン.

je・de [イェーデ], **je・dem** [イェーデム], **je・den** [イェーデン] 代《不定代名詞》⇒ jeder

***je・den・falls** [イェーデン・ファルス jéːdənfáls] 副 ① いずれにせよ, とにかく. (英 *in any case*). Er ist *jedenfalls* ein fähiger Mitarbeiter. 彼はいずれにしろ有能な協力者だ. ②

少なくとも. Ich *jedenfalls* werde das nicht tun. 少なくとも私はそんなことはしない.

‡**je・der** [イェーダァ jéːdɐ]

> **どの…も**
> *Jeder* Mensch macht mal Fehler.
> イェーダァ メンシュ マハト マール ふぇーらァ
> どんな人でも誤りを犯すことはあるものだ.
>
> | 格 | 男 | 女 | 中 |
> |---|---|---|---|
> | 1 | jeder | jede | jedes |
> | 2 | jedes | jeder | jedes |
> | 3 | jedem | jeder | jedem |
> | 4 | jeden | jede | jedes |

代《不定代名詞; 語尾変化は dieser と同じ》《つねに単数》① 《付加語として》どの…も, 各々の, それぞれの. (英 each). *jeder* Mann どの男性も / *jede* Frau どの女性も / *Jedes* Kind bekommt einen Luftballon. どの子も風船をもらえる / *jeder* Einzelne 各人が / **auf** *jeden* Fall いずれにせよ, どんな場合にも / **ohne** *jeden* Grund なんの理由もなく / **um** *jeden* Preis なんの値段でも, b)《比》是が非でも / **zu** *jeder* Zeit いつでも. (⇨ 類語 all).
② 毎…, …ごとに. *jeden* Tag 毎日 / *jeden* Sonntag 毎日曜日 / *jede* Woche 毎週 / *jeden* Monat 毎月 / *jedes* Jahr 毎年 / *jedes* Mal 毎度, そのつど, いつも ⇨ Er kommt *jedes* Mal zu spät. 彼は毎回遅刻する. ◊《例外的に 複 で》*jede* 5 Minuten 5 分ごとに / *jede* zehn Meter 10 メートルおきに.
③《名詞的に》だれ(どれ)も, みんな, すべて. Hat *jeder* ein Glas?(乾杯のときに:)皆さんグラスをお持ちですか / *jedes* der Kinder² 子供たちのそれぞれが, どの子供も / *jeder* von uns 私たちのだれもが / **ein** *jeder* だれもが / Hier kennt *jeder* *jeden*. ここではだれもが互いに顔見知りだ / alles und *jedes* なにもかも.

* **je・der・mann** [イェーダァ・マン jéːdɐrman] 代《不定代名詞; 2 格 jedermanns, 3 格・4 格 jedermann》《つねに単数》どの人人も, だれでも. (英 everyone). Das weiß doch *jedermann*. そんなことはだれでも知ってるよ / Muscheln sind nicht *jedermanns* Geschmack. 貝はだれもが好きというものではない.

* **je・der・zeit** [イェーダァ・ツァイト jéːdɐrtsait] 副 いつでも, 常に. (英 anytime). Du bist mir *jederzeit* willkommen. 君ならいつでも歓迎するよ.

je・des [イェーデス] 代《不定代名詞》 ⇨ jeder
je・des・mal 副 (新形 jedes Mal) ⇨ jeder ②
je・des・**ma・lig** [イェーデス・マーリヒ] 形 毎度の, そのたびごとの.

* **je・doch** [イェ・ドッホ je-dɔ́x] 接 しかし, だが; それにもかかわらず. Ich habe ihm dreimal geschrieben, *jedoch* er hat kein einziges Mal geantwortet. 私は彼に 3 度も手紙を書いたが, 彼は 1 度も返事をよこさなかった. (◊ jedoch は副詞と同じ語順で使われることもある: …, *jedoch* hat er… または …, er hat *jedoch*…).

jed・we・der [イェート・ヴェーダァ] 代《不定代名詞; 語尾変化は dieser と同じ》《つねに単数》《古》どの…も (=jed*er*).

Jeep [ヂープ dʒíːp] [英] 男 -s/-s《商標》ジープ.

jeg・li・cher [イェークリッヒァ jéːklɪçɐr] 代《不定代名詞; dieser と同じ語尾変化》《つねに単数》《古》どの…も (=jed*er*).

je・her [イェー・ヘーァ] 副《成句的に》seit (または von) *jeher* 以前からずっと, 昔から.

Je・ho・va [イェホーヴァ jehóːva] 男 -s/《聖》ヤハウェ, エホバ(旧約聖書に現れるユダヤ教の神)(=Jahve).

Je・län・ger・je・lie・ber [イェ・レンガァ・イェ・リーバァ] 中 -s/- 《植》スイカズラ.

* **je・mals** [イェー・マールス jéː-maːls] 副(未来について:)いつか; (過去について:)かつて. Ob er *jemals* wieder gesund wird, ist fraglich. 彼がまた元気になるかどうかは疑わしい.

*‡**je・mand** [イェーマント jéːmant]

> **だれか**
> *Jemand* klopft an der Tür.
> イェーマント クロふト アン デァ テューァ
> だれかがドアをノックしている.

代《不定代名詞; 2 格 jemand[e]s, 3 格 jemand[em], 4 格 jemand[en]》《つねに単数》だれか, ある人. Ist *jemand* gekommen?《現在完了》だれか来たのかい / *jemand* anders だれかほかの人 / irgend *jemand* (新形 irgendje*mand*) だれかある人 / sonst *jemand* a)ほかのだれか, b)《口語》特別なやつ, だれか悪いやつ.

je・mi・ne! [イェーミネ jéːmine] 間(驚き・恐怖を表して)おや.

Je・na [イェーナ jéːna] 中 -s/《都市名》イェーナ (ドイツ, チューリンゲン州の都市. ツァイス社などの光学機械製造で知られる. イェーナ大学ではかつてフィヒテ, ヘーゲル, シラーなどが教壇に立った. ⇨《地図》E-3).

je・ne [イェーネ], **je・nem** [イェーネム], **je・nen** [イェーネン] 代《指示代名詞》 ⇨ jener

* **je・ner** [イェーナァ jéːnɐr] 代《指示代名詞; 語尾変化は dieser と同じ》《雅》①《付加語として》あの, その, かの, かなたの. *jener* Mann dort あそこにいるあの男の人 / *jene* Frau, die uns damals half あのとき私たちを助けてくれたあの婦人 / Ich möchte nicht dieses, sondern *jenes* Bild. 私はこの絵ではなくて, あの絵が欲しい / *jene* herrlichen Zeiten かのすばらしき時代 / *jene* Welt《比》あの世, 彼岸 / an *jenem* Tage あの日に / in *jener* Zeit あの時分に. ②《名詞的に》あの人(物), かの人(物). bald dieser, bald *jener* あるいはこの人, あるいはあの人 / dieses hier und *jenes* dort こちらにあるのとあちらのと. ◊《dies*er*「後者」とともに》前者. Mutter und Tochter waren da; diese trug eine Hose, *jene* ein Kostüm. 母親と娘が来ていた, 後者はズボンをはいており前

je·nes [イェーネス] 代〖指示代名詞〗☞ jener

jen≈sei·tig [イェーン・ザイティヒ] 形 ① 向こう側の. ② あの世の, 彼岸の.

*****jen≈seits** [イェーン・ザイツ jéːn-zaɪts または イェン.. jén..] I 前〖2格とともに〗…の向こう側に(で). (◁▷「…のこちら側に」は diesseits). *jenseits des Flusses* 川の向こうに.
II 副 向こう側で. ◇〖von とともに〗*jenseits vom Rhein* ラインの向こう側に.

Jen≈seits [イェーン・ザイツ または イェン..] 中 -/〖雅〗あの世, 彼岸. (◁▷「この世」は Diesseits). 人⁴ **ins** *Jenseits* **befördern**《俗》人⁴を殺す.

Jer·sey [チャーズィ dʒáːrzi] 〖英〗男 -[s]/-s 〖織〗ジャージー(柔らかくて伸縮性のある服地).

Je·ru·sa·lem [イェルーザれム jerúːzalem] 中 -s/〖地名〗エルサレム(パレスチナの古都. 現在イスラエル共和国の首都).

Je·su·it [イェズイート jezuíːt] 男 -en/-en ① 〖カッ〗イエズス会士. ② (のののしって:)陰険な策謀家.

Je·su·i·ten≈or·den [イェズイーテン・オルデン] 男 -s/〖カッ〗イエズス会.

je·su·i·tisch [イェズイーティッシュ jezuíːtɪʃ] 形 ① イエズス会[士]の. ② 狡猾(ᢓᢩ᠊ᠠ)な.

*****Je·sus** [イェーズス jéːzus] (単2) -/〖人名〗イエス(*Jesus Christus*). *Jesus Lehre* イエスの教え / *Jesus* [Maria]! これはたいへんだ. (◁▷ 無変化化または2格 *Jesu Christi*, 3格 *Jesu Christo*, 4格 *Jesum Christum* という変化形もある. また呼びかけとしては *Jesu Christe* も用いる).

Je·sus≈kind [イェーズス・キント] 中 -[e]s/ 幼な子イエス.

Jet [チェット dʒét] 〖英〗男 -[s]/-s ジェット推進; 〖空〗機.

Jet·li·ner [チェット・らイナァ dʒét-laɪnər] 〖英〗男 -s/- ジェット旅客機.

Jet·set [チェット・セット dʒét-sɛt] 〖英〗男 -s/-s 〖ある 団〗ジェット族(〖自家用〗ジェット機で遊び回る裕福な有閑階級).

jet·ten [チェッテン dʒétən] I 自 (s) 〖口語〗① ジェット機で飛ぶ. ② (ジェット機で)飛ぶ. II 他 (h) 〖口語〗(人・物⁴を…へ)ジェット機で運ぶ.

jet·zig [イェッツィヒ jétsɪç] 形 〖付加語としてのみ〗今の, 現在の, 目下の. *die jetzige Mode* 現在の流行 / *im jetzigen Zustand* 現状で.

*****jetzt** [イェツト jétst]

今 Haben Sie *jetzt* Zeit?
ハーベン ズィー イェツト ツァイト
今お暇ですか.

副 ① 今, 現在. (☞ *now*). Ich habe *jetzt* keine Zeit. 今私は暇がない / Ich muss *jetzt* gehen. 私はもう行かなければならない / *Jetzt oder nie!* 今こそまたとないチャンスだ / *bis jetzt* 今まで / **eben** (または **gerade**) *jetzt* ちょうど今 / **erst** *jetzt* 今やっと / **für** *jetzt* 今のところ, さしあたり / **gleich** *jetzt* 今すぐに / **noch** *jetzt* 今でも / **von** *jetzt* **an** 今から, 今後.

◇〖過去形の文で〗そのとき, 今や. *Jetzt fing sie plötzlich an zu weinen.* そのとき彼女は突然泣き始めた.

② 今日(⁼ᵏ᠊ᠠ), 現在では, 今では. *Jetzt ist das ganz anders als früher.* 今日ではそれは以前とまったく違っている.

③〖疑問文で〗〖口語〗いったい. *Von wem mag jetzt dieser Brief sein?* この手紙はいったいだれから来たのだろう.

....
〖類語〗**jetzt**: 「今」を意味する最も一般的な語. **nun**: (過去のことに関連づけて, 以前はともかく)今や, さて[今度は]. Ich habe den Brief geschrieben, *nun* muss ich ihn auf die Post bringen. 私は手紙を書き終えた, 今度は郵便局にそれを持って行かなくては. **zurzeit**: (一時的であることを強調して)目下のところ.
....

Jetzt≈zeit [イェット・ツァイト] 女 -/ 現在, 現代, 現今.

je·wei·lig [イェー・ヴァイリヒ jéː-váɪlɪç] 形 そのときそのときの, 折にふれての; それぞれの.

je·weils [イェー・ヴァイるス jéː-váɪls] 副 ① そのつど, その度ごとに. ② …ごとに, 毎…に. *jeweils am Monatsende* 月末ごとに.

Jg. [ヤール・ガング] 〖略〗…年生まれ; …年産ワイン; (新聞・雑誌などの)…年分. (=Jahrgang).

Jgg. [ヤール・ゲンゲ] 〖略〗Jg. の 複(=Jahrgänge).

Jh. [ヤール・フンダァト] 〖略〗世紀(=Jahrhundert).

jid·disch [イディッシュ jídɪʃ] 形 イディッシュ語の.

Jid·disch [イディッシュ] 中 -[s]/ イディッシュ語(中高ドイツ語・ヘブライ語・スラヴ語の混合語. ドイツ・東欧・旧ソ連などのユダヤ人の間で用いられる).

Jiu-Jit·su [チーウ・チッツー dʒíː-u-dʒítsu] 中 -[s]/ 柔道, 柔術. (◁▷ 現在ではふつう Judo [ユード]と呼ぶ).

Jo·a·chim [ヨーアヒム jóːaxɪm または ヨア..] -s/〖男名〗ヨーアヒム.

Job [チョップ dʒɔ́p] 〖英〗男 -s/-s ①〖口語〗(当座の)仕事, 臨時仕事, アルバイト; 勤め口, 職, 職業. ②〖ホェン〗ジョブ.

job·ben [チョッペン dʒɔ́bən] 自 (h) 〖口語〗アルバイトをする.

Joch [ヨッホ jóx] 中 -[e]s/-e (単位: -/-) ① くびき. *einem Ochsen das Joch⁴ auflegen* 牛にくびきを掛ける / *die Kühe⁴ ins* (または **unters**) *Joch spannen* 雌牛をくびきにつなぐ. ②〖ふつう 単〗〖雅・比〗束縛; 負担, 重荷. *ein schweres Joch⁴ tragen* 重荷を負う / 人⁴ *ins Joch spannen* 人⁴を束縛する. ③〖複 -〗一連の牛(馬). 2 *Joch Ochsen* 二連の牛. ④〖複 -〗〖ぎっ〗ヨッホ(田畑の面積の単位: 30-55 アール). ⑤ 天秤(ᵗᵉ᠊ᠠ)棒. ⑥〖地理〗(山の)鞍部, 尾根. ⑦〖建〗(橋の)張間, 橋げた; (トン

Jubeljahr

ネル工事などでの)落盤防止用の木の枠.

Joch‹bein [ヨッホ・バイン] 中 -[e]s/-e《医》頬骨(きょう).

Jo·ckei [チョッケ dʒóke または ..キー ..ki または jókai] 男 -s/-s 競馬騎手.

Jod [ヨート jó:t] 中 -[e]s/《化》ヨウ素, ヨード(記号: J).

Jo·del [ヨーデる jó:dəl] 男 -s/- (または Jödel)《音楽》ヨーデル.

jo·deln [ヨーデるン jó:dəln] 自 (h) ヨーデルを歌う.

jodʒhal·tig [ヨート・ハるティヒ] 形 ヨードを含んだ.

Jod·ler [ヨードらァ jó:dlər] 男 -s/- ① ヨーデルを歌う人. ② ヨーデル[の歌].

Jod‹tink·tur [ヨート・ティンクトゥーァ] 女 -/-en《薬》ヨードチンキ.

Jo·ga [ヨーガ jó:ga] 男 中 -[s]/ ヨガ(インドの神秘哲学); ヨガ行(ぎょう).

jog·gen [チョッゲン dʒɔ́gən] 自 (h, s) ジョギングをする.

Jog·ger [チョッガァ dʒɔ́gər] 男 -s/- ジョギングをする人.

Jog·ging [チョッギング dʒɔ́gɪŋ] [英] 中 -s/ ジョギング.

Jo·ghurt [ヨーグルト jó:gurt] 男 (オーストリア: 中)-[s]/(種類:) -[s](口語: 女 -/-[s]) ヨーグルト.

Jo·gurt [ヨーグルト jó:gurt] 男 (オーストリア: 中)-[s]/(種類:) -[s](口語: 女 -/-[s]) =Joghurt

Jo·hann [ヨハン johán または ヨー.. jó:..] -s/《男名》ヨハン, ヨーハン (Johnnes の短縮).

Jo·han·na [ヨハンナ johána] -/《女名》ヨハンナ.

Jo·han·nes [ヨハンネス johánəs または ..nɛs] -/ ① 《男名》ヨハネス. ② 《聖》《人名》Johannes der Täufer 洗礼者ヨハネ(荒野の説教者. イエスに洗礼を施した). ③《聖》《人名》ヨハネ(十二使徒の一人.『ヨハネによる福音書』などを書いた人).

Jo·han·ni [ヨハンニ joháni] -/《ふつう冠詞なしで》《カトリック》洗礼者ヨハネの初日, 夏至祭(6月24日) (=Johannistag).

Jo·han·nisʒbee·re [ヨハンニス・ベーレ] 女 -/-n 《植》スグリ; 《ふつう 複》すぐりの実. (☞ Beere 図).

Jo·han·nisʒkä·fer [ヨハンニス・ケーふァァ] 男 -s/-《昆》ホタル.

Jo·han·nisʒnacht [ヨハンニス・ナハト] 女 -/..nächte 洗礼者聖ヨハネの祝日 (Johannistag の前夜).

Jo·han·nisʒtag [ヨハンニス・タ―ク] 男 -[e]s/-e《カトリック》洗礼者聖ヨハネの祝日, 夏至祭(6月24日).

Jo·han·ni·ter [ヨハニータァ johaní:tər] 男 -s/-《史》ヨハネ騎士修道会士.

joh·len [ヨーれン jó:lən] 自 (h) (大勢で)わめきたてる, 大声で騒ぐ.

Joint [チョイント dʒɔɪnt] [英] 男 -s/-s ハシッシュ(マリファナ)入り手巻きたばこ;《俗》紙巻きたばこ.

Jo·ker [ヨーカァ jó:kər または チョー.. dʒó:..]

[英] 男 -s/- (トランプの)ジョーカー.

Jol·le [ヨれ jólə] 女 -/-n《海》(艦載されている)小型ボート.

Jong·leur [ジョングれーァ ʒɔ̃glí:ər] [フランス語] 男 -s/-e 曲芸師, 軽業師; (中世の:)道化師, 楽師.

jong·lie·ren [ジョングリーレン ʒɔ̃glí:rən] 自 (h) 《mit 物³~》(物³を使って)曲芸をする; 《比》(物³(言葉などを)巧みに操る. mit Tellern jonglieren 皿を使って曲芸をする / mit Worten jonglieren 言葉を巧みに操る.

Jop·pe [ヨッペ jópə] 女 -/-n《服飾》(コート代わりの)ジャケット; (男性が着る家庭用の)ジャンパー.

der **Jor·dan** [ヨルダン jórdan] 男 -[s]/《定冠詞とともに》《川名》ヨルダン川. über den *Jordan* gehen《婉曲》死ぬ.

Jor·da·ni·en [ヨルダーニエン jordá:niən] 中 -/《国名》ヨルダン[・ハシミテ王国](首都はアンマン).

Jo·sef [ヨーぜふ jó:zɛf] -s/- ① 《男名》ヨーゼフ. ② 《聖》《人名》 ヨセフ(旧約ではヤコブの第11子, 新約では聖母マリアの夫).

Jo·seph [ヨーぜふ jó:zɛf] -s/ =Josef

Jo·ta [ヨータ jó:ta] 中 -[s]/-s イオタ(ギリシア字母の第9字: *I*, ι); 《比》小事; 微小. [um] kein (または nicht ein) *Jota*《雅》少しも…でない.

Joule [チャうる dʒául または チュール dʒú:l] 中 -[s]/-《物》ジュール(エネルギーおよび仕事の単位. イギリスの物理学者 J.P. *Joule* 1818–1889 の名から; 記号: J).

Jour·nal [ジュルナーる ʒurná:l] [フランス語] 中 -s/-e ① 《古》[日刊]新聞. ② 《雅》グラビア雑誌. ③ 日記. ④ 《海》航海日誌. ⑤ 《商》仕訳(しわけ)帳.

Jour·na·lis·mus [ジュルナリスムス ʒurnalísmus] 男 -/ ジャーナリズム, 新聞雑誌界, 報道関係; ジャーナリズム活動.

der **Jour·na·list** [ジュルナリスト ʒurnalíst] 男 (単 2.3.4) -en/(単) -en ジャーナリスト, 新聞(雑誌)記者. (英 journalist). (☞ 女性形は Journalistin). Er ist freier *Journalist*. 彼はフリーの記者だ.

Jour·na·lis·tik [ジュルナリスティク ʒurnalístık] 女 -/ 新聞学, ジャーナリズム論.

jour·na·lis·tisch [ジュルナリスティッシュ ʒurnalístıʃ] 形 ① ジャーナリズムの, 新聞(雑誌)[界]の. ② ジャーナリスティック(文体など).

jo·vi·al [ヨヴィアーる joviá:l] 形 (男性について:)気さくで陽気な.

Jo·vi·a·li·tät [ヨヴィアリテート jovialitέ:t] 女 -/ (男性について:)気さくで[な態度].

jr. [ユーニオァ]《略》年少の (=junior).

Ju·bel [ユーべる jú:bəl] 男 -s/ 歓呼, 歓声. in *Jubel* aus|brechen どっと歓声があがる.

Ju·belʒfei·er [ユーべる・ふァイアァ] 女 -/-n《戯》記念祝典, 祝賀祭.

Ju·belʒjahr [ユーべる・ヤ―ル] 中 -[e]s/-e ①

jubeln

(25年・50年などの)記念の年. ② 《ﾕﾀﾞﾔ教》(50年ごとの)ヨベルの年;《ｶﾄﾘｯｸ》(25年ごとの)聖年(いずれも免罪・特赦が行われる). alle *Jubeljahre* [einmal] 《口語・戯》(残念ながら)めったに…でない.

***ju·beln** [ユーベルン jú:bəln] ich juble (jubelte, *hat* ... gejubelt) 自 《完了 haben》 歓声をあげる, 歓呼する. Die Kinder *jubelten* über die Geschenke. 子供たちはそのプレゼントに歓声をあげた.

Ju·bel·te [ユーベルテ] *jubeln (歓声をあげる)の 過去

Ju·bi·lar [ユビラール jubilá:r] 男 -s/-e 記念日の祝いを受ける人.

Ju·bi·la·rin [ユビラーリン jubilá:rɪn] 女 -/..rinnen 記念日の祝いを受ける人(女性).

Ju·bi·lä·um [ユビれーウム jubilɛ́:um] 中 -s/..läen (25年・50年などの)記念祭; 記念日.

ju·bi·lie·ren [ユビリーレン jubilí:rən] 自 (h) ① 《雅》歓声をあげる. ② 《詩》(鳥が)さえずる, 歌う. ③ 《戯》(大げさに)記念日の祝いをする.

jub·le [ユーブレ] *jubeln (歓声をあげる)の1人称単数 現在

juch·he! [ユフヘー juxhé:] 間 万歳, やったぞ.

Juch·ten [ユフテン júxtən] 中 -s/ ① ロシア革. ② ユフテン(ロシア革のにおいのする香水).

juch·zen [ユフツェン júxtsən] 自 (h) 《口語》歓声をあげる (=jauchzen).

***ju·cken** [ユッケン júkən] (juckte, *hat* ... gejuckt) I 自 《完了 haben》 ([人^{3}にとって])かゆい, むずむずする. Meine Hand *juckt*. 私は手がかゆい / Der Rücken *juckt* mir. 私は背中がかゆい / Der Verband *juckt* ihm auf der Haut. その包帯をすると彼は肌がむずむずする.
II 他 《完了 haben》 ① ([人^{4}にとって])かゆい. Das Bein *juckt* mich. 私は足がかゆい. ② 《口語・比》(人^{4}の)気持ちをそそる. Das *juckt* mich nicht. 私はそんなことはどうでもいい / Es *juckte* ihn, den Wagen zu kaufen. 彼はその車を買いたくてたまらなかった.
III 非人称 《完了 haben》《es juckt 人^3(または 人^4)の形で》人^3(または 人^4)にとってかゆい. Es *juckt* mir (または mich) auf dem Rücken. 私は背中がかゆい.
IV 再帰 《完了 haben》 sich^4 *jucken* 《口語》(かゆい所を)かく. Er *juckte sich* am Hals. 彼はかゆくて首をかいた.

juck·te [ユックテ] *jucken (かゆい)の 過去

Ju·da [ユーダ jú:da] I -s/ 《聖》《人名》ユダ(ヤコブの第4子). II 中 /《聖》ユダ王国(パレスチナの古代王国).

Ju·da·i·ka [ユダーイカ judá:ika] 複 ユダヤ文化(民族)に関する文献.

Ju·das [ユーダス jú:das] I 《聖》《人名》ユダ(イエスを裏切った使徒, イスカリオテのユダ). II 男 -/..dasse 《比》裏切り者.

Ju·das⁼kuss [ユーダス・クス] 男 -es/..küsse ユダの接吻(せっぷん)(キリストに対する裏切の意図を持ちながら好意を装ったユダの接吻に基づく, 偽りのキス).

Ju·das⁼kuß ☞ 新形 Judaskuss

Ju·das⁼lohn [ユーダス・ろーン] 男 -[e]s/ 裏切りの報酬(マタイによる福音書 26, 15 から).

*der **Ju·de** [ユーデ jú:də] 男 (単2・3・4) -n/(複) -n ユダヤ人, ユダヤ教徒.

Ju·den·tum [ユーデントゥーム] 中 -s/ ユダヤ教; ユダヤ[人]気質; ユダヤ民族.

Ju·den⁼ver·fol·gung [ユーデン・ふェアふォるグング] 女 -/-en ユダヤ人迫害.

Ju·di·ka·ti·ve [ユディカティーヴェ judikatí:və] 女 -/-n 《法・政》司法権.

Jü·din [ユーディン jý:dɪn] 女 -/..dinnen ユダヤ人(女性), ユダヤ教徒(女性).

jü·disch [ユーディッシュ jý:dɪʃ] 形 ユダヤ[人]の; ユダヤ人に特有の.

Ju·do [ユード jú:do] 中 -[s]/ 柔道. *Judo*^{4} machen 柔道をする.

Ju·do⁼an·zug [ユード・アンツーク] 男 -[e]s/..züge 柔道着.

Ju·do·ka [ユドーカ judó:ka] 男 -[s]/-[s] 柔道家.

*die **Ju·gend** [ユーゲント jú:gənt] 女 (単) -/
① 青春[期], 青春時代, 青少年時代, 若いころ. (英 youth). (対 「老年期」= Alter). eine goldene *Jugend* すばらしい青春時代 / Hans hat seine *Jugend* in Japan verbracht. ハンスは青春期を日本で過ごした / in der *Jugend* 青春時代に / seit früher *Jugend* 幼少のころから / von *Jugend auf* (または an) 若いころから.
② 若さ, 若々しさ, はつらつ. Sie hat sich ihre *Jugend* bewahrt. 彼女は若さを保ち続けた.
③ (総称として:) 青少年, 若者. die heutige *Jugend* または die *Jugend* von heute 現代の若者 / die reifere *Jugend* 《戯》 中年[層].

Ju·gend⁼al·ter [ユーゲント・アるタァ] 中 -s/ 青少年期, 青春時代.

Ju·gend⁼amt [ユーゲント・アムト] 中 -[e]s/..ämter 青少年局, 児童福祉局.

Ju·gend⁼er·in·ne·rung [ユーゲント・エァインネルング] 女 -/-en 青春時代の思い出.

ju·gend⁼frei [ユーゲント・ふライ] 形 (映画などが)青少年にも見ることが許されている.

Ju·gend⁼freund [ユーゲント・ふロイント] 男 -[e]s/-e 幼友達, 竹馬の友.

Ju·gend⁼für·sor·ge [ユーゲント・フューァゾルゲ] 女 -/ 青少年保護.

ju·gend⁼ge·fähr·dend [ユーゲント・ゲふェーァデント] 形 (映画などが)青少年に有害な.

Ju·gend⁼ge·richt [ユーゲント・ゲリヒト] 中 -[e]s/-e 《法》少年裁判所.

Ju·gend⁼heim [ユーゲント・ハイム] 中 -[e]s/-e 青年の家.

*die **Ju·gend⁼her·ber·ge** [ユーゲント・ヘァベルゲ jú:gənt-hɛrbergə] 女 (単) -/(複) -n ユースホステル. (英 youth hostel). Deutsches *Jugendher-*

bergswerk ドイツ・ユースホステル協会 / *in der Jugendherberge* übernachten ユースホステルに泊る. (🖙 類語 Hotel).

Ju·gend⊱hil·fe [ユーゲント・ヒルフェ] 女 -/ 青少年援助(保護) (Jugendpflege, Jugendfürsorge, Jugendschutz の総称).

Ju·gend⊱kri·mi·na·li·tät [ユーゲント・クリミナリテート] 女 -/ (総称として:)青少年犯罪, 少年非行.

***ju·gend·lich** [ユーゲントリヒ júːɡəntlɪç] 形 (英) *young*) ① **青少年の, 若い.** die *jugendliche* Zuschauer 若い観客たち. ② 青年らしい, 若々しい, ういういしい. *jugendliche* Begeisterung 若者らしい熱狂 / Er wirkt noch sehr *jugendlich*. 彼はまだとても若く見える. ③ 若者向きの(服装など). eine *jugendliche* Frisur 若者向きのヘアスタイル.

***Ju·gend·li·che**[*r*] [ユーゲントリッヒェ (..ヒャァ) júːɡəntlɪçə (..çɐr)] 男 女《語尾変化は形容詞と同じ 🖙 Alte[r]》(例: 男 1格 der Jugendliche, ein Jugendlicher)**青少年, 未成年者** (法律上は 14–18 歳の青少年を指す). *Jugendliche* haben keinen Zutritt. (掲示で:)未成年者の入場お断り.

....

類語 der Jugendliche: 青少年(14歳から18歳まで. 主として官庁用語). der Junge: (14 歳くらいまでの)男の子. der Jüngling: (文語で, 少年と大人の間の青年, 若者. der **Bursch**[**e**]: 若者. (もともと大人になる前のたくましい青年の意味. ただし, 粗野な男の意味に用いられることもある). der **Teenager**: ティーンエージャー.

....

Ju·gend·lich·keit [ユーゲントリヒカイト] 女 -/ 青少年であること; 青年らしさ, 若々しさ.

Ju·gend⊱lie·be [ユーゲント・リーベ] 女 -/-n ①《口語》少年(少女)時代の恋人. ②《複なし》《雅》若き日の恋.

Ju·gend⊱li·te·ra·tur [ユーゲント・リテラトゥーァ] 女 -/-en 少年少女文学.

Ju·gend⊱mann·schaft [ユーゲント・マンシャフト] 女 -/-en (スポーツ)(14–18 歳の)ユースチーム.

Ju·gend⊱or·ga·ni·sa·ti·on [ユーゲント・オルガニザツィオーン] 女 -/-en 青少年の組織(団体).

Ju·gend⊱pfle·ge [ユーゲント・プふれーゲ] 女 -/ 青少年育成.

Ju·gend⊱rich·ter [ユーゲント・リヒタァ] 男 -s/-《法》少年裁判所の裁判官.

Ju·gend⊱schutz [ユーゲント・シュッツ] 男 -es/ (特に少年法による)青少年保護.

Ju·gend⊱spra·che [ユーゲント・シュプラーヘ] 女 -/ 若者ことば.

Ju·gend⊱stil [ユーゲント・シュティール] 男 -[e]s/ 《美》ユーゲントシュティール(1900 年前後ヨーロッパで流行した工芸・建築を中心にした芸術様式で, 特に植物の形態に基づく装飾が特徴. 雑誌 "Jugend" の名にちなむ. 「アール・ヌーヴォー」のドイツでの呼称).

Ju·gend⊱stra·fe [ユーゲント・シュトラーフェ] 女 -/-n《法》少年刑罰.

Ju·gend⊱sün·de [ユーゲント・ズュンデ] 女 -/-n 若げの(若いときの)過ち.

Ju·gend⊱wei·he [ユーゲント・ヴァイエ] 女 -/-n (宗教に無関係な団体の主催による)成人式.

Ju·gend⊱zeit [ユーゲント・ツァイト] 女 -/ 青春時代, 若いころ.

Ju·gos·la·we [ユゴスらーヴェ juɡosláːvə] 男 -n/-n [旧]ユーゴスラビア人. (🐜 女性形は Jugoslawin).

Ju·gos·la·wi·en [ユゴスらーヴィエン juɡosláːviən] 中 -s/《国名》[旧]ユーゴスラビア連邦 (新ユーゴスラビアはセルビアとモンテネグロのみで構成).

ju·gos·la·wisch [ユゴスらーヴィッシュ juɡosláːvɪʃ] 形 [旧]ユーゴスラビア[人]の.

Juice [チュース dʒúːs] [英] 男 中 -/(種類:) -s [..スィス ..スィーズ..スィズ] (特にオーストリアで:)果物ジュース (=Obstsaft), 野菜ジュース (=Gemüsesaft).

Jul. [ユーり] (略) 7月 (=**Juli**).

* *der* **Ju·li** [ユーり júːli] (単 2) -[s]/(複) -s《ふつう 単》7月 (略: Jul.). (英 *July*). (🐜 月名 🖙 Monat). ein heißer *Juli* 暑い 7 月 / im *Juli* 7 月に / Anfang (Ende) *Juli* 7 月初旬(下旬)に.

Ju·lia [ユーりア júːlia] -s/《女名》ユーリア.

Ju·li·us [ユーリウス júːlius] -/《男名》ユーリウス.

Jum·bo·jet [ヂュンボ・ヂェット dʒúmbo·dʒɛt] [英] 男 -[s]/-s《空》ジャンボジェット機.

Jum·per [ヂャンパァ dʒámpɐr または ユン..júm..] [英] 男 -s/-《服飾》(婦人用のセーター風の)ジャンパー.

jun. [ユーニオァ] (略) 年少の (=**jun**ior).

Jun. [ユーニ] (略) 6月 (=**Juni**).

***jung** [ユング júŋ]

> 若い　Wir sind noch *jung*.
> ヴィァ ズィント ノッホ ユング
> われわれはまだ若い.

形 (比較 jünger, 最上 jüngst) (英 *young*) ① **若い.** (🐜 「年とった」は alt). die *jungen* Leute 若い人たち / ein *junger* Mann 若い男性 / der *junge* Goethe 若きゲーテ / der *junge* [Herr] Schmidt《口語》シュミット氏の息子[の方] / *jung* und alt / (🐙 *Jung* und Alt) 老いも若きも, だれもが / in *jungen* Jahren 若いころに / **von** *jung* **auf** 若い(幼い)ころから / *Jung* gewohnt, alt getan.《諺》習い性となる(幼いころ習慣となったことは年をとってからもそう). ② 若々しい, まだ新しい, ういういしい. eine *junge* Stimme ういういしい声 / *jung* bleiben いつまでも若々しい / Er hat noch *junge* Beine. 彼はまだ健脚だ / *jung* aus|sehen 若く見える.

③ 新生の, 出来たての; 新鮮な, ほやほやの. ein *junger* Staat 新興国 / das *junge* Paar 新婚ほやほやの夫婦 / *junges* Gemüse 収穫したての野菜 / *junger* Wein (本年度産の)新ワイン.

Jung [ユング] -s/《人名》ユング (Carl Gustav Jung 1875-1961; スイスの心理学者・精神病理学者).

Jungsbrun・nen [ユング・ブルンネン] 男 -s/-《神》若返りの泉(浴びると若返るという);《比》活力の源.

der **Jun・ge** [ユンゲ júŋə]

| 男の子 | Er hat einen *Jungen*. エア ハット アイネン ユンゲン 彼には男の子が一人いる. |

格	単	複
1	der Junge	die Jungen
2	des Jungen	der Jungen
3	dem Jungen	den Jungen
4	den Jungen	die Jungen

男 (単2・3・4) -n/(複) -n ① **男の子**, 少年; 息子. (英 boy). (⇔ 「女の子」は Mädchen; 北ドイツ・中部ドイツでは Junge の 複 は Jungs または Jungens ということもある). ein artiger *Junge* 行儀のよい男の子 / In der Klasse sind 12 *Jungen* und 8 Mädchen. そのクラスには 12 人の男の子と 8 人の女の子がいる / Als *Junge* war ich oft dort. 少年時代にはよくそこへ行ったものだ / Ist es ein *Junge* oder Mädchen? (生まれた赤ちゃんのことを尋ねて):男の子,それとも女の子? / Sie hat einen *Jungen* bekommen. 彼女は男の子を授かった / 人⁴ wie einen dummen *Jungen* behandeln 人⁴ を小ばかにする. (⇨ 類語 Jugendliche[r]).
② 《口語》[若い]男, 若者, やつ. Ihr Bruder ist ein netter *Junge*. 彼女の兄さんは感じのいい青年だ / ein grüner *Junge* 青二才 / ein schwerer *Junge* 《口語》暴力犯[人] / die blauen *Jungs*《口語》水夫, マドロス / Na, mein *Junge*, wie geht es dir? (親しみを込めた呼びかけで):やあ君, 元気かい / *Junge, Junge*! (驚いて):おやおや, たいへんたいへん.
③ 見習い, 徒弟. ④《口語》(トランプの) ジャック.

jun・gen [ユンゲン júŋən] 自 (h) (家畜などが)子を産む.

jun・gen・haft [ユンゲンハフト] 形 少年のような, 少年らしい; ボーイッシュな. sich⁴ *jungenhaft* benehmen (女の子が)男の子のようにふるまう / *jungenhaft* lachen 子供っぽく笑う.

Jun・ge[r] [ユンゲ (..ガァ) júŋə (..ŋər)] 男 女《語尾変化は形容詞と同じ》若い人. die Alten und die *Jungen* 老いも若きも.

jün・ger [ユンガァ jýŋər] (*jung* の 比較) 形 ① (…より)若い; より新しい. mein *jüngerer* Bruder 私の弟 / Er ist [um] zwei Jahre *jünger* als ich. 彼は私より二つ若い. ② 比較的若い.

Jün・ger [ユンガァ] 男 -s/- ① (キリストの十二人の)使徒[のひとり]. ②《雅》弟子, 門人; 信奉者.

Jün・ge・re[r] [ユンゲレ (..ラァ) jýŋərə (..rər)] 男 女《語尾変化は形容詞と同じ》年下の人, 若い方; ジュニア, 息子(娘)の方.

Jun・ge[s] [ユンゲ [ス] júŋə[s]] 中《語尾変化は形容詞と同じ》(動物の)子, ひな. *Junge*⁴ werfen (動物が)子を産む.

Jung・fer [ユングふァァ júnfər] 女 -/-n《古》(未婚の)娘, 処女; (気取った)オールドミス.

jüng・fer・lich [ユングふァァリヒ] 形 オールドミスのような, いやに気取った.

Jung・fern=fahrt [ユングふァァン・ふァールト] 女 -/-en 処女航海; 初運転.

Jung・fern=häut・chen [ユングふァァン・ホイトヒェン] 中 -s/-《医》処女膜.

Jung・fern=re・de [ユングふァァン・レーデ] 女 -/-n (議員の)処女演説.

die **Jung・frau**¹ [ユング・ふラオ júŋ-frau] 女 (単) -/(複) -en ① **処女**; 《古》(未婚の)娘, 乙女. (英 virgin). eine reine *Jungfrau* 無垢(く)の乙女 / die *Jungfrau* Maria (マリア) 聖母マリア / die Heilige *Jungfrau* 聖処女. ②【複なし】《天》乙女座; 処女宮.

die **Jung・frau**² [ユング・ふラオ] 女 -/《定冠詞とともに》〖山名〗ユングフラウ[山] (スイスアルプスの高峰. 4158 メートル. ⇨ 地図 C-5).

jung・fräu・lich [ユング・ふロイリヒ] 形《雅》① 処女の[ような]. ② だれも触れていない, 未踏の. ein *jungfräulicher* Boden 処女地.

Jung・fräu・lich・keit [ユング・ふロイリヒカイト] 女 -/《雅》① 処女性, 処女であること. ② 純潔.

Jung=ge・sel・le [ユング・ゲゼレ] 男 -n/-n 独身男, 未婚の男性. (⇔ 女性形は Junggesellin).

Jung=leh・rer [ユング・れーラァ] 男 -s/- 助教諭 (2回目の国家試験に合格する前の見習教員).

Jüng・ling [ユングリング jýŋlıŋ] 男 -s/-e《雅》青年, 若者; (ふつう軽蔑的に:) 若造. (⇨ 類語 Jugendliche[r]).

jüngst [ユングスト jýŋst] (*jung* の 最上) Ⅰ 形 ① 最も若い, 最年少の. mein *jüngster* Bruder 私の末弟. ② 最近の, 近ごろの; 最新の. die *jüngsten* Ereignisse 最近の出来事 / in *jüngster* Zeit 最近. ③《大文字で》最後の. das *Jüngste* Gericht《聖》最後の審判 / der *Jüngste* Tag《聖》最後の審判の日, 世界の終わり. Ⅱ 副 近ごろ, 先日.

Jung=stein・zeit [ユング・シュタインツァイト] 女 -/ 新石器時代.

Jüngs・te[r] [ユングステ (..タァ) jýŋstə (..tər)] 男 女《語尾変化は形容詞と同じ》最も若い人; 末っ子. mein *Jüngster* 私の末の息子 / Er ist nicht mehr der *Jüngste*. 彼はもう中年だ.

Jung=ver・hei・ra・te・te[r] [ユング・フェアハイラーテテ (..タァ)] 男 女《語尾変化は形容詞と同じ》新婚ほやほやの人.

Jung=vieh [ユング・ふィー] 中 -[e]s/ 家畜の子.

der **Ju・ni** [ユーニ jú:ni] 男 (単2) -[s]/(複) -s 〖ふつう 単2〗 **6月** (略: Jun.). (英 June). 月名 ⇨ Monat). ein kühler *Juni* 涼しい 6 月 / im *Juni* 6 月に / Anfang (Mitte) *Juni* 6 月初旬(中旬)に.

Ju·ni·kä·fer [ユーニ・ケーふァァ] 男 -s/- (昆) コフキコガネムシ[の一種].

ju·ni·or [ユーニォァ júːniɔr] 形 …ジュニア, … 2世, 年少の方の(略: jr., jun.). (△ 人名の後に置く;「…シニア」は senior). Herr Schmidt *junior* シュミット2世.

Ju·ni·or [ユーニオァ] 男 -s/-en [ユニオーレン] ① 《ふつう 単》 (戯) (父親に対して:)息子[の方], せがれ. ② 《覆 なし》(商) 若だんな. ③ 《スポ》ジュニア(18歳から20〜23歳). ④ 《ふつう 覆》若者.

Ju·ni·or=chef [ユーニオァ・シェふ] 男 -s/-s 経営者(社長)の息子, 若社長.

Jun·ker [ユンカァ júŋkər] 男 -s/- ① (昔の:)若い貴族, 貴公子. ② (昔の:)ユンカー, (エルベ川以東の)地主貴族.

Junk·tim [ユンクティム júŋktɪm] 中 -s/-e (法・政) 抱き合わせ; (法案などの)付帯.

Ju·no [ユーノ júːno] 女 -/ (ロ神) ユノ(ユピテルの妻. 結婚をつかさどる女神. ギリシア神話のヘラに当たる).

Jun·ta [フンタ xúnta または ユンタ júnta] [スぺ] 女 -/Junten (スペイン・ポルトガル・中南米諸国の)議会, [軍事]政権.

Ju·pi·ter [ユーピタァ júːpitər] I -s/ (ロ神) ユピテル, ジュピター(古代ローマの最高神. ギリシア神話のゼウスに当たる). II 男 -s/ 《定冠詞とともに》(天) 木星.

* **Ju·ra**¹ [ユーラ júːra] 覆 《冠詞なして》**法学, 法律学**. (英 *law*). (△ 元はラテン語で Jus の 覆). Ich studiere *Jura*. 私は法律学を専攻しています.

Ju·ra² [ユーラ] I 男 -s/ 《定冠詞とともに》(山名) ジュラ山脈(スイス・フランス国境を南西から北東に連なる). II 男 -s/ (地学) (中生代の)ジュラ紀(系). III [ユーラ júːra または ジュラ ʒyrá] 中 -s/ (地名)ジュラ(スイス26州の一つ).

Ju·ra=stu·dent [ユーラ・シュトゥデント] 男 -en/-en 法学専攻の大学生.

Ju·ris·pru·denz [ユリス・プルデンツ] 女 -/ 法[律]学 (= Rechtswissenschaft).

★ *der* **Ju·rist** [ユリスト jurı́st] 男 -en/(覆) -en **法律家**, 法[律]学者; 法学部学生. (△ 女性形は Juristin). (英 *jurist*). Sein Vater ist *Jurist*. 彼の父は法学者だ.

Ju·ris·ten=deutsch [ユリステン・ドイチュ] 中 -[s]/ (軽蔑的に:)法律家のドイツ語(複雑難解な文章のこと).

Ju·ris·te·rei [ユリステライ juristəráɪ] 女 -/ (古・戯) 法学; 法律家の仕事.

ju·ris·tisch [ユリスティッシュ jurístɪʃ] 形 法学[上]の, 法律上の. die *juristische* Fakultät 法学部 / eine *juristische* Person 法人.

Ju·ror [ユーロァ júːrɔr] 男 -s/-en [ユローレン] 《ふつう 覆》(コンクールなどの)審査員. (△ 女性形は Jurorin).

Ju·ry [ジュリー ʒyríː または ヂューリ dʒúːri] 女 -/-s ① (コンクールなどの)審査委員会. ② (イギリスなどの) [全]陪審員.

Jus [ユース júːs] [ラテ] 中 -/ 《ふつう冠詞なしで》 《オーストリ・スイス》法[律]学.

Ju·so [ユーゾ júːzo] 男 -s/-s ドイツ社会民主党(SPD)の青年部党員 (= **Jungsozialist**).

just [ユスト jǘst] 副 ちょうど, まさに; よりによって. *just* an jenem Tag ちょうどあの日に.

jus·tie·ren [ユスティーレン justíːrən] 他 (h) (物・工) (計器・機械などを)調整する, 調節する.

Jus·tie·rung [ユスティールング] 女 -/-en (物・工) (計器などの)調整, 調節; (印)整版.

Jus·ti·tia [ユスティーツィア justíːtsia] I -/ (ロ神) ユスティティア(正義の女神). II 女 -/ (美) 正義の女神像(正義の象徴としての剣とはかりを持つ).

Jus·ti·ti·ar [ユスティツィアール justitsiáːr] 男 -s/-e = Justiziar

Jus·tiz [ユスティーツ justíːts] 女 -/ ① 司法[権], 裁判. ② 司法官庁.

Jus·tiz=be·am·te[r] [ユスティーツ・ベアムテ(..タァ)] 男 《語尾変化は形容詞と同じ》司法官.

Jus·ti·zi·ar [ユスティツィアール justitsiáːr] 男 -s/-e 法律顧問.

Jus·tiz=irr·tum [ユスティーツ・イルトゥーム] 男 -[e]s/..tümer (法) 誤審, 誤判.

Jus·tiz=mi·nis·ter [ユスティーツ・ミニスタァ] 男 -s/- 法務大臣, 法相.

Jus·tiz=mi·nis·te·ri·um [ユスティーツ・ミニステーリウム] 中 -s/..rien [..リエン] 法務(司法)省.

Jus·tiz=mord [ユスティーツ・モルト] 男 -[e]s/-e 《法》司法殺人(誤審により無罪の人間を死刑にすること).

Ju·te [ユーテ júːtə] 女 -/ (植)黄麻, ジュート.

Jüt·land [ユート・ラント ýːt-lant] 中 -s/ (地名) ユトラント半島(北海とバルト海を分けるドイツ北部の半島. 大半はデンマーク領).

Ju·wel [ユヴェーる juvéːl] I 中 男 -s/-en 《ふつう 覆》宝石; 宝石入りの装身具. II 中 -s/-e 貴重な存在, 大切な人(物).

Ju·we·lier [ユヴェリーァ juveliːr] 男 -s/-e 宝石商, 貴金属商; 宝石細工師.

Ju·we·lier=ge·schäft [ユヴェリーァ・ゲシェふト] 中 -[e]s/-e 宝石(貴金属)店.

Jux [ユクス júks] 男 -es/-e 《ふつう 単》《口語》冗談, ふざけ. 覆⁴ **aus** *Jux* tun 覆⁴を冗談でする / mit 人³ einen *Jux* machen 人³をからかう, かつぐ.

K k

k¹, **K**¹ [カー ká:] 中 -/- カー(ドイツ語アルファベットの第11字).

k² [キㇿ.. または キーㇿ..] 《記号》キロ一 (=Kilo..).

K² ① [カー] 《化・記号》カリウム (=Kalium). ② [ケルヴィン]《記号》ケルヴィン (=Kelvin).

Ka·ba·le [カバーれ kabá:lə] 女 -/-n 陰謀, たくらみ.

Ka·ba·rett [カバレット kabarét または カバ..] [没] 中 -s/-s (または -e) ① 《覆なし》カバレット(政治・社会を風刺する歌・ダンス・寸劇). ② カバレット劇場(劇団). ins Kabarett gehen カバレットを見に行く. ③《料理》仕切りのある回転皿.

Ka·ba·rett·ist [カバレティスト kabaretíst] 男 -en/-en カバレットの芸人, ボードビリアン.

Kab·ba·la [カッバら kábala] 女 -/ カバラ(中世ユダヤの神秘主義思想).

kab·beln [カッベるン kábəln] 再帰 (h) sich⁴ kabbeln 《北ドツ》言い争う.

das **Ka·bel** [カーべる ká:bəl] 中 (単2) -s/ (複) - (3格のみ -n) (英 cable) ①《電》ケーブル, 電線. Telefonkabel 電話ケーブル / ein Kabel⁴ verlegen ケーブルを敷設する. ② ワイヤロープ, 綱索;《海》錨索(びょう). ③《古》海外への電報.

Ka·bel·fern·se·hen [カーべる・フェルンゼーエン] 中 -s/ ケーブルテレビ放送.

Ka·bel·jau [カーべる・ヤオ ká:bəl-jau] 男 -s/-e (または -s)《魚》タラ.

Ka·bel·ka·nal [カーベル・カナーる] 男 ..näle ケーブル[テレビ]チャンネル.

ka·beln [カーべるン ká:bəln] 他 (h) 国際電信(外電)で伝える.

Ka·bi·ne [カビーネ kabí:nə] 女 -/-n ①(船の)客室, 船室;(飛行機の)キャビン, 客室. ② 更衣室, 脱衣室;(電話などの)ボックス; 小さな個室, ブース. ③ (ロープウェーの)ゴンドラ;(エレベーターの)箱.

Ka·bi·nen·roll·er [カビーネン・ロらァ] 男 -s/- (3輪・4輪の)キャビンスクーター.

das **Ka·bi·nett** [カビネット kabinét] 中 (単2) -s/(複) -e (3格のみ -n) ①《政》内閣, 閣僚. ein Kabinett⁴ bilden 組閣する. ② (美術館などの)小陳列室;《建》(窓が一つしかない)小部屋. ③《古》(宮殿などの)勤務室. ④ カビネットワイン (=Kabinettwein).

Ka·bi·nett·stück [カビネット・シュテュック] 中 -[e]s/-e ①《古》(美術館などの)逸品, 珍品. ②《比》絶妙な行為, 名演技. ein Kabinettstück der Diplomatie 絶妙な外交的駆け引き.

Ka·bi·nett·wein [カビネット・ヴァイン] 男 -[e]s/-e カビネットワイン(高級ワインの一種).

Kab·ri·o·lett [カブリオれット kabriolét] [没] 中 -s/-s ① コンバーティブル(幌付き乗用車). ②《古》キャブリオレ(一頭立て幌付き2輪馬車).

Ka·chel [カッへる káxəl] 女 -/-n 《化粧》タイル.

ka·cheln [カッへるン káxəln] I 他 (h) 《物》⁴にタイルを張る. II 自 (s) 《口語》(車で)突っ走る.

Ka·chel·ofen [カッへる・オーフェン] 男 -s/ ..öfen タイル張りの暖炉.

Ka·cke [カッケ káka] 女 -/-n《俗》① 糞, くそ. ② つまらない(不愉快な)こと.

ka·cken [カッケン kákən] 自 (h) 《俗》くそをする.

Ka·da·ver [カダーヴァァ kadá:vər] 男 -s/- ① (動物の)死体, 腐肉. ②《口語》やつれ果てた人, 生けるしかばね.

Ka·da·ver·ge·hor·sam [カダーヴァァ・ゲホーァザーム] 男 -s/ 《軽蔑的に:》盲従.

Ka·denz [カデンツ kadénts] 女 -/-en ①《音楽》カデンツァ(終止の前に挿入される自由な無伴奏の部分); 終止[形]. ②《言》(文末などで)音の調子を下げること. ③《詩学》詩行の終止形.

Ka·der [カーダァ ká:dər] [スイス] 中 -s/- ①《軍》幹部;《スポ》代表選手[団]. ② (党・組織などの)幹部, 要員. ③ 幹部の一員.

Ka·dett [カデット kadét] 男 -en/-en ① (昔の:)幼年学校生徒. ②《スイ》(中等学校の)軍事訓練生. ③《口語》若者.

Ka·det·ten·an·stalt [カデッテン・アンシュタるト] 女 -/-en (昔の:)幼年学校.

Ka·di [カーディ ká:di] 男 -s/-s カーディ(イスラム教国の裁判官). zum Kadi laufen《口語》裁判に訴える.

Kad·mi·um [カトミウム kátmium] 中 -s/ 《化》カドミウム(記号: Cd).

der **Kä·fer** [ケーファァ kέ:fər] 男 (単2) -s/ (複) - (3格のみ -n) ①《昆》甲虫(こうちゅう)(カブトムシ・テントウムシなど). (英 beetle). Der Käfer brummt. かぶと虫がぶんぶん羽音をたてる. ②《口語》女の子. ein hübscher (または netter) Käfer かわいい娘. ③《口語》(かぶと虫型の)フォルクスワーゲン[車].

Kaff [カふ káf] I 中 -s/-s (または -e) 《口語》(軽蔑的に:)寒村, 片田舎. II 中 -[e]s/《北ドツ》もみがら;《比》がらくた.

der **Kaf·fee**¹ [カふェ káfe または カふェー]

> コーヒー Kaffee oder Tee?
> 　　　　カふェ　　オーダァ テー
> コーヒーになさいますか, それとも紅茶?

男 (単2) -s/(種類を表すときのみ: 複) -s ① コーヒー. (英 coffee). schwarzer Kaffee ブラックコーヒー / starker (dünner) Kaffee 濃い(薄い)

コーヒー / *Kaffee* mit Milch und Zucker ミルクと砂糖の入ったコーヒー / *Kaffee* verkehrt《方》コーヒー牛乳(牛乳のほうが逆に多い) / kalter *Kaffee*《方》レモネード入りのコーラ / Das ist doch kalter *Kaffee*!《俗》そんなことだれでも知ってるさ / eine Tasse *Kaffee* コーヒー1杯 / eine Kanne *Kaffee* ポット1杯のコーヒー / Herr Ober, zwei *Kaffee* bitte! ボーイさん、コーヒーを2杯ください / *Kaffee*[4] kochen コーヒーをいれる / *Kaffee*[4] ein|gießen コーヒーをつぐ / Ich mache uns [einen] *Kaffee*. (来客に向かって:)今コーヒーを用意しますわ. ② コーヒー付きの朝食; 午後のコーヒータイム. 人[4] zum *Kaffee* ein|laden コーヒータイムに人[4]を招待する / Um 4 Uhr trinken wir *Kaffee*. 4時にコーヒータイムにします. ③ コーヒーの木. ④ コーヒー豆(=*Kaffee*bohne). *Kaffee*[4] rösten (または brennen) コーヒー豆を炒(い)る / *Kaffee*[4] mahlen コーヒー豆をひく.

Kaf·fee[2] [カェ または カェー] 中 -s/-s《古》コーヒーショップ, 喫茶店.（注意）ふつう Café とつづる). ins *Kaffee* gehen 喫茶店に入る.

Kaf·fee⹂au·to·mat [カフェ・アオトマート] 男 -en/-en コーヒーメーカー; コーヒーの自動販売機.

Kaf·fee⹂boh·ne [カフェ・ボーネ] 女 -/-n コーヒーの実, コーヒー豆.

Kaf·fee⹂fil·ter [カフェ・ふィるタァ] 男 -s/- コーヒーこし器;（紙製の)コーヒーフィルター.

Kaf·fee⹂ge·schirr [カフェ・ゲシル] 中 -[e]s/-e コーヒーカップ・セット.

Kaf·fee⹂haus [カフェー・ハオス] 中 -es/..häuser コーヒーショップ, 喫茶店(特にオーストリアの遊戯設備もあるベーカリーと兼業の店).

Kaf·fee⹂kan·ne [カフェ・カンネ] 女 -/-n コーヒーポット.

Kaf·fee⹂klatsch [カフェ・クらッチュ] 男 -[e]s/《口語·戯》コーヒーを飲みながらのおしゃべり, 茶飲み話.

Kaf·fee⹂kränz·chen [カフェ・クレンツヒェン] 中 -s/-《女性たちの)コーヒーを飲みながらのおしゃべり会[のメンバー].

Kaf·fee⹂löf·fel [カフェ・れッふェる] 男 -s/- コーヒースプーン.

Kaf·fee⹂ma·schi·ne [カフェ・マシーネ] 女 -/-n コーヒーメーカー.

Kaf·fee⹂müh·le [カフェ・ミューれ] 女 -/-n コーヒーひき器.

Kaf·fee⹂pau·se [カフェ・パオゼ] 女 -/-n コーヒーブレイク.

Kaf·fee⹂satz [カフェ・ザッツ] 男 -es/《カップの底に残る)コーヒーのおり, かす.

Kaf·fee⹂tas·se [カフェ・タッセ] 女 -/-n コーヒーカップ.

Kaf·fer [カッファァ *káfər*] 男 -s/-《ののしって:)ばか, のろま.

*der **Kä·fig** [ケーふィヒ *ké:fɪç*] 男 (単2) -s/(複) -e (3格のみ -en)《英 *cage*）① おり(檻). Der Löwe läuft **im** *Käfig* auf und ab. ライオンがおりの中を行ったり来たりしている. ② 鳥かご. einen Vogel im *Käfig* halten 鳥かごに小鳥を飼っている / im goldenen *Käfig* sitzen《比》お金はあるが自由がない(←金の鳥かごの中に座っている).

Kaf·ka [カふカ *káfka*] -s/《人名》カフカ (Franz Kafka 1883–1924; プラハ生まれのユダヤ系ドイツ語作家).

Kaf·tan [カふタン *káftan*] 男 -s/-e (または -s) カフタン(トルコ人・エジプト人などの長い上着).

***kahl** [カーる *ka:l*] 形 (英 *bald*) ① はげた, 毛(羽)のない. ein *kahler* Kopf はげ頭 / Er ist schon völlig *kahl*. 彼はもうすっかりはげてる. ② 草木の生えていない(土地など); 葉のない(枝など). ein *kahler* Berg はげ山 / *kahle* Zweige 葉の落ちた枝. ③ 装飾のない(壁など), 家具のない, 殺風景な(部屋など). eine *kahle* Wand むき出しの壁.

（新形）

kahl sche·ren [人[4]を]丸坊主にする,（羊[4]の)毛を刈る. ◇[過去分詞の形で] ein *kahl geschorener* Kopf 丸刈りの頭.

Kahl·heit [カーるハイト] 女 -/ ①（頭の)はげ, 無毛; はげていること. ② 葉のないこと. ③ 飾りのないこと;（部屋などが)殺風景なこと.

Kahl⹂kopf [カーる・コっふ] 男 -[e]s/..köpfe はげ頭; はげ頭の人. Er hat einen *Kahlkopf*. 彼は頭がはげている.

kahl⹂köp·fig [カーる・ケっふィヒ] 形 はげ頭の.

kahl|sche·ren* 他 (h)（新形）kahl scheren ☞ kahl

Kahl⹂schlag [カーる・シュらーク] 男 -[e]s/..schläge《林》皆伐(ばつ); 伐採された林地.

*der **Kahn** [カーン *ka:n*] 男 (単2) -[e]s/(複) Kähne [ケーネ] 《舟·さおで動かす)小舟, 川船,（平底の)荷舟, はしけ;《口語》（ふつう軽蔑的に:)船. *Kahn*[4] fahren 小舟で行く. ②《複》で）《口語》どた靴. ③《軍》営倉, 留置場. ④《口語·戯》ベッド.

Käh·ne [ケーネ] *Kahn (小舟)の 複

Kai [カイ *kái*] 男 -s/-s 埠頭(ふとう), 桟橋, 波止場.

Kain [カイン *káin* または カーイン *ká:in*] -s/《聖》《人名》カイン(アダムの長男で, 弟アベルを殺した. 創世記 4, 1以下).

Kains⹂mal [カインス・マーる] 中 -[e]s/-e = Kainszeichen

Kains⹂zei·chen [カインス・ツァイヒェン] 中 -s/ カインの印(しるし)（創世記 4, 15);《比》犯罪者(罪)の目印.

Kai·ro [カイロ *káiro*] -s/《都市名》カイロ(エジプトの首都).

*der **Kai·ser** [カイザァ *káizər*] 男 (単2) -s/(複) - (3格のみ -n) 皇帝.（英 *emperor*). der deutsche *Kaiser* ドイツ皇帝(1871–1918) / der *Kaiser* von Japan 天皇 / sich[4] um des *Kaisers* Bart streiten つまらないことで争う(←皇帝のひげのことで争う) / Wo nichts ist, hat [auch] der *Kaiser* sein Recht verloren.

《ﾆｭｳ》無い袖(ｿﾃﾞ)は振れぬ(←何もないところでは皇帝も権利を失ってしまう).

Kai·ser=haus [カイザァ・ハオス] 甲 -es/..häuser 帝室, 皇室. das japanische *Kaiserhaus* 日本の皇室.

Kai·se·rin [カイゼリン káizərɪn] 女 -/..rinnen 女帝; 皇后.

Kai·ser=kro·ne [カイザァ・クローネ] 女 -/-n ① 帝冠. ② 《植》ヨウラクユリ.

*__kai·ser·lich__ [カイザァリヒ káizərlɪç] 形 (英 imperial) ①《付加語としてのみ》皇帝の. der *kaiserliche* Hof 帝室, 皇室. ② 皇帝のような, 気高い. ③ 帝国の; 帝政の.

Kai·ser=reich [カイザァ・ライヒ] 甲 -[e]s/-e 帝国.

Kai·ser=schmar·ren [カイザァ・シュマレン] 男 -s/(ｵｰｽﾄﾘｱ・南ﾄﾞｲﾂ)《料理》カイザーシュマレン(卵入りパンケーキの一種).

Kai·ser=schnitt [カイザァ・シュニット] 男 -[e]s/-e《医》帝王切開[術].

Kai·ser=tum [カイザァトゥーム] 甲 -s/..tümer ①《覆なし》帝政, 天皇制. ②《集》帝国.

Ka·jak [カーヤク ká:jak] 男 (まれに 甲) -s/-s ① カヤック, パドウルカヌー(イヌイットの用いる革張りの小舟). ②《ｽﾎﾟｰﾂ》カヤック.

Ka·jü·te [カユーテ kajý:tə] 女 -/-n 船室.

Ka·ka·du [カカドゥ kákadu] 男 -s/-s《鳥》さかだつ冠毛のあるオウム.

*__der__ **Ka·kao** [カカオ kakáu または カカーオ kaká:o] 男 (単2) -s/(種類を表すときのみ: 複) -s ① (飲料として:)ココア.(英 cocoa). *Kakao* kochen ココアをいれる / eine Tasse *Kakao* trinken ココアを一杯飲む / 《人》⁴ durch den *Kakao* ziehen《口語》《人》⁴をからかう(笑いものにする). ② カカオの木; カカオの実, カカオ豆.

Ka·kao=baum [カカオ・バオム] 男 -[e]s/..bäume カカオの木.

Ka·ker·lak [カーカァラク ká:kərlak] 男 -s (または -en)/-en ①《昆》ゴキブリ. ②《動》(動物の)白子(ｼﾛｺ).

Kak·tee [カクテーエ kakté:ə] 女 -/- = Kaktus

Kak·tus [カクトゥス káktus] 男 -(ｵｰｽﾄﾘｱ・口語: ..tusses)/Kakteen [カクテーエン] (口語: ..tusse)《植》サボテン. ein stacheliger *Kaktus* とげの多いサボテン.

Ka·la·mi·tät [カラミテート kalamitέ:t] 女 -/-en ① 苦境, 窮境. ②《生》(ひょう・風などによる)農作物の災害.

Ka·lau·er [カーらオアァ ká:lauɐr] 男 -s/- だじゃれ.

*__das__ **Kalb** [カるプ kalp] 甲 (単2) -[e]s/(複)Kälber [ケるバァ] (3格のみ Kälbern) ① 子牛. (英 calf). ein neugeborenes *Kalb* 生まれたばかりの子牛 / das Goldene *Kalb*⁴ an|beten《雅》お金のことに欲深い(←黄金の子牛を崇拝する; 出エジプト記 32) / Er machte Augen wie ein *Kalb*.《口語》彼は目を白黒させた.(☞類語 Kuh). ②(鹿・象など大型動物の)子. ③《覆なし》子牛の肉(= *Kalb*fleisch). ④ 愚かな若者(娘っ子). *Kalb* Moses《口語》愚かな人.

kal·ben [カるベン kálbən] 自 (h) ①(牛が)子を産む. ②《地理》(氷河が)氷塊を海中に押し出す.

Käl·ber [ケるバァ] * Kalb(子牛)の 覆

kal·bern [カるバァン kálbɐrn] 自 (h) ①《口語》ふざける, 子供っぽいことをする. ②《ｵｰｽﾄﾘｱ》(牛が)子を産む.

Kalb=fleisch [カるプ・ふらイシュ] 甲 -[e]s/ 子牛の肉. ein Schnitzel aus *Kalbfleisch* 子牛の肉のカツ.

Kalbs=bra·ten [カるプス・ブラーテン] 男 -s/-《料理》子牛のロースト(焼き肉).

Kalbs=le·der [カるプス・れーダァ] 甲 -s/ カーフスキン, 子牛の革.

Kalbs=schnit·zel [カるプス・シュニッツェる] 甲 -s/-《料理》子牛のカツレツ.

Kal·dau·nen [カるダオネン kaldáunən] 覆《料理》(特に牛の)臓物.

Ka·lei·do·skop [カらイドスコープ kalaɪdoskó:p] 甲 -s/-e 万華(ﾏﾝｹﾞ)鏡;《比》千変万化.

*__der__ **Ka·len·der** [カれンダァ kaléndɐr] 男 (単2) -s/(複) -(3格のみ -n) カレンダー, 暦; 暦法. (英 calendar). Ein Abreiß*kalender* 日めくりカレンダー / ein *Kalender* für [das Jahr] 2001 2001 年のカレンダー / den *Kalender* ab|reißen カレンダーをめくり取る /《軍》⁴ im *Kalender* nach|sehen《軍》⁴をカレンダーで調べる / einen Termin im *Kalender* notieren 予定日をカレンダーに記入する / Diesen Tag muss man im *Kalender* rot anstreichen. この日をよく覚えておかなくては(←赤で線を引く)/ der gregorianische (julianische) *Kalender* グレゴリオ(ユリウス)暦.

Ka·len·der=block [カれンダァ・ブろック] 男 -[e]s/..blöcke 日めくり式カレンダー.

Ka·len·der=jahr [カれンダァ・ヤール] 甲 -[e]s/-e (会計年度などに対して:)暦年.

Ka·le·sche [カれッシェ kaléʃə] 女 -/-n (昔の:)(幌(ﾎﾛ)付きの)軽4輪馬車.

Kal·fak·tor [カるファクトァ kalfáktɔr] 男 -s/-en [..トーレン] ① 雑役夫; (軽蔑的に:)看守の補助をする囚人. ②《方》密告者.

Ka·li [カーり ká:li] 甲 -s/-s《ふつう 軍》①(肥料用の)カリ塩. ② カリウム(= Kalium).

Ka·li·ber [カリーバァ kalí:bɐr] 甲 -s/- ①《工》(銃砲などの)口径. ②《工》限界ゲージ. ③《口語》型, 種類.

Ka·lif [カリーふ kalí:f] 男 -en/-en カリフ(マホメットの後継者[の称号]).

Ka·li·for·ni·en [カりフォルニエン kalifórnian] 甲 -s/《地名》カリフォルニア(アメリカの州名).

Ka·li·ko [カりコ káliko] 男 -s/(種類:) -s《織》キャラコ(特に製本用クロスとして用いる).

Ka·li·um [カーりウム ká:lium] 甲 -s/《化》カリウム(記号: K).

* **der Kalk** [カるク kálk] 男 (単2) -[e]s/(種類を表すときのみ: 複) -e ① 石灰; しっくい. (英 lime). gebrannter (gelöschter) *Kalk* 生石灰(消石灰) / die Wände⁴ mit *Kalk* streichen 壁にしっくいを塗る / Bei ihm rieselt schon der *Kalk*. 彼はもう老いぼれている. ② (血液中の)カルシウム.

kal·ken [カるケン kálkən] 他 (h) ① (壁など⁴に)しっくいを塗る. ② (農)(畑⁴に)石灰肥料をやる.

kalk⸗hal·tig [カるク・ハるティヒ] 形 石灰質の, 石灰を含む.

kal·kig [カるキヒ kálkıç] 形 ① 青白い(顔色など); 石灰のように白い. ② 石灰質の.

Kalk⸗man·gel [カるク・マンゲる] 男 -s/ カルシウムの欠乏.

Kalk⸗stein [カるク・シュタイン] 男 -[e]s/-e 《地学》石灰岩, 石灰石.

Kal·kül [カるキューる kalký:l] I 中 男 -s/-e 考慮, 見積もり, 打算. 事⁴ ins *Kalkül* ein|beziehen 事⁴を考慮する. II 男 -s/-e 《数》演算.

Kal·ku·la·ti·on [カるクらツィオーン kalkulatsió:n] 女 -/-en ① (経)(費用などの)見積もり, 算定. ② 考えに入れること, 想定, 推定.

kal·ku·lie·ren [カるクリーレン kalkulí:rən] I 他 (h)(商)見積もる, 算定する. die Kosten⁴ *kalkulieren* 費用を見積もる. II 自 (h) 状況判断をする, 予測をする.

Kal·kut·ta [カるクッタ kalkúta] 中 -s/《都市名》カルカッタ(インドの北東部).

Kal·li·gra·fie [カりグラフィー kaligrafí:] 女 -/ ＝Kalligraphie

Kal·li·gra·phie [カりグラフィー kaligrafí:] 女 -/ カリグラフィー, 書道, 習字.

Kal·me [カるメ kálmə] 女 -/-n 《気象》凪(なぎ), 無風.

Kal·mus [カるムス kálmʊs] 男 -/..musse 《植》ショウブ.

Ka·lo·rie [カろリー kalorí:] 女 -/-n [..リーエン] 《ふつう 複》(理)カロリー (記号: cal).

ka·lo·ri·en⸗arm [カろリーエン・アるム] 形 カロリーの少ない, 低カロリーの.

Ka·lo·ri·en⸗ge·halt [カろリーエン・ゲハるト] 男 -[e]s/-e カロリー含有量.

ka·lo·ri·en⸗reich [カろリーエン・ライヒ] 形 カロリーの多い, 高カロリーの.

* **kalt** [カるト kált]

> 寒い Es ist *kalt* draußen.
> エス イスト カるト ドラオセン
> 外は寒いよ.

形 (比較 kälter, 最上 kältest) (英 cold) ① 寒い; 冷たい, 冷えた. (反)「暖かい」は warm, 「暑い」は heiß). ein *kalter* Wind 冷たい風 / *kalte* Küche 冷たい料理 / *kalt* essen 冷たい(煮炊きしていない)食事をとる ⇨ Abends essen wir meistens *kalt*. 夕食は私たちはたいてい冷たい食事をする(ドイツではふつう夕食はソーセージ, ハム, パンなどの火を通さない食事をとる) / *kalte* Miete 暖房費抜きの家賃 / *Kalter* Schweiß 冷や汗. 私は冷や汗をかいた / die *kalte* Zone 寒帯 / der *kalte* 〈新形〉 *Kalte*) Krieg 《比》(第二次世界大戦後の)冷戦 / *kalt* baden 冷水浴をする / *kalt* duschen 冷たいシャワーを浴びる / *kalt* schlafen 暖房のない部屋で寝る / *kalte* Hände⁴ haben 冷たい手をしている / Wein⁴ *kalt* stellen ワインを冷やしておく / Das Zimmer ist *kalt*. この部屋は寒い / Mir ist *kalt*. 私は寒い / Das Essen wird *kalt*. 食事が冷めますよ. ◇《名詞的に》im *Kalten* sitzen 暖房のない部屋に座っている.

② 冷静な, 落ち着いた. mit *kalter* Berechnung 冷静に打算した上で.

③ 冷ややかな, 冷淡な; 無関心な. eine *kalte* Natur 冷たい性格 / eine *kalte* Frau 不感症の女性 / ein *kaltes* Herz⁴ haben 心が冷たい / *kaltes* Blut⁴ bewahren 興奮しない, 平然としている / 人³ die *kalte* Schulter⁴ zeigen 人³によそよそしくする / Das lässt mich völlig *kalt*. それは私にはどうでもよい / 人⁴ *kalt* an|blicken 人⁴を冷ややかな目で見つめる.

④ ぞっとする, 寒けがする. *kaltes* Grausen ぞっとする恐怖 / Es überlief mich *kalt*. 私はぞっとした.

〈新形〉
kalt blei·ben 《口語》冷静さを保つ, 平然としている.

kalt lä·chelnd 《口語》冷笑を浮かべて, 少しの同情もなく.

kalt las·sen 《口語》(人⁴の)気持ちを動かさない, 感動させない.

kalt|blei·ben* 自 (s) 〈新形〉 kalt bleiben) ☞ kalt

Kalt⸗blut [カるト・ブるート] 中 -[e]s/ 重種(労役用の馬の総称).

Kalt⸗blü·ter [カるト・ブリュータァ] 男 -s/- 《動》冷血動物.

kalt⸗blü·tig [カるト・ブリューティヒ] 形 ① 《動》冷血の, 変温性の. ② 冷静な; 冷淡な, 冷酷な.

Kalt⸗blü·tig·keit [カるト・ブリューティヒカイト] 女 -/ 冷静; 冷淡, 冷酷.

* **die Kälte** [ケるテ kéltə] 女 (単) -/ ① 寒さ, 冷たさ. (英 cold). (反)「暖かさ」は Wärme, 「暑さ」は Hitze). eine strenge *Kälte* 厳しい寒さ / Wir haben 5 Grad *Kälte*. 零下5度の寒さだ / vor *Kälte* zittern 寒くてがたがた震える.

② 《比》(態度などの)冷ややかさ, 冷淡さ; (部屋などの)居心地の悪さ. Sie empfing ihn mit

kältebeständig [ケるテ・ベシュテンディヒ] 形 寒さに強い, 耐寒性の; 不凍性の.

Kälte≠ein·bruch [ケるテ・アインブルフ] 男 -[e]s/..brüche《気象》寒気の襲来.

Kälte≠grad [ケるテ・グラート] 男 -[e]s/-e 冷たさの程度;《口語》氷点下の温度.

Kälte≠ma·schi·ne [ケるテ・マシーネ] 女 -/-n 冷凍(冷却)機.

käl·ter [ケるタァ] ≠kalt (寒い)の比較.

käl·test [ケるテスト] ≠kalt (寒い)の最上.

Käl·te≠wel·le [ケるテ・ヴェれ] 女 -/-n 寒波.

Kalt≠front [カるト・ふロント] 女 -/-en《気象》寒冷前線. (⇨「温暖前線」は Warmfront).

kalt≠her·zig [カるト・ヘルツィヒ] 形 冷酷な, 心の冷たい.

kalt≠lä·chelnd 副 (新形) kalt lächelnd ⇨ kalt

kalt|las·sen* 他 (h) (新形) kalt lassen ⇨ kalt

Kalt≠luft [カるト・るふト] 女 -/《気象》寒気[団].

kalt|ma·chen [カるト・マッヘン] kált-màxən] 他 (h) 《俗》(容赦なく)殺す.

Kalt≠scha·le [カるト・シャーれ] 女 -/-n《料理》コールドスープ(果物・砂糖などを用いて作る).

kalt≠schnäu·zig [カるト・シュノイツィヒ] 形《口語》冷淡な, そっけない.

kalt|stel·len [カるト・シュテれン kált-ʃtèlən] 他 (h)《口語》(人⁴の)勢力(影響力)を奪う.

Kal·vi·nis·mus [カるヴィニスムス kalvinísmus] 男 -/ カルヴィニズム, カルヴァン主義(フランス生まれの宗教改革者 Jean *Calvin* 1509-1564 によってジュネーヴを中心に起こったキリスト教の教義).

Kal·vi·nist [カるヴィニスト kalviníst] 男 -en/-en《新教》カルヴァン主義者.

Kal·zi·um [カるツィウム káltsium] 中 -s/《化》カルシウム(記号: Ca) (=Calcium).

kam [カーム] ≠kommen (来る)の過去

Kam·bod·scha [カンボッチャ kambódʒa] 中 -s/《国名》カンボジア[人民共和国] (首都はノンペン).

kä·me [ケーメ] ≠kommen (来る)の接2

Ka·mee [カメーエ kaméːə] 女 -/-n カメオ, 像を浮き彫りにした準宝石. (⇨「像を彫りつけた準宝石」も Gemme).

Ka·mel [カメーる kaméːl] 中 -[e]s/-e ①《動》ラクダ. auf *Kamelen* reiten らくだに乗って行く. ②《俗》ばか者, うすのろ.

Ka·mel≠haar [カメーる・ハール] 中 -[e]s/《織》キャメルヘアー.

Ka·me·lie [カメーリエ kaméːliə] 女 -/-n《植》ツバキ(椿)[の花].

Ka·mel·len [カメれン kamélən] 複《成句的に》alte (olle) *Kamellen* 古くさい話, 陳腐な話.

***die* Ka·me·ra** [カメラ káməra または カー..] 女 (単)-/(複)-s ① カメラ. (英 camera). Pocket*kamera* ポケットカメラ / eine vollautomatische *Kamera* 全自動カメラ / einen Film in die *Kamera* ein|legen カメラにフィルムを入れる. ② (映画・テレビ撮影用の)カメラ. vor der *Kamera* stehen (映画・テレビに)出演する.

***der* Ka·me·rad** [カメラート kamerá:t] 男 (単 2·3·4) -en /(複) -en ① 仲間, 学友, 同僚;《軍》戦友. (英 companion). Klassen*kamerad* クラスメート. (⇨ 類語 Freund).

Ka·me·ra·din [カメラーディン kamerá:dın] 女 -/..dinnen (女性の)仲間, 学友, 同僚.

Ka·me·rad·schaft [カメラートシャフト] 女 -/-en ①《複 なし》仲間(同僚)であること, 友愛. ② 仲間, 同僚, 同志.

ka·me·rad·schaft·lich [カメラートシャフトりヒ] 形 仲間の, 同僚らしい, 親しい, 友愛の.

Ka·me·rad·schaft·lich·keit [カメラートシャフトりヒカイト] 女 -/ 仲間どうしだという意識, 友情.

Ka·me·ra≠mann [カメラ・マン] 男 -[e]s/..männer (または ..leute) (映画・テレビの)カメラマン. (⇨ 女性形は Kamerafrau)

Ka·mil·le [カミれ kamílə] 女 -/-n《植》カミルレ, カミツレ(花は鎮静剤).

***der* Ka·min** [カミーン kamí:n] 男 (スイﾞ: 中) (単 2) -s/(複) -e (3 格のみ -en) ① (壁に取り付けた)暖炉. am *Kamin* sitzen 暖炉に当た[ってい]る. ②《南ドﾞ》煙突. 物⁴ in den *Kamin* schreiben《口語》物⁴をないものとあきらめる. ③ (登山で:)チムニー(岩の垂直な割れ目).

Ka·min≠fe·ger [カミーン・ふェーガァ] 男 -s/《方》煙突掃除人.

***der* Kamm** [カム kám] 男 (単 2) -[e]s/(複) Kämme [ケンメ] (3 格のみ Kämmen) ① 櫛(くし). (英 comb). Staub*kamm* すき櫛 / *Kamm* und Bürste 櫛とブラシ / ein enger *Kamm* 目の細かい櫛 / sich³ mit dem *Kamm* durchs Haar fahren 櫛で髪をとかす / Bei ihm liegt der *Kamm* neben der Butter.《口語・戯》彼の家は散らかりほうだいだ(←バターの横に櫛がある) / alle⁴ (alles⁴) über einen *Kamm* scheren《俗》だれもかれも(何もかも)十把ひとからげに扱う.

② (にわとりの)とさか; 冠毛; たてがみ; (馬などの)首筋. Ihm schwillt der *Kamm*.《口語》a) 彼は思いあがっている, b) 彼はぷりぷり怒っている. ③ (肉用家畜の)首肉. ④ 山の背; 波頭. ⑤ (織機の)おさ;《工》(歯車の)歯, カム.

Käm·me [ケンメ] ≠Kamm (櫛)の複

***käm·men** [ケンメン kémən] (kämmte, hat ...gekämmt) 他 (完了 haben) (英 comb) ① (髪⁴を)櫛[で]とかす (人³ das Haar⁴ (または die Haare⁴) *kämmen* 人³の髪をとかす / Ich *habe* mir das Haar *gekämmt*. 私は髪をとかした.

② (人⁴の)髪を櫛[で]とかす; (ある髪型⁴を)櫛でとかして作る. Komm, ich *kämme* dich

mal! さあ、髪をとかしてあげるよ。 ◇《再帰的に》 *sich*^{4} *kämmen* 自分の髪をとかす。③《A^4 aus B^3 ～》(A^{4}をB^{3}から)櫛(ﾞ)ですいて取る。 den Staub aus den Haaren *kämmen* 髪のごみを櫛ですき取る。 ④《織》(羊毛など^{4}を)すく。

*die **Kam·mer** [カンマァ kámər] 囡 (単) -/(複) -n ① 小部屋(暖房設備などのない簡素な部屋); 物置き。 Speise*kammer* 食料貯蔵室/ 物^4 in der *Kammer* ab|stellen 物^{4}を物置きにしまう。(🖙 類語 Zimmer). ② (海)船室,キャビン;《軍》被服(兵器)庫。③《生・医》空洞;室。④ (銃器の)薬室;(炉の)燃焼室。⑤《政》議会, 議院;(法) (裁判所の)部, 小法廷;(職業別の)部会, 団体, 会議所。 (☞ *chamber*). Anwalts*kammer* 弁護士会 / Ärzte*kammer* 医師会 / die erste (zweite) *Kammer* 上院(下院)。

Kam·mer⸗die·ner [カンマァ・ディーナァ] 男 -s/- (昔の)侍僕, 近侍, お付きの者。

Käm·me·rei [ケンメライ kɛmərái] 囡 -/-en (古)(市役所の)会計課。

Käm·me·rer [ケンメラァ kémərər] 男 -s/- (市の)収入役, 経理部長。

Kam·mer⸗ge·richt [カンマァ・ゲリヒト] 中 -[e]s/-e (史)(中世の)大審院, 最高裁判所。

Kam·mer⸗jä·ger [カンマァ・イェーガァ] 男 -s/- ① (史)(王侯に仕える)宮中狩猟官。② (建物の)駆虫業者。

Kam·mer⸗**mu·sik** [カンマァ・ムズィーク] 囡 -/ 室内楽。

Kam·mer⸗**or·ches·ter** [カンマァ・オルケスタァ] 中 -s/- 《音楽》室内管弦楽団, 室内オーケストラ。

Kam·mer⸗**sän·ger** [カンマァ・ゼンガァ] 男 -s/- (称号として:)宮廷歌手。

Kam·mer⸗**spiel** [カンマァ・シュピール] 中 -[e]s/-e ① 室内劇。 ② 複 -e 小劇場。

Kam·mer⸗**ton** [カンマァ・トーン] 男 -[e]s/ (音楽)標準調子(イ音＝440 Hz)。

Kamm⸗garn [カム・ガルン] 中 -[e]s/-e (すいた羊毛の)毛糸, 《織》ウーステッド(毛織物)。

kämm·te [ケムテ] 過去 ＊kämmen (櫛でとかす)の過去

Kam·pag·ne [カンパニエ kampánjə] 囡 -/-n ① (政治的な)キャンペーン。 die *Kampagne* gegen Minen 地雷反対キャンペーン。 ② 忙しい時期; 農繁期。 ③ (考古)発掘作業期。 ④ (古)出征。

*der **Kampf** [カンプフ kámpf] 男 (単2) -es (まれに -s)/(複) Kämpfe [ケンプフェ] (3格のみ Kämpfen) ① **戦い**, 戦闘, 争い, 闘争。 (英 *fight, battle*). ein harter *Kampf* 激戦 / ein ideologischer *Kampf* イデオロギー闘争 / ein *Kampf* auf Leben und Tod 生死をかけた戦い / der *Kampf* für die Freiheit 自由のための戦い / der *Kampf* gegen den Krieg 反戦闘争 / ein *Kampf* Mann gegen Mann 一対一の戦い / Er ist im *Kampf* gefallen. 《現在完了》彼は戦死した / der *Kampf* um die Macht (ums Dasein) 権力闘争(生存競争)。 ② (スプ) 試合, 競技 (＝Wett*kampf*). Box*kampf* ボクシングの試合 / ein fairer *Kampf* フェアな試合。

> 類語 der **Kampf**: (個人間・敵対するグループ間での)戦い。 die **Schlacht**: (規模の大きな)戦い。(戦闘行為そのものに重点が置かれる)。 die *Schlacht* bei Waterloo ワーテルローの戦い。 der **Krieg**: (国家間・民族間の大規模な)戦争。

Kampf⸗bahn [カンプフ・バーン] 囡 -/-en (スプ) 競技場, スタジアム。

kampf⸗be·reit [カンプフ・ベライト] 形 戦う用意のできた, 戦闘準備のできた。

Kämp·fe [ケンプフェ] ＊Kampf (戦い)の複

*kämp·fen [ケンプフェン kémpfən] (kämpfte, *hat*…gekämpft) I 自 (完了 haben) ① **戦う**, 戦闘する; 争う。 (英 *fight*). tapfer *kämpfen* 勇敢に戦う / **für** 人·物^4 *kämpfen* 人·物^4 のために戦う ⇒ Wir *kämpfen* für den Frieden. われわれは平和のために戦う / **gegen** 人·物^4 *kämpfen* 人·物^{4}と戦う / **mit** 人·物^3 *kämpfen* 人·事^{3}と戦う ⇒ Sie *kämpften* miteinander auf Leben und Tod. 彼らは生死をかけて戦い合った / mit sich^3 [selbst] *kämpfen* 思い迷う / Er *kämpfte* mit den Tränen. 《比》彼はじっと涙をこらえた / **um** 物^4 *kämpfen* 物^{4}を求めて戦う ⇒ Der Arzt *kämpfte* um das Leben des Kranken. 医者はその患者の生命を維持しようと奮闘した。 ② (スプ) 競う, 試合をする。 Die Mannschaft *kämpft* heute **gegen** einen sehr starken Gegner. そのチームはきょう強敵と試合をする。 ③ (実現させるために)奮闘する, がんばる。 *Kämpfen* wir für eine bessere Zukunft! よりよき未来のためにがんばろう。
II 他 (完了 haben) 《Kampf を目的語として》 (…の戦い^{4}を)する。 einen aussichtslosen Kampf *kämpfen* 勝ち目のない戦いをする。
III 再帰 (完了 haben) *sich*^{4} *kämpfen* 戦って[その結果]…になる。 *sich*^{4} müde *kämpfen* 戦い疲れる。

Kamp·fer [カンプファァ kámpfər] 男 -s/ 《化・薬》しょうのう(樟脳), カンフル。

Kämp·fer^1 [ケンプファァ kémpfər] 男 -s/- 戦士, 闘士; (スプ) (特に格闘技の)選手。 (⟺ 女性形は Kämpferin). Ring*kämpfer* レスラー。

Kämp·fer^2 [ケンプファァ] 男 -s/- ①《建》迫台(ﾞ); 《工》橋台(ﾞ)。② 《建》(天窓と窓の間の)横枠。

kämp·fe·risch [ケンプフェリッシュ kémpfərɪʃ] 形 ① 戦いの, 戦闘の。 ② (スポーツの試合で)ファイトのある; 攻撃的な。

Kampf⸗flie·ger [カンプフ・フリーガァ] 男 -s/- 《軍》戦闘(爆撃)機の搭乗員。

Kampf⸗**flug·zeug** [カンプフ・フルークツォイク] 中 -[e]s/-e 《軍》戦闘(爆撃)機。

Kampf⸗geist [カンプフ・ガイスト] 男 -[e]s/ 闘志, 士気, ファイト。

Kampf*hahn [カンプふ・ハーン] 男 -[e]s/..hähne ① 闘鶏. ② 《ふつう 複》《口語・戯》けんかをしている(けんか好きな)人.

Kampf***hand·lung** [カンプふ・ハンドルング] 女 -/-en 《ふつう 複》戦闘行為.

kampf*los [カンプふ・ろース] 形 戦い(戦闘)なしの. ein *kampfloser* Sieg (ニガ) 不戦勝.

Kampf*lust [カンプふ・るスト] 女 -/ 闘争欲, 戦意.

kampf*lus·tig [カンプふ・るスティヒ] 形 闘争的な, 好戦的な.

Kampf*platz [カンプふ・プらッツ] 男 -es/..plätze ① 戦場. ② 試合(競技)場.

Kampf*rich·ter [カンプふ・リヒタァ] 男 -s/- (ニガ)(試合の)審判, レフェリー, ジャッジ.

Kampf*sport [カンプふ・シュポルト] 男 -s/(種類:) -e 《ふつう 複》格闘技.

kämpf·te [ケンプふテ] * kämpfen (戦う)の 過去

kampf·un·fä·hig [カンプふ・ウンフェーイヒ] 形 戦闘能力のない, 戦う力を失った.

Kampf*wa·gen [カンプふ・ヴァーゲン] 男 -s/- ① (古代ローマの)戦車. ②《古》戦車.

kam·pie·ren [カンピーレン kampíːrən] 自 (h) ① キャンプする, 野営する. ②《口語》(急場しのぎでソファーの上などで)一夜を明かす.

Ka·na·an [カーナアン káːnaan] 中 -s/《地名》カナン(旧約聖書におけるパレスチナ地方の一部).

Ka·na·da [カナダ kánada] 中 -s/《国名》カナダ(首都はオタワ).

Ka·na·di·er [カナーディァ kanáːdiɐr] 男 -s/- ① カナダ人. (⇒ 女性形は Kanadierin). ② (ニガ) 複 カナディアン・カヌー.

ka·na·disch [カナーディッシュ kanáːdɪʃ] 形 カナダ[人]の.

Ka·nail·le [カナィエ kanáljə] 女 -/-n ① 悪党, ならず者. ②《複 なし》賤民(ぜん), 無頼の徒.

*der **Ka·nal** [カナーる kanáːl] 男 (単 2) -s/(複) Kanäle [カネーれ] (3格のみ Kanälen) ① 運河. (英 canal). der Sues*kanal* スエズ運河 / einen *Kanal* bauen 運河を建設する / zwei Flüsse[4] durch einen *Kanal* verbinden 二つの川を水路で結合する. ② (用水などの)水路, 下水道(溝). ③ (テレビなどの)チャンネル. (英 channel). einen *Kanal* wählen チャンネルを選ぶ / Der Fernsehsender sendet *auf Kanal* 6. そのテレビ局は6チャンネルで放送する. ④ 医 導管. den *Kanal* voll haben《俗》a) 酔っ払っている, b) うんざりしている. ⑤ (情報などの)ルート, 経路. durch diplomatische *Kanäle* 外交ルートを通して.

Ka·nä·le [カネーれ] *Kanal (運河)の 複

Ka·na·li·sa·ti·on [カナりザツィオーン kanalizatsióːn] 女 -/-en ① 下水道[設備]; 下水工事. ② 運河開設, 河川改修.

ka·na·li·sie·ren [カナりズィーレン kanalizíːrən] 他 (h) ① (ある場所[4]に)下水道を設ける. ② (河川など[4]を)航行可能にする, 浚渫(しゅん)する. ③《比》(不満など[4]に)はけ口を与える, (政治運動など[4]を)一定の方向に導いて解決する.

Ka·na·li·sie·rung [カナりズィールング] 女 -/-en ① 下水道の敷設. ② (河川の)運河化.

der **Ka·nal*tun·nel** [カナーる・トゥンネる] 男 -s/《定冠詞とともに》ユーロトンネル(英仏海峡の海底トンネル).

Ka·na·pee [カナペ kánape] 中 -s/-s ① (ふつう皮肉って:)ソファー. ②《ふつう 複》《料理》カナッペ(オードブルの一種).

Ka·na·ri·en*vo·gel [カナーリエン・ふォーゲる] 男 -s/..vögel《鳥》カナリア.

Kan·da·re [カンダーレ kandáːrə] 女 -/-n (馬具の)はみ. 人[4] an die *Kandare* nehmen《比》(人[4]を)厳しく監督(コントロール)する.

Kan·de·la·ber [カンデらーバァ kandeláːbɐr] 男 -s/- 枝付き燭台(しょく); すずらん街灯.

*der **Kan·di·dat** [カンディダート kandidáːt] 男 (単 2) -en/(複) -en (英 candidate) ① (選挙の)候補者. 人[4] als *Kandidaten* aufstellen 人[4]を候補者に立てる. ② 志願者; (大学の)修了試験受験資格者; (国家試験などの)受験者(略: cand.).

Kan·di·da·ten*lis·te [カンディダーテン・リステ] 女 -/-n 候補者(志願者)名簿.

Kan·di·da·tur [カンディダトゥーァ kandidatúːr] 女 -/-en 立候補.

kan·di·die·ren [カンディディーレン kandidíːrən] 自 (h) 立候補(志願)する. *für* ein Amt *kandidieren* ある役職に立候補する.

kan·die·ren [カンディーレン kandíːrən] 他 (h) (果実[4]を)砂糖漬けにする. ◇《過去分詞の形で》*kandierte* Früchte 砂糖漬け果物.

Kan·dis [カンディス kándɪs] 男 -/ 氷砂糖.

Kan·dis*zu·cker [カンディス・ツッカァ] 男 -s/ = Kandis

Kän·gu·ru [ケングルー kénguru] 中 -s/-s《動》カンガルー.

Kän·gu·ruh [ケングルー] ☞ 新形 Känguru

*das **Ka·nin·chen** [カニーンヒェン kaníːnçən] 中 (単 2) -s/(複) -《動》カイウサギ(飼兎). (⇒ *rabbit*). (⇒「ウサギ」は Hase). *Kaninchen*[4] halten うさぎを飼う.

Ka·nis·ter [カニスタァ kanístɐr] 男 -s/- ブリキ(プラスチック)容器(缶). Öl*kanister* 石油缶.

*kann [カン kán]《*können*[1] (…できる)の 1人称単数・3人称単数 現在》Ich *kann* Deutsch *sprechen*. 私はドイツ語が話せます.

Kann·be·stim·mung [カン・ベシュティんムング] 女 -/-en《法》任意規定.

Känn·chen [ケンヒェン kénçən] 中 -s/- (Kanne の 縮小) 小さなポット. ein *Ännnchen* Kaffee 小ポット入りのコーヒー.

*die **Kan·ne** [カンネ kánə] 女 -/(複) -n ① ポット, (取っ手・ふた付きの)水差し. (⇒ trinken 図). (英 pot). Kaffee*kanne* コーヒーポット / Teekanne ティーポット / eine *Kanne* Kaffee 一ポット入りのコーヒー / in die *Kanne* steigen a) (学生言葉:)(強制されて酒を一気に飲み干す, b)《口語》大酒を飲む. ② (円筒形の)缶. Milch*kanne* (運搬用の)牛乳缶 / Es gießt wie **aus** (または **mit**) *Kannen.* 《口語》 土砂降りだ. ③ (ジャズバンドの)サックス.

Kan·ne≈gie·ßer [カンネ・ギーサァ] 男 -s/- (飲み屋で論を張る)素人(しろうと)政論家.

Kan·ni·ba·le [カニバーれ kanibá:lə] 男 -n/-n 人食い人[種]; 野蛮人; 《比》 残忍な人間.

kan·ni·ba·lisch [カニバーリッシュ kanibá:lɪʃ] I 形 人食い人[種]の; 《比》 残忍(残酷)な. II 副 《戯》 とてつもなく, ものすごく.

Kan·ni·ba·lis·mus [カニバリスムス kanibalísmus] 男 -/ ① 人食い[の習慣]. ② 《動》 共食い.

kannst [カンスト] ⁑können[1] (…できる)の 2 人称単数 現在

kann·te [カンテ] ⁑kennen (知っている)の 過去

Ka·non [カーノン ká:nɔn] 男 -s/-s ① 《音楽》 カノン. ② 規準, 基範; 基本方針. ③ (ある分野の)重要文献目録; 〖複 なし〗 《神学》 聖書正典. ④ 〖複 Kanones〗 教会法令集. ⑤ 《カトリック》 ミサ奉献文. ⑥ 《カトリック》 聖人列伝. ⑦ 《美》 (人体などの)美的比例. ⑧ 《数》 一般解.

Ka·no·na·de [カノナーデ kanoná:də] 女 -/-n 集中砲撃(砲火); 《比》 (悪口雑言の)連発.

＊*die* **Ka·no·ne** [カノーネ kanó:nə] 女 (単) -/ (複) -n ① **大砲**, カノン砲. (英 *cannon*). eine *Kanone*[4] ab|feuern 大砲を撃つ / **mit** *Kanonen* auf (または nach) Spatzen schießen 鶏を裂くに牛刀をもってする(←大砲ですずめを撃つ) / Das ist **unter** aller *Kanone.* 《口語》 お粗末で話にならない. ② 《口語》 (専門分野の)大家; (特にスポーツの)第一人者. ③ 《俗・戯》 連発ピストル.

Ka·no·nen≈boot [カノーネン・ボート] 中 -[e]s/-e 《軍》 砲艦.

Ka·no·nen≈**fut·ter** [カノーネン・ふッタァ] 中 -s/ (軽蔑的に:)砲弾のえじき(犬死にさせられる兵士).

Ka·no·nen≈**ku·gel** [カノーネン・クーゲる] 女 -/-n 砲弾.

Ka·no·nen≈**ofen** [カノーネン・オーふェン] 男 -/..öfen 円筒形ストーブ.

Ka·no·nier [カノニーァ kanoní:r] 男 -s/-e ① 砲兵, 砲手. ② 《スポーツ・隠語》 (サッカーなどの)エースシューター.

ka·no·nisch [カノーニッシュ kanó:nɪʃ] 形 ① 規準の, 規範にかなった. ② 《カトリック》 教会法[上]の; 《神学》 正典の. *kanonisches* Recht 教会法 / *kanonische* Bücher 聖書正典. ③ 《音楽》 カノン形式の.

Kant [カント kánt] -s/ 《人名》 カント (Immanuel *Kant* 1724–1804; ドイツの哲学者).

Kan·ta·te[1] [カンターテ kantá:tə] 女 -/-n 《音楽》 カンタータ.

Kan·ta·te[2] [カンターテ] 男 〖冠詞なし; 語尾変化なしで〗 《新教》 復活祭後の第 4 日曜日.

＊*die* **Kan·te** [カンテ kántə] 女 (単) -/(複) -n (英 *edge*) ① (2 面が接する)角(かど); 縁, へり. Bett*kante* ベッドの縁 / eine scharfe *Kante* とがった角 / **an** allen Ecken und *Kanten* いたるところに / Geld[4] **auf** die hohe *Kante* legen 《口語》 (万一に備えて)お金を蓄える / auf der *Kante* 《口語》 危なっかしく. ② (織物の)へり, 縁どり[レース]. ③ (岩山の)稜線(りょうせん); (スキーの)エッジ. ④ 《方》 地域.

kan·ten [カンテン kántən] 他 (h) ① (箱など[4]を)傾ける, 傾けて置く. einen Schrank beim Transport *kanten* 運ぶとき戸棚を斜めにする. ◇〖目的語なしでも〗 Nicht *kanten*! (運搬用の箱などで:)天地無用, この面を上に. ② (スキーで:)エッジを立てる.

Kan·ten [カンテン] 男 -s/- 《北ドイツ》 パンの耳.

Kant≈ha·ken [カント・ハーケン] 男 -s/- (丸太などをひっかける)鉤(かぎ)ざお, 鉤てこ. 人[4] **beim** *Kanthaken* nehmen (または kriegen) 《俗》 a) 人[4]の首筋をつかむ, b) 《比》 人[4]にきびしく意見する.

Kant≈**holz** [カント・ホるツ] 男 -es/..hölzer 角材.

kan·tig [カンティヒ kántɪç] 形 ① 角(かど)のある, 稜(りょう)のある; 角ばった. ② 《比》 ぎこちない, 無器用な.

Kan·ti·ne [カンティーネ kantí:nə] 女 -/-n (会社・工場などの)社員食堂(売店); (兵営の)食堂. (メモ 「学生食堂」は Mensa).

Kan·ton [カントーン kantó:n] 男 -s/-e ① 〖スイス: 中 も〗 (スイスの)州 (略: Kt). ② (フランス・ベルギーの)行政区域, 郡. ③ (昔の:)(プロイセンの)徴兵区.

kan·to·nal [カントナーる kantoná:l] 形 (スイスの)州の; (フランス・ベルギーの)郡の.

Kan·to·nist [カントニスト kantoníst] 男 -en/-en 《古》 (徴募された)新兵. ein unsicherer *Kantonist* 《口語》 頼り(当て)にならない人.

Kan·tor [カントァ kántɔr] 男 -s/-en [..トーレン] 教会音楽監督(プロテスタント教会でオルガンを弾いて合唱を指揮する).

Ka·nu [カーヌー ká:nu または カヌー] 中 -s/-s ① カヌー, 丸木舟. ② 《スポーツ》 カヤック, カナディアン・カヌー.

Ka·nü·le [カニューれ kaný:lə] [フランス] 女 -/-n 《医》 カニューレ, 套管(とうかん), 挿管(そうかん); 注射針.

Kan·zel [カンツェる kántsəl] 女 -/-n ① (教会の)説教壇. (☞ 図). ② 《空》 コックピット. ③ 《古》 (大学の)教壇. ④ 《まれ》 (警官の)交通整理台.

Kanzel

Kanz·lei [カンツらイ kantslái] 女 -/-en ① 事務局, 官房. ② (役所・弁護士などの)事務所.

Kanz·lei≈spra·che [カンツらイ・シュプラーへ] 女 -/-n 官庁語, 公文書体; 〖複 なし〗 《比》 気取った(古風な)用語.

Kanz·lei≈**stil** [カンツらイ・シュティーる] 男 -[e]s/ 官用[文]体, 公文書体.

＊*der* **Kanz·ler** [カンツらァ kántslər] 男

Kaolin

(単2) -s/(複) - (3格のみ -n) ① (ドイツなどの)首相. Bundes*kanzler* 連邦首相. ② (在外公館の)事務長. ③ (大学の)事務局長. ④《史》ドイツ帝国宰相;(領主・国王の)秘書局長.

Ka·o·lin [カオリーン kaolíːn] 中 男 -s(《種類》-e 《鉱》カオリン(陶土の一種).

Kap [カップ káp] 中 -s/-s 岬. das *Kap* der Guten Hoffnung⁴ 喜望峰(アフリカ南端の岬).

Kap. [カピテる] (略)章 (=Kapitel).

Ka·paun [カパオン kapáun] 男 -s/-e 去勢したおんどり(食肉用).

Ka·pa·zi·tät [カパツィテート kapatsitéːt] 女 -/-en ①《ふつう 単》収容能力;(容器・コンデンサー・ハードディスクなどの)容量; 《比》理解力. Der Kessel hat eine *Kapazität* von 5 000 Litern. このボイラーには5,000リットル入る. ②《ふつう 単》《経》(工場などの)最大生産[能]力. ③《ふつう 複》《経》生産設備. ④《物》能力. ⑤ 専門家, エキスパート.

*die **Ka·pel·le** [カぺれ kapélə] 女 (単) -/(複) -n ① 礼拝堂, チャペル. (⇒ *chapel*). Sie betete in der *Kapelle*. 彼女は礼拝堂で祈りをささげた. ② (小規模の)楽団, バンド. Die *Kapelle* spielte einen Walzer. バンドがワルツを奏でた. ③ (中世教会の)聖歌隊.

Ka·pell≠meis·ter [カぺる・マイスタァ] 男 -s/- 楽長;(音楽監督に次ぐ)常任指揮者.

Ka·per¹ [カーパァ káːpər] 女 -/-n《ふつう 複》《料理》ケーパー(フウチョウボクのつぼみの酢(塩)漬け).

Ka·per² [カーパァ] 男 -s/- ①《史》敵国商船だ捕の認可を得た船;海賊船. ② 海賊.

ka·pern [カーパァン káːpərn] 他 (h) ①《史》(船⁴を)だ捕して略奪する. ②《口語》うまくわてがものにする. sich³ einen Millionär *kapern*(結婚相手として)百万長者をつかまえる.

ka·pie·ren [カピーレン kapíːrən] 他 (h)《口語》理解する, わかる (=verstehen).

ka·pil·lar [カピらール kapiláːr] 形 ① 髪の毛のように細い. ② 毛[細]管の.

Ka·pil·la·re [カピらーレ kapiláːrə] 女 -/-n ①《医》毛[細]管; 毛細血管. ②《物》毛[細]管.

ka·pi·tal [カピタール kapitáːl] 形 ①《口語》重大な, たいへんな; すばらしい. ein *kapitaler* Irrtum ひどい思い違い. ②《狩》大物の(獣など).

*das **Ka·pi·tal** [カピタール kapitáːl] 中 (単2) -s/(複) -e (3格のみ -en) または (複) ..talien [..ターリエン] ①《経》資本[金], 資金; 基本財産, 元金. (英 *capital*). fixes *Kapital* 固定資本 / bewegliches (または flüssiges) *Kapital* 流動資本 / aus *Kapital*⁴ schlagen 事³でもうける, 利益を得る / das *Kapital*⁴ in ein Unternehmen stecken ある企業に投資する / Er hat sein *Kapital* gut angelegt. 彼は資本をうまく投資した. / geistiges *Kapital* 《比》精神的な資本(知識など) / Gesundheit ist das beste *Kapital*. 健康は何よりの資本だ. ②《複 なし》(総称として:)資本家[階級].

Ka·pi·tal≠an·la·ge [カピターる・アンらーゲ] 女 -/-n 投資, 出資.

Ka·pi·ta·le [カピタ-れ kapitáːlə] 女 -/-n《古》首都.

Ka·pi·tal≠flucht [カピターる・ふるフト] 女 -en《ふつう 単》(外国への)資本逃避.

Ka·pi·ta·li·en [カピターリエン] * Kapital (資本)の複

ka·pi·ta·li·sie·ren [カピタリズィーレン kapitalizíːrən] 他 (h)《経》資本化する, (証券など⁴を)換金する.

*der **Ka·pi·ta·lis·mus** [カピタリスムス kapitalísmus] 男 -/(複) ..lismen《ふつう 単》資本主義. (《比》「社会主義」は Sozialismus). Monopol*kapitalismus* 独占資本主義.

Ka·pi·ta·list [カピタリスト kapitalíst] 男 -en/-en ① 資本家. ② 資本主義[信奉]者.

ka·pi·ta·lis·tisch [カピタリスティッシュ kapitalístɪʃ] 形 資本主義の, 資本主義的な. ein *kapitalistischer* Staat 資本主義国家.

Ka·pi·tal≠markt [カピターる・マルクト] 男 -[e]s/..märkte 資本市場.

Ka·pi·tal≠ver·bre·chen [カピターる・フェアブレッヒェン] 中 -s/- 重大犯罪.

*der **Ka·pi·tän** [カピテーン kapitéːn] 男 (単2) -s/(複) -e (3格のみ -en) (英 *captain*) ①《海》船長, 艦長. *Kapitän* zur See 海軍大佐 / *Kapitäne* der Wirtschaft²《比》経済界の大物たち / *Kapitän* der Landstraße²《口語》長距離トラックの運転手. ②《空》(飛行機の)機長. ③《スポーツ》キャプテン, 主将.

Ka·pi·tän≠leut·nant [カピテーン・ロイトナント] 男 -s/-s (まれに -e)《軍》海軍大尉.

*das **Ka·pi·tel** [カピテる kapítəl] 中 (単2) -s/(複) - (3格のみ -n) ① (本の)章 (略: Kap.). (英 *chapter*). das zweite *Kapitel* 第2章 / Das steht im ersten *Kapitel*. それは第1章に出ている / Das ist ein ganz anderes *Kapitel*.《比》それはまったく別問題だ / Das ist ein *Kapitel* für sich.《比》それはとてもやっかいな問題だ. ②《カトリック》(教区司祭を補佐する)参事会.

Ka·pi·tell [カピテる kapitél] 中 -s/-e《建》柱頭. (☞ Säule 図).

Ka·pi·tu·la·ti·on [カピトゥらツィオーン kapitulatsióːn] 女 -/-en ① 降伏; 降伏協定. eine bedingungslose *Kapitulation* 無条件降伏. ② 譲歩, あきらめ, 放棄.

ka·pi·tu·lie·ren [カピトゥリーレン kapitulíːrən] 自 (h) ① 降伏(降参)する. ②《比》断念する, 放棄する. vor 事³ *kapitulieren* 事³にお手上げである.

Kap·lan [カプらーン kapláːn] 男 -s/..läne《カトリック》助任司祭;(軍隊・病院などに専属の)司祭.

Kap·pe [カッぺ kápə] 女 -/-n (英 *cap*) ① (頭をすっぽり覆う縁なし)帽子, 頭巾(ずきん). (☞ Hut 図). Bade*kappe* 水泳帽 / Das nehme ich auf meine *Kappe*.《口語》その責任は私が

kap·pen [カッペン kápən] 他 (h)《物⁴の》先端を切る；《植木⁴を》刈り込む；《予算など⁴を》カットする．

Kap·pes [カッペス kápəs] 男 -/《西[中]部方言》① キャベツ． ② 《俗》くだらないこと．

Kap·ri·o·le [カプリオーれ kaprió:lə] 女 -/-n ① (おどけた)とんぼ返り． ② いたずら，ふざけ．eine *Kapriole* des Wetters《比》気まぐれな天気．③《馬術の》カブリオール．

kap·ri·zie·ren [カプリツィーレン kaprítsi:rən] 再帰 (h)《*sich*⁴ *auf* 事⁴ ~》《事⁴を》言い張る，固執する．

kap·ri·zi·ös [カプリツィエース kaprítsiö:s] 形 気まぐれな，気ままな，移り気な．

Kap·sel [カプセる kápsəl] 女 -/-n ① カプセル，サック，ケース；(びんの)口金． ②《薬》カプセル． ③《植》胞子嚢(のう), 蒴(さく)；《医》被膜, 嚢(のう).

★ka·putt [カプット kapút]

| 壊れている | Die Uhr ist *kaputt*. |
| ディ ウーア イスト カプット |
| 時計が壊れた．|

形《口語》① 壊れている，壊れた，だめになった．(英 broken). ein *kaputtes* Spielzeug こわれたおもちゃ / Die Firma ist *kaputt*. その会社は破産した / Mein Auto ist *kaputt*. 私の車は故障した / Was ist denn jetzt *kaputt*?《俗》いったいどうしたんだい / Bei ihm ist was *kaputt*.《俗》あいつはちょいといかれている．
② 疲労した，疲れ果てた．Ich bin ganz *kaputt*. ięk はくたくたに疲れている．

ka·putt|ge·hen* [カプット・ゲーエン kapútgè:ən] 自 (s)《口語》① 壊れる，破れる． ②(事業などが)だめになる，破産する．

ka·putt|la·chen [カプット・らッヘン kapútlàxən] 再帰 (h) *sich*⁴ *kaputtlachen*《口語》笑い転げる．

ka·putt|ma·chen [カプット・マッヘン kapútmàxən] I 他 (h)《口語》① 壊す，破壊する；《人⁴を肉体的・精神的に》だめにする． ② 破産させる．II 再帰 (h) *sich*⁴ *kaputtmachen*《口語》体を壊す，へばってしまう．

Ka·pu·ze [カプーツェ kapú:tsə] 女 -/-n《服飾》(コート・ヤッケなどの)フード；(修道服の)頭巾(ずきん).

Ka·pu·zi·ner [カプツィーナァ kaputsí:nər] 男 -s/- ①《カトリック》カプチン会修道士． ②《オーストリア》ミルク入りコーヒー．

Ka·ra·bi·ner [カラビーナァ karabí:nər] 男 -s/- ①《軍》カービン銃，騎兵銃． ②《オーストリア》= Karabinerhaken

Ka·ra·bi·ner·ha·ken [カラビーナァ・ハーケン] 男 -s/- ばねリング，さる環(リュックサックの背負いひもなどに付いている).

Ka·ra·cho [カラッホ karáxo] 中《成句的に》mit *Karacho*《口語》すごいスピードで．

Ka·raf·fe [カラッフェ karáfə] 女 -/-n (栓付きの)ガラスびん；(ワイン用の)カラフ，デカンター．

Ka·ra·jan [カーラヤン ká:rajan または カラ..] -s/《人名》カラヤン (Herbert von *Karajan* 1908-1989; オーストリアの指揮者).

Ka·ram·bo·la·ge [カランボラージェ karambolá:ʒə]《フランス語》女 -/-n ①《口語》(自動車などの)衝突，不和，争い．eine *Karambolage* im Nebel 霧の中の衝突． ②(ビリヤードの)キャノン．

Ka·ra·mel ⇒《新形》Karamell

Ka·ra·mell [カラメる karamél] 男 (オーストリア 中)も -s/ カラメル(砂糖を熱して飴状にしたもの).

Ka·rat [カラート kará:t] 中 -[e]s/-e (単位: -/-) ① カラット(宝石の重量単位. 0,2g; 略: k). ein Diamant von 12 *Karat* 12 カラットのダイヤモンド． ② 純金分(金量単位. 純金は 24 カラット；略: k).

Ka·ra·te [カラーテ kará:tə] 中 -[s]/《スポーツ》空手．*Karate*⁴ lernen 空手を習う．

..ka·rä·tig [..カレーティヒ ..kare:tıç]《形容詞をつくる》接尾《..カラットの》例: zehn*karätig* (=10-*karätig*) 10 カラットの．

Ka·rau·sche [カラオシェ karáuʃə] 女 -/-n《魚》フナ(鮒).

Ka·ra·wa·ne [カラヴァーネ karavá:nə] 女 -/-n ① 隊商，キャラバン． ②(人・自動車の)長い列，群．

Ka·ra·wa·nen·stra·ße [カラヴァーネン・シュトラーセ] 女 -/-n 隊商路．

Kar·bid [カルビート karbí:t] 中 -[e]s/-e《化》炭化物；《複 なし》カーバイト．

Kar·bol·säu·re [カルボーる・ゾイレ] 女 -/《化》石炭酸，フェノール．

Kar·bon [カルボーン karbó:n] 中 -s/《地学》石炭紀．

Kar·bo·na·de [カルボナーデ karboná:də] 女 -/-n《料理》①《方》カツレツ． ②《オランダ》《古》フリカデル(油であた肉の団子).

Kar·bun·kel [カルブンケる karbúŋkəl] 男 -s/-《医》癰(よう)，カルブンケル．

kar·dät·schen [カルデーチェン kardé:tʃən] 他 (h)《馬など⁴に》ブラシをかける．

Kar·di·nal [カルディナーる kardiná:l] 形《古》主要な，根本的な，基本の．

Kar·di·nal [カルディナーる] 男 -s/..näle ①《カトリック》枢機卿(すうききょう)． ②《鳥》カージナルバード． ③《料理》カルジナル(白ワイン・砂糖・レモンから作る飲み物).

Kar·di·nal·feh·ler [カルディナーる・フェーらァ] 男 -s/- 根本的な誤り．

Kar·di·nal·punkt [カルディナーる・プンクト] 男 -[e]s/-e 主要点，眼目．

Kar·di·nal·tu·gend [カルディナーる・トゥーゲント] 女 -/-en《ふつう 複》基本道徳．

Kar·di·nal·zahl [カルディナーる・ツァーる] 女 -/-en 基数．(対《「序数」は Ordinalzahl).

Kar·di·o·gramm [カルディオグラム kardiográm] 中 -s/-e《医》心拍[動]曲線．

Ka·renz [カレンツ karénts] 女 -/-en ① 待ち

時間(特に保険金を請求したあと支払われるまでの待機期間).

Ka·renz≠zeit [カレンツ・ツァイト] 囡 -/-en =Karenz ①

Kar·fi·ol [カルフィオーる karfió:l] 男 -s/《南ド・オースト》《植》ハナキャベツ, カリフラワー.

Kar≠frei·tag [カール・ふライターク] 男 -[e]s/-e 《キリスト教》聖金曜日(キリストの受難の記念日. 復活祭の前の金曜日).

Kar·fun·kel [カルフンケる karfúŋkəl] 男 -s/- ① 《鉱》ざくろ石, 紅玉. ② 《医》癰(よう), カルブンケル(=Karbunkel).

* **karg** [カルク kárk] 形 (比較 karger, 最上 kargst または 比較 kärger, 最上 kärgst) ① 乏しい, まれに, 少ない. ein karger Lohn わずかな賃金. ② 質素な, 飾りのない; みすぼらしい. mit 物 karg sein 物を惜しむ(けちる). ③ やせた(土地など). karge Erde やせた土地.

kar·gen [カルゲン kárgən] 自 (h) 《mit 物³ ~》《雅》(物³を)惜しむ, 節約する. Er kargte nicht mit Lob. 彼は称賛を惜しまなかった.

kär·ger [ケルガア] *karg(乏しい)の 比較

Karg·heit [カルクハイト] 囡 -/《雅》欠乏, 不足; 質素, 倹約; (土地などが)やせていること, 不毛.

kärg·lich [ケルクリヒ] 形 わずかの, みすぼらしい, 惨めな.

kärgst [ケルクスト] *karg(乏しい)の 最上

ka·riert [カリーァト karí:rt] 形 ① 格子縞(じま)の, チェックの(衣服); 方眼の. ② 《口語》わけのわからない, 支離滅裂な.

Ka·ri·es [カーリエス ká:ries] 囡 -/ ① 《医》カリエス. ② 《医》虫歯(=Zahnkaries).

Ka·ri·ka·tur [カリカトゥーァ karikatú:r] 囡 -/-en ① 漫画, カリカチュア; 戯画, 風刺画. politische Karikaturen⁴ zeichnen 政治的の漫画をかく. ② 《複 なし》戯画化, 風刺.

Ka·ri·ka·tu·rist [カリカトゥリスト karikaturíst] 男 -en/-en 漫画家; 風刺画家.

ka·ri·kie·ren [カリキーレン kariki:rən] 他 (h) (人·事⁴を)戯画化する; (戯画化して)風刺する.

Ka·rin [カーリーン ká:ri:n または ..リン ..rɪn] -s/ 《女名》カーリーン, カーリン (Katharina の短縮).

ka·ri·ös [カリエース karió:s] 形 《医》カリエスの, 齲歯(うし)の.

ka·ri·ta·tiv [カリタティーふ karitatí:f] 形 隣人愛に基づく, 慈善の.

Karl [カルる kárl] -s/《男名》カール.

Karls·ru·he [カルるス・ルーエ kárls-ru:ə] 中 -s/《都市名》カールスルーエ(ドイツ, バーデン・ヴュルテンベルク州. 🕮 地図 D-4).

Kar·me·li·ter [カルメリータァ karmelí:tər] 男 -s/《カトリック》カルメル会修道士.

Kar·me·sin [カルメズィーン karmezí:n] 中 -s/ =Karmin

Kar·min [カルミーン karmí:n] 中 -s/ 洋紅, カーマイン(染料の一種). 深紅色.

* der **Kar·ne·val** [カルネヴァる kárnəval] 男 (単 2) -s/(複 -e (3格のみ -en) または (複 -s カーニバル, 謝肉祭. (英 carnival). (「祝祭日」 🕮 巻末付録, 1811 ページ). der rheinische Karneval ライン地方のカーニバル / Karneval⁴ feiern カーニバルを祝う / auf den Karneval gehen 《口語》 Karneval は主に中部ライン地方での呼び名. バイエルンやオーストリアでは Fasching, また地方によっては Fastnacht と呼ばれる).

kar·ne·va·lis·tisch [カルネヴァリスティッシュ karnavalístɪʃ] 形 カーニバルの(謝肉祭の).

Kar·ni·ckel [カルニッケる karníkəl] 中 -s/- ① 《方》家うさぎ, 飼いうさぎ(=Kaninchen). ② 《口語》贖罪(しょくざい)のやぎ, お人よし.

Kärn·ten [ケルンテン kérntən] 中 -s/《地名》ケルンテン(オーストリア 9 州の一つ).

Ka·ro [カーロ ká:ro] 中 -s/-s ① 菱形(ひしがた); 正方形. ② 《複》なし; 冠詞なしで》(トランプの)ダイア. ③ 《成句的約》 Karo trocken (または einfach) 《方·俗》何もつけていないパン.

Ka·ro·li·ne [カロリーネ karolí:nə] -[n]s/《女名》カロリーネ.

Ka·ro·lin·ger [カーロリンガァ ká:rolɪŋər] 男 -s/- カロリング王朝の人.

Ka·ros·se [カロッセ karósə] 囡 -/-n (4輪の)儀装馬車, 公式馬車;《口語》(自動車の)車体.

Ka·ros·se·rie [カロセリー karəserí:] 囡 -/-n [..リーエン] (自動車などの)車体, ボディー.

Ka·ro·tin [カロティーン karotí:n] 中 -s/ カロチン.

Ka·rot·te [カロッテ karótə] 囡 -/-n ① 《植》ニンジン. ② 《方》赤かぶ.

die **Kar·pa·ten** [カルパーテン karpá:tən] 複 《定冠詞とともに》カルパチア山脈(中部ヨーロッパ).

Karp·fen [カルプふェン kárpfən] 男 -s/- 《魚》コイ(鯉).

Karp·fen≠teich [カルプふェン・タイヒ] 男 -[e]s/-e 養鯉(ようり)池.

* die **Kar·re** [カレ kárə] 囡 (単) -/(複) -n ① 《中部ド・北ド》手押し車, 荷車. (英 cart). Ziegel⁴ auf die Karre laden れんがを手押し車に積む / die Karre⁴ laufen lassen 《口語》事を成り行きにまかせる / 人³ die Karre⁴ aus dem Dreck ziehen 《口語》人³ の苦境を助ける / die Karre⁴ in den Dreck fahren 《口語·比》事をだいなしにする / 人³ an die Karre fahren 人³を手厳しく責める. ② ぽんこつ車, おんぼろ自動車.

Kar·ree [カレー karé:] 中 -s/-s ① 4角形; [正]方形; 《比》(市の)街区. ② 《料理》(料理)(牛などの)あばら肉.

kar·ren [カレン kárən] I 他 (h) 手押し車(荷車)で運ぶ;《口語》(人⁴を)自動車で運ぶ. II 自 (s)《口語》ドライブする.

Kar·ren [カレン] 男 -s/-《南ド·中ド》=Karre

* die **Kar·ri·e·re** [カリエーレ karié:rə] 囡 (単) -/(複) -n ① 《立身》出世;《職業上の)成功. Karriere⁴ machen 出世する / eine glänzende Karriere⁴ vor sich haben 輝かしい前途がある. ② (馬の)全力疾走. in voller Karriere reiten (馬が)全速力で走る.

Kar·ri·e·re⹁frau [カリエーレ・フラオ] 囡 -/-en ① キャリアウーマン. ② (軽蔑的に:) 家庭を顧みずに出世を追い求める女性.

Kar·ri·e·re⹁ma·cher [カリエーレ・マッハァ] 男 -s/- (軽蔑的に:) 出世[第一]主義者.

Kar·ri·e·rist [カリエリスト karieríst] 男 -en/-en =Karrieremacher

Kar⹁sams·tag [カール・ザムスターク] 男 -[e]s/-e 《ホッッ教》聖土曜日(復活祭の前日).

Karst [カルスト kárst] 男 -[e]s/-e 《地学》カルスト[地形].

kart. [カルトニーァト] 《略》厚紙表紙の (=kartoniert).

‡*die* **Kar·te** [カルテ kártə]

カード; はがき; 切符

Schreib mir bald eine *Karte*!
シュライプ ミァ バルト アイネ カルテ
すぐにはがきを書いてね.

囡 (単) -/(複) -n (英 *card*) ① カード. Weihnachts*karte* クリスマスカード / die gelbe *Karte* (サッカーの)イエローカード.
② (郵便)はがき (=Post*karte*), (あいさつの)カード. Ansichts*karte* 絵はがき / 仄³ eine *Karte*⁴ schreiben 仄³にはがきを書く.
③ チケット, 入場券 (=Eintritts*karte*); 乗車(乗船)券 (=Fahr*karte*). *Karten*⁴ für das Konzert bestellen コンサートのチケットを注文する / eine *Karte*⁴ lösen 乗車券を買う / die *Karten*⁴ vor|zeigen 乗車券を提示する.
④ 名刺 (=Visiten*karte*). Sie tauschten ihre *Karten* aus. 彼らは名刺を交換した.
⑤ メニュー, 献立表 (=Speise*karte*). nach der *Karte* essen (定食ではなく)メニューから単品を注文して食事する / Herr Ober, die *Karte* bitte! ボーイさん, メニューをください. (ぶ ドイツ語の Menü は「定食」を意味する).
⑥ 地図 (=Land*karte*). Auto*karte* 自動車用道路地図 / die *Karte* von Europa ヨーロッパ地図 / eine Stadt⁴ **auf** der *Karte* suchen ある町を地図で探す.
⑦ (トランプの)カード (=Spiel*karte*). *Karten*⁴ spielen トランプをする / die *Karten*⁴ mischen (verteilen) トランプを切る(配る) / die *Karten*⁴ auf|decken (または auf den Tisch legen)《比》手の内を見せる / 仄³ die *Karten*⁴ legen トランプで仄³の運命を占う / alle *Karten*⁴ in der Hand haben《比》主導権を握っている / die letzte *Karte*⁴ aus|spielen a) 最後の切り札を出す, b)《比》最後の手段をとる / alles **auf** eine *Karte* setzen《比》いちかばちかの勝負をする(←すべてを1枚のカードに賭ける) / sich³ nicht **in** die *Karten* sehen lassen 手の内を見せない / **mit** offenen *Karten* spielen おおぴらに(隠しだてせずに)ふるまう.
⑧ クレジットカード (=Kredit*karte*). mit *Karte* zahlen クレジットカードで支払う.

Kar·tei [カルタイ kartái] 囡 -/-en カードボッ

クス; カード式目録(索引).

Kar·tei⹁kar·te [カルタイ・カルテ] 囡 -/-n (目録索引の)カード.

Kar·tei⹁kas·ten [カルタイ・カステン] 男 -s/..kästen カードボックス.

Kar·tell [カルテる kartél] 中 -s/-e ① 《経》カルテル, 企業連合. ② 学友会連合. ③ 《政》党派連合.

Kar·ten⹁haus [カルテン・ハオス] 中 -es/..häuser ① トランプの札で組み立てた家;《比》砂上の楼閣. ②《海》(船の)海図室.

Kar·ten⹁kunst·stück [カルテン・クンストシュテュック] 中 -[e]s/-e トランプ手品.

Kar·ten⹁le·ger [カルテン・れーガァ] 男 -s/- トランプ占い師. (ぶ 女性形は Kartenlegerin).

Kar·ten⹁spiel [カルテン・シュピーる] 中 -[e]s/-e ① トランプ遊び. ② 一組みのトランプ.

Kar·ten⹁te·le·fon [カルテン・テーれふォーン] 中 -s/-e テレホンカード式[公衆]電話.

Kar·ten⹁vor·ver·kauf [カルテン・ふォーァふェァカオふ] 男 -s/..käufe 切符の前売り.

‡*die* **Kar·tof·fel** [カルトッふェる kartófəl]

じゃがいも

Möchten Sie noch *Kartoffeln*?
メヒテン ズィー ノッホ カルトッふェるン
じゃがいもをもっと召し上がりませんか.

囡 (単) -/(複) -n (英 *potato*) ①《植》ジャガイモ, 馬鈴薯(ばれいしょ). neue *Kartoffeln* 新じゃがいも / gebratene *Kartoffeln* 油でいためたじゃがいも / *Kartoffeln*⁴ an|bauen じゃがいもを栽培する / *Kartoffeln*⁴ schälen (kochen) じゃがいもの皮をむく(じゃがいもを煮る).
②《口語・戯》大きな懐中時計; 団子鼻;(靴下・衣服などの)穴.

Kar·tof·fel⹁brei [カルトッふェる・ブライ] 男 -s/ 《料理》(ミルクでといた)マッシュポテト.

Kar·tof·fel⹁chips [カルトッふェる・チップス] 複 ポテトチップス.

Kar·tof·fel⹁kä·fer [カルトッふェる・ケーふァァ] 男 -s/- 《昆》コロラドカブトムシ(じゃがいもの害虫).

Kar·tof·fel⹁puf·fer [カルトッふェる・プッふァァ] 男 -s/- 《料理》ポテトパンケーキ.

Kar·tof·fel⹁pü·ree [カルトッふェる・ピュレー] 中 -s/-s 《料理》マッシュポテト.

Kar·tof·fel⹁sa·lat [カルトッふェる・ザらート] 男 -[e]s/-e 《料理》ポテトサラダ.

Kar·to·graf [カルトグラーふ kartográ:f] 男 -en/-en =Kartograph

Kar·to·gra·fie [カルトグラふィー kartografí:] 囡 -/ =Kartographie

kar·to·gra·fisch [カルトグラーふィッシュ kartográ:fɪʃ] 形 =kartographisch

Kar·to·graph [カルトグラーふ kartográ:f] 男 -en/-en 地図(海図)製作者.

Kar·to·gra·phie [カルトグラふィー kartografí:] 囡 -/ 地図(海図)製作術; 製図法.

kar·to·gra·phisch [カルトグラーふィッシュ

kartográ:fiʃ] 形 地図製作[法]の; 製図の.

Kar·ton [カルトーン kartóː または ..トーン ..tóːn] 中 -s/-s (まれに -e [..トーネ] (単位: -/- も) ① 厚紙, ボール紙. ② ボール箱, カートン. Ware⁴ in Kartons verpacken 商品をボール箱に詰める. ③《美》(壁画などのための実物大の)下絵.

Kar·to·na·ge [カルトナージェ kartoná:ʒə] [フス] 女 -/-n 厚紙包装;《製本》厚紙表紙.

kar·to·nie·ren [カルトニーレン kartoní:rən] 他 (h)《製本》厚紙表紙で製本する. ◇過去分詞の形で¨ kartonierte Bücher 厚紙装丁の本.

Kar·to·thek [カルトテーク kartoté:k] 女 -/-en カードボックス; カード式目録(索引).

Kar·tu·sche [カルトゥッシェ kartúʃə] 女 -/-n ①《軍》薬包, 弾薬筒. ②《建·美》カルトゥーシュ(バロック様式の巻軸装飾).

Ka·rus·sell [カルセる karusél] 中 -s/-s (または -e) メリーゴーラウンド, 回転木馬. mit 人³ Karussell⁴ fahren a)《軍》人³を鍛えあげる, b)《口語》くどくどしくしかりつける.

Kar·wo·che [カール·ヴォッヘ] 女 -/-n《キリスト教》受難週間(復活祭の前週).

Kar·zer [カルツァァ kártsər] 男 -s/- ①(昔の:)(大学などの)監禁室. ②《覆 なし》(学校の)禁足処分.

kar·zi·no·gen [カルツィノゲーン kartsinogéːn] 形《医》発癌(ハン)性の.

Kar·zi·nom [カルツィノーム kartsinóːm] 中 -s/-e《医》癌(ガン), 癌腫(ガンシュ).

Ka·sack [カーザック ká:zak] 男 -s/-s《服飾》カザック(婦人用のやや長い上着).

Ka·schem·me [カシェンメ kaʃémə] 女 -/-n 場末の怪しげな飲屋.

ka·schie·ren [カシーレン kaʃíːrən] 他 (h) ①《欠点など⁴を》隠す. ②《劇》《物》⁴の張りぼてを作る. ③(本の厚紙表紙など⁴に)装飾紙を張る.

Kasch·mir [カシュミーァ káʃmiːr] I 中 -s/-《地名》カシミール地方(ヒマラヤ北西部). II 男 -s/-e カシミア(カシミヤやぎの毛を用いた高級服地).

※der **Kä·se** [ケーゼ kéːzə]

> チーズ Ein Brot mit Käse, bitte!
> アイン ブロート ミット ケーゼ ビッテ
> チーズサンドを一つください.

男 (単2) -s/(複) - (3 格の -n) ① チーズ.(英 cheese). Weichkäse ソフトチーズ / dänischer Käse デンマークチーズ / Käse⁴ machen チーズを作る / Käse schließt den Magen.《戯》チーズでごちそうさまだ(←チーズは胃を閉じる). ②《口語》ばかげたこと(話). Das ist doch alles Käse! それはまったくばかげた話だ.

Kä·se≠blatt [ケーゼ·ブらット] 中 -[e]s/..blätter《俗》くだらない新聞;《俗》(学校の)成績票.

Kä·se≠glo·cke [ケーゼ·グろッケ] 女 -/-n 鐘形の(ガラス製)フードのついたチーズ容器.

Ka·se·in [カゼイーン kazeíːn] 中 -s/《化》カゼイン(牛乳中のリンたんぱく質).

Kä·se≠ku·chen [ケーゼ·クーヘン] 男 -s/- チーズケーキ.

kä·sen [ケーゼン kéːzən] 自 (h, s) ① (h) チーズを製造する. ② (h, s) (牛乳が)カードになる, 凝乳になる.

Kä·se·rei [ケーゼライ kɛːzəráı] 女 -/-en ①《覆》チーズ製造. ② チーズ製造所.

Ka·ser·ne [カゼルネ kazérnə] 女 -/-n《軍》兵営, 兵舎.

Ka·ser·nen≠hof [カゼルネン·ホーふ] 男 -[e]s/..höfe《軍》兵営の中庭, 営庭.

ka·ser·nie·ren [カゼルニーレン kazɛrníːrən] 他 (h) (部隊など⁴を)兵営に入れる(宿泊させる).

kä·se≠weiß [ケーゼ·ヴァイス] 形《口語》(顔色が)ひどく青ざめた.

kä·sig [ケーズィヒ kéːzıç] 形 ① チーズのような, チーズ状の. ②《口語》蒼白(ソウハク)な, 青ざめた. ③《方》あつかましい.

Ka·si·no [カズィーノ kazíːno] [フス] 中 -s/-s ① クラブハウス, 会館. ② 将校食堂; 社員食堂. ③ カジノ, 賭博(トハク)場.

Kas·ka·de [カスカーデ kaská:də] 女 -/-n ①(階段状になった)人工滝, カスケード; 火ათ(滝に似た花火). ②(アクロバットの)スカイダイビング. ③《電》カスケード, 継続. ④《化》カスケード(段階的に並べた一連の容器).

Kas·ko [カスコ kásko] 男 -s/-s ①《海》(積み荷に対して;)船体, 車体. ② カスコ(トランプ遊びの一種).

Kas·ko≠ver·si·che·rung [カスコ·フェァズィッヒェルング] 女 -/-en 船体(車両)保険.

Kas·par [カスパァ káspar] -s/《男名》カスパル.

Kas·per [カスパァ káspər] 男 -s/- ①([指]人形芝居の)道化役. ②《口語·戯》おどけ者.

Kas·per·le [カスパァれ káspərlə] 中 男 -s/-《南⁷》([指]人形芝居の)道化役.

Kas·sa [カッサ kása] 女 -/Kassen(オーストリア) = Kasse

Kas·sand·ra≠ruf [カサンドラ·ルーふ] 男 -[e]s/-e (世に聞き入れられない)不吉な予言(トロイア王の娘カッサンドラのトロイア滅亡の予言にちなむ).

※die **Kas·se** [カッセ káse] 女 (単) -/(複) -n ① レジ, 勘定場, 切符売場, 会計[窓口], (銀行などの)受払窓口.(英 cash register). Theater-kasse 劇場の切符売場 / Geld⁴ an der Kasse ein|zahlen お金を受払窓口に払い込む / Waren bitte an der Kasse bezahlen!(商店の掲示で:)商品の代金はレジでお支払いください / Kasse⁴ machen 現金の収支を勘定する.
② 金庫. die Kasse⁴ öffnen 金庫を開ける / in die Kasse greifen《口語·婉曲》公金を横領する.
③ 現金, 所持金. netto Kasse [現金]正価で / Er ist gut (schlecht) bei Kasse.《口語》彼は懐が豊かだ(寂しい) / gegen Kasse 現金で / Wir haben getrennte Kasse. 私たちは割り勘で払う. ④ 健康保険 (= Krankenkasse). Die Kasse zahlt die Behandlung. 健康保険が治療費を払う. ⑤ 貯蓄銀行 (= Sparkasse). Geld⁴ auf der Kasse haben 銀行に預金がある.

Kas·sel [カッセる kásəl] 中 -s/《都市名》カッセル (ドイツ, ヘッセン州: ☞ 地図 D-3).

Kas·se·ler [カッセらァ kásələr] I 男 -s/- カッセルの市民(出身者). II 中 -s/(くん製にして塩漬けにした)豚のあばら肉. (⇒ Kassler ともいう). III 形 《無語尾で》カッセルの.

Kas·sen=arzt [カッセン・アールツト] 男 -es/..ärzte 健康保険医.

Kas·sen=be·stand [カッセン・ベシュタント] 男 -(e)s/..stände 現金在高.

Kas·sen=bon [カッセン・ボーン] 男 -s/-s レシート.

Kas·sen=sturz [カッセン・シュトゥルツ] 男 -es/..stürze 《口語》現金残高検査.

Kas·sen=zet·tel [カッセン・ツェッテる] 男 -s/- 《商》売上伝票; レシート.

Kas·se·rol·le [カセロれ kaserólə] 女 -/-n シチュー鍋(%), ソースパン. (☞ 類語 Topf 図).

* *die* **Kas·set·te** [カセッテ kasétə] 女 (単) -/(複) -n ① (宝石類を入れる)小箱, 手箱, ケース. ② (本・レコードなどの)ケース. 9 Bände in *Kassette* ケース入り 9 巻セット[の本]. ③ カセット[テープ]. (英 *cassette*). Video*kassette* ビデオカセット / Musik⁴ auf *Kassette* auf|nehmen 音楽をカセットに録音する. ④ 《写》(フィルムの)カセット, パトローネ. ⑤ 《建》(天井の)格間(ごうま).

Kas·set·ten=film [カセッテン・ふぃるム] 男 -(e)s/-e 《写》カセットフィルム.

Kas·set·ten=re·cor·der [カセッテン・レコルダァ] 男 -s/- ＝ Kassettenrekorder

Kas·set·ten=re·kor·der [カセッテン・レコルダァ] 男 -s/- カセットレコーダー.

* **kas·sie·ren**¹ [カスィーレン kasí:rən] (kassierte, *hat...*kassiert) 他 (完了 haben) ① (料金など⁴を)徴収する, 集金する. (英 *collect*). die Miete⁴ *kassieren* 家賃を徴収する. ◇《目的語なしで》*Darf* ich jetzt *kassieren*? (ウェーターが客に:)今代金をいただいてよろしいですか. ② 《口語》(人⁴から)お金を徴収する. ③ 《口語》(利子・謝礼などを)受け取る, (称賛などを)受ける, (殴打・批判などを⁴)被る. hohe Zinsen⁴ *kassieren* 高い利息を取る / Lob⁴ *kassieren* 称賛を受ける / eine Niederlage⁴ *kassieren* 敗北を喫する. ④ 《口語》(強引に)取り上げる, 没収する; 逮捕する.

kas·sie·ren² [カスィーレン] 他 (h) ① 《法》(判決⁴を)破棄する, (約束など⁴の)無効を宣する. ② 免職にする.

Kas·sie·rer [カスィーラァ kasí:rər] 男 -s/- 会計係, 現金出納係, (スーパーなどの)レジ係.

Kas·sie·re·rin [カスィーレリン kasí:rərɪn] 女 -/..rinnen (女性の)会計係, 現金出納係, (スーパーなどの)レジ係.

kas·siert [カスィーァト] **kassieren*¹ (徴収する) の 過分

kas·sier·te [カスィーァテ] **kassieren*¹ (徴収する) の 過去

Kas·si·o·peia [カスィオパイア kasiopáːa] I - (または ..peiae [..バイエ] / 《ギ神》カシオペイア (アンドロメダの母). II 女 - (または ..peiae [..バイエ]) / 《定冠詞とともに》《天》カシオペア座.

Kass·ler [カッスらァ káslər] 中 -s/ ＝ Kasseler II

Kas·tag·net·te [カスタニエッテ kastanjétə] [ズペ] 女 -/-n 《音楽》カスタネット.

* *die* **Kas·ta·nie** [カスターニエ kastá:niə] 女 (単) -/(複) -n 《植》クリ[の木・実] (= Edel*kastanie*); トチ(マロニエ)[の木・実] (= Ross*kastanie*). *Kastanien*⁴ sammeln くりを拾い集める / für 人³ die *Kastanien*⁴ aus dem Feuer holen 《口語・比》人⁴のために危険を冒す(←火中のくりを拾う).

Kas·ta·ni·en=baum [カスターニエン・バオム] 男 -(e)s/..bäume くり(マロニエ)の木.

kas·ta·ni·en=braun [カスターニエン・ブラオン] 形 くり色の, 赤っぽい茶色の.

Käst·chen [ケストヒェン késtçən] 中 -s/- (Kasten の 縮小)小箱.

Kas·te [カステ kástə] 女 -/-n カースト(インドの世襲的階級制度); 《比》(一般に:)排他的階級.

kas·tei·en [カスタイエン kastáɪən] (過分 kasteit) 再帰 (h) *sich*⁴ *kasteien* 苦行する; 禁欲生活をする.

Kas·tei·ung [カスタイウング] 女 -/-en 苦行; 禁欲.

Kas·tell [カステる kastél] 中 -s/-e ① 《史》(ローマ時代の)砦(とりで). ② (特に南ヨーロッパの)城.

Kas·tel·lan [カステラーン kastelá:n] 男 -s/-e ① 《史》(城の)指揮官, 司令官. ② (宮殿・公共建築物の)管理人.

* *der* **Kas·ten** [カステン kástən] 男 (単 2) -s/(複) Kästen [ケステン] ① 箱, ケース. (英 *box, case*). ein hölzerner *Kasten* 木製の箱 / drei *Kästen* Bier ビール 3 箱 / Der *Kasten* steht offen. その箱は開いている.
② ショーケース (= Schau*kasten*); 《口語》郵便箱 (= Brief*kasten*); 《方》引き出し. einen Brief in den *Kasten* werfen 手紙を投函(とうかん)する. ③ 《口語》ぼんこつ車, ぼろ家. ④ 《口語》箱状の器械(テレビ・カメラなど). ⑤ 《南ドッ・北ドッ》戸棚, たんす. ⑥ 《軍》営舎. ⑦ (スポ) 跳び箱; (サッカーなどの)ゴール. ⑧ 《成句的に》etwas⁴ auf dem *Kasten* haben 《口語》頭が良い.

Käs·ten [ケステン] ‡ Kasten (箱)の 複

Kas·ten=geist [カステン・ガイスト] 男 -es/ (上流階級の)社会的偏見; 階層的な排他意識.

Kas·ten=wa·gen [カステン・ヴァーゲン] 男 -s/- 箱型の荷馬車(トラック).

Käst·ner [ケストナァ késtnər] -s/《人名》ケストナー (Erich *Kästner* 1899-1974; ドイツの小説家. 『エーミールと探偵たち』などの著者).

Kas·tor [カストァ kástor] I -s/《ギ神》カストル (ゼウスとレダの子で, ポリュックスと双子の兄弟). wie *Kastor* und Pollux sein (男どうしが)カストルとポルックスのように仲がよい. II 男 -s/《定冠詞とともに》《天》カストル(双子座の主星). III

Kastrat

男-s/《織》カスター, [高級]羊毛布地.

Kast·rat [カストラート kastráːt] 男 -en/-en ① 《音楽》(昔の:)カストラート(高い声域を保つため変声期前に去勢された男性). ② 《古》去勢された男性.

Kast·ra·ti·on [カストラツィオーン kastratsióːn] 女 -/-en 《医》去勢[術].

kast·rie·ren [カストリーレン kastríːrən] 他 (h) 《医》去勢する; 《口語》骨抜きにする, 無害化する.

Ka·su·is·tik [カズイスティク kazuístɪk] 女 -/ ① 《哲》決疑論[法]. ② 《医》症例報告[集]; 《法》判例報告[集]. ③ 《比》あら探し.

Ka·sus [カーズス káːzʊs] 男 -/- [カーズース] ① 《言》(名詞などの)格. ② 《詩》出来事.

Kat [カット kát] 男 -s/-s 《略》《自動車・隠語》排気ガス浄化装置(＝Katalysator).

Ka·ta·kom·be [カタコンベ katakómbə] 女 -/-n 《ふつう 複》(初期キリスト教時代の)地下墓所, 地下納骨堂, カタコンベ.

der **Ka·ta·log** [カタローク katalóːk] 男 (単2) -[e]s/(複) -e (3格のみ -en) ① (書籍・商品などの)カタログ, 目録; 一覧表. (英 *catalog*). Bücher*katalog* 書籍カタログ / einen *Katalog* an|fordern カタログを請求する. ② 一連のもの(テーマ・質問など).

ka·ta·lo·gi·sie·ren [カタログィズィーレン katalogíːzɪrən] 他 (h) (物⁴の)目録を作る, (物⁴を)目録に載せる.

Ka·ta·ly·sa·tor [カタリュザートァ katalyzáːtɔr] 男 -s/-en [..ザトーレン] ① 《化》触媒. ③ 排気ガス浄化装置.

Ka·ta·pult [カタプるト katapúlt] 中 男 -[e]s/-e ① (石などを飛ばすおもちゃの)パチンコ. ② 《工》(飛行機発進用の)カタパルト. ③ 《史》(古代の)投石器, 弩(いしゆみ).

ka·ta·pul·tie·ren [カタプるティーレン katapultíːrən] I 他 (h) (飛行機⁴を)カタパルトで発進させる. II 再帰 (h) *sich*⁴ *katapultieren* 脱出装置で飛び出す; 《比》一挙に昇進する.

Ka·ta·rakt [カタラクト katarákt] I 男 -[e]s/-e 奔流(ほんりゅう), 早瀬; (低い)滝. II 男 -/-e 《医》白そこひ, 白内障(＝grauer Star).

Ka·tarr [カタル katár] 男 -s/-e ＝Katarrh

Ka·tarrh [カタル katár] 男 -s/-e 《医》カタル.

Ka·tas·ter [カタスタァ katástɔr] 中 (オーストリッヒ: 男) -s/- 土地台帳, 地籍簿.

ka·ta·stro·phal [カタストロふァーる katastrofáːl] 形 破局の, 破滅的な; すさまじい.

die **Ka·ta·stro·phe** [カタストローふェ katastróːfə] 女 (単) -/(複) -n ① (突然の)大災害, 大惨事; 破局. (英 *catastrophe*). eine *Katastrophe*⁴ verursachen 大惨事を引き起こす / eine politische *Katastrophe* 政治的破局. (☞ 類語 Unfall). ② 《文学・劇》悲劇的な大詰め, カタストロフ.

Ka·ta·stro·phen·schutz [カタストローふェン・シュッツ] 男 -es/ 災害救助隊, 災害予防策.

Ka·te [カーテ káːtə] 女 -/-n 《北ドツ》(粗末な木造の)小屋.

Ka·te·che·se [カテヒェーゼ katɛçéːzə] 女 -/-n 《新教》教理問答[教授]; 《カトリック》公教要理説明.

Ka·te·chet [カテヒェート katɛçéːt] 男 -en/-en 《カトリック》教理教師, 伝教(伝道)士.

Ka·te·chis·mus [カテヒスムス katɛçísmʊs] 男 -s/..chismen 《カトリック》公教要理, 《新教》教理問答[書].

die **Ka·te·go·rie** [カテゴリー kategoríː] 女 (単) -/(複) -n [..リーエン] 《哲》カテゴリー, 範疇(はんちゅう); 部類, タイプ. (英 *category*). 人・物⁴ in (または unter) eine *Kategorie* ein|ordnen 人・物⁴をある部類に入れる.

ka·te·go·risch [カテゴーリッシュ kategóːrɪʃ] 形 絶対的な, 断固とした; 《哲》定言的な. eine *kategorische* Behauptung 断固たる主張 / der *kategorische* Imperativ 《哲》定言的命令.

der **Ka·ter**¹ [カータァ káːtɔr] 男 (単2) -s/(複) - (3格のみ -n) ① 雄猫. (英)「一般に」猫」および「雄猫」は Katze). ein schwarzer *Kater* 黒の雄猫 / der gestiefelte *Kater* 長靴をはいた雄猫(童話の主人公). ② 《狩》山猫の雄.

Ka·ter² [カータァ] 男 -s/- 《口語》二日酔い. Ich habe einen *Kater*. 私は二日酔いだ.

kath. [カトーリッシュ] 《略》カトリックの (＝katholisch).

Ka·tha·ri·na [カタリーナ katharíːna] -s/《女名》カタリーナ.

Ka·thar·sis [カータルズィス káːtarzɪs または カタル.. katár..] 女 -/ ① 《文学》カタルシス. ② 《心》浄化法, カタルシス.

Kä·the [ケーテ kéːtə] -[n]s/《女名》ケーテ (Katharina の短縮).

Ka·the·der [カテーダァ katéːdɔr] 中 男 -s/- (大学の教室の)教壇, 演壇.

Ka·the·der·blü·te [カテーダァ・ブりューテ] 女 -/-n 《戯》授業中の教師のこっけいな失言.

Ka·thed·ra·le [カテドラーれ katedráːlə] 女 -/-n 《カトリック教》司教座聖堂, 大聖堂.

Ka·the·ter [カテータァ katéːtɔr] 男 -s/- 《医》カテーテル(導尿管など).

Ka·tho·de [カトーデ katóːdə] 女 -/-n 《電》陰極. (☞「陽極」は Anode).

der **Ka·tho·lik** [カトリーク katolíːk] 男 (単 2·3·4) -en/(複) -en 《カトリック教》カトリック教徒, 旧教徒. (英 *Catholic*). (☞「プロテスタント」は Protestant).

Ka·tho·li·kin [カトリーキン katolíːkɪn] 女 -/..kinnen (女性の)カトリック教徒.

*ka·tho·lisch** [カトーリッシュ katóːlɪʃ] 形 《カトリック教》 [ローマ]カトリックの, 旧教[徒]の (略: kath.). (英 *Catholic*). (☞「プロテスタントの」は protestantisch). die *katholische* Kirche カトリック教会 / Meine Frau ist *katholisch*. 私の妻はカトリックです.

Ka·tho·li·zis·mus [カトリツィスムス katolitsísmʊs] 男 -/ [ローマ]トリック教義(信仰), カトリック主義, カトリシズム.

Ka·to·de [カトーデ katóːdə] 女 -/-n = Kathode

Kat·tun [カトゥーン katúːn] 男 -s/-e ①《織》コットン, キャラコ. ②《成句的に》*Kattun*[4] kriegen a)《軍》激しい砲火にさらされる, b)《比》ひどい目に遭う.

katz·bal·gen [カッツ・バルゲン káts-balgən] 過分 gekatzbalgt, 再帰 (h) *sich*[4] *katzbalgen*《口語》(子供・猫などが)つかみ合いをする.

katz·bu·ckeln [カッツ・ブッケルン káts-bukəln] 過分 gekatzbuckelt) 自 (h) 《vor 人[3] ~》《口語》《口[3] にぺこぺこする.

Kätz·chen [ケッツヒェン kétsçən] 中 -s/- (Katze の 縮小) ① 小猫. ②《口語》(よく甘える)女の子, ガールフレンド. ③《ふつう 複》《植》(ヤナギ科・カバノ木科などの)尾状花序.

*die **Kat·ze** [カッツェ kátsə]

| 猫 | Wie heißt die *Katze*? ヴィー ハイスト ディ カッツェ この猫はなんという名前ですか. |

女 (単)／(複) -n ①《動》ネコ(猫). (英 cat). eine schwarze *Katze* 黒猫／Die *Katze* miaut (schnurrt). 猫がにゃおと鳴く(のどをごろごろ鳴らす)／Die *Katze* macht einen Buckel. 猫が怒って背を丸める／der *Katze*[3] die Schelle[4] um|hängen《口語》あえて危険を冒す(←猫の首に鈴を付ける)／die *Katze*[4] aus dem Sack lassen《口語・比》秘密(本音)をついもらしてしまう(←袋から猫を放す)／die *Katze*[4] im Sack kaufen《口語・比》よく調べもしないで物を買う(←袋に入った猫を買う)／Da beißt sich die *Katze* in den Schwanz. それでは堂々巡りだ(←猫が自分のしっぽをかむ)／Sie ist eine falsche *Katze*.《比》彼女は信用のおけない(猫かぶりの)女だ／Die *Katze* lässt das Mausen nicht.《諺》小さい頃からの習慣は変わらない, すずめ百まで踊り忘れず(←猫はねずみを捕ることをやめない)／Wenn die *Katze* aus dem Haus ist, tanzen die Mäuse [auf dem Tisch].《諺》鬼のいぬまの洗濯(←猫が不在だと, ねずみが[テーブルの上で]踊る). ◊《wie とともに》Die beiden sind wie Hund und *Katze*. その二人は犬猿の仲だ(←犬と猫のようだ)／Sie spielt mit ihm wie die *Katze* mit der Maus. 彼女は彼を適当にもてあそぶ／Er geht wie die *Katze* um den heißen Brei.《口語》彼は肝心なことは話さない(←熱いおかゆの回りを歩く猫のようだ).
② 雌猫,《口語》「雄猫」は Kater). ③《動》ネコ属の動物.

Kat·zen·au·ge [カッツェン・アオゲ] 中 -s/-n ① 猫の目. ②《口語》(自動車・自転車の)後部反射鏡. ③《鉱》猫目石, キャッツアイ.

Kat·zen·bu·ckel [カッツェン・ブッケル] 男 -s/- 猫背. einen *Katzenbuckel* machen 背を丸める.

kat·zen·freund·lich [カッツェン・フロイントリヒ] 形《口語》うわべだけ親切な.

Kat·zen·jam·mer [カッツェン・ヤンマァ] 男 -s/ 二日酔い;(歓楽のあとの)興ざめ;(失敗のあとの)意気消沈. Er hat einen *Katzenjammer*. 彼は二日酔いだ.

Kat·zen·kopf [カッツェン・コプフ] 男 -[e]s/..köpfe ①(後頭部への)平手打ち. ② 舗道の丸石.

Kat·zen·sprung [カッツェン・シュプルング] 男 -[e]s/..sprünge《口語》ごく短い距離, 目と鼻の先. Bis nach Köln ist es nur ein *Katzensprung*. ケルンまではほんの少しの距離だ.

Kat·zen·tisch [カッツェン・ティッシュ] 男 -[e]s/-e (子供用の)低い食卓. am *Katzentisch* sitzen《比》脇役しか与えられていない.

Kat·zen·wä·sche [カッツェン・ヴェッシェ] 女 -/-n《戯》からすの行水,(猫のように)そそくさと体を洗うこと.

Kau·der·welsch [カオダァ・ヴェるシュ] 中 -[s]/ ちんぷんかんぷんな言葉;(専門語・外来語が混ざった)難しい話.

***kau·en** [カオエン káuən] (kaute, hat…gekaut) I 他 (定了 haben)(食物など[4]を)かむ, そしゃくする. (英 chew). Speisen[4] gut *kauen* 食べ物をよくかむ／Nägel[4] *kauen* 爪[2]をかむ／Die Kinder *kauten* Kaugummi. 子供たちはチューインガムをかんだ／die Worte[4] *kauen*《比》ぽつりぽつり話す.
II 自 (定了 haben)《an (または auf) 物[3] ~》(物[3] を)かむ, かじる. an (または auf dem) Bleistift *kauen* 鉛筆をかむ／an einem Problem *kauen*《口語・比》ある問題で苦労する.

kau·ern [カオァァン káuərn] I 自 (h) (…に)しゃがみこんでいる, うずくまっている. auf dem Boden *kauern* 地面にしゃがみこんでいる. II 再帰 (h) *sich*[4] *kauern* (…へ)しゃがみこむ, うずくまる. Die Kinder *kauerten* sich in die Ecke. 子供たちは隅にうずくまった.

*der **Kauf** [カオフ káuf] 男 (単) -[e]s/(複) Käufe [コイフェ] (3格のみ Käufen) ① 購入, 買い入れ;《法》売買. (英 purchase). (←「販売」は Verkauf). der *Kauf* eines Autos 自動車の購入／einen guten (schlechten) *Kauf* machen 上手な(下手な)買い物をする／einen *Kauf* ab|schließen 売買契約を結ぶ／*Kauf* auf Raten 分割払いによる購入／*in Kauf* nehmen (他の利点を考えて) 物[4]を我慢する, 甘受する／物[4] *zum Kauf* an|bieten 物[4]を売りに出す. ② 買った物, 購入品. Diese Tasche ist ein guter *Kauf*. このバッグはお買い得品だ.

Kauf·brief [カオフ・ブリーフ] 男 -[e]s/-e 売買契約書.

Käu·fe [コイフェ] * Kauf (購入)の 複

***kau·fen** [カオフェン káufən]

| 買う | Das *kaufe* ich! それを買います. ダス カオフェ イヒ |

(kaufte, hat…gekauft) I 他 (定了 haben) ① 買う, 購入する. (英 buy). (←「売る」は verkaufen). Ich *kaufe* ein Buch. 私は本を買う / Ich *kaufe* dir einen Mantel. 君にコートを買ってやろう / 〖物〗⁴ billig *kaufen* 〖物〗⁴を安く買う / 〖物〗⁴ **auf** Raten *kaufen* 〖物〗⁴を分割払いで買う / Sie *hat* die Tasche **für** nur 50 Mark *gekauft*. 彼女はそのバッグをたった50マルクで買った / Dieser Stoff *wird* viel *gekauft*. 〖受動・現在〗この布地はよく売れる. ◇〖再帰代名詞（3格）とともに〗*sich*³ 〖物〗⁴ *kaufen* (自分用に)〖物〗⁴を買う ⇨ Ich *kaufe* mir ein Auto. 私は車を買う / Dafür kann ich *mir* nichts *kaufen*. 《口語》それは私には何の役にもたたない(←それと引き換えに何も買えない) / Den *werde* ich *mir kaufen*! 《口語》いつかあいつをとっちめてやろう(←あいつを買い取ってやるぞ).

② 《口語》(役人など⁴を)買収する

II 圓 (〘完〙 haben) 〘場所を表す語句とともに〙 (…で)買い物をする. Sie *kauft* nur **im** Supermarkt. 彼女はスーパー[マーケット]でばかり買い物をする.

* **der Käu·fer** [コイファァ kɔ́yfər] 男 (単2) -s/(複) - (3格のみ -n) 買い手, (店の)客. 《英 buyer》. (〘参〙「店員」は Verkäufer). Er sucht einen *Käufer* für sein Auto. 彼は自分の車の買い手を探している.

Käu·fe·rin [コイフェリン kɔ́yfərin] 女 -/..rin-nen (女性の)買い手, (店の)客.

Kauf⹀frau [カォふ・フラオ] 女 -/-en (女性の)商人, 商社員.

* **das Kauf⹀haus** [カォふ・ハオス káuf-haus] 中 (単2) -es/(複) ..häuser [..ホイザァ] (3格のみ ..häusern) デパート, 百貨店. 《英 department store》. im *Kaufhaus* ein|kaufen デパートで買い物をする. (〘参〙ドイツのデパートは日本のような高級イメージはなく, 一流品はふつう専門店で買う).

Kauf⹀kraft [カォふ・クラふト] 女 -/ (経) ① 通貨価値. ② 購買力. Die *Kaufkraft* steigt (fällt). 購買力が上がる(落ちる).

kauf⹀kräf·tig [カォふ・クレふティヒ] 形 購買力のある.

Kauf⹀la·den [カォふ・ラーデン] 男 -s/..läden ① (小さな)商店. ② (おもちゃの)お店ごっこセット.

Kauf⹀leu·te [カォふ・ロイテ] *Kaufmann (商人) の 複

* **käuf·lich** [コイふりヒ kɔ́yflɪç] 形 ① (金で)買える, 売り物の. Das Bild ist nicht *käuflich*. その絵は売り物ではない / 〖物〗⁴ *käuflich* erwerben 〖物〗⁴を買い求める / ein *käufliches* Mädchen 《比》売春婦. ② 買収できる. ein *käuflicher* Beamter 〘ドイツ〙 の効く役人.

Kauf⹀lust [カォふ・るスト] 女 -/ 購買欲.

kauf⹀lus·tig [カォふ・るスティヒ] 形 購買欲のある, 買い気のある.

* **der Kauf·mann** [カォふ・マン káuf-man] 男 (単2) -[e]s/(複) ..leute [..ろイテ] (3格のみ ..leuten) ① 商人, 売り人, 商社員. 《英 merchant》. Exportkaufmann 貿易業者 / ein guter *Kaufmann* 腕利きの商人 / Er lernt *Kaufmann*. 彼は商科を学んでいる. ② 《中部ドイツ》(特に食料品店の)店主.

* **kauf·män·nisch** [カォふ・メニッシュ káuf-menɪʃ] 形 ① 商業の, 商売上の. 《英 commercial》. ein *kaufmännischer* Angestellter 商社員, ビジネスマン. ② 商人の, 商人らしい, 商人としての. Er ist *kaufmännisch* begabt. 彼には商才がある.

Kauf⹀preis [カォふ・プライス] 男 -es/-e 購買価格.

Kauf⹀sum·me [カォふ・ズンメ] 女 -/-n 購入総額.

kauf·te [カォふテ] ‡kaufen (買う) の過去

Kauf⹀ver·trag [カォふ・フェァトラーク] 男 -[e]s/..träge 売買契約[書].

Kauf⹀zwang [カォふ・ツヴァング] 男 -[e]s/ 購

ドイツ・ミニ情報 13

デパート Kaufhaus・買い物 Einkauf

ドイツの商店は, 1956年に制定された商店閉店法 (Ladenschlussgesetz) の規制が厳しく, 以後40年間, 平日は18時30分, 第1土曜日は18時まで, 第2～4土曜日は14時までしか営業できなかった. 休日の散歩でショーウインドーをのぞいて見当をつけ, 仕事帰りや休み時間をぬってあわただしく買い物しなければならず, 時代遅れで現代社会のライフスタイルに合わないと消費者から不満が出ていた.

これを受けて, 1996年に閉店法がようやく改正され, 平日20時, 土曜日16時まで営業が可能になった. 日曜日はキリスト教で安息日とされているため, 完全休業が原則だが, パン屋に限って開店が許されるようになった. これはパンが主食のお国柄で, 毎日焼きたてのパンを食べたいという消費者のニーズに応えたもの. ドイツで一番の早起きはパン屋と言われ, 朝食のパンを毎朝まめに買いに行く人も少なくない.

当然24時間営業のコンビニはないが, 駅の売店とガソリンスタンドは通常店舗と違う扱いになっている. 0.3パーミル以下の飲酒なら運転が許されるため, ガソリンスタンドではアルコール類も販売されている. レストランやビアホールなどの飲食店は夜遅くまで開いているが, 食事どき以外は休業している所が多い.

ドイツのデパートは, 各種専門店に比べて一般に「大衆向き」の商品を扱っており, 日本のデパートとはかなり趣きを異にしている.

買(購入)義務.

Kau⹀gum・mi [カオ・グンミ] 中 -s/-s チューインガム. *Kaugummi*⁴ kauen チューインガムをかむ.

Kau・ka・si・en [カオカーズィエン kauká:ziən] 中 -s/《地名》コーカサス(黒海とカスピ海との間の山岳地方).

kau・ka・sisch [カオカーズィッシュ kauká:zɪʃ] 形 コーカサスの.

Kaul⹀quap・pe [カオる・クヴァッペ] 女 -/-n 《動》オタマジャクシ.

*★**kaum** [カオム káum]

ほとんど…ない

Ich kenne ihn *kaum*.
イヒ ケンネ イーン カオム
私は彼のことをほとんど知らない.

副 ① ほとんど…ない. (英 *hardly*). Ich habe *kaum* geschlafen. 私はほとんど眠れなかった / Sie ist *kaum* älter als ich. 彼女は私の年とほとんど変わらない.
② 《ふつう **noch** とともに》かろうじて, やっとのことで. Er hat den Zug *kaum* noch erreicht. 彼はやっとで列車に間に合った.
③ まず…でない, たぶん…でない. Sie wird jetzt *kaum* noch kommen. 彼女は今からはたぶんもう来ないでしょう / Glaubst du, er stimmt zu? — [Wohl] *kaum*. 君は彼が賛成すると思うかい — それはまずないね.
④ 《**als, da, so** とともに》…するやいなや, …するかしないうちに. Er war *kaum* aus der Tür, als das Telefon klingelte. 彼がドアから出て行くか行かないうちに電話のベルが鳴った / *Kaum* war er hier, da wollte er wieder nach Hause. ここへ着くやいなや彼はまた家へ帰りたくなった.
⑤ 《*kaum* **dass**… の形で》㋐ …するやいなや. *Kaum* dass die Mutter aus dem Haus war, begann das Baby zu weinen. 母親が出かけるやいなや赤ん坊は泣きはじめた. ㋑ ほとんど…ないほど. Es war dunkel draußen, *kaum* dass man die Umrisse erkennen konnte. 外は物の輪郭がわからないほど暗かった.

kau・sal [カオザーる kauzá:l] 形 ① 原因の, 因果関係の, 因果律の; 理由(根拠)のある. *kausale* Beziehungen 因果関係. ② 《言》因由的な, 原因と理由を表す. die *kausale* Konjunktion 理由の接続詞 (weil など).

Kau・sa・li・tät [カオザリテート kauzalité:t] 女 -/-en 因果関係; 《哲》因果性.

Kau・sal⹀satz [カオザーる・ザッツ] 男 -es/..sätze 《言》原因・理由を示す副文(weil, da などに導かれる).

Kau⹀ta・bak [カオ・ターバク] 男 -s/-e かみたばこ.

kau・te [カオテ] *kauen (かむ)の過去

Kau・ti・on [カオツィオーン kautsió:n] 女 -/-en 《法》① 《身元》保証金; 保釈金. ② 敷金.

Kau・tschuk [カオチュク káutʃuk] 男 -s/《種類》-e ゴム樹液; 弾性ゴム. künstlicher *Kautschuk* 合成ゴム.

Kauz [カオツ káuts] 男 -es/Käuze ① 《鳥》フクロウ. ② 《比》(憎めない)変わり者.

*★*der* **Ka・va・lier** [カヴァリーァ kavalí:r] 男 (単2) -s/(複) -e (3格のみ -en) ① (女性に対して優しく礼儀正しくふるまう)紳士, ナイト. (英 *gentleman*). ein vollkommener *Kavalier* 非の打ちどころのない紳士 / den *Kavalier* spielen 紳士のふりをする. ② 《古・戯》ボーイフレンド, 男友だち. ③ 騎士.

Ka・va・liers・de・likt [カヴァリーァス・デリクト] 中 -[e]s/-e (不名誉にならない程度の)微罪.

Ka・val・ka・de [カヴァるカーデ kavalká:də] 女 -/-n 騎馬行列(行進).

Ka・val・le・rie [カヴァれリー kávələri: または ..リー) 女 -/-n [..リーエン または ..リーエン]《軍》(昔の:)騎兵隊; 騎兵.

Ka・val・le・rist [カヴァれリスト kávələrɪst または ..リスト] 男 -en/-en 《軍》(昔の:)騎兵.

Ka・ver・ne [カヴェルネ kavérnə] 女 -/-n ① (軍事用・廃棄物用などの)地下壕. ② 《医》(肺などの)空洞.

Ka・vi・ar [カーヴィァァ ká:viar] 男 -s/(種類:)-e キャビア(ちょうざめの卵の塩漬け).

KB [キーろ・バイト kí:lo-baɪt] [英]《略》《コンピ》キロバイト (= **K**ilobyte).

kcal [キーろ・カろリー] 《記号》キロカロリー (= **K**ilokalorie).

keck [ケック kék] 形 威勢のいい, 小生意気な; 無鉄砲な, 向こう見ずな; 粋(\tiny{いき})な, いなせな. eine *kecke* Antwort 威勢のいい返事.

Keck・heit [ケックハイト] 女 -/-en ① 《複なし》威勢のよさ; 無鉄砲; 粋(\tiny{いき}). ② 小生意気な言動.

Ke・gel [ケーゲる ké:gəl] 男 -s/- ① 《数》円錐(\tiny{えんすい})[形]. ein gerader *Kegel* 直円錐. ② (九柱戯・ボーリングの)ピン. *Kegel*⁴ spielen 九柱戯をする. ③ (円錐形のもの:)円錐(\tiny{えんすい})形の山, 円錐形に刈りこんだ樹, 光線によってできる円錐形. ④ 《狩》(うさぎなどが)あと足で立ったときの姿勢. einen *Kegel* machen (うさぎなどが)あと足で立って聞き耳を立てる. ⑤ 《工》斜角定規, テーパ. ⑥ 《印》(活字の)ボディー. ⑦ 《成句的に》mit Kind und *Kegel* 一家そろって.

Ke・gel⹀bahn [ケーゲる・バーン] 女 -/-en 九柱戯(ボウリング)場; 九柱戯(ボウリング)場のレーン.

ke・gel・för・mig [ケーゲる・フェルミヒ] 形 円錐(\tiny{えんすい})形の.

ke・geln [ケーゲるン ké:gəln] 自 (h, s) ① (h) 九柱戯(ボウリング)をする. ② (s)《口語》(ベッドなどから)ころげ落ちる.

Ke・gel⹀schnitt [ケーゲる・シュニット] 男 -[e]s/-e 《数》円錐[曲]線.

Ke・gel⹀spiel [ケーゲる・シュピーる] 中 -[e]s/-e 九柱戯(9本のピンを倒すボウリングの一種), ボウリング.

Keg·ler [ケーグラァ ké:glər] 男 -s/- 九柱戯(ボウリング)をする人.

*_die_ **Keh·le** [ケーれ ké:lə] 囡 (単) -/(複) -n
① のど(喉); 咽喉(いんこう), 気管. (英 throat). Meine *Kehle* schmerzt. 私はのどが痛い / Er hat eine raue *Kehle*. 彼はしゃがれ声をしている / Er hat eine trockene *Kehle*. a) 彼はのどがからからだ. b) 《口語》彼はいつも酒を飲みたがっている / Dieser Angst schnürte mir die *Kehle* zu. 私は心配で息が詰まる思いだった(←心配が私ののどを締めた) / 人³ das Messer⁴ an die *Kehle* setzen 人³ののどに短刀を突きつける / 人³ an die *Kehle* springen (犬などが)人³ののど首に飛びかかる / Ihm geht es an die *Kehle*. 彼の身に危険が迫っている / aus voller *Kehle* singen 声を振り絞って歌う / Gold⁴ in der *Kehle* haben a) 美声の持ち主である. b) 《比》(歌手が)美声で金を稼ぐ / 物⁴ in die falsche *Kehle* bekommen 《口語・比》物⁴を誤解(曲解)する / sich³ die *Kehle* aus dem Hals schreien 《口語》大声で叫び続ける / Das Wort blieb ihm in der *Kehle* stecken. (恐怖・興奮のあまり)彼は言葉がのどに詰まって出て来なかった.
② 《建》くぼみ溝, 丸形溝. ③ 《軍》堡塁の背面.

keh·lig [ケーリヒ ké:lıç] 形 のどの[奥から発する]; 《言》喉言(こうげん)の.

Kehl⋄kopf [ケーる・コプふ] 男 -[e]s/..köpfe 《医》喉頭(こうとう).

Kehl⋄kopf⋄spie·gel [ケーるコプふ・シュピーゲる] -s/- 《医》喉頭(こうとう)鏡.

Kehl⋄laut [ケーる・らオト] 男 -[e]s/-e 《言》喉音([g, k, ŋ]など).

Kehl⋄leis·te [ケーる・らイステ] 囡 -/-n 《建》鳩胸刳形(はとむねくりがた), 反曲線.

Kehr⋄aus [ケーァ・アオス] 男 -/ (ダンスパーティーの)ラストダンス;《比》終わり. den *Kehraus* machen おしまいにする, 片づける.

Keh·re [ケーレ ké:rə] 囡 -/-n ① (道の)急カーブ, ヘアピンカーブ. ② (体操で:)(平行棒などの)上向き横跳び越し.

***keh·ren**¹ [ケーレン ké:rən] (kehrte, *hat*/*ist* ...gekehrt) I 他 《完了 haben》《方向を表す語句とともに》物⁴を…へ向ける, 転じる. (英 turn). 人・物³ den Rücken *kehren* 人・物³に背を向ける / die Tasche⁴ nach außen *kehren* ポケットを裏返す / Er *kehrte* sein Gesicht **zur** Sonne. 彼は顔を太陽に向けた / das Unterste⁴ zuoberst *kehren*《比》めちゃくちゃにひっくり返す.
II 再帰《完了 haben》 sich⁴ *kehren*《方向を表す語句とともに》(…へ)向く, 転じる. Das Segel *kehrt sich* **nach** dem Wind. 帆が風の方を向く / Sein Zorn *kehrte sich* **gegen** uns.《比》彼の怒りは私たちに向けられた / sich⁴ an 物⁴ nicht *kehren* 物⁴を気にしない.
III 自《完了 haben または sein》 (h) 向きを変える, 反転する. Rechtsum *kehrt*! 回れ右! / Der Bus *kehrt* **an** der Endstation. バスは

終点で折り返す. ② (s) 《雅》帰宅する, 帰る. ◊《過去分詞の形で》 in sich³ *gekehrt* 物思いにふける. ③ (h, s) (体操で:)(平行棒などで)上向き横跳び越しをする.

keh·ren² [ケーレン] 他 (h) 《南ドイツ》掃く, 掃除する(=fegen). die Straße⁴ *kehren* 道路を掃く / den Schnee **vom** Bürgersteig *kehren* 歩道から雪を払いのける.

Keh·richt [ケーリヒト ké:rıçt] 男 中 -s/ 《雅》(掃き集められた)ごみ, 塵芥(じんかい).

Kehr⋄ma·schi·ne [ケーァ・マシーネ] 囡 -/-n 道路清掃車, ロードスイーパー.

Kehr⋄reim [ケーァ・ライム] 男 -[e]s/-e 《文学》リフレイン(詩行の末尾に反復される語句).

Kehr⋄sei·te [ケーァ・ザイテ] 囡 -/-n ① 裏面;《比》(社会などの)暗黒面. die *Kehrseite* der Medaille²《比》(物事の)否定的な面(←メダルの裏面). ② 《戯》背中; 尻(しり).

kehr·te [ケーァテ] ***kehren**¹ (向ける)の 過去

kehrt⋏ma·chen [ケーァト・マッヘン ké:rtmàxən] 自 (h)《口語》回れ右をする; 向きを変える, 引き返す.

Kehrt⋄wen·dung [ケーァト・ヴェンドゥング] 囡 -/-en ① 回れ右. ② (主義などの)180度の転換.

kei·fen [カイふェン káıfən] 自 (h) (かん高い声で)ののしる, がみがみ言う.

Keil [カイる káıl] 男 -[e]s/-e ① くさび(楔); くさび形車輪止め. einen *Keil* in einen Spalt treiben くさびを割れ目に打ち込む / einen *Keil* unter die Räder legen 車輪の下に輪止めを入れる / einen *Keil* **zwischen** zwei Menschen treiben《比》二人の仲を裂く. ② くさび形のもの;《軍》くさび形隊形. ③ 《服飾》くさび形の布地, 三角布, まち.

Kei·le [カイれ káılə] 囡 -/《方・口語》なぐること, 殴打. *Keile*⁴ kriegen なぐられる.

kei·len [カイれン káılən] I 他 (h) ① 物⁴にくさびを打ち込む; くさびで割る. ② 《人⁴ für 物⁴ ~》《口語》人⁴を(物⁴などに)入るように勧誘する. Jugendliche⁴ für den Klub *keilen* 青少年をクラブに勧誘する. II 再帰 (h) sich⁴ *keilen* ① 《sich⁴ durch 物⁴ ~》(物⁴(人ごみなど)を)かき分けて進む. ② 《口語》《相互的に》なぐり合いをする.

Kei·ler [カイらァ káılər] 男 -s/- 《狩》雄いのしし.

Kei·le·rei [カイれライ kaılərái] 囡 -/-en 《口語》なぐり合い, けんか.

keil⋄för·mig [カイる・ふェルミヒ] 形 くさび状(形)の.

Keil⋄rie·men [カイる・リーメン] 男 -s/- 《工》V 形ベルト.

Keil⋄schrift [カイる・シュリふト] 囡 -/ (古代バビロニアなどの)楔形(くさびがた)文字, くさび形文字.

*_der_ **Keim** [カイム káım] 男 (単 2) -[e]s/(複) (3格のみ -en) ① 《生》芽, 胚芽. (英 bud). junge *Keime* 若芽 / Die Kartoffeln bilden schon *Keime* aus. じゃがいもがもう芽を出して

いる. ②《比》芽生え, 兆し; 発端, 始まり. der *Keim* der Liebe² 愛の芽生え / einen Aufstand im *Keim* ersticken 暴動を未然に鎮圧する. ③《ふつう複》《生・医》病原菌; 胚. ④《物》(結晶などの)核.

Keim≈blatt [カイム・ブラット] 中 -[e]s/..blätter《植》子葉.

Keim≈drü·se [カイム・ドリューゼ] 囡 -/-n《動・医》胚腺(はい); 生殖腺, 性腺.

***kei·men** [カイメン káɪmən] (keimte, *hat*/*ist* ...gekeimt) 自 (援 haben または sein) ① (h)(植物などが)芽を出す, 発芽する.(英 bud). Die Bohnen *keimen*. 豆の芽が出る. ◇《現在分詞の形で》ein *keimendes* Leben 胎児. ② (s)《比》(希望・疑念などが)芽生える, 生じる. Liebe *keimte* in ihrem Herzen. 恋が彼女の心に芽生えた.

keim≈frei [カイム・フライ] 形 無菌の; 消毒した.

Keim·ling [カイムリング káɪmlɪŋ] 男 -s/-e ①《植》実生(みしょう), 幼植物. ②《生・医》胚, 胎児.

keim·te [カイムテ] ＊keimen (芽を出す)の過去.

keim≈tö·tend [カイム・テーテント] 形 殺菌性の, 殺菌力のある.

Keim≈zel·le [カイム・ツェレ] 囡 -/-n ①《生》胚種細胞, 生殖細胞, 芽胞. ②《比》出発点, 起源, 始まり.

***kein** [カイン káɪn]

一つも(少しも)…ない

Ich habe *kein* Geld mehr.
イヒ ハーベ カイン ゲルト メーァ
私はもうお金がない.

格	男	女	中	複
1	kein	keine	kein	keine
2	keines	keiner	keines	keiner
3	keinem	keiner	keinem	keinen
4	keinen	keine	kein	keine

冠《否定冠詞》一つも(少しも)…ない, 一人も…ない.(英 no, not a). Wir haben *keine* Kinder. 私たちには子供がありません / Er ist *kein* Deutscher. 彼はドイツ人ではない / Es war *kein* Mensch da. そこにはだれもいなかった / Ich kann *kein* Französisch. 私はフランス語はできない / *Keine* Ahnung! まったくわかりません(知りません) / *Keine* Angst! 心配無用 / *Keine* Ursache!（謝辞に対して)どういたしまして. ◇《形容詞・数詞を否定して》Das ist *keine* schlechte Idee. それは悪くない(なかなかいい)アイディアだ / Sie ist noch *keine* 20 Jahre alt.《口語》彼女はまだ 20 歳にもなっていない.
◇《成句的に》*kein* bisschen 少しも…ない / **auf** *keinen* Fall または **in** *keiner* Weise 決して…ない / **um** *keinen* Preis 絶対に…ない / **unter** *keinen* Umständen どんなことがあっても…ない.

kei·ne [カイネ], **kei·nem** [カイネム], **kei·nen** [カイネン] I 冠《否定冠詞》kein II 代《不定代名詞》☞ keiner

***kei·ner** [カイナァ káɪnər]

だれも…ない

Das weiß *keiner* von uns.
ダス ヴァイス カイナァ フォン ウンス
それは私たちのだれも知らない.

格	男	女	中	複
1	keiner	keine	kein[e]s	keine
2	keines	keiner	keines	keiner
3	keinem	keiner	keinem	keinen
4	keinen	keine	kein[e]s	keine

I 代《不定代名詞》だれも(どれも)…ない, 一つ(一人)も…ない.(英 none). *Keiner* wird das glauben. だれもそれを信じないだろう / Ich habe *kein*[*e*]*s* von den Büchern. 私はそれらの本のどれも持っていない.
◇《既出の名詞を受けて》Haben Sie Kinder? — Nein, wir haben *keine*. お子さんがおありですか — いいえ, 我々に / Geld habe ich *keins*.《口語》お金なら私は少しもありません.
II 冠《否定冠詞; kein の女性単数の 2 格・3 格および複数の 2 格》☞ kein

kei·ner·lei [カイナァらイ káɪnərláɪ] 形《無語尾》どんな種類の…もない, いかなる…もない. Das hat *keinerlei* Wirkung. それはなんの効果もない / auf *keinerlei* Weise 決して…ない.

kei·nes [カイネス] I 冠《否定冠詞》☞ kein II 代《不定代名詞》☞ keiner

***kei·nes≈falls** [カイネス・ファるス káɪnəsfáls] 副 決して…ない, どんな場合でも…ない. Ich werde ihn *keinesfalls* besuchen. 私はいかなることがあろうとも彼を訪ねるつもりはない.

***kei·nes≈wegs** [カイネス・ヴェークス káɪnəs-véːks] 副 決して…ない(しない), 全然…ない. Er ist *keineswegs* dumm. 彼は決してばかではない.

kein≈mal [カイン・マール] 副 一度も…ない. Es hat im Urlaub *keinmal* geregnet. 休暇先では一度も雨が降らなかった.

..keit [..カイト ..kaɪt]《女性名詞をつくる 接尾》..bar, ..ig, ..lich, ..sam で終る形容詞につけて》《性質・状態》例: Dankbar*keit* 感謝 / Richtig*keit* 正しさ / Höflich*keit* ていねい / Einsam*keit* 孤独.

Keks [ケークス kéːks] 男(まれに 中) -es/-/-[e] (おーストリア: 中 -/-[e]) ビスケット.

Kelch [ケるヒ kélç] 男 -[e]s/-e ① 脚付きグラス. Sekt*kelch* 脚付きのシャンペングラス / der *Kelch* des Leidens《比》(人生の)苦杯 / den [bitteren] *Kelch* bis zur Neige leeren《雅》(人生の)辛酸をなめ尽くす. ②《カトリック》聖杯, カリス. ③《植》萼(がく), うてな.

Kel·le [ケレ kélə] 囡 -/-n ① シャベル, ひしゃく; 大さじ. ②（発車合図用の)柄付き円板;

(警官の)停止指示棒. ③ (左官の)こて.

‡der Kel·ler[1] [ケらァ kélɚr] 男 (単2) -s/(複) - (3格のみ -n) ① **地下室**; 地下貯蔵室. (英 cellar). (☞ Stock 図). ein dunkler Keller 暗い地下室 / Kartoffeln[4] **aus dem** Keller holen じゃがいもを地下室から取ってくる / **in den** Keller gehen 地下室に行く / in den Keller fallen《比》(株価などが)暴落する. ② (口語)(地下室の)ワインのストック. einen guten Keller haben 良いワインをストックしている.
③ 防空壕, シェルター. ④ (地下の)ワイン酒場 (=Weinkeller); (地下の)レストラン. Ratskeller 市庁舎の地下レストラン.

Kel·ler[2] [ケらァ] -s/《人名》ケラー (Gottfried Keller 1819–1890; スイスの小説家).

Kel·le·rei [ケれライ kɛləráɪ] 女 -/-en ワイン醸造会社.

Kel·ler-ge·schoss [ケらァ・ゲショス] 中 -es/-e (建物の)地下[の階], 半地下階.

Kel·ler=**geschoß** ☞ (新形) Kellergeschoss

Kel·ler=**meis·ter** [ケらァ・マイスタァ] 男 -s/- (ワインの)醸造主任技師.

Kel·ler=**woh·nung** [ケらァ・ヴォーヌング] 女 -/-en (アパートなどの)半地下階住居.

‡der Kell·ner [ケるナァ kélnɚr] 男 (単2) -s/(複) - (3格のみ -n) (レストランなどの)ウエーター, ボーイ. (英 waiter). (一言 呼びかける場合には „Herr Ober!"). den Kellner (または **nach dem** Kellner) rufen ウエーターを呼ぶ / Er arbeitet als Kellner. 彼はウエーターとして働いている.

Kell·ne·rin [ケるネリン kélnɚrɪn] 女 -/-..rin-nen (レストランなどの)ウエートレス.

Kel·te [ケるテ kéltə] 男 -n/-n ケルト人.

Kel·ter [ケるタァ kéltɚr] 女 -/-n 果実圧搾機, ぶどう搾り器.

kel·tern [ケるタァン kéltɚrn] 他 (h) (ぶどうなどを)圧搾機で搾る.

kel·tisch [ケるティッシュ kéltɪʃ] 形 ケルト[人・語]の.

Ke·me·na·te [ケメナーテ kemená:tə] 女 -/-n ① (中世の城中の暖炉のある)[婦人]部屋. (☞ Burg 図). ②《口語・戯》居心地のよい[小さな]私室.

‡ken·nen[*] [ケンネン kɛ́nən]

> 知っている
>
> Kennen Sie Herrn Meyer?
> ケンネン　ズィー ヘルン　マイアァ
> マイアーさんをご存じですか.

(kannte, hat...gekannt) I 他 (定了 haben) ① (見聞き・体験して)**知っている**; (人[4]と)知り合いである. (英 know). Ich kenne München schon gut. 私はミュンヒェンはもうよく知っている / Kennst du ein gutes Restaurant? 君はいいレストランを知っているかい / Ich kenne den Herrn dort. 私はあそこにいる男性を知っている / die Welt[4] kennen 世間を知っている / das Schachspiel[4] kennen チェスの指し方を知っている / Wir kennen ihn **als** zuverlässigen Menschen. 私たちは彼が信頼できる人間だと知っている / (人[4]) nur dem Namen **nach** kennen (人[4])を名前だけ知っている / Ich kenne ihn **vom** Fernsehen. 私は彼をテレビで見て知っている / Da kennst du mich aber schlecht.《口語》君は私のことを何か思い違いしている / Das kennen wir [schon]!《口語》a) そんなことは百も承知だ, b) そんな言いわけは聞きあきた. ◆《相互的に》Wir kennen uns[4] schon! 私たちは前から知り合いです(もうお互いに紹介してもらいました).
② (性質・経験として)持っている. Er kennt keine Rücksicht. 彼は思いやりというものを持ち合わせていない / Das Land kennt keinen Winter. その国には冬がない.
③《人·物》[4] **an** (事[3]) ~》(人·物[4]を[事[3])によって)**識別する, 見分ける, 聞き分ける**. Ich kenne ihn an der Stimme. 私は声で彼だとわかる / Kennst du mich noch? 君はぼくを覚えているかい.

II 再帰 (定了 haben)《成句的に》sich[4] **vor** 事[3] nicht mehr kennen 事[3](怒りなど)のあまりわれを忘れる.

---(新形)---

***ken·nen ler·nen** ① (人[4]と)知り合いになる. Es freut mich, Sie kennen zu lernen. (初対面のあいさつで:) はじめまして / Wir haben uns im Urlaub kennen gelernt. われわれは休暇先で知り合った.
② (人·物[4]を見聞して知るようになる, (直接に)知る. eine fremde Stadt[4] kennen lernen よその町を[初めて訪れて]知る / die Welt[4] kennen lernen (経験して)世間を知る / Ich lernte ihn von einer ganz neuen Seite kennen. 私は彼の新しい面を知った / Du wirst mich noch kennen lernen!《口語》今に思い知らせてやるぞ.

(類語) kennen: (自分の体験や見聞によって個人的にその存在を)知っている. (目的語には4格の名詞か代名詞がくる). wissen: (ある事について知識·情報としてその内容を)知っている. (目的語には多くの場合従属文や zu 不定詞[句]がくる). 例: Ich kenne ihn gut, weiß aber nicht, wo er arbeitet. 私は彼をよく知っているが, どこで働いているかは知らない.

---

ken·nen·ge·lernt [ケンネン・ゲれルント] kennen|lernen (kennen lernen (知り合う)の (旧形))の 過分

ken·nen|ler·nen 他 (h) (新形 kennen lernen) ☞ kennen

Ken·ner [ケナァ kénɚr] 男 -s/- (その道の)専門家, エキスパート. Weinkenner ワイン通.

Ken·ner=blick [ケナァ・ブリック] 男 -[e]s/-e 専門家の目, 鑑識眼.

Ken·ner=mie·ne [ケナァ・ミーネ] 女 -/-n

専門家(玄人(<ruby>くろうと<rt></rt></ruby>))らしい目つき(態度).

Kenn∻kar·te [ケン・カルテ] 囡 -/-n (昔の:)身分証明書.

kenn·te [ケンテ] ‡kennen (知っている)の 接2

kennt·lich [ケントりヒ] 厖 見分けられる, 知りうる, 識別できる. 物⁴ durch Zeichen *kenntlich* machen 物⁴に印(<ruby>しるし<rt></rt></ruby>)を付けてよくわかるようにする / Er war **an** seiner Stimme *kenntlich*. 声で彼だとわかった.

‡※ **die Kennt·nis** [ケントニス kéntnis] 囡 (単) -/(複) ..nisse (3格のみ ..nissen) (英 knowledge) ① 《複なし》知っていること, 承知. von 事³ *Kenntnis*⁴ bekommen (または erhalten) 事³を知る / von 事³ *Kenntnis*⁴ haben 事³について知っている / von 事³ *Kenntnis*⁴ nehmen 事³に注意を払う(気づく) / Seine *Kenntnis* von Berlin ist erstaunlich. ベルリンについての彼の精通ぶりはたいへんなものだ / 人⁴ von 事³ **in** *Kenntnis* setzen 人⁴に事³について知らせる / **nach** meiner *Kenntnis* 私の知るところでは / **ohne** *Kenntnis* der Umstände² 事情を知らずに / 人³ 事⁴ **zur** *Kenntnis* bringen 人³に事⁴を知らせる / 事⁴ zur *Kenntnis* nehmen 事⁴を承知する, よく確かめる. ② 〘複で〙(専門的な)**知識**, 学識. Sprach*kenntnisse* 語学[上]の知識, 語学力 / Er hat sehr gute *Kenntnisse* in Physik. 彼は物理学に関してたいへん優れた知識をもっている.

Kennt·nis∻nah·me [ケントニス・ナーメ] 囡 -/《官庁》知ること, 承知. **zur** *Kenntnisnahme* お知らせ(ご参考)までに.

kennt·nis∻reich [ケントニス・ライヒ] 厖 博識な, 博学な.

Kenn∻wort [ケン・ヴォルト] 回 -[e]s/..wörter ① (目印となる)符丁, 暗証[番号]. ② 合い言葉, スローガン.

Kenn∻zahl [ケン・ツァーる] 囡 -/-en ① 標示番号. ② (電話の)市外局番.

Kenn∻zei·chen [ケン・ツァイヒェン] 回 -s/- ① 特徴; 符号, 記号; 記章. ② (電話の)市外局番. ③ (自動車・船舶などの)国籍(行政区域)記号, 登録番号, ナンバー(ドイツの国籍記号は Ⓓ). ein Fahrzeug mit ausländischem *Kennzeichen* 外国ナンバーの車. ④ 《医》 徴候.

kenn·zeich·nen [ケン・ツァイヒネン kéntsaiçnən] 他 (h) ① 物⁴に目印(記号)を付ける; 標識を付ける. einen Weg **durch** Schilder *kennzeichnen* 道に標識を立てる. ② 特徴づける, 明示する. Seine Tat *kennzeichnet* ihn **als** mutigen Mann. 彼の行為は彼が勇気のある男であることを示している.

kenn·zeich·nend [ケン・ツァイヒネント] Ⅰ kennzeichnen (目印を付ける)の 現分 Ⅱ 厖 特徴的な, 典型的な. *kennzeichnende* Unterschiede 特徴的な相違点 / Das ist *kennzeichnend* für sie. それはいかにも彼女らしい.

Kenn·zeich·nung [ケン・ツァイヒヌング] 囡 -/-en ① 特徴づけること. ② 標識, 記号.

Kenn∻zif·fer [ケン・ツィッふァァ] 囡 -/-n コードナンバー, 索引ナンバー. ② 《数》(対数の)指標, 《経》指数.

Ken·taur [ケンタオァ kentáuər] 男 -en/-en [..タオレン] (《ギ神》) ケンタウロス(人面馬身の怪物).

ken·tern [ケンタァン kéntərn] 自 (s) (船が)転覆する.

Kep·ler [ケップらァ képlər] -s/ 《人名》ケプラー (Johannes *Kepler* 1571-1630; ドイツの天文学者). die *Kepler*schen (新形) *kepler*schen または *Kepler*'schen) Gesetze ケプラーの法則.

Ke·ra·mik [ケラーミク kerá:mɪk] 囡 -/-en ① 〘複なし〙焼き物, セラミックス; 製陶術; 窯業. ② 陶[磁]器. (← 「磁器」は Porzellan).

Ke·ra·mi·ker [ケラーミカァ kerá:mikər] 男 -s/- 陶芸家, 陶工.

ke·ra·misch [ケラーミッシュ kerá:mɪʃ] 厖 製陶の, 陶器の, セラミックスの.

Ker·be [ケルベ kérbə] 囡 -/-n 刻み目, 切れ込み, ぎざぎざ. **in** die gleiche *Kerbe* hauen (または schlagen) 《口調》同じ目的を追う.

Ker·bel [ケルベる kérbəl] 男 -s/ 《植》チャーヴィル, オランダゼリ(セリ科の植物で香味料に用いる).

ker·ben [ケルベン kérbən] 他 (h) ① 物⁴に刻み目(ぎざぎざ)をつける. ② (模様などを⁴)彫り込む.

Kerb∻holz [ケルプ・ホるツ] 回 -es/..hölzer (中世の貸借の金額を刻んだ)割り符. etwas⁴ **auf** dem *Kerbholz* haben 《口語》 a) 借金がある, b) 前科がある.

Kerb∻tier [ケルプ・ティーァ] 回 -[e]s/-e 昆虫 (= Insekt).

Ker·ker [ケルカァ kérkər] 男 -s/- ① (昔の:)(特に地下の)牢獄. ② (<ruby>オーストリア<rt></rt></ruby>)(昔の:)禁固刑.

Ker·ker·meis·ter [ケルカァ・マイスタァ] 男 -s/- (昔の:)牢番, 看守.

※ *der* **Kerl** [ケルる kérl] 男 (単 2) -s/(複) -e (3格のみ -en) (北ドイツ: 複 -s も) 《口語》① やつ, 男. (英 fellow). (注意 まれに女の子にも用いる). ein tüchtiger *Kerl* 有能なやつ / Er ist ein ganzer *Kerl*. あいつはたいした男だ / Ich kann den *Kerl* nicht leiden! あいつには我慢できない / Sie ist ein hübscher *Kerl*. 彼女はかわいい娘だ. (→ 類語 Mann). ② (同種のものの中で)大きくりっぱなやつ. Dieses Pferd ist ein besonders schöner *Kerl*. この馬は特にすばらしいやつだ.

※ *der* **Kern** [ケルン kérn] 男 (単 2) -[e]s/(複) -e (3格のみ -en) (英 core) ① (果実の)**種**(<ruby>たね<rt></rt></ruby>), 核, (くるみなどの)中身. Kirsch*kern* さくらんぼの種 / die *Kerne* eines Apfels りんごの種 / Sie hat einen guten *Kern*. 《比》彼女はなかなかしっかりしている. ② 《物》〘原子〙**核**; 《生》細胞核, 神経核. den *Kern* eines Atoms spalten 核分裂させる. ③ 《比》(問題の)**核心**, 本質; 中心部. Stadt*kern* 都心部 / Das ist der *Kern* des Problems. それが問題の核心です. ④ 《工》(原子炉の)炉心; 《冶》中子(<ruby>なかご<rt></rt></ruby>). ⑤ (グループなどの)中核. der harte *Kern* (犯罪集団の)首謀者[たち].

K

kern.. [ケルン.. kérn..] 【形容詞につける接頭】《完全に・まったく》例: kern*gesund* まったく健康な.

Kern.. [ケルン..] 【名詞につける接頭】① 《主要・基本》例: *Kern*frage 中心問題. ② 《核の》例: *Kern*waffen 核兵器.

Kern≠brenn·stoff [ケルン・ブレンシュトフ] 男 -[e]s/-e《物》核燃料.

Kern≠che·mie [ケルン・ヒェミー] 女 -/ [原子]核化学.

Kern≠ener·gie [ケルン・エネルギー] 女 -/-n [..ギーエン]《物》[原子]核エネルギー.

Kern≠ex·plo·si·on [ケルン・エクスプロズィオーン] 女 -/-en《物》核爆発.

Kern≠fa·mi·lie [ケルン・ファミーリエ] 女 -/-en《社》核家族.

Kern≠for·schung [ケルン・フォルシュング] 女 -/ 核[物理学]の研究.

Kern≠fu·si·on [ケルン・フズィオーン] 女 -/-en《物》核融合;《生》細胞核の融合.

Kern≠ge·häu·se [ケルン・ゲホイゼ] 中 -s/-《植》果心, 内果皮.

kern≠ge·sund [ケルン・ゲズント] 形 まったく健康な.

Kern≠holz [ケルン・ホルツ] 中 -es/..hölzer《林》(材木の)赤身材, 心材.

ker·nig [ケルニヒ kérnıç] 形 ① 健康な, 頑丈な, たくましい. ② (果実などが)種の多い. ③《口語》すぐれた, みごとな, スポーティーで生き生きした. ④ 荒っぽい, 粗野な(言葉など).

Kern≠kraft [ケルン・クラフト] 女 -/..kräfte ① [原子]核エネルギー. ②【複で】《物》核力.

Kern≠kraft·werk [ケルン・クラフトヴェルク] 中 -[e]s/-e 原子力発電所 (＝Atomkraftwerk).

kern≠los [ケルン・ロース] 形 (果実が)種なしの, 核のない.

Kern≠obst [ケルン・オープスト] 中 -[e]s/《植》核果.

Kern≠phy·sik [ケルン・フュズィーク] 女 -/ 核物理学.

Kern≠punkt [ケルン・プンクト] 男 -[e]s/-e 中心, 核心; 要点. **zum** *Kernpunkt* **des Problems kommen** 問題の核心に達する.

Kern≠re·ak·ti·on [ケルン・レアクツィオーン] 女 -/-en《物》《物》核反応.

Kern≠re·ak·tor [ケルン・レアクトァ] 男 -s/-en [..トーレン]《物》原子炉.

Kern≠sei·fe [ケルン・ザイフェ] 女 -/-n ソーダ石けん.

Kern≠spal·tung [ケルン・シュパるトゥング] 女 -/-en《物》核分裂.

Kern≠stück [ケルン・シュテュック] 中 -[e]s/-e (事柄の)核心, 要点, 中心部分.

Kern≠tech·nik [ケルン・テヒニク] 女 -/ 原子核(原子力)工学.

Kern≠tei·lung [ケルン・タイるング] 女 -/-en《生》(細胞の)核分裂.

Kern≠trup·pe [ケルン・トルッペ] 女 -/-n 精鋭部隊.

Kern≠ver·schmel·zung [ケルン・フェァシュメるツング] 女 -/-en ①《物》核融合. ②《生》細胞核の融合.

Kern≠waf·fe [ケルン・ヴァッフェ] 女 -/-n 《ふつう複》核兵器.

kern·waf·fen·frei [ケルンヴァッフェン・フライ] 形 核兵器を保有しない, 非核の.

Kern≠zeit [ケルン・ツァイト] 女 -/-en コアタイム (フレックスタイム制で全員が働いている時間).

die **Ker·ze** [ケルツェ kértsə] 女 (単) -/(複) -n ① ろうそく. (英 *candle*). **eine dicke** *Kerze* 太いろうそく / **eine elektrische** *Kerze* ろうそく型の[豆]電球 / **die** *Kerzen*[4] **an|zün-den (aus|löschen)** ろうそくの火をともす(消す) / **Die** *Kerze* **flackert (tropft).** ろうそくが揺れる(滴る). ② (エンジンの)点火プラグ (＝Zündkerze). ③《スポ・隠語》(体操の)背倒立(肩と首で支える); (サッカーの)ロブ(急角度に打ち上げるボール).

ker·zen≠ge·ra·de [ケルツェン・ゲラーデ] 形 (ろうそくを立てたように)まっすぐな, 垂直な.

Ker·zen≠hal·ter [ケルツェン・ハるタァ] 男 -s/- (クリスマスツリー用の)小型燭台(ﾋﾟ).

Ker·zen≠leuch·ter [ケルツェン・ろイヒタァ] 男 -s/- ろうそく立て, 燭台(ﾋﾟ).

Ker·zen≠licht [ケルツェン・リヒト] 中 -[e]s/ ろうそくの明かり(光). **bei** *Kerzenlicht* **lesen** ろうそくの明かりで読む.

Ke·scher [ケッシァァ késər] 男 -s/- (枠と柄のついた)すくい網, 手網(ﾋﾟ); 捕虫網.

kess [ケス kés] 形 格好いい(女の子など); 小生意気な; しゃれた, シックな, 粋(ﾋﾟ)な(衣服など).

keß [新形] kess

der **Kes·sel** [ケッセる késəl] 男 (単2) -s/(複) - (3格のみ -n) ① やかん;(大型の深鍋(ﾋﾟ), 釜(ﾋﾟ). (英 *kettle*). **Der** *Kessel* **kocht.** やかんが沸騰している / **den** *Kessel* **auf|setzen** 鍋を火にかける / **Wäsche**[4] **im** *Kessel* **kochen** 洗濯ものを洗濯用釜で煮る. ② ボイラー (＝Dampfkessel). ③ 盆地. **Die Stadt liegt in einem** *Kessel*. その町は盆地にある. ④《狩》(穴熊などの)巣穴;(猟獣の)追い込み場. ⑤《軍》孤立地域.

Kes·sel≠pau·ke [ケッセる・パオケ] 女 -/-n《音楽》ティンパニー, ケトルドラム.

Kes·sel≠stein [ケッセる・シュタイン] 男 -[e]s/ (ボイラーなどの)湯あか.

Kes·sel≠trei·ben [ケッセる・トライベン] 中 -s/- 《狩》追い込み猟;《比》(人を陥れるための)集中攻撃. **ein** *Kesseltreiben*[4] **gegen** 人[4] **veranstalten** 人[4]に反対してキャンペーンを行う.

Ket·chup [ケチャップ kétʃap][英] 男 中 -[s]/-s ＝Ketschup

Ket·schup [ケチャップ kétʃap] 男 中 -[s]/-s ケチャップ. **Tomaten***ketschup* トマトケチャップ.

die **Ket·te** [ケッテ kétə] 女 (単) -/(複) -n ① 鎖, チェーン. (英 *chain*). **Fahrrad***kette* 自転車のチェーン / **Die** *Kette* **klirrt.** 鎖ががちゃがちゃ音をたてる / **einen Hund an die** *Kette*

legen 犬を鎖につなぐ / 人⁴ an die *Kette* legen《比》人⁴を束縛する.
② ネックレス(＝Hals*kette*). Perlen*kette* 真珠のネックレス / Sie trägt eine goldene *Kette*. 彼女は金のネックレスをしている.
③ 連鎖; 人の列, 連なり; チェーン(系列)店. Berg*kette* 連山, 山脈 / Hotel*kette* ホテルチェーン / eine *Kette* von Autos 自動車の列 / eine *Kette* von Ereignissen 一連の事件 / eine *Kette*⁴ bilden (互いに手をつないで)列をつくる. ④《織》縦糸. ⑤《狩》うずらの群れ;《軍》三機編隊.

ket·ten [ケッテン kétən] 他 (h) 鎖でつなぐ(縛る);《比》束縛する, 縛りつける. den Hund an einen Pflock *ketten* 犬をくいにつなぐ / 人⁴ an sich⁴ *ketten* 人⁴[の心]を自分につなぎとめる.

Ket·ten≠brü·cke [ケッテン・ブリュッケ] 女 -/-n 鎖を用いたつり橋.

Ket·ten≠**fahr·zeug** [ケッテン・ファールツォイク] 中 -[e]s/-e 装軌車.

Ket·ten≠**glied** [ケッテン・グリート] 中 -[e]s/-er 鎖の[個々の]環, 連結リンク.

Ket·ten≠**hund** [ケッテン・フント] 男 -[e]s/-e 鎖につながれた番犬.

Ket·ten≠**la·den** [ケッテン・らーデン] 男 -s/..läden チェーン店.

Ket·ten≠**rau·cher** [ケッテン・ラオハァ] 男 -s/- チェーンスモーカー.

Ket·ten≠**re·ak·ti·on** [ケッテン・レアクツィオーン] 女 -/-en 連鎖反応.

Ket·zer [ケッツァァ kétsər] 男 -s/- 異端者;《比》非正統派の人.《女》女性形は Ketzerin).

Ket·ze·rei [ケッツェライ ketsərái] 女 -/-en 異端;《比》異端者的(非正統)な考え.

ket·ze·risch [ケッツェリッシュ kétsərɪʃ] 形 異端の;《比》異端者的な, 非正統的な.

* **keu·chen** [コイヒェン kɔ́yçən] (keuchte, hat/ist...gekeucht) I 自 (④定) haben または sein) ① (h) あえぐ, 息を切らす. (英 pant). Er *keuchte* unter der Last. 彼は重荷を負ってあえいだ / vom schnellen Laufen *keuchen* 速く走ったため息切れがする. ◇[現在分詞の形で] mit *keuchendem* Atem 息を切らして. ② (s) (...へ)あえぎながら進む(歩く). II 他 (④定) haben) あえぎながら(...と)言う.

Keuch≠hus·ten [コイヒ・フーステン] 男 -s/ 《医》百日ぜき.

keuch·te [コイヒテ] *keuchen (あえぐ) の過去.

Keu·le [コイれ kɔ́ylə] 女 -/-n ① こん棒;(体操用の)[インディアン]クラブ. chemische *Keule* 催涙ガス噴射筒. ②(鳥獣の)もも肉.

Keu·len≠schlag [コイれン・シュらーク] 男 -[e]s/..schläge こん棒で打つこと;《比》決定的打撃.

Keu·len≠**schwin·gen** [コイれン・シュヴィンゲン] 中 -s/ こん棒を用いる[新]体操.

* **keusch** [コイシュ kɔ́yʃ] 形 (比較 keuscher, 最上 keuschest) ① 純潔な, 貞潔な; 童貞の, 処女の. ein *keusches* Leben⁴ führen (性的に)けがれのない生活を送る. ②《雅》慎み深い, 内気な, はにかみ屋の.

Keusch·heit [コイシュハイト] 女 -/ 純潔, 貞潔; 童貞, 処女;《雅》内気, はにかみ.

Keusch·heits≠gür·tel [コイシュハイツ・ギュルテる] 男 -s/- (昔の)貞操帯.

Kfz [カー・エフ・ツェット]《略》(総称として:)自動車(二輪車を含む)(＝**K**raft**f**ahr**z**eug).

kg [キろ・グラム]《記号》キログラム (＝**K**ilo**g**ramm).

KG [カー・ゲー]《略》合資会社 (＝**K**ommandit**g**esellschaft).

kgl. [ケーニクリヒ]《略》王の, 王室の (＝königlich).

Kha·ki [カーキー ká:ki] I 中 -[s]/ カーキ色, カーキ染料(黄褐色をしている). II 男 -[s]/ カーキ色服地.

Khan [カーン ká:n] 男 -s/-e カーン, 汗(中央アジア地方の統治者[の称号]).

kHz [キろ・ヘルツ]《記号》キロヘルツ (＝**K**ilo**h**ertz).

Kib·buz [キブーツ kɪbú:ts] 男 -/Kibbuzim [キブツィーム](または -e) キブツ(イスラエルの共同集団農場).

Ki·cher≠erb·se [キッヒァァ・エルプセ] 女 -/-n 《植》ヒヨコマメ.

* **ki·chern** [キッヒァァン kíçərn] (kicherte, hat...gekichert) 自 (④定) haben) くすくす笑う, 忍び笑いする. 《英 giggle》. Die Kinder *kicherten.* 子供たちはくすくす笑った. (☞ 類語 lachen).

ki·cher·te [キッヒァァテ] *kichern (くすくす笑う) の過去.

Kick [キック kík] [英] 男 -[s]/-s ①《スポ・隠語》(サッカーの)キック. ②《俗》(麻薬などによる)恍惚(こうこつ)感.

ki·cken [キッケン kíkən] I 自 (h)《口語》サッカーをする. II 他 (h)《口語》(ボール⁴を)キックする.

Ki·cker [キッカァ kíkər] 男 -s/-《口語》サッカーの選手, キッカー.

kid·nap·pen [キット・ネッペン kít-nɛpən] 他 (h) (子供など⁴を)さらう, 誘拐する.

Kid·nap·per [キット・ネッパァ kít-nɛpər] [英] 男 -s/- 人さらい, 誘拐者.

Kie·bitz [キービッツ kí:bɪts] 男 -es/-e ①《鳥》タゲリ. ②《口語》(トランプなどをしているときのおせっかいな見物人, 端からとやかく言う人).

kie·bit·zen [キービッツェン kí:bɪtsən] 自 (h) 《口語》①(トランプなどを)端で見る, のぞく. ②端からとやかく言う, そばから口出しする.

* *der* **Kie·fer**¹ [キーファァ kí:fər] 男 (単2) -s/(複) - (3格の -n) あご(顎). 《英 jaw》. Ober*kiefer* 上あご / Unter*kiefer* 下あご / ein vorspringender *Kiefer* 突き出たあご.

Kie·fer² [キーファァ] 女 -/-n ①《植》マツ. ②《複 なし》松材.

kie·ken [キーケン kí:kən] 自 (h)《北ドイツ》見る, のぞく(＝gucken).

Kie・ker [キーカァ kí:kər] 男 -s/- 《北ドシ》望遠鏡. 人⁴ **auf dem** *Kieker* **haben** 《口語》a) 人⁴を疑い深く観察する, b) 人⁴をしつこく批判する.

Kiel¹ [キーる kí:l] I 男 -(e)s/-e ① (鳥の)羽茎, 羽. ② (昔の:)[鷲(ホロッ)]ペン. II 男 -(e)s/-e (船の)竜骨, キール. **ein Schiff**⁴ **auf** *Kiel* **legen** 船を起工する.

Kiel² [キーる kí:l] 匣 《都市名》キール(ドイツ北部の港湾都市. シュレースヴィヒ・ホルシュタイン州の州都: ☞ 地図 E-1).

Kie・ler [キーらァ kí:lər] I 男 -s/- キールの市民(出身者). II 形 《無語尾で》キールの. **die** *Kieler* **Bucht** キール湾.

kiel・ho・len [キーる・ホーれン kí:l-ho:lən] (過分 gekielholt) 他 (h) 《海》① (修理・清掃のために船⁴を)傾ける. ② (古) (人⁴を)綱に縛って船の下をくぐらせる(懲罰の一種).

Kiel≠was・ser [キーる・ヴァッサァ] 匣 -s/- 船跡, 航跡. **in** 人² *Kielwasser* **segeln** 《比》人²に追従する.

Kie・me [キーメ kí:mə] 女 -/-n 《ふつう 複》《魚》(魚の)えら.

Kien [キーン kí:n] 男 -(e)s/-e 樹脂の多い松材.

Kien≠ap・fel [キーン・アプふェる] 男 -s/..äpfel 松毬(ホッか), 松ぼっくり.

Kie・pe [キーペ kí:pə] 女 -/-n 《北ドシ・中部ドシ》背負いかご.

Kier・ke・gaard [キルケ・ガルト kírkə-gart] -s/ 《人名》キェルケゴール(Søren *Kierkegaard* 1813-1855; デンマークの哲学者).

Kies [キース kí:s] 男 -es/(種類:) -e ① 砂利. ② (鉱)黄鉄鉱. ③ (俗) (多額の)金(ホョ).

Kie・sel [キーぜる kí:zəl] 男 -s/- ① 小石, 砂利. ② (方)あられ(ひょう)の粒.

Kie・sel・er・de [キーぜる・エーァデ] 女 -/ 《化》珪土(ピラ), シリカ.

Kie・sel・säu・re [キーぜる・ゾイレ] 女 -/ 《化》珪酸(ピラ).

Kies≠weg [キース・ヴェーク] 男 -(e)s/-e 砂利道.

kif・fen [キッふェン kífən] 自 (h) 《隠語》ハシシュ(マリファナ)を吸う.

Kif・fer [キッふァァ kífər] 男 -s/- 《隠語》ハシシュ(マリファナ)の常用者.

ki・ke・ri・ki! [キケリキー kikəríki:] 間 《幼児》(おんどりの鳴き声をまねて:)こけこっこー.

kil・le・kil・le [キれ・キれ kílə-kílə] 《幼児》(くすぐりながら:)こちょこちょ. *killekille* **machen** こちょこちょをする.

kil・len [キれン kílən] 他 (h) 《俗》殺す, ばらす (=ermorden).

Kil・ler [キらァ kílər] 男 -s/- 《俗》殺し屋.

*das **Ki・lo** [キーろ kí:lo] 匣 (単 2) -s/(複) -(s) キログラム (=*Kilogramm*). (☞ Kilometer は Kilo と続ける) / **ein** *Kilo* **Zucker** 砂糖 1 キログラム / **Das Paket wiegt fünf** *Kilo*. この小包は 5 キログラムある.

Ki・lo・byte [キーろ・バイト kí:lo-baɪt] (英) 匣 -(s)/-(s) 〔コンピュ〕キロバイト(略: KB).

*das **Ki・lo≠gramm** [キろ・グラム kilográm] 匣 (単 2) -s/(複) -e (3 格のみ -en) 【数量単位としては:(複) -】キログラム. (記号: kg). **zwei** *Kilogramm* **Mehl** 2 キログラムの小麦粉.

Ki・lo≠hertz [キろ・ヘルツ] 匣 -/- 《物》キロヘルツ(略: kHz).

*der **Ki・lo・me・ter** [キろ・メータァ kilomé:tər] 男 (単 2) -s/(複) -(3 格のみ -n) キロメートル (記号: km); 《口語》時速…キロメートル. **ein Stau von sechs** *Kilometern* 6 キロメートルの渋滞 / **In der Stadt sind nur 40** *Kilometer* **erlaubt**. 市街地の制限速度は 40 キロです.

Ki・lo・me・ter≠geld [キろメータァ・ゲるト] 匣 -(e)s/ (自家用車による)キロ当たり計算による出張旅費;(レンタカーの)走行キロ当たり料金.

ki・lo・me・ter≠lang [キろメータァ・らング] 形 〔数〕キロメートルの. **ein** *kilometerlanger* **Stau** 数キロメートルの渋滞.

Ki・lo・me・ter≠stein [キろメータァ・シュタイン] 男 -(e)s/-e キロ単位の距離標識.

Ki・lo・me・ter≠zäh・ler [キろメータァ・ツェーらァ] 男 -s/- (車の)走行距離計, オドメーター.

Ki・lo≠watt [キーろ・ヴァット] 匣 -s/- 《電》キロワット(略: kW).

Ki・lo・watt≠stun・de [キーろヴァット・シュトゥンデ] 女 -/-n キロワット時(略: kWh).

Kimm [キム kím] 女 -/-e[n] ① 《複 -e》《海》水平(見)線, 水平線. ② 《複 -en》《造船》船底(艦底)湾曲部(船底と喫水線の間), 船腰.

Kim・me [キンメ kímə] 女 -/-n ① (銃の)照門. ② 底板をはめる樽(ホネ)の溝. ③ 《俗》尻(シ)の割れ目.

*das **Kind** [キント kínt]

> 子供 **Ich bin kein** *Kind* **mehr!**
> イヒ ビン カイン キント メーァ
> 私はもう子供ではない.

格	単		複
1	das	Kind	die Kinder
2	des	Kindes	der Kinder
3	dem	Kind	den Kindern
4	das	Kind	die Kinder

匣 (単 2) -es (まれに -s)/(複) -er [キンダァ] (3 格のみ -ern) ① **子供**; 幼児; (親に対して:)子. (☞ *child*). (☞「大人」は Erwachsene[r]). **ein neugeborenes** *Kind* 新生児 / **ein artiges** *Kind* しつけのよい子供 / **ein verwöhntes** *Kind* わがままな子供 / **ein tot geborenes** *Kind* a) 死産児, b) 《比》成功の見込みがない企て / **ein** *Kind* **von vier Jahren** 4 歳の子供 / *Kinder* **bis zu zehn Jahren** 10 歳までの子供 / **Die** *Kinder* **spielen**. 子供たちが遊んでいる / **Ein** *Kind* **wird geboren**. 《受動・現在》子供が生まれる / **Die** *Kinder* **wachsen heran**. 子供たちが成長する / **Er ist ein großes** *Kind*. 大きくなっても彼はまるで子供だ / **bei** 人³ **lieb**

Kind sein《口語》人³のお気に入りである / sich⁴ bei 人³ lieb *Kind* machen《口語》人³にとり入る / Als *Kind* war ich oft dort. 子供のころ私はよくそこに行ったものだ / Kleine *Kinder*, kleine Sorgen — große *Kinder*, große Sorgen.《諺》だれにでもそれ相応の苦労がある(←小さい子供には小さい心配があり, 大きい子供には大きい心配がある) / Das *Kind* muss doch einen Namen haben.《比》何とか口実をつくらねばならない(←子供は名前をつけてもらわねばならない) / *Kinder* und Narren sagen die Wahrheit.《諺》子供とばかは真実を語る / Gebranntes *Kind* scheut das Feuer.《諺》あつものにこりてなますを吹く(←やけどした子は火をこわがる) / Das weiß jedes *Kind*. それはだれでも知っている(←どんな子供だって).

◊《動詞の目的語として》das *Kind*⁴ mit dem Bade aus|schütten《比》角をためて牛を殺す(← 子供をふろの水といっしょに流して捨てる) / ein *Kind*⁴ bekommen(夫婦に)子供ができる / ein *Kind*⁴ erwarten 妊娠している ⇒ Sie *erwartet* ein *Kind*. 彼女は身ごもっている / ein *Kind*⁴ erziehen 子供をしつける / Haben Sie *Kinder*? お子さんはいらっしゃいますか / Wir haben drei *Kinder*. 私たちには 3 人子供があります / 人³ ein *Kind*⁴ machen《口語》人³に子をはらませる / das *Kind*⁴ beim rechten Namen nennen《口語・比》歯に衣(きぬ)を着せずにものを言う(←子供を正式の名前で呼ぶ) / Er wird das *Kind* schon schaukeln.《口語》彼はきっとやりとげるだろう.

◊《前置詞とともに》 Aus *Kindern* werden Leute. 子供もいずれは大人になる / Das ist nichts für kleine *Kinder*. それは子供には(おまえには)関係のないことだ / mit *Kind* und Kegel 一家そろって / mit einem *Kind* gehen《比》妊娠している / von *Kind* an (または auf) 子供のときから.

② (ある時代・環境の影響を強く受けた)人. Sie ist ein Berliner *Kind*. 彼女はベルリンっ子だ / Er ist ein *Kind* seiner Zeit. 彼は時代の子だ. ③ (親しみをこめた呼びかけて:) Mein [liebes] *Kind*! ねえ, おまえ / *Kinder*, lasst uns gehen! みなさん, 行きましょう.

Kind⹀bett [キント・ベット] 田 -[e]s/ 産褥(じょく).
Kind⹀bett⹀fie⹀ber [キントベット・フィーバァ] 田 -s/《医》産褥(じょく)熱.
Kin·der [キンダァ] ‡Kind (子供)の複.
Kin·der⹀ar·beit [キンダァ・アルバイト] 女 -/ 児童就労.
Kin·der⹀**arzt** [キンダァ・アールツト] 男 -es/..ärzte 小児科医.
Kin·der⹀**ärz·tin** [キンダァ・エーァツティン] 女 -/..tinnen (女性の)小児科医.
Kin·der⹀**bett** [キンダァ・ベット] 田 -[e]s/-en 小児用ベッド.
Kin·der⹀**buch** [キンダァ・ブーフ] 田 -[e]s/..bücher 児童書, 子供用の本.
Kin·der⹀**dorf** [キンダァ・ドルフ] 田 -[e]s/..dörfer (孤児などを収容する)子供の村.

Kin·de·rei [キンデライ kɪndəráɪ] 女 -/-en 子供っぽいふるまい, 子供らしいこと; くだらないこと.
kin·der⹀feind·lich [キンダァ・ファイントリヒ] 形 子供嫌いの; 子供[の成長]に有害な.
kin·der⹀**freund·lich** [キンダァ・フロイントリヒ] 形 子供好きの; 子供[の成長]に有益な.
Kin·der⹀funk [キンダァ・フンク] 男 -s/ (ラジオ・テレビの)子供番組[製作部].
der **Kin·der⹀gar·ten** [キンダァ・ガルテン kíndər-gartən] 男 (単2) -s/(複)..gärten 幼稚園. in den *Kindergarten* gehen 幼稚園へ通う.
Kin·der⹀**gärt·ne·rin** [キンダァ・ゲルトネリン] 女 -/..rinnen 幼稚園の保母.
Kin·der⹀**geld** [キンダァ・ゲルト] 田 -[e]s/ (子供の)扶養手当, 児童手当.
Kin·der⹀**got·tes·dienst** [キンダァ・ゴッテスディーンスト] 男 -[e]s/-e 《新教》子供向けの礼拝式.
Kin·der⹀**heil·kun·de** [キンダァ・ハイるクンデ] 女 -/《医》小児科学.
Kin·der⹀**heim** [キンダァ・ハイム] 田 -[e]s/-e ① 保育所, 託児所. ② (孤児・障害児などの)養護施設.
Kin·der⹀**hort** [キンダァ・ホルト] 男 -[e]s/-e (就学児童用の全日制の)託児施設.
Kin·der⹀**ka·nal** [キンダァ・カナーる] 男 -s/..näle 《放送》子供向けチャンネル(3–13 歳の子供を対象にしたテレビ番組).
Kin·der⹀**krank·heit** [キンダァ・クランクハイト] 女 -/-en ① 《医》(特に伝染性の)小児病. ② 《ふつう複》《比》(新しい企画・製品などの)初期トラブル.
Kin·der⹀**krip·pe** [キンダァ・クリッペ] 女 -/-n (乳幼児の)託児所.
Kin·der⹀**la·den** [キンダァ・らーデン] 男 -s/..läden 子供用品店. ② 私設共同保育所 (空き店舗を借りて始めたことから).
Kin·der⹀**läh·mung** [キンダァ・れームング] 女 -/《医》小児麻痺(ひ).
kin·der⹀**leicht** [キンダァ・らイヒト] 形 とても簡単な, 子供にもわかる.
kin·der⹀**lieb** [キンダァ・リープ] 形 子供好きの.
Kin·der⹀**lied** [キンダァ・リート] 田 -[e]s/-er 童謡, わらべ歌.
kin·der⹀**los** [キンダァ・ろース] 形 子供のない.
Kin·der⹀**mäd·chen** [キンダァ・メートヒェン] 田 -s/- 子守の[若い]女性.
kin·der⹀**reich** [キンダァ・ライヒ] 形 子だくさんの.
Kin·der⹀**schreck** [キンダァ・シュレック] 男 -[e]s/ (子供がこわがる)お化け.
Kin·der⹀**schuh** [キンダァ・シュー] 男 -[e]s/-e 子供靴. ein Paar *Kinderschuhe* 子供靴一足 / Er hat die *Kinderschuhe* ausgezogen. 《比》 彼はもう子供ではない(←子供靴を脱ぎ捨てた) / Er steckte damals noch in den *Kinderschuhen*.《比》彼は当時так駆け出しだった.
Kin·der⹀**sen·dung** [キンダァ・ゼンドゥング] 女

-/-en（ラジオ・テレビの）子供番組．
Kin·der≈spiel [キンダァ・シュピーる] 囲 -[e]s/-e 子供の遊び；《比》たやすいこと，児戯．

Kin·der≈spra·che [キンダァ・シュプラーヘ] 囡 -/ 幼児語，小児語．

Kin·der≈sterb·lich·keit [キンダァ・シュテルプリヒカイト] 囡 -/ 幼児死亡率．

Kin·der≈stu·be [キンダァ・シュトゥーベ] 囡 -/-n ① (方) 子供部屋．② 《覆なし》しつけ，行儀．eine gute (schlechte) *Kinderstube*⁴ haben しつけがよい(悪い)．

Kin·der≈wa·gen [キンダァ・ヴァーゲン] 囲 -s/- 乳母車，ベビーカー．

Kin·der≈zim·mer [キンダァ・ツィンマァ] 囲 -s/- 子供部屋．

Kin·der≈zu·la·ge [キンダァ・ツーらーゲ] 囡 -/-n 児童手当．

Kin·des·al·ter [キンデス・アるタァ] 囲 -s/ 幼年期，小児期．

Kin·des≈bei·ne [キンデス・バイネ] 覆 《成句的に》**von** *Kindesbeinen* **an** 子供のときから．

Kin·des≈kind [キンデス・キント] 囲 -[e]s/-er《古》孫．

Kin·des≈miss·hand·lung [キンデス・ミスハンドるング] 囡 -/-en 《法》(親などによる)児童虐待．

Kin·des≈miß·hand·lung [キンデス・ミスハンドるング] ☞ 新形 Kindesmisshandlung

kind·haft [キントハふト] 厖 子供のような，子供らしい．

＊*die* **Kind·heit** [キントハイト] kíndhaɪt 囡 (単) -/ 幼年時代，子供のころ．(英 *childhood*). **in meiner** *Kindheit* 私の幼年時代に / **von** *Kindheit* **an** 幼いころから．

＊**kin·disch** [キンディッシュ kíndɪʃ] 厖 (大人の行動などが)子供じみた，子供っぽい；幼稚な．(英 *childish*). ein *kindisches* Benehmen 子供じみたふるまい．

＊**kind·lich** [キントリヒ kíntlɪç] 厖 子供らしい，無邪気な，素朴な．(英 *childlike*). ein *kindliches* Gesicht 子供らしい(あどけない)顔 / **in** *kindlichem* Alter 子供のころに / eine *kindliche* Freude⁴ an 事⁴ haben 事⁴を無邪気に喜ぶ．

Kinds≈kopf [キンツ・コプふ] 囲 -[e]s/..köpfe《口語》子供じみた(愚かな)人．

Kind≈tau·fe [キント・タオふェ] 囡 -/-n ① 幼児洗礼．② 幼児洗礼後のお祝い．

Ki·ne·ma·thek [キネマテーク kinematéːk] 囡 -/-en フィルムライブラリー．

Ki·ne·ma·tik [キネマーティク kinemáːtɪk] 囡 -/ 《物・医》運動学．

Ki·ne·ma·to·graph [キネマトグラーふ kínematogrɑ́ːf] 囲 -en/-en (昔の)映画の撮影機，映写機．

Ki·ne·tik [キネーティク kinéːtɪk] 囡 -/《物》[運]動力学．② 《美》キネティックアート．

ki·ne·tisch [キネーティッシュ kinéːtɪʃ] 厖 ①《物》[運]動力学の．*kinetische* Energie 運動エネルギー．② 《美》キネティックアートの．

Kin·ker·litz·chen [キンカァ・リッツヒェン kínkɐr-lɪtsçən] 覆《口語》くだらないもの(こと)，がらくた．

＊*das* **Kinn** [キン kín] 囲 (単) -[e]s/(複) -e (3格のみ -en) [下]あご，おとがい．(英 *chin*). ein spitzes *Kinn* とがったあご / das *Kinn*⁴ in die Hand stützen ほおづえをつく / sich³ das *Kinn*⁴ reiben あごをさする．

Kinn≈bart [キン・バールト] 囲 -[e]s/..bärte あごひげ．

Kinn≈ha·ken [キン・ハーケン] 囲 -s/- (ボクシングの)アッパーカット．

Kinn≈la·de [キン・らーデ] 囡 -/-n 下あご．

＊*das* **Ki·no** [キーノ kíːno] 囲 (単) -s/(複) -s 映画館；《ふつう 単》映画[の上映]. (英 *cinema*). Das *Kino* beginnt um 20 Uhr. 映画は20時に始まる / ins *Kino* gehen 映画を見に行く / Was wird heute im *Kino* gegeben (または gespielt)?《受動・現在》映画館ではきょうは何が上映されていますか / nach dem *Kino* 映画のあとで．

Ki·no≈be·su·cher [キーノ・ベズーハァ] 囲 -s/- 映画の観客．

Kin·topp [キーントップ kíːntɔp] 囲囲 -s/-s (または ..töppe)《口語・戯》映画館(＝Kino).

＊*der* **Ki·osk** [キーオスク kíːɔsk または キオスク] 囲 (単) -[e]s/(複) -e (3格のみ -en) キオスク(駅や街角の売店). eine Cola⁴ **am** *Kiosk* kaufen キオスクでコーラを買う．

Kip·fel [キプふェる kípfəl] 囲 -s/-《南ドイツ・オーストリア》クロワッサン，角(2)形パン．

Kip·pe¹ [キッペ kípə] 囡 -/-n《口語》(たばこの)吸いさし，吸いがら．

Kip·pe² [キッペ] 囡 -/-n ①（坑）廃石捨て場；《俗》ごみ捨て場．②（体操で）(鉄棒の)蹴(⁊)上がり；（床運動の）倒立回転．③《成句的に》**auf der Kippe** stehen《口語》a) 今にも倒れそうである，b) 危機に瀕(ﾋﾝ)している，c) 決まっていない．

Kip·pe³ [キッペ] 囡 《成句的に》*Kippe*⁴ machen《俗》a) (人と)ぐるになる，b) 山分けする．

＊**kip·pen** [キッペン kípən] (kippte, *ist*/*hat*...gekippt) I 圓 (完了 sein) (平衡を失って)傾く；傾いて倒れ[かかる]，ひっくり返る．vom Stuhl *kippen* いすからひっくり返る / Der Wagen *ist* auf die Seite (または zur Seite) *gekippt*.《現在完了》車が横転した．
II 岡 (完了 haben) ① 傾ける．die Kiste⁴ *kippen* 木箱を傾ける．② 《方向を表す語句とともに》(物⁴を…へ/…から)傾けて出す(こぼす). Wasser⁴ *aus* dem Eimer *kippen* バケツを傾けて水をこぼす．③《口語》(酒⁴を)一気に飲む．einen *kippen* 一杯ひっかける．④《口語》(たばこ⁴を)途中でもみ消す．

Kip·per [キッパァ kípɐr] 囲 -s/- ダンプカー；貨車用傾倒装置．

Kipp≈fens·ter [キップ・ふェンスタァ] 囲 -s/- 引き倒し[式]窓．

Kipp≈schal·ter [キップ・シャるタァ] 囲 -s/-

《電》タンブラースイッチ.

kipp・te [キップテ] ＊kippen（傾く）の過去

＊*die* **Kir・che** [キルヒェ kírçə]

> 教会　Wie alt ist die *Kirche*?
> ヴィー アるト イスト ディ キルヒェ
> この教会はできてから何年になりますか.

囡（単）-/（複）-n ① (キリスト教の)**教会**, 教会堂; (教派としての)…教会, 宗派. (英 church). Dorf*kirche* 村の教会 / eine gotische (romanische) *Kirche* ゴシック(ロマネスク)様式の教会 / die evangelische (katholische) *Kirche* 福音主義(カトリック)教会 / eine *Kirche*[4] bauen (besichten) 教会を建てる(見学する) / **aus** der *Kirche* aus|treten 教会から脱会する / Wir wollen die *Kirche* im Dorf lassen.《比》私たちはやりすぎないようにしよう(←村の教会をそのままにしておく) / **mit** der *Kirche* ums Dorf fahren (または laufen)《比》むだな回り道をする, 回りくどいことをする.
② 《覆 なし》(教会での)礼拝. Die *Kirche* beginnt um 10 Uhr. 礼拝は10時に始まる / Jeden Sonntag gehen wir **in** die *Kirche*. 毎日曜日私たちは礼拝に行きます.

Kir・chen≠be・such [キルヒェン・ベズーフ] 男 -s/-e 礼拝への出席, 教会へ行くこと.

Kir・chen≠**buch** [キルヒェン・ブーフ] 中 -[e]s/..bücher 教会記録簿(教区民の出生・洗礼・死亡などを記録したもの).

Kir・chen≠**chor** [キルヒェン・コーァ] 男 -[e]s/..chöre 教会の合唱団, 聖歌隊.

Kir・chen≠**die・ner** [キルヒェン・ディーナァ] 男 -s/- 教会の用務員, 寺男.

Kir・chen≠**ge・mein・de** [キルヒェン・ゲマインデ] 囡 -/-n 教区[の人々].

Kir・chen≠**ge・schich・te** [キルヒェン・ゲシヒテ] 囡 -/ 教会史.

Kir・chen≠**jahr** [キルヒェン・ヤール] 中 -[e]s/-e 教会暦(待降節 Advent の第1日曜日から始まる).

Kir・chen≠**licht** [キルヒェン・リヒト] 中 -[e]s/-er 教会の灯明;《口語・戯》才人. Er ist kein großes *Kirchenlicht*. 彼はあまり利口ではない.

Kir・chen≠**lied** [キルヒェン・リート] 中 -[e]s/-er 賛美歌, 聖歌, コラール.

Kir・chen≠**maus** [キルヒェン・マオス] 囡《成句的に》arm wie eine *Kirchenmaus* sein《口語・戯》素寒貧(すかんぴん)である(←教会のねずみのように食物がとぼしい).

Kir・chen≠**mu・sik** [キルヒェン・ムズィーク] 囡 -/ 教会音楽, 宗教音楽.

Kir・chen≠**rat** [キルヒェン・ラート] 男 -[e]s/..räte《新教》① 地方教会役員[会]. ② 地方教会顧問.

Kir・chen≠**recht** [キルヒェン・レヒト] 中 -[e]s/ 教会法; 教会の権利.

Kir・chen≠**schiff** [キルヒェン・シフ] 中 -[e]s/-e《建》(教会堂の)身廊, 中廊.

Kir・chen≠**staat** [キルヒェン・シュタート] 男 -[e]s/ ①《史》教皇領. ②《国名》ヴァチカン市国.

Kir・chen≠**steu・er** [キルヒェン・シュトイアァ] 囡 -/-n 教会税.

Kir・chen≠**va・ter** [キルヒェン・ファータァ] 男 -s/..väter《宗教》教父.

Kir・chen≠**vor・stand** [キルヒェン・フォーァシュタント] 男 -[e]s/..stände《新教》教会役員会.

Kirch≠gang [キルヒ・ガング] 男 -[e]s/..gänge 教会へ行くこと, 礼拝への参列. der sonntägliche *Kirchgang* 日曜ごとに教会へ行くこと.

Kirch・gän・ger [キルヒ・ゲンガァ] 男 -s/- 教会礼拝への参加者. (←女性形は Kirchgängerin).

Kirch≠hof [キルヒ・ホーフ] 男 -[e]s/..höfe 教会の墓地.

kirch・lich [キルヒリヒ] 形 教会の; 教会での; 教会の教えに従った.

Kirch≠spiel [キルヒ・シュピーる] 中 -[e]s/-e 教区.

Kirch≠turm [キルヒ・トゥルム] 男 -[e]s/..türme 教会の塔.

Kirch・turm≠po・li・tik [キルヒトゥルム・ポリティーク] 囡 視野の狭い政策.

Kirch≠weih [キルヒ・ヴァイ] 囡 -/-en (教会の開基を記念する)教会のお祭り(市がたち, 移動遊園地が来る).

Kir・gi・se [キルギーゼ kɪrɡíːzə] 男 -n/-n キルギス人(中央アジアのキルギス地方に住むトルコ系民族).

Kir・mes [キルメス kírməs] 囡 -/..messen《中部ドツ・西部ドツ》= Kirchweih

kir・re [キレ kírə] 形《口語》従順な. *kirre* machen 人[4] を手なずける.

kir・ren [キレン kírən] 他 (h) 手なずける.

Kirsch・de [キルシュ・キルシ] 男 -[e]s/- チェリーブランデー (=*Kirsch*wasser).

Kirsch≠baum [キルシュ・バオム] 男 -[e]s/..bäume《植》サクラの木.

Kirsch≠blü・te [キルシュ・ブリューテ] 囡 -/-n ① 桜の花. ② 桜の季節.

＊*die* **Kir・sche** [キルシェ kírʃə] 囡（単）-/（複）-n ① さくらんぼ. (英 cherry). süße *Kirschen* 甘いさくらんぼ / *Kirschen*[4] pflücken さくらんぼを摘む / Mit ihm ist nicht gut *Kirschen* essen.《口語・比》彼とはうまくやっていけない. ②《植》サクラ属. ③ 桜の木.

Kirsch≠kern [キルシュ・ケルン] 男 -[e]s/-e さくらんぼの種.

Kirsch≠ku・chen [キルシュ・クーヘン] 男 -s/- さくらんぼ入りケーキ.

kirsch≠rot [キルシュ・ロート] 形 さくらんぼのように赤い.

Kirsch≠was・ser [キルシュ・ヴァッサァ] 中 -s/- キルシュヴァッサー, チェリーブランデー.

＊*das* **Kis・sen** [キッセン kísən] 中（単2) -s/（複）- ① クッション; 枕(まくら) (=Kopf*kissen*); シートクッション (=Sitz*kissen*); ソファークッション (=Sofa*kissen*). (英 cushion). ein rundes *Kissen* 丸いクッション(枕) / ein *Kis-*

Kissenbezug

*sen*⁴ auf den Stuhl legen いすに座布団を置く. ②〖覆ピ〗寝具,(寝具としての)布団. die *Kissen*⁴ auf|schütteln 布団を振ってふくらませる(整える).

Kis·sen·be·zug [キッセン・ベツーク] 男 -[e]s/..züge クッションカバー; 枕(ﾏｸﾗ)カバー.

Kis·sen≈schlacht [キッセン・シュラヒト] 女 -/-en 《口語》枕(ﾏｸﾗ)投げ.

*die **Kis·te** [キステ kístə] 女 (単) -/(複) -n ①[木]箱, 荷箱 (=Holz*kiste*). (英 box). eine schwere *Kiste* 重い箱 / eine *Kiste* Wein ワイン1箱 / 物⁴ in *Kisten* verpacken 物⁴を木箱に詰める. ②《俗》(古い)乗り物(自動車・舟など). (がっしりした)尻(ｼﾘ). eine alte *Kiste* おんぼろ自動車. ③《口語》(特にベルリンで:)事件, 事柄. Das ist eine schwierige *Kiste*. それはやっかいだよ.

Kitsch [キッチュ kítʃ] 男 -[e]s/《芸術上の》まがいもの, きわもの, 俗悪低級なもの.

kit·schig [キッチヒ kítʃɪç] 形 悪趣味な, まがいものの, きわものの;(感情などが)オーバーな, 過度にセンチメンタルな.

Kitt [キット kít] 男 -[e]s/(種類:) -e ① 接着剤, 接合剤; パテ. ②《口語》がらくた, くだらぬもの.

Kitt·chen [キットヒェン kítçən] 中 -s/-《口語》刑務所, 牢獄.

Kit·tel [キッテル kítəl] 男 -s/- ① 上っ張り, スモック; 仕事着 (=Arbeits*kittel*); (医者などの)白衣 (=Arzt*kittel*). ②《南ドイツ》紳士用の(短い)上着, ジャケット. ③《ｵｰｽﾄﾘｱ》スカート.

Kit·tel≈schür·ze [キッテル・シュルツェ] 女 -/-n エプロンドレス.

kit·ten [キッテン kítən] 他 (h) ① 壊れたもの⁴を)接着剤(パテ)で接合する; 継ぎ合わせる. einen zerbrochenen Krug *kitten* 壊れたつぼを継ぎ合わせる. ②《比》(友情など⁴を)修復する.

Kitz [キッツ kíts] 中 -es/-e 子やぎ, 子鹿.

Kit·zel [キッツェル kítsəl] 男 -s/- ①《ふつう 単》くすぐったいこと, むずむずすること. ②してはならないことをしたいという欲望.

kit·ze·lig [キッツェリヒ kítsəlıç] 形 =kitzlig

kit·zeln [キッツェルン kítsəln] 他 (h) ① くすぐる, むずむずさせる. 人⁴ an den Fußsohlen *kitzeln* 人⁴の足の裏をくすぐる / Die Wolle des Pullovers *kitzelt* [mich]. プルオーバーの毛糸がちくちくする. ②《比》(人⁴の)心をくすぐる, (欲望など⁴を)そそる. Gutes Essen *kitzelt* den Gaumen. よい食事は食欲をそそる / Es *kitzelt* mich, ihm zu widersprechen. 私は彼に反論したくてむずむずしている.

Kitz·ler [キッツラァ kítslər] 男 -s/-《医》陰核, クリトリス (=Klitoris).

kitz·lig [キッツリヒ kítslıç] 形 ① くすぐったい, こそばゆい;過敏な反応を示す. Er ist unter den Armen sehr *kitzlig*. 彼はわきの下を触られるととてもくすぐったがる. ② やっかいな, 扱いにくい. eine *kitzlige* Frage 難しい問題.

Ki·wi [キーヴィ kí:vi] 女 -/-s《植》キーウィ[フルーツ].

ーツ].

k. k. [カーイクチヒ・ケーニヒリヒ]《略》(旧オーストリア・ハンガリー)帝国および王国の (=kaiserlich-königlich).

Kl. [カー]《略》クラス, 級, 等級 (=Klasse).

Kla·bau·ter·mann [クラバオタァ・マン klabáutər-man] 男 -[e]s/..männer《北ドイツ》(困ったときに人助けをする)妖精;(沈没前に現れるとされる)船の精.

Klacks [クラックス kláks] 男 -es/-e《口語》(ジャム・バターなどについて:)少量. Für uns ist so was ein *Klacks*. われわれにとってそんなことは朝飯前だ.

Klad·de [クラッデ kládə] 女 -/-n《方》① メモ帳, 雑記帳;《商》当座帳. ② 下書き, 草稿.

klad·de·ra·datsch! [クラデラダッチュ kladəradátʃ] 間《物が落ちたり壊れたりする音:》がたん, どしん, がちゃん.

Klad·de·ra·datsch [クラデラダッチュ] 男 -[e]s/-e ① 混乱, 無秩序. ② スキャンダル, うわさ話.

klaf·fen [クラッフェン kláfən] 自 (h)(割れ目・傷口などが)ぱっくり口を開けている. ◇《現在分詞の形で》eine *klaffende* Wunde ぱっくり口を開けた傷口.

kläf·fen [クレッフェン kléfən] 自 (h) ①(犬が)きゃんきゃんほえる. ②《口語》がみがみ言う, 口汚くののしる.

Kläf·fer [クレッファァ kléfər] 男 -s/-(わんわんほえる)[小犬; 口やかましい屋].

Klaf·ter [クラフタァ kláftər] 中 -s/-(古・某:) 女 -/-e ① 尋(ﾋﾛ)(昔の長さの単位. 約 1.9 m); 棚, クラフター(まき・木材の容積単位. 約 3 m³).

klag·bar [クラークバール] 形《法》告訴できる, 訴えることができる.

*die **Kla·ge** [クラーゲ klá:gə] 女 (単) -/(複) -n ① 苦情, 不平. (英 complaint). über 物⁴ *Klage* führen 物⁴について苦情を言う / Er hat keinen Grund zur *Klage*. 彼には不平を言う理由はない. ②《雅》嘆き, 悲嘆[の声], 哀悼. (英 lament). in laute *Klagen* aus|brechen 突然大声で嘆きだす. ③《法》訴え, 訴訟. eine *Klage* auf Scheidung 離婚訴訟 / eine *Klage*⁴ bei Gericht ein|reichen 告訴する / eine *Klage*⁴ gegen 人⁴ erheben 人⁴を相手取って訴訟を起こす.

Kla·ge≈lied [クラーゲ・リート] 中 -[e]s/-er 悲歌, 哀歌, 挽歌. ein *Klagelied*⁴ über 人・物⁴ an|stimmen《比》人・物⁴に対して不満を言う, 不平をこぼす.

Kla·ge≈mau·er [クラーゲ・マオアァ] 女 -/-(ﾕﾀﾞﾔ教》(エルサレムの)嘆きの壁.

*kla·gen [クラーゲン klá:gən] (klagte, *hat*... geklagt) I 自 (《完了》 haben) ①《über 人・事⁴~》(人・事⁴について)苦情を言う, 不平をこぼす. (英 complain). über den ständigen Lärm *klagen* 絶え間ない騒音について苦情を言う / Dein Lehrer *hat* über dich *geklagt*. 先生がおまえのことで苦情を言っていたよ / Wie geht's?

— Ich *kann* nicht *klagen.* 元気かい — まああだよ. ② 《雅》嘆く, 悲しむ. **um** 人・事⁴ *klagen* 人・事⁴のことを嘆き悲しむ. ③ 《狩》(動物が)悲しそうな声で鳴く. ④ 《法》告訴する, 訴える. **gegen** 人⁴ **auf** Entschädigung *klagen* 人⁴を相手どって損害賠償の訴えを起こす / **auf** Scheidung *klagen* 離婚訴訟を起こす.
II 他 (完了 haben) ① (人³に悲しみなど⁴を)訴える. 人³ seine Not⁴ *klagen* 人³に自分の窮状を訴える. ② (事⁴)(人⁴を)告訴する, 訴える.

kla·gend [クラーゲント] I *klagen (苦情を言う)の 現分 Ⅱ 形 嘆く, 不平を言う; 提訴する. die *klagende* Partei 原告側.

Kla·gen·furt [クラーゲン・フルト klá:gən-furt] 田 -s/ 《都市名》クラーゲンフルト(オーストリア, ケルンテン州の州都: ☞ 地図 G-5).

Klä·ger [クレーガァ klé:gɐr] 男 -s/- 《法》原告, 提訴人. (←→ 女性形は Klägerin; 「被告」は Beklagte[r]).

Kla·ge⇔schrift [クラーゲ・シュリフト] 女 -/-en 《法》訴状.

kläg·lich [クレークリヒ] 形 ① 惨めな, 悲惨な, 哀れな; 貧弱な, わずかな. ein *klägliches* Ergebnis 惨めな成果 / Sein Verdienst war *kläglich*. 彼の収入は微々たるものだった. ② 悲しげな, 嘆いている. ein *klägliches* Geschrei 悲鳴.

klag·te [クラークテ] *klagen (苦情を言う)の 過去

Kla·mauk [クラマオク klamáuk] 男 -s/ 《口語》大騒ぎ, ばか騒ぎ. Die Schüler machen in der Klasse *Klamauk*. 生徒たちは教室で大騒ぎをしている.

klamm [クラム klám] 形 ① 湿っぽくて冷たい. *klamme* Bettwäsche 湿っぽいシーツ. ② (寒さで)かじかんだ, 凍えた. ③ 《成句的に》《ん》*klamm* sein《俗》(お金に)乏しい, 素寒貧(びん)である.

Klamm [クラム] 女 -/-en 峡谷.

* *die* **Klam·mer** [クラマァ klámər] 女 (単) -/(複) -n ① クリップ (=Büroklammer); ヘアピン (=Haarklammer); (ホッチキスの)ステープル (=Heftklammer); 洗濯ばさみ (=Wäscheklammer). ② かっこ(括弧); かっこ内の文章. runde (eckige) *Klammern* 丸(角)かっこ / einen Satz in *Klammern* setzen 文章をかっこに入れる. ③ (ボクシングの)クリンチ.

klam·mern [クラマァン klámɐrn] I 他 (h) ① «A⁴ **an** B⁴ ~» (A⁴ を B⁴ に)クリップで留める. eine Notiz⁴ an das Buch *klammern* メモをクリップで本に留める. ② (傷口⁴を)創傷クリップで留める. II 再帰 (h) «*sich*⁴ **an** 人・物⁴ ~» (人・物⁴に)しがみつく; すがる. Sie *klammerte sich* an das Geländer. 彼女は手すりにしがみついた / *sich*⁴ an eine Hoffnung *klammern* 《比》ある希望にすがる. III 自 (h) (ボクシングで)クリンチをする.

klamm⇔heim·lich [クラム・ハイムリヒ] 形 《口語》ひそかな, こっそり行われる.

Kla·mot·te [クラモッテ klamɔ́tə] 女 -/-n ① 《複》《俗》衣服, 衣類; 《ふつう 複》(身の回りの古い品物, 家具; がらくた. ② 《口語》くだらない冗談. ③ «ふつう 複» (れんがなどの)破片, がれき.

Klamp·fe [クランプフェ klámpfə] 女 -/-n ① 《古》ギター. ② 《ふつう 複》かすがい.

klang [クラング] *klingen (鳴る)の 過去

* *der* **Klang** [クラング kláŋ] 男 (単) -[e]s/(複) Klänge [クレンゲ] (3格のみ Klängen) ① 音, 響き, 音響. (英 sound). Orgel*klang* オルガンの響き / ein dumpfer (klarer) *Klang* 鈍い音 (澄んだ響き) / der *Klang* von Glocken 鐘の音 / einen guten *Klang* haben a) (楽器が)良い音色をしている, b) 《比》評判が高い. ② 《複》で 音楽. Aus dem Saal drangen die *Klänge* Mozarts. ホールからモーツァルトの音楽が聞こえてきた.

klän·ge [クレンゲ] *klingen (鳴る)の 接2

Klän·ge [クレンゲ] *Klang (音)の 複

Klang⇔far·be [クラング・ファルベ] 女 -/-n 《音楽》音色, 音質.

Klang⇔ful·le [クラング・フュレ] 女 -/ 豊かな音量, 音がよく響くこと.

klang·lich [クラングリヒ] 形 音の, 音響の.

klang⇔los [クラング・ロース] 形 音(響き)のない.

klang⇔voll [クラング・ふぉる] 形 ① 響きのよい, よく響く (声など). ② 名声のある, 有名な.

Klapp⇔bett [クラップ・ベット] 中 -[e]s/-en 折りたたみ式ベッド.

Klap·pe [クラッペ klápə] 女 -/-n ① (一端が固定された)ふた, はねぶた; 落とし戸; 空気弁; (心臓の)弁[膜]; (ストーブなどの)空気調節弁; (管楽器の)鍵(けん), キー; 《軍》肩章; 《映》カチンコ; はえたたき. ② 《口語》ベッド, 寝床. **in** die *Klappe* gehen 寝床にもぐり込む. ③ 《俗》口. die *Klappe*⁴ halten 口をつぐんでいる / eine große *Klappe*⁴ haben 大きなことを言う.

* **klap·pen** [クラッペン klápən] (klappte, hat …klappt) I 他 ① 《方向を表す語句とともに》(物⁴ を…へ)ばたんと上げる(下げる). den Deckel **nach** oben *klappen* ふたを上にばたんと上げる. ② 《口語》(犯人など⁴ を)捕まえる.
II 自 (完了 haben) ① ばたんと音をたてる. Die Fensterläden *klappen* **gegen** die Wand. よろい戸が壁に当たってばたばた音をたてている. ② 《口語》(事柄が)うまくいく. Alles hat *geklappt.* すべてがうまくいった. ◇《非人称 の *es* を主語として》Es hat mit dem Examen *geklappt.* 試験はうまくいった.

Klap·pen [クラッペン] 《成句的に》事⁴ **zum** *Klappen* bringen 事⁴を成功させる.

Klap·pen⇔text [クラッペン・テクスト] 男 -[e]s/-e 《書籍》(新刊書のカバーの)宣伝文.

Klap·per [クラッパァ klápɐr] 女 -/-n 鳴子(なるこ); がらがら(子供のおもちゃ).

klap·per⇔dürr [クラッパァ・デュル] 形 《口語》

klapperig

やせこけた，骨と皮ばかりの.

klap·pe·rig [クラッペリヒ klápərıç] 形 = klapprig

Klap·per·kas·ten [クラッパァ・カステン] 男 -s/..kästen《俗》安物のピアノ；おんぼろ自動車；ぼろラジオ(テレビ).

*__klap·pern__ [クラッパァン klápərn] (klapperte, hat/ist...geklappert) 自 (完了) haben または sein) (英 rattle) ① (h) がたがた(ばたばた)音をたてる. Das Fenster klappert. 窓ががたがた音をたてている / Seine Zähne klappern vor Kälte. 彼の歯は寒さでかちかち音をたてている / auf der Schreibmaschine klappern (口語)タイプライターをかたかた打つ / mit den Zähnen klappern 歯をかちかち鳴らす / Sie klapperte mit den Tellern. 彼女は皿をがちゃがちゃいわせて進む. ② (s) (車などが…へ)がたがた音をたてて進む.

Klap·per·schlan·ge [クラッパァ・シュランゲ] 女 -/-n《動》ガラガラヘビ.

Klap·per·storch [クラッパァ・シュトルヒ] 男 -[e]s/..störche《民俗》(赤ん坊を連れてくるとされる)こうのとり.

klap·per·te [クラッパァテ] *klappern (がたがた音をたてる) 過去

Klapp·mes·ser [クラップ・メッサァ] 中 -s/- ジャックナイフ，折りたたみナイフ.

Klapp=rad [クラップ・ラート] 中 -[e]s/..räder 折りたたみ自転車. (新形)

klapp·rig [クラップリヒ kláprıç] 形 ① がたがたの，古くて壊れやすい；(人が)よぼよぼの，よろよろの. ein klappriges Auto おんぼろ自動車. ② 作りのよくない，粗悪な.

Klapp=sitz [クラップ・ズィッツ] 男 -es/-e (劇場などの)はね上げいす；(バスなどの折りたたみ)補助席.

Klapp=stuhl [クラップ・シュトゥール] 男 -[e]s/..stühle 折りたたみいす.

klapp·te [クラップテ] *klappen (ばたんと上げる) 過去

Klapp=tisch [クラップ・ティッシュ] 男 -es/-e 折りたたみテーブル.

Klapp=ver·deck [クラップ・フェアデック] 中 -[e]s/-e (自動車などの)折りたたみ幌(ほろ).

Klaps [クラップス kláps] 男 -es/-e ①《口語》平手打ち. 人³ einen Klaps geben 人³をぴしゃりとたたく. ②《俗》狂気. einen Klaps haben 少し頭がおかしい.

Klaps=müh·le [クラップス・ミューれ] 女 -/-n《俗》精神病院.

*__klar__ [クラール klá:r]

> 澄んだ；はっきりした
> Das ist doch klar!
> ダス イスト ドッホ クラール
> それはわかりきったことさ.

形 (英 clear) ① (水・声などが)澄んだ，透明な；(空が)晴れた. klares Wasser 澄んだ水 / klare Augen 澄んだ目 / klare Farben 鮮明な色 / Der Himmel ist klar. 空は晴れている / in klaren Momenten《比》(病人の)意識がはっきりしているときに / ein klarer Ton 澄んだ音色.
② はっきりした，明白な. eine klare Antwort はっきりした返答 / eine klare Vorstellung⁴ von 事³ haben 事³について明確なイメージを持っている / mit 事³ ins klare (新形) ins Klare) kommen a) 事³についてはっきりわかる，b) 事³を済ませる / sich³ über 事⁴ im klaren (新形 im Klaren) sein 事⁴についてはっきりわかっている / [Ist] alles klar? わかりましたか，よろしいですか / Alles klar! すべて了解，オーケー / Na klar! もちろんさ，当然のことさ / Wirst du uns helfen? — Klar! ぼくたちを助けてくれるかい？— もちろんさ / Es ist klar, dass … …なのは明白だ / 事⁴ klar und deutlich sagen 事⁴をはっきりと言う. (☞ 類語 deutlich).
③ 明晰(めいせき)な. Er hat einen klaren Verstand (または Kopf). 彼は明晰な思考力を持っている.
④《海・空》準備のできた. Das Flugzeug ist klar zum Start. 飛行機は離陸の準備ができている / Klar zum Gefecht!《軍》戦闘配備につけ. ⑤《付加語としてのみ》《方》精製した，細かい. klarer Zucker 精製白砂糖.

(新形)

klar den·kend 頭脳明晰な.

klar se·hen《口語》(状況などが)はっきりわかる，納得がいく.

klar wer·den 明らかになる，はっきりわかる.

....

Kla·ra [クラーラ klá:ra] -s/《女名》クラーラ，クララ.

Klär=an·la·ge [クレーァ・アンラーゲ] 女 -/-n (下水・排水の)浄水装置；浄水場.

klar=den·kend 形 (新形) klar denkend) ☞ klar

*__klä·ren__ [クレーレン klé:rən] (klärte, hat...geklärt) I 他 (完了 haben) ① (液体⁴を)澄ます，浄化する. (英 clarify). Abwässer⁴ klären 汚水を浄化する. ② (疑問など⁴を)明らかにする，解明する. Es ist noch nicht geklärt, wer der Täter ist.《状態受動・現在》犯人がだれかまだ解明されていない.

II 再帰 (完了 haben) sich⁴ klären ① 澄む，透明になる. Das Wasser klärt sich. 水が澄む. ② (問題などが)明らかになる，解明される. Die Frage hat sich geklärt. その疑問は解明された.

III 自 (完了 haben) (サッカーなどで:)(ゴール寸前の)ボールをクリアする.

klar|ge·hen* [クラール・ゲーエン klá:r-gè:ən] 自 (s)《口語》(事柄が)うまくいく.

*__die__ **Klar·heit** [クラール・ハイト klá:rhaıt] 女 (単) -/ (複) -en《ふつう 単》(英 clearness) ① 澄んでいること，透明；(空が)晴れていること. die Klarheit des Wassers 水の透明さ. ②

(説明などの)**明確さ**, 明晰(%)さ. sich³ **über** 匣⁴ *Klarheit*⁴ verschaffen 匣⁴を究明する / Darüber besteht *Klarheit*. それはわかりきったことだ.

Kla·ri·net·te [クラリネッテ klarinέtə] 囡 -/-n 《音楽》クラリネット.

Kla·ri·net·tist [クラリネティスト klarinɛtíst] 男 -en/-en クラリネット奏者.

klar|kom·men* [クラール・コンメン kláːrkɔ̀mən] 自 (s) 《**mit** 人・事³ ～》(口語)(人³と)うまくやっていく; (事³(課題など)を)うまくこなす, やりとげる.

klar|le·gen [クラール・れ・ーゲン kláːrlèːɡən] 他 (h) 《口語》(問題など⁴を)解明(説明)する, 明らかにする.

klar|ma·chen [クラール・マッヘン kláːrmàxən] 他 (h) 《口語》① (人³に事⁴を)理解させる, わからせる. ◇再帰的に》 *sich³* 事⁴ *klarmachen* 事⁴を理解する, わかる. ② 《海》(事⁴の)出航準備を整える.

Klär‹schlamm [クれーァ・シュラム] 男 -[e]s/..schlämme 《工》(下水処理の際の)沈殿汚泥.

klar|se·hen* [クラール・ゼ・ーエン] 自 (h) (新形) klar sehen) ☞ klar

Klar·sicht‹fo·lie [クラールズィヒト・ふォーリエ] 囡 -/-n (食品保存用の)[透明]ラップ.

klar|stel·len [クラール・シュテれン kláːrʃtɛ̀lən] 他 (h) (誤解などを解いて事⁴を)はっきりさせる.

klär·te [クれーァテ] * klären (澄ます)の過去.

Klar‹text [クラール・テクスト] 男 -[e]s/-e (暗号・記号文に対する)平(⅔)の原文, 平文.

Klä·rung [クれールング] 囡 -/-en ① 解説, 解明. die sofortige *Klärung* eines Problems 問題の迅速な解明. ② (下水などの)浄化, きれいにすること.

klar|wer·den* [クラール・ヴェルデン] 自 (s) (新形) klar werden) ☞ klar

klas·se [クラッセ klásə] 形 《無語尾で》《口語》すごい, すばらしい. Das ist *klasse*. そいつはすごい.

***die* Klas·se** [クラッセ klásə]

クラス; 学年; 階級

Die *Klasse* hat dreißig Schüler.
ディ クラッセ ハット ドライスィヒ シューらァ
そのクラスには30人の生徒がいる.

囡 (単) -/(複) -n ① クラス, 学級; (学級の)教室. eine große *Klasse* 大きなクラス / Sie war **in** meiner *Klasse*. 彼女は私のクラスにいた / die *Klasse*⁴ betreten 教室に入る.
② **学年**. Er ist in die vierte *Klasse*. または Er geht **in** die vierte *Klasse*. 彼は4年生だ / Er ist zwei *Klassen* über mir. 彼はぼくより2学年上だ.
③ (社会的な)**階級**. Arbeiter*klasse* 労働者階級 / die obere *Klasse* der Gesellschaft² 上流階級.
④ (列車・スポーツなどの)**等級**, …級. Er fährt [in einem Abteil] zweiter *Klasse*². 彼は2等に乗って行く / **in** der *Klasse* der Junioren² starten ジュニア級でスタートする.
⑤ (一般に)部類, 部門, 種別;《生》(分類の)綱(ら). ⑥ 《覆 なし》《口語》(優れた)水準, 品質. ein Künstler erster *Klasse*² 一流の芸術家 / Das ist *Klasse* (または *klasse*)! こいつはすごいや.

Klas·se·ment [クらスマーン klasəmɑ̃ː] 匣 -s/-s (ː) -e) ① 分類, 等級; 秩序. ② (こ) 順位, ランキング.

Klas·sen‹ar·beit [クラッセン・アルバイト] 囡 -/-en 授業中に書く作文, 筆記テスト.

klas·sen‹be·wusst [クラッセン・ベヴスト] 形 階級意識を持った(労働者など).

klas·sen‹be·wußt ☞ (新形) klassenbewusst

Klas·sen‹buch [クラッセン・ブーフ] 匣 -[e]s/..bücher 出席簿, (教師の)学級日誌.

Klas·sen‹ge·sell·schaft [クラッセン・ゲゼるシャフト] 囡 -/-en 階級社会.

Klas·sen‹ka·me·rad [クラッセン・カメラート] 男 -en/-en クラスメート, 級友.

Klas·sen‹ka·me·ra·din [クラッセン・カメラーディン] 囡 -/..dinnen (女性の)クラスメート, 級友.

Klas·sen‹kampf [クラッセン・カンプふ] 男 -[e]s/..kämpfe 階級闘争.

Klas·sen‹leh·rer [クラッセン・れーラァ] 男 -s/- クラス担任教師. (◯ 女性形は Klassenlehrerin).

Klas·sen‹spre·cher [クラッセン・シュプレッヒャァ] 男 -s/- 学級委員, 級長.

Klas·sen‹tref·fen [クラッセン・トレッふェン] 匣 -s/- (卒業生の)クラス会.

Klas·sen‹zim·mer [クラッセン・ツィンマァ] 匣 -s/- 教室.

Klas·si·fi·ka·ti·on [クラスィふィカツィオーン klasifikatsió:n] 囡 -/-en ① 分類, 等級分け. ② 分類(等級分け)されたもの.

klas·si·fi·zie·ren [クラスィふィツィーレン klasifitsíːrən] 他 (h) 分類する, 区分する.

Klas·si·fi·zie·rung [クラスィふィツィールング] 囡 -/-en ① 分類, 等級分け. ② 分類(等級分け)されたもの.

..klas·sig [..クラスィヒ ..klasɪç] 《形容詞をつくる接尾》《…クラスの, …の等級の》例: drei*klassig* 3クラスの / erst*klassig* 第一級の.

***die* Klas·sik** [クラスィク klásɪk] 囡 (単) -/
① **古典文化**(古代ギリシア・ローマ文化の).
② (文学・音楽史上の)**古典主義[時代]**. die deutsche *Klassik* (文学の)ドイツ古典期 (1786–1805. ゲーテとシラーを中心とする) / die Wiener *Klassik* (音楽の)ウィーン古典派 (およそ1770–1825. ハイドン・モーツァルト・ベートーヴェンに代表される).
③ (ある文化圏の)最盛期, 古典期.

Klas·si·ker [クラスィカァ klásɪkɐ] 男 -s/-
① 古典時代の代表作家(芸術家); 古典主義の芸術家. die deutschen *Klassiker* ドイツ

の古典主義者たち(ゲーテ・シラーなど). ② (規範となるような)一流の詩人(作家・芸術家・学者).

*__klas·sisch__ [クらスィッシュ klásɪʃ] 形 ① 古典[古代]の, [古代]ギリシア・ローマの. (英 classical). das klassische Altertum 古典古代 / die klassischen Sprachen 古典語(ギリシア語・ラテン語など). ② 古典主義の, 古典[期]の, 古典様式の. klassische Dichtung 古典主義文学 / klassische Musik クラシック音楽. ③ 模範的な, 規範となる; 典型的な. eine klassische Antwort 模範解答 / die klassischen Fehler 典型的な誤り. ④ 伝統的な. die klassische Physik 古典物理学. ⑤ 《口語》みごとな, すばらしい. Das ist ja klassisch! これは実にすばらしい.

__Klas·si·zis·mus__ [クらスィツィスムス klasitsísmus] 男 -/ 新古典主義, 擬古典主義. (「建築様式」 ☞ 巻末付録, 1814ページ).

__klas·si·zis·tisch__ [クらスィツィスティッシュ klasitsístɪʃ] 形 新古典主義の, 擬古典主義の.

__klatsch!__ [クらッチュ klátʃ] 間 (手を合わせる音・物が落ちる音:)ぴしゃっ, ばたっ, ばたん.

__Klatsch__ [クらッチュ] 男 -[e]s/-e ① ぴしゃっ(ばたっ・ばたん)という音. ② 《覆 なし》《口語》 うわさ話, うわさ話, ゴシップ.

__Klatsch⹀ba·se__ [クらッチュ・バーゼ] 女 -/-n 《俗》(軽蔑的に:)ゴシップ好きのおしゃべり女.

__Klat·sche__ [クらッチェ klátʃə] 女 -/-n ① はえたたき. ② 《俗》(軽蔑的に:)ゴシップ好きのおしゃべり女. ③ 《方・口語》 告げ口屋. ④ 《方》 (学生言葉:)(外国語のテクストの)とらの巻.

*__klat·schen__ [クらッチェン klátʃən] (klatschte, hat ... geklatscht) I 自 (定了 haben) ① ぱちっ(ぴしゃっ)と音をたてる; 平手打ちをする. (英 smack). Der Regen klatschte an die Scheibe (auf das Dach). 雨が窓ガラス(屋根)にばちばちと当たった / Die nassen Segel klatschten gegen die Masten. ぬれた帆がマストにばたばたと当たった. ② 手をたたく. (英 clap). in die Hände klatschen 拍手する. ③ 《口語》うわさ話をする, 陰口をきく. über die neuen Nachbarn klatschen 新しい隣人たちについてうわさ話をする.
II 他 (定了 haben) ①《方向を表す語句とともに》《口語》《物4を...》ぱちっ(ぴしゃっ)とたたきつける. ein Buch4 an die Wand klatschen 本を壁にたたきつける. ②《成句的に》人3 Beifall4 klatschen 人3に拍手を送る / den Takt klatschen 手拍子をとる / 人3 eine4 klatschen 《口語》人3に一発くらわす. ③《方・口語》人3に物4を告げ口する.

__klatsch·haft__ [クらッチュハフト] 形 ゴシップ(陰口)好きな, 口さがない.

__Klatsch⹀maul__ [クらッチュ・マオる] 中 -[e]s/..mäuler《俗》(軽蔑的に:)ゴシップ好きのおしゃべり女.

__Klatsch⹀mohn__ [クらッチュ・モーン] 男 -[e]s/《植》ヒナゲシ.

__klatsch⹀nass__ [クらッチュ・ナス] 形 《口語》ずぶぬれの.

__klatsch⹀naß__ ☞ 《新形》 klatschnass

__Klatsch⹀sucht__ [クらッチュ・ズフト] 女 -/《軽蔑的に:》ゴシップ(陰口)好きなこと.

__klatsch·te__ [クらッチュテ] *klatschen (ぱちっと音をたてる) の過去

__klau·ben__ [クらオベン kláubən] 他 (h) ① 《A4 aus (または von) B3 ~ 》《方》(A4 を B3 から)つまんで取り出す. ② 《南ド・西ド・口語》(果実4を)摘み取る. ③ 《方》(豆など4を)えり分ける.

__Klaue__ [クらオエ kláuə] 女 -/-n ① (猛獣・猛鳥の)爪(な), ひづめ. die scharfen Klauen des Löwen ライオンの鋭い爪 / 人4 den Klauen3 des Todes entreißen《雅》人4を死の危険から救い出す. ②《俗》手. ③《覆 なし》《俗》悪筆. ④《工》ハーケン; くぎ抜き.

__klau·en__ [クらオエン kláuən] 他 (h)《口語》盗む, くすねる(=stehlen).

__Klaus__ [クらオス kláus] -[ens]/《男名》クラウス(Nikolaus の短縮).

__Klau·se__ [クらオゼ kláuzə] 女 -/-n ① 庵(いおり), 庵室. ②《修道院の》独居室, 房; 《比》(静かで小さな)部屋, 住まい. ③ (特にアルプスの)峡谷; 峡道.

__Klau·sel__ [クらオゼる kláuzəl] 女 -/-n《法》(契約などの)条項, 約款; 付則, ただし書き.

__Klaus·ner__ [クらオスナァ kláusnər] 男 -s/- 隠者, 世捨て人, 隠修士.

__Klau·sur__ [クらオズーァ klauzúːr] 女 -/-en ① 《覆 なし》隔離, 孤独. ② (修道院の)立入禁止地域. in strenger Klausur leben 厳しい隠遁生活を送る. ③ =Klausurarbeit

__Klau·sur·ar·beit__ [クらオズーァ・アルバイト] 女 -/-en 筆記試験[の答案].

__Kla·vi·a·tur__ [クらヴィアトゥーァ klaviatúːr] 女 -/-en ①《音楽》鍵盤. ②《比》広い選択の可能性, 多様性.

*__das Kla·vier__ [クらヴィーァ klavíːr] 中 (単2) -s/(複) -e (3格のみ -en)《音楽》ピアノ. (英 piano). Sie spielt gern Klavier. 彼女はピアノを弾くのが好きだ / Klavier4 üben ピアノの練習をする / das Klavier4 stimmen ピアノを調律する / Er begleitet sie am (または auf dem) Klavier. 彼はピアノで彼女の伴奏をする.

__Kla·vier⹀aus·zug__ [クらヴィーァ・アオスツーク] 男 -[e]s/..züge《音楽》(オペラなどの)ピアノスコア.

__Kla·vier⹀kon·zert__ [クらヴィーァ・コンツェルト] 中 -[e]s/-e ピアノ協奏曲; ピアノコンサート.

__Kla·vier⹀leh·rer__ [クらヴィーァ・れーラァ] 男 -s/- ピアノ教師. (△ 女性形は Klavierlehrerin).

__Kla·vier⹀spie·ler__ [クらヴィーァ・シュピーらァ] 男 -s/- ピアノ演奏者, ピアニスト. (△ 女性形は Klavierspielerin).

__Kla·vier⹀stim·mer__ [クらヴィーァ・シュティンマァ] 男 -s/- ピアノ調律師.

__Kla·vier⹀stun·de__ [クらヴィーァ・シュトゥンデ] 女 -/-n ピアノのレッスン(授業).

Kle·be·band [クレーベ・バント] 中 -(e)s/..bänder 接着テープ.

:kle·ben [クレーベン kléːbən] (klebte, hat...geklebt) **I** 他 (完了 haben) ① 《方向を表す語句とともに》《物》を…へ》貼(は)り付ける，(接着剤などで)くっつける. Er klebt Bilder **an die** Wand. 彼は絵を壁に貼る / eine Marke⁴ **auf den Brief** kleben 切手を手紙に貼る / Fotos⁴ **ins Album** kleben 写真をアルバムに貼る. ② (裂け目など⁴を)貼(は)って修復する. einen Riss in der Tapete kleben 壁紙の破れ目を貼って修復する. ③ 《成句的に》人³ eine⁴ kleben 《俗》人³に一発くらわす.
II 自 (完了 haben) ① 《場所を表す語句とともに》(…に)付着している，貼(は)ってある. Der Kaugummi klebt **an** meinen Zähnen. ガムが私の歯にくっついている / am Gegner kleben 《スポ》相手をマークする / Sie klebt an ihm. 《俗》彼女はいつも彼にべったりだ. ② くっつく，粘着力がある. Dieser Leim klebt gut (schlecht). この接着剤は付きがよい(悪い). ③ 《口語》べとべとする，ねばねばする. Die Bonbons kleben. キャンディーがべとべとしている. ④ 《口語》離れようとしない，執着する. **im** Wirtshaus kleben 飲み屋で粘る / **am Geld** kleben お金に執着する / Er klebt an seinem Posten. 彼は自分の地位にしがみついている.

《新形》..

kle·ben blei·ben ① くっついている，貼(は)りついたままである. ② 《口語》いつまでも居続ける; 落第する.

....

kle·ben|blei·ben* 自 (s) (新形) kleben bleiben) ☞ kleben.

Kle·ber [クレーバァ kléːbər] 男 -s/- 《口語》接着剤; 《化》グルテン.

Kle·be·stift [クレーベ・シュティフト] 男 -(e)s/-e スティックタイプの糊(のり).

Kle·be·strei·fen [クレーベ・シュトライフェン] 男 -s/- =Klebstreifen

kleb·rig [クレープリヒ kléːbrɪç] 形 ① 粘りつく，べとつく. ② (性格などが)ねちねちした.

Kleb·stoff [クレープ・シュトフ] 男 -(e)s/-e 接着剤，粘着性の物質; 《化》グルテン.

Kleb·strei·fen [クレープ・シュトライフェン] 男 -s/- 接着テープ.

kleb·te [クレープテ] *kleben (貼り付ける)の 過去

kle·ckern [クレッケァン klékərn] **I** 自 (h, s) ① (h) (食事の際などに)ぽたぽたこぼす，こぼして染みをつける. ② (s) (液体が)ぽたぽたこぼれる. ③ (h) (仕事などが)ぽつぽつ進む. **II** 他 (h) 『A⁴ **auf** B⁴ ～』(A⁴をB⁴の上に)ぽたぽたこぼす，こぼして汚す. Suppe⁴ auf das Tischtuch kleckern スープをテーブルクロスにこぼす.

kle·cker·wei·se [クレッカァ・ヴァイゼ] 副 《口語》(とぎれとぎれに)少量ずつ.

Klecks [クレックス kléks] 男 -es/-e ① (インクなどの)染み，汚れ. ② 《口語》(ジャム・バターなどについて:)少量. ein Klecks Butter 少量のバター.

kleck·sen [クレクセン kléksən] **I** 自 (h) ① (インクなどで)染みをつける，汚す. ② 《口語》下手な絵(字)を書く. **II** 他 (h) 『A⁴ **auf** B⁴ ～』(A⁴をB⁴に)べたべた塗る.

***der Klee**¹ [クレー kléː] 男 (単2) -s/ 《植》クローバー. (英 clover). Glücksklee (四つ葉の)幸運のクローバー / 人⁴ **über den grünen** Klee loben 《口語》人⁴をほめちぎる.

Klee² [クレー] -s/ 《人名》クレー (Paul Klee 1879–1940; スイスの画家).

Klee·blatt [クレー・ブラット] 中 -(e)s/..blätter ① クローバーの葉. ein vierblättriges Kleeblatt 四つ葉のクローバー(幸運の印). ② 《口語》三人組，トリオ. ③ 《交通》(四つ葉のクローバー形の)立体交差.

Klei·ber [クライバァ kláɪbər] 男 -s/- 《鳥》ゴジュウカラ.

***das Kleid** [クライト kláɪt]

> ワンピース
>
> Das ist aber ein schönes *Kleid* !
> ダス イスト アーバァ アイン シェーネス クライト
> すてきなワンピースですね.

中 (単2) -es (まれに -s)/(複) -er (3格のみ -ern) ① ワンピース，ドレス. (英 dress). Abendkleid イブニングドレス / Brautkleid ウェディングドレス / ein neues Kleid 新しいワンピース / das Kleid⁴ an|ziehen (aus|ziehen) ワンピースを着る(脱ぐ) / ein hübsches Kleid⁴ an|haben (または tragen) きれいなドレスを着ている / Ich lasse mir ein Kleid machen. 私はワンピースを新調します / Dieses Kleid steht dir gut. このワンピースは君によく似合っているよ. ② 《複》衣服. (英 clothes). **in** die Kleider schlüpfen 大急ぎで服を着る / Kleider machen Leute. 《諺》馬子(まご)にも衣装(←衣服は人々をつくる) / nicht **aus den Kleidern** kommen (忙しくて)寝る暇もない(←衣服から抜け出せない). ③ 《狩・動》(鳥獣の)羽毛. ④ 《雅》制服，ユニホーム; 《ネズ》背広.

....

《類語》 das Kleid: (女性用の)衣服，特にワンピース. der Anzug: (男性用の上下そろいの)スーツ. die Kleidung: (人が身にまとう衣服の総称で，帽子・靴下・手袋なども含まれる)衣服; 服装. Seine Kleidung ist sehr gepflegt. 彼の身なりはたいへん洗練されている.

....

***klei·den** [クライデン kláɪdən] du kleidest, er kleidet (kleidete, hat...gekleidet) **I** 他 (完了 haben) ① 『人⁴に…の』**衣服を着せる**. ein Kind⁴ sauber kleiden 子供にこざっぱりした服を着せる. ② (衣服・色などが人⁴に)よく似合う，引きたたせる. Der Hut kleidet dich nicht. その帽子は君には似合わない. ③ 『A⁴ **in**

Kleider

B⁴ ～》(A⁴(考え・気持ちなど)を B⁴ で)[言い]表す. 物⁴ **in eine Form kleiden** 物⁴に形を与える. 物⁴を表現する / **einen Gedanken in Worte kleiden** 考えを言葉に表す.
II (再帰) (完了 haben) *sich⁴ kleiden* (…な)服装をする. **Sie kleidet sich modern.** 彼女はモダンな身なりをしている.
◇☞ **gekleidet**

Klei·der [クライダァ] ‡Kleid (ワンピース)の 複
Klei·der=ab·la·ge [クライダァ・アップラーゲ] 女 -/-n クローク, (劇場などの)携帯品預り所.
Klei·der=bü·gel [クライダァ・ビューゲル] 男 -s/- ハンガー, 洋服掛け.
Klei·der=bürs·te [クライダァ・ビュルステ] 女 -/-n 洋服ブラシ.
Klei·der=ha·ken [クライダァ・ハーケン] 男 -s/- (コート掛けの)フック, くぎ.
Klei·der=schrank [クライダァ・シュランク] 男 -(e)s/..schränke 洋服だんす, 衣装戸棚;《比》がっちりした[体格の]男. **Ihr Mann ist ein Kleiderschrank.**《口語》彼女の夫は堂々たる体格をしている.
Klei·der=stän·der [クライダァ・シュテンダァ] 男 -s/- 洋服スタンド, コート掛け.
klei·de·te [クライデテ] ＊kleiden (衣服を着せる)の 過去
kleid·sam [クライトザーム] 形 よく似合う(衣服・髪型など). **ein kleidsamer Hut** よく似合う帽子.

die **Klei·dung** [クライドゥング kláɪdʊŋ] 女 (単)-/(複)-en 《ふつう 単》(総称として)衣類, 服装.(英 clothing). **Kinderkleidung** 子供服 / **eine leichte (warme) Kleidung⁴ tragen** 軽い(暖かい)服を着ている / **die Kleidung⁴ wechseln (ab|legen)** 服を着替える(脱ぐ).(☞類語 **Kleid**).

《メモ》衣類のいろいろ: **Anzug**(男性用の)スーツ / **Bluse** ブラウス / **Hemd** シャツ / **Hose** ズボン / **Jacke** 上着 / **Jeans** ジーンズ / **Kleid** ワンピース / **Kostüm**(女性用の)スーツ / **Krawatte** ネクタイ / **Mantel** コート / **Pullover** プルオーバー / **Rock** スカート / **Socke** ソックス / **Strumpf** ストッキング

Klei·dungs=stück [クライドゥングス・シュテュック] 中 -(e)s/-e (上着・ズボンなど個々の)衣服.
Kleie [クライエ kláɪə] 女 -/(種類:)-n 麩(ふす), 糠(ぬか).

＊**klein** [クライン kláɪn]

> 小さい **Die Hose ist mir zu klein.**
> ディ ホーゼ イスト ミァ ツー クライン
> このズボンは私には小さすぎる.

形 (比較 **kleiner**, 最上 **kleinst**) ① 小さい; 背の低い. (英 **small**). (メモ)「大きい」は **groß**. **der kleine Finger** 小指 / **ein kleines Haus** 小さな家 / **der kleine Zeiger** (時計の)秒針 / **Er ist klein.** 彼は小柄だ / **groß und klein** (新形) **Groß und Klein** 大人も子供も, だれでも / **klein, aber oho**《口語》なりは小さいがばかにならない / **klein, aber fein** そう大きくはないが良質の / **Er fährt ein kleines Auto.** 彼は小さな車を運転している.
② 年少の, 幼い. **mein kleiner Bruder** 私の弟 / **von klein auf (または an)** 幼いころから.
③ (時間的に:)短い. **eine kleine Weile** しばらくの間 / **bei kleinem**《北ドイ》しだいに, だんだん.
④ 少数の, 少量の. **eine kleine Familie** 小家族 / **kleines Geld** 小銭 / **Haben Sie es klein?** 小銭をお持ちですか / 物⁴ **im kleinen** (新形 **im Kleinen**) **verkaufen** 物⁴を小売りする / **Die Teilnehmerzahl wird immer kleiner.** 参加者数はますます少なくなる.
⑤ ささいな, ちょっとした. **eine kleine Erkältung** ちょっとした風邪 / 人³ **eine kleine Freude⁴ machen** 人⁴にささやかな喜びをもたらす / **ein klein wenig** (または **bisschen**) ほんの少し.
⑥ (身分の)低い, 下っぱの. **kleine Leute** 下層階級の人々 / **ein kleiner Angestellter** 安サラリーマン / **klein an|fangen**《口語》裸一貫から始める. ⑦《口語》[急に]おずおずした, 弱腰の. **Er wurde ganz klein [und hässlich].** 彼は急に弱腰になった. ⑧ こせこせした, 視野の狭い. **ein kleiner Geist** 心の狭い人 / **von** 人³ **klein denken** 人³を軽蔑する.

(新形)
klein ka·riert 細かいチェックの, 一松模様の. (メモ) **kleinkariert** は「こせこせした」を意味する).
klein ma·chen ① 細かくする, (まきなど⁴を)細かく割る. **Können Sie [mir] den Schein klein machen?**《口語》この紙幣を小銭にくずしてくださいませんか. ②《幼児》おしっこをする. (メモ) **klein|machen** は「使い果たす」を意味する).
klein schnei·den 細かく切る(刻む).
klein schrei·ben (口語) 軽視する. (メモ) **klein|schreiben** は「小文字で書き始める」を意味する).

Klein=ar·beit [クライン・アルバイト] 女 -/ (手のかかる)細かな仕事.
klein=asi·a·tisch [クライン・アズィアーティッシュ] 形 小アジアの.
Klein=bahn [クライン・バーン] 女 -/-en (狭軌の)軽便鉄道, ローカル線.
Klein=bau·er [クライン・バオアァ] 男 -n/-n 小農, 小百姓.
Klein=be·trieb [クライン・ベトリープ] 男 -(e)s/-e 小企業.
Klein·bild=ka·me·ra [クラインビルト・カメラ] 女 -/-s《写》(35 ミリの)小型カメラ.
Klein=buch·sta·be [クライン・ブーフシュターベ] 男 -ns (3格・4格 -n)/-n 小文字.
Klein=bür·ger [クライン・ビュルガァ] 男 -s/-

小市民、プチブル；《比》俗物.
klein≠bür·ger·lich [クライン・ビュルガァリヒ] 形 小市民的な、プチブル的な；《比》俗物的な.
Klein≠bür·ger·tum [クライン・ビュルガァトゥーム] 中 -s/ ① 小市民階級. ② 俗物根性.
Klein≠bus [クライン・ブス] 男 ..busses/..busse マイクロバス.
Klei·ne[r] [クライネ (..ナァ) kláinə (..nər)] 男 女 《語尾変化は形容詞と同じ》 ① 小さな男の子(女の子)； 小さな子供、おちびちゃん． die Großen und die Kleinen 大人たちと子供たち / eine hübsche Kleine かわいい女の子 / der Kleine 坊や． ②《口語・戯》少年, 男の子；少女, 女の子． (☞ 特に女の子の側から親しみをこめて男の子を呼ぶときに用いられる).
Klei·ne[s] [クライネス kláinə(s)] 中《語尾変化は形容詞と同じ》①《口語・戯》子供．unser Kleines うちの子 / etwas Kleines⁴ bekommen 《戯》子供ができる． ② 小さな物(事). eine Welt im Kleinen 小宇宙 / 物⁴ im Kleinen verkaufen 物⁴ を小売する / Im Kleinen war die Methode erfolgreich. 細かな点ではその方法は成功した / im Kleinen wie im Großen 事の大小を問わず / um ein Kleines a) ほんの少しだけ, b) すんでのところで.
Klein≠fa·mi·lie [クライン・ファミーリエ] 女 -/ -n 小[人数]家族、核家族.
Klein≠for·mat [クライン・フォルマート] 中 -[e]s/-e 小型サイズ.
Klein≠gar·ten [クライン・ガルテン] 男 -s/..gärten 《郊外の》レジャー用小菜園.
das **Klein≠geld** [クライン・ゲるト kláingɛlt] 中 (単2) 小銭, 釣り銭． Ich habe kein Kleingeld. 私は小銭がない.
Klein≠gläu·big [クライン・グろイビヒ] 形 信仰心の薄い、懐疑的な.
Klein≠han·del [クライン・ハンデる] 男 -s/ 小売業.
Klein·heit [クラインハイト] 女 -/ ① 小さいこと；ささい, 微少． ②《雅》限定, 限界.
Klein≠hirn [クライン・ヒルン] 中 -[e]s/-e《医》小脳.
Klein≠holz [クライン・ホるツ] 中 -es/ 細かく割った木、こっぱ、木ぎれ． 物⁴ **zu** *Kleinholz* machen 《口語》物⁴ をこなごなに打ち壊す / *Kleinholz*⁴ **aus** ... ³ machen《口語》人³ をこてんこてんに打ちのめす, ひどくしかる.
die **Klei·nig·keit** [クらイニヒカイト kláinıçkaıt] 女 (単) -/(複) -en ちょっとしたもの、わずかなもの； ささいなこと．eine *Kleinigkeit*⁴ essen 何かちょっと食べる / 人³ eine *Kleinigkeit*⁴ schenken 人³ にちょっとしたものをプレゼントする / sich⁴ nicht mit *Kleinigkeiten* ab|geben ささいなことにかかわりを持たない / Das ist für ihn eine *Kleinigkeit*.《口語》それは彼にとってはわけもないことだ．《口語》Das ist keine *Kleinigkeit*.《口語》これはそう容易ではない / Das kostet eine *Kleinigkeit*.《口語》(反語的に:) それはちょっと費用がかさみそうだ.

Klei·nig·keits·krä·mer [クらイニヒカイツ・クレーマァ] 男 -s/- 小さなことにこだわる人.
klein≠ka·riert¹ [クライン・カリーァト] 形 こせこせした、ささいなことにこだわる.
klein≠ka·riert² 形 (新形) klein kariert (細かいチェックの) ☞ klein
Klein≠kind [クライン・キント] 中 -[e]s/-er (官庁)(3歳から6歳までの)幼児.
Klein≠kram [クライン・クラーム] 男 -[e]s/《口語》① くだらないもの． ② ささいなこと(用事).
Klein≠krieg [クライン・クリーク] 男 -[e]s/-e ① ゲリラ戦． ②(絶え間のない)いざこざ, 小競り合い.
klein|krie·gen [クライン・クリーゲン kláinkri:gən] 他 (h) ① 小さく砕く；壊す． ② 食べ尽くす, (財産など⁴を)使い果たす． ③ 屈服させる, 意のままにする.
Klein≠kunst [クライン・クンスト] 女 -/ ① カバレット(寄席)の演芸． ② 手工芸[品].
klein≠laut [クライン・らオト] 形 (それまでの元気が失せて)急にしょんぼりした． *kleinlaut* werden しょんぼりする.
klein·lich [クラインリヒ] 形 こせこせした、度量の小さい、ささいなことにこだわる． (☞「寛大な」は *großzügig*).
Klein·lich·keit [クラインリヒカイト] 女 -/-en ①《複》なし 狭量, ささいなことへのこだわり． ② こせこせした言動.
klein|ma·chen¹ [クライン・マッヘン kláinmàxən] 他 (h) 《口語》 (遺産など⁴ を) 使い果たす.
klein|ma·chen² 他 (h) (新形) klein machen (細かくする) ☞ klein
Klein≠mut [クライン・ムート] 男 -[e]s/《雅》小心, 臆病, 無気力.
klein≠mü·tig [クライン・ミューティヒ] 形《雅》小心な, 臆病な, 無気力な.
Klein≠od [クライン・オート kláin-o:t] 中 -[e]s/-e (または ..odien [..オーディエン]) 《雅》①《複》..odien》(高価な)アクセサリー、宝石． ②《複》-e》貴重品, 宝物.
klein|schnei·den* 他 (h) (新形) klein schneiden ☞ klein
klein|schrei·ben*¹ [クライン・シュライベン kláin-ʃràıbən] 他 (h) (単語など⁴ を)小文字で書き始める.
klein|schrei·ben*² 他 (h) (新形) klein schreiben (軽視する) ☞ klein
Klein≠schrei·bung [クライン・シュライブング] 女 -/《言》(頭文字の)小文字書き.
kleinst [クらインスト kláinst] (‡klein の 最上) 形 最も小さい；最年少の． die *kleinste* Schule in der Stadt 町で最も小さい学校． ◇《名詞的に》Er ist von uns allen der *Kleinste*. 彼は私たちみんなの中でいちばん小さい / bis **ins** *kleinste* (新形) bis **ins** *Kleinste* 細部にわたって.
Klein≠staat [クライン・シュタート] 男 -[e]s/-en 小国, 弱小国家.
Klein≠staa·te·rei [クライン・シュターテライ] 女

–/ 小国分立[状態].

Klein≈stadt [クライン・シュタット] 囡 –/
..städte [..シュテーテ] 小都市(ドイツでは人口5千
から2万までの都市).

Klein≈städ·ter [クライン・シュテータァ] 男 –s/–
小都市の住民;《比》田舎者.

klein≈städ·tisch [クライン・シュテーティッ
シュ] 圏 小都市の; 田舎特有の(窮屈さなど).

Klein≈vieh [クライン・ふィー] 匣 –[e]s/ 小家
畜(羊・豚・うさぎなど). *Kleinvieh* macht auch
Mist. 《諺》ちりも積もれば山となる.

Klein≈wa·gen [クライン・ヴァーゲン] 男 –s/–
小型[自動]車.

Kleist [クライスト kláɪst] –s/《人名》クライスト
(Heinrich von *Kleist* 1777–1811; ドイツの劇作家・
小説家).

Kleis·ter [クライスタァ kláɪstər] 男 –s/(種
類:) – 糊(%);《比》濃いおかゆ.

kleis·tern [クライスタァン kláɪstərn] 他 (h)
《口語》《物⁴を…へ》糊(%)で貼(は)る; (バターなど⁴
を)厚く塗る.

Kle·ma·tis [クレーマティス klé:mɑtɪs または ク
レマ..] 囡 –/– 《植》クレマチス, テッセン.

Kle·mens [クレーメンス klé:məns] –/《男名》
クレーメンス (=Clemens).

Klem·me [クレンメ klémə] 囡 –/–n ① 締め
金, 留め金, クリップ;《工》端子; クランプ;《医》
鉗子(%). ②《口語・比》窮地. 人³ **aus**
der *Klemme* helfen 人³を窮地から救い出す /
in der *Klemme* sein (または sitzen) 困っている,
板ばさみになっている.

*klem·men [クレンメン klémən] (klemmte,
hat ...geklemmt) I 他 《完了》 haben) ①《方
向を表す語句とともに》《物⁴を…に》はさむ, はさみ
つける. ein Buch⁴ **unter** den Arm *klem-
men* 本を小わきにはさむ / Ich *habe* mir den
Finger **in** der Tür *geklemmt*. 私は指をドアに
はさんでしまった. ②《俗》くすねる, 盗む.
II 再帰 《完了》 haben) *sich⁴ klemmen* ① は
さまれる; (無理に)割り込む. Ich *habe* mich
an der Tür *geklemmt*. 私はドアにはさまれた.
②《*sich⁴* **hinter** 人・事⁴ ~》《口語》《人⁴に援
助を)頼み込む; (軍⁴に)精を出す.
III 自 (《完了》 haben) (戸・引き出しなどが)はさ
まって動かない, なかなか開かない(閉まらない).

Klem·mer [クレンマァ klémər] 男 –s/– 《方》
鼻眼鏡.

klemm·te [クレンムテ] *klemmen (はさむ)の
過去

Klemp·ner [クレンプナァ klémpnər] 男 –s/–
板金工, ブリキ職人.

Klemp·ne·rei [クレンプネライ klempnəráɪ]
囡 –/–en ①《覆 なし》板金工(ブリキ職人)の仕
事. ② 板金工(ブリキ職人)の仕事場.

Klep·per [クレッパァ klépər] 男 –s/– 老馬, 駄
馬(%).

Klep·to·ma·ne [クレプトマーネ klɛptomá:-
nə] 男 –n/–n 《心》盗癖のある人. (人➡ 女性形
は Kleptomanin).

Klep·to·ma·nie [クレプトマニー klɛptoma-
ni:] 囡 –/ 《心》盗癖.

kle·ri·kal [クレリカール klerikáːl] 圏 (カトリッ
クの)聖職者の; 教権主義の.

Kle·ri·ker [クレーリカァ klé:rikər] 男 –s/– (カ
トリックの)聖職者.

Kle·rus [クレールス klé:rus] 男 –/ 《総称として:)
(カトリックの)聖職者.

Klet·te [クレッテ klétə] 囡 –/–n 《植》ゴボウ; イ
ガ. an 人³ wie eine *Klette* hängen 《口語・
比》人³にうるさくつきまとう.

Klet·te·rei [クレッテライ kletəráɪ] 囡 –/–en
《口語》(長時間にわたる)登山, 登攀(%).

Klet·te·rer [クレッテラァ klétərər] 男 –s/– 登
山者, ロッククライマー; 山登りの得意な動物;
《自転・隠語》登りの得意な自転車選手.

‡**klet·tern** [クレッタァン klétərn] (kletterte,
ist ...geklettert) 自 (《完了》 sein) ① (手足を使
って)よじ登る. (英 climb). **an** den Seilen
klettern ロープを伝ってよじ登る / **auf** einen
Baum *klettern* 木によじ登る / **über** den
Zaun *klettern* 垣根を乗り越える. ◇《現在分
詞の形で》*kletternde* Pflanzen 蔓(%)植物.
②《方向を表す語句とともに》《口語》《…へ》はう
ようにして入る(乗り込む), (…から)はうようにして
出る(降りる). **aus** dem Auto (**in** das Auto)
klettern 車から降りる(車に乗り込む).
③《比》(物価・気温などが)上昇する. Die
Preise *kletterten* **in** die Höhe. 物価が高騰
した.

Klet·ter≈par·tie [クレッタァ・パルティー] 囡 –/
–n (登山で:)岩登りの難所;《口語》
岩登りの多い登山.

Klet·ter≈pflan·ze [クレッタァ・プふらンツェ] 囡
–/–n 蔓(%)植物(つた・ぶどうなど).

Klet·ter≈stan·ge [クレッタァ・シュタンゲ] 囡
–/–n 《運動》登り棒.

klet·ter·te [クレッタァテ] ‡klettern (よじ登る)の
過去

kli·cken [クリッケン klíkən] 自 (h) ① (カメラ
などが)かしゃっ(かちっ・かちん)と音をたてる. ②
《電算》クリックする.

Kli·ent [クリエント kliént] 男 –en/–en 訴訟
(弁護)依頼人.

Kliff [クリふ klíf] 匣 –[e]s/–e 《北ドイツ》(海岸の)
断崖(%), 絶壁.

das Kli·ma [クリーマ klí:ma] 匣 (単2) –s/
(複) –s (または ..mate [クリマーテ] (3格のみ
..maten)) ①《気象》気候. (英 climate). ein
mildes *Klima* 温暖な気候. ② (部屋の)空気
調節, 空調. ③ (人間関係の生み出す)雰囲
気, (精神的な)環境. Betriebs*klima* 職場の
雰囲気 / das geistige *Klima* 精神風土.

die Kli·ma≈an·la·ge [クリーマ・アンらー
ゲ klí:ma-anla:gə] 囡 (単) –/(複) –n エアコン
[ディショナー], 空調装置. (英 air conditioner).
Jedes Zimmer hat eine *Klimaanlage*. どの
部屋にもエアコンが付いている.

Kli·mak·te·ri·um [クリマクテーリウム klimakté:rium [中] -s/..rien [..リエン]《医》更年期, 月経閉止期.

kli·ma·tisch [クリマーティッシュ klimá:tɪʃ] [形] 気候の; 気候のよい, 気候(転地)療法に適した. ein *klimatischer* Kurort 転地療養地.

kli·ma·ti·sie·ren [クリマティズィーレン klimatizí:rən] [他] (h) (部屋など⁴を)空気調節(冷暖房)する; (物⁴に)エアコンを取り付ける.

Kli·ma≠wech·sel [クリーマ・ヴェクセる] [男] -s/- 気候の変化; 転地(療法).

Kli·max [クリーマクス klí:maks] [女] -/-e《ふつう[単]》① 頂点, 絶頂, クライマックス. ②《修》漸屈(ぜんくつ)法. ③《医》更年期.

Klim·bim [クリムビム klɪmbím] [男] -s/《口語》余計なもの, がらくた; (ばかばかしい)大騒ぎ. einen *Klimbim* machen 大騒ぎする.

klim·men⁽*⁾ [クリンメン klímən] (klomm, *ist* ...geklommen または klimmte, *ist*...geklimmt) [自] (s)《雅》(…へ)よじ登る.

Klimm≠zug [クリム・ツーク] [男] -[e]s/..züge (体操で)懸垂.

klim·pern [クリンパァン klímpərn] I [自] (h) ① かちゃかちゃ(ちゃらちゃら)音をたてる. mit dem Geld in der Tasche *klimpern* ポケットの中でお金をちゃらちゃらいわせる. ② (楽器)そんざいに弾く. auf der Gitarre *klimpern* ギターをぼろんぼろんと鳴らす. II [他] (h)《口語》(曲など⁴を)下手に弾く.

die **Klin·ge** [クリンゲ klíŋə] [女] (単) -/(複) -n (刀などの)刃, 刀身. (英 *blade*). Messer*klinge* ナイフの刃 / die Klinge⁴ wechseln (かみそりの)刃を取り替える / mit [人]³ die Klingen⁴ kreuzen《雅》a) [人]³と決闘する. (比) [人]³と論争する / eine scharfe Klinge⁴ führen《口語・比》(論争の際に)鋭く切りこむ / [人]⁴ über die Klinge springen lassen《比》a) [人]⁴を殺す. b) [人]⁴を破滅させる(←刃の上を跳び越えさせる). ②《方》(険しい)峡谷.

die **Klin·gel** [クリンゲる klíŋəl] [女] (単) -/(複) -n ① ベル, 呼び鈴. (英 *bell*). Fahrrad*klingel* 自転車のベル / die Klingel⁴ betätigen ベルを鳴らす / auf die Klingel drücken 呼び鈴を押す. ② (手で振る小さい)鐘, 振鈴.

Klin·gel≠beu·tel [クリンゲる・ボイテる] [男] -s/- (長い柄と鈴の付いた)教会の献金袋.

Klin·gel≠knopf [クリンゲる・クノプふ] [男] -[e]s/..knöpfe 呼び鈴の押しボタン.

‡**klin·geln** [クリンゲるン klíŋəln] ich klingle (klingelte, *hat*...geklingelt) (英 *ring*) I [自] (完了 haben) ① (ベルなどが)鳴る. Das Telefon *klingelt*. 電話が鳴っている. ◊(非人称のes を主語として) Es *klingelt* zum Unterricht. 授業開始のベルが鳴っている / Jetzt *hat* es bei mir *geklingelt*.《口語》やっとわかったぞ / Jetzt *hat* es *geklingelt*!《口語》もう我慢ができない. ② (人が)ベルを鳴らす. stürmisch an der Tür *klingeln* ドアのベルを激しく鳴らす / [nach] der Sekretärin³ *klingeln* 女性秘書を呼び鈴で呼ぶ.

II [他] (完了 haben) ([人]⁴を)ベルを鳴らして起こす. [人]⁴ aus dem Bett (dem Schlaf) *klingeln* ベルを鳴らして[人]⁴をベッドから([人]⁴が寝ているところを)起こす.

klin·gel·te [クリンゲるテ] ‡klingeln (鳴る)の過去

Klin·gel≠zug [クリンゲる・ツーク] [男] -[e]s/..züge 呼び鈴の引きひも.

‡**klin·gen*** [クリンゲン klíŋən] (klang, *hat*... geklungen) [自] (完了 haben) ① 鳴る, 響く. (英 *ring*). Die Glocken *klingen* dumpf. 鐘が鈍く鳴り響く / die Gläser⁴ *klingen lassen* グラスを打ち合わせて乾杯する / Der Lärm *klang* bis zu uns. その騒音はわれわれのところで響いてきた.

② (比) (…のように)聞こえる, 思われる. Die Geschichte *klingt* seltsam. その話は奇妙な感じがする.

....

類語 **klingen**: (グラス・鐘などが)高いさえた音を出す, 澄んだ音色で響く. **tönen**: (オルガン・スピーカーの音などが)響き渡る. **läuten**: (鐘が時刻などを告げて)鳴る.

....

kling·le [クリングれ] ‡klingeln (ベルを鳴らす)の1人称単数 現在

die **Kli·nik** [クリーニク klí:nɪk] [女] (単) -/(複) -en ① (専門の診療をする)クリニック; [大学附属]病院. (英 *clinic*). Poli*klinik* (外来患者専門の)総合病院 / eine Klinik für Herzkrankheiten 心臓病クリニック / [人]⁴ in die Klinik ein|liefern [人]⁴を入院させる. (☞ 類語 Krankenhaus). ②《複なし》《医》(大学)の臨床講義.

Kli·ni·ker [クリーニカァ klí:nikər] [男] -s/- 《医》① (大学附属病院の)臨床医; 臨床講義担当講師. ② 臨床実習中の医学生.

Kli·ni·kum [クリーニクム klí:nikum] [中] -s/..nika (または ..niken) ① 《複なし》《医》臨床実習. ② 大学附属病院.

kli·nisch [クリーニッシュ klí:nɪʃ] [形] 《医》① クリニックの, [大学附属]病院の; 臨床[講義]の. die *klinische* Ausbildung 臨床実習. ② 医学的に確認される. ein *klinischer* Tod 医師によって確認される死(心肺機能の停止).

die **Klin·ke** [クリンケ klíŋkə] [女] (単) -/(複) -n ① (ドアの)取っ手, ノブ. die Klinke⁴ nieder|drücken (または herunter|drücken) 取っ手を下へ押す / *Klinken* putzen《口語》家から家へ行商(物ごい)して回る(←取っ手を磨く). ② (機械などの)ハンドル, レバー.

klin·ken [クリンケン klíŋkən] [自] (h) ([an]³ ~に) (物³に)手を触れる. an der Tür *klinken* ドアの取っ手を動かす.

Klin·ker [クリンカァ klíŋkər] [男] -s/- 硬質れんが, クリンカー.

klipp¹ [クリップ klɪp] [副]《成句的に》*klipp* und klar《口語》きわめてはっきりと.

klipp!² [クリップ] [間] (物がぶつかる軽い音:)かたん,

かちっ. *Klipp*, klapp! かたん, ことん.

Klipp [クリップ] (=Clip) 男 -s/-s 《万年筆などの》クリップ; (はさんで留めるアクセサリー:) イヤリング, ブローチ, 髪飾り, タイピン.

Klip·pe [クリッペ klípə] 女 -/-n (沿岸の)岩礁, 暗礁, (比) 困難, 障害. **auf eine** *Klippe* **auf**laufen (船・事態が)暗礁に乗り上げる.

Klip·per [クリッパァ klípər] 男 -s/- 《海》クリッパー(昔の4本マストの快速帆船);《空》大型長距離航空機.

Klipp=fisch [クリップ・フィッシュ] 男 -[e]s/-e 干し鱈(だら).

Klips [クリップス klíps] 男 -es/-e (クリップ式の)イヤリング.

klir·ren [クリレン klírən] 自 (h) (金属・ガラスなどが)かちゃかちゃ(がちゃがちゃ)音をたてる.

Kli·schee [クリシェー klifé:] 中 -s/-s ①《印》ステロ版. ②《比》安易な模倣; 型にはった考え; 月並みな決まり文句.

kli·schie·ren [クリシーレン klifí:rən] 他 (h) ①《印》ステロ版にする. ②《比》型どおりに模倣する, 紋切り型に表現する.

Klis·tier [クリスティーァ klistí:r] 中 -s/-e 《医》浣腸(かんちょう).

Kli·to·ris [クリートリス klí:tɔrɪs] 女 -/- (または ..torides [クリトーリデース])《医》陰核, クリトリス (=Kitzler).

Klitsch [クリッチュ klɪtʃ] 男 -[e]s/-e ①《方》かゆ; かゆ状の物;《口語》(生焼けの)ケーキ, パン. ②《方》《軽く》打つこと.

Klit·sche [クリッチェ klɪtʃə] 女 -/-n《口語》① 見すぼらしい農家. ② 三文劇場. ③(学生言葉)外国語テキストの虎(とら)の巻.

klit·schig [クリッチヒ klɪtʃɪç] 形《方》(ケーキ・パンなどが)生焼けでべとべとしている.

klitsch=nass [クリッチュ・ナス] 形《口語》びしょぬれの.

klitsch=naß [新形] ☞ klitschnass

klit·tern [クリッタァン klítərn] 他 (h) (素材を寄せ集めて作品など⁴を)でっちあげる.

klit·ze·klein [クリッツェ・クライン] 形《口語》ちっぽけな.

Klo [クロー kló:] 中 -s/-s《口語》トイレ, 便所, 便器. (=Klosett). **aufs** *Klo* **gehen** トイレに行く.

Klo·a·ke [クロアーケ kloá:kə] 女 -/-n ① 下水溝, 暗渠(あんきょ). ②《動》総排泄腔.

Klo·ben [クローベン kló:bən] 男 -s/- ① 丸木, 丸太;《口語》無骨者. ②《手工》手万力(てまんりき). ③ フック. ④《方》(たばこ用の)パイプ.

klo·big [クロービヒ kló:bɪç] 形 ごつい, 不格好な; 無骨な, 粗野な.

klomm [クロム] klimmen (よじ登る)の過去

klöm·me [クレンメ] klimmen (よじ登る)の接2

Klon [クローン kló:n] 男 -s/-e《生》クローン (有性生殖によらずに生じた, 遺伝的に同一の個体・細胞群).

klo·nen [クローネン kló:nən] 他 (h)《生》(動植物⁴を)無性増殖させる.

klö·nen [クレーネン klø:nən] 自 (h)《北ド》(つ

ろいで)おしゃべりする, 雑談する.

klop·fen [クロプフェン klɔ́pfən] (klopfte, hat ...geklopft) I 自《定7》 haben) ① (とんとんと)たたく, ノックする. (英 *knock*). Jemand *klopft* **an die Tür** (または **an der Tür**). だれかがドアをノックしている / 人³ **auf die Schulter** *klopfen* 人³の肩をたたく. ◊非人称の **es** を主語として) Es *klopft* an der Tür. ドアをノックする音がする.

② (心臓・脈が)どきどきする; (エンジンがノッキングする. ◊現在分詞の形で) mit *klopfendem* Herzen 胸をどきどきさせながら.

II 他《定7》 haben) ① (物⁴をとんとんと)たたく (ほこりなど⁴をたたいて除く. das Fleisch⁴ *klopfen* 肉をたたいて柔らかくする / Steine⁴ *klopfen* 石をたたいて砕く / den Teppich *klopfen* じゅうたんをたたいてほこりを出す / Asche⁴ **aus der Pfeife** *klopfen* パイプをたたいて灰を出す / den Staub **vom Mantel** *klopfen* コートのほこりをはたく / Die Studenten *klopften* Beifall. 学生たちは机をたたいて賛意を表した / mit dem Fuß den Takt *klopfen* 足でとんとん拍子をとる.

②《A⁴ **in** B⁴ ~》(A⁴をB⁴に)打ち込む. einen Nagel **in die Wand** *klopfen* くぎを壁に打ち込む.

Klop·fer [クロプファァ klɔ́pfər] 男 -s/- ① 敷物(じゅうたん)たたき. ②(ドアの)ノッカー.

klopf=fest [クロプフ・フェスト] 形 ノッキングを防ぐ, アンチノック性の(ガソリンなど).

klopf·te [クロプフテ] *klopfen (とんとんたたく)の過去

Klopf=zei·chen [クロプフ・ツァイヒェン] 中 -s/- ノックによる合図.

Klöp·pel [クレッペル klœpəl] 男 -s/- ①(鐘の)舌; (太鼓の)ばち; 木づち. ②《織》レース編み用ボビン.

klöp·peln [クレッペルン klœpəln] I 他 (h)《織》レース編みで作る. Spitzen⁴ *klöppeln* レースを編む. II 自 (h)《織》レース編みをする.

Klops [クロップス klɔps] 男 -es/-e《北ド・東ドド》《料理》肉団子, ミートボール.

Klop·stock [クロプ・シュトック klɔ́p-ʃtɔk] -s/-《人名》クロップシュトック (Friedrich Gottlieb *Klopstock* 1724–1803; ドイツの詩人).

Klo·sett [クロゼット klozét] 中 -s/-s (または -e) [水洗]便所, トイレ; 便器.

Klo·sett=pa·pier [クロゼット・パピーァ] 中 -s/-e トイレットペーパー.

Kloß [クロース kló:s] 男 -es/Klöße ①《料理》団子, ボール. Kartoffel*kloß* じゃがいもの団子 / Klöße aus Fleisch 肉団子 / Er hat einen *Kloß* im Hals.《口語》彼は[興奮して]声が出ない(←のどに団子を詰まらせている). ②(粘土などの)かたまり.

Kloß=brü·he [クロース・ブリューエ] 女 -/-n 団子の煮汁. Das ist klar wie *Kloßbrühe*.《口語》それはわかりきったことさ.

***das* Klos·ter** [クロースタァ kló:stər] 中

(単2) -s/(複) Klöster [クレースタァ] (3格のみ Klöstern) ① 修道院, 僧院. Mönchs-*kloster* 男子修道院 / Nonnen*kloster* 女子修道院, 尼僧院 / **ins** *Kloster* **gehen** 修道院に入る, 修道士になる. ② (生徒言葉) 女学校. ③ 〘隠語〙便所.

Klös・ter [クレースタァ] *Kloster (修道院)の〘複〙

Klos・ter・bru・der [クロースタァ・ブルーダァ] 〘男〙 -s/..brüder 〘平〙修道士.

klös・ter・lich [クレースタァリヒ] 〘形〙 修道院の; 修道院のような.

Klotz [クロッツ klɔ́ts] 〘男〙 -es/Klötze (口語: Klötzer) ① 丸太, 丸木; (おもちゃの)積み木. **wie ein** *Klotz* **schlafen** 熟睡する(←丸太のように眠る) / **Er ist für mich ein** *Klotz* **am Bein.** 〘口語〙彼は足の足手まといだ(←足元の丸太である). ② 〘複 Klötze〙〘俗〙無骨者, がさつ者.

klot・zen [クロッツェン klɔ́tsən] 〘自〙(h)《方》① (パーティーの主催者などが)はでにぱっとやる. ② 骨の折れる仕事をする.

klot・zig [クロッツィヒ klɔ́tsɪç] 〘形〙 ① (丸太のように)不格好な, ごつい. ② 〘口語〙ものすごい, たいへんな. *klotzige* **Preiserhöhungen** ものすごい物価の上昇.

Klub [クルップ klúp] (=Club) 〘男〙 -s/-s ① クラブ, (若者の)仲間, グループ. Sport*klub* スポーツクラブ / **einen** *Klub* **gründen** クラブを結成する. ② クラブハウス, クラブ集会所.

Klub≠ses・sel [クルップ・ゼッセル] 〘男〙 -s/- 安楽いす.

Kluft[1] [クルフト klúft] 〘女〙 -/Klüfte ① (岩などの)割れ目. ② (人と人の間の溝, 対立, ギャップ. **eine** *Kluft*[4] **überbrücken** 溝を埋める, 不和を収める.

Kluft[2] [クルフト] 〘女〙 -/-en《口語》制服, ユニホーム; (特定の目的のための)衣服(仕事着・礼服など).

***klug** [クルーク klúːk]

賢い **Sie ist sehr** *klug*.
ズィー イスト ゼーァ クルーク
彼女はとても賢い.

〘形〙 (比較) **klüger**, (最上) **klügst**) (英 **clever**) ① 賢い, 頭のいい. **ein** *kluges* **Kind** 利口な子供 / **Er ist ein** *kluger* **Kopf.** 彼は頭のいい人だ / **aus** 〘人・事〙[3] **nicht** *klug* **werden** 〘人・事〙[3]がわからない ⇒ **Ich werde nicht** *klug* **aus ihm.** 私は彼の気持ちがわからない / **Ich bin so** *klug* **wie vorher** (または **zuvor**). 私にはぜんとしてわからない.

② 賢明な; 抜け目ない; 巧妙な. **ein** *kluger* **Rat** 賢明なアドバイス / **ein** *kluger* **Politiker** 抜け目ない政治家 / *klug* **handeln** 巧妙に立ち回る.

〘新形〙

klug re・den 《口語》知ったかぶりをする, 利口ぶった口をきく.

〘類語〙 **klug**: (頭脳が明敏で)利口な. **gescheit**: (てきぱきとして)ひらめきの速い.(「頭のよい」の意味にも用いる). **vernünftig**: (理性的で)分別のある. **weise**: (人生の知恵を備えていて)思慮深い. **schlau**: (抜け目がなくて)賢い.

klü・ger [クリューガァ] (≠**klug** の 比較級) 〘形〙 より賢い. ◊〘名詞的に〙**Der** *Klügere* **gibt nach.** 〘ことわざ〙負けるが勝ち(←賢明な人の方が譲歩する).

klu・ger≠wei・se [クルーガァ・ヴァイゼ] 〘副〙 賢明にも.

*die **Klug・heit** [クルークハイト klúːkhaɪt] 〘女〙 (単) -/(複) -en ① 〘複 なし〙 賢さ, 聡明, インテリジェンス; 抜け目なさ, 巧妙さ. (英 **cleverness**). **ein Mann von großer** *Klugheit* たいへん賢明な男. ② 〘複〙 (皮肉って) 利口ぶった発言.

klug|re・den 〘自〙 (h) (〘新形〙 **klug reden**) ☞ **klug**

klügst [クリュークスト] (≠**klug** (賢い)の 最上級)

Klump [クルンプ klúmp] 〘男〙 -s/-e (または Klümpe) 《北ドツ》 ① 〘ゆでた〙団子. ② 〘成句的に〙**einen Wagen zu** *Klump* **fahren** 〘俗〙(事故で)車をぶっ壊す / 〘物〙[4] **in** *Klump* **schlagen** 〘俗〙〘物〙[4]を打ち砕く.

Klum・patsch [クルンパッチュ klúmpatʃ] 〘男〙 -[e]s/ 〘俗〙 がらくた.

klum・pen [クルンペン klúmpən] 〘自〙 (h) (塩・血液などが)固まる; かたまりになってこびりつく.

Klum・pen [クルンペン] 〘男〙 -s/- ① かたまり, かけら, 一山. **ein** *Klumpen* **Gold** 金塊. ② 《方》木靴, 木のサンダル.

Klump≠fuß [クルンプ・フース] 〘男〙 -es/..füße 《医》えび足, 内反足.

klum・pig [クルンピヒ klúmpɪç] 〘形〙 かたまり状の, だまの多い(スープなど); 不格好な.

Klün・gel [クリュンゲル klýŋəl] 〘男〙 -s/- 徒党, [派]閥.

Klun・ker [クルンカァ klúŋkər] 〘女〙 -/-n (または 〘男〙 -s/-)《方》小さなかたまり; (ひもの端などにつける)球状のもの; 房飾り; 《口語》(大きな)アクセサリー.

km [キロ・メータァ] 《記号》キロメートル (=**Kilo**meter).

km/h, km/st [キロ・メータァ プロ シュトゥンデ または ..イン デァ シュトゥンデ] 《記号》毎時… キロメートル (=**Ki**lometer **pro** (または **in der**) **Stunde**).

kn [クノーテン] 《記号》《海》ノット (=**Kn**oten).

knab・bern [クナッパァン knábərn] I 〘他〙 (h) がりがりかじる, ぽりぽり食べる. **Gebäck**[4] *knabbern* ビスケットをぽりぽり食べる. II 〘自〙 (h) 〖**an** 〘物〙[3]〗 (ねずみなどが〘物〙[3]を)かじる.

*der **Kna・be** [クナーベ knáːbə] 〘男〙 (単2・3・4) -n/(複) -n ① 《雅》男の子, 少年. (英 **boy**). (☞ 今ではふつう **Junge** を用いる;「女の子」は **Mädchen**). ② 《口語・戯》若者, やつ, 男. **Hallo, alter** *Knabe*! やあ君.

Kna・ben・chor [クナーベン・コーァ] 〘男〙 -[e]s/..chöre 少年合唱[団].

kna・ben・haft [クナーベンハフト] 〘形〙 (女の子が)男の子のような; 〘馬〙子供らしい.

knack! [クナック knák] 間 (物の割れる音・折れる音:)ぼきっ, ぱりっ, ぱちっ.

Knä·cke·brot [クネッケ・ブロート] 中 -[e]s/-e クネッケパン(四角い形の薄いぱりぱりしたパン).

kna·cken [クナッケン knákən] I 自 (h, s) ① (h) ぼきっ(ぱちっ)という音をたてる. Das Bett *knackt*. ベッドがぎしぎしいう. ② (s) 〘口語〙ぼきっと折れる, ぱりっと割れる. II 他 (h) ① ぼきっと折る, ぱりっと割る(壊す). Nüsse *knacken* くるみをぱちんと割る. ② 〘口語〙こじ開ける. einen Geldschrank *knacken* 金庫破りをする. ③ 〘口語〙(しらみなど⁴を)つぶす.

Kna·cker [クナッカ knákər] 男 -s/- ①〘成句的に〙ein alter *Knacker*〘俗〙頭の固いやつ, がんこじじい. ②(方)＝Knackwurst

kna·ckig [クナッキヒ knákıç] 形〘口語〙①(新鮮で)ぱりぱりした, かりかりした(にんじんなど). ein *knackiger* Apfel 身のしまったりんご. ② ぴちぴちした, はつらつとした(女の子など). ③ 威勢のいい, 躍動的な(音楽など); きっぱりとした(判定など). eine *knackige* Rockmusik 熱狂させるロックミュージック.

knacks! [クナックス knáks] 間 (物の割れる音・折れる音:)ぼきっ, ぱりっ, ぱちっ.

Knacks [クナックス] 男 -es/-e ① ぼきっ(ぱりっ)と物の割れる(折れる)音. ② 〘口語〙亀裂(きっ), ひび, 割れ目; (心・身体の)傷, 障害. einen *Knacks* bekommen a) (コップなどが)ひびが入る, b) (健康が)そこなわれる, がたがくる.

Knack·wurst [クナック・ヴルスト] 女 -/..würste パリパリソーセージ(かむとぱりっと音のするソーセージ).

Knall [クナル knál] 男 -[e]s/-e ぱちっ(ぱん・ぱたん)という音, 破裂音; 爆音; 銃声; 〈比〉大騒ぎ. [auf] *Knall* und Fall〘口語〙突然, たちまち / Du hast ja einen *Knall*!〘俗〙おまえは頭が変じゃないのか.

Knall⹀bon·bon [クナル・ボンボン] 男 中 -s/-s クラッカー(両端を引くとぱんと音をたてて割れる).

Knall⹀ef·fekt [クナル・エフェクト] 男 -[e]s/-e〘口語〙(物語などの)クライマックス, あっといわせる落ち.

***knal·len** [クナレン knálən] (knallte, *hat/ist* ...geknallt) I 自 (完了 haben または sein) ① (h) ぱん(ぱたん)と音をたてる. Die Sektkorken *knallen*. シャンパンのコルク栓がぽんと音をたてる / mit der Peitsche *knallen* ぱしっと笞(むち)を鳴らす. ◇〘非人称の es を主語として〙Irgendwo *hat* es *geknallt*. どこかでどんという音がした. ②(s)〘方向を表す語句とともに〙(…へ)どしんとぶつかる. Das Auto *ist* gegen den Baum *geknallt*. 〘現在完了〙その車は木にどしんとぶつかった / Die Tür *knallte* ins Schloss. ドアがばたんと閉まった. ③(s) ぱんと破裂する, ぱちゃんと割れる. ④(h) 〘口語〙(…へ向けて)ずどんと撃つ; サッカーなどで:強烈にシュートする. ⑤(h)〘口語〙(太陽が)ぎらぎら照りつける; (色が)けばけばしい.

II 他 (完了 haben) ①〘方向を表す語句とともに〙(物⁴を…へ)どんぱたん)と投げつける, たたきつける. Er *knallte* den Brief auf den Tisch. 彼はその手紙を机の上に投げつけた / die Tasche⁴ in die Ecke *knallen* バッグを隅っこにどしんと置く.◇〘再帰的に〙sich⁴ in den Sessel *knallen* ひじ掛けいすにどしんと腰を下ろす. ②〘口語〙(弾丸⁴を…へ向けて)ずどんと撃つ; (サッカーなどで:)(ボール⁴を)強烈にシュートする. ③〘口語〙(げんこつで⁴を)たたく. 人³ eine⁴ *knallen*〘俗〙一発くらわす.

Knall⹀erb·se [クナル・エルプセ] 女 -/-n (おもちゃの)かんしゃく玉.

knall⹀hart [クナル・ハルト] 形〘口語〙① ものすごくきつい, 猛烈な; ひどく冷酷な. ②(ンずッ)強烈な(シュートなど).

knal·lig [クナリヒ knálıç] I 形〘口語〙①(色などが)どぎつい, けばけばしい; (音楽などが)騒々しい. ② きちきちの(ジーンズなど). II 副〘口語〙ものすごく, ひどく.

Knall⹀kopf [クナル・コプふ] 男 -[e]s/..köpfe〘俗〙ばか, とんま.

knall⹀rot [クナル・ロート] 形〘口語〙けばけばしい赤の, 真っ赤な.

knall·te [クナルテ] ＊knallen (どんと音をたてる) 過去

***knapp** [クナップ knáp] I 形 ① 乏しい, 不十分な. ein *knappes* Einkommen 乏しい収入 / Ich bin *knapp* mit der Zeit. 私にはあまり時間がない. ② かろうじて足りる, ぎりぎりの. eine *knappe* Mehrheit ぎりぎりの過半数 / ein *knapper* Sieg 辛勝.◇〘数量を表す語句とともに〙…足らず, …弱の. Sie ist *knapp* 30 [Jahre alt]. 彼女は30歳になったかならないぐらいの / vor einer *knappen* Stunde または vor *knapp* einer Stunde 1時間足らず前に. ③(衣服・靴などが)きちきちの, 窮屈な. ein *knapper* Pullover きちきちのプルオーバー / Diese Schuhe sitzen zu *knapp*. この靴はきつすぎる. ④ 簡潔な. mit *knappen* Worten 簡潔な言葉で / kurz und *knapp* 簡潔に.

II 副 すれすれに, 接近して. *knapp* vor Mittag 正午直前に / Der Rock endet *knapp* über dem Knie. そのスカートの丈はひざ上にぎりぎり届くくらいだ.

〈新形〉

knapp hal·ten〘口語〙(人⁴に)わずかしか与えない, 不自由させる. 人⁴ mit Geld *knapp halten* 人⁴にお金を少ししか与えない.

Knap·pe [クナッペ knápə] 男 -n/-n ①〈坑〉坑夫, 鉱員. ②(中世の)小姓, 近習(きんじゅ).

knapp|hal·ten* 他 (h) 〈新形〉knapp halten ☞ knapp

Knapp·heit [クナップハイト] 女 -/ ①(食糧・資金などの)不足, 欠乏. ②(表現の)簡潔さ.

Knapp·schaft [クナップシャふト] 女 -/-en ①(総称的に)〈坑〉坑夫. ②〈鉱員〉[共済]組合.

knap·sen [クナプセン knápsən] 自 (h)〘口語〙ぎりぎりまで倹約する, けちけちする.

Knar·re [クナレ knárə] 囡 -/-n ① (おもちゃの)がらがら; 鳴子(￤ﾙ). ②《俗》鉄砲.

knar·ren [クナレン knárən] 圓 (h) (階段・ドアなどが)ぎしぎしいう, きしむ.

Knast [クナスト knást] 男 -[e]s/Knäste (または -e)《口語》① 〖覆 なし〗拘留[刑]. ② 刑務所.

Knas·ter [クナスタァ knástər] 男 -s/-《口語》(まずい)安たばこ. ②《古》上質たばこ.

Knatsch [クナーチュ knáːtʃ] 男 -[e]s/《方》いさかい, いざこざ.

knat·tern [クナッタァン knátərn] 圓 (h, s) ① (h) (銃火・帆などが)ぱちぱち(ぱたぱた)と音をたてる. Die Fahne knattert im Wind. 風に吹かれて旗がばたばた音をたてる. ② (s) (オートバイなどが)だっだっと音をたてて走る.

Knäu·el [クノイエる knóyəl] 男 甲 -s/- (糸・毛・ひもの)球; もつれ糸;《比》群衆, やじ馬; (考え・意見などの)もつれ合い.

Knauf [クナォフ knáuf] 男 -[e]s/Knäufe (ステッキの握り, (錠(ｼﾞ)ぶたなどの)つまみ; (剣・刀の)柄頭(ﾂｶｶﾞｼﾗ).

Knau·ser [クナォザァ knáuzər] 男 -s/-《口語》けちん坊.

knau·se·rig [クナォゼリヒ knáuzərɪç] 形《口語》ひどくけちな, しみったれの.

knau·sern [クナォザァン knáuzərn] 圓 (h)《口語》けちけちする, けちる. **mit dem Geld** knausern お金にけちけちする.

knaut·schen [クナォチェン knáutʃən] I 他 (h)《口語》(衣服・紙など⁴を)しわくちゃにする. II 圓 (h)《口語》しわになる.

Knautsch⹀zo·ne [クナオチュ・ツォーネ] 囡 -/-n 〖自動車〗(前後部の)衝撃吸収部.

Kne·bel [クネーべる knéːbəl] 男 -s/- ① (もの を丸めた)さるぐつわ. 〖人〗³ einen Knebel in den Mund stecken 〖人〗³の口にさるぐつわをかませる. ② (ひもをかけて物をつるす)荷からげ棒; (ひもを締めるための)横木; (ダッフルコートなどの)止めボタン.

kne·beln [クネーべるン knéːbəln] 他 (h) ① (〖人〗⁴に)さるぐつわをかませる; (〖人〗⁴の)手足をしばる. ②《比》弾圧する, 抑圧する.

***der* Knecht** [クネヒト knéçt] 男 (単 2) -es (まれに -s)/〖覆〗-e (3 格のみ -en) ① (農家の)作男, 下男; 召使い. Herr und Knecht 主人と召使い / ein Knecht Gottes《詩・比》神の僕(ｼﾓﾍﾞ). ②《軽蔑的に》)人のいいなりになる人, 手先.

knech·ten [クネヒテン knéçtən] 他 (h)《雅》(民衆など⁴を)抑圧する, 隷属させる. ◇過去分詞の形で〗 ein geknechtetes Volk しいたげられた民.

knech·tisch [クネヒティッシュ knéçtɪʃ] 形《雅》奴隷のような, 卑屈な.

Knecht·schaft [クネヒトシャふト] 囡 -/-en 〖ふつう 軍〗《雅》隷属[状態], 屈従; 奴隷[の身分].

knei·fen [クナイふェン knáifən] (kniff, hat ... gekniffen) (英 pinch) I 他 (h)(定了 haben) ① (〖人〗⁴を)つねる. Er kniff mich in den Arm. 彼は私の腕をつねった. ②(ぎゅっと)はさむ. Der Hund kniff den Schwanz zwischen die Beine. その犬はしっぽを足の間に巻き込んだ. ③(ぎゅっと)合わせる. die Augen⁴ kneifen 目をぎゅっと閉じる / die Lippen⁴ kneifen 唇をぎゅっと結ぶ.

II 圓 (定了 haben) ① つねる. Er kniff mir in den Arm. 彼は私の腕をつねった. ②(衣服・靴などを)締めつけている, きつい. Das Gummiband kneift. ゴムバンドがきつい. ③《口語》〖人・事³〗しり込みする, おじけづく. **vor einem Vorgesetzten kneifen** 恐れをなして上役を避ける.

Knei·fer [クナイふァァ knáifər] 男 -s/- 鼻眼鏡.

Kneif⹀zan·ge [クナイふ・ツァンゲ] 囡 -/-n やっとこ, ペンチ, くぎ抜き.

Knei·pe [クナイぺ knáipə] 囡 -/-n ①《口語》飲み屋, 居酒屋. **in die Kneipe gehen** 飲み屋に行く. ② (学生の)コンパ[会場].

knei·pen [クナイぺン knáipən] 圓 (h) ①《口語》酒を飲む. ② (学生が)コンパに出席する.

kneip·pen [クナイペン knáipən] 圓 (h)《口語》クナイプ式水浴療法を行う.

Kneipp⹀kur [クナイプ・クーァ] 囡 -/-en クナイプ式療法 (Sebastian Kneipp 1821–1897 が発案した自然療法).

kne·ten [クネーテン knéːtən] 他 (h) ① (パンの生地など⁴を)こねる. **den Teig kneten** パン生地をこねる. ② (粘土をこねて塑像など⁴を)作る. ③ マッサージする.

Knet⹀mas·se [クネート・マッセ] 囡 -/-n (彫塑用の)粘土.

Knick [クニック knɪk] 男 -[e]s/-e (または -s) ① 〖覆 -e〗屈曲, カーブ. ② 〖覆 -e〗折れ目. ein Knick in der Buchseite 本のページの折れ目. ③ 〖覆 -s〗《北ﾄﾞ》茂みに覆われた土手, 生垣(ｲｹｶﾞｷ).

kni·cken [クニッケン knɪ́kən] (knickte, hat/ist ... geknickt) I 他 (h)(定了 haben) ① 折り曲げる. (英 bend). ein Streichholz⁴ knicken マッチ棒を折り曲げる / die Knie⁴ knicken ひざを折る. ◇〖目的語なしでも〗 Bitte nicht knicken!(郵便物で)折り曲げないでください. ②(〖人〗⁴を)意気消沈(落胆)させる; (プライドなど⁴を)へし折る.

II 圓 (定了 sein) 折れ曲がる. Die Bäume knickten wie Strohhalme. 木が麦わらのように折れた / in die Knie⁴ knicken くずれる. ◇☞ geknickt

Kni·cker¹ [クニッカァ knɪ́kər] 男 -s/-《口語》けちん坊.

Kni·cker² [クニッカァ] 男 -s/-《狩》折りたたみナイフ.

Kni·cker·bo·cker[s] [クニッカァ・ボッカァ〔ス〕] 覆《服飾》ニッカーボッカー(ひざ下でくくるゆったりした半ズボン).

kni·cke·rig [クニッケリヒ knɪ́kərɪç] 形《口語》

knick・rig [クニックリヒ kníkrıç] 形 =knickerig けちな, しみったれの.

Knicks [クニックス kníks] 男 -es/- (女性の)ひざを折ってするおじぎ. einen *Knicks* machen ひざを折っておじぎする.

knick・sen [クニクセン kníksən] 自 (h) (女性が)ひざを折っておじぎする.

knick・te [クニクテ kníktə] *knicken (折り曲げる)の過去

knie [クニーエ または クニー] *knien (ひざまずいている)の1人称単数現在

‡*das* **Knie** [クニー kníː] 田 (単2) -s/(複) - [クニーエ または クニー] (3格のみ -n) ① ひざ(膝). (英 knee). (☞ Körper 図). runde *Knie* 丸いひざ / das *Knie*⁴ beugen ひざを曲げる / Ihm zittern die *Knie*. 彼はひざがががくがく震えている / weiche *Knie*⁴ haben 《口語》 おじけづいて足が震える.

◇《前置詞とともに》Sie standen bis **an die** *Knie* im Wasser. 彼らはひざまで水につかっていた / **auf die** *Knie* fallen ひざまずく / 囚³ auf *Knien* danken 《比》 囚³に心から感謝する / sich⁴ vor 囚³ auf die *Knie* werfen 囚³の前にひざまずく / 囚³ auf die *Knie* zwingen 《雅》 囚⁴を屈服させる / in die *Knie* brechen (または fallen) がくっとひざをついて倒れる / in die *Knie* gehen a) くずおれる, b) 《比》 屈服する / in die *Knie* sinken (疲れ果てて)ひざがおれる / in den *Knien* weich werden 《口語》 恐ろしくてひざがかくがくする / **mit** weichen *Knien* legen 《口語・比》 囚⁴の尻(乃)をひっぱたく / Man soll nichts **übers** *Knie* brechen. 《口語》 何事もそそくさと片づけてはならない / Das Kleid reicht bis **zum** *Knie*. そのワンピースはひざまで届く.

② (ズボンの)ひざの部分. ③ (道・川などの)屈曲部. ④ (工)ベンド, 曲がり, エルボー.

Knie≠beu・ge [クニー・ボイゲ] 女 -/-n (体操の)屈脚(ξλ), ひざを曲げる運動.

Knie≠fall [クニー・ふァる] 男 -[e]s/..fälle (敬意を表すために)ひざまずくこと. einen *Kniefall* [vor 囚³] tun [囚³の前に]ひざまずく.

knie≠frei [クニー・ふライ] 形 (丈が)ひざ上までの(スカートなど).

Knie≠ge・lenk [クニー・ゲレンク] 田 -[e]s/-e 《医》膝(ぎ)関節.

knie≠hoch [クニー・ホーホ] 形 ひざまで届く高さの(草など).

Knie≠keh・le [クニー・ケーれ] 女 -/-n 膝窩(ポ), ひかがみ (ひざの裏側のくぼみ).

knie≠lang [クニー・らング] 形 (丈が)ひざまでの(スカートなど).

***knien** [クニーン kníːn または クニーエン kníːən] ich knie (kniete, hat/ist...gekniet) 《英 kneel》 I 自 (完了 haben; 南ド: sein) (片ひざ・両ひざで)ひざまずいている. auf dem Boden *knien* 床の上にひざまずいている / vor dem Altar *knien* 祭壇の前にひざまずいている.

II 再帰 (完了 haben) sich⁴ *knien* ① ひざまずく. Er kniete sich **neben** mich. 彼は私のわきにひざまずいた. ② 《sich⁴ **in** 事 ~》《口語》 (事⁴に)没頭する. sich⁴ **in** die Arbeit *knien* 仕事に打ち込む.

Knie≠schei・be [クニー・シャイベ] 女 -/-n 《医》ひざ頭, 膝蓋(ぷ)[骨].

Knie≠schüt・zer [クニー・シュッツァァ] 男 -s/- (ホッケーなどの)ひざ当て.

Knie≠strumpf [クニー・シュトルンプふ] 男 -[e]s/..strümpfe ハイソックス.

knie・te [クニーテ] *knien (ひざまずいている)の過去

knie≠tief [クニー・ティーふ] 形 ひざまで届く(没する)深さの(泥・雪など).

kniff [クニふ] *kneifen (つねる)の過去

Kniff [クニふ knif] 男 -[e]s/-e ① つまむ(つねる)こと. ② 折り目, ひだ, しわ. ein *Kniff* in der Buchseite 本のページの折り目. ③ 策略, トリック; (仕事の)こつ.

knif・fe [クニっふェ] *kneifen (つねる)の接2

knif・fe・lig [クニっふェリヒ knífəlıç] 形 = knifflig

knif・fen [クニっふェン knífən] 他 (h) (紙・生地など⁴を)折る, 折り目をつける.

kniff・lig [クニふリヒ knífliç] 形 細心の注意(忍耐)を要する, めんどうな, やっかいな(問題など).

Knig・ge [クニッゲ knígə] 男 -[s]/- ① 行儀作法の書物 (処世術の本を書いたドイツの著作家 Adolf von *Knigge* 1752–1796 の名から). ② 案内書, 入門書.

Knilch [クニるヒ knılç] 男 -s/-e 《俗》 いやなやつ.

knips! [クニップス kníps] 間 (スイッチやカメラのシャッターの音など)かちっ, かちっ, かしゃっ.

***knip・sen** [クニプセン knípsən] du knipst (knipste, *hat*...geknipst) I 自 (完了 haben) 《口語》 ① ぱちっ(かちっ)と音をたてる. 《英 snap》. **am** Schalter *knipsen* ぱちんとスイッチを入れる(切る) / **mit** den Fingern *knipsen* 指をぱちっと鳴らす. ② [スナップ]写真をとる, シャッターを押す.

II 他 (完了 haben) 《口語》 ① (切符など⁴に)パンチを入れる. Der Schaffner *knipst* die Fahrkarten. 車掌が切符にパンチを入れる. ② (人・物⁴を)写真にとる. ③ (スイッチ⁴を)ぱちんと入れる(切る). ④ (虫など⁴を指で)はじき飛ばす.

knips・te [クニプステ] *knipsen (ぱちっと音をたてる)の過去

Knirps [クニルプス knírps] 男 -es/-e ① 《口語》 (男の子について:)ちび. ② 《商標》 折りたたみ傘.

***knir・schen** [クニルシェン knírʃən] (knirschte, *hat*...geknirscht) 自 (完了 haben) ぎしぎしいう, きしむ. Der Kies *knirschte* unter seinen Schritten. 彼が歩くと砂利がぎしぎしと音をたてた / **mit** den Zähnen *knirschen* 歯ぎしりする.

knirsch·te [クニルシュテ] *knirschen (ぎしぎしいう)の過去

***knis·tern** [クニスタァン knístərn] (knisterte, hat...geknistert) 自 (完了 haben) (火などが)ぱちぱち音をたてる; (紙などが)ぱりぱり音をたてる; (絹などが)さらさらと音をたてる. Das Holz *knistert* im Ofen. ストーブの中でまきがぱちぱち音をたてている / mit dem Papier *knistern* 紙をぱりぱりいわせる.

knis·ter·te [クニスタテ] *knistern (ぱちぱち音をたてる)の過去

Knit·tel≠vers [クニッテる・フェルス] 男 -es/-e 〖詩学〗(1行4強音の)クニッテル詩形.

Knit·ter [クニッタァ knítər] 男 -s/- 〖ふつう複〗 (布地の)しわ.

knit·ter≠frei [クニッタァ・フライ] 形 しわの寄らない(布地).

knit·te·rig [クニッテリヒ knítəriç] 形 しわだらけの, しわくちゃの.

knit·tern [クニッタァン knítərn] I 自 (h) (布・衣服などが)しわになる. II 他 (h) しわくちゃにする, 〖物⁴に〗しわを寄せる.

knitt·rig [クニットリヒ knítriç] 形 =knitterig

Kno·bel≠be·cher [クノーベる・ベッヒァア] 男 -s/- (1)ダイスカップ. (2)〖口語〗半長靴.

kno·beln [クノーベるン knó:bəln] 自 (h) (1)さいころ(くじ・じゃんけん)で決める. (2)〖口語〗あれこれ考える.

Knob·lauch [クノープ・らォホ knó:p-laux または クノーブ.. knó:b..] 男 -[e]s/ 〖植〗ニンニク.

Knö·chel [クネッヒェる knǽçəl] 男 -s/- (1)くるぶし. sich³ den *Knöchel* verstauchen くるぶしをくじく. (2)指の関節.

‡*der* **Kno·chen** [クノッヘン knɔ́xən] 男 (単2) -s/(複) - (1)骨. (英 bone). Arm*knochen* 腕の骨 / kräftige *Knochen* がっしりした骨 / sich³ einen *Knochen* brechen 骨折する / Er ist nur noch Haut und *Knochen*. 彼は骨と皮ばかりだ / Das ist ein harter *Knochen*.《比》それはつらい仕事だ(←硬い骨) / Der Hund nagt **an** einem *Knochen*. 犬が骨をかじっている / bis **auf** die *Knochen*《比》徹底的に(←骨まで) / Fleisch **mit** (**ohne**) *Knochen* 骨付き(骨なし)肉. (2)〖複〗〖口語〗手足, 体の節々. Mir tun alle *Knochen* weh. 私は体の節々が痛い / Der Schreck sitzt mir noch in den *Knochen*. その恐怖はまだ私の[体の]中に残っている. (3)〖口語〗男, やつ. ein fauler *Knochen* 怠け者. (4)〖口語〗(両口の)スパナ.

Kno·chen≠bau [クノッヘン・バォ] 男 -[e]s/ 骨格, 骨組み.

Kno·chen≠bruch [クノッヘン・ブルフ] 男 -[e]s/..brüche 骨折.

Kno·chen≠ge·rüst [クノッヘン・ゲリュスト] 中 -[e]s/-e (1)骨格; 骸骨(ﾞﾆ). (2)〖口語〗やせた人.

Kno·chen≠haut [クノッヘン・ハォト] 女 -/ 〖医〗骨膜.

Kno·chen≠mark [クノッヘン・マルク] 中 -[e]s/ 〖医〗骨髄.

Kno·chen≠mehl [クノッヘン・メーる] 中 -[e]s/ 骨粉.

kno·chen≠tro·cken [クノッヘン・トロッケン] 形 〖口語〗干からびた; 《比》無味乾燥な.

knö·chern [クネッヒァァン knǽçərn] 形 (1)〖付加語としてのみ〗骨製の. (2)〖話〗骨ばった.

kno·chig [クノヒヒ knóxiç] 形 骨ばった.

knock-out, knock·out [ノック・アォト] [英] 形 (ボクシングで:)ノックアウトされた (略: k.o.). den Gegner *knock-out* schlagen 相手をノックアウトする.

Knock-out, Knock·out [ノック・アォト] [英] 男 -[s]/-s (ボクシングで:)ノックアウト; 《比》完敗 (略: k.o.).

Knö·del [クネーデる knǿ:dəl] 男 -s/- 〖南ドﾞ・ｵｽﾄ〗 〖料理〗(肉・じゃがいもなどの)団子 (= Kloß).

Knol·le [クノれ knɔ́lə] 女 -/-n (1)かたまり, こぶ; 〖植〗塊茎, 根柱, 根枝, 球根. (2)〖口語〗特に木のこぶ; 団子鼻. (3)交通違反カード.

Knol·len [クノれン knɔ́lən] 男 -s/-《方》(1)かたまり. ein *Knollen* Lehm ひとかたまりの粘土. (2)交通違反カード (=Knolle (3)).

Knol·len≠blät·ter·pilz [クノれン・ブれッタァピるツ] 男 -es/-e 〖植〗タマゴテングタケ.

Knol·len≠ge·wächs [クノれン・ゲヴェクス] 中 -es/-e 〖植〗球根植物.

Knol·len≠na·se [クノれン・ナーゼ] 女 -/-n 団子鼻.

knol·lig [クノリヒ knɔ́liç] 形 かたまりになった, 塊茎状の;《方》かたまりの多い(土など). eine *knollige* Nase《比》団子鼻.

‡*der* **Knopf** [クノプふ knɔ́pf] 男 (単2) -[e]s/ (複) Knöpfe [クネプふェ] (3格のみ Knöpfen) (1) (服の)ボタン. (英 button). Hemden*knopf* シャツのボタン / ein runder *Knopf* 丸いボタン / einen *Knopf* an|nähen ボタンを縫い付ける / die *Knöpfe*⁴ öffnen (または auf|machen) ボタンをはずす / die *Knöpfe*⁴ schließen (または zu|machen) ボタンをかける / Der *Knopf* ist ab.〖口語〗ボタンが取れた / *Knöpfe*⁴ auf den Augen (den Ohren) haben《口語》よく見よう(聞こう)としない / Das kannst du dir **an** den *Knöpfen* abzählen. 〖口語〗どうでもいいから好きなように決めなさい(←ボタンを数えて決める). (2) (呼び鈴などの)押しボタン, (電気器具などの)ボタン, つまみ. einen *Knopf* drehen (ラジオなどの)つまみを回す / [auf] den *Knopf* drücken 押しボタンを押す. (3) (末端にあるボタン状のもの:)留め針などの頭; (ステッキの)握り; 塔の頂の擬宝珠(ﾎﾞ). (4)〖口語〗小男, ちび. (5)〖南ドﾞ・ｽｲ・ｵｽﾄ〗つぼみ, 芽. (6)〖複〗で〖口語〗〖わずかばかりの〗お金.

Knöp·fe [クネプふェ] ‡Knopf (ボタン)の複

knöp·fen [クネプふェン knǽpfən] 他 (h) (1) (物⁴の)ボタンを掛ける(はずす). (2) (物⁴を…へ)ボタンで留める.

Knopf-loch [クノプフ・ロッホ] 中 -[e]s/..löcher ボタンの穴;(バッジや花を挿す)襟のボタンホール. Er platzt aus allen *Knopflöchern*.《口語》彼ははちきれんばかりに太っている.

Knor-pel [クノルペル knórpəl] 男 -s/-《医》軟骨.

knor-pe-lig [クノルペリヒ knórpəliç] 形 = knorplig

knorp-lig [クノルプリヒ knórpliç] 形 軟骨[質]の, 軟骨状の.

Knor-ren [クノレン knórən] 男 -s/- ① (樹木の)節(ﾌｼ), こぶ. ② (木の)切り株.

knor-rig [クノリヒ knóriç] 形 ① 節(ﾌｼ)くれだった(樹木など). ②《比》がんこな, 無愛想な.

*die **Knos-pe** [クノスペ knóspə] 女 (単) -/(複) -n ① つぼみ, 芽. (英 bud). Rosen*knospe* ばらのつぼみ / Die *Knospen* entfalten sich (または brechen auf). つぼみが開く / *Knospen*[4] an|setzen (または treiben)(草木が)つぼみをつける / die zarte *Knospe* ihrer Liebe[2]《雅・比》彼女の愛のほのかな芽生え. ②《生》芽体.

knos-pen [クノスペン knóspən] 自 (h) つぼみをつける, 芽を出す.

kno-ten [クノーテン knó:tən] 他 (h) ① (ネクタイなど)を結ぶ. ②(ひも・リボンなどを…へ)結び付ける. ③ (ひもなど[4])を結び合わせる.

*der **Kno-ten** [クノーテン knó:tən] 男 (単2) -s/(複) - (英 knot) ① (ひも・ロープなどの)結び目, ゆわえ目;《比》やっかいな問題. ein fester *Knoten* 堅い結び目 / einen *Knoten* machen (lösen) 結び目を作る(解く) / sich[3] einen *Knoten* ins Taschentuch knüpfen 大事なことを忘れないようにする(←ハンカチに結び目を作っておく) / Bei ihm ist der *Knoten* endlich gerissen (または geplatzt).《現在完了》《口語》彼はやっとそのわけがのみこめた(← 結び目が切れた) / den [gordischen] *Knoten* durch|hauen《比》難事を一挙に解決する. ② (頭の後ろに)束ねた髪 (=Haar*knoten*). Sie trägt einen *Knoten*. 彼女は髪を束ねて結っている. ③ (木などの)節(ﾌｼ);《生》節(ﾌｼ);《医》結節;《数・天》結節点, 交点;《理》(振動・波動の)節(ﾌｼ). ④《海》ノット(記号: kn). mit 18 *Knoten* fahren 18 ノットで走る.

Kno-ten-punkt [クノーテン・プンクト] 男 -[e]s/-e (交通などの)連結(分岐)点;連絡駅;(川の)合流点.

Knö-te-rich [クネーテリヒ knó:təriç] 男 -s/-e《植》タデ[人]属.

kno-tig [クノーティヒ knó:tiç] 形 結び目のある;節(ﾌｼ)くれだった;《医》結節性の.

Know-how [ノウ・ハオ] [英] 中 -[s]/ ノウハウ, 方法, こつ.

Knuff [クヌフ knúf] 男 -[e]s/Knüffe《口語》こぶし(ひじ)で軽く突くこと. 人[3] einen *Knuff* geben 人[3]を軽くつつく.

knuf-fen [クヌッフェン knúfən] 他 (h)・自 (h)《口語》こぶし(ひじ)で軽くつつく. 人[4] (または 人[3]) in die Seite *knuffen* 人[4](または人[3])のわき腹を軽くつつく.

Knülch [クヌるヒ knýlç] 男 -s/-e《俗》いやなやつ (=Knilch).

knül-len [クヌれン knýlən] 他 (h) しわくちゃにする, (紙[4]を)丸める.

Knül-ler [クヌらァ knýlər] 男 -s/- (報道などの)スクープ; ヒット曲; 大当たり.

***knüp-fen** [クヌュプフェン knýpfən] (knüpfte, *hat*...geknüpft) I 他 (完了 haben) ① (ひもなど[4]を)結ぶ, 結びつける. (英 knot). das Schuhband[4] (die Krawatte[4]) *knüpfen* 靴ひも(ネクタイ)を結ぶ / Bande[4] der Freundschaft[2] *knüpfen*《比》友情のきずなを結ぶ. ②〔A[4] an B[4] ~〕(A[4]をB[4]に)結びつける. eine Schnur an einen Haken *knüpfen* ひもをフックに結びつける / Hoffnungen[4] an 物[4] *knüpfen* 物[4]に希望をつなぐ. ③ (網など[4]を)編む. Netze *knüpfen* 網を編む.
II 再帰 (完了 haben) 〔*sich*[4] **an** 物[3] ~〕(思い出・希望などが物[3]に)結びついている. An dieses Haus *knüpfen sich* viele Erinnerungen für mich. この家には私にとって多くの思い出が結びついている.

knüpf-te [クヌュプフテ] *knüpfen (結ぶ)の 過去

Knüp-pel [クヌュッペル knýpəl] 男 -s/- ① こん棒; 丸太;《治》延べ棒. 人[3] einen *Knüppel* zwischen die Beine werfen《口語》人[3]のじゃまをする; 人[3]に難題を吹きかける / Da liegt der *Knüppel* beim Hund. それはきっといい結果にならない. ② (飛行機の)操縦桿(ｶﾝ); (自動車の)フロアシフトレバー.

Knüp-pel=damm [クヌュッペル・ダム] 男 -[e]s/..dämme (沼地に作られた)丸太道.

knüp-pel-dick [クヌュッペル・ディック] 副《口語》ひどく, ものすごく; ひどく悪く. Die Straßenbahn war *knüppeldick* voll. その市電は超満員だった / Es kommt immer gleich *knüppeldick*. いやなことは続けて起こるものだ.

Knüp-pel=schal-tung [クヌュッペル・シャるトゥング] 女 -/-en (自動車)フロアシフト.

***knur-ren** [クヌレン knúrən] (knurrte, *hat*...geknurrt) 自 (完了 haben) ① (犬などが)うなる;《比》(腹が)ぐうぐういう. Mir *knurrt* der Magen. 私はおなかがぐうぐういっている. ② ぶつぶつこぼす. 事[4]を言う. **über** das schlechte Essen *knurren* まずい食事に不平をもらす.

Knurr=hahn [クヌル・ハーン] 男 -[e]s/..hähne《魚》ホウボウ;《比》不平屋.

knur-rig [クヌリヒ knúriç] 形 ぶつぶつ言ってばかりいる, 不機嫌な.

knurr-te [クヌルテ] *knurren (うなる)の 過去

knus-pe-rig [クヌスペリヒ knúspəriç] 形 = knusprig

knus-pern [クヌスパァン knúspərn] 他 (h)《方》(クッキーなど[4]を)ぽりぽり(かりかり)食べる.

knusp-rig [クヌスプリヒ knúspriç] 形 ① 固く焼いてぱりっとした(パン・菓子など). ②《口語》ぴちぴちした(女の子など).

Knu-te [クヌーテ knú:tə] 女 -/-n ① 革の鞭

(なら). ② 〖覆 なし〗〖比〗圧政. **unter der** *Knute* **der Eroberer**[2] 征服者たちの圧政下に.

knut·schen [クヌーチェン knúːtʃən] 他 (h) 《口語》抱きしめてキスをする. ◊《相互的に》*sich*[4] *knutschen* 抱き合ってキスをする.

Knutsch⹀fleck [クヌーチュ・ふれック] 男 -[e]s/-e 《口語》キスマーク.

Knüt·tel [クニュッテる knýtəl] 男 -s/- こん棒, 丸太 (=Knüppel).

k. o. [カー オー] 《略》① (ボクシングで:)ノックアウトされた (=knock-out). 人[4] *k. o.* schlagen 人[4]をノックアウトする. ②《口語》(体が)へばった. *k.o.* sein グロッキーである.

K. o. [カー オー] 男 -/- (ボクシングで:)ノックアウト (=Knock-out).

Ko·a·la [コアーら koáːla] 男 -s/-s 《動》コアラ.

ko·a·lie·ren [コアリーレン koalíːrən] 自 (h) 《政》(2 政党などが)連合する, 連立する.

ko·a·li·sie·ren [コアリズィーレン koalizíːrən] 自 (h) =koalieren

Ko·a·li·ti·on [コアリツィオーン koalitsióːn] 女 -/-en 《政》(政党の)連合, 連立[内閣].

Ko·a·li·ti·ons⹀re·gie·rung [コアリツィオーンス・レギールング] 女 -/-en 《政》連合(連立)政府.

ko·axi·al [コ・アクスィアーる ko-aksiáːl] 形 《工》同軸の.

Ko·balt [コーバるト kóːbalt] 中 -s/《化》コバルト (記号: Co).

ko·balt⹀blau [コーバるト・ブらオ] 形 コバルトブルーの, 濃青色の.

Ko·ben [コーベン kóːbən] 男 -s/- 家畜小屋, (特に:)豚小屋.

Kob·lenz [コーブれンツ kóːblɛnts] 中 -/《都市名》コーブレンツ(ドイツ, ラインラント・プファルツ州. ライン川とモーゼル川の合流点☞《地図》).

Ko·bold [コーボるト kóːbɔlt] 男 -[e]s/-e ①《民俗》コーボルト(家の精. 本来は人間に慈善を施すが, 侮辱されると陰険な仕返しをする). ②《比》いたずら小僧, おてんば娘.

Ko·bolz [コボるツ kobólts] 男 《成句的に》[einen] *Kobolz* schießen (または schlagen) 《北ド》でんぐり返りをする.

Kob·ra [コープラ kóːbra] 女 -/-s 《動》コブラ(インド・アフリカ産の毒蛇).

der **Koch**[1] [コッホ kɔ́x] 男 (単2) -[e]s/(複) Köche [ケッヒェ] (3格のみ Köchen) コック, 料理人, 調理師. (英 cook). ein junger *Koch* 若いコック / Er arbeitet als *Koch* in einem Hotel. 彼はホテルのコックとして働いている / Viele *Köche* verderben den Brei. 《ことわざ》船頭多くして船山に登る(←料理人が多くておかずがだいなしになる) / Hunger ist der beste *Koch*. 《ことわざ》すき腹にまずいものなし(←空腹は最良の料理人).

Koch[2] [コッホ] -s/《人名》コッホ (Robert *Koch* 1843–1910; ドイツの細菌学者).

Koch⹀buch [コッホ・ブーフ] 中 -[e]s/..bücher 料理の本.

Kö·che [ケッヒェ] * **Koch**[1] (コック)の 複

koch⹀echt [コッホ・エヒト] 形 (布地などが)熱湯で洗濯しても傷まない(色が落ちない).

* **ko·chen** [コッヘン kɔ́xən]

煮る; 料理する

Sie kann gut *kochen*.
ズィー カン グート コッヘン
彼女は料理が上手だ.

(kochte, hat ... gekocht) **I** 他 (完了 haben) ① 煮る, ゆでる, 沸かす. (英 boil). Die Mutter *kocht* Kartoffeln. 母親はじゃがいもをゆでている / Nudeln[4] *kochen* ヌードルをゆでる / Wasser[4] *kochen* お湯を沸かす. ◊《過去分詞の形で》ein gekochtes Ei ゆで卵.

② 《物》[4]を煮て)**料理する**, 作る. (英 cook). Sie *kocht* das Essen. 彼女は食事を作っている / eine Suppe[4] *kochen* スープを作る / Kaffee[4] *kochen* コーヒーを煮1出す.

③ (洗濯物[4]を)煮沸する.

II 自 (完了 haben) ① **料理する**. Mein Mann *kocht* gern. 私の夫は料理が好きです.

② **煮える, 沸騰する**. Die Milch *kocht*. ミルクが沸騰している / Der Reis *muss* 20 Minuten *kochen*. 米は20分間炊かないといけない. ◊《現在分詞の形で》*kochendes* Wasser 沸騰しているお湯 / *kochend* heiß くらくら煮えたぎった.

③《口語・比》(興奮して)煮えくり返る. Er *kocht vor* Wut. 彼はかんかんに怒っている.

....

《参考》料理法のいろいろ: backen オーブンで焼く / braten 焼く, フライにする / dämpfen 蒸す / grillen グリルで焼く / hacken 細かく切りにする / kneten こねる / kochen 煮る, ゆでる, 沸かす / reiben おろす, すりつぶす / schälen 皮をむく / schlagen 泡立てる / schneiden 切る / toasten トーストにする

....

Ko·cher [コッハァ kɔ́xər] 男 -s/- (小型の)コッヘル, こんろ. ein elektrischer *Kocher* 電気湯沸かし.

Kö·cher [ケッヒャァ kǽçər] 男 -s/- ① 矢筒. ② 双眼鏡のケース; ゴルフバッグ.

koch⹀fer·tig [コッホ・ふェルティヒ] 形 煮る(火に掛ける)だけで食べられる. eine *kochfertige* Suppe インスタントスープ.

koch⹀fest [コッホ・ふェスト] 形 (布地などが)熱湯で洗濯しても傷まない(色が落ちない) (=kochecht).

Koch⹀ge·le·gen·heit [コッホ・ゲれーゲンハイト] 女 -/-en (貸間などの)炊事設備.

Koch⹀ge·schirr [コッホ・ゲシル] 中 -[e]s/-e (特に兵隊用の)飯ごう; 炊事道具.

Koch⹀herd [コッホ・ヘーァト] 男 -[e]s/-e こんろ, レンジ.

Kö·chin [ケッヒン kǽçɪn] 女 -/..chinnen (女性の)料理人.

Koch⹀kunst [コッホ・クンスト] 女 -/..künste ①〖覆 なし〗料理法. ②《戯》料理の腕前.

Koch･löf･fel [コッホ・れッふェる] 男 -s/- 料理用スプーン.

Koch･ni･sche [コッホ・ニーシェ] 女 -/-n 簡易台所.

Koch･plat･te [コッホ・ブラッテ] 女 -/-n (電気レンジの)クッキングプレート. (☞ Küche 図).

Koch･re･zept [コッホ・レツェプト] 中 -[e]s/-e レシピ, 調理法[説明文].

Koch･salz [コッホ・ザるツ] 中 -es/ 食塩.

koch･te [コホテ] ‡kochen (煮る)の過去

Koch･topf [コッホ・トプふ] 男 -[e]s/..töpfe (深い)鍋(&).

Ko･dak [コーダク kóːdak] 男 -s/-s 《商標》コダックカメラ, コダックフィルム.

Kode [コート kóːt または ..デ ..də] (=Code) 男 -s/-s ① 《ﾋﾟｭｰﾀ》コード, 符号(情報を表現するための記号・量[体系], 略号[体系]. ② 暗号[体系], 略号[体系]. ③ 《言》(記号と文法から成る)記号体系, コード. ④ 《社・言》社会階層方言.

Kö･der [ケーダァ kǿːdər] 男 -s/- 餌(ｶ); 《比》(おびき寄せるための)おとり. einen *Köder* aus|legen (aus|werfen) 餌を置く(まく).

kö･dern [ケーダァン kǿːdərn] 他 (h) ① (魚・獣などを)餌でおびき寄せる. ② 《口語・比》誘惑する. 人⁴ mit Geld *ködern* 人⁴をお金で釣る, 買収する.

Ko･dex [コーデクス kóːdɛks] (=Codex) 男 - (または -es)/-e (または Kodizes [コーディツェース]) ① (古代の)木簡, (中世の)手写本. ② (ローマ法の)法典. ③ 規約(法規)集. ④ 〖複 -e〗(ふるまいや行動の)規範.

ko･di･e･ren [コディーレン kodíːrən] 他 (h) 記号(コード)化する.

ko･di･fi･zie･ren [コディふィツィーレン kodifitsíːrən] 他 (h) ① 《法》(規法4を)法典化する. ② (規範など4を)集成する.

Ko･edu･ka･ti･on [コー・エドゥカツィオーン kóːedukatsioːn または コ・エドゥカツィオーン] 女 -/ 《教》男女共学.

Ko･ef･fi･zi･ent [コ・エふィツィエント koɛfitsiént] 男 -en/-en ① 《数》係数. ② 《物・工》率.

Ko･exis･tenz [コー・エクスィステンツ kóːɛksɪstɛnts または コ・エクスィステンツ] 女 -/-en 〖ふつう 単〗共存.

ko･exis･tie･ren [コー・エクスィスティーレン kóːɛksɪstiːrən または コ・エクスィスティー..] 自 (h) 共存する.

Kof･fe･in [コふェイーン kɔfeíːn] 中 -s/ カフェイン.

kof･fe･in･frei [コふェイーン・ふライ] 形 カフェインを含まない.

der **Kof･fer** [コッふァァ kɔ́fər]

トランク

Mein *Koffer* geht nicht auf.
マイン コッふァァ ゲート ニヒト アオふ
私のトランクが開かない.

男 (単 2) -s/(複) - (3格のみ -n) ① トランク, スーツケース, (箱形の)旅行かばん. (英 suitcase). ein lederner *Koffer* 革製のトランク / einen *Koffer* auf|geben トランクを託送する / die *Koffer*⁴ packen a) トランクに荷物を詰める, b) 《比》旅に出る, c) 《比》姿を消す / aus dem *Koffer* leben (職業がら)旅暮らしをする. ② 《土木》(道路の)路床用に掘削された部分. ③ 《軍》重砲弾. ④ 《口語》ばかでかいもの.

Kof･fer･ku･li [コッふァァ・クーリ] 男 -s/-s (駅・空港などの)手荷物用手押し車, カート.

Kof･fer･ra･dio [コッふァァ・ラーディオ] 中 -s/-s ポータブルラジオ.

Kof･fer･raum [コッふァァ・ラオム] 男 -[e]s/..räume 自動車のトランク.

Kog･ge [コッゲ kɔ́gə] 女 -/-n コッゲ船(13-15世紀, ハンザ同盟時代の舷の高い船).

Kog･nak [コニャク kɔ́njak] 〖ｶﾞｲ〗 男 -s/-s コニャック, ブランデー(フランスのコニャック地方産のブランデー).

kog･ni･tiv [コグニティーふ kɔgnitíːf または ..ティーふ] 形 《心・教》知覚(認識)に関する.

ko･hä･rent [コヘレント kohɛrént] 形 ① 《物》[可]干渉性の, コヒーレントの. ② 《集》関連のある.

Ko･hä･renz [コヘレンツ kohɛrénts] 女 -/-en ① 《物》[可]干渉性, コヒーレンス. ② 関連.

Ko･hä･si･on [コヘズィオーン kohɛzíoːn] 女 -/-en ① 緊密な結び付き. ② 《物》(分子間の)凝集[力].

der **Kohl**¹ [コーる koːl] 男 (単 2) -[e]s/(種類を表すときのみ: 複) -e ① 《植》キャベツ. (英 cabbage). Blumen*kohl* カリフラワー / *Kohl*⁴ [an|]bauen キャベツを栽培する / [seinen] *Kohl*⁴ [an|]bauen 《比》引きこもって暮らす / Das macht den *Kohl* nicht fett. 《口語》それはなんの役にもたたない. ② 〖複 なし〗《口語》ばかげたこと, たわごと.

Kohl² [コーる] -s/ 《人名》コール (Helmut *Kohl* 1930–; ドイツの政治家).

Kohl･dampf [コーる・ダンプふ] 男 -[e]s/ 《口語》(ひどい)空腹. *Kohldampf*⁴ schieben (または haben) 腹ぺこである.

die **Koh･le** [コーれ kóːlə] 女 (単) -/(複) -n ① 石炭, 炭. (英 coal). Braunkohle 褐炭 / Holzkohle 木炭 / weiße *Kohle* 《比》水力(←白い石炭) / *Kohle*⁴ ab|bauen (または fördern) 石炭を掘り出す / mit *Kohlen* heizen 石炭で暖房する / feurige *Kohlen*⁴ auf seinem Haupt sammeln 《雅》(寛大な態度を示して)彼を恥じ入らせる / [wie] auf [glühenden] *Kohlen* sitzen (不安で)いても立ってもいられない, やきもきしている. ② 〖複 なし〗活性炭; デッサン用木炭. ③ 〖複 で〗《俗》お金, 銭.

Koh･le･hyd･rat [コーれ・ヒュドラート] 中 -[e]s/-e =Kohlenhydrat

koh･len¹ [コーれン kóːlən] I 他 (h) 炭にする, 炭化させる. II 自 (h) ① 炭化する, (ろうそ

く・ランプなどが)くすぶる. ②《海》(船が)石炭を積み込む.

koh·len[2] [コーレン] 自 (h)《口語》ばかなこと(でたらめ)を言う.

Koh·len╱berg·werk [コーレン・ベルクヴェルク] 中 -[e]s/-e 炭鉱.

Koh·len╱**di·oxyd** [コーレン・ディーオクスュート] 中 -[e]s/《化》二酸化炭素, 炭酸ガス.

Koh·len╱**flöz** [コーレン・ふれーツ] 中 -es/-e《坑》炭層.

Koh·len╱**gru·be** [コーレン・グルーベ] 女 -/-n 炭坑.

Koh·len╱**hyd·rat** [コーレン・ヒュドラート] 中 -[e]s/-e《化》炭水化物, 含水素.

Koh·len╱**mo·no·xyd** [コーレン・モノクスュート] 中 -[e]s/《化》一酸化炭素.

Koh·len╱**oxyd** [コーレン・オクスュート] 中 -[e]s/《化》[一]酸化炭素.

koh·len╱sau·er [コーレン・ザオアァ] 形《化》炭酸の.

Koh·len╱säu·re [コーレン・ゾイレ] 女 -/《化》炭酸.

Koh·len╱**stoff** [コーレン・シュトふ] 男 -[e]s/《化》炭素(記号: C).

Koh·len╱**was·ser·stoff** [コーレン・ヴァッサァシュトふ] 男 -[e]s/-e《化》炭化水素.

Koh·le╱**pa·pier** [コーれ・パピーァ] 中 -s/ カーボンペーパー, 複写紙.

Köh·ler [ケーらァ kǿːlər] 男 -s/- ① 炭焼き[人]. ②《魚》タラ(鱈)(北大西洋産).

Koh·le╱stift [コーれ・シュティふト] 男 -[e]s/-e《美》(絵画用の)木炭筆.

Koh·le╱**zeich·nung** [コーれ・ツァイヒヌンゲ] 女 -/-en 木炭画.

Kohl╱kopf [コーる・コプふ] 男 -[e]s/..köpfe キャベツの玉;《比》でくの坊, ばか.

Kohl╱**mei·se** [コーる・マイゼ] 女 -/-n《鳥》シジュウカラ.

kohl·ra·ben╱schwarz [コーるラーベン・シュヴァルツ] 形 真っ黒な; 真っ暗な.

Kohl╱ra·bi [コーる・ラービ] 男 -[s]/-[s]《植》キュウケイカンラン, コールラビー. (☞ Gemüse 図).

Kohl╱**rü·be** [コーる・リューベ] 女 -/-n ①《植》カブラボタン(黄色い根が食用・飼育用). ②《汚うぞく》=Kohlrabi. ③《俗・戯》頭.

Kohl╱**weiß·ling** [コーる・ヴァイスリング] 男 -s/-e《昆》モンシロチョウ(幼虫は野菜の害虫).

Ko·in·zi·denz [コー・インツィデンツ kó:ɪntsɪdɛnts または コ・インツィデンツ] 女 -/-en (二つの出来事の)同時発生;《医》併発.

ko·i·tie·ren [コイティーレン koiti:rən] 自 (h) 性交する. II 他 (h)《人[4]》と性交する.

Ko·i·tus [コーイトゥス kó:itus] 男 -/ [..トゥース] (または ..tusse) 性交.

Ko·je [コーイェ kó:jə] 女 -/-n ①《海》(船室の)作り付けベッド. ②《口語・戯》ベッド. ③ (展覧会などの仕切られた陳列所, ブース.

Ko·jo·te [コヨーテ kojó:tə] 男 -n/-n《動》コヨーテ.

Ko·ka·in [コカイーン kokaí:n] 中 -s/《化》コカイン(コカの葉から採る麻酔剤).

Ko·kar·de [コカルデ kokárdə] 女 -/-n《軍》(軍帽の)花形記章;(軍用機の)国籍記号.

Ko·ke·rei [コーケライ koːkɑráɪ] 女 -/-en ①《覆 なし》コークス製造. ② コークス製造工場.

ko·kett [コケット kokét] 形 色っぽい, 媚(こ)びるような, コケティッシュな. ein *kokettes* Mädchen 色っぽい女の子.

Ko·ket·te·rie [コケッテリー kokɛtɑríː] 女 -/-n [..リーエン] 色っぽさ, 媚態(びたい), 嬌態(きょうたい).

ko·ket·tie·ren [コケティーレン kokɛtiːrən] 自 (h) ① しなをつくる. 媚(こ)を売る. mit《人[3]》*kokettieren*《人[3]》に媚を売る. ②《mit《事[3]》~》(事[3])をわざとらしく話題にする(強調する), もてあそぶ.

Ko·kon [ココーン kokɔ́ː] 男 -s/-s (昆虫の)まゆ (繭).

Ko·kos╱fa·ser [コーコス・ふァーザァ] 女 -/-n ココヤシ繊維.

Ko·kos╱**milch** [コーコス・ミるヒ] 女 -/ ココナッツミルク.

Ko·kos╱**nuss** [コーコス・ヌス] 女 -/..nüsse ココナッツ(ココヤシの実).

Ko·kos╱**nuß** ☞ 新形 Kokosnuss

Ko·kos╱**pal·me** [コーコス・パるメ] 女 -/-n《植》ココヤシ.

Ko·kot·te [ココッテ kokɔ́tə] 女 -/-n 高級娼婦(しょうふ).

Koks [コークス kóːks] I 男 -es/(種類:) -e ①《ふつう 単》コークス. ②《覆 なし》《俗・戯》(自由に使える)お金. II 男 -es/《隠語》コカイン. III 男 -es/《俗》ばかげた(ナンセンスな)こと.

kok·sen [コークセン kóːksən] 自 (h) ①《隠語》コカインを吸う(かぐ). ②《口語》眠る.

Kol·ben [コるベン kɔ́lbən] 男 -s/- ①《工》ピストン. ②《化》フラスコ. ③ (銃の)床尾. ④《植》穂状(すいじょう)花序. ⑤《俗》ダンゴ鼻.

Kol·ben╱hub [コるベン・フープ] 中 -[e]s/..hübe《工》ピストンの行程.

Kol·cho·se [コるヒョーゼ kɔlçóːzə] 女 -/-n コルホーズ(旧ソ連の集団農場).

Ko·lib·ri [コーリブリ kóːlibri] 男 -s/-s《鳥》ハチドリ(蜂鳥).

Ko·lik [コーリク kóːlɪk または コリーク kolíːk] 女 -/-en《医》疝痛(せんつう).

Kolk╱ra·be [コるク・ラーベ] 男 -n/-n《鳥》ワタリガラス.

kol·la·bie·ren [コらビーレン kɔlabíːrən] 自 (s)《医》虚脱する, (急激に)衰弱する.

Kol·la·bo·ra·teur [コらボラテーァ kɔlaboratǿːr] 男 -s/-e (敵国・占領軍への)協力者.

Kol·la·bo·ra·ti·on [コらボラツィオーン kɔlaboratsióːn] 女 -/-en (敵国・占領軍への)協力.

kol·la·bo·rie·ren [コらボリーレン kɔlaboríːrən] 自 (h)《mit《人[3]》~》(人[3]》(敵などに)協力する.

Kol·laps [コらップス kɔ́laps または コらプス] 男 -es/-e ①《医》虚脱, 衰弱. ②《天》(星の)崩壊. ③《経》崩壊.

Kol·leg [コれーク kɔlé:k] 中 -s/-s (または Kollegien [コれーギエン]) ① (大学の)講義. ② 補習高等学校(大学入学資格を与える全日制の学校). ③ (カトリック)神学院, 神学校.

*der **Kol·le·ge** [コれーゲ kɔlé:gə] 男 (単2・3・4) -n/(複) -n 同僚, [仕事]仲間. (英 colleague). Herr *Kollege*! (同僚への呼びかけ)ねえ, 君 / *Kollege* kommt gleich. 係の者がすぐ参ります / Er ist ein früherer *Kollege* von mir. 彼は私の昔の同僚だ. (類語 Freund).

kol·le·gi·al [コれギアーる kɔlegiá:l] 形 ① 同僚の, 同僚らしい, 同僚間の. ② 合議体の, 合議制による.

Kol·le·gi·a·li·tät [コれギアリテート kɔlegialitɛ́:t] 女 -/ 同僚間の親しみ, 同僚のよしみ.

Kol·le·gin [コれーギン kɔlé:gɪn] 女 -/..ginnen (女性の)同僚.

Kol·le·gi·um [コれーギウム kɔlé:gium] 中 -s/..gien [..ギエン] (同じ職場の)職員団, スタッフ; (学校の)教師陣. Ärzte*kollegium* 医師団.

Kol·lek·te [コれクテ kɔléktə] 女 -/-n ① 教会献金(募金). ② (カトリック)集禱(しゅうとう)文.

Kol·lek·ti·on [コれクツィオーン kɔlɛktsió:n] 女 -/-en ① (商品見本の)コレクション, (服飾)[ニューモード]コレクション; 収集品, コレクション.

kol·lek·tiv [コれクティーふ kɔlektí:f] 形 共同(共通)の; 集合(集団)的な.

Kol·lek·tiv [コれクティーふ] 中 -s/-e [..ヴェ] (または -s) 集団, 協同体; (社会主義国の)生産協同体.

Kol·lek·ti·vum [コれクティーヴム kɔlektí:vum] 中 -s/..tiva [言] 集合名詞 (例: Wald 森, Obst 果物).

Kol·lek·tiv・wirt·schaft [コれクティーふ・ヴィルトシャふト] 女 -/-en (社会主義国の)集団経営(農場)(旧ソ連のコルホーズなど).

Kol·lek·tor [コれクトア kɔléktɔr] 男 -s/..toren [..トーレン] ① (電)(トランジスターの)コレクター. ② (物・気象)太陽熱集熱器.

Kol·ler[1] [コらァ kɔ́lər] 中 -s/- ① (史)(中世の)革製胴着; (昔の:)(袖(そで)なしの)上着. ② (婦人用民俗衣装などの)カラー, 広襟. ③ (婦人用の)肩当て布.

Kol·ler[2] [コらァ] 男 -s/- ① (口語)(人の)狂暴, 激怒. einen *Koller* bekommen 激怒する. ② (馬などの)脳圧亢進(こうしん)症.

kol·lern[1] [コらァン kɔ́lərn] ((七面鳥などが)くうくう鳴く. ◊(非人称の es を主語として) Es *kollert* in meinem Magen. 私はおなかがぐうぐう鳴っている.

kol·lern[2] [コらァン] 自 (s) (方)(石・果実などが…へ)ころころ転がる.

kol·li·die·ren [コりディーレン kɔlidí:rən] 自 (s, h) ① (s) (乗り物が)ぶつかる, 衝突する. mit (物)[3] *kollidieren* (物)と衝突する. ② (h) (意見・利害などが)ぶつかる, 相反する, (催し物などが)かち合う.

Kol·li·er [コりエー kɔlié:] (フランス) 中 -s/-s ① (高価な)首飾り, ネックレス. ② (毛皮の)襟巻き.

Kol·li·si·on [コりズィオーン kɔlizió:n] 女 -/-en ① (乗り物の)衝突. ② (意見・利害の)衝突, 対立, 不一致.

Kol·lo [コろ kɔ́lo] 中 -s/-s (または Kolli) (商) 運送貨物, 梱(こり).

Kol·lo·id [コろイート kɔloí:t] 中 -[e]s/-e (化) コロイド, 膠質(こうしつ).

kol·lo·i·dal [コろイダーる kɔloidá:l] 形 (化) コロイド性の, 膠質(こうしつ)の.

Kol·lo·qui·um [コろークヴィウム kɔló:kvium または コろークヴィ..] 中 -s/..quien [..クヴィエン] ① (大学の)コロキウム, セミナー; (学者・政治家などの)討論集会. ② (オーストリア)(大学の)小規模な筆記(口頭)試験.

Köln [ケるン kǿln] 中 -s/ (都市名)ケルン(ドイツ, ノルトライン・ヴェストファーレン州. ライン河畔の交通の要衝. 13-19 世紀に築造された大聖堂は世界最大のゴシック式建物. (地図 C-3).

Köl·ner [ケるナァ kǿlnər] I 男 -s/- ケルンの市民(出身者). II 形 (無語尾で) ケルンの. der *Kölner* Dom ケルンの大聖堂.

köl·nisch [ケるニッシュ kǿlnɪʃ] 形 ケルン[市]の. *Kölnisch*[es] (新形 *kölnisch*[es]) Wasser オーデコロン.

Köl·nisch・was·ser [ケるニッシュ・ヴァッサァ] 中 -s/ オーデコロン. (新 *kölnisch*[es] Wasser ともつづる).

Ko·lo·fo·ni·um [コろふォーニウム kolofó:nium] 中 -s/ =Kolophonium

Ko·lon [コーろン kó:lɔn] 中 -s/-s (または Kola) ① (詩学・修)コロン(韻律の単位). ② (古)コロン(記号: :) (=Doppelpunkt). ③ (医)結腸.

ko·lo·ni·al [コろニアーる kolonia:l] 形 ① (付加語としてのみ) 植民地の. ② (生) コロニー(群体・集落)をなす.

Ko·lo·ni·a·lis·mus [コろニアリスムス kolonialísmus] 男 -/ 植民[地化]政策, 植民地主義.

Ko·lo·ni·al·po·li·tik [コろニアーる・ポりティーク] 女 -/ 植民地政策.

*die **Ko·lo·nie** [コろニー koloní:] 女 (単) -/ (複) -n [..ニーエン] (英 colony) ① 植民地; 居留地, 入植地. ② (外国における同一国民の)移住者集団. die japanische *Kolonie* in Düsseldorf デュッセルドルフの日本人[居住者]集団. ③ (生) 群体, 集落, コロニー.

Ko·lo·ni·sa·ti·on [コろニザツィオーン kolonizatsió:n] 女 -/-en ① 植民, 植民地建設(開拓). ② (自国の未開発地の)開拓, 植民.

ko·lo·ni·sie·ren [コろニズィーレン kolonizí:rən] 他 (h) ① 植民地化する. ② (未開の土地[4]を)開拓する.

Ko·lo·nist [コろニスト kolonist] 男 -en/-en ① 植民[地入植]者; 植民地住民. ② (植) 外来植物.

Ko·lon·na·de [コろナーデ kolonáːdə] 女 -/-n (ふつう 複) (建) コロネード, 列柱廊.

Ko·lon·ne [コろンネ kolónə] 囡 -/-n ① (軍隊の長い)縦列，縦隊．(車・人などの)長い列; (野外作業の)グループ． Auto*kolonne* 自動車の長い列 / **in** *Kolonnen* marschieren 縦列を組んで行進する．② 《印》欄，段; (一覧表などの)縦に長い文字(数字)の列．③ 《化》精留塔．

Ko·lo·pho·ni·um [コろふォーニウム kolofó:-nium] 囲 -s/ 《化》コロホニウム(ヴァイオリンの弓などに塗る樹脂).

Ko·lo·ra·tur [コろラトゥーァ koloratú:r] 囡 -/-en 《音楽》コロラトゥーラ(声楽曲の華麗な装飾楽句).

Ko·lo·ra·tur⸗sop·ran [コろラトゥーァ・ゾプラーン] 男 -s/-e 《音楽》コロラトゥーラソプラノ[歌手].

ko·lo·rie·ren [コろリーレン kolorí:rən] 他 (h) ① (版画などに)着色(彩色)する．② 《音楽》装飾音を加えて演奏する．

Ko·lo·rit [コろリート kolorí:t] 囲 -[e]s/-e (また は -s) ① 彩色，着色; 色彩効果;《医》(肌の)色素．② 《音楽》音色法．③ 《比》(町などの)独特な雰囲気．

Ko·loss [コろス kolós] 男 -es/-e 巨像; 巨大なもの;《口語・戯》(とてつもなく)大きな人．

Ko·loß ☞ 新形 Koloss

ko·los·sal [コろサール kolosá:l] I 形 ① 巨大な．ein *kolossales* Gebäude 巨大な建物．②《口語》 とてつもない，途方もない．eine *kolossale* Hitze ものすごい暑さ．II 副《口語》ものすごく，途方もなく．

Ko·los·se·um [コろセーウム kolosé:um] 囲 -s/ コロセウム(古代ローマの大円形闘技場).

Kol·por·ta·ge [コるポルタージェ kəlpərtá:ʒə] [フ] 囡 -/-n ① 低俗小説．② うわさを広めること．③ 《古》(本・雑誌などの)行商．

Kol·por·teur [コるポルテーァ kəlpərtö:r] [フ] 男 -s/-e ① うわさを広める人，吹聴(ふいちょう)者．② 《古》(本・雑誌などの)行商人．

kol·por·tie·ren [コるポルティーレン kəlpərtí:rən] 他 (h) (うわさなどを)ふれ回る，広める．

Ko·lum·bus [コろンブス kolúmbus] -/《人名》コロンブス (Christoph *Kolumbus* 1451–1506; イタリア生まれのスペインの航海者． ヨーロッパにアメリカ大陸を初めて紹介した).

Ko·lum·ne [コろムネ kolúmnə] 囡 -/-n ① 《印》欄，段．② (新聞・雑誌の)コラム，特約寄稿欄．③ (一覧表などの)縦に長い文字の列．

Ko·lum·nist [コろムニスト kolumníst] 男 -en/-en (新聞などの)コラムニスト．(☞ 女性形は Kolumnistin).

Ko·ma [コーマ kó:ma] 囲 -s/-s (または ..mata)《医》昏睡(こんすい)，意識不明．

Kom·bi [コンビ kómbi] 男 -[s]/-s ステーションワゴン，ライトバン (= *Kombi*wagen).

Kom·bi·nat [コンビナート kombiná:t] 囲 -[e]s/-e 《経》(特に社会主義国家などの)コンビナート，企業連合体．

*die **Kom·bi·na·ti·on** [コンビナツィオーンス・ガーベ] 囡 -/ 推理力．

***kom·bi·nie·ren** [コンビニーレン kəmbi-ní:rən] (kombinierte, *hat*...kombiniert) I 他 (完了 haben) 組み合わせる，結合する．(英 *combine*). Gelb[4] *mit* Blau zu einem Muster *kombinieren* 黄と青を組み合わせて図案化する / zwei Kleidungsstücke[4] [miteinander] *kombinieren* 二つの衣服を組み合わせて[着]る．◇《再帰的に》 *sich*[4] *kombinieren* 組み合わされる．

II 自 (完了 haben) ① (種々の事柄を関係づけて)推論する．Er *hat* falsch *kombiniert*. 彼は間違った推論をした．② (スポ) 連係プレーをする．

kom·bi·niert [コンビニーァト] *kombinieren (組み合わせる) 過分

kom·bi·nier·te [コンビニーァテ] *kombinieren (組み合わせる) 過去

Kom·bi⸗wa·gen [コンビ・ヴァーゲン] 男 -s/- ステーションワゴン，ライトバン．

Kom·bü·se [コンビューゼ kəmbý:zə] 囡 -/-n 《海》(船内の)調理室．

Ko·met [コメート komé:t] 男 -en/-en 《天》彗星(すいせい)．

ko·me·ten·haft [コメーテンハフト] 形 彗星(すいせい)のような．

*der **Kom·fort** [コムフォーァ kəmfó:r または ..ふォート ..fórt] 男 (単 2) -s/ 快適，便利さ; 快適な設備(家具調度)．ein Auto *mit* allem *Komfort* あらゆる快適な設備を備えた車．

kom·for·ta·bel [コムフォルターベる kəmfərtá:bəl] 形 快適な．eine *komfortable* Wohnung 快適な住まい．

Ko·mik [コーミック kó:mɪk] 囡 -/ こっけい，おかしみ，ユーモア．

Ko·mi·ker [コーミカァ kó:mɪkər] 男 -s/- 喜劇俳優，コメディアン;《比》(人を笑わせる)おもしろい人．(☞ 女性形は Komikerin).

Kom·in·tern [コミンテルン komintérn] 囡 -/ (1919–1943 年の)コミンテルン(第 3 インターナショナル) (= **Kom**munistische **Intern**ationale).

***ko·misch** [コーミッシュ kó:mɪʃ] 形 ① こっけいな，おかしな，おどけた．(英 *comical*). eine *komische* Geschichte こっけいな話 / eine *komische* Rolle[4] spielen こっけいな役を演じる / Warum machst du so ein *komisches* Gesicht? どうしてそんな変な顔をするの．② 奇妙な，風変わりな(気分が)変な．(英 *strange*). ein *komischer* Kerl 変わったやつ / ein *komischer* Geschmack 風変わりな趣味 /

komischerweise

Mir ist ganz *komisch* [zumute]. 私は本当に気分が悪い. (⇨ 類語 seltsam).

ko·mi·scher=wei·se [コーミッシァ・ヴァイゼ] 副 《口語》奇妙なことに, 不思議なことに.

Ko·mi·tee [コミテー komité:] 中 -s/-s 委員会 (=Ausschuss).

***das Kom·ma** [コンマ kɔ́ma] 中 (単2) -s/(複) -s (または Kommata) ① 《言》コンマ (記号:,). 《英 comma》. ein *Komma*[4] setzen コンマを打つ. ② 《数》小数点. drei *Komma* vier 3.4 (ドイツでは小数点にコンマを用いるので 3.4 は 3,4 となる). ③ 《音楽》コンマ(音程の微小な差).

Kom·man·dant [コマンダント kɔmandánt] 男 -en/-en 《軍》司令(指揮)官.

Kom·man·dan·tur [コマンダントゥーァ kɔmandantúːr] 女 -/-en 司令部.

Kom·man·deur [コマンデーァ kɔmandǿːr] 男 -s/-e 《軍》部隊長, 司令官.

kom·man·die·ren [コマンディーレン kɔmandíːrən] I 他 (h) ① (部隊など[4]を)指揮する. ② (前線などへ)転属させる, 派遣する. ③ 《口語》(人[4]に)命令口調で指図する. ④ (退却など[4]を)命じる. II 自 (h) 命令口調で指図する.

Kom·man·dit=ge·sell·schaft [コマンディテート・ゲぜるシャふト] 女 -/-en 《経》合資会社 (略: KG).

Kom·man·do [コマンド kɔmándo] 中 -s/-s (ドラ゙ヴ: ..manden も) ① 命令, 指令. ② 《複なし》命令(司令・指揮・統帥)権. das *Kommando*[4] führen 指揮をとる. ③ (特別な任務のための)分(派)遣隊, 支隊, コマンド部隊. ④ 《軍》司令部.

Kom·man·do=brü·cke [コマンド・ブリュケ] 女 -/-n 船橋, 艦橋.

kom·men [コンメン kɔ́mən]

来る	Woher *kommen* Sie? ヴォヘーァ コンメン ズィー どちらのご出身ですか.	
人称	単	複
1	ich komme	wir kommen
2	{du kommst {Sie kommen	ihr kommt Sie kommen
3	er kommt	sie kommen

(kam, *ist*...gekommen) I 自 (《英》 sein) ① 来る; 着く, 達する. (《英》 come). (⇨「行く」は gehen). Er *kommt* bald. 彼はもうすぐ来ます / *Kommst* du oft hierher? 君はよくここへ来るの? / Für dich *ist* ein Brief *gekommen*. 《現在完了》君に手紙が来ているよ.

◊《前置詞とともに》 **ans** Ziel *kommen* 目的地に着く / **ans** Licht *kommen* 《比》明るみに出る / **auf** 事[4] *kommen* 事[4]を思いつく ⇨ Ich *komme* nicht auf seinen Namen. 私は彼の名前が思い出せない / **auf** 人・物[4] *kommen* 人・物[4]に割り当てられる ⇨ Auf zehn Kinder *kommt* ein Betreuer. 10人の子供につき一人の世話係がつく / Ich *komme* **aus** Hiroshima. 私は広島の出身です / Er *kommt* gerade aus der Schule. 彼はちょうど学校から帰って来たところです / aus der Mode *kommen* 流行遅れになる /《比》aus dem Sinn *kommen* 人[3]から忘れられる / **außer** Atem *kommen* 息を切らす / **hinter** 事[4] *kommen* 事[4]を見抜く / **ins** Zimmer *kommen* 部屋へ入って来る / *Kommen* Sie mir nicht immer **mit** derselben Geschichte! いつも同じ話ばかりしないでください / Sie *kommt* oft **nach** Berlin. 彼女はよくベルリンへやって来る / **nach** Hause *kommen* 家に帰って来る / **unter** ein Auto *kommen* 車にひかれる / **von** der Arbeit *kommen* 仕事から帰って来る / Er *kommt* morgen **zu** mir. 彼はあした私の所へ来る / **zu** 物[3] *kommen* 物[3]を手に入れる, 得る ⇨ Sie *ist* über Nacht zu Geld *gekommen*.《現在完了》彼女は一夜にして金持ちになった / zur Ruhe *kommen* 落ち着く / zu der Überzeugung *kommen*, dass ... ... という確信を持つに至る / wieder zu sich[3] *kommen* 正気に戻る / **zu** 事[3] *kommen* 事[3]のための時間を見つける ⇨ Endlich *komme* ich dazu, dir zu schreiben. (手紙文で:)ようやく君に手紙を書けるようになりました.

◊《lassen とともに》 einen Arzt *kommen lassen* 医者に来てもらう / Ich *ließ* ein Taxi *kommen*. 私はタクシーを呼んだ / **Auf** ihn *lasse* ich nichts *kommen*.《比》彼の悪口は言わないぞ(←彼に対して何も来させない).

◊《過去分詞とともに》 Er *kam* gelaufen. 彼は走って来た / geflogen *kommen* 飛んで来る.

② 行く. (⇨ 相手のいる場所や行こうとする地点に視点が置かれる). Ich *komme* gleich. すぐに参ります / Wie *komme* ich **zum** Bahnhof? 駅へはどう行けばいいですか.

③ 出て来る, 現れる, (考えなどが 人[3]に)浮かぶ. Die ersten Knospen *kommen* schon. 最初のつぼみがもう出ている / Vor Freude *kamen* ihm die Tränen. 喜びのあまり彼の目に涙が浮かんだ.

④ 《方向を表す語句とともに》(学校・施設などへ)入る, 入れられる. Er *kommt* dieses Jahr **in** die Schule. (または **zur** Schule). 彼は今年学校に入る / ins Gefängnis *kommen* 刑務所に入れられる.

⑤ 《方向を表す語句とともに》(しかるべき所へ)収められる, 入れられる. Die Löffel *kommen* rechts **ins** Fach. スプーンは右の引き出しに入れる.

⑥ (時節などが)近づいて来る, 到来する; (出来事などが)起きる, 発生する. Die Nacht *kommt*.《雅》夜が来る / Was auch immer *kommen* mag, ... 何が起きようと ...

⑦ 《**von** (または **aus**) 事[3] ~》(事[3]に)由来する; (事[3]に)起因する. Seine Krankheit *kommt* vom vielen Trinken. 彼の病気は酒の飲みすぎが原因だ / Das *kommt* davon! それ見たことか / Woher *kommt* das viele Geld? その大金の出所はどこですか / Wie *kommt* es,

dass du…? 君が…なのはなぜだ.
⑧ 《口語》(費用などが…に)なる. Die Reparatur *kommt* auf etwa 50 Mark. 修理にはおよそ 50 マルクかかる. ◇《人を表す 4 格とともに》Das *kommt* mich teuer. それは私には高いものにつく.
⑨ (順序として)来る, 現れる. Wenn Sie geradeaus gehen, *kommt* erst die Kirche, dann die Schule. まっすぐ行かれると, まず教会があり, その次が学校です / Jetzt *kommen* Sie an die Reihe. 今度はあなたの番です.
⑩ (人³にとって…に)感じられる;《人³に対して…の)態度をとる. Ihr Angebot *kommt* mir sehr gelegen. あなたのお申し出は私にはとても好都合です / Er *kam* seinem Vater frech.《口語》彼は父親に生意気な態度をとった.
⑪ 〖**über** 人⁴ ～〗(感情などが人⁴を)襲う. [Der] Ekel *kam* über ihn. 彼は嫌悪感をおぼえた.
⑫ 〖**um** 物⁴ ～〗(物⁴を)失う. Er *ist* ums Leben *gekommen*.《現在完了》彼は命を落した.
⑬ 〖命令形で〗さあ. *Komm*, wir gehen! さあ行こう.
⑭ 〖**zu** 不定詞[句]とともに〗(…するように)なる. auf 事³ zu sprechen *kommen* (事⁴を話題に)する / Ich *kam* neben ihn zu sitzen. たまたま私は彼の横に座ることになった.
⑮ 〖**in** (または **zu**)+特定の名詞とともに〗…[の状態]になる, …しはじめる; …される. in Gefahr *kommen* 危険に陥る / in Wut *kommen* 激怒する / in Bewegung *kommen* 動き出す / in Frage *kommen* 問題(考慮の対象)になる / in Gebrauch *kommen* 用いられる / 人³ zu Hilfe *kommen* 人³を助ける / zum Kauf *kommen* 売られる.
⑯ 〖特定の副詞とともに〗**dahinter** *kommen* 《口語》探りあてる, かぎつける / **nahe** *kommen* a) (事³に)近づく, b) (人³と)親しくなる / **näher** *kommen* (人³と)より親しくなる / **vorwärts** *kommen* a) 成功する, b) 順調に進む.
Ⅱ 非人称《完了 sein》〖**es** *kommt* **zu** 事³〗事³の形で]事³という事態になる. Es *kommt* bald zu einem Streit. もうすぐけんかになりそうだ.

Kom·men [コメン] 中 -s/ 接近, 来着, 到着. Es herrschte ein dauerndes *Kommen* und *Gehen*. 人々が絶え間なく行き来していた / im *Kommen* sein 人気が高まる, [再び]はやりだす.

kom·mend [コメント] Ⅰ *kommen*(来る)の現分 Ⅱ 形 ① 次の, 来たる. am *kommenden* Sonntag 今度の日曜日に / im *kommenden* Jahr 来年. ② 将来有望な. Er ist der *kommende* Mann im Skisport. 彼はスキーの有望選手だ.

Kom·men·tar [コメンタール kɔmɛntá:r] 男 -s/-e ① 注釈[書], 注解. ein *Kommentar* zur Bibel 聖書の注解. ② (出来事についての)解説, 論評, コメント. einen *Kommentar* zu 事³ geben 事³について解説する / Kein *Kommentar*!(回答を拒否して) ノーコメント.

Kom·men·ta·tor [コメンタートァ kɔmɛntá:tɔr] 男 -s/..toren [..タトーレン] ① 注釈者. ② 解説者. (⊂ 女性形は Kommentatorin).

kom·men·tie·ren [コメンティーレン kɔmɛntí:rən] 他 (h) ① (物⁴に)注釈をつける. ② 解説する. ③ 《口語》(人・事⁴について)意見(感想)を述べる.

Kom·mers [コメルス kɔmérs] 男 -es/-e (学生言葉:)(大学生の)宴会, コンパ.
Kom·mers≠buch [コメルス・ブーフ] 中 -[e]s/..bücher 学生歌集.
Kom·merz [コメルツ kɔmérts] 男 -es/ (ふつう軽蔑的に:)商業, 商売; 利潤, もうけ.

kom·mer·zi·a·li·sie·ren [コメルツィアリズィーレン kɔmɛrtsializí:rən] 他 (h) 商業化(営利化)する.

kom·mer·zi·ell [コメルツィエる kɔmɛrtsiél] 形 ① 商業[上]の. ② 営利的な, 営利本位の.

Kom·mi·li·to·ne [コミリトーネ kɔmilitó:nə] 男 -n/-n (学生言葉:)学友, 同級生. (⊂「小・中学校などの)同級生」は Mitschüler). (⇒ 類語 Freund).

Kom·mi·li·to·nin [コミリトーニン kɔmilitó:nɪn] 女 -/..ninnen (学生言葉:)(女性の)学友, 同級生.

Kom·miss [コミス kɔmís] 男 -es/ (兵隊言葉:)軍隊, 兵役. beim *Kommiss* sein 兵役に就いている.

Kom·miß ☞ 新形 Kommiss
Kom·mis·sar [コミサール kɔmisá:r] 男 -s/-e ① (政府の任命した)委員. ② 警部;〖複 なし〗警部の職.

Kom·mis·sär [コミセーァ kɔmisɛ́:r] 男 -s/-e 《南ド・ォーストリア・スイス》=Kommissar

kom·mis·sa·risch [コミサーリッシュ kɔmisá:rɪʃ] 形 一時的に委任を受けた, 臨時の, 代理(代行)の.

Kom·miss≠brot [コミス・ブロート] 中 -[e]s/-e (四角形の黒い)軍用パン.
Kom·miß≠brot ☞ 新形 Kommissbrot

* *die* **Kom·mis·si·on** [コミスィオーン kɔmɪsió:n] 女 (単)-/(複)-en ① 委員会. (⊂ commission). eine ständige *Kommission* 常設委員会 / eine *Kommission*⁴ ein|setzen 委員会を設置する. ② (商)委託販売, 取り次ぎ. in *Kommission* geben (nehmen) 《経》物⁴を委託販売に出す(物⁴の委託販売を引き受ける).

Kom·mis·si·o·när [コミスィオネーァ kɔmisioné:r] 男 -s/-e 《経》委託販売業者;(出版の)取次業者.

Kom·mis·si·ons≠ge·schäft [コミスィオーンス・ゲシェふト] 中 -[e]s/-e 《経》委託売買, 委託販売[業], 取次店.

Kom·mo·de [コモーデ kɔmó:də] 女 -/-n (引き出し付きの)整理だんす.

kom·mu·nal [コムナーる kɔmuná:l] 形 地方

自治体の, 市町村の.

Kom·mu·nal·po·li·tik [コムナール・ポリティーク] 囡 -/ 地方自治体の政治(行政).

Kom·mu·nal·**wahl** [コムナール・ヴァール] 囡 -/-en 地方選挙.

Kom·mu·ne [コムーネ komúːnə] 囡 -/-n ① 地方自治体. ②〖成句的に〗die Pariser Kommune《史》パリ・コミューン(フランス革命下のパリ市政府ならびに1871年のパリ市政府). ③(特に大学生の)生活共同体. ④〖複 なし〗(軽蔑的に:)共産主義者.

Kom·mu·ni·kant [コムニカント komunikánt] 男 -en/-en ①《カッ》聖体拝領者. ②《社·言》コミュニケーション参加(関与)者(話し手と聞き手).

*die **Kom·mu·ni·ka·ti·on** [コムニカツィオーン komunikatsióːn] 囡 (単) -/(複) -en ①〖複 なし〗コミュニケーション, (情報・思想などの)伝達. (英 communication). Kommunikation durch Sprache 言葉によるコミュニケーション. ② (いくつかの事柄の)かかわり合い, つながり, 関連. eine Kommunikation zwischen Traum und Wirklichkeit 夢と現実のかかわり合い.

Kom·mu·ni·ka·ti·ons·mit·tel [コムニカツィオーンス・ミッテる] 中 -s/- コミュニケーション手段, 情報媒体.

Kom·mu·ni·kee [コミュニケー kɔmyniké: または コム.. komu..] 中 -s/- ＝Kommuniqué

Kom·mu·ni·on [コムニオーン kɔmunióːn] 囡 -/-en《カッ》〖初〗聖体拝領; 聖体.

Kom·mu·ni·qué [コミュニケー kɔmyniké: または コム.. komu..] 中 -s/-s《政治》コミュニケ, 公式発表, (公式の)報告書.

*der **Kom·mu·nis·mus** [コムニスムス kɔmunísmus] 男 (単2) -/ **共産主義**. (英 communism). im Kommunismus leben 共産主義体制の国で暮らす.

Kom·mu·nist [コムニスト kɔmuníst] 男 -en/-en 共産主義者; 共産党員. (バイ 女性形は Kommunistin).

***kom·mu·nis·tisch** [コムニスティッシュ kɔmunístiʃ] 厖 **共産主義の**; 共産党の. (英 communistic). die kommunistischen Staaten 共産主義諸国 / das Kommunistische Manifest 共産党宣言(1848年) / Deutsche Kommunistische Partei ドイツ共産党(1968年創立; 略: DKP).

kom·mu·ni·zie·ren [コムニツィーレン kɔmunitsíːrən] 圁 (h) ①(相互に)連結(関連)している. ◇〖現在分詞の形で〗kommunizierende Röhren《物》連通管. ② 意思の疎通を図る. ③《カッ》聖体を拝領する.

Ko·mö·di·ant [コメディアント komødiánt] 男 -en/-en ① 役者. (バイ 女性形は Komödiantin). ②《比》(軽蔑的に:)偽善者, 猫かぶり.

*die **Ko·mö·die** [コメーディエ komö́ːdiə] 囡 (単) -/(複) -n ①《文学》**喜劇**, コメディー. (英 comedy). (バイ「悲劇」は Tragödie. die griechische Komödie ギリシア喜劇 / eine Komödie⁴ aufführen 喜劇を上演する. ②〖複 なし〗(主に喜劇用の)小劇場. ③〖ふつう 単〗偽り, 見せかけ. Komödie⁴ spielen (本当らしく)見せかける.

Komp. [コンパニー]《略》《軍》中隊(＝Kompanie).

Kom·pa·gnon [コンパニョーン kɔmpanjṍ: または コンパニョン] [ファ] 男 -s/-s《経》共同出資者.

kom·pakt [コンパクト kɔmpákt] 厖 ① 目の詰まった, (物質が)密な; コンパクトな. ②《口》がっちりした, ずんぐりした(体つきなど).

Kom·pa·nie [コンパニー kɔmpaníː] 囡 -/-n [..ニーエン] ①《軍》中隊(略: Komp.). ②《古》商事会社, 商会(略: Co.).

Kom·pa·nie·chef [コンパニー・シェふ] 男 -s/-s《軍》中隊長.

kom·pa·ra·tiv [コンパラティーふ kómparati:f または ..ティーふ] 厖《言》比較の, 比較級の.

Kom·pa·ra·tiv [コンパラティーふ] 男 -s/-e [..ヴェ]《言》比較級.

Kom·par·se [コンパルゼ kɔmpárzə] 男 -n/-n《劇・映》端役(ﾊじゃく), エキストラ.

Kom·pass [コンパス kómpas] 男 -es/-e 羅針(しん)儀, コンパス;《比》指針.

Kom·paß ☞《新厅》Kompass

kom·pa·ti·bel [コンパティーべる kɔmpatíːbəl] 厖 ① 両立しうる;《医》適合する, 適合性の(血液型・薬剤など). ②《言》両立可能な. ③《ｺﾝﾋﾟ》互換性のある, コンパチブルの;《工》両立式の.

Kom·pa·ti·bi·li·tät [コンパティビリテート kɔmpatibilitɛ́:t] 囡 -/-en ①《医》(血液型・薬剤などの)適合性. ②《言》両立可能[性]. ③《ｺﾝﾋﾟ》互換性;《工》両立性.

Kom·pen·di·um [コンペンディウム kɔmpɛ́ndium] 中 -s/..dien [..ディエン] 要約; 便覧, ハンドブック.

Kom·pen·sa·ti·on [コンペンザツィオーン kɔmpɛnzatsióːn] 囡 -/-en 代償[作用], (心)補償, 代償; (経)賠償; (物)補償, 補正; (医)代償[作用].

kom·pen·sie·ren [コンペンズィーレン kɔmpɛnzíːrən] 他 (h) ① 代償する, 代償する, 補う. ②《経》相殺(ｿｳｻｲ)する.

kom·pe·tent [コンペテント kɔmpetɛ́nt] 厖 ① 専門知識のある, 造詣(ぞうけい)が深い;《言》言語能力のある. ②《法》権限のある.

Kom·pe·tenz [コンペテンツ kɔmpetɛ́nts] 囡 -/-en ① 専門知識;《言》言語能力. ②《法》権限, 資格, 管轄.

Kom·ple·ment [コンプれメント kɔmplemɛ́nt] 中 -[e]s/-e ① 補足[物]. ②《数》補集合;《医》補体, アレキシン.

kom·ple·men·tär [コンプれメンテーア kɔmplemɛntέ:r] 厖 互いに補足し合う, 相補の.

Kom·ple·men·tär·far·be [コンプれメンテーア・ふァルベ] 囡 -/-n《光》補色.

kom·plett [コンプﾚット komplét] 形 ① 完全な, 全部の; 全部そろった, 全員の. ein *komplett* möbliertes Apartment 家具の完備したアパート. ②《口語》まったくの. ③《ｽﾎﾟｰﾂ》満席の, 空きのない.

kom·plet·tie·ren [コンプﾚティーレン kɔmplɛtíːrən] 他 (h) (補足して)完全なものにする, 全部そろえる.

kom·plex [コンプﾚクス kɔmpléks] 形 ① 包括(総合)的な. ② 複雑な, 入り組んだ, 錯綜(ｻｸｿｳ)した. eine *komplexe* Zahl《数》複素数.

Kom·plex [コンプﾚクス] 男 -es/-e ① 複合[体], 合成[物]; 建築物群. im *Komplex* (旧東ドイツで:) 各方面で, 大規模に. ②《心》コンプレックス, 観念複合.

Kom·pli·ce [コンプﾘーツェ kɔmplíːtsə または ..tsə] 男 -n/-n =Komplize

Kom·pli·ka·ti·on [コンプﾘカツィオーン kɔmplikatsióːn] 女 -/-en ① ごたごた, 紛糾, もめごと. ②《医》合併症, (余病の)併発.

das **Kom·pli·ment** [コンプﾘメント kɔmplimént] 中 (単2) -(e)s/(複) -e (3格のみ -en) ① **お世辞**, お愛想, 賛辞.(英 *compliment*). ein leeres *Kompliment* 見えすいたお世辞／人[3] ein *Kompliment*[4] (または *Komplimente*[4]) machen 人[3]にお世辞を言う／eine Frau[4] mit *Komplimenten* überschütten 女性にお世辞を振りまく／Bitte keine *Komplimente*! お世辞はよしてください／Mein *Kompliment*! いやおみごと, 感服しました. ②《古》あいさつ.

kom·pli·men·tie·ren [コンプﾘメンティーレン kɔmplimentíːrən] 他 (h)《雅》(お客などを…へ)丁重に案内する.

Kom·pli·ze [コンプﾘーツェ kɔmplíːtsə] 男 -n/-n 共犯者.(⇨ 女性形は Komplizin).

∗ **kom·pli·zie·ren** [コンプﾘツィーレン kɔmplitsíːrən] (komplizierte, *hat*...kompliziert) I 他 (完了) haben) (事態などを[4])**複雑にする**, 難しくする.(英 *complicate*). Das *kompliziert* die Sache. そのことがこの件を複雑にしている.
II 再帰 (完了) haben) *sich*[4] *komplizieren* (事態などが)複雑になる, 難しくなる. Die politische Lage *kompliziert sich* immer mehr. 政治的な状況はますます複雑になる.

∗ **kom·pli·ziert** [コンプﾘツィーァト komplitsíːrt] I *komplizieren* (複雑にする)の 過分 II 形《比較》komplizierter,《最上》kompliziertest) **複雑な**, 入り組んだ; やっかいな, 扱いにくい.(英 *complicated*). eine *komplizierte* Angelegenheit 複雑な用件／ein *komplizierter* Bruch《医》複雑骨折／Diese grammatische Regel ist *kompliziert*. この文法規則は複雑だ／ein *komplizierter* Charakter 扱いにくい性格.

kom·pli·zier·te [コンプﾘツィーァテ] *∗*komplizieren (複雑にする)の 過去

Kom·plott [コンプﾛット kɔmplót] 中 (口語: 男 も) -(e)s/-e 陰謀. ein *Komplott*[4] schmieden 陰謀を企てる.

Kom·po·nen·te [コンポーネンテ kɔmpoɴénta] 女 -/-n 構成要素;《理》(ベクトルの)成分.

∗ **kom·po·nie·ren** [コンポニーレン kɔmponíːrən] (komponierte, *hat*...komponiert) I 他 (完了 haben) ① (曲などを)**作曲する**. eine Sinfonie[4] *komponieren* 交響曲を作曲する. ② (素材などを[4])組み立てる, 構成する. ◇過去分詞の形で] ein geschickt *komponierter* Roman 巧みな構成の小説.
II 自 (完了 haben) 作曲をする.

kom·po·niert [コンポニーァト] *∗*komponieren (作曲する)の 過分

kom·po·nier·te [コンポニーァテ] *∗*komponieren (作曲する)の 過去

∗ der **Kom·po·nist** [コンポニスト kɔmponíst] 男 (単2·3·4) -en/-en **作曲家**.(⇨ 女性形は Komponistin). Opern*komponist* オペラ作曲家.

Kom·po·si·ti·on [コンポズィツィオーン kɔmpozitsióːn] 女 -/-en ①《複 なし》作曲. ② 楽曲. ③ 構成, 構想, 構図; 構成されたもの. ④《言》(語の)合成.

Kom·po·si·tum [コンポーズィトゥム kɔmpóːzitum] 中 -s/..sita (まれに ..siten)《言》合成語, 複合語.

Kom·post [コンポスト kɔ́mpɔst または ..ポスト] 男 -(e)s/-e 有機肥料, 堆肥(ﾀｲﾋ).

kom·pos·tie·ren [コンポスティーレン kɔmpɔstíːrən] 他 (h)《農》(わらなどを[4])堆肥(ﾀｲﾋ)にする.

Kom·pott [コンポット kɔmpót] 中 -(e)s/-e コンポート(果実の砂糖煮).

Kom·pres·se [コンプﾚッセ kɔmprésə] 女 -/-n《医》湿布;(止血用の)圧迫包帯.

Kom·pres·sor [コンプﾚッソァ kɔmprésɔr] 男 -s/-en [..ｿｰﾚﾝ]《工》コンプレッサー, 圧縮機.

kom·pri·mie·ren [コンプﾘミーレン kɔmprimíːrən] 他 (h) ① (物·工)(ガスなどを[4])圧搾(圧縮)する, 濃縮する. ② (テキストなどを[4])要約する.

kom·pri·miert [コンプﾘミーァト] I komprimieren (圧搾する)の 過分 II 形 簡潔な(表現·文体など); 圧縮された(空気など).

Kom·pro·miss [コンプﾛミス kɔmprɔmís] 男 (まれに 中) -es/-e 妥協[案]; 和解, 示談. ein[en] *Kompromiss*[4] mit 人[3] schließen 人[3]と妥協する(和解する).

Kom·pro·miß ⇨ 新形 Kompromiss

kom·pro·miss-los [コンプﾛミス·ﾛｰｽ] 形 妥協しない, 一歩も譲らない.

kom·pro·miß-los ⇨ 新形 kompromisslos

kom·pro·mit·tie·ren [コンプﾛミティーレン kɔmprɔmitíːrən] 他 (h) (人[4]の)体面を傷つける, 面目をつぶす. ◇再帰的に] *sich*[4] *kompromitieren* (自分の)面目を失う.

Kom·tes·se [コムテッセ kɔmtésə または コン..kɔ̃..] [ｶﾞ] 女 -/-n《南ﾄﾞ·ｵｰｽﾄ》伯爵令嬢.

Kon·den·sat [コンデンザート kɔndɛnzáːt] 中 -[e]s/-e 《物》凝縮液.

Kon·den·sa·ti·on [コンデンザツィオーン kɔndɛnzatsióːn] 女 -/-en ① 《物》(ガスなどの)凝縮, 液化. ② 《化》縮合, 凝縮.

Kon·den·sa·tor [コンデンザートァ kɔndɛnzáːtɔr] 男 -s/-en [..ザトーレン] ① 《電》蓄電器, コンデンサー. ② 《化》凝縮器; 冷却器.

kon·den·sie·ren [コンデンズィーレン kɔndɛnzíːrən] I 他 (h) (液体⁴を)濃縮する; (気体⁴を)液化する. ◊《過去分詞の形で》kondensierte Milch 濃縮ミルク, 練乳. II 自 (h, s) (気体が)液化する.

Kon·dens≠milch [コンデンス・ミるヒ] 女 -/ コンデンスミルク, 練乳.

Kon·dens≠strei·fen [コンデンス・シュトライフェン] 男 -s/- 飛行機雲.

Kon·dens≠was·ser [コンデンス・ヴァッサァ] 中 -s/ 凝縮水(水蒸気の液化による水).

Kon·di·ti·on [コンディツィオーン kɔnditsióːn] 女 -/-en ① 《ふつう複》《商》(支払い・引き渡し)条件. ② 《複 なし》(心身の)状態, 体調; 《スツ》コンディション.

kon·di·ti·o·nal [コンディツィオナーる konditsionáːl] 形 《言》条件を表す. ein konditionaler Satz 条件文.

Kon·di·ti·o·nal·satz [コンディツィオナーる・ザッツ] 男 -es/..sätze 《言》条件文.

kon·di·ti·o·nell [コンディツィオネる konditsionél] 形 (特にスポーツで:) コンディション[上]の.

kon·di·ti·o·nie·ren [コンディツィオニーレン kɔnditsioníːrən] ① (材料など⁴を)加工の条件に合わせる. ②《心》(反応⁴を)条件づける.

Kon·di·ti·ons≠schwä·che [コンディツィオーンス・シュヴェッヒェ] 女 -/-n 《スツ》コンディションの悪さ, 不調.

kon·di·ti·ons≠stark [コンディツィオーンス・シュタルク] 形 《スツ》コンディションのよい, 好調な.

Kon·di·tor [コンディートァ kondíːtɔr] 男 -s/-en [..ディトーレン] 菓子製造人, 菓子屋.

die **Kon·di·to·rei** [コンディトライ konditoráɪ] 女 (単) -/(複) -en ① ケーキ屋, 菓子製造店 (喫茶店を兼ねる場合が多い). ②《複 なし》菓子製造.

Kon·di·tor≠wa·ren [コンディートァ・ヴァーレン] 複 菓子(ケーキ)類.

Kon·do·lenz [コンドれンツ kɔndolénts] 女 -/-en 《雅》① 《複 なし》お悔やみ, 哀悼 (=Beileid). ② 哀悼の言葉.

kon·do·lie·ren [コンドリーレン kɔndolíːrən] 自 (h) (人³に)お悔やみを述べる, 弔意を表する. 人³ zum Tod des Vaters kondolieren 人³に父親の死についてお悔やみを言う.

Kon·dom [コンドーム kɔndóːm] 中 男 -s/-e (まれに -s) コンドーム.

Kon·dor [コンドーァ kóndoːr] 男 -s/-e 《鳥》コンドル (ハゲタカの一種).

Kon·fekt [コンフェクト kɔnfékt] 中 -[e]s/(種類:) -e ① (飴(ᵃᵐᵉ)以外の)砂糖菓子(プラリネなど). ② 《南ドイツ・オーストリア・スイス》(紅茶に添える)クッキー.

Kon·fek·ti·on [コンフェクツィオーン kɔnfɛktsióːn] 女 -/-en 《ふつう 単》既製服製造[業]; 既製服.

die **Kon·fe·renz** [コンフェレンツ kɔnferénts] 女 (単) -/(複) -en 会議, 会談, 協議[会]. (英 conference). Gipfelkonferenz サミット, 首脳会談 / eine internationale Konferenz 国際会議 / Er hat eine Konferenz. 彼は会議がある / eine Konferenz⁴ ab|halten (または eröffnen) 会議を開く / an einer Konferenz teil|nehmen 会議に参加する. (☞ 類語 Sitzung).

kon·fe·rie·ren [コンフェリーレン kɔnferíːrən] I 自 (h) 会議を開く; 協議する. über 事⁴ konferieren 事⁴について協議(話し合い)する. II 他 (h) (ショーなど⁴の)司会をする.

Kon·fes·si·on [コンフェスィオーン kɔnfɛsióːn] 女 -/-en ① 《神学》信仰告白; 《雅》告白. die evangelische (katholische) Konfession 新教(カトリック教). ② 《宗》宗派.

kon·fes·si·o·nell [コンフェスィオネる konfɛsionél] 形 宗派的な, 宗派に関する.

Kon·fes·si·ons≠los [コンフェスィオーンス・ろース] 形 どの宗派にも属さない, 無宗派の.

Kon·fet·ti [コンフェッティ konféti] 中 -[s]/- (謝肉祭・大みそかなどの際に投げ合う)紙吹雪.

Kon·fir·mand [コンフィルマント konfirmánt] 男 -en/-en 《新教》(堅信礼を受ける・受けたばかりの)受堅者. ◇ 女性形は Konfirmandin.

Kon·fir·ma·ti·on [コンフィルマツィオーン konfirmatsióːn] 女 -/-en 《新教》堅信[礼].

kon·fir·mie·ren [コンフィルミーレン konfirmíːrən] 他 (h) 《新教》(人⁴に)堅信礼を施す.

Kon·fis·ka·ti·on [コンフィスカツィオーン konfiskatsióːn] 女 -/-en 《法》没収, 押収.

kon·fis·zie·ren [コンフィスツィーレン konfistsíːrən] 他 (h) 《法》(財産など⁴を)没収(押収)する.

Kon·fi·tü·re [コンフィテューレ konfityːrə] 女 -/-n ジャム (一種類の果物を粗刻みして作ったもの).

der **Kon·flikt** [コンふりクト kɔnflíkt] 男 (単2) -[e]s/(複) -e (3格のみ -en) ① 紛争, 衝突, 闘争. (英 conflict). ein politischer Konflikt 政争 / mit 事³ in einen Konflikt geraten (または kommen) 事³(法律など)に違反する. ② (精神的な)葛藤(ᵏᵃᵗᵗᵒ). Gewissenskonflikt 良心の葛藤.

Kon·fö·de·ra·ti·on [コンフェデラツィオーン konföderatsióːn] 女 -/-en 国家連合.

kon·form [コンフォルム konfórm] 形 一致(合致)している. mit 人³ konform gehen 人³と意見を同じくする.

Kon·for·mis·mus [コンフォルミスムス konformísmus] 男 -/ 大勢順応[主義].

Kon·for·mist [コンフォルミスト konformíst] 男 -en/-en ① 大勢順応[主義]者. ② (イギ

リスの)国教徒.

Kon·fron·ta·ti·on [コンフロンタツィオーン kɔnfrɔntatsióːn] 囡 -/-en (法廷などでの)対決, 対立.

kon·fron·tie·ren [コンフロンティーレン kɔnfrɔntíːrən] 他 (h) 対決(直面)させる. 人¹ **mit** 人・事³ *konfrontieren* 人¹を人・事³と対決(直面)させる.

Kon·fus [コンフース kɔnfúːs] 形 混乱した, 支離滅裂な(文章など); 頭が混乱した.

Kon·fu·si·on [コンフジィオーン kɔnfuzióːn] 囡 -/-en 混乱, 支離滅裂, 狼狽(ろうばい).

Kon·fut·se [コンフーツェ kɔnfútsə] -s/《人名》孔子(前551-前479; 中国の思想家).

Kon·fu·zi·a·nis·mus [コンフツィアニスムス kɔnfutsianísmus] 男 -/ 儒教, 孔子の教え.

Kon·fu·zi·us [コンフーツィウス kɔnfúːtsiʊs] -/《人名》孔子(= Konfutse).

kon·ge·ni·al [コンゲニアール kɔngeniaːl] 形 精神的に同等の, 原作に劣らない水準の(翻訳など); 息のぴったり合った(合奏など).

kon·ge·ni·tal [コンゲニタール kɔngenitaːl] 形 《医》先天性の, 先天的な.

Kon·glo·me·rat [コングロメラート kɔnglomeráːt または kɔŋ..] 中 -[e]s/-e ① 集合体, ごった混ぜ; 《経》複合企業, コングロマリット. ② 《地学》礫岩(れきがん).

Kon·gre·ga·ti·on [コングレガツィオーン kɔngregatsióːn または kɔŋ..] 囡 -/-en 《カトリック》① 修族(修道院の連合体). ② 単式誓願修道会. ③ (教皇庁の)聖省.

der **Kon·gress** [コングレス kɔngrés または kɔŋ..] 男 (単2) -es/(複) -e (3格のみ -en) ① (専門上の大規模な)会議. (英 *congress*). ein medizinischer *Kongress* 医学会議 / der Wiener *Kongress* (史) ウィーン会議 (1814-1815) / **an einem** *Kongress* **teil|nehmen** 会議に出席する. (☞ 類語 Sitzung). ② 《複 なし》(アメリカ合衆国の)議会.

Kon·greß ☞ 新形 Kongress

Kon·gress=hal·le [コングレス・ハれ] 囡 -/-n [大]会議場.

Kon·greß=hal·le ☞ 新形 Kongresshalle

kon·gru·ent [コングルエント kɔngruént または kɔŋ..] 形 ① 一致する, 合致する. ② 《数》(図形が)合同の.

Kon·gru·enz [コングルエンツ kɔngruénts または kɔŋ..] 囡 -/-en 《ふつう 単》一致, 合致; 《数》合同, 相合;《言》(性・数・格・人称の)一致.

kon·gru·ie·ren [コングルイーレン kɔngruíːrən または kɔŋ..] 自 (h) ① (意見などが)一致(合致)する. ② 《数》合同である.

der **Kö·nig** [ケーニヒ kǿːnɪç] 男 (単2) -s/(複) -e (3格のみ -en) ① 王, 国王, 王様. (英 *king*). der *König* von Schweden スウェーデン国王 / wie ein *König* leben 豪勢な暮らしをする.
② 《比》王者, 第一人者, 花形. der *König* der Tiere² 百獣の王(ライオン) / der *König* der Geiger² ヴァイオリン演奏の第一人者 / Bei uns ist der Kunde *König*. 当店ではお客様が神様です. ③ (トランプ・チェスの)キング. ④ (九柱戯の)キングピン.

die **Kö·ni·gin** [ケーニギン kǿːnɪgɪn] 囡 (単) -/(複) ..ginnen ① 女王; 王妃. (英 *queen*). die *Königin* von England イギリスの女王. ② 《比》(女性の)王者, 第一人者. die *Königin* der Blumen² 花の女王(ばら) / *Königin* der Nacht² 《植》夜の女王(夜咲きのサボテン). ③ 《昆》女王蜂(ばち). ④ (トランプ・チェスの)クイーン.

kö·nig·lich [ケーニクリヒ kǿːnɪklɪç] 形 ①《付加語としてのみ》王の; 王者のような, 威厳のある. (英 *royal, kingly*). die *königliche* Familie 王室 / [Seine] *Königliche* Hoheit (王子・大公に対する呼びかけで)殿下 / in *königlicher* Haltung 堂々とした態度で. ② 《比》気前のよい, たっぷりとした(贈り物など). eine *königliche* Bewirtung 大盤ぶるまい. ③ 《口語・比》すばらしい, すごい. ein *königliches* Vergnügen すばらしい楽しみ.

Kö·nig=reich [ケーニク・ライヒ] 中 -[e]s/-e 王国.

Kö·nigs·berg [ケーニヒス・ベルク kǿːnɪçsbɛrk] 中 -s/ 《都市名》ケーニヒスベルク(旧ソ連領, 現ロシアのカリーニングラードの旧称. 第二次大戦前はドイツ領).

Kö·nigs·ker·ze [ケーニヒス・ケルツェ] 囡 -/-n 《植》モウズイカ[属].

Kö·nig=tum [ケーニヒトゥーム] 中 -s/..tümer ① 《複なし》王制. ② 《古》王国.

ko·nisch [コーニッシュ kóːnɪʃ] 形 円錐(えんすい)形の.

Konj. (略)《言》① [コンユンクティーふ] 接続法(= Konjunktiv). ② [コンユンクツィオーン] 接続詞(= Konjunktion).

Kon·ju·ga·ti·on [コンユガツィオーン kɔnjugatsióːn] 囡 -/-en ① 《言》動詞の変化(活用). ② 《生》接合.

kon·ju·gie·ren [コンユギーレン kɔnjugíːrən] 他 (h) 《言》(動詞⁴を)変化(活用)させる.

Kon·junk·ti·on [コンユンクツィオーン kɔnjʊŋktsióːn] 囡 -/-en ① 《言》接続詞. (略: Konj.). ② 《天》(2個の天体の)合(ごう), 会合.

Kon·junk·tiv [コンユンクティーふ kɔ́njʊŋktiːf] 男 -s/-e [..ヴェ] 《言》接続法 (略: Konj.).

Kon·junk·tur [コンユンクトゥーア kɔnjʊŋktúːr] 囡 -/-en 《経》[好]景気. Hoch*konjunktur* 好景気.

kon·junk·tu·rell [コンユンクトゥレる kɔnjʊŋkturél] 形 《経》景気の, 景気上の.

Kon·junk·tur=rit·ter [コンユンクトゥーア・リッタァ] 男 -s/- 日和見主義者.

kon·kav [コンカーふ konkáːf または kɔŋ..] 形 《光》凹面の. (⇔ 「凸面の」は konvex).

Kon·kla·ve [コンクらーヴェ kɔnkláːvə または kɔŋ..] 中 -s/-n 《カトリック》① 教皇選挙会議場.

② 教皇選挙会議.

Kon·kor·danz [コンコルダンツ kɔnkordánts または kɔŋ..] 囡 -/-en ① (特に聖書のアルファベット順の)用語索引, コンコーダンス. ②《地学》(地層の)整合.

Kon·kor·dat [コンコルダート kɔnkordáːt または kɔŋ..] 匣 -[e]s/-e ①（ローマ教皇と国家との間の)政教条約. ②《スイス》(各州間の)協約.

***kon·kret** [コンクレート kɔnkréːt または kɔŋ..] 厖 (比較 konkreter, 最上 konkretest) ① **具体的な**, 具象的な, 現実に即した. (英 concrete). (反義 「抽象的な」は abstrakt). die konkrete Welt 現実の世界 / konkrete Kunst 具象芸術 / konkrete Musik《音楽》ミュージック・コンクレート. ② はっきりした, 明瞭(ﾒｲﾘｮｳ)な. ein konkretes Beispiel 一目瞭然(ﾘｮｳｾﾞﾝ)の実例 / Du sollst dich konkreter ausdrücken. 君はもっとはっきりと自分の気持ちを言うべきだ.

kon·kre·ti·sie·ren [コンクレティズィーレン kɔnkretiziːrən または kɔŋ..] 他 (h) 具体的に説明する(述べる).

Kon·ku·bi·nat [コンクビナート kɔnkubináːt または kɔŋ..] 匣 -[e]s/-e《法》内縁[関係].

Kon·ku·bi·ne [コンクビーネ kɔnkubíːnə または kɔŋ..] 囡 -/-n ①（昔の:)内縁の妻. ②（軽蔑的に:)めかけ.

Kon·kur·rent [コンクレント kɔnkurént または kɔŋ..] 男 -en/-en 競争相手, ライバル. (女性形は Konkurrentin). unser größter Konkurrent われわれの最大のライバル.

***die* Kon·kur·renz** [コンクレンツ kɔnkurénts または kɔŋ..] 囡 -/(複) -en ①【複なし】(特に経済分野での)**競争**.（英 competition). eine starke Konkurrenz 激しい競争 /［人³］Konkurrenz⁴ machen ［人］³と競い合う / mit ［人］³ in Konkurrenz treten (stehen)［人］³と競い合う(競い合っている). ② 競技[会], コンクール, コンテスト. an einer Konkurrenz teil|nehmen コンクールに参加する / außer Konkurrenz（審査対象外の)特別参加で. ③【複なし】(総称として:) 競争相手, ライバル, 商売敵. Er ist keine Konkurrenz für dich. 彼は君の競争相手になるほどの人ではない.

kon·kur·renz=fä·hig [コンクレンツ・フェーイヒ] 厖 競争力のある, 競争に耐える(企業など).

Kon·kur·renz=kampf [コンクレンツ・カンプふ] 男 -[e]s/..kämpfe《経》(経済上の)競争.

kon·kur·renz=los [コンクレンツ・ロース] 厖 無競争の; 無敵の.

kon·kur·rie·ren [コンクリーレン kɔnkuríːrən または kɔŋ..] 自 (h) 競争する, 対抗する, 競り合う. mit ［人］³ um einen Posten konkurrieren ［人］³と地位を争う.

Kon·kurs [コンクルス kɔnkúrs または kɔŋ..] 男 -es/-e《商・法》支払不能, 破産, 競争手続き. [den] Konkurs⁴ an|melden 破産を宣告する / Konkurs⁴ machen または in Konkurs gehen 破産する.

Kon·kurs=mas·se [コンクルス・マッセ] 囡 -/-n《法》破産財団(支払不能の会社の全財産).

Kon·kurs=ver·fah·ren [コンクルス・フェアふァーレン] 匣 -s/-《法》破産手続き.

Kon·kurs=ver·wal·ter [コンクルス・フェアヴァるタァ] 男 -s/- 《法》破産管財人.

***kön·nen**¹* [ケンネン kǽnən]

…できる	*Können* Sie Auto fahren?
	ケンネン ズィー アオトー ふァーレン
	あなたは車を運転できますか.

人称	単	複
1	ich **kann**	wir können
2	du **kannst** / Sie können	ihr könnt / Sie können
3	er **kann**	sie können

助動《話法の助動詞》(完了 haben) **A)** (konnte, hat... können)《zu のない不定詞とともに》(英 can) ① …**できる**, …する能力がある. Ich *kann* nicht schlafen. 私は眠れない / Sie *kann* gut tanzen. 彼女はダンスがうまい / Er *kann* gut Klavier spielen. 彼は上手にピアノを弾くことができる / *Kann* ich Ihnen helfen? a) お手伝いしましょうか, b)（店員が客に:)何をさしあげましょうか / Diese Aufgabe *habe* ich nicht lösen *können*.【現在完了】この問題は解けませんでした.

◇《*Können* Sie...? などの形で》…してくださいませんか. *Kannst* du mir helfen? 手伝ってくれる? / *Können* Sie mir bitte sagen, wie spät es ist? 今何時か教えていただけませんか.

② …**かもしれない**, …もありうる. Sie *kann* krank sein. 彼女は病気かもしれない / [Das] *kann* sein. そうかもしれません / Das *kann* doch gar nicht sein! そんなことは絶対ありえない / Der Vulkan *kann* jeden Moment ausbrechen. その火山は今にも爆発しそうだ / Wie *konnte* nur das geschehen? どうしてこんなことが起きてしまったのだろう / Er *kann* das Geld verloren haben.【現在完了】彼はそのお金をなくしたのかもしれない.

③ …**してもよい**, …してさしつかえない. *Kann* ich jetzt gehen? 私はもう行っていいでしょうか / Sie *können* hier telefonieren. あなたはここで電話をかけてもいいです. ◇《否定を表す語句とともに》…してはいけない. So etwas *kannst* du doch nicht machen! そんなことをしてはいけないよ.

B) (konnte, hat... gekonnt)《独立動詞として; 不定詞なしで》**できる**, やれる. Er *kann* kein Deutsch. 彼はドイツ語ができない / *Kannst* du noch?《口語》まだやれるか / Sie *kann* alles (gar nichts). 彼女は何でもできる(まるで何もできない) / Er *kann* nichts dafür.《口語》彼にはその責任はない / Ich *habe* nicht anders gekonnt.【現在完了】私はほかにしようがなかった / Er lief so schnell, wie er *konnte*. 彼は力の限り速く走った. ◇《方向を表す語句とともに》(…へ)行くことができる. Wir *können* jetzt

nach Hause. 私たちはもう家に帰れる.
◊☞ **gekonnt**

kön·nen[2] [ケンネン] ＊**können**[1] (…できる)の 過分

Kön·nen [ケンネン] 田 -s/ 能力, 手腕, 力量.

Kön·ner [ケンナァ kǽnər] 男 -s/- 能力のある人, エキスパート.

Kon·nex [コネクス konéks] 男 -es/-e ① 関係, つながり. ② 交友関係, つき合い. mit 人³ **in** engen (または näheren) *Konnex* kommen 人³と親しくなる.

Kon·nos·se·ment [コノセメント konosəmént] 田 -[e]s/-e 《商·海》運送状, 船荷証券.

konn·te [コンテ] ＊**können**[1] (…できる)の 過去

＊**könn·te** [ケンテ kǽntə] ＊**können**[1] (…できる)の 接2 ①〔*Könnten* Sie …? などの形で〕…してくださいませんか. *Könnten* Sie das noch einmal erklären? 恐れ入りますがこれをもう一度説明していただけますか. ②(もし～なら)…できるのだが. Wenn ich mehr Zeit hätte, *könnte* ich dir helfen. もっと時間があれば君を助けてやれるのだが. ③ …かもしれない. Er *könnte* der Täter sein. 彼が犯人かもしれない.

Kon·rad [コンラート kónra:t] -s/《男名》コンラート.

Kon·rek·tor [コン・レクトァ kón-rɛktor] 男 -s/-en [..トーレン または コン・レクトーレン] (小学校などの)教頭, 副校長; (大学の)副学長.

Kon·sens [コンゼンス konzéns] 男 -es/-e 意見の一致, 合意, コンセンサス; 同意.

kon·se·quent [コンゼクヴェント konzekvént] 形 ① 首尾一貫した, 筋の通った. ein *konsequentes* Denken 首尾一貫した考え. ② 徹底した, 断固たる.

＊*die* **Kon·se·quenz** [コンゼクヴェンツ konzekvénts] 女 (単) -/(複) -en ①(行為などの)**結果**; (論理的な)結論. (英 consequence). alle *Konsequenzen*⁴ tragen müssen (行為の)あらゆる結果に責任をとらなければならない / aus 事³ die *Konsequenzen*⁴ ziehen 事³から結論を導き出す. ②〔複 なし〕**一貫性**, 徹底性. **aus** *Konsequenz* 基本的に, 主義として / ein Ziel⁴ **mit** *Konsequenz* verfolgen 目標を一貫して追求する.

＊**kon·ser·va·tiv** [コンゼルヴァティーフ kónzɛrvati:f または ..ティーふ] 形 ① 保守的な, 保守主義の; 旧来の; 流行遅れの(服装など). (英 conservative). eine *konservative* Haltung 保守的な態度 / eine *konservative* Partei 保守党 / sich⁴ *konservativ* kleiden 流行遅れの服を着る. ②《医》外科的な手段を用いない, 保存療法の.

Kon·ser·va·ti·ve[r] [コンゼルヴァティーヴェ (..ヴァァ) konzɛrvatí:və (..vər)] 男 女 《語尾変化は形容詞と同じ》保守主義者, 保守党員.

Kon·ser·va·ti·vis·mus [コンゼルヴァティヴィスムス konzɛrvativísmus] 男 -/ 保守主義.

Kon·ser·va·tor [コンゼルヴァートァ konzɛr-vá:tor] 男 -s/..toren [..ヴァトーレン](博物館などの)学芸員.

Kon·ser·va·to·ri·um [コンゼルヴァトーリウム konzɛrvató:rium] 田 -s/..rien [..リエン] 音楽院, 音楽学校, コンセルヴァトアール.

＊*die* **Kon·ser·ve** [コンゼルヴェ konzérvə] 女 (単) -/(複) -n ① **缶詰, びん詰**; (缶詰などの)保存食品. eine *Konserve*⁴ öffnen 缶詰を開ける / Musik aus der *Konserve* 《比》テープ(レコード)音楽. ②《医》保存血液 (＝Blut-konserve).

Kon·ser·ven≥büch·se [コンゼルヴェン・ビュクセ] 女 -/-n ＝Konservendose

Kon·ser·ven≥do·se [コンゼルヴェン・ドーゼ] 女 -/-n (缶詰の)缶.

kon·ser·vie·ren [コンゼルヴィーレン konzervíːrən] 他 (h) ① (ある処理をして食料品など⁴を)保存する. Gurken⁴ **in** Essig *konservieren* きゅうりを酢漬けにする / Blutplasma⁴ *konservieren* 《医》血漿(サッミネゥ)を保存する. ② (絵画·建物など⁴を)保存する. (若さなど⁴を)保つ.

Kon·ser·vie·rung [コンゼルヴィールング] 女 -/-en 缶詰にすること; 保存, 貯蔵.

kon·sis·tent [コンズィステント konzistént] 形 ① (物質が)堅くて堅い, 緊密な; がっしりした, 堅牢な, 長持ちする. ② 《哲》首尾一貫した, 整合する(論理).

Kon·sis·tenz [コンズィステンツ konzisténts] 女 -/ ① 緊密(なこと), 堅固, 堅牢(ネネ). ②《哲》(論理的な)首尾一貫性.

Kon·sis·to·ri·um [コンズィストーリウム kon-zistó:rium] 田 -s/..rien [..リエン] ①《カッッ》枢機卿(ホ)会議. ②《新教》(教会の)役員会.

Kon·so·le [コンゾーレ konzó:lə] 女 -/-n ①《建》コンソール, 持ち送り(壁から突出した彫像·棚などを支える台). ②(壁·柱などに取り付けた)張り出し棚.

kon·so·li·die·ren [コンゾりディーレン konzo-lidí:rən] I 他 (h) ① (軍⁴を)固める, 強固にする. ② 《経》(国債など⁴を)整理(統合)する. II 再帰 (h) *sich*⁴ *konsolidieren* 固まる, 強化される.

Kon·so·li·die·rung [コンゾりディールング] 女 -/-en ① 強化. ② 《経》(国債などの)整理, 統合.

Kon·so·nant [コンゾナント kónzonant または ..ナント] 男 -en/-en 《言》子音. (英 「母音」は Vokal).

Kon·so·nanz [コンゾナンツ konzonánts] 女 -/-en 《音楽》協和音. (英 「不協和音」は Dissonanz).

Kon·sor·te [コンゾルテ konzórtə] 男 -n/-n ①《貶》で 共犯者, 仲間, 一味. ②《経》(シンジケートの)メンバー企業(銀行).

Kon·sor·ti·um [コンゾルツィウム konzór-tsium] 田 -s/..tien [..ツィエン] 《経》合弁企業, [国際]シンジケート.

Kon·spi·ra·ti·on [コンスピラツィオーン kon-spiratsió:n] 女 -/-en [政治的]陰謀, 謀反.

kon·spi·ra·tiv [コンスピラティーふ kɔnspiratíːf] 形 [政治的な]陰謀の、謀反の.

kon·spi·rie·ren [コンスピリーレン kɔnspiríːrən] 自(h) (政治的な)陰謀を企てる.

kon·stant [コンスタント kɔnstánt] 形 ① 不変の、一定の、恒常的な、確固とした; かたくなな. eine konstante Größe 《数》定数. ② 絶え間のない、不断の.

Kon·stan·te [コンスタンテ kɔnstántə] 女 -/-n 《数・物》定数, 常数.

Kon·stan·ti·no·pel [コンスタンティノーぺる kɔnstantinóːpəl] 中 -s/ 《都市名》コンスタンチノープル(トルコ, イスタンブールの旧称).

Kon·stanz[1] [コンスタンツ kɔnstánts] 女 -/ 不変[性], 恒常[性].

Kon·stanz[2] [コンスタンツ] 中 -/ 《都市名》コンスタンツ(ドイツ, バーデン・ヴュルテンベルク州. ボーデン湖畔の町. 🗺 地図 D-5).

kon·sta·tie·ren [コンスタティーレン kɔnstatíːrən] 他(h) ① 断言する. ② 確かめる, つきとめる.

Kons·tel·la·ti·on [コンステらツィオーン kɔnstɛlatsióːn] 女 -/-en ① 〔周囲の〕事情, 〔全体的な〕状況. ② 《天》(惑星・月の太陽に対する)位置関係; 星座, (占いで)星位, 星運.

kons·ter·nie·ren[コンステルニーレン kɔnsterníːrən] 他(h) びっくり仰天させる, 当惑させる.

kons·ter·niert [コンステルニーァト] I konsternieren (びっくり仰天させる)の 過分 II 形 びっくり仰天した, 当惑した.

kon·sti·tu·ie·ren[コンスティトゥイーレン kɔnstituíːrən] I 他(h) (組織・委員会など[4]を)設立する, 創設する, 制定する. ◇《現在分詞の形で》 die konstituierende Versammlung 《政》憲法制定会議. II 再帰 (h) sich[4] konstituieren 設立(創設)される, 発足する.

Kon·sti·tu·ti·on [コンスティトゥツィオーン kɔnstitutsióːn] 女 -/-en ① (生まれつきの)体質, 素質; 《医》体質. ② 《化》化学構造. ③ 《政》憲法; 定款(ぷ), 規約. ④ 《カトリック》教皇令.

kon·sti·tu·ti·o·nell [コンスティトゥツィオネる kɔnstitutsionélː] 形 ① 《政》立憲的な, 憲法に基づく. die konstitutionelle Monarchie 立憲君主制. ② 《医》体質的な, 体質上の.

* **kon·stru·ie·ren** [コンストルイーレン kɔnstruíːrən] (konstruierte, hat...konstruiert) 他 (完了) haben) ① (機械など[4]を)設計する, 《英》construct). ein neues Auto[4] konstruieren 新型車を開発する. ② (文章など[4]を)構成する;《数》作図する. ③《比》構想する; でっちあげる. ◇《過去分詞の形で》 eine allzu konstruierte Romanhandlung あまりにもわざとらしい小説の筋.

kon·stru·iert [コンストルイーァト] *konstruieren (設計する)の 過分

kon·stru·ier·te [コンストルイーァテ] *konstruieren (設計する)の 過去

Kon·struk·teur [コンストルクテーァ kɔnstruktǿːr] 男 -s/-e 《工》設計者.

Kon·struk·ti·on [コンストルクツィオーン kɔnstruktsióːn] 女 -/-en ① 組み立て, 設計; 構造; 建築(建造)物. ② 《数》作図;《言》構文;《哲》構成.

Kon·struk·ti·ons⸗feh·ler [コンストルクツィオーンス・ふェーらァ] 男 -s/- 設計(構造)上の欠陥.

kon·struk·tiv [コンストルクティーふ kɔnstruktíːf] 形 ① 《工》構造[上]の, 構成的な. ② (意見などが)建設的な.

* *der* **Kon·sul** [コンズる kɔ́nzul] 男 (単2) -s/ (複) -n ① 領事. (《英》consul). Generalkonsul 総領事 / 人[4] zum Konsul ernennen 人[4]を領事に任命する. ② 《史》(古代ローマの)執政官.

kon·su·la·risch [コンズらーリッシュ kɔnzuláːrɪʃ] 形 領事館の; 領事の.

* *das* **Kon·su·lat** [コンズらート kɔnzuláːt] 中 (単2) -[e]s/(複) -e ① 領事館; 領事の職. (《英》consulate). Generalkonsulat 総領事館 / Er arbeitet im Konsulat. 彼は領事館に勤めている. ② 《史》(古代ローマの)執政官の職(任期).

Kon·sul·ta·ti·on [コンズるタツィオーン kɔnzultatsióːn] 女 -/-en ① (特に医師・弁護士による)助言, 診断, コンサルティング. ②《政》(政府間などの)交渉, 協議.

kon·sul·tie·ren [コンズるティーレン kɔnzultíːrən] 他 (h) ① (医者・弁護士など[4]に)相談する, 助言を求める. ein Lexikon[4] konsultieren《比》百科事典を調べる. ②《政》(同盟国など[4]と)協議する.

* *der* **Kon·sum**[1] [コンズーム kɔnzúːm] 男 (単2) -s/ (特に食料品の)消費[量]. (《英》consumption). Der Konsum an Bier steigt. ビールの消費量が上がる.

Kon·sum[2] [コンズーム kɔ́nzuːm または ..ズム ..zum] 男 -s/-s ① (複 なし)消費組合. ② 消費組合の販売店.

Kon·su·ment [コンズメント konzumént] 男 -en/-en 《経》消費者. (《英》「生産者」は Produzent).

Kon·sum⸗ge·nos·sen·schaft [コンズーム・ゲノッセンシャふト] 女 -/-en 《経》消費組合.

Kon·sum⸗gut [コンズーム・グート] 中 -[e]s/..güter 《ふつう 複》《経》消費財.

kon·su·mie·ren [コンズミーレン kɔnzumíːrən] 他(h) (食料品など[4]を)消費する.

Kon·sum⸗ver·ein [コンズーム・フェァアイン] 男 -[e]s/-e《経》消費組合.

* *der* **Kon·takt**[1] [コンタクト kɔntákt] 男 (単2) -[e]s/(複) -e (3格のみ -en) ① (人と人との)接触, 交際, 連絡. (《英》contact). persönlicher Kontakt 個人的なつながり / mit 人[3] in Kontakt stehen 人[3]とつき合い(接触)がある / Ich habe keinen Kontakt mehr mit ihm. 私は彼とはもうつき合っていない / Er hatte Kontakte zum Geheimdienst. 彼は秘密情報機関と接触があった. ②《電》接触[子]; 《数》接

kon·takt≈arm [コンタクト・アルム] 形 人づき合いの悪い; 接触の機会の少ない.

kon·takt≈freu·dig [コンタクト・ふロイディヒ] 形 人づき合いのよい.

Kon·takt≈lin·se [コンタクト・リンゼ] 女 -/-n 《ふつう複》コンタクトレンズ.

Kon·takt≈mann [コンタクト・マン] 男 -[e]s/..männer (または ..leute)(情報収集などのための)連絡員; (広告代理店の)渉外係.

Kon·takt≈per·son [コンタクト・ペルゾーン] 女 -/-en 《医》(伝染病患者との)接触者.

Kon·ta·mi·na·ti·on [コンタミナツィオーン kɔntaminatsióːn] 女 -/-en ① 《言》混成. ② (放射能などによる)汚染.

kon·ta·mi·nie·ren [コンタミニーレン kɔntaminíːrən] 他 (h) ① 《言》混成する. ② (放射能などで)汚染する.

Kon·tem·pla·ti·on [コンテンプらツィオーン kɔntɛmplatsióːn] 女 -/-en 瞑想(めいそう), 黙想; 《宗》観想.

kon·tem·pla·tiv [コンテンプらティーふ kɔntɛmplatíːf] 形 瞑想(めいそう)的な, 黙想にふける.

Kon·ten [コンテン] *Konto (口座)の複

Kon·ter [コンタァ kɔ́ntər] 男 -s/- (ボクシングの)カウンターブロー; (レスリングの)返し技; (球技の)反撃;《口語・比》(言葉などの)反撃.

Kon·ter≈ad·mi·ral [コンタァ・アトミラール] 男 -s/-e 《軍》海軍少将.

Kon·ter≈ban·de [コンタァ・バンデ] 女 -/ ① 《法》輸出入禁止品. ② 《古》密輸品.

Kon·ter·fei [コンタァふァイ kɔ́ntərfai または ..ふァイ] 中 -s/-s (または -e)《古・戯》肖像[画].

kon·tern [コンタァン kɔ́ntərn] 他 (h) ① (ボクシング・球技などで:)(人4に)打ち返す, (攻撃など4に)反撃する. ② 《比》(人事4に)反論する.

Kon·ter≈re·vo·lu·ti·on [コンタァ・レヴォるツィオーン] 女 -/-en 反革命[運動・分子].

Kon·text [コンテクスト kɔ́ntɛkst または ..テクスト] 男 -[e]s/-e ① 《言》(文中の語句の)前後関係, 文脈, コンテクスト. ② (一般的に:)前後の脈絡.

Kon·ti [コンティ] *Konto (口座)の複

der **Kon·ti·nent** [コンティネント kɔ́ntinɛnt または ..ネント] 男 -s (まれに -es)/(複) -e (3格のみ -en) 大陸. (英 *continent*). die fünf *Kontinente* 5 大州 / der europäische (asiatische) *Kontinent* ヨーロッパ(アジア)大陸.

kon·ti·nen·tal [コンティネンタール kɔntinɛntáːl] 形 大陸の; 大陸性の. ein *kontinentales* Klima 《地理》大陸性気候.

Kon·ti·nen·tal≈kli·ma [コンティネンタール・クリーマ] 中 -s/ 《地理》大陸性気候.

Kon·ti·nen·tal≈sper·re [コンティネンタール・シュペレ] 女 -/ 《史》(ナポレオンのイギリスに対する)大陸封鎖 (1806–1813).

Kon·tin·gent [コンティンゲント kɔntiŋgɛ́nt] 中 -[e]s/-e ① 割当[量・額], 輸入割当[量]. ② 《軍》(同盟軍に対する)出兵分担数.

kon·tin·gen·tie·ren [コンティンゲンティーレン kɔntiŋgɛntíːrən] 他 (h) 《経》(ガソリンなど4を)割当制にする.

kon·ti·nu·ier·lich [コンティヌイーァリヒ] 形 連続的な, 継続的な, 絶え間ない.

Kon·ti·nu·i·tät [コンティヌイテート kɔntinuitέːt] 女 -/ 連続[性], 継続[性].

das **Kon·to** [コントー kɔ́nto] 中 (単2) -s/(複) Konten (または Kontos, Konti) 《経》銀行の口座. (英 *account*). Spar*konto* 貯蓄口座 / ein laufendes *Konto* 当座口座 / ein *Konto*4 bei der Bank eröffnen (haben) 銀行に口座を開く(持っている) / Geld4 auf ein *Konto* ein|zahlen (überweisen) お金を口座に払い込む(振り込む) / Das geht auf mein *Konto*. 《口語》a) それは私が支払います, b) 《比》それは私の責任だ.

Kon·to≈aus·zug [コント・アオスツーク] 男 -[e]s/..züge 《経》預金残高通知書.

Kon·to≈in·ha·ber [コント・インハーバァ] 男 -s/- (銀行の)預金者, 口座所有者.

Kon·to≈kor·rent [コント・コレント] 中 -s/-e 《経》当座勘定; 交互計算.

Kon·to≈num·mer [コント・ヌンマァ] 女 -/-n 口座番号.

Kon·tor [コントーァ kontóːr] 中 -s/-e ① 国外代理店(営業所). ② (旧東ドイツで:)商業(通商)センター. ③ 《南ドツ・古》事務室[所].

Kon·to·rist [コントリスト kɔntorÍst] 男 -en/-en (商社などの)事務員. (注 女性形は Kontoristin.

Kon·to≈stand [コント・シュタント] 男 -[e]s/..stände 預金残高.

kont·ra [コントラ kɔ́ntra] I 前《4格とともに》《法》…に対して, 〜対… II 副 反対して.

Kont·ra [コントラ] 中 -s/-s 反対. das Pro und [das] *Kontra* 賛否 / (人)3 *Kontra*4 geben 《口語・比》(人)3に[激しく]反対する.

Kont·ra≈bass [コントラ・バス] 男 -es/..bässe 《音楽》コントラバス.

Kont·ra≈baß ［新形］Kontrabass

Kont·ra·hent [コントラヘント kɔntrahɛ́nt] 男 -en/-en ① 敵, 敵対者;《スポ》ライバル. ② 《法・商》契約の相手.

kon·tra·hie·ren [コントラヒーレン kɔntrahíːrən] I 他 (h) ① 《生・医》(筋肉など4を)収縮させる. ② 《商》(契約など4を)結ぶ. II 自 (h) 《生・医》(筋肉などが)収縮する.

Kon·trakt [コントラクト kɔntrákt] 男 -[e]s/-e 契約[書]. einen *Kontrakt* schließen 契約を結ぶ.

Kon·trak·ti·on [コントラクツィオーン kɔntraktsióːn] 女 -/-en ① 《医》(筋肉などの)収縮. ② 《言》縮約, 母音縮合. ③ 《物》収縮.

Kont·ra≈punkt [コントラ・プンクト] 男 -[e]s/-e 《音楽》対位法;《比》対極[的立場].

kont·ra≈punk·tisch [コントラ・プンクティッシュ] 形 《音楽》対位法の; 対比をなす, 対極的な.

kont·rär [コントレーア kontrέːr] 形 反対の，相反する，相いれない(立場など)．

***der* Kon·trast** [コントラスト kɔntrást] 男 (単2) -[e]s/(複) -e (3格のみ -en) コントラスト，対照，対比．(英 contrast). der *Kontrast* zwischen Hell und Dunkel 明暗のコントラスト / den *Kontrast* ein|stellen (画像の)コントラストを調整する / in (または im) *Kontrast* zu 物³ stehen 物³と対照を成している．

kon·tras·tie·ren [コントラスティーレン kɔntrastíːrən] I 自 (h)《mit (または zu) 物³ ~》(物³と)対照を成す．II 他 (h)《A⁴ mit B³ ~》(A⁴をB³と)対照(対比)させる．

kon·tras·tiv [コントラスティーフ kɔntrastíːf] 形 対照(対比)に基づく．*kontrastive* Linguistik 対照言語学．

Kon·trast≠mit·tel [コントラスト・ミッテル] 中 -s/-《医》(レントゲン撮影の)造影剤．

kon·trast≠reich [コントラスト・ライヒ] 形 コントラストに富む(色彩など)．

Kon·troll≠ab·schnitt [コントロる・アップシュニット] 男 -[e]s/-e (入場券・切符などの)半券．

Kon·troll≠am·pe ☞ 新形 Kontrolllampe

***die* Kon·trol·le** [コントロれ kɔntrɔ́lə] 女 (単) -/(複) -n ① 検査，チェック，点検; 取り締まり，監視．(英 control). Pass*kontrolle* パスポートの検査 / eine strenge *Kontrolle* 厳しい検査 / 人·物⁴ unter *Kontrolle* halten 人·物⁴を監視する / Unsere Erzeugnisse stehen unter ständiger *Kontrolle*. わが社の製品は常時点検されている．② 統制，制御，コントロール．Selbst*kontrolle* 自制 / die *Kontrolle*⁴ über 物⁴ verlieren 物⁴がコントロールできなくなる / außer *Kontrolle* geraten 制御できなくなる．

Kon·trol·leur [コントロれーア kɔntrɔlǿːr] 男 -s/-e 検査官; (鉄道·バスなどの)検札係．(仏) 女性形は Kontrolleurin．

Kon·trol·lier·bar [コントロリーア・バール] 形 コントロール(制御·検査)可能な．

***kon·trol·lie·ren** [コントロリーレン kɔntrɔlíːrən] (kontrollierte, hat…kontrolliert) 他 (《て》 haben) (英 control) ① 検査する，チェックする，点検する; 取り締まる，監視する．das Gepäck⁴ *kontrollieren* 手荷物を検査する / die Reisenden⁴ auf (または nach) Waffen *kontrollieren* 旅行者が武器を持っていないかチェックする．② 統制する，コントロールする，支配する，制御する．den Markt *kontrollieren* 市場を支配する．

kon·trol·liert [コントロリーアト] *kontrollieren (検査する)の 過分

kon·trol·lier·te [コントロリーアテ] *kontrollieren (検査する)の 過去

Kon·troll≠lam·pe [コントロる・らンペ] 女 -/-n《工》シグナルランプ，表示灯．

Kon·troll≠punkt [コントロる・プンクト] 男 -[e]s/-e《国境》検問所．

Kon·troll≠turm [コントロる・トゥルム] 男 -[e]s/..türme (空港の)コントロールタワー，管制塔．

Kon·troll≠uhr [コントロる・ウーア] 女 -/-en タイムレコーダー．

kont·ro·vers [コントロヴェルス kɔntrovɛ́rs] 形 対立した(意見·立場など); 議論の余地のある(問題など)．

Kont·ro·ver·se [コントロヴェルゼ kɔntrovɛ́rzə] 女 -/-n 激論; 《学問上の》論争．

Kon·tur [コントゥーア kɔntúːr] 女 -/-en (または 男 -s/-e)《ふつう複》輪郭[線]．

kon·tu·rie·ren [コントゥリーレン kɔnturíːrən] 他 (h) (物⁴の)輪郭を描く; (事⁴の)概略を述べる．

Ko·nus [コーヌス kóːnus] 男 -/Konusse (または Konen) ①《数》円錐(おい)[体]．②《工》円錐(おい)，テーパー．

Kon·vent [コンヴェント kɔnvέnt] 男 -[e]s/-e ①(投票権のある)修道士の総会; 修道院[構成員]．②《新教》(研修などのための)牧師集会．③ 学生組合の会合．

Kon·ven·ti·on [コンヴェンツィオーン kɔnvɛntsióːn] 女 -/-en ①(国際間の)協定，条約．die Genfer *Konvention* ジュネーブ(赤十字)条約．②《ふつう複》慣習，しきたり，慣例．

Kon·ven·ti·o·nal·stra·fe [コンヴェンツィオナール·シュトラーフェ] 女 -/-n《法》契約不履行の刑罰，違約金．

kon·ven·ti·o·nell [コンヴェンツィオネる kɔnvɛntsionέl] 形 ① 慣例の，慣習的な，伝統的な．eine *konventionelle* Kleidung 伝統的な衣装．② 型にはまった，ありきたりの．*konventionelle* Redensarten 陳腐な言い回し．③《軍》(核兵器でなく)在来型の．*konventionelle* Waffen 通常兵器．

kon·ver·gent [コンヴェルゲント kɔnvɛrgέnt] 形 (一点に)収斂(れん)する; 一致した(意見など)．*konvergente* Reihen《数》収束数列．

Kon·ver·genz [コンヴェルゲンツ kɔnvɛrgέnts] 女 -/-en ①一点に集まること，(意見の)一致．②《数·物》収束．③《生·医》二次的類似，相近，収斂(いれん)，輻輳(ふそう)．④《心》(遺伝と環境の)複合作用．

Kon·ver·gie·ren [コンヴェルギーレン kɔnvɛrgíːrən] 自 (h) ①(線などが)接近する．②(意見などが)一致する．③《数》収束する．

***die* Kon·ver·sa·ti·on** [コンヴェルザツィオーン kɔnvɛrzatsióːn] 女 (単)-/(複) -en《ふつう単》会話，歓談，おしゃべり．(英 conversation). eine geistreiche *Konversation* 機知に富んだ会話 / mit 人³ *Konversation*⁴ machen 人³と雑談する / Sie treiben *Konversation* in Deutsch. 彼らはドイツ語で会話をする(ドイツ語の訓練のために)．

Kon·ver·sa·ti·ons≠le·xi·kon [コンヴェルザツィオーンス·れクスィコン] 中 -s/..lexika (まれに ..lexiken) (昔の)百科事典 (元の意味は「歓談に必要な知識を提供する書籍」)．

Kon·ver·ter [コンヴェルタァ kɔnvértər] 男 -s/- 《治》転炉; 《電・放送》[周波数]変換器; 《写》コンバーター; (原子力の)転換炉.

kon·ver·ti·bel [コンヴェルティーべる kɔnvertíːbəl] 形 =konvertierbar

kon·ver·tier·bar [コンヴェルティーァバール] 形 《経》(他国の通貨に)交換可能.

kon·ver·tie·ren [コンヴェルティーレン kɔnvertíːrən] I 自 (s, h) 改宗する. **zum Christentum konvertieren** キリスト教に改宗する. II 他 (h) ① 《経》(通貨⁴を)交換する. ② 《コンピュ》(データ⁴を)変換する.

Kon·ver·tit [コンヴェルティート kɔnvertíːt] 男 -en/-en 改宗者.

kon·vex [コンヴェクス kɔnvéks] 形 《光》凸面の. (☞「凹面の」は konkav.

Kon·voi [コンヴォィ kɔnvɔ́y または ..ヴォィ] [コンヴ] 男 -s/-s ① 《軍》護送船団. ② (自動車などの)隊列.

Kon·vo·lut [コンヴォるート kɔnvolúːt] 中 -[e]s/-e (書類・手紙などの)束; (印刷物の)合本, 合冊.

kon·ze·die·ren [コンツェディーレン kɔntsedíːrən] 他 (h) 容認する.

Kon·zent·rat [コンツェントラート kɔntsɛntráːt] 中 -[e]s/-e 《化》濃縮物(液);《比》エッセンス, 要約.

Kon·zent·ra·ti·on [コンツェントラツィオーン kɔntsɛntratsióːn] 女 -/-en ① (権力などの)集中. ② 《複なし》専心, 専念;(注意の)集中. ③ 《化》濃縮; (溶液の)濃度.

Kon·zent·ra·ti·ons∥fä·hig·keit [コンツェントラツィオーンス・フェーイヒカイト] 女 -/ 集中力.

Kon·zent·ra·ti·ons∥**la·ger** [コンツェントラツィオーンス・らーガァ] 中 -s/- (特にナチスの)強制収容所 (企業: KZ).

****kon·zent·rie·ren** [コンツェントリーレン kɔntsɛntríːrən] (konzentrierte, hat ... konzentriert) I 再帰 (定ァ haben) sich⁴ konzentrieren 精神を集中する. Bei dieser Arbeit muss man sich konzentrieren. この仕事は精神を集中しなければならない / sich⁴ **auf** 人・物⁴ konzentrieren 人・物⁴に精神を集中する ⇒ Er *konzentriert sich* jetzt nur auf seine Arbeit. 彼は今もっぱら仕事に打ち込んでいる. II 他 (定ァ haben) ① (注意など⁴を集中させる; (労働者・兵力⁴を)結集する. (英 concentrate). Truppen⁴ **an** der Grenze *konzentrieren* 部隊を国境に集結させる / alle Gedanken⁴ **auf** ein Problem *konzentrieren* 考えをすべて一つの問題に集中する. ② 《化》濃縮する.

kon·zent·riert [コンツェントリーァト] I *konzentrieren (集中させる)の 過分 II 形 ① 集中(集積)した; (精神を集中した. mit konzentrierter Aufmerksamkeit 注意を集中して. ② 《化》濃縮した, 濃厚な.

kon·zent·rier·te [コンツェントリーァテ] *konzentrieren (集中させる)の 過去

kon·zent·risch [コンツェントリッシュ kɔntsɛ́ntriʃ] 形 ① 中心を同じくする, 同心の. *konzentrische* Kreise 《数》同心円. ② 集中的な, ある一点に向けられた. ein *konzentrisches* Feuer 集中砲火.

Kon·zept [コンツェプト kɔntsépt] 中 -[e]s/-e ① 草案, 草稿. **ohne Konzept** 原稿なしで / 人⁴ **aus dem Konzept bringen** 《比》人⁴をあわて(当惑)させる / **aus dem Konzept kommen** 《比》うろたえる. ② 計画, 予定.

Kon·zep·ti·on [コンツェプツィオーン kɔntsɛptsióːn] 女 -/-en ① 構想; (創造的な)着想. ② 《医》受胎, 妊娠.

Kon·zern [コンツェルン kɔntsérn] 男 -[e]s/-e 《経》コンツェルン, 企業結合, 企業連携.

* das **Kon·zert** [コンツェルト kɔntsért] 中 (単 2) -es (まれに -s)/(複) -e (3 格のみ -en) ① 演奏会, 音楽会, コンサート. (英 concert). ein *Konzert*⁴ geben 演奏会を催す / ins *Konzert* gehen または ein *Konzert*⁴ besuchen 音楽会に行く.
② 《音楽》協奏曲, コンチェルト. (英 concerto). ein *Konzert* für Klavier und Orchester ピアノと管弦楽のための協奏曲. ③ 《複なし》《雅》協調, 協力. das *Konzert* der Völker² 諸民族の協調.

Kon·zert∥flü·gel [コンツェルト・ふりューゲる] 男 -s/- 演奏会用グランドピアノ.

Kon·zert∥**hal·le** [コンツェルト・ハれ] 女 -/-n コンサートホール.

kon·zer·tie·ren [コンツェルティーレン kɔntsɛrtíːrən] 自 (h) 《音楽》音楽会(演奏会)を催す, コンサートを開く.

kon·zer·tiert [コンツェルティーァト kɔntsɛrtíːrt] 形 申し合わせた, 協定した. eine *konzertierte* Aktion 《政・国家間》の共同行為.

Kon·zert∥meis·ter [コンツェルト・マイスタァ] 男 -s/- 《音楽》コンサートマスター.

Kon·zes·si·on [コンツェスィオーン kɔntsɛsióːn] 女 -/-en ① 《営業》許可, 認可. ② 《ふつう複》譲歩, 迎合.

kon·zes·siv [コンツェスィーふ kɔntsɛsíːf] 形 《言》認容的な, 譲歩の.

Kon·zil [コンツィーる kɔntsíːl] 中 -s/-e (または ..zilien [..ツィーりエン]) ① 《ヵトリック》宗教会議, 公会議. ② (大学の)全学協議会.

kon·zi·li·ant [コンツィリアント kɔntsiliánt] 形 穏やかな, 融和的な, 丁寧な.

kon·zi·pie·ren [コンツィピーレン kɔntsipíːrən] I 他 (h) ① 起草する. ② 立案する, 構想する. II 自 (h) 《医》受胎する.

Koog [コーク kóːk] 男 -[e]s/Köge 《北ドィッ》(北海沿岸の)干拓地.

Ko·ope·ra·ti·on [コー・オペラツィオーン kóː-operatsioːn または コ・オペラツィオーン] 女 -/-en 協力, 提携.

ko·ope·ra·tiv [コー・オペラティーふ kóː-operatíːf または コ・オペラティーふ] 形 協力的な, 共

同[方式]の.

ko·ope·rie·ren [コ・オペリーレン kooperíːrən] 自 (h) (政治的・経済的に)協力する, 提携する.

Ko·or·di·na·te [コ・オルディナーテ koːɔrdináːtə] 女 -/-n ① 《数》座標. ② 《地理》(ある地点の)経緯度を示す数値.

Ko·or·di·na·ti·on [コ・オルディナツィオーン koːɔrdinatsioːn] 女 -/-en ① 調和をはかること; 調整, 協調. ② 《言》並列[関係].

Ko·or·di·na·tor [コ・オルディナートァ koːɔrdináːtɐ] 男 -s/-en [..ナトーレン] (各部門間の調整をする)コーディネーター.

ko·or·di·nie·ren [コ・オルディニーレン koːɔrdiníːrən] 他 (h) ① (計画など⁴を)調整する. ② 《言》並列させる. ◇《現在分詞の形で》die *koordinierende* Konjunktion 並列の接続詞.

Ko·pe·ke [コペーケ kopéːka] 女 -/-n コペイカ (旧ソ連の貨幣単位. 100分の1ルーブル; 略: Kop.).

Ko·pen·ha·gen [コーペン・ハーゲン kopənháːgən] 中 -s/ 《都市名》コペンハーゲン(デンマークの首都).

Kö·per [ケーパァ kǿːpər] 男 -s/- 《織》ケーペル (綾織物の一種).

ko·per·ni·ka·nisch [コペルニカーニッシュ kopɛrnikáːnɪʃ] 形 コペルニクス的な. eine *Kopernikanische* (新形 *kopernikanische*) Wende 《比》コペルニクス的転換.

Ko·per·ni·kus [コペルニクス kopérnikus] -/ 《人名》コペルニクス (Nikolaus *Kopernikus* 1473–1543; ポーランドの天文学者. 地動説を主張).

＊*der* Kopf [コァふ kɔ́pf]

> 頭 Mein *Kopf* tut weh!
> マイン コァふ トゥート ヴェー
> 私は頭が痛い.

男 (単2) -es (まれに -s)/(複) Köpfe [ケァふェ] (3格のみ Köpfen) ① 頭, 頭部; 《比》頭脳, 思考[力], 知力. (英 head). (☞ Körper 図). ein kahler *Kopf* はげ頭 / ein runder (schmaler) *Kopf* 丸い(ほっそりした)頭 / Mir brummt (schwirrt) der *Kopf*. 《口語》私は頭ががんがんする(混乱している) / Er weiß nicht, wo ihm der *Kopf* steht. 《比》彼は[忙しくて]何をどうしていいかわからない / *Kopf* hoch! 元気を出せ. ◇《動詞の目的語として》den *Kopf* ab|wenden 顔をそむける / den *Kopf* oben behalten 《比》勇気を失わない / einen roten *Kopf* bekommen 顔が真っ赤になる / einen klaren *Kopf* bewahren 冷静さを失わない / den *Kopf* dre·hen 振り向く / den *Kopf* ein|ziehen 首をすくめる / einen dicken (または schweren) *Kopf* haben (二日酔いなどで)頭痛がする / den *Kopf* voll haben (ある事で)頭がいっぱいである / Er hat seinen eigenen *Kopf*. 彼は強情だ / den *Kopf* hängen lassen 意気消沈する / den *Kopf* für 人⁴ hinhalten [müssen] 《口語》人⁴の責任を負わなければならない / Das kann den *Kopf* nicht kosten. それは命にかかわるほどのことではない / *Kopf*⁴ und Kragen⁴ riskieren 命を賭(か)ける / den *Kopf* schütteln (否定・拒否の印(し)に)かぶりを振る / den *Kopf* in den Sand stecken 《比》現実を見ようとしない(←頭を砂の中に突っ込む) / den *Kopf* hoch tragen 高慢である / 人³ den *Kopf* verdrehen 《口語》人³を夢中にさせる / sich³ den *Kopf* waschen [自分の]頭を洗う / 人³ den *Kopf* waschen a) 人³の頭を洗ってやる, b) 《口語》人³をこっぴどくしかる / sich³ den *Kopf* über 事⁴ zerbrechen 事⁴にさんざん頭を悩ます / 人³ den *Kopf* zu·recht|setzen 《口語》人³を厳しくたしなめる / die *Köpfe*⁴ zusammen|stecken (頭を寄せ合って)ひそひそと相談する.

◇《前置詞とともに》*Kopf* an *Kopf* ひしめき合って / sich³ an den *Kopf* fassen (または greifen) 《口語》(理解できずに・あぜんとして)頭を抱える / 人³ 事⁴ an den *Kopf* werfen 人³に事⁴をずけずけ言ってやる / einen Hut auf dem *Kopf* tragen 帽子をかぶっている / auf dem *Kopf* stehen 逆立ちしている, (本などが)逆さに立ててある / 物⁴ auf den *Kopf* stellen 《口語》a) 物⁴をごちゃごちゃにする, b) 物⁴を徹底的に探す / 人³ den *Kopf* zu|sagen 人³に事⁴をはっきり言ってやる / aus dem *Kopf* 暗記して, 空(そら)で / sich³ 事⁴ aus dem *Kopf* schla·gen 事⁴を念頭から追い払う / sich³ durch den *Kopf* gehen lassen 事⁴を熟考する(考えてみる) / 事⁴ im *Kopf* behalten 事⁴をよく覚えている / Er hat nur Mädchen und Autos im *Kopf*. 彼の頭には女の子と車のことしかない / sich³ 事⁴ in den *Kopf* setzen 事⁴をしようと心に決める / Die Sache geht mir im *Kopf* herum. 《口語》その事が私の念頭を離れない / mit bloßem *Kopf* 帽子をかぶらずに / mit dem *Kopf* nicken (schütteln) うなずく(かぶりを振る) / mit dem *Kopf* durch die Wand wollen 《口語》無理を通そうとする(←頭で壁を突き破ろうとする) / 人³ über den *Kopf* wachsen 《口語》(大きくなって)人³の手に負えなくなる(←人³の上まで成長する) / Hals über *Kopf* あわてふためいて / Es geht um seinen *Kopf*. それは彼の生命にかかわることだ / von *Kopf* bis Fuß 頭のてっぺんから足のつま先まで, すっかり / 人⁴ vor den *Kopf* stoßen 人⁴を侮辱する.

② (会社などの)首脳, トップ. ③ 人数, 頭数(あたまかず). eine Familie von fünf *Köpfen* 5人家族 / pro *Kopf* 一人につき. ④ (針・くぎなどの)頭; (キャベツなどの)結球; (書簡文の)頭書, 上書; (新聞の)標題.

新形 **Kopf ste·hen** ① 《口語》あわてふためいている, 狼狽(ろうばい)している. ② 《常》逆立ちしている.

類語 der Kopf : (人・動物に対して用いる一般的な語としての)頭. das Haupt: (人に対してのみ用いられ, 文語的な表現としての)頭. Er neigte das *Haupt* vor dem König. 彼は国王の前で頭(こうべ)をたれた. der Schädel: 頭蓋(ずがい)[骨].

Kopf⁀ar·bei·ter [コプフ・アルバイタァ] 男 -s/-
頭脳労働者.

Kopf⁀bahn·hof [コプフ・バーンホーフ] 男
-[e]s/..höfe (鉄道)(行き止まり式の)ターミナル
駅(入構した列車は逆向きに出発する).

Kopf⁀ball [コプフ・バル] 男 -[e]s/..bälle (サッカ
ーの)ヘディング.

Kopf⁀be·de·ckung [コプフ・ベデックング] 女
-/-en (頭にかぶるもの)帽子, 頭巾(ボ), スカーフ.

Köpf·chen [ケプフヒェン kœpfçən] 中 -s/-
(Kopf の 縮小) ① 小さな頭. ② 《口語》〔ず
る〕賢さ, 頭のきれ. ③ 《植》頭状花序.

Köp·fe [ケプフェ] ＊Kopf (頭)の 複

köp·fen [ケプフェン kœpfən] 他 (h) ① (人⁴の)
首をはねる;《比》(物⁴の)栓を開ける. Blumen⁴
köpfen 《比》花を摘む. ② (サッカーで:)ヘディン
グする. ein Tor⁴ *köpfen* ヘディングでゴールする.

Kopf⁀en·de [コプフ・エンデ] 中 -s/- (ベッドな
どで)頭を置く側;(食卓などの)上端.

Kopf⁀fü·ßer [コプフ・フューサァ] 男 -s/- 《動》
頭足類動物(イカ・タコなど)

Kopf⁀geld [コプフ・ゲルト] 中 -[e]s/-er (犯人
逮捕などにかける)懸賞金.

Kopf⁀haut [コプフ・ハオト] 女 -/ 頭皮.

Kopf⁀hö·rer [コプフ・ヘーラァ] 男 -s/- ヘッド
ホン.

..köp·fig [..ケプフィヒ ..kœpfiç]『形容詞をつく
る 接尾』《…の頭の・…人の》例: eine vier-
köpfige Familie 4 人家族.

Kopf⁀kis·sen [コプフ・キッセン] 中 -s/- 枕
(ホ), ベッドクッション.

kopf⁀las·tig [コプフ・ラスティヒ] 形 (飛行機・
船などの)前部の重すぎる; 頭でっかちの.

kopf⁀los [コプフ・ロース] 形 ① 頭(首)のない.
② 狼狽(ネネ)した, あわてた.

Kopf⁀ni·cken [コプフ・ニッケン] 中 -s/ (同意・
承諾を表して)うなずくこと.

Kopf⁀rech·nen [コプフ・レヒネン] 中 -s/ 暗
算.

Kopf⁀sa·lat [コプフ・ザラート] 男 -[e]s/-e 《植》
レタス, タマチシャ. (☞ Gemüse 図).

kopf⁀scheu [コプフ・ショイ] 形〔成句的に〕人⁴
kopfscheu machen 《口語》人⁴をおじけさせる /
kopfscheu werden おじけづく.

＊*der* **Kopf⁀schmerz** [コプフ・シュメルツ
kópf⁀ʃmɛrts] 男 (単2) -es/(複) -en 《ふつう 複》
頭痛. (英 *headache*). Ich habe *Kopf-
schmerzen*. 私は頭痛がする / eine Tablette
gegen *Kopfschmerzen* 頭痛薬 / sich³ **über**
事⁴ keine *Kopfschmerzen*⁴ machen 《口語》
事⁴を心配しない.

Kopf⁀schüt·teln [コプフ・シュッテルン] 中 -s/
(拒否・疑惑を表して)頭を振ること.

Kopf⁀sprung [コプフ・シュプルング] 男 -[e]s/
..sprünge (水泳の)逆さ飛び込み, ダイビング.

Kopf⁀stand [コプフ・シュタント] 男 -[e]s/
..stände (体操の)逆立ち, 倒立.

kopf|ste·hen* [] 自 (h) (新形 Kopf stehen)
☞ Kopf

Kopf⁀stein⁀pflas·ter [コプフシュタイン・プフ
ラスタァ] 中 -s/- (道路の)丸石舗装.

Kopf⁀steu·er [コプフ・シュトイアァ] 女 -/-n
人頭税.

Kopf⁀stim·me [コプフ・シュティンメ] 女
《音楽》頭声; 裏声, ファルセット. (◆「胸声」
は Bruststimme).

Kopf⁀stoß [コプフ・シュトース] 男 -es/..stöße
① (サッカーの)ヘディング. ② (ボクシングの)バッ
ティング.

Kopf⁀stüt·ze [コプフ・シュテュッツェ] 女 -/-n
(自動車の座席などの)頭受け, ヘッドレスト.

Kopf⁀tuch [コプフ・トゥーフ] 中 -[e]s/..tücher
(頭にかぶる)スカーフ.

kopf⁀über [コプフ・ユーバァ] 副 真っ逆さまに.

Kopf⁀weh [コプフ・ヴェー] 中 -s/ 《口語》頭痛
(＝ Kopfschmerz).

Kopf⁀zer·bre·chen [コプフ・ツェァブレッヒェ
ン] 中 -s/ 頭を悩ますこと, 頭痛[の種], 心配.

＊*die* **Ko·pie** [コピー kopíː] 女 (単) -/(複) Ko-
pien [コピーエン] (単2) -/- ① コピー, 複写,
写し. von 物³ eine *Kopie*⁴ machen 物³の
コピーを取る. ② 《写》プリント, 焼き増し;《映》
プリント. ③ 模写, 複製[画]. ④ (単なる)もの
まね, 模倣.

＊**ko·pie·ren** [コピーレン kopíːrən] (kopierte,
hat…kopiert) 他 (完了 haben) (英 *copy*) ①
(書類など⁴を)コピーする, 複写する;(テープなど⁴
を)ダビングする. einen Brief *kopieren* 手紙を
コピーする. ②《写》プリントする, 焼き増しする;
《映》プリントする. ③ 模写する, 複製する. ein
Gemälde⁴ *kopieren* 絵を模写(複製)する. ④
(人・物⁴を)まねる, 模倣する. den Lehrer
kopieren 先生のまねをする.

Ko·pie·rer [コピーラァ kopíːrɐ] 男 -s/- 《口
語》＝ Kopiergerät

Ko·pier⁀ge·rät [コピーァ・ゲレート] 中 -[e]s/
-e コピー機,(写真の)焼き付け器.

ko·piert [コピーァト] ＊kopieren (コピーする)の
過分

ko·pier·te [コピーァテ] ＊kopieren (コピーする)の
過去

Ko·pi·lot [コー・ピロート kóː⁀piloːt] 男 -en/
-en 《空》(飛行機の)副操縦士. (◆ 女性形は
Kopilotin).

Ko·pist [コピスト kopíst] 男 -en/-en ① コピ
ーを取る人, 複写係. ②《写・映》プリント製
作者. ③ 複製作者.

Kop·pel [コッペル kɔ́pəl] **I** 中 -s/- (ホシスス: 女
-/-n) (軍服などの)ベルト; 剣帯. **II** 女 -/-n
① 柵(※)をした放草地. ② (革ひもでつながっ
た)一群れの動物(猟犬など). ③ (犬などをつな
ぐ)革ひも. ④《音楽》(オルガンの)カプラー.

kop·peln [コッペルン kɔ́pəln] 他 (h) ① (猟犬
など⁴を革ひもで)つなぎ合わせる. ② (車両など⁴
を)連結する. einen Wagen **an** den Zug *kop-
peln* 列車に車両を連結する. ③《工》結合する.
④《比》関係づける, 結び合わせる. ◇過去分
詞の形で〕**mit** 事³ *gekoppelt* sein 事³と結びつ

いている.

Kop·pe·lung [コッペルング] 女 -/-en = Kopplung

Kopp·lung [コップルング] 女 -/-en ① つなぎ合わせること. ② 連結, ドッキング. ③《工》継手(つぎて), 結合. ④《比》関係, 関連.

Kop·ra [コープラ kó:pra] 女 -/ コプラ(ココヤシの核を乾燥させたもの. ヤシ油の原料).

Ko·pro·duk·ti·on [コー・プロドゥクツィオーン kó:-produktsio:n] 女 -/-en (映画・テレビ番組の)共同製作[作品].

Ko·pu·la [コープら kó:pula] 女 -/-s (または ..pulae こプれ) ①《生》交尾. ②《言》連辞(sein, werden など);《哲》繋辞(けいじ).

Ko·pu·la·ti·on [コプらツィオーン kopulatsió:n] 女 -/-en ①《生》交尾. ②《園芸》接木. ③《方》婚礼.

ko·pu·lie·ren [コプリーレン kopulí:rən] I 他 (h) ①《園芸》接き木する. ②《方》結婚させる. II 自 (h)《生》交尾する.

kor [コーア] 動 küren (選ぶ)の 過去

Ko·ral·le [コラれ korálə] 女 -/-n ①《動》サンゴチュウ. ② さんご[細工].

Ko·ral·len=bank [コラれン・バンク] 女 -/ ..bänke さんご礁.

Ko·ral·len=ket·te [コラれン・ケッテ] 女 -/-n さんごのネックレス.

Ko·ral·len=riff [コラれン・リふ] 中 -[e]s/-e さんご礁 (=Korallenbank).

Ko·ran [コラーン korá:n または コー..] 男 -s/-e コーラン(イスラム教の経典).

* *der* **Korb** [コルプ kórp] 男 (単2) -[e]s/(複) Körbe [ケルベ] (3格のみ Körben)《数量単位としては:(複) -》① かご, ざる. (英 basket). Blumen*korb* 花かご / ein *Korb* [voll] Äpfel かごいっぱいのりんご / ein *Korb* mit Eiern 卵の入ったかご / drei *Korb* Kartoffeln かご3杯のじゃがいも. ② (気球などの)ゴンドラ. ③ (バスケットボールの)バスケット; シュート[の得点]. ④ (特に求愛に対する女性側の)拒絶; (一般に:)拒絶. einen *Korb* bekommen または sich³ einen *Korb* holen (男が女に)ひじ鉄砲をくらう / 人³ einen *Korb* geben 人³(求婚する男)に ひじ鉄砲をくらわす.

Korb=ball [コルプ・バる] 男 -[e]s/ (ろぅ) コルプボール(バスケットボールに似た女子の球技).

Korb=blüt·ler [コルプ・ブリュートらァ] 男 -s/-《植》キク(菊)科植物.

Körb·chen [ケルプヒェン kǽrpçən] 中 -s/- (Korb の 縮小) ① 小さなかご; (小動物用の)寝かご. ②《服飾》(ブラジャーの)カップ. ③《植》頭状花序.

Kör·be [ケルベ] * Korb (かご)の 複

Korb=fla·sche [コルプ・ふらッシェ] 女 -/-n かご入りびん.

Korb=flech·ter [コルプ・ふれヒタァ] 男 -s/- かご職人.

Korb=mö·bel [コルプ・メーベる] 中 -s/-《ふつう 複》籐(とう)製の家具.

Kord [コルト kórt] (=Cord) 男 -[e]s/-e (または -s)《織》コーデュロイ, コール天.

Kor·del [コルデる kórdəl] 女 -/-n (太い)よりひも; 《方》[結び]ひも.

Kor·don [コルドーン kordṍ:] 男 -s/-s (ホーダ -e) ① (政治的・軍事的な)非常(警戒)線. ② 大綬(だいじゅ)(最高位の勲章用の下げひも).

kö·re [ケーレ] küren (選ぶ)の 接2

Ko·rea [コレーア koré:a] 中 -/《地名》朝鮮[半島]. die Republik *Korea* 大韓民国(首都はソウル) / die Demokratische Volksrepublik *Korea* 朝鮮民主主義人民共和国(首都はピョンヤン).

Ko·re·a·ner [コレアーナァ koreá:nər] 男 -s/- 朝鮮人(韓国人・北朝鮮人). (☞ 女性形は Koreanerin).

ko·re·a·nisch [コレアーニッシュ koreá:nɪʃ] 形 朝鮮[人・語]の, 韓国[人・語]の.

Ko·re·a·nisch [コレアーニッシュ] 中 -[s]/ 朝鮮語, 韓国語. (☞ 用法については Deutsch の項参照).

kö·ren [ケーレン kǿ:rən] 他 (h) (雄牛など⁴を)種畜に選び出す, 選ぶ.

Ko·ri·an·der [コリアンダァ koriándər] 男 -s/《植》コエンドロ(実は香辛料として用いられる).

Ko·rinth [コリント korínt] 中 -s/《都市名》コリント(古代ギリシアの都市).

Ko·rin·the [コリンテ koríntə] 女 -/-n (種なしで小粒の)干しぶどう(古代ギリシアの都市の名から).

ko·rin·thisch [コリンティッシュ koríntɪʃ] 形 コリント[人]の;《建》コリント様式の. eine *ko-rinthische* Säule コリント式円柱.

Kork [コルク kórk] 男 -[e]s/-e ① コルク(コルクがしの樹皮). ②《方》コルク栓(=Korken).

Kork=ei·che [コルク・アイヒェ] 女 -/-n《植》コルクガシ.

kor·ken [コルケン kórkən] 形《付加語としてのみ》コルク[製]の.

Kor·ken [コルケン] 男 -s/- (びんの)コルク栓. den *Korken* heraus|ziehen コルク栓を抜く.

Kor·ken·zie·her [コルケン・ツィーアァ] 男 -s/- コルク栓抜き.

* *das* **Korn**¹ [コルン kórn] 中 (単2) -[e]s/(複) Körner [ケルナァ] (3格のみ Körnern) ①《種類を表すときのみ:(複) -e》穀物, 穀類. (☞ corn). *Korn*⁴ an|bauen (mähen) 穀物を栽培する (刈り取る) / Das *Korn* steht gut. 穀物の作柄がよい. ②《複 Körner》(穀物の)粒; (塩・砂糖などの)粒. die *Körner* des Weizens 小麦の穀粒 / einige *Körner* Salz 数粒の塩. ③《複 なし》《写》(フィルムの)粒子;《地学》(岩石の)粒子. ④《複 -e》(銃の)照星.《複》 **aufs** *Korn* nehmen 人⁴を痛烈に批判する.

Korn² [コルン] 男 -[e]s/-《口語》穀物酒, コーンブランデー(=*Korn*branntwein).

Korn=blu·me [コルン・ブるーメ] 女 -/-n《植》ヤグルマギク.

korn·blu·men·blau [コルンブるーメン・ブらオ] 形 ヤグルマギクのように青い.

Korn⋑brannt·wein [コルン・ブラントヴァイン] 男 -(e)s/-e 穀物酒, コーンブランデー.

Körn·chen [ケルンヒェン kǽrçən] 中 -s/- (Korn の 縮小) 小粒; 粒子;《比》少量. ein *Körnchen* Salz 塩をほんの少々.

kör·nen [ケルネン kǽrnən] 他 (h) ① 粒にする, 小さく砕く;（物⁴の表面を）ざらざらに加工する. ② (物⁴に)センターポンチでくぼみをつける.

Kör·ner [ケルナァ] *Korn¹ (穀物)の 複

Kor·nett [コルネット kɔrnét] I 中 -(e)s/-e (または -s)《音楽》コルネット. II 男 -(e)s/-e (または -s)《史》騎兵旗手.

Korn⋑feld [コルン・フェルト] 中 -(e)s/-er 穀物畑, 麦畑.

kör·nig [ケルニヒ kǽrnıç] 形 ① 粒[状]の, 粒子[状]の. ②（表面の）ざらざらした.

Korn⋑kam·mer [コルン・カンマァ] 女 -/-n 穀倉;《比》穀倉地帯.

Ko·ro·na [コローナ koró:na] 女 -/..ronen ①《天》(太陽の)コロナ, 光環. ②《口語》陽気な)若者の群れ,（ばか騒ぎする)集団.

**der Kör·per [ケルパァ kǽrpər]

体

Sie hat einen schlanken *Körper*.
ズィー ハット アイネン シュランケン ケルパァ
彼女はスマートな体つきをしている.

男 (単2) -s/(複) - (3格のみ -n) ① **体**, 身体, 肉体; 胴体.（英 body).（←「精神」は Geist).「医療・看護用語」☞ 巻末付録, 1799 ページ).Ober*körper* 上半身 / Unter*körper* 下半身 / ein gesunder (schwacher) *Körper* 健康な(病弱な)体 / Er muss seinen *Körper* abhärten. 彼は身体を鍛練しなければならない / Sie zitterte **am** ganzen *Körper*. 彼女は全身震えていた / die Einheit **von** *Körper* und Geist 肉体と精神の調和.

② **物体**;（主要な)本体, 胴部. Flug*körper* 飛行物体 / bewegte *Körper* 動く物体 / der *Körper* der Geige² ヴァイオリンの胴部.

③《物》物体;《数》立体. flüssige (feste) *Körper* 液体(固体). ④（ワインなどの)こく, 濃度. ⑤ 団体.

類語 der **Körper**:（人・動物の物質的個体としての)体, 肉体. der **Leib**:（人・動物の魂を備えた生命体としての)体,（特に人の)身体. ein kranker *Leib* 病身. die **Leiche**: 死体; 遺体.

Kör·per⋑bau [ケルパァ・バオ] 男 -(e)s/ 体格.
kör·per⋑be·hin·dert [ケルパァ・ベヒンダァト] 形 身体に障害のある.
Kör·per⋑be·hin·der·te[r] [ケルパァ・ベヒンダァテ (..テァ)] 男 女《語尾変化は形容詞と同じ》身体障害者.
Kör·per⋑fül·le [ケルパァ・フュレ] 女 -/ 肥満.
Kör·per⋑ge·wicht [ケルパァ・ゲヴィヒト] 中 -(e)s/ 体重.

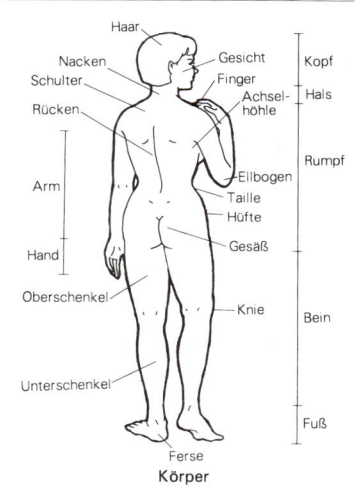

Kör·per⋑grö·ße [ケルパァ・グレーセ] 女 -/-n 身長; 体長.
Kör·per⋑hal·tung [ケルパァ・ハルトゥング] 女 -/-en 姿勢.
Kör·per⋑kraft [ケルパァ・クラフト] 女 -/..kräfte 体力.

*kör·per·lich [ケルパァリヒ kǽrpərlıç] 形 **肉体の**, **身体の**; **肉体的な**.（英 physical).（←「精神的な」は geistig). eine *körperliche* Arbeit 肉体労働 / *körperliche* Schmerzen 肉体的な苦痛 / eine *körperliche* Strafe 体罰 / die *körperliche* Liebe 性愛 / Diese Tätigkeit ist *körperlich* sehr anstrengend. この仕事はとても体が疲れる.

Kör·per⋑ma·ße [ケルパァ・マーセ] 複（体の)寸法, サイズ.
Kör·per⋑pfle·ge [ケルパァ・プふレーゲ] 女 -/（身体の)手入れ, ボディーケア.
Kör·per⋑schaft [ケルパァシャふト] 女 -/-en《法》社団[法人], 法人[団体];（法的な)機関. gesetzgebende *Körperschaften* 立法機関.
Kör·per·schafts⋑steu·er [ケルパァシャふツ・シュトイアァ] 女 -/-n 法人税.
Kör·per⋑spra·che [ケルパァ・シュプラーヘ] 女 -/ ボディーランゲージ.
Kör·per⋑stra·fe [ケルパァ・シュトラーふェ] 女 -/-n 体罰, 体刑.
Kör·per⋑teil [ケルパァ・タイル] 男 -(e)s/-e 体の部分(腕・脚など).
Kör·per⋑tem·pe·ra·tur [ケルパァ・テンペラトゥーァ] 女 -/-en 体温.
Kör·per⋑ver·let·zung [ケルパァ・フェァレッツング] 女 -/-en《法》傷害[罪].
Kör·per⋑wär·me [ケルパァ・ヴェルメ] 女 -/ 体の温かみ; 体温.

Haar
Nacken — Gesicht — Kopf
Schulter — Finger — Hals
Rücken — Achselhöhle
Arm — Ellbogen — Rumpf
— Taille
— Hüfte
Hand — Gesäß
Oberschenkel
— Knie — Bein
Unterschenkel
— Fuß
Ferse
Körper

Kor·po·ral [コルポラール korporá:l] 男 -s/-e (または ..räle) 《古》伍長; 《ﾅﾁ》下士官.

Kor·po·ra·ti·on [コルポラツィオーン korporatsió:n] 女 -/-en ① 《法》社団[法人], 法人[団体]; (法的な)機関 (=Körperschaft). ② (大学生の)学友会, 学生組合.

kor·po·ra·tiv [コルポラティーフ korporatí:f] 形 ① 法人の; 団体の. ② 団結した.

Korps [コーァ kó:ɐ] 甲 -[コーァ(ス)]/- [コーァス] ① 《軍》軍団, 部隊. ② (大学生の)学友会, 学生組合. ③ 団[体]. das diplomatische *Korps* 外交団.

Korps·geist [コーァ・ガイスト] 男 -[e]s/ 《雅》仲間意識; (ふつう軽蔑的に:)[特権]階級意識.

kor·pu·lent [コルプレント korpulént] 形 肥満体の, 太った. (☞ 類語 dick).

Kor·pu·lenz [コルプレンツ korpuléntsi] 女 -/ 肥満.

Kor·pus [コルプス kórpus] I 男 -/..pusse ① 《口語·戯》体 (=Körper). ② 《美》キリスト十字架像. ③ 《覆 なし》(家具の)外枠. ④ 《ﾅﾁ》(店の)カウンター. II 甲 -/..pora. ① 《言》収集資料. ② 《覆 なし》《音楽》(特に弦楽器の)共鳴体, 胴.

***kor·rekt** [コレクト korrékt] 形 (比較 korrekter, 最上 korrektest) ① 正しい, 正確な. (英 correct). *korrektes* Deutsch 正しいドイツ語 / Die Übersetzung ist *korrekt*. その翻訳は正確だ. ② きちんとした(態度など), その場にふさわしい(服装など); 規則に忠実な. ein *korrekter* Beamter 公正な役人 / sich⁴ *korrekt* benehmen 適切なふるまいをする.

Kor·rekt·heit [コレクトハイト] 女 -/ ① 正確さ, 確実さ. ② 適切さ; 公正.

Kor·rek·tor [コレクトァ korréktor] 男 -s/-en [..トーレン] 《印》校正係.

Kor·rek·tur [コレクトゥーァ korrektú:ɐ] 女 -/-en 訂正, 修正; 《印》校正[刷り]. *Korrektur*⁴ lesen 校正する.

Kor·rek·tur·bo·gen [コレクトゥーァ・ボーゲン] 男 -s/- =Korrekturfahne

Kor·rek·tur·fah·ne [コレクトゥーァ・ファーネ] 女 -/-n 《印》校正刷り, ゲラ.

Kor·rek·tur·zei·chen [コレクトゥーァ・ツァイヒェン] 甲 -s/- 《印》校正記号.

Kor·re·lat [コレラート korelá:t] 甲 -[e]s/-e ① 相関したもの; 相関概念. ② 《言》相関語.

Kor·re·la·ti·on [コレラツィオーン korelatsió:n] 女 -/-en ① 相関[関係]. ② 《数》相関.

kor·re·la·tiv [コレラティーフ korelatí:f] 形 相関的な, 互いに関連し合った.

Kor·res·pon·dent [コレスポンデント korrespondént] 男 -en/-en ① (新聞社などの)通信員, 特派員. (☞ 女性形は Korrespondentin). ② 《経》通信係, 文書係; 《商》(遠方の)取引先.

Kor·res·pon·denz [コレスポンデンツ korrespondénts] 女 -/-en ① 《覆 なし》文通, 通信. mit 人³ in *Korrespondenz* stehen 人³と文通している. ② (受け取った)手紙, 通信文. ③ 合意, (意見の)一致.

kor·res·pon·die·ren [コレスポンディーレン korrespondí:rən] 自 (h) ① 《[mit 人³] ~》([人³]と)文通している, 通信している. ② 《物³ (または mit 物³) ~》(物³]と)一致(対応)している.

Kor·ri·dor [コリドーァ kórido:ɐ] 男 -s/-e ① (建物の各部·各室をつなぐ)廊下, 回廊. durch den *Korridor* gehen 廊下を通って行く. ② 《政》回廊[地帯](内陸国と海, または二つの飛び領土を結ぶ細長い地域).

***kor·ri·gie·ren** [コリギーレン korrigí:rən] 他 《定了 haben》(korrigierte, *hat* ...korrigiert) ① (誤りなど⁴を)訂正する. (人⁴の誤りを)正す, (文章など⁴を)添削する, 校正する. (英 correct). einen Fehler *korrigieren* 誤りを訂正する / Der Lehrer *korrigierte* die Aufsätze. 先生は作文を添削した / den Schüler *korrigieren* 生徒の誤りを正す. ② (現実に合うように)修正する, 調整する. den Kurs *korrigieren* 針路を修正する.

kor·ri·giert [コリギーァト] *korrigieren (訂正する)の 過分

kor·ri·gier·te [コリギーァテ] *korrigieren (訂正する)の 過去

Kor·ro·si·on [コロズィオーン korrozió:n] 女 -/-en ① 腐食. in *Korrosion* über|gehen 腐食する. ② 《地学》(岩石などの)溶食. ③ 《医》腐食.

kor·rum·pie·ren [コルンピーレン korrumpí:rən] 他 (h) ① (政治家など⁴を)買収する, (道徳的に)堕落させる, 退廃させる.

kor·rupt [コルプト korrúpt] 形 ① 賄賂(ﾜｲﾛ)の効く. ② (道徳的に)堕落した, 退廃した.

Kor·rup·ti·on [コルプツィオーン korruptsió:n] 女 -/-en (道徳的な)腐敗, 堕落, 退廃.

Kor·sar [コルザール korzá:ɐ] 男 -en/-en ① (昔の:)海賊[船]. ② コルセール(2人乗りの競技用ヨット).

Kor·se [コルゼ kórzə] 男 -n/-n コルシカ島の島民(出身者). (☞ 女性形は Korsin).

Kor·se·lett [コルゼレット korzəlét] 甲 -s/-e (または -s) 《服飾》コースレット(コルセットとブラジャーがひと続きになったもの).

Kor·sett [コルゼット korzét] 甲 -s/-e (または -s) ① 《服飾》コルセット; 《比》束縛. ② 《医》コルセット.

Kor·si·ka [コルズィカ kórzika] 甲 -s/ 《島名》コルシカ島(フランス領).

kor·sisch [コルズィッシュ kórzɪʃ] 形 コルシカ[人·島]の.

Kor·so [コルゾ kórzo] 男 -s/-s ① (花電車などの)パレード, 行列. ② 《旅》(都市のメインストリート. ③ (昔の:)(イタリアの)騎手なしの競馬.

Kor·vet·te [コルヴェッテ korvéta] 女 -/-n 《軍》コルベット艦(小型高速護衛艦); (昔の:)武装帆船.

Kor·vet·ten·ka·pi·tän [コルヴェッテン・カピテーン] 男 -s/-e 《軍》海軍少佐.

Ko・ry・phäe [コリュフェーエ koryfέːə] 囡 -/-n 《学界・芸能界などの》第一人者, 権威者.

Ko・sak [コザック kozák] 男 -en/-en 《ロシアの》コサック[人]; コサック騎兵.

ko・scher [コーシャァ kóːʃər] 形 ① 《ユダヤ教で》食事慣習のおきてにかなった, 清浄な(肉など). ② 《口語》申し分のない, ちゃんとした. Der Kerl ist [mir] nicht ganz *koscher*! あいつはどうもうさんくさい.

Ko・se・form [コーゼ・フォルム] 囡 -/-en 愛称形.

ko・sen [コーゼン kóːzən] 自 (h)・他 (h) 《詩》愛撫(ぶ)する; 《恋人同志が》いちゃつく. **mit** 囚³ *kosen* 囚³を愛撫する.

Ko・se・na・me [コーゼ・ナーメ] 男 -ns (3格・4格 -n)/-n 愛称.

Ko・si・nus [コーズィヌス kóːzinus] 男 -/- (または ..nusse) 《数》コサイン, 余弦 (記号: cos).

Kos・me・tik [コスメーティク kosméːtik] 囡 -/-en ① 美容, 化粧[法]. *Kosmetik*⁴ betreiben 化粧をする. ② 《比》ごまかし, 粉飾.

Kos・me・ti・ka [コスメーティカ] Kosmetikum (化粧品)の複.

Kos・me・ti・ke・rin [コスメーティケリン kosméːtikərin] 囡 -/..rinnen (女性の)美容師.

Kos・me・ti・kum [コスメーティクム kosméːtikum] 中 -s/..tika 《ふつう複》化粧品.

kos・me・tisch [コスメーティッシュ kosméːtɪʃ] 形 ① 美容(化粧)の, 美容上の. *kosmetische* Mittel 化粧品. ② うわべを飾る, とりつくろった.

kos・misch [コスミッシュ kósmɪʃ] 形 ① 宇宙の, 宇宙的な, 宇宙からの. die *kosmische* Strahlung 宇宙線 / eine *kosmische* Station 宇宙ステーション. ② 限りない, 果てしない, 途方もない.

Kos・mo・go・nie [コスモゴニー kosmogoníː] 囡 -/-n [..ní・en] 宇宙進化論.

Kos・mo・lo・gie [コスモロギー kosmologíː] 囡 -/-n [..ギーエン] 宇宙論.

Kos・mo・naut [コスモナオト kosmonáut] 男 -en/-en (特に旧東ドイツで) 宇宙飛行士 (= Astronaut).

Kos・mo・po・lit [コスモポリート kosmopolíːt] 男 -en/-en ① コスモポリタン, 世界市民. ② 《生》汎存(なん)種(全世界に分布している動植物).

kos・mo・po・li・tisch [コスモポリーティッシュ kosmopolíːtɪʃ] 形 ① コスモポリタンの, 世界主義の. ② 《生》汎存(なん)の, 全世界に分布している.

Kos・mos [コスモス kósmos] 男 -/ ① 宇宙, 万有. der weite *Kosmos* 広大な宇宙. ② (秩序ある体系としての)世界.

Kost [コスト kóst] 囡 -/ ① 《飲》食物, 食料品, 食事. eine kräftige (magere) *Kost* 栄養のある(栄養のない)食物 / geistige *Kost* 《比》精神的糧. ② 賄い, 下宿. *Kost* und Logis 賄い付きの下宿 / 囚⁴ **in** *Kost* nehmen 囚⁴を下宿させる / freie *Kost*⁴ haben 食費はただである.

kost・bar [コストバール kóstbaːr] 形 ① 高価な, ぜいたくな, 豪華な. (英 valuable). ein *kostbarer* Schmuck 高価な装身具. (☞ 類語 teuer). ② 貴重な, 大切な. Die Gesundheit ist *kostbar*. 健康はかけがえのないものだ.

Kost・bar・keit [コストバールカイト] 囡 -/-en ① 貴重(高価)な物. ② 《複》なし貴重(高価)さ.

kos・ten¹ [コステン kóstən]

> (…の)値段である
>
> Was *kostet* das? それはいくらですか.
> ヴァス コステット ダス

du kostest, er kostet (kostete, *hat...gekostet*) 他 (〉 haben) ① 《数量を表す4格とともに》(…の)値段である. (英 cost). Das Buch *kostet* zehn Mark. その本は10マルクです / Wie viel (または Was) *kostet* dieser Mantel? このコートはいくらですか / Ich tue es doch, *koste* es, was es wolle. 《接1・現在》なんとしても私はそれをやります(←いくらかかっても).

② 《[囚⁴にとって]お金・時間・労力など⁴が》かかる, 必要である. Diese Arbeit *kostet* viel Mühe. この仕事はずいぶん骨が折れる / Das Bild *kostete* ihn 5 000 Mark. その絵に彼は5,000マルク払った / Die Arbeit *hat* mich zwei ganze Tage *gekostet*. その仕事に私は丸2日かかった. ◇**lassen** とともに》Ich *lasse* mich (または mir) das Geschenk etwas *kosten*. 《口語》私はこの贈り物に少しばかり奮発しよう.

③ 《囚⁴に地位・命など⁴を》失わせる. Dieser Fehler *kostete* ihn das Leben (または den Kopf). この過ちは彼の命取りになった / Das *kostete* die Mannschaft den Sieg. そのためにチームは勝利を逃した.

kos・ten² [コステン] I 他 (h) ① 《物⁴の》味をみる, 《物⁴を》試食(試飲)する. den neuen Wein *kosten* (今年の)新しいワインを試しに飲んでみる. ◇《目的語なしでも》Der Koch *kostete* noch einmal. コックはもう一度味見をした. ② 《雅》享受する, 味わう. alle Freuden⁴ des Lebens *kosten* 人生のあらゆる喜びを味わう. II 自 (h) 《**von** 物³ ~》《物³の》味をみる. *Kosten* Sie mal von dem Käse! ちょっとこのチーズを味見してごらんなさい.

‡die **Kos・ten** [コステン kóstən] 複 費用, 経費, 出費; コスト. (英 cost). Neben*kosten* 付帯費用 / geringe *Kosten* わずかな費用 / die *Kosten* einer Reise² (または für eine Reise) 旅費 / die *Kosten*⁴ decken 経費を賄う, 出費を弁済する / Man scheut keine *Kosten*. 費用を惜しむものではない / die *Kosten*⁴ für 物⁴ tragen 物⁴の費用を負担する / **auf eigene** *Kosten* 自己負担(私費)で / Er lebt auf *Kosten* seines Vaters. 彼は親がかりの身だ / Die Getränke gehen auf meine

Kosten. 飲み物は私持ちだ(私が払う).
Kos·ten≠auf·wand [コステン・アオフヴァント] 男 -[e]s/ 経費, 支出.
kos·ten≠frei [コステン・フライ] 形《法》無料の, 費用免除の.
kos·ten≠güns·tig [コステン・ギュンスティヒ] 形《経》コスト(原価)の安い, 費用のかからない.
kos·ten≠los [コステン・ロース] 形 無料の. Der Eintritt ist *kostenlos*. 入場は無料だ.
kos·ten≠pflich·tig [コステン・プふリヒティヒ] 形《法》(費用の)負担義務のある.
Kos·ten≠punkt [コステン・プンクト] 男 -[e]s/《口語》費用の点, 出費の問題.
Kos·ten≠vor·an·schlag [コステン・フォーァアンシュラーク] 男 -[e]s/..schläge《経》費用(経費)の見積もり.
kos·te·te [コステテ] ‡kosten¹ (…の値段である)の 過去
Kost≠gän·ger [コスト・ゲンガァ] 男 -s/ 賄い付き下宿人.
Kost≠geld [コスト・ゲルト] 中 -[e]s/ 食費, 賄い料.
* **köst·lich** [ケストリヒ kǽstlıç] I 形 ① おいしい, 美味な.(英 delicious). eine *köstliche* Speise おいしい料理. ② 楽しい, 愉快な, おもしろい. eine *köstliche* Geschichte 楽しい物語. ③《雅》高価な, 貴重な, すばらしい.
II 副 とても, 存分に. sich⁴ *köstlich* amüsieren 存分に楽しむ.
Köst·lich·keit [ケストリヒカイト] 女 -/-en ①《複 なし》《雅》おいしさ, 美味; すばらしさ. ② おいしいもの; すばらしいもの.
Kost≠pro·be [コスト・プローベ] 女 -/-n 試食品, 試飲用の飲み物.
kost≠spie·lig [コスト・シュピーりヒ] 形 費用のかかる, 高価な.
* *das* **Kos·tüm** [コステューム kɔstýːm] 中 (単 2) -s/(複) -e (3格のみ -en)(英 costume) ①(女性の)スーツ, ツーピース. ein sommerliches *Kostüm* サマースーツ. ② 時代・地方・階級などに特有の)服装, 衣装. ein *Kostüm* aus der Zeit des Rokoko ロココ時代の衣装. ③ 舞台衣装; 仮装[用の衣装].
Kos·tüm≠ball [コステューム・バる] 男 -[e]s/ ..bälle 仮装舞踏会.
Kos·tüm≠fest [コステューム・フェスト] 中 -[e]s/ -e =Kostümball
kos·tü·mie·ren [コステューミーレン kɔstymíːrən] 他 (h)(人³に)仮装させる;《口語》とっぴな服装をさせる. ◇《再帰的に》sich⁴ als Ritter *kostümieren* 騎士の扮装(ふんそう)をする.
Kos·tüm≠pro·be [コステューム・プローベ] 女 -/-n《劇》ドレスリハーサル(衣装をつけてのけいこ).
Kost≠ver·äch·ter [コスト・フェァエヒタァ] 男 -s/- 美食(享楽)を嫌う人. Er ist kein *Kostverächter*. 《戯》a) 彼はうまいものに目がない, b) (反語的に:)彼は食べ物に好き嫌いがない.
Kot [コート kóːt] 男 -[e]s/-e (または -s)《ふつう 単》《雅》① 糞便. ② 泥, ぬかるみ. 人・物⁴ mit *Kot* bespritzen 人・物⁴に泥をはねかける / 人・物⁴ in (または durch) den *Kot* ziehen 人・物⁴をけなす.

Ko·tan·gens [コー・タンゲンス kóː-taŋgɛns] 男 -/-《数》コタンジェント, 余接 (記号: cot).

Ko·tau [コタオ kotáu] 男 -s/-s (中国流の)叩頭(こうとう)礼;《比》追従(ついしょう). vor 人³ einen (または seinen) *Kotau* machen 人³にぺこぺこする.

Ko·te·lett [コテれット kotəlɛ́t または コト..kɔt..] 中 -s/-s (まれに -e)(豚・子牛・羊などの)あばら肉;《料理》(骨付きの)カツレツ.

Ko·te·let·ten [コテれッテン kotəlɛ́tən または コト..kɔt..] 複 (まれ) ひげを伸ばしたほおひげ. *Koteletten*⁴ tragen ほおひげをはやしている.

Kö·ter [ケータァ kóːtər] 男 -s/- (軽蔑的に:)[野良]犬.

Kot≠flü·gel [コート・ふりューゲる] 男 -s/- (自動車などの)泥よけ, フェンダー.

ko·tig [コーティヒ kóːtıç] 形 糞(泥)だらけの, 汚い.

Kot·ze [コッツェ kótsə] 女 -/-n《南ドィッ·オーストリァ》① 粗織り毛布. ② 肩かけ, マント.

kot·zen [コッツェン kótsən] 自 (h)《俗》げえっと吐く, 嘔吐(おうと)する.

Kot·zen [コッツェン] 中《成句的に》Ich fühle mich zum *Kotzen*! 私は吐きそうだ(たいへん気分が悪い) / Es ist zum *Kotzen*! a) ああいやだ, b) いまいましい.

KPD [カー・ペー・デー] 女 -/《略》ドイツ共産党 (1956年に非合法化) (=Kommunistische Partei Deutschlands).

Kr [カー・エル]《化·記号》クリプトン (=Krypton).

Krab·be [クラッベ krábə] 女 -/-n ①《動》カニ(蟹). ②《口語·戯》(元気なかわいらしい)子供, (若いぴちぴちした)娘. ③《建》(ゴシック建築の)植物状装飾.

krab·beln [クラッベるン krábəln] I 自 (s, h) ① (s) (昆虫などが)ごそごそはう(動く); (幼児が)はいまわる. ② (h) ちくちくする. II 他 (h)《口語》くすぐる, むずがゆくする.

Krach [クラッハ kráx] 男 -[e]s/Kräche ①《ふつう 単》騒音; ばりっ(めりっ·どしん)という音. ②《口語》騒動, けんか; ののしり. *Krach*⁴ machen (または schlagen) わめきちらす, がみがみ言う. ③《口語》経済恐慌, パニック.

* **kra·chen** [クラッヘン kráxən] (krachte, *hat*/*ist*...gekracht) I 自 (英T) haben または sein)(英 crash) ① (h) (ばりっ·めりっ·どしん)とすさまじい音をたてる. (銃声などが)とどろく. Der Donner *krachte*. 雷鳴がとどろいた. ◇《非人称の es を主語として》Auf dieser Kreuzung *kracht* es dauernd.《口語》この交差点ではしょっちゅう衝突事故が起きる. ② (s) (ばりっ·めりっと)音をたてて割れる, 破れる, 裂ける. Das Eis *kracht*. 氷が砕ける音をたてる. ③ (s)《方向を表す句句とともに》(…へどしんと)音をたててぶつかる. Das Auto *kracht* gegen die Leitplanke. 車がガードレールにどしんとぶつかる.

Krafstoff

II 再帰 (定了 haben) 〖*sich*⁴ [mit 人³] ~〗《口語》([人³]と)けんかする. Ich *habe* mich mit ihm *gekracht*. 私は彼とけんかをした.

krach·te [クラハテ] ***krachen** (すさまじい音をたてる)の 過去

kräch·zen [クレヒツェン] kréçtsən 自 (h) ① (からすなどが)かあかあ鳴く, (おうむが)ぎゃあぎゃあ鳴く. ② 《比》しゃがれ声で言う(歌う).

Krad [クラート krát] 中 -[e]s/Kräder 《略》《軍》オートバイ (= **Kra**f**trad**).

kraft [クラフト kráft] 前《2格とともに》《書》…[の力]により. *kraft* seines Amtes 彼の職権により / *kraft* des Gesetzes 法律に基づいて.

*die **Kraft** [クラフト kráft]

力　Er hat viel *Kraft*.
　　エァ　ハット　ふぃーる　クラふト
　　彼は力が強い.

女《単》 -/《複》Kräfte [クレフテ](3格のみ Kräften) ① 力, 能力. (英 *strength, power*). Muskel*kraft* 筋力 / körperliche (geistige) *Kraft* 体力(精神力) / jugendliche *Kraft* 若若しい力 / die *Kraft* des Wassers 水力. ◊《動詞の目的語として》alle *Kräfte*⁴ **an**|**spannen** 全力を尽くす / Er **erprobt** seine *Kraft*. 彼は自分の力を試す / Der Junge **hat** *Kraft*. その少年は力が強い / neue *Kräfte*⁴ **sammeln** 新しい力を蓄える, 元気を回復する.
◊《前置詞とともに》**aus** eigener *Kraft* 自力で / Er ist noch **bei** Kräften. 彼はまだ元気だ / **mit** aller (または ganzer) *Kraft* 全力で / **mit** letzter *Kraft* 最後の力を振り絞って / **nach** [besten] *Kräften* 力の[およぶ]かぎり / Das geht **über** meine *Kräfte*. それは私の手に負えない / **vor** *Kraft* strotzen 元気いっぱいである / [wieder] **zu** Kräften kommen 元気を取り戻す.
② 効力, 効き目. die heilende *Kraft* einer Arznei² 薬の効き目 / die treibende *Kraft* (仕事などを)推進する力[のある人] / ein Gesetz⁴ **außer** *Kraft* setzen 法律を無効にする / außer *Kraft* treten 無効になる / **in** *Kraft* treten (sein) 効力を生じる(効力がある).
③ 働き手, スタッフ, 従業員. Büro*kraft* 事務職員 / eine tüchtige *Kraft* 有能なスタッフ. ④ 〖複 で〗(社会的な)勢力. fortschrittliche *Kräfte* 進歩派勢力.

....

類語 die **Kraft**: (何事をも可能にする, 最も一般的な意味での)力. die **Macht**: (他に影響力を及ぼし, 支配する)力. die **Macht** des Geldes (der Liebe)² 金(愛)の力. die **Gewalt**: (人・物に及ぼす抗しがたい)力, 暴力, 威力.

....

Kraft⁀**akt** [クラフト・アクト] 男 -[e]s/-e 力業(わざ).

Kraft⁀**auf·wand** [クラフト・アオふヴァント] 男 -[e]s/ 努力, 骨折り.

Kraft⁀**aus·druck** [クラフト・アオスドゥルック] 男 -[e]s/..drücke どぎつい(口汚い)言葉.

Kraft⁀**brü·he** [クラフト・ブリューエ] 女 -/-e 《料理》(栄養に富む)肉汁, ブイヨン.

Kräf·te [クレフテ] ***Kraft** (力)の 複

Kräf·te⁀**ver·fall** [クレフテ・ふェアふァる] 男 -[e]s/ 《医》(肉体的・精神的な)衰弱.

Kraft⁀**fah·rer** [クラフト・ふァーラァ] 男 -s/ 《官庁》自動車運転者.

Kraft⁀**fahr·zeug** [クラフト・ふァールツォイク] 中 -[e]s/-e 《官庁》原動機付き車両(自動車・オートバイなど; 略: Kfz).

Kraft⁀**feld** [クラフト・ふェるト] 中 -[e]s/-er 《物》力の場.

***kräf·tig** [クレフティヒ kréftıç] 形 ① 力のある, 力強い; がっしりした, たくましい. (英 *powerful*). ein *kräftiger* Mann たくましい男 / Er hat *kräftige* Arme. 彼はがっしりした腕をしている. (☞ 類語 lebhaft).
② 発育のいい. ein *kräftiges* Kind 発育のいい子供.
③ 激しい, 強烈な; 濃い(色など). *kräftigen* Hunger haben ひどく空腹である / *kräftige* Farben 強烈な色彩 / Gestern hat es *kräftig* geregnet. きのうはひどい雨だった.
④ 栄養豊かな. eine *kräftige* Mahlzeit⁴ zu sich nehmen 栄養のある食事をとる. ⑤ (言葉などが)荒っぽい. ein *kräftiger* Ausdruck どぎつい表現.

..kräf·tig [..クレフティヒ ..kreftıç] 『形容詞をつくる 接尾』《…力のある》例: beweis*kräftig* 証明力のある.

***kräf·ti·gen** [クレフティゲン kréftıgən] I 他 (定了 haben) (体などを強くする, (人⁴の)体力をつける. Das gesunde Essen *wird* den Kranken *kräftigen*. 体にいい食事がその病人に体力をつけるだろう.
II 再帰 (定了 haben) *sich*⁴ *kräftigen* 体力がつく, 元気になる.

kräf·tig·te [クレフティヒテ] ***kräftigen** (強くする)の 過去

Kräf·ti·gung [クレフティグンク] 女 -/-en 《ふつう 単》力をつけること, 強くすること.

kraft⁀**los** [クラフト・ろース] 形 力のない, 弱々しい; 元気のない. mit *kraftloser* Stimme 弱弱しい声で.

Kraft⁀**lo·sig·keit** [クラフト・ろーズィヒカイト] 女 -/ 力のないこと, 弱々しさ.

Kraft⁀**mei·er** [クラフト・マイァァ] 男 -s/- 《口語》(軽蔑的に:)力自慢の男.

Kraft⁀**mes·ser** [クラフト・メッサァ] 男 -s/- 《工》動力計, ダイナモメータ.

Kraft⁀**pro·be** [クラフト・プローベ] 女 -/-n 力試し, 力比べ.

Kraft⁀**protz** [クラフト・プロッツ] 男 -es (または -en)/-e[n] 《口語》(軽蔑的に:)力自慢の男.

Kraft⁀**rad** [クラフト・ラート] 中 -[e]s/..räder 《官庁》オートバイ, 自動二輪車 (略: Krad).

Kraft⁀**stoff** [クラフト・シュトふ] 男 -[e]s/-e (動

kraftstrotzend

力用の)燃料(ガソリンなど).

kraft=strot-zend [クラふト・シュトロッツェント] 形 力強い, 力のみなぎった.

Kraft=ver-kehr [クラふト・ふェアケーァ] 男 -s/ 《官庁》(総称として:) 自動車[の交通].

kraft=voll [クラふト・ふォル] 形 力のある, 力強い; 元気いっぱいの.

Kraft=wa-gen [クラふト・ヴァーゲン] 男 -s/- 《官庁》自動車 (=Auto). Lastkraftwagen 貨物自動車 (略: Lkw) / Personenkraftwagen 乗用車 (略: Pkw). (☞類語 Wagen).

Kraft=werk [クラふト・ヴェルク] 中 -[e]s/-e 発電所. Kernkraftwerk 原子力発電所 / Wasserkraftwerk 水力発電所.

Kraft=wort [クラふト・ヴォルト] 中 -[e]s/-e (または ..wörter) 口汚い(下品な)言葉.

*der **Kra-gen** [クラーゲン krá:gən] 男 (単2) -s/(複) - (南ドイツ・オーストリア・スイス: Krägen [クレーゲン] も) ① 襟, カラー. (英 collar). Hemdkragen シャツの襟 / ein hoher Kragen 高い襟 / den Kragen des Mantels hoch/schlagen コートの襟を立てる. ②《古》(人間の)首. ◇[成句的に] Jetzt platzt mir aber der Kragen. 《俗》もう我慢できない(←首[の血管]がはち切れる) / 人¹ am (または beim) Kragen packen (または a) 人⁴の首根っこを捕まえる, b)《比》人⁴を詰問する / Es geht ihm an den Kragen. 《口語》それは彼の命にかかわる問題だ. ③《方》(鶏などの)首.

Kra-gen=wei-te [クラーゲン・ヴァイテ] 女 -/-n (ワイシャツなどの)カラーサイズ, 首回り. Das ist genau meine Kragenweite. 《俗》これは私の好みにぴったりだ(←私のカラーサイズだ).

*die **Krä-he** [クレーエ kré:ə] 女 (単) -/(複) -n (鳥)(中型の)カラス. (英 crow). (注 「大型のカラス」は Rabe). Eine Krähe krächzt. からすがかあかあ鳴く / Eine Krähe hackt der anderen kein Auge aus. (ことわざ) 仲間どうしはかばい合う(←からすは他からの目をつつかない).

krä-hen [クレーエン kré:ən] 自 (h) ① (おんどりが)こけこっこーと鳴く. ② (子供などが)きゃっと歓声をあげる; かん高い声で話す(歌う). Das Baby krähte vor Vergnügen. 赤ん坊はうれしがってきゃっきゃっと声をあげた.

Krä-hen=fü-ße [クレーエン・ふューセ] 複 《口語》① からすの足跡, 目じりの小じわ. ② 下手そな(釘くぎ流の)字.

Kräh=win-kel [クレー・ヴィンケル] 中 -s/《冠詞なしで》こせこせした田舎町(ドイツの劇作家コッツェブーの喜劇の中の町の名から).

Kra-ke [クラーケ krá:kə] 男 -n/-n ①《動》ダイオウイカ. ②《神》クラーケン(北欧の海に住むといわれる物に似た海の怪物).

Kra-keel [クラケーる kraké:l] 男 -s/《口語》騒々しいのしり(どなり)合い.

kra-kee-len [クラケーれン kraké:lən] 過分 krakeelt] 自 (h)《口語》大声でのしる, どなりたてる.

kra-keln [クラーケるン krá:kəln] 自 (h)《口語》なぐり書きする. 金くぎ流で書く.

Kral-le [クラれ králə] 女 -/-n (鳥・猫などの)爪 (つめ), 鉤爪(かぎづめ). 人³ die Krallen⁴ zeigen《口語》人³に歯向かう.

kral-len [クラれン králən] I 再帰 (h)《sich⁴ an (または in) 人・物⁴》 ~[人・物⁴を爪(つめ)・指で]しっかりつかむ. II 他 (h) ①《A⁴ in B⁴》 (A⁴ (指・手など)を B⁴ に)突き立てる. vor Schmerz die Finger⁴ in das Kissen krallen 苦痛のあまり枕(まくら)に指を突き立てる. ②《A⁴ um B⁴ ~》(A⁴ (指・手など)を B⁴ に)からみつかせる, (A⁴ で B⁴ を)ぎゅっとつかむ.

Kram [クラーム krá:m] 男 -[e]s/《口語》① つまらぬもの, がらくた. ② 雑用, (片づけるべき)仕事, 用件. den ganzen Kram hin|schmeißen 仕事をすっかりほうり出す.

kra-men [クラーメン krá:mən] I 自 (h)《口語》(…で)ごそごそ探し物をする. im Keller kramen 地下室の中を探し回る / nach Kleingeld kramen (かき回して)小銭を探す. II 他 (h)《口語》《A⁴ aus B³ ~》(A⁴ を B³ から)引っかき回して取り出す. Er kramte den Schlüssel aus der Tasche. 彼はポケットを探って鍵(かぎ)を取り出した.

Krä-mer [クレーマァ kré:mər] 男 -s/- ①《方》(食料・雑貨の)小売商人. ② こせこせしちけちした人.

Krä-mer=see-le [クレーマァ・ゼーれ] 女 -/-n こせこせ(けちけち)した人.

Kram=la-den [クラーム・らーデン] 男 -s/ ..läden《口語》(食料・雑貨の)小売店.

Kram-pe [クランペ krámpə] 女 -/-n (配線などを固定させる) U 字形のくぎ, ステープル.

*der **Krampf** [クランぷふ krámpf] 男 (単2) -[e]s/(複) Krämpfe [クレンぷふェ] (3格のみ Krämpfen) ① (筋肉の)けいれん, 引きつけ. (英 cramp). Magenkrampf 胃けいれん / einen Krampf bekommen けいれんを起こす / Er hat einen Krampf in der Wade. 彼はこむらがえりを起こしている. ②《複 なし》《口語》むだな努力, 悪あがき. Das ist doch alles Krampf! そんなことはまったくむだ骨だ. ③ (スラ) 犯罪[行為].

Krampf=ader [クランぷふ・アーダァ] 女 -/-n 《医》静脈瘤(りゅう).

Krämp-fe [クレンぷふェ] *Krampf (けいれん) 複

kramp-fen [クランぷふェン krámpfən] I 再帰 (h) 《sich⁴ krampfen》 ① けいれんを起こす. ② 《sich⁴ in (または um) 人・物⁴ ~》(人・指などが 人・物⁴ に)しがみつく, (人・物⁴ を)ひっつかむ. Seine Finger krampften sich um den Ast. 彼の指はその枝をひっつかんだ. II 他 (h)《A⁴ in (または um) B⁴ ~》(A⁴ (指・手など)で B⁴ を)ぎゅっとつかむ. die Hände⁴ um die Armlehne krampfen 両手でひじ掛けをぎゅっとつかむ.

krampf=haft [クランぷふハふト] 形 ① けいれんを起こした[ような], けいれん性の; 発作的な.

ein *krampfhaftes* Lachen 引きつった笑い. ② 《比》必死の, 死に物狂いの. *krampfhafte* Anstrengungen 死に物狂いの努力.

Kram·pus [クランプス krámpʊs] 男 – (または ..pusses)/..pusse (クランプス) クランプス(悪魔の姿をしたサンタクロースの従者).

* *der* **Kran** [クラーン kráːn] 男 –[e]s/Kräne [クレーネ] (3格のみ Kränen) または (複) -e (3格のみ Kranen) ① クレーン, 起重機. (英 *crane*). einen *Kran* fahren (lenken) クレーンを運転する(操作する). ② 《方》(水道・ガスなどの)栓, コック.

Krä·ne [クレーネ] * Kran (クレーン)の 複

Kran·füh·rer [クラーン・フューラァ] 男 –s/– クレーンの運転手.

Kra·nich [クラーニヒ kráːnɪç] 男 –s/–e ① 《鳥》ツル(鶴). ② 《複 なし; 定冠詞とともに》《天》つる座.

***krank** [クランク kráŋk]

病気の	Mein Vater ist *krank*.
	マイン　ファータァ　イスト　クランク
	私の父は病気です.

形 (比較 kränker, 最上 kränkst) ① 病気の, 病気にかかった. (英 *sick*). (反義「健康な」は gesund). ein *krankes* Kind 病気の子 / ein schwer *kranker* Mann 重病の男性 / ein *krankes* Staatswesen 《比》病める国家制度 / Sie ist **an** der Leber *krank*. 彼女は肝臓を病んでいる / Er ist an Leib und Seele *krank*. 《雅》彼は心身ともに病んでいる / **auf** den Tod *krank* sein 重態である / Er liegt *krank* **zu** (または **im**) Bett. 彼は病床にある.

◆ 《動詞とともに》sich[4] *krank* ärgern 激怒する / sich[4] *krank* fühlen 気分が悪い / sich[4] *krank* lachen (新形) sich[4] *krank*|lachen) 笑いこける / 人[4] *krank* machen 人[4]を[病気になるほど]いらいらさせる, うんざりさせる (注意 krank|machen は「仮病を使って仕事を休む」を意味する) / sich[4] *krank* melden (新形) sich[4] *krank*|melden) 病気の届けを出す / *krank* schreiben (新形) *krank*|schreiben) 人[4]の病気の診断書を書く / Er **stellt** sich[4] *krank*. または Er **spielt** *krank*. 彼は仮病を使う.

② 《vor 事[3] ~》(事[3]に)悩んでいる. Sie ist *krank* vor Heimweh. 彼女はホームシックにかかっている / Er ist vor Liebe *krank*. 彼は恋わずらいをしている. ③ 《狩》(獣が)手負いの, 傷ついた.

krän·keln [クレンケルン kréŋkəln] 自 (h) 病気がちである, 病弱である.

kran·ken [クランケン kráŋkən] 自 (h) 《**an** 事[3] ~》(事[3](欠陥・不備などに)悩んでいる, 苦しんでいる;《方》(事[3](病気)をわずらっている.

***krän·ken** [クレンケン kréŋkən] (kränkte, hat ...gekränkt) I 他 (完了 haben) (人[4]の)気持ちを傷つける, (人[4]を)侮辱する. (英 *hurt*). Verzeihen Sie, ich *wollte* Sie nicht *kränken*! すみません, 私はあなたを傷つけるつもりはなかったのです / 人[4] **in** seiner Eitelkeit *kränken* 人[4]の虚栄心を傷つける. ◆ 《過去分詞の形で》Er fühlte sich in seiner Ehre *gekränkt*. 彼はプライドを傷つけられた感じがした. (ロ 類語 verletzen).

II 再帰 (完了 haben) 《sich[4] **über** 人・事[4] ~》《雅》(人・事[4]のことを)気に病む.

Kran·ken·be·such [クランケン・ベズーフ] 男 –[e]s/–e 病気見舞い; (医) 往診, 回診.

Kran·ken·bett [クランケン・ベット] 中 –[e]s/–en 病床; 病人用のベッド; (主) 病床にあること.

Kran·ken·geld [クランケン・ゲルト] 中 –[e]s/–er 健康(疾病)保険給付金.

Kran·ken·ge·schich·te [クランケン・ゲシヒテ] 女 –/–n (医)病歴; 病歴簿.

Kran·ken·gym·nas·tik [クランケン・ギュムナスティク] 女 –/ (医)リハビリ(治療)体操.

* *das* **Kran·ken·haus** [クランケン・ハオス kráŋkən-haus] 中 (単2) –es/(複) ..häuser [..ホイザァ] (3格のみ ..häusern) 病院. (英 *hospital*). (「医療・看護用語」ロ 巻末付録, 1792 ページ). aus dem *Krankenhaus* kommen 《口語》退院する / **ins** *Krankenhaus* gehen 病院へ行く / 人[4] **ins** *Krankenhaus* bringen (または ein|liefern) 人[4]を入院させる / Er liegt im *Krankenhaus*. 彼は入院している.

類語 das **Krankenhaus**: (一般的な意味での)病院. die **Klinik**: a) (大学の)附属病院, b) (おもに入院治療を行う)専門病院. eine *Klinik* für Herzkranke 心臓病患者専門の病院. die **Praxis**: (開業医の)医院.

kran·ken·haus≠reif [クランケンハオス・ライフ] 形 入院加療が必要な.

Kran·ken≠kas·se [クランケン・カッセ] 女 –/–n 健康保険[組合].

Kran·ken≠kost [クランケン・コスト] 女 –/ 病人食.

Kran·ken≠la·ger [クランケン・らーガァ] 中 –s/– 《雅》病床[にある期間]. Er starb nach langem *Krankenlager*. 彼は長わずらいの末に死んだ.

Kran·ken≠pfle·ge [クランケン・プふれーゲ] 女 –/ 看護, 看病.

Kran·ken≠pfle·ger [クランケン・プふれーガァ] 男 –s/– 看護士. (注意 女性形は Krankenpflegerin).

Kran·ken≠schein [クランケン・シャイン] 男 –[e]s/–e 健康保険証.

* *die* **Kran·ken≠schwes·ter** [クランケン·シュヴェスタァ kráŋkən-ʃvɛstɐ] 女 –/ (複) –n 看護婦. (英 *nurse*). Sie wird bald *Krankenschwester*. 彼女はまもなく看護婦になる.

Kran·ken·stand [クランケン・シュタント] 男 《成句的に》im *Krankenstand* sein 病気のために働けないでいる.

Kran・ken‗ver・si・che・rung [クランケン・フェアズィッヒェルング] 囡 -/-en 健康(疾病)保険.

Kran・ken‗**wa・gen** [クランケン・ヴァーゲン] 男 -s/- 患者輸送車; 救急車.

Kran・ken‗**wär・ter** [クランケン・ヴェルタァ] 男 -s/- (精神病院などの)看護士.

Kran・ken‗**zim・mer** [クランケン・ツィンマァ] 中 -s/- 病室.

***Kran・ke[r]** [クランケ(..カァ) kráŋkə(..kər)] 男 囡《語尾変化は形容詞と同じ ☞ Alte[r]》(例: 男 1 格 der Kranke, ein Kranker). **病人, 患者.** (英 patient). einen Kranken besuchen 病人を見舞う / einen Kranken pflegen 病人を看護する.

krän・ker [クレンカァ] *krank (病気の)の 比較

krank‗fei・ern [クランクファイァルン kráŋkfaiərn] 自 (h)《口語・戯》仮病を使って仕事を休む.

krank・haft [クランクハフト] 形 ① 病気による. eine krankhafte Veränderung eines Organs 病気による器官の変化. ② 病的な, 異常な. Seine Eifersucht ist krankhaft. 彼の嫉妬(と)は病的だ.

*die **Krank・heit** [クランクハイト kráŋkhait] 囡 (単) -/(複) -en **病気.** (英 illness, sickness). eine leichte (schwere) Krankheit 軽い(重い)病気 / eine ansteckende Krankheit 伝染病 / eine akute (chronische) Krankheit 急性(慢性)疾患 / eine Krankheit⁴ bekommen (überwinden) 病気にかかる(打ち勝つ) / eine Krankheit⁴ heilen 病気を治す / einer Krankheit³ vor|beugen 病気を予防する / **an** einer Krankheit leiden (sterben) ある病気にかかっている(ある病気で死ぬ) / **von** einer Krankheit genesen または sich⁴ von einer Krankheit erholen 病気から回復する.

....

《メモ》病気のいろいろ: Aids エイズ / Erkältung かぜ / Frauenkrankheit 婦人病 / Geschlechtskrankheit 性病 / Grippe インフルエンザ / Hautkrankheit 皮膚病 / Herzkrankheit 心臓疾患 / Infektionskrankheit 伝染病 / Kinderkrankheit 小児病 / Krebs 癌 / Leberentzündung 肝炎 / Lungenkrankheit 肺疾患 / Tuberkulose 結核症 / Verdauungsstörung 消化障害 / Zuckerkrankheit 糖尿病

....

Krank・heits‗bild [クランクハイツ・ビルト] 中 -[e]s/-er《医》病状, 病像.

Krank・heits‗er・re・ger [クランクハイツ・エァレーガァ] 男 -s/-《医》病原体.

Krank・heits‗hal・ber [クランクハイツ・ハルバァ] 副 病気のために.

Krank・heits‗herd [クランクハイツ・ヘーァト] 男 -[e]s/-e《医》病巣.

krank|la・chen [クランク・らッヘン kráŋklaxən] 再帰 (h) sich⁴ kranklachen《口語》笑いころげる.

kränk・lich [クレンクリヒ] 形 病気がちの, 虚弱

な.

krank|ma・chen [クランク・マッヘン kráŋkmaxən] 自 (h)《口語・戯》仮病を使って仕事を休む.

krank|mel・den [クランク・メるデン kráŋkmɛldən] 他 (h) (人⁴の)病気(病欠)届けを出す. ◊《再帰的に》sich⁴ krankmelden 病気(病欠)の届けを出す.

Krank‗mel・dung [クランク・メるドゥング] 囡 -/-en 病気欠勤届.

krank|schrei・ben* [クランク・シュライベン kráŋk-ʃraibən] 他 (h) (人⁴の)病気の診断書を書く.

kränkst [クレンクスト] *krank (病気の)の 最上

kränk・te [クレンクテ] *kränken (気持ちを傷つける)の 過去

Krän・kung [クレンクング] 囡 -/-en 侮辱, 人の感情を害すること.

*der **Kranz** [クランツ kránts] 男 (単 2) -es/(複) Kränze [クレンツェ] (3 格のみ Kränzen) ① (花・小枝など編んで作った)**花輪; 花冠.** (英 garland). Brautkranz 花嫁の花冠 / einen Kranz binden (または flechten) 花輪を編む / dem Sieger den Kranz um|hängen 勝者の首に花輪をかける. ② (冠状・花輪状のもの:)クランツクーヘン(ドーナツ状の大型のケーキ) (☞ Kuchen 図); (ヘアバンドのように頭に巻きつけた)編み髪 (=Haarkranz). (☞ Haar 図). ③ (人・物の)輪. ein Kranz von Bergen 輪状に連なる山々. ④ (詩)栄冠.

Känz・chen [クレンツヒェン kréntsçən] 中 -s/- Kranz の 縮小 ① 小さな花輪(花冠). ② (特に女性の)定期的な会合, サークル. ein literarisches Kränzchen 読書サークル.

Krän・ze [クレンツェ] *Kranz (花輪)の 複

krän・zen [クレンツェン kréntsən] 他 (h)《雅》花輪(花冠)で飾る (=bekränzen).

Krap・fen [クラプフェン krápfən] 男 -s/- ①《料理》クラップフェン(肉・野菜・果物を油であげたもの). ②《方》クラップフェン(油であげたパンケーキ. ベルリンのものが有名).

krass [クラス krás] 形 はなはだしい, ひどい, 極端な. ein krasser Egoist ひどいエゴイスト.

kraß ☞《新形》krass

..krat [クラート ..krá:t]《男性名詞をつくる 接尾》①《…主義者》例: Demokrat 民主主義者. ②《…政治家》例: Autokrat 独裁者. ③《…階級の構成員》例: Aristokrat 貴族.

Kra・ter [クラータァ krá:tər] 男 -s/-《地学》(火山の)噴火口; 火口, (月面の)クレーター; (爆弾などの)弾孔.

..kra・tie [..クラティー ..kratí:]《女性名詞をつくる 接尾》①《…主義》例: Demokratie 民主主義. ②《…政治》Plutokratie 金権政治. ③《…階級》例: Aristokratie 貴族階級.

Kratz‗bürs・te [クラッツ・ビュルステ] 囡 -/-n ワイヤブラシ;《口語・戯》あまのじゃく, 強情な娘.

kratz‗bürs・tig [クラッツ・ビュルスティヒ] 形

反抗的な、あまのじゃくな.

Krat·ze [クラッツェ krátsə] 囡 –/-n かき落とす (こすり取る)ための道具; (坑)スクレーパー.

Krät·ze [クレッツェ krétsə] 囡 –/ ①《医》疥癬(かいせん). ②《治》熔滓(ようさい).

*__krat·zen__ [クラッツェン krátsən] du kratzt (kratzte, hat…gekratzt) I 他 (定了 haben) ① (爪(つめ)などで)引っかく、かく. (英 scratch). Die Katze hat mich gekratzt. 猫が私を引っかいた / 人⁴ am (または auf dem) Rücken kratzen 人⁴の背中をかいてやる. ◇(再帰的に) sich⁴ kratzen 自分の体をかく / sich⁴ am Kopf kratzen または sich³ den Kopf kratzen 頭をかく / sich⁴ hinter dem Ohr kratzen (ばつが悪くて)耳の後ろをかく / sich⁴ wund kratzen ひっかき傷をつくる. ②《A⁴ aus (または von) B³ ~》(A⁴ を B³ から)かいて落とす. Sie kratzte den Schmutz von den Schuhen. 彼女は靴の汚れをかき落とした. ③《A⁴ in B⁴ ~》(A⁴ を B⁴ に)引っかいて刻み込む; (A⁴ を B⁴ に)引っかいて(彫り)作る. Er kratzte seinen Namen in die Wand. 彼は自分の名前を壁に刻み込んだ. ④ (人⁴にとって)ちくちくする、(のどに)ひりひりする. Der Pulli kratzt mich am Hals. このセーターは首がちくちくする. ◇(非人称の es を主語として) Es kratzt mich (または mir) im Hals. 私はのどがいがらっぽい. ⑤《口語》(人⁴の)気にかかる. Das kratzt mich nicht. そんなことは私は平気だ(気にしない). II 自 (定了 haben) ① 引っかく (ペン先などが)ひっかかる. Der Hund kratzt an der Tür. 犬がドアを引っかいている / auf der Geige kratzen《口語・戯》下手なヴァイオリンを弾く. ② ちくちくする、(のどに)ひりひりする. Der Tabak kratzt in der Kehle. たばこがのどにひりひりしみる.

Krat·zer [クラッツァァ krátsər] 男 –s/- ① 引っかき傷. ② (汚れなどを)かき落とす道具. ③《動》ジュウニシチョウチュウ(十二指腸虫).

Kratz゠fuß [クラッツ・フース] 男 –es/..füße (昔の:)(片足を後ろに引いての)ていねいなおじぎ.

krat·zig [クラッツィヒ krátsɪç] 形 地の粗い、ざらざらした(布など); 耳ざわりな(声など); のどにひりひりする(ワインなど).

kratz·te [クラッツテ] *[–ens]/–ens kratzen (引っかく)の過去.

Kraul [クラオる krául] 中 –[s]/《ふつう冠詞なしで》(スポ)(水泳の)クロール.

krau·len¹ [クラオルン kráulən] 自 (h, s) (スポ) クロールで泳ぐ.

krau·len² [クラオルン] 他 (h) (指先で)軽くなでる. einen Hund im Nacken kraulen 犬の首筋をなでてやる.

kraus [クラオス kráus] 形 ① 縮れた、カールした (髪など). ② しわの寄った eine krause Stirn⁴ ziehen 額にしわを寄せる. ③ 混乱した(考えなど). krause Reden 支離滅裂な話.

Kraus [クラオス] *[–ens]/–ens《姓》クラウス.

Krau·se [クラオゼ kráuzə] 囡 –/-n ① フリル、ひだ飾り. ②《複 なし》(髪の)縮れ、ウェーブ.

kräu·seln [クロイゼルン króyzəln] I 他 (h) (毛髪⁴を)縮らせる; (衣服など⁴に)ひだ(しわ)をつける; (水面⁴に)さざ波をたてる. die Lippen⁴ kräuseln 唇をへし曲げる(侮蔑の表情) / die Stirn⁴ kräuseln 額にしわを寄せる. II 再帰 (h) sich⁴ kräuseln 縮れる、しわがより、ひだがつく; さざ波が立つ. Ihr Haar kräuselt sich von Natur. 彼女の髪は生まれつきカールしている.

krau·sen [クラオゼン kráuzən] 他 (h) (額など⁴ に)しわを寄せる; (衣服など⁴に)ひだ(しわ)をつける. das Haar⁴ krausen 髪をカールする / die Nase⁴ krausen 鼻に小じわを寄せる.

kraus゠haa·rig [クラオス・ハーリヒ] 形 縮れ毛の、カールした髪の毛の.

Kraus゠kopf [クラオス・コプフ] 男 –[e]s/..köpfe ① 縮れ毛の頭[の人]. ② 頭の混乱した人. ③《工》菊座鍵(きくざかぎ).

*das **Kraut** [クラオト kráut] 中 (単 2) –[e]s/ (複) Kräuter [クロイタァ] (3格のみ Kräutern) ① 草; 薬草 (= Heilkraut); 香草、ハーブ (= Gewürzkraut). (英 herb). Kräuter⁴ sammeln 薬草を採集する / Dagegen ist kein Kraut gewachsen.《現在完了》《口語》それにつける(効く)薬はない. ②《複 なし》(根菜類などの)葉と茎. das Kraut⁴ von den Möhren ab|schneiden にんじんの葉を切り取る / ins Kraut schießen a) (作物の)葉だけが茂る、b)《比》(悪習などが)はびこる / wie Kraut und Rüben《口語》ごちゃごちゃに、雑然と. ③《複 なし》《南ド・オーストリア》キャベツ (= Kohl). Sauerkraut ザウアークラウト. ④《複 なし》《北西部ドイツ》(砂糖大根・りんご・なしなどでつくった)シロップ《口語》たばこ.

Kräu·ter [クロイタァ] *Kraut (草)の複.

Kräu·ter゠kä·se [クロイタァ・ケーゼ] 男 –s/- 薬味(香草)入りチーズ.

Kräu·ter゠tee [クロイタァ・テー] 男 –s/-s 薬草(ハーブ)茶.

Kraut゠jun·ker [クラオト・ユンカァ] 男 –s/- (軽蔑的に:)田舎貴族; 豪農.

Kraut゠kopf [クラオト・コプフ] 男 –[e]s/..köpfe 《南ド・オーストリア》キャベツの玉(結球).

Kra·wall [クラヴァる kravál] 男 –s/-e ① 暴動、騒乱. ②《複 なし》《口語》騒ぎ; 騒音.

*die **Kra·wat·te** [クラヴァッテ kravátə] 囡 –/ (単) / (複) –n ① ネクタイ. (英 tie). eine gestreifte Krawatte ストライプのネクタイ / eine Krawatte⁴ tragen (または an|haben) ネクタイをしている ⇒ Er trägt immer eine gepunktete Krawatte. 彼はいつも水玉模様のネクタイをしている / sich³ die Krawatte⁴ binden ネクタイを結ぶ / die Krawatte⁴ ab|legen ネクタイをはずす / die Krawatte⁴ zu|ziehen《俗》人³の首を締める. ②《プロレスリングで》のど絞め.

Kra·wat·ten゠na·del [クラヴァッテン・ナーデる] 囡 –/-n ネクタイピン.

kra·xeln [クラクセルン kráksəln] 自 (s)《南ド・オーストリア・口語》よじ登る (= klettern).

Kre·a·ti·on [クレアツィオーン kreatsióːn] 囡

kre·a·tiv [クレアティーふ kreatí:f] 形 創造的な，創造力のある．

Kre·a·ti·vi·tät [クレアティヴィテート kreativité:t] 女 -/ 創造力；創造性．

Kre·a·tur [クレアトゥーァ kreatú:r] 女 -/-en ① (神の)被造物，生き物，(特に:)人間. かわいそうな(軽蔑すべき)やつ；子分，手先．Er ist eine elende *Kreatur*. あいつは哀れなやつだ．

kre·a·tür·lich [クレアテューァリヒ] 形 被造物(生き物)に特有の．

＊*der* **Krebs** [クレープス kré:ps] 男 (単2) -es/(複) -e (3格のみ -en) ① (動) ザリガニ, (はさみを持つ)エビ. (英 crab). ② 《ふつう 複》甲殻類．③ 《医》癌(がん)，癌腫(がんしゅ)；(植)癌腫病．(英 cancer). Lungen*krebs* 肺癌 / an *Krebs* leiden 癌にかかっている / Er starb an *Krebs*. 彼は癌で死んだ. ④ 《複 なし》《天》かに座；巨蟹(きょかい)宮. ⑤ (音楽)(テーマなどの)逆行．

《新形》
Krebs er·re·gend 《医》発癌(はつがん)性の．
Krebs er·zeu·gend = Krebs erregend

krebs≠ar·tig [クレープス・アールティヒ] 形 《医》癌(がん)性の．

kreb·sen [クレープセン kré:psən] 自 (h, s) ① (h) ざりがにを捕る．② (h) (口語)あくせくする．③ (s) (口語)(…へ)骨折って進む. ④ (s) (スス)あとずさりする．

krebs≠er·re·gend 形 (《新形》Krebs erregend) ☞ Krebs

krebs≠er·zeu·gend 形 (《新形》Krebs erzeugend) ☞ Krebs

Krebs≠gang [クレープス・ガング] 男 -[e]s/ ① あとずさり；(比)(事業などの)衰退．den *Krebsgang* gehen 後退する．② (音楽)逆行．

Krebs≠ge·schwulst [クレープス・ゲシュヴるスト] 女 -/..schwülste (医)癌(がん)性腫瘍(しゅよう)．

krebs≠krank [クレープス・クランク] 形 癌(がん)にかかった．

krebs≠rot [クレープス・ロート] 形 (ゆでざりがにのように)赤い，真っ赤な．

Krebs≠scha·den [クレープス・シャーデン] 男 -s/..schäden (雅・比)(社会の)癌(がん)，諸悪の根源．

Krebs≠tier [クレープス・ティーァ] 中 -[e]s/-e 《ふつう 複》(動)甲殻類．

kre·den·zen [クレデンツェン kredéntsən] (過仕 kredenzt) 他 (h) (雅) (人3にシャンパンなど4を)差し出す，勧める．

＊*der* **Kre·dit**[1] [クレーディット kredí:t] 男 (単2) -[e]s/(複) -e (3格のみ -en) (英 credit) ① (経)信用貸し，クレジット，貸付金. ein zinsloser *Kredit* 無利子の信用貸し / langfristige *Kredite* an Entwicklungsländer 発展途上国への長期貸し付け / 人3 *Kredit*4 geben 人3に信用貸しをする / 物4 auf *Kredit* kaufen 物4をクレジットで買う. ② 《複 なし》(商)信用. bei 人3 *Kredit*4 haben 人3に信用がある(受けがよい).

Kre·dit[2] [クレーディット kré:dɪt] 中 -s/-s (商)貸方，債権. (←「借方」は Debet).

Kre·dit≠bank [クレディート・バンク] 女 -/-en (商)信用銀行．

Kre·dit≠brief [クレディート・ブリーふ] 男 -[e]s/-e (商)信用状．

kre·dit≠fä·hig [クレディート・フェーイヒ] 形 信用(クレジット)を受ける能力のある．

kre·di·tie·ren [クレディティーレン kredití:rən] I 他 (h) (商) (人3に物4を)信用貸しする，(人3の)貸方に記入する；(人3に物4を)掛けで売る．II 自 (h) (商) (人3に)信用貸しをする．

Kre·dit≠in·sti·tut [クレディート・インスティトゥート] 中 -[e]s/-e (信用取り引きを行う)金融機関．

Kre·dit≠kar·te [クレディート・カルテ] 女 -/-n クレジットカード．

kre·dit≠wür·dig [クレディート・ヴュルディヒ] 形 信用(クレジット)を受ける経済力のある．

Kre·do [クレード kré:do] 中 -s/-s ① 《カトリック》使徒信条；クレド(ラテン語 *credo* で始まるミサの一部). ② 信仰告白；信念表明．

＊*die* **Krei·de** [クライデ kráɪdə] 女 (単) -/(複) -n (英 chalk) ① チョーク，白墨. rote *Kreide* 赤いチョーク / 物4 mit *Kreide* an die Tafel schreiben 物4をチョークで黒板に書く / bei 人3 in der *Kreide* sitzen (または stehen) (口語) 人3に借金がある(昔飲食店などで掛け売りを板にチョークで書きつけたことから). ② 《複 なし》《地学》白亜紀. Er wurde bleich wie *Kreide*. 彼は真っ青になった．

krei·de≠bleich [クライデ・ブらイヒ] 形 (顔色が)真っ青な，蒼白(そうはく)な．

krei·de≠weiß [クライデ・ヴァイス] 形 (チョークのように)真っ白な，蒼白(そうはく)な．

krei·dig [クライディヒ kráɪdɪç] 形 ① 白墨(チョーク)の粉まみれの. ② (地学)白亜を含んだ. ③ (雅)白亜のように白い．

kre·ie·ren [クレイーレン kreí:rən] 他 (h) (モードなど4を)創り出す；創造する．ein neues Modell4 *kreieren* 新しいモデルを創案する．

＊*der* **Kreis** [クライス kráɪs] 男 (単2) -es/(複) -e (3格のみ -en) (英 circle) ① 円，円周；円形，輪. einen *Kreis* zeichnen 円を描く / mit dem Zirkel einen *Kreis* beschreiben (または schlagen) コンパスで円を描く / Die Kinder bildeten um den Lehrer einen *Kreis*. 子供たちは先生の周りをぐるっととり巻いた / *Kreise*4 ziehen a) (鳥などが)旋回する，b) (比)(事件などが)波紋を広げる / sich im *Kreis* drehen ぐるぐる回る，堂々巡りをする / im *Kreis* sitzen 輪になって座っている / Es drehte sich ihm alles im *Kreis*. 彼はめまいがした．

② (人々の)サークル，仲間，グループ；…界. Leser*kreis* 読書サークル / die besseren

Kreise 上流社会 / **im** [engsten] *Kreis* der Familie² 身内だけで / in politischen *Kreisen* 政界で.
③ (活動・思考などの)範囲, 領域, 圏. Gesichts*kreis* 視野. ④ (行政区画としての)郡. (⚠ 複数の Gemeinde からなる郡を Land*kreis*, それに所属しない特別市を Stadt*kreis* という). ⑤ 《電》回路.

Kreis⹀bahn [クライス・バーン] 囡 -/-en (道路・天体などの)円形の軌道, 円軌道.

Kreis⹀**bo·gen** [クライス・ボーゲン] 男 -s/- 《数》円弧.

krei·schen⁽*⁾ [クライシェン kráɪʃən] (kreischte, *hat*…gekreischt 《古》 krisch, *hat*…gekrischen)) 自 (h) 金切り声(かん高い声)をあげる; (ブレーキなどが)きーきー音をたてる, きしむ. Der Papagei *kreischt*. おうむが鳴いている.

Krei·sel [クライゼる kráɪzəl] 男 -s/- ① こま(独楽); 《工》ジャイロスコープ, 回転儀. ② 《隠語》環状交差点, ロータリー. ③ (サッカーで:)パスを回すこと.

Krei·sel⹀kom·pass [クライゼる・コンパス] 男 -es/-e 《海》ジャイロコンパス.

Kreisel⹀**kom·paß** ☞ 新形 Kreiselkompass

krei·seln [クライゼるン kráɪzəln] 自 (h, s) ① (h) こまを回す. ② (h, s) くるくる回る. ③ (s) (…へ)くるくる回って進む. ④ (サッカーで:)パスを回す.

***krei·sen** [クライゼン kráɪzən] du kreist (kreiste, *hat/ist*…gekreist) I 自 《定了》 haben または sein) ① (h, s) (ある物の周りを)回る, (飛行機・鳥などが)旋回する, 巡る. 《英》 circle). Die Erde *kreist* **um** die Sonne. 地球は太陽の周りを回る / Die Gespräche *kreisten* immer um dasselbe Thema. 会話はずっと同じ話題の堂々巡りだった / Das Flugzeug *kreiste* **über** der Stadt. その飛行機は町の上空を旋回した / Das Blut *kreist* **in** den Adern. 血液が血管を循環する / die Flasche¹ in der Runde *kreisen lassen* びんを回し飲みする. ② (h) 《**mit** 物³ ~》 《こ物》 《物》³(腕・脚など⁴を)ぐるぐる回す.

II 他 《定了》 haben) 《こ物》(腕・脚など⁴を)ぐるぐる回す.

kreis⹀för·mig [クライス・フェルミヒ] 形 円形の, 環状の.

kreis⹀**frei** [クライス・フライ] 形 《官庁》《付加語としてのみ》郡に属さない. eine *kreisfreie* Stadt 特別市(それ自体で郡を成している市).

Kreis⹀lauf [クライス・らオふ] 男 -[e]s/..läufe ① 循環, (貨幣などの)流通, 回転. der ewige *Kreislauf* der Natur² 自然の輪廻(％な) / der *Kreislauf* des Geldes 貨幣の流通. ② 《医》血液循環, 血行 (=Blut*kreislauf*).

Kreis⹀lauf⹀stö·rung [クライスらオふ・シュテールング] 囡 -/-en 《医》循環障害.

kreis⹀rund [クライス・ルント] 形 円形の, 真ん丸い.

Kreis⹀sä·ge [クライス・ゼーゲ] 囡 -/-n ① 《工》円鋸(鋸のこ). ② 《口語・戯》かんかん帽.

Kreiß⹀saal [クライス・ザーる] 男 -[e]s/..säle 《医》(病院の)分娩(終)室, 産室.

Kreis⹀stadt [クライス・シュタット] 囡 -/..städte [..シュテーテ] 郡庁所在都市.

kreis·te [クライステ] *kreisen (回る)の 過去

Kreis⹀um·fang [クライス・ウムふァング] 男 -[e]s/..fänge 円周.

Kreis⹀ver·kehr [クライス・ふェアケーァ] 男 -[e]s/-e 《交通》ロータリー(旋回)交通[方式].

Krem [クレーム kré:m または kré:m] 囡 -/-s (口語: 男 -s/-e (または -s)) ① 《料理》クリーム, 生クリーム. ② 《囡》《麗》[化粧]クリーム (=Creme).

Kre·ma·to·ri·um [クレマトーリウム krematóːrium] 中 -s/..rien [..リエン] 火葬場.

kre·mig [クレーミヒ kréːmɪç または kréː..] 形 クリーム状の (=cremig).

Kreml [クレーム kré:ml または クレムる kréml] 男 -[s]/- ① 《覆 なし》クレムリン(モスクワの居城); 《比》旧ソ連政府. ② (ロシアの都市の)城塞(‰な)で囲まれた部分.

Krem·pe [クレンペ krémpə] 囡 -/-n 帽子のつば.

Krem·pel [クレンペる krémpəl] 男 -s/ 《口語》がらくた, くず.

krem·peln [クレンペるン krémpəln] 他 (h) (そで・ズボンのすそなど⁴を)[上へ]折り返す, まくり上げる.

Kren [クレーン kréːn] 男 -[e]s/ 《南ドイツ・オーストリア》《植》ワサビダイコン, セイヨウワサビ (=Meerrettich).

Kre·o·le [クレオーれ kreóːlə] 男 -n/-n クレオール. weißer *Kreole* 中南米生まれのヨーロッパ系白人 / schwarzer *Kreole* 南米(特にブラジル)生まれの黒人.

kre·pie·ren [クレピーレン krepíːrən] 自 (s) ① (爆弾などが)爆発する, 破裂する. ② 《俗》(動物が)死ぬ, (人が)くたばる.

Krepp [クレップ krép] 男 -s/-s (または -e) 《織》クレープ, ちりめん.

Kreppa⹀pier ☞ 新形 Krepppapier

Krepp⹀pa·pier [クレップ・パピーァ] 中 -s/-e クレープペーパー, ちりめん紙.

Krepp⹀soh·le [クレップ・ゾーれ] 囡 -/-n クレープゴムの靴底, ラバーソール.

Kre·sol [クレゾーる krezóːl] 中 -s/(種類:) -e 《化》クレゾール(消毒・殺菌剤).

Kres·se [クレッセ krésə] 囡 -/-n 《植》コショウソウ, クレソン (サラダ・スパイスなどに用いられる野菜).

Kre·ta [クレータ kréːta] 中 -s/《島名》クレタ島 (地中海にあるギリシア領の島).

Kre·thi und Ple·thi [クレーティ ウント プれーティ kréːti ʊnt pléːti] 覆 (または 単) 《冠詞なしで》だれもかれも. *Krethi und Plethi* waren (または war) da. 猫もしゃくしも集まっていた.

Kre·tin [クレテン kretéː] 男 -[s]/-s ① 《医》クレチン病患者. ② 《俗》ばか[者].

kreuz [クロイツ krɔ́ʏts] 副 《成句的に》 *kreuz*

und quer あちこちに，縦横に．

＊das Kreuz [クロイツ króyts] 中 (単2) -es/(複) -e (3格のみ -en) 《英》 *cross*》 ① 十字，十字形，×印；（死亡年などを示す）十字架の印（記号: †）．das Rote *Kreuz* 国際赤十字社／das *Kreuz* des Südens 《天》南十字星／an einer Stelle ein *Kreuz*⁴ machen ある箇所に×印を付ける（ドイツでは該当箇所を○ではなく×または✓で示す）／ 物⁴ **über[s]** *Kreuz* legen 物⁴を十文字に重ねて置く／mit 人³ **über[s]** *Kreuz* sein 《比》人³と仲たがいしている．② 《宗教》（キリスト教の象徴としての）**十字架**，（キリストの）十字架像．ein *Kreuz* auf dem Altar 祭壇の上の十字架像／das（または ein）*Kreuz*⁴ schlagen 十字を切る／Am Wegrand steht ein *Kreuz*. 道端に十字架が立っている／**zu** *Kreuze* kriechen 《比》（屈辱的に）屈服する／ein *Kreuz*⁴（または drei *Kreuze*⁴）hinter 人³ machen 《口語》人³がいなくなってやれやれと思う／Ich mache drei *Kreuze*, wenn er geht.《口語》彼がいなくなってくれればほっとする．③ 《覆》《比》苦難，試練．Jeder hat sein *Kreuz* zu tragen. だれでも己の苦難を耐え忍ばねばならない／Es ist ein [wahres] *Kreuz* mit ihm.《口語》彼はほんとに困っているのだ．④ 《音楽》シャープ，嬰(えい)記号（記号: ♯）．⑤ 《覆》なし; 冠詞なしで》《トランプ》クラブ（記号）; 《Kreuz》クラブの札．⑥ 《覆》なし》（アウトバーンの）インターチェンジ．⑦ 《医》仙骨(せんこつ)部．**auf** *Kreuz* fallen 《俗》（尻(しり)もちをつくほど）肝をつぶす．

kreuz.. [クロイツ króyts..] 《形容詞につける接頭》《非常に》 例: *kreuzbrav* とてもお行儀な．

Kreuz=band [クロイツ・バント] 中 -[e]s/..bän-der ① 《郵》（郵便の）帯封(おびふう)．② 《医》十字靱帯(じんたい)．

Kreuz=bein [クロイツ・バイン] 中 -[e]s/-e 《医》仙骨(せんこつ)．

kreuz=brav [クロイツ・ブラーふ] 形 とてもお行儀がよい; 真っ正直な．

＊kreu·zen [クロイツェン króytsən] du kreuzt (kreuzte, *hat/ist…gekreuzt*) I 他 《完了》 haben) 《英》 *cross*》 ① **交差させる**, （十字に）組み合わせる．die Arme⁴（die Beine⁴） *kreuzen* 腕[脚]を組む／mit 人³ die Klingen⁴ *kreuzen* 《雅》a) 人³と剣を交える，b) 《比》人³と論争する．◇《過去分詞の形で》mit *gekreuz-ten* Armen (Beinen) 腕[脚]を組んで．② （線路などを）**横切る**，（物⁴と）交差する．die Straße⁴ *kreuzen* 道路を横切る／Die Straße *kreuzt* die Bahn. この道路は鉄道と交差している．③ 《生》交配させる，かけ合わせる．
II 再帰 《完了》 haben）*sich*⁴ *kreuzen* ① （道路などが）**交差する**．②（乗り物などが）すれ違う；（手紙が行き違いになる; 意見・利害などが）食い違う．Unsere Briefe *haben sich gekreuzt*. 私たちの手紙は行き違いになった．
III 自 《完了》 haben または sein》（船が）行き来する，（飛行機が）飛びかう；《海》（風に向かって）ジグザグに帆走する．Das Schiff *kreuzt* **im** Mittelmeer. この船は地中海を行き来する．

Kreu·zer [クロイツァァ króytsər] I 男 -s/- ① 《軍》巡洋艦．② 《海》クルーザー（巡航型ヨット）．II 男 -s/- 《史》クロイツァー（13–19世紀の南ドイツ・オーストリア・スイスの小貨幣．十字の刻印があった）．

Kreuz=fah·rer [クロイツ・ファーラァ] 男 -s/- 《史》十字軍[参加者]．

Kreuz=fahrt [クロイツ・ファールト] 女 -/-en ① 《史》十字軍[の遠征]（=Kreuzzug）．② （観光船などでの）クルージング．

Kreuz=feu·er [クロイツ・フォイァァ] 中 -s/- 《ふつう単》《軍》《古》十字砲火；《比》（批判などの）集中攻撃．**im** *Kreuzfeuer* der Kritik² stehen （四方八方から）激しい非難を浴びている．

kreuz=fi·del [クロイツ・ふぃデーる] 形 《口語》底抜けに陽気な．

kreuz=för·mig [クロイツ・フェルミヒ] 形 十字形の，十字架状の．

Kreuz=gang [クロイツ・ガング] 男 -[e]s/..gänge 《建》（修道院などの中庭を囲む）回廊．

Kreuz=ge·wöl·be [クロイツ・ゲヴェるベ] 中 -s/- 《建》交差ヴォールト（二つの円筒を直角に交差させたような曲面天井）．

kreu·zi·gen [クロイツィゲン króytsigən] 他 (h) 《史》十字架にかける，はりつけにする．Jesus *wurde gekreuzigt*. 《受動・過去》 イエスは十字架にかけられた．

Kreu·zi·gung [クロイツィグング] 女 -/-en はりつけ，磔刑(たっけい)；《美》十字架上のキリスト像．

kreuz=lahm [クロイツ・らーム] 形 《口語》腰のなえた，（重労働の疲れで）腰が立たなくなった．

Kreuz=ot·ter [クロイツ・オッタァ] 女 -/-n 《動》マムシ．

Kreuz=rit·ter [クロイツ・リッタァ] 男 -s/- 《史》① 十字軍騎士．② 騎士修道会士．

Kreuz=schmerz [クロイツ・シュメルツ] 男 -es/-en 《ふつう覆》《口語》腰痛．

Kreuz=spin·ne [クロイツ・シュピンネ] 女 -/-n 《昆》オニグモ．

kreuz·te [クロイツテ] ＊kreuzen（交差させる）の過去．

＊die Kreu·zung [クロイツング króytsuŋ] 女 (単) -/(複) -en ① （道路などの）**交差点**．《英》 *crossing*》 eine beampelte *Kreuzung* 信号機のある交差点／die *Kreuzung*⁴ überqueren 交差点を横断する／**an der** *Kreuzung* halten 交差点で止まる．② 《生》[異種] 交配; 交配種．

Kreuz=ver·hör [クロイツ・フェアヘーァ] 中 -[e]s/-e 《法》反対尋問．

Kreuz=weg [クロイツ・ヴェーク] 男 -[e]s/-e ① 十字路，交差点．**am** *Kreuzweg* stehen 《雅》岐路に立っている．② 《カトリック》（キリストの）十字架の道[行き]（キリスト受難の14場面を絵や彫刻で表現したもの．

kreuz·wei·se [クロイツ・ヴァイゼ] 副 十字[形]に，交差して，縦横に．

Kreuz·wort≠rät·sel [クロイツヴォルト・レーツェる] 中 -s/- クロスワードパズル.

Kreuz≠zei·chen [クロイツ・ツァイヒェン] 中 -s/- 《宗教》(手で行う)十字の印(しるし).

Kreuz≠**zug** [クロイツ・ツーク] 男 -[e]s/..züge 《史》十字軍《遠征》;《比》(理想のための)聖戦.

krib·be·lig [クリッペりヒ kríbəliç] 形《口語》いらいらした.

krib·beln [クリッベるン kríbəln] I 非人称 (h) ① Es *kribbelt*.(ありなどが)はいずり回る. Es *kribbelt* und krabbelt **im** Ameisenhaufen. あり塚にはありがうようよしている. ②《**es** *kribbelt* 人³(または人⁴)… の形で》人³(または人⁴)が…がかゆい, むずむずする. Es *kribbelt* mir (または mich) **in** der Nase. 私は鼻の中がむずがゆい / Es *kribbelt* mir in den Fingern.《比》私はそれをしたくてむずむずしている.
II 自 (h, s) ① (h)(背中などが)かゆい, むずむずする. Mein Rücken *kribbelt*. 背中がかゆい.
② (s)(ありなどが)はいずり回る, うようよしている.

kribb·lig [クリップりヒ kríbliç] 形 =kribbelig

Kri·cket [クリケット kríkət] 中 -s/-《スポ》クリケット.

krie·chen* [クリーヒェン krí:çən] (kroch, ist/hat …gekrochen) 自 《完了》sein または haben) ① (s) はう, はって進む.《英》*creep*). Da *kriecht* ja eine Schlange **über** den Weg. ほらあそこに蛇が道路をはって横切っている / **auf** allen vieren *kriechen* 四つんばいになって進む / **aus** dem Ei *kriechen* (ひなが)卵からはい出る / **ins** Bett *kriechen*《口語》ベッドにもぐり込む / **unter** den Tisch *kriechen* 机の下にもぐり込む. ② (s)(乗り物などが)のろのろ進む;《比》(時が)ゆっくり過ぎる. ③ (s, h)《**vor** 人³ ～》人³にぺこぺこする, へつらう.

Krie·cher [クリーヒャァ krí:çər] 男 -s/- おべっか使い, 卑屈な人.

Krie·che·rei [クリーヒェライ kri:çərái] 女 -/- 卑屈な態度, へつらい, 追従(ついしょう).

krie·che·risch [クリーヒェリッシュ krí:çəriʃ] 形 卑屈な, へつらうような.

Kriech≠spur [クリーヒ・シュプーァ] 女 -/-en ①(動物などが)地面をはったあと. ②《交通》(高速道路の)登坂車線.

Kriech≠tier [クリーヒ・ティーァ] 中 -[e]s/-e《動》爬虫(はちゅう)類.

‡*der* **Krieg** [クリーク krí:k]

戦争 Nie wieder *Krieg*!
ニー ヴィーダァ クリーク
二度と戦争はいやだ.

男(単2) -es (まれに -s)/(複) -e (3 格のみ -en) 戦争;《比》争い, 不和.《英》*war*).《⇔》「平和」は Frieden). Welt*krieg* 世界大戦 / ein atomarer *Krieg* 核戦争 / die Gefahr eines neuen *Krieges* 新しい戦争の危機 / der häusliche *Krieg*《比》家庭内の不和 / der Kalte *Krieg* 冷戦 / Der *Krieg* ist ausgebrochen.《現在完了》戦争が勃発(ぼっぱつ)した / einen *Krieg* gewinnen (verlieren) 戦争に勝つ(負ける) / einem Land den *Krieg* erklären ある国に宣戦を布告する / mit einem Land *Krieg*⁴ führen ある国と戦争をする / **aus** dem *Krieg* heim|kehren 復員する / **gegen** den *Krieg* sein 戦争に反対である / Er ist **im** *Krieg* gefallen.《現在完了》彼は戦死した / in den *Krieg* ziehen 戦場に赴く / **vor** (**nach**) dem *Krieg* 戦前(戦後).(☞ 類語 Kampf).

(新形) **Krieg füh·rend** 交戦中の. die *Krieg führenden* Staaten 交戦国.

....

‡**krie·gen** [クリーゲン krí:gən] (kriegte, hat …gekriegt) 他 《完了》haben)《口語》① もらう, 受け取る, 手に入れる.《英》*get*). Wo *kriege* ich das? それはどこでもらえるの / ein Geschenk⁴ *kriegen* プレゼントをもらう / einen Brief *kriegen* 手紙を受け取る / Ich *kriege* noch 10 Mark **von** dir. ぼくは君からまだ 10 マルクもらわなくては / eine Arbeit⁴ *kriegen* 仕事が見つかる / Besuch⁴ *kriegen* 来客がある / ein Kind⁴ *kriegen* 子供ができる / eine Ohrfeige⁴ *kriegen* びんたをくらう / Risse⁴ *kriegen* ひびが入る / Wir *werden* bald Regen *kriegen*. 間もなく雨になるだろう. ◇《感情・体の状態などを表す名詞を目的語として》Angst⁴ *kriegen* 不安になる / Hunger⁴ *kriegen* 腹がへる / eine schwere Krankheit⁴ *kriegen* 重い病気にかかる / einen roten Kopf *kriegen* 顔が赤くなる. ◇《過去分詞とともに》Das *habe* ich geschenkt *gekriegt*. それを私はプレゼントしてもらった / 物⁴ geschickt *kriegen* 物⁴を送ってもらう. *kriegen* は bekommen と同義であるがもっぱら日常会話で用いられる).

②《人・物⁴を…の状態に》する. Sie *konnte* die Kinder nicht satt *kriegen*. 彼女は子供たちを満腹させることができなかった / das Fleisch⁴ weich *kriegen* 肉を柔らかくする.

③《**zu** 不定詞(句)とともに》…できる; …しなければならなくなる. Wo *kriegt* man hier noch etwas zu essen? この近くにまだ何か食べさせてくれるところはあるかな / 事⁴ zu hören *kriegen* 事⁴を聞くはめになる.

④ (泥棒など⁴を)捕まえる;(列車など⁴に)間に合う. den Täter *kriegen* 犯人を逮捕する / Du *kriegst* noch den Bus. 君はまだそのバスに間に合うよ.

⑤《めんどうなこと⁴を》うまく処理する, 片づける. Das *kriegen* wir gleich! それはすぐに片づくさ.

Krie·ger [クリーガァ krí:gər] 男 -s/- (特に古代・中世の)戦士; 兵士(=Soldat).

Krie·ger≠denk·mal [クリーガァ・デンクマーる] 中 -[e]s/..mäler 戦没者記念碑.

krie·ge·risch [クリーゲリッシュ krí:gəriʃ] 形 ① 好戦的な, 戦闘的な. ② 戦争の; 軍事的な. *kriegerische* Auseinandersetzungen 武力紛争.

krieg≠füh·rend 形 (新形) Krieg führend)

☞ Krieg

Kriegs·beil [クリークス・バイる] 中 -[e]s/-e (インディアンなどのいくさ斧(#), トマホーク. das *Kriegsbeil*[4] aus|graben (begraben) 《戯》争いを始める(やめる).

Kriegs·be·richt·er·stat·ter [クリークスベリヒト・エァシュタッタァ] 男 -s/- 従軍記者.

kriegs⹀be·schä·digt [クリークス・ベシェーディヒト] 形 戦傷を受けた.

Kriegs⹀dienst [クリークス・ディーンスト] 男 -[e]s/-e 《ふつう 単》兵役, 軍務.

Kriegs·dienst⹀ver·wei·ge·rer [クリークスディーンスト・フェアヴァイゲラァ] 男 -s/- 兵役拒否者.

Kriegs⹀er·klä·rung [クリークス・エァクレールング] 女 -/-en 宣戦布告.

Kriegs⹀fall [クリークス・ふァる] 男 -[e]s/ 戦争の事態. im *Kriegsfall* 戦争になった際には.

Kriegs⹀film [クリークス・ふィるム] 男 -[e]s/-e 戦争映画.

Kriegs⹀fuß [クリークス・ふース] 男 《成句的に》 mit 人[3] auf *Kriegsfuß* stehen 《戯》人[3]との間にごたごたが絶えない.

Kriegs⹀ge·fan·ge·ne[r] [クリークス・ゲふァンゲネ (..ナァ)] 男 女 《語尾変化は形容詞と同じ》戦時捕虜.

Kriegs⹀ge·fan·gen·schaft [クリークス・ゲふァンゲンシャふト] 女 -/ 戦時捕虜になること. in *Kriegsgefangenschaft* geraten 捕虜になる.

Kriegs⹀ge·richt [クリークス・ゲリヒト] 中 -[e]s/-e 軍法会議.

Kriegs⹀ge·winn·ler [クリークス・ゲヴィンらァ] 男 -s/- 戦争成金.

Kriegs⹀het·zer [クリークス・ヘッツァァ] 男 -s/- 戦争への扇動(挑発)者, 主戦論者.

Kriegs⹀ma·ri·ne [クリークス・マリーネ] 女 -/ (一国の)海軍.

Kriegs⹀ma·te·ri·al [クリークス・マテリアーる] 中 -s/ 軍需物資.

Kriegs⹀rat [クリークス・ラート] 男 《成句的に》 *Kriegsrat*[4] [ab|]halten 《戯》(計画などを)みんなで集まって相談する(←作戦会議をする).

Kriegs⹀recht [クリークス・レヒト] 中 -[e]s/ 戦時国際法.

Kriegs⹀schau·platz [クリークス・シャオプらッツ] 男 -es/..plätze 戦場, 戦争の舞台.

Kriegs⹀schiff [クリークス・シふ] 中 -[e]s/-e 軍艦.

Kriegs⹀schuld [クリークス・シュるト] 女 -/-en 戦争責任.

Kriegs⹀teil·neh·mer [クリークス・タイるネーマァ] 男 -s/- 参戦者, 兵士.

Kriegs⹀ver·bre·chen [クリークス・フェアブレッヒェン] 中 -s/- 《法》戦争犯罪.

Kriegs⹀ver·bre·cher [クリークス・フェアブレッヒャァ] 男 -s/- 戦争犯罪人, 戦犯.

Kriegs⹀zu·stand [クリークス・ツーシュタント] 男 -[e]s/ 戦争状態.

krieg·te [クリークテ] *kriegen (もらう) の 過去

Kriem·hild [クリーム・ヒるト krí:m-hɪlt] -s/ ① 《女名》クリームヒルト. ② 《人名》クリームヒルト(中世の叙事詩『ニーベルンゲンの歌』の女主人公).

die Krim [クリム krím] 女 -/ 《定冠詞とともに》《地名》クリミア半島(ロシアの黒海北岸).

Kri·mi [クリーミ krí:mi または クリミ krími] 男 -[s]/-[s] 《口語》ミステリー(推理・犯罪)映画 (=*Krimi*nalfilm); ミステリー(推理・犯罪)小説 (=*Krimi*nalroman).

Kri·mi·nal·be·am·te[r] [クリミナーる・ベアムテ (..タァ)] 男 《語尾変化は形容詞と同じ》[私服]刑事.

Kri·mi·nal⹀film [クリミナーる・ふィるム] 男 -[e]s/-e ミステリー(推理・犯罪)映画 (略: Krimi).

kri·mi·na·li·sie·ren [クリミナリズィーレン kriminalizí:rən] 他 (h) ① (人[4]を)犯罪に走らせる. ② (事[4]を)犯罪視する.

Kri·mi·na·list [クリミナリスト kriminalíst] 男 -en/-en ① 刑事. ② 刑法学者.

Kri·mi·na·lis·tik [クリミナリスティク kriminalístik] 女 -/ 犯罪捜査(予防)学.

Kri·mi·na·li·tät [クリミナリテート kriminalité:t] 女 -/ ① 犯罪性. ② (総称として:)犯罪[行為]. Jugend*kriminalität* 青少年犯罪.

Kri·mi·nal⹀po·li·zei [クリミナーる・ポリツァイ] 女 -/ 刑事警察 (略: Kripo).

Kri·mi·nal⹀ro·man [クリミナーる・ロマーン] 男 -s/-e ミステリー(推理・犯罪)小説 (略: Krimi).

kri·mi·nell [クリミネる kriminél] 形 ① 犯罪の, 犯罪的な; 犯罪に結びつきやすい(性向・環境など). ② 《口語・比》ひどい, むちゃくちゃな.

Kri·mi·nel·le[r] [クリミネれ (..らァ) kriminéla (..lər)] 男 女 《語尾変化は形容詞と同じ》犯罪者, 犯人.

Krim⹀krieg [クリム・クリーク] 男 -[e]s/ 《史》クリミア戦争 (1853–1856).

Krims⹀krams [クリムス・クラムス] 男 -[es]/ 《口語》がらくた, くだらないもの(こと).

Krin·gel [クリングる kríŋəl] 男 -s/- ① 小さい輪, 円, 渦巻き. ② 輪形のビスケット(クッキー).

krin·geln [クリングるン kríŋəln] I 他 (h) 丸める, 輪(渦巻き状)にする. II 再帰 (h) *sich*[4] *kringeln* 丸くなる, 輪(渦巻き状)になる. *sich*[4] vor Lachen *kringeln* [口語] 身をよじって笑う.

Kri·po [クリーポ krí:po または クリポ krípo] 女 -/-s 《ふつう 単》刑事警察 (=**K**riminalpolizei).

Krip·pe [クリッペ krípə] 女 -/-n ① まくさ(飼い葉)桶(#) (=Futter*krippe*). an der *Krippe* sitzen 《口語》いい生活をしている. ② クリスマスのクリッペ (=Weihnachts*krippe*) (キリスト降誕のうまやの場面を表現した模型で, クリスマスに教会や家庭で飾る). ③ 託児所, 保育所 (=Kinder*krippe*).

Krip·pen⹀spiel [クリッペン・シュピーる] 中 -[e]s/-e (クリスマスの)キリスト降誕劇.

krisch [クリッシュ] kreischen (金切り声をあげる) の 過去

kri·sche [クリッシェ] kreischen (金切り声をあげる)の接2

die **Kri·se** [クリーゼ krí:zə] 囡 (単) -/(複) -n (英 crisis) ① **危機**, 重大な局面; (経) 恐慌. Ehe*krise* 結婚生活の危機 / eine finanzielle *Krise* 財政(経済)危機 / Eine politische *Krise* droht. 政治的危機がさし迫っている / eine *Krise*⁴ durch|machen 危機を切り抜ける / in eine *Krise* geraten 危機に陥る. ② (医) (病気の)危機, 峠, 分利 (= Krisis).

kri·seln [クリーゼルン krí:zəln] 非人称 (h) Es *kriselt*. 危機的状況にある. Es *kriselt* zwischen den Eheleuten. その夫婦の間には危機が訪れている.

kri·sen·fest [クリーゼン・フェスト] 形 危機に耐えうる, 安定した(企業など).

Kri·sen·ge·biet [クリーゼン・ゲビート] 中 -[e]s/-e (政治的紛争の)危機をはらんだ地域.

Kri·sen·herd [クリーゼン・ヘーァト] 男 -[e]s/-e (政治的・経済的の)危機の根源[地域].

Kri·sen·ma·nage·ment [クリーゼン・マネッヂメント] 中 -s/-s 危機管理.

Kri·sen·stab [クリーゼン・シュタープ] 男 -[e]s/..stäbe (非常事態の際などの)危機対策本部.

Kri·sis [クリーズィス krí:zɪs] 囡 -/Krisen ① 危機. ② (医) (病気の)危機, 峠, 分利.

der **Kris·tall** [クリスタる krɪstál] I 男 (単2) -s/(複) -e (3格のみ -en) **結晶**; 水晶 (= Berg*kristall*). (英 crystal). *Kristalle*⁴ bilden 結晶を形成する.
II 中 (単2) -s/ クリスタルガラス[製品].

kris·tal·len [クリスタれン krɪstálən] 形 《付加語としてのみ》 クリスタルガラス[製]の.

Kris·tall·glas [クリスタる・グらース] 中 -es/..gläser ① 《複 なし》 クリスタルガラス. ② クリスタルガラス製品.

kris·tal·li·nisch [クリスタリーニッシュ krɪstalí:nɪʃ] 形 (鉱) 結晶[体]から成る, 結晶[状]の.

Kris·tal·li·sa·ti·on [クリスタリザツィオーン krɪstalizatsió:n] 囡 -/-en (化) 結晶化.

kris·tal·li·sie·ren [クリスタリズィーレン krɪstalizí:rən] I 自 (h) 《化》結晶する. II 再帰 (h) sich⁴ *kristallisieren* 《化》結晶する; 《雅・比》(記憶などの)輪郭がはっきりしてくる.

kris·tall·klar [クリスタる・クらール] 形 (クリスタルガラスのように)澄んだ, 透明な.

Kris·tall·zu·cker [クリスタる・ツッカァ] 男 -s/- (精製された)白ざらめ[糖].

Kri·te·ri·um [クリテーリウム krité:rium] 中 -s/..rien [..リエン] ① 判断(判定)の基準, 試金石. *Kriterien*⁴ für 事⁴ auf|stellen 事⁴の基準を設ける. ② (スポ) (競走の)予選; (競輪の)サーキットレース.

die **Kri·tik** [クリティーク krití:k] 囡 (単) -/(複) -en (英 criticism) ① (学問・芸術に関する)**批評**, 評論. Film*kritik* 映画批評(評論) / eine *Kritik*⁴ über ein Buch schreiben 書評を書く / eine gute (schlechte) *Kritik*⁴ bekommen 好評を博する(悪評を被る). ② 《ふつう 単》批判; 非難. Selbst*kritik* 自己批判 / eine konstruktive *Kritik* 建設的な批判 / an 人·事³ *Kritik*⁴ üben 人·事³を批判(非難)する / Das Buch ist unter aller *Kritik*. 《口語》この本はお粗末極まりない. ③ 《複 なし》 (総称として:)批評(評論)家たち, 評論界. Die *Kritik* war der Meinung², dass... 批評家たちの見解は…ということであった.

Kri·ti·ker [クリーティカァ krí:tikər] 男 -s/- ① (職業的な)批評家, 評論家. (←王 女性形は Kritikerin). ② (厳しく)批判する人. Er ist ein scharfer *Kritiker* des neuen Projekts. 彼は新しい計画を厳しく批判している一人だ.

kri·tik·los [クリティーク・ろース] 形 無批判な; 批判力のない. 事⁴ *kritiklos* hin|nehmen 事⁴を無批判に受け入れる.

* **kri·tisch** [クリーティッシュ krí:tɪʃ] 形 (英 critical) ① 批判の, 厳密な判断を下せる, 批評力のある. ein *kritischer* Leser 批評眼を持つ読者 / eine *kritische* Ausgabe (テクストに厳密な検討を加えた)校訂版. ② 批判的な, 酷評するような. *kritische* Bemerkungen 批判的な意見 / 物⁴ *kritisch* betrachten 物⁴を批判的な目で見る. ③ 転機ある, 重大な局面の; 危機的な, 危険な; (理) 臨界の. eine *kritische* Phase 決定的な局面 / Der Kranke ist in einem *kritischen* Zustand. その病人は危険な状態にある / die *kritische* Temperatur 《化》臨界温度.

kri·ti·sie·ren [クリティズィーレン kritizí:rən] 他 (h) ① 批評(批判)する, 論評する. ② 非難する, けちをつける. Er hat an allem etwas zu *kritisieren*. 彼は何にでも何か文句をつけずにはおかない.

Kri·ti·zis·mus [クリティツィスムス krititsísmus] 男 -/ 《哲》(カントの)批判主義(哲学).

Krit·te·lei [クリッテらイ krɪtəláɪ] 囡 -/-en あら探し.

krit·teln [クリッテるン krítəln] 自 (h) あら探しをする, けちをつける. an 事³ *kritteln* 事³にけちをつける.

Kritt·ler [クリットらァ krítlər] 男 -s/- あら探しの好きな人, けちをつけたがる人.

Krit·ze·lei [クリッツェらイ krɪtsəláɪ] 囡 -/-en 《口語》乱筆, なぐり書き[したもの].

krit·zeln [クリッツェるン krítsəln] I 他 (h) なぐり書きする, 走り書きする. eine Telefonnummer⁴ ins Notizbuch *kritzeln* 電話番号を手帳に走り書きする. II 自 (h) なぐり書きをする.

Kro·a·te [クロアーテ kroá:tə] 男 -n/-n クロアチア人.

Kro·a·ti·en [クロアーツィエン kroá:tsiən] 中 -s/ 《国名》クロアチア (旧ユーゴスラビアの一共和国. 首都はザグレブ).

kro·a·tisch [クロアーティッシュ kroá:tɪʃ] 形 クロアチア[人・語]の.

kroch [クロッホ] *kriechen (はう)の過去

krö·che [クレッヒェ] *kriechen (はう)の接2

Kro・cket [クロケット krɔ́kɛt または ..ケット] 中 -s/ (⚽) クロッケー(木製のボールを木槌で打つ球技).

Kro・kant [クロカント krokánt] 男 -s/ クロカン (アーモンドまたはクルミ入りのキャラメル菓子).

Kro・ket・te [クロケッテ krokétə] 囡 -/-n 《ふつう複》《料理》コロッケ.

Kro・ko・dil [クロコディーる krokodí:l] 中 -s/ -e 《動》ワニ[類].

Kro・ko・dils=trä・ne [クロコディーるス・トレーネ] 囡 -/-n 《ふつう複》《口語》空涙(そらなみだ). *Krokodilstränen*⁴ vergießen (または weinen) 空涙を流す.

Kro・kus [クロークス krɔ́:kus] 男 -/- (または ..kusse)《植》クロッカス(サフラン)[属].

*die **Kro・ne*** [クローネ krɔ́:nə] 囡 (単) -/(複) -n 《英 crown》① 冠, 王冠; 王位, 王権; 王室. Kaiser*krone* 金の冠 / die englische *Krone* イギリス王室 / 人³ die *Krone*⁴ auf|setzen 人³を王位に就ける(←王冠をかぶせる) / 人 die *Krone*⁴ nieder|legen 退位する(←王冠を下に置く) / Das setzt seiner Frechheit die *Krone* auf.《口語》彼のずうずうしさもここまで来れば最高だ(←ずうずうしさに冠を頂かせる). ②《複 なし》最高のもの, 極致. die *Krone* der Schöpfung² 最高の被造物(人間). ③《俗》頭. 脳天. 人³ in die *Krone* fahren 人³を怒らせる / Er hat einen in der *Krone*. 彼は酔っぱらっている. ④ (冠状のもの:)シャンデリア; 歯冠 (=Zahn*krone*); 樹冠 (=Baum*krone*); 花冠 (=Blumen*krone*); 波頭. ⑤ クローネ, クローナ(デンマーク・スウェーデンなどの貨幣単位. 王冠の模様がある).

K ****krö・nen** [クレーネン krɔ́:nən] (krönte, hat ...gekrönt) 他 《完了 haben》《英 crown》① (人⁴に)冠を授ける. 人⁴ zum König *krönen* 人⁴を王位に就ける / Der Sieger *wurde* mit einem Lorbeerkranz *gekrönt*.《受動・過去》その勝者は月桂冠を授けられた. ②《物⁴の》頂上を飾る. Eine Kuppel *krönt* die Kirche. その教会はドームを頂いている. ③ (事業・作品などの)頂点を成す, 最後を飾る. Er *krönte* seine Laufbahn mit einem Sieg auf der Olympiade. 彼はオリンピックの優勝で選手生活の最後を飾った.

Kro・nen=kor・ken [クローネン・コルケン] 男 -s/- (びんなどの)王冠, キャップ.

Kron=kor・ken [クローン・コルケン] 男 -s/- = Kronenkorken

Kron=leuch・ter [クローン・ろイヒタァ] 男 -s/- シャンデリア.

Kro・nos [クローノス krɔ́:nɔs または クロ..krɔ́..] -/ -クロノス(ゼウスの父. ローマ神話のサトゥルヌスと同一視された).

Kron=prinz [クローン・プリンツ] 男 -en/-en 皇太子, (王位継承者としての)王子.

Kron=prin・zes・sin [クローン・プリンツェッスィン] 囡 -/..sinnen 皇太子妃; (王位継承者としての)王女.

krön・te [クレーンテ] *krönen (冠を授ける)の

過去

Krö・nung [クレーヌング] 囡 -/-en ① 戴冠(たいかん)[式]. ② 最後の仕上げ; (催しなどの)頂点. Die *Krönung* des Festes war ein Feuerwerk. 祭典のクライマックスは花火だった.

Krons=zeu・ge [クローン・ツォイゲ] 男 -n/-n 《法》主要証人; (英米で:)共犯証人(自分の免罪を条件に共犯者に不利な証言をする人).

Kropf [クロプフ krɔpf] 男 -[e]s/Kröpfe ①《医》甲状腺腫(しゅ). ②《動》(鳥の)嗉嚢(そのう), 餌袋(えさぶくろ). ③《植》腫状(しゅじょう)突起, こぶ[病].

kröp・fen [クレプフェン krǽpfən] I 他 (h) ①《建》(軒蛇腹・飾り縁などを⁴)巡らして飾る. ②《工》(金属棒など⁴を)直角に曲げる. ③《方》(あひるなど⁴を)飽食させて肥やす. II 圓 (h) 《狩》(鷲(わし)などが)むさぼり食う.

Kropp=zeug [クロップ・ツォイク krɔ́p-tsɔʏk] 中 -[e]s/《口語》①《戯》がきども, ちびども. ② ならず者たち. ③ くず, がらくた.

kross [クロス krɔ́s] 形《北ド》ぱりっと焼き上がった(パンなど).

kroß ☞ **新形** kross

Krö・sus [クレーズス krɔ́:zus] 男 - (または ..susses)/..susse 大富豪(紀元前6世紀のリュディアの富裕な王クロイソスの名から).

Krö・te [クレーテ krɔ́:tə] 囡 -/-n ①《動》ヒキガエル[科]. ②《口語・戯》生意気な子供, 小娘; いやな句. ③《複》《俗》金, 銭. die letzten *Kröten* なけなしの金.

Krü・cke [クリュッケ krʏ́kə] 囡 -/-n ① 松葉づえ, 撞木(しゅもく)づえ. an *Krücken* gehen 松葉づえをついて歩く. ② (ステッキ・傘などの)握り, 取っ手. ③《口語》ろくでなし, ぼんこつ.

Krück=stock [クリュック・シュトック] 男 -[e]s/..stöcke =Krücke ①

der **Krug** [クルーク krú:k] 男 (単) -[e]s/(複) Krüge (3格のみ Krügen) ① (取っ手のついた)水差し, ジョッキ, つぼ. 《英 jug》. (☞ trinken 図). Bier*krug* ビールジョッキ / ein *Krug* Bier ジョッキ一杯のビール / Blumen⁴ in einen *Krug* stellen 花を水差しに生ける / Der *Krug* geht so lange zum Brunnen, bis er bricht. (諺) a) 悪事はいつかは破綻(はたん)をきたす, b) 堪忍袋の緒もいつかは切れる(←水がめは壊れるまで井戸に通う). ②《北ド》居酒屋.

Krü・ge [クリューゲ] *Krug (水差し)の 複

Kru・me [クルーメ krú:mə] 囡 -/-n ①《パンケーキなどの》くず. ②《ふつう 単》(パンなどの)柔らかい中身. ③ (耕地の)表土 (=Ackerkrume).

Krü・mel [クリューめル krý:məl] 男 -s/- ① (パンなどの)くず. ②《戯》ちびっ子.

krü・me・lig [クリューメリヒ krý:məlɪç] 形 ① ぼろぼろに砕けやすい. ② パンくずだらけの.

krü・meln [クリューメルン krý:məln] 圓 (h) ① (パンなどが)砕ける. Das Brot *krümelt*. パンがぼろぼろに砕ける. ② (パンなどの)くずをこぼす.

***krumm** [クルム krúm] 形 《比較》krummer, 《最上》krummst; 方:《比較》krümmer, 《最上》krümmst (英 *crooked*) ① 曲がった, 湾曲した. Der Nagel ist *krumm*. このくぎは曲がっている / *krumme* Beine⁴ haben 脚が曲がっている / eine *krumme* Nase 鷲鼻(わしばな), 鉤鼻(かぎばな) / *krumm* sitzen 背を丸めて座る / sich⁴ *krumm* und schief lachen《口語》腹がよじれるほど笑う. ②《付加語としてのみ》《口語・比》不正な, まっとうでない. *krumme* Geschäfte⁴ machen 不正な取り引きをする / *krumme* Wege⁴ gehen 不正を働く.

《新形》
krumm le·gen sich⁴ *krumm legen*《口語》生活費を切り詰める.
krumm neh·men《口語》曲解する, 悪くとる.

krumm⸗bei·nig [クルム・バイニヒ] 形 脚の曲がった.

***krüm·men** [クリュメン krýmən] (krümmte, *hat*...gekrümmt) (英 *bend*) I 他 (《完了》haben) 曲げる, 湾曲させる. den Arm *krümmen* 腕を曲げる / den Rücken *krümmen* 背中をかがめる. ◇《過去分詞の形で》eine *gekrümmte* Linie《数》曲線 / mit *gekrümmtem* Rücken 背をかがめて.
II 再帰 (《完了》haben) sich⁴ *krümmen* ① 曲がる, 湾曲する; (道・川が)カーブしている. Die Straße *krümmt* sich zwischen den Häusern. 通りは家々の間を曲がりくねっている. ② 身をよじる sich⁴ vor Schmerzen *krümmen* 苦痛のあまり身をよじる / sich⁴ vor Lachen *krümmen*《口語・比》笑い転げる.

Krüm·mer [クリュンマァ krýmər] 男 -s/- ①《工》(水道管などの)曲り管. ②《農》耕転(こうてん)機.

krumm|le·gen 再帰 (h) 《新形》 krumm legen) ☞ krumm
krumm|neh·men* 他 (h) 《新形》 krumm nehmen) ☞ krumm

Krumm⸗stab [クルム・シュタープ] 男 -[e]s/..stäbe 《カトリック》司教杖(つえ).

krümm·te [クリュムテ] *krümmen (曲げる)の 過去

Krüm·mung [クリュンムング] 女 -/-en 湾曲, (道路などの)カーブ;《数》曲率.

Krup·pe [クルッペ krúpə] 女 -/-n (馬などの)尻(しり).

Krüp·pel [クリュッペる krýpəl] 男 -s/- 身体障害者; (ののしって:)かたわ者. zum *Krüppel* werden 手足が不自由になる.

krüp·pe·lig [クリュッペりヒ krýpəliç] 形 体に障害のある, 手足の不自由な; (木などが)いびつな形の.

Krus·te [クルステ krústa] 女 -/-n 堅くなった外皮(表面). die *Kruste* des Brotes ab-schneiden パンの外皮を切り落とす / eine *Kruste* auf der Wunde 傷口のかさぶた / die *Kruste* der Erde²《地学》地殻.

Krus·ten⸗tier [クルステン・ティーァ] 中 -[e]s/-e《動》甲殻類.

krus·tig [クルスティヒ krústiç] 形 硬い外皮(外殻)のある.

Kru·zi·fix [クルーツィふィクス krú:tsifiks または クルツィふィクス] 中 -es/-e キリスト十字架像.

Kryp·ta [クリュプタ krýpta] 女 -/Krypten (教会の)地下聖堂, クリプタ (半地下に設けられた墓室・聖遺物安置所).

Kryp·ton [クリュプトン krýpton または ..トーン ..tó:n] 中 -s/《化》クリプトン (記号: Kr).

KSZE [カー・エス・ツェット・エー]《略》欧州安保協力会議 (=**K**onferenz über **S**icherheit und **Z**usammenarbeit in **E**uropa).

Kt. [カントーン]《略》(スイスの)州 (=**K**anton).

Kto. [コントー]《略》銀行口座; 預金残高 (=**K**onto).

Kto.-Nr. [コント・ヌンマァ]《略》口座番号 (=**K**onto**n**umme**r**).

Ku·ba [クーバ kú:ba] 中 -s/《国名》キューバ [共和国] (首都はハバナ).

Kü·bel [キューベる ký:bəl] 男 -s/- ①(大きな)手桶(おけ), バケツ;(大きな)植木鉢. Es gießt wie mit (または aus) *Kübeln*.《口語》土砂降りのように降っている. ②(独房の)便器.

Kü·bel⸗wa·gen [キューベる・ヴァーゲン] 男 -s/- (軍用の)ジープ;《鉄道》ホッパー車.

Ku·ben [クーベン] Kubus (立方体)の 複

Ku·bik.. [クビーク.. kubíːk..]《長さの単位につける 接頭》《立方の・3 乗の》

Ku·bik⸗me·ter [クビーク・メータァ] 男 中 -s/- 立方メートル (記号: m³ または cbm).

Ku·bik⸗wur·zel [クビーク・ヴルツェる] 女 -/-n《数》立方根.

Ku·bik⸗zahl [クビーク・ツァール] 女 -/-en《数》立方 (3 乗) 数.

Ku·bik⸗zen·ti·me·ter [クビーク・ツェンティメータァ] 男 中 -s/- 立方センチメートル (記号: cm³ または ccm).

ku·bisch [クービッシュ kú:bɪʃ] 形 ① 立方体の. eine *kubische* Form 立方体. ②《数》3 乗 (3 次) の. eine *kubische* Gleichung 3 次方程式.

Ku·bis·mus [クビスムス kubísmus] 男 -/《美》キュービズム, 立体派 (20 世紀初頭フランスに興った美術運動).

ku·bi·tal [クビタール kubitá:l] 形《医》ひじ (肘) の.

Ku·bus [クーブス kú:bus] 男 -/Kuben ① 立方体. ②《数》3 乗, 立方.

***die Kü·che** [キュッヒェ kýçə]

| 台所 | Ich esse oft in der *Küche*. イヒ エッセ オふト インデァ キュッヒェ 私はよく台所で食事をします。 |

女 (単) -/(複) -n ① 台所, 調理場, 炊事場. (英 *kitchen*). eine saubere *Küche* 清潔な

台所 / eine Wohnung mit *Küche* und Bad 台所とバス付きのアパート / Er hilft seiner Frau in der *Küche*. 彼は台所で奥さんの手伝いをする / den ganzen Tag in der *Küche* stehen 《口語》一日中台所で立ち働く.
② 料理; 料理法. die japanische *Küche* 日本料理 / kalte *Küche* 冷たい料理(ハム・ソーセージ・チーズなどを主とした食事) / Das Hotel ist berühmt für seine gute *Küche*. このホテルは料理がおいしいことで有名だ. ③ 台所セット. eine moderne *Küche*⁴ kaufen モダンなキッチンセットを買う. ④ 〖複なし〗《口語》(総称として:)コック, 調理場の従業員.

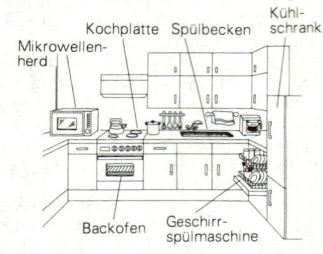

Küche (図)
Mikrowellenherd / Kochplatte / Spülbecken / Kühlschrank / Backofen / Geschirrspülmaschine

*der **Ku·chen** [クーヘン kúːxən]

ケーキ
Der *Kuchen* schmeckt herrlich!
ダァ クーヘン シュメックト ヘルリヒ
このケーキはとてもおいしい.

男 (単2) -s/(複) - ① ケーキ, [洋]菓子. (英 cake). Obst*kuchen* フルーツケーキ / ein Stück *Kuchen* 一切れのケーキ / *Kuchen*⁴ backen ケーキを焼く / 人⁴ zu Kaffee und *Kuchen* ein|laden 人⁴をお茶(コーヒーとケーキ)に招く / [Ja] *Kuchen*!《口語》とんでもない. ② (ぶどう・オリーブなどの)搾りかす.

Kuchen (図)
Torte / Kranz / Lebkuchen / Napfkuchen (Gugelhupf) / Stollen

Kü·chen≠ab·fall [キュッヒェン・アップふァる] 男 -[e]s/..fälle 《ふつう複》台所のごみ, 生ごみ.
Kü·chen≠blech [クーヘン・ブれヒ] 中 -[e]s/-e ケーキ焼き用鉄板.
Kü·chen≠chef [キュッヒェン・シェフ] 男 -s/-s コック長, シェフ.
Kü·chen≠form [クーヘン・フォルム] 女 -/-en ケーキ型.
Ku·chen≠ga·bel [クーヘン・ガーべル] 女 -/-n ケーキ用のフォーク.
Kü·chen≠ge·rät [キュッヒェン・ゲレート] 中 -[e]s/-e (台所の)調理用器具.
Kü·chen≠herd [キュッヒェン・ヘーアト] 男 -[e]s/-e 台所のレンジ, かまど.
Kü·chen≠la·tein [キュッヒェン・らタイン] 男 -s/ 《戯》下手くそなラテン語(中世末期に修道院の台所で話されたようなラテン語).
Kü·chen≠ma·schi·ne [キュッヒェン・マシーネ] 女 -/-n 台所用電気器具(ミキサーなど).
Kü·chen≠scha·be [キュッヒェン・シャーべ] 女 -/-n 《虫》ゴキブリ.
Kü·chen≠schrank [キュッヒェン・シュランク] 男 -[e]s/..schränke 台所の食器棚.
Ku·chen≠teig [クーヘン・タイク] 男 -[e]s/-e ケーキの生地.
Kü·chen≠zet·tel [キュッヒェン・ツェッテる] 男 -s/- 献立予定表, 料理プラン.
Kü·cken [キュッケン kýkən] 中 -s/- 《オーㇲトㇼㇼア》ひよこ(= Küken).

*der **Ku·ckuck** [クック kúkuk] 男 (単2) -s/(複) -e (3格のみ -en) ① 《鳥》カッコウ. (英 cuckoo). Der *Kuckuck* ruft. かっこうが鳴く / ein *Kuckuck* unter den Nachtigallen 《戯》専門家の中に混じった素人(½ħ)(←ナイチンゲールの中のかっこう). ② 《口語》悪魔 (= Teufel). [Das] weiß der *Kuckuck*, ... 《口語》a) …のことなんか知るもんか, b) 信じがたいことだが, 本当に… / Bei ihm ist der *Kuckuck* los.《口語》彼のところは大騒ぎだ / Hol dich der *Kuckuck*!《接1・現在》《俗》おまえなんかくたばってしまえ / Zum *Kuckuck* [noch mal]!《俗》ちくしょう. ③ 《戯》差し押さえの封印.

Ku·ckucks≠ei [ククックス・アイ] 中 -[e]s/-er ① かっこうの卵. ②《比》迷惑な贈り物(かっこうが他の鳥の巣に卵を産み落とすことから); 里子に出されていた子供.
Ku·ckucks≠uhr [ククックス・ウーァ] 女 -/-en かっこう時計(日本の鳩時計に当たる).
Kud·del·mud·del [クッデる・ムッデる] 男 中 -s/ 《口語》ごちゃごちゃ, 混乱.
Ku·fe¹ [クーふェ kúːfə] 女 -/-n (そりの)滑り木, (スケートの)ブレード; (水上飛行機・ヘリコプターなどの着陸用の)滑走部, スキッド.
Ku·fe² [クーふェ] 女 -/-n 《方》① 大桶(鵞), 大樽(毳). ② クーフェ(昔のドイツのビールの容積単位. プロイセンで 485 リットル, ザクセンで 785 リットル).
Kü·fer [キューふァァ kýːfɐr] 男 -s/- ① (ワインの)酒倉管理人. ② 《南ドィッ・スィス》 (ワインの)樽(½)職人.

*die **Ku·gel** [クーゲる kúːɡəl] 女 (単) -/(複) -n ① 球; (飾り用の)玉; (½ħ) 砲丸, (ボウリングの)ボール. (英 ball). eine gläserne *Kugel*

ガラスの玉 / Die Erde ist eine *Kugel*. 地球は球体である / Die *Kugel* rollt. 球が転がる / die *Kugel*[4] stoßen 砲丸を投げる / die *Kugel*[4] werfen （ボウリングで:）ボールを投げる / eine ruhige *Kugel*[4] schieben《口語・比》仕事をのんびりやる，あくせく働かない．
② 《口語》弾丸，砲弾．Die *Kugel* verfehlte ihr Ziel. 弾丸は的をはずれた．

Ku·gel⸗blitz［クーゲる・ブリッツ］ 男 –es/–e 《気象》球電，球電光．

ku·gel⸗fest［クーゲる・フェスト］ 形 防弾の．

ku·gel⸗för·mig［クーゲる・フェルミヒ］ 形 球形の．

Ku·gel⸗ge·lenk［クーゲる・ゲレンク］ 中 –[e]s/–e《医》(ひざ・肩の)球関節；《工》玉継ぎ手，ボールジョイント．

ku·ge·lig, kú·gəlɪç［クーゲりヒ kú·gəlɪç］ 形 球形の，球状の；《戯》丸々と太った．

Ku·gel⸗kopf［クーゲる・コプふ］ 男 –[e]s/..köpfe《工》(電動タイプライターの)活字ボール．

Ku·gel⸗la·ger［クーゲる・らーガァ］ 中 –s/–《工》ボールベアリング．

ku·geln［クーゲるン kú:gəln］ I 自 (s)（…へ/…から)転がる．Der Ball *kugelte* **unter** die Bank. ボールがベンチの下へ転がり込んだ．II 他 (h)（物を…へ)転がす．einen Ball **über** die Dielen *kugeln* ボールを床に転がす．III 再帰 (h) *sich*[4] *kugeln* 転がる，転げ回る．Die Kinder *kugelten sich* **auf** der Wiese. 子供たちは草地の上を転げ回った / *sich*[4] **vor** Lachen *kugeln*《口語・比》笑いころげる．

Ku·geln［クーゲるン］ I ＊Kugel（球）の複 II 中《成句的に》Der Film war **zum** *Kugeln*.《口語》その映画は笑いころげるほどおもしろかった．

ku·gel⸗rund［クーゲる・ルント］ 形 球のように；《戯》丸々と太った．

＊*der* **Ku·gel⸗schrei·ber**［クーゲる・シュライバァ kú:gəl·ʃraɪbər］ 男 (単 2) –s/(複) – (3 格のみ –n) ボールペン．（英） *ball-point [pen]*. mit einem *Kugelschreiber* schreiben ボールペンで書く．（英）□ 口語ではよく Kuli という．

ku·gel⸗si·cher［クーゲる・ズィッヒャァ］ 形 防弾の(ガラスなど)；銃弾に当たっても不死身の．

Ku·gel⸗sto·ßen［クーゲる・シュトーセン］ 中 –s/ 砲丸投げ．

＊*die* **Kuh**［クー kú:］ 女 (単) –/(複) Kühe［キューエ］(3 格のみ Kühen) ① 雌牛，乳牛．（英） *cow*). Die *Kuh* blökt. 雌牛がもーと鳴く / eine *Kuh*[4] melken 牛の乳を搾る / eine melkende *Kuh*《口語・比》よい収入源，ドル箱(←乳を出す牛) / eine heilige *Kuh*《口語》神聖なもの(←インドの聖牛) / Da stand er nun wie die *Kuh* vorm neuen Tor.《俗》彼は途方に暮れていた(← 新しい門の前の牛のように立っていた)．
② (象・きりんなど大きな動物の)雌．Elefanten*kuh* 雌の象．③ (ののしって:)女，あま．

………………………………………………

類語 die Kuh: 雌牛．der Ochse: (去勢した)雄牛．der Stier: 雄牛．das Rind: (雌・雄の区別なく総称としての)牛．das Kalb: 子牛．

………………………………………………

Kuh⸗dorf［クー・ドルふ］ 中 –[e]s/..dörfer《俗》みすぼらしい村，寒村．

Kü·he［キューエ］ ＊Kuh（雌牛)の複

Kuh⸗fla·den［クー・ふらーデン］ 男 –s/– 牛の糞．

Kuh⸗han·del［クー・ハンデる］ 男 –s/《口語》不正な取り引き；（政治的な)裏取り引き．

Kuh⸗haut［クー・ハオト］ 女 –/..häute 牛の皮．Das geht **auf** keine *Kuhhaut*.《俗》そいつはひどい，とんでもない（元の意味は「それは牛の皮には書き尽くせない」．昔，牛皮を加工して紙の代用にしたことから).

Kuh⸗hirt［クー・ヒルト］ 男 –en/–en 牛飼い．

＊**kühl**［キューる ký:l] 形 （英 *cool*) ① 涼しい，うすら寒い；冷えた(飲み物など)．(⇔「暖かい」は warm). Heute ist es *kühl*. きょうは涼しい / ein *kühler* Abend 涼しい夕べ / Mir ist *kühl*. 私は少し寒い / Wir haben seit Tagen *kühles* Wetter. この数日うすら寒い天気が続いている / ein *kühles* Bier 冷えたビール / Lebensmittel[4] *kühl* lagern 食料品を冷蔵する．
② 冷淡な，冷ややかな．eine *kühle* Antwort 冷たい返事 / Sie begrüßte uns *kühl*. 彼女は私たちに冷ややかにあいさつした．
③ 冷静な，クールな．Er blieb ganz *kühl*. 彼は終始冷静だった / einen *kühlen* Kopf bewahren 冷静さを保つ / aus einem *kühlen* Grund《口語》ごく簡単な理由で．

Kühl⸗an·la·ge［キューる・アンらーゲ］ 女 –/–n 冷却装置．

Kühl⸗box［キューる・ボックス］ 女 –/–en（携帯用の)アイスボックス．

Küh·le［キューれ ký:lə］ 女 –/ ① 涼しさ，冷気．Morgen*kühle* 朝の冷気．Der Abend brachte etwas *Kühle*. 夜になっていくらか涼しくなった．② 冷静；冷淡．人[4] mit großer *Kühle* empfangen 人[4]をきわめて冷ややかに迎える．

＊**küh·len**［キューれン ký:lən] (kühlte, *hat*... gekühlt) I 他 (⇔ haben) 冷やす．（英 *cool*). Wein[4] *kühlen* ワインを冷やす / Sie *kühlte* ihre heiße Stirn mit Eis. 彼女は熱のある額を氷で冷やした / Er *kühlte* seinen Zorn **an** seiner Frau.《比》彼は奥さんに当たり散らした．◇《現在分詞の形で》*kühlende* Getränke 清涼飲料．
II 自 (⇔ haben) ひんやりする，冷たい．Der Umschlag *kühlte* angenehm. 湿布をするとひんやりして気持ちがよかった．

Küh·ler［キューらァ ký:lər] 男 –s/–（エンジンなどの)冷却装置，ラジエーター；《化》液化装置；(ワインなどを冷やす)アイスペール．

Küh·ler⸗hau·be［キューらァ・ハオベ] 女 –/–n (自動車の)ボンネット．

Kühl⸗haus［キューる・ハオス］ 中 –es/..häuser 冷凍倉庫．

Kühl⸗mit·tel［キューる・ミッテる］ 中 –s/– 冷

却剤.

Kühl⋄raum [キューる・ラオム] 男 -[e]s/..räume 冷凍(冷蔵)室.

***der Kühl⋄schrank** [キューる・シュランク ký:l-ʃraŋk] 男 (単2) -[e]s/ (複) ..schränke [..シュレンケ] (3格のみ ..schränken) 冷蔵庫. (英 *refrigerator*). 物⁴ **im** *Kühlschrank* auf[-]bewahren 物⁴を冷蔵庫に保存する.

kühl·te [キューるテ] *kühlen (冷やす)の過去

Kühl⋄tru·he [キューる・トルーエ] 女 -/-n [食品]冷凍庫, フリーザー.

Kühl⋄turm [キューる・トゥルム] 男 -[e]s/..türme [工](発電所などの)冷却塔.

Küh·lung [キューるング ký:luŋ] 女 -/-en ① 冷却. ② 冷却装置. ③ [複 なし] 涼しさ, 冷気.

Kühl⋄wa·gen [キューる・ヴァーゲン] 男 -s/- (鉄道・トラックの)冷凍車, 冷蔵車.

Kühl⋄was·ser [キューる・ヴァッサァ] 中 -s/..wässer 冷却水.

***kühn** [キューン ký:n] 形 (英 *bold*) ① 大胆な, 勇敢な, 思いきった; 自由奔放な. eine *kühne* Tat 大胆な行為 / ein *kühner* Bergsteiger 大胆な登山家 / Er hatte *kühne* Ideen. 彼は斬新なアイデアの持ち主だった / ein *kühn* geschnittenes Kleid 大胆なカットのドレス. ② ずうずうしい, あつかましい. Das ist eine recht *kühne* Frage. それはまことにあつかましい質問だ.

Kühn·heit [キューンハイト] 女 -/-en ① [複 なし] 大胆さ, 勇敢さ; あつかましさ. ② 大胆な(あつかましい)言動.

Kuh⋄stall [クー・シュタる] 男 -[e]s/..ställe 牛小屋, 牛舎.

k. u. k. [カー ウント カー] (略)(旧オーストリア・ハンガリーの)帝国および王国の (= kaiserlich und königlich).

Kü·ken [キューケン ký:kən] 中 -s/- ① ひな, ひよこ. ② [口語] 子供; 小娘. ③ [工] コック, プラグ.

ku·lant [クラント kulánt] 形 (特に商売で:)サービスのよい, 好意的な.

Ku·lanz [クランツ kuláns] 女 -/ (特に商売で:)サービス, 好意的態度.

Ku·li¹ [クーり kú:li] 男 -s/-s ① (東南アジアの)クーリー(苦力); [比](低賃金でこき使われる)下層労働者. ② (駅・空港などの)手荷物用手押し車, カート (= Kofferkuli).

Ku·li² [クーり] 男 -s/-s [口語] ボールペン (= Kugelschreiber).

ku·li·na·risch [クリナーリッシュ kulináːrɪʃ] 形 料理[法]の, 美食の; 気楽に楽しめる(読み物・劇など). *kulinarische* Genüsse 美食の楽しみ.

Ku·lis·se [クリッセ kulísə] 女 -/-n ① [劇] (舞台の)書き割り, パネル, セット; [比](物事の)背景. *Kulissen*⁴ malen 書き割りを描く / **hin**[-]**ter** den *Kulissen* a) 舞台裏で, b) [比] ひそかに / Das ist doch alles nur *Kulisse*. [口語] それはすべて見せかけにすぎない. ② [経](株式の)場外取り引き[人]. ③ [工] 連結リンク.

Kul·ler·au·gen [クらァ・アオゲン] 複 [口語・戯]くりくりした目.

kul·lern [クらァン kúlɐrn] I 自 (s, h) [口語] ① (s) (…へ)転がる. ② (h) [成句的に] **mit** den Augen *kullern* 目玉をぎょろつかせる. II 他 (h) [口語] (物⁴を…へ)転がす.

Kul·mi·na·ti·on [クるミナツィオーン kulminatsió:n] 女 -/-en ① [天](天体の)子午線通過, 南中. ② [比](発展の)頂点, 最高潮.

kul·mi·nie·ren [クるミニーレン kulminí:rən] 自 (h) ① 頂点(最高潮)に達する. ② [天]子午線を通過する, 南中する.

Kult [クるト kúlt] 男 -[e]s/-e ① 祭式, 祭礼. ② 崇拝, 礼賛. **mit** 人・物³ einen *Kult* trei[-]ben 人・物³を熱狂的に礼賛する.

kul·tisch [クるティッシュ kúltɪʃ] 形 祭式の, 祭礼の, 礼拝の.

kul·ti·vie·ren [クるティヴィーレン kultiví:rən] 他 (h) ① 開墾する, 耕作する. ein neues Stück Land⁴ *kultivieren* 新しい土地を開墾する. ② 栽培する; 培養する. Champignons⁴ *kultivieren* マッシュルームを栽培する. ③ [比](友情など⁴を)はぐくむ; (ふるまいなど⁴を)洗練させる.

kul·ti·viert [クるティヴィーァト] I kultivieren (開墾する)の過分 II 形 洗練された; 教養のある. Sie hat einen *kultivierten* Geschmack. 彼女は洗練された趣味の持ち主だ / ein *kultivierter* Mensch 教養のある人.

Kult⋄stät·te [クるト・シュテッテ] 女 -/-n 礼拝所.

***die Kul·tur** [クるトゥーァ kultúːr] 女 (単) -/ (複) -en ① 文化. (英 *culture*). (ラテ「文明」は Zivilisation). Esskultur 食文化 / die geistige *Kultur* 精神文化 / die antike *Kultur* 古代文化 / die abendländische *Kultur* 西洋文化 / die *Kultur*⁴ fördern 文化を促進する / eine neue *Kultur*⁴ schaffen 新しい文化を創造する / ein Volk **von** hoher *Kultur* 高い文化を持つ民族.
② [複 なし] 教養, 洗練[されていること]. Er hat keine *Kultur*. 彼には教養がない / ein Mensch **mit** (**ohne**) *Kultur* 教養のある(ない)人. ③ [複 なし][農] 開墾, 耕作; (作物の)栽培; (生・医)(細菌などの)培養; 培養中の細菌(微生物). ④ [農・園芸・林] 苗, 苗木.

Kul·tur⋄ab·kom·men [クるトゥーァ・アップコンメン] 中 -s/- 文化[交流]協定.

Kul·tur⋄aus·tausch [クるトゥーァ・アオスタオシュ] 男 -es/ (国家間の)文化交流.

Kul·tur⋄ba·nau·se [クるトゥーァ・バナオゼ] 男 -n/-n 文化を理解しない俗物.

Kul·tur⋄bo·den [クるトゥーァ・ボーデン] 男 -s/..böden ① 耕作地. ② 文化地域.

Kul·tur⋄denk·mal [クるトゥーァ・デンクマーる] 中 -[e]s/..mäler 文化的記念物, 文化財.

***kul·tu·rell** [クルトゥレる kulturél] 形 文化の, 文化的な. (英 cultural). das *kulturelle* Erbe 文化遺産 / eine *kulturelle* Veranstaltung 文化的な催し物.

Kul·tur⸗er·be [クるトゥーァ・エルベ] 中 -s/ 文化遺産.

Kul·tur⸗**film** [クるトゥーァ・ふぃるム] 男 -[e]s/-e (娯楽映画に対して:)文化映画.

Kul·tur⸗**ge·schich·te** [クるトゥーァ・ゲシヒテ] 女 -/-n 文化史.

kul·tur⸗ge·schicht·lich [クるトゥーァ・ゲシヒトりヒ] 形 文化史の, 文化史的な.

Kul·tur⸗gut [クるトゥーァ・グート] 中 -[e]s/..güter 文化財.

Kul·tur⸗**pflan·ze** [クるトゥーァ・プふらンツェ] 女 -/-n 栽培植物.

Kul·tur⸗**po·li·tik** [クるトゥーァ・ポリティーク] 女 -/-en 文化政策.

Kul·tur⸗**re·vo·lu·ti·on** [クるトゥーァ・レヴォるツィオーン] 女 -/-en (社会主義国における)文化革命.

Kul·tur⸗**schock** [クるトゥーァ・ショック] 男 -[e]s/-s (まれに -e) カルチャーショック.

Kul·tur⸗**stu·fe** [クるトゥーァ・シュトゥーふェ] 女 -/-n 文化の発展段階.

Kul·tur⸗**volk** [クるトゥーァ・ふぉるク] 中 -[e]s/..völker (高度の)文化を持つ国民(民族).

Kul·tus [クるトゥス kúltus] 男 -/Kulte ① 祭式; 崇拝. ② 《官庁》文化事業, 文化部門.

Kul·tus⸗mi·nis·ter [クるトゥス・ミニスタァ] 男 -s/- (ドイツ各州の)文部大臣.

Kul·tus⸗**mi·nis·te·ri·um** [クるトゥス・ミニステーリウム] 中 -s/..rien [..リエン] (ドイツ各州の)文部省.

Küm·mel [キュンメる kýməl] 男 -s/- ①《植》キュンメル, ヒメウイキョウ. ② 姫ういきょうの実(香辛料). ③ キュンメル酒, キャラウェー酒.

* *der* **Kum·mer** [クンマァ kúmər] 男 (単 2) -s/ ① 心痛, 心労, 心配, 苦悩, 悲嘆. (英 worry). Liebes*kummer* 恋の悩み / *Kummer*[4] machen (bereiten) 人[3]を悲しませる, 人[3]に心配をかける / *Kummer*[4] über (または um) 軍[4] haben 軍[4]に心を痛めている / aus (または vor) *Kummer* krank werden 心痛のあまり病気になる.(☞ 類語 Sorge). ②《口語》心配事, 難題. Sie hat **mit** ihren Kindern viel *Kummer*. 彼女は子供たちのことで心配事が多い / Das ist mein geringster *Kummer*. そんなことぼくは少しも気にしない / Ich bin [an] *Kummer* gewöhnt.《口語》こんなことは苦しみません.

***küm·mer·lich** [キュンメァりヒ kýmərlıç] 形 ① 惨めな, みすぼらしい. (英 miserable). Er lebt in *kümmerlichen* Verhältnissen. 彼は惨めな暮らしをしている. ② ささいな, 不十分な. Sein Französisch ist *kümmerlich*. 彼のフランス語の知識は貧弱だ. ③ (動植物が)発育不全の, (人が)虚弱な. eine *kümmerliche* Pflanze 発育不全の植物.

Küm·mer·ling [キュンマァリング kýmərlıŋ] 男 -s/-e 発育不良な動物(植物); ひ弱な(虚弱な)人.

***küm·mern** [キュンマァン kýmərn] (kümmerte, hat...gekümmert) I 再帰 (完了 haben) ①《*sich*[4] **um** 人・物[4] ~ 》(人・物[4]の)面倒をみる, 世話をする. (英 look after). Sie *kümmert sich* um den Kranken. 彼女は病人の面倒をみる / *sich*[4] um den Haushalt *kümmern* 家事を切り盛りする. ②《*sich*[4] **um** 人・事[4] ~ 》(人・事[4]を)気にかける, (事[4]に)関心を持つ, かかわりある. Ich *kümmere mich* nicht um Politik. 私は政治には関心がない / *Kümmere dich* um deine eigenen Angelegenheiten! 人のことに口出しするな(←自分のことを気にかけろ).

II 他 (完了 haben) (人[4]に)関係がある. Was *kümmert* dich das? それは君に何のかかわりがあるのか / Das *kümmert* mich nicht. そんなことは私には関係ない.

III 自 (完了 haben) (動植物が)発育が悪い. Der Baum *kümmert*. この木は育ちが悪い.

Küm·mer·nis [キュンマニス] 女 -/..nisse 《雅》=Kummer

küm·mer·te [キュンマァテ] *kümmern (再帰で: 面倒を見る)の 過去

kum·mer·voll [クンマァ・ふぉる] 形 悲しみ(苦悩)に満ちた.

Kum·pan [クンパーン kumpá:n] 男 -s/-e《口語》仲間, 相棒;(悪事の)共犯者; やつ. Sauf*kumpan* 飲み仲間.

Kum·pel [クンペる kúmpəl] 男 -s/- (口語: -s も; おっ: -n も) ①《坑》坑夫仲間. ②《俗》仕事仲間.

Ku·mu·la·ti·on [クムらツィオーン kumulatsió:n] 女 -/-en 蓄積, 累積;《医》(薬などの)蓄積作用.

ku·mu·lie·ren [クムリーレン kumulí:rən] I 他 (h) 積み重ねる, 集積する. II 自 (h)・再帰 (h) *sich*[4] *kumulieren* 積み重なる, 蓄積(累積)する.

Ku·mu·lus [クームるス kú:muluS] 男 -/..muli《気象》積雲.

kund [クント] 形《成句的に》人[3] 事[4] *kund* und zu wissen tun 人[3]に事[4]を知らせる.

künd·bar [キュントバール] 形 (契約などが)とり消すことのできる, 解約可能な.

‡ *der* **Kun·de**[1] [クンデ kúndə] I 男 (単 2·3·4) -n/(複) -n ① (店の)お客, 顧客; 得意先. (英 customer). Stamm*kunde* 常客 / Er ist ein guter *Kunde* bei uns. 彼は当店のいいお客さんです / ein fauler *Kunde* 払いの悪い客 / die *Kunden*[4] bedienen お客に応対する / Das ist Dienst **am** *Kunden*. それは[お客への]無料サービスです.

②《口語》やつ. ein schlauer *Kunde* 抜け目のないやつ. ③《隠語》浮浪者.

Kun·de[2] [クンデ] 女 -/-n《ふつう 単》《雅》知ら

せ, 通知; 知識. eine gute *Kunde* 良い知らせ / 人³ *Kunde*⁴ von 事³ geben 人³に事³を知らせる.

..kun·de [..クンデ ..kundə] 女 -/ 《女性名詞をつくる 接尾》例: Erd*kunde* 地理学 / Natur*kunde* 博物学.

kün·den [キュンデン kýndən] I 自 (h) 《von 事³ ~》《雅》(事³のことを)物語る. II 他 (h) 《雅》(事⁴を)公示する, 知らせる.

Kun·den⫽dienst [クンデン・ディーンスト] 男 -[e]s/-e ① 《複 なし》(お客に対する)サービス. ② 顧客サービス係; サービスステーション.

kund⫽ge·ben* [クント・ゲーベン kúnt-gè:bən] 他 (h) 《雅》知らせる; 表明(発表)する. eine Neuigkeit⁴ *kundgeben* ニュースを知らせる / Er *hat* seine Meinung *kundgegeben*. 彼は自分の意見を表明した.

Kund·ge·bung [クント・ゲーブング] 女 -/-en ① (政治的な)集会, 大会. an einer *Kundgebung* teil|nehmen 集会に参加する. ② (意見などの)表明, 発表.

kun·dig [クンディヒ kúndɪç] 形 十分な知識(経験)を持った. ein *kundiger* Redakteur ベテランの編集者 / 事² *kundig* sein《雅》事²に精通している ⇒ Er ist des Persischen *kundig*. 彼はペルシア語に精通している.

***kün·di·gen** [キュンディゲン kýndɪgən] (kündigte, *hat*...gekündigt) I 他 (完了 haben) ① (契約・雇用関係など⁴の)解約を通知する. einen Vertrag *kündigen* 契約を解約する / 人³ die Wohnung⁴ *kündigen* 人³に住居の立ち退きを申し入れる / 人³ die Freundschaft⁴ *kündigen*《比》人³に絶交を言い渡す. ② (職員・口語)(人⁴に)解雇を通告する. II 自 (完了 haben) ① (人³に)解雇を通告する. Mir *ist gekündigt worden*. 《受動・現在完了》私は解雇通知を受けた. ② 退職(辞職)を申し出る. Ich *kündige* zum 1. (=ersten) Mai. 私は5月1日限りで退職することを申し出る.

kün·dig·te [キュンディヒテ] *kündigen (解約を通知する)の 過去

Kün·di·gung [キュンディグング] 女 -/-en 《法》解約通知; 解雇通知.

Kün·di·gungs⫽schrei·ben [キュンディグングス・シュライベン] 中 -s/-《法》解約告知書.

Kün·di·gungs⫽**schutz** [キュンディグングス・シュッツ] 男 -es/-《法》(労働者・借家人などに対する不当な)解雇(解約)からの保護.

Kun·din [クンディン kúndɪn] 女 -/..dinnen (女性の)顧客, お得意さん.

kund⫽ma·chen [クント・マッヘン kúnt-màxən] 他 (h) (オーストリア)《官庁》公示する.

Kund⫽ma·chung [クント・マッフング] 女 -/-en (南ドイツ・オーストリア・スイス)公表, 公示.

Kund⫽schaft [クントシャフト] I 女 -/-en ① 《複 なし》(総称として)顧客, 得意先. ② (オーストリア)(個々の)顧客. die feste *Kundschaft* 固定客. II 女 -/ -en 情報収集; 《古》報告, 知らせ.

auf *Kundschaft* aus|gehen 偵察に出かける.

Kund·schaf·ter [クントシャフタァ kúnt-ʃaftər] 男 -s/- 偵察者, スパイ.

kund⫽tun* [クント・トゥーン kúnt-tù:n] 他《雅》(意見など⁴を)表明(発表)する; 知らせる.

***künf·tig** [キュンフティヒ kýnftɪç] I 形 《付加語としてのみ》将来の, 来たるべき, 未来の. (英 *future*). die *künftige* Generation 次の世代 / seine *künftige* Frau 彼の妻となる女性. II 副 これから先, 今後, 将来. (英 *in future*). Er wird auch *künftig* mitarbeiten. 彼はこれからもいっしょに仕事をしてくれるだろう.

künf·tig⫽hin [キュンフティヒ・ヒン]《雅》副 将来, 今後, これから先.

‡*die* Kunst [クンスト kúnst]

> 芸術; 技術
> Sie hat Sinn für *Kunst*.
> ズィー ハット ズィン フューア クンスト
> 彼女は芸術に対するセンスがある.

女 (単) -/(複) Künste [キュンステ] (3格のみ Künsten) ① 芸術, 美術. (英 *art*). die antike (moderne) *Kunst* 古代(現代)芸術 / die bildende *Kunst* 造形芸術 / die darstellende *Kunst* 舞台芸術 / die abstrakte *Kunst* 抽象美術 / die *Kunst* Beethovens ベートーヴェンの芸術 / die *Kunst*⁴ fördern 芸術を振興する.
② 技術, 技能, 技(セヒ). (英 *skill*). Fahr*kunst* 運転技術 / die ärztliche *Kunst* 医術 / die *Kunst* des Reitens (乗) 馬術 / eine brotlose *Kunst* 金にならない技能(仕事) / Das ist keine *Kunst*!《口語》そんなことは朝めし前だ / Was macht die *Kunst*?《口語》(仕事の)調子はどうだい / Er ist mit seiner *Kunst* am Ende. 彼は万策尽きた / die schwarze *Kunst* a) 魔術, b) 印刷術.
③ 人工[のもの]. (対比「自然[のもの]」は Natur). Das ist nur *Kunst*.《口語》それはただの作りものだ.

Kunst.. [クンスト.. kúnst..]《名詞につける 接頭》(《人工の・合成の》) 例: *Kunst*blume 造花 / *Kunst*harz 合成樹脂.

Kunst⫽aka·de·mie [クンスト・アカデミー] 女 -/-n [..ミーエン] 美術(芸術)大学.

Kunst⫽aus·stel·lung [クンスト・アオスシュテるング] 女 -/-en 美術展[覧会].

Kunst⫽druck⫽pa·pier [クンストドルック・パピーァ] 中 -s/-e (印)アート[印刷]紙.

Kunst⫽dün·ger [クンスト・デュンガァ] 男 -s/- (農)化学肥料.

Küns·te [キュンステ] ‡Kunst (芸術)の 複

Küns·te·lei [キュンステらイ kynstəláɪ] 女 -/-en ① 《複 なし》わざとらしさ, 気取り. ② わざとらしい言動; 技巧的な作品.

Kunst⫽fa·ser [クンスト・ファーザァ] 女 -/-n 人造(化学)繊維, ファイバー.

Kunst⫽feh·ler [クンスト・フェーらァ] 男 -s/-

(医師の)技術ミス, 医療ミス.

Kunst=fer·tig [クンスト・フェルティヒ] 形 腕のたつ, 巧みな技術を持った(職人など).

Kunst=fer·tig·keit [クンスト・フェルティヒカイト] 女 -/ (技術的)手腕, 熟練.

Kunst=**flie·ger** [クンスト・ふりーガァ] 男 -s/- 曲芸(アクロバット)飛行士.

Kunst=**flug** [クンスト・ふるーк] 男 -[e]s/..flüge 曲芸(アクロバット)飛行.

Kunst=**freund** [クンスト・フロイント] 男 -[e]s/-e 美術(芸術)愛好家.

Kunst=**ge·gen·stand** [クンスト・ゲーゲンシュタント] 男 -[e]s/..stände 美術品, 工芸品.

kunst=ge·recht [クンスト・ゲレヒト] 形 技術的に正しい, 専門家らしいやり方の.

Kunst=ge·schich·te [クンスト・ゲシヒテ] 女 -/-n ① [覆 なし]美術史. ② 美術史の本.

Kunst=**ge·wer·be** [クンスト・ゲヴェルベ] 中 -s/ [美術]工芸.

Kunst=**glied** [クンスト・グリート] 中 -[e]s/-er 《医》義肢.

Kunst=**griff** [クンスト・グリふ] 男 -[e]s/-e 技巧, こつ; 策略, [ちょっとした]トリック.

Kunst=**han·del** [クンスト・ハンデる] 男 -s/ 美術品の取り引き.

Kunst=**händ·ler** [クンスト・ヘンドらァ] 男 -s/- 美術商[人].

Kunst=**hand·lung** [クンスト・ハンドるング] 女 -/-en 美術品店.

Kunst=**hand·werk** [クンスト・ハントヴェルク] 中 -[e]s/-e [美術]工芸[品].

Kunst=**harz** [クンスト・ハールツ] 中 -es/-e 合成樹脂.

Kunst=**ho·nig** [クンスト・ホーニヒ] 男 -s/-e 人造蜂蜜(はちみつ).

Kunst=**ken·ner** [クンスト・ケンナァ] 男 -s/- 美術(芸術)通(つう).

Kunst=**kri·ti·ker** [クンスト・クリーティカァ] 男 -s/- 美術評論家.

Kunst=**le·der** [クンスト・れーダァ] 中 -s/- 人工エレザー, 人造皮革.

*der **Künst·ler** [キュンストらァ kýnstlər] 男 (単2) -s/(複) - (3格のみ -n) ① 芸術家. (英 artist). ein bildender Künstler 造形芸術家 / ein genialer Künstler 天才的な芸術家. ② (その道の)名人, 達人. Rechenkünstler 計算の達人 / ein Künstler im Sparen 節約の名人.

Künst·le·rin [キュンストれリン kýnstlərɪn] 女 -/..rinnen (女性の)芸術家.

* **künst·le·risch** [キュンストれリッシュ kýnstlərɪʃ] 形 芸術の, 芸術的な; 芸術家の. (英 artistic). Er hat eine künstlerische Begabung. 彼には芸術の才能がある / Der Film ist künstlerisch wertvoll. この映画は芸術的に価値が高い.

Künst·ler·na·me [キュンストらァ・ナーメ] 男 -ns (3格・4格 -n)/-n 芸名, ペンネーム, 雅号.

Künst·ler=**pech** [キュンストらァ・ペヒ] 中 -s/ 《口語・戯》ちょっとした災難.

Künst·ler·tum [キュンストらァトゥーム] 中 -s/ 芸術家精神, 芸術家気質.

* **künst·lich** [キュンストりヒ kýnstlɪç] 形 ① 人工の, 人造の, 人工的な. (英 artificial). (⇔ 「自然の」は natürlich). ein künstlicher See 人造湖 / der künstliche Zahn 義歯 / das künstliche Organ 人工臓器 / künstliche Atmung 人工呼吸 / künstliche Befruchtung 人工受精. ② わざとらしい, 不自然な, 作為的な. ein künstliches Lächeln 作り笑い / die Preise[4] künstlich hoch|halten 値段をわざと高くする.

Kunst=lieb·ha·ber [クンスト・リープハーバァ] 男 -s/- 美術(芸術)愛好家.

Kunst=**lied** [クンスト・リート] 中 -[e]s/-er 創作歌曲, 芸術歌曲. (⇔ 「民謡」は Volkslied).

kunst=los [クンスト・ろース] 形 技巧的でない, 飾りたてていない, 簡素な.

Kunst=**ma·ler** [クンスト・マーらァ] 男 -s/- 画家.

Kunst=**mär·chen** [クンスト・メーァヒェン] 中 -s/- 創作童話. (⇔ 「民話」は Volksmärchen).

Kunst=**pau·se** [クンスト・パオゼ] 女 -/-n (演説などの)効果的な間(ま). eine Kunstpause[4] machen 間をおく.

kunst=reich [クンスト・ライヒ] 形 きわめて芸術的な, 精巧な; 器用な, 巧みな.

Kunst=samm·lung [クンスト・ザムるング] 女 -/-en 美術品の収集, 美術コレクション.

Kunst=**schwim·men** [クンスト・シュヴィンメン] 中 -s/ (スッ) シンクロナイズドスイミング.

Kunst=**sei·de** [クンスト・ザイデ] 女 -/-n 《織》レーヨン, 人造絹糸(きぬいと), 人絹.

Kunst=**sprin·gen** [クンスト・シュプリンゲン] 中 -s/ (スッ) 飛び板飛び込み.

*der **Kunst=stoff** [クンスト・シュトふ kúnstʃtɔf] 男 (単2) -[e]s/(複) -e (3格のみ -en) プラスチック, 合成樹脂 (=Plastik). (英 plastic). Geschirr aus Kunststoff プラスチックの食器.

Kunst=**stück** [クンスト・シュテュック] 中 -[e]s/-e 芸当, 曲芸, 手品. 人[3] ein Kunststück[4] zeigen 人[3]に芸当を見せる / Das ist kein Kunststück. 《口語》それはたやすいことだ.

Kunst=**tur·nen** [クンスト・トゥルネン] 中 -s/ (競技種目としての)体操.

Kunst=**ver·stand** [クンスト・フェァシュタント] 男 -[e]s/ 芸術に対する理解力, 芸術的センス.

kunst=voll [クンスト・ふォる] 形 きわめて芸術的な; 巧妙な, 精巧な.

*das **Kunst=werk** [クンスト・ヴェルク kúnst-vɛrk] 中 (単2) -[e]s/(複) -e (3格のみ -en) 芸術作品; 精巧な作品. die antiken Kunstwerke 古代の芸術作品 / Dieser Garten ist ja ein Kunstwerk! この庭園はまさに芸術品だ.

Kunst=**wis·sen·schaft** [クンスト・ヴィッセンシャふト] 女 -/ [造形]芸術学.

Kunst=wort [クンスト・ヴォルト] 中 -(e)s/..wörter 《言》新造語 (例: Automobil「自動車」; Soziologie「社会学」. ギリシア語・ラテン語から作られた学術・技術用語が多い).

kun·ter=bunt [クンタァ・ブント] 形 多彩な, カラフルな; ひどく乱雑な. ein *kunterbuntes* Programm 多彩なプログラム.

*das **Kup·fer*** [クプファァ kúpfər] 中 (単2) -s/(複) — (3語のみ -n) ① 《覆 なし》銅 《愛 copper》. (記号: Cu). ein Kessel aus *Kupfer* 銅製のやかん. ② 《覆 なし》銅製品, 銅器; 銅貨. das *Kupfer*⁴ polieren 銅器を磨く. ③ 銅版画 (=*Kupfer*stich).

Kup·fer=draht [クプファァ・ドラート] 男 -(e)s/..drähte 銅線.

Kup·fer=druck [クプファァ・ドルク] 男 -(e)s / 《覆 なし》-e ① 《覆 なし》銅版印刷. ② 銅版画.

Kup·fer=mün·ze [クプファァ・ミュンツェ] 女 -/-n 銅貨.

kup·fern [クプファァン kúpfərn] 形 ① 《付加語としてのみ》銅[製]の. eine *kupferne* Kanne 銅製のポット. ② 銅のような, 銅色の.

Kup·fer=schmied [クプファァ・シュミート] 男 -(e)s/-e 銅細工師.

Kup·fer=ste·cher [クプファァ・シュテッヒャァ] 男 -s/- ① 銅版(エッチング)画家, 銅版彫刻家. ② 《昆》キクイムシ.

Kup·fer=stich [クプファァ・シュティヒ] 男 -(e)s/-e ① 《覆 なし》銅版彫刻[術], エッチング. ② 銅版画.

ku·pie·ren [クピーレン kupíːrən] 他 (h) ① (犬の尾・鳥の翼など⁴を)切って短くする; (生け垣など⁴を)刈り込む. ② 《医》(病気⁴の)進行を阻止する.

Ku·pon [クポーン kupɔ́ː] (=Coupon) [クポン] 男 -s/-s ① クーポン[券](切り取り式の切符). ② 《経》利札, 配当券.

Kup·pe [クッペ kúpə] 女 -/-n 丸い山頂; 指の頭; (くぎ・マッチなどの)丸い頭部.

Kup·pel [クッペル kúpəl] 女 -/-n 《建》丸屋根, 丸天井. (☞ Dach図).

Kup·pe·lei [クッペらイ kʊpəláɪ] 女 -/-en 売春の仲介; 《法》淫行(ﾗﾑ)勧誘.

kup·peln [クッペルン kúpəln] I 他 (h) (車両など⁴を)連結する, 接続する. II 自 (h) ① (自動車の)クラッチをつなぐ. ② 《古》(男女の)仲をとり持つ.

Kup·pe·lung [クッペるング] 女 -/-en = Kupplung

Kupp·ler [クップらァ kúplər] 男 -s/- 売春の仲介人.

Kupp·lung [クップるング] 女 -/-en ① 《覆 なし》《鉄道》連結, 接続. ② (車両の)連結器; 《工》継ぎ手. ③ (自動車の)クラッチ[ペダル]. die *Kupplung*⁴ treten クラッチペダルを踏む.

Kupp·lungs=pe·dal [クップるングス・ペダール] 中 -s/-e 《工》(自動車の)クラッチペダル.

*die **Kur¹*** [クーァ kúːr] 女 (単) -/(複) -en (長期にわたる)治療, 療法, (保養地での)療養, 湯治. (愛 cure). Entziehungs*kur* 禁断療法 / eine *Kur*⁴ machen 治療を受ける / auf *Kur* sein 保養中である / in *Kur* gehen 保養に行く / 人⁴ in die *Kur* nehmen 《口語》人⁴に説教する, 人⁴をとがめる / Er fährt jedes Jahr zur *Kur* nach Baden-Baden. 彼は毎年バーデン・バーデンへ保養に行く.

Kur² [クーァ] 女 -/-en 《古》(特にドイツ選帝侯時代に神聖ローマ皇帝を選んだ)選挙[権].

Kür [キューァ kýːr] 女 -/-en (體) (体操・フィギュアスケートなどの)自由演技. (♀愛「規定演技」は Pflicht).

Kur=an·stalt [クーァ・アンシュタるト] 女 -/-en 療養所, サナトリウム.

Ku·ra·tel [クラテーる kuratéːl] 女 -/-en 《法》後見. unter *Kuratel* stehen 後見を受けている.

Ku·ra·tor [クラートァ kuráːtɔr] 男 -s/-en [クラトーレン] ① (財団などの)管理者; (大学の)管財局長. ② 《古》後見人.

Ku·ra·to·ri·um [クラトーリウム kuratóːriːum] 中 -s/..rien [..リエン] (公共団体の)管理委員会; (大学などの)事務(管財)局.

Kur·bel [クルベる kúrbəl] 女 -/-n 《工》クランク, (柄の曲がった)ハンドル.

Kur·bel=ge·häu·se [クルベる・ゲホイゼ] 中 -s/- 《自動車》(エンジンの)クランクケース.

kur·beln [クルベるン kúrbəln] I 自 (h, s) ① (h) クランクを回す, (クランク式の)ハンドルを回す. ② (s, h) 《口語》旋回する. II 他 (h) ① (クランクを回して)巻き上げる; 《口語》(たばこなど⁴を)巻いて作る. ② 《口語》(場面など⁴を)撮影する.

Kur·bel=wel·le [クルベる・ヴェれ] 女 -/-n 《工》クランクシャフト.

Kür·bis [キュルビス kýrbɪs] 男 ..bisses/..bisse ① 《植》カボチャ. ② 《俗》(大きな)頭.

Kur·de [クルデ kúrdə] 男 -n/-n クルド人.

Kur·di·stan [クルディスターン kúrdistaːn または ..タン] 中 -s/ クルディスタン(クルド人居住地).

ku·ren [クーレン kúːrən] 自 (h) 《口語》療養する, 保養する.

kü·ren(*) [キューレン kýːrən] (kürte, hat...gekürt (古: kor, hat...gekoren)) 他 (h) 《雅》選ぶ. 人⁴ zum Kaiser *küren* 人⁴を皇帝に選出する.

Kur·fürst [クーァ・フュルスト] 男 -en/-en 《史》選帝(選挙)侯(神聖ローマ帝国皇帝を選定する資格を持っていた領主).

Kur·fürs·ten·damm [クーァフュルステン・ダム kúːrfʏrstən-dám] 男 -[e]s/ 《地名》クーアフュルステン・ダム(ベルリンの大通り. 通称は クーダム Ku'damm).

Kur·fürs·ten·tum [クーァフュルステントゥーム] 中 -s/..tümer 《史》選帝(選挙)侯国.

kur·fürst·lich [クーァ・フュルストりヒ] 形 《付加語としてのみ》《史》選帝(選挙)侯の.

Kur=gast [クーァ・ガスト] 男 -(e)s/..gäste 療養客, 湯治客.

Kur=haus [クーァ・ハオス] 中 -es/..häuser (療養設備の整った)保養センター, クアハウス.

Ku·rie [クーリエ kúːriə] 女 -/-n ① 《カトリック》教皇庁. die römische *Kurie* ローマ教皇庁. ② 《史》クリア(古代ローマの氏族の構成単位); 元老院議事堂.

Ku·rier [クリーァ kuríːr] 男 -s/-e (特に外交上の)使者, 急使; (新聞名として):新報.

ku·rie·ren [クリーレン kuríːrən] 他 (h) (病人・病気⁴を)治す, 治療する;《口語・比》(人⁴を偏見などから)改めさせる. Er *hat* seine Grippe mit Rum *kuriert*. 彼はラム酒を飲んで流感を治した / 人⁴ *von* einer Krankheit *kurieren* 人⁴の病気を治す / *von* seinen Illusionen *kurieren* 人⁴を幻想から覚ます / Davou *bin* ich gründlich *kuriert*. 《状態受動・現在》それには私はこりごりだ.

die **Ku·ri·len** [クリーレン kuríːlən] 複 《定冠詞とともに》《島名》千島列島.

ku·ri·os [クリオース kurióːs] 形 奇妙な, 風変わりな, 珍しい. eine *kuriose* Idee 妙な考え.

Ku·ri·o·si·tät [クリオズィテート kuriozitéːt] 女 -/-en ① 《複 なし》奇妙さ, 不思議, 珍奇. ② 珍しい物, 骨董(ミ゙ミ)品.

Ku·ri·o·sum [クリオーズム kurióːzum] 中 -s/..riosa (ふつう複)(奇妙な)事(物).

Kür⸗lauf [キューァ・ラオフ] 男 -s/..läufe (スケートの)自由演技.

Kur⸗ort [クーァ・オルト] 男 -[e]s/-e 保養地, 療養地, リゾート.

Kur⸗pfu·scher [クーァ・プフッシャァ] 男 -s/- 《法》無免許医;《口語》やぶ医者.

Kur⸗pfu·sche·rei [クーァ・プフッシェライ] 女 -/-en もぐり(やぶ)医者の診療.

der **Kurs** [クルス kúrs] 男 (単 2) -es/(複) -e (3 格のみ -en) ① (船・飛行機などの)針路, 航路, 進路; (競技の)コース, 走路;《比》(政治などの)路線. (英 *course*). den *Kurs* ändern (halten) コースを変える(保つ) / *Kurs*⁴ *auf* Hamburg nehmen ハンブルクへのコースをとる / Das Flugzeug geht *auf Kurs*. その飛行機はコース上を進んでいる / *vom Kurs* ab|kommen (または ab|weichen) コースからはずれる.
② 講習[会], コース, 講座; 講習会参加者. Sprach*kurs* 語学講座 / ein *Kurs* für Anfänger 初級者コース / ein *Kurs* in Deutsch besuchen ドイツ語講座に通う.
③ 《経》相場;《貨幣などの)流通. Der *Kurs* des Yen steigt. 円相場が上がる /物⁴ *außer Kurs* setzen 《経》を無効とする / 人⁴ *außer Kurs* setzen 《比》人⁴を解任する / hoch *im Kurs* stehen a) 相場が高い, b) 《比》高く評価されている.

Kurs⸗buch [クルス・ブーフ] 中 -[e]s/..bücher (列車・バスなどの)時刻表.

Kur⸗schat·ten [クーァ・シャッテン] 男 -s/- 《口語・戯》リゾート地で親しくなった異性.

Kürsch·ner [キュルシュナァ kýrʃnər] 男 -s/- 毛皮加工職人.

Kur·se [クルゼ] ＊Kurs (進路), Kursus (講習) の 複.

kur·sie·ren [クルズィーレン kurzíːrən] 自 (h, s) (貨幣などが)流通している;《比》(うわさなどが)広まっている. Es *kursiert* das Gerücht, dass... …といううわさが広まっている.

kur·siv [クルズィーフ kurzíːf] 形 《印》イタリック体の, 斜字体の.

Kur·siv⸗schrift [クルズィーフ・シュリフト] 女 -/《印》イタリック体[の文字].

kur·so·risch [クルゾーリッシュ kurzóːrɪʃ] 形 連続した; 大まかな.

Kurs⸗schwan·kung [クルス・シュヴァンクング] 女 -/-en 《経》(株式)相場の変動.

Kurs⸗sturz [クルス・シュトゥルツ] 男 -es/..stürze 《経》(株式)相場の暴落.

Kur·sus [クルズス kúrzus] 男 -/Kurse 講習[会]; 講座; (総称として)講習会参加者. an einem *Kursus* teil|nehmen 講習会に参加する.

Kurs⸗wa·gen [クルス・ヴァーゲン] 男 -s/- 《鉄道》直通車両(途中で他の列車に連結されて, 目的地まで換える必要のない車両).

Kurs⸗wert [クルス・ヴェーァト] 男 -[e]s/-e 《経》(株式の)市場価格.

Kurs⸗zet·tel [クルス・ツェッテる] 男 -s/- 《経》株式相場表.

Kurt [クルト kúrt] -s/-《男名》クルト (Konrad の短縮).

Kur⸗ta·xe [クーァ・タクセ] 女 -/-n (保養地での)療養施設利用税.

Kur·ti·sa·ne [クルティザーネ kurtizáːnə] 女 -/-n (昔の)(王侯貴族の)愛人; 高級売春婦.

＊*die* **Kur·ve** [クルヴェ kúrvə または ..fə] 女 (単)/(複) -n (道路などの)カーブ;《数》曲線. (英 *curve*). S-*Kurve* S 字形カーブ / eine scharfe *Kurve* 急カーブ / eine *Kurve*⁴ zeichnen 曲線を描く / eine *Kurve*⁴ schneiden (自動車などの)カーブの内側をぎりぎりに曲がる / Die Skiläufer fahren *in Kurven* zu Tal. スキーヤーたちはジグザグに曲がりながら谷へ滑り下りる / die *Kurve*⁴ kratzen 《俗》逃げる / die *Kurve*⁴ kriegen 《俗》どうにか切り抜ける / die *Kurve*⁴ heraus|haben 《俗》こつをのみ込んでいる.
② 《複 で》《口語》(女性の)ボディーライン.

kur·ven [クルヴェン kúrvən または ..フェン ..fən] 自 (s) ① (…へ)カーブする, カーブを描いて進む(飛ぶ). Der Bus *kurvte um* die Ecke. バスは角を回った. ② 《口語》(乗り物で)あちこち走り回る. ③ 《口語》あれこれ考える.

kur·ven⸗reich [クルヴェン・ライヒ] 形 ① カーブの多い, 曲がりくねった. ② 《口語・戯》曲線美の, グラマーな(女性など).

kur·vig [クルヴィヒ kúrvɪç] 形 カーブのある, 曲がりくねった(道路など).

＊**kurz** [クルツ kúrts]

短い	Der Mantel ist mir zu *kurz*. デァ マンテる イスト ミァ ツー クルツ このコートは私には短かすぎる.

形 (比較 kürzer, 最上 kürzest) ① 《空間的に》

短い, (距離が)近い. (英 short). (反「長い」は lang). *kurze* Haare 短い髪 / Sie trägt gern *kurze* Röcke. 彼女は短いスカートが好きだ / *kurze* Strecken⁴ laufen (스포) 短距離を走る / Sie trägt das Haar *kurz* [geschnitten]. 彼女は髪をショートカットにしている / alles⁴ *kurz* und klein schlagen (口語) 何もかもこなごなに打ち壊す / zu *kurz* kommen 損をする / *kurz* davor すぐ前に / *kurz* hinter dem Bahnhof 駅のすぐ後ろに.
② (時間的に) 短い, 短期の. (反「長期の」は lang). ein *kurzer* Besuch 短時間の訪問 / Die Zeit ist zu *kurz*. 時間が短すぎる / Er hat ein *kurzes* Gedächtnis. 《口語》彼は物覚えが悪い / einen *kurzen* Blick auf 物⁴ werfen 物⁴をちらっと見る / die Arbeit⁴ *kurz* unterbrechen 仕事をちょっと中断する / Der Bus fährt *kurz* vor drei Uhr. バスは3時ちょっと前に出ます / *kurz* nach Mitternacht 真夜中をちょっと過ぎた時に / *kurz* zuvor つい今しがた / *kurz* darauf そのすぐ後に.
◇《前置詞とともに; 名詞的に》 binnen *kurzem* 間もなく, じきに / seit *kurzem* 少し前から / über *kurz* oder lang 遅かれ早かれ, そのうちに / vor *kurzem* 少し前に, 最近 / bis vor *kurzem* 少し前まで. (類語 kürzlich).
③ 簡潔な, 手短な; そっけない, 無愛想な. eine *kurze* Antwort 簡潔な回答 / Sie war heute sehr *kurz* zu mir. 彼女はきょうは私にひどくそっけなかった / *kurz* [gesagt]... つまり, 要するに… / um es *kurz* zu machen (または sagen) 手短に言えば / *kurz* und bündig 簡潔に / *kurz* und gut 要するに / *kurz* und schmerzlos 《口語》ためらわずに, 直ちに / 事⁴ *kurz* zusammen|fassen 事⁴を要約する / Fasse dich *kurz*! 簡潔に言え! / 人⁴ *kurz* ab|fertigen 人⁴をそっけなくあしらう / *kurz* angebunden sein つっけんどんである.

(新形)
kurz ge·fasst 簡潔な, 要約した.

kurz hal·ten 《口語》(教育的理由から 人⁴ に)お金(食事)をあまり与えない.

kurz tre·ten 《口語》(活動を)控えめにする; 切り詰めた生活をする.

....

Kurz=ar·beit [クルツ・アルバイト] 女 -/ 時間短縮勤務, 操業短縮.

kurz|ar·bei·ten [クルツ・アルバイテン kúrtsàrbaɪtən] 自(h) 時間短縮勤務をする.

kurz=är·me·lig [クルツ・エルメリヒ] 形 袖(そで)の短い, 半袖の.

kurz=ärm·lig [クルツ・エルムリヒ] 形 =kurzärmelig

kurz=at·mig [クルツ・アートミヒ] 形 息苦しそうな. (医) 呼吸圧迫の; 喘息(ぜんそく)性の.

*die **Kür·ze** [キュルツェ kýrtsə] 女 (単) -/(複) -n 《英 shortness》 ① 《複 なし》(空間的な)短さ. (反「長さ」は Länge). die *Kürze* des Haars 髪の短さ. ② (時間的な)短さ. die

Kürze der Zeit² 時間の短さ / in *Kürze* 間もなく. ③ 《複 なし》簡潔さ, 簡略. *Kürze* des Ausdrucks 表現の簡潔さ / 事⁴ in aller *Kürze* berichten 事⁴をごく手短に報告する / In der *Kürze* liegt die Würze. ことわざ 簡潔の中にこそ味わいがある. ④ 《詩学》短音節.

Kür·zel [キュルツェる kýrtsəl] 中 -s/- 速記記号; 略字, 略号.

*kür·zen [キュルツェン kýrtsən] du kürzst (kürzte, *hat*…gekürzt) 他 (完了 haben) ① 短くする, 縮める; (論文などを)要約する. (英 shorten). einen Rock um 3 Zentimeter *kürzen* スカートを3センチ短くする / die Pause⁴ *kürzen* 休憩時間を短縮する / ein Manuskript *kürzen* 原稿を縮める / einen Bruch *kürzen* (数) 約分する / das Gehalt⁴ *kürzen* (賃金など⁴を)減らす. 人³ das Gehalt⁴ *kürzen* 人³の給料をカットする / den Etat *kürzen* 予算を削減する.

*kür·zer [キュルツァァ kýrtsər] (≠kurz の 比較) 形 より短い; 比較的短い, かなり短い. Diese Strecke ist *kürzer*. この路線の方が近道だ / *kürzere* Arbeitszeiten より短い労働時間 / Er war für *kürzere* Zeit verreist. 彼はしばらく旅行に出ていた. ◇《名詞的に》den *kürzeren* (ob den Kürzeren) ziehen 《口語》貧乏くじをひく, 損をする.

kur·zer·hand [クルツァァ・ハント] 副 即座に, さっさと. eine Bitte⁴ *kurzerhand* ab|leh·nen 頼みをあっさり拒否する.

*kür·zest [キュルツェスト kýrtsəst] (≠kurz の 最上) 形 最も短い. der *kürzeste* Weg zum Bahnhof 駅へのいちばんの近道 / 事⁴ auf dem *kürzesten* Wege erledigen 事⁴をできるだけ早く片づける / in *kürzester* Frist 早急に.

kurz=fris·tig [クルツ・フリスティヒ] 形 ① 突然の, 直前になっての. 事⁴ *kurzfristig* ab|sagen 事⁴を急にとり消す. ② 短期[間]の. *kurzfristige* Verträge 短期契約.

kurz=ge·faßt 形 (新形) kurz gefasst) ☞ kurz

Kurz=ge·schich·te [クルツ・ゲシヒテ] 女 -/-n 《文学》ショートストーリー, 短篇小説.

kurz|hal·ten 他 (h) (新形) kurz halten) ☞ kurz

kurz=le·big [クルツ・れービヒ] 形 ① (動植物が)短命な. ② 一時的な; (器具などの)寿命の短い, 長持ちしない. eine *kurzlebige* Mode 一時的な流行.

*kürz·lich [キュルツリヒ kýrtslɪç] 副 最近, 近ごろ, 先日. 《英 recently》. Ich habe ihn *kürzlich* getroffen. 私は最近彼に会いました.

類語 kürzlich: (数日または数週間を念頭において)最近. vor kurzem: 少し前に (この「少し」は, ほんの2・3時間から数日にまでおよんでいる). neulich: (まだ記憶に新しい特定の時点を示して)この間, 先日. Ich war *neulich* im Theater. 私はこの間芝居を見に行った. vorhin: つい今しがた.

....

kurz|schlie·ßen* [クルツ・シュリーセン kúrts-ʃliːsən] 他 (h) (回路などを)ショート(短絡)させる.

Kurz⹀schluss [クルツ・シュルス] 男 -es/..schlüsse (電)ショート, 短絡;《比》(思考の)短絡, 早まった推論.

Kurz⹀schluß ☞ 新形 Kurzschluss

Kurz·schluss⹀hand·lung [クルツシュルス・ハンドルング] 女 -/-en 短絡的(衝動的)行動.

Kurz·schluß⹀hand·lung ☞ 新形 Kurzschlusshandlung

Kurz⹀schrift [クルツ・シュリふト] 女 -/-en 速記[術]=Stenografie).

kurz·sich·tig [クルツ・ズィヒティヒ] 形 ①《医》近視の.(☜「遠視の」は weitsichtig). ②《比》近視眼的な, 先見の明のない.

Kurz·sich·tig·keit [クルツ・ズィヒティヒカイト] 女 -/ ①《医》近視.(☜「遠視」は Weitsichtigkeit). ②《比》短見, 先見の明のなさ.

Kurz·stre·cken⹀lauf [クルツシュトレッケン・らオふ] 男 -[e]s/..läufe (スポ)短距離競走.

Kurz·stre·cken⹀läu·fer [クルツシュトレッケン・ロイふァァ] 男 -s/- (スポ)短距離ランナー.

Kurz·stre·cken⹀ra·ke·te [クルツシュトレッケン・ラケーテ] 女 -/-n (軍)短距離ミサイル.

kürz·te [キュルツテ] *kürzen (短くする)の過去

kurz|tre·ten* 自 (h, s) (☞ 新形 kurz treten) ☞ kurz

kurz⹀um [クルツ・ウム] 副 要するに, 手短に言えば.

Kür·zung [キュルツング] 女 -/-en 短縮;要約;(賃金などの)カット, 削減.

Kurz⹀wa·ren [クルツ・ヴァーレン] 複 裁縫用品(針・ボタンなど).

Kurz⹀weil [クルツ・ヴァイる] 女 -/ 気晴らし, 時間つぶし. 事⁴ **zur** (または **aus**) *Kurzweil* machen 退屈しのぎに事⁴をする.

kurz·wei·lig [クルツ・ヴァイりヒ] 形 気晴らしになる, おもしろい.(☜「退屈な」は langweilig).

Kurz⹀wel·le [クルツ・ヴェれ] 女 -/-n (物・放送)短波.(☜「長波」は Langwelle).

Kurz⹀wort [クルツ・ヴォルト] 中 -[e]s/..wörter 《言》略語, 短縮語(例: Mofa←**Mo**tor**fa**hrrad).

kurz⹀zei·tig [クルツ・ツァイティヒ] 形 短時間(短期間)の, 一時的な.

kusch! [クッシュ kúʃ] 間 ①(犬に向かって:)伏せ, しっ! ②《ドイツ・俗》(人に向かって:)静かに, しっ!

ku·scheln [クッシェるン kúʃəln] 再帰 (h) *sich*⁴ *kuscheln* ①《*sich*⁴ **an** 人⁴ ~》(人⁴に)ぴったり身を寄せる. ②《*sich*⁴ **in** 物⁴ ~》(物⁴に)もぐり込む. *sich*⁴ ins Bett *kuscheln* ベッドにもぐり込む.

ku·schen [クッシェン kúʃən] 自 (h) ①(犬が)伏せをする. ②(人が)かしこまる. Er *kuscht* vor seiner Frau. 彼は奥さんには頭が上がらない.

*die **Ku·si·ne** [クズィーネ kuzíːnə] 女 (単) -/ (複) -n (女性の)いとこ, 従姉妹(=Cousine). (英) [female] cousin). (☜「従兄弟」は Vetter).

*der **Kuss** [クス kús] 男 (単 2) -es/(複) Küsse [キュッセ] (3格のみ Küssen) キス, 口づけ. (英 kiss). Abschieds*kuss* 別れのキス / ein zarter *Kuss* 優しいキス / 人³ einen *Kuss* auf den Mund (die Stirn) geben 人³の口(額)にキスをする / *Küsse*⁴ mit 人³ tauschen 人³とキスを交わす.

Kuß ☞ 新形 Kuss

Küs·se [キュッセ] *Kuss (キス)の複

kuss⹀echt [クス・エヒト] 形 キスしても色の落ちない(口紅など).

kuß⹀echt ☞ 新形 kussecht

***küs·sen** [キュッセン kýsən] du küsst, er küsst (küsste, *hat*...geküsst) 他 (定了 haben)《**4 格とともに**》(人・物⁴に)キスする, 口づけする.(英 kiss). Er *küsste* seine Freundin. 彼は恋人にキスした / Sie *küsste* das Kind **auf** die Stirn. 彼女は子供のおでこにキスした / einer Dame³ die Hand⁴ *küssen* 女性の手にキスする /ein Foto⁴ *küssen* 写真にキスする. ◇《相互的》Sie *küssten sich*⁴ stürmisch. 彼らは激しくキスを交わした.

Kuss⹀hand [クス・ハント] 女 -/..hände 投げキス. 人³ eine *Kusshand*⁴ zu|werfen 人³に投げキスを送る / 物⁴ mit *Kusshand* nehmen 《口語》物⁴を大喜びで受け取る.

Kuß⹀hand ☞ 新形 Kusshand

küsst [キュスト] *küssen (キスする)の2人称単数・3人称単数・2人称複数 現在

küßt ☞ 新形 küsst

küss·te [キュステ] *küssen (キスする)の過去

küß·te ☞ 新形 küsste

*die **Küs·te** [キュステ kýstə] 女 (単) -/(複) -n 海岸, 浜辺;沿岸[地域].(英 coast). die felsige *Küste* 岩の多い海岸 / **an** der *Küste* entlang|fahren 沿岸沿を航行(走行)する.

Küs·ten⹀fi·sche·rei [キュステン・ふィッシェライ] 女 -/ 沿岸漁業, 近海漁業.

Küs·ten⹀ge·wäs·ser [キュステン・ゲヴェッサァ] 中 -s/- (政)沿岸海域, 領海.

Kü·sten⹀schiffahrt ☞ 新形 Küstenschifffahrt

Küs·ten⹀schiff·fahrt [キュステン・シふふァールト] 女 -/ 沿岸航行.

Küs·ten⹀schutz [キュステン・シュッツ] 男 -es/ (海浜の)護岸[施設].

Küs·ten⹀strei·fen [キュステン・シュトライふェン] 男 -s/- (細長い)沿岸地域.

Küs·ten⹀wa·che [キュステン・ヴァッヘ] 女 -/-n 沿岸警備[隊].

Küs·ter [キュスタァ kýstər] 男 -s/- ①教会の雇い人. ②《カトリック》香部屋係.

Kus·tos [クストス kústɔs] 男 -/..toden [..トーデン] ①(博物館などの)学芸主任(主事). ②《古》(教会の)寺男. ③《製本・印》(昔の:)つなぎ語(ページの右下に書かれた次ページの第一語).

Kutsch⹀bock [クッチュ・ボック] 男 -[e]s/..böcke (馬車の)御者台.

Kut·sche [クッチェ kútʃə] 囡 -/-n ① (昔の:) 客馬車, 乗合馬車. eine zweispännige *Kutsche* 二頭立ての馬車. ② (俗・戯)(大きな) ぽんこつ車.

Kut·scher [クッチァァ kútʃər] 男 -s/- (馬車の)御者.

kut·schie·ren [クチーレン kʊtʃíːrən] I 圓 (s) (…へ)馬車で行く;《口語》(乗り物で…へ)行く(走る). II 他 (h) ① (人・物⁴を…へ)馬車で運ぶ(連れて行く);《口語》(人・物⁴を車などで…へ)運ぶ(連れて行く). ② (馬車⁴を)御する;《口語》(車など⁴を)運転する.

Kut·te [クッテ kútə] 囡 -/-n 修道服, 僧衣; (若者言葉:)衣服(特にコート・パーカー・アノラックなど).

Kut·tel [クッテル kútəl] 囡 -/-n《ふつう 複》《南ᵈⁱᵗˢ·ᵒ̈ˢᵗʳ·ˢᶜʰʷ》(特に牛の)内臓, 臓物(=Kaldaune).

Kut·ter [クッタァ kútər] 男 -s/-《海》① 1本マストの小型帆船; (エンジン付きの)小型漁船. ② (軍艦などに載せる)小艇.

Ku·vert [クヴェーァ kuvéːr または クヴェルト kuvért] [ᶻᵘ] 中 -s/-s (ドイツ式発音のとき: -[e]s/-e) ① 《方》封筒. ② 《雅》一人前の食器 (皿・ナイフ・フォークなどの一式).

Ku·wait [クヴァイト kuváit または クー..] 中 -s/ (国名)クウェート(首都はクウェート).

KV [ケッヒェル・フェアツァイヒニス]《略》ケッヘル番号 (モーツァルトの作品番号) (=Köchelverzeichnis).

kW [キーロ・ヴァット または キㇿ・ヴァット]《記号》キロワット (=Kilowatt).

KW [カー・ヴェー]《略》短波 (=Kurzwelle).

kWh [キㇿヴァット・シュトゥンデ]《記号》キロワット時 (=Kilowattstunde).

Ky·ber·ne·tik [キュベルネーティク kybɛrnéːtɪk] 囡 -/ ① サイバネティックス(アメリカの数学者 N・ウィーナー 1894-1964 が提唱した総合情報科学). ②《新教》教会[区]指導の原理.

ky·ber·ne·tisch [キュベルネーティッシュ kybɛrnéːtɪʃ] 形 サイバネティックスの.

Ky·rie e·lei·son! [キューリエ エライゾン kýːriə eláizɔn または …エㇾーイゾン …eléːizɔn] 間《ᶜʰʳⁱˢᵗ教》(祈禱語:) 主よあわれみたまえ, キリエ・エレイソン.

ky·ril·lisch [キュリㇽリッシュ kyrílɪʃ] 形 キリル[文字]の. die *kyrillische* Schrift キリル文字. (ギリシア文字から作られ, 今日のロシア文字などの基礎になっている).

KZ [カー・ツェット] 中 -[s]/-[s]《略》(ナチスの)強制収容所 (=Konzentrationslager).

L l

l¹, L¹ [エる él] 中 -/- エル(ドイツ語アルファベットの第 12 字).

l² [リータァ または リッタァ]《記号》リットル (= Liter).

L² [ふュンふツィヒ] (ローマ数字の) 50.

l.《略》① [リース] (…と読むこと (=lies!).
② [リンクス] 左に (=links).

L. [リーラ]《略》リラ (イタリアの貨幣単位) (=Lira).

La [エる・アー]《化・記号》ランタン (=Lanthan).

Lab [らープ láp] 中 -[e]s/-e《生化》ラープ, レンニン (凝乳酵素).

lab·be·rig [らッベリヒ lábəriç] 形《口語》① (スープなどが) 水っぽい, うすい; 気の抜けた. ② たるんだ, ふにゃふにゃした.

La·be [らーベ láːbə] 女 -/《詩》元気づける (気分をさわやかにする) もの (=Labsal).

la·ben [らーベン láːbən] I 再帰 (h)《*sich* an (または mit) 物³ ~》《雅》(物³ (飲食物で) 元気を回復する, さわやかな気分になる. II 他 (h)《人⁴ mit 物³ ~》《雅》(人⁴を物⁴ (飲食物で) 元気づける, さわやかな気分にさせる. ◆《現在分詞の形で》ein *labender* Trunk 清涼飲料.

la·bern [らーバン láːbərn] 自 (h)《口語》くだらないおしゃべりをする.

la·bi·al [らビアーる labiáːl] 形《医》唇の;《言》唇音の.

la·bil [らビーる labíːl] 形 不安定な;《医》病気になりやすい;《心》情緒不安定な. (☞「安定した」は stabil). eine *labile* Gesundheit 不安定な健康状態.

La·bi·li·tät [らビりテート labilitɛ́ːt] 女 -/-en《ふつう 単》不安定; 変わりやすさ.

Lab⸗kraut [らープ・クラオト] 中 -[e]s/..kräuter《植》ヤエムグラ (属).

Lab⸗ma·gen [らープ・マーゲン] 男 -s/..mägen《動》(反芻(はんすう)動物の) 皺胃(しゅうい).

La·bor [らボーァ labóːr] 中 -s/-s (または -e) 実験 (研究) 室 (=*Laboratorium*). Sprach*labor* ランゲージ・ラボラトリー, LL.

La·bo·rant [らボラント laborάnt] 男 -en/-en 実験助手. (☞ 女性形は Laborantin). Chemie*laborant* 化学実験助手.

das La·bo·ra·to·ri·um [らボラトーリウム laborátóːrium] 中 (単 2) -s/(複) ..rien [..リエン] (自然科学の) **実験室**, 研究室 (略: Labor).

la·bo·rie·ren [らボリーレン labíːrən] 自 (h)《口語》(病気・仕事などで) 苦しむ, 苦労する. an einer Krankheit *laborieren* 病気で苦しんでいる.

Lab·sal [らープザーる láːpzaːl] 中 -[e]s/-e (南ドイツ・オーストリア: 女 -/-e)《雅》元気づける (気分をさわやかにする) もの. Der Urlaub war ein wahres *Labsal*. 休暇は実にいい休養になった.

Labs⸗kaus [らプス・カオス] 中 -/《料理》ラプスカウス (もとは肉・マッシュポテト・たまねぎ・赤かぶ・塩漬けのきゅうりなどをごった煮にした船員料理).

La·by·rinth [らビュリント labyrínt] 中 -[e]s/-e ①《ギリシャ神話》ラビュリントス; 迷宮, 迷路;《比》迷宮のような場所 (物). *sich*⁴ in einem *Labyrinth* verirren 迷宮に迷う. ②《医》(内耳の) 迷路.

La·che¹ [らッヘ láxə] 女 -/-n 水たまり; (こぼれた) 液体のたまり.

La·che² [らッヘ] 女 -/-n《ふつう 単》《口語》笑い声; 笑い方. eine laute *Lache* 高笑い.

‡lä·cheln [れッヒェるン lɛ́çəln] ich lächle (lächelte, hat...gelächelt) 自 (完了 haben) ① ほほえむ, 微笑する. (英 smile). freundlich *lächeln* 愛想よくほほえむ / Er *lächelte* kühl. 彼は冷やかな笑みを浮かべた / Das Glück *lächelte* ihm.《雅》幸運が彼に向いてきた (←ほほえみかけた). (☞ 類語 lachen). ②《über 人・事⁴ ~》人・事⁴を) 笑いものにする, ちゃかす, まじめにとり合わない. Darüber *kann* man nur *lächeln*. それはとても本気にできない.

Lä·cheln [れッヒェるン] 中 -s/ ほほえみ, 微笑. Sie dankte ihm mit einem *Lächeln*. 彼女はほほえみで彼にお礼の気持ちを伝えた.

lä·chelnd [れッヒェるント] ‡lächeln (ほほえむ) の 現分 ◇《成句的に》kalt *lächelnd* 冷笑を浮かべて, 少しの同情もなく.

lä·chel·te [れッヒェるテ] ‡lächeln (ほほえむ) の 過去

‡la·chen [らッヘン láxən]

> 笑う Warum *lachen* Sie?
> ヴァルム らッヘン ズィー
> なぜ笑うのですか.

(lachte, hat...gelacht) I 自 (完了 haben) ① 笑う. (英 laugh). (☞「泣く」は weinen). laut (leise) *lachen* 大声で (小声で) 笑う / schief *lachen* 腹を抱えて笑う / Er *lacht* aus vollem Halse. 彼は大きな声で笑う /《über das ganze Gesicht *lachen* 満面に笑みをたたえる / Da gibt es nichts zu *lachen*. 笑い事ではない / Du hast (または kannst) gut *lachen*. (他人事だから) 君は笑っていられる / Dass ich nicht *lache*! ばかばかしい, とんでもない / Wer zuletzt *lacht*, *lacht* am besten.《諺》最後に笑う者が最もよく笑う / Die Sonne (Der Himmel) *lacht*.《比》太陽 (空) が輝いている. ◆《現在分詞の形で》Er war der *lachende* Dritte. 彼が漁夫の利を占めた (←笑う第三者だっ

Lachen

た).

◇《成句的に》Er *lachte* sein helles *Lachen*. 彼は朗らかに笑った / Tränen⁴ *lachen* 涙が出るほど笑う.

② 《**über** 人・物⁴ ～》《人・物⁴のことを》笑う; あざけり笑う. über einen Witz *lachen* ジョークを聞いて笑う / Alle Kollegen *lachen* über ihn. 同僚たちはみんな彼をあざ笑う.

II 《再帰》《完了》haben》*sich*⁴ *lachen*《…になるほど》笑う. *sich*⁴ tot (または zu Tode) *lachen* 死ぬほど笑う / *sich*⁴ krumm und schief *lachen*《口語》身をよじって笑う.

《類語》 **lachen**:「笑う」の意味で最も一般的な語. **lächeln**: ほほえむ, 微笑する. **kichern**: くすくす笑う, しのび笑いをする. Die Mädchen *kicherten* dauernd. 少女たちはくすくす笑い続けた. **grinsen**: にやにや笑う, にやにやする.

La·chen [ラッヘン] 中 -s/ 笑い[声]. 人⁴ **zum** *Lachen* bringen 人⁴を笑わせる / Das ist ja zum *Lachen*.《口語》そいつはお笑い草だ.

La·cher [ラッヘァ] 男 -s/- ① 笑う人. die *Lacher*⁴ auf seiner Seite haben (論争などの際に)巧みなユーモアで聴衆を味方にする. ② (突然わき起こる短い)笑い.

* **lä·cher·lich** [レッヒァァリヒ léçərliç] **I** 形 ① こっけいな, おかしい; ばかばかしい.《英 *ridiculous*》. Das ist ja *lächerlich*. それはこっけいだ / ein *lächerlicher* Vorschlag ばかげた提案 / 人・事⁴ *lächerlich* machen 人・事⁴を笑い物にする / sich⁴ *lächerlich* machen 物笑いになる. ◇《名詞的に》事⁴ ins *Lächerliche* ziehen 事⁴をちゃかす. ② (ばかばかしいほど)わずかな, ささいな. eine *lächerliche* Summe わずかな金額 / ein *lächerlicher* Anlass ささいなきっかけ.

II 副 ひどく, ばかばかしいほど. ein *lächerlich* niedriges Einkommen ひどく少ない収入.

Lä·cher·lich·keit [レッヒァァリヒカイト] 女 -/-en ① 《複 なし》おかしさ, ばかばかしさ. ② 《ふつう 複》くだらないこと, ささいなこと.

Lach≈gas [ラッハ・ガース] 中 -es/《化》笑気(${}_{\text{ショウキ}}$) (一酸化二窒素の俗称).

lach·haft [ラハハフト] 形 ばかばかしい.

Lach≈krampf [ラッハ・クランプふ] 男 -[e]s/ ..krämpfe《医》(病的な)けいれん性の笑い.

läch·le [レヒれ] *lächeln (ほほえむ)の1人称単数 現在

* *der* **Lachs** [らクス láks] 男 (単2) -es/(複) -e (3格のみ -en)《魚》サケ(鮭).《英 *salmon*》. geräucherter *Lachs* スモークサーモン.

Lach≈sal·ve [ラッハ・ざるヴェ] 女 -/-n (数人が)どっと笑う声.

lachs≈far·ben [らクス・ふァルベン] 形 サーモンピンクの.

Lachs≈schin·ken [らクス・シンケン] 男 -s/- 《料理》(豚の背肉の)生ハム.

lach·te [らハテ] *lachen (笑う)の過去.

Lack [ラック lák] 男 -[e]s/(種類:) -e ① ラッカー, ニス, 漆; エナメル;《比》うわべの飾り. Der *Lack* ist ab.《俗》若さ(魅力)がなくなった(←ラッカーがはげた). ② マニュアア液, ネールエナメル (= Nagel*lack*). ③《植》ニオイアラセイトウ.

Lack≈af·fe [ラック・アッふェ] 男 -n/-n《口語》(軽蔑的に)(男の)めかし屋, だて男.

Lack≈ar·beit [ラック・アルバイト] 女 -/-en 漆器; 漆工芸.

La·ckel [ラッケる lákəl] 男 -s/-《南ドイツ・オーストリア・口語》間抜け, とんま.

la·ckie·ren [らキーレン lakí:rən] 他 (h) ① (物⁴に)ラッカー(ニス・漆)を塗る. Er hat sein Auto neu *lackieren* lassen.《現在完了》彼は車を新しく塗装してもらった / sich³ die Fingernägel⁴ *lackieren* 爪(っめ)にマニュアをする. ②《口語》(人⁴を)だます, ペテンにかける. ③《成句的に》人³ eine⁴ *lackieren*《俗》人³に一発くらわす.

La·ckie·rer [らキーラァ lakí:rər] 男 -s/- 塗装工; 塗物師.

Lack≈le·der [ラック・れーダァ] 中 -s/ エナメル革.

Lack·mus [ラックムス lákmus] 中 男 -/《化》リトマス.

Lack·mus≈pa·pier [ラックムス・パピーァ] 中 -s/《化》リトマス試験紙.

Lack≈schuh [ラック・シュー] 男 -[e]s/-e エナメル靴.

La·de [らーデ láːdə] 女 -/-n ①《方》引き出し (= Schub*lade*). ②《方》長持ち, ひつ. ③ (馬の銜(${}_{\text{はみ}}$)受け.

La·de≈baum [らーデ・バオム] 男 -[e]s/..bäume《海》(船の荷積み用の)回旋腕木, デリック.

La·de≈flä·che [らーデ・ふレッヒェ] 女 -/-n (トラックなどの)積載床面積.

La·de≈ge·rät [らーデ・ゲレート] 中 -[e]s/-e《電》充電器.

La·de≈hem·mung [らーデ・ヘンムング] 女 -/-en (銃などの装填(${}_{\text{ソウテン}}$)部の故障. [eine] *Ladehemmung*⁴ haben《戯》(一時的に)頭が働かなくなる.

* **la·den**[1]* [らーデン láːdən] du lädst, er lädt (lud, *hat* ... geladen) 他《完了》haben》《英 *load*》① (A⁴ **auf** (または **in**) B⁴ ～》(A⁴をB⁴に)積み込む, 載せる; 背負わせる. Sie *laden* Holz auf den Lastwagen. 彼らは木材をトラックに積む / Er hat [sich³] den Verletzten auf die Schulter *geladen*. 彼は負傷者を肩におぶった / eine große Verantwortung⁴ auf sich *laden* 《比》大きな責任をしょいこむ. ◇《目的語なしでも》Sie *laden* gerade. 彼らは荷積みをしているところだ / Er hat schwer (または stark) *geladen*.《口語・戯》彼はへべれけだ(←(アルコールの)荷を積み過ぎている). ② (自動車・船などが貨物など⁴を)積む. Das Schiff *hat* Weizen *geladen*. その船は小麦を積み込んだ. ◇《自動詞としても》Der LKW *hat* zu schwer *geladen*. そのトラックは荷の積み過ぎだ. ③ (銃砲など⁴に)弾丸を装填(${}_{\text{ソウテン}}$)する. eine Pistole⁴ *laden* ピス

トルに弾丸を込める / die Kamera⁴ laden《口語》カメラにフィルムを入れる．④《物・工》《物⁴に》充電(荷電)する．eine Batterie⁴ laden バッテリーを充電する．
◇☞ geladen

la·den² * [らーデン] 他 (h) ①《雅》招待する (=ein|laden)．人⁴ zum Essen laden 人⁴を食事に招く．②《法》召喚する．人⁴ als Zeugen laden 人⁴を証人として喚問する．

*der **La·den** [らーデン lá:dən] 男 (単2) -s/(複) Läden [れーデン] まれに(複) – ①《商》Läden) 店, 商店．(英 store, shop)．Blumenladen 花屋 / ein moderner Laden モダンな店 / ein Laden für Lebensmittel 食料品店 / der Laden an der Ecke (または um die Ecke)《口語》(日用品・食料品などを扱う)近所の店 / einen Laden eröffnen 新規に開店する / Der Laden öffnet um 8 Uhr. その店は8時に開く．
②《複 なし》《口語》事[柄], (例の)一件；仕事．Der Laden läuft. 事(仕事)がうまく行く / den Laden hin|werfen (途中で)仕事をほっぽりだす．③《複 Läden (まれに –)》(窓の)シャッター, よろい戸 / Fensterladen》．die Läden⁴ öffnen (schließen) シャッターを開ける(閉める)．

Lä·den [れーデン] *Laden (店)の 複

La·den‐dieb [らーデン・ディープ] 男 –[e]s/-e 万引き[する人]．

La·den‐dieb‐stahl [らーデン・ディープシュタール] 男 –[e]s/..stähle 万引き[行為]．

La·den‐hü·ter [らーデン・ヒュータァ] 男 –s/– 《口語》(軽蔑的に:)店(棚)ざらしの(売れ残り)の商品．

La·den‐ket·te [らーデン・ケッテ] 女 –/-n チェーンストア．

La·den‐preis [らーデン・プライス] 男 –es/-e 店頭(小売)価格．

La·den‐schluss [らーデン・シュるス] 男 –es/ 閉店[時間]．kurz **vor** Ladenschluss 閉店間際に．

La·den‐schluß ☞ 新形 Ladenschluss

La·den‐schluss‐ge·setz [らーデンシュるス・ゲゼッツ] 中 –es/-e 閉店[時間]に関する法律．

La·den‐schluß‐ge·setz 新形 Ladenschlussgesetz

La·den‐schwen·gel [らーデン・シュヴェングる] 男 –s/– 《口語》(軽蔑的に:)見習いの店員．

La·den‐tisch [らーデン・ティッシュ] 男 –[e]s/-e (売店の)カウンター．物⁴ **unterm** Ladentisch verkaufen《口語》物⁴(禁制品など)をこっそり売る．

La·de‐ram·pe [らーデ・ランペ] 女 –/-n (鉄道の)貨物[積み下ろし]ホーム．

La·de‐raum [らーデ・ラオム] 男 –[e]s/..räume (飛行機などの)貨物室；船倉．

lä·die·ren [れディーレン lɛdíːrən] 他 (h) 《人・物⁴》を傷つける．◇《過去分詞の形で》ein schwer lädierter Wagen ひどく損傷した車．

lädst [れーツト] *laden¹ (積み込む)の2人称単数 現在

lädt [れート] *laden¹ (積み込む)の3人称単数 現在

*die **La·dung**¹ [らードゥング láːdʊŋ] 女 (単) –/(複) -en ① 積み荷, 貨物；(貨車・船などの)積載量．(英 load)．eine Ladung Holz 貨車一台(船一隻)分の木材．②(一発分の)爆薬, 弾薬．③《口語》かなりの量．eine Ladung Schnee 大量の雪．④《物》電荷．eine positive (negative) Ladung プラス(マイナス)の電荷．

La·dung² [らードゥング] 女 –/-en《法》召喚[状]．

La·dy [れーディ léːdi] [英] 女 –/-s ①《複 なし》レディー(イギリスの貴族の婦人に対する称号)．②(教養・気品のある)女性, 淑女 (=Dame)．

la·dy·like [れイディ・ライク léɪdɪ-laɪk] [英] 形 レディーの(淑女)らしい．

La·fet·te [らフェッテ lafétə] 女 –/-n《軍》砲架．

Laf·fe [らッフェ láfə] 男 –n/-n だて男, 気取り屋．

lag [らーク] *liegen (横たわっている)の 過去

*die **La·ge** [らーゲ láːgə] 女 (単) –/(複) -n ① 位置, 場所[柄]．(英 position)．eine sonnige Lage 日当りのよい場所 / die geografische Lage Japans 日本の地理的位置 / **in** höheren Lagen《気象》高地(山地)では．
② 姿勢, (体などの)位置, 体位．(英 position)．Rückenlage あおむけの姿勢 / eine bequeme Lage 楽な姿勢 / in senkrechter (waagrechter) Lage 垂直(水平)姿勢で / 物⁴ **in die** richtige Lage bringen 物⁴を正しく置く．
③ 情勢, 状況, 立場, 境遇．(英 situation)．Notlage 苦境, die politische Lage 政治情勢 / die Lage⁴ peilen《口語》情勢(状況)を探る / **in** eine gefährliche Lage geraten 危険な状況に陥る / Versetze dich [einmal] in meine Lage! ぼくの身にもなってみてくれ / **in** allen Lagen あらゆる事態に / **in der** Lage sein, **zu** 不定詞[句] …することができる ⇒ Ich bin nicht in der Lage, dir zu helfen. ぼくは君を助けることはできない / **nach der** Lage der Dinge² 諸般の状況から判断して．
④《音楽》音域, 声域；和音の位置；(弦楽器で指を置く)ポジション．⑤《物》の重なり，層．einige Lagen Papier 数枚重なの紙．⑥《口語》(酒などの)同席の人々に行きわたる量 (= Runde)．eine Lage Bier⁴ aus|geben みんなにビールをおごる．⑦《ふつう 複》(水泳の)メドレーリレー．

lä·ge [れーゲ] *liegen (横たわっている)の 接2

La·ge‐be·richt [らーゲ・ベリヒト] 男 –[e]s/-e 状況(情勢)報告．

La·ge‐plan [らーゲ・プらーン] 男 –[e]s/..pläne (建物・都市などの)見取図, 配置図．

*das **La·ger** [らーガァ láːgər] 中 (単2) –s/(複) (3 格のみ –n) ①(軍隊などの)**宿営地**, 野営地；(捕虜・難民などの)収容所, キャンプ[場]．(英 camp)．Konzentrationslager (特にナチの)強制収容所 / ein Lager⁴ auf|schlagen (ab|brechen) キャンプを設営する(撤去する) / im *Lager* leben 収容所で暮らす / ins *Lager* fahren (学童などが)キャンプ村へ行く. ② (政治・思想上の)陣営. Die Partei spaltete sich in zwei *Lager*. その党は二つの陣営に分裂した. ③ 〘覆 Läger も〙(商品の)**倉庫**; (総称として:)**在庫品**. Waren⁴ auf *Lager* nehmen (または legen) 商品を仕入れる / 物⁴ auf *Lager* haben 《口語》 物⁴ を持ち合わせている ⇨ Er hat immer ein paar Witze auf *Lager*. 彼はいつもジョークの二つ三つは用意している(←在庫がある). ④ 寝床. ⑤ 《地学》(鉱物の)層, 鉱床. ⑥ 〘工〙軸受け, ベアリング.

La·ger=be·stand [ラーガァ・ベシュタント] 男 -(e)s/..stände 在庫品, ストック.

La·ger=bier [ラーガァ・ビーァ] 中 -(e)s/-e ラガー(貯蔵)ビール(ビールには上面発酵 (obergärig) のものと下面発酵 (untergärig) のものとある. 後者が Lagerbier. 貯蔵 (Lagerung) によって味が熟成する).

la·ger=fä·hig [ラーガァ・フェーイヒ] 形 貯蔵(保存)のきく(野菜など).

La·ger=feu·er [ラーガァ・フォイアァ] 中 -s/- キャンプファイヤー. am *Lagerfeuer* (または um das *Lagerfeuer*) sitzen キャンプファイヤーを囲む.

La·ger=haus [ラーガァ・ハオス] 中 -es/..häuser 倉庫.

La·ge·rist [ラーゲリスト la:gəríst] 男 -en/-en 倉庫管理人(係).

***la·gern** [ラーガァン láːɡərn] (lagerte, hat... gelagert) Ⅰ 他 (完了 haben) ① (食料など⁴を倉庫などに)**貯蔵する**, 保存する. (英 store). Kartoffeln⁴ im Keller *lagern* じゃがいもを地下室に貯蔵する. ② 寝かせる, 横たえる. den Verletzten flach *lagern* 負傷者を横たえる.
Ⅱ 自 (完了 haben) ① **野営する**, キャンプする; (仮の寝床で)寝る. am Strand *lagern* 海岸でキャンプする. ② 貯蔵(保存)してある; (ワインなどが熟成のために)寝かせてある. Medikamente *müssen* kühl und trocken *lagern*. 薬は涼しく乾燥したところに保管しなければならない. ③ (霧・雲などが)立ち込めている. ④ 〘地学〙(鉱床などが)層を成している.
Ⅲ 再帰 (完了 haben) sich⁴ *lagern* ① (休息するために)横になる, (腰を下ろして)休息する. Wir *lagerten* uns auf der Wiese. 私たちは草原で休んだ. ② (雲などが層をなして)立ち込める. ③ 〘農〙(作物などが)倒れる.
◇ ☞ gelagert

La·ger=platz [ラーガァ・プラッツ] 男 -es/..plätze ① 野営(宿営)地, キャンプ場. ② 在庫(貯蔵)品置場.

La·ger=raum [ラーガァ・ラオム] 男 -(e)s/..räume (商品などの)倉庫; 倉庫用地.

La·ger=stät·te [ラーガァ・シュテッテ] 女 -/-n ① 寝床. ② 〘地学〙鉱床.

la·ger·te [ラーガァテ] *lagern (貯蔵する)の 過去

La·ge·rung [ラーゲルング] 女 -/-en ① 貯蔵, 保管. ② 〘工〙軸受け[装置]. ③ 〘地学〙鉱層, 成層.

La·ger=ver·wal·ter [ラーガァ・フェアヴァるタァ] 男 -s/- 倉庫管理人 (=Lagerist).

La·gu·ne [ラグーネ laɡúːnə] 女 -/-n 〘地理〙ラグーン, 潟(がた), 潟湖(せきこ).

***lahm** [ラーム láːm] 形 ① (障害で)**麻痺**(まひ)**した**(手・足など), 不随の. (英 lame). ein *lahmer* Arm 麻痺した腕 / Er ist auf dem linken Bein *lahm*. 彼は左足が不自由だ. ② 《口語》 (手足が)しびれた, (疲れて)動きが鈍くなった. Sie wurde vom langen Sitzen ganz *lahm*. 彼女は長く座っていて足がしびれた. ③ 《口語》不十分な(言いわけなど); だらだらした, 退屈な(討論など); 活気のない, のろまな(人など). eine *lahme* Ausrede 下手な言いわけ / So ein *lahmer* Kerl! なんてのろまなやつだ.

新形

lahm le·gen (交通など⁴を)麻痺(まひ)させる, 停滞させる.

lah·men [ラーメン láːmən] 自 (h) 足が不自由である, 麻痺(まひ)している. auf dem linken Fuß *lahmen* 左足を引きずって歩く.

***läh·men** [れーメン lɛ́ːmən] (lähmte, hat... gelähmt) 他 (完了 haben) (英 paralyze) ① **麻痺**(まひ)**させる**, 不随にする. Die Krankheit *hat* ihm die Füße *gelähmt*. その病気で彼は両足が麻痺した / Er *ist* einseitig *gelähmt*. 〘状態受動・現在〙 彼は半身不随だ. ② (比) (人・事⁴の)活力を失わせる, (人・事⁴を)なえさせる. Die Angst *lähmte* seine Entscheidungskraft. 不安のあまり彼は決断力を失った.
◇ ☞ gelähmt

lahm|le·gen 他 (h) (新形 lahm legen) ☞ lahm

lähm·te [れームテ] *lähmen (麻痺させる)の 過去

Läh·mung [れームング] 女 -/-en 〘医〙麻痺(まひ), 不随. eine einseitige *Lähmung* 半身不随.

die **Lahn** [ラーン láːn] 女 -/ 〘定冠詞とともに〙《川名》ラーン川 (ライン川の支流: ☞ 地図 C〜D-3).

Laib [ラィブ láip] 男 -(e)s/-e (円または楕円(だえん)形のパン・チーズなどの)ひとかたまり. ein *Laib* Brot パン1個.

Laich [ラィヒ láiç] 男 -(e)s/-e (魚・蛙などのかたまり状の)卵, 卵塊(らんかい).

lai·chen [ラィヒェン láiçən] 自 (h) (魚・蛙などが)産卵する.

*der **Laie** [ラィエ láiə] 男 (単2・3・4) -n/(複) -n ① **素人**(しろうと), アマチュア, 門外漢. (英 amateur). (反 「専門家」 は Fachmann). Auf diesem Gebiet bin ich völliger *Laie*. この分野では私はまったくの素人だ. ② (聖職者ではない)一般の信者, 平信徒.

Lai·en=bru·der [ラィエン・ブルーダァ] 男 -s/..brüder 平修士, 助修士.

lai·en·haft [ラィエンハフト] 形 素人(しろうと)の. ein *laienhaftes* Urteil 素人判断.

Lai·en⊿pries·ter [らイエン・プリースタァ] 男 -s/- (修道会に属さない)教区付き司祭.

Lai·en⊿spiel [らイエン・シュピーる] 中 -[e]s/-e 素人(とき)芝居; 素人芝居用の脚本.

La·kai [らカイ lakái] 男-en/-en ① (昔の:)(お仕着せを着た)召使, 従僕. ② (人の)言いなりになる人.

La·ke [らーケ láːkə] 女 -/-n (塩漬け用の)塩水.

La·ken [らーケン láːkən] 中 -s/- シーツ, 敷布.

la·ko·nisch [らコーニッシュ lakóːnɪʃ] 形 簡潔な. eine *lakonische* Antwort 簡潔な返答.

Lak·rit·ze [らクリッツェ lakrítsə] 女 -/-n 甘草(ホンシ)のエキス; 甘草入りのあめ.

Lak·to·se [らクトーゼ laktóːzə] 女 -/《生化》乳糖, ラクトース(＝Milchzucker).

la·la [らら láIá] 副《成句的に》so *lala*《口語》まあどうにか, まずまず. Wie geht's dir? — So *lala*. 調子はどう？ — まあまあだよ.

lal·len [らレン láIən] 自 (h) ·他 (h) (酔っ払いが)うまく回らない舌でしゃべる, (幼児などが)舌足らずに話す.

La·ma[1] [らーマ láːma] 中 -s/-s ①《動》ラマ. ②《複なし》《織》ラマウール.

La·ma[2] [らーマ láːma] 男 -[s]/-s ラマ僧.

La·mäng [らメング lamɛ́ŋ] 女 -/《口語·戯》手(＝Hand). ◊《成句的に》**aus** der [kalten] *Lamäng* 即座(即興)に / aus der freien *Lamäng* a) 即座(即興)に, b)(食事のとき)手づかみで.

Lamb·da [らンブダ lámpda] 中 -[s]/-s ラムダ (ギリシア語アルファベットの第11字; *Λ λ*).

La·mé [らメー lamé:] 中 -[s]/-s ＝Lamee

La·mee [らメー lamé:] 男 -[s]/-s《織》ラメ(金箔・銀箔の糸); ラメ入りの生地.

La·mel·le [らメれ laméIə] 女 -/-n ①《工》(金属・プラスチックなどの)薄片, 薄板. ②《植》菌褶(ょぅ)(きのこのかさの裏のひだ).

la·men·tie·ren [らメンティーレン lamentíːrən] 自 (h)《口語》(大げさに)嘆き悲しむ. über jede Kleinigkeit *lamentieren* 小さなことにいちいち愚痴をこぼす.

La·men·to [らメントー laménto] 中 -s/-s (または ..menti) ①《複 -s》《口語》(大げさな)嘆き. ein großes *Lamento*[4] an|stimmen 大げさに嘆く. ②《音楽》ラメント, 悲歌.

La·met·ta [らメッタ laméta] 中-s/ ① (クリスマスツリーを飾る)細長い金属片. ②《口語》(胸いっぱいに飾りたてた)勲章.

✱ *das* Lamm [らム lám] 中 (単2) -[e]s/《複》Lämmer [れンマァ] (3格のみ Lämmern) ① 子羊. *R*. しばしば柔和・温順・無垢の象徴として用いられる. 「羊」は Schaf). Sie ist sanft (geduldig) wie ein *Lamm*. 彼女は子羊のようにおとなしい(忍耐強い) / *Lamm* Gottes《宗教》神の小羊(キリストのこと). ② 子やぎ. ③《複なし》子羊の毛皮. ④《比》(子羊のように)柔和で忍耐強い人.

Lamm⊿bra·ten [らム・ブラーテン] 男 -s/- 《料理》ラムのロースト.

Lämm·chen [れムヒェン lémçən] 中 -s/- (Lamm の縮小) 子羊;《比》柔和で忍耐強い人.

lam·men [らンメン lámən] 自 (h)(羊が)子を産む.

Läm·mer [れンマァ] ＊Lamm (子羊)の《複》

Läm·mer⊿gei·er [れンマァ・ガイアァ] 男 -s/-《鳥》ヒゲワシ.

Läm·mer⊿wol·ke [れンマァ・ヴォるケ] 女 -/-n《ふつう複》羊雲.

Lamm⊿fell [らム・ふェる] 中 -[e]s/-e 子羊の皮.

lamm⊿fromm [らム・ふロム] 形 子羊のようにおとなしい(従順な), 辛抱強い.

✱ *die* Lam·pe [らンペ lámpə] 女 (単) -/(複) -n ① 電灯, ランプ.《英 *lamp*). Die *Lampe* brennt (または leuchtet). 電灯がともっている / die *Lampe*[4] ein|schalten (aus|schalten) 電灯をつける(消す) / beim Licht einer *Lampe*[2] lesen 電灯の明かりのもとで読書する / die ewige *Lampe*《カトリック》常明灯 / einen **auf** die *Lampe* gießen《俗》(強い酒を)一杯ひっかける (←ランプに油を注ぐ).
② 電球(＝Glüh*lampe*).

....

《参考》..*lampe* のいろいろ: Decken*lampe* 天井灯 / Gas*lampe* ガス灯 / Hänge*lampe* つりランプ / Petroleum*lampe* 石油ランプ / Signal*lampe* 信号灯 / Steh*lampe* フロアスタンド / Taschen*lampe* 懐中電灯 / Tisch*lampe* 卓上電気スタンド

Lam·pen⊿fie·ber [らンペン・ふィーバァ] 中 -s/ (緊張のために)あがること.

Lam·pen⊿schirm [らンペン・シルム] 男 -[e]s/-e ランプ(電灯)のかさ, シェード.

Lam·pi·on [らンピオーン lãpió:] [ランピオン] 男 (まれに 中) -s/-s ちょうち ん.

lan·cie·ren [らンスィーレン lãsíːrən] 他 (h) ① (商品などを)うまく世間にはやらせる, 売り出す. ②(ニュースなど[4]を意図的に)流す. ③ (人[4]をうまく)世に出す, いい地位につける.

✱ *das* Land [らント lánt]

国	Unser *Land* ist nicht so groß.
	ウンザァ らント イスト ニヒト ゾーグロース
	私たちの国はそれほど大きくない.

格	単		複
1	das	Land	die Länder
2	des	Landes	der Länder
3	dem	Land	den Ländern
4	das	Land	die Länder

中 -es (まれに -s)/Länder [れンダァ] (3格のみ Ländern) ① 国, 国土.《英 *country*). ein demokratisches *Land* 民主主義の国 / die europäischen *Länder* ヨーロッパの国々 / Ich will *Land* und Leute kennen lernen. 私は土地柄と人情に触れようと思う / Er ist wieder

Landadel

im *Land*[e]. (口語) 彼は長旅からやっと帰って来た / das Gelobte *Land*《聖》約束の地(パレスチナ) / Er reist von *Land* zu *Land*. 彼は国から国へと旅をしている / hier zu *Lande* 当地では / bei 囚³ zu *Lande* 囚³の故郷(国・地方)では / das *Land* der aufgehenden Sonne² 日出ずる国(日本) / Andere *Länder*, andere Sitten.(諺) 所変われば品変わる(←異なった国には異なった習慣がある). (英) *Land* は「土地を主体として考えた国」を表し, Staat は「政治組織体としての国」を表す).
② 〖複〗なし〗(海・空などに対して:)陸, 陸地. (英 *land*). Die Passagiere gehen **an** *Land*. 船客たちは上陸する / 〖物〗⁴ **an** *Land* ziehen《口語》〖物〗⁴を手に入れる(←陸へ引き上げる) / Diese Tiere leben im Wasser und **auf** dem *Land*. これらの動物は水陸両棲(ﾘｮｳｾｲ)だ.
③ 〖複〗なし〗(農業用の)**土地**, 耕地. (英 *land*). fruchtbares *Land* 肥えた土地 / das *Land*⁴ bebauen 土地を耕す / Der Bauer besitzt (または hat) viel *Land*. その農夫は耕地をたくさん持っている.
④ 〖複〗なし〗**田舎**. (英 *country*). Stadt und *Land* 都会と田舎 / Wir wohnen **auf** dem *Land*[e]. 私たちは田舎に住んでいます / aufs *Land* fahren (または gehen) 田舎へ行く / Sie sind (または stammen) **vom** *Land*[e]. 彼らは田舎の出です.
⑤ (ドイツ・オーストリアの)州(=Bundes*land*). das *Land* Bayern バイエルン州 / Bund und Länder 連邦[政府]と州[政府]とドイツ連邦共和国はそれぞれの政府と議会を持つ16の州から構成されている).
⑥ 〖複〗雅:-e も〗(地形の観点から見た)**地域**, 地帯. ein hügeliges *Land* 丘陵地帯 / **ins** *Land* gehen (比) (時が)経過する.

....

(英) ..*land* のいろいろ: Acker*land* 耕地 / Berg*land* 山地 / Entwicklungs*land* 発展途上国 / Flach*land* 平地 / Heimat*land* 故国 / Hoch*land* 高地 / Industrie*land* 工業国 / Tief*land* 低地 / Vater*land* 祖国

....

Land⸗adel [ﾗﾝﾄ・ｱｰﾃﾞﾙ] 男 -s/ (昔の:)地方貴族.
Land⸗ar·bei·ter [ﾗﾝﾄ・ｱﾙﾊﾞｲﾀｧ] 男 -s/- 農業労働者.
Lan·dau·er [ﾗﾝﾀﾞｵｧｧ lándaʊər] 男 -s/- (昔の:)ランダウア馬車(前後に幌のある4人乗り馬車).
land⸗aus [ﾗﾝﾄ・ｱｵｽ] 副 〖成句的に〗*landaus*, *landein* (雅) a) 国中いたるところで, b) 国々を通って.
Land⸗be·sitz [ﾗﾝﾄ・ﾍﾞｼﾞｯﾂ] 男 -es/ 土地所有; 所有地.
Land⸗be·völ·ke·rung [ﾗﾝﾄ・ﾍﾞﾌｪﾙｹﾙﾝｸﾞ] 女 -/ 田舎(地方)の住民; 農村人口.
Lan·de⸗bahn [ﾗﾝﾃﾞ・ﾊﾞｰﾝ] 女 -/-en (空)着陸用滑走路.
Lan·de⸗er·laub·nis [ﾗﾝﾃﾞ・ｴｧﾗｵﾌﾟﾆｽ] 女 -/..nisse 着陸許可.

land⸗ein·wärts [ﾗﾝﾄ・ｱｲﾝｳﾞｪﾙﾂ] 副 (海岸から)内陸部へ.
‡**lan·den** [ﾗﾝﾃﾞﾝ lándən] du landest, er landet (landete, *ist*/*hat*…*gelandet*) I 自 (完了 sein) ① **着陸する**. (英 *land*). (反 「離陸する」は starten). Wir *landen* in 10 Minuten **in** Frankfurt. あと10分でフランクフルトに着陸します / weich *landen* 軟着陸する. (☞ 類語 an|kommen).
② (人が船から)**上陸する**; (船が)接岸する. Sie *landeten* **auf** der Insel. 彼らはその島に上陸した / Das Schiff *ist* pünktlich *gelandet*. 〖現在完了〗船は定刻に接岸した.
③ 〖場所を表す語句とともに〗《口語》(…に)着く; (思わぬ場所に)行き着く. Wir sind gestern pünktlich hier *gelandet*. 〖現在完了〗私たちはきのう予定どおりにここへ着きました / **im** Krankenhaus *landen* 入院するはめになる / Der Wagen *landete* im Straßengraben. その車は側溝にはまり込んだ. ④ 〖成句的に〗 **bei** 囚³ nicht *landen* **können**《口語》囚³に相手にされない. Bei ihr *kannst* du nicht *landen*. 彼女の気を引こうとしても無理だよ.
II 他 (完了 haben) ① (飛行機⁴を)**着陸させる**. (囚⁴を)上陸させる; (船荷⁴を)陸揚げする. Der Pilot *konnte* die Maschine sicher *landen*. パイロットは飛行機を無事に着陸させることができた / Truppen⁴ *landen* 部隊を上陸させる. ② (ボクシングで:)(パンチ⁴を)くらわす. ③ 《口語》(勝利など⁴を)勝ち取る, 収める. einen großen Coup *landen* まんまと成功する.
Land⸗en·ge [ﾗﾝﾄ・ｴﾝｹﾞ] 女 -/-n (地理)地峡.
Lan·de⸗platz [ﾗﾝﾃﾞ・ﾌﾟﾗｯﾂ] 男 -es/..plätze ① 小飛行場; (ヘリコプターなどの)発着場. ② 船着き場, 上陸地.
Län·der [ﾚﾝﾀﾞｧ] ‡Land (国)の 複
Län·de·rei [ﾚﾝﾀﾞﾗｲ lendəráɪ] 女 -/-en (ふつう複)(広大な)所有地, 領地.
Län·der⸗kun·de [ﾚﾝﾀﾞｧ・ｸﾝﾃﾞ] 女 -/ 地誌学.
Län·der⸗spiel [ﾚﾝﾀﾞｧ・ｼｭﾋﾟｰﾙ] 中 -[e]s/-e (ｽﾎﾟ)(ナショナルチームどうしの)国際試合.
Lan·des⸗bi·schof [ﾗﾝﾃﾞｽ・ﾋﾞｼｮﾌ] 男 -s/..schöfe《新教》地区監督.
Lan·des⸗far·ben [ﾗﾝﾃﾞｽ・ﾌｧﾙﾍﾞﾝ] 複 (国旗などの)国を象徴する色, ナショナルカラー.
Lan·des⸗gren·ze [ﾗﾝﾃﾞｽ・ｸﾞﾚﾝﾂｪ] 女 -/-n 国境; 州境.
Lan·des⸗haupt·mann [ﾗﾝﾃﾞｽ・ﾊｵﾌﾟﾄﾏﾝ] 男 -[e]s/..hauptleute (または ..hauptmänner) ① 州知事. ② (1933年までのプロイセンの)州知事.
Lan·des⸗haupt·stadt [ﾗﾝﾃﾞｽ・ﾊｵﾌﾟﾄｼｭﾀｯﾄ] 女 -/..städte ..ｼｭﾃｰﾃ (国の)首都; 州都.
Lan·des⸗herr [ﾗﾝﾃﾞｽ・ﾍﾙ] 男 -[e]n/-[e]n 《史》領邦君主, 領主.
Lan·des⸗kir·che [ﾗﾝﾃﾞｽ・ｷﾙﾋｪ] 女 -/-n

《新教》(ドイツ福音派の)領邦(地区)教会.

Lan·des=kun·de [ランデス・クンデ] 囡 -/ (国・地方などを総合的に研究する)地誌[学], 地域研究.

Lan·des=re·gie·rung [ランデス・レギールング] 囡 -/-en (ドイツなどの)州政府.

Lan·des=spra·che [ランデス・シュプラーヘ] 囡 -/-n (特定の)国の言語, 国語.

Lan·des=tracht [ランデス・トラハト] 囡 -/-en (国・地方などの)民族衣装.

lan·des=üb·lich [ランデス・ユープリヒ] 形 その国(地方)で習慣となっている.

Lan·des=va·ter [ランデス・ファータァ] 男 -s/..väter《雅》領邦君主.

Lan·des=ver·rat [ランデス・フェァラート] 男 -[e]s/《法》国家反逆罪.

Lan·des=ver·rä·ter [ランデス・フェァレータァ] 男 -s/- 国家反逆者, 売国奴.

Lan·des=ver·tei·di·gung [ランデス・フェァタイディグング] 囡 -/ 国防.

Lan·des=wäh·rung [ランデス・ヴェールング] 囡 -/-en 国の通貨.

lan·de·te [ランデテ] ⁑landen (着陸する)の過去.

Land=flucht [ラント・フるフト] 囡 -/ (農民の)離村.

land=fremd [ラント・フレムト] 形 その土地に不案内な.

Land=frie·de [ラント・フりーデ] 男 -ns (3格・4格 -n)/-n《史》ラントフリーデ(中世期の国王や皇帝が出した平和保持の命令).

Land=frie·dens=bruch [ラントフりーデンス・ブルフ] 男 -[e]s/..brüche ① 《史》ラントフリーデ違反. ② 《法》騒乱[罪].

Land=ge·mein·de [ラント・ゲマインデ] 囡 -/-n 村, 村落.

Land=ge·richt [ラント・ゲリヒト] 中 -[e]s/-e 地方裁判所.

Land=graf [ラント・グラーふ] 男 -en/-en 《史》方伯(Herzog「公爵」と Graf「伯爵」の間の爵位). (⬅ 女性形は Landgräfin).

Land=gut [ラント・グート] 中 -[e]s/..güter 田舎の所有地(領地); 大農園.

Land=haus [ラント・ハオス] 中 -es/..häuser (田舎の)別荘.

Land=jä·ger [ラント・イェーガァ] 男 -s/- ①《方》田舎の巡査. ② ラントイェーガー(平たく堅い小型ソーセージの一種).

*die **Land=kar·te** [ラント・カルテ lántkartə] 囡 (単) -/(複) -n 地図. (⬅ map). eine *Landkarte* von Europa ヨーロッパ地図 / eine Stadt⁴ *auf* der *Landkarte* suchen ある町を地図で探す.

....

⬅ 地図のいろいろ: Atlas 地図帳 / Autokarte (自動車用の)道路地図 / Globus 地球儀 / Prospekt (都市などの)全景図 / Sprachatlas 言語地図 / Stadtplan 市街地図 / Straßenkarte 道路地図 / Wanderkarte ハイキング用地図 / Weltkarte 世界地図

....

Land=kreis [ラント・クライス] 男 -es/-e (行政単位としての)郡.

land=läu·fig [ラント・ろイふィヒ] 形《付加語としてのみ》ふつうの, ありきたりの, よく知られた. *landläufige* Meinungen 一般の意見.

Land=le·ben [ラント・れーベン] 中 -s/ 田舎の生活, 田園(農村)生活.

Länd·ler [れントラァ léntlər] 男 -s/- レントラー(南ドイツおよびオーストリアの3/4拍子の民族舞踊).

Land=leu·te [ラント・ろイテ] Landmann (農夫)の複

* **länd·lich** [れントリヒ léntliç] 形 田舎の, 地方の; 田舎風の. (⬅ rural). (⬆「町の」städtisch). *ländliche* Bräuche 田舎の風習 / die *ländliche* Bevölkerung 地方の住民 / *ländliche* Kost 田舎風の料理.

Land=mann [ラント・マン] 男 -[e]s/..leute《雅》農夫, 百姓.

Land=par·tie [ラント・パルティー] 囡 -/-n [..ティーエン] (田舎への)遠足, ピクニック.

Land=pla·ge [ラント・プらーゲ] 囡 -/-n (全国的・広域な)大災害;《比》ひどい迷惑.

Land=rat [ラント・ラート] 男 -[e]s/..räte ① 郡長. ②《ᵀˢ》州議会.

Land=rat·te [ラント・ラッテ] 囡 -/-n《口語・戯》(船員から見て軽蔑的に:)陸者(ᵒᵏᵘ).

Land=re·gen [ラント・レーゲン] 男 -s/- 長雨.

Land=rü·cken [ラント・リュッケン] 男 -s/- (長く連なる)山の背, 尾根.

*die **Land·schaft** [ラントシャふト lánt-ʃaft] 囡 (単) -/(複) -en ① (地理的・風土的特徴を持った)地方, 地帯; 風土; 風景, 景観. eine gebirgige *Landschaft* 山岳地帯 / eine malerische *Landschaft* 絵のような風景 / die politische *Landschaft*《比》政治情勢. ② 《絵》風景画. eine romantische *Landschaft* ロマンチックな風景画.

land·schaft·lich [ラントシャふトリヒ] 形 ① 風景の, 景観の. die *landschaftlichen* Bedingungen 景観上の諸条件. ② 地方の, 地方に特有の. eine *landschaftliche* Ausdrucksweise 地方独特の表現.

Land·schafts=pfle·ge [ラントシャふツ・プふれーゲ] 囡 -/ 自然景観(環境)の保全.

Land·schafts=schutz·ge·biet [ラントシャふツ・シュッツゲビート] 中 -[e]s/-e 自然景観(環境)保護地域.

Land·ser [ランツァァ lántsər] 男 -s/-《口語》兵卒.

Land=sitz [ラント・ズィッツ] 男 -es/-e (貴族などの)田舎の領地(別荘).

Lands=knecht [ランツ・クネヒト] 男 -[e]s/-e《史》(15-17世紀の)傭兵(ᵏᵉᵘ).

Lands=leu·te [ランツ・ろイテ] ⁑Landsmann (同郷人)の複

*der **Lands=mann** [ランツ・マン lántsman] 男 (単2) -[e]s/(複) ..leute [..ろイテ] (3格の ..leuten) 同郷人, 同国人. Wir sind *Landsleute*. 私たちは郷里が同じです /

Was ist er für ein *Landsmann*? 彼はどこの出身ですか.

Lands‐män‐nin [ランツ・メンニン] 囡 -/..nin-nen (女性の)同郷(同国)人.

Lands‐mann‐schaft [ランツマンシャフト] 囡 -/-en ① 《腹 なし》同郷(同国人)であること. ② (学生の)同郷人会; (旧西ドイツで:)(戦後引き揚げ者の)同郷会.

Lands‐spit‐ze [ラント・シュピッツェ] 囡 -/-n 岬.

Lands‐stra‐ße [ラント・シュトラーセ] 囡 -/-n (町と町とを結ぶ)街道(国道・州道・県道など).

Lands‐strei‐cher [ラント・シュトライヒャァ] 男 -s/- 放浪者, 浮浪者.

Lands‐strich [ラント・シュトリヒ] 男 -[e]s/-e 地帯, 地区, 小地域.

Lands‐sturm [ラント・シュトゥルム] 男 -[e]s/..stürme (兵役義務者の)総動員;《ス》中高年の役兵経験者からなる国民軍.

Lands‐tag [ラント・タ−ク] 男 -[e]s/-e 州議会[議事堂];《史》領邦議会.

* *die* **Lan‐dung** [ランドゥング lánduŋ] 囡 (単) -/(複) -en ① (飛行機などの)着陸, (船の)接岸, (軍隊などの)上陸. (英 *landing*). eine weiche *Landung* 軟着陸 / Die Maschine setzte **zur** *Landung* an. その飛行機は着陸態勢に入った. ② (スキーなど)(跳躍の)着地.

Lan‐dungs‐boot [ランドゥングス・ボート] 匣 -[e]s/-e (軍)上陸用舟艇.

Lan‐dungs‐brü‐cke [ランドゥングス・ブリュッケ] 囡 -/-n [上陸用]桟橋.

Land‐ur‐laub [ラント・ウーァらオプ] 男 -[e]s/-e (船員の)上陸休暇.

Land‐weg [ラント・ヴェ−ク] 男 -[e]s/-e ① 田舎道. ② 陸路. (メモ「海路」は Seeweg). **auf** dem *Landweg* 陸路で.

Land‐wein [ラント・ヴァイン] 男 -[e]s/-e (その)土地のワイン.

Land‐wirt [ラント・ヴィルト] 男 -[e]s/-e (専門教育を受けた)農業経営者; 農民.

* *die* **Land‐wirt‐schaft** [ラント・ヴィルトシャふト lánt-vɪrtʃaft] 囡 (単) -/(複) -en ① 《腹 なし》**農業**[経営]. (英 *agriculture*). ② (小さな)農場. eine *Landwirtschaft*⁴ betreiben 農場を経営している.

land‐wirt‐schaft‐lich [ラント・ヴィルトシャふトリヒ] 形 農業の *landwirtschaftliche* Produkte 農産物.

Land‐wirt‐schafts‐mi‐nis‐te‐ri‐um [ラントヴィルトシャふツ・ミニステーリウム] 匣 -s/..rien [..リエン] 農林省.

Land‐zun‐ge [ラント・ツンゲ] 囡 -/-n (舌状に突き出た)岬; 砂嘴(サシ).

* **lang**¹ [ラング láŋ]

長い Sie hat *lange* Haare.
ズィー ハット らンゲ ハーレ
彼女はロングヘアだ.

形 (比較) länger, (最上) längst) ① 《空間的に》長い; (詳しくて)長い. (英 *long*). (メモ「短い」は kurz). ein *langer* Rock ロングスカート / eine *lange* Straße 長い通り / ein *langer* Mann 《口語》のっぽの男性 / Sie schreibt ihm einen *langen* Brief. 彼女は彼に長い手紙を書く / *lange* Finger⁴ machen 《口語》盗みを働く(←指を長くする) / ein *langes* Gesicht⁴ machen 《口語》がっかりした顔をする(←長い顔をする) / eine *lange* Suppe 《口語・比》薄いスープ. ② 《数量を表す4格とともに》…の長さの. (メモ「…の幅の」は breit; 「…の厚さの」は dick). Das Brett ist vier Meter *lang*. その板は4メートルの長さだ / eine drei Meter *lange* Leiter 長さ3メートルのはしご.

③ 《時間的に》長い, 長期の; 長くかかる. (メモ「短期の」は kurz). ein *langer* Urlaub 長期休暇 / eine *lange* Rede⁴ halten 長い演説をする / *lange* Zeit 長い間 / drei *lange* Jahre 3年もの長い間 / **nach** *langem* Überlegen しばらく考えたあとで / **seit** *langem* または seit *langer* Zeit ずっと前から / **über** kurz oder *lang* 遅かれ早かれ / **vor** *langen* Jahren 何年も前に / *lang* anhaltender Beifall 鳴りやまない拍手 / *lang* **und** breit または des *Langen* und Breiten 長々と, こと細かに.

④ 《時間を表す4格とともに》…の間. zwei Stunden *lang* warten 2時間待つ / eine Zeit *lang* しばらくの間 / Er hat sein Leben *lang* hart gearbeitet. 彼は生涯一生懸命働いた.

(新形) ....

lang ge‐hegt 長く心にいだいている(願望など).

lang ge‐streckt 長く延びた(山並み・家並みなど).

....

lang² [ラング]《北ドツ》 前 …に沿って (=entlang). **am** Ufer *lang* 岸に沿って / hier *lang* この道を II 前《4格とともに》…に沿って (=entlang). die Straße *lang* 通りに沿って.

lang‐är‐me‐lig [ラング・エルメリヒ] 形 袖(ソデ)の長い, 長袖の.

lang‐ar‐mig [ラング・アルミヒ] 形 腕の長い; 柄の長い.

lang‐ärm‐lig [ラング・エルムリヒ] 形 =langärmelig

lang‐at‐mig [ラング・アートミヒ] 形 長たらしい, 冗長な(説明など).

lang‐bei‐nig [ラング・バイニヒ] 形 脚の長い.

* **lan‐ge** [らンゲ láŋə] 副 (比較) länger, (最上) am längsten) ① 長い間, 長く; ずっと前に, とっくに. (英 *long*). Die Gespräche dauern immer *lange*. その話し合いはいつも長くかかる / Wie *lange* bleiben Sie hier? ここにはどのくらい滞在されますか / Wir haben uns *lange* nicht gesehen. ずいぶんお久しぶりですね / Es ist schon *lange* her, dass… …してからもう長くなる / Er weiß das schon *lange*. 彼はそのことをもうとっ

くに知っている。 ❷《成句的に》 *lange* nicht まだまだ…でない、…にはほど遠い。 Das ist [noch] *lange* nicht genug. それではまだまだ十分とは言えない。

* *die* **Län·ge** [レンゲ lέŋə] 囡（単）-/（複）-n ① （空間的な）長さ; 縦。（英 length）。（☞「短さ」は Kürze;「幅」は Breite）。 Wellen*länge* 波長 / die *Länge* des Flusses 川の長さ / ein Seil von zehn Meter[n] *Länge* 長さ 10 メートルのロープ / Hosen in verschiedenen *Längen* いろいろな長さのズボン / der *Länge*³ *nach* 縦に、長々と / um *Längen* gewinnen (verlieren)《口語》快勝する（惨敗する）。
❷《ふつう 単》（時間的な）長さ。（英 length）。 die *Länge* des Tages 1 日の長さ / auf die *Länge*《口語》長い間には / 事⁴ in die *Länge* ziehen 事を長引かせる / sich⁴ in die *Länge* ziehen 長引く。 ❸《複》冗長な箇所。 Der Film hat einige *Längen*. この映画には退屈な部分がある。 ❹《複 なし》《地理》経度。（☞「緯度」は Breite）。 Berlin liegt [auf] 13 Grad östlicher *Länge*². ベルリンは東経 13 度にある / westliche *Länge* 西経。 ❺《スポ》（競馬で）馬身;（ボートで）艇身。 ❻《詩学》長音節。

lan·gen [ランゲン láŋən] 他 (h) ❶ 十分である、足りる。 Das Brot *langt* noch *für* heute. パンはきょうの分まではある / Ob wir mit 15 Mark bis morgen *langen*? 15 マルクであすまでやっていけるだろうか。 ◇《非人称的で事を主語として》 Jetzt *langt*'s (=*langt* es) mir aber! もうやめてくれ(←もう十分だ)。 ❷ (…へ)達する；(…へ)手が届く。 bis an die Knie *langen*（スカートなどが）ひざまで届く / bis zur Decke *langen* 天井に手が届く。 ❸（取ろうとして…へ）手を伸ばす。 nach 物³ *langen* 物³の方へ手を伸ばす / in die Tasche *langen* ポケットに手を入れる。 II 他 (h)《口語》（手を伸ばして）取る、(人³に 物⁴を)取ってやる。 *Lang* mir mal ein sauberes Glas! きれいなコップを取ってくれないか？/ 人³ eine⁴ *langen* 人³に一発くらわす。

län·gen [レンゲン lέŋən] 他 (h) ❶ 長くする、伸ばす。 einen Rock *längen* スカートの丈を長くする。 ❷《比》（スープなど⁴を）薄める。

Län·gen゠grad [レンゲン・グラート] 男 -[e]s/-e《地理》経度。 (☞「緯度」は Breitengrad).

Län·gen゠kreis [レンゲン・クライス] 男 -es/-e《地理》経線。

Län·gen゠maß [レンゲン・マース] 中 -es/-e 長さの単位（メートル・キロメートルなど）。

* **län·ger** [レンガァ lέŋər] I (‡lang の 比較) 形 より長い; 比較的長い、かなり長い。 Jetzt werden die Tage wieder *länger*. これから日がまた長くなる / eine *längere* Reise⁴ machen かなり長い旅行をする。
II (‡lange の 比較) 副 より長く; かなり長い間。 Ich kann nicht *länger* warten. 私はこれ以上待てない。

län·ger゠fris·tig [レンガァ・フリスティヒ] 形 比較的長期[間]の。 *längerfristig* gesehen やや

長期的に見て。

* *die* **Lan·ge゠wei·le** [ランゲ・ヴァイレ láŋə-vailə] 囡（単）-/ 退屈。 eine tödliche *Langeweile* 死ぬほどの退屈 / *Langeweile*⁴ haben 退屈している / *aus Langeweile* 退屈しのぎに / *vor Langeweile* gähnen 退屈のあまりあくびをする。 (☞ 2・3 格で冠詞を伴うとき Langenweile, 無冠詞のとき Langerweile ともつづる)。

Lang゠fin·ger [ラング・フィンガァ] 男 -s/-《戯》すり、泥棒。

lang゠fris·tig [ラング・フリスティヒ] 形 長期の。 eine *langfristige* Planung 長期計画。

lang゠ge·hegt 形 (新形 lang gehegt) ☞ lang

lang゠ge·streckt 形 (新形 lang gestreckt) ☞ lang

lang゠haa·rig [ラング・ハーリヒ] 形 長髪の;（動物・織物などが）毛の長い。

lang゠jäh·rig [ラング・イェーリヒ] 形《付加語としてのみ》長年の、長年にわたる。

Lang゠lauf [ラング・ラウフ] 男 -[e]s/《スポ》（スキーの）距離競技、クロスカントリー。

lang゠le·big [ラング・レービヒ] 形（動植物が）長命な; 長持ちする（器具・食べ物など）。 *langlebige* Konsumgüter 耐久消費財。

Lang゠le·big·keit [ラング・レービヒカイト] 囡 -/ 長寿、長命; 持ちのよさ。

lang|le·gen [ラング・レーゲン láŋ-lè:gən] 再帰 (h) *sich*⁴ *langlegen*《口語》横になる、寝そべる。

läng·lich [レングリヒ] 形 長めの、細長い、縦長の。

Lang゠mut [ラング・ムート] 囡 -/《雅》忍耐、辛抱; 思いやり、寛大。

lang゠mü·tig [ラング・ミューティヒ] 形《雅》忍耐強い; 寛大な。

längs [レングス lέŋs] I 前《2 格（まれに 3 格）とともに》…に沿って。 *längs* des Flusses 川に沿って / *längs* der Straße 通りに沿って。 II 副 縦に。 (☞「横に」は quer). 物⁴ *längs* durch|schneiden 物⁴を縦に切断する。

: **lang·sam** [ラングザーム láŋza:m] I 形 ❶（速度が）遅い、ゆっくりした。（英 slow）。（☞「速度が速い」は schnell;「時刻などが遅い」は spät）。 ein *langsames* Tempo ゆっくりしたテンポ / *langsame* Fortschritte ゆっくりした進展 / Sprechen Sie bitte *langsam*! どうかゆっくり話してください / Immer schön *langsam*!《口語》何事もあわてずに / *langsam*, aber sicher《口語》ゆっくりと、しかし確実に。
❷（反応・覚えなどの）のろい、遅い、鈍い。 ein *langsamer* Schüler 覚えの悪い生徒。
❸ 徐々の、漸次の。 mit dem *langsamen* Nachlassen der Kräfte² しだいに体力が衰えるにつれて。
II 副《口語》だんだん、そろそろ (=allmählich)。 *Langsam* verstehe ich es. だんだんわかってきたぞ / Du musst *langsam* ans Alter denken. 君はそろそろ年を考えなくてはいけないな。

Lang·sam·keit [ラングザームカイト] 囡 -/（速

Lang・schlä・fer [らング・シュレーふァァ] 男 -s/ 朝寝坊[の人].

Lang・spielz・plat・te [らングシュピーる・プらッテ] 女 -/-n LP レコード(略: LP).

Längs・schnitt [れングス・シュニット] 男 -[e]s/ -e 縦断面[図].（←→「横断面[図]」は Querschnitt).

*　**längst** [れングスト léŋst] I (★lang の 最上) 形 最も長い; 非常に長い. die längste Brücke der Welt² 世界で一番長い橋.
II 副 ① とっくに, ずっと以前から. Das weiß ich schon längst. そのことはもうとっくに知っています. ② 《成句的に》längst nicht とうてい…ではない, …にはほど遠い. Er ist längst nicht so fleißig wie du. 彼はとうてい君ほどのがんばり屋ではない / Das ist längst nicht alles. これで全部だとはとても言えない.

längs・tens [れングステンス léŋstəns] 副 《口語》① (時間的に)長くとも, 遅くとも. in längstens zwei Stunden 遅くとも 2 時間のうちには. ② とっくに.

lang=stie・lig [らング・シュティーりヒ] 形 ① 柄の長い(スプーンなど). 茎の長い(花など). ② 《口語》冗長な, 退屈な.

Lang・stre・cken=lauf [らングシュトレッケン・らォふ] 男 -[e]s/..läufe 《スポ》長距離競走.

Lang・stre・cken=läu・fer [らングシュトレッケン・ろィふァァ] 男 -s/- 《スポ》長距離ランナー.

Lang・stre・cken=ra・ke・te [らングシュトレッケン・ラケーテ] 女 -/-n 長距離ミサイル.

Lan・gus・te [らングステ laŋgústə] 女 -/-n 《魚》イセエビ[科].

Lang=wei・le [らング・ヴァイれ] 女 -/ 退屈(= Langeweile).

*　**lang・wei・len** [らング・ヴァイれン láŋvailən] (langweilte, hat...gelangweilt) I 他 《完了》haben) 退屈させる. 《英》bore). Das Buch langweilte mich. その本は退屈だった / Er langweilt mich mit seinen Geschichten. 彼の話は退屈だ.
II 再帰 《完了》haben) sich⁴ langweilen 退屈する. Ich habe mich schrecklich gelangweilt. 私はひどく退屈した.
◇ **gelangweilt**

*　**lang・wei・lig** [らング・ヴァイりヒ láŋ-vailiç] 形 ① 退屈な, つまらない, 単調な. 《英》boring). 《←→「気晴らしになる」は kurzweilig). eine langweilige Geschichte 退屈な話 / Es war sehr langweilig auf der Party. パーティーはまったくつまらなかった. ② 《口語》時間のかかる(仕事など), ぐずな. So ein langweiliger Kerl! なんてのろまなやつだ!

lang・wei・lte [らング・ヴァイれテ] *langweilen(退屈させる)の 過去

Lang=wel・le [らング・ヴェれ] 女 -/-n 《物・放送》長波. 《←→「短波」は Kurzwelle).

lang=wie・rig [らング・ヴィーりヒ] 形 時間のかかる(仕事など), 長引く(病気など).

Lan・than [らンターン lantá:n] 中 -s/ 《化》ランタン (記号: La).

Lan・ze [らンツェ lántsə] 女 -/-n 槍(やり), 投げ槍. eine Lanze⁴ werfen 槍を投げる / für 人⁴ eine Lanze⁴ brechen 《比》断固として 人⁴に味方する.

Lan・zet・te [らンツェッテ lantsétə] 女 -/-n 《医》ランセット(外科用の短い両刃ナイフ).

La・o・ko・on [らオーコオン laó:koon] -s/ 《ギリ神》ラオコーン(トロイアの神官. トロイア戦争の際ギリシア軍の木馬の奸計を見破ったため, 海蛇に絞め殺された).

La・os [らーオス lá:ɔs] 中 -/ 《国名》ラオス[人民民主共和国] (首都はビエンチャン).

La・o・tse [らオーツェ laó:tsə または らオ.. láu..] -s/ 《人名》老子 (前 4 世紀頃; 中国の思想家).

la・pi・dar [らピダール lapidá:r] 形 簡潔で力強い(表現など).

Lap・pa・lie [らパーりエ lapá:liə] 女 -/-n くだらないこと, 小事.

Lap・pe [らッペ lápə] 男 -n/-n ラップ人.

* der **Lap・pen** [らッペン lápən] 男 (単 2) -s/ 《複》- ① 布切れ, ぼろ[切れ]; ぞうきん (= Putzlappen). die Schuhe⁴ mit einem Lappen putzen 靴を布切れで磨く. ② 《俗》《高額の紙幣》お札. ein blauer Lappen [旧] 100 マルク札. ③ (鶏などの)肉垂(にくすい); 《狩》(水鳥の)水かき; 《犬》(追い出し猟用の)おどし布. 人³ durch die Lappen gehen 《口語》人³から逃れる. ⑤ 《医》(肺などの)葉(よう).

läp・pern [れッパァン lépərn] I 他 (h) 《方》ちびちび飲む. II 非人称 (h) 《es läppert 人⁴ nach 物³の形で》《方》人⁴は 物³が食べたくてたまらない. III 再帰 (h) sich⁴ läppern 《口語》少しずつたまる.

lap・pig [らピヒ lápɪç] 形 ① 《口語》ぱりっとしていない, だらりとした(衣服など); たるんだ(皮膚など). ② 《口語》ほんのわずかな(金額など).

läp・pisch [れピッシュ lépɪʃ] 形 ① ばかげた, 子供じみた. ein läppisches Benehmen 子供じみたふるまい. ② ほんのわずかな(金額など).

Lapp・land [らップ・らント láp-lant] 中 -s/ 《地名》ラップランド(スカンジナヴィア半島の最北部).

Lap・sus [らプスス lápsʊs] 男 -/- [..スース] (ちょっとした)間違い, ミス.

Lap・top [れップ・トップ lép-tɔp] [英] 男 -s/-s ラップトップ[コンピュータ].

Lär・che [れルヒェ lérçə] 女 -/-n 《植》カラマツ.

lar・go [らルゴ lárgo] [音] 副 《音楽》ラルゴ, きわめて遅く.

La・ri・fa・ri [らリふァーリ larifá:ri] 中 -s/ 《口語》むだ口, ナンセンス (= Unsinn).

* der **Lärm** [れルム lérm] 男 (単 2) -s (まれに -es)/ 騒音, 騒がしさ; 叫び声. 《英》noise). Straßenlärm 道路の騒音 / der Lärm der Flugzeuge² 飛行機の騒音 / Die Kinder machen Lärm. 子供たちが騒いでいる / viel Lärm um nichts 空騒ぎ / bei diesem Lärm この騒音では / Lärm⁴ schlagen a) 警鐘を打

Lärm=**be·kämp·fung** [れルム・ベケンプフング] 囡 -/ 騒音防止[対策].

Lärm=**be·läs·ti·gung** [れルム・ベレスティグング] 囡 -/-en 騒音公害.

***lär·men** [れルメン lérmən] (lärmte, hat... gelärmt) 圁 (完了 haben) (人が)騒ぐ, (機械などが)騒がしい音をたてる. Die Kinder *lärmen* auf dem Schulhof. 子供たちが校庭で騒いでいる / Der Motor *lärmt*. エンジンがうなりをあげている.

Lärm=**pe·gel** [れルム・ペーゲる] 男 -s/- 騒音の音量(レベル).

Lärm=**schutz** [れルム・シュッツ] 男 -es/ 騒音防止[対策], 防音設備.

lärm·te [れルムテ] *lärmen (騒ぐ)の 過去

Lar·ve [らルフェ lárfə] 囡 -/-n ① (動) 幼生, 幼虫. ② (方) 仮面; (比) (軽蔑的に:)無表情な顔. 囚³ die *Larve*⁴ vom Gesicht reißen 囚³の仮面をはぐ.

las [らース] *lesen (読む)の 過去

lasch [らッシュ láʃ] 形 ①ぐったりした, だらけた, 無気力な;(方)調味料(薬味)の足りない.

La·sche [らッシェ láʃə] 囡 -/-n ① (工)(レールなどの)連結金具, 継ぎ目板. ② (布・皮・紙などの)三角切れ, (ポケット・封筒などの)たれぶた; (靴の)舌革, ベロ.

lä·se [れーゼ] *lesen (読む)の 接2

La·ser [れーザァ lé:zər] [英] 男 -s/- (理) レーザー.

La·ser=**dru·cker** [れーザァ・ドルッカァ] 男 -s/- レーザープリンタ.

La·ser=**plat·te** [れーザァ・プらッテ] 囡 -/-n レーザーディスク.

La·ser=**strahl** [れーザァ・シュトラーる] 男 -[e]s/-en (理) レーザー光線.

la·sie·ren [らズィーレン lazí:rən] 他 (h) (物⁴に)透明ラッカー(ワニス)を塗る.

lass [らス] **lassen*¹ (…させる)の du に対する 命令

laß (新形) lass

Las·salle [らサる lasál] -s/ (人名) ラッサール (Ferdinand *Lassalle* 1825-1864; ドイツの社会主義者).

***las·sen**¹* [らッセン lásən]

| …させる | *Lassen* Sie mich gehen! らッセン ズィー ミヒ ゲーエン 私を行かせてください. |

人称	単	複
1	ich lasse	wir lassen
2	du **lässt** / Sie lassen	ihr lasst / Sie lassen
3	er **lässt**	sie lassen

I (ließ, *hat*...lassen) 助動 《使役の助動詞》(完了 haben)《zu のない不定詞とともに》(《英》 let) ① …させる, …してもらう. 囚⁴ kommen *lassen* 囚⁴を来させる / Ich *lasse* mein Auto reparieren. 私は車を修理してもらう / Er *lässt* dich grüßen. 彼が君によろしくと言ってたよ / Sie *hat* mich lange warten *lassen*. 《現在完了》彼女は私を長く待たせた. / Ich *lasse*³ einen Anzug machen *lassen* (自分用に)スーツを作らせる / Er *ließ* sich⁴ am Knie operieren. 彼はひざを手術してもらった.

② (好きなように)…させておく, …させてやる. *Lass* ihn schlafen! 彼を眠らせておきなさい / *Lass* mich mal sehen! ちょっと見せてくれ / Das *lasse* ich mir nicht gefallen! そんなこと は承知しないぞ / Er *lässt* die Kinder toben. 彼は子供たちを騒ぐままにさせておく.

◇《特定の動詞とともに成句的に》動⁴ **bleiben** *lassen* 動⁴をしないでおく / 動⁴ **fahren** *lassen* 動⁴を断念する / sich⁴ **gehen** *lassen* 気ままにふるまう / 物・動⁴ **hängen** *lassen* a) 物⁴を掛けたままにしておく, b) 動⁴をほったらかしにしておく / 囚⁴ **laufen** *lassen* 囚⁴を放免する / 物⁴ **liegen** *lassen* 物⁴を置いたままにしておく, 置き忘れる / 動⁴ **ruhen** *lassen* 動⁴を未解決のままにしておく / 動⁴ **sein** *lassen* 動⁴をしないで(やめて)おく / 囚⁴ **sitzen** *lassen* 囚⁴を座らせておく, 囚⁴に待ちぼうけをくわせる / 物⁴ **stecken** *lassen* 物⁴(キーなど)を差し込んだままにしておく / 動⁴ **stehen** *lassen* 動⁴をそのままにしておく.

③《*Lasst uns*...! などの形で》…しようよ, …しましょうよ. *Lass* uns jetzt gehen! (du に対して:) さあ行こう / *Lasst* uns auf ihn warten! (ihr に対して:)彼を待とうよ / *Lassen* Sie uns noch ein Glas Wein trinken! (Sie に対して:) もう1杯ワインを飲みましょうよ.

④《囚・物 *lässt sich*⁴...の形で》囚・物¹が…されうる, …できる. Er *lässt* sich leicht täuschen. 彼はだまされやすい / Der Wein *lässt* sich trinken. このワインはいける / Das *lässt* sich hören. それはもっともなことだ. ◇《非人称の **es** を主語として》Hier *lässt* es sich leben. ここは暮らしやすい.

II (ließ, *hat* ... gelassen) 他(完了 haben) ① やめる, 中止する. *Lass* das! やめてくれ / Er kann das Trinken nicht *lassen*. 彼は酒がやめられない / Ich *würde* das lieber *lassen*. 私ならそんなことはしないのだが. ◇《目的語なしでも》*Lass* mal! Ich mache das schon. ほっといていいよ, ぼくがやっておくから.

②《場所を表す語句とともに》(囚・物⁴を…に)置いておく, 残しておく; 置き忘れる. Heute *lasse* ich das Auto in der Garage. きょうは車はガレージに置いておこう / Wir *lassen* das Kind nicht allein in der Wohnung. 私たちはこの子を一人でうちに残しておいたりしません / Wo *hast* du den Schlüssel *gelassen*? 君はどこに鍵(%)を置き忘れたんだ.

③《様態を表す語句とともに》(囚・物⁴を…のままにしておく. Wir *wollen* es **dabei** *lassen*. そのままにしておきましょう / 囚⁴ **kalt** *lassen* 囚⁴の気持を動かさない ⇒ Die Nachricht *ließ* ihn kalt. その知らせにも彼は冷静だった / die Tür⁴

offen *lassen* ドアを開けたままにしておく / **zufrieden** *lassen* 人⁴をそっとしておく / *Lassen* Sie mich **in Ruhe!** 私をほっといてください. ④〖方向を表す語句とともに〗人・物⁴を(…へ)入れる; (…から)出す. Sie *lässt* uns nicht ins Zimmer. 彼女は私たちを部屋に入れない / Wasser⁴ in die Wanne *lassen* 浴槽に水を入れる / die Luft⁴ aus den Reifen *lassen* タイヤの空気を抜く. ⑤〖人³に物⁴を〗与えておく, 任せておく, 譲り渡す. Ich *lasse* dir das Auto bis morgen. 君に車をあすまで貸しておくよ / Ich *lasse* Ihnen den Teppich für 600 Mark. このじゅうたんを600マルクでお譲りしましょう / Er *lässt* den Kindern viel Freiheit. 彼は子供たちに多くの自由を認めている / *Lass* ihm das Vergnügen! 彼を好きなように楽しませておきなさい. ⑥〖成句的に〗einen *lassen*《俗》屁をひる. III (ließ, *hat*...gelassen) 自(完了) haben)〖**von** 人・事⁴ ~〗(人・事⁴と)縁を切る. vom Alkohol *lassen* 酒をやめる / Sie kann von ihm nicht *lassen*. 彼女は彼と別れられない.
◇☞ gelassen

類語 **lassen**: (一般的な意味で)残しておく, 置いておく. **hinterlassen**: (用命・品物などを)残して行く. **zurück\|lassen**: (立ち去ったその場所に)残す.

---

las·sen² [ラッセン] *lassen¹(…させる)の過分
* **läs·sig** [れスィヒ lésɪç] 形 ① さりげない, 無造作な, 気取らない. eine *lässige* Haltung 自然な姿勢 / *lässig* grüßen さりげなくあいさつする. ② なげやりな, いいかげんな. *lässig* arbeiten いいかげんに仕事をする. ③《口語》容易な, たやすい. Er lief die Strecke *lässig* in 11 Sekunden. 彼はその距離をやすやすと11秒で走った. ④ (若者言葉)すごい.
Läs·sig·keit [れスィヒカイト] 女 -/ 無造作, さりげなさ; なげやり, 不精.
läss·lich [れスリヒ] 形 ①《雅》とるに足らない(過失など). 《カト》許される, 罪にならない. *lässliche* Sünden 微罪. ②《古》寛大な.
läß·lich ☞ 新形 lässlich
Las·so [ラッソ láso] 甲 -s/-s ①(家畜などを捕える)投げ縄. ②(フィギュアスケート・ローラースケートのリフト(ペア種目などで男性が女性を高く持ち上げる演技).
lässt [レスト] ǂlassen¹(…させる)の2人称単数・3人称単数現在
läßt ☞ 新形 lässt
** *die* **Last** [らスト lást] 女 (単) -/(複) -en ①(重い)荷物; 積み荷; 重さ, 重荷; (比)(精神的な)重圧. 《英》load), eine schwere *Last*⁴ tragen 重い荷物をかつぐ / die *Lasten*⁴ mit einem Kran befördern 荷物をクレーンで運ぶ / **unter** der *Last* des Schnees 雪の重みで / 人³ **zur** *Last* fallen (または werden) 人³に苦労をかける / 人³に事⁴ zur *Last* legen 人³に事⁴の罪(責任)を負わせる.

②〖複〗で〗(経済的な)負担; 税金, 負担金. steuerliche *Lasten* 税負担 / Die Kosten gehen **zu** *Lasten* des Käufers. 諸費用は買い手の負担となる. ③〖電〗負荷. ④〖海〗船倉.
Last⹀au·to [らスト・アオトー] 甲 -s/-s 《口語》トラック, 貨物自動車(=Lastkraftwagen).
las·ten [らステン lástən] 自 (h) 〖**auf** 人・物³ ~〗(人・物³の上に)重くのしかかる. Der schwere Sack *lastete* auf seinem Rücken. その重い袋は彼の背中にのしかかっていた / Die Verantwortung *lastete* auf ihm. 彼には責任が重くかかっていた / Auf dem Haus *lastet* eine Hypothek. この家は抵当に入っている.
Las·ten⹀auf·zug [らステン・アオフツーク] 男 -(e)s/..züge 貨物用リフト(エレベーター).
Las·ten⹀aus·gleich [らステン・アオスグらイヒ] 男 -(e)s/ 〖法〗負担調整(旧西ドイツの負担調整法による戦争被害者への補償).
* *das* **Las·ter**¹ [らスタァ lástər] 甲 (単2) -s/(複) - (3格のみ -n) 悪習, 悪癖, 悪徳. 《英》vice). einem *Laster* frönen 悪習におぼれる / ein langes *Laster*《口語》(やせた)のっぽ.
Las·ter² [らスタァ] 男 -s/-《口語》トラック, 貨物自動車(=Lastkraftwagen).
Läs·te·rer [れステラァ lésterər] 男 -s/- 冒瀆(ﾎﾞｸ)者, 中傷者. (女)女性形は Lästerin).
las·ter·haft [らスタァハフト] 形 ふしだらな, 堕落した. ein *lasterhaftes* Leben 自堕落な生活.
Las·ter·haf·tig·keit [らスタァハフティヒカイト] 女 -/ 悪習, 不品行.
läs·ter·lich [れスタァリヒ] 形 冒瀆(ﾎﾞｸ)の, 中傷的な. *lästerlich* fluchen 口汚くののしる.
Läs·ter·maul [れスタァ・マオる] 甲 -(e)s/..mäuler《俗》毒舌(家), 中傷(者).
läs·tern [れスタン léstərn] I 自 (h) 〖**über** 人・事⁴ ~〗(人・事⁴の)悪口を言う, 中傷する. II 他 人³(神など⁴)を冒瀆(ﾎﾞｸ)する; けなす.
Läs·te·rung [れステルング] 女 -/-en 悪口, 中傷; (神の)冒瀆(ﾎﾞｸ).
Läs·ter·zun·ge [れスタァ・ツンゲ] 女 -/-n 《俗》毒舌(家), 中傷(者).
* **läs·tig** [レスティヒ léstıç] 形 重荷になる, やっかいな, わずらわしい; 不快な. 《英》annoying). ein *lästiger* Auftrag 重荷になる任務 / ein *lästiger* Frager しつこく質問する人 / 人³に *lästig* fallen 人³の迷惑になる / Seine Besuche werden mir allmählich *lästig*. 彼の訪問が私にはだんだんわずらわしくなってきた.
Läs·tig·keit [れスティヒカイト] 女 -/ 重荷になること, やっかい, 迷惑.
Last⹀kahn [らスト・カーン] 男 -(e)s/..kähne はしけ, てんま船.
Last⹀kraft·wa·gen [らスト・クラフトヴァーゲン] 男 -s/- (南ド: ..wägen も)トラック, 貨物自動車(略:Lkw, LKW). (《英》「乗用車」は Personenkraftwagen).

Last‹schiff [らスト・シふ] 中 -[e]s/-e 貨物船.

Last‹schrift [らスト・シュリふト] 女 -/-en 《経》借方記入.

Last‹tier [らスト・ティーァ] 中 -[e]s/-e 荷役動物，ラくだなど).

*der **Last‹wa·gen** [らスト・ヴァーゲン lástva:gən] 男《単2》-s/《複》- (南独：..wägen [ヴェーゲン]も) ① トラック，貨物自動車（＝Lastkraftwagen).（英 truck).② (昔の)荷馬車.

Last‹zug [らスト・ツーク] 男 -[e]s/..züge トレーラー.

La·sur [らズーァ lazú:r] 女 -/-en ①《ふつう単》クリアラッカー（透明塗料)仕上げ. ② クリアラッカー, 透明塗料.

las·ziv [らスツィーふ lastsí:f] 形 みだらな，わいせつな.

Las·zi·vi·tät [らスツィヴィテート lastsivité:t] 女 -/-en みだら(わいせつ)[な言動].

lat. [らタイニッシュ]《略》ラテン語の（＝lateinisch)

*das **La·tein** [らタイン latáin] 中《単2》-s/ ラテン語.(英 Latin). Unterricht in Latein ラテン語の授業 / Er ist mit seinem Latein am Ende.《口語・比》彼は途方に暮れている.

La·tein‹ame·ri·ka [らタイン・アメーリカ] 中 -s/《地名》ラテンアメリカ(ラテン語系言語が話される中南米諸国の総称).

la·tein‹ame·ri·ka·nisch [らタイン・アメリカーニッシュ] 形 ラテンアメリカの, 中南米の.

la·tei·nisch [らタイニッシュ latáiniʃ] 形 ラテン語の; ラテン文字の; ラテン[民族]の. die lateinische Sprache ラテン語 / die lateinische Schrift ラテン文字, ローマ字体.

la·tent [らテント latént] 形 潜在的な；《医》潜伏性の. eine latente Gefahr 潜在する危険.

*die **La·ter·ne** [らテルネ latérnə] 女《単》-/《複》-n (《ラ》 lantern) ① ランタン, 角灯, カンテラ; 街灯（＝Straßenlaterne). Papierlaterne ちょうちん / eine Laterne[4] an|zünden (aus|löschen) ランタンの火をともす(消す) / Solche Menschen kannst du mit der Laterne suchen.《口語・比》そのような人はめったにいないぞ(←カンテラを提げて探す). ②《建》(明り窓のついたドームの)頂塔. ③ (馬などの額の)白斑(はくはん).

La·ter·nen‹pfahl [らテルネン・プふァール] 男 -[e]s/..pfähle 街灯の柱.

La·ti·num [らティーヌム latí:num] 中 -s/ ラテン語の知識; ラテン語学力認定試験.

Lat·ri·ne [らトリーネ latrí:nə] 女 -/-n ①（野営地などの)仮設便所. ②《俗》いいかげんなうわさ.

Lat·sche[1] [らーチェ lá:tʃə] 女 -/-n《口語》スリッパ, 上靴. ② 足をだらしなく引きずって歩く人.

Lat·sche[2] [らッチェ látʃə] 女 -/-n《植》ヨーロッパ・ハイマツ.

lat·schen [らーチェン lá:tʃən] I 自 (s)《俗》だらしない足を引きずって歩く. II 他 (h)《成句的に》人[3] eine[4] latschen《方》人[3]に一発くらわす.

lat·schig [らーチヒ lá:tʃɪç] 形《俗》だらしない, 足を引きずる(歩き方など).

Lat·te [らッテ látə] 女 -/-n ① 細長い薄板, 《建》木摺(こず)り(壁の下地などに打つ). eine lange Latte《口語》のっぽ. ②《スポ》(高跳びなどの)バー；(ゴールの)クロスバー. ③《口語》多量, たくさん. eine lange Latte[4] von Wünschen haben 願いごとがたくさんある.

Lat·ten‹rost [らッテン・ロスト] 男 -[e]s/-e すのこ.

Lat·ten‹zaun [らッテン・ツァオン] 男 -[e]s/..zäune 木柵(もくさく).

Lat·tich [らティヒ látiç] 男 -s/-e《植》レタス, チシャ.

Latz [らッツ láts] 男 -es/Lätze (レッツェ: -e も) ① よだれ掛け. ②（エプロンなどの)胸当て, 前掛け.

Lätz·chen [れッツヒェン létsçən] 中 -s/- (Latz の 縮小) よだれ掛け, 前掛け.

Latz‹ho·se [らッツ・ホーゼ] 女 -/-n オーバーオール, 胸当て付きズボン.

*lau [らオ láu] 形《比較》lauer, 《最上》lau[e]st) ① (湯などが)生ぬるい, ぬるい; (風などが)ほどよく暖かい. lauer Kaffee 生ぬるいコーヒー / ein lauer Abend ほどよく暖かい晩. ② 煮えきらない, 熱意のない;《商》沈滞した(需要など). eine laue Haltung 煮えきらない態度.

*das **Laub** [らオブ láup] 中《単2》-[e]s/ (総称として::)木の葉,（英 foliage).（《ラ》「(個々の)葉」は Blatt). grünes Laub 緑の葉 / Das Laub verfärbt sich. 木の葉が色づく.

Laub‹baum [らオブ・バオム] 男 -[e]s/..bäume 広葉樹.（⇔「針葉樹」はNadelbaum).

Lau·be [らオベ láubə] 女 -/-n ① 園亭, 東屋(あずまや). [Und] fertig ist die Laube!《口語》これで片づいた(一件落着だ). ②《建》柱廊, アーケード. ③《劇》(劇場などの)桟敷席, ボックス席.

Lau·ben‹gang [らオベン・ガング] 男 -[e]s/..gänge ① 木陰の道. ②《建》柱廊；アーケード.

Lau·ben‹ko·lo·nie [らオベン・コろニー] 女 -/-n [..ニーエン] (郊外の)家庭菜園団地.

Laub‹frosch [らオブ・ふロッシュ] 男 -[e]s/..frösche《動》アマガエル.

Laub‹holz [らオブ・ホるツ] 中 -es/..hölzer 広葉樹[材].

Laub‹sä·ge [らオブ・ゼーゲ] 女 -/-n 糸鋸(いとのこ).

Laub‹wald [らオブ・ヴァるト] 男 -[e]s/..wälder 広葉樹林.（⇔「針葉樹林」はNadelwald).

Laub‹werk [らオブ・ヴェルク] 中 -[e]s/-e ①《雅》(一本の木全体の)葉. ②《建》葉形装飾, 葉飾り.

Lauch [らオホ láux] 男 -[e]s/-e《植》ネギ属.

Lau·da·tio [らオダーツィオ laudá:tsio] 女 -/..tiones [..ダツィオーネース] (または..tionen [..ダツィオーネン]) (受賞者などへの)賛辞, 称賛の演説.

Lau·er [らオァァ láuər] 囡 《成句的に》 **auf der** *Lauer* **liegen**《口語》待ち伏せしている、こっそり見張っている / **sich**[4] **auf die** *Lauer* **legen**《口語》待ち伏せする、見張る.

lau·ern [らオァァン láuərn] 圄 (h) ① 〖**auf** 囚·物[3]〗〔囚·物[4]を〕待ち伏せする、待ち構える;《口語》〔囚·物[4]を〕今か今かと待ち望む. **Die Katze** *lauert* **auf die Maus.** 猫が鼠(ﾈｽﾞﾐ)を待ち伏せしている / **auf eine Gelegenheit** *lauern* チャンスを待ち受ける. ◇《現在分詞の形で》**ein** *lauernder* **Blick** 探るような(陰険な)目つき. ②《比》(危険などが)待ち構えている. **Hier** *lauern* **überall Gefahren.** ここにはいたるところに危険が潜んでいる.

der Lauf** [らオふ láuf] 男 (単 2) -[e]s/(複) **Läufe** [ろイふェ] (3 格のみ **Läufen**) ① 〖覆 なし〗走ること、ランニング; 歩行. **in schnellem (vollem)** *Lauf* 速足で(全速力で) / **sich**[4] **in** *Lauf* **setzen** 走り出す. ②《立》競走、レース. (英 *race*). **Hürdenlauf* ハードル競走 / **einen** *Lauf* **gewinnen** 競走に勝つ. ③〖覆 なし〗(時間などの)経過、(事柄の)成り行き、進行. **im** *Lauf*[e] **der Zeit**[2] 時のたつうちに / 囲[3] **freien** *Lauf* **lassen** 囲[3]を成り行きにまかせる / **Das ist der** *Lauf* **der Welt.** それは世の成り行きというものだ. ④〖覆 なし〗(機械の)作動、運転、回転. **den** *Lauf* **des Motors überwachen** エンジンの回転を監視する. ⑤〖覆 なし〗(川などの)流れ; (道路などの)進路、行路;《天》(太陽·星などの)運行、軌道. **der obere (untere)** *Lauf* **des Rheins** ライン川の上流(下流). ⑥《音楽》パッセージ. ⑦《狩》(犬や猟獣の)脚. ⑧ 銃身.

Lauf✦bahn [らオふ·バーン] 囡 -/-en ① 経歴、キャリア、履歴; 生涯. **die berufliche** *Laufbahn* 職歴. ②《立》コース、走路、トラック.

Lauf✦bur·sche [らオふ·ブルシェ] 男 -n/-n メッセンジャーボーイ、使い走りの少年.

Läu·fe [ろイふェ] ***Lauf**(競走)の複

****lau·fen*** [らオふェン láufən]

	走る	*Laufen* **Sie schnell !** らオふェン ズィーシュネる 速く走りなさい.

人称		
1	ich laufe	wir laufen
2	du **läufst**	ihr lauft
	Sie laufen	Sie laufen
3	er **läuft**	sie laufen

(**lief**, *ist*/*hat* ... **gelaufen**) **I** 圄 (完了 **sein** または **haben**) ① (s) 走る、駆ける. (英 *run*). **langsam** *laufen* ゆっくり走る / **Sie ist aus dem Haus** *gelaufen*.【現在完了】彼女は家から走って出て来た / **ins Freie** *laufen* 戸外へ駆け出る / **über die Straße laufen** 道路を走って渡る / **um die Wette** *laufen* 競走する. ◇《過去分詞の形で》**Er kam keuchend** *gelaufen*. 彼はあえぎながら走って来た.

② (s) 歩く、歩行する; 歩いて行く. (英 *walk*). **Unsere Kleine** *läuft* **schon.** うちの娘はもう歩けます / **Wir sind heute viel** *gelaufen*.【現在完了】私たちはきょうたくさん歩き回った / **nach** 物[3] *laufen*《口語》物[3]を探し回る. (☞ 類語 *gehen*).

③ (s) 〖方向を表す語句とともに〗《口語》(習慣的に…へ)よく行く、通う. **Er** *läuft* **dauernd ins Kino.** 彼はしょっちゅう映画を見に行く / **Er** *läuft* **alle Tage ins Wirtshaus.** 彼は毎日飲み屋に行く.

④ (s)《立》(レースなどで)走る、出場する. **Sie** *läuft* **für Japan.** 彼女は日本代表で走る. ◇〖距離などを表す 4 格とともに〗 **Er ist** (または **hat) 100 Meter in 12 Sekunden** *gelaufen*.【現在完了】彼は 100 メートルを 12 秒で走った. (☞ 完了の助動詞として **haben** を用いることもある).

⑤ (s, h) 〖無冠詞の特定の名詞とともに〗(スキーなど[4]で)走る、滑る. **Er** *läuft* **gut Ski.** 彼はスキーがうまい / **Schlittschuh**[4] *laufen* スケートをする.

⑥ (s) (機械などが)作動している; (乗り物が)走る、運行する; (滑るように)流れる、伝わる. **Die Maschine** *läuft* **nicht richtig.** 機械がちゃんと動かない / **Der Wagen** *läuft* **sehr gut.** その車はとてもよく走る / **Ein Gemurmel lief durch die Menge.**《比》ざわめきが群衆の間に広がった / **Das läuft ziemlich ins Geld.**《比》それはかなりお金がかかる / **Ein Schauer lief über ihren Rücken.**《比》彼女の背筋を戦慄(せんりつ)が走った.

⑦ (s) (液体が)流れる; (容器などが)漏る. **Das Blut lief aus der Wunde.** 血が傷口から流れ出た / **Die Nase** *läuft*. 鼻水が出る / **das Wasser**[4] **in die Wanne** *laufen* **lassen** 浴槽に水を入れる.

⑧ (s) (道などが)走っている、通っている. **Die Straße** *läuft* **am Fluss entlang.** その道は川沿いに走っている.

⑨ (s) (事が)進む; 進行中である. **Das Geschäft** *läuft* **wie geplant.** 仕事は計画どおりに進んでいる / **Er lässt einfach alles** *laufen*.《口語》彼は万事成り行きまかせだ / **Der Prozess** *läuft* **noch.** その訴訟はまだ係争中だ / **Der Laden** *läuft*.《口語》その店は繁盛している.

⑩ (s) 有効である; 通用する. **Der Vertrag** *läuft* **zwei Jahre.** その契約は 2 年間有効である / **Das Auto** *läuft* **auf seinen Namen.** その車は彼の名義になっている.

⑪ (s) (映画·番組などが)上映される、放映される. **Der Film** *läuft* **seit zwei Wochen.** その映画は 2 週間前から上映されている.

II 他 (完了 **haben** または **sein**)《立》(走って記録など[4]を)出す. **Er hat** (または **ist**) **einen neuen Weltrekord** *gelaufen*.【現在完了】彼は競走で世界新記録を出した.

III 再帰 (完了 **haben**) *sich*[4] *laufen* ① 歩いて(走って)[その結果]…になる. *sich*[4] **müde** *laufen* 歩き(走り)疲れる. ② *sich*[3] 物[4] *laufen* 歩いて(走って)[その結果]物[4](足など)を…にする.

*sich*³ die Füße⁴ wund *laufen* 歩きすぎて靴ずれができる. ③ 『*es läuft sich*⁴...の形で』歩き(走り)ぐあいが...である. In diesen Schuhen *läuft* es *sich* gut. この靴は歩きやすい.

(新形) **lau·fen las·sen** 《口語》放免する;(容疑者など⁴を)泳がせておく.

(類語) **laufen**:「走る」の意味で最も一般的な語. **rennen**: (スピードを出して)走る, 駆ける. **rasen**:《口語》(猛スピードで)走る. **stürmen**: 突進する.

* **lau·fend** [らオふェント láufənt] I ＊laufen (走る)の 現分

II 形 ① 持続的な; 日常の. die *laufenden* Ausgaben 経常費 / die *laufenden* Arbeiten 毎日の仕事 / *laufend* zu tun haben ひっきりなしに仕事がある. ② 現在の; 当座の. das *laufende* Jahr 今年 / die *laufende* Nummer der Zeitschrift² 雑誌の最新号. ◇『名詞的に』**auf dem** *Laufenden*) sein (または bleiben) 最新の情報に通じている / mit 事³ auf dem *laufenden* (新形) *Laufenden*) sein 事³を[そのつど]きちんと済ませている / 人⁴ auf dem *Laufenden* (新形) *Laufenden*) halten 人⁴に常に最新の事情を知らせておく. ③ 連続している. das *laufende* Band ベルトコンベヤー / *laufende* Nummern 通し番号 / der (または das) *laufende* Meter (布などの)切り売りの 1 メートル(略: lfd. m., lfm.).

lau·fen|las·sen＊他 (h) (新形) laufen lassen) ☞ *laufen*

* *der* **Läu·fer** [ろイふァァ lɔ́yfər] 男 (単2) -s/(複) - (3 格のみ -n) ① (陸上競技などの)走者, ランナー. (英 runner). (注意 女性形は Läuferin) Skiläufer スキーヤー. ② (サッカーなどの)ハーフバック, (ラグビーの)スリークォーターバック. ③ (廊下・階段などの細長い)じゅうたん. ④ (チェスの)ビショップ. ⑤ 《工》(電動機などの)回転子, (タービンの)羽根車; (計算尺などの)カーソル. ⑥《建》(れんがなどの)長手積み. ⑦《農》(乳離れした)子豚.

Lau·fe·rei [らオふェライ laufəráı] 女 -/-en 《口語》走り回ること; (無益な)奔走. nutzlose *Lauferei* むだに駆けずり回ること.

Lauf ₌ feu·er [らオふ・ふォイアァ] 中 -s/- 野火. Die Nachricht verbreitete sich wie ein *Lauffeuer*. その知らせはたちまちのうちに広まった.

Lauf ₌ git·ter [らオふ・ギッタァ] 中 -s/- (幼児を遊ばせておく)格子囲い, ベビーサークル.

Lauf ₌ gra·ben [らオふ・グラーベン] 男 -s/..gräben 《軍》塹壕(ぎう).

läu·fig [ろイふィヒ lɔ́yfıç] 形 さかりのついた(雌犬など).

Lauf ₌ kat·ze [らオふ・カッツェ] 女 -/-n 《工》ウインチ台車.

Lauf ₌ kran [らオふ・クラーン] 男 -[e]s/..kräne (または -e) 《工》走行クレーン, 移動起重機.

Lauf ₌ kund·schaft [らオふ・クントシャフト] 女 -/ (総称として:)通りがかりの客, 浮動客.

Lauf ₌ ma·sche [らオふ・マッシェ] 女 -/-n (靴下などの線状のほつれ, (ストッキングの)伝線.

Lauf ₌ pass [らオふ・パス] 男 《成句的に》人³ den *Laufpass* geben 《口語》a) 人³を解雇する, b) 人³と絶交する.

Lauf ₌ paß ☞ (新形) Laufpass

Lauf ₌ schritt [らオふ・シュリット] 男 -[e]s/- 駆け足. im *Laufschritt* 駆け足で.

läufst [ろイふスト] ＊laufen (走る)の 2 人称単数 現在

Lauf ₌ steg [らオふ・シュテーク] 男 -[e]s/-e 渡し板, 歩み板; (ファッションショーの)ステージ.

läuft [ろイふト] ＊laufen (走る)の 3 人称単数 現在

Lauf ₌ vo·gel [らオふ・ふォーゲる] 男 -s/..vögel 走禽(゚\゙゙゙゙\゙゙゙)類(だちょうなど).

Lauf ₌ werk [らオふ・ヴェルク] 中 -[e]s/-e ① (ユンピ)(フロッピーディスクや CD-ROM のドライブ; 《工》(機械の)機構, メカニズム; (時計の)歯車; (鉄道の)台車. ② 《口語・戯》脚, 足.

Lauf ₌ zeit [らオふ・ツァイト] 女 -/-en ①《経》(手形の)満期までの期間, (手形の)支払期限; 《法》有効(通用)期間. ②《映》上映時間(期間). ③ (ある地点までの)所要時間;《工》運転時間; (ニアホ)タイム.

Lauf ₌ zet·tel [らオふ・ツェッテる] 男 -s/- ① 回状; 回覧板. ② (回覧物の)閲覧(受領)確認票. ③ (工場などへの)立入許可証. ④ (作業工程の)チェックカード, 工程票.

Lau·ge [らオゲ láugə] 女 -/-n ① 灰汁(ぁ\゙); 石けん水. ②《化》アルカリ液.

Lau·heit [らオハイト] 女 -/ 微温, ぬるいこと; 《比》不決断, 煮えきらないこと.

* *die* **Lau·ne** [らオネ láunə] 女 (単) -/(複) -n ① (複 なし)気分, 機嫌 (＝Stimmung). (英 mood). Er hat heute gute (schlechte) *Laune*. 彼はきょうは機嫌がよい(悪い) / Sie ist schlechter *Laune*². 彼女はご機嫌斜めだ / 人³ die *Laune*⁴ verderben 人³の機嫌をそこねる / Das macht *Laune*! 《口語》そいつはおもしろい / Er ist bei (または in) *Laune*. 彼は上機嫌だ. ②『ふつう 複』気まぐれ, 移り気, むら気. Er hat *Launen*. 彼は気まぐれだ / die *Launen* des Wetters《比》天気のうちょうし. ③ 気まぐれな思いつき. 事⁴ aus einer *Laune* heraus tun 事⁴をその場の思いつきでする.

lau·nen·haft [らオネンハフト] 形 気まぐれな, 移り気な, むら気の.

Lau·nen·haf·tig·keit [らオネンハふティヒカイト] 女 -/ 気まぐれ, 移り気, むら気.

lau·nig [らオニヒ láunıç] 形 陽気な, 上機嫌の; ユーモラスな, おもしろい. ein *launiger* Einfall おもしろい思いつき.

lau·nisch [らオニッシュ láunıʃ] 形 気まぐれな, むら気の; すぐに怒る.

Laus [らオス láus] 女 -/Läuse 《昆》シラミ. 人³ eine *Laus*⁴ in den Pelz setzen《比》a) 人³をとんだ目にあわせる, b) 人³に不信の念を起

こさせる.

Laus·bub [らオス・ブープ] 男 -en/-en《口語》いたずら小僧, 悪童.

* **lau·schen** [らオシェン láʊʃən] (lauschte, hat...gelauscht) 自 (定了 haben) (＊ listen) ① (注意深く)耳を傾ける, 耳を澄ます. der Musik³ (dem Redner) lauschen 音楽(演説者の話)に耳を傾ける / **auf** 物⁴ lauschen 物⁴ (物事などに)耳を澄ます ⇒ Sie lauschte auf die Atemzüge des Kranken. 彼女は病人の呼吸を注意深く聞いた.（☞ 類語 hören). ② 盗み聞きする. Er lauschte an der Tür. 彼はドアの所で盗み聞きした.

Lau·scher [らオシャァ láʊʃɐr] 男 -s/- ① 立ち聞き(盗み聞き)をする人. Der Lauscher an der Wand hört seine eigene Schand'!（諺）立ち聞きする人は, 自分の恥を聞くことになる. ②《狩》(おおかみ・きつねなどの立った)耳.

lau·schig [らオシヒ láʊʃɪç] 形 人目につかず居心地のよい. ein lauschiges Plätzchen 静かで快適な場所.

lausch·te [らオシュテ] *lauschen (耳を傾ける)の 過去

Lau·se·ben·gel [らオゼ・ベンゲる] 男 -s/-《口語》いたずら小僧, 悪童.

Lau·se·jun·ge [らオゼ・ユンゲ] 男 -n/-n《口語》いたずら小僧, 悪童.

lau·sen [らオゼン láʊzən] 他 (h) ① (人・物)⁴のしらみをとる. ②《俗》(人⁴の)体をしらみつぶしに調べる. ③《口語》(人⁴の)お金を巻き上げる.

lau·sig [らオズィヒ láʊzɪç] I 形《口語》① ひどい, 惨めな, いやな. Das sind lausige Zeiten. いやな時世にはったものだ. ②（お金などが）わずかな. ein paar lausige Pfennige はした金. ③ すごい. II 副《口語》すごく, ひどく. Heute ist es lausig kalt. きょうはめっぽう寒い.

laut¹ [らオト láʊt]

（声·音が)大きい

Das Radio ist zu laut.
ダス ラーディオ イスト ツー らオト
ラジオの音が大きすぎる.

形 (比較 lauter, 最上 lautest) ① (声·音が)大きい.（◊ loud）,（↔「(声·音が)小さい」leise). lauter Beifall 大きな拍手 / laut werden 知れ渡る / 物⁴ laut werden lassen 物⁴を公にする / So etwas darf man nicht laut sagen. そのようなことを大声で言っては(公にしては)ならない / laut sprechen 大声で話す / laut und deutlich はっきりと, 率直に / laute Farben《比》けばけばしい色彩. ② 騒々しい, やかましい. eine laute Straße 騒々しい通り / laute Nachbarn 騒がしい隣人たち.

laut² [らオト] 前《2格 または 3格とともに》《官庁》…によれば, …に従って. laut amtlicher Mitteilung 公の通知によれば / laut dem Bericht des Ministers 大臣の報告によれば / laut Vertrag 契約に従って.（☞ 付加語のない単数名詞は無変化.）

‡ *der* **Laut** [らオト láʊt] 男 (単2) -es（まれに -s)/（複) -e (3格のみ -en) ① 音, 物音；声.（◊ sound）. ein leiser Laut かすかな音 / einen Laut des Schreckens aus|stoßen 驚きの声をあげる / keinen Laut von sich geben 音(声)をたてない, じっと黙っている / Laut⁴ geben a)《狩》(猟犬が)ほえて知らせる, b)《口語·比》申し出る, [情報を]伝える, 知らせる. ② 《言》音(**), 音声. Zungenlaut 舌音 / einen Laut bilden ある音を発音する.

laut·bar [らオトバール] 形《成句的に》*lautbar* werden《古》公になる, 知れ渡る.

Lau·te [らオテ láʊtə] 女 -/-n《音楽》リュート (ギターに似た昔の撥弦楽器).

* **lau·ten** [らオテン láʊtən] du lautest, er lautet (lautete, hat...gelautet) I 自 (定了 haben) ① (…という)内容である.（…と)書いてある. Der Brief lautet wie folgt: … その手紙の文面は次のとおりである… / Wie lautet seine Antwort? 彼の返事はどんな内容ですか. 【**auf** 物⁴ ～】物⁴を内容とする; (書類などが…の名で)発行されている. Sein Urteil lautet auf sechs Monate Gefängnis. 彼の判決は禁固6か月である / Auf wessen Namen lauten die Papiere? その文書はだれの名前で発行されていますか. ③《雅》(…のように)聞こえる. Ihre Antwort lautete günstig. 彼女の返事は好意的なものだった.

II 他 (定了 haben)《言》(単語など⁴を…に)発音する. ein Wort⁴ falsch lauten 単語を間違って発音する.

* **läu·ten** [ろイテン lɔ́ʏtən] du läutest, er läutet (läutete, hat...geläutet) I 自 (定了 haben) (英 ring) ① (教会などの鐘が)鳴る, 鳴り響く. Die Glocken läuten zu Mittag. 正午の鐘が鳴っている / Ich habe etwas davon läuten hören (または gehört).《現在完了》私はそのことをちょっと耳にした.（☞ 類語 klingen). ②《南ドッ·オーストリア》(ベルなどが)鳴る. Das Telefon läutet. 電話が鳴っている. ◊《非人称の **es** を主語として》Es hat geläutet. 呼び鈴が鳴った. ③《南ドッ·オーストリア》ベルが鳴る. **an der Tür läuten** ドアのベルが鳴らす / **nach** 人³ läuten ベルを鳴らして人³を呼ぶ.

II 他 (定了 haben) (鐘⁴を)鳴らす.

lau·ter¹ [らオタァ] 形 (‡laut の 比較) もっと大きい. Du musst lauter sprechen. 君はもっと大きい声で話さなくてはいけない.

* **lau·ter**² [らオタァ láʊtɐr] 形 (英 pure) ①【無語尾で】まったくの, ただ…だけの. lauter Unsinn まったくのナンセンス / vor lauter Angst ただひたすらこわくて / Das sind lauter Lügen. それは真っ赤なうそだ. ②《雅》純粋な, 真正の, 混じり気のない. lauteres Gold 純金 / die lautere Wahrheit《比》偽りのない真実. ③《雅》誠実な. ein lauterer Mensch 誠実な人.

Lau·ter·keit [らオタァカイト] 囡 -/ 純粋[さ]; 純真, 誠実.

läu·tern [ろイタァン lɔ́ytərn] 他 (h)《雅》① (物⁴から) 不純物を取り除く. eine Flüssigkeit⁴ *läutern* 液体を澄ます. ②《比》(人⁴を) 精神的に成長させる, 気高くする. ◇《再帰的に》 *sich⁴ läutern* 気高くなる.

Läu·te·rung [ろイテルング] 囡 -/ ① 純化, 浄化, ろ過. ② (人格の)純化, 洗練.

lau·te·te [らオテテ] *lauten (…という内容である)の過去.

läu·te·te [ろイテテ] *läuten (鳴る)の過去.

Läu·te⸗werk [ろイテ・ヴェルク] 中 -[e]s/-e (鉄道) (踏切などの)警報機; (目覚まし時計の)ベル.

laut⸗hals [らオト・ハルス] 副 大声で, 声を限りに.

Laut⸗leh·re [らオト・れーレ] 囡 -/《言》音声学; 音韻論.

laut·lich [らオトリヒ] 形《言》音声学[上]の; 音声(音韻)に関する.

***laut·los** [らオト・ろース láut-lo:s] 形 物音のしない, 無音の, 声をたてない. (㊥ *silent*). *lautlose Stille* 物音一つしない静けさ / *lautlos lachen* (*weinen*) 声を忍ばせて笑う(泣く) / *Die Tür öffnete sich lautlos.* ドアが音もなく開いた.

Laut⸗ma·le·rei [らオト・マーれライ] 囡 -/《言》擬音[語], 擬音語法.

Laut⸗schrift [らオト・シュリふト] 囡 -/-en《言》音声表記, 発音記号法. *die internationale Lautschrift* 万国音標文字.

***der Laut⸗spre·cher** [らオト・シュプレッヒァァ láut-ʃpreçər] (単2) -s/(複) - (3格のみ -n) スピーカー, 拡声器. (㊥ *loudspeaker*). 軍⁴ *durch Lautsprecher bekannt machen* 軍⁴を拡声器を使って知らせる.

laut⸗stark [らオト・シュタルク] 形 大声の, 声高の, 音の大きな.

Laut⸗stär·ke [らオト・シュテルケ] 囡 -/-n 音量, ボリューム. *Die Lautstärke lässt sich hier regulieren.* 音量はここで調節できる.

Laut⸗ver·schie·bung [らオト・フェァシーブング] 囡 -/-en《言》子音推移.

lau⸗warm [らオ・ヴァルム] 形 生ぬるい, 生暖かい; 煮えきらない, どっちつかずの.

La·va [らーヴァ lá:va] 囡 -/Laven《地学》溶岩.

La·va⸗strom [らーヴァ・シュトローム] 男 -[e]s/..ströme 溶岩流.

La·ven·del [らヴェンデる lavéndəl] 男 -s/-《植》ラベンダー(香料・薬用にする).

la·vie·ren¹ [らヴィーレン] 自 (h) (困難などを)うまく切り抜ける, (両者の間などを)うまく立ち回る.

la·vie·ren² [らヴィーレン] 他 (h) ①《美》(水を含んだ筆で)ぼかす. ② 水彩で彩色する.

La·wi·ne [らヴィーネ laví:nə] 囡 -/-n 雪崩. *eine Lawine von Briefen*《比》殺到する手紙.

Law·ren·ci·um [ろレンツィウム loréntsium] 中 -s/《化》ローレンシウム(放射性元素の一つ; 記号: Lr).

lax [らクス láks] 形 だらしない, ルーズな, いいかげんな. *ein laxes Benehmen* だらしない態度.

Lax·heit [らクスハイト] 囡 -/-en ①《覆》なし》だらしなさ, ルーズ. ② だらしない言動.

Lay-out, Lay·out [れー・アオト] 《英》 中 -s/-s《印》レイアウト, 割りつけ.

La·za·rett [らツァレット latsarét] 中 -[e]s/-e《軍》野戦病院.

La·za·rett⸗schiff [らツァレット・シふ] 中 -[e]s/-e《軍》病院船.

La·za·rus [らーツァルス lá:tsarus] I - (または ..russes)/《聖》《人名》ラザロ (⑦ イエスの友人. 死後4日目にイエスにより復活;ヨハネによる福音書11. ⑦ イエスのたとえ話に出て来る病気の乞食;ルカによる福音書16). II 男 - (または ..russes)/..russe《口語》重い病気に苦しむ人; かわいそうな人.

l. c. [ろーコ ツィタート—] [??]《略》上述の箇所において (= loco citato).

Lea·sing [リーズィング líːzɪŋ]《英》中 -s/-s《経》(機械などの)リース, 賃貸借.

Le·be⸗hoch [れーベ・ホーホ] 中 -s/-s 万歳[の言葉]. *in ein Lebehoch ein|stimmen* 万歳を唱和する.

Le·be⸗mann [れーベ・マン] 男 -[e]s/..männer 道楽者, プレイボーイ.

:le·ben [れーベン léːbən]

> 生きている
>
> Meine Großeltern *leben* noch.
> マイネ　グロースエるタァン　れーベン　ノッホ
> 私の祖父母はまだ健在です.

(lebte, *hat* ... gelebt) I 自 (定了) haben) ① 生きている, 生存する. (㊥ *live*). (⇔ 「死ぬ」= sterben). *Er lebt nicht mehr.* 彼はもう生きていない / *Mozart lebte im 18.* (=achtzehnten) *Jahrhundert.* モーツァルトは18世紀に生きた人だ / *Lebst du noch?*《口語・戯》(長く会わなかった人に対して) おやまだ生きていたかい / *Wie geht es dir? — Man lebt.*《口語》元気かい — まあまあだ / *Er hat nicht mehr lange zu leben.* 彼の命はもう長くはない / *Das Bild lebt.*《比》この絵は生きているようだ / *Sein Ruhm wird ewig leben.*《比》彼の名声は永遠に生き続けるだろう / *Lang lebe der König!*《接1・現在》国王万歳! / *leben und leben lassen* 互いに干渉し合わないで暮らす, 共存共栄する.

② (…の)生活をする, (…に)暮らす. *Sie lebt allein.* 彼女は一人で暮らしている / *sparsam leben* 切りつめた生活をする / 人事³ *leben* für 人事⁴) *leben* 人事³(または 人事⁴)のために生きる ⇒ *Sie lebt nur für ihre Kinder.* 彼女は子供たちのためだけに生きている / mit 人³ *in Frieden leben* 人³と仲良くしている / von der Hand in den Mund *leben* その日暮らしをする / *Leb[e] wohl!* (長い別れの際のあいさつで)

L

元気でね,さようなら.
③〖場所を表す語句とともに〗(…に)住んでいる, (動物が)生息する. Wie lange *leben* Sie schon **in** Japan? もうどれくらい日本にお住まいですか / in der Stadt (**auf dem Lande**) *leben* 都会(田舎)に住む.
④〖**von** 〖物〗³ ~〗(〖物〗³で)生計を立てる; (〖物〗³を)食べて生きていく. Er *lebt* von der Rente. 彼は年金で生活している / vom Gemüse *leben* 菜食生活をする / Der Mensch *lebt* nicht vom Brot allein. (諺) 人はパンのみで生きるものではない(マタイによる福音書4, 4).
II 〖定ⅠⅠ haben〗〖**Leben** を目的語として〗(…の生活・生涯⁴を)送る. ein glückliches Leben⁴ *leben* 幸せな生活を送る / Er *lebt* sein eigenes Leben. 彼は自分の生き方を通している.
III 〖再帰〗(〖定Ⅰ〗haben)〖**es lebt sich**⁴... の形で〗暮らしくあいが…である. Hier *lebt* es *sich* gut. ここは暮らしやすい.
▷ **lebend**

das **Le·ben** [れーベン lé:bən]

生命; 人生; 生活

So ist das *Leben*!
ゾー イスト ダス れーベン
それが人生というものさ.

〖中〗(単2) -s/(複) - (英 life) ① 〖ふつう 単〗生命, 生; 生存. (⇔ 「死」は Tod). irdisches *Leben* この世の命 / das ewige *Leben* (キリスト教) 永遠の命 / die Entstehung des *Lebens* 生命の起源 / Auf dem Mond ist kein *Leben*. 月には生命は存在しない / Das *Leben* ist vergänglich. 命ははかない / 〖人〗³ das *Leben*⁴ retten 〖人〗³の命を救う / sich³ das *Leben*⁴ nehmen 自殺する / Er konnte nur das nackte *Leben* retten. 彼はかろうじて命だけは助かった / einem Kind das *Leben*⁴ schenken (雅) 子供を産む / wie das blühende *Leben* aussehen (口語) 健康そのものに見える.

◊〖前置詞とともに〗**am** *Leben* sein 生きている / am *Leben* hängen 生に執著する / ein Kampf **auf** *Leben* und Tod 生死を賭(カ)けての戦い / 〖物〗⁴ **ins** *Leben* rufen 〖物〗⁴(会社など)を設立する / **mit** dem *Leben* davon|kommen 命からがら逃れる / 〖人〗³ **nach** dem *Leben* trachten 〖人〗³の命をねらう / 〖人〗⁴ **ums** *Leben* bringen 〖人〗⁴を殺す / ums *Leben* kommen 命を失う, 死ぬ.

② 〖ふつう 単〗人生, 生涯, 一生. ein kurzes (langes) *Leben* 短い(長い)生涯 / ein *Leben* lang 一生涯 / das *Leben* Goethes ゲーテの生涯. ◊〖前置詞とともに〗Er erzählte Erlebnisse **aus** seinem *Leben*. 彼は自分の人生経験を語った / sich³ **durchs** *Leben* schlagen 人生を生き抜く / **fürs** ganze *Leben* 一生涯 / zum ersten Mal **im** *Leben* 生まれて初めて / nie **im** *Leben* または **im** *Leben* nicht 決して…

しない.
③〖〖複〗 なし〗(日常の)生活, 暮らし[ぶり]; 現実[の生活], 実社会. ein tägliches *Leben* 日々の暮らし / das *Leben* auf dem Lande 田舎の生活 / ein neues *Leben* an|fangen 新しい生活を始める / Er führt ein ruhiges *Leben*. 彼は平穏な生活を送っている / 〖物〗⁴ **nach** dem *Leben* zeichnen 〖物〗⁴を実物どおりに描く.
④〖〖複〗 なし〗活気, 生気. das *Leben* und Treiben auf den Straßen 街頭のにぎわい / Sie ist voller *Leben*. 彼女は生命力にあふれている.

(⇨) **..leben** のいろいろ: Alltags*leben* 日常生活 / Ehe*leben* 結婚生活 / Familien*leben* 家庭生活 / Privat*leben* 私生活 / Studenten*leben* 学生生活

le·bend [れーベント] **I** ‡**leben** (生きている)の 〖現分〗 **II** 〖形〗 生きている, 命のある; 現存の. *lebende* Blumen 生花 / frei *lebende* Tiere 野生の動物 / *lebende* Sprachen 現在使われている言語 / einen Tiger *lebend* fangen 虎(トラ)を生け捕りにする.

(新形)

le·bend ge·bä·rend (動) 胎生の.

le·bend≠ge·bä·rend 〖形〗 (新形) lebend gebärend) ⇨ lebend
Le·bend≠ge·wicht [れーベント・ゲヴィヒト] 〖中〗 -[e]s/-e (屠畜の)生体重量;(戯) 人間の体重.

*⁎**le·ben·dig** [れベンディヒ lebéndıç] 〖形〗 ① 生き生きした, 活気ある, にぎやかな. eine *lebendige* Fantasie 生き生きした空想 / eine *lebendige* Stadt にぎやかな町 / *lebendig* diskutieren 活発に討論する. ② 生きている, 生命のある. (⇔ alive). ein *lebendiges* Wesen 生き物 / Der Fisch ist noch *lebendig*. その魚はまだ生きている. ③ 生き続けている(伝統など), 生々しい(記憶など). *lebendiger* Glaube 今も生きている信仰. (類語) lebhaft).

Le·ben·dig·keit [れベンディヒカイト] 〖女〗 -/ 生きていること; 生き生きしていること, 活気.
Le·bens≠abend [れーベンス・アーベント] 〖男〗 -s/-e (雅) 晩年.
Le·bens≠ab·schnitt [れーベンス・アップシュニット] 〖男〗 -[e]s/-e 人生の一時期.
Le·bens≠al·ter [れーベンス・アるタァ] 〖中〗 -s/- 年齢;(少年期・青年期などの)生涯の一時期. ein hohes *Lebensalter* 高齢.
Le·bens≠an·schau·ung [れーベンス・アンシャオウング] 〖女〗 -/-en 人生観.
Le·bens≠art [れーベンス・アールト] 〖女〗 -/ 生き方, 生活様式; 礼儀作法. keine *Lebensart*⁴ haben 礼儀作法をわきまえていない.
Le·bens≠auf·ga·be [れーベンス・アオふガーベ] 〖女〗 -/-n 人生の課題.
Le·bens≠be·din·gung [れーベンス・ベディングング] 〖女〗 -/-en 〖ふつう 複〗生活条件.

le·bens≠be·ja·hend [れーベンス・ベヤーエント] 形 人生に対して肯定的な, 楽観的な.

Le·bens≠be·schrei·bung [れーベンス・ベシュライブング] 女 -/-en 伝記.

Le·bens≠dau·er [れーベンス・ダオアァ] 女 -/ 生存期間, 寿命; (機械などの) 耐久年限.

Le·bens≠en·de [れーベンス・エンデ] 中 -s/ 臨終, 人生の終わり. bis ans *Lebensende* 死ぬまで.

Le·bens≠er·fah·rung [れーベンス・エァファールング] 女 -/-en 人生経験 (体験).

le·bens≠er·hal·tend [れーベンス・エァハルテント] 形 生命維持の (機能・処置など).

Le·bens≠er·war·tung [れーベンス・エァヴァルトゥング] 女 -/ 平均余命.

le·bens≠fä·hig [れーベンス・フェーイヒ] 形 生存 (生育) する力のある (新生児など).

le·bens≠feind·lich [れーベンス・ファイントりヒ] 形 生命をおびやかすほどの, 生物が生きられないほどの (寒さ・環境など).

Le·bens≠form [れーベンス・フォルム] 女 -/-en 生活様式; 《生》生活型.

Le·bens≠fra·ge [れーベンス・フらーゲ] 女 -/-n 死活 (重大) 問題.

le·bens≠fremd [れーベンス・フレムト] 形 世事に疎い; 世間離れした, 実人生とかけ離れた.

Le·bens≠freu·de [れーベンス・フろイデ] 女 -/ 生きる喜び.

le·bens≠froh [れーベンス・フろー] 形 生きる喜びに満ちた, 人生を肯定する.

Le·bens≠füh·rung [れーベンス・フューるング] 女 -/ 生き方, 生活態度.

Le·bens≠ge·fahr [れーベンス・ゲファール] 女 -/ 生命の危険. in *Lebensgefahr* schweben 死線をさまよう; [人]⁴ unter *Lebensgefahr* retten 身の危険を冒して [人]⁴を救う.

le·bens≠ge·fähr·lich [れーベンス・ゲフェーァりヒ] 形 命にかかわる, 致命的な (病気・傷など). eine *lebensgefährliche* Verletzung 致命傷.

Le·bens≠ge·fähr·te [れーベンス・ゲフェーァテ] 男 -n/-n 《雅》人生の伴侶, 夫.

Le·bens≠ge·fähr·tin [れーベンス・ゲフェーァティン] 女 -/..tinnen 《雅》人生の伴侶, 妻.

Le·bens≠geis·ter [れーベンス・ガイスタァ] 複 活力, 生気. Der starke Kaffee weckte seine *Lebensgeister*. 濃いコーヒーを飲んで彼は元気を取り戻した.

Le·bens≠ge·mein·schaft [れーベンス・ゲマインシャフト] 女 -/-en ① 生活共同体 (家庭など); 共同生活 (結婚・同棲など). ② 《生》群集.

le·bens≠groß [れーベンス・グろース] 形 実物 (等身) 大の. ein *lebensgroßes* Bild 実物大の絵.

Le·bens≠grö·ße [れーベンス・グレーセ] 女 -/ 実物 (等身) 大. ein Denkmal in *Lebensgröße* 実物大の記念像 / in [voller] *Lebensgröße* vor [人]³ stehen 《口語・戯》[人]³の前にぬっと現れる.

Le·bens≠hal·tung [れーベンス・ハルトゥング] 女 -/ 生計, 家計. eine bescheidene *Lebenshaltung* つましい暮らし.

Le·bens≠hal·tungs≠kos·ten [れーベンスハるトゥングス・コステン] 複 生活 (生計) 費.

Le·bens≠jahr [れーベンス・ヤール] 中 -[e]s/-e 年齢. Er steht im zehnten *Lebensjahr*. 彼は9歳だ. (☞ 10歳ではないことに注意).

le·bens≠klug [れーベンス・クるーク] 形 人生経験の豊かな, 世故にたけた.

Le·bens≠kraft [れーベンス・クラフト] 女 -/..kräfte [生] 活力, 生命力, バイタリティー.

Le·bens≠künst·ler [れーベンス・キュンストらァ] 男 -s/- 世渡りのうまい人, 世故にたけた人.

Le·bens≠la·ge [れーベンス・らーゲ] 女 -/-n 生活状態, 境遇. in allen *Lebenslagen* どういう境遇にあっても.

le·bens≠lang [れーベンス・らング] 形 一生の, 生涯の, 終身の.

le·bens≠läng·lich [れーベンス・れングりヒ] 形 (刑罰などが) 生涯にわたる, 終身の. eine *lebenslängliche* Haft 終身禁固刑.

Le·bens≠lauf [れーベンス・らオフ] 男 -[e]s/..läufe ① 履歴書. ein handgeschriebener *Lebenslauf* 手書きの履歴書. ② 《雅》経歴.

le·bens≠lus·tig [れーベンス・るスティヒ] 形 生きる喜びに満ちた, 陽気な.

¦*das* **Le·bens·mit·tel** [れーベンス・ミッテる lé:bəns-mıtəl] 中 (単2) -s/(複) - (3格のみ -n) 《ふつう 複》食料品, 食品. 《英 food》. pflanzliche (tierische) *Lebensmittel* 植物性 (動物性) 食品 / *Lebensmittel*⁴ her|stellen (kaufen) 食料品を生産する (買う) / *Lebensmittel*⁴ auf|bewahren 食料品を保存する.

Le·bens·mit·tel≠ge·schäft [れーベンスミッテる・ゲシェフト] 中 -[e]s/-e 食料品店.

Le·bens·mit·tel≠ver·gif·tung [れーベンスミッテる・フェァギフトゥング] 女 -/-en 《医》食中毒.

le·bens≠mü·de [れーベンス・ミューデ] 形 生活に疲れた, 生きる意欲を失った.

Le·bens≠mut [れーベンス・ムート] 男 -[e]s/- 人生に立ち向かう勇気, 活[動]力.

le·bens≠nah [れーベンス・ナー] 形 実生活に即した, 現実に密着した, リアルな (小説など).

Le·bens≠nerv [れーベンス・ネルフ] 男 -s/-en 《医》自律神経; 《比》中枢部分, 生命線.

le·bens≠not·wen·dig [れーベンス・ノートヴェンディヒ] 形 生命に不可欠な, 生きるのに必要な.

Le·bens≠raum [れーベンス・らオム] 男 -[e]s/..räume ① 《生》ビオトープ, 生活圏. ② 生活範囲, 生活環境.

Le·bens≠ret·ter [れーベンス・レッタァ] 男 -s/- 人命救助者; 命の恩人.

Le·bens≠stan·dard [れーベンス・シュタンダルト] 男 -s/-s 生活水準. Der *Lebensstandard* steigt (sinkt). 生活水準が上がる (下がる).

Le·bens≠stel·lung [れーベンス・シュテるング] 女 -/-en 終身雇用の職.

Le·bens≠stil [れーベンス・シュティーる] 男 -[e]s/-e ライフスタイル, 生活様式.

le·bens⹀tüch·tig [れーベンス・テュヒティヒト] 形 実生活で有能な，生活力のある．

Le·bens⹀un·ter·halt [れーベンス・ウンタァハるト] 男 -[e]s/ 生活費．

le·bens⹀un·tüch·tig [れーベンス・ウンテュヒティヒ] 形 実生活で無能な，生活力のない．

Le·bens⹀ver·si·che·rung [れーベンス・フェアズィッヒェルング] 女 -/-en 生命保険．eine *Lebensversicherung*⁴ ab|schließen 生命保険契約を結ぶ．

le·bens⹀wahr [れーベンス・ヴァール] 形 迫真の，実物そっくりの．eine *lebenswahre* Schilderung 真に迫った描写．

Le·bens⹀wan·del [れーベンス・ヴァンデる] 男 -s/ 品行，行状．

Le·bens⹀weg [れーベンス・ヴェーク] 男 -[e]s/-e 人生行路，生涯．

Le·bens⹀wei·se [れーベンス・ヴァイゼ] 女 -/ 生活[方]法，生き方．

Le·bens⹀weis·heit [れーベンス・ヴァイスハイト] 女 -/-en 生活の知恵；処世訓．

Le·bens⹀werk [れーベンス・ヴェルク] 中 -[e]s/-e 一生の仕事(事業)，ライフワーク．

le·bens⹀wert [れーベンス・ヴェーァト] 形 生きるに値する，生きがいのある．

le·bens⹀wich·tig [れーベンス・ヴィヒティヒ] 形 生命(生活)に不可欠な；生死にかかわる，きわめて重大な(問題など)．

Le·bens⹀zei·chen [れーベンス・ツァイヒェン] 中 -s/- 生きているしるし(心臓の鼓動・呼吸など)；《比》消息，便り．ein *Lebenszeichen*⁴ von 人³ erhalten 人³から便りをもらう．

Le·bens⹀zeit [れーベンス・ツァイト] 女 -/ 生涯，寿命．auf *Lebenszeit* 終生，一生涯．

Le·bens⹀zweck [れーベンス・ツヴェック] 男 -[e]s/-e 人生の目的．

*die **Le·ber** [れーバァ lé:bər] 女 (単) -/(複) -n 《英》 *liver*) ① 《医》肝臓．eine gesunde *Leber* 健康な肝臓 / Die *Leber* ist geschwollen．【現在完了】が腫れている / 人³ an der *Leber* fressen《口語・比》人³をひどくいらいらさせる / frei (または frisch) von der *Leber* weg sprechen《口語》率直に話す / sich³ 事⁴ von der *Leber* reden《口語》事⁴(悩みなど)を話して気を軽くする． ②《料理》肝(きも)，レバー．Kalbs*leber* 子牛のレバー．

Le·ber⹀blüm·chen [れーバァ・ブリュームヒェン] 中 -s/-《植》スハマソウ．

Le·ber⹀fleck [れーバァ・ふれック] 男 -[e]s/-e《医》肝斑(かんぱん)(肌の褐色のしみ)．

Le·ber⹀kä·se [れーバァ・ケーゼ] 男 -s/《料理》レバーケーゼ(ミートローフの一種)．

Le·ber⹀knö·del [れーバァ・クネーデる] 男 -s/-《料理》レバー入り団子．

Le·ber⹀pas·te·te [れーバァ・パステーテ] 女 -/-n《料理》レバーペースト．

Le·ber⹀tran [れーバァ・トラーン] 男 -[e]s/ 肝油．

Le·ber⹀wurst [れーバァ・ヴルスト] 女 -/..würs-te《料理》レバーソーセージ．die gekränkte *Leberwurst*⁴ spielen《口語》(ささいなことで)むくれる．

Le·be⹀we·sen [れーベ・ヴェーゼン] 中 -s/- 生物，動植物．tierische (pflanzliche) *Lebewesen* 動物(植物)．

Le·be⹀wohl [れーベ・ヴォーる] 中 -[e]s/-e (また -s)《雅》別れのあいさつ，さようなら．

*****leb·haft** [れープハフト lé:phaft] I 形 (比較) lebhafter, (最上) lebhaftest) ① 活発な，生き生きした；活気に満ちた，にぎやかな．(《英》*lively*). ein *lebhaftes* Kind 元気のよい子供 / eine *lebhafte* Unterhaltung 活発な会話 / eine *lebhafte* Straße にぎやかな通り． ② はっきりした，鮮明な(記憶など)．人・事⁴ in *lebhafter* Erinnerung haben 人・事⁴をはっきりと覚えている / Das kann ich mir *lebhaft* vorstellen. 私はそれをありありと思い浮かべることができる． ③ (色が)強烈な，はでな．ein *lebhaftes* Rot 鮮やかな赤． ④ 激しい，強い．*lebhafte* Vorwürfe 激しい非難 / *lebhafter* Beifall 盛んな拍手．

II 副 非常に．Das interessiert mich *lebhaft*. 私はそのことにとても興味を持っている．

〔類語〕**lebhaft**：(活気に満ちて)元気な． **lebendig**：元気旺盛(おうせい)な．(**lebhaft** とほぼ同義)． **munter**：(陽気で)はつらつとした． **gesund**：(健康で)元気な． **kräftig**：(体力があり，たくましくて)元気な．

Leb·haf·tig·keit [れープハフティヒカイト] 女 -/ 元気，活発さ．

Leb·ku·chen [れープ・クーヘン] 男 -s/- レープクーヘン(蜂蜜・香辛料入りのケーキ)．(☞ Kuchen 図)．

leb·los [れープ・ろース] 形 生命のない，死んでいる；(死んだように)生気のない．

Leb⹀lo·sig·keit [れープ・ろーズィヒカイト] 女 -s/ 生命のないこと；生気のなさ．

Leb⹀tag [れープ・タック] 男 《成句的に；所有冠詞とともに》[all] mein *Lebtag*《口語》私の生涯[にわたって]．

leb·te [れープテ] *leben (生きている)の過去

Leb⹀zei·ten [れープ・ツァイテン] 複《成句的に》zu (または bei) *Lebzeiten* meines Vaters 私の父の存命中に / zu (または bei) unseren *Lebzeiten* われわれが生きているうちに．

der **Lech** [れヒ léç] 男 -s/《定冠詞とともに》《川名》レヒ川(ドナウ川右支流：☞ 地図 E-4～5)．

lech·zen [れヒツェン léçtsən] 自 (h)《nach 物³ ～》《雅》(物³を)渇望する．Er *lechzt* nach Ruhme. 彼は名誉心にはやっている．

leck [れック lék] 形 水漏れのする；(船などで)浸水箇所がある．Das Boot ist *leck*. このボートは水が漏る．

Leck [れック] 中 -[e]s/-s (タンクなどの)漏れる箇所；(船の)浸水箇所．

***le·cken¹** [れッケン lékən] (leckte, *hat*..ge-leckt) I 他 (完了 haben) なめる；なめて食べる．

(英 lick). eine Wunde⁴ lecken 傷をなめる / Eis⁴ lecken アイスクリームをなめる / Der Hund leckte seinem Herrn die Hand. 犬は主人の手をなめた / Er leckte sich³ das Blut vom Finger. 彼は指の血をなめて取った / sich³ die Finger⁴ nach 物³ lecken《口語・比》物³が欲しくてたまらない.
 II 自《定了 haben)〖an 物³ ~〗(物³を)なめる. an einem Eis lecken アイスクリームをなめる.
 ◊☞ geleckt

le·cken² [レッケン] 自 (h) (タンクなどが)漏る; (船などが)浸水する.

• **le·cker** [レッカァ lέkər] 形 おいしい, おいしそうな, 食欲をそそる;《比》魅力的な, チャーミングな. Der Kuchen schmeckt aber lecker! このケーキはなんておいしいんだ.

Le·cker·bis·sen [レッカァ・ビッセン] 男 -s/- おいしい食べ物, 珍味;《比》楽しみ.

Le·cke·rei [レッカライ lɛkəráI] 女 -/-en《口語》おいしいもの, (特に:) 甘いもの.

Le·cker⸗maul [レッカァ・マオル] 中 -[e]s/..mäuler《口語》美食家; 甘党.

leck·te [レックテ] *lecken¹ (なめる)の過去

led. [レーディト](略)独身の(=ledig).

: *das* **Le·der** [レーダァ lέːdər] 中 (単2) -s/(複) – (3格の -n) ① 革, 皮革 (英 leather). Schweinsleder 豚革 / weiches Leder 柔らかい革 / Leder⁴ verarbeiten 皮を加工する / eine Tasche aus Leder 革製のかばん / Diese Tasche haben wir auch in Leder. このバッグなら革製のものもございます / Das Fleisch ist zäh wie Leder. この肉は革みたいに堅い / 人³ das Leder⁴ gerben《口語》人³をさんざんになぐる(← 皮をなめす) / 人³ ans Leder⁴ gehen(または wollen)《口語》人³をやっつけようとする / gegen 人・事⁴ vom Leder ziehen 人・事⁴をひどく非難する(← 革を革さやから刀を抜く).
 ② 革製品; (窓ふき用の)セーム革; サッカーボール.

Le·der⸗ein·band [レーダァ・アインバント] 男 -[e]s/..bände (本の)革装.

Le·der·ho·se [レーダァ・ホーゼ] 女 -/-n (特に南ドイツ・アルプス地方の)革製[半]ズボン.

Le·der·ja·cke [レーダァ・ヤッケ] 女 -/-n 革のジャケット.

le·dern¹ [レーダァン lέːdərn] 他 (h) ① (窓ガラスなど⁴を)セーム革で磨く. ②《口語》ぶんなぐる.

le·dern² [レーダァン] 形 ①《付加語としてのみ》lederne Schuhe 革製の靴. ② 革のような, 革のように堅い. ③《口語・比》退屈な, 無味乾燥な.

Le·der⸗wa·ren [レーダァ・ヴァーレン] 複 革製品.

• **le·dig** [レーディヒ lέːdɪç] 形 ① 独身の, 未婚の(略: led.). (英 single).《注》「既婚の」は verheiratet). ein lediger junger Mann 未婚の若い男性 / Er ist noch ledig. 彼はまだ独身だ / eine ledige Mutter 非婚の母, シングルマザー. ②《成句的に》事² ledig sein《雅》事²

を免れている. Er ist der Verantwortung ledig. 彼はその責任を免れている.

le·dig·lich [レーディクリヒ] 副 ただ, 単に, …のみ. Das ist lediglich nur Formsache. それは単に形式上のことでしかない.

Lee [レー lé:] 女 -/《海》(船の)風下側. (《注》「(船の)風上側」は Luv). in Lee liegen 風下にある / nach Lee drehen 針路を風下に向ける.
 II 中 -s/《地理》(山などの)風の当たらない側.

: **leer** [レーァ lé:r] 形 ① 空(๑)の, 中味のない; 空白の. (英 empty). (《注》「いっぱいの」は voll). Der Tank ist leer. タンクの中は空っぽだ / eine leere Kiste 空箱 / mit leeren Händen a) 手ぶらで, b) 得られるところなく / den Teller leer essen 皿の料理を平らげる / Dieses Blatt ist noch leer. この紙にはまだ何も書いていない / Die Kasse ist leer.《口語》もう金がない(← 金庫は空だ) / leer aus|gehen 分け前にあずかれない. ◊《名詞的に》ins Leere starren (greifen) 空(๑)を見つめる(つかむ).
 ② 人のいない, 無人の(ホールなどが)がらがらの. leere Straßen 人気(ひとけ)のない通り / Das Kino war leer. 映画館はがらがらだった / Die Wohnung steht leer. この住まいは空き家になっている / vor leeren Bänken (または vor leerem Haus) spielen まばらな観客の前で演じる.
 ③ 空虚な, 内容のない; うつろな. leere Worte 口先だけの言葉 / leere Versprechungen 空(๑)約束 / 人⁴ leer (または mit leeren Augen) an|sehen 人⁴をうつろな目で見つめる.

〔新形〕

leer lau·fen ① (タンクなどが)漏れて空になる. ②(エンジンなどが)空転する.

leer ste·hend 人の住んでいない(部屋・家など), 使われていない(ガレージなど).

..leer [..レーァ ..leːr] 形容詞をつくる接尾《…のない・乏しい》例: inhaltsleer 内容の乏しい.

Lee·re [レーレ lé:rə] 女 -/ ① 空(๑), 空所. die Leere des Saales 人ひとりいないホール. ②《比》空虚, むなしさ.

• **lee·ren** [レーレン lé:rən] (leerte, hat... geleert) (英 empty) I 他 (《定了 haben) 空にする, 空ける; 飲み干す, 平らげる. den Mülleimer leeren ごみバケツを空にする / Der Briefkasten wird zweimal am Tag geleert.《受動・現在》その郵便ポストは日に2回開函(かいかん)される / den Teller leeren 皿の料理を平らげる.
 II 再帰 (《定了 haben) sich⁴ leeren 空になる, 人がいなくなる. Der Saal leerte sich langsam. ホールはだんだん人影がまばらになった.

Leer⸗ge·wicht [レーァ・ゲヴィヒト] 中 -[e]s/-e (車両などの)自重.

Leer⸗gut [レーァ・グート] 中 -[e]s/-e (びん・箱などの)空容器.

Leer⸗lauf [レーァ・らオフ] 男 -[e]s/..läufe ① (機械の)空転, アイドリング;(ギヤの)ニュートラル. im Leerlauf 空回りで / in den Leerlauf schalten （ギヤを）ニュートラルに入れる. ② 《比》むだ骨, 徒労.

leer|lau·fen* 自 (s) (新形 leer laufen) ☞ leer

leer·ste·hend 形 (新形 leer stehend) ☞ leer

Leer=tas·te [れーア・タステ] 女 -/-n （タイプライターなどの）スペースキー.

leer·te [れーァテ] *leeren（空にする）の過去

Lee·rung [れールング] 女 -/-en 空にすること；（ポストの）開函（かいかん）.

Lef·ze [れふツェ léftsə] 女 -/-n （野獣・犬などの）唇.

le·gal [れガール legá:l] 形 法律にかなった, 合法的な. auf *legalem* Weg 合法的に.

le·ga·li·sie·ren [れガリズィーレン legalizí:rən] 他 (h) ① 《法》（文書⁴を）公的に認証する. ② 合法化（適法化）する.

Le·ga·li·tät [れガリテート legalité:t] 女 -/ 合法性, 適法性.

Le·gas·the·nie [れガステニー legastení:] 女 -/-n [..ニーエン] 《心・医》（文章などの）読み書き能力の障害.

Le·gat [れガート legá:t] I 中 -[e]s/-e 《法》遺贈. II 男 -en/-en ① 《カト》教皇特使. ② 《史》（古代ローマの使節； 属州総督.

Le·ga·ti·on [れガツィオーン legatsió:n] 女 -/-en ① 《カト》教皇特使団. ②（昔の:）教会領.

le·ga·to [れガート legá:to] [楽] 副 《音楽》レガート, なめらかに （略 leg.）.

***le·gen** [れーゲン lé:gən]

> **横たえる**
>
> *Legen* Sie das Buch hierher!
> れーゲン ズィー ダス ブーフ ヒーァヘーァ
> その本をここに置きなさい.

(legte, *hat*...gelegt) I 他 (完了 haben) ①（物⁴を）横たえる,［横にして］置く,（人⁴を）寝かせる.（英 lay).（参考）「立てる」は stellen). den Verletzten sofort unter *legen* 負傷者をただちに横に寝かせる / Weinflaschen soll man *legen*, nicht stellen. ワインのびんは立てないで, 寝かせて置くものだ / Die Mutter *legte* das Kind **auf** den Rücken. 母親は子供をあおむけに寝かせた / den Gegenspieler *legen*（レスリングで:）相手をマットに投げ倒す.

②《方向を表す語句とともに》（人・物⁴を…へ）置く, あてがう, 載せる, 掛ける. Er *legte* die Leiter **an** die Mauer. 彼ははしごを塀に立て掛けた / die Hand⁴ an die Stirn *legen* 額に手をやる / einen Hund an die Kette *legen* 犬を鎖につなぐ / Hand⁴ an 事⁴ *legen* 《比》事⁴に着手する / eine Decke⁴ **auf** den Tisch *legen* 食卓にテーブルクロスを掛ける / Wert⁴ auf 事⁴ *legen* 事⁴を重要視する / den Hammer **aus** der Hand *legen*（手に持った）金づちを置く / Wäsche⁴ **in** den Schrank *legen* 洗濯物をたんすにしまう / den Löffel **neben** den Teller *legen* スプーンを皿のわきに置く / Er *legte* ihr eine Perlenkette **um** den Hals. 彼は彼女の首に真珠のネックレスを掛けてやった.

③ 敷く, 敷設する；埋設する. Schienen⁴ *legen* レールを敷く / ein Kabel⁴ *legen* ケーブルを敷設する / die Fliesen⁴ *legen* タイルを張る.

④（ある形に）整える, たたむ. die Wäsche⁴ *legen*（アイロンがけの前に）洗濯物をたたむ / einen Stoff in Falten *legen* 布に折り目（ひだ）をつける / Sie lässt sich³ die Haare *legen*. 彼女は髪をセットしてもらう.

⑤ （卵⁴を）産む. Eier⁴ *legen* 卵を産む. ◇《目的語なしでも》Das Huhn *legt* gut. この鶏は卵をよく産む. ⑥ 《方》（じゃがいもなど⁴を）植えつける.

⑦《様態を表す語句とともに》sich⁴ **krumm** *legen*《口語》生活費を切り詰める / 事⁴ **offen** *legen*《官庁》事⁴を公にする.

II （再帰）(完了 haben) *sich⁴ legen* ①《方向を表す語句とともに》（…へ）横になる, 横たわる. Er *legt* sich **auf** die Couch. 彼は寝いすに横になる / *sich⁴* auf den Bauch (den Rücken) *legen* 腹ばい（あおむけ）になる / *sich⁴* **ins** (**zu**) Bett *legen* ベッドに入る / *sich⁴* in die Sonne *legen* 日光浴をする.

②《方向を表す語句とともに》（…へ）傾く, もたれる. Das Schiff *legt sich* **auf** die Seite. 船が傾く / *sich⁴* in die Kurve *legen* 体を傾けてカーブを切る.

③〖*sich⁴* **über**（または **auf**）物⁴ ~〗（霧などが）覆う. Der Nebel *legt sich* **über**（または **auf**）die ganze Stadt. 霧が町全体に立ち込めてくる. ④（風・興奮などが）静まる, 治まる. Sein Zorn *hat sich gelegt*. 彼の怒りは静まった. ⑤〖*sich⁴* **auf** 事⁴ ~〗（事⁴に）専念する, 打ちこむ. Er *hat sich* auf sein Studium *gelegt*. 彼は勉学に励んだ. ⑥〖*sich⁴* **auf** 物⁴ ~〗（病気などが物⁴(器官など)に）害を及ぼす. Seine Erkältung *hat sich* auf die Nieren *gelegt*. 風邪で彼は腎臓（じんぞう）が悪くなった.

le·gen·där [れゲンデーァ legendé:r] 形 ① 聖人伝の；伝説上の, 伝説的な. ②《比》信じられないような.

Le·gen·de [れゲンデ legéndə] 女 -/-n ① 聖人伝, 聖徒物語. ② 伝説；《比》作り話, うわさ. ③（地図などの）記号の説明, 凡例.

le·ger [れジェーァ legé:r または ..3é:r] [沒] 形 ① くだけた, 形式ばらない（態度など）. ② くつろいだ, リラックスした（服装など）. ③ 表面的でいいかげんな.

le·gie·ren [れギーレン legí:rən] 他 (h) ①（金属⁴を）合金にする,（金銀など⁴に）卑金属を混ぜる. ②《料理》（卵・小麦粉などでスープなど⁴に）とろみをつける.

Le·gie·rung [れギールング] 女 -/-en 合金.

Le·gi·on [れギオーン legió:n] 女 -/-en ①《史》（古代ローマの）軍団. ② 傭兵（ようへい）隊；義勇軍；外人部隊. ③《比》多数, 無数.

Le·gi·o·när [れギオネーァ legioné:r] 男 -s/-e ①《史》（古代ローマの）軍団兵. ② 義勇兵

外人部隊の兵士.
- **Le·gis·la·ti·ve** [レギスらティーヴェ legıslatí:-və] 女 -/《政》立法権; 立法府.
- **Le·gis·la·tur** [レギスらトゥーァ legıslatú:r] 女 -/-en《政》立法; 立法府.
- **Le·gis·la·tur=pe·ri·o·de** [レギスらトゥーァ・ペリオーデ] 女 -/-n 立法府議会の任期.
- **le·gi·tim** [れギティーム legıtí:m] 形 ① 正当な, 根拠のある. eine *legitime* Forderung 正当な要求. ② 合法的な, 適法の; 嫡出の. ein *legitimes* Kind 嫡出子.
- **Le·gi·ti·ma·ti·on** [れギティマツィオーン legıtimatsió:n] 女 -/-en ① 権限, 資格. ②《身分》証明書. ③《法》(非嫡出児の)認知.
- **le·gi·ti·mie·ren** [れギティミーレン legıtimí:rən] I 他 (h) ① 合法(正当)と認める. ②《**zu** 不定詞[句]とともに》〖人〗⁴に…する)権限を与える. ③ (子供⁴を)認知する. II 再帰 (h) *sich*⁴ *legitimieren* 自分の身分を証明する.
- **Le·gi·ti·mi·tät** [れギティミテート legıtimité:t] 女 -/ ① 合法[性], 正当[性]. ② (子の)嫡出; (君主の)正統.
- **leg·te** [れークテ] ＊legen(横たえる)の過去
- **Le·hen** [れーエン lé:ən] 中 -s/-《史》(中世の封建領主が臣下に与えた)封土(ʰʲ²), 領地.
- **Le·hens=we·sen** [れーエンス・ヴェーゼン] 中 -s/《史》封建制[度].
- **Lehm** [れーム lé:m] 男 -[e]s/(種類:)-e (砂を含む)粘土;《地学》ローム.
- **Lehm=bo·den** [れーム・ボーデン] 男 -s/..böden ローム(粘土)質の土壌.
- **leh·mig** [れーミヒ lé:mıç] 形 粘土[質]の, ローム質の; 粘土だらけの.
- **Leh·ne** [れーネ lé:nə] 女 -/-n ①(いすの)ひじ掛け. ②《南ドッ・ォҳ̣̣̄ッ・ヘ́ス》(山の)傾斜地.
- ＊**leh·nen** [れーネン lé:nən] (lehnte, *hat*...gelehnt) I 他 (定了 haben)〖A⁴ **an**(または **gegen**) B⁴ ~〗(A⁴をB⁴に)立て掛ける, もたせ掛ける. (英 lean). eine Leiter⁴ an(または gegen) die Wand *lehnen* はしごを壁に立て掛ける / Müde *lehnte* sie den Kopf an seine Schulter. 疲れて彼女は頭を彼の肩にもたせ掛けた.
II 自 (定了 haben)〖**an** 物³ ~〗(物³に)立て掛けてある, 寄りかかっている. Der Stock *lehnte* an der Wand. つえが壁に立て掛けてあった.
III 再帰 (定了 haben) ①〖*sich*⁴ **an**(または **gegen**) 物⁴ ~〗(物⁴に)もたれる, 寄りかかる. Er *lehnt sich* an(または gegen) die Säule. 彼は柱に寄りかかる. ②〖*sich*⁴ **aus** 物³(**über** 物⁴) ~〗(物³から(物⁴の上に))身を乗り出す. *sich*⁴ aus dem Fenster *lehnen* 窓から身を乗り出す / *sich*⁴ über eine Brüstung *lehnen* 手すりの上に身を乗り出す.
- **Lehn=ses·sel** [れーン・ゼッセる] 男 -s/- 安楽いす.
- **Lehns=herr** [れーンス・ヘル] 男 -[e]n/-[e]n《史》封建領主, 領主.
- Lehns=mann [れーンス・マン] 男 -[e]s/..män-ner(または ..leute)《史》(封建時代の)臣下.
- **Lehn=stuhl** [れーン・シュトゥーる] 男 -[e]s/..stühle (背もたれの高い)ひじ掛けいす.
- **lehn·te** [れーンテ] ＊lehnen(立て掛ける)の過去
- **Lehn=wort** [れーン・ヴォルト] 中 -[e]s/..wörter《言》借用語(外来語が自国語化したもの).
- **Lehr=amt** [れーァ・アムト] 中 -[e]s/..ämter《官庁》教職;《ホッ⸺》(教会の)教導職. ein *Lehramt*⁴ an|treten 教職(教導職)に就く.
- **Lehr=an·stalt** [れーァ・アンシュタるト] 女 -/-en《官庁》学校, 教育機関(施設). eine öffentliche *Lehranstalt* 公立学校.
- **Lehr=auf·trag** [れーァ・アオふトラーク] 男 -[e]s/..träge(大学の)[非常勤]講師委嘱.
- **Lehr=be·auf·trag·te[r]** [れーァ・ベアオふトラークテ (..タァ)] 男 女《語尾変化は形容詞と同じ》(大学の)[非常勤]講師.
- **Lehr=be·ruf** [れーァ・ベルーふ] 男 -[e]s/-e ① 教職. ②《古》(見習いを必要とする)職業.
- **Lehr=brief** [れーァ・ブリーふ] 男 -[e]s/-e ① 通信教育教材. ②(昔の:)(徒弟の)修業証書.
- ＊*das* **Lehr=buch** [れーァ・ブーふ lé:r-bu:x] 中 (単2) -[e]s/(複) ..bücher [..ビューヒャァ] (3格のみ ..büchern) 教科書. (英 textbook). ein *Lehrbuch* für Anfänger 初学者用の教科書.
- ＊*die* **Leh·re** [れーレ lé:rə] 女 (単) -/(複) -n ① 学説, 体系, 教義. (英 theory, doctrine). die *Lehre* Newtons ニュートンの学説 / die *Lehre* vom Schall 音響学 / die christliche *Lehre* キリスト教の教義. ② 教訓; 訓戒. (英 lesson). eine bittere *Lehre* 苦い教訓 /〖人〗³ eine *Lehre*⁴ geben〖人〗³に教訓を与える / eine *Lehre*⁴ aus 事³ ziehen 事³を教訓とする. ③〖複 なし〗(特に大学で)教えること. Forschung und *Lehre* 研究と教育. ④ [見習い]修業, 実習. bei einem Meister **in** die *Lehre* gehen ある親方のところへ見習い修業しに行く. ⑤《工》ゲージ, 計測器; 定規; ひな型.
- ＊**leh·ren** [れーレン lé:rən] (lehrte, *hat*...gelehrt) 他 (定了 haben) ① 教える; (大学などである科目⁴を)講義する. (英 teach). (⇔「学ぶ」は lernen). Sie *lehrt* Deutsch. 彼女はドイツ語を教えている /〖人〗⁴ 事⁴ *lehren*〖人〗⁴に事⁴を教える ⇒ Die Mutter *lehrte* das Kind viele Lieder. 母親は子供にたくさんの歌を教えた. ◇〖目的語なしでも〗Er *lehrt* **an** der Universität. 彼は大学で教えている.
◇〖**zu** のない不定詞とともに〗〖人〗⁴ tanzen *lehren*〖人〗⁴にダンスを教える / Er *hat* mich schwimmen *gelehrt*. 彼は私に泳ぎを教えてくれた.
◇〖**zu** 不定詞[句]とともに〗Ich *lehrte* sie, mit dem Computer umzugehen. 私は彼女にコンピュータの扱い方を教えてやった.
② (歴史・経験などが)教える. Die Geschichte *lehrt*, dass... …ということを歴史が教えている / Die Zukunft *wird* es *lehren*. そのことは将来わかるだろう.

◇☞ gelehrt

*der **Leh·rer** [れーラァ lé:rər]

教師　Er ist *Lehrer* für Physik.
エァ イスト れーラァ　フューァ フュズィーク
彼は物理の教師です.

男（単2）-s/（複）-（3格のみ -n）**教師，先生，教員；師匠**.（米 teacher).（⇔）「生徒」は Schüler). Deutsch*lehrer* ドイツ語の教師 / *Lehrer* für Mathematik 数学の教師 / Er ist *Lehrer* an einem Gymnasium. 彼はギムナジウムの先生だ.

Leh·re·rin [れーレリン lé:rərin] 囡-/..rinnen （女性の）教師，先生；師匠.

Leh·rer=kol·le·gi·um [れーラァ・コれーギウム] 中 -s/..gien ..ギエン（一つの学校の）全教員.

Leh·rer=kon·fe·renz [れーラァ・コンフェれンツ] 囡-/-en 教員（職員）会議.

Leh·rer=schaft [れーラァシャフト] 囡 -/-en 《ふつう単》教員（全体），教師陣.

Lehr=fach [れーァ・ファッハ] 中 -[e]s/..fächer ① 教科，授業科目. ② 教職.

Lehr=film [れーァ・フィるム] 男 -[e]s/-e 教育（教材用）映画.

Lehr=gang [れーァ・ガング] 男 -[e]s/..gänge 課程，コース. *Lehrgang* für Buchführung 簿記コース.

Lehr=geld [れーァ・ゲるト] 中 -[e]s/-er（昔の:）見習い期間中の授業料. *Lehrgeld*[4] zahlen （または geben）《比》苦い経験をして学びとる.

lehr·haft [れーァハフト] 形 教訓的な，教育的な.

Lehr=herr [れーァ・ヘル] 男 -n/-en（昔の:）徒弟の親方.

Lehr=jahr [れーァ・ヤール] 中 -[e]s/-e 見習い期間の1年；《ふつう複》見習い期間.

Lehr=jun·ge [れーァ・ユンゲ] 男 -n/-n（男性の）見習い[生]，実習生.

Lehr=kör·per [れーァ・ケルパァ] 男 -s/-（官庁）教師陣；（大学の）教授陣.

Lehr=kraft [れーァ・クラフト] 囡 -/..kräfte《官庁》（教師陣の一員としての）教師.

*der **Lehr·ling** [れーァリング lé:rlɪŋ] 男（単2）-s/（複）-（3格のみ -en）**見習い[生]，実習生，徒弟**.（米 apprentice).（⇔）男女の性に関係なく用いられる.「親方」は Meister).

Lehr=mäd·chen [れーァ・メートヒェン] 中 -s/-（女性の）見習い[生]，実習生.

Lehr=mit·tel [れーァ・ミッテる] 中 -s/-《ふつう複》教材，教具.

Lehr=plan [れーァ・プらーン] 男 -[e]s/..pläne 授業計画，カリキュラム.

lehr=reich [れーァ・ライヒ] 形 教訓的な，啓発的な，ためになる.

Lehr=satz [れーァ・ザッツ] 男 -es/..sätze 定理，命題.

Lehr=stel·le [れーァ・シュテれ] 囡 -/-n 見習いとしてのポスト（職場）.

Lehr=stoff [れーァ・シュトふ] 男 -[e]s/-e 教材.

Lehr=stuhl [れーァ・シュトゥーる] 男 -[e]s/..stühle（官庁）講座，教授のポスト.

lehr·te [れーァテ] ‡lehren（教える）の 過去.

Lehr=ver·trag [れーァ・フェアトラーク] 男 -[e]s/..träge《法》見習いとしての契約[書].

Lehr=werk [れーァ・ヴェルク] 中 -[e]s/-e 教科書（＝Lehrbuch).

Lehr=zeit [れーァ・ツァイト] 囡 -/ 見習い期間，修業期間.

..lei [..らい ..lái]《形容詞をつくる接尾；無語尾で》《…の種類の》例: aller*lei* 多種多様の.

*der **Leib** [らイプ láip] 男（単2）-es（まれに -s）/-（3格のみ -ern）《雅》**肉体，身体，体**.（米 body).（⇔）「心」は Seele). ein gesunder *Leib* 健全な肉体 / der *Leib* des Herrn《カトリック教》ホスチア，聖体.（☞ 類語 Körper).

◇《前置詞とともに》**am ganzen** *Leib* zittern 全身が震える / 事[4] am eigenen *Leibe* erfahren 事[4]を身をもって経験する / 人[3] **auf den** *Leib* rücken《口語》人[3]を攻めたてる / Der Anzug ist ihm wie auf den *Leib* geschnitten.《状態受動・現在》そのスーツは彼にぴったりだ / Die Rolle ist ihm [wie] auf den *Leib* geschrieben.《状態受動・現在》《比》その役は彼にはうってつけだ / eine Gefahr **für** *Leib* und Leben 生命にかかわる危険 / kein Herz[4] **im** *Leibe* haben 冷たい性格である，同情心がない / **mit** *Leib* und Seele 全身全霊を打ち込んで / Bleib mir **vom** *Leibe*! 私に近寄るな / 人[3] **vom** *Leibe* bleiben 人[3]を事[3]でわずらわせない / 事[3] **zu** *Leibe* gehen (-rücken) 事[3]（難題）の解決にとり組む. ② 《雅》腹. nichts[4] **im** *Leibe* haben 空腹である. ③ 《建》（円柱の）柱身.

Leib=arzt [らイプ・アールツト] 男 -es/..ärzte 侍医.

Leib=bin·de [らイプ・ビンデ] 囡 -/-n 腹巻.

Leib·chen [らイプヒェン láipçən] 中 -s/-（Leib の 縮小）① 《古》コルセット，ボディス. ②《トラッ・スイ》（男性の）アンダーシャツ；トリコット；（昔の:）（靴下留めのついた）子供用の胴着.

Leib=ei·ge·ne[r] [らイプ・アイゲネ(..ア)] 男 囡 語尾変化は形容詞と同じ《史》奴隷，農奴.

Leib=ei·gen·schaft [らイプ・アイゲンシャフト] 囡 -/《史》奴隷（農奴）の身分；隷属.

lei·ben [らイベン láibən] 自 (h)《成句的に》wie er (sie) *leibt* und lebt いかにも彼（彼女）らしく.

Lei·ber [らイバァ] *Leib（肉体）の 複.

Lei·bes=er·zie·hung [らイベス・エァツィーウング] 囡 -/《官庁》体育.

Lei·bes=frucht [らイベス・ふルフト] 囡 -/《医》胎児.

Lei·bes=kräf·te [らイベス・クレふテ] 複《成句的に》**aus**（または **nach**）*Leibeskräften* 力いっぱい.

Lei·bes=übun·gen [らイベス・ユーブンゲン] 複

《官庁》体育.

Lei·bes⹊vi·si·ta·ti·on [ライベス・ヴィジタツィオーン] 囡 -/-en ボディーチェック, 身体検査.

Leib⹊gar·de [ライプ・ガルデ] 囡 -/-n 親衛隊, 護衛兵.

Leib⹊ge·richt [ライプ・ゲリヒト] 中 -[e]s/-e 好きな料理, 大好物.

leib·haf·tig ライプハフティヒ laipháftiç または ライプ..] I 形 ① 肉体を持った, 人の姿をした, 化身の; 目の前に実際にいる[ような]. der *leibhaftige* Geiz けちの権化 / Plötzlich stand sie *leibhaftig* vor uns. 突然彼女自身が私たちの前に立っていた. ②《付加語としてのみ》《口語》正真正銘の, 本当の. II 副《方》(信じられないことだが)実際に, 本当に.

*__leib·lich__ [ライプリヒ láiplıç] 形 ① 身体の, 肉体の.(英 bodily). *leibliche* Bedürfnisse 肉体的欲求. ② 肉親の, 血を分けた, 実の. die *leibliche* Mutter 実の母親.

Leib·niz [ライプニッツ láibnıts] -ens/《人名》ライプニッツ (Gottfried Wilhelm Freiherr von *Leibniz* 1646-1716; ドイツの哲学者・数学者).

Leib·ren·te [ライプ・レンテ] 囡 -/-n 終身年金, 恩給.

Leib⹊schmerz [ライプ・シュメルツ] 男 -es/-en《ふつう 複》腹痛. *Leibschmerzen*[4] haben お腹が痛い.

Leib⹊spei·se [ライプ・シュパイゼ] 囡 -/-n《南ドッ・オーストリア》好きな料理, 大好物.

Leib⹊wa·che [ライプ・ヴァッヘ] 囡 -/-n 親衛隊, 護衛兵.

Leib⹊wäch·ter [ライプ・ヴェヒタァ] 男 -s/- (要人などの)ボディーガード[の人], 護衛兵.

Leib⹊wä·sche [ライプ・ヴェッシェ] 囡 -/ 下着, 肌着.

*_die_ **Lei·che** [ライヒェ láiçə] 囡 (単)-/(複)-n ① 死体, しかばね; (動物の)死骸(しがい).(英 corpse). Wasser*leiche* 水死体 / eine lebende (または wandelnde) *Leiche*《俗》生けるしかばね / eine *Leiche*[4] obduzieren 死体を解剖する / über *Leichen* gehen《比》(目的のためには)手段を選ばない (←死体を越えて行く) / Nur über meine *Leiche*!《口語》私の目の黒いうちは承知しないぞ.(⇨類語 Körper). ②《方》葬式. zur *Leiche* gehen 葬儀に参列する. ③《印》(植字の)脱落部分.

Lei·chen⹊be·gäng·nis [ライヒェン・ベゲングニス] 中 ..nisses/..nisse《雅》埋葬, 葬儀.

Lei·chen⹊be·schau·er [ライヒェン・ベシャオアァ] 男 -s/- 検死官.

Lei·chen⹊bit·ter·mie·ne [ライヒェン・ビッタァミーネ] 囡 -/-n (見せかけの)ひどく物悲しげな顔つき.

lei·chen⹊blass [ライヒェン・ブラス] 形 (死人のように)蒼白(そうはく)な, 真っ青な.

lei·chen⹊blaß [旧正] leichenblass

Lei·chen⹊fled·de·rei [ライヒェン・フレッデライ] 囡 -/-en《ふつう 単》《法》死体(介抱)泥棒 (死人・泥酔者などからの窃盗行為).

Lei·chen⹊fled·de·rer [ライヒェン・フレッデラァ] 男 -s/-《法》死体(介抱)泥棒(死人・泥酔者などからものを盗む人).

Lei·chen⹊hal·le [ライヒェン・ハレ] 囡 -/-n 霊安室; 死体仮安置所.

Lei·chen⹊hemd [ライヒェン・ヘムト] 中 -[e]s/-en 死者に着せる衣服, 経かたびら.

Lei·chen⹊öff·nung [ライヒェン・エフヌング] 囡 -/-en 死体解剖.

Lei·chen⹊re·de [ライヒェン・レーデ] 囡 -/-n ①《雅》(埋葬式の際の)弔辞. ② (トランプのスカートで)ゲーム後の講評.

Lei·chen⹊schän·dung [ライヒェン・シェンドゥング] 囡 -/-en 死体凌辱; 屍姦(しかん).

Lei·chen⹊schmaus [ライヒェン・シュマオス] 男 -/..schmäuse《戯》葬式後の会食.

Lei·chen⹊star·re [ライヒェン・シュタレ] 囡 -/ 死後硬直.

Lei·chen⹊tuch [ライヒェン・トゥーフ] 中 -[e]s/..tücher (昔の:)遺体をつつむ白布;《古》棺掛け.

Lei·chen⹊ver·bren·nung [ライヒェン・フェァブレンヌング] 囡 -/-en 火葬.

Lei·chen⹊wa·gen [ライヒェン・ヴァーゲン] 男 -s/- 霊柩(れいきゅう)車.

Lei·chen⹊zug [ライヒェン・ツーク] 男 -[e]s/..züge《雅》葬列.

Leich·nam [ライヒナーム láiçnaːm] 男 -s (まれに -es)/-e《雅》死体, 遺骸(いがい). ein lebender *Leichnam* 生けるしかばね.

leicht [ライヒト láıçt]

> 軽い, 易しい
>
> Das Paket ist *leicht*. この小包は軽い.
> ダス パケート イスト ライヒト

I 形 (比較 leichter, 最上 leichtest) ① 軽い, 軽量の.(英 light).(⇔「重い」は schwer). ein *leichter* Koffer 軽いトランク / *leichte* Kleidung 薄手の服 / *leicht* bekleidet 軽装(薄着)で / 人[4] um 物[4] *leichter* machen《口語》人[4]から物[4](お金など)を巻き上げる.

② 軽快な; 敏捷(びんしょう)な. Sie hat einen *leichten* Gang. 彼女は足取りが軽やかだ / eine *leichte* Hand[4] haben 器用である.

③ 易しい, 簡単な.(英 easy).(⇔「難しい」は schwer). eine *leichte* Arbeit 簡単な仕事 / *leicht* lernen 覚えが早い / Die Frage ist *leicht* zu beantworten. その問いに答えるのは易しい / Es ist nicht *leicht*, Deutsch zu lernen. ドイツ語を学ぶのは楽ではない / Das kannst du *leicht* sagen. そりゃ君は[ぼくの立場ではないから]好きなことが言えるさ / Sie hat es nicht *leicht*. 彼女はなかなか苦労している (⇨ es は形式目的語).

④ (程度が)軽い, ちょっとした, ささいな. ein *leichter* Anfall (Regen) 軽い発作(小雨) / ein *leichtes* Fieber 微熱.

⑤ (食物が)あっさりした, 消化のよい; アルコール

分の少ない. eine *leichte* Mahlzeit あっさりした食事.
⑥ 気楽な, 娯楽的な; 軽薄な. *leichte* Musik 軽音楽. ◇《名詞的に》etwas *Leichtes* zu lesen 何か軽い読みもの.
II 副 ① 少し, ちょっと. Es beginnt *leicht* zu regnen. 少し雨が降りはじめた.
② とかく, すぐに, ややもすれば. Er ist *leicht* erregbar. 彼はすぐにかっとなる.

(新形)..
leicht fal·len (人³にとって)たやすい, 容易である.
leicht ma·chen (人³にとって事⁴を) 容易なものにする.
leicht neh·man (事⁴を)軽く(気楽に)考える.
leicht tun sich⁴ (または sich³) bei 事³ *leicht tun* 事³を楽々とやってのける.
leicht ver·dau·lich 消化しやすい.
leicht ver·derb·lich 腐りやすい, 傷みやすい.
leicht ver·letzt 軽傷の.
leicht ver·ständ·lich 理解しやすい, わかりやすい.
leicht ver·wun·det 軽傷の.
....
類語 **leicht**: (あることをなすのに努力を要せず)易しい. Das ist eine *leichte* Aufgabe. これは易しい問題だ. **einfach**: (複雑でなく, 簡単に処理できる意味で の)易しい. Die Sache ist ganz *einfach*. その件は実に簡単だ.
....

Leicht⸗ath·let [らイヒト・アトレート] 男 -en/-en 陸上競技選手. 〈⚥〉女性形は Leichtathletin).
Leicht⸗ath·le·tik [らイヒト・アトれーティク] 女 -/ 陸上競技.
leicht⸗blü·tig [らイヒト・ブりューティヒ] 形 陽気な, 楽天的な.
Leich·ter [らイヒタァ láiçtər] 男 -s/- 《海》はしけ; 海上コンテナー.
leicht|fal·len* 自 (s) (新形 leicht fallen) ⇒ leicht
leicht⸗fer·tig [らイヒト・フェルティヒ] 形 軽率な, 軽薄な, 無分別な. *leichtfertig* handeln 軽率なふるまいをする.
Leicht⸗fer·tig·keit [らイヒト・フェルティヒカイト] 女 -/ 軽率さ, 軽薄さ, 無分別.
leicht⸗flüs·sig [らイヒト・ふりュスィヒ] 形 《工》低温で融解する, 易融性の; 流動性のある.
Leicht⸗fuß [らイヒト・ふース] 男 -es/ (《口語・戯》軽率な人. Bruder *Leichtfuß* 軽率なやつ, そこつ者.
leicht⸗fü·ßig [らイヒト・ふューズィヒ] 形 すばしこい, 敏捷(びんしょう)な, 足取りの軽い.
Leicht⸗ge·wicht [らイヒト・ゲヴィヒト] 中 -(e)s/-e ① 《覆 なし》《ボクシングなどの》ライト級. ② ライト級の選手;《戯》体重の軽い人.
leicht⸗gläu·big [らイヒト・グろイビヒ] 形 人の言うことをすぐ信じる, だまされやすい.

Leicht⸗gläu·big·keit [らイヒト・グろイビヒカイト] 女 -/ 信じやすい(だまされやすい)こと.
leicht⸗her·zig [らイヒト・ヘルツィヒ] 形 気軽な, 気楽な.
leicht⸗hin [らイヒト・ヒン] 副 軽々しく, 軽率に; つい, うっかり. 事⁴ *leichthin* sagen 事⁴をうっかり言ってしまう.
Leich·tig·keit [らイヒティヒカイト] 女 -/ ① 軽さ, 軽快さ. ② たやすさ, 容易さ. mit *Leichtigkeit* たやすく.
Leicht⸗in·dust·rie [らイヒト・インドゥストリー] 女 -/ (旧東ドイツで:)消費財生産工業.
leicht⸗le·big [らイヒト・れービヒ] 形 安易に生きている, のんきな, 気軽な.
leicht|ma·chen 他 (h) (新形 leicht machen) ⇒ leicht
Leicht⸗me·tall [らイヒト・メタる] 中 -s/-e 軽金属.
leicht|neh·men* 他 (h) (新形 leicht nehmen) ⇒ leicht

* *der* **Leicht⸗sinn** [らイヒト・ズィン láiçtzin] 男 -(e)s/ 軽率, 軽はずみ. jugendlicher *Leichtsinn* 若気の至り / 事⁴ **aus** *Leichtsinn* tun 事⁴を軽はずみにする.

* **leicht⸗sin·nig** [らイヒト・ズィニヒ láiçtzinıç] 形 ① 軽率な, 軽はずみな. (英 careless). eine *leichtsinnige* Tat 軽率な行為 / Ich finde, dass du sehr *leichtsinnig* fährst. 君の運転はひどく不注意だと思うよ. ② 軽薄な, モラルを軽視する. ein *leichtsinniger* Mensch 享楽的に生きている人.

leicht|tun* 再帰 (h) (新形 leicht tun) ⇒ leicht
leicht⸗ver·dau·lich 形 (新形 leicht verdaulich) ⇒ leicht
leicht⸗ver·derb·lich 形 (新形 leicht verderblich) ⇒ leicht
leicht⸗ver·letzt 形 (新形 leicht verletzt) ⇒ leicht
leicht⸗ver·ständ·lich 形 (新形 leicht verständlich) ⇒ leicht
leicht⸗ver·wun·det 形 (新形 leicht verwundet) ⇒ leicht

* **leid** [らイト láıt] 形 ① (ス²ィ・口語) いやな, 不快な. eine *leide* Angelegenheit いやなこと. ② 《成句的に》人·物⁴ *leid* sein (werden) 人·物⁴にうんざりしている(うんざりする). Sie ist ihren Freund *leid*. 彼女はボーイフレンドにうんざりしている / 人·物⁴ *leid* haben 《口語》人·物⁴にうんざりしている. 〈⚥〉雅語では人·物² *leid* sein (werden) という形もある. ③ 《成句的に》人³ *leid* sein (werden) 人³にとって後悔の種である (悔やまれる). Mein Versprechen ist mir *leid*. 私は約束したことを悔やんでいる. ④ 《成句的に》es tut 人³ *leid* (新形 *Leid*) 人³を残念がらせる.

*das **Leid** [らイト láit]

> 悲しみ　Das tut mir *Leid*.
> ダス　トゥート　ミア　らイト
> それは残念です。

中 (単2) -es (まれに -s)/ ① 悲しみ, 苦しみ, 憂い. (英 *sorrow*). (⇔) 「喜び」は Freude). tiefes *Leid* 深い悲しみ / Sie klagte ihm in ihr *Leid*. 彼女は彼に悩みを訴えた / **in** Freud und *Leid* 楽しいときも苦しいときも / Geteiltes *Leid* ist halbes *Leid*. 《ことわざ》共にする悲しみは半分の悲しみ。
② 〖**es tut** 人³ *Leid* などの形で〗(人³を)残念がらせる, 気の毒に(申しわけなく)思わせる. Es tut mir *Leid*, dass ich dir nicht helfen kann. 君を助けられなくて残念だ / Es tut mir *Leid*, dass ich Sie stören muss. おじゃまして申しわけありません / Der Junge tut mir (uns) *Leid*. 私(私たち)はその少年がかわいそうだ / Es tut mir *Leid*, aber… 残念ですが(申しわけありませんが), … / Tut mir *Leid*, aber so geht es nicht. (たしなめながら:) 残念ながら, そうは問屋が卸しませんよ。
③ 危害. 人³ ein *Leid*⁴ an|tun 人³に危害を加える, 〖 sich³ ein *Leid*[s]⁴ an|tun 《雅》自殺する。　④ 〖成句的に〗 人・物⁴ etwas⁴ zu *Leid*[e] tun 人・物³に害を加える(苦しめる)。

Lei·de⸗form [らイデ・フォルム] 女 -/-en《言》受動形(態)(= Passiv).

lei·den [らイデン láidən] du leidest, er leidet (litt, hat…gelitten) (英 *suffer*) I 自 (⇔) haben) ① 苦しむ, 悩む. Der Kranke *leidet* schwer. その病人はひどく苦しんでいる / **an** einer schweren Krankheit *leiden* 重い病気にかかっている / Er *leidet* an Schlaflosigkeit. 彼は不眠に悩んでいる / **unter** 人・事³ *leiden* 人・事³のことで悩む ⇒ Sie *leidet* unter ihrer Einsamkeit. 彼女は孤独感に悩んでいる。
② (事物が)被害を受ける, 傷む. Die Rosen haben **durch** den Frost *gelitten*. ばらが霜の被害を受けた / Das Material dieser Bluse *leidet* **unter** starker Hitze. このブラウスの生地は高熱を当てると傷んでしまう.
II 他 (⇔) haben) ① (苦痛・被害など⁴を)受ける, (軍⁴に)苦しむ. Not⁴ *leiden* 困窮する / Schaden⁴ *leiden* 被害を受ける / Hunger⁴ *leiden* 飢えに苦しむ.
② 〖成句的に〗人・物⁴ [gut] *leiden können* (または *mögen*) 人・物⁴を好ましく思う / 人・物⁴ nicht *leiden können* (または *mögen*) 人・物⁴が嫌いである ⇒ Ich **kann** (または **mag**) solche Musik nicht *leiden*. 私はそのような音楽は嫌いだ。
③ 我慢する, 耐える, 許容する. So etwas *leide* ich nicht. そんなことは我慢ならない(許せない) / Der Plan *leidet* keinen Aufschub. この計画は延期するわけにはいかない / Er *ist* **bei** allen wohl *gelitten*. 《状態受動・現在》彼はみんなに好かれている.
◇☞ **leidend**

*das **Lei·den**¹ [らイデン láidən] 中 (単2) -s/ (複) - (長引く)病気, 病苦. (英 *illness*). ein chronisches *Leiden* 慢性的な病気 / Mein Vater starb nach langem *Leiden*. 私の父は長わずらいののちに死んだ。　② 〖ふつう複〗苦しみ, 苦悩; 受難. die Freuden und *Leiden* des Lebens 人生の喜びと苦しみ / das *Leiden* Christi² キリストの受難。

Lei·den² [らイデン láidən] 中 -s/《都市名》ライデン(オランダ西部).

lei·dend [らイデント] I *leiden* (苦しむ)の 現分 II 形 ① 長わずらいの, 病気がちの. ② 苦しんでいる, 苦しそうな(表情など). die *leidende* Bevölkerung 困窮している住民.

*die **Lei·den·schaft** [らイデンシャフト láidənʃaft] 女 (単) -/(複) -en (英 *passion*) ① 情熱, 熱情. eine blinde *Leidenschaft* 盲目的な情熱 / **mit** *Leidenschaft* 情熱的に. ② 熱中[の対象]. Autos sind seine *Leidenschaft*. 彼は車に夢中になっている / *Leidenschaft* **für** die Musik 音楽に寄せる情熱. ③ 〖複なし〗恋の情熱. eine heftige *Leidenschaft*⁴ **zu** 人³ empfinden 人³に激しい恋心をいだく。

*lei·den·schaft·lich [らイデンシャフトりヒ láidənʃaftlıç] 形 ① 情熱的な, 熱烈な. (英 *passionate*). eine *leidenschaftliche* Natur 情熱的な性格 / ein *leidenschaftlicher* Wunsch 熱烈な願望 / 人⁴ *leidenschaftlich* lieben 人⁴を熱烈に愛する。　② 熱中した, 夢中になった. ein *leidenschaftlicher* Opernfreund 熱狂的なオペラファン. ③ 〖成句的に〗 *leidenschaftlich* gern (…するのが)ものすごく好きだ. Er kocht *leidenschaftlich* gern. 彼は料理するのがやたらに好きだ.

Lei·den·schaft·lich·keit [らイデンシャフトりヒカイト] 女 -/ 情熱的なこと, 激しさ.

lei·den·schafts⸗los [らイデンシャフツ・ろース] 形 冷静な, クールな, そっけない; 感情に左右されない.

Lei·dens⸗ge·fähr·te [らイデンス・ゲフェーァテ] 男 -n/-n = Leidensgenosse

Lei·dens⸗ge·nos·se [らイデンス・ゲノッセ] 男 -n/-n 苦しみを共にする人, 苦労仲間; 同病者.

Lei·dens⸗weg [らイデンス・ヴェーク] 男 -[e]s/-e《雅》苦難の道. der *Leidensweg* Christi² キリストの受難の道.

*lei·der [らイダァ láidər]

> 残念ながら
>
> *Leider* kann ich nicht kommen.
> らイダァ　カン　イヒ　ニヒト　コンメン
> 残念ながら私は行けません.

副 残念ながら, あいにく. (英 *unfortunately*).

Leider habe ich keine Zeit. 残念ながら私は暇がない / Ist er immer noch krank? — Ja, *leider*! 彼はまだ病気なのかい — うん、残念ながらね / Hast du Geld? — *Leider* nicht (または nein)! お金持ってる? — あいにく持ってないよ.

lei·dig [らイディヒ láidıç] 形 やっかいな, いまいましい, わずらわしい. Das ist ein *leidiges* Thema. これはやっかいなテーマだ.

leid·lich [らイトリヒ] 形 まあまあの, まずまずの. *leidliches* Wetter まあまあの天気.

leid⹀tra·gend [らイト・トラーゲント] 形 ① 被害を被っている, 犠牲になっている. ◊《名詞的に》die *Leidtragenden* 被害者, 犠牲者. ② 《雅》喪中の, 喪に服している.

leid⹀voll [らイト・ふォる] 形《雅》悲しみに満ちた, 悩みの多い.

Leid⹀we·sen [らイト・ヴェーゼン] 中《成句的に》zu meinem *Leidwesen* 遺憾(残念)ながら.

Lei·er [らイァァ láiər] 女 -/-n ① 《音楽》(古代ギリシアの)七弦琴, たて琴, リラ; ハーディ・ガーディ(ローラーを回して数本の弦を同時に鳴らす古楽器). ② 《比》単調で退屈な調べ; 陳腐な話. Es ist immer die alte *Leier*. いつも同じことだ, 耳にたこができるほど聞いた. ③ 《口語》クランク(= Kubel). ④ 《複》なし; 定冠詞とともに》《天》琴座.

Lei·er⹀kas·ten [らイァァ・カステン] 男 -s/..kästen 《口語》手回しオルガン. (☞ Drehorgel)

Lei·er⹀kas·ten⹀mann [らイアァカステン・マン] 男 -[e]s/..männer = Leiermann

Lei·er⹀mann [らイァァ・マン] 男 -[e]s/..männer 手回しオルガン弾き.

lei·ern [らイァァン láiərn] 他 (h)《口語》① 《物[4]の》クランク(ハンドル)を回す; 《歌などを》手回しオルガンで奏でる. ② (詩・祈祷などを》歌などを》単調に読む(唱える, 歌う).

Leih⹀ar·bei·ter [らイ・アルバイタァ] 男 -s/- 出向社員.

Leih⹀bib·li·o·thek [らイ・ビブリオテーク] 女 -/-en 貸本屋, 貸し出し文庫.

Leih⹀bü·che·rei [らイ・ビューヒェライ] 女 -/-en = Leihbibliothek

lei·hen [らイェン láiən] (lieh, hat...geliehen) 他 (変了 haben) ① 《人[3]に物[4]を》貸す, 貸しつける; 《雅》《人[3]に物[4]を》与える. (英 lend). Kannst du mir mal dein Auto *leihen*? ちょっと君の車を貸してくれないか / Er lieh mir seinen Beistand.《雅》彼は私を援助してくれた. (英 borrow). Den Wagen habe ich geliehen. その車は借りたものだ / [sich[3]] bei (または von)《人[3]物[4]》*leihen*《人[3]》から《物[4]を》借りる ⇨ Ich *habe* mir das Geld bei der Bank *geliehen*.《口語》私はそのお金を銀行で借りた.

Leih⹀ga·be [らイ・ガーベ] 女 -/-n (特別展示用の)貸し出し品.

Leih⹀ge·bühr [らイ・ゲビューァ] 女 -/-en 貸出料; 借り賃.

Leih⹀haus [らイ・ハオス] 中 -es/..häuser 質屋. 《物[4]》aufs *Leihhaus* tragen 《物[4]を質に入れる.

Leih⹀mut·ter [らイ・ムッタァ] 女 -/..mütter 代理母.

Leih⹀wa·gen [らイ・ヴァーゲン] 男 -s/- レンタカー (= Mietauto).

Leih⹀wei·se [らイ・ヴァイゼ] 副 貸し借り[の形]で. 《人[3]物[4]》*leihweise* überlassen 《人[3]》に《物[4]》を貸す.

Leim [らイム láim] 男 -[e]s/《種類:》-e にかわ; 接着剤, 糊(%).《人[3]》auf den *Leim* gehen《口語》《人[3]》にだまされる / aus dem *Leim* gehen 《口語》a) ばらばらになる, b) (友情などが)破綻(\%)する.

lei·men [らイメン láimən] 他 (h) ① 《物[4]を》にかわ(接着剤)で接着する. ② 《口語》だます, ペテンにかける.

Leim⹀far·be [らイム・ふァルベ] 女 -/-n 水性ペンキ(塗料).

lei·mig [らイミヒ láimıç] 形 にかわ状(質)の; ねばねばした.

Lein [らイン láin] 男 -[e]s/-e 《植》アマ(亜麻).

..lein [..らイン ..lain] 《中性の縮小名詞をつくる 接尾》幹母音が a, o, u, au の場合は変音する》《小さいもの・愛らしいもの》例: Vög*lein* 小鳥, Rös*lein* 小さなばら.

*die **Lei·ne** [らイネ láinə] 女 《単》-/《複》-n 綱, ロープ, ひも; 物干し用のひも (= Wäsche*leine*); (犬などの)引き綱 (= Hunde*leine*). (英 line). eine *Leine*[4] spannen ひもを張る / den Hund an die *Leine* führen 犬を綱につないで連れて歩く / 《人[4]》an der [kurzen] *Leine* haben (または halten)《口語》《人[4]》を意のままに操る / Die Wäsche hängt noch auf der *Leine*. 洗たく物がまだひもにかかっている / *Leine*[4] ziehen《口語》ずらかる.

lei·nen [らイネン láinən] 形《付加語としてのみ》リンネルの, 亜麻織りの.

Lei·nen [らイネン] 中 -s/ ① リンネル, 亜麻布. eine Tischdecke aus *Leinen* リンネルのテーブルクロス. ② 《製本》クロース装丁.

Lei·nen⹀band [らイネン・バント] 男 -[e]s/..bände (書物の)クロース装丁[本].

Lein⹀öl [らイン・エーる] 中 -[e]s/ 亜麻仁油(にま).

Lein⹀pfad [らイン・プふァート] 男 -[e]s/-e 《史》(運河・川沿いに)舟を引いて行く道.

Lein⹀sa·men [らイン・ザーメン] 男 -s/《植》アマ(亜麻)の種子, 亜麻仁(にま).

Lein⹀tuch [らイン・トゥーフ] 中 -[e]s/..tücher 亜麻布; シーツ, 敷布.

Lein⹀wand [らイン・ヴァント] 女 -/..wände ① 《複》なし》亜麻布. ② 《美》カンバス. ③ 《映》スクリーン. einen Roman auf die *Leinwand* bringen《比》小説を映画化する.

Leip·zig [らイプツィヒ láiptsıç] 中 -s/《地名》《都市名》ライプツィヒ(ドイツ, ザクセン州. 見本市や出版業の中心地; ☞ 《地図》 F-3).

:lei·se [らイゼ láizə]

(声・音が)小さい

Pst, seid *leise*! しっ，みんな静かに！
プスト ザイト らイゼ

形 (比較 leiser, 最上 leisest; 格変化語尾がつくときは leis-) ① (声・音が)**小さい**，小声の，静かな．(英 quiet), (↔「(声・音が)大きい」は laut). mit *leiser* Stimme 小声で / das Radio⁴ *leiser* stellen ラジオの音を小さくする / Der Motor läuft *leise*. このモーターは音が静かだ / *leise* sprechen 小声で話す．
② かすかな，わずかな．*leise* Angst かすかな不安 / eine *leise* Hoffnung わずかな希望 / Sie hat einen sehr *leisen* Schlaf. 彼女はとても眠りが浅い / nicht die *leiseste* Ahnung⁴ haben 夢にも思わない，まったく知らない / Sie lächelte *leise*. 彼女はかすかにほほえんだ ◊《名詞的に》nicht im *leisesten* (新型 im *Leisesten*) 少しも…でない．

Lei·se≠tre·ter [らイゼ・トレータァ] 男 -s/- 追従(ついしょう)者，小心者，おべっか使い．

Leis·te [らイステ láistə] 女 -/-n ① (木・金属の細長い)縁，枠．②《織》(織物の)耳，織りべり．③《医》鼠径(そけい)部．

:leis·ten [らイステン láistən] du leistest, er leistet (leistete, *hat* ... geleistet) I 他 (完了 haben) ① **成し遂げる**，果たす．(英 achieve). Er *leistet* gute Arbeit. 彼はよい仕事をする / Auf diesem Gebiet *hat* er noch nichts *geleistet*. この分野では彼はまだ何も成果をあげていない / Der Motor *leistet* 130 PS. このエンジンは130馬力出る．
②《特定の名詞を目的語として》行う，…する．人³ Hilfe⁴ *leisten* 人³を助ける / 人³ einen Dienst *leisten* 人³のために尽力する / 事³ Folge⁴ *leisten* 事³に従う / 人³ Gesellschaft⁴ *leisten* 人³の相手をする / **für** 人⁴ Bürgschaft⁴ *leisten* 人⁴を保証する / **zu** 事³ Beitrag⁴ *leisten* 事³に寄与(貢献)する．
II 再帰 (完了 haben) *sich*³ 物・事⁴ *leisten*《口語》① (物⁴を)思いきって(奮発して)買う．Sie *hat sich* ein neues Kleid *geleistet*. 彼女は奮発して新しいドレスを買った / 物⁴ *leisten können* 物⁴を買う余裕がある ⇨Von meinem Gehalt *kann* ich *mir* kein Auto *leisten*. 私の給料ではとても車は買えない．
② (事⁴を)平気でする．Er *hat sich* eine Frechheit *geleistet*. 彼は平気であつかましいことをした / *sich*³ 事⁴ *leisten können* 事⁴をすることが許される．

Leis·ten [らイステン] 男 -s/- 靴型．**alles über** einen *Leisten* schlagen《比》何もかも一律に扱う / Schuster, bleib bei deinem *Leisten*!(ことわざ) もちは餅屋，余計なことはするな（←靴屋よ，自分の靴型のところにいなさい）．

Leis·ten≠bruch [らイステン・ブルフ] 男 -[e]s/ ..brüche《医》鼠径(そけい)ヘルニア．

leis·te·te [らイステテ] ≠leisten (成し遂げる)の過去．

＊*die* Leis·tung [らイストゥング láistʊŋ] 女 (単) -/(複) -en (英 achievement) ① **業績**，成績，仕事．eine wissenschaftliche *Leistung* 学問上の業績 / die *Leistungen*⁴ steigern 成績を向上させる / gute *Leistungen*⁴ vollbringen 優秀な成績をあげる．②《ふつう 単》(機械などの)**性能**，能力，工率，仕事率；(電)出力，電力．die *Leistung* eines Mikroskops 顕微鏡の性能．③《複 なし》(仕事などを)果たすこと，遂行；(支払い義務の)履行，支払．④《法》給付．給付金．

leis·tungs≠be·zo·gen [らイストゥングス・ベツォーゲン] 形 能力(業績)に応じた(給料など)．

leis·tungs≠fä·hig [らイストゥングス・フェーイヒ] 形 ① 能力(技量)のある，有能な；能率(性能)のよい(機械など)．② 給付能力のある．

Leis·tungs≠fä·hig·keit [らイストゥングス・フェーイヒカイト] 女 -/ (作業)能力，技量；給付能力．

Leis·tungs≠ge·sell·schaft [らイストゥングス・ゲゼるシャフト] 女 -/-en 能力(業績)主義社会．

leis·tungs≠ori·en·tiert [らイストゥングス・オリエンティーァト] 形 能力(業績)優先の．

Leis·tungs≠prü·fung [らイストゥングス・プリューフング] 女 -/-en 学力(能力・性能)試験；《農》(家畜・作物などの)効率検査．

Leis·tungs≠sport [らイストゥングス・シュポルト] 男 -[e]s/ (レジャースポーツに対して)競技スポーツ．

Leis·tungs≠stei·ge·rung [らイストゥングス・シュタイゲルング] 女 -/-en 能力(性能・生産性)向上．

Leis·tungs≠zu·la·ge [らイストゥングス・ツーらーゲ] 女 -/-n 特別賞与，ボーナス．

Leit≠ar·ti·kel [らイト・アルティーケる] 男 -s/- (新聞の)社説，論説；(雑誌の)巻頭論文．

Leit≠bild [らイト・ビるト] 中 -[e]s/-er 手本，模範となるべきもの，理想像．

:lei·ten [らイテン láitən] du leitest, er leitet (leitete, *hat* ... geleitet) 他 (完了 haben) ① **率いる**，指導する，管理(経営)する．(英 lead). Wer *leitet* die Schule? だれがその学校の校長をしていますか / ein Orchester⁴ *leiten* オーケストラを指揮する / eine Sitzung⁴ *leiten* 会議の司会をする / einen Betrieb *leiten* 企業を経営する．
②《方向を表す語句とともに》(人⁴を…へ)**案内する**，連れて行く．人⁴ **ins** Zimmer *leiten* 人⁴を部屋に案内する / Mein Instinkt *leitete* mich **an** die richtige Stelle.《比》私は勘で行くべき場所にたどり着いた．
③《方向を表す語句とともに》(水・石油・交通など⁴を…へ)**導く**，送る，通す．Gas⁴ **durch** Rohre *leiten* ガスをパイプで移送する / den Fluss **in** ein anderes Bett *leiten* 川の水を他の川床へ流す．④ (物・工)(熱・電気など⁴を)伝える，伝導する．Kupfer *leitet* [Elektrizität]

gut. 銅は電気をよく伝える.

lei·tend [らイテント] Ⅰ ‡leiten（率いる）の 現分 Ⅱ 形 ① 指導的な; 主要な. eine *leitende* Stellung 指導的な地位. ② 《物・工》 導体の, 伝導性の.

*der **Lei·ter**[1] [らイタァ láɪtər] 男 (単 2) -s/ (複) - (3格のみ -n) ① **指導者**, リーダー, 指揮者, 長, (企業などの)支配人, 司会者. 《英 leader). (《女 女性形は Leiterin). Schul*leiter* 校長 / der *Leiter* eines Orchesters オーケストラの指揮者 / ein technischer *Leiter* 技術主任. ② 《物・工》 (熱・電気などの)導体. Halb*leiter* 半導体 / ein guter *Leiter* 良導体.

*die **Lei·ter**[2] [らイタァ láɪtər] 女 (単) -/(複) -n はしご. 《英 *ladder*). eine *Leiter*[4] an einen Baum lehnen はしごを木に立て掛ける / die *Leiter*[4] des Erfolgs empor|steigen《比》一歩一歩成功に近づく（←成功のはしごを登る).

Lei·ter‗spros·se [らイタァ・シュプロッセ] 女 -/-n はしごの段(横木).

Lei·ter‗wa·gen [らイタァ・ヴァーゲン] 男 -s/- (両側にはしご形の枠がある)格子枠車(干し草などを運ぶ).

lei·te·te [らイテテ] ‡leiten（率いる）の 過去

Leit‗fa·den [らイト・ファーデン] 男 -s/..fäden 入門書, 手引き. *Leitfaden* der Pflanzenkunde[2] 植物学入門.

leit‗fä·hig [らイト・フェーイヒ] 形 《物・工》伝導性の.

Leit‗fä·hig·keit [らイト・フェーイヒカイト] 女 -/-en 《ふつう 単》《物・工》伝導率(性);《電》導電率.

Leit‗ge·dan·ke [らイト・ゲダンケ] 男 -ns (3格・4格 -n)/-n 中心(根本)思想;(著作などの)主題.

Leit‗ham·mel [らイト・ハンメる] 男 -s/..hämmel 先導の羊(首に鈴を付けて仲間の羊を先導する).《比》(盲従する群衆の)首領.

Leit‗li·nie [らイト・リーニエ] 女 -/-n ① ガイドライン, 方針, 要綱. ② 《交通》車線境界線. ③ 《数》準線.

Leit‗mo·tiv [らイト・モティーフ] 中 -s/-e [..ヴェ] ① 中心(根本)思想; 主題. ② 《音楽・文学》ライトモティーフ, 示導動機.

Leit‗plan·ke [らイト・プらンケ] 女 -/-n ガードレール.

Leit‗satz [らイト・ザッツ] 男 -es/..sätze 指導原理(原則).

Leit‗spruch [らイト・シュプルフ] 男 -[e]s/..sprüche 標語, モットー.

Leit‗stel·le [らイト・シュテれ] 女 -/-n (タクシーなどの)指令センター.

Leit‗stern [らイト・シュテルン] 男 -[e]s/-e 導きの星, (特に:)北極星;《雅・比》指針, 理想.

*die **Lei·tung** [らイトゥング láɪtʊŋ] 女 (単) -/(複) -en ① 《複 なし》**指導**, 指揮; 管理, 経営; 司会. 《英 *leadership, management*). eine strenge *Leitung* 厳しい指導(管理) / die *Leitung*[4] der Diskussion[2] übernehmen 討論の司会を引き受ける / unter *Leitung* von 《人》[3] 《人》[3]の指揮(指導)のもとに. ② **指導部**, 管理(局); 首脳部(陣). Betriebs*leitung* 企業の首脳部. ③ (ガス・水道などの)**導管**, 配管; 電線, 送電線; 電話線. Wasser*leitung* 水道管 / eine *Leitung*[4] für Gas legen ガス管を敷設する / Die *Leitung* ist besetzt. (電話)回線がふさがっている / eine lange *Leitung*[4] haben または **auf der *Leitung* stehen**《口語》のみ込みが遅い.

Lei·tungs‗draht [らイトゥングス・ドラート] 男 -[e]s/..drähte 《送》電線;(電車などの)導線.

Lei·tungs‗netz [らイトゥングス・ネッツ] 中 -es/-e 送電網, 配管網.

Lei·tungs‗rohr [らイトゥングス・ローァ] 中 -[e]s/-e (水道・ガスなどの)導管.

Lei·tungs‗was·ser [らイトゥングス・ヴァッサァ] 中 -s/ 水道の水.

Leit‗werk [らイト・ヴェルク] 中 -[e]s/-e ① 《空》尾翼装置(方向舵と昇降舵). ② (コンピュータなどの)制御装置.

*die **Lek·ti·on** [れクツィオーン lɛktsióːn] 女 (単) -/(複) -en 《英 *lesson*). ① (教科書の)**課**; (授業中の)課題. *Lektion* eins または die erste *Lektion* 第1課 / eine neue *Lektion*[4] beginnen 新しい課に入る. ② 授業, 講義. eine *Lektion*[4] halten 授業をする. ③《比》教訓, 訓戒. eine bittere *Lektion* にがい教訓 / 《人》[3] eine *Lektion*[4] erteilen (または geben) 《人》[3]を叱責する.

Lek·tor [れクトァ léktɔr] 男 -s/-en [..トーレン] ① (大学の外国語などの)講師. ② (出版社の)編集者, 原稿審査係.

Lek·to·rat [れクトラート lɛktoráːt] 中 -[e]s/-e ① (大学の外国語などの)講師の職. ② (出版社の)編集部, 原稿審査部.

Lek·to·rin [れクトーリン lɛktóːrɪn] 女 -/..rinnen ① (大学の外国語などの)女性講師. ② (出版社の)女性編集者, 原稿審査係.

*die **Lek·tü·re** [れクテューレ lɛktýːrə] 女 (単) -/(複) -n 《英 *reading*). ① 《ふつう 単》**読み物**. Das ist die richtige *Lektüre* für dich. これは君にはちょうどいい読み物だ. ② (外国語の授業での)講読. ③ 《複 なし》読むこと, 読書. bei der *Lektüre* dieses Buchs この本を読む際に.

Lem·ma [れンマ léma] 中 -s/Lemmata ① (辞書などの)見出し語. ② 《数・哲》前提, 補助定理. ③ 《古》(作品などの内容をモットーなどで表した)題目.

Le·na [れーナ léːna] -s/《女名》レーナ (Helene, Magdalena の 短縮).

Len·de [れンデ léndə] 女 -/-n ① 《ふつう 複》《医》腰部(²);《複で》《詩》腰. ② (牛や豚の)腰肉, ヒレ肉.

Len·den‗bra·ten [れンデン・ブラーテン] 男 -s/- 《料理》ヒレ肉のロースト.

len·den‗lahm [れンデン・らーム] 形 腰の立たない, 腰の麻痺(⁵)した;《比》弱腰の.

Len·den‗stück [れンデン・シュテュック] 中

Le·nin [レーニーン lé:ni:n] -s/《人名》レーニン (Nikolai Lenin; 本名 Wladimir Iljitsch Uljanow 1870-1924;ロシア革命の指導者).

Le·nin·grad [レーニーン・グラート lé:ni:ngra:t] 中 -s/《都市名》レニングラード (ロシア北西部.名称は 1914 までペテルブルク, 1914–1924 ペトログラード, 1924–1991 レニングラード,現在は再びペテルブルクに戻った).

Le·ni·nis·mus [レニニスムス leninísmus] 男 -/ レーニン主義(学説).

le·ni·nis·tisch [レニニスティッシュ leninístiʃ] 形 レーニン主義の.

lenk·bar [レンクバール] 形 ① 操縦可能な,運転しやすい. ② 指導しやすい,素直な,従順な(子供など).

*__len·ken__ [レンケン léŋkən] (lenkte, *hat*... gelenkt) 他 (完了 haben) ① (車など^{4}を)**運転する**,操縦する,(馬^{4}を)御する. (英 steer). ein Auto^4 *lenken* 車を運転する / ein Flugzeug^4 *lenken* 飛行機を操縦する / den Wagen **nach** links *lenken* 車のハンドルを左へ切る. ◊[目的語なしでも] mit einer Hand *lenken* 片手で運転する. (☞ 類語 fahren). ② 『方向を表す語句とともに』(注意・話など^{4}を…へ)向ける,転じる. (英 direct). die Aufmerksamkeit^4 **auf** 物^4 *lenken* 物^{4}に注意を向ける / das Gespräch^4 **in** eine andere Richtung *lenken* 話題を別の方向に向ける. ③ 指導する;(経済など^{4}を)統制する. einen Staat *lenken* 一国を導く / Das Kind *lässt* sich^4 schwer *lenken*. この子供は扱いにくい.

Len·ker [レンカァ léŋkər] 男 -s/- ① (自動車などの)運転(操縦)者. ② (自動車などの)ハンドル. ③《雅》指導者,導き手.

Lenk⸗rad [レンク・ラート] 中 -[e]s/..räder (自動車などの円形の)ハンドル.

lenk·sam [レンクザーム] 形 (書) 指導しやすい,素直な,従順な(子供など).

Lenk⸗stan·ge [レンク・シュタンゲ] 女 -/-n (自転車・オートバイの棒状の)ハンドル.

lenk·te [レンクテ] *lenken (運転する)の 過去.

Len·kung [レンクング] 女 -/-en ① (複 なし) 運転,操縦;管理,支配. Fern*lenkung* リモートコントロール. ② ハンドル,操縦装置.

len·to [レント lénto] [伊] 副《音楽》レント, 遅く.

Lenz [レンツ lénts] 男 -es/-e ① (詩) 春;青春. der *Lenz* des Lebens (比) 青春時代. ②《複》で》《戯》…歳. Sie zählt erst 17 *Lenze*. 彼女はやっと 17 歳になったばかりだ.

Le·o·nar·do da Vin·ci [レオナルド ダ ヴィンチー leonárdo da víntʃi] -/《人名》レオナルド・ダ・ヴィンチ (1452–1519; イタリア・ルネサンスの画家・彫刻家・建築家).

Le·on·hard [レーオン・ハルト lé:ɔn-hart] -s/《男名》レーオンハルト.

Le·o·no·re [レーオノーレ leonó:rə] -[n]s/《女名》レオノーレ (Eleonore の短縮).

Le·o·pard [レオパルト leopárt] 男 -en/-en《動》ヒョウ(豹).

Le·o·pold [レーオ・ポルト lé:o-pɔlt] -s/《男名》レーオポルト.

Lep·ra [レープラ lé:pra] 女 -/《医》ハンセン病, レプラ (= Aussatz).

lep·to·som [レプトゾーム leptozó:m] 形《医》細身型の,やせ型の.

Ler·che [レルヒェ lérçə] 女 -/-n《鳥》ヒバリ. Die *Lerche* trillert. ひばりがさえずっている.

Lern⸗be·gier·de [レルン・ベギーァデ] 女 -/ 知識欲,向学心.

lern⸗be·gie·rig [レルン・ベギーリヒ] 形 知識欲に燃えた,向学心のある.

lern⸗be·hin·dert [レルン・ベヒンダァト] 形 学習障害のある,知恵遅れの.

*__ler·nen__ [レルネン lérnən]

学ぶ	Ich *lerne* Deutsch.
イヒ レルネ ドイチュ
私はドイツ語を学んでいます.

人称	単	複
1	ich lerne	wir lernen
2	{du lernst {Sie lernen	{ihr lernt {Sie lernen
3	er lernt	sie lernen

(lernte, *hat*...gelernt) **I** 他 (完了 haben) (車^{4}を)**学ぶ**,勉強する,習う,覚える. (英 learn). (☞「教える」lehren). Wie lange *lernen* Sie schon Japanisch? もうどれくらい日本語を勉強していますか / Klavier^4 *lernen* ピアノを習う / ein Gedicht^4 auswendig *lernen* 詩を暗記する / Er *lernt* Koch. (口語) 彼はコックの見習いをしている / 車^4 **aus** der Erfahrung *lernen* 車^{4}を経験から学びとる / Ich *habe* viel **von** ihm *gelernt*. 私は彼から多くのことを学んだ.

◊[zu のない不定詞とともに] Er *lernt* jetzt Auto fahren. 彼は今車の運転を習っている / 人^4 **kennen** *lernen* 人^{4}と知り合いになる ⇒ Wir *haben* uns im Urlaub kennen *gelernt*. 私たちは休暇地で知り合った / 人^4 **lieben** *lernen* 人^{4}がしだいに好きになる / Klavier^4 **spielen** *lernen* ピアノを習う / Ich *lerne* schwimmen. 私は水泳を習っている.

◊[**zu** 不定詞[句]とともに] Er *lernte*, die Maschine zu bedienen. 彼はその機械の操作法を習った.

II 自 (完了 haben) 学ぶ,勉強する;修業する. Er *lernt* fleißig. 彼は熱心に勉強する / Das Kind *lernt* gut (schlecht). その子供はのみ込みがよい(悪い) / Er *lernt* noch. 彼はまだ修業中だ.

III 再帰 (完了 haben) *sich^4 lernen* (…のくあいに)覚えられる,学ばれる. Dieses Gedicht *lernt sich* leicht (schwer). この詩は覚えやすい(覚えにくい).

◊☞ **gelernt**

Lernmittel

類語 lernen: (ある知識・技能を身につける意味での)学ぶ,習う. **studieren**: 大学で学ぶ,学問的に研究する. Er *studiert* in München. 彼はミュンヒェン大学で学んでいる. **arbeiten**: (「働く」という一般的な意味から)勉強(研究)する. Er *arbeitet* fleißig. 彼は熱心に勉強している.

Lern⸗mit·tel [れルン・ミッテル] 中 -s/- 《ふつう 複》《教》学習用具(教材).

lern·te [れルンテ] ‡lernen (学ぶ)の 過去

Les·art [れース・アールト] 女 -/-en ① (読み方・訳などの)異本, 異文. ② (テキスト・出来事などに対する)解釈, 見解. die amtliche *Lesart* 当局の見解.

les·bar [れース バール] 形 ① 読みとれる, 判読可能な(文字など). ② 読みやすい, わかりやすい(文章など)

Les·be [れスベ lésbə] 女 -/-n 《口語》 =Lesbierin

Les·bi·e·rin [れスビエリン lésbiərin] 女 -/..rinnen ① 同性愛の女性, レスビアン. ② (ギリシアの)レスボス島の女性.

les·bisch [れスビッシュ lésbɪʃ] 形 ① (女性の)同性愛の, レスビアンの. ② (ギリシアの)レスボス島(風)の.

Le·se [れーゼ lé:zə] 女 -/-n ① (果実, 特にぶどうの)収穫. Wein*lese* ぶどうの収穫. ② 《雅》(文学作品の)詞華集, アンソロジー.

das **Le·se⸗buch** [れーゼ・ブーフ lé:zəbu:x] 中 -[e]s/..bücher [..ビューヒャァ](3格のみ ..büchern) 読本, リーダー. (英 *reader*). ein heiteres *Lesebuch* für die Jugend 青少年向きの楽しい読本.

Le·se⸗ge·rät [れーゼ・ゲレート] 中 -[e]s/-e ① (マイクロフィルムの)リーダー. ② コンピュ(データの)読みとり装置.

‡**le·sen** [れーゼン lé:zən]

読む Ich *lese* gern Krimis.
イヒ れーゼ ゲルン クリーミス
私は推理小説を読むのが好きです.

人称	単	複
1	ich lese	wir lesen
2	du **liest** / Sie lesen	ihr lest / Sie lesen
3	er **liest**	sie lesen

(las, hat ... gelesen) I 他 (完了 haben) ① (本・文字など[4]を)読む. (英 *read*). einen Brief *lesen* 手紙を読む / Sie *müssen* das Buch unbedingt *lesen*. あなたはこの本をぜひ読まないといけません / Ich *habe* in der Zeitung *gelesen*, dass… 私は新聞で…という記事を読んだ / Seine Handschrift ist schlecht zu *lesen*. 彼の字は読みにくい / Noten[4] *lesen* 楽譜を読む / Korrektur[4] *lesen* 《印》校正する. ◇《過去分詞の形で》ein viel *gelesener* Schriftsteller 人気作家.

② (物[4]を)朗読する; 講義する. Der Dichter *liest* eigene Gedichte. その詩人は自作の詩を朗読する / deutsche Literatur[4] *lesen* ドイツ文学を講義する.

③ 《比》 読みとる, 察する. *Kannst* du Gedanken *lesen*? 君は人の心が読めるかい / Sie *las* tiefe Enttäuschung **in** seinen Augen. 彼女は彼の目に深い失望を読みとった. ④ コンピュ (データ[4]を)読みとる. ⑤ (ぶどうなど[4]を)摘み取る; (落ち穂など[4]を)拾い集める. Trauben[4] *lesen* ぶどうを摘む. ⑥ より分ける. Erbsen[4] *lesen* えんどう豆をより分ける.

II 自 (完了 haben) ① 読む, 読書する. Sie *liest* gern. 彼女は読書が好きだ / **in** einem Buch *lesen* 本[のある箇所]を読む / Das Kind *kann* schon *lesen*. その子はもう字が読める / **zwischen** den Zeilen *lesen* 《比》行間を読む.

② 朗読する; 講義をする. **aus** eigenen Werken *lesen* 自作を朗読する / Der Professor *liest* **über** neue Geschichte. その教授は近代史の講義をしている. ③ 《比》読みとる, 察する. Ich *kann* in deinem Gesicht *lesen*. 顔つきから君の気持ちが読めるよ.

III 再帰 (完了 haben) *sich*[4] *lesen* ① 読んでみると…である, (…に)読める. Das Buch *liest sich* leicht. この本は読みやすい. ② 読んで[その結果]…になる. *sich*[4] **in** den Schlaf *lesen* 読書しながら寝てしまう.

類語 lesen: 「読む」という意味の最も一般的な語. **blättern**: 拾い読みする. **durch|lesen**: (始めから終りまで)通読する. **vor|lesen**: 読んで聞かせる.

le·sens⸗wert [れーゼンス・ヴェーァト] 形 読む価値のある, 一読に値する.

Le·se⸗pro·be [れーゼ・プローベ] 女 -/-n ① (新刊書の)見本刷り, 内容見本. ② 《劇》本読み.

Le·ser [れーザァ lé:zər] 男 -s/- ① 読者, 読書家; 購読者. (女性形は Leserin). ② コンピュ 読みとり装置.

Le·se⸗rat·te [れーゼ・ラッテ] 女 -/-n 《口語・戯》本の虫, 読書狂.

Le·ser⸗brief [れーザァ・ブリーふ] 男 -[e]s/-e (新聞などへの)投書.

Le·ser⸗kreis [れーザァ・クライス] 男 -es/-e 読者層.

le·ser·lich [れーザァりヒ] 形 読みやすい筆跡で書かれた.

Le·ser·schaft [れーザァシャふト] 女 -/ (総称として:)読者, 読者界.

Le·se⸗saal [れーゼ・ザーる] 男 -[e]s/..säle (図書館の)閲覧室.

Le·se⸗stoff [れーゼ・シュトふ] 男 -[e]s/-e 読み物, 書物, 図書.

Le·se⸗stück [れーゼ・シュテュック] 中 -[e]s/-e (授業用の短い)読み物, テキスト.

Le·se⸗zei·chen [れーゼ・ツァイヒェン] 中 -s/- (本の)しおり.

Le·se=zir·kel [レーゼ・ツィルケル] 男 -s/- (有料の)雑誌回覧読書会, 雑誌購読サービス業.

Les·sing [レッスィング lésɪŋ] -s/- 《人名》レッシング (Gotthold Ephraim *Lessing* 1729-1781；ドイツの劇作家・批評家).

Le·sung [レーズング] 女 -/-en ① 朗読[会].《ﾁﾞｭ教》(礼拝の)聖書朗読[の一節]；《ｶｯﾄ》読誦(どくしょう). ② (議会の)読会(どっかい).

Le·thar·gie [レタルギー letargíː] 女 -/ ①《医》嗜眠(しみん). ②《比》無気力, 無感覚.

le·thar·gisch [レタルギッシュ letárgɪʃ] 形 ①《医》嗜眠(しみん)性の. ②《比》無気力な.

Le·the [レーテ léːtə] 女 -/《ｷﾞﾘｼｬ神》レテ(冥界の川. 死者はその水を飲み, この世の記憶を失う). ②《詩》忘却[の水]. *Lethe*⁴ trinken 忘れ去る(←レテの水を飲む).

Let·te [レッテ léta] 男 -n/-n ラトビア人.(ﾆｭｰｶ女性形は Lettin).

Let·ter [レッタァ létər] 女 -/-n ① 活字体の文字. ②《印》活字.

let·tisch [レッティッシュ létɪʃ] 形 ラトビア[人・語]の.

Lett·land [レット・ラント lét-lant] 中 -[e]s/《国名》ラトビア[共和国] (バルト海沿岸, 旧ソ連邦に属していた. 首都はリガ).

Lett·ner [レットナァ létnər] 男 -s/- 《建》(教会の)内陣格子(ごうし)(聖堂内陣と身廊を区切る).

:**letzt** [レット létst] 形《最 *last*》①《付加語としてのみ》(順番が)最後の, 最終の；(残った)最後の.(ﾆｭｰｶ「最初の」は erst). der *letzte* Buchstabe des Alphabets アルファベットの最後の文字 / das *letzte* Haus der Straße² 通りのいちばんはずれの家 / der *letzte* Zug 最終列車 / im *letzten* Moment 《比》土壇場になって / Das ist mein *letztes* Geld. これが有り金全部だ / das *Letzte* Gericht 《ﾁﾞｭ教》最後の審判 / die *Letzte* Ölung 《ｶｯﾄ》終油の秘跡 / *letzten* Endes 結局 / **am** (または **zum**) *letzten* Mal 最後に. ◇《名詞的に》der *Letzte* des Monats その月の最終日, 月末 / Du bist der *letzte* (新形 der *Letzte*), dem ich es sage (または sagte). 君だけにはそのことを言いたくはないんだ(←私が言う最後の人) / **fürs** *letzte* (新形 **fürs** *Letzte*) 最後に.

② 究極の, 最終的な. die *letzten* Geheimnisse 最高機密 / **zum** *letzten* Mittel greifen 最後の手段に訴える. 《名詞的に》Das ist doch das *Letzte*! それは前代未聞だ. ◇《bis とともに》**bis aufs** *letzte* (新形 **bis aufs** *Letzte*) 完全に, すっかり / **bis ins** *letzte* (新形 **bis ins** *Letzte*) 詳細に, 事細かに / **bis zum** *letzten* (新形 **bis zum** *Letzten*) はなはだしく, 極端に.

③ 最近の, この前の；最新の. *letzte* Nacht 昨夜 / *letztes* Jahr 昨年 / das *letzte* Mal 前回 / [**am**] *letzten* Sonntag 先週の日曜日に / **in** der *letzten* Zeit または in *letzter* Zeit 最近 / die *letzten* Nachrichten 最新ニュース.

④ (質的に)最低の, 最悪の. Das ist das *letzte* Auto. それは最低の車だ.

Letzt [レット] 女《成句的に》**zu** guter *Letzt* 最後に, とどのつまり, 結局のところ.

letz·tens [レッツテンス létstəns] 副 ① 先日, この間. ②(いくつか列挙して)最後に.

letz·ter [レッツタァ létstər] (*letzt* の 比較) 形《付加語としてのみ》(前で述べた二つのうち)後者の. im *letzteren* Falle 後者の場合には. ◇《名詞的に》der (die, das) Erstere …, der (die, das) *Letztere* ～ は…, 後者は～. Peter und Hans waren da. Aber *Letzterer* ging früh nach Haus. そこにはペーターとハンスがいたが, 後者は早くに帰宅した / Ich glaube *Letzteres* (または das *Letztere*) nicht. 後者のことは私は信じない.

letzt=ge·nannt [レット・ゲナント] 形《付加語としてのみ》最後に述べた.

letzt=hin [レット・ヒン] 副 最近, 近ごろ；この前.

letzt·lich [レットリヒ] 副 結局は, つまるところは；最終的に.

letzt=ma·lig [レッツト・マーリヒ] 形 最後の, 最終[回]の.

letzt=mals [レッツト・マールス] 副 最後に, 最終的に.

letzt=mög·lich [レッツト・メークリヒ] 形 (期限などが)最後の, ぎりぎりの.

letzt=wil·lig [レット・ヴィリヒ] 形 遺言の, 遺言(遺志)による.

Leuch·te [ロイヒテ lɔ́yçtə] 女 -/-n ① 照明器具；明かり, 灯火. ②《比》頭のよい人. Er ist keine [große] *Leuchte*. 彼はたいして利口ではない.

:**leuch·ten** [ロイヒテン lɔ́yçtən] du leuchtest, er leuchtet (leuchtete, hat …geleuchtet) 自 (完了 haben) ①(火・電灯・星などが)輝く, 光る；(海などが)輝く(ﾆｭｰｶ *shine*). Die Sonne *leuchtet* hell. 太陽が明るく輝いている / Die Kerze *leuchtet*. ろうそくがともっている / Seine Augen *leuchteten* vor Freude.《比》彼の目は喜びに輝いていた.

②《方向を表す語句とともに》(…を明かりで)照らす. **unter** den Tisch *leuchten* (捜すために)テーブルの下を照らす / [人]³ **ins** Gesicht *leuchten* [人]³の顔を照らす. ③ ([人]³のために)足もとを照らしてやる.

leuch·tend [ロイヒテント] I ≠**leuchten**(輝く)の 現分 II 形 ① 光る, 輝いている；(色彩などが)鮮やかな. ein *leuchtendes* Rot 鮮やかな赤 / mit *leuchtenden* Augen 目を輝かせて. ②《比》優れた, 秀でた. ein *leuchtendes* Vorbild 優れた模範.

Leuch·ter [ロイヒタァ lɔ́yçtər] 男 -s/- 燭台(しょくだい), ろうそく立て.

Leuch·te·te [ロイヒテテ] ≠**leuchten**(輝く)の 過去

Leucht=far·be [ロイヒト・ファルベ] 女 -/-n 発光塗料.

Leucht=feu·er [ロイヒト・フォイアァ] 中 -s/- 《交通》(灯台・管制塔などの)標識灯火.

Leucht≠kä·fer [ろイヒト・ケーふァァ] 男 -s/-《昆》ホタル(螢).

Leucht≠kraft [ろイヒト・クラふト] 女 -/..kräfte (色などの)明るさ, 照度; 《天》光度.

Leucht≠ku·gel [ろイヒト・クーゲる] 女 -/-n 照明弾, (ピストルの)発光信号弾, 曳光(えいこう)弾.

Leucht≠pis·to·le [ろイヒト・ピストーれ] 女 -/-n 照明弾(発光信号弾)用ピストル.

Leucht≠ra·ke·te [ろイヒト・ラケーテ] 女 -/-n 照明弾(発光信号弾)用ロケット.

Leucht≠re·kla·me [ろイヒト・レクらーメ] 女 -/-n ネオンサイン.

Leucht≠röh·re [ろイヒト・レーレ] 女 -/-n 《電》蛍光灯(管).

Leucht≠schirm [ろイヒト・シルム] 男 -[e]s/-e 《物》蛍光板.

Leucht≠stoff [ろイヒト・シュトふ] 男 -[e]s/-e 発光物質.

Leucht≠stoff≠lam·pe [ろイヒトシュトふ・らンペ] 女 -/-n 蛍光灯.

Leucht·stoff≠röh·re [ろイヒトシュトふ・レーレ] 女 -/-n 《電》蛍光管.

Leucht≠turm [ろイヒト・トゥルム] 男 -[e]s/..türme 灯台.

*** leug·nen** [ろイグネン lɔ́ygnən] du leugnest, er leugnet (leugnete, *hat*…geleugnet) 他 (定て haben) 否認する, 否定する. 《英 *deny*》. Er *leugnete* seine Tat. 彼は犯行を否認した / Er *leugnet* nicht, es getan zu haben. 彼はそれをしたことを否定はしない / Es ist nicht zu *leugnen*, dass… …ということは否定できない. ◊《目的語なしでも》Er *leugnete* hartnäckig. 彼は頑固に否定した.

類語 **leugnen**: (犯行・事実などを)否認する; (自明なことなどを)否定する. **verneinen**: (質問などに)「いいえ」と答える; (戦争・暴力などを)否定する. Ich *verneinte* seine Behauptung. 私は彼の主張を否定した.

---

leug·ne·te [ろイグネテ] ＊leugnen (否認する)の 過去

Leug·nung [ろイグヌング] 女 -/-en 否認, 否定.

Leu·kä·mie [ろイケミー lɔykɛmíː] 女 -/-n [..ミーエン]《医》白血病.

Leu·ko·plast [ろイコプらスト lɔykoplást] 中 -[e]s/-e《商標》(酸化亜鉛を含んだ)絆創(ばんそう)膏.

Leu·ko·zyt [ろイコツユート lɔykotsýːt] 男 -en/-en《ふつう複》《医》白血球.

Leu·mund [ろイムント lɔ́ymunt] 男 -[e]s/-(素行上の)評判. ein böser *Leumund* 悪口, 陰口 / einen guten *Leumund* haben 評判がよい.

Leu·munds≠zeug·nis [ろイムンツ・ツォイクニス] 中 ..nisses/..nisse 被告の素行証明[書].

***die* Leu·te** [ろイテ lɔ́ytə]

人々	Das sind nette *Leute*.
ダス ズィント ネッテ ろイテ
感じのいい人たちだ.

複 (3格のみ -n) ① **人々**, 世間[の人々]. 《英 *people*》. junge (alte) *Leute* 若者たち(老人たち) / arme(reiche) *Leute* 貧しい(裕福な)人々 / die kleinen *Leute* 庶民 / Es waren etwa 20 *Leute* da. そこには約 20 名ほどの人々がいた / Die jungen *Leute* leben mit den Eltern zusammen. 若夫婦は両親といっしょに暮らしている / Was werden die *Leute* dazu sagen? 世間の人々はそれについてなんと言うだろうか / Ich will Land und *Leute* kennen lernen. 私は土地柄と人情に触れようと思う / Wir sind geschiedene *Leute*.《口語》ぼくたちはもうあかの他人だ / Hier ist es ja nicht wie bei armen *Leuten*.《戯》ここでは遠慮などしなくていんですよ(← 貧者の家とは違って何でもたっぷりある) / unter die *Leute* kommen《口語》(世間に)知れ渡る / 軍4 unter die *Leute* bringen《口語》軍4のうわさを広める / vor allen *Leuten* 公衆の面前で.

② 《口語》(職場の)部下, 従業員; 《古》下男, 使用人. ③《口語》家族. meine *Leute* 私の家族. (ご注 所有冠詞とともに用いる).

Leu·te·schin·der [ろイテ・シンダァ] 男 -s/- 人使いの荒い人, 部下を虐待(酷使)する人.

Leut·nant [ろイトナント lɔ́ytnant] 男 -s/-s (まれに -e)《軍》少尉. *Leutnant* zur See 海軍少尉.

leut≠se·lig [ろイト・ゼーリヒ] 形 (目下の者に対して)やさしい, 気さくな.

Leut≠se·lig·keit [ろイト・ゼーリヒカイト] 女 -/- (目下の者に対する)やさしさ, 気さくさ.

Le·vi·ten [れヴィーテン levíːtən] 複《成句的に》人3 die *Leviten*4 lesen 人3 を厳しくしかる(非難する)(← 旧約聖書レビ記を読んで聞かせる).

Le·xi·ka [れクスィカ] ＊Lexikon (事典)の 複

le·xi·ka·lisch [れクスィカーリッシュ lɛksikáːlɪʃ] 形 ① 辞書(事典)の. ② 《言》語彙(ごい)に関する.

Le·xi·ken [れクスィケン] ＊Lexikon (事典)の 複

Le·xi·ko·graf [れクスィコグらーふ lɛksikográːf] 男 -en/-en ＝Lexikograph

Le·xi·ko·gra·fie [れクスィコグらふィー lɛksikografíː] 女 -/ ＝Lexikographie

Le·xi·ko·graph [れクスィコグらーふ lɛksikográːf] 男 -en/-en 辞書(事典)編集者.

Le·xi·ko·gra·phie [れクスィコグらふィー lɛksikografíː] 女 -/ 辞書(事典)編集[方法].

***das* Le·xi·kon** [れクスィコン lɛksikɔn] 中 (単 2) -s/(複)..xika 主に(複) ..xiken ① [百科]**事典**. 《英 *encyclopedia*》. ein *Lexikon* in fünfzehn Bänden 全 15 巻の百科事典 / im *Lexikon* nach|schlagen 事典を調べる / Er ist ein wandelndes *Lexikon*.《口語・戯》彼

は生き字引きだ. ② 《古》辞典, 辞書. ③《言》語彙(ﾞ)目録.

lfd. [らオフェント]《略》現在の, 現行の, 連続している (=laufend).

LG [エル・ゲｰヒト]《略》地方裁判所 (=Landgericht).

LH [るフト・ハンザ]《略》ルフトハンザドイツ航空 (=Lufthansa).

Li [エル・イｰ]《化・記号》リチウム (=Lithium).

Li·ai·son [リエゾｰン liezɔ́ː] [ɛː] 囡 -/-s ① 恋愛関係, 情事;《比》密接な関係. ②《言》(特にフランス語の)リエゾン, 連声.

Li·a·ne [リアｰネ liáːnə] 囡 -/-n《ふつう 複》《植》蔓(ﾂﾞ)植物.

Li·ba·ne·se [リバネーゼ libanéːzə] 男 -n/-n レバノン人.

[*der*] **Li·ba·non** [リーバノン líːbanɔn] I 男 -s/《ふつう定冠詞とともに》《国名》レバノン〔共和国〕(地中海東岸. 首都ベイルート). II 男 -s/《定冠詞とともに》(山名)レバノン山脈.

Li·bel·le [リベレ libélə] 囡 -/-n ①《昆》トンボ. ② (水準器の)気泡管.

***li·be·ral** [リベラーる liberáːl] 形 (英 liberal) ① **自由主義の**, 自由主義的の; 自由主義政党の. eine *liberale* Politik 自由主義の政治 / eine *liberale* Partei 自由主義政党. ② 偏見のない, リベラルな. *liberale* Ansichten[4] haben とらわれない物の見方をする.

Li·be·ra·le[*r*] [リベラーレ (..レァ) liberáːlə (..lər)] 男 囡《語尾変化は形容詞と同じ》自由主義者.

li·be·ra·li·sie·ren [リベラリズィーレン liberalizíːrən] 他 (h) ①(規制など[4]を)緩和する. ②《経》自由化する. den Handel *liberalisieren* 貿易を自由化する.

Li·be·ra·lis·mus [リベラリスムス liberalísmus] 男 -/ 自由主義[思想], リベラリズム.

Li·be·ra·li·tät [リベラリテート liberalitéːt] 囡 -/ 自由主義的(リベラル)なこと, 心の広いこと.

Li·be·ria [リベーリア libéːria] 中 -s/《国名》リベリア〔共和国〕(アフリカ西部. 首都はモンロビア).

Li·be·ro [リーベロ líːbero] [ﾞ] 男 -s/-s (サッカーの)リベロ.

Li·bi·do [リビード libíːdo または リービド] 囡 -/《心》リビドー; 性衝動, 性欲.

Li·bret·to [リブレット librétto] [ﾞ] 中 -s/-s (または ..retti)《音楽》(オペラなどの)台本, リブレット.

Li·by·en [リービュエン líːbyən] 中 -s/《国名》リビア〔共和国〕(アフリカ北部. 首都はトリポリ).

..lich [..リヒ ..lɪç]《形容詞をつくる 接尾》①《…の性質の》例: mensch*lich* 人間的な. ②《…できる》例: begreif*lich* 理解できる. ③《…に関する》例: betrieb*lich* 企業上の. ④《…ごとの》例: täg*lich* 毎日の. ⑤《やや…の》例: röt*lich* 赤みがかった.

*** licht** [リヒト líçt] 形 (比較 lichter, 最上 lichtest) ①《雅》**明るい**, 輝く;（色の）淡い. (英 light). der *lichte* Morgen 明るい朝 / ein

lichter Raum 採光のよい部屋 / am *lichten* Tag 真っ昼間に / Es wird *licht* im Osten. 東の空が明るくなる / ein *lichtes* Blau 淡青色. ② 透けた, まばらな, 空きのある. (英 *thin*). eine *lichte* Stelle im Wald 森の中の空き地. ③《付加語としてのみ》内径の, 内法(ﾟ)の. die *lichte* Weite des Rohres パイプの内径.

‡*das* **Licht** [リヒト líçt]

> 光　Bitte, mach das *Licht* aus !
> 　　ビッテ　マッハ　ダス　リヒト　アオス
> 　　明かりを消してちょうだい.

中 (単 2) -es (まれに -s)/(複) -er (3格のみ -ern) (英 *light*) ①《複 なし》光, 明かり. Kerzen*licht* ろうそくの明かり / helles (mildes) *Licht* 明るい(柔らかな)光 / das *Licht* des Mondes 月の光 / *Licht*[4] machen 明かりをつける / *Licht*[4] im 專[4] bringen 專[4]を解明する.
◇《前置詞とともに》Wo viel *Licht* ist, ist auch viel Schatten.《諺》物事には明暗の両面がある(←光の多いところには影も多い) / 專[4] **ans** *Licht* bringen《比》專[4](秘密など)を明るみに出す / 物[4] **bei** *Licht* betrachten 專[4]を明るいところで観察する / **bei** *Licht* besehen (または betrachtet) よく見ると / 物[4] **gegen** das *Licht* halten 物[4]を光にかざす / 專[4] **hinters** *Licht* führen《比》人[4]を欺く(←明かりの裏側へ連れて行く) / 人[3] **im** *Licht* stehen a) 人[3]に対して光をさえぎる, b)《比》人[3]のじゃまをする / 人・物[4] **ins** rechte *Licht* rücken《比》人・物[4]の長所がよく見えるようにする(←ちゃんとした明かりの中へ置く) / 專[4] **in** rosigem *Licht* sehen《比》專[4]を楽観的に見る(←ばら色の光の中で見る) / **in** einem guten (schlechten) *Licht* erscheinen (または stehen)《比》良い(悪い)印象を与える / 專[4] **in** einem milderen *Licht* sehen《比》專[4]を好意的に見る(←柔らかな光の中で見る) / sich[3] selbst im *Licht* stehen《比》自ら不利を招く.
② 電灯, 灯火, 信号灯. das *Licht*[4] an|knipsen (または an|machen) 電灯のスイッチを入れる / das *Licht*[4] aus|knipsen (または aus|machen) 電灯のスイッチを切る / das ewige *Licht* (ﾎﾟ) 常明灯 / grünes *Licht*[4] geben《比》(計画などに)ゴーサインを出す(←緑の信号灯を与える) / Das *Licht* ist **an** (**aus**). 明かりがついている(消えている).
③《詩 複 -e も》ろうそく. Das *Licht* flackert. ろうそくの火がゆらめく / ein *Licht*[4] an|zünden (aus|blasen) ろうそくをともす(吹き消す) / Er ist kein großes *Licht*.《口語》彼はあまり利口ではない / 人[3] ein *Licht*[4] auf|stecken《口語》人[3]に真相を教えてやる / Jetzt geht mir ein *Licht* auf !《口語》やっと[事情が]わかったぞ.
④《複 なし》《口語》電気. die Rechnung für *Licht* und Gas 電気・ガス料金の請求[書].
⑤《美》 光輝点 (最も明るい部分), ハイライト.
⑥《ふつう 複》《狩》野獣の目.

Licht⹀an·la·ge [リヒト・アンラーゲ] 囡 -/-n

照明設備.

Licht⹀bad [リヒト・バート] 匣 -(e)s/..bäder 《医》光線浴, 照射[療法].

Licht⹀bild [リヒト・ビルト] 匣 -(e)s/-er ①《官庁》パスポート(身分証明書)用写真; 写真. ② スライド.

Licht·bil·der⹀vor·trag [リヒトビルダァ・フォーァトラーク] 男 -(e)s/..träge スライドを使っての講演.

Licht⹀blick [リヒト・ブリック] 男 -(e)s/-e 希望の光, 光明.

Licht·bo·gen [リヒト・ボーゲン] 男 -s/-《電》アーク放電.

Licht⹀bre·chung [リヒト・ブレッヒュング] 女 -/-en《物》光の屈折.

Licht⹀druck [リヒト・ドルック] 男 -(e)s/-e ①《複 なし》《物》光圧. ②《印》コロタイプ[印刷物].

licht⹀durch·läs·sig [リヒト・ドゥルヒレスィヒ] 形 光を通す, 透明な.

licht⹀echt [リヒト・エヒト] 形 (太陽の)光で色のあせない, 変色しない(塗料など).

licht⹀emp·find·lich [リヒト・エンプフィントリヒ] 形 ①《写》感光性の, 感光度の高い. ein lichtempfindlicher Film 高感度フィルム. ② 光に過敏な. eine lichtempfindliche Haut 日光に過敏な肌.

Licht⹀emp·find·lich·keit [リヒト・エンプフィントリヒカイト] 女 -/ ①《写》感光性. ② 光に過敏なこと.

lich·ten¹ [リヒテン lícṭən] I 他 (h) ① まばらにする, 透かす. den Wald lichten 森を間伐する. ②《雅》明るくする. II 再帰 (h) sich⁴ lichten ①(立木・人の列などがまばらになる, (髪などが)薄くなる. ②《雅》明るくなる. ③《比》解明される.

lich·ten² [リヒテン] 他 (h)《海》(錨⁴を)揚げる.

Lich·ter¹ [リヒタァ]⇒Licht (電灯)の複

Lich·ter² [リヒタァ líçtər] 男 -s/-《海》はしけ; 水上コンテナー(=Leichter).

lich·ter⹀loh [リヒタァ・ロー] 形 めらめらと(あかあかと)燃える(炎など). Sein Herz brennt lichterloh. 彼の心は情熱に燃えている.

Licht⹀ge·schwin·dig·keit [リヒト・ゲシュヴィンディヒカイト] 女 -/《理》光速.

Licht⹀hof [リヒト・ホーフ] 男 -(e)s/..höfe ①《建》(採光のための)中庭, 吹き抜け. ②《写》ハレーション. ③《蓄》(月などの)暈(かさ).

Licht⹀hu·pe [リヒト・フーペ] 女 -/-n《自動車》パッシングライト(自動車のヘッドライトによる追い越しの合図).

Licht⹀jahr [リヒト・ヤール] 匣 -(e)s/-e《天》光年.

Licht⹀ke·gel [リヒト・ケーゲる] 男 -s/- 円錐(すい)形の光.

Licht⹀ma·schi·ne [リヒト・マシーネ] 女 -/-n《自動車》(点灯用)発電機, ダイナモ.

Licht⹀mess [リヒト・メス] 女《冠詞なし; 無変化で》《カト》聖母マリアのお潔めの祝日(2月2日).

Licht⹀meß ☞《新形》Lichtmess

Licht⹀pau·se [リヒト・パオゼ] 女 -/-n《工》青写真[による複写].

Licht⹀quel·le [リヒト・クヴェれ] 女 -/-n 光源.

Licht⹀re·kla·me [リヒト・レクらーメ] 女 -/-n ネオンサイン, 電光(照明)広告.

Licht⹀schacht [リヒト・シャハト] 男 -(e)s/..schächte 採光用の吹き抜け.

Licht⹀schal·ter [リヒト・シャるタァ] 男 -s/- 電灯のスイッチ.

licht⹀scheu [リヒト・ショイ] 形 ① 光を嫌う(恐れる). ein lichtscheues Tier 夜行性の動物. ②《比》後ろめたい, やましいところのある.

Licht⹀sei·te [リヒト・ザイテ] 女 -/-n 明るい側面; 長所. (⇔「暗い側面; 短所」は Schattenseite).

Licht⹀sig·nal [リヒト・ズィグナーる] 匣 -s/-e 発光信号, 灯火信号.

Licht⹀stär·ke [リヒト・シュテルケ] 女 -/-n ①《物》光度. ②《写》(レンズの)明るさ.

Licht⹀strahl [リヒト・シュトラーる] 男 -(e)s/-en 光線.

licht⹀un·durch·läs·sig [リヒト・ウンドゥルヒレスィヒ] 形 光を通さない, 不透明な.

Lich·tung [リヒトゥング] 女 -/-en ①《森林》(森林の)開けた所, 林間の空地. ②《医》(管状器官内の)管腔(くう)の直径.

Lid [リート líːt] 匣 -es (まれに -s)/-er《医》まぶた.

Lid⹀schat·ten [リート・シャッテン] 男 -s/- アイシャドー.

✽lieb [リープ líːp] 形 ① 愛する, 好きな; 親愛な. (⇔ dear). meine liebe Mutter 私の親愛なる母 / Dieser Ring ist mir lieb und wert (または teuer). この指輪は私にとってかけがえのないものです / wenn dir dein Leben lieb ist 命が惜しければ / Der Himmel allein weiß den lieben Himmel.《比》それはお天道様しか知らない. ◆《手紙の冒頭に》Liebe Eltern! 親愛なるお父さん, お母さん / Lieber Hans (Liebe Grete)! 親愛なるハンス(グレーテ).
◆《成句的に》der liebe Gott 神様 / die liebe Sonne お日様 / das liebe Geld お金 / den lieben langen Tag 日がな一日 / die lieben Verwandten (反語的に:) 口うるさい親戚たち / [Ach] du liebe Zeit (または lieber Himmel)！おやまあ驚いた.

② 心の込もった, 優しい, 親切な. (⇔ nice). ein lieber Brief 心の込もった手紙 / Das ist sehr lieb von Ihnen. これはどうもご親切に / Sei so lieb und besuche mich! どうか私を訪ねて来てくれ.

③ 好ましい, 歓迎すべき. Er war uns stets ein lieber Gast. 彼はうちではいつも歓迎される客だった / Es wäre mir lieb, wenn er nicht käme.《接2・現在》彼が来なければありがたいのだが.

④ 感じのよい, かわいらしい. ein liebes Gesicht (Mädchen) 感じのよい顔(かわいい少女).

⑤ (子供などが)行儀のよい, おとなしい. ein

liebes Kind 行儀のよい子供 / Sei schön *lieb*! ちゃんとお利口にしていらっしゃい.

──────────
lieb be·hal·ten 愛し続ける.
lieb ge·win·nen (人・物)⁴が好きになる.
lieb ha·ben 愛している, (人⁴が)好きである. Ich *habe* dich sehr *lieb*. ぼくは君が大好きだ.
──────────

Lieb [リープ] 中 -s/ 《詩》 (性別に関係なく:) 愛人, 恋人.

lieb·äu·geln [リープ・オイゲルン líːpʔɔygəln] 自 (h) ① 《mit 物・事³ ~》(物³を)手に入れたいとしきりに思う; (軍³(計画など)を)なんとか実現させたいと思う. ② 《mit 人³ ~》(格)(人³に)色目を使う.

lieb|be·hal·ten* 他 (h) (新形 lieb behalten) ☞ lieb

Lieb·chen [リープヒェン líːpçən] 中 -s/- (Liebe の 縮小)《古》① (女性に対する呼びかけで:) いとしい人. ② (軽蔑的に:) 愛人, めかけ.

‡*die* **Lie·be** [リーベ líːbə] 女 (単) -/(複) -n ① 《複 なし》愛, 愛情, 慈愛; 恋, 恋愛. (変 love). (反 「憎しみ」は Hass). blinde *Liebe* 盲愛 / mütterliche *Liebe* 母性愛 / eheliche *Liebe* 夫婦愛 / platonische *Liebe* プラトニックラブ / unglückliche *Liebe* 失恋 / die *Liebe* der Eltern² zu den Kindern 子供に対する両親の愛 / die erste *Liebe* 初恋 / Gottes *Liebe* 神の慈愛 / *Liebe* auf den ersten Blick 一目ぼれ / *Liebe*³ für 人⁴ empfinden 人⁴に愛情を感じる / Die *Liebe* ist in ihm erwacht. 《現在完了》彼の胸に恋が芽生えた / Er gestand ihr seine *Liebe*. 彼は彼女に愛を打ち明けた / **aus** *Liebe* 愛情から / **mit** *Liebe* 愛情を込めて / *Liebe* macht blind. 《ことわざ》恋は盲目 / Alte *Liebe* rostet nicht. 《ことわざ》焼けぼっくいは火がつきやすい (←昔の恋はさびない). ② 《複 なし》(ある事柄への)愛好, 愛着. die *Liebe* **zur** Musik 音楽の愛好 / **mit** *Liebe* kochen 丹念に料理する. ③ 《複 なし》好意, 親切. 人³ eine *Liebe*⁴ erweisen 人³に親切にする. ④《口語》恋人, 愛人. Er hat eine neue *Liebe*. 彼には新しい恋人がいる. ⑤《複 なし》性交. *Liebe*⁴ machen《口語》セックスする.

──────────
..liebe のいろいろ: Affen*liebe* 盲愛 / Bruder*liebe* 兄弟愛 / Eigen*liebe* 自己愛 / Eltern*liebe* 親の愛 / Freiheits*liebe* 自由への愛 / Menschen*liebe* 人間愛 / Mutter*liebe* 母性愛 / Nächsten*liebe* 隣人愛 / Vaterlands*liebe* 祖国愛 / Vor*liebe* 偏愛
──────────

lie·be·be·dürf·tig [リーベ・ベデュルフティヒ] 形 愛情に飢えた, 愛情を必要とする.

Lie·be·die·ne·rei [リーベ・ディーネライ] 女 -/ おべっか, 追従(ついしょう).

Lie·be·lei [リーベライ líːbəlɑɪ] 女 -/-en 戯れの恋, 情事.

‡**lie·ben** [リーベン líːbən]

──────────
愛する Ich *liebe* dich.
　　　イヒ　リーベ　ディヒ
君を愛しているよ(あなたを愛しているわ).
──────────

(liebte, *hat*...geliebt) 他 (完了 haben) ① (人・物)⁴を**愛する**; かわいがる. (変 love). Sie *liebt* ihren Mann. 彼女は夫を愛している / Er *liebt* sie wie seine eigene Tochter. 彼は彼女を娘のようにかわいがっている / die Heimat⁴ *lieben* 故郷を愛する. ◇《相互的に》Die beiden *lieben sich*⁴. その二人は愛し合っている. ② 好む, 愛好する. Er *liebt* den Wein. 彼はワインが好きだ / die Kunst⁴ *lieben* 芸術を愛好する. ◇《**zu** 不定詞[句]とともに》Sie *liebt* [es] zu scherzen. 彼女は冗談を言うのが好きだ. ◇《現在分詞の形で》Das tut er *liebend* gern. それを彼は心から喜んでやっている. ③ (人⁴と)セックスする.

──────────
lie·ben ler·nen しだいに好きになる(愛するようになる).
──────────

Lie·ben·de[r] [リーベンデ (..ダァ) líːbəndə (..dɐr)] 男 女 《語尾変化は形容詞と同じ》《ふつう 複》(特定の人を)愛している人. die *Liebenden* 恋人どうし.

lie·ben|ler·nen (新形 lieben lernen) ☞ lieben

lie·bens·wert [リーベンス・ヴェァト] 形 愛すべき, 好感の持てる, チャーミングな. ein *liebenswerter* Mensch 愛すべき人.

***lie·bens·wür·dig** [リーベンス・ヴュルディヒ] 形 親切な, 優しい. (変 kind). eine *liebenswürdige* Dame 親切な婦人 / Das ist sehr *liebenswürdig* von Ihnen. これはどうもご親切にありがとうございます / Seien Sie so *liebenswürdig* und schließen Sie das Fenster! 恐れ入りますが, 窓を閉めていただけないでしょうか. (☞ 類語 freundlich).

Lie·bens·wür·dig·keit [リーベンス・ヴュルディヒカイト] 女 -/-en ① 《複 なし》親切さ, 好意. ② 親切な言動.

***lie·ber** [リーバァ líːbɐr] I (‡lieb の 比較) 形 より愛する; より好ましい.
II (‡gern の 比較) 副 ① より好んで, むしろ…したい. Ich trinke *lieber* Tee als Kaffee. 私はコーヒーより紅茶のほうが好きです / Ich gehe *lieber* zu Fuß. 私はむしろ歩いて行きたい. ②《文全体にかかって》…のほうが賢明だ. Geh *lieber* nach Hause! 君は家に帰ったほうがいいよ / Das hättest du *lieber* nicht sagen sollen. 《接2・過去》君はそれを言わないほうがよかったのに.

Lie·bes·aben·teu·er [リーベス・アーベントイァァ] 中 -s/- 情事, 恋のアバンチュール.

Lie·bes·af·fä·re [リーベス・アフェーレ] 女 -/-n 情事, 色恋沙汰.

Lie·bes·brief [リーベス・ブリーふ] 男 -[e]s/-e 恋文, ラブレター.

Lie·bes⸗dienst [リーベス・ディーンスト] 男 -[e]s/-e 親切[な行い], 助力.

Lie·bes⸗er·klä·rung [リーベス・エァクレールング] 女 -/-en 愛の告白.

Lie·bes⸗ga·be [リーベス・ガーベ] 女 -/-n《雅》慈善(愛)の贈り物.

Lie·bes⸗ge·schich·te [リーベス・ゲシヒテ] 女 -/-n ① ラブストーリー, 恋愛小説(映画).《口語》情事, 色恋ざた.

Lie·bes⸗kum·mer [リーベス・クンマァ] 男 -s/ 恋の悩み, 失恋の悲しみ. *Liebeskummer*[4] haben 恋に悩んでいる.

Lie·bes⸗lied [リーベス・リート] 中 -[e]s/-er 恋の歌.

Lie·bes⸗mü·he [リーベス・ミューエ] 女《成句的に》Das ist verlorene (または vergebliche) *Liebesmühe*. それは骨折り損だ.

Lie·bes⸗paar [リーベス・パール] 中 -[e]s/-e 相愛の二人, 恋人同士.

Lie·bes⸗spiel [リーベス・シュピール] 中 -[e]s/-e ペッティング, (性交の)前戯.

Lie·bes⸗ver·hält·nis [リーベス・フェアへルトニス] 中 ..nisses/..nisse 恋愛関係.

lie·be·voll [リーベ・フォる] 形 ① 手厚い; 入念な, 慎重な. den Kranken *liebevoll* pflegen 病人を手厚く看護する. ② 愛情に満ちた, 情愛の込もった.

lieb⸗ge·win·nen* 他 (h)《新形》lieb gewinnen) ☞ lieb

lieb⸗ha·ben* 他 (h)《新形》lieb haben) ☞ lieb

*der **Lieb·ha·ber** [リーベ・ハーバァ líːphaːbər] 男 (単2) -s/(複) - (3格のみ -n)《英 lover*) ① (女性にとっての)愛人, 情夫; 求婚者;《劇》二枚目役. Sie hat einen *Liebhaber*. 彼女には愛人がいる. ② 愛好家, ファン.《英》女性形は Liebhaberin). ein *Liebhaber* alter Bücher[2] 古書愛好家(収集家). ③《古》好事家, ディレッタント.

Lieb·ha·be·rei [リーベ・ハーベライ líːpha-bəraí] 女 -/-en 趣味, 道楽. 軍[4] aus *Liebhaberei* tun 軍[4]を道楽でやる.

Lieb·ha·ber⸗wert [リーベハーバァ・ヴェルト] 男 -[e]s/ 愛好家にとっての価値.

lieb·ko·sen [リーブ・コーゼン líːp-kóːzən または リーブ..] (過分 liebkost または geliebkost) 他 (h)《雅》愛撫(あいぶ)する.

Lieb·ko·sung [リーブ・コーズング または リーブ..] 女 -/-en《雅》愛撫(あいぶ).

***lieb·lich** [リープリヒ líːplɪç] 形《雅》① 愛らしい, 柔和で感じのいい.《英 lovely*). ein *liebliches* Mädchen 愛らしい女の子 / ein *lieblicher* Anblick ほのぼのとした光景. ② 香りのよい; 食欲をそそる; まろやかな(ワインなど). der *liebliche* Duft des Flieders ライラックのとてもいい香り. ③《口語》(反語的に)結構な. Das ist ja *lieblich*! それはまあ結構なことですな.

*der **Lieb·ling** [リープリング líːplɪŋ] 男 (単2) -s/(複) -e (3格のみ -en) ① お気に入り, 人気者, 寵児(ちょうじ).《英 favorite*). der *Liebling* des Lehrers 先生のお気に入り. ② (ごく親しい人への呼びかけで:)あなた, おまえ.《英 darling*). *Liebling*, kannst du mir mal helfen? あなた, ちょっと手伝ってくださらない?

Lieb·lings.. [リープリングス.. líːplɪŋs..] 名詞につける 接頭《お気に入りの》例: *Lieblings*essen 大好物 / *Lieblings*kleid お気に入りのワンピース.

lieb⸗los [リーブ・ロース] 形 ① 愛情のない, 冷淡な. ② 入念さに欠けた, いいかげんな.

Lieb·lo·sig·keit [リーブ・ローズィヒカイト] 女 -/-en ① 冷淡な言動. ②《複 なし》いいかげんさ, ぞんざいさ.

lieb⸗reich [リーブ・ライヒ] 形《雅》情愛の込もった, 好意のある.

Lieb⸗reiz [リーブ・ライツ] 男 -es/《雅》愛らしさ, 魅力.

lieb⸗rei·zend [リーブ・ライツェント] 形《雅》愛らしい, 魅力的な.

Lieb·schaft [リープシャフト] 女 -/-en 情事, 色事.

liebst [リープスト líːpst] I (⇒lieb の 最上) 最も愛する, 最も好きな. II 副 (⇒gern の 最上) am *liebsten* 最も好んで ⇒ Ich höre am *liebsten* Mozart. 私はモーツァルトの曲を聴くのがいちばん好きだ.

Liebs·te[r] [リープステ (..タァ) líːpstə (..tər)] 男/女《語尾変化は形容詞と同じ》《古》恋人, 愛人.

Lieb⸗stö·ckel [リーブ・シュテッケる] 中 -s/-《植》レビスチクム, ロベッジ(種子は香辛料となる).

lieb·te [リープテ] ⇒lieben (愛する) の 過去.

Liech·ten·stein [リヒテンシュタイン líçtənʃtain] 中 -s/《国名》リヒテンシュタイン[公国] (首都はファドゥーツ: ☞地図 D-5).

*das **Lied** [リート líːt] 中 -[e]s/ -er (3格のみ -ern) ① 歌, 歌曲, リート.《英 song*). Volks*lied* 民謡 / ein heiteres *Lied* 楽しい歌 / deutsche *Lieder* ドイツ歌曲 / ein geistliches *Lied* 賛美歌 / ein Hohe*lied* (旧約聖書の)雅歌 / ein *Lied*[4] an|stimmen (singen) 歌を歌いはじめる(歌う) / Es ist immer das alte *Lied*!《比》いつも同じことの繰り返しだ / Davon kann ich ein *Lied* singen.《比》そのことについては身に染みてわかっているよ(←それについてなら歌も歌える).
② 叙事詩. das Nibelungen*lied* ニーベルンゲンの歌.

Lie·der [リーダァ] ⇒Lied (歌)の 複

Lie·der⸗abend [リーダァ・アーベント] 男 -s/ -e 歌曲の夕べ, 歌曲リサイタル.

Lie·der⸗buch [リーダァ・ブーフ] 中 -[e]s/ ..bücher 歌曲集, 歌の本.

lie·der·lich [リーダァリヒ] 形 ① だらしない, いいかげんな. eine *liederliche* Arbeit ずさんな仕事. ② ふしだらな, 不品行な.

Lie·der·lich·keit [リーダァリヒカイト] 女 -/ だらしなさ, いいかげんさ; 不品行.

Lie·der⸗ma·cher [リーダァ・マッハァ] 男

−s/− (社会批判的な)[シンガー]ソングライター.

lief [リーふ] *laufen (走る)の 過去

lie·fe [リーふェ] *laufen (走る)の 接2

Lie·fe·rant [りフェラント lifəránt] 男 −en/−en (商品などの)供給者、(物品の)納入者. Waffen*lieferant* 武器商人.

lie·fer·bar [リーふァァバール] 形 在庫のある、供給できる、納入可能な(商品など).

Lie·fer⹀frist [リーふァ・ふリスト] 女 −/−en 納期、引き渡し期間(売買契約から納入までの期間).

****lie·fern** [リーふァァン líːfərn] (lieferte, hat... geliefert) 他 (定了 haben) ① (商品4を)配達する、納入する. (英 deliver). Wir liefern Ihnen die Möbel ins Haus. (店員が客に:)家具をお宅に配達いたします / 物4 per Post *liefern* 物4を郵送する. ◇『目的語なしでも』Können Sie schnell *liefern*? すぐに届けていただけますか.

② 産出する、生産する. Das Land *liefert* Rohstoffe. その国は原料を産出する.

③ (話題・具体例など4を)提供する. Die Ereignisse *lieferten* genug Gesprächsstoff. それらの事件は十分な話題を提供してくれた / den Beweis für 物4 *liefern* 物4の証明をする.

④ ([人3と]戦い・試合などを)する. dem Gegner eine Schlacht4 *liefern* 敵と戦う.

◇🔎 **geliefert**

Lie·fer⹀schein [リーふァァ・シャイン] 男 −[e]s/−e 《商》引き渡し証、納品証.

lie·fer·te [リーふァァテ] *liefern (配達する)の 過去

Lie·fer⹀ter·min [リーふァァ・テルミーン] 男 −s/−e 納入(引き渡し)期日(期限).

Lie·fe·rung [リーふェルング] 女 −/−en ① 引き渡し、供給、配達. ② 引き渡し品、納[入]品. ③ 《書籍》(本の)分冊. die erste *Lieferung* 第1分冊 / Das Wörterbuch erscheint in *Lieferungen*. この辞典は分冊で刊行される.

Lie·fer⹀wa·gen [リーふァァ・ヴァーゲン] 男 −s/− 配達用のライトバン、配達車.

Lie·fer⹀zeit [リーふァァ・ツァイト] 女 −/−en 納入(引き渡し)期間 (=Lieferfrist).

Lie·ge [リーゲ líːɡə] 女 −/−n 寝いす. (🔎 Sofa 図). auf der *Liege* schlafen 寝いすで眠る.

Lie·ge⹀kur [リーゲ・クーァ] 女 −/−en 《医》(特に戸外での)静臥(せいが)療法、安静療法.

****lie·gen*** [リーゲン líːɡən]

横たわっている

Er *liegt* noch im Bett.
エァ リークト ノッホ イム ベット
彼はまだベッドに横たわっている.

(lag, *hat*/*ist*... gelegen) **I** 自 (定了 haben; 南ド・オーストリ・スイ. sein) ① (人・動物が)横たわっている、寝ている、(物が)[横にして]置いてある、(ある場所に)ある、いる. (英 lie). (定了 「立っている」は stehen). Sie *liegt* bequem. 彼女は心地よさそうに横になっている / Weinflaschen *sollen liegen*, nicht stehen. ワインのびんは立てないで、寝かせておくものだ / Das Hotel *liegt* zentral. そのホテルは町の中心にある. (🔎 類語 sein).

◇〖前置詞とともに〗Köln *liegt* am Rhein. ケルンはライン河畔にある / Wer *liegt* an der Spitze? だれがトップですか / Er *liegt* auf dem Sofa. 彼はソファーに横になっている / Die Zeitung *liegt* auf dem Tisch. 新聞は机の上に置いてある / auf dem Bauch (dem Rücken) *liegen* 腹ばい(あおむけ)になっている / Der Wagen *liegt* gut auf der Straße. その車はホールディングがいい / Das Geld *liegt* auf der Bank. そのお金は銀行に預けてある / Sie *liegt* im Krankenhaus. 彼女は入院している / Die Prüfung *liegt* noch in weiter Ferne. 試験はまだずっと先だ / Das Fenster *liegt* nach Süden. その窓は南向きだ / Die Preise *liegen* über (unter) dem Durchschnitt. 物価は平均以上(以下)である / Ein spöttisches Lächeln *lag* um ihren Mund. 《比》彼女の口もとには軽蔑するような笑みが浮かんでいた / Die Temperaturen *liegen* zwischen 15 und 20 Grad. 気温は15度から20度の間だ.

◇〖特定の前置詞と成句的に〗(責任・相違・権限などが…に)ある. Das *liegt* an ihm. それは彼のせいだ / Die ganze Verantwortung *liegt* auf ihm. 全責任が彼にかかっている / Es *liegt* ganz bei Ihnen, ob … かどうかはまったくあなたしだいです / Die Schuld *liegt* bei dir. 責任は君にある / Das *liegt* nicht in meiner Macht. それは私の力ではどうにもならない / Der Unterschied *liegt* darin, dass… 違いは…という点にある. ◇『非人称の es を主語として』An mir *soll* es nicht *liegen*. 私はじゃま(反対)するつもりはない. (←私のせいだと言われたくない).

② (霧・雪などが)覆っている. Nebel *liegt* auf (または über) den Wiesen. 霧が草原に立ち込めている / Auf den Bergen *liegt* noch Schnee. 山上にはまだ雪が積もっている.

③ (…の状態で)ある. Die Tischdecke *liegt* schief. テーブルクロスが斜めになっている / Der Tisch *liegt* voller Bücher². 机の上は本でいっぱいだ / Die beiden *liegen* in Scheidung. 両人は離婚手続き中だ / Die Stadt *liegt* unter Beschuss. その町は砲撃を受けているところだ / [So] wie die Dinge *liegen*, … 現在の状況では…

④ 〖特定の形容詞とともに〗人³ fern *liegen* (考えなどが人³には)ほど遠いものである / nahe *liegen* (推測などが)すぐ思い浮かぶ / näher *liegen* (考えなどが)より当然だと思われる / mit einer Vermutung richtig *liegen* 推測どおりである.

⑤ (人³に)向いている、合っている. Diese Rolle *liegt* dem Schauspieler gut. この役はその役者にぴったりだ / Sie *liegt* mir nicht. 彼女は私の性(しょう)に合わない.

II 非人称 (定了 haben; 南ド・オーストリ・スイ. sein) 〖es *liegt* 人³ an 人・事³ の形で〗(人³にとって人・事³が)

重要(関心事)である. Es *liegt* mir an seiner Mitarbeit. 私にとって彼の協力は大切だ / Mir *liegt* viel (nichts) an ihm. 私は彼にとても関心がある(まったく関心がない). (⇦ es は文頭以外ではふつう省かれる).

lie·gen blei·ben ① 横たわったままである, 寝たままである. ② (車などが)立ち往生する. ③ (…に)置いたままになっている; 置き忘れられている; (商品が)売れ残っている; (仕事が)片づかず残っている; (雪が)溶けずに残っている.
lie·gen las·sen ① (…に)置き忘れる. ② 置いたままにしておく, 放置する. eine Arbeit⁴ *liegen lassen* 仕事をほうっておく. ③ 《成句的に》人·物⁴ links *liegen lassen* 人·物⁴をわざと無視する.

◇☞ liegend
◇☞ gelegen

lie·gen|blei·ben* 自 (s) (新形) liegen bleiben) ☞ liegen
lie·gend [リーゲント] I *liegen (横たわっている)の 現分 II 形 横たわって(寝て)いる; 横に寝かせた; 水平の. ein einsam *liegender* Bauernhof 人里離れた所にある農家 / *Liegend* aufbewahren! (びんなどの注意書きで)横にして保存すること / *liegende* Güter 《法》 不動産.
lie·gen|las·sen* 他 (h) (新形) liegen lassen) ☞ liegen
Lie·gen·schaft [リーゲンシャフト] 女 -/-en ① 《ふつう複》《法》地所. ② 《八》家屋敷.
Lie·ge=platz [リーゲ・ブラッツ] 男 -es/..plätze 《海》(港内の)係船場.
Lie·ge=sitz [リーゲ・ズィッツ] 男 -es/-e リクライニングシート.
Lie·ge=stuhl [リーゲ・シュトゥール] 男 -[e]s/..stühle (折りたたみ式の)寝いす, デッキチェア.
Lie·ge=stütz [リーゲ・シュテュッツ] 男 -[e]s/-e (体操の)腕立て伏せ.
Lie·ge=wa·gen [リーゲ・ヴァーゲン] 男 -s/- 《鉄道》〔簡易〕寝台車(昼間は座席, 夜間は3段の寝台になる急行列車の車両).
lieh [リー] *leihen (貸す)の 過去
lie·he [リーエ] *leihen (貸す)の 接2
lies [リース] *lesen (読む)の du に対する 命令
Lies·chen [リースヒェン] lí:sçan] -s/[-] 《女名》リースヒェン (Elisabeth の 愛称). *Lieschen Müller* リースヒェン·ミュラー(ごく平均的な女性の代名詞. 日本語ならさしずめ「山田花子さん」).
ließ [リース] *lassen¹ (…させる)の 過去
lie·ße [リーセ] *lassen¹ (…させる)の 接2
liest [リースト] *lesen (読む)の 2 人称単数·3 人称単数 現在
*der **Lift** [リふト líft] 《英》 男 《単 2》 -[e]s/《複》-e (3 格のみ -en) または 《複》-s ① エレベーター (= Fahrstuhl). mit dem *Lift* fahren エレベーターで行く. ② 《複 -e》スキーリフト (= Ski*lift*).
Lift=boy [リふト・ボイ] 《英》 男 -s/-s エレベーターボーイ.

lif·ten [リふテン líftən] I 他 (h) ① (クレーンなどで)持ち上げる. ② 《医》(顔など⁴の)しわをとる. II 自 (s) (スキーヤーが)リフトで登る.
Li·ga [リーガ lí:ga] 女 -/Ligen ① (国家間の)連盟, 連合. ② 《スポ》リーグ, 競技連盟.
Li·ga·tur [リガトゥーァ ligatú:r] 女 -/-en ① 《印》合字(例: fl). ② 《音楽》リガトゥラ, 連結符. ③ 《医》結紮(けっさつ)〔法〕.
Li·gus·ter [リグスタァ ligústər] 男 -s/- 《植》イボタノキ属(オリーブの一種. 生垣に用いられる).
li·ie·ren [リイーレン líi:rən] 再帰 (h) 〖*sich*⁴ mit 人·物³ ~〗(人³と)恋愛する, 恋愛関係を結ぶ; 物³(会社など)と提携する.
Li·kör [リケーァ likǿ:r] 男 -s/-e リキュール.
li·la [リーら lí:la] 形 《無語尾化》 ① ライラック色の, 淡紫色の, 藤色の. ein *lila* Hemd 淡紫色のシャツ. ② 《口語》まずまずの. Es geht mir *lila*. 《口語》体の調子はまあまあだ.
Li·la [リーら] I 中 -s/- (口語: -s) ライラック色, 淡紫色, 藤色. sich⁴ in *Lila* kleiden 藤色の服を着る. II 男 -s/-s 《植》ライラック, リラ.
li·la=far·ben [リーら・ふァルベン] 形 ライラック色の, 淡紫色の, 藤色の.
*die **Li·lie** [リーりエ lí:liə] 女 《単》-/《複》-n (英 lily) 《植》ユリ(百合)(純真·清純の象徴).
Li·li·pu·ta·ner [リりプターナァ liliputá:nər] 男 -s/- (生まれながらの)小人(『ガリヴァー旅行記』の小人国リリパットの住民の呼名から).
Li·mes [リーメス lí:mɛs] 男 -/ ① 《史》(古代ローマの)国境防壁. ② 《数》極限[値](記号: lim).
Li·mit [リミット límit] 中 -s/-s (または -e) ① 限度, 限界, 制限. ein *Limit*⁴ setzen 制限する / das *Limit*⁴ überschreiten 限度を越える. ② 《経》指値(さしね). ③ 《スポ》(特定の)制限条件, (ボクシングの)体重制限.
li·mi·tie·ren [リミティーレン limití:rən] 他 (h) 制限する, 限定する.
Li·mo [リモ límo または リーモ lí:mo] 女 (または 中) -/-[s] 《口語》= Limonade
*die **Li·mo·na·de** [リモナーデ limoná:də] 女 《単》-/《複》-n (炭酸入りの)レモネード. ein Glas *Limonade* グラス一杯のレモネード.
Li·mo·ne [リモーネ limó:nə] 《複》女 -/-n ① 《植》ライム(ミカンの一種). ② 《植》《南》レモン.
Li·mou·si·ne [リムズィーネ limuzí:nə] 《ファ》 女 -/-n リムジン(高級大型乗用車).
lind [リント línt] 形 《雅》 ① (天気などが)穏やかな, 温和な. ② 《南》優しい, 快い.
Lin·dau [リンダオ líndau] 中 -s/ 《都市名》リンダウ(ドイツ, バイエルン州. ボーデン湖畔の都市: ☞ 地図 D-5).
*die **Lin·de** [リンデ líndə] 女 《単》-/《複》-n ① 《植》シナノキ〔属〕, 洋菩提樹(ぼだいじゅ). Unter den *Linden* ウンター·デン·リンデン(ベルリンの大通り

Linde

Lin·den·baum [リンデン・バオム] 男 -(e)s/..bäume (植) =Linde ①

lin·dern [リンダァン líndərn] 他 (h) 《苦痛など⁴を》和らげる,軽くする,鎮める.

Lin·de·rung [リンデルング] 女 -/-en 緩和,軽減;鎮静,鎮痛.

lind≈grün [リント・グリューン] 形 薄い黄緑の.

Lind≈wurm [リント・ヴルム] 男 -(e)s/..würmer (ゲルマン神)(飛)竜(ゲルマン神話の怪物).

* *das* **Li·ne·al** [リネアーる lineá:l] 中 (単2) -s/(複) -e (3格のみ -en) 定規. (英 ruler). das *Lineal*⁴ an|legen 定規を当てる / eine Linie⁴ mit dem *Lineal* ziehen 定規で線を引く.

li·ne·ar [リネアール lineá:r] 形 ① 直線状の,線上の; 一定の,コンスタントな.《美》線による;《音楽》線的な.《数》一次の,線形の. eine *lineare* Gleichung 一次方程式.

Li·ne·ar≈mo·tor [リネアール・モートァ] 男 -s/-en [..モートァン] 《電》リニアモーター.

..ling [..リング ..lɪŋ] 男性名詞をつくる 接尾 《人・生物・物》例: Prüf*ling* 受験者 / Erst*ling* 処女作.

lin·gu·al [リングアーる lɪnguá:l] 形 《医》舌の,舌に関する.

Lin·gu·ist [リングイスト lɪnguíst] 男 -en/-en 言語学者. (△ 女性形は Linguistin).

Lin·gu·is·tik [リングイスティク lɪnguístɪk] 女 -/ 言語学. Sozio*linguistik* 社会言語学 / die kontrastive *Linguistik* 対照言語学.

lin·gu·is·tisch [リングイスティッシュ lɪnguístɪʃ] 形 言語学上の.

* *die* **Li·nie** [リーニエ lí:niə] 女 (単) -/(複) -n
① 線;(ﾁｰﾑ) ライン. (英 line). eine gerade (krumme) *Linie* 直線(曲線) / eine punktierte *Linie* 点線 / parallele *Linien* 平行線 / Briefpapier mit *Linien* 罫線(けいせん)のある便箋(びんせん) / eine *Linie*⁴ mit dem Lineal ziehen 定規で線を引く / die *Linien* der Hand² 手相 / den Ball **über** die *Linie* schlagen 打ってボールをラインの外へ出す.
② 輪郭,(外形の)線. in scharfen *Linien* くっきりとした輪郭で / auf die schlanke *Linie* achten《口語・戯》太りすぎないように気をつける (←ほっそりした体の線に気をつける).
③ (交通機関の)**路線**,…沿線,系統; 航[空]路. die *Linie* Frankfurt — Narita (航空機の)フランクフルト — 成田 *Linie* / Die *Linie* 12 fährt [bis] zum Bahnhof. 12番系統[のバス・電車]は駅まで行きます.
④ 列. eine *Linie*⁴ bilden 列をつくる / Die Bäume stehen **in** einer *Linie*. 木々が1列に並んで立っている / in vorderster *Linie* stehen a) 最前列に立っている, b)《軍》最前線にいる.
⑤ (政治的・思想的な)路線,方針. die politische *Linie* 政治路線 / eine radikale *Linie* 急進路線.
⑥ 血統, 家系. die männliche (weibliche) *Linie* 父系(母系) / Wir stammen in gerader *Linie* von ihm ab. 私たちは彼の直系だ.
⑦《成句的に》**auf** der ganzen **Linie** 全面的に /《⁴ auf die gleiche *Linie* stellen 事⁴を同等に扱う / **in** erster *Linie* [まず]第一に / in zweiter *Linie* 第二に.

Li·ni·en≈blatt [リーニエン・ブらット] 中 -(e)s/..blätter 罫線(けいせん)入りの下敷き.

Li·ni·en≈bus [リーニエン・ブス] 男 ..busses/..busse 路線バス.

Li·ni·en≈flug [リーニエン・ふるーク] 男 -(e)s/..flüge (飛行機の)定期便.

Li·ni·en≈füh·rung [リーニエン・フューるング] 女 -/ ① (絵画などの)筆致,描線;(服などの)ライン,外形線. ② (バスなどの)運行ルート.

Li·ni·en≈ma·schi·ne [リーニエン・マシーネ] 女 -/-n 定期便の飛行機.

Li·ni·en≈schiff [リーニエン・シふ] 中 -(e)s/-e 定期船.

li·ni·en≈treu [リーニエン・トロイ] 形 《軽蔑的に:》党の路線に忠実な.

li·nie·ren [リニーレン liní:rən] 他 (h) 《ﾌﾂｳ》 =liniieren

li·ni·ie·ren [リニイーレン linií:rən] 他 (h) (用紙など⁴に)線を引く, 罫(けい)を引く. ◇《過去分詞の形で》liniiertes Papier 罫紙.

* **link**¹ [リンク líŋk] 形 《付加語としてのみ》① 左の,左側の.(英 left). (△「右の」は recht). das *linke* Ufer 左岸 / mit der *linken* Hand schreiben 左手で書く. ② (政治的に)左翼の,左翼の. der *linke* Flügel der Partei² 党の左派 / eine *linke* Zeitung 左翼系の新聞. ③ (布地などの)裏の, 裏側の. die *linke* Seite des Mantels コートの裏側.

link² [リンク] 形 《口語》いかがわしい, 怪しげな. *linke* Geschäfte⁴ machen いかがわしい商売をする.

Lin·ke [リンケ líŋkə] 女《語尾変化は形容詞と同じ》《ふつう》 単 ① 左手. (△「右手」は Rechte). 物⁴ in der *Linken* halten 物⁴を左手に握っている / **zur** *Linken* 左側に. ② (ボクシングの)左パンチ. ③《政》左派, 左翼. die radikale *Linke* 極左.

lin·ker≈seits [リンカァ・ザイツ] 副 左側に, 左に, 左の方に.

lin·kisch [リンキッシュ líŋkɪʃ] 形 無器用な, 下手な, ぎこちない.

* **links** [リンクス líŋks]

> 左に Gehen Sie hier nach *links*!
> ゲーエン ズィー ヒーァ ナーハ リンクス
> ここを左へお行きなさい.

I 副 ① 左に, 左側に. (英 on the left). (△「右に」は rechts). *links* von dem Haus その

家の左側に / die erste Straße *links* 最初の通りを左へ / *links* fahren (または gehen) 左側を通行する / **von** *links* [her] 左から / **nach** *links* [hin] 左の方へ / [nach] *links* ab|biegen 左へ曲がる / 人・事 *links* liegen lassen 《口語》人・事を わざと無視する / Den Turm lassen wir *links* liegen. 私たちは塔を左手に見ながら行きます / Die Augen *links*! 《軍》《号令で:》かしら左 / Ich weiß nicht mehr, was rechts und *links* ist. 《口語》私はもうどうしてよいかわからない(←右も左もわからない).

② 《口語》左手で. *links* schreiben 左手で書く / 事⁴ *mit links* machen 事⁴を簡単にやってのける / Ich bin *links*. 私は左利きだ.

③ (布地などを)裏側に;《手芸》裏編みで. die Tischdecke⁴ *links* auf|legen テーブルクロスを裏返しに掛ける / 物⁴ *links* an|haben 物⁴(衣服など)を裏返しに着ている / ein T-Shirt⁴ [nach] *links* drehen (または wenden) T シャツを裏返す / 人⁴ [auf] *links* drehen《俗》人⁴を厳しく問い詰める.

④ (政治的に)左翼に, 左派に. [weit] *links* stehen 左派に属している.

II 前《2 格とともに》…の左側に. *links* des Rheins ライン川の左岸に / *links* der Straße 道路の左側に.

Links‡ab‡bie‡ger [リンクス・アップビーガァ] 男 -s/- 《交通》左折車.

Links‡au‡ßen [リンクス・アオセン] 男 -/- (サッカーなどの)レフトウイング.

Links‡ex‡tre‡mist [リンクス・エクストレミスト] 男 -en/-en 《政》極左主義者.

links‡ge‡rich‡tet [リンクス・ゲリヒテット] 形 (政治的に)左寄りの, 左傾している.

Links‡hän‡der [リンクス・ヘンダァ] 男 -s/- 左利きの人. (✍「右利きの人」は Rechtshänder).

links‡hän‡dig [リンクス・ヘンディヒ] 形 ① 左利きの. ② 左手による.

links‡he‡rum [リンクス・ヘルム] 副 左回りで.

Links‡in‡tel‡lek‡tu‡el‡le[r] [リンクス・インテレクトゥエル (..ちァ)] 男 形 《語尾変化は形容詞と同じ》《政》左翼インテリ, 左翼知識人.

Links‡kur‡ve [リンクス・クルヴェ] 女 -/-n 左カーブ.

Links‡len‡ker [リンクス・レンカァ] 男 -s/- ハンドルが左の自動車.

links‡ra‡di‡kal [リンクス・ラディカール] 形 《政》極左の.

links‡sei‡tig [リンクス・ザイティヒ] 形 左側の.

links‡um [リンクス・ウム] 副 左へ, 左へ回って. *Linksum* kehrt! 左向け左.

Links‡ver‡kehr [リンクス・フェアケーァ] 男 -[e]s/ 《交通》(自動車・オートバイなどの)左側通行. (✍「右側通行」は Rechtsverkehr).

Lin‡né [リネー linné:] -s/ 《人名》リンネ (Carl von Linné 1707-1778; スウェーデンの生物学者).

Lin‡nen [リンネン línən] 中 -s/- 《古》リンネル, 亜麻布 (= Leinen).

Li‡no‡le‡um [リノーレウム linó:leum] 中 -s/ リノリウム.

Li‡nol‡schnitt [リノーる・シュニット] 男 -[e]s/-e 《印》リノリウム版; リノリウム版画.

Lin‡se [リンゼ línzə] 女 -/-n ① 《植》レンズマメ. ② 《光》レンズ; 《写真》カメラのレンズ; 《医》水晶体. eine konkave (konvexe) *Linse* 凹レンズ(凸レンズ) / die *Linse*⁴ schleifen レンズをみがく.

lin‡sen [リンゼン línzən] 自 (h) 《口語》こっそり見る, 盗み見る.

lin‡sen‡för‡mig [リンゼン・フェルミヒ] 形 レンズ状(形)の.

Lin‡sen‡sup‡pe [リンゼン・ズッペ] 女 -/-n レンズマメのスープ.

Linz [リンツ línts] 中 -/ 《都市名》リンツ(オーストリア, オーバーエースターライヒ州の州都. ドナウ河畔の工業都市; ☞ 地図 G-4).

‡*die* **Lip‡pe** [リッペ lípə] 女 《単》-/《複》-n ① 唇. 《英》*lip*). dünne (dicke) *Lippen* 薄い(厚い)唇 / die obere (untere) *Lippe* 上唇(下唇) / die *Lippen*⁴ spitzen (runden) 唇をつき出す(すぼめる) / sich³ die *Lippen*⁴ schminken 口紅をさす.

◇《前置詞とともに》das Glas⁴ **an** die *Lippen* setzen グラスを口に運ぶ / **an** seinen *Lippen* hängen《比》彼の言うことに耳を傾ける / Er küsste sie **auf** die *Lippen*. 彼は彼女の唇にキスをした / den Finger⁴ **auf** die *Lippen* legen 指を唇に当てる(静かにしろという合図) / sich³ **auf** die *Lippen* beißen 唇をかむ(感情をこらえるしぐさ) / 事⁴ **auf** den *Lippen* haben 事⁴を言ってしまいそうになる / 人³ **auf** die *Lippen* drängen (言葉が)人³の口をついて出る / 事⁴ nicht **über** die *Lippen* bringen 事⁴をあえて口にしない.

② 《複 なし》《俗》 しゃべり方, 弁舌. eine [dicke] *Lippe*⁴ riskieren 生意気な口をきく.

Lip‡pen‡be‡kennt‡nis [リッペン・ベケントニス] 中 -nisses/..nisse 口先だけの信仰告白.

Lip‡pen‡stift [リッペン・シュティフト] 男 -[e]s/-e (棒状の)口紅, リップスティック. keinen *Lippenstift* benutzen 口紅をつけない.

li‡quid [リクヴィート likví:t] 形 ① 《化》液体の, 流動体の. ② 《経》支払可能の, 流動性のある;支払能力のある. ③ 《言》流音の.

Li‡qui‡da‡ti‡on [リクヴィダツィオーン likvidatsió:n] 女 -/-en ① 《経》(会社などの)解散. ② 《経》弁済, 清算; (医者などの)請求書. ③ 《比》抹殺, 粛清.

li‡qui‡die‡ren [リクヴィディーレン likvidí:rən] I 他 (h) ① 《経》(会社など⁴を)解散する. ② 《経》(資産など⁴を)換金する. (医者などが報酬⁴を)請求する. ④ (政敵など⁴を)抹殺する, 粛清する; (争いなどを)解決する. II 自 (h) 《経》(会社などが)解散する.

Li‡qui‡die‡rung [リクヴィディールング] 女 -/-en 《経》(会社などの)解散;《比》抹殺, 粛清.

Li‡qui‡di‡tät [リクヴィディテート likvidité:t] 女 -/ 《経》① 支払能力. ② 流動資産(現金

銀行預金など).

Li・ra [リーラ lí:ra] 囡 -/Lire リラ (イタリアの貨幣単位; 略: L.).

Lis・beth [リースベット lí:sbɛt または リス.. lís..] -s/《女名》リースベット (Elisabeth の短縮).

lis・peln [リスペるン líspəln] I 圁 (h) 舌足らずに歯擦音を発音する; (風などが)そよぐ Die Blätter *lispeln* im Wind. 木の葉が風にそよいでいる. II 他 (h) 《雅》(言葉など⁴を)ささやく, つぶやく.

Lis・sa・bon [リッサボン lísabɔn] 囲 -s/《都市名》リスボン(ポルトガルの首都).

die **List** [リスト líst] 囡 (単) -/(複) -en ① 策略. (囫 *trick*). eine *List*⁴ ersinnen 策略を考え出す / eine *List*⁴ an|wenden または zu einer *List* greifen 策略を用いる. ② 《複 なし》ずる賢さ. mit *List* und Tücke 《口語》うまく立ち回って, 巧妙に.

die **Lis・te** [リステ lístə] 囡 (単) -/(複) -n リスト, 一覧表, 名簿, 目録. (囫 *list*). Wählerliste 選挙人名簿 / die *Liste* der Bewerber² 応募者のリスト / die schwarze *Liste* 《口語》ブラックリスト / eine *Liste*⁴ auf|stellen リストを作る / 人・物⁴ auf die *Liste* setzen または 人・物⁴ in eine *Liste* auf|nehmen 人・物⁴をリストに載せる / 人・物⁴ von der *Liste* streichen 人・物⁴をリストから削除する.

Lis・ten=wahl [リステン・ヴァーる] 囡 -/-en 《政》(比例代表制の)名簿式選挙.

* **lis・tig** [リスティヒ lístɪç] 肜 狡猾(ぶか)な, ずる賢い. (囫 *cunning*). ein *listiger* Plan 悪巧み.

Liszt [リスト líst] -s/ 《人名》リスト (*Liszt Ferencz*, ドイツ語名 Franz von *Liszt* 1811–1886; ハンガリー出身の作曲家・ピアニスト).

Lit. (略) ① [リテラトゥーァ] 文学; 文献 (=Literatur). ② [リテラ] 文字 (=Litera).

Li・ta・nei [リタナイ litanái] 囡 -/-en ① 《カトリック》 連禱(祷)(先唱者が読む唱句ごとに会衆が応答する祈り). ② 《比》愚痴, くどい長話.

Li・tau・en [リータオエン lí:tauən または リタオ.. lítau..] 囲 -s/《国名》リトアニア[共和国](バルト海沿岸, 旧ソ連邦に属していた. 首都はビルニュス).

Li・tau・er [リータオァ lí:tauər または リタオ.. lítau..] 囲 -s/- リトアニア人. (囮 女性形は Litauerin).

li・tau・isch [リータオイッシュ lí:tauɪʃ または リタオ.. lítau..] 肜 リトアニア[人・語]の.

der (*das*) **Li・ter** [リータァ lí:tər または リッタァ lítər] 囲/囲 (単2) -s/(複) - (3 格のみ -n) リットル (記号: l). drei *Liter* Bier 3 リットルのビール.

Li・te・ra [リテラ lítəra] 囡 -/-s (または ..terä) -/《古》文字 (略: Lit.).

* **li・te・ra・risch** [リテラーリッシュ lɪtərá:rɪʃ] 肜 文学の, 文芸の; 文学的な. (囫 *literary*). eine *literarische* Zeitschrift 文芸誌 / Er ist *literarisch* tätig. 彼は文学活動をしている.

Li・te・rat [リテラート lɪtərá:t] 囲 -en/-en 作家, 著述家; (軽蔑的に:)文士.

* *die* **Li・te・ra・tur** [リテラトゥーァ lɪtəratú:r] 囡 (単) -/(複) -en (囮 *literature*) ① 文学, 文芸. die deutsche *Literatur* ドイツ文学 / die klassische *Literatur* 古典主義文学. ② 《複 なし》(総称として:) [参考] 文献; 著作物. Fach*literatur* 専門文献 / die medizinische *Literatur* 医学書.

Li・te・ra・tur=ge・schich・te [リテラトゥーァ・ゲシヒテ] 囡 -/-n ① 《複 なし》文学史. ② 文学史の本.

Li・te・ra・tur=kri・tik [リテラトゥーァ・クリティーク] 囡 -/ 文学(文芸)批評.

Li・te・ra・tur=ver・zeich・nis [リテラトゥーァ・フェァツァイヒニス] 囲 ..nisses/..nisse 文献一覧表, 参考文献リスト.

Li・te・ra・tur=wis・sen・schaft [リテラトゥーァ・ヴィッセンシャふト] 囡 -/-en 《ふつう 単》文芸学, 文学研究.

li・ter・wei・se [リータァ・ヴァイゼ] 副 リットル単位で; 《口語》大量に, たくさん.

Lit・faß=säu・le [リットふァス・ゾイレ] 囡 -/-n (街頭の円筒形の)広告塔 (1855年, ベルリンのものが最初. 考案者 Ernst *Litfaß* 1816–1874 の名から).

Li・thi・um [リーティウム lí:tium] 囲 -s/ 《化》リチウム (記号: Li).

Li・tho・graf [リトグラーふ litográ:f] 囲 -en/-en =Lithograph

Li・tho・gra・fie [リトグラふィー litografí:] 囡 -/-n [..ふィーエン] =Lithographie

Litfaßsäule

li・tho・gra・fie・ren [リトグラふィーレン litografí:rən] 他 (h) =lithographieren

li・tho・gra・fisch [リトグラーふィッシュ litográ:fɪʃ] 肜 =lithographisch

Li・tho・graph [リトグラーふ litográ:f] 囲 -en/-en ① 石版印刷者. ② 石版画家.

Li・tho・gra・phie [リトグラふィー litografí:] 囡 -/-n [..ふィーエン] ① 《複 なし》《印》石版印刷 [術]. ② 石版画.

li・tho・gra・phie・ren [リトグラふィーレン litografí:rən] 他 (h) ① 石版で印刷する. ② (絵⁴を)石版に描く.

li・tho・gra・phisch [リトグラーふィッシュ litográ:fɪʃ] 肜 石版の; 石版印刷の, リトグラフの.

litt [リット] *leiden (苦しむ)の過去

lit・te [リッテ] *leiden (苦しむ)の接2

Li・tur・gie [リトゥルギー liturgí:] 囡 -/-n [..ギーエン] 《キリスト教》典礼, 礼拝[式].

li・tur・gisch [リトゥルギッシュ litúrgɪʃ] 肜 《キリスト教》典礼の, 礼拝式の.

Lit・ze [リッツェ lítsə] 囡 -/-n ① (糸をよって

作った)組みひも, 飾りひも. ② 《工》(鋼索の)子縄, ストランド. ③ 《電》(より糸状の)素線.

live [らイふ láif または らイヴ láiv] [英] 形 《無語尾で》《放送》(テレビ・ラジオの)生放送の, 実況の; (舞台などの)実演の, ライブの. das Fußballspiel⁴ *live* übertragen サッカーの試合を実況中継する.

Live·sen·dung [らイふ・ゼンドゥング láifzendʊŋ] 女 -/-en 《放送》(テレビ・ラジオの)生中継放送, ライブ放送, 実況中継.

Live-Sen·dung ☞ 新形 Livesendung

Liv·ree [リヴレー livré:] [フラ] 女 -/-n [..レーエン] (ホテルの従業員などの)制服, ユニホーム.

Li·zenz [リツェンツ litsénts] 女 -/-en ① 認可, 許可; 免許, 特許, ライセンス; 版権. in *Lizenz* 特許を得て / eine *Lizenz*⁴ erwerben ライセンスを取得する. ② 《ズゲ》ライセンス.

Li·zenz≈ge·ber [リツェンツ・ゲーバァ] 男 -s/- 認可(ライセンス)を与える人.

Li·zenz≈ge·bühr [リツェンツ・ゲビューァ] 女 -/-en ライセンス(認可)料.

Li·zenz≈spie·ler [リツェンツ・シュピーらァ] 男 -s/- 《ズゲ》(スポーツ連盟に所属している)契約選手.

Lkw, LKW [エる・カー・ヴェー または ..ヴェー] 男 -(s)/-s (まれに -) 《略》 貨物自動車, トラック (=Lastkraftwagen).

*das **Lob** [ろープ ló:p] 中 (単2) -es (まれに -s)/(複) -e (3格のみ -en) 《ふつう 単》称賛; 賛辞 (英 praise). 《ゴチ》「非難」は Tadel. ein hohes *Lob* 絶賛 / für 事⁴ ein *Lob*⁴ erhalten (または bekommen) 事⁴のことでほめられる / Das *Lob* des Lehrers ermunterte ihn. 先生にほめられて彼は勇気が出た / 人³ *Lob*⁴ aus|sprechen (または erteilen) 人³をほめる, 称賛する / Gott³ sei *Lob* und Dank! 《接1·現在》ああやったぞ, ありがたいことだ / Er ist über alles (または jedes) *Lob* erhaben. 彼はいくらほめてもほめきれないほど優れている.

Lob·by [ろビ lɔ́bi] [英] 女 -/-s ① (米・英の国会議事堂の)ロビー(議員の会見・交渉に利用される). ② (国会への)陳情団, 院外団. ③ (ホテルの)ロビー.

Lob·by·ist [ろビイスト lɔbiíst] 男 -en/-en ロビイスト, 国会への陳情者.

‡ **lo·ben** [ろーベン ló:bən] (lobte, hat ... gelobt) I 他 (完了 haben) 人·物⁴をほめる, 称賛する (英 praise). 《ゴチ》「しかる」は tadeln). Der Lehrer *lobte* ihn für seine Leistung (または wegen seiner Leistung). 先生は彼を成績のことでほめた / Sie *lobte* seinen Fleiß. 彼女は彼の勤勉さをほめた. ◊《現在分詞の形で》人·物⁴ *lobend* erwähnen 人·物⁴のことをほめて話す.
II 再帰 (完了 haben) *sich*³ 物⁴ *loben* 物⁴が気に入る. Das *lob* ich *mir*! これはいい, これは気に入った.

類語 **loben**: 「ほめる」という意味で最も一般的な語. **preisen**: 《雅》(人の優れた面などを)称賛する. Er *pries* sie als vorzügliche Köchin. 彼は彼女がくれたコックだとほめたたえた. **rühmen**: (人の功績などをたたえて)称賛する. Seine Taten *wurden* überall *gerühmt*. 彼の行為はいたるところで称賛された.

....

lo·bens≈wert [ろーベンス・ヴェーァト] 形 称賛すべき, 賞賛に値する, ほめるべき.

Lob≈ge·sang [ろープ・ゲザング] 男 -(e)s/..sänge 《詩》賛歌, 頌歌(しょうか), 賛美歌.

Lob≈hu·de·lei [ろープ・フーデらイ lo:p-hu:-dəláɪ] 女 -/-en 追従(ついしょう), おべっか.

lob·hu·deln [ろープ・フーデるン ló:p-hu:dəln] (過分 gelobhudelt) 他 (h)·自 (h) (人⁴(または人³)に)お追従(ついしょう)を言う, おべっかを使う, へつらう.

löb·lich [レープリヒ] 形 称賛に値する; (皮肉って:)ごりっぱな, あっぱれな.

Lob·lied [ろープ・リート] 中 -(e)s/-er 賛歌, 頌歌(しょうか). ein *Loblied*⁴ *auf* 人·物⁴ an|stimmen 《比》 人·物⁴ をほめそやす.

lob·prei·sen⁽⁎⁾ [ろープ・プライゼン ló:p-praizən] (過分 lobgepreist または lobgepriesen) 他 (h) 《雅》ほめたたえる, 賛美する.

Lob·re·de [ろープ・レーデ] 女 -/-n 賛辞; (過度に)ほめすぎる言葉. eine *Lobrede*⁴ *auf* 人⁴ halten 人⁴をほめそやす.

lob·sin·gen* [ろープ・ズィンゲン ló:p-zɪŋən] (過分 lobgesungen) 自 (h) 《詩》(人³を)たたえて歌う. Gott³ *lobsingen* 神をたたえて歌う.

lob·te [ろープテ] ‡loben (ほめる) の過去

Lo·car·no [ろカルノ lokárno] 中 -s/ 《都市名》ロカルノ (スイス南部, テッシン州: ☞ 地図 D-5).

‡ das **Loch** [ろッホ lóx]

> 穴 Die Hose hat ein *Loch*.
> ディ ホーゼ ハット アイン ろッホ
> そのズボンには穴があいている.

中 (単2) -(e)s/(複) Löcher [レッヒァァ] (3格のみ Löchern) ① 穴, くぼみ; 裂け目, すき間. (英 hole). Knopf*loch* ボタン穴 / ein tiefes *Loch* 深い穴 / ein schwarzes *Loch* 《天》ブラックホール / ein *Loch* in der Wand 壁の穴 / ein *Loch*⁴ graben 穴を掘る / ein *Loch*⁴ in das Brett bohren 板に穴をうがつ / Er hat Löcher in der Hose. 彼のズボンにはいくつも穴が空いている / ein *Loch*⁴ (または *Löcher*⁴) in die Luft gucken (または starren) 《口語》 ぼんやり空(くう)を見つめている / 人³ *Löcher*⁴ in den Bauch fragen 《俗》人³にしつこく質問する / ein *Loch*⁴ im Magen haben 《俗》a) 腹ぺこである, b) 大食である / Das neue Kleid hat ein großes *Loch* in den Beutel gerissen. 《口語》この新しいドレスには費用がかさんだ(←財布に大穴を開けた) / Er säuft wie ein *Loch*. 《俗》彼は底なしに飲む / *auf* (または *aus*) dem letzten *Loch* pfeifen 《俗》くたばりかけている, にっちもさっちもいかない.

② 《俗》薄暗い住まい; 牢獄; (動物の)巣穴.

im Loch sitzen 刑務所に入っている. ③（ゴルフの)ホール.

Loch=ei·sen [ロッホ・アイゼン] 中 -s/- 《工》穴あけ器, ポンチ; 穴ゲージ.

lo·chen [ロッヘン lɔ́xən] 他 (h) 《物4に)穴をあける, パンチを入れる. einen Fahrschein lochen 乗車券にはさみを入れる, 改札する.

Lo·cher [ロッハァ lɔ́xər] 男 -s/- 穴あけ器, パンチャー.

Lö·cher [れッヒァァ] ≠ Loch (穴)の 複

lö·che·rig [れッヒェリヒ lǿçəriç] 形 たくさん穴のある, 穴だらけの.

lö·chern [れッヒァン lǿçərn] 他 (h)《口語》① （質問などで)人4をうんざりさせる. ② （人4から)しつこく聞き出す.

Loch=kar·te [ロッホ・カルテ] 女 -/-n パンチカード.

löch·rig [れヒリヒ lǿçriç] 形 =löcherig

Loch=sti·cke·rei [ロッホ・シュティッケライ] 女 -/-en 《手芸》① (複 なし) アイレット・エンブロイダリー(穴あきの白糸刺しゅう). ② アイレット・エンブロイダリーの作品.

Loch=strei·fen [ロッホ・シュトライフェン] 男 -s/- （テレタイプなどの)穿孔（せんこう）テープ.

Loch=zan·ge [ロッホ・ツァンゲ] 女 -/-n 穿孔（せんこう）パンチ;《鉄道》改札ばさみ.

* die **Lo·cke** [ロッケ lɔ́kə] 女 (単) -/(複) -n ① 巻き毛, カールした髪. （英）curl). （☞ Haar 図). blonde Locken 金髪の巻き毛 / natürliche Locken 生まれつきのカール / Mein Kind hat Locken. 私の子供は髪がカールしている / das Haar4 in Locken legen 髪をカールする. ② (羊などの)毛の房.

* **lo·cken**[1] [ロッケン lɔ́kən] (lockte, hat ... gelockt) 他 《定了 haben》① （動物4を)おびき寄せる;（人4を)誘う. Vögel4 mit Futter locken 小鳥を（えさで)おびき寄せる / den Fuchs aus dem Bau locken きつねを巣穴からおびき出す / Das schöne Wetter lockte uns ins Freie.《比》いい天気につられてわれわれは戸外に出た / 人4 zu einer anderen Firma locken 人4を他の会社に誘う. ② （人4の)気をそそる. Das Angebot lockt mich. その申し出は私の心をそ

lo·cken[2] [ロッケン] I 他 (h) (髪4を)カールする. II 再帰 (h) sich4 locken (髪が)カールする.

lo·ckend [ロッケント] I * locken[1] (おびき寄せる)の 現分 II 形 心をそそる, 魅力的な. ein lockendes Angebot 心をそそられる申し出.

Lo·cken=haar [ロッケン・ハール] 中 -[e]s/-e カールした髪.

Lo·cken=kopf [ロッケン・コプふ] 男 -[e]s/..köpfe 巻き毛頭[の子供・若者].

Lo·cken=wick·ler [ロッケン・ヴィックらァ] 男 -s/- ヘアカーラー(頭髪をカールさせるための筒).

* **lo·cker** [ロッカァ lɔ́kər] 形 ① 緩い, たるんだ; ぐらぐらする（緩い・くぎなど); 緊密でない(関係など). （英）loose). ein lockerer Zahn ぐらぐらする歯 / eine lockere Bindung 緩い結合 / die Zügel4 locker lassen 手綱を緩める. ② リラックスした, 緩やかな. eine lockere Haltung ゆったりした姿勢. ③ （道徳的に)だらしない, いいかげんな, ルーズな. ein lockeres Mädchen ふしだらな娘 / ein lockeres Leben4 führen だらしない生活をする. ④ （編み目などが)粗い;（土などが)ぼろぼろの.

lo·cker|las·sen* [ロッカァ・らッセン lɔ́kər-làsən] 他 (h)《ふつう否定文で》nicht lockerlassen《口語》手を緩めない, 粘り抜く.

lo·cker|ma·chen [ロッカァ・マッヘン lɔ́kərmàxən] 他 (h)《口語》① （お金4を)出す. ② 《物4 bei 人3 ～》（人3に 物4(お金など)を)出させる.

lo·ckern [ロッカァン lɔ́kərn] I 他 (h) ① (ねじなど4を)緩める, 緩やかにする. die Krawatte4 lockern ネクタイを緩める. ② 《比》(緊張・規制など4を)緩める, 緩和する. die Gesetze4 lockern 法律の適用を緩める. II 再帰 (h) sich4 lockern ① (ねじなどが)緩む, ぐらつく. ② 《比》(結びつきが)緩む,（緊張などが)ほぐれる. Die Freundschaft lockert sich. 友だちづきあいが疎遠になる.

Lo·cke·rung [ロッケルング] 女 -/-en 《ふつう 単》緩み, 弛緩（しかん); 緩和.

lo·ckig [ロッキヒ lɔ́kiç] 形 巻き毛の, カールした髪の.

Lock=mit·tel [ロック・ミッテる] 中 -s/- おびき寄せるための手段, おとり.

Lock=ruf [ロック・ルーふ] 男 -[e]s/-e (鳥獣をおびき寄せるための)おとりの鳴き（呼び)声.

Lock=spit·zel [ロック・シュピッツェる] 男 -s/- (警察などの)まわし者, おとり.

lock·te [ロックテ] * locken[1] (おびき寄せる)の 過去

Lo·ckung [ロックング] 女 -/-en 誘惑《物》, 魅惑; おびき寄せること. die Lockungen der Großstadt2 大都会の誘惑.

Lock=vo·gel [ロック・ふォーゲる] 男 -s/..vögel 《狩》おとりの鳥;《比》おとり, 誘惑者.

Lo·den [ローデン ló:dən] 男 -s/-《織》ローデン, 粗織ウール(防寒・防水に優れる).

Lo·den=man·tel [ローデン・マンテる] 男 -s/..mäntel ローデン地のコート.

lo·dern [ローダァン ló:dərn] 自 (h) (炎などが)燃え上がる;《比》(激情などが)燃えさかる.

‡ der **Löf·fel** [れッふェる lœ̞́fəl] 男 (単2) -s/- (複) - (3格のみ -n) ① スプーン, さじ.（英）spoon). ein silberner Löffel 銀のさじ / den Löffel zum Mund führen スプーンを口へ運ぶ / drei Löffel [voll] Mehl さじ 3 杯の小麦粉 /《物4 mit dem Löffel essen 物4をスプーンで食べる / Er ist mit einem goldenen（または silbernen) Löffel im Mund geboren.《状態・受動・完了》彼は裕福な家の生まれだ(←金（または銀)のスプーンを口にくわえて) / 人4 über den Löffel barbieren《口語》人4をまんまとだます. ② 《狩》うさぎの耳. die Löffel4 spitzen a)（うさぎが)耳を立てる, b)《俗》(人が)聞き耳を立てる / 人3 eins4 hinter die Löffel geben《俗》人3にぴんたをくらわす.

Löffelbagger

..löffel のいろいろ: Eier*löffel* エッグスプーン / Ess*löffel* テーブルスプーン / Kaffee*löffel* コーヒースプーン / Koch*löffel* 料理用スプーン / Schöpf*löffel* 大型スプーン / Suppen*löffel* スープ用のスプーン / Tee*löffel* ティースプーン

Löf·fel⹀bag·ger [れッふェる・バッガァ] 男 -s/- 〔土木〕パワーシャベル,掘削機.

löf·feln [れッふェるン lǽfəln] 他 (h) ① スプーンで食べる; スプーンですくう(かきまぜる). eine Suppe⁴ *löffeln* スープをスプーンで食べる. ② 《俗》理解する,わかる. ③ 《成句的に》人³ eine⁴ *löffeln*《口語》人³に一発くらわす.

löf·fel⹀wei·se [れッふェる・ヴァイゼ] 副 スプーンで,ひとさじずつ.

log¹ [ローク] *lügen (うそをつく)の過去

log² [ロック]《記号》《数》対数 (=Logarithmus).

Lo·ga·rith·men⹀ta·fel [ロガリトメン・ターふェる] 女 -/-n《数》対数表.

Lo·ga·rith·mus [ロガリトムス logarítmus] 男 -/..rithmen《数》対数 (記号: log).

Log⹀buch [ロック・ブーフ] 中 -[e]s/..bücher《海》航海日誌.

Lo·ge [ロージェ lóːʒə] 〔フ〕女 -/-n ①《劇場などの》仕切り席,ボックス席.(☞ Theater 図). ② 守衛室,門衛所. ③ フリーメーソン結社 (集会所).

lö·ge [れーゲ] *lügen (うそをつく)の接2.

Lo·gen⹀bru·der [ローゲン・ブルーダァ] 男 -s/..brüder フリーメーソン秘密結社員.

Log·gia [ロッチャ lɔ́dʒa または ..チァ ..dʒia]〔イタ〕女 -/Loggien [..チェン] ①《建》ロッジア(吹き放しの列柱館). ②《外に突出していない》屋根つきのバルコニー.(☞ Haus 図).

..lo·gie [..ロギー ..logíː] ①《女性名詞をつくる接尾》《学・説》例: Bio*logie* 生物学.

Lo·gier·be·such [ロジーァ・ベズーフ] 男 -[e]s/-e 《家庭を訪れる短期間の》泊まり《客》.

lo·gie·ren [ロジーレン loʒíːrən] I 自 (h) (…に)泊まる. II 他 (h) (^z) (人⁴を…に)泊める.

Lo·gik [ローギク lóːgɪk] 女 -/ ①《論》論理学. ② 論理[的一貫性]. eine klare *Logik* 明確な論理.

Lo·gi·ker [ローギカァ lóːgɪkər] 男 -s/- ① 論理学者. ② 論理的な人,理論家.

Lo·gis [ロジー loʒíː]〔フ〕中 -[ロジー[ス]]/-[ロジース] ①《粗末な》宿,下宿; 住居. ②《海》船員室.

* **lo·gisch** [ローギッシュ lóːgɪʃ] 形 《英》 logical) ① 論理的な,首尾一貫した. *logisches* Denken 論理的思考 / *logisch* sprechen 理路整然と話す. ② 論理学の. ③《口語》当然の,当たりまえの. Das ist doch *logisch*! それは当たりまえのことじゃないか.

Lo·gis·tik [ロギスティク logístɪk] 女 -/ 記号論理学.

lo·go [ローゴ lóːgo] 形 《無語尾で》《若者言葉: 》当たりまえの,当然の.

Lo·gos [ロゴス lɔ́gɔs または ローˑ.. lóː..] 男 -/ Logoi〔ギ〕①《哲》言葉,語; 思考,意味,概念. ②《複 なし》《哲》理性; ロゴス; 世界理性;《神学》神の言葉; イエス・キリスト.

Lo·he [ローエ lóːə] 女 -/-n《雅》《燃え上がる》炎,烈火.

lo·hen¹ [ローエン lóːən] 自 (h)《雅》燃え上がる.

lo·hen² [ローエン] 他 (h) タンニン液に浸す;《皮⁴を》なめす.

Lo·hen·grin [ローエン・グリーン lóːən-griːn] -s/《人名》ローエングリーン(中世聖杯伝説に登場する「白鳥の騎士」. ヴァーグナーの歌劇名およびその主人公).

Loh·ger·ber [ロー・ゲルバァ] 男 -s/- 皮なめし工(職人).

*der **Lohn** [ローン lóːn] 男 (単 2) -[e]s/(複) Löhne (3格のみ Löhnen) ① 賃金,労賃.(☞ wage). Wochen*lohn* 週給 / ein hoher (niedriger) *Lohn* 高賃金(低賃金) / ein fester (gleitender) *Lohn* 固定(スライド制)賃金 / die *Löhne* erhöhen 賃金を上げる / [bei 人³] in *Lohn* und Brot stehen [人³のところで]定職についている.(☞ 類語 Gehalt). ②《複 なし》報い,報酬. als *Lohn* für seine Mühe 彼の骨折りに対する報いとして.

Lohn⹀ar·beit [ローン・アルバイト] 女 -/-n 賃労働(仕事).

Lohn⹀aus·fall [ローン・アオスふァる] 男 -[e]s/..fälle 賃金カット.

Lohn⹀buch·hal·ter [ローン・ブーフはルタァ] 男 -s/- 給与係.

Lohn⹀bü·ro [ローン・ビュロー] 中 -s/-s 給与課.

Löh·ne [れーネ] *Lohn (賃金)の複

Lohn·emp·fän·ger [ローン・エンプふェンガァ] 男 -s/- 賃金労働者.

* **loh·nen** [ローネン lóːnən] (lohnte, hat...gelohnt) I 再帰 (定て haben) *sich*⁴ *lohnen* …するに値する,やりがいがある,報われる. Diese Arbeit *lohnt sich*. この仕事はやりがいがある / Es *lohnt sich*, darüber zu sprechen. これについては話し合う価値がある / Das Geschäft *lohnte sich* für ihn nicht. その商売は彼にとってもうけにならなかった.
II 自 (定て haben) やりがいがある,報われる. Die Mühe *hat gelohnt*. 苦労は報われた.
III 他 (定て haben) ① (人³の事⁴に)報いる. Er *wird* dir deine Hilfe *lohnen*. 彼は君の手助けに報いる(お礼をする)だろう. ②(事⁴に)値する. Das alte Auto *lohnt* keine Reparatur mehr. その古い自動車はもはや修理する価値がない.
◊☞ lohnend

löh·nen [れーネン lǿːnən] 他 (h) ①(人³に)賃金(給料)を支払う. ②《口語》《ある金額⁴を》賃金として支払う.

loh·nend [ローネント] I *lohnen (再帰 で: …するに値する)の現分 II 形 割に合う,やりがいある (仕事など); 見る(聞く・読む)に値する (風景,

Lohn‧er‧hö‧hung [ローン・エァヘーウング] 囡 -/-en 賃上げ.

Lohn≠fort‧zah‧lung [ローン・フォルトツァーラング] 囡 -/-en (病気のときなどの)賃金支払継続, 給料継続支給.

Lohn≠steu‧er [ローン・シュトイアァ] 囡 -/-n 給与所得税.

Lohn‧steu‧er≠jah‧res‧aus‧gleich [ローンシュトイアァ・ヤーレスアオスグらイヒ] 男 -[e]s/-e 給与所得税の年末調整.

Lohn≠stopp [ローン・シュトップ] 男 -s/-s 賃金凍結.

Lohn≠strei‧fen [ローン・シュトらイフェン] 男 -s/- 賃金(給与)明細書.

lohn‧te [ローンテ] *lohnen (再帰 で: …するに値する)の 過去.

Lohn≠tü‧te [ローン・テューテ] 囡 -/-n 給料袋.

Löh‧nung [れーヌング] 囡 -/-en 賃金(給与)[の支払い].

Loi‧pe [ろイペ lóʏpə] 囡 -/-n (スキーの)距離競技用コース.

Lok [ロック lók] 囡 -/-s 機関車 (=Lokomotive).

lo‧kal [ロカーる loká:l] 形 ① 場所の, 場所に関する; 地方の, 地方的な;《医》局所(局部)の. der *lokale* Teil einer Zeitung² 新聞の地方欄 / eine *lokale* Betäubung 局部麻酔. ②《言》場所の, 場所に関する. *lokale* Adverbien 場所を表す副詞.

*das **Lo‧kal** [ロカーる loká:l] 中 (単2) -s/(複) -e (3格のみ -en) ① 飲食店, レストラン, 食堂. Wein*lokal* ワイン酒場 / ein nettes *Lokal* 感じのよいレストラン / im *Lokal* essen レストランで食事をする. (☞ 類語 Restaurant). ②《略》(レストランなどに設けられた)集会所(室), (クラブなどの)事務室.

Lo‧kal≠an‧äs‧the‧sie [ロカーる・アネステズィー] 囡 -/-n [..ズィーエン]《医》局所(局部)麻酔.

Lo‧kal≠blatt [ロカーる・ブらット] 中 -[e]s/..blätter 地方紙, 地方版の新聞.

lo‧ka‧li‧sie‧ren [ロカりズィーレン lokalizí:rən] 他 (h) ①《事⁴の》場所をつきとめる. ②(火災など⁴を)局所(局部)で食いとめる. die Seuche⁴ *lokalisieren* 伝染病が広がるのを食いとめる.

Lo‧ka‧li‧tät [ロカりテート lokalité:t] 囡 -/-en (特定の)場所, 所;《婉曲》トイレ, 便所;《戯》酒場, レストラン.

Lo‧kal≠ko‧lo‧rit [ロカーる・コろリート] 中 -[e]s/ 地方色, ローカルカラー.

Lo‧kal≠pat‧ri‧o‧tis‧mus [ロカーる・パトリオティスムス] 男 -/ (排他的な)郷土愛.

Lok≠füh‧rer [ロック・フューらァ] 男 -s/- 機関士 (=**Lokomotivführer**).

Lo‧ko‧mo‧ti‧ve [ロコモティーヴェ lokomotí:və または ..フェ ..fə] 囡 -/-n 機関車. Dampf*lokomotive* 蒸気機関車 / eine elektrische *Lokomotive* 電気機関車.

Lo‧ko‧mo‧tiv≠füh‧rer [ロコモティーフ・フューらァ] 男 -s/- 機関士 (=**Lokführer**).

Lo‧kus [ローㇰス ló:kus] 男 - (または ..kusses)/- (または ..kusse)《口語》便所, トイレ.

Lom‧bard [ロンバルト lómbart または ..バルト] [..バルト] 男 中 -[e]s/-e《商》動産抵当貸付.

Lon‧don [ロンドン lóndən] 中 -s/《都市名》ロンドン(イギリスの首都).

Long≠drink [ロング・ドりンク][英] 男 -s/-s (ソーダ水・ジュースなどで割った)薄いアルコール飲料.

Look [るック lúk] [英] 男 -s/-s 外見, ルック; モード, 流行. Safari*look* サファリルック.

Loo‧ping [るーピング lú:pɪŋ] [英] 男 -s/-s《空》(飛行機の)宙返り.

Lor‧beer [ロるベーァ lɔ́rbe:r] 男 -s/-en ①《植》ゲッケイジュ(月桂樹). ② 月桂樹の葉, ローリエ(料理用の葉). ③ 月桂樹, 月桂樹の枝(勝利・栄誉のシンボル). *Lorbeeren*⁴ ernten《比》栄冠を得る, 称賛を博する / 人⁴ mit *Lorbeer* krönen《比》人⁴に栄冠を授ける / [sich⁴] auf seinen *Lorbeeren* aus|ruhen《口語》過去の成功の上にあぐらをかいている.

Lor‧beer≠blatt [ロるベーァ・ブらット] 中 -[e]s/..blätter 月桂樹の葉, ローリエ(料理用の香料).

Lor‧beer≠kranz [ロるベーァ・クランツ] 男 -es/..kränze 月桂冠(勝利・栄誉のシンボル).

Lord [ロるト lɔ́rt] [英] 男 -s/-s 卿(ʲ³)(イギリスの高官・貴族の称号).

Lo‧re¹ [ローレ ló:rə] -[n]s/《女名》ローレ (Leonore, Eleonore の 短縮).

Lo‧re² [ローレ] 囡 -/-n 無蓋(ﾑｶｲ)貨車, トロッコ.

die **Lo‧re‧lei** [ローレらイ lo:rəláɪ または ローː..] 囡 -/ =**Loreley**

die **Lo‧re‧ley** [ローレらイ lo:rəláɪ または ローː..] 囡 -/《定冠詞とともに》ローレライ(ライン右岸にそびえる岩山の名, またはそこで歌を歌って舟乗りを惑わせたとされる伝説の妖精の名. ハイネの詩で有名).

Lo‧renz [ローレンツ ló:rants] -/《男名》ローレンツ (Laurentius の 短縮).

Lorg‧net‧te [ロるニエッテ lɔrnjéta] [フラ] 囡 -/-n 柄付きの眼鏡.

Lorg‧non [ロるニヨーン lɔrnjɔ́:] [フラ] 中 -s/-s ① 柄付きの片眼鏡. ② =**Lorgnette**

*‡ **los** [ロース ló:s]

> 放たれた;《事が》起きている
> Was ist denn *los*? どうしたの?
> ヴァス　イスト　デン　ロース

Ⅰ 形《述語としてのみ》① 放たれた, はずれた. (⇔ *loose*). Der Knopf ist *los*. ボタンがはずれている / Der Hund ist von der Leine *los*. 犬が引き綱から逃げだした / 人・事⁴ *los* sein《口語》a) 人・事⁴ から解放されている, b) 人・事⁴をなくしてしまっている ⇒ Sie ist schon den Mann *los*. 彼女はもうあの男とは手が切れている / Ich bin die Erkältung endlich *los*. 私はやっと風

邪が治った / aller Sorgen² *los* und ledig sein いっさいの心配から解放されている. ② 《成句的に》《軍》¹ ist *los*《口語》《軍》¹ が起きている ⇨ Was ist **mit** dir *los*? 君はどうしたんだい / Da drüben muss etwas *los* sein. 向こうで何かが起こったにちがいない / In dieser Stadt ist viel (nichts) *los*. この町はおもしろい(退屈だ)(←多くのことが起こる(何も起こらない)) / Mit ihm ist nicht viel *los*. 彼はたいした男ではない. II 副 ① 《促して》急げ, 始めろ, かかれ. *Los*, beeil dich! さあ急げ / Nun aber *los*! さあ急げ / Achtung—fertig—*los*!《ﾂﾞ》位置について, 用意, どん. ② 《*los*.. を前つづりとする分離動詞の不定詞・過去分詞の代わりに》《口語》出発して; はずれて. Ich muss *los* (=*los*|gehen). 私は出かけなくてはならない / Er ist schon *los* (=*los*|gegangen). 彼はもう出かけた. ③ 《**von** とともに》《史》…から離れて. *los* von Rom ローマ[の支配]から離れて.

das **Los** [ﾛｰｽ ló:s] 伸 -es/-e (3格のみ -en) ① くじ, くじ引き, 抽選[券]. (英 *lot*). ein *Los*⁴ ziehen くじを引く / das große *Los*⁴ ziehen a) 大当たりを引き当てる, b) 《比》大きな幸運をつかむ / **durch** das *Los* bestimmen 事⁴をくじで決める. ②《雅》運命, 運, 宿命. ein bitteres *Los* 厳しい運命. ③《経》(製品などの)一定数(量).

los.. [ﾛｰｽ.. ló:s..] 《分離動詞の前つづり》つねにアクセントをもつ》 ①《分離》例: *los*|lassen 離す. ②《開始・出発》例: *los*|gehen 出発する.

..los [..ﾛｰｽ ..lo:s]《形容詞をつくる接尾》《…のない》例: hoffnungs*los* 希望のない.

lös·bar [ﾚｰｽﾊﾞｰﾙ] 形 ① 解くことのできる(なぞ・問題など). ② 溶ける;《化》可溶性の.

los|bin·den* [ﾛｰｽ・ﾋﾞﾝﾃﾞﾝ lóːs-bɪndən] 他 (ひもを解いて犬などを⁴)解き放す; 解放する.

los|bre·chen* [ﾛｰｽ・ﾌﾞﾚｯﾋｪﾝ lóːs-brɛçən] I 他 (h) 折り取る, もぎ取る. II 自 (s) ① (不意に)折れて取れる, 壊れて取れる. ② (雷雨などが)急に起こる; 突然となりはじめる.

Lösch·blatt [ﾚｯｼｭ・ﾌﾞﾗｯﾄ] 伸 -[e]s/..blätter (1枚の)吸取紙.

‡**lö·schen**¹ [ﾚｯｼｪﾝ lǽʃən] (löschte, hat …losch) 他 (完了 haben) ① (火などを⁴)消す;(水を注いで石灰⁴を)消石灰にする. die Kerzen⁴ löschen ろうそくの火を消す / das Licht⁴ löschen《雅》明かりを消す / Die Feuerwehr hat den Brand gelöscht. 消防隊が火事を消した. ◊《目的語なしでも》 mit Schaum löschen 消火器(の泡)で消火する. ② 消し去る, 抹消する;(負債など⁴を)帳消しにする. eine Tonbandaufnahme⁴ löschen テープの録音を消す / ein Konto⁴ löschen 口座を閉じる / die Erinnerung⁴ aus dem Gedächtnis löschen 思い出を記憶から消す. ③ (渇き⁴を)いやす. ④ (吸取紙でインク⁴を)吸い取って乾かす.

lö·schen² [ﾚｯｼｪﾝ] 他 (h)《海》(船荷などを⁴)陸揚げする; (船⁴の)荷を降ろす.

Lösch·ge·rät [ﾚｯｼｭ・ｹﾞﾚｰﾄ] 伸 -[e]s/-e 消火器.

Lösch·mann·schaft [ﾚｯｼｭ・ﾏﾝｼｬﾌﾄ] 囡 -/-en 消防隊.

Lösch·pa·pier [ﾚｯｼｭ・ﾊﾟﾋﾟｰｱ] 伸 -s/- 《ふつう単》(インクの)吸取紙.

lösch·te [ﾚｼｭﾃ] ‡löschen¹ (消す)の過去.

Lö·schung [ﾚｰｼｭﾝｸﾞ] 囡 -/-en ① (火などを)消すこと; 消火. ② 抹消; 清算.

los|drü·cken [ﾛｰｽ・ﾄﾞﾘｭｯｹﾝ lóːs-drʏkən] 自 (h) 引き金を引く, 発砲する.

***lo·se** [ﾛｰｾﾞ lóːzə] 形 (比較) loser,(最上) losest; 格変化語尾がつくときは los-) ① 緩んだ, 緩い, 固定されていない; だぶだぶの(服);《雅》まばらな. (英 *loose*). Ein Knopf an der Jacke ist *lose*. 上着のボタンが取れそうだ / ein *loser* Nagel ぐらぐらしているくぎ / ein *loser* Pullover だぶだぶのプルオーバー. ② ばらの, 包装されていない; ばら売りの. *lose* Blätter ルーズリーフ, とじていない紙 / das Geld *lose* in der Tasche haben お金をばらでポケットに入れている / 物⁴ *lose* verkaufen 物⁴をばらで売る. ③ 軽薄な, ふしだらな; あつかましい, 生意気な. ein *loser* Mensch ふしだらな人間 / einen *losen* Mund haben 口が悪い, 生意気なことを言う /〈人〉に einen *losen* Streich spielen〈人³〉に悪ふざけをする.

Lö·se·geld [ﾚｰｾﾞ・ｹﾞﾙﾄ] 伸 -[e]s/-er 身の代金. *Lösegeld*⁴ fordern 身の代金を要求する.

los|ei·sen [ﾛｰｽ・ｱｲｾﾞﾝ lóːs-àɪzən] 他 (h)《口語》[〈人・事³〉から]〈人⁴を〉からやっとのことで)解放する, 自由にしてやる. ◊《再帰的に》 sich⁴ von einer Verpflichtung *loseisen* やっとのことで義務を免れる. ②《物⁴ **bei**〈人³〉~》(〈人³〉から物⁴(お金などを)うまく)調達する.

lo·sen [ﾛｰｾﾞﾝ lóːzən] 自 (h) くじで決める, 抽選する. **um** 事⁴ losen 事⁴をくじで決める.

‡**lö·sen** [ﾚｰｾﾞﾝ lǿːzən] du löst (löste, hat gelöst) I 他 (完了 haben) ① はがす, 引き離す. die Briefmarke⁴ **vom** Umschlag *lösen* 切手を封筒からはがす / eine Spange⁴ **aus** dem Haar *lösen* クリップを髪からはずす / Dieses Mittel löst jeden Schmutz. この洗剤はどんな汚れも落とす. ◊《再帰的に》 Die Tapete löst sich⁴. 壁紙がはがれる.

② (結び目・ねじなど⁴を)ほどく, 解く, 緩める. (英 *loosen*). einen Knoten *lösen* 結び目を解く / den Gürtel *lösen* ベルトを緩める / Der Wein löste ihm die Zunge.《比》ワインを飲んだせいで彼はしゃべるようになった. ◊《再帰的に》 Eine Schraube löst sich⁴. ねじが緩む.

③ (問題など⁴を)解く, 解決する. *Kannst* du dieses Rätsel *lösen*? このなぞが解けるかい / ein Problem⁴ *lösen* 問題を解決する. ◊《再帰的に》 Das Problem hat sich⁴ **von** selbst *gelöst*. その問題はひとりでに解決した.

④《比》(契約など^{4}を)解消する. Sie *löste* ihre Verlobung. 彼女は婚約を解消した.
⑤ (切符など^{4}を)買う. eine Fahrkarte^4 *lösen* 乗車券を買う.
⑥ (塩・砂糖など^{4}を)溶かす, 溶解する. Salz **in** Wasser *lösen* 塩を水に溶かす. ◊《再帰的に》Die Tablette *löst sich*^{4} im Wasser. この錠剤は水に溶ける.
⑦《雅》(銃弾など^{4}を)発射する. ◊《再帰的に》Plötzlich *löste sich*^{4} ein Schuss. 銃が暴発した.
II 再帰 (完了 haben)《*sich*^{4} **aus** 物・事^3 (**von** 人・物) ~》(人・物^{3}から)離れる; 免れる. Sie *löste sich* aus der Gruppe. 彼女はグループから離れていった / *sich*^{4} von Vorurteilen *lösen* 先入観から解放される.
◊☞ **gelöst**

los|fah·ren* [ロース・ファーレン ló:s-fà:rən] 自 (s) ① (乗り物で)出発する;(乗り物が走り出す, 発車する. ②《**auf** 人・物^4 ~》(人・物^{4}に)つかみかかる; (物^{3}に)突進する. ③ (急に)どなりだす.

los|ge·hen* [ロース・ゲーエン ló:s-gè:ən] 自 (s) ① 出発する, 出かける. ②《**auf** 物・事^4 ~》(物^{4}に)勢いよくとりかかる. ③《**auf** 人^4 ~》(人^{4}に)襲い(飛び)かかる. ④《口語》(催しなどが)始まる. ⑤《口語》(ボタンが)取れる; (結び目が)ほどける. ⑥ (銃が)発射される,(爆弾などが)爆発する.

los·ge·las·sen [ロース・ゲラッセン] *los|lassen (離す)の 過分

los|ha·ben* [ロース・ハーベン ló:s-hà:bən] 他 (h)《**viel**, **nichts**^{4} などとともに》《口語》(…ほどの)心得がある. Er *hat* in Mathematik viel (wenig) *los*. 彼は数学が大変得意だ(あまり得意でない).

los|kau·fen [ロース・カオフェン ló:s-kàufən] 他 (h) (人質など^{4}を)身の代金を払って自由の身にする.

los|kom·men* [ロース・コンメン ló:s-kɔ̀mən] 自 (s) ①《口語》抜け出す, 出て来る. beim Start gut *loskommen* うまいスタートをきる. ②《**auf** 人^4 ~》(人^{4}の方へ)近づいて来る. ③《**von** 人・事^3 ~》(人・事^{3}から)離れる, 自由になる.

los|las·sen [ロース・ラッセン ló:s-làsən] du lässt…los, er lässt…los (ließ…los, hat…losgelassen) 他 (完了 haben) ① 離す; 解き放す. das Steuer^4 *loslassen* ハンドルから手を離す / Der Gedanke *lässt* mich nicht *los*. その考えが私の頭から離れない / Lass mich *los*! 私を離してくれ. ②《A^4 **auf** B^4 ~》(A^4 (大な)をB^4 に)けしかける. ③《口語》口に出す, 漏らす; (手紙などを)書き送る. eine Rede^4 *loslassen* 演説をぶつ.

los|le·gen [ロース・レーゲン ló:s-lè:gən] 自 (h)《口語》(ぺらぺらと)しゃべりだす;(勢いよく)やりはじめる. **mit** 物^3 *loslegen* 事^{3}を威勢よくやり(しゃべり)はじめる.

lös·lich [レースリヒ] 形 溶ける;《化》可溶性の.

Lös·lich·keit [レースリヒカイト] 女 -/ 溶けること;《化》可溶性.

los|lö·sen [ロース・レーゼン ló:s-lɔ̀:zən] **I** 他 (h) はがす; 離す, ほぐす, 緩める. eine Briefmarke^4 *loslösen* 切手をはがす. **II** 再帰 (h)《*sich*^{4} **von** (または **aus**) 物^3 ~》(物^{3}から)離れる, 取れる.

los|ma·chen [ロース・マッヘン ló:s-màxən] **I** 他 (h)《口語》離す, はずす; (ねじなど^{4}を)緩める, 解く; 自由にする. **II** 再帰 (h)《*sich*^{4} **von** (または **aus**) 物^3 ~》《口語》(物^{3}から)逃れる, 自由になる, 抜け出す. **III** 自 (h)《海》出港する;《口語》急ぐ.

los|plat·zen [ロース・プラッツェン ló:s-plàtsən] 自 (s)《口語》思わず言う; ぷっと吹き出す.

los|rei·ßen* [ロース・ライセン ló:s-ràisən] **I** 他 (h) 引きちぎる, 裂き取る, もぎ取る. **II** 再帰 (h)《*sich*^{4} **von** 物^3 ~》(物^{3}から)身を引き(ふり)離す.

Löss [レス lǽs] 男 -es/-e《地》黄土 (*ɔ́ː*).
LöB [レス lǽs] 男 -es/-e ⇒ **Löss**.

los|sa·gen [ロース・ザーゲン ló:s-zà:gən] 再帰 (h)《*sich*^{4} **von** 人・事^3 ~》(人・事^{3}と)関係を絶つ, 縁を切る.

los|schie·ßen* [ロース・シーセン ló:s-fì:sən] 自 (h)《口語》① (h) 撃ちはじめる, 発射(発砲)する. ② (s)《**auf** 人・物^4 ~》(人・物^{4}に向かって)突進する, 襲いかかる. ③ (h) (ぺらぺら)しゃべりはじめる, せかせかと話す.

los|schla·gen* [ロース・シュラーゲン ló:s-ʃlà:gən] **I** 他 (h) ① たたいて取る(はずす), たたき落とす. ②《口語》たたき売りする. **II** 自 (h) ①《**auf** 人・物^4 ~》(人・物^{4}に)なぐりかかる. ②《軍》奇襲攻撃する.

los|schrau·ben [ロース・シュラオベン ló:s-fràubən] 他 (h)《物^{4}の)ねじを緩めてはずす.

los|spre·chen* [ロース・シュプレッヒェン ló:s-fprèçən] 他 (h) ①《人^4 **von** 事^3 ~》(人^{4}を事^{3}から)免除する. 人^4 von einer Verpflichtung *lossprechen* 人^{4}の義務を免除してやる. ②《宗》(人^{4}の)罪の赦しを宣する. ③《手工》(人^{4}に)職人の資格を認定する.

los|steu·ern [ロース・シュトイアン ló:s-ftɔ̀yərn] 自 (s)《**auf** 人・物^4 ~》(人・物^{4}に向かって)まっしぐらに進む. aufs Examen *lossteuern*《比》試験をめざしてせっせと励む.

los|stür·men [ロース・シュトュルメン ló:s-ftỳrmən] 自 (s) ① 勢いよく走り去る. ②《**auf** 人・物^4 ~》(人・物^{4}に向かって)突進(殺到)する.

los|stür·zen [ロース・シュトュルツェン ló:s-ftʏrtsən] 自 (s)《口語》① (急いで・あわてて)逃げ去る. ②《**auf** 人・物^4 ~》(人・物^{4}に)飛び(襲い)かかる.

lös·te [レーステ] *lösen (はがす)の 過去

Lo·sung [ローズング] 女 -/-en ① 標語, スローガン;《新教》(日々の標語となる)聖書の聖句. ②《軍》合い言葉, 暗号.

*die **Lö·sung** [レーズング lǿ:zʊŋ] 女 (単) -/

Lösungsmittel

(複) -en (英 solution) ❶ 解決; 解答, 解決策. die friedliche *Lösung* eines Konflikts 紛争の平和的な解決 / eine richtige *Lösung* 正解 / eine *Lösung*⁴ finden 解決策を見いだす. ❷ 解放, 解除. ❸ (契約などの)解消. die *Lösung* der Verlobung² 婚約の解消. ❹(物・化)溶解; 溶液.

Lö·sungs=mit·tel [れーズングス・ミッテる] 中 -s/- 《物・化》溶剤, 溶媒.

Lo·sungs=wort [ろーズングス・ヴォルト] 中 -[e]s/-e 標語, スローガン.

los|wer·den* [ろース・ヴェーァデン ló:s-vè:rdən] 他 (s) ❶ (人⁴を)やっかい払いする; (考えなど⁴を)捨てる. Ich *werde* den Gedanken nicht *los*, dass... 私は…と思えてならない. ❷《口語》(売れ残りなど⁴を)売りさばく. ❸《口語》失う, 紛失する; (お金⁴を)使う. (⚠ 不定詞と分詞以外は los を分離して書く).

los|zie·hen* [ろース・ツィーエン ló:s-tsì:ən] 自 (s) ❶《口語》❶ [歩いて]出発する. ❷《**gegen** (または **über**) 人・事⁴ ~》(人・事⁴を)けなす.

Lot [ろート ló:t] 中 -[e]s/-e ❶ (工・建)(鉛直を測るための)下げ振り;《覆 なし》鉛直. **im** *Lot* (**aus** dem *Lot*) sein (比) a), 体調がよい(よくない), b) きちんとしている(していない). 《人・事⁴ **ins** *Lot* bringen a) 人⁴を正気に返らせる, b) 事⁴を再び正常にする. ❷(海)測鉛. die Wassertiefe⁴ mit dem *Lot* messen 測鉛で水深を測る. ❸(数)垂線. ❹(工)はんだ. ❺《複 -》(古) ロート(重さの単位. 約 16~17g).

lo·ten [ろーテン ló:tən] I 他 (h)(建)(壁など⁴が)垂直かどうかを確かめる. II 自 (h)(海)(測鉛で)水深を測る.

lö·ten [れーテン lǿ:tən] 他 (h)(工) はんだ付けをする.

Loth·rin·gen [ろートリンゲン ló:trɪŋən] 中-s/ 《地名》ロートリンゲン(フランス北東部ロレーヌ地方のドイツ名).

Löt=kol·ben [れート・コるベン] 男 -s/- ❶(工)はんだごて. ❷(俗)(酒飲みの)赤い鼻.

Löt=lam·pe [れート・らンペ] 女 -/-n (はんだ付け用の)ブローランプ, トーチランプ.

Lo·tos [ろートス ló:tɔs] 男 -/- (植) ハス(蓮)(純潔の象徴).

Lo·tos=blu·me [ろートス・ブるーメ] 女 -/-n =Lotos

lot=recht [ろート・レヒト] 形 垂直の, 鉛直の.

Lot=rech·te [ろート・レヒテ] 女《語尾変化は形容詞と同じ》垂直線 (=Senkrechte).

Löt=rohr [れート・ローァ] 中 -[e]s/-e (化・工) 吹管, ブローパイプ.

Lot·se [ろーツェ ló:tsə] 男 -n/-n (海) 水先案内人; 案内役.

lot·sen [ろーツェン ló:tsən] 他 (h) ❶ (海)(船⁴を)水先案内する;(空)(飛行機⁴を地上から)誘導する;(人⁴を)道案内する. ❷ (人⁴を口説いて…へ)引っ張って行く.

Lot·te [ろッテ lɔ́tə] -[n]s/《女名》ロッテ (Charlotte の短縮).

Lot·te·rie [ろッテリー lɔtərí:] 女 -/-n [..リーエン] 宝くじ. *Lotterie*⁴ (または **in** der *Lotterie*) spielen 宝くじを買ってみる.

Lot·te·rie=los [ろッテリー・ろース] 中 -es/-e 宝くじ[の券].

lot·te·rig [ろッテリヒ lɔ́tərɪç] 形《口語》だらしのない, ふしだらな.

Lot·ter=le·ben [ろッタァ・れーベン] 中 -s/ ふしだらな生活.

Lot·ter=wirt·schaft [ろッタァ・ヴィルトシャフト] 女 -/ 放漫な経営(家計).

Lot·to [ろット- lɔ́to] 中 -s/-s ❶ ナンバーくじ (宝くじの一種). ❷ 数字(絵)合わせ遊び.

Lou·is [るーイ] (男名) ルーイ.

der **Louv·re** [るーヴル lú:vr] 男 -[s]/《定冠詞とともに》ルーブル美術館(元はパリの王宮).

* *der* Lö·we [れーヴェ lǿ:və] 男 (単 2・3・4) -n/-(複) -n ❶ (動) ライオン, 獅子. (雌 *lion*). der *Löwe*, der König der Tiere² 百獣の王ライオン / Der *Löwe* brüllt. ライオンがほえる / Er kämpfte wie ein *Löwe*. 彼は勇敢に戦った(←ライオンのように). ❷ (比) 中心人物, 花形. der *Löwe* des Tages その日のヒーロー. ❸ 《覆 なし》(天) 獅子座; 獅子宮.

Lö·wen=an·teil [れーヴェン・アンタイる] 男 -[e]s/ 分け前の大部分, 不当に多い分け前(イソップの寓話より).

Lö·wen=bän·di·ger [れーヴェン・ベンディガァ] 男 -s/- ライオン使い(調教師).

Lö·wen=maul [れーヴェン・マオる] 中 -[e]s/ (植) キンギョソウ.

Lö·wen=zahn [れーヴェン・ツァーン] 男 -[e]s/ (植) タンポポ.

Lö·win [れーヴィン lǿ:vɪn] 女 -/..winnen 雌ライオン.

lo·yal [ろァヤーる loajá:l] [アク] 形 (国・法律などに)忠実な, 忠誠心のある; 誠実な, 義理堅い; 公正(公平)な.

Lo·ya·li·tät [ろァヤリテート loajalité:t] 女 -/-en 《ふつう 単》忠誠[心]; 誠実, 公正(公平).

LP [エる・ペー] 女 -/-[s] (略) LP レコード (=Langspielplatte).

LPG [エる・ペー・ゲー] 女 -/-[s] (略) (旧東ドイツの) 農業生産協同組合 (=Landwirtschaftliche Produktionsgenossenschaft).

Lr [エる・エル]《化・記号》ローレンシウム (=Lawrencium).

LSD [エる・エス・デー] 中 -[s]/《略》 エルエスディー (幻覚剤の一種) (=Lysergsäurediäthylamid).

lt. [らウト]《略》…によれば, …に従って (=laut).

Lu [エる・ウー]《化・記号》 ルテチウム (=Lutetium).

Lü·beck [リューベック lý:bɛk] 中 -s/《都市名》 リューベック(ドイツ, シュレースヴィヒ・ホルシュタイン州. 商工業を中心に旧ハンザ同盟都市として繁栄. 往時をしのばせる建物も多い: ☞ 地図 E-2).

Luchs [るクス lúks] 男 -es/-e ❶(動) オオヤマネコ. Augen⁴ wie ein *Luchs* haben 目が非常に良い / wie ein *Luchs* auf]passen あたりを鋭く見張る. ❷ おおやまねこの毛皮.

die Lü・cke [リュッケ lýkə] 囡 (単) –/(複) –n (英) gap) ① すき間, 裂け目, 割れ目. eine große (schmale) *Lücke* 大きな(狭い)すき間 / eine *Lücke* im Zaun 垣根のすき間 / Hier klafft eine *Lücke*. ここに裂け目がぱっくり口を開けている / eine *Lücke*⁴ aus|füllen (または füllen) すき間を埋める. ② 欠けた所, 空白; 欠陥. eine *Lücke* im Gesetz 法の抜け穴 / Sein Wissen hat große *Lücken*. 彼の知識には大きな欠陥がある.

Lü・cken・bü・ßer [リュッケン・ビューサァ] 男 –s/– (間に合わせの)代理人; 間に合わせ[の物], 代用品.

lü・cken・haft [リュッケンハフト] 形 ① すき間のある. ② 欠陥のある, 不備な, 不完全な(知識など).

Lü・cken・haf・tig・keit [リュッケンハフティヒカイト] 囡 –/ すき間のあること; 欠陥, 不備, 不完全.

lü・cken・los [リュッケン・ロース] 形 ① すき間のない. ② 欠陥のない, 完全無欠な.

lud [るート] *laden¹ (積み込む)の過去

lü・de [リューデ] *laden¹ (積み込む)の接2

Lu・der [るーダァ lúːdər] 匣 –s/– ① (俗)(嫌悪・好意をこめて:) すれっからし, やつ, あばずれ[女]. ein armes *Luder* かわいそうなやつ / das dumme *Luder*! このあばずれめ. ②(狩)(野獣をおびき寄せるための)死んだ動物.

Lu・der≠le・ben [るーダァ・れーベン] 匣 –s/ ふしだらな生活.

Lu・dolf [るードるふ lúːdɔlf] –s/《男名》ルードルフ.

Lud・wig [るートヴィヒ lúːtvɪç] –s/《男名》ルートヴィヒ.

Lud・wigs・ha・fen [るートヴィヒス・ハーフェン lúːtvɪçs-ha:fan] 匣 –s/《都市名》ルートヴィヒスハーフェン(ドイツ, ラインラント・プファルツ州: ☞ 地図 D–4).

die Luft [るふト lúft]

空気　Die *Luft* ist trocken.
ディ　るふト　イスト ロッケン
空気が乾いている.

囡 (単) –/(複) Lüfte [リュフテ] (3格のみ Lüften) ①《複 なし》空気, 大気; 外気, 戸外.(英) air). kalte (warme) *Luft* 冷たい(暖かい)空気 / frische *Luft*⁴ ins Zimmer herein|lassen 新鮮な空気を部屋に入れる / Der Reifen hat zu wenig *Luft*. このタイヤには空気が足りない / Er ist doch *Luft* für mich.《口語》あいつなんかぼくにとっては問題ではない (←空気と同じだ) / Die *Luft* ist rein (または sauber).《口語》ここなら人に聞かれる心配はない (←空気がきれいだ) / Hier ist dicke *Luft*.《口語》ここにはただならぬ空気がただよっている (←どんよりした空気) / an die frische *Luft* gehen 戸外へ出る / j⁴ an die [frische] *Luft* setzen《口語》a) 人⁴を家から追い出す, b)《比》人⁴を解雇する / draußen in der *Luft* 戸外で / sich⁴ in *Luft* auf|lösen《口語》a) 消えてなくなる, b)(計画など)がだめになる.

②《複 なし》息, 呼吸.(英) breath). die *Luft*⁴ ein|ziehen (an|halten) 息を吸い込む(止める) / Bitte tief *Luft* holen! (医者が患者に:)深く息を吸ってください / keine *Luft*⁴ bekommen 呼吸できない, 息が詰まる / Halt die *Luft* an!《口語》おしゃべりをやめろ, 口を慎め / Ihm blieb vor Schreck die *Luft* weg.《口語》彼は驚きのあまり声も出なかった / 人³ die *Luft*⁴ ab|drehen (または ab|drücken)《口語・比》人³ を破産させる / nach *Luft* schnappen《口語》a)(新鮮な空気を求めて)あえぐ, b)(比)経済的に苦しい / **Von** *Luft* **und Liebe kann man nicht leben**.《口語・戯》かすみを食って生きるわけにはいかない(←息と愛では生きられない).

③《複》(雅) 空中, 空. Der Vogel erhebt sich in die *Luft*. 鳥が空へ舞い上がる / in der *Luft* hängen (または schweben)《口語》a)(未決定で)宙に浮いている, b)経済的に不安定である.

④《複: 詩》(空気の流れ) 通気; 微風. linde *Lüfte* 快い微風.

⑤《複 なし》《口語》(自由に動ける)空間; ゆとり. Ich habe in dem Mantel zu wenig *Luft*. このコートにはゆとりがなさすぎる / sich³ *Luft*⁴ machen a)(身動きできる)余裕をつくる, b)(怒りなどをぶちまけて)せいせいする.

Luft≠ab・wehr [るふト・アップヴェーァ] 囡 –/ 《軍》防空.

Luft≠an・griff [るふト・アングリふ] 男 –[e]s/–e《軍》空襲.

Luft≠auf・klä・rung [るふト・アオふクれールング] 囡 –/–en《軍》空中偵察.

Luft≠auf・nah・me [るふト・アオふナーメ] 囡 –/–n 航空写真[撮影].

Luft≠bal・lon [るふト・バローン] 男 –s/–s ① (おもちゃの)風船玉. ②(軽)気球; アドバルーン.

Luft≠be・feuch・ter [るふト・ベふォイヒタァ] 男 –s/– 加湿器.

Luft≠bild [るふト・ビるト] 匣 –[e]s/–er 航空写真.

Luft≠bla・se [るふト・ブらーゼ] 囡 –/–n 気泡, 泡;《比》はかないもの, 虚像.

Luft-Bo・den-Ra・ke・te [るふト・ボーデン・ラケーテ] 囡 –/–n《軍》空対地ミサイル.

Luft≠brü・cke [るふト・ブリュッケ] 囡 –/–n (孤立した地域などへの)空輸, 空中補給[路].

Lüft・chen [リュふトヒェン lýftçən] 匣 –s/– (*Luft* ④ の縮小)《ふつう 単》微風, そよ風.

luft≠dicht [るふト・ディヒト] 形 空気を通さない, 密閉した, 気密の.

Luft≠druck [るふト・ドルック] 男 –[e]s/ ①《物》気圧; (タイヤなどの)空気圧. ②爆風.

Lüf・te [リュふテ] ‡ Luft (通気)の 複

lüf・ten [リュふテン lýftən] 他 (h) ①《物⁴に》風を入れる, (部屋などを)換気する; (衣類などを)風に当てる, 虫干しにする. das Zimmer⁴ *lüften* 部屋に風を入れる / das Bett⁴ *lüften* ベッドを風に当てる. ◇《目的語なしでも》Wir müssen hier einmal gut *lüften.* ここは一度十分に換気をしなければならない. ② (ふた・幕など⁴を)少し持ち上げる. den Vorhang *lüften* カーテンを少し上げる / den Hut [zum Gruß] *lüften* 帽子をちょっと上げてあいさつする. ③《比》(秘密など⁴を)明かす, 漏らす. sein Inkognito⁴ *lüften* 自分の身分を明かす.

Luft⹀fahrt [るフト・ファールト] 女 -/-en ① 〖複なし〗航空; 飛行. die zivile *Luftfahrt* 民間航空. ②《雅》(飛行船などによる)空の旅.

Luft⹀feuch·tig·keit [るフト・フォイヒティヒカイト] 女 -/《気象》空気中の湿度.

Luft⹀fracht [るフト・フラハト] 女 -/-en ① 航空貨物. ② 航空貨物運賃.

luft⹀ge·kühlt [るフト・ゲキューるト] 形《工》(エンジンが)空冷式の.

luft⹀ge·trock·net [るフト・ゲトロックネット] 形 空気で乾燥させた(肉など).

Luft⹀ge·wehr [るフト・ゲヴェーア] 中 -[e]s/-e 空気銃.

Luft⹀han·sa [るフト・ハンザ] 女 -/ ルフトハンザ・ドイツ航空 (Deutsche *Lufthansa* AG の通称. 略: LH).

Luft⹀herr·schaft [るフト・ヘルシャフト] 女 -/《軍》制空権.

Luft⹀hül·le [るフト・ヒュれ] 女 -/-n 大気圏.

luf·tig [るフティヒ lúftıç] 形 ① 風通しのいい, 風の吹き渡る. ein *luftiger* Raum 風通しのいい部屋 / in *luftiger* Höhe 空高く. ② 通気性のいい, 薄地の(服). ein *luftiges* Sommerkleid 薄地のサマードレス / sich⁴ *luftig* kleiden 涼しそうな服装をする. ③《雅》軽薄な; いいかげんな.

Luf·ti·kus [るフティクス lúftikus] 男 - (または ..kusses/)..kusse《口語・戯》軽薄な男.

Luft⹀kampf [るフト・カンプフ] 男 -[e]s/..kämpfe《軍》空中戦.

Luft⹀kis·sen⹀fahr·zeug [るフトキッセン・ファールツォイク] 中 -[e]s/-e ホバークラフト.

Luft⹀kor·ri·dor [るフト・コリドーア] 男 -s/-e《空》〖国際〗空中回廊(国際協定による特定空路).

Luft⹀kur·ort [るフト・クーアオルト] 男 -[e]s/-e (空気のよい)療養地, 保養地.

Luft⹀lan·de·trup·pe [るフトらンデ・トルッペ] 女 -/-n《軍》空挺(ルウ)部隊, 落下傘部隊.

luft⹀leer [るフト・れーア] 形 真空の. der *luftleere* Raum《物》真空空間.

Luft⹀li·nie [るフト・リーニエ] 女 -/-n〖ふつう単〗直線(最短)距離.

Luft⹀loch [るフト・ろッホ] 中 -[e]s/..löcher ① 通風(換気)孔. ②《口語》エアポケット.

Luft-Luft-Ra·ke·te [るフト・るフト・ラケーテ] 女 -/-n《軍》空対空ミサイル.

Luft⹀mat·rat·ze [るフト・マトラッツェ] 女 -/-n 空気マット.

Luft⹀pi·rat [るフト・ピラート] 男 -en/-en 航空機乗っ取り犯人, ハイジャッカー.

Luft⹀pi·ra·te·rie [るフト・ピラテリー] 女 -/-n [..リーエン] 航空機乗っ取り, ハイジャック.

*die **Luft⹀post** [るフト・ポスト lúft-post] 女〖単〗-/ 航空郵便, エアメール. (英 *airmail*). mit (または per) *Luftpost* 航空便で.

Luft⹀pum·pe [るフト・プンペ] 女 -/-n 空気(抽気・排気)ポンプ; (自転車などの)空気入れ.

Luft⹀raum [るフト・ラオム] 男 -[e]s/..räume《法》領空.

Luft⹀röh·re [るフト・レーレ] 女 -/-n《医》気管.

Luft⹀sack [るフト・ザック] 男 -[e]s/..säcke ①《自動車》(衝突の際の身体保護用)エアバッグ. ②《動》(鳥の)気嚢(のう).

Luft⹀schiff [るフト・シふ] 中 -[e]s/-e 飛行船.

Luft⹀schlan·ge [るフト・シュランゲ] 女 -/-n〖ふつう複〗紙テープ(カーニバルなどで投げ合う).

Luft⹀schloss [るフト・シュろス] 中 -es/..schlösser〖ふつう複〗空中楼閣. *Luftschlösser*⁴ bauen 空中楼閣を築く, 妄想にふける.

Luft⹀schloß 男 〖新形〗 Luftschloss

Luft⹀schrau·be [るフト・シュラオベ] 女 -/-n《空・工》プロペラ (=Propeller).

Luft⹀schutz [るフト・シュッツ] 男 -es/ 防空.

Luft⹀schutz⹀kel·ler [るフトシュッツ・ケらァ] 男 -s/- (地下の)防空壕.

Luft⹀spie·ge·lung [るフト・シュピーゲるング] 女 -/-en 蜃気楼(しんきろう).

Luft⹀sprung [るフト・シュプルンク] 男 -[e]s/..sprünge (喜んで)跳び上がること. vor Freude einen *Luftsprung* machen 小躍りして喜ぶ.

Luft⹀streit⹀kräf·te [るフト・シュトライトクレフテ] 〖複〗空軍[兵力].

Luft⹀strom [るフト・シュトローム] 男 -[e]s/..ströme 気流.

Lüf·tung [リュふトゥング] 女 -/-en ① 換気, 通気. ② 換気装置.

Luft⹀ver·än·de·rung [るフト・フェアエンデルング] 女 -/《医》転地[療養].

Luft⹀ver·kehr [るフト・フェアケーア] 男 -s/ 航空輸送(交通).

Luft⹀ver·schmut·zung [るフト・フェアシュムッツング] 女 -/-en 大気汚染.

Luft⹀ver·tei·di·gung [るフト・フェアタイディグング] 女 -/ 防空.

Luft⹀waf·fe [るフト・ヴァッふェ] 女 -/-n 空軍.

Luft⹀weg [るフト・ヴェーク] 男 -[e]s/-e ①〖複なし〗空路. ②〖複で〗《医》気道.

Luft⹀wi·der·stand [るフト・ヴィーダァシュタント] 男 -[e]s/..stände《物》空気抵抗.

Luft⹀zu·fuhr [るフト・ツーふーア] 女 -/ 通気, 給気.

Luft⹀zug [るフト・ツーク] 男 -[e]s/ ..züge〖ふつう単〗通風, すき間風, 微風.

Lug [るーク lú:k] 男〖成句的に〗*Lug* und Trug《雅》うそ偽り.

Lu·ga·no [るガーノ lugá:no] 中 -s/《都市名》ルガーノ (スイス, テッシン州の保養地. ☞〖地図〗D-5).

*die **Lü·ge** [リューゲ lý:gə] 女〖単〗-/〖複〗-n

うそ, 偽り, 作りごと. 《反》 lie). 《ことわざ》「真実」は Wahrheit). eine grobe *Lüge* 真っ赤なうそ / eine fromme *Lüge* 善意からのうそ / 人⁴ *Lügen* strafen 人⁴のうそを暴く / *Lügen* haben kurze Beine. 《ことわざ》うそはすぐばれる(←うそは短い足を持つ).

lu·gen [るーゲン lúːgən] 自 (h)《雅》(…から)のぞく, (…の方を)うかがう. durch das Schlüsselloch *lugen* 鍵穴(<ruby>かぎあな</ruby>)からのぞく.

＊lü·gen⁺ [リューゲン lýːgən] (log, hat…gelogen) I 自《定下》haben)《意図的に》うそをつく, でたらめを言う. 《反》lie). Du *lügst*! 君はうそをついている / Er *lügt* wie gedruckt.《口語》彼はとんでもないうそをつく(←印刷されたように) / Wer *lügt*, der stiehlt.《ことわざ》うそは泥棒の始まり).
II 他《定下》haben)《事⁴という》うそをつく. Er *log*, dass… 彼は…とうそを言った / Das *ist* doch *gelogen*.《状態受動・現在》それはうそだ.

Lü·gen⸗de·tek·tor [リューゲン・デテクトァ]男 -s/-en [..トーれン] 中 うそ発見器.

Lü·gen⸗ge·we·be [リューゲン・ゲヴェーベ] 中 -s/-《雅》うそのかたまり, うそ八百.

lü·gen·haft [リューゲンハふト] 形 うその, 偽りの, 虚偽の; うそつきの.

Lüg·ner [リューグナァ lýːgnər] 男 -s/- うそつき. 《ことわざ》女性形は Lügnerin). ein gemeiner *Lügner* 卑劣なうそつき.

lüg·ne·risch [リューグネリッシュ lýːgnərɪʃ] 形 うその, 偽りの, 虚偽の; うそつきの.

Lu·i·se [るイーゼ luíːzə] 中-[n]s/《女名》ルイーゼ.

Lu·kas [るーカス lúːkas] 男 -/ ① 《男名》ルーカス. ② 《聖》《人名》ルカ(新約聖書の『ルカによる福音書』,『使徒行伝』を書いた人).

Lu·ke [るーケ lúːkə] 女 -/-n ① (明かり取りの)天窓, 小窓. ② 《海》昇降口, ハッチ.

luk·ra·tiv [るクラティーふ lukratíːf] 形 利益の多い, 身入りのいい.

lu·kul·lisch [るクりッシュ lukúlɪʃ] 形 ぜいたくな, 豪奢(<ruby>ごうしゃ</ruby>)な(食事など).

Lu·latsch [るーらーチュ lúːlaːtʃ または ..らッチュ] 男 -[e]s/-e 《口語》のろまなのっぽ. ein langer *Lulatsch* のっぽでのろまな男.

lul·len [るれン lúlən] 他 (h)《成句的に》das Kind⁴ in den Schlaf *lullen* 子守歌を歌って子供を寝かしつける.

Lu·men [るーメン lúːmən] 中 -s/- (または Lumina) ① 《物》ルーメン(光束の単位; 記号 lm). ② 《医・生》内腔[の内径].

Lüm·mel [リュンメる lýməl] 男 -s/- ① がさつ(不作法)な男;《口語》若者; やつ. ② 《俗》ペニス.

lüm·mel·haft [リュンメるハふト] 形 粗野な, 不作法な.

lüm·meln [リュンメるン lýməln] 再帰 (h) sich⁴ *lümmeln*《口語》(…へ)だらしなく座る(寝そべる).

Lump [るンプ lúmp] 男 -en/-en ろくでなし, ならず者, ごろつき.

lum·pen [るンペン lúmpən] 自 (h)《口語》① のらくらして暮らす, だらしない生活をする(特に酒びたりなど). ② 《成句的に》sich⁴ nicht *lumpen* lassen けちけちしない, 気前よくふるまう.

Lum·pen [るンペン lúmpən] 男 -s/- ① ぼろ[切れ], 《方》ぞうきん. 人⁴ aus den *Lumpen* schütteln 《俗》人⁴をぼろくそにけなす. ② 《ふつう複》ぼろ服.

Lum·pen⸗ge·sin·del [るンペン・ゲズィンデる] 中 -s/ 無頼の徒, ならず者, ごろつき.

Lum·pen⸗pack [るンペン・パック] 中 -[e]s/ 無頼の徒, ならず者, ごろつき.

Lum·pen⸗samm·ler [るンペン・ザムらァ] 男 -s/- ① くず拾い. ② 《戯》最終電車(バス).

Lum·pe·rei [るンペライ lumpəráɪ] 女 -/-en ① 下劣な行為. ② 《口語》くだらないこと.

lum·pig [るンピヒ lúmpɪç] 形 ① 下劣な, 卑しい. ② 《話》(服装などが)みすぼらしい, ぼろの. ③ 《口語》(金額などが)わずかばかりの, みみっちい. die paar *lumpigen* Mark たったの数マルク.

Lu·na [るーナ lúːna] I -s/《女神》ルーナ(月の女神). II 女 -s/《ふつう冠詞なしで》《詩》月(= Mond).《ことわざ》定冠詞とともに用いるときは2格:-).

Lunch [ランシュ lántʃ または ランチュ lántʃ]《英》男 -[e]s (または -)/-[e]s (または -e) (簡単な)昼食, ランチ.

lun·chen [ランシェン lántʃən または ..チェン ..tʃən] 自 (h) (簡単な)昼食をとる.

Lunch⸗pa·ket [ランシュ・パケート] 中 -[e]s/-e (昼食用の)弁当.

Lü·ne·burg [リューネ・ブルク lýːnəburk] 中 -s/《都市名》リューネブルク(ドイツ, ニーダーザクセン州:《ことわざ》地図 E-2). die *Lüneburger* Heide リューネブルクの原野 (アラー川とエルベ川下流にはさまれた地域:《ことわざ》地図 D~E-2).

＊die Lun·ge [るンゲ lúŋə] 女 (単) -/(複) -n 肺, 肺臓. 《反》lung). eine gesunde *Lunge* 健康な肺 / eiserne *Lunge* 《医》人工心肺(←鉄の肺) / grüne *Lunge* 《比》(都市の)緑地帯(←緑の肺) / eine gute *Lunge*⁴ haben a) 丈夫な肺をしている, b) 《戯》声量がある / sich³ die *Lunge*⁴ aus dem Hals schreien 《口語》声をかぎりに叫ぶ (←のどから肺が出るほど) / auf *Lunge* rauchen たばこを深々と吸い込む / Sie hat es auf der *Lunge*. 彼女は肺を病んでいる / aus voller *Lunge* schreien 声をかぎりに叫ぶ / Schone deine *Lunge*!《戯》あまりしゃべるな(←肺を大事にしろ).

Lun·gen⸗ent·zün·dung [るンゲン・エントツュンドゥング] 女 -/-en 《医》肺炎.

Lun·gen⸗flü·gel [るンゲン・ふりューゲる] 男 -s/-《医》肺葉, 肺囊.

lun·gen⸗krank [るンゲン・クランク] 形 肺病の.

Lun·gen⸗krebs [るンゲン・クレープス] 男 -es/-《医》肺癌(<ruby>はいがん</ruby>).

Lun·gen⸗tu·ber·ku·lo·se [るンゲン・トゥベルクろーゼ] 女 -/《医》肺結核.

lun·gern [るンガァン lúŋərn] 自 (h)《話》ぶらぶ

Lun·te [るンテ lúntə] 囡 -/-n ① 火縄. *Lunte*[4] riechen《口語》危険を感じとる, 怪しいとにらむ. ②《狩》(きつねなどの)尾.

Lu·pe [るーペ lúːpə] 囡 -/-n 虫めがね, 拡大鏡. 人・物[4] **unter die** *Lupe* **nehmen**《口語》人・物[4]を詳しく観察する, 吟味する.

lu·pen⹀rein [るーペン・ライン] 形 ①〈拡大鏡で見ても〉まったく傷が見つからない(宝石など). ②《比》完全な, 完璧(ﾍﾟｷ)な.

Lurch [るルヒ lúrç] 男 -[e]s/-e《動》両生類.

✽*die* **Lust** [るスト lúst] 囡《単》-/《複》Lüste [リュステ] (3格のみ Lüsten) ①《複なし》(…したい)気持ち, 欲求. (英 *desire*). Hast du *Lust* **auf ein Glas Wein?** ワインを一杯飲みたいですか / *Lust*[4] **zu**[3] **haben** 事[3]をする気がする ⇒ Die Kinder hatten keine *Lust* zum Spielen. 子供たちは遊ぶ気がなかった.
◇《zu 不定詞[句]とともに》Hast du *Lust*, dorthin zu fahren? 君はそこへ行きたいと思うの? / Ich habe keine *Lust*, ins Kino zu gehen. 私は映画に行く気はしない.
◇《成句的に》wie du *Lust* hast 君のしたいとおりに / nach *Lust* und Laune 気の向くままに, 好きなだけ.
②《複なし》楽しみ, 喜び. (英 *pleasure*). Lebens*lust* 生きる喜び / Es ist eine wahre *Lust*, diese Blumen zu betrachten. このような花を観賞するのはほんとうに楽しみだ / *Lust*[4] **an** 事[3] **haben** 事[3]に喜びを持つ / **die** *Lust*[4] **an** 事[3] **verlieren** 事[3]の喜びを失う / 事[4] **aus** (または **mit**) *Lust* und Liebe tun 好きでする, 好きでやる / **ohne** *Lust* und Liebe いやいやながら. (☞ 類語 Freude).
③《雅》(肉体的な)欲望, 情欲; (性的な)快楽. Er ist ein Sklave seiner *Lüste*. 彼は情欲のとりこになっている.

Lust·bar·keit [るストバールカイト] 囡 -/-en《雅》娯楽, 楽しい催し.

Lüs·te [リュステ]✽**Lust** (欲望の)《複》

Lüs·ter [リュスタァ lýstər] 男 -s/- ① シャンデリア. ②〈陶器などのうわ薬による〉光沢[のある表面]. ③《織》ラスター(光沢のある平織布地).

lüs·tern [リュステァン lýstərn] 形《雅》① ひどく欲しがっている. **auf**[4] または **nach** 物[3]) *lüstern* **sein** 物[4](または 物[3])が欲しくてたまらない. ② 好色な, みだらな.

Lüs·tern·heit [リュスタァンハイト] 囡 -/《雅》物欲しげなこと; 好色, みだら.

✽**lus·tig** [るスティヒ lústıç] I 形 ① 愉快な, 陽気な, 楽しい. (英 *merry*). ein *lustiger* Abend 楽しい夕べ / ein *lustiger* Mensch 愉快なやつ / die *lustige* Person《劇》道化役 / *lustige* Farben《比》カラフルな色彩 / sich[4] **über** 人・物[4] *lustig* **machen** 人・物[4]を笑いものにする,人・物[4] *lustig* werden.《口語》(反語的に:)これはことになるぞ.
② おもしろい, こっけいな. eine *lustige* Geschichte おもしろい話 / *lustig* erzählen おもし

ろおかしく話す.
③《成句的に》solange (wie) 人[1] *lustig* ist《口語》人[1]が好きなだけ(好きなように). Mach es, wie du *lustig* bist! 君の好きなようにやりなさい.
II 副 ① 活発に, 勢いよく. Die Fahnen flatterten *lustig* im Wind. 旗が勢いよく風にはためいていた.
② 平気で, おかまいなしに. Die Schüler redeten *lustig* weiter. 生徒たちはおかまいなしにおしゃべりを続けていた.

類語 **lustig**: (快感を覚えるような気分で)愉快な, 陽気な. **fröhlich**: (笑っているはたり外部に喜びを表して)楽しげな. ein *fröhliches* Kind 快活な子供. **froh**: (心の内なる喜びを表して)朗らかな. ein *frohes* Gesicht. 朗らかな顔. **heiter**: (心を暗くするものから解放され, 晴々とした気分で)朗らかな. Er war in *heiterer* Laune. 彼は晴々とした気分(上機嫌)だった.

..lus·tig [..るスティヒ ..lustıç]《形容詞をつくる接尾》(…する気のある, …する好きの). 例: kauf*lustig* 購買欲のある.

Lus·tig·keit [るスティヒカイト] 囡 -/ 陽気(愉快・快活)[なこと].

Lüst·ling [リュストリング lýstlıŋ] 男 -s/-e 女たらし, 助平.

lust⹀los [るスト・ろース] 形 ① 気乗りのしない, やる気のない. *lustlos* arbeiten いやいや仕事をする. ②《経》買い気のない; 不景気な.

Lust·lo·sig·keit [るスト・ろーズィヒカイト] 囡 -/ 気乗り薄, やる気のないこと.

Lust⹀molch [るスト・モるヒ] 男 -[e]s/-e《口語・戯》女たらし, 助平 (=Lüstling).

Lust⹀mord [るスト・モルト] 男 -[e]s/-e (色情狂的な)快楽殺人.

Lust⹀ob·jekt [るスト・オブイェクト] 中 -[e]s/-e 性的快楽の対象(相手).

Lust⹀schloss [るスト・シュろス] 中 -es/..schlösser (特に夏用の)離宮.

Lust⹀schloß [新不] Lustschloss

Lust⹀spiel [るスト・シュピーる] 中 -[e]s/-e《文学》喜劇, コメディー (=Komödie).

lust·wan·deln [るスト・ヴァンデるン lústvandəln] 自 (s, h)《雅》散歩(遊歩)する.

Lu·te·ti·um [るテーツィウム lutéːtsium] 中 -s/《化》ルテチウム(記号: Lu).

luth.. [るテリッシュ まれに るテー..]《略》ルター派 [教会](=lutherisch).

Lu·ther [るッタァ lútər] -s/《人名》ルター (Martin *Luther* 1483-1546; ドイツの宗教改革者).

Lu·the·ra·ner [るテラーナァ lutəráːnər] 男 -s/-《宗教》ルター派の人, ルター派教会員.

lu·the·risch [るッテリッシュ lútərıʃ まれに るテー.. lutéː..] 形 ルターの; ルター派[教会]の. die *lutherische* Kirche ルター派教会.

Lu·ther·tum [るッタァトゥーム] 中 -s/《ﾘｼﾞﾎﾟ教》ルター派, ルター主義; プロテスタンティズム.

✽**lut·schen** [るッチェン lútʃən] (lutschte, hat

...gelutscht) **I** 他 (完了 haben)(飴(ぁめ)など⁴を)しゃぶる, なめる. (英 suck). ein Bonbon⁴ *lutschen* ボンボンをしゃぶる / ein Eis⁴ *lutschen* アイスクリームをなめる.
II 自 (完了 haben)《**an** 物³ ~ 》(物³)をしゃぶる, なめる. am Daumen *lutschen* 親指をしゃぶる.

Lut·scher [るッチァァ lútʃər] 男 -s/- ① 棒付きキャンデー. ② 《口語》(赤ん坊の)おしゃぶり.

lutsch·te [るッチュテ] *lutschen (しゃぶる)の過去

Luv [るーふ lúːf] **I** 女 -/《海》(船の)風上側. (⇔「(船の)風下側」は Lee). in Luv liegen 風上にある / nach *Luv* drehen 針路を風上に向ける. **II** -s/《地理》(山などの)風の当たる側.

lu·ven [るーヴェン lúːvən または ..ふェン ..fən] 自 (h)《海》船首を風上に向ける.

Lux [るクス lúks] 中 -/-《理》ルクス (照度の単位; 記号: lx).

Lu·xem·burg [るクセン・ブルク lúksəmburk] 中 -s/ ① 《国名》ルクセンブルク [大公国]. ② 《都市名》ルクセンブルク (①の首都: ☞ 地図C-4).

lu·xu·ri·ös [るクスリエース luksurióːs] 形 ぜいたくな, 豪華な, デラックスな.

*der **Lu·xus** [るクスス lúksus] 男(単) -/ ぜいたく, 華美; 浪費. (英 luxury). Das ist doch reiner *Luxus*! それはまったくぜいたくというものだ / Sie treibt *Luxus* mit ihrer Garderobe. 彼女は衣装にはぜいたくをする / im *Luxus* leben ぜいたくな暮らしをする.

Lu·xus⋄ar·ti·kel [るクスス・アルティーケる] 男 -s/- ぜいたく品.

Lu·xus⋄**aus·ga·be** [るクスス・アオスガーベ] 女 -/-n 特製本, 豪華版[の本].

Lu·xus⋄**steu·er** [るクスス・シュトイァァ] 女 -/ -n 奢侈(しゃし)税.

Lu·zern [るツェルン lutsérn] 中 -s/《地名・都市名》ルツェルン(スイス26州の一つ, またその州都. アルプス観光の基地: ☞ 地図D-5).

Lu·zer·ne [るツェルネ lutsérnə] 女 -/-n《植》ムラサキウマゴヤシ(牧草・飼料になる).

Lu·zi·fer [るーツィふェァ lúːtsifər] **I** 男 -s/《聖》ルチファー(悪魔の長サタンの別名). **II** 男 -s/《定冠詞とともに》《天》明けの明星, 金星.

lx [るクス]《記号》ルクス(照度の単位) (=Lux).

lym·pha·tisch [リュムふァーティッシュ lymfáːtɪʃ] 形《医》リンパ[液]の; リンパ性の.

Lym·phe [リュムふェ lýmfə] 女 -/-n《医》① リンパ[液]. ② 痘苗(とうびょう).

Lymph⋄ge·fäß [リュムふ・ゲふェース] 中 -es/-e《医》リンパ管.

Lymph⋄**kno·ten** [リュムふ・クノーテン] 男 -s/-《医》リンパ節.

lyn·chen [リュンヒェン lýnçən または リン.. lín..] 他 (h) (人⁴に)リンチ(私刑)を加える.

Lynch⋄jus·tiz [リュンヒ・ユスティーツ] 女 -/ リンチ, 私刑.

Ly·ra [リューラ lýːra] 女 -/Lyren ① リラ(古代ギリシアのたて琴); (軍楽隊の)グロッケンシュピール. ② 《複》なし, 定冠詞とともに》《天》琴座.

Ly·rik [リューリク lýːrɪk] 女 -/《文学》叙情詩.

Ly·ri·ker [リューリカァ lýːrɪkər] 男 -s/- 叙情詩人.

ly·risch [リューリッシュ lýːrɪʃ] 形 ① 叙情詩の; 叙情詩風の, 叙情的な. ein *lyrisches* Gedicht 叙情詩. ②《音楽》(声が)リリックな. ein *lyrischer* Tenor リリック・テノール ③ 情緒豊かな, 感傷的な.

Ly·ze·um [リュツェーウム lytséːum] 中 -s/..zeen [..ツェーエン] ① 《古》女子高等中学校. ② (スイス)(ギムナジウムの)上級学年.

M m

m¹, M¹ [エム ém] 甲 -/- エム(ドイツ語アルファベットの第13字).

m² [(記号)] ① [メータァ] メートル (=Meter). ② [ミヌーテ または ミヌーテン] 分 (=Minute[n]).

m. [マスクリーヌム] (略)(言) 男性名詞 (=Maskulinum).

m² [クヴァドラート・メータァ] (記号) 平方メートル (=Quadratmeter).

m³ [クビーク・メータァ] (記号) 立方メートル (=Kubikmeter).

M² [マッハ] ① [マッハ] マッハ(音速の単位=Mach). ② [メガ.. または メーガ..] メガ..(単位につけて百万を表す)(=mega..). ③ [マルク] マルク (旧東ドイツの通貨単位)(=Mark).

mA [ミリ・アンペーァ または ..ペーァ] (記号) ミリアンペア (=Milliampere).

MA. [ミッテる・アるタァ] (略) 中世 (=Mittelalter).

M. A. (略) ① [マギスタァ アルツィウム] [文学]修士[号] (=Magister Artium). ② [エム エイ] (英米の文学修士[号] (=Master of Arts).

Mä·an·der [メアンダァ méandər] 男 -s/- ①(地理)(河川の蛇行, 屈曲. ②(建·美) 波形装飾(曲折)文様, メアンダー.

Maar [マール má:r] 甲 -[e]s/-e (地理) マール (噴火によってできた円形の火口[湖]).

die **Maas** [マース má:s] 女 /(定冠詞とともに) (川名) マース川 (ライン川の支流. フランス・ベルギー・オランダを流れる).

Maat [マート má:t] 男 -[e]s/-e[n] (海)(昔の:) 船乗り見習い; 海軍下士官, 海軍二等兵.

Mach [マッハ máx] 甲 -/- (物) マッハ (音速の単位. オーストリアの物理学者 E. Mach 1838–1916 の名から; 記号: Ma または M). Das Flugzeug fliegt mit einer Geschwindigkeit von *Mach* 1 (=eins). その飛行機はマッハ 1 で飛ぶ.

Mach‹art [マッハ・アールト] 女 -/-en 作り方, (特に衣服の)デザイン, 仕立て. eine hübsche *Machart* かわいらしいデザイン / Das ist meine *Machart*.《口語·比》それは私の好みに合う.

mach·bar [マハバール] 形 実現(実行)できる; 思いどおりに操作できる.

Ma·che [マッヘ máxə] 女 -/ ①《口語》見せかけ, ごまかし. Das ist alles nur *Mache*. それはすべてごまかしだ. ②《隠語》(特に文学上のわざとらしい)様式, (技巧をこらした)作品. 〚成句的に〛 物⁴ in der *Mache* haben《口語》物⁴を制作中である / 人⁴ in der *Mache* haben《俗》a) 人⁴を厳しく非難する, b) 人⁴をさんざんなぐる.

..ma·che [..マッヘ] 〚女性名詞をつくる接尾〛《…のでっちあげ》例: Meinungs*mache* 世論操作.

ma·chen [マッヘン máxən]

する; 作る	Wir *machen* eine Reise.
	ヴィァ マッヘン アイネ ライゼ
	私たちは旅行をしています.

人称	単	複
1	ich *mache*	wir *machen*
2	du *machst*	ihr *macht*
	Sie *machen*	Sie *machen*
3	er *macht*	sie *machen*

(machte, hat...gemacht) I 他 (完了 haben) ① する, 行う. (英 do). Was *machst* du am Sonntag? 君は日曜日には何をするの / So etwas *macht* man nicht. そんなことはするものではない / Was *soll* ich *machen*? 私はどうしたらいいのだろうか / Was *macht* dein Vater? お父さんはどうしてる(元気かい) / Was *macht* die Arbeit? 仕事の進みぐあいはどうですか / Wir *machen* morgen einen Ausflug. 私たちはあす遠足に行きます / ein Foto⁴ *machen* 写真を撮る / die Hausaufgaben⁴ *machen* 宿題をする / eine Pause⁴ *machen* 休憩する / eine Prüfung⁴ *machen* 試験を受ける.
◇〚行為などを表す名詞を目的語として〛den Anfang *machen* 始める / Einkäufe⁴ *machen* 買い物をする / einen Versuch *machen* 試みる / einen Vorschlag *machen* 提案する.
◇〚目的語なしでも〛 *Lass* mich nur *machen*!《口語》私に任せておけ.
◇〚es を目的語として成句的に〛 *Mach*'s (= *Mach* es) gut!《口語》(別れのあいさつで:)元気でね / *Machen* Sie es sich³ bequem! どうぞお楽になさってください / Er *wird* es nicht mehr lange *machen*.《口語》彼の命はもう長くないだろう.

② 作る, 製造する. (英 make). Die Firma *macht* Möbel. その会社は家具を作っている / Er *macht* Gedichte. 彼は詩を作る / Ich *lasse* mir einen Anzug *machen*. 私はスーツを作ってもらう / das Essen⁴ *machen* 食事を作る / Kaffee⁴ *machen* コーヒーを沸かす / Feuer⁴ *machen* 火をおこす / Licht⁴ *machen* 明かりをつける / A⁴ aus B³ *machen* A⁴ を B³ から作る ⇨ Aus Milch *macht* man Butter. 牛乳からバターを作る / einen tüchtigen Menschen aus 人³ *machen* 人³を有能な人間に仕立てる.
◇〚成句的に〛 sich³ nichts (wenig⁴) aus 人·物³ *machen*《口語》人·物³をまったく(あまり)好まない / *Mach* dir nichts daraus!《口語》そんなことは気にかけるな.

③ (人・物⁴を…の状態に)する. Der Lärm *macht* mich verrückt. 騒音が私をいらいらせる / eine Hose⁴ länger *machen* ズボンを長くする / 人⁴ auf 事⁴ aufmerksam *machen* 人⁴に事⁴を気づかせる. ◇《再帰的に》sich⁴ hübsch *machen* おめかしする | *sich*⁴ wichtig *machen* 偉ぶる.

④ 引き起こす; (人³に事⁴)をもたらす. Diese Arbeit *macht* Durst. この仕事をしているとのどが渇く / Er *machte* mir Angst. 彼は私を不安にした / 人³ Freude⁴ *machen* 人³を喜ばせる / Musik⁴ *machen* 音楽を演奏する / Lärm⁴ *machen* 騒ぐ / [Das] *macht* nichts.《口語》(わびなどに答えて):[そんなことは]なんでもありません.

⑤《口語》(ある金額・数⁴に)なる. Was *macht* das? — Das *macht* zusammen 20 Mark. それは幾らになりますか — 合わせて 20 マルクになります / Drei mal fünf *macht* fünfzehn. 3 掛ける 5 は 15.

⑥ 《A⁴ zu B³ ~》(A⁴ を B³ に)する, 変える. 物⁴ zu Geld *machen* 物⁴を換金する, 売る / 人⁴ zum Leiter *machen* 人⁴をリーダーにする.

⑦ (元どおりに)整える, 直す. das Bett⁴ *machen* ベッドを整える / Das Mädchen *machte* sich³ die Haare.《口語》その少女は髪を整える.

⑧ (ある顔つき・動作など⁴を)する. Sie *machte* ein ernstes Gesicht. 彼女は真剣な顔をした / einen langen Hals *machen*《口語》(物珍しそうに)首を伸ばして見る.

⑨《zu のない不定詞とともに》(人⁴を…)させる. 人⁴ lachen (weinen) *machen* 人⁴を笑わせる(泣かせる).

⑩《俗》(人⁴の役を)演じる. Er *macht* den Schiedsrichter. 彼が審判をする.

II 再帰 (完了 haben) *sich*⁴ *machen* ① 《*sich*⁴ an (または auf) 事⁴ ~》(事⁴に)とりかかる. Er *macht* sich an die Arbeit. 彼は仕事にとりかかる / *sich*⁴ auf die Reise *machen* 旅に出る / *sich*⁴ auf den Weg *machen* 出発する.

② 《形容詞の gut などとともに》よく合う, 似合う. Die Bluse *macht* sich gut zu dem Rock. そのブラウスはスカートによく合っている.

③《口語》よくなる, 進展する. Das Wetter *macht* sich wieder. 天気が回復する.

III 自 (完了 haben または sein) ① (h)《口語》急ぐ. *Mach* doch! 急げ, 早くしろ. ② (h) 《in 物³ ~》《口語》(物³を)商う, 商売する. *macht* in Lederwaren. 彼は革製品を商っている. ③ (h)《口語・婉曲》大便(小便)をする. ins Bett *machen* おねしょをする. ④ (h, s)《方向を表す語句とともに》《方》(…へ)行く.

◇☞ **gemacht**

....

類語 **machen**:「作る」の意味で最も一般的な語. **her|stellen**:（工業製品などを）製造する, 生産する. Der Betrieb *stellt* Stahlmöbel *her*. この工場はスチール家具を製造している. **schaffen**:（創造的にものを）創り出す, 創作する. Beethoven *schuf* neun Sinfonien. ベートーヴェンは九つの交響曲をつくった.

....

Ma·chen·schaft [マッヘンシャフト] 女 -/-en 《ふつう 複》画策, たくらみ, 策略. dunkle *Machenschaften* 陰謀.

Ma·cher [マッハァ máxɐr] 男 -s/- ① (陰謀などの)張本人, 主謀者, 黒幕. ② やり手, 実力者.

Ma·chi·a·vel·li [マキアヴェリ makiavéli] -s/- 《人名》マキァヴェリ (Niccolò *Machiavelli* 1469–1527; イタリアの政治学者・歴史家).

Ma·chi·a·vel·lis·mus [マキアヴェリスムス makiavɛlísmʊs] 男 -/ マキァヴェリ主義, 権謀術策主義.

‡ *die* **Macht** [マハト máxt]

> 力 Wissen ist *Macht*. 知識は力なり.
> ヴィッセン イスト マハト

女 (単) -/(複) Mächte [メヒテ] (3 格のみ Mächten) ① 《複 なし》力. (英 power). eine geringe (große) *Macht* 小さな(大きな)力 / aus eigener *Macht* 独力で / Das steht nicht in meiner *Macht*. それは私の力ではどうにもならない / mit aller *Macht* 全力をあげて / mit *Macht* 勢いよく, 力強く.

② 《複 なし》支配力, (強い)影響力. die politische *Macht* 政権 / die *Macht* der Liebe² 愛の力 / die *Macht* der Gewohnheit³ 習慣の力 / die *Macht*² ergreifen 権力を握る / die *Macht*⁴ aus|üben 権力を行使する / *Macht*⁴ über 人・物⁴ haben 人・物⁴を支配している / an die *Macht* (または zur *Macht*) kommen 権力の座につく. (☞ 類語 Kraft).

③ 強国, 大国. Wirtschafts*macht* 経済大国 / die imperialistischen *Mächte* 帝国主義の列強. ④ 超自然的な力. himmlische *Mächte* 天界の諸力. ⑤ 軍隊, 兵力.

Macht·be·fug·nis [マハト・ベフークニス] 女 -/..nisse《法》権能, 権限, 職権.

mach·te [マハテ] ‡**machen** (する)の 過去.

Mäch·te [メヒテ] ‡**Macht** (強国)の 複.

Macht·er·grei·fung [マハト・エァグライふング] 女 -/《政》権力(政権)の掌握.

Macht·ha·ber [マハト・ハーバァ] 男 -s/- 権力(支配)者; 独裁者.

‡**mäch·tig** [メヒティヒ méçtiç] I 形 ① 強大な, 権力のある. (英 powerful). ein *mächtiger* Herrscher (Staat) 強力な支配者(強大な国家).

② 力強い; がっしりした, 大きな, 巨大な. eine *mächtige* Stimme 力強い声 / eine *mächtige* Eiche オークの巨木 / eine *mächtige* Gestalt がっしりした体格 / ein *mächtiges* Essen《方》胃にもたれる食事.

③《口語》ものすごい, ひどい. Er hat *mächtigen* Hunger. 彼は腹ぺこだ / *mächtiges* Glück すばらしい幸せ.

④《成句的に》人・物² *mächtig* sein《雅》

人・物²を支配している，意のままに操る．Er war des Deutschen nicht *mächtig*. 彼はドイツ語に堪能(ﾀﾝﾉｳ)ではなかった / Ich war meiner² [selbst] nicht mehr *mächtig*. 私はもう自分を抑えることができなかった．
II 副 《口語》ものすごく，ひどく．Er erschrak *mächtig*. 彼はひどく驚いた．

Macht≠kampf [マハト・カンプフ] 男 -[e]s/..kämpfe 《政》権力闘争．

macht・los [マハト・ロース] 形 無力な，権力のない．

Macht・lo・sig・keit [マハト・ローズィヒカイト] 女 -/ 無力，権力のないこと．

Macht≠po・li・tik [マハト・ポリティーク] 女 -/ 権力政治，武力外交，パワーポリティックス．

Macht≠pro・be [マハト・プローベ] 女 -/-n 力比べ，武力対決．

Macht≠stel・lung [マハト・シュテルング] 女 -/-en 優位，権力ある地位．

Macht≠über・nah・me [マハト・ユーバァナーメ] 女 -/ 《政》権力(政権)の掌握．

macht≠voll [マハト・フォる] 形 強力な，権力のある．

Macht≠voll・kom・men・heit [マハト・フォるコンメンハイト] 女 -/ 絶対的権力．aus eigener *Machtvollkommenheit* 独断で．

Macht≠wort [マハト・ヴォルト] 中 -[e]s/-e 有無を言わさぬ命令，鶴(ﾂﾙ)の一声．

Mach≠werk [マッハ・ヴェルク] 中 -[e]s/-e まずい(へたくそな)作品，駄作．

Ma・cke [マッケ máka] 女 -/-n ① 《俗》変な癖；奇妙な考え．② 欠陥．

Ma・cker [マッカァ mákər] 男 -s/- ① 《若者言葉：》ボーイフレンド；やつ．② 《北ド》同僚．

Ma・dam [マダム] 女 -/-s (または -en) 《口語》① 一家の主婦，女主人．② 《戯》(小太りの)女性，マダム．③ 《方・戯》妻，夫人．

Ma・dame [マダム madám] 《フラ》女 -/Mesdames [メダム] ((既婚)女性に対する敬称または呼びかけで：) …夫人，…さん，奥様 (ドイツ語の Frau に当たる；略：単 Mme., 複 Mmes.).

das **Mäd・chen** [メートヒェン mé:tçən]

女の子

Erika ist ein nettes *Mädchen*.
エーリカ イスト アイン ネッテス メートヒェン
エーリカは感じのいい女の子だ．

格	単	複
1	das Mädchen	die Mädchen
2	des Mädchens	der Mädchen
3	dem Mädchen	den Mädchen
4	das Mädchen	die Mädchen

中 (単 2) -s/(複) - ① **女の子**，少女；若い女性．(英 *girl*). 《ス》「男の子」は Junge). Jungen und *Mädchen* 少年少女たち / ein kleines (hübsches) *Mädchen* 小さな(かわいらしい)女の子 / ein leichtes *Mädchen* 尻(ｼﾘ)の軽い娘 / Sie hat ein *Mädchen* bekommen. 彼女は女の子を産んだ．(🔎 類語 Frau).
② ガールフレンド，恋人．③ お手伝いさん，メイド．Zimmer*mädchen* (ホテルなどの)部屋係のメイド / ein *Mädchen* für alles 《口語》(男女に関係なく)何でも受け持つ人 (←家事いっさいを受け持つお手伝いさん)．

mäd・chen・haft [メートヒェンハフト] 形 少女のような，娘らしい．

Mäd・chen≠han・del [メートヒェン・ハンデる] 男 -s/ (特に外国との)婦女売買．

Mäd・chen≠na・me [メートヒェン・ナーメ] 男 -ns (3格・4格 -n)/-n ① 女性の名前．② (女性の)旧姓．

Ma・de [マーデ má:də] 女 -/-n 《昆》ウジ(蛆).

Mä・del [メーデる má:dəl] 中 -s/-[s] (南ドミッテル -n) 《口語》= Mädchen

Ma・de・moi・selle [マデモアゼる madəmoazél] 《フラ》女 -/Mesdemoiselles [メデモアゼる] ((未婚婦人に対する敬称または呼びかけで：) …さん，…嬢 (ドイツ語の Fräulein に当たる；略：単 Mlle., 複 Mlles.).

ma・dig [マーディヒ má:dɪç] 形 うじのわいた，虫食いの．jn/et *madig* machen 《口語》人₄/物₄を悪く言う，けなす / jn³/物₄ *madig* machen 《口語》人₃/物₄(楽しみなど)をだいなしにする．

Ma・don・na [マドンナ madóna] 《イタ》女 -/..donnen 《キリスト教》① 《複なし》聖母マリア．② 聖母マリア(画)像．

Ma・don・nen≠bild [マドンネン・ビルト] 中 -[e]s/-er 聖母マリア像．

Mad・rid [マドリット madrít] 中 -s/《都市名》マドリード(スペインの首都)．

Mad・ri・gal [マドリガーる madrigá:l] 《イタ》中 -s/-e ① 《文学》(牧歌風の)叙情詩．② 《音楽》マドリガル，マドリガーレ (14 世紀および 16・17 世紀のイタリアの多声歌曲形式)．

ma・es・to・so [マエストーゾ maɛstó:zo] 《イタ》副 《音楽》マエストーソ，厳かに，壮厳に．

Ma・es・tro [マエストロ maéstro] 《イタ》男 -s/- (または Maestri) (音楽の)大家，巨匠，マエストロ，大作曲家，名指揮者；《古》音楽教師．

Maf・fia [マフィア máfia] 《イタ》女 -/-s 秘密犯罪結社，マフィア(シチリア島で 19 世紀に結成された)．

Ma・fia [マフィア] 《イタ》女 -/-s = Maffia

Ma・fi・o・so [マフィオーゾ mafió:zo] 《イタ》男 -[s]/..fiosi マフィアの一員．

mag [マーク má:k] *mögen*¹ (…かもしれない)の1人称単数・3人称単数 現在．[Das] *mag* sein. (返答で：)そうかもしれない．

Ma・ga・zin [マガツィーン magatsí:n] 中 -s/-e ① 〖娯楽・グラビア〗雑誌；《ラジオ・テレビの》ニュース解説番組．② 倉庫，貯蔵庫；(図書館などの)書庫，(博物館などの)資料室．③ (銃の)弾倉；弾薬庫；《写》スライドケース．

Magd [マークト má:kt] 女 -/Mägde [メークデ] ① (農家などの)手伝い女．② 《雅》乙女，処女．Maria, die reine *Magd* 《キリスト教》聖処女マリア．

Mag・da・le・na [マクダれーナ makdalé:na] -s/《女名》マクダレーナ.

Mag・da・le・ne [マクダれーネ makdalé:nə] -[n]s/《女名》マクダレーネ.

Mag・de・burg [マクデ・ブルク mákdə-burk] 中 -s/《都市名》マクデブルク(ドイツ, ザクセン・アンハルト州の州都. エルベ河畔の工業都市; ☞ 地図 E-2).

Mäg・de・lein [メークデらイン mé:kdəlaın] 中 -s/- =Mägdlein

Mägd・lein [メークトらイン mé:ktlaın] 中 -s/- (Magd の 縮小)《雅》乙女, 少女.

＊der Ma・gen [マーゲン má:gən] 男 (単 2) -s/(複) Mägen [メーゲン] または 《複》 胃, 胃袋, おなか.《医》*stomach*). Er hat einen guten (schwachen) *Magen*. 彼は胃が丈夫だ(弱い) / Mein *Magen* knurrt. また Mir knurrt der *Magen*. 私はおなかがくうくう鳴っている(お腹がすいている) / sich³ den *Magen* verderben 胃をこわす / Bei diesem Gedanken dreht sich mir der *Magen* um.《口語》それを考えると私は胸がむかむかする / 物⁴ **auf** nüchternen *Magen* trinken 物⁴をすき腹に飲む / Die Aufregung schlägt [sich] ihm jedes Mal auf den *Magen*. 興奮すると彼はいつも胃が悪くなる / nichts⁴ **im** *Magen* haben《口語》何も食べていない / 人³ [schwer] im *Magen* liegen a) 人³の胃にもたれる, b)《口語》人³にとって気が重い(うんざりである) / **mit** leerem *Magen* すき腹を抱えて.

Mä・gen [メーゲン] ＊Magen (胃)の 複

Ma・gen⁀be・schwer・den [マーゲン・ベシュヴェーァデン] 複 胃障害, 胃病.

Ma・gen⁀bit・ter [マーゲン・ビッタァ] 男 -s/- マーゲンビター(苦味の強い健胃薬草酒).

Ma・gen⁀ge・schwür [マーゲン・ゲシュヴーァ] 中 -[e]s/-e《医》胃潰瘍.

Ma・gen⁀gru・be [マーゲン・グルーベ] 女 -/-n《医》みぞおち, 心窩(しんか).

Ma・gen⁀knur・ren [マーゲン・クヌレン] 中 -s/ (空腹で)お腹がくうくう鳴ること(音).

Ma・gen⁀krampf [マーゲン・クランプふ] 男 -[e]s/..krämpfe《医》胃けいれん.

ma・gen⁀krank [マーゲン・クランク] 形 胃病の.

Ma・gen⁀krebs [マーゲン・クレープス] 男 -es/《医》胃癌(がん).

Ma・gen⁀saft [マーゲン・ザふト] 男 -[e]s/..säfte《医》胃液.

Ma・gen⁀säu・re [マーゲン・ゾイレ] 女 -/-n《医》胃酸.

Ma・gen⁀schmerz [マーゲン・シュメルツ] 男 -es/-en《ふつう 複》胃痛. Ich habe *Magenschmerzen*. 私は胃が痛い.

Ma・gen⁀ver・stim・mung [マーゲン・フェァシュティンムング] 女 -/-en 胃の不快感, (軽い)消化不良.

＊ma・ger [マーガァ má:gər] 形 ① やせた, 肉づきの悪い, 骨ばった.《⇔》「太った」ist fett). ein *magerer* Mensch やせた人.《☞ 類語 dünn). ② 脂肪の少ない, 栄養分のない.《⇔》「脂肪の多い」ist fett). *mageres* Fleisch 脂(あぶら)の少ない肉. ③ (土地がやせた, 不毛の. *magerer* Boden やせた土地 / eine *magere* Ernte《比》乏しい収穫. ④ わずかの, (内容の)乏しい, 貧弱な. ein *magerer* Lohn わずかな賃金 / ein *magerer* Bericht 中身のない報告. ⑤《印》細身の, 肉細の(活字).

Ma・ger・keit [マーガァカイト] 女 -/ ① やせていること. ②(栄養分・内容などが)乏しいこと.

Ma・ger⁀milch [マーガァ・ミるヒ] 女 -/ スキムミルク, 脱脂乳.

Ma・ger⁀sucht [マーガァ・ズフト] 女 -/《医》神経性無食欲[症], 拒食症, 痩身(そうしん)症.

＊die Ma・gie [マギー magí:] 女 (単) -/ ① 魔法, 魔術; マジック, 手品.《医》*magic*). *Magie*⁴ treiben 魔法を使う / schwarze *Magie* 黒魔術(悪霊を呼び出す魔術). ② 魔力, 神秘的な力. die *Magie* des Wortes 言葉の魔力.

Ma・gi・er [マーギァァ má:giər] 男 -s/- 魔術師, 魔法使い; 手品(奇術)師.

ma・gisch [マーギッシュ má:gıʃ] 形 魔法の; 魔術的な; 不可思議な. ein *magisches* Quadrat 魔方陣 / eine *magische* Anziehungskraft 不思議な魅力.

Ma・gis・ter [マギスタァ magístər] 男 -s/- ① 修士[号], マスター; 修士号取得者. *Magister*arbeit 修士論文 / *Magister* Artium [文学](略: M. A.). ② 学士, (特に)薬学士; 薬剤師 (=Apotheker). ③《古・戯》先生, 師.

Ma・gist・rat [マギストラート magıstrá:t] 男 -[e]s/-e ① 市庁, 市当局; 市(町・村)参事会. ②(古代ローマの)高級官吏(官職).

Mag・ma [マグマ mágma] 中 -s/Magmen《地学》マグマ, 岩漿(がんしょう).

Mag・nat [マグナート magná:t] 男 -en/-en ① 大実業家, 実力者, 大者. Ölmagnat 石油王. ②(昔の)貴族(特にハンガリー・ポーランドの).

Mag・ne・si・um [マグネーズィウム magné:zium] 中 -s/《化》マグネシウム(記号: Mg).

Mag・net [マグネート magné:t] 男 -en (または -[e]s) /-e (まれに -en) ① 磁石, 磁鉄; 電磁石. Dauer*magnet* 永久磁石. ②《比》多くの人を引きつけるもの.

Mag・net⁀band [マグネート・バント] 中 -[e]s/..bänder (じしゃく) 磁気テープ.

Mag・net⁀feld [マグネート・ふェるト] 中 -[e]s/-er《物》磁場, 磁界.

mag・ne・tisch [マグネーティッシュ magné:tıʃ] 形 磁石の, 磁気を帯びた; 磁気による. der *magnetische* Pol 磁極 / das *magnetische* Feld 磁場 / *magnetische* Bildaufzeichnung 磁気テープ録画 / 人⁴ *magnetisch* an|ziehen《比》磁石のように人⁴を引きつける.

mag・ne・ti・sie・ren [マグネティズィーレン magnetízi:rən] 他 (h) ①《物》磁化する. ②(人⁴に)磁気療法を施す.

Mag・ne・tis・mus [マグネティスムス magnetísmus] 男 -/ ① 《物》磁気, 磁力; 磁気学. ② 磁気療法.

Mag·net=kar·te [マグネート・カルテ] 女 -/-n 磁気カード(クレジットカードなど).

Mag·net=na·del [マグネート・ナーデル] 女 -/-n 磁針, 磁石の針.

Mag·net=schwe·be·bahn [マグネート・シュヴェーベバーン] 女 -/-en 磁気浮上(リニアモータ一式)鉄道.

Mag·net=strei·fen [マグネート・シュトライフェン] 男 -s/- 磁気テープ.

Mag·ni·fi·kat [マグニーふィカット magní:fikat] 中 -(s)/-s 《ヵ》マグニフィカト(聖母マリア賛歌, ルカによる福音書 1, 46-55);《音楽》マニフィカト(聖母マリア賛歌).

Mag·ni·fi·zenz [マグニフィツェンツ magnifitsénts] 女 -/-en ① 学長閣下(大学学長に対する敬称). Seine *Magnifizenz* 学長閣下 / Eure (または Euer) *Magnifizenz* (呼びかけで)学長閣下. ② (大学の)学長.

Mag·no·lie [マグノーリェ magnó:liə] 女 -/-n 《植》モクレン(木蓮).

magst [マークスト] ＊mögen¹ (…かもしれない)の 2 人称単数 現在

mäh! [メー mé:] 間 (やぎ・羊の鳴き声:)めえー.

Ma·ha·go·ni [マハゴーニ mahagó:ni] 中 -s/ 《植》マホガニー[材].

Ma·ha·rad·scha [マハラーチャ mahará:dʒa] 男 -s/-s マハラジャ(インドの大王の称号).

Mahd [マート má:t] 女 -/-en 《方》草刈り, (穀物・牧草の)刈り入れ; 刈り取った牧草.

Mäh=dre·scher [メー・ドレッシャァ] 男 -s/- 《農》コンバイン, 刈り取り脱穀機.

＊**mä·hen¹** [メーエン mé:ən] (mähte, hat gemäht) 他 (完了 haben) ① (草・穀物⁴を)刈る, 刈り取る. Gras⁴ *mähen* 草を刈る / Getreide⁴ *mähen* 穀物を刈り取る. ② (畑など⁴の)草を刈る. die Wiese⁴ *mähen* 牧草地の草を刈る.

mä·hen² [メーエン] 自 (h) (やぎ・羊が)めえーと鳴く.

Mä·her [メーァァ mé:ər] 男 -s/- ① 《口語》草(芝)刈り機. ② (草などを)刈る人.

Mahl [マール má:l] 中 -(e)s/Mähler (または -e) 《ふつう 単》《雅》食事; 会食. ein bescheidenes *Mahl* つましい食事. (☞ 類語 Essen).

＊**mah·len**⁽＊⁾ [マーれン má:lən] (mahlte, hat ...gemahlen) I 他 (完了 haben) ① (穀物などを⁴)ひく, 粉にひく, すりつぶす. (☞ grind). Getreide⁴ *mahlen* 穀物をひいて粉にする / Kaffee⁴ grob (fein) *mahlen* コーヒー豆を粗く(細かく)ひく. ◇目的語なしでも Wer zuerst kommt, *mahlt* zuerst. 《諺》早い者勝ちだ(←いちばん先に来た者が, いちばん先に粉にひく). ② (粉⁴をひく. Mehl⁴ *mahlen* 粉をひく.

II 自 (完了 haben) (車輪が砂の中などで)空回りする.

Mah·ler [マーらァ má:lər] -s/ 《人名》マーラー(Gustav *Mahler* 1860-1911; 後期ロマン派に属するオーストリアの作曲家・指揮者).

mahl·te [マーるテ] ＊mahlen (穀物などをひく)の 過去

Mahl=zahn [マール・ツァーン] 男 -(e)s/..zähne 《医》臼歯(きゅうし).

＊*die* **Mahl=zeit** [マール・ツァイト má:l-tsaɪt] 女 (単)-/(複)-en 食事; 料理; 会食. (☞ meal). eine leichte *Mahlzeit* 軽い食事 / drei *Mahlzeiten*⁴ am Tag ein|nehmen 日に 3 度の食事をする / [Gesegnete] *Mahlzeit*! (食前・食後のあいさつで:) a) どうぞ召しあがれ, b) いただきます, c) ごちそうさま / *Mahlzeit*! (昼食時間に同僚間のあいさつで) 《口語》お食事ですね / Prost *Mahlzeit*! 《口語》とんだことになったぞ. (☞ 類語 Essen).

Mäh=ma·schi·ne [メー・マシーネ] 女 -/-n 《農》草刈り機.

Mahn=brief [マーン・ブリーふ] 男 -(e)s/-e [支払い]督促(催促)状.

Mäh·ne [メーネ mé:nə] 女 -/-n ① (馬・ライオンなどの)たてがみ. ② 《戯》(ぼさぼさの)長髪.

＊**mah·nen** [マーネン má:nən] (mahnte, hat ...gemahnt) 他 (完了 haben) ① 《人⁴ zu 事³》～ (人⁴に[事³をするように])促す, 勧める. (☞ urge). zur Eile *mahnen* 急ぐよう促す / *jn*⁴ zur Ruhe *mahnen* 人⁴に休むように勧める. ◇zu 不定詞[句]とともに Er *mahnte* mich, es nicht zu vergessen. 彼は私にそれを忘れるなよと注意してくれた. (現在分詞の形で) ein *mahnender* Blick 注意を促すなざし. ② 《人⁴ an 事⁴ (または wegen 事²) ～》(人⁴に事⁴(または 事²)を)思い起こさせる, 忘れないように注意する. *jn*⁴ an seine Pflichten *mahnen* 人⁴に義務を忘れないように注意する / *jn*⁴ wegen der Steuern *mahnen* 人⁴に税金の督促をする.

Mahn=mal [マーン・マール] 中 -(e)s/-e (まれに ...mäler) (警告の意を含んだ)記念碑. ein *Mahnmal* für die gefallenen Soldaten 戦没兵士の記念碑.

Mahn=schrei·ben [マーン・シュライベン] 中 -s/- [支払い]督促(催促)状 (=Mahnbrief).

mahn·te [マーンテ] ＊mahnen (促す)の 過去

Mah·nung [マーヌング] 女 -/-en ① 勧告, 警告, 注意. eine *Mahnung*⁴ überhören 勧告を聞き流す. ② 督促状.

Mäh·re [メーレ mé:rə] 女 -/-n 老いぼれ馬, 廃馬.

Mäh·ren [メーレン mé:rən] 中 -s/ 《地名》モラヴィア(チェコスロヴァキアにまたがる地方).

mäh·te [メーテ] ＊mähen¹ (刈る)の 過去

‡*der* **Mai** [マイ máɪ] 男 (単 2)-(または -[e]s; 詩 -en)/(複 -e (3 格のみ -en)) 5 月. (☞ *May*). (☞ 月名 ☞ Monat). ein kühler *Mai* 肌寒い 5 月 / Der *Mai* ist gekommen. 《現在完了》5 月になった / Anfang *Mai* 5 月初めに / der Erste *Mai* メーデー(5 月 1 日) / Er steht noch *im Mai* seines Lebens. 《雅》彼はまだまだ若い(←人生の春にい

Mai&baum [マイ・バオム] 男 -[e]s/..bäume《民俗》5月祭の飾り柱, メイポール.

Maibaum

Mai&bow·le [マイ・ボーれ] 女 -/-n メイワイン(ワインにくるまば草で風味をつけたパンチ).
Mai&fei·er [マイ・ファイアァ] 女 -/-n メーデー[のデモ, パレード]; 五月祭.
Mai&glöck·chen [マイ・グれックヒェン] 中 -s/-《植》スズラン.
Mai&kä·fer [マイ・ケーふァァ] 男 -s/-《昆》コフキコガネ.
Mai·land [マイ・らント mái-lant] 中 -s/《都市名》ミラノ(イタリアの州およびその首都).
Mail&box [メイる・ボクス méɪl-bɔks] 《英》女 -/-en《コンピ》メールボックス.
der **Main** [マイン máɪn] 男 -[e]s/《定冠詞とともに》《川名》マイン川. Frankfurt **am** *Main* マイン河畔のフランクフルト(Frankfurt an der Oder「オーダー河畔のフランクフルト」と区別してこう呼ぶ: ☞《地図》D~E-4).
Mainz [マインツ máɪnts] 中 -/《都市名》マインツ(ドイツ, ラインラント・プファルツ州. ドイツ最古の都市の一つで, 州の文化・経済の中心. ワインの集散地: ☞《地図》D~4).
der* **Mais [マイス máɪs] 男《単2》-es/《種類を表すときのみ: 複》-e《植》**トウモロコシ**.(英) *maize*). *Mais*⁴ ernten とうもろこしを収穫する.
Maisch [マイシュ máɪʃ] 男 -[e]s/-e =Maische
Mai·sche [マイシェ máɪʃə] 女 -/-n 原汁(ワイン醸造用の圧搾したぶどう汁・ビール製造用の麦芽汁・アルコール製造用のでんぷん汁など).
Mais&kol·ben [マイス・コるベン] 男 -s/- とうもろこしの穂軸.
Ma·jes·tät [マイェステート majɛstɛ́:t] 女 -/-en ①《覆 なし》陛下(国王などに対する敬称). Euer (または Eure) *Majestät*(呼びかけで)陛下(略: Ew. M.) / Ihre *Majestät* 皇后(女王)陛下(略: I. M.) / Seine *Majestät* 陛下(略: S[e]. M.). ② 国王, 皇帝. die *Majestäten* 国王(国王)夫妻. ③《覆 なし》《雅》尊厳, 威厳; 威容. die *Majestät* des Todes 死の尊厳.
ma·jes·tä·tisch [マイェステーティッシュ majɛstɛ́:tɪʃ] 形 堂々とした, 威厳のある, 荘厳な.
Ma·jes·täts&be·lei·di·gung [マイェステーツ・ベらイディグング] 女 -/-en《法》《古》不敬罪, 大逆罪;《戯》ひどい侮辱.
Ma·jo·li·ka [マヨーリカ majó:lika] 女 -/..li·ken(または -s) マジョリカ焼き(彩色した陶器).
Ma·jo·nä·se [マヨネーゼ majonɛ́:zə] 女 -/-n マヨネーズ.
Ma·jor [マヨーァ majó:r] 男 -s/-e《軍》(陸軍・海軍の)少佐.
Ma·jo·ran [マヨラーン majorá:n または **マ**ーヨラン] 男 -s/-e《植》マヨラナ(地中海沿岸のシソ科の植物. 薬用・香辛料に用いる).
ma·jo·ri·sie·ren [マヨリズィーレン majorizí:rən] 他 (人⁴に)多数決で勝つ, (少数民族など⁴を)多数支配する.
Ma·jo·ri·tät [マヨリテート majorité:t] 女 -/-en (票決などの)多数[派], 過半数.(⇔「票決などの)少数[派]」は Minorität).
Ma·jus·kel [マユスケる majúskəl] 女 -/-n《印》大文字, キャピタル[レター].
ma·ka·ber [マカーバァ maká:bər] 形 (死を思い出させるほど)不気味な; 陰気な, 暗い.
Ma·ke·do·ni·en [マケドーニエン makedó:niən] 中 -s/ ①《国名》マケドニア([旧]ユーゴスラヴィア連邦を構成していた一共和国). ②《地名》マケドニア(ギリシア北東部, エーゲ海沿岸地方).
Ma·kel [マーケる má:kəl] 男 -s/-《雅》① 恥辱, 汚名. 事⁴ als *Makel* empfinden 事⁴を恥と感じる. ② 欠点, 欠陥. An ihr ist kein *Makel*. 彼女は非の打ちどころがない.
Mä·ke·lei [メーケらイ mɛːkəlái] 女 -/-en ①《覆 なし》あら探し. ②《略》酷評.
mä·ke·lig [メーケりヒ mɛ́:kəlɪç] 形 あら探しばかりする.
ma·kel&los [マーケる・ろース] 形 欠点のない, 非の打ちどころのない; 染み一つない. eine *makellose* Figur 非の打ちどころのない容姿.
mä·keln [メーケるン mɛ́:kəln] 自 (h) 難癖をつける. **an** 人・物³ *mäkeln* 人・物³のあら探しをする.
Make-up [メーク・アップ]《英》中 -s/-s ① 化粧品(用具). ② メークアップ, 化粧.
Mak·ka·ro·ni [マカローニ makaró:ni] 《イタ》覆《料理》マカロニ.
Mak·ler [マークらァ má:klər] -s/- 仲買人, ブローカー, (特に:)不動産屋.
Mak·ler&ge·bühr [マークらァ・ゲビューァ] 女 -/-en 仲介料, 周旋(しゅうせん)料.
mäk·lig [メークりヒ] 形 =mäkelig
Mak·re·le [マクレーれ makré:lə] 女 -/-n《魚》サバ(鯖).
mak·ro.., Makro.. [マクロ.. makro.. または マークロ..]《形容詞・名詞につける 接頭》《大…・長…》(母音の前では makr.. となることがある). 例: *makro*kosmisch 大宇宙の.

Mak·ro·kos·mos [マクロ・コスモス] 男 -/ 大宇宙.(✍「小宇宙」は Mikrokosmos).

Mak·ro·ne [マクローネ makró:nə] 女 -/-n マカロン(アーモンド入りクッキー).

Ma·ku·la·tur [マクらトゥーァ makulatú:r] 女 -/-en ①《印》(刷り損じの)紙くず. ② くず紙,古新聞. *Makulatur*⁴ reden《口語》くだらぬことをしゃべる.

mal¹ [マーる má:l] 副 …倍,…掛ける…(記号:×または·).Zwei *mal* vier ist acht. 2掛ける4は8.

***mal**² [マーる má:l] 副《口語》(=ein*mal*)
《文中でのアクセントなして;誘い・督促の気持ちを表して》[まあ]ちょっと. Hör *mal*! ちょっと聞いてよ / Komm [doch] *mal* her, bitte! ちょっとここへ来てちょうだい.
② かつて,昔,以前. Waren Sie schon *mal* in Köln? あなたはケルンにいらっしゃったことがありますか.
③ いつか,そのうちに. Ich glaube, ich muss *mal* Urlaub machen. 私はそのうちに休暇をとらなければいけないと思う.
④《文中でのアクセントなして;他の副詞などとともに》erst *mal*《口語》まず初めに,まずもって / nicht *mal* …すらない / noch *mal* もう一度 ⇒ Zeig das noch *mal*! もう一度それを見せて!

..mal [..マーる ..ma:l]《副詞をつくる》接尾 ①《度·回·倍》例: drei*mal* (=3-*mal*) 3度. ②《…の時に》例: dies*mal* 今回.

*das **Mal**¹ [マーる má:l] 中 (単2) -[e]s/(複) - (3格のみ -en) 度,回.《英》time). dies eine *Mal* nur この1回だけ / Es war das erste und [zugleich] das letzte *Mal*. それは最初にして最後だった / ein anderes *Mal* 別の折に / ein einziges *Mal* 一度だけ / jedes *Mal* 毎回 / einige *Mal*[e] 2, 3回 / mehrere *Male* 何度か / nächstes *Mal* または das nächste *Mal* 次回に / das vorige *Mal* 前回に.
◊《前置詞とともに》beim ersten (zweiten) *Mal* 1度(2度)目に / *Mal* für *Mal* そのつど[新たに] / ein für alle *Mal* これっきりで,きっぱりと / mit einem *Mal*[e] 不意に,突然 / ein *Mal* über (または um) das andere 1回おきに / von *Mal* zu *Mal* 回を重ねるごとに / zum ersten *Mal* 初めて / zum letzten *Mal* 最後に.

Mal² [マーる má:l] 中 -[e]s/-e (または Mäler)
①《ふつう -e》ほくろ,あざ;傷痕. ein blaues *Mal* 青あざ. ②《複》ふつう Mäler》《雅》記念碑,墓標. ③《複 -e》《スポ》標識,ポール;(野球の)ベース;(ラグビーの)ゴール[地域].

ma·la·de [マらーデ maládə] 形 体調が悪い.

Ma·laie [マらイエ maláiə] 男 -n/-n マレー人.

ma·lai·isch [マらイイッシュ maláiɪʃ] 形 マレー[人·語]の.

Ma·la·ria [マらーリア malá:ria] 女 -/《医》マラリア.

Ma·lay·sia [マらイズィア maláizia] 中 -s/《国名》マレーシア(首都はクアラルンプール).

:**ma·len** [マーれン má:lən]

描く Was *malen* Sie denn?
ヴァス マーれン ズィー デン
何を描いているのですか.

(malte, hat...gemalt) I 他《完了》haben)
①(絵の具と筆で)描く,かく;(人·物)⁴の)絵を描く.《英》paint). ein Porträt⁴ *malen* 肖像画を描く / ein Bild⁴ auf Leinwand *malen* カンバスに絵を描く / Er *malt* nur [Bilder⁴] in Öl. 彼は油絵しか描かない / Blumen⁴ nach der Natur *malen* 花を写生する / Er *malt* die Zukunft allzu rosig.《比》彼は未来をあまりにもばら色に思い描いている.《目的語なしでも》Sie *malen* aber gut! 絵がお上手ですね.
②(物⁴に)ペンキ(塗料)を塗る,色を塗る. die Türen⁴ *malen* ドアにペンキを塗る / Der Herbst *malt* die Wälder bunt.《比》秋は森を多彩な色に染める.
③(文字など⁴を)ゆっくりと(ていねいに)書く.
④《口語》(物⁴に)口紅(マニキュア)を塗る. sich³ die Lippen⁴ *malen* 口紅を塗る.
II 再帰《完了》haben) sich⁴ *malen*《場所を表す語句とともに》《雅》(感情などが…に)現れる. Auf (または In) seinem Gesicht *malte* sich Erstaunen. 彼の顔に驚きの色が浮かんだ.

Ma·len [マーれン] 中《成句的に》Es war ein Anblick zum *Malen*.《比》それは絵のように美しい眺めだった.

*der **Ma·ler** [マーらァ má:lər] 男 (単2) -s/(複) - (3格のみ -n)《英》painter) ① 画家. ein berühmter *Maler* des Impressionismus 印象派の有名な画家. ② 塗装工,ペンキ屋.

*die **Ma·le·rei** [マーれライ ma:lərái] 女 (単) -/(複) -en ①《複 なし》(芸術ジャンルとしての)絵画.《英》painting). die *Malerei* der Romantik² ロマン派の絵画 / die abstrakte *Malerei* 抽象画. ②《ふつう複》(個々の)絵,絵画.《英》picture). Wand*malerei* 壁画.

Ma·le·rin [マーれリン má:lərɪn] 女 -/..rinnen (女性の)画家,女流画家.

ma·le·risch [マーれリッシュ má:lərɪʃ] 形 ① 絵画の;《美》絵画的な. ein *malerisches* Talent 絵の才能. ② 絵のような[美しさの]. ein *malerischer* Anblick 絵のように美しい眺め.

Mal·heur [マろーァ malǿ:r] [ゼゼ] 中 -s/-e (または -s)《口語》(ちょっとした)災難,不運. Mir ist ein *Malheur* passiert.《現在完了》私はちょっとした災難に遭った.

..ma·lig [..マーりヒ ..ma:lɪç]《形容詞をつくる》接尾《…度·回の》例: drei*malig* (=3-*malig*) 3度(回)の.

ma·li·zi·ös [マリツィエース malitsiǿ:s] 形 悪意のある,意地悪い.

Mal·kas·ten [マーる·カステン] 男 -s/..kästen 絵の具箱.

Mal·lor·ca [マろルカ malórka または マヨルカ

majórka 中 -s/《島名》マジョルカ島(スペイン領バレアレス諸島最大の島で観光地となっている).

mal|neh·men* [マーネ・ネーメン máːlnèːmən] 他 (h) 掛ける, 乗じる (=multiplizieren). 3 mit 5 malnehmen 3 に 5 を掛ける.

ma·lo·chen [マろッヘン malóxən または マろー.. maló:..] (過分 malocht) 自 (h)《俗》つらい仕事をする, あくせく働く.

..mals [..マーるス ..máːls]《副詞をつくる 接尾》《…度・回》例: mehrmals 何回も.

Mal·ta [マるタ málta] 中 -s/《島名・国名》マルタ(地中海中央部の島[とそれを中心とする共和国]. 首都はバルマ).

mal·te [マーるテ]☆malen (描く)の 過去

Mal·te·ser·kreuz [マるテーザァ・クロイツ] 中 -es/-e ① マルタ騎士団十字架. ②《映》マルタクロス(①の形をした断続的フィルム送り装置).

malt·rä·tie·ren [マるトレティーレン maltrɛtíːrən] 他 (h) ① (人・動物⁴を)虐待する. ② (物⁴を)乱暴に取り扱う.

Mal·ve [マるヴェ málvə] 女 -/-n 〔植〕ゼニアオイ.

Malz [マるツ málts] 中 -es/ モルト, 麦芽.

Malz·bier [マるツ・ビーア] 中 -[e]s/-e 麦芽ビール(アルコール含有量がやや低く, 麦芽の甘味がある黒ビール).

Malz·bon·bon [マるツ・ボンボン] 男 中 -s/-s (甘い)麦芽ドロップ(せき止め用).

Mal·zei·chen [マーる・ツァイヒェン] 中 -s/-《数》乗法記号(× または ·).

mäl·zen [メるツェン méltsən] 他 (h) (大麦など⁴を)麦芽にする.

Malz·kaf·fee [マるツ・カフェ] 男 -s/ 麦芽コーヒー(代用コーヒーの一種).

Ma·ma [ママ máma または ママー] 女 -/-s ママ, お母さん. (⟹《パパ》= Papa).

Mam·bo [マンボ mámbo] 男 -[s]/-s (または 女 -/-s) マンボ(ラテン・アメリカのダンス[曲]).

Ma·mi [マミ mámi] 女 -/-s《幼児》ママ (= Mama).

Mam·mon [マンモン mámɔn] 男 -s/《ふつう軽蔑的に》富, 金銭 (ルカによる福音書 16, 13 など).

Mam·mut [マンムット mámut または ..ムート ..muːt] 中 -s/-e ⑧ (動) マンモス.

mamp·fen [マンプフェン mámpfən] 他 (h)・自 (h)《俗》口いっぱいにほおばって食べる.

Mam·sell [マムぜる mamzél] 女 -/-en (または -s) ① (レストランなどの女性の)料理人, 給仕. ② 家政婦, お手伝い;《古》末婚の女性.

***man**¹ [マン mán]

人は, 人々は
Wie sagt *man* das auf Deutsch?
ヴィー ザークト マン ダス アオフ ドイチュ
それはドイツ語で何と言いますか.

代《不定代名詞; 2 格 eines (ほとんど用いられない), 3 格 einem, 4 格 einen)》つねに単数》人は, 人々は; だれか. (⟹ 日本語ではこの man を訳す必要のない場合が多い). Wie kommt *man* zum Bahnhof? 駅へはどう行くのですか / So etwas tut *man* nicht. そんなことはするものではない / *Man* sagt, dass... …といううわさだ / *Man* nehme zwei Eier und 100 Gramm Zucker.《接 1・現在》(料理の本で)卵 2 個と砂糖 100 グラムを用いること. ◇《自分[たち]を指して》Darf *man* hier rauchen? ここでたばこを吸ってよろしいでしょうか. ◇《相手を指して》*Man* wolle keinen Unsinn schwatzen!《接 1・現在》ばかなことは言わないほうがいい.

⟹ man は er など他の代名詞で言い換えることはできず, 後続の文でも man を繰り返す. また man の所有冠詞は sein, 再帰代名詞は sich. なお不定代名詞の man と名詞の Mann「男性・夫」を混同しないこと.

man² [マン] 副《北ド》さあ, まあ. Na, denn *man* los! a) さあやれ, b) さあやるぞ.

Ma·nage·ment [マネッヂメント mǽnidʒmənt]《英》中 -s/-s ①《複 なし》マネージメント, 経営, 管理. ② (大企業の)経営陣.

ma·na·gen [メニッチェン méṇidʒən] (managte, hat... gemanagt) 他 (h) ① 《口語》(うまく)処理する, (催し物など⁴を)とり仕切る, 経営する. ② (人⁴の)マネージャーを務める.

Ma·na·ger [メニッチャァ méṇidʒər]《英》男 -s/- 管理人, 経営者, マネージャー.

Ma·na·ger·krank·heit [メニッチャァ・クランクハイト] 女 -/ 管理職病, マネージャー病.

***manch** [マンヒ máṇç] 代《不定代名詞; 語尾変化は dieser と同じ. ただし男性・中性単数の 2 格で名詞に -s がある場合は manchen》① 《付加語として》(全体の中で)幾人かの, 一部分の. (⟹ 単数形でも複数を意味する). *mancher* Student または *manche* Studenten 幾人かの学生たち / *Manche* Leute glauben das. 一部の人たちはそのことを信じている / In *mancher* Beziehung hast du Recht. いくつかの点では君の言うことは正しい / so *manche* Stadt 少なからぬ町. ◇《無語尾で》*manch* alter Mensch 一部の老人たち / *manch* liebes Mal《古》ときどき.
② 《名詞的に》幾人かの人, いくつかのこと(もの). *manche* von uns (ihnen) われわれ(彼ら)のうちの何人か / *Manche* sind anderer Meinung². 別の意見を持つ人も何人かはいる / Ich habe Ihnen *manches* zu erzählen. 私はあなたにいろいろとお話しすることがあります.

⟹ 後続の形容詞はふつう弱変化であるが, 複数では強変化することが多い. 無語尾で用いられた manch のあとでは強変化する.

man·che [マンヒェ], **man·chem** [マンヒェム], **man·chen** [マンヒェン], **man·cher** [マンヒャァ] 代《不定代名詞》⟹ manch

***man·cher·lei** [マンヒャァらイ mánçərláɪ] 形《無語尾で》種々の, いろいろな, さまざまな.

mancherlei Hausrat いろいろな家財道具. ◊《名詞的に》Ich habe noch *mancherlei* zu tun. 私はまだやることがいろいろある.

man・ches [マンヒェス] 代《不定代名詞》☞ manch

Man・ches・ter I [メンチェスタァ ménʧɛstɚ] 中 -s/《都市名》マンチェスター(イギリス中西部). II [マンシェスタァ manʃɛstɐr] 男 -s/《織》マンチェスター綿布, コール天.

***manch∠mal** [マンヒ・マーる máṇc-ma:l] 副 ときどき, ときには. (英 sometimes). Ich treffe ihn *manchmal* auf meinem Weg ins Büro. 私はときおり会社に行く途中で彼に出会う / Es hat *manchmal* nicht geklappt. ときにはうまくいかないことがあった / Er spielt *manchmal* Tennis, *manchmal* Fußball. 彼はテニスをしたりサッカーをしたりする.

....

類語 manchmal: (規則的に起こるのでなく, 事情に応じて)ときどき. **gelegentlich**: (機会があるときに)ときたま. Er raucht nur *gelegentlich*. 彼がたばこを吸うのはときたまにすぎない. **von Zeit zu Zeit**: (多少とも規則的な時間間隔で)ときどき. *Von Zeit zu Zeit* kommt er hier vorbei. ときどき彼はここに立ち寄る. **ab und zu**: (必要に応じて)ときどき. *Ab und zu* besuche ich ihn. ときどき私は彼を訪ねる.

....

Man・dant [マンダント mandánt] 男 -en/-en 《法》委任者; (弁護士にとっての)訴訟依頼人. ～in 女性形は Mandantin).

Man・da・ri・ne [マンダリーネ mandari:nə] 女 -/-n《植》マンダリン(ミカンの一種).

Man・dat [マンダート mandá:t] 中 -[e]s/-e ①《法》(弁護士への[訴訟])委任. ②《政》(選挙による議員への)委任; (議会の)議席. ③ 委任統治領.

Man・del [マンデる mándəl] 女 -/-n ①《植》アーモンド, 扁桃(⁽¹⁾). ②《ふつう 複》《医》扁桃(⁽¹⁾)[腺(⁽¹⁾)].

Man・del∠ent・zün・dung [マンデる・エントツュンドゥング] 女 -/-en《医》扁桃(⁽¹⁾)[腺(⁽¹⁾)]炎.

Man・do・li・ne [マンドリーネ mandoli:nə] 女 -/-n《音楽》マンドリン.

Ma・ne・ge [マネージェ mané:ʒə] 女 -/-n (サーカスの)円形演技場; 馬場.

Man・fred [マン・ふレート mán-fre:t] -s/《男名》マンフレート.

Man・gan [マンガーン maŋgá:n] 中 -s/《化》マンガン(記号: Mn).

* *der* **Man・gel**¹ [マンゲる máŋəl] 男 (単2) -s/ (複) Mängel [メンゲる] (3格のみ Mängeln) ①《複 なし》欠乏, 不足, 窮乏. (英 lack). Vitamin*mangel* ビタミン欠乏 / *Mangel* an Erfahrung 経験不足 / einen *Mangel* empfinden 不足を感じる / 人⁴ aus *Mangel* (または wegen *Mangels*) an Beweisen frei|sprechen 証拠不十分により 人⁴ を無罪放免にする. ②《ふつう 複》欠点, 欠陥. (英 defect). bauliche Mängel 建築上の欠陥.

Man・gel² [マンゲる] 女 -/-n (洗濯用の)仕上げローラー, しわ伸ばし機. 人⁴ durch die *Mangel* drehen または 人⁴ in die *Mangel* nehmen《俗》人⁴ をこっぴどくやっつける.

Män・gel [メンゲる] * Mangel¹ (欠点)の 複.

Man・gel∠be・ruf [マンゲる・ベルーふ] 男 -[e]s/-e 人手不足の職業.

Man・gel∠er・schei・nung [マンゲる・エァシャイヌング] 女 -/-en《医》(ビタミン・ミネラルなどの)欠乏症状.

Man・gel∠frei [マンゲる・ふライ] 形 欠点(欠陥)のない.

***man・gel・haft** [マンゲるハふト máŋəlhaft] 形《比較》mangelhafter, 最上 mangelhaftest) ① 不足した, 不十分な; 欠点(欠陥)のある. *mangelhafte* Waren 欠陥商品 / Sein Gedächtnis ist *mangelhaft*. 彼の記憶力は信用ができない. ②《成績評価で:》不可の. (参考 成績評価については ☞ gut ⑪).

Man・gel∠krank・heit [マンゲる・クランクハイト] 女 -/-en《医》欠乏症. (ビタミン欠乏症など).

***man・geln**¹ [マンゲるン máŋəln] (mangelte, hat ... gemangelt) I 自 (完了 haben) (必要な物が 人³に)欠けている, 足りない. Ihm *mangelt* der Mut. 彼には勇気が欠けている.
II 非人称 (完了 haben) 《**es mangelt** [人³] **an** 人・物³ の形で》[人³に] 人・物³ が欠けている, 足りない. Es *mangelt* uns an Geld. 私たちはお金がない. (☞ 類語 fehlen).

man・geln² [マンゲるン] 他 (h)《南ドイツ》(洗濯物⁴を)仕上げローラーにかける.

Män・gel∠rü・ge [メンゲる・リューゲ] 女 -/-n《商》欠陥商品に対するクレーム.

man・gels [マンゲるス] 前《2格(まれに3格)とともに》《官庁》…の欠如により. *mangels* eindeutiger Beweise 明白な証拠がないので.

man・gel・te [マンゲるテ] * mangeln¹ (欠けている)の 過去.

Man・gel∠wa・re [マンゲる・ヴァーレ] 女 -/-n (特に戦時の)欠乏物資, 品薄の商品.

Man・go [マンゴ máŋgo] 女 -/..gonen [..マンゴーネン] (または -s)《植》マンゴー[の木・実].

Man・gold [マンゴるト máŋgɔlt] 男 -[e]s/(種類:) -e《ふつう 単》《植》フダンソウ.

Man・gro・ve [マングローヴェ maŋgró:və] 女 -/-n《植》マングローブ(熱帯の入江などに生える常緑林).

Ma・nie [マニー maní:] 女 -/-n [マニーエン] ① 熱狂, …狂, マニア. ②《心・医》躁病(⁽²⁾).

Ma・nier [マニーァ maní:r] 女 -/-en ①《複なし》仕方, 流儀; (芸術上の)手法, 様式; わざとらしさ. Das ist seine *Manier*. それが彼のやり方だ. ②《ふつう 複》マナー, 礼儀, 作法. ③《音楽》装飾音.

ma・nie・riert [マニーリーァト mani:rt] 形 不自然な, わざとらしい, 気取った.

Ma・nie・ris・mus [マニリスムス manirísmus] 男 -/..rismen ①《複 なし》《美・文学》マニエリスム(美術・文学史上ルネサンスとバロックとの中間の,

誇張した表現を特徴とする様式. 1520頃–1580頃). ② マニエリスム期(時代). ③ マニエリスム的様式(文体).

ma·nier·lich [マニーァリヒ] 形 行儀のよい, 礼儀正しい;《比》まずまずの, 悪くはない. sich⁴ *manierlich* benehmen 行儀よくふるまう.

ma·ni·fest [マニふェスト manifést] 形 ① 明白な, 一目瞭然(%%)の. ②《医》顕性の.

Ma·ni·fest [マニふェスト] 中 -es/-e ① 宣言[書], 声明[書]; 告示, 発表. das Kommunistische *Manifest* 共産党宣言 (1848年). ②《海》(船の)積み荷目録.

Ma·ni·fes·ta·ti·on [マニふェスタツィオーン manifɛstatsió:n] 女 -/-en ① 告示, 発表. ②《医》(症状の)発現.

ma·ni·fes·tie·ren [マニふェスティーレン manifestí:rən] I 他 (h) はっきり示す. II 再帰 (h) *sich*⁴ *manifestieren* はっきり現れる.

Ma·ni·kü·re [マニキューレ maniký:rə] 女 -/-n ①《複 なし》マニキュア. ② マニキュア師. ③ マニキュアセット(用具入れ).

ma·ni·kü·ren [マニキューレン maniký:rən] 他 (h) (爪(%)などに)マニキュアをする.

Ma·ni·la [マニーら maní:la] 中 -s/《都市名》マニラ(フィリピンの首都).

Ma·ni·pu·la·ti·on [マニプらツィオーン manipulatsió:n] 女 -/-en ①《世論などの》操作. ②《ふつう 複》策動, 陰謀. ③ 巧みな操作, 駆け引き. ④《医》(手術などの)処置, 操作;《工》操作;《商》相場(株価)操作.

ma·ni·pu·lie·ren [マニプリーレン manipulí:rən] I 他 (h) ①(世論など⁴を)巧みに操る;(相場など⁴を)操作する. ②(物⁴ を)巧みに扱う. II 自 (h) 《**an**(または **mit**)物³ ~》《俗》³ を手際よく処理する, 巧みに操る.

ma·nisch [マーニッシュ má:nɪʃ] 形 ① 病的に高じた. ②《心》躁病(%%)の;《古》狂気の.

Man·ko [マンコ máŋko] 中 -s/-s ① 不足, 欠点, 不備. ②《経》欠損, 赤字.

‡ *der* **Mann**¹ [マン mán]

男性; 夫 Wer ist der *Mann* dort?
ヴェーァ イスト デァ マン ドルト
あそこの男の人はだれですか.

格	単		複	
1	der	Mann	die	Männer
2	des	Mannes	der	Männer
3	dem	Mann	den	Männern
4	den	Mann	die	Männer

男 (単2) -es (まれに -s)/(複) Männer [メンナァ] (3格のみ Männern) ① **男性**, 男,《成年》男子;(性別に関係なく:)人.《英》man).《⇔》「女性」はFrau). ein junger (alter) *Mann* 若い(年とった)男 / ein großer *Mann* 背の高い男 / ein *Mann* mittleren Alters 中年の男 / ein *Mann* der Tat² 不言実行の男 / ein *Mann* von Einfluss 影響力のある男 / ein *Mann* von Welt 世慣れた人 / der *Mann* auf der Straße 庶民, 普通の人 / ein gemachter *Mann* 《口語》(経済的に)成功した男 / der kleine *Mann* a)《口語》(財力のない)小市民, b)《俗》ペニス / der *Mann* im Mond 月の男(日本で言う「月のうさぎ」) / Er ist ein ganzer *Mann*. 彼はりっぱな男だ / wie ein *Mann* a)男らしく, b)《比》[全員]いっせいに / Junger *Mann*, können Sie mir mal helfen? そこのお若い方, ちょっと手伝ってくださいませんか / Ein *Mann*, ein Wort.《諺》男子に二言なし / Dafür ist er der rechte *Mann*. それには彼はうってつけだ / Selbst ist der *Mann*. 独立独行は男子の本領 / seinen *Mann* stehen (または stellen) りっぱにやっていく ⇒ Frauen können auch ihren *Mann* stehen. 女性もりっぱにその任を果たせる / Du hast wohl einen kleinen *Mann* im Ohr!《俗》気は確かかい / den wilden *Mann* spielen《口語》荒れ狂う.

◇《前置詞とともに》*Mann* **an** *Mann* 押し合いへし合いして /【物】⁴ **an** den *Mann* bringen 物⁴を売りつける / *Mann* **für** *Mann* 一人ずつ, 次々に / ein Kampf *Mann* **gegen** *Mann* 一対一の戦い / **mit** *Mann* und Maus unter|gehen(船が)乗組員もろとも沈没する(←人もねずみもいっしょに) / ein Gespräch **von** *Mann* **zu** *Mann* 男どうしの話し合い. ◇《呼びかけ・驚きを表して》[Mein lieber] *Mann*!《俗》おやおや / *Mann* [Gottes]!《俗》なんたることだ.

② 夫, 亭主.《英》husband).《⇔》「妻」はFrau). Sie leben wie *Mann* und Frau. 彼らは夫婦のように暮らしている / mein *Mann* 私の夫, うちの主人 / einen *Mann* bekommen (女性が)結婚する / Wie geht's Ihrem *Mann*? ご主人はお元気ですか / Grüßen Sie bitte Ihren *Mann* von mir! ご主人によろしく / Sie lebt von ihrem *Mann* getrennt. 彼女は夫と別居している.

③《複 Mann》(人員が)…名;(兵員・乗組員などの)人員. vier *Mann* hoch 4 名で / Alle *Mann* an Deck!《海》総員甲板へ. ④《複 Mannen》(昔の)家臣, 家来. der König und seine *Mannen* 王とその家臣たち.

《類語》der **Mann**: 成年男子(一般を指す).(不定代名詞 man と混同しないこと). der **Herr**: (男性に対する敬語的な言い回しで)男の方, 紳士. der **Kerl**: (俗語的な言い回しで)やつ, 男, 若者. Er ist ein guter **Kerl**. あいつはいいやつだよ.

Mann² [マン] -s/《人名》マン (兄 Heinrich *Mann* 1871–1950; 弟 Thomas *Mann* 1875–1955; ともにドイツの小説家).

Man·na [マンナ mána] 中 -[s]/ (または 女 -/) ①《聖》マナ(イスラエルの民が荒野で天から与えられた食べ物, 出エジプト記 16, 15). ②《植》マンナ(マンナトネリコなどの甘い樹液).

mann·bar [マンバール] 形《雅》①(女性が)年ごろの, 結婚適齢の;(少年が)性的に成熟した. ②《諺》男らしい.

Mann·bar·keit [マンバールカイト] 女 -/《雅》

成年, 年ごろ, 結婚適齢期.
Männ·chen [メンヒェン ménçən] 囲 -s/- (または Männerchen)(Mann の縮小) ① 小男; (愛称として妻が夫に:)あなた. Mein liebes *Männchen*! ねえあなた. ②《複》(動物の)雄. *Männchen* und Weibchen 雌雄 / *Männchen*⁴ machen (動物が)あと足で立つ, ちんちんする.

Man·ne·quin [マンネケン mánəkɛ̃ または ..ケン][フス] 囲 (まれに 男) -s/-s ① ファッションモデル. ②《商》マネキン人形.

Män·ner [メンナァ] ‡Mann¹ (男性)の複.

Män·ner≈chor [メンナァ・コーァ] 男 -[e]s/ ..chöre 男声合唱[団].

Män·ner≈sa·che [メンナァ・ザッヘ] 囡 -/-n 男[だけ]の問題.

Man·nes≈al·ter [マンネス・アるタァ] 囲 -s/ 壮年[期].

Man·nes≈kraft [マンネス・クラフト] 囡 -/ ①《複 なし》男性の生殖力. ②《詩》創造(実行)力.

mann·haft [マンハフト] 形 男らしい, 雄々しい.

Mann·haf·tig·keit [マンハフティヒカイト] 囡 -/ 男らしさ, 男気.

Mann·heim [マン・ハイム mán-haɪm] 囲 -s/《都市名》マンハイム(ドイツ, バーデン・ヴュルテンベルク州; ☞地図 D-4).

man·nig≈fach [マニヒ・ファハ] 形 種々の, さまざまな.

man·nig·fal·tig [マニヒ・ファるティヒ] 形《雅》種々の, 多種多様の.

man·nig·fal·tig·keit [マニヒファるティヒカイト] 囡 -/ 多種多様, 雑多, 多様性.

*****männ·lich** [メンリヒ mɛ́nlɪç] 形 ①(性的に)**男性の**; 雄の. (英 male). (⇔「女性の」は weiblich). ein *männlicher* Erbe 男の相続人 / *männliche* Blüten《植》雄花(ﾕｳｶ). ② 男性の; 男性用の. eine *männliche* Stimme 男性の声 / *männliche* Kleidung 紳士服. ③ 男らしい, 男性的な. ein *männliches* Benehmen 男らしい態度. ④《言》男性の. ein *männliches* Substantiv 男性名詞. ⑤《詩学》男性の(韻).

Männ·lich·keit [メンリヒカイト] 囡 -/ ① 男らしさ. ②《婉曲》男性性器.

Manns≈bild [マンス・ビるト] 囲 -[e]s/-er《南ド・オーストリア口語》(肉体的なものを強調して:)男.

***die* Mann·schaft** [マンシャフト mánʃaft] 囡 (単) -/(複) -en (英 team) ①《スポ》チーム, 選手団. Fußball*mannschaft* サッカーチーム / eine *Mannschaft*⁴ auf|stellen チームを編成する. ②(船の)乗組員, (飛行機の)搭乗員. ③《軍》(総称として:)兵員. ④《口語》作業(プロジェクト)チーム, スタッフ. ⑤《複 で》(将校に対して:)兵士たち.

Mann·schafts≈füh·rer [マンシャフツ・フューラァ] 男 -s/《スポ》チームのキャプテン.

Mann·schafts≈geist [マンシャフツ・ガイスト] 男 -[e]s/《スポ》チームの和(団結心).

manns≈hoch [マンス・ホーホ] 形 大人の背丈ほどの.

Manns≈leu·te [マンス・ろイテ] 複《口語》男たち(=Männer).

manns≈toll [マンス・トる] 形《口語》(女の)男狂いの, 色情狂の.

Mann≈weib [マン・ヴァイプ] 囲 -[e]s/-er(軽蔑的に:)男まさり[の女].

Ma·no·me·ter [マノメータァ manomé:tər] 囲 -s/- ①《工》圧力計, マノメータ. ②《俗》(間投詞として:)おやまあ!; なんてひどい!

Ma·nö·ver [マネーヴァァ manöːvər] 囲 -s/- ①《軍》(大規模な)機動(艦隊)演習. ②《軍隊・車などの》巧みな操縦. ③(軽蔑的に:)駆け引き, 策略.

ma·nö·vrie·ren [マネヴリーレン manøvríːrən] I 圓 (h) ①《軍》演習する. ②(船・車などが)巧みに進路をとる. ③《比》策略を用いる. II 他 (h) ①(船・車などを…へ…)巧みに操縦する, (…から)巧みに進路をとる. ②《人⁴をある状況に》巧みに導く, (地位などに)巧みに就ける.

Man·sar·de [マンザルデ manzárdə] [フス] 囡 -/-n《建》(二重勾配(ｺｳﾊｲ)の)マンサード屋根(☞ Dach 図)の屋根裏部屋. (マンサードの屋根裏部屋)

man·schen [マンシェン mánʃən] 圓 (h)《口語》①《in 物³ ~》(物³(どろどろしたもの)を)かき混ぜる. ②(子供が)どろんこ遊びをする.

Man·schet·te [マンシェテ manʃéta] 囡 -/-n ①(シャツなどの)袖口(ｿﾃﾞｸﾁ), カフス;《医》(血圧計の)圧迫帯, マンシェット. die *Manschetten*⁴ zu|knöpfen カフスボタンを留める / vor 人・物³ *Manschette*[n]⁴ haben《口語》人・物³ を恐れている. ②(植木鉢などの)縁飾り. ③《スポ》(レスリングの)反則締め技. ④《工》パッキンリング, スリーブ.

Man·schet·ten≈knopf [マンシェッテン・クノプフ] 男 -[e]s/..knöpfe カフスボタン.

‡*der* **Man·tel** [マンテる mántəl]

コート

Der *Mantel* ist wasserdicht.
ﾃﾞｱ ﾏﾝﾃる ｲｽﾄ ｳﾞｧｯｻｧﾃﾞｨﾋﾄ
このコートは防水してある.

男 (単) -s/(複) Mäntel [メンテる] (3格のみ Mänteln) ① コート, オーバー, マント, ガウン. (英 coat). Regen*mantel* レインコート / ein warmer *Mantel* 暖かいコート / ein *Mantel* an|ziehen (aus|ziehen) コートを着る(脱ぐ) / den *Mantel* an der Garderobe ab|geben コートをクロークに預ける /人³ aus dem *Mantel* (in den *Mantel*) helfen 人³がコートを脱ぐ(着る)のを手伝う /軍⁴ mit dem *Mantel* der Nächstenliebe² bedecken (または zu|decken) 《比》軍⁴人の誤りなどを大目に見る(=隣人愛のマントで覆う) / den *Mantel* nach dem Wind drehen (または hängen) 《比》(軽蔑的に:)その時々の支配的な意見に合わせる. ②《工》外被; 外壁; ジャケット; (暖炉の)マント

Män·tel [メンテる] ※Mantel (コート)の複.

Män·tel·chen [メンテるヒェン méntəlçən] 中 -s/- (Mantel の縮小) 小さなコート, 子供用のコート. 画[3] ein *Mäntelchen* um|hängen (比)(画)[3]を言いつくろう(←コートで覆い隠す).

Man·tel tarif [マンテる・タリーふ] 男 -s/-e 《経》概略協定賃率.

Ma·nu·al[1] [メニュエる ménjuəl] [英] 中 -s/-s (コンピュータなどの)操作の手引き, マニュアル.

Ma·nu·al[2] [マヌアーる manuá:l] 中 -s/-e ① 《音楽》(オルガンなどの)手鍵盤(けん), マニュアル. ② 《古》便覧; 日記.

ma·nu·ell [マヌエる manuél] 形 手の; 手で行う, 手細工の.

Ma·nu·fak·tur [マヌふァクトゥーァ manufaktú:r] 女 -/-en ① (昔の:)マニュファクチュア, 工場制手工業. ② (昔の:)手工業製品.

* *das* **Ma·nu·skript** [マヌスクリプト manuskrípt] 中 (単2) -[e]s/(複) -e (3格のみ -en) ① 原稿, 草稿(略: Ms., Mskr., 複: Mss.). (英 *manuscript*). das *Manuskript*[4] in Druck geben 原稿を印刷に回す / ohne *Manuskript* sprechen 原稿なしで話す. ② (古代・中世の)写本.

Ma·o·is·mus [マオイスムス maoísmus] 男 -/ 毛沢東主義.

* *die* **Map·pe** [マッペ mápə] 女 (単) -/(複) -n ① (書類などをはさむ)ファイル, バインダー. (英 *folder*). Briefe[4] in die *Mappe* legen 手紙をファイルにはさむ. ② [書類]かばん. (英 *briefcase*). Schul*mappe* 学生かばん / Bücher[4] in die *Mappe* stecken 本をかばんに入れる.

Mär [メーァ mé:r] 女 -/-en 《古・戯》(不思議な)お話, おとぎ話; (軽蔑的に:)作り話.

Ma·ra·thon lauf [マーラトン・らオふ] 男 -[e]s/ マラソン《競技》.

Ma·ra·thon läu·fer [マーラトン・ろイふァ] 男 -s/- マラソン走者. (女性形は Marathonläuferin).

Mar·burg [マール・ブルク má:r-burk] 中 -s/ 《都市名》マールブルク(正式名称は *Marburg an der Lahn*. ドイツ, ヘッセン州; ☞ 地図 D–3).

* *das* **Mär·chen** [メーァヒェン mɛ́:rçən] 中 (単2) -s/(複) – ① おとぎ話, メルヘン, 童話. (英 *fairy tale*). Kunst*märchen* 創作童話 / die *Märchen* der Brüder[2] Grimm グリム童話 / Die Großmutter erzählte den Kindern ein *Märchen*. おばあさんが子供たちにおとぎ話を話して聞かせた / Das klingt wie ein *Märchen*. それはすばらしい(夢のような話だ). ② [口語]作り話. Erzähl mir doch keine *Märchen*! 作り話(口から出まかせ)はやめてくれ.

Mär·chen buch [メーァヒェン・ブーフ] 中 -[e]s/..bücher 童話の本.

* **mär·chen haft** [メーァヒェンハふト

mɛ́:rçənhaft] 形 (比較) märchenhafter, (最上) märchenhaftest ① おとぎ話のような, 童話風の, メルヘン風の. eine *märchenhafte* Erzählung 童話風の物語. ② すばらしく美しい; [口語]信じられないほどの. eine *märchenhafte* Schneelandschaft この世のものと思えぬほど美しい雪景色 / *märchenhafte* Entwicklung der Technik[2] 科学技術の驚くべき発達.

Mär·chen land [メーァヒェン・らント] 中 -[e]s/..länder おとぎ国, メルヘンの世界.

Mar·der [マルダァ márdər] 男 -s/- ① 《動》テン(貂). ② 《俗》(すばしこい)泥棒.

Mar·ga·re·te [マルガレーテ margaré:tə] 女 -[n]s/ 《女名》マルガレーテ.

Mar·ga·ri·ne [マルガリーネ margarí:nə] [フランス語] 女 -/ マーガリン.

Mar·ge [マルジェ márʒə] [フランス語] 女 -/-n ① 差異, 開き. ② 《経》マージン; 価格の地域差; 額面と相場との価格差.

Mar·ge·ri·te [マルゲリーテ margərí:tə] 女 -/-n 《植》フランスギク(マーガレットとは別品種).

mar·gi·nal [マルギナーる marginá:l] 形 ① 周辺の, 付随的の. ② 《社・心》境界領域の. ③ 《植》縁辺の.

Mar·gi·na·lie [マルギナーリエ marginá:liə] 女 -/-n 《ふつう複》(本などの)欄外注, 傍注.

Mar·got [マルゴット márgot または ..ɡoː] 女 .. /-s 《女名》マルゴット.

Ma·ria [マリーア marí:a] I – (または Mariens [マリーエンス]) / I 《女名》マリーア. ② 《男名》マリーア(聖母マリアの加護を願って第2の名前として; 例: Rainer *Maria* Rilke ライナー・マリーア・リルケ). II Mariä [マリーエ] 《聖》《人名》マリア(イエス・キリストの母). die Jungfrau *Maria* (カトリック) 聖母マリア, 処女マリア / Himmelfahrt *Mariä* (カトリック) 聖母被昇天[の祭日] (8月15日) / Jesus *Maria*!(驚きを表して:)なんたることだ.

Ma·ri·an·ne [マリアンネ mariánə] – [n]s/ 《女名》マリアンネ.

Ma·ria The·re·sia [マリーア テレーズィア marí:a teré:zia] – -s/ 《人名》マリーア・テレージア(1717–1780; オーストリア・ハープスブルク家の女帝).

Ma·rie [マリー marí:] – [n]s [マリー[エン]ス]/ 《女名》マリー.

Ma·ri·en bad [マリーエン・バート marí:ənba:t] 中 -s/ 《都市名》マリーエンバート(チェコ西部の北ボヘミアの温泉町).

Ma·ri·en bild [マリーエン・ビるト] 中 -[e]s/-er 《美》聖母マリア像.

Ma·ri·en kä·fer [マリーエン・ケーふァ] 男 -s/- 《昆》テントウムシ.

Ma·ri·en tag [マリーエン・ターク] 男 -[e]s/-e 《ふつう複》聖母マリアの祝祭日.

Ma·ri·hua·na [マリフアーナ marihuá:na または ..xuá:na] 中 -s/ マリファナ(麻薬の一種). *Marihuana*[4] rauchen マリファナを吸う.

Ma·ril·le [マリれ maríla] 女 -/-n (オーストリア) 《植》アンズ(＝Aprikose).

Ma·ri·na·de [マリナーデ mariná:də] 女 -/-n 《料理》マリナード(魚・肉類の漬け汁. 酢・油・ふどう

酒などからなる); マリナード漬けの魚(肉).

Ma·ri·ne [マリーネ maríːnə] 囡 -/-n ① (一国の)船舶; 海軍. Er ist bei der *Marine*. 彼は海軍にいる / zur *Marine* gehen 船乗りになる(海軍に入る). ② 《美》海洋画.

ma·ri·ne‗blau [マリーネ・ブらオ] 形 濃紺色の, ネイビーブルーの.

Ma·ri·ne‗in·fan·te·rie [マリーネ・インふァンテリー] 囡 -/-n [..リーエン] 海兵隊.

Ma·ri·ne‗of·fi·zier [マリーネ・オふィツィーァ] 男 -s/-e 海軍将校, 海軍士官.

Ma·ri·ne‗sol·dat [マリーネ・ゾるダート] 男 -en/-en 水兵, 海兵隊員.

ma·ri·nie·ren [マリニーレン mariníːrən] 他 (h) 《料理》(魚・野菜など⁴を)マリネにする. ◇[過去分詞の形で] *marinierte* Heringe にしんのマリネ.

Ma·ri·on [マーリオン máːriɔn] -s/《女名》マリオン.

Ma·ri·o·net·te [マリオネッテ mariɔnétə] [発音] 囡 -/-n 操り人形, マリオネット; 《比》(他人の意のままに)操られる人, 傀儡(かいらい).

Ma·ri·o·net·ten‗the·a·ter [マリオネッテン・テアータァ] 中 -s/- 操り人形芝居, マリオネット劇(場).

ma·ri·tim [マリティーム maritíːm] 形 ① 海の, 海洋の. ② 海運の, 船舶の.

‡*die* **Mark**¹ [マルク márk]

> **マルク**
>
> Der Eintritt kostet fünf *Mark*.
> デァ アイントリット コステット ふュンふ マルク
> 入場料は 5 マルクです.

囡 (単) -/(複) - マルク(ドイツの貨幣単位; 1 Mark=100 Pfennig). Deutsche *Mark* ドイツ・マルク(略: DM) / 8,25 DM (=acht *Mark* fünfundzwanzig [Pfennig]) 8 マルク 25 ペニヒ / Kannst du mir fünfzig *Mark* wechseln? 50マルク両替してくれないか / jede *Mark*⁴ um|drehen《口語》倹約家である / Wir müssen mit jeder *Mark* rechnen.《口語》私たちは倹約しなければならない(←1 マルクすらけちけちしなければならない). (⚠ 硬貨の 複 は Markstücke, 紙幣の 複 は Markscheine を用いる).

Mark² [マルク] 囡 -/-en ① 《史》国境[地方], 辺境. ② (ラグビーの)タッチ.

Mark³ [マルク] 中 -[e]s/ ① 髄(ずい)[質]; 骨髄, 脊髄(せきずい); 《比》精髄, 核心. [人]³ das *Mark*⁴ aus den Knochen saugen《口語》[人]³の骨までしゃぶる(搾取する) / [人]³ durch *Mark* und Bein gehen《口語・戯》[人]³の骨身にしみる / kein *Mark*⁴ in den Knochen haben 弱々しい, 無気力である. ② 《料理》(トマトなどの)ピューレ.

mar·kant [マルカント markánt] 形 特徴のはっきりした, 際だった. *markante* Gesichtszüge 彫りの深い顔だち.

‡*die* **Mar·ke** [マルケ márkə] 囡 (単) -/(複) -n ① (目印としての)券, 札; 認識票 (=Erkennungs*marke*); 食券 (=Essen*marke*); クロークの預り札 (=Garderoben*marke*); 犬の鑑札 (=Hunde*marke*).
② 郵便切手 (=Brief*marke*). (⚓ postage stamp). eine *Marke*⁴ auf den Brief kleben 手紙に切手を貼(は)る.
③ 銘柄, ブランド; 商標. (⚓ brand). eine neue *Marke*⁴ aus|probieren 新しい銘柄を十分にテストする.
④ 目印, マーク, 標識; (ﾚｺｰﾄﾞ) レコード. ⑤ 《俗》[変わった]やつ. Du bist eine komische *Marke*! 君はおかしなやつだ.

Mar·ken‗ar·ti·kel [マルケン・アルティーケる] 男 -s/- 《経》銘柄品, ブランド商品.

ドイツ・ミニ情報 14

マルク Mark

マルクがドイツの通貨になったのは, プロイセンを中心にドイツ帝国が成立した 1871 年のことである. それまで北部諸国で流通していた通貨ターラーと南部の通貨グルデンとの妥協案として, ハンザ都市で使われていたマルクがドイツ帝国の共通通貨と定められた.

第一次世界大戦における敗戦後, 急激なインフレが起こりマルクの価値が破局的に暴落した. インフレを終息させるデノミ政策として, ドイツ政府は 1923 年にレンテンマルクを発券し, 千兆マルク対 1 レンテンマルクのレートで交換した. 翌年レンテンマルクはライヒスマルクと改称し, 第二次世界大戦が終結するまで使われた.

第二次世界大戦における敗戦でライヒスマルクも大暴落し, ドイツは再び段ボールに一箱紙幣を詰めてもパン一個しか買えない時代を経験した. 米・英・仏の占領地区だった西ドイツ地域では, ヨーロッパの復興を援助するアメリカのマーシャル・プランに基づき, ライヒスマルクを廃止してドイツマルクを発行する通貨改革を 1948 年に実施. ソ連が占領していた東ドイツ地域も即座にこれに対抗し, ライヒスマルクから東ドイツマルクに切り替えた.

1990 年にドイツが再統一されると, 西ドイツのドイツマルクが統一ドイツの通貨となった. しかし, ヨーロッパ連合 (EU) の一員として欧州通貨同盟への参加を決めたため, 為替などに限ってすでに 1999 年より欧州共通通貨のユーロ (Euro) が導入され, さらに 2002 年からはユーロ貨幣の使用が始まる.

Mar·ken·na·me [マルケン・ナーメ] 男 -ns (3格・4格 -n)/-n (ブランド商品の)商標名.

Mar·ken·schutz [マルケン・シュッツ] 男 -es/ 商標保護.

Mar·ken·wa·re [マルケン・ヴァーレ] 女 -/-n 《経》銘柄品, ブランド商品.

Mar·ken·zei·chen [マルケン・ツァイヒェン] 中 -s/- 商標, トレードマーク.

mark·er·schüt·ternd [マルク・エァシュッテァント] 形 心の底まで揺り動かすような, 耳をつんざくような(叫び声など).

Mar·ke·ten·der [マルケテンダァ markətén-dər] 男 -s/- (昔の:) 従軍商人. (⇒ 女性形は Marketenderin.)

Mar·ke·ting [マルケティング márkətɪŋ] [英] 中 -[s]/ 《経》マーケティング, 市場活動.

Mark·graf [マルク・グラーふ] 男 -en/-en 《史》辺境伯. (⇒ 女性形は Markgräfin.)

mar·kie·ren [マルキーレン markí:ran] 他 (h) ① (物⁴に)印(しるし)(=記号・標識)をつける, (商品⁴に)値札をつける. einen Weg markieren 道に標識を付ける / eine neue Epoche⁴ markieren《比》新時代を画する. ② 際だたせる, 強調する. ◇《再帰的に》sich⁴ markieren 際だつ, 目立つ. ③ 〖口語〗〖人·事⁴の〗ふりをする, 装う. Er markiert [den Kranken] nur. 彼は[病人の]ふりをしているだけだ. ④ (役など⁴を)リハーサルで軽く演じる. ⑤ 〖キュウ·ラ〗(切符⁴に)使用済みの日付を入れる. ⑥ 〖スポ〗(敵⁴に)マークする; (得点⁴を)マークする.

Mar·kie·rung [マルキールング] 女 -/-en 目印(標識)[を付けること].

mar·kig [マルキヒ márkɪç] 形 力の込もった, 力強い, 威勢のいい. markige Worte⁴ sprechen 力強い言葉を述べる.

Mar·ki·se [マルキーゼ markí:zə] 女 -/-n (店先・バルコニーなどの) 日よけ.

Mark·kno·chen [マルク・クノッヘン] 男 -s/- 髄の多い骨.

Mark·stein [マルク・シュタイン] 男 -[e]s/-e 画期的出来事; 《古》境界石.

Mark·stück [マルク・シュテュック] 中 -[e]s/-e 1 マルク硬貨.

* der Markt [マルクト márkt]

> 市(いち); (市のたつ)広場
>
> Wir wohnen am *Markt*.
> ヴィァ ヴォーネン アム マルクト
> 私たちは市場に面した所に住んでいます。

男 (単2) -es (まれに -s)/(複) Märkte [メルクテ] (3格のみ Märkten) ① 市(いち), 市場(いちば) (= *market*). Jahr*markt* 年の市 / auf den *Markt* (または zum *Markt*) gehen 市場へ行く / Jeden Mittwoch wird hier *Markt* abgehalten. 〖受動·現在〗毎週水曜日にここで市が開かれる.
② (市(いち)の)広場, 中央広場. (=*Marktplatz*). über den *Markt* gehen 中央広場を横切って行く / Diese Straße führt zum *Markt*. この道は中央広場へ通じている.
③《経》市場(じょう); (商品の)需給. Welt*markt* 世界市場 / der innere *Markt* 国内市場 / einen neuen Artikel auf den *Markt* bringen 新しい商品を市場に出す.

.....
(⇒) ..ments*markt* のいろいろ: Arbeits*markt* 労働市場 / Floh*markt* のみの市 / Inlands*markt* 国内市場 / Jahr*markt* 年の市 / Schwarz*markt* 闇市 / Super*markt* スーパーマーケット / Vieh*markt* 家畜市場 / Weihnachts*markt* クリスマスの市 / Welt*markt* 世界市場 / Wochen*markt* 一定の曜日に開かれる市

Markt·ana·ly·se [マルクト・アナリューゼ] 女 -/-n 《経》市場分析.

Markt·an·teil [マルクト・アンタイル] 男 -[e]s/-e 市場占有率, シェア.

Markt·bu·de [マルクト・ブーデ] 女 -/-n 市(いち)の売店, 露店.

Märk·te [メルクテ] ※Markt (市場)の 複

Markt·for·schung [マルクト・ふォルシュング] 女 -/-en 《経》市場調査, マーケティングリサーチ.

Markt·frau [マルクト・ふラオ] 女 -/-en 市(いち)の女性の商人, 露店のおばさん.

Markt·hal·le [マルクト・ハれ] 女 -/-n (ホール型の)マーケット, 屋内市場.

Markt·la·ge [マルクト・らーゲ] 女 -/《経》市況, 商況.

Markt·lü·cke [マルクト・リュッケ] 女 -/-n 《経》マーケットギャップ (需要がありながら商品の供給が欠けている分野).

* der Markt·platz [マルクト・プらッツ márkt-plats] 男 (単2) -es/(複) ..plätze [..プれッツェ] (3格のみ ..plätzen) (市(いち)のたつ)広場, 中央広場. Das Rathaus steht am *Marktplatz*. 市庁舎は中央広場に面している.

Markt·preis [マルクト・プライス] 男 -es/-e 《経》市場価格, 相場, 時価.

Markt·schrei·er [マルクト・シュライアァ] 男 -s/- (大声でしつこく宣伝する)市(いち)の呼び売り商人, (大声で客を呼ぶ)大道商人.

markt·schrei·e·risch [マルクト・シュライエリッシュ] 形 大声で呼び売りをする, 大道商人のような, 誇大な(広告など).

Markt·tag [マルクト・ターク] 男 -[e]s/-e 市(いち)のたつ日.

Markt·wert [マルクト・ヴェーァト] 男 -[e]s/ 《経》市場価値.

Markt·wirt·schaft [マルクト・ヴィルトシャふト] 女 -/ 《経》市場経済. (⇒「計画経済」は Planwirtschaft.)

Mar·kus [マルクス márkus] -/ ① 〖男名〗マルクス. ② 〖聖〗〖人名〗マルコ (『マルコによる福音書』を書いた人).

* die Mar·me·la·de [マルメらーデ marməlá:də] 女 (単) -/(複) -n ジャム, マーマレード. (英) *jam*). Erdbeer*marmelade* いちごジャム / *Marmelade*⁴ aufs Brot streichen パンにジャ

Mar·mor [マルモァ mármɔr] 男 -s/(種類:) -e 大理石. eine Statue aus Marmor 大理石の立像.

mar·mo·rie·ren [マルモリーレン marmorí:rən] 他 (h) (物⁴に)大理石模様をつける.

mar·mo·riert [マルモリーァト] I marmorieren (大理石模様をつける)の 過分 II 形 大理石模様のある.

Mar·mor·ku·chen [マルモァ・クーヘン] -s/- マーブルケーキ(チョコレートなどを使って大理石模様に焼いたケーキ).

mar·morn [マルモルン mármɔrn] 形《付加語としてのみ》《雅》① 大理石の. eine marmorne Statue 大理石の立像. ② 大理石のような.

Mar·mor·plat·te [マルモァ・プラッテ] 女 -/-n 大理石板.

ma·ro·de [マローデ maró:də] 形 ① 堕落した. ② 疲れきった;《古》《軍》行軍に耐えられない.

Ma·rok·ka·ner [マロカーナァ marokáːnər] 男 -s/- モロッコ人. (⟨⟩ 女性形は Marokkanerin).

ma·rok·ka·nisch [マロカーニッシュ marokáːnɪʃ] 形 モロッコの.

Ma·rok·ko [マロッコ maróko] 中 -s/《国名》モロッコ(王国)(首都はラバト).

Ma·ro·ne [マローネ maró:nə] 女 -/-n (方:..roni)《植》マロン, クリ.

Ma·ro·ni [マローニ maró:ni] 女 -/《南ド・オストリ》= Marone

ma·ro·quin [マロケーン maroke̅:] [27] 男 中 -s/ モロッコ革.

Ma·rot·te [マロッテ marótə] [27] 女 -/-n 気まぐれ, 変な癖(習性).

Mar·quis [マルキー markí:] [27] 男 - [..キース] / [..キース] (フランスの)侯爵.

Mar·qui·se [マルキーゼ markí:zə] [27] 女 -/-n (フランスの)侯爵夫人.

Mars [マルス má:rs] I -/《ᴾ⁻神》マルス(軍神. ギリシア神話のアレスに当たる). II -/《定冠詞とともに》《天》火星.

marsch! [マルシュ márʃ] 間《軍》進め. Vorwärts marsch! 前へ進め! / Kehrt marsch! 回れ右, 進め! ②《口語》(促して:) さっさと. Marsch hinaus! とっとと出て行け.

*der Marsch¹ [マルシュ márʃ] 男(単) -es (まれに -s)/Märsche [メルシェ] (3格のみ Märschen) ① 行進; 《軍》行軍, 進軍. (⟨⟩ march). ein Marsch von zwei Stunden 2時間の行進 / einen Marsch machen 行進をする / Die Truppe ist auf dem Marsch an die Front. 部隊は前線へ行軍中である / 人⁴ in Marsch setzen a) 人⁴に行進を始めさせる, b)《比》人⁴に行動を起こさせる / sich⁴ in Marsch setzen 行進し始める. ②《音楽》行進曲, マーチ. Hochzeitsmarsch ウェディングマーチ / einen Marsch spielen 行進曲を演奏する / 人³ den Marsch blasen《俗》人³をしかりつける.

Marsch² [マルシュ] 女 -/-en (北海沿岸の)湿地, 沼沢地.

Mar·schall [マルシャル márʃal] 男 -s/..schälle ①《軍》元帥. ②《史》(軍事をつかさどる)主馬頭(しゅめのかみ).

Mar·schall·stab [マルシャル・シュターブ] 男 -[e]s/..stäbe 元帥杖(じょう).

Marsch·be·fehl [マルシュ・ベフェール] 男 -[e]s/-e《軍》(文書による)行軍命令.

Mär·sche [メルシェ] *Marsch¹(行進)の 複

Marsch·flug·kör·per [マルシュ・ふるークケルパァ] 男 -s/-《軍》巡航ミサイル.

Marsch·ge·päck [マルシュ・ゲペック] 中 -[e]s/《軍》行軍装備.

*mar·schie·ren [マルシーレン marʃí:rən] (marschierte, ist...marschiert) 自 (完了 sein) ① (兵士などが)行進する, 行軍する. (⟨⟩ march). Die Soldaten marschieren durch die Stadt. 兵士が町を行軍する. (☞類語 gehen). ② (早足で長距離を)歩く. ③《口語》(物事が)着々と進む, 進展する.

mar·schiert [マルシーァト] *marschieren (行進する)の 過分

mar·schier·te [マルシーァテ] *marschieren (行進する)の 過

Marsch·ko·lon·ne [マルシュ・コろンネ] 女 -/-n《軍》行軍縦隊.

Marsch·mu·sik [マルシュ・ムズィーク] 女 -/ 行進曲, マーチ.

Marsch·rou·te [マルシュ・ルーテ] 女 -/-n《軍》行軍のルート(経路).

Mar·seil·lai·se [マルセイエーゼ marsɛjé:zə] 女 -/ ラ・マルセイエーズ(フランスの国歌).

Mar·seille [マルセーイ marsé:j] 中 -s/《都市名》マルセイユ(地中海に臨むフランスの港湾都市).

Mar·stall [マル・シュタる már·ʃtal] 男 -[e]s/..ställe ①《王侯の》厩舎(きゅうしゃ). ② (総称として:)王侯[所有]の馬.

Mar·ter [マルタァ mártər] 女 -/-n《雅》(精神的・肉体的な)呵責(かしゃく), 責め苦; ひどい苦痛. 人³ körperliche Marter¹ zu|fügen 人³に肉体的苦痛を与える.

mar·tern [マルタァン mártərn] 他 (h)《雅》(人⁴を精神的に)苦しめる; 拷問にかける. 人⁴ zu Tode martern 人⁴を拷問にかけて殺す.

Mar·ter·pfahl [マルタァ・プふァール] 男 -[e]s/..pfähle (昔の:)(北米原住民の)拷問柱.

Mar·tha [マルタ márta] -s/《女名》マルタ.

mar·ti·a·lisch [マルツィアーリッシュ martsiá:lɪʃ] 形 好戦的な, 恐ろしげな.

Mar·tin [マルティーン mártiːn] -s/《男名》マルティーン.

Mar·tins·horn [マルティーンス・ホルン] 中 -[e]s/..hörner《商標》(パトカー・救急車などの)サイレン(製造会社の名から).

Mar·tins·tag [マルティーンス・ターク] 男 -[e]s/-e (カトリック)聖マルティヌスの祝祭日(11月11日).

Mär·ty·rer [メルテュラァ mértyrər] 男 -s/- 殉教者; (主義・信念に)殉じた人. (⟨⟩ 女性形は Märtyrerin). die Märtyrer der Christenheit² キリスト教の殉教者たち / ein *Märtyrer* seines Glaubens 自己の信念に殉ずる人.

Mär・ty・rer・tum [メルテュラァトゥーム] 中 -s/ 殉教;(信念の)犠牲.

Mar・ty・ri・um [マルテューリウム martýːrium] 中 -s/..rien [..リエン] ① 殉教, 受難. das *Martyrium* Christi² キリストの受難. ② 《比》苦痛, 苦しみ. ③ 殉教者礼拝堂.

Marx [マルクス márks] –[ens]/《人名》マルクス (Karl *Marx* 1818–1883; ドイツの経済学者. 科学的社会主義の創始者).

Mar・xis・mus [マルクスィスムス marksísmus] 男 -/ マルクス主義.

Mar・xist [マルクスィスト marksíst] 男 -en/-en マルクス主義者, マルキスト.

mar・xis・tisch [マルクスィスティッシュ marksístiʃ] 形 マルクス主義の; マルクス主義的な.

der **März** [メルツ mérts] 男 (単2) -[es] (詩: -en)/(複) -e (3格のみ -en)《ふつう 単》3月. (英 March). (略 Monat). ein kalter *März* 寒い3月 / Anfang *März* 3月初めに / im [Monat] *März* 3月に.

Mar・zi・pan [マルツィパーン martsipáːn または マル..] 中 (男) -s/-e マルチパン(アーモンド入り砂糖菓子).

Ma・sche [マッシェ máʃə] 女 -/-n ① (網・編み物の)目, メッシュ. *Maschen*⁴ auf|nehmen (fallen lassen) 編み目を拾う(落とす) / durch die *Maschen* des Gesetzes schlüpfen 《比》法の網の目をくぐり抜ける. ② (リボン) (結んだ)リボン, ちょうネクタイ. ③ 《口語》(うまい)術策, 抜け道; トリック.

Ma・schen・draht [マッシェン・ドラート] 男 -[e]s/..drähte 金網[用針金].

die **Ma・schi・ne** [マシーネ maʃíːnə]

機械 Die *Maschine* läuft normal.
ディ マシーネ ロイフト ノルマール
この機械は正常に作動している.

女 (単) -/(複) -n ① **機械**, 機械装置;《口語》エンジン. (略 *maschine*). eine automatische *Maschine* 自動機械装置 / eine *Maschine*⁴ bedienen 機械を操作する / Die *Maschine* läuft (または ist in Betrieb). 機械が作動している / Die *Maschine* steht still. 機械が止まっている / wie eine *Maschine* arbeiten 《俗》機械のように休みなく働く.

② 飛行機 (=Flugzeug);《口語》オートバイ (=Motorrad). die *Maschine* der Lufthansa² ルフトハンザ機 / Ich fliege mit der nächsten *Maschine* nach Hamburg. 私は次の飛行機でハンブルクへ行く.

③ タイプライター (=Schreib*maschine*). einen Brief mit der *Maschine* schreiben 手紙をタイプで打つ. ④ 《俗》(軽蔑的に:)でぶの女.

新形 **Ma・schi・ne schrei・ben** タイプライターを打つ.

....

(合成) ..**maschine** のいろいろ: Bohr*maschine* 電気ドリル / Kaffee*maschine* コーヒーメーカー / Näh*maschine* ミシン / Spül*maschine* 自動食器洗い機 / Strick*maschine* 編み機 / Wasch*maschine* 洗濯機

....

ma・schi・nell [マシネる maʃinél] 形 ① 機械による. 物⁴ *maschinell* her|stellen 物⁴を機械で製造する. ② 機械の; 機械のような.

Ma・schi・nen・bau [マシーネン・バオ] 男 -[e]s/ ① 機械[器具]製造. ② (学科としての)機械工学.

Ma・schi・nen・fab・rik [マシーネン・ふァブリーク] 女 -/-en 機械工場.

Ma・schi・nen・ge・schrie・ben [マシーネン・ゲシュリーベン] 形 タイプライターで打った.

Ma・schi・nen・ge・wehr [マシーネン・ゲヴェーァ] 中 -[e]s/-e 《軍》機関銃.

Ma・schi・nen・les・bar [マシーネン・れースバール] 形 (コンピ)機械で読みとり可能な.

Ma・schi・nen・pis・to・le [マシーネン・ピストーれ] 女 -/-n 自動拳銃(カミラʊウ)(小銃).

Ma・schi・nen・scha・den [マシーネン・シャーデン] 男 -s/..schäden 機械(エンジン)の故障.

Ma・schi・nen・schlos・ser [マシーネン・シュロッサァ] 男 -s/- 機械工.

Ma・schi・nen・schrei・ben [マシーネン・シュライベン] 中 -s/ (文字・文書を)タイプライターで打つこと.

Ma・schi・nen・schrift [マシーネン・シュリふト] 女 -/-en タイプライターで打った文字(文書).

Ma・schi・ne・rie [マシネリー maʃinəríː] 女 -/-n [..リーエン] ① 機械装置;《劇》舞台機械装置. ② (軽蔑的に:)(個人の自由などが無視される社会などの)機構.

ma・schi・ne|schrei・ben* 自 (h) (新形) Maschine schreiben) ☞ Maschine

Ma・schi・nist [マシニスト maʃiníst] 男 -en/-en ① 機械技師, 機械操作員. ②《海》(船の)機関長.

Ma・ser [マーザァ máːzər] 女 -/-n (材木の)木目.

ma・se・rig [マーゼリヒ máːzərɪç] 形 木目のある.

ma・sern [マーザァン máːzərn] 他 (h) (物⁴に)木目[模様]をつける. ◊《過去分詞の形で》schön *gemasert* 美しい木目のある. ◊☞ gemasert

Ma・sern [マーザァン] 複《医》はしか.

Ma・se・rung [マーゼルンヶ] 女 -/-en 木目; 木目模様.

die **Mas・ke** [マスケ máskə] 女 (単) -/(複) -n ① **仮面**, 面, マスク. (英 mask). eine komische *Maske* こっけいな仮面 / die *Maske*⁴ tragen 仮面を着けている / die *Maske*⁴ ab|legen (または ab|nehmen) 仮面をはずす / die *Maske*⁴ ab|werfen (または fallen lassen)《比》正体を現す / die *Maske*⁴ vom Gesicht reißen 人³の仮面をはく / unter der *Maske* der Freundschaft²《比》友情を装って. ②(美顔用の)パック;(俳優の)

メークアップ; 扮装(殳). *Maske*⁴ machen メークアップをする. ③ 仮面をかぶった人. ④ フェンシング用のマスク(=Fechtmaske); ガスマスク(=Gas*maske*); 酸素マスク(=Sauerstoff*maske*); デスマスク(=Toten*maske*). ⑤《写》焼き枠, マスク[フィルター].

Mas・ken=ball [マスケン・バル] 男 -(e)s/..bälle 仮面(仮装)舞踏会.

Mas・ken=bild・ner [マスケン・ビルドナァ] 男 -s/-《劇・映》メークアップ係. (⦅注⦆女性形は Maskenbildnerin).

mas・ken・haft [マスケンハフト] 形 仮面のような, 表情のない(顔など).

Mas・ke・ra・de [マスケラーデ maskərá:də] 女 -/-n ① 仮装, 変装; 見せかけ, 偽装. ② 仮面(仮装)舞踏会.

mas・kie・ren [マスキーレン maskí:rən] I 他 (h) ① (人⁴に)仮面をかぶせる; 《方》仮装させる. ② 隠す, カムフラージュする. ③《料理》(物⁴に)ソース(糖衣)をかける. II 再帰 (h) *sich*⁴ *maskieren* 仮面をかぶる, 覆面する;《方》仮装(変装)する. Sie *maskierte* sich *als* Prinzessin. 彼女はお姫さまの扮装(殳)をした.

mas・kiert [マスキーァト] I *maskieren* (仮面をかぶせる)の過分 II 形 仮面(覆面)をつけた.

Mas・kott・chen [マスコットヒェン maskótçən] 中 -s/- (Maskotte の縮小) (小さな)マスコット, お守り.

Mas・kot・te [マスコッテ maskótə] 女 -/-n マスコット, お守り.

mas・ku・lin [マスクリーン máskuli:n または ..ˈliːn] 形 ①男性の; 男らしい;《女性が》男のような. ②《言》男性の.

Mas・ku・li・num [マスクリーヌム máskuli:num] 中 -s/..lina《言》男性名詞(略: m.).

Ma・so・chis・mus [マゾヒスムス mazoxísmus] 男 -/..chismen ①《複 なし》マゾヒズム([異性に]虐待されて快感を覚える変態性欲. オーストリアの作家 Sacher-Masoch 1836-1895 の名から). ② マゾヒスティックな行為.

Ma・so・chist [マゾヒスト mazoxíst] 男 -en/-en マゾヒスト.

ma・so・chis・tisch [マゾヒスティッシュ mazoxístɪʃ] 形 マゾヒズムの, 被虐愛の.

maß [マース] ✱messen (測る)の過去

✱*das* **Maß**¹ [マース má:s] 中 (単2) -es/(複) -e (3格のみ -en) ① 計量単位; 尺度, 物差. (英 measure). Längen*maß* 長さの単位 / *Maße* und Gewichte 度量衡 / das *Maß*⁴ an物⁴ an|legen 物⁴に物差を当てる / 物⁴ mit einem *Maß* messen 物⁴を物差で計る / mit zweierlei *Maß* messen 《比》えこひいきする(←2種類の物差で計る) / Das *Maß* ist voll. 《比》もう我慢ならない(←尺度いっぱいだ).

②《ふつう複》寸法, サイズ. die *Maße* eines Fensters 窓の寸法 / Sie hat ideale *Maße*. 彼女は理想的なプロポーションをしている / bei 人³ *Maß*⁴ nehmen 人³の体の寸法をとる.

③ 程度, 限度; 中庸. Höchst*maß* 最大限 / das übliche *Maß*⁴ überschreiten 度を過ごす / Er kennt weder *Maß* noch Ziel. 彼はほどほどということを知らない / **in** gewissem *Maß*[e] ある程度で / in hohem (höchsten) *Maße* 大いに(この上もなく) / in zunehmendem *Maße* いちだんと / in dem *Maße*, wie... ...の程度に, ...に応じて / in (または **mit**) *Maßen* 適度に, ほどほどに / **ohne** *Maß* und Ziel 過度に, 際限なく / **über** alle (または die) *Maßen*《雅》過度に, 途方もなく.

⦅新形⦆ ....
Maß hal・ten 節度を守る, ほどほどにする. **beim** (または **im**) Trinken *Maß halten* ほどほどに酒を飲む.
....

Maß² [マース] 女 -/-(e) (単位: -/-)《南ドッ・オーストリ・スイス》マース(ビールの液量単位. 1 マースは 1 リットル).

Mas・sa・ge [マサージェ masá:ʒə] 女 -/-n マッサージ, あんま. sich⁴ einer *Massage*³ unterziehen マッサージをしてもらう.

Mas・sa・ker [マサーカァ masá:kər] 中 -s/- 大量虐殺.

mas・sak・rie・ren [マサクリーレン masakrí:rən] 他 (h) (大量に)虐殺する, 殺しまくる.

Maß=an・zug [マース・アンツーク] 男 -(e)s/..züge オーダーメードのスーツ.

Maß=ar・beit [マース・アルバイト] 女 -/-en (衣服・家具などの)注文制作.《比》精巧なできばえ.

✱*die* **Mas・se** [マッセ másə] 女 (単) -/(複) -n (英 mass) ① (ねばりのある)かたまり, こねた物. eine weiche *Masse* 柔らかいかたまり. ② 多数, 大量, 大群. eine *Masse* Kinder たくさんの子供たち / die *Masse* der Wähler² 大多数の有権者 / **in** *Massen* 大量に, 多数で. ③ (ふつう軽蔑的に)大衆, 群衆. die breite *Masse* 一般大衆.《法》[相続]財産, 資産;《経》破産財団. ⑤《物》質量. *Masse* und Energie 質量とエネルギー.

mä・ße [メーセ] ✱messen (測る)の接2

Maß=ein・heit [マース・アインハイト] 女 -/-en 度量の単位.

..ma・ßen [..マーセン ..má:sən]《副詞をつくる接尾》(...のくあいに)に. 例: folgender*maßen* 次のように.

Mas・sen=ab・fer・ti・gung [マッセン・アップフェルティグング] 女 -/-en 《ふつう単》大量(一括)処理.

Mas・sen=ab・satz [マッセン・アップザッツ] 男 -es/..sätze 大量販売.

Mas・sen=ar・ti・kel [マッセン・アルティーケル] 男 -s/- 大量生産品.

Mas・sen=fab・ri・ka・ti・on [マッセン・ファブリカツィオーン] 女 -/-en 大量生産.

Mas・sen=ge・sell・schaft [マッセン・ゲゼルシャフト] 女 -/-en (社)大衆社会.

Mas・sen=grab [マッセン・グラープ] 中 -(e)s/..gräber 共同墓地.

Mas・sen=gut [マッセン・グート] 中 -(e)s/..güter

《ふつう 複》大量生産品；大口の輸送貨物．
mas・sen・haft [マッセンハフト] 形 多量の，多数の．das *massenhafte* Auftreten von Heuschrecken いなごの大量発生／Dort wachsen *massenhaft* Pilze．《口語》そこにはきのこがたくさん生えている．
Mas・sen ≠ kund・ge・bung [マッセン・クントゲーブング] 女 -/- 大決起[政治]集会．
Mas・sen ≠ me・di・um [マッセン・メーディウム] 中 -s/..dien [..ディエン] 《ふつう 複》マスメディア（ラジオ・テレビ・新聞など）．
Mas・sen ≠ mord [マッセン・モルト] 男 -[e]s/-e 大量殺人，集団虐殺．
Mas・sen ≠ pro・duk・ti・on [マッセン・プロドゥクツィオーン] 女 -/-en 大量生産，マスプロ．
Mas・sen ≠ psy・cho・se [マッセン・プスヒョーゼ] 女 -/-n 群衆[異常]心理．
Mas・sen ≠ sport [マッセン・シュポルト] 男 -[e]s/-（多くの人に親しまれる）大衆的なスポーツ．
Mas・sen ≠ ster・ben [マッセン・シュテルベン] 中 -s/- 大量死．
Mas・sen ≠ ver・kehrs・mit・tel [マッセン・フェアケーアスミッテル] 中 -s/- 大量輸送機関．
Mas・sen ≠ ver・nich・tungs・waf・fen [マッセン・フェアニヒトゥングス・ヴァッフェン] 複 大量殺りく兵器．
Mas・sen ≠ ver・samm・lung [マッセン・フェアザンムルング] 女 -/-en 大集会．
mas・sen・wei・se [マッセン・ヴァイゼ] 副 大量に，多数で．
Mas・seur [マセーァ masǿːr] [発] 男 -s/-e マッサージ師．《女》女性形は Masseurin．
Mas・seu・se [マセーゼ masǿːzə] [発] 女 -/-n ① (昔の)女性マッサージ師．② マッサージサロンの売春婦．
Maß ≠ ga・be [マース・ガーベ] 女《成句的に》mit der *Maßgabe*, dass... …という条件つきで／nach *Maßgabe* seines Vermögens《雅》

彼の能力に応じて．
maß ≠ ge・bend [マース・ゲーベント] 形（判断などの）規範となる，決定的な；権威ある．eine *maßgebende* Meinung 有力な意見／*maßgebende* Personen 指導的な立場の人々．
maß ≠ geb・lich [マース・ゲープリヒ] 形 決定的に重要な．
maß ≠ ge・recht [マース・ゲレヒト] 形 寸法どおりの．
maß ≠ hal・ten* 自 (h)（新形 Maß halten）☞ Maß
mas・sie・ren¹ [マスィーレン masíːrən] 他 (h) マッサージする，あんまする．人³ den Rücken *massieren* 人³の背中をマッサージする．
mas・sie・ren² [マスィーレン] 他 (h)《軍》（軍隊⁴を）集結させる．
mas・sig [マスィヒ másɪç] I 形 ずっしりした，どっしりした，ボリュームのある．eine *massige* Eiche どっしりしたかしの木．II 副《口語》どっさり，大量に．
＊**mä・ßig** [メースィヒ mέːsɪç] 形 ① 適度の，ほどよい，節度ある．(英) *moderate*). ein *mäßiges* Tempo ほどよいテンポ／*mäßige* Forderungen 控えめな要求／*mäßig* trinken（酒を）ほどほどに飲む．② それほど大きく（多く）ない．ein *mäßiges* Einkommen さほど多くはない収入．③ 出来のよくない，凡庸な，月並みな．Seine Leistungen sind nur *mäßig*. 彼の成績はたいしてよくない．
..mä・ßig [..メースィヒ ..mεːsɪç]《形容詞をつくる接尾》（…的な…のような…にかなった…による…に関する）例：regel*mäßig* 規則的な．
mä・ßi・gen [メースィゲン mέːsɪɡən] I 他 (h)《雅》適度にする，ほどよくする；（感情・言葉など⁴を）和らげる，（怒りなど⁴を）静める．die Geschwindigkeit⁴ *mäßigen* 速度を緩める／*Mäßige* deine Worte! 言葉を慎め．II 再帰

ドイツ・ミニ情報 15

マスメディア Massenmedien

中央志向が弱く，それぞれの地方の特色を大切にするドイツでは，日刊新聞は地方の情報を豊富に掲載し，日常生活に密着している地方紙が好んで読まれる．『ツァイト』などの全国紙は知識層では愛読されているが，日本のスポーツ新聞に相当するシュプリンガー社発行の『ビルト』紙が，低俗と言われながらも全国で最も購買部数が多い．豊富な紙面で詳細な解説記事を載せる週刊新聞も，週刊誌とならんで人気があり，オピニオンリーダーの情報源となっている．

テレビは，以前は3つの公共放送しかなく，番組数も少なくて，視聴率の低い時間帯には静止画面でラジオの音声を流すほどだった．公共放送は原則的に受信料で運営され，日曜・祭日を除く平日夜8時以降わずかながらコマーシャルをまとめて放映できる時間帯がある．1984年にようやく民間放送が認可され，ケーブルテレビをひけば33チャンネル，衛星放送に加入すればドイツ全域から60チャンネルを受信出来るようになった．

インターネットの普及も進んでおり，ほとんどの企業および公共機関がホームページを開設している．http://www.○○○.de とアドレスが極めてシンプルに設定されているので，○○○に調べたい事項を適当に入れてアクセスすれば，目的のサイトにたどりつけることが多い．連邦教育省とテレコム社の共同で，ドイツ全国の学校をインターネットで結ぶプロジェクトが組まれ，マルチメディア教育への取組も活発に行われている．

Mäßigkeit

(h) *sich⁴ mäßigen*《雅》① 控えめにする,自制する. *sich⁴ beim* (または *im*) *Trinken mäßigen* 酒を控えめにする. ② (あらしなどが)和らぐ, おさまる. *Die Hitze hat sich gemäßigt.* 猛暑が和らいだ.
◇**gemäßigt**

Mä·ßig·keit [メースィヒカイト] 囡 -/ 節度, 中庸; 月並み, 平凡.

Mä·ßi·gung [メースィグング] 囡 -/ 緩和, 軽減, 節制.

mas·siv [マスィーふ masí:f] 形 ① 混じり気のない, 純粋な. *massives* Gold 純金. ② (中が)空洞でない(建物など); どっしりした, 重々しい. ein *massives* Gebäude どっしりした建物. ③ 強烈な, 激しい; 粗野な. eine *massive* Kritik 激しい批判.

Mas·siv [マスィーふ] 匣 -s/-e [..ヴェ] ① 連山. ② 《地学》深成岩塊, 地塊.

Maß⋄krug [マース・クルーク] 男 -[e]s/..krüge (南ドィッ南オ) 1マース入りジョッキ (1 リットル入り).

Maß·lieb·chen [マース・リープヒェン má:sli:pçən] 匣 -s/- 《植》ヒナギク.

maß⋄los [マース・ロース] I 形 際限のない, 過度の; とても, 法外な. *maßlose* Forderungen 過度な要求. II 副 とても, ひどく. Er ist *maßlos* eifersüchtig. 彼はひどく嫉妬(ピン)深い.

Maß·lo·sig·keit [マース・ローズィヒカイト] 囡 -/ 過度, 無際限, 極端.

die **Maß⋄nah·me** [マース・ナーメ má:sna:mə] 囡 (単)-/(複)-n 処置, 措置, 対策. (英) *measure*). Gegen*maßnahme* 対抗措置 / geeignete *Maßnahmen* 適切な処置 / *Maßnahmen* gegen die Inflation インフレーション対策 / zu 《事》³ *Maßnahmen*⁴ ergreifen (または treffen)《事》³の対策を講じる.

Maß⋄re·gel [マース・レーゲる] 囡 -/-n 措置, 方策; 《法》処分. Vorsichts*maßregel* 予防措置 / strenge *Maßregeln*⁴ ergreifen (または treffen) きびしい方策を講じる.

maß⋄re·geln [マース・レーゲるン má:sre:gəln] (過去) gemaßregelt 他 (h) (人⁴を)処分する, 処罰する, 懲戒する.

Maß⋄schnei·der [マース・シュナイダァ] 男 -s/- オーダーメイド専門の仕立屋.

der **Maß⋄stab** [マース・シュターブ má:sta:p] 男 (単) -[e]s/(複) ..stäbe [..シュテーベ] (3格のみ ..stäben) ① (判断などの)基準, 尺度. (英) *standard*). Bewertungs*maßstab* 評価基準 / den *Maßstab* für 人・事⁴ ab|geben / 人・事⁴の基準となる / Ich will mir deine Arbeiten zum *Maßstab* nehmen. ぼくは君の業績をお手本にしよう. ② 《地理》 (地図の)縮尺. ein Stadtplan im *Maßstab* 1:10 000 (=eins zu zehntausend) 縮尺 1 万分の 1 の市街地図. ③ 《稀》物差, 定規.

maß·stab[s]⋄ge·recht [マースシュターブ [ス]・ゲレヒト] 形 正確な縮尺に基づいた.

maß·stab[s]⋄ge·treu [マースシュターブ[ス]・ゲトロイ] 形 =maßstab[s]gerecht

maß⋄voll [マース・ふォる] 形 適度な, 節度ある. *maßvoll trinken* ほどほどに飲む.

Maß⋄werk [マース・ヴェルク] 匣 -[e]s/(建)トレサリー, 飾り格子 (ゴシック式窓の上方に見られる装飾).

Maßwerk

der **Mast**¹ [マスト mást] 男 (単 2) -es (まれに -s)/(複) -en または (複) -e (3格のみ -en) (英 *mast*) ① 《海》(船の)マスト, 帆柱. ② 柱, ポール; 《電》電柱; アンテナ柱; 旗の掲揚ポール. die Flagge⁴ am *Mast* empor|ziehen 旗をポールに掲げる.

Mast² [マスト] 囡 -/-en 《ふつう 単》 ① (家畜の)肥育; 肥育飼料 (どんぐりなど). ② 《狩》 いのししの餌(ネ) (地中の幼虫など).

Mast⋄darm [マスト・ダルム] 男 -[e]s/..därme 《医》直腸.

mäs·ten [メステン méstən] 他 (h) (家畜などを)肥育する, 太らせる.

Mast⋄korb [マスト・コルプ] 男 -[e]s/..körbe 《海》(マストの先の)檣楼(ショウ)(見張り台).

Mäs·tung [メストゥング] 囡 -/-en 肥育, 飼育.

Mas·tur·ba·ti·on [マストゥルバツィオーン masturbatsió:n] 囡 -/-en マスターベーション, 手淫(ミン).

mas·tur·bie·ren [マストゥルビーレン masturbí:rən] I 自 (h) マスターベーションをする. II 他 (h) (人⁴に)手淫(ミン)を行う.

Mast⋄vieh [マスト・ふィー] 匣 -[e]s/ 肥育家畜.

Ma·sur·ka [マズルカ mazúrka] 囡 -/-s (は ..surken) マズルカ (ポーランドの民族舞踊[曲]).

Ma·ta·dor [マタドーァ matadó:r] 男 -s (または -en)/-e(-n) ① 《花形》闘牛士 (牛にとどめを刺す). ② 《比》中心人物, 第一人者.

Match [メッチ métʃ] 匣《英》(ᵉˣ: -) -[e]s/-s (または -e) 試合, 競技.

ma·te·ri·al [マテリアーる materiá:l] 形 ① 原料の, 物質の. ② 《哲》質料の, 実体的な.

das **Ma·te·ri·al** [マテリアーる materiá:l] 匣 (単 2) -s/(複) ..alien [..アーリエン] ① 材料, 原料; 素材; 《比》人材. (英) *material*). Brenn*material* 燃料 / *Material* zum Bauen 建築材料. (☞ 類語 Ding). ② (論文・記事の)資料, データ. statistisches *Material* 統計資料 / *Material*⁴ für einen Artikel sammeln 論説のための資料を集める. ③ 道具, 用具, 器材. Büro*material* 事務用品.

Ma·te·ri·a·li·en [マテリアーりエン] ＊Material (材料)の 複
ma·te·ri·a·li·sie·ren [マテリアリズィーレン] materializí:rən] I 他 (h) ① 《物》(エネルギー⁴を)物質化する. ② 《心》(死者の霊など⁴を)具象化させる. II 再帰 (h) *sich⁴ materialisieren* ① 《物》物質化する. ② 《心》具象化する.
Ma·te·ri·a·lis·mus [マテリアリスムス materialísmus] 男 -/ ① (ふつう軽蔑的に:)物質主義, 実利主義. ② 《哲》唯物論, 唯物主義. (☞「観念論」は Idealismus). *der dialektische Materialismus* 弁証法的唯物論.
Ma·te·ri·a·list [マテリアリスト materialíst] 男 -en/-en ① (ふつう軽蔑的に:)実利主義者. ② 《哲》唯物論者.
ma·te·ri·a·lis·tisch [マテリアリスティッシュ materialístiʃ] 形 ① (ふつう軽蔑的に:)物質主義の, 実利主義の. ② 《哲》唯物論的な.
＊*die* **Ma·te·rie** [マテーリエ maté:riə] 女 (単) -/(複) -n ① 《複 なし》《物・化》**物質**; 《哲》質料. (英 *matter*). Geist und *Materie* 精神と物質. ② (研究などの)**題材**, テーマ, 問題.
＊**ma·te·ri·ell** [マテリエる materiél] 形 ① 物質の, 物質的な. (英 *material*). (⇔「理念的な」は ideell). ② 金銭的な, 経済的な. (英 *financial*). *materielle* Bedürfnisse 経済的な要求. ③ 物質主義的な, 実利的な.
Ma·the [マッテ máto] 女 -/ 《ふつう冠詞なしで》(生徒言葉:)(教科としての)数学.
＊*die* **Ma·the·ma·tik** [マテマティーク matematí:k] 女 (単) -/ **数学**. (英 *mathematics*). angewandte *Mathematik* 応用数学 / *Mathematik*⁴ studieren 数学を専攻(研究)する / Das ist ja höhere *Mathematik*! 《戯》むずかしいぞ(←高等数学だ).
Ma·the·ma·ti·ker [マテマーティカァ matemá:tikər] 男 -s/- 数学者.
ma·the·ma·tisch [マテマーティッシュ matemá:tiʃ] 形 数学の; 数学的な. mit *mathematischer* Genauigkeit きわめて精確に.
Mat·hil·de [マティるデ matílda] -[n]s/ 《女名》マティルデ.
Ma·ti·nee [マティネー matiné:] 女 -/-n [..ネーエン] 《劇・映》マチネー, 昼間興行.
Mat·jes·he·ring [マティエス・ヘーリング] 男 -s/-e 若にしんの塩漬け.
Mat·rat·ze [マトラッツェ matrátsə] 女 -/-n ① (ベッドの)敷布団, マットレス; 空気マット. ② 《口語・戯》(顔一面の)ひげ; 濃い胸毛.
Mät·res·se [メトレッセ metrésə] 女 -/-n ① (昔の:)側室. ② 愛人, めかけ.
Mat·ri·ar·chat [マトリアルヒャート matriarçá:t] 中 -[e]s/-e 母権制. (☞「父権制」は Patriarchat).
Ma·tri·kel [マトリーケる matrí:kəl] 女 -/-n ① (大学の)学籍[名]簿. ② 《オース》戸籍簿.
Ma·trix [マートリクス má:trıks] 女 -/Matrizes [マトリーツェース] (または Matrizen [マトリーツェン]) ① 《生》マトリックス, 基質, 母質. ② 《数》行列, マトリックス. ③ 《言》(音声構造などの)図表表示.
Ma·trix*drucker [マートリクス・ドルッカァ] 男 -s/- 《コンピ》ドットマトリックスプリンタ.
Ma·tri·ze [マトリーツェ matrí:tsə] 女 -/-n ① 《印》(活字の)母型, 鋳型; (印刷の)紙型. ② 《工》鋳型. ③ 《数》行列.
Mat·ro·ne [マトローネ matró:nə] 女 -/-n (品の良いふくよかな)中年女性.
＊*der* **Mat·ro·se** [マトローゼ matró:zə] 男 (単 2·3·4) -n/(複) -n (英 *sailor*) ① **水夫**, 船員, マドロス. Er heuerte als *Matrose* an. 彼は水夫として雇われた. ②《軍》二等水兵.
matsch [マッチュ mátʃ] 形 《俗》① (果物などが熟れて)ぶよぶよした, 腐った. ② 《比》疲れ果てた. ③ 《ﾄﾗﾝﾌﾟ・ｽﾎﾟｰﾂ》完敗の.
Matsch [マッチュ] 男 -[e]s/ 《口語》どろどろしたもの; ぬかるみ, 泥んこ.
mat·schig [マッチヒ mátʃıç] 形 《口語》① 泥んこの(道). ② どろどろの, ぶよぶよの(食物).
＊**matt** [マット mát] 形 《比較級: 最上: mattest》① ぐったりした, 疲れた; 元気のない, 弱々しい(声など). Sie waren vor Hunger *matt*. 彼らは空腹のためぐったりしていた / Der Puls ist *matt*. 脈はくが弱い. ② くすんだ, にぶい(光・色など); 輝きのない(目・鏡など); 光沢のない(紙など). *mattes* Kerzenlicht ぼんやりしたろうそくの光 / *matte* Augen どんよりした目. ③ 《比》 説得力のない, ぱっとしない(発言など). eine *matte* Entschuldigung 説得力のない弁解. ④ (チェスの)王手詰めの. Schach und *matt*! 王手! / 人⁴ *matt* setzen a) (チェスで:)人⁴を詰みにする, b) 《比》人⁴を封じこめる.
Mat·te¹ [マッテ máto] 女 -/-n (床などに敷く)マット, 敷物; 《スポ》(体操などの)マット. Fußmatte 足ふきマット / *auf* der *Matte* stehen 《口語》仕事などに取りかかる準備ができている.
Mat·te² [マッテ] 女 -/-n 《スイス》《詩》牧草地, 草原.
das **Mat·ter·horn** [マッタァ・ホルン má:tərhɔrn] 中 -[e]s/ 《定冠詞とともに》《山名》マッターホルン (スイス・イタリア国境の高峰. 4478 m: ☞ 地図 C-6).
Matt*glas [マット・グらース] 中 -es/ すりガラス.
Mat·thä·us [マテーウス matté:us] = (または Matthäi [マテーイ]/ ① 《人名》マテーウス. ② 《聖》《人名》マタイ(『マタイによる福音書』を書いた人). die *Matthäus*-Passion マタイ受難曲 (J. S. バッハのものが有名) / Bei mir ist *Matthäi* am Letzten. 《口語》私は金を使い果たした (『マタイによる福音書』が『世の終わり』という言葉で終わっていることから).
Matt·heit [マットハイト] 女 -/ 《雅》《鼠》衰弱, 無気力; 無光沢; 《商》不景気.
mat·tie·ren [マティーレン matí:rən] 他 (h) (ガラス・金属など⁴を)つや消しにする, (木材⁴を)くすませる. 《過去分詞の形で》 *mattiertes* Glas すりガラス.
Mat·tig·keit [マティヒカイト] 女 -/ 衰弱, 無

気力, 倦怠(ﾘ̇ｫ̇).

Matt･schei･be [マット・シャイベ] 囡 -/-n ① すりガラス板; 《写》焦点ガラス. *Mattscheibe*⁴ haben 《俗》ぼんやりしている, のみ込みが悪い. ② 《口語》(テレビの)スクリーン.

Ma･tu･ra [マトゥーラ matú:ra] 囡 -/ 《ｵｰｽﾄﾘｱ･ｽｲｽ》 高等学校(ギムナジウム)の卒業資格試験 (ドイツの Abitur に相当する).

Matz [マッツ máts] 男 -es/-e (または Mätze) 《戯》かわいい男の子, 坊や.

Mätz･chen [メッツヒェン métsçən] 中 -s/- (Matz の 縮小) ①ふつう 複《口語》ばかげたこと, 悪ふざけ, 策略, トリック. *Mätzchen*⁴ machen a) ばかなまねをする, b) はったりをかける.

Mat･ze [マッツェ mátsə] 囡 -/-n マッツォー(パン種を入れない焼きパン. ユダヤ教徒が過越(ﾕ̇ﾀ̇ｺ̇ｼ̇)の祝日に食べる).

mau [マオ máu] 形《俗》① 気分が悪い. ② (情勢・商売などが)思わしくない, 悪い.

***die* Mau･er** [マオアァ máuər]

> 壁 Die *Mauer* ist weg.
> ディ マオアァ イスト ヴェック
> 壁はなくなった.

囡《単》-/《複》-n ① (石・れんがなどの)壁, 外壁, 塀壁; 城壁. (⊛ *wall*). (〈古〉《部屋などの壁》は Wand). Stadt*mauer* 市の(町の)外壁 / eine hohe *Mauer* 高い壁 / die Chinesische *Mauer* 万里の長城 / eine *Mauer*⁴ bauen 壁を作る / Die *Mauer* ist eingestürzt. 《現在完了》壁が崩れた / wie eine *Mauer* stehen (壁のように)微動だにせず立っている / die *Mauer*⁴ des Schweigens durch|brechen 《比》沈黙[の壁]を破る.
② (馬術の)障害物. ③ (サッカーなどで:)(敵のフリーキックに対する)フェンス, 壁.

Mau･er≈blüm･chen [マオアァ・ブリュームヒェン] 中 -s/-《口語》壁の花(ダンスの相手のいない女性); 地味な若い女性.

mau･ern [マオアァン máuərn] I 他 (h) (壁・塀などを)石(れんが)で築く. II 自 (h) ① (石・れんがなどで)塀を築く. ②《ｶｰﾄﾞ》(良い札を持ちながら)安全にプレーする. ③ (サッカーなどで:)(ゴール前に)壁をつくる.

Mau･er≈stein [マオアァ・シュタイン] 男 -[e]s/-e 石材;《建》特殊れんが.

Mau･er≈seg･ler [マオアァ・ゼーグラァ] 男 -s/- 《鳥》ヨーロッパアマツバメ.

Mau･er≈werk [マオアァ・ヴェルク] 中 -[e]s/- 《建》(石材の)組積工事; (総称として:)壁, 石塀.

***das* Maul** [マオる mául] 中《単》-[e]s/《複》Mäuler [モイらァ] (3格のみ Mäulern) ① (動物の)口. ⇔「(人間の)口」は Mund). Fisch*maul* 魚の口 / das *Maul* des Löwen ライオンの口. ②《俗》(人間の)口; (非礼な)口のきき方. Halt's *Maul*! 黙れ / das *Maul* auf|machen (または auf|tun) 口をきく, ものを言う / das *Maul*⁴ auf|reißen 大口をたたく / ein großes *Maul*⁴ haben 大言壮語する / ein schiefes *Maul*⁴ ziehen (怒って)口をゆがめる / Er hat ein loses *Maul*. 彼は口が軽い /〔人〕³ das *Maul*⁴ stopfen 〔人〕³を黙らせる / sich³ das *Maul*⁴ über 〔人〕⁴ zerreißen 〔人〕⁴の悪口を言う / Er hat sechs *Mäuler* zu ernähren. 彼は6人の家族を養わねばならない. ③《工》ペンチなどのくわえ口.

Maul≈af･fen [マオる・アッフェン]《成句的に》*Maulaffen*⁴ feil|halten《俗》ぽかんと口をあけてつっ立っている.

Maul･beer≈baum [マオるベーァ・バオム] 男 -[e]s/..bäume《植》クワ(桑)[の木].

Mäul･chen [モイるヒェン mɔ́ʏlçən] 中 -s/- 《口語: Mäulerchen》(Maul の 縮小)《戯》小さな口. ein *Mäulchen*⁴ machen (または ziehen) (子供が)ふくれっ面をする.

mau･len [マオれン máulən] 自 (h)《口語》口をとがらせて不平を言う, ぶつぶつ文句を言う.

Mäu･ler [モイらァ] *Maul (動物の口)の 複

Maul≈esel [マオる・エーゼる] 男 -s/-《動》ケッテイ(馬の雄ろばの雌との雑種). (⇔ 雌雄逆の雑種は Maultier).

maul≈faul [マオる・ファオる] 形《俗》むっつりした, 無口の.

Maul≈held [マオる・へるト] 男 -en/-en《口語 ほら吹きの男》.

Maul≈korb [マオる・コルプ] 男 -[e]s/..körbe (犬・馬・牛の)口輪, 口篭(^{ｸﾂ}).

Maul≈schel･le [マオる・シェれ] 囡 -/-n《方》平手打ち, びんた.

Maul≈sper･re [マオる・シュペレ] 囡 -/ (馬などの)開口障害;《俗》(人の)あごのけいれん. die *Maulsperren*⁴ kriegen (あきれて)開いた口がふさがらない.

Maul≈tier [マオる・ティーァ] 中 -[e]s/-e《動》ラバ(ろばの雄と馬の雌との雑種). (⇔ 雌雄逆の雑種は Maulesel).

Maul≈trom･mel [マオる・トロンメる] 囡 -/-n《音楽》口琴(ｺ̇ｷ̇ﾝ̇), ビヤボン.

Maul- und Klau･en･seu･che [マオる ウントクらオエン・ゾイヒェ] 囡 -/ 口蹄(ﾃ̇ｲ̇)炎(牛や羊の口・ひずめの病気; 略: MKS).

Maul≈wurf [マオる・ヴルフ] 男 -[e]s/..würfe《動》モグラ.

Maul･wurfs≈hü･gel [マオるヴルフス・ヒューゲる] 男 -s/- もぐらの盛り土.

Mau･re [マオレ máurə] 男 -n/-n ムーア人(アフリカ西北部の民族).

***der* Mau･rer** [マオラァ máurər] 男《単2》-s/《複》- (3格のみ -n) ① れんが積み職人, 左官. ② フリーメーソンの会員 (= Frei*maurer*).

Mau･rer≈meis･ter [マオラァ・マイスタァ] 男 -s/- 左官の親方.

mau･risch [マオリッシュ máurɪʃ] 形 ムーア人の, ムーア式の.

***die* Maus** [マオス máus] 囡《単》-/《複》Mäuse [モイゼ] (3格のみ Mäusen) ①《動》[ハツカ]ネズミ, マウス. (⊛ *mouse*). Eine *Maus* knabbert am Käse. ねずみがチーズをかじってい

る / Die *Mäuse* piepen. ねずみがちゅーちゅー鳴いている / weiße *Mäuse* 《口語・戯》(白バイに乗った)交通警官 / eine graue *Maus* 《口語》ぱっとしない女(←灰色のねずみ) / weiße *Mäuse*[4] sehen 《口語》幻影を見る / still wie eine *Maus* とても静かな / Da beißt die *Maus* keinen Faden ab. 《口語》それは今さらどうしようもない / Wenn der Katze aus dem Haus ist, tanzen die *Mäuse*. 《諺》鬼のいぬ間の洗濯(←猫が外出するとねずみが踊る). ② 《こつゞ》マウス. ③ (愛称として:)かわいい子(娘). ④ 《口語》(親指の)母指(ぼし)球. ⑤ 《覆》で《俗》金(かね), 銭.

mau·scheln [マオシェるン máuʃəln] 自 (h) 《口語》① 不正な取り引きをする; 《こつゞ》いんちきをする. ② ユダヤ(イディッシュ)訛(なま)りで話す; わけのわからない話し方をする.

Mäus·chen [モイスヒェン mɔ́ysçən] 中 -s/- (Maus の 縮小) ① 小さなねずみ. ② (愛称として:)かわいい子(娘). Mein *Mäuschen*! ねえ, おまえ.

mäus·chen=still [モイスヒェン・シュティる形] 形 《口語》ひっそりした, しんと静まりかえった.

Mäu·se [モイゼ] *Maus (ネズミ)の 覆.

Mäu·se=bus·sard [モイゼ・ブッサルト] 男 -s/-e 《鳥》ノスリ.

Mau·se·fal·le [マオゼ・ふァれ] 女 -/-n ねずみ取り器.

Mau·se=loch [マオゼ・ろッホ] 中 -[e]s/..lö-cher ねずみの巣穴. Ich würde mich am liebsten in ein *Mauseloch* verkriechen. 《接2・現在》《口語》穴があったら入りたいくらいだ(恥ずかしいなどのため).

mau·sen [マオゼン máuzən] I 他 (h) 《戯》くすねる, ちょろまかす. II 自 (h) 《方》(ねこなどが)ねずみを捕る.

Mau·ser [マオザァ máuzər] 女 -/ (鳥の)羽毛の抜け替わり.

mau·sern [マオザァン máuzərn] I 自 (h) (鳥の)羽毛が生え替わる. II 再帰 (h) *sich*[4] *mausern* (鳥の)羽毛が生え替わる; 《口語》見違えるように成長(発展)する.

mau·se=tot [マオゼ・トート] 形 《口語》息の根の絶えた, 完全に死んでいる.

maus=grau [マオス・グラオ] 形 ねずみ色の.

mau·sig [マオズィヒ máuzıç] 形 《成句的に》*sich*[4] *mausig* machen 《俗》でしゃばる.

Mau·so·le·um [マオゾれーウム mauzoléːum] 中 -s/..leen [..れーエン] (王侯の)墓所, 霊廟(れいびょう).

Maut [マオト máut] 女 -/-en 《オーストリア》(道路・橋の)通行税[徴収所].

m. a. W. [ミット アンデレン ヴォルテン] 《略》言い換えれば, 換言すれば (=mit anderen Worten).

Max [マクス máks] -[ens]/ 《男名》マックス (Maximilian の 短縮).

Ma·xi·ma [マクスィマ] Maximum (最大限)の 覆.

ma·xi·mal [マクスィマーる maksimáːl] 形 ① 最大の, 最高の, 極大の. (⇔ 「最小の」は mini-mal). *maximale* Geschwindigkeit 最高速度 / Der Tank fasst *maximal* 30 Liter. そのタンクには最高 30 リットル入る. ② (若者言葉:)すばらしい, 最高の.

Ma·xi·me [マクスィーメ maksíːmə] 女 -/-n 原則; 格言; 《哲》格率. die oberste *Maxime* seines Lebens 彼の生活の第一の信条.

ma·xi·mie·ren [マクスィミーレン maksimíːrən] 他 (h) 最大限にする, 極限まで高める.

Ma·xi·mi·li·an [マクスィミーりアーン maksimíːliaːn] -s/ 《男名》マクシミーリアーン.

Ma·xi·mum [マクスィムム máksimum] 中 -s/..xima ① 《ふつう 単》最大[限], 最高. (⇔ 「最小[限]」は Minimum). ② 《数》極大[値], 《気象》最高気温(気圧).

Max-Planck-Ge·sell·schaft [マクス・プランク・ゲぜるシャふト] 女 -/ マックス・プランク学術協会(略: MPG). (1948 年設立. 本部ゲッティンゲン. ドイツの物理学者 *Max Planck* 1858-1947 の名から).

May·er [マイアァ máiər] -s/-s 《姓》マイアー.

Ma·yon·nai·se [マヨネーゼ majɔnɛ́ːzə] 《つゞ》女 -/-n マヨネーズ (=Majonäse).

Ma·ze·do·ni·en [マツェドーニエン matsedóːniən] 中 -s/ 《地名》マケドニア (=Makedonien).

Mä·zen [メツェーン mɛtséːn] 男 -s/-e (芸術・スポーツなどの)パトロン, 後援者.

Ma·zur·ka [マズルカ mazúrka] 女 -/-s (または ..zurken) マズルカ(ポーランドの民族舞踊[曲]) (=Masurka).

mb [ミリ・バール または ..バール] 《記号》ミリバール (=Millibar).

MB [メーガ・バイト méːgabait] 《略》《こつゞ》メガバイト (=Megabyte).

mbl. [メブりーァト] 《略》(部屋が)家具付きの (=möbliert).

Md [エム・デー] 《化・記号》メンデレビウム (=Mendelevium).

Md. [ミリアルデ または ミリアルデン] 《略》10 億 (=Milliarde[n]).

MdB, M. d. B. [エム・デー・ベー] 《略》(ドイツの)連邦議会議員 (=Mitglied des Bundestags).

MdL, M. d. L. [エム・デー・エる] 《略》(ドイツの)州議会議員 (=Mitglied des Landtags).

m. E. [マイネス エァ・アハテンス] 《略》私の考えでは (=meines Erachtens).

die **Me·cha·nik** [メヒャーニク meçáːnɪk] 女 《単》-/(覆) -en ① 《ふつう 単》《物》力学; 《工》機械工学. (⇔ *mechanics*). die *Mechanik* flüssiger Körper[2] 流体力学. ② 機械装置; 《覆 なし》(機械の)機構, メカ[ニズム]. (⇔ *mechanism*). ③ 《覆 なし》《比》からくり.

der **Me·cha·ni·ker** [メヒャーニカァ meçáːnikər] 男 《単 2》-s/《覆》- (⇔ 女性形は Me-chanikerin). Auto*mechaniker* 自動車整備工.

*me·cha·nisch [メヒャーニッシュ meçá:nıʃ] 形 ① **機械の**, 機械による, 機械仕掛けの. (英 mechanical). ein *mechanisches* Spielzeug 機械仕掛けのおもちゃ. ② **機械的な**, 自動的な; 無意識的な(反応など). eine *mechanische* Arbeit 機械的な仕事 / *mechanisch* antworten 機械的に答える. ③《物》力学の; 機械学[上]の. *mechanische* Energie 力学的エネルギー.

me·cha·ni·sie·ren [メヒャニズィーレン meçanizí:rən] 他 (h) (工場など4を)機械化する.

Me·cha·ni·sie·rung [メヒャニズィールング] 女 -/-en 機械化.

Me·cha·nis·mus [メヒャニスムス meçanísmus] 男 -/..nismen ① 機械装置. ②《複なし》機構, メカニズム, 仕組み. ③(機械的な)システム. ④ 機械論.

me·cha·nis·tisch [メヒャニスティッシュ meçanístıʃ] 形 ① 機械の; 機械的な. ②《哲》機械論的な.

Me·cke·rer [メッケラァ mékərər] 男 -s/-《口語》文句(不平)ばかり言う人.

me·ckern [メッカァン mékərn] 自 (h) ①(やぎが)めぇーと鳴く. ②(人が)かん高い声で話す. ③《口語》ぶつぶつ不平(文句)を言う.

Meck·len·burg [メークレン・ブルク mé:klənburk または メク.. mék..] 中 -s/《地名》メクレンブルク(ドイツ, メクレンブルク・フォアポンメルン州: ☞《地図》E〜F-2).

Me·dail·le [メダリエ medáljə] 女 -/-n メダル, 記念牌(はい). die goldene *Medaille* 金メダル.

Me·dail·lon [メダリヨーン medaljõ:] 《フス》中 -s/-s ①(首飾りの)ロケット. ②《美》(壁などを飾る肖像をモチーフにした)円形レリーフ. ③《料理》メダイヨン(円形に切った肉片).

Me·dia[1] [メディア mé:dia] 女 -/-Mediä [メーディエ] または Medien [..ディエン] ①《言》有声閉鎖音 ([b, d, g]). ②《医》(血管などの)中膜(ちゅうまく).

Me·dia[2] [メディア] Medium (媒体)の 複

Me·di·ci [メーディチー mé:ditʃi] -/-《姓》メディチ(家の人)(ルネサンス期のフィレンツェの名門).

Me·di·en [メディエン] Media[1] (有声閉鎖音), Medium (媒体)の 複

Me·di·en·ver·bund [メーディエン・フェアブント] 男 -[e]s/-e (特に教育のための)複合メディア[利用].

*das **Me·di·ka·ment** [メディカメント medikamént] 中(単2) -[e]s/(複) -e (3格のみ -en) **薬**, 薬剤. (英 *medicine*). ein *Medikament*[4] ein|nehmen (verordnen) 薬を服用する(処方する).

me·di·ka·men·tös [メディカメンテース medikamɛntø:s] 形《医》薬剤投与による.

Me·di·ta·ti·on [メディタツィオーン meditatsió:n] 女 -/-en 沈思黙考;《宗·心》瞑想(めいそう), 黙想.

me·di·ta·tiv [メディタティーフ meditatí:f] 形 瞑想(めいそう)的な.

me·di·ter·ran [メディテラーン mediterá:n] 形 地中海[地方]の.

me·di·tie·ren [メディティーレン medití:rən] 自 (h) ① 瞑想(めいそう)する. ②《宗》黙想する.

Me·di·um [メーディウム mé:dium] 中(単2) -s/..dien [..ディエン] (または Media) ①《ふつう 複》媒介物, 手段. ②《ふつう複》(伝達·宣伝の媒体, マスメディア; (教育の)媒体(教科書など). ③《複 Medien》(物·化)媒体, 媒質, 培地, 培養基; (心)霊媒. ④《言 Media》《言》中間態.

*die **Me·di·zin** [メディツィーン meditsí:n] 女(単) -/(複) -en (複 *medicine*) ①《複なし》**医学**, 医術. (「医療·看護用語」☞ 巻末付録, 1792 ページ). Tier*medizin* 獣医学 / die gerichtliche *Medizin* 法医学 / ein Arzt für innere *Medizin* 内科医 / Ich studiere *Medizin*. 私は医学を専攻しています.

② **薬**, 内服薬. eine bittere *Medizin* a) にがい薬, b)《比》いい経験 / eine *Medizin*[4] ein|nehmen 薬を飲む / Die *Medizin* wirkt schnell. この薬は効き目が早い.

Me·di·zin·ball [メディツィーン・バる] 男 -[e]s/..bälle《スポ》メディシンボール (革ないしゴム製の大型のボール. トレーニング用具の一種).

Me·di·zi·ner [メディツィーナァ meditsí:nər] 男 -s/- 医者, 医師 (= Arzt); 医学部の学生. (《注意》女性形は Medizinerin).

me·di·zi·nisch [メディツィーニッシュ meditsí:nıʃ] 形 ① 医学[上]の; 医学的な, 医学による. die *medizinische* Fakultät 医学部 / *medizinische* Probleme 医学上の諸問題. ② 薬用の, 医療用の. eine *medizinische* Zahncreme 薬用歯みがき.

Me·di·zin·mann [メディツィーン・マン] 男 -[e]s/..männer (未開民族の)まじない師.

Me·du·sa [メドゥーザ medú:za] -/《ギリ神》メドゥーサ(ゴルゴン3姉妹の一人. 頭髪は蛇で, その目は人を石にしてしまう力があった).

Me·du·se [メドゥーゼ medú:zə] I -/ = Medusa II 女 -/-n《動》クラゲ(水母).

*das **Meer** [メーァ mé:r]

| 海 | Wir fahren ans *Meer*.
ヴィァ ふァーレン アンス メーァ
私たちは海へ行きます. |

中(単2) -es (まれに -s)/(複) -e (3格のみ -en) ① **海**, 大洋. (英 *sea*). Mittel*meer* 地中海 / das weite *Meer* 広大な海 / Er wohnt am *Meer*. 彼は海辺に住んでいる / Die Schiffe fahren **auf** das offene *Meer* hinaus. 船が外洋に出て行く / **im** *Meer* baden (または schwimmen) 海で泳ぐ / Die Sonne sinkt ins *Meer*. 太陽が海に沈む / 350 Meter **über** dem *Meer* 海抜 350 メートル.

②《雅》多量, 無数. ein *Meer* von Tränen あふれる涙.

・・・

類語 das Meer:「海」の意味で最も一般的な語. die See: das Meer と同じ意味であるが北ドイツで

多く用いられる. また, 人間と関わり合いを持つときはSee が用いられることが多い. der **Ozean**: (大陸を囲む)大海, 大洋. der Atlantische *Ozean* 大西洋.

Meer⹀bu·sen [メーア・ブーゼン] 男 -s/- 湾, 入江.

Meer⹀en·ge [メーア・エンゲ] 女 -/-n 海峡.

Mee·res⹀arm [メーレス・アルム] 男 -[e]s/-e 細長い入江.

Mee·res⹀bi·o·lo·gie [メーレス・ビオろギー] 女 -/ 海洋生物学.

Mee·res⹀bo·den [メーレス・ボーデン] 男 -s/..böden 海底.

Mee·res⹀früch·te [メーレス・ふりュヒテ] 複《料理》(総称として:)シーフード(魚・貝など).

Mee·res⹀grund [メーレス・グルント] 男 -[e]s/ 海底.

Mee·res⹀hö·he [メーレス・ヘーエ] 女 -/ 海抜.

Mee·res⹀kun·de [メーレス・クンデ] 女 -/ 海洋学.

Mee·res⹀spie·gel [メーレス・シュピーゲる] 男 -s/ 海面. über dem *Meeresspiegel* 海抜(略: ü. d. M. または ü. M.).

Mee·res⹀strö·mung [メーレス・シュトレームング] 女 -/-en 海流, 潮流.

meer⹀grün [メーア・グリューン] 形 海のように青い, 海緑色の.

Meer⹀jung·frau [メーア・ユングふラオ] 女 -/-en《神》(伝説上の)人魚, ニンフ.

Meer⹀kat·ze [メーア・カッツェ] 女 -/-n《動》オナガザル.

Meer⹀ret·tich [メーア・レティヒ] 男 -s/-e ①《植》ワサビダイコン. ② わさび大根の根;《複なし》おろしわさび.

Meer⹀schaum [メーア・シャオム] 男 -[e]s/《鉱》海泡石(喫煙用のパイプを作る).

Meer⹀schwein·chen [メーア・シュヴァインヒェン] 中 -s/-《動》テンジクネズミ, モルモット.

Meer⹀was·ser [メーア・ヴァッサァ] 中 -s/ 海水.

Mee·ting [ミーティング mí:tɪŋ] [英] 中 -s/-s ミーティング, 会合; (小規模な)スポーツ大会.

Me·ga⹀bit [メーガ・ビット] 中 -[s]/-[s]《コンピュ》メガビット.

Me·ga·byte [メーガ・バイト mé:ga-baɪt] [英] 中 -[s]/-[s]《コンピュ》メガバイト(略: MB).

Me·ga·fon [メガふォーン megafó:n] 中 -s/-e = Megaphon

Me·ga⹀hertz [メーガ・ヘルツ] 中 -/-《物》メガヘルツ(略: MHz).

Me·ga·phon [メガふォーン megafó:n] 中 -s/-e メガホン.

Me·gä·re [メゲーレ megέ:rə] I -/《ギリシャ神》メガイラ(復讐の3女神. エリニエ[ス]の一人). II 女 -/-n《雅》たちの悪い女, 毒婦.

Me·ga⹀ton·ne [メーガ・トンネ または メガ・トンネ] 女 -/-n メガトン(核兵器などの爆発力の単位; 記号: Mt).

*das **Mehl** [メーる mé:l] 中 (単 2) -[e]s/《種類を表すときのみ: 複》 -e ① **小麦粉**, メリケン粉 (= Weizen*mehl*); 穀粉. (英 *flour*). feines (grobes) *Mehl* 粒の細かい(粗い)穀粉. ② 粉[状のもの]. Holz*mehl* おがくず.

meh·lig [メーりヒ mé:lɪç] 形 ① 粉の, 粉状の; 粉をまぶした, 粉だらけの. ② (水気がなく)さくさくした, ぼろぼろの(果実・野菜など).

Mehl⹀sack [メーる・ザック] 男 -[e]s/..säcke 粉袋. schlafen wie ein *Mehlsack*《比》ぐっすり眠りこける.

Mehl⹀schwit·ze [メーる・シュヴィッツェ] 女 -/-n《料理》ルー(小麦粉をバターでいためたもの).

Mehl⹀spei·se [メーる・シュパイゼ] 女 -/-n ① 小麦粉(穀粉)で作った料理(団子など). ②《オーストリア》(デザート用の)甘いもの; ケーキ.

Mehl⹀tau [メーる・タオ] 男 -[e]s/《農》(農作物の)うどん粉病.

Mehl⹀wurm [メーる・ヴルム] 男 -[e]s/..würmer《昆》(穀類につく)ゴミムシダマシの幼虫.

***mehr** [メーア mé:r]

> より多くの
>
> Wir brauchen *mehr* Geld.
> ヴィァ ブラオヘン メーァ ゲるト
> 私たちはもっとたくさんのお金が必要だ.

I (*viel の 比較) 形《無語尾で》**より多くの**, より たくさんの, より以上の. (英 *more*). (反)「より少ない」は weniger). fünf oder *mehr* Personen 5人かあるいはそれ以上の人員 / Er hat *mehr* Geld **als** du. 彼は君よりたくさんお金を持っている / Das ist *mehr* als schlimm. それはひどいなんてもんじゃない / **Immer** *mehr* Touristen strömen auf die Insel. ますます多くの観光客がその島に殺到する / **Je** *mehr*, desto besser. 多ければ多いほどよい.

◇《名詞的に》より多くの人(物). *mehr* als die Hälfte 半数以上の人(物) / Willst du noch *mehr*? もっと欲しいの？ / Hundert Personen und *mehr* waren anwesend. 100人以上の人が出席していた / Demnächst *mehr*. じきにもっと詳しく話すよ / Der Kuchen schmeckt **nach** *mehr*.《口語》このケーキはもっと食べたくなるほどおいしい / Sie ist auch nicht *mehr* als wir. 彼女だって私たちとそんなに違わない(←より以上の人間ではない).

II (*viel, *sehr の 比較) 副 ① **より多く, もっと**. Sie raucht *mehr* als ich. 彼女は私よりたくさんたばこを吸う / *mehr* links もっと左に / *mehr* **und** *mehr* または **immer** *mehr* ますます / *mehr* **oder** weniger (または **minder**) 多少とも, ある程度 / *mehr* als genug 十二分に / *mehr* denn je 前よりもいっそう / Du frierst *mehr* als ich. 君はぼくよりも寒がりだ / Du musst dich *mehr* schonen. 君はもっと身体を大事にしなくてはいけない.

② 《*mehr* A **als** B の形で》B というよりもむしろA. Er ist *mehr* Geschäftsmann *als* Arzt. 彼は医者というよりむしろ商売人だ.

③《否定を表す語とともに》 もう(もはや)…ない.

Er ist nicht *mehr*.《婉曲》彼はもう生きていない / Ich kann nicht *mehr*.《口語》もうこれ以上は私にはできない / Ich werd' nicht *mehr*!《俗》あきれて口もきけないよ / Du bist kein Kind *mehr*. おまえはもう子供ではないんだから / nicht *mehr* lange 間もなく.

Mehr [メーア] 中 -(s)/-e ① 過剰, 超過, 余剰 [金]; 多数. ein *Mehr*⁴ an Erfahrung besitzen 経験が豊富である. ②《スイス》(票決の)過半数; 多数決.

Mehr⸗ar·beit [メーア・アルバイト] 囡 -/ 時間外労働, 超過勤務.

Mehr⸗aus·ga·be [メーア・アオスガーベ] 囡 -/-n《ふつう 複》超過支出.

Mehr⸗be·darf [メーア・ベダルフ] 男 -[e]s/ 需要超過.

Mehr⸗be·las·tung [メーア・ベらストゥング] 囡 -/-en 余計な(過重な)負担.

mehr⸗deu·tig [メーア・ドイティヒ] 形 多義的な; あいまいな. ein *mehrdeutiger* Begriff あいまいな概念.

mehr⸗di·men·si·o·nal [メーア・ディメンズィオナーる] 形 多次元の.

Mehr⸗ein·nah·me [メーア・アインナーメ] 囡 -/-n《ふつう 複》超過収入.

meh·ren [メーレン mé:rən] I 他 (h)《雅》増やす, 増大させる. II 再帰 (h) *sich*⁴ *mehren*《雅》増す, 増える, 増大する.

meh·re·re [メーレレ mé:rərə] 代《不定代名詞; 語尾変化は形容詞と同じ》《ふつう複数》① 《付加語として》いくつかの, 何人かの, 若干の; 種種の, *mehrere* Bücher 数冊の本 / *mehrere* Tage 数日 / ein Wort mit *mehreren* Bedeutungen いくつかの意味のある言葉 / Hierzu gibt es *mehrere* Meinungen. これに対してはいろいろな意見がある.
② 《名詞的に》何人かの人たち; いくつかのもの(こと). *mehrere* von ihnen 彼らのうちの何人か / *mehreres* いくつかのこと.

meh·re·ren [メーレレン], **meh·re·rer** [メーレラァ], **meh·re·res** [メーレレス] 代《不定代名詞》☞ mehrere

meh·rer·lei [メーレァらイ mé:rərlaı] 形《無語尾で》《口語》種々の, 数種の, いろいろな.

* **mehr⸗fach** [メーア・ファッハ mé:r-fax] I 形 数回の, 数倍の; たびたびの; いくつもの. ein *mehrfacher* Weltmeister 何度も世界チャンピオンになった選手 / in *mehrfacher* Hinsicht いくつかの点で.
II 副 数回, 何度も. 人事⁴ *mehrfach* erwähnen 人事⁴に何度も言及する.

Mehr·fa·mi·li·en⸗haus [メーアファミーリエン・ハオス] 中 -es/..häuser (多世帯用の)アパート, 共同住宅.

Mehr·far·ben⸗druck [メーアファルベン・ドルック] 男 -[e]s/-e 多色印刷[物].

mehr⸗far·big [メーア・ファルビヒ] 形 多色の, カラフルな, 多色刷りの.

Mehr⸗ge·wicht [メーア・ゲヴィヒト] 中 -[e]s/ 超過重量.

* *die* **Mehr·heit** [メーアハイト mé:rhaıt] 囡《単》-/《複》-en ①《複なし》多数; 大多数; (略) 過半数.《英 majority》.《反》「少数」は Minderheit). die überwiegende *Mehrheit* des Volkes 国民の圧倒的な多数. ② (票決での)多数; 多数派. die absolute *Mehrheit* der Stimmen² 絶対多数票.

mehr·heit·lich [メーアハイトリヒ] 形 多数の, 過半数の.

Mehr·heits⸗be·schluss [メーアハイツ・ベシュるス] 男 -es/..schlüsse 多数決.

Mehr·heits⸗**be·schluß** ☞ 新形 Mehrheitsbeschluss

mehr⸗jäh·rig [メーア・イェーリヒ] 形《付加語としてのみ》① 数年の, 多年にわたる. ②《植》多年生の.

Mehr·kos·ten [メーア・コステン] 複 費用の超過分, 余分の費用.

mehr⸗ma·lig [メーア・マーリヒ] 形《付加語としてのみ》数回の(数度の); たびたびの.

* **mehr⸗mals** [メーア・マーるス mé:rma:ls] 副 何度か, 数回. Der Anfall hat sich *mehrmals* wiederholt. 発作は何度か起こった.

Mehr⸗preis [メーア・プライス] 男 -es/-e《経》超過価格.

mehr⸗sil·big [メーア・ズィるビヒ] 形《言》多音節の.

mehr⸗spra·chig [メーア・シュプラーヒヒ] 形 数か国語を話す; 数か国語で書かれた.

mehr⸗stim·mig [メーア・シュティミヒ] 形《音楽》多声の, ポリフォニーの.

mehr⸗stö·ckig [メーア・シュテッキヒ] 形 数階建ての, 多階の.

mehr⸗stu·fig [メーア・シュトゥーフィヒ] 形 数段の;《工》多段式の(ロケットなど).

mehr⸗stün·dig [メーア・シュテュンディヒ] 形《付加語としてのみ》数時間の.

mehr⸗tä·gig [メーア・テーギヒ] 形《付加語としてのみ》数日の.

mehr⸗tei·lig [メーア・タイリヒ] 形 いくつかの部分から成る.

Meh·rung [メールング] 囡 -/-en《ふつう 単》《雅》増加, 増大.

Mehr·weg⸗fla·sche [メーアヴェーク・ふらシェ] 囡 -/-n (引き換えに返金をする)リターナブルびん.《反》「使い捨てびん」は Einwegflasche).

Mehr⸗wert [メーア・ヴェーァト] 男 -[e]s/《経》付加価値;《マルクス経済学で》剰余価値.

Mehr·wert⸗steu·er [メーアヴェーァト・シュトイァ] 囡 -/《経》付加価値税 (略: MwSt., Mw.-St.).

Mehr⸗zahl [メーア・ツァーる] 囡 -/ ① 多数, 過半数. ②《言》複数[形] (=Plural).《反》「単数[形]」は Einzahl).

Mehr·zweck.. [メーアツヴェック.. mé:rtsvek..]《名詞につける》《接頭》《口語》《多目的の・多用途の》例: *Mehrzweck*halle 多目的ホー

ル.

mei·den [マイデン máıdən] du meidest, er meidet (mied, *hat*...gemieden) 他 (定了 haben)《雅》避ける, 控える. (英 *avoid*). 人^4 *meiden* 人^{4}を避ける, 人^{4}と交際しない / Alkohol^4 *meiden* アルコールを控える. ◇〖相互的に〗Sie *meiden* sich (または einander). 彼らは互いに避け合っている.

Mei·er^1 [マイアァ máıər] 男 -s/- ① 《史》(中世の)荘園管理人, 庄屋. ② 《方》 小作人; [農場]管理人; 酪農業者.

Mei·er^2 [マイアァ] -s/-s《姓》マイアー. [die] *Meiers* マイアー家の人々].

Mei·e·rei [マイエライ maıərái] 女 -/-en ① 《古》荘園, 小作地. ② 《方》酪農場.

*die Mei·le [マイレ máılə] 女 〈単〉-/〈複〉-n マイル (記号: M). (👉 *mile*). Ihr Parfüm riecht drei *Meilen* gegen den Wind.《口語》(軽蔑的に:)彼女の香水のにおいは非常に強烈だ(←1 風上へ 3 マイルもにおう) / **auf** *Meilen* in der Runde この数マイル四方に. (👉 イギリスマイルは 1609 m, プロイセンマイルは 7532 m).

Mei·len≈stein [マイレン・シュタイン] 男 -[e]s/-e ① (昔の)里程標(石), 一里塚. ② 《雅》(人生・歴史での)重要な事件.

mei·len≈weit [マイレン・ヴァイト] 形 何マイルも離れた; 非常に遠い.

Mei·ler [マイラァ máılər] 男 -s/- 炭焼き釜 (*?*); 原子炉.

*mein [マイン máın]

私の	Das ist *mein* Auto.
	ダス イスト マイン アオトー
	これは私の車です.

格	男	女	中	複
1	mein	meine	mein	meine
2	meines	meiner	meines	meiner
3	mein**em**	meiner	mein**em**	meinen
4	meinen	meine	mein	meine

I 冠 〖所有冠詞; 1 人称単数〗 私の, ぼくの. (英 *my*). *mein* Sohn 私の息子 / *meine* Tochter 私の娘 / *meine* Kinder 私の子供たち / das Auto *meines* Vaters 私の父の車 / Das ist *meine* Sache. それは私の問題だ / Ich muss *meine* Medizin nehmen.《口語》私はいつもの薬を飲まなければならない / *Meine* Damen und Herren! (スピーチなどの初めに:)皆さん! / *Mein* Gott! おやおや, なんということだ.

II 代 **A)**〖所有代名詞〗 ① 私(ぼく)のもの. (英 *mine*). Ist das deine Brille oder *meine*? これは君の眼鏡, それともぼくの? ◇〖格語尾なしで〗Alles, was *mein* ist, ist auch dein.《雅》ぼくのものはすべて君のものでもある / *mein* und dein (熟語 *Mein* und *Dein*) verwechseln《口語》盗みを働く(←自分のものと他人のものを取り違える).

② 〖定冠詞とともに〗 私(ぼく)の… Das ist nicht deine Schuld, sondern die *meine*. 《雅》それは君の責任ではなく, ぼくの責任だ. ◇〖名詞的に〗der *Meine* または der *meine* 私の夫 / die *Meinen* または die *meinen* 私の家族 / das *Meine* または das *meine* a) 私の義務, b) 私の財産

.....

👉 格変化は定冠詞がない場合は男性 1 格で meiner, 中性 1 格・4 格で mein[e]s となるほかは上の表と同じ. 定冠詞がつく場合は男性 1 格と女性・中性 1 格・4 格で meine, 他は meinen.

B) 〖人称代名詞 ich の 2 格; ふつう meiner を用いる〗 Vergiss *mein* nicht!《詩》私のことを忘れないで!

mei·ne [マイネ] 冠 〖所有冠詞〗 👉 mein I

Mein≈eid [マイン・アイト] 男 -[e]s/-e 偽誓; 《法》偽証.

mein≈ei·dig [マイン・アイディヒ] 形 偽証の. *meineidig* werden 偽証する.

mei·nem [マイネム] 冠 〖所有冠詞〗 👉 mein I

:mei·nen^1 [マイネン máınən]

思う	Was *meinen* Sie dazu?
	ヴァス マイネン ズィー ダツー
	あなたはそれについてどうお考えですか.

(meinte, *hat*...gemeint) 他 (定了 haben) ① (…と)思う, 考える, (…という)意見である. (英 *think*). Ich *meine*, er hat Recht. 私は彼の言うとおりだと思う / Was *meinst* du zu dieser Sache? 君はこの件についてどう思う? / Das *meine* ich auch. 私もそう思う(同じ意見だ) / *Meinen* Sie das im Ernst? 本気でそう思っていらっしゃるのですか / Das will ich *meinen*!《口語》もちろんそうだとも. ◇〖目的語なしでも〗*Meinst* du? そう思う? / Wenn Sie *meinen*! そうおっしゃるのなら[かまいませんよ]. ◇〖zu 不定詞[句]とともに〗Sie *meinte* zu träumen.《雅》彼女は夢を見ているのだと思った. (👉 類語 denken).

② (人・物^{4}のことを)指して言っている, 意味している. (英 *mean*). Was *meinen* Sie da*mit*? それはどういうおつもりですか / Welches Buch *meinst* du? 君はどの本のことを言っているんだい / *Meinen* Sie mich? 私のことですか.

③ (…と)言う. „Damit ist es genug", *meinte* er. 「それで十分だ」と彼は言った / Was (または Wie) *meinten* Sie eben? 今何とおっしゃいましたか. (👉 類語 sagen).

④ 〖事^{4}を…の〗つもりで言っている. 事^4 ernst (ironisch) *meinen* 事^{4}を本気で(皮肉って)言う / Ich *habe* meine Bemerkung nicht böse *gemeint*. 私は私の意見を悪意で言ったのではない. ◇〖es を目的語として成句的に〗Er *meint* es gut mit ihr. 彼は彼女に対して好意的だ.

mei·nen^2 [マイネン] 冠 〖所有冠詞〗👉 mein I

mei·ner^1 [マイナァ máınər] 代 〖人称代名詞; ich の 2 格〗 statt *meiner* 私の代わりに.

mei·ner^2 [マイナァ] 冠 〖所有冠詞〗👉 mein I

mei·ner≈seits [マイナァ・ザイツ] 副 私の方で

は，私としては．Ganz *meinerseits*！(あいさつで)こちらこそ［お近づきになれてうれしいです］．

mei·nes [マイネス] 冠 〖所有冠詞〗☞ mein I

mei·nes·glei·chen [マイネス・グライヒェン] 代 〖不定代名詞；無変化〗私のような人［々］．

mei·nes·**teils** [マイネス・タイルス] 副 〖雅〗私の方は，私としては．

mei·net·hal·ben [マイネット・ハルベン] 副 ＝meinetwegen

＊**mei·net·we·gen** [マイネット・ヴェーゲン] 副 ① 私のために．Bist du *meinetwegen* gekommen? 〖現在完了〗私のために来てくれたの？ ② 〖口語〗私としては)…してもかまわない．Kann ich mal dein Fahrrad haben? — *Meinetwegen*！ ちょっと君の自転車借りてもいい？ — かまわないよ．

mei·net·**wil·len** [マイネット・ヴィレン] 副 〖成句的に〗um *meinetwillen* 私のために．

mei·ni·ge [マイニゲ máiniɡə] 代 〖所有代名詞；定冠詞とともに，語尾変化は形容詞と同じ〗〖雅〗私(ぼく)のもの．Das ist nicht deine Schuld, sondern die *meinige*. それは君の責任ではなく，ぼくの責任だ．◇〖名詞的に〗die *Meinigen* または die *meinigen* ein *meiniger* または das *meinige* a) 私の義務, b) 私の財産．

Mei·nin·gen [マイニンゲン máiniŋən] 中 -s/ 〖都市名〗マイニンゲン(ドイツ，チューリンゲン州：☞ E-3).

mein·te [マインテ] ＊meinen¹（思う）の 過去

＊*die* **Mei·nung** [マイヌング máinuŋ] 女 〖単〗-/〖複〗-en 意見，見解，考え；評価．(英 *opinion*). die öffentliche *Meinung* 世論 / meiner *Meinung* nach または nach meiner *Meinung* 私の考えでは / Er hat keine eigene *Meinung*. 彼は自分の意見を持っていない / Was ist Ihre *Meinung*? あなたのご意見は？ / Ich habe dazu keine *Meinung*. 私はそれについては何も言うことはありません / eine andere *Meinung*⁴ äußern 別の意見を述べる / Ganz meine *Meinung*！ 私もまったく同じ考えです / 〖人〗³ [gehörig] die *Meinung*⁴ sagen 〖人〗³に［はっきりと］文句を言う / Ich habe eine gute *Meinung* von ihm. 私は彼を高く評価している．◇〖2格で〗Ich bin der *Meinung*², dass…. 私は…という意見です / In dieser Frage bin ich mit dir einer *Meinung*². この問題でぼくは君と同じ意見だ / Ich bin darüber anderer *Meinung*² als Sie. それに関しては私はあなたとは別の意見です．

Mei·nungs·äu·ße·rung [マイヌングス・オイセルング] 女 -/-en 意見の表明.

Mei·nungs·aus·tausch [マイヌングス・アオスタオシュ] 男 -[e]s/ 意見の交換.

Mei·nungs·bil·dung [マイヌングス・ビルドゥング] 女 -/ 意見(世論)の形成.

Mei·nungs·for·schung [マイヌングス・フォルシュング] 女 -/ 世論調査.

Mei·nungs·frei·heit [マイヌングス・フライハイト] 女 -/ 言論の自由.

Mei·nungs·ma·che [マイヌングス・マッヘ] 女 -/ 世論づくり，世論操作.

Mei·nungs·um·fra·ge [マイヌングス・ウムふラーゲ] 女 -/-n 世論調査のアンケート.

Mei·nungs·ver·schie·den·heit [マイヌングス・フェァシーデンハイト] 女 -/-en 〖ふつう 複〗意見の相違；〖婉曲〗口論，いさかい．

Mei·se [マイゼ máizə] 女 -/-n 〖鳥〗シジュウカラ．eine *Meise*⁴ haben 〖俗〗頭がおかしい．

Mei·ßel [マイセル máisəl] 男 -s/- (石・金属などを彫るための)のみ，たがね．

mei·ßeln [マイセルン máisəln] I 他 (h) (石など⁴を)のみで彫る；(彫像・碑文などを⁴)彫刻する．II 自 (h) [an 物³ ～] (物³に)のみで彫る．

Mei·ßen [マイセン máisən] 中 -s/〖都市名〗マイセン(ドイツ，ザクセン州の工業都市．磁器の産地として有名：☞ 地図 F-3).

＊**meist** [マイスト máist] I (＊viel の 最上) 形 (英 *most*) ① 最も多くの，最大の．(⇔「最も少ない」= wenigst). Er hat das *meiste* Geld. 彼がいちばんたくさんお金を持っている．
② たいていの，大部分の．Die *meisten* Gäste sind nach Hause gegangen. 〖現在完了〗たいていの客はうちへ帰った / die *meiste* Zeit des Jahres 1 年の大部分．◇〖名詞的に〗die *meisten* meiner Kollegen² 私の同僚のほとんど / Sie hat das *meiste* davon vergessen. 彼女はそのことの大部分を忘れてしまった．

II 副 (＊viel, ＊sehr の 最上) ① 〖am *meisten* の形で〗最も，いちばん．(英 *most*). Sie spricht am *meisten*. 彼女がいちばんよくしゃべる / das am *meisten* verkaufte Buch いちばんよく売れた本．
② たいていは (＝meistens). (英 *mostly*). *Meist* bin ich zu Hause. たいてい私はうちにいる / Es war *meist* schönes Wetter. たいていはいい天気だった．

Meist·be·güns·ti·gung [マイスト・ベギュンスティグング] 女 -/〖経〗最恵国待遇．

meist·bie·tend [マイスト・ビーテント] 形 〖商〗最高入札値の．物⁴ *meistbietend* verkaufen 物⁴を競売する．

＊**meis·tens** [マイステンス máistəns] 副 たいていは，多くは，ふつう．(英 *mostly*). Morgens trinke ich *meistens* nur einen Kaffee. 私は朝はたいていコーヒーを 1 杯飲むだけです．

meis·ten·teils [マイステン・タイルス] 副 大部分は，たいていは．

＊*der* **Meis·ter** [マイスタァ máistər] 男 〖単2〗-s/〖複〗- (3格のみ -n) (英 *master*) ① (手工業の)親方，マイスター(資格試験に合格し，弟子を養成する資格がある)，職長．(⇔「見習い[生]」は Lehrling). Er geht bei einem guten *Meister* in die Lehre. 彼はりっぱな親方のところへ弟子入りする / Er hat den (または seinen) *Meister* gemacht. 〖口語〗彼はマイスター資格試験に合格した．

② 名人，達人，巨匠，大家．Er ist ein *Meister* des Klavierspiels. 彼はピアノの名人だ /

Übung macht den *Meister*.《諺》名人も練習しだい(←練習は名人を作る) / Es ist noch kein *Meister* vom Himmel gefallen.『現在完了』《諺》生まれながらの名人はいない(←天から名人が降ってくることはない).
③ 《スポ》チャンピオン, 選手権保持者. Welt*meister* 世界チャンピオン / ein *Meister* im Fußballspiel サッカーのチャンピオンチーム.
④ (童話の登場人物などの名前で:) *Meister* Lampe うさぎさん / *Meister* Petz 熊さん.

Meis·ter⸗brief [マイスタァ・ブリーふ] 男 -(e)s/-e 親方の免状.

Meis·ter⸗ge·sang [マイスタァ・ゲザング] 男 -(e)s/《文学》(15–16世紀の)職匠歌, マイスターゲザング(職匠歌人 Meistersinger によって歌われた).

meis·ter·haft [マイスタァハふト] 形 (技量などが)卓越した, みごとな, 優れた. ein *meisterhaftes* Spiel すばらしい演奏 / 事⁴ *meisterhaft* beherrschen 事⁴を完全にマスターしている.

Meis·ter⸗hand [マイスタァ・ハント] 女《成句的に》von *Meisterhand* 名工の手による.

Meis·te·rin [マイステリン máistərɪn] 女 -/..rinnen ① (女性の)親方, マイスター; 名人;《スポ》女性チャンピオン. ② 親方の妻.

Meis·ter⸗leis·tung [マイスタァ・らイストゥング] 女 -/-en 傑作.

meis·ter·lich [マイスタァりヒ] 形 (技量などが)卓越した, みごとな, 優れた (= meisterhaft).

meis·tern [マイスタァン máistərn] 他 (h) ① (困難など⁴を)克服する, (課題など⁴を)やり遂げる. Er *hat* die schwierige Situation sehr gut *gemeistert*. 彼は人生の困難な状況を実にうまく乗りきった / Probleme⁴ *meistern* 諸問題をうまく処理する. ② (感情など⁴を)抑える, こらえる. ◇《再帰的に》*sich*⁴ *meistern* 自制する.
③ (道具・技など⁴を)うまくこなす, マスターする.

Meis·ter⸗prü·fung [マイスタァ・ブリューふング] 女 -/-en マイスターの資格試験.

* *die* **Meis·ter·schaft** [マイスタァシャふト máistərʃaft] 女 (単) -/(複) -en ① 《複 なし》名人芸, 優れた腕前. ein Werk von vollendeter *Meisterschaft* 完璧(な)な名人芸の作品 / es in 事³ **zur** *Meisterschaft* bringen 事³において名人の域に達する(⇐ es は形式目的語). ② 《スポ》(毎年の)選手権試合; 選手権. (英 *championship*). Weltmeisterschaft 世界選手権 / die *Meisterschaft*⁴ erringen (verteidigen) 選手権を獲得する(防衛する).

Meis·ter⸗sin·ger [マイスタァ・ズィンガァ] 男 -s/- (15–16世紀ドイツの)職匠歌人, マイスタージンガー. die *Meistersinger* von Nürnberg 『ニュルンベルクのマイスタージンガー』(ヴァーグナーの楽劇の題名).

Meis·ter⸗stück [マイスタァ・シュテュック] 中 -(e)s/-e ① (職人が)マイスター資格試験に提出する作品. ② 傑作.

Meis·ter⸗werk [マイスタァ・ヴェルク] 中 -(e)s/-e 傑作, 名作, 秀作.

Mek·ka [メッカ méka] I 中 -s/《都市名》メッカ(サウジアラビア西部の都市. マホメットの出生地でイスラム教の聖地). II 中 -s/-s 《ふつう 単》(活動などの)メッカ, 中心地.

Me·lan·cho·lie [メらンコリー melaŋkolí:] 女 -/-n [..リーエン] ① 《複 なし》憂うつ, ふさぎ込み, メランコリー. Er versank in *Melancholie*. 彼は物思いに沈んでいた. ② 《心》うつ病.

Me·lan·cho·li·ker [メらンコーリカァ melaŋkó:likɐ] 男 -s/- ① 憂うつ症の人, ふさぎ屋. ② 《心》うつ病患者.

me·lan·cho·lisch [メらンコーリッシュ melaŋkó:lɪʃ] 形 憂うつ症の, ふさぎ込んだ, 陰うつな, 物悲しい気分にさせる(光景など). ein *melancholischer* Mensch ふさぎ屋.

Me·la·ne·si·en [メらネーズィエン melané:-

ドイツ・ミニ情報 16

マイスター Meister

職人の国ドイツ. その伝統が今でも着実に引き継がれているのは, マイスター制度によるところが大きい. マイスターとは親方を意味する称号で, いわば職人の世界の博士号と言ってよい. 職種により修行年数や受験資格は異なるが, マイスターの国家試験合格者には, 独立して開業する自営許可や, 見習いをとって職人を養成する資格が与えられる. マイスターになると, 学歴とは関係なく社会的ステータスは非常に高い.

手に職をつけた職人を重んじる価値観は, 何でも無難にこなせるゼネラリストより, 専門職に秀でたスペシャリストを求めるドイツの社会に定着している. 多くの者が小学校4年の段階で進路を決め, 大学を希望しない青少年は早いうちから専門教育を受けるし, 大学進学者もやはり専門職をめざして入学するので, 大学に籍を置いたというキャリアだけで満足せず, 多くが専攻分野に関連した職業に就く.

専門職を重視するがゆえに職種を越えての転職は少なく, 仕事を変えるとしても関連分野の狭い範囲で移動する場合がほとんどである. 必然的に同業者間の結びつきが強く, 労働組合が強い力を持っている. ドイツでは, 企業ごとではなく同じ職種で働く者が集まって産業別に単一の組合を作り, 合同で労働条件の改善を求めて雇用者側と折衝するため, 同業の会社同士のライバル争いは比較的起きにくい.

ziən] 田 -s/《島名》メラネシア(オーストラリア東北海岸沿いの小群島の総称).

Me·lan·ge [メろーンジェ melá:ʒə] 囡 -/-n ❶ 混合物(ブレンドコーヒーの); (ﾄﾞｲﾂ) ミルクコーヒー. ❷ 混**色**. ❸《織》混紡糸[の織物].

Me·la·nin [メらニーン melani:n] 田 -s/- 《生化》メラニン, 黒色素.

Me·las·se [メらッセ melásə] 囡 -/-n 糖蜜(とうみつ).

Mel·de≠amt [メるデ・アムト] 田 -[e]s/..ämter (市役所などの)住民登録課[局] (=Einwohnermeldeamt).

Mel·de≠frist [メるデ・ふリスト] 囡 -/-en 届け出期限.

‡**mel·den** [メるデン méldən] du meldest, er meldet (meldete, hat...gemeldet) I 他《A⁴ haben》① (役所・上役などに 事⁴を)届け出る, 知らせる, 報告(通報)する. 《英 report》. Er meldet den Unfall [bei] der Polizei. 彼は事故を警察に通報する / A⁴ polizeilich melden 警察へA⁴の住民届けを出す / Er hat hier nichts zu melden.《口語》彼はここでは発言権がない(口出しができない).
② (新聞・ラジオなどが)**報道する**, 報じる. Die Zeitung meldete einen Flugzeugabsturz. 新聞が飛行機の墜落を報道した / Wie unser Berliner Korrespondent meldet, ... 本社ベルリン特派員の報道によれば….
③ (A⁴の)参加を申し込む. 30 Teilnehmer⁴ für den Ausflug melden ハイキングに 30 人の参加申し込みをする.
④ (秘書などが)の来訪を取り次ぐ. Wen darf ich melden? (受付係が来客に:)どなた様でしょうか.
II 再帰《A⁴ haben》 sich⁴ melden ① 申し込む, 申する, 志願する. sich⁴ zur Prüfung (または für die Prüfung) melden 受験を申し込む / Er meldete sich zum Wehrdienst. 彼は兵役を志願した.
② 出頭する; 電話口に出る; 消息を知らせる; 兆しを現す. sich⁴ bei der Polizei melden 警察に出頭する / Das Telefon klingelt, aber niemand meldet sich. 電話のベルが鳴っているがだれも出ない / Melde dich mal wieder! またいつか電話(便り)をちょうだい / Das Baby meldet sich. 赤ちゃんが泣いて知らせる(空腹などを) / Der Winter meldet sich.《比》冬の兆しが現れる / Mein Magen meldet sich.《口語》おなかがすいてきた.
③ 届け出る. Haben Sie sich schon polizeilich gemeldet? 警察への住民届けをもうしましたか / sich⁴ krank melden (新形) sich⁴ krank|melden) 病気届けを出す.
④ (授業などで)手をあげる. Er meldete sich zu Wort. 彼は発言の許可を求めた.

Mel·de≠pflicht [メるデ・プふりヒト] 囡 -/-en (役所・警察への)届け出義務.

mel·de≠pflich·tig [メるデ・プふりヒティヒ] 形 届け出義務のある(伝染病など).

mel·de·te [メるデテ] ∗melden (届け出る)の過去

∗**die Mel·dung** [メるドゥング méldʊŋ] 囡 (単) -/(複) -en ① 報道, ニュース, 情報.《英 news》. eine amtliche Meldung 公式の報道 / Diese Meldung ging durch Presse und Fernsehen. このニュースは新聞やテレビで報じられた. ② (官庁などの)**報告**, 通知.《英 report》. ③ 届け出, 申し込み.《英 entry》. Krankmeldung 病欠届 / eine Meldung für eine Prüfung 受験の出願.

me·liert [メりーァト melí:rt] 形 雑色の, まだらの(糸など); 白髪交じりの.

Me·li·o·ra·ti·on [メリオラツィオーン melioratsió:n] 囡 -/-en《農》土地改良.

Me·lis·se [メりッセ melísə] 囡 -/-n《植》メリッサ, セイヨウヤマハッカ.

∗**mel·ken**(*) [メるケン mélkən] du melkst, er melkt (古: du milkst, er milkt) (melkte, hat... gemelkt または molk, hat...gemolken) I 他《A⁴ haben》《英 milk》① (牛など⁴の)乳を**搾る**. Kühe⁴ (Ziegen⁴) melken 牛(やぎ)の乳を搾る. ◇《目的語なしでも》Er melkt mit der Hand. 彼は手で乳搾りをする. ② (乳⁴を)搾る. zehn Liter Milch⁴ melken 10 リットルの乳を搾る. ③《俗》(A⁴から)お金を搾り取る, 搾取する. Sie haben ihn tüchtig gemolken. 彼らは彼からたんまり巻き上げた.
II 自《英 haben》《古》(牛などが)乳を出す.

Mel·ker [メるカァ mélkər] 男 -s/- 搾乳夫, 乳搾りをする人. 《注》女性形は Melkerin).

Melk≠ma·schi·ne [メるク・マシーネ] 囡 -/-n 《農》搾乳機, 乳搾り機.

melk·te [メるクテ] ∗melken (乳を搾る)の過去

∗**die Me·lo·die** [メろディー melodí:] 囡 (単) -/(複) -n [..ディーエン] ①《音楽》メロディー, 旋律;《ふつう 複》(大曲の中の個々の)曲(オペラなどの中の歌曲, アリア.《英 melody》. eine heitere Melodie 陽気なメロディー / Er pfeift eine Melodie. 彼はあるメロディーを口笛で吹いている. ②《言》文の抑揚, イントネーション (=Satzmelodie).

Me·lo·dik [メろーディク meló:dɪk] 囡 -/《音楽》旋律法. ②《作品などの》旋律性.

me·lo·di·ös [メろディエース melodió:s] 形 旋律的な, 響きの美しい.

me·lo·disch [メろーディッシュ meló:dɪʃ] 形 ① 快い響きの(声など). ② メロディー(旋律)に関する.

Me·lo·dra·ma [メろ・ドラーマ melo-drá:ma] 田 -s/..dramen ①《文学・音楽》メロドラマ(音楽伴奏付きの劇). ②《劇・映》(ふつう軽蔑的に:)メロドラマ(感傷的な通俗劇).

Me·lo·ne [メろーネ meló:nə] 囡 -/-n ①《植》メロン. ②《口語・戯》山高帽.

Mem·bran [メンブラーン membrá:n] 囡 -/-en ①《工》(マイクなどの)振動板. ②《理》膜, 皮膜, 薄膜.

Mem·bra·ne [メンブラーネ mεmbrá:nə] 囡

−/-n (㋸) ＝Membran

Mem･me [メンメ mémə] 囡 -/-n 《俗》意気地なし, 臆病(おくびょう)者.

Me･moi･ren [メモアーレン memoáːrən] 覆 回想録, 回顧録.

Me･mo･ran･dum [メモランドゥム memorándum] 田 -s/..randen (または ..randa) ① メモ[帳]. ② 《外交上の》覚え書き.

me･mo･rie･ren [メモリーレン memoríːrən] 他 (h) 暗記する, 暗唱する.

Me･na･ge [メナージェ menáːʒə] 囡 -/-n (食卓の)薬味台.

Me･na･ge･rie [メナジェリー menaʒəríː] [フランス] 囡 -/-n [..リーエン] 動物の見せ物; (サーカスなどの)動物のおり.

Men･del [メンデる méndəl] -s/《人名》メンデル (Gregor Johann *Mendel* 1822–1884; オーストリアの植物学者).

Men･de･le･vi･um [メンデれーヴィウム mɛndeléːvium] 田 -s/《化》メンデレビウム(超ウラン元素の一つ; 記号: Md).

Men･dels･sohn [メンデるス・ゾーン méndəlsoːn] -s/《人名》メンデルスゾーン[･バルトルディ] (Felix *Mendelssohn* Bartholdy 1809–1847; ドイツの作曲家).

Me･ne･te･kel [メネテーケる meneté:kəl] 田 -s/- 不吉な前兆(ダニエル書 5, 25).

‡*die* **Men･ge** [メンゲ méŋə] 囡 (単) -/(複) -n ① (一定の)**数量**. die doppelte *Menge* 2倍の量(数) / eine kleine *Menge* Zucker 少量の砂糖 / Von diesem Artikel ist nur noch eine begrenzte *Menge* vorhanden. この商品はもう限られた量しかありません / **in großen (kleinen)** *Mengen* 大量に(少し).
② **大量**, 多数. eine *Menge* Bilder たくさんの絵 / Er hat eine [ganze] *Menge* Geld. 彼は大金を持っている / Du musst noch eine *Menge* lernen. 君はまだ多くのことを学ばなければならない / jede *Menge* 非常にたくさん / **in rauen** *Mengen*《口語》どっさり, ごっそり.
③《覆なし》群集, 多くの人々. die begeisterte *Menge* 熱狂した群集 / Die *Menge* feierte ihn. 大勢の人が彼を称賛した. ④《数》集合.

men･gen [メンゲン méŋən] I 他 (h)混ぜる, 混合する. Zement⁴ und Wasser⁴ *mengen* セメントと水を混ぜる / Rosinen⁴ in den Teig *mengen* レーズンをパン生地に混ぜる. II 再帰 (h) ①《*sich*⁴ [**mit** 物³] ～》([物³]と)混ざる, 混じり合う. ②《*sich*⁴ **in** 事⁴～》《口語》(事⁴に)口出しする. *sich*⁴ ins Gespräch *mengen* 人の話に割り込む. ③《*sich*⁴ **unter** 人⁴～》《口語》(人⁴(群集など)の中に)まぎれ込む.

Men･gen=leh･re [メンゲン・れーレ] 囡 -/《数・哲》集合論.

men･gen=mä･ßig [メンゲン・メースィヒ] 形 数量の, 量的な.

Men･gen=ra･batt [メンゲン・ラバット] 男 -[e]s/-e《経》大口割引.

Me･nis･kus [メニスクス menískus] 男 -/..nisken ①《医》(膝に)関節などの半月板. ②《光》凹凸レンズ. ③《物》(毛細管現象の)メニスカス.

Men･ni･ge [メンニゲ mɛ́nɪɡə] 囡 -/《化》鉛丹 (防さび剤).

‡*die* **Men･sa** [メンザ ménza] 囡 (単) -/(複) -s または (複) Mensen ① (大学の)**学生食堂**. (㊟「社員食堂」は Kantine). **in die** *Mensa* **gehen** 学生食堂へ行く / Wir essen immer in der *Mensa*. 私たちはいつも学生食堂で食事をします. ②《カトリック》(祭壇の)祭台.

‡*der* **Mensch**¹ [メンシュ mɛnʃ]

> 人間
> Ich bin auch nur ein *Mensch*.
> イヒ ビン アオホ ヌーア アイン メンシュ
> 私だって一人の人間にすぎない.

格	(単)		(複)	
1	der	Mensch	die	Menschen
2	des	Menschen	der	Menschen
3	dem	Menschen	den	Menschen
4	den	Menschen	die	Menschen

男 (単 2･3･4) -en/(複) -en ① **人間**, 人. (㊟ *person*, *human being*). *Mensch* und Tier 人間と動物 / Er ist ein normaler *Mensch* 普通の人 / Er ist ein ganz vollkommener *Mensch*. 彼はまったく申し分のない人間だ / ein *Mensch* aus (または von) Fleisch und Blut 生身の人間(←肉と血からなる) / Alle *Menschen* müssen sterben. 人はだれでも死なねばならない / Jeder *Mensch* hat seine Fehler. だれにでも欠点はある / Er ist ein anderer *Mensch* geworden. 【現在完了】彼は別人のようになってしまった / kein *Mensch* だれも…でない / wie der erste *Mensch*《口語》頼りなげに, ぎこちなく(←[創造された]最初の人間のように) / Ich bin ja gar kein *Mensch* mehr.《口語》私はもうくたくただ(←もう人間ではない) / Jetzt bin ich wieder [ein] *Mensch*.《口語》私はやっと人心地がついた / Sie ist nur noch ein halber *Mensch*.《口語》彼女は身も心もやつれきっている(←もう半分の人間でしかない). ◇《前置詞とともに》etwas⁴ **für den inneren (äußeren)** *Menschen* **tun** 十分に飲み食いする(身づくろいに気を配る) / Er geht gern **unter** *Menschen*. 彼は社交的だ / **von** *Mensch* **zu** *Mensch* 気さくに, 打ち解けて (㊟ 習慣的に語尾変化しない).
②《間投詞的に》《俗》おい, こいつ, うわー. *Mensch*, lass das! おい, やめろ / *Mensch* Meier! うわースごい, これは驚いた.

Mensch² [メンシュ] 田 -[e]s/-er《方》(ふつう軽蔑的に:)女, あま.

Men･schen=af･fe [メンシェン・アッフェ] 男 -n/-n《動》類人猿.

Men･schen=al･ter [メンシェン・アるタァ] 田 -s/- (平均的な)人間一代の期間; 一世代(約

30年).

Men·schen⚬feind [メンシェン・ファイント] 男 -[e]s/-e 人間嫌い.

men·schen⚬feind·lich [メンシェン・ファイントリヒ] 形 ① 人間嫌いの,非社交的な. ② 《比》非人間的な,人間に有害な(環境など).

Men·schen⚬fres·ser [メンシェン・フレッサァ] 男 -s/- 《口語》人食い人種; 残忍な人.

Men·schen⚬freund [メンシェン・フロイント] 男 -[e]s/-e 博愛主義者,慈善家.

men·schen⚬freund·lich [メンシェン・フロイントリヒ] 形 ① 博愛の,思いやりのある. ② 《比》人間に優しい(環境など).

Men·schen⚬ge·den·ken [メンシェン・ゲデンケン] 中《成句的に》seit *Menschengedenken* 有史以来,大昔から.

Men·schen⚬ge·schlecht [メンシェン・ゲシュレヒト] 中 -[e]s/《雅》人類.

Men·schen⚬ge·stalt [メンシェン・ゲシュタるト] 女 -/-en 人間の姿(形). ein Engel in *Menschengestalt* 人の姿をした天使, 善人.

Men·schen⚬hand [メンシェン・ハント] 女 -/ ..hände 人間の手; 《雅》人間. Das liegt nicht in *Menschenhand*. それは人間の手のおよばぬことだ / durch (または von) *Menschenhand* geschaffen 人間[の手]によって作られた.

Men·schen⚬han·del [メンシェン・ハンデる] 男 -s/ 人身売買.

Men·schen⚬ken·ner [メンシェン・ケンナァ] 男 -s/- 人情を解する人; 人を見る目がある人.

Men·schen⚬kennt·nis [メンシェン・ケントニス] 女 -/ 人情を解する力; 人を見る目.

Men·schen⚬kind [メンシェン・キント] 中 -[e]s/-er ①《ふつう 単》(神の子としての)人間,人の子. ②《雅》子供.

Men·schen⚬le·ben [メンシェン・れーベン] 中 -s/- ① 人間の一生. ② 人命.

men·schen⚬leer [メンシェン・れーァ] 形 人気(ひとけ)のない,荒涼とした.

Men·schen⚬lie·be [メンシェン・リーベ] 女 -/ 人間愛, 隣人愛, 博愛.

Men·schen⚬men·ge [メンシェン・メンゲ] 女 -/-n 群集.

men·schen⚬mög·lich [メンシェン・メークリヒ] 形 人間にできる,人力のおよぶ限りの. Das ist nicht *menschenmöglich*. そんなことはできるはずがない. ◇《名詞的に》das *menschenmögliche* (新形 *Menschenmögliche*[4]) tun 人力の限りを尽くす.

Men·schen⚬raub [メンシェン・ラオプ] 男 -[e]s/-e 誘拐;《法》略取誘拐[罪].

Men·schen⚬recht [メンシェン・レヒト] 中 -[e]s/-e 《ふつう 複》人権. die *Menschenrechte*[4] verteidigen 人権を擁護する.

men·schen⚬scheu [メンシェン・ショイ] 形 人見知りする,交際嫌いの.

Men·schen⚬schin·der [メンシェン・シンダァ] 男 -s/- 人使いの荒い人,搾取者.

Men·schen⚬**schlag** [メンシェン・シュらーク] 男 -[e]s/ (ある特徴・気質を持った)人々,人種.

Men·schen⚬see·le [メンシェン・ゼーれ] 女 -/ -n 人間の魂; 人間. Keine *Menschenseele* war zu sehen. 人っ子一人見えなかった.

Men·schens⚬kind! [メンシェンス・キント] 間 《俗》(驚き・非難を表して:)おいおい,ほんとにまあ,いつめ.

Men·schen⚬sohn [メンシェン・ゾーン] 男 -[e]s/《 ホットセッ 教》人の子(イエスのこと).

men·schen⚬un·wür·dig [メンシェン・ウンヴュルディヒ] 形 人間らしくない,非人間的な.

Men·schen⚬ver·stand [メンシェン・フェアシュタント] 男 -[e]s/ 人知. der gesunde *Menschenverstand* 常識,良識.

Men·schen⚬**werk** [メンシェン・ヴェルク] 中 -[e]s/-e 《雅》人間のはかない・不完全な事業.

Men·schen⚬wür·de [メンシェン・ヴュルデ] 女 -/ 人間の尊厳.

men·schen⚬wür·dig [メンシェン・ヴュルディヒ] 形 人間にふさわしい. *menschenwürdig* wohnen 人間らしい(まともな)住居に住む.

* *die* **Mensch·heit** [メンシュハイト ménʃhaɪt] 女《単》-/《総称として:》人類,人間.(英 mankind). die ganze *Menschheit* 全人類 / die Geschichte der *Menschheit*[2] 人類の歴史.

***mensch·lich** [メンシュリヒ ménʃlɪç] 形 ① 人間の; 人間らしい,人間の(英 human). die *menschliche* Gesellschaft 人間社会 / der *menschliche* Körper 人体 / *menschliche* Beziehungen 人間関係 / Irren ist *menschlich*.《諺》過ちは人の常.
② 思いやりのある,人道的な. ein *menschlicher* Beamter 人情味のある役人 / Der Chef behandelt seine Leute immer *menschlich*. その上役は部下たちをいつも思いやりをもって扱う.
③ まあまあの,まともな. Diese Bedingungen sind *menschlich*. これらの条件ならまあまあ我慢できる.

Mensch·lich·keit [メンシュリヒカイト] 女 -/ -en ①《複 なし》人間らしさ,人間性; 人情, 人道. ein Verbrechen gegen die *Menschlichkeit* 人道に反する犯罪 / 軍[4] aus *Menschlichkeit* tun 軍[4]を同情心からする. ②《複 で》(狭) 人間的な弱さ.

Mensch⚬wer·dung [メンシュ・ヴェーァドゥング] 女 -/ ①《 ホットセッ 教》(キリストの)受肉,託身. ②《生》人類の発生.

Men·sen [メンゼン] *Mensa (学生食堂の) 複

Menst·ru·a·tion [メンストルアツィオーン mɛnstruatsi̯oːn] 女 -/-en 《医》生理,月経.

Men·sur [メンズーァ mɛnzúːr] 女 -/-en ① (フェンシングで:)ディスタンス(競技者の間隔). ② (学生の)決闘. ③《音楽》メンスーラ(音符の長さの比率); 楽器の各部分の寸法の比率.

men·tal [メンターる mɛntáːl] 形 精神の,心の,メンタルな.

Men·ta·li·tät [メンタリテート mɛntalité:t] 女 -/-en メンタリティー,気質,物の見方(考え方).

Men·thol [メントール mɛntó:l] 中 -s/《化》メントール、はっか脳.

Men·tor [メントァ méntɔr] 男 -s/-en [..トーレン] ① (老練な)助言者. ② 教育顧問.

Me·nu [メニュー mený:] 中 -s/-s 《スイス》 = Menü

das **Me·nü** [メニュー mený:] 中 (単2) -s/(複) -s ① (レストランの)**定食**; ワンコースの料理. (交)「メニュー(献立表)」は Speise[n]karte). Tages*menü* 日替わり定食 / Ein *Menü* besteht aus Suppe, Hauptgericht und Nachtisch. コース料理はスープ、メインコース、デザートから成る. ② 《コンピュ》メニュー.

Me·nu·ett [メヌエット menuét] 中 -[e]s/-e (または -s) 《音楽》メヌエット(3/4 拍子のゆるやかで優雅なフランス舞踏[曲]).

Me·phis·to [メフィスト— mefísto] -[s]/ = Mephistopheles

Me·phis·to·phe·les [メフィストーフェレス mefistó:feles] -/ メフィストフェレス(ファウスト伝説に出てくる悪魔. ゲーテの『ファウスト』で有名).

Mer·ce·des-Benz [メルツェーデス・ベンツ] 男 -/ 《商標》メルセデス・ベンツ(ドイツ, ダイムラー・ベンツ社の自動車).

mer·ci! [メルスィー mɛrsí:] [スイス] 間 《スイス》ありがとう(= Danke!).

Mer·gel [メルゲル mérgəl] 男 -s/(種類:) - 《地学》泥灰(でい)岩, マール(石灰分を含む粘土).

Me·ri·di·an [メリディアーン meridiá:n] 男 -s/-e 《地理・天》子午線, 経線.

Me·ri·no [メリーノ merí:no] [スイス] 男 -s/-s ① 《動》メリノ羊. ② メリノ羊毛.

Me·ri·ten [メリーテン merí:tən] 複 《雅》功績, 手柄.

mer·kan·til [メルカンティール mɛrkantí:l] 形 商業の, 商人の.

merk·bar [メルクバール] 形 ① はっきりそれと認められる, 著しい. *merkbare* Veränderungen 目だった変化. ② 覚えやすい.

Merk·blatt [メルク・ブラット] 中 -[e]s/..blätter 説明書, 注意書き.

:**mer·ken** [メルケン mérkən] (merkte, *hat*... gemerkt) I 他 (完了 haben) (軍4に)気づく, 感づく. (英 notice). *Merkst* du noch nichts? まだ何も気がつかないの / Ich *merkte* seine Absicht. 私は彼の意図に気がついた / Ich *merkte* sofort **an** seinem Benehmen, dass... 私は彼の態度ですぐ…だとわかった / nichts[4] **von** der Krankheit *merken* 病気のことを何も気づかない / Du *merkst* aber auch alles! 《口語》(皮肉で:) やっとわかってくれたか / *Merkst* du was? 《口語》何か変だと思わないかい. ◇《*lassen* とともに》人[4] 軍[4] nicht *merken lassen* 人[4]に軍[4]を気づかれない.
II 再帰 (完了 haben) *sich*[3] 軍[4] *merken* 事[4] を覚えておく. (英 remember). Diese Telefonnummer *kann* man *sich* gut *merken*. この電話番号は覚えやすい / Bitte *merken* Sie *sich* das! このことを記憶にとどめておいてくださ

い/ Das *werde* ich *mir merken*! 《口語》このお返しはきっとするぞ(←このことは覚えておくからな).

merk·lich [メルクリヒ] 形 目につく, はっきりそれと認められる, 著しい.

das **Merk·mal** [メルク・マール mérk-ma:l] 中 (単2) -[e]s/(複) -e (3格のみ -en) ① **特徴**. Haupt*merkmal* 主な特徴 / Er hat keine besonderen *Merkmale*. 彼にはこれといった特徴がない. ② 《言》特性, 素性.

merk·te [メルクテ] ‡merken (気づく)の 過去

Mer·kur [メルクーァ mɛrkú:r] I -s/《ローマ神》メルクリウス、マーキュリー(商業の神. ギリシア神話のヘルメスに当たる). II 男 《定冠詞とともに》《天》水星. III 男 中 -s/ 水銀.

merk·wür·dig [メルク・ヴュルディヒ mérk-vyrdiç] 形 **奇妙な**, 風変わりな, 不思議な. (交 strange). ein *merkwürdiges* Ereignis 奇妙な出来事 / Es ist *merkwürdig* still hier. ここは妙に静かだ. (類語 seltsam).

merk·wür·di·ger·wei·se [メルクヴュルディガァ・ヴァイゼ] 副 奇妙なことに.

Merk·wür·dig·keit [メルク・ヴュルディヒカイト] 女 -/-en ① 《複 なし》奇妙さ. ② 奇妙なもの(こと).

Me·ro·win·ger [メーロヴィンガァ mé:rovɪŋər] 男 -s/- メロヴィング王家の人(フランク王国の最初の王朝. 481 年から 751 年まで).

me·schug·ge [メシュッゲ meʃúgə] 形 《俗》頭のいかれた, 気違いの.

Mes·ner [メスナァ mésnər] 男 -s/- 《方》教会堂番人, 寺男.

Me·son [メーゾン mé:zɔn] 中 -s/-en [メゾーネン] 《ふつう 複》《物》中間子.

Me·so·po·ta·mi·en [メゾポターミエン mezopotá:miən] 中 -s/ 《地名》メソポタミア(チグリス川とユーフラテス川の間の地域. 古代文明発祥の地).

Mess·band [メス・バント] 中 -[e]s/..bänder 巻き尺.

Meß·band ☞ (新形) Messband

mess·bar [メスバール] 形 測ることができる, 測定可能な.

meß·bar ☞ (新形) messbar

Mess·be·cher [メス・ベッヒャァ] 男 -s/- 計量カップ.

Meß·be·cher ☞ (新形) Messbecher

Mess·buch [メス・ブーフ] 中 -[e]s/..bücher 《カトリック》ミサ典書.

Meß·buch ☞ (新形) Messbuch

Mess·die·ner [メス・ディーナァ] 男 -s/- 《カトリック》ミサの侍者.

Meß·die·ner ☞ (新形) Messdiener

die **Mes·se**[1] [メッセ mésə] 女 (単)-/(複)-n ① 《カトリック》**ミサ**; 《音楽》ミサ曲. (英 Mass). eine stille *Messe* 読誦(どくしょう)ミサ(歌やオルガン演奏を伴わないミサ) / Wir gehen um sieben Uhr zur *Messe*. 私たちは 7 時にミサに行きます / eine *Messe*[4] lesen (または halten) ミサをとり行う / schwarze *Messe* 黒ミサ(悪魔のためのミサ). ② **見本市**, メッセ; 《方》年の市(いち). (英

Messe

fair). Buch*messe* 書籍見本市 / eine internationale *Messe* 国際見本市 / eine *Messe* für Lederwaren 革製品の見本市.

Mes·se² [メッセ] 囡 -/-n 《海》(大型船の[士官用])会食室, 会食者の一同.

Mes·se⸗ge·län·de [メッセ・ゲレンデ] 田 -s/- 見本市(メッセ)会場.

‡mes·sen* [メッセン mésən] du misst, er misst (maß, *hat* ... gemessen) I 他 (完了 haben) ① (長さなど⁴を)測る, (時間など⁴を)計る, (容積など⁴を)量る; 《物》の寸法を測る. (英 measure). Er *misst* die Länge des Tisches. 彼はテーブルの長さを測る / die Temperatur⁴ *messen* 温度を測る / die Zeit⁴ mit der Stoppuhr *messen* ストップウォッチでタイムを計る / *Messen* Sie das Stück Stoff! その布地の寸法を測ってください.
② 《A⁴ an B³ ~》(A⁴ を B³ という尺度で)計る, (A⁴ を B³ と)比べる. Du *darfst* ihn nicht an seinem älteren Bruder *messen*. 君は彼を彼の兄と比べてはいけないよ. ③ 《雅》(人⁴を)じろじろ見る.

II 自 (完了 haben)《数量などを表す 4 格とともに》(長さ・高さ・面積などが…)である. Ich *messe* 1,75 m (=ein Meter fünfundsiebzig). 私は身長が 1 メートル 75 センチある / Das Grundstück *misst* 300 m² (=Quadratmeter). その土地は 300 平方メートルだ.

III 再帰 (完了 haben)《*sich* mit 人³~》《雅》(人³と)競う. *sich* mit 人³ im Laufen *messen* 人³と競走する / Ich *kann mich* an Klugheit mit ihm nicht *messen*. 《比》私は賢さの点では彼にかなわない.

◇☞ **gemessen**

‡das Mes·ser¹ [メッサァ mésər]

| ナイフ | Das *Messer* ist stumpf! ダス メッサァ イスト シュトゥンプフ このナイフは切れ味が悪いよ. |

田 (単2) -s/(複) - (3格のみ -n) ① ナイフ, 小刀, 包丁. (英 knife). ein scharfes (stumpfes) *Messer* よく切れる(切れ味の悪い)ナイフ / das *Messer*⁴ schärfen ナイフを研ぐ / 人³ ein *Messer*⁴ in den Leib stoßen 人³の体にナイフを突き刺す / 人³ das *Messer*⁴ an die Kehle setzen 《口語・比》(債権者などが)人³を脅迫する(←のど元にナイフを突きつける) / Mir sitzt das *Messer* an der Kehle. 《口語・比》私はせっぱつまっている(←私のど元にナイフがある).
◇《前置詞とともに》人⁴ ans *Messer* liefern 《口語》(密告して)人⁴を警察の手に売り渡す(←死刑用の刀にゆだねる) / ein Kampf bis aufs *Messer* 《口語》手段を選ばない戦い(←刃物に至るまでの戦い) / Die Sache steht auf des *Messers* Schneide. その件の決着は予断を許さない / 人³ ins [offene] *Messer* laufen 《口語・比》人³の思うつぼにはまる / 物⁴ mit dem *Messer* ab|schneiden (zerkleinern) 物⁴をナイフで切り取る(切り刻む) /

mit *Messer* und Gabel essen ナイフとフォークで食べる.
② 《医》(外科用の)メス; 《工》(機械などの)刃. 人⁴ unter dem *Messer* haben 《口語》人⁴を手術中である / 人⁴ unters *Messer* nehmen 《口語》人⁴を手術する.

(メモ) ..*messer* のいろいろ: Brot*messer* パン切りナイフ / Butter*messer* バターナイフ / Fleisch*messer* 肉切り包丁 / Käse*messer* チーズナイフ / Klapp*messer* 折りたたみナイフ / Küchen*messer* 調理用包丁 / Obst*messer* 果物包丁 / Rasier*messer* かみそり / Taschen*messer* ポケットナイフ.

Mes·ser² [メッサァ] 田 -s/- ① 計器, メーター. ② 測定者, 計量者, 測量師.

mes·ser⸗scharf [メッサァ・シャルフ] 形 ① ナイフのように鋭い. ② 《口語・比》かみそりのように鋭い(論理など).

Mes·ser⸗schmied [メッサァ・シュミート] 男 -[e]s/-e 刃物鍛冶(かじ).

Mes·ser⸗spit·ze [メッサァ・シュピッツェ] 囡 -/-n ① ナイフの切先. ② ほんの少量. eine *Messerspitze* Salz 一つまみの塩.

Mes·ser⸗ste·che·rei [メッサァ・シュテッヒェライ] 囡 -/-en 刃物(はもの)ざた.

Mes·ser⸗stich [メッサァ・シュティヒ] 男 -[e]s/-e ナイフで刺すこと; ナイフの刺傷.

Mes·se⸗stand [メッセ・シュタント] 男 -[e]s/..stände 見本市のブース.

Mess⸗ge·rät [メス・ゲレート] 田 -[e]s/-e 測定器, 計測器, 測量器.

Meß⸗ge·rät ☞ 新形 Messgerät

Mess⸗ge·wand [メス・ゲヴァント] 田 -[e]s/..wänder 《カト》(ミサ用の)祭服, ミサ服.

Meß⸗ge·wand ☞ 新形 Messgewand

Mes·si·as [メスィーアス mɛsíːas] 男 -/..asse メシア, 救世主; 《聖なし》《新訳》イエス・キリスト.

Mes·sing [メッスィング mésɪŋ] 田 -s/(種類:) -e 真ちゅう, 黄銅(おう).

mes·sin·gen [メッスィンゲン mésɪŋən] 形 《付加語としてのみ》真ちゅう[製]の.

Mess·in·stru·ment [メス・インストルメント] 田 -[e]s/-e 測定(計測・測量)器.

Meß⸗in·stru·ment ☞ 新形 Messinstrument

Mess·ner [メスナァ mésnər] 男 -s/- 《方》教会堂番人, 寺男 (=Meßner).

Mess⸗op·fer [メス・オプファァ] 田 -s/- 《カト》ミサ聖祭.

Meß⸗op·fer ☞ 新形 Messopfer

Mess·tisch⸗blatt [メスティッシュ・ブラット] 田 -[e]s/..blätter (縮尺 25,000 分の 1 の)測量用地図.

Meß·tisch⸗blatt ☞ 新形 Messtischblatt

Mes·sung [メッスング] 囡 -/-en ① 測定, 計測, 測量. ② 測定値.

Mes·ti·ze [メスティーツェ mɛstíːtsə] 男 -n/-n メスティソ(白人とインディアンの混血児). (メモ 女性

形は Mestizin).

Met [メート méːt] 男 -[e]s/（古代ゲルマン人の）蜂蜜(ほう)酒.

me·ta.. [メタ.. meta.. または メータ..]『形容詞なとにつける 接頭』《後ろに・間に・ともに・越えて・変化した》例: *meta*phorisch《修》隠喩(いんゆ)的な.

Me·ta.. [メタ.. または メータ..]『名詞につける 接頭』《後ろに・間に・ともに・越えて・変化した》例: *Meta*morphose 変化 / *Meta*physik 形而上学.

Me·ta·bo·lis·mus [メタボリスムス metabolísmus] 男 -/《医・生》新陳代謝, 物質交代.

‡*das* **Me·tall** [メタる metál] 中 (単2) -s/(複) -e (3格のみ -en) 金属.《英》*metal*). Leicht*metall* 軽金属 / Schwer*metall* 重金属 / ein edles (unedles) *Metall* 貴金属(卑金属) / *Metall*⁴ bearbeiten 金属を加工する / eine Stimme mit viel *Metall* 張りのある声.

(新形)..

Me·tall ver·ar·bei·tend 金属加工の. die *Metall verarbeitend*e Industrie 金属加工業.

....

Me·tall·ar·bei·ter [メタる・アルバイタァ] 男 -s/- 金属工, 金属細工師(加工業者).

me·tal·len [メタれン metálən] 形 ①《付加語としてのみ》金属製の. ②《雅》金属的な, メタリックな(声・音など).

me·tall·hal·tig [メタる・ハるティヒ] 形 金属を含む.

Me·tall′in·dust·rie [メタる・インドゥストリー] 女 -/-n [..リーエン] 金属工業.

me·tal·lisch [メタりッシュ metáliʃ] 形 ① 金属の, 金属質の. ein *metallisch*er Überzug 金属メッキ. ② かん高い, 澄んでよく通る(声・音など); 金属的な, きらきらした(光沢など).

Me·tal·lur·gie [メタるルギー metalurgíː] 女 -/ 冶金(やきん)学.

me·tall′ver·ar·bei·tend 形 (新形) Metall verarbeitend ☞ Metall

Me·ta·mor·pho·se [メタモルふォーゼ metamɔrfóːzə] 女 -/-n ① 変化, 変身, 変貌(へんぼう). die *Metamorphose* des Charakters 性格の変化. ②《動・植》変態. ③《地学》変成作用. ④《神》(人間の動植物などへの)変身.

Me·ta·pher [メタッふァァ metáfər] 女 -/-n《修》隠喩(いんゆ), 暗喩, メタファー(A を B に例える場合,「B のような」と言わずに直接結びつける修辞法. 例: das Meer des Lebens 人生の大海原).

Me·ta·pho·rik [メタふォーリク metafóːrik] 女 -/《修》隠喩(いんゆ)法, 暗喩法.

me·ta·pho·risch [メタふォーリッシュ metafóːriʃ] 形《修》隠喩(いんゆ)的な, 暗喩(あんゆ)的な.

Me·ta·phy·sik [メタふュズィーク metafyzíːk] 女 -/《ふつう単》形而上学.

me·ta·phy·sisch [メタふューズィッシュ metafýːzɪʃ] 形 形而上[学]の, 形而上学的な.

Me·ta·spra·che [メタ・シュプラーヘ méːtaʃpraːxə] 女 -/-n《言》メタ言語(ある言語を説明するための言語).

Me·tas·ta·se [メタスターゼ metastáːzə] 女 -/-n《医》(癌(がん)などの)転移.

Me·te·or [メテオーァ meteóːr または メーテ..] 男 (まれに 中) -s/-e [メテオーレ]《天》流星.

Me·te·o·rit [メテオリート meteoríːt] 男 -s (または -en)/-e[n]《天》隕石(いんせき).

Me·te·o·ro·lo·ge [メテオロローゲ meteorolóːgə] 男 -n/-n 気象学者.

Me·te·o·ro·lo·gie [メテオロろギー meteorologíː] 女 -/ 気象学.

me·te·o·ro·lo·gisch [メテオロローギッシュ meteorolóːgɪʃ] 形 気象[学]の. eine *meteorologisch*e Station 気象台, 測候所.

Me·te·or′stein [メテオーァ・シュタイン] 男 -[e]s/-e《天》隕石(いんせき).

‡*der (das)* **Me·ter** [メータァ méːtər] 男 中 (単2) -s/(複) - (3格のみ -n) メートル (記号: m).《英》*meter*). Der Schnee liegt einen *Meter* hoch. 雪が 1 メートル積もっている / Das Zimmer ist fünf *Meter* lang und vier *Meter* breit. その部屋は奥行 5 メートル, 幅 4 メートルだ / Drei *Meter* Stoff reichen für diesen Anzug. このスーツには 3 メートルの布地で足りる / fünf *Meter* je Sekunde 秒速 5 メートル / **am** laufenden *Meter*《俗》たて続けに, とめどなく / **nach** *Metern* messen メートルで測る / in einer Entfernung **von** hundert *Metern* 100 メートルの距離をおいて.

me·ter′lang [メータァ・らンぐ] 形 1 メートル[以上]の長さの.

Me·ter′maß [メータァ・マース] 中 -es/-e メートル法の物差(巻き尺).

Me·ter′wa·re [メータァ・ヴァーレ] 女 -/-n メートル単位で売る商品(布地など).

me·ter′wei·se [メータァ・ヴァイゼ] 副 メートル[単位]で.

Me·than [メターン metáːn] 中 -s/《化》メタン.

Me·than′gas [メターン・ガース] 中 -es/《化》メタンガス.

Me·tha·nol [メタノーる metanóːl] 中 -s/《化》メタノール.

die **Me·tho·de** [メトーデ metóːdə] 女 (単) -/(複) -n 方法, 方式, やり方; 計画[性].《英》*method*). Arbeits*methode* 作業方法 / eine neue *Methode* 新しい方法 / eine wissenschaftliche *Methode*⁴ an|wenden 科学的方法を用いる / Er arbeitet **nach** einer anderen *Methode*. 彼は別の方法にしたがって仕事をしている / Sein Vorgehen hat *Methode*. 彼の行動は筋が通っている / *Methode*⁴ **in** *Methode*⁴ bringen 事⁴を計画的に整える / Er hat so seine *Methode*.《口語》彼には彼なりのやり方がある / Was sind denn das für *Methoden*?《口語》これはなんというやり方だ.

Me·tho·dik [メトーディク metóːdɪk] 女 -/-en ① 方法論. ②《覆 なし》教授法. ③ (一定の)やり方.

me·tho·disch [メトーディッシュ metóːdɪʃ] 形 ① 方法上の, 方法的な. *methodische* Probleme 方法上の諸問題. ② 一定の方法に基づいた, 体系的な. *methodisches* Arbeiten 体系的な仕事.

Me·tho·dist [メトディスト metodíst] 男 -en/-en 《新教》メソジスト教徒(英国の神学者ジョン・ウェスレーらにより18世紀半ばに始まった新教の一派).

Me·thyl·al·ko·hol [メテューる・アるコホーる] 男 -s/ 《化》メチルアルコール.

Me·ti·er [メティエー metié:] 中 -s/-s (高度な技能が要求される)職業, 仕事.

Met·rik [メートリク mé:trɪk] 女 -/-en ① 《詩学》韻律論. ② 《音楽》拍節法.

met·risch [メートリッシュ mé:trɪʃ] 形 ① 《詩学》韻律の, 韻律論の; 韻文の. ② 《音楽》拍節法の. ③ 《メートル[法]の. das *metrische* System メートル法.

Me·tro·nom [メトロノーム metronóːm] 中 -s/-e 《音楽》メトロノーム.

Me·tro·po·le [メトロポーれ metropóːlə] 女 -/-n 首都; (世界的)大都市; 中心[地].

Me·tro·po·lit [メトロポリート metropolíːt] 男 -en/-en 《宗教》首都大司教.

Met·rum [メートルム méːtrum] 中 -s/Metren (または Metra) ① 《詩学》韻律(詩行の規則性を分析する単位. 音節の強弱, 長短などによって表される). ② 《音楽》拍節.

Met·te [メッテ métə] 女 -/-n 《カト教》(深夜または早朝の礼拝, 朝課.

Met·ter·nich [メッタァニヒ métərnɪç] -s/ 《人名》メッテルニヒ (Klemens Lothar von *Metternich* 1773–1859; オーストリアの政治家, ウィーン会議の議長).

Mett=wurst [メット・ヴルスト] 女 -/..würste 《料理》メットヴルスト(生ソーセージの一種で, パンなどに塗って食べる).

Met·ze·lei [メッツェらイ mɛtsəláɪ] 女 -/-en 大虐殺, 殺りく.

met·zeln [メッツェるン métsəln] 他 (h) ① 《雅》虐殺する, 殺りくする. ② 《方》屠殺(ほ—)する.

***der* Metz·ger** [メツガァ métsgər] 男 (単2) -s/(複) - (3格のみ -n) 《中西部ドッ·南ドッ》肉屋[の主人], 食肉業者 (= Fleischer).

Metz·ge·rei [メツゲライ mɛtsgəráɪ] 女 -/-en 《中西部ドッ·南ドッ·スイ》肉屋 (= Fleischerei).

Meu·chel=mord [モイヒェる・モルト] 男 -[e]s/-e 暗殺, 謀殺.

Meu·chel=mör·der [モイヒェる・メルダァ] 男 -s/- 暗殺者, 刺客.

meuch·lings [モイヒりングス móyçlɪŋs] 副 《雅》暗殺的に, だまし討ちで. [人]⁴ *meuchlings* ermorden [人]⁴を暗殺する.

Meu·te [モイテ móytə] 女 -/-n 《ふつう 単》① 《狩》猟犬の群れ. ② 《口語》(軽蔑的に):)(不穏な)群衆, 集団; 《俗》一味, 仲間.

Meu·te·rei [モイテライ mɔytəráɪ] 女 -/-en (水夫·兵士などの)反乱, 暴動.

Meu·te·rer [モイテラァ móytərər] 男 -s/- 反乱者.

meu·tern [モイタァン móytərn] 自 (h) ① (水夫·兵士などが)反乱を起こす. ② 《口語》不平を言う.

Me·xi·ka·ner [メクスィカーナァ mɛksikáːnər] 男 -s/- メキシコ人. (注 女性形は Mexikanerin).

me·xi·ka·nisch [メクスィカーニッシュ mɛksikáːnɪʃ] 形 メキシコ[人]の.

Me·xi·ko [メクスィコ méksiko] 中 -s/ ① 《国名》メキシコ[合衆国]. ② 《都市名》メキシコシティー(メキシコの首都).

Mey·er [マイアァ máɪər] -s/- 《姓》マイアー.

MEZ [エム・エー・ツェット] 《略》中部ヨーロッパ標準時 (= mitteleuropäische Zeit).

mez·zo·for·te [メツォ・フォルテ] [音学] 副 《音楽》メゾ・フォルテ, やや強く(記号: mf).

mez·zo·pi·a·no [メツォ・ピアーノ] [音学] 副 《音楽》メゾ・ピアノ, やや弱く(記号: mp).

Mez·zo·sop·ran [メッツォ・ゾプラーン] 男 -s/-e 《音楽》① メゾ・ソプラノ(女声のソプラノとアルトの中間声域). ② 《略》メゾ・ソプラノ歌手.

mf [メツォ・ふォルテ] 《記号》《音楽》メゾ・フォルテ (= mezzoforte).

mg [ミリ・グラム] 《記号》ミリグラム (= Milligramm).

Mg [エム・ゲー] 《化·記号》マグネシウム (= Magnesium).

mhd. [ミッテる・ホーホドイチュ] 《略》中高ドイツ語の (= mittelhochdeutsch).

MHz [メーガ・ヘルツ] 《略》メガヘルツ (= Megahertz).

Mi. [ミット・ヴォッホ] 《略》水曜日 (= Mittwoch).

mi·au! [ミアオ miáu] 間 (猫の鳴き声): にゃー.

mi·au·en [ミアオエン miáuən] [過分] miaut) 自 (h) (猫が)にゃーと鳴く.

***mich** [ミヒ míç] 代 《人称代名詞; 1人称単数 ich の4格》私を. (英 me). Er liebt *mich* nicht mehr. 彼は私をもう愛していない / Fragen Sie *mich* nicht! 私に聞かないでください. ◇《前置詞とともに》für *mich* 私のために / Ohne *mich*! 《口語》私はごめんだよ(=私を除いて). ◇《再帰代名詞として》Ich wasche *mich* nachher. ぼくはあとで体を洗うよ / Ich freue *mich* über das Geschenk. 私はプレゼントをもらってうれしい.

Mi·cha·el [ミヒャエーる míçaːl または ..エる ..ɛl] -s/ ① 《男名》ミヒャエル. ② 《聖》ミカエル(主要天使の一人; ヨハネの黙示録12, 7).

Mi·cha·e·li[s] [ミヒャーリ(ス) mɪçaéːli (..lɪs)] 中 -/ 《ふつう冠詞なしで》《カト》聖ミカエル祭(9月29日).

Mi·chel [ミッヒェる míçəl] I -s/ 《男名》ミヒェル. II -s/- (愚直なお人好し. der deutsche *Michel* 典型的なドイツ人(お人よしで政治にうとくて鈍重なドイツ人).

Mi·chel·an·ge·lo [ミケランチェろ mikelándʒelo] -s/ 《人名》ミケランジェロ (*Michelangelo* Buonarroti 1475–1564; イタリアの彫刻家·画家·建

mi·cke·rig [ミッケリヒ míkərıç] 形《口語》ひ弱な, みすぼらしい, 貧相な.

mick·rig [ミックリヒ míkrıç] 形 =mickerig

Mi·cky·maus [ミッキ・マオス míki-maus] 女 -/..mäuse ミッキーマウス(ウォルト・ディズニーの漫画映画の主人公).

Mid·life·cri·sis, Mid-life-Cri·sis [ミッドライフ・クライシス mídlaıf-kráısıs] [英] 女 -/- (特に男性の)中年の危機(今までの人生に疑問をいだく時期).

mied [ミート] ＊meiden (避ける) の 過去

mie·de [ミーデ] ＊meiden (避ける) の 接2

Mie·der [ミーダァ mí:dər] 中 -s/- (服飾) ① コルセット. ② ボディス(体にぴったり合った婦人用の袖なし胴着で, 民俗衣装の一種).

Mie·der≠wa·ren [ミーダァ・ヴァーレン] 複 ファウンデーション(体型を整えるための女性用下着).

Mief [ミーふ mí:f] 男 -[e]s/《俗》(室内などの)汚れた空気;《比》息の詰まりそうな雰囲気.

mie·fen [ミーふェン mí:fən] 自 (h)《口語》臭いにおいがする. ◇《非人称の es を主語として》Es mieft. 空気が汚れていて臭い.

＊die **Mie·ne** [ミーネ mí:nə] 女 (単) -/(複) -n 顔つき, 表情.(← countenance). eine heitere *Miene* 晴れやかな顔つき / eine ernste *Miene*[4] auf|setzen 真剣な顔つきをする / Er machte eine saure *Miene*. 彼はいやな顔をした / keine *Miene*[4] verziehen 感情を顔に表わさない / ohne eine *Miene* zu verziehen 顔色ひとつ変えずに / mit strenger *Miene* 厳しい表情で / gute *Miene*[4] zum bösen Spiel machen いやな目にあっても顔に出さない / *Miene*[4] machen, zu 不定詞[句] …する気配(そぶり)を見せる ⇒ Niemand machte *Miene*, sich[4] zu erheben. だれも立ち上がる気配を見せなかった.

Mie·nen≠spiel [ミーネン・シュピール] 中 -[e]s/ 表情の動き.

mies [ミース mí:s] 形《口語》① いやな, ひどい; くだらない. ein *mieser* Charakter いやな性格. ②(体の具合が)悪い. Mir ist *mies*. 私は気分が悪い.

（新形）

mies ma·chen (人・事[4]を)悪く言う; (人[3]の事・物[4]に)けちをつける.

Mie·se·pe·ter [ミーゼ・ペータァ] 男 -s/-《口語》気難し屋, 不平家.

mies|ma·chen 他 (h)（新形 mies machen) ☞ mies

Mies·ma·cher [ミース・マッハァ] 男 -s/-《口語》何にでもけちをつけるやつ.

Mies≠mu·schel [ミース・ムッシェる] 女 -/-n《動》イガイ, ムールガイ.

Miet≠au·to [ミート・アオト] 中 -s/-s ① タクシー. ② レンタカー.

＊die **Mie·te**[1] [ミーテ mí:tə] 女 (単) -/(複) -n ①(家・部屋などの)借り賃, 賃貸料, 家賃, レンタル料金. (英 rent). (↙「(土地・建物などの)賃借(契約)」は Pacht). eine hohe (niedrige) *Miete* für ein Zimmer 高い(安い)部屋代 / die *Miete*[4] zahlen (kassieren) 賃貸料を払う(徴集する) / Unsere *Miete* beträgt monatlich 700 Mark. 私たちの家賃は月700マルクです / kalte (warme) *Miete*《口語》暖房費なし(込み)の家賃 / die halbe *Miete* sein《口語》たいへん有利である. ②《覆 なし》賃借り, 賃貸し. 物[4] in *Miete* haben 物[4]を賃借している / Er wohnt bei ihr zur *Miete*. 彼は彼女のところに間借りしている.

Mie·te[2] [ミーテ] 女 -/-n《農》(野菜などの越冬用の)貯蔵; (干し草などの)堆積(ﾀｲｾｷ).

:**mie·ten** [ミーテン mí:tən] du mietest, er mietet (mietete, hat...gemietet) 他 (定て haben) (家・自動車など[4]を)賃借りする, (有料で)借りる, リースする. (英 rent). (↙「賃貸しする」は vermieten). Wir *mieten* eine Wohnung. 私たちは住まいを借りる / Ich habe [mir] ein Auto *gemietet*. 私はレンタカーを借りた / ein Zimmer[4] *mieten* 間借りする.

＊der **Mie·ter** [ミータァ mí:tər] 男 (単2) -s/(複) - (3格のみ -) 賃借人, 借家人, 間借り人; テナント. (↙ tenant). (↙ 女性形は Mieterin;「賃貸人」は Vermieter). dem *Mieter* kündigen 賃借人に契約解除を通知する(立ち退いてほしいと知らせる).

Mie·ter≠schutz [ミータァ・シュッツ] 男 -es/ 借家人保護.

mie·te·te [ミーテテ] ＊mieten (賃借りする)の 過去

miet≠frei [ミート・ふライ] 形 借り賃(家賃)の要らない.

Miet≠preis [ミート・プライス] 男 -es/-e 借り賃, 家賃, レンタル料金.

Miets≠haus [ミーツ・ハオス] 中 -es/..häuser 賃貸アパート(個々の住まいではなく建物全体を指す).

Miets≠ka·ser·ne [ミーツ・カゼルネ] 女 -/-n (兵舎のような殺風景な)団地アパート.

Miet≠ver·trag [ミート・フェアトラーク] 男 -[e]s/..träge 賃貸借契約.

Miet≠wa·gen [ミート・ヴァーゲン] 男 -s/- レンタカー.

miet≠wei·se [ミート・ヴァイゼ] 副（駅）賃貸しで; 賃借りで.

Miet≠woh·nung [ミート・ヴォーヌング] 女 -/-en 賃貸アパート (Mietshaus の中の1戸分の住まいを指す).

Miet≠zins [ミート・ツィンス] 男 -es/-e《南ド, オーストリア, スイス》賃借料, 家賃 (= Miete).

Mie·ze [ミーツェ mí:tsə] 女 -/-n ① ニャンコ(猫の愛称). ②《俗》(性的対象としての)女.

Mie·ze·kat·ze [ミーツェ・カッツェ] 女 -/-n ニャンコ(猫の愛称).

Mig·non [ミニヨーン mınjóː または ミニヨン] -s/《女名》ミニヨン(ゲーテの小説『ヴィルヘルム・マイスターの修業時代』に登場する少女の名).

Mig·rä·ne [ミグレーネ mıgrέ:nə] 女 -/-n 偏

頭痛.

Mi·ka·do [ミカード miká:do] 中 -s/-s ミカド (棒で山を作り, 他の棒を動かさずに取っていくゲーム).

mik·ro.., Mik·ro.. [ミクロ.. mikro.. またはミークロ..]《形容詞・名詞につける 接頭》《微小の・微細な》(母音の前では mikr.. となることがある). 例: *mikroskopisch* 顕微鏡の / *Mikrokosmos* 小宇宙.

Mik·ro·be [ミクローベ mikró:bə] 女 -/-n 《ふつう複》《生》微生物.

Mik·ro·bi·o·lo·gie [ミークロ・ビオろギー] 女 -/ 微生物学.

Mik·ro·chip [ミークロ・チップ] 男 -s/-s 《電》マイクロチップ, 超高密度集積回路.

Mik·ro·com·pu·ter [ミークロ・コンピュータァ] 男 -s/- マイクロコンピュータ, マイコン.

Mik·ro·elek·tro·nik [ミークロ・エれクトローニク] 女 -/ マイクロエレクトロニクス.

Mik·ro·film [ミークロ・ふぃるム] 男 -[e]s/-e マイクロフィルム.

Mik·ro·fon [ミークロ・フォーン mí:kro-fo:n またはミクロ・フォーン] 中 -s/-e マイクロホン.

Mik·ro·kos·mos [ミークロ・コスモス] 男 -/ 小宇宙, ミクロコスモス (宇宙の縮図としての)人間. (←「大宇宙」は Makrokosmos).

Mik·ro·me·ter [ミークロ・メータァ] 男 中 -s/- ①《中》《工》マイクロメーター, 測微計. ② ミクロン(1,000 分の 1 ミリ; 記号: μm).

Mik·ro·or·ga·nis·mus [ミークロ・オルガニスムス] 男 -/..nismen 《ふつう複》《生》微生物.

Mik·ro·phon [ミークロ・フォーン mí:kro-fo:n またはミクロ・フォーン] 中 -s/-e =Mikrofon

Mik·ro·pro·zes·sor [ミークロ・プロツェッソァ] 男 -s/-en [..ゾーレン]《工》マイクロプロセッサー.

das **Mik·ro·skop** [ミクロ・スコープ mikroskó:p] 中 (単 2) -s/(複) -e (3 格のみ -en) 顕微鏡. 物⁴ **unter dem** *Mikroskop* **untersu-chen** 物⁴を顕微鏡で調べる.

mik·ro·sko·pisch [ミクロ・スコーピッシ mikro-skó:pɪʃ] 形 ① 顕微鏡でしか見えない, 微細な. ② 顕微鏡による(検査など).

Mik·ro·wel·le [ミクロ・ヴェれ] 女 -/-n 《ふつう複》《電》マイクロ波, 極超短波.

Mik·ro·wel·len·herd [ミクロヴェれン・ヘーァト] 男 -[e]s/-e 電子レンジ.

Mil·be [ミるべ mílbə] 女 -/-n 《昆》ダニ.

die **Milch** [ミるヒ mílç]

> ミルク
> Mit oder ohne *Milch*?
> ミット オーダァ オーネ ミるヒ
> ミルクを入れますか, それともミルクなしで?

女 (単) -/ ① ミルク, 牛乳; (哺乳動物の)乳. (英 *milk*). Mutter*milch* 母乳 / dicke (または saure) *Milch* 凝乳, サワーミルク / frische *Milch*⁴ trinken 新鮮なミルクを飲む / Die Kuh gibt viel *Milch*. この牛は乳がよく出る / Sie sieht aus wie *Milch* und Blut. 彼女は健康そのものだ(←ミルクのように白い肌と血のように赤い唇).

② (乳状のもの:)(化粧品の)乳液;《植》(ココナッツなどの)乳液;《魚》(雄魚の)白子.

Milch≠bart [ミるヒ・バールト] 男 -[e]s/..bärte 青二才, 若造 (元の意味は「うぶひげ」).

Milch≠bröt·chen [ミるヒ・ブレートヒェン] 中 -s/- ミルク入りのロールパン.

Milch≠fla·sche [ミるヒ・ふらッシェ] 女 -/-n 哺乳(ほにゅう)びん; 牛乳びん.

Milch≠ge·sicht [ミるヒ・ゲズィヒト] 中 -[e]s/-er ① 青二才, 若造. ② 若くさい顔.

Milch≠glas [ミるヒ・グらース] 中 -es/..gläser ① くもりガラス. ② ミルクカップ.

mil·chig [ミるヒヒ mílçɪç] 形 乳白色の.

Milch≠kaf·fee [ミるヒ・カフェェ] 男 -s/-s ミルクコーヒー.

Milch·mäd·chen≠rech·nung [ミるヒメートヒェン・レヒヌング] 女 -/-en 捕らぬたぬきの皮算用(ラ・フォンテーヌの『牛乳売りの少女』の寓話から).

Milch≠mann [ミるヒ・マン] 男 -[e]s/..männer《口語》牛乳屋, 牛乳配達人.

Milch·ner [ミるヒナァ mílçnər] 男 -s/- 《魚》(成熟した)雄の魚.

Milch≠pul·ver [ミるヒ・ぷるふァァ] 中 -s/- 粉ミルク.

Milch≠reis [ミるヒ・ライス] 男 -es/-e《料理》ミルクライス(牛乳で炊いた甘い米がゆ).

Milch≠säu·re [ミるヒ・ゾイレ] 女 -/《化》乳酸.

Milch≠stra·ße [ミるヒ・シュトラーセ] 女 -/《天》銀河, 天の川.

Milch≠tü·te [ミるヒ・テューテ] 女 -/-n 牛乳パック.

Milch≠wirt·schaft [ミるヒ・ヴィルトシャふト] 女 -/-en 酪農業.

Milch≠zahn [ミるヒ・ツァーン] 男 -[e]s/..zähne《医》乳歯.

Milch≠zu·cker [ミるヒ・ツッカァ] 男 -s/《化》乳糖, ラクトース.

mild [ミるト mílt] 形 (比較 milder, 最上 mildest) (英 *mild*) ① 穏やかな, 温和な (天候など). ein *mildes* Klima 温暖な気候. ② 寛大な(処置など), (人が)思いやりのある, 優しい(態度など). ein *milder* Richter 寛大な裁判官 / Das Urteil war sehr *mild*. 判決はとても寛大なものだった. ◇《副詞的に》*mild[e]* lächeln 優しくほほえむ. (←副詞的用法ではしばしば *milde* となる). ③ (色・光などが)柔らかい. *milder* Sonnenschein 柔らかな日の光. ④ (飲食物が)口当たりの柔らかい, マイルドな; 刺激性の少ない (洗剤など). ein *milder* Wein 甘口のワイン. ⑤《付加語としてのみ》慈善の. eine *milde* Gabe 施し物.

mil·de [ミるデ míldə] 形 =mild

Mil·de [ミるデ] 女 -/ ① 寛大さ, 寛容. mit *Milde* 温情をもって. ② (天候などの)穏やかさ, 温和. ③ (特に酒類の)口あたりの柔らかさ, ま

ろやかさ. ④ 慈善.

mil·dern [ミるダァン míldərn] Ⅰ 他 (h) ① (罰など⁴を)軽くする, 軽減する. ein Urteil⁴ mildern (判決で):刑罰を軽くする. ② (痛みなど⁴を)和らげる, (怒りなど⁴を)静める. Ⅱ 再帰 (h) sich⁴ mildern 和らぐ, 静まる. Sein Zorn milderte sich. 彼の怒りは静まった.

Mil·de·rung [ミるデルング] 女 -/ (罰などの)軽減, 和らげること, 緩和, 鎮静.

mild·tä·tig [ミるト・テーティヒ] 形《雅》慈善の, 慈悲深い.

Mild·tä·tig·keit [ミるト・テーティヒカイト] 女 -/《雅》慈善[行為].

Mi·li·eu [ミリエー miljó:] [ミミ゚] 中 -s/-s ① (社会的·生物的な)環境, 境遇. das häusliche Milieu 家庭環境. ②《ㇲ゚》売春婦の世界(出没地区). ③《ㇳ゙ㇽ》小さなテーブルクロス.

mi·li·tant [ミリタント militánt] 形 戦闘的な, 好戦的な.

* das **Mi·li·tär** [ミリテーァ milité:r] Ⅰ 中 (単2) -s/《総称として》軍, 軍隊; 兵隊.《英 military). das englische Militär イギリス軍 / beim Militär sein 軍人である / zum Militär gehen 軍隊に入る / [das] Militär⁴ ein|setzen 軍隊を出動させる. Ⅱ 男 (単2) -s/(複) -s《ふつう複》高級将校.

Mi·li·tär≠arzt [ミリテーァ・アールツト] 男 -es/ ..ärzte 軍医.

Mi·li·tär≠bünd·nis [ミリテーァ・ビュントニス] 中 ..nisses/..nisse 軍事同盟.

Mi·li·tär≠dienst [ミリテーァ・ディーンスト] 男 -[e]s/ 兵役, 軍務.

Mi·li·tär≠dik·ta·tur [ミリテーァ・ディクタトゥーァ] 女 -/-en 軍部独裁.

Mi·li·tär≠geist·lich·e[r] [ミリテーァ・ガイストリッヒェ(..ヒャァ)] 男《語尾変化は形容詞と同じ》従軍牧師, 軍隊式司祭.

Mi·li·tär≠ge·richt [ミリテーァ・ゲリヒト] 中 -[e]s/-e 軍法会議, 軍事裁判.

* **mi·li·tä·risch** [ミリテーリッシュ milité:rɪʃ] 形《雅 military) ① 軍の, 軍事の, 軍隊の. militärische Geheimnisse 軍の機密 / ein militärischer Putsch 軍事クーデター. ② (作法など)軍隊式の, 軍人らしい. Er grüßte militärisch. 彼は軍隊式に敬礼した.

Mi·li·ta·ris·mus [ミリタリスムス militarísmus] 男 -/ 軍国主義.

Mi·li·ta·rist [ミリタリスト militaríst] 男 -en/-en 軍国主義者.

mi·li·ta·ris·tisch [ミリタリスティッシュ militarístɪʃ] 形 軍国主義的な.

Mi·li·ta·ry [ミリテリ mílɪtəri] [英] 女 -/ 総合馬術競技.

Mi·liz [ミリーツ milí:ts] 女 -/-en ① 市民軍, 民兵;(社会主義国の)民警. ②《ㇿ゙ㇱ》軍隊.

milk [ミるク] ＊melken (乳を搾る) の du に対する 命令

milkst [ミるクスト] ＊melken (乳を搾る)の 2 人称単数 現在《古》

milkt [ミるクト] ＊melken (乳を搾る)の 3 人称単数 現在《古》

Mill. [ミリオーン または ミリオーネン]《略》100 万 (=Million[en]).

Mil·le [ミれ míla] 中 -/-《口語》1,000 マルク.

Mil·len·ni·um [ミれンニウム milénium] 中 -s/..nien [..ニエン] ① 1,000 年. ②《ㇰリ゙ㇲ教》千年王国.

Mil·li·ar·där [ミリアルデーァ miliardé:r] 男 -s/-e 億万長者, 大富豪.

Mil·li·ar·de [ミリアルデ miliárdə] 女 -/-n 10 億(略: Md., Mrd.).

Mil·li≠bar [ミリ・バール] 中 -s/-《気象》ミリバール(気圧指度の単位; 記号: mb, まれに mbar).

Mil·li≠gramm [ミリ・グラム] 中 -s/-e (単位: -/-) ミリグラム(1,000 分の 1 グラム; 記号: mg).

Mil·li≠me·ter [ミリ・メータァ] 男 中 s/- ミリメートル(1,000 分の 1 メートル; 記号: mm).

Mil·li·me·ter≠pa·pier [ミリメータァ・パピーァ] 中 -s/-e 1 ミリ目の方眼紙.

* die **Mil·li·on** [ミリオーン milió:n] 女 (単) -/(複) -en ① 100 万(略: Mill. または Mio.).《英 million). eine halbe Million 50 万 / zehn Millionen Mark 1 千万マルク / über eine Million Menschen 100 万以上の人々. ②《複で》数百万. Millionen von Soldaten 何百万の兵士たち / Die Verluste gehen in die Millionen. 損害は数百万[マルク]におよぶ.

Mil·li·o·när [ミリオネーァ milioné:r] 男 -s/-e 百万長者, 大富豪.

Mil·li·o·nen≠stadt [ミリオーネン・シュタット] 女 -/..städte [..シュテーテ] 百万都市.

mil·li·ons·tel [ミリオーンステる milió:nstəl] 数《分数: 無語尾で》100 万分の 1 [の].

Mil·li·ons·tel [ミリオーンステる] 中 (ス゚ｲ: 男) -s/- 100 万分の 1.

Milz [ミるツ mílts] 女 -/-en《医》脾臓(ひ).

Milz≠brand [ミるツ・ブラント] 男 -[e]s/《医》炭疽(たん).

Mi·me [ミーメ mí:mə] 男 -n/-n《戯》役者.

mi·men [ミーメン mí:mən] 他 (h) ①《口語》(軽蔑的に):(人·事⁴の)ふりをする, (無関心など⁴を)装う. ②《ㇳ゙》(ある役⁴を)演じる.

Mi·me·sis [ミーメズィス mí:mezɪs] 女 -/..mesen [ミメーゼン]《哲》ミメーシス, 模倣.

Mi·mik [ミーミク mí:mɪk] 女 -/ 身ぶり, 物まね.

Mi·mik·ry [ミミクリ mímikri] 女 -/ ①《動》擬態. ②《比》(周囲への)順応.

mi·misch [ミーミッシュ mí:mɪʃ] 形 身ぶりの, 表情の, 身ぶり(演技)による. 軍⁴ mimisch aus|drücken 軍⁴を身ぶりで表現する.

Mi·mo·se [ミモーゼ mimó:zə] 女 -/-n ①《植》ミモザ, オジギソウ. ②《比》(心理的に)傷つきやすい(感じやすい)人.

mi·mo·sen·haft [ミモーゼンハフト] 形《比》(心理的に)傷つきやすい, 感じやすい.

min., Min. [ミヌーテ または ミヌーテン]《略》分

(=Minute[n]).

Mi·na·rett [ミナレット minarét] 中 -[e]s/-e ミナレット(イスラム教寺院の高い尖塔).

*__min·der__ [ミンダァ míndər] (‡wenig, ‡gering の 比較) I 形 《付加語としてのみ》《雅》(質などより)劣った; より少ない. (英 less). *mindere* Waren 低級品 / Das sind Fragen von *minderer* Bedeutung. それらはあまり重要な問題である.
II 副 《雅》より少なく. Sie war *minder* streng als sonst. 彼女はいつもほど厳しくなかった / nicht *minder* (それに劣らず)同じ程度に ⇒ Er war nicht *minder* erstaunt als ich. 私も驚いたが,彼はそれ以上だった / mehr oder *minder* 多かれ少なかれ.

min·der=be·gabt [ミンダァ・ベガープト] 形 知能の劣った,あまり才能のない.

min·der=be·mit·telt [ミンダァ・ベミッテルト] 形 あまり資力(財力)のない;《比》頭の弱い.

*__die Min·der·heit__ [ミンダァハイト míndərhaıt] 女 (単) -/(複) -en ① 《複なし》少数. (英 minority). (⇔「多数」は Mehrheit). in der *Minderheit* sein 少数[派]である. ② (宗教・言語などの)少数派,少数集団. eine nationale *Minderheit* 少数民族. ③ (票決での)少数派.

Min·der·heits=re·gie·rung [ミンダァハイツ・レギールング] 女 -/-en 少数派政権.

min·der=jäh·rig [ミンダァ・イェーリヒ] 形 《法》未成年の(ドイツでは18歳未満).

Min·der=jäh·ri·ge[r] [ミンダァ・イェーリゲ(..ガァ)] 男 女《語尾変化は形容詞と同じ》未成年者.

Min·der=jäh·rig·keit [ミンダァ・イェーリヒカイト] 女 -/ 《法》未成年[であること].

min·dern [ミンダァン míndərn] I 他 (h) 《雅》減らす,減少させる,(価値など⁴を)低下させる. das Tempo⁴ *mindern* スピードを落とす.
II 再帰 (h) *sich⁴ mindern* 《雅》減る,減少する,(価値などが)低下する.

Min·de·rung [ミンデルング] 女 -/-en 減少,低下.

min·der=wer·tig [ミンダァ・ヴェーァティヒ] 形 価値の低い,劣等な,粗悪な.

Min·der=wer·tig·keit [ミンダァ・ヴェーァティヒカイト] 女 -/ 劣等,粗悪.

Min·der·wer·tig·keits=ge·fühl [ミンダァヴェーァティヒカイツ・ゲフュール] 中 -[e]s/-e 《ふつう 複》《心》劣等感.

Min·der·wer·tig·keits=kom·plex [ミンダァヴェーァティヒカイツ・コンプレクス] 男 -[e]s/-e 《心》劣等コンプレックス,インフェリオリティー・コンプレックス.

Min·der=zahl [ミンダァ・ツァール] 女 -/ 少数. in der *Minderzahl* sein 数で劣っている.

*__min·dest__ [ミンデスト míndəst] (‡wenig, ‡gering の 最上) 形《付加語としてのみ》最も少ない,最少の,ごくわずかの. (英 least). ohne den *mindesten* Zweifel 少しの疑いもなしに / Er hat nicht die *mindesten* Aussichten, das zu schaffen. 彼がそれをやり遂げる見込みはまったくない ◇《名詞的に》das *Mindeste* (または das *mindeste*) 最低限のこと ⇒ Davon verstehe ich nicht das *Mindeste* (または das *mindeste*). それについては私は少しもわかりません / nicht im *Mindesten* (または im *mindesten*) 少しも…ない ⇒ Das berührt mich nicht im *Mindesten* (または im *mindesten*). それは私にはまったく関係がない / zum *Mindesten* (または zum *mindesten*) 少なくとも, せめて.

Min·dest=al·ter [ミンデスト・アルタァ] 中 -s/ (結婚などの)最低[制限]年齢.

‡__min·des·tens__ [ミンデステンス míndəstəns] 副 少なくとも,最低限;せめて. (英 at least). (⇔「せいぜい,たかだか」は höchstens). Ich will *mindestens* drei Monate bleiben. 私は少なくとも3か月は滞在するつもりです / Es waren *mindestens* vier Täter. 犯人は少なくとも4人はいた / Er hätte sich *mindestens* entschuldigen können. 《接 2・過去》彼はせめてあやまることくらいはできたでしょう.

Min·dest=ge·schwin·dig·keit [ミンデスト・ゲシュヴィンディヒカイト] 女 -/ (アウトバーンなどの)最低速度.

Min·dest=halt·bar·keits=da·tum [ミンデストハルトバールカイツ・ダートゥム] 中 -s/..da·ten (食品の)賞味期限.

Min·dest=lohn [ミンデスト・ローン] 男 -[e]s/ ..löhne 最低賃金.

Min·dest=maß [ミンデスト・マース] 中 -es/ 最小限,最低限.

*__die Mi·ne__ [ミーネ míːnə] 女 (単) -/(複) -n ① 《軍》地雷,機雷. (英 mine). *Minen⁴* legen (räumen) 地雷(機雷)を敷設する(除去する) / auf eine *Mine⁴* treten 地雷を踏む. ② (鉛筆・ボールペンなどの)しん. (英 lead). die *Mine⁴ aus|wechseln* しんを替える. ③ (坑)坑道,横坑.

Mi·nen=feld [ミーネン・フェルト] 中 -[e]s/-er 《軍》地雷原;機雷敷設海域.

Mi·nen=le·ger [ミーネン・レーガァ] 男 -s/- 《軍》地雷敷設車;機雷敷設艦.

Mi·nen=räum·boot [ミーネン・ロイムボート] 中 -[e]s/-e 《軍》(小型の)掃海(ボイ)艇.

Mi·nen=sper·re [ミーネン・シュペレ] 女 -/-n 《軍》地雷(機雷)封鎖区域.

Mi·nen=such·boot [ミーネン・ズーフボート] 中 -[e]s/-e 《軍》掃海(ボイ)艇.

Mi·ne·ral [ミネラール minerá:l] 中 -s/-e (または ..ralien [..ラーリエン]) 鉱物,鉱石.

Mi·ne·ral=bad [ミネラール・バート] 中 -[e]s/ ..bäder 鉱泉[の湯治場].

mi·ne·ra·lisch [ミネラーリッシュ minerá:lıʃ] 形 鉱物[性]の;鉱物を含む.

Mi·ne·ra·lo·ge [ミネラローゲ mineralóːgə] 男 -n/-n 鉱物学者.

Mi·ne·ra·lo·gie [ミネラロギー mineralogíː] 女 -/ 鉱物学.

Mi·ne·ral·öl [ミネラール・エール] 中 -(e)s/-e 鉱油, 石油.

Mi·ne·ral⹀quel·le [ミネラール・クヴェれ] 女 -/-n 鉱泉.

Mi·ne·ral⹀salz [ミネラール・ざルツ] 中 -es/-e 無機塩.

Mi·ne·ral⹀was·ser [ミネラール・ヴァッさァ] 中 -s/..wässer 鉱水; ミネラルウォーター, 炭酸水.

Mi·ner·va [ミネルヴ minérva] -s/ 《ロ゜ーマ神》 ミネルヴァ(知恵・技芸の女神. ギリシア神話のアテネに当たる).

Mi·ni [ミニ míni] 男 -s/-s 《口語》 ミニスカート (=Minirock).

Mi·ni.. [ミニ.. míni..] 《名詞につける 接頭》 《小さい・小型の》 例: Minigolf ミニゴルフ / Minirock ミニスカート.

Mi·ni·a·tur [ミニアトゥーァ miniatú:r] 女 -/-en 《美》 ① (中世の写本の)装飾画(文字). ② 細密画.

Mi·ni·a·tur⹀aus·ga·be [ミニアトゥーァ・アオスガーベ] 女 -/-n 小型本, 豆本.

Mi·ni⹀golf [ミニ・ゴるふ] 中 -s/ ミニゴルフ.

Mi·ni·ma [ミーニマ] Minimum (最小限)の 複

mi·ni·mal [ミニマーる minimá:l] 形 ごくわずかの; 最小[限]の. ein minimaler Unterschied ほんのわずかな差. (メモ 「最大の」は maximal).

Mi·ni·mum [ミーニムム mí:nimum] 中 -s/..nima ① 《ふつう 単》 最小[限], 最低限. (メモ 「最大[限]」は Maximum). ② 《数》 極小[値]; 《気象》 最低気温(気圧).

Mi·ni⹀rock [ミニ・ロック] 男 -(e)s/..röcke ミニスカート.

‡der **Mi·nis·ter** [ミニスタァ miníster] 男 (単2) -s/(複) - (3格のみ -n) 大臣. (英 minister). Finanzminister 大蔵大臣 / der Minister des Inneren (Äußeren) 内務(外務)大臣 / Er wurde zum Minister ernannt. 《受動・過去》 彼は大臣に任命された.

Mi·nis·te·ri·al·be·am·te[r] [ミニステリアーる・ベアムテ (..タァ)] 男 《語尾変化は形容詞と同じ》 省庁勤務の公務員.

Mi·nis·te·ri·al⹀rat [ミニステリアーる・ラート] 男 -(e)s/..räte 省庁の部長(局長).

mi·nis·te·ri·ell [ミニステリエる ministeriél] 形 省の, 内閣の, 大臣の.

Mi·nis·te·ri·en [ミニステーリエン] *Ministerium (省)の 複

Mi·nis·te·rin [ミニステリン ministərin] 女 -/..rinnen (女性の)大臣.

‡das **Mi·nis·te·ri·um** [ミニステーリウム ministé:rium] 中 (単2) -s/(複) ..rien [..リエン] ① (行政上の)省. (英 ministry). Justizministerium 法務省 / ein Sprecher des Ministeriums 省のスポークスマン. ② 省庁舎.

Mi·nis·ter⹀prä·si·dent [ミニスタァ・プレズィデント] 男 -en/-en (各国の)首相; (ドイツの)州首相. (メモ 「ドイツの連邦首相」は Bundeskanzler).

Mi·nis·ter⹀rat [ミニスタァ・ラート] 男 -(e)s/..räte 閣議; (ECの)閣僚理事会; (旧東ドイツ・フランスなどの)閣僚評議会.

Mi·nist·rant [ミニストラント ministránt] 男 -en/-en (カトリック)ミサの侍者(多くは少年).

Min·na [ミンナ mína] -s/ 《女名》 ミンナ (Wilhelmine の 短縮).

Min·ne [ミンネ mínə] 女 -/ ① (中世の:)ミンネ(女性に対する騎士の奉仕的愛). hohe Minne 高いミンネ(身分の高い女性に対する騎士の愛). ② 《雅》愛.

Min·ne⹀sang [ミンネ・ザング] 男 -(e)s/ 《文学》 ミンネザング(中世騎士の恋愛歌).

Min·ne⹀sän·ger [ミンネ・ゼンガァ] 男 -s/- ミンネゼンガー(ミンネザングを歌った中世ドイツの恋愛詩人).

Mi·no·ri·tät [ミノリテート minorité:t] 女 -/-en (票決などの)少数[派]. (メモ 「(票決などの)多数[派]」は Majorität).

***mi·nus** [ミーヌス mí:nus] (英 minus) I 接 《数》 マイナス, 引く. (メモ 「プラス」は plus). Acht minus zwei ist (または macht または gibt) sechs. 8 引く 2 は 6.
II 副 《数・電》 マイナス, 負; (温度が:) 零下. (メモ 「プラス」は plus). minus fünf Grad または fünf Grad minus 零下 5 度.
III 前 《2 格とともに》 《商》 …を差し引いて. (メモ 「…を加えて」は plus).

Mi·nus [ミーヌス] 中 -/- ① 《商》 欠損, 赤字. ② 不利になること, マイナス. (メモ 「プラス」は Plus). Das war ein Minus für mich. それは私にとってマイナスに働いた.

Mi·nus·kel [ミヌスケる minúskəl] 女 -/-n 《印》 (印刷活字の)小文字.

Mi·nus⹀pol [ミーヌス・ポーる] 男 -(e)s/-e 《電》 陰極. (メモ 「陽極」は Pluspol).

Mi·nus⹀zei·chen [ミーヌス・ツァイヒェン] 中 -s/- 《数》 負号, マイナス記号 (記号: －).

‡die **Mi·nu·te** [ミヌーテ minú:tə]

> 分
> Es ist fünf Minuten vor elf.
> エス イスト ふュンふ ミヌーテン ふォーァ エるふ
> 11 時 5 分前です.

女 (単) -/(複) -n (英 minute) ① (時間の単位:) 分 (略: min., Min.; 記号: m); 《比》 瞬間. eine halbe Minute 30 秒[間] / eine ganze Minute まる 1 分[間] / 2 Stunden, 8 Minuten, 9 Sekunden 2 時間 8 分 9 秒 / Der Bus fährt alle zehn Minuten. バスは 10 分おきに走っている / Es ist fünf Minuten vor zwölf. 《比》もうぎりぎりの段階だ(←12時5分前).
◇《前置詞とともに》 auf die Minute 時間きっかりに / Minute auf Minute 刻一刻と / bis auf die letzte Minute ぎりぎりの瞬間まで / Er kam in letzter Minute. 彼は時間ぎりぎりにやって来た / in der nächsten Minute 次の瞬間には / in wenigen (または in ein paar)

Minuten 数分後に / Minute um Minute 刻一刻と / bis zur letzten Minute ぎりぎりの瞬間まで．
② 《数》（角度などの）分（1 度の 60 分の 1; 記号: '）.
Mi·nu·ten⹀lang [ミヌーテン・らング] I 形 数分間の. II 副 数分間.
Mi·nu·ten⹀zei·ger [ミヌーテン・ツァイガァ] 男 -s/- (時計の)分針, 長針.
..mi·nu·tig [..ミニューティヒ ..minuːtɪç] =..nütig
..mi·nü·tig [..ミニューティヒ ..minyːtɪç] 《形容詞をつくる接尾》(…分間の) 例: zehn*minütig* (=10-*minütig*) 10 分間の．
mi·nu·ti·ös [ミヌツィエース minutsiöːs] 形 = minuziös
mi·nüt·lich [ミニュートりヒ] I 形 1 分ごとの. II 副 1 分ごとに.
mi·nu·zi·ös [ミヌツィエース minutsiöːs] 形 《雅》たいへん綿密な, こと細かな.
Min·ze [ミンツェ míntsə] 女 -/-n 《植》ハッカ.
Mio. [ミリオーン または ミリオーネン] 《略》100 万 (=Million[en]).
*✱ **mir** [ミーァ miːr] 代 《人称代名詞; 1 人称単数 ich の 3 格》私に; 私にとって. (英 *me*). Gib *mir* bitte das Messer! ナイフを取ってちょうだい / *Mir* ist es gleich. 私にはそれはどうでもいい / Wie du *mir*, so ich dir! あっちがそっちなら, こっちもこっちだ(←君が私にするように, 私も君にする) / *mir* nichts, dir nichts 突然, だしぬけに. ◊《前置詞とともに》bei *mir* 私の所で / mit *mir* 私といっしょに / Von *mir* aus! 私はかまいませんが. ◊《再帰代名詞として》Das kann ich *mir* leicht vorstellen. そのことは私は容易に想像できる / Ich kaufe *mir* einen Anzug. 私は[自分用に]スーツを買う.
Mi·ra·bel·le [ミラべれ mirabélə] 女 -/-n 《植》ミラベル(黄色いセイヨウスモモの一品種).
Mi·santh·rop [ミザントローブ mizantróːp] 男 -en/-en 人間嫌いの人].
Misch·bat·te·rie [ミッシュ・バッテリー] 女 -/-n [..リーエン] (湯と水の)混合水栓.
Misch⹀ehe [ミッシュ・エーエ] 女 -/-n 異宗婚(異なった宗教・宗派間の結婚); （ナチス用語で:）異人種間婚.
*✱ **mi·schen** [ミッシェン míʃən] (mischte, hat ...gemischt) I 他 (完了 haben) ① 混ぜる, 混合する．(英 *mix*). die Farben[4] *mischen* 絵の具を混ぜ合わせる / Kalk[4] und Wasser[4] *mischen* 石灰と水を混ぜる / Rosinen[4] in (または **unter**) den Teig *mischen* レーズンをパン生地に混ぜる / Wein[4] mit Wasser *mischen* ワインを水で割る. ② (混ぜて)作る, 調合する. einen Cocktail *mischen* カクテルを作る. ③ （トランプのカード[4]を)切る. ④ 《放送》(音声・映像[4]を)ミキシングする.
II 再帰 (完了 haben) *sich*[4] *mischen* ① 混ざる, 混じる. In seine Freude *mischte sich* Angst. 彼の喜びには不安が混じっていた / Wasser *mischt sich* nicht mit Öl. 水と油は混ざらない / Er *mischte sich* unter die Zuschauer. 彼は観衆の中にまぎれ込んだ. ② 《*sich*[4] **in** 男[4] ~》(男[4]に)口出しする. Er *mischt sich* in alles. 彼はあらゆることに口出しする.
◊☞ **gemischt**
Mi·scher [ミッシァァ míʃər] 男 -s/- ① 混合機, [コンクリート]ミキサー. ② 混ぜ合わせる人. ③ 《ラジ》照合風.
Misch·ling [ミッシュリング míʃlɪŋ] 男 -s/-e ① 混血児. ②《生》雑種.
Misch⹀masch [ミッシュ・マッシュ] 男 -[e]s/-e 《口語》ごたまぜ, 寄せ集め.
Misch⹀pult [ミッシュ・プるト] 中 -[e]s/-e 《映・放送》ミキサー(音声・映像の調整装置).
misch·te [ミシュテ] ✱mischen (混ぜる)の過去
die **Mi·schung** [ミッシュング míʃʊŋ] 女 (単) -/(複) -en ① 《複なし》混合, 調合. (英 *mixture*). die *Mischung* von Zement und Kies セメントと砂利の混合. ② 混合物;《比》
Mi·schungs·ver·hält·nis [ミッシュングス・フェアへるトニス] 中 ..nisses/..nisse 混合比, 混合の割合.
Misch⹀wald [ミッシュ・ヴァるト] 男 -[e]s/ ..wälder 《林》混交林.
mi·se·ra·bel [ミゼラーべる mizəráːbəl] 形 ひどく悪い, ひどい; 惨めな; 卑劣な. eine *miserable* Leistung ひどい成績 / Das Wetter war miserabel. 天気はひどく悪かった.
Mi·se·re [ミゼーレ mizéːra] 女 -/-n 悲惨, 苦境, 窮状, 不幸.
Mis·pel [ミスペる míspəl] 女 -/-n 《植》セイヨウカリン.
miss [ミス] ✱messen (測る)の du に対する 命令
miß ☞ miss
miss.. [ミス.. mɪs.. または ミス..] 《非分離動詞の前つづり》; ふつうアクセントをもたないが, 複合動詞などにつくときはアクセントをもつ《不良・過失・悪》 例: *miss*lingen 失敗する.
miß.. ☞ 新形 miss..
Miss [ミス mís] [英] 女 -/Misses [ミッスィズ] ① 《冠詞なしで》…嬢, …さん(英語で未婚女性に対する敬称として用いる)(=Fräulein). ② ミス(美人コンテストの女王). *Miss* Germany ミス・ドイツ.
Miss.. [ミス..] 《名詞などにつける 接頭》; アクセントをもつ《誤り・過失》 例: *Miss*verständnis 誤解.
Miß.. ☞ 新形 Miss..
miss·ach·ten [ミス・アハテン mɪs-áxtən または ミス..] 過分 missachtet または gemissachtet 他 (h) ① (規則・命令など[4]を)無視する ② (人・事[4]を)軽蔑する.
miß·ach·ten ☞ 新形 missachten
Miss⹀ach·tung [ミス・アハトゥング] 女 -/ ① (規則などの)無視. ② 軽蔑.
Miß⹀ach·tung ☞ 新形 Missachtung
miss·be·ha·gen [ミス・べハーゲン mís-

bəha:gən] (過分 missbehagt) 自 (h) (再) (人³の)気に入らない (人³にとって)不快である.
miß·be·ha·gen ☞ (新形) missbehagen
Miss⇗be·ha·gen [ミス・ベーハーゲン] 中 -s/ 不愉快, 不快感.
Miß⇗be·ha·gen ☞ (新形) Missbehagen
Miss⇗bil·dung [ミス・ビるドゥング] 女 -/-en (肢体などの)奇形.
Miß⇗bil·dung ☞ (新形) Missbildung
miss·bil·li·gen [ミス・ビリゲン mɪs-bílɪgən] (過分 missbilligt) 他 (h) (意見など⁴に)賛成しない, (態度・行動など⁴を)認めない, 否とする.
miß·bil·li·gen ☞ (新形) missbilligen
Miss⇗bil·li·gung [ミス・ビリグング] 女 -/-en 《ふつう 単》不賛成, 否認.
Miß⇗bil·li·gung ☞ (新形) Missbilligung
* *der* **Miss⇗brauch** [ミス・ブラオホ mís-braux] 男 (単2) -[e]s/(複) ..bräuche [..ブロイヒェ] (3格のみ ..bräuchen) ① (地位などの)乱用, 悪用. (英 abuse). Er treibt *Missbrauch* mit seiner Stellung. 彼は地位を乱用する. ② (薬などの)飲み過ぎ, 乱用. ③ (雅)(女性への)暴行.
Miß⇗brauch ☞ (新形) Missbrauch
miss·brau·chen [ミス・ブラオヘン mɪs-bráuxən] (過分 missbraucht) 他 (h) ① (地位など⁴を)乱用する, 悪用する; (薬品など⁴を)乱用する. Er *hat* ihr Vertrauen *missbraucht*. 彼は彼女の信頼を裏切った / Drogen⁴ *missbrauchen* 麻薬を乱用する. ② (雅)(女性⁴に)暴行する.
miß·brau·chen ☞ (新形) missbrauchen
miss·bräuch·lich [ミス・ブロイヒリヒ] 形 乱用(悪用)の, 不当な. die *missbräuchliche* Verwendung von Macht 権力の乱用 / 物⁴ *missbräuchlich* benutzen 物⁴を乱用する.
miß·bräuch·lich ☞ (新形) missbräuchlich
miss·deu·ten [ミス・ドイテン mɪs-dɔ́ytən] (過分 missdeutet) 他 (h) (意見・行動など⁴を)誤解する, 曲解する, 誤って解釈する.
miß·deu·ten ☞ (新形) missdeuten
Miss⇗deu·tung [ミス・ドイトゥング] 女 -/-en 誤解, 曲解.
Miß⇗deu·tung ☞ (新形) Missdeutung
mis·sen [ミッセン mísən] 他 (h) (雅)(人・物⁴を)なしで済ます. Ich *kann* seine Hilfe nicht *missen*. 私は彼の助けなしではやっていけない / Ich *möchte* diese Erlebnisse nicht *missen*. 私はこれらの体験を忘れたくない.
* *der* **Miss⇗er·folg** [ミス・エァふォるク mís-ɛrfɔlk] 男 (単2) -[e]s/(複) -e (3格のみ -en) 失敗, 不成功. (英 failure). (成功の Erfolg). Das Konzert war ein *Misserfolg*. コンサートは失敗だった / einen *Misserfolg* erleiden (または haben) 失敗する.
Miß⇗er·folg ☞ (新形) Misserfolg
Miss⇗ern·te [ミス・エルンテ] 女 -/-n 不作, 凶作.

Miß⇗ern·te ☞ (新形) Missernte
Mis·se·tat [ミッセ・タート] 女 -/-en 《雅》悪事, 悪行; (戯)いたずら.
Mis·se·tä·ter [ミッセ・テータァ] 男 -s/- ① 《雅》悪事を働いた人. ② (戯)いたずら者.
miss·fal·len* [ミス・ふァれン mɪs-fálən] (過分 missfallen) 自 (h) 《雅》(人³の)気に入らない. Dein Benehmen *missfällt* mir. ぼくは君の態度が気に入らない.
miß·fal·len ☞ (新形) missfallen
Miss⇗fal·len [ミス・ふァれン] 中 -s/ 気に入らないこと, 不満. allgemeines *Missfallen*⁴ erregen みんなの不評を買う.
Miß⇗fal·len ☞ (新形) Missfallen
miss⇗fäl·lig [ミス・ふェリヒ] 形 不満を表す(発言など).
miß⇗fäl·lig ☞ (新形) missfällig
miss·ge·bil·det [ミス・ゲビるデット] 形 奇形の, 不格好な.
miß·ge·bil·det ☞ (新形) missgebildet
Miss⇗ge·burt [ミス・ゲブーァト] 女 -/-en ① 《医》奇形児. ② 出来そこない; (俗)いやなやつ.
Miß⇗ge·burt ☞ (新形) Missgeburt
miss·ge·launt [ミス・ゲらオント] 形《雅》不機嫌な.
miß·ge·launt ☞ (新形) missgelaunt
Miss⇗ge·schick [ミス・ゲシック] 中 -[e]s/-e 不運な出来事, 災難.
Miß⇗ge·schick ☞ (新形) Missgeschick
miss·ge·stal·tet [ミス・ゲシュタるテット] 形 (再) =missgebildet
miß·ge·stal·tet ☞ (新形) missgestaltet
miss·ge·stimmt [ミス・ゲシュティムト] 形 《雅》不機嫌な.
miß·gestimmt ☞ (新形) missgestimmt
miss·glü·cken [ミス・グリュッケン mɪs-glýkən] (過分 missglückt) 自 (s) (企てなどが[人³にとって])失敗する. Der Kuchen *ist* ihr *missglückt*. (現在完了) 彼女はケーキを焼くのに失敗した.
miß·glücken ☞ (新形) missglücken
miss·gön·nen [ミス・ゲンネン mɪs-gǽnən] (過分 missgönnt) 他 (h) (人³の成功など⁴を)ねたむ, 快く思わない.
miß·gön·nen ☞ (新形) missgönnen
Miss⇗griff [ミス・グリふ] 男 -[e]s/-e 失敗, 失策.
Miß⇗griff ☞ (新形) Missgriff
Miss⇗gunst [ミス・グンスト] 女 -/ ねたみ.
Miß⇗gunst ☞ (新形) Missgunst
miss⇗güns·tig [ミス・ギュンスティヒ] 形 ねたんでいる, ねたましげな.
miß⇗gün·stig ☞ (新形) missgünstig
* **miss·han·deln** [ミス・ハンデるン mɪs-hándəln] ich misshandle (misshandelte, *hat*...misshandelt) 他 (h) ① (人・動物など⁴を)虐待する. Er *misshandelt* seine Kinder. 彼は自分の子供たちを虐待する. ② 《戯・比》(楽器・車など⁴を)乱暴に扱う.

miß·han·deln ☞ 新形 misshandeln
miss·han·delt [ミス・ハンデるト] *misshandeln(虐待する)の 過分
miß·han·delt ☞ 新形 misshandelt
miß·han·del·te [ミス・ハンデるテ] *misshandeln(虐待する)の 過去
miß·han·del·te ☞ 新形 misshandelte
miss·han·del·e [ミス・ハンドれ] *misshandeln(虐待する)の 1 人称単数 現在
miß·hand·le ☞ 新形 misshandle
Miss⹀hand·lung [ミス・ハンドるング] 女 -/-en 虐待;(比)(楽器・車などの)酷使.
Miß⹀hand·lung ☞ 新形 Misshandlung
Miss⹀hel·lig·keit [ミス・ヘリヒカイト] 女 -/-en 《ふつう 複》(小さな)もめごと, トラブル.
Miß⹀hel·lig·keit ☞ 新形 Misshelligkeit

***die Mis·si·on** [ミスィオーン misió:n] 女 (単) -/(複) -en (英 mission) ① 使命,(特殊な)任務. eine *Mission*⁴ erfüllen 特命を果たす / Ich komme in geheimer *Mission*. 私は秘密の使命を帯びて来ました. ②（外国への）使節団, 派遣団. eine *Mission*⁴ entsenden 使節団を派遣する. ③《複 なし》《宗》宣教, 布教, 伝道. Er betreibt *Mission*. 彼は布教活動をしている / die äußere *Mission* 非キリスト教徒への伝道.

Mis·si·o·nar [ミスィオナール misioná:r] 男 -s/-e 《キ教》宣教師, 布教者, 伝道者.
mis·si·o·nie·ren [ミスィオニーレン misioní:rən] I 自 (h) 布教(伝道)活動をする. II 他 (h) 人⁴に)布教する, 伝道する.
Miss⹀klang [ミス・クラング] 男 -[e]s/..klänge 《音楽》不協和音;(比)不調和, 意見の対立.
Miß⹀klang ☞ 新形 Missklang
Miss⹀kre·dit [ミス・クレディット] 男 《成句的に》人⁴ in *Misskredit*⁴ bringen 人⁴の評判を悪くする / bei 人³ in *Misskredit* geraten (または kommen) 人³の不評を招く, 不信を招く.
Miß⹀kre·dit ☞ 新形 Misskredit
miss·lang [ミス・らング] *misslingen(失敗する)の 過去
miß·lang ☞ 新形 misslang
miss·län·ge [ミス・れンゲ] *misslingen(失敗する)の 接2
miß·län·ge ☞ 新形 misslänge
miss·lich [ミスりヒ] 形 困った, やっかいな(状況)など).
miß·lich ☞ 新形 misslich
miss·lie·big [ミス・リービヒ] 形 (人に)好かれない, 嫌われている. sich⁴ bei 人³ *missliebig* machen 人³に嫌われる.
miß·lie·big ☞ 新形 missliebig

miss·lin·gen [ミス・リンゲン mɪs-líŋən] (misslang, *ist*...misslungen) 自 (完了 sein)（計画などが）(人³にとって)失敗する, うまくいかない. (英 fail). 「成功する」は gelingen). Der Plan *ist misslungen*. 【現在完了】計画は失敗した / Der Versuch *ist mir misslungen*.

【現在完了】私の試みはうまくいかなかった.
miß·lin·gen ☞ 新形 misslingen
miss·lun·gen [ミス・るンゲン] I *misslingen(失敗する)の 過分 II 形 失敗した. ein *misslungener* Kuchen 出来そこないのケーキ.
miß·lun·gen ☞ 新形 misslungen
Miss⹀mut [ミス・ムート] 男 -[e]s/ 不機嫌.
Miß⹀mut ☞ 新形 Missmut
miss·mu·tig [ミス・ムーティヒ] 形 不機嫌な, むっつりした.
miß·mu·tig ☞ 新形 missmutig
miss·ra·ten* [ミス・ラーテン mɪs-rá:tən] (過分 missraten) 自 (s) (試みなどが)(人³にとって)うまくいかない, 出来そこなう. ◇《過去分詞の形で》ein *missratenes* Kind しつけの悪い子供.
miß·ra·ten ☞ 新形 missraten
Miss⹀stand [ミス・シュタント] 男 -[e]s/..stände 困った状態, 不都合, 弊害. einen *Missstand* beseitigen 弊害を取り除く.
Miß⹀stand ☞ 新形 Missstand
Miss⹀stim·mung [ミス・シュティンムング] 女 -/-en いらだたしい(気づまりな)雰囲気.
Miß⹀stim·mung ☞ 新形 Missstimmung
misst [ミスト] ‡messen (測る)の 2 人称単数・3 人称単数 現在
mißt 新形 misst
Miss⹀ton [ミス・トーン] 男 -[e]s/..töne 不協和音, 調子はずれ[の音];(比)不調和, 不和.
Miß⹀ton ☞ 新形 Misston
miss·trau·en [ミス・トラオエン mɪs-tráuən] (過分 misstraut) 自 (h) (人⁴・事³を)信用しない.
miß·trau·en ☞ 新形 misstrauen

***das Miss⹀trau·en** [ミス・トラオエン mísstrauən] 中 (単 2) -s/ 不信, 不信感, 疑惑. (英 distrust). *Misstrauen*⁴ gegen 人⁴ hegen 人⁴に不信感をいだいている.
Miß⹀trau·en ☞ 新形 Misstrauen
Miss⹀trau·ens⹀an·trag [ミストラオエンス・アントラーク] 男 -[e]s/..träge 《政》不信任案.
Miß⹀trau·ens⹀an·trag ☞ 新形 Misstrauensantrag
Miss⹀trau·ens⹀vo·tum [ミストラオエンス・ヴォートゥム] 中 -s/ 《政》不信任投票;(比)不信の表明.
Miß⹀trau·ens⹀vo·tum ☞ 新形 Misstrauensvotum
miss·trau·isch [ミス・トラオイッシュ] 形 信用しない, 疑い深い. gegen 人⁴ *misstrauisch* sein 人⁴に対して不信感を持っている.
miß·trau·isch ☞ 新形 misstrauisch
Miss⹀ver·gnü·gen [ミス・フェアグニューゲン] 中 -s/ 《雅》不快, 不機嫌.
Miß⹀ver·gnü·gen ☞ 新形 Missvergnügen
miss·ver·gnügt [ミス・フェアグニュークト] 形 《雅》不快な, 不機嫌な.
miß·ver·gnügt ☞ 新形 missvergnügt
Miss⹀ver·hält·nis [ミス・フェアへるトニス] 中

..nisses/..nisse 不釣り合い,不均衡,アンバランス.

Miß·ver·hält·nis ☞ (新形) Missverhältnis

miss·ver·stand [ミス・フェアシュタント] ‡missverstehen (誤解する)の 過去

miß·ver·stand ☞ (新形) missverstand

miss·ver·stän·de [ミス・フェアシュテンデ] ‡missverstehen (誤解する)の 接2

miß·ver·stän·de ☞ (新形) missverstände

miss·ver·stan·den [ミス・フェアシュタンデン] ‡missverstehen (誤解する)の 過分

miß·ver·stan·den ☞ (新形) missverstanden

miss·ver·ständ·lich [ミス・フェアシュテントりヒ] 形 誤解を招きやすい,あいまいな (表現など).

miß·ver·ständ·lich ☞ (新形) missverständlich

das Miss·ver·ständ·nis [ミス・フェアシュテントニス mís-fɛrʃtɛntnɪs] 中 (単2) ..nisses/(複) ..nisse (3格のみ ..nissen) **誤解**, **勘違い**; 『ふつう 複』**意見の食い違い**. (英 misunderstanding). Das muss ein *Missverständnis* sein. それは誤解に違いない / ein *Missverständnis* auf|klären 誤解を解く.

Miß·ver·ständ·nis ☞ (新形) Missverständnis

‡**miss·ver·ste·hen*** [ミス・フェアシュテーエン mís-fɛrʃteːən] (missverstand, hat... missverstanden) (⇔ zu 不定詞は misszuverstehen) 他 (完了) haben) (人・事⁴を)**誤解する,勘違いする**. (英 misunderstand). Er *missversteht* mich absichtlich. 彼は私の言うことを曲解する / Sie *haben* meine Bemerkung *missverstanden*. あなたは私の発言を誤解しています.

miß·ver·ste·hen ☞ (新形) missverstehen

miss·ver·stün·de [ミス・フェアシュテュンデ] ‡missverstehen (誤解する)の 接2

miß·ver·stün·de ☞ (新形) missverstünde

Miss·wirt·schaft [ミス・ヴィルトシャふト] 女 -/-en 『ふつう 単』乱脈経営.

Miß·wirt·schaft ☞ (新形) Misswitschaft

miss·zu·ver·ste·hen [ミス・ツ・フェアシュテーエン] ‡missverstehen (誤解する)の zu 不定詞.

der **Mist**¹ [ミスト míst] 男 (単2) -[e]s/ ① **堆肥** (ない). (& dung). *Mist*⁴ streuen 堆肥をまく / Das ist nicht **auf** seinem *Mist* gewachsen.『現在完了』『口語』それは彼が自分で考え出したことではない (←彼の堆肥で成長したのではない). ② 『ホウキ』(掃き寄せられた)ごみくず. ③『口語』くだらないもの(こと),がらくた. Red keinen *Mist*! ばかなことを言うな / So ein *Mist*! ちくしょう.

Mist² [ミスト] [英] 男 -s/-e (海)もや,かすみ.

Mistぇbeet [ミスト・ベート] 中 -[e]s/-e (農) [堆肥(ない)]温床.

Mis·tel [ミステる místəl] 女 -/-n (植)ヤドリギ.

mis·ten [ミステン místən] **I** 他 (h) ① (家畜小屋など⁴を)掃除する. ② (畑などに)堆肥(ない)を施す. **II** 自 (h) (牛・馬などが)糞をする.

Mistぇfink [ミスト・ふィンク] 男 -en/-en (ののしって:) 汚らしい(卑劣な)やつ.

Mistぇga·bel [ミスト・ガーべる] 女 -/-n (農)堆肥(ない)用フォーク.

Mistぇhau·fen [ミスト・ハオふェン] 男 -s/- (農)堆肥(ない)[の山].

mis·tig [ミスティヒ místɪç] 形 ① 糞だらけの,汚い. ② (俗・比) ひどくいやな (天気など).

Mistぇkä·fer [ミスト・ケーふァァ] 男 -s/- (昆)マグソコガネ(亜科).

Mist·ral [ミストラーる mɪstráːl] [仏] 男 -s/-e ミストラル(南フランスに吹く冷たい北西風).

Mistぇstück [ミスト・シュテュック] 中 -[e]s/-e (俗) (ののしって:)卑劣なやつ.

‡**mit** [ミット mít]

… と[いっしょに]

Gehst du *mit* uns essen?
ゲースト　ドゥ　ミット　ウンス　エッセン
私たちといっしょに食事に行かない？

I 前『3格とともに』① …と[いっしょに]; …を連れて. (英 with). (⇔「…なしに」は ohne). Ich wohne *mit* meinen Eltern zusammen. 私は両親といっしょに住んでいます / *mit* 人³ essen 人³といっしょに食事をする / *mit* den Kindern 子供たちを連れて / *mit* dem Wind segeln 風を受けて帆走する.

② …を相手に. Er ist *mit* ihr verheiratet. 彼は彼女と結婚している / Er streitet sich immer *mit* seiner Frau. 彼はいつも奥さんとけんかをしている / *mit* 人³ verhandeln 人³と交渉する

③ …が付いた, …を持った; …が入った. ein Haus *mit* Garten 庭付きの家 / ein Doppelzimmer *mit* Bad バス付きの二人部屋 / ein Mädchen *mit* blondem Haar 金髪の少女 / ein Mann *mit* Brille 眼鏡をかけた男 / Tee *mit* Zitrone レモンティー / ein Korb *mit* Äpfeln りんごの入ったかご.

④ …を含めて, …を入れて. Das Essen kostet *mit* Bedienung 25 Mark. 食事はサービス料込みで 25 マルクです / *Mit* ihm waren wir sechs. 彼も入れて私たちは 6 人だった.

⑤《様態》…で. *mit* lauter Stimme 大声で / *mit* Absicht 故意に,わざと / *mit* Mühe (Leichtigkeit) 苦労して(楽々と) / *mit* Vergnügen 喜んで / *mit* 100 Stundenkilometern 時速 100 キロで / Er lag *mit* Fieber im Bett. 彼は熱を出して寝ていた / Vater war *mit* Recht ärgerlich. 父が怒ったのも当然だ.

⑥《手段; 材料》…で. *mit* dem Auto fahren 車で行く / *mit* dem Messer das Brot⁴ schneiden ナイフでパンを切る / *mit* einem Wort 一言で言えば / einen Brief *mit*

der Maschine schreiben 手紙をタイプライターで書く / Sie kocht alles *mit* Butter. 彼女はどんな料理にもバターを使う.
⑦《関係》…について, …に関して. Was ist los *mit* dir? 君はどうしたのだ / Raus *mit* euch! おまえたちは出て行け / *Mit* seinem Plan kommt er nicht voran. 彼の計画は進展しない / Wie wäre es *mit* einer Tasse Kaffee?《接之・現在》コーヒーを1杯いかがですか / Er hat es *mit* dem Magen. 彼は胃の具合が悪い.
⑧《時間的に》…と同時に, …の経過とともに. *mit* Tagesanbruch 夜明けとともに / *mit* achtzehn Jahren 18歳で / *mit* einem Mal 急に, 突然 / *Mit* dem Tode seines Vaters änderte sich die Lage. 彼の父の死と同時に状況が一変した / *Mit* dem Gongschlag ist es 22 Uhr.（ラジオの時報などで）ゴングの音と同時に）22時をお知らせします. / *Mit* der Zeit bessert sich der Zustand. 時がたつにつれて状態がよくなる.
⑨《特定の動詞・形容詞とともに》 *mit* der Arbeit an|fangen (auf|hören) 仕事を始める (やめる) / sich[4] *mit* 物[3] beschäftigen 物[3]に従事する / *mit* 物[3] handeln 物[3]を商う / *mit* 人・物[3] rechnen 人・物[3]を考慮に入れる / *mit* der Antwort zögern 返事をためらう / Bist du *mit* diesem Vorschlag einverstanden? この提案に同意するかね / *mit* 事[3] fertig sein 事[3]を終えている / Er ist *mit* seiner Arbeit nicht zufrieden. 彼は自分の仕事に満足していない.
II 副 いっしょに, ともに, …もまた. Er war *mit* dabei. 彼もその場に居合わせた / Das gehört *mit* zu deinen Aufgaben. これも君の仕事のうちだよ / Das musst du *mit* berücksichtigen. そのことも君は考慮しなければならない. ◇《話法の助動詞とともに》Ich will *mit* nach München.《口語》私もいっしょにミュンヒェンへ行くつもりだ.《口語》…の一人 (一つ) である. Sie ist *mit* die Beste in der Klasse. 彼女もクラスのトップの一人だ.

mit.. [ミット.. mít..]《分離動詞の 前つづり》つねにアクセントをもつ ①《共同・同伴》例：*mit*|arbeiten 共同で仕事をする. ②《同時》例：*mit*|schwingen 共振する. ③《携帯》例：*mit*|nehmen 持って行く.

Mit.. [ミット..]《名詞につける 接頭》つねにアクセントをもつ《共同》例：*Mit*besitzer 共有者.

Mit･ar･beit [ミット・アルバイト] 囡 -/ 共同作業, 協力; (知的作業・授業への) 意欲的な参加.

mit|ar･bei･ten [ミット・アルバイテン mít-àrbaɪtən] 圓 (h) ① **an** (または **bei** または **in**) 事[3]~） (事[3]で)共同作業(研究)をする. an einem Projekt *mit*arbeiten プロジェクトに参加している. ② (生徒が)授業に参加する.

der **Mit･ar･bei･ter** [ミット・アルバイタァ mít-arbaɪtər] 男 (単2) -s/(複) - (3格のみ -n)

① (企業などの) **従業員**; 仕事仲間, 協力者. (米 *employee*).（女 女性形は Mitarbeiterin). Die Firma hat 200 *Mitarbeiter*. その会社には200人の社員がいる / ein wissenschaftlicher *Mitarbeiter* (大学などの)研究員. ② 共同執筆者; (新聞などの)寄稿者. Er ist freier *Mitarbeiter* einer Zeitung. 彼は新聞のフリーの記者だ.

mit|be･kom･men* [ミット・ベコンメン mít-bəkɔmən]（過分 mitbekommen）他 (h) ① (弁当・持参金など[4]を)持たせてもらう; (親から才能など[4]を)受け継ぐ. ② (人の会話など[4]を偶然)聞いてしまう, 耳にする. ③ 聞きとる, 理解する. ④ (軍[4]に)参加する.

Mit･be･sit･zer [ミット・ベズィッツァァ] 男 -s/- 共有者.

mit|be･stim･men [ミット・ベシュティンメン mít-bəʃtɪmən]（過分 mitbestimmt） 圓 (h) 決定に参加する.

Mit･be･stim･mung [ミット・ベシュティンムンク] 囡 -/ 共同決定. betriebliche *Mitbestimmung*（経）企業内共同決定(従業員の経営参加).

Mit･be･stim･mungs･recht [ミットベシュティンムングス・レヒト] 中 -[e]s/-e 共同決定権;（経）(従業員の)経営参加権.

Mit･be･wer･ber [ミット・ベヴェルバァ] 男 -s/- (応募などの際の)競争相手, 競争相手.

Mit･be･woh･ner [ミット・ベヴォーナァ] 男 -s/- 同居人.（女 女性形は Mitbewohnerin).

mit|brin･gen [ミット・ブリンゲン mít-brɪŋən] (brachte...mit, hat...mitgebracht) 他 (完了 haben) ① (物[4]を)持って来る, 買って来る. Ich *habe* dir Blumen *mit*gebracht. 君に花を持って来たよ / Kannst du mir etwas vom Markt *mit*bringen? 市場で何か買って来てくれないか. ② (人[4]を)連れて来る. einen Freund *zum* Essen *mit*bringen 友人を食事に連れて来る. ③ (才能など[4]を)備えている. Er *bringt* für diese Stelle ausreichende Fähigkeiten *mit*. 彼はこのポストに十分な能力を持ち合わせている.

Mit･bring･sel [ミット・ブリングぜる] 中 -s/- お土産.

Mit･bür･ger [ミット・ビュルガァ] 男 -s/- (官庁) 同じ都市の市民; 同国人.（女 女性形は Mitbürgerin).

Mit･ei･gen･tü･mer [ミット・アイゲンテューマァ] 男 -s/- （法）(財産の)共有者.

:mit･ei･nan･der [ミット・アイナンダァ mɪt-aɪnándər] 副 ① いっしょに, ともに. Wir gehen immer *miteinander* nach Hause. 私たちはいつもいっしょに家に帰る. ② お互いに. Sie kommen *miteinander* gut aus. 彼らはお互いに仲良くやっている.

mit|emp･fin･den* [ミット・エンプフィンデン mít-ɛmpfɪndən]（過分 mitempfunden）他 (h) (感情など[4]を)ともにする, 共感する.

mit|er･le･ben [ミット・エァれーベン mít-ɛrlè:-

bən]（過分 miterlebt）他 (h) ともに体験する; (同時代の人として戦争など4を)ともに生きる.

Mit⊱es·ser [ミット・エッサァ] 男 -s/- ① にきび. ② 《口語・戯》いっしょに食事をする人.

mit|fah·ren* [ミット・ふァーレン mít-fà:rən] 自 (s) いっしょに乗って行く，同乗する. *Fahren* Sie *mit*? あなたもいっしょに行きますか.

Mit⊱fah·rer [ミット・ふァーラァ] 男 -s/-（車などの)同乗者.

Mit·fah·rer⊱zent·ra·le [ミットふァーラァ・ツェントラーレ] 女 -/-n（車の)同乗者紹介センター(ガソリン代などを分担する条件で同乗者を紹介する).

Mit·fahr⊱ge·le·gen·heit [ミットふァール・ゲレーゲンハイト] 女 -/-en（車の)同乗便(ガソリン代などを分担して乗せてもらう).

mit|füh·len [ミット・ふューレン mít-fỳ:lən] I 他 (h)（喜び・苦しみなど4を)ともにする. II 自 (h)《mit 人3~》(人3に)共感(同情)する.

mit·füh·lend [ミット・ふューレント] I mit|fühlen（ともにする)の 現分 II 形 同情的な，思いやりのある.

mit|füh·ren [ミット・ふューレン mít-fỳ:rən] 他 (h) ①《官庁》(身分証明書・手荷物など4を)携帯している. ②（川が砂などを4)運ぶ.

mit|ge·ben [ミット・ゲーベン mít-gè:bən] 他 (h) ①（人3に物4を)持たせてやる;（人3に教育などを)受けさせる. den Kindern eine gute Erziehung4 *mitgeben* 子供たちにいい教育を受けさせる. ②（人3にガイドなどを)つけてやる.

mit·ge·bracht [ミット・ゲブラハト] ＊mit|bringen（持って来る)の 過分

Mit⊱ge·fühl [ミット・ゲふュール] 中 -[e]s/ 同情，(悲しみなどに対する)共感. tiefes *Mitgefühl* 深い同情 / *Mitgefühl*4 mit 人3 haben 人3に同情している / Er drückte ihr sein *Mitgefühl* aus. 彼は彼女にお悔やみを述べた.

mit·ge·gan·gen [ミット・ゲガンゲン] ＊mit|gehen（いっしょに行く)の 過分

＊**mit|ge·hen*** [ミット・ゲーエン mít-gè:ən] (ging...mit, *ist*...mitgegangen) 自 (《完了》 sein) ① いっしょに行く，同行する. Gehst du *mit*? 君もいっしょに行く？ / mit der Zeit *mitgehen* 時勢に遅れない / 物4 mitgehen heißen (または lassen)《口語》物4をくすねる(←自分といっしょに行かせる). ②（講演などを)聞きほれる，(授業などで)ついて行く. Die Zuhörer *gingen* mit dem Redner begeistert *mit*. 聴衆は講演者の話に魅せられた.

mit·ge·kom·men [ミット・ゲコンメン] ＊mit|kommen（いっしょに来る)の 過分

mit·ge·macht [ミット・ゲマハト] ＊mit|machen（参加する)の 過分

mit·ge·nom·men [ミット・ゲノンメン] I ＊mit|nehmen（持って行く)の 過分 II 形《口語》①（乱暴に扱ったりして)破損した，傷んだ. ein *mitgenommener* Sessel すり切れた安楽いす. ② 疲れ果てた，消耗した.

mit·ge·teilt [ミット・ゲタイルト] ＊mit|teilen（知らせる)の 過分

Mit⊱gift [ミット・ギふト] 女 -/-en 持参金.

Mit·gift⊱jä·ger [ミットギふト・イェーガァ] 男 -s/-（軽蔑的に:)持参金目当てに結婚する男.

Mitgl. [ミット・グリート]《略》会員, メンバー(= Mitglied).

‡*das* **Mitglied** [ミット・グリート mít-gli:t] 中 (単2) -[e]s/(複) -er (3格のみ -ern) 構成員, メンバー, 会員. (英 *member*). Parteimitglied 党員 / ein *Mitglied* der Familie2 家族の一員 / die *Mitglieder* eines Klubs クラブのメンバーたち / *Mitglied* des Bundestages (ドイツの)連邦議会議員（略：M. d. B. または MdB).

Mit·glie·der [ミット・グリーダァ] ＊Mitglied (構成員)の 複

Mit·glie·der⊱ver·samm·lung [ミットグリーダァ・ふェァザンムルング] 女 -/-en (会員・組合員などの)総会，大会.

Mit·glieds⊱bei·trag [ミットグリーツ・バイトラーク] 男 -[e]s/..träge (協会・組合などの)会費.

Mit·glied·schaft [ミットグリートシャふト] 女 -/-en 会員であること，会員資格.

Mit·glieds⊱kar·te [ミットグリーツ・カルテ] 女 -/-n 会員証.

mit|ha·ben [ミット・ハーベン mít-hà:bən] 他 (h)《口語》(手元に)持って来ている，所持(携帯)している.

mit|hal·ten* [ミット・ハルテン mít-hàltən] I 自 (h) ①（遅れずに)ついて行く，競いう合. **Bei** diesem Tempo *kann* ich nicht *mithalten*. このスピードでは私はついて行けない. ②《口語》いっしょに，参加する. **beim** Essen *mithalten* いっしょに食事する. II 他 (h) (他人と同じテンポなど4を)保つ.

mit|hel·fen* [ミット・へルふェン mít-hèlfən] 自 (h) (何人かで)手伝う.

mit·hil·fe [ミット・ヒるふェ mɪt-hílfə] 前《**2 格** とともに》…の援助を受けて，…を使って. *mithilfe* einiger Freunde 何人かの友人の助けを借りて.

(～は mit Hilfe ともつづる) ☞ Hilfe ①

Mit⊱hil·fe [ミット・ヒるふェ] 女 -/ 手助け, 助力.

mit⊱hin [ミット・ヒン] 副 したがって, それゆえに.

mit|hö·ren [ミット・ヘーレン mít-hø:rən] 他 (h) ① いっしょに聞く;（偶然)耳にする. ② 盗み聞きする.

Mit⊱in·ha·ber [ミット・インハーバァ] 男 -s/- (企業などの)共同所有者，共同経営者.

＊**mit|kom·men*** [ミット・コンメン mít-kòmən] (kam...mit, *ist*...mitgekommen) 自 (《完了》 sein) ① いっしょに来る(行く); ついて来る(行く). Ich *kann* nicht **ins** Kino *mitkommen*. 私はいっしょに映画に行けない / *Kommen* Sie *mit*! いっしょにいらっしゃい. ②《口語》(歩調・授業などに)ついて行ける. Er *kommt* im Unterricht nicht *mit*. 彼は授業について行けない / Da *komme* ich nicht mehr *mit*! それ

mit|kön·nen* [ミット・ケンネン mít-kœnən] 自 (h)《口語》① いっしょに行ける.② (歩調・授業などに)ついて行ける.

mit|krie·gen [ミット・クリーゲン mít-kriːgən] 他 (h)《口語》① (弁当・持参金など⁴を)もたせてもらう; (親から才能など⁴を)受け継ぐ.② (偶然に)聞いてしまう, 耳にする.③ 聞きとる, わかる. (運⁴に)参加する.

mit|las·sen* [ミット・らッセン mít-làsən] 他 (h) 同行させる.

mit|lau·fen [ミット・らオフェン mít-làufən] 自 (s) ① いっしょに走る, 競走に加わる.② 《口語》(作業などが)並行して行われる.

Mit≠läu·fer [ミット・ろイふァァ] 男 -s/- (軽蔑的に)消極的な同調者, ついて行くだけの人.

Mit≠laut [ミット・らオト] 男 -[e]s/-e《言》子音 (=Konsonant).

* *das* **Mit≠leid** [ミット・らイト mít-lait] 中 (単2) -[e]s/ 同情, 思いやり, 哀れみ.(英 ⊗ pity). Ich habe *Mitleid* mit ihm. 私は彼に同情している / Er kennt kein *Mitleid*. 彼には思いやりがない / Sie tat es nur *aus Mitleid*. 彼女はただ同情心からそうしただけだ.

Mit≠lei·den·schaft [ミット・らイデンシャふト] 女《成句的に》人・物⁴ in *Mitleidenschaft* ziehen 人・物⁴を巻き添えにする.

mit≠lei·dig [ミット・らイディヒ] 形 思いやりのある, 同情的な; (反語的に)哀れむような.

mit≠leid[s]·los [ミットらイト・ろース(ミットらイッ..)] 形 思いやりのない, 無慈悲な.

mit≠leid[s]·voll [ミットらイト・ふォる(ミットらイッ..)] 形 思いやりのある, 慈悲深い.

* **mit|ma·chen** [ミット・マッヘン mít-màxən] (machte...mit, hat...mitgemacht) I 他 (完了 haben) ①《物⁴に》参加する.(⊗ *join in*). Wir *machen* den Ausflug *mit*. 私たちも遠足に参加します / die Mode⁴ *mitmachen* 流行を追う.(☞類語 teil|nehmen).② (他人の仕事などを)いっしょにしてやる.③ (他人の苦難など⁴を)体験する. Er hat im Krieg viel *mitgemacht*. 彼は戦争でいろいろひどい目にあった / Da *machst* du was *mit*!《口語》君はつらい目にあるよ.
II 自 (完了 haben) ①《口語》参加する. *Machst* du *mit*? 君もいっしょにやるかい / Er *macht* bei der Veranstaltung *mit*. 彼はその催し物に参加する / Lass mich *mitmachen*! ぼくも仲間に入れてくれ.② (体の部分などが)うまく働く. Meine Füße *machen* nicht mehr *mit*. 私の足はもう言うことを聞かない.

Mit≠mensch [ミット・メンシュ] 男 -en/-en《ふつう複》仲間, 隣人, 同胞.

mit|müs·sen* [ミット・ミュッセン mít-mỳsən] 自 (h)《口語》いっしょに行かねばならない(来なければならない).

* **mit|neh·men*** [ミット・ネーメン mít-nèːmən] du nimmst...mit, er nimmt...mit (nahm...mit, hat...mitgenommen) I 他 (完了 haben) ① 持って行く, 持って帰る; 携行する. einen Brief **zur** Post *mitnehmen* 手紙を郵便局に持って行く / Du *musst* den Regenschirm *mitnehmen*. 君は傘を持って行かないといけないよ.② 連れて行く. Wir *nehmen* die Kinder **auf** die Reise *mit*. 私たちは子供たちを旅行に連れて行く / 人⁴ im Auto *mitnehmen* 人⁴を車に乗せて行く.③《婉曲》(こっそり)持ち去る, 盗む.④《口語》(機会など⁴を)うまくとらえる; (ついでに)見物する; (ついでに)買い求める. auf der Rückreise das Museum⁴ *mitnehmen* 旅行の帰りに博物館を訪れる.⑤《口語・戯》(通りがかりに)こすって傷つける.⑥ (人・物⁴を)疲労させる, 消耗させる. Das Erlebnis *hat* mich tüchtig *mitgenommen*. その体験は私にはひどくこたえた.⑦《A⁴ aus B³ ~》(A⁴ を B³ から)学びとる.

◊≠**mitgenommen**

Mit·neh·men [ミット・ネーメン] 中《成句的に》Einen Hamburger **zum** *Mitnehmen*, bitte! 持ち帰りでハンバーガーを一つください.

mit·nich·ten [ミット・ニヒテン] 副 決して…ない (=keineswegs).

Mit·ra [ミートら míːtra] 女 -/Mitren (ラッれン) 司教冠.

mit|re·den [ミット・レーデン mít-rèːdən] 自 (h) 話に加わる; 口をはさむ, 決定に加わる. Hier *kannst* du nicht *mitreden*. この点については君の出る幕ではない(←話に加われない).

mit|rei·sen [ミット・らイゼン mít-ràizən] 自 (s) いっしょに旅行する.

Mit·rei·sen·de[r] [ミット・らイゼンデ (..ダァ)] 男 女《語尾変化は形容詞と同じ》旅の道連れ, (列車などに)乗り合わせた人.

mit|rei·ßen* [ミット・らイセン mít-ràisən] 他 (h) ① (激流などが人・物⁴を)引っさらって行く.② (比) 感動させる, 熱狂にさせる.◊《現在分詞の形で》eine *mitreißende* Musik 心を揺さぶるような音楽.

mit·samt [ミット・ザムト] 前《3格とともに》…とともに. Das Schiff ging *mitsamt* der Besatzung unter. 船は乗組員もろとも沈没した.

mit|schi·cken [ミット・シッケン mít-ʃikən] 他 (h) (物⁴を)いっしょに送る, (人⁴を)同伴させる. ein Foto⁴ im Brief *mitschicken* 写真を手紙に入れて送る.

mit|schlei·fen* [ミット・シュらイふェン mít-ʃlaifən] 他 (h)《口語》引きずって行く.

mit|schlep·pen [ミット・シュれッペン mít-ʃlɛpən] 他 (h)《口語》① (重いものなど⁴を)引きずって行く.② (人⁴を強引に…へ)連れて行く, 引っぱって行く.

mit|schnei·den* [ミット・シュナイデン mít-ʃnàidən] 他 (h)《放送》(放送など⁴をテープに)録音する, 録画する.

Mit≠schnitt [ミット・シュニット] 男 -[e]s/-e《放送》録音, 録画.

mit|schrei·ben* [ミット・シュらイベン mítʃràibən] 他 (h) ① (討論・講義など⁴を)筆記する, ノートにとる. ◊ 【目的語なしでも】 Bitte, *schreiben* Sie *mit*! [私が口述しますから]書き取ってください. ② (筆記試験⁴を他の人と)いっしょに受ける.

Mit⹁schuld [ミット・シュルト] 囡 -/ 共犯, 同罪; 共同責任.

mit·schul·dig [ミット・シュルディヒ] 厖 共犯の, 同罪の, 共に責任のある. **an** 事³ *mitschuldig* sein 事³に共同責任がある.

Mit⹁schul·di·ge[r] [ミット・シュルディゲ(..ガァ)] 男 囡 【語尾変化は形容詞と同じ】 共犯者, 同罪者.

Mit⹁schü·ler [ミット・シューらァ] 男 -s/- 同級生, 学校の友だち. (⚾ 女性形は Mitschülerin;「大学の学友」は Kommilitone.

mit|schwin·gen* [ミット・シュヴィンゲン mít-ʃvìŋən] 自 (h) ① 共振する, 共鳴する. ② 【**in** 事³ ～】(気持ちなどが事³に)こもっている.

mit|spie·len [ミット・シュピーれン mít-ʃpì:lən] 自 (h) ① いっしょに遊ぶ; いっしょに競技する, (劇などで)共演する. *Darf* ich *mitspielen*? 仲間に入ってもいいかい / **in** einer Mannschaft *mitspielen* チームに参加し[ていっしょに競技]する. ② 【**bei** 事³ ～】(事³に)関与している, 影響している. Bei der geringen Ernte *hat* auch das schlechte Wetter *mitgespielt*. 収穫が少なかったことには悪天候も関係している. ③ 【成句的に】 人³ übel *mitspielen* 人³をひどい目に遭わせる.

Mit⹁spie·ler [ミット・シュピーらァ] 男 -s/- 遊び仲間, チームメート, 共演者.

Mit·spra·che⹁recht [ミットシュプラーヘ・レヒト] 中 -[e]s/ 共同決定権, 協議への参加権.

mit|spre·chen* [ミット・シュプレッヒェン mít-ʃprèçən] I 他 (h) (誓約など⁴をいっしょに唱える. ein Gebet⁴ *mitsprechen* お祈りをいっしょに唱える. II 自 (h) ① 【**bei** 事³ ～】(事³に関与して)決定(話)に加わる, 口をはさむ. ② 【**bei** 事³ ～】(原因などが事³に)関与している.

mit·tag [ミッターク mítaːk] 副 例: heute *mittag* (新形) heute *Mittag*) きょうの午後 / Montag *mittag* (新形) Montag*mittag*) 月曜日の正午 (⚾ 特定の曜日と結び付く場合は1語で書く) ☞ Mittag¹ ①

****der Mit·tag¹** [ミッターク mítaːk]

正午	Bald ist es *Mittag*.
	バルト イスト エス ミッターク
	間もなくお昼です.

男 (単) -s/(複) -e (3格のみ -en) ① 正午, 【真】昼. (⚾ *noon*). Vor*mittag* 午前 / Nach*mittag* 午後 / Montag*mittag* 月曜日の正午 / ein heißer *Mittag* 暑い昼どき / eines *Mittags* ある日の昼[ごろ]に / heute *Mittag* きょうの正午 / **am** *Mittag* 正午に, 昼に / **gegen** *Mittag* 昼ごろ / **im** *Mittag* des Lebens《比》人生の最盛期に / **über** *Mittag* 昼の間に / **zu** *Mittag* essen 昼食を食べる.

② 【複 なし】《口語》昼休み. Wir machen jetzt *Mittag*. 私たちはこれから昼休みにします. ③ 【複 なし】《古》南.

Mit·tag² [ミッターク] 中 -s/《口語》昼食. *Mittag*⁴ essen 昼食を食べる.

***das Mit·tag·es·sen** [ミッターク・エッセン míta:k-ɛsən] 中 (単) -s/(複) - 昼食. (⚾ *lunch*). Das *Mittagessen* ist fertig. 昼食の用意ができました / **beim** *Mittagessen* sitzen 昼食をとっている / **nach** dem *Mittagessen* 昼食後に / Wir laden ihn **zum** *Mittagessen* ein. 私たちは彼を昼食に招待します. (⚾ 「朝食」は Frühstück, 「夕食」は Abendessen).

mit·täg·lich [ミッテークりヒ] 厖 【毎】正午の, 昼の. die *mittägliche* Pause 昼休み.

***mit·tags** [ミッタークス míta:ks] 副 ① 正午に, 昼に. *mittags* um zwölf Uhr 昼の12時に / Montag *mittags* (新形) montag*mittags*) または montags *mittags* 毎週月曜日の昼に. ② 《方》午後に.

Mit·tags⹁mahl·zeit [ミッタークス・マールツァイト] 囡 -/-en 昼食.

Mit·tags⹁pau·se [ミッタークス・パオゼ] 囡 -/-n 昼休み.

Mit·tags⹁ru·he [ミッタークス・ルーエ] 囡 -/ 昼の休息, 昼休み; 昼寝.

Mit·tags⹁schlaf [ミッタークス・シュらーふ] 男 -[e]s/ 昼寝.

Mit·tags⹁tisch [ミッタークス・ティッシュ] 男 -[e]s/-e 昼食[のテーブル]; (常連客がレストランでとる)昼食.

Mit·tags⹁zeit [ミッタークス・ツァイト] 囡 -/-en ① 【複 なし】正午[ごろ]. ② 昼休み.

Mit⹁tä·ter [ミット・テータァ] 男 -s/- 《法》共犯者.

Mit⹁tä·ter·schaft [ミット・テータァシャふト] 囡 -/《法》共同正犯.

***die Mit·te** [ミッテ mítə] 囡 (単) -/(複) -n 【ふつう 単】① 真ん中, 中央; 中間, 半ば. (⚾ *middle*). die *Mitte* eines Kreises 円の中心 / Ab **durch** die *Mitte*!《口語》とっととうせろ (本来は劇のト書きで「中央を通って退場」) / Er wohnt **in** der *Mitte* der Stadt. 彼は都心に住んでいる.

② (時間・年齢などの)中ごろ, 半ば. *Mitte* Mai 5月中旬に / *Mitte* des Monats 月半ばに / Er ist *Mitte* fünfzig. 彼は50代半ばだ.

③ 《比》中庸, (政治の)中道[派]. die goldene *Mitte* 中庸の徳 / eine Politik der *Mitte*² 中道政治.

④ 仲間, グループ. einer **aus** unserer *Mitte* われわれの仲間の一人 / 人⁴ **in** die *Mitte* nehmen 人⁴を仲間に入れる.

***mit|tei·len** [ミット・タイれン mít-tàilən] (teilte...mit, hat...mitgeteilt) I 他 (完了 haben) ① (人³に事⁴を)知らせる, 通知する, 伝える. (⚾ *inform*). *Teilen* Sie mir bitte Ihre neue Adresse *mit*! あなたの新しい住所を知らせてください / Ich muss Ihnen leider *mittei*-

mitteilsam

len, dass… 残念ながら…ということをお伝えしなければなりません / ③³ ④⁴ brieflich (telefonisch) mitteilen ③³を④⁴を手紙で(電話で)知らせる.

② 《雅》 (人・物)³に熱・香りなど⁴を)伝える, もたらす.

II 再帰 (完了 haben) *sich*⁴ 人・物³ *mitteilen* 《雅》① 人³に心中を打ち明ける. *Sie teilte sich dem Verlobten mit.* 彼女は婚約者に心中を打ち明けた.

② (熱・気分などが人・物³に)伝わる. *Die fröhliche Stimmung teilte sich auch uns mit.* 楽しい気分が私たちにも伝わって来た.

mit·teil·sam [ミットタイルザーム] 形 話し好きの, おしゃべりな.

* *die* **Mit·tei·lung** [ミット・タイルング míttailuŋ] 女 (単) -/(複) -en 知らせ, 通知, 報告. (英 *announcement*). eine amtliche *Mitteilung* 公報, 公告 / 人³ eine *Mitteilung*⁴ von ④³ machen 人³に④³について通知する.

mit·tel [ミッテる mítəl] 形 《口語》まあまあの, 中くらいの. *Wie geht's dir?—Na, so mittel.* 調子はどう?—うん, まあまあだよ.

* *das* **Mit·tel** [ミッテる mítəl]

手段; 薬

Das ist ein gutes Mittel!
ダス イスト アイン グーテス ミッテる
それはいい手だ.

中 (単 2) -s/(複) - (3 格のみ -n) ① **手段**, 方法. (英 *means*). ein sicheres *Mittel* 確実な手段 / ein wirksames *Mittel*⁴ an|wenden 効果的な方法を用いる / *Das ist ihm nur ein Mittel zum Zweck.* それは彼にとっては目的のための手段にすぎない / *Mittel*⁴ und Wege⁴ zu ④³ finden ④³のための手段方法を見つける / *Ihm ist jedes Mittel recht.* 彼は手段を選ばない(←彼にとってはどの手段も正しい) / mit allen *Mitteln* あらゆる手を尽くして / zum letzten *Mittel* greifen 最後の手段に訴える.

② 薬, 薬剤 (=Heil*mittel*). ein *Mittel*⁴ ein|nehmen 薬を服用する / ein *Mittel* für die Verdauung 消化剤 / ein wirksames *Mittel* gegen Husten せきによく効く薬.

③ 〖複〗で 資金, 資力. öffentliche *Mittel* 公金 / *Mir fehlen die Mittel dazu.* 私にはそのための資金がない / aus eigenen *Mitteln* 自己資金で / *Er steht ohne Mittel da.* 彼は一文無しだ.

④ 平均, 平均値. das arithmetische *Mittel* 〖数〗算術平均 / das *Mittel*⁴ errechnen 平均値を出す / im *Mittel* 平均[値]では.

....

《メモ》 ..mittel のいろいろ: Hilfs*mittel* 補助(援助)手段 / Husten*mittel* せき止め / Nahrungs*mittel* 食料品 / Schlaf*mittel* 睡眠薬 / Stärkungs*mittel* 強壮剤 / Verkehrs*mittel* 交通機関 / Wasch*mittel* 洗剤

....

M

* *das* **Mit·tel·al·ter** [ミッテる・アるタァ míttəl-altər] 中 (単 2) -s/ ① 中世 (4-5 世紀から 15 世紀までの時代; 略: MA.). (英 *Middle Ages*). im frühen (späten) Mittelalter 中世初期(末期)に. ② 《口語・戯》中年[の人].

mit·tel·al·ter·lich [ミッテる・アるタァリヒ] 形 ① 中世の. ② 《口語・戯》中年の.

* **mit·tel·bar** [ミッテる・バール míttəlba:r] 形 間接的な, 間接の. (英 *indirect*). (反「直接的な」は unmittelbar). *mittelbare* Ursachen 間接的な原因.

mit·tel·deutsch [ミッテる・ドイチュ] 形 中部ドイツの; 〘言〙中部ドイツ方言の.

Mit·tel·ding [ミッテる・ディング] 中 -[e]s/-e 〖ふつう単〗《口語》中間物, どっちつかずのもの.

Mit·tel·eu·ro·pa [ミッテる・オイローパ] 中 -s/ 〘地名〙中部ヨーロッパ, 中欧.

mit·tel·eu·ro·pä·isch [ミッテる・オイロペーイッシュ] 形 中部ヨーロッパの. die *mitteleuropäische* Zeit 中部ヨーロッパ標準時 (略: MEZ).

Mit·tel·feld [ミッテる・フェるト] 中 -[e]s/-er ① 〖複 なし〗〘スポ〙(サッカー競技場などの)ミッドフィールド; (マラソンなどの)中央集団. ② 〘言〙(文)の中域.

Mit·tel·fin·ger [ミッテる・フィンガァ] 男 -s/- 中指.

mit·tel·fris·tig [ミッテる・フリスティヒ] 形 〘経〙中期間の.

Mit·tel·ge·bir·ge [ミッテる・ゲビルゲ] 中 -s/- 中級山岳[地帯](標高 1,000 m 以下のなだらかな山地).

Mit·tel·ge·wicht [ミッテる・ゲヴィヒト] 中 -[e]s/-e ① 〖複 なし〗(ボクシングなどの)ミドル級. ② ミドル級の選手.

mit·tel·groß [ミッテる・グロース] 形 中くらいの大きさの.

mit·tel·**hoch·deutsch** [ミッテる・ホーホドイチュ] 形 中高ドイツ語の(11 世紀から 14 世紀までの高地ドイツ語の; 略: mhd.).

Mit·tel·hoch·deutsch [ミッテる・ホーホドイチュ] 中 -[s]/ 中高ドイツ語.

Mit·tel·klas·se [ミッテる・クらッセ] 女 -/-n ① 中産(中流)階級. ② (品質・大きさなどの)中級. ③ 〖ふつう複〗(学校の)中級クラス.

mit·tel·län·disch [ミッテる・れンディッシュ] 形 地中海[沿岸]の. das *Mittelländische* Meer 地中海.

Mit·tel·läu·fer [ミッテる・ろイファァ] 男 -s/- (サッカーなどの)センターハーフ.

Mit·tel·li·nie [ミッテる・リーニエ] 女 -/-n ① 〘スポ〙センターライン, ハーフウェイライン. ② 《交通》(道路などの)センターライン, 中央線.

Mit·tel·lo·ge [ミッテる・ろージェ] 女 -/-n (劇場の)中央桟敷.

mit·tel·los [ミッテる・ろース] 形 資産のない, 貧乏な.

Mit·tel·maß [ミッテる・マース] 中 -es/ 並, 平凡; 平均.

mit·tel⹀mä·ßig [ミッテル・メースィヒ] 形 並の, 平凡な, 平均的な.

Mit·tel⹀mä·ßig·keit [ミッテル・メースィヒカイト] 女 -/ 並[であること], 平凡さ.

das **Mit·tel⹀meer** [ミッテル・メーァ] 中 -[e]s/《定冠詞とともに》《海名》地中海.

Mit·tel⹀ohr [ミッテル・オーァ] 中 -[e]s/《医》中耳.

Mit·tel·ohr⹀ent·zün·dung [ミッテルオーァ・エントツュンドゥング] 女 -/-en《医》中耳炎.

mit·tel⹀präch·tig [ミッテル・プレヒティヒ] 形《口語・戯》まあまあの.

* *der* **Mit·tel⹀punkt** [ミッテル・プンクト mítəl-puŋkt] 男 (単2) -[e]s/(複) -e (3格のみ -en) (英 *centre*) ① 《数》(円・球などの)**中心**. der *Mittelpunkt* einer Kugel² 球の中心. ②《比》(活動・興味などの)中心, 核心; 中心人物. ein kultureller *Mittelpunkt* 文化の中心 / Er steht **im** *Mittelpunkt* des Interesses. 彼は関心の的になっている.

Mit·tel·punkt⹀schu·le [ミッテルプンクト・シューレ] 女 -/-n 中心学校(生徒数の少ない地域の中心に創設される学校).

mit·tels [ミッテルス] 前《2格(まれに3格)とともに》…を用いて, …によって. *mittels* elektrischer Energie 電気エネルギーを用いて.

Mit·tel⹀schicht [ミッテル・シヒト] 女 -/-en《社》中間層, 中流階級.

Mit·tel⹀schiff [ミッテル・シフ] 中 -[e]s/-e《建》(教会堂の)身廊, ネーフ.

Mit·tel⹀schu·le [ミッテル・シューレ] 女 -/-n ① 実科学校(=Realschule). ②(オーストリア・スィス) ギムナジウム(=Gymnasium).

Mit·tels⹀mann [ミッテルス・マン] 男 -[e]s/..männer (または ..leute) 仲介者;《商》仲買人.

Mit·tels⹀per·son [ミッテルス・ペルゾーン] 女 -/-en 仲介者;《商》仲買人.

mit·telst [ミッテルスト mítəlst] 前《2格(まれに3格)とともに》《古・書》=mittels

Mit·tel⹀stadt [ミッテル・シュタット] 女 -/..städte [..シュテーテ] 中都市(ドイツでは人口2万から10万までの都市).

Mit·tel⹀stand [ミッテル・シュタント] 男 -[e]s/(総称して:)中産階級, 中流階級.

mit·tel⹀stän·disch [ミッテル・シュテンディッシュ] 形 中産階級の, 中流の.

Mit·tel·stre·cken⹀ra·ke·te [ミッテルシュトレッケン・ラケーテ] 女 -/-n《軍》中距離ミサイル.

Mit·tel⹀strei·fen [ミッテル・シュトライフェン] 男 -s/- (自動車道路の)中央分離帯, グリーンベルト.

Mit·tel⹀stu·fe [ミッテル・シュトゥーフェ] 女 -/-n ① (習い事などの)中級. ②(ギムナジウムの)中級3学年(Untertertia, Obertertia, Untersekunda). (☞ Gymnasium).

Mit·tel⹀stür·mer [ミッテル・シュテュルマァ] 男 -s/- (サッカーなどの)センターフォワード.

Mit·tel⹀weg [ミッテル・ヴェーク] 男 -[e]s/-e 中庸, 中道. einen *Mittelweg* ein|schlagen (または gehen) 中道を歩む, 妥協する / der goldene *Mittelweg* (黄金の)中庸, 中庸の徳.

Mit·tel⹀wel·le [ミッテル・ヴェレ] 女 -/-n《物・電・放送》(ラジオの)中波(略: MW).

Mit·tel⹀wert [ミッテル・ヴェーァト] 男 -[e]s/-e《数》平均[値].

Mit·tel⹀wort [ミッテル・ヴォルト] 中 -[e]s/..wörter《言》分詞(=Partizip). das *Mittelwort* der Gegenwart² (Vergangenheit²) 現在(過去)分詞.

⹂**mit·ten** [ミッテン mítən] 副 真ん中に, 真ん中で, 真ん中へ; 真っ最中に. Der Teller brach *mitten* entzwei. 皿は真っ二つに割れた. ◇《前置詞句とともに》*mitten* **auf** der Straße 通りの真ん中で / *mitten* **durch** den Wald 森の真ん中を抜けて / *mitten* **in** der Stadt. 彼は町の中心に住んでいる / *mitten* **in** der Nacht 真夜中に / *mitten* **unter** die Menge 群衆の真っただ中へ.

mit·ten⹀drin [ミッテン・ドリン] 副 その真ん中に, その真ん中で; その真っ最中に.

mit·ten⹀durch [ミッテン・ドゥルヒ] 副 ① 真ん中を貫いて, 真っ二つに. ②《口語》平均的に.

mit·ten⹀mang [ミッテン・マング] 副《北ドィッ・口語》その真ん中に.

* *die* **Mit·ter⹀nacht** [ミッタァ・ナハト mítər-naxt] 女 (単) -/..nächte [..ネヒテ] (3格のみ ..nächten) ① **真夜中**, 夜中の12時. (英 *midnight*). Es schlägt *Mitternacht*. 時計が夜中の12時を打つ / **nach** *Mitternacht* 夜半過ぎに / **um** *Mitternacht* 真夜中に. ②《古》北, 北方. **gen** *Mitternacht* 北の方へ.

mit·ter⹀nächt·lich [ミッタァ・ネヒトリヒ] 形《付加語としてのみ》真夜中[ごと]の. zu *mitternächtlicher* Stunde 真夜中に.

mit·ter⹀nachts [ミッタァ・ナハツ] 副 真夜中に.

Mit·ter·nachts⹀son·ne [ミッタァナハツ・ゾンネ] 女 -/ (極地の)真夜中の太陽.

***mitt·ler** [ミットラァ mítlər] (mittel の 比較級) 形《付加語としてのみ》(英 *middle*) ① (二つのものの)**中間にある**, 真ん中の, 中央の. die drei *mittleren* Finger (親指と小指の間にある)中の3本指 / das *mittlere* Fenster 中央の窓 / der *Mittlere* Osten 中東[諸国]. ② 中くらいの, 中程度の, 中級の; 平均の. ein *mittlerer* Betrieb 中企業 / *mittlere* Reife 中等教育修了資格 / eine Frau *mittleren* Alters² 中年の女性 / die *mittlere* Jahrestemperatur 年平均気温.

Mitt·ler [ミットラァ] 男 -s/-《雅》仲介者.

mitt·ler⹀wei·le [ミットラァ・ヴァイレ] 副 だんだん, 徐々に; その間に, そうこうするうちに.

mitt⹀schiffs [ミット・シフス] 副《海》船の中央部に.

Mitt⹀som·mer [ミット・ゾンマァ] 男 -s/- 夏至のころ.

Mitt·som·mer⹀nacht [ミットゾンマァ・ナ

ハト] 女 -/..nächte 夏の夜; 夏至の夜.
Mitt·win·ter [ミット・ヴィンタァ] 男 -s/- 冬至のころ.
mit|tun* [ミット・トゥーン mít-tù:n] 自 (h)《方》いっしょに行う; 協力する.
***der Mitt·woch** [ミット・ヴォッホ mít-vɔx] 男 (単2) -[e]s/(複) -e (3格のみ -en) 水曜日 (略: Mi.). (英 *Wednesday*). 曜日名 Woche. Heute ist *Mittwoch*. きょうは水曜日だ / jeden *Mittwoch* 毎水曜日に / **am** *Mittwoch* 水曜日に / [am] nächsten *Mittwoch* 次の水曜日に / [am] *Mittwoch* früh 水曜日の早朝に.
Mitt·woch⸗abend [ミットヴォホ・アーベント] 男 -s/-e 水曜日の晩.
mitt·woch⸗abends [ミットヴォホ・アーベンツ] 副 水曜日の晩に.
mitt·wochs [ミット・ヴォホス] 副 [毎週]水曜日に, 水曜日ごとに.
mit⸗un·ter [ミット・ウンタァ] 副 時々, 時たま.
mit·ver·ant·wort·lich [ミット・フェアアントヴォルトりヒ] 形 共同責任の, 連帯責任のある.
Mit⸗ver·ant·wor·tung [ミット・フェアアントヴォルトゥング] 女 -/ 共同責任, 連帯責任.
mit|ver·die·nen [ミット・フェアディーネン mít-fɛrdi:nən] (過分) mitverdient 自 (h)《家族の一員が》いっしょに生活費を稼ぐ.
Mit⸗ver·fas·ser [ミット・フェアファッサァ] 男 -s/- 共著者. 女性形は Mitverfasserin.
Mit⸗welt [ミット・ヴェるト] 女 -/ (総称として:) 同時代の人々.
mit|wir·ken [ミット・ヴィルケン mít-vìrkən] 自 (h) ① 〖**an** (または **bei**) 物³ ~〗(物³に)協力する, 参加する. Er *wirkte* bei der Aufklärung des Verbrechens *mit*. 彼は犯罪の解明に協力した. ② 〖**in** 物³ ~〗(物³に)共演する. ③ 〖**bei** 物³ ~〗(要因などが 物³に)影響を及ぼしている, 作用している.
Mit⸗wir·ken·de[r] [ミット・ヴィルケンデ(..ダァ)] 男 女 〖語尾変化は形容詞と同じ〗協力者; 共演者.
Mit⸗wir·kung [ミット・ヴィルクング] 女 -/ 協力, 寄与; 共演. unter *Mitwirkung* von 人³ 人³の協力のもとに.
Mit⸗wis·sen [ミット・ヴィッセン] 中 -/ (秘密・悪事などに)あずかり知ること, 関知.
Mit⸗wis·ser [ミット・ヴィッサァ mít-vɪsər] 男 -s/- (秘密・悪事などを)関知している人. 女性形は Mitwisserin.
mit|wol·len* [ミット・ヴォれン mít-vɔ̀lən] 自 (h) 《口語》いっしょに行きたい(来たい)と思う, 同行を望む.
mit|zäh·len [ミット・ツェーれン mít-tsɛ̀:lən] I 他 (h) 計算に入れる;《比》考慮に入れる. II 自 (h) 計算に入る;《比》考慮される.
mit|zie·hen [ミット・ツィーエン mít-tsì:ən] 自 ① (s) いっしょに行進する. ② (h) 同調する;《スポ》(競争相手と)肩を並べる.
mit⸗zu·tei·len [ミット・ツ・タイレン] *mit|tei·len (知らせる) の zu 不定詞.
Mix⸗be·cher [ミクス・ベッヒァァ] 男 -s/- (カクテル用の)シェーカー.
mi·xen [ミクセン míksən] 他 (h) ① (カクテルなどを)作る, ミキサーで混ぜる. ②《映・放送》(音声・映像などを)ミキシングする.
Mi·xer [ミクサァ míksər] 〔英〕男 -s/- ① (バーなどの)バーテン(ダー). ② (ジュースなどを作る)ミキサー. ③《映・放送》(音声・映像などの)ミキシング係.
Mix⸗ge·tränk [ミクス・ゲトレンク] 中 -[e]s/-e 混合飲料(カクテル・ミックスジュースなど).
Mix·tur [ミクストゥーァ mɪkstú:r] 女 -/-en ①《薬》水剤;《比》混合物. ②《音楽》(オルガンの混合音[栓], ミクスチュア・ストップ.
ml [ミり・リータァ] 《記号》ミリリットル (= Milliliter).
mm [ミり・メータァ] 《記号》ミリメートル (= Millimeter).
Mn [エム・エン] 《化・記号》マンガン (= Mangan).
Mo [エム・オー] 《化・記号》モリブデン (= Molybdän).
Mo. [モーン・ターク] 《略》月曜日 (= Montag).
Mob [モップ mɔ́p] 〔英〕男 -s/ 暴徒.
***das Mö·bel** [メーべる mǿ:bəl]

家具　Sie haben ja ncuc *Möbel*!
　　ズィー ハーベン ヤー ノイエ メーべる
　　新しい家具を買ったんですね.

中 (単2) -s/(複) - (3格のみ -n) ① (ふつう 複) 家具, 調度. (英 *furniture*). moderne *Möbel* モダンな家具 / *Möbel* aus Eiche オーク材の家具 / die *Möbel*⁴ rücken (um|stellen) 家具の位置をずらす(配置を変える).
② 〖複 なし〗《口語・戯》(大きくて)かさばるもの. Dieser Regenschirm ist ein groteskes *Möbel*. この雨傘はばかでかくて格好悪い.

家具のいろいろ: Bett ベッド / Esstisch 食卓 / Frisierkommode 化粧台 / Geschirrschrank 食器棚 / Kleiderschrank 洋服だんす / Regal 棚 / Schreibtisch 書き物机 / Sessel ひじ掛けいす / Sofa ソファー / Stuhl いす / Tisch テーブル

Mö·bel⸗stück [メーべる・シュテュック] 中 -[e]s/-e (個々の)家具.
Mö·bel⸗tisch·ler [メーべる・ティッシュらァ] 男 -s/- 家具職人.
mo·bil [モビーる mobí:l] 形 ① 動かせる, 移動可能な. eine *mobile* Bücherei 移動図書館 / *mobiler* Besitz《法・経》動産. ②《口語》元気な, 活発な. ③《軍》出動準備のできた.
Mo·bi·le [モービれ mó:bilə] 中 -s/-s モビール (天井から糸などでつって動くようにした工芸品).
Mo·bi·li·ar [モビりアール mobiliá:r] 中 -s/-e 《ふつう 単》(総称として:)家具, 家財道具.
mo·bi·li·sie·ren [モビりズィーレン mobilizí:rən] 他 (h) ① (軍隊・組合員など⁴を)動員す

る；（力など⁴を）結集する；（元気など⁴を）呼び覚ます．② 《医》《関節など⁴を》動かせるようにする．③ 《経》《資本など⁴を》現金化する，流動化する．

Mo·bi·li·sie·rung [モビリズィールング] 囡 -/-en（力などの）結集；（力などを）動かせるようにすること；《経》（資本などの）現金化．

Mo·bi·li·tät [モビリテート mobilité:t] 囡 -/ ① （精神的な）柔軟さ，活発さ．② 《社》（職業・居住地などの）可動性，流動性．

Mo·bil∘ma·chung [モビーる・マッフング] 囡 -/-en 《軍》動員．

Mobil∘**te·le·fon** [モビーる・テーれふォーン] 中 -s/-e 携帯電話（＝Handy）．

möbl. [メブリータト]《略》家具付きの（＝möbliert）．

möb·lie·ren [メブリーレン møblí:rən] 他 (h)（部屋など⁴に）家具を備え付ける．

möb·liert [メブリータト] I möblieren（家具を備え付ける）の 過分 II 形 家具付きの．Ich suche eine *möblierte* Wohnung. 私は家具付きの住まいを探している / *möbliert* wohnen 家具付きの部屋を借りて住んでいる．

moch·te [モホテ] ＊mögen¹（…かもしれない）の 過去

＊**möch·te** [メヒテ mǽçtə]

…したい
Was *möchten* Sie trinken?
ヴァス メヒテン ズィー トリンケン
何をお飲みになりたいですか．

人称	単	複
1	ich möchte	wir möchten
2	{du möchtest / Sie möchten	{ihr möchtet / Sie möchten
3	er möchte	sie möchten

助動《話法の助動詞》＊mögen¹（…かもしれない）の 接2 **A**)《zu のない不定詞とともに》① …したい，…したがっている．（英 *would like to*). Ich *möchte* Herrn Schulze sprechen. シュルツェさんにお目にかかりたいのですが / Ich *möchte* wissen, ob… …かどうか知りたいのですが / *Möchten* Sie mit ins Café gehen? いっしょに喫茶店へ行きませんか / Er *möchte* nach Hause gehen. 彼は家へ帰りたがっている．

....

（注意）「…したかった」という過去の願望は wollte で表現する．例: Er *wollte* Medizin studieren. 彼は医学を学びたいと思っていた．

....

② …かもしれない，…だろう．Man *möchte* meinen, dass… 人は…だと思うかもしれない．
③ …してもらいたい．*Möchten* Sie bitte das Formular ausfüllen! この用紙に記入していただきたいのですが．◇《間接話法で》Sag ihm, er *möchte* zu mir kommen! 私の所へ来てくれるように彼に言いなさい．

B)《独立動詞として；不定詞なしで》欲しい，望む．Was *möchten* Sie? 何をさしあげましょうか / Ich *möchte* noch etwas Wein. もう少しワインをいただきたいのですが / Er *möchte* nicht, dass das bekannt wird. 彼はそれを人に知られたくない．◇《方向を表す語句とともに》(…へ)行きたい．Ich *möchte* **in** die Stadt (**nach** Hause). 私は町へ行きたい（家に帰りたい）．

Möch·te·gern.. [メヒテゲルン.. mǽçtəgɛrn..]《名詞につける 接頭》《口語》(…ぶる人）例: *Möchtegern*künstler 芸術家ぶる人．

mo·dal [モダーる modá:l] 形《言》方法の，様態の；話法の．

Mo·da·li·tät [モダリテート modalité:t] 囡 -/-en ① 《ふつう 複》様式，方式．② 《哲》様相．③ 《言》様相，様態．

Mo·dal∘verb [モダーる・ヴェルプ] 中 -s/-en《言》話法の助動詞．

＊*die* **Mo·de** [モーデ mó:də]【23】囡《単》-/《複》-n ① 流行，はやり，モード，ファッション．（英 *fashion*). Haar*mode* ヘアモード / die herrschende *Mode* 目下の流行 / Mäntel der neuesten *Mode*² 最新流行のコート / Der Tanz ist jetzt *Mode*. 今このダンスがはやっている / **aus** der *Mode* kommen 流行遅れになる / Die Farbe ist jetzt sehr **in** *Mode*. この色が今とてもはやっている / **mit** der *Mode* gehen 流行を追う / Sie kleidet sich⁴ **nach** der neuesten *Mode*. 彼女は最新流行の服装をしている．
② 《複》で）流行の服．die neuesten *Moden*⁴ vor|führen トップモードの服のファッションショーをする．

Mo·de∘ar·ti·kel [モーデ・アルティーケる] 男 -s/- 流行品．

Mo·de∘ge·schäft [モーデ・ゲシェふト] 中 -[e]s/-e （婦人用の）ファッションの店，ブティック．

Mo·de∘haus [モーデ・ハオス] 中 -es/..häuser （婦人用の大規模な）ファッションの店；ファッション専門企業．

Mo·dell¹ [モデーる mó:dəl] 中 -s/- ① 《方》（クッキーなどの）木型．② （ろうそく用の）鋳型．③ 《織》（プリント布地などの）捺染（なっせん）型板．④ 《手芸》（刺しゅう・編み物用の）図柄見本．

Mo·dell² [モデる módəl][英] 中 -s/-s （写真などの）モデル．

＊*das* **Mo·dell** [モデる modél] 中《単2》-s/《複》-e（3格のみ -en）(英 *model*) ① 模型，[ひな]型，モデル．das *Modell* eines Schiffes 船の模型 / ein *Modell* des Atomkerns 原子核のモデル．② （小説・写真などの）モデル；ファッションモデル．einem Maler *Modell*⁴ stehen ある画家のモデルになる．③ （製品などの）型式．Sein Wagen ist das neueste *Modell*. 彼の車は最新のモデルだ．④ 《服飾》（トップデザイナーの）新作．ein *Modell* der Pariser *Mode*² パリモードの新作．⑤ 手本，見本．ein *Modell* zur Sanierung der Finanzen² 財政立て直しのモデル案．⑥ （学

Modelleisenbahn

問上の)モデル. ein mathematisches *Modell* 数学的モデル.

Mo·dell⹀ei·sen·bahn [モデる・アイゼン・バーン] 囡 -/-en 鉄道模型.

mo·del·lie·ren [モデりーレン modelí:rən] 他 (h) ① (粘土などで)造形する, 形作る. Er *modelliert* eine Statue in (または aus) Gips. 彼は石膏(ﾞ)で立像を作る / [den] Ton *modellieren* 粘土で細工する. ② (物⁴の)モデル(模型)を作る.

Mo·dell⹀kleid [モデる・クらイト] 囲 -[e]s/-er (トップデザイナーの)オリジナルドレス, 新作の婦人服.

mo·deln [モーデるン mó:dəln] I 他 (h) 形成する, (物⁴の)形を変える. 物⁴ nach einem Vorbild *modeln* 物⁴を手本どおりに作り上げる. II 匋 (h) 〈**an** 物³ ~〉 (修正などのために 物³に)手を加える.

Mo·den⹀haus [モーデン・ハオス] 囲 -es/..häuser (婦人用の大規模な)ファッションの店.

Mo·den⹀schau [モーデン・シャオ] 囡 -/-en ファッションショー.

Mo·de⹀pup·pe [モーデ・プッペ] 囡 -/-n 〔口語〕(軽蔑的に:)トップモードではでに着飾った女性.

Mo·der [モーダ mó:dər] 囲 -s/ ① 腐敗物. ② 〔方〕泥, ぬかるみ.

Mo·de·ra·ti·on [モデラツィオーン moderatsió:n] 囡 -/-en ①《放送》(討論番組などの)司会. ②〔古〕節制; 中庸.

mo·de·ra·to [モデラート modərá:to] 〔ｲﾀ〕副《音楽》モデラート, 中くらいの速さで(記号: mod.).

Mo·de·ra·tor [モデラートァ modərá:tɔr] 囲 -s/-en [..ラトーレン] ①《放送》(討論番組などの)司会者. (☞ 女性形は Moderatorin). ②《物》(原子炉内中性子の)モデレーター, 減速材.

mo·de·rie·ren [モデリーレン modərí:rən] 他 (h) ①《放送》(討論番組など⁴の)司会をする. ②〔古〕(要求など⁴を)和らげる, 緩和する.

mo·de·rig [モーデリヒ mó:dəriç] 形 腐ったような[臭いのする], かび臭い.

＊mo·dern¹ [モデルン modérn]

> モダンな; 現代の
> Das Design ist sehr *modern*.
> ダス ディザイン イスト ゼーァ モデルン
> そのデザインはとてもモダンだ.

形 (囡 *modern*) ① モダンな, 最新流行の. (☞「流行遅れの」は altmodisch). Sie trägt ein *modernes* Kleid. 彼女は流行のワンピースを着ている / Radfahren ist wieder *modern*. サイクリングがまたはやっている / Sie kleidet sich *modern*. 彼女は流行の服装をしている. ② 現代の, 近代の; 現代的な, 近代的な. die *moderne* Technik 現代技術 / die *moderne* Literatur 現代文学 / Die *moderne* Kunst ist oft sehr abstrakt. 現代芸術はしばしばとても抽象的だ / *modern* denken 現代的な考え方をする.

mo·dern² [モーダァン mó:dərn] 匋 (h, s) (木の葉などが)腐る, 朽ちる.

Mo·der·ne [モデルネ modérnə] 囡 -/ ① 現代, 近代; 現代(近代)精神. ②(芸術などの)現代(近代)主義.

mo·der·ni·sie·ren [モデルニズィーレン modɛrnizí:rən] 他 (h) 現代(近代)化する; 現代風にする.

Mo·der·ni·sie·rung [モデルニズィールング] 囡 -/-en 現代(近代)化.

Mo·der·nis·mus [モデルニスムス modɛrnísmʊs] 囲 -/..nismen ①〔覆なし〕現代(近代)主義. ②(芸術・文芸などの)現代(近代)主義, モダニズム. ③〔覆なし〕(カトリックの)近代主義(20世紀初頭の神学思潮).

Mo·de⹀sa·lon [モーデ・ザろーン] 囲 -s/-s 高級ブティック.

Mo·de⹀schmuck [モーデ・シュムック] 囲 -[e]s/-e (安物の)ファッション装身具.

Mo·de⹀schöp·fer [モーデ・シェプファァ] 囲 -s/- ファッションデザイナー. (☞ 女性形は Modeschöpferin).

Mo·de⹀wort [モーデ・ヴォルト] 囲 -[e]s/..wörter 流行語.

Mo·de⹀zeich·ner [モーデ・ツァイヒナァ] 囲 -s/- ファッションデザイナー. (☞ 女性形は Modezeichnerin).

Mo·de⹀zeit·schrift [モーデ・ツァイトシュリフト] 囡 -/-en ファッション雑誌.

Mo·di·fi·ka·ti·on [モディふィカツィオーン modifikatsió:n] 囡 -/-en ①(部分的な)変更, 修正. ②《生》(非遺伝性の)一時変異. ③《言》修飾.

mo·di·fi·zie·ren [モディふィツィーレン modifitsí:rən] 他 (h) (理論・計画など⁴を部分的に)変更する, 修正する; 限定する.

mo·disch [モーディッシュ mó:dɪʃ] 形 流行の, はやりの. ein *modisches* Kleid 流行のワンピース / sich⁴ *modisch* kleiden 流行の服装をする.

Mo·dis·tin [モディスティン modístɪn] 囡 -/..tinnen (女性の)婦人帽デザイナー(仕立職人).

mod·rig [モードリヒ mó:driç] 形 =moderig

Mo·dul¹ [モードゥる mó:dʊl] 囲 -s/-n ①《美・建》モジュール(古代建築の柱式割合測定の単位). ②《理》係数, 率. ③《数》加群. ④《工》モジュール(歯車の直径と歯数の比).

Mo·dul² [モドゥーる modú:l] 囲 -s/-e 〔ｺﾝﾋﾟ〕モジュール(電算機との交換可能な構成単位).

Mo·du·la·ti·on [モドゥらツィオーン modulatsió:n] 囡 -/-en ① 変化, 変更. ②《音楽》転調; (音・リズムなどの)変化. ③《電・放送》(周波数などの)変調.

mo·du·lie·ren [モドゥリーレン modulí:rən] I 匋 (h)《音楽》転調する. II 他 (h) ① 変える, 変化させる;《音楽》(音・リズムなど⁴を)変える. ②《電・放送》(周波数など⁴を)変調する.

Mo·dus [モードゥス mó:dʊs] 囲 -/Modi ① 方式, 様式;《哲》存在形式. ②《言》法(ドイツ語には直説法, 命令法, 接続法がある). ③《音

楽》(中世音楽で)旋律; 教会旋法.
Mo·fa [モーファ mó:fa] 中 -s/-s [モーター]バイク, 原動機付き自転車 (＝**Mo**tor**fa**hrrad).
mö·ge [メーゲ] ‡mögen¹ (…かもしれない)の 接1. *Möge* das neue Jahr Ihnen viel Glück bringen! 新しい年があなたに幸多からんことを.
Mo·ge·lei [モーゲらイ mo:gəláɪ] 女 -/-en 《口語》いかさま; カンニング.
mo·geln [モーゲるン mó:gəln] I 自 (h) 《**bei** 囲³ ～》《口語》(囲³で)いかさまをする; カンニングをする. II 他 (h) (物⁴を…へ)まぎれ込ませる.

‡**mö·gen**¹* [メーゲン mǿ:gən]

> …かもしれない; 好む
>
> *Mögen* Sie Katzen? 猫はお好きですか.
> メーゲン ズィー カッツェン

人称	単	複
1	ich **mag**	wir mögen
2	{du **magst** / Sie mögen	{ihr mögt / Sie mögen
3	er **mag**	sie mögen

助動 《話法の助動詞》(完了 haben) **A)** (mochte, *hat*…*gemocht*)《zu のない不定詞とともに》① …かもしれない, …だろう. (英 *may*). Er *mag* krank sein. 彼は病気かもしれない / [Das] *mag* sein. (応答で)そうかもしれない / [Es] *mag* sein, dass… もしかすると…かもしれない / Wer *mag* das sein? それはだれだろうか / Wo *mag* er das nur gehört haben? どこで彼はそのことを聞いたのだろう / Sie *mochte* vierzig Jahre alt sein. 彼女は 40 歳くらいだったでしょう.
② (たとえ)…であっても, (どれほど)…しようとも. Was [immer] er auch sagen *mag*, er ist selbst schuld daran. 彼が何と言おうと彼にその責任がある / Er *mag* wollen oder nicht, er muss es doch tun. 望もうと望むまいと, 彼はそれをしないといけない / Wie dem auch sein *mag*,… 事情がどうであれ…. (⇒ 従属文が文頭に置かれても, この用法の場合, 主文の主語と動詞の人称変化形との倒置はふつう起こらない).
③ (したければ)…してもよい, (勝手に)…するがよい. Sie *mag* das Buch behalten. 彼女がその本を持っていてもかまわない / *Mag* er doch gehen, wohin er will! 彼は行きたい所へ行くがよい.
④ …したい, …したがっている. (⇒ この用法にはふつう 接2 を用いる; ☞ möchte). Ich *mag* nicht allein reisen. 私はひとりで旅行したくない.
⑤ 《ふつう接続法で》…してもらいたい. *Möge* er glücklich werden! 《接1・現在》彼が幸せになりますように. ◇《間接話法で》Er bat mich, ich *möge* ihm helfen.《接1・現在》彼は私に手伝ってくれと頼んだ.
⑥ 《動詞の leiden とともに》人・物⁴ leiden *mögen* 人・物⁴を好む, 好きである. Ich *mag* ihn nicht leiden. 私は彼が嫌いだ.
B) (mochte, *hat*…*gemocht*)《独立動詞として; 不定詞なしで》① (人・物⁴を)**好む**, 好きである. Ich *mag* Kinder [gern]. 私は子供が好きだ / Er *mag* kein Fleisch. 彼は肉が嫌いだ.
② 欲しい. 望む. (⇒ この用法にはふつう 接2 を用いる; ☞ möchte). *Magst* du noch etwas Wein? もう少しワインをどう? ◇《方向を表す語句とともに》Ich *mag* noch nicht **nach** Hause. 私はまだ家へ帰りたくない.
mö·gen² [メーゲン] ‡mögen¹ (…かもしれない)の 過分

‡**mög·lich** [メークりヒ mǿ:klɪç]

> 可能な Das ist mir nicht *möglich*.
> ダス イスト ミァ ニヒト メークりヒ
> それは私にはできない.

形 ① 可能な, 実行できる. (英 *possible*). (⇔ 「不可能な」は unmöglich). Das ist kaum *möglich*. それはほとんど不可能だ / Wenn *möglich*, komme ich noch heute. できればきょうのうちに参ります / so bald (schnell) wie *möglich* できる限り早い時期に (すみやかに).
② 考えられる, 起こりうる. Das ist gut *möglich*. それは十分考えられる / [Das ist das] nicht *möglich*! そんなばかな / Es ist *möglich*, dass er kommt. 彼は来るかもしれない. ◇《名詞的に》Auf dem Flohmarkt kann man alles *mögliche* (新形 alles *Mögliche*) kaufen. のみの市(いち)ではありとあらゆる物が買える / alles *Mögliche*⁴ bedenken あらゆる可能性を考慮する.
mög·li·chen=falls [メークりッヒェン・ふァるス] 副 できれば, 可能な場合には.
***mög·li·cher=wei·se** [メークりッヒャァ・ヴァイゼ mǿ:klɪçər-vàɪzə] 副《文全体にかかって》もしかすると…かもしれない, ひょっとすると. *Möglicherweise* kommt er morgen. もしかしたら彼はあす来るかもしれない.

‡ *die* **Mög·lich·keit** [メークりヒカイト mǿ:klɪçkaɪt] 女 (単) -/(複) -en ① 可能性, (起こりうる)見込み; 可能な方法. (英 *possibility*). Es gibt verschiedene *Möglichkeiten*. いろいろな可能性がある / Es besteht keine andere *Möglichkeit*, das Problem zu lösen. この問題を解決するにはほかに方法がない / **nach** *Möglichkeit* a) できるなら, b) できるだけ / Ist denn das die *Möglichkeit*!《口語》まさかそんなことが[あろうとは]!
② 機会, チャンス. eine *Möglichkeit*⁴ ergreifen (nutzen) 機会をつかむ(利用する) / 人³ die *Möglichkeit*⁴ geben, **zu** 不定詞[句] 人³に …をする機会を与える / Er hat kaum *Möglichkeit*, ins Konzert zu gehen. 彼はコンサートに行く機会がほとんどない.
③《複》で》能力, 資力. Dieser Kauf über-

Möglichkeitsform

steigt seine *Möglichkeiten*. この買い物は彼の支払い能力を越えている.

Mög·lich·keits✦form [メークリヒカイツ・フォルム] 囡 -/-en 〔言〕接続法, 可能法 (= Konjunktiv).

***mög·lichst** [メークリヒスト mǿːkliçst] (±möglich の 最上) 副 ① できるだけ, 可能な限り. ein *möglichst* billiges Zimmer. できるだけ安い部屋 / *möglichst* bald できる限り早い時期に / sich⁴ *möglichst* zurück|halten できるだけ控えめにしている. ◇《名詞的に》Ich werde mein *möglichstes* (新形) mein *Möglichstes*) tun. できる限りのことをやってみましょう. ② できれば, もし可能であれば. Ruf mich *möglichst* noch heute an! できればきょうのうちに電話してくれ.

Mo·gul [モーグル móːɡul] または モグール moɡúːl] 男 -s/-n 〔史〕(インドの)ムガール帝国皇帝.

Mo·hair [モヘーア mohέːr] 〔英〕男 -s/(種類:) -e ①モヘア(アンゴラやぎの毛) (=Mohär). ②〔織〕モヘア織りの布.

Mo·ham·med [モーハメット móːhamɛt] -s/ 《人名》マホメット(570?-632; イスラム教の開祖).

Mo·ham·me·da·ner [モハメダーナァ mohamedáːnər] 男 -s/- イスラム教徒, 回教徒. (✍女性形は Mohammedanerin).

mo·ham·me·da·nisch [モハメダーニッシュ mohamedáːnɪʃ] 形 イスラム教〔徒〕の, 回教〔徒〕の.

Mo·här [モヘーア mohέːr] 男 -s/(種類:) -e ①モヘア(アンゴラやぎの毛). ②〔織〕モヘア織りの布.

Mohn [モーン móːn] 男 -(e)s/(種類:) -e 〔植〕①ケシ; ヒナゲシ. ②ケシの実.

Mohr [モーア móːr] 男 -en/-en 〔古〕黒人.

Möh·re [メーレ mǿːrə] 囡 -/-n 〔植〕ニンジン.

Moh·ren✦kopf [モーレン・コプふ] 男 -(e)s/..köpfe モーレンコップ(クリームをビスケットに詰めチョコレートで包んだ菓子).

Moh·ren≈wä·sche [モーレン・ヴェッシェ] 囡 -/-n 〔俗〕むだな骨折り.

Mohr≈rü·be [モーァ・リューベ] 囡 -/-n 〔北ドイツ〕〔植〕ニンジン (=Möhre).

Moi·ré [モアレー moaréː] 〔フランス〕男 中 -s/-s ①《服飾》モアレ(波状・木目模様の織物・毛皮). ②《印》モアレ(多色印刷の際に生じる見苦い斑紋). ③《放送》モアレ(テレビ画面上の干渉縞).

mo·kant [モカント mokánt] 形 あざけるような, 嘲笑〔ちょうしょう〕的な.

Mo·kas·sin [モカスィーン mokasíːn または モカ..móka..] 男 -s/-s (または -e) ①モカシン(北米インディアンの鹿革のかかとのない靴). ②(軽くて柔らかいような)〔風の革靴〕.

mo·kie·ren [モキーレン mokíːrən] 再帰 (h) 《sich⁴ über 人・事⁴ ~》(人・事⁴から)からかう, あざける.

Mok·ka [モッカ mókka] 男 -s/(種類:) -s モカコーヒー; 〔比〕濃いコーヒー.

Molch [モるヒ mɔlç] 男 -(e)s/-e ①〔動〕有尾類(イモリ・サンショウウオなど). ②(若者言葉:)(軽蔑的に:)やつ, 男.

die **Mol·dau** [モるダオ móldau] 囡 -/〔定冠詞とともに〕〔川名〕モルダウ川(チェコのボヘミア地方を流れ, エルベ川に合流する. チェコ語名ヴルタヴァ川).

Mo·le [モーれ móːlə] 囡 -/-n 突堤, 防波堤.

Mo·le·kül [モれキューる molekýːl] 中 -s/-e 《化》分子.

mo·le·ku·lar [モれクラーる molekuláːr] 形 《化》分子の, 分子に関する.

Mo·le·ku·lar≈bi·o·lo·gie [モれクラーる・ビオろギー] 囡 -/ 分子生物学.

molk [モるク] *melken*(乳を搾る)の 過去.

Mol·ke [モるケ mólkə] 囡 -/-n 乳清, ホエー(牛乳からカゼインを取ったあとの液).

möl·ke [メるケ] *melken(乳を搾る)の 接2.

Mol·ke·rei [モるケライ mɔlkəráı] 囡 -/-en 酪農場; 乳製品工場.

Moll [モる mɔl] 中 -/- 《音楽》短調. (✍「長調」は Dur).

Mol·le [モれ mólə] 囡 -/-n ①《俗》1 杯のビール. ②《俗》ベッド.

mol·lig [モりヒ mólıç] 形 ① ふっくらした, 丸ぽちゃの(女性など). (☞ 類語 dick). ② 暖かく気持ちのいい(部屋など); ふかふかの(セーターなど).

Mol·lus·ke [モるスケ mɔlúskə] 囡 -/-n 《ふつう複》《生》軟体動物.

Mo·loch [モーろッホ móːlɔx] 男 -s/-e 《雅》魔力, 魔物(絶えず犠牲を要求する残忍な力. 古代セム族の神の名にちなむ).

Mo·lo·tow≈cock·tail [モろトふ・コックテーる] 男 -s/-s 火炎びん(旧ソ連の外相 W. M. *Molotow* 1890-1986 の名から).

mol·to [モるト mólto] 〔伊〕副 《音楽》モルト, きわめて, 非常に.

Mo·lyb·dän [モりュプデーン molypdέːn] 中 -s/ 《化》モリブデン(記号: Mo).

*der **Mo·ment**¹ [モメント momént] 男 (単2) -(e)s/(複) -e (3格のみ -en) (烏 moment) ① 瞬間, ちょっとの間. ein kleiner *Moment* ほんの一瞬 / Einen *Moment* bitte! ちょっと待ってください / Hast du einen *Moment* Zeit? ちょっと時間がある? / Er zögerte einen *Moment*. 彼は一瞬ためらった / *Moment* [mal]! (相手の言葉をさえぎって:)ちょっと待った / im nächsten *Moment* 次の瞬間に. ② (特定の)時点, 時機. den rechten *Moment* verpassen 好機を逃がす / jeden *Moment* 今にも, いつなんどきでも / im *Moment* a) 目下, b) 今すぐに.

*das **Mo·ment**² [モメント momént] 中 (単2) -(e)s/(複) -e (3格のみ -en) ① 要因, 動機; 契機; 観点. ein psychologisches *Moment* 心理的な要因. ②《理》モーメント, 積率.

mo·men·tan [モメンターン momentáːn] I 形 ① 目下の, 現在の. die *momentane* Lage 目下の状況. ② 一瞬の, 一時的な. II 副 目下, 現在のところ. Ich bin *momentan* arbeitslos. 私は目下失業中です.

Mo·ment=auf·nah·me [モメント・アオフナーメ] 囡 -/-n《写》スナップショット.
Mo·na·co [モーナコ mó:nako または モナコ] 中 -s/《国名》モナコ[公国]《首都はモナコ》.
Mo·na·de [モナーデ moná:də] 囡 -/-n《哲》① 《覆 なし》(不可分な)単一体. ② 《ふつう 覆》(ライプニッツの)モナド, 単子.
Mo·narch [モナルヒ monárç] 男 -en/-en 君主. (⇒ 女性形は Monarchin).
Mo·nar·chie [モナルヒー monarçí:] 囡 -/-n [..ヒーエン] ①《覆 なし》君主制. die konstitutionelle *Monarchie* 立憲君主制. ② 君主国. (⇒「共和国」は Republik).
mo·nar·chisch [モナルヒッシュ monárçɪʃ] 形 君主の, 君主制の, 君主国の.
Mo·nar·chist [モナルヒスト monarçíst] 男 -en/-en 君主[制]主義者. (⇒ 女性形は Monarchistin).

* *der* **Mo·nat** [モーナット mó:nat]

> (暦の)月 Ich liebe den *Monat* Mai.
> イヒ リーベ デン モーナット マイ
> 私は 5 月が好きです.

格	単		複	
1	der	Monat	die	Monate
2	des	Monats	der	Monate
3	dem	Monat	den	Monaten
4	den	Monat	die	Monate

男 (単 2) -s (まれに -es)/(複) -e (3 格のみ -en) (暦の)月. (英 *month*). (⇒「日」は Tag, 「週」は Woche, 「年」は Jahr). ein ganzer *Monat* まる 1 か月 / ein heißer *Monat* 暑い月 / Das Baby ist acht *Monate* alt. その赤ちゃんは今[生まれて] 8 か月だ. / am Anfang (Ende) des *Monats* 月始め(月末)に / jeden *Monat* 毎月 / letzten (または vorigen) *Monat* 先月 / nächsten *Monat* 来月 / alle drei *Monate* 3 か月ごとに.
◇《前置詞とともに》**für** drei *Monate* 3 か月間の予定で / *Monat* für *Monat* 毎月毎月 / **in** zwei *Monaten* 2 か月すれば / Im nächsten *Monat* beginnen die Ferien. 来月休暇が始まる / Sie ist im vierten *Monat*. 《口語》彼女は妊娠 4 か月だ / **nach** zwei *Monaten* 2 か月後に / **vor** drei *Monaten* 3 か月前に.

....
⇒ 月名: Januar 1 月 / Februar 2 月 / März 3 月 / April 4 月 / Mai 5 月 / Juni 6 月 / Juli 7 月 / August 8 月 / September 9 月 / Oktober 10 月 / November 11 月 / Dezember 12 月
....

mo·na·te·lang [モーナテ・ラング] I 形 数か月[間]の. II 副 数か月[間].
..mo·na·tig [..モーナティヒ ..mo:natɪç]《形容詞をつくる 接尾》《…か月の》例: drei*monatig* (= 3-*monatig*) 3 か月の.
* **mo·nat·lich** [モーナトリヒ mó:natlɪç] I 形 毎月の, 月々の. (英 *monthly*). eine *monatliche* Veranstaltung 毎月の催し.

II 副 毎月, 月々. Die Zeitschrift erscheint *monatlich*. その雑誌は毎月出ている.
..mo·nat·lich [..モーナトリヒ ..mo:natlɪç]《形容詞・副詞をつくる 接尾》《…か月ごとの》例: drei*monatlich* (= 3-*monatlich*) 3 か月ごとの.
Mo·nats=bin·de [モーナッツ・ビンデ] 囡 -/-n 月経帯.
Mo·nats=blu·tung [モーナッツ・ブルートゥング] 囡 -/-en《医》月経 (= Menstruation).
Mo·nats=ge·halt [モーナッツ・ゲハルト] 中 -[e]s/..hälter 月給.
Mo·nats=kar·te [モーナッツ・カルテ] 囡 -/-n 1 か月定期券.
Mo·nats=schrift [モーナッツ・シュリフト] 囡 -/-en 月刊誌.
mo·nat[s]=wei·se [モーナット・ヴァイゼ (モーナッツ..)] 副 月ごとに, 月ぎめで.

* *der* **Mönch** [メンヒ mænç] 男 (単 2) -[e]s/(複) -e (3 格のみ -en) ① 修道士, 僧侶 (ソウリョ). (英 *monk*).「修道女」は Nonne). ein katholischer *Mönch* カトリックの修道士 / wie ein *Mönch* leben (修道僧のような)禁欲生活をする. ②《建》雄がわら. ③《狩》角のない鹿.
Mön·chen·glad·bach [メンヒェン・グラットバッハ mænçan-glátbax] 中 -s/《都市名》メンヒェングラトバッハ(ドイツ, ノルトライン・ヴェストファーレン州, デュッセルドルフの西方).
mön·chisch [メンヒッシュ mænçɪʃ] 形 修道士の; 修道士のような, 禁欲的な.
Mönchs=or·den [メンヒス・オルデン] 男 -s/- 修道会.

* *der* **Mond** [モーント mó:nt]

> 月 Der *Mond* ist heute schön!
> デァ モーント イスト ホイテ シェーン
> きょうは月がきれいだ.

男 (単 2) -es (まれに -s)/(複) -e (3 格のみ -en) (英 *moon*) ①《覆 なし》月. (⇒「太陽」は Sonne). abnehmender (zunehmender) *Mond* 欠けていく(満ちていく)月 / die helle *Mond* 明るい月 / die Sichel des *Mondes* 三日月(← 月の鎌) / Der *Mond* geht auf (unter). 月が昇る(沈む) / Der *Mond* nimmt ab (zu). 月が欠ける(満ちる) / Der *Mond* hat einen Hof. 月に暈(かさ)がかかっている / Das Raumschiff umkreist den *Mond*. 宇宙船が月の周りを回る / den *Mond* an|bellen a)《犬 など》月に向かってほえる, b)《口語》《相手にされないのに》激しく非難する.
◇《前置詞とともに》**auf** dem *Mond* landen 月面に着陸する / Du lebst wohl auf (または hinter) dem *Mond*? 君はそんなことも知らないの (← 月に(月の裏側に)住んでいるのか) / **in** den *Mond* gucken《口語》《何ももらえず》指をくわえて見ている (← 月をのぞく) / Meine Uhr geht nach dem *Mond*.《口語》私の時計は大幅に狂っている (← 月に従って動いている).
②《天》衛星. Der Mars hat zwei *Monde*.

mondän

火星には二つの衛星がある / ein künstlicher *Mond* 人工衛星. ③ 満月(三日月)状のもの(クッキーなど). ④《詩》(暦の)月.

..**mond** のいろいろ: Halb*mond* 半月 / Honig*mond* ハネムーン / Neu*mond* 新月 / Voll*mond* 満月

mon·dän [モンデーン mɔndɛ́:n] 形 華やかな, はでな.

Mond⹀bahn [モーント・バーン] 女 -/-en 月(衛星)の軌道.

Mond⹀fäh·re [モーント・フェーレ] 女 -/-n 月着陸船.

Mond⹀fins·ter·nis [モーント・フィンスタニス] 女 -/..nisse《天》月食.

mond⹀hell [モーント・へル] 形《雅》月明かりの, 月の光に照らされた.

Mond⹀kalb [モーント・カルプ] 中 -(e)s/..kälber《俗》ばか者.

Mond⹀land·schaft [モーント・ラントシャフト] 女 -/-en ① 月面の風景. ②《詩》月光に照らされた風景.

Mond⹀lan·dung [モーント・ランドゥング] 女 -/-en 月面着陸.

Mond⹀licht [モーント・リヒト] 中 -(e)s/ 月光.

Mond⹀pha·se [モーント・ファーゼ] 女 -/-n 月の満ち欠け, 月相.

Mond⹀schein [モーント・シャイン] 男 -(e)s/ 月光, 月明かり. ein Spaziergang bei (または im) *Mondschein* 月夜の散歩 / Der kann mir im *Mondschein* begegnen.《俗》あいつとはかかわりたくない.

Mond⹀si·chel [モーント・ズィッヒェル] 女 -/-n 三日月, 弦月.

Mond⹀stein [モーント・シュタイン] 男 -(e)s/-e《鉱》月長石.

mond⹀süch·tig [モーント・ズュヒティヒ] 形 夢遊病の.

mo·ne·tär [モネテーァ monetɛ́:r] 形《付加語としてのみ》《経》金銭の, 通貨の.

Mo·ne·ten [モネーテン monéːtən] 複《口語》銭, 金(かね).

Mon·go·le [モンゴーレ mɔŋgóːlə] 男 -n/-n モンゴル人. (⇨ 女性形は Mongolin.)

die **Mon·go·lei** [モンゴらイ mɔŋgolái] 女 -/《定冠詞とともに》①《国名》モンゴル[人民共和国](首都はウランバートル). ②《地名》蒙古(もうこ).

mon·go·lisch [モンゴーリッシュ mɔŋgóːlɪʃ] 形 モンゴル[人・語]の.

Mon·go·lis·mus [モンゴリスムス mɔŋgolísmus] 男 -/《医》蒙古(もうこ)症, ダウン症候群.

mon·go·lo·id [モンゴろイート mɔŋgoloíːt] 形 ① モンゴロイドの. ②《医》蒙古(もうこ)症の.

mo·nie·ren [モニーレン moníːrən] 他 (h)《物(4)に》文句をつける, 苦情を言う.

Mo·ni·ka [モーニカ móːnika] -s/《女名》モーニカ.

Mo·nis·mus [モニスムス monísmus] 男 -/《哲》一元論.

Mo·ni·tor [モーニトァ móːnitɔr] 男 -s/-en [モニトーレン](まれに -e) ①《放送》(映像・音声などの)モニター;《コンピュ》モニター, ディスプレイ. ②《工》監視装置. ③《物》放射線監視装置(探知器). ④《古》監視者.

mo·no [モーノ móːno または モノ móno] 副 (レコードなどが)モノラルで.

mo·no.., Mo·no.. [モノ mono.. または モーノ..] 《形容詞・名詞につける》《接頭》《単一・単独》例: *mono*ton 単調な / *Mono*log 独白.

mo·no·chrom [モノクローム monokróːm] 形《絵・写》単色の, モノクロームの, 白黒の.

Mo·no·ga·mie [モノガミー monogamíː] 女 -/ 一夫一婦[制]. (⇨「複婚[制]」は Polygamie).

Mo·no·gra·fie [モノグらフィー monografíː] 女 -/-n [..フィーエン] =Monographie

Mo·no·gramm [モノグラム monográm] 中 -s/-e (氏名の頭文字などの)組合せ文字, モノグラム.

Mo·no·gra·phie [モノグラフィー monografíː] 女 -/-n [..フィーエン] モノグラフィー, 個別論文(単一の問題を扱った学術論文).

Mo·no·kel [モノケる monɔ́kəl] 中 -s/- 片眼鏡.

Mo·no·kul·tur [モーノ・クるトゥーァ] 女 -/-en《農》単式農業(農場), 単一栽培.

Mo·no·lith [モノリート monolíːt] 男 -s (または -en)/-e[n] (1個の石材で造った)石柱, 石碑.

Mo·no·log [モノローク monolóːk] 男 -(e)s/-e《文学》モノローグ, 独白. (⇨「対話」は Dialog).

Mo·no·pol [モノポーる monopóːl] 中 -s/-e ①《経》(生産・販売などの)独占権, 専売権. Der Staat hat ein *Monopol* auf Salz. 国は塩の専売権を持っている. ②《経》独占企業.

mo·no·po·li·sie·ren [モノポリズィーレン monopolizíːrən] 他 (h)《経》(産業部門・原料など(4)を)独占化する.

Mo·no·pol⹀ka·pi·ta·lis·mus [モノポーる・カピタリスムス] 男 -/ 独占資本主義.

Mo·no·the·is·mus [モノテイスムス monoteísmus] 男 -/《哲・宗》一神論, 一神教. (⇨「多神教」は Polytheismus).

Mo·no·the·ist [モノテイスト monoteíst] 男 -en/-en《哲・宗》一神論者, 一神教信者.

mo·no·the·is·tisch [モノテイスティッシュ monoteístɪʃ] 形《哲・宗》一神論の, 一神教の.

mo·no·ton [モノトーン monotóːn] 形 ① 単調な, 一本調子の. eine *monotone* Melodie 単調なメロディー. *monoton* sprechen 単調な話し方をする. ②《数》単調な.

Mo·no·to·nie [モノトニー monotoníː] 女 -/-n [..ニーエン] 単調さ, 一本調子, 退屈.

Mon·si·eur [メスィエー məsió] 《フランス》男 -[s]/ Messieurs [メスィエー]《ふつう冠詞なしで》(男性に対する敬称または呼びかけで:)…さん, …氏, …君 (ドイツ語の Herr に当たる。略 M.).

Mons·ter [モンスタァ mɔ́nstər] 《英》中 -s/- (巨大な)怪物, 化け物, モンスター.

Monst·ranz [モンストランツ mɔnstránts] 女 -/-en《カトリ》聖体顕示台.

Monst·ren [モンストレン] Monstrum (怪物)の 複.

monst·rös [モンストレース mɔnstrǿ:s] 形 ① 怪物のような, 異様な;《医》奇形の. ② とんでもない, あきれるような. ③ 巨大な, ばかでかい.

Monst·rum [モンストルム mónstrum] 中 -s/Monstren (まれに Monstra) ① 怪物, 化け物. ② 巨大なもの. ein *Monstrum* von Koffer ばかでかいスーツケース. ③《医》奇形.

Mon·sun [モンズーン mɔnzú:n] 男 -s/-e《気象》(特にインド・東南アジアの)季節風, モンスーン.

der **Mon·tag** [モーン・タ-ク mó:n-ta:k] 男 (単 2) -[e]s/(複) -e (3 格のみ -en) 月曜日 (略: Mo.). (英 *Monday*). (〈英〉曜日名 ☞ *Woche*). Heute ist *Montag*. きょうは月曜日だ / jeden *Montag* 毎月曜日に / Er kommt [**am**] nächsten *Montag*. 彼は次の月曜日に来る / [am] *Montag* früh 月曜日の早朝に / blauer *Montag*《口語》(休み明けの)憂うつな月曜日 ⇒ [einen] blauen *Montag* machen (日曜日に続けて)月曜日にずる休みする.

Mon·tag⸗abend [モーンターク・アーベント] 男 -s/-e 月曜日の晩.

mon·tag⸗abends [モーンターク・アーベンツ] 副 月曜日の晩に, 月曜日ごとに.

Mon·ta·ge [モンタージェ mɔntá:ʒə または モン.. m3..] [フラ] 女 -/-n ① 《工》(機械などの)組み立て, 据え付け. ② 《映》モンタージュ[による作品]. ③ 《美・文学》モンタージュ[手法・作品].

Mon·ta·ge⸗hal·le [モンタージェ・ハレ] 女 -/-n 組立工場.

mon·tags [モーン・タークス] 副《毎週》月曜日に, 月曜日ごとに.

mon·tan [モンターン mɔntá:n] 形 ① 鉱山の, 鉱業の. ② 山地の.

Mon·tan⸗in·dust·rie [モンターン・インドゥストリー] 女 -/-n [..リーエン] 炭坑業, 鉄鋼業, 製鉄業.

Mon·tan⸗uni·on [モンターン・ウニオーン] 女 -/ ヨーロッパ石炭鉄鋼共同体 (1951 年設立).

der **Mont·blanc** [モン・ブラーン mɔ̃-blɑ́:] [フラ] 男 -s/《定冠詞とともに》《山名》モンブラン(アルプスの最高峰. 4807 m; ☞〈地図〉C-6).

Mon·teur [モンテーァ mɔntǿ:r または モン.. m3..] [フラ] 男 -s/-e (機械などの)組立工, 仕上げ工.

mon·tie·ren [モンティーレン mɔntí:rən または モン.. m3..] 他 (h) ① (機械などを⁴を)組み立て, 取り付ける, 据え付ける. ②《映》編集する;《美》制作する.

Mon·tur [モントゥーァ mɔntú:r] 女 -/-en ① 《口語・戯》(特定の用途の)服装. ② 制服.

Mo·nu·ment [モヌメント monumɛ́nt] 中 -[e]s/-e ① 記念碑, 記念像, モニュメント. ② (文化史的な)不朽の名作, 記念物.

mo·nu·men·tal [モヌメンタ-る monumentá:l] 形 記念碑的な; 壮大な.

Moor [モ-ァ mó:r] 中 -[e]s/-e 湿地, 沼地.

Moor⸗bad [モ-ァ・バート] 中 -[e]s/..bäder ① 泥ぶろ. ② 泥ぶろのための保養地.

moo·rig [モ-リヒ mó:rɪç] 形 湿地の, 沼地の.

Moos [モ-ス mó:s] 中 -es/-e (または Möser) ① 《複 -e》《植》コケ(苔). ② 《複 なし》蘚苔(せんたい)類. ③ 《複 は Möser》《南ドッ・オースト・スィス》湿地, 沼地. ④ 《複 なし》《俗》金(カネ) (=Geld).

moos⸗grün [モ-ス・グリューン] 形 苔(こけ)のような緑色の, モスグリーンの.

Mop ☞〈新形〉 Mopp

Mo·ped [モーペット mó:pɛt または ..ペート ..pe:t] 中 -s/-s モペット, (ペダル付きの)小型バイク. (〈語源〉*Mo*tor と *Ped*al との合成語).

Mopp [モップ mɔ́p] 男 -s/-s モップ.

mop·pen [モッペン mɔ́pən] 他 (h)・自 (h) モップで掃除する.

Mops [モ-プス mɔ́ps] 男 -es/Möpse ① パッグ(ブルドッグに似た小型犬). ② 《俗》(ずんぐりした)でぶ. ③ 《複 で》《俗》金(カネ) (=Geld).

mop·sen¹ [モプセン mɔ́psən] 他 (h)《口語》くすねる, ちょろまかす.

mop·sen² [モプセン] 再帰 (h) *sich*⁴ *mopsen*《口語》退屈する.

mops⸗fi·del [モプス・フィデ-る] 形《口語》ひどく陽気な.

die **Mo·ral** [モラ-る morá:l] 女 (単) -/(複) -en《ふつう 単》① 道徳, 倫理, モラル; 品行. (英 *morals*). die bürgerliche *Moral* 市民道徳 / Er hat keine *Moral*. 彼にはモラルがない / 人³ *Moral*⁴ predigen (軽蔑的に)人³ にお説教をする. ② 《複 なし》規律; 士気. die *Moral* der Mannschaft² チームの士気. ③ 《複 なし》(物語などからの)教訓. ④ 《哲》(特にカントの)倫理学.

*** **mo·ra·lisch** [モラ-リッシュ morá:lɪʃ] 形 ① 道徳[上]の, 道徳的な, 倫理的な. (英 *moral*). eine *moralische* Verantwortung 道義的責任 / *moralisch* betrachtet 道徳的に見て. ◇《名詞的に》einen (または den) *Moralischen* haben《口語》(失敗のあとなどで)後悔する, 良心がとがめる. ② 道徳にかなった, 品行方正な. Er führt ein *moralisches* Leben. 彼は品行方正な生活をしている. ③ (軍隊・スポーツなどで:)規律に関する, 士気の. ④ 教訓的な.

mo·ra·li·sie·ren [モラリズィ-レン moralizí:rən] 自 (h) ① 道徳を説く. ② (ふつう軽蔑的に:)お説教をする.

Mo·ra·list [モラリスト moralíst] 男 -en/-en ① 道徳主義者, モラリスト. ② (ふつう軽蔑的に:)道徳至上主義者, 道学者.

Mo·ra·li·tät [モラリテ-ト moralité:t] 女 -/-en ① 《複 なし》道徳性, 道義. ② 《文学》(中世の)道徳劇, 教訓劇.

Mo·ral⸗pre·digt [モラ-る・プレーディヒト] 女 -/-en (ふつう軽蔑的に:)お説教.

Mo·rä·ne [モレーネ moré:nə] 女 -/-n 《地学》

Morast

氷堆積(たいせき)(氷河が運んだ砂利・土などの堆積).

Mo·rast [モラスト morást] 男 -[e]s/-e (または ..räste) ① 沼沢地, 湿地. ② 《複 なし》泥土, ぬかるみ. Das Auto blieb **im** *Morast* stecken. 車はぬかるみにはまっていた.

mo·ras·tig [モラスティヒ morástıç] 形 ぬかるんだ, 泥沼のような(道など).

Mo·ra·to·ri·um [モラトーリウム moratóːrium] 中 -s/..rien [..リエン] 《経》支払い延期, モラトリアム; (一般に:) 猶予[期間].

mor·bid [モルビート mɔrbíːt] 形 ① 病弱な; 病的な. ② 《比》崩壊しかけた(社会など).

Mor·chel [モルヒェル mórçəl] 女 -/-n 《植》アミガサタケ.

*der **Mord** [モルト mórt] 男 (単2) -es (まれに -s)/(複) -e (3格のみ -en) 殺人, 殺害. (英 *murder*). Giftmord 毒殺 / ein grausamer *Mord* 残酷な殺人 / einen *Mord* begehen 殺人を犯す / Das ist ja [der reine] *Mord*! 《口語》これはまったくひどい話だ / Es gibt gleich *Mord* und Totschlag. 《口語》間もなく大げんか(大騒ぎ)が始まるぞ.

Mord⋰an·schlag [モルト・アンシュラーク] -[e]s/..schläge 殺害の企て.

mor·den [モルデン mórdən] I 自 (h) 人殺しをする. II 他 (h) 殺す, 殺害する.

*der **Mör·der** [メルダァ mǽrdər] 男 (単2) -s/(複) - (3格のみ -n) 殺人者, 殺人犯, 人殺し. (英 *murderer*). (⇒ 女性形は Mörderin). den *Mörder* verfolgen 殺人犯を追跡する.

Mör·der⋰gru·be [メルダァ・グルーベ] 女 -/-n 殺人者の巣窟(そうくつ). Er macht aus seinem Herzen keine *Mördergrube*. 彼は思っていることをざっくばらんに話す(←自分の心を人殺しどもの隠れ家にしない, 心に秘密の場所をつくらない).

mör·de·risch [メルデリッシュ mǽrdərıʃ] I 形 ①《口語》殺人的な, ものすごい, ひどい. eine *mörderische* Hitze 殺人的な暑さ. ②《雅》人殺しの, 殺人の, 残忍な. II 副《口語》ものすごく, ひどく.

Mord⋰fall [モルト・ふァル] 男 -[e]s/..fälle 殺人事件.

Mord⋰kom·mis·si·on [モルト・コミスィオーン] 女 -/-en (警察の)殺人捜査班.

mords.., Mords.. [モルツ mórts..] 《形容詞・名詞につける接頭》 《(ひどい・途方もない)例: *mords*laut ひどくやかましい / *Mords*hunger ものすごい空腹.

Mords⋰glück [モルツ・グリュック] 中 -[e]s/- 《口語》途方もない幸運.

Mords⋰kerl [モルツ・ケルる] 男 -s/-e《口語》大男; どえらいやつ.

mords⋰mä·ßig [モルツ・メースィヒ] I 形《口語》ものすごい. eine *mordsmäßige* Hitze ひどい暑さ. II 副《口語》ものすごく. Es ist *mordsmäßig* kalt. ものすごく寒い.

Mord⋰ver·such [モルト・フェアズーフ] 男 -[e]s/-e 殺人未遂.

Mord⋰waf·fe [モルト・ヴァッフェ] 女 -/-n 凶器.

Mo·res [モーレス móːres] 複 《成句的に》 人⁴ *Mores*⁴ lehren 《口語》人⁴にずけずけと意見を言う.

***mor·gen**¹ [モルゲン mórgən]

あす Hast du *morgen* Zeit ?
ハスト ドゥ モルゲン ツァイト
あした暇がある?

副 ① あす, あした. (英 *tomorrow*). (⇔ 「きのう」は gestern,「きょう」は heute). *morgen* früh あすの朝 / *morgen* Abend あすの晩 / *Morgen* ist Sonntag. あすは日曜日だ / Ich komme *morgen* wieder. 私はあすまた来ます / **ab** *morgen* / *morgen* in einer Woche 1週間後のあした / *morgen* um diese Zeit あすのこの時間に / **Bis** *morgen* ! (別れるときに:)じゃあまたあした.

② 《近い》将来. die Welt **von** *morgen* あすの世界 / der Mensch von *morgen* 未来の人間. ◊《名詞的に》an das *Morgen* glauben 未来を信じる.

mor·gen² 副 例: heute *morgen* (新形 heute *Morgen*) けさ / Montag *morgen* (新形 Montagmorgen) 月曜日の朝 (⇔ 特定の曜日と結び付く場合は1語で書く) ☞ Morgen ①

*der **Mor·gen** [モルゲン mórgən]

朝 Guten *Morgen*! おはよう.
グーテン モルゲン

男 (単2) -s/(複) - ① 朝. (英 *morning*). (⇔「昼間」は Tag,「夕方」は Abend,「夜」は Nacht). ein frischer *Morgen* さわやかな朝 / ein kalter (sonniger) *Morgen* 寒い(よく晴れた)朝 / Es wird *Morgen*. 朝になる / Der *Morgen* dämmert. 夜が明ける / heute *Morgen* けさ / [am] Dienstag*morgen* 火曜日の朝[に] / jeden *Morgen* 毎朝 / eines *Morgens* ある朝 / 人³ einen guten *Morgen* wünschen 人³に朝のあいさつをする.

◊《前置詞とともに》 **am** *Morgen* 朝に / am nächsten *Morgen* 翌朝 / Er kam früh am *Morgen*. 彼は朝早くやって来た / *Morgen* **für** *Morgen* 毎朝 / **gegen** *Morgen* 明け方に / Sie arbeitet **vom** *Morgen* bis zum Abend. 彼女は朝から晩まで働いている.

② 《詩》初期, 始まり. ③ 《複 なし》《古》東, 東方. ④ モルゲン(昔の単位. 25-34アール).

Mor·gen⋰däm·me·rung [モルゲン・デンメルング] 女 -/-en 夜明け, あけぼの.

mor·gend·lich [モルゲントりヒ] 形 《付加語としてのみ》朝の.

Mor·gen⋰ga·be [モルゲン・ガーベ] 女 -/-n (昔の:)朝の贈り物(結婚の翌朝夫が妻に贈る).

Mor·gen⋰grau·en [モルゲン・グラオエン] 中 -s/- 明け方, 夜明け. **beim** (または **im**) *Morgengrauen* 明け方に.

Mor·gen⋰land [モルゲン・らント] 中 -[e]s/

《古》東洋, オリエント, (特に:)中近東. (⇨「西洋」は Abendland).

mor·gen≠län·disch [モルゲン・レンディッシュ] 形 《古》東洋の, オリエントの, 中近東の.

Mor·gen≠luft [モルゲン・るふト] 女 -/ 朝の空気. *Morgenluft*[4] wittern《戯》好機の到来を感じ取る(←朝の空気をかぎつける).

Mor·gen≠muf·fel [モルゲン・ムッふェる] 男 -s/- 寝起きが悪い人.

Mor·gen≠rock [モルゲン・ロック] 男 -[e]s/..röcke (寝起きに着る)モーニングガウン.

Mor·gen≠rot [モルゲン・ロート] 中 -s/ ① 朝焼け, 曙光. (⇨「夕焼け」は Abendrot). ② 《詩》始まり, 幕開け.

Mor·gen≠rö·te [モルゲン・レーテ] 女 -/ = Morgenrot

* **mor·gens** [モルゲンス mɔ́rgəns] 副 朝に; 毎朝. (英) in the morning). (⇨「晩に」は abends; morgen「あす」と混同しないこと). Die Schule beginnt *morgens* um acht Uhr. 学校は朝8時に始まる / *morgens* früh または früh *morgens* 朝早く / Montag *morgens* (新形 montag*morgens*) または montags *morgens* 毎週月曜日の朝に / **von** *morgens* **bis** abends 朝から晩まで.

Mor·gen≠stern [モルゲン・シュテルン] 男 -[e]s/-e ① 明けの明星. (⇨「宵の明星」は Abendstern). ② とげ付きこん棒(こんぼう)の先にとげのある星状の鉄球を鎖で付けた中世の武器).

Mor·gen≠stun·de [モルゲン・シュトゥンデ] 女 -/-n 《ふつう 複》朝, 朝の時間. *Morgenstunde* hat Gold im Munde. (諺) 早起きは三文の得(←朝の時間は口の中に金を持つ).

mor·gig [モルギヒ mɔ́rgɪç] 形《付加語としてのみ》あすの. das *morgige* Programm あすのプログラム / am *morgigen* Tag あす.

Mö·ri·ke [メーリケ mǿːrɪkə] -s/《人名》メーリケ (Eduard *Mörike* 1804-1875; ドイツの詩人・小説家).

Mo·ri·tat [モーリタート móːritaːt] 女 -/-en [モーリターテン または モリターテン] モリタート(大道芸人の歌. ぞっとするような出来事を題材とする); モリタート風の歌(詩).

Mo·ritz [モーリッツ móːrɪts] -[ens]/《男名》モーリッツ.

Mor·mo·ne [モルモーネ mɔrmóːnə] 男 -n/-n《宗》モルモン教徒.

Mor·pheus [モルふォイス mɔ́rføʏs] -/《ギリシャ神》モルペウス(夢の神).

Mor·phin [モルふィーン mɔrfíːn] 中 -s/《医・薬》モルヒネ (= Morphium).

Mor·phi·nis·mus [モルふィニスムス mɔrfinísmʊs] 男 -/《医》モルヒネ中毒.

Mor·phi·nist [モルふィニスト mɔrfiníst] 男 -en/-en《医》モルヒネ中毒患者.

Mor·phi·um [モルふィウム mɔ́rfium] 中 -s/《医・薬》モルヒネ.

mor·phi·um≠süch·tig [モルフィウム・ズュヒティヒ] 形《医》モルヒネ中毒の.

Mor·pho·lo·gie [モルふォろギー mɔrfologíː] 女 -/ ① 《哲・生》形態学. ② 《言》形態論, 語形論. ③ 《地学》地形学.

mor·pho·lo·gisch [モルふォろーギッシュ mɔrfolóːgɪʃ] 形 ① 《哲・生》形態学の. ②《言》形態論の, 語形論の. ③《地学》地形学の.

morsch [モルシュ mɔrʃ] 形 もろい, ぼろぼろの, 朽ちた. *morsches* Holz 腐った木材.

Mor·se≠al·pha·bet [モルゼ・アるふァベート] 中 -[e]s/ モールス信号のアルファベット(アメリカの発明家 S. *Morse* 1791-1872 の名から).

mor·sen [モルゼン mɔ́rzən] 他 (h) 自 (h) モールス信号で送信する. SOS[4] *morsen* SOS を打電する.

Mör·ser [メルザァ mǿrzər] 男 -s/- ① すり鉢, 乳鉢. ②《軍》(昔の)臼砲(きゅうほう); 擲弾(てきだん)筒.

Mor·se≠zei·chen [モルゼ・ツァイヒェン] 中 -s/- モールス信号.

Mor·ta·del·la [モルタデら mɔrtadéla] [伊で 女] -/-s《料理》モルタデラ(太ゆでソーセージの一種).

Mor·ta·li·tät [モルタリテート mɔrtalitéːt] 女 -/《医》死亡率.

Mör·tel [メルテる mǿrtəl] 男 -s/(種類:) - モルタル, しっくい.

Mo·sa·ik [モザイーク mozaíːk] 中 -s/-en (または -s) モザイク.

mo·sa·isch [モザーイッシュ mozáːɪʃ] 形 モーセの; ユダヤ[人]の. die *mosaischen* Bücher モーセの五書(旧約聖書, 創世記から申命記まで) / die *mosaischen* Gesetze モーセの律法.

Mo·schee [モシェー mɔʃéː] 女 -/-n [モシェーエン] モスク(イスラム教の寺院).

Mo·schus [モッシュス móʃʊs] 男 -/ じゃこう(麝香).

die **Mo·sel** [モーゼる móːzəl] 女 -/《定冠詞とともに》《川名》モーゼル川(ライン川の支流: ⇨ 地図 C-3～4).

Mo·sel≠wein [モーゼる・ヴァイン] 男 -[e]s/-e モーゼルワイン(モーゼル川流域で作られるワインで緑色のびんに入っている).

Mo·ses [モーゼス móːzəs または ..zɛs] Mosis (または Mose)/《聖》《人名》モーゼ(イスラエル人のエジプトからの脱出を導き, 十戒によってイスラエル民族の基を築いた宗教的指導者).

Mos·kau [モスカオ mɔ́skau] 中 -s/《都市名》モスクワ(ロシア共和国の首都, 旧ソ連邦の首都).

Mos·ki·to [モスキート mɔskíːto] 男 -s/-s《ふつう 複》《昆》(特に熱帯の)カ(蚊).

Mos·ki·to≠netz [モスキート・ネッツ] 中 -es/-e 蚊帳(かや), 蚊よけ網.

Mos·lem [モスれム móslɛm] 男 -s/-s イスラム教徒.

Most [モスト móst] 男 -[e]s/-e ① 未発酵の果汁;《方》発酵中のぶどう液. ②《南ドイツ・オーストリア・スイス》果実酒.

mos·ten [モステン mósten] I 自 (h) (圧搾機で)果汁を搾る. II 他 (h) (果物[4]を)果汁にする.

Most·rich [モストリヒ móstrɪç] 男 -s/《北東部ドイツ》からし, マスタード (= Senf).

Mo·tel [モーテる móːtəl または モテる motél]

Motette

[英] 中 -s/-s モーテル.(☞ 類語 Hotel).

Mo·tet·te [モテッテ motéta] 女 -/-n 《音楽》モテット(ポリフォニーによる宗教曲).

das **Mo·tiv** [モティーフ motíːf] 中 (単2) -s/(複) -e [..ヴェ] (3格のみ -en) ① 動機, 動因, きっかけ.(英 *motive*). ein politisches *Motiv* 政治的な動機 / Das *Motiv* des Mordes war Eifersucht. 殺人の動機は嫉妬心だった / aus persönlichen *Motiven* [heraus] ... 個人的に思うところがありまして... ② 《文学・美》(芸術作品の)主題, モティーフ; 《音楽》動機, モティーフ.(英 *theme, motif*). ein beliebtes *Motiv* der Malerei[2] 絵画で好んで用いられるモティーフ.

Mo·ti·va·ti·on [モティヴァツィオーン motivatsióːn] 女 -/-en ①《心・教》動機づけ, 誘因, モティベーション;《言》(造語などの)動機づけ.

mo·ti·vie·ren [モティヴィーレン motivíːrən] 他 (h) ① (人[4]に)動機を与える, 意欲を起こさせる. das Kind[4] zum Lernen *motivieren* 子供を勉強する気にさせる. ② (事[4]の)理由づけをする. einen Vorschlag mit 事[3] *motivieren* 事[4]をあげて提案理由を説明する / Das ist schlecht motiviert.〖状態受動・現在〗それは根拠が薄弱だ.

Mo·ti·vie·rung [モティヴィールング] 女 -/-en ①《心・教》動機づけ, 誘因, モティベーション;《言》(造語などの)動機づけ(=Motivation). ② 動機を与えること.

Mo·to·cross, Mo·to-Cross [モート・クロス móːtoːkrɔs または モト・クロス] [英] 中 -/-e 《ふつう単》モトクロス(オートバイによるクロスカントリーレース).

der **Mo·tor** [モートァ móːtɔr または モトーァ motóːr] 男 -s/(複) -en [モトーレン] ① エンジン, 原動機, 発動機, モーター.(英 *engine, motor*). Diesel*motor* ディーゼルエンジン / ein starker *Motor* 強力なエンジン / den *Motor* an|stellen (ab|stellen) エンジンをかける(止める) / Der *Motor* springt gleich an. エンジンがすぐにかかる / Der *Motor* läuft ruhig. エンジンが静かに回転している / mit laufendem *Motor* parken エンジンをかけたまま駐車する / Er ist der *Motor* des Unternehmens.《比》彼はこの企画の原動力だ.

Mo·tor・boot [モートァ・ボート] 中 -[e]s/-e モーターボート.

Mo·to·ren [モトーレン] ☆Motor (エンジン)の 複

Mo·tor・hau·be [モートァ・ハオベ] 女 -/-n 《自動車》ボンネット.

..mo·to·rig [..モトーリヒ ..motoːrɪç] 〖形容詞をつくる 接尾〗(...個エンジン装備の) 例: ein*motorig* 単発の.

Mo·to·rik [モトーリク motóːrɪk] 女 -/ ①《医》運動能力; 運動学.

mo·to·risch [モトーリッシュ motóːrɪʃ] 形 ①《医》運動の, 運動性の. ② エンジンの. ③ (リズムなどが)乱れのない, 均一な.

mo·to·ri·sie·ren [モトリズィーレン motorizíː-

rən] I 他 (h) ① (作業など[4]を)機械化する; (人[4]・会社など[4]に)自動車を配備する. ② (事[4]に)エンジン(モーター)を取り付ける. II 再帰 (h) *sich*[4] *motorisieren*《口語》車を買う.

das **Mo·tor・rad** [モートァ・ラート móːtɔr-raːt または モトーァ.. motóːr..] 中 (単2) -[e]s/(複) ..räder [..レーダァ] (3格のみ ..rädern) オートバイ.(英 *motorcycle*). Er fährt gern *Motorrad*. 彼はオートバイに乗るのが好きだ.

Mo·tor・rad・fah・rer [モートァラート・ファーラァ] 男 -s/- オートバイ運転者.

Mo·tor・rol・ler [モートァ・ロらァ] 男 -s/- スクーター.

Mo·tor・scha・den [モートァ・シャーデン] 男 -s/..schäden エンジン(モーター)の故障.

Mo·tor・sport [モートァ・シュポルト] 男 -[e]s/- モータースポーツ.

Mot·te [モッテ mɔ́ta] 女 -/-n ① 《昆》ガ(蛾), イガ(衣蛾). Ach, du kriegst die *Motten*!《ベルリン方》ああ, これは驚いた. ② 《口語》若い娘, 女の子.

Mot·ten・kis・te [モッテン・キステ] 女 -/-n 防虫衣類箱.

Mot·to [モット móto] 〖伊〗中 -s/-s モットー, 標語, 座右銘;(書物などの)題辞.

mot·zen [モッツェン mɔ́tsən] 自 (h) ①《口語》文句を言う. ②《方》むくれて口をきかない.

mous·sie·ren [ムスィーレン musíːrən] 自 (h) (シャンパンなどが)泡立つ.

Mö·we [メーヴェ móːvə] 女 -/-n 《鳥》カモメ.

Mo·zart [モーツァルト móːtsart] -s/《人名》モーツァルト (Wolfgang Amadeus *Mozart* 1756-1791; オーストリアの作曲家).

mp [メツォ・ピアーノ]《記号》《音楽》メゾ・ピアノ (=mezzopiano).

Mrd. [ミリアルデ または ミリアルデン]《略》10億 (=Milliarde[n]).

Ms. [マヌスクリプト]《略》原稿, 草稿 (=Manuskript).

Mskr. [マヌスクリプト]《略》原稿, 草稿 (= Manuskript).

Mu·cke [ムッケ múka] 女 -/-n ①《南ドツ》蚊, ぶよ (=Mücke). ②《圈》《口語》気まぐれ, むら気, 不機嫌;《比》(機械などの)不調. Er hat seine *Mucken*. 彼は気まぐれだ / Das Auto hat [seine] *Mucken*. その車は調子が悪

die **Mü·cke** [ミュッケ mýka] 女 (単) -/(複) -n ①《昆》カ(蚊), ブヨ.(英 *mosquito*). Eine *Mücke* hat mich gestochen. 私は蚊に刺された / aus einer *Mücke* einen Elefanten machen《口語》針小棒大に言う《=蚊から象を作る》/ eine *Mücke*[4] machen《口語》逃げ去る, ずらかる. ②《方》はえ.

Mu·cke·fuck [ムッケ・フック múka-fuk] 男 -s/《口語》薄くてまずいコーヒー.

mu·cken [ムッケン múkən] 自 (h)《口語》ぶつぶつ文句を言う.

Mü·cken・stich [ミュッケン・シュティヒ] 男

-[e]s/-e 蚊の刺し傷.

Mu·cker [ムッカァ múkər] 男 -s/- 《口語》① 意気地なし. ②《方》気難し屋.

Mucks [ムックス múks] 男 -es/-e 《ふつう 単》《口語》(不満・反抗などを表す)押し殺した声, かすかな身動き. keinen *Mucks* sagen うんともすんとも言わない.

muck·sen [ムクセン múksən] 自(h)・再帰(h) *sich*[4] *mucksen* 《口語》① 声を出す, 身動きする. ② ぶつぶつ文句を言う.

Muck·ser [ムクサァ múksər] 男 -s/-《口語》=Mucks

mucks≠mäus·chen·still [ムックス・モイスヒェンシュティる]形《口語》しんと静まり返った.

‡**mü·de** [ミューデ mýːdə]

疲れて眠い　Ich bin sehr *müde*.
　　　　　　イヒ　ビン　ゼーァ　ミューデ
　　　　　　私はとても疲れた.

形 ① **疲れて眠い**; 疲れた.（英 *tired*）. ein *müdes* Kind 眠そうな子供 / Er sieht sehr *müde* aus. 彼はとても眠そうに(疲れているように)見える / Der Wein macht mich *müde*. ワインを飲むと私は眠くなる / Ich bin zum Umfallen *müde*. ぼくは今にも倒れそうなほど眠い(くたくただ) / Wir sind *müde* **von** der Arbeit. 私たちは仕事で疲れている / *sich*[4] *müde* laufen 走り疲れる.

② 《ふつう2格とともに》(事[2]に)飽きた, うんざりした. Ich bin des Wartens *müde*. 私は待ちくたびれた / nicht *müde* werden, **zu** 不定詞[句] 飽くことなく…し続ける ⇒ Sie wurde nicht *müde*, immer wieder davon zu erzählen. 彼女は飽きもせずにそれについて繰り返し話をした.

..mü·de [..ミューデ ..myːdə] 形容詞をつくる 接尾《(…に)飽きた》例: ehe*müde* 結婚生活に疲れた.

Mü·dig·keit [ミューディヒカイト] 女 -/ 眠気; 疲労, 疲れ. **gegen** die *Müdigkeit* an|kämpfen 睡魔(疲労)と戦う / Sie schlief **vor** *Müdigkeit* ein. 彼女は疲れのあまりに眠り込んだ.

Muff[1] [ムふ múf] 男 -[e]s/《北ドジ》かび臭いにおい(空気).

Muff[2] [ムふ] 男 -[e]s/-e《服飾》マフ(毛皮を円筒状にしたもので, 両側から手を入れて寒さを防ぐ).

Muf·fe [ムッふェ múfə] 女 -/-n ①《工》スリーブ. ②《口語》不安, 恐怖.

Muf·fel [ムッふェる múfəl] 男 -s/- ①《口語》無愛想な人. ②《狩》(反芻(はんすう)動物の)鼻面.

muf·fe·lig [ムッふェりヒ múfəlıç] 形《口語》不機嫌な, 仏頂面の, 無愛想な.

muf·feln[1] [ムッふェるン múfəln] 自(h)《口語》① 不機嫌である. ② 口をもぐもぐさせる.

muf·feln[2] [ムッふェるン] 非人称(h) Es *muffelt*.《方》かび臭いにおいがする.

muf·fig[1] [ムふィヒ múfıç] 形《口語》不機嫌な.

muf·fig[2] [ムふィヒ] 形 かび臭い.

muff·lig [ムッふりヒ múflıç] 形《口語》=muffelig

muh! [ムー múː] 間《幼児》もー(牛の鳴き声).

‡*die* **Mü·he** [ミューエ mýːə]

苦労

Vielen Dank für Ihre *Mühe*!
ふぃーれン　ダンク　ふューァ　イーレ　ミューエ
お骨折りに感謝します.

女 (単) -/(複) -n 苦労, 骨折り, 努力.（英 *trouble*, *effort*）. große *Mühe* 大変な骨折り / vergebliche *Mühe* むだな骨折り / Diese Arbeit macht (または kostet) viel *Mühe*. この仕事はたいへん骨が折れる / *Mühe*[4] mit 人・事[3] haben 人・事[3]のことで苦労する ⇒ Sie hat viel *Mühe* mit den Kindern. 彼女は子供たちのことで大変苦労している / *sich*[3] *Mühe*[4] geben たいへん骨を折る ⇒ Ich gab mir *Mühe*, laut zu sprechen. 私は大きな声で話すように努めた / Das ist der *Mühe*[2] (または die *Mühe*[4]) wert. それは骨折りがいがある / Machen Sie sich bitte keine *Mühe*! どうぞお構いなく / keine *Mühe*[4] scheuen 労をいとわない / **mit** *Mühe* 苦労して / **mit** *Müh* und Not やっとのことで / **ohne** *Mühe* やすやすと.

mü·he≠los [ミューエ・ろース] 形 骨の折れない, 楽な, たやすい. Er schaffte es *mühelos*. 彼はそれを苦もなくやってのけた.

Mü·he≠lo·sig·keit [ミューエ・ろーズィヒカイト] 女 -/ 容易さ, たやすさ.

mu·hen [ムーエン múːən] 自(h) (牛が)もーと鳴く.

mü·hen [ミューエン mýːən] 再帰(h) *sich*[4] *mühen*《雅》骨折る, 苦労する.

mü·he≠voll [ミューエ・ふォる] 形 骨の折れる, 苦労の多い.

‡*die* **Müh·le** [ミューれ mýːlə] 女 (単) -/(複) -n ① **製粉機**, ひきうす.（英 *mill*）. Kaffee*mühle* コーヒーミル / die *Mühle*[4] drehen ひきうすを回す / Sie mahlt den Kaffee **mit** der *Mühle*. 彼女はコーヒー豆をコーヒーミルでひく.

② 製粉所, 水車小屋 (=Wasser*mühle*); 風車小屋 (=Wind*mühle*). ③《複》なし; 冠詞なし》ミューレ(二人でする連珠の一種で, それぞれが9個の石を使って先に3個の石を並べた方が勝ちとなるゲーム). *Mühle*[4] spielen ミューレをする. ④《口語》ポンコツの乗り物(古い自動車・飛行機など).

Mühl≠rad [ミューる・ラート] 中 -[e]s/..räder 水車の輪.

Mühl≠stein [ミューる・シュタイン] 男 -[e]s/-e (水車小屋などの)石臼(いしうす).

Müh·sal [ミューザーる mýːzaːl] 女 -/-e《雅》苦難, 苦労, 辛苦.

***müh·sam** [ミューザーム mýːzaːm] 形 **骨の折れる**, めんどうな, たやすくない. eine *mühsame* Arbeit 骨の折れる仕事 / *sich*[4] *mühsam* auf|richten やっとのことで起き上がる.

müh·se·lig [ミュー・ゼーりヒ] 形 苦労の多い,

Mühseligkeit

ひどく骨の折れる. *mühselig* die Treppe⁴ hinauf|steigen 苦労して階段を上っていく.

Müh・se・lig・keit [ミューゼーリヒカイト] 囡 -/-en 大変な苦労, 艱難(なん)辛苦.

Mu・lat・te [ムらッテ mulátə] 男 -n/-n ムラート(白人と黒人間の[第1代の]混血児). (⌘ 女性形は Mulattin).

Mul・de [ムるデ múldə] 囡 -/-n ① くぼ地, 盆地. ② (方)(木をくりぬいてつくった)舟形の桶(おけ);(製パン用の)こね桶.

Mull¹ [ムる múl] 男 -[e]s/(種類:) -e モスリン.

Mull² [ムる] 男 -[e]s/-e 《北ドツ》腐植土.

der **Müll** [ミュる mýl] 男 (単2) -s/ ごみ, ちり, くず, 廃棄物. (英 *garbage*). Industrie*müll* 産業廃棄物 / radioaktiver *Müll* 放射性廃棄物 / 物⁴ in den *Müll* werfen 物⁴をごみ箱(容器)に捨てる.

Müll=ab・fuhr [ミュる・アップふーァ] 囡 -/-en ① ごみ回収, 塵芥(じんかい)運搬. ② 清掃局.

Müll=beu・tel [ミュる・ボイテる] 男 -s/- (ビニール製の)ゴミ袋.

Mull=bin・de [ムる・ビンデ] 囡 -/-n ガーゼの包帯.

Müll=con・tai・ner [ミュる・コンテーナァ] 男 -s/- (集合住宅用の)大型ごみ容器.

Müll=de・po・nie [ミュる・デポニー] 囡 -/-n [..ニーエン](官庁)塵芥(じんかい)集積場, ごみ処理場.

der **Müll=ei・mer** [ミュる・アイマァ mýlaimər] 男 (単2) -s/(複) - (3格のみ -n) ごみバケツ. (英 *garbage can*). 物⁴ in den *Mülleimer* werfen 物⁴をごみバケツに投げ入れる.

Mül・ler¹ [ミュらァ mýlər] 男 -s/- 製粉業者, 粉屋, 水車小屋の主人.

Mül・ler² [ミュらァ](姓) -s/-s ミュラー.

Mül・le・rin [ミュりン mýlərin] 囡 -/-rinnen 粉屋の女主人(妻), 水車小屋の娘.

Müll=sack [ミュる・ザック] 男 -[e]s/..säcke (ごみ廃棄用のビニールの)ごみ袋.

Müll=schlu・cker [ミュる・シュるッカァ] 男 -s/- ダストシュート.

Müll=ton・ne [ミュる・トンネ] 囡 -/-n (円筒形の)大型ごみ容器.

Müll=wa・gen [ミュる・ヴァーゲン] 男 -s/- ごみ運搬(収集)車.

mul・mig [ムるミヒ múlmɪç] 形 ① ぼろぼろな(土など), 風化した(岩石など);(方)腐った(木材など). ② 《口語》危ぶまれる(状況など), 不快な(気分など).

Mülltonne

Mul・ti [ムるティ múlti] 男 -s/-s 《隠語》多国籍コンツェルン (=**multi**nationaler Konzern).

mul・ti..., Multi... [ムるティ.. multi.. または ムるティ..]《形容詞・名詞につける(接頭)》《数の・多種の・多数倍の》例: *multi*dimensional 多次元の / *Multi*talent 多彩な才能のある人.

mul・ti・la・te・ral [ムるティ・らテラーる múltilatera:l または ..ラーる]形 《政》多面的な, 多角的な, 多国間の(協定・折衝など).

Mul・ti・me・dia [ムるティ・メーディア] 匣 -[s]/ 《ふつう冠詞なしで》マルチメディア(文字・音声・静止画・動画などを併用した情報通信方式).

Mul・ti・mil・li・o・när [ムるティ・ミリオネーァ] 男 -s/-e 億万長者, 大富豪.

mul・ti・na・ti・o・nal [ムるティ・ナツィオナーる múlti-natsiona:l または ..ナーる]形 《政・経》多国籍の, 多国家の.

mul・ti・pel [ムるティーペる multí:pəl]形 《付加語としてのみ》多様な, 幾重もの;《医》多発性の.

Mul・ti・pli・kand [ムるティプリカント multiplikánt] 男 -en/-en 《数》被乗数.

Mul・ti・pli・ka・ti・on [ムるティプリカツィオーン multiplikatsió:n] 囡 -/-en 《数》掛け算, 乗法. (⌘「割り算」は Division).

Mul・ti・pli・ka・tor [ムるティプリカートァ multiplikáːtor] 男 -s/-en ..カトーレン ① 《数》乗数. ② 知識(情報)を伝播(でんぱ)する人(物) (教師・マスメディアなど).

mul・ti・pli・zie・ren [ムるティプリツィーレン multiplitsí:rən] 他 (h) ①《A⁴ mit B³ ~》《数》(A⁴ に B³ を)掛ける, 乗じる. (⌘「割る」は dividieren). fünf mit drei *multiplizieren* 5 に 3 を掛ける. ② 何倍にも増やす. ◇《再帰的に》*sich*⁴ *multiplizieren* 何倍にも増える.

Mu・mie [ムーミエ mú:miə] 囡 -/-n ミイラ.

mu・mi・fi・zie・ren [ムミふィツィーレン mumifitsí:rən] 他 (h) (死体など⁴を)ミイラにする.

Mumm [ムム múm] 男 -s/ 《口語》気力, 根性; 体力. Er hat keinen *Mumm* in den Knochen. 彼には根性(体力)がない.

Mum・mel=greis [ムンメる・グライス] 男 -es/-e 《口語》(歯の抜けた)老いぼれじいさん.

Mum・men=schanz [ムンメン・シャンツ] 男 -es/ 仮装舞踏会, 仮装行列; 仮装.

Mum・pitz [ムンピッツ múmpits] 男 -es/ 《口語》ばかげたこと, ばか話, たわごと, ナンセンス.

Mumps [ムンプス múmps] 男 (方) -/ 《医》[流行性]耳下腺(じかせん)炎, おたふく風邪.

Mün・chen [ミュンヒェン mýnçən] 匣 -s/ 《都市名》ミュンヒェン(ドイツ, バイエルン州の州都. 南ドイツ文化・経済の中心地. ビール醸造は世界一: ☞ 地図 E-4).

Mün・che・ner [ミュンヒェナァ mýnçənər] =Münchner

Münch・ner [ミュンヒナァ mýnçnər] I 男 -s/- ミュンヒェンの市民(出身者). II 形《無語尾》ミュンヒェンの. das *Münchner* Abkommen 《史》ミュンヒェン協定(1938年).

der **Mund** [ムント múnt]

□ Halt den *Mund* ! 黙ってろ!
 ハるト デン ムント

男 (単2) -es (まれに -s)/(複) Münder [ミュンダァ] (3格のみ Mündern) まれに (複) Munde または (複) Münde [ミュンデ] ① (人間の)口. (英 *mouth*). (⌘「動物の口」は Maul). ein

kleiner *Mund* 小さな口 / ein sinnlicher *Mund* セクシーな口もと.
◊【動詞の目的語として】den *Mund* ab|wischen 口をぬぐう / den *Mund* auf|machen a) 口をあける, b)《比》口をきく, 発言する / den *Mund* auf|reißen《口語》大口をたたく / einen großen *Mund* haben《口語》ほら吹きである / den *Mund* halten《口語》a) 黙っている, b) 秘密を守る / den *Mund* voll nehmen《口語》大口をたたく / den *Mund* öffnen 口を開ける / 人³ den *Mund* öffnen《比》人³に口を開かせる(話させる) / sich³ den *Mund* fusselig reden《口語》口を酸っぱくして言う / den *Mund* schließen 口を閉じる / den *Mund* spitzen 口をとがらす / den *Mund* spülen 口をすすぐ / 人³ den *Mund* stopfen 人³を黙らせる / 人³ den *Mund* verbieten 人³に発言を禁じる / sich³ den *Mund* verbrennen《口語・比》口をすべらせて災いを招く(←口にやけどをする) / den *Mund* verziehen 口をゆがめる / den *Mund* zu|machen 口を閉じる.
◊【前置詞とともに】Er küsste sie auf den *Mund*. 彼は彼女の口にキスをした / Sie legte den Finger auf den *Mund*.(静かにしなさいという合図で:)彼女は指を口に当てた / Er ist nicht auf den *Mund* gefallen.【現在完了】《口語》彼は口が達者だ(←倒れても口はふさがらない) / aus dem *Mund* riechen 口臭がする / 人³ das Wort⁴ aus dem *Mund* nehmen《口語》人³の言おうとすることを先に言う(←口の中から言葉を取り出す) / wie aus einem *Munde* 異口同音に / ein Wort⁴ dauernd im *Mund* führen ある言葉をしょっちゅう口にする /物⁴ in den *Mund* nehmen《口語》物⁴を口にする / Die Sache ist schon in aller *Munde*. その件はすでに皆のうわさになっている / 人³ 物⁴ in den *Mund* legen 人³に物⁴を言うように仕向ける(←口の中へ置く) / mit offenem *Munde* 口をぽかんと開けて / Mit vollem *Munde* spricht man nicht. 食べ物をほおばったまましゃべるものではない / 人³ nach dem *Mund* reden《口語》人³の話に調子を合わせる / 人³ 物⁴ in den *Mund* fahren《口語》人³の言葉をさえぎって言い返す / Die Nachricht ging von *Mund* zu *Mund*. その知らせは口伝えに広がった.
② (一般的に:)開口部; 河口; 坑口.

Mund voll(食べ物の)一口[分]. ein paar *Mund voll* Brot⁴ nehmen パンを二口, 三口食べる.

Mund⋄art [ムント・アールト] 女 -/-en 方言, お国訛(ﾅﾏﾘ)(=Dialekt).
mund⋄art·lich [ムント・アールトリヒ] 形 方言の.
Mün·del [ミュンデる mýndəl] 中 -s/- 被後見人. (近年 民法では 男 -s/-, また被後見人が女性のときはまれに 女 -/-n).
mün·del⋄si·cher [ミュンデる・ズィッヒァァ] 形《経》(被後見人にとって)安全な(投資など).

mun·den [ムンデン múndən] 自 (h)《雅》(飲食物が)人³の口に合う.
*__**mün·den**__ [ミュンデン mýndən] (mündete, ist/hat ...gemündet) 自 (完了 sein または haben)
① 【in 物⁴ ~】(川が物⁴(海など)に)流れ込む, 注ぐ. Der Inn *mündet* in die Donau. イン川はドナウ川に注いでいる. ② 《方向・場所を表す語句とともに》(道などが…に)通じている, 行きつく. Die Straße *mündet* auf den Marktplatz (または dem Marktplatz). この通りは中央広場に通じている / Der Gang *mündet* in eine Halle (または einer Halle). この廊下はホールに通じている / Diese Diskussionen *münden* immer in die gleiche Sackgasse (または der gleichen Sackgasse).《比》これらの議論はいつも同じ袋小路に陥る.
Mün·der [ミュンダァ] *Mund (口)の 複.
mün·de·te [ミュンデテ] *münden (流れ込む)の 過去.
mund⋄faul [ムント・ファオる] 形《口語》口の重い, 無口な.
Mund⋄fäu·le [ムント・フォイれ] 女 -/《医》[腐敗性]口内炎.
mund⋄ge·recht [ムント・ゲレヒト] 形 食べやすい大きさの, 一口分の. 人³ 物⁴ *mundgerecht* machen《比》人³に事⁴を抵抗なく受け入れてもらえるようにする.
Mund⋄ge·ruch [ムント・ゲルフ] 男 -[e]s/..rüche《ふつう 単》口臭.
Mund⋄har·mo·ni·ka [ムント・ハルモーニカ] 女 -/-s (または ..niken)《音楽》ハーモニカ.
Mund⋄höh·le [ムント・ヘーれ] 女 -/-n《医》口腔(ｺｳｺｳ).
mün·dig [ミュンディヒ mýndıç] 形 (法的に)成年の; (社会人として)一人前の, 大人の, 分別のある. ein *mündiger* Mensch 成年に達した(一人前の)人.
Mün·dig·keit [ミュンディヒカイト] 女 -/ 成年.
*__**münd·lich**__ [ミュントリヒ mýntlıç] 形 口頭による, 口述の, 口伝えの. (反 oral). (反「筆記による」は schriftlich). eine *mündliche* Prüfung 口述試験 / 人³ 物⁴ *mündlich* mit|teilen 人³に事⁴を口頭で伝える / Alles Weitere *mündlich*!(手紙の結びで:)委細はお会いしたときに.
Mund⋄pfle·ge [ムント・プふれーゲ] 女 -/ 口腔(ｺｳｺｳ)衛生, 口の手入れ.
Mund⋄pro·pa·gan·da [ムント・プロパガンダ] 女 -/ 口(ｸﾁ)コミ, 口頭による宣伝.
Mund⋄raub [ムント・ラオプ] 男 -[e]s/《法》(昔の:)食料品窃盗; 盗み食い.
Mund⋄schenk [ムント・シェンク] 男 -en/-en《史》(王侯の)献酌(ｹﾝｼｬｸ)侍従.
M-und-S-Rei·fen [エム・ウント・エス・ライふェン] 男 -s/- スノータイヤ (=Matsch-und-Schnee-Reifen).
Mund⋄stück [ムント・シュテュック] 中 -[e]s/-e ① (管楽器の)吹管, マウスピース;(パイプなどの)吸い口. ② (馬の)銜(ｸﾂﾜ).

M

mund・tot [ムント・トート] 形 《成句的に》 人⁴ *mundtot* machen 人⁴の口を封じる.

*die **Mün・dung** [ミュンドゥング mýndʊŋ] 女 (単) -/(複) -en ① (川の)河口; (河川・道路などの)合流点; 出口. die *Mündung* des Rheins ラインの河口. ② 銃口, 砲口. die *Mündung* einer Pistole² ピストルの銃口.

Mund≈voll 男 -/- (新形 Mund voll) ☞ Mund

Mund≈vor・rat [ムント・フォーァラート] 男 -[e]s/..räte 携帯食料, 弁当.

Mund≈was・ser [ムント・ヴァッサァ] 中 -s/..wässer うがい水(薬).

Mund≈werk [ムント・ヴェルク] 中 -[e]s/ 《口語》(話す道具としての)口; 弁才. ein großes *Mundwerk*⁴ haben 能弁である.

Mund≈win・kel [ムント・ヴィンケる] 男 -s/- 口角, 口もと.

Mu・ni・ti・on [ムニツィオーン munitsió:n] 女 -/ 弾薬類(銃砲弾・爆弾など).

Mu・ni・ti・ons≈la・ger [ムニツィオーンス・らーガァ] 中 -s/- 弾薬庫.

mun・keln [ムンケるン múŋkəln] 自 (h) 《口語》ひそひそささやく, (陰で)うわさをする.

Müns・ter¹ [ミュンスタァ mýnstər] 中 (まれに 男)-s/- 《キリスト教》 (南ドイツの)大聖堂(フライブルクの教会など. 中・北部ドイツでは Dom という). das Ulmer *Münster* ウルム大聖堂.

Müns・ter² [ミュンスタァ] 中 -s/ 《都市名》ミュンスター(ドイツ, ノルトライン・ヴェストファーレン州. 旧ハンザ都市. 1648年ウェストファリア条約締結の地: ☞ 地図 C-3).

***mun・ter** [ムンタァ múntər] 形 (比較 munt[e]rer, 最上 munterst) ① 快活な, 活発な; 元気な, 健康な. (英 lively). ein *munteres* Kind 元気のいい子供 / ein *munteres* Lied 陽気な歌 / Er ist wieder [gesund und] *munter*. 彼は元どおり元気になった. (☞ 類語 lebhaft). ② 目が覚めている, 眠くない. (英 awake). Er war bereits um 6 Uhr *munter*. 彼は6時にはすでに目が覚めていた / Der Kaffee macht mich *munter*. コーヒーを飲むと私は眠気が覚める. ③ 平気な, むとんじゃくな.

Mun・ter・keit [ムンタァカイト] 女 -/ 快活さ, 活発さ, 元気, 快活さ; 目が覚めていること.

*die **Mün・ze** [ミュンツェ mýntsə] 女 (単) -/ (複) -n ① 硬貨, コイン. (英 coin). Gold*münze* 金貨 / Er sammelt *Münzen*. 彼はコインを集めている / eine *Münze*⁴ in einen Automaten ein|werfen 自動販売機に硬貨を入れる / klingende *Münze* 《雅》現金 / 事⁴ für bare *Münze* nehmen 〈事を〉真に受ける(←現金と見なす) / 人³ 事⁴ in (または mit) gleicher *Münze* heim|zahlen 《比》 人³に 事⁴のしっぺ返しをする. ② 貨幣鋳造所, 造幣局.

mün・zen [ミュンツェン mýntsən] 他 (h) ①〈金・銀など⁴を〉貨幣に鋳造する. Gold⁴ *münzen* 金貨を鋳造する. ②《成句的に》 auf 人・事⁴ gemünzt sein (発言などが)〈人・事⁴に〉向けられている, 〈人・事⁴〉への当てこすりである.

Münz≈fern・spre・cher [ミュンツ・フェルンシュプレッヒャァ] 男 -s/- (コイン投入式の)公衆電話.

Münz≈fuß [ミュンツ・フース] 男 -es/..füße (法で定められた)貨幣品位.

Münz≈kun・de [ミュンツ・クンデ] 女 -/ 貨幣学, 古銭学(= Numismatik).

Münz≈samm・lung [ミュンツ・ザムるング] 女 -/-en コインの収集.

Münz≈wechs・ler [ミュンツ・ヴェクスらァ] 男 -s/- 自動貨幣両替機.

mür・be [ミュルベ mýrbə] 形 ① 柔らかい(果物・肉など). ② (古くなって)もろい. ein *mürbes* Gewebe ぼろぼろの布地. ③ 気力を失った, 戦意をなくした. 人⁴ *mürbe* machen 人⁴の気力(戦意)をくじく.

Mür・be≈teig [ミュルベ・タイク] 男 -[e]s/-e (クッキーなどの)生地(小麦粉にバター・砂糖・卵などを混ぜたもの).

Murks [ムルクス múrks] 男 -es/ 《俗》そんざいな仕事.

murk・sen [ムルクセン múrksən] 自 (h) 《俗》そんざいな仕事をする, だらだら働く.

Mur・mel [ムルメる múrməl] 女 -/-n ビー玉.

***mur・meln** [ムルメるン múrməln] ich murmle (murmelte, *hat*...gemurmelt) (英 *murmur*) I 他 《定了 haben》〈事⁴を〉つぶやく, ぶつぶつ言う. Was *murmelst* du da? そこで何をぶつぶつ言っているの.
II 自 《定了 haben》ぶつぶつ言う; 《比》(小川などが)さらさら音をたてる.

mur・mel・te [ムルメるテ] *murmeln (つぶやく) の過去

Mur・mel・tier [ムルメる・ティーァ] 中 -[e]s/-e 《動》マーモット. wie ein *Murmeltier* schlafen 長時間ぐっすり眠る.

murm・le [ムルムれ] *murmeln (つぶやく) の1人称単数 現在

mur・ren [ムレン múrən] 自 (h) 《über 事⁴》〈事⁴について〉ぶつぶつ不平を言う.

mür・risch [ミュリッシュ mýrɪʃ] 形 不機嫌な, むっつりした, 気難しい. ein *mürrisches* Gesicht⁴ machen 不機嫌な顔をする.

Mus [ムース mú:s] 中 (方: 男も) -es/-e 《ふつう 単》《料理》ムース(果物などを煮てすりつぶしたもの). Apfel*mus* りんごピューレ / Kartoffel*mus* マッシュポテト / 人⁴ zu *Mus* machen (または schlagen) 《俗》人⁴をこてんこてんにやっつける.

*die **Mu・schel** [ムッシェる múʃəl] 女 (単) -/(複) -n ① 《動》貝, (特に)二枚貝. (英 shell). Perl*muschel* 真珠貝 / essbare *Muscheln* 食用貝. ② 貝殻. *Muscheln*⁴ am Strand auf|lesen 浜辺で貝殻を拾い集める. ③ (貝状のもの) (電話器の)受話口 (= Hör*muschel*); 送話口 (= Sprech*muschel*); 《解》《医》耳介(ぶ) (= Ohr*muschel*).

Mu・se [ムーゼ mú:zə] I -/-n 《ギリシャ神》ムーサ, ミューズ(学問・芸術をつかさどる9人の女神たち[の一

人); 詩神. II 囡 -/-n 《比》芸術, 文芸, 詩歌. die leichte *Muse* 娯楽芸術, 娯楽演劇.
mu·se·al [ムゼアール muzeá:l] 形 ① 博物館(美術館)の. ② 骨董(ニ)的な, 古くさい.
Mu·se·en [ムゼーエン] *Museum(博物館)の 複

das **Mu·se·um** [ムゼーウム muzé:um] 中 (単2) -s/(複) Museen [ムゼーエン] **博物館**, 美術館. (英 museum). Heimat*museum* 郷土博物館 / ein historisches *Museum* 歴史博物館 / ein *Museum*⁴ besuchen または **ins** *Museum* gehen 博物館(美術館)を見学する.
mu·se·ums⸗reif [ムゼーウムス・ライふ] 形 《口語》(古くなって)博物館行きの. Sein Auto ist *museumsreif*. 彼の車は骨董(ニ)ものだ.
Mu·si·cal [ミューズィケる mjú:zikəl] [英] 中 -s/-s ミュージカル.

die **Mu·sik** [ムズィーク muzí:k] 囡 (単) -/(複) -en 《ふつう 囲》 ① **音楽**; 楽曲. (英 music). (「音楽用語」☞ 巻末付録, 1815 ページ). klassische *Musik* 古典(クラシック)音楽 / elektronische *Musik* 電子音楽 / die *Musik* Beethovens ベートーヴェンの楽曲 / Er hört gern leichte *Musik*. 彼は軽音楽を好んで聞く / *Musik*⁴ machen 音楽を演奏する / *Musik* kennt keine Grenzen. 音楽に国境はない / die *Musik*⁴ zu einem Film schreiben 映画音楽の作曲をする / einen Text **in** *Musik* setzen 歌詞に曲をつける / Er hat *Musik* im Blut. 彼は生まれつき音楽の才能がある(←血の中に音楽を持っている) / Diese Nachricht ist *Musik* für meine Ohren. 《比》この知らせは私には大歓迎だ.
② 《口語》(総称として:)楽隊, 楽団, バンド.

....

(ミモ) ..*musik* のいろいろ: Barock*musik* バロック音楽 / Blas*musik* 吹奏楽 / Film*musik* 映画音楽 / Instrumental*musik* 器楽 / Kammer*musik* 室内楽 / Kirchen*musik* 教会音楽 / Marsch*musik* 行進曲 / Tanz*musik* ダンス音楽 / Unterhaltungs*musik* 軽音楽 / Vokal*musik* 声楽 / Volks*musik* 民族音楽

....

Mu·si·ka·li·en [ムズィカーリエン muziká:liən] 複 楽譜.
Mu·si·ka·li·en⸗hand·lung [ムズィカーリエン・ハンドるング] 囡 -/-en 楽譜店.

***mu·si·ka·lisch** [ムズィカーリッシュ muziká:lɪʃ] 形 ① **音楽の**, 音楽による. (英 musical). die *musikalische* Leitung 音楽の指揮. ② 音楽のセンス(才能)のある. Das Kind ist sehr *musikalisch*. その子供はとても音楽の才能がある. ③ 《比》音楽的な, 響きのよい. Italienisch ist eine *musikalische* Sprache. イタリア語は音楽的な言葉だ.
Mu·si·ka·li·tät [ムズィカリテート muzikalité:t] 囡 -/ 音楽的才能; 音楽性.
Mu·si·kant [ムズィカント muzikánt] 男 -en/-en 楽士 (特にダンスパーティーや行進の際の). (ミモ) 女性形は Musikantin.
Mu·sik⸗box [ムズィーク・ボクス] 囡 -/-en ジュークボックス.
Mu·si·ker [ムーズィカァ mú:zikər] 男 -s/- 音楽家; (オーケストラの)楽団員. (ミモ) 女性形は Musikerin.
Mu·sik⸗hoch·schu·le [ムズィーク・ホーホシューれ] 囡 -/-n 音楽大学.
Mu·sik⸗in·stru·ment [ムズィーク・インストルメント] 中 -[e]s/-e 楽器.
Mu·sik⸗ka·pel·le [ムズィーク・カぺれ] 囡 -/-n 楽団, バンド.
Mu·sik⸗korps [ムズィーク・コーァ] 中 - [..コーァ(ス)]/- [..コーァス] 軍楽隊.
Mu·sik⸗leh·rer [ムズィーク・れーラァ] 男 -s/- 音楽教師. (ミモ) 女性形は Musiklehrerin.

ドイツ・ミニ情報 17

音楽 Musik

ヨーロッパの音楽は, 18～19 世紀になってそれまでの教会音楽・宮廷音楽に代わり, しだいに市民のための音楽へと変化していった. ドイツではこの時期に, バッハ, ベートーヴェン, ブラームス(この 3 人は「三大 B」ともよばれる)や, ドイツ歌曲の分野でシューベルト, シューマン, メンデルスゾーンなどが輩出した. 一方, ヴェーバーが国民的なオペラを生みだし, その後ヴァーグナーが数々の楽劇を残した.

そのヴァーグナーの作品の上演で有名なバイロイト音楽祭をはじめとし, ドイツ語圏ではベルリン音楽祭やモーツァルトの生地オーストリア・ザルツブルクの音楽祭など, 各地で数多くの音楽フェスティバルが開催される.

「ベルリン・フィル」や「ウィーン・フィル」などは日本でもおなじみであるが, これら大小の演奏活動に対しては, わが国の場合に比べてはるかに手厚い公的助成があり, そのような文化政策についてはさすが「音楽大国」と言いたくなる.

ウィーンを本拠地とするウィーン少年合唱団は, 1498 年に創設された宮廷礼拝堂付属少年聖歌隊である. 第一次世界大戦における敗戦で一時消滅したが, 1924 年に再編成された. 10～14 歳までの変声期前の男子に団員を限り, 国内外で活発な演奏活動を行っている.

ドイツといえば, クラシック音楽というイメージがあるが, もちろん現在では, ジャズやロック, ポップスなど多彩な音楽が楽しまれている. また, 趣味として楽器を演奏したり, 合唱を楽しむ人も多い.

フィルハーモニー

Mu·sik⹀stück [ムズィーク・シュテュック] 甲 -[e]s/-e 楽曲, 音楽作品, (特に)短い器楽曲.

Mu·sik⹀tru·he [ムズィーク・トルーエ] 女 -/-n キャビネット(コンソール)型ステレオ.

Mu·si·kus [ムーズィクス múːzikʊs] 男 -/..sizi (または ..sikusse) (戯)音楽家, 楽士.

Mu·sil [ムーズィる múːzɪl] -s/《人名》ムージル (Robert *Musil* 1880–1942; オーストリアの小説家).

mu·sisch [ムーズィッシュ múːzɪʃ] 形 ① 芸術の, 芸術に関する. die *musische* Erziehung 芸術教育. ② 芸術的才能に恵まれた.

mu·si·zie·ren [ムズィツィーレン muzitsíːrən] I 自 (h)(複数の人が)音楽を演奏する. II 他 (h)(曲⁴を)演奏する.

Mus·kat [ムスカート muskáːt または ムスカット] 男 -[e]s/-e ナツメグ(ニクズクの種子. 香辛料になる).

Mus·kat⹀blü·te [ムスカート・ブリューテ] 女 -/-n メース(ナツメグの外皮を乾燥させた香辛料).

Mus·ka·tel·ler [ムスカテら゚ァ muskatélɐ] 男 -s/- ① 《複 なし》《植》マスカット. ② マスカットワイン.

Mus·kat⹀nuss [ムスカート・ヌス] 女 -/..nüsse ナツメグ(＝Muskat).

Mus·kat⹀nuß ☞ 新形 Muskatnuss

der **Mus·kel** [ムスケる múskəl] 男 (単2) -s/ 《複》-n 筋肉, 筋. Herz*muskel* 心筋 / kräftige *Muskeln* 隆々とした筋肉 / einen *Muskel* [an]spannen 筋肉を緊張させる / sich³ einen *Muskel* zerren 肉ばなれを起こす.

Mus·kel⹀ka·ter [ムスケる・カータァ] 男 -s/- (肉体過労による)筋肉痛.

Mus·kel⹀kraft [ムスケる・クラふト] 女 -/..kräfte 筋力; 体力.

Mus·kel⹀protz [ムスケる・プロッツ] 男 -en (または -es)/-e[n] 《口語》(軽蔑的に:)力自慢の男.

Mus·kel⹀schwund [ムスケる・シュヴント] 男 -[e]s/《医》筋萎縮(いしゅく).

Mus·kel⹀zer·rung [ムスケる・ツェルング] 女 -/-en《医》筋過度伸長, 肉ばなれ.

Mus·ke·te [ムスケーテ muskéːtə] 女 -/-n マスケット銃(16世紀の火縄式歩兵銃).

Mus·ku·la·tur [ムスクらトゥーァ muskulatúːr] 女 -/-en (総称として:)筋肉[組織].

mus·ku·lös [ムスクルース muskulǿːs] 形 筋肉の隆々とした, たくましい(腕など).

Müs·li [ミューズリ mýːsli] 甲 -s/-《料理》ミューズリ(オートミールや果物を牛乳にひたしたもの).

*muss [ムス mús] ≠müssen¹ (…しなければならない)の1人称単数・3人称単数 現在. Ich *muss* noch arbeiten. 私はまだ仕事をしなければならない.

muß ☞ 新形 muss

Muss [ムス] 甲 -/ 必然, 必要, やむを得ないこと, 強制; 義理. *Muss* ist eine harte Nuss.《諺》義理はつらいもの(←義理は堅いくるみ).

Muß ☞ 新形 Muss

Mu·ße [ムーセ múːsə] 女 -/《雅》暇, 余暇. Dazu fehlt mir die *Muße*. 私にはそれをする暇がない / in (または mit) *Muße* ゆっくりと時間をかけて.

Muss⹀ehe [ムス・エーエ] 女 -/-n《口語》(妊娠したための)やむを得ない結婚, できちゃった婚.

Muß⹀ehe ☞ 新形 Mussehe

Mus·se·lin [ムセリーン musəlíːn] 男 -s/-e《織》モスリン, メリンス.

‡**müs·sen**¹* [ミュッセン mýsən]

···しなければならない
Wir *müssen* leider schon gehen.
ヴィア ミュッセン らイダァ ショーン ゲーエン
私たちは残念ながらもう行かねばなりません.

…に違いない
Er *muss* krank sein.
エァ ムス クランク ザイン
彼は病気に違いない.

人称	単	複
1	ich **muss**	wir müssen
2	du **musst** / Sie müssen	ihr müsst / Sie müssen
3	er **muss**	sie müssen

助動《話法の助動詞》(完了 haben) **A)** (musste, hat ... müssen)《zu のない不定詞とともに》① …しなければならない, …する必要がある, …せざるをえない.《義務》Ich *muss* zu Hause bleiben. 私はずっと家にいなければならない / Wir *müssen* jeden Morgen um 6 Uhr aufstehen. 私たちは毎朝6時に起きなければならない / Wie viel *muss* ich zahlen? いくら払わなければなりませんか / Er *hat* nach Berlin fahren *müssen*.《現在完了》彼はベルリンへ行かねばならなかった / Sie *müssen* dieses Buch unbedingt lesen. あなたはこの本をぜひお読みになるべきです / Wir mussten lachen. 私たちは笑わずにはいられなかった / Das Gemüse *muss* 20 Minuten kochen. その野菜は20分煮ないといけない / Das *musste* jetzt sein? それは今でなければならないのですか / Das *musste* ja so kommen! そうなるよりほかなかった.

② …に違いない, …のはずである. Das *muss* ein Irrtum sein. それは何かの間違いに違いない / Sie *muss* bald kommen. 彼女はじき来るはずだ / So *muss* es gewesen sein. そうだったに違いない.

③ (よりによって)…しようとは. Gerade heute *muss* es regnen! きょうにかぎって雨が降るなんて / Warum *muss* das ausgerechnet mir passieren? なぜよりによって私にこんなことが起こるのだろうか.

④《否定を表す語句とともに》…する必要はない, …するにはおよばない;《北ドク》…してはいけない. Du *musst* dich nicht fürchten. 君は恐れる必要はない / Darüber *muss* man sich⁴ nicht wundern. そのことで驚くにはあたらない / Das *musst* du nicht sagen. そんなことを君は言ってはいけないよ.

⑤ 〖接続法2式で〗…であればよいのだが（☞ müsste）. **B**）(musste, *hat* ... *gemusst*)〖独立動詞として；不定詞なしで〗しなければならない, せざるを得ない. Ich will, aber ich muss. 私はしたくはないがせざるをえない / Er *hat es gemusst.* 彼はそうしなければならなかった. ◇〖方向を表す語句とともに〗(…へ)行かねばならない. Ich muss in die Stadt. 私は町へ行かなければならない / Ich muss nach Hause. 私は帰宅しなければならない / Der Brief muss zur Post. その手紙は郵便局へ持って行かなければならない / Ich muss mal [zur Toilette]. ちょっとトイレに行かなくちゃ.

müs·sen² [ミュッセン] ＊müssen¹ (…しなければならない)の過分

Mu·ße⁼stun·de [ムーセ・シュトゥンデ] 女 -/-n 暇な時間, 余暇.

＊**mü·ßig** [ミュースィヒ mýːsɪç] 形《雅》① 何もしない, 無為の; 暇な. (英 *idle*). ein *müßiges* Leben⁴ führen (これといった仕事もせず)ぶらぶらと日を送る / *müßige* Stunden 暇な時間 / *müßig* gehen のらくらする. ② 無意味な, むだな. eine *müßige* Frage 無意味な質問 / Es ist *müßig*, das zu versuchen. そんなことをしようとしてもむだだ.

Mü·ßig⁼gang [ミュースィヒ・ガング] 男 -(e)s/《雅》無為, 怠惰. *Müßiggang* ist aller Laster Anfang. 《ことわざ》怠惰は悪徳の始まり.

Mü·ßig⁼gän·ger [ミュースィヒ・ゲンガァ] 男 -s/- のらくら者, 怠け者.

musst [ムスト] ＊müssen¹ (…しなければならない)の2人称単数 現在

mußt ☞ 新形 musst

Mus·tang [ムスタング mústaŋ] 男 -s/-s ムスタング(北米およびメキシコの草原に住む野生化した馬).

muss·te [ムステ] ＊müssen¹ (…しなければならない)の過去

muß·te ☞ 新形 musste

＊**müss·te** [ミュステ mýstə] ＊müssen¹ (…しなければならない)の接2 ① …しなければならないでしょう. Er *müsste* eigentlich auch hier sein. 本来なら彼もここにいないといけないのだが / Du *müsstest* es noch einmal versuchen. 君はそれをもう一度試してみるべきだよ. ② …であればよいのだが. Viel Geld *müsste* man haben! たくさんお金があるとよいのだが. ③ …のはずだが. Der Zug *müsste* längst hier sein. その列車はとっくに着いているはずだが.

müß·te ☞ 新形 müsste

＊*das* **Mus·ter** [ムスタァ mústɐr] 中 (単2) -s/(複) – (3格のみ -n) ① ひな型, 手本の型. (英 *pattern*). Schnitt*muster* 裁断用の型紙(紙型) / ein Kleid⁴ nach einem *Muster* schneiden 型紙どおりにワンピースを仕立てる. ② 模範, 手本, 典型. (英 *model*). Sie ist ein *Muster* an Fleiß. 彼女は勤勉의 手本のような人だ / 人⁴ zum *Muster* nehmen 人⁴をお手本にする. ③ (布地などの)模様, 柄(絵). das *Muster* einer Tapete² 壁紙の模様 / ein neues *Muster*⁴ entwerfen 新しい図柄を考案する. ④ [商品]見本, 試供品. *Muster* ohne Wert (郵便物の上書きで):商品見本.

Mus·ter⁼bei·spiel [ムスタァ・バイシュピーる] 中 -(e)s/-e 模範例.

Mus·ter⁼bild [ムスタァ・ビるト] 中 -(e)s/-er 模範, 典型, 手本.

Mus·ter⁼exem·plar [ムスタァ・エクセンプらール] 中 -s/-e ① (商品などの)見本, サンプル. ② (ふつう皮肉って:)手本, 模範[的な人].

Mus·ter⁼gat·te [ムスタァ・ガッテ] 男 -n/-n《戯》(ふつう皮肉って:)模範亭主.

mus·ter⁼gül·tig [ムスタァ・ギュるティヒ] 形 模範的な, 手本になる.

mus·ter⁼haft [ムスタァハフト] 形 模範的な, 手本になる, 非の打ちどころのない. ein *musterhafter* Schüler 模範的な生徒 / sich⁴ *musterhaft* benehmen 模範的にふるまう.

Mus·ter⁼kna·be [ムスタァ・クナーベ] 男 -n/-n (皮肉って:)模範少年, 優等生.

Mus·ter⁼kof·fer [ムスタァ・コッファァ] 男 -s/- 商品見本入りスーツケース.

Mus·ter⁼kol·lek·ti·on [ムスタァ・コれクツィオーン] 女 -/-en 商品見本(サンプル)集.

mus·tern [ムスタァン mústɐrn] 他 (h) ① (探るように)じろじろ見る, 詳しく観察する. 人⁴ von Kopf bis Fuß (または von oben bis unten) *mustern* 人⁴を頭のてっぺんからつま先までじろじろ見る. ② 《軍》(人⁴を)徴兵検査する; (部隊⁴を)査閲する. ③ (物⁴に)模様をつける. ◇☞ gemustert

Mus·ter⁼schü·ler [ムスタァ・シューらァ] 男 -s/- 模範生[徒].

Mus·ter⁼schutz [ムスタァ・シュッツ] 男 -es/《法》意匠保護.

Mus·te·rung [ムステルング] 女 -/-en ① じろじろ見ること; 《古》点検, 吟味. ② 《軍》徴兵検査; 査閲. ③ 模様, 柄(綜), 意匠.

Mus·ter⁼zeich·nung [ムスタァ・ツァイヒヌング] 女 -/-en 意匠デザイン.

＊*der* **Mut** [ムート múːt] 男 (単2) -es (まれに -s)/ 勇気, 勇敢さ, 気力, ファイト. (英 *courage*). *Mut*⁴ bekommen 勇気が出る / *Mut*⁴ beweisen 勇気を示す / *Mut*⁴ fassen 勇気をふるい起こす / 人³ *Mut*⁴ machen (または zu‖sprechen) 人³を勇気づける / 人³ den *Mut* nehmen 人³の勇気を奪う / den *Mut* verlieren 意気消沈する / Nur *Mut*! 勇気(元気)を出せ / Er hatte nicht den *Mut*, den Plan auszuführen. 彼にはその計画を遂行する勇気がなかった / Es gehört viel *Mut* dazu. それには大いに勇気が要る.

② 《成句的に》guten (または frohen) *Mutes*《雅》上機嫌で / mit guten (または frohen) *Mut*《雅》上機嫌で. ◇〖zu *Mute* の形で〗Mir war zum Weinen zu *Mute*. 私は泣きたい気持だった.

Mu·ta·ti·on [ムタツィオーン mutatsióːn] 女 -/

-en ① 《生》突然変異. ② 《医》声変わり.

Müt·chen [ミュートヒェン mýːtçən] 中 -s/ (Mut の 縮小) 《成句的に》 sein *Mütchen*⁴ an 人³ kühlen 人³に当たり散らす.

mu·tie·ren [ムティーレン mutíːrən] 自 (h) ① 《生》突然変異する. ② 《医》声変わりする.

****mu·tig** [ムーティヒ múːtɪç] 形 勇気のある, 勇敢な, 大胆な. (英) brave). eine mutige Tat 勇気ある行為 / Sie war sehr *mutig*. 彼女はとても勇敢だった / eine mutige Frage 大胆な質問.

mut·los [ムート・ロース] 形 元気のない, 意気消沈した, 落胆した.

Mut·lo·sig·keit [ムート・ローズィヒカイト] 女 -/ 意気消沈, 落胆.

mut·ma·ßen [ムート・マーセン múːt-maːsən] 他 (h) 《雅》《車⁴》を推測する, 推定する.

mut·maß·lich [ムート・マースりヒ] 形 (…と)推測される, 疑わしい. der mutmaßliche Terrorist テロリストの容疑のかかっている男.

Mut·ma·ßung [ムート・マースング] 女 -/-en 推測, 推定, 仮定.

Mut·pro·be [ムート・プローベ] 女 -/-n 肝試し.

*die **Mut·ter**¹ [ムッタァ mútər]

母	Meine *Mutter* ist Lehrerin.
	マイネ ムッタァ イスト れーレリン
	私の母は教師です.

格	単	複
1	die Mutter	die Mütter
2	der Mutter	der Mütter
3	der Mutter	den Müttern
4	die Mutter	die Mütter

女 (単) -/(複) Mütter [ミュッタァ] (3 格のみ Müttern) 母, 母親, お母さん. (英) mother). (⇔ 「父」 は Vater). Schwieger*mutter* 義母 / die leibliche *Mutter* 実の母 / *Mutter* und Tochter 母と娘 / eine ledige *Mutter* 未婚の母, シングルマザー / Sie ist *Mutter* von drei Kindern. 彼女は3児の母だ / Sie wird *Mutter*. 彼女は母親になる(子供が生まれる) / Grüßen Sie Ihre [Frau] *Mutter*! お母様によろしくお伝えください / an *Mutters* Rock hängen 《比》まだ乳離れしていない(←母親のスカートにしがみついている) (注意 *Mutter* が冠詞なしで固有名詞的に用いられるとき単数2格 -s をつけることがある) / die *Mutter* Gottes (カット) 聖母マリア / *Mutter* Natur 《雅》母なる自然 / bei *Mutter* Grün schlafen 《口語》野宿する.

Mut·ter² [ムッタァ] 女 -/-n 《工》ナット, 雌ねじ. eine *Mutter*⁴ an|ziehen (lockern) ナットを締める(緩める).

Müt·ter [ミュッタァ] *Mutter¹ (母)の 複.

Mut·ter·bo·den [ムッタァ・ボーデン] 男 -s/ 腐植土, 表土.

Müt·ter·chen [ミュッタァヒェン mýtərçən] 中 -s/- (Mutter の 縮小) ① おかあちゃん, ママ. ② おばあちゃん.

Mut·ter·er·de [ムッタァ・エーァデ] 女 -/ 腐植土, 表土.

Mut·ter·got·tes [ムッタァ・ゴッテス] 女 -/ 《カット》神の御母, 聖母マリア.

Mut·ter·kom·plex [ムッタァ・コンプレクス] 男 -es/-e ① マザーコンプレックス. ② 異常な母性本能.

Mut·ter·korn [ムッタァ・コルン] 中 -[e]s/..körner 《植・薬》麦角(ばっ)(止血剤・子宮収縮薬になる).

Mut·ter·ku·chen [ムッタァ・クーヘン] 男 -s/- 《医》胎盤.

Mut·ter·land [ムッタァ・ラント] 中 -[e]s/..länder ① (植民地に対して)本国. ② 生産地.

Mut·ter·leib [ムッタァ・らイプ] 男 -[e]s/-er 母胎. von *Mutterleib* an 生まれた時から.

****müt·ter·lich** [ミュッタァりヒ mýtərlɪç] 形 ①《付加語としてのみ》母[親]の; 母親からの, 母方の. (英) maternal). die mütterlichen Pflichten 母親の義務 / das mütterliche Erbteil 母親譲りの才能 / die mütterliche Seite 母方[の家系]. ② 母[親]のような, 母性的な. (英) motherly). mütterliche Zärtlichkeit 母のような優しさ / 人⁴ *mütterlich* umsorgen 人⁴を母親のように世話する.

müt·ter·li·cher·seits [ミュッタァりヒャァ・ツァイツ] 副 母方の[家系]で. mein Großvater *mütterlicherseits* 私の母方の祖父.

Müt·ter·lich·keit [ミュッタァりヒカイト] 女 -/ 母親らしさ, 母性.

Mut·ter·lie·be [ムッタァ・リーベ] 女 -/ 母の愛[情], 母性愛.

mut·ter·los [ムッタァ・ロース] 形 母のない. *mutterlose* Kinder 母親のない子供たち.

Mut·ter·mal [ムッタァ・マーる] 中 -[e]s/-e (または ..mäler) (先天性の)あざ, ほくろ, 母斑(はん).

Mut·ter·milch [ムッタァ・ミるヒ] 女 -/ 母乳. 物⁴ mit der *Muttermilch* ein|saugen 《比》物⁴に幼い頃から慣れ親しむ(←母乳といっしょに吸い込む).

Mut·ter·schaft [ムッタァシャフト] 女 -/-en 《ふつう 単》母親であること; 母性.

Mut·ter·schafts·ur·laub [ムッタァシャフツ・ウーァらオプ] 男 -[e]s/-e 出産休暇.

Mut·ter·schutz [ムッタァ・シュッツ] 男 -es/ 《法》(法律による)母性(妊産婦)保護.

mut·ter·see·len·al·lein [ムッタァゼーれン・アらイン] 形 ひとりぼっちの, 天涯孤独の.

Mut·ter·söhn·chen [ムッタァ・ゼーンヒェン] 中 -s/- 《口語》(男の子について:)お母さんっ子, 甘えん坊.

*die **Mut·ter·spra·che** [ムッタァ・シュプラーヘ múːtər-ʃpraːxə] 女 (単) -/(複) -n 母語 (幼少期より親から自然に習い覚えた言語), 母国語, 自国語. (英) mother tongue). (注意「外国語」は Fremdsprache). Deutsch ist meine *Muttersprache*. ドイツ語は私の母[国]語です.

Mut·ter·sprach·ler [ムッタァ・シュプラーハらァ] 男 -s/- 《言》ネイティブスピーカー.

Mut·ter⸗stel·le [ムッタァ・シュテれ] 囡 《成句的に》**bei**（または **an**）囚³ *Mutterstelle*⁴ vertreten 囚³の母親代わりになる.

Mut·ter⸗tag [ムッタァ・タ-ク] 男 -[e]s/-e 母の日(5月の第2日曜日).

Mut·ter⸗tier [ムッタァ・ティ-ァ] 中 -[e]s/-e 母獣, 子持ち獣, (家畜の)母親.

Mut·ter⸗witz [ムッタァ・ヴィッツ] 男 -es/ 生まれつきの才知.

Mut·ti [ムッティ múti] 囡 -/-s (Mutter¹ の愛称)ママ, おかあちゃん;《口語》家庭的な奥さん.(⇦「パパ」はVati).

Mut⸗wil·le [ム-ト・ヴィれ] 男 -ns (3格·4格-n)/ 悪ふざけ, いたずら.

mut⸗wil·lig [ム-ト・ヴィりヒ] 形 悪ふざけの, いたずら半分の; 故意による.

:*die* **Müt·ze** [ミュッツェ mýtsə] 囡 (単) -/(複) -n ① (縁なしの)**帽子**. (英 *cap*). (☞ Hut 図). Matrosen*mütze* 水兵帽 / eine schicke *Mütze* シックな帽子 / eine *Mütze*⁴ tragen 帽子をかぶっている / die *Mütze*⁴ auf[setzen (ab|nehmen) 帽子をかぶる(脱ぐ) / die *Mütze*⁴ ins Gesicht ziehen 帽子を目深にかぶる / etwas⁴ (または eins⁴) **auf** die *Mütze* bekommen《口語》しかられる.
② (帽子状のもの:)(ポットなどの)保温カバー.

Müt·zen⸗schirm [ミュッツェン・シルム] 男 -[e]s/-e 帽子のひさし.

MW [エム・ヴェ-] (略)中波(= Mittelwelle).

m. W. [マイネス ヴィッセンス]《略》私の知るところでは(= meines Wissens).

MwSt., Mw.-St. [メ-ァヴェ-ァト・シュトイァ]《略》《経》付加価値税(= Mehrwertsteuer).

MWSt. ☞ (新形) Mw.St.

My·an·mar [ミヤンマ-ル míjanma:r] 中 -s/《国名》ミャンマー(旧称ビルマ. 首都はヤンゴン).

My·ri·a·de [ミュリア-デ myriá:də] 囡 -/-n《ふつう 複》無数の, 無数. *Myriaden* von Sternen 無数の星.

Myr·re [ミュレ mýra] 囡 -/-n = Myrrhe

Myr·rhe [ミュレ mýrə] 囡 -/-n ミルラ, 没薬(もつやく)(香料·薬用にする樹脂).

Myr·te [ミュルテ mýrtə] 囡 -/-n《植》ギンバイカ, ミルテ(地中海地方の灌木).

Myr·ten⸗kranz [ミュルテン・クランツ] 男 -es/..kränze ミルテの冠(花嫁の冠. 純潔の象徴).

Mys·te·ri·en⸗spiel [ミュステ-リエン・シュピ-る] 中 -[e]s/-e (中世の)神秘劇, 奇跡劇(聖書の物語を題材とする).

mys·te·ri·ös [ミュステリエ-ス mysteriǿ:s] 形 神秘的な, なぞめいた, 不可解な. ein *mysteriöser* Vorfall 不可解な事件.

Mys·te·ri·um [ミュステ-リウム mystéːrium] 中 -s/..rien [..リエン] ① 神秘, 不可思議. ②《複》で》密儀, 秘儀. ③《複》で》(中世の)神秘劇.

mys·ti·fi·zie·ren [ミュスティフィツィ-レン mystifitsíːrən] 他 (h) ① 《人·物》⁴ を神秘化する. ②《古》《人⁴ を》惑わす, ごまかす.

Mys·tik [ミュスティク mýstɪk] 囡 -/ 神秘主義.

Mys·ti·ker [ミュスティカァ mýstikər] 男 -s/-神秘[思想]家, 神秘主義者. (⇦ 女性形は Mystikerin).

mys·tisch [ミュスティッシュ mýstɪʃ] 形 ① 神秘主義の. ② 神秘的な, なぞめいた;《口語》はっきりしない.

Mys·ti·zis·mus [ミュスティツィスムス mystitsísmus] 男 -/..zismen ① 《複 なし》神秘主義. ②《貶》奇跡信仰, 狂信[的思考].

My·the [ミュ-テ mýːtə] 囡 -/-n 神話(= Mythos ①).

My·then [ミュ-テン] Mythe, *Mythos, Mythus (神話)の複

my·thisch [ミュ-ティッシュ mýːtɪʃ] 形 ① 神話[上]の, 神話に関する. ② 神話的な, 伝説的な.

My·tho·lo·gie [ミュトろギ- mytologí:] 囡 -/-n [..ギ-エン] ①《ふつう 単》(総称として:)神話. ② 神話学.

my·tho·lo·gisch [ミュトろ-ギッシュ mytoló:gɪʃ] 形 神話[上]の; 神話学[上]の.

der **My·thos** [ミュ-トス mýːtɔs] 男 (単) -/(複) Mythen ① **神話**. (英 *myth*). die römischen *Mythen* ロ-マ神話. ② 神話(伝説)的人物, 神話(伝説)的出来事.

My·thus [ミュ-トゥス mýːtus] 男 -/Mythen = Mythos

N n

n¹, N¹ [エン én] 甲 -/- エヌ(ドイツ語アルファベットの第 14 字).

N² 《略》① [ノルト または ノルデン] 北 (=Nord, Norden). ② [エン] 《化・記号》窒素 (=Nitrogenium). ③ [ニューテン] 《記号》《理》ニュートン(=Newton).

n. 《略》① [ナーハ] …の方へ, …のあとで, …によれば(=nach). ② [ノイトルム]《言》中性名詞(=Neutrum).

Na [エン・アー]《化・記号》ナトリウム(=Natrium).

*__na!__ [ナ ná] 間《口語》① (あきらめ・譲歩を表して:)まあね, まあ[いいさ]. *Na* ja! まあいいさ / *Na* [ja] gut! まあいいだろう. ② (疑念・驚きを表して:)まさか, えっ. *Na* nu! おやおや / *Na*, so was! まさか, こんなことってあるものか. ③ (催促・いらだちを表して:)さあ, おい. *Na*, komm [schon]! さあ, 来いよ / *Na*, trinken wir erst mal ein Gläschen! とにかく, まずは一杯やろうぜ / *Na*, dann mal los! さあ, とりかかろう / *Na*, warte! おい, 待て. ④ (安堵・確認を表して:)やれやれ. *Na* endlich! やれやれ, やっとか. ⑤ (予想的中を表して:)ほらね, ほら. *Na* also! ほらね, やっぱり. ⑥ (強い肯定を表して:)そうとも. *Na*, und ob! もちろんそうさ / *Na* klar! 当たり前さ. ⑦ (相手をなだめて:)まあまあ. *Na*, na! まあまあ. ⑧ (親しい呼びかけで:)やあ, ねえ. *Na*, Kleiner, was möchtest du denn? ねえ坊や, 何が欲しいの / *Na*, wie geht's? やあ, 調子はどう. ⑨ (反発して:)ふん. *Na* und? ふん, それがどうしたって言うんだ. ⑩ (拒否を表して:)いや. *Na*, ich danke. いや, 私は結構です.

Na·be [ナーベ ná:bə] 囡 -/-n《工》(車輪の)こしき, ハブ.

*__der__ **Na·bel** [ナーベる ná:bəl] 男 (単 2) -s/(複) - (3 格のみ -n) ① へそ;《比》中心. (⇦ navel). der *Nabel* der Welt²《雅》世界の中心. ②《植》へそ(種子が胎座に付着する部分).

Na·bel=bruch [ナーベる・ブルフ] 男 -[e]s/..brüche《医》へそヘルニア.

Na·bel=schnur [ナーベる・シュヌーァ] 囡 -/..schnüre《医》へその緒, 臍帯(ﾀｲ).

*__nach__ [ナーハ náːx]

…の方へ; …のあとで
Fährt dieser Zug *nach* Wien?
フェーァト ディーザァ ツーク ナーハ ヴィーン
この列車はウィーンへ行きますか.

I 前《3 格とともに》①《方向・目標》…[の方]へ, …に向かって. (⇨ *to*). *nach* links (rechts) gehen 左(右)へ / *nach* außen (innen) 外側(内側)へ / von oben *nach* unten 上から下へ / Ich will *nach* Berlin. 私はベルリンへ行くつもりだ (⇦ 定冠詞がつく地名・国名の場合には in を用いる. 例: in die Schweiz fahren スイスへ行く) / *nach* Haus[e] gehen 家へ帰る / Das Fenster geht *nach* Süden. 窓は南向きだ.

②《時間的に》…のあとで, …ののちに. (⇨ *after*). (⇆ vor). *nach* einigen Jahren 数年のちに / *nach* dem Essen 食後に / *nach* dem Krieg 戦後に / *nach* einer Weile しばらくして / *nach* langer Zeit 長いことたってから / im Jahr 5 *nach* Christi Geburt 西暦 5 年に / Es ist fünf [Minuten] *nach* drei. 3 時 5 分過ぎだ. (⇦「これから経過する時間のあとで」という場合には in を用いる. 例: In drei Stunden ist er wieder da. 3 時間したら彼は戻って来る).

③《順番》…の次に, …のあとから. Ich bin *nach* ihm an der Reihe. 彼の次が私の番だ / einer *nach* dem anderen 次々に / Bitte, *nach* Ihnen! お先にどうぞ(←あなたのあとから).

④《判断》…によれば. (⇦ 名詞のあとに置かれることがある). *nach* meiner Meinung または meiner Meinung *nach* 私の意見によれば / allem Anschein *nach* どう見ても / Ich kenne ihn nur dem Namen *nach*. 私は彼の名前だけを知っている(直接面識はない) / Seiner Sprache *nach* ist er Norddeutscher. 言葉から判断すると彼は北ドイツの人だ.

⑤《基準・見本》…に応じて(従って), …にならって, …のように. (⇦ 名詞のあとに置かれることがある). *nach* dem Alter または dem Alter *nach* 年齢に応じて / *nach* der Größe または der Größe *nach* 大きさに従って / *nach* Vorschrift 指示に従って / *nach* Belieben 随意に / *nach* Goethe ゲーテによれば / *nach* altem Brauch 古いしきたりにならって / *nach* Noten (dem Gehör) spielen 楽譜を見て(聞き覚えて)演奏する / *nach* der Natur malen 写生する / *nach* 物³ riechen (schmecken) 物³のにおいがする(味がする).

⑥《欲求などの対象》…を[求めて]. *nach* dem Weg fragen 道を尋ねる / *nach* Hilfe rufen 助けを呼ぶ / *nach* dem Arzt schicken 医者を呼びにやる / *nach* Ruhm streben 名声を求める / *nach* 物³ gierig sein 物³が欲しくてたまらない / *nach* 人³ verrückt sein《口語》人³ にほれ込んでいる.

類語 **nach**: (3 格とともに: ふつう都市名や国名と結びついて方向・目的地を表して)…へ. **zu**: (3 格とともに: ある人の所・ある建物へ向かって)…へ. *zum*

Bahnhof (*zu* meinem Onkel) gehen 駅へ(おじさんの所へ)行く. **in**: (4格とともに: 建物などの「中へ」を表して)…へ. *ins* Restaurant gehen レストランへ行く. **auf**: (4格とともに: 用件を伴う行先, 特に公共の場所を目的地にして)…へ. *auf* die Bank gehen 銀行へ行く.

II 副 あとから[ついて]. Mir *nach*! 私について来い / *nach* und *nach* しだいに / *nach* wie vor 依然として, 相変わらず.

nach.. [ナーハ. ná:x..] 《分離動詞の 前つづり; つねにアクセントをもつ》 ① 《後続》 例: *nach*|fahren あとを追う. ② 《追加》 例: *nach*|füllen つぎ足す. ③ 《持続》 例: *nach*|hallen 響き続ける. ④ 《模倣》 例: *nach*|machen まねる. ⑤ 《反復》 例: *nach*|sprechen 繰り返して言う. ⑥ 《追求》 例: *nach*|forschen 調べる. ⑦ 《劣等》 例: *nach*|stehen 劣る.

nach|äf·fen [ナーハ・エッフェン ná:x-ɛ̀fən] 他 (h) 《人・物》の[猿]まねをする.

nach|ah·men [ナーハ・アーメン ná:xà:mən] (ahmte... nach, hat... nachgeahmt) 他 《完了 haben》《英 imitate》① 《人・物⁴》をまねる, 模倣する. einen Vogelruf *nachahmen* 鳥の鳴き声をまねる / Er versuchte, die Unterschrift seines Vaters *nachzu*ahmen. 彼は父親のサインをまねようと試みた. ② (模範として 《人・事⁴》を見習う. den Fleiß des Vaters *nachahmen* 父親の勤勉さを見習う. ③ 《鳥》 模造する.

nach·ah·mens⁄wert [ナーハアーメンス・ヴェーァト] 形 模倣する価値のある, 模範とすべき.

Nach⁄ah·mer [ナーハ・アーマァ] 男 -s/- まねをする人, 模倣者; 模造(偽造)者.

*die **Nach⁄ah·mung** [ナーハ・アームング ná:x-a:muŋ] 女 (単) -/ (複) -en 《英 *imitation*》① 《覆 なし》まね, 模倣; 模造, 偽造. die *Nachahmung* eines Vogelrufs 鳥の鳴き声のまね / 《人》³《物》⁴ *zur Nachahmung* empfehlen 《雅》《人》³に《物》⁴を模範とするように勧める. ② 模造品, イミテーション.

Nach·ah·mungs⁄trieb [ナーハアームングス・トリープ] 男 -[e]s/ 《心》 模倣本能.

nach|ar·bei·ten [ナーハ・アルバイテン ná:xàrbaɪtən] **I** 他 (h) ① (遅れた時間など⁴を)働いて取り戻す. ② 《物⁴に》あとから手を加える, 手直しする. ③ (原像など⁴を)模倣して作る. **II** 自 (h) 《人・物》³を見習って仕事をする.

*der **Nach·bar** [ナハバール náxba:r]

> 隣人　Das ist unser *Nachbar*.
> ダス　イスト　ウンザァ　ナハバール
> こちらは私たちの隣人です.

格	単	複
1	der Nachbar	die Nachbarn
2	des Nachbarn	der Nachbarn
3	dem Nachbarn	den Nachbarn
4	den Nachbarn	die Nachbarn

男 (単 2・3・4) -n (まれに単 2: -s)/(複) -n 隣人, 近所の人; 隣席の人; 隣国. 《英 *neighbor*》. ein freundlicher *Nachbar* 親切な隣人 / mein *Nachbar* am Tisch テーブルで私の隣席の人 / Wir haben einen neuen *Nachbarn* bekommen. 私たちに新しい隣人ができた / Wir sind *Nachbarn* geworden. 《現在完了》 私たちは隣どうしになった / unser *Nachbar* Frankreich 隣国フランス.

Nach·bar⁄dorf [ナハバール・ドルふ] 中 -[e]s/..dörfer 隣村.

Nach·bar⁄haus [ナハバール・ハオス] 中 -es/..häuser 隣家.

Nach·ba·rin [ナハバーリン náxba:rɪn] 女 -/..rinnen (女性の)隣人.

nach·bar·lich [ナハバールリヒ] 形 ① 《付加語としてのみ》 隣の, 近所の. das *nachbarliche* Haus 隣の家. ② 隣人の, 隣人どうしの. ein gutes *nachbarliches* Verhältnis 良い隣人関係.

*die **Nach·bar·schaft** [ナハバールシャふト náxba:rʃaft] 女 (単) -/ 《英 *neighborhood*》① 近所, 近隣. Sie wohnen **in** der *Nachbarschaft*. 彼らは近所に住んでいる. ② 隣人関係, 隣人のよしみ. Sie halten gute *Nachbarschaft*. 彼らは良い近所づき合いをしている. ③ (総称として:)近所の人々, 隣人.

nach|be·han·deln [ナーハ・ベハンデるン ná:x-bəhandəln] (過分 nachbehandelt) 他 (h) 《医》 《人・物》⁴の後(⁵)処置(治療)をする.

Nach⁄be·hand·lung [ナーハ・ベハンドるング] 女 -/-en 《医》 後(⁵)処置(治療), アフターケア.

nach|be·kom·men [ナーハ・ベコンメン ná:x-bəkɔ̀mən] 他 (h) 《口語》① (飲食物の)お代わりをもらう. ② 買い足す.

nach|be·stel·len [ナーハ・ベシュテれン ná:x-bəʃtɛ̀lən] (過分 nachbestellt) 他 (h) 追加注文する.

Nach⁄be·stel·lung [ナーハ・ベシュテるング] 女 -/-en 追加注文.

nach|be·ten [ナーハ・ベーテン ná:x-bè:tən] 他 (h) 《口語》 (人の意見など⁴を)受け売りする.

nach|bil·den [ナーハ・ビるデン ná:x-bìldən] 他 (h) 模造する, 複製する.

Nach⁄bil·dung [ナーハ・ビるドゥング] 女 -/-en ① 《覆 なし》模造. ② 模造品.

nach|blei·ben* [ナーハ・ブらイベン ná:x-blàɪbən] 自 (s) 《方》① (傷痕などが)あとに残る. ② (進度などが)遅れる. **im** Unterricht *nachbleiben* 授業についていけない / **hinter** den anderen Läufern *nachbleiben* 他のランナーに遅れる. ③ (時計が)遅れる. ④ (学校で)居残りさせられる.

nach|bli·cken [ナーハ・ブリッケン ná:x-blìkən] 自 (h) 《人・物》³のあとを見送る, 目で追う.

nach·christ·lich [ナーハ・クリストりヒ] 形 《付加語としてのみ》 キリスト生誕後の, 西暦紀元後の. 《反 「紀元前の」は vorchristlich》.

nach|da·tie·ren [ナーハ・ダティーレン ná:xdati:rən] 他 (h) (手紙・小切手など⁴に)実際よりも前の日付を記入する.

*__nach=dem__ [ナーハ・デーム na:x-dé:m] 接
『従属接続詞; 動詞の人称変化形は文末』① …したあとで, …してから. (英 after). ② 「…する前に」は bevor. _Nachdem ich gegessen hatte, las ich die Zeitung._ 食事をしたあとで, 私は新聞を読んだ. (注 従属文ではふつう完了形が用いられる). ② 『je とともに』…[の事情]しだいで, …に従って. _Je nachdem ich Zeit finde, arbeite ich im Garten._ 暇があると, 私は庭仕事をします. ③ (方)…だから, …なので.

__nach|den·ken__ [ナーハ・デンケン ná:x-dèŋkən] (dachte…nach, hat…nachgedacht) 自 (完了 haben) ① 熟考する, よく考えてみる. (英 consider). _Denk mal nach!_ よく考えてごらん/ _Lass mich nachdenken!_ よく考えさせてくれ/ _über_ 人・事⁴ _nachdenken_. 人・事⁴について じっくり考える ⇨ _Ich muss erst mal darüber nachdenken._ 私はまずそれについてよく考えてみないといけない.
② (雅)(事³を)考える, 思案する.
__Nach·den·ken__ [ナーハ・デンケン] 中 -s/ 熟考, 熟慮, 思案. _Er war in tiefes Nachdenken versunken._ 彼は深い物思いに沈んでいた.
__nach·denk·lich__ [ナーハ・デンクリヒ] 形 ① 考え込んでいる, 物思いに沈んだ; (人が)考え込みがちな. _Er machte ein nachdenkliches Gesicht._ 彼は考え込むような顔をした. ② (雅)考えさせられる, 重大な. _eine nachdenkliche Geschichte_ 考えさせられる話.
__Nach·denk·lich·keit__ [ナーハ・デンクリヒカイト] 女 -/ (雅) (人を)考え込ませるようなこと; 熟考, 思案.
__Nach·dich·tung__ [ナーハ・ディヒトゥング] 女 -/-en (文学作品の)翻案, 改作.
__nach|drän·gen__ [ナーハ・ドレンゲン ná:x-drèŋən] 自 (s, h) (満員の会場などに入ろうとして)後ろから押す, 押し寄せる.
__Nach·druck__ [ナーハ・ドルック] 男 -[e]s/-e ① (複 なし)強調, 強め; アクセント, 強勢. _mit Nachdruck_ 力を込めて, 強調して / _Nachdruck⁴ auf_ 事⁴ _legen_ 事⁴を強調する. ② (印)再版, 重版; 複製. _Nachdruck verboten!_ 不許複製. _Nachdruck_ (古書の)復刻[版], リプリント; 海賊版.
__nach|dru·cken__ [ナーハ・ドルッケン ná:x-drùkən] 他 (h) (印)(本など⁴を)再版(重版)する; 復刻する.

*__nach=drück·lich__ [ナーハ・ドリュックリヒ ná:x-dryklɪç] I 形 力のこもった, 強調した. _eine nachdrückliche_ Forderung 強い要求.
II 副 強調して. 人⁴ _nachdrücklich_ warnen 人⁴に厳しく注意する / _Ich habe dir doch nachdrücklich gesagt, dass…_ 私は君にはっきり…と言ったはずだ.
__nach|dun·keln__ [ナーハ・ドゥンケルン ná:x-dùŋkəln] 自 (s, h) (時とともに)黒ずんでくる, くすんでくる.

__nach|ei·fern__ [ナーハ・アイファァン ná:x-àifərn] 自 (h) (人³を手本として)熱心に見習う, (人³に)負けまいと努力する.
__nach|ei·len__ [ナーハ・アイレン ná:x-àilən] 自 (s) (人・物³のあとを)急いで追う.

*__nach=ei·nan·der__ [ナーハ・アイナンダァ na:x-aɪnándər] 副 ① 次々に, 相次いで, 順順に. _kurz nacheinander_ 短い間隔で, 矢継ぎ早に / _Bitte nacheinander eintreten!_ どうぞ順々にお入りください. ② お互いに, 相互に; 交互に.
__nach|emp·fin·den__* [ナーハ・エンプフィンデン ná:x-ɛmpfɪndən] (過分 nachempfunden) 他 (h) ① (他人の感情⁴に)共感する, 同じように感じる. _Ich habe seinen Schmerz nachempfunden._ 私は彼の苦しみが自分のことのようにわかった. ② (詩・小説など⁴を人・物³を)手本として作る.
__Na·chen__ [ナッヘン náxən] 男 -s/-《詩》小舟.
__Nach=er·be__ [ナーハ・エルベ] 男 -n/-n (法)後位相続人.
__Nach=ern·te__ [ナーハ・エルンテ] 女 -/-n (農) 二番刈り(収穫); 落穂拾い.
__nach|er·zäh·len__ [ナーハ・エァツェーレン ná:x-ɛrtsɛ̀:lən] (過分 nacherzählt) 他 (h) (聞いた話・読んだ話⁴を)自分の言葉で語る.
__Nach=er·zäh·lung__ [ナーハ・エァツェーるング] 女 -/-en (聞いた話・読んだ話⁴を)自分の言葉で語ること(語った話).
__Nachf.__ [ナーハ・フォるガァ または ナーハ・フォるゲリン]《略》後継者(=Nachfolger[in]).
__Nach=fahr__ [ナーハ・ファール] 男 -s (または -en)/-en =Nachfahre
__Nach=fah·re__ [ナーハ・ファーレ] 男 -n/-n《雅》子孫.
__nach|fah·ren__* [ナーハ・ファーレン ná:x-fà:rən] I 自 (s) (人・物³の)あとを乗り物で追う(あとから行く). II 他 (h) (線・文字など⁴を)なぞる.
__Nach=fol·ge__ [ナーハ・フォるゲ] 女 -/-n 後任, あと継ぎ; 継承. _seine Nachfolge⁴ an|treten_ 彼の後任になる.
__nach|fol·gen__ [ナーハ・フォるゲン ná:x-fɔ̀lgən] 自 (s) ① (人・物³の)あとについて行く, あとを追って行く. _Folgen Sie mir nach!_ 私のあとについて来てください. ② (人³の)後任となる. ③ (雅)(人³の)教えに従う.
__nach|fol·gend__ [ナーハ・フォるゲント] I nach|-folgen (あとについて行く)の 現分 II 形 あとに続く, 次の, 以下の. _die nachfolgenden Kapitel_ それに続く数章. ◊《名詞的に》_im Nachfolgenden_ (新形 _im Nachfolgenden_) 以下に.
__Nach=fol·ger__ [ナーハ・フォるガァ] 男 -s/- 後継者, 継承者, 後任[者]; 弟子. (略: Nachf.). (注 女性形は Nachfolgerin). _keinen Nachfolger haben_ 後継者がいない.
__nach|for·dern__ [ナーハ・フォルダァン ná:x-fɔ̀rdərn] 他 (h) (物⁴を)あとから要求する, 追加請求する.
__Nach=for·de·rung__ [ナーハ・フォルデルング] 女

-/-en あとからの要求, 追加請求.

nach|for·schen [ナーハ・フォルシェン ná:x-fɔrʃən] 自 (h) ① 調べる, 調査する. Ich *will nachforschen*, ob... …かどうか調べてみよう. ② (雅)(秘密など[3]を)探る.

Nach≠for·schung [ナーハ・フォルシュング] 女 -/-en (ふつう 複) 調査, 探査. *Nachforschungen*[4] **nach** 事[3] an|stellen (または halten) 事[3]を調査する.

* *die* **Nach≠fra·ge** [ナーハ・フラーゲ ná:x-fra:gə] 女 (単) -/(複) -n ① (商) 需要. (⇔ demand). (注意 「供給」は Angebot). Die *Nachfrage* **nach** Motorrädern steigt (sinkt). オートバイの需要が伸びる(落ちる). ② 問い合わせ, 照会. Danke der [gütigen] *Nachfrage*[3]! (皮肉って)わざわざご親切なお尋ねかと.

nach|fra·gen [ナーハ・フラーゲン ná:x-frà:gən] 自 (h) ① 問い合わせる, 照会する. **bei** 人[3] **nach** 事[3] *nachfragen* 人[3]に事[3]を問い合わせる / *Fragen* Sie doch bitte morgen noch einmal *nach*! あすもう一度お問い合わせください. ② 〖**um** 事[4] ~〗 (事[4]を)願い出る. um Genehmigung *nachfragen* 許可を求める.

nach|füh·len [ナーハ・フューレン ná:x-fỳ:lən] 他 (h) (他人の喜びなど[4]に)共感する.

nach|fül·len [ナーハ・フュルレン ná:x-fỳlən] 他 (h) (容器など[4]を)再びいっぱいにする; (水・ガソリンなど[4]を)つぎ足す, 補充する.

Nach·füll≠pack [ナーハフュル・パック] 男 -s/-e (洗剤などの)補充用パック (詰め換え容器に補充するための内容物のパック).

nach·ge·ahmt [ナーハ・ゲアームト] *nach|ahmen (まねる)の 過分

* **nach|ge·ben*** [ナーハ・ゲーベン ná:x-gè:bən] du gibst...nach, er gibt...nach (gab...nach, hat ... nachgegeben) **I** 自 (完了 haben) ① ([人・事[3]に)譲歩する, 屈する. Sie *gab* seinen Bitten *nach*. 彼女はついに彼の懇願を聞き入れた / der Versuchung[3] *nachgeben* 誘惑に負ける / Der Klügere gibt *nach*. (ことわざ) 負けるが勝ち(←より賢い方が譲歩する). ② (圧力によって)曲がる, しなる, たわむ; (水などが)割れる, (地盤などが)崩れる. Plötzlich *gab* der Boden unter seinen Füßen *nach*. 突然彼の足元の地盤が崩れた. ③ (経) (株価などが)下がる.
II 他 (完了 haben) ① ([人[3]に物[4]を)追加して与える. *Würden* Sie mir bitte noch etwas *nachgeben*? もう少しお代わりをいただけますか / sich[3] Kartoffeln[4] *nachgeben lassen* じゃがいものお代わりをもらう. ② (成句的に) 人[3] (または **in**) 事[3] nichts[4] *nachgeben* 人[3]にかけては人[3]にひけをとらない ⇨ Er *gibt* seinem Freund an Ausdauer (im Schwimmen) nichts *nach*. 彼は忍耐力(水泳)では友だちにひけをとらない.

nach·ge·bo·ren [ナーハ・ゲボーレン ná:x-gəbo:rən] 形 ① 末っ子の, (兄弟の中で)ずっとあとに生まれた. ② (古) 父の死後に生まれた.

Nach≠ge·bühr [ナーハ・ゲビュール] 女 -/-en (郵) 郵便の不足料金, 追加料金.

Nach≠**ge·burt** [ナーハ・ゲブールト] 女 -/-en (ふつう 複) (医) 後産(など).

nach·ge·dacht [ナーハ・ゲダハト] *nach|denken (熟考する)の 過分

nach·ge·gan·gen [ナーハ・ゲガンゲン] *nach|gehen (あとをついて行く)の 過分

nach·ge·ge·ben [ナーハ・ゲゲーベン] *nach|geben (譲歩する)の 過分

* **nach|ge·hen*** [ナーハ・ゲーエン ná:x-gè:ən] (ging...nach, ist...nachgegangen) 自 (完了 sein) ① ([人・物[3]の)あとをついて行く, あとを追う. (⇔ follow). Er *ist* dem Mädchen *nachgegangen*. (現在完了)彼はその女の子のあとを追った / der Spur[3] *nachgehen* 足跡を追う. ② (事[3]を)追求する, 調査する. einem Problem *nachgehen* ある問題を調べる. ③ (事[3]に)いそしむ, (仕事など[3]に)専念する. einem Hobby *nachgehen* 趣味に没頭する. ④ (時計が)遅れる. (⇔ 「(時計が)進んでいる」は vor|gehen). Meine Uhr *geht* [um] zehn Minuten *nach*. 私の時計は10分遅れている. ⑤ (人[3]の)心から離れない. Seine Worte *sind* mir noch lange *nachgegangen*. (現在完了)彼の言葉は長い間私の心に残った.

nach·ge·kom·men [ナーハ・ゲコンメン] *nach|kommen (あとから来る)の 過分

nach·ge·las·sen [ナーハ・ゲラッセン] **I** *nach|lassen (弱まる)の 過分 **II** 形 (死後に)残された. *nachgelassene* Werke 遺作, 遺稿集.

nach·ge·macht [ナーハ・ゲマハト] **I** *nach*|machen (まねる)の 過分 **II** 形 模倣された, 偽造の. *nachgemachtes* Geld 偽金.

nach·ge·ra·de [ナーハ・ゲラーデ] 副 ① しだいに, 徐々に. ② まさに, 本当に, まったく.

nach|ge·ra·ten* [ナーハ・ゲラーテン ná:x-gərà:tən] (過分 nachgeraten)の 自 (s) ([人[3]に)似てくる.

nach·ge·schla·gen [ナーハ・ゲシュらーゲン] *nach|schlagen (調べる)の 過分

Nach≠ge·schmack [ナーハ・ゲシュマック] 男 -[e]s/ あと味; (比) 記憶, 思い出.

nach·ge·se·hen [ナーハ・ゲゼーエン] *nach|sehen (見送る)の 過分

nach·ge·wie·sen [ナーハ・ゲヴィーゼン] *nach|weisen (証明する)の 過分

nach·ge·wie·se·ner≠ma·ßen [ナーハゲヴィーゼナァ・マーセン] 副 すでに証明(立証)されたように, 周知のように.

nach·gie·big [ナーハ・ギービヒ] 形 ① (人の)言いなりになる, すぐ譲歩する. ein *nachgiebiger* Mensch お人よし. ② (古) (材質が)曲がりやすい, たわみやすい.

Nach≠gie·big·keit [ナーハ・ギービヒカイト] 女 -/ ① すぐ譲歩すること, 人のよさ. ② (古) (材質の)曲がりやすさ, しなやかさ.

nach|gie・ßen* [ナーハ・ギーセン ná:x-gì:sən] 他 (h) 《液体⁴を》つぎ足す;《容器など⁴を》つぎ足していっぱいにする.

nach|grü・beln [ナーハ・グリューベるン ná:x-grỳ:bəln] 他 (h) 《über⁴ ～》《軍⁴について》あれこれ思案する.

nach|gu・cken [ナーハ・グッケン ná:x-gùkən] I 自 (h) 《方》《人・物³を》見送る (=nach|sehen). II 自 (h) 《物⁴を》調べる;《軍⁴を》確かめる (=nach|sehen).

Nach≠hall [ナーハ・ハる 男 -[e]s/-e 《ふつう単》残響, 余韻.

nach|hal・len [ナーハ・ハれン ná:x-hàlən] 自 (h, s) 響き続ける; 《印象などが》余韻を残す.

nach≠hal・tig [ナーハ・ハるティヒ ná:x-haltıç] 形 持続的な, あとまで残る《作用・印象など》.

nach|hän・gen* [ナーハ・ヘンゲン ná:x-hèŋən] 自 (h) ① 《過去ったこと³について》あれこれ考える;《考え・思い出など³に》ふける. Er hing seinen Erinnerungen nach. 彼は思い出にふけった. ② 《口語》《進度が》遅れている.

nach≠hau・se [ナーハ・ハオゼ 副 《スィス・オースト》家へ (=nach Hause).

Nach≠hau・se・weg [ナーハハオゼ・ヴェーク 男 -[e]s/-e 家路 (=Heimweg).

nach|hel・fen* [ナーハ・へるフェン ná:x-hèlfən] 自 (h) 《[人³に]》手を貸す, 《[軍³の]》あと押しをする.

***nach≠her** [ナーハ・ヘーア na:x-hé:r または ナーハ..] 副 ① あとで, のちほど. 《英 later》. Gehen wir nachher noch etwas essen? あとで何か食べに行こうか / Bis nachher! じゃあ, またあとでね.
② そのあとで; あとになって. 《英 afterward》. Erst war er im Kino, nachher in einer Bar. 最初彼は映画を見て, それからバーに行った / Das habe ich erst nachher erfahren. そのことを私はようやくあとになってから耳にした.
③ 《方》おそらく, たぶん.

nach≠he・rig [ナーハ・ヘーリヒ 形 《付加語としてのみ》そののちの, 次の; 将来の.

Nach≠hil・fe [ナーハ・ヒるフェ 女 -/-n ① 《授業の》補習. ② 《稀》援助.

Nach≠hil・fe・stun・de [ナーハ・ヒるフェ・シュトゥンデ 女 -/-n =Nachhilfeunterricht

Nach・hil・fe≠un・ter・richt [ナーハヒるフェ・ウンタリヒト 男 -[e]s/-e 《ふつう単》補習授業, 家庭教師による授業.

nach≠hin・ein ☞ 新形 Nachhinein

Nach≠hi・nein [ナーハ・ヒナイン 中 《成句的に》im Nachhinein あとになってから, あとで.

nach|hin・ken [ナーハ・ヒンケン ná:x-hìŋkən] 自 (s) 足を引きずってついて行く;《比》後れをとる. 人³ im Unterricht nachhinken 授業で人³に後れをとる.

Nach≠hol≠be・darf [ナーハホーる・ベダルフ 男 -[e]s/-e 《後れなどを》取り戻したい《埋め合わせたい》という要求.

nach|ho・len [ナーハ・ホーれン ná:x-hò:lən] 他 (h) ① 《人・物⁴を》あとから連れて《持って》来る. ② 《失った時間など⁴を》取り戻す, ばん回する. Schlaf⁴ nachholen 寝不足を取り戻す.

Nach≠hut [ナーハ・フート 女 -/-en 《軍》後衛.

nach|ja・gen [ナーハ・ヤーゲン ná:x-jà:gən] I 自 (s) 《泥棒など³の》あとを急いで追いかける. dem Geld (dem Glück) nachjagen 《比》金銭《幸せ》を追い求める. II 他 (h) 《口語》《人³に》電報などを》あとから急いで送る.

Nach≠klang [ナーハ・クらング 男 -[e]s/..klänge ① 《音楽などの》残響. ② 余韻, 追憶.

nach|klin・gen* [ナーハ・クリンゲン ná:x-klìŋən] 自 (s) ① 余韻を残す. ② 《思い出・印象などが》あとまで残る.

Nach≠kom・me [ナーハ・コンメ 男 -n/-n 子孫, 後裔(こうえい), あと継ぎ.

nach|kom・men [ナーハ・コンメン ná:x-kòmən](kam ... nach, ist ... nachgekommen) 自 (《完了》sein) ① あとから来る《行く》; 《人・物³に》ついて来る《行く》. Geht schon vor, ich komme nach. 君たち先に行ってくれ, ぼくはあとから行く. ② 後れずについて行く. Bei diesem Tempo kommt keiner nach. この速度ではだれも後れずについて行け《来れ》ない. ③ 《雅》《義務など³を》果たす,《命令など³に》従う,《要望など³に》応じる. einer Pflicht³ nachkommen 義務を果たす. 《類語 folgen》.

Nach≠kom・men・schaft [ナーハ・コンメンシャフト 女 -/ 《総称として》子孫, 後裔(こうえい).

Nach≠kömm・ling [ナーハ・ケムリング 男 -s/-e 《兄姉よりもずっと》後れて生まれた子供.

Nach≠kriegs≠zeit [ナーハクリークス・ツァイト 女 -/-en 戦後[の時代].

Nach≠kur [ナーハ・クーア 女 -/-en 《医》後(ご)療法.

Nach≠lass [ナーハ・らス ná:x-las] 男 -es/..lässe (または -e) ① 《法》遺産; 遺品. der literarische Nachlass eines Dichters 詩人の遺稿. ② 《商》値引き, 割引. ③ 《稀》《罰などの》軽減.

Nach≠laß ☞ 新形 Nachlass

nach|las・sen [ナーハ・らッセン ná:x-làsən] du lässt ... nach, er lässt ... nach (ließ ... nach, hat ... nachgelassen) I 自 《完了》haben ① 《あらしなどが》弱まる, 《苦痛などが》和らぐ;《業績などが》低下する;《記憶力・体力などが》衰える. 《英 decrease》. Die Kälte lässt allmählich nach. 寒気がしだいに和らぐ / Die Geschäfte lassen nach. 商売がうまくいかなくなる / Der Schüler hat in seinen Leistungen nachgelassen. その生徒は成績が落ちた. ② 《方》やめる. Nicht nachlassen! がんばれ.
II 他 《完了》haben ① 《商》《人³に金額⁴を》値引く. Er hat mir 50 DM vom Preis nachgelassen. 彼は私に 50 マルク値引いてくれた. ② 《ねじなど⁴を》緩める. die Zügel⁴ nachlassen 手綱を緩める. ③ 《[人³の]負債・罰など⁴を》軽減する.

◇☞ nachgelassen

nach⹀läs·sig [ナーハ・れスィヒ ná:x-lɛsɪç] 形 ① そんざいな, いいかげんな(態度・仕事など); だらしない, むとんじゃくな(服装など). (英 careless). eine nachlässige Arbeit いいかげんな仕事 / nachlässig gekleidet sein だらしない格好をしている. ② 気のない, 気乗りしない. 人⁴ nachlässig begrüßen 人⁴に気のないあいさつをする.

Nach⹀läs·sig·keit [ナーハ・れスィヒカイト] 女 -/-en ① 《複 なし》いいかげんさ, ぞんざい. ② いいかげんな(ぞんざいな)言動.

nach|lau·fen* [ナーハ・らオフェン ná:x-làufən] 自(s) ① (人⁴³)のあとを追いかける; 《比》(物³)を得ようと努力する. Der Hund läuft seinem Herrn nach. その犬は主人のあとを追って走って行く. ② (人³)につき従う; 《口語》(人³)につきまとう.

nach|le·ben [ナーハ・れーベン ná:x-lè:bən] 自 (h) (人・物³)を手本として生きる.

nach|le·gen [ナーハ・れーゲン ná:x-lè:gən] 他 (h) (まき・石炭など⁴)をストーブにつぎ足す.

Nach⹀le·se [ナーハ・れーゼ] 女 -/-n ① (農) (拾い集めた)落ち穂, (二番摘みの)ぶどう. ② 《雅》(文学作品の) 拾遺(しゅうい), 補遺.

nach|le·sen* [ナーハ・れーゼン ná:x-lè:zən] 他 (h) ① 読み直して調べる(確かめる). ② (畑など⁴の)落ち穂を拾う, 二番摘みをする.

nach|lie·fern [ナーハ・リーファン ná:x-lì:fərn] 他 (h) (人⁴)を期限に遅れて納入する; 追加(補充)分として納品する.

Nach⹀lie·fe·rung [ナーハ・リーフェルング] 女 -/-en 期限遅れの商品納入; 追加納品.

nach|lö·sen [ナーハ・れーゼン ná:x-lè:zən] 他 (h) (切符など⁴)を車中で買う, 車中で清算する.

nachm. [ナーハ・ミッタークス] 《略》午後に (= nachmittags).

nach|ma·chen [ナーハ・マッヘン ná:x-màxən] 他 (h) 《口語》① (人・事⁴)をまねる, 模倣する. den Lehrer nachmachen 先生のまねをする / Sie macht mir alles nach. 彼女はなんでも私のまねをする. ② まねて作る, 模造(偽造)する. Banknoten⁴ nachmachen 紙幣を偽造する. ③ (残した仕事・宿題など⁴)をあとからする, あとで片づける.

◇☞ nachgemacht

nach⹀ma·lig [ナーハ・マーリヒ] 形 のちの, 後代の.

nach|mals [ナーハ・マールス] 副 《古》のちに.

nach|mes·sen* [ナーハ・メッセン ná:x-mèsən] 他 (h) 測り直す, もう一度測る.

Nach⹀mie·ter [ナーハ・ミータァ] 男 -s/- 次に入る借家(間借り)人. (☞ 女性形は Nachmieterin).

nach⹀mit·tag 副 例: heute nachmittag (新形 heute Nachmittag) きょうの午後 / Montag nachmittag (新形 Montagnachmittag) 月曜日の午後 (☞ 特定の曜日と結び付く場合は1語で書く) ☞ Nachmittag ①

der Nach⹀mit·tag [ナーハ・ミッターク ná:x-mɪta:k] 男 (単2) -s/(複) -e (3格のみ -en) ① 午後. (英 afternoon). (☞「午前」は Vormittag. Montagnachmittag 月曜日の午後 / ein heißer Nachmittag 暑い午後 / heute Nachmittag きょうの午後 / jeden Nachmittag 毎日午後に / Ich habe den ganzen Nachmittag auf dich gewartet. 私は午後中君を待っていたよ / im Laufe des Nachmittags 午後のうちに / am Nachmittag 午後に / früh am Nachmittag 午後の早いうちに / spät am Nachmittag 午後遅く / vom Nachmittag an 午後から / bis zum Nachmittag bleiben 午後までとどまる. ② 午後の催し(会).

nach⹀mit·tags [ナーハ・ミッタークス ná:x-mɪta:ks] 副 午後に(略: nachm.). (英 in the afternoon). (☞「午前に」は vormittags). nachmittags um 3 Uhr または um 3 Uhr nachmittags 午後3時に / Mittwoch nachmittags (新形 mittwochnachmittags) または mittwochs nachmittags 毎週水曜日の午後に.

Nach⹀nah·me [ナーハ・ナーメ] 女 -/-n 《郵》① 着払い, 代金引換. 物³ als (または mit, per, unter) Nachnahme schicken 物⁴を着払いで送る. ② 着払い(代金引換)郵便物.

Nach⹀na·me* [ナーハ・ナーメ] 男 (単3・4 格 -n)/-n 姓, 家族名 (=Familienname).

nach|neh·men* [ナーハ・ネーメン ná:x-nè:mən] 他 (h) ① (飲食物⁴の)お代わりをする. ② (郵便料金など⁴)を着払いで受け取る.

nach|plap·pern [ナーハ・プらッパァン ná:xplàpərn] 他 (h) 《口語》(意味もわからず人の言葉など⁴)をまねて(受け売りして)言う.

Nach⹀por·to [ナーハ・ポルトー] 中 -s/-s (または ..porti) 《郵》郵便の不足料金, 追加料金 (= Nachgebühr).

nach|prü·fen [ナーハ・プリューフェン ná:xprỳ:fən] 他 (h) ① 再検査する, 再審査する. ② (人⁴)に追試験を行う.

Nach⹀prü·fung [ナーハ・プリューフング] 女 -/-en 再検査, 再審査; 追試験.

nach|rech·nen [ナーハ・レヒネン ná:x-rèçnən] I 他 (h) (計算問題など⁴)を検算する. II 自 (h) (過ぎた年月を振り返って)数え直してみる.

Nach⹀re·de [ナーハ・レーデ] 女 -/-n ① 陰口, 悪口. üble Nachreden⁴ über 人⁴ verbreiten 人⁴の悪口を言いふらす. ② 結語, あと書き.

nach|re·den [ナーハ・レーデン ná:x-rè:dən] 他 (h) ① (人³の事⁴)を受け売りして話す. ② 《悪》(人³について悪口など⁴)を言いふらす. 人³ Übles⁴ nachreden 人³を悪く言う, 誹謗(ひぼう)する.

die Nach·richt [ナーハ・リヒト ná:x-rɪçt] 女 (単) -/(複) -en (英 news) ① 知らせ, 通知, 報告; 情報, 便り, 消息.. eine gute (falsche) *Nachricht* 吉報(誤報) / die neuesten *Nachrichten* 最新情報 / eine *Nachricht*[4] bekommen (または erhalten) 知らせを受ける / 人[3] eine *Nachricht*[4] bringen (または mit|teilen) 人[3]に知らせを伝える / eine *Nachricht*[4] hinterlassen 人[3]にメッセージを残す / Wir haben keine *Nachricht* von ihm. われわれは彼の消息を全然聞いていない.

② (複 で)(ラジオ・テレビの)ニュース[放送・番組]. *Nachrichten*[4] hören (sehen) ニュースを聞く(ニュース番組を見る).

Nach·rich·ten⸗agen·tur [ナーハリヒテン・アゲントゥーァ] 女 -/-en 通信社.

Nach·rich·ten⸗bü·ro [ナーハリヒテン・ビュロー] 中 -s/-s =Nachrichtenagentur

Nach·rich·ten⸗dienst [ナーハリヒテン・ディーンスト] 男 -[e]s/-e ①(政府の)秘密情報機関. ② 通信社; ニュース放送.

Nach·rich·ten⸗sa·tel·lit [ナーハリヒテン・ザテリート] 男 -en/-en 通信衛星.

Nach·rich·ten⸗sen·dung [ナーハリヒテン・ゼンドゥング] 女 -/-en ニュース放送.

Nach·rich·ten⸗sper·re [ナーハリヒテン・シュペレ] 女 -/-n 報道管制.

Nach·rich·ten⸗spre·cher [ナーハリヒテン・シュプレッヒャァ] 男 -s/- (ラジオ・テレビの)ニュースキャスター. (注 女性形は Nachrichtensprecherin).

Nach·rich·ten⸗tech·nik [ナーハリヒテン・テヒニク] 女 -/ 通信工学(技術); 情報工学.

Nach·rich·ten⸗we·sen [ナーハリヒテン・ヴェーゼン] 中 -s/ (総称として:)通信機関, 情報機構.

nach|rü·cken [ナーハ・リュッケン ná:x-rỳkən] 自 (s) ①(人[3]の)あとを追って進む. ②(間隔を)前方につめる. *Rücken* Sie bitte etwas *nach*. (並んでいる人に)少々おつめください. ③(前任者の)あとを継ぐ, 後任となる.

Nach⸗ruf [ナーハ・ルーフ] 男 -[e]s/-e 追悼文, 哀悼の辞.

nach|ru·fen* [ナーハ・ルーフェン ná:x-rù:fən] 他 (h) (威嚇・あいさつの言葉など[4]を人[3]の)後ろから叫ぶ.

Nach⸗ruhm [ナーハ・ルーム] 男 -[e]s/ 死後の名声(栄誉).

nach|rüh·men [ナーハ・リューメン ná:x-rỳ:mən] 他 (h) (人[3]の事[4]を)死後にほめたたえる.

nach|rüs·ten [ナーハ・リュステン ná:x-rỳstən] I 自 (h) 《軍》軍備を増強する. II 他 (工)(物[4]に)追加装備をする.

nach|sa·gen [ナーハ・ザーゲン ná:x-zà:gən] 他 (h) ①(他人の言葉で)繰り返す, 口まねする. ②(人[3]について事[4]を)陰で言う. 人[3] Übles[4] *nachsagen* 陰で人[3]の悪口を言う.

Nach⸗sai·son [ナーハ・ゼゾーン] 女 -/-s (南ドイツ・オーストリアでは -en) シーズンオフ.

Nach⸗satz [ナーハ・ザッツ] 男 -es/..sätze ①追加文; (手紙の)追伸; 補遺. ②《言》後続文, 後置文;《音楽》後楽節.

nach|schau·en [ナーハ・シャオエン ná:x-ʃàuən] 自 (h)·他 (h) 《南ドイツ・オーストリア・スイス》=nach|sehen

nach|schi·cken [ナーハ・シッケン ná:x-ʃìkən] 他 (h) (人[3]に物[4]をあとから送る; (手紙など[4]を)転送する, 回送する.

Nach⸗schlag [ナーハ・シュラーク] 男 -[e]s/..schläge ①《音楽》後打音. ②《軍》追加給food(料理), お代わり.

nach|schla·gen [ナーハ・シュラーゲン ná:x-ʃlà:gən] du schlägst...nach, er schlägt ...nach (schlug...nach, hat/ist...nachgeschlagen) I 他 (h) 《辞書などで》調べる. (注 *look up*). ein Wort[4] im Wörterbuch *nachschlagen* ある単語を辞書で調べる. ◇《目的語なしでも》in einem Buch *nachschlagen* ある本を参照する. ②《口語》(辞書など[4]を)引く. das Lexikon[4] *nachschlagen* 事典で調べる.

II 自 (宽了 sein) 《雅》(人[3]に)似てくる. Er *schlägt* seinem Vater mehr und mehr *nach*. 彼は父親にますます似てくる.

Nach·schla·ge⸗werk [ナーハシュラーゲ・ヴェルク] 中 -[e]s/-e レファレンスブック(事典・辞書・年鑑など).

nach|schlei·chen* [ナーハ・シュライヒェン ná:x-ʃlàiçən] 自 (s) (人[3]を)尾行する, ひそかにあとをつける.

Nach⸗schlüs·sel [ナーハ・シュリュッセる] 男 -s/- (不正に作られた)合い鍵(かぎ).

nach|schrei·ben* [ナーハ・シュライベン ná:x-ʃràibən] 他 (h) 《事[4]を手本にならって書く; (講義・講演など[4]の)ノートをとる. eine Vorlesung[4] *nachschreiben* 講義をノートする. ②(作文など[4]を)期限に遅れて書き上げる.

Nach⸗schrift [ナーハ・シュリフト] 女 -/-en ①(講義・講演などの)ノート, 筆記録. ②(手紙の)追伸(略: NS); 書き足し, 補遺.

Nach⸗schub [ナーハ・シューブ] 男 -[e]s/..schübe 《ふつう 単》《軍》(物資の)補給; 補給品. der *Nachschub* an Munition 弾薬の補給.

Nach⸗schuss [ナーハ・シュス] 男 -es/..schüsse ①《経》追加払い, 追加[出資]金. ②(特にサッカー・アイスホッケーで)こぼれ球シュート.

Nach⸗schuß ☞ 新形 Nachschuss

nach|se·hen [ナーハ・ゼーエン ná:x-zè:ən] du siehst...nach, er sieht...nach (sah...nach, *hat*...nachgesehen) I 他 (宽了 haben) (人・物[3]を)見送る. den abreisenden Gästen *nachsehen* 旅立つ客を見送る.

II 他 (宽了 haben) ①《事[4]を》調べる. ein Wort[4] im Wörterbuch *nachsehen* 単語を辞書で調べる. ◇《目的語なしでも》Sieh mal in deinen Schulbüchern *nach*! 君の教科書を調べてごらんよ. ②《事[4]を》確かめる, 点検する. eine Rechnung[4] *nachsehen* 計算書を点検する / Ich muss *nachsehen*, ob... 私は…かどうか確かめないといけない. ③(人[3]の事[4]

Nächste[r]

を)大目に見る，(いたずらなど⁴を)見逃してやる．Sie *sehen* ihrem einzigen Kind alles *nach*. 彼らは自分たちの一人っ子には何でも大目に見てやる．

Nach・se・hen [ナーハ・ゼーエン] 田 《成句的に》das *Nachsehen*⁴ haben (何ももらえず)指をくわえて見ている，おいてきぼりを食う．

nach|sen・den⁽*⁾ [ナーハ・ゼンデン] ná:x-zèndən] 他(h) (人³を)あとから送る; (手紙など⁴を)転送する，回送する．

nach|set・zen [ナーハ・ゼッツェン] ná:x-zètsən] 自(h) (人・物³)のあとを急いで追う．

Nach≈sicht [ナーハ・ズィヒト] 女 -/ 寛容，寛大，大目に見ること．keine *Nachsicht*⁴ kennen 容赦しない / mit 人³ *Nachsicht*⁴ haben (または üben) 人³を大目に見る / 人⁴ um *Nachsicht* bitten 人⁴に大目に見てくれるよう頼む．

nach・sich・tig [ナーハ・ズィヒティヒ ná:x-zɪçtɪç] 形 寛容な，寛大な，温情のある．eine *nachsichtige* Beurteilung 甘い評価．

nach・sichts・voll [ナーハズィヒツ・ふォる] 形 = nachsichtig

Nach≈sil・be [ナーハ・ズィるベ] 女 -/-n 《言》後つづり，接尾辞 (= Suffix)．(⇨「前つづり」は Vorsilbe)．

nach|sin・nen⁽*⁾ [ナーハ・ズィンネン] ná:x-zìnən] 自(h) 《事³ (または über 事⁴) ~》《雅》(事³ (または 事⁴) について) 熟考する，じっくり考える．

nach|sit・zen [ナーハ・ズィッツェン] ná:x-zìtsən] 自(h) (生徒が罰として)居残りする．

Nach≈som・mer [ナーハ・ゾンマァ] 男 -s/- (初秋の)小春日和(ぴょ)，(比) 老いらくの恋．

Nach≈sor・ge [ナーハ・ゾルゲ] 女 -/ 《医》(退院後の)アフターケア．

Nach≈spei・se [ナーハ・シュパイゼ] 女 -/-n デザート (= Nachtisch)．

Nach≈spiel [ナーハ・シュピーる] 田 -[e]s/-e ① 《音楽》後奏曲; 《劇》幕切れ後の小劇．(⇨「前奏曲」は Vorspiel)．② (性交後の)後戯．③ 後続事件，(事件の)余波．

nach|spie・len [ナーハ・シュピーれン ná:x-ʃpì:lən] I 他(h) ① (曲など⁴を)まねて演奏する．② (劇など⁴を別の劇場で)再演する．II 自(h) (サッカーなどで)(ロスタイム分だけ)試合を延長する．

nach|spi・o・nie・ren [ナーハ・シュピオニーレン ná:x-ʃpionì:rən] 自(h) (人³の)あとをつけてスパイする．

nach|spre・chen⁽*⁾ [ナーハ・シュプレッヒェン ná:x-ʃprèçən] 他(h) (他人の言葉など⁴を)繰り返して言う，復唱する．◇《目的語なしでも》*Sprechen* Sie mir *nach*! 私のあとについて言ってください．

nach|spü・ren [ナーハ・シュピューレン ná:x-ʃpỳ:rən] 自(h) 《雅》① (人・物³の)跡をつける，追跡する．② (秘密など³を)探る，追求する．

***nächst** [ネーヒスト né:çst] I (⁂nahe 最上) 形 《付加語としてのみ》① 最も近い，次の，隣りの．(⇨ *nearest, next*)．Die *nächste* Stadt ist 50 km entfernt. 隣町は 50 キロメートル離れている / im *nächsten* Kapitel 次の章で / die *nächste* Straße rechts 次の通りを右へ．◇《*best* とともに》手当たりしだいの，手近の．der *nächste* Beste 手近にいる[男の]人 / im *nächsten* besten Laden 近くの店で．② (時間・順序が)次の，最も近い．*nächste* Woche 来週に / im *nächsten* Jahr 来年 / *nächstes* Mal または das *nächste* Mal 次回に / [am] *nächsten* Morgen 翌朝 / bei *nächster* (または bei der *nächsten*) Gelegenheit 次の機会に / im *nächsten* Augenblick 次の瞬間に / in den *nächsten* Tagen 近日中に．◇《名詞的に》Der *nächste* (新形 Der *Nächste*), bitte! (病院などで)次の方どうぞ / fürs *nächste* (新形 fürs *Nächste*) さしあたり．③ (関係が)最も近い，最も親しい．die *nächsten* Freunde 最も親しい友人たち．II 前 《3格とともに》① 《雅》…に次いで，…を除いては．*nächst* dem Vater 父親の次には，父親を除いては．② 《稀》…のすぐ近くに．*nächst* dem Bahnhof 駅のすぐ近くに．

nächst≈best [ネーヒスト・ベスト] 形 《付加語としてのみ》手当たりしだいの，手近の．bei der *nächstbesten* Gelegenheit 機会がありしだい / Er ging ins *nächstbeste* Restaurant. 彼は最初に見つけたレストランに入った．

nach|ste・hen⁽*⁾ [ナーハ・シュテーエン ná:x-ʃtè:ən] 自(h) ① (人・物³に)劣る，およばない．人³ an Fleiß nicht *nachstehen* 勤勉さでは人³にひけをとらない / Sie *steht* ihm in nichts *nach*. 彼女はいかなる点でも彼にひけをとらない．② (人³の)陰に隠れて目だたない．

nach・ste・hend [ナーハ・シュテーエント] I nach|stehen (劣る)の 現分 II 形 次の，あとの，後述の．◇《名詞的に》im *nachstehenden* (新形 im *Nachstehenden*) 以下において．

nach|stei・gen⁽*⁾ [ナーハ・シュタイゲン ná:x-ʃtàɪɡən] 自(s) 《口語》(女の子など³の)あとをしつこく追い回す．

nach|stel・len [ナーハ・シュテれン ná:x-ʃtɛ̀lən] I 他(h) ① (シーンなど⁴を)手本どおりに演じる．② 《言》(A⁴ を B³ の)後ろに置く．③ (時計⁴を)遅らせる．(⇨「進ませる」は vor|stellen)．④ (ブレーキなど⁴を)再調整する．II 自(h) 《雅》(動物など³にしつこく追う，追跡する; 《口語》(女の子など³に)追い回す．

Nach≈stel・lung [ナーハ・シュテるング] 女 -/-en ① 《言》後置．② 《しつこい》追跡．

Nächs・ten≈lie・be [ネーヒステン・リーベ] 女 -/ 隣人愛，同胞愛，博愛．

nächs・tens [ネーヒステンス né:çstəns] 副 ① 近いうちに，ほどなく．Ich komme *nächstens* mal zu Ihnen. 近いうちに訪ねて行きます．② 《口語》(このままいくと)ついには，結局に．

Nächs・te[r] [ネーヒステ (..タァ) né:çstə(..tər)] 男 |女 《語尾変化は形容詞と同じ》① (順番などが)次の人; 最も近い人．Der *Nächste*, bitte! (病院などで)次の方どうぞ / Wer Kommt als *Nächster*? 次はだれの番ですか．② 《雅》隣人，

Nächste[s] [ネーヒステ(ス) néːçstə(s)] 中《語尾変化は形容詞と同じ》最も近いもの(こと). **fürs** *Nächste* さしあたり.

nächst・fol・gend [ネーヒスト・ふォるゲント] 形《付加語としてのみ》すぐあとの, 次に来る. **am** *nächstfolgenden* **Tag** その翌日に.

nächst・lie・gend [ネーヒスト・リーゲント] 形《付加語としてのみ》手近の, すぐに思いつく, まず考えられる(解決策など).

nach|stür・zen [ナーハ・シュテュルツェン náːxʃtʏrtsən] 自 ① (土塊などが)続いて崩れ落ちる. ②《口語》(人3のあとを大急ぎで追う.

nach|su・chen [ナーハ・ズーヘン náːxzùːxən] I 他 (h) くまなく探す(調べる). II 自 (h)《**um**4~》《雅》《軍》を正式に願い出る, 申請する.

nacht 副 例: heute *nacht*〔新例〕heute *Nacht* 今夜; きょうの未明 / Montag *nacht*〔新例〕Montag*nacht*) 月曜日の夜 /《注意》特定の曜日と結び付く場合は1語で書く)☞ Nacht

***die* Nacht** [ナハト náxt]

夜 Gute *Nacht*! おやすみなさい.
グーテ　ナハト

女 (単) -/(複) Nächte [ネヒテ] (3格のみ Nächten) 夜.《英 night).《注意》「朝」は Morgen, 「昼間」は Tag, 「夕方」は Abend). Mitter*nacht* 真夜中 / Montag*nacht* 月曜日の夜 / eine mondhelle *Nacht* 月の明るい夜 / eine finstere *Nacht* 闇夜(ﾔﾐﾖ) / die Heilige *Nacht* 聖夜, クリスマスイブ / stille *Nacht*, heilige *Nacht* (クリスマスの歌「きよしこの夜」の初めの一節)静かな夜, 聖なる夜 / Es wird *Nacht*. 夜になる / jede *Nacht* 毎晩 / letzte *Nacht* 昨夜 / zwei *Nächte* lang 二晩の間 / diese *Nacht* a) 今夜, b) 昨夜 / heute *Nacht* a) 今夜, b) きょうの未明に (この二つの句の b) はその日の0時ごろから明け方までを指す) / die ganze *Nacht* [hindurch] 夜通し / Tag und *Nacht* 昼も夜も / des *Nachts*《雅》夜に / eines *Nachts*《雅》ある夜に (*Nacht* は女性名詞だが, これらの用法では eines Tages などからの類推で習慣的に2格の -s がつく) / Na, dann gute *Nacht*!《口語》(がっかりして:)やれやれ, しょうがないや / italienische *Nacht* 夜の屋外パーティー (イタリア風にちょうちんをつるす) / hässlich wie die *Nacht* ひどく醜い / die *Nacht*4 zum Tag machen 夜昼逆の生活をする.

◇《前置詞とともに》**bei** *Nacht* 夜[間]に / **bei** *Nacht* **und** **Nebel** 夜陰に乗じて / **durch** **die** *Nacht* **über** 夜通し / **für** **eine** *Nacht* 一晩の予定で / **für** *Nacht* **für** *Nacht* 毎夜 / **mitten** **in** **der** *Nacht* 真夜中に / **tief** **in** **der** *Nacht* 深夜に / **bis** **in** **die** **späte** *Nacht* または bis spät in die *Nacht* 夜遅くまで / **in** **der** *Nacht* **von** **Sonntag** **auf** **Montag** 日曜から月曜へかけての夜に / **über** *Nacht* a) 一晩中, b) 一夜にして, 突然.

Nacht≈ar・beit [ナハト・アルバイト] 女 -/ 夜間労働(作業)(特に20時−6時の).

Nacht≈asyl [ナハト・アズューる] 中 -s/-e (浮浪者などの)夜間収容施設.

nacht≈blind [ナハト・ブリント] 形 夜盲症の, 鳥目の.

Nacht≈dienst [ナハト・ディーンスト] 男 -[e]s/-e 夜間勤務, 宿直.

***der* Nach・teil** [ナーハ・タイる náːxtail] 男 (単) -[e]s/(複) -e (3格のみ -en) 不利, デメリット; 損; 不利益; 短所, 欠点.《英 disadvantage).《注意》「有利」は Vorteil). **finanzielle** *Nachteile* 財政上の損失 / 人3 *Nachteile*4 bringen 人3に不利益をもたらす / Er ist (または befindet sich) **im** *Nachteil*. 彼は不利な立場にある / Dieser Plan hat den *Nachteil*, dass … この計画には…という欠点がある.

nach・tei・lig [ナーハ・タイリヒ náːxtailɪç] 形 不利な, 不都合な. *nachteilige* Folgen4 haben 不利な結果をもたらす.

näch・te・lang [ネヒテ・らング] 形 幾夜もの, 数夜にわたる.

Nacht≈eu・le [ナハト・オイれ] 女 -/-n (口語・戯) 夜遊び(夜ふかし)する人, 夜型の人.

Nacht≈fal・ter [ナハト・ふァるタァ] 男 -s/- (昆) ガ(蛾).

Nacht≈frost [ナハト・ふロスト] 男 -[e]s/..fröste 夜間の霜(降霜).

Nacht≈hemd [ナハト・ヘムト] 中 -[e]s/-en (シャツ風の短めの)寝巻, ナイトウェア.

Nach・ti・gall [ナハティガる náxtigal] 女 -/-en《鳥》ナイチンゲール, 小夜啼(ﾖﾅｷ)鳥. Sie singt wie eine *Nachtigall*. 彼女はナイチンゲールのように美しい声で歌う.

näch・ti・gen [ネヒティゲン néçtigən] 自 (h)《ｵｰｽﾄﾘｱ》(…で)夜を過ごす, 宿泊する. **unter freiem Himmel** *nächtigen* 野宿する.

***der* Nach≈tisch** [ナーハ・ティッシュ náːxtɪʃ] 男 (単) -[e]s/(複) -e (3格のみ -en) デザート (= Nachspeise).《英 dessert). Was gibt es heute **zum** *Nachtisch*? きょうはデザートに何があるのですか.

Nacht≈klub [ナハト・クるップ] 男 -s/-s ナイトクラブ.

Nacht≈la・ger [ナハト・らーガァ] 中 -s/- ①《雅》寝る所, 寝る場所. ② 露営; (軍) 夜営.

Nacht≈le・ben [ナハト・れーベン] 中 -s/ (大都会の)ナイトライフ;《戯》夜遊び.

nächt・lich [ネヒトリヒ] 形《付加語としてのみ》夜の, 夜間の. *nächtliche* Kühle 夜の冷気.

Nacht≈lo・kal [ナハト・ろカーる] 中 -[e]s/-e 深夜(終夜)営業の酒場, ナイトクラブ.

Nacht≈mahl [ナハト・マーる] 中 -[e]s/-e (または ..mähler) (ｵｰｽﾄﾘ・南ﾄﾞｲ) 夕食 (= Abendessen).

Nacht≈por・ti・er [ナハト・ポルティエー] 男 -s/-s (ホテルなどの)夜勤フロント係; 夜勤の守衛.

Nacht≈quar・tier [ナハト・クヴァルティーァ] 中 -s/-e 宿泊所, 宿舎.

Nach≠trag [ナーハ・トラーク] 男 -(e)s/..träge (文書などの)補遺; 追加文, (手紙の)追伸.

nach|tra・gen* [ナーハ・トラーゲン ná:x-tra:-gən] 他 (h) ① (人³に物⁴を)あとから運ぶ. Er *trug* mir den Koffer *nach*. 彼はあとからトランクを届けてくれた. ② 書き加える; 付け加えて言う. ③ (人³の事⁴を)恨みに思う, 根に持つ. Er *trägt* einem nichts *nach*. 彼は執念深くはない.

nach・tra・gend [ナーハ・トラーゲント] I nach|-tragen (あとから運ぶ)の 現分 II 形 いつまでも根に持つ, 執念深い. Sei doch nicht so *nachtragend*! そんなに根に持たないでくれよ.

nach・träg・lich [ナーハ・トレークリヒ] I 形 あとからの, 遅れた; 事後の; 追加の, 補足の. II 副 あとから; 遅まきながら. *Nachträglich* meinen herzlichen Glückwunsch! 遅ればせながらおめでとうございます.

nach|trau・ern [ナーハ・トラオァン ná:x-tràuərn] 自 (h) ① (人・事³を)惜しむ, 懐かしむ. ② (人³の)死を悼む.

Nacht≠ru・he [ナハト・ルーエ] 女 -/ 夜の安息, 睡眠, 安眠.

***nachts** [ナハツ náxts] 副 夜に, 夜間に, 夜中に. (英) at night). (⇔「昼に」= tags). *nachts* spät または spät *nachts* 夜遅く / um 12 [Uhr] *nachts* 夜の12時に / Montag *nachts* (新形) montag*nachts*) または montags *nachts* 毎週月曜日の夜に.

Nacht≠schat・ten [ナハト・シャッテン] 男 -s/ 《植》(総称として:)ナス科[の植物](トマト・ジャガイモなど).

Nacht≠schicht [ナハト・シヒト] 女 -/-en (交替制労働の)夜間勤務[員]. (⇔「昼間勤務[員]」= Tagschicht).

nacht≠schla・fend [ナハト・シュラーフェント] 形 《成句的に》bei (または zu) *nachtschlafender* Zeit 《口語》真夜中に, 人の寝静まっているときに.

Nacht≠schwär・mer [ナハト・シュヴェルマァ] 男 -s/- ① (昆) ガ(蛾) (= Nachtfalter). ② (戯) 夜遊びする人.

Nacht≠schwes・ter [ナハト・シュヴェスタァ] 女 -/-n 夜勤看護婦.

Nacht≠spei・cher≠ofen [ナハトシュパイヒァ・オーフェン] 男 -s/..öfen 夜間蓄熱電気ストーブ(料金の安い深夜電力を利用する).

Nacht≠strom [ナハト・シュトローム] 男 -[e]s/ 深夜電力, 夜間[割引]電力.

Nacht≠stuhl [ナハト・シュトゥール] 男 -[e]s/..stühle (病人用の)便器付きいす.

Nacht≠tisch [ナハト・ティッシュ] 男 -[e]s/-e ナイトテーブル.

Nacht≠topf [ナハト・トプふ] 男 -[e]s/..töpfe 寝室用便器.

nach|tun* [ナーハ・トゥーン ná:x-tù:n] 他 (h) 《口語》(人³の事⁴を)まねる.

Nacht-und-Ne・bel-Ak・ti・on [ナハト・ウント・ネーべる・アクツィオーン] 女 -/-en 夜間の抜き打ち捜査.

Nacht≠wa・che [ナハト・ヴァッヘ] 女 -/-n ① 夜番, 夜警, 宿直. *Nachtwache*⁴ halten 夜の当直を勤める. ② 夜警(宿直)員.

Nacht≠wäch・ter [ナハト・ヴェヒタァ] 男 -s/- ① 夜警員; (昔の:)(町の)夜警. ②《俗》のろま.

nacht・wan・deln [ナハト・ヴァンデるン náxtvandəln] (過分 genachtwandelt) 自 (h, s) 夢遊する, 夢中歩行する.

Nacht≠wand・ler [ナハト・ヴァンドらァ] 男 -s/- 夢遊病者.

nacht・wand・le・risch [ナハト・ヴァンドれリッシュ] 形 夢遊病の, 夢遊病者の.

Nacht≠zeit [ナハト・ツァイト] 女 -/ 夜間. zu später *Nachtzeit* 深夜に.

Nacht≠zeug [ナハト・ツォイク] 中 -s/《口語》宿泊用具(寝巻・洗面具など).

Nacht≠zug [ナハト・ツーク] 男 -[e]s/..züge 夜行列車.

Nach≠un・ter・su・chung [ナーハ・ウンタァズーフング] 女 -/-en 《医》(医師による)再検査.

nach|voll・zie・hen* [ナーハ・ふぉるツィーエン ná:x-foltsì:ən] (過分 nachvollzogen) 他 (h) (人の考えなど⁴を)実感を持って理解する, 追体験する.

nach|wach・sen* [ナーハ・ヴァクセン ná:x-vàksən] 自 (s) (髪・草などが)再び生えてくる.

Nach≠wahl [ナーハ・ヴァーる] 女 -/-en 補欠(追加)選挙.

Nach≠we・hen [ナーハ・ヴェーエン] 複 ①《医》産後の痛み, 後(ご)陣痛. ②《雅》事後の苦しみ, 悪影響.

nach|wei・nen [ナーハ・ヴァイネン ná:x-vàinən] I 自 (h) (人・事³を)しのんで泣く. II 他 (h) 《成句的に》人³ keine Träne⁴ *nachweinen* 人³に少しも未練を感じない.

Nach≠weis [ナーハ・ヴァイス] 男 -es/-e ① 証明, 立証; 証拠. der unwiderlegbare *Nachweis* 争う余地のない証拠 / den *Nachweis* für 事⁴ erbringen (または liefern) 事⁴を立証する. ② 紹介(案内)[所].

nach・weis・bar [ナーハ・ヴァイスバール] 形 証明(立証)の可能な.

nach|wei・sen [ナーハ・ヴァイゼン ná:x-vàizən] du wiesen nach, hat nach (wies...nach, *hat* nachgewiesen) 他 (完了 haben) ① 証明(立証)する. (英 prove). Er *konnte* seine Unschuld nicht *nachweisen*. 彼は自分の無実を立証できなかった / 人³ seinen Fehler *nachweisen* 人³にその誤りを証明してみせる. ②《官庁》(人³に職場・住居など⁴を)斡旋(あっせん)する, 世話する.

nach・weis・lich [ナーハ・ヴァイスリヒ] 形 証明(立証)できる, 明白な.

Nach≠welt [ナーハ・ヴェるト] 女 -/ 後世[の人人]. 事⁴ der *Nachwelt*³ überliefern 事⁴を後世に伝える.

nach|wer・fen* [ナーハ・ヴェルふェン ná:x-vèrfən] 他 (h) ① (人³に石など⁴を)後ろから投

げつける. ②《口語》《人³に商品⁴を》ただ同然で売る. ③《コイン⁴を》追加して入れる.
nach|wie·gen* [ナーハ・ヴィーゲン ná:xvì:gən] 他 (h) 《物⁴の》重さを量り直す.
Nach·win·ter [ナーハ・ヴィンタァ] 男 -s/- 余寒, 寒気の(逆)戻り.
nach|wir·ken [ナーハ・ヴィルケン ná:x-vìrkən] 自 (h) あとまで影響(作用)が残る.
Nach·wir·kung [ナーハ・ヴィルクング] 女 -/-en あとまで残る作用(効果・影響).
Nach≠wort [ナーハ・ヴォルト] 中 -[e]s/-e あと書き, 後記.
Nach≠wuchs [ナーハ・ヴークス] 男 -es/- ①(一家庭の)子供[たち]. Was macht der *Nachwuchs*? お子さん[たち]はどうしていますか. ②(次代を担う)若い世代(人材), 後継者.
nach|zah·len [ナーハ・ツァーレン ná:x-tsà:lən] 他 (h) 《給料など⁴を》あと払いする, 《割増料金など⁴を》追加して払う.
nach|zäh·len [ナーハ・ツェーレン ná:x-tsɛ̀:lən] 他 《物⁴を》数え直す, 検算する.
Nach·zah·lung [ナーハ・ツァーるング] 女 -/-en あと払い[金], 追加払い[金].
nach|zeich·nen [ナーハ・ツァイヒネン ná:xtsàiçnən] 他 (h) ①《絵など⁴を》模写する; スケッチする. ②《比》《過程・経過⁴を簡略に》描写する, 述べる.
nach|zie·hen* [ナーハ・ツィーエン ná:x-tsì:ən] I 他 (h) ①《足⁴を》引きずる. ②《線・輪郭など⁴を》なぞる, なぞって描く. sich³ die Augenbrauen⁴ *nachziehen* 眉(ま)を引く. ③《ねじ・ボルトなど⁴を》締め直す. ④《植物⁴を》追加栽培する, 植え足す. II 自 (s, h) ①《人³のあとからついて行く; あとを追って引っ越す. ② (h)《口語》追随する. ③ (h)《チェスで》(相手の指し手どおりに)こまを動かす.
nach·zu·den·ken [ナーハ・ツ・デンケン] ≠nach|denken(熟考する)の zu 不定詞.
Nach≠züg·ler [ナーハ・ツュークらァ] 男 -s/- ①《仲間から》遅れて来る者, 遅刻者, 落後者. ② 年の離れた末っ子(= Nachkömmling).
Na·cke·dei [ナッケダイ nákədaɪ] 男 -s/-s《口語・戯》裸ん坊; ヌードの人物.
*der **Na·cken** [ナッケン nákən] 男 (単2) -s/(複) - 首筋, うなじ. (☞ *neck*). (☞ Körper 図). ein kurzer (schmaler) *Nacken* 短い(ほっそりした)首 / Er hat einen steifen *Nacken*. a) 彼は首筋がこっている, b)《雅・比》彼は強情だ /人³ den *Nacken* beugen《雅・比》人³を屈服させる / vor 人³ den *Nacken* beugen《雅・比》人³に屈服する / 人³ den *Nacken* steifen《雅・比》(耐え抜くように)人³を励ます / auf den *Nacken* sitzen《比》人³を攻めたてる / 人⁴ im *Nacken* haben《比》人⁴につきまとわれている / 人³ im *Nacken* sitzen a) 人³の背後に迫る, b)《比》人³につきまとう / den Kopf in den *Nacken* werfen (誇らかに)頭をそらす.
na·ckend [ナッケント nákənt] 形《方》裸の; むき出しの. (= nackt ①).
Na·cken≠schlag [ナッケン・シュらーク] 男 -[e]s/..schläge 首筋への打撃;《比》手痛い打撃.
na·ckig [ナッキヒ nákıç] 形《中部ドツ》= nackt ①
:nackt [ナックト nákt] 形 ①裸の; むき出しの(すね・腕など).(英 *naked*). *nackte* Arme むき出しの腕 / mit *nacktem* Oberkörper 上半身裸で / sich⁴ *nackt* aus|ziehen(衣服を脱いで)裸になる / *nackt* und bloß 素っ裸で. ② 毛(ひげ)のない; 草(葉・羽)のない, 覆いのない, 露出した. Er hat einen *nackten* Schädel. 彼の頭はつるつるだ / ein *nackter* Hügel 草木の生えていない丘 / auf dem *nackten* Fußboden schlafen 床(%)にじかに寝る. ③ ありのままの, 赤裸々な, あからさまな. Er will die *nackte* Wirklichkeit nicht sehen. 彼はありのままの現実を見ようとしない / 事⁴ mit *nackten* Worten sagen 事⁴をあからさまに言う. ④ 単なる, ただそれだけの. Sie konnten nur das *nackte* Leben retten. 彼らはやっと命だけは助かった.
Nackt≠frosch [ナックト・フロッシュ] 男 -[e]s/..frösche《口語・戯》裸ん坊.
Nackt·heit [ナックトハイト] 女 -/ ① 裸[であること]; 露出, むき出し;《雅》不毛.
Nackt≠kul·tur [ナックト・クるトゥーァ] 女 -/ ヌーディズム, 裸体主義.
Nackt≠schne·cke [ナックト・シュネッケ] 女 -/-n (動) ナメクジ.
*die **Na·del** [ナーデる ná:dəl] 女 (単) -/(複) -n (英 *needle*) ① 針; 縫い針(= Näh*nadel*); 編み針(= Strick*nadel*); かがり針(= Stopf*nadel*); ピン, 留め針(= Steck*nadel*); ヘアピン(= Haar*nadel*); 注射針(= Injektions*nadel*). (☞「糸」は Faden). eine lange *Nadel* 長い針 / eine *Nadel*⁴ ein|fädeln 針に糸を通す / Gib mir mal *Nadel* und Faden! 針と糸をちょっと貸して.
◇《前置詞とともに》an der *Nadel* hängen《隠語》麻薬中毒にかかっている(←注射針にしがみついている) / Ich sitze wie auf *Nadeln*.《口語・比》私はいらいら(じりじり)している / den Faden in die *Nadel* ein|fädeln 針に糸を通す / eine *Nadel*⁴ im Heuhaufen suchen《口語》見込みのないことをする(←干し草の山の中に1本の針を探す) /《物》 mit *Nadeln* nehmen (または stecken) 物⁴をピンで留める / 物⁴ mit heißer *Nadel* nähen《口語》物⁴をざっと縫う(←熱い針で縫う). ② 磁針(= Magnet*nadel*); 羅針(= Kompass*nadel*);《植》針葉.
Na·del≠ar·beit [ナーデる・アルバイト] 女 -/-en 針仕事, 裁縫, 刺しゅう.
Na·del≠baum [ナーデる・バオム] 男 -[e]s/..bäume 針葉樹. (☞「広葉樹」は Laubbaum).
Na·del≠holz [ナーデる・ホるツ] 中 -es/..hölzer

① 針葉樹材. ② 《ふつう 複》針葉樹[林].

Na·del⋄kis·sen [ナーデる・キッセン] 中 -s/- (裁縫の)針刺し, 針山.

na·deln [ナーデるン ná:dəln] 自 (h) (針葉樹が)落葉する.

Na·del⋄öhr [ナーデる・エーァ] 中 -[e]s/-e 縫い針のめど(穴).

Na·del⋄stich [ナーデる・シュティヒ] 男 -[e]s/-e ① 針で刺すこと; 針目, ステッチ; 針の刺し傷. ② 《比》(意地の悪い)当てこすり, いやがらせ. 人³ Nadelstiche⁴ versetzen 人³をちくちくいじめる.

Na·del⋄strei·fen [ナーデる・シュトライふェン] 男 -s/- 《ふつう 複》《服飾》(服地の)ピンストライプ(細い縦縞模様).

Na·del⋄wald [ナーデる・ヴァるト] 男 -[e]s/..wälder 針葉樹林. (⇨「広葉樹林」は Laubwald.)

Na·dir [ナディーァ nadí:r または ナーディァ ná:dır] 男 -s/ 《天》天底(てんてい).

*der **Na·gel** [ナーゲる ná:gəl] 男 (単 2) -s/(複) Nägel [ネーゲる] (3 格のみ Nägeln) ① くぎ(釘), 鋲(びょう). (英 nail). ein langer Nagel 長いくぎ / einen Nagel in die Wand schlagen くぎを壁に打ち付ける / einen Nagel aus dem Holz heraus|ziehen くぎを材木から引き抜く / den Nagel auf den Kopf treffen 《口語・比》要点をずばり言う(←くぎの頭を打つ) / einen Nagel im Kopf haben 《口語》うぬぼれている / Nägel⁴ mit Köpfen machen 《口語》とことんまでやり抜く.
◇《前置詞とともに》*Er hängt die Jacke an einen Nagel.* 彼は上着をくぎに掛ける / 仕事⁴ an den Nagel hängen 《口語》仕事⁴(長年の仕事など)を放棄する / in einen Nagel treten くぎを踏み抜く / Schuhe⁴ mit Nägeln beschlagen 靴に鋲を打つ.
② 爪(つめ). Fingernagel 指の爪 / die Nägel⁴ schneiden 爪を切る / Die Arbeit brennt mir auf (または unter) den Nägeln. 《口語》その仕事は私にとって急を要する / sich³ 物⁴ unter den Nagel reißen 《俗》物⁴をくすねる.
③ 《交通》(センターラインなどを標示する)鋲(びょう).

Nä·gel [ネーゲる] *Nagel (くぎ)の 複

Na·gel⋄bett [ナーゲる・ベット] 中 -[e]s/-en (まれに -e) 《医》(指先の)爪床(そうしょう).

Na·gel⋄fei·le [ナーゲる・ふァイれ] 女 -/-n ネールファイル, 爪やすり.

Na·gel⋄haut [ナーゲる・ハオト] 女 -/..häute (爪(つめ)の生え際の)甘皮(あまかわ).

Na·gel⋄lack [ナーゲる・らック] 男 -[e]s/-e マニキュア, ペディキュア用のネールエナメル.

na·geln [ナーゲるン ná:gəln] I 他 (h) ① 《A⁴ an (または auf) B⁴ ~》 (A⁴ を B⁴ に)くぎ付けする. ein Schild⁴ an die Wand nageln 表札をくぎで壁に打ち付ける. ② (物⁴に)くぎ(鋲(びょう))を打ち付ける. ◇《過去分詞の形で》*genagelte Schuhe* 鋲を打った靴. ③ (木箱など⁴を)くぎで組みたてる. II 自 (h) 《隠語》(エンジンが)ノッキングする.

na·gel⋄neu [ナーゲる・ノイ] 形 《口語》真新しい. ein *nagelneuer* Geldschein ぱりぱりの紙幣.

Na·gel⋄pfle·ge [ナーゲる・ふれーゲ] 女 -/ マニキュア, ペディキュア, 爪(つめ)の手入れ.

Na·gel⋄pro·be [ナーゲる・プろーベ] 女 《成句的に》die *Nagelprobe* machen 一滴も残さず飲み干した証拠を見せる(昔, 乾杯の後で飲み干した証拠として杯を左親指の爪の上に逆さにして見せたことから); 《比》厳密に調査する.

Na·gel⋄sche·re [ナーゲる・シェーレ] 女 -/-n 爪(つめ)切りばさみ.

Na·gel⋄schuh [ナーゲる・シュー] 男 -[e]s/-e 底に鋲(びょう)を打った靴, スパイクシューズ.

*na·gen** [ナーゲン ná:gən] (nagte, hat... genagt) I 自 (完了 haben) ① 《an 物³ ~》(動物などが物³を)かじる; 《比》(波などが物³を)浸食する. Der Hund *nagt* an einem Knochen. その犬は骨をかじっている / am Hungertuch nagen 《口語》飢えに苦しむ / Die Brandung *nagt* an der Küste. 砕ける波が海岸を浸食する. ② 《an 人・物³ ~》《比》(心配などが人・物³を)さいなむ, (物³(健康など)を)むしばむ. Die Sorge *nagt* an ihr (ihrem Herzen). 心配が彼女(彼女の心)をさいなむ.
II 他 (完了 haben) ① 《A⁴ von B³ ~》(A⁴ を B³ から)かじり取る. das Fleisch⁴ vom Knochen nagen 骨から肉をかじり取る / nichts zu nagen und zu beißen haben 《口語》食べるものが何もない. ② (穴など⁴を)かじってあける.

na·gend [ナーゲント] I *nagen (かじる)の 現分 II 形 食いいるような, 責めさいなむ. *nagender* Schmerz さいなむような痛み / *nagende* Zweifel 心をさいなむような疑念.

Na·ger [ナーガァ ná:gər] 男 -s/- =Nagetier

Na·ge⋄tier [ナーゲ・ティーァ] 中 -[e]s/-e 《動》齧歯(げっし)類[の動物].

nag·te [ナークテ] *nagen (かじる)の 過去

nah [ナー ná:] 形 近い (=nahe).

..nah [..ナー ..na:] 《形容詞をつくる 接尾》 ① (…に近い) 例: grenz*nah* 国境に近い. ② (…に即した) 例: praxis*nah* 実地に即した.

Nah⋄auf·nah·me [ナー・アオふナーメ] 女 -/-n 《写》接写; 《映》クローズアップ.

*na·he** [ナーエ ná:ə]

> 近い Das Ziel ist *nahe*.
> ダス ツィーる イスト ナーエ
> 目的地は近い.

I 形 《比較》näher, 《最上》nächst; 格変化語尾がつくときは nah-) ① (距離的に)近い, 近くの. (英 near). (⇨「遠い」は fern). der *nahe* Berg 近くの山 / in der *nahen* Stadt 近くの町で / der *Nahe* Osten 近東 / Der Fluss ist ganz *nahe*. 川はすぐ近くだ / Das Haus liegt *nahe* am (または beim) Bahnhof. その家は駅の近くにある / *aus* (または *von*) *nah* und fern 《雅》遠

近(ちか)から / von *nahem* 近くから / 人³ **zu** *nahe* treten 《比》人³の感情を害する(← 近づきすぎる).
② (時間的に)近い, 間近な, さし迫った. die *nahe* Abreise 間近に迫った出発 / in *naher* Zukunft 近い将来に / Gefahr ist *nahe*. 危険が迫っている / Sie ist *nahe* **an** achtzig. 《口語》彼女は80歳に近い. ◇《成句的に》*nahe* **daran** sein, **zu** 不定詞[句] 今にも(あやうく)…しそうである ⇒ Ich war *nahe* **daran**, ihm alles zu sagen. 私はもう少しで彼に何もかも話すところだった / 事³ *nahe* sein 今にも事³の状態になりそうである ⇒ Sie war dem Weinen *nahe*. 彼女は今にも泣き出しそうだった.
③ (関係が)近い, 親密な. ein *naher* Freund (Verwandter) 親友(近い親戚).
II 前 《3格とともに》《雅》…の近くに. *nahe* der Stadt 町の近くに.

新形
na·he brin·gen ① (人³に事⁴を)理解させる, なじませる. ② (複数の人⁴を)互いに近づける.
na·he ge·hen (人³の)心を揺り動かす, (人³を)悲しませる.
na·he kom·men ① (事³に)近づく, ほとんど等しい. ② (人³と)親しくなる.
na·he le·gen ① (人³に事⁴を)勧める. ② (考えなど⁴を)思いつかせる, (疑念など⁴を)いだかせる.
na·he lie·gen すぐに思い浮かぶ, 容易に察しがつく.
na·he lie·gend すぐに思いつく, 明白な. aus *nahe liegenden* Gründen もっともな理由から.
na·he ste·hen (人³と)親密である, 近い間柄である; (事³に)近い.
na·he tre·ten (人³と)親密になる.

---

die **Na·he** [ナーエ] 女 -/ 《定冠詞とともに》《川名》ナーエ川(ライン川左支流. ビンゲンで合流).

die **Nä·he** [ネーエ néːə] 女 (単) -/ ① 近い所, 近く, 近所; 近くにいること. (反) 「遠方」は Ferne). 物⁴ **aus der** *Nähe* betrachten 物⁴を近くから観察する / **in der** *Nähe* der Stadt² 町の近くに / **in nächster** *Nähe* des Sees 湖のすぐ近くに / Seine *Nähe* tat ihr wohl. 彼がそばにいるのが彼女にはうれしかった.
② (時間的に)目前, 間近. Der Urlaub ist in der *Nähe*. 休暇は間近だ. ③ (関係などの)近さ.

na·he·bei [ナーエ・バイ] 副 すぐ近くに, 近くで.
na·he|brin·gen* 他 (h) (新形 *nahe bringen*) ☞ nahe
na·he|ge·hen* 自 (s) (新形 *nahe gehen*) ☞ nahe
na·he|kom·men* 自 (s) (新形 *nahe kommen*) ☞ nahe
na·he|le·gen 他 (h) (新形 *nahe legen*) ☞ nahe
na·he|lie·gen* 自 (h) (新形 *nahe liegen*) ☞ nahe
na·he·lie·gend 形 (新形 *nahe liegend*) ☞ nahe

na·hen [ナーエン náːən] I 自 (s) 《雅》(時間的に)近づく. Die Prüfung *naht*. 試験が近づく. II 再帰 (h) *sich*⁴ *nahen* 《雅》近づく.

***nä·hen** [ネーエン nɛ́ːən] (nähte, *hat*…genäht) I 他 (完了 haben) ① 縫う, 縫って作る. (英 sew). eine Bluse⁴ *nähen* ブラウスを縫う / Das *habe* ich selbst *genäht*. これは私が自分で縫って作りました. ◇《過去分詞の形で》Doppelt *genäht* hält besser. 《諺》念には念を入れよ(←二重に縫えば長持ちする).
② 《A⁴ **an** (または **auf**) B⁴ ~》(A⁴をB⁴に)縫い付ける. Knöpfe⁴ an das Kleid *nähen* ボタンをドレスに縫い付ける. ③ 《医》(傷口など⁴を)縫合する.
II 自 (完了 haben) 縫い物(裁縫)をする. mit der Hand *nähen* 手縫いをする / Sie *näht* gut. 彼女は裁縫が上手だ.

***nä·her** [ネーァァ nɛ́ːɐr] (*nahe* の 比較) 形
① より近い; かなり近い.   Dieser Weg ist *näher*. こちらの道の方が近い / Bitte kommen Sie doch *näher*! もっと近くへ寄ってください / die *nähere* Umgebung 近郊. ② より詳しい, もっと正確な. *nähere* Auskünfte もっと詳細な情報 / **bei** *näherem* Hinsehen より詳しく見ると / **auf** 事⁴ *näher* ein|gehen 事⁴についてより詳細に論じる. ◇《名詞的に》*Näheres* kann ich nicht sagen. 詳しいことは申せません / des *näheren* (新形 des *Näheren*) より詳しく. ③ かなり親密な. Kennst du ihn *näher*? 彼とはかなり親しいの?

新形
nä·her brin·gen (人³に事⁴を)より深く理解させる, もっと親しませる.
nä·her kom·men (人³と)より親しくなる.
nä·her lie·gen (考えなどが)より当然と思われる.
nä·her ste·hen (人・事³に)より近い関係にある, より親密である.
nä·her tre·ten ① (人³と)より親しくなる. ② (計画・提案など³に)とり組む.

---

nä·her|brin·gen* 他 (h) (新形 *näher bringen*) ☞ näher
Nä·he·rei [ネーエライ nɛːəráɪ] 女 -/-en ① 《複 なし》(ふつう軽蔑的に)《絶え間なく》針仕事をすること. ② 縫い物.
Nä·he·re[s] [ネーエレ[ス] nɛ́ːərə[s]] 中 《語尾変化は形容詞と同じ》より詳しい事情, 詳細. *Näheres*⁴ **über** 人・事⁴ wissen 人・事⁴について詳細を知っている / des *Näheren* より詳しく.
Nah·er·ho·lung [ナー・エァホーるング] 女 -/ 近郊レクリエーション.
Nä·he·rin [ネーエリン nɛ́ːərɪn] 女 -/..rinnen お針子, 縫子, (女性の)裁縫師.

nä·her|kom·men* 自 (s) (新形) näher kommen) ☞ näher

nä·her|lie·gen* 自 (h) (新形) näher liegen) ☞ näher

***nä·hern** [ネーァァン néːɐrn] (nährte, hat... genährt) I 再帰 (完了 haben) sich⁴ nähern (英 approach) ① 近づく, 近づいて来る. Der Frühling nähert sich. 春が近づく / Sie näherten sich dem Ziel ihrer Reise. 彼らは旅行の目的地に近づいた. ② (人³と)近づきになる. sich⁴ einem Mädchen nähern 女の子に言い寄る.
II 他 (完了 haben)《稀》(A⁴をB³に)近づける.

nä·her|ste·hen* 自 (h) (新形) näher stehen) ☞ näher

nä·her·te [ネーァァテ] *nähern (再帰 で: 近く)の過去

nä·her|tre·ten* 自 (s) (新形) näher treten) ☞ näher

Nä·he·rungs⁀wert [ネーエルングス・ヴェァト] 男 -[e]s/-e 《数》近似値.

na·he|ste·hen* 自 (h) (新形) nahe stehen) ☞ nahe

na·he|tre·ten* 自 (s) (新形) nahe treten) ☞ nahe

na·he·zu [ナーエ・ツー] 副 ほとんど, ほぼ.

Näh⁀fa·den [ネー・ファーデン] 男 -s/..fäden 《ふつう 単》縫い糸.

Näh⁀garn [ネー・ガルン] 中 -[e]s/-e =Nähfaden

Nah⁀kampf [ナー・カンプふ] 男 -[e]s/..kämpfe 《軍》接近戦, 白兵戦; (ボクシングなどの)接近戦.

Näh⁀korb [ネー・コルプ] 男 -[e]s/..körbe 裁縫(針仕事)道具かご.

nahm [ナーム] *nehmen (取る)の過去

Näh⁀ma·schi·ne [ネー・マシーネ] 女 -/-n ミシン.

näh·me [ネーメ] *nehmen (取る)の接2

Näh⁀na·del [ネー・ナーデル] 女 -/-n 縫い針.

Näh⁀ost [ナー・オスト] 男 -[e]s/《冠詞なしで》近東.

Nähr⁀bo·den [ネーァ・ボーデン] 男 -s/..böden 《生·医》(バクテリアなどの)培地, 培養基; 《比》温床, 母体.

***näh·ren** [ネーレン néːrən] (nährte, hat... genährt) I 他 (完了 haben) ① (人⁴に)栄養を与える, (人⁴を)育てる, (動物⁴を)飼育する. (英 feed). ein Kind⁴ mit Muttermilch nähren 子供を母乳で育てる. ②《雅》(人⁴を)扶養する, 養う. ③《雅》(愛情·憎しみ⁴を胸に)いだく, はぐくむ. einen Verdacht nähren 疑念をいだく.
II 再帰 (完了 haben) [sich⁴ von 物³ ~]《雅》(物³を)食べて生きている, (物³を)常食としている; (物³で)生計をたてる.
III 自 (完了 haben) (飲食物が)栄養がある.

nahr·haft [ナールハふト] 形 栄養のある.

Nähr⁀mit·tel [ネーァ・ミッテる] 中 -s/-《ふつう 複》(小麦粉を除く)穀物食品(ひき割り麦·オート麦のフレーク·めん類など).

Nähr⁀stoff [ネーァ・シュトふ] 男 -[e]s/-e《ふつう 複》栄養素.

nähr·te [ネーァテ] *nähren (栄養を与える)の過去

‡die **Nah·rung** [ナールング náːruŋ] 女 《単》-/ 栄養, 養分; 食物. feste (flüssige) Nahrung 固形(流動)食物 / pflanzliche (tierische) Nahrung 植物性(動物性)食品 / eine kalorienarme Nahrung 低カロリー食品 / genügend Nahrung⁴ zu sich nehmen 十分に栄養をとる / Ein gutes Buch ist geistige Nahrung.《比》良書は精神の糧である /《事》³ Nahrung⁴ geben《比》《事》³を勢いづける.

Nah·rungs⁀ket·te [ナールングス·ケッテ] 女 -/-n《生》食物連鎖.

Nah·rungs⁀mit·tel [ナールングス·ミッテる] 中 -s/-《ふつう 複》食[料]品, 食物. pflanzliche (konservierte) Nahrungsmittel 植物性食品(保存食[品]).

Nah·rungs·mit·tel⁀ver·gif·tung [ナールングスミッテる·フェァギふトゥング] 女 -/-en《医》食中毒.

Nah·rungs⁀ver·wei·ge·rung [ナールングス·フェァヴァイゲルング] 女 -/ 拒食[症].

Nähr⁀wert [ネーァ·ヴェーァト] 男 -[e]s/-e 栄養価.

Näh⁀sei·de [ネー·ザイデ] 女 -/-n 絹の縫い糸.

Naht [ナート náːt] 女 -/Nähte ① (衣服などの)縫い目, とじ目. eine Naht⁴ auf|trennen 縫い目をほどく / aus allen Nähten platzen (口語) a) [服が]はち切れるほど太る, b) (規模·組織などが)大きくなりすぎる. ②《医》縫合; (頭蓋(ずがい)骨の)縫合線. ③《工》(溶接·はんだづけの)継ぎ目. ④《成句的に》eine Naht (俗)しこたま, たっぷり. eine [gute] Naht⁴ saufen 大酒を飲む.

näh·te [ネーテ] *nähen (縫う)の過去

naht⁀los [ナート·ろース] 形 ① 縫い目(継ぎ目)のない. nahtlose Strümpfe シームレスストッキング. ② 切れ目のない, なめらかな(移行など).

Naht⁀stel·le [ナート·シュテれ] 女 -/-n 縫い目, 継ぎ目.

Nah⁀ver·kehr [ナー·フェァケーァ] 男 -s/ 近距離交通.

Näh⁀zeug [ネー·ツォイク] 中 -[e]s/ ① 裁縫道具. ② 縫い物[仕事].

***na·iv** [ナイーふ naíːf] 形 (英 naive) ① 素朴な, ナイーブな, 無邪気な; 純朴な, うぶな. eine naive Freude 無邪気な喜び / naive Malerei 素朴な絵画 / ein naives Mädchen 純朴な少女. ② 愚かな, (頭の)単純な. eine naive Frage 愚かな質問 / Er ist wirklich naiv. 彼はほんとうにおめでたい.

....

(類語) **naiv**: (意のままにふるまえる意味で)素朴な. **einfältig**: (邪気がなく, 単純で)おひとよしの. Er ist ein bisschen einfältig. 彼はお人よしだ.

Naivität

schlicht: (飾り気がなく)純朴な. **unschuldig**: (道徳的に汚れを知らず)無邪気な. Du bist ein *unschuldiger* Engel. おまえは無邪気な天使だ.

Na·i·vi·tät [ナイヴィテート naivité:t] 囡 -/ 素朴さ,無邪気,うぶ;愚直さ,(頭の)単純さ.

Na·iv·ling [ナーイーふリング naí:flɪŋ] 男 -s/-e 《口語》お人よし.

Na·ja·de [ナヤーデ najá:də] 囡 -/-n 《ギリ神》ナイアス(泉・川の精).

‡*der* **Na·me** [ナーメ ná:mə]

名前 Mein *Name* ist Tanaka.
マイン　ナーメ　イスト　タナカ
私の名前は田中です.

格	単	複
1	der Name	die Namen
2	des Namens	der Namen
3	dem Namen	den Namen
4	den Namen	die Namen

男 (単2) -ns; (単3·4) -n/(複) -n ① **名前**,名,名称. (英 name). Wie ist Ihr *Name* ? — Mein *Name* ist Schmidt. お名前は？— 私の名前はシュミットです / ein bekannter (schöner) *Name* よく知られた(すてきな)名前 / ein häufiger (seltener) *Name* よくある(珍しい)名前 / der *Name* einer Stadt² ある町の名前. ◇[動詞の目的語として] den *Namen* **ändern** 名前を変える / seinen *Namen* **an|geben** 名前を名乗る / dem Kind den *Namen* Peter **geben** 子供にペーターという名前をつける / **Kennst** du den *Namen* dieses Tieres？君はこの動物の名前(種類名)を知っている？/ Er wollte seinen *Namen* nicht **nennen**. 彼は名前を名乗ろうとはしなかった. ◇[前置詞とともに] Der Hund hört **auf** den *Namen* Shiro. この犬の名はシロという(←シロと呼べばこたえる) / Das Konto lautet auf den *Namen* seiner Frau. この口座は彼の奥さんの名儀になっている / 囚⁴ **beim** *Namen* **nennen** (または rufen) 囚⁴の名前を呼ぶ / **im** *Namen* des Volkes 国民の名において / im *Namen* des Komitees 委員会の名において,委員会を代表して / im *Namen* des Gesetzes 法の名において / Jeder soll **mit** seinem vollen *Namen* unterzeichnen. それぞれがフルネームでサインすることになっている / ein Mann mit *Namen* Müller ミュラーという名の男 / 囚⁴ **nur** dem *Namen* **nach** kennen 囚⁴を名前だけで知っている / **unter** falschem *Namen* 名を偽って.

② 名声,評判. Der Autor hat bereits einen *Namen*. その作家はすでに世に知られている / sich³ einen *Namen* **machen** 有名になる.

（ミモ ..*name* のいろいろ: Bei*name* 別名 / Deck*name* 偽名 / Familien*name* 姓 / Künstler*name* 芸名 / Mädchen*name* 女性の名前; 旧姓 / Nach*name* 姓 / Rufname 呼名 / Spitz*name* あだ名 / Tauf*name* 洗礼名 / Vor*name* (姓に対して:)名

Na·men≠ge·bung [ナーメン・ゲーブング] 囡 -/-en 命名.

Na·men≠kun·de [ナーメン・クンデ] 囡 -/ 姓名学;[言]固有名詞学.

Na·men≠lis·te [ナーメン・リステ] 囡 -/-n 名簿.

na·men≠los [ナーメン・ロース] I 形 ① 無名の,名もない,匿名の. ② 《雅》言葉に言い表せないほどの(苦痛など). II 副《雅》とても. Er ist *namenlos* unglücklich. 彼はひどく不幸だ.

na·mens [ナーメンス] I 副 ...という名の. ein Mann *namens* Schmidt シュミットという名の男. II 前[2格とともに]《官庁》...の名において,...の委任(命令)により. *namens* des Gerichts 法廷の名において.

Na·mens≠schild [ナーメンス・シルト] 中 -[e]s/-er 表札; 名札, ネームプレート.

Na·mens≠tag [ナーメンス・ターク] 男 -[e]s/-e 《キリスト教》洗礼名の日.

Na·mens≠vet·ter [ナーメンス・フェッタァ] 男 -s/-n (親戚ではないが)同姓(同名)の人.

Na·mens≠zug [ナーメンス・ツーク] 男 -[e]s/..züge (個性的な)自筆署名;(図案化した)イニシアル.

‡**na·ment·lich** [ナーメントりヒ ná:məntlɪç] I 形 **名前をあげての**,記名の. eine *namentliche* Abstimmung 記名投票 / eine *namentliche* Liste 名簿 / 囚⁴ *namentlich* **auf|rufen** 囚⁴の名前を呼びあげる.
II 副 **特に**,とりわけ. Überall, *namentlich* aber im Gebirge, lag viel Schnee. いたるところ,とりわけ山には多くの積雪があった.

nam·haft [ナームハふト] 形 ① **有名な**,名高い,著名な. (☞ 類語 bekannt). ② 相当な,かなりの(金額など). ③ [成句的に] 囚⁴ *namhaft* **machen** 《書》囚⁴の名前をあげる(明らかにする).

‡**näm·lich** [ネームりヒ né:mlɪç] I 副 ① **というのは**,つまり. Ich kann ihn nicht erreichen, er ist *nämlich* verreist. 私は彼と連絡がとれない,というのも彼は旅行中だからだ. (ミモ 文頭には置かれない.
② **すなわち**,より詳しく言えば(=und zwar). einmal in der Woche, *nämlich* am Freitag 週に一度,すなわち金曜日に.
II 形 [定冠詞とともに: 付加語としてのみ]《雅》同じ,同一の. (英 same). am *nämlichen* Tag その同じ日に. ◇[名詞的に] das *nämliche* (新形) das *Nämliche* それと同じこと.

nann·te [ナンテ] ‡nennen の 過去

na·nu! [ナヌー nanú:] 間 (驚き・不審の念を表して:) おやおや,何だって. *Nanu*, bist du etwa schon satt? おやおや, もうおなかがいっぱいなの.

Na·palm [ナーパるム ná:palm] 中 -s/ 《商標》ナパーム(ガソリンのゼリー化剤). *Napalm*bombe 《軍》ナパーム弾.

Napf [ナブふ nápf] 男 -[e]s/Näpfe 小鉢, 浅め

Napf⌑ku·chen [ナプふ・クーヘン] 男 -s/- 《料理》(鉢形もしくはリング状の)パウンドケーキ. (☞ Kuchen 図).

Naph·tha [ナふタ náfta] 中 -s/ (まれに 女 -/) 《化》ナフタ, ナフタ(石油蒸留物).

Naph·tha·lin [ナふタりーン naftalíːn] 中 -s/ ナフタリン.

Na·po·le·on [ナポーれオン napóːleɔn] I -s/ ナポレオン[1世] (*Napoléon* Bonaparte 1769–1821; フランス皇帝). II 男 -s/-s (単位: -/-) ナポレオンドール(ナポレオン1・3世時代のフランスの20フラン金貨).

Na·po·li [ナーポリ náːpoli] 中 -s/《都市名》ナポリ(イタリア南部. ドイツ名 Neapel).

Nar·be [ナルベ nárbə] 女 -/-n ① 傷跡; あばた; 《医》瘢痕(はんこん). ② (皮革の)粒起面. ③ 《植》柱頭.

nar·big [ナルビヒ nárbɪç] 形 あばたのある, 傷跡のある.

Nar·ko·se [ナルコーゼ narkóːzə] 女 -/-n 《医》麻酔. eine tiefe (leichte) *Narkose* 強い(軽い)麻酔 / dem Patienten eine *Narkose*⁴ geben (または machen) 患者に麻酔をかける / aus der *Narkose* erwachen 麻酔から覚める.

Nar·ko·ti·kum [ナルコーティクム narkóːtikʊm] 中 -s/..tika 麻酔剤(薬).

nar·ko·tisch [ナルコーティッシュ narkóːtɪʃ] 形 《医》麻酔[性]の. ein *narkotisches* Mittel 麻酔薬.

nar·ko·ti·sie·ren [ナルコティズィーレン narkotizíːrən] 他 (h)《医》(人⁴に)麻酔をかける.

der **Narr** [ナル når] 男 (単2·3·4) -en/(複) -en 《雅》愚か者, ばか者. ①(= *fool*). ein verliebter *Narr* 恋に狂った男 / Kinder und *Narren* sagen die Wahrheit.《諺》子供とばかは正直だ(=真実を言う). ② (昔の)道化[師]. den *Narren* spielen a) 道化役を演ずる, b) とぼける / einen *Narren* an 人³ gefressen haben《口語》人³に夢中になっている, ぞっこんほれ込んでいる / 人⁴ zum *Narren* haben (または halten) 人⁴をからかう. ③ (仮装した)カーニバルの参加者.

nar·ren [ナレン nárən] 他 (h)《雅》(人⁴を)ばかにする, 愚弄(ぐろう)する; だます.

Nar·ren⌑frei·heit [ナレン・ふライハイト] 女 -/ ばか[にされている人]の特権(宮廷道化師に与えられていた悪口御免の特権から.「自由に何を言ってもとがめられない」ということ).

Nar·ren⌑**haus** [ナレン・ハオス] 中 -es/..häuser 《古》精神病院 (= Irrenanstalt).

Nar·ren⌑**kap·pe** [ナレン・カッペ] 女 -/-n (鈴のついた三角の)道化帽.

nar·ren⌑si·cher [ナレン・ズィッヒャア] 形《口語・戯》だれにでも扱える(機械など), だれにでもできる(方法など).

Nar·ren⌑streich [ナレン・シュトライヒ] 男 -[e]s/-e 悪ふざけ, いたずら.

Nar·re·tei [ナレタイ narətái] 女 -/-en《雅》悪ふざけ, 愚行; ナンセンス[な言動].

Narr·heit [ナルハイト] 女 -/-en ① 《複 なし》愚かさ, 愚直. ② 悪ふざけ, 愚行.

När·rin [ネリン nérɪn] 女 -/..rinnen 愚かな女性; 女道化師(役者); (仮装した)カーニバルの女性.

*** när·risch** [ネリッシュ nérɪʃ] 形 ① 愚かな, ばかな; ばかげた. ein *närrischer* Kauz おかしなやつ / *närrische* Einfälle⁴ haben ばかげたことを思いつく. ② 《口語》ものすごい, 度はずれた. eine *närrische* Freude ものすごい喜び / auf 人·物⁴ *närrisch* sein 人·物⁴に夢中になっている, 人·物⁴が欲しくてたまらない. ③ カーニバルの, お祭り騒ぎの.

Nar·ziss [ナルツィス nartsís] I -/《ぎリ神》ナルキッソス, ナルシス(水に映る自分の姿に恋して水死し, 水仙の花に化した美少年). II 男 -(または -es)/ ナルシスト, 自己陶酔者.

Nar·ziß ☞《新形》Narziss

Nar·zis·se [ナルツィッセ nartsísə] 女 -/-n 《植》スイセン(水仙).

Nar·ziss·mus [ナルツィスムス nartsísmus] 男 -/ ナルシシズム, 自己陶酔[症], 自己愛.

Nar·ziß·mus ☞《新形》Narzissmus

Nar·zisst [ナルツィスト nartsíst] 男 -en/-en ナルシスト, 自己陶酔者.

Nar·zißt ☞《新形》Narzisst

nar·zis·stisch [ナルツィスティッシュ nartsístɪʃ] 形 ナルシシズムの, 自己陶酔的の.

nar·ziß·tisch ☞《新形》narzisstisch

NASA [ナーザ náːza] 《英》女 -/ (アメリカの)航空宇宙局, ナサ (=National Aeronautics and Space Administration).

na·sal [ナザーる nazáːl] 形 ① 《医》鼻の, 鼻に関する. ② 《言》鼻音の; 鼻にかかった(声).

Na·sal [ナザーる] 男 -s/-e 《言》鼻音 ([m, n, ŋ] など).

Na·sal⌑laut [ナザーる・らオト] 男 -[e]s/-e = Nasal

na·schen [ナッシェン náʃən] I 自 (h) (甘いものなど⁴を少しずつ味わって)食べる. Schokolade⁴ *naschen* チョコレートを食べる. II 自 (h) ① 甘いものを食べる. ②《an (または von) 物³ ～》(物³を)つまみ食いする. Wer *hat* am (または vom) Kuchen *genascht*? ケーキをつまみ食いしたのはだれだ.

Na·scher [ナッシァァ náʃər] 男 -s/- つまみ食いの好きな人; 甘党[の人]. (☞ 女性形は Nascherin).

Na·sche·rei [ナシェライ naʃərái] 女 -/-en ① 《複 なし》つまみ食い. ② 《ふつう 複》甘いもの.

Nä·sche·rei [ネッシェライ nɛʃərái] 女 -/-en 《ふつう 複》《雅》甘いもの.

nasch·haft [ナッシュハふト] 形 甘いもの好きの, つまみ食い好きの.

Nasch·haf·tig·keit [ナッシュハふティヒカイト] 女 -/ 甘いもの好き, よくつまみ食いをすること.

Nasch⌑kat·ze [ナッシュ・カッツェ] 女 -/-n 《口語》(特に女性の)甘党.

die Na·se [ナーゼ ná:zə]

鼻 Er hat eine rote *Nase*.
エァ ハット アイネ ローテ ナーゼ
彼は赤い鼻をしている。

囡 (単) -/(複) -n ① (主に人間の)**鼻**;《比》嗅覚(きゅうかく). (英 nose). eine dicke *Nase* 太い鼻 / eine große *Nase* 大きい鼻 / eine lange (flache) *Nase* 高い(低い)鼻 / eine spitze *Nase* とがった鼻 / eine stumpfe *Nase* 団子鼻. (ゑ「犬などの鼻」は Schnauze,「象の鼻」は Rüssel).

◆[動詞とともに] ⑦[主語として] Ihm blutet die *Nase*. 彼は鼻血を出している / Ihm läuft die *Nase*.《口語》彼は鼻水をたらしている / Die *Nase* ist verstopft. 鼻が詰まっている / Mir passt (または gefällt) seine *Nase* nicht.《口語》私は彼が気にくわない。

② [目的語として] 囚³ die *Nase*⁴ drehen《口語》囚³をあざ笑う / eine gute (または feine) *Nase*⁴ für 事⁴ haben 事⁴に対していい勘をしている / von 囚·事³ die *Nase*⁴ voll haben 囚·事³にうんざりしている(←鼻いっぱい詰めている) / 囚³ eine lange *Nase*⁴ machen《口語》囚³をばかにしてからかう / sich³ die *Nase*⁴ putzen 鼻をかむ / die *Nase*⁴ rümpfen a) 鼻にしわを寄せる, b)《比》小ばかにする / die *Nase*⁴ in 事⁴ stecken 事⁴に余計な口出しをする(←鼻を突っ込む) / die *Nase*⁴ hoch tragen《口語》思いあがっている。

◆[前置詞とともに] 囚³ 事⁴ an der *Nase* ansehen《口語》囚³の顔色を見て事⁴を察する / sich⁴ an die eigene *Nase* fassen または sich⁴ an der eigenen *Nase* zupfen《口語》他人のことよりも自分のことを反省する(←自分の鼻をつかむ) / 囚⁴ an der *Nase* herum|führen《口語》囚⁴をいいようにあしらう(←鼻をつかんで引き回す) / auf der *Nase* liegen《口語》病気で寝ている / auf die *Nase* fallen《口語》a) うつ伏せに倒れる, b)《比》失敗する / 囚³ 事⁴ auf die *Nase* binden《口語》囚³に事⁴をわざわざ話して聞かせる(←鼻に結びつける) / 囚³ auf der *Nase* herum|tanzen《口語》囚³をいいようにあしらう(←鼻の上で踊り回る) / 囚³ eins⁴ auf die *Nase* geben《口語》囚³をしかりつける(←鼻っ柱をぶんなぐる) / 囚³ 事⁴ aus der *Nase* ziehen《口語》囚³から事⁴を巧みに聞き出す(←鼻の中から引き出す) / in der *Nase* bohren 鼻くそをほじる / Das ist mir in die *Nase* gefahren.〖現在完了〗《口語》それには腹が立った(←[においが)鼻についた) / 囚⁴ mit der *Nase* auf 事⁴ stoßen《口語》囚⁴に事⁴をはっきりわからせる(←鼻をぶつける) / Immer der *Nase* nach!《口語》まっすぐ前へ行け / Das ist nicht nach meiner *Nase*.《口語》それは私の好みではない / pro *Nase*《口語》一人当たり / 囚³ 事⁴ unter die *Nase* reiben《口語》囚³に事⁴を手厳しく言ってやる / Der Zug ist mir vor der *Nase* weggefahren.〖現在完了〗《口語》列車は私の目の前で出発してしまった / 事⁴ vor der *Nase* haben《口語》事⁴を極く近くに持っている / 囚³ die Tür⁴ vor der *Nase* zu|schlagen《口語》a) 囚³の鼻先でドアをばたんと閉める, b)《比》囚³をすげなく追い返す。

② (鼻状のもの:)船首, 機首, (自動車の)先端部; 岩の突出部. ③《口語》《塗装の)垂れ.

⚠ ..*nase* のいろいろ: Adler*nase* 鷲鼻 / Haken*nase* 鉤鼻 / Knollen*nase* 団子鼻 / Schnaps*nase* 酒飲みの赤鼻 / Stups*nase* しし鼻

na·se≠lang [ナーゼ・ラング] 副 =nasenlang
nä·seln [ネーゼルン nɛ́:zəln] 圓 (h) 鼻声で話す, 鼻にかかった話し方をする。
Na·sen≠bein [ナーゼン・バイン] 囲 -[e]s/-e《医》鼻骨。
Na·sen≠blu·ten [ナーゼン・ブルーテン] 囲 -s/ 鼻血. *Nasenbluten*⁴ haben 鼻血が出る。
Na·sen≠flü·gel [ナーゼン・フリューゲル] 男 -s/- 鼻翼, 小鼻。
Na·sen≠höh·le [ナーゼン・ヘーレ] 囡 -/-n《医》鼻腔(びくう)。
na·sen≠lang [ナーゼン・ラング] 副《成句的に》alle *nasenlang*《口語》しょっちゅう, 再三。
Na·sen≠län·ge [ナーゼン・レンゲ] 囡 -/-n (競馬で:)鼻づらの長さ / eine *Nasenlänge* gewinnen《比》鼻の差(僅少(きんしょう)差)で勝つ。
Na·sen≠loch [ナーゼン・ロッホ] 囲 -[e]s/..löcher 鼻孔。
Na·sen≠rü·cken [ナーゼン・リュッケン] 男 -s/- 鼻筋, 鼻梁(びりょう);《医》鼻背(びはい)。
Na·sen≠spit·ze [ナーゼン・シュピッツェ] 囡 -/-n 鼻の頭;《医》鼻尖(びせん)。
Na·sen≠stü·ber [ナーゼン・シュテューバァ] 男 -s/- ① (人をたしなめるため)指先で鼻をはじくこと. 囚³ einen *Nasenstüber* geben (または versetzen) 囚³の鼻の頭を指ではじく。②《方》叱責(しっせき)。
na·se≠weis [ナーゼ・ヴァイス] 形 (特に子供に)生意気な, 出しゃばりな, ませた。
Na·se≠weis [ナーゼ・ヴァイス] 男 -es/-e 生意気なやつ(子供)。
nas·füh·ren [ナース・フューレン ná:s-fy:rən] (過分 genasführt) 他 (h) (囚⁴を)だます, かつぐ。
Nas≠horn [ナース・ホルン] 囲 -[e]s/..hörner《動》サイ[類]。

nass [ナス nás]

ぬれた Die Straße ist noch *nass*.
ディ シュトラーセ イスト ノッホ ナス
道路はまだぬれている。

形 (比較 nasser, 最上 nassest または 比較 nässer, 最上 nässest) ① ぬれた, 湿った. (英 wet). (ゑ「乾いた」は trocken). *nasse* Haare ぬれた髪 / mit *nassen* Augen 目をうるませて / das Bett⁴ *nass* machen おねしょする / Ich bin vom Regen durch und durch (または bis auf die Haut) *nass* geworden.〖現在完了〗

私は雨でずぶぬれになった / Die Farbe ist noch *nass*. ペンキはまだ乾いていない / Der Schnee ist *nass*. 雪はべとべとだ / [人]⁴ *nass* machen 《ズボ・隠語》[人]⁴を[試合で]てんぱんにやっつける.
② 雨の多い. Wir hatten einen *nassen* Sommer. 雨の多い夏だった.
naß ☞ 〈新形〉 nass
Nass [ナス] 中 -es/《詩》水; 雨; 酒.
Naß ☞ 〈新形〉 Nass
Nas·sau [ナッサオ nássaʊ] 中 -s/《都市名》ナッサウ(ドイツ, ノルトラインヴェストファーレン州).
Nas·sau·er [ナッサオアァ nássaʊər] I 男 -s/- ナッサウの市民(出身者). II 形《無語尾で》ナッサウの. III 男 -s/- ① (口語・戯) にわか雨. ② (口語) 食事などを他人にたかる人.
nas·sau·ern [ナッサオアァン nássaʊərn] 自 (h) 《口語》人にたかって飲食する, 人の財布を当てにして生きる.
Näs·se [ネッセ nésə] 女 -/ ぬれていること; (ひどい) 湿気, しめり, 水気.
näs·sen [ネッセン nésən] I 他 (h)《雅》(露·涙などが) [物]⁴をぬらす, 湿らせる. II 自 (h) (水気で) 湿っている; (傷口が) じくじくする.
näs·ser [ネッサァ] ‡nass (ぬれた) の 比較
näs·sest [ネッセスト] ‡nass (ぬれた) の 最上
nass·forsch [ナス·フォルシュ] 形 むやみに威勢のいい, 空いばりの.
naß-forsch ☞ 〈新形〉 nassforsch
nass-kalt [ナス·カルト] 形 湿っぽくて冷たい, 寒湿の, 湿冷の(天候など).
naß-kalt ☞ 〈新形〉 nasskalt
*** Na·ti·on** [ナツィオーン natsió:n] 女 (単) -/(複) -en ① 国民. (英 nation). die deutsche *Nation* ドイツ国民. ② 国家 (=Staat). die wirtschaftliche Einigung der europäischen *Nationen*² ヨーロッパ諸国の経済統合 / die Vereinten *Nationen* 国際連合. ③《口語》同国人; 民族 (=Volk).
***na·ti·o·nal** [ナツィオナーる natsioná:l] 形 (英 national). ① 国民の; 民族の; 国家の. ein *nationaler* Feiertag 国民の祝日 / die *nationale* Selbstbestimmung 民族自決 / ein *national* Minderheit 少数民族 / die *nationalen* Interessen⁴ wahren 国家の利益を守る. ② 国内の, 国内的な. (一⇒「国際的な」は international). auf *nationaler* Ebene 国内レベルで. ③ 愛国的な, 国家主義の. eine *nationale* Partei 国家主義的な政党.
Na·ti·o·nal-be·wusst·sein [ナツィオナーる·ベヴストザイン] 中 -s/ 国家(国民)意識.
Na·ti·o·nal-be·wußt·sein ☞ 〈新形〉 Nationalbewusstsein
Na·ti·o·nal-cha·rak·ter [ナツィオナーる·カラクタァ] 男 -s/-e 国民(民族)性.
Na·ti·o·nal-elf [ナツィオナーる·エるフ] 女 -/-en (サッカーの) ナショナルチーム.
Na·ti·o·nal-flag·ge [ナツィオナーる·ふらゲ] 女 -/-n 国旗.
Na·ti·o·nal-held [ナツィオナーる·へるト] 男 -en/-en 国民(国家)的英雄.
Na·ti·o·nal-hym·ne [ナツィオナーる·ヒュムネ] 女 -/-n 国歌.
na·ti·o·na·li·sie·ren [ナツィオナリズィーレン natsionalizí:rən] 他 (h) ① [物]⁴を国有[国産]化する, (企業など⁴を) 国営化する. ② ([人]³に) 市民権を与える, ([人]⁴を) 帰化させる.
Na·ti·o·na·lis·mus [ナツィオナリスムス natsionalísmus] 男 -/《ふつう軽蔑的に:》ナショナリズム, 国家主義;(武) 民族[独立]主義.
Na·ti·o·na·list [ナツィオナリスト natsionalíst] 男 -en/-en ナショナリスト, 国家(民族)主義者.
na·ti·o·na·lis·tisch [ナツィオナリスティッシュ natsionalíst]] 形 国家(民族)主義的な, 国家主義[者]の, 民族主義の.
Na·ti·o·na·li·tät [ナツィオナリテート natsionalité:t] 女 -/-en ① 国籍 (=Staatsangehörigkeit). Welcher *Nationalität*² sind Sie? — Ich bin japanischer *Nationalität*². あなたの国籍はどちらですか — 日本[国籍]です. ② (国内に住む) 少数民族.
Na·ti·o·na·li·tä·ten-kon·flikt [ナツィオナリテーテン·コンふリクト] 男 -[e]s/-e 民族紛争.
Na·ti·o·na·li·tä·ten-staat [ナツィオナリテーテン·シュタート] 男 -[e]s/-en 多民族国家.
Na·ti·o·nal-li·te·ra·tur [ナツィオナーる·リテラトゥーァ] 女 -/-en 国民文学.
Na·ti·o·nal-mann·schaft [ナツィオナーる·マンシャフト] 女 -/-en 《スポ》ナショナルチーム.
Na·ti·o·nal-öko·no·mie [ナツィオナーる·エコノミー] 女 -/ 国民経済学.
Na·ti·o·nal-park [ナツィオナーる·パルク] 男 -s/-s (まれに -e) 国立公園.
Na·ti·o·nal-so·zi·a·lis·mus [ナツィオナーる·ゾツィアリスムス] 男 -/ 国民(国家)社会主義, ナチズム(ヒットラー独裁下のドイツの政体. 1933-1945).
Na·ti·o·nal-so·zi·a·list [ナツィオナーる·ゾツィアリスト] 男 -en/-en 国民(国家)社会主義者, ナチ党員.
Na·ti·o·nal-so·zi·a·lis·tisch [ナツィオナーる·ゾツィアリスティッシュ] 形 国民(国家)社会主義の, ナチスの.
Na·ti·o·nal-spie·ler [ナツィオナーる·シュピーらァ] 男 -s/- ナショナルチームの選手.
Na·ti·o·nal-staat [ナツィオナーる·シュタート] 男 -[e]s/-en 民族国家.
na·tiv [ナティーふ natí:f] 形 ①《化》自然のままの, 天然の. ②《言》生まれつきの, 生得の.
Na·to, NATO [ナート- ná:to] 女 -/ 北大西洋条約機構 (=North Atlantic Treaty Organization).
Nat·ri·um [ナートリウム ná:trium] 中 -s/《化》ナトリウム(記号: Na).
Nat·ron [ナートロン ná:trɔn] 中 -s/《化》重炭酸ナトリウム; ナトロン.
Nat·ter [ナッタァ nátər] 女 -/-n 《動》ヤマカガシ[科のヘビ]; (一般に:) 毒蛇.

die Na·tur [ナトゥーァ natú:r] 囡 (単) -/(複) -en (英 nature) ① 〖覆 なし〗**自然**, 自然界; 自然現象, 自然の風景; (人工に対して)自然[状態], 天然. die Gesetze der *Natur* 自然界の法則 / die belebte (unbelebte) *Natur* 生物(無生物)界 / *Natur* und Kultur 自然と文化 / die *Natur* beobachten (erforschen) 自然を観察する(探求する) / Ihr Haar ist *Natur*. 彼女の髪は本物だ.
◇〖前置詞とともに〗**bei** Mutter *Natur* übernachten (雅) 野宿する / Wir wandern jeden Sonntag **in** die freie *Natur* [hinaus]. 私たちは日曜日にはいつも野山へハイキングに行く / 〖物〗**nach** der *Natur* malen 〖物〗をありのままに描く, 写生する / Zurück **zur** *Natur*! 自然に帰れ(ルソーの言葉).
② 〖ふつう 単〗**本性**, 天性; 素質, 性質; 体質. die menschliche *Natur* 人間の本性 / eine gesunde *Natur* 健康な体質 / Er hat eine gesellige *Natur*. 彼は社交的だ.
◇〖前置詞とともに〗Das geht (または ist) mir **gegen** die *Natur*. それは私の性分に合わない / Das liegt **in** seiner *Natur*. それは彼の性分だ / Er ist **von** *Natur* [aus] schüchtern. 彼は生来内気だ / 〖人〗 **zur** zweiten *Natur* werden 〖人〗にとって習い性となる(← 第 2 の天性).
③ (...)の性格の持ち主. Er ist eine ernste *Natur*. 彼はまじめな性格だ. ④ 〖覆 なし〗(事柄の)本質, 特質. Das liegt **in** der *Natur* der Sache. それは事柄の本質にかかわっている.

Na·tu·ra·li·en [ナトゥラーリエン naturá:liən] 覆 ① (現金の代わりに用いられる)農産物; 現物. **in** *Naturalien* bezahlen 現物で支払う. ② 〖獣〗博物標本.

Na·tu·ra·li·sa·ti·on [ナトゥラリザツィオーン naturalizatsió:n] 囡 -/-en ① 帰化; 〖生〗(外来種の動植物の)帰化. ② (動物の)剥製(はく)化.

na·tu·ra·li·sie·ren [ナトゥラリズィーレン naturalizí:rən] 他 (h) ① 〖法〗〖人〗を帰化させる, 〖人〗に国籍を与える. ② 〖生〗(外国産の動植物〗を帰化させる.

Na·tu·ra·lis·mus [ナトゥラリスムス naturalísmus] 男 -/..lismen ① 〖覆 なし〗(文学・芸術上の)自然主義. ② (芸術作品の)自然主義的特徴. ③ 〖哲〗自然主義.

Na·tu·ra·list [ナトゥラリスト naturalíst] 男 -en/-en 自然主義者, 自然主義の作家.

na·tu·ra·lis·tisch [ナトゥラリスティッシュ naturalístiʃ] 形 ① 写実的な. ② 自然主義的な.

Na·tur·be·las·sen [ナトゥーァ・ベらッセン] 形 自然のままの, 天然の, 無添加の(食品など).

Na·tur·bur·sche [ナトゥーァ・ブルシェ] 男 -n/-n 自然児, 野生味のある若者.

Na·tur·**denk·mal** [ナトゥーァ・デンクマール] 㕥 -[e]s/..mäler (まれに -e) 天然記念物.

na·tu·rell [ナトゥレる naturél] 〖沼〗形 〖無語尾で, ふつう名詞のあとに置かれる〗〖料理〗自然のままの, 天然の, 採れたままの. 薬などを加えない. Zitronenwasser *naturell* 天然の 100% レモン果汁.

Na·tu·rell [ナトゥれる] 㕥 -s/-e 気質, 性格, 本性.

Na·tur·er·eig·nis [ナトゥーァ・エァアイグニス] 㕥 ..nisses/..nisse (不思議な)自然現象.

Na·tur·er·schei·nung [ナトゥーァ・エァシァイヌング] 囡 -/-en (不思議な)自然現象.

na·tur·far·ben [ナトゥーァ・ファルベン] 形 自然色の, 無着色の.

Na·tur·for·scher [ナトゥーァ・フォルシァァ] 男 -s/- 自然研究者.

Na·tur·freund [ナトゥーァ・フロイント] 男 -[e]s/-e 自然愛好家.

na·tur·ge·ge·ben [ナトゥーァ・ゲゲーベン] 形 避け難い, 人の手では変えられない.

na·tur·ge·mäß [ナトゥーァ・ゲメース] I 形 自然に即した, 自然条件に適合した. II 副 必然的に, 当然, もちろん.

Na·tur·ge·schich·te [ナトゥーァ・ゲシヒテ] 囡 -/ 進化史, 発生史; 博物学.

Na·tur·ge·setz [ナトゥーァ・ゲゼッツ] 㕥 -es/-e 自然法則.

na·tur·ge·treu [ナトゥーァ・ゲトロイ] 形 自然のままの, 実物どおりの, 真に迫った(描写など).

Na·tur·heil·kun·de [ナトゥーァ・ハイるクンデ] 囡 -/ 自然療法.

Na·tur·ka·ta·stro·phe [ナトゥーァ・カタストローふェ] 囡 -/-n 自然災害, 天災.

Na·tur·kind [ナトゥーァ・キント] 㕥 -[e]s/-er 自然児.

Na·tur·kost [ナトゥーァ・コスト] 囡 -/ 自然食品.

Na·tur·kost·la·den [ナトゥーァ・コスト・らーデン] 男 -s/..läden 自然食品店.

Na·tur·kraft [ナトゥーァ・クラふト] 囡 -/..kräfte 〖ふつう 覆〗自然力.

Na·tur·kun·de [ナトゥーァ・クンデ] 囡 -/ ① 博物学. ② 自然研究(小学校の授業科目の一).

na·tür·lich [ナテューァリヒ natý:rlıç]

もちろん; 自然の

Du hast *natürlich* Recht!
ドゥ ハスト ナテューァリヒ レヒト
もちろん君の言うとおりさ.

I 副 〖文全体にかかって〗① もちろん, 当然. (英 of course). Hilfst du uns? — *Natürlich*! ぼくたちを助けてくれるかい? — もちろんだよ / Er wird *natürlich* zustimmen, aber... 彼はもちろん賛成するだろうが, しかし…
② 思ったとおり. Sie kam *natürlich* wieder zu spät. 彼女は思ったとおりまた遅れて来た.
II 形 ① 自然の, 天然の; ありのままの, 実物どおりの. (英 *natural*). (⇔ 「人工の」 künstlich). *natürliche* Blumen 本物の花 / *natürliches* Licht 自然光 / ein Standbild in natürlicher Größe 実物大の立像 / ein *natürli*-

cher Tod 自然死 / Der Fluss bildet eine *natürliche* Grenze. その川が自然の境界線になっている / ein *natürliches* Kind a)《古》《法》庶子, b)《口語》(養子に対して:)実の子.
② 生まれつきの, 生来の. die *natürliche* Hautfarbe 生まれつきの皮膚の色 / Er hat eine *natürliche* Begabung für Malerei. 彼には天賦の画才がある.
③ 当然の, あたりまえの, 自明の. die *natürliche* Folge 当然の結果 / Es ist *natürlich*, dass er traurig ist. 彼が悲しんでいるのはあたりまえだ.
④ 気取らない, 飾り気のない. ein *natürliches* Benehmen 気取らないふるまい / Sie hat eine *natürliche* Anmut. 彼女は気取らない上品さがある.

na·tür·li·cher≠wei·se [ナテューァリッヒァァ・ヴァイゼ] 副 当然の成り行きとして, もちろん.

Na·tür·lich·keit [ナテューァリヒカイト] 女 -/ 自然らしさ, 自然さ; 気取らないこと, 素朴さ; 当然(自明)なこと.

Na·tur≠mensch [ナトゥーァ・メンシュ] 男 -en/-en 自然人; 自然愛好家.

Na·tur≠park [ナトゥーァ・パルク] 男 -s/-s (まれに -e) 自然公園.

Na·tur≠recht [ナトゥーァ・レヒト] 中 -[e]s/《哲》自然法.

na·tur≠rein [ナトゥーァ・ライン] 形 (食品が)混ぜ物のない, 無添加の, 天然の.

Na·tur≠schutz [ナトゥーァ・シュッツ] 男 -es/ 自然保護. ein Gebiet[4] unter *Naturschutz* stellen ある地域を自然保護下に置く.

Na·tur·schutz≠ge·biet [ナトゥーァシュッツ・ゲビート] 中 -[e]s/-e 自然保護区域.

Na·tur≠stoff [ナトゥーァ・シュトふ] 男 -[e]s/-e 天然の素材.

na·tur≠ver·bun·den [ナトゥーァ・フェアブンデン] 形 自然に密着した; 自然に愛着をいだいている.

Na·tur≠volk [ナトゥーァ・ふォるク] 中 -[e]s/..völker《ふつう 複》《民族》未開(原始)民族.

*die Na·tur≠wis·sen·schaft [ナトゥーァ・ヴィッセンシャふト] natú-r-vɪsənʃaft] 女(単) -/(複) -en《ふつう 複》**自然科学**. 《英》*natural science*. Gesellschaft für angewandte *Naturwissenschaften* 応用自然科学会.《↔》「精神科学」は Geisteswissenschaften;「社会科学」は Sozialwissenschaften).

Na·tur≠wis·sen·schaft·ler [ナトゥーァ・ヴィッセンシャふトらァ] 男 -s/- 自然科学者; 自然科学専攻学生. (《↔》女性形は Naturwissenschaftlerin).

na·tur≠wis·sen·schaft·lich [ナトゥーァ・ヴィッセンシャふトりヒ] 形 自然科学[上]の. die *naturwissenschaftliche* Fakultät 理学部.

Na·tur≠zu·stand [ナトゥーァ・ツーシュタント] 男 -[e]s/ 自然の[ままの]状態.

Nau·tik [ナオティク náutɪk] 女 -/《海》航海学

(術).

Nau·ti·ker [ナオティカァ náutikər] 男 -s/-《海》航海士.

nau·tisch [ナオティッシュ náutɪʃ] 形《海》航海[術]の.

Na·vi·ga·ti·on [ナヴィガツィオーン navigatsió:n] 女 -/《海·空》航海(航空)[術]; 航法.

na·vi·gie·ren [ナヴィギーレン navigí:rən] 自 (h)《海·空》正しいコースを航行(飛行)する.

Na·za·reth [ナーツァレット ná:tsarɛt] 中 -s/《都市名》ナザレ(イスラエル北部の都市. イエスとその両親の出身地).

Na·zi [ナーツィ ná:tsi] 男 -s/-s ナチ[ス]党員, 国民(国家)社会主義者 (=Nationalsozialist).

Na·zis·mus [ナツィスムス natsísmus] 男 -/ ナチズム, 国民(国家)社会主義 (=Nationalsozialismus).

na·zis·tisch [ナツィスティッシュ natsísti∫] 形 ナチの, 国民(国家)社会主義の.

Nb [エン・ベー]《化·記号》ニオブ (=Niob).

NB [ノタベーネ]《略》注意せよ (=notabene).

n. Br. [ネルトリッヒャァ ブライテ]《略》北緯[の] (=nördlicher Breite).

Nchf. [ナーハ・ふォるガァ または ナーハ・ふォるゲリン]《略》後継者, 弟子 (=Nachfolger[in]).

n. Chr. [ナーハ クリストゥス または …クリストー]《略》西暦, 紀元後 (=nach Christus または nach Christo).

n. Chr. G. [ナーハ クリスティ ゲブーァト]《略》西暦, 紀元後 (=nach Christi Geburt).

Nd [エン・デー]《化·記号》ネオジム (=Neodym).

NDR [エン・デー・エル]《略》北ドイツ放送[局] (=Norddeutscher Rundfunk).

ne [ネ nə] 副《口語》(付加疑問的に:)ね, [そう]でしょう (=nicht wahr?).

ne! [ネー né:] 間《口語》(否定の返事で:)いいや, 違うよ (=nein).

Ne [エン・エー]《化·記号》ネオン (=Neon).

'ne [ネ nə]《口語》『不定冠詞 eine の短縮形』

Ne·an·der·ta·ler [ネアンダァ・ターらァ neándər-ta:lər] 男 -s/- ネアンデルタール人(旧石器時代の原始人類. デュッセルドルフ近郊の発見地名による).

Ne·a·pel [ネアーぺる neá:pəl] 中 -s/《都市名》ナポリ(イタリア南部. Napoli のドイツ名).

‡der Ne·bel [ネーベる né:bəl] 男 (単2) -s/(複) - (3格のみ -n) ① **霧**, かすみ, もや.《英》*fog*. dichter *Nebel* 濃い霧 / Der *Nebel* fällt. 霧が立ち込めてくる / Der *Nebel* lichtet sich. 霧が晴れる / Der *Nebel* hängt über dem Tal. 霧が谷に立ち込めている / **bei** *Nebel* 霧のときに / **im** *Nebel* 霧の中で / im *Nebel* des Alkohols《比》酒に酔って / **wegen** *Nebel*[s] ausfallen《口語·戯》(行事の)わけのわからぬまま中止になる (←霧のために).
② 《天》星雲. der *Nebel* des Orion オリオン星雲.

Ne·bel≠fleck [ネーベる・ふれック] 男 -[e]s/-e

《天》星雲.

ne·bel·haft [ネーベルハフト] 形 ① 《詩》霧のかかった. ② 《比》不明瞭(めいりょう)な, ぼんやりした, おぼろげな(記憶など).

Ne·bel·horn [ネーベル・ホルン] 中 -[e]s/..hörner 《海》霧笛.

ne·be·lig [ネーベリヒ né:bəliç] 形 霧のかかった, 霧の深い, 霧の立ち込めた.

Ne·bel·schein·wer·fer [ネーベル・シャインヴェルファァ] 男 -s/ 《ふつう複》《自動車》フォグランプ.

Ne·bel·schwa·den [ネーベル・シュヴァーデン] 男 -s/ 《ふつう複》流れる濃い霧.

*‡**ne·ben** [ネーベン né:bən] 前 《3格・4格とともに》① ⑦ 《どこに》《3格と》…の隣に, …の横に. 《英 beside》. Der Stuhl steht *neben* der Tür. いすはドアの隣にある（☞ 図）/ *Neben* dem Haus befindet sich die Garage. 家の横にガレージがある / Sie sitzt *neben* ihm. 彼女は彼の隣に座っている.

neben der Tür

④ 《どこへ》《4格と》…の隣へ, …の横へ. Hans stellt den Stuhl *neben* die Tür. ハンスはいすをドアの隣へ置く（☞ 図）/ Wir bauen die Garage *neben* das Haus. 私たちはガレージを家の横に建てる / Sie setzt sich *neben* ihn. 彼女は彼の隣に座る.

neben die Tür

② 《追加》《3格と》…のほかに. Er beherrscht *neben* dem Englischen auch Französisch und Spanisch. 彼は英語のほかにフランス語とスペイン語もこなす.

③ 《比較》《3格と》…と比べて. *Neben* ihm kannst du nicht bestehen. 君は彼には太刀打ちできないよ.

Ne·ben.. [ネーベン.. né:bən..] 《名詞につける接頭》《副・付随・従属》例: *Neben*arbeit 副業.

Ne·ben≠ab·sicht [ネーベン・アップズィヒト] 女 -/-en 付随的な意図, 下心.

Ne·ben≠amt [ネーベン・アムト] 中 -[e]s/..ämter 兼職, 兼任.

*‡**ne·ben≠an** [ネーベン・アン ne:bən-án] 副 並んで, 隣接して. im Zimmer *nebenan* 隣室で / Er wohnt *nebenan*. 彼は隣に住んでいる.

Ne·ben≠an·schluss [ネーベン・アンシュるス] 男 -es/..schlüsse 内線電話.

Ne·ben≠an·schluß ☞ 新形 Nebenanschluss

Ne·ben≠ar·beit [ネーベン・アルバイト] 女 -/-en ① 副業, 内職, アルバイト. ② 片手間仕事; 副論文.

Ne·ben≠aus·ga·be [ネーベン・アオスガーベ] 女 -/-n 《ふつう複》付帯支出, 別途費用.

② (新聞の)地方版.

Ne·ben≠aus·gang [ネーベン・アオスガング] 男 -[e]s/..gänge (わきにある)通用出口.

Ne·ben≠be·deu·tung [ネーベン・ベドイトゥング] 女 -/-en (言葉の)第二義; 副次的意義.

*‡**ne·ben≠bei** [ネーベン・バイ ne:bən-bái] 副 ① そのかたわらで[に], 片手間に. Er ist Student und arbeitet *nebenbei* als Kellner. 彼は学生だが, そのかたわらウエーターとして働いている. ② ついでに. *nebenbei* bemerkt ついでに言うと, ちなみに.

Ne·ben≠be·ruf [ネーベン・ベルーフ] 男 -[e]s/-e 副業, 内職.

Ne·ben≠be·ruf·lich [ネーベン・ベルーふりヒ] 形 副業の.

Ne·ben≠be·schäf·ti·gung [ネーベン・ベシェフティグング] 女 -/-en 副業, 内職; 余分の仕事.

Ne·ben≠buh·ler [ネーベン・ブーらァ] 男 -s/ ① 恋敵. (⇔ 女性形は Nebenbuhlerin). ② 《口語》ライバル, 競争相手.

*‡**ne·ben≠ei·nan·der** [ネーベン・アイナンダァ ne:bən-aınándər] 副 ① 隣り合って, 並び合って. In der Schule haben wir *nebeneinander* gesessen. 学校にいたころ私たちは隣り合って座っていた. ② 同時に. zwei Berufe⁴ *nebeneinander* aus|üben 二つの職を同時にこなす.

Ne·ben≠ei·nan·der [ネーベン・アイナンダァ] 中 -s/ 並存, 並立, 共存.

Ne·ben≠ein·gang [ネーベン・アインガング] 男 -[e]s/..gänge (わきにある)通用入口.

Ne·ben≠ein·künf·te [ネーベン・アインキュンふテ] 複 副収入, 臨時収入.

Ne·ben≠ein·nah·me [ネーベン・アインナーメ] 女 -/-n 《ふつう複》= Nebeneinkünfte

Ne·ben≠fach [ネーベン・ふァッハ] 中 -[e]s/..fächer (大学での)副専攻. (⇔「主専攻」は Hauptfach).

Ne·ben≠fluss [ネーベン・ふるス] 男 -es/..flüsse (河川などの)支流.

Ne·ben≠fluß ☞ 新形 Nebenfluss

Ne·ben≠ge·bäu·de [ネーベン・ゲボイデ] 中 -s/ 附属建築物, 別館, 離れ; 隣接家屋.

Ne·ben≠ge·dan·ke [ネーベン・ゲダンケ] 男 -ns (3格・4格 -n)/-n 付随的な意図, 下心.

Ne·ben≠ge·räusch [ネーベン・ゲロイシュ] 中 -[e]s/-e 《電》(ラジオなどの)雑音;《医》(心臓の)不整音.

Ne·ben≠gleis [ネーベン・グらイス] 中 -es/-e 《鉄道》側線, 待避線.

Ne·ben≠hand·lung [ネーベン・ハンドるング] 女 -/-en (ドラマ, 小説などの)わき筋, サブプロット.

ne·ben≠her [ネーベン・ヘーァ] 副 ① それに加えて, その上に. ② 《詩》ついでに.

ne·ben≠hin [ネーベン・ヒン] 副 ついでに.

Ne·ben≠kos·ten [ネーベン・コステン] 複 付帯経費(費用), 雑費.

Ne·ben≈li·nie [ネーベン・リーニエ] 女 -/-n ① (血統の)傍系. ②〘鉄道〙支線.

Ne·ben≈mann [ネーベン・マン] 男 -[e]s/..männer (まれに ..leute) 隣にいる人；(球技で:) 隣のポジションの人.

Ne·ben≈nie·re [ネーベン・ニーレ] 女 -/-n 〘医〙副腎.

Ne·ben≈pro·dukt [ネーベン・プロドゥクト] 中 -[e]s/-e 副産物.

Ne·ben≈raum [ネーベン・ラオム] 男 -[e]s/..räume ① 隣室, 隣の部屋. ②〘ふつう 複〙 (総称として:)附属室(浴室・化粧室・物置など).

Ne·ben≈rol·le [ネーベン・ロれ] 女 -/-n〘劇・映〙わき役；《比》重要でない役割.

Ne·ben≈sa·che [ネーベン・ザッヘ] 女 -/-n 副次的な事柄, 枝葉末節.

ne·ben≈säch·lich [ネーベン・ゼヒトリヒ] 形 副次的な, 重要でない.

Ne·ben≈säch·lich·keit [ネーベン・ゼヒトリヒカイト] 女 -/-en ①〘複なし〙副次的であること. ② 副次的な事柄, 枝葉末節.

Ne·ben≈satz [ネーベン・ザッツ] 男 -es/..sätze ①〘言〙副文[章], 従属文.（☞「主文[章]」は Hauptsatz). ② ついでの発言.

ne·ben·ste·hend [ネーベン・シュテーエント] 形〘付加語としてのみ〙本文のわきに記された, 欄外の(注記など).

Ne·ben≈stel·le [ネーベン・シュテれ] 女 -/-n ① 支店, 支社. ② 内線電話.

Ne·ben≈stra·ße [ネーベン・シュトラーセ] 女 -/-n わき道, 裏通り；バイパス.

Ne·ben≈tisch [ネーベン・ティッシュ] 男 -[e]s/-e 隣のテーブル.

Ne·ben≈ver·dienst [ネーベン・フェァディーンスト] 男 -[e]s/-e 副収入, 臨時収入.

Ne·ben≈win·kel [ネーベン・ヴィンケる] 男 -s/-〘数〙補角.

Ne·ben≈wir·kung [ネーベン・ヴィルクング] 女 -/-en〘ふつう 複〙(薬などの)副作用.

Ne·ben≈zim·mer [ネーベン・ツィンマァ] 中 -s/- 隣室.

*****neb·lig** [ネーブりヒ né:blıç] 形 霧のかかった, 霧の深い, 霧の立ち込めた. Es ist heute sehr *neblig*. きょうはとても霧が深い.

nebst [ネープスト né:pst] 前〘3 格とともに〙《古》…を伴って, …を含めて (= mit, samt).

ne·bu·los [ネブろース nebulóːs] 形 = nebulös

ne·bu·lös [ネブれース nebulǿːs] 形 ぼんやりした, 漠然とした(考えなど).

Ne·ces·saire [ネセセーァ nesɛsέːr]〘フス〙中 -s/-s (旅行用などの)小物(洗面具)入れ；裁縫小物入れ.

der **Ne·ckar** [ネッカァ nékar] 男 -s/〘定冠詞とともに〙《川名》ネッカル川（ライン川の支流: ☞ 地図 D-4）.

*****ne·cken** [ネッケン nékən] (neckte, *hat*...geneckt) 他（完了 haben）からかう, ひやかす.（英 *tease*). einen Hund *necken* 犬をからかう／ Man *neckt* ihn **mit** seiner neuen Freundin. 彼は新しいガールフレンドのことでひやかされる. ◇〘相互的に〙Die beiden *necken sich*⁴ gern. ふたりはよくからかい合う.

Ne·cke·rei [ネッケライ nɛkəráı] 女 -/-en からかい, ひやかし；悪ふざけ.

ne·ckisch [ネキッシュ nékıʃ] 形 ① からかうのが好きな, いたずらっぽい, おどけた. ②（服装などが)挑発的な, 大胆な.

neck·te [ネックテ] * necken (からかう)の 過去

nee! [ネー néː] 間〘口語〙(否定の返事で:)いや, いきうよ (= nein).

der **Nef·fe** [ネッふェ néfə] 男〘単 2·3·4〙-n/〘複〙-n 甥(おい).（英 *nephew*).（☞「姪」は Nichte). Mein *Neffe* hat sich verlobt. 私の甥が婚約した.

Ne·ga·ti·on [ネガツィオーン negatsióːn] 女 -/-en〘哲〙否定, 否認；〘言〙否定[詞].

*****ne·ga·tiv** [ネガティーふ néːgati:f または ネガティーふ] 形 ①〖英 *negative*) ① **否定の**, 否定的な, 否認の.（☞「肯定の」は positiv). eine *negative* Antwort 否定(拒否)的な回答／ 動⁴ *negativ* bewerten 動⁴を否定的に評価する. ② 都合の悪い, 不利な. die *negativen* Folgen 不利な結果／ eine *negative* Entwicklung 思わしくない展開. ③〘数〙負の, マイナスの；〘物〙陰[極]の；〘医〙陰性の(反応など);〘写〙ネガの, 陰画の. *negative* Zahlen 負の数／ der *negative* Pol 陰極.

Ne·ga·tiv [ネーガティーふ または ネガティーふ] 中 -s/-e [..ヴェ]〘写〙ネガ, 陰画.（☞「陽画」は Positiv).

Ne·ger [ネーガァ néːɡər] 男 -s/- 黒人, ニグロ.（☞ 女性形は Negerin).

Ne·ger≈kuss [ネーガァ・クス] 男 -es/..küsse クリーム入りチョコレートケーキ (= 黒人のキス).

Ne·ger≈kuß [☞ 新形] Negerkuss

ne·gie·ren [ネギーレン negíːrən] 他 (h) 否定する, 否認する；拒否する.

Neg·li·gé [ネグリジェー negliʒéː]〘フス〙中 -s/-s = Negligee

Neg·li·gee [ネグリジェー negliʒéː] 中 -s/-s ネグリジェ,（女性用の)部屋着.

neg·ro·id [ネグロイート negroíːt] 形 ネグロイド(黒色人種)の.

*****neh·men*** [ネーメン néːmən]

取る

Nehmen Sie doch noch Salat!
ネーメン ズィー ドッホ ノッホ ザらート
もっとサラダをお取りなさい.

人称	単	複
1	ich nehme	wir nehmen
2	{du **nimmst** {Sie nehmen	{ihr nehmt {Sie nehmen
3	er **nimmt**	sie nehmen

(nahm, *hat*...genommen) 他（完了 haben）①

[手に]**取る**, つかむ. (英 take). *Nimm* den Eimer und hole Wasser! バケツを取って水をくんで来ておくれ / Er *nahm* den Mantel und ging. 彼はコートを取って出て行った / Sie *nahm* seinen Arm. 彼女は彼の腕を取った.
◇《前置詞とともに》 物⁴ **an sich**⁴ *nehmen* 物⁴を預かる / Er *hat* das Kind **auf** den Schoß *genommen*. 彼は子供をひざに抱いた / alle Schuld⁴ auf sich⁴ *nehmen* 全責任をわが身に負う / die Butter⁴ **aus** dem Kühlschrank *nehmen* 冷蔵庫からバターを取り出す / 物⁴ **in** die Hand *nehmen* 物⁴を手に取る / Das Kind *nimmt* alles in den Mund. その子は何でも口に入れる / die Tasche⁴ **unter** den Arm *nehmen* バッグをわきに抱える / das Bild⁴ **von** der Wand *nehmen* 絵を壁から外します / Er *nahm* den Hut vom Kopf. 彼は帽子を脱いだ / 人⁴ **zu** sich³ *nehmen* 人⁴を自分の家へ引き取る.

② **受け取る**, もらう. Er *nimmt* kein Trinkgeld. 彼はチップを受け取らない / Er *hat* für die Reparatur 200 Mark *genommen*. 彼は修理代として200マルク取った / *Nehmen* Sie eine Zigarette? たばこはいかがですか.

③ 《人³から人・物⁴を》**奪い取る**;《不安など⁴を》取り除く. 人³ das Geld⁴ *nehmen* 人³からお金を奪う / Der Neubau *hat* uns die Aussicht *genommen*. 新しい家が建って見晴らしが悪くなった / 人³ die Hoffnung⁴ *nehmen* 人³から希望を奪う / sich³ das Leben⁴ *nehmen* 自殺する / die Angst⁴ **von** 人³ *nehmen* 人³の不安を取り除いてやる. ◇《lassen とともに》 Das *lasse* ich mir nicht *nehmen*. 私はどうしてもそうします(それは譲れません).

④ 《材料などに》**使う**. *Nehmen* Sie Zucker zum Kaffee? コーヒーに砂糖をお入れになりますか / Man *nehme* fünf Eier und ein Pfund Mehl. 《接1·現在》《料理書などで》卵5個と小麦粉1ポンド(500グラム)を使うこと.

⑤ 《乗り物など⁴を》**利用する**. den Bus *nehmen* バスで行く / Wir *nehmen* ein Taxi. 私たちはタクシーで行こう / Er *nahm* den nächsten Zug. 彼は次の列車に乗った.

⑥ **選び取る**, 選んで買う; 採用する. *Nehmen* Sie Bier oder Wein? ビールになさいますか, それともワインに? / Ich *nehme* diese Bluse. このブラウスにします / Diese Wohnung *nehmen* wir. このアパートを借りることにしよう / 人³ **zur** Frau (zum Mann) *nehmen* 人⁴を妻(夫)にする / einen Privatlehrer *nehmen* 家庭教師を雇う / den kürzesten Weg *nehmen* いちばん近い道を行く.

⑦ 《授業など⁴を》**受ける**, 《休暇など⁴を》**とる**. Klavierstunden⁴ *nehmen* ピアノのレッスンを受ける / Ich *nehme* meinen Urlaub im Juli. 私は7月に休暇をとる.

⑧ 《薬⁴を》**服用する**;《雅》《飲食物⁴を》とる. Sie *nimmt* die Pille. 彼女はピルを飲んでいる / das Frühstück⁴ um sieben Uhr *nehmen* 7時に朝食をとる.

⑨ 《A⁴ **für**《または **als**》B⁴ ~》《A⁴をB⁴と》**みなす**. Er *hat* den Scherz für Ernst *genommen*. 彼は冗談を本気にとった.

⑩ 《人·事⁴を…と》**受けとる**, **解する**. Er *nimmt* dich nicht ernst. 彼は君の言うことを本気にしないよ / 事⁴ wörtlich *nehmen* 事⁴を言葉どおりに受けとる / Wie man's (=man es) *nimmt*. 《口語》それは受けとり方しだいだ. ◇《過去分詞の形で》 streng *genommen* 厳密に言えば.

⑪ **想定する**. *Nehmen* wir den Fall, dass …. …という場合を考えてみよう.

⑫ 《人⁴を》[取り]**扱う**. Sie weiß ihren Mann zu *nehmen*. 彼女は亭主の扱い方を心得ている.

⑬ 《障害物など⁴を》**越える**, **乗り切る**. Der Wagen *nahm* die Steigung im dritten Gang. その車はサードギアで登りきった.

⑭ 《特定の名詞にともない》…を**行う**, …する. Abschied⁴ *nehmen*《雅》別れを告げる / ein Bad⁴ *nehmen* 入浴する / Maß⁴ *nehmen* 寸法を取る / Platz⁴ *nehmen* 着席する ⇒ Bitte, *nehmen* Sie Platz! どうぞ, [いすに]おかけください / zu 事³ Stellung⁴ *nehmen* 事⁴に対して立場を明らかにする / 物⁴ **in** Anspruch *nehmen* 物⁴を要求する / 物⁴ **in** Betrieb *nehmen* 物⁴の運転を開始する / 物⁴ **in** Empfang *nehmen* 物⁴を受理する.

◇☞ **genommen**

Neh·rung [ネールング] 女 -/-en 《地理》砂州(す).

***der Neid** [ナイト náɪt] 男《単2》-es《まれに-s》/ **嫉妬**(しっと), **羨望**(せんぼう), ねたみ.《英 envy》. Das erregte seinen *Neid*. そこだけが彼の嫉妬心をかきたてた / Das ist [nur] der *Neid* der Besitzlosen². それは持たざる者のねたみにすぎない / Sie wurde blass (または gelb または grün) **vor** *Neid*. 彼女はねたみをありありと見せた(←嫉妬で顔色が青く(黄色·緑)になる).

nei·den [ナイデン náɪdən] 他 (h)《雅》《人³の事⁴を》ねたむ, うらやむ, 嫉妬(しっと)する. 人³ den Erfolg *neiden* 人³の成功をうらやむ.

Nei·der [ナイダァ náɪdər] 男 -s/- ねたむ(うらやむ)人.

Neid·ham·mel [ナイト·ハンメる] 男 -s/- (または ..hämmel) ねたみ深い人.

***nei·disch** [ナイディッシュ náɪdɪʃ] 形 ねたんでいる, うらやましげな.《英 envious》. mit *neidischen* Augen うらやましそうな目で / Er ist *neidisch* **auf** meinen Wagen. 彼は私の車をうらやましがっている.

neid·los [ナイト·ろース] 形 ねたまない, うらやましない, 嫉妬(しっと)しない.

Nei·ge [ナイゲ náɪgə] 女 -/-n《ふつう単》《雅》《樽(たる)·グラスなどの》残り[酒], 残滓(ざんし);《比》終末. den Becher bis zur *Neige* leeren 酒杯を完全に飲み干す(←最後の1滴まで) / **auf** die (または **zur**) *Neige* gehen《雅》終わりに近づく, 残り少なくなる.

:nei·gen [ナイゲン náɪgən] (neigte, *hat* geneigt) I 他 (定で) haben) **傾ける**; **下げる**.

(英 incline). das Glas⁴ *neigen* グラスを傾ける / Sie *neigte* den Kopf zum Gruß. 彼女はあいさつのために頭を下げた.
II 〔再帰〕 haben)〔*sich*⁴ *neigen*〕① 傾く;身をかがめる;傾斜している. *sich*⁴ **nach** rechts *neigen* 右へ傾く / Die Mutter *neigte sich* **über** ihr Kind. 母親は子供の上に身をかがめた / Das Gelände *neigt sich* **zum** Fluss. その土地は川の方へ傾斜している.
② 《雅》(時間的に)終わりに近づく. Der Urlaub *neigt sich* dem Ende. 休暇は終わろうとしている.
III 〔自〕〔完〕 haben)〔**zu** 事³ ～〕《事³への)傾向がある;《事³(考えなど)に)傾いている. Er *neigt* zu Erkältungen. 彼は風邪をひきやすい / Ich *neige* nicht zu deiner Ansicht. 私は君の意見に賛成ではない.
◇☞ geneigt

neig·te [ナイクテ] ＊neigen (傾ける)の 過去

*die **Nei·gung** [ナイグング náiguŋ] 女〔単〕-/〔複〕-en ①〔複 なし〕傾けること;傾き,傾斜,勾配 (ぷ). (英 *inclination*). die *Neigung* einer Ebene² 平地の勾配. ② 傾向,素質,好み,気質. Er hat eine *Neigung* **zum** Trinken. 彼は飲酒癖がある / ein Mensch mit musikalischen *Neigungen* 音楽の素質のある人 / Er zeigte keine *Neigung*, sich am Ausflug zu beteiligen. 彼は遠足に参加しようという気を見せなかった. ③《ふつう 単》愛情. eine *Neigung*⁴ **zu** 人³ fühlen 人³に愛情をいだく.

Nei·gungs⸗ehe [ナイグングス・エーエ] 女 -/-n 愛情がきずなとなっている結婚生活.

Nei·gungs⸗win·kel [ナイグングス・ヴィンケル] 男 -s/-〔数〕傾斜角.

***nein** [ナイン náin]

> いいえ Kommst du? — *Nein*!
> コムスト ドゥ ナイン
> 君は来るの? — いいえ.

副 A) ①《否定の答え》いいえ,いや. (英 *no*). (⇔「はい」は ja). Hast du morgen Zeit? — *Nein*. あすは暇? — いいえ / [zu 事³] *nein* (または *Nein*) sagen〔事³を〕拒否する ⇒ Dazu muss ich *nein* (または *Nein*) sagen. 私はそれに賛成できません / Bitte sag nicht *nein* (または *Nein*)! お願いだからノーと言わないで.
◇《副詞・間投詞などとともに》Aber *nein*! いやそうじゃない, とんでもない / Ach *nein*! いいえ[決して] / Nein danke! いや結構です / *Nein* doch! いいえ, そんなことはない, とんでもない / O *nein*! いやとんでもない / *Nein* und abermals *nein*! だめです, 絶対にだめです.
②《否定の問いに対して》はい, ええ. Haben Sie ihn nicht gesehen? — *Nein*! あなたは彼に会わなかったのですね — はい, 会いませんでした.
③《前文の内容を否定して》だめだ. Ihn verraten, *nein* das kann ich nicht. 彼を裏切るだって, だめだ, 私にはそんなことはできない.
B)《文中でのアクセントあり》①《否定の疑問文の文末》《同意を求めて》ねえそうでしょう, 違いますか. Du gehst doch jetzt noch nicht, *nein*? 君はまだ行かないよね.
②《口語》まさか, そんな. *Nein*, das darf nicht wahr sein! まさか, 何かの間違いだよ.
C)《文中でのアクセントなし》①《強調》いやそれどころか. Das ist eine schwierige, *nein*, unlösbare Aufgabe. これは難しい, いや解けない問題だ.
②《意外・驚き》まさか, まったく. *Nein* so was! まさかそんなことが / *Nein*, so eine Überraschung! まったくこいつは驚いた.

Nein [ナイン] 中 -[s]/-[s] いいえという返事, 拒否, 否定. ein eindeutiges *Nein* 明白な否定 / [**zu** 事³] *Nein* sagen〔事³を〕拒否する / mit Ja oder [mit] *Nein* stimmen 賛否の投票をする.

Nein⸗sa·ger [ナイン・ザーガァ] 男 -s/-(軽蔑的に:)ノーマン(なんにでも反対する人). (⇔「イエスマン」は Jasager).

Nein⸗stim·me [ナイン・シュティメ] 女 -/-n 反対票. (⇔「賛成票」は Jastimme).

die **Nei·ße** [ナイセ náisə] 女 -/〔定冠詞とともに〕《川名》ナイセ川 (オーダー川の支流: ☞〔地図〕G-2〜3).

Nek·ro·log [ネクロローク nekroló:k] I 男 -[e]s/-e 弔文, 故人略歴. II 中 -[e]s/-e (教会の)死亡者名簿, 過去帳.

Nek·ro·man·tie [ネクロマンティー nekromantí:] 女 -/ 交霊術.

Nek·tar [ネクタァ néktar] 男 -s/-e ①〔〔複〕なし〕〔ギ神〕ネクタル(神々が飲む不死の酒);〔比〕甘露, 美酒. ②〔植〕花蜜 (はな). ③ 果肉入りジュース.

Nek·ta·ri·ne [ネクタリーネ nɛktarí:nə] 女 -/-n〔植〕ネクタリン(モモの一種).

*die **Nel·ke** [ネルケ nélkə] 女〔単〕-/〔複〕-n ①〔植〕ナデシコ[属]. (英 *pink*). Gartennelke カーネーション. ② ちょうじ(丁子)(薬味の一種).

Ne·me·sis [ネーメズィス né:mezis] I -/〔ギ神〕ネメシス(人間の不遜を罰する女神). II 女 -/〔比〕(罪を罰する)正義, 応報.

NE-Me·tall [エンエー・メタル] 中 -s/-e〔略〕非鉄金属 (＝Nichteisenmetall).

'nen [ネン nən]《口語》《不定冠詞 einen の短縮形》

nen·nen [ネンネン nénən]

> 名づける
> Wie wollen wir das Kind *nennen*?
> ヴィー ヴォレン ヴィァ ダス キント ネンネン
> この子に何という名前をつけようか.

(nannte, hat...genannt) I 他 (完 haben) ① (A⁴を B⁴と) 名づける, 命名する, (…と)呼ぶ. (英 *name*). Sie *nannten* ihren Sohn Dieter. 彼らは息子をディーターと名づけた / Er *wurde* nach dem Vater *genannt*.《受動・過去》彼は

父親の名をとって名づけられた / Sie heißt Heidemarie, aber man *nennt* sie Heidi. 彼女はハイデマリーという名前だが、みんなはハイディと呼んでいる.
② 《[人]⁴ bei (または mit) [物]³ ~》《[人]⁴を[事]³(ある呼び名)で》呼ぶ、呼びならわす. Sie *nannte* ihn beim (または bei seinem) Vornamen. 彼女は彼をファーストネームで呼んだ.
③ 《[人]・[物]⁴を…であると》言う、言い表す. Das *nenne* ich mutig! それこそ勇気があるというものだ / Das *nennt* man Glück! それを幸せと言うのさ / Sie *nannte* ihn einen Dummkopf. 彼女は彼のことをばかだと言った.
④ (名前・例など⁴を)あげる、言う. Er *nannte* einige Beispiele. 彼はいくつかの例をあげた / Können Sie mir nicht ein gutes Hotel *nennen*? いいホテルを教えていただけますか.
II [再帰]《[完了] haben》 sich⁴ [人]¹ (または [人]⁴) *nennen* 自分を[人]¹(または [人]⁴)と名のる、自称する；(…と)呼ばれる. Er *nennt* sich einen Dichter. 彼は詩人と称している.
◇[⇒] **genannt**

nen·nens≈wert [ネンネンス・ヴェーァト] [形] 取りたてて言うほどの. Der Schaden ist nicht *nennenswert*. 損害はそれほどではない.

Nen·ner [ネンナァ *nénər*] [男] -s/-《数》分母.（[英]「分子」は Zähler）. [物]⁴ **auf einen** *Nenner* **bringen** a)[物]⁴(二つ以上の分数)を通分する、b)《比》[物]⁴(異なる意見など)を一つにまとめる.

Nenn≈form [ネン・フォルム] [女] -/-en《言》不定詞、不定形 (=Infinitiv).

Nenn≈leis·tung [ネン・らイストゥング] [女] -/-en《工》定格出力.

nenn·te [ネンテ] [動] nennen (名づける)の[過²].

Nen·nung [ネンヌング] [女] -/-en ① 名前を呼ぶ(あげる)こと、指名. ②《スポ》エントリー、参加申し込み.

Nenn≈wert [ネン・ヴェーァト] [男] -[e]s/-e《経》(株券などの)額面価格、名目価格.

ne·o.., Ne·o.. [ネオ．．neo.. または ネーオ..]《形容詞・名詞につける[接頭]》《新…》例: *Neo*nazi ネオナチ.

Ne·o·dym [ネオデューム *neodým*:m] [中] -s/《化》ネオジム (記号: Nd).

Ne·o≈fa·schis·mus [ネーオ・ファシスムス] [男] -/ (第二次世界大戦以後の)ネオファシズム.

Ne·o·lo·gis·mus [ネオろギスムス *neologísmus*] [男] -/..gismen《言》新語、新語義.

Ne·on [ネーオン *né*:ɔn] [中] -s/《化》ネオン (記号: Ne).

Ne·o≈na·zi [ネーオ・ナーツィ] [男] -s/-s ネオナチ (ネオナチズムの信奉者).

Ne·o≈na·zis·mus [ネーオ・ナツィスムス] [男] -/ ネオナチズム.

Ne·on≈licht [ネーオン・リヒト] [中] -[e]s/ ネオンの光、ネオンサイン.

Ne·on≈röh·re [ネーオン・レーレ] [女] -/-n ネオン管.

Ne·pal [ネーパる *né*:pal または ネパール] [中] -s/《国名》ネパール[王国](首都はカトマンズ).

Nepp [ネップ *nép*] [男] -s/《口語》法外な値段、べらぼうな勘定.

nep·pen [ネッペン *nép*ən] [他] (h)《口語》([人]⁴に)法外な値段(勘定)をふっかける、([人]⁴から)ぼる.

Nep·tun [ネプトゥーン *neptú*:n] I [男] /《[ロ²神]》ネプチューン、ネプトゥーヌス(海神、ギリシア神話のポセイドンに当たる). II [男] -s/《定冠詞とともに》《天》海王星.

‡*der* **Nerv** [ネルフ *nérf*] [男] (単²) -s/(複) -en [..フェン] ①《医》**神経**.（[英] nerve). Seh*nerv* 視神経 / motorische (sensible) *Nerv*en 運動(知覚)神経 / den *Nerv* im Zahn töten 歯の神経を殺す /《比》[人]³ **den** *Nerv* **töten**《比》[人]³の神経を参らせる.
②《ふつう [複]》(精神的な意味で:)神経、感受性. Er hat schwache (starke) *Nerv*en. 彼は神経が細い(ずぶとい) / Ich habe nicht die *Nerv*en, das zu tun.《口語》私にはとてもそんなことをする勇気はない / die *Nerv*en⁴ behalten (verlieren) 平静を保つ(失う) / Der Lärm fällt (または geht) mir **auf die** *Nerv*en. その騒音は私の神経にこたえる / Du hast *Nerv*en!《口語》おまえはあつかましいやつだな.
③《植》葉脈；《昆》翅脈 (シミャク).

ner·ven [ネルフェン *nérf*ən] [他] (h)《俗》([人]⁴の)神経をいらだたせる.

Ner·ven≈arzt [ネルフェン・アールツト] [男] -es/ ..ärzte 神経科医;《口語》精神科医.

ner·ven≈auf·rei·bend [ネルフェン・アオフらイベント] [形] 神経をすり減らすような.

Ner·ven≈bün·del [ネルフェン・ビュンデる] [中] -s/-《医》神経束；神経過敏な人.

Ner·ven≈kit·zel [ネルフェン・キッツェる] [男] -s/ 《口語》ぞくぞくするような興奮、緊張.

Ner·ven≈kli·nik [ネルフェン・クリーニク] [女] -/-en 神経科病院.

ner·ven≈krank [ネルフェン・クランク] [形] 神経病の、神経症にかかった.

Ner·ven≈krank·heit [ネルフェン・クランクハイト] [女] -/-en 神経疾患、神経症、精神病.

Ner·ven≈krieg [ネルフェン・クリーク] [男] -[e]s/ -e 神経戦.

Ner·ven≈sä·ge [ネルフェン・ゼーゲ] [女] -/-n《俗》神経にさわる(いらいらさせる)人(もの).

Ner·ven≈schmerz [ネルフェン・シュメルツ] [男] -es/-en《ふつう [複]》《医》神経痛.

ner·ven≈schwach [ネルフェン・シュヴァッハ] [形] 神経の細い、神経質な.

Ner·ven≈schwä·che [ネルフェン・シュヴェッヒェ] [女] -/《医》神経衰弱[症].

Ner·ven≈sys·tem [ネルフェン・ズュステーム] [中] -s/-e《医》神経系[統].

Ner·ven≈zu·sam·men·bruch [ネルフェン・ツザンメンブルフ] [男] -[e]s/..brüche 神経が参ること、神経性の虚脱.

nerv·lich [ネルふりヒ] [形] 神経[系]の.

*__**ner·vös** [ネルヴェース *nervó*:s] [形]《[比較] nervöser, [最上] nervösest》① 神経質な、神経過敏な；いらいらした. (英 nervous). ein *nervöser*

Mensch 神経質な人 / Sie ist heute sehr *nervös*. 彼女はきょうはとてもいらいらしている. ② 《医》神経[系]の. *nervöse* Erschöpfung 神経衰弱.

Ner·vo·si·tät [ネルヴォズィテート nɛrvozité:t] 囡 -/ ① 神経質な状態, いらいら, 興奮. ② 神経衰弱.

nerv⸗tö·tend [ネルフ・テーテント] 形 神経をいらだたせる.

Nerz [ネルツ nérts] 男 -es/-e ① 《動》ミンク. ② ミンクの毛皮; ミンクのコート.

Nes·ca·fé [ネス・カフェ[ー] nés-kafe[:]] 男 -s/-s 《商標》ネスカフェ (スイスのネスレ社のインスタントコーヒー).

Nes·sel [ネッセる nésəl] I 囡 -/-n 《植》イラクサ[属]. sich⁴ [mit 物³] in die *Nesseln* setzen 《口語》[物³のことで]苦しいはめに陥る / Ich sitze wie **auf** *Nesseln*. 《口語》私は落ち着かない(我慢できない). II 男 -s/- 《織》ラミー織り (いらくさの繊維で織った丈夫な平織).

Nes·sel⸗fie·ber [ネッセる・フィーバァ] 中 -s/ 《医》じんま疹(½)熱.

Nes·sel⸗sucht [ネッセる・ズフト] 囡 -/ 《医》じんま疹(½).

Nes·ses·sär [ネセセーァ nɛsasé:r] 中 -s/-s (旅行用などの)小物(洗面具)入れ; 裁縫小物入れ. (= Necessaire)

das **Nest** [ネスト nést] 中 (単2) -es (まれに -s)/(複) -er (3格のみ -ern) ① (小鳥・虫などの)巣. (愛 nest). Schwalben*nest* つばめの巣 / ein *Nest* aus Zweigen 小枝でできた巣 / Die Vögel bauen ihr *Nest*. 鳥が巣を作る / sich³ ein *Nest*⁴ bauen 《比》新居を構える, 世帯を持つ / das eigene *Nest*⁴ beschmutzen 《比》身内の悪口を言う / Ein Vogel sitzt **auf** (または **in**) dem *Nest*. 鳥が巣にもりしている / sich⁴ ins gemachte *Nest* setzen 《口語・比》玉の輿(⅔)に乗る(←出来上がった巣の中に座る). ② 《口語》ベッド, 寝床. **ins** *Nest* gehen 床に入る. ③ 《口語》小さな(へんぴな)村. ④ 《盗賊などの》隠れ家; 《軍》(カムフラージュした)拠点, 陣地. ⑤ まるめた(まとめた)かたまり; 《髪》の)まげ.

nes·teln [ネステるン néstəln] I 自 (h) **(an** 物³ ~) [物³をいじくり回す. II 他 (h) [物⁴を…へ]いじくって止める(留める), (…から)いじくってはずす.

Nes·ter [ネスタァ] *Nest (巣)の複.

Nest⸗flüch·ter [ネスト・ふりュヒタァ] 男 -s/- 《動》(孵化(⅔)後すぐ巣を離れる)離巣鳥.

Nest⸗häk·chen [ネスト・ヘークヒェン] 中 -s/- 《口語》(甘えた)末っ子 (元の意味は「まだ巣立ちのできないひな鳥」).

Nest⸗ho·cker [ネスト・ホッカァ] 男 -s/- 《動》(孵化(⅔)後かなり時期まで巣にとどまる)留巣鳥.

Nest·ling [ネストりング néstlɪŋ] 男 -s/-e (まだ巣立ちのできない)ひな鳥.

Nes·tor [ネストァ néstɔr] I -s/ 《ギリ神》ネストル (トロイア戦争の老知将). II 男 -s/-en [..トーレン] 《比》長老, (学界の)老大家.

Nest⸗wär·me [ネスト・ヴェルメ] 囡 -/ (子供

にとっての)家庭の温かさ.

⁑**nett** [ネット nét]

人柄のいい Er ist sehr *nett*.
エァ イスト ゼーァ ネット
彼はとてもいい人だ.

I 形 (比較) netter, (最上) nettest) ① **人柄のいい, 感じのいい, 親切な**. (愛 nice). ein *netter* Mensch 感じのいい人 / Das ist sehr *nett* von ihnen. それはどうもご親切に / Seien Sie bitte so *nett*, und reichen Sie mir den Zucker! 《接1・現在》すみませんが, その砂糖を取っていただけませんか / **zu** 人³ *nett* sein [人³]に優しい ⇒ Er war sehr *nett* zu mir. 彼は私にとても優しかった. ◇[名詞的に] etwas *Nettes*⁴ sagen 感じのいいことを言う. (☞ 類語 freundlich).

② **かわいらしい, こざっぱりとした**. Das Kleid ist sehr *nett*. そのワンピースはとてもかわいらしい / Sie ist sehr *nett* angezogen.《状態受動・現在》彼女はこざっぱりとした身なりをしている.

③ **心地よい, 楽しい**. ein *nettes* Lokal 居心地のいいレストラン / Das Klassentreffen war sehr *nett*. クラス会はとても楽しかった.

④《口語》**相当な, かなりの**. eine *nette* Summe かなりの額 / ein *netter* Profit 相当な利益.

⑤《口語》(反語的に:)**いやな, 不愉快な, ひどい**. Das ist ja eine *nette* Geschichte. そいつは結構な話だなあ / Du bist mir ja ein *netter* Freund. 君は実にいい友だちだよ.

II 副《口語》**相当に, しこたま**. Du schwitzt ja ganz *nett*! 君はずいぶん汗をかいているね.

net·ter⸗wei·se [ネッタァ・ヴァイゼ] 副 親切にも.

Net·tig·keit [ネティヒカイト] 囡 -/-en ① 《複なし》*nett*のよいこと, 親切. ② 《ふつう複》親切な言葉(態度); おあいそ.

net·to [ネット- néto] 副《商》正味で(略: nto.); (税金などを除いた)手取りで. (愛 「風袋込みで」 は brutto). Die Ware wiegt *netto* 5 Kilo. その商品は正味5キロある / Sein Gehalt beträgt *netto* 3 400 Mark. 彼の収入は手取り3,400マルクだ.

Net·to⸗ge·wicht [ネット・ゲヴィヒト] 中 -[e]s/- 正味重量, 純量. (愛 「風袋を含めた総重量」は Bruttogewicht).

Net·to⸗lohn [ネット・ローン] 男 -[e]s/..löhne 手取り賃金.

⁑*das* **Netz** [ネッツ néts] 中 (単2) -es/(複) -e (3 格のみ -en) (愛 net) ① (魚・虫などを捕らえる)網; (テニスなどの)ネット; (客車の)網棚 (= Gepäck*netz*); 買物用網袋 (= Einkaufs*netz*); ヘアネット (= Haar*netz*). ein feines (grobes) *Netz* 目の細かい(粗い)網 / ein *Netz*⁴ spannen 網を張る / Sie trägt ein *Netz* über dem Haar. 彼女は髪にヘアネットをつけている / Die Fische gehen **ins** *Netz*. 魚が網の中に入る / den Koffer ins *Netz* legen トランクを網棚に載せる / den Ball ins *Netz*

schießen （サッカーで:)ボールをゴールにシュートする / sich⁴ im eigenen *Netz* verstricken 《比》自縄自縛に陥る(←自分の網の中で身動きがとれなくなる) / 人³ ins *Netz* gehen 《比》人³のわなにかかる / Er fängt Schmetterlinge mit dem *Netz.* 彼はちょうを網で捕まえる.
② くもの巣 (=Spinnen*netz*). ③ 《網状の組織》連絡網, ネットワーク, 情報網. ④ 《網状のもの》道路網;《電》回路網; 配管網; 碁盤目;(地図の)経緯線;《医》(血管・神経などの)網状組織. ein Telefon⁴ an das *Netz* an|schließen 電話を回線につなぐ.

Netz≈an·schluss [ネッツ・アンシュるス] 男 -es/..schlüsse 《電》配線網への接続.
Netz≈**an·schluß** ☞ 新形 Netzanschluss
Netz≈**au·ge** [ネッツ・アオゲ] 中 -s/-n 《昆》複眼.
net·zen [ネッツェン nétsən] 他 (h) 《雅》ぬらす, 湿らす. ② 《方》(植物など⁴に)水をやる.
Netz≈**ge·rät** [ネッツ・ゲレート] 中 -[e]s/-e 《電》エリミネーター.
Netz≈**haut** [ネッツ・ハオト] 女 -/..häute 《医》(目の)網膜.
Netz≈**hemd** [ネッツ・ヘムト] 中 -[e]s/-en 《紳士用の》網目肌着, メッシュシャツ.
Netz≈**kar·te** [ネッツ・カルテ] 女 -/-n 《交通》(1区域の)フリーパス.
Netz≈**werk** [ネッツ・ヴェルク] 中 -[e]s/-e (針金などの)網[細工]; (電線・血管などの)網状組織; ネットワーク(交通網・通信網・回路網など).

***neu** [ノイ nɔ́y]

| 新しい | Das Auto ist *neu.*
ダス アオトー イスト ノイ
この車は新しい. |

形 《比較》 neuer, 《最上》 neu[e]st) (英 *new*) ① (出来たばかりで・始まったばかりの)新しい. (⇔古い) (⇔ alt). ein *neues* Haus 新築の家 / *neuer* Wein (今年の)新ワイン / Das Kleid sieht noch [wie] *neu* aus. そのワンピースはまだ新品に見える / 人³ zum neuen Jahr Glück⁴ wünschen 人³に新年の多幸を祈る.
② (今までに知られていなくて)目新しい. eine *neue* Methode 新しい方法 / die *neuen* Medien ニューメディア / ein *neuer* Rekord 新記録 / Das ist mir *neu.* これは初耳だ.
③ (これまでとは違って)新しい; 新任(新参・新米)の; (旧に対して:)新しい. ein *neuer* Chef 新しい上司 / *neue* Mitglieder 新しいメンバーたち / Sie hat eine *neue* Frisur. 彼女は新しい髪型をしている / ein *neu* geprägtes Wort 新造語 / das *Neue* Testament 新約聖書 / die *Neue* Welt 新世界 (ヨーロッパに対するアメリカ).
④ (追加・変更して)新しい. Er stellte eine *neue* Flasche Wein auf den Tisch. 彼はワインをもう1本テーブルの上に置いた / **aufs *neue*** (新形 **aufs *Neue***) または **von *neuem*** 新たに, 改めて. ◇《副詞的に》ein Buch⁴ *neu* bearbeiten 本を改訂する.

⑤ 現代(近代)の. die *neue* Literatur 現代文学. ◇《比較級の形で》die *neueren* Sprachen 近代諸語.

⎯⎯⎯⎯ 新形 ⎯⎯⎯⎯

neu be·ar·bei·tet 改訂(新訂)された(本など).
neu er·öff·net 新規開店(開業)の.
neu ge·ba·cken 出来たての; なりたての. ein *neu* gebackener Ehemann 新婚ほやほやの夫.
neu ver·mählt 《雅》新婚の.

⎯⎯⎯⎯⎯⎯⎯⎯⎯⎯⎯⎯⎯⎯⎯⎯

Neu≈an·kömm·ling [ノイ・アンケムリング] 男 -s/-e 新参者, 新顔.
Neu≈**an·schaf·fung** [ノイ・アンシャッフング] 女 -/-en 新規購入[品], 新調[品].
neu·ar·tig [ノイ・アールティヒ] 形 新式の, 新型, 新種の.
Neu≈**auf·la·ge** [ノイ・アオふラーゲ] 女 -/-n (本の)新版; 増刷本.
Neu≈**aus·ga·be** [ノイ・アオスガーベ] 女 -/-n (本の)新版; 再版.
Neu≈**bau** [ノイ・バオ] 男 -[e]s/-ten ① 《覆なし》新築; 改築, 再建. ② 建築中の建物, 工事現場. ③ 新築家屋, 新館. ④ 《覆 -e も》(自動車などの)ニューモデル.
Neu≈**bau·woh·nung** [ノイバオ・ヴォーヌング] 女 -/-en 新築の住居.
neu·be·ar·bei·tet 形 (新形) neu bearbeitet) ☞ neu
Neu≈**be·ar·bei·tung** [ノイ・ベアルバイトゥング] 女 -/-en (本の改訂[版], 新訂[版].
Neu≈**bil·dung** [ノイ・ビるドゥング] 女 -/-en ① 新造[物]; 改造[物]. ② 《言》新造語.
Neu≈**bran·den·burg** [ノイ・ブランデンブルク nɔy-brándənburk] 中 -s/ 《都市名》ノイブランデンブルク(ドイツ, メクレンブルク・フォアポンメルン州: ☞ 《地図》F-2).
Neu≈**druck** [ノイ・ドルック] 男 -[e]s/-e (本の)再刊; 翻刻; 新版.
Neu·e[r] [ノイエ (..アァ) nɔ́yə (..ər)] 男 女 《語尾変化は形容詞と同じ》新人, 新顔, 新参者.
neu·er·dings [ノイア・ディングス] 副 ① 近ごろ, 最近. ② 《南ドッ·オーストッ·スィス》改めて, 再び.
Neu·e·rer [ノイエラァ nɔ́yərər] 男 -s/- ① 革新(改革)者. ② (旧東ドイツで:)(技術の進歩に貢献する)発明改良活動家.
neu·er·lich [ノイアァリヒ] 形 新たな, 再度の.
neu·er·öff·net 形 (新形) neu eröffnet) ☞ neu
Neu≈**er·schei·nung** [ノイ・エァシャイヌング] 女 -/-en 新刊書, 新譜[レコード].
Neu·e·**rung** [ノイエルング] 女 -/-en ① 《覆なし》改革, 革新, 改良, 変更. ② 新しいもの.
Neu·e[s] [ノイエ[ス] nɔ́yə[s]] 中 《語尾変化は形容詞と同じ》新しいもの(こと); ニュース. etwas *Neues* (何か新しいもの(こと) / Was gibt es *Neues*? 《口語》何か新しいことはないか / nichts *Neues*⁴ wissen 何もニュースを知らない / **aufs *Neue*** 新たに, 改めて.

neu[・e]st [ノイスト (..エスト) nɔ́ʏst (..əst)] (=neu の最上) 形 最新の. die neusten Nachrichten 最新のニュース. ◇《名詞的に》das Neueste 最も新しいこと[もの] / seit neuestem ほんの少し前から.

Neu・fund・län・der [ノイ・フントれンダァ nɔʏ-fúntlɛndəɾ] 男 -s/- ニューファンドランド種の犬.

neu・ge・backen 形 (新形) neu gebacken ☞ neu

neu・ge・bo・ren [ノイ・ゲボーレン] 形 生まれての、生まれたばかりの. ein neugeborenes Kind 新生児 / sich⁴ wie neugeboren fühlen 生き返ったような気持ちがする.

Neu≈ge・bo・re・ne[s] [ノイ・ゲボーレネ[ス] 中 《語尾変化は形容詞と同じ》新生児(動物).

Neu≈ge・stal・tung [ノイ・ゲシュタるトゥング] 女 -/-en 改造, 改変; 再構築, 再編成.

* die **Neu・gier** [ノイギーァ nɔ́ʏgi:ɾ] 女 《単》-/ 好奇心. (英 curiosity). eine brennende Neugier 燃えるような好奇心 / die Neugier auf 事⁴ 事⁴に対する好奇心 / aus reiner (または bloßer) Neugier まったくの好奇心から / vor Neugier brennen (または platzen) 知りたくてうずうずしている.

Neu・gier・de [ノイギーァデ nɔ́ʏgi:ɾdə] 女 -/ =Neugier

* **neu・gie・rig** [ノイギーリヒ nɔ́ʏgi:ɾɪç] 形 好奇心の強い, 詮索(^{せんさく})好きな, 知りたがっている. (英 curious). Unser Nachbar ist sehr neugierig. うちの隣人はとても好奇心が強い / ein neugieriges Kind 好奇心の強い子供 / 人⁴ neugierig machen 人⁴の好奇心をそそる / auf 人・事⁴ neugierig sein 人・事⁴に強い関心がある, 人・事⁴のことを知りたがっている / Ich bin neugierig, wie die Sache ausgeht. そのことがどうなるか、人⁴ neugierig fragen 人⁴にもの珍しそうに聞く.

Neu・gui・nea [ノイ・ギネーア nɔʏ-giné:a] 中 -s/ 《島名》ニューギニア.

* die **Neu・heit** [ノイハイト nɔ́ʏhaɪt] 女 《単》-/《複》-en ① 《複なし》新しさ, 新鮮さ. (英 novelty). den Reiz der Neuheit² verlieren 新鮮さの持つ魅力を失う. ② 新しいもの, 新製品, ニューモデル. Dieses Auto ist eine Neuheit. この車は新型車だ.

neu・hoch・deutsch [ノイ・ホーホドイチュ] 形 新高ドイツ語の, 近代標準ドイツ語の(略: nhd.). 《およそ17世紀以降の高地ドイツ語》.

Neu≈hoch・deutsch [ノイ・ホーホドイチュ] 中 -[s]/ 新高ドイツ語, 近代標準ドイツ語.

* die **Neu≈ig・keit** [ノイイヒカイト nɔ́ʏɪç-kaɪt] 女《単》-/《複》-en ① ニュース, 新しい情報. (英 news). die Neuigkeiten des Tages きょうのニュース / 人³ Neuigkeiten⁴ berichten 人³にニュースを伝える. ② 《複なし》(略) 新しいこと. 新製品, ニューモデル(=Neuheit ②).

Neu・in・sze・nie・rung [ノイ・インスツェニールング] 女 -/-en (演劇などの)新演出.

* das **Neu≈jahr** [ノイ・ヤール nɔ́ʏ-ja:r または ..ヤール] 中 《単 2》-s/《複》-e (3 格のみ -en) 新年, 元旦. (英 New Year). Neujahr⁴ feiern 新年を祝う / zu Neujahr 元旦に / Prosit Neujahr! 新年おめでとう. (☞ Prosit は「乾杯」. 大みそかの真夜中に乾杯をする習慣がある).

Neu≈jahrs≈wunsch [ノイヤールス・ヴンシュ] 男 -es/..wünsche 年賀, 新年のあいさつ.

Neu≈land [ノイ・らント] 中 -[e]s/ 新開拓地; 新天地; (比)(学問などの)未開拓の分野. Neuland⁴ betreten 新領域を開く.

* **neu・lich** [ノイリヒ nɔ́ʏlɪç] 副 先日, この間. (英 recently). Ich habe ihn neulich gesehen. 私はこの間彼に会った / neulich abends この間の晩 / unser Gespräch von neulich 私たちの先日の話し合い. (☞ 《類語》kürzlich).

Neu・ling [ノイリング nɔ́ʏlɪŋ] 男 -s/-e 新参者, 新米; 初心者.

Neu≈mann [ノイ・マン nɔ́ʏ-man] 《姓》-s/-s ノイマン.

neu・mo・disch [ノイ・モーディッシュ] 形 (ふつう軽蔑的に) 当節はやりの, 当世風の, モダンな.

Neu≈mond [ノイ・モーント] 男 -[e]s/《天》新月.

‡ **neun** [ノイン nɔʏn] 数 《基数; 無語尾で》 9[の]. (英 nine). Es ist neun Uhr. 9時です / Alle neun[e]! a) (九柱戯で:)ストライクだ, b) 《戯》(物を落として壊したときに:) あー, やっちゃった.

Neun [ノイン] 女 -/-en ① (数字の)9; (トランプの)9; (口語) (バス・電車などの)9番[系統]. ② 《成句的に》Ach, du grüne Neune! (口語)これは驚いた.

Neun≈au・ge [ノイン・アオゲ] 中 -s/-n《魚》ヤツメウナギ.

Neu・ner [ノイナァ nɔ́ʏnəɾ] 男 -s/- (口語) (数字の)9; (バス・電車などの)9番[系統].

neu・ner・lei [ノイナァらイ nɔ́ʏnəɾlaɪ] 形 《無語尾で》9 種[類]の, 9通りの.

neun≈fach [ノイン・ふァッハ] 形 9倍の, 9重の.

neun≈hun・dert [ノイン・フンダァト] 数 《基数; 無語尾で》900[の].

neun≈jäh・rig [ノイン・イェーリヒ] 形《付加語としてのみ》9歳の; 9年[間]の.

neun≈mal [ノイン・マーる] 副 9度, 9回; 9倍.

neun≈ma・lig [ノイン・マーリヒ] 形《付加語としてのみ》9回の; 9倍の.

neun・mal・klug [ノインマーる・クるーク] 形 知ったかぶりの, 利口ぶっている.

* **neunt** [ノイント nɔʏnt] 数《neun の序数; 語尾変化は形容詞と同じ》第 9[番目]の. (英 ninth). der neunte Mai 5月9日 / zu neunt 9人連れで. ◇《名詞的に》Beethovens Neunte ベートーヴェンの第9[交響曲].

neun≈tä・gig [ノイン・テーギヒ] 形《付加語としてのみ》9日[間]の.

neun≈tau・send [ノイン・タオゼント] 数《基数; 無語尾で》9,000[の].

neun≈tel [ノインテる nɔ́ʏntəl] 数《分数; 無語尾で》9 分の1[の].

Neun・tel [ノインテる] 中 (^{スイス}: 男) -s/- 9分

の1.

neun・tens [ノインテンス nóyntəns] 副 第9に, 9番目に.

neun⚆zehn [ノイン・ツェーン nóyn-tse:n] 數【基数; 無語尾で】**19**[の]. (英 nineteen). Ich bin neunzehn [Jahre alt]. 私は19歳です.

neun⚆zehnt [ノイン・ツェーント] 數【序数】第19[番目]の.

neun⚆zig [ノインツィヒ nóyntsɪç] 數【基数; 無語尾で】**90**[の]. (英 ninety). Der Pullover hat neunzig Mark gekostet. このプルオーバーは90マルクした.

neun・zi・ger [ノインツィガァ nóyntsɪgər] 形【無語尾で】90[歳代]の; 90年[代]の. ein neunziger Jahrgang a) 1890(1990)年産のワイン, b) 1890(1990)年生まれの人 / die neunziger Jahre des 19. (=neunzehnten) Jahrhunderts 19世紀の90年代.

Neun・zi・ger [ノインツィガァ] 男 -s/- ① 90歳[代]の男性. ② 【複で】90[歳]代; (ある世紀の)90年代. Er ist Mitte der Neunziger[2]. 彼は90歳代の半ばだ. ③ [19]90年産のワイン.

neun・zigst [ノインツィヒスト nóyntsɪçst] 數【序数】第90[番目]の.

neun・zigs・tel [ノインツィヒステる nóyntsɪçstəl] 數【分数; 無語尾で】90分の1[の].

Neu・ord・nung [ノイ・オルドヌング] 女 -/-en (機構・体制などの)改組, 改革, 再編成.

Neu⚆phi・lo・lo・ge [ノイ・ふィろろーゲ] 男 -n/-n 近代語(近代文献)研究者.

Neu⚆phi・lo・lo・gie [ノイ・ふィろろギー] 女 -/-n [..ギーエン] 近代語(近代文献)学.

Neu・ral・gie [ノイラるギー nɔyralgí:] 女 -/-n [..ギーエン]《医》神経痛.

neu・ral・gisch [ノイらるギッシュ nɔyrálgɪʃ] 形 ① 《医》神経痛[性]の. ② 《比》敏感な,(触れられると)痛い. ein neuralgischer Punkt 泣きどころ, 弱点.

Neu・ras・the・nie [ノイラステニー nɔyrasteni:] 女 -/-n [..ニーエン]《医》神経衰弱[症].

Neu・ras・the・ni・ker [ノイラステーニカァ nɔyrasténikər] 男 -s/-《医》神経衰弱[症]患者.

Neu⚆ge・lung [ノイ・レーゲるング] 女 -/-en 新規定(規則).

neu⚆reich [ノイ・ライヒ] 形【付加語として】成金の, 成金趣味の.

Neu・ro・lo・ge [ノイロろーゲ nɔyroló:gə] 男 -n/-n《医》神経病(科)医.

Neu・ro・lo・gie [ノイロろギー nɔyrologí:] 女 -/《医》神経[病]学.

neu・ro・lo・gisch [ノイロろーギッシュ nɔyroló:gɪʃ] 形《医》神経[病]学の.

Neu・ro・se [ノイローゼ nɔyró:zə] 女 -/-n《医》神経症, ノイローゼ.

Neu・ro・ti・ker [ノイローティカァ nɔyró:tikər] 男 -s/-《医》神経症(ノイローゼ)患者.

neu・ro・tisch [ノイローティッシュ nɔyró:tɪʃ] 形《医》神経症の, ノイローゼの.

Neu⚆schnee [ノイ・シュネー] 男 -s/ 新雪.

Neu・see・land [ノイ・ゼーラント nɔy-zé:lant] 中 -s/《国名》ニュージーランド(首都はウェリントン).

Neu⚆sil・ber [ノイ・ズィるバァ] 中 -s/ 洋銀(銅・ニッケル・亜鉛の合金).

Neu⚆sprach・ler [ノイ・シュプラーらァ] 男 -s/- 近代語(文献)研究者.

neu⚆sprach・lich [ノイ・シュプラーハリヒ] 形 近代語の.

neut・ral [ノイトラーる nɔytrá:l] 形 (英 neutral) ① 中立の, 不偏不党の; 公平な. ein neutraler Staat 中立国 / neutral bleiben 中立を守る / ein neutraler Beobachter 公平な観察者をとる. ② 当たりさわりのない, 無難な. ei-ne neutrale Farbe 無難な色 / ein neutraler Briefbogen (会社名などが印刷されていない)白紙の便箋(びん) / sich[4] neutral kleiden 目だたない服装をする. ③《化》中性の;《物》中性の, 帯電していない. ③《言》中性の. ein neut-rales Substantiv 中性名詞.

Neut・ra・li・sa・ti・on [ノイトラリザツィオーン nɔytralizatsió:n] 女 -/-en ①《政》(国家・地域などの)中立化;《言》中性化. ②《化》中和. ③ (スポ) (競技などの)中断.

neut・ra・li・sie・ren [ノイトラリズィーレン nɔytralizí:rən] 他 (h) ①《政》(国・地域など[4]を)中立化する. ②《化》(酸・塩基[4]を)中和する. ③ (スポ) (競技など[4]を)一時中断する. ④ (逆作用によって)無力化する, 無効にする.

Neut・ra・lis・mus [ノイトラリスムス nɔytralísmus] 男 -/ 中立主義(政策).

Neut・ra・li・tät [ノイトラリテート nɔytralité:t] 女 -/-en 《ふつう 単》①《国家の)中立; 中立的態度. die Neutralität[4] wahren 中立を守る. ②《化・物》中性.

Neut・ri・no [ノイトリーノ nɔytrí:no] 中 -s/-s《物》ニュートリノ, 中性微子.

Neut・ron [ノイトロン nóytrɔn] 中 -s/-en [..ロ-ネン]《物》中性子, ニュートロン(記号: n).

Neut・rum [ノイトルム nóytrum] 中 -s/ Neutra (または Neutren) ①《言》(複 なし) (名詞などの)中性(略: n. または N.). ② 中性名詞. ③ 性的魅力に乏しい(中性的な)人; どっちつかずの人.

neu⚆ver・mählt 形 (新形) neu vermählt (新婚の) ☞ neu

Neu⚆wahl [ノイ・ヴァーる] 女 -/-en 改選.

Neu⚆wert [ノイ・ヴェーアト] 男 -[e]s/-e《ふつう 単》新品の値段.

neu⚆wer・tig [ノイ・ヴェーアティヒ] 形 (中古品が)新品同様の, 真新しい.

Neu⚆wort [ノイ・ヴォルト] 中 -[e]s/..wörter《言》新語.

Neu⚆zeit [ノイ・ツァイト] 女 -/ 近世(中世に続く 1500年頃から現代まで).

neu⚆zeit・lich [ノイ・ツァイトリヒ] 形 ① 近世の. ② 近代的な.

New・ton [ニューテン njú:tən] -s/《人名》ニュートン(Isaac Newton 1643-1727; イギリスの物理学

者・天文学者・数学者).

New York [ニュー ヨーク njúː jóːk] 中 – -/s/ ① 《地名》ニューヨーク州. ② 《都市名》ニューヨーク.

nhd. [ノイ・ホーホドイチュ] 《略》新高ドイツ語の (=neuhochdeutsch).

Ni [エン・イー] 《化・記号》ニッケル (=Nickel).

Ni·be·lun·gen [ニーベルンゲン níːbəluŋən] 複 ニーベルンゲン族(黄金の宝を所有するドイツ伝説の小人族).

Ni·be·lun·gen≠hort [ニーベルンゲン・ホルト] 男 –[e]s/ ニーベルンゲン族の黄金の宝.

Ni·be·lun·gen≠lied [ニーベルンゲン・リート] 中 –[e]s/《文学》ニーベルンゲンの歌(13世紀初頭に書かれた中世高地ドイツ語の英雄叙事詩).

Ni·be·lun·gen≠sa·ge [ニーベルンゲン・ザーゲ] 女 –/《文学》ニーベルンゲン伝説.

***nicht** [ニヒト níçt]

> …ない Ich weiß es *nicht*.
>   イヒ ヴァイス エス ニヒト
> 私はそのことを知りません。

副 ① …ない. (英 not). Das verstehe ich *nicht*. それは私にはわからない / Er kommt heute *nicht*. 彼はきょう来ない / Er kommt *nicht* richtig. きょうは彼は来ない / Das ist *nicht* richtig. それは正しくない / Sie kann *nicht* schwimmen. 彼女は泳げない / Ich habe ihn *nicht* gesehen. 私は彼を見かけなかった / Er rief mich *nicht* an. 彼は私に電話をかけてこなかった / Wir haben *nicht* genug Zeit. 私たちには十分な時間がない / *Nicht* alle Mitglieder sind dafür. すべての会員がそれに賛成しているわけではない / Wer hat mein Buch genommen? — Ich *nicht*! 私の本をとったのはだれだ — ぼくじゃないよ / *Nicht* so schnell! そんなに急がないで / Bitte *nicht*! よしてくれ / Bitte *nicht* füttern! (動物園などで) 餌(㌔)をやらないでください / Sie ist *nicht* dumm. 彼女はかではない(思ったより頭がいい). ◇《二重否定で》Das ist *nicht* unmöglich. それはありえないことではない.

....

〈🈁〉nicht の位置：「部分否定」の場合は否定される語句の直前.「全文否定」の場合は原則として文末であるが，不定詞・過去分詞・分離前つづりなどが文末にくる場合にはその直前に置かれる．また，述語としての形容詞や名詞を含む文でも nicht はその直前に置かれる．

....

◇《他の副詞・接続詞とともに》 durchaus *nicht* 決して…ない / *nicht* einmal …すら…ない / [ganz und] gar *nicht* まったく…ない / *nicht* im Geringsten (または im Mindesten) 少しも…ない / *nicht* immer 必ずしも…ない ⇒ Er ist *nicht* immer zu Hause. 彼はいつも在宅でいるとは限らない / *nicht* mehr もはや…ない / noch *nicht* まだ…ない / überhaupt *nicht* 全然…ない / *nicht* zuletzt わけても，とりわけ

nicht anders als… …にほかならない / *nicht* A, aber B A ではないが，[しかし] B / *nicht* A, sondern B A ではなくて B ⇒ Er kommt *nicht* heute, sondern morgen. 彼はきょうではなく，あすやって来る / *nicht* nur A, sondern auch B A だけでなく B もまた / *nicht*, dass… …というわけではないが．

② 《疑問文で》《相手の肯定・同意を期待して》…でしょう. Ist das *nicht* schön? これはすてきでしょう / Sie kommen auch mit, *nicht* [wahr]? あなたもいっしょにいらっしゃいますよね / Warum *nicht*? a) なぜいけないのか，いいではないか, b) もちろんです，いいですとも．

③ 《感嘆文で》《意味を強めて》 Was es *nicht* alles gibt! 何でもあるんだね．

〈新形〉

nicht amt·lich 公式ではない.
nicht ehe·lich 正式の結婚によらない.
nicht lei·tend 《物》不導体(絶縁体)の.
nicht öf·fent·lich 公開ではない.
nicht ros·tend さびない. *nicht rostender* Stahl ステンレススチール.

....

Nicht·ach·tung [ニヒト・アハトゥング] 女 –/ ① 無視. ② 軽視, 軽蔑. ◇ mit *Nichtachtung* behandeln 人⁴を軽視する.

nicht≠amt·lich [ニヒト・アムトリヒ] 形 非公式の.
(🈁 nicht amtlich ともつづる) ☞ nicht

Nicht≠an·er·ken·nung [ニヒト・アンエアケンヌング] 女 –/ 不承認.

Nicht≠an·griffs≠pakt [ニヒトアングリフス・パクト] 男 –[e]s/-e 不可侵条約.

Nicht≠be·ach·tung [ニヒト・ベアハトゥング] 女 –/ ([交通]法規などの)無視.

***die Nich·te** [ニヒテ níçtə] 女 (単) –/(複) –n 姪(㍍). (英 niece). (↔ Neffe).

nicht≠ehe·lich [ニヒト・エーエリヒ] 形《法》正式の結婚によらない, 非嫡出の.
(🈁 nicht ehelich ともつづる) ☞ nicht

Nicht≠ein·mi·schung [ニヒト・アインミッシュング] 女 –/《政》[内政]不干渉, 非介入.

Nicht·ei·sen≠me·tall [ニヒトアイゼン・メタる] 中 –s/-e 非鉄金属(略: NE-Metall).

nich·tig [ニヒティヒ níçtiç] 形 ①《雅》無価値な, つまらない；ささいな. ein *nichtiger* Grund とるに足らない理由. ②《法》無効の. 動⁴ für *nichtig* erklären 動⁴を無効と宣言する.

Nich·tig·keit [ニヒティヒカイト] 女 –/-en ①《複 なし》《雅》無価値；つまらなさ. ② つまらないこと, 小事. ③《複 なし》《法》無効.

nicht≠lei·tend 形 (〈新形〉 nicht leitend) ☞ nicht

Nicht≠lei·ter [ニヒト・らイタァ] 男 –s/-《物》不導体, 絶縁体.

Nicht≠me·tall [ニヒト・メタる] 中 –s/-e 非金属.

nicht≠öf·fent·lich [ニヒト・エッフェントリヒ] 形 非公開の(会議など).

(ﾆﾋﾄ nicht öffentlich ともつづる) ☞ nicht
Nicht·rau·cher [ﾆﾋﾄ·ラオハァ] 男 -s/- ① たばこを吸わない人. (ﾆﾋﾄ「喫煙者」は Raucher). ② 《冠詞なしで》《口語》(列車などの)禁煙車[室].
Nicht·rau·cher·ab·teil [ﾆﾋﾄ ラオハァ·アプタイル] 中 -[e]s/-e (列車の)禁煙車[室].
nicht·ro·stend 形 (新形) nicht rostend) ☞ nicht
*****nichts** [ﾆﾋﾂ níçts]

何も…ない	Das macht *nichts*!
	ダス マハト ニヒツ
	そんなこと何でもありません.

代 《不定代名詞；無変化》何も…ない. (英 *nothing*). (ﾆﾋﾄ「何かあるもの」は etwas). Ich weiß *nichts* davon. 私はそれについては何も知らない / Das ist *nichts* für mich. それは私には向いていない / Das nützt *nichts*. それは何の役にもたたない / so gut wie *nichts* ほとんど何も…ない / **gar *nichts*** 全然何も…ない / alles oder *nichts* すべてか無か / mir *nichts*, dir *nichts* だしぬけに, いきなり / **wie *nichts*** あっという間に.
◊《**zu** 不定詞[句]とともに》Wir haben *nichts* zu essen. 私たちは何も食べる物がない / ***Nichts* zu danken!** (お礼を言われて)どういたしまして.
◊《名詞化された形容詞とともに》Es gibt *nichts* Neues. 変わったことは何もない / Weißt du *nichts* Näheres? 君はもっと詳しいことを知らないのか.
◊《前置詞とともに》Aus *nichts* wird *nichts*. (ことわざ)まかぬ種は生えぬ(←無からは何も生じない) / **für *nichts* und wieder *nichts*** いたずらに, むなしく / Er ist **mit *nichts*** zufrieden. 彼は足りることを知らない(←何物にも満足しない) / sich[4] **um *nichts* kümmern** 何も気にしない / Das führt zu *nichts*. それは何にもならない.
◊《***nichts* [anderes] als** … の形で》…のほかは何も…ない. Mit ihm hat man *nichts* als Ärger. 彼には腹の立つことばかりだ.
◊《***nichts* weniger als** … の形で》まったく…でない(= gar nicht). Ich bin *nichts* weniger als beruhigt. 私は決して安心なんかしていない.

(新形) ………………………………………………

nichts ah·nend 何も知らない, 何もわからない.
nichts sa·gend 無意味な 内容のない；無表情な. eine *nichts sagende* Äußerung 内容のない発言.

*** *das* Nichts** [ﾆﾋﾂ níçts] 中 (単) -/(複) -e (3格のみ -en) ① 《廃》《哲》無, 虚無；空無. (英 *nothingness*). 物[4] **aus** dem *Nichts* erschaffen 物[4]を無から創造する / wie aus dem *Nichts* auftauchen 降ってわいたように現れる. ② 《否》《雅》(ある物の), 少数, 薄給. **für** ein *Nichts* ただ同然の値段で / ein *Nichts*[4] von einem Bikini tragen きわどい(布の小さな)ビキニを身につけている / **vor** dem *Nichts* stehen** (気がついたら)無一物になっている. ③ 取るに足らない人.
nichts·ah·nend 形 (新形) nichts ahnend) ☞ nichts
Nicht·schwim·mer [ﾆﾋﾄ·ｼｭｳﾞｨﾝﾏｧ] 男 -s/- 泳げない人.
nichts·de·sto·we·ni·ger [ﾆﾋﾂ·デスト·ヴェーニガァ] 副 それにもかかわらず.
Nichts·kön·ner [ﾆﾋﾂ·ケンナァ] 男 -s/- 能なし, 仕事のできないやつ.
Nichts·nutz [ﾆﾋﾂ·ヌッツ] 男 -es/-e 役たたず, ろくでなし.
nichts·nut·zig [ﾆﾋﾂ·ヌッツィヒ] 形 役たたずの, ろくでなしの.
nichts·sa·gend 形 (新形) nichts sagend) ☞ nichts
Nichts·tu·er [ﾆﾋﾂ·トゥーアァ] 男 -s/- のらくら者, 怠け者.
Nichts·tun [ﾆﾋﾂ·トゥーン] 中 -s/ 無為；怠惰, のらくら. viel Zeit[4] **mit** *Nichtstun* verbringen 多くの時間を空費する.
nichts·wür·dig [ﾆﾋﾂ·ヴュルディヒ] 形 《雅》卑劣な, 下劣な.
Nicht·wei·ter·ga·be [ﾆﾋﾄ·ヴァイタガーベ] 女 -/ (核兵器などの)不拡散.
Nicht·zu·tref·fen·de[s] [ﾆﾋﾄ·ツートレッフェンデ[ス]] 中 《語尾変化は形容詞と同じ》該当しない事柄.
Ni·ckel[1] [ﾆｯｹﾙ níkəl] I 中 -s/ 《化》ニッケル (記号: Ni). II 男 -s/- 《口語·古》(10 ペニヒの)ニッケル貨幣.
Ni·ckel[2] [ﾆｯｹﾙ] 男 -s/- 《方》きかん坊, わんぱく小僧.
*****ni·cken** [ﾆｯｹﾝ níkən] (nickte, hat…genickt) I 自 (完了 haben) (英 *nod*) ① (了解して)うなずく; (うなずいて)会釈する. zustimmend nicken 同意してうなずく / Die Blumen *nicken* im Wind. 《詩》花が風に揺れている. ② (こっくりこっくり)居眠りする.
II 他 (完了 haben) ① 《雅》(同意などを)うなずいて示す. 人[3] Dank[4] *nicken* 人[3]にうなずいて謝意を示す. ② (サッカーで:)(ボール[4]を…へ)ヘディングする.
Ni·cken [ﾆｯｹﾝ] 中 -s/ うなずき. ein stummes *Nicken* 無言のうなずき.
Ni·cker·chen [ﾆｯｶｧﾋｪﾝ níkərçən] 中 -s/- 《口語》居眠り, うたた寝.
Ni·cki [ﾆｯｷｰ níki] 男 -s/-s (ビロードのような肌触りの綿の)トレーナー.
nick·te [ﾆｯｸﾃ] ＊nicken (うなずく)の 過去
***nie** [ﾆｰ níː] 副 決して…ない. (英 *never*). Das werde ich *nie* vergessen. 私はそのことを決して忘れないだろう / So etwas habe ich noch *nie* gehört. そんなことは私はいまだかつて聞いたことがない / *nie* mehr もう決して…ない / *nie* und nimmer *nie*… もう決してない / *nie* wieder もう二度と…ない ⇒ *Nie* wieder Krieg! 二度と戦争をしてはならない / Jetzt oder *nie*! 今をおいてほかに機会はない.

nie·der [ニーダァ níːdər] I 形 ① (地位・身分が)低い, 下級の; 下層の. (英 low). der *niedere* Beamte 下級公務員 / Er war von *niederer* Herkunft. 彼は低い身分の出だった / das *niedere* Volk 下層の民.
② (生)下等な. *niedere* Tiere 下等動物.
③ (南ドヶ)(高さが)低い; (金額などが)低い. eine *niedere* Mauer 低い壁 / *niedere* Preise 低価格. ④ (雅) 卑しい, 下劣な. *niedere* Triebe 卑しい衝動.
II 副 下へ. (英 down). *Nieder* mit den Waffen! 武器を捨てろ / *Nieder* mit dem Militarismus! (比) 軍国主義打倒! / auf und *nieder* 上に下に(上へ下へ), あちこちに(へ).

nie·der.. [ニーダァ níːdər..] 《分離動詞の[前つづり]; つねにアクセントをもつ》. ① 《下方へ》 例: *nieder*|drücken 押し下げる. ②《圧倒》例: *nieder*|schlagen 弾圧する.

Nie·der·bay·ern [ニーダァ・バイアァン níːdər-baiərn] 中 -s/ 《地名》 ニーダーバイエルン(ドイツ, バイエルン州の北東部地域).

nie·der|beu·gen [ニーダァ・ボイゲン níːdər-bòygən] I 他 (h) 《雅》 (頭・上体など⁴を)下へ曲げる, かがめる. II 再帰 (h) *sich*⁴ *niederbeugen* 《雅》身をかがめる.

nie·der|bren·nen* [ニーダァ・ブレンネン níːdər-brènən] I 他 焼き払う. II 自 (s) (建物などが)焼け落ちる; 燃え尽きる.

nie·der⸗deutsch [ニーダァ・ドイチュ] 形 低地ドイツ[語]の.

Nie·der⸗deutsch [ニーダァ・ドイチュ] 中 -[s]/ 低地ドイツ語.

Nie·der⸗druck [ニーダァ・ドルック] 男 -[e]s/ ..drücke 《工》低圧.

nie·der|drü·cken [ニーダァ・ドリュッケン níːdər-drỳkən] 他 (h) ① 押し下げる, 抑さえつける. die Türklinke⁴ *niederdrücken* ドアの取っ手を押し下げる. ② 《雅》(人⁴の)気をめいらせる, (人⁴を)意気消沈させる. Der Misserfolg *drückte* ihn *nieder*. 彼は失敗でがっかりした. ◇《現在分詞の形で》*niederdrückende* Erlebnisse 気のめいるような経験.
◇☞ **niedergedrückt**

nie·der|fal·len* [ニーダァ・ふァレン níːdər-fàlən] 自 (s) 《雅》① (木の葉などが)落下する, 散る. ② ひざまずく.

Nie·der⸗fre·quenz [ニーダァ・ふレクヴェンツ] 女 -/-en 《物》低周波.

Nie·der⸗gang [ニーダァ・ガング] 男 -[e]s/..gänge ① (複 なし)《雅》没落, 衰微; 退廃. ② 《海》甲板の昇降階段.

nie·der·ge·drückt [ニーダァ・ゲドリュックト] I *nieder*|drücken (押し下げる)の 過分 II 形 意気消沈した, ふさぎ込んだ.

nie·der|ge·hen* [ニーダァ・ゲーエン níːdər-gèːən] 自 (s) ① (飛行機などが)着陸する, 着水する. ② (雨などが)激しく降る, (雪崩などが)崩れ落ちる. ③ (幕などが)降りる; (太陽が)沈む. ④ (ボクシングで:)ダウンする.

nie·der·ge·las·sen [ニーダァ・ゲラッセン] *nieder*|lassen (再帰 で: 腰を下ろす)の 過分

nie·der·ge·legt [ニーダァ・ゲレークト] *nieder*|legen (下に置く)の 過分

nie·der·ge·schla·gen [ニーダァ・ゲシュラーゲン] I *nieder*|schlagen (なぐり倒す)の 過分 II 形 しょげた, がっかりした, 意気消沈した. Sie wirkt *niedergeschlagen*. 彼女はしょげかえっているように見える.

Nie·der·ge·schla·gen·heit [ニーダァ・ゲシュラーゲンハイト] 女 -/ 意気消沈, 落胆.

nie·der|hal·ten* [ニーダァ・ハルテン níːdər-hàltən] 他 (h) ① (下方へ)押さえている. ② (民衆など⁴を)押さえている. ③ (反乱など⁴を)鎮圧する, (感情など⁴を)抑える.

nie·der|ho·len [ニーダァ・ホーレン níːdər-hòːlən] 他 (h) (帆・旗など⁴を)下ろす.

nie·der|kämp·fen [ニーダァ・ケンプふェン níːdər-kèmpfən] 他 (h) ① (敵など⁴を)打ち負かす. ② (怒り・涙など⁴を)抑える, こらえる.

nie·der|kni·en [ニーダァ・クニー[エ]ン níːdər-kniː[ə]n] 自 (s)・再帰 (h) *sich*⁴ *niederknien* ひざまずく, ひざをついて座る.

nie·der|knüp·peln [ニーダァ・クニュッペルン níːdər-knỳpəln] 他 (h) こん棒でなぐり倒す.

nie·der|kom·men* [ニーダァ・コンメン níːdər-kòmən] 自 (s) ① 《mit 人³ ~》《雅》(人³を)産む. ② (雅)下りて来る.

Nie·der⸗kunft [ニーダァ・クンふト] 女 -/..künfte 《雅》分娩, 出産.

* *die* **Nie·der⸗la·ge** [ニーダァ・ラーゲ níːdər-laːgə] 女 (単)-(複)-n ① 敗北, 敗戦. (英 defeat). (反「勝利」は Sieg, Triumph). eine schwere *Niederlage* 手痛い敗北 / eine *Niederlage*⁴ erleiden (または erleben) 敗北を喫する / 人³ eine *Niederlage*⁴ bei|bringen (または zu|fügen) 人³を打ち負かす. ② (特にビールの)倉庫, 貯蔵所. ③ (特に食品店の)支店.

* *die* **Nie·der·lan·de** [ニーダァ・ランデ níːdər-landə] 複 (3 格のみ -n) 《定冠詞とともに》《国名》 オランダ[王国][首都はアムステルダム. ただし政府所在地はデン・ハーグ]. nach den *Niederlanden* (または in die *Niederlande*) fahren オランダへ行く.

Nie·der·län·der [ニーダァ・レンダァ níːdər-lɛndər] 男 -s/- オランダ人, 《女性形は Niederländerin》. II 形《無語尾で》オランダの.

nie·der·län·disch [ニーダァ・レンディッシュ níːdər-lɛndɪʃ] 形 オランダ[人・語]の. ◇《名詞的に》 das *Niederländische* オランダ語.

* **nie·der|las·sen*** [ニーダァ・ラッセン níːdər-làsən] du lässt...nieder, er lässt...nieder (ließ...nieder, hat...niedergelassen) I 再帰 (宗て haben) *sich*⁴ *niederlassen* ① 《方向・場所を表す語句とともに》《雅》(…に)腰を下ろす, 座る; (鳥が)とまる. (英 let down). Er ließ *sich* auf eine Bank (または einer Bank) *nieder*. 彼はベンチに腰を下ろした / *sich*⁴ auf die

Niederlassung 966

Knie niederlassen ひざまずく / sich⁴ in einen Sessel (または einem Sessel) niederlassen 安楽いすに座る. ② 《場所を表す語句とともに》(…に)定住する; (医者・弁護士などが…で)開業する. sich⁴ in Bremen **als** Arzt niederlassen ブレーメンで医者を開業する.
II 他 (完了 haben) (旗・幕など⁴を)下ろす.

Nie·der·las·sung [ニーダァ・ラッスング] 女 -/-en ① 《複 なし》居住, 定住; (医師などの)開業. ② 《経》営業所, 支店.

*__nie·der__|__le·gen__ [ニーダァ・レーゲン ní:-dər-lè:gən] (legte ... nieder, hat ... niedergelegt) 他 (完了 haben) ① 《雅》(持っている物⁴を)下に置く, 横たえる; (子供など⁴を)寝かせる. (英 lay down). einen Kranz am Grabmal niederlegen 墓標に花輪を供える / die Waffen⁴ niederlegen 《比》戦いをやめる(←武器を置く). ◇《再帰的に》sich⁴ ein bisschen niederlegen ちょっと横になる. ② 放棄する, やめる. die Arbeit⁴ niederlegen ストライキに入る / ein Amt⁴ niederlegen 辞職する. ③ 《雅》(文書に)書きとめる. ④ 《古》(家・塀など⁴を)取り壊す, 取り払う.

nie·der|**ma·chen** [ニーダァ・マッヘン ní:-dər-màxən] 他 (h) 《口語》(大量に)虐殺する.

nie·der|**mä·hen** [ニーダァ・メーエン ní:dər-mɛ̀:ən] 他 (h) (多数の人⁴を)次々に射殺する.

nie·der|**met·zeln** [ニーダァ・メッツェルン ní:dər-mètsəln] 他 (h) = nieder/machen

Nie·der·ös·ter·reich [ニーダァ・エースタァライヒ ní:dər-ø:stərraiç] 中 -s/ 《地名》ニーダーエースターライヒ(オーストリア9州の一つ. 州庁はウィーンにあるが, ウィーンは独立州をなす).

nie·der|**pras·seln** [ニーダァ・プラッセルン ní:dər-pràsəln] 自 (s) (雨などが)たたきつけるように降る; 《比》(批難などが)ふりかかる.

nie·der|**rei·ßen*** [ニーダァ・ライセン ní:dər-ràisən] 他 (h) ① (建物など⁴を)取り壊す, 取り払う. ② 《古》(人⁴を)引き倒す.

nie·der≈rhei·nisch [ニーダァ・ライニッシュ] 形 下部ラインの, ライン川下流の.

nie·der|**rin·gen*** [ニーダァ・リンゲン ní:dəriŋən] 他 (h) ① 打ち負かす. ② (怒りなど⁴を)抑える.

Nie·der·sach·sen [ニーダァ・ザクセン ní:dərzaksən] 中 -s/ 《地名》ニーダーザクセン(ドイツ16州の一つ. 州都はハノーファー; ☞ 地図 D-2).

nie·der|**schie·ßen*** [ニーダァ・シーセン ní:-dər-ʃi:sən] I 他 (h) (人⁴を)撃ち倒す, 撃ち殺す. II 自 (s) (鳥などが)急降下する.

*__der__ **Nie·der≈schlag** [ニーダァ・シュラーク ní:dər-ʃla:k] 男 (単2) -[e]s/《複》..schläge [..シュレーゲ] (3格のみ ..schlägen) ① 《気象》降水(雨・雪・あられなど). (英 precipitation). leichte Niederschläge 小雨. ② 《化》沈殿[物]. ③ (思想・経験などの)書きとめられたもの, 表現. (英 expression). ④ (ボクシングで:)ノックダウン・パンチ. ⑤ 《音楽》下拍, 強拍.

__nie·der__|__schla·gen__ [ニーダァ・シュラーゲン ní:dər-ʃlà:gən] du schlägst ... nieder, er schlägt ... nieder (schlug ... nieder, hat ... niedergeschlagen) I 他 (完了 haben) ① なぐり倒す, 打ちのめす. (英 knock down). den Gegner im Boxkampf niederschlagen ボクシングで相手をノックアウトする. ② (穀物など⁴を)なぎ倒す. ③ (目⁴を)伏せる. ④ (暴動など⁴を)鎮圧する; (興奮・熱など⁴を)鎮める, 下げる. einen Streik niederschlagen ストライキを鎮める. ◇ 《現在分詞の形で》niederschlagende Mittel 鎮静剤. ⑤ 《法》(審理など⁴を)打ち切る; (罰金など⁴を)免除する.
II 再帰 (完了 haben) sich⁴ niederschlagen ① 《化》沈殿する. ② (水蒸気などが)結露する. ③ 《sich⁴ **in** 物³ ~》(思想などが物³にはっきり)表れている. Diese Erfahrungen **haben** sich in seinen Büchern niedergeschlagen. これらの経験が彼の著書にはっきり表れていた.
◇☞ **niedergeschlagen**

nie·der|**schmet·tern** [ニーダァ・シュメッテルン ní:dər-ʃmètərn] 他 (h) (人⁴を)打ち倒す; (人⁴を精神的に)打ちのめす.

nie·der|**schmet·ternd** [ニーダァ・シュメッタァント] I nieder|schmettern (打ち倒す)の 現分 II 形 人を打ちのめすような, ショッキングな(知らせ・結果など).

nie·der|**schrei·ben*** [ニーダァ・シュライベン ní:dər-ʃràibən] 他 (h) 書き記す, 書きとめる.

Nie·der≈schrift [ニーダァ・シュリフト] 女 -/-en ① 書き記すこと, 執筆. ② 記録, 文書.

nie·der|**set·zen** [ニーダァ・ゼッツェン ní:dər-zètsən] I 他 (h) (荷物など⁴を)下に置く, 下ろす. II 再帰 (h) sich⁴ niedersetzen 座る, 腰を下ろす.

Nie·der≈span·nung [ニーダァ・シュパンヌング] 女 -/-en 《電》低圧.

nie·der|**stim·men** [ニーダァ・シュティンメン ní:dər-ʃtìmən] 他 (h) (提案など⁴を)投票で否決する.

nie·der|**sto·ßen*** [ニーダァ・シュトーセン ní:-dər-ʃtò:sən] I 他 (h) 《雅》突き倒す; 刺し殺す. II 自 (s) (鳥が)急降下する. **auf** die Beute niederstoßen (鳥が)急降下して獲物を襲う.

nie·der|**stre·cken** [ニーダァ・シュトレッケン ní:dər-ʃtrɛ̀kən] I 他 (h) 《雅》撃ち(打ち)倒す. II 再帰 (h) sich⁴ niederstrecken 《雅》横になる, 寝そべる.

Nie·der·tracht [ニーダァ・トラハト ní:dər-traxt] 女 -/ 《雅》卑劣さ, 下劣さ.

nie·der≈träch·tig [ニーダァ・トレヒティヒ] I 形 ① 卑劣な, 下劣な. eine niederträchtige Verleumdung 卑劣な中傷. ② 《口語》ものすごい, すさまじい. Es war niederträchtig kalt. ものすごく寒かった. II 副 《口語》ひどく, ものすごく.

Nie·der·träch·tig·keit [ニーダァ・トレヒティヒカイト] 女 -/-en ① 《複 なし》卑劣さ, 破廉恥. ② 卑劣(破廉恥)な行為.

nie·der|**tre·ten*** [ニーダァ・トレーテン ní:dər-trɛ̀:tən] 他 (h) ① (芝生・花など⁴を)踏みつける.

② 《俗》(地面・雪など⁴を)踏み固める. ③ 《雅》(じゅうたんなど⁴を)踏みへらす,(靴のかかと⁴を)つぶす.

Nie·de·rung [ニーデルング] 囡 -/-en 低地, 平地; 《比》下層社会. die *Niederungen* des Lebens どん底生活.

nie·der|wer·fen* [ニーダァ・ヴェルフェン ní:-dər-vèrfen] I 他 (h)《雅》① (敵⁴を)打ち負かす, 打ち倒す. ② (暴動など⁴を)鎮圧する. ③ (病気が人⁴を)床につかせる. Die Krankheit *warf* ihn *nieder*. 彼は病気で寝込んだ. II 再帰 (h) *sich*⁴ *niederwerfen* ひれ伏す.

Nie·der·wild [ニーダァ・ヴィルト] 中 -[e]s/《狩》(総称として:)小さい猟獣(うさぎ・きじなど).

***nied·lich** [ニートリヒ ní:tlɪç] 形《英 *cute*》 ① かわいらしい, 愛らしい. ein *niedliches* Kind かわいらしい子供.（☞ 類語 schön）. ② 《方・戯》ちっぽけな(ケーキなど).

Nied·na·gel [ニート・ナーゲル] 男 -s/..nägel 逆むけ;《医》爪爪.

***nied·rig** [ニートリヒ ní:drɪç] 形《英 *low*》 ① (高さが)低い.（＊「高い」は hoch）. *niedrige* Berge 低い山々 / eine *niedrige* Zimmerdecke 低い天井 / eine *niedrige* Stirn 狭い額 / Der Stuhl ist mir zu *niedrig*. この椅子は私には低すぎる / Das Flugzeug flog *niedrig*. 飛行機は低空飛行をした.

② (数値が)低い, 少ない;(値段の)安い. ein *niedriger* Gewinn 少ない利益 / eine *niedrige* Miete 安い部屋代 / mit *niedriger* Geschwindigkeit 低速で.

③ (社会的地位が)低い; (程度・質が)低い, 低級な. ein Mensch von *niedriger* Herkunft 下層階級出の人 / hoch und *niedrig* (新形) Hoch und *Niedrig* 貴賤(きせん)の別なく, だれでも.

④ (道徳的に)低俗な, 卑しい. *niedrige* Gesinnung 卑しい考え方 / *niedrig* handeln 卑しいふるまいをする.

> 類語 **niedrig**: (ものの高さそのものが)低い. **tief**: (ある段階より以下で)低い. Das Grundstück liegt *tiefer* als die Straße. その地所は通りより低いところにある. **unter**-: (段階が低い), 下の. die *unteren* Stockwerke 下の階.

Nied·rig·keit [ニードリヒカイト] 囡 -/-en ① 《複 なし》低い(低位である)こと. ② 低俗(卑劣)な言動.

Nied·rig≠was·ser [ニードリヒ・ヴァッサァ] 中 -s/- (河川・湖の)低水位; (干潮時の)最低水位.

***nie≠mals** [ニー・マールス ní:-ma:ls] 副 決して…ない (=nie).《英 *never*》. Das mache ich *niemals* wieder. 私はそんなことはもう二度としません / *Niemals*!（強く拒否して:)とんでもない, まっぴら御免だ.

***nie·mand** [ニーマント ní:mant]

> だれも…ない *Niemand* weiß es.
> ニーマント　ヴァイス　エス
> だれもそれは知らない.

代《不定代名詞; 2格 niemand[e]s, 3格 niemand[em], 4格 niemand[en]》《つねに単数》だれも…ない, 一人も…ない.《英 *no one*》. Kann mir *niemand* helfen? だれも私を助けてくれないのか / Er ist *niemand*[e]s Feind. 彼には一人も敵がない / Ich habe dem Plan *niemand*[em] erzählt. 私はその計画をだれにも話したことはない / Ich habe *niemand*[en] gesehen. 私はだれも見かけなかった / Das kann *niemand* anders als er. それができるのは彼以外ではない.

Nie·mands≠land [ニーマンツ・ラント] 中 -[e]s/ ① (国境・戦線などの)無人地帯. ② 《略》人跡未踏の地.

* *die* **Nie·re** [ニーレ ní:rə] 囡 (単) -/(複) -n ① 《医》腎臓(じんぞう).《英 *kidney*》. eine künstliche *Niere* 人工腎臓 / Das geht mir **an die** *Nieren*.《口語》それは私にはひどくこたえる. ② 《ふつう複》腎臓(じんぞう)料理.

Nie·ren≠bra·ten [ニーレン・ブラーテン] 男 -s/-《料理》(子牛の)腎臓(じんぞう)付き腰肉のロースト.

Nie·ren≠ent·zün·dung [ニーレン・エントツュンドゥング] 囡 -/-en《医》腎炎(じんえん).

Nie·ren≠stein [ニーレン・シュタイン] 男 -[e]s/-e《医》腎石(じんせき), 腎臓(じんぞう)結石.

nie·seln [ニーゼルン ní:zəln] 非人称 (h) Es *nieselt*. 霧雨が降る.

Nie·sel≠re·gen [ニーゼル・レーゲン] 男 -s/-《ふつう単》霧雨, こぬか雨.

***nie·sen** [ニーゼン ní:zən] du *niest* (*nieste*, *hat...geniest*) 自 (完了 *haben*) くしゃみをする.《英 *sneeze*》. laut *niesen* 大きなくしゃみをする.

Nies≠pul·ver [ニース・プルファァ] 中 -s/- (いたずら用の)くしゃみ粉.

Nieß≠brauch [ニース・ブラオホ] 男 -[e]s/《法》使用権, 用益権.

nies·te [ニーステ] ***niesen** (くしゃみをする)の過去

Nies≠wurz [ニース・ヴルツ] 囡 -/-en《植》クリスマスローズ属(その根からくしゃみ粉がつくられる).

Niet [ニート ní:t] 男 (または 中) -[e]s/-e = Niete¹

Nie·te¹ [ニーテ ní:tə] 囡 -/-n ① 空(はず)くじ;《比》失敗, 不成功. eine *Niete*⁴ ziehen 空くじを引く. ② 《口語》能なし, 役たたず.

Nie·te² [ニーテ] 囡 -/-n 鋲(びょう), リベット.

nie·ten [ニーテン ní:tən] 他 (h) (物⁴を) 鋲(びょう)で留める,（物⁴に）リベットを打つ.

Nie·ten≠ho·se [ニーテン・ホーゼ] 囡 -/-n ジーンズ, ジーパン (縫い目などを鋲で留めてあることから).

niet- und na·gel≠fest [ニート ウント ナーゲる・フェスト]《成句的に》[alles,] was nicht *niet- und nagelfest* ist《口語》持って行けるものの[すべて]（← リベットやくぎで留めていないものの[すべて]）

Nietz·sche [ニーチェ ní:tʃə または ニーツシェ ní:tsʃə] -s/《人名》ニーチェ (Friedrich *Nietzsche* 1844-1900; ドイツの哲学者.『ツァラトゥストラはこう語った』の著者).

Ni·hi·lis·mus [ニヒリスムス nihilísmus] 男 -/ ニヒリズム, 虚無主義.

Ni·hi·list [ニヒリスト nihilíst] 男 -en/-en ニヒリスト, 虚無主義者.

ni·hi·lis·tisch [ニヒリスティッシュ nihilístɪʃ] 形 ニヒリズムの, 虚無主義の, 虚無的な.

Ni·ke [ニーケ ní:kə] -s/《ギリシア神》ニケ (勝利の女神. ローマ神話のヴィクトリアに当たる).

Ni·ko·laus¹ [ニコラウス níkolaus または ニー‥ní:‥] -/《男名》ニコラウス.

Ni·ko·laus² [ニコらオス または ニー‥] I -es/《人名》聖ニコラウス (長い白ひげに赤マントの姿で 12 月 6 日またはその前夜, 子供たちに贈り物をする. 実はミュラの司教で伝説的な聖人 *Nikolaus* von Myra (350 年頃)にちなむ祭. アメリカに伝わってサンタ・クロースとなった). II 男 -es/-e (口語・戯: ..läuse) ① 聖ニコラウスにふんする人. ② =Nikolaustag

Ni·ko·laus⁀tag [ニコらオス・ターク] 男 -[e]s/-e 聖ニコラウス祭 (12 月 6 日).

Ni·ko·tin [ニコティーン nikotí:n] 中 -s/《化》ニコチン (16 世紀フランスにたばこを紹介した外交官 Jean *Nicot* の名から).

ni·ko·tin⁀arm [ニコティーン・アルム] 形 ニコチンの少ない.

ni·ko·tin⁀frei [ニコティーン・フライ] 形 ニコチンを含まない.

der **Nil** [ニーる ni:l] 男 -[s]/《定冠詞とともに》《川名》ナイル川.

Nil⁀pferd [ニーる・プフェァト] 中 -[e]s/-e《動》カバ.

Nim·bus [ニンブス nímbus] 男 -/..busse ①《複 なし》光輝, 栄光, 名声. ②《美》(聖像などの)光背, 後光. ③《古》《気象》乱層雲.

nimm [ニム] *nehmen (取る)の du に対する 命令.

***nim·mer** [ニンマァ nímər] 副 ① 決して…ない. (英 never). Er wird *nimmer* zurückkommen. 彼は決して戻って来ないだろう. ②《南ドイツ・オーストリア》もはや(これ以上)…ない. Denk *nimmer* daran! もうそのことを考えるのはやめなさい.

nim·mer⁀mehr [ニンマァ・メーァ] 副 決して…ない;《南ドイツ・オーストリア》もう(これ以上)…ない.

nim·mer⁀mü·de [ニンマァ・ミューデ] 形《雅》疲れを知らぬ, たゆまぬ.

nim·mer⁀satt [ニンマァ・ザット] 形 飽くことを知らない, 貪欲な.

Nim·mer⁀satt [ニンマァ・ザット] 男 -[e]s (または -)/-e ① 飽く(足る)ことを知らない人; 大食漢. ②《鳥》トキコウ(コウノトリ科).

Nim·mer⁀wie·der·se·hen [ニンマァ・ヴィーダァゼーエン] 中《成句的に》**auf** *Nimmerwiedersehen*《口語》永久に.

nimmst [ニムスト] *nehmen (取る)の 2 人称単数 現在.

nimmt [ニムト] *nehmen (取る)の 3 人称単数 現在.

Nim·rod [ニムロット nímrɔt] I -s/《聖》《人名》ニムロデ (バビロン王国の狩猟好きの王. バベルの塔を建設した. 創世記 10, 8 以下). II 男 -s/-e 狩猟好き, 狩猟狂.

Ni·ob [ニオープ nió:p] 中 -s/《化》ニオブ(記号: Nb).

nip·pen [ニッペン nípən] 自 (h) (なめるように)ちびちび飲む, 口をつける. Er *hat* am Wein *genippt*. 彼はワインをちびちび飲んだ.

Nip·pes [ニッペス nípəs または ニップ níp] 複 (札・戸棚などに置く陶製の)小さな置物.

Nipp⁀sa·chen [ニップ・ザッヘン] 複 =Nippes

*:**nir·gends** [ニルゲンツ nírgənts] 副 どこにも…ない. (英 nowhere). Er geht *nirgends* hin. 彼はどこにも出かけない / Ich habe ihn *nirgends* gesehen. 私はどこにも彼の姿を見かけなかった / *nirgends* sonst または sonst *nirgends* ほかのどこにも…ない / Er ist überall und *nirgends* zu Hause. 彼は居所の定まらない人だ.

nir·gend⁀wo [ニルゲント・ヴォー] 副 どこにも…ない.

Ni·ros·ta [ニロスタ nirósta] 男 -s/《商標》ステンレススチール (=nicht rostender Stahl).

Nir·wa·na [ニルヴァーナ nɪrváːna] 中 -[s]/《仏教で》涅槃(ねはん), ニルヴァーナ.

..nis [..ニス ..nɪs]《中性名詞・女性名詞をつくる 接尾》《結果・状態》例: Erleb*nis* 体験.

Ni·sche [ニーシェ ní:ʃə] 女 -/-n 壁龕(へきがん), ニッチ, 壁のくぼみ.

Nis·se [ニッセ nísə] 女 -/-n しらみの卵.

nis·ten [ニステン nístən] 自 (h) (鳥などが)巣を作る, 巣くう.

Nist⁀kas·ten [ニスト・カステン] 男 -s/..kästen 巣箱.

Nit·rat [ニトラート nitrá:t] 中 -[e]s/-e《化》硝酸塩.

Nische

Nit·ro·gen [ニトロゲーン nitrogé:n] 中 -s/《化》窒素(記号: N) (=Stickstoff).

Nit·ro·ge·ni·um [ニトロゲーニウム nitrogé:-nium] 中 -s/ =Nitrogen

Nit·ro·gly·ze·rin [ニートロ・グリュツェリーン] 中 -s/《化》ニトログリセリン.

das **Ni·veau** [ニヴォー nivó:] [フランス] 中《単 2》-s/《複》-s ①(生活・文化などの)水準, レベル. Lebens*niveau* 生活水準 / das kulturelle *Niveau* 文化水準 / das *Niveau*⁴ halten (heben) 水準を保つ(上げる) / Er hat kein *Niveau*. 彼はまるで教養がない. ② 水平面; 水位; 高さ. (英 level). das *Niveau* des Sees 湖の水位 / das *Niveau* der Preise² 物価水準. ③《物》(分子・原子核などの)エネルギー準位.

ni·veau≠los [ニヴォー・ろース] 形 レベルの低い, 低級な.

ni·vel·lie·ren [ニヴェリーレン nivɛlíːrən] 他 (h) ① (格差など⁴を)なくす, 平均化する. ② (土地など⁴を)水準測量する. ③《鼠》(土地など⁴を)平らにする.

nix [ニクス níks] 代《不定代名詞》《口語》何も…ない (= nichts).

Nix [ニクス níks] 男 -es/-e《妖神》(男性の)水の精.

Ni·xe [ニクセ níksə] 女 -/-n《妖神》(女性の)水の精.

Niz·za [ニッツァ nítsa] 中 -s/《都市名》ニース (フランスの南東岸の港湾・保養都市).

n. J. [ネーヒステン ヤーレス]《略》来年[の] (= nächsten Jahres).

nm. [ナーハ・ミッタークス]《略》午後に (= nachmittags).

n. M. [ネーヒステン モーナーツ]《略》来月[の] (= nächsten Monats).

N. N. [エン エン]《略》名前を知らない (= nomen nescio). Herr *N. N.* 某氏.

No [エン・オー]《化·記号》ノーベリウム (= Nobelium).

NO [ノルト・オスト または ノルト・オステン]《略》北東 (= Nordost[en]).

No·ah [ノーア nóːa] -[s] (または Noä [ノーエ]/《聖》《人名》ノア(人類の罪を罰する大洪水の際に箱舟に乗って難を免れた. 創世記6−9章). die Arche *Noah* (または *Noahs* または *Noä*) ノアの箱舟.

no·bel [ノーベる nóːbəl] 形 ①《雅》気高い, 高潔な. ein *nobler* Mensch 高潔な人. ②豪華な, ぜいたくな. (皮肉で:)お上品な. ein *nobles* Hotel 豪華なホテル. ③《口語》気前のいい, おうような. ein *nobles* Trinkgeld 気前のいいチップ.

No·be·li·um [ノベーリウム nobéːliʊm] 中 -s/《化》ノーベリウム(記号: No).

No·bel≠preis [ノベる・プライス] 男 -es/-e ノーベル賞.

No·bel·preis≠trä·ger [ノベるプライス・トレーガァ] 男 -s/- ノーベル賞受賞者.

Nob·les·se [ノブれッセ noblɛ́sə] 女 -/ ①《古》貴族[社会]. ②《複なし》気品, 高貴.

✲noch [ノッホ nóx]

> まだ; さらに　*Noch* ein Bier, bitte!
> ノッホ　アイン　ビーァ　ビッテ
> ビールをもう一杯ください.

I 副 A) ① まだ, いまだに. (英 *still*).《メモ》「すでに」は schon). Sie ist *noch* krank. 彼女はまだ病気だ / Du bist *noch* zu jung dafür. 君はまだそれをするには若すぎる / *noch* immer または immer *noch* 今なお, いまだに / *noch* nicht まだ…ない / *noch* nie 今まで決して…ない.

② (残りが)まだ, あと…だけ. Ich habe **nur** *noch* 20 Mark. ぼくはあと20マルクしか持っていないよ.

③ さらに, その上(ほか)に. *noch* einmal もう一度 / Wer war denn *noch* da? ほかにだれがいたの? / Ich möchte *noch* etwas sagen. 私はまだ言いたいことがあります / *noch* und *noch* いくらでも / *Noch* ein Wort! 黙れ(←もう一言でもしゃべってみろ).

④ そのうち, いずれ. Er wird *noch* kommen. 彼はそのうちに来るでしょう.

⑤ …のうちに. *noch* heute または heute *noch* きょうのうちに ⇒ Ich tue es *noch* heute. 私はそれをきょうのうちにしてしまおう / *noch* am gleichen Tag その日のうちに.

⑥ まず, とりあえず. Ich muss *noch* baden. まずおふろに入らなくては.

⑦ かろうじて, なんとか. Die Leistung ist *noch* ausreichend. この成績ならかろうじて合格と言える.

⑧ つい…[したばかり]. *Noch* gestern habe ich mit ihm gesprochen. つい きのう彼と話したばかりだ.

⑨《比較級とともに》もっと, いっそう. Es ist heute *noch* wärmer als gestern. きょうはきのうよりもっと暖かい.

⑩《**so** とともに》《譲歩》たとえどんなに…でも. jede *noch* so kleine Spende たとえどんなに少額の寄付金であれ / Und wenn du *noch* so heulst, du musst jetzt ins Bett gehen. どんなに泣いたってもうおねんねの時間よ.

B)《文中でのアクセントなし》①《同意・承認などを期待して》…ですよね. Das ist *noch* Qualität. それはやっぱり質がいいですね.

②《脅すように》きっと…だぞ. Das wirst du *noch* bereuen! 今に後悔するぞ.

③《憤慨して》…だろうかね. Da kannst du *noch* lachen? 笑っていられるかね.

④《否定を表す語句とともに》[たった]…でしかない. Das kostet *noch* keine drei Mark. それは3マルクもしない.

⑤《忘れたことを思い出そうとして》 えーと. Wie hieß *noch* die Frau? えーと, そのご婦人は何という名前だったっけ.

II《否定を表す語句とともに》**weder** A *noch* B A でもなく B でもない (英 *neither* A *nor* B) ⇒ Dafür habe ich weder Zeit *noch* Geld. 私はそんなことをする暇もなければ金もない / Er hat **keine** Verwandten *noch* Freunde.《雅》彼には親戚も友人もいない.

noch≠ma·lig [ノッホ・マーリヒ] 形《付加語としてのみ》もう一度の, 再度の.

✲noch≠mals [ノッホ・マーるス nóxmaːls] 副 もう一度, 再度. (英 *once again*). *Nochmals* vielen Dank! もう一度お礼申し上げます.

No·cke [ノッケ nɔ́kə] 女 -/-n《南ドッ・オーストリ・口語》(魚かな)うねばり女.

No·cken [ノッケン nɔ́kən] 男 -s/-《工》カム.

No·cken≠wel·le [ノッケン・ヴェれ] 女 -/-n《工》カムシャフト.

No·ckerl [ノッカァる nɔ́kɐrl] 中 -s/-n《ふつう複》《南ドッ・オーストリ》《料理》(スープに入れる)小さな団子.

Noc·turne [ノクテュルン nɔktýrn] [[ヌ]] 中 -s/

nolens volens

-s (または 女 -/-s)《音楽》夜想曲，ノクターン，ノクチュルヌ．

no･lens vo･lens [ノーレンス ヴォーれンス nóːlens vóːlens]《ﾗﾃﾝ》いやおうなしに，好むと好まざるとにかかわらず．

Nom. [ノーミナティーふ]《略》《言》1 格，主格(=**Nominativ**).

No･ma･de [ノマーデ nomáːdə] 男 -n/-n 遊牧民．

no･ma･disch [ノマーディッシュ nomáːdɪʃ] 形 遊牧の，遊牧民のような．

No･men [ノーメン nóːmən] 中 -s/Nomina《言》① 名詞 (=**Substantiv**). ② 名詞類，名詞的品詞(名詞・形容詞の総称).

No･men･kla･tur [ノメンクらトゥーァ nomɛnklatúːr] 女 -/-en《生・化》(専門的)命名法；学名(専門用語)一覧表，述語集．

no･mi･nal [ノミナーる nomináːl] 形 ①《言》名詞の；名詞類の．②《経》名目上の．

No･mi･nal≠wert [ノミナーる・ヴェーァト] 男 -[e]s/-e《経》(株券などの)額面価格，名目価値．

No･mi･na･tiv [ノーミナティーふ nóːminatiːf] 男 -s/-e [..ヴェ]《言》1 格，主格(略: **Nom.**).

no･mi･nell [ノミネる nominél] 形 ① 表向きの，名義だけの．②《経》名目上の．

no･mi･nie･ren [ノミニーレン nominíːrən] 他 (h) (候補者として囚⁴を)指名する，ノミネートする．

Non･cha･lance [ノンシャラーンス nɔ̃ʃaláːs]《ﾌﾗﾝｽ》女 -/ むとんじゃく，のんき，投げやり．

non･cha･lant [ノンシャラーン nɔ̃ʃaláː]《ﾌﾗﾝｽ》形 むとんじゃくな，のんきな，投げやりな．

Non･kon･for･mis･mus [ノン・コンフォルミスムス] 男 -/ (政治的・思想的・宗教的な)非協調主義．

Non･ne [ノンネ nónə] 女 -/-n ① 修道女，尼僧．⌂「修道士」は **Mönch**). ②《昆》ノンネマイマイガ．③《建》雌がわら．

Non･nen≠klos･ter [ノンネン・クろースタァ] 中 -s/..klöster 女子修道院，尼僧院．

Non･sens [ノンゼンス nónzens] 男 -[es]/ ナンセンス，無意味[な事柄]，ばかげた言動．

Non･stop≠flug, Non-Stop-Flug [ノンストップ・ふるーク] 男 -[e]s/..flüge ノンストップ(無着陸)飛行，直行便．

Nop･pe [ノッペ nópə] 女 -/-n《ふつう 複》① (糸・布などの)節玉．② (表面の)小突起．

Nord [ノルト nórt] 男 -[e]s/-e ①《複 なし; 冠詞なし; 無変化》《海・気象》北 (=**Norden**)(略: N). (⌂「南」は **Süd**). **nach (von) Nord** 北へ(北から)．②《地名のあとにつけて》北方，北部．**Köln** _Nord_ ケルン北部．③《ふつう 男》《海・詩》北風 (=_Nord_**wind**).

Nord≠ame･ri･ka [ノルト・アメーリカ] 中 -s/《地名》北アメリカ．

nord≠deutsch [ノルト・ドイチュ] 形 北ドイツの；北ドイツ[人]に特有な．

Nord≠deutsch･land [ノルト・ドイチュらント] 中 -s/《地名》北ドイツ．

*der Nor･den [ノルデン nórdən]

北

Der Wind kommt von _Norden_.
ﾃﾞｱ ｳﾞｨﾝﾄ ｺﾑﾄ ﾌｫﾝ ﾉﾙﾃﾞﾝ
風が北から吹く．

男 (単 2) -s/ ①《ふつう冠詞なしで》北 (略: N).(英 _north_). (⌂「東」は **Osten**,「南」は **Süden**,「西」は **Westen**). Die Vögel fliegen **nach** _Norden_. 鳥が北へ飛んで行く / **von** _Norden_ nach Süden 北から南へ．
② 北部[地方]；北国，(特に:)北欧．die Völker des _Nordens_ 北方民族 / der hohe _Norden_ 極北[の国] / **im** _Norden_ der Stadt² 町の北部に．

nor･disch [ノルディッシュ nórdɪʃ] 形《付加語としてのみ》北方の，北欧の，北欧語の；北方系の(人種など). die _nordischen_ Länder 北欧(スカンジナヴィア)諸国 / die _nordische_ Kombination (スキーの)複合種目．

Nord≠län･der [ノルト・れンダァ] 男 -s/- 北国の人，(特に:)北欧の人．

*nörd･lich [ネルトりヒ nǽrtlɪç] I 形 ① 北の，北部の．(英 _northern_). (⌂「南の」は **südlich**). _nördliche_ Breite 北緯 (略: n. Br.) / die _nördliche_ Halbkugel 北半球 / das _Nördliche_ Eismeer 北極海，北氷洋 / _nördlich_ von Wien ウィーンの北に．②《付加語としてのみ》北向きの；北からの．in _nördliche[r]_ Richtung 北の方へ向かって / _nördliche_ Winde 北風．③《固》北方の；北欧[人]の．
II 前《2 格とともに》…の北[方]に．_nördlich_ des Waldes 森の北の方に．

Nord≠licht [ノルト・りヒト] 中 -[e]s/-er ① 北極光．②《南ﾄﾞ・戯》北ドイツ出身の有力者(政治家)．

Nord≠nord≠ost [ノルト・ノルト・オスト] 男 -[e]s/-e《用法については **Nord** を参照》北北東(略: NNO); 北北東の風．

Nord≠nord≠os･ten [ノルト・ノルト・オステン] 男 -[e]s/《ふつう冠詞なし; ふつう前置詞とともに》北北東[にある地域] (略: NNO).

Nord≠nord≠west [ノルト・ノルト・ヴェスト] 男 -[e]s/-e《用法については **Nord** を参照》北北西(略: NNW); 北北西の風．

Nord≠nord≠wes･ten [ノルト・ノルト・ヴェステン] 男 -s/《ふつう冠詞なし; ふつう前置詞とともに》北北西[にある地域] (略: NNW).

Nord≠ost [ノルト・オスト] 男 -[e]s/-e《用法については **Nord** を参照》北東 (略: NO); 北東の風．

Nord≠os･ten [ノルト・オステン] 男 -s/《ふつう冠詞なし; ふつう前置詞とともに》北東[にある地域] (略: NO).

nord≠öst･lich [ノルト・エストりヒ] I 形 北東の．_nordöstlich_ von Berlin ベルリンの北東に．II 前《2 格とともに》…の北東に．

Nord≠pol [ノルト・ポーる] 男 -[e]s/ 北極．

das **Nord･po･lar≠meer** [ノルトポらール・メ

ー〃] 中 -[e]s/《定冠詞とともに》《海名》北極海.
Nord・rhein-West・fa・len [ノルトライン・ヴェストふァーれン nɔ́rtrain-vɛstfáːlən] 中 -s/《地名》 ノルトライン・ヴェストファーレン(ドイツ 16 州の一つ. 人口が最も多く, 約1700万. 州都はデュッセルドルフ; ☞ 地図 C〜D-3).
die **Nord・see** [ノルト・ゼー nɔ́rt-zeː] 女 -/《定冠詞とともに》《海名》北海.
Nord≳sei・te [ノルト・ザイト] 女 -/-n 北側.
der Nord≳stern [ノルト・シュテルン] 男 -[e]s/《定冠詞とともに》《天》北極星(=Polarstern).
nord≳wärts [ノルト・ヴェルツ] 副 北[方]へ; 《航》北の方で.
Nord≳west [ノルト・ヴェスト] 男 -[e]s/-e《用法については Nord を参照》北西(略: NW); 北西の風.
Nord≳wes・ten [ノルト・ヴェステン] 男 -s/《ふつう冠詞なし, ふつう前置詞とともに》北西[にある地域] (略: NW).
nord≳west・lich [ノルト・ヴェストリヒ] I 形 北西の. *nordwestlich* von Berlin ベルリンの北西に. II 前《2 格とともに》…の北西に.
Nord≳wind [ノルト・ヴィント] 男 -[e]s/-e 北風.
Nör・ge・lei [ネルグらイ nœrgəláɪ] 女 -/-en 不平, 苦情, あら探し.
nör・geln [ネルゲるン nǽrgəln] 自 (h) ぶつくさ言う. **an** 人・物³ *nörgeln* 人・物³について不平を言う / **über** alles *nörgeln* 何にでもけちをつける.
Nörg・ler [ネルグらァ nǽrglər] 男 -s/- 不平屋; あら探し屋.
*die **Norm** [ノルム nɔ́rm] 女 (単) -/(複) -en ① 《ふつう 複》**規範**, 規準. (英 *standard*). moralische *Normen* 道徳的規範 / eine *Norm*⁴ auf|stellen 規準を定める. ② 標準, 水準, (ﾉﾙﾏ)標準記録. **von der Norm ab|weichen** 標準からはずれる. ③ 労働規準[量], ノルマ. die *Norm*⁴ erfüllen ノルマを果たす. ④ (工業製品などの)規準, 規格. technische *Normen* 工業規格. ⑤《印》(本の)折り標(各折り丁の1ページ目の下に印刷される書名など).
***nor・mal** [ノルマーる nɔrmáːl] 形 (英 *normal*) ① **標準の, 規格通りの**. eine *normale* Größe 標準サイズ / Er hat ein *normales* Gewicht. 彼の体重は標準である.
② ふつうの, 通常の, 異常のない. unter *normalen* Umständen 通常の場合には / Dieser Zustand ist nicht *normal*. この状態はふつうではない.
③ (精神的・肉体的に)健全な, ノーマルな. ein nicht ganz *normales* Kind 少し障害のある子供 / Bist du noch *normal*?《口語》君は正気かい.
Nor・ma・le [ノルマーれ nɔrmáːlə] 女 -[n]/-n《数》法線.
nor・ma・ler・wei・se [ノルマーらァ・ヴァイゼ] 副 ふつうの場合, 通常は.
nor・ma・li・sie・ren [ノルマリズィーレン nɔrmalizíːrən] I 他 (h) (関係・状態など⁴を)正常化する. II 再帰 (h) *sich*⁴ *normalisieren* (状態などが)正常になる, 平常に戻る.
Nor・mal≳spur [ノルマーる・シュプーァ] 女 -/《鉄道》標準軌間.
Nor・mal≳uhr [ノルマーる・ウーァ] 女 -/-en 標準時計(街路・広場などにある).
Nor・mal≳ver・brau・cher [ノルマーる・フェァブラオハァ] 男 -s/- 平均的消費者; 並の人.
Nor・mal≳zeit [ノルマーる・ツァイト] 女 -/-en 標準時. (*☞*「現地時」は Ortszeit).
die **Nor・man・die** [ノルマンディー nɔrmandíː] 女 -/《定冠詞とともに》《地名》ノルマンディー(フランス北西部の地方).
Nor・man・ne [ノルマンネ nɔrmánə] 男 -n/-n ノルマン人(北ゲルマン族の一種族).
nor・man・nisch [ノルマニッシュ nɔrmánɪʃ] 形 ノルマン人(語)の.
nor・ma・tiv [ノルマティーふ nɔrmatíːf] 形 標準となる, 規範的な.
nor・men [ノルメン nɔ́rmən] 他 (h) (物⁴の)規格を定める, 規格を統一する. Schrauben⁴ *normen* ねじの規格を定める.
nor・mie・ren [ノルミーレン nɔrmíːrən] 他 (h) ① 画一化する. ② =normen
Nor・mie・rung [ノルミールング] 女 -/-en = Normung
Nor・mung [ノルムング] 女 -/-en 規格化, 規格の統一.
***Nor・we・gen** [ノルヴェーゲン nɔ́rveːgən] 中 (単 2) -s/《国名》ノルウェー[王国] (首都はオスロ).
Nor・we・ger [ノルヴェーガァ nɔ́rveːgər] I 男 -s/- ノルウェー人. (*☞* 女性形は Norwegerin). II 形《無語尾で》ノルウェーの.
nor・we・gisch [ノルヴェーギッシュ nɔ́rveːgɪʃ] 形 ノルウェー[人・語]の.
No-Spiel [ノー・シュピーる] 中 -[e]s/-e (日本の)能楽.
Nos・tal・gie [ノスタるギー nɔstalgíː] 女 -/-n [..ˈɡiːən] ノスタルジー, 郷愁;《医・心》懐郷病.
nos・tal・gisch [ノスタるギッシュ nɔstálgɪʃ] 形 郷愁をそそる; 郷愁に駆られた.
not 形 例: 人³ *not* tun (新形 *Not* tun) 人³にとって必要である. ☞ Not ④
*die **Not** [ノート nóːt] 女 (単) -/(複) Nöte [ネーテ] (3格のみ Nöten) ① 《複 なし》**窮乏, 貧困, 困窮**. (英 *want*). Wohnungs*not* 住宅難 / wirtschaftliche *Not* 経済的困窮 / *Not*⁴ leiden 貧困に苦しんでいる / die *Not*⁴ lindern 困窮を軽減させる / *Not* bricht Eisen.《諺》窮すれば通ず(←困窮は鉄を砕く) / *Not* kennt kein Gebot.《諺》背に腹は替えられぬ(←貧窮はおきてを知らない) / 人³ **aus** der *Not* helfen 人³を困窮から救ってやる / **in** *Not* geraten (leben) 困窮状態に陥る(暮らしている).
② 《複 なし》**苦境, 窮地**. 人³ in der Stunde der *Not*² helfen 人³が苦境にあるときに手を差し伸べる / *Not* lehrt beten.《諺》苦しいときの神頼み(←苦境は祈ることを教える) / **in** *Not*

Nota

und Tod《雅》どんなに苦境にあっても. (📙類語 Schmerz).
③ 苦労, 悩み; 心配事. die *Nöte* des Alltags 日々の心配事 / innere *Nöte* 心痛 / mit knapper *Not* やっと, かろうじて / ohne *Not* 苦もなく, 簡単に.
④《覆なし》急迫, 必要. 人³ *Not* tun 人³にとって必要である / aus der *Not* eine Tugend⁴ machen《比》災いを転じて福となす / ohne *Not*《雅》必要もないのに / zur *Not* 必要とあれば, いざとなれば.
新形
Not lei·dend 貧困に苦しんでいる.

No·ta [ノータ nóːta] 囡 -/-s ① 《商》注文, 勘定書. in *Nota* geben (nehmen) 注文する(注文を受ける). ②《古》メモ, 記録.

no·ta·be·ne [ノタベーネ notabéːnə] [略] 形 ① 注意せよ (略: NB). ② ところで, ちなみに.

Not=an·ker [ノート・アンカァ] 男 -s/- 《海》予備錨,《比》頼みの綱.

No·tar [ノタール notáːr] 男 -s/-e 公証人.

No·ta·ri·at [ノタリアート notariáːt] 中 -[e]s/-e 公証人の職(役場).

no·ta·ri·ell [ノタリエる notariél] 形《法》公証人が作成した, 公証人による.

Not=arzt [ノート・アールツト] 男 -es/..ärzte 救急医.

Not=aus·gang [ノート・アオスガング] 男 -[e]s/..gänge 非常口.

Not=be·helf [ノート・ベへるフ] 男 -[e]s/-e 応急策(手段), 臨時措置. als *Notbehelf* dienen 間に合わせに役だつ.

Not=brem·se [ノート・ブレムゼ] 囡 -/-n 《鉄道》《列車》の非常ブレーキ.

Not·durft [ノート・ドゥルフト nóːt-durft] 囡 -/《雅》① 用便. seine *Notdurft*⁴ verrichten 用便をする. ② 生活必需品.

not·dürf·tig [ノート・デュルフティヒ nóːt-dyrftıç] 形 間に合わせの, 一時しのぎの; 乏しい, かろうじて足りる. eine *notdürftige* Ausbesserung 間に合わせの修繕.

*die **No·te** [ノーテ nóːtə] 囡 (単) -/(複) -n ①《音楽》音符. Viertel*note* 4分音符 / eine ganze (halbe) *Note* 全(2分)音符 / *Noten*⁴ lesen 音符を読む. ②《覆で》《音楽》楽譜. *Noten* von Mozart モーツァルトの楽譜 / nach *Noten* a)《楽譜を見ながら》, b)《口語・戯》とことんまで / ohne *Noten* singen 楽譜なしで(暗譜で)歌う. ③《学校の》評点, 点数, 成績. (スポ) ポイント. (英 grade). eine gute *Note*⁴ bekommen 良い点をとる. ④《ふつう 覆》《経》銀行券, 紙幣 (=Bank*note*). *Noten*⁴ drucken 紙幣を印刷する. ⑤《外交上の》通諜 (つうちょう), 通告書, 覚え書き. ⑥《覆なし》特別な調子, 色合い. eine besondere *Note* 独特の色合い. ⑦ (略) メモ, 覚え書き (=Notiz). Fuß*note* 脚注.

Nö·te [ネーテ] ‡Not (苦労)の 覆.

No·ten=bank [ノーテン・バンク] 囡 -/-en 発券銀行.

No·ten=blatt [ノーテン・ブらット] 中 -[e]s/..blätter 楽譜, 五線紙.

No·ten=li·nie [ノーテン・リーニエ] 囡 -/-n《ふつう 覆》《音楽》(5本の)譜線.

No·ten=pa·pier [ノーテン・パピーァ] 中 -s/ 楽譜用紙, 五線紙.

No·ten=pult [ノーテン・プるト] 中 -[e]s/-e 譜面台.

No·ten=schlüs·sel [ノーテン・シュリュッセる] 男 -s/-《音楽》音部記号.

No·ten=stän·der [ノーテン・シュテンダァ] 男 -s/- 譜面台 (=Notenpult).

Not=fall [ノート・ふァる] 男 -[e]s/..fälle 緊急[の]事態, 非常事態. bei *Notfällen* erste Hilfe⁴ leisten 緊急事態に際して応急手当をする / im *Notfall* 緊急(万一)の場合に[は].

not=falls [ノート・ふァるス] 副 万一の場合には, やむを得ないときには.

not=ge·drun·gen [ノート・ゲドルンゲン] 副 やむを得ず, 必要に迫られて.

Not=gro·schen [ノート・グロッシェン] 男 -s/- 非常時に備えての貯金.

Not=hel·fer [ノート・へるファァ] 男 -s/- ①《緊急の》救助者. ②《キリスト》救援聖人.

Not=hil·fe [ノート・ヒるフェ] 囡 -/《法》緊急救助; 応急手当.

*no·tie·ren [ノティーレン notíːrən] (notierte, hat ... notiert) I 他 (完了 haben) ①《物⁴を》書き留める, メモする.《比》《人⁴に》気づく. Du musst [dir] den Namen *notieren*. 君はその名前をメモしておかなくては. ②《経》《株など⁴に》値をつける.
II 自 (完了 haben)《経》(…の)値がついている. Der Dollar *notierte* unter dem Vortagskurs. ドルは前日の相場より値を下げていた.

no·tiert [ノティーアト] *notieren (書き留める)の 過分

no·tier·te [ノティーァテ] *notieren (書き留める)の 過去

No·tie·rung [ノティールング] 囡 -/-en ①《覆なし》記入, 記帳. ②《音楽》記譜法. ③《経》相場[付け], 時価の見積り.

‡**nö·tig** [ネーティヒ nǿːtıç] 形 必要な, なくてはならない. (英 necessary). die *nötigen* Mittel 必要な資金 / wenn [es] *nötig* [ist] もし必要なら / Es ist noch nicht *nötig*, Licht zu machen. まだ明かりをつける必要はない / 人・物⁴ *nötig* haben 人・物⁴が必要である ⇒ Er hat dich *nötig* (Ruhe) 彼には君(休養)が必要だ / Hast du das *nötig*? 君がそんなことをする必要はないよ / Das wäre doch nicht *nötig* gewesen.《接2・過去》(贈り物などをもらって:)こんなことをされなくてもよろしかったのに.

*nö·ti·gen [ネーティゲン nǿːtıɡən] (nötigte, hat ... genötigt) 他 (完了 haben) ①《人⁴ zu 事³ ~》《人⁴に事³をするように》強要する, 無理に

いする;〔囚⁴に軍³を〕せざるをえないようにする. Sie *haben* uns zum Bleiben *genötigt.* 彼らは私たちを無理やり引き止めた / Der Wetterumschlag *nötigte* die Bergsteiger zum Umkehren. 天候の急変のため登山者たちは引き返さざるをえなかった / *Lassen* Sie sich nicht [lange] *nötigen*! ご遠慮なさらずに召しあがってください. ◇【**zu** 不定詞[句]とともに】Er *nötigte* den Mann, das Papier zu unterschreiben. 彼はその男に文書に署名するよう強要した. ◇【過去分詞の形で】Schließlich sah sie sich⁴ *genötigt*, ihn zu mahnen. ついに彼女は彼に警告せざるをえなくなった. ② 【方向を表す語句とともに】〔囚⁴に…へ〕乞い行くように勧める(命じる). 囚⁴ **auf** einen Stuhl *nötigen* 囚⁴にいすに座るようにしきりに勧める. ③《法》《脅迫して軍⁴を》強いる.

nö·ti·gen·falls [ネーティゲン・ファㇽㇲ] 副 必要とあれば, やむを得ないときは, いざという時には.

nö·tig·te [ネーティヒテ] *nötigen (強要する)の過去

Nö·ti·gung [ネーティグング] 囡 -/-en ① 《ふつう軍》《法》強要. ② 《覆なし》《雅》やむにやまれぬ気持ち.

***die No·tiz** [ノティーツ notíːts] 囡 (単) -/(複) -en ① 《ふつう覆》メモ, 覚え書き. (英 note). sich³ *Notizen*⁴ machen メモをとる. ②《ふつう軍》(新聞の)短い記事, 短報, 短評. ③ (株の)相場をつけること. ④《成句的に》*Notiz* **von** 囚·物³ nehmen 囚·物³に注意を払う.

No·tiz-block [ノティーツ・ブロック] 男 -[e]s/-s (または ..blöcke) はぎ取り式メモ帳.

No·tiz-buch [ノティーツ・ブーフ] 中 -[e]s/..bücher メモ帳, 備忘録, 雑記帳.

Not-la·ge [ノート・ラーゲ] 囡 -/-n 苦境, 窮地. sich⁴ in einer *Notlage* befinden 苦境にある.

not·lan·den [ノート・ランデン nóːt-landən] (過分 notgelandet) (変 zu 不定詞は notzulanden) I 圓 (s) 不時着する. in der Wüste *notlanden* 砂漠に不時着する. II 他 (h) (飛行機⁴を)不時着させる.

Not-lan·dung [ノート・ランドゥング] 囡 -/-en 《空》緊急(不時)着陸.

not-lei·dend 形 (新形 Not leidend) ☞ Not

Not-lü·ge [ノート・リューゲ] 囡 -/-n やむを得ずつく(方便の)うそ. zu einer *Notlüge* greifen やむを得ずうそをつく.

Not-maß·nah·me [ノート・マースナーメ] 囡 -/-n 緊急措置, 応急手段.

no·to·risch [ノトーリッシュ notóːrɪʃ] 形 ① 悪評高い, 名うての; 常習の. ein *notorischer* Lügner 名うてのうそつき. ② 周知の; 《法》裁判所が認知した.

Not-reif [ノート・ライフ] 形 《農》(かんむつなどによる)早期成熟の.

Not-ruf [ノート・ルーフ] 男 -[e]s/-e (電話・無線による)緊急呼び出し, 緊急通報; (電話の)緊急番号.

not·schlach·ten [ノート・シュラㇵテン nóːt-ʃlaxtən] (過分 notgeschlachtet) (変 zu 不定詞は notzuschlachten) 他 (h) (病気で死にかかった家畜⁴を)緊急屠殺(ほふり)する.

Not-sig·nal [ノート・ズィグナーㇽ] 中 -s/-e 遭難(非常)信号, SOS.

Not-sitz [ノート・ズィッツ] 男 -es/-e (バス・劇場などの)補助席.

Not-stand [ノート・シュタント] 男 -[e]s/..stände ① 《天災・戦争などによる》窮地, 危機. ② 《法》緊急事態, 非常事態. den *Notstand* erklären 非常事態を宣言する.

Not-stands-ge·biet [ノートシュタンツ・ゲビート] 中 -[e]s/-e 非常事態発生(被災)地域.

Not-stands-ge·setz [ノートシュタンツ・ゲゼッツ] 中 -es/-e 《ふつう覆》《法》緊急事態法.

Not-ver·band [ノート・フェアバント] 男 -[e]s/..bände 救急包帯, 仮包帯.

Not-ver·ord·nung [ノート・フェアオルドヌング] 囡 -/-en 《法》緊急命令.

Not-wehr [ノート・ヴェーア] 囡 -/ 《法》正当防衛.

***not·wen·dig** [ノート・ヴェンディヒ nóːt-vɛndɪç または ..ヴェンディヒ] 形 (英 *necessary*) ① 必要な. die *notwendige* Maßnahmen⁴ treffen 必要な対策をとる / die **für** eine Arbeit *notwendige* Zeit ある仕事に必要な時間 / Es ist *notwendig*, dass du gehst. 君はぜひ行く必要がある / 囚·物⁴ *notwendig* brauchen 囚·物⁴をぜひとも必要とする. ② 必然的な, 当然の, 避けがたい. Das war die *notwendige* Folge. それは当然の結果だった / ein *notwendiges* Übel 必要悪 / Das musste *notwendig* misslingen. それは当然ながら失敗せざるをえなかった.

not·wen·di·ger·wei·se [ノートヴェンディガァ・ヴァイゼ] 副 必然的に, 当然, どうしても.

***die Not·wen·dig·keit** [ノート・ヴェンディヒカイト nóːt-vɛndɪçkaɪt または ..ヴェンディヒカイト] 囡 (単) -/(複) -en ① 《覆なし》必要性, 必然性. (英 *necessity*). die *Notwendigkeit* von Reformen 改革の必要性. ② 必要なもの(こと), 必需品; 必然的なこと. Das Auto ist für ihn eine *Notwendigkeit*. 車は彼にとっては必需品だ.

Not-zucht [ノート・ツフト] 囡 -/ 《法》強姦(ごうかん), [婦女]暴行.

not·züch·ti·gen [ノート・ツュヒティゲン nóːt-tsʏçtɪɡən] (過分 genotzüchtigt) (変 zu 不定詞は notzuzüchtigen) 他 (h) 《法》強姦(ごうかん)する, (囚⁴に)暴行する.

Nou·gat [ヌーガット núːɡat] 中 男 -s/(種類:) -s ヌガー (= Nugat).

Nov. [ノヴェンバァ]《略》11月 (= **November**).

No·va·lis [ノヴァーリス nováːlɪs] -/ 《人名》ノヴァーリス(本名 Friedrich von Hardenberg 1772-1801; ドイツ·ロマン派の詩人).

***die No·vel·le** [ノヴェレ novélə] 囡 (単) (複) -n ① 《文学》短編小説(特に緊密な構成を

持つもの). (㊥ *short story*). (㊦「[長編]小説」は Roman). eine spannende *Novelle* 手に汗握る短編小説. ② 《政・法》改正法.

*der No·vem·ber [ノヴェンバァ novémbər] 男 (単2) -[s]/(複) - (3格のみ -n) 《ふつう 冠》月 (略: Nov.). 11月《*November*》. 月名 ☞ Monat》. ein nebliger *November* 霧の深い11月 / Anfang (Ende) *November* 11月初めに(末に) / im *November* 11月に / Er ist seit *November* hier. 彼は11月からここにいる.

No·vi·tät [ノヴィテート novité:t] 女 -/-en ① 新しいこと(もの); 新刊[書], 新作, 新曲, ニューモード. ② ニュース.

No·vi·ze [ノヴィーツェ noví:tsə] I 男 -n/-n ① 《カトリック》修練士. ②《比》初心者, 新参者 (=Neuling). II 女 -/-n 《カトリック》修練女.

No·vi·zin [ノヴィーツィン noví:tsɪn] 女 -/..zinnen 《カトリック》修練女.

No·vum [ノーヴム nó:vʊm] 中 -s/Nova 《ふつう 単》目新しいもの(こと); 新しい観点.

NPD [エン・ペー・デー] 女 -/(略)ドイツ国家民主党 (=Nationaldemokratische Partei Deutschlands).

Nr. [ヌンマァ](略)ナンバー, 番, 号 (=Nummer).

NS (略) ① [ナーハ・シュリフト] 追伸 (=Nachschrift). ② [エン・エス] 国民(国家)社会主義, ナチズム (=Nationalsozialismus).

N. T. [ノイエス テスタメント または エン テー](略) 新約聖書 (=Neues Testament).

nu [ヌー nú:] 副《方・口語》今[や] (=nun I).

Nu [ヌー] 男《成句的に》*in Nu* または in einem *Nu*《口語》即座に, あっという間に. Ich bin im *Nu* zurück! ぼくはすぐに戻って来るよ.

Nu·an·ce [ニュアーンセ nyã́:sə] 《フランス》女 -/-n ニュアンス, 陰影, 色合い. [um] eine *Nuance* ほんの少し, こころもち.

nu·an·cie·ren [ニュアンスィーレン nyã:sí:rən] 他《物⁴に》ニュアンスをつける.

*nüch·tern [ニュヒテァン nýçtərn] 形 ① しらふの, 酔っていない.(㊥ *sober*). (㊦「酔っ払った」は betrunken). Der Fahrer war ganz *nüchtern*. そのドライバーはまったくしらふだった / wieder *nüchtern* werden 酔いがさめる. ②《起床後》何も食べていない,《胃》が空の. die Tabletten⁴ morgens *nüchtern* ein|nehmen 錠剤を毎朝空腹時に服用する / auf *nüchternen* Magen すきっ腹で / *nüchtern* zur Arbeit gehen 朝食をとらずに仕事に出かける. ③ 冷静な, 客観的な, 事実に即した. eine *nüchterne* Darstellung 事実に即した叙述 / 副⁴ *nüchtern* beurteilen 事⁴を冷静に判断する. ④ 味気ない;《部屋などが》飾り気のない, 殺風景な. ein *nüchterner* Raum 殺風景な部屋. ⑤《方》味の薄い.

Nüch·tern·heit [ニュヒテァンハイト] 女 -/ ① 空腹; しらふ. ② 冷静さ; 客観性; 味気なさ.

Nu·ckel [ヌッケル núkəl] 男 -s/-《中部ドイツ》

(幼児の)おしゃぶり (=Schnuller).

nu·ckeln [ヌッケルン núkəln] I 自 (h)《口語》《an 物³ ~》(幼児などが物³をしゃぶる. II 他 (h)《口語》《飲み物⁴を》ちびりちびり飲む.

*die Nu·del [ヌーデル nú:dəl] 女 (単) -/(複) -n ① 《ふつう 複》《料理》ヌードル(うどん・マカロニ状のめん類). (㊥ *noodle*). Suppe mit *Nudeln* ヌードル入りのスープ. ②《家禽(ﾅﾝ)の肥育用の》棒状の餌(ｴｻ). ③《ふつう形容詞とともに》《口語》やつ, 女. eine dicke *Nudel* おでぶさん. ④《成句的に》人⁴ *auf die Nudel* schieben《方》人⁴をからかう.

nu·del·dick [ヌーデル・ディック] 形《口語》まるまる太った, でぶの.

Nu·del·holz [ヌーデル・ホルツ] 中 -es/..hölzer めん棒.

nu·deln [ヌーデルン nú:dəln] 他 (h)《がちょうなど⁴を棒状の練り餌(ｴｻ)で肥育する.

Nu·del·sup·pe [ヌーデル・ズッペ] 女 -/-n ヌードル入りスープ.

Nu·dis·mus [ヌディスムス nudísmus] 男 -/ 裸体主義, ヌーディズム.

Nu·dist [ヌディスト nudíst] 男 -en/-en 裸体主義者, ヌーディスト.

Nu·di·tät [ヌディテート nudité:t] 女 -/-en ①《覆 なし》裸, ヌード. ②《ふつう 複》卑猥(ﾋﾜｲ)な言動, 情欲をそそる裸体描写.

Nu·gat [ヌーガット nú:gat] 男 -s/(種類:) -s ヌガー (くるみやアーモンド入りの糖菓).

nuk·le·ar [ヌクレアール nukleá:r] 形 ①《物》原子核に関する, 核の. *nukleare* Spaltung 核分裂 / *nukleare* Energie 核エネルギー. ② 核兵器に関する; 核兵器を有する. ein *nuklearer* Krieg 核戦争 / *nukleare* Staaten 核保有国.

Nuk·le·ar·me·di·zin [ヌクレアール・メディツィーン] 女 -/ 核医学.

Nuk·le·ar·waf·fe [ヌクレアール・ヴァッフェ] 女 -/-n《ふつう 複》核兵器.

Nuk·le·in·säu·re [ヌクレイーン・ゾイレ] 女 -/-n《化》核酸.

*null [ヌル núl] I 数《基数: 無語尾で》ゼロ (0) [の]. (㊥ *zero*). *null* Uhr 0時 / *null* Komma eins Sekunden 0.1秒 / Das Spiel endete *null* zu null. その試合は零対零のまま終わった / Das Thermometer zeigt *null* Grad (または steht **auf** *null*). 温度計は零度を指している / Temperaturen **über** (**unter**) *null* 零度以上 (以下) の温度 / *null* und nichtig 《法的に》無効の / Nummer *null*《口語》トイレ. ◇《成句的に》gleich *null* sein《口語》無に等しい / *null* Komma nichts《口語》まったく何も …ない(数字で0,0と書くことから) / in *null* Komma nichts《口語》あっという間に.

II 形《無語尾で》(若者言葉:) [一つも]…ない (=kein). *null* Interesse⁴ haben まったく興味がない.

*die Null [ヌル núl] 女 (単) -/(複) -en ① 0, 零; 零度. (㊥ *zero*). eine *Null*⁴ schreiben ゼロを一つ書く / eine Zahl mit drei *Nullen* ゼロが三つついた数. ◇《成句的に》 gleich *Null* (新形 *null*) sein 無に等しい / *Null* (新形 *null*) Komma nichts《口語》まったく何も…でない. ② 《口語》無能者, 役に立たず.

null-acht-fünf-zehn [ヌル・アハト・フュンフツェーン]形《口語》ありきたりの, 変わりばえのしない (ドイツ陸軍が 1908 年に採用した機関銃 08/15 の名から).

Null⌇di·ät [ヌル・ディエート] 女 -/ ゼロダイエット, 低カロリー食餌療法.

Null⌇me·ri·di·an [ヌル・メリディアーン] 男 -s/《地理・天》本初子午線(英国グリニッジを通過する子午線).

Null⌇punkt [ヌル・プンクト] 男 -[e]s/-e (目盛りの)零点, 零度;《比》最低点(状態).

Null⌇ta·rif [ヌル・タリーフ] 男 -s/-e 無料(優待)乗車(入場). **zum** *Nulltarif* 無料で.

Null⌇wachs·tum [ヌル・ヴァクストゥーム] 中 -s/《経》(経済などの)ゼロ成長.

Nu·me·ra·le [ヌメラーれ numerá:lə] 中 -s/ ..ralien [..ラーリエン] (または ..ralia)《言》数詞.

nu·me·rie·ren ☞ 新形 nummerieren

Nu·me·rie·rung ☞ 新形 Nummerierung

nu·me·risch [ヌメーリッシュ numé:rɪʃ] 形 数[字]の, 数に関する, 数の上での; 数値を用いた;《コンピュ》数字だけからなる(データなど).

Nu·me·rus [ヌーメルス nú:merus または ヌメ..núme..] 男 -/..meri 中《言》(単数・複数の)数. ②《数》(対数に対して:) 真数.

Nu·me·rus clau·sus [ヌーメルス クらオズス nú:merus kláuzus または ヌメ.. núme..] [クラ] 男 - -/ (大学などの)入学者数制限(入学希望者の数が定員を上回る際に, ギムナジウム卒業試験の成績などによって入学者を制限すること).

Nu·mis·ma·tik [ヌミスマーティク numismá:tɪk] 女 -/ 貨幣学, 古銭学 (＝ Münzkunde).

* *die* **Num·mer** [ヌンマァ númər]

> 番号 Welche *Nummer* haben Sie?
> ヴェるヒェ ヌンマァ ハーベン ズィー
> あなたの番号(サイズ)はいくらですか.

女 (単) -/(複) -n ① 番号, ナンバー, (雑誌などの)号数 (略: Nr.). (英 number). eine hohe (niedrige) *Nummer* 大きい(小さい)番号 / die *Nummer* 35 07 46 wählen 35 07 46 の番号をダイヤルする / die laufende *Nummer* 通し番号 / Fichtestraße *Nummer* 12 フィヒテ通り 12 番地 / ein Wagen mit Münchner *Nummer* ミュンヒェン・ナンバーの車 / Ich wohne im zweiten Stock, *Nummer* sieben. 私は 3 階の 7 号室に住んでいます / Ich bin **unter** dieser *Nummer* zu erreichen. 私の所へはこの番号で電話が通じます / Er hat eine gute (または große) *Nummer* bei meinem Chef.《口語》彼は私の上役に受けがよい / [nur] eine *Nummer* sein《口語》個人として扱ってもらえない(←番号の一つにすぎない) / *Nummer* eins《口語》ナンバーワン, トップ / *Nummer* null《口語》トイレ / **auf** *Nummer* Sicher (または sicher) sein《口語》刑務所に入っている. ② (靴・帽子・服などの)サイズ, 号数. eine kleine *Nummer* 小さいサイズ / Haben Sie die Schuhe eine *Nummer* größer? この靴のもう一サイズ大きいのはありますか. ③ (寄席などの)出し物, 演目;《口語》(軽音楽などの)曲目. ④《口語》やつ. eine komische *Nummer* おかしなやつ.

....

🔍 ..**nummer** のいろいろ: Auto*nummer* 自動車の登録番号 / Haus*nummer* 家屋番号, 番地 / Konto*nummer* 口座番号 / Schuh*nummer* 靴のサイズ番号 / Telefon*nummer* 電話番号 / Zimmer*nummer* ルームナンバー.

num·me·rie·ren [ヌメリーレン numərí:rən] 他 (h) (物⁴に)[通し]番号を付ける. Seiten⁴ nummerieren ページにナンバーを付ける.

Num·me·rie·rung [ヌメリールング] 女 -/-en [通し]番号を付けること, ナンバリング.

Num·mern⌇kon·to [ヌンマァン・コント-] 中 -s/..konten 無記名銀行口座.

Num·mern⌇schei·be [ヌンマァン・シャイベ] 女 -/-n (電話の)ダイヤル.

Num·mern⌇schild [ヌンマァン・シるト] 中 -[e]s/-er (自動車などの)ナンバープレート.

* **nun** [ヌーン nú:n]

> 今; さて *Nun* muss ich gehen.
> ヌーン ムス イヒ ゲーエン
> 私はもう行かなくては.

I 副 A) ① 今, 今や[もう], 今度は. (英 now). *Nun* bist du an der Reihe. 今度は君の番だ! / *nun*, wo (雅: da) sie krank ist… 彼女が病気である今は… / **von** *nun* **an** 今から, 今後 / *nun* und nimmer[mehr] 決して…ない. (☞ 類語 jetzt).

② 今となっては, こうなった今は. Du darfst *nun* nicht länger zögern. 今となっては君はためらってなんかいられない / Was *nun*? で, 次はどうする / *Nun* gerade! さていよいよだ.

③ そうこうするうちに. Die Wirtschaftslage hat sich *nun* stabilisiert. 経済状態はそうこうするうちに安定した.

④ (昔と比べて)今日[では]は, 現在は. Vor Jahren ein kleines Mädchen, *nun* eine schöne Braut! 数年前までに小さな女の子だったのに, 今はきれいな花嫁さんだ.

B)《文頭で; 文中でのアクセントあり》《軽い疑問・慰め・催促・譲歩などを表して》ところで, まあ, さあ (＝also). *Nun*, wie geht's? ところで調子はどうだい / *Nun*, *nun*! (なだめて)まあまあ / *Nun* denn! さあやろう(始めよう) / *Nun* gut (または schön)! まあよかろう / *Nun* ja. まあいいや / *Nun* meinetwegen! まあ私は別にかまわないよ.

nunmehr

C)《文中でのアクセントなし》① 【話を続けるときに】さて，ところで．Als sie *nun* in Kyoto ankam, ... さて彼女が京都に着いてみると… / *Nun* muss ich hinzufügen, dass... ところで私は…と申し添えなければなりません．

② 【期待に反して】しかしながら (=aber). Inzwischen hat sich *nun* herausgestellt, dass... しかしながらそうこうするうち…ということが明らかになった．

③ 【疑問文で】【否定の答えを期待して】もしかして(ひょっとして)…とでもいうのか (=vielleicht). Halten Sie das *nun* für richtig? もしかしてあなたはそれが正しいととても思っているのですか．

④ 《ふつう **nun [ein]mal** の形で》【事実は変えようがないとあきらめて】とにかく, なんといっても (=eben). Es ist *nun* [ein]mal so. 事実そうなのだ[から仕方がない]．

⑤ 【先行する **da** とともに】【当惑・あきらめなどを表して】…してはみたものの．Da habe ich mich *nun* geplagt, und es war umsonst. 私は努力はしてみたもののむだだった．

⑥ 【失望・いらだち・危惧などを表して】いったい, はてさて (=denn). Was war *nun* eigentlich mit dir los? 君はいったいどうしたんだ．

II 接 【従属接続詞; 動詞の人称変化形は文末】《雅》① …した今は, …であるからには. *Nun* du A gesagt hast, musst du auch B sagen. 言い出しっぺの責任だ(←君は A を言ったからには B も言わねばならない). ② …したとき (=als).

nun═mehr [ヌーン・メーァ] 副 《雅》 今や, これまですでに; 今後, これから．

Nun·ti·us [ヌンツィゥス núntsius] 男 -/..tien [..ツィエン] ローマ教皇大使．

‡**nur** [ヌーァ núːr]

ただ…だけ

Das kostet *nur* fünf Mark.
ダス コステット ヌーァ フュンフ マルク
それはたった5マルクです．

副 (＠ only) A) ① ただ…だけ. Wir bleiben hier *nur* zwei Tage. 私たちは2日間だけここにいます / Ich habe *nur* [noch] fünf Mark. 私はもう5マルクしか持っていない / Ich bin nicht krank, *nur* müde. 私は病気ではない, ただ疲れているだけだ / **nicht *nur* A, sondern auch B** A だけでなく B もまた ⇒ Sie ist nicht *nur* hübsch, sondern auch begabt. 彼女はかわいいだけでなく, 才能もある／ Er braucht es *nur* zu sagen. 彼はそれを言いさえすればいいのだ／ ***nur* so** 《口語》a) ただなんとなく, b) ひどく ⇒ Ich habe das einfach *nur so* gesagt. 私はただなんとなくそう言ってみただけだ／ Es regnete *nur* so. 《口語》ひどい雨降りだった．

② 【接続詞的に用いて前文の内容を限定して】ただし. Sie ist ganz nett, sie müsste sie etwas netter sein. 【接2・現在】彼女はとても美人だ, ただしもう少し親切ならいいのだが．

◇【**nur dass**... の形で】ただし…ではあるが. Das Zimmer war schön, *nur dass* die Dusche fehlte. 部屋はすばらしかった, ただシャワーはなかったが．

B)《ふつう文中でのアクセントなし》① 【命令文で】さあ, がんばって. *Nur* Mut! さあ勇気を出して / *Nur* **mit der Ruhe!** まあ落ち着いて / Komm *nur* herein! どうぞお入り．

② 【願望文で】せめて…なら. Wenn er *nur* käme!【接2・現在】彼が来てくれるといいのだが．

③ およそ…のかぎり．Ich helfe ihm, sooft ich *nur* kann. 私はできるかぎり彼を助けます．

④ 【疑問文で】いったい, そもそも. Wo bleibt er *nur*? 彼はいったいどこにいるのだろう．

⑤ 【譲歩文で】…するがいい．Er mag *nur* kommen! 彼が来たってかまわないさ / Lass ihn *nur* machen! 彼に勝手にやらせておけ．

⑥ 【*nur noch*＋比較級の形で】いっそう […な]. Er wurde *nur noch* wütender. 彼はますます怒り狂った．

⑦ 【*nur zu*＋形容詞の形で】あまりにも[…な]. Sie weiß es *nur zu* gut. 彼女はそれをあまりにも知りすぎている．

Nürn·berg [ニュルン・ベルク nýrn-bɛrk] 中 -s/【都市名】ニュルンベルク(ドイツ, バイエルン州. 14世紀ごろから商業都市として栄えた. 1945–1946 年ニュルンベルク裁判が行われた. [☞【地図】E-4).

Nürn·ber·ger [ニュルン・ベルガァ nýrn-bɛrɡər] I 男 -s/- ニュルンベルクの市民(出身者). II 女 -/- ニュルンベルガーソーセージ. III 形【無語尾で】ニュルンベルクの. die *Nürnberger* Prozesse ニュルンベルク裁判．

nu·scheln [ヌッシェルン núʃəln] 自 (h)《口語》不明瞭(めいりょう)にものを言う, もぐもぐ言う．

‡*die* **Nuss** [ヌス nús] 女 (単) -/(複) Nüsse [ニュッセ] (3格のみ Nüssen) ① 【植】(堅い殻の)木の実, ナッツ (特に:)クルミ. (＠ *nut*). eine leere *Nuss* 中が空のくるみ / *Nüsse*⁴ knacken くるみを割る / Das ist eine harte *Nuss*. 《口語》これは難問だ (←堅いくるみだ) / eine harte *Nuss*⁴ zu knacken geben《口語》人³に難題を課する / eine taube *Nuss*《比》価値のないもの (←中が空のくるみ).

② 【ばかな】やつ. ③ 【料理】(牛などの)太もものやわらかい肉. ④ 《狩》雌獣の外陰部. ⑤ 【成句的に】人³ eins⁴ **auf die Nuss geben**《俗》人³の頭をごつんとなぐる.

⚙ ..nuss のいろいろ: Erdnuss ピーナッツ / Haselnuss ヘーゼルナッツ / Kokosnuss ココナッツ / Walnuss クルミ

Nuß ☞ 新形 Nuss

Nuss═baum [ヌス・バオム Núsbaʊm] 男 -[e]s/..bäume くるみの木; 【複 なし】くるみ材．

Nuß═baum ☞ 新形 Nussbaum

Nüs·se [ニュッセ] ‡Nuss (クルミ)の 複

Nuss·kna·cker [ヌス・クナッカァ] 男 -s/- くるみ割り[器].

Nuß═knacker ☞ 新形 Nussknacker

Nuss═scha·le [ヌス・シャーレ] 女 -/-n くるみ

Nuß·scha·le [☞ 新形] Nussschale

Nüs·ter [ニュスタァ nýstər または ニュース.. nýːs..] 女 -/-n 《ふつう 複》(特に馬の)鼻孔.

Nut [ヌート núːt] 女 -/-en 《工》(木・金属などに彫った)細長い溝.

Nu·te [ヌーテ núːtə] 女 -/-n ＝Nut

Nut·ria [ヌートリア núːtria] I 女 -/-s《動》ヌートリア. II 男 -s/-s ヌートリアの毛皮[のコート].

Nut·te [ヌッテ nútə] 女 -/-n《俗》売春婦, 娼婦(ﾆ_) (＝Dirne).

Nutz [ヌッツ núts] 男《成句的に》人³ zu *Nutz* und Frommen 人³(または 人²)の[利益]のために / sich³ 物·事⁴ zu *Nutze* machen 物⁴を[自分の利益のために]利用する, 事⁴につけこむ.

Nutz⹀an·wen·dung [ヌッツ・アンヴェンドゥング] 女 -/-en (理論などの)利用, 応用.

nutz·bar [ヌッツバール] 形 利用できる, 役にたつ, 有用(有益)な, 有効な. 物⁴ *nutzbar* machen 物⁴を利用する(実用化する).

Nutz·bar·keit [ヌッツバールカイト] 女 -/ 利用できること, 有効[性], 有益.

Nutz·bar·ma·chung [ヌッツバール・マッフング] 女 -/-en《ふつう 単》利用, 活用.

nutz⹀brin·gend [ヌッツ・ブリンゲント] 形 有用な, 役にたつ, 利益のある. 物⁴ *nutzbringend* verwenden 物⁴を有効に利用する.

nüt·ze [ニュッツェ nýtsə] 形《成句的に》[zu] 事³ *nütze* sein 《南ドイツ・オーストリア》事³の役にたつ. Er ist [zu] nichts *nütze*. 彼は何の役にもたたない.

Nutz⹀ef·fekt [ヌッツ・エフェクト] 男 -[e]s/-e 効率.

***nut·zen** [ヌッツェン nútsən] du nutzt (nutzte, *hat*... genutzt) 自 (h)・他 (h)《北ドイツ》＝ nützen

* *der* **Nut·zen** [ヌッツェン nútsən] 男《単 2》-s/ 利益, 有益, 効用.《英 *profit*》. allgemeiner *Nutzen* 公益 / *Nutzen*⁴ bringen 利益をもたらす / **aus** 物³ *Nutzen*⁴ ziehen a) 物³から利益を得る, b) 物³を利用する / **von** 物³ *Nutzen*⁴ haben 物³で得をする / Es wäre von *Nutzen*, wenn du dabei wärst.《接 2·現在》もし君がついてくれれば助かるのだが.

:**nüt·zen** [ニュッツェン nýtsən] du nützt (nützte, *hat*... genützt) I 自 (定℡ haben)《南ドイツ》役にたつ, 効果がある.《英 *be of use*》. Wozu *nützt* das? それは何の役にたつのか / Das Buch *nützt* dir. その本は君の役にたつ / Seine Hilfe *hat* mir viel (nichts) *genützt*. 彼の手助けは私におおいに役にたった(何も役だたなかった) / Das Medikament *nützt* bei Krebs ⇨ **gegen** Krebs. この薬は癌(ｶﾞﾝ)に効く. II 他 (定℡ haben)《南ドイツ》利用する, 役だてる.《英 *use*》. Er *nützt* jede Gelegenheit. 彼はあらゆる機会を利用する / die Sonnenenergie⁴ zur Stromerzeugung *nützen* 太陽エネルギーを発電に利用する.

Nutz⹀fahr·zeug [ヌッツ・ファールツォイク] 中 -[e]s/-e《交通》営業用車両(バス・トラックなど).

Nutz⹀flä·che [ヌッツ・ふれッヒェ] 女 -/-n (土地の)利用面積; 有効床面積.

Nutz⹀gar·ten [ヌッツ・ガルテン] 男 -s/..gärten (果樹・野菜などを植える)実用園.

Nutz⹀holz [ヌッツ・ほるツ] 中 -es/..hölzer 実用材, 〔建築〕用材.

Nutz⹀last [ヌッツ・らスト] 女 -/-en (トラックなどの)積載重量, 実有重.

Nutz⹀leis·tung [ヌッツ・らイストゥング] 女 -/-en《工》有効出力(動力).

:**nütz·lich** [ニュッツリヒ nýtslɪç] 形 役にたつ, 有益な, 有用な.《英 *useful*》.（⇔「有害な」は schädlich). *nützliche* Pflanzen 有用植物 / 人³ [bei 事³] *nützlich* sein《事³の際に》人³の役にたつ ⇨ Er war mir bei dieser Arbeit sehr *nützlich*. 彼はこの仕事でたいそう私を助けてくれた / sich⁴ *nützlich* machen 役だつことをする, 助力する. ◇《名詞的に》das Angenehme⁴ mit dem *Nützlichen* verbinden 趣味と実益を結びつける.

Nütz·lich·keit [ニュッツリヒカイト] 女 -/ 有益, 有用, 有効[性].

***nutz·los** [ヌッツ・ろース núts-loːs] 形 役にたたない, 無益な, 無用な.《英 *useless*》. *nutzlose* Dinge 役にたたない物 / *nutzlose* Bemühungen むだな努力 / Es ist *nutzlos*, das zu probieren. そんなことをやってみてもむだだよ.

Nutz·lo·sig·keit [ヌッツ・ろーズィヒカイト] 女 -/ 無益, 無用, むだ[なこと].

Nutz⹀nie·ßer [ヌッツ・ニーサァ] 男 -s/- 利益(恩恵)を受ける人;《法》用益権者, 受益者.

Nutz⹀nie·ßung [ヌッツ・ニースング] 女 -/-en 受益, 利用;《法》用益権.

Nutz⹀pflan·ze [ヌッツ・プふらンツェ] 女 -/-n (食料・餌(ｴｻ)などとして役にたつ)有用植物.

nutz·te [ヌッツテ] ＊nutzen (役にたつ)の 過去

nütz·te [ニュッツテ] ＊nützen (役にたつ)の 過去

Nut·zung [ヌッツング] 女 -/-en《ふつう 単》利用, 使用.

NW [ノルト・ヴェスト または ノルト・ヴェステン]《略》北西 (＝Nordwest[en]).

Ny·lon [ナイろン náilon] 中 -s/-s ①《複 なし》《商標》ナイロン. ②《複 で》《口語》ナイロン製のストッキング.

Nym·phe [ニュムふェ nýmfə] I 女 -/-n《ギリ神・ローマ神》(泉・水辺・木立などに住む若い女性の姿をした妖精). II -/-n《動》若虫(ﾞｯｳ).

Nym·pho·ma·nie [ニュムふォマニー nʏmfomaniː] 女 -/《医・心》女子色情症.

Nym·pho·ma·nin [ニュムふォマーニン nʏmfomáːnɪn] 女 -/..ninnen《医・心》色情症の女性.

O o

o, O¹ [オー ó:] 中 -/- オー(ドイツ語アルファベットの第15字).

o! [オー] 間 (驚き・喜び・苦痛・非難などを表して:) おお, ああ, おや, まあ. *O* Vater! ああ, お父さん / *O* doch!(否定を否定して:)いやどうしてどうして, それどころか / *O* ja! そうだとも, もちろんさ / *O* nein! いえ違います, そんなことがあるものか / *O* weh! おお痛い, ああ悲しい(つらい).

O² ① [オースト または オステン] (略) 東(=Ost[en]). ② [オー] (化·記号) 酸素(=Oxygenium).

o. (略) ① [オーベン] 上[方]に(=oben). ② [オーダァ] または(=oder). ③ [オーネ] …なしの(=ohne).

ö, Ö [エー ó:] 中 -/- o, O の変音(オー·ウムラウト).

o. ä. ☞新形 o. Ä.

o. Ä. [オーダァ エーンリッヒェ[ス] (略) 等々, その他同様のもの(=oder Ähnliche[s]).

O·a·se [オアーゼ oá:za] 女 -/-n オアシス(砂漠の中の水のある緑地);《比》憩いの場.

***ob**¹ [オップ 5p]

> **…かどうか**
> Ich weiß nicht, *ob* er kommt.
> イヒ ヴァイス ニヒト   オップ エア コムト
> 彼が来るかどうか私は知らない.

接 [従属接続詞; 動詞の人称変化形は文末] ①〖間接疑問文を導いて〗…かどうか. (英 *if*). Frag ihn, *ob* er zum Essen kommt! 彼が食事に来るかどうか彼に聞きなさい / Ich weiß nicht, *ob*… …かどうか私は知らない.
◇〖主文を省略して〗…だろうか. *Ob* er wohl noch krank ist? 彼はまだ病気なのだろうか.
◇〖**und** *ob*…の形で〗もちろん… Kennst du ihn? — Und *ob* ich ihn kenne! 君は彼を知っているのか — もちろん知ってるさ(←彼を知っているだって!) / Kommst du mit? — Und *ob*! いっしょに来るかい — もちろんさ.
②〖**als ob**…の形で〗あたかも…のように. (英 *as if*). Er tut, als *ob* er alles wüsste.〖接2·現在〗彼はもう何でも知っているかのようなふりをする.
③〖*ob* A, *ob* (または **oder**) B の形で〗A であろうと B であろうと. *ob* arm, *ob* reich 貧しかろうが金持ちであろうが / *Ob* er nun kommt oder nicht, wir müssen jetzt anfangen. 彼が来ようが来まいが, われわれはもう始めなければならない.
④〖**auch, gleich** などとともに〗《古》…ではあるが, たとえ…でも. *Ob* auch alle gegen ihn waren, er setzte sich doch durch. みんな彼に反対したが, 彼は自分の意志を通した.

ob² [オップ] 前 ① 〖2格 (まれに3格)とともに〗《雅》…のゆえに, …のために(=wegen). *ob* dieses Vorfalls この出来事のために. ② 〖3格とともに〗…の上方の. (注意 現在では地名での用いられる). Rothenburg *ob* der Tauber ローテンブルク·オプ·デァ·タウバー(タウバー河畔の丘の上にあるローテンブルク).

o. B. [オーネ ベフント] (略) (医者の診断で:)所見(異常)なし(=ohne Befund).

O·bacht [オーバハト ó:baxt] 女 -/ 《南ド》注意, 用心(=Vorsicht, Achtung). **auf** 人·物⁴ *Obacht*⁴ geben 人·物⁴に注意を払う.

ÖBB [エー·ベー·ベー] (略) オーストリア連邦鉄道(=Österreichische Bundesbahnen).

Ob·dach [オップ·ダッハ] 中 -[e]s/ 《官庁》(一時的な)宿, 宿泊所. *Obdach*⁴ suchen 宿を探す / 人³ *Obdach*⁴ geben (または gewähren) 人³を泊めてやる.

ob·dach⹀los [オップダッハ·ロース] 形 住む家を失った, 宿なしの.

Ob·dach⹀lo·se[r] [オップダッハ·ローゼ (..ザァ)] 男 女 〖語尾変化は形容詞と同じ〗住む家を失った人; 被災者; 浮浪者.

Ob·duk·ti·on [オプドゥクツィオーン ɔpduktsió:n] 女 -/-en《医》死体解剖, 剖検.

ob·du·zie·ren [オプドゥツィーレン ɔpdutsí:rən] 他 (h)《医》(死体⁴を)解剖する, 剖検する.

O-Bei·ne [オー·バイネ] 複《口語》O 脚.

o-bei·nig, O-bei·nig [オー·バイニヒ] 形《口語》O 脚の.

O·be·lisk [オベリスク obelísk] 男 -en/-en《建》オベリスク, 方尖(ほうせん)塔.

***o·ben** [オーベン ó:bən]

> **上に** Das Buch liegt *oben* links.
> ダス ブーフ リークト オーベン リンクス
> その本は上の方の左側にある.

副 (英 *above*) ① 上に, 上の方に; 階上に; 表[面]に. (注意「下に」は unten). hoch *oben* はるか上方に / *oben* rechts または rechts *oben* 右上に / *oben* im Schrank 戸棚の上段に / *oben* schwimmen 表面に浮いている / nach (von) *oben* 上方へ(上方から) / von *oben* bis unten 徹底的に(←上から下まで) / von *oben* 《比》見下ろしたように, いばって / *oben* ohne《口語·戯》トップレスで / Wer wohnt *oben*? 上の階にはだれが住んでいますか / Ich weiß nicht mehr, wo (または was) *oben* und unten ist.《口語·比》私には何が何だかわからない(←どっちが上か下か).
② 《口語》北の方(地図の上の方)に. Bist du

auch von da *oben*? 君も北国の出身かい / *Oben* ist das Klima rauer. 北の方は気候がもっと厳しい.

③《口語》(社会的・地位的な)上層部で. Der Befehl kam von *oben*. その命令は上層部から下りて来たものだ / die da *oben* 御上(おかみ), お偉方 / nach *oben* buckeln und nach unten treten 上にへつらい下にはいばる.

④ (書物・談話などの)前(上)の箇所で. wie bereits *oben* erwähnt 前述(上述)のように / siehe *oben* 上記参照 (略: s.o.).

(新形)
o·ben er·wähnt 前述(上述)の, 上記の.
o·ben ge·nannt =oben erwähnt
o·ben ste·hend =oben erwähnt

o·ben⇒an [オーベン・アン] 副 [いちばん]上に, 上端に; 上座に; 最上位に. Sein Name steht ganz oben. 彼の名前が真っ先に書いてある.

o·ben⇒auf [オーベン・アオフ] 副 ① (方) 上に(へ); 頂上に. ② 上機嫌で, 元気で; 自信満々で. *obenauf* sein a) 機嫌がいい, b) 元気(好調)である.

o·ben⇒drauf [オーベン・ドラオフ] 副 [いちばん]上に, (他のものの)上に.

o·ben⇒drein [オーベン・ドライン] 副 その上, おまけに.

oben⇒er·wähnt 形 ((新形) oben erwähnt) ☞ oben

oben⇒ge·nannt 形 ((新形) oben genannt) ☞ oben

o·ben⇒hin [オーベン・ヒン] 副 うわべだけ, 通り一遍に, ぞんざいに; ついでに.

o·ben⇒hi·naus [オーベン・ヒナオス] 副《成句的に》*obenhinaus* wollen 高望みする.

O·ben-oh·ne-Ba·de·an·zug [オーベン・オーネ・バーデアンツーク] 男 -[e]s/..züge トップレス水着.

oben⇒ste·hend 形 ((新形) oben stehend) ☞ oben

*** o·ber**[1] [オーバァ óːbər] 形 (比較 なし, 最上 oberst)《付加語としてのみ》① 上の, 上方の, 上部の. (英 *upper*). 「下の」は *unter*). die *obere* Rhein ライン川の上流 / Mein Zimmer liegt im *oberen* Stock. 私の部屋は上の階にあります. ② (社会的に)上層の, 上流の; 高学年の. die *oberen* Schichten der Gesellschaft[2] 社会の上流階級.

o·ber[2] [オーバァ] 前《3格とともに》(古語)…の上の方に.

*** der O·ber** [オーバァ óːbər] 男 (単2) -s/(複) -(3格のみ -n) ① (レストランの)ウエーター, ボーイ(=Kellner). (英 *waiter*). Herr *Ober*, bitte zahlen! ボーイさん, お勘定!(ご注意 本来は Oberkellner (ボーイ長)を指した.「ウエートレス」は Kellnerin または Fräulein). ② (ドイツ式トランプの)クイーン.

o·ber.., O·ber.. [オーバァ.. óːbər..] 形容詞・名詞につける 接頭 ① (大・非常の) 例: *Ober*idiot 大ばか / *ober*faul 非常にあやしげの. ②《上部・長》例: *Ober*italien 上部イタリア / *Ober*arzt 医長.

O·ber·am·mer·gau [オーバァ・アンマァガオ óːbər-ámərgau] 中 -s/《都市名》オーバーアンマーガウ(ドイツ, バイエルン州. 1634 年以来町民によって 10 年おきにキリスト受難劇が上演されることで名高い; 地図 E-5).

O·ber⇒arm [オーバァ・アルム] 男 -[e]s/-e《医》上腕, 二の腕.

O·ber⇒arzt [オーバァ・アールツト] 男 -es/..ärzte ① 医長, (各科の)主任医. ②《軍》軍医中尉.

O·ber⇒bau [オーバァ・バオ] 男 -[e]s/-ten ① (建築物の)地上の部分. ② (道路工事で:) 路面, (鉄道)路盤, 軌道.

O·ber·bay·ern [オーバァ・バイアァン óːbərbaiərn] 中 -s/《地名》オーバーバイエルン(ドイツ, バイエルン州の南部地域).

O·ber⇒be·fehl [オーバァ・ベフェール] 男 -[e]s/《軍》最高指揮権.

O·ber·be·fehls·ha·ber [オーバァベフェールス・ハーバァ] 男 -s/-《軍》総司令(最高指揮)官.

O·ber⇒be·griff [オーバァ・ベグリフ] 男 -[e]s/-e 上位概念.

O·ber⇒be·klei·dung [オーバァ・ベクライドゥング] 女 -/-en (下着の上に着る)衣服.

O·ber⇒bett [オーバァ・ベット] 中 -[e]s/-en 掛け布団.

O·ber⇒bür·ger·meis·ter [オーバァ・ビュルガァマイスタァ] 男 -s/- (大都市の)市長, 上級市長.

O·ber⇒deck [オーバァ・デック] 中 -[e]s/-s ① 《海》上甲板. ② (2 階建てバスの)2 階.

o·ber⇒deutsch [オーバァ・ドイチュ] 形《言》上部ドイツ語の, ドイツ南部・オーストリア・スイスの方言の.

o·ber⇒faul [オーバァ・ファオル] 形《口語》ひどくいかがわしい, 非常にあやしげの.

*** die O·ber·flä·che** [オーバァ・フレッヒェ óːbər-flɛçə] 女 (単) -/(複) -n 表面, 表層. (比) うわべ. (英 *surface*). Wasser*oberfläche* 水面 / eine glatte *Oberfläche* なめらかな表面 / die *Oberfläche* der Erde[2] 地表 / an die *Oberfläche* kommen (比) 表面へ出て来る / an der *Oberfläche* bleiben (比) (話・考えなどが)核心に触れない (← 表面にとどまる) / Fett schwimmt **auf** der *Oberfläche*. 表面に脂が浮いている.

O·ber·flä·chen⇒span·nung [オーバァフレッヒェン・シュパヌング] 女 -/-en《物》表面張力.

*** o·ber·fläch·lich** [オーバァ・フレヒトリヒ óːbər-flɛçlɪç] 形 (英 *superficial*) ① (皮膚などの)表面の, 表層の. Die Wunde ist nur *oberflächlich*. その傷はほんの引っかき傷だ. ②(比)表面的な, うわべだけの(観察など); 浅薄な, 深みのない. ein *oberflächlicher* Mensch うすっぺらな人間 / 物[4] nur *oberflächlich* ansehen 物[4]の表面しか見ない.

o・ber≠gä・rig [オーバァ・ゲーリヒ] 形 上面発酵の. (←→「下面発酵の」は untergärig)

O・ber≠ge・schoss [オーバァ・ゲショス] 中 -es/-e 上階(建物の2階以上). zweites *Obergeschoss* 3階.

Ober≠ge・schoß ☞ 新形 Obergeschoss

***o・ber≠halb** [オーバァ・ハるプ ó:bər-halp] I 前【2格とともに】…の上方に, …の上手(かみて)に. (←→「…の下方に」は unterhalb). *oberhalb* der Elbe エルベ川の上流に / *oberhalb* des Dorfes 村の上手に.
II 副 上の方に. weiter *oberhalb* さらに上の方に. ◊**von** とともに】Das Schloss liegt *oberhalb* von Heidelberg. 城はハイデルベルクの街を見下ろす位置にある.

O・ber≠hand [オーバァ・ハント] 女【成句的に】die *Oberhand*⁴ gewinnen (haben) 優位に立つ(優勢である).

O・ber≠haupt [オーバァ・ハオプト] 中 -(e)s/..häupter《雅》首長, 頭(かしら).

O・ber≠haus [オーバァ・ハオス] 中 -es/..häuser《政》(特にイギリスの)上院. (←→「下院」は Unterhaus).

O・ber≠haut [オーバァ・ハオト] 女 -/《医・生》表皮, 上皮.

O・ber≠hemd [オーバァ・ヘムト] 中 -(e)s/-en ワイシャツ, カッターシャツ, ポロシャツ.

O・ber≠herr・schaft [オーバァ・ヘルシャふト] 女 -/ 主権, 統治権; 主導権.

O・ber≠hit・ze [オーバァ・ヒッツェ] 女 -/ (オーブンの)上火(うわび).

O・be・rin [オーベリン ó:bərɪn] 女 -/..rinnen ① 看護婦長. ② 尼僧院長.

o・ber≠ir・disch [オーバァ・イルディッシュ] 形 地上の, 地表に出ている(導管など).

O・ber≠kell・ner [オーバァ・ケるナァ] 男 -s/- ボーイ長, 給仕長.

O・ber≠kie・fer [オーバァ・キーふァァ] 男 -s/-《医》上あご, 上顎(じょうがく).

O・ber≠kom・man・do [オーバァ・コマンド] 中 -s/-s《軍》① 【覆なし】最高指揮権. ② 最高司令部.

O・ber≠kör・per [オーバァ・ケルパァ] 男 -s/- 上体, 上半身.

O・ber≠land [オーバァ・らント] 中 -(e)s/ 高地, 山地.

O・ber≠lan・des・ge・richt [オーバァ・らンデスゲリヒト] 中 -(e)s/-e 上級地方裁判所 (略: OLG).

O・ber≠lauf [オーバァ・らオふ] 男 -(e)s/..läufe (河川の源流に近い)上流.

O・ber≠le・der [オーバァ・れーダァ] 中 -s/- (靴の)甲革.

O・ber≠lei・tung [オーバァ・らイトゥング] 女 -/-en ① (企業などの)最高指導(首脳)[部]. ② (電車・トロリーバスなどの)架線.

O・ber・lei・tungs≠om・ni・bus [オーバァらイトゥングス・オムニブス] 男 ..busses/..busse トロリーバス(略: Obus).

O・ber≠leut・nant [オーバァ・ろイトナント] 男 -s/-s (まれに -e)《軍》【陸軍】中尉.

O・ber≠licht [オーバァ・りヒト] 中 -(e)s/-er (まれに -e) ① 【覆なし】上方からの光. ② 天窓, 明かり取り. ③【覆 -er】天井灯.

O・ber≠lip・pe [オーバァ・リッペ] 女 -/-n 上唇. (←→「下唇」は Unterlippe).

O・ber≠ös・ter・reich [オーバァ・エースタァライヒ ó:bər-ø:stərraɪç] 中 -s/《地名》オーバーエースターライヒ(オーストリア 9州の一つ. 州都はリンツ).

O・ber≠pri・ma [オーバァ・プリーマ] 女 -/..primen (9年制ギムナジウムの)第9学年(日本の大学1年に相当). (☞ Gymnasium).

O・ber≠pri・ma・ner [オーバァ・プリマーナァ] 男 -s/- (9年制ギムナジウムの)9年生.

O・ber≠re・al・schu・le [オーバァ・レアーるシューれ] 女 -/-n (昔の:)実科高等学校.

o・ber≠rhei・nisch [オーバァ・ラィニッシュ] 形 上部ラインの, ライン川上流の.

O・bers [オーバァス ó:bərs] 中 -/《おう》生クリーム (= Sahne).

O・ber≠schen・kel [オーバァ・シェンケる] 男 -s/-《医》大腿(だいたい)[部], 太もも. (☞ Körper 図).

O・ber≠schicht [オーバァ・シヒト] 女 -/-en ① (社会の)上層階級. ②【覆】上層, 表層.

O・ber≠schu・le [オーバァ・シューれ] 女 -/-n ①《口語》(各種の)高等(上級)学校. ② (旧東ドイツの10年制の)義務教育学校.

O・ber≠schwes・ter [オーバァ・シュヴェスタァ] 女 -/-n [看護]婦長.

O・ber≠sei・te [オーバァ・ザイテ] 女 -/-n 上側, 上面; 表面. (←→「下側; 裏面」は Unterseite).

O・ber≠se・kun・da [オーバァ・ゼクンダ] 女 -/..kunden (9年制ギムナジウムの)第7学年(日本の高校2年に相当). (☞ Gymnasium).

O・ber≠se・kun・da・ner [オーバァ・ゼクンダーナァ] 男 -s/- (9年制ギムナジウムの)7年生.

o・berst [オーバァスト ó:bərst] (= ober の 最上) 形 最上の, 最高の; 首位の. der *oberste* Gerichtshof 最高裁判所. ◊【名詞的に】das *Oberste*⁴ zuunterst kehren《口語》何もかも引っくり返す.

O・berst [オーバァスト] 男 -s (または -en)/-en (まれに -e)《軍》【陸軍(空軍)】大佐.

O・ber≠stim・me [オーバァ・シュティンメ] 女 -/-n《音楽》(楽曲の)最高声部.

O・berst≠leut・nant [オーバァスト・ろイトナント] 男 -s/-s (まれに -e)《軍》【陸軍(空軍)】中佐.

O・ber≠stüb・chen [オーバァ・シュテューブヒェン] 中 -s/-《口語》頭. Er ist im *Oberstübchen* nicht ganz richtig. 彼は頭が少しおかしい.

O・ber≠stu・di・en・di・rek・tor [オーバァ・シュトゥーディエンディレクトァ] 男 -s/-en [..トーレン] ギムナジウムの校長.

O・ber≠stu・fe [オーバァ・シュトゥーふェ] 女 -/-n ① (習い事などの)上級. ② (9年制ギムナジウムの)上級の3学年 (Obersekunda, Unterprima, Oberprima). (☞ Gymnasium).

O·ber‗tas·se [オーバァ・タッセ] 女 -/-n（コーヒー・紅茶用の）カップ，茶わん．

O·ber‗teil [オーバァ・タイル] 男 中 -[e]s/-e（衣服・家具などの）上部．

O·ber‗ter·tia [オーバァ・テルツィア] 女 -/..tien [..ツィエン]（9年制ギムナジウムの）第5学年（日本の中学3年に相当）．(☞ Gymnasium).

O·ber‗ter·ti·a·ner [オーバァ・テルツィアーナァ] 男 -s/-（9年制ギムナジウムの）5年生．

O·ber‗ton [オーバァ・トーン] 男 -[e]s/..töne《物・音楽》上音(じょうおん)，倍音．

O·ber‗was·ser [オーバァ・ヴァッサァ] 中 -s/ せき（ダム）の上手(かみて)の水．| [wieder] *Oberwasser*[4] haben《口語》［再び］優勢である．

O·ber‗wei·te [オーバァ・ヴァイテ] 女 -/-n 胸囲，バスト．

*‗**ob‗gleich** [オップ・グライヒ ɔp-gláiç] 接《従属接続詞; 動詞の人称変化形は文末》…にもかかわらず，…ではあるが（＝obwohl）．*Obgleich es regnete, ging ich spazieren.* 雨が降っていたが，私は散歩に出かけた．

Ob‗hut [オップ・フート] 女 -/《雅》保護，世話，後見．人[4] **in seine** *Obhut* **nehmen** 人[4]の世話を引き受ける / **unter seiner** *Obhut* **stehen** 彼の世話になっている．

o·big [オービヒ óːbɪç] 形《付加語としてのみ》《書》上記(上述)の，前述の．*das obige* Zitat 上記の引用文．◊《名詞的に》der (die) *Obige*（手紙の追伸の署名の者（略: d. O.）．

*‗*das* **Ob·jekt** [オブイェクト ɔpjékt] 中《単2》-[e]s/《複》-e（3格のみ -en）《英 object》① 対象，目的物，《比》(攻撃などの)的(まと)；《哲》客体，客観．（☞「主体」は Subjekt）．*Forschungsobjekt* 研究対象 / *das Objekt* einer Betrachtung[2] 観察の対象．② 《商》物件（地所・家屋など）；《ぼうちょう》（官庁）建物；（旧東ドイツで）販売店．③ 《言》（動詞の）目的語．④ 《美》オブジェ．

*‗**ob·jek·tiv** [オブイェクティーフ ɔpjɛktiːf または ..ティーフ] 形 ① **客観的な**．（英 objective）．（☞「主観的な」は subjektiv）．**ein** *objektives* **Urteil** 客観的な判断 / 事[4] *objektiv* betrachten 事[4]を客観的に考察する．② 公平な，公正中立な．**eine** *objektive* **Entscheidung** 公平な決定．

Ob·jek·tiv [オブイェクティーフ または ..ティーフ] 中 -s/-e [..ヴェ] 対物レンズ．

ob·jek·ti·vie·ren [オブイェクティヴィーレン ɔpjɛktiviːrən] 他 (h) 客観化（対象化）する．

Ob·jek·ti·vis·mus [オブイェクティヴィスムス ɔpjɛktivísmus] 男 -/《哲》客観主義．（☞「主観主義」は Subjektivismus).

Ob·jek·ti·vi·tät [オブイェクティヴィテート ɔpjɛktivitɛːt] 女 -/ 客観性，普遍妥当性；公平．

Ob·jekt‗satz [オブイェクト・ザッツ] 男 -[e]s/..sätze《言》目的語文．

Ob·jekt‗trä·ger [オブイェクト・トレーガァ] 男 -s/-《理》（顕微鏡の）スライドガラス．

Ob·la·te [オブラーテ oblá:tə] I 女 -/-n ①

《カッコ》ホスチア（ミサに使うパン）．② 《料理》ウェファース，ゴーフル．③《医》オブラート．II 男 -n/-n《カッコ》修道院の新しい会員；献身会士．

ob‗lie·gen[1]* [オップ・リーゲン ɔp-líːɡən]《分離》自 (h) ①《雅》（仕事などが人[3]の）義務(責務)である．*Ihm liegt die Überwachung des Einkaufs ob.* 仕入れの監督が彼の務めだ．②《古》（事[3]に）打ち込む，専念する．

ob·lie·gen[2]* [オップ・リーゲン]《非分離》自 (h) ＝obliegen[1]

Ob·lie·gen·heit [オップ・リーゲンハイト] 女 -/-en《雅》義務，責務．

ob·li·gat [オブリガート obligá:t] 形 ① 絶対必要な，欠くことのできない; （皮肉って:）お決まりの，恒例の．②《音楽》オブリガートの．

Ob·li·ga·ti·on [オブリガツィオーン obligatsió:n] 女 -/-en ①《古》《法》債務[関係]．②《経》債券．

ob·li·ga·to·risch [オブリガトーリッシュ obligató:rɪʃ] 形 ① 義務的な，拘束力のある，必修（必須）の．（☞「任意の，自由選択の」は fakultativ）．*Die Vorlesung ist obligatorisch.* その講義は必修である．②（皮肉って:）お決まりの．

Ob·li·go [オブリゴ ɔ́:bliɡo または オブ.. ɔ́b..] [イタリア] 中 -s/-s《経》① 支払義務，債務．② 担保，保証．

Ob‗mann [オップ・マン] 男 -[e]s/..männer（または ..leute）①（団体などの）会長，理事長．②《スポーツ》主審．（☞ 女性形は Obmännin).

O·boe [オボーエ obóː.ə] 女 -/-n《音楽》オーボエ．

O·bo·ist [オボイスト oboíst] 男 -en/-en オーボエ奏者．（☞ 女性形は Oboistin）．

O·bo·lus [オーボルス óːbolus] 男 -/-（または ..lusse）① オボロス（古代ギリシァの少額貨幣）．② 小額の寄付．

Ob·rig·keit [オーブリヒカイト] 女 -/-en 当局，その筋．

ob·rig·keit·lich [オーブリヒカイトリヒ] 形 当局[から]の，その筋［から］の．

Ob·rist [オブリスト obríst] 男 -en/-en（軽蔑的に:）軍事政権のメンバー．

ob‗schon [オップ・ショーン] 接《従属接続詞; 動詞の人称変化形は文末》《雅》…にもかかわらず，たとえ…であっても（＝obwohl）．

Ob·ser·va·to·ri·um [オブゼルヴァトーリウム ɔpzɛrvató:rium] 中 -s/..rien [..リエン] 観測所，天文台，気象台．

ob·sie·gen[1] [オップ・ズィーゲン ɔp-zí:ɡən]《非分離》自 (h)《雅》勝利を収める．**über** 人・事[4] *obsiegen* 人・事[4]に打ち勝つ．

ob|sie·gen[2] [オップ・ズィーゲン ɔp-zì:ɡən]《分離》自 (h) ＝obsiegen[1]

obs·kur [オブスクーァ ɔpskúːr] 形 うさんくさい，いかがわしい；あいまいな．

*‗*das* **Obst** [オープスト óːpst]

果物	Mögen Sie *Obst*? メーゲン　ズィー　オープスト 果物はお好きですか．

Obstbau

中 (単2) -es (まれに -s)/ (総称として:)**果物**, 果実. (英 *fruit*). / (個々の果物)」は Frucht). Dörrobst ドライフルーツ / frisches *Obst* 新鮮な果物 / *Obst* und Gemüse 果物と野菜 / *Obst*⁴ ernten (pflücken) 果物をとり入れる(摘む) / *Obst* ist gesund. 果実は健康によい / [Ich] danke für *Obst* und Südfrüchte!《口語》そんなことはまっぴら御免だ.

......
(メモ) ドイツでよく見かける果物: Apfel りんご / Apfelsine, Orange オレンジ / Aprikose あんず / Banane バナナ / Birne なし / Brombeere ブラックベリー / Erdbeere いちご / Himbeere ラズベリー / Johannisbeere すぐり / Pfirsich 桃 / Pflaume, Zwetsche すもも / Traube ぶどう / Zitrone レモン
......

Obst⸗bau [オープスト・バオ] 男 -[e]s/ 果樹栽培.

Obst⸗baum [オープスト・バオム] 男 -[e]s/..bäume 果樹.

Obst⸗ern·te [オープスト・エルンテ] 女 -/-n 果物の収穫.

Obst⸗gar·ten [オープスト・ガルテン] 男 -s/..gärten 果樹園.

Obst⸗händ·ler [オープスト・ヘンドラァ] 男 -s/- 果物商人, 果物屋.

obs·ti·nat [オプスティナート ɔpstináːt] 形 強情な, 頑固な.

Obst⸗ku·chen [オープスト・クーヘン] 男 -s/- フルーツケーキ.

Obst·ler [オープストラァ ˈoːpstlɐr] 男 -s/-《南ド》① フルーツブランデー, 果実酒. ② 果実商人.

ob·stru·ie·ren [オプストルイーレン ɔpstruíːrən] 他 (h)《政》(議案の成立などを⁴に)妨害する.

Ob·struk·ti·on [オプストルクツィオーン ɔpstruktsióːn] 女 -/-en ① 《議事》妨害. ② 《医》閉塞[症]; 便秘.

Obst⸗saft [オープスト・ザフト] 男 -[e]s/..säfte 果汁, フルーツジュース.

Obst⸗tor·te [オープスト・トルテ] 女 -/-n《料理》フルーツトルテ.

Obst⸗wein [オープスト・ヴァイン] 男 -[e]s/-e (ぶどう酒以外の)果実酒(りんご酒・いちご酒など).

obs·zön [オプスツェーン ɔpstsøːn] 形 ① わいせつな, みだらな(映画など). ② 《隠語》けしからぬ.

Obs·zö·ni·tät [オプスツェーニテート ɔpstsøːnitέːt] 女 -/-en ① 《複 なし》わいせつ, みだらであること. ② わいせつ(みだら)な言葉(表現).

O·bus [オーブス óːbus] 男 Obusses/Obusse (略)トロリーバス (=Oberleitungsomnibus).

ob|wal·ten¹ [オプ・ヴァるテン óp-vàltən]《分離》自 (h)《雅》(影響力を持って)存在する, 現存する. ◇《現在分詞の形で》unter den *obwaltenden* Umständen 現状では.

ob·wal·ten² [オプ・ヴァるテン]《非分離》自 (h)《雅》=ob|walten¹.

*   **ob·wohl** [オプ・ヴォーる ɔp-vóːl] 接《従属接続詞; 動詞の人称変化形は文末》…にもかかわらず, …ではあるが. (英 *though*). *Obwohl* es heftig regnete, gingen wir spazieren. 雨が激しく降っていたにもかかわらず, 私たちは散歩に出かけた.

Ochs [オクス óks] 男 -en/-en《南ド・オースト・スイス》= Ochse

*   *der* **Och·se** [オクセ óksə] 男 (単2·3·4)-n/(複) -n ① 雄牛(耕作用・食肉用の去勢牛). (英 *ox*). (☞ 類語 Kuh). Der *Ochse* brüllt. 雄牛が鳴く / den *Ochsen* hinter den Pflug spannen《口語》あべこべなことをする(←牛の後ろに雄牛をつなぐ) / Er steht da wie der *Ochse* vorm Berg.《口語》彼は途方にくれている(←山を前にした雄牛のように立ちつくしている). ② 《俗》(男性を表して)のろま, ばか.

och·sen [オクセン óksən] 自 (h)・他 (h)《口語》猛勉強する, がり勉する.

Och·sen⸗au·ge [オクセン・アオゲ] 中 -s/-① 《建》丸窓(特にバロック建築のもの). ② 《方》目玉焼 (=Spiegelei). ③ 《植》ブフタルムム(キク科の一種). ④ 《昆》ジャノメチョウ.

Och·sen·schwanz⸗sup·pe [オクセンシュヴァンツ・ズッペ] 女 -/-n《料理》オックステールスープ, 牛の尻尾のスープ.

O·cker [オッカァ ókɐr] 男 中 -s/(種類:) -《地学》黄土(±); 《化》オーカー(酸化鉄を主成分とする顔料).

od. [オーダァ]《略》または (=oder).

öd [エート øːt] 形《雅》=öde

O·de [オーデ óːdə] 女 -/-n《文学》頌歌(⁷⁷⁷ₑ), オード.

*   **ö·de** [エーデ ǿːdə] 形《比較》öder, 《最上》ödest; 格変化語尾がつくときは öd-) ① (土地・地方などが)荒涼とした, 荒れ果てた; 不毛の. (英 *waste*). eine *öde* Gegend 荒涼とした地方. ② 人気(²ゃん)のない, 寂れた. ein *öder* Platz 人気のない広場. ③ (中味がなくて)つまらない, 味気ない. ein *ödes* Leben 味気ない生活 / ein *ödes* Gespräch 退屈な会話.

Ö·de [エーデ] 女 -/-n ① 《ふつう 単》孤独, わびしさ. ② 《ふつう 単》荒地, 不毛の地. ③ 《複 なし》空虚, 退屈.

O·dem [オーデム óːdəm] 男 -s/《詩》息, 呼吸 (=Atem).

Ö·dem [エデーム ødéːm] 中 -s/-e《医》水腫(ﾖ), 浮腫(ﾖ).

*   **o·der** [オーダァ óːdɐr]

    また は

    Möchten Sie Bier *oder* Wein?
    メヒテン ズィー ビーァ オーダァ ヴァイン
    ビールになさいますか, それともワインに?

    接《並列接続詞》① または, あるいは. (英 *or*). Ich komme heute *oder* morgen. 私はきょうかあす来ます / Ja *oder* nein? イエスのかノーなのか / früher *oder* später 遅かれ早かれ / Du *oder* ich bin daran schuld. 君かぼくかどちらがそれに責任がある(←動詞の人称変化形はそれに近い方の主語に合わせる) / Kommst du mit *oder* nicht? 君はいっしょに来るのか，来ないのか． ◊《**entweder** A *oder* B の形で》A か B か．(英 *either A or B*). Wir gehen entweder ins Konzert *oder* ins Theater. 私たちはコンサートか芝居かのどちらかに行く．

◊《*oder so* の形で》…かそこら．Es waren zwanzig Leute *oder so*. 20 人かそこらの人がいた．

② さもないと．Wir müssen nach Hause, *oder* wir bekommen Ärger. ぼくらは家へ帰らなければならない，そうでないと怒られる / Jetzt *oder* nie! 今を逃すともう機会はない．

③ すなわち，言い換えると：Volkswagen, *oder* VW, wie man zu sagen pflegt フォルクスヴァーゲン，すなわち，いわゆるファオ・ヴェー．

④《文の最後で》《口語》…でしょう，そうですね．Du hast doch Zeit, *oder*? 君はひまなんだよね．

die **O·der** [オーダァ ó:dɐ] 囡 -/《定冠詞とともに》《川名》オーダー川(ドイツとポーランドの国境を流れる：☞ 地図 G-2～3). Frankfurt an der *Oder* オーダー河畔のフランクフルト (Frankfurt am Main「マイン河畔のフランクフルト」と区別してこう呼ぶ).

O·din [オーディン ó:dɪn] -s/《北欧神》オーディン(ゲルマン民族の最高神．ドイツ語形は Wodan).

Ö·di·pus [エーディプス ö́:dipʊs] -/《ギ神》オイディプス，エディプス(知らずに父を殺し母と結婚したテーベの王).

Ö·di·pus⹀kom·plex [エーディプス・コンプレクス] 男 -es/《心》エディプス・コンプレックス(男性が父親に反発し，母親に愛着を持つ無意識の傾向).

O·di·um [オーディウム ó:dium] 中 -s/ 悪評，汚名．

Öd⹀land [エート・ラント] 中 -[e]s/..länder《ふつう 単》《林・農》荒れ地．

O·dys·see [オデュッセー odysé:] 囡 -/-n [..セーエン] ①《複 なし》『オデュッセイア』(ホメロス作の英雄叙事詩). ②《比》長い放浪(冒険)の旅．

O·dys·seus [オデュッソイス odýssoʏs] -/《人名》オデュッセウス(ホメロスの叙事詩『オデュッセイア』の主人公．イタカの王).

OECD [オー・エー・ツェー・デー] 囡 -/《略》経済協力開発機構 (=Organization for Economic Cooperation and Development).

Œuv·re [エーヴレ ö́:vrə] [外] 中 -/-s (芸術家の)全作品，作品．

OEZ [オー・エー・ツェット]《略》東部ヨーロッパ標準時 (=osteuropäische Zeit).

※ der **O·fen** [オーフェン ó:fən] 男 (単 2) -s/《複》Öfen [エーフェン] ① ストーブ，暖炉．(英 *stove*). Ölofen 石油ストーブ / den *Ofen* heizen ストーブをたく / den *Ofen* an|zünden ストーブに火をつける / Der *Ofen* brennt gut. このストーブはよく燃える / am *Ofen* sitzen ストーブにあたっている / Er hockt immer hinter dem *Ofen*.《比》彼はいつも家にこもっている(=ストーブの後ろにすわっている) / Jetzt ist der *Ofen* aus.《俗》これでおしまいだ(=ストーブの火が消えた).

②《方》(料理用の)こんろ，レンジ，オーブン (=Kochherd). ③《隠語》乗用車，オートバイ．ein heißer *Ofen* 高性能の車(オートバイ).

Ö·fen [エーフェン] ＊Ofen (ストーブ) の 複

o·fen⹀frisch [オーフェン・フリッシュ] 形 焼きたての(パン・ケーキなど).

O·fen⹀rohr [オーフェン・ローァ] 中 -[e]s/-e (ストーブなどから煙突までの)煙管，煙道パイプ．

O·fen⹀schirm [オーフェン・シルム] 男 -[e]s/-e (ストーブ・などの前に立てる)熱よけスクリーン(ついたて).

※ **of·fen** [オッフェン ɔ́fən]

開いている
Ist das Museum heute *offen*?
イスト ダス ムゼーウム ホイテ オッフェン
きょうは博物館は開いていますか．

形 (英 *open*) ① 開いている；(店などが)開いている．ein *offenes* Buch 開いたままの本 / eine *offene* Tür 開いているドア / bei *offenem* Fenster schlafen 窓を開けたまま寝る / Dieser Laden ist (または hat) auch sonntags *offen*. この店は日曜も開いている / Sie haben ein *offenes* Haus. 彼らのところにはよく客が出入りする．

② 心を開いた，理解のある．Sie ist **für** alle Eindrücke *offen*. 彼女は感受性が豊かだ(=すべての印象に対して心を開いている) / Er ist **gegenüber** dem Aids-Problem sehr *offen*. 彼はエイズ問題に対して偏見がない．

③ 鍵(ﾞ)がかかっていない；封をしていない；(髪を)束ねていない．Der Schrank ist *offen*. 戸棚は鍵がかかっていない / Der Brief ist noch *offen*. この手紙はまだ封がされていない / Sie trägt ihr Haar immer *offen*. 彼女はいつも髪をたらしている．

④ 覆いのない，むき出しの．mit *offener* Brust 胸をあらわにして / eine *offene* Stadt《軍》無防備都市 / ein *offener* Wagen オープンカー / eine *offene* Wunde a) 開いた傷口，b) 《比》痛い所．

⑤《付加語としてのみ》さえぎるもののない，柵(さく)のない，通行が自由な．*offenes* Fahrwasser (凍結していない)開水面 / auf die *offene* See (または aufs *offene* Meer) hinaus|fahren 外洋へ出る / auf *offener* Straße a) 天下の公道で，b)《比》白昼堂々と / Er hatte eine Panne auf *offener* Strecke. 彼の車は人里離れた路上でパンクした．

⑥ 未決定の，未解決の；未払いの．Die Antwort ist noch *offen*. 回答はまだ出ていない / eine *offene* Rechnung 未払い勘定．

⑦ (席・地位などが)空いている，空席の；(記入すべき箇所が)空白の．*offene* Arbeitsplätze 空いているポスト．

⑧ 率直な，偏見のない，正直な；あからさまな．ein *offener* Mensch 率直な人 / Darf ich dir *offen* meine Meinung sagen? 腹蔵なくぼくの意見を言わせてもらっていいかい / *offen* gestanden 正直に言って / *offen* gesagt 率直に言えば. ⑨ 公開の, 公然の. ein *offener* Brief 公開書簡, 公開状 / Das ist ein *offenes* Geheimnis. それは公然の秘密だ. ⑩ (酒類について:)びん詰でない; 《方》パック包装されていない, ばら(量り)売りの. *offener* Wein 量り売りのワイン / Zucker⁴ *offen* verkaufen 砂糖を量り売りする. ⑪ 《スポ》出場制限のない; (球技で:) 守備の弱い. ⑫ 《狩》解禁された. ⑬ 《言》開 [口]音の; 開音節の.

(新形)
of·fen blei·ben ① (ドア・窓などが)開いたままである. ② (問題などが)未解決のままである.

of·fen hal·ten ① (ドア・窓など⁴を)開けたままにしておく; (店など⁴を)開けておく. ② (人³のために道・場所などを⁴を)空けておく. sich³ einen Ausweg *offen halten* 自分の逃げ道を用意しておく.

of·fen las·sen ① (ドア・窓などを⁴を)開けておく. ② (座席など⁴を)空けておく; (欄・行などを⁴を)空白にしておく. ③ (問題など⁴を)未解決にしておく; (可能性など⁴を)残しておく.

of·fen le·gen 《官庁》(軍⁴を)公にする, 公表(公開)する.

of·fen ste·hen ① (窓・ドアなどが)開いている, (服などが)ボタンが掛かっていない. ② (公共施設などが人³に)開放されている. ③ (地位が)空席のままである. ④ (勘定が)未払いである. ⑤ (人³の決定(選択)に任されている.

* **of·fen·bar** [オッフェンバール ɔ́fənba:r または ..バール] **I** 形 明らかな, 明白な, 公然の. (英 *obvious*). eine *offenbare* Absicht 明白な意図.
II 副 《文全体にかかって》明らかに[…のようだ]; どうやら[…らしい]. (英 *apparently*). Der Zug hat *offenbar* Verspätung. 列車はどうやら遅れるらしい.

of·fen·ba·ren [オッフェンバーレン ɔfənbá:rən] (過分 offenbart (まれに geoffenbart)) **I** 他 (h) 《雅》① (〈人³に〉軍⁴を)打ち明ける, 告白する. Er *offenbarte* mir seine Schuld. 彼は私に自分の罪を告白した. ② (秘密など⁴を)明らかにする, 示す; (神が軍⁴を)啓示する. ein Geheimnis⁴ *offenbaren* 秘密を漏らす. **II** 再帰 (h) *sich⁴ offenbaren* 《雅》① 明らかになる, わかる. *sich⁴* als treuer Freund *offenbaren* 真の友人であることが明らかになる. ② 心中を打ち明ける.

Of·fen·ba·rung [オッフェンバールング] 女 -/-en ① 《雅》打ち明けること; (秘密などの)暴露. ② 《宗》啓示, 示現. die *Offenbarung* des Johannes 《聖》ヨハネの黙示録.

Of·fen·ba·rungs‹eid [オッフェンバールングス・アイト] 男 -[e]s/-e 《法》(財産に関する)開示宣誓.

of·fen|blei·ben* 自 (s) (新形) offen bleiben) ⇨offen

of·fen|hal·ten* 他 (h) (新形) offen halten) ⇨offen

Of·fen·heit [オッフェンハイト] 女 -/ ① 率直さ, 公明正大, 正直さ. ② 偏見がないこと.

of·fen‹her·zig [オッフェン・ヘルツィヒ] 形 ① 率直な, 腹蔵のない. ② 《戯》胸ぐりの深い(婦人服).

Of·fen·her·zig·keit [オッフェン・ヘルツィヒカイト] 女 -/ 率直さ.

of·fen‹kun·dig [オッフェン・クンディヒ または ..クンディヒ] 形 明白な(事実など), 見えすいた(うそなど); 周知の. ein *offenkundiger* Irrtum 明らかな間違い / *offenkundig* werden 公に知れ渡る.

of·fen|las·sen* 他 (h) (新形) offen lassen) ⇨offen

of·fen|le·gen 他 (h) (新形) offen legen) ⇨offen

* **of·fen‹sicht·lich** [オッフェン・ズィヒトリヒ ɔ́fən-zɪçtlɪç または ..ズィヒトリヒ] **I** 形 明白な, 明らかな, 見えすいた(うそなど). ein *offensichtlicher* Irrtum 明らかな誤り.
II 副 《文全体にかかって》どうやら[…らしい]. Er hatte *offensichtlich* zu viel getrunken. 彼はどうやら飲みすぎていたようだ.

of·fen·siv [オッフェンズィーフ ɔfɛnzí:f または ..ズィーフ] 形 攻撃的な, 攻勢の. *offensiv* spielen 《スポ》攻撃する, 攻めの試合をする.

Of·fen·si·ve [オフェンズィーヴェ ɔfɛnzí:və] 女 -/-n 《ふつう 単》攻撃, 攻勢; 《スポ》攻撃. (対義)「防御」は Defensive.

of·fen|ste·hen* 自 (h) (新形) offen stehen) ⇨offen

: **öf·fent·lich** [エッフェントリヒ ǿfəntlɪç] 形 (英 *public*) ① 公開の, 公然の. ein *öffentliches* Geheimnis 公然の秘密 / in einer *öffentlichen* Sitzung 公開の会議で / 軍⁴ *öffentlich* bekannt machen 軍⁴を公表する.
② 公衆用の, 公共のための. eine *öffentliche* Bibliothek 公共図書館 / ein *öffentlicher* Fernsprecher 公衆電話.
③ 公的な, 公共の, 公の; 公立の. (対義「個人的な」は privat). *öffentliche* Gelder 公金 / die *öffentliche* Meinung 世論 / das *öffentliche* Wohl 公共の福祉 / eine Person des *öffentlichen* Lebens 公人(政治家など一般によく知られた人).

* *die* **Öf·fent·lich·keit** [エッフェントリヒカイト ǿfəntlɪçkaɪt] 女 (単) -/ ① 公衆, 世間. (英 *public*). unter Ausschluss der *Öffentlichkeit*² 傍聴を禁止して, 非公開で / an (はin) die *Öffentlichkeit* dringen 世間に知れ渡る / 軍⁴ an die *Öffentlichkeit* bringen 軍⁴を公表する / in (または vor) aller *Öffentlichkeit* 公衆の面前で. ② 公開; 公然. die *Öffentlichkeit* der Rechtsprechung² 裁判の公開.

Öf·fent·lich·keits⁼ar·beit [エッフェントリヒカイツ・アルバイト] 女 -/-en 宣伝広告活動, 広報活動.

of·fe·rie·ren [オフェリーレン ɔferíːrən] 他 (h) ① 《商》（商品⁴を）売りに出す. ② (酒・たばこなど⁴を)さし出す, 勧める.

Of·fer·te [オフェルテ ɔfértə] 女 -/-n 《商》(商品の)提供; 提供物件; 価格提示.

*** of·fi·zi·ell** [オフィツィエる ɔfitsiél] 形 ① 公式の, 公的な, 公認の. (英 official). 「非公式の」は inoffiziell). ein *offizieller* Besuch 公式の訪問 / eine *offizielle* Erklärung⁴ ab|geben 公式声明を発表する. ② 正式の; 格式ばった, 儀式的な, 改まった. eine *offizielle* Feier 正式の祝賀パーティー / 人⁴ *offiziell* ein|laden 人⁴を正式に招待する.

*** *der* **Of·fi·zier** [オフィツィーァ ɔfitsíːr] 男 (単2) -s/(複) -e (3 格のみ -en) ① 《軍》将校, 士官. (英 officer). ein *Offizier* der Luftstreitkräfte² 空軍将校. ② (チェスで:)(ポーン以外の)大ごま.

Of·fi·ziers⁼an·wär·ter [オフィツィーァス・アンヴェルタァ] 男 -s/- 《軍》士官候補生.

of·fi·zi·nell [オフィツィネる ɔfitsinél] 形 《薬》薬の, 医薬の; 薬効のある; 薬局方の.

of·fi·zi·ös [オフィツィエース ɔfitsióːs] 形 半官の, 官辺筋の(情報など).

***öff·nen** [エフネン œ́fnən]

開ける

Darf ich das Fenster *öffnen*?
ダルふ イヒ ダス フェンスタァ エフネン
窓を開けてもいいですか.

du öffnest, er öffnet (öffnete, *hat* ... geöffnet) I 他 (完了 haben) **開ける**, 開く. (英 open). (←→ 「閉じる」は schließen). Er *öffnet* die Tür. 彼はドアを開ける / den Mund *öffnen* 口を開く / einen Brief *öffnen* 手紙を開封する / den Mantel *öffnen* コートのボタンをはずす / Das Geschäft *ist* von 9 bis 18 Uhr geöffnet. 《状態受動・現在》その店は 9 時から 18 時まで開いている / Sie *öffnete* ihm ihr Herz. 《雅・比》彼女は彼に心を開いた. ◊《目的語なしでも》Niemand *öffnete* mir. だれも私にドアを開けてくれなかった / Hier *öffnen*! (容器などの表示で:)ここを開けてください.

II 再帰 (完了 haben) *sich*⁴ *öffnen* ① (ドア・つぼみなどが)開く;《比》(景色などが)広がる. Die Tür *öffnet sich* automatisch. そのドアは自動的に開く.
② (軍³に)心を開く;《雅》(人³に)心中を打ち明ける. ③ (可能性などが人・物³の前に)開けてくる.
III 自 (完了 haben) (店などが)開く. Das Museum *öffnet* um 9 Uhr. 博物館は 9 時に開く.

....

類語 öffnen:「開く, 開ける」という意味で最も一般的な語. **auf|machen**:《口語》開く, 開ける. **auf|**schließen: (鍵を使って)開ける. **auf|schlagen**: (本などをめくる, ひもとく. **auf|brechen**: (無理に)こじ開ける.

....

öff·ne·te [エフネテ] ‡öffnen (開ける)の 過去

Öff·nung [エフヌング] 女 -/-en ① 《覆 なし》開く(開ける)こと, 開放. ② 開いた場所(箇所), 開口部, すき間.

Öff·nungs⁼zeit [エフヌングス・ツァイト] 女 -/-en 開館時間, 営業時間.

Off·set⁼druck [オフセット・ドルック] 男 -[e]s/-e (印) ①《覆 なし》オフセット印刷. ② オフセット印刷物.

*** oft** [オふト ɔ́ft]

しばしば

Kommen Sie *oft* nach Japan?
コッメン ズィー オふト ナーハ ヤーパン
あなたはよく日本にいらっしゃるのですか.

副 (比較) öfter, (最上) am öftesten) しばしば, たびたび, 頻繁に. (英 often). (←→「まれに」は selten). Ich habe ihn *oft* gesehen. 私は彼の姿をしばしば見かけた / wie *oft* 何回, 何度 ⇒ Wie *oft* warst du dort? 君はそこには何度くらい行ったの / So *oft* ich auch komme, er ist nie zu Hause. 私が何度やって来ても彼は家にいたためしない / Die Linie 5 fährt ziemlich *oft*. 5 番系統のバス(市電)はかなり頻繁に出ている / soundso *oft* 繰り返し, 何度となく.

....

類語 **oft**:「しばしば」の意味で最も一般的な語. **öfter[s]**: (oft よりもやや頻度が少なく)何度か. **oftmals**: 何度も(一般的には過去の事柄に関して用いられる). **häufig**: (oft よりも頻度が多く)しょっちゅう.

....

öf·ter [エふタァ œ́ftər] I (‡oft の 比較) 副 ① よりしばしば(たびたび). Sie war *öfter* krank als ich. 彼女は私よりよく病気をした. ② ときおり, 何度か. (☞ 類語 oft). II 形《付加語としてのみ》たびたびの. ihre *öfteren* Besuche 彼女の頻繁な訪問 / des *öfteren* (新形 des *Öfteren*) 何度も, 繰り返して.

öf·ters [エふタァス] 副《方》öfter I (☞ 類語 oft).

oft⁼ma·lig [オふト・マーりヒ] 形《付加語としてのみ》たびたびの, しばしばの.

oft⁼mals [オふト・マーるス] 副 しばしば, たびたび, 何度も. (☞ 類語 oft).

oh! [オー óː] 間 (驚き・喜び・恐縮・拒否などを表して:) おお, まあ, まあ. *Oh*, wie schön! おお, なんと美しいのだろう / *Oh*, entschuldigen Sie! ああ, ごめんなさい / *Oh*, wie schrecklich! まあ, なんてひどい. (←→ あとに続く文との間にコンマを打つ. コンマを打たない場合はふつう O とする. 例: *O* nein! いえとんでもない).

o·ha! [オハ óhaː] 間《口語》(驚き・嘲笑を表して:) へえ, ほう. *Oha*, das kann ich kaum glauben! ほう, そんなことはほとんど信じられないね.

O·heim [オーハイム óːhaɪm] 男 -s/-e《古》お

じ (=Onkel).
OHG [オー・ハー・ゲー]《略》合名会社 (= Offene Handelsgesellschaft).
Ohm¹ [オーム ó:m] 男 –[e]s/-e《南西部方言》=Oheim
Ohm² [オーム ó:m] 中 -s/-e (単位: -/-)《物・電》オーム(電気抵抗の単位, 物理学者 G. S. *Ohm* 1789–1854 の名から; 記号: Ω).

***oh·ne** [オーネ ó:nə]

…なしに

Mit oder *ohne* Frühstück?
ミット オーダァ オーネ フリューシュテュック
朝食つきですか, それとも朝食なしですか.

I 前《**4格**とともに》① …なしに, …を持たずに, …を伴わないで.《英》without).《仏》「…といっしょに」は mit). Kinder *ohne* Eltern 両親のいない子供たち / Kaffee *ohne* Zucker und Milch (砂糖とミルクを入れない)ブラックコーヒー / ein Kleid *ohne* Ärmel ノースリーブのドレス / Sie machten *ohne* Pause. 彼らは休みなしに働く / Ich bin *ohne* Geld. 私はお金がない / Er kam *ohne* seine Frau. 彼は奥さんを連れないでやって来た / Das kann er nicht *ohne* seine Frau entscheiden. 奥さんに聞かないと彼にはそれは決められない / *ohne* Grund 理由もなく / *ohne* [jeden] Zweifel 疑いなく, 確実に / **ohne** weiteres あっさりと, わけもなく.

◇《名詞を省略する》Dein Vorschlag ist gar nicht *ohne*.《口語》君の提案はまんざら捨てたものでもない / Eine Grippe ist gar nicht so *ohne*. インフルエンザを決して軽く考えてはいけない / oben *ohne*《口語・戯》トップレスで.

② …を除いて, …を数に入れないで. Gewicht *ohne* Verpackung 包装分を除いた重さ / *Ohne* mich! 私はごめんだよ.

II 接《**zu** 不定詞[句]または **dass** 文とともに》…することなしに, …しないで. Er ging, *ohne* ein Wort zu sagen. 彼は一言も言わないで行ってしまった / Ich habe ihn gekränkt, *ohne* es zu wissen. 私はそれと知らずに彼の心を傷つけてしまった / Er kam, *ohne* dass er eingeladen war. 彼は招待されていなかったのにやって来た.

oh·ne≠dem [オーネ・デーム] 副《古》=ohnehin
oh·ne≠dies [オーネ・ディース] 副 いずれにせよ, とにかく (=ohnehin).
oh·ne≠glei·chen [オーネ・グライヒェン] 副 比類のない, 前代未聞の. Ihre Freude war *ohnegleichen*. 彼女の喜びは無類のものだった.
oh·ne≠hin [オーネ・ヒン] 副 いずれにせよ, とにかく, どっちみち.

***die Ohn·macht** [オーンマハト ó:nmaxt] 女 (単)-/(複)-en ① 気絶, 失神.《英》faint). in *Ohnmacht* fallen 気絶する. ② 無力, 無能力. eine finanzielle *Ohnmacht* 財政的無力.

***ohn·mäch·tig** [オーンメヒティヒ ó:nmɛçtɪç] 形 ① 気絶した, 失神した, 意識不明の.《英》unconscious). Er wurde *ohnmächtig*. 彼は気絶した. ② 無力な; なすすべのない. *ohnmächtiger* Zorn やり場のない怒り.

o·ho! [オホー ohó:] 間《驚き・不満・反対などを表して》おやおや, ほう, ふん. *Oho*, so geht das nicht! ふん, そうはいかなぞ.

*das **Ohr** [オーァ ó:r]

耳 Er hat gute *Ohren*. 彼は耳がいい.
エァ ハット グーテ オーレン

中 (単2) -[e]s/(複) -en 耳; 聴覚 (=Gehör).《英》ear). das äußere (innere) *Ohr* 外耳(内耳) / große *Ohren* 大きな耳 / Die *Ohren* brausen (または sausen) mir. 私は耳鳴りがする / Ich bin ganz *Auge* und *Ohr*!《口語》私は全身を耳にして傾聴している.

◇《動詞の目的語として》die *Ohren*⁴ **an|legen** a) (犬などが)耳を伏せる. b)《口語・比》(難局を無事に切り抜けようと)じっと身をひそめる / die *Ohren*⁴ **auf|tun** (または **auf|machen**) 注意深く聞く / gute (schlechte) *Ohren*⁴ **haben** 耳がいい(悪い) / Hast du keine *Ohren*? 君には耳がないのか / ein feines *Ohr*⁴ für 人⁴ haben 人⁴を理解するセンスがある / ein offenes *Ohr*⁴ für 人⁴ haben 人⁴の願いを快く聞き入れる / Die Wände haben *Ohren*.《諺》壁に耳あり / die *Ohren*⁴ **hängen lassen** a) 耳をたらしている, b)《口語・比》がっかりしている / lange *Ohren*⁴ **machen**《口語・比》耳をそばだてる / die *Ohren*⁴ **spitzen** a) (犬などが)耳をぴんと立てる, b)《口語・比》聞き耳をたてる / die *Ohren*⁴ **steif halten**《口語》へこたれない, くじけない / vor 人³ die *Ohren*⁴ **verschließen** 人の頼みに耳を貸さない / sich³ die *Ohren*⁴ **zu|halten** 耳をふさぐ.

◇《前置詞とともに》ein Kind⁴ **am** *Ohr* ziehen 子供の耳を引っぱる / den Hörer ans *Ohr* halten 受話器を耳に当てる / Er ist **auf** einem *Ohr* taub. 彼は片方の耳が聞こえない / Auf dem *Ohr* hört er schlecht!《口語》そういう話は聞きたくないんだ / auf den *Ohren* sitzen《口語》うわの空で聞く / sich⁴ aufs *Ohr* legen《口語》寝る / 人⁴ **bei** den *Ohren* nehmen《口語》人⁴をひどくしかる / es⁴ [faustdick] **hinter** den *Ohren* haben《口語》抜け目がない / sich⁴ hinter den *Ohren* kratzen (当惑して)頭をかく / 人³ es⁴ hinter die *Ohren* geben《口語》人³の横っ面に一発くらわす / Schreib dir das hinter die *Ohren*!《口語》よく覚えておけ(←耳の裏に書いておけ) / 人³ **ins** *Ohr* flüstern 人³に耳⁴を耳打ちする / 人⁴ im *Ohr* haben 耳⁴(言葉・メロディーなど)が耳に残っている / Die Melodie geht ins *Ohr*. このメロディーは覚えやすい / 人³ [mit 耳³] in den *Ohren* liegen《口語》人³に[耳³を]しつこくせがむ / nur **mit** halbem *Ohr* zu|hören いいかげんに聞き流す / mit den *Ohren* schlackern

《口語》びっくり仰天する / 人⁴ **übers** *Ohr* **hauen**《口語》人⁴をペテンにかける / **bis über die** *Ohren* **in Schulden stecken**《口語》借金で首が回らない / **bis über die** *Ohren* **in** 人⁴ **verliebt sein**《口語》人⁴に首ったけである / **viel⁴ um die** *Ohren* **haben**《口語》目が回るほど忙しい / 人³ **zu** *Ohren* **kommen** (不祥事などが)人³の耳に入る.

Öhr [エーァ ǿːr] 中 -[e]s/-e 針の穴, めど.

Oh·ren⁀**arzt** [オーレン・アールツト] 男 -es/..ärzte 耳[鼻咽喉(%)]科医.

Oh·ren⁀**beich·te** [オーレン・バイヒテ] 女 -/-n (こっそり)秘密懺悔(%).

oh·ren⁀**be·täu·bend** [オーレン・ベトイベント] 形《口語》耳が割れるような(喝采(%)など).

Oh·ren⁀**sau·sen** [オーレン・ザオゼン] 中 -s/《医》耳鳴り. *Ohrensausen*⁴ **haben** (または **bekommen**) 耳鳴りがする.

Oh·ren⁀**schmalz** [オーレン・シュマルツ] 中 -es/ 耳あか, 耳垢(%).

Oh·ren⁀**schmaus** [オーレン・シュマオス] 男 -es/《口語》耳の保養(甘美な音楽など).

Oh·ren⁀**schmerz** [オーレン・シュメルツ] 男 -es/-en《ふつう 複》耳痛.

Oh·ren⁀**schüt·zer** [オーレン・シュッツァァ] 複 (防寒用の)耳当て, 耳覆い.

Oh·ren⁀**ses·sel** [オーレン・ゼッセる] 男 -s/- (左右に頭受けのある)安楽いす, ウィングチェア.

Oh·ren⁀**zeu·ge** [オーレン・ツォイゲ] 男 -n/-n 自分の耳で聞いたことを申したてる証人.

Ohr⁀**fei·ge** [オーァ・ファイゲ] 女 -/-n 平手打ち, びんた. 人³ **eine** *Ohrfeige*⁴ **geben** 人³に平手打ちをくらわす.

ohr·fei·gen [オーァ・ファイゲン óːr-faɪɡən] 他 (h) (人⁴に)平手打ち(びんた)をくらわす.

Ohr⁀**ge·hän·ge** [オーァ・ゲヘンゲ] 中 -s/- イヤドロップ(耳たぶにつり下げる大きなイヤリング).

Ohr⁀**läpp·chen** [オーァ・れップヒェン] 中 -s/- 耳たぶ《医》耳朶(%), 耳垂(%).

Ohr⁀**mu·schel** [オーァ・ムッシェる] 女 -/-n ①《医》耳介(%). ②《建》(バロック様式の)耳状装飾.

Ohr⁀**ring** [オーァ・リング] 男 -[e]s/-e イヤリング.

Ohr⁀**ste·cker** [オーァ・シュテッカァ] 男 -s/- ピアス.

Ohr⁀**wurm** [オーァ・ヴルム] 男 -[e]s/..würmer ①《昆》ハサミムシ. ②《口語》(覚えやすい)聞きなれたメロディー.

o. J. [オー ヨット]《略》(書籍の)発行年の記載なし (= **ohne Jahr**).

o·je! [オイェー ojéː!] 間 (驚き・恐れを表して:) おお, うわー.

o·je·mi·ne! [オイェーミネ ojéːmine] 間 = **oje**!

o. k., O. K. [オケー]《略》よろしい, オーケー (= **okay**).

O·ka·ri·na [オカリーナ okaríːna] [伊]⁷ 女 -/-s (または ..rinen)《音楽》オカリナ(陶製の笛の一種).

o·kay [オケー okéː]《米》I 間《口語》よろしい, オーケー (略: o. k., O. K.). II 形《口語》きちんとした, 完了した, 元気な; (航空券など予約の)取れた. **Es ist alles** *okay*. 万事順調だ.

ok·kult [オクるト okúlt] 形 秘術の, 心霊の, オカルトの, 超自然的な.

Ok·kul·tis·mus [オクるティスムス ɔkultísmus] 男 -/ 心霊術, 神秘学, オカルティズム.

Ok·ku·pa·ti·on [オクパツィオーン ɔkupatsióːn] 女 -/-en《軍事》占領.

ok·ku·pie·ren [オクピーレン ɔkupíːrən] 他

Ö·ko⁀**bau·er** [エーコ・バオァァ] 男 -n/-n《口語》有機栽培農家.

Ö·ko⁀**be·we·gung** [エーコ・ベヴェーグング] 女 -/-en《自然》環境保護運動.

Ö·ko⁀**freak** [エーコ・ふリーク] 男 -s/-s《口語》熱烈な[自然]環境保護論者.

Ö·ko⁀**la·den** [エーコ・らーデン] 男 -s/..läden 自然食品(雑貨・化粧品)店.

Ö·ko·lo·ge [エコろーゲ økolóːɡə] 男 -n/-n 生態学者, エコロジスト.

Ö·ko·lo·gie [エコろギー økoloɡíː] 女 -/ 生態学, エコロジー.

ö·ko·lo·gisch [エコろーギッシュ økolóːɡɪʃ] 形 ① 生態学[上]の. ② 生態系の; 環境保護の.

Ö·ko·nom [エコノーム økonóːm] 男 -en/-en ① 農場経営者. ② (旧東ドイツで:)経済学者.

∗*die* **Ö·ko·no·mie** [エコノミー økonomíː] 女《単》-/《複》-n [..ミーエン] 《英 *economy*》① 経済; 経済機構(体制). ②《複なし》経済性, 節約, 倹約. **die** *Ökonomie* **der Zeit**² 時間の節約. ③ 経済学 (= **Wirtschaftswissenschaft**). ④《ちつう》農場(農業)経営.

∗**ö·ko·no·misch** [エコノーミッシュ økonóːmɪʃ] 形《英 *economic*》① 経済の, 経済に関する; 管理上の. *ökonomische* **Prinzipien** 経済上の原則. ② 経済的な, 節約した, むだのない. **eine** *ökonomische* **Arbeitsweise** むだのない仕事のやり方 / 人³ *ökonomisch* **verwenden** 物⁴を合理的に利用する.

Ö·ko⁀**sys·tem** [エーコ・ズュステーム] 中 -s/-e《生》生態系, エコシステム.

Okt. [オクトーバァ]《略》10月 (= **Oktober**).

Ok·ta·e·der [オクタ・エーダァ ɔkta-éːdər] 中 -s/-《数》[正]8面体.

Ok·tan⁀**zahl** [オクターン・ツァーる] 女 -/-en《化》オクタン価 (略: **OZ**).

Ok·tav [オクターふ ɔktáːf] I 中 -s/《印》八つ折り判[の本](略: **8°**). II 女 -/-en [..ヴェン]《ちつう》《音楽》8度[音程], オクターヴ (= **Oktave** ①).

Ok·ta·va [オクターヴァ ɔktáːva] 女 -/..taven《ちつう》(ギムナジウムの)第8学年(日本の高校3年に相当). (☞ **Gymnasium**).

Ok·ta·va·ner [オクタヴァーナァ ɔktaváːnər] 男 -s/-《ちつう》(ギムナジウムの)8年生.

Ok·ta·ve [オクターヴェ ɔktáːvə] 女 -/-n ①《音楽》8度[音程], オクターヴ. ②《詩学》8行詩節, シュタンツェ.

Ok·tett [オクテット ɔktét] 中 -[e]s/-e《音楽》八重奏(唱)曲; 八重奏団.

‡der Ok·to·ber [オクトーバァ októ:bər] 男 (単2) -[s]/(複) - (3格のみ -n)《ふつう 単》10月 (略: Okt.). (英 October). (⇨ 月名 ☞ Monat). Anfang (Mitte) *Oktober* 10月の初めに(半ばに) / **Im** *Oktober* ist Weinlese. 10月にはぶどう摘みがある.

Ok·to·ber⸗fest [オクトーバァ・フェスト] 中 -[e]s/-e (ミュンヒェンの)10月祭(9月下旬から10月の第1日曜日まで).

okt·ro·yie·ren [オクトロアイイーレン oktroají:rən] 他 (h) ([人³に]意見・体制など⁴を)押しつける, 強要する.

O·ku·lar [オクラール okulá:r] 中 -s/-e 接眼レンズ.

o·ku·lie·ren [オクリーレン okulí:rən] 他 (h)《園芸》(果樹など⁴に)芽接ぎする, 接ぎ木する.

Öku·me·ne [エクメーネ økumé:nə] 女 -/ ①《地理》人類生存地域; 全世界. ②《神》全キリスト教会(教徒); 世界教会一致運動.

öku·me·nisch [エクメーニッシュ økumé:nıʃ] 形 ①《地理》人類生存地域の. ②《神》全キリスト教会の, 教会合同の.

Ok·zi·dent [オクツィデント ɔ́ktsident または ..デント] 男 -s/ ① 西洋. (⇨「中近東」は Orient). ②《古》西 (=Westen).

ok·zi·den·tal [オクツィデンターる ɔktsidentá:l] 形 ① 西洋の. (⇨「中近東」の は orientalisch). ②《古》西の (=westlich).

‡das Öl [エーる ö:l] 中 (単2) -[e]s/(種類を表すときのみ: 複) -e ① 油, オイル. (英 oil). reines *Öl* 純粋な油 / pflanzliches (tierisches) *Öl* 植物(動物)油 / *Öl*⁴ auf die Wogen gießen (比) 興奮をなだめて(静めて)やる(←油を波の上に流す) / Er malt **in** *Öl*. 彼は油絵をかく / *Öl*⁴ ins Feuer gießen (比) 火に油を注ぐ / **in** (または **mit**) *Öl* braten 油で揚げる / mit *Öl* heizen 灯油で暖房する.
② 石油 (=Erd*öl*). nach *Öl* bohren 石油を試掘する.

⇨ ..öl のいろいろ: Erd*öl* 石油 / Heiz*öl* 燃料油 / Oliven*öl* オリーブ油 / Roh*öl* 原油 / Salat*öl* サラダ油 / Sonnen*öl* サンオイル / Speise*öl* 食用油

ö. L. [エストりッヒャァ れンゲ]《略》東経[の] (=östlicher Länge).

Öl·baum [エーる・バオム] 男 -[e]s/..bäume 《植》オリーブの木.

der Öl·berg [エーる・ベルク ö:l-berk] 男 -[e]s/ 《定冠詞とともに》《聖》《山名》オリーブ山, 橄欖(かんらん)山 (エルサレムの東方の山. イエス昇天の地と伝えられる).

Öl⸗bild [エーる・ビるト] 中 -[e]s/-er 《美》油絵.

Öl⸗druck [エーる・ドルック] 男 -[e]s/-e ①《印》オイル印刷. ②《自動車》油圧.

Old·ti·mer [オウる・タイマァ óuld-taımər] [英] 男 -s/- ① 時代物(旧式の乗り物・道具など); クラシックカー. ②《戯》古参, ベテラン.

O·le·an·der [オれアンダァ oleándər] 男 -s/- 《植》キョウチクトウ.

ö·len [エーれン ö́:lən] 他 (h) (機械など⁴に)油を差す, (床など⁴に)油を塗り込む. ◇過去分詞の形で] Es geht wie ge*ölt*. 《口語》スムーズにことが運ぶ.

Öl⸗far·be [エーる・ファルベ] 女 -/-n ① 油絵の具. ② 油ペイント, ペンキ.

Öl⸗ge·mäl·de [エーる・ゲメーるデ] 中 -s/- 《美》油絵 (=Ölbild).

Öl⸗göt·ze [エーる・ゲッツェ] 男 -n/-n 《俗》でくの坊, とんま. wie ein *Ölgötze* ぽかんとして.

Öl⸗hei·zung [エーる・ハイツング] 女 -/-en 石油暖房.

ö·lig [エーりヒ ö́:lıç] 形 ① 油のついた; 油を含む, 油性(油状)の. ein *öliger* Lappen 油だらけのぼろきれ. ②《比》もったいぶった(態度など).

O·li·gar·chie [オりガルヒー oligarçí:] 女 -/-n [..ヒーエン]《政》寡頭[制]政治[国家・組織].

o·liv [オリーふ olí:f] 形《無語尾で》オリーブ色の.

O·li·ve [オリーヴェ olí:və] 女 -/-n ①《植》オリーブ[の実]. ② オリーブの木.

O·li·ven⸗baum [オリーヴェン・バオム] 男 -[e]s/..bäume オリーブの木.

O·li·ven⸗öl [オリーヴェン・エーる] 中 -[e]s/ オリーブ油.

Öl⸗kri·se [エーる・クリーゼ] 女 -/-n 石油危機.

Öl⸗ma·le·rei [エーる・マーれライ] 女 -/ 《美》(絵画の一部門としての)油絵.

Öl⸗ofen [エーる・オーフェン] 男 -s/..öfen 石油ストーブ.

Öl⸗pa·pier [エーる・パピーァ] 中 -[e]s/-e 油紙.

Öl⸗pest [エーる・ペスト] 女 -/ (タンカーなどからの)原油流出による沿岸海域の石油汚染.

Öl⸗quel·le [エーる・クヴェれ] 女 -/-n 油井(ゆせい).

Öl⸗raf·fi·ne·rie [エーる・ラふィネリー] 女 -/-n [..リーエン] (石油の)精油所.

Öl⸗sar·di·ne [エーる・ザルディーネ] 女 -/-n 《料理》オイルサーディン(油漬けのイワシ).

Ö·lung [エーるング ö́:-] 女 -/-en 《宗》注油, 塗油. die Letzte *Ölung* (れッツテ) 終油の秘跡.

Öl⸗wech·sel [エーる・ヴェクセる] 男 -s/- オイル交換.

O·lymp [オリュンプ olýmp] 男 -s/ ①《定冠詞とともに》《ギリシア神》《山名》オリンポス山 (ギリシア最高の山. 神話では神々の座所とされた). ②《口語・戯》(劇場の)天井桟敷, 最上階席.

O·lym·pia [オリュンピア olýmpia] 中 -[s]/ ①《ふつう冠詞なしで》《地名》オリンピア (ゼウスおよびヘラの神殿があり, 4年毎に古代オリンピア大会が開かれた). ②《雅》オリンピック (=Olympiade).

O·lym·pi·a·de [オリュンピアーデ olympiá:də] 女 -/-n ① オリンピック大会. an der *Olympiade* teil|nehmen オリンピックに参加する. ②《暦》オリンピアード(オリンピック競技会開催の4年周期で数える古代ギリシアの紀年法).

O·lym·pia⸗mann·schaft [オリュンピア・マンシャふト] 女 -/-en オリンピック選手団.

O·lym·pia⸗sie·ger [オリュンピア・ズィーガァ] 男 -s/- オリンピックの優勝者. (⇨ 女性形は Olympiasiegerin).

O·lym·pi·a·sta·di·on [オリュンピア・シュターディオン] 中 -s/..dien [..ディエン] オリンピックスタジアム.

O·lym·pi·er [オリュンピァァ olýmpiər] 男 -s/- ①《ギリシァ神》オリュンポスの神(特にゼウスを指す). ②《比》風格のある大人物.

O·lym·pi·o·ni·ke [オリュンピオニーケ olympioníːkə] 男 -n/-n オリンピック競技の勝利者(参加者). (☞ 女性形は Olympionikin).

o·lym·pisch [オリュンピッシュ olýmpiʃ] 形《付加語としてのみ》① オリンピック[競技大会]の. die *Olympischen* Spiele オリンピック[競技大会] / das *olympische* Feuer オリンピック聖火. ② オリンポス山の; オリンピアの. ③《雅》崇高な, 高雅な, 王者のような.

Öl·zeug [エール・ツォイク] 中 -[e]s/-e (船員用の)油布防水服.

Öl·zweig [エール・ツヴァイク] 男 -[e]s/-e オリーブの枝(平和の象徴).

O·ma [オーマ óːma] 女 -/-s《幼児》おばあちゃん(=Großmutter);《口語・戯》おばあさん;(若者言葉)おばさん. (☞「おじいちゃん」は Opa).

Om·buds·mann [オンブッス・マン ómbutsman] 男 -[e]s/..männer (または ..leute)《政》オンブズマン, 行政監察官.

O·me·ga [オーメガ óːmega] 中 -[s]/-s オメガ (ギリシァ語アルファベットの最終字; *Ω, ω*). Alpha und *Omega* α) 始めと終わり. β) 物事の核心.

O·me·lett [オムㇾット ɔmlét または オメ.. ɔme..] 中 -[e]s/-e (または -s)《料理》オムレツ.

O·me·lette [オムㇾット ɔmlét または オメ.. ɔme..] 女 -/-n (ホッフ・スィス) =Omelett

O·men [オーメン óːmən] 中 -s/- (または Omina) 前兆, 兆し. ein gutes (böses) *Omen* 吉兆(凶兆).

o·mi·nös [オミネース omińːs] 形 不吉な, 悪い前兆の, いかがわしい, うさんくさい.

der **Om·ni·bus** [オムニブス ómnibus] 男 (単) -busses/(複) -busse (3 格のみ ..bussen) バス. (⊗ bus). Wir fahren mit dem *Omnibus*. 私たちはバスで行きます.

O·na·nie [オナニー onaníː] 女 -/ オナニー, 自慰.

o·na·nie·ren [オナニーレン onaníːrən] 自 (h) オナニーをする, 自慰をする.

On·dit [オンディ ɔ̃díː] 中 -[s]/-s うわさ. einem *Ondit* zufolge うわさでは.

on·du·lie·ren [オンドゥリーレン ondulíːrən] 他 (h)《頭髪・人》の髪にウェーブをかける.

‡*der* **On·kel**[1] [オンケる óŋkəl]

> おじ
> マイン　オンケる　イスト　アールツト
> Mein *Onkel* ist Arzt.
> 私のおじは医者です.

男 (単 2) -s/(複) - (3 格のみ -n) ① おじ(伯父または叔父). (⊗ uncle). (☞「おば」は Tante). *Onkel* Fritz フリッツおじさん / Er besucht seinen *Onkel*. 彼はおじを訪ねる.

② 《幼児》(身近な大人の男性に)おじさん, おじちゃん. ③《口語》(軽蔑的に)おっさん, やつ.

On·kel[2] [オンケる] 男《成句的に》großer (または dicker) *Onkel*《口語》足の親指 / **über den** *Onkel* gehen (または laufen)《口語》内股で歩く.

o·no·ma·to·po·e·tisch [オノマトポエーティッシュ onomatopoéːtɪʃ] 形《言》擬声[語]の, 擬音の.

O·no·ma·to·pö·ie [オノマトペイー onomatopɔ́i̯ː] 女 -/-n [..イーエン]《言》擬声[語], 擬音[語].

On·to·ge·ne·se [オント・ゲネーゼ ɔnto-genéːza] 女 -/《生》個体発生.

On·to·lo·gie [オントろギー ɔntologíː] 女 -/《哲》存在論.

O·nyx [オーニュクス óːnyks] 男 -[es]/-e《鉱》オニキス, 縞(しま)めのう.

o. O. [オーネ オルト]《略》(書籍の)発行所の記載なし (=ohne Ort).

op. [オープス または オプス]《略》(音楽の)作品 (=Opus).

o. P. [オルデントリッヒャァ プロふェッソァ]《略》正教授 (=ordentlicher Professor).

O·pa [オーパ óːpa] 男 -s/-s《幼児》おじいちゃん (=Großvater);《口語・戯》おじいさん;(若者言葉)おじさん. (☞「おばあちゃん」は Oma).

o·pak [オパーク opáːk] 形 不透明な; 乳白色の.

O·pal [オパーる opáːl] 男 -s/-e ①《鉱》オパール, 蛋白(たんぱく)石. ②《織》オパール織り(薄地の平織綿布).

o·pa·li·sie·ren [オパリズィーレン opaliːzíːrən] 自 (h) オパール色に輝く, 乳白光を発する.

OPEC [オーペック óːpɛk] 女 -/《略》石油輸出国機構 (=**O**rganization of **P**etroleum **E**x-porting **C**ountries).

die **O·per** [オーパァ óːpər] 女 (単) -/(複) -n (⊗ opera) ①《複 なし》(ジャンルとしての)オペラ, 歌劇. die komische *Oper* 喜歌劇. ②(作品としての)オペラ. eine *Oper* von Verdi ヴェルディのオペラ / eine *Oper*[4] komponieren (aufführen) オペラを作曲する(上演する) / Erzähl doch keine *Opern*!《口語》くだらぬ長話はやめろ. ③ 歌劇場[の建物];《複 なし》歌劇団; オペラ公演. die *Oper*[4] besuchen または **in** die *Oper* gehen オペラを見に行く / **zur** *Oper* gehen オペラ歌手になる.

O·pe·ra [オーペラ]《複》Opus ([芸術作品]の)《複》

O·pe·ra·teur [オペラトーァ opəratǿːr] 男 -s/-e ①《医》執刀医, 手術者. ② カメラマン; 撮影技師.

die **O·pe·ra·ti·on** [オペラツィオーン opəratsi̯óːn] 女 (単) -/(複) -en (⊗ operation) ①《医》手術, オペ. Magen*operation* 胃の手術 / eine *Operation*[4] aus|führen (または durch|führen) 手術をする / sich[4] einer *Operation*[3] unterziehen 手術を受ける. ②《軍》作戦, 軍事行動; 活動, 行動. ③《数》演算. ④ (学問的な)操作, 処理.

O·pe·ra·ti·ons=saal [オペラツィオーンス・ザール] 男 -[e]s/..säle 《医》手術室.

o·pe·ra·tiv [オペラティーフ operatí:f] 形 ① 《医》手術の. ein operativer Eingriff 手術. ② 実効性のある(措置など). ③ 《軍》作戦上の.

O·pe·ra·tor [オペレートァ operá:tɔr] I 男 -s/-en [..ラトーレン] 《数》作用素, 演算子. II [オペレーター または オペレイタァ ópareɪtər] 男 -s/-[s] 《コンピュ》オペレーター.

O·pe·ret·te [オペレッテ operéta] 女 -/-n ① 《覆なし》《ジャンルとしての》オペレッタ, 喜歌劇. ② 《作品としての》オペレッタ. ③ 《覆なし》オペレッタ劇団; オペレッタ公演. in die Operette gehen オペレッタを見に行く.

***o·pe·rie·ren** [オペリーレン operí:rən] (operierte, hat ... operiert) I 他 《完了》haben) (英 operate). 手術する. (英 operate). einen Patienten [am Magen] operieren 患者の[胃を]手術する / einen Tumor operieren 腫瘍(ﾋﾞﾌﾞ)を手術する / sich⁴ operieren lassen 手術を受ける. ◊《目的語なしでも》Wir müssen noch einmal operieren. 私たちはもう一度手術を行わなければならない.

II 自 《完了》haben) ① (…の)行動をとる. gemeinsam gegen 人⁴ operieren 共同で人⁴にたち向かう ② 《軍》作戦行動をとる. ③ [mit 物³ ~] 物³を操る, 扱う, 使う. Er operiert gern mit Fremdwörtern. 彼は外来語を使いたがる.

o·pe·riert [オペリーァト] *operieren (手術する)の 過分

o·pe·rier·te [オペリーァテ] *operieren (手術する)の 過去

O·pern=glas [オーバァン・グラース] 中 -es/..gläser オペラグラス.

o·pern·haft [オーバァンハフト] 形 オペラ風の, オペラのような.

O·pern=haus [オーバァン・ハオス] 中 -es/..häuser オペラ劇場, 歌劇場.

O·pern=sän·ger [オーバァン・ゼンガァ] 男 -s/- オペラ歌手. (注意) 女性形は Opernsängerin).

*das **Op·fer** [オプファァ ópfər] 中 (単 2) -s/(複) - (3 格のみ -n) (英 sacrifice) ① 生けにえ, 供物(ｸﾓﾂ), ささげ物. den Göttern³ Opfer⁴ bringen 神々に生けにえをささげる.

② (一般的に:)犠牲, 犠牲的行為. Die Eltern scheuen keine Opfer für ihre Kinder. 親は子供のためにはいかなる犠牲もいとわない / für 事⁴ Opfer⁴ an Geld und Zeit bringen 事⁴のために金と時間をかける / 人³ 物² zum Opfer bringen 人³のために物²を犠牲にする.

③ 犠牲者. die Opfer eines Verkehrsunfalls 交通事故の犠牲者たち / 人・事³ zum Opfer fallen 人・事³の犠牲[者]になる / Das Erdbeben forderte zahlreiche Opfer. その地震はたくさんの犠牲者を出した.

op·fer=be·reit [オプファァ・ベライト] 形 犠牲をいとわない, 献身的な, 無私の.

Op·fer=be·reit·schaft [オプファァ・ベライトシャフト] 女 -/ 犠牲をいとわないこと, 献身, 無私.

Op·fer=ga·be [オプファァ・ガーベ] 女 -/-n 供物(ｸﾓﾂ), ささげ物, 奉献物.

Op·fer=lamm [オプファァ・ラム] 中 -[e]s/..lämmer ① 生けにえの小羊. ② 《覆なし》《聖》神の小羊(ｷﾘｽﾄのこと). ③ 《口語》罪なき犠牲者.

***op·fern** [オプファァン ópfərn] (opferte, hat ... geopfert) I 他 《完了》haben) (英 sacrifice) ① (神に生けにえとして)ささげる, 供える. dem Gott ein Tier⁴ opfern 神に動物を生けにえとしてささげる. ◊《目的語なしでも》dem Gott opfern 神に供えものをする, 神に身をささげる. ② (…を)犠牲にする, なげうつ. Er hat viel Geld für dieses Projekt geopfert. 彼はこの企画のために大金をなげうった. ③ (人³のために) 物⁴をささげる.

II 再帰 《完了》haben) sich⁴ opfern ① [sich⁴ für 人・事⁴ ~] (人・事⁴のために)身をささげる, 犠牲になる. sich⁴ für die Familie opfern 家族のために犠牲になる. ② 《口語》(他人に代わって)いやなことを引き受ける.

Op·fer=stock [オプファァ・シュトック] 男 -[e]s/..stöcke (教会の)献金箱, 寄付[金]箱.

op·fer·te [オプファァテ] *opfern (ささげる)の 過去
Op·fer=tier [オプファァ・ティーァ] 中 -[e]s/-e 生けにえの動物.

Op·fer=tod [オプファァ・トート] 男 -[e]s/ 《雅》犠牲死, 殉死, 殉教. der Opfertod Christi² am Kreuz 十字架上におけるキリストのあがないの死.

Op·fe·rung [オプフェルング] 女 -/-en 生けにえをささげる(自ら犠牲となる)こと; (ｷﾘｽﾄ)奉献.

op·fer=wil·lig [オプファァ・ヴィリヒ] 形 進んで犠牲になる, 献身的な.

O·pi·at [オピアート opiá:t] 中 -[e]s/-e 《薬》あへん剤.

O·pi·um [オーピウム ó:pium] 中 -s/ 《薬》あへん. Opium⁴ rauchen あへんを吸う.

Op·po·nent [オポネント ɔponént] 男 -en/-en 論敵, 論駁(ﾊﾞｸ)者, 反対論者.

op·po·nie·ren [オポニーレン ɔponí:rən] 自 (h) [gegen 人・事⁴ ~] (人・事⁴に)反対する, 反論する.

op·por·tun [オポルトゥーン ɔportú:n] 形 時宜(ｷﾞ)にかなった, 適切な.

Op·por·tu·nis·mus [オポルトゥニスムス ɔportunísmus] 男 -/ 日和見主義, ご都合主義.

Op·por·tu·nist [オポルトゥニスト ɔportunístl] 男 -en/-en 日和見主義者, ご都合主義の人.

*die **Op·po·si·ti·on** [オポズィツィオーン ɔpozitsióːn] 女 (単) -/(複) -en (英 opposition) ① 反対, 対立; 反論. Opposition⁴ gegen 人⁴ betreiben (tätig ist machen) 人⁴に反対する, 反論する / zu 人・事³ in Opposition stehen 人・事³と対立している. ② 反対党, 野党; 反対派. in die Opposition gehen (与党

が)野党になる. ③《天》衝(ﾂｲ). ④《言》対立.

op・po・si・ti・o・nell [オポズィツィオネる opozitsionél] 形 ① 反対の, 対立した, 敵対する. ② 反対派の, 野党の. die *oppositionelle* Partei 反対党.

Op・po・si・ti・ons≠füh・rer [オポズィツィオーンス・ふューラァ] 男 -s/- 野党党首.

o. Prof. [オルデントりッヒァァ プロふェッソァ]《略》正教授 (= ordentlicher Professor).

op・tie・ren [オプティーレン optí:rən] 自 (h) ①『für 物⁴ ~』(物⁴を)国籍として選ぶ. für Polen *optieren* ポーランド国籍を選ぶ. ②『auf 物⁴ ~』《法》(物⁴の)オプション(売買選択権)を行使する.

Op・tik [オプティク óptɪk] 女 -/-en ①《複 なし》光学. ②《隠語》(カメラなどの)レンズ[部分]. ③《複 なし》視覚的表現; 外見[的印象], 外観.

Op・ti・ker [オプティカァ óptɪkər] 男 -s/- 光学器械製造業者, (特に:)眼鏡商.《女》女性形は Optikerin.

op・ti・mal [オプティマーる optɪmá:l] 形 最善の, 最適の. unter *optimalen* Voraussetzungen 考えられる限り最もよい条件で.

op・ti・mie・ren [オプティミーレン optɪmí:rən] 他 (h) (物⁴を)最も効率よくする, 最適の状態にする.

* *der* **Op・ti・mis・mus** [オプティミスムス optɪmísmus] 男 (単 2) -/ オプティミズム, 楽観論(主義).《女》「ペシミズム」は Pessimismus.

Op・ti・mist [オプティミスト optɪmíst] 男 -en/-en オプティミスト, 楽観論(主義)者, 楽天家.《女》女性形は Optimistin;「ペシミスト」は Pessimist.

op・ti・mis・tisch [オプティミスティッシュ optɪmístɪʃ] 形 楽天(楽観)的な, 楽天主義の.

Op・ti・mum [オプティムム óptɪmum] 中 -s/..tima ①(ある条件のもとでの)最善(最高)の状態. ②《生》(生物の生存にとっての)最善の環境[条件].

Op・ti・on [オプツィオーン optsió:n] 女 -/-en ① 国籍選択[権]. ②《法》(売買の)オプション, 選択権.

op・tisch [オプティッシュ óptɪʃ] 形 ① 目の, 視覚[上]の; 外見[上]の. *optische* Täuschung 目の錯覚 / *optisch* billige Waren 見た目に安そうな品物. ②《付加語としてのみ》光学[上]の. *optisches* Glas 光学グラス.

o・pu・lent [オプれント opulént] 形 豪華な, ぜいたくな(食事など).

O・pus [オープス ó:pus または オプス ópus] 中 -/ Opera [オーペラ] ①《芸術》作品, 著作. ②《音楽》作品[番号] (略: op.).

O・ra・kel [オラーケる orá:kəl] 中 -s/- ① 神託[の下される]所. das *Orakel* von Delphi デルフォイの神託. ② 神託, お告げ; 《比》なぞめいた言葉(予言). in *Orakeln* sprechen なぞめいた(あいまいな)言い方をする.

o・ra・keln [オラーケるン orá:kəln] 過分 ora-

kelt) 自 (h)《口語》なぞめいたことを言う, 神秘的な予言をする.

o・ral [オラーる orá:l] 形 ①《医》口の, 口腔(ｺｳｺｳ)の; 経口の(避妊薬など);《言》口腔音の, 口音の. ② 口頭の, 口述の, 口伝えの; 口述の.

o・ran・ge [オラーンジェ orá:ʒə] [ズズ] 形《無語尾で》オレンジ色の, だいだい色の. ein *orange* Umschlag オレンジ色のカバー.

* *die* **O・ran・ge** [オラーンジェ orá:ʒə] I 女 (単) -/(複)《植》オレンジの木・実 (= Apfelsine).《英》*orange*). eine *Orange*⁴ schälen オレンジの皮をむく.
II 中 (単2) -/(複) - (口語: -s) オレンジ色.

O・ran・gea・de [オランジャーデ orāʒá:də] [ズズ] 女 -/-n オレンジエード.

O・ran・geat [オランジャート orāʒá:t] [ズズ] 中 -s/(種類:) -e オレンジピール(オレンジの皮の砂糖漬け).

O・ran・gen≠saft [オラーンジェン・ザふト] 男 -[e]s/..säfte オレンジジュース.

O・ran・gen≠scha・le [オラーンジェン・シャーれ] 女 -/-n《ふつう複》オレンジの皮.

O・ran・ge・rie [オランジェリー orāʒərí:] [ズズ] 女 -/-n [..リーエン] オランジェリー (17-18 世紀の宮殿の庭園に造られたオレンジの越冬用温室).

O・rang-U・tan [オーラング・ウータン] 男 -s/-s《動》オランウータン.

O・ra・to・ri・um [オラトーリウム orató:rium] 中 -s/..rien [..リエン] ①《音楽》オラトリオ. ②《ﾂﾘｽﾄ教》(私的な)祈禱(ｷﾄｳ)室;《ｶﾄﾘｯｸ》聖堂内貴賓席.

Or・bit [オルビット órbɪt] 男 -s/-s《宇宙》(衛星の)周回軌道.

* *das* **Or・ches・ter** [オルケスタァ orkéstɐr または オルヒェ.. orçé..] 中 (単 2) -s/(複) - (3 格のみ -n) ① オーケストラ, 管弦楽[団].《英》*orchestra*). ein *Orchester*⁴ dirigieren オーケストラを指揮する. ② オーケストラ席(ボックス).

or・chest・rie・ren [オルケストリーレン orkɛstrí:rən または オルヒェスト.. orçɛst..] 他 (h)《音楽》(楽曲⁴を)管弦楽曲に編曲する.

Or・chi・dee [オルヒデーエ orçidé:ə] 女 -/-n《植》ラン(蘭).

* *der* **Or・den** [オルデン órdən] 男 (単 2) -s/(複) - ①《ｶﾄﾘｯｸ》修道会, 教団; (一般に:)結社.《英》*order*). in einen *Orden* ein|treten 修道会(結社)に入る. ② 勲章.《英》*medal*). einen *Orden* erhalten 勲章をもらう /人³ einen *Orden* verleihen 人³に勲章を授与する.

Or・dens≠bru・der [オルデンス・ブルーダァ] 男 -s/..brüder《ｶﾄﾘｯｸ》修道士, 修道僧; 結社のメンバー.

Or・dens≠rit・ter [オルデンス・リッタァ] 男 -s/- 騎士団所属の騎士.

Or・dens≠schwes・ter [オルデンス・シュヴェスタァ] 女 -/-n《ｶﾄﾘｯｸ》修道女.

***or・dent・lich** [オルデントりヒ órdəntlɪç] I 形 ① きちんとした, 整然とした, 整頓(ｾｲﾄﾝ)された; (人が)きちょうめんな.《英》*orderly*). ein

ordentliches Zimmer 整頓された部屋 / Er ist ein *ordentlicher* Mensch. 彼はきちょうめんな人だ.
② まともな,品行方正な.eine *ordentliche* Familie ちゃんとした家庭 / ein *ordentliches* Leben⁴ führen まともな暮らしをする.
③《付加語としてのみ》正規の,本式の; 定例の. ein *ordentlicher* Professor 正教授(略: o. Prof.)/ ein *ordentliches* Mitglied des Vereins 協会の正会員 / eine *ordentliche* Sitzung 定例会議.
④《口語》本格的な,ちゃんとした; 十分な,たっぷりの. ein *ordentliches* Fest 本格的なお祭り/ Er nahm einen *ordentlichen* Schluck. 彼はぐいと一飲みした / *ordentlich* essen たらふく食べる / Greif nur *ordentlich* zu ! (食べ物をすすめて:)さあどんどん取りなさい.
⑤《口語》なかなかよい. Sein Aufsatz war recht *ordentlich*. 彼の作文はなかなかよかった.
II 副《口語》本当に,とても. Ich war *ordentlich* gerührt. 私はすっかり感激した.

Or·dent·lich·keit [オルデントリヒカイト] 囡 -/
① きちんと(整然)としていること. ② きちょうめん,整理好き(=Ordnungsliebe).

Or·der [オルダァ ɔ́rdər] 囡 -/-s(または -n)
① 命令,指令. *Order*⁴ geben (bekommen) 指令を出す(受ける). ②〖覆-s〗(商)注文,用命.

or·dern [オルダァン ɔ́rdərn] 他 (h) (商)(商品⁴を)大量発注する.

Or·di·nal·zahl [オルディナール・ツァール] 囡 -/-en 序数.(ﾀﾞ「基数」は Kardinalzahl).

or·di·när [オルディネーァ ordiné:r] 形 ① 下品な,品(ﾋﾝ)の悪い,低級な. ② 月並みな,ありふれた(しゃれなど).

Or·di·na·ri·at [オルディナリアート ordinariá:t] 囲 -[e]s/-e ①《ｶﾄﾘｯｸ》司教区庁. ﾟ[大学]正教授の職(地位).

Or·di·na·ri·us [オルディナーリウス ordiná:rius] 男 -/..rien [..リエン] ① [大学]正教授. ②《ｶﾄﾘｯｸ》裁治権者(教皇・教区司教など).

Or·di·na·te [オルディナーテ ordiná:ta] 囡 -/-n (数)縦(y)座標.(ﾀﾞ「横座標」は Abszisse).

Or·di·na·ti·on [オルディナツィオーン ordinatsió:n] 囡 -/-en ①《ｶﾄﾘｯｸ》(司祭の)叙階[式];《新教》牧師就任式. ② (医)処方; 診察. ③《ｵｰｽﾄﾘｱ》診察室.

or·di·nie·ren [オルディニーレン ordiní:rən] I 他 (h) ①《ｶﾄﾘｯｸ》(人⁴を司祭に)叙階する;《新教》(人⁴を)牧師に任命する. ② (医)(薬⁴を)処方する. II 自 (h) (医)診察を行う.

‡**ord·nen** [オルドネン ɔ́rdnən] du ordnest, er ordnet (ordnete, *hat*...geordnet) I 他 (ﾀﾞ haben) ① (順序よく)並べる,整理する;(考えるど⁴を)整理する,まとめる.(英 *arrange*). Namen⁴ alphabetisch (または nach dem Alphabet) ordnen 名前をアルファベット順に並べる/ Wir *ordnen* die Bücher nach Autoren. 私たちは本を著者別に整理する / das Material⁴ in die Mappen *ordnen* 資料をファイルに整理する / Blumen⁴ zu einem Strauß *ordnen* 花をまとめて花束を作る / Ich muss meine Gedanken erst *ordnen*. 私はまず考えを整理しなければならない.
② (乱れたもの⁴を)整える,きちんとする. die Haare⁴ (die Kleider⁴) *ordnen* 髪(衣服)を整える.
③ (用件など⁴を)片づける,整理する. den Nachlass *ordnen* 遺産(遺稿)を整理する. ◊『過去分詞の形で』In *geordneten* Verhältnissen leben 生活環境をきちんと整えて暮らす.
II 再帰 (ﾀﾞ haben) *sich*⁴ *ordnen* 整列する,並ぶ. *sich*⁴ zum Festzug *ordnen* パレードをするために整列する.
◊☞ **geordnet**

Ord·ner [オルドナァ ɔ́rdnər] 男 -s/- ① (祝祭・宴会などの)世話人,幹事. ② 書類とじ,ファイル.

ord·ne·te [オルドネテ] ⁕ordnen (順序よく並べる)の過去

‡*die* **Ord·nung** [オルドヌング ɔ́rdnuŋ]

| 秩序 | Alles in *Ordnung* !
アレス イン オルドヌング
万事オーケーだ. |

囡(単) -/(複) -en ①〖覆なし〗秩序,きちんとしている状態,整然[としていること].(英 *order*). eine musterhafte *Ordnung* 模範的な秩序 / *Ordnung* halten 秩序を保つ,きちんとしておく / *Ordnung*⁴ machen (または schaffen) きちんとする. ◊〖in *Ordnung* の形で〗In *Ordnung*, ich komme mit. 承知した,いっしょに行くよ / 物⁴ in *Ordnung* bringen《口語》a) 物⁴を修理する,b) 物⁴を整頓(ﾄﾝ)する,処理する / 人⁴ in *Ordnung* bringen 人⁴を元気にする / in *Ordnung* kommen《口語》[再び]きちんとした(正常な)状態になる / in *Ordnung* sein《口語》きちんとしている,正常である ⇒ Das Zimmer ist in *Ordnung*. 部屋はきちんと片づいている / Die Maschine ist nicht in *Ordnung*. その機械は調子が悪い / Ist dein Pass in *Ordnung* ? 君のパスポートは問題ないかね / [Das] geht in *Ordnung*.《口語》(店員が客の注文を受けて:)かしこまりました.
②〖覆なし〗規律,規則正しい生活,社会秩序. Ein kleines Kind braucht seine *Ordnung*. 小さい子供にはそれなりの規則正しい生活が必要だ / 人⁴ aus seiner *Ordnung* bringen 人⁴の生活の調子を乱す / **gegen** die *Ordnung* verstoßen 規則に違反する / 人⁴ **zur** *Ordnung* rufen 人⁴に規律を守るよう注意する / der *Ordnung*³ **gemäß** 規則に従って,合法的に.
③〖覆なし〗順序,序列,配列. eine alphabetische *Ordnung* アルファベット順. ④ (社会の)機構,組織,体制. Eine neue politische *Ordnung* entsteht. 新しい政治体制が生まれる. ⑤〖覆なし〗等級,級. eine Straße

dritter *Ordnung*² 3級道路. ⑥《鉄》整理, 分類. die *Ordnung* des Materials 資料の整理. ⑦《数》次数, 位数. ⑧《生》目(½).

ord·nungs⸗ge·mäß [オルドヌングス・ゲメース]形 秩序(規律)正しい, 決められたとおりの.

ord·nungs⸗**hal·ber** [オルドヌングス・ハルバァ]副 規則上, 決まりを守るために.

Ord·nungs⸗lie·be [オルドヌングス・リーベ]女 -/ きちょうめん, 整理好き.

ord·nungs⸗lie·bend [オルドヌングス・リーベント]形 きちょうめんな, 整理好きの.

ord·nungs⸗**mä·ßig** [オルドヌングス・メースィヒ]形 秩序だった, 整然とした.

Ord·nungs⸗ruf [オルドヌングス・ルーふ] 男 -(e)s/-e (会議の秩序を保つための議長の注意).

Ord·nungs⸗**stra·fe** [オルドヌングス・シュトラーふェ] 女 -/-n (法)秩序罰.

ord·nungs⸗wid·rig [オルドヌングス・ヴィードリヒ]形《法》秩序(規律)違反の, 不法の.

Ord·nungs⸗wid·rig·keit [オルドヌングス・ヴィードリヒカイト]女 -/-en《法》秩序違反.

Ord·nungs⸗**zahl** [オルドヌングス・ツァーる] 女 -/-en ① 序数. (⇨「基数」は Grundzahl). ②《化》元素番号.

Ö·re [エーレ ö:rə] 中 -/- (または 女 -/-) エーレ (スウェーデン・デンマーク・ノルウェーの最小貨幣単位. 100分の1クローネ).

ORF [オー・エル・エふ]《略》オーストリア放送[協会] (= Österreichischer Rundfunk).

das **Or·gan** [オルガーン orgá:n] 中 (単2) -s/ (複) -e (3格のみ -en) ①(生物の)器官, 臓器. (英 *organ*).「医療・看護用語」☞ 巻末付録, 1801ページ. Atmungs*organ* 呼吸器官 / die inneren *Organe* 内臓 / ein *Organ*⁴ verpflanzen 臓器を移植する. ② 感覚, センス. ein *Organ*⁴ **für**〚物〛⁴ haben〚物〛⁴を理解する感覚(センス)がある ⇨ Musik hat er kein *Organ*. 彼には音楽のセンスがない. ③《口語》声. ein lautes *Organ*⁴ haben 声が大きい. ④〚ふつう 単〛(政治的な)機関誌(紙). ⑤(公的な)機関. ein ausführendes *Organ* 執行機関.

die **Or·ga·ni·sa·ti·on** [オルガニザツィオーン organizatsió:n] 女 (単) -/(複) -en (英 *organisation*) ①〚複 なし〛組織[化]; 体制, 機構. die *Organisation* der Polizei² 警察機構. ② 団体, 協会, 組合. eine politische *Organisation* 政治団体. ③《医》器質形成.

Or·ga·ni·sa·tor [オルガニザートァ organizá:tɔr] 男 -s/-en [..ザトーレン] ① 組織者, オーガナイザー; 組織力のある人. (⇨ 女性形は Organisatorin). ②《生》形成体.

or·ga·ni·sa·to·risch [オルガニザトーリッシュ organizá:toriʃ]形 組織上の, 組織化の.

or·ga·nisch [オルガーニッシュ orgá:niʃ]形 ①《化》有機[体]の; 生体の. die *organische* Chemie 有機化学 / *organische* Verbindungen 有機化合物. ②《医・生》器官の; 器質性の. ein *organisches* Leiden 器質性疾患. ③ 有機的な, 組織的な, 系統的な.

*or·ga·ni·sie·ren [オルガニズィーレン organizí:rən] (organisiert, hat ... organisiert) I 他 (完了 haben) (英 *organize*) ① 組織する, 編成する; (催しなど⁴を企画して)準備する, 主催する. das Schulwesen⁴ neu *organisieren* 学校制度を新しく編成し直す / eine Party⁴ *organisieren* パーティーを準備する. ◇[再帰的に] *sich*⁴ *organisieren* (デモ・抵抗運動などが)組織される. ②〚物〛⁴を組織だてる, 組織化する. den Verkehr *organisieren* 交通網を整備する. ③《口語》〚物〛⁴を不正に・こっそり)手に入れる, くすねる.

II 再帰 (完了 haben) *sich*⁴ *organisieren* (人びとが)結束する. *sich*⁴ **zum** Widerstand *organisieren* 抵抗運動のために組織を作る / *sich*⁴ **in** Gewerkschaften *organisieren* 労働組合に加入する.

or·ga·ni·siert [オルガニズィーァト] *organisieren* (組織する)の 過分

or·ga·ni·sier·te [オルガニズィーァテ] *organisieren* (組織する)の 過去

Or·ga·nis·mus [オルガニスムス organísmus] 男 -/..nismen ① 有機体; 生体. ②《ふつう 複》《生》生物. ③(社会の)有機的組織.

Or·ga·nist [オルガニスト organíst] 男 -en/-en パイプオルガン奏者, オルガニスト. (⇨ 女性形は Organistin).

Or·gan⸗spen·der [オルガーン・シュペンダァ] 男 -s/-《医》臓器提供者, ドナー.

Or·gan⸗trans·plan·ta·ti·on [オルガーン・トランスプらンタツィオーン] 女 -/-en = Organverpflanzung

Or·gan⸗ver·pflan·zung [オルガーン・フェァプふらンツング] 女 -/-en《医》臓器移植.

Or·gas·mus [オルガスムス orgásmus] 男 -/..gasmen オルガスムス(性交の際の快感の頂点).

die **Or·gel** [オルゲる órgəl] 女 (単) -/(複) -n《音楽》パイプオルガン. (英 *organ*). (⇨「(ふつうの)オルガン」は Harmonium). die *Orgel*⁴ spielen パイプオルガンを演奏する.

Or·gel⸗kon·zert [オルゲる・コンツェルト] 中 -(e)s/-e ① パイプオルガン演奏会. ②[パイプ]オルガン協奏曲.

or·geln [オルゲるン órgəln] 自 (h) ① 手回しオルガンを鳴らす. ②《口語》(風などが)ごうごうと音をたてる. ③《狩》(鹿などが)発情して鳴く.

Or·gel⸗pfei·fe [オルゲる・プふァイふェ] 女 -/-n パイプオルガンの音管(パイプ). Die Kinder standen da wie die *Orgelpfeifen*.《戯》子供たちが身長順にずらっと並んでいた.

Or·gel⸗spie·ler [オルゲる・シュピーらァ] 男 -s/- パイプオルガン奏者.

or·gi·as·tisch [オルギアスティッシュ orgiástiʃ]形 奔放な, どんちゃん騒ぎの, はめをはずした.

Or·gie [オルギェ órgiə] 女 -/-n お祭り騒ぎ(酒神ディオニソスの祭オルギアから). *Orgien*⁴ feiern 乱痴気騒ぎをする.

O·ri·ent [オーリエント ó:riɛnt または オリエント]

Orientale

男 -s/ ① オリエント, 中近東. (⇔「西洋」は Okzident). der Vordere *Orient* 近東. ② 《古》東, 東方 (=Osten).

O·ri·en·ta·le [オリエンターれ orientá:lə] 男 -n/-n 中近東人. (⇔ 女性形は Orientalin).

o·ri·en·ta·lisch [オリエンターリッシュ orientá:lɪʃ] 形 オリエントの, 中近東の. (⇔「西洋の」は okzidental).

O·ri·en·ta·list [オリエンタリスト orientalíst] 男 -en/-en オリエント学者.

***o·ri·en·tie·ren** [オリエンティーレン orientí:rən] (orientierte, hat...orientiert) I 再帰 (完了 haben) sich⁴ *orientieren* 自分の位置を確認する. Ich konnte mich in den großen Gebäude nicht mehr *orientieren*. 私はその大きな建物の中で, 自分がどこにいるのかわからなくなった / Er *orientierte sich an* (または nach) der Karte. 彼は地図で自分の位置を知った. ② 《sich⁴ über 事⁴ ~》(事⁴について) 情報を得る. sich⁴ über die politische Lage des Landes *orientieren* その国の政治情勢について情報を得る. ③ 《sich⁴ an (または nach) 人・物³ ~》(考え方・態度などを人・物³に)見ならう. Kinder *orientieren sich* am Verhalten ihrer Eltern. 子供は親の態度を手本にする. II 他 (完了 haben) 《人⁴ über 事⁴ ~》(事⁴について人⁴に)情報を与える. Ich *orientierte* ihn über die näheren Umstände. 私は彼に詳しい事情を知らせた. 《目的語なしでも》über 事⁴ *orientieren* 事⁴について情報を提供する. ② 《A⁴ auf B⁴ ~》(A⁴をB⁴へ)方向づける, 集中させる. (⇔ *orient*). alle Kräfte⁴ auf die Erhaltung des Friedens *orientieren* 平和の維持に全力を傾ける. ◊目的語をしても》auf 事⁴ *orientieren* 事⁴に目標を置く.

o·ri·en·tiert [オリエンティーアト] I *orientieren* (再帰で: 自分の位置を確認する)の 過分 ① (…の方向へ)向けられている. Der Chor der Kirche ist nach Osten *orientiert*. 教会の内陣は東方へ向けられている. ② (…の)傾向がある. Er ist links *orientiert*. 彼は[思想的に]左翼的である. ③ 事情に通じている.

..ori·en·tiert [..オリエンティーアト] 《形容詞をつくる 接尾》(…を志向する) 例: konsum*orientiert* 消費志向の.

o·ri·en·tier·te [オリエンティーアテ] *orientieren (再帰で: 自分の位置を確認する)の 過去

O·ri·en·tie·rung [オリエンティールング] 女 -/-en ① 方向(位置)を確かめること, 方向づけ; 方向感覚. die *Orientierung*⁴ verlieren 方向を見失う. ② 情報提供. ③ 志向, 方針, 態度.

O·ri·en·tie·rungs⸗punkt [オリエンティールングス・プンクト] 男 -[e]s/-e 方向(位置)を知る目印(地点).

O·ri·en·tie·rungs⸗sinn [オリエンティールングス・ズィン] 男 -[e]s/ 方向感覚.

***o·ri·gi·nal** [オリギナーる originá:l] 形 ① 本物の; 原作の, オリジナルの. (⇔ *original*). der *originale* Text eines Gedichtes 詩の原典. ◊《無語尾で》eine *original* antike Figur 本物の古代の彫像. ② 独創的な, 独自な. ③ 《放送・映》実況の, 現場での(撮影など). 副 *original* übertragen 事⁴を実況中継する.

*das **O·ri·gi·nal** [オリギナーる originá:l] 中 (単 2) -s/(複) -e (3格のみ -en) ① 原物, オリジナル, 原作, 原本, 原文. (⇔ *original*). Das *Original* des Bildes hängt im Louvre. この絵の原画はルーブル美術館に展示されている / einen Roman im *Original* lesen 小説を原文で読む. ② (絵・小説などの)モデル. ③ 《口語》変わり者, 変人.

O·ri·gi·nal⸗aus·ga·be [オリギナーる・アオスガーベ] 女 -/-n (書籍の)原版, オリジナル版(著作者自身の校訂によるもの).

o·ri·gi·nal⸗ge·treu [オリギナーる・ゲトロイ] 形 原作(オリジナル)に忠実な.

O·ri·gi·na·li·tät [オリギナリテート originalité:t] 女 -/-en 《ふつう 単》① (文書・絵などが)本物であること. ② 独創性, オリジナリティー.

***o·ri·gi·nell** [オリギネる originél] 形 ① 独創的な, アイディアに富む. (⇔ *original*). Er ist ein *origineller* Kopf. 彼は独創的な頭脳の持ち主だ. ② 《口語》奇抜な, 変わった, おもしろい (人・顔など). ein *origineller* Kauz 変わったやつ.

O·ri·on [オリーオン orí:ɔn] I -[s]/《ギ神》オリオン(巨人で美男の狩人). II 男 -[s]/《定冠詞とともに》《天》オリオン座.

Or·kan [オルカーン ɔrká:n] 男 -[e]s/-e 《気象》ハリケーン, 大暴風. ein *Orkan* des Beifalls 《比》拍手喝采 ( ), 拍手のあらし.

Or·kus [オルクス ɔ́rkus] I -/《ロ神》オルクス(死の神). II 男 -/《ロ神》冥府( ), 死者の国.

Or·na·ment [オルナメント ɔrnamént] 中 -[e]s/-e 《美》(特に建築・工芸品の)飾り, 装飾模様.

Or·na·men·tik [オルナメンティク ɔrnaméntɪk] 女 -/《美》《総称として》装飾品; 装飾法.

Or·nat [オルナート ɔrná:t] 男 -[e]s/-e (特に聖職者・裁判官の)礼装, 礼服, ガウン.

Or·ni·tho·lo·gie [オルニトろギー ɔrnitologí:] 女 -/ 鳥類学.

Or·pheus [オルふォイス ɔ́rfɔys] -/《ギ神》オルフェウス(歌とたて琴の名手で野獣も草木も聞きほれたという. 妻のエウリュディケを死者の国に迎えに行くが, 禁を破って振り返ったために彼女を連れて帰れなかった).

*der **Ort**¹ [オルト ɔrt] 男 (単 2) -es (まれに -s)/(複) -e (3格のみ -en) ① 場所, 現場, 地点, 箇所. (⇔ *place*). Geburts*ort* 出生地 / ein sonniger *Ort* 日当たりのよい場所 / der *Ort* des Verbrechens 犯行現場 / *Ort* und Zeit stehen noch nicht fest. 場所と時間はまだ決まっていない / Es ist hier nicht der *Ort*, darüber zu sprechen. ここはその話をする場所ではない / **an *Ort* und Stelle** a) 所定の場所で, b) その場で, 直ちに / an einem vereinbarten *Ort* 約束の場所で / hier am *Ort* この場所に,

当地で / an öffentlichen *Orten* (街路・広場などの)公共の場所で / am angeführten *Ort* 上述の箇所で, 上掲書で (略: a. a. O.) / an einem dritten *Ort* 第三の場所で(自宅や職場以外で) / Bin ich hier am rechten *Ort*? 私はここにいていいのでしょうか / der rechte Mann am rechten *Ort* 適材適所 / der gewisse (または stille) *Ort*《口語・婉曲》便所.

② 村, 町, 地域;(総称として:)村(町)の住民. ein kleiner *Ort*小さな村 / der ganze *Ort* 村(町)中の者 / Wir wohnen **im** selben *Ort*. 私たちは同じ村(町)に住んでいる / von *Ort* zu *Ort* 町から町へ, あちこちと, 各地へ.

〔類語〕der **Ort**: (一般にはっきりと位置が特定できる)場所, 所. der **Platz**: (人・物を収容できる)空き, 適切な場所. Ist hier noch ein *Platz* frei? ここにはまだ空席がありますか. die **Stelle**:《狭く限定された特定の)箇所, 場所. Bringen Sie das Buch an die richtige *Stelle* zurück! その本を所定の場所に戻してください. der **Raum**: (人・物をずっと入れておけるスペースとしての)場所, 空間, 余地. Für meine Bücher muss *Raum* geschaffen werden. 私の本を置く場所を空けなければならない.

Ort[2] [オルト] 男 -(e)s/Örter《成句的に》 geometrischer *Ort*《数》軌跡 / astronomischer *Ort*《天》星位.

Ort[3] [オルト] 中 -(e)s/Örter 《坑》(坑内の切羽 (ぱ)). vor *Ort* a)《坑》坑内(切羽)で, b)《口語》(事件などの)現場で.

Ört·chen [エルトヒェン ǽrtçən] 中 -s/- (*Ort* の縮小) ① 小さな村, 宿場. ②《婉曲》便所.

or·ten [オルテン ɔ́rtən] 他 (h) 《空・海》(船・飛行機などの)位置を特定する.

or·tho·dox [オルトドクス ɔrtodóks] 形 ① 《宗》正統信仰の, 正統派の. ②《キリスト教》(ギリシャ)正教の. die *orthodoxe* Kirche ギリシャ正教会. ③ (信仰・主義が)厳格な, 正統的な; 頑迷な, 因襲的な.

Or·tho·do·xie [オルトドクスィー ɔrtodoksí:] 女 -/ ① 《宗》正教, 正統信仰. ②《新教》(ルターやカルヴァンの教義を信奉する)正統主義. ③《軽蔑的に:》教条主義.

Or·tho·gra·fie [オルトグラふィー ɔrtografí:] 女 -/-n [..ふィーエン] = Orthographie

or·tho·gra·fisch [オルトグラーふィッシュ ɔrtográ:fɪʃ] 形 = orthographisch

Or·tho·gra·phie [オルトグラふィー ɔrtografí:] 女 -/-n [..ふィーエン] 正書法(正字法).

or·tho·gra·phisch [オルトグラーふィッシュ ɔrtográ:fɪʃ] 形 正書法[上]の; 正書法にかなった.

Or·tho·pä·de [オルトペーデ ɔrtopέ:də] 男 -n/-n 整形外科医.《☞ 女性形は Orthopädin》.

Or·tho·pä·die [オルトペディー ɔrtopεdí:] 女 -/ 整形外科[学].

or·tho·pä·disch [オルトペーディッシュ ɔrtopέ:dɪʃ] 形 整形外科[学]の, 整形外科的な.

***ört·lich** [エルトリヒ ǽrtlɪç] 形 ① 《医》局部的な, 局部の. eine *örtliche* Betäubung 局部麻酔. ② その土地の, 地方の, 地域(特有)の.《医 *lokal*》. die *örtlichen* Verhältnisse その土地の事情 / Das ist *örtlich* verschieden. それは地方によって異なっている.

Ört·lich·keit [エルトリヒカイト] 女 -/-en ① 地方, 地域; 場所. ②《婉曲》トイレ.

Orts≈an·ga·be [オルツ・アンガーベ] 女 -/-n 地名の表示;(郵便物の)宛先(裏書).

orts≈an·säs·sig [オルツ・アンゼスィヒ] 形 (その土地に)居住している.

Orts≈be·stim·mung [オルツ・ベシュティムンク] 女 -/-en ① 《地理》位置測定. ②《言》場所の状況(規定)語.

Ort·schaft [オルトシャふト] 女 -/-en 部落, 村落, 集落.

orts≈fremd [オルツ・ふレムト] 形 その土地生まれでない, その土地に定住していない; その土地に不案内な.

Orts≈ge·spräch [オルツ・ゲシュプレーヒ] 中 -(e)s/-e (電話の)市内通話.《☞「市外通話」は Ferngespräch》.

Orts≈kran·ken·kas·se [オルツ・クランケンカッセ] 女 -/-n 地域健康保健組合.

orts≈kun·dig [オルツ・クンディヒ] 形 その土地(地方)の事情に詳しい, 土地勘のある.

Orts≈na·me [オルツ・ナーメ] 男 -ns (3格・4格 -n)/-n 地名, 市(町・村)名.

Orts≈netz [オルツ・ネッツ] 中 -es/-e ① (電話の)市内通話網. ② (電力などの)地域供給網.

Orts≈sinn [オルツ・ズィン] 男 -(e)s/ 方向感覚.

orts≈üb·lich [オルツ・ユープリヒ] 形《官庁》その土地の慣行となっている.

Orts≈ver·kehr [オルツ・フェァケーァ] 男 -s/ 地域内交通(郵便・通信).

Orts≈zeit [オルツ・ツァイト] 女 -/-en 現地時[間], 地方時.《☞「標準時」は Normalzeit》.

Or·tung [オルトゥンク] 女 -/-en (特に飛行機・船の)位置測定. Funk*ortung* 無線方位測定.

Os [オー・エス] 《化・記号》オスミウム (= **Osmium**).

Os·car [オスカァ óskar] 男 -(s)/-(s)《映》オスカー(アカデミー賞受賞者を表す立像).

Ö·se [エーゼ ǿ:zə] 女 -/-n (小さな)金属環, ひも穴, ループ; ロープの環.

Os·mo·se [オスモーゼ ɔsmó:zə] 女 -/《化・生》浸透.

Os·na·brück [オスナ・ブリュック ɔsna-brýk] 中 -s/《都市名》オスナブリュック(ドイツ, ニーダーザクセン州 ☞《地図》D-2).

Ost [オスト óst] 男 -(e)s/-e ① 《複》なし; 冠詞なし; 無変化》《海・気象》東 (= **Osten**)(略: O).《☞「西」は West》. Der Wind kommt **aus** (または **von**) *Ost*. 風が東から吹いている. 《地名のあとにつけて》東方, 東部. Neustadt-*Ost* (駅名で:)ノイシュタット東. ③《政》東側[陣営]. ④《ふつう 単》《海・詩》東風 (=*Ost*wind).

Ost≈asi·en [オスト・アーズィェン] 中 -s/《地名》東アジア. Süd*ostasien* 東南アジア.

Ost≈ber·lin [オスト・ベルリーン] 中 -s/《都市

Ost-Berlin 名) 旧東ベルリン. (🔎「旧西ベルリン」は West-berlin).

Ost-Ber-lin ☞ 新形 Ostberlin

Ost╱block [オスト・ブロック] 男 -[e]s/ 《政》旧東欧ブロック.

ost╱deutsch [オスト・ドイチュ] 形 ① ドイツ東部の. ② (旧西ドイツで:)東ドイツの(統一前のドイツ民主共和国を指して).

Ost╱deutsch-land [オスト・ドイチュラント] 中 -s/ ① ドイツ東部. ② (旧西ドイツで:)東ドイツ(統一前のドイツ民主共和国の俗称).

*der **Os-ten** [オステン ɔ́stən]

> 東 Das Zimmer geht nach *Osten*.
> ダス ツィマァ ゲート ナーハ オステン
> その部屋は東向きだ.

男 (単2) -s/ ① 《ふつう冠詞なして》東 (略: O). (英 east). (🔎「北」は Norden, 「西」は Westen, 「南」は Süden). Im *Osten* geht die Sonne auf. 東の空に日が昇る / Der Wind kommt von *Osten*. 風が東から吹いて来る.
② 東部[地方]. im *Osten* der Stadt² 町の東部に.
③ 東洋, アジア. der Ferne *Osten* 極東 / der Nahe *Osten* 近東. ④ 東欧[諸国].

os-ten-ta-tiv [オステンタティーふ ɔstentatí:f] 形 これ見よがしの, わざとらしい.

Os-ter╱ei [オースタァ・アイ] 中 -[e]s/-er 復活祭(イースター)の卵(復活祭の贈り物や飾りにする彩色した卵. 卵形のチョコレートもある).

Os-ter╱fe-ri-en [オースタァ・フェーリエン] 複 復活祭(イースター)の休暇.

Os-ter╱fest [オースタァ・フェスト] 中 -[e]s/-e 《宗教》復活祭[の祝い].

Os-ter╱glo-cke [オースタァ・グロッケ] 女 -/-n 《植》ラッパズイセン.

Os-ter╱ha-se [オースタァ・ハーゼ] 男 -n/-n 復活祭のうさぎ(うさぎをかたどった菓子. 子供たちに復活祭の卵を持って来るという言い伝えがある).

ös-ter-lich [エースタァりヒ] 形 復活祭の. die österliche Zeit 復活節.

Os-ter╱mon-tag [オースタァ・モーンターク] 男 -[e]s/-e 復活祭の月曜日(祝日扱い).

*[das] **Os-tern** [オースタァン ó:stərn] 中 (単) -/(複) - 《ふつう冠詞なして》《宗教》復活祭, イースター (キリストの復活記念祭. 3月21日以後の最初の満月後の第1日曜日). (英 Easter). (🔎「祝祭日」☞ 巻末付録, 1811 ページ). zu (南ド: an) *Ostern* 復活祭に / weiße *Ostern* 雪の降る復活祭 / Frohe *Ostern*! 復活祭おめでとう / *Ostern* fällt dieses Jahr früh (spät). 復活祭は今年は早く(遅く)来る.

***Ös-ter-reich** [エースタァ・ライヒ ó:stərraiç] 中 (単2) -s/ 《国名》オーストリア[共和国] (首都はウィーン). (英 *Austria*). Auch in *Österreich* spricht man Deutsch. オーストリアでもドイツ語が話される.

Ös-ter-rei-cher [エースタァ・ライヒァァ ó:s-tər-raiçər] 男 -s/- オーストリア人. (🔎 女性形は Österreicherin).

ös-ter-rei-chisch [エースタァ・ライヒッシュ ó:stər-raiçiʃ] 形 オーストリア[人・方言]の.

Ös-ter-reich-Un╱garn [エースタァライヒ・ウンガルン] 中 -s/ 《史》《国名》オーストリア・ハンガリー帝国 (1867年から1918年まで存続したハープスブルク家の君主国).

Ost╱eu-ro-pa [オスト・オイローパ] 中 -s/ 《地名》東ヨーロッパ, 東欧.

ost╱eu-ro-pä-isch [オスト・オイロペーイッシュ] 形 東ヨーロッパの, 東欧の.

*öst-lich [エストりヒ éstliç] I 形 ① 東の, 東側の. (英 eastern). (🔎「西」は westlich). das östliche Frankreich フランス東部 / 15 Grad östlicher Länge (=15° ö. L.) 東経15度 / [50 km] östlich von Köln ケルンの東方[50キロメートル]に. ② 《付加語としてのみ》東向きの; 東からの. in östliche[r] Richtung 東の方へ向かって / Das Schiff hat östlichen Kurs. その船は東に進路をとっている / östliche Winde 東風. ③ 東洋の, アジアの; 東洋[人]特有の; (旧西ドイツで:)東側諸国の, [旧]東ドイツの.
II 前 《2格とともに》…の東[方]に. östlich der Grenze 国境の東方に.

Ost╱nord╱ost [オスト・ノルト・オスト] 男 -[e]s/-e 《用法については Ost を参照》東北東 (略: ONO); 東北東の風.

Ost╱nord╱os-ten [オスト・ノルト・オステン] 男 -s/ 《ふつう冠詞なし; ふつう前置詞とともに》東北東[にある地域] (略: ONO).

Ost╱po-li-tik [オスト・ポリティーク] 女 -/ 《政》東方政策(特に旧西ドイツにおける旧東側社会主義国に対する政策).

Öst-ro-gen [エストロゲーン œstrogé:n] 中 -s/ 《生》エストロゲン(発情ホルモン物質).

*die **Ost╱see** [オスト・ゼー ɔ́st-ze:] 女 -/ 《定冠詞とともに》《海名》バルト海 (=das Baltische Meer).

Ost╱süd╱ost [オスト・ズュート・オスト] 男 -[e]s/-e 《用法については Ost を参照》東南東 (略: OSO); 東南東の風.

Ost╱süd╱os-ten [オスト・ズュート・オステン] 男 -s/ 《ふつう冠詞なし; ふつう前置詞とともに》東南東[にある地域] (略: OSO).

ost╱wärts [オスト・ヴェルツ] 副 東へ; 東[方]に. *ostwärts* ziehen 東方へ移動する.

Ost╱wind [オスト・ヴィント] 男 -[e]s/-e 東風.

Os-wald [オスヴァるト ósvalt] -s/ 《男名》オスヴァルト.

Os-zil-la-ti-on [オスツィらツィオーン ɔstsɪlatsió:n] 女 -/-en ① 《物》振動. ② 《地学》(地殻の)昇降運動.

os-zil-lie-ren [オスツィリーレン ɔstsɪlí:rən] 自 (h) ① 《物》振動する. ② 《地学》(地殻が)昇降運動をする.

Os-zil-lo-graph [オスツィろグラーふ ɔstsɪlográ:f] 男 -en/-en 《物・医》オシログラフ, 振動

記録器.

Ot·ter[1] [オッタァ ótər] 男 -s/- 《動》カワウソ.

Ot·ter[2] [オッタァ] 女 -/-n 《動》マムシ.

Ot·ti·lie [オティーリェ otí:liə] -[n]s/ 《女名》オッティーリエ.

Ot·to [オット ôto] -s/ 《男名》オットー.

Ot·to‐**mo·tor** [オット・モートァ] 男 -s/-en [..モトーレン] 《工》 オットー・エンジン(発明者 N. Otto 1832-1891 の名から).

out [アォト áut] [英] 副 ① 《成句的に》 *out* sein 《口語》 a) 流行遅れである, b) (人気が)落ち目である. ② 《ﾃﾆｽ》《ｻｯｶｰ》(ボールが)アウト, ラインの外に.

Out·put [アォト・プット áut-put] [英] 男 中 -s/-s ① 《ｺﾝﾋﾟｭｰ》 アウトプット, 出力. (⇔「入力」は Input). ② 《経》産出; 生産高.

Out·si·der [アォト・サイダァ] [英] 男 -s/- アウトサイダー, 一匹おおかみ (=Außenseiter).

Ou·ver·tü·re [ウヴェルテューレ uvertý:rə] 女 -/-n 《音楽》(オペラなどの)序曲; [演奏会用]序曲.

Ou·zo [ウーゾ ú:zo] 男 -[s]/-s ウーゾ(アニスの実で味つけしたギリシア産リキュール).

o·val [オヴァール ová:l] 形 卵形の, 楕円(ﾀﾞﾝ)形の.

O·val [オヴァール] 中 -s/-e 卵形, 楕円(ﾀﾞﾝ)形; 楕円形の施設(公園・競技場など).

O·va·ti·on [オヴァツィオーン ovatsió:n] 女 -/-en 大喝采(ｻｲ).

O·ver·all [オーヴェラール ó:vəra:l または ..ラる] [英] 男 -s/-s オーバーオール(胸当てつきの作業ズボン).

O·vu·la·ti·on [オヴらツィオーン ovulatsió:n] 女 -/-en 《動・医》排卵.

O·xid [オクスィート oksí:t] 中 -[e]s/-e 《化》酸化物.

O·xyd [オクスュート oksý:t] 中 -[e]s/-e 《化》酸化物 (=Oxid).

O·xy·da·ti·on [オクスュダツィオーン oksydatsió:n] 女 -/-en 《化》酸化[作用].

o·xy·die·ren [オクスュディーレン oksydí:rən] I 自 (h, s) ① 《化》酸化する; さびる. ② 《化》電子を放出する. II 他 (h) 《化》《物》[4]を)酸化させる.

O·xy·ge·ni·um [オクスュゲーニウム oksygé:nium] 中 -s/ 《化》酸素 (記号: O) (=Sauerstoff).

‐der **O·ze·an** [オーツェアーン ó:tsea:n または オツェアーン] 男 (単 2) -s/(複) -e (3 格のみ -en) 大洋, 海洋. (英 ocean). der Pazifische *Ozean* 太平洋 / der Atlantische *Ozean* 大西洋 / der Indische *Ozean* インド洋 / den *Ozean* durchqueren 大洋を横断する / über den *Ozean* fliegen 飛行機で大洋を渡る. (☞ 類語 Meer).

O·ze·an‐**damp·fer** [オーツェアーン・ダンプファァ] 男 -s/- 大洋[航海]汽船.

O·ze·a·ni·en [オツェアーニエン otseá:niən] 中 -s/ 《地名》オセアニア, 大洋州.

o·ze·a·nisch [オツェアーニッシュ otseá:nɪʃ] 形 ① 大洋の, 海洋性の. *ozeanisches* Klima 海洋性気候. ② オセアニアの.

O·ze·lot [オーツェろット ó:tselɔt または オツェ.. ótse..] 男 -s/-e (または -s) ① 《動》オセロット (メキシコ産のオオヤマネコ). ② オセロットの毛皮.

O·zon [オツォーン otsó:n] 中 (または -s)/ ① オゾン. ② 《口語》新鮮な空気.

O·zon‐**kil·ler** [オツォーン・キらァ] 男 -s/- 《口語》オゾン破壊要因(フロンガスなど).

O·zon‐**loch** [オツォーン・ろッホ] 中 -[e]s/..löcher オゾンホール.

O·zo·no·sphä·re [オツォノ・スフェーレ otsono-sfέ:rə] 女 -/ 《気象》オゾン層 (=Ozonschicht).

O·zon‐**schicht** [オツォーン・シヒト] 女 -/ 《気象》オゾン層

P p

p¹, P¹ [ペー péː] 甲 -/- ペー(ドイツ語アルファベットの第16字).

p² [ピアノ]《記号》《音楽》ピアノ, 弱く (= piano).

P² [ペー]《化・記号》燐(リン) (= Phosphor).

P.《略》① [パストァ または ..トァ] 牧師 (= Pastor). ② [パータァ] 神父 (= Pater).

Pa [ペー・アー]《化・記号》プロトアクチニウム (= Protaktinium).

p. a. [プロー アンノ]《略》毎年, 年ごとに (= pro anno).

p. A. [ペル アドレッセ]《略》…気付 (= per Adresse).

※ **paar** [パール páːr] I 数《不定数詞; 無語尾で》① 《**ein paar** の形で》二三の, いくつかの, 若干の. (英 a few). ein paar Freunde 二三人の友だち / ein paar Mal 二三度, 数回 / Bitte, warten Sie noch ein paar Minuten! あと二三分待ってください / nach ein paar Jahren 二三年後に / vor ein paar Tagen 二三日前に.

② 《**die, diese, alle, meine** などとともに》die paar Sommermonate 夏の二三か月 / alle paar Wochen 二三週ごとに / mit diesen paar Pfennigen これっぽっちのはした金では[どうしようもない].

II 形《生》対になった, 対生の. *paare* Blätter 対を成す2枚の葉.

※ *das* **Paar** [パール páːr] I 甲《単2》-[e]s/《複》-e (3格のみ -en) (英 pair) ① (男女の)一組, ペア, カップル. Ehe*paar* 夫婦 / ein junges *Paar* 若いカップル / Die beiden werden bald ein *Paar*. その二人は間もなく夫婦になる(結婚する).

② (動物の)一組, 一つがい, 2頭立て. ein *Paar* Ochsen 2頭一組の雄牛. ③《成句的に》人⁴ **zu Paaren** treiben 人⁴を窮地に追い込む.

II 甲《単2》-[e]s/《複》- (二つのものから成る)一組, 一対, 一足. ein *Paar* Ohrringe 一組のイヤリング / zwei *Paar* Schuhe 2足の靴.

paa·ren [パーレン páːrən] I 他 (h) ①(家畜など⁴を)交配させる, 掛け合わせる. ②《A⁴ mit B³ ~》(A⁴をB³と)組み合わせる, 一対(一組)にする. Er *paart* in seinem Stil Treffsicherheit mit Witz. 彼の文体は的確さとウィットが一体となっている. II 再帰 (h) *sich⁴ paaren* ①(動物が)交尾する. ②《*sich⁴* mit 事³ ~》(事³と)結び付いている, 一体(一体化)している. Bei ihr *paart sich* Anmut mit Geist. 彼女は優美と才気を兼ね備えている.

paa·rig [パーリヒ páːrɪç] 形《生・医》対になった, 二つで一組の. ein *paariges* Organ 対をなす器官(耳・目など).

Paar≈lauf [パール・ろふ] 男 -s/ ペアスケーティング.

paar≈mal 副 例: ein *paarmal* (新形) ein paar Mal) ☞ paar I ①

Paa·rung [パールング] 女 -/-en ①交尾, 交配. ②(二つの)組み合わせ; 対にすること.

Paa·rungs≈zeit [パールングス・ツァイト] 女 -/-en《動・狩》交尾期.

paar≈wei·se [パール・ヴァイゼ] 副 対(組)になって, ペアで, 二人(二つ)ずつ. 物⁴ *paarweise* legen 物⁴を二つずつ置く.

Pacht [パハト páxt] 女 -/-en ①《ふつう 単》(土地・建物などの)賃貸借[契約]. (英「家・部屋などの)賃貸借[契約]」は Miete). 物⁴ **in Pacht** geben (nehmen) 物⁴を賃貸しする(賃借りする). ②賃貸借契約書. ③賃貸料, 小作料.

pach·ten [パハテン páxtən] 他 (h) (農地・建物など⁴を)賃借りする. ◆《過去分詞の形で》人・物⁴ [für sich] *gepachtet* haben《口語・比》人・物⁴をひとり占めしている.

Päch·ter [ペヒタァ péçtər] 男 -s/- (特に地所の)賃借人, 借地人, 小作人. (英 女性形は Pächterin).

Pacht≈geld [パハト・ゲルト] 甲 -[e]s/-er 《用益》賃貸料; 借地(小作)料.

Pacht≈ver·trag [パハト・フェアトラーク] 男 -[e]s/..träge 賃貸借契約; 借地(小作)契約.

Pacht≈zins [パハト・ツィンス] 男 -es/-en 《用益》賃貸料; 借地(小作)料.

Pack¹ [パック pák] 甲 -[e]s/-e (または Päcke) 束, [小]包み. ein *Pack* Bücher 一包みの本 / mit Sack und *Pack* ab|ziehen《口語》家財道具をまとめて引っ越す.

Pack² [パック] 甲 -[e]s/《俗》やくざ, ならず者. *Pack* schlägt sich, *Pack* verträgt sich.《ことわざ》下衆(ゲス)はけんかも早いが, 仲直りも早い.

※ *das* **Päck·chen** [ペックヒェン pékçən] 甲 《単2》-s/《複》- (Packの縮小) ①《郵》(2kgまでの)小型包装物, 小型小包. (英「(ふつうの)小包」は Paket). ein *Päckchen*⁴ zur Post bringen 小包を郵便局へ持って行く / 物⁴ als *Päckchen* schicken 物⁴を小型小包として送る. ②小さな包み(束). (英 small package). ein *Päckchen* alter Briefe² 古い手紙の束 / Wir haben alle unser *Päckchen* zu tragen.《口語》われわれみんなにそれぞれの苦労がある. ③(商品などの)袋, パッケージ. ein *Päckchen* Zigaretten たばこ1箱.

Pack≈eis [パック・アイス] 甲 -es/ (大規模な)流

氷.

***pa·cken** [パッケン pákən]

> 荷物を詰める
>
> *Packen* Sie den Koffer !
> パッケン ズィー デン コッファァ
> スーツケースに荷物を詰めてください.

(packte, *hat*...gepackt) **I** 他 (定下 haben) ① (トランクなど⁴に)荷物を詰める. (米 pack). *Er packt* den Rucksack. 彼はリュックサックに荷を詰める / ein Paket⁴ *packen* 小包を作る. ◇《目的語なしで》Ich *muss* noch *packen*. 私はこれから荷作りしなければならない.
② 《方向を表す語句とともに》(物⁴をトランク・箱などへ)詰める, しまう. Er *packt* den Mantel in den Koffer. 彼はコートをスーツケースに詰める / das Gepäck⁴ in (または auf) den Wagen *packen* 荷物を車に積み込む / 人⁴ ins Bett *packen*《比》人⁴をベッドに寝かせる.
③ (ぎゅっと)つかむ; (大などが人・物⁴に)かみつく. Sie *packte* ihn **am** (または **beim**) Arm. 彼女は彼の腕をぎゅっとつかんだ / Der Hund *packte* den Dieb am Bein. 犬は泥棒の脚にかみついた. (= 飼語 fangen).
④《比》(激情・発熱などが)襲う; 感動させる, (人⁴の)心をとらえる. Angst *hat* sie *gepackt*. 不安が彼女を襲った / Das Buch *hat* mich sehr *gepackt*. その本に私はたいへん感動した. ◇《現在分詞の形で》ein *packender* Film 感動的な映画.
⑤《es を目的語として成句的に》《俗》わかる. *Hast* du's (=du es) endlich *gepackt*? やっとわかった? ⑥《口語》(仕事など⁴を)うまくやってのける; バスなど⁴に)間に合う. *Packen* wir's (=wir es) noch? まだ間に合うだろうか.
II 再帰 (定下 haben) *sich⁴ packen*《口語》さっさと立ち去る. *Pack* dich! とっととうせろ.

Pa·cken [パッケン] 男 -s/- 包み, 束. ein *Packen* Wäsche 一抱えの洗濯物.

Pa·cker [パッカァ pákər] 男 -s/- ① 荷造り人, 包装係; (引っ越しの際の)家具荷造り(運搬)業者. ②《狩》いのしし狩りの猟犬.

Pack⸗esel [パック・エーゼる] 男 -s/-《口語》荷を運ぶろば; あくせく働く人.

Pack⸗pa·pier [パック・パピーァ] 中 -s/-e 包み紙, 包装紙.

pack·te [パックテ] ‡packen (荷物を詰める)の
過去

***die Pa·ckung** [パックング pákʊŋ] 女 (単) / (複) -en ① 一包み, 一箱; 包装[紙], パッケージ, パック. (米 packet). Frischhaltepackung (食品の)真空パック / eine *Packung* Zigaretten たばこ一箱 / eine *Packung*⁴ öffnen (auf]reißen) 包み紙を開ける(破いて開ける). ②《医》湿布. ③《工》パッキング, 詰め物. ④《建》(道路の)砕石路床. ⑤《話》大敗. eine *Packung*⁴ bekommen 大敗を喫する. ⑥《スス》[手]荷物; 《軍》行軍装備.

Pack⸗zet·tel [パック・ツェッテる] 男 -s/-《経》包装物内容証書.

Pä·da·go·ge [ペダゴーゲ pɛdagóːgə] 男 -n/-n ① 教育者, 教師 (=Lehrer). ② 教育学者. (三 女性形は Pädagogin).

Pä·da·go·gik [ペダゴーギク pɛdagóːgɪk] 女 -/ 教育学.

pä·da·go·gisch [ペダゴーギッシュ pɛdagóːgɪʃ] 形 ① 教育学の. eine *pädagogische* Hochschule 教育大学. ② 教育[上]の; 教育的な.

Pad·del [パッデる pádəl] 中 -s/- (カヌーなどの)かい(櫂), パドル.

Pad·del⸗boot [パッデる・ボート] 中 -[e]s/-e パドル付きボート(カヌー・カヤックなど).

pad·deln [パッデるン pádəln] 自 (h, s) ① (h, s) パドルで舟をこぐ; カヌー(カヤック)に乗る. ② (s) (…へ)パドルでこいで行く; 犬かきで泳いで行く.

Pä·de·rast [ペデラスト pɛderást] 男 -en/-en (少年を好む)男色家, ホモ.

Pä·di·at·rie [ペディアトリー pɛdiatríː] 女 /《医》小児科学 (=Kinderheilkunde).

paff! [パふ páf] 間 (爆音, 銃声などで)ぱん, ばーん.

paf·fen [パッフェン páfən] **I** 自 (h)《口語》たばこをふかぶか吹かす. **II** 他 (h)《口語》(たばこ・パイプ⁴を)ふかぶか吹かす.

Pa·ge [パージェ páːʒə] [パジュ] 男 -n/-n ① (ホテルなどの)ボーイ. ②《史》小姓(ごしょう).

Pa·gen⸗kopf [パージェン・コプふ] 男 -[e]s/..köpfe おかっぱ頭. (三 Haar 図).

Pa·ger [ペイチァァ péɪdʒər] 男 -s/-《英》ポケットベル.

pa·gi·nie·ren [パギニーレン pagɪníːrən] 他 (h)《製本》(原稿などに)ページ数を打つ.

Pa·go·de [パゴーデ pagóːdə] **I** 女 -/-n (東アジア諸国の)寺院の塔, 仏塔, パゴダ. **II** 女 -/-n (あるいは 男 -n/-n) 《ジョーク》(東アジアの)神仏座像(小さい陶磁器製で, 手・首が動く).

pah! [パー páː] 間 (軽蔑を表して:)へん, おやおや.

*das **Pa·ket** [パケート pakéːt]

> 小包
>
> Ich bringe das *Paket* zur Post.
> イヒ ブリンゲ ダス パケート ツア ポスト
> 私はその小包を郵便局へ持って行きます.

中 (単) -[e]s/(複) -e (3格のみ -en) ①《郵》(2–20kg までの)[郵便]小包. (米 package, parcel). (三「2kg 以下の小型包装物」は Päckchen). ein *Paket*⁴ *packen* 小包を作る / ein *Paket*⁴ bei der Post auf[geben 郵便局に小包を出す / Er hat ein *Paket* an seinen Sohn geschickt. 彼は息子に小包を送った.
② 包み, 束. ein *Paket* Bücher 一包みの本.

Pa·ket⸗an·nah·me [パケート・アンナーメ] 女 -/-n《郵》①《複》なし》(郵便局の)小包受け付け. ② 小包受付窓口.

Pa·ket⸗kar·te [パケート・カルテ] 女 -/-n《郵》小包の送り状, 小包伝票.

Pa·kis·tan [パーキスターン páːkɪstaːn または ..タ

ン] -s/《国名》パキスタン[・イスラム共和国] (首都はイスラマバード).

*der **Pakt** [パクト pákt] 男 (単2) -[e]s/(複) -e (3格のみ -en) (英 pact) ① (国家間の)**条約**, 協定. Sicherheits*pakt* 安全保障条約 / einen *Pakt* mit einem Staat schließen ある国と条約を結ぶ. ② (個人間の)契約. Fausts *Pakt* mit dem Teufel ファウストの悪魔との契約.

pak·tie·ren [パクティーレン paktíːrən] 自 (h) 《mit 人³ ~》(しばしば軽蔑的に:)(人³と)協定を結ぶ, 手を組む.

PAL [パール] 《略》(ビデオなどの)パル[方式] (= phase alternation line).

Pa·lais [パレー palé:] 中 [..ɛ́s] / - [パレー(ス)]/- [パレース] 宮殿, 館(ﾔｶﾀ) (=Palast).

Pa·lä·o·gra·phie [パレオグラフィー palɛoɡrafíː] 女 -/ 古文書学, 古文字学.

Pa·lä·o·li·thi·kum [パレオリーティクム palɛolíːtikum] 中 -s/ 旧石器時代.

Pa·lä·on·to·lo·gie [パレオントロギー palɛɔntoloɡíː] 女 -/ 古生物学.

Pa·lä·o·zo·i·kum [パレオツォーイクム palɛotsóːikum] 中 -s/《地学》古生代.

*der **Pa·last** [パラスト palást] 男 (単2) -es (まれに -s)/(複) ..läste [パレステ] (3格のみ ..lästen) 宮殿, 館(ﾔｶﾀ). (英 palace). ein prunkvoller *Palast* 華麗な宮殿.

Pa·läs·te [パレステ] *Palast (宮殿)の 複

Pa·läs·ti·na [パレスティーナ palɛstíːna] 中 -s/《地名》パレスチナ(イスラエルを中心とする地中海沿岸地方. 古称カナーン).

Pa·la·ver [パラーヴァァ paláːvɐ] 中 -s/-《口語》とめどないおしゃべり; (結論の出ない)長談義.

pa·la·vern [パラーヴァァン paláːvɐn] 自分 palavert 自 (h) 《口語》とめどなくおしゃべりをする; 密談をする(交渉をする).

Pa·le·tot [パルトー pálətoː] 男 -s/-s [..トー] 《服飾》(丈の短い)ダブルのコート.

Pa·let·te [パレッテ palétə] 女 -/-n ① (絵画用の)パレット. 《比》色とりどり, 多彩. ② 《工・経》パレット(フォークリフト用の荷台).

Pa·li·sa·de [パリザーデ palizáːdə] 女 -/-n ①《ふつう複》先のとがった柵(ｻｸ), 矢来(ﾔﾗｲ). ② 防御柵(ｻｸ).

Pal·la·di·um [パラーディウム paláːdium] 中 -s/..dien [..ディエン] ① 女神パラスの像(古代ギリシアの家・町の守護神). ②《雅》神聖犯すべからざる物, 聖域. ③《複なし》《化》パラジウム (記号: Pd).

Pal·me [パルメ pálmə] 女 -/-n ①《植》ヤシ, シュロ. 人⁴ auf die *Palme* bringen 《口語》 人⁴をかんかんに怒らせる / auf die *Palme* gehen 《口語》かんかんに怒る. ②《雅》(勝利の象徴としての)しゅろの葉. die *Palme*⁴ [des Sieges] erringen 勝利の栄冠を得る.

Palm≠öl [パルム・エール] 中 -[e]s/-e やし油, パーム油(油やしの果肉から取る油).

Palm≠sonn·tag [パルム・ゾンターク] 男 -[e]s/-e《宗教》しゅろの聖日, 枝の主日(復活祭直前の日曜日).

PAL-Sys·tem [パール・ズュステーム] 中 -s/ (ビデオなどの)パル方式(ドイツなどのカラー放送システム).

Pam·pa [パンパ pámpa] 女 -/-s《地理》パンパ(南アメリカ, 特にアルゼンチンの大草原).

Pam·pe [パンペ pámpə] 女 -/《北ﾄﾞ・中部ﾄﾞ》 ① 濃いかゆ. ② 泥.

Pam·pel·mu·se [パンペルムーゼ pámpɐlmuːzə または ..múːzə] 女 -/-n《植》グレープフルーツ[の木].

Pamph·let [パムふれート pamflé:t] 中 -[e]s/-e (政治的な)中傷(攻撃・誹謗)文書.

Pan [パーン páːn] 男 -s/《ギ神》パン, 牧羊神(牧人・狩人の守護神. 上半身は人間, 下半身はやぎの姿をしている. ローマ神話のファウヌスに当たる).

pan..., Pan.. [パン.. パン..]《形容詞・名詞につける接頭》《全・汎(ﾊﾝ)》例: *pan*arabisch 汎アラブ主義の.

Pa·na·ma [パナマ pánama または パー..] **I** 中 -s/《国名》パナマ[共和国]. 《都市名》パナマ・シティ(パナマ共和国の首都). **II** 男 -s ①《織》パナマ織り, パナマクロース. ② パナマ帽.

*der **Pa·na·ma·ka·nal** [パナマ・カナール] 男 -s/《定冠詞とともに》パナマ運河.

pan·chro·ma·tisch [パン・クロマーティッシュ pan-kromáːtɪʃ] 形《写》全整色の, パンクロの.

Pan·do·ra [パンドーラ pandóːra] -s/《ギ神》パンドラ(地上最初の女性で, 地上のあらゆる災いをもたらしたとされている). die Büchse der *Pandora*² パンドラの箱(パンドラが開けてしまった, 災いの封じ込められていた箱).

Pa·neel [パネール panéːl] 中 -s/-e 羽目板, 鏡板.

Pa·nier [パニーァ paníːɐ] 中 -s/-e《古》軍旗. ②《雅》標語, モットー.

pa·nie·ren [パニーレン paníːrən] 他 (h)《料理》(肉・魚など⁴にフライ用の)ころもを付ける.

Pa·nier≠mehl [パニーァ・メール] 中 -[e]s/ パン粉.

Pa·nik [パーニク páːnɪk] 女 -/-en《ふつう単》パニック, 恐慌[状態]. Eine *Panik* bricht aus. パニックが起こる / in *Panik* geraten パニック状態に陥る / Nur keine *Panik*! まあまあ落ち着いて.

Pa·nik≠ma·che [パーニク・マッヘ] 女 -/ (意図的に)パニック状態をつくり出すこと.

pa·nisch [パーニッシュ páːnɪʃ] 形 パニックのような, あわてふためいた. *panische* Angst 突然の激しい不安.

Pank·re·as [パンクレアス páŋkreas] 中 -/..re·aten [..レアーテン]《医》膵臓(ｽｲｿﾞｳ) (=Bauchspeicheldrüse).

*die **Pan·ne** [パンネ pánə] 女 (単) -/(複) -n ① (車・機械などの不意の)**故障**. 《英 break-down》. Reifen*panne* タイヤのパンク / Der Wagen hatte eine *Panne*. 車が故障した. ② (不注意による)失敗, ミス.

Pan·nen☆dienst [パンネン・ディーンスト] 男 -[e]s/-e (故障車の)道路サービス[機関].

Pa·nop·ti·kum [パノプティクム panóptikum] 中 -s/.. 骨董(こっとう)品(ろう人形)陳列室.

Pa·no·ra·ma [パノラーマ panorá:ma] 中 -s/..ramen ① 広々とした眺望, パノラマ, 全景. ② パノラマ写真, 全景画.

pan·schen [パンシェン pánʃən] I 他 (h) (酒・ミルクなど⁴を)水で薄める. II 自 (h) 《口語》(子供が)水をぱちゃぱちゃさせて遊ぶ.

Pan·sen [パンゼン pánzən] 男 -s/- ① 《動》瘤胃(こぶい)(反芻動物の第1胃). ② 《北ドⅠ》胃.

Pan·ta·lons [パンタローンス pũtalɔ́:s または パン.. pan..] [仏] 複 《服飾》パンタロン(フランス革命中に流行した長いズボン).

Pan·ter [pántər] 男 -s/- =Panther

Pan·the·is·mus [パン・テイスムス pan-teísmʊs] 男 -/ 《哲》汎神(はんしん)論.

pan·the·is·tisch [パン・テイスティッシュ pan-teístɪʃ] 形 汎神(はんしん)論の, 汎神論的な.

Pan·the·on [パンテオン pánteɔn] 中 -s/-s ① パンテオン(古代ギリシア・ローマの万神殿); (国家的偉人を祭る)英霊廟(びょう). ② 《宗》(ある宗教の)すべての神々.

Pan·ther [パンタァ pántər] 男 -s/- 《動》ヒョウ(豹)(=Leopard).

Pan·ti·ne [パンティーネ pantí:nə] 女 -/-n 《北ドⅠ》木のサンダル(=Holzpantoffel).

*der **Pan·tof·fel** [パントッふェる pantɔ́fəl] 男 (単2) -s/(複) -n スリッパ, 上履き. (☞ Schuh 図). (英 slipper). die Pantoffeln⁴ an|ziehen (aus|ziehen) スリッパをはく(脱ぐ)/ den Pantoffel schwingen 《口語》亭主を(しり)に敷く(←スリッパを振り上げる) / **unter** dem Pantoffel stehen 《口語》女房の尻に敷かれている.

Pan·tof·fel☆held [パントッふェる・ヘるト] 男 -en/-en 《口語》女房の尻(しり)に敷かれた亭主.

Pan·tof·fel☆ki·no [パントッふェる・キーノ] 中 -s/-s 《口語・戯》テレビ(=Fernsehen).

Pan·to·let·te [パントれッテ pantolétə] 女 -/-n 《ふつう複》《服飾》ヘップサンダル.

Pan·to·mi·me [パントミーメ pantomí:mə] I 女 -/-n パントマイム, 無言劇; 身ぶり. II 男 -/-n パントマイムの俳優.

pan·to·mi·misch [パントミーミッシュ pantomí:mɪʃ] 形 パントマイムの, 無言劇の; 身ぶりによる.

pant·schen [パンチェン pántʃən] 他 (h)・自 (h) =panschen

*der **Pan·zer** [パンツァァ pántsər] 男 (単2) -s/(複) -. (3格のみ -n) ① 《軍》戦車, タンク. (英 tank). Panzer stoßen vor. 戦車が進撃する. ② 装甲[板]. ③ 《動》(甲虫・カメなどの)甲皮, 甲殻. ④ (昔の:)甲冑(かっちゅう), よろい.

Pan·zer☆ab·wehr·ka·no·ne [パンツァァ・アップヴェーァカノーネ] 女 -/-n 《軍》対戦車砲 (略: Pak).

Pan·zer☆faust [パンツァァ・ふァオスト] 女 -/-

..fäuste 《軍》対戦車ロケット砲.

Pan·zer☆glas [パンツァァ・グラース] 中 -es/- 防弾ガラス.

Pan·zer☆hemd [パンツァァ・ヘムト] 中 -[e]s/-en (昔の)鎖かたびら.

Pan·zer☆kreu·zer [パンツァァ・クロイツァァ] 男 -s/- 《軍》(昔の:)装甲巡洋艦.

pan·zern [パンツァァン pántsərn] 他 (h) ① (自動車・船などを)装甲する. ② 甲冑(かっちゅう)で武装させる. ◇《再帰的に》sich⁴ gegen 事⁴ panzern 事⁴に対して身を守る, 平然としている.

Pan·zer☆plat·te [パンツァァ・プらッテ] 女 -/-n 装甲鋼板.

Pan·zer☆schrank [パンツァァ・シュランク] 男 -[e]s/..schränke 鋼鉄製の金庫.

Pan·ze·rung [パンツェルング] 女 -/-en 装甲.

Pan·ze·zer☆wa·gen [パンツァァ・ヴァーゲン] 男 -s/- 《軍》戦車; 装甲車両.

Pä·o·nie [ペオーニエ peó:niə] 女 -/-n 《植》シャクヤク(=Pfingstrose).

Pa·pa [パパー papá: または パパ] 男 -s/-s パパ, お父さん. (☞「ママ」は Mama).

Pa·pa·gei [パパガイ papagáɪ または パパ..] 男 -en (または -s)/-en (まれに -e) 《鳥》オウム. wie ein Papagei plappern とめどもなくしゃべる.

Pa·pa·gei·en☆krank·heit [パパガイエン・クランクハイト] 女 -/-en 《医》オウム病.

Pa·per☆back [ペイパァ・バック] [英] 中 -s/-s ペーパーバック, 略装本.

Pa·pi [パピー pápi] 男 -s/-s 《幼児》パパ (=Papa).

*das **Pa·pier** [パピーァ papí:r]

> 紙 Gib mir bitte ein Blatt Papier!
> ギープ ミァ ビッテ アイン ブらット パピーァ
> 紙を1枚くれないか.

中 (単2) -s/(複) -e (3格のみ -en) ① 《複 なし》紙. (英 paper). weißes Papier 白い紙 / glattes (raues) Papier つるつるした紙(ざら紙) / ein Blatt (または Stück) Papier 1枚の紙 / Das steht nur auf dem Papier. それは机上の空論にすぎない(←紙の上だけのこと) / 事⁴ aufs Papier werfen 《雅》事⁴のメモをとる, 略記する / 物⁴ in Papier ein|wickeln 物⁴を紙に包む / 事⁴ zu Papier bringen 事⁴を書き留める. ② 書類, 文書, 資料. ein wichtiges Papier 重要書類 / geheime Papiere 機密文書 / die Papiere⁴ ordnen 書類を整理する / ein Papier⁴ unterzeichnen 書類に署名する. ③ 《ふつう複》(公的な)証明書, 許可証, 免許証, 旅券, 証明書. Darf ich mal Ihre Papiere sehen? 身分証明書を見せてください. ④ 《経》有価証券 (=Wertpapier).

....

(☞) ..**papier** のいろいろ: Alt*papier* 古紙 / Brief*papier* 便箋 / Bunt*papier* 色紙 / Konzept*papier* 下書き用紙 / Linien*papier* 罫紙 / Noten*papier* 五線紙 / Pack*papier* 包装紙 /

Schreib*papier* 筆記用紙 / Toiletten*papier* トイレットペーパー / Wert*papier* 有価証券 / Zeichen-*papier* 画用紙 / Zeitungs*papier* 新聞紙

Pa·pier⹀bo·gen [パピーァ・ボーゲン] 男 -s/- 《印》全紙.

Pa·pier⹀deutsch [パピーァ・ドイチュ] 中 -[s]/ (軽蔑的に)無味乾燥なドイツ語(官庁ドイツ語など).

pa·pie·ren [パピーレン papíːrən] 形 ① 〔付加語としてのみ〕紙製の. eine *papierene* Serviette 紙ナプキン. ② 紙のような;《比》(話し方・文体などが)無味乾燥な. ein *papierener* Stil 味気ない文体.

Pa·pier⹀fab·rik [パピーァ・ファブリーク] 女 -/-en 製紙工場.

Pa·pier⹀geld [パピーァ・ゲルト] 中 -[e]s/ 紙幣 (=Banknoten). 〔⇨「硬貨」は Hartgeld〕.

Pa·pier⹀hand·tuch [パピーァ・ハントトゥーフ] 中 -[e]s/..tücher 紙タオル.

Pa·pier⹀korb [パピーァ・コルプ] 男 -[e]s/..körbe 紙くずかご. 物⁴ in den *Papierkorb* werfen 物⁴を紙くずかごにほうり込む.

Pa·pier⹀kram [パピーァ・クラーム] 男 -[e]s/ 《口語》(官庁などの)めんどうな書類, [公]文書.

Pa·pier⹀krieg [パピーァ・クリーク] 男 -[e]s/-e 《口語》(お役所との)文書合戦(煩雑な書類の果てしないやり取り).

Pa·pier⹀la·ter·ne [パピーァ・ラテルネ] 女 -/-n ちょうちん(提灯) (=Lampion).

Pa·pier⹀ma·ché [パピエ・マシェー] 中 -s/ 混凝(こんぎょう)紙(張り子の材料. どろどろの紙に糊などを混ぜたもの).

Pa·pier⹀schnit·zel [パピーァ・シュニッツェル] 中 -s/- 紙片, 紙の切りくず.

Pa·pier⹀ser·vi·et·te [パピーァ・ゼルヴィエッテ] 女 -/-n 紙ナプキン.

Pa·pier⹀ta·schen·tuch [パピーァ・タッシェントゥーフ] 中 -[e]s/..tücher ティッシュペーパー.

Pa·pier⹀ti·ger [パピーァ・ティーガァ] 男 -s/- 《俗》張り子の虎(とら)(見かけは強そうだが, 実際は何の力もない人(もの)).

Pa·pier⹀wa·ren [パピーァ・ヴァーレン] 複 紙製品, 文房具.

Pa·pis·mus [パピスムス papísmus] 男 -/ (軽蔑的に:) 教皇至上主義.

Pa·pist [パピスト papíst] 男 -en/-en (軽蔑的に:) 教皇至上主義者.

Papp [パップ páp] 男 -s/-e 《ふつう 単》《方》① かゆ. ② のり, 糊(のり).

Papp⹀band [パップ・バント] 男 -[e]s/..bände 厚紙装丁の本(略: Pp., Pab., Ppbd.).

Papp⹀de·ckel [パップ・デッケル] 男 -s/- 厚紙[表紙], ボール紙.

* *die* **Pap·pe** [パッペ pápə] 女 (単) -/(複) -n ① 厚紙, ボール紙. (英 cardboard). Wellpappe 段ボール紙 / steife *Pappe* 堅い厚紙. ② 《口語》のり, 糊(のり). Das ist nicht von (または aus) *Pappe*. 《口語》そいつはばかにならない, それはなかなかたいしたものだ.

Pap·pel [パッペル pápəl] 女 -/-n ① 《植》ポプ

ラ. ② 《複》なし) ポプラ材.

päp·peln [ペッペルン pépəln] 他 (h) 《口語》(子供・病人⁴に)栄養のあるものを食べさせる; 《比》(虚栄心など⁴を)あおる.

pap·pen [パッペン pápən] I 他 (h) 《口語》(物⁴を糊(のり)などで…へ)貼(は)り付ける, くっつける. einen Zettel auf die Kiste *pappen* レッテルを箱に貼る. II 自 (h) 《口語》(雪などが)くっつく.

Pap·pen⹀de·ckel [パッペン・デッケル] 男 -s/- 厚紙[表紙], ボール紙 (=Pappdeckel).

Pap·pen·hei·mer [パッペン・ハイマァ pápənhaimər] 男 《成句的に》 Ich kenne meine *Pappenheimer*. 《口語》私は自分の部下(子供・生徒)がやりそうなことは十分に心得ている. (⇨ 30年戦争の将軍 *Pappenheim* の名から).

Pap·pen·stiel [パッペン・シュティール] 男 《成句的に》 Das ist [doch] kein *Pappenstiel*. 《口語》そいつはばかにできないぞ / Das ist keinen *Pappenstiel* wert. 《口語》それは何の値打ちもない. (⇨ *Pappenstiel* は「たんぽぽの茎」).

pap·per·la·papp! [パッパァらパップ papərlapáp] 間 (くだらないおしゃべりに対して:) ばかばかしい, もうやめてくれ.

pap·pig [パピヒ pápiç] 形 《口語》① ねばねば(べとべと)した. ② どろどろした, かゆ状の. ③ (パンなどが)生焼けの.

Papp⹀kar·ton [パップ・カルトーン] 男 -s/-s ボール箱.

Papp⹀ma·ché [パップ・マシェー] 中 -s/-s 混凝(こんぎょう)紙 (=Papiermaché).

Papp⹀ma·schee [パップ・マシェー] 中 -s/-s =Pappmaché

Papp⹀schach·tel [パップ・シャハテル] 女 -/-n ボール箱.

Papp⹀schnee [パップ・シュネー] 男 -s/ べた雪.

* *der* **Pap·ri·ka** [パプリカ páprika または パー..] 男 (単) -s/(複) -[s] ① 《植》ピーマン, トウガラシ[の実]. gefüllte *Paprika* 肉詰めピーマン. ② 《複》なし》パプリカ(香辛料の一種).

* *der* **Papst** [パープスト páːpst] 男 (単) -es (まれに -s)/(複) Päpste [ペープステ] (3格のみ Päpsten) 《カトリック》[ローマ]教皇, 法王. (英 pope). der Segen des *Papstes* 教皇の祝福 / ein *Papst* auf dem Gebiet der Mode² 《比》ファッション界の最高権威.

Päps·te [ペープステ] *Papst (教皇)の 複.

päpst·lich [ペープストリヒ] 形 《付加》教皇の. der *päpstliche* Segen 教皇の祝福 / Er ist *päpstlicher* als der Papst. 《比》彼は必要以上に厳格だ(←教皇よりも教皇的だ).

Papst·tum [パープストトゥーム] 中 -s/ 教皇の職(支配権・制度).

Pa·py·rus [パピュールス papýːrus] 男 -/..pyri ① 《植》パピルス. ② (古代の)パピルス紙. ③ パピルス写本(古文書).

pa·ra.., **Pa·ra..** [パラ.. para.. または パーラ..] 《形容詞・名詞につける 接頭》① 《並列・そば・副》例: *parallel* 平行の. ② 《反対・倒錯》例:

paradox 矛盾した.

Pa·ra·bel [パラーベる pará:bəl] 囡 -/-n ① 《文学》たとえ話, 寓話. ② 《数》放物線.

Pa·ra·bol⹁an·ten·ne [パラボーる・アンテネ] 囡 -/-n ① (電) パラボラアンテナ.

pa·ra·bo·lisch [パラボーりッシュ parabó:lɪʃ] 形 ① たとえ話の[ような], 寓話的な. ② 《数》放物線[状]の.

Pa·ra·bol⹁spie·gel [パラボーる・シュピーゲる] 男 -s/- 《光》放物面鏡.

Pa·ra·cel·sus [パラツェるズス paratsélzʊs] 男 -/《人名》パラケルスス (Philippus Aureolus *Paracelsus*, 本名 Theophrastus Bombastus von Hohenheim 1493–1541; スイスの医者・哲学者).

Pa·ra·de [パラーデ pará:də] [ﾌﾗ] 囡 -/-n ① (軍) 観閲式, 閲兵[式], パレード. Flotten-*parade* 観艦式. ② (フェンシングで:) かわし, 受け; (サッカーで:)(キーパーの)セービング. 人³ **in die** *Parade* **fahren** 《口語》人³ と真っ向からやり合う. (馬術で:) 停止.

Pa·ra·de⹁marsch [パラーデ・マルシュ] 男 -(e)s/..märsche 《軍》観閲式での行進.

Pa·ra·de⹁schritt [パラーデ・シュリット] 男 -(e)s/-e 《軍》観閲式の歩調.

pa·ra·die·ren [パラディーレン paradí:rən] 自 (h) ① 《軍》 分列行進をする. ② 《雅》(目だつように…に)展示されている. ③ 〖**mit** 物³ ～〗《物³ を》見せびらかす, ひけらかす.

das **Pa·ra·dies** [パラディース paradí:s] 匣 (単2) -es/(複) -e (3 格のみ -en) ① 《覆 なし》《宗》楽園, パラダイス, エデンの園; 天国, 極楽. 《英》*paradise*). die Vertreibung **aus dem** *Paradies* (アダムとエバの)楽園追放 / **ins** *Paradies* kommen (死んで)天国へ行く / ein Leben wie im *Paradies* 天国にいるように幸せな暮らし / die *Paradies*⁴ auf Erden haben 《比》この上なく幸せである. ② 地上の楽園, 《楽園のように》すばらしい所. ein *Paradies* für Skiläufer スキーヤーにとっての絶好の場所. ③ 《建》中庭(中世の教会の柱廊に囲まれた中庭).

pa·ra·die·sisch [パラディーズィッシュ paradí:zɪʃ] 形 ① 天国の, パラダイスの, 楽園の. ② 楽園のような, この上なくすばらしい.

Pa·ra·dies⹁vo·gel [パラディース・フォーゲる] 男 -s/..vögel 《鳥》フウチョウ(風鳥), ゴクラクチョウ(極楽鳥).

Pa·ra·dig·ma [パラディグマ paradígma] 匣 -s/..digmen (または ..digmata) ① 模範, 手本. ② 《言》パラディグマ, 語形変化例(表). ③ パラダイム, 理論的枠組.

pa·ra·dox [パラドクス paradóks] 形 ① 逆説的な, 矛盾した. ② 《口語》理屈に合わない, ばかげた.

Pa·ra·dox [パラドクス] 匣 -es/-e =Paradoxon

Pa·ra·do·xon [パラードクソン pará:dɔksɔn] 匣 -s/..doxa ① 矛盾, 背理. ② 《哲・修》逆説, パラドックス.

Pa·raf·fin [パラふィーン parafí:n] 匣 -s/-e パラフィン, 石ろう. ② 《ふつう 覆》《化》メタン列炭化水素.

Pa·ra·graf [パラグラーふ paragrá:f] 男 -en/-en (文章の)パラグラフ, 段落, 文節; (法規の)条文; プラグラフ記号(記号:§, 覆 §§). **nach** *Paragraf* 8 第 8 条により.

Pa·ra·gra·fen⹁rei·ter [パラグラーフェン・ライタァ] 男 -s/- (軽蔑的に:)規則(法律)一辺倒の人.

Pa·ra·gramm [パラグラム paragrám] 匣 -s/-e パラグラム(単語や人名の文字を入れ替えておもしろい効果をねらう言葉遊び).

Pa·ra·graph [パラグラーふ paragrá:f] 男 -en/-en =Paragraf

Pa·ra·gra·phen⹁rei·ter [パラグラーフェン・ライタァ] 男 =Paragrafenreiter

pa·ral·lak·tisch [パラらクティシュ paraláktɪʃ] 形《物・天・写》視差の, パララックスの.

Pa·ral·la·xe [パラらクセ paraláksə] 囡 -/-n 《物・天・写》視差, パララックス.

＊**pa·ral·lel** [パラれーる paralé:l] 形 ① 平行の, 平行した. 《英》*parallel*). *parallele* Linien 平行線 / Die Bahn läuft *parallel* **mit dem** (または **zum**) Fluss. 鉄道は川と平行に走っている. ② 《比》並行して起こる, 同時に行われる. *parallele* Vorgänge 同時に進行する出来事.

Pa·ral·le·le [パラれーれ paralé:lə] 囡 -/-n ① 《数》平行線. die *Parallele*⁴ **zu** einer Geraden ziehen ある直線に平行線を引く. ② 《比》対比[物], 類似[物], 匹敵する人(もの). A⁴ **mit** B³ **in** *Parallele* bringen (または stellen) A⁴ を B³ と比較する. ③ 《音楽》平行. ④ (スキーで:)パラレル.

Pa·ral·le·li·tät [パラれりテート paralelité:t] 囡 -/-en ① 〖覆 なし〗《数》平行. ② 相似, 相似(類似)点.

Pa·ral·le·lo·gramm [パラれろグラム paralelográm] 匣 -s/-e 《数》平行四辺形.

Pa·ral·lel⹁schal·tung [パラれる・シャるトゥング] 囡 -/-en 《電》並列接続.

Pa·ra·ly·se [パラリューゼ paralý:zə] 囡 -/-n 《医》[完全]麻痺(まひ), 不随. progressive *Paralyse* 進行性麻痺.

pa·ra·ly·sie·ren [パラリュズィーレン paralyzí:rən] 他 (h) ① 《医》〖人・物⁴ を〗麻痺(まひ)させる, 不随にする (=lähmen). ② 《比》(国家など)⁴ の機能を麻痺(まひ)させ, 弱体化する.

Pa·ra·ly·ti·ker [パラリューティカァ paralý:tikər] 男 -s/- 《医》[進行性]麻痺(まひ)患者.

pa·ra·ly·tisch [パラリューティッシュ paralý:tɪʃ] 形 《医》麻痺(まひ)性の, 麻痺した.

Pa·ra·noia [パラノイア paranóya] 囡 -/ 《医》パラノイア, 偏執症, 妄想症.

Pa·ra·nuss [パラー・ヌス] 囡 -/..nüsse 《植》ブラジルナッツ.

Pa·ra·**nuß** ☞ 新形 Paranuss

pa·ra·phie·ren [パラふィーレン parafí:rən] 他 (h) (条約など⁴に)イニシャルでサインする, 仮

Paraphrase

調印する.

Pa·ra·phra·se [パラフラーゼ parafrá:zə] 囡 -/-n ① 《言》パラフレーズ(原文の意を平易に言い換えること); 意訳. ② 《音楽》パラフレーズ.

pa·ra·phra·sie·ren [パラフラズィーレン parafrazí:rən] 他 (h) (文・表現など⁴を)パラフレーズする; 意訳する.

Pa·ra·sit [パラズィート parazí:t] 男 -en/-en ① 《生》寄生植物(動物). ②《文学》(古代ギリシア喜劇に登場する)寄食者, 居候. ③《地学》寄生火口.

pa·ra·si·tär [パラズィテーア parazité:r] 形 ①《生》寄生[生物]の. ②《比》寄生虫のような, 居候のような.

pa·ra·si·tisch [パラズィーティッシュ parazí:tɪʃ] 形 =parasitär

pa·rat [パラート pará:t] 形 準備(用意)のできた, すぐ使える. Er hat immer eine Antwort parat. 彼はいつでも答えを準備している.

Pär·chen [ペーアヒェン pέ:rçən] 囲 -s/- (Paar の 縮小) (若い男女の)カップル; (小鳥などの)つがい.

par·don! [パルドーン pardɔ̃:] 《フラ》 間 ごめんなさい, 失礼 (=Verzeihung!).

Par·don [パルドーン pardɔ̃:] 《フラ》 男 -s/ 許し, 容赦.

Pa·ren·the·se [パレンテーゼ parenté:zə] 囡 -/-n ①《言》 挿入語句(文). ② 挿入記号(ダッシュ・かっこなど). einen Satz in Parenthese setzen 文をかっこに入れる / in Parenthese ちなみに, ついでに言えば.

par ex·cel·lence [パレクセらーンス parɛksəlã:s] 《フラ》 副 真の意味での, この上なき; 特に, とりわけ.

Par·force=jagd [パルフォルス・ヤークト] 囡 -/-en 《狩》追い猟.

Par·fum [パルフェーン parfœ̃:] 《フラ》 囲 -s/-s =Parfüm

*das **Par·füm** [パルフューム parfý:m] 囲 (単2) -s/(複) -e (3格のみ -en) または (複) -s 香水; 《雅・比》芳香. ein Duft von Parfüm 香水の香り / Parfüm⁴ sprayen (または zerstäuben) 香水をスプレーする.

Par·fü·me·rie [パルフューメリー parfymərí:] 囡 -/-n [..リーエン] ① 香水(化粧品)店. ② 香水製造所.

par·fü·mie·ren [パルフューミーレン parfymí:rən] 他 (h) (物⁴に)香水を振りかける; (石けんなどに)香料を入れる.

pa·ri [パーリ pá:ri] 《フラ》 副 ①《成句的に》 über (unter) pari 《経》額面価格以上(以下)で / zu pari 額面価格で. ②《成句的に》 pari stehen どちらとも言えない, 五分五分である.

Pa·ria [パーリア pá:ria] 囲 -s/-s ① パーリア(インドの最下層賤民). ②《比》社会ののけ者.

pa·rie·ren¹ [パリーレン parí:rən] 他 (h) ①《スポ》(攻撃など⁴を)受け流す, そらす, はずす. den Schuss parieren シュートを防ぐ. ②《比》(質問など⁴を)かわす.

pa·rie·ren² [パリーレン parí:rən] 目 (h) 《口語》 (人³の)

言うことを聞く, (人³に)従順である. 人³ aufs Wort parieren 人³の言うとおりにする.

Pa·ris¹ [パーリス pá:rɪs] -/ 《ギ神》パリス(トロイアの王子. スパルタの王妃ヘレナを奪い去ったためトロイア戦争が起こった).

Pa·ris² [パリース parí:s] 中 -/《都市名》パリ(フランスの首都).

Pa·ri·ser [パリーザァ parí:zər] I 男 -s/- パリの市民(出身者), パリっ子, パリジャン. (⑤ 女性形は Pariserin). II 形 《無語尾で》パリ[市民]の. Pariser Mode パリの流行.

Pa·ri·tät [パリテート parité:t] 囡 -/-en ① 同等, 同格, 同権. ②《経》(二国間の通貨の)平価, 等価.

pa·ri·tä·tisch [パリテーティッシュ parité:tɪʃ] 形 同等の, 同格の, 同権の.

‡der **Park** [パルク párk]

公園

Gehen wir im *Park* spazieren!
ゲーエン ヴィアイム パルク シュパツィーレン
公園を散歩しましょう.

男 (単2) -s/(複) -s まれに (複) -e (3格のみ -en) ① 公園, (大きな)庭園. (⑤ park). Nationalpark 国立公園 / Naturpark 自然公園 / in den Park gehen 公園へ行く / Der Park ist im englischen Stil. この庭園はイギリス式だ. ②(企業・部隊などの)総保有車両[数]. ③ モータープール; 施設集合地区.

Par·ka [パルカ párka] 男 -[s]/-s (または 囡 -s) パーカ(フードつきで, ひざまであるアノラック).

Park-and-ride-Sys·tem [パーク・アンド・ライド・ズュステーム] [英] 中 -s/ パーク・アンド・ライド方式(市街地の混雑緩和のため, 最寄の駅にマイカーを駐車し, そこから電車に乗りかえる方式).

Park=an·la·ge [パルク・アンラーゲ] 囡 -/-n 公園, [大]庭園.

‡**par·ken** [パルケン párkən] (parkte, hat.. geparkt) (⑤ haben) I 目 (場所を表す語句とともに) (人が…に)駐車する; (車などが…に)駐車している. Kann ich hier parken? ここに駐車してもいいですか.
II 他 (定下 haben) (場所を表す語句とともに) (車など⁴を…に)駐車させる. Er parkte den Wagen vor dem Laden. 彼は車をその店の前に止めておいた.

Par·ken [パルケン] 中 -s/ 駐車[すること]. Parken verboten! 駐車禁止!

Par·kett [パルケット parkét] 中 -[e]s/-e (または -s) ① 寄せ木張りの床; 《比》 (政治などの)[表] 舞台. ②《劇》(劇場などの)1階[前方]席, 平土間; 《比》 平土間席の客. (☞ Theater 図). (⑤「1階後方席」は Parterre). ③《経》証券取引[市場].

par·ket·tie·ren [パルケティーレン parketí:rən] 他 (h) (部屋など⁴の)床を寄せ木張りにする.

Park=haus [パルク・ハオス] 中 -es/..häuser パーキングビル.

Park=licht [パルク・リヒト] 中 -[e]s/-er パーキングライト, 駐車表示灯.

Park=lü・cke [パルク・リュッケ] 女 -/-n (駐車している車の間の)駐車できる余地.

der **Park=platz** [パルク・プラッツ párkplats] 男 (単2) -es/(複)..plätze [..プレッツェ] (3格のみ ..plätzen) **駐車場**; 駐車できる場所. (英 parking lot, car-park). einen *Parkplatz* suchen 駐車場[所]を探す / den Wagen auf dem *Parkplatz* ab|stellen 車を駐車場に置く.

park・te [パルクテ] ‡parken (駐車する)の過去

Park=uhr [パルク・ウーア] 女 -/-en (駐車場の)パーキングメーター.

Park=ver・bot [パルク・フェァボート] 中 -[e]s/-e 駐車禁止[区域].

das **Par・la・ment** [パルらメント parlamént] 中 (単2) -[e]s/(複) -e (3格のみ -en) ① 議会, 国会. (英 parliament). das *Parlament*⁴ ein|berufen (auf|lösen) 議会を召集する(解散する) / ein neues *Parlament*⁴ wählen 国会の総選挙を行う. ② [国会]議事堂. (☞「ドイツ連邦議会議事堂」は Bundeshaus).

Par・la・men・tär [パルらメンテーア parlamεntέ:r] 男 -s/-e 軍使.

Par・la・men・ta・ri・er [パルらメンターリアァ parlamεntá:riɐr] 男 -s/- 国会議員, 代議士.

par・la・men・ta・risch [パルらメンターリッシュ parlamεntá:rɪʃ] 形 議会の, 国会の, 議会制度による. die *parlamentarische* Demokratie 議会制民主主義.

Par・la・men・ta・ris・mus [パルらメンタリスムス parlamεntarísmʊs] 男 -/ 議会政治, 議院制.

Par・me・san [パルメザーン parmezá:n] 男 -[s]/ パルメザンチーズ.

der **Par・nass** [パルナス parnás] 男 - (または -es)/『定冠詞とともに』《詩》《山名》パルナッソス(ギリシア中部の山. 2457 m. アポロンやムーサの居住地と伝えられる);《比》詩歌の中心地, 文学界.

Par・naß ☞ [新形] Parnass

Pa・ro・die [パロディー paródi:] 女 -/-n [..ディーエン] ① パロディー, もじり[詩文]. eine *Parodie*⁴ auf einen Roman schreiben ある小説のパロディーを書く. ② 替え歌. ③《音楽》パロディー.

pa・ro・die・ren [パロディーレン paródí:rən] 他 (h) (作品など⁴の)パロディーを作る; (人・物⁴の)物まねをしてからかう.

pa・ro・dis・tisch [パロディスティッシュ paródísti:ʃ] 形 パロディー[風]の, 替え歌[風]の.

Pa・ro・don・to・se [パロドントーゼ parodontó:zə] 女 -/-n 《医》歯周症.

Pa・ro・le I [パローれ paró:lə] 女 -/-n ① 標語, スローガン. politische *Parolen* 政治的スローガン. ② 合い言葉. ③ デマ. II [パロ paról] 女 -/《言》パロール(個人の具体的な言語運用. ラング Langue との対概念).

Pa・ro・li [パローり paró:li] [ヨス] 中 《成句的に》 人・事³ *Paroli*⁴ bieten a) 人³に立ち向かう, b) 事³に屈しない.

Par・si・fal [パルズィふァる párzifal] -s/《人名》 パルジファル(ヴァーグナーの楽劇名およびその主人公. 素材となった中世叙事詩では Parzival).

Part [パルト párt] 男 -s/-s (または -e または -en) ① 《音楽》声部, パート; 《劇》(俳優の)役[割]. ② (複 -en)《商》(船舶共有財産の)出資分担.

die **Par・tei** [パルタイ partái] 女 (単) -/(複) -en ① 政党, 党. (英 party). Regierungs-*partei* 与党 / eine liberale *Partei* 自由党 / Welcher *Partei* gehören Sie an? あなたはどの政党に所属していますか / aus einer *Partei* aus|treten 脱党する / in eine *Partei* ein|treten 入党する.

② 党派, 一派, 味方. für 人⁴ *Partei*⁴ ergrei-

── ドイツ・ミニ情報 18 ──

政党 Partei

ドイツの選挙は比例代表制である. 各党の獲得票に応じて議席数が決まり, 候補者名簿の上位から当選する. 連邦議会では, 政党の枠を越えた支持候補も選べるよう二票制をとっており, 第一票は候補者名, 第二票は政党名で投票する. 小選挙区の最多票獲得者は, 名簿の何位にいても当選できる. 小党分立を避けるため5%条項が設けられており, 有効票数の5%以上, ないし3選挙区以上でトップ当選を得られなかった政党は議会に入れない.

1998年の連邦議会選挙で, 5% 条項をクリアして議会入りを果たしたのは, SPD (社民党), 同盟 90 / 緑の党, CDU (キリスト教民主同盟), CSU (キリスト教社会同盟), F.D.P. (自民党), PDS (民社党) の 6 党. そのうちの SPD が第一党となり, CDU, F.D.P., そして後に加わった PDS の 3 党による連立政権を破り, 16 年ぶりに政権の座についた. しかし, SPD だけでは単独過半数に達しないため, 同盟 90 / 緑の党と連立を組み, 閣僚ポストを分け合っている.

ドイツでは比例代表制の理念が完全に浸透しており, 開票速報でも当選したかはまったく報道せず, どの党が何パーセントの票を獲得したかを刻々と伝えるだけである. 議会は政党政治で, 個人では動かせないという認識が強いからで, 選挙戦に入ると各党は統一した公約を掲げ, それをもとに有権者はどの党を支持するかを決める. 公約を守れば○, 守らなければ×と明確に判断を下すことができ, 比例代表制には政治がわかりやすいという利点があるようだ.

fen (または nehmen) 人⁴に味方する / **gegen** 人⁴ *Partei* ergreifen (または nehmen) 人⁴に敵対する, 反対する / **über** den *Parteien* stehen 不偏不党である.

③ (訴訟・契約の)当事者, 相手方. die streitenden *Parteien* 係争者.

④ (同一建物に居住する)借家人(所帯). Auf unserem Stockwerk wohnen fünf *Parteien*. うちの階には 5 所帯住んでいる.

ドイツの主な政党: Bündnis 90 同盟 90 / CDU キリスト教民主同盟 / CSU キリスト教社会同盟 / F.D.P. 自由民主党 / PDS 民主社会党 / SPD ドイツ社会民主党 / die Grünen 緑の党

Par·tei·buch [パルタイ・ブーフ] 中 -[e]s/..bücher 党員手帳.

Par·tei≠füh·rer [パルタイ・フューラァ] 男 -s/- 党首. (女性形は Parteiführerin).

Par·tei≠gän·ger [パルタイ・ゲンガァ] 男 -s/- 党の信奉者, 忠実な党員.

Par·tei≠ge·nos·se [パルタイ・ゲノッセ] 男 -n/-n ① (昔の)ナチ党員. ② (話) 一般に:)党員.

par·tei·isch [パルタイイッシュ] 形 かたよった, 不公平な; 党派的な. ein *parteiisches* Urteil かたよった判断.

par·tei·lich [パルタイリヒ] 形 ① 政党の. ② (旧東ドイツで:)党を代表する; (共産主義で:)ある階級の利害を代表する.

par·tei·los [パルタイ・ロース] 形 党派に属さない, 無所属.

Par·tei·lo·sig·keit [パルタイ・ローズィヒカイト] 女 -/ 無党派[性], 無所属.

Par·tei≠mit·glied [パルタイ・ミットグリート] 中 -[e]s/-er 党員.

Par·tei≠nah·me [パルタイ・ナーメ] 女 -/ 味方(支持)すること.

Par·tei≠pro·gramm [パルタイ・プログラム] 中 -s/-e 政党の綱領.

Par·tei≠tag [パルタイ・ターク] 男 -[e]s/-e 党[中央]大会.

par·terre [パルテル partér] 副 1 階に.

Par·terre [パルテル] 中 -s/-s ① 1 階 (= Erdgeschoss). im *Parterre* wohnen 1 階に住んでいる. ② (劇)(劇場などの) 1 階後方席. (☞ Theater 図). (= 1 階前方席は Parkett).

die **Par·tie** [パルティー partí:] 女 (単) -/(複) -n [..ティーエン] ① 部分, 箇所. (英 part). die obere *Partie* des Gesichts 顔の上の部分 / Die Erzählung zerfällt in drei *Partien*. その物語は 3 部に分かれる. ②《音楽》声部, パート; (劇) (オペラなどの)役. Sie singt die *Partie* der Carmen. 彼女はカルメンの役を歌う. ③ (チェスなどの)一勝負, 一番. eine *Partie*⁴ Schach spielen チェスを一番する. ④《商》(商品取引の)一口, 一まとめ. ⑤《口語》縁組, 結婚相手. eine gute *Partie* machen 金持ちの相手と結婚する. ⑥ (家族などでする)遠足, ハイキング. mit **von** der *Partie* sein 《口語》いっしょにやる, 仲間に加わっている. ⑦ (仕切った)(仕事の)班.

par·ti·ell [パルツィエル partsiél] 形 一部分の, 部分的な, 局部的な. eine *partielle* Lähmung 局部麻痺(ひ).

Par·ti·kel¹ [パルティーケル partí:kəl または ..ティケル ..tíkəl] 女 -/-n 《言》不変化詞(前置詞・副詞・接続詞などの総称).

Par·ti·kel² [パルティーケル または ..ティケル] 中 -s/-n 《理》《微》粒子.

Par·ti·ku·la·ris·mus [パルティクらリスムス partikularísmus] 男 -/ 地方分権主義(国全体の利益に対して地域の利益を強く主張する).

par·ti·ku·la·ris·tisch [パルティクらリスティシュ partikularístiʃ] 形 地方分権主義の.

Par·ti·san [パルティザーン partizá:n] 男 -s (または -en)/-en パルチザン, ゲリラ隊員.

Par·ti·tur [パルティトゥーァ partitú:r] 女 -/-en《音楽》総譜, スコア.

Par·ti·zip [パルティツィープ partitsí:p] 中 -s/..zipien [..ツィーピエン]《言》分詞. *Partizip* Präsens (Perfekt) 現在分詞(過去分詞).

par·ti·zi·pie·ren [パルティツィピーレン partitsipí:rən] 自 (h) **{an** 物·事³ ~**}** (物)³(利益など)にあずかる(喜びなど)を分かち合う.

Part·ner [パルトナァ pártnər] (英) 男 -s/- パートナー, 相棒, 連れ; (劇の相手役; (スポーツ) 対戦相手. (女性形は Partnerin). Ehe*partner* 配偶者 / einen *Partner* fürs Leben suchen 生涯の伴侶を探す.

Part·ner·schaft [パルトナァシャフト] 女 -/ パートナーシップ, パートナー間の協力関係; (パートナーとしての)共同経営.

Part·ner·stadt [パルトナァ・シュタット] 女 -/..städte [..シュテーテ] 姉妹都市.

par·tout [パルトゥー partú:] 副《口語》絶対に, どうしても.

die **Par·ty** [パールティ pá:rti] (英) 女 (単) -/(複) -s パーティー. Cocktail*party* カクテルパーティー / eine *Party*⁴ geben パーティーを開く / **auf** eine *Party* (または **zu** einer *Party*) gehen パーティーに行く / Wir sind heute Abend zu einer *Party* eingeladen.《状態受動·現在》私たちは今夜パーティーに招待されている.

Par·ze [パルツェ pártsə] -/- 《ふつう 複》(ローマ神) パルカ[たち] (運命の 3 女神. ギリシア神話のモイラに当たる).

Par·zel·le [パルツェれ partsélə] 女 -/-n (土地の)一区画, (土地台帳の)一筆.

par·zel·lie·ren [パルツェリーレン partselí:rən] 他 (h) (土地⁴を)分割する, 分筆する.

Par·zi·val [パルツィファル pártsifal] -s/ 《人名》パルツィファル(アーサー王伝説の英雄. ヴォルフラム・フォン・エッシェンバハに同名の叙事詩がある. ヴァーグナーの楽劇『パルジファル』, "Parsifal" の素材).

Pas·cal [パスカる paskál] 中 -s/- 《物》パスカル(圧力単位; 記号: Pa).

Pasch [パッシュ páʃ] 男 -[e]s/-e (または Päsche) 2 個以上のさいころで同じ目が出ること;

(ドミノの)両面とも同じ目を持つボーン.

Pa·scha [パシャ páʃa] 男 -s/-s ① パシャ(中近東の高官の称号)). ②《俗》女性をかしずかせる男, 関白亭主.

Pas·pel [パスペル páspəl] 女 -/-n (まれに 男 -s/-)《服飾》(制服・婦人服の)パイピング, 縁飾り, 縁取り.

pas·pe·lie·ren [パスペリーレン paspəlíːrən] 他 (h)(衣服などに)パイピング(縁飾り)を付ける.

***der Pass [パス páːs] 男(単2) -es/(複) Pässe [ペッセ](3格のみ Pässen)① パスポート, 旅券(= Reisepass).《英 passport》. den Pass beantragen (aus|stellen) 旅券を申請する(発行する) / den Pass vor|zeigen (kontrollieren) パスポートを提示する(検査する) / Ihren Pass, bitte! パスポートを拝見させていただきます / Mein Pass ist abgelaufen.『現在完了』私のパスポートは期限が切れた.
② 峠[道], 山間(なん)の道.《英 pass》. über einen Pass fahren 峠道を越えて行く.
③ (サッカーなどの)パス. ein genauer Pass 正確なパス. ④《建》パス(ゴシック建築の窓の飾り格子にある円弧図形). ⑤《狩》(うさぎなどの)通り道. ⑥(馬などの)側対歩.

Paß ☞ 新形 Pass

pas·sa·bel [パサーベル pasáːbəl] 形 まずまずの.

Pas·sa·ge [パサージュ pasáːʒə] [つづり] 女 -/-n ①《複 なし》通過[すること]. ② アーケード(商店が並ぶ屋根つきの狭い街路); 路地. ③ 《海外》旅行, 渡航. ④ (スピーチ・テキストなどの)一節, 章句;《音楽》パッセージ, 経過句. ⑤《天》(天体の)子午線通過.

*der Pas·sa·gier [パサジーァ pasaʒíːr] 男 (単2) -s/(複) -e (3格のみ -en) 乗客, 旅客(= Fahrgast).(☞ 女性形は Passagierin). Die Passagiere gehen über die Gangway. 乗客たちがタラップを渡って行く / ein blinder Passagier 密航者.

Pas·sa·gier≠flug·zeug [パサジーァ・ふるークツォイく] 中 -[e]s/-e《空》旅客機.

Pas·sah [パッサ pása] 中 -s/《ユダヤ教》過越(すぎこし)祭(ユダヤ人のエジプト脱出を記念する祭り).

Pass≠amt [パス・アムト] 中 -[e]s/..ämter 旅券課.

Paß≠amt ☞ 新形 Passamt

Pas·sant [パサント pasánt] 男 -en/-en ① 通りがかりの人, 通行人. (☞ 女性形 Passantin). auf Passanten achten 歩行者に注意を払う. ②《スイ》通過旅行者.

Pas·sat [パサート pasáːt] 男 -[e]s/-e 貿易風.

Pas·sau [パッサオ pásau] 中 -s/《都市名》パッサウ(ドイツ, バイエルン州. ドナウ, イン, イルツの3つの川の合流点にあり古い教会が多い.☞ 地図 F-4).

Pass≠bild [パス・ビると] 中 -[e]s/-er パスポート(身分証明書)用の写真.

Paß≠bild ☞ 新形 Passbild

pas·sé [パセー pasé:] [つづり] 形 = passee

Pas·se [パッセ pása] 女 -/-n《服飾》ヨーク(衣服の肩や腰につける当て布).

Päs·se [ペッセ] ✻Pass (パスポート)の 複

pas·see [パセー pasé:] 形《無語尾で; 述語としてのみ》《口語》過ぎ去った, 時代(流行)遅れの.

*pas·sen [パッセン pásən]

> **ぴったり合う**
> Diese Schuhe *passen* mir.
> ディーゼ シューエ パッセン ミァ
> この靴は私にぴったりだ.

du passt, er passt (passte, hat...gepasst) I 自 (定了 haben) ① (サイズなどが)ぴったり合う. (英 fit). Das Kleid passt mir schlecht. このワンピースは私には合わない / auf (in) 物⁴ passen 物⁴の上に(中に)ぴったりはまる ⇒ Dieser Deckel passt nicht auf den Topf. このふたはその鍋(なべ)に合わない.
②《zu 人・物³ ~》(人・物³に)似合う, 調和する, ふさわしい. Die Farbe passt nicht zu dir. その色は君には似合わない / Die Schuhe passen gut zu diesem Kleid. その靴はこのワンピースによく合う.
③ (人³にとって)都合がよい, 好ましい. Der neue Mann passt dem Chef nicht. その新人は社長の気に入らない. ◇非人称の es を主語として》Um drei Uhr passt es mir gut. 3時だと好都合です.
④ (球技で)パスする;(ごしに)パスする;《口語》答えをパスする.
II 他 (定了 haben) ① 《A⁴ in B⁴ ~》(A⁴ を B⁴ に)ぴったりはめ込む(合わせる). ② (球技で:)(ボール⁴を)パスする.
III 再帰 (定了 haben) sich⁴ passen《口語》ふさわしい. So ein Benehmen passt sich nicht. そんなふるまいはまずい(不作法だ).

*pas·send [パッセント pásənt] I ✻passen (ぴったり合う)の 現分
II 形 ① (サイズなどが)ぴったり合っている. (英 fitting). den Rock passend machen スカートの寸法を君のように仕立て直す. ② (色・柄(がら)などが)似合っている, 調和している. die zum Anzug passende Krawatte⁴ tragen スーツに合うネクタイをする. ③ 適切な, ふさわしい. bei passender Gelegenheit 適当な機会に / Haben Sie es nicht passend?《口語》(店員が客に)小銭のお持ち合わせはございませんか.

Passe·par·tout [パス・パルトゥー pas-partúː] [つづり] 中 (スイ 男) -s/-s ① (写真などを入れる) 厚紙製の額縁. ②《スイ》定期券. ③《スイ》マスターキー.

Pass≠form [パス・ふォルム] 女 -/ (衣服などが) 体型にぴったり合うこと.

Paß≠form ☞ 新形 Passform

Pass≠gang [パス・ガンぐ] 男 -[e]s/ (馬などの) 側対歩, アンブル(片側の前脚と後脚を同時に上げる歩き方).

Paß≠gang ☞ 新形 Passgang

pass≠ge·recht [パス・ゲレヒト] 形 寸法どおりの.

paß・ge・recht ☞ 新形 passgerecht
pas・sier・bar [パスィーァバール] 形 通行可能な(道路・橋など).
＊pas・sie・ren [パスィーレン pasí:rən] (passierte, ist/hat...passiert) I 自 (完了 sein) (事故・災厄などが)起こる, 生じる; (人³の身に)ふりかかる. (英 happen). Dort *ist* ein Unglück *passiert.* 〘現在完了〙あそこで事故が起こった / Mir *ist* ein Missgeschick *passiert.* 〘現在完了〙私は不運な目に遭った. (☞ 類語 geschehen). II 他 (完了 haben) ① (国境・橋など⁴を)通過する, 越える. (英 pass). eine Brücke⁴ *passieren* 橋を渡る / Der Zug *hat* gerade die Grenze *passiert.*〘現在完了〙列車はたった今国境を通過した / die Zensur⁴ *passieren*《比》検閲をパスする. ◇〖目的語なしでも〙Diese Ware *passiert* zollfrei. この品物は無税でパスする.
② (料理)(野菜など⁴を)裏ごしにする. ③ (テニスで:)(ショットなどを放って人⁴の)横を抜く.
Pas・sier・schein [パスィーァ・シャイン] 男 -[e]s/-e 通行許可証, 入構証.
pas・siert [パスィーァト] ＊passieren (起こる)の過分, 3人称単数・2人称複数 現在
pas・sier・te [パスィーァテ] ＊passieren (起こる)の過去
Pas・si・on [パスィオーン pasió:n] 囡 -/-en ① 熱情, 熱愛,〔熱狂的〕道楽. eine *Passion* **für** 事⁴ haben 事⁴を熱烈に愛好している. ②《キリスト教》キリストの受難[の物語・図像];《音楽》受難曲. Johannes*passion* ヨハネ受難曲.
pas・si・o・niert [パスィオニーァト pasioní:rt] 形〘付加語としてのみ〙熱中した, 熱狂的な.
Pas・si・ons彡spiel [パスィオーンス・シュピーる] 匣 -[e]s/-e キリスト受難劇(14世紀以後ヨーロッパに広がった宗教劇. 特にオーバーアンマーガウのものが有名).
Pas・si・ons彡zeit [パスィオーンス・ツァイト] 囡 -/ 〘キリスト教〙受難節.
＊pas・siv [パスィーフ pási:f または パスィーフ] 形 (英 passive) ① 受け身の, 消極(受動)的な; 実際には活動していない. (⇔正「積極的な」は aktiv). ein *passives* Mitglied (活動しない)名目会員 / das *passive* Wahlrecht 被選挙権 (⇔正「選挙権」は das aktive Wahlrecht). ②(性格などが)消極的な, おとなしい. Das Kind ist eine *passive* Natur. その子供は消極的な性格だ. ③ 〘文〙〘言〙受動態の (= passivisch). ④ 〘化〙不動態の.
Pas・siv [パスィーフ] 匣 -s/-e [..ヴェ] 〘ふつう単〙〘言〙受動態. (⇔正「能動態」は Aktiv).
Pas・si・va [パスィーヴァ pási:va] 覆 〘経〙貸方, 負債. (⇔正「借方」は Aktiva).
Pas・si・ven [パスィーヴェン pasí:vən] 覆 = Passiva
pas・si・visch [パッスィーヴィッシュ pási:vɪʃ または パスィー..] 形〘言〙受動態の.
Pas・si・vi・tät [パスィヴィテート pasivité:t] 囡 -/ ① 受動性, 消極性, 不活発. ② 〘化〙不動

Pass彡kon・trol・le [パス・コントろれ] 囡 -/-n 旅券(パスポート)検査[所].
Paß彡kon・trol・le ☞ 新形 Passkontrolle
passt [パスト] ＊passen (ぴったり合う)の2人称単数・3人称単数・2人称複数 現在
paßt ☞ 新形 passt
pass・te [パステ] ＊passen (ぴったり合う)の過去
paß・te ☞ 新形 passte
Pas・sus [パッスス pásus] 男 -/- (書物の)章句, 箇所.
Pass彡wort [パス・ヴォルト] 匣 -[e]s/..wörter ① 合言葉. ② 〘コンピュ〙パスワード.
Paß彡wort ☞ 新形 Passwort
Pas・ta [パスタ pásta] 囡 -/Pasten 〘ふつう単〙① = Paste ② 練り歯磨き (= Zahn*pasta*).
Pas・te [パステ pástə] 囡 -/-n ① 《料理》ペースト(肉などのすり身). ② (薬) 泥膏(でいこう), パスタ.
Pas・tell [パステる pastél] 匣 -[e]s/-e ① 〘覆なし〙パステル画法. ② パステル画.
Pas・tell彡far・be [パステる・ファルベ] 囡 -/-n ① パステル. ② 〘ふつう覆〙パステルカラー.
Pas・te・te [パステーテ pasté:tə] 囡 -/-n《料理》(肉・野菜などを詰めた)パイ.
pas・teu・ri・sie・ren [パステリズィーレン pastørizí:rən] 他 (h) (牛乳など⁴を)低温殺菌する.
Pas・til・le [パスティれ pastílə] 囡 -/-n〘医〙薬用ドロップ, トローチ剤.
＊der Pas・tor [パストァ pástor または ..トァ ..tó:r] 男 (単2) -s/(複) -en [..トーレン] (北ドイツ:複) -e, 俗:(複) ..töre [..テーレ]〘北ドイツ〙〘新教〙牧師,〘方〙〘カトリック〙司祭. (略: P.).
pas・to・ral [パストラーる pastorá:l] 形 ① 牧師の. ② もったいぶった. ③ 田園風の, 牧歌的な.
Pas・to・ra・le [パストラーれ pastorá:lə] 匣 -s/-s (または 囡 -/-n) ①《音楽》パストラル; 田園曲, 牧歌. ②《劇》牧歌劇. ③《美》田園(牧人)画.
Pas・to・rin [パストーリン pastó:rɪn] 囡 -/..rinnen ①〘北ドイツ〙〘新教〙(女性の)牧師. ②〘口語〙牧師の妻.
Pa・te [パーテ pá:tə] 男 -n/-, -n ① (幼児洗礼に立ち会う)代父(ぼふ), 名付け親. bei einem Kind *Pate* stehen ある子供の代父になる. ②〘方〙= Patenkind
Pa・ten彡kind [パーテン・キント] 匣 -[e]s/-er 代子(だいし), 名付け子(自分が代父(代母)として洗礼に立ち会った子).
Pa・ten彡on・kel [パーテン・オンケる] 男 -s/- 代父(だいふ) (= Pate).
Pa・ten・schaft [パーテンシャフト] 囡 -/-en 代父(だいふ)(代母(だいぼ))であること; 代父(代母)の責任(名付け親は名付け子の宗教教育に責任を持つ).
pa・tent [パテント patént] 形〘口語〙① 有能で感じのいい. Sie ist eine *patente* Hausfrau. 彼女はすばらしい主婦だ. ② うまい, 実用的な(アイディアなど). ③〘方〙しゃれた(服装など).
Pa・tent [パテント] 匣 -[e]s/-e ① 特許[権], パ

テント; 特許証; 特許品. 物⁴ **zum** *Patent* an|melden 物⁴の特許を出願する / **auf** 物⁴ ein *Patent*⁴ **haben** 物⁴の特許を持っている. ② 《海》(高級船員の)辞令. ③ 《ﾈｽ》(営業などの)許可証.

Pa·tent≠amt [パテント・アムト] 中 -[e]s/..ämter 特許局.

Pa·tent≠an·mel·dung [パテント・アンメルドゥング] 女 -/-en 特許出願.

Pa·tent≠tan·te [パテン・タンテ] 女 -/-n 代母 (ﾀﾞｲ) (=Patin).

Pa·tent≠an·walt [パテント・アンヴァルト] 男 -[e]s/..wälte 弁理士.

pa·ten·tie·ren [パテンティーレン patentí:rən] 他 (h) ① 《物》に特許[権]を与える. ② 《工》 (鋼線⁴に)パテンティング処理をする.

Pa·tent≠lö·sung [パテント・レーズング] 女 -/-en 万能の解決策, 妙案.

Pa·ter [パータァ pátər] 男 -s/- (または Patres [パトレース] (ﾊﾟｯﾁ) 略: 単 P., 複 PP.) 神父.

Pa·ter≠nos·ter [パタァ·ノスタァ] I 中 -s/- 《ｷﾘ教》主の祈り(マタイによる福音書 6, 9). II 男 -s/- 循環エレベーター(ドアのない箱がじゅず状に連なって, 止まらずに回って動いている.「主の祈り」に用いるじゅず(ロザリオ)の形から).

pa·the·tisch [パテーティッシュ paté:tɪʃ] 形 ひどく感情的な, 仰々しい(表現·身ぶりなど).

Pa·tho·lo·ge [パトローゲ patoló:gə] 男 -n/-n 《医》病理学者.

Pa·tho·lo·gie [パトロギー patologí:] 女 -/-n [..ギーエン] ① 《複 なし》病理学. ② 病理学研究室(所).

pa·tho·lo·gisch [パトローギッシュ patoló:gɪʃ] 形 ①《医》病理学[上]の. ② 病的な, 異常な.

Pa·thos [パートス pá:tɔs] 中 -/ 激情, 仰々しい感情表出, パトス.

‡der **Pa·ti·ent** [パツィエント patsiént]

> **患者**
>
> Er ist *Patient* bei Doktor Beck.
> エァ イスト パツィエント バイ ドクトァ ベック
> 彼はベック先生の患者です.
>
> | 格 | 単 | 複 |
> |---|---|---|
> | 1 | der Patient | die Patienten |
> | 2 | des Patienten | der Patienten |
> | 3 | dem Patienten | den Patienten |
> | 4 | den Patienten | die Patienten |

男(単2·3·4) -en/(複) -en **患者**. (英 *patient*). ein geduldiger (schwieriger) *Patient* 辛抱強い(扱いにくい)患者 / ein schwer kranker *Patient* 重病患者 / einen *Patienten* behandeln 患者を治療する / Dem *Patienten* geht es besser. その *Patsche* sitzen 苦境に陥っている.

Pa·ti·en·tin [パツィエンティン patsiéntɪn] 女 -/..tinnen (女性の)患者.

Pa·tin [パーティン pá:tɪn] 女 -/..tinnen (幼児洗礼に立ち会う)代母 (ﾀﾞｲ), 名付け親.

Pa·ti·na [パーティナ pá:tina] 女 -/ 緑青 (ﾛｸｼｮｳ); 《比》古色, 古つや.

Pat·ri·arch [パトリアルヒ patriárç] 男 -en/-en 《宗》(ユダヤ民族の)太祖; (一般に:)族長, 家長. ②《ｶﾄﾘｯｸ》総大司教. ③ (ギリシア正教の)総主教.

pat·ri·ar·cha·lisch [パトリアルヒャーリッシュ patriarçá:lɪʃ] 形 ① 家父長制の, 父権制の; 家長の,《ｶﾄﾘｯｸ》総大司教の. ②《比》家長然とした, 畏敬 (ｲｹｲ) すべき.

Pat·ri·ar·chat [パトリアルヒャート patriarçá:t] 中 -[e]s/-e ① 家父長制, 父権制. (⇔「母権性」は Matriarchat). ②《男 も》《ｶﾄﾘｯｸ》総大司教職; (ギリシア正教の)総主教職.

Pat·ri·ot [パトリオート patrió:t] 男 -en/-en 愛国者. (⇔ 女性形は Patriotin). ein glühender *Patriot* 熱烈な愛国者.

pat·ri·o·tisch [パトリオーティッシュ patrió:tɪʃ] 形 愛国的な, 愛国の.

Pat·ri·o·tis·mus [パトリオティスムス patriotísmʊs] 男 -/ 愛国心, 祖国愛.

Pat·ri·zi·er [パトリーツィアァ patrí:tsiər] 男 -s/- ① (古代ローマの)貴族. ② (中世の)都市貴族.

Pat·ron [パトローン patró:n] 男 -s/-e ① 《ｶﾄﾘｯｸ》守護聖人; 教会の創立(寄進)者. ②《史》 (古代ローマの解放奴隷の)保護者;《古》後援者, パトロン. ③《口語》やつ.

Pat·ro·nat [パトロナート patroná:t] 中 -[e]s/-e ① 後援, 協賛. ②《ｶﾄﾘｯｸ》教会創建者の権利(義務). ③《史》(古代ローマの解放奴隷の)保護者の職.

Pat·ro·ne [パトローネ patró:nə] 女 -/-n ① 弾薬筒, 薬きょう. ②《写》(フィルムを入れる)パトローネ; (インクの)カートリッジ. ③《織》パターンカード.

Pat·ro·nin [パトローニン patró:nɪn] 女 -/..ninnen 《ｶﾄﾘｯｸ》(女性の)守護聖人; (女性の)教会創立(寄進)者.

Pat·rouil·le [パトルリエ patrúljə] 女 -/-n ①《軍》(兵士たちによる)偵察, 巡回, パトロール. ② 偵察(パトロール)隊.

pat·rouil·lie·ren [パトルイーレン patruljí:rən または ..リーレン ..lí:rən] 自 (h, s) パトロールする.

patsch! [パッチュ pátʃ] 間 (両手を合わせる音·水をはねる音:)ぴしゃっ, ばちゃっ.

Pat·sche [パッチェ pátʃə] 女 -/-n 《口語》① (特に子供の)手. ② 火たたき. ③《複 なし》水たまり, ぬかるみ. ④《ふつう 単》苦境. 人³ aus der *Patsche* helfen 人³を苦境から救い出す / in der *Patsche* sitzen 苦境に陥っている.

pat·schen [パッチェン pátʃən] 自 (h, s)《口語》 ① (h) ぴしゃっ(ばしゃっ)と音をたてる. ②(h)〖**auf** (または **in**) 物⁴ ~〗物⁴を平手で)ぱちっとたたく. 人³ ins Gesicht *patschen* 人³の顔をぴしゃっとたたく. ③ (s) 〖**auf** (または **gegen**) 物⁴ ~〗(雨などが物⁴へ)ばちゃばちゃと当たる. Der Regen *patschte* gegen die Fenster. 雨が窓に

ぱちゃぱちゃと当たった. ④ (s)〖durch 物⁴ ~〗(物⁴〈水たまりなど〉をぱちゃぱちゃ音をたてて歩く).

Patsch⸗hand [パッチュ・ハント] 囡 -/..hände《幼児》お手々.

patsch⸗nass [パッチュ・ナス] 形《口語》びしょぬれの.

patsch⸗naß ☞ 新形 patschnass

patt [パット pát] 形《述語としてのみ》《チェスで:》手詰まりの.

Patt [パット] 回 -s/-s ① 《チェスの》手詰まり, ステールメイト. ②《比》《政治的・軍事的な》手詰め状態.

Pat·tern [ペタァン pétərn] 〖英〗回 -s/-s パターン;《心・社》心理(思考)パターン;《言》文型.

pat·zen [パッツェン pátsən] 自 (h) ①《口語》失敗する, しくじる. ② (〖印刷〗)(インクなどで)染みをつくる.

pat·zig [パッツィヒ pátsiç] 形《口語》① つっけんどんな(言い方など);ずうずうしい(態度など). ②(〖印刷〗)ねばっこい, どろどろした.

Pau·ke [パオケ páukə] 囡 -/-n ①《音楽》ティンパニー. die *Pauken*⁴ schlagen ティンパニーをたたく / **auf die *Pauke* hauen**《口語》a) どんちゃん騒ぎをする, b) 大ぼらを吹く, c) がなりたてる / **mit *Pauken* und Trompeten** a)《口語》もののみごとに, b) 仰々しく. ②(〖学〗) お説教.

pau·ken [パオケン páukən] I 自 (h) ①《口語》猛勉強をする. ② ティンパニーをたたく. ③《学生言葉:》決闘する. II 他 (h)《口語》(物⁴を)猛勉強して覚える, 頭に詰め込む.

Pau·ker [パオカァ páukər] 男 -s/- ① ティンパニー奏者. ②《生徒言葉:》(生徒の尻(¾)をたたく)教師;がり勉する生徒.

Pau·ke·rei [パオケライ paukəráI] 囡 -/《口語》《軽蔑的に:》① (一夜漬けの)猛勉強. ② がんがん太鼓をたたくこと. ③《学生の》決闘ざた.

Paul [パオる pául] -s/《男名》パウル. ②《聖》《人名》パウロ(異邦人の使徒と呼ばれた初期キリスト教の伝道者).

Pau·lus [パオるス páulus] - (古: Pauli)/《聖》《人名》パウロ(= Paul ②).

Paus⸗ba·cke [パオス・バッケ] 囡 -/-n〖ふつう 複〗《口語》〔ふっくらした〕りんごのようなほっぺた.

paus⸗ba·ckig [パオス・バッキヒ] 形 = pausbäckig

paus⸗bä·ckig [パオス・ベッキヒ] 形 頬(¾)がふっくらとした, 丸ぼちゃの.

pau·schal [パオシャーる paufá:l] 形 ① ひっくるめた, 一括した(費用など). eine *pauschale* Summe 総額 / 物⁴ *pauschal* berechnen 物⁴〈の費用〉を一括して計算する. ② 概括的な, 大まかな(判断など).

Pau·schal⸗be·trag [パオシャーる・ベトラーク] 男 -[e]s/..träge 一括料金(= Pauschale).

Pau·scha·le [パオシャーれ paufá:lə] 囡 -/-n 一括料金, 総額.

pau·scha·li·sie·ren [パオシャリズィーレン paufalizí:rən] 他 (h) (物⁴を)一括して判断する,

一般化する.

Pau·schal⸗rei·se [パオシャーる・ライゼ] 囡 -/-n パッケージツアー, パック旅行.

*die **Pau·se**¹ [パオゼ páuzə]

> 休憩 Machen wir eine *Pause* !
> マッヘン ヴィア アイネ パオゼ
> 一休みしよう.

囡 (単) -/(複) -n ① 休憩, 中休み, 休止. (㊅ *break*). Mittags*pause* 昼休み / Fünf Minuten *Pause* ! 5 分間休憩! / eine *Pause*⁴ einlegen 中休みを置く / eine *Pause*⁴ machen 一休みする / Es folgt jetzt eine *Pause* von zehn Minuten. これから 10 分間の休憩です / **nach der *Pause*** 休憩のあとで / **ohne *Pause*** 休みなしに / Es klingelt **zur *Pause***. 休憩時間のベルが鳴る.

②《音楽》休止, 休符;《詩学》間(¾).

Pau·se² [パオゼ] 囡 -/-n 透写(複写)図, トレーシング, 青写真.

pau·sen [パオゼン páuzən] 他 (h) (物⁴を)透写(トレース)する, (物⁴の)青写真をとる.

pau·sen·los [パオゼン・ろース] 形 休みなしの, ひっきりなしの.

Pau·sen⸗zei·chen [パオゼン・ツァイヒェン] 回 -s/- ①《音楽》休符. ②《放送》(番組などの)休止のしるし(メロディー・シグナルなど).

pau·sie·ren [パオズィーレン pauzí:rən] 自 (h) 中休みする, 休憩する;(しばらく)休養する.

Paus⸗pa·pier [パオス・パピーァ] 回 -s/ トレーシングペーパー, 透写紙.

Pa·vi·an [パーヴィアーン pá:via:n] 男 -s/-e 《動》ヒヒ(狒々).

Pa·vil·lon [パヴィりョン pávɪljɔ̃ または ..ヨーン(¾¾¾)] 男 -s/-s ①《庭園内の》東屋(¾¾¾). (☞ 図). ②《建》(大建築物の)翼, 分棟. ③ (園遊会などの)大テント, (博覧会などの)展示館, パビリオン.

Pavillon

*der **Pa·zi·fik** [パツィーふィク patsí:fik または パーツィ..] 男 (単 2) -s/《定冠詞とともに》《海名》太平洋. (㊅ *the Pacific*). (☞ 「大西洋」は der Atlantik). Der *Pazifik* ist der größte Ozean. 太平洋はいちばん大きな海洋だ.

pa·zi·fisch [パツィーふィッシュ patsí:fɪʃ] 形 太平洋の. der *Pazifische* Ozean 太平洋.

Pa·zi·fis·mus [パツィふィスムス patsifísmus]

男 -/ 平和主義, 平和運動.

Pa·zi·fist [パツィふィスト patsifíst] 男 -en/-en 平和主義者, 平和運動家. (亜 女性形は Pazifistin).

pa·zi·fis·tisch [パツィふィスティッシュ patsifístiʃ] 形 平和主義的な, 平和主義の.

Pb [ペー・ベー] 《化・記号》鉛 (＝Plumbum).

PC [ペー・ツェー] 男 -[s]/-[s]《略》パーソナルコンピュータ, パソコン (＝Personalcomputer).

p. c. [プロー ツェントゥム]《略》パーセント (＝pro centum).

p. Chr. [ポスト クリストゥム]《略》紀元後, 西暦 (＝post Christum).

Pd [ペー・デー]《化・記号》パラジウム (＝Palladium).

das **Pech** [ペヒ péç] 中 (単2) -s (まれに -es)/(種類を表すときのみ: 複) -e ① 《覆 なし》**不運**, 災難. (亜 *bad luck*). (亜「幸運」は Glück). *Pech*⁴ haben 運が悪い / Er hat beim Examen (im Spiel) *Pech* gehabt. 彼は試験に落ちた(ゲームに負けた) / **mit** 人・物³ *Pech*⁴ haben 人・物³に関してついていない / So ein *Pech*! なんてついてないんだ. ② ピッチ, 瀝青(れきせい). (亜 *pitch*). schwarz wie *Pech* ピッチのように黒い / wie *Pech* und Schwefel zusammen|halten《口語》切っても切れないほど固く結ばれている(←ピッチと硫黄のように) / *Pech*⁴ an den Hosen haben《口語》(客が)長居する(←ズボンにピッチを付けている). ③ 《南ドィッ・キりスト》松やに.

Pech=blen·de [ペヒ・ブレンデ] 女 -/《鉱》瀝青(れきせい)ウラン鉱, 閃(せん)ウラン鉱.

pech=schwarz [ペヒ・シュヴァルツ] 形《口語》真っ黒な.

Pech=sträh·ne [ペヒ・シュトレーネ] 女 -/-n 不運続き.

Pech=vo·gel [ペヒ・ふォーゲる] 男 -s/..vögel 《口語》運の悪い人.

das **Pe·dal** [ペダーる pedá:l] 中 (単2) -s/(複) -e (3格のみ -en) ① (自転車の)ペダル. (亜 *pedal*). kräftig **in** die *Pedale* treten 懸命にペダルを踏む. ② (自動車の)ペダル. *Gaspedal* アクセル[ペダル]. ③《音楽》(ピアノなどの)ペダル, (パイプオルガンの)足鍵盤(けんばん).

Pe·dant [ペダント pedánt] 男 -en/-en (軽蔑的に:)小事にこだわる人, 杓子(しゃくし)定規の人.

Pe·dan·te·rie [ペダンテリー pedantərí:] 女 -/-n ① (.リーエン) 《ふつう 単》(軽蔑的に:)細かいことにこだわること, 杓子(しゃくし)定規.

pe·dan·tisch [ペダンティッシュ pedántiʃ] 形 (軽蔑的に:)細かいことにこだわる, 杓子(しゃくし)定規の.

Pe·dell [ペデる pedél] 男 -s/-e (ドイツ南・東部:-en/-en) (学校・大学の)建物の管理人.

Pe·di·kü·re [ペディキューレ pediký:rə] 女 -/-n ① 《覆 なし》ペディキュア (＝Fußpflege). ② (女性の)ペディキュア師.

pe·di·kü·ren [ペディキューレン pediký:rən] (過分 pedikürt) 他 (h) (人・物⁴に)ペディキュアをする.

Pe·ga·sus [ペーガズス pé:gazus] 男 -/ ①《ギリシア神》ペガソス(詩神たちが乗る翼のある天馬). ② 詩的インスピレーション. den *Pegasus* besteigen《戯》詩を作る. ③《定冠詞とともに》《天》ペガサス座.

Pe·gel [ペーゲる pé:gəl] 男 -s/- 水位計, 量水標; 水位, 水高.

Pe·gel=stand [ペーゲる・シュタント] 男 -[e]s/ ..stände 水位.

pei·len [パイれン páilən] I 他 (h)《海》(物⁴の)位置(方位)を測定する. II 自 (h) ①《海》水深を測る. ②《口語》(…の方を)探るように見る, のぞく.

Pein [パイン páin] 女 -/-en《ふつう 単》《雅》苦痛, 苦悩. die ewige *Pein*《詩・宗》永遠の苦悩, 地獄の責め苦.

pei·ni·gen [パイニゲン páinigən] 他 (h)《雅》(人⁴を)苦しめる, 困らせる, 責めさいなむ. 人⁴ **mit** Fragen *peinigen* 人⁴を質問攻めにして困らせる.

Pei·ni·ger [パイニガァ páinigər] 男 -s/-《雅》苦しめる人, 拷問者, 虐待者.

* **pein·lich** [パインり páinlıç] I 形 ① 気まずい, 具合の悪い, 心苦しい. (亜 *embarrassing*). eine *peinliche* Lage ばつの悪い状況 / Es ist mir sehr *peinlich*,… たいへん言いにくいことですが, …《IGF 類語》weh). ② ひどくきちょうめんな, 神経質なまでの(綿密さなど). Überall herrschte *peinliche* Ordnung. どこも神経質なほどきちんと片づいていた /《事》⁴ *peinlich* befolgen《事》⁴にひどくきちょうめんに従う. ③《古》《法》刑事上の, 刑事罰の, 拷問の.
II 副 非常(極度)に. Er ist *peinlich* korrekt. 彼はものすごくきちんとしている(きちょうめんだ).

Pein·lich·keit [パインりヒカイト] 女 -/-en ① 《覆 なし》心苦しいこと, ばつの悪い事, 気まずい思いをさせられること. ② ばつの悪い言動, 気まずい事態.

Peit·sche [パイチェ páitʃə] 女 -/-n むち(答・鞭). 人⁴ **mit** der *Peitsche* schlagen 人⁴をむちで打つ.

peit·schen [パイチェン páitʃən] I 他 (h) むち打つ;《比》(風雨が)激しく打つ. Der Regen *peitscht* die Bäume. 雨が激しく木々を打つ. II 自 (s, h) ① (s) (…へ)激しく当たる. Der Regen *peitschte* **an** (または **gegen**) die Scheiben. 雨が窓ガラスにばちばちと当たった. ② (h) (帆・旗などが)激しくはためく.

Peit·schen=hieb [パイチェン・ヒープ] 男 -[e]s/-e むち打ち.

Pe·ki·ne·se [ペキネーゼ pekiné:zə] 男 -n/-n ①《動》ペキニーズ(中国原産の愛玩犬). ② 北京(ペキン)市民.

Pe·king [ペーキング pé:kıŋ] 中 -s/《都市名》北京(ペキン)(中華人民共和国の首都).

Pek·tin [ペクティーン pektí:n] 中 -s/-e《生》ペクチン.

pe·ku·ni·är [ペクニエーァ pekunié:r] 形 金銭

Pe·le·ri·ne [ペレリーネ pelərí:nə] 女 -/-n 《服飾》ペレリーン(コートの上に着る婦人用袖なしケープ).

Pe·li·kan [ペーリカーン péːlikaːn または ペリカーン] 男 -s/-e 《鳥》ペリカン.

Pel·le [ペレ pélə] 女 -/-n (北ドツ) (じゃがいもなどの)薄皮, ソーセージの皮. Kartoffeln⁴ in (または mit) der *Pelle* kochen じゃがいもを皮ごとゆでる / 人³ auf die *Pelle* rücken 《俗》a) 人³ にぴったりくっつく, b) 人³ にしつこく迫る, c) 人³ に襲いかかる.

pel·len [ペレン pélən] (北ドツ) 他 (h) (じゃがいもなど⁴の)皮をむく, (菓子の銀紙など⁴を)むいて取る. ◇《再帰的に》sich⁴ *pellen* 皮がむける(取れる).

Pell⸗kar·tof·fel [ペル・カルトッフェル] 女 -/-n 《ふつう 複》皮ごとゆでたじゃがいも.

der (die) **Pe·lo·pon·nes** [ペロポネース peloponéːs] 男 - (または -es)/ (または 女 -/) 《定冠詞とともに》《地名》ペロポネソス半島(ギリシア南部の半島).

*der **Pelz** [ペルツ péltz] 男 (単2) -es/(複) -e (3格のみ -en) ① (動物の)毛皮; 《覆 なし》(なめした)毛皮, 《英》fur). eine Mütze aus *Pelz* 毛皮の帽子 / 物⁴ mit *Pelz* füttern 物⁴に毛皮の裏地を付ける. ② (毛皮の衣類):毛皮のコート, 毛皮の襟巻き. Sie trägt einen echten *Pelz*. 彼女は本物の毛皮を着ている. ③ 《口語·古》(人間の)皮膚. 人³ auf den *Pelz* rücken 人³にしつこくせがむ.

pelz⸗ge·füt·tert [ペルツ・ゲフュッタァト] 形 毛皮の裏地のついた.

pel·zig [ペルツィヒ péltsɪç] 形 ① 毛皮のような, 柔毛で覆われた(葉など). ② ざらざらの(口など), 舌苔(ぜったい)のできた; しびれた(唇など). ③《方》(果物などが)かさかさした. ④ (口·舌などが)からからの.

Pelz⸗kra·gen [ペルツ・クラーゲン] 男 -s/- 毛皮の襟[巻き]

Pelz⸗man·tel [ペルツ・マンテル] 男 -s/..mäntel 毛皮のコート.

Pelz⸗müt·ze [ペルツ・ミュッツェ] 女 -/-n 毛皮の帽子.

Pelz⸗tier [ペルツ・ティーァ] 中 -[e]s/-e 毛皮動物(ミンクなど).

PEN-Club [ペン・クラップ] [英] 男 -s/ 《国際》ペンクラブ(1921年ロンドンで設立された).

Pen·dant [パンダーン pɑ̃dɑ̃ː] 中 -s/-s ① 対をなすもの, (対の)片方; 対応するもの. ②《古》耳飾り.

Pen·del [ペンデル péndəl] 中 -s/- 《物》振り子. Uhr*pendel* 時計の振り子.

pen·deln [ペンデルン péndəln] 自 (h, s) ① (h) (振り子のように2点間を)揺れ動く. die Beine⁴ *pendeln* lassen 両足をぶらぶらさせる. ②(s) (居住地と勤務地などの2点間を)行ったり来たりする; (電車·バスなどが)往復運行する. Er *pendelt* täglich zwischen Köln und Aachen. 彼は毎日ケルンとアーヘンの間を通勤している.

Pen·del⸗tür [ペンデル·テューァ] 女 -/-en スイングドア.

Pen·del⸗uhr [ペンデル·ウーァ] 女 -/-en 振り子時計.

Pen·del⸗ver·kehr [ペンデル·フェァケーァ] 男 -s/ 折り返し運転; 通勤(通学)のための往復(居住地と勤務地·学校の間を大量の通勤通学者が電車やバスで振り子のように往復するようになった現象).

Pend·ler [ペンドラァ péndlər] 男 -s/- 通勤(通学)のために往復する人.

pe·net·rant [ペネトラント penetránt] 形 ①(においなどが)染み通るような, 鼻をつく. ein *penetranter* Geruch 刺すようなにおい. ②《比》あつかましい, ずうずうしい.

pe·ni·bel [ペニーベル peníːbəl] 形 ① きちょうめんな, ひどく細かい. ②《方》気まずい, ばつの悪い.

Pe·ni·cil·lin [ペニツィリーン penitsilíːn] 中 -s/-e 《薬》ペニシリン.

Pe·nis [ペーニス péːnɪs] 男 -/Penisse (または Penes [ペーネース]) 《医》ペニス, 男根.

Pe·ni·zil·lin [ペニツィリーン penitsilíːn] 中 -s/-e 《薬》= Penicillin.

Pen·nal [ペナール penáːl] 中 -s/-e ① (オースト) 筆入れ, 筆箱. ②《古》(生徒言葉で)高等学校.

Pen·nä·ler [ペネーラァ pɛnɛ́ːlər] 男 -s/- 《俗》高校生.

Penn⸗bru·der [ペン・ブルーダァ] 男 -s/..brüder 《口語》① 浮浪者. ② 朝寝坊(の人).

Pen·ne¹ [ペネ pénə] 女 -/-n ①《口語》安宿. ②《俗》売春婦.

Pen·ne² [ペネ] 女 -/-n (生徒言葉で)高等学校.

pen·nen [ペネン pénən] 自 (h) 《口語》① 眠る, 寝る. ② ぼんやりしている.

Pen·ner [ペナァ pénər] 男 -s/- 《俗》① 浮浪者. ② よく眠る人.

Pen·ny [ペニ péni] 男 -s/Pennys [ペニース] (単位: -s/Pence [ペンス]) ペニー(イギリスの貨幣で, 略: p).

*die **Pen·si·on** [パンズィオーン pɑ̃zió:n または ペン.. pen..] [発音] 女 (単)-/(複)-en (英 pension) ① (公務員などの)年金, 恩給. eine gute *Pension* bekommen 十分な年金を受ける / Er lebt jetzt von seiner *Pension*. 彼は今は年金暮らしだ. ②《覆 なし》年金(恩給)生活. Er geht in *Pension*. 彼は年金生活に入る. ③ ペンション, 民宿, 簡易ホテル. Wir wohnen in einer kleinen *Pension*. 私たちは小さなペンションに泊まっています. (☞《類語》Hotel). ④《覆 なし》(ペンションなどの)食事付き宿泊[料金]. halbe *Pension* 2食付き宿泊料 / Ich habe das Zimmer mit voller *Pension* gemietet. 私は3食付きの部屋を借りた.

Pen·si·o·när [パンズィオネーァ pɑ̃zioné:r または ペン.. pen..] 男 -s/-e ① (特に退職公務員の)年金生活者. (《女》女性形は Pensionärin). ②《方》(一般に):年金(恩給)生活者. ③《スイ》ペンション(民宿)の宿泊者.

Pen·si·o·nat [パンジォナート pāzioná:t または ペン.. pεn..] 中 -[e]s/-e (特に女子の)寄宿学校.

pen·si·o·nie·ren [パンジォニーレン pāzioní:rən または ペン.. pεn..] 他 (h) (年金・恩給を与えて人⁴を)退職させる. sich⁴ *pensionieren lassen* 退職する, 年金生活を始める. ◇過去分詞の形で ein *pensionierter* Beamter 退職公務員.

Pen·si·o·nie·rung [パンジォニールング または ペン..] 女 -/-en (年金付きで)退職する(させられる)こと.

pen·si·ons⸗be·rech·tigt [パンジォーンス・ベレヒティヒト] 形 年金(恩給)受給資格のある.

Pen·sum [ペンズム pénzum] 中 -s/Pensen (または Pensa) (一定時間内の)割当仕事, 課題, 宿題; (教)教科書.

Pen·ta·gramm [ペンタグラム pεntagrám] 中 -s/-e 5 角の星形(魔よけの印としても用いられる).

Pen·ta·me·ter [ペンターメター pεntá:metər] 男 -s/- 《詩学》5 歩格の詩行].

Pent⸗haus [ペント・ハオス] 中 -es/..häuser = Penthouse

Pent·house [ペント・ハオス pénthau̯s] 中 -/-s [..ズィス] ペントハウス(ビルの屋上に作った高級住宅).

Pep [ペップ pép] [英] 男 -[s]/ 《俗》活気, 迫力.

Pep·sin [ペプズィーン pεpsí:n] 中 -s/-e (医・生)ペプシン.

* **per** [ベル pér] 前 《4 格とともに》① …で, …によって. *per* Bahn 鉄道で / *per* Luftpost 航空便で / Ich fahre *per* Anhalter nach München. ぼくはヒッチハイクでミュンヒェンへ行く / *per* Adresse (手紙で)…気付 (略: p. A. または p. Adr.) ⇒ Herrn Schulze *per* Adresse Familie Meier マイアー様方シュルツェ様 / mit 人³ *per* du sein 人³ と du で呼び合う間柄である. ② 《商》…までに. *per* ersten April 4 月 1 日までに / *per* sofort ただちに. ③《…ごとに, …につき. fünf Mark *per* Pfund 1 ポンドにつき 5 マルク / 物⁴ *per* Kilo verkaufen 物⁴をキロ単位で売る.

* **per·fekt** [ペルフェクト pεrfékt] 形 (比較 perfekter, 最上 perfektest) ① 完全な, 申し分のない, 完璧(かんぺき)な. (英 *perfect*). eine *perfekte* Planung 申し分のない企画 / Sie ist eine *perfekte* Sekretärin. 彼女は非の打ちどころない秘書だ / Sie ist *perfekt* **im** Kochen. 彼女は料理にかけては申し分ない / ein *perfektes* Verbrechen 完全犯罪 / Er spricht *perfekt* Englisch. 彼は完璧な英語を話す. ②《口語》決定した, 確定した. Der Vertrag ist *perfekt*. 契約は締結された.

Per·fekt [ペルフェクト] 中 -s/-e 《言》[現在]完了時称(形).

Per·fek·ti·on [ペルフェクツィォーン pεrfεktsió:n] 女 -/ 完全さ, 申し分のなさ, 完璧(かんぺき).

per·fid [ペルフィート pεrfí:t] 形 陰険な, 卑劣な.

per·fi·de [ペルフィーデ pεrfí:də] 形 =perfid

Per·fi·die [ペルフィディー pεrfidí:] 女 -/-n [..ディーエン] ①《複 なし》陰険, 卑劣. ② 陰険(卑劣)な言動.

Per·fo·ra·ti·on [ペルフォラツィォーン pεrforatsió:n] 女 -/-en (紙箱・切手などの)ミシン線, 目打ち.

per·fo·rie·ren [ペルフォリーレン pεrforí:rən] 他 (h) (物⁴に)穴をあける; ミシン目を入れる.

Per·ga·ment [ペルガメント pεrgamént] 中 -[e]s/-e 羊皮紙; 羊皮紙に書かれた古文書.

Per·ga·ment⸗pa·pier [ペルガメント・パピーア] 中 硫酸紙, 模造羊皮紙.

* *die* **Pe·ri·o·de** [ペリオーデ perió:də] 女 (単) -/(複) -n ① **時期**, 期間, 時代;《地学》紀. (英 *period*). Eine neue *Periode* beginnt. 新時代が始まる / die *Periode* der Kreide² 白亜紀. ②《数》(循環小数の)**周期**;《物・天》周期;《電》周波, サイクル;《医》月経. ③《音楽》楽節; 楽段, 大楽節;《言・修》双対文.

Pe·ri·o·den⸗sys·tem [ペリオーデン・ズュステーム] 中 -s/ (化)(元素の)周期系.

Pe·ri·o·di·kum [ペリオーディクム perió:dikum] 中 -s/..dika《ふつう 複》定期刊行物.

pe·ri·o·disch [ペリオーディッシュ perió:diʃ] 形 周期的な(現象など), 定期的な(刊行物など);(話)ときどき起こる.

Pe·ri·o·di·zi·tät [ペリオディツィテート perioditsité:t] 女 -/ 周期性, 循環.

pe·ri·pher [ペリフェーア perifé:r] 形 ① 周辺の, 周囲の;《比》核心に触れない, 副次的な. eine *periphere* Frage 瑣末(さまつ)な問題. ②《医》末梢(まっしょう)[性]の. ③《コンピ》周辺装置の.

Pe·ri·phe·rie [ペリフェリー periferí:] 女 -/-n [..リーエン] ① 周辺部, 周辺地区; 辺地. an der *Peripherie* der Stadt² 町の周辺部で. ②《数》円周. ③《コンピ》周辺装置.

Pe·ri·skop [ペリスコープ periskó:p] 中 -s/-e (潜水艦の)潜望鏡.

* *die* **Per·le** [ペルレ pérlə] 女 (単) -/(複) -n ① **真珠**, パール. (英 *pearl*). Zucht*perle* 養殖真珠 / eine echte *Perle* 本物の真珠 / eine imitierte (künstliche) *Perle* 模造(人工)真珠 / Sie hat Zähne wie *Perlen*. 彼女は真珠のような歯をしている / eine Kette **aus** *Perlen* パールのネックレス / *Perlen*⁴ vor die Säue werfen 《俗》豚に真珠[を投げ与える]. ②(真珠のような)小さい玉; 露, 滴. Der Schweiß stand ihm **in** *Perlen* auf der Stirn. 彼の額には玉のような汗が浮かんでいた. ③(真珠のように)貴重なもの; 珠玉, 精華, 逸品. eine *Perle* der deutschen Musik² ドイツ音楽の珠玉. ④《口語・戯》よく働くお手伝いさん. ⑤(若者言葉;浮気をしない)ガールフレンド.

per·len [ペルレン pérlən] 自 (h, s) ①(h, s) (汗などが)玉(状)になる. ②(s) **von** 物³ ~](露・汗などが物³から)滴り落ちる. ③ (h) (シャンパンなどが)泡立つ. ④ (h) (歌声などが)玉を転がすように響く.

Per·len·ket·te [ペルれン・ケッテ] 囡 -/-n 真珠のネックレス.

Perl·huhn [ペる・フーン] 田 -[e]s/..hühner《鳥》ホロホロチョウ.

Perl·mu·schel [ペる・ムッシェる] 囡 -/-n 真珠貝.

Perl·mutt [ペる・ムット] 田 -s/＝Perlmutter

Perl·mut·ter [ペる・ムッタァ] 囡 -/（または 田 -s/）真珠層(真珠貝の殻の内層).

perl·mut·tern [ペる・ムッタァン] 形 ① [付加語としてのみ] 真珠層で作った. ② 真珠色の.

Per·lon [ペルろン pérlɔn] 田 -s/《商標》ペルロン, パーロン(合成繊維の一種).

Perl·zwie·bel [ペる・ツヴィーべる] 囡 -/-n《植》ラッキョウ(ピクルスの材料).

per·ma·nent [ペるマネント pɛrmanént] 形 持続的な, 永続的な. eine permanente Krise 絶えざる危機.

Per·ma·nenz [ペるマネンツ pɛrmanénts] 囡 -/ 持続, 永続. in Permanenz 永続的に, 常時.

per pe·des [ペル ペーデース per pé:de:s] [⁊ʃ] 徒歩で, てくてく歩いて(＝zu Fuß).

Per·pen·di·kel [ペルペンディーケる pɛrpendí:kəl] 男 田 -s/- 時計の振り子.

per·plex [ペるプれクス pɛrpléks] 形《口語》唖然(ぁ)とした, びっくりした, うろたえた.

Per·ron [ペローン perṓ:] [⁊ʃ] 男 -s/-s ①《スイ》プラットホーム(＝Bahnsteig). ②《古》(市電などの)デッキ.

Per·sen·ning [ペルゼンニング pɛrzénɪŋ] 囡 -/-e[n] (または -s) ①《海》(タールを塗った)防水シート. ②《覆 なし》《織》防水シート用の帆布.

Per·ser [ペルザァ pérzər] I 男 -s/- ① ペルシア人. (⇨ 女性形は Perserin). ②《口語》＝ Perserteppich II《無語尾で》ペルシアの.

Per·ser·tep·pich [ペルザァ・テピヒ] 男 -s/-e ペルシアじゅうたん.

Per·si·a·ner [ペルズィアーナァ pɛrziá:nər] 男 -s/- ペルシア子羊の毛皮[のコート].

Per·si·en [ペルズィエン pérziən] 田 -s/《国名》ペルシア(イランの旧称).

Per·sif·la·ge [ペルズィふらージェ pɛrziflá:ʒə] [⁊ʃ] 囡 -/-n 風刺, あてこすり.

per·sif·lie·ren [ペルズィふリーレン pɛrziflí:rən] 他 (h)〔人・物⁴を〕風刺する, 茶化する.

per·sisch [ペルズィッシュ pérzɪʃ] 形 ペルシア[人・語]の. der Persische Golf ペルシア湾.

die **Per·son** [ペルゾーン pɛrzó:n]

人[員]

Er ist eine wichtige *Person*.
エァ イスト アイネ ヴィヒティゲ ペルゾーン
彼は重要人物だ.

囡 (単) -/(複) -en ① 人, 人員; 人間, 人物. (墺 person). eine bekannte (gefährliche) Person 有名な(危険な)人物 / eine juristische (natürliche) Person《法》法人(自然人) / jede Person 各人 / die eigene Person 自分自身 / ich für meine Person 私個人としては / in [eigener] Person 本人自ら / Sie ist die Geduld in Person. 彼女は忍耐の化身だ(←人の姿をした忍耐) / Der Eintritt kostet drei Mark pro Person. 入場料は一人当たり3マルクだ.

◊《数詞とともに》(人数を表して:)…人. Wir sind drei Personen. 私たちは3人[連れ]です / Der Wagen fasst fünf Personen. その車には5人乗れる.

② (肉体的・外見的に…の)人. eine männliche (weibliche) Person 男の(女の)人 / eine stattliche Person かっぷくのいい人.

③ (劇・映画などの)[登場]人物, 役. die Personen eines Dramas ドラマの登場人物たち.

④ 女[の子]. eine hübsche Person かわいい女の子 / So eine freche Person! なんてあつかましい娘だろう.

⑤《覆 なし》《言》人称. die erste (zweite) Person 第1(第2)人称.

Per·so·nal [ペルゾナーる pɛrzoná:l] 田 -s/ (総称として:)職員, 従業員, 社員, スタッフ. das technische Personal der Bahn² 鉄道の技術スタッフ.

Per·so·nal·ab·tei·lung [ペルゾナーる・アプタイルング] 囡 -/-en 人事部(課).

Per·so·nal·ak·te [ペルゾナーる・アクテ] 囡 -/-n 人事記録, 身上書.

der **Per·so·nal·aus·weis** [ペルゾナーる・アオスヴァイス pɛrzoná:l-ausvaɪs] 男 (単2) -es/(複) -e (3格のみ -en) 身分証明書. (英 identity card). den Personalausweis vor|zeigen 身分証明書を提示する.

Per·so·nal·chef [ペルゾナーる・シェふ] 男 -s/-s 人事部長(課長). (⇨ 女性形は Personalchefin).

Per·so·nal·com·pu·ter [ペルゾナーる・コンピュータァ]《英》男 -s/- パーソナルコンピュータ, パソコン(略: PC).

Per·so·na·li·en [ペルゾナーりエン pɛrzoná:lian] 覆 個人データ(氏名・住所など); 身上書.

Per·so·nal·pro·no·men [ペルゾナーる・プロノーメン] 田 -s/- (または ..nomina)《言》人称代名詞.

Per·so·nal·uni·on [ペルゾナーる・ウニオーン] 囡 -/-en ① 兼務. ②《政》同君連合(共通の君主を持つ国家連合).

per·so·nell [ペルゾネる pɛrzonél] 形 ① 職員の, 人事の. ②《心》性格の, 人格の.

Per·so·nen·auf·zug [ペルゾーネン・アオふツーク] 男 -[e]s/..züge (人が乗る)エレベーター.

Per·so·nen·be·för·de·rung [ペルゾーネン・べフェルデルング] 囡 -/-en《交通》旅客輸送.

Per·so·nen·kraft·wa·gen [ペルゾーネン・クラふトヴァーゲン]《官庁》男 -s/- 乗用車(略: Pkw, PKW). (⇨「トラック」は Lastkraftwagen).

Per·so·nen·kult [ペルゾーネン・クるト] 男

-[e]s/ 個人崇拝.

Per·so·nen=na·me [ペルゾーネン・ナーメ] 男 -ns (3格·4格 -n)/-n 人名.

Per·so·nen**scha·den** [ペルゾーネン・シャーデン] 男 -s/..schäden 《法》人的損害.

Per·so·nen**stand** [ペルゾーネン・シュタント] 男 -[e]s/《法》婚姻状況(未婚・既婚などの区別).

Per·so·nen**ver·kehr** [ペルゾーネン・フェアケーア] 男 -s/《交通》旅客輸送.

Per·so·nen**ver·zeich·nis** [ペルゾーネン・フェアツァイヒニス] 中 ..nisses/..nisse 人名リスト, 乗客名簿;《劇》配役一覧表.

Per·so·nen**waa·ge** [ペルゾーネン・ヴァーゲ] 女 -/-n 体重計.

Per·so·nen**wa·gen** [ペルゾーネン・ヴァーゲン] 男 -s/- ① 乗用車. ②《鉄道》客車.

Per·so·nen**zug** [ペルゾーネン・ツーク] 男 -[e]s/..züge ①(昔の:)(各駅停車の)普通列車. ②(貨物列車に対して:)旅客列車.

Per·so·ni·fi·ka·ti·on [ペルゾニフィカツィオーン perzonifikatsió:n] 女 -/-en ① 擬人化, 人格化. ② 化身, 権化.

per·so·ni·fi·zie·ren [ペルゾニフィツィーレン perzonifi:ʁən] 他 (h) ①(概念・事柄など[4]を)擬人化(人格化)する. ② 体現(具現)している. ◇(過去分詞の形で) Sie ist die *personifizierte* Geduld. 彼女は忍耐の化身だ.

Per·so·ni·fi·zie·rung [ペルゾニフィツィールング] 女 -/-en 擬人化, 人格化;《話》化身, 権化(=Personifikation).

:per·sön·lich [ペルゼーンリヒ perzǿ:nlıç] 形 (英 *personal*) ① 個人的な, 個人の; 私的な, 一身上の; 個人に向けられた. Das ist meine *persönliche* Meinung. これは私の個人的な意見です / die *persönliche* Freiheit 個人の自由 / aus *persönlichen* Gründen 一身上の理由から / *persönlich* werden (感情的な)個人攻撃をする / Ich hatte *persönliches* Interesse an dieser Sache. この件に関して私は個人的な関心を持っていた.

② 個性的な. Sie schreibt einen ganz *persönlichen* Stil. 彼女の文章はとても個性的だ.

③ 本人[直接]の, 自らの. *persönliches* Erscheinen (代理などでなく)本人の出頭 / *Persönlich*! (手紙の上書きで:)親展 / Ich kenne ihn *persönlich*. 私は彼と面識がある / Der Minister kam *persönlich*. 大臣が自らやって来た.

④ 打ち解けた, 親しみのある. in einem *persönlichen* Ton sprechen 打ち解けた調子で話す / *persönliche* Anteilnahme 心からの同情.

⑤《言》人称の. *persönliches* Fürwort 人称代名詞.

*die Per·sön·lich·keit [ペルゼーンリヒカイト perzǿ:nlıçkaıt] 女 (単) -/(複) -en ①《複なし》人格, パーソナリティー, 個性, 人柄.(英 *personality*). Ausbildung der *Persönlichkeit*[2] 人格の陶冶(とうや) / die *Persönlichkeit*[4] respektieren 人格を尊重する. ②(ある性格を持った)人物;(重要な)人物. eine bedeutende *Persönlichkeit* 重要人物 / Er ist eine *Persönlichkeit*. 彼は(なかなかの)人物だ.

Per·spek·ti·ve [ペルスペクティーヴェ pɛrspɛktí:və] 女 -/-n ①《美·数》遠近法, 透視画法(図法). ② 視角, 視点, 観点, パースペクティブ. ③(将来への)見通し, 見込み, 展望. Da eröffnete sich mir eine neue *Perspektive*. そのとき私に新しい展望が開けてきた.

per·spek·ti·visch [ペルスペクティーヴィッシュ pɛrspɛktí:vıʃ] 形 ① 遠近法の. ②(旧東ドイツで:)将来を見通した, 将来に合わせた(計画など).

Pe·ru [ペルー perú- または ペールー pé:ru] 中 -s/《国名》ペルー[共和国](南アメリカ. 首都はリマ).

Pe·rü·cke [ペリュッケ perýkə] 女 -/-n かつら. eine *Perücke*[4] auf|setzen (tragen) かつらをかぶる(かぶっている).

per·vers [ペルヴェルス pɛrvɛ́rs] 形 ①《性的に》倒錯した, 変態の. ②《口語》度を過ぎた.

Per·ver·si·on [ペルヴェルズィオーン pɛrverzió:n] 女 -/-en《性的》倒錯, 変態.

Per·ver·si·tät [ペルヴェルズィテート pɛrverzitɛ́:t] 女 -/-en ①《複 なし》《性的》倒錯, 変態. ② 倒錯的言動.

pe·sen [ペーゼン pé:zən] 自 (s)《口語》走る, 突っ走る(=rennen).

Pes·sar [ペサール pɛsá:r] 中 -s/-e《医》(避妊用の)ペッサリー, 子宮栓.

*der Pes·si·mis·mus [ペスィミスムス pɛsimísmus] 男 (単 2) -/ ペシミズム, 悲観論(主義), 厭世(えんせい)主義.(英 *pessimism*).(←→「オプティミズム」は Optimismus.

Pes·si·mist [ペスィミスト pɛsimíst] 男 -en/-en ペシミスト, 悲観論(主義)者, 厭世(えんせい)主義者.(←→ 女性形は Pessimistin.「オプティミスト」は Optimist.

pes·si·mis·tisch [ペスィミスティッシュ pɛsimístıʃ] 形 悲観的な, 厭世(えんせい)的な.

Pest [ペスト pést] 女 -/《医》ペスト, 黒死病;《比》(一般に:)悪疫; いやなもの(人).《人》[4] wie die *Pest*[4] hassen《俗》[4]をひどく嫌う(憎む).

Pes·ta·loz·zi [ペスタロッツィ pɛstalɔ́tsi] -s/《人名》ペスタロッチ(Johann Heinrich *Pestalozzi* 1746–1827; スイスの教育家).

Pest=beu·le [ペスト・ボイレ] 女 -/-n《医》ペスト腺腫(せんしゅ).

Pe·ter [ペータァ pé:tər] I -s/《男名·人名》ペーター. *Peter* der Große ピョートル大帝(1672–1725; ロシア皇帝) / St. *Peter* 聖ペテロ. II 男 -s/-《口語》男, やつ. ein langweiliger *Peter* 退屈なやつ / [3] den schwarzen *Peter* zu|schieben (または zu|spielen)[3]に罪(責任)をなすりつける.

Pe·ters·burg [ペータァス・ブルク pé:tərsburk] 中 -s/《都市名》[サンクト・]ペテルブルグ(ロシア北東部. 名称は 1914–1924 ペトログラード, 1924–1991 レニングラード).

Pe·ter·si·lie [ペタァズィーリエ petərzí:liə] 女

P

-/-n《植》パセリ. *Petersilie*⁴ hacken パセリを刻む / Ist mir die *Petersilie* verhagelt.《現在完了》《俗》彼はひどくがっかりしている(←パセリがひょうでやられた).

Pe·ti·ti·on [ペティツィオーン petitsió:n]《女》-/-en 請願[書], 申請[書].

Pet·ra [ペートラ pé:tra] -/《女名》ペートラ.

Pet·rol·che·mie [ペトロール・ヒェミー]《女》-/石油化学.

Pet·ro·le·um [ペトローレウム petró:leum]《中》-s/ 石油; 灯油.

Pet·ro·le·um≈lam·pe [ペトローレウム・ランペ]《女》-/-n 石油ランプ.

Pet·rus [ペートルス pé:trus] Petri (または -)/《聖》《人名》ペトロ(十二使徒の一人). *Petri* Heil! 大漁を祈る(釣り人のあいさつ. ペトロが漁師だったことから).

Pet·schaft [ペッチャフト pétʃaft]《中》-s/-e 封印, 印章.

Pet·ting [ペッティング pétɪŋ]《英》《中》-[s]/-s ペッティング.

pet·to [ペット- péto]《イタ》《成句的に》《事》⁴ in *petto* haben《口語》《事》⁴(たくらみなど)を胸にいだいている.

Pe·tu·nie [ペトゥーニエ petú:niə]《女》-/-n《植》ペチュニア.

Petz [ペッツ péts]《男》-es/-e《戯》(童話に登場する)熊. Meister *Petz* 熊さん, 熊公.

Pet·ze [ペッツェ pétsə]《女》-/-n (生徒言葉:)告げ口屋.

pet·zen [ペッツェン pétsən]《他》(h)·《自》(h)(生徒言葉:)(先生・親に)告げ口する.

peu à peu [ペ ア ペ pø a pǿ]《フラ》少しずつ, しだいに.

Pf [プフェニヒ]《略》ペニヒ(ドイツの貨幣単位. 100分の1マルク)(=Pfennig).

der **Pfad** [プファート pfá:t]《男》(単2) -es (まれに -s)/《複》-e (3格のみ -en) 小道, 細道;《比》人生行路.《英 path》. ein steiler *Pfad* 険しい小道 / ein dorniger *Pfad*《雅》(人生の)いばらの道 / die ausgetretenen *Pfade*⁴ verlassen《雅》独自の道を歩む(←踏みならされた道を離れる) / auf dem *Pfad* der Tugend² wandeln《雅》正直である(←善の道を歩む) / vom rechten *Pfad* ab|kommen 正道からそれる.

Pfad≈fin·der [プファート・フィンダァ]《男》-s/- ボーイスカウト[の団員].

Pfad≈fin·de·rin [プファート・フィンデリン]《女》-/..fin·nen ガールスカウト[の団員].

Pfaf·fe [プファッフェ pfáfə]《男》-n/-n (軽蔑的に:)僧侶, 坊主.

der **Pfahl** [プファール pfá:l]《男》(単2) -[e]s/《複》Pfähle (3格のみ Pfählen) くい, ポール, 支柱.《英 post》. Grenz*pfahl* 境界標柱 / einen *Pfahl* in den Boden ein|schlagen くいを地面に打ち込む / ein *Pfahl* im Fleische 悩みの種(←肉体のとげ. 聖書コリント第二の手紙12, 7から) / Ich bleibe heute in meinen vier *Pfählen*.《口語》私は今日と家にいる(←4本の柱の中に). ② (紋章の)縦帯.

Pfahl≈bau [プファール・バオ]《男》-[e]s/-ten (水辺の)杭上(ぶつ)家屋(住居).

Pfäh·le [プフェーレ] *Pfahl (くい)の《複》

pfäh·len [プフェーレン pfɛːlən]《他》(h) ① 《物》⁴をくいで支える. ② くい打ちの刑に処する.

Pfahl≈wur·zel [プファール・ヴルツェル]《女》-/-n《植》主根, 直根.

Pfalz [プファるツ pfálts] I《女》-/-en《史》王城, 王宮(中世の皇帝・王が領内を移動する際に滞在した居城). II《女》-/《定冠詞とともに》《地名》プファルツ(ドイツ, ラインラント・プファルツ州の行政区画).

Pfalz≈graf [プファるツ・グラーフ]《男》-en/-en《史》宮中伯.

das **Pfand** [プファント pfánt]《中》(単2) -es (まれに -s)/《複》Pfänder [プフェンダァ] (3格のみ Pfändern) ① 担保, 抵当 (《英 security》).《人》³ ein *Pfand*⁴ geben《人》³に担保を渡す / als *Pfand* behalten《物》⁴を担保として取っておく / ein *Pfand*⁴ ein|lösen 質を請け出す / Sie gab ihm ihr Wort zum *Pfand*.《口語》彼女は彼に言質を与えた. ② (空きびんのリサイクルなどのための)デポジット, 保証金. Flaschen*pfand* 空きびん代 / für eine Flasche *Pfand* bezahlen びんにデポジットを支払う. ③《雅》しるし, あかし. ein Ring als *Pfand* der Treue² 貞節のしるしとしての指輪.

pfänd·bar [プフェントバール]《形》担保(抵当)になりうる.

Pfand≈brief [プファント・ブリーふ]《男》-[e]s/-e《商》抵当証券.

pfän·den [プフェンデン pféndən]《他》(h)《物》⁴を差し押さえる;《人》⁴の財産を差し押える.

Pfän·der [プフェンダァ] *Pfand (担保)の《複》

Pfän·der≈spiel [プフェンダァ・シュピーる]《中》-[e]s/-e 罰金ゲーム(間違えると持物を取られ, 最後に余興を演じると返してもらえる).

Pfand≈haus [プファント・ハオス]《中》-es/..häu·ser 質屋(=Leihhaus).

Pfand≈lei·he [プファント・らイエ]《女》-/-n ①《複なし》質屋業. ② 質屋.

Pfand≈lei·her [プファント・らイアァ]《男》-s/- 質屋[の主人].

Pfand≈recht [プファント・レヒト]《中》-[e]s/《法》担保権; 質権.

Pfand≈schein [プファント・シャイン]《男》-[e]s/-e 質札.

Pfän·dung [プフェンドゥング]《女》-/-en《法》差し押さえ.

die **Pfan·ne** [プファンネ pfánə]《女》(単)-/《複》-n ① フライパン, (長い柄の付いた)平鍋(ぐら).《英 pan》. ein Stück Fleisch⁴ in der *Pfanne* braten 一切れの肉をフライパンで焼く / ein Ei⁴ in die *Pfanne* schlagen 卵を割ってフライパンに落とす /《人》⁴ in die *Pfanne* hauen《俗》《比》《人》⁴をこっぴどくやっつける. ②《医》関節臼(ごう). ③《建》瓦(が)がわら, パンタイル(がわら). ④《地理》くぼ地, 小盆地. ⑤ (昔の:)(火縄銃の)火薬皿.《事》⁴ auf der *Pfanne* haben《口

語)軍⁴の用意ができている.

Pfann꞊ku‧chen [プファン・クーヘン] 男 -s/ 《料理》パンケーキ. Berliner *Pfannkuchen* (ジャム入りの)揚げパン.

Pfarr꞊amt [プファル・アムト] 中 -(e)s/..ämter 《キリ教》牧師(主任司祭)の職; 牧師(主任司祭)館.

Pfarr꞊**be‧zirk** [プファル・ベツィルク] 男 -(e)s/-e 《新教》教区; 《カトッ》聖堂区.

Pfar‧re [プファレ pfárə] 女 -/-n 《方》=Pfarrei

Pfar‧rei [プファライ pfarái] 女 -/-en ① 《キリ教》牧師(主任司祭)の職; 牧師(主任司祭)館 (=Pfarramt). ② 《新教》教区; 《カトッ》聖堂区 (=Pfarrbezirk).

* *der* **Pfar‧rer** [プファラァ pfárər] 男 (単 2) -s/ (複) - (3格のみ -n)《新教》**牧師**; 《カトッ》主任司祭.

Pfarr꞊haus [プファル・ハオス] 中 -es/..häuser 牧師館; 主任司祭館.

Pfarr꞊**kir‧che** [プファル・キルヒェ] 女 -/-n 教区(聖堂区)教会.

Pfarr꞊**stel‧le** [プファル・シュテレ] 女 -/-n 牧師(主任司祭)の地位.

Pfau [プファオ pfáu] 男 -(e)s/-en (古文: -en/-e) ① 《鳥》クジャク(孔雀). Der *Pfau* schlägt ein Rad. くじゃくが尾を広げる / Er ist eitel wie ein *Pfau*.《雅》彼は虚栄心のかたまりだ. ② 《複》なし; 定冠詞とともに)《天》くじゃく座.

Pfau‧en꞊au‧ge [プファオエン・アオゲ] 中 -s/-n 《昆》クジャクチョウ.

Pfd. [プフント]《略》ポンド(重量の単位. 500 g) (=Pfund).

* *der* **Pfef‧fer** [プフェッファァ pféfər] 男 (単 2) -s/(種類を表すときのみ: 複) - ① 《植》コショウ, ペッパー. schwarzer (weißer) *Pfeffer* 黒(白)こしょう / die Soße⁴ mit *Pfeffer* würzen ソースをこしょうで味付けする / ein Anzug in *Pfeffer* und Salz《織》霜降り模様スーツ / Der *Pfeffer* brennt auf der Zunge. こしょうで舌がひりひりする / *Pfeffer*⁴ im Hintern haben《口語》そわそわしている / Geh doch hin, wo der *Pfeffer* wächst!《口語》どこか遠い所へ行っちまえ(←こしょうの生える所へ). ② 《口語》生気, 活力. 人³ *Pfeffer*⁴ geben 人³にはっぱをかける.

Pfef‧fer꞊gur‧ke [プフェッファァ・グルケ] 女 -/-n《料理》こしょう入りピクルス.

Pfef‧fer꞊**ku‧chen** [プフェッファァ・クーヘン] 男 -s/-(クリスマスに食べる)香辛料入りのケーキ(クッキー).(=Lebkuchen).

Pfef‧fer꞊**minz** [プフェッファァ・ミンツ] I 中 -es/-e ① 《冠詞なし; 無変化》ペパーミントの味(香り). ② ペパーミントドロップ. II 男 -es/-e (単位: ヒン)=ペパーミントリキュール.

Pfef‧fer꞊**min‧ze** [プフェッファァ・ミンツェ] 女 -/《植》セイヨウハッカ, ペパーミント.

pfef‧fern [プフェッファァン pféfərn] 他 (h) ①(物⁴に)こしょうを振りかける, こしょうを効かす. ② 《口語》(物⁴を…へ)力いっぱいほうり投げる. ③《成句的に》人³ eine⁴ *pfeffern*《俗》人³に一発くらわす.

◇☞ **gepfeffert**

‡ *die* **Pfei‧fe** [プファイフェ pfáifə] 女 (単) -/(複) -n ① 笛, ホイッスル, 呼び子; 汽笛.(英 whistle). Signal*pfeife* 合図の笛 / die *Pfeife* (または auf der *Pfeife*) blasen ホイッスルを吹く / Wir mussten nach seiner *Pfeife* tanzen. 私たちは彼の言いなりにならざるをえなかった (←彼の笛にしたがって踊る).

② (たばこの)パイプ.(英 pipe). [eine] *Pfeife*⁴ rauchen パイプをくゆらす / sich³ eine *Pfeife*⁴ an|zünden パイプに火を付ける. ③ 管(ᴺ); (パイプオルガンの)音管.

‡ **pfei‧fen*** [プファイフェン pfáifən] (pfiff, *hat* …gepfiffen) I 自 (完了 haben) ① 口笛を吹く; ブーイングする; 笛を吹く, ホイッスルを鳴らす.(英 whistle). Er *pfeift* immer bei der Arbeit. 彼は仕事をしながらいつも口笛を吹いている / Er pfiff [nach] seinem Hund. 彼は口笛で犬を呼んだ / Der Schiedsrichter *pfeift*. 審判がホイッスルを吹く / auf zwei Fingern *pfeifen* 2 本の指で指笛を鳴らす.

② (風などが)ぴゅーぴゅー鳴る; (息などが)ぜーぜーいう; (鳥などが)ぴーぴー(ちゅーちゅー)鳴く. Der Wind *pfeift* im Schornstein. 風が煙突の中でぴゅーぴゅー鳴っている. ◇《現在分詞の形で》ein *pfeifender* Atem ぜーぜーいう呼吸. ③ 〖auf 人・物⁴ ~〗《口語》(人・物⁴を)問題に(当て)にしない. Ich *pfeife* darauf. そんなことはどうでもいい. ④ (試合)(笛を吹いて)試合の審判をする.

II 他 (完了 haben) ① (メロディーなど⁴を)口笛で吹く, 笛で吹く. einen Schlager *pfeifen* 流行歌を口笛で吹く / sich³ eins⁴ *pfeifen*《口語》a) なんとはなしに口笛を吹く, b) 知らん顔をする.

② (試合)(笛を吹いて試合⁴の)審判をする; (笛を吹いて軍⁴を)知らせる. ein Foul⁴ *pfeifen* ファウルの笛を吹く. ③ 《口語》(秘密など⁴を)漏らす, ばらす.

Pfei‧fen꞊kopf [プファイフェン・コプフ] 男 -(e)s/..köpfe ① パイプのがん首. ② 《俗》役立たず.

Pfei‧fer [プファイファァ pfáifər] 男 -s/-《口語》笛を吹く人; 管楽器奏者.

Pfeif꞊kon‧zert [プファイフ・コンツェルト] 中 -(e)s/-e《俗》(劇場などで)観客がいっせいに吹く口笛(ブーイング).

* *der* **Pfeil** [プファイル pfáil] 男 (単 2) -(e)s/(複) -e (3格のみ -en) ① 矢.(英 arrow). *Pfeil* und Bogen 矢と弓 / ein vergifteter *Pfeil* 毒矢 / einen *Pfeil* ab|schießen 矢を放つ / Der *Pfeil* schwirrt durch die Luft. 矢がひゅーっと空中を飛んで行く / schnell wie ein *Pfeil*《雅》矢のように速く / Er hat alle *Pfeile* verschossen. 彼はできるだけの手は尽くした(←すべて

の矢を出し尽くした). ② 矢印. Der *Pfeil* zeigt nach Norden. 矢印は北を指している.

Pfei・ler [プファイラァ pfáɪlər] 男 -s/- ① 柱, 支柱; 橋脚;《比》支え, よりどころ. ein *Pfeiler* aus Beton コンクリートの柱 / Die Brücke ruht auf sechs *Pfeilern*. その橋は6本の橋脚で支えられている. ②《坑》鉱柱, 炭柱.

pfeil≠ge・ra・de [プファイル・ゲラーデ] 形 矢のようにまっすぐな.

pfeil≠schnell [プファイル・シュネル] 形 矢のように速い.

*der Pfen・nig [プフェニヒ pfénɪç] 男《単 2》-s/《複》-e《3格のみ -en》《数量単位としては《複》-》ペニヒ(ドイツの貨幣単位, 100分の1マルク).《略: Pf》. Ein Bleistift kostet neunzig *Pfennig*. 鉛筆は1本90ペニヒだ / Ich habe keinen *Pfennig*. 私は一文なしだ / Das ist keinen *Pfennig* wert.《口語》それは一文の値打ちもない / für 人・物⁴ keinen *Pfennig* geben《口語・比》人・物⁴をもうだめだと思う(←1ペニヒも出してやらない) / jeden *Pfennig* um|drehen または **auf den *Pfennig* sehen**《口語》けちけちする / **mit dem *Pfennig* rechnen müssen** ーぜいたくはできない / Zwei Briefmarken **zu** fünfzig *Pfennig*, bitte! 50ペニヒの切手を2枚ください / Wer den *Pfennig* nicht ehrt, ist des Talers nicht wert.《諺》小事をゆるがせにする者は大事に役だたない(←1ペニヒを尊ばぬ者は1ターラーを持つに値しない).

Pfen・nig≠ab・satz [プフェニヒ・アップザッツ] 男 -es/..sätze (かかとの細いハイヒール(かかとの底がペニヒ硬貨くらいの大きさであることから).

Pfen・nig≠fuch・ser [プフェニヒ・フクサァ] 男 -s/-《口語》守銭奴, けちん坊.

Pferch [プフェルヒ pfɛrç] 男 -[e]s/-e (羊などを夜間入れておく)柵(さく), 囲い[地].

pfer・chen [プフェルヒェン pfɛ́rçən] 他 (h) (捕虜など⁴を狭い場所へ)押し込む, 詰め込む.

*das Pferd [プフェールト pféːrt]

馬 Er arbeitet wie ein *Pferd*.
エァ アルバイテット ヴィー アイン プフェールト
彼は馬車馬のように働く.

中《単 2》-es (まれに -s)/《複》-e《3格のみ -en》①《動》ウマ(馬).《英 horse》. Reit*pferd* 乗用馬 / Renn*pferd* 競走馬 / ein braunes *Pferd* 褐色の馬 / ein schnelles *Pferd* 足の速い馬 / das beste *Pferd* im Stall《口語・比》いちばん有能な働き手.
◇《動詞とともに》⑦【主語として】Das hält ja kein *Pferd* aus! それはだれだって我慢がならない(←馬も耐えられない) / Mich bringen zehn *Pferde* dorthin.《口語・比》私はどんなことがあってもそこへは行かない(←10頭の馬でも私を連れて行けない) / Ihm sind die *Pferde* durchgegangen.《現在完了》《口語・比》彼は自制心を失った / Das *Pferd* galoppiert. 馬がギャロップで走る / Das *Pferd* rennt (trabt). 馬が駆ける(速足で走る) / Das *Pferd* schnaubt (wiehert). 馬が荒い鼻息をたてる(いななく). ⑦【目的語として】ein *Pferd*⁴ an|spannen (aus|spannen) 馬を馬車につなぐ(馬車から解く) / das *Pferd*⁴ beim Schwanz auf|zäumen《口語・比》あべこべなことをする(←馬のしっぽに手綱をする) / ein *Pferd*⁴ besteigen 馬にまたがる / dem *Pferd* in die Zügel fallen (走って来る)馬を無理に止めようとする / *Pferde*⁴ halten 馬を飼っている / ein *Pferd*⁴ lenken 馬を操る / ein *Pferd*⁴ reiten (satteln) 馬に乗って行く(馬に鞍(くら)を置く) / mit 人³ *Pferde*⁴ stehlen können《口語・比》人³とならなんでもやれる(←馬でも盗める) / *Pferde*⁴ züchten 馬を飼育する.
◇《前置詞とともに》sich⁴ aufs *Pferd* schwingen 馬にひらりとまたがる / aufs falsche (richtige) *Pferd* setzen《口語》状況判断を誤まる(うまくやる) / **vom *Pferd* steigen** 馬から降りる / Sie sitzt gut **zu** *Pferd*. 彼女は乗馬の姿勢がよい.
②(体操種目の)鞍馬(あんば). ③(チェスの)ナイト.

Pfer・de≠ap・fel [プフェーァデ・アプフェル] 男 -s/..äpfel《ふつう複》馬糞.

Pfer・de≠de・cke [プフェーァデ・デッケ] 女 -/-n 毛の粗い毛布.

Pfer・de≠fleisch [プフェーァデ・フらイシュ] 中 -[e]s/ 馬肉.

Pfer・de≠fuß [プフェーァデ・フース] 男 -es/..füße ① 馬の足;(悪魔などの)ひづめのある足;《比》(隠れていた)欠点, 馬脚. ②《医》尖足(せんそく)(人間の足の奇形).

Pfer・de≠kop・pel [プフェーァデ・コッペル] 女 -/-n (柵で囲った)馬の放牧場.

Pfer・de≠kur [プフェーァデ・クーァ] 女 -/-en《口語》荒療治.

Pfer・de≠län・ge [プフェーァデ・れンゲ] 女 -/-n (競馬で)馬身.

Pfer・de≠ren・nen [プフェーァデ・レンネン] 中 -s/- 競馬.

Pfer・de≠schwanz [プフェーァデ・シュヴァンツ] 男 -es/..schwänze ① 馬の尾. ②(髪型の)ポニーテール.(☞ Haar 図).

Pfer・de≠stall [プフェーァデ・シュタる] 男 -[e]s/..ställe 馬小屋, 厩舎(きゅうしゃ).

Pfer・de≠stär・ke [プフェーァデ・シュテルケ] 女 -/-n《工》馬力(記号: PS).

Pfer・de≠zucht [プフェーァデ・ツフト] 女 -/ 馬の飼育.

pfiff [プふィふ] *pfeifen (口笛を吹く)の過去.

Pfiff [プふィふ pfif] 男 -[e]s/-e ① 口笛;笛の音;《口語》チャームポイント, 魅力. ein schriller *Pfiff* 耳をつんざくような音. ②《口語》チャームポイント, 魅力. ③ こつ. Er hat den *Pfiff* heraus.《口語》彼はこつを心得ている.

pfif・fe [プふィッフェ] *pfeifen (口笛を吹く)の接2.

Pfif・fer・ling [プふィッファリング pfífərlɪŋ] 男 -s/-e《植》アンズタケ.《口語》keinen *Pfifferling* wert.《口語》それはなんの価値もない.

pfif・fig [プふィふィヒ pfífɪç] 形 抜け目のない, 機転の利く, 要領のいい.

Pfif·fi·kus [プふぃふぃクス pfífikus] 男 -(または ..kusses)/..kusse 《口語・戯》抜け目のないやつ.

*[das] **Pfings·ten** [プふぃングステン pfíŋstən] 中(単2) -s/(複) -《ふつう冠詞なし》《(宗)教》聖霊降臨祭(復活祭後の第7日曜日.もとは復活祭から50日目.使徒たちへの聖霊降臨を祝う).(英 Whitsunday). (《祝祭日》 ☞ 巻末付録, 1811 ページ). *Pfingsten* fällt dieses Jahr früh. 聖霊降臨祭が今年は早く来る.

Pfingst⸗mon·tag [プふぃングスト・モーンターク] 男 -[e]s/-e 聖霊降臨祭の月曜日(第2祝日).

Pfingst⸗och·se [プふぃングスト・オクセ] 男 -n/-n 聖霊降臨祭の牛(この時期に花などで飾りたてて山の放牧地へ連れて行かれる).

Pfingst⸗ro·se [プふぃングスト・ローゼ] 女 -/-n 《植》シャクヤク.

Pfingst⸗sonn·tag [プふぃングスト・ゾンターク] 男 -[e]s/-e 聖霊降臨祭の日曜日(第1祝日).

*der **Pfir·sich** [プふィルズィヒ pfírzɪç] 男 (単2) -s/(複) -e (3格のみ -en) 《植》モモ(桃).モモの木. (英 peach). ein reifer *Pfirsich* 熟した桃.

*die **Pflan·ze** [プふらンツェ pflántsə] 女 (単) -/(複) -n ① 植物, 草木. (英 plant). (「動物」は Tier). Heil*pflanze* 薬用植物 / eine einjährige *Pflanze* 1年生植物 / *Pflanzen*⁴ sammeln 植物を採集する / Die *Pflanze* wächst (wuchert). 植物が成長する(繁茂する). ②《口語》(風変わりな)人, やつ. eine seltsame *Pflanze* 風変わりなやつ / Sie ist eine Berliner *Pflanze*. 彼女は生粋のベルリンっ子だ.

*pflan·zen [プふらンツェン pflántsən] du pflanzt (pflanzte, hat ... gepflanzt) I 他 (完了 haben) ① (木・花などを)植える, 植え付ける. (英 plant). Wir *pflanzen* im Garten einen Baum. 私たちは庭に木を植える / Auf dieses Beet (または diesem Beet) wollen wir Astern *pflanzen*. この花壇にはアスターを植えよう.
② 〖A⁴ auf B⁴ ~〗(A⁴ を B⁴ の上へ)立てる. die Trikolore⁴ auf das Gebäude *pflanzen* 三色旗を建物の上に立てる. ③《(ブルック)・口語》(人⁴を)からかう.
II 再帰 (完了 haben) sich⁴ *pflanzen* 《方向を表す語句とともに》《口語》(…へ)どっかと腰を下ろす. sich⁴ aufs Sofa *pflanzen* ソファーにどっかと腰を下ろす.

Pflan·zen⸗fa·ser [プふらンツェン・ふァーザァ] 女 -/-n 植物繊維.

Pflan·zen⸗fett [プふらンツェン・ふェット] 中 -[e]s/-e 植物性脂肪.

Pflan·zen⸗fres·ser [プふらンツェン・ふレッサァ] 男 -s/- 《動》草食動物.

Pflan·zen⸗kost [プふらンツェン・コスト] 女 -/ 植物性食品.

Pflan·zen⸗kun·de [プふらンツェン・クンデ] 女 -/ 植物学 (= Botanik).

Pflan·zen⸗öl [プふらンツェン・エール] 中 -[e]s/-e 植物油.

Pflan·zen⸗reich [プふらンツェン・ライヒ] 中 -[e]s/《生》植物界.

Pflan·zen⸗schutz [プふらンツェン・シュッツ] 男 -es/(病虫害からの)植物保護.

Pflan·zen⸗schutz⸗mit·tel [プふらンツェン・シュッツ・ミッテる] 中 -s/- 植物用殺虫(殺菌)剤, 農薬.

Pflan·zen⸗welt [プふらンツェン・ヴェると] 女 -/ 植物界.

Pflan·zer [プふらンツァァ pflántsər] 男 -s/- 大農園主;(植民地の)農園の経営者.

pflanz·lich [プふらンツりヒ] 形 植物[性]の. *pflanzliche* Fette 植物性脂肪.

pflanz·te [プふらンツテ] ‡pflanzen (植える)の 過去

Pflan·zung [プふらンツング] 女 -/-en ① 植え付け. ②(小規模)プランテーション.

*das **Pflas·ter** [プふらスタァ pflástər] 中 (単2) -s/(複) - (3格のみ -n) ① (道路などの)舗装, 敷石. (英 pavement). Asphalt*pflaster* アスファルト舗装 / *Pflaster*⁴ legen 舗装する / das *Pflaster*⁴ erneuern 舗装をしなおす / *Pflaster*⁴ treten《口語》町を歩き回って足がくたくたになる / ein heißes *Pflaster*《比》危険の多い町 / Tokio ist ein teures *Pflaster*.《比》東京は物価が高い. ② 膏薬(こうやく), 絆創(ばんそう)こう, プラスター;《比》慰め. ein *Pflaster*⁴ auflegen 膏薬を貼(は)る / Ich gab ihm ein Geschenk als *Pflaster*. 私は慰めになればと思って彼に贈り物をした.

Pflas·ter⸗ma·ler [プふらスタァ・マーらァ] 男 -s/- (舗道などに絵をかく)大道絵かき.

pflas·tern [プふらスタァン pflástərn] 他 (h) ① (道路⁴を)舗装する, (道路など⁴に)敷石を敷く. ②《口語》(傷など⁴に)膏薬(こうやく)を貼(は)る.

Pflas·ter⸗stein [プふらスタァ・シュタイン] 男 -[e]s/-e ① (道路の)敷石. ② こしょう入りの丸いケーキ.

*die **Pflau·me** [プふらオメ pfláumə] 女 (単) -/(複) -n ①《植》スモモ, プラム; スモモの木. (英 plum). eine reife *Pflaume* 熟したプラム. ②《俗》女性の陰部. ③《俗》間抜け.

Pflau·men⸗baum [プふらオメン・バオム] 男 -[e]s/..bäume 《植》スモモの木.

Pflau·men⸗mus [プふらオメン・ムース] 中 -es/-e 《料理》プラムのムース.

*die **Pfle·ge** [プふれーゲ pfléːɡə] 女 (単) -/ ①(病人・子供などの)世話, 看護. (英 care). Kinder*pflege* 子供の養育 / die *Pflege* eines Kranken 病人の看護 / ein Kind⁴ in *Pflege* geben (nehmen) 子供を里子に出す(里子として引き受ける) / Der Hund ist bei ihm in guter *Pflege*. その犬は彼のところで大事に育てられている. ② 手入れ. Körper*pflege* 体の手入れ / die *Pflege* des Haares 髪の手入れ. ③ (文化財などの)保護, 育成.

pfle·ge⸗be·dürf·tig [プふれーゲ・ベデュルふティヒ] 形 世話(看護)の必要な.

Pfle·ge⸗el·tern [プふれーゲ・エるタァン] 複 里

親, 養父母.
Pfle·ge⸗fall [プふれーゲ・ふァる] 男 -[e]s/..fälle《法》介護を必要とする人, 社会福祉事業対象者(老人・身体障害者など).
Pfle·ge⸗kind [プふれーゲ・キント] 中 -[e]s/-er 里子, 養子.
pfle·ge⸗leicht [プふれーゲ・らイヒト] 形 手入れの簡単な(衣類など).
Pfle·ge⸗mut·ter [プふれーゲ・ムッタァ] 女 -/..mütter 養母, (女性の)里親.
*__pfle·gen__(*) [プふれーゲン pfléːgən] (pflegte, hat ... gepflegt (雅: pflog, hat ... gepflogen)) I 他《完了》haben) ①《規則変化》《人⁴の》世話をする, 面倒をみる. (＝ care for). Sie pflegt ihre alte Mutter. 彼女は老母の面倒をみている / einen Kranken pflegen 病人を看護する. ②《規則変化》《物⁴の》手入れをする, 《物⁴を》大切にする. Er pflegt den Garten. 彼は庭の手入れをする / das Haar⁴ pflegen 髪の手入れをする / sein Äußeres⁴ pflegen 身なりに気をくばる.
③《ふつう規則変化》(文化・友情など⁴を)はぐくむ, 育成する, 大切にする. die Künste⁴ und Wissenschaften⁴ pflegen 芸術と学問を振興する / Freundschaften⁴ pflegen 友情をはぐくむ / Er pflegt die Musik. 彼は音楽に打ち込んでいる.
④《規則変化》《zu 不定詞[句]とともに》(…するのが)常である, (…する)習慣がある. Er pflegte jeden Morgen einen Spaziergang zu machen. 彼は毎朝散歩をするのが習慣だった / wie man zu sagen pflegt よく言われるように.
II 再帰 (＝了 haben) sich⁴ pflegen《規則変化》健康に留意する; 身だしなみを気を配る.
III 自 (＝了 haben)《雅》(事²に)いそしむ. der Muße² pflegen 休養する.
◇☞ gepflegt

Pfle·ge⸗per·so·nal [プふれーゲ・ペルソナーる] 中 -s/ 介護(看護)スタッフ.
Pfle·ger [プふれーガァ pfléːɡɐr] 男 -s/- ① 看護士; (動物の)世話係, 飼育係. ②《法》(未成年などの)保護者. ③《ᴬꜩ》主催者, 世話人. ④ (ボクシングの)セコンド.
Pfle·ge·rin [プふれーゲリン pfléːɡərɪn] 女 -/..rinnen ① (女性の)飼育係. ② 保母. ③《ᴬꜩ》看護婦.
Pfle·ge⸗va·ter [プふれーゲ・ふァータァ] 男 -s/..väter 養父, (男性の)里親.
Pfle·ge⸗ver·si·che·rung [プふれーゲ・ふェアズィッヒェルング] 女 -/-en 介護保険.
pfleg·lich [プふれークリヒ] 形 注意深い, 細心の, 入念な.
Pfleg·ling [プふれークリング pfléːklɪŋ] 男 -s/-e ① 飼育している動物(植物). ②《法》被保護者, 被後見人.
Pfleg·schaft [プふれークシャふト] 女 -/-en《法》保護, 後見.
pfleg·te [プふれークテ] *pflegen (世話をする)の 過去

*die **Pflicht** [プふりヒト]

義務	Das ist deine *Pflicht*.
ダス イスト ダイネ プふりヒト
これは君の責務だ.

女 (単) -/(複) -en ① 義務, 責務, 本分; 職務. (☞ duty). (⇔「権利」は Recht). Schulpflicht 就学の義務 / berufliche Pflichten 職責 / elterliche Pflicht 親としての義務 / eine selbstverständliche Pflicht 当然の義務 / Er hat seine Pflicht erfüllt (versäumt). 彼は義務を果たした(怠った) / 人³ die Pflicht⁴ auferlegen 人³に義務を課す / Wir haben die traurige Pflicht, Ihnen mitzuteilen, dass … お気の毒ですが私たちはあなたに…とお伝えしなければなりません / 人⁴ in [die] Pflicht nehmen《雅》人⁴ に義務を負わせる / 人³ 事⁴ zur Pflicht machen 事⁴を人³の義務とする / Die Pflicht ruft.《口語》私は仕事に行かなければならない(← 義務が呼んでいる).
②《ᴬꜩ》(体操・フィギュアスケートなどの)規定演技. (⇔「自由演技」は Kür).
pflicht⸗be·wusst [プふりヒト・ベヴスト] 形 義務(責任)感のある.
pflicht⸗be·wußt ☞ 新形 pflichtbewusst
Pflicht⸗be·wusst·sein [プふりヒト・ベヴストザイン] 中 -s/ 義務感, 責任感.
Pflicht⸗be·wußt·sein ☞ 新形 Pflichtbewusstsein
Pflicht⸗ei·fer [プふりヒト・アイふァァ] 男 -s/ 強い義務(責任)感, 職務熱心.
pflicht⸗eif·rig [プふりヒト・アイふリヒ] 形 義務(責任)感の強い, 職務熱心な.
Pflicht⸗er·fül·lung [プふりヒト・エァふュるング] 女 -/ 義務(責任)の遂行.
Pflicht⸗fach [プふりヒト・ふァッハ] 中 -[e]s/..fächer 必修科目. (⇔「選択科目」は Wahlfach).
Pflicht⸗ge·fühl [プふりヒト・ゲふュール] 中 -[e]s/ 義務感, 責任感.
pflicht⸗ge·mäß [プふりヒト・ゲメース] 形 義務にかなった, 義務上当然の.
..pflich·tig [..プふりヒティヒ ..pflɪçtɪç]《形容詞をつくる 接尾》(…の義務のある) 例: schulpflichtig 就学義務のある.
pflicht⸗schul·dig [プふりヒト・シュるディヒ] 副 義務的に, 儀礼上. ◇《最上級の形で》pflichtschuldigst lachen 儀礼的に笑う.
Pflicht⸗teil [プふりヒト・タイる] 男 中 -[e]s/-e《法》(財産相続の)遺留分.
pflicht⸗treu [プふりヒト・トロイ] 形 義務に忠実な.
Pflicht⸗übung [プふりヒト・ユーブング] 女 -/-en《ᴬꜩ》(体操などの)規定演技.
pflicht⸗ver·ges·sen [プふりヒト・ふェアゲッセン] 形 義務(本分)を忘れた.
Pflicht⸗ver·säum·nis [プふりヒト・ふェアゾイムニス] 中 -/..nisse/..nisse 義務の不履行, 職務怠慢.

Pflicht⸗ver·si·che·rung [プフリヒト・フェアズィッヒェルング] 女 -/-en 強制保険.

pflicht⸗wid·rig [プフリヒト・ヴィードリヒ] 形 義務に反する.

Pflock [プフロック pflók] 男 -[e]s/Pflöcke (太く短い)くい, 棒くい. einen *Pflock* in die Erde ein|schlagen くいを地面に打ち込む / einen Hund an einen *Pflock* binden 犬をくいにつなぐ / einige (in ein paar) *Pflöcke*[4] zurück|stecken《口語》要求をいくらか控えめにする.

pflö·cken [プフレッケン pflǽkən] 他 (h) (物[4]を)くいで固定する.

pflog [プフローク] ＊pflegen (はぐくむ)の 過去 《雅》

pflö·ge [プフレーゲ] ＊pflegen (はぐくむ)の 接2 《雅》

＊**pflü·cken** [プフリュッケン pflýkən] (pflückte, *hat*...gepflückt) 他 (完了) (haben) (花·果物など[4]を)**摘む**, 摘み取る. (英 pick). Die Kinder haben alle Kirschen vom Baum *gepflückt*. 子供たちはさくらんぼを一つ残らず木から摘み取った / einen Strauß *pflücken* 花を摘んで花束を作る.

pflück·te [プフリュックテ] ＊pflücken (摘む)の 過去

Pflug [プフルーク pflúːk] 男 -[e]s/Pflüge ①《農》すき(犂). den *Pflug* führen すきを使う. ②(スキーの)プルーク, 全制動[滑降].

＊**pflü·gen** [プフリューゲン pflýːɡən] (pflügte, *hat*...gepflügt) 他 (完了) (haben) (すきなどで畑[4]を)**耕す**. (英 plow). den Acker mit dem Traktor *pflügen* 畑をトラクターで耕す / Das Schiff *pflügt* die Wellen.《比》船が波を切って進む. ◊《目的語なしでも》mit dem Traktor *pflügen* トラクターで耕す.

Pflug⸗schar [プフルーク・シャール] 女 -/-en (方; 中 -[e]s/-e)《農》すき(犂)の先.

pflüg·te [プフリュークテ] ＊pflügen (耕す)の 過去

＊**die Pfor·te** [プフォルテ pfórtə] 女 (単) -/(複) -n ①[小]門, 木戸, 通用門. (英 gate). die *Pforte*[4] zum Garten öffnen 庭木戸を開ける. ②(病院などの)守衛のいる入口. ③(地名につけて:)…盆地, …谷. Westfälische *Pforte* ヴェストファーレン盆地.

Pfört·ner [プフェルトナァ pfǿrtnər] 男 -s/- ① 門衛, 守衛; 受付係. ②《医》(胃の)幽門.

Pfos·ten [プフォステン pfóstən] 男 -s/- ①(木の)柱, 支柱, 棒. ②《スポ》ゴールポスト.

Pfo·te [プフォーテ pfóːta] 女 -/-n ①(犬·猫などの)[前]足. ②《俗》手. Wasch dir erst die *Pfoten*! まず手を洗っておいで. ③《複 なし》下手な筆跡, 悪筆.

Pfriem [プフリーム pfríːm] 男 -[e]s/-e (靴屋の)突き錐(きり). (＝Ahle).

Pfropf [プフロップ pfrópf] 男 -[e]s/-e《医》(血管などに詰まった)凝固物, 血栓(けっせん); タンポン.

pfrop·fen[1] [プフロプフェン pfrópfən] 他 (h)《園芸》(接ぎ穂を果樹など[4]に)接ぎ木する.

pfrop·fen[2] [プフロプフェン] 他 (h) ①(びんなど[4]に)栓をする. ②《A[4] in B[4] ～》《口語》(A[4]をB[4]の中に)詰め込む. alles[4] in einen Koffer *pfropfen* 何もかもトランクに詰め込む. ◊《過去分詞の形で》Der Saal war *gepfropft* voll. ホールはぎゅうぎゅう詰めだった.

Pfrop·fen [プフロプフェン] 男 -s/- (びんなどの)栓.

Pfropf⸗reis [プフロプフ・ライス] 中 -es/-er《園芸》接ぎ穂, 接ぎ枝.

Pfrün·de [プフリュンデ pfrýndə] 女 -/-n ①《カト》(給与を支給される)聖職の地位; 聖職禄(ろく). ②《比》役得の多い職務.

Pfuhl [プフール pfúːl] 男 -[e]s/-e ①汚い水たまり. ein *Pfuhl* der Sünde[2]《雅》罪のどろ沼. ②《方》下肥(しもごえ).

Pfühl [プフュール pfýːl] 男 中 -[e]s/-e《古》(大きな)枕(まくら); (柔らかい)寝床.

pfui! [プフイ pfúí] 間 (嫌悪·不快·非難を表して:)ぺっ, ちぇっ, へん. *Pfui* Teufel! こんちくしょうめ.

＊**das Pfund** [プフント pfúnt]

| ポンド | Ein *Pfund* Tomaten bitte! アイン プフント　トマーテン　ビッテ トマトを1ポンドください. |

中 (単2) -[e]s/(複) -e (3格のみ -en)《数量単位としては:》(複) -] ① ポンド (重量単位. 500 g; 略: Pfd.). (英 pound). ein *Pfund* Fleisch 1ポンドの肉 / ein halbes *Pfund* Butter 半ポンドのバター / fünf *Pfund* Kartoffeln 5ポンドのじゃがいも / Dieses Brot hat drei *Pfund*. このパンは3ポンドだ / überflüssige *Pfunde*[4] ab|trainieren トレーニングをしてぜい肉を取る. ② ポンド(イギリスなどの貨幣単位). ③《成句的に》mit seinem *Pfunde* wuchern《雅》才能をうまく生かす(ルカによる福音書19, 11-28). ④《隠語》(サッカーで:)強烈なシュート.

pfun·dig [プフンディヒ pfúndɪç] 形《口語》すばらしい, すてきな, ものすごい.

Pfunds⸗kerl [プフンツ・ケルる] 男 -[e]s/-e《口語》① いかつい男. ②(タフで)有能な男.

pfund⸗wei·se [プフント・ヴァイゼ] 副 (重量を)ポンド単位で; 大量に.

Pfusch [プフッシュ pfúʃ] 男 -[e]s/ ①《口語》そんざいな仕事, やっつけ仕事. ②《ぼう語》もぐりの仕事.

pfu·schen [プフッシェン pfúʃən] 自 (h) ①《口語》そんざいな仕事をする;《ぼう語》もぐりの仕事をする. ②《方》(トランプで:)いかさまをする.

Pfu·scher [プフッシャァ pfúʃər] 男 -s/-《口語》そんざいな仕事をする人, (ぼう語)もぐりの仕事をする人;《方》いかさま師.

Pfu·sche·rei [プフッシェライ pfuʃərái] 女 -/-en《口語》そんざいな仕事, やっつけ仕事.

Pfüt·ze [プフュッツェ pfýtsə] 女 -/-n (水たまり);《比》(酒などの)飲み残し. in eine *Pfütze* treten 水たまりに足を突っ込む.

pH [ペー・ハー]《記号》ペーハー(水素イオン濃度指

数) (=potentia Hydrogenii).

PH [ペー・ハー] (略) 教員養成大学 (=pädagogische Hochschule).

Pha·e·thon [ふァーエトン fáːeton] -s/《ﾞｼﾞｬ神》パエトン(太陽神ヘリオスの子).

Pha·lanx [ふァーランクス fáːlanks] 女 /..langen [ふァランゲン] ① (古代ギリシアの)密集方陣. ②《比》結束の固い集団(前線).

Phä·no·men [ふェノーメーン fɛnomé:n] 中 -s/-e ① (注目すべき)現象; 特異な出来事, 珍事. Naturphänomen 自然現象 / ein physikalisches Phänomen 物理的の現象. ②《哲》現象. ③ 非凡な人, 天才.

phä·no·me·nal [ふェノメナーる fɛnomenáːl] 形 ①《哲》現象に関する. ② 驚くべき, 比類のない(業績・能力など).

Phä·no·me·no·lo·gie [ふェノメノろギー fɛnomenologíː] 女 -/《哲》現象学.

Phan·ta·sie [ふァンタズィー fantazíː] 女 -/-n [..ズィーエン] 想像力, 空想力; 空想の産物. (=Fantasie).

phan·ta·sie·los [ふァンタズィー・ろース] 形 想像力のない (=fantasielos).

phan·ta·sie·ren [ふァンタズィーレン fantazíːrən] 自(h) 空想する (=fantasieren).

phan·ta·sie·voll [ふァンタズィー・ふォる] 形 想像力の豊かな (=fantasievoll).

Phan·tast [ふァンタスト fantást] 男 -en/-en (軽蔑的に:)空想家 (=Fantast).

phan·tas·tisch [ふァンタスティッシュ fantástɪʃ] 形 空想的な;《口語》すばらしい. (=fantastisch).

Phan·tom [ふァントーム fantó:m] 中 -s/-e ① 幻影, まぼろし. einem Phantom nachjagen 幻影を追う. ②《医》人体模型. Übungen am Phantom 人体模型による実習.

Phan·tom·bild [ふァントーム・ビるト] 中 -[e]s/-er (犯人の)モンタージュ写真.

Pha·rao [ふァーラオ fáːrao] 男 -s/-nen [ふァラオーネン] ファラオ(古代エジプトの王[の称号]).

Pha·ri·sä·er [ふァリゼーァァ farizéːər] 男 -s/- ①《聖》パリサイ人(ﾋﾞと)(古代ユダヤの律法を厳守した宗派の人. イエスにより偽善者の典型として非難された). ②《雅》(高慢な)独善家, 偽善者. ③ パリサイコーヒー(ラム酒とホイップクリームを入れた熱いコーヒー).

pha·ri·sä·isch [ふァリゼーイッシュ farizéːɪʃ] 形《雅》① パリサイ人(ﾋﾞと)の[ような]. ②《雅》(高慢で)独善的な, 偽善的な.

Phar·ma·ko·lo·ge [ふァルマコろーゲ farmakolóːɡə] 男 -n/-n 薬物(薬理)学者.

Phar·ma·ko·lo·gie [ふァルマコろギー farmakologíː] 女 -/ 薬物(薬理)学.

Phar·ma·zeut [ふァルマツォイト farmatsɔ́yt] 男 -en/-en 薬学者; 薬剤師.

Phar·ma·zeu·tik [ふァルマツォイティク farmatsɔ́ytɪk] 女 -/ 薬学, 薬剤学; 調剤(製剤)学 (=Pharmazie).

phar·ma·zeu·tisch [ふァルマツォイティッシュ farmatsɔ́ytɪʃ] 形 薬学の, 製薬の, 薬剤による.

Phar·ma·zie [ふァルマツィー farmatsíː] 女 -/ 薬学, 薬剤学; 調剤(製剤)学.

Pha·se [ふァーゼ fáːzə] 女 -/-n ① (変化・発達の)段階, 様相, 局面. in die entscheidende Phase kommen (または treten) 決定的な段階に入る. ②《物》位相. ③《化》物質の凝集状態, 相. die flüssige Phase 液相. ④《天》(天体の)位相.

Phe·nol [ふェノーる fenóːl] 中 -s/《化》フェノール, 石炭酸.

Phe·ro·mon [ふェロモーン feromóːn] 中 -s/-e《生化》フェロモン, 誘引物質.

..phil [..ふィーる ..fiːl] 形(形容詞をつくる 接尾)《…を好む》例: frankophil フランスびいきの.

Phi·lan·throp [ふィらントロープ filantróːp] 男 -en/-en 博愛主義者, 慈善家.

Phi·lan·thro·pie [ふィらントロピー filantropíː] 女 -/ 博愛, 慈善; 社会貢献.

phi·lan·thro·pisch [ふィらントロービッシュ filantróːpɪʃ] 形 博愛主義の, 慈善心のある.

Phi·la·te·lie [ふィらテリー filatelíː] 女 -/ [郵便]切手研究(収集).

Phi·la·te·list [ふィらテリスト filatelíst] 男 -en/-en [郵便]切手研究(収集)家.

Phil·har·mo·nie [ふィる・ハルモニー fɪlharmoníː または ふィーる.. fiːl..] 女 -/-n [..ニーエン] フィルハーモニー (音楽協会・管弦楽団・コンサートホールの名称として用いられる).

Phil·har·mo·ni·ker [ふィる・ハルモーニカァ fɪl-harmóːnikər または ふィーる.. fiːl..] 男 -s/- ① フィルハーモニー楽団のメンバー. ②《複》で フィルハーモニー管弦楽団. die Wiener Philharmoniker ウィーン・フィルハーモニー管弦楽団.

phil·har·mo·nisch [ふィる・ハルモーニッシュ fɪlharmóːnɪʃ または ふィーる.. fiːl..] 形 フィルハーモニーの. das Berliner Philharmonische Orchester ベルリン・フィルハーモニー管弦楽団.

Phi·lipp [ふィーリプ fíːlɪp] -s/《男名》フィーリップ.

die Phi·lip·pi·nen [ふィりピーネン filɪpíːnən] 複《定冠詞とともに》《国名》フィリピン[共和国](首都はマニラ. 1521年マゼランが来航, 当時のスペイン皇太子フェリペ2世にちなんだ国名が付けられた).

Phi·lis·ter [ふィりスタァ filístər] 男 -s/- ① (教養のない)俗物, 小市民. ②《学生言葉:》社会人; 大学教育を受けていない人.

phi·lis·ter·haft [ふィりスタァハふト] 形 俗物的な, 小市民的な.

Phi·lo·lo·ge [ふィろローゲ filolóːɡə] 男 -n/-n 文献学者; 文学語学研究者. (⇔ 女性形は Philologin).

Phi·lo·lo·gie [ふィろろギー filologíː] 女 -/-n [..ギーエン] 文献学; 文学語学研究.

phi·lo·lo·gisch [ふィろローギッシュ filolóːɡɪʃ] 形 ① 文献学の, 文学語学研究の. ②《比》あまりにも厳密(学問的)すぎる.

*der **Phi·lo·soph** [ふィろゾーふ filozóːf] 男《単2·3·4》-en/《複》-en ① 哲学者. (⇔ philosopher). (⇔ 女性形は Philosophin). Immanuel Kant war ein großer *Philosoph.* イマヌエル・カントは偉大な哲学者だった. ②《口語》哲学好きな人, 思索家.

*die **Phi‧lo‧so‧phie** [ふぃろゾふィー filozofí:] 囡(単)-/(複) -n [..ふぃーエン] ① 哲学. (英 *philosophy*). Geschichts*philosophie* 歴史哲学 / die *Philosophie* Hegels ヘーゲルの哲学 / Er studiert *Philosophie.* 彼は哲学を専攻している. ②(個人の)人生哲学, 人生(世界)観.

phi‧lo‧so‧phie‧ren [ふぃろゾふィーレン filozofí:rən] 圓 (h) 哲学する; 哲学的に考察する(論ずる).

*****phi‧lo‧so‧phisch** [ふぃろゾーふィッシュ filozó:fɪʃ] 圏 ① 哲学[上]の, 哲学的な. (英 *philosophical*). die *philosophische* Fakultät 哲学部(日本の文学部に当たる). ② 思索的な, 思慮深い, 哲学者風の; 賢い. ein *philosophischer* Mensch 思索的な人.

Phi‧o‧le [ふィオーれ fió:lə] 囡 -/-n フラスコ, 細首びん.

Phleg‧ma [ふれグマ flégma] 匣 -s (ﾌﾚｸﾞﾏ: -/) 粘液質; 鈍重, 鈍感.

Phleg‧ma‧ti‧ker [ふれグマーティカァ flɛgmá:tikər] 團 -s/- 粘液質の人, 鈍重な(不活発な)人.

phleg‧ma‧tisch [ふれグマーティッシュ flɛgmá:tɪʃ] 圏 粘液質の, 鈍重な.

Phö‧bus [ふェーブス fǿ:bʊs] -/《ｷﾞﾘｼｬ神》ポイボス(「輝ける者」の意でアポロンの呼称).

Phon [ふォーン fó:n] 匣 -s/-s (単位: -/-) フォーン, ホン(音の強さの単位; 記号: phon).

Pho‧ne‧tik [ふォネーティク foné:tɪk] 囡 -/ 音声学.

pho‧ne‧tisch [ふォネーティッシュ foné:tɪʃ] 圏 音声[学]の; 発音上の. *phonetische* Schrift 音標文字.

Phö‧nix [ふェーニクス fǿ:nɪks] 團 -[es]/-e ①《神》フェニックス, 不死鳥(500 年ごとに焼死して, その灰の中からよみがえるといわれる. 不死・永生の象徴). wie ein *Phönix* aus der Asche steigen (またはauf|steigen)《雅》不死鳥のように灰の中からよみがえる. ②〖覆 なし; 定冠詞とともに〗《天》鳳凰(ﾎｳｵｳ)座.

Phö‧ni‧zi‧en [ふェニーツィエン føni:tsiən] -s/《地名》フェニキア(古代シリアの地中海沿岸にあった国).

Pho‧no‧lo‧gie [ふォノろギー fonologí:] 囡 -/ 音韻論.

Phos‧phat [ふォスふァート fɔsfá:t] 匣 -[e]s/-e《化》燐酸(ﾘﾝｻﾝ)塩.

Phos‧phor [ふォスふォァ fósfɔr] 團 -s/-e ①《化》燐(P). ② 燐光(ﾘﾝｺｳ)体.

phos‧pho‧res‧zie‧ren [ふォスフォレスツィーレン fɔsforɛstsí:rən] 圓 (h) 燐光(ﾘﾝｺｳ)を発する.

Pho‧to [ふォート fó:to] 匣 -s/-s (ﾌｫﾄ: 囡 -/-s) 写真 (=Foto).

Pho‧to⟂al‧bum [ふォート・アるブム] 匣 -s/..alben アルバム, 写真帳(=Fotoalbum).

Pho‧to⟂ap‧pa‧rat [ふォート・アパラート] 團 -[e]s/-e カメラ, 写真機(=Fotoapparat, Kamera).

pho‧to‧gen [ふォトゲーン fotogé:n] 圏 写真写りのいい, 写真向きの(=fotogen).

Pho‧to‧graph [ふォトグラーふ fotográ:f] 團 -en/-en カメラマン, 写真家(=Fotograf).

Pho‧to‧gra‧phie [ふォトグラふィー fotografí:] 囡 -/-n [..ふぃーエン] ① (=Fotografie) ①〖覆 なし〗写真撮影, 写真術. ② 写真.

pho‧to‧gra‧phie‧ren [ふォトグラふィーレン fotografí:rən] = (fotografieren) **I** 쪤 (h) (人·物)[4]を撮影する. **II** 圓 (h) 写真を撮る. **III** 再帰 (h) *sich*[4] *photographieren* 写真写りが…である.

Pho‧to⟂ko‧pie [ふォト・コピー] 囡 -/-n [..コピーエン] 写真複写, コピー(=Fotokopie).

Pho‧to⟂mo‧dell [ふォート・モデる] 匣 -s/-e 写真モデル(=Fotomodell).

Pho‧to⟂mon‧ta‧ge [ふォート・モンタージェ] 囡 -/-n (写真による)モンタージュ[技法]; モンタージュ写真. (=Fotomontage).

Pho‧to⟂syn‧the‧se [ふォート・ズュンテーゼ] 囡 -/《生·化》光合成(=Fotosynthese).

Pho‧to⟂zel‧le [ふォート・ツェれ] 囡 -/-n《理》光電管; 光電池(=Fotozelle).

*die **Phra‧se** [ふラーゼ frá:zə] 囡(単)-/(複) -n ①(中身のない)決まり文句; 成句, 慣用句. (英 *phrase*). hohle *Phrasen* 空疎な決まり文句 / *Phrasen*[4] dreschen《口語》中身のない美辞麗句を連ねる / Das ist doch nur eine billige *Phrase.* それは安っぽい決まり文句にすぎない. ②《言》(文を構成する)句. ③《音楽》フレーズ, 楽句.

Phra‧sen‧dre‧scher [ふラーゼン・ドレッシャァ] 團 -s/- 決まり文句を並べる人.

phra‧sen‧haft [ふラーゼンハふト] 圏 決まり文句ばかりの, 内容のない(話など).

Phra‧se‧o‧lo‧gie [ふラゼオろギー frazeologí:] 囡 -/-n [..ギーエン] 慣用語法; 慣用語集.

phra‧sie‧ren [ふラズィーレン frazí:rən] 쪤 (h)《音楽》(旋律[4]を)フレーズに区切る.

Phy‧lo‧ge‧ne‧se [ふュろ・ゲネーゼ fylogené:zə] 囡 -/《生》系統発生.

*die **Phy‧sik** [ふュズィーク fyzí:k] 囡(単)-/ 物理学. (英 *physics*). Kern*physik* 核物理学 / die theoretische (experimentelle) *Physik* 理論(実験)物理学.

*****phy‧si‧ka‧lisch** [ふュズィカーリッシュ fyziká:lɪʃ] 圏 物理学の; 物理的な. (英 *physical*). die *physikalische* Chemie 物理化学 / eine *physikalische* Therapie 物理療法.

Phy‧si‧ker [ふューズィカァ fý:zikər] 團 -s/- 物理学者. (〘女〙女性形は Physikerin).

Phy‧si‧kum [ふューズィクム fý:zikum] 匣 -s/..sika 医学部前期試験(4学期終了後に受ける生理学などの基礎科目の試験).

Phy‧si‧og‧no‧mie [ふュズィオグノミー fyziognomí:] 囡 -/-n [..ミーエン] ① 人相, 容貌

P

(౾ీ), 顔つき. ② (動植物の)形状, 外観.

Phy·si·o·lo·ge [フュズィオローゲ fyzioló:gə] 男 -n/-n 生理学者. (✍ 女性形は Physiologin).

Phy·si·o·lo·gie [フュズィオろギー fyziologí:] 女 -/ 生理学.

phy·si·o·lo·gisch [フュズィオローギッシュ fyzioló:gɪʃ] 形 生理学の; 生理的な.

Phy·si·o·the·ra·pie [フュズィオ・テラピー fyzio-terapí:] 女 -/ 理学療法.

Phy·sis [フューズィス fý:zɪs] 女 -/ (人間の)体, 肉体, 体質.

***phy·sisch** [フューズィッシュ fý:zɪʃ] 形 ① **肉体的な**, 肉体の, 身体の; 生理的な. (✍ *physical*). (✍「精神的な」は psychisch). ein *physischer* Schmerz 肉体的苦痛. ② (地理) 自然界の. *physische* Geographie 自然地理学.

Pi [ピー pí:] 甲 -[s]/-s ① ピー, パイ (ギリシア語アルファベットの第 16 字: Π π). ② 〖複 なし〗(数) 円周率, パイ (記号: π).

Pi·a·ni·no [ピアニーノ pianí:no] [俗] 甲 -s/-s 《音楽》(小型の)アップライトピアノ

pi·a·nis·si·mo [ピアニッスィモ pianísimo] [俗] 副 《音楽》ピアニッシモ, きわめて弱く (記号: pp).

Pi·a·nist [ピアニスト pianíst] 男 -en/-en ピアニスト.

Pi·a·nis·tin [ピアニスティン pianístin] 女 -/..tinnen (女性の)ピアニスト.

pi·a·no [ピアーノ piá:no] [俗] 副 《音楽》ピアノ, 弱く (記号: p).

Pi·a·no [ピアーノ] [俗] I 甲 -s/-s 〖戯〗ピアノ (=Klavier). II 甲 -s/-s (または Piani) 《音楽》弱奏 [される楽節].

pi·cheln [ピッヒェるン píçəln] 他 (h)·自 (h) 一杯やる. einen *picheln* gehen 一杯やりに行く.

Pi·cke [ピッケ píkə] 女 -/-n (坑) つるはし.

Pi·ckel¹ [ピッケる píkəl] 男 -s/- つるはし; [アイス]ピッケル.

Pi·ckel² [ピッケる] 男 -s/- 〖俗〗にきび, 吹き出物.

Pi·ckel⸗hau·be [ピッケる・ハオベ] 女 -/-n ピッケルヘルメット (プロイセンの軍隊が用いた上部にとがった金具のついた革製ヘルメット).

pi·cke·lig [ピッケリヒ píkəlıç] 形 吹き出物のある, にきびだらけの.

pi·cken [ピッケン píkən] I 自 (h) (鳥が)くちばしでつつく. II 他 (h) (くちばしで餌(౾ీ)⁴を)ついばむ;《口語》(とがった物で 物⁴を)つまみ取る.

pick·lig [ピックリヒ píklıç] 形 =pickelig

Pick·nick [ピックニック píknık] 中 -s/-e (または -s) (ピクニックのときの)野外の食事, 弁当. auf einer Wiese *Picknick*⁴ machen 野外で [ピクニックの]弁当を食べる.

piek⸗fein [ピーク・ファイン] 形 《口語》極上の, とびきり上等の.

piek⸗sau·ber [ピーク・ザオバァ] 形 《口語》とても清潔な.

piep! [ピープ pí:p] 間 (ひな鳥·ねずみなどの鳴き声:) ぴよぴよ, ちゅーちゅー.

Piep [ピープ] 男 -s/-e 〖ふつう 単〗《口語》ぴよぴよ(ちゅーちゅー)鳴く声. keinen *Piep* mehr sagen a) もううんともすんとも言わない, b) 死んでいる / Du hast wohl einen *Piep*? 君は頭がおかしいんじゃないか.

pie·pe [ピーペ pí:pə] 形 〖述語としてのみ〗《口語》=piepegal

piep⸗egal [ピープ・エガーる] 形 〖述語としてのみ〗《口語》どうでもいい. Das ist mir *piepegal*! それは私にはどうでもいい.

pie·pen [ピーペン pí:pən] 自 (h) (ひな鳥などが)ぴーぴー鳴く, (ねずみなどが)ちゅーちゅー鳴く. ◊《非人称の es を主語として》Bei dir *piept*'s (=*piept* es) wohl? 《口語》君は頭がおかしいんじゃないか.

Piep⸗matz [ピープ・マッツ] 男 -es/-e (または ..mätze) 〖幼児〗小鳥ちゃん, ぴー子ちゃん.

piep·sen [ピープセン pí:psən] I 自 (h) ① ひな鳥などがぴよぴよ鳴く, (ねずみなどが)ちゅーちゅー鳴く (=piepen). ② かん高い声で話す(歌う). II 他 (h) 《物⁴を》かん高い声で言う(歌う).

piep·sig [ピープスィヒ] 形 《口語》① (声·音などが)高く細い. ② 繊細な; ほんの少しの.

Pier [ピーァ pí:r] [英] 男 -s/-e (または -s) (海:) 女 -/-s) 桟橋, 突堤.

pie·sa·cken [ピーザッケン pí:zakən] 他 (h) 《口語》(人⁴を)苦しめる, 悩ます, いじめる.

Pi·e·ta [ピエタ pietá] [俗] 女 -/-s 〖美〗ピエタ (十字架から降ろされたキリストをひざに抱いて嘆き悲しむ聖母マリアの像).

Pi·e·tà [ピエタ pietá] [俗] 女 -/-s =Pieta

Pi·e·tät [ピエテート pietɛ́:t] 女 -/ 〖雅〗敬虔 (౾ీ)(けい), 畏敬(౾ీ)(いけい)の念.

pi·e·tät⸗los [ピエテート・ろース] 形 《雅》敬虔(౾ీ)さのない, 畏敬(౾ీ)の念に欠けた.

pi·e·tät⸗voll [ピエテート・ふォる] 形 《雅》敬虔(౾ీ)な, 篤信な.

Pi·e·tis·mus [ピエティスムス pietísmus] 男 -/ 《新教》敬虔(౾ీ)主義 (17·18 世紀の新教の改革運動).

Pi·e·tist [ピエティスト pietíst] 男 -en/-en 《新教》敬虔(౾ీ)主義者; (軽蔑的に:) 信心ぶる人.

pi·e·tis·tisch [ピエティスティシュ pietístıʃ] 形 敬虔(౾ీ)主義の; 敬虔主義者のような.

Pig·ment [ピグメント pıgmént] 中 -[e]s/-e ① 《生·医》色素. ② 《化》顔料.

Pik¹ [ピーク pí:k] 男 -s/-e (または -s) ① 山頂, 峰. ② 〖成句的に〗einen *Pik auf* 人⁴ haben 人⁴にひそかに恨みをいだく.

Pik² [ピーク] 中 -s/-s ① スペード形. ② 〖複 なし〗冠詞なし〗(トランプの)スペード. ③ 〖複 -〗スペードが切り札のゲーム; スペードの札.

pi·kant [ピカント pikánt] 形 ① 妙味のきいた, ぴりっとする (ソースなど). ② いかがわしい, きわどい (冗談·小話など). ③ 魅力的な.

Pi·kan·te·rie [ピカンテリー pikantarí:] 女 -/-n [..リーエン] ① 〖複 なし〗魅力; (味) (味が)

りっとすること. ② きわどい話.

Pi·ke [ピーケ pí:kə] 囡 -/-n (中世後期の)歩兵の槍(ホシ). **von der** *Pike* **auf dienen** (または lernen)《口語》下積みから身を起こす.

Pi·kee [ピケー pikéː] (ﾌﾗﾝｽ 中) -s/-s 《織》ピケ(太い畝織り綿布).

pi·ken [ピーケン píːkən] I 匪 (h)《口語》肌をちくちく刺す. II 他 (h)《口語》《人⁴を》ちくりと刺す.

pi·kiert [ピキーァト pikíːrt] 形 気を悪くした, 不機嫌な.

Pik·ko·lo [ピッコロ píkolo] 男 -s/-s ① 見習いボーイ(給仕). ②《口語》シャンパンの小びん.

Pik·ko·loｽﾞflö·te [ピッコロ・ふれーテ] 囡 -/-n《音楽》ピッコロ.

Pik·to·gramm [ピクトグラム pɪktográm] 中 -s/-e ピクトグラム(交通標識のように国際的に通用する絵文字).

Pi·la·tus [ピらートゥス piláːtus] -/《聖》《人名》ピラト(Pontius *Pilatus* ?-39; ユダヤを統治したローマの総督で, イエスをユダヤ人に引き渡し処刑した).

Pil·ger [ピるガァ pílgər] 男 -s/- 聖地巡礼者. (⇨ 女性形は Pilgerin).

Pil·gerｽﾞfahrt [ピるガァ・ふぁールト] 囡 -/-en 聖地巡礼[の旅].

pil·gern [ピるガァン pílgərn] 匪 (s) ① (…へ)巡礼する. **nach** Rom *pilgern* ローマへ巡礼の旅をする. ②《口語》(…へ)のんびりと歩いて行く.

Pil·ger·schaft [ピるガァシャふト] 囡 -/ ① 巡礼, 行脚(ゲョ). ② 巡礼者であること.

*die **Pil·le** [ピれ pílə] 囡 (単) -/(複) -n ① 錠剤, 丸薬. (英) *pill*). **eine** *Pille* **gegen** Kopfschmerzen 頭痛用の錠剤 / **eine** *Pille* **zum** Schlafen 睡眠薬の錠剤 / *Pillen*⁴ **nehmen**(または schlucken)錠剤を飲む / **eine bittere** *Pille*⁴ **schlucken**《口語》いやなことを我慢する(←にがい丸薬を飲み込む). ②《複 なし》定冠詞とともに《口語》経口避妊薬, ピル(＝Antibabypille). **die** *Pille*⁴ **nehmen** ピルを服用する.

*der **Pi·lot** [ピろート pilóːt] 男 (単 2·3·4) -en/(複) -en ①《空》パイロット, 操縦士. (英 *pilot*). (⇨ 女性形は Pilotin). **Er ist** *Pilot* **bei der Lufthansa**. 彼はルフトハンザのパイロットだ. ② カーレーサー. ③《古》《海》水先案内人. ④《魚》パイロットフィッシュ. ⑤《織》パイロットクロス.

Pi·lotｽﾞstu·die [ピろート・シュトゥーディエ] 囡 -/-n 予備(試験的)研究.

Pils [ピるス píls] 中 -/- ピルゼンビール(＝Pilsener).

Pil·sen [ピるゼン pílzən] 中 -s/《都市名》ピルゼン(チェコの工業都市. チェコ語ではプルゼニ: ☞ 地図 F-4).

Pil·se·ner [ピるゼナァ pílzənər] 中 -s/- ピルゼンビール(ホップのきいた淡色のビール).

Pils·ner [ピるズナァ pílznər] 中 -s/- ＝Pilsener

*der **Pilz** [ピるツ pílts] 男 (単 2) -es/(複) -e (3 格のみ -en)《植》① キノコ. (英 *mushroom*). **ein essbarer** (**giftiger**) *Pilz* 食用きのこ(毒きのこ) / *Pilze*⁴ **suchen**(または sammeln)きのこ狩りをする / **Sie gehen in die** *Pilze*.《方》彼らはきのこ狩りに行く / **wie** *Pilze* **aus der Erde**(または **aus dem Boden**) **schießen**《口語》(ビルなどが)にょきにょきと建つ(←きのこが生えるように). ②《植/医》菌類. **Faden***pilz* 糸状菌. ③《複 なし》《口語》皮膚系統症(＝Haut*pilze*). **Fuß***pilz* 水虫.

Pi·ment [ピメント pimént] 男 中 -[e]s/-e ピメント, ジャマイカペッパー, オールスパイス.

pim·pe·lig [ピンペリヒ pímpəlıç] 形《口語》弱虫の, めそめそした.

Pi·na·ko·thek [ピナコテーク pinakotéːk] 囡 -/-en 絵画館. **Alte** *Pinakothek* アルテ・ピナコテーク(14-18 世紀の絵画を集めたミュンヒェンの美術館. **Neue** *Pinakothek* も同じ).

Pi·nas·se [ピナッセ pinásə] 囡 -/-n《海》ピンネース(艦載の中型ボート).

pin·ge·lig [ピンゲリヒ píŋəlıç] 形《口語》細かいことにこだわる, 小さなことを気にする.

Ping·pong [ピング・ポング píŋ-pɔŋ] 中 -s/(ふつう軽蔑的に:)(遊びでする)ピンポン(＝Tischtennis).

Pin·gu·in [ピングイーン píŋguiːn] 男 -s/-e《鳥》ペンギン.

Pi·nie [ピーニエ píːniə] 囡 -/-n《植》カサマツ(地中海沿岸地方産. 樹冠が傘のように広がっている. 実を食用にする).

pink [ピンク pínk] [英] 形《無語尾で》ピンクの, 淡紅色の.

Pin·ke [ピンケ píŋkə] 囡 -/《口語》金(カシネ), 銭(＝Geld).

Pin·kel [ピンケる píŋkəl] 男 -s/-[s]《口語》つまらぬ男. **ein feiner** *Pinkel* 気取り屋.

pin·keln [ピンケるン píŋkəln] I 匪 (h)《俗》(犬などが)おしっこをする. II 非人称 (h) **Es** *pinkelt*.《俗》雨がぱらつく.

Pin·scher [ピンシャァ pínʃər] 男 -s/- ① ピンシャー(ドイツ産テリア犬の一種). ②《口語》つまらぬやつ.

*der **Pin·sel** [ピンゼる pínzəl] 男 (単 2) -s/(複) - (3 格のみ -n) ① 筆, 刷毛(ﾊｹ);《比》筆のタッチ, 画法. (英 *brush*). **ein feiner** *Pinsel* 細い筆 / **den Lack mit einem** *Pinsel* **auftragen** ラッカーを刷毛で塗る. ②《口語》間抜け, あほう. **ein eingebildeter** *Pinsel*《口語》愚かなうぬぼれ屋. ③《狩》(動物の尾・耳などの)毛の房.

Pin·selｽﾞfüh·rung [ピンゼる・ふューるング] 囡 -/ (絵画の)筆遣い, タッチ.

pin·seln [ピンゼるン pínzəln] I 他 (h)《口

語》(絵など⁴を)筆で描く, (文字など⁴を)丹念に書く. ③ 《口語》(物⁴に)刷毛(弘)で塗料を塗る. ③ (傷口などに)刷毛(弘)で薬を塗る. II 自 (h) 《口語》筆で絵を描く.

Pin·sel·strich [ピンゼる・シュトリヒ] 男 -[e]s/-e 一筆, 一塗り; 筆さばき, 筆のタッチ.

Pin·zet·te [ピンツェッテ pıntsétə] 女 -/-n ピンセット.

Pi·o·nier [ピオニーァ pioníːr] 男 -s/-e ① 《軍》工兵. ② パイオニア, 開拓者, 先駆者. ③ (旧東ドイツの)少年団(員), ピオニール.

Pipe⇒line [パイプ・らイン] [英] 女 -/-s パイプライン.

Pi·pet·te [ピペッテ pipétə] 女 -/-n 《化》ピペット.

Pi·pi [ピピー pipíː] 中 -s/ 《幼児》おしっこ. *Pipi*⁴ machen おしっこをする.

Pi·rat [ピラート piráːt] 男 -en/-en 海賊 (= Seeräuber).

Pi·ra·ten⇒sen·der [ピラーテン・ゼンダァ] 男 《新形》(隠語)(無認可の)海賊放送局.

Pi·ra·te·rie [ピラテリー piratəríː] 女 -/-n [..リーエン] ① 海賊行為. ② (船舶などの)乗っ取り, シージャック; 中立国の船舶への攻撃.

Pi·rol [ピローる piróːl] 男 -s/-e 《鳥》コウライウグイス.

Pi·rou·et·te [ピルエッテ piruétə] [フランス] 女 -/-n ① (バレエ・スケートの)ピルエット(つま先施回). ② (馬術のあと脚中心の施回.

Pirsch [ピルシュ pírʃ] 女 -/ 《狩》忍び猟(獲物を忍び足で追跡する).

pir·schen [ピルシェン pírʃən] I 自 (h, s) ① (h)《狩》忍び寄って猟をする. ② (s) (…へ)忍び足で行く. II 再帰 (h) *sich*⁴ *pirschen* (…へ)忍び足で行く, 忍び寄る.

Pis·se [ピッセ písə] 女 -/《俗》小便, 放尿.

pis·sen [ピッセン písən] 自 (h) 《俗》小便をする.

Pis·ta·zie [ピスターツィエ pıstáːtsiə] 女 -/-n 《植》ピスタチオ(地中海沿岸の小木. 実は食用・香料になる).

Pis·te [ピステ pístə] [フランス] 女 -/-n ① (競技)(自転車競争などの)走路; (スキー・リュージュなどの)滑走路. ② 《空》滑走路. ③ (砂漠などを横切る)舗装していない道路. ④ (サーカスの)演技場の円状.

die **Pis·to·le** [ピストーれ pıstóːlə] 女 (単) -/ (複) -n ピストル, 拳銃(%). (英 *pistol*). Die *Pistole* geht los. ピストルの引き金が引かれる / die *Pistole*⁴ laden ピストルに弾丸を込める / 人⁴ mit der *Pistole* drohen 人⁴をピストルで脅す / mit der *Pistole* auf 人⁴ schießen ピストルで人⁴を撃つ / 人³ die *Pistole*⁴ auf die Brust setzen 人³に無理やり決断を迫る(←胸にピストルを突きつける) / wie aus der *Pistole* geschossen 《口語》即座に, たちどころに(←ピストルから発射されたように).

Pis·to·len⇒ta·sche [ピストーれン・タッシェ] 女 -/-n (腰につける革製の)ピストル入れ, ホルスター.

pitsch, patsch! [ピッチュ パッチュ pıtʃ pátʃ]

間 《幼児》(水がはねる音:)ぴちゃぴちゃ, ちゃぶちゃぶ.

pitsch≈nass [ピッチュ・ナス] 形 びしょぬれの.

pitsch≈naß ☞ 《新形》pitschnass

pit·to·resk [ピトレスク pıtorésk] 形 絵のような, 絵のように美しい.

Piz·za [ピッツァ pítsa] [イタリア] 女 -/-s (または Pizzen) 《料理》ピザ[パイ].

Piz·ze·ria [ピツェリーア pitseríːa] [イタリア] 女 -/-s ピザハウス, ピザレストラン.

piz·zi·ca·to [ピツィカート- pıtsikáːto] [イタリア] 副 《音楽》ピチカート(指先で弦をはじく奏法)で (略: pizz.).

Pkt. [プンクト] 《略》点, 項目 (= Punkt).

Pkw, PKW [ペー・カー・ヴェー または ..ヴェー] 男 -[s]/-[s] 《略》乗用車 (= Personenkraftwagen).

pl. [プるラーる] 《略》《言》複数の (= plural).

Pl. [プるラーる] 《略》《言》複数 (= Plural).

pla·cie·ren ☞ 《新形》platzieren

pla·cken [プらッケン plákən] 再帰 (h) *sich*⁴ *placken* 《口語》苦労する, 骨を折る.

Pla·cke·rei [プらッケライ plakəráı] 女 -/-en 《口語》苦労, 骨折り.

plä·die·ren [プれディーレン plədíːrən] 自 (h) ① 《auf (または für) 事⁴ ~》《法》(事⁴の)弁論(論告)をする. auf (または für) „schuldig" *plädieren* 有罪の論告を行う. ② 《für 人·事⁴ ~》(人·事⁴を)支持する(弁護する).

Plä·do·yer [プれドアイエー plədoajéː] [フランス] 中 -s/-s ① 《法》(弁護側の)最終弁論; (検察側の)論告. ② (賛成・反対の)意見表明[演説].

Pla·ge [プらーゲ pláːgə] 女 -/-n 骨折り, 苦労; 悩みの種. Sie hat ihre *Plage* mit den Kindern. 彼女は子供のことで苦労している.

Pla·ge⇒geist [プらーゲ・ガイスト] 男 -[e]s/-er 《口語》うるさくせがむやつ, だだっ子.

***pla·gen** [プらーゲン pláːgən] (plagte, hat... geplagt) I 他 (《完了》 haben) ① 困らせる, 悩ませる. (英 *plague*). Die Kinder *plagen* die Mutter den ganzen Tag mit ihren Wünschen. 子供たちは1日中あれこれねだって母親を困らせる. ② (肉体的に)苦しめる. Mich *plagt* das Kopfweh. 私は頭痛に苦しんでいる. ③ (考えごとが人⁴を)いらいらさせる. II 再帰 (《完了》 haben) *sich*⁴ *plagen* ① 懸命に(あくせく)働く. ② 《*sich*⁴ mit 人·事³ ~》(人·事³で)苦労する, (人·事³に)悩まされる.

Pla·gi·at [プらギアート plagiáːt] [フランス] 中 -s (まれに -es)/-e 剽窃(%??), 盗作.

pla·gi·ie·ren [プらギイーレン plagiíːrən] 他 (h)·自 (h) 剽窃(%??)する, 盗作する.

plag·te [プらークテ] *plagen (困らせる)の過去*

Plaid [プれート pléːt] [英] 中·男 -s/-s ① (格子柄の)旅行用毛布. ② (格子柄の)肩かけ(スコットランド高地で着用される).

***das Pla·kat** [プらカート plakáːt] 中 (単2) -[e]s/(複) -e (3格のみ -en) (広告・宣伝用の)ポスター. (英 *poster*). Wahl*plakat* 選挙用ポ

スター / *Plakate*⁴ an|kleben ポスターを貼(は)り付ける.

pla·ka·tie·ren [プらカティーレン plakati:rən] I 自 (h) ポスターを貼(は)る. II 他 (h) 《軍⁴を》ポスターで知らせる.

pla·ka·tiv [プらカティーふ plakati:f] 形 ① ポスターのような. ②《比》よく目だつ(色彩など).

Pla·kat⸗säu·le [プらカート・ゾイレ] [込] 女 -/-n 広告柱(塔)(= Litfaßsäule).

Pla·ket·te [プらケッテ plakétə] [込] 女 -/-n ① 記念バッジ(メダル). ②《美》銘板, レリーフ.

plan [プらーン plá:n] 形 平らな. eine *plane* Fläche 平面.

*der **Plan**¹ [プらーン plá:n]

> 計画 Ich habe schon einen *Plan*.
> イヒ ハーベ ショーン アイネン プらーン
> 私にはすでに計画が一つあります.

男 (単2) -[e]s/(複) Pläne [プれーネ] (3格のみ Plänen) ① **計画**, 企画, プラン, 意図, 予定. (英) *plan*. ein kühner *Plan* 大胆な計画 / einen *Plan* aus|führen (entwerfen) 計画を遂行する(立案する) / einen *Plan* erfüllen (fallen lassen) 予定を履行する(とりやめる) / Hast du schon *Pläne* **für** den Sommer? 君はもう夏の計画を立てている? / Wir haben den *Plan*, uns ein Haus zu bauen. 私たちは自分たちの家を建てるつもりです / *Pläne*⁴ machen (schmieden) 計画をたてる(練る) / einen *Plan* verwirklichen 計画を実行に移す / Ein neues Auto steht **auf dem** *Plan*. ニューモデルの車が[製作]プランにあがっている.

② 設計図, 図面. einen *Plan* für ein Theater zeichnen 劇場の設計図を書く.

③《都市などの》地図. ein *Plan* im Maßstab 1: 5 000 (=eins zu fünftausend) 縮尺 5,000 分の 1 の地図.

....

《注》..*plan* のいろいろ: Bau*plan* 建築計画(設計図) / Fahr*plan* (列車などの)時刻表 / Lehr*plan* 授業計画 / Reise*plan* 旅行計画 / Spiel*plan* 上演演目(予定表) / Stadt*plan* 市街地図 / Studien*plan* 研究計画 / Stunden*plan* (仕事・授業の)時間割 / Wirtschafts*plan* 経済計画 / Zukunfts*plan* 将来計画

....

Plan² [プらーン] 男 -[e]s/Pläne《雅》平らな土地. 人・物⁴ **auf den** *Plan* **rufen**《比》人・物⁴を登場させる / auf den *Plan* treten《比》現れる.

Planck [プらンク pláŋk] -s/《人名》プランク (Max *Planck* 1858–1947; ドイツの理論物理学者).

Pla·ne [プらーネ plá:nə] 女 -/-n (トラックなどの)防水シート.

Plä·ne [プれーネ] *Plan¹ (計画), Plan² (平らな土地)の 複

*pla·nen [プらーネン plá:nən] 他 (完了 haben) (英 *plan*) ① 《軍⁴を》**計画する**, 立案する; 設計する. den Bau eines Kernkraftwerks *planen* 原子力発電所の建設を計画する. ◇〔過去分詞の形で〕 wie *geplant* 計画どおりに. (☞ 類語 vor|haben). ②《軍⁴を》予定している, するつもりである. Wir *planen* eine Reise nach Deutschland. 私たちドイツへの旅行を予定しています.

*der **Pla·net** [プらネート plané:t] 男 (単 2·3·4) -en/(複) -en《天》惑星, 遊星. (英 *planet*). unser *Planet* または der Blaue *Planet* 地球 (←われわれの(青い)惑星).

....

《注》太陽系の **Planeten**: Merkur 水星 / Venus 金星 / Erde 地球 / Mars 火星 / Jupiter 木星 / Saturn 土星 / Uranus 天王星 / Neptun 海王星 / Pluto 冥王星

....

pla·ne·ta·risch [プらネターリッシュ planetá:rɪʃ] 形 惑星の; 地球的規模の, グローバルな.

Pla·ne·ta·ri·um [プらネターリウム planetá:riʊm] 中 -s/..rien [..リエン] プラネタリウム.

pla·nie·ren [プらニーレン plani:rən] 他 (h) (土地など⁴を)平らにする, ならす.

Pla·nier⸗rau·pe [プらニーァ・ラオペ] 女 -/-n ブルドーザー.

Pla·ni·met·rie [プらニメトリー planimetri:] 女 -/《数》① 面積測定. ② 平面幾何学.

Plan·ke [プらンケ pláŋkə] 女 -/-n ①(長い)厚板. ②(高い)板塀, 板囲い.

Plän·ke·lei [プれンケらイ plɛŋkəlái] 女 -/-en ① 軽い口げんか. ②《軍》小競り合い.

plän·keln [プれンケるン plɛ́ŋkəln] 自 (h) ① 軽い口げんかをする. ②《軍》小競り合いをする.

Plank·ton [プらンクトン pláŋkton] 中 -s/《生》(総称として:) プランクトン, 浮遊生物.

plan⸗los [プらーン・ろース] 形 無計画な.

*plan⸗mä·ßig [プらーン・メースィヒ plá:nmɛ:sɪç] I 形 ① **時刻表どおりの**, 定刻の. (英 *planned*). die *planmäßige* Abfahrt des Zuges 列車の定刻発車. ② 計画的な, 組織的な.

II 副 時刻表どおりに, 定刻に. *planmäßig* an|kommen 定刻に到着する.

Plansch⸗be·cken [プらンシュ・ベッケン] 中 -s/- (浅い)幼児用プール.

plan·schen [プらンシェン plánʃən] 自 (h) (子供が)水をばちゃばちゃさせる.

Plan⸗stel·le [プらーン・シュテれ] 女 -/-n《法》(予算で認められた)定員ポスト.

Plan·ta·ge [プらンタージェ plantá:ʒə] [込] 女 -/-n《経》プランテーション, 企業農園.

plan·te [プらーンテ] *planen (計画する)の 過去

Pla·nung [プらーヌング] 女 -/-en ① 計画す[ること], プランニング, 立案; 設計. Stadt-*planung* 都市計画. ② 計画.

Plan⸗wa·gen [プらーン・ヴァーゲン] 男 -s/- 幌(ほろ)付きトラック, 幌馬車.

Plan⸗wirt·schaft [プらーン・ヴィルトシャフト] 女 -/《経》計画(統制)経済. (☞「市場経済」は Marktwirtschaft).

Plap·per⸗maul [プらッパァ・マオる] 中 -[e]s/

..mäuler 《口語》(軽蔑的に:)おしゃべりな人.

plap·pern [プラッパァン pláp*ə*rn] I 自 (h) 《口語》(子供などが)ぺちゃくちゃしゃべる. II 他 (h) 《口語》(ばかげたこと⁴を)しゃべりまくる.

plär·ren [プレレン pl***έ***rən] I 自 (h) わめきたてる;(ラジオなどが)がなりたてる;(子供などが)泣き叫ぶ. II 他 (h) (歌など⁴を)がなる.

Plä·sier [プレズィーァ plezí:r] 中 -s/-e (ﾌﾟﾚｼﾞｰｱ:-s) 《方》楽しみ,娯楽.

Plas·ma [プラスマ plásma] 中 -s/Plasmen ① 《生》原形質. ② 《医》血漿(ｹｯｼｮｳ) (=Blutplasma), リンパ漿. ③ 《物》プラズマ.

Plast [プラスト plást] 男 -[e]s/-e (旧東ドイツで:)プラスチック, 合成樹脂 (=Kunststoff).

***die Plas·tik¹** [プラスティク plástɪk] 女 (単) -/(複) -en ① 彫刻[作]品. (英 *sculpture*). eine altgriechische *Plastik* 古代ギリシアの彫刻. ②《複 なし》彫刻[術], 造形[美術]. 《複 なし》具象性. ④《医》形成[外科]手術.

***das Plas·tik²** [プラスティク plástɪk] 中 (単2) -s/《ふつう冠詞なし》プラスチック, 合成樹脂 (=Kunststoff). (英 *plastic*). ein Eimer aus *Plastik* ポリバケツ.

Plas·tik=beu·tel [プラスティク・ボイテる] 男 -s/- ビニール(ポリ)袋.

Plas·tik=bom·be [プラスティク・ボンベ] 女 -/-n プラスチック爆弾.

Plas·tik=fla·sche [プラスティク・ふらッシェ] 女 -/-n プラスチックびん, ペットボトル.

Plas·tik=fo·lie [プラスティク・フォーリエ] 女 -/-n (包装用の)ラップ, ビニールファイル.

Plas·tik=geld [プラスティク・ゲるト] 中 -[e]s/ 《口語》クレジットカード(←プラスチックのお金).

Plas·tik=tü·te [プラスティク・テューテ] 女 -/-n ビニール(ポリ)袋.

Plas·ti·lin [プラスティリーン plastilí:n] 中 -s/ プラスティリーン(工作用粘土).

***plas·tisch** [プラスティッシュ plástɪʃ] 形 ① 《付加語としてのみ》造形的な, 彫刻の, 彫塑の. (英 *plastic*). die *plastische* Kunst 造形芸術. ② 立体的な;《比》具象的な, 目に見えるような. ein *plastischer* Film 立体映画 / 物⁴ *plastisch* darǀstellen 物⁴を生き生きと描写する. ③ 自由な形になる, 塑造できる. *plastisches* Material 可塑化な材料. ④《付加語としてのみ》《医》形成の. die *plastische* Chirurgie 形成外科.

Plas·ti·zi·tät [プラスティツィテート plastisitέ:t] 女 -/ ① 具象性. ② 可塑性.

Pla·ta·ne [プラターネ platá:nə] 女 -/-n 《植》プラタナス, スズカケノキ.

Pla·teau [プラトー plató:] [ﾌﾟﾗﾄｰ] 中 -s/-s ① 《地理》高原, 台地;山頂の平たん地. ②《心》プラトー, 学習高原(学習上昇が停滞した状態).

Pla·tin [プラーティーン plá:ti:n または プラティーン] 中 -s/《化》プラチナ, 白金 (記号: Pt).

Pla·ti·tu·de [プラティテューデ platitý:də] 女 -/-n =Plattitüde

Pla·ti·tü·de ☞ [新形] Plattitüde

Pla·to [プラートー plá:to] -s/ =Platon

Pla·ton [プラートン plá:tɔn] -s/《人名》プラトン(前427–前347;ギリシアの哲学者).

pla·to·nisch [プラトーニッシュ plató:nɪʃ] 形 ① プラトン哲学の, プラトン的な. ② 純粋に精神的な, 肉欲を離れた;《皮肉って》実体のない, 空疎な. eine *platonische* Liebe プラトニックラブ.

platsch! [プラッチュ plátʃ] 間 (水をはねる音・水気のあるものが床などに落ちる音:)ぴちゃ, ぱちゃ.

plat·schen [プラッチェン plátʃən] I 自 (h, s) ① (h)《口語》ぴちゃぴちゃ音をたてる. ② (s) (…へ)ぴちゃっとぶつかる. Der Regen *platscht* gegen die Scheiben. 雨がぴちゃぴちゃと窓ガラスに当たる. ③ (s) 《auf (in) 物⁴ ~》《口語》(物⁴の上に(中に)ばしゃっ(どぼん)と落ちる. II 非人称 (h) Es *platscht*. 《方》土砂降りだ.

***plät·schern** [プレッチァン plétʃərn] (plätscherte, hat/ist…geplätschert) 自 (完了 haben または sein) ① (h) ぴちゃぴちゃ音をたてる. Der Brunnen *plätschert*. 噴水がぴちゃぴちゃ音をたてている. ② (h) 《in 物³ ~》《物³の中で》ぴちゃぴちゃ水遊びをする. ③ (s) 《方向を表す語句とともに》(小川などが…へ)ぴちゃぴちゃ流れ(当たる). Der Regen *plätschert* auf das Dach. 雨がぴちゃぴちゃと屋根にあたる.

plät·scher·te [プレッチァァテ] *plätschern (ぴちゃぴちゃ音をたてる)の 過去.

***platt** [プラット plát] 形 (比較) platter, (最上) plattest) ① 平らな, 平べったい, ぺちゃんこの. (英 *flat*). ein *plattes* Land 平地 / eine *platte* Nase 低い鼻 / Der Reifen ist *platt*. そのタイヤはパンクしている / *platt* auf dem Bauch liegen 腹ばいになっている. ② 平凡な, 月並みな, おもしろみのない. eine *platte* Konversation 退屈な会話. ③《付加語としてのみ》明白な, まったくの. eine *platte* Lüge 真っ赤なうそ. ④《成句的に》*platt* sein 《口語》あっけにとられている, 唖然(ｱｾﾞﾝ)としている.

Platt [プラット plát] 中 -[s]/ 低地ドイツ語;《方》方言. Hamburger *Platt* ハンブルク方言.

Plätt=brett [プレット・ブレット] 中 -[e]s/-er 《北ドイツ・中部ドイツ》アイロン台 (=Bügelbrett).

platt=deutsch [プラット・ドイチュ] 形《言》低地ドイツ語の (=niederdeutsch).

****die Plat·te** [プラッテ pláta] 女 (単) -/(複) -n ① 板, プレート, タイル. (英 *plate*). Glas*platte* ガラス板 / eine *Platte* aus Metall (Stein) 金属板(石板). ② レコード (=Schall*platte*). eine *Platte*⁴ hören (spielen) レコードを聞く(かける) / eine neue *Platte*⁴, b)《口語》話題を変える / die *Platte*⁴ kennen《口語》事情を知っている / ständig dieselbe *Platte*⁴ laufen lassen《口語》いつも同じことばかり話す / 〔軍〕⁴ auf der *Platte* haben《口語》物⁴をマスターしている. ③ 平皿;平皿に盛りつけた料理. Käse*platte* チーズの盛り合わせ / eine kalte *Platte* ハム・

-セージ類の盛り合わせ. ④ (登山で:)岩棚. ⑤《口語》はげ頭. ⑥《写》乾板. nicht **auf** die *Platte* kommen《口語》問題にならない.

Plätt⚬ei・sen [プレット・アイゼン] 中 -s/-《北ドイツ・中部ドイツ》アイロン (= Bügeleisen).

plät⚬ten [プレッテン plέtən] 他 (h)《北ドイツ・中部ドイツ》(洗濯物など⁴に)アイロンをかける (= bügeln).

Plat⚬ten⚬spie・ler [プラッテン・シュピーラァ] 男 -s/- レコードプレーヤー.

Plat・ten⚬tel・ler [プラッテン・テラァ] 男 -s/- (レコードプレーヤーの)ターンテーブル.

Plat・ten⚬wechs・ler [プラッテン・ヴェクスラァ] 男 -s/- (CD・レコードの)オートチェンジャー.

plat・ter⚬dings [プラッタァ・ディングス] 副《口語》まったく, 絶対に, どうしても. Das ist *platterdings* unmöglich. それはまったく不可能だ.

Platt⚬form [プラット・フォルム] 女 -/-en ①（山・塔などの)展望台. ② (電車・列車の)乗降口, デッキ. (ご注意)「(駅の)プラットホーム」は Bahnsteig). ③ (考え方・行動の)基盤, 出発点. eine gemeinsame *Plattform* 共通の基盤.

Platt⚬fuß [プラット・フース] 男 -es/..füße ①《ふつう 複》《医》扁平(ｾﾝﾍﾟｲ)足. ②《口語》パンクしたタイヤ.

platt⚬fü・ßig [プラット・フュースィヒ] 形 扁平(ｾﾝﾍﾟｲ)足の.

Platt⚬heit [プラットハイト] 女 -/-en ①《複 なし》《比》平たん, 単調, 陳腐. ② 月並みな言い回し(表現).

plat・tie・ren [プラティーレン platíːrən] 他 (h)①《工》《物⁴に》めっきする. ②《織》《物⁴に》混紡する.

Plat・ti・tü・de [プラティテューデ platityːdə] 女 -/-n《雅》月並みな言葉, 陳腐な表現.

der **Platz** [プラッツ pláts]

> **広場; 座席**
>
> Ist dieser *Platz* noch frei?
> イスト ディーザァ プラッツ ノッホ フライ
> この席はまだ空いていますか.

格	単	複
1	der Platz	die Plätze
2	des Platzes	der Plätze
3	dem Platz	den Plätzen
4	den Platz	die Plätze

男 (単 2) -es/(複) Plätze [プレッツェ] (3 格のみ Plätzen) ① (町の)**広場**. (英 town square). ein runder *Platz* 円形の広場 / Vor dem Schloss ist ein großer *Platz*. 宮殿の前に大きな広場がある / **Auf** dem *Platz* steht ein Kiosk. 広場に売店がある.

② **座席**, 席. (英 seat). ein guter *Platz* 良い席 / Hier sind noch zwei *Plätze* frei. ここにまだ二つ席が空いている / 《雅》座る, 腰を下ろす ⇒ Bitte, nehmen Sie *Platz*! どうぞおかけください / *Platz*⁴ behalten そのまま席に着いている / einen *Platz* im Theater bestellen 劇場の座席を予約する / den *Platz* wechseln (または tauschen) 席を替える.

③ (特定の)**場所**, 位置; 当地. (英 place). ein windgeschützter *Platz* 風の当たらない場所 / Die Bücher stehen nicht **an** ihrem *Platz*. それらの本はしかるべき場所にない / das beste Geschäft am *Platz* 当地最高の店 / **Auf** die *Plätze*, fertig, los! (陸上競技で:)位置について, 用意, どん. (類語 Ort).

④ 競技場, フィールド, グラウンド. Der Klub hat keinen eigenen *Platz*. そのスポーツクラブはホームグラウンドを持っていない.

⑤《複 なし》余地, スペース. (英 space). Hier ist *Platz* **für** vier Personen. ここは4人分のスペースがある / Ich habe keinen *Platz* mehr für neue Bücher. 新しい本を置くスペースがもうない / 人³ *Platz*⁴ machen 人³のために場所を空ける.

⑥ 地位, ポジション; [先着]順位. Der neue Mann hat ihn von seinem *Platz* verdrängt. その新人が彼をその地位から追い出した / den ersten *Platz* ein|nehmen (競技で:) 1位になる.

【新形】
Platz spa・rend 場所を取らない, かさばらない.

(ご注意) ..platz のいろいろ: Arbeits*platz* 職場 / Bau*platz* 建築用地 / Camping*platz* キャンプ場 / Ehren*platz* 貴賓席 / Fenster*platz* 窓側の席 / Fest*platz* (祝祭の)式場 / Flug*platz* 飛行場 / Fußball*platz* サッカー競技場 / Markt*platz* (市のたつ)[中央]広場 / Park*platz* 駐車場 / Sitz*platz* 座席 / Spiel*platz* 遊び場 / Sport*platz* 運動場 / Steh*platz* 立ち見席 / Tennis*platz* テニスコート.

Platz⚬angst [プラッツ・アングスト] 女 -/ ①《口語》閉所恐怖[症]. ②《心・医》広場恐怖[症](広場や通りを渡るときに覚える病的不安感).

Platz⚬an・wei・se・rin [プラッツ・アンヴァイゼリン] 女 -/..rinnen (劇場などの女性の)座席案内係.

Plätz・chen [プレッツヒェン plétsçən] 中 -s/- (Platz の 縮小) ① 小さな場所; 小さな広場; ささやかな地位. ② (平たくて小さな)ビスケット (クッキー).

Plät・ze [プレッツェ] *Platz (広場)の 複.

plat・zen [プラッツェン plátsən] du platzt (platzte, ist geplatzt) 自 (s) sein) ① (風船・導管などが)破裂する, はち切れる; (衣服が)びりっと裂ける. (英 burst). Bomben *platzen*. 爆弾が破裂する / Der Reifen *ist geplatzt*. 《現在完了》タイヤがパンクした / **vor** 物³ 《現在完了》《比》《物³で感情が》はじける ⇒ Wir *sind* vor Lachen [fast] *geplatzt*. 《現在完了》私たちはどっと笑った / vor Wut *platzen* 怒りを爆発させる.

②《口語》(計画などが)だめになる, つぶれる; (うそなどが)ばれる. Ihre Verlobung *ist geplatzt*.

platzieren

《現在完了》彼らの婚約はおじゃんになった. ③ [in **物**⁴ ~] (口語) (**物**⁴へ)突然やって来る. [人]³ ins Haus *platzen* [人]³の家へ突然やって来る.

plat·zie·ren [プラツィーレン platsíːrən] I 他 (h) ① ([人]⁴を…に)座らせる, 配置する. ② (スポ) (ボールなど⁴を…へ)ねらって打ち込む. ③ 《商》投資する. II 再帰 (h) *sich*⁴ *platzieren* (スポ) (1位を除く上位に)入賞する.

Platz≠kar·te [プラッツ・カルテ] 女 -/-n 《鉄道》(列車などの)座席指定券.

Platz≠kon·zert [プラッツ・コンツェルト] 中 -[e]s/-e 野外演奏会.

Platz≠man·gel [プラッツ・マンゲル] 男 -s/ 座席の不足; 場所(スペース)の不足.

Platz≠pat·ro·ne [プラッツ・パトローネ] 女 -/-n 《軍》(演習用の)空包.

Platz≠re·gen [プラッツ・レーゲン] 男 -s/- (局地的な)土砂降り, 集中豪雨.

platz≠spa·rend 形 (新形) Platz sparend ☞ Platz

platz·te [プラッツテ] ‡platzen (破裂する)の過去

Platz≠ver·weis [プラッツ・フェアヴァイス] 男 -es/-e (スポ)(球技などで:)退場命令.

Platz≠wech·sel [プラッツ・ヴェクセル] 男 -s/- ① 席の交換(変更). ② (球技で:)コートチェンジ; ポジションの交替.

Platz≠wun·de [プラッツ・ヴンデ] 女 -/-n 《医》裂傷.

Plau·de·rei [プラオデライ plaudəráɪ] 女 -/-en おしゃべり, 雑談; (新聞などの)漫筆. (☞ 類語 Gespräch.)

Plau·de·rer [プラオデラァ pláudərər] 男 -s/- ① 話し上手[な人]. ② おしゃべり[な人].

*plau·dern [プラオダァン pláudərn] (plauderte, *hat*...geplaudert) 自 (完了 haben) ① おしゃべりをする; 雑談する; (話題などについて)気楽にしゃべる. (英 chat). *mit dem Nachbarn plaudern* 隣人とおしゃべりする / *Er plauderte von seinen Erlebnissen.* 彼は自分の体験をあれこれおしゃべりした. ② 口外する, 秘密を漏らす.

Plau·der≠stünd·chen [プラオダァ・シュテュントヒェン] 中 -s/- (気楽な)おしゃべりのひと時.

plau·der≠ta·sche [プラオダァ・タッシェ] 女 -/-n (戯)《蔑称的に:》おしゃべり[な人](特に女性).

plau·der·te [プラオダァテ] *plaudern (おしゃべりする)の過去

Plau·der≠ton [プラオダァ・トーン] 男 -[e]s/- (話し方・文体の)くだけた調子, 雑談風の調子.

Plausch [プラオシュ pláʊʃ] 男 -es/-e 《ふつう単》《南ドツ・オーストリア》(気楽な)おしゃべり, 雑談.

plau·schen [プラオシェン pláʊʃən] 自 (h) ① 《南ドツ・オーストリア》(気楽に)おしゃべりする, 雑談する. ② (ウソ)はったりを言う; 秘密をぺらぺらしゃべる.

plau·si·bel [プラオズィーベル plaʊzíːbəl] 形 納得のいく, もっともな. *eine plausible Erklärung* 納得のいく説明 / [人]³ [事]⁴ *plausibel machen* [人]³に[事]⁴をなるほどと思わせる.

Play·boy [プレイ・ボイ pléɪbɔɪ] [英] 男 -s/-s プレイボーイ, 道楽者, 遊び人.

Pla·zen·ta [プラツェンタ platsénta] 女 -/-s (または ..zenten) ① 《医》胎盤. ② 《植》胎座.

Pla·zet [プラーツェット pláːtsɛt] 中 -s/-s 承認, 同意. *sein Plazet*⁴ *zu* [事]³ (または *für* [事]⁴) *geben* [事]³(または[事]⁴)に同意する.

pla·zie·ren ☞ (新形) platzieren

Ple·be·jer [プレベーヤァ plebéːjər] 男 -s/- ① (古代ローマの)平民. ② (比)粗野(無教養)な人.

ple·be·jisch [プレベーイッシュ plebéːjɪʃ] 形 ① (古代ローマの)平民の, 庶民の. ② (比)無教養な, 粗野な.

Plebs [プレップス pléps] I 女 -/ (古代ローマの)平民 II 男 -es/(オーストリア: -/) (比)愚民, 無教養な大衆.

plei·te [プライテ pláɪtə] 形 《成句的に:》 *pleite* (新形) *Pleite*) *gehen* 《口語》破産する / *pleite sein* 《口語》a) 破産している, b) 一文無しである.

Plei·te [プライテ] 女 -/-n 《俗》① 破産, 倒産. *Pleite gehen* 破産する / *kurz vor Pleite stehen* 破産しかかっている. ② 不首尾, 失敗.

Plei·te≠gei·er [プライテ・ガイァ] 男 《口語》(破産の象徴としての)はげたか.

plem·plem [プレム・プレム plem-plém] 形 《俗》気の狂った, 頭のおかしい.

Ple·nar≠sit·zung [プレナール・ズィッツング] 女 -/-en 総会, 全体会議.

Ple·num [プレーヌム pléːnʊm] 中 -s/Plenen (または Plena) 総会, 全体会議.

Ple·o·nas·mus [プレオナスムス pleonásmʊs] 男 -/..nasmen 《修》冗語[法](必要以上に表現を重複させること).

Pleu·el≠stan·ge [プロイエる・シュタンゲ] 女 -/-n 《工》連接棒, コネクティングロッド.

Ple·xi≠glas [プレクスィ・グラース] 中 -es/- 《商標》プレキシガラス(合成樹脂の一種. 飛行機の窓などに用いる).

Plin·se [プリンゼ plínzə] 女 -/-n 《東ドツ》(料理)(中に果物などを詰めた)パンケーキ; [ポテト]パンケーキ.

Plis·see [プリセー plisé:] 中 -s/-s 《服飾》① プリーツ. ② プリーツ(ひだ)をつけた布地.

Plis·see≠rock [プリセー・ロック] 男 -[e]s/..röcke プリーツスカート.

plis·sie·ren [プリスィーレン plisí:rən] 他 (h) (スカートなど⁴に)プリーツ(ひだ)をつける.

Plom·be [プロンベ plómbə] 女 -/-n ① (鉛の)封印. ② (虫歯の)充塡(じゅうてん)材.

plom·bie·ren [プロンビーレン plɔmbíːrən] 他 (h) ① (物⁴に)鉛の封印をする. ② (歯⁴に)充塡(じゅうてん)する.

Plöt·ze [プレッツェ plétsə] 女 -/-n 《魚》ローチ(ヨーロッパ産の淡水魚).

*plötz·lich [プレッツリヒ plétslɪç] I 副 突然, 急に, 不意に; (口語)早く. (英 suddenly). *Er stand plötzlich auf.* 彼は突然立ち上がっ

た / *Plötzlich* fing es an zu regnen. 急に雨が降りだした / Los, ein bisschen *plötzlich*! 《口語》さあ, もう少し急いで.
II 形 **突然の**, 急の, 不意の. (英 *sudden*). ein *plötzlicher* Besuch 不意の客 / ein *plötzlicher* Stromausfall 突然の停電.

Plötz·lich·keit [プレッツリヒカイト] 女 -/ 突然なこと, 突発性, 不意.

Plu·der·ho·se [プルーダァ・ホーゼ] 女 -/-n (ひざ下でくくる)ゆったりした半ズボン.

Plu·meau [プリュモー plymó:] 中 -s/-s (小さな)羽布団.

plump [プルンプ plúmp] 形 ① (太って)不格好な, ぶざまな. ② 鈍重な, ぎこちない, もたもたした(動き・歩き方など). ③ 見えすいた(うそ・お世辞など); 無作法な, ずうずうしい. sich⁴ 人³ *plump* nähern 人³になれなれしく近づく.

Plump·heit [プルンプハイト] 女 -/-en ① 《複なし》不器用. ② 不器用な言動.

plumps! [プルンプス plúmps] 間 (落下の音:)どしん, どぼん, ばたん.

Plumps [プルンプス] 男 -es/-e 《口語》どしん(どぼん)という音; どしんと落ちること.

plump·sen [プルンプセン plúmpsən] I 非人称 (h)《口語》Es *plumpst*. どしん(どぼん)と音がする. II 自 (s)《口語》(…へ)どしん(どぼん)と落ちる.

Plun·der [プルンダァ plúndər] 男 -s/ ①《口語》古道具, がらくた. ② イースト生地を使ったパイ].

Plün·de·rer [プリュンデラァ plýndərər] 男 -s/- 略奪者(兵).

plün·dern [プリュンダァン plýndərn] I 他 (h)(店など⁴を)略奪する. die Stadt⁴ *plündern* (侵略軍などが)町を略奪する / den Kühlschrank *plündern* 《戯》冷蔵庫の食べ物を全部平らげてしまう. II 自 (h) 略奪をする.

Plün·de·rung [プリュンデルング] 女 -/-en 略奪.

Plu·ral [プルーラーる plú:ra:l] 男 -s/-e《言》① 複数(略: Pl.). (⇔「単数」は Singular). ② 複数形[の語].

Plu·ra·lis·mus [プるラリスムス pluralísmus] 男 -/《政・社》多元性, 多数党主義;《哲》多元論.

plu·ra·lis·tisch [プるラリスティッシュ pluralístɪʃ] 形《政・社》多元的な, 多数党主義の;《哲》多元論的な.

***plus** [プるス plús] I 接《数》プラス, 足す. (⇔「マイナス」は minus). Fünf *plus* drei ist (または macht または gibt) acht. 5 足す 3 は 8.
II 副《数・電》プラス, 正;(温度が:)プラス.(⇔「マイナス」は minus). *plus* drei Grad または drei Grad *plus* プラス 3 度.
III 前《2 格とともに》《商》…を加えて. (⇔「…を差し引いて」は minus).

Plus [プるス] 中 -/- ①《商》剰余金, 利益, 黒字. ② 長所, 利点, プラス; プラスの評価. (⇔「マイナス」は Minus).

Plüsch [プリュッシュ plýʃ] または プリューシュ plý:ʃ] 男 -[e]s/(種類:) -e《織》プラッシュ, フラシ天(けばの長いビロードの一種. 家具の上張り・カーテンなどに用いる).

Plus·pol [プるス・ポーる] 男 -s/-e《電》陽極. (⇔「陰極」は Minuspol).

Plus·punkt [プるス・プンクト] 男 -[e]s/-e ① 得点, ポイント. ②《比》有利な点, 強み.

Plus·quam·per·fekt [プるスクヴァム・ペルフェクト plúskvam-pɛrfɛkt] 中 -s/-e《言》過去完了[形].

Plus·zei·chen [プるス・ツァイヒェン] 中 -s/-《数》プラス記号(記号: ＋).

Plu·to [プるートー plú:to] I -s/《ギリ神》プルートー(死者の国の支配者ハーデスの別名). II 男 -/《定冠詞なし》《天》冥王(星).

Plu·to·ni·um [プるトーニウム plutó:nium] 中 -s/《化》プルトニウム(記号: Pu).

PLZ [ペー・エる・ツェット]《略》郵便番号(= Postleitzahl).

Pm [ペー・エム]《化・記号》プロメチウム(= Promethium).

p. m.《略》①[ピー エム] 午後(= post meridiem). ②[プロー ミれ] 1,000 につき(= pro mille; 記号: ‰).

Pneu·ma·tik [プノイマーティク pnɔymá:tɪk] I 女 -/-en ①《複なし》《物》気体力学. ②《工》送風装置 II 男 -s/-s (オースマ: 女 -/-en)《オースマ・スイス》空気タイヤ.

pneu·ma·tisch [プノイマーティッシュ pnɔymá:tɪʃ] 形 ①《工》圧搾空気による;《生》空気の入った, 含気性の. eine *pneumatische* Bremse エアブレーキ. ②《神学》霊的な, 聖霊の;《哲》プネウマの.

Po [ペー・オー]《化・記号》ポロニウム(= Polonium).

Pö·bel [ペーベる pǿ:bəl] 男 -s/ 賤民(ﾟﾝﾐﾝ), 下層民; 暴徒.

pö·bel·haft [ペーベるハフト] 形 賤民(ﾟﾝﾐﾝ)のような, 野卑な.

***po·chen** [ポッヘン póxən] (pochte, hat … gepocht) 自《定テン haben》《雅》① とんとんたたく, ノックする. (英 *knock*). an die Tür *pochen* ドアをノックする.《非人称の es を主語として》Es *pocht*. ノックの音がする. ②(心臓・血管などが)どきどき(鼓動)する. Mein Herz *pochte* vor Angst. 私の心臓は不安のあまりどきどきした. ③《auf 事⁴》《事⁴を》主張する; 自慢する. Er *pocht* auf sein Recht. 彼は自分の権利を主張する.

poch·te [ポホテ] *pochen (とんとんたたく)の過去

Po·cken [ポッケン pókən] 複《医》天然痘(ﾄｳ), 痘瘡(ﾄｳｿｳ).

Po·cken·imp·fung [ポッケン・インプフング] 女 -/-en《医》種痘(ﾄｳ).

Po·cken·nar·be [ポッケン・ナルベ] 女 -/-n《ふつう複》《医》痘痕(ﾄｳｺﾝ), あばた.

po·cken·nar·big [ポッケン・ナルビヒ] 形 痘痕(ﾄｳｺﾝ)(あばた)のある.

Po·cket⹀ka·me·ra [ポキット・カメラ] 女 -/-s ポケットカメラ.

Po·dag·ra [ポーダグラ pó:dagra] 中 -s/《医》足部痛風.

Po·dest [ポデスト podést] 中 男 -[e]s/-e ① 小さな台, 小演壇. ②《方》(階段の)踊り場.

Po·dex [ポーデクス pó:dɛks] 男 -[es]/-e 《口語・戯》尻(しり), けつ(=Gesäß).

Po·di·um [ポーディウム pó:dium] 中 -s/..dien [..ディエン] 壇, ステージ; 演壇, 台;《建》(神殿などの)基壇.

Po·di·ums⹀dis·kus·si·on [ポーディウムス・ディスクスィオーン] 女 -/-en パネルディスカッション.

* *die* **Po·e·sie** [ポエズィー poezí:] 女 (単) -/ (複) -n [..ズィーエン] (《英》 poetry) ①《覆なし》(ジャンルとしての)詩, 詩文学. ②《作品としての》詩. Goethes *Poesie* ゲーテの詩. ③《覆なし》詩情, 詩趣.

Po·e·sie⹀al·bum [ポエズィー・アルブム] 中 -s/..alben 寄せ書き帳(記念に友人たちが金言や詩を書き入れる).

Po·et [ポエート poé:t] 男 -en/-en 《戯》詩人 (=Dichter).

Po·e·tik [ポエーティク poé:tɪk] 女 -/-en 詩学, 詩論; 詩学概論.

* **po·e·tisch** [ポエーティッシュ poé:tɪʃ] 形 ① 詩の, 韻文の, 詩文学の. (《英》 *poetic*). ein *poetisches* Werk 詩作品. ② 詩的な, 詩情豊かな. eine *poetische* Schilderung 詩的な叙述.

Pog·rom [ポグローム pogró:m] 男 中 -s/-e (少数民族・特定の集団に対する)迫害.

Poin·te [ポエーンテ poɛ̃:tə] 女 -/-n 要点, 眼目; (物語の)やま, (しゃれの)落ち. eine geistreiche *Pointe* 機知に富んだ落ち.

poin·tie·ren [ポエンティーレン poɛ̃tí:rən] 他 (h) (覆4を)際だたせる, 強調する.

poin·tiert [ポエンティーアト] I pointieren (際だたせる)の過分 II 形 的を突いた, 的確な(コメントなど).

Po·kal [ポカール poká:l] 男 -s/-e ① 脚付きの杯;《ス》優勝杯(カップ). ②《覆なし》優勝杯争奪戦.

Po·kal⹀spiel [ポカール・シュピール] 中 -[e]s/-e 《ス》優勝杯(カップ)争奪戦.

Pö·kel [ペーケル pǿ:kəl] 男 -s/- (肉などを漬ける)塩汁.

Pö·kel⹀fleisch [ペーケル・ふらイシュ] 中 -[e]s/- 塩漬け肉.

Pö·kel⹀he·ring [ペーケル・ヘーリング] 男 -s/-e 塩漬けにしん.

pö·keln [ペーケルン pǿ:kəln] 他 (h) (肉・魚など4を)塩漬けにする.

Po·ker [ポーカァ pó:kər] 《英》中 男 -s/ ポーカー(トランプ遊びの一種).

po·kern [ポーカァン pó:kərn] 自 (h) ① ポーカーをする. ② (商売などで)思いきった手をうつ.

* *der* **Pol** [ポール pó:l] 男 (単2) -s/(複) -e (3格のみ -en) ① 極;《天》極. (《英》 *pole*). Nord*pol* 北極 / Süd*pol* 南極 / die beiden *Pole* der Erde² 地球の両極. ②《物》極, 磁極, 電極. der positive (negative) *Pol* 陽極(陰極). ③《数》(球形などの)極. der ruhende *Pol*《比》ものに動ぜず頼りになる人(←不動の極).

po·lar [ポラール polá:r] 形 ① 北極(南極)の, 両極の, 極地の. ②《比》対極的な, 正反対の. *polare* Begriffe 正反対の概念.

Po·lar⹀fuchs [ポラール・フクス] 男 -es/..füchse 《動》ホッキョクギツネ.

Po·la·ri·sa·ti·on [ポラリザツィオーン polarizatsió:n] 女 -/-en ①《化》分極;《物》偏光. ②(意見・思想などの)対極化, 分極化.

po·la·ri·sie·ren [ポラリズィーレン polarizí:rən] I 他 (h)《化》(分子など4を)分極させる;《物》(光4を)偏光させる. II 再帰 (h) *sich⁴ polarisieren*《意見・思想などが》対極化(分極化)する.

Po·la·ri·tät [ポラリテート polarité:t] 女 -/-en ①《物・天》[両]極性. ② 対極性, 二元性, 両極的対立.

Po·lar⹀kreis [ポラール・クライス] 男 -es/-e 《地理》極圏. der nördliche (südliche) *Polarkreis* 北極(南極)圏.

Po·lar⹀licht [ポラール・リヒト] 中 -[e]s/-er オーロラ, 極光.

Po·lar⹀nacht [ポラール・ナハト] 女 -/..nächte 白夜, 極夜(太陽が常に地平線下にある).

der **Po·lar⹀stern** [ポラール・シュテルン] 男 -[e]s/ 《定冠詞とともに》《天》北極星.

Pol·der [ポルダァ póldər] 男 -s/- 干拓地(特に東フリースラントとオランダ沿岸のもの).

Po·le [ポーれ pó:lə] 男 -n/-n ポーランド人. (☞ 女性形はPolin).

Po·le·mik [ポれーミク polé:mɪk] 女 -/-en ① 論争, 論戦. ②《覆なし》(発言などの)論争的性格.

po·le·misch [ポれーミッシュ polé:mɪʃ] 形 論争の; 論争好きな, 攻撃的な.

po·le·mi·sie·ren [ポれミズィーレン polemizí:rən] 自 (h) 論争する. **gegen** 人・事⁴ *polemisieren* 人・事⁴に対して反論する.

po·len [ポーれン pó:lən] 他 (h) (電)(物4を)電極につなぐ.

* **Po·len** [ポーれン pó:lən] 中 (単2) -s/《国名》ポーランド[共和国](首都はワルシャワ).

Po·len·te [ポれンテ poléntə] 女 -/《俗》ポリ公, さつ(警官).

Po·li·ce [ポリーセ polí:sə] 女 -/-n 《商》保険証券.

Po·lier [ポリーァ polí:r] 男 -s/-e (建築現場の)現場監督, 職人頭.

po·lie·ren [ポリーレン polí:rən] 他 (h) (物4をぴかぴかに)磨く, 研磨する;《比》(文章など4に)磨きをかける. das Auto⁴ *polieren* 車を磨く. ◇《過去分詞の形で》*polierte* Möbel 磨き上げられた家具.

Po·li·kli·nik [ポーリ・クリニク pó:li-kli:nɪk] 女 -/-en (総合病院の)外来診療部.

Po·lio [ポーリオ pó:lio] 女 -/ =**Polio**myelitis
Po·li·o·my·e·li·tis [ポリオミュエリーティス poliomyelí:tɪs] 女 -/..tiden [..りティーデン] 《医》ポリオ, [脊髄性]小児麻痺(の).
Po·lit·bü·ro [ポリット・ビューロー] 中 -s/-s (共産党などの)中央委員会政治局 (=**Politisches Büro**).
Po·li·tes·se [ポリテッセ politésə] 女 -/-n 婦人[補助]警官(主に駐車違反などを取り締まる).

die **Po·li·tik** [ポリティーク polití:k] 女 (単) /-en 《ふつう 単》① 政治; 政策. (英 *politics*). 「ドイツ連邦共和国の政治」☞ 巻末付録, 1807 ページ). die innere (auswärtige) *Politik* 内政(外交) / die internationale *Politik* 国際政治 / eine *Politik* der Entspannung² 緊張緩和政策 / eine gemeinsame *Politik*⁴ betreiben 共同政策をとる / Ich interessiere mich sehr für *Politik*. 私は政治にたいへん関心があります / **in** die *Politik* gehen 政界に入る.
② 策略, 駆け引き, 手口. eine kluge *Politik* 巧妙な策略.

der **Po·li·ti·ker** [ポリーティカァ polí:tikər] 男 (単2) -s/(複) – (3格のみ –n) 政治家. (英 *politician*). (☞ 女性形は Politikerin). ein konservativer *Politiker* 保守的な政治家.
Po·li·ti·kum [ポリーティクム polí:tikum] 中 -s/..tika 政治上の重要事件(出来事).

*po·li·tisch [ポリーティッシュ poli:tɪʃ] 形 ① 政治の, 政治的な; 政党の. (英 *political*). *politische* Parteien 政党 / ein *politisches* Verbrechen 政治犯罪 / die *politische* Lage 政治情勢 / Er ist *politisch* tätig. 彼は政治活動をしている. ② 政略的な, 巧妙な, 賢明な. *politisch* handeln 政略的に行動する / Diese Entscheidung war nicht sehr *politisch*. この決定はあまり得策ではなかった.
po·li·ti·sie·ren [ポリティズィーレン politizí:rən] I 自 (h) (素人(ほう)が)政治を論じる; 政治活動をする. II 他 (h) ① (人⁴に)政治的関心を持たせる. ② (事⁴を)政治問題化する.
Po·li·to·lo·ge [ポリトローゲ politológə] 男 -n/-n 政治学者. (☞ 女性形は Politologin).
Po·li·to·lo·gie [ポリトろギー politologí:] 女 -/ 政治学.
Po·li·tur [ポリトゥーァ politú:r] 女 -/-en ① 光沢, つや. ② つや出し剤, ワニス(光沢塗料).

die **Po·li·zei** [ポリツァイ politsái]

| 警察 | Bitte rufen Sie die *Polizei*! ビッテ ルーフェン ズィー ディ ポリツァイ 警察を呼んでください. |

女 (単) -/(複) -en 《ふつう 単》① 警察; 警察署. (英 *police*). Verkehrs*polizei* 交通警察 / sich⁴ der *Polizei*³ stellen 警察に出頭(自首)する / (人⁴ を der *Polizei*³ übergeben (人⁴を警察に引き渡す / sich⁴ **bei** der *Polizei* melden (転入・住所などを)警察に届け出る / **zur** *Polizei* gehen 警察署に行く.
② 《複》なし》(総称として:)警察, 警察官. die *Polizei*⁴ holen 警官を連れてくる / Die *Polizei* regelt den Verkehr. 警察が交通整理をしている.
Po·li·zei≠auf·sicht [ポリツァイ・アオふズィヒト] 女 -/ 警察による監視, 保護監察.
Po·li·zei≠be·am·te[r] [ポリツァイ・ベアムタ(..タァ)] 男 《語尾変化は形容詞と同じ》警官.
Po·li·zei≠hund [ポリツァイ・フント] 男 -[e]s/-e 警察犬.
Po·li·zei≠kom·mis·sar [ポリツァイ・コミサール] 男 -s/-e 警部.

*po·li·zei·lich [ポリツァイリヒ politsáılıç] 形 警察の, 警察による; 警察への. (英 *of the police*). *polizeiliche* Ermittlungen 警察による捜査 / unter *polizeilicher* Aufsicht 警察の監督のもとで / Die Straße ist *polizeilich* gesperrt. 《状態受動・現在》その通りは警察によって遮断されている / sich⁴ *polizeilich* an|melden (転入などを)警察に届け出る.
Po·li·zei≠prä·si·dent [ポリツァイ・プレズィデント] 男 -en/-en 警視総監, (大都市の)警察本部長.
Po·li·zei≠prä·si·di·um [ポリツァイ・プレズィーディウム] 中 -s/..dien [..ディエン] 警視庁, (大都市の)警察本部.
Po·li·zei≠re·vier [ポリツァイ・レヴィーァ] 中 -[e]s/-e ① (管区の)警察署. ② 警察管区.
Po·li·zei≠spit·zel [ポリツァイ・シュピッツェる] 男 -s/– (軽蔑的に:)警察への内報者.
Po·li·zei≠staat [ポリツァイ・シュタート] 男 -[e]s/-en 警察国家.
Po·li·zei≠strei·fe [ポリツァイ・シュトライふェ] 女 -/-n 警察のパトロール; パトロールの警官.
Po·li·zei≠stun·de [ポリツァイ・シュトゥンデ] 女 -/-n 《ふつう 単》(飲食店などの)法定閉店時刻.
Po·li·zei≠wa·che [ポリツァイ・ヴァッヘ] 女 -/-n 警察派出所, 交番.
po·li·zei≠wid·rig [ポリツァイ・ヴィードリヒ] 形 警察の命令(指示)に違反した.

der **Po·li·zist** [ポリツィスト politsíst] 男 (単2·3·4) -en/(複) -en 警官, 巡査. (英 *policeman*). Verkehrs*polizist* 交通警官 / Die *Polizisten* regeln den Verkehr. 警官たちが交通整理をしている / Er fragt den *Polizisten* nach dem Weg. 彼は警官に道を尋ねる.
Po·li·zis·tin [ポリツィスティン politsístɪn] 女 -/..tinnen (女性の)警官, 婦人警官.
Pol·ka [ポるカ pólka] 女 -/-s ポルカ(快活な2/4拍子のボヘミアの輪舞[曲]).
Pol·len [ポれン pólən] 男 -s/– 《植》花粉 (=Blütenstaub).
pol·nisch [ポるニッシュ pólnɪʃ] 形 ポーランド[人・語]の.
Po·lo [ポーろ pó:lo] 中 -s/ 《スポ》ポロ.
Po·lo≠hemd [ポーろ・ヘムト] 中 -[e]s/-en 《服飾》ポロシャツ.
Po·lo·nai·se [ポろネーゼ polonέ:zə] 《フス》女 -/-n =Polonäse

Po·lo·nä·se [ポろネーゼ poloné:zə] 囡 -/-n ポロネーズ(3/4 拍子のポーランドの舞踏[曲]).

Po·lo·ni·um [ポろーニウム poló:nium] 中 -s/ 《化》ポロニウム(記号: Po).

Pols·ter [ポるスタァ pólstər] **I** 中 -s/- ① (ソファーなどの)クッション; (衣服の)パッド; 《工》当て物; クッション. ② (資金などの)予備[額], (経済的)余裕. **II** 男 -s/- (または Pölster) 《ホッシァ》クッション, 枕(ネネら).

Pols·ter⹀mö·bel [ポるスタァ・メーべる] 中 -s/- (クッションの付いた)布張り(革張り)家具(いす・ソファーなど).

pols·tern [ポるスタァン pólstərn] 他 (h) (いすなど⁴に)クッションを付ける, 詰め物をする. Stühle⁴ mit Roßhaar *polstern* いすに馬の毛を詰める.

Pols·ter⹀ses·sel [ポるスタァ・ゼッセる] 男 -s/- (クッションの付いた)布張り(革張り)の安楽いす.

Pols·te·rung [ポるステルング] 囡 -/-en ① 詰め物をすること. ② クッション, 詰め物.

Pol·ter⹀abend [ポるタァ・アーベント] 男 -s/-e 婚礼の前夜祭(花嫁の家の前でつぼ・食器などを砕いて新郎新婦の幸運を祈る).

Pol·ter⹀geist [ポるタァ・ガイスト] 男 -[e]s/-er (騒がしい音をたてる)幽霊, 家の精, ポルターガイスト.

pol·tern [ポるタァン pólːtərn] 自 (h, s) ① (h) ごとごと(がたがた)音をたてる. **an** die Tür *poltern* ドアをどんどんたたく. ◇非人称の es を主語として) Draußen *poltert* es. 外でがたがた音がする. ② (s) (…へ)ごとごと(がたがた)音をたてて行く(来る・落ちる). ③ (h) がみがみどなる. ④ (h)《口語》婚礼の前夜を大騒ぎして祝う.

po·ly…, Po·ly… [ポりュ… poly… または ポりュ..]《形容詞・名詞につける接頭》《多数》 例: *Poly*gamie 複婚.

Po·ly·a·mid [ポりュ・アミート poly-amí:t] 中 -s/-e 《化》ポリアミド(ナイロン等化学繊維の原料).

Po·ly·ä·thy·len [ポりュ・エテュれーン poly-ɛtylé:n] 中 -s/-e 《化》ポリエチレン.

Po·ly·e·der [ポりュエーダァ polyé:dər] 中 -s/- 《数》多面体.

Po·ly·es·ter [ポりュ・エスタァ polyː-ɛ́stər] 男 -s/- 《化》ポリエステル.

po·ly·fon [ポりュふォーン polyfó:n] 形 = polyphon

Po·ly·fo·nie [ポりュふォニー polyfoníː] 囡 -/ = Polyphonie

Po·ly·ga·mie [ポりュガミー polygamíː] 囡 -/ ① 複婚[制](一夫多妻制・一妻多夫制). (⇒「一夫一婦[制]」は Monogamie). ② 《植》雌雄混種.

po·ly·glott [ポりュ・グろット poly-glót] 形 数か国語で書かれた(本など); 数か国語に通じた.

po·ly·mer [ポりュメーァ polymé:r] 形 《化・工》重合体の, ポリマーの.

Po·lyp [ポりゅープ polýːp] 男 -en/-en ① 《動》ポリプ; 《古・口語》蛸(ホᵢ), くらげ. ② 《医》茸腫(⁻ᵢᵢッ), ポリープ. ③ 《俗》巡査.

po·ly·phon [ポりュふォーン polyfó:n] 形 《音楽》ポリフォニーの, 多声の.

Po·ly·pho·nie [ポりュふォニー polyfoníː] 囡 -/ 《音楽》ポリフォニー, 多声音楽. (⇒「単声音楽」は Homophonie).

Po·ly·tech·ni·kum [ポりュ・テヒニクム po-ly-téçnikum] 中 -s/..nika (または ..niken) (昔の:)工業専門学校.

po·ly·tech·nisch [ポーりュ・テヒニッシュ pó:-ly-teçnɪʃ または ポりュ・テヒ..] 形 総合技術的な. die allgemeinbildende *polytechnische* Oberschule (旧東ドイツの)一般教育総合技術学校(10 年制の義務教育学校).

Po·ly·the·is·mus [ポりュ・テイスムス polyteísmʊs] 男 -/ 《哲・宗》多神論, 多神教. (⇒「一神論」は Monotheismus).

Po·ma·de [ポマーデ pomá:də] 囡 -/-n ポマード, 髪油; (転)《薬》リップクリーム.

po·ma·dig [ポマーディヒ pomá:dɪç] 形 ① ポマードをつけた. ②《方》思いあがった, 横柄な. ③《口語》のろい, だらだらした.

Po·me·ran·ze [ポメランツェ pomərántsə] 囡 -/-n 《植》ダイダイ(の実).

Pom·mern [ポンマァン pómərn] 中 -s/《地名》ポンメルン(バルト海沿岸の旧ドイツの州. 1945 年旧東ドイツとポーランドに分割されていた).

Pommes frites [ポム ふリット pɔm frít][ɹɹ] 複 《料理》ポンフリ, フライドポテト.

Pomp [ポンプ pómp] 男 -[e]s/ 華やかさ, 華麗, 豪華; 見せびらかし, 虚飾.

Pom·pe·ji [ポンペーイ pompé:ji] 中 -s/《地名》ポンペイ(紀元 79 年ヴェスヴィオ山の噴火で埋没したイタリアの古都).

pomp·haft [ポンプハふト] 形 華美な, はでな, けばけばしい.

pom·pös [ポンペース pompö́:s] 形 華麗な, 豪華な; 大げさな, これ見よがしの.

Pon·cho [ポンチョ póntʃo] [ɹɹ] 男 -s/-s ポンチョ(中南米の民族衣装で, 頭だけ出してすっぽりかぶる四角い外衣).

Pon·ti·fi·kal⹀amt [ポンティふィカーる・アムト] 中 -[e]s/..ämter 《ヵトッ》司教高座ミサ.

Pon·ti·fi·kat [ポンティふィカート pɔntifikáːt] 中 -[e]s/-e 《ヵトッ》司教(教皇)の職(任期).

Pon·ton [ポントーン pɔ̃tɔ̃ː または ポン.. pɔn..] [ɹɹ] 男 -s/-s 《海・軍》船橋(浮き橋)用の平底ボート.

Pon·ton⹀brü·cke [ポントーン・ブリュッケ] 囡 -/-n 《海・軍》船橋, 浮き橋.

Po·ny [ポニー póni または ポーニー pó:ni] [英] **I** 中 -s/-s ポニー, 小型の馬. **II** 男 -s/-s おかっぱの前髪.

Pool [プーる pú:l] [英] 中 -s/-s 《経》① プール, 共同出資. ② 企業連合.

Po·panz [ポーパンツ pó:pants] 男 -es/-e ①《古》お化けのわら人形; (軽蔑的に:)こけおどし. ② 人の言いなりになる人.

Pop-Art [ポップ・アールト] [英] 囡 -/ ポップアート.

Pop⹀corn [ポップ・コルン] [英] 中 -s/ ポップコーン.

Po·pe [ポーペ pó:pə] 男 -n/-n ① (ギリシア正教会で:)教区司祭. ② (軽蔑的に:)坊主.

Po·pel [ポーペる pó:pəl] 男 -s/- (口語) ① 鼻くそ. ② (方)鼻たれ小僧.

po·pe·lig [ポーペりヒ pó:pəlɪç] 形 ① (口語) みすぼらしい, 貧弱な. ② 平凡な, ありふれた. ③ けちな.

Po·pe·lin [ポペリーン popəlí:n] 男 -s/-e = Popeline

Po·pe·li·ne [ポペリーネ popəlí:n] 女 -/- (また は 男 -s/-) (織) ポプリン.

po·peln [ポーペるン pó:pəln] 自 (h) (口語) 鼻くそをほじくる.

Pop≤mu·sik [ポップ・ムズィーク] 女 -/ ポップス, ポピュラー音楽.

Po·po [ポポー popó:] 男 -s/-s (口語) お尻({¦}).

pop·pig [ポピヒ pópɪç] 形 ポップアート風の.

* **po·pu·lär** [ポプれーァ populέ:r] 形 (英 popular) ① (一般大衆に)人気のある, (世間に) よく知られた; 大衆に歓迎される. ein *populärer* Schlager ポピュラーソング / Der Politiker ist sehr *populär*. その政治家はたいへん人気がある. ② だれにでもわかる, 大衆向きの. eine *populäre* Ausdrucksweise 平易な言い回し / *populär* schreiben だれにでもわかるように書く.

po·pu·la·ri·sie·ren [ポプらリズィーレン popularizí:rən] 他 (h) ① (物⁴を)一般に普及させる, 世間に広める. ② (論文など⁴を)大衆向けにする.

Po·pu·la·ri·tät [ポプらリテート popularitέ:t] 女 -/ 人気, 一般受け; 大衆性. große (keine) *Popularität*⁴ genießen 非常に人気がある(人気がない).

po·pu·lär≤wis·sen·schaft·lich [ポプれーァ・ヴィッセンシャふトりヒ] 形 通俗科学的な.

Po·re [ポーレ pó:rə] 女 -/-n (ふつう 複) (医) 孔, 毛穴, 汗孔({¦}); (岩石などの)細孔.

Por·no [ポルノ pórno] 男 -s/-s (口語) ポルノ映画(小説).

Por·no≤film [ポルノ・ふぃるム] 男 -[e]s/-e ポルノ映画.

Por·no·gra·fie [ポルノグラふィー pornografí:] 女 -/-en [..ふぃーエン] ① (複 なし) ポルノ(グラフィー). ② ポルノ写真(映画・小説).

por·no·gra·fisch [ポルノグラーふぃッシュ pornográ:fɪʃ] 形 ポルノ[グラフィー]の.

Por·no·gra·phie [ポルノグラふィー pornografí:] 女 -/-n [..ふぃーエン] = Pornografie

por·no·gra·phisch [ポルノグラーふぃッシュ pornográ:fɪʃ] 形 = pornografisch

po·rös [ポレース poró:s] 形 ① 透過性の; 多孔性の. ② 小さな穴のあいた.

Po·ro·si·tät [ポロズィテート porozitέ:t] 女 -/ 透過性; 多孔性.

Por·phyr [ポルフューァ pórfy:r または ..フューァ] 男 -s/(種類:) -e (地学)斑岩({¦}).

Por·ree [ポレ póre] 男 -s/- (植)セイヨウネギ, リーキ. (☞ Gemüse 図).

Por·tal [ポルターる portá:l] 中 -s/-e (建) (寺院・城などの壮大な)正面玄関.

Porte·feuille [ポルトフェーイ portfó:j または ポルテ.. pɔrtə..] (フ) 中 -s/-s ① (政) 大臣の管轄範囲(職務). ein Minister ohne *Portefeuille* 無任所大臣. ② (経) 金融資産, 保有有価証券類. ③ (古) 紙入れ, 書類かばん.

Porte·mon·naie [ポルトモネー pɔrtmoné: または ..né:] (フ) 中 -s/-s = Portmonee

Por·te·pee [ポルテペー portepé:] 中 -s/-s (昔の:) (サーベルなどの)飾りひも(士官・上級下士官の目印).

* *der* **Por·ti·er** [ポルティエー portié:] (フ) 男 (単 2) -s/(複) -s ({¦}) (ホテルなどの)フロント係, (ビル・アパートなどの)玄関番, 守衛. (英 *porter*). Er ist *Portier* in einem großen Hotel. 彼は大きなホテルのフロント係だ.

Por·ti·e·re [ポルティエーレ portié:rə] 女 -/-n 戸口の重いカーテン.

* *die* **Por·ti·on** [ポルツィオーン portsió:n] 女 (単) -/(複) -en ① (飲食物の)一人前. (英 *portion*). eine *Portion* (zwei *Portionen*) Suppe スープ一人前(二人前) / eine halbe *Portion* a) 半人前の食事, b) (口語) 半人前の人間. ② (口語) (かなりの)分量. eine große *Portion* Mut たいへんな勇気.

por·ti·ons≤wei·se [ポルツィオーンス・ヴァイゼ] 副 (料理について:)一人前ずつ.

Port·mo·nee [ポルトモネー pɔrtmoné:] 中 -/-s (小型の)財布 (= Geldbeutel). ein dickes *Portmonee*⁴ haben (口語) 大金持ちである.

Por·to [ポルト pórto] 中 -s/-s (または Porti) 郵便料. *Porto*⁴ zahlt Empfänger. 郵送料は受取人払い.

por·to≤frei [ポルト・フライ] 形 郵便料金不要の.

por·to≤pflich·tig [ポルト・プふりヒティヒ] 形 郵便料金の必要な.

Port·rait [ポルトレー portrέ:] (フ) 中 -s/-s (古) = Porträt

* *das* **Por·trät** [ポルトレー portrέ: または ..レ..rέ:t] 中 (単 2) -s/(複) -s [..レース] 肖像[画] (= Bildnis); (比) 人物描写. ein fotografisches *Porträt* 肖像写真 / 人³ *Porträt* sitzen 人³に肖像を描いてもらう / von 人³ ein *Porträt* machen 人³の肖像を描く.

por·trä·tie·ren [ポルトレティーレン portretí:rən] 他 (h) (人⁴の)肖像画を描く, 肖像写真を撮る; (比) (人の)人物(性格)描写をする.

Port·rät≤ma·ler [ポルトレー・マーらァ] 男 -s/- 肖像画家.

Por·tu·gal [ポルトゥガる pórtugal] 中 -s/ (国名) ポルトガル[共和国] (首都はリスボン).

Por·tu·gie·se [ポルトゥギーゼ portugí:zə] 男 -n/-n ポルトガル人. (☞ 女性形は Portugiesin).

por·tu·gie·sisch [ポルトゥギーズィッシュ portugí:zɪʃ] 形 ポルトガル[人・語]の.

Port≤wein [ポルト・ヴァイン] 男 -[e]s/(種類:) -e ポートワイン(ポルトガル産の赤ワイン).

Por·zel·lan [ポルツェラーン portsɛlá:n] 中 (単) -s/(複) -e (3格のみ -en) ① 磁器. (英 porcelain, china). (〈ス〉「陶器」は Keramik). eine Vase **aus** Porzellan 磁器製の花びん / Sie ist wie aus (または **von**) Porzellan. 彼女はたいへんきゃしゃだ(←磁器でできているように). ② 〚複 なし〛磁器製の食器[一式]. Porzellan[4] zerschlagen《口語》(不用意にも)ぶちこわしになるようなことをする(言う). ③ 〚ふつう 複〛[陶]磁器類.

Por·zel·lan≠er·de [ポルツェラーン・エーァデ] 女 -/-n 陶土. (=Kaolin).

Por·zel·lan≠ge·schirr [ポルツェラーン・ゲシル] 中 -[e]s/ 陶磁[製]の食器.

Por·zel·lan≠la·den [ポルツェラーン・ラーデン] 男 -s/..läden (まれに -) 陶磁器店.

Po·sau·ne [ポザオネ pozáunə] 女 -/-n (音楽) トロンボーン. [die] Posaune[4] blasen (または spielen) トロンボーンを吹く / die Posaunen des Jüngsten Gerichts 〚聖〛最後の審判を告げるらっぱ.

po·sau·nen [ポザオネン pozáunən] (過分 posaunt) I 自 (h) トロンボーンを吹く. II 他 (h) 《口語》言いふらす. et[4] **in** die (または **all**) Welt posaunen 事[4]を世間に言いふらす.

Po·sau·nen≠blä·ser [ポザオネン・ブレーザァ] 男 -s/- = Posaunist

Po·sau·nist [ポザオニスト pozaunı́st] 男 -en/-en トロンボーン奏者. (〈ス〉女性形は Posaunistin).

Po·se[1] [ポーゼ pó:zə] 〚フ〛女 -/-n 姿勢, ポーズ, 身構え. eine Pose[4] ein|nehmen (または an|nehmen) ポーズをとる, 気取る.

Po·se[2] [ポーゼ] 女 -/-n ① (釣りの)浮き. ② 〚複〛で〔北ド〕寝床. Ab in die Posen! さあ寝なさい.

Po·sei·don [ポザイドン pozáidɔn] -s/(ギ神) ポセイドン(海の神. ローマ神話のネプチューンに当たる).

po·sie·ren [ポズィーレン pozí:rən] 自 (h) ポーズをとる, ポーズをつくる.

Po·si·ti·on [ポズィツィオーン pozitsió:n] 女 (単) -/(複) -en (仏 position) ① (職業上の)地位, 身分, ポスト. Er hat eine führende Position in dieser Firma. 彼はこの会社で指導的地位にある. ② (船・飛行機などの)[現在]位置, 定位置, ポジション. **in** (または **auf**) Position gehen ポジションにつく. ③ 立場, 見解; 局面. Sie ist ihm gegenüber in einer starken Position. 彼女は彼に対して強い立場にある. ④ 〈ニ炎〉順位. ⑤ (スイッチ・ギアなどの)位置; (特定の)姿勢, 体位. ⑥ (予算などの)項目(略: Pos.).

Po·si·ti·ons≠licht [ポズィツィオーンス・リヒト] 中 -[e]s/-er (海)航海灯. (空)位置灯.

po·si·tiv [ポーズィティーフ pó:ziti:f または ポズィティーフ] 形 ① 肯定的な, 肯定的な. (英 positive). (〈ス〉「否定の」は negativ. eine positive Antwort 肯定的な返事. ② 好ましい, 有利な, プラスになる. ein positiver Einfluss 好ましい影響 / die positive Seite der Sache[2] 物事のプラス面 / sich[4] positiv aus|wirken 有利に作用する. ③ 《数》プラスの, 正の; 《物》陽の, 正の. eine positive Zahl 正の数 / der positive Pol 陽極. ④ (医)陽性の(反応など). ein positiver Befund 陽性の検査結果. ⑤ 《写》ポジ(陽画)の. positive Kenntnisse 実際的な知識 / positives Recht (法) 実定法. ⑦ 《口語》確かな, 確定的な. Ist das schon positiv, dass du abreist? 君が旅に出るというのはもう確かなのかい.

Po·si·tiv[1] [ポーズィティーフ] 男 -s/-e [..ヴェ] (言)(形容詞・副詞の)原級. (〈ス〉「比較級」は Komparativ, 「最上級」は Superlativ).

Po·si·tiv[2] [ポーズィティーフ または ポズィティーフ] 中 -s/-e [..ヴェ] ① (音楽) (ペダルのない)小型オルガン. ② 《写》ポジ, 陽画. (〈ス〉「陰画」は Negativ).

Po·si·ti·vis·mus [ポズィティヴィスムス pozitivísmus] 男 -/ 《哲》実証論, 実証主義.

po·si·ti·vis·tisch [ポズィティヴィスティッシュ pozitivístıʃ] 形 実証論の, 実証主義の.

Po·sit·ron [ポーズィトローン pó:zitro:n] 中 -s/-en [ポズィトローネン] 《物》陽電子.

Po·si·tur [ポズィトゥーァ pozitú:r] 女 -/-en ① 〚複 なし〛ポーズ, 身構え. sich[4] in Positur setzen ポーズをとる, 身構える. ② 〈ニ⁰〉(ボクシングなどの)構え.

Pos·se [ポッセ pósə] 女 -/-n 道化芝居, 狂言, 茶番劇.

Pos·sen [ポッセン pósən] 男 -s/- 〚ふつう 複〛いたずら, 悪ふざけ. Possen[4] reißen ふざける, 冗談を言う / j[3] einen Possen spielen 人[3]をからかう, 人[3]にいたずらをする.

pos·sen·haft [ポッセンハフト] 形 おどけた, こっけいな, ばかげた.

Pos·sen≠rei·ßer [ポッセン・ライサァ] 男 -s/- おどけ者, 道化者.

pos·ses·siv [ポッセスィーフ pósɛsi:f または ..スィーフ] 形 (言)所有の, 所有を表す. ein possessives Fürwort 所有代名詞.

Pos·ses·siv≠pro·no·men [ポッセスィーフ・プロノーメン] 中 -s/- (または ..nomina)(言)所有代名詞.

pos·sier·lich [ポスィーァリヒ] 形 (小動物のしぐさなどが)おどけた, かわいらしい.

Post [ポスト póst]

郵便; 郵便局

Wo ist hier die Post?
ヴォー イスト ヒーァ ディ ポスト
この辺りで郵便局はどこにありますか.

女 (単) -/(複) -en 〚ふつう 単〛(英 post) ① 郵便[制度]. die Deutsche Post [AG] ドイツ郵便[株式会社] / Er ist (または arbeitet) **bei** der Post. 彼は郵便局に勤めている / 物[4] **mit**

der Post (または **durch** die Post または **per** Post) schicken 郵便4を郵便で送る.
② 〖複 なし〗郵便局 (＝Postamt). (☞ 図 A).
auf die Post (または **zur** Post) gehen 郵便局 へ行く / einen Brief zur Post bringen 手紙 を郵便局へ持って行く.
③ 〖複 なし〗郵便[物], 手紙, 便り. Ist Post für mich da? 私に郵便物が来ていますか / Ich habe viel Post von ihm bekommen. 私は彼女からたくさん手紙をもらった / **mit** gleicher Post (同時発送の)別便で. ④ (昔の:)郵便馬車.

⟨ヒ⟩ ..**post** のいろいろ: Eilpost 速達[郵便] / Flugpost または Luftpost 航空便 / Geschäftspost 業務用郵便 / Hauptpost 中央郵便局 / Paketpost 小包郵便[制度]

A   Post   B Posthorn

post.., **Post..** [ポスト.. pɔst.. または ポスト..]〖形容詞・名詞につける 接頭〗《あとの》例: postmodern ポストモダーンの.
pos・ta・lisch [ポスターリッシュ pɔstáːlɪʃ] 形 郵便の; 郵便による.
Pos・ta・ment [ポスタメント pɔstamént] 匣 -[e]s/-e 《建》(彫像などの)台座. 《比》土台.
＊*das* **Post＝amt** [ポスト・アムト póst-amt] 匣 (単2) -[e]s/(複) ..ämter [..エムタァ] (3格のみ ..ämtern) **郵便局**. (英 post office). Er geht **aufs** Postamt (または **zum** Postamt). 彼は郵便局へ行く.
Post＝an・wei・sung [ポスト・アンヴァイズング] 囡 -/-en 郵便為替[用紙].
Post＝bank [ポスト・バンク] 囡 -/-en 郵便銀行, ポストバンク(1995年旧ドイツ連邦郵便から民営化).
Post＝be・am・te[r] [ポスト・ベアムテ (..タァ)] 男 〖語尾変化は形容詞と同じ〗郵便局員.
Post＝be・am・tin [ポスト・ベアムティン] 囡 -/..tinnen (女性の)郵便局員.
Post＝bo・te [ポスト・ボーテ] 男 -n/-n 《口語》郵便集配人 (＝Briefträger).
Post＝dienst [ポスト・ディーンスト] 男 -[e]s/-e ① 〖複 なし〗郵便業務. ② 〖複 なし〗郵便サービス[会社](1995年旧ドイツ連邦郵便から民営化). ③ 郵便事業.
＊*der* **Pos・ten** [ポステン pɔ́stən] 男 (単2) -s/(複) - ① (職業上の)**地位**, ポスト, 持ち場, 職[場]. (英 post). Er hat bei der Firma einen guten Posten. 彼は会社でいいポストについている. ② 《ᴍɪʟ》ポジション. ③ 《軍》步哨(ほしょう); 哨所. **[auf]** Posten stehen 步哨に立つ / auf dem Posten sein 《口語》a) 体の調子がよい, b) 用心深い / auf verlorenem Posten stehen (または kämpfen) 勝つ見込みのない戦いをする, 絶望的な状況にある. ④ 《商》(予算の)項目; 一口(ひとくち)(一回に取引きする商品の量). ⑤ 派出所, 交番.
Pos・ten＝jä・ger [ポステン・イェーガァ] 男 -s/- 《俗》よいポスト(官職)をねらってばかりいる人.
Pos・ter [ポースタァ póːstɐr または ポス.. pós..] [英] 匣 男 -s/-[s] (芸術的な)広告, ポスター.
Post＝fach [ポスト・ファッハ] 匣 -[e]s/..fächer 郵便私書箱.
Post＝ge・bühr [ポスト・ゲビューァ] 囡 -/-en 郵便料金.
Post＝ge・heim・nis [ポスト・ゲハイムニス] 匣 ..nisses/..nisse 《法》通信の秘密(郵便関係者が守るべき秘密).
Post＝gi・ro・amt [ポスト・ジーロアムト] 匣 -[e]s/..ämter 郵便振替為替局 (略: PGiroA).
Post＝gi・ro・kon・to [ポスト・ジーロコント-] 匣 -s/..konten (または -s, ..konti) 郵便振替口座.
Post＝horn [ポスト・ホルン] 匣 -[e]s/..hörner ① 郵便馬車のらっぱ(郵便業務のマーク). (☞ Post 図 B). ② 《音楽》(昔の:)ポストホルン.
pos・tie・ren [ポスティーレン pɔstíːrən] 他 (h) (見張りなど4を…へ/…に)立たせる, 配置する. ◆《再帰的に》**sich**⁴ postieren (見張りなどが…へ/…に)立つ, 部署につく.
Pos・til・li・on [ポスティリヨーン pɔstɪljóːn または ポス..] 男 -s/-e ① (昔の:)郵便馬車の御者. ②《昆》ダイダイモンキチョウ.
＊*die* **Post＝kar・te** [ポスト・カルテ póst-kartə] 囡 (単) -/(複) -n ① **郵便はがき**. (英 postcard). Er schickte eine Postkarte aus dem Urlaub. 彼は休暇先からはがきを出した. ② 絵はがき (＝Ansichtskarte).
Post＝kas・ten [ポスト・カステン] 男 -s/..kästen (北ドィッ)[郵便]ポスト (＝Briefkasten).
Post＝kut・sche [ポスト・クッチェ] 囡 -/-n (昔の:)[乗合]郵便馬車.
post＝la・gernd [ポスト・らーガァント] 形《郵》局留めの. *postlagernde* Briefe 局留めの手紙.
Post＝leit＝zahl [ポスト・らイトツァーる] 囡 -/-en 郵便番号(略: PLZ).
Post＝ler [ポストらァ pɔ́stlɐr] 男 -s/- 《南ドィ・オースト・口語》郵便局員.
Post＝pa・ket [ポスト・パケート] 匣 -[e]s/-e 郵便小包.
Post＝sack [ポスト・ザック] 男 -[e]s/..säcke [運送用]郵便袋, 郵袋(ゆうたい).
Post＝scheck [ポスト・シェック] 男 -s/-s 郵便[振替]為替, 郵便小切手.
Post＝schließ＝fach [ポスト・シュりースふァッハ] 匣 -[e]s/..fächer 郵便私書箱.
Post・skript [ポストスクリプト pɔst-skrípt] 匣 -[e]s/-e (手紙の)追伸 (略: PS).
Post・skrip・tum [ポストスクリプトゥム pɔst-skríptum] 匣 -s/..skripta 《ラテン》 ＝Postskript
Post＝spar・buch [ポスト・シュパールブーフ] 匣 -[e]s/..bücher 郵便貯金通帳.

Post≠spar·kas·se [ポスト・シュパールカッセ] 囡 -/-n 郵便貯金[局].

Post≠stem·pel [ポスト・シュテンペる] 男 -s/- 郵便の消印(スタンプ).

Pos·tu·lat [ポストゥらート pɔstulá:t] 中 -[e]s/-e ① (必要不可欠・絶対的な)要請. ein ethisches *Postulat* 倫理的要請. ② おきて;《宗》要請, 公準;《数》公理. ③ 《カッ》修道志願者の修練期.

pos·tu·lie·ren [ポストゥリーレン pɔstulí:rən] 他 (h) ① (事⁴を不可欠の条件として)要請する. ② (事⁴を)真実であると断言する.

pos·tum [ポストゥーム pɔstú:m] 形 死後(没後)の, 死後に残された(作品など); 父親の死後に生まれた. *postume* Werke 遺作.

Post≠weg [ポスト・ヴェーク] 男 -[e]s/-e (輸送手段としての)郵便. 物⁴ auf dem *Postweg[e]* schicken 物⁴を郵送する.

post·wen·dend [ポスト・ヴェンデント] 副 折り返し, 次便で;《比》すぐに, 早速. Schreiben Sie mir bitte *postwendend*! 折り返しご返事ください.

Post≠wert·zei·chen [ポスト・ヴェーァトツァイヒェン] 中 -s/- 郵便切手 (=Briefmarke).

Post≠wurf·sen·dung [ポスト・ヴルふゼンドゥング] 囡 -/-en ダイレクトメールの郵便物.

Pot [ポット pɔ́t] [英] 中 -s/ 《隠語》マリファナ.

po·tent [ポテント poténst] 形 ① (男性が)生殖能力のある. ② 影響力のある, 財力のある. ③ 《気》有能な, 創造的な.

Po·ten·tat [ポテンタート pɔtentá:t] 男 -en/-en (軽蔑的に:)権力者, 支配者, 専制君主.

po·ten·ti·al [ポテンツィアーる pɔtentsiá:l] = potenzial

Po·ten·ti·al [ポテンツィアーる] 中 -s/-e = Potenzial

po·ten·ti·ell [ポテンツィエる pɔtentsiél] 形 = potenziell

Po·tenz [ポテンツ pɔténts] 囡 -/-en ① 《覆なし》(男性の)生殖力, 性的能力. ② 能力, 潜在力; 能力ある人. ③ 《数》冪(べき), 累乗(るいじょう). eine Zahl⁴ in die dritte *Potenz* erheben ある数を3乗する. ④ 《医》(薬品の)希釈度.

po·ten·zi·al [ポテンツィアーる pɔtentsiá:l] 形 ① 可能性をもった, 潜在可能性のある. ② 《言》可能法の, 可能を表す.

Po·ten·zi·al [ポテンツィアーる] 中 -s/-e 可能性, 潜在力. ② 《物》電位; ポテンシャル.

po·ten·zi·ell [ポテンツィエる pɔtentsiél] 形 可能性のある, 潜在的な. *potenzielle* Energie 《物》位置エネルギー.

po·ten·zie·ren [ポテンツィーレン pɔtentsí:rən] 他 (h) ① (能力など⁴を)強める, 高める. ◇(再帰的に) *sich⁴ potenzieren* (効き目などが)強まる, 高まる. ② 《数》累乗(るいじょう)する.

Pot·pour·ri [ポトプリ pɔ́tpuri] [弘] 中 -s/-s ポプリ, メドレー曲, 接続曲;《比》混合物, ごたまぜ.

Pots·dam [ポッツ・ダム pɔ́ts-dam] 中 -s/《都市名》ポツダム(ドイツ, ブランデンブルク州の州都. ベルリンの南西. 1945年「ポツダム会議」の開催地: ☞ 地図 F-2).

Pots·da·mer [ポッツ・ダマァ pɔ́ts-damər] I 男 -s/- ポツダムの市民(出身者). II 形 《無語尾》ポツダムの. das *Potsdamer* Abkommen ポツダム協定 (1945年).

Pott [ポット pɔ́t] 男 -[e]s/Pötte (口語) ① つぼ, 深鍋(ふかなべ). ② おまる. ③ 汽船.

Pott≠asche [ポット・アッシェ] 囡 -/ 《化》炭酸カリウム.

Pott≠wal [ポット・ヴァーる] 男 -[e]s/-e 《動》マッコウクジラ.

Pou·lar·de [プらルデ pulárdə] 囡 -/-n 肥育[された]若鶏.

pp [ピアニッシモ]《記号》《音楽》ピアニッシモ, きわめて弱く (=pianissimo).

pp. [ペル プロクーラ]《略》代理で (=per procura).

Pp. [パップ・バント]《略》ハードカバーの本 (=Pappband).

P. P. [プレミッスィース プレミテンディース]《略》(手紙などで:)敬称略 (=praemissis praemittendis).

ppa. [ペル プロクーラ]《略》=pp.

Ppbd. [パップ・バント]《略》=Pp.

Pr [ペー・エル]《化・記号》プラセオジム (=Praseodym).

prä.., Prä.. [プレ.. prɛ..]《形容詞・名詞につける 接頭》(前)の. 例: *Präposition* 前置詞.

Prä·am·bel [プレアンベる preámbəl] 囡 -/-n ① (条約・憲法などの)前文. ② 《音楽》(15-16世紀のオルガン・リュート曲の)前奏曲.

* *die* **Pracht** [プラハト práxt] 囡 《単》-/ 華やかさ, 壮麗, 華麗, 豪華. (英 splendor). die *Pracht* eines Barockschlosses バロック式宮殿の壮麗さ / Es ist eine [wahre] *Pracht*.《口語》これは実にすばらしい.

Pracht≠aus·ga·be [プラハト・アオスガーベ] 囡 -/-n (本の)豪華版.

Pracht≠exem·plar [プラハト・エクセンプらール] 中 -s/-e 《口語》[超]一級品, 逸品.

* **präch·tig** [プレヒティヒ préçtıç] 形 ① 壮麗な, 華麗な, 豪華な. (英 splendid). eine *prächtige* Kirche 壮麗な教会 / *prächtige* Kleider 豪華な衣装. ② すばらしい, みごとな. eine *prächtige* Idee すばらしい思いつき / Seine Leistung war *prächtig*. 彼の業績はりっぱなものだった / Das hast du *prächtig* gemacht. それを君はみごとにやってのけたね.

Pracht≠kerl [プラハト・ケルる] 男 -[e]s/-e 《口語》すばらしいやつ, 好漢.

Pracht≠stück [プラハト・シュテュック] 中 -[e]s/-e 《口語》[超]一級品, 逸品.

pracht≠voll [プラハト・ふォる] 形 壮麗な, 華麗な.

Prä·des·ti·na·ti·on [プレデスティナツィオーン predɛstinatsió:n] 囡 -/ ① 《宗》(特にカルヴァン派の)予定説. ② 天命, 宿命.

Prä·di·kat [プレディカート prɛdiká:t] 中 -[e]s

-e ① (よい)成績, 評点; (産物の)[品質]評価. Qualitätswein **mit** *Prädikat* 肩書き付き優良ワイン. ② (貴族の)称号, 爵位. ③ 《言》述語. ④ 《哲》賓辞(ﾋﾝｼﾞ).

prä・di・ka・tiv [プレーディカティーふ pré:dikati:f または プレディカティーふ] 形 《言》述語的な.

Prä・fekt [プレふェクト prefékt] 男 -en/-en ① (古代ローマの)長官. ② (フランス・イタリアの)知事, [地方]長官.

Prä・fe・renz [プレふェレンツ preferénts] 女 -/-en ① 《経》(貿易上の)特恵;(消費者の)好み. ② 優先, 優位. ③ 《トランプ》切り札.

Prä・fix [プレーふィクス pré:fɪks または プレふィクス] 中 -es/-e 《言》接頭辞, 前つづり (=Vorsilbe). (←「接尾辞」は Suffix).

Prag [プラーク prá:k] 中 -s/ 《都市名》 プラハ (チェコの首都, 旧チェコ・スロヴァキアの首都. チェコ語では Praha. ☞ 地図 G-3).

* **prä・gen** [プレーゲン pré:gən] (prägte, hat... geprägt) 他 (完了 haben) ① (物⁴に)型押し加工をする. Leder⁴ *prägen* 革に文様を型押しする. ② (A⁴ **auf** (または **in**) B⁴ ~)(A⁴ を B⁴ に)刻印する. das Staatswappen⁴ in eine Münze *prägen* 国の紋章を硬貨に刻印する / sich³ ins Gedächtnis *prägen*《比》事⁴を記憶に刻み込む. ③ (硬貨⁴を)鋳造する. Münzen⁴ **in** Gold *prägen* 金貨を鋳造する. ④ (新語・概念など⁴を)作り出す, 生みだす. ⑤ (人・物⁴を)特徴づける, (人・物⁴に)影響を与える. Das Elternhaus *prägt* den Charakter. 家庭が人の性格を形成する.

Pra・ger [プラーガァ prá:gɐr] I 男 -s/- プラハの市民(出身者). (☞ 女性形は Pragerin). II 形《無語尾で》プラハの.

Prä・ge|stem・pel [プレーゲ・シュテンぺる] 男 -s/- 押し型, [鍛造]打ち型.

Prag・ma・tik [プラグマーティク pragmá:tɪk] 女 -/-en ①《複 なし》実利志向, 実用主義. ②《古》《官庁》公務員の服務規程. ③《複 なし》《言》語用論.

Prag・ma・ti・ker [プラグマーティカァ pragmá:tikɐr] 男 -s/- 実利(実用)主義者.

prag・ma・tisch [プラグマーティッシュ pragmá:tɪʃ] 形 ① 実用的な, 実際的な, 実務的な; 実用主義の. ② 《言》語用論の.

Prag・ma・tis・mus [プラグマティスムス pragmatísmʊs] 男 -/《哲》実用主義, プラグマティズム.

präg・nant [プレグナント prɛgnánt] 形 簡明な, 簡にして要を得た, 的確な(表現など).

Präg・nanz [プレグナンツ prɛgnánts] 女 -/ (表現などの)簡明さ.

präg・te [プレークテ] *prägen (型押し加工をする)の 過去

Prä・gung [プレーグング pré:gʊŋ] 女 -/-en ① 押型による浮き彫り; (貨幣の)鋳造, 刻印. ② 特徴, 型. ein Mensch von eigener *Prägung* 独特な性格の持ち主. ③ 新[造]語, 新しく作られた表現.

prä・his・to・risch [プレー・ヒストーリッシュ pré:-histo:rɪʃ または プレ・ヒストー..] 形 有史以前の, 先史時代の.

* **prah・len** [プラーれン prá:lən] (prahlte, hat ...geprahlt) 自 (完了 haben) 自慢する, ひけらかす. (英 boast). Er *hat* **mit** seinem Auto *geprahlt*. 彼は自分の車を自慢した. ◇過去分詞の形で】Das ist *geprahlt*.《口語》それは話がうますぎる.

Prah・ler [プラーらァ prá:lɐr] 男 -s/- 自慢家, ほら吹き, いばり屋.

Prah・le・rei [プラーれライ pra:lərái] 女 -/-en 自慢, ほら.

prah・le・risch [プラーれリッシュ prá:lərɪʃ] 形 すぐに自慢したがる, ほら吹きの, いばり屋の.

Prahl・hans [プラーる・ハンス] 男 -[es]/..hänse 《口語》自慢家, ほら吹き, いばり屋 (=Prahler).

prahl・te [プラーるテ] *prahlen (自慢する)の 過去

Prahm [プラーム prá:m] 男 -[e]s/-e (または Prähme) (荷物を運ぶ)平底船.

Prak・tik [プラクティク práktɪk] 女 -/-en ① 実施方法, 処置法;《ふつう 複》策略. ② (15-17 世紀の)農事暦(農事・星占い・金言などが書かれていた).

prak・ti・ka・bel [プラクティカーべる praktiká:bəl] 形 ① 実際に役にたつ, 実用的な. ②《劇》(背景に描いたのではなく)実際に使える(舞台装置).

Prak・ti・kant [プラクティカント praktikánt] 男 -en/-en 実習生. (☞ 女性形は Praktikantin).

Prak・ti・ker [プラクティカァ práktikɐr] 男 -s/- ① 実務家, 実際家. (☞ 女性形は Praktikerin;「理論家」は Theoretiker). ②《医》開業医.

Prak・ti・kum [プラクティクム práktikum] 中 -s/..tika (または ..tiken) 実習, 演習. ein pädagogisches *Praktikum* 教育実習 / ein *Praktikum*⁴ absolvieren 実習期間を終える.

Prak・ti・kus [プラクティクス práktikus] 男 -/..kusse《戯》何でも屋(何にでも通じている人).

* **prak・tisch** [プラクティッシュ práktɪʃ]

実際の; 実用的な
Das ist sehr *praktisch*.
ダス イスト ゼーァ プラクティッシュ
これはとても便利だ.

I 形 (英 *practical*) ① 実際の, 実地の. (☞「理論の」は theoretisch). ein *praktisches* Beispiel 実例 / eine *praktische* Übung 実習, 実地訓練 / im *praktischen* Leben 実生活では / ein *praktischer* Arzt (全科にわたって診療する)開業医, 一般医 (☞「専門医」は Facharzt) / 事⁴ *praktisch* erproben 事⁴を実地にテストする.

② 実用的な, 実際の役にたつ, 便利な. ein *praktisches* Gerät 便利な道具 / eine *praktische* Erfindung 実用的な発明.

③ 実際的な，手際のいい．ein *praktischer* Mensch (雑用などをどんどんこなす)器用な人 / Sie ist sehr *praktisch*. 彼女はとても実務的だ / *praktisch* denken 実際的な考え方をする． **II** 副《文全体にかかって》《口語》**事実上**，実際には．(愛 *practically*). Sie macht *praktisch* alles alleine. 彼女は実際には何もかもひとりでしている．

prak·ti·zie·ren [プラクティツィーレン praktitsí:rən] **I** 他 (h) ① (方法など⁴を)実践する，実施する，実地に行う． ②《口語》(物⁴を入れ物などへ)巧みに移し入れる． **II** 自 (h) (医者・弁護士が)開業している; (医) 実習を修了する． ◇《現在分詞の形で》ein *praktizierender* Arzt 開業医．

Prä·lat [プレラート prɛláːt] 男 -en/-en (カトッ) 高位聖職者．

Prä·li·mi·na·ri·en [プレ・リミナーリエン prɛliminá:riən] 複 (外交上の)予備折衝(交渉).

Pra·li·ne [プラリーネ pralí:nə] 女 -/-n プラリーヌ(クリーム・木の実などが入ったチョコレート).

prall [プラル prál] 形 ① ぱんぱんにふくらんだ(張った). *pralle* Arme 筋肉隆々とした腕 / das *pralle* Leben (比) 充実した生活. ② (日光などが)強烈な, ぎらぎら照りつける．

Prall [プラル] 男 -[e]s/-e 《ふつう 単》衝突, 衝撃, はね返り．

prallen [プラレン prálən] 自 (s, h) ① (s) (…へ)衝突する, ぶつかる, (当たって)はね返る. **auf** (または **gegen**) 人·物⁴ *prallen* 人·物⁴にぶつかる． ② (h) (太陽が)ぎらぎら照りつける．

prä·lu·die·ren [プレるディーレン prɛludí:rən] 自 (h) (ピアノなどで)前奏する．

Prä·lu·di·um [プレるーディウム prɛlú:dium] 中 -s/..dien [..ディエン] 《音楽》前奏曲, プレリュード. (比) 前触れ, 前兆; 序幕．

die **Prä·mie** [プレーミエ pré:miə] 女《単》-/(複)-n 賞金, 特別賞与, 報奨金. (愛 *premium*). eine *Prämie*⁴ erhalten 賞金をもらう. ②（経）(ノルマ以上の仕事に対する)特別手当. ③ 保険料. ④ (宝くじなどの)割増金, プレミアム.

prä·mi·en⸗be·güns·tigt [プレーミエン・ベギュンスティヒト] 形 割増金付きの．

Prä·mi·en⸗spa·ren [プレーミエン・シュパーレン] 中 -s/ 割増金付き貯蓄．

prä·mi·e·ren [プレミーレン prɛmí:rən] 他 (h) =prämiieren

prä·mi·ie·ren [プレミイーレン prɛmií:rən] 他 (h) (人·物⁴に)賞(賞金)を与える．

Prä·mis·se [プレミッセ prɛmísə] 女 -/-n 前提[条件]; (哲) 前提．

pran·gen [プランゲン práŋən] 自 (h) ① (…に)目だつように置いて(掛けて)ある. ②《雅》光り輝く, きらびやかである．

Pran·ger [プランガァ práŋər] 男 -s/- (昔の:)罪人のさらし柱. 人·物⁴ **an den** *Pranger* stellen 人·物⁴をさらし者(嘲笑(ちょうしょう)の的)にする．

Pran·ke [プランケ práŋkə] 女 -/-n ① (猛獣の)前脚, けづめ. ②《俗》《戯》(人間の)でかい手．

prä·nu·me·ran·do [プレ・ヌメランド prɛnumerándo] 副 《経》前払いで, 前金で．

Prä·pa·rat [プレパラート prɛpará:t] 中 -[e]s/-e ① 調合薬剤; 調合. ②《生・医》標本, プレパラート.

prä·pa·rie·ren [プレパリーレン prɛparí:rən] **I** 他 (h) ① 《生・医》(動植物⁴を)標本にする; (物⁴を)解剖実習する. ②(物⁴を)準備する; (授業など⁴の)下調べをする. **II** 再帰 (h) 《*sich*⁴ **für** 事⁴ ~》(事⁴の)準備(予習)をする．

Prä·po·si·ti·on [プレポズィツィオーン prɛpozitsió:n] 女 -/-en 《言》前置詞．

Prä·rie [プレリー prɛrí:] 女 -/-n [..リーエン] (北米の)大草原, プレーリー．

Prä·sens [プレーゼンス pré:zɛns] 中 -/..sentia [プレゼンツィア] (または ..senzien [プレゼンツィエン])《言》現在時称(形).

prä·sent [プレゼント prɛzɛ́nt] 形 ① 居合わせている, 出席している. ②《成句的に》 事⁴ *präsent* haben 事⁴を記憶している．

Prä·sent [プレゼント prɛzɛ́nt] 中 -[e]s/-e (ちょっとした)贈り物, プレゼント(=Geschenk). 人³ ein *Präsent*⁴ machen 人³に贈り物をする．

prä·sen·tie·ren [プレゼンティーレン prɛzɛntí:rən] **I** 他 (h) ① さし出す, 提供する; (手形などを)呈示する. 人³ Tee⁴ *präsentieren* 人³に紅茶を出す. 人³ die Rechnung⁴ für 事⁴ *präsentieren* (比) 人³に事⁴の責任をとらせる(←勘定書をさし出す). ② (A³ に B⁴ を)紹介する. ③《軍》ささげ持つ. das Gewehr⁴ *präsentieren* ささげ銃(つつ)をする. **II** 再帰 (h) 《*sich*⁴ *präsentieren*》姿を見せる．

Prä·sen·tier⸗tel·ler [プレゼンティーァ・テらァ] 男《成句的に》**auf** dem *Präsentierteller* sitzen《口語》皆目だつ所にいる, 衆目にさらされている(←名刺などをさし出す盆の上に座っている).

Prä·senz [プレゼンツ prɛzɛ́nts] 女 -/ ① 出席して(居合わせて)いること. ② 現員数．

Prä·senz⸗bi·bli·o·thek [プレゼンツ・ビブリオテーク] 女 -/-en 館内閲覧制図書館．

Prä·ser·va·tiv [プレゼルヴァティーふ prɛzɛrvatí:f] 中 -s/-e [..ヴェ] コンドーム．

der **Prä·si·dent** [プレズィデント prɛzidɛ́nt] 男《単 2·3·4》-en/《複》-en ① 大統領. (愛 *president*). (愛) 女性形は Präsidentin). Bundes*präsident* 連邦大統領. ②（組織・団体などの)議長, 長官, 会長, 理事長, 総裁, 学長. Minister*präsident* 総理大臣.

Prä·si·den·ten⸗wahl [プレズィデンテン・ヴァーる] 女 -/-en 大統領選挙, 議長(長官・理事長・総裁・学長)選挙．

prä·si·die·ren [プレズィディーレン prɛzidí:rən] 自 (h) (会議など³の)議長(会長)を務める．

Prä·si·di·um [プレズィーディウム prɛzí:dium] 中 -s/..dien [..ディエン] 《ふつう 単》① 議長の職; 議長団. das *Präsidium*⁴ führen 議長を務める. ② 警察本部．

pras·seln [プラッセるン prásəln] 自 (h, s) (1040)

(h, s)(雨などが…へ)ぱらぱらと降りかかる. Der Regen *prasselt* **auf** das Dach (**gegen** die Scheiben). 雨がぱらぱらと音をたてて屋根に(窓ガラスに)降りかかる. ② (h)(火などが)ぱちぱち音をたてる.

pras·sen [プラッセン prásən] 自 (h) ぜいたく三昧(ざんまい)の暮らしをする.

Prä·ten·dent [プレテンデント prɛtɛndént] 男 -en/-en (地位・権利などを)要求する人; 王位要求者.

prä·ten·ti·ös [プレテンツィエース prɛtɛntsiö́ːs] 形 もったいぶった, 気負った, 自信たっぷりの.

der **Pra·ter** [プラータァ práːtər] 男 -s/《定冠詞とともに》《地名》プラーター(ウィーンにある公園).

Prä·te·ri·tum [プレテーリトゥム preté:ritum] 中 -s/..rita《言》過去時称(形).

prä·ven·tiv [プレヴェンティーふ prɛvɛntíːf] 形 予防的な. *präventive* Maßnahmen[4] greifen 予防措置を講じる.

Pra·xen [プラクセン] = Praxis (診療所)の 複

*die **Pra·xis** [プラクスィス práksɪs] 女 (単) -/(複) Praxen ①《複 なし》実践, 実行, 実地. (英 practice). ⇔「理論」は Theorie). einen Plan **in** die *Praxis* um|setzen 計画を実行に移す / in der *Praxis* 実際には. ②《ふつう 単》実施方法. ③《複 なし》[実地]経験, キャリア. Er hat viel *Praxis* auf diesem Gebiet. 彼はこの分野ではかなり場数を踏んでいる. ④《ふつう 単》(医師・弁護士などの)業務, 実務; 仕事範囲. ⑤ (医師の)診察所(室), (弁護士の)事務所. (⇒ 類語 Krankenhaus).

Prä·ze·denz·fall [プレツェデンツ・ふァる] 男 -[e]s/..fälle 前例, 先例.

prä·zis [プレツィース prɛtsíːs] 形 = präzise

prä·zi·se [プレツィーゼ prɛtsíːzə] 形 精確な, 明確な, 精密な. eine *präzise* Antwort 明確な回答. (⇒ 類語 genau).

prä·zi·sie·ren [プレツィズィーレン prɛtsizíːrən] 他 (事[4]を)より明確に述べる(説明する).

Prä·zi·si·on [プレツィズィオーン prɛtsiziǒːn] 女 -/ 精確さ, 精密さ.

***pre·di·gen** [プレーディゲン préːdɪɡən] (predigte, *hat*...gepredigt) I 自 (完了 haben)《宗》(牧師・司祭が)説教をする. (英 preach). Der Pfarrer *predigt* **über** die Liebe. 牧師は愛について説教をした.
II 他 (完了 haben) ①《宗》(福音など[4]を)説く, 伝える. ②《口語》(…に)お説教をする, (事[4]を)言って聞かせる. 人[3] Vernunft[4] *predigen* 人[3]に分別をわきまえるように言って聞かせる.

Pre·di·ger [プレーディガァ préːdɪɡər] 男 -s/-①《宗教》説教者; 伝道者. ②《口語》(長々と)訓戒をたれる人.

*die **Pre·digt** [プレーディヒト préːdɪçt] 女 (単) -/(複) -en ①《宗教》説教. (英 sermon). ②《口語》お説教, くどい小言. 人[3] eine *Predigt*[4] halten 人[3]にお説教をする.

pre·dig·te [プレーディヒテ] = *predigen (説教をする)の 過去

*der **Preis** [プライス práɪs]

値段 · Der *Preis* ist mir zu hoch.
   デァ プライス イスト ミァ ツー ホーホ
その値段は私には高すぎる.

男 (単2) -es/(複) -e (3格のみ -en) ① 値段, 価格; 物価, 市価.(英 price). Erzeuger*preis* 生産者価格 / ein hoher (niedriger) *Preis* 高い(低い)価格 / Die *Preise* fallen (steigen). 物価が下がる(上がる) / Wie hoch ist der *Preis*? 値段はいかほどですか / Wie groß der *Preis*, so die Ware.《諺》安かろう悪かろう / Die *Waren* fallen (steigen) **im** *Preis*. 商品が値下がり(値上がり)する / hoch (または gut) **im** *Preis* stehen 高値である / **um** jeden *Preis* ぜひとも, どんなことがあっても(←どんな代価を払っても) / **um** keinen *Preis* どんなことがあっても…しない / 物[4] **unter** dem *Preis* verkaufen 物[4]を市価以下で売る / 物[4] **zum** halben *Preis* erwerben 物[4]を半値で手に入れる.
② 賞, 賞品, 賞金.(英 prize). Nobel*preis* ノーベル賞 / der erste *Preis* 一等賞 / den *Preis* gewinnen 賞をもらう / 人[4] **mit** einem *Preis* aus|zeichnen 人[4]に賞を与えて表彰する. ③《雅》称賛, 賛美. Gott[3] sei Lob und *Preis*! 神に栄光あれ.

Preis≠an·ga·be [プライス・アンガーベ] 女 -/-n 価格表示.

Preis≠auf·ga·be [プライス・アオふガーベ] 女 -/-n 懸賞[問題].

Preis≠aus·schrei·ben [プライス・アオスシュライベン] 中 -s/- 懸賞募集.

Preis≠bin·dung [プライス・ビンドゥング] 女 -/-en《経》(協定などによる)価格拘束.

Preis≠bre·cher [プライス・ブレッヒァァ] 男 -s/- 安売り業者, 価格協定違反者.

Preis≠emp·feh·lung [プライス・エンプフェーるング] 女 -/-en メーカー希望小売価格.

Prei·sel≠bee·re [プライゼる・ベーレ] 女 -/-n《植》ツルコケモモ(ツツジ科の低木. 実は暗紅色で小粒). (⇒ Beere 図).

prei·sen [プライゼン práɪzən] du preist (pries, *hat*...gepriesen) 他 (完了 haben)《雅》(人・物[4]を)称賛する, ほめたたえる. (英 praise). Gott[4] *preisen* 神をたたえる / Er *pries* sie **als** gute Fahrerin. 彼は彼女を運転がうまいとほめた / 人[4] glücklich *preisen* 人[4]を幸せ者だと言う. ◇《再帰的に》*sich*[4] **als** guter Lehrer *preisen* いい教師であると自画自賛する. (⇒ 類語 loben).

Preis≠ent·wick·lung [プライス・エントヴィックるング] 女 -/-en 物価の動向.

Preis≠er·hö·hung [プライス・エァヘーウング] 女 -/-en 値上げ.

Preis≠er·mä·ßi·gung [プライス・エァメースィグング] 女 -/-en 価格の割引, 値引き.

Preis≠fra·ge [プライス・ふラーゲ] 女 -/-n ① 懸賞問題;《口語》やっかいな問題, 難題. ② 値段の問題.

Preis=ga·be [プライス・ガーベ] 囡 -/ 放棄, 断念;(秘密を)漏らすこと.

__preis|ge·ben__ [プライス・ゲーベン práisgè:bən] du gibst...preis, er gibt...preis (gab ...preis, hat...gegeben) 他 (定て haben) 《雅》① (人・物⁴を敵・危険など³に)ゆだねる, さらす. Sie *haben* ihn seinen Gegnern *preisgegeben*. 彼らは彼を敵の手に引き渡した / 人⁴ dem Gespött der Leute² *preisgeben* 人⁴を世間の笑いものにする. ◊(再帰的に) *sich*⁴ der Kälte³ *preisgeben* 寒さに身をさらす. ② 見捨てる, 放棄する, 断念する. Er hat seine Ideale *preisgegeben*. 彼は自分の理想を放棄した. ③ (秘密など⁴を)漏らす, 明かす.

preis·ge·ge·ben [プライス・ゲゲーベン] *preis|geben (ゆだねるの) 過分

preis=ge·krönt [プライス・ゲクレーント] 形 賞を授けられた, 受賞した.

Preis=ge·richt [プライス・ゲリヒト] 中 -[e]s/-e (受賞者を選ぶ)審査委員会.

preis=güns·tig [プライス・ギュンスティヒ] 形 割り安の, 値段の手ごろな.

Preis=la·ge [プライス・らーゲ] 囡 -/-n 値段の程度, 値段のグレード, 価格帯.

preis·lich [プライスりヒ] 形 価格に関する, 値段の上での.

Preis=lis·te [プライス・リステ] 囡 -/-n 価格表.

Preis=nach·lass [プライス・ナーハらス] 男 -es/-e (または..lässe) 値引き, 割引.

Preis=nach·laß ☞ 新形 Preisnachlass

Preis=rät·sel [プライス・レーツェる] 中 -s/- 懸賞クイズ.

Preis=rich·ter [プライス・リヒタァ] 男 -s/- コンクールの審査員.

Preis=schild [プライス・シると] 中 -[e]s/-er 値札, 定価票.

Preis=sen·kung [プライス・ゼンクング] 囡 -/-en 値下げ, 価格の引き下げ.

Preis=stei·ge·rung [プライス・シュタイゲルング] 囡 -/-en 値上がり, 物価の上昇.

Preis=sturz [プライス・シュトゥルツ] 男 -es/..stürze 価格の暴落.

Preis=trä·ger [プライス・トレーガァ] 男 -s/- 受賞者. (☞ 女性形は Preisträgerin).

Preis=trei·be·rei [プライス・トライベライ] 囡 -/ 価格のつり上げ.

__preis=wert__ [プライス・ヴェーァト práisve:rt] (比較 preiswerter, 最上 preiswertest) 形 買い得の, 手ごろな値段の, 割り安な. ein *preiswerter* Mantel お買い得のコート / Das Zimmer war sehr *preiswert*. その部屋はとても割り安だった. (類語 billig).

pre·kär [プレケーァ preké:r] 形 扱いの難しい, 容易ならぬ(問題・状況など).

Prell=bock [プレる・ボック] 男 -[e]s/..böcke (鉄道)(線路終点の)車止め;(比)いやな役割をさせられる人.

prel·len [プレれン prélən] I 他 (h) ① (人・物⁴を)だます, ごまかす. 人⁴ um sein Geld *prellen* 人⁴からお金をだましとる / die Zeche⁴ *prellen* 飲み代を踏み倒す. ② (体の一部⁴を)激しくぶつけて傷める. sich³ das Knie⁴ *prellen* ひざをぶつけて傷める. ◊(再帰的に) *sich*⁴ an der Schulter *prellen* 肩をひどくぶつけてけがをする. II 自 (s) [*auf* (または *gegen*) 人・物⁴ ~](図)(人・物⁴に)激しくぶつかる.

Prell=stein [プレる・シュタイン] 男 -[e]s/-e 縁石(ぶち).

Prel·lung [プレるング] 囡 -/-en (医)打撲傷.

Pre·mi·e·re [プレミエーレ prəmié:rə または pre..] 囡 -/-n (劇の)初演, (映画の)封切り;(興業・劇などの)初日.

Pre·mi·er=mi·nis·ter [プレミエー・ミニスタァ] 男 -s/- 総理大臣, 首相.

Pre·mi·um [プレーミウム pré:mium] 中 -s/- (郵)航空便.

pre·schen [プレッシェン préʃən] 自 (s) 急いで(荒々しく)駆けて行く, 疾走する.

__die Pres·se__ [プレッセ présə] 囡 (単) -/(複) -n (英 press) ① (覆 なし)(総称として:) **新聞[雑誌], ジャーナリズム**; 報道機関;(新聞・雑誌の)論評. die Freiheit der *Presse* 報道の自由 / die inländische *Presse* 国内の新聞雑誌 / eine gute (schlechte) *Presse*⁴ haben 新聞での評判が良い(悪い) / in der *Presse* stehen 新聞(雑誌)に出ている / Er ist von der *Presse*. 彼はジャーナリストだ. ② プレス, 加圧機; 圧搾機; 印刷機. Obst⁴ in die *Presse* geben 果物を搾り機に入れる. ③ (口語)(軽蔑的に:)学習塾.

Pres·se=agen·tur [プレッセ・アゲントゥーァ] 囡 -/-en 通信社.

Pres·se=amt [プレッセ・アムト] 中 -[e]s/..ämter 政府の広報室.

Pres·se=frei·heit [プレッセ・フライハイト] 囡 -/ (法)報道(出版)の自由.

Pres·se=kon·fe·renz [プレッセ・コンフェレンツ] 囡 -/-en 記者会見.

__pres·sen__ [プレッセン présən] du presst, er presst (presste, hat...gepresst) 他 (定て haben) (英 press) ① **加圧する, プレスする;** プレスして作る, 搾り出す. Metalle⁴ *pressen* 金属をプレスする / Trauben⁴ *pressen* ぶどうを搾る / Saft⁴ aus einer Zitrone *pressen* レモンから果汁を搾り出す. ② (方向を表す語句とともに) (人・物⁴を…へ…)押しつける, 押し込む. Er *presste* das Kind an seine Brust. 彼はその子供を強く抱きしめた / die Kleider⁴ in einen Koffer *pressen* 衣類をスーツケースに詰め込む. ◊(再帰的に) *sich*⁴ an 人・物⁴ *pressen* 自分の体を人・物⁴に押しつける. ③ (人⁴ **zu** (事⁴) ~) (人⁴に事⁴を)強いる, 強制する. 人⁴ zum Wehrdienst *pressen* 強制的に人⁴を兵役に就かせる. ◊ 過分 gepresst

pres·sie·ren [プレスィーレン presí:rən] 自 (h) (南ドイツ・オーストリア・スイス)(事が)急を要する, 切迫している. ◊(非人称の es を主語として) Es *pressiert* mir. 私は急いでいる.

Pres·si·on [プレスィオーン prεsióːn] 安 -/-en プレッシャー, 圧力, 強要.

Preß⊘koh·le [プレス・コーれ] 安 -/-n 練炭, たどん.

Preß⊘koh·le ☞ (新形) Presskohle

Preß⊘luft [プレス・るふト] 安 -/ 圧搾空気.

Preß⊘luft ☞ (新形) Pressluft

Press·luft·boh·rer [プレスるふト・ボーラァ] 男 -s/- 《工》空気ドリル.

Preß·luft⊘boh·rer ☞ (新形) Preßluftbohrer

Press·luft⊘ham·mer [プレスるふト・ハンマァ] 男 -s/..hämmer 《工》空気(エア)ハンマー.

Preß·luft⊘ham·mer ☞ (新形) Preßlufthammer

Press⊘stoff [プレス・シュトふ] 男 -[e]s/-e 《ふつう複》塑性物質(材料), プラスチック.

Preß⊘stoff ☞ (新形) Pressstoff

press·te [プレステ] *pressen (加圧する)の過去

preß·te ☞ (新形) presste

Pres·ti·ge [プレスティージェ prεstíːʒə] [仏] 中 -s/ 名声, 信望; 威信, 面目.

pres·to [プレストー prέsto] [伊] 副 《音楽》プレスト, きわめて早く (= schnell).

Preu·ße [プロイセ prɔ́ysə] 男 -n/-n ① プロイセン人. (⚠ 女性形は Preußin). ② (軍人的・官僚的な)規律正しい(厳格な)人. ③ 《複》で》《口語》軍人; 兵役.

Preu·ßen [プロイセン prɔ́ysən] 中 -s/ 《地名》プロイセン(ドイツ北部の旧王国名. 1701-1871年. その後は旧プロイセン州. 1947年解消).

preu·ßisch [プロイスィッシュ prɔ́ysɪʃ] 形 プロイセン[人・方言]の, プロイセン人の.

pre·zi·ös [プレツィエース prεtsiö́ːs] 形 わざとらしい, 不自然な, とりすました, 気取った.

pri·ckeln [プリケるン príkəln] 自 (h) ① (炭酸水などが)ぶつぶつと泡立つ. ② むずむずする, ひりひりする, ちくちくする. Die Füße prickeln mir. 私は足がむずむずする. ◇《現在分詞の形で》 eine prickelnde Erwartung わくわくするような期待感.

Priel [プリーる príːl] 男 -[e]s/-e 潮路(干潟内で干潮時でも残っている狭い水路).

Priem [プリーム príːm] 男 -[e]s/-e (ひとつまみの)かみたばこ.

prie·men [プリーメン príːmən] 自 (h) かみたばこをかむ.

pries [プリース] *preisen (称賛する)の過去

prie·se [プリーゼ] *preisen (称賛する)の接2

*der **Pries·ter** [プリースタァ príːstər] 男 (単2) -s/(複) - (3格のみ -n) 《宗》聖職者, 僧侶(𝐒ō𝐛_ryo), 神官;《カトリック》司祭. (英 priest). (⚠ 女性形は Priesterin). 人⁴ zum Priester weihen 人⁴を司祭に任ずる / der Hohe Priester (ユダヤ教の)大司祭.

Pries·ter⊘amt [プリースタァ・アムト] 中 -[e]s/-ämter 司祭職, 僧職.

pries·ter·lich [プリースタァリヒ] 形 聖職者の, 司祭の, 僧侶(𝐒ō𝐛_ryo)の.

Pries·ter⊘schaft [プリースタァシャふト] 安 -/ (総称として)聖職者, 司祭, 僧侶(𝐒ō𝐛_ryo).

Pries·ter⊘tum [プリースタァトゥーム] 中 -s/ 聖職者(司祭)の職(身分・地位).

Pries·ter⊘wei·he [プリースタァ・ヴァイエ] 安 -/-n 《カトリック》司祭叙階[式].

* **pri·ma** [プリーマ príːma] 形 《無語尾で》 ① 《口語》すばらしい, すてきな. [Das ist ja] prima. これはすばらしい / Er ist ein prima Kerl. 彼は実にいいやつだ / Das schmeckt prima. これはすごくおいしい. ② 《商》極上の (略: pa., Ia). ein prima Tee 極上の紅茶.

Pri·ma [プリーマ príːma] 安 -/..Primen ① (9年制ギムナジウムの)最上級(第8学年が Unterprima, 第9学年が Oberprima. それぞれ日本の高校3年, 大学1年に相当). ② 《カトリック》(ギムナジウムの)第1学年(日本の小学5年に相当). (☞ Gymnasium).

Pri·ma⊘bal·le·ri·na [プリマ・バれリーナ] 安 -/..rinen プリマバレリーナ.

Pri·ma⊘don·na [プリマ・ドンナ prima-dóna] 安 -/..donnen プリマドンナ, 歌劇の主役女性歌手;《俗》ちやほやされて甘えた人.

Pri·ma·ner [プリマーナァ primáːnər] 男 -s/- ① (9年制ギムナジウムの)最上級の生徒. ② 《カトリック》(ギムナジウムの)1年生.

pri·mär [プリメーァ primέːr] I 形 ① 最初の, いちばん初めの; 第一義的な, 主要な, 本源的な. das primäre Stadium einer Krankheit² 病気の初期段階. ② 《化》第1の;《電》1次の. II 副 まず第一に, とりわけ.

Pri·mas [プリーマス príːmas] 男 -/..masse または ..maten [プリマーテン] ① 《カトリック》首座大司教[の称号]. ② 《..masse》(ジプシー楽団の)第一ヴァイオリン奏者.

Pri·mat [プリマート primáːt] I 男 中 -[e]s/-e ① 優位, 優先. ② 《カトリック》教皇首位権. ③ 《法》長子相続権. II 男 -en/-en 《ふつう複》《動》霊長類.

Pri·me [プリーメ príːmə] 安 -/-n ① 《音楽》1度[音程]; 主音. ② 《印》印刷全紙の第1ページ.

Pri·mel [プリーメる príːməl] 安 -/-n 《植》サクラソウ. ein|gehen wie eine Primel 《俗》大損をする, 大敗する(サクラソウのように枯れる).

* **pri·mi·tiv** [プリミティーふ primitíːf] 形 ① 原始の, 未開の; 最初の, 本源的な. (英 primitive). die primitiven Völker 未開民族 / primitive Kulturen 原始的な諸文化. ② 原始的な, 単純な, 簡素な; 粗末な. eine primitive Methode 原始的な方法 / eine primitive Hütte 粗末な小屋. ③ 未発達の, 幼稚な, 低級な. ein primitiver Mensch 幼稚な人.

Pri·mi·ti·vi·tät [プリミティヴィテート primitivitέːt] 安 -/-en ① 《複なし》原始的なこと; 単純, 素朴. ② 幼稚(粗野)な言動.

Pri·mus [プリームス príːmus] 男 -/Primi (または Primusse) 首席の男子生徒. (⚠ 女性形は Prima).

Prim⊘zahl [プリーム・ツァーる] 安 -/-en 《数》

素数.

Prin·te [プリンテ príntə] 囡 -/-n 《ふつう 複》プリンテ(香辛料入りのクッキー).

*der **Prinz** [プリンツ prɪnts] 男 (単2·3·4) -en/(複) -en 王子, 皇子, プリンス, 公子. (英 prince). Erb*prinz* または Kron*prinz* 皇太子/ der *Prinz* von Wales ウェールズ公(イギリス皇太子).

*die **Prin·zes·sin** [プリンツェッスィン prɪntsέsɪn] 囡 (単) -/(複) ..sinnen 王女, 皇女, プリンセス, 公女. (英 princess).

Prinz=ge·mahl [プリンツ・ゲマーる] 男 -[e]s/ -e 《ふつう 単》女王の夫君.

*das **Prin·zip** [プリンツィープ prɪntsíːp] 中 (単2) -s/(複) ..zipien [..ツィーピエン] まれに (複) -e 原理, 原則; 主義, 信条. (英 principle). ein demokratisches *Prinzip* 民主主義の原理 / aus *Prinzip* 原則に従って, 主義として / im *Prinzip* 原則的には / nach *Prinzipien* handeln 主義に従って行動する / Er ist ein Mensch von (または mit) *Prinzipien*. 彼は自分の主義(信条)を持った人だ / sich³ 事⁴ zum *Prinzip* machen 事⁴を自分の主義にする.

Prin·zi·pal [プリンツィパーる prɪntsipáːl] 中 -s/-e 《音楽》プリンシパル(パイプオルガンの主要音栓).

prin·zi·pi·ell [プリンツィピエる prɪntsipiéll] 形 原理[上]の, 主義上の, 原則的な; 根本的な. eine *prinzipielle* Frage 原理上の問題 / *Prinzipiell* bin ich einverstanden. 原則的なところでは同意します.

Prin·zi·pi·en [プリンツィーピエン] *Prinzip (原理)の複

Prin·zi·pi·en=rei·ter [プリンツィーピエン・ライタァ] 男 -s/- 《口語》(主義・原則などをやたらにふりまわす)杓子(しゃくし)定規の人, 教条主義者.

Pri·or [プリーオァ príːɔr] 男 (複) (プリオーレン) ((ミラ)) 修道院[分院]長. (女 女性形は Pri·orin).

Pri·o·ri·tät [プリオリテート prioritέːt] 囡 -/-en ① 《複 なし》(時間的に)先であること; (順位が)上であること, 優先, 上位. ② 《複 で》優先順位. ③ 《法·経》優先権. ④ 《複 で》《経》優先株.

Pri·se [プリーゼ príːzə] [ディス] 囡 -/-n ① 一つまみ. eine *Prise* Salz 一つまみの塩. ② 《法》(敵艦からの)捕獲物.

Pris·ma [プリスマ prísma] 中 -s/Prismen ① 《光》プリズム. ② 《数》角柱.

pris·ma·tisch [プリスマーティッシュ prɪsmáːtɪʃ] 形 プリズムのような; プリズムによる(分光など).

Prit·sche [プリッチェ prítʃə] 囡 -/-n ① 板張り寝台. ② トラックの荷台. ③ (道化師の)打ちべら(相手役を打つまねをして音をたてる道具).

*pri·**vat** [プリヴァート priváːt] 形 (比較 privater, 最上 privatest) (英 private) ① 個人的な; 私的(非公式)な; 内々の, 内輪の. (⇔「公的な」は öffentlich). *private* Angelegenheiten 私事 / Das ist meine *private* Meinung. これは私の個人的な意見です / aus *privaten* Gründen 個人的な理由から / eine Feier in *privatem* Kreis 内輪でのお祝い / Kann ich Sie einmal *privat* sprechen? いつか個人的にお会いいただけないでしょうか / Ich kenne ihn nur beruflich, nicht *privat*. 私は彼を仕事上知っているだけであって, 個人的には知らない. ② 私用の, 自家用の. ein *privater* Strand プライベートビーチ. ③ 私有の, 私立の. ein *privates* Grundstück 私有地 / eine *private* Schule 私立学校 / Verkauf an *Privat* (新形 an privat) 私費購入者への販売.

Pri·vat=ad·res·se [プリヴァート・アドレッセ] 囡 -/-n 自宅の住所.

Pri·vat=an·ge·le·gen·heit [プリヴァート・アンゲれーゲンハイト] 囡 -/-en 私事, 私用.

Pri·vat=be·sitz [プリヴァート・ベズィッツ] 男 -es/ 私有[物·財産].

Pri·vat=de·tek·tiv [プリヴァート・デテクティーふ] 男 -s/-e 私立探偵.

Pri·vat=do·zent [プリヴァート・ドツェント] 男 -en/-en (正規定員外の)大学の私講師.

Pri·vat=ei·gen·tum [プリヴァート・アイゲントゥーム] 中 -s/ 私有財産.

Pri·vat=ge·spräch [プリヴァート・ゲシュプレーヒ] 中 -[e]s/-e 私的な会話; 私用通話(電話).

pri·va·tim [プリヴァーティム priváːtɪm] 副 私的に, 非公式に; 内密に, こっそり.

Pri·vat=in·te·res·se [プリヴァート・インテレッセ] 中 -s/-n 個人的利害, 私利.

pri·va·ti·sie·ren [プリヴァティズィーレン privatizíːrən] I 他 (h) 《経》(物⁴を)私有[財産]化する. (企業などを)民営化する. II 自 (h) (定職なしに)金利(年金)生活をする.

Pri·vat=le·ben [プリヴァート・れーベン] 中 -s/ 私生活. sich⁴ ins *Privatleben* zurück|ziehen 引退する.

Pri·vat=leh·rer [プリヴァート・れーラァ] 男 -s/- 家庭教師, 個人レッスンをする教師.

Pri·vat=pa·ti·ent [プリヴァート・パツィエント] 男 -en/-en (保険によらない)自費[診療]患者.

Pri·vat=per·son [プリヴァート・ペルゾーン] 囡 -/-en 私人.

Pri·vat=recht [プリヴァート・レヒト] 中 -[e]s/ 《法》私法.

Pri·vat=schu·le [プリヴァート・シューれ] 囡 -/-n 私立学校.

Pri·vat=sphä·re [プリヴァート・スフェーレ] 囡 -/ プライバシーの領域.

Pri·vat=un·ter·richt [プリヴァート・ウンタリヒト] 男 -[e]s/-e 《ふつう 単》個人教授(レッスン).

Pri·vat=weg [プリヴァート・ヴェーク] 男 -[e]s/-e 私道.

Pri·vat=wirt·schaft [プリヴァート・ヴィルトシャフト] 囡 -/ 私経済.

Pri·vi·leg [プリヴィれーク priviléːk] 中 -[e]s/ ..legien [..れーギエン] (または -e) 特権, 特典.

pri·vi·le·gie·ren [プリヴィれギーレン priviléːgíːrən] 他 (h) (人⁴に)特権(特典)を与える.

pri·vi·le·giert [プリヴィれギーァト] I privilegieren (特権を与える)の 過分 II 形 特権(特典)を与えられた. die privilegierte Klasse 特権階級.

*__pro__ [ブロー prố:] I 前《4格とともに》…につき, ごとに. (英 per). ein Kopf (または Person) 一人当たり/ 100km pro Stunde 時速100キロ/ einmal pro Tag 1日に1回.
II 副《口語》賛成(同意)して. Bist du pro oder kontra? 君は賛成か, 反対か.

Pro [ブロー] 中 -s/ 賛成. das Pro und [das] Kontra 賛否.

pro.., **Pro..** [ブロ.. pro.. または ブロー..]《形容詞・名詞につける 接頭》① 《賛成》例: pro-amerikanisch 親アメリカ派の. ②《前へ》例: Progression 前進.

pro·bat [プロバート probá:t] 形 試験済みの, (有効性が)証明された; 効果的な.

*die __Pro·be__ [ブローベ prố:bə] 女 (単) -/(複) -n ① 試し, テスト, 検査, 吟味. (英 test). Bremsprobe ブレーキテスト/ Weinprobe ワインの試飲/ eine Probe[4] machen (bestehen) 検査する(検査に合格する)/ auf Probe 試しに, 試験的に/ Ich stelle das Gerät auf eine harte Probe. 私はその器具を厳しくテストするよ/ 人[4] auf die Probe stellen 人[4]の能力)を試す, テストする. ② 見本, 標本, サンプル. (英 sample). Warenprobe 商品見本/ eine Probe vom Stoff 布地の見本/ eine Probe[4] von Tapferkeit geben《比》勇敢さを実証する. ③《劇》リハーサル. Der Chor hat jeden Tag Probe. その合唱団は毎日リハーサルをする. ④《化》試料; 《冶》試金.

（派生）..
Pro·be fah·ren (乗り物[4]を)試運転する. ◇[目的語なしでも](乗り物)の試運転をする.
Pro·be sin·gen 試しに歌う.
....

Pro·be·ab·zug [ブローベ・アップツーク] 男 -[e]s/..züge ① 校正]見本(試し)刷り, 校正刷り. ②《写》試し焼き.

Pro·be·ar·beit [ブローベ・アルバイト] 女 -/-en (能力検査に提出する)作品; 試作[品].

pro·be|fah·ren* 他 (h)/自 (s) （新旧 Probe fahren) ぽ Probe

Pro·be·fahrt [ブローベ・ファールト] 女 -/-en 試運転, 試乗.

Pro·be·jahr [ブローベ・ヤール] 中 -[e]s/-e [1年の]見習(仮採用)期間.

*__pro·ben__ [ブローベン prố:bən] (probte, hat ...geprobt) I 他 《完了 haben》《劇など[4]の)リハーサルをする, 下げいこをする. (英 rehearse). eine Rolle[4] proben ある役の下げいこをする.
II 自 《完了 haben》リハーサルをする, 下げいこをする. Der Chor hat stundenlang geprobt. 合唱団は数時間にわたってリハーサルをした.

Pro·be·num·mer [ブローベ・ヌンマァ] 女 -/-n (新聞・雑誌の)見本号.

pro·be|sin·gen* 他 (h)/自 (h) （新旧 Probe singen) ぽ Probe

Pro·be·stück [ブローベ・シュテュック] 中 -[e]s/-e 見本[品], サンプル, 試供品.

pro·be·wei·se [ブローベ・ヴァイゼ] 副 試験的に, 試しに. 人[4] probeweise ein|stellen 人[4]を試験的に雇う.

Pro·be·zeit [ブローベ・ツァイト] 女 -/-en ① 見習(試補・仮採用)期間. ②《ズイ》《法》保護観察期間.

*__pro·bie·ren__ [プロビーレン probí:rən] (probierte, hat ...probiert) 他 （完了 haben) (英 try) ① 試す, 試しにやってみる. das Radfahren[4] probieren 自転車に乗ってみる/ Probier [es] mal, ob du es kannst! 君にそれができるかやってみろ/ ein neues Medikament[4] probieren 新薬のテストをする/ Probieren geht über Studieren. 《ことわざ》習うよりは慣れよ. (ぽ 類語 versuchen). ②《物[4]を》試食(試飲)する. ein Stück Wurst[4] probieren ソーセージを一切れ食べてみる/ Er probierte den Wein. 彼はそのワインを試飲した. ③《物[4]を》試着する(=an|probieren). Sie probierte das neue Kleid. 彼女はその新しいワンピースを試着した. ④《劇》(劇など[4]の)リハーサル(下げいこ)をする(=proben).

pro·biert [プロビーァト] *probieren (試す)の 過分

pro·bier·te [プロビーァテ] *probieren (試す)の 過去

*das __Pro·blem__ [プロブれーム problé:m]

| 問題 | Kein *Problem*! 問題ありませんよ. |
| カイン プロブれーム |

中 (単 2) -s/(複) -e (3格のみ -en) ① 《解決すべき)問題, 課題. (英 problem). ein politisches Problem 政治上の問題/ ökologische Probleme エコロジー上の諸問題/ ein Problem unserer Zeit[2] 現代の課題/ ein Problem[4] lösen 問題を解決する/ Das ist dein Problem! それは君の問題だよ. (ぽ 類語 Frage).

②《ふつう 複》困難なこと, めんどう. Sie hat Probleme mit ihrem Sohn. 彼女は息子のことで困っている.

Prob·le·ma·tik [プロブれマーティク problemá:tik] 女 -/ 問題性; (ある事柄にかかわる)諸問題.

*__prob·le·ma·tisch__ [プロブれマーティッシュ problemá:tɪʃ] 形 ① 問題のある, 問題点の多い. (英 problematic). eine problematische Ehe 問題のある結婚/ Das Kind ist problematisch. その子は問題児だ. ② 不確実な, 疑わしい.

prob·le·ma·ti·sie·ren [プロブれマティズィーレン problematizí:rən] 他 (h) (事[4]を)問題化する, 問題として扱う.

prob·lem·los [プロブれーム・ろース] 形 問題のない.

prob·te [プローブテ] *proben (リハーサルをする)の過去.

*das **Pro·dukt** [プロドゥクト prodúkt] 中 (単2) -[e]s/(複) -e (3格のみ -en) ① 生産物; 製品; (比) 所産. (英 product). Industrieprodukt 工業製品 / landwirtschaftliche Produkte 農産物 / Das ist ein Produkt ihrer Fantasie. これは彼女の空想の産物だ. ② (数) 積.

Pro·duk·ten⸗han·del [プロドゥクテン・ハンデる] 男 -s/ (商) 農産物の取り引き.

*die **Pro·duk·ti·on** [プロドゥクツィオーン produktsió:n] 女 (単) -/(複) -en (産 production) ① (複 なし) 生産, 製造, (映画などの)制作. Massenproduktion 大量生産 / die industrielle Produktion 工業生産 / die Produktion[4] steigern (ein|stellen) 生産を増やす (停止する) / Der Film ist in Produktion. その映画は制作中だ. in Produktion gehen 生産される. ② 生産物, 製品, 制作品. ③ (複 なし) (口語) (企業などの)生産部門. Er arbeitet in der Produktion. 彼は生産部門で働いている. ④ (芸人の)演目, 出し物.

Pro·duk·ti·ons⸗aus·fall [プロドゥクツィオーンス・アオスふァる] 男 -[e]s/..fälle 生産低下(中断).

Pro·duk·ti·ons⸗ka·pa·zi·tät [プロドゥクツィオーンス・カパツィテート] 女 -/-en 生産能力.

Pro·duk·ti·ons⸗kos·ten [プロドゥクツィオーンス・コステン] 複 生産費.

Pro·duk·ti·ons⸗mit·tel [プロドゥクツィオーンス・ミッテる] 複 (経) 生産手段.

*pro·duk·tiv [プロドゥクティーふ produktí:f] 形 生産的の, 生産性のある, 実りの多い; 創造的な. (英 productive). eine produktive Arbeit 生産的な仕事 / ein produktiver Künstler 創造的な芸術家.

Pro·duk·ti·vi·tät [プロドゥクティヴィテート produktivité:t] 女 -/ 生産力(性); 創造力.

Pro·du·zent [プロドゥツェント produtsént] 男 -en/-en (経) 生産者, 製造者. (⸺ 女性形は Produzentin; 「消費者」は Konsument). ② (映画などの)プロデューサー.

*pro·du·zie·ren [プロドゥツィーレン produtsí:rən] (produzierte, hat ... produziert) I 他 (完了 haben) ① (経) 生産する, 製造する, 製作する. (英 produce). Dieser Betrieb produziert Kleidung. この企業は衣服を製造している. ◆〖目的語なしでも〗 nach Bedarf produzieren 需要に応じて生産する. ② (口語) しでかす. Unsinn[4] produzieren ばかなことをする. II 再帰 (完了 haben) sich[4] produzieren (口語) 自分[の能力]をひけらかす, 人目につくふるまいをする.

pro·du·ziert [プロドゥツィーァト] *produzieren (生産する)の過分.

pro·du·zier·te [プロドゥツィーァテ] *produzieren (生産する)の過去.

Prof. [プロふェッソァ] (略) 教授 (=Professor).

pro·fan [プロふァーン profá:n] 形 ① (付加語としてのみ) (教会・宗教から離れて)世俗的な. ② (比) 平凡な, 日常的な.

pro·fa·nie·ren [プロふァニーレン profaní:rən] 他 (h) (宗教的なもの[4]を)世俗化する; 冒瀆(ぼうとく)する.

Pro·fes·si·on [プロふェスィオーン profesió:n] (古) 女 -/-en (ふつう) 職業, 生業 (=Beruf).

Pro·fes·si·o·nal [プロふェスィオナーる] 英 男 -s/-e (または -s) 職業選手, プロの選手(略: Profi); (一般に:) プロ[の人]. (⸺ 「アマチュアの選手」は Amateur).

pro·fes·si·o·nell [プロふェスィオネる professionél] 形 ① (付加語としてのみ) 本職の, プロの (スポーツ選手など). ② 専門家の, 専門家による(判定など), 専門家用の.

*der **Pro·fes·sor** [プロふェッソァ profésɔr] 男 (単2) -s/(複) -en [..ソーレン] ① (大学の) 教授(略: Prof.). (英 professor). Professor der Medizin[2] 医学の教授 / Er ist Professor für Philosophie an der Universität Bonn. 彼はボン大学の哲学の教授だ / ordentlicher Professor 正教授(略: o. P., o. Prof.) / außerordentlicher Professor 助教授; (昔の:)嘱託(員外)教授(略: a. o. Prof., ao. Prof.). ② (オーストリア) ギムナジウムの教師.

pro·fes·so·ral [プロふェソラーる profɛsorá:l] 形 ① 教授の, 教授らしい. ② 学者ぶった, もったいぶった; 浮き世離れした.

Pro·fes·so·rin [プロふェソーリン profésó:rɪn または ..ふェッソリン] 女 -/..rinnen (女性の)教授.

Pro·fes·sur [プロふェスーァ profesú:r] 女 -/-en 教授の職(地位).

Pro·fi [プローふィ pró:fi] 男 -s/-s 職業選手, プロの選手; (一般に:) プロ[の人]. (=Professional).

Pro·fil [プロふィーる profí:l] 中 -s/-e ① 横顔, プロフィール. ein hübsches Profil かわいらしい横顔 / 人[4] im Profil zeichnen 人の横顔を描く. ② 際だった特色, はっきりした性格, 明確な個性. Seine Politik hat kein Profil. 彼の政策にはこれといった特色がない. ③ (工・建) 縦断面図. das Profil eines Gebäudes 建物の輪郭図. ④ (タイヤ・靴底などの)刻み目, ぎざぎざの溝. ⑤ (地学) 断面.

pro·fi·lie·ren [プロふィリーレン profilí:rən] I 他 (h) ① (タイヤ・靴底など[4]に) 刻み目を付ける. ② (人・物) [4]に特色を与える. II 再帰 (h) sich[4] profilieren 能力を発揮して認められる, 名を成す.

pro·fi·liert [プロふィリーァト] 1 profilieren (刻み目を付ける)の過分 II 形 ① 個性的な, 際だった(人物など). ② 刻み目(ぎざぎざの溝)を付けた(タイヤ, 靴底など).

Pro·fit [プロふィート profí:t または ..ふィット ..fit] (口語) 男 -[e]s/-e (ふつう軽蔑的に:)利益, 利潤, もうけ (=Gewinn). Profit[4] aus 事[3] ziehen 事[3]でもうける(得をする) / ohne Profit arbeiten

pro·fi·tie·ren [プロフィティーレン profití:rən] 自 (h) 《**von** 人・事³ ～》(軍³から)利益を得る;(人³から)有益なことを学ぶ.

pro for·ma [プロー ふォルマ pro: fórma] [ラテ] 副 [ただ]形式上, 体裁上.

pro·fund [プロフント profúnt] 形 ① 深遠な. *profunde* Kenntnisse 深遠な学識. ② 《医》深部の, 深在性の.

Prog·no·se [プログノーゼ prognó:zə] 女 -/-n (学問的な裏づけのある)予測, 予知;(天気の)予報;(医)(病気の)予後(治療後の経過見通し).

prog·nos·tisch [プログノスティッシュ prognóstɪʃ] 形 将来の経過を予測した, 予知的な.

das **Pro·gramm** [プログラム prográm] 中 (単2) -s/(複) -e (3格のみ -en) ① (放送・演劇などの)番組, プログラム; 番組表.(英 *program*). Was steht heute **auf** dem *Programm*? きょうはどんな番組がありますか / eine Oper⁴ **in** das *Programm* auf|nehmen オペラをプログラムに組み入れる / ein *Programm*⁴ kaufen プログラム冊子を買う.
② 計画, 予定. Hast du für heute Abend ein *Programm*? 今夜何か予定があるかい / Das steht schon **auf** meinem *Programm*. 私はそういうことをするつもりはない / **nach** *Programm* 予定どおりに. ③ (政党などの)綱領, 基本政策. ④ 《コンピ》 プログラム. dem Computer ein *Programm*⁴ ein|geben コンピュータにプログラムを入力する. ⑤ (商)(商品の)シリーズ.

pro·gram·ma·tisch [プログラマーティッシュ programá:tɪʃ] 形 ① 綱領(主義)に則した. ② 基本方針(目標)を示した.

pro·gramm⸗ge·mäß [プログラム・ゲメース] 形 プログラム(予定)どおりの.

pro·gram·mie·ren [プログラミーレン programí:rən] 他 (h) ① (事⁴を)プログラム(計画・予定)に組み込む. ◇《過去分詞の形で》 **auf** Erfolg *programmiert* sein 成功することに決まっている. ② 《コンピ》(物⁴を)プログラミングする.

Pro·gram·mie·rer [プログラミーラァ programí:rɐ] 男 -s/- 《コンピ》 プログラマー.(ス 女性形は Programmiererin).

Pro·gram·mier⸗spra·che [プログラミーァ・シュプラーヘ] 女 -/-n 《コンピ》プログラム言語.

Pro·gramm⸗vor·schau [プログラム・ふォァシャオ] 女 -/-en (テレビ・映画などの)番組予告[編], 次回上映紹介.

Pro·gres·si·on [プログレスィオーン progrɛsió:n] 女 -/-en ① 前進, 進歩. ②《経》(課税の)累進(ネネ). ③《数》数列.

pro·gres·siv [プログレスィーふ progresí:f] 形 ① 進歩(前進)的な, 進歩主義の. ein *progressiver* Politiker 進歩的な政治家. ② 漸進的な, 段階的な, 累進(ネネ)的な.《医》進行性の. *progressive* Steuern 累進税.

Pro·hi·bi·ti·on [プロヒビツィオーン prohibitsió:n] 女 -/-en ① 酒類の製造販売禁止. ②《古》禁止.

Pro·jekt [プロイェクト projékt] 中 -[e]s/-e (大規模な)計画, 企画, プロジェクト. ein *Projekt*⁴ realisieren 計画を実行する / ein *Projekt* **zur** Nutzung der Sonnenenergie² 太陽エネルギー利用プロジェクト.

pro·jek·tie·ren [プロイェクティーレン projɛktí:rən] 他 (h) (物⁴を)計画する, 企てる, (物⁴の)建設(開発)計画をたてる.

Pro·jek·ti·on [プロイェクツィオーン projɛktsió:n] 女 -/-en ①《光》投射; 投光, 映写;《電》映像. ②《数》射影;《地理》投影[図].

Pro·jek·ti·ons⸗ap·pa·rat [プロイェクツィオーンス・アパラート] 男 -[e]s/-e ＝Projektor

Pro·jek·tor [プロイェクトァ projéktor] 男 -s/-en [..トーレン] プロジェクター, 映写機.

pro·ji·zie·ren [プロイツィーレン projitsí:rən] 他 (h) ①《光》(スライドなど⁴を)映写する. ②《数》(物⁴を)射影する. ③《心》投影する.

Pro·kla·ma·ti·on [プロクらマツィオーン proklamatsió:n] 女 -/-en 宣言, 公布, 布告.

pro·kla·mie·ren [プロクらミーレン proklamí:rən] 他 (h) (事⁴を)宣言する, 公布(布告)する;(声明など⁴を)発表する.

Pro·krus·tes⸗bett [プロクルステス・ベット] 中 -[e]s/-en 強引にあてはめられる規準(古代ギリシアの伝説上の強盗プロクルステスが, 立ち寄った旅人の体をベッドに合わせて切ったり引き延ばしたりしたことから).

Pro·ku·ra [プロクーラ prokú:ra] 女 -/..kuren 《商》(商業上の広範な)代理[権], 支配権.《人³ *Prokura*⁴ geben 人³に代理権を与える.

Pro·ku·rist [プロクリスト prokuríst] 男 -en/-en《商》業務代理人, 支配人.(ス 女性形は Prokuristin).

Pro·let [プロれート prolé:t] 男 -en/-en ①《口語》プロレタリアート. ② 不作法者.

Pro·le·ta·ri·at [プロれタリアート proletariá:t] 中 -[e]s/-e 《ふつう 単》 プロレタリア階級, 無産階級.

Pro·le·ta·ri·er [プロれターリアァ proletá:riɐ] 男 -s/- プロレタリア, 無産者.(ス 女性形は Proletarierin).

pro·le·ta·risch [プロれターリッシュ proletá:rɪʃ] 形 プロレタリアの, 無産者の.

Pro·log [プロらーク proló:k] 男 -[e]s/-e 《劇》プロローグ, 序幕, 前口上;(文学作品などの)序言, 前書き.(ス 「エピローグ」は Epilog).

pro·lon·gie·ren [プロろンギーレン prolongí:rən] 他 (h) ① (経)(手形など⁴の)支払期限を延期する. ②《方言》(事⁴の)期間を延長する.

Pro·me·na·de [プロメナーデ promaná:də] [ふ] 女 -/-n 遊歩道, プロムナード; 散歩, そぞろ歩き.

Pro·me·na·den⸗deck [プロメナーデン・デック] 中 -[e]s/-s (まれに -e) 船客用の遊歩甲板.

Pro·me·na·den⸗mi·schung [プロメナーデン・ミッシュング] 女 -/-en 《戯》雑種犬.

pro·me·nie·ren [プロメニーレン promení:rən] 自 (s, h) 《雅》散策する, そぞろ歩く.

Pro·me·theus [プロメートイス promé:tɔys] -/ (《ｷﾞﾘｼｬ神》) プロメテウス(ティタン族の一人. 天界から火を盗み人間に与えたために, ゼウス神の怒りにふれ, その罰として岩に縛られて日々はげたかに肝臓を食われた).

Pro·mil·le [プロ・ミれ pro·míla] 中 -[s]/- ① 1,000 分の1, 1,000 分率, パーミル. ② 〖複で〗《口語》血液中のアルコール濃度. Er fährt nur ohne *Promille*. 彼は絶対に飲酒運転をしない.

Pro·mil·le⹃gren·ze [プロミれ・グレンツェ] 囡 -/-n (ドライバーの)血中アルコール許容限界.

pro·mi·nent [プロミネント prominént] 形 著名な, 抜きん出た, 重きをなす; 重要な. eine *prominente* Persönlichkeit 名士.

Pro·mi·nen·te[r] [プロミネンテ (..ﾀｧ) prominénta (..tər)] 男 囡 〖語尾変化は形容詞と同じ〗名士, 著名人.

Pro·mi·nenz [プロミネンツ prominénts] 囡 -/-en ① 〖複 なし〗(総称として:) 名士. ② 〖複 なし〗傑出, 卓越;《雅》重要性. ③ 〖複で〗著名人たち.

Pro·mis·ku·i·tät [プロミスクイテート promıskuité:t] 囡 -/ 乱交, 乱婚.

Pro·mo·ti·on[1] [プロモツィオーン promotsió:n] 囡 -/-en ① ドクター(博士)の学位を取得(授与)すること. ② 《ｶﾄﾘｯｸ》ドクター(博士)学位授与式.

Pro·mo·tion[2] [プロモウション prəmóuʃən] [英] 囡 -/《商》販売促進, [セールス]プロモーション.

pro·mo·vie·ren [プロモヴィーレン promoví:rən] I 自 (h) ドクター(博士)の学位を取得する; 博士論文を書く. II 他 (h) (入[4]に)博士の学位を授与する.

prompt [プロンプト prómpt] I 形 すばやい, 敏速な, 即座の. eine *prompte* Antwort 即答. II 副《口語》予期したとおり, 案の定, やっぱり. Er kam *prompt* wieder zu spät. 彼は案の定また遅れて来た.

Pro·no·men [プロノーメン pronó:mən] 中 -s/- (または ..nomina)《言》代名詞 (=Fürwort). Personal*pronomen* 人称代名詞.

pro·no·mi·nal [プロノミナーる pronominá:l] 形《言》代名詞の, 代名詞的な.

Pro·pa·gan·da [プロパガンダ propagánda] 囡 -/ ①(組織的な思想上の)宣伝[活動], プロパガンダ. ②《経》(商品の)宣伝, 広告. *Propaganda*[4] **für** 物[4] machen 物[4]を宣伝する. (☞ 類語 Werbung).

Pro·pa·gan·dist [プロパガンディスト propagandíst] 男 -en/-en ①(主義・思想の)宣伝者. (△注 女性形は Propagandistin). ②(旧東ドイツで)(ドイツ社会主義統一党の)宣伝担当者. ③《経》(企業の)広告係.

pro·pa·gan·dis·tisch [プロパガンディスティッシュ propagandísti ʃ] 形 ① 宣伝[上]の. ②《経》広告に関する.

pro·pa·gie·ren [プロパギーレン propagí:rən] 他 (h) (政治思想・新商品などを[4]の)宣伝をする, キャンペーンをする.

Pro·pan [プロパーン propá:n] 中 -s/《化》プロパンガス.

Pro·pan⹃gas [プロパーン・ガース] 中 -es/ = Propan

Pro·pel·ler [プロペらァ propélər] [英] 男 -s/- (飛行機の)プロペラ; (船の)スクリュー.

pro·per [プロパァ própər] 形《口語》きちんとした, こぎれいな(身なりなど); よく整頓された(部屋など); 入念な(仕事など).

* *der* **Pro·phet** [プロふェート profé:t] 男 (単 2.3.4) -en/(複) -en ① 予言者;《宗》預言者; 警世家. (△注 女性形は Prophetin). Ein *Prophet* gilt nichts in seinem Vaterlande. (ﾙｶによる福音書 4, 24). 預言者は自分の故郷では重んじられない(ルカによる福音書 4, 24). ② 〖ふつう 複〗(旧約聖書の)預言書.

Pro·phe·tie [プロふェティー profeti:] 囡 -/-n [..ティーエン]《雅》予言 (=Weissagung).

pro·phe·tisch [プロふェーティッシュ profé:tıʃ] 形 予言[者]の, 預言者の; 予言的な.

pro·phe·zei·en [プロふェツァイエン profetsáıən] (過分 prophezeit) 他 (h) (事[4]を)予言する. den Untergang der Welt[2] *prophezeien* 世界の滅亡を予言する.

Pro·phe·zei·ung [プロふェツァイウング] 囡 -/-en 予言, 予告, 警告.

pro·phy·lak·tisch [プロふュらクティッシュ profyláktıʃ] 形 ①《医》予防の, 防疫の. ② 予防的な.

Pro·phy·la·xe [プロふュらクセ profyláksə] 囡 -/-n《医》予防.

Pro·por·ti·on [プロポルツィオーン proportsió:n] 囡 -/-en ① 割合, 比率; 均整, プロポーション. Sie hat beachtliche *Proportionen*. 彼女はすばらしいプロポーションをしている. ②《数》比例[式].

pro·por·ti·o·nal [プロポルツィオナーる proportsioná:l] 形 ① 釣り合いのとれた. ②《数》比例した. umgekehrt *proportional* 反比例の.

pro·por·ti·o·niert [プロポルツィオニーァト proportsioní:rt] 形 釣り合い(均整)のとれた.

Pro·porz [プロポルツ propórts] 男 -es/-e ①《政》(得票数による)役職比例配分. ②《ｵｰｽﾄﾘｱ》比例代表制選挙.

prop·pen⹃voll [プロッペン・ふォる] 形《口語》すし詰めの, ぎゅうぎゅう詰めの.

Propst [プロープスト pró:pst] 男 -[e]s/Pröpste (ﾚｯﾌﾟｽﾃ) 司教座聖堂首席司祭[職]; (新教) 監督教区長[職].

* *die* **Pro·sa** [プローザ pró:za] 囡 (単) -/ ①《文学》散文. (英 prose). (△注「韻文」は Vers). ein Epos in *Prosa* 散文叙事詩. ②《雅·比》散文的であること, 無味乾燥. die *Prosa* des Alltags 日常生活の味気なさ.

Pro·sa·i·ker [プロザーイカァ prozá:ikər] 男 -s/- ①《文》散文作家 (=Prosaist). ②《雅》(ふつう軽蔑的に:)散文的(無味乾燥)な人.

pro·sa·isch [プロザーイッシュ prozá:ıʃ] 形 ①《雅·比》散文的な, 無味乾燥な. ②《軽》散文

Pro·sa·ist [プロザイスト prozaíst] 男 -en/-en 散文作家.

Pro·se·lyt [プロゼリュート prozelý:t] 男 -en/-en 《史》改宗者(特にユダヤ教に改宗した異邦人).

Pro·se·mi·nar [プロー・ゼミナール pró:-zemina:r] 中 -s/-e (大学での)初級ゼミナール(上級ゼミナール Hauptseminar への前段階).

*****pro·sit!** [プロージット pró:zɪt] 間 《口語》乾杯, 健康を祝して, おめでとう(=Zum Wohl!). *Prosit* allerseits! 一同の健康を祝して[乾杯]! / *Prosit* Neujahr! 新年おめでとう!

Pro·sit [プロージット pró:-] 中 -s/-s 《ふつう 単》乾杯(おめでとう)[のあいさつ]. Ein *Prosit* dem Gastgeber! ご主人の健康を祝して.

***der* **Pros·pekt** [プロスペクト prospékt] 男 (オーストリア: 中 も), 《単 2》-[e]s/《複》-e (3 格のみ -en) ① (宣伝用の)パンフレット, (新製品などの)カタログ, 内容説明書. 《英》brochure). Reise*prospekt* 旅行パンフレット / ein *Prospekt* über ein elektrisches Gerät 電気器具のパンフレット. ② 《劇》(舞台の)背景(のたれ幕)(風景などが描いてある). ③ 《美》(都市や広場の)全景図[版]. ④ パイプオルガンの前面. ⑤ 《経》目論(ろんみ)書.

Pros·pe·ri·tät [プロスペリテート prosperité:t] 女 -/ [経済的]繁栄, 好景気.

prost! [プロースト pró:st] 間 《口語》(乾杯のあいさつで)健康を祝して, おめでとう(=prosit!).

Pros·ta·ta [プロスタタ próstata] 女 -/..tatae [..タテー]《医》前立腺(ぜんりつせん)(=Vorsteherdrüse).

pros·ti·tu·ie·ren [プロスティトゥイーレン prostituí:rən] I 他 (h) (才能などを4)汚す. II 再帰 (h) sich4 *prostituieren* 売春をする.

Pros·ti·tu·ier·te[r] [プロスティトゥイーアテ (..ター) prostituí:rtə (..tər)] 男 女 《語尾変化は形容詞と同じ》売春婦; 男娼(だんしょう).

Pros·ti·tu·ti·on [プロスティトゥツィオーン prostitutsió:n] 女 -/ 売春.

Pro·sze·ni·um [プロスツェーニウム prostsé:nium] 中 -s/..nien [..ニエン]《劇》(劇場の)舞台の最前部, プロセニアム.

prot. [プロテスタンティッシュ]《略》プロテスタントの(=**prot**estantisch).

Pro·te·gé [プロテジェー proteʒé:] 《フランス》男 -s/-s (有力者などの)お気に入り.

pro·te·gie·ren [プロテジーレン proteʒí:rən] 他 (h) (人4を)引きたてる, ひいきにする.

Pro·te·in [プロテイーン protei:n] 中 -s/-e (生化)蛋白(たんぱく)質(=Eiweiß).

Pro·tek·ti·on [プロテクツィオーン protɛktsió:n] 女 -/-en 庇護(ひご)引きたて, 後援; 保護.

Pro·tek·ti·o·nis·mus [プロテクツィオニスムス protɛktsionísmus] 男 -/ 《経》保護貿易主義.

Pro·tek·tor [プロテクトァ protéktor] 男 -s/-en [..トーレン] ① 保護者, 後援者, パトロン; 名誉会長. ② 《法》保護供与国.

Pro·tek·to·rat [プロテクトラート protɛktorá:t] 中 -[e]s/-e ① 保護, 後援. ② 《法》(国家間の)保護関係; 保護領(国).

***der* **Pro·test** [プロテスト protést] 男 《単 2》-[e]s/《複》-e (3 格のみ -en) ① 抗議, 異議. (《英》protest). ein heftiger *Protest* 激しい抗議 / **gegen** 人・事4 *Protest* erheben 人・事4に抗議する / **unter** *Protest* den Raum verlassen 異議を表明して会場を出て行く. ② 《経》(手形などの)拒絶証書.

***der* **Pro·tes·tant** [プロテスタント protestánt] 男 《単 2·3》-en/《複》-en ① 《宗教》プロテスタント, 新教徒. 《英》Protestant). (⇔ 女性形は Protestantin;「カトリック教徒」は Katholik). lutherische *Protestanten* ルター派のプロテスタント. ② 《稀》抗議する人.

*****pro·tes·tan·tisch** [プロテスタンティッシュ protestántɪʃ] 形 《宗教》プロテスタントの, 新教の(略: prot.) (《英》Protestant). (⇔「カトリックの」は katholisch). die *protestantische* Kirche プロテスタントの教会.

Pro·tes·tan·tis·mus [プロテスタンティスムス protestantísmus] 男 -/ 《宗教》プロテスタンティズム; (総称として:)プロテスタント教会(ルター派・改革派教会など).

*****pro·tes·tie·ren** [プロテスティーレン protestí:rən] (protestierte, hat...protestiert) I 自 (⇔ haben) 抗議する, 異議を申したてる. (《英》protest). öffentlich *protestieren* 公然と抗議する / **gegen** einen Beschluss *protestieren* ある決定に対して異議を申したてる. II 他 (⇔ haben) 《経》(手形4の)拒絶証書を作成する.

pro·tes·tiert [プロテスティーアト] *protestieren (抗議する)の 過分

pro·tes·tier·te [プロテスティーァテ] *protestieren (抗議する)の 過去

Pro·teus [プロートィス pró:tɔys] I -/ 《ギリシャ神》プロテウス(自在に姿を変える海神). II 男 -/ 《比》移り気な人, 変わり身の早い人.

Pro·the·se [プロテーゼ proté:zə] 女 -/-n ① 人工補装具, プロテーゼ(特に義足・義手・義眼など). ② 《言》語頭音添加.

Pro·to·koll [プロトコる protokól] 中 -s/-e ① 記録; 《法》(裁判所などの)調書; 議事録; 《政》(外交上の)議定書. ein polizeiliches *Protokoll* 警察の調書 / ein *Protokoll*4 auf|nehmen 調書をとる / das *Protokoll*4 führen 議事録をとる / 事4 **zu** Protokol geben (nehmen) 事4を記録に取らせる(取る). ② 〖覆〗《政》外交儀礼.

pro·to·kol·la·risch [プロトコらーリッシュ protokolá:rɪʃ] 形 ① 調書(記録)による. ② 外交儀礼上の, 外交儀礼にかなった.

Pro·to·koll‿füh·rer [プロトコる・フューラァ] 男 -s/- 調書作成者; (会議などの)記録係.

pro·to·kol·lie·ren [プロトコりーレン protokolí:rən] I 他 (h) (発言・供述など4を)記録する, 議事録(調書)にとる. II 自 (h) 議事録をとる, 調書を作成する.

Pro·ton [プロートン pró:tɔn] 中 -s/-en [プロ

トーネン》《物》プロトン, 陽子.
Pro·to·plas·ma [プロト・プラスマ protoplásmaː] 中 -s/《生》原形質.
Pro·to·typ [プロート・テューブ próːtoːtyːp または プロト・テューブ] 男 -s/-e ① 原型, 典型, 模範. ② 《工》試作品, プロトタイプ. ③ (計測の)原器.
Protz [プロッツ próts] 男 -es (または -en)/-e[n] 《口語》① 自慢する人, いばり屋. ② 《覆 なし》いばること.
prot·zen [プロッツェン prótsən] 自 (h) 【mit 事³ ~ 】《口語》《覆³も》自慢する, 鼻にかける. Er *protzt* mit seinen Kenntnissen. 彼は自分の知識をひけらかす.
prot·zig [プロッツィヒ prótsɪç] 形 ① 《口語》これ見よがしの, 自慢げな. ② 成金趣味の.
Prov. [プロヴィンツ]《略》州, 県;《ルック》管区. (=Provinz).
Pro·ve·ni·enz [プロヴェニエンツ provenjénts] 女 -/-en 産地; 由来, 起源 (=Herkunft).
Pro·vi·ant [プロヴィアント proviánt] 男 -s/-e 《ふつう 覆》(携帯用の)食料;《軍》糧食. *Proviant* für drei Tage 3 日分の食料.
Pro·vinz [プロヴィンツ provínts] 女 -/-en ① 州, 県;《ルック》管区. (略: Prov.). ② 《覆 なし》(都会に対して:)田舎, 地方. Er kommt aus der *Provinz*. 彼は田舎の出だ.
Pro·vin·zi·a·lis·mus [プロヴィンツィアリスムス provɪntsialísmus] 男 -/..lismen ① 《言》方言[的語法]. ② 《覆 なし》田舎根性.
pro·vin·zi·ell [プロヴィンツィエル provɪntsiél] 形 ① 地方的な, 田舎風の. ② 方言の.
Pro·vinz·ler [プロヴィンツらァ províntslər] 男 -s/- 《口語》田舎者; 視野の狭い人.
pro·vinz·le·risch [プロヴィンツれリッシュ províntsləriʃ] 形 《口語》田舎者の, 田舎風の.
Pro·vinz・stadt [プロヴィンツ・シュタット] 女 -/..städte [..シュテーテ] 地方都市, 田舎町.
Pro·vi·si·on [プロヴィズィオーン provizióːn] 女 -/-en 《商》手数料, 口銭(ミミ); 利益配当.
pro·vi·so·risch [プロヴィゾーリッシュ provizóːrɪʃ] 形 仮の, 一時的な, 臨時の, 暫定的な. eine *provisorische* Lösung 一時的な解決 / 物⁴ *provisorisch* reparieren 物⁴を応急修理する.
Pro·vi·so·ri·um [プロヴィゾーリウム provizóːrium] 中 -s/..rien [..リエン] ① 暫定措置, 臨時の制度(とり決め). ② 《郵》(切手の)臨時発行.
Pro·vo·ka·teur [プロヴォカテーァ provokatéːr] 男 -s/-e 挑発者, 扇動者.
Pro·vo·ka·ti·on [プロヴォカツィオーン provokatsióːn] 女 -/-en ① 挑発. ② 《医》誘発.
pro·vo·ka·to·risch [プロヴォカトーリッシュ provokatóːrɪʃ] 形 挑発的な.
pro·vo·zie·ren [プロヴォツィーレン provotsíːrən] 他 (h) ① (争い・抵抗など⁴を)意図的に引き起こす; 《医》(症状⁴を)人工的に誘発する. ② (人⁴を)挑発する. 人⁴ zu 事³ *provozieren* 人⁴をそそのかして事³をさせる.

Pro·ze·dur [プロツェドゥーァ protsedúːr] 女 -/-en (めんどうな)手続き.
‡*das* **Pro·zent** [プロツェント protsént] 中 (単2) -[e]s/(のみ -en) -e (3 格のみ -en)《数量単位としては: (覆) -》① パーセント, 百分率 (略: p. c.; 記号: %). ② 《英》percent, percentage). Der Likör hat (または enthält) 40 *Prozent* Alkohol. そのリキュールは 40% のアルコール分を含んでいる / 物⁴ in *Prozenten* aus|drücken 物⁴をパーセントで表す / den Plan mit (または zu) 90 *Prozent* erfüllen 計画を 90 パーセント達成する. ② 《覆 で》《口語》(一定パーセントの)利潤, 歩引, 割引. *Prozente*⁴ bekommen (geben) 割り引いてもらう(割り引いてあげる).
..pro·zen·tig [..プロツェンティヒ ..protsɛntɪç]《形容詞をつくる接尾》(…パーセントの)例: drei*prozentig* (=3-*prozentig*) 3 パーセントの.
Pro·zent·satz [プロツェント・ザッツ] 男 -es/..sätze パーセンテージ, 百分率.
pro·zen·tu·al [プロツェントゥアール protsentuáːl] 形 パーセント(百分率)による. der *prozentuale* Anteil パーセンテージ / 物⁴ *prozentual* an|rechnen 物⁴を百分率で算出する.
‡*der* **Pro·zess** [プロツェス protsés] 男 (単2) -es/-e(覆)-e ① 訴訟. (《英》law suit). Zivil*prozess* 民事訴訟 / einen *Prozess* gegen 人⁴ an|strengen (または führen) 人⁴に対して訴訟を起こす / einen *Prozess* gewinnen (verlieren) 訴訟に勝つ(負ける) / 人³ den *Prozess* machen 人³を告訴する / mit 人・事³ kurzen *Prozess* machen《口語》人・事³をあっさりと片づける. ② 過程, 経過, プロセス. (《英》process). ein geschichtlicher *Prozess* 歴史的プロセス / ein *Prozess* des Wachstums 成長の過程.
Pro·zeß [☞ 新形] Prozess
pro·zes·sie·ren [プロツェスィーレン protsɛsíːrən] 自 (h) 訴訟を起こす. gegen 人⁴ *prozessieren* 人⁴を相手どって訴訟を起こす.
Pro·zes·si·on [プロツェスィオーン protsɛsióːn] 女 -/-en 《ルック》(葬式・祝祭などの)行列, 行進.
Pro·zess・kos·ten [プロツェス・コステン] 覆 《法》訴訟費用.
Pro·zeß・ko·sten [☞ 新形] Prozesskosten
Pro·zes·sor [プロツェッソァ protsésor] 男 -s/-en [..ゾーレン] 《コンピ》プロセッサ, CPU (中央処理装置).
prü·de [プリューデ prýːdə] 形 (性的なことに対して)過度にとり澄ました(上品ぶった).
Prü·de·rie [プリューデリー pryːdəríː] 女 -/-n [..リーエン] (性的なことに対して)過度にとり澄ます(上品ぶる)こと.
‡**prü·fen** [プリューフェン prýːfən] (prüfte, *hat* ...geprüft) I 他 《定了 haben》① 検査する, 調べる; (じろじろ)観察する. (《英》test). den Reisepass *prüfen* パスポートを検査する / eine Maschine⁴ *prüfen* 機械を点検する / Hast

du die Rechnung *geprüft*? 君は請求書が合っているか調べたかい / den Geschmack des Weins *prüfen* ワインの味見をする / Er *prüfte* das Gold **auf** seine Echtheit. 彼は金が本物かどうかを調べた. ◊*prüfenden* Blicken 探るような目つきで. (◯ 類語 untersuchen).

② (人⁴に)試験をする; (ある科目⁴の)試験をする. 《米》 examine). Der Lehrer *prüft* die Schüler **in** Mathematik. 先生は生徒たちに数学の試験をする / einen Studenten schriftlich (mündlich) *prüfen* ある学生に筆記(口頭)試験をする / Englisch⁴ *prüfen* 英語の試験をする. ③ 《雅》(人生・運命などが人⁴に)試練を与える. **II** 再帰 (完了 haben) *sich⁴ prüfen* 自分自身のことを考えてみる.

Prü·fer [ブリューファ prýːfər] 男 -s/- 検査官; 試験官.

Prüf·ling [ブリューふリング prýːflɪŋ] 男 -s/-e ① 受験者. ② 《工》テストピース, 試験片.

Prüf≠stand [ブリューふ・シュタント] 男 -[e]s/..stände 《工》試験台.

Prüf≠stein [ブリューふ・シュタイン] 男 -[e]s/-e 試金石. ein *Prüfstein* für 事⁴ sein 事⁴の試金石である.

prüf·te [ブリューふテ] *prüfen (検査する)の 過去

*die **Prü·fung** [ブリューふング prýːfʊŋ]

| 試験 | Wie war die *Prüfung*?
ヴィー ヴァール ディ ブリューふング
試験はどうだった? |

女 (単) -/(複) -en ① 試験, テスト. 《米》 examination, test). Zwischen*prüfung* 中間テスト / eine leichte (schwere) *Prüfung* 易しい(難しい)試験 / die schriftliche (mündliche) *Prüfung* 筆記(口頭)試験 / die *Prüfung* **in** Biologie 生物の試験 / Ich muss noch eine *Prüfung* ablegen (または machen). 私はもう一つ試験を受けなければならない / eine *Prüfung*⁴ bestehen 試験に合格する / sich⁴ **auf** (または **für**) eine *Prüfung* vor|bereiten 試験の準備をする / für eine *Prüfung* lernen (または arbeiten) 試験勉強をする / **in** (または **bei**) der *Prüfung* durch|fallen 試験に落第する.

② 検査. die *Prüfung* von Lebensmitteln 食品検査 / 物⁴ einer *Prüfung*³ unterziehen 物⁴を検査する.

③ 《雅》試練. schwere *Prüfungen*⁴ durch|stehen 苦しい試練に耐える.

Prü·fungs≠ar·beit [ブリューふングス・アルバイト] 女 -/-en 試験答案.

Prü·fungs≠auf·ga·be [ブリューふングス・アオふガーベ] 女 -/-n 試験問題.

Prü·fungs≠aus·schuss [ブリューふングス・アオスシュス] 男 -es/..schüsse (国家試験などの)試験委員会.

Prü·fungs≠aus·schuß ☞ 新形 Prüfungsausschuss

Prü·fungs≠kom·mis·si·on [ブリューふング

ス・コミスィオーン] 女 -/-en (国家試験などの)試験委員会.

Prü·gel [ブリューゲる prýːɡəl] 男 -s/- ① 《方》こん棒. ② 《複 で》《口語》殴打. *Prügel*⁴ bekommen なぐられる.

Prü·ge·lei [ブリューゲらイ pryːɡəláɪ] 女 -/-en なぐり合い.

Prü·gel≠kna·be [ブリューゲる・クナーベ] 男 -n/-n 《俗》身代わり, 他人の罪を背負う人(昔の王侯の子弟の身代わりに笞打たれた少年にちなむ).

***prü·geln** [ブリューゲるン prýːɡəln] (*prügelte*, *hat* ... *geprügelt*) **I** 他 (完了 haben) (棒などで)なぐる. 人⁴ **zu** Tode *prügeln* 人⁴をなぐり殺す / 人⁴ **aus** dem Lokal *prügeln* 人⁴を飲食店からたたき出す.

II 再帰 (完了 haben) 《*sich*⁴ [**mit** 人³] ~》 ([人³]と)なぐり合いをする. Die Schüler *prügeln sich* auf dem Schulhof. 生徒たちが校庭でなぐり合いをしている.

Prü·gel≠stra·fe [ブリューゲる・シュトラーふェ] 女 -/-n 《ふつう 単》体罰(棒打・笞打ち刑など).

prü·gel·te [ブリューゲるテ] *prügeln (なぐる)の 過去

prüg·le [ブリューグれ] *prugeln (なぐる)の 1 人称単数 現在

Prunk [ブルンク prúŋk] 男 -[e]s/ 華麗, 豪華.

prun·ken [ブルンケン prúŋkən] 自 (h) ① 《雅》光り輝いている, 華麗である. ② 《**mit** 事³ ~》(事³を)ひけらかす.

Prunk≠sucht [ブルンク・ズふト] 女 -/ (過度な)はで好み.

prunk≠süch·tig [ブルンク・ズュヒティヒ] 形 (過度に)はで好みの.

prunk≠voll [ブルンク・ふォる] 形 華麗な, 豪華な, 豪勢な.

prus·ten [ブルーステン prúːstən] **I** 自 (h) (息を切らして)ふーふー言う, あえぐ; (口から)ぶーっと息を吐く. vor Lachen *prusten* ぷっと吹き出す. **II** 他 (h) (水など⁴を)激しく吹きかける.

PS [ペー・エス] ① (記号) 馬力(⅓) (=**Pf**erde**s**tärke). ② (略) 追伸 (=**P**ost**s**kript[um]).

Psalm [プサるム psálm] 男 -s/-en (旧約聖書中の[個々の])詩篇. die *Psalmen* Davids ダビデの詩篇.

Psal·ter [プサるタァ psáltər] 男 -s/- ① 《音楽》 プサるテリウム(ハープのような中世の撥弦楽器). ② (旧約聖書中の)詩篇; (中世の)賛美歌集. ③ 《動》(反芻(ﾊﾝ)動物の)重弁胃.

pseu·do.., **Pseu·do..** [プソイド.. psɔ́ydo.. または プソイド..] 《形容詞・名詞につける 接頭》母音の前で pseud..》《仮の・にせの・擬似の》 例: *pseudo*wissenschaftlich えせ科学的な.

pseu·do·nym [プソイドニューム psɔydoný:m] 形 仮名の, 偽名の, ペンネームの.

Pseu·do·nym [プソイドニューム] 中 -s/-e 仮名, 偽名; ペンネーム, 筆名 (=Deckname). unter einem *Pseudonym* 仮名(ペンネーム)で.

pst! [プスト pst] 間 しっ, 黙って, 静かに.

Psy·che [プスューヒェ psýːçə] **I** -/ (《ギ神》 プ

シュケ(ちょうの羽をもつ美少女でエロスの妻. 霊魂の化身と見なされる). II -/-n 魂, 精神, 心 (= Seele).

psy・che・de・lisch [プスュヒェデーリッシュ psyçedé:lɪʃ] 形 幻覚を起こさせる, サイケデリックな; 幻覚状態にある.

Psy・chi・a・ter [プスュヒアータァ psyçiá:tər] 男 -s/- 精神病(科)医.

Psy・chi・a・trie [プスュヒアトリー psyçiatrí:] 女 -/-n ① 《複 なし》精神医学, 精神病学. ② 《隠語》精神病院, (病院の)精神科.

psy・chi・a・trisch [プスュヒアートリッシュ psyçiá:trɪʃ] 形 《医》精神病[学]の.

* **psy・chisch** [プスュヒッシュ psý:çɪʃ] 形 **精神的な**, 心的な. (英 psychic). (СЕ)「肉体的な」は physisch). die psychische Entwicklung des Kindes 子供の精神の発達 / Er ist psychisch krank. 彼は精神病だ.

psy・cho‥, Psy・cho‥ [プスュヒョ‥ psyço‥ または プスュ‥ヒョ‥] 《形容詞・名詞につける 接頭》《心・精神》例: psychopathisch 精神病質の / Psychoanalyse 精神分析.

Psy・cho・a・na・ly・se [プスュヒョ・アナリューゼ psý:ço-analy:zə または プスュヒョ・アナリューゼ] 女 -/-n ① 精神分析[学]. ② 精神分析による治療.

Psy・cho・a・na・ly・ti・ker [プスュヒョ・アナリューティカァ psyço-analý:tikər] 男 -s/- 精神分析医, 精神分析学者. (СЕ) 女性形は Psychoanalytikerin).

psy・cho・a・na・ly・tisch [プスュヒョ・アナリューティッシュ psyço-analý:tɪʃ] 形 精神分析[学]の.

Psy・cho⸗dra・ma [プスュヒョ・ドラーマ] 中 -s/..dramen ① 《文学》(独演形式の)心理劇. ② 《心》(心理療法としての)心理劇, サイコドラマ.

psy・cho・gen [プスュヒョゲーン psyçogé:n] 形 《医・心》心因性の.

Psy・cho・lo・ge [プスュヒョローゲ psyçoló:gə] 男 -n/-n 心理学者. (СЕ) 女性形は Psychologin).

* die **Psy・cho・lo・gie** [プスュヒョろギー psyçologí:] 女 (単) -/ ① **心理学**. (英 psychology). Tiefenpsychologie 深層心理学 / pädagogische Psychologie 教育心理学. ② 人間の心理の洞察. ③ 心理[状態]. die Psychologie des Kindes 子供の心理.

* **psy・cho・lo・gisch** [プスュヒョローギッシュ psyçoló:gɪʃ] 形 ① 心理学の, 心理学上の. (英 psychological). die psychologische Forschung 心理学の研究. ② 心理的の. ein psychologischer Roman 心理小説. ③ 《口語》心理的に巧妙な.

Psy・cho・path [プスュヒョパート psyçopá:t] 男 -en/-en 精神病質者. (СЕ) 女性形は Psychopathin).

Psy・cho・pa・thie [プスュヒョパティー psyçopatí:] 女 -/-n 《心》精神病質.

psy・cho・pa・thisch [プスュヒョパーティッシュ psyçopá:tɪʃ] 形 《心》精神病質の.

Psy・cho・phar・ma・kon [プスュヒョ・ふァルマコン psyço-fármakɔn] 中 -s/..maka 《ふつう複》《医・心》向精神薬(精神機能に作用する鎮静剤など).

Psy・cho・se [プスュヒョーゼ psyçó:zə] 女 -/-n ① 《医・心》(強度の)精神病. ② (一時的な)極度の精神不安, 異常心理.

Psy・cho・so・ma・tik [プスュヒョ・ゾマーティク psyço-zomá:tɪk] 女 -/ 《医》精神身体医学.

psy・cho・so・ma・tisch [プスュヒョ・ゾマーティッシュ psyço-zomá:tɪʃ] 形 《医》精神身体[医学]の, 心身の. psychosomatische Krankheiten 心身症.

Psy・cho・the・ra・peut [プスュヒョ・テラポイト psý:ço-terapɔyt または プスュヒョ・テラポイト] 男 -en/-en 精神(心理)療法医.

psy・cho・the・ra・peu・tisch [プスュヒョ・テラポイティッシュ psý:ço-terapɔytɪʃ または プスュヒョ・テラポイ‥] 形 《心・医》 精神(心理)療法[上]の.

Psy・cho・the・ra・pie [プスュヒョ・テラピー psý:ço-terapi: または ..テラピー] 女 -/-n [..ピーエン または ..ピーエン] 《心・医》精神(心理)療法.

psy・cho・tisch [プスュヒョーティッシュ psyçó:tɪʃ] 形 《心・医》 精神病の.

Pt [ペー・テー] 《化・記号》白金 (=Platin).

Pu [ペー・ウー] 《化・記号》プルトニウム (=Plutonium).

Pu・ber・tät [プベルテート puberté:t] 女 -/ 思春期.

Pub・li・ci・ty [パブリスィティ pablísiti] [英] 女 -/ ① 世間に知れ渡っていること, 周知. ② 宣伝, 広告.

pub・lik [プブリーク publí:k] 形 《成句的に》 publik werden (sein) 一般に知れ渡る(知れ渡っている) / 物⁴ publik machen 物⁴を公にする.

Pub・li・ka・ti・on [プブリカツィオーン publikatsió:n] 女 -/-en ① 発表, 公表; 出版, 刊行. ② 出版物, 刊行物.

* das **Pub・li・kum** [プーブリクム pú:blikum] 中 (単 2) -s/ ① 観客, 聴衆, 観衆, 視聴者; 読者. (英 audience). ein kritisches Publikum 批判眼のある観客 / Sie spielt vor einem großen Publikum. 彼女は大観衆を前にプレー(演奏)する. ② (総称として:)(レストラン, 保養地などの)客. In diesem Lokal verkehrt ein gutes Publikum. このレストランは客筋が良い. ③ 《口語》話をよく聞いてくれる人.

pub・li・kums⸗wirk・sam [プーブリクムス・ヴィルクザーム] 形 観客(聴衆)に受ける.

pub・li・zie・ren [プブリツィーレン publitsí:rən] 他 (h) (本など⁴を)出版する, 刊行する, (論文など⁴を)発表する.

Pub・li・zist [プブリツィスト publitsíst] 男 -en/-en ジャーナリスト; 新聞(マスメディア)学者.

(←） 女性形は Publizistin).

Pub·li·zis·tik [プブリツィスティク publistístɪk] 囡 -/ ジャーナリズム;新聞(マスメディア)学.

pub·li·zis·tisch [プブリツィスティッシュ publistístɪʃ] 形 ジャーナリズムの;新聞(マスメディア)学の.

Pub·li·zi·tät [プブリツィテート publitsité:t] 囡 -/ ① 世間に知れ渡っていること、周知. ② 公然,公開;《経》(企業の)広報,宣伝.

Puck [プック pǘk] [英] 男 -s/-s ① いたずら好きの小妖精(シェイクスピアの『真夏の夜の夢』に登場する). ② (アイスホッケーの)パック.

Pud·ding [プディング pǘdɪŋ] [英] 男 -s/-s (または -e)《料理》プディング(ミルク・砂糖などで作る菓子.または肉・魚などを用いた料理の一種).

Pud·ding⹀pul·ver [プディング・プるふァァ] 中 -s/-《料理》プディングパウダー.

Pu·del [プーデる pǘ:dəl] 男 -s/- ① プードル,むく犬. wie ein begossener *Pudel*《俗》しょんぼりと、すごすごと（←水をかけられたしく犬のように). ② 《口語》(九柱戯での)失投. ③ = Pudelmütze

Pu·del⹀müt·ze [プーデる・ミュッツェ] 囡 -/-n 毛糸の帽子、スキー(スケート)帽.

pu·del⹀nass [プーデる・ナス] 形 《口語》 びしょぬれの.

pu·del⹀naß ☞ 新形 pudelnass

pu·del⹀wohl [プーデる・ヴォーる] 副 《口語》とても気分よく.

der **Pu·der** [プーダァ pǘ:dər] 男 (口語：中 も) (単2) -s/(複) -(3格のみ -n) (美容・医療用の)パウダー、粉末;《医》散薬.(英 *powder*). Baby*puder* ベビーパウダー / *Puder*[4] auf|tragen 粉おしろいをつける.

Pu·der⹀do·se [プーダァ・ドーゼ] 囡 -/-n (化粧用の)コンパクト、おしろい入れ.

pu·dern [プーダァン pǘ:dərn] 他 (h) (人・物[4]に)おしろい(パウダー)をつける. einen Säugling *pudern* 赤ちゃんにベビーパウダーをつける. ◇《再帰的に》*sich*[4] *pudern* おしろいで化粧する.

Pu·der⹀quas·te [プーダァ・クヴァステ] 囡 -/-n (化粧用の)パフ.

Pu·der⹀zu·cker [プーダァ・ツッカァ] 男 -s/- 粉砂糖、パウダーシュガー.

puff! [プふ pǘf] 間 (小さな爆発・発砲などの音:)ぼん、ぱん.

Puff [プふ pǘf] I 男 -[e]s /Püffe (まれに -e)《口語》(こぶしなどで)ぼんと突くこと(音). einen *Puff* bekommen 一発くらう. II 男 -[e]s/-e (または -s) クッションスツール [型の洗濯物入れ]. III 男 中 -s/-s 《俗》売春宿.

Puff⹀är·mel [プふ・エルメる] 男 -/- ふくらみを付けた袖(そで),パフスリーブ.

puf·fen [プッフェン pǘfən] I 他 (h)《口語》(人[4]をひじなどで)こづく. 人[4] in die Seite *puffen* 人[4]のわき腹をひじで突く. II 自 (h) ぽん(ぱっぱっ)と音をたてる. III 再帰 (h) *sich*[4] *puffen*《口語》なぐり合う.

Puf·fer [プッふァァ pǘfər] 男 -s/- ① (車両の)緩衝器(装置)、(自動車の)バンパー. ②《料理》ポテトパンケーキ.

Puf·fer⹀staat [プッふァァ・シュタート] 男 -[e]s/-en 緩衝国.

puh! [プー pú:] 間 ① (嫌悪を表して:)うえっー. ② (疲労を表して:)やれやれ、ふー.

pu·len [プーれン pú:lən] 自 (h)《北ド・口語》(指て)ほじる、つまむ. an einem Etikett *pulen* レッテルをはがす / in der Nase *pulen* 鼻をほじる.

Pulk [プるク pǘlk] 男 -[e]s/-s (まれに -e) ①《軍》(戦車などの)部隊、(軍用機の)編隊. ② (人などの)集団.

Pul·le [プれ pǘlə] 囡 -/-n《俗》(酒類の)びん(= Flasche).

pul·len [プれン pǘlən] 自 (h) ①《海》ボートをこく. ② (馬が)手綱に逆らって突進する.

Pul·li [プリ pǘli] 男 -s/-s《口語》= Pullover

der **Pul·lo·ver** [プろーヴァァ puló:vɐr または プる・オー... puló-ó:..] [英] 男 (単2) -s (3格のみ -n) プルオーバー、セーター.(英 *pullover*). einen *Pullover* stricken プルオーバーを編む.

Pul·lun·der [プるンダァ puländər または プる・ウン.. pul-ún..] [英] 男 -s/- 袖(そで)なしプルオーバー、ベスト.

der **Puls** [プるス pǘls] 男 (単2) -es/(複) -e (3格のみ -n) ①《医》脈、脈は〈;脈を数〈;《比》生気、鼓動. ein unregelmäßiger *Puls* 不整脈 / den *Puls* messen 脈を計る / 人[3] den *Puls* fühlen a) 人[3]の脈をみる、b)《比・比》人[3]の意向を探る、c)《比・比》人[3]が正気かどうか確かめる / Der *Puls* geht schnell. 脈が速い. ② (手首の内側の)脈をみる箇所. ③《電》パルス.

Puls⹀ader [プるス・アーダァ] 囡 -/-n《医》動脈 (= Arterie). sich[3] die *Pulsadern*[4] auf|schneiden (自殺するために)動脈を断ち切る.

Pul·sar [プるザール pulzá:r] 男 -s/-e《天》パルサー(パルス状電波を発する小天体).

pul·sen [プるゼン pǘlzən] 自 (h) = pulsieren

pul·sie·ren [プるズィーレン pulzí:rən] 自 (h) (血管が)脈打つ;《比》躍動している. ◇《現在分詞の形で》das *pulsierende* Leben der Großstadt[2] 大都会の活気ある生活.

Puls⹀schlag [プるス・シュらーク] 男 -[e]s/..schläge《医》脈はく、拍動.

Puls⹀wär·mer [プるス・ヴェルマァ] 男 -s/- (保温用の)手首覆い.

Puls⹀zahl [プるス・ツァーる] 囡 -/-en《医》脈はく数.

Pult [プるト pǘlt] 中 -[e]s/-e 斜面机;譜面台. Dirigenten*pult* 指揮者用譜面台.

das **Pul·ver** [プるふァァ pǘlfər または ..ヴァァ ..vər] 中 (単2) -s/(複) -(3格のみ -n) ① 粉、粉末;粉薬、散薬.(英 *powder*). Wasch*pulver* 粉末洗剤 / ein *Pulver* gegen Kopfschmerzen 頭痛用の粉薬 /物[4] zu *Pulver* zerreiben (mahlen) 物[4]をつぶして(ひいて)粉にする.

② 火薬, 弾薬. Er ist keinen Schuss *Pulver* wert.《俗》彼はなんの役にもたたない / Er hat sein *Pulver* schon verschossen.《口語》a) 彼は万策尽きている, b)《議論などで》彼は持ちごまを出し尽くした(←弾薬を使い果たした) / Er hat das *Pulver* nicht erfunden.《口語》彼はあまり利口ではない(←火薬を発明したわけではない). ③《俗》金(常), 銭.

Pul·ver≠fass [プるファァ・ファス] 中 -es/..fässer 火薬樽(%). **auf einem** *Pulverfass* sitzen《比》危機に瀕(%)している(←火薬樽の上に座っている).

Pul·ver=**faß** ☞ 新形 Pulverfass

pul·ver·för·mig [プるファァ・フェルミヒ] 形 粉末状の.

pul·ve·rig [プるフェリヒ púlfəriç または プるヴェ.. púlva..] 形 粉末[状]の, 粉のような.

pul·ve·ri·sie·ren [プるヴェリズィーレン pulverizí:rən] 他 (h)《物⁴を》粉末にする, こなごなに砕く.

Pul·ver≠kaf·fee [プるファァ・カフェ] 男 -s/-s 粉末(インスタント)コーヒー.

Pul·ver≠schnee [プるファァ・シュネー] 男 -s/ 粉雪.

pulv·rig [プるフリヒ púlfriç または プるヴ.. púlv..] 形 = pulverig

Pu·ma [プーマ pú:ma] 男 -s/-s《動》ピューマ (アメリカ産の猛獣).

Pum·mel [プンめる púməl] 男 -s/-《口語》丸丸とした子供, 丸ぽちゃ娘.

pum·me·lig [プンめリヒ púməliç] 形《口語》丸々と太った, ずんぐりした, 丸ぽちゃの.

Pump [プンプ púmp] 男 -s/《俗》借り, 借金. bei 人³ einen *Pump* auf|nehmen 人³に借金をする / 物⁴ **auf** *Pump* kaufen 物⁴を掛けで買う.

*die **Pum·pe** [プンペ púmpə] 女 (単) -/(複) -n ① ポンプ.(愛 *pump*). Luft*pumpe* 空気ポンプ. ②《俗》心臓. ③《俗》(麻薬用の)注射器.

pum·pen [プンペン púmpən] I 他 (h) ①(水などを…へ)ポンプで送る, (…から)ポンプでくみ出す. Luft⁴ in den Schlauch *pumpen* タイヤに空気を入れる / Millionen⁴ in ein Unternehmen *pumpen*《比》数百万[マルク]のお金を事業につぎ込む. ②《俗》(人³に 物⁴を)貸す. Kannst du mir ein bisschen Geld *pumpen*? 少しお金を貸してくれないか. II 再帰 (h) sich³ 物⁴ *pumpen*《俗》物⁴を借りる. III 自 (h)(機械などが)ポンプとして働く.

Pum·per·ni·ckel [プンパァ・ニッケる] 男 -s/ -《ふつう 単》ライ麦の黒パン.

Pump≠ho·se [プンプ・ホーゼ] 女 -/-n《服飾》ニッカーボッカー[ズ](ひざ下までのゆったりしたズボン).

Pumps [パンプス pámps] 複 パンプス(ひもや留め金がなくヒールが高い婦人靴). (☞ Schuh 図).

Punch [パンチュ pántʃ] [英] 男 -s/-s (ボクシングで:)パンチ.

Pun·cher [パンチァァ pántʃər] [英] 男 -s/- (ボクシングで:)パンチャー.

Punk [パンク páŋk] [英] 男 -[s]/-s ①【複 なし; ふつう冠詞なして】パンク(パンクロックを愛好する若者たちの反体制運動. 1970 年代後半にイギリスで起こった). ② パンク族[の若者]. ③【複 なし】パンクロック.

Pun·ker [パンカァ páŋkər] [英] 男 -s/- ① パンクロックのアーティスト. ② パンク族[の若者].

‡*der* **Punkt** [プンクト púŋkt]

| 点 | Das Kleid hat rote *Punkte*. ダス クらイト ハット ローテ プンクテ そのワンピースには赤い水玉模様がある. |

I 男 (単) -es (または -s)/(複) -e (3格のみ -en)(愛 *point*) ① 点, 斑点(常); 水玉模様. ein schwarzer *Punkt* 黒い点 / ein weißer Stoff mit blauen *Punkten* 青い水玉模様のついた白い布地 / der grühe *Punkt* 緑の丸印(リサイクル容器のマーク) / Die Erde ist nur ein winziger *Punkt* im Weltall. 地球は宇宙の中のちっぽけな一点にすぎない.
② ピリオド, 終止符;《音楽》(音符の)付点. einen *Punkt* setzen (または machen) ピリオドを打つ / Nun mach mal einen *Punkt*!《口語・比》もうやめろ / **ohne** *Punkt* **und Komma reden**《口語・比》とめどなくしゃべる.
③ 地点; 箇所. der höchste *Punkt* Deutschlands ドイツの最高地点 / Zwei Geraden schneiden sich **in einem** *Punkt*. 二つの直線が1点で交わる / ein schwacher *Punkt*《比》ウィークポイント / der springende *Punkt*《比》(問題の)主要点 / der tote *Punkt*《比》a) 行き詰まり, b) 極度の疲労.
④ 時点. *Punkt* 8 Uhr 8 時きっかりに / **auf den** *Punkt* **kommen** 時間どおりにやって来る.
⑤ 論点, 問題点; 項目. ein strittiger *Punkt* 争点 / einen *Punkt* berühren ある点に言及する / **In** diesem *Punkt* bin ich anderer Meinung². この点では私は意見を異にする / *Punkt* für *Punkt* 1項目ずつ, 逐一.
⑥ 評点;《スポ》得点, ポイント. Er siegte **mit 228** *Punkten*. 彼は 228 点を取って勝った / den Gegner **nach** *Punkten* schlagen 相手にポイント差で勝つ(判定勝ちする).
II 男 (単) -[e]s/(複) -《印》ポイント(活字の大きさ).

....

《△》..punkt のいろいろ: Brenn*punkt* 焦点 / Doppel*punkt* コロン / Gefrier*punkt* 氷点 / Höhe*punkt* 頂点 / Kern*punkt* 核心 / Mittel*punkt* 中心 / Streit*punkt* 争点 / Strich*punkt* セミコロン / Tief*punkt* 最下点 / Treff*punkt* 待ち合わせ場所

punk·ten [プンクテン púŋktən] 自 (h)《スポ》① 採点する. ②(ボクシングなどで:)ポイントをかせぐ.
◊☞ gepunktet

punkt≠gleich [プンクト・グらイヒ] 形《スポ》同

punk·tie·ren [プンクティーレン puŋktíːrən] 他 (h) ① 《物⁴に》点を打つ；《物⁴を》点[々]で描く．◇《過去分詞の形で》eine *punktierte* Linie 点線． ②《医》《脊髄⁴など⁴に》穿刺(ﾂｨ)をする． ③《音楽》《音符⁴に》付点を付ける．◇《過去分詞の形で》ein *punktiertes* Achtel 付点 8 分音符．

Punk·ti·on [プンクツィオーン puŋktsióːn] 女 -/-en《医》穿刺(ﾂｨ)《法》．

‡**pünkt·lich** [ピュンクトリヒ pýŋktlɪç] 形 ① **時間どおりの，時間厳守の**．(英 *punctual*). Er ist immer *pünktlich*. 彼はいつも時間に正確だ / *pünktlich* um 12 Uhr 12 時きっかりに / *pünktlich* ins Büro gehen 時間に遅れずにオフィスへ行く / *pünktlich* auf die Minute 1 分もたがわずに． ②《古》きちょうめんな，厳格な．

Pünkt·lich·keit [ピュンクトリヒカイト] 女 -/ 時間厳守，時間に正確なこと．

Punkt·rich·ter [プンクト・リヒタァ] 男 -s/-《スツ》(ボクシング・体操などの)審判員，ジャッジ(得点によって評価する審判)．

Punkt‗schrift [プンクト・シュリフト] 女 -/-en (盲人のための)点字；点訳文書．

Punkt‗sieg [プンクト・ズィーク] 男 -[e]s/-e (ボクシングなどの)判定勝ち．

Punkt‗spiel [プンクト・シュピール] 中 -[e]s/-e《スツ》点数(ポイント)制による試合(競技)．

punk·tu·ell [プンクトゥエル puŋktuél] 形 個々の点に関する，ある点に関する，逐一の．

Punk·tum! [プンクトゥム púŋktum] 間《成句的に》[Und damit] *Punktum*! もうおしまいだ．

Punk·tur [プンクトゥーァ puŋktúːr] 女 -/-en《医》穿刺(ﾂｨ)《法》(＝Punktion).

Punkt‗zahl [プンクト・ツァール] 女 -/-en《スツ》[得]点数，スコア．

Punsch [プンシュ púnʃ] 男 -es (まれに -s)/-e (または Pünsche) ポンス，ポンチ(アラク酒・ラム酒などにレモン・砂糖・香料などを混ぜた熱い飲料)．

Pun·ze [プンツェ púntsə] 女 -/-n ①《工》押し抜き器，ポンチ． ②《ｵｰｽﾄ・スイス》(金含有量を示す)刻印，極印．

pun·zen [プンツェン púntsən] 他 (h) ①《物⁴を》ポンチで加工する． ②《ｵｰｽﾄ・スイス》《貴金属⁴に》純度保証の刻印を打つ．

Pu·pil·le [プピレ pupílə] 女 -/-n《医》瞳孔(ﾄﾞｳ)，ひとみ．

Püpp·chen [ピュップヒェン pýpçən] 中 -s/- (Puppe の縮小) ① 小さな人形． ②《愛児・恋人に対する愛称》お人形さん，かわいい人．

die **Pup·pe** [プッペ púpə] 女 (単)-/(複)-n ①《英 *doll*》．Das Mädchen spielt mit *Puppen*. その女の子は人形で遊んでいる． ② 操り人形(＝Marionette). die *Puppen*⁴ führen 人形を操る / die *Puppen*⁴ tanzen lassen《口語》a) 部下を意のままに扱う，b) ばか騒ぎをしている． ③ マネキン人形． ④《俗》女の子；恋人．eine niedliche *Puppe* かわい子ちゃん．⑤《昆》さなぎ． ⑥《中東部ドイツ》穀物の刈り束の山． ⑦《成句的に》bis **in** die *Puppen*《口語》ずいぶん長く，とても遅くまで．

pup·pen·haft [プッペンハフト] 形 (女の子などが)人形のようにかわいい；人形のようにぎくしゃくした(女の子など)．

Pup·pen‗haus [プッペン・ハオス] 中 -es/..häuser 人形の家．

Pup·pen‗spiel [プッペン・シュピール] 中 -[e]s/-e 操り人形芝居，人形劇；人形劇場．

Pup·pen‗spie·ler [プッペン・シュピーラァ] 男 -s/- 人形使い．

Pup·pen‗the·a·ter [プッペン・テアータァ] 中 -s/- 人形劇場．

Pup·pen‗wa·gen [プッペン・ヴァーゲン] 男 -s/- 人形[用]の乳母車．

pur [プーァ púːr] 形 ①《付加語としてのみ》混じり気のない，純粋な．*pures* Gold 純金． ②《無語尾で》(アルコール飲料が)生(ｷ)の．Whisky⁴ *pur* trinken ウイスキーをストレートで飲む． ③《付加語としてのみ》《口語》まったくの．aus *purer* Neugier まったくの好奇心から．

Pü·ree [ピュレー pyréː] 中 -s/-s《料理》ピューレ(煮て裏ごしにしたもの．マッシュポテトなど)．

pü·rie·ren [ピュリーレン pyríːrən] 他 (h)《料理》(じゃがいもなどを)ピューレにする．

Pu·ris·mus [プリスムス purísmus] 男 -/ ①《言》国語浄化主義，外国語排斥運動． ②《美》純粋主義．

Pu·rist [プリスト puríst] 男 -en/-en ①《言》国語浄化主義者． ②《美》純粋主義者．

Pu·ri·ta·ner [プリターナァ puritáːnər] 男 -s/- ①《ｸﾘｽﾄ教》清教徒，ピューリタン． ②(ふつう軽蔑的に)(道徳的に極めて)潔癖な人．

pu·ri·ta·nisch [プリターニッシュ puritáːnɪʃ] 形 清教徒の，ピューリタンの；あまりにも厳格な，堅苦しい；極めて簡素な．

Pur·pur [プルプァ púrpur] 男 -s/ (紫に近い)深紅色，緋色(ﾋﾞｧ)；《雅》緋衣，紫衣(昔はローマ皇帝や枢機卿の専用)．

pur·pur‗far·ben [プルプァ・ファルベン] 形 (紫に近い)深紅色の，緋色(ﾋﾞｧ)の．

pur·purn [プルプルン púrpurn] 形《雅》＝purpurfarben

pur·pur‗rot [プルプァ・ロート] 形 深紅色の．

Pur·zel‗baum [プルツェる・バオム] 男 -[e]s/..bäume でんぐり返り．einen *Purzelbaum* machen (または schlagen) でんぐり返りをする．

pur·zeln [プルツェるン púrtsəln] 自 (s)《口語》(…へ/…で)ひっくり返る，(…から)転げ落ちる；《比》暴落する．

pu·schen [プッシェン púʃən] 他 (h) ＝pushen

pu·shen [プッシェン púʃən] 他 (h) ①《隠語》(はでな宣伝で商品⁴を)強引に売り込む． ②(麻薬⁴を)密売する． ③《(俗)³を》活気づける．

pus·se·lig [プッセリヒ púsəlɪç] 形 ① 根気の要る(仕事など)． ② 細かな点にこだわりすぎる．

puss·lig [プスリヒ púslɪç] 形 ＝pusselig

puß·lig ☞《新形》pusslig

Pus·te [プーステ pú:stə] 女 -/ ① 《俗》息, 呼吸; 《比》力, 金銭. ② 《隠語》ピストル.

Pus·te⹀ku·chen! [プーステ・クーヘン] 間 【成句的に】[Ja,] *Pustekuchen!* 《口語》まっぴらだ, ごめんだよ, とんでもない.

Pus·tel [プステる pústəl] 女 -/-n 《医》膿疱 (??), プステル, 吹き出物.

pus·ten [プーステン pú:stən] I 自 (h) 《口語》① (口をすぼめて)ふーっと息を吹き込む; 息を吹きかける. *in die Suppe pusten* (冷ますために)ふーふースープを吹く. ② (風が)ぴゅーぴゅー吹いている. ③ (息を切らして)ふーふーあえぐ. II 他 (h) 《口語》(ほこりなど⁴を…から)吹き払う; 《物⁴を…へ》吹き込む, 吹きかける. 人³ *den Rauch ins Gesicht pusten* 人³の顔にたばこの煙を吹きかける.

Pu·te [プーテ pú:tə] 女 -/-n ① 七面鳥の雌 (= Truthenne). ② 《俗》思いあがった愚かな女.

Pu·ter [プータァ pú:tər] 男 -s/- 七面鳥の雄 (= Truthahn).

pu·ter⹀rot [プータァ・ロート] 形 (怒りや恥ずかしさのために顔が)真っ赤になった.

Putsch [プチュ pútʃ] 男 -[e]s/-e ① クーデター, 反乱. ② 《ﾍﾞｽ・口語》突き, 衝突.

put·schen [プッチェン pútʃən] 自 (h) クーデター(反乱)を起こす.

Put·schist [プチスト putʃíst] 男 -en/-en クーデター(反乱)の首謀者.

Put·te [プッテ pútə] 女 -/-n 《美》(特にバロック・ロココ期造型美術の)童子裸像(しばしば翼を持つ).

put·ten [プッテン pútən] 自 (h)·他 (h) (ゴルフで:)パットする.

Putz [プッツ púts] 男 -es/ ① 《建》モルタル, プラスター, しっくい. *eine Wand⁴ mit Putz bewerfen* 壁にモルタルを塗る / *auf den Putz hauen* 《口語》a) 自慢する, b) 大はしゃぎする. ② 《古》(飾りたてた)晴れ着; (はでな)アクセサリー. ③ 《口語》(はでな)ひかり.

⁕put·zen [プッツェン pútsən] du putzt (putzte, *hat*...geputzt) 他 《宗》haben) ① (磨いて・こすって)きれいにする, (物⁴の)汚れを取る. 《宗》clean). *Schuhe⁴ (das Fenster⁴) putzen* 靴を磨く(窓をふく) / *Putz dir die Zähne!* 歯を磨きなさい / *sich³ die Nase⁴ putzen* 鼻をかむ / *Spinat⁴ putzen* ほうれん草の傷んだ部分を取り除く / *eine Kerze⁴ putzen* ろうそくのしんの燃えかすを切ってきれいにする. ◇《再帰的に》*Die Katze putzt sich.* 猫が体をなめて毛づくろいをする. (☞類語 reinigen). ② (南ドィ, スイス)掃除する; (オースト)(ドライクリーニングをする. *die Wohnung⁴ putzen* 住まいを掃除する. ③ (物⁴を)飾りたてる, (人³に)おめかしをさせる. *den Christbaum putzen* クリスマスツリーに飾り付けをする.

Putz⹀frau [プッツ・フラオ] 女 -/-en 掃除婦.

put·zig [プッツィヒ pútsɪç] 形 《口語》① 小さくてかわいい, おどけた. ② 奇妙な, 風変わりな.

Putz⹀lap·pen [プッツ・らッペン] 男 -s/- ぞうきん, (窓などの)磨き布.

Putz⹀mit·tel [プッツ・ミッテる] 中 -s/- 洗浄剤, クレンザー.

Putz⹀sucht [プッツ・ズフト] 女 -/ (極度の)おしゃれ好き.

putz⹀süch·tig [プッツ・ズュヒティヒ] 形 ひどくおしゃれ好きの.

putz·te [プッツテ] ⁕putzen (きれいにする)の過去

Putz⹀teu·fel [プッツ・トイフェる] 男 -s/- (特に女性の)掃除魔.

Putz⹀wol·le [プッツ・ヴォれ] 女 -/ (機械掃除用の)くず綿糸.

Putz⹀zeug [プッツ・ツォイク] 中 -s/ (総称として:)掃除道具.

puz·zeln [パズるン pázln または パスるン pásln] 自 (h) ジグソーパズルをする.

Puz·zle [パズる pázl または パスる pásl] 《英》 中 -s/-s ジグソーパズル.

Puz·zle⹀spiel [パズる・シュピーる] 中 -[e]s/-e = Puzzle

PVC [ペー・ファオ・ツェー] 《略》 ポリ塩化ビニール (= Polyvinylchlorid).

Pyg·mäe [ピュグメーエ pygmέːə] 男 -n/-n (中央アフリカの)ピグミー族.

Py·ja·ma [ピュチャーマ pydʒáːma または ピ·pi..] 《英》 [ﾍﾞｽ・ｵｽﾄ: 中] 男 -s/-s パジャマ (= Schlafanzug).

Pyk·ni·ker [ピュクニカァ pýknɪkər] 男 -s/- 《医》肥満型の人.

pyk·nisch [ピュクニッシュ pýknɪʃ] 形 《医》肥満型の.

Py·ra·mi·de [ピュラミーデ pyramíːdə] 女 -n (エジプトの)ピラミッド. ② (ピラミッド形のもの:) 《数》角錐(??); 《医》錐体.

py·ra·mi·den⹀för·mig [ピュラミーデン・フェルミヒ] 形 ピラミッド形の.

die **Py·re·nä·en** [ピュレネーエン pyrenέːən] 複 《定冠詞とともに》《山名》ピレネー山脈(フランスとスペインの国境にある).

Py·ro·ma·ne [ピュロマーネ pyromáːnə] 男 -n/-n 《医·心》放火癖のある人.

Py·ro·ma·nie [ピュロマニー pyromaníː] 女 -/ 《医·心》放火癖(症).

Py·ro·tech·nik [ピューロ・テヒニク pýːroteçnɪk または ピュロ・テヒ..] 女 -/ 花火製造術.

Pyr·rhus⹀sieg [ピュルス・ズィーク] 男 -[e]s/-e ピュロスの勝利, (多くの犠牲を伴う)表面上の勝利(ピュロス王が紀元前279年ローマ軍を破ったとき多大の犠牲を払ったことから).

Py·tha·go·ras [ピュターゴラス pytáːgoras] 男 -/ 《人名》ピュタゴラス(前582?-前500?; 古代ギリシアの哲学者·数学者).

py·tha·go·re·isch [ピュタゴレーイッシュ pytagorέːɪʃ] 形 ピュタゴラス[学派]の. *der pythagoreische Lehrsatz* 《数》ピュタゴラスの定理.

Py·thon [ピュートン pýːton] 男 -s/-s (または -en [ピュトーネン]) 《動》ニシキヘビ(ギリシア神話のアポロンに退治された大蛇の名から).

Q q

q, Q [クー kúː] 中 -/- クー(ドイツ語アルファベットの第17字).

qkm [クヴァドラート・キロメータァ]《記号》平方キロメートル (=Quadratkilometer).

qm [クヴァドラート・メータァ]《記号》平方メートル (=Quadratmeter).

quab·be·lig [クヴァッぺりヒ kvábəlıç] 形《北ドィ・口語》ぶよぶよ(ぶりぶり)した, ぐにゃぐにゃの.

quab·beln [クヴァッベるン kvábəln] 自 (h)《北ドィ・口語》ぶよぶよしている.

Quack-sal·ber [クヴァック・ざるバァ] 男 -s/- にせ(やぶ)医者.

Quack·sal·be·rei [クヴァック・ざるベライ] 女 -/ いんちき療法.

quack·sal·bern [クヴァック・ざるバァン kvákzalbərn] 自 (h) いんちき治療をする.

Qua·der [クヴァーダァ kváːdər] 男 -s/-(まれに 女 -/-n; オーストリ・スイス -s/-n) ① 《建》角石(かど). ② 《数》直方体, 直六面体.

Qua·der·stein [クヴァーダァ・シュタイン] 男 -[e]s/-e《建》角石(かど) (=Quader ①).

Quad·rant [クヴァドラント kvadránt] 男 -en/-en ①《数》4分円[弧], 象限(しょうげん). ②《天・海》象限(しょうげん)儀.

* *das* **Quad·rat** [クヴァドラート kvadráːt] I 中 (単2) -[e]s/(複) -e (3格のみ -en) ① 正方形. (英 square). die Fläche⁴ eines *Quadrats* berechnen 正方形の面積を計算する / magisches *Quadrat* 魔方陣. ②《数》**2乗**, 平方. eine Zahl⁴ ins *Quadrat* erheben ある数を2乗する / drei **im** (または **zum**) *Quadrat* 3 の2乗 (=3²; 数字の場合は drei hoch zwei とも読む) / im *Quadrat*《口語》正真正銘の, まったく. ③ (街路に囲まれた)方形の一画, 街区. ④《天》矩象(くしょう)(太陽と惑星の黄経の差が90度になること).

II 中 (単2) -[e]s/(複) -en《印》クワタ(字間の込めの一種).

quad·ra·tisch [クヴァドラーティッシュ kvadráːtɪʃ] 形 ① 正方形の. ②《数》2次の, 2乗の. eine *quadratische* Gleichung 2次方程式.

Quad·rat·ki·lo·me·ter [クヴァドラート・キロメータァ] 男 中 -s/- 平方キロメートル (記号: km²).

Quad·rat·me·ter [クヴァドラート・メータァ] 男 中 -s/- 平方メートル (記号: m²).

Quad·ra·tur [クヴァドラトゥーァ kvadratúːr] 女 -/-en ①《数》求積法. die *Quadratur* des Kreises (または des Zirkels) a) 円積法, b)《比》解決できない問題. ②《天》矩象(くしょう), 矩象(しょう) (=Quadrat ④).

Quad·rat·wur·zel [クヴァドラート・ヴルツェる] 女 -/-n 平方根.

Quad·rat·zahl [クヴァドラート・ツァーる] 女 -/- 《数》自乗数, 平方数(例: 4(=2²), 9(=3²)).

Quad·rat·zen·ti·me·ter [クヴァドラート・ツェンティメータァ] 男 中 -s/- 平方センチメートル(記号: cm²).

quad·rie·ren [クヴァドリーレン kvadríːrən] 他 (h) ①《数》(数⁴を)2乗する. ②(フレスコ画を描くために壁⁴を)方眼に区切る.

Quad·ril·le [クヴァドリりエ kvadríljə または カド.. kad..] [ヵ゙ド] 女 -/-n カドリーユ(4組が方陣を作って踊るフランス舞踊[曲]).

Quad·ro·fo·nie [クヴァドロふォニー kvadrofoníː] 女 -/ =Quadrophonie

Quad·ro·pho·nie [クヴァドロふォニー kvadrofoníː] 女 -/《放送》4チャンネルステレオ[方式].

quak! [クヴァーク kváːk] 間 ① (蛙の鳴き声:)げろげろ. ② (あひるなどの鳴き声:)がーがー.

qua·ken [クヴァーケン kváːkən] 自 (h) ① (蛙・あひるなどが)げろげろ(ガーガー)鳴く. ②《俗》ぎゃーぎゃーしゃべる(わめく).

quä·ken [クヴェーケン kvéːkən] 自 (h) (赤ん坊が)ぎゃーぎゃー泣く; (楽器・レコードなどが)きーきー音をたてる.

Quä·ker [クヴェーカァ kvéːkər] 男 -s/-《新教》クエーカー教徒.

* *die* **Qual** [クヴァーる kváːl] 女 (単) -/(複) -en 苦しみ, 苦痛; 苦悩, 心痛. (英 *pain*). Das Warten war eine *Qual*. 待つのは苦痛だった / körperliche (seelische) *Qualen*⁴ ertragen 肉体的(精神的)苦しみに耐える / 人³ *Qualen*⁴ bereiten 人³に苦痛を与える / Der Arzt linderte die *Qualen* des Kranken. 医者は患者の苦痛を和らげた. (☞ 類語 Schmerz).

* **quä·len** [クヴェーれン kvéːlən] (quälte, hat ...gequält) I 他 (支テ haben) ① (人・物⁴を)(肉体的・精神的に)苦しめる, 痛めつける; (動物⁴を)いじめる. (英 *torment*). ein Tier⁴ zu Tode *quälen* 動物をいじめ殺す / Die Kopfschmerzen *quälten* ihn sehr. 彼はひどい頭痛に悩まされた. ② (人⁴を)わずらわす, 困らせる. 人⁴ **mit** Bitten *quälen* うるさくせがんで人⁴をてこずらせる.

II 再帰 (支テ haben) *sich*⁴ *quälen* ① 苦しむ, 悩む; 苦労する. Der Kranke *quälte sich* die ganze Nacht. 病人は一晩中苦しんだ / Er *quält sich* immer **mit** seinen Hausaufgaben. 彼はいつも宿題にてこずっている. ②《方向を表す語句とともに》(…へ)苦労して進む. Wir *quälten uns* **durch** den Schnee. 私たち

Quälerei

は苦労して雪をかき分けて進んだ. ◊☞ gequält

Quä·le·rei [クヴェーれライ kvɛːlərái] 囡 -/-en ① 苦しめること, 痛めつけること, 虐待; 苦痛, 心痛. ②〖複なし〗苦しむこと. ③〖口語〗つらい仕事.

Quäl ≠ geist [クヴェーる・ガイスト] 男 -[e]s/-er 《口語》困り者, やっかい者, (特に:)だだっ子(= Plagegeist).

Qua·li·fi·ka·ti·on [クヴァりふぃカツィオーン kvalifikatsió:n] 囡 -/-en ① 資格を取ること. ②〖ふつう 単〗資格, 能力; 資格証明. die *Qualifikation*[4] für eine Tätigkeit besitzen ある業務の資格を持っている ③〖ふつう 単〗《スポ》出場資格; 予選.

qua·li·fi·zie·ren [クヴァりふぃツィーレン kvalifitsíːrən] I 再帰 (h) ① 《*sich*[4] (または は **zu** 単[3])~》(単[4](または単[3])の)資格を取る. Er *hat* sich zum Facharbeiter *qualifiziert*. 彼は熟練工の資格を得た. ②《*sich*[4] **für** 単[4] ~》《スポ》(単[4](決勝リーグなど)への)出場資格を得る. II 他 (h) ① (経験・免許などが 人[4]の)資格(能力)を示している. Seine Berufserfahrung *qualifiziert* ihn **zum**(または **als**) Abteilungsleiter. 彼の職業経験を見れば彼が部長にふさわしいことがわかる. ②〖成句的に〗人・物[4] **als** ... *qualifizieren* 人・物[4]を…と判定する, 認める, 分類する. (メモ …には4格の名詞や形容詞がくる.)

qua·li·fi·ziert [クヴァりふぃツィーァト] I qualifizieren (再帰 で: 資格を取るの) 過分 II 形 ① 特殊な能力を必要とする(仕事など). ② 専門知識を有していることを証明する(見解など). ③《法》特別な. *qualifizierte* Mehrheit 特別多数(単なる過半数ではなく例えば 3 分の 2 以上の得票など).

die **Qua·li·tät** [クヴァりテート kvalitéːt] 囡 (単) -/(複) -en ① 質, 品質; 優良品. (英 *quality*). (メモ「量」は Quantität). Waren guter (schlechter) *Qualität*[2] 品質の良い(悪い)品 / Diese Ware ist erste *Qualität*. この商品は一級品である / auf *Qualität* achten (または sehen) 質を重視する / ein Stoff **von** bester *Qualität* 最高品質の布地. ②〖ふつう 複〗特質, 特性; (優れた)資質. Er hat menschliche *Qualitäten*. 彼は人間的にいいところを持っている. ③〖言〗音質.

qua·li·ta·tiv [クヴァりタティーふ kválitatiːf または ...ティーふ] 形 質の, 質的な, 品質上の; 良質な;《化》定性の. *qualitative* Veränderungen 質的変化.

Qua·li·täts ≠ ar·beit [クヴァりテーツ・アルバイト] 囡 -/-en 優れた仕事; 高級品.

Qua·li·täts ≠ er·zeug·nis [クヴァりテーツ・エァツォイクニス] 中 ..nisses/..nisse 優良品.

Qua·li·täts ≠ kon·trol·le [クヴァりテーツ・コントロれ] 囡 -/-n 品質管理.

Qua·li·täts ≠ wa·re [クヴァりテーツ・ヴァーレ] 囡 -/-n 高級品.

Qua·li·täts ≠ wein [クヴァりテーツ・ヴァイン] 男 -[e]s/-e 優良ワイン. *Qualitätswein* mit Prädikat 肩書き付き良質ワイン.

Qual·le [クヴァれ kválə] 囡 -/-n《動》クラゲ.

der **Qualm** [クヴァるム kválm] 男 (単2) -[e]s/ ① (もうもうとした)煙, 濃い煙. (英 *smoke*). beißender *Qualm* ひりひりと目に染みる濃煙. ②《南ド》(もうもうたる蒸気); もや. ③《俗》いざこざ, 不和. Bei ihnen ist *Qualm* in der Küche (または Bude). 彼らところではもめごとが起きている.

*qual·men [クヴァるメン kválmən] (qualmte, *hat* ... gequalmt) I 自 (定了 haben) ① (英 *smoke*) (煙突などがもうもうと)煙を出す. Der Schornstein *qualmt*. 煙突からもうもうと煙が出ている. ◊〖非人称の **es** を主語として〗In der Küche *qualmt* es. 台所にはもうもうと煙が立ち込めている. ②《口語》すぱすぱたばこをふかす.

II 他 (定了 haben)《口語》(たばこ[4]を)すぱすぱふかす.

qual·mig [クヴァるミヒ kválmɪç] 形 煙でもうもうとした, 紫煙の立ち込めた.

qualm·te [クヴァるムテ] *qualmen (煙を出す)の 過去

quäl·te [クヴェーるテ] *quälen (苦しめる)の 過去

qual·voll [クヴァーる・ふぉる] 形 苦痛(苦悩)に満ちた, ひどく苦しい; せつない.

Quant [クヴァント kvánt] 中 -s/-en《物》量子. Licht*quant* 光量子.

Quänt·chen [クヴェントヒェン kvéntçən] 中 -s/- ごく少量. ein *Quäntchen* Zucker ほんの少しの砂糖.

Quan·ten [クヴァンテン] Quant (量子), Quantum (量)の 複

Quan·ten ≠ me·cha·nik [クヴァンテン・メヒャーニク] 囡 -/《物》量子力学.

Quan·ten ≠ the·o·rie [クヴァンテン・テオリー] 囡 -/《物》量子論.

quan·ti·fi·zie·ren [クヴァンティふぃツィーレン kvantifitsíːrən] 他 (h) を数量化する.

die **Quan·ti·tät** [クヴァンティテート kvantitéːt] 囡 (単) -/(複) -en ① 量; (ある)分量, 数量. (英 *quantity*). (メモ「質」は Qualität). eine kleine *Quantität* Nikotin 少量のニコチン / eine größere *Quantität*[4] von einer Ware kaufen ある商品を相当量(数)買う / Nicht die *Quantität*, sondern die Qualität entscheidet. 量ではなく, 質が決め手だ. ②〖言〗音の長さ;〖詩学〗音長(音節の長短). die *Quantität* der Vokale[2] 母音の長短.

quan·ti·ta·tiv [クヴァンティタティーふ kvántitatiːf または ...ティーふ] 形 量の, 量的な;《化》定量の. eine *quantitative* Analyse 定量分析.

Quan·tum [クヴァントゥム kvántum] 中 -s/ Quanten 量, 数量. ein großes *Quantum* 多量.

Quap·pe [クヴァッペ kvápə] 囡 -/-n ①《動》オタマジャクシ. ②《魚》カワメンタイ(タラ科の淡

水魚).

Qua·ran·tä·ne [カランテーネ karanté:nə まれに カラン.. karā..] 女 -/-n 検疫, 検疫停船. **in** (または **unter**) *Quarantäne* sein (または stehen) 検疫中である.

Quark [クヴァルク kvárk] 男 -s/ ① カード, 凝乳; カッテージチーズ. ② (俗)つまらぬこと, くだらぬこと. So ein *Quark*! ばかばかしい / Das interessiert mich einen *Quark*.《口語》私にはそれには全然興味がない.

Quart [クヴァルト kvárt] I 女 -/-en ①《音楽》4度[音程](＝Quarte). ②(フェンシングで:)カルト(第4の構え). II 中 -s/-e (単位: -/-) ① クォート(昔の液量の単位). ②『複 なし』《書籍》四つ折判(記号: 4°).

Quar·ta [クヴァルタ kvárta] 女 -/Quarten ① (9年制ギムナジウムの)第3学年(日本の中学1年に相当). ②(ｵｰｽﾄﾘｱ)(ギムナジウムの) 4年生(日本の中学2年に相当). (☞ Gymnasium).

Quar·tal [クヴァルタール kvartá:l] 中 -s/-e (1年の)四半期, 3カ月, 1季.

Quar·tals≠säu·fer [クヴァルタールス・ゾイファァ] 男 -s/-《口語》渇酒(ﾀｯｼｭ)癖の人(周期的に大酒を飲む癖の人).

Quar·ta·ner [クヴァルターナァ kvartá:nər] 男 -s/- ① (9年制ギムナジウムの)3年生. ②(ｵｰｽﾄﾘｱ)(ギムナジウムの) 4年生.

Quar·tär [クヴァルテーァ kvarté:r] 中 -s/《地学》第四紀.

Quar·te [クヴァルテ kvárta] 女 -/-n《音楽》4度[音程].

Quar·tett [クヴァルテット kvartét] 中 -[e]s/-e ①《音楽》四重奏(唱)曲; 四重奏(唱)団, カルテット. ② (皮肉って:) 4 人組. ③『複 なし』(トランプの)カルテットゲーム.

Quart≠for·mat [クヴァルト・フォルマート] 中 -[e]s/-e《書籍》四つ折判.

* *das* **Quar·tier** [クヴァルティーァ kvartí:r] 中 (単2) -s/(複) -e (3格のみ -en) ①(一時的な)宿, 宿泊所;《軍》(軍隊の)兵舎.《英 accommodation》. ein *Quartier*⁴ für eine Nacht suchen 一夜の宿を探す / bei 人³ *Quartier*⁴ nehmen《雅》人³の所に泊まる. ②(ｽｲｽ・ｵｰｽﾄﾘｱ)市区.

Quarz [クヴァールツ kvá:rts] 男 -es/-e《鉱》石英.

Quarz≠glas [クヴァールツ・グラース] 中 -es/《工》石英ガラス.

Quarz≠lam·pe [クヴァールツ・ランペ] 女 -/-n《工》石英(水銀)灯.

Quarz≠uhr [クヴァールツ・ウーァ] 女 -/-en クォーツ時計.

qua·si [クヴァーズィ kvá:zi] [ﾗﾃﾝ] 副 いわば, あたかも, ほとんど. Er hat es mir *quasi* versprochen. 彼はそれを私に約束したも同然だ.

Quas·se·lei [クヴァッセらイ kvasəlái] 女 -/-en《口語》(長々と)くだらないおしゃべり.

quas·seln [クヴァッセるン kvásəln] I 自 (h)《口語》(長々と)くだらないおしゃべりをする. II 他 (h)《口語》(長々とくだらないこと⁴を)しゃべる.

Quas·sel≠strip·pe [クヴァッセる・シュトリッペ] 女 -/-n ① (俗・戯)電話[器]. ② (戯)(長々と)くだらないおしゃべりをする人.

Quast [クヴァスト kvást] 男 -[e]s/-e《北ドツ》① 刷毛(ﾊｹ). ② 房飾り.

Quas·te [クヴァステ kvásta] 女 -/-n ① 房飾り. ②《北ドツ》刷毛(ﾊｹ).

* *der* **Quatsch** [クヴァッチュ kvátʃ] 男 (単2) -[e]s/《俗》ばかげたこと, くだらないこと. (英 *rubbish*). Ach *Quatsch*! ばかばかしい, くだらない / Red keinen *Quatsch*! ばかげた話はよしてくれ.

quat·schen [クヴァッチェン kvátʃən] I 他 (h)《俗》(くだらないこと⁴を)しゃべる. II 自 (h)《俗》① くだらないおしゃべりをする; うわさ話をする. ② 楽しくおしゃべりをする. ③ 秘密をばらす.

Quatsch≠kopf [クヴァッチュ・コプフ] 男 -[e]s/..köpfe《俗》おしゃべり野郎.

quatsch≠nass [クヴァッチェ・ナス] 形《口語》びしょぬれの.

quatsch≠**naß** ☞ 新形 quatschnass

Que·cke [クヴェッケ kvéka] 女 -/-n《植》カモジグサ.

Queck·sil·ber [クヴェック・ズィるバァ] 中 -s/《化》水銀(記号: Hg). Er hat *Quecksilber* im Leib (または Hintern).《俗》彼はいつもせかせかしている.

Queck·sil·ber≠säu·le [クヴェックスィるバァ・ゾイれ] 女 -/-n 水銀柱.

queck≠sil·be·rig [クヴェック・ズィるベリヒ] 形 ＝quecksilbrig

queck≠silb·rig [クヴェック・ズィるブリヒ] 形 ① 水銀のような. ② 落ち着きのない, 少しもじっとしていない(子供など).

Quell [クヴェる kvél] 男 -[e]s/-e『ふつう 単』《雅》①(比)泉, 水源(＝Quelle). ②(比)源. ein *Quell* der Freude² 喜びの源.

* *die* **Quel·le** [クヴェれ kvélə] 女 (単) -/(複) -n ① 泉, 源泉; 湧水, 泉水, 清水. (英 *spring*). eine heiße (kalte) *Quelle* 温泉(冷泉) / die *Quelle* des Rheins ライン川の水源 / Die *Quelle* springt (または sprudelt) aus dem Felsen. 岩間から泉がわき出ている / Das ist die *Quelle* allen (または alles) Übels.《比》それが諸悪の根源だ.
② (研究上の)出典, 原典, 文献. (英 *source*). historische *Quelle* 史料 / die *Quellen*⁴ an|geben (studieren) 出典を示す(原典を研究する). ③ (情報などの)出所, 源, ソース. (英 *source*). an der *Quelle* sitzen《口語》情報を手に入れやすい立場にいる(←情報源のそばに座っている) / Ich weiß es aus guter *Quelle*. 私はそれを確かな筋から聞いて知っている.

....

《ｺﾛ》..**quelle** のいろいろ: Energie*quelle* エネルギー源 / Erwerbs*quelle* 収入源 / Heil*quelle* 薬用泉 / Informations*quelle* 情報源 / Licht*quelle*

光源 / Mineral*quelle* 鉱泉 / Thermal*quelle* 温泉

* **quel·len**¹* [クヴェれン kvélən] es quillt (quoll, *ist*...gequollen) 自 (底) sein) ①『aus 物³ ~』(物³から)あふれ出る, 流れ(あふれ)出る. (英 well). Wasser *quillt* aus dem Boden. 水が地面からわき出る / Tränen *quellen* ihr aus den Augen. 彼女の目から涙があふれ出た. ②《比》(体の一部が)飛び出す, 浮き出る. Ihm *quollen* vor Zorn fast die Augen aus dem Kopf. 彼は目の玉が飛び出さんばかりに怒った. ③《豆・木材などが水分を吸って》ふくれる, ふやける.

quel·len² [クヴェれン] (quellte, *hat*...gequellt) 他 (h) (豆など⁴を水に浸して)ふくらませる, ふやかす.

Quel·len‧an·ga·be [クヴェれン・アンガーベ] 女 -/-n 《ふつう 複》出典(引用文献)一覧, 参考文献一覧; 出典指示.

Quel·len‧for·schung [クヴェれン・フォルシュング] 女 -/-en 史料(原典)の研究.

Quell‧ge·biet [クヴェる・ゲビート] 中 -[e]s/-e 《地理》水源地[域].

Quell‧was·ser [クヴェる・ヴァッサァ] 中 -s/- 泉の水, わき水.

Quen·ge·lei [クヴェンゲらイ kvεŋəlái] 女 -/-en 《口語》①《複 なし》だだをこねる(不平をこぼす)こと. ②《ふつう 複》不平, 愚痴.

quen·ge·lig [クヴェンゲりヒ kvéŋəlɪç] 形 《口語》① だだをこねる, ぐずる(子供など). ② 愚痴っぽい, 不平の多い.

quen·geln [クヴェンゲるン kvéŋəln] 自 (h) 《口語》① (子供が)だだをこねる, ぐずる. ② 愚痴をこぼす.

Quent·chen ☞ (新形) Quäntchen

* **quer** [クヴェーァ kvé:r] I 副 ① 横に, 横向きに. (英 crosswise). (/ベ「縦」に は längs). Der Wagen steht *quer* auf der Fahrbahn. 車が車道に横向きに停まっている / kreuz und *quer* あちこちに, 縦横に.

② 『durch, über とともに』横切って, 横へ. Er lief *quer* über die Straße. 彼は通りを駆けて横切った / eine Schnur⁴ *quer* durch einen Raum spannen 室内にひもを張り渡す.

II 形 (最) ① 『付加語としてのみ』横[向き]の. *quere* Falten 横じわ. ②《比》変わった, ひねくれた. *quere* Gedanken 変わった考え.

(新形)

quer ge·hen 《口語》① うまくいかない. ②(人³の)癪(しゃく)にさわる.

quer ge·streift 横縞(しま)の[ある].

quer schie·ßen 《口語》じゃまをする, 妨害する.

....

Quer‧bal·ken [クヴェーァ・バるケン] 男 -s/- ①《建》横梁(はり), 根太(ねだ). ②《音楽》符けた, ベースバー. ③《スキ-》バー.

Que·re [クヴェーレ kvé:rə] 女 -/《口語》斜め, 横[の方向]. 人³ in die *Quere* kommen a) 人³のじゃまをする, b) 人³にばったり出会う, c) 人³の道をさえぎる.

que·ren [クヴェーレン kvé:rən] 他 (h) (道など⁴を)横切る, 横断する.

quer‧feld·ein [クヴェーァ・フェるトアイン] 副 野原を横切って, 道なき道を通って.

Quer‧feld·ein‧lauf [クヴェーァ・フェるトアイン・らうフ] 男 -[e]s/..läufe 《スポ》クロスカントリーレース.

Quer‧flö·te [クヴェーァ・ふれーテ] 女 -/-n《音楽》横笛.

Quer‧for·mat [クヴェーァ・フォルマート] 中 -[e]s/-e 《印》(本などの)横長判.

quer|ge·hen 自 (s) (新形 quer gehen) ☞ quer

quer‧ge·streift 形 (新形 quer gestreift) ☞ quer

Quer‧kopf [クヴェーァ・コプふ] 男 -[e]s/..köpfe 《口語》へそ曲がり, あまのじゃく.

quer‧köp·fig [クヴェーァ・ケプふィヒ] 形《口語》へそ曲がりの, あまのじゃくの, ひねくれた.

Quer‧pfei·fe [クヴェーァ・プふァイフェ] 女 -/-n《音楽》(小型の)横笛(鼓笛隊などで用いる).

Quer‧ru·der [クヴェーァ・ルーダァ] 中 -s/-《空》(飛行機の)補助翼.

quer‧schie·ßen* 自 (h) (新形 quer schießen) ☞ quer

Quer‧schiff [クヴェーァ・シふ] 中 -[e]s/-e《建》(教会の)翼廊(十字形教会の左右の翼部).

Quer‧schlä·ger [クヴェーァ・シュれーガァ] 男 -s/- ① 跳ね返り弾. ②《口語》つむじ曲がり[な人].

Quer‧schnitt [クヴェーァ・シュニット] 男 -[e]s/-e ① 横断面[図]. (/ベ「縦断面[図]」は Längsschnitt). ②《比》(ある事柄の)代表的側面, 縮図, 概観;(CD などの)ハイライト盤.

Quer‧schnitts‧läh·mung [クヴェーァ・シュニッツ・れームング] 女 -/-en《医》横断麻痺(まひ).

Quer‧stra·ße [クヴェーァ・シュトラーセ] 女 -/-n (大通りと)交差している道, 横の通り.

Quer‧strich [クヴェーァ・シュトリヒ] 男 -[e]s/-e 横線, 斜線.

Quer‧sum·me [クヴェーァ・ズンメ] 女 -/-n《数》(2 けた以上の数字の)各けたの和. Die *Quersumme* von 253 ist 10. 253 の各けたの和は 10 である (2+5+3=10).

Quer‧trei·ber [クヴェーァ・トライバァ] 男 -s/- 《口語》(つねに)横槍(やり)を入れる人, 妨害者.

Quer‧trei·be·rei [クヴェーァ・トライベライ] 女 -/-en《口語》(計画などを絶えず)妨害すること.

quer‧über [クヴェーァ・ユーバァ] 副 斜め向かいに; 斜めに横切って.

Que·ru·lant [クヴェルらント kverulánt] 男 -en/-en 不平家; 告訴好きの人.

Quer‧ver·bin·dung [クヴェーァ・フェァビンドゥング] 女 -/-en ① (テーマや領域などの)横のつながり. ②(複数地域を横断する)交通ライン.

Quet·sche¹ [クヴェッチェ kvétʃə] 女 -/-n《中部ドィ・南ドィ》《植》セイヨウスモモ (= Zwetsche).

Quet·sche[2] [クヴェッチェ] 囡 -/-n ① 《方》じゃがいもつぶし器. in einer *Quetsche* sein 《比》苦境にある. ② 《口語》(軽蔑的に:)小さな町(村); 小さな店. ③ 《口語》(軽蔑的に:)(試験のための)学習塾.

***quet·schen** [クヴェッチェン kvétʃən] (quetschte, *hat*... gequetscht) I 他 (完了 haben) ① 『方向を表す語句とともに』(人・物[4]を…へ)押しつける, 押し込む. (英 squeeze). 人[4] **an** (または **gegen**) die Mauer *quetschen* 人[4]を壁にぐいと押しつける / 物[4] **in den Koffer** *quetschen* 物[4]をスーツケースにぎゅうぎゅう詰め込む. ② (押しつぶして・はさんで)人の手などに)けがを負わせる. sich[3] den Finger [in der Tür] *quetschen* [ドアに]指をはさんでけがをする. ◇[再帰的に] Ich *habe* mich in der Tür *gequetscht*. 私はドアにはさまれてけがをした. ③ 《方》(じゃがいもなど[4]を)押しつぶす; (果汁[4]を)搾り出す.
II 再帰 (完了 haben) *sich*[4] *quetschen* (…へ)ぎゅうぎゅう体を押し込む, (…から)人ごみを押し分けて出る.

Quetsch·fal·te [クヴェッチ・ふァるテ] 囡 -/-n 《服飾》ボックスプリーツ.

Quetsch·kar·tof·feln [クヴェッチ・カルトッフェルン] 複 《方》《料理》マッシュポテト (= Kartoffelpüree).

Quetsch·kom·mo·de [クヴェッチ・コモーデ] 囡 -/-n 《俗・戯》アコーデオン (= Ziehharmonika).

quetsch·te [クヴェッチュテ] *quetschen (押しつける)の 過去.

Quet·schung [クヴェッチュング] 囡 -/-en 《医》挫傷(ざしょう).

Quetsch·wun·de [クヴェッチ・ヴンデ] 囡 -/-n 《医》挫傷(ざしょう), 挫創(ざそう), 打僕傷.

Queue [kø:] 中 I 囡 (玉突きの)キュー. II 囡 -/-s ① (並んで待つ人の)行列. ② 《軍》行軍の最後尾.

quick [クヴィック kvík] 形 《北ドツ》活発な, 活気のある.

quick·le·ben·dig [クヴィック・れベンディヒ] 形 元気いっぱいの, ぴんぴんした, 活発な.

quiek! [クヴィーク kví:k] 間 (子豚・ねずみなどの鳴き声:)きーきー, ちゅーちゅー.

quie·ken [クヴィーケン kví:kən] 自 (h) (子豚・ねずみなどが)きーきー(ちゅー・ちゅー)鳴く;《比》(子供などが)きゃーきゃー叫ぶ.

quiek·sen [クヴィークセン kví:ksən] 自 (h) = quieken

Qui·e·tis·mus [クヴィエティスムス kvietísmus] 男 -/ 《カト》静寂主義(17世紀末の神秘主義的宗教運動).

quiet·schen [クヴィーチェン kví:tʃən] 自 (h) ① (ブレーキが)きーっという, (戸・ベッドなどが)ぎーぎーいう, きしむ. ② 《口語》(子供などが)きゃーきゃー叫ぶ.

quietsch·ver·gnügt [クヴィーチュ・フェァグニュークト] 形 《口語》とても上機嫌な.

quillt [クヴィるト] *quellen[1] (わき出る)の3人称単数 現在.

Quint [クヴィント kvínt] 囡 -/-en ① 《音楽》5度[音程]; (ヴァイオリンの) E線 (= Quinte). ② 《フェンシングで:》キント(第5の構え).

Quin·ta [クヴィンタ kvínta] 囡 -/Quinten ① (9年制ギムナジウムの)第2学年(日本の小学6年に相当). ② 《オースト》(ギムナジウムの)第5学年(日本の中学3年に相当). ☞ Gymnasium.

Quin·ta·ner [クヴィンターナァ kvintá:nər] 男 -s/- ① (9年制ギムナジウムの)2年生. ② 《オースト》(ギムナジウムの)5年生.

Quin·te [クヴィンテ kvínta] 囡 -/-n 《音楽》5度[音程]; (ヴァイオリンの) E線.

Quint·es·senz [クヴィンテセンツ kvíntɛsɛnts] 囡 -/-en (事柄の)核心, エッセンス.

Quin·tett [クヴィンテット kvintét] 中 -[e]s/-e 《音楽》五重奏(唱)曲; 五重奏(唱)団.

Quirl [クヴィルる kvírl] 男 -s (まれに -es)/-e ① 《料理》泡立て器, 撹拌(こうはん)棒;《口語・戯》換気装置, 扇風機;《空・隠語》プロペラ. ② 《口語》ちょこまかする人. ③ 《植》輪生体.

quir·len [クヴィルれン kvírlən] I 他 (h) (卵など[4]を泡立て器などで)かき混ぜる. II 自 (h, s) ① (h) (水などが)渦を巻く. ② (s) (川などが…へ)渦を巻いて流れる.

quir·lig [クヴィルりヒ kvírlɪç] 形 《口語》少しもじっとしていない, せかせかと動き回る(子供など).

Quis·ling [クヴィスりング kvíslɪŋ] 男 -s/-e 売国奴, 裏切り者(ナチスに協力したノルウェーのファシスト V. *Quisling* 1887–1945 の名から).

quitt [クヴィット kvít] 形 《成句的に》mit 人[3] *quitt* sein a) 人[3]と貸し借りがない, b) 人[3]と縁が切れている / mit 人[3] *quitt* werden 人[3]との関係を清算する / 人・物[4] *quitt* sein 人・物[4]から解放されている / 人・物[4] *quitt* werden 人・物[4]から解放される.

Quit·te [クヴィッテ kvítə] 囡 -/-n 《植》マルメロ[の木・実].

quit·ten·gelb [クヴィッテン・ゲるプ] 形 マルメロ色の, 淡黄色の.

quit·tie·ren [クヴィティーレン kvití:rən] 他 (h) ① (物[4]の)受領(領収)書にサインする. den Empfang des Geldes *quittieren* お金の受領に領収書を書く / eine Rechnung[4] *quittieren* 勘定書に受領サインをする. ◇《目的語なしでも》über hundert Mark *quittieren* 100マルクの領収書を書く / Würden Sie bitte *quittieren*? 領収書を書いていただけますか. ② 《A[4] mit B[3] ~》(A[4]に B[3]で)応答する, 応じる. Diesen Vorschlag *quittierte* er mit einem Lächeln. この申し出に彼は笑顔でこたえた. ③ (職など[4]を)辞める.

***die Quit·tung** [クヴィットゥング kvítʊŋ] 囡 (単) -/(複) -en ① 領収書, 受領証. (英 receipt). 人[3] eine *Quittung*[4] **über** 300 Mark aus|stellen 人[3]に 300 マルクの領収書を出す. ② 《比》(不快な)報い, しっぺ返し. Das ist die *Quittung* **für** deine Faulheit. それは君の怠

惰に対する報いだ.
Quiz [クヴィス kvís] [英] 中 -/- クイズ[番組].
Quiz≈mas·ter [クヴィス・マスタァ] 男 -s/- クイズ番組の司会者.
quoll [クヴォる] *quellen¹ (わき出る)の 過去
quöl·le [クヴェれ] *quellen¹ (わき出る)の 接2

Quo·te [クヴォーテ kvó:tə] 女 -/-n 割当額, 分け前, 分配額; 割合.
Quo·ti·ent [クヴォツィエント kvotsiént] 男 -en/-en 《数》商; 指数.
quo·tie·ren [クヴォティーレン kvotí:rən] 他 (h)《経》(物⁴に)値段(相場)をつける.

R r

r¹, R¹ [エル ér] 中 –/– エル(ドイツ語アルファベットの第18字).

r², R² [ラーディウス] 《記号》半径 (= **R**adius).

R³ [レーオミューア] 《記号》(温度計の)列氏 (= **R**eaumur).

r. [レヒツ] 《略》右に,右側に (= rechts).

Ra [エル・アー] 《化・記号》ラジウム (= **R**adium).

Raa·be [ラーベ rá:bə] –s/ 《人名》ラーベ (Wilhelm Raabe 1831–1910; ドイツの小説家).

Ra·batt [ラバット rabát] 男 –[e]s/–e 《商》値引き,割引;割り戻し,リベート. 30% Rabatt⁴ geben (または gewähren) 3割引きにする.

Ra·bat·te [ラバッテ rabátə] 女 –/–n (道路や庭園を縁取る)細長い花壇,縁取り花壇.

Ra·batt=mar·ke [ラバット・マルケ] 女 –/–n (商店の)割引サービス券.

Ra·batz [ラバッツ rabáts] 男 –es/ 《口語》① 大騒ぎ,騒動. ② 声高な抗議.

Ra·bau·ke [ラバオケ rabáukə] 男 –n/–n 《口語》粗暴な若者.

Rab·bi [ラッビ rábi] 男 –[s]/–s (または –nen [ラビーネン])ラビ(ユダヤ教の教師・学者の称号).

Rab·bi·ner [ラビーナァ rabí:nər] 男 –s/– (ユダヤ教の)ラビ,教師,律法学者.

Ra·be [ラーベ rá:bə] 男 –n/–n (鳥)(大型の)カラス. 「(中型のカラス」は Krähe). ein weißer Rabe 《比》珍品,変わり種(←白いからす)/ schwarz wie ein Rabe a) からすのように黒い, b)《戯》(子供が)泥まみれの.

Ra·ben=aas [ラーベン・アース] 中 –es/..äser 《俗》下劣なやつ.

Ra·ben=**el·tern** [ラーベン・エルタァン] 複 無情(冷酷)な親.

Ra·ben=**mut·ter** [ラーベン・ムッタァ] 女 –/..mütter 《口語》無情(冷酷)な母親.

ra·ben=schwarz [ラーベン・シュヴァルツ] 形 真っ黒な,漆黒(しっこく)の;真っ暗な.

ra·bi·at [ラビアート rabiá:t] 形 ① 荒っぽい,狂暴な. ② 怒り狂った,憤激した.

Ra·bu·list [ラブリスト rabulíst] 男 –en/–en へ理屈をこねる人,三百代言.

die **Ra·che** [ラッヘ ráxə] 女 (単) –/ 復讐(ふくしゅう),仕返し,報復. (英 revenge). eine blutige Rache 血なまぐさい復讐 / **an** 人³ Rache⁴ nehmen 人³に仕返しをする / **auf** Rache sinnen または Rache⁴ brüten 復讐心をいだいている.

Ra·che=akt [ラッヘ・アクト] 男 –[e]s/–e 《雅》復讐(ふくしゅう)行為,仕返し.

Ra·che=durst [ラッヘ・ドゥルスト] 男 –[e]s/ 《雅》復讐(ふくしゅう)心.

der **Ra·chen** [ラッヘン ráxən] 男 (単) –s/ (複) – ① のど,咽頭(いんとう). (英 throat). eine Entzündung des Rachens のどの炎症. ② (特に猛獣の)大きく開いた口. 人³ 物⁴ **aus** dem Rachen reißen《俗》人³から物⁴を強奪する / 人³ 物⁴ **in** den Rachen werfen《俗》人³に物⁴を与えてなだめる. ③《雅・比》深淵,奈落.

***rä·chen** [レッヒェン réçən] (rächte, hat ... gerächt) **I** 他 (完了 haben) (人・事⁴の)復讐(ふくしゅう)をする,仕返しをする. (英 avenge). den Freund rächen 友人のあだを討つ / eine Beleidigung⁴ **an** 人³ rächen 人³に侮辱された仕返しをする.

II 再帰 (完了 haben) sich⁴ rächen ① 復讐(ふくしゅう)をする,仕返しをする. sich⁴ **an** 人³ **für** 事⁴ rächen 人³に事⁴のことで復讐(仕返し)をする. ② (軽率な行為などが)報いを受ける,しっぺ返しをくらう. Sein Übermut rächte sich bitter. 彼の高慢さは手痛い報いを受けた.

Ra·chen=ka·tarr [ラッヘン・カタル] 男 –s/–e = Rachenkatarrh

Ra·chen=**ka·tarrh** [ラッヘン・カタル] 男 –s/–e (医)咽頭(いんとう)カタル.

Ra·chen=**man·del** [ラッヘン・マンデる] 女 –/–n (医)咽頭扁桃(へんとう).

Ra·chen=**put·zer** [ラッヘン・プッツァァ] 男 –s/–《口語・戯》(のどがひりひりする)強い火酒;酸っぱいワイン(←のどの掃除人).

Rä·cher [レッヒャァ réçər] 男 –s/– 《雅》復讐(ふくしゅう)者,報復者. (注 女性形は Rächerin).

Rach=gier [ラッハ・ギーァ] 女 –/ 《雅》復讐(ふくしゅう)心.

rach=gie·rig [ラッハ・ギーリヒ] 形 《雅》復讐(ふくしゅう)心に燃えた,執念深い.

Ra·chi·tis [ラヒーティス raxí:tɪs] 女 –/..tiden [ラヒティーデン] (医)佝僂(くる)病.

ra·chi·tisch [ラヒーティッシュ raxí:tɪʃ] 形 《医》佝僂(くる)病の,佝僂病にかかった.

Rach=sucht [ラッハ・ズフト] 女 –/ 《雅》復讐(ふくしゅう)心 (= Rachgier).

rach=süch·tig [ラッハ・ズュヒティヒ] 形《雅》復讐(ふくしゅう)心に燃えた,執念深い (= rachgierig).

rächte [レヒテ] *rächen (復讐をする)の 過去

Ra·cker [ラッカァ rákər] 男 –s/– 《俗》わんぱく小僧,いたずらっ子,がき.

ra·ckern [ラッカァン rákərn] 自 (h)《口語》あくせく働く,骨身を惜しまず働く.

Ra·cket [レケット rékət] 《英》中 –s/–s テニスのラケット.

‡*das* **Rad¹** [ラート rá:t] 中 (単) –es (まれに –s)/ (複) Räder [レーダァ] (3格のみ Rädern) ① (乗り物の)車輪. (英 wheel). das vordere

(hintere) *Rad* 前輪(後輪) / ein Karren mit zwei *Rädern* 2輪手押し車 / Die *Räder* quietschen. 車輪がきしむ / ein *Rad*⁴ aus|tauschen (または wechseln) 車輪を取り替える / „Unterm *Rad*" 『車輪の下』(ヘルマン・ヘッセの小説名) / das fünfte *Rad* am Wagen 《口語》無用の長物(←車の五番目の車輪) / **unter** die *Räder* kommen a) 車にひかれる, b) 《口語・比》落ちぶれる / Das *Rad* der Geschichte steht nie still. 《比》歴史の流れは決して止まらない.
② (車輪状のもの:)歯車, ハンドル, 水車の輪; (くじゃくなどの)広げた尾羽.
③ 自転車 (=Fahr*rad*). Wir fahren **mit** dem *Rad* nach Holland. 私たちは自転車でオランダへ行く. ④ (体操で:)側方回転. ⑤ 《成句的に》 ein *Rad*⁴ schlagen a) (体操で)側方回転をする, b) (くじゃくが)尾羽を広げる. ⑥ 《史》(中世:)車裂き用の刑車.

*****Rad fah·ren** ① 自転車に乗る, 自転車に乗って行く, サイクリングする. *Wollen* wir morgen *Rad fahren*? あすサイクリングしませんか / Er *fährt* gern *Rad*. 彼はサイクリングが好きだ. ② (h, s) 《口語》部下にはいばって上役にはぺこぺこする.

Rad schla·gen ① (体操で)側方倒立回転をする. ② (くじゃくが)尾羽を広げる.

....

..*rad* のいろいろ: Drei*rad* 三輪車 / Ersatz*rad* スペアタイヤ / Fahr*rad* 自転車 / Hinter*rad* 後輪 / Renn*rad* レース用自転車 / Reserve*rad* スペアタイヤ / Riesen*rad* 大観覧車 / Steuer*rad* (自動車などの)ハンドル / Vorder*rad* 前輪 / Zahn*rad* 歯車.

....

Rad² [ラット rát] 匝 -[s]/- 《理》ラド(放射線の単位; 吸収線量の単位).

Ra·dar [ラダール radá:r または ラー..] 《英》 男 匝 -s/-e 《工》 レーダー[装置], 電波探知[機] (= **ra**dio **d**etecting **a**nd **r**anging).

Ra·dar⸗an·la·ge [ラダール・アンラーゲ] 女 -/-n 《工》レーダー施設(設備).

Ra·dar⸗fal·le [ラダール・ファれ] 女 -/-n 《口語》(警察による)ねずみ取り(レーダーを用いてスピード違反車を取り締まること).

Ra·dar⸗ge·rät [ラダール・ゲレート] 匝 -[e]s/-e レーダー装置.

Ra·dar⸗kon·trol·le [ラダール・コントロれ] 女 -/-n (車の)レーダー取り締まり.

Ra·dar⸗schirm [ラダール・シルム] 男 -[e]s/-e レーダースクリーン.

Ra·dar⸗sta·ti·on [ラダール・シュタツィオーン] 女 -/-en レーダー基地.

Ra·dau [ラダオ radáu] 男 -s/ 《俗》騒ぎ, 騒動. *Radau*⁴ machen 大騒ぎする.

Ra·dau⸗bru·der [ラダォ・ブルーダァ] 男 -s/..brüder 《俗》不穏分子, 暴徒.

Rad⸗ball [ラート・バる] 男 -[e]s/ 《蹴》自転車ポロ.

Räd·chen [レートヒェン ré:tçən] 匝 -s/- (または Räderchen) (Rad の 縮小) ① 小車輪, 小輪; 小さな歯車; (家具の)キャスター. Bei dir ist wohl ein *Rädchen* locker? 《俗》おまえはちょっと抜けているのじゃないか. ② 《覆 -》(料理・裁縫用の)ルーレット.

Rad⸗damp·fer [ラート・ダンプファァ] 男 -s/- 《海》外輪船.

ra·de·bre·chen [ラーデ・ブレッヒェン rá:dəbrɛçən] (radebrechte, *hat*…geradebrecht) 他 (h)・自 (h) 片言で話す, たどたどしく話す. **[in]** Deutsch *radebrechen* たどたどしくドイツ語を話す.

ra·deln [ラーデるン rá:dəln] 自 (s) 《南ドッ語》自転車に乗る; (…へ)自転車で行く.

Rä·dels⸗füh·rer [レーデるス・フューラァ] 男 -s/- (暴動などの)首謀者, 扇動者.

Rä·der [レーダァ] ‡ Rad¹ (車輪)の 覆.

rä·dern [レーダァン ré:dərn] 他 (h) 《史》(人⁴を)車裂きの刑に処する.
◇☞ gerädert

Rä·der⸗werk [レーダァ・ヴェルク] 匝 -[e]s/-e ① (総称として:)機械の歯車装置. ② 《比》(ふつう軽蔑的に:)(官庁などの)機構, からくり.

rad|fah·ren* 自 (s) (新形 Rad fahren) ☞ Rad

Rad⸗fah·ren [ラート・ファーレン] 匝 -s/ サイクリング.

Rad⸗fah·rer [ラート・ファーラァ] 男 -s/- ① 自転車に乗る人, サイクリスト. (ﾒﾓ 女性形は Radfahrerin). ② 《口語》部下にはいばるが上役にはぺこぺこする人.

Rad·fahr⸗weg [ラートファール・ヴェーク] 男 -[e]s/-e 自転車専用道路.

rad·ge·fah·ren [ラート・ゲファーレン] rad|fahren (Rad fahren の 旧形)の 過分

Ra·di [ラーディ rá:di] 男 -s/- 《南ドッ・ｵｰｽﾄ・口語》大根 (=Rettich). einen *Radi* kriegen とっちめられる.

ra·di·al [ラディアーる radiá:l] 形 《数》半径の; 《工》放射状の, 輻射(ふくしゃ)状の.

Ra·di·a·tor [ラディアートァ radiá:tɔr] 男 -s/-en [..ｱﾄｰﾚﾝ] 放熱器, ラジエーター.

*****ra·die·ren** [ラディーレン radí:rən] (radierte, *hat*…radiert) 他 (完了 haben) ① (消しゴムやナイフで文字など⁴を)消す, 削り落とす. (英 rub out). einen Schreibfehler *radieren* 書き間違いを消す. ◇[目的語なしでも] Er *hat* in seinem Aufsatz oft *radiert*. 彼は作文を書きながら何度も消しゴムで消した. ② 《美》《物⁴を》エッチング(銅版画)にする. ◇[過去分詞の形で] eine *radierte* Landschaft 風景のエッチング.

Ra·die·rer [ラディーラァ radí:rər] 男 -s/- エッチング(腐食銅版画)製作者.

Ra·dier⸗gum·mi [ラディーァ・グンミ] 男 -s 消しゴム.

Ra·dier⸗mes·ser [ラディーァ・メッサァ] 匝 -s/- 削字ナイフ, ペンナイフ.

Ra·dier⹁na·del [ラディーァ・ナーデる] 囡 -/-n エッチング用の針.
ra·diert [ラディーァト] *radieren (消す)の 過分
ra·dier·te [ラディーァテ] *radieren (消す)の 過去
Ra·die·rung [ラディールング] 囡 -/-en 《美》① 〖複 なし〗 エッチング, 腐食銅版画技法. ② エッチング作品, 腐食銅版画.
Ra·dies·chen [ラディースヒェン radí:sçən] 中 -s/- 〖植〗ラディッシュ, ハツカダイコン(二十日大根). (☞ Gemüse 図).
***ra·di·kal** [ラディカーる radiká:l] 形 (圏 radical) ① 根本的な, 徹底的な; 断固たる, 厳格な. eine radikale Änderung 根本的な改変 / 物⁴ radikal beseitigen 物⁴を徹底的に除去する / radikale Forderungen 断固とした要求. ② (政治的・思想的に)過激な, 急進的な, ラジカルな. eine radikale Partei 急進的な政党 / radikal denken ラジカルな考え方をする.
Ra·di·kal [ラディカーる] 中 -[e]s/-e ① 《化》基. ② 《数》根; ルート記号 (記号: √‾).
Ra·di·ka·le[r] [ラディカーれ (..ら)) radiká:lə (..lər)] 男 囡 〖語尾変化は形容詞と同じ〗急進主義者, 過激派.
ra·di·ka·li·sie·ren [ラディカりズィーレン radikalizí:rən] 他 (h) 〖人⁴・見解など⁴を〗過激化させる, 急進化させる.
Ra·di·ka·lis·mus [ラディカリスムス radikalísmus] 男 -/..lismen 〖ふつう 単〗急進主義, 過激論.
Ra·di·ka·list [ラディカリスト radikalíst] 男 -en/-en 過激派(急進派)の人, ラディカリスト.
Ra·di·kal⹁kur [ラディカーる・クーァ] 囡 -/-en 《医》根治療法; 《比》荒療治.
‡*das* **Ra·dio** [ラーディオ rá:dio] 中 (単2) -s/ (複) -s (圏 radio) ① 〖複 なし〗ラジオ[放送] (=Rundfunk). Er hört Radio. 彼はラジオ[放送]を聞いている / Was bringt (または sendet) das Radio heute? きょうはラジオでどんな放送がありますか.
② 〖南ド・オーストリア・スイス: 男〗も ラジオ[受信機]. das Radio⁴ ein|schalten (aus|schalten) ラジオのスイッチを入れる(切る). ③〖冠詞なしで; 地名とともに〗放送局. Radio Zürich チューリヒ放送[局].
ra·dio⹁ak·tiv [ラーディオ・アクティーふ] 形 《理》放射性の, 放射能のある. ein radioaktives Element 放射性元素 / radioaktive Strahlen 放射線 / radioaktiver Müll 放射性廃棄物.
Ra·dio⹁ak·ti·vi·tät [ラーディオ・アクティヴィテート] 囡 -/ 《理》放射能. die Radioaktivität⁴ messen 放射能を測定する.
Ra·dio⹁ap·pa·rat [ラーディオ・アパラート] 男 -[e]s/-e ラジオ[受信機].
Ra·dio⹁ge·rät [ラーディオ・グレート] 中 -[e]s/-e ラジオ[受信機] (=Radioapparat).
Ra·dio·lo·gie [ラディオろギー radiologí:] 囡 -/ 放射線学;《医》放射線医学.
Ra·dio⹁re·kor·der [ラーディオ・レコルダァ] 男 -s/- ラジオカセットレコーダー, ラジカセ.
Ra·dio⹁te·le·skop [ラーディオ・テれスコープ] 中 -s/-e 《天》電波望遠鏡.
Ra·dio⹁the·ra·pie [ラーディオ・テラピー] 囡 -/-n [..ピーエン] 《医》放射線療法.
Ra·dio⹁wel·le [ラーディオ・ヴェれ] 囡 -/-n 〖ふつう 複〗《工・物》電波.
Ra·di·um [ラーディウム rá:dium] 中 -s/ 《化》ラジウム (記号: Ra).
Ra·di·us [ラーディウス rá:dius] 男 -/..dien [..ディエン] ① 《数》半径 (記号: r, R). ein Kreis mit einem Radius von 5 cm 半径5センチの円. ② 活動範囲. der Radius eines Flugzeugs 飛行機の航続距離.
ra·di·zie·ren [ラディツィーレン raditsí:rən] 他 (h) 《数》〖数値⁴の〗根を求める.
Rad⹁kap·pe [ラート・カッペ] 囡 -/-n (自動車

ドイツ・ミニ情報 19

サイクリング Radfahren

ドイツは典型的な車社会だが, 健康に良く, 環境に優しく, 経済的だという理由から, 自転車の愛用者も非常に多い. いたるところにサイクリングロードがあり, 天気のいい週末には, 夫婦あるいは親子連れでのんびり自転車をこぐ光景がよく見られる. 郊外だけでなく, 町中でも歩道に沿って自転車専用道が併設されており, 自分の道といわんばかりの猛スピードで走り抜けるので要注意. うっかり歩いていたりすると危ない.

自転車の事故があとを絶たないため, 車と同じくらい取り締まりが厳しい. ドイツは車も自転車も右側通行だが, 左を走っているところを警官に見つかると, 現行犯で罰金をとられる. 信号無視も即罰金. 違反が生じやすいところに警官が潜んで待ちかまえ, 摘発することもある. アップダウンがほとんどない平らな地形の北部では, 自転車の利用率がきわだって高いが, それに比例して盗難も多いため, みな損害保険に入っている.

基本的にドイツ人はアウトドア派で, 夏でも冬でも家に閉じこもることを嫌う. サイクリングとならんで人気の高い気分転換は散歩であろう. とりたててどこへ行くという目的もなく, 暇を見つけては散歩に出かけ, 外の空気を吸って解放感にひたる. 一時間近くをかけて, 森一つ越えるほど遠くまで歩くこともまれではない. 周りに緑が多く, 街並みもきれいで歩くだけで楽しいという環境も, ドイツ人の散歩好きに関係があるだろう.

の)ホイールキャップ.

Rad≠kranz [ラート・クランツ] 男 -es/..kränze (車輪の)輪縁(わぶち), リム.

Rad・ler [ラードラァ rá:dlər] 男 -s/- ① 自転車に乗る人. ② 《南ドイツ》レモネード入りビール.

Ra・don [ラードン rá:don または ラドーン radó:n] 中 -s/ 《化》ラドン (記号: Rn).

Rad≠renn・bahn [ラート・レンバーン] 女 -/-en 自転車競走路(競技場).

Rad≠ren・nen [ラート・レンネン] 中 -s/- 自転車競走.

rad|schla・gen* 自 (h) (新形 Rad schlagen) ☞ Rad

Rad≠sport [ラート・シュポルト] 男 -[e]s/ 自転車競技; サイクリング.

Rad≠stand [ラート・シュタント] 男 -[e]s/..stände ホイールベース, 軸間距離.

Rad≠tour [ラート・トゥーァ] 女 -/-en サイクリング.

Rad≠wech・sel [ラート・ヴェクセる] 男 -s/- (自転車などの)車輪交換.

Rad≠weg [ラート・ヴェーク] 男 -[e]s/-e 自転車専用道路.

Raf・fa・el [ラふァエーる ráfae:l または ..エる ..el] -s/ 《人名》ラファエル (Raffaello のドイツ語表記; 1483-1520; イタリア・ルネサンスの画家・建築家).

raf・fen [ラッふェン ráfən] 他 (h) ① 《物》4を)ひったくる, さっと取る, かき集める. die Kleider4 in den Koffer *raffen* 衣類をかき集めてスーツケースに詰める / alles Geld4 an sich4 *raffen* 有り金全てをひったくる. ② (お金など4を)がつがつため込む. ③ (服など4を)からげる; (カーテン4の)ひだを寄せる. ④ (報告など4を)要約する.

Raff≠gier [ラふ・ギーァ] 女 -/ 強欲, 貪欲(どんよく).

raff≠gie・rig [ラふ・ギーリヒ] 形 強欲な, 貪欲(どんよく)な.

Raf・fi・na・de [ラふィナーデ rafiná:də] 女 -/-n 精製糖.

Raf・fi・ne・ment [ラふィネマーン rafinəmɑ́:] [フス] 中 -s/-s ① 《ふつう 単》洗練, あか抜けすること; 精緻. ② 《複 なし》狡猾(こうかつ)さ, 抜け目のなさ.

Raf・fi・ne・rie [ラふィネリー rafinərí:] 女 -/-n [..リーエン] (砂糖などの)精製工場; 精油所.

Raf・fi・nes・se [ラふィネッセ rafinésə] 女 -/-n ① 《複 なし》抜け目のなさ, ずる賢さ. ② 《ふつう 複》(最新技術による)精巧な設備.

raf・fi・nie・ren [ラふィニーレン rafiní:rən] 他 (h) (砂糖・石油など4を)精製する; (金属4を)製錬する.

raf・fi・niert [ラふィニーァト] I raffinieren (精製する)の 過分 II 形 ① 洗練された, あか抜けした; 精妙な, きめ細かい. ② 抜け目のない, ずる賢い.

Raff・ke [ラふケ ráfkə] 男 -s/-s 《口語》成金, 成り上がり者.

Ra・ge [ラージェ rá:ʒə] [フス] 女 -/ 《口語》激怒. in *Rage* kommen (または geraten) 怒り狂う.

***ra・gen** [ラーゲン rá:gən] (ragte, *hat* ... geragt) 自 (定T haben) (高く)そびえている, 突き出ている. (英 tower). Vor uns *ragte* das Gebirge. 私たちの前に山脈がそびえていた / Felsblöcke *ragen* aus dem Wasser. 岩塊が水面から突き出ている.

Ra・gout [ラグー ragú:] [フス] 中 -s/-s 《料理》ラグー(肉・魚を煮込んだフランス風シチュー).

Ra・goût fin [ラグ ふェン ragu fɛ̃] [フス] 中 - - /- - s [ラグ ふェン] 《料理》ラグーファン(コキーユ風のラグー).

rag・te [ラークテ] *ragen (そびえている)の 過去

Rah [ラー rá:] 女 -/-en =Rahe

Ra・he [ラーエ rá:ə] 女 -/-n 《海》(マストの)帆げた.

Rahm [ラーム rá:m] 男 -[e]s/ 《南ドイツ・オーストリア・スイス》クリーム, 乳脂 (=Sahne). den *Rahm* ab|schöpfen 《口語・比》うまい汁を吸う.

rah・men [ラーメン rá:mən] 他 (h) (絵・写真など4を)枠にはめる, 額縁に入れる. einen Spiegel *rahmen* 鏡を枠にはめる.

* *der* **Rah・men** [ラーメン rá:mən] 男 (単2) -s/(複) - (英 frame) ① 枠; (絵の)額縁 (=Bilder*rahmen*); 窓枠 (=Fenster*rahmen*). ein Bild4 aus dem *Rahmen* nehmen 絵を額縁からはずす / ein Bild4 in einen *Rahmen* fassen 絵を額縁にはめ込む. ② 《工》フレーム; (自動車などの)シャーシ, 車台. ③ 《複 なし》《比》範囲, 限度; 枠組み. aus dem *Rahmen* fallen または nicht in den *Rahmen* passen 通常の枠にはまらない, 型破りである / im *Rahmen* des Möglichen 可能な範囲で / im *Rahmen* bleiben 通常の枠を越えない / den *Rahmen* sprengen 枠を破る. ④ 《文学》(枠物語の)枠に当たる部分.

Rah・men≠er・zäh・lung [ラーメン・エァツェーるング] 女 -/-en 《文学》枠物語(物語の中に物語がはめ込まれた文学形式).

Rah・men≠ge・setz [ラーメン・ゲゼッツ] 中 -es/-e 《法》大綱的法律(大綱のみを定め, 細目は他の立法で補われることを予定した法律).

rah・mig [ラーミヒ rá:mɪç] 形 《方》生クリームをたっぷり含んだ.

Rahm≠kä・se [ラーム・ケーゼ] 男 -s/- 《南ドイツ》クリームチーズ.

Rain [ライン ráɪn] 男 -[e]s/-e ① (田畑の)あぜ. ② 《南ドイツ・スイス》斜面, 傾斜.

* *die* **Ra・ke・te** [ラケーテ raké:tə] 女 (単) -/(複) -n ① ロケット; 《軍》ミサイル. (英 rocket). eine mehrstufige *Rakete* 多段式ロケット / eine *Rakete*4 in den Weltraum schießen ロケットを宇宙に打ち上げる. ② 打ち上げ花火. *Raketen*4 ab|brennen 花火を打ち上げる.

Ra・ke・ten≠ab・schuss≠ba・sis [ラケーテン・アップシュス・バーズィス] 女 -/..basen ロケット(ミサイル)発射基地.

Ra・ke・ten≠ab・schuß≠ba・sis ☞ 新形 Raketenabschussbasis

Ra・ke・ten≠an・trieb [ラケーテン・アントリープ] 男 -[e]s/-e 《工》ロケット推進.

Ra・ke・ten♢flug・zeug [ラケーテン・ふるークツォイク] 中 -[e]s/-e ロケット推進飛行機.

Ra・ke・ten**start** [ラケーテン・シュタルト] 男 -es/ ロケットの発射.

Ra・ke・ten**trieb・werk** [ラケーテン・トリープヴェルク] 中 -[e]s/-e 《工》ロケットエンジン.

Ra・ke・ten**wer・fer** [ラケーテン・ヴェルふァァ] 男 -s/- 《軍》ロケット砲.

Ra・kett [ラケット rakét] 中 -[e]s/-e (または -s) (テニスの)ラケット (= Racket).

Ral・lye [ラリ ráli または レリ réli] [英] 女 -/-s (スゼッ: 中 -s/-s) (スゼッ) (自動車の)ラリー.

ramm♢dö・sig [ラム・デーズィヒ] 形 ①《俗》頭がぼうっとした, もうろうとした. ②《方》愚かな.

Ram・me [ランメ rámə] 女 -/-n 《建》くい打ち機; (地固め用の)たこ.

ram・meln [ランメルン ráməln] I 自 (h) ① 〖an 物³〗《口語》(物³(ドア・窓などを)激しく揺さぶる. ② (うさぎなどが)交尾する; 《俗》セックスする. ③《口語》突き進む. II 再帰 (h) *sich⁴ rammeln*《口語》① つかみ合いのけんかをする. ②〖*sich⁴ an* 物³ ~〗(物³に)激しくぶつかる.
◇☞ gerammelt

ram・men [ランメン rámən] I 他 (h) ①〖A⁴ *in* B⁴ ~〗(A⁴(くいなど)をB⁴の中へ)打ち込む. einen Pfahl in den Boden *rammen* くいを地中に打ち込む. ② (車など⁴の)側面にぶつける. II 自 (h)〖*gegen* (または *auf*) 物⁴ ~〗(物⁴に)激突する.

Ramm・ler [ランムらァ rámlər] 男 -s/- 《狩》(特にうさぎの)雄.

Ram・pe [ランペ rámpə] 女 -/-n ① 傾斜路;《鉄道》(傾斜した)荷役ホーム;《玄関の前の)スロープ; (高速道路の)ランプ; 傾斜した岩棚. ②《劇》(ステージの)エプロン. über die *Rampe* kommen《隠喩》(観客の)人気を博する.

Ram・pen♢licht [ランペン・リヒト] 中 -[e]s/-er ①〖複 なし〗《劇》脚光, フットライト;《比》(世間の)注目. **im** *Rampenlicht* **stehen** 脚光を浴びている. ② フットライトの光源.

ram・po・nie・ren [ランポニーレン ramponí:rən] 他 (h)《口語》ひどく傷つける, 破損する.

Ramsch [ラムシュ rámʃ] 男 -[e]s/-e ふつう 単 《口語》見切り品; がらくた. **im** *Ramsch* kaufen (verkaufen) 物⁴をまとめて安く買う(売る).

ram・schen [ラムシェン rámʃən] 他 (h)《口語》まとめて安く買う; 貪欲(芸次)に手に入れる.

Ramsch♢la・den [ラムシュ・らーデン] 男 -s/..läden (まれに -)《口語》(軽蔑的に:)バーゲン専門店.

Ramsch♢wa・re [ラムシュ・ヴァーレ] 女 -/-n 《口語》見切り品.

ran [ラン rán] 副《口語》こちらへ (= heran).

* *der* **Rand** [ラント ránt] 男 (単 2) -es (まれに -s)/(複) Ränder [レンダァ] (3格のみ Rändern) ① 縁, へり, 端; はずれ, 周辺. 《英》*edge*). der *Rand* eines Tisches 机のへり / Er wohnt **am** *Rande* der Stadt. 彼は町のはずれに住んでいる / Er steht am *Rand* des Grabes.《比》彼は死にかけている(← 墓穴の縁に立っている) / am *Rande*《比》ついでに / am *Rand* liegen《比》それほど重要ではない(← 端の方にある) / **außer** *Rand* und Band sein《口語》うれしくてはめをはずしている, われを忘れている(← 縁とだがからはみ出している) / eine Brille **ohne** *Rand* 縁なし眼鏡 / ein Glas *bis zum Rand* füllen グラスになみなみとつぐ / 事⁴ *zu Rande* bringen 事⁴を成し遂げる / mit 人・事³ *zu Rande* kommen a) 人³とうまくやっていく, b) 事³をうまく処理する. ② (本などの)余白, 欄外. 事⁴ **an den** *Rand* schreiben 事⁴を余白に書く. ③ (目のふちの)くま; (輪状の)しみ. ④《俗》口. Halt den *Rand*! 黙れ.

ran・da・lie・ren [ランダリーレン randalí:rən] 自 (h) (集団で)大騒ぎする, 大暴れする.

Rand♢be・mer・kung [ラント・ベメルクング] 女 -/-en ① 欄外の註, 傍註; 欄外の書き込み. ② ついでの発言, ちょっとした付け足し.

Rän・der [レンダァ] * Rand (縁)の 複

Rand♢ge・biet [ラント・ゲビート] 中 -[e]s/-e ① 周辺の地域. ②(学問の)周辺分野.

Rand♢stein [ラント・シュタイン] 男 -[e]s/-e (歩道の)縁石(ﾉ゙ｾｷ).

Rand♢stel・ler [ラント・シュテらァ] 男 -s/- (タイプライターの)マージンストップ.

Rand♢strei・fen [ラント・シュトライふェン] 男 -s/- 路肩.

rand♢voll [ラント・ふォる] 形 縁までいっぱいの. ein *randvolles* Glas なみなみとつがれたグラス.

Ranft [ランふト ránft] 男 -[e]s/Ränfte《方》パンの切れ端; パンの皮(耳).

rang [ラング] * ringen (格闘する)の 過去

* *der* **Rang** [ラング ráŋ] 男 (単 2) -es (まれに -s)/(複) Ränge [レンゲ] (3格のみ Rängen)(《英》*rank*) ① 地位, 身分, 階級, 序列. ein hoher (niedriger) *Rang* 高い(低い)身分 / Er steht **im** *Rang* eines Generals. 彼は将軍の地位にある / alles, was *Rang* und Namen hat すべての名士(← 地位と名声を持つすべての人). ②〖複 なし〗(価値などの)等級, 格, ランク; (高い)水準. ein Dirigent ersten *Ranges* 一流の指揮者 / ein Hotel zweiten *Ranges* 二流のホテル / ein Physiker **von** [hohem] *Rang* 第一級の物理学者. ③《劇》階上席. (☞ Theater 図). ein Platz im zweiten *Rang* 3 階の席. ④(くじなどの)賞金順位. **im** ersten *Rang* gewinnen 1 等のくじが当たる. ⑤《スポ》ランキング.

Rang♢ab・zei・chen [ラング・アップツァイヒェン] 中 -s/- 《古》(官吏の)階級章.

Rang♢äl・tes・te[r] [ラング・エるテステ (..タァ)] 男 女《語尾変化は形容詞と同じ》最古参者.

Ran・ge [ランゲ ráŋə] 女 -/-n (スゼッ: 男 -n/-n)《方》わんぱく小僧; おてんば娘.

rän・ge [レンゲ] * ringen (格闘する)の 接²

Rän・ge [レンゲ] * Rang (地位)の 複

ran|ge・hen* [ラン・ゲーエン rán-gè:ən] 自 (s)

《口語》① 〖**an** 物⁴～〗（物⁴に）近寄る. ②（目標に向かって）どんどん進む.

ran・geln [ラングるン ráŋəln] 自 (h)《口語》とっ組み合いをする, つかみ合いをする.

Ran・gier・bahn・hof [ランジーァ・バーンホーふ] 男 -[e]s/..höfe (鉄道)(車両の)操車場.

ran・gie・ren [ランジーレン rãʒíːrən] I 他 (h) ①（車両など⁴を）入れ替える, 操車する. ②《方》整理する, 整頓する. II 自 (h) (…の)地位にある, (…に)格づけされている. **an** letzter Stelle rangieren 最下位である / Er rangiert vor (hinter) mir. 彼は私より上位(下位)だ.

Ran・gier・gleis [ランジーァ・グらイス] 中 -es/-e (鉄道)仕分け線.

Rangs・lis・te [ラング・リステ] 女 -/-n ①（スポ）ランキングリスト. ②（階級別）将校(官僚)名簿.

Rangs・ord・nung [ラング・オルドヌング] 女 -/-en 序列, 等級; 席次, 順位. der Rangordnung³ nach 序列順に.

Rangs・stu・fe [ラング・シュトゥーふェ] 女 -/-n 地位, 階級, 席次.

rank [ランク ránk] 形《雅》(若い人の体つきが)しなやかな, すらりとした.

Rank [ランク] 男 -[e]s/Ränke ①〖複〗《雅》策略, たくらみ. Ränke⁴ schmieden 陰謀をめぐらす. ②（スイ）曲がり角, カーブ;《比》こつ, 術策. den Rank finden 方策を見つける.

Ran・ke [ランケ ránkə] 女 -/-n (植)巻きひげ, 蔓(つる). Ranken⁴ treiben 蔓を伸ばす.

ran・ken [ランケン ránkən] I 再帰 (h) sich⁴ ranken 蔓(つる)をはわせて伸びる;《比》(伝説などが)まつわる. II 自 (h, s) ①（蔓(つる)を伸ばす. ②（蔓(つる)で巻きつく.

Ran・kens・ge・wächs [ランケン・ゲヴェクス] 中 -es/-e (植)蔓(つる)植物, 巻きひげ植物.

Ran・kens・werk [ランケン・ヴェルク] 中 -[e]s/ (建)渦巻き(唐草)模様.

Rän・kes・schmied [レンケ・シュミート] 男 -[e]s/-e《雅》策略家, 策士.

Rän・kes・spiel [レンケ・シュピーる] 中 -[e]s/-e 策略, 奸計.

ran|kom・men* [ラン・コンメン rán-kɔ̀mən] 自 (s)《口語》① こちらへやって来る. ②〖**an** 物⁴〗(物⁴に)手に入る.

ran|ma・chen [ラン・マッヘン rán-màxən] 再帰 (h) sich⁴ **an** 人⁴ ranmachen《口語》人⁴にとり入る.

rann [ラン] *rinnen (流れる)の 過去

rän・ne [レンネ] *rinnen (流れる)の 接²

rann・te [ランテ] *rennen (走る)の 過去

Ra・nun・kel [ラヌンケる ranúŋkəl] 女 -/-n (植)ウマノアシガタ(キンポウゲ科).

*der **Ran・zen** [ランツェン rántsən] 男 (単2) -s/(複) - ① ランドセル. (墺 satchel). den Ranzen packen (学用品などを)ランドセルに詰める. ②《俗》リュックサック, 背嚢(はいのう). ③《俗》[太鼓]腹. sich³ den Ranzen voll schlagen たらふく食う. ④《俗》背中. 人³ den Ranzen voll hauen 人³をさんざんなぐる.

ran・zig [ランツィヒ rántsɪç] 形（バターなどが)悪くなった, 腐った, 腐臭のある. Das Öl riecht ranzig. その油は腐ったにおいがする.

Ra・pha・el [ラーふァエーる ráːfaeːl または ..eːl] -s/ ①（男名）ラファエル. ②（聖）ラファエル(主ード天使の一人, 巡礼を保護する).

ra・pid [ラピート rapíːt] 形（キラク・南ドツ）＝rapide

ra・pi・de [ラピーデ rapíːdə] 形 急速な, 迅速な. eine rapide Entwicklung 急速な進歩.

Ra・pier [ラピーァ rapíːr] 中 -s/-e (細身の)長剣;（フェンシングの)ラピエール.

Rap・pe [ラッペ rápə] 男 -n/-n 黒馬.

Rap・pel [ラッペる rápəl] 男 -s/- ①《ふつう 単》《口語》(一時的・発作的な)狂気, 錯乱. einen Rappel kriegen 頭がおかしくなる.

rap・pe・lig [ラッペリヒ rápəlɪç] 形《方・口語》いらいらした, いらだっている; 気が変になった.

rap・peln [ラッペるン rápəln] I 自 (h, s)《口語》① (h) がたがた(かたかた)音をたてる. Im Nebenzimmer rappelt eine Schreibmaschine. 隣室でタイプライターがかたかた音をたてている / **an** 物³ rappeln 物³をがたがたいわせる. ◇（非人称のesを主語として）Es rappelt an der Tür. ドアがたたがた鳴っている / Es rappelt bei ihm.《俗》あいつは頭が少しおかしい. ② (s) (列車などが)がたがた音をたてながら進む. II 再帰 (h) sich⁴ rappeln《方・口語》体を動かす; やっと立ち(起き)上がる.

Rap・pen [ラッペン rápən] 男 -s/- ラッペン(スイスの貨幣単位, 100分の1フランツェン; 略: Rp.).

Rap・port [ラポルト rapɔ́rt] 男 -[e]s/-e ① 報告[書];（軍）報告. sich⁴ zum Rapport melden 報告のために出頭する. ② 関連, 相互関係;（心）ラポール, (意志の)疎通性. ③（美・織）模様の繰り返し, レピート.

Raps [ラップス ráps] 男 -es/(種類:) -e (植) ① セイヨウアブラナ. ② ナタネ(菜種).

Ra・pun・zel [ラプンツェる rapúntsəl] 女 -/-n《ふつう 複》(植)ノヂシャ.

rar [ラール ráːr] 形 まれな, 珍しい, めったにない. rare Waren 珍しい品 / sich⁴ rar machen《口語》めったに姿を見せない.

Ra・ri・tät [ラリテート rariteːt] 女 -/-en ①《ふつう 単》珍しいもの(こと), 珍品; 貴重品. ②〖複 なし〗（話）まれなこと, 珍奇.

ra・sant [ラザント razánt] 形 ①《口語》ものすごく速い; 急激な(変化など). ein rasantes Tempo 猛スピード. ②《口語》流線形の, かっこいい(スポーツカーなど). ③ さっそうとした, 魅力的な(女性など). ④《軍》(弾道が)水平に近い.

Ra・sanz [ラザンツ razánts] 女 -/《口語》猛スピード. mit Rasanz 猛スピードで.

***rasch** [ラッシュ ráʃ] 形（比較 rascher, 最上 rasch[e]st) ①（動作などが)速い, すばやい. (墺 quick, swift). Er hat einen raschen Gang. 彼は歩くのが速い / ein rascher Entschluss すばやい決断 / so rasch wie möglich できるだけ速く. (☞類語 schnell).

② 即座の, 手早い, てきぱきした. Er ist nicht sehr *rasch*. 彼は仕事をてきぱき片づけるほうではない / *Rasches* Handeln ist nötig. すぐに行動することが必要だ.

ra·scheln [ラッシェルン ráʃəln] 圓 (h) ① (木の葉などが)かさかさ(がさがさ)音をたてる. ◇非人称の **es** を主語として) Es *raschelte* im Gebüsch. やぶの中でがさがさ音がした. ② 〔**mit** 〚物〛³ ～〛かさかさ(がさがさ)いわせる.

***ra·sen** [ラーゼン rá:zən] du rast (raste, *ist/hat*...gerast) 圓 (完了 sein または haben) ① (s)《口語》(人・車などが)疾走する, ばく進する; 猛スピードでとばす.《英 race》. Wir *sind gerast*, um nicht zu spät zu kommen.《現在完了》私たちは遅刻しないように猛スピードで走って来た / **gegen** 〚物〛⁴ *rasen* 〚物〛⁴に激突する / Die Zeit *rast*.《比》時があたえる間に過ぎる.(☞〚類語〛laufen). ② (h) 荒れ狂う, たけり狂う, 暴れ回る. **vor** Wut *rasen* 怒り狂う, 逆上する / **im** Fieber *rasen* 熱に浮かされる.

*der **Ra·sen** [ラーゼン rá:zən] 男 (単 2) -s/(複) – 芝生. 芝.《英 lawn》. ein grüner *Rasen* 緑の芝生 / **auf** dem *Rasen* liegen 芝生に横たわる / Betreten des *Rasens* verboten!（立て札で）芝生には入らないでください / den *Rasen* mähen (または schneiden) 芝を刈る / Ihn deckt schon lange der grüne *Rasen*.《雅・婉曲》彼が死んでもう久しい(←緑の芝生が覆っている).

ra·send [ラーゼント] I *rasen (疾走する) の 現分 II 形 ① 非常に速い. in *rasender* Geschwindigkeit 猛スピードで. ② 激しい, ものすごい. *rasenden* Hunger⁴ haben ひどく空腹である / *rasender* Beifall 熱狂的な拍手. III 副《口語》ひどく, すごく. Er ist *rasend* verliebt in sie. 彼は彼女にぞっこんほれている.

Ra·senːmä·her [ラーゼン・メーアァ] 男 -s/- 芝刈り機.

Ra·senːspren·ger [ラーゼン・シュプレンガァ] 男 -s/- 芝生用スプリンクラー.

Ra·ser [ラーザァ rá:zər] 男 -s/-《口語》(オートバイなどの)暴走車.

Ra·se·rei [ラーゼライ ra:zərái] 女 -/-en ① 〚複なし〛狂乱, 激怒[すること]. **in** *Raserei* geraten 逆上する. ②《口語》(オートバイなどの)暴走.

Ra·sierːap·pa·rat [ラズィーァ・アパラート] 男 -[e]s/-e ① 安全かみそり. ② 電気かみそり.

Ra·sierːcreme [ラズィーァ・クレーム] 女 -/-s (ﾄﾛｯｸｽ·ｽｲﾞｰ:-n) シェービングクリーム.

***ra·sie·ren** [ラズィーレン razí:rən] (rasierte, *hat*...rasiert) 他《口語》〚人〛⁴のひげをそる.《英 shave》. Der Friseur *hat* ihn *rasiert*. 理容師は彼のひげをそった / Ich ließ mich *rasieren*. 私はひげをそってもらった. ◇《再帰的に》Er *rasiert sich*⁴ elektrisch. 彼は電気かみそりでひげをそる.

② (ひげ・あごなど⁴を)そる. 〚人〛³ (sich³) den Bart *rasieren* 〚人〛³の(自分の)ひげをそる.

③《口語・比》(切り落としたように)破壊しつくす.

④《俗》だます, ペテンにかける.

Ra·sierːklin·ge [ラズィーァ・クリンゲ] 女 -/-n 安全かみそりの刃.

Ra·sierːmes·ser [ラズィーァ・メッサァ] 中 -s/- (折りたたみ式の)かみそり.

Ra·sierːpin·sel [ラズィーァ・ピンゼる] 男 -s/- ひげそり用ブラシ.

Ra·sierːsei·fe [ラズィーァ・ザイフェ] 女 -/-n ひげそり用せっけん.

ra·siert [ラズィーァト] *rasieren (ひげをそる) の 過分, 3 人称単数・2 人称複数 現在.

ra·sier·te [ラズィーァテ] *rasieren (ひげをそる) の 過去.

Ra·sierːwas·ser [ラズィーァ・ヴァッサァ] 中 -s/- (または ..wässer) アフターシェーブローション.

Ra·sierːzeug [ラズィーァ・ツォイク] 中 -[e]s/- ひげそり道具.

Rä·son [レゾーン rɛzṍ:] 〚ﾗﾝｽ〛女《成句的に》〚人〛⁴ **zur** *Räson* bringen 〚人〛⁴に道理をわからせる / **zur** *Räson* kommen 道理がわかる.

rä·so·nie·ren [レゾニーレン rezoní:rən] 圓 (h) ① 多弁をろうする. ②《口語》不平不満を言う, ぶつぶつ言う.

Ras·pel [ラスペる ráspəl] 女 -/-n ① 目の粗いやすり. ②《料理》おろし金.

ras·peln [ラスペるン ráspəln] 他 (h) ① 〚物〛⁴に)目の粗いやすりをかける. ②(野菜・果物など⁴を)おろし金でおろす.

*die **Ras·se** [ラッセ rásə] 女 (単) -/(複) -n 《英 race》① 人種, 種族. die gelbe (weiße) *Rasse* 黄色(白色)人種. ②《生》品種 (Art 種) の下位区分). eine neue *Rasse*⁴ züchten 新しい品種を作り上げる / Was für eine *Rasse* ist der Hund? その犬はどういう品種ですか. ③《成句的に》*Rasse*⁴ haben または *Rasse* sein《口語》純血種である, 毛並みがよい / eine Frau **von** (または **mit**) *Rasse* 《口語》a) 気性の激しい女性, b) すばらしい女性.

Rasseːhund [ラッセ・フント] 男 -[e]s/-e 純血種の犬.

Ras·sel [ラッセる rásəl] 女 -/-n ① 鳴子;《音楽》マラカス. ②(おもちゃの)がらがら.

Ras·selːban·de [ラッセる・バンデ] 女 -/-n 〚ふつう 単〛《口語・戯》悪童連.

ras·seln [ラッセるン rásəln] 圓 (h, s) ① (h) がらがら(がちゃがちゃ)音をたてる;《医》ラッセル音を発する. **mit** den Ketten *rasseln* 鎖をがちゃがちゃいわせる / Der Wecker *rasselte*. 目ざまし時計がじーんじーんと鳴った. ② (s) (車などが)がたがた音をたてて行く(進む). ③ (s)《成句的に》**durch** die Prüfung *rasseln*《俗》試験に落ちる.

Ra·senːdis·kri·mi·nie·rung [ラッセン・ディスクリミニールング] 女 -/- 人種差別.

Ra·senːfra·ge [ラッセン・フラーゲ] 女 -/-n 人種問題.

Ra·senːhass [ラッセン・ハス] 男 -es/ 人種間

Rassenhaß

の憎悪，人種的反感(偏見).
Ras-sen⹀haß ☞ 新形 Rassenhass
Ras-sen⹀tren-nung [ラッセン・トレンヌング] 囡 -/- 人種隔離，アパルトヘイト.
ras-se⹀rein [ラッセ・ライン] 形 純血種の.
ras-sig [ラスィヒ rásɪç] 形 生気にあふれた，さっそうとした；ぴりっとした独特の風味のある(ワインなど).
ras-sisch [ラスィッシ rásɪʃ] 形 人種の，人種的な.
Ras-sis-mus [ラスィスムス rasísmʊs] 男 -/- 人種差別主義.
ras-sis-tisch [ラスィスティッシ rasístɪʃ] 形 人種差別主義の.

* *die* **Rast** [ラスト rást] 囡 (単) -/(複) -en ① (ドライブ・ハイキングなどの)**休息，休憩，中休み**. (英 rest). eine kurze *Rast* 小休止 / *Rast*[4] machen (または halten) 休憩する / **ohne** *Rast* **und Ruh**[e] (雅) うまずたゆまず. ②(工)(溶鉱炉の)炉腹.

rast [ラーステ] *rasen (疾走する)の 過去

***ras-te** [ラーステ rástən] du rastest, er rastet (rastete, hat...gerastet) 自 (完了 haben) (ドライブなどの途中で)**休息(休憩)する**，休む. (英 rest). auf einer Bank *rasten* ベンチで休む / Wer *rastet*, der rostet. (諺) 休む体にさびがつく. (☞ 類語 ruhen).

Ras-ter [ラスタァ rástər] I 男 -s/- ①《印》網目スクリーン. ②《写》しぼり，(照明器具の)ルーバー. ③《建》(設計用の)方眼. II 中 -s/- ①(テレビの)走査パターン，ラスター. ② 思考パターン，思考上の枠組み.

ras-te-te [ラステテ] *rasten (休息する)の 過去

Rast⹀haus [ラスト・ハオス] 中 -es/..häuser (特に高速道路の)レストハウス，ドライブイン.

rast⹀los [ラスト・ロース] 形 ① 休みない，不断の(活動など)；休みなく働く(人など). ② 落ち着きのない. ein *rastloser* Blick 落ち着きのないまなざし.

Rast⹀lo-sig-keit [ラスト・ローズィヒカイト] 囡 -/ 休みない動き(活動)；落ち着かないこと.

Rast⹀platz [ラスト・プラッツ] 男 -es/..plätze 休憩所；(特に高速道路の)パーキングエリア.

Rast⹀stät-te [ラスト・シュテッテ] 囡 -/-n (特に高速道路の)レストハウス，ドライブイン (＝Rasthaus).

Rast⹀tag [ラスト・ターク] 男 -[e]s/-e (特に旅行中の)休憩日，休日.

Ra-sur [ラズーァ razú:r] 囡 -/-en ① ひげそり；ひげそりあと. ②（削しゴムなどで）消すこと，削り取ること；消した(削除した)箇所.

‡*der* **Rat** [ラート rá:t] 男 (単 2) -[e]s/(複) Räte [レーテ] (3格のみ Räten) ①《複 なし》**助言，忠告，アドバイス；相談**. (英 advice). (注「(個々の助言)」は Ratschlag). ein guter *Rat* 適切な助言 / ein wohlmeinender *Rat* 好意的な助言 / Da ist guter *Rat* teuer. さてこれは困ったものだ(←ここではよい助言は高くつく).

◇《動詞の目的語として》einen *Rat* an|nehmen 忠告を受け入れる / einen *Rat* **befolgen** 助言に従う / Sie **folgte** seinem *Rat*. 彼女は彼の助言に従った / [人]³ einen *Rat* **geben** [人]³ にアドバイスする / sich³ bei [人]³ *Rat*⁴ **holen** または bei [人]³ *Rat*⁴ **suchen** [人]³に助言を求める(相談する).

◇《前置詞とともに》Er hörte nicht **auf** den *Rat* seines Vaters. 彼は父の忠告に従わなかった / Sie handelte **gegen** den *Rat* der Eltern. 彼女は両親の忠告に反した行動をした / [人]³ **mit** *Rat* **und Tat** bei|stehen [人]³を全面的に支援する(←助言や行動で) / [人]⁴ **um** *Rat* **bitten** [人]⁴に助言を求める / Er fragte mich um *Rat*. 彼は私に助言を求めた / [人]⁴ **zu** *Rate* **ziehen** 《雅》[人]⁴と相談する / ein Buch⁴ zu *Rate* ziehen ある本を参照する.

②《複 なし》(解決の)**方策，(窮地からの)抜け道，手段**. *Rat*⁴ schaffen (窮地から逃れる)方策を見つける / Ich weiß mir keinen *Rat* mehr. 私は途方に暮れている / Kommt Zeit, kommt *Rat*. (諺) 待てば海路の日和あり(←時が来れば名案も来る).

③《ふつう 単》**評議会，協議会，委員会**. Bundes*rat* (ドイツの)連邦参議院 / der *Rat* der Stadt² 市(町)議会 / **im** *Rat* **sitzen** 市(町)議会のメンバーである.

④ **評議員，委員；理事；顧問官**. Geheim*rat* 枢密顧問官 / [人]⁴ **zum** *Rat* **wählen** [人]⁴を評議員に選ぶ.

⑤《複 なし》(官職の称号として:)…[事務]官，…教諭. Regierungs*rat* 行政事務官 / Studien*rat* ギムナジウムの正教諭.

rät [レート] ‡raten (忠告する)の 3 人称単数 現在

* *die* **Ra-te** [ラーテ rá:tə] 囡 (単) -/(複) -n ① **分割払い；(1回分の)分割払い額**. (英 installment). Monats*rate* 月賦 / [物]⁴ **auf** *Raten* **kaufen** [物]⁴を分割払いで買う / [物]⁴ **in** *Raten* **bezahlen** [物]⁴の代金を分割払いで支払う. ② **割合，率，歩合**. Geburten*rate* 出生率.

Rä-te [レーテ] ‡Rat (評議員)の 複

‡**ra-ten*** [ラーテン rá:tən]

忠告する；言い当てる

Rate mal！ 当ててごらん.
ラーテ マーる

---

du rätst, er rät (riet, hat...geraten) I 他 (完了 haben) ①([人]³に[物]⁴を)**忠告する，助言する，勧める**. (英 advise). Ich *rate* dir Geduld. 私は君に我慢するよう忠告する / Ich *rate* Ihnen, Sport zu treiben. 私はあなたにスポーツをすることを勧めます.

② **言い当てる，推測する**. (英 guess). ein Rätsel⁴ *raten* なぞを解く / *Rate* mal, wie alt ich bin！ 私が何歳かを当ててごらん. ◇《目的語なしても》richtig *raten* ぴたりと言い当てる.

II 自 (完了 haben) 忠告する，助言する. [人]³ **klug** *raten* [人]³に賢明なアドバイスをする / [人]³ **zu** [事]³ *raten* [人]³に[事]³を[するように]勧める ⇒

Ich *rate* Ihnen zu diesem Anzug. 私はこちらのスーツをお勧めします.
◊☞ **geraten**

Ra·ten‗kauf [ラーテン・カオフ] 男 -[e]s/..käufe ローン購入, 分割払い購入.

ra·ten‗wei·se [ラーテン・ヴァイゼ] 副 分割払いで, 月賦で.

Ra·ten‗zah·lung [ラーテン・ツァールング] 女 -/-en 分割払い.

Rat‗ge·ber [ラート・ゲーバァ] 男 -s/- ① 助言者, 相談相手; 顧問. ② 案内書, 入門書.

*das **Rat‗haus** [ラート・ハオス rá:t-haus] 中 (単2) -es/(複)..häuser..ホイザァ] (3格のみ..häusern) 市役所, 市庁舎; 町(村)役場. (英) *city hall*. **zum** *Rathaus* (または **aufs**) *Rathaus* gehen 市役所へ行く / Bitte, wie komme ich zum *Rathaus*? すみません, 市役所へはどう行けばいいでしょうか / 人⁴ **ins** *Rathaus* wählen 人⁴を市議会議員に選出する.

Ra·ti·fi·ka·ti·on [ラティフィカツィオーン ratifikatsión] 女 -/-en (法)(条約の)批准.

ra·ti·fi·zie·ren [ラティフィツィーレン ratifitsí:ran] 他 (h) (法)(条約など⁴を)批准する.

Ra·tio [ラーツィオ rá:tsio] 女 -/ (哲)理性; 知.

Ra·ti·on [ラツィオーン ratsión] 女 -/-en 割当量, 配給量, 分配量; (軍) 1 日分の食糧. eiserne *Ration* (軍)(非常用)の携帯食糧.

ra·ti·o·nal [ラツィオナール ratsioná:l] 形 ① 理性的な; 合理的な. das *rationale* Denken 理性的な思考. ② (数)有理の. eine *rationale* Zahl 有理数.

ra·ti·o·na·li·sie·ren [ラツィオナリズィーレン ratsionalizí:ran] I 他 (h) ① 合理化する. Arbeitsvorgänge⁴ *rationalisieren* 作業過程を合理化する. ② (心)(行為など⁴を)正当化する, 理由づける. II 自 (h) 合理化を行う.

Ra·ti·o·na·li·sie·rung [ラツィオナリズィールング] 女 -/-en 合理化.

Ra·ti·o·na·lis·mus [ラツィオナリスムス ratsionalísmus] 男 -/ ① (哲)合理主義. ② 合理主義的な態度.

Ra·ti·o·na·lis·tisch [ラツィオナリスティッシュ ratsionalísti∫] 形 ① (哲)合理主義の. ② 合理的な.

ra·ti·o·nell [ラツィオネる ratsionél] 形 効率のよい, 能率的な; 合理的な. eine *rationelle* Arbeitsweise 効率的な作業のやり方.

ra·ti·o·nie·ren [ラツィオニーレン ratsioní:ran] 他 (h) (食料品など⁴を)配給する, 配給制にする.

* **rat‗los** [ラート・ろース rá:t-lo:s] 形 途方に暮れた, どうしてよいかわからない; 困惑した(表情など). (英) *helpless*). Ich war ganz *ratlos*. 私はどうしてよいかまったくわからなかった / ein *ratloses* Gesicht⁴ machen 困った顔をする.

Rat‗lo·sig·keit [ラート・ろーズィヒカイト] 女 -/ 途方に暮れること.

Rä·to·ro·ma·nisch [レート・ロマーニッシュ] 中 -[s]/ レトロマン語(スイスの公用語の一つ).

rat‗sam [ラート・ザーム] 形 (…するほうが)賢明である. Es ist *ratsam* zu schweigen. 黙っているほうがよい.

Rat‗schlag [ラート・シュらーク] 男 -[e]s/..schläge 忠告, 助言. 人³ *Ratschläge*⁴ erteilen (または geben) 人³に助言を与える.

Rat‗schluss [ラート・シュるス] 男 -es/..schlüsse (雅)(神の)御心(ぐろ), 神意. Gottes *Ratschluss* 神のおぼし召し.

Rat‗schluß ☞ (新形) Ratschluss

*das **Rät·sel** [レーつえる ré:tsəl] 中 (単2) -s/- (複) - (3格のみ -n) ① なぞ(謎), なぞなぞ, パズル, クイズ. (英 *riddle*). ein schwieriges *Rätsel* 難しいなぞ / ein *Rätsel*⁴ raten (または lösen) なぞを解く / 人³ ein *Rätsel*⁴ auf]geben 人³になぞをかける / Du sprichst **in** *Rätseln*. 君の言うことはわからない / **vor einem** *Rätsel* stehen なぞ(わからないこと)に直面している. ② 不可解なこと(人), 神秘. das *Rätsel* des Weltraums 宇宙の神秘.

* **rät·sel·haft** [レーつえるハフト ré:tsəlhaft] 形 (比較)rätselhafter, (最上)rätselhaftest なぞのような, 不可解な, 不思議な. (英 *mysterious*). ein *rätselhafter* Zufall なぞめいた出来事 / Es ist mir völlig *rätselhaft*. それは私にはまったく不可解だ.

rät·seln [レーつえるン ré:tsəln] 自 (h) 〖**über** 事⁴ (または **an** 事³) ~〗 (事⁴(または 事³)について)あれこれ考える.

Rät·sel‗ra·ten [レーつえる・ラーテン] 中 -s/ ① なぞ解き. ② 当て推量.

Rats‗herr [ラーツ・ヘル] 男 -n/-en (史)市参事会員.

Rats‗kel·ler [ラーツ・ケらァ] 男 -s/- 市庁舎の地下レストラン(酒場).

rätst [レーツト] ‡raten (忠告する)の 2 人称単数現在.

*die **Rat·te** [ラッテ rátə] 女 (単) -/(複) -n ① (動)ネズミ, イエネズミ. (英 *rat*). *Ratten* pfeifen. ねずみがちゅーちゅー鳴いている / eine *Ratte*⁴ fangen ねずみを捕まえる / wie eine *Ratte* schlafen 《口語》ぐっすり眠る / Die *Ratten* verlassen das sinkende Schiff. 《ことわざ》いいかげんなやつはいざというとき職場(同僚)を見棄てる(←ねずみは沈没する船を見棄てる). ② 《俗》いやなやつ.

Rat·ten‗fal·le [ラッテン・ふァれ] 女 -/-n ねずみ捕り[器].

Rat·ten‗fän·ger [ラッテン・フェンガァ] 男 -s/- ① ねずみを捕まえる人; (比)誘惑者, 民衆をまどわす人(伝説の「ハーメルンの笛吹き男」der *Rattenfänger* von Hameln から). ② (動)ラットテリア(捕鼠犬).

Rat·ten‗gift [ラッテン・ギふト] 中 -[e]s/-e 殺鼠(ポ)剤, 猫いらず.

Rat·ten‗schwanz [ラッテン・シュヴァンツ] 男 -es/..schwänze ① ねずみの尾. ② (比)一連のもめごと(紛糾).

rat·tern [ラッタァン rátərn] 自 (h, s) ① (h)

(機械などが)がたがた音をたてる、(機関銃などが)だっだっだっと鳴る。② (s) (車・列車などが)がたがた音をたてて進む。

rat・ze・kahl [ラッツェ・カール] 副《口語》まったく, すっかり, 一つ残らず.

***rau** [ラオ ráu] 形 (比較 rauer, 最上 rau[e]st) ① (表面が)粗い, ざらざらした; でこぼこの. (英 rough). eine *raue* Wand ざらざらした壁 / *raue* Hände 荒れた手 / ein *rauer* Weg でこぼこの道. ② 荒っぽい, 無作法な, 粗野な, がさつな. ein *rauer* Bursche 荒っぽい若者 / *raue* Worte がさつな言葉 / Er ist *rau*, aber herzlich. 彼はぶっきらぼうだが気のいいやつだ. ③ (天候が)厳しい; (土地などが)荒涼とした. ein *raues* Klima 厳しい気候 / eine *raue* Gegend 荒涼とした地方. ④ (声が)しわがれた, かすれた; (のどが)かれた, 炎症を起こしている. einen *rauen* Hals haben のどがひりひりする. ⑤《スポ》ラフな(プレーなど).

***der Raub** [ラオプ ráup] 男 (単2) -es (まれに -s)/(複) -e (3格のみ -en)《ふつう単》① 強奪, 略奪; 強盗, 誘拐. (英 *robbery*). einen *Raub* begehen 強盗を働く. ② 奪ったもの, 略奪品; 獲物. ein *Raub* der Flammen[2] werden《雅》灰燼(かいじん)に帰す.

Raub:bau [ラオプ・バオ] 男 -[e]s/ ① (坑)(鉱山の)乱掘;《農》乱作;《林》乱伐. *Raubbau*[4] treiben 乱掘(乱作・乱伐)する. ② 乱用; 酷使.

Raub:druck [ラオプ・ドルック] 男 -[e]s/-e 海賊版, 不法出版.

Rau:bein [ラオ・バイン] 中 -[e]s/-e ①《口語》(根は親切な)無骨者. ②《スポ・隠語》ラフなプレーをする選手.

rau:bei:nig [ラオ・バイニヒ] 形《口語》① 無骨だが根は親切な. ②《スポ・隠語》ラフプレーの.

***rau:ben** [ラオベン ráuban] (raubte, *hat*... geraubt) I 他 (完了 haben) ① ([人]³から[物]⁴を)奪う, 強奪(略奪)する. (英 *rob*). Geld⁴ *rauben* お金を奪う / Er *hat* dem Mädchen einen Kuss *geraubt*.《雅》彼はその少女にいきなりキスをした. ② ([人]⁴を)さらう, 誘拐する. ③《雅》([人]³から落ち着き・健康など⁴を)奪う. [人]³ Ruhe⁴ *rauben* [人]³の落ち着きを失わせる / Die Sorge *raubte* ihm allen Schlaf. 心配で彼はまったく眠れなかった.
II 自 (完了 haben) 強盗(略奪)を働く.

***der Räu:ber** [ロイバァ róybər] 男 (単2) -s/(複) - (3格のみ -n) 強盗, 盗賊. (英 *robber*). Bank*räuber* 銀行強盗犯 / Er ist *Räubern*³ in die Hände gefallen.《現在完了》彼は強盗に襲われた / *Räuber* und Gendarm (方: Polizei) (子供の遊びで)泥棒ごっこ / **unter** *der* *Räuber* gefallen sein《口語》食いものにされる.

Räu:ber:ge:schich:te [ロイバァ・ゲシヒテ] 女 -/-n 盗賊物語;《口語》荒唐無稽(こうとうむけい)な話.

Räu:ber:höh:le [ロイバァ・ヘーレ] 女 -/-n《古》盗賊の巣窟(そうくつ).

räu:be:risch [ロイベリッシュ róybəriʃ] 形 ①

強盗の[ような], 略奪的な. ②《動》捕食性の.
Raub:fisch [ラオプ・フィッシュ] 男 -es/-e 肉食魚.

Raub:gier [ラオプ・ギーァ] 女 -/ 略奪欲.

raub:gie:rig [ラオプ・ギーリヒ] 形 強奪を好む, 強欲な.

Raub:mord [ラオプ・モルト] 男 -[e]s/-e 強盗殺人.

Raub:rit:ter [ラオプ・リッタァ] 男 -s/-《史》(中世の)盗賊騎士.

raub:te [ラオプテ] *rauben (奪う)の過去

Raub:tier [ラオプ・ティーァ] 中 -[e]s/-e 肉食獣, 猛獣.

Raub:über:fall [ラオプ・ユーバァファる] 男 -[e]s/..fälle 略奪のための襲撃.

Raub:vo:gel [ラオプ・フォーゲる] 男 -s/..vögel 肉食鳥, 猛禽(もうきん).

Raub:zug [ラオプ・ツーク] 男 -s/..züge 略奪, 侵略.

***der Rauch** [ラオホ ráux] 男 (単2) -[e]s/ 煙. (英 *smoke*). dicker *Rauch* もうもうたる煙 / der *Rauch* der Zigarette² たばこの煙 / Der *Rauch* steigt auf. 煙が立ち上る / in *Rauch* [und Flammen] auf|gehen 灰燼(かいじん)に帰する, 完全に焼失する / sich⁴ in *Rauch* auf|lösen または in *Rauch* auf|gehen《比》(計画などが)はかなく消える / Kein *Rauch* ohne Flamme.《諺》火のない所に煙は立たぬ.

:**rau・chen** [ラオヘン ráuxən]

たばこを吸う	Darf ich *rauchen*?
ダルフ イヒ ラオヘン	
	たばこを吸ってもいいですか.

(rauchte, *hat*...geraucht) I 自 (完了 haben) ① たばこを吸う, 喫煙する. (英 *smoke*). Er *raucht* viel. 彼はたくさんたばこを吸う / *Rauchen* Sie? たばこをお吸いになりますか.
② 煙を出す, 煙る. Der Vulkan *raucht*. 火山が噴煙を上げている. ◆[非人称の **es** を主語として] Es *raucht* in der Küche. 台所が煙っている / Sonst *raucht* es!《口語》そうしないと怒るぞ.
II 他 (完了 haben) ① (たばこ⁴を)吸う, (パイプ⁴を)ふかす. Er *raucht* gern eine gute Zigarre. 彼は好んで上等の葉巻を吸う / Pfeife⁴ *rauchen* パイプをふかす. ② (魚・肉など⁴を)くん製にする.

Rau・chen [ラオヘン] 中 -s/ 喫煙. das *Rauchen*⁴ auf|geben たばこをやめる / sich³ das *Rauchen*⁴ ab|gewöhnen 喫煙の習慣をやめる / *Rauchen* verboten! (掲示などで)禁煙 / Der Arzt hat mir das *Rauchen* verboten. 医者は私にたばこを禁止した.

***der Rau・cher** [ラオハァ ráuxər] 男 (単2) -s/(複) - (3格のみ -n) ① 喫煙者. (英 *smoker*). (英 女性形は Raucherin;「たばこを吸わない人」は Nichtraucher). Er ist ein starker *Raucher*. 彼はヘビースモーカーだ. ②〖冠詞なしで〗

(列車などの)喫煙車[室]. (⇔)「禁煙車[室]」は Nichtraucher).

Rau·cher⹀ab·teil [ラオハァ・アップタイル] 中 -s/-e (列車の)喫煙車室.

Räu·cher⹀he·ring [ロイヒャァ・ヘーリング] 男 -s/-e くん製にしん.

Räu·cher⹀kam·mer [ロイヒャァ・カンマァ] 女 -/-n くん製室.

Räu·cher⹀ker·ze [ロイヒャァ・ケルツェ] 女 -/-n 香[入り]ろうそく.

✴**räu·chern** [ロイヒャァン rɔ́yçərn] (räucherte, *hat*...geräuchert) **I** 他 (定了 haben) ① (魚・肉など⁴を)くん製にする. (英 smoke). Aale⁴ *räuchern* うなぎをくん製にする. ◇(過去分詞の形で) *geräucherter* Schinken くん製のハム. ② (部屋など⁴を)くん蒸消毒する. **II** 自 (定了 haben) 《mit 物³ ~》 (物³(香など)を)たく.

Räu·cher⹀stäb·chen [ロイヒャァ・シュテープヒェン] 中 -s/- 線香.

räu·cher·te [ロイヒャァテ] ✴räuchern (くん製にする)の 過去

Räu·cher⹀wa·re [ロイヒャァ・ヴァーレ] 女 -/-n 《ふつう 複》 くん製品.

Rauch⹀fah·ne [ラオホ・ファーネ] 女 -/-n (船・煙突などの)長くたなびいた煙.

Rauch⹀fang [ラオホ・ファング] 男 -[e]s/..fänge ① 煙道(かまどと煙突の中間部), レンジフード. 物⁴ in den *Rauchfang* schreiben 《比》 物⁴ (借金などを)帳消しにする. ② 《ラテン》煙突.

Rauch⹀fleisch [ラオホ・ふらイシュ] 中 -es/ くん製肉.

rau·chig [ラオヒヒ ráuxɪç] 形 ① 煙でいっぱいの; 煙くさい, 焦げくさい. ein *rauchiges* Zimmer (たばこの)煙が立ち込めた部屋. ② 曇った, 煙色の. ③ しゃがれ声の, がらがら声の.

rauch·los [ラオホ・ロース] 形 無煙の.

rauch·te [ラオホテ] ✴rauchen (たばこを吸う)の 過去

Rauch⹀ver·bot [ラオホ・フェァボート] 中 -[e]s/-e 禁煙.

Rauch⹀ver·gif·tung [ラオホ・フェァギふトゥング] 女 -/-en 煙による中毒.

Rauch⹀ver·zeh·rer [ラオホ・フェァツェーラァ] 男 -s/- (空気浄化のための)消煙装置.

Rauch⹀wa·re [ラオホ・ヴァーレ] 女 -/-n 《ふつう 複》 毛皮製品.

Rauch⹀wa·ren [ラオホ・ヴァーレン] 複 たばこ類.

Rauch⹀wol·ke [ラオホ・ヴォるケ] 女 -/-n 煙雲, もうもうとした煙.

Räu·de [ロイデ rɔ́ydə] 女 -/-n (家畜の)疥癬(かいせん).

räu·dig [ロイディヒ rɔ́ydɪç] 形 疥癬(かいせん)にかかった; かさぶたのある.

rauf [ラオふ ráuf] 副 《口語》上方へ, こちらへ(あちらへ)[上がって] (=heraufゎ, hinauf).

Rauf⹀bold [ラオふ・ボるト] 男 -[e]s/-e (軽蔑的に:)けんか好き[な人], 暴れん坊.

Rau·fe [ラオふェ ráufə] 女 -/-n (うまやの)干草掛け, 飼料棚.

rau·fen [ラオふェン ráufən] **I** 他 (h) (雑草など⁴を)むしり取る, 引き抜く. Unkraut⁴ *raufen* 雑草を引き抜く / sich³ die Haare⁴ *raufen* 《比》 (怒って・いらいらして)髪をかきむしる. **II** 自 (h)・再帰 (h) sich⁴ *raufen* つかみ(なぐり)合いの けんかをする.

Rau·fe·rei [ラオふェライ rauf̬ərái] 女 -/-en つかみ合い, なぐり合い.

Rauf⹀lust [ラオふ・るスト] 女 -/ けんか好き, 闘争欲.

rauf⹀lus·tig [ラオふ・るスティヒ] 形 けんか好きな, 闘争心の強い.

rauh ☞ 新形 rau

rau·haa·rig [ラオ・ハーリヒ] 形 毛のごわごわした, 剛毛の.

Rauh⹀bein ☞ 新形 Raubein

rauh⹀bei·nig ☞ 新形 raubeinig

Rau·heit [ラオハイト ráuhaɪt] 女 -/-en ① 粗いこと, ざらざらしていること. ② 粗野. ③ (天候が)厳しいこと. ④ (声が)しわがれていること.

rauh⹀haa·rig ☞ 新形 rauhaarig

Rauh⹀reif ☞ 新形 Raureif

‡*der* **Raum** [ラオム ráum]

部屋; 空間

Dieser *Raum* hat zwei Fenster.
ディーザァ ラオム ハット ツヴァイ ふェンスタァ
この部屋には窓が二つある.

男 (単2) -es (まれに -s)/(複) Räume [ロイメ] (3格のみ Räumen) ① **部屋**, 室. (英 room). ein großer (kleiner) *Raum* 大きい(小さい)部屋 / ein *Raum* mit guter Akustik 音響効果のいい部屋 / Das Haus hat zehn *Räume*. その家は10部屋ある / Das Problem steht noch im *Raum*. 《比》その問題はまだ解決されていない. (☞ 類語 Zimmer).

② **空間; 宇宙[空間]** (=Weltraum). (英 space). ⇔ 「時間」 (= Zeit). umbauter *Raum* 《建》建築容積 / ein luftleerer *Raum* 真空 / der dreidimensionale *Raum* 《数》 三次元空間 / eine Rakete⁴ in den *Raum* schießen ロケットを宇宙へ打ち上げる.

③ 《複 なし》《雅》スペース, (活動の場所; 余地. (英 space). Ich habe keinen *Raum* für meine Bücher. 私には本を収納するスペースがない / Dieses Auto bietet viel *Raum*. この自動車は車内がゆったりとしている / 物³ *Raum*⁴ geben 物³に活動の場を与える. (☞ 類語 Ort).

④ **地域, 領域; …周 辺.** der *Raum* [um] Berlin ベルリン[周辺]地域 / im politischen *Raum* 政界で.

新形 ⋯⋯⋯⋯⋯⋯⋯⋯⋯⋯⋯⋯⋯⋯⋯⋯⋯⋯⋯

Raum spa·rend 場所(スペース)をとらない.

⟨情報⟩ ..raum のいろいろ: Abstell*raum* 物置 / Innen*raum* 内部[空間] / Koffer*raum* (自動車

の)トランクルーム / Luftraum 領空 / Maschinenraum 機械室 / Spielraum (活動の)余地 / Sprachraum 言語[使用]圏 / Weltraum 宇宙間 / Wohnraum 居住空間

Raum⹀an⹀zug [ラオム・アンツーク] 男 -[e]s/..züge 宇宙服.
Raum⹀bild [ラオム・ビルト] 中 -[e]s/-er《光》立体画(写真).
Räu⹀me [ロイメ] ＊Raum (部屋)の 複
＊**räu⹀men** [ロイメン rɔ́ymən] (räumte, hat …geräumt) 他 (e1) haben) ① (ある場所から)立ち退く, 立ち去る;(部屋など[4]を)明け渡す. Die Zuschauer räumten den Saal. 観客はホールを立ち去った / die Wohnung[4] räumen 住居を明け渡す / das Feld[4] räumen (軍) 退却する. ② 《方向を表す語句とともに》(物[4] を …から/…へ)片づける, 取り除く. Missverständnisse[4] aus dem Weg räumen (比) 誤解を取り除く / die Wäsche[4] in den Schrank räumen 洗濯した物をたんすにしまう / Bücher[4] vom Tisch räumen 本を机から片づける / 物[4] zur Seite räumen 物[4]を取りのける. ③ (片づけて場所[4]を)空ける, 空にする;(場所[4]から人を)立ち退かせる. den Schrank räumen たんすを空にする / Polizei räumte die Straße von Demonstranten. 警察はデモ隊を通りから排除した.
Raum⹀er⹀spar⹀nis [ラオム・エァシュパールニス] 中 -/ スペースの節約.
Raum⹀fäh⹀re [ラオム・フェーレ] 女 -/-n スペースシャトル.
Raum⹀fah⹀rer [ラオム・ファーラァ] 男 -s/- 宇宙飛行士.
Raum⹀fahrt [ラオム・ファールト] 女 -/-en 宇宙飛行.
Raum⹀fahr⹀zeug [ラオム・ファールツォイク] 中 -[e]s/-e 宇宙船.
Raum⹀flug [ラオム・ふルーク] 男 -[e]s/..flüge 宇宙飛行.
Raum⹀for⹀schung [ラオム・フォルシュング] 女 -/ 宇宙研究.
Raum⹀in⹀halt [ラオム・インハルト] 男 -[e]s/-e 体積, 容積.
Raum⹀kap⹀sel [ラオム・カプセル] 女 -/-n 宇宙船のカプセル(船室の部分).
räum⹀lich [ロイムリヒ] 形 ① 空間の, 場所の. räumliche Ausdehnung 場所の広がり / Sie wohnen räumlich sehr beengt. 彼らはとても狭い家に住んでいる. ② 立体の, 立体的な. räumliches Hören ステレオ[フォニック].
Räum⹀lich⹀keit [ロイムリヒカイト] 女 -/-en ①《ふつう 複》(美術館などの大きくて連なっている)部屋, ホール. ②《複 なし》空間性, 立体[性]効果.
Raum⹀man⹀gel [ラオム・マングル] 男 -s/ スペース(部屋・場所)の不足.
Raum⹀ord⹀nung [ラオム・オルドヌング] 女 -/《官庁》(二つ以上の行政区にまたがる)総合的地域開発計画.

Raum⹀pfle⹀ge⹀rin [ラオム・プふれーゲリン] 女 -/..rinnen 掃除婦(=Putzfrau).
Raum⹀schiff [ラオム・シふ] 中 -[e]s/-e 宇宙船.
Raum⹀son⹀de [ラオム・ゾンデ] 女 -/-n 宇宙探査機, 宇宙ゾンデ.
raum⹀spa⹀rend 形《新形》Raum sparend ☞ Raum
Raum⹀sta⹀ti⹀on [ラオム・シュタツィオーン] 女 -/-en 宇宙ステーション.
räum⹀te [ロイムテ] ＊räumen (立ち退く)の 過去
Räu⹀mung [ロイムング] 女 -/-en ① 取り除け, 片づけ, 除去. ② 明け渡し, 立ち退き, 撤退.
Räu⹀mungs⹀kla⹀ge [ロイムングス・クラーゲ] 女 -/-n《法》(土地・家屋の)明け渡しの訴え.
Räu⹀mungs⹀ver⹀kauf [ロイムングス・フェアカオふ] 男 -[e]s/..käufe《商》在庫一掃セール.
rau⹀nen [ラオネン ráunən] Ⅰ 他 (h)《雅》(事[4]を)ささやく, つぶやく. 人[3] ins Ohr raunen 人[3]に事[4]を耳打ちする. Ⅱ 自 (h)《雅》[über 人・事[4] ~] (人・事[4]について)ないしょ話をする. ②《比》(林などが)ざわざわいう, (小川などが)さらさら音をたてる.
Rau⹀pe [ラオペ ráupə] 女 -/-n ①《昆》(ちょうなどの)幼虫, いも虫, 毛虫. ②《複 で》《比》気まぐれ, 妄想. Raupen[4] im Kopf haben《口語》少し頭がおかしい. ③ ブルドーザー(=Planierraupe);キャタピラー. ④ (肩章の)房飾り.
Rau⹀pen⹀fahr⹀zeug [ラオペン・ファールツォイク] 中 -[e]s/-e キャタピラー車, 無限軌道車.
Rau⹀reif [ラオ・ライふ] 男 -[e]s/ 粗末, 霧氷.
＊**raus** [ラオス ráus] 副《口語》① (こちらの)外へ(=heraus). ② (向こうの)外へ(=hinaus).
＊der **Rausch** [ラオシュ ráuʃ] 男 (単 2) -es (まれに -s)/(複) Räusche [ロイシェ] (3格のみ Räuschen) ① 酔い, 酩酊(⋯). 《英》state of drunkenness. Er hat einen schweren Rausch. 彼はずいぶん酔っ払っている / sich[3] einen Rausch an|trinken《口語》酒を飲んで酔っ払う. ② 陶酔, 有頂天, 熱狂. im Rausch des Sieges 勝利に酔って.
Räu⹀sche [ロイシェ] ＊Rausch (酔い)の 複
＊**rau⹀schen** [ラオシェン ráuʃən] (rauschte, hat/ist …gerauscht) 自 (h) haben または ist) ① (h) (木の葉・風などが)ざわざわ(さらさら)と音をたてる, ざわめく. 《英》murmur. Der Bach rauscht. 小川がさらさらと音をたてる. ◇非人称の es を主語として] Es rauscht mir in den Ohren. 私は耳鳴りがする. ◇現在分詞の形で] rauschender Beifall どよめくような拍手. ② (s)《方向を表す語句とともに》(…へ)ざわざわ音をたてて(流れる・降る・吹く), (飛んでいく様子で) 去って行く. Das Boot rauscht durch die Wellen. ボートがばしゃばしゃと波を切って進んで行く / Sie rauschte beleidigt aus dem Zimmer. 彼女はむっとして荒々しく部屋から出ていった.
Rausch⹀gift [ラオシュ・ギふト] 中 -[e]s/-e 麻薬;《医》麻酔薬[剤].

rausch・gift=süch・tig [ラオシュギフト・ズュヒティヒ] 形 麻薬中毒の.
Rausch=gold [ラオシュ・ゴルト] 中 -[e]s/ 模造金箔(きんぱく).
rausch・te [ラオシュテ] *rauschen (ざわざわと音をたてる) 過去
***räus・pern** [ロイスパァン rɔ́yspərn] (räusperte, *hat* ... geräuspert) 再帰 (完了 haben) *sich[4] räuspern* せき払いをする. Er *räusperte sich* und begann zu sprechen. 彼はせき払いをして、それから話し始めた.
räus・per・te [ロイスパァテ] *räuspern 再帰 (せき払いをする) 過去
Raus=schmei・ßer [ラオス・シュマイサァ] 男 -s/- 《俗》① (レストランなどの)用心棒. ② ラストダンス.
Raus=schmiss [ラオス・シュミス] 男 -es/-e 《口語》(突然の)解雇;追放, 追い出すこと.
Raus=schmiß ☞ 新旧 Rausschmiss
Rau・te [ラオテ ráutə] I 女 -/-n ① 《数》ひし形. ② (ダイヤモンドの)ローズカット. II 女 -/-n 《植》ヘンルーダ[属].
rau・ten=för・mig [ラオテン・フェルミヒ] 形 ひし形の.
Ra・vi・o・li [ラヴィオーリ ravió:li] 複 《料理》ラヴィオーリ(ひき肉などを小麦粉の皮で包んだもの).
Raz・zia [ラッツィア rátsia] 女 -/Razzien [..ツィエン] (まれに -s) (警察の不意の)手入れ.
Rb [エル・ベー] 《化・記号》ルビジウム (= **Rb**idium).
Rbl [ルーベる] 《略》ルーブル (ロシアの貨幣単位) (= **R**u**bl**).
rd. [ルント] 《略》およそ, 約 (= **r**un**d**).
Re [エル・エー] 《化・記号》レニウム (= **Rhe**nium).
re.., **Re..** [レ.. re..] 【動詞・名詞などにつける接頭】① 《反対》例: *Re*aktion 反作用. ② 《再現》例: *re*produzieren 再生産する.
Re・a・gens [レアーゲンス reá:gɛns] 中 -/..genzien [レアゲンツィエン] 《化》試薬.
Re・a・genz=glas [レアゲンツ・グらース] 中 -es/..gläser 《化》試験管.
***re・a・gie・ren** [レアギーレン reagí:rən] (reagierte, *hat*...reagiert) 自 (完了 haben) 《英 *react*》① 反応する, 応じる. Er *reagiert* schnell. 彼は反応が速い / Sie *reagierte* auf diese Anspielung sehr empfindlich. 彼女はこのそこすりに非常に敏感に反応した / auf einen Brief nicht *reagieren* 手紙に返事を出さない. ② 《化》反応する. sauer (basisch) *reagieren* 酸性(塩基性)反応を示す.
re・a・giert [レアギーァト] *reagieren (反応する)の 過分
re・a・gier・te [レアギーァテ] *reagieren (反応する)の 過去
*die **Re・ak・ti・on** [レアクツィオーン reaktsió:n] 女 (単) -/(複) -en 《英 *reaction*》① 反応, 反響; 《理》反応. Kern*reaktion* 核反応 / eine chemische *Reaktion* 化学反応 / eine *Reaktion*[4] aus|lösen 反応を起こさせる / keine *Reaktion*[4] zeigen 反応を示さない. ② 《覆 なし》《保守》反動[勢力].
re・ak・ti・o・när [レアクツィオネーァ reaktsioné:r] 形 反動的な, 保守的な.
Re・ak・ti・o・när [レアクツィオネーァ] 男 -s/-e 反動(保守)主義者, 反動的な人.
Re・ak・tor [レアクトァ reáktɔr] 男 -s/-en [レアクトーレン] 《物》原子炉.
***re・al** [レアーる reá:l] 形 《英 *real*》① 現実の, 実在する, 実体のある. (⟨⇌⟩ 「想像上の」は ideal). die *reale* Welt 現実の世界. ② 現実的な, 実際的な. *real* denken 現実的なものの考え方をする. ③ 《経》実質の. die *realen* Einkommen 実質所得.
Re・al=ein・kom・men [レアーる・アインコンメン] 中 -s/- 《経》実質所得.
re・a・li・sier・bar [レアリズィーァバール] 形 実現可能な.
re・a・li・sie・ren [レアリズィーレン realizí:rən] 他 (h) ① 実現する, 現実化する. einen Plan *realisieren* 計画を実現する. ② 理解する, 実感する. Ich *kann* das alles noch nicht *realisieren*. 私はその一部始終がまだよく理解できない. ③ 《経》現金化する.
Re・a・lis・mus [レアリスムス realísmus] 男 -/ ① 現実主義, 実利主義. ② 《文学・美》写実主義, リアリズム. ③ 《哲》実在論.
Re・a・list [レアリスト realíst] 男 -en/-en 現実(実利)主義者; 《文学・美》写実主義者; 《哲》実在論者.
Re・a・lis・tik [レアリスティク realístɪk] 女 -/ (描写の)写実性, リアリズム.
re・a・lis・tisch [レアリスティッシュ realístɪʃ] 形 ① 現実的な, 実際的な; 実質的な, 冷静な(観察など). ein *realistischer* Mensch 現実的な人. ② 写実主義の, リアリズムの, 写実的な(絵画・文学など). ③ 《哲》実在論の.
Re・a・li・tät [レアリテート realité:t] 女 -/-en ① 《覆 なし》現実, リアリティ; 実体, 実在. ② 事実, 実際. ③ 《覆 で》《オ》不動産.
Re・al=le・xi・kon [レアーる・れクスィコン] 中 -s/..lexika (または ..lexiken) 専門分野事典.
Re・al=lohn [レアーる・ろーン] 男 -[e]s/..löhne 《経》実質賃金.
Re・al=po・li・tik [レアーる・ポリティーク] 女 -/ 現実的政策.
Re・al=schu・le [レアーる・シューれ] 女 -/-n 実科学校(ドイツでは Mittelschule とも言われ, ふつう6年制. オーストリアでは8年制の学校;「ドイツ連邦共和国の教育制度」☞ 巻末付録, 1810 ページ).
Re・be [レーベ ré:bə] 女 -/-n ① 《植》ブドウ[の枝]. ② 《雅》ぶどうの木.
Re・bell [レベる rebɛ́l] 男 -en/-en 反乱者, 反逆者, (体制などへの)反逆児, 暴徒.
re・bel・lie・ren [レベリーレン rebɛlí:rən] 自 (h) 反乱(謀反)を起こす, 反抗する. **gegen** den Diktator *rebellieren* 独裁者に対して反乱を起こす / Mein Magen *rebelliert*. 《比》私は胃

Rebellion

の具合が悪い.

Re·bel·li·on [レベリオーン rebelió:n] 囡 -/-en 反乱, 反逆, 暴動; 反抗.

re·bel·lisch [レベリッシュ rebélɪʃ] 形 暴動を起こした, 反乱した; 反抗的な.

Re·ben≠saft [レーベン・ザフト] 男 -[e]s/《雅》ぶどう酒, ワイン (=Wein).

Reb≠huhn [レープ・フーン] 中 -[e]s/..hühner 《鳥》ヨーロッパヤマウズラ.

Reb≠laus [レープ・らオス] 囡 -/..läuse 《昆》ブドウネアブラムシ.

Re·bus [レーブス ré:bus] 男 中 -/..busse 判じ絵.

Re·chaud [レショー reʃó:] 男 中 -s/-s ① (保温用の)ホットプレート. ② 《南ド・オースト・スイス》ガスこんろ.

re·chen [レッヒェン réçən] 他 (h) 《南ド・オースト・スイス》熊手でかき集める(かきならす).

Re·chen [レッヒェン] 男 -s/- ① 《南ド・オースト・スイス》熊手, レーキ. ② 《方》(横一列にフックが並んだ)洋服掛け. ③ (水路などの)ちりよけ格子.

Re·chen≠auf·ga·be [レッヒェン・アオふガーベ] 囡 -/-n 計算(算数)問題.

Re·chen≠buch [レッヒェン・ブーフ] 中 -[e]s/..bücher 算数の本(教科書).

Re·chen≠feh·ler [レッヒェン・ふェーらァ] 男 -s/- 計算間違い, 誤算.

Re·chen≠ma·schi·ne [レッヒェン・マシーネ] 囡 -/-n 計算機; そろばん. eine elektronische *Rechenmaschine* 電子計算機.

***die* Re·chen·schaft** [レッヒェンシャふト réçənʃaft] 囡 (単) -/ 釈明, 弁明. 《英 account》. Ich bin dir keine *Rechenschaft* schuldig. 私は君に釈明する必要はない / 人³ über 事⁴ *Rechenschaft*⁴ geben 人³に事⁴の釈明をする / von 人³ *Rechenschaft*⁴ fordern (または verlangen) 人³に釈明を求める / 人³ für 事⁴ zur *Rechenschaft* ziehen 人⁴に事⁴の責任を問う.

Re·chen·schafts≠be·richt [レッヒェンシャふツ・ベリヒト] 男 -[e]s/-e 釈明書; 報告書.

Re·chen≠schie·ber [レッヒェン・シーバァ] 男 -s/- 計算尺.

Re·chen≠zent·rum [レッヒェン・ツェントルム] 中 -s/..zentren 計算機センター.

Re·cher·che [レシェルシェ reʃérʃə] 《ふつう 複》囡 -/-n 研究, 捜査. *Recherchen*⁴ an|stellen 調査(捜査)する.

re·cher·chie·ren [レシェルシーレン reʃerʃí:rən] 他 (h) 自 (h) 調査(捜査)する.

***rech·nen** [レヒネン réçnən]

計算する
　Du *rechnest* aber schnell!
　ドゥー レヒネスト アーバァ シュネる
　君は計算が速いなあ.

du rechnest, er rechnet (rechnete, hat ... gerechnet) I 自 (完了 haben) ① 計算する. (英 *cal-

culate*). Er *rechnet* mit dem Taschenrechner. 彼はポケット電卓で計算する / schriftlich (im Kopf) *rechnen* 筆算(暗算)する.

② 《mit 人·事³~》(人·事³を)考慮に入れる, 予期する. Ich *rechne* mit Ihrer Teilnahme. 私はあなたが参加されるものと思っています / mit dem Schlimmsten *rechnen* 最悪の事態を覚悟する.

③ 《auf 人·事⁴~》(人·事⁴に)当てにする, 頼りにする. Auf ihn *kann* man *rechnen*. 彼は当てにできる.

④ 《zu 人·物³~》(人·物³の)一人(一つ)に数えられる. Er *rechnet* zu den bekanntesten Dirigenten. 彼はもっとも有名な指揮者の一人だ.

⑤ (倹約して)やりくりする. Sie *rechnet* mit jedem Pfennig. 彼女は1ペニヒもむだにしない.
II 他 (完了 haben) ① (事⁴を)計算する, 算出する. Zinsen⁴ *rechnen* 利息を計算する / die Entfernung⁴ nach (または in) Lichtjahren *rechnen* 距離を光年で計算する. ◇《過去分詞の形で》vom ersten Mai an *gerechnet* 5月1日から数えて.

② 見積もる, 見込む. Ich *rechne* eine Flasche Wein für einen Gast. 私はお客一人にワイン1本を見積もっている / für den Rückweg zwei Stunden⁴ *rechnen* 帰路に2時間を見込む. ◇《過去分詞の形で》alles⁴ in allem *gerechnet* 全部ひっくるめて / grob *gerechnet* ざっと見積もって.

③ 《A⁴ zu B³ (または unter B⁴) ~》(A⁴ を B³ (または B⁴) の)一人(一つ)に数える. Ich *rechne* ihn zu meinen Freunden. 私は彼を友人の一人とみなしている / 人⁴ unter die Fachleute *rechnen* 人⁴ を専門家の一人に数える. ④ 数に入れる. ◇《過去分詞の形で》Wir sind zehn Personen, die Kinder nicht *gerechnet*. 子供たちは数に入れないで私たち10名です. ⑤ (算数の問題などを)解く, 計算する. eine Aufgabe⁴ *rechnen* 計算問題を解く.

Rech·nen [レヒネン] 中 -s/ 計算; 算数. Wir haben heute *Rechnen*. きょうは算数の授業がある.

Rech·ner [レヒナァ réçnər] 男 -s/- ① 計算する人; 計算のできる人; 打算的な人. ② [電子]計算機.

rech·ne·risch [レヒネリッシュ réçnərɪʃ] 形 ① 計算による, 計算上の. ② 《戯》打算的な.

rech·ne·te [レヒネテ] *rechnen (計算する)の過去

***die* Rech·nung** [レヒヌング réçnʊŋ]

計算; 勘定[書]
　Herr Ober, die *Rechnung* bitte!
　ヘル　オーバァ　ディ　レヒヌング　ビッテ
　ボーイさん, お勘定をお願いします.

囡 (単) -/(複) -en ① 計算; 計算問題. (英 *calculation*). eine schwierige (einfache) *Rechnung* 難しい(簡単な)計算[問題] / Die

Rechnung stimmt (geht auf). 計算が合っている(合う) / Die *Rechnung* ist richtig (falsch). その計算は正しい(間違っている).
② 勘定[書], 計算書, 請求書. (英) bill). eine unbezahlte *Rechnung* 未払いの勘定 / eine *Rechnung* über 100 Mark 100 マルクの勘定書 / Die *Rechnung* macht (または beträgt) 20 Mark. 勘定は20マルクになる / eine *Rechnung*⁴ bezahlen 勘定を払う / die *Rechnung*⁴ quittieren 勘定書に領収のサインをする.
◇〖前置詞とともに〗Das geht **auf** meine *Rechnung*. それは私が払います / eine Ware⁴ auf *Rechnung* kaufen 商品をつけて買う / auf die *Rechnung* setzen (または schreiben) 物⁴を請求書につける / auf (または **für**) eigene *Rechnung* a) 自己負担で, (比) 自分の責任において / auf (または **gegen**) *Rechnung* arbeiten 出来高払いで働く / 人³ 物⁴ **in** *Rechnung* stellen 物⁴の勘定を人³につける.
③ 算定, 目算, 見込み; 考慮. 事³ *Rechnung*⁴ tragen 事³を顧慮する / 事⁴ **außer** *Rechnung* lassen 事⁴を無視する / 事⁴ **in** *Rechnung* ziehen (または stellen) 事⁴を考慮に入れる / **nach** meiner *Rechnung* 私の目算では.

Rech·nungs·füh·rer [レヒヌングス・フューラァ] 男 -s/- 会計[係]; 簿記係.

Rech·nungs·**jahr** [レヒヌングス・ヤール] 中 -[e]s/-e 会計年度.

Rech·nungs·**prü·fer** [レヒヌングス・プリューファァ] 男 -s/- 会計検査官, 会計監査人.

Rech·nungs·**we·sen** [レヒヌングス・ヴェーゼン] 中 -s/ (経) 会計[事務・制度].

※ recht¹ [レヒト réçt]

正しい	Ganz *recht*! まさにそのとおり.
	ガンツ　レヒト

I 形 ① 適切な, 目的に合った, ふさわしい. (英 right). der *rechte* Zeitpunkt für 事⁴ 事⁴に最適な時 / zur *rechten* Zeit ちょうどよいときに / Er ist der *rechte* Mann am rechten Ort. 彼はそこにうってつけの人だ, 彼こそ適材適所だ / Du kommst mir gerade *recht*. a) 君はちょうどよいときに来てくれた, b) 《口語》(反語的に) 君はまさにタイミングの悪いときに来た / Ihm ist jedes Mittel *recht*. 彼は手段を選ばない(←どんな手段も適切だ). (☞ 類語 richtig).
② 正しい, 間違っていない. Das ist *recht*. それは正しい / Bin ich hier *recht*? この道(場所)でいいのでしょうか / So ist es *recht*! それでよろしい / *Recht* so! その調子で! / Wenn ich mich *recht* erinnere… 私の記憶に間違いがなければ… / Ich verstehe seine Einstellung nicht *recht*. 私は彼の考え方がよくわからない.
◇〖名詞的に〗*recht* (新形 ***Recht***⁴) haben (言ったこと・考えたこと)が正しい ⇒ Du hast *recht* (新形 ***Recht***⁴) bekommen (言っていることが)正しいと認められる / 人³ *recht* (新形 ***Recht***⁴)

geben 人³に賛成する / nach dem *Rechten* sehen 万事うまくいっているかどうか調べてみる / das *Rechte*⁴ treffen 正鵠(せいこく)を射る.
③ 正当な, 当然の. Es ist nicht *recht* [von dir], so zu sprechen. そんな口のきき方はよくないぞ / Das ist nur *recht* und billig, dass… …は当然すぎるほど当然だ / Das geschieht dir *recht*! そら見たことか(←それが君に起こるのは当然だ) / alles, was *recht* ist [, aber…] 《口語》確かにそうだけど(がしかし…].
④ (人³にとって)都合のよい. Wenn es Ihnen *recht* ist, … もしご都合がよければ, … / Ist Ihnen dieser Termin *recht*? この日取りはあなたに都合がよいか / Mir ist heute gar nicht *recht*. 《方》私はきょうは体調が悪い.
⑤ 真の, 本当の, 本物の. ein *rechter* Mann 真の男 / ihr *rechtes* Kind (法) 彼女の実子 / Sie ist noch ein *rechtes* Kind. 彼女はまだほんの子供だ. ◇〖名詞的に〗etwas (nichts) *Rechtes*⁴ können たいしたことができる(何もたいしたことができない).

II 副 相当に, かなり, なかなか. *recht* gut なかなか良い / **erst** *recht* ますますもって, なおのこと / *recht* und schlecht 曲がりなりにも, どうにかこうにか / Er weiß *recht* viel darüber. 彼はそれについて本当にたくさんのことを知っている / Ich danke Ihnen *recht* herzlich. 私はあなたに心から感謝します.

※ recht² [レヒト réçt] 形 〖付加語としてのみ〗① 右の, 右側の. (英 right). (⇔「左の」は link). der *rechte* Arm 右腕 / Das Haus liegt auf der *rechten* Seite der Straße. その家は通りの右側にある / Er ist die *rechte* Hand des Chefs. (比) 彼はチーフの右腕(最も頼りになる部下)だ.
② (政治的に)右派の, 右翼の. der *rechte* Flügel einer Partei² 党の右派. ③ (布地・硬貨などの)表側の, 上側の. die *rechte* Seite eines Pullovers プルオーバーの表側. ④ 《数》直角の. ein *rechter* Winkel 直角.

※ *das* Recht [レヒト réçt] 中 (単2) -s (まれに -es)/(複) -e (3格のみ -en) ① **権利**. (英 right). (⇔ 「義務」は Pflicht) Wahl*recht* 選挙権 / *Rechte* und Pflichten 権利と義務 / die *Rechte* der Bürger² 市民の権利 / ein *Recht*⁴ aus|üben 権利を行使する / sein *Recht*⁴ fordern 権利を要求する / Jeder hat ein *Recht* **auf** Arbeit. だれにでも働く権利がある / Er besteht auf seinem *Recht* (または pocht auf sein *Recht*). 彼は自分の権利を主張する / **Mit** welchem *Recht* tut er das? 何の権利があって彼はそんなことをするのか / Er macht von seinem *Recht* Gebrauch. 彼は自分の権利を行使する / Er wird schon **zu** seinem *Recht* kommen. 彼には相応の権利が認められるだろう / Du hast nicht das *Recht*, das zu tun. 君にはそれをする権利はない.
② 〖複なし〗(総称として)**法, 法律**. (英 law). das bürgerliche *Recht* 民法 / das öffent-

Rechte

liche *Recht* 公法 / das römische *Recht* ローマ法 / das *Recht*[4] beugen (brechen) 法を曲げる(犯す) / das *Recht*[4] mit Füßen treten 法を踏みにじる / *Recht*[4] sprechen (《雅》)判決を下す / **gegen** (または **wider**) das *Recht* 法に違反して / **nach** dem geltenden *Recht* 現行法によって / **von** *Rechts* **wegen** a) 法律上[は], b) 《比》本来[は].
③《（覆）なし》正当さ, 正当性, 正義. (《英》 right, justice). (《反》「不正」は Unrecht). *Recht*[4] **haben** (言ったこと・考えたことが)正しい ⇒ Du hast *Recht*. 君の言うとおりだ / *Recht*[4] **bekommen** (言っていることが)正しいと認められる / 人[3] *Recht*[4] **geben** 人[3]に賛成する / *Recht*[4] **für** *Recht* **erkennen** (官庁)(軍)[4]を正当と認める / Er ist **im** *Recht*. 彼の言う(行う)ことは正しい / **mit** (または **zu**) *Recht* もっともなことに, 正当にも / **nach** *Recht* **und Gewissen handeln** 正義と良心に従って行動する. ④《（覆）ど》《古》法律学.

Rech·te [レヒテ réçtə] (女)《語尾変化は形容詞と同じ》《ふつう 〜》① 右手. (《反》「左手」は Linke). (物)[4] **in der** *Rechten* **halten** (物)[4]を右手に持っている / **zur** *Rechten* 右側に ⇒ Sie saß zu seiner *Rechten*. 彼女は彼の右側に座っていた. ②(ボクシングの)右パンチ. ③《政》右派, 右翼.

Recht⹀eck [レヒト・エック] (中) -[e]s/-e 《数》長方形.

recht⹀eckig [レヒト・エッキヒト] (形) 長方形の.

rech·ten [レヒテン réçtən] (自) (h) 《**mit** 人[3] 〜》《雅》(人[3]と)論争する. **mit** 人[3] **über** (事)[4] *rechten* 人[3]と(事)[4]について論争(口論)する / **mit** 人[3] **um** (事)[4] *rechten* 人[3]と(事)[4]をめぐって争う.

rech·tens [レヒテンス réçtəns] (副) ① 当然. ②《成句的に》*rechtens* sein 正当(合法的)である.

rech·ter⹀seits [レヒタァ・ザイツ] (副) 右側に, 右に, 右の方に.

＊recht·fer·ti·gen [レヒト・フェルティゲン réçt-fertɪgən] (rechtfertigte, *hat* ... gerechtfertigt) I (他) (完了 haben) (人・事)[4]を**正当化する**, 正しいとする; 弁明する. (《英》 justify). Der Anlass *rechtfertigt* den Aufwand. そのような理由であればこの出費もやむをえない / Ich habe sein Benehmen *gerechtfertigt*. 私は彼のふるまいを弁護してやった.
II (再帰) (完了 haben) *sich*[4] *rechtfertigen* ①(自分の行為を)弁明する, 弁解する. Er braucht *sich* nicht zu *rechtfertigen*. 彼は弁解する必要はない. ②(ある事が)正当化される.
◇☞ gerechtfertigt

Recht·fer·tig·te [レヒト・フェルティヒテ] ＊rechtfertigen (正当化する)の 過去

Recht·fer·ti·gung [レヒト・フェルティグング] (女) -/-en 正当化; 弁明, 釈明. **von** 人[3] *Rechtfertigung*[4] **fordern** 人[3]に釈明を求める.

recht·gläu·big [レヒト・グロイビヒ] (形) 《宗》正教の, 正統信仰の.

Recht⹀ha·be·rei [レヒト・ハーベライ] (女) -/ 自説を曲げないこと, 独善さ, ひとりよがり.

recht⹀ha·be·risch [レヒト・ハーベリッシュ] (形) 自説を曲げない, 独善的な, ひとりよがりな.

recht·lich [レヒトリヒ] (形) ① 法的な, 法律上の; 合法の. **im** *rechtlichen* **Sinne** 法的な意味で. ② 正直な, 実直な.

recht⹀los [レヒト・ロース] (形) 法的権利のない, 法律の保護を受けない, 公権の.

Recht⹀lo·sig·keit [レヒト・ローズィヒカイト] (女) -/ 法律の保護を受けないこと, 公権を持たないこと.

recht⹀mä·ßig [レヒト・メースィヒ] (形) 法に基づく, 合法的な, 正当な.

Recht⹀mä·ßig·keit [レヒト・メースィヒカイト] (女) -/ 合法[性], 適法[性].

＊**rechts** [レヒツ réçts]

> 右に Gehen Sie nach *rechts*!
> ゲーエン ズィー ナーハ レヒツ
> 右の方へ行きなさい.

I (副) ① 右に, 右側に. (《英》 on the right). (《反》「左に」は links). Das Auto biegt *rechts* ab. その自動車は右に曲る / *rechts* **gehen** 右側を歩く / **von** *rechts* [**her**] 右から / **nach** *rechts* [**hin**] 右へ / **nach** *rechts* **und links schauen** 右左を見る / **Augen** *rechts*! (軍)(号令で:)かしら右! / **weder** *rechts* **noch links schauen** 《比》わき目もふらずに進む / Er weiß nicht mehr, was *rechts* und links ist. 《口語》彼はもうどうしてよいかわからない(←右も左も).
② 右手で. *rechts* **schreiben** 右手で書く. ③ (布地などの)表側に; 《手芸》 表編みで. **den Stoff [von]** *rechts* **bügeln** 布の表側からアイロンをかける.
④ (政治的に)右翼に, 右派に. Er steht *rechts*. 彼は右派である.
II (前)《2格とともに》...の右側に. *rechts* **des** **Rheins** ライン川の右岸に / *rechts* **der Kirche** 教会の右側に.

Rechts⹀an·spruch [レヒツ・アンシュプルフ] (男) -[e]s/..sprüche 権利の要求; 法律上の請求権.

＊*der* **Rechts⹀an·walt** [レヒツ・アンヴァルト] (男) (単2) -[e]s/(複) ..wälte [..ヴェルテ] (3格のみ ..wälten) **弁護士**. (《英》 lawyer). (《反》女性形は Rechtsanwältin). [sich[3]] einen *Rechtsanwalt* **nehmen** 弁護士を雇う.

Rechts⹀au·ßen [レヒツ・アオセン] (男) -/- (サッカーなどの)ライトウイング.

Rechts⹀bei·stand [レヒツ・バイシュタント] (男) -[e]s/..stände (弁護士の資格のない)法律上の相談役, 法律顧問.

Rechts⹀bruch [レヒツ・ブルフ] (男) -[e]s/..brüche 法律違反.

recht⹀schaf·fen [レヒト・シャッフェン réçtʃafən] I (形) ① 正直な, 誠実な. ein *rechtschaffener* Mensch 正直な人. ② 非常な, ひどい(空腹など). II (副) 非常に, ひどく.

Recht･schaf･fen･heit［レヒト・シャッフェンハイト］囡 -/ 正直さ, 誠実さ.

Recht･schrei･bung［レヒト・シュライブング］囡 -/ 正書(正字)法（＝Orthographie）.

Recht･schreib≠re･form［レヒト・シュライプ・レフォルム］囡 -/-en 正書(正字)法改正.

Rechts≠emp･fin･den［レヒツ・エンプフィンデン］中 -s/ 法意識, 正義感.

Rechts≠ext･re･mist［レヒツ・エクストレミスト］男 -en/-en《政》極右主義者.

rechts≠fä･hig［レヒツ・フェーイヒ］形《法》(法律上の)権利能力のある. ein *rechtsfähiger* Verein 社団法人.

Rechts≠fall［レヒツ・ふァる］男 -[e]s/..fälle《法》法律(訴訟)事件.

rechts≠gül･tig［レヒツ・ギュるティヒ］形《法》法律上有効な.

Rechts≠hän･der［レヒツ・ヘンダァ］男 -s/- 右利きの人.（⇨「左利きの人」は Linkshänder.）

rechts≠hän･dig［レヒツ・ヘンディヒ］形 ① 右利きの. ② 右手による.

rechts≠he･rum［レヒツ・ヘルム］副 右回りに.

Rechts≠kraft［レヒツ・クラふト］囡 -/《法》確定力.

rechts≠kräf･tig［レヒツ・クレふティヒ］形《法》法律上有効な, 確定力のある.

Rechts≠kur･ve［レヒツ・クルヴェ］囡 -/-n 右カーブ.

Rechts≠la･ge［レヒツ・らーゲ］囡 -/《法》法的状態.

Rechts≠len･ker［レヒツ・れンカァ］男 -s/- 右ハンドルの自動車.

Rechts≠mit･tel［レヒツ・ミッテる］中 -s/-《法》上訴.

Rechts≠nach･fol･ger［レヒツ・ナーふォるガァ］男 -s/-《法》権利承継者.

Rechts≠pfle･ge［レヒツ・プふれーゲ］囡 -/《法》司法; 法の執行, 裁判.

Recht≠spre･chung［レヒト・シュプレッヒュング］囡 -/-en《ふつう単》判決, 裁判; 司法.

rechts≠ra･di･kal［レヒツ・ラディカーる］形《政》極右の.

rechts≠sei･tig［レヒツ・ザイティヒ］形 右側の.

Rechts≠spruch［レヒツ・シュプるフ］男 -[e]s/..sprüche 判決.

Rechts≠staat［レヒツ・シュタート］男 -[e]s/-en《政》法治国家.

rechts≠staat･lich［レヒツ・シュタートりヒ］形 法治国家の.

Rechts≠streit［レヒツ・シュトライト］男 -[e]s/-e《ふつう単》《法》法律上の争い(論争).

rechts≠um［レヒツ・ウム］副（特に軍隊で:)右へ回って, 右の方へ. *Rechtsum* kehrt!（号令で:)回れ右！

rechts≠un･gül･tig［レヒツ・ウンギュるティヒ］形《法》法律上無効の.

rechts≠ver･bind･lich［レヒツ・フェァビントりヒ］形《法》法的に拘束力のある.

Rechts≠ver･dre･her［レヒツ・フェァドレーァ］男 -s/- ①（軽蔑的に:)法律曲解者, 法を曲げる人. ②《口語・戯》法律家, 弁護士.

Rechts≠ver･kehr[1]［レヒツ・フェァケーァ］男 -s/《交通》(自動車・オートバイなどの)右側通行.（⇨「左側通行」は Linksverkehr.）

Rechts≠ver･kehr[2]［レヒツ・フェァケーァ］男 -s/《法》(国際間の)法律関係の交流.

Rechts≠weg［レヒツ・ヴェーク］男 -[e]s/-e《法》法的手段. den *Rechtsweg* beschreiten (または ein|schlagen) 法に訴える, 訴訟を起こす.

rechts≠wid･rig［レヒツ・ヴィードりヒ］形 違法の, 不法の.

Rechts≠wis･sen･schaft［レヒツ・ヴィッセンシャふト］囡 -/ 法学, 法律学（＝Jura）.

recht≠win･ke･lig［レヒツ・ヴィンケりヒ］形 ＝ rechtwinklig

recht≠wink･lig［レヒツ・ヴィンクりヒ］形《数》直角の. ein *rechtwinkliges* Dreieck 直角三角形.

＊**recht≠zei･tig**［レヒツ・ツァイティヒ récttsaıtıç］Ⅰ 副 ちょうどよいときに, 折よく; 遅れずに.（⇨ *in time*). *rechtzeitig* kommen ちょうどよいときに来る / eine Krankheit[4] *rechtzeitig* erkennen ある病気を早期に発見する. Ⅱ 形 時宜を得た, ちょうどよいときの; 時間に遅れない.（⇨ *timely*). eine *rechtzeitige* Hilfe 時宜を得た援助.

Reck［レック rék］中 -[e]s/-e (または -s)《スポ》鉄棒. *Reck*[4]（または am *Reck*）turnen 鉄棒をする.

Re･cke［レッケ rékə］男 -n/-n《雅》(伝説中の)戦士, 勇士, 英雄.

re･cken［レッケン rékən］Ⅰ 他 (h)（手足など[4]を)伸ばす. den Hals *recken*（見ようとして)首を伸ばす. Ⅱ 再帰 (h) sich[4] *recken* 背伸びをする, 体を伸ばす.

Re･cor･der［レコルダァ rekórdər または リ.. ri..]［英]男 -s/- レコーダー, 録音(録画)器（＝Rekorder）.

re･cy･cel･bar［リサイクる・バール risaıklba:r］形 リサイクル可能な.

re･cy･celn［リサイクるン risáıkln］(過分 recycelt) 他 (h)（古紙・空缶など[4]を)リサイクルする.

Re･cyc･ling［リサイクリング risáıklıŋ］[英] 中 -[s]/ リサイクリング, 廃品再生.

re･cyc･ling≠fä･hig［リサイクリング・フェーイヒ］形 リサイクル可能な.

Re･cyc･ling≠pa･pier［リサイクリング・パピーァ］中 -s/- 再生紙.

Re･dak･teur［レダクテーァ redaktǿ:r］男 -s/-e (新聞・雑誌の)編集者.（⇨ 女性形は Redakteurin). Chef*redakteur* 編集長.

Re･dak･ti･on［レダクツィオーン redaktsió:n］囡 -/-en ①《複 なし》編集. die *Redaktion* des Beitrags 寄稿論文の編集. ② 編集部員; 編集局(室).

re･dak･ti･o･nell［レダクツィオネる redaktsionél］形 編集の, 編集上の; 編集者の手による.

＊*die* **Re･de**［レーデ ré:da］囡 (単) -/(複) -n ① 演説, スピーチ, 講演; 弁論.（⇨ *speech*). Wahl-

rede 選挙演説 / eine lange *Rede* 長いスピーチ / eine lange *Rede* halten 演説をする / die Kunst der *Rede*² 弁論術 / große *Reden*⁴ schwingen 《口語》大言壮語の演説をぶつ. (☞ 類語 Gespräch).
② **話**. 話すこと, 発言; 話題. *Rede* und Gegenrede 話のやりとり(←発言と反論) / lose *Reden*⁴ führen 軽率な口をきく / Das ist nicht der *Rede*⁴ wert. それは言うに足らないことだ / 人³ *Rede* [und Antwort] stehen 人³に釈明する / [Das war schon immer] meine *Rede*!《口語》それは私がいつも言ってることじゃないか / die *Rede*⁴ auf 事⁴ bringen 事⁴を話題にする / 人³ in die *Rede* fallen 人³の話をさえぎる / von 人・事³ die *Rede* sein 人・事³のことが話題になっている ⇨ Von wem ist die *Rede*? だれのことが話題になっているのですか / Davon kann keine *Rede* sein. それはお話にならない / 人⁴ zur *Rede* stellen 人⁴ に釈明を求める.
③《ふつう 複》うわさ, 評判. Es geht die *Rede*, dass... ...といううわさである. ④《言》話法, 説話; 話し方; 文体. direkte (indirekte) *Rede* 直接(間接)話法 / erlebte *Rede* 体験話法 / gebundene (ungebundene) *Rede* 韻文(散文). ⑤《言》パロール, 発話.

Re·de·fluss [レーデ・ふるス] 男 -es/..flüsse《ふつう 単》流暢(ﾘｭｳﾁｮｳ)な弁舌, 能弁.

Re·de·fluß ☞ 新形 Redefluss

Re·de·frei·heit [レーデ・ふライハイト] 女 -/ 言論の自由; 発言権.

re·de·ge·wandt [レーデ・ゲヴァント] 形 能弁な, 雄弁な, 弁舌さわやかな.

Re·de·kunst [レーデ・クンスト] 女 -/ ① 雄弁術. ② 修辞学(= Rhetorik).

***re·den** [レーデン ré:dən]

話す	Ich muss mit dir *reden*.
	イヒ ムス ミット ディア レーデン
	どうしても君と話さなければならない.

du redest, er redet (redete, *hat* ... geredet) I 自(完了 haben) ① **話す**, 語る, しゃべる. (類 talk). Er *redet* laut (leise). 彼は大声で(小声で)話す / mit den Händen *reden* 手ぶりを交えて(手話で)話す / mit 人³ *reden* 人³と話をする, 話し合う ⇨ Er *redet* mit seinem Nachbarn. 彼は隣の人と話している / mit sich³ selbst *reden* ひとり言を言う / über 人・事⁴ (または von 人・事³) *reden* 人・事⁴(または人・事³)について話す ⇨ Man *redet* über dich. みんなが君のうわさ話をしている / Niemand *redet* mehr von den Ereignissen. だれももうそれらの事件のことを話さない. (☞ 類語 sagen).
◇{lassen とともに} Lass die Leute *reden*! 世間の人には勝手に言わせておけ / Er *lässt* mit sich *reden*.《口語》彼は物わかりがよい / Über diesen Vorschlag *lässt* sich *reden*. この提案は話し合う価値がある. ◇{haben または machen とともに} Du *hast* gut *reden*! 君は他人事だからそう言えるんだ / Er *machte* von sich *reden*. 彼は世間の注目を浴びた.
② **演説する, 講演する**. Der Minister *redete* vor Studenten. 大臣は学生たちの前で演説した/原稿なしで演説(講演)する.
II 他 (完了 haben) (事⁴を)話す, 言う, しゃべる. Er *redet* oft Unsinn. 彼はよくばかなことを言う / kein Wort⁴ *reden* ひとこともしゃべらない / Gutes (Schlechtes⁴) über 人⁴ *reden* 人⁴のことをよく(悪く)言う.
III 再帰 (完了 haben) sich⁴ *reden* 話していて[その結果]...になる. Ich *redete mich* in Wut (または Zorn). 私は話していて腹が立ってきた / sich⁴ heiser *reden* しゃべりすぎて声をからす.

Re·den [レーデン] I ‡Rede (演説)の複 II 中 -s/ 話す(語る)こと. *Reden* ist silber, Schweigen ist Gold. 〈諺〉雄弁は銀, 沈黙は金.

Re·dens·art [レーデンス・アールト] 女 -/-en ① 慣用句, 成句. eine sprichwörtliche *Redensart* ことわざ風の慣用句. ②《複 で》決まり文句; お世辞, 空言(ｸｳｹﾞﾝ). Das sind doch nur bloße *Redensarten*! それは単なる空言だ!

Re·de·rei [レーデライ re:dərái] 女 -/-en ①《複 なし》おしゃべり. ② うわさ, ゴシップ.

Re·de·schwall [レーデ・シュヴァル] 男 -[e]s/-e《ふつう 単》べらべらとまくしたてること, 冗舌.

re·de·te [レーデテ] ‡reden (話す)の過去

Re·de·wei·se [レーデ・ヴァイゼ] 女 -/-n 話し方, 言い方, 表現方法.

Re·de·wen·dung [レーデ・ヴェンドゥング] 女 -/-en ①《言》言い回し, (ふつう比喩的な)慣用句. ② 型にはまった文句, 決まり文句.

re·di·gie·ren [レディギーレン redigí:rən] 他 (h) (原稿など⁴を)校閲する, 編集する.

red·lich [レートリヒ] I 形 ① 正直な, 誠実な. ein *redlicher* Mann 正直な人. ②《比》たいへんな. sich³ *redliche* Mühe⁴ geben たいへんな苦労をする. II 副 ひどく, 大いに. Jetzt bin ich *redlich* müde. 今, 私はとても疲れている.

Red·lich·keit [レートリヒカイト] 女 -/ 正直さ, 誠実さ.

Red·ner [レードナァ ré:dnər] 男 -s/- 話し手, 講演者, 演説者; 雄弁家. (☞ 女性形は Rednerin).

Red·ner·büh·ne [レードナァ・ビューネ] 女 -/-n 演壇.

red·ne·risch [レードネリッシュ ré:dnərɪʃ] 形 演説[家]の; 雄弁な.

red·se·lig [レート・ゼーリヒ] 形 おしゃべりな, 多弁な, 口数の多い.

Red·se·lig·keit [レート・ゼーリヒカイト] 女 -/ おしゃべり, 多弁.

Re·duk·ti·on [レドゥクツィオーン reduktsió:n] 女 -/-en ① 縮小, 減少, 低下; 制限, 削減. eine *Reduktion* der Arbeitszeit² 労働時間の削減. ②《哲》還元法. ③《言》(母音の)弱化. ④《化》還元. ⑤《物》(観測値の)換算.

re·du·zie·ren [レドゥツィーレン redutsíːrən] **I** 他 (h) ① (数量・価値など^{4}を)減らす, 下げる, 縮小(削減)する. Preise^4 auf (または um) die Hälfte *reduzieren* 値段を半額にする. ②《A^4 auf B^4~》(A^4 を B^4 に)還元する, 簡略化する. ③《化》還元する;《数》約分する. ④《言》(母音^{4}を)弱化する. **II** 再帰 (h) *sich^4 reduzieren* 減少する, 縮小する. Die Zahl der Unfälle *hat sich reduziert*. 事故の数は減少した.

Ree·de [レーデ réːdə] 女 -/-n《海》(港外の)投錨(ﾋﾞｮｳ)地, 停泊地. auf der *Reede* liegen (船が)停泊している.

Ree·der [レーダァ réːdər] 男 -s/- 船主; 海運業者.

Ree·de·rei [レーデライ reːdəráɪ] 女 -/-en 海運業, 船会社.

re·ell [レエる reél] 形 ① 正直な, 誠実な, 信用できる. ein *reelles* Geschäft 信用のある店. ②《口語》満足のいく, 十分な. eine *reelle* Leistung 満足のいく成果. ③ 実際の, 現実の. eine *reelle* Chance 現実のチャンス / *reelle* Zahlen《数》実数.

Reep [レープ réːp] 中 -[e]s/-e《海》ロープ, 綱.

Re·fek·to·ri·um [レフェクトーリウム refɛktóːriʊm] 中 -s/..rien [..リエン]《ｶｯｺ》(修道院・神学校などの)食堂.

Re·fe·rat [レフェラート referáːt] 中 -[e]s/-e ① 研究(調査)報告, レポート; (ゼミナールなどでの)発表, 小講演; (新刊書などの)批評. ein *Referat* schreiben 研究報告書を書く / ein *Referat* halten 研究発表を行う. ② (官庁などの)担当(部門), …課.

Re·fe·ren·dar [レフェレンダール referɛndáːr] 男 -s/-e 試補見習(第1次国家試験に合格した上級公務員候補者). 《花》女性形は Referendarin).

Re·fe·ren·dum [レフェレンドゥム referɛ́ndʊm] 中 -s/..renden (または ..renda) (特にスイスの)国民(住民)投票.

Re·fe·rent [レフェレント referɛ́nt] 男 -en/-en ① 研究(調査)報告者, (学会などの)研究発表者; (論文などの)審査員. 《花》女性形は Referentin). ② (官庁などの)担当官. ③《言》指示対象.

Re·fe·renz [レフェレンツ referɛ́nts] 女 -/-en ① 《ふつう 複》推薦[状], 紹介[状], 身元証明書. *Referenzen* ein|holen 紹介状をもらう. ② 身元保証人; 推薦者. 人^4 als *Referenz^4* an|geben 人^{4}を身元保証人にたてる. ③《言》(指示対象と言語記号の間の)指示関係.

re·fe·rie·ren [レフェリーレン referíːrən] **I** 他 (h) (事^{4}を)研究(調査)報告する. **II** 自 (h) ① 報告(研究発表)をする. ②『über 事^4~』(事^{4}について)研究(調査)報告する.

ref·fen [レッフェン réfən] 他 (h)《海》(帆^{4}を)縮める.

re·flek·tie·ren [レフレクティーレン reflɛktíːrən] **I** 他 (h) ① (光^{4}を)反射する;《比》反映する. **II** 自 (h) ①『über 事^4~』(事^{4}について)熟考する. ②『auf 物^4~』《口語》(物^{4}を)手に入れようと思う, (物^4

に)目をつける.

Re·flek·tor [レフレクトァ reflɛ́ktɔr] 男 -s/-en [..トーレン] ① 反射鏡; 反射器; 反射望遠鏡. ②《物》(原子炉の)反射体. ③《電》反射電極.

re·flek·to·risch [レフレクトーリッシュ reflɛktóːrɪʃ] 形 反射性の, 反射による.

Re·flex [レフれクス reflɛ́ks] 男 -es/-e ①(光の)反射;《比》反映. *Reflexe* des Sonnenlichts 太陽光線の反射. ②《生》反射作用. ein bedingter *Reflex* 条件反射 / gute *Reflexe^4* haben 反射神経がよい.

Re·flex·be·we·gung [レフれクス・ベヴェーグング] 女 -/-en《生》反射運動.

Re·fle·xi·on [レフれクスィオーン reflɛksióːn] 女 -/-en ① (光・音などの)反射, 反響. ② 反省, 省察, 沈思. *Reflexionen^4* an|stellen 省察する.

re·fle·xiv [レーフれクスィーふ réːflɛksiːf または レフれクスィーふ] 形 ①《言》再帰的な. ein *reflexives* Pronomen 再帰代名詞 / ein *reflexives* Verb 再帰動詞. ② 反省的な.

Re·fle·xiv [レフれクスィーふ] 中 -[e]s/-e [..ヴェ]《言》再帰代名詞 (= *Reflexiv*pronomen).

Re·fle·xiv·pro·no·men [レフれクスィーふ・プロノーメン] 中 -s/- (または ..nomina)《言》再帰代名詞.

*die **Re·form** [レフォルム refɔ́rm] 女 (単) -/ (複) -en 改革, 改良; 革新, 刷新. (英 *reform*). soziale *Reformen* 社会改革 / *Reformen^4* durch|setzen 改革を成し遂げる.

Re·for·ma·ti·on [レフォルマツィオーン reformatsióːn] 女 -/-en ①『複 なし』《史》宗教改革. ② 改革, 刷新.

Re·for·ma·tor [レフォルマートァ reformáːtɔr] 男 -s/-en [..マトーレン] ①《史》宗教改革者(特にルター, カルヴァン). ② 改革者; 革新者.

re·for·ma·to·risch [レフォルマトーリッシュ reformatóːrɪʃ] 形 ① 宗教改革の. ② 改革[者]の.

re·form·be·dürf·tig [レフォルム・ベデュルふティヒ] 形 改革を必要とする.

Re·for·mer [レフォルマァ refɔ́rmər] 男 -s/- 改革者;《政》改革(革新)論者.

Re·form·haus [レフォルム・ハオス] 中 -es/..häuser 健康(自然)食品の店.

re·for·mie·ren [レフォルミーレン reformíːrən] 他 (h) 改革する, 改良する. das Schulwesen^4 *reformieren* 学制を改革する. ◇『過去分詞の形で』die *reformierte* Kirche 改革(カルヴァン)派教会.

Re·form·kost [レフォルム・コスト] 女 -/ 健康(自然)食品.

Re·frain [レフレーン rəfrɛ́ː または ref..] 《ｶｯｺ》 男 -s/-s (詩や楽曲の)リフレイン, 反復句.

Re·frak·ti·on [レフラクツィオーン refraktsióːn] 女 -/-en《理》(光・音波などの)屈折.

Re·frak·tor [レフラクトァ refráktor] 男 -s/ -en [..トーレン] 《光》屈折望遠鏡.

Re·fu·gi·um [レフーギウム refú:gium] 中 -s/ ..gien [..ギエン] 避難所.

*__das__ **Re·gal** [レガーる regá:l] 中《単2》-s/《複》 -e (3格のみ -en) ① 《数段から成る》棚：本棚 (=Bücher*regal*); 書類棚; 商品棚. 《英 *shelf*). Er nimmt **aus** dem *Regal* ein Buch. 彼は書架から本を取り出す / ein Buch⁴ **ins** *Regal* stellen 本を書架に立てる.
② 《音楽》リーガル(16–18世紀に用いられた小型の携帯オルガン).

Re·gat·ta [レガッタ regáta] [ﾚｶﾞ] 女 -/..gatten 《ｽﾍﾟ》ボート(ヨット)レース, レガッタ.

Reg.-Bez. [レギールングス・ベツィルク] 《略》行政区域 (=Regierungsbezirk).

*__re·ge__ [レーゲ ré:gə] 《比較》reger, 《最上》regst; 格変化語尾がつくときは reg-) 活気のある, 活発な, 生き生きした; 活動的な, 旺盛(ｵｳｾｲ)な. ein *reger* Verkehr 激しい交通 / eine *rege* Diskussion 活発な討論 / Er ist für sein Alter noch sehr *rege*. 彼は年齢のわりにはまだとても元気だ.

*__die__ **Re·gel** [レーゲる ré:gəl] 女《単》-/《複》-n ① 規則, 規定, ルール. 《英 *rule*). allgemeine *Regeln* 通則 / grammatische *Regeln* 文法規則 / die *Regeln* eines Spiels ゲームのルール / eine *Regel*⁴ auf|stellen (an|wenden) 規則をたてる(適用する) / eine *Regel*⁴ befolgen (verletzen) 規則に従う(違反する) / sich⁴ **an** eine *Regel* halten 規則を守る / Das ist **gegen** die *Regel*. (ゲームで):それは反則だ / **nach** allen *Regeln* der Kunst² b) 《口語・比》徹底的に / Keine *Regel* ohne Ausnahme. 《ﾉｺﾄｻﾞ》例外のない規則はない.
② 《複なし》習慣, 通例. Das ist hier nicht die *Regel*. それはここの習慣ではない / **in** der (または in aller) *Regel* 通例(は), 通常 / sich³ 事⁴ **zur** *Regel* machen 事⁴を習慣とする. ③ 月経 (=Menstruation); die *Regel*⁴ haben (bekommen) 月経がある(月経になる).

re·gel·bar [レーゲる・バール] 形 調整(調節・制御)できる.

Re·gel⌇fall [レーゲる・ふァる] 男 -[e]s/ 通常例, ごく普通のケース.

re·gel⌇los [レーゲる・ろース] 形 規則のない, 不規則な; 無秩序な.

*__re·gel⌇mä·ßig__ [レーゲる・メースィヒ ré:gəl-mɛ:sɪç] I 形《英 *regular*》① 規則正しい, 規則的な; 定例の, 定例の, いつもの. Er führt ein *regelmäßiges* Leben. 彼は規則正しい生活を送っている / *regelmäßige* Rhythmen 規則的なリズム / *regelmäßiger* Unterricht 定期的な授業. ② 均整のとれた, 整った. *regelmäßige* Gesichtszüge 整った顔だち. ③ 《言》規則変化の. *regelmäßige* Verben 規則動詞.
II 副 定期的に, いつも. *regelmäßig* zum Zahnarzt gehen 定期的に歯医者に行く / Er kommt *regelmäßig* zu spät. 彼はいつも遅刻する.

Re·gel⌇mä·ßig·keit [レーゲる・メースィヒカイト] 女 -/ 規則正しさ.

*__re·geln__ [レーゲるン ré:gəln] ich regle (regelte, *hat* ... geregelt) I 他 《定了》haben)《英 *regulate*》① 規制する, 《規則で》取り締まる, 整理する; 《問題・要件など⁴を》片づける. den Verkehr *regeln* 交通整理をする / eine Sache⁴ vernünftig *regeln* 問題を理性的に処理する.
② 調整する, 制御する. Diese Automatik *regelt* die Temperatur. このオートメーション装置が温度を調整する.
II 再帰 《定了》haben) sich⁴ *regeln* (用件などが)片づく, (計画どおりに)きちんと行われる.
◇⌇ **geregelt**

re·gel·recht [レーゲる・レヒト] 形 ① 規則にかなった, 正規の. ein *regelrechtes* Verfahren 正規の手続き. ② 《口語》本当の, まったくの. eine *regelrechte* Unverschämtheit まったくの恥知らず.

re·gel·te [レーゲるテ] * regeln (規則する)の過去

Re·ge·lung [レーゲるング] 女 -/ ① 取り締まり, 整理; 規制, 規定. Verkehrs*regelung* 交通規制. ② 《工》調整, 制御.

re·gel⌇wid·rig [レーゲる・ヴィードリヒ] 形 規則に反する, 反則の.

*__re·gen__ [レーゲン ré:gən] (regte, *hat* ... geregt) I 再帰《定了》haben) sich⁴ *regen* ① (わずかに)動く.《英 *stir*》. Kein Blatt *regte sich*. 木の葉一枚動かなかった / Vor Angst *regte* er *sich* nicht. 恐ろしくて彼は身動きできなかった. ② 《雅》(感情などが)生じる, 起こる. Ein Zweifel *regte sich* **in** ihm. 彼の心に疑念が生じた.
II 他 《定了》haben)《雅》(手・足など⁴を)動かす. Er *konnte* vor Kälte kein Glied mehr *regen*. 寒くて彼はもう身動きできなかった.

*__der__ **Re·gen** [レーゲン ré:gən] 男《単2》-s/ 《複》-《ふつう 単》① 雨.《英 *rain*》ein starker *Regen* 激しい雨 / saurer *Regen* 酸性雨 / Es wird *Regen* geben. 雨になるだろう (ﾒﾓ「雨が降る」は Es regnet.) / Der *Regen* hört auf. 雨がやむ / **Auf** *Regen* folgt Sonnenschein. 《ﾉｺﾄｻﾞ》苦あれば楽あり(←雨のあとに日照りが来る) / **aus** dem (または **vom**) *Regen* **in** die Traufe kommen 《口語・比》小難を逃れて大難に出遭う(←雨を逃れて雨どいの水の中へ) / **bei** strömendem *Regen* 土砂降りの中を.
② 雨のように降るもの. ein *Regen* von Blumen 花吹雪.

re·gen⌇arm [レーゲン・アルム] 形 雨量の少ない.

Re·gen⌇bo·gen [レーゲン・ボーゲン] 男 -s/- 虹. die sieben Farben des *Regenbogens* 虹の七色.

re·gen·bo·gen⌇far·ben [レーゲンボーゲン・ふァルベン] 形 虹色の.

Re·gen·bo·gen≠haut [レーゲンボーゲン・ハオト] 囡 -/..häute 《医》虹彩(ﾘｬｸ).

Re·gen·bo·gen≠pres·se [レーゲンボーゲン・プレッセ] 囡 -/《隠語》(総称として:)(色使いがけばけばしい)娯楽週刊誌.

re·gen·dicht [レーゲン・ディヒト] 形 雨の漏らない, 防水の.

Re·ge·ne·ra·tion [レゲネラツィオーン regeneratsióːn] 囡 -/-en ① 再生. ② 《生・医》(失われた部分の)再生. ③《工》(原料の)再生, 修復.

re·ge·ne·rie·ren [レゲネリーレン regeneríːrən] I 他 (h) ① 再生させる, 回復させる. ②《工》(原料を)再生する. II 再帰 (h) *sich regenerieren*《生・医》(個体の一部が)再生する; (体が)回復する.

Re·gen≠fall [レーゲン・ファる] 男 -(e)s/..fälle 《ふつう 複》降雨.

Re·gen≠guss [レーゲン・グス] 男 -es/..güsse 土砂降り.

Re·gen≠guß ☞ 新形 Regenguss

Re·gen≠haut [レーゲン・ハオト] 囡 -/..häute レインコート(ビニールなどの薄手のもの).

der **Re·gen≠man·tel** [レーゲン・マンテる réːgən-mantəl] 男 (単2) -s/(複) ..mäntel [..メンテる] (3格のみ ..mänteln) レインコート. (英 raincoat). einen *Regenmantel* tragen レインコートを着ている.

Re·gen≠mes·ser [レーゲン・メッサァ] 男 -s/- 雨量計.

Re·gen≠pfei·fer [レーゲン・プファイふァァ] 男 -s/- 《鳥》チドリ(千鳥).

re·gen≠reich [レーゲン・ライヒ] 形 雨の多い.

Re·gens·burg [レーゲンス・ブルク réːgənsburk] 中 -s/《都市名》レーゲンスブルク(ドイツ, バイエルン州. ドナウ河畔の古都: ☞ 地図 F-4).

Re·gen≠schau·er [レーゲン・シャオアァ] 男 -s/- にわか雨.

der **Re·gen≠schirm** [レーゲン・シルム réːgən-ʃɪrm] 男 (単2) -(e)s/(複) -e (3格のみ -en) 《英 umbrella》. den *Regenschirm* auf|spannen (zu|klappen) 雨傘を開く(閉じる) / Ich bin gespannt wie ein *Regenschirm*.《口語・戯》私は好奇心でわくわくしている.

Re·gent [レゲント regént] 男 -en/-en ① 君主. (女性形は Regentin). ② 摂政.

Re·gen≠trop·fen [レーゲン・トロプふェン] 男 -s/- 雨滴, 雨だれ.

Re·gent·schaft [レゲントシャふト] 囡 -/-en 君主(摂政)の統治[時代].

Re·gen≠wald [レーゲン・ヴァるト] 男 -(e)s/..wälder 《地理》熱帯雨林.

Re·gen≠was·ser [レーゲン・ヴァッサァ] 中 -s/- 雨水.

Re·gen≠wet·ter [レーゲン・ヴェッタァ] 中 -s/- 雨天.

Re·gen≠wol·ke [レーゲン・ヴォるケ] 囡 -/-n 雨雲.

Re·gen≠wurm [レーゲン・ヴルム] 男 -(e)s/..würmer 《動》ミミズ.

Re·gen≠zeit [レーゲン・ツァイト] 囡 -/-en 雨季. (《英》「乾季」は Trockenzeit).

Re·gie [レジー reʒíː] 囡 -/ ① (映画などの)監督 (ドラマなどの)演出. *Regie* führen 演出 (監督)する. ② 管理, 経営. in eigener *Regie* a) 直営で, b)《口語》独力で.

:**re·gie·ren** [レギーレン regíːrən] (regierte, *hat* ... regiert) I 自 (完了 haben) 統治する, 治める, 支配する. (英 govern). Der König *regierte* 10 Jahre. その国王は10年間統治した / über ein Land *regieren* 一国を治める. II 他 (完了 haben) ① (国・国民などを)統治する, 支配する. (英 govern). einen Staat *regieren* 国家を支配する / Welche Partei *regiert* gerade das Land? どの政党が今その国(州)の政権を握っているか.
② 《言》(特定の格を)必要とする. Die Präposition „mit" *regiert* den Dativ. 前置詞 mit は3格を必要とする. ③ (乗り物・機械などを)操縦する, 操作する.

re·giert [レギーァト] ‡regieren (統治する)の 過分, 3人称単数・2人称複数 現在

re·gier·te [レギーァテ] ‡regieren (統治する)の 過去

:*die* **Re·gie·rung** [レギールング regíːruŋ] 囡 (単) -/(複) -en (英 government) ① 政府, 内閣. Bundes*regierung* 連邦政府 / eine *Regierung* bilden 組閣する.
② 統治, 支配, 政権. an der *Regierung* sein 政権の座にある / unter der *Regierung* Napoleons ナポレオンの治政下に / die *Regierung* an|treten 政権の座につく.

Re·gie·rungs≠an·tritt [レギールングス・アントリット] 男 -(e)s/-e 政権の座につくこと, (首相・閣僚などの)就任.

Re·gie·rungs≠be·zirk [レギールングス・ベツィルク] 男 -(e)s/-e 行政区域(ドイツの州の行政区画; 略: Reg.-Bez.).

Re·gie·rungs≠chef [レギールングス・シェふ] 男 -s/-s 内閣首班, 首相.

Re·gie·rungs≠ko·a·li·ti·on [レギールングス・コアリツィオーン] 囡 -/-en 連立政府.

Re·gie·rungs≠par·tei [レギールングス・パルタイ] 囡 -/-en 政府与党.

Re·gie·rungs≠rat [レギールングス・ラート] 男 -(e)s/..räte ① 参事官(略: Reg.-Rat). ② 《スイス》州政府[の閣僚].

Re·gie·rungs≠sitz [レギールングス・ズィッツ] 男 -es/-e 政府官庁[所在地].

Re·gie·rungs≠spre·cher [レギールングス・シュプレッヒャァ] 男 -s/- 政府のスポークスマン.

Re·gie·rungs≠wech·sel [レギールングス・ヴェクセる] 男 -s/- 政権交替.

Re·gime [レジーム reʒíːm] [ジス] 中 -[s]/- (まれに -s) ① (ふつう軽蔑的に:)政体, 政権. ein faschistisches *Regime* ファシズム政権. ②《古》組織, 体系, 秩序.

Re·gi·ment [レギメント regimént] 匣 -[e]s/-er (または -e) ① 〖複〗支配, 統治. das *Regiment*⁴ führen 支配する / ein strenges *Regiment*⁴ führen きわめて厳格である. ② 〖複〗〖軍〗連隊. ein *Regiment*⁴ führen 1個連隊を統率する.

Re·gi·on [レギオーン regió:n] 囡 -/-en ① 地方; 地域, 地帯. die *Regionen* der Tundra² ツンドラ地帯. ② 〖雅〗分野, 領域. die *Region* der Kunst² 芸術の分野 / in höheren *Regionen* schweben 《戯》現実離れしている. ③〖医〗(身体・器官の)部位, 領域.

re·gi·o·nal [レギオナール regioná:l] 形 ① 地方の, 地域的な. eine *regionale* Sendung ローカル放送. ②〖医〗局所の, 局部的な.

Re·gi·o·nal⁼nach·rich·ten [レギオナール・ナーハリヒテン] 複〖放送〗ローカルニュース.

Re·gi·o·nal⁼pro·gramm [レギオナール・プログラム] 匣 -s/-e〖放送〗ローカル番組.

Re·gis·seur [レジセーア reʒisǿ:r] 男 -s/-e 映画(舞台)監督, 演出家;(テレビなどの)ディレクター. (〈女〉女性形は Regisseurin.

＊*das* **Re·gis·ter** [レギスタァ regístər] 匣 (単2) -s/(複) - (3格のみ -n) ① (本などの)索引, インデックス;(辞書などで切り込みを入れてアルファベット順を示した)爪(<small>っめ</small>). (〈英〉index). im *Register* nach|schlagen 索引で調べる. ② 登記(登録)簿. (〈英〉register). das *Register* des Standesamtes (戸籍役場の)戸籍簿 / ein altes *Register* 《口語・戯》老人. ③〖音楽〗(オルガンの)音栓; 声域. alle *Register*⁴ ziehen 《比》あらゆる手を尽くす(←すべての音栓を引く).

Re·gist·ra·tur [レギストラトゥーァ regɪstratú:r] 囡 -/-en ① 記録; 登録, 登記. ② 登録(登記)保管室;(文書などの)保管棚. ③〖音楽〗(オルガンの)音栓操作.

re·gis·trie·ren [レギストリーレン regɪstrí:rən] I 他 (h) ① 記録する; 登録(登記)する. Namen⁴ *registrieren* 名前を登録する. ②(計器などが自動的に)記録する. ③〖比〗心に留める;(事実として)確認する. II 自 (h)〖音楽〗(オルガンなどで)音栓を操作する.

Re·gis·trier⁼kas·se [レギストリーァ・カッセ] 囡 -/-n レジスター, 自動金銭登録器.

reg·le [レーグれ] ＊regeln (規制する)の1人称単数 現在

Reg·le·ment [レグれマーン rɛgləmã́:] [〈ス〉 -e] 匣 -s/-s (〈ス〉 -e) 服務規程, 義務規程;〖軍〗勤務令;〖スポ〗競技規則.

re·gle·men·tie·ren [レグれメンティーレン rɛglemɛntí:rən] 他 (h) (人・事⁴を)規則で取り締まる, 規制する.

Re·gle·men·tie·rung [レグれメンティールング] 囡 -/-en (官庁の)規制, 取り締まり.

Reg·ler [レーグらァ ré:glər] 男 -s/- 〖工〗調節(調整)器. Temperatur*regler* 温度調節器.

reg⁼los [レーク・ろース] 形 じっと動かない, 身動きしない (= regungslos).

:**reg·nen** [レーグネン ré:gnən]

雨が降る	*Regnet* es noch?
	レーグネット エス ノッホ
	まだ雨が降っていますか.

es regnet (regnete, hat/ist...geregnet) I 非人称 (完了 haben) ① Es *regnet*. 雨が降る. (〈英〉 It rains). Es *regnet* leise (heftig). 雨がしとしと(激しく)降っている / Es fängt an zu *regnen*. 雨が降り始める / Es hört auf zu *regnen*. 雨がやむ / Es hat die ganze Nacht *geregnet*. 一晩中雨が降った.
②〖es *regnet* 物⁴の形で〗物⁴が[雨のように]降る. Es *regnete* große Tropfen. 大粒の雨が降った / Es *regnete* Vorwürfe. 《比》非難が殺到した.
II 自 (完了 sein)〖方向を表す語句とともに〗(…へ/…から雨のように)降る, 降って来る. Aus allen Fenstern *sind* Blumen *geregnet*.〖現在完了〗窓という窓から花吹雪が降って来た.

reg·ne·risch [レーグネリッシュ ré:gnərɪʃ] 形 雨の降りそうな, 雨模様の; 雨の多い.

reg·ne·te [レーグネテ] ＊regnen 非人称で: 雨が降る)の 過去

Reg.-Rat [レギールングス・ラート] 《略》参事官 (= Regierungsrat).

Re·gress [レグレス regrés] 男 -es/-e ①〖法〗遡及(<small>そきゅう</small>), 償還請求[権]. auf 人⁴ einen *Regress* nehmen 人⁴に償還を請求する. ②〖哲〗(結果から原因への)後退.

Re·greß ☞ 新形 Regress

Re·gres·si·on [レグレスィオーン regrɛsió:n] 囡 -/-en 逆行, 後退;〖生〗退化;〖心〗退行.

re·gres·siv [レグレスィーフ regrɛsí:f] 形 ① 逆行する, 後退する. ②〖心〗退行的な. ③〖法〗遡及(<small>そきゅう</small>)する. ④〖哲〗後退的な.

re·gress⁼pflich·tig [レグレス・プふりヒティヒ]〖法〗遡及(<small>そきゅう</small>)義務(償還義務)のある.

re·greß⁼pflich·tig ☞ 新形 regresspflichtig

reg·sam [レークザーム] 形〖雅〗活気のある, 活発な, 元気な; 活動的な, 俊敏(<small>しゅんびん</small>)な.

Reg·sam·keit [レークザームカイト] 囡 -/ 活気, 活発, 元気.

reg·te [レークテ] ＊regen (再帰 で: 動く)の 過去

re·gu·lär [レグれーァ regulé:r] 形 ① 規則にかなった, 規定どおりの, 正規の; 普通の, 通常の. die *reguläre* Arbeitszeit 正規の勤務時間 / der *reguläre* Preis 正価. ②《口語》まったくの, 本当の, 文字どおりの.

Re·gu·la·tor [レグらートァ regulá:tɔr] 男 -s/-en [..らトーレン] ①調整(調節)力. ②〖工〗調整(調節)器. ③振り子時計.

re·gu·lier·bar [レグリーァバール] 形 調整(調節)できる.

re·gu·lie·ren [レグリーレン regulí:rən] I 他 (h) ① 調整(調節)する. die Uhr⁴ *regulieren* 時計を調整する / Mit diesem Knopf *kann* man die Lautstärke *regulieren*. このボタンで

音量が調節できる. ② (河川など⁴を)改修する. II 再帰 (h) *sich*⁴ *regulieren* 自己制御(調整)する.

Re·gu·lie·rung [レグリールング] 女 -/-en ① 調整, 調節. ② 規制. ③ (河川の)改修.

Re·gung [レーグング] 女 -/-en 《雅》① (かすかな・軽い)動き, 運動. eine leichte *Regung* der Luft² かすかな空気のそよぎ / Er lag ohne jede *Regung* da. 彼は動かずにじっとそこに横たわっていた. ② (突然の)心の動き, 感情. Sie fühlte eine *Regung* des Erbarmens. 彼女は同情の念がわいてくるのを感じた.

re·gungs⋄los [レーグングス・ろース] 形 じっと動かない, 身動きしない.

Reh [レー ré:] 中 -[e]s/-e 《動》ノロジカ.

Re·ha·bi·li·ta·ti·on [レハビリタツィオーン re-habilitatsió:n] 女 -/-en ①《医》リハビリ(テーション), 社会復帰訓練]. die *Rehabilitation* von Körperbehinderten 身体障害者のリハビリ(テーション). ② 《法》名誉回復, 復権.

re·ha·bi·li·tie·ren [レハビリティーレン reha-bilití:rən] 他 (h) ①《法》(人⁴の)名誉を回復させる, (人⁴を)復権させる. ◇再帰的に *sich*⁴ *rehabilitieren* 自分の名誉を回復する, 復権する. ② (病人など⁴を)社会復帰させる.

Re·ha·bi·li·tie·rung [レハビリティールング] 女 -/-en ①《法》名誉回復, 復権. ②《医》リハビリ(テーション), 社会復帰訓練].

Reh⋄bock [レー・ボック] 男 -[e]s/..böcke 《動》ノロジカの雄.

Reh⋄bra·ten [レー・ブラーテン] 男 -s/- 《料理》のろ鹿の焼き肉.

Reh⋄keu·le [レー・コイれ] 女 -/-n のろ鹿のもも肉.

Rei·be [ライベ ráibə] 女 -/-n 《方》おろし金(ﾞ).

Reib⋄ei·sen [ライブ・アイゼン] 中 -s/- ① 《方》=Reibe ② 《俗》反抗的な(手に負えない)女.

Rei·be⋄laut [ライベ・らオト] 男 -[e]s/-e 《言》摩擦音 [f, v, s, z, ʃ, ʒ, ç, x] など].

:**rei·ben*** [ライベン ráibən] (rieb, *hat* ... gerie-ben) I 他 《完了》haben) ① こする, 摩擦する. (英 rub). Die Wolle darf man nicht *reiben*. ウールはもみ洗いしてはいけない / (sich³) die Glieder⁴ *reiben* 人³の(自分の)手足をこする / *sich*³ die Hände⁴ *reiben* (うれしくて・寒くて)手をこすり合わせる / Ich rieb mir die Augen. (眠たくて)私は目をこすった. ◇再帰的に Der Hund *reibt sich*⁴ **an** der Mauer. 犬が壁に体をこすりつける.

② (物⁴を...になるほど)こする, 磨く. die Fens-ter⁴ blank *reiben* 窓をぴかぴかに磨く.

③《A⁴ **aus** (または **von**) B³ ～》(A⁴をB³から)こすり取る, ぬぐい取る. einen Fleck aus dem Kleid *reiben* ワンピースの汚れをふき取る / Sie rieb *sich*³ den Schlaf aus den Augen. 《比》彼女は目をこすって眠気を払った.

④《A⁴ **auf** (または **in**) B⁴ ～》(A⁴をB⁴に)すり込む. die Creme⁴ auf (または in) die Haut *reiben* クリームを肌にすりこむ. ⑤ (おろし金(ﾞ)で)すりおろす, すりつぶす. einen Apfel *reiben* りんごをすりおろす.

II 自 (~ haben) ① こする. **an** den Fin-gern *reiben* 指をこする / Sie rieb mit einem Tuch **über** die Schuhe. 彼女は布で靴を磨いた. ② (服・靴などが)こすれる, こすれて痛い. Der Schuh *reibt* **an** der Ferse. この靴はかかとがすれて痛い.

III 再帰 (《完了》haben) 《*sich*⁴ **an** (または **mit**) 人・事³ ～》(人・事³と)摩擦(もめ事)を起こす.
◇☞ **gerieben**

Rei·be·rei [ライベライ raibərái] 女 -/-en 《ふつう 複》《口語》不和, いざこざ, 摩擦.

Reib⋄flä·che [ライブ・ふれッヒェ] 女 -/-n マッチ箱の摩擦面.

Rei·bung [ライブング] 女 -/-en ① 摩擦, こする(こすれる)こと; 研磨. ② 不和, いざこざ. ③《物》摩擦.

Rei·bungs⋄flä·che [ライブングス・ふれッヒェ] 女 -/-n ① 摩擦面. ② 不和(いざこざ)のもと.

rei·bungs⋄los [ライブングス・ろース] 形 摩擦のない; 円滑な, 順調な. eine *reibungslose* Zu-sammenarbeit スムーズな共同作業.

Rei·bungs⋄wär·me [ライブングス・ヴェルメ] 女 -/ 《物》摩擦熱.

Rei·bungs⋄wi·der·stand [ライブングス・ヴィーダァシュタント] 男 -[e]s/..stände 《物》摩擦抵抗.

:**reich** [ライヒ ráiç]

| 金持ちの | Er ist sehr *reich*.
エァ イスト ゼーァ ライヒ
彼はたいへん金持ちだ. |

形 (比較 reicher, 最上 reichst) (英 rich) ① 金持ちの, 裕福な. (反義 「貧しい」は arm). ein *reicher* Mann 金持ちの男性 / arm und *reich*（新形) Arm und *Reich*）《古》だれもかれも(←貧しい者も金持ちも) / Er hat *reich* geheira-tet. 彼は金持ちの女性と結婚した.

② 豊かな, 豊富な, たくさんの. eine *reiche* Ernte 豊作 / *reiche* Erfahrungen 豊富な経験 / **an** 物³ *reich* sein 物³に富んでいる ⇒ Die Früchte sind *reich* an Vitaminen. これらの果物はビタミンが豊富だ / 人⁴ *reich* be-schenken 人⁴にたくさんプレゼントをする.

③ 多様な. eine *reiche* Auswahl 多様な選択の可能性 / Er ist *reich* begabt. 彼は多芸多才だ.

④ 豪華な, りっぱな, 華美な. eine *reiche* Ausstattung 豪華な家具調度.

《新形》
reich be·bil·dert 絵(写真)の多い(雑誌など).

..reich [..ライヒ ..raiç] 《形容詞をつくる 接尾》(…に富んだ) 例: kinder*reich* 子だくさんの.

das **Reich** [ライヒ ráiç] 中 (単 2) -es (まれに -s)/(複) -e (3格のみ -en) ① 国, 国家; 帝国.

reichbebildert

(英 empire). König*reich* 王国 / das Römische *Reich* ローマ帝国 / das Dritte *Reich* 第三帝国(ヒトラー統治下のナチスドイツ. 1933-1945) / das Heilige Römische *Reich* [Deutscher Nation²] 《史》[ドイツ国民の]神聖ローマ帝国 (962-1806) / das Deutsche *Reich* 《史》ドイツ帝国 (962-1806 の神聖ローマ帝国または 1871-1918 の第二帝国. 後者を指すことが多い) / das *Reich* der Mitte² 中国 (=China) / das *Reich* Gottes 神の国. ②《雅》領域, …界. das *Reich* der Träume² 夢の世界 / das *Reich* der Frau² 女性の領域 / Das gehört **ins** *Reich* der Fabel. それは作り話だ(←寓話の領域に属する).

reich·be·bil·dert 形 (新形) reich bebildert)
☞ reich

****rei·chen** [ライヒェン ráıçən] (reichte, *hat* gereicht) I 他 (受了 haben) (人³に 物⁴を)さし出す, 手渡す. (英 hand). 人³ die Hand⁴ *reichen* (握手を求めて)人³に手をさし出す / *Reichen* Sie mir bitte das Salz!(食卓で)塩を取ってください / Sie *reichte* den Gästen Getränke. 彼女は客たちに飲み物を出した.
II 自 (受了 haben) ① 足りる, 十分である. Das Geld *reicht* nicht. このお金は足りない / *Reicht* die Butter **für** einen Kuchen? ケーキを作るのにバターは足りますか / Ich *reiche* **mit** dem Geld nicht bis zur nächsten Woche. 私はこのお金は来週までやって行けない. ◇〔非人称の **es** を主語として〕Danke, es *reicht*!(食卓などで)ありがとう, もう十分です / Mir *reicht*'s (=*reicht* es)!《口語》もうたくさんだ(うんざりだ).
② 〔方向を表す語句とともに〕(…へ)達する, 届く. (英 reach). Das Wasser *reichte* mir bis **an** die Hüften. 水は私の腰まで達した / Ich *reiche* mit der Hand bis **zur** Decke. 私は天井に手が届く / so weit der Himmel *reicht* 見渡すかぎり.

Rei·che[r] [ライヒェ (..ヒャァ) ráıçə (..çər)] 男 女 〔語尾変化は形容詞と同じ〕金持ち. die Armen und die *Reichen* だれもかれも(←貧しい者も富める者も).

reich≠hal·tig [ライヒ・ハルティヒ] 形 内容豊富な, 盛りだくさんの.

***reich·lich** [ライヒリヒ ráıçlıç] I 形 ① 十分の, たっぷりの. (英 ample). ein *reichliches* Trinkgeld 十分なチップ. ◇〔無語尾で〕*reichlich* Zeit⁴ (Gelegenheit⁴) haben 十分な時間的余裕(チャンス)がある. ② …以上の, …を上回る. eine *reichliche* Million Touristen 優に 100 万人を数える観光客 / seit *reichlich* einem Jahr 1 年以上前から.
II 副 《口語》相当に, かなり. Du kommst *reichlich* spät. 君はずいぶん遅れて来たものだね.

Reichs≠ad·ler [ライヒス・アードラァ] 男 -s/- 帝国の鷲(ﾜｼ)の紋章(旧ドイツ帝国は 1945 年まで, オーストリアは 1918 年まで, 旧ロシアは 1917 年まで使用).

Reichs≠ap·fel [ライヒス・アプフェル] 男 -s/- 十字架つきの宝珠(王権・皇帝権の象徴).

Reichs≠bahn [ライヒス・バーン] 女 -/ ① 旧ドイツ帝国鉄道(1920-1945). ② (旧東ドイツの)国有鉄道(=Deutsche *Reichsbahn*)(略: DR).

Reichs≠ge·richt [ライヒス・ゲリヒト] 中 -[e]s/ ドイツ[国]最高裁判所(1879-1945).

Reichs≠kanz·ler [ライヒス・カンツらァ] 男 -s/- 《史》① (旧ドイツ帝国の)宰相 (1871-1918). ② (ワイマール共和国の)首相; (第三帝国の)総統.

Reichs≠mark [ライヒス・マルク] 女 -/- ライヒスマルク(ドイツの貨幣単位. 1924-1948; 略: RM).

Reichs≠stadt [ライヒス・シュタット] 女 -/..städte [..シュテーテ] 《史》(1806 年までの神聖ローマ帝国の)直轄都市, 帝国自由都市.

Reichs≠tag [ライヒス・ターク] 男 -[e]s/-e 《史》ドイツ帝国議会(議事堂)(1806 まで, また 1871-1918); ドイツ国会議会(議事堂)(1919-1933).

reichs≠un·mit·tel·bar [ライヒス・ウンミッテるバール] 形 《史》[神聖ローマ]帝国直属(直轄)の.

Reichs≠wehr [ライヒス・ヴェーァ] 女 《史》-/ ドイツ国防軍(1921-1935).

reich·te [ライヒテ] ‡reichen (さし出すり) の過去

* *der* **Reich·tum** [ライヒトゥーム ráıçtu:m] 男 〈単 2〉-s/〈複〉..tümer ..テューマァ〕(3 格のみ ..tümern) 《雅》wealth) ① 〔覆 なし〕富, 富裕. (←→《雅》「貧乏」= Armut). *Reichtum*⁴ erwerben 富を手に入れる / **zu** *Reichtum* kommen 金持ちになる. ② 〔覆〕財産, 資産. die *Reichtümer* der Erde² 地下資源. ③ 〔覆 なし〕豊かさ, 豊富さ. der *Reichtum* **an** Ideen アイディアの豊かさ.

Reich·tü·mer [ライヒ・テューマァ] 覆 財産, 資産(=Reichtum ②).

Reich≠wei·te [ライヒ・ヴァイテ] 女 -/-n ① (手のとどく)範囲, 到達範囲; 活動範囲. **in** *Reichweite* sein 手のとどく範囲にある. ② 《空》航続距離; (放送の)サービスエリア; 《物》(荷電粒子の)飛程, (鉄砲などの)射程.

***reif** [ライふ ráıf] (英 ripe) ① (果物などが)熟した, (穀物などが)実った; (チーズ・ワインなどが)熟成した. *reife* Äpfel 熟したりんご / Das Obst ist *reif*. その果物は熟している / Sie brauchte nur die *reife* Frucht zu pflücken. 《比》彼女は努力もしないで成果を手に入れた(←熟した果物を摘むだけでよかった) / Er ist *reif* für den Urlaub. 《口語》彼にはぜひとも休暇が必要だ.
② 成熟した, 男(女)盛りの; 円熟した(作品など). ein *reifer* Mann 分別盛りの男性 / ein *reifes* Werk dieses Künstlers この芸術家の円熟した作品.
③ 機の熟した, 用意のできた; 能力のある. Der Plan ist noch nicht *reif*. その計画はまだ機が熟していない / **für** 事⁴ (または **zu** 事³) *reif* sein a) 事⁴ (または 事³) に対して熟した, 準備のできた, b) 事⁴ (または 事³) をする能力のある ⇒Dafür ist die Zeit noch nicht *reif*. それを

するにはまだ時期尚早(しょうそう)だ.

..reif [..ライフ ..raɪf]《形容詞をつくる 接尾》《熟している》例: museums*reif* 博物館行きの, 時代遅れの.

Reif¹ [ライフ ráɪf] 男 -[e]s/ 霜. Auf den Wiesen liegt *Reif*. 草原に霜が降りている.

Reif² [ライフ] 男 -[e]s/-e《雅》輪状の装身具, (特に)指輪, 腕輪.

* *die* **Rei·fe** [ライフェ ráɪfə] 女 (単) -/ (英 *ripeness*) ① (果実などの)**成熟**, 熟すること. zur *Reife* kommen 熟する. ② (肉体的・精神的な)成熟, 円熟. die geschlechtliche *Reife* 性的成熟. ③ [修了]資格. mittlere *Reife* a) (実科学校の)卒業資格, b) ギムナジウムの第6学年修了資格.

* **rei·fen**¹ [ライフェン ráɪfən] (reifte, *ist/hat*...gereift) (英 *ripen*) I 自 (完了 sein) ① (果実などが)**熟する**, 実る. Das Obst *reift*. 果物が熟する. ②《雅》(肉体的・精神的に)成熟する, 円熟する; (考え・機が)熟する. In ihm *reifte* ein Plan. 彼の頭の中である計画が熟していた.
II 他 (完了 haben)《雅》① (果実など⁴を)熟させる. ② (人⁴を精神的に)成熟させる, 成長させる. Diese Erfahrung *hat* ihn *gereift*. この経験が彼を成長させた.
◊☞ gereift

rei·fen² [ライフェン] 非人称 (h) Es *reift*. 霜が降りる.

rei·fen³ [ライフェン] 他 (h) (樽(たる)など⁴に)たがをはめる.

* *der* **Rei·fen** [ライフェン ráɪfən] 男 (単2) -s/ (複) - ① **タイヤ**. (英 *tire, tyre*). schlauchlose *Reifen* チューブレスタイヤ / den *Reifen* wechseln タイヤを取り替える.
② (樽(たる)などの)たが; (体操用の)フープ. *Reifen*⁴ um ein Fass legen (または schlagen) 樽にたがをはめる. ブレスレット, (髪に付ける)リング.

Rei·fen·pan·ne [ライフェン・パンネ] 女 -/-n タイヤのパンク.

Rei·fen_wech·sel [ライフェン・ヴェクセる] 男 -s/- タイヤ交換.

Rei·fe_prü·fung [ライフェ・プリューフング] 女 -/-en ギムナジウムの卒業試験 (= Abitur).

Rei·fe_zeit [ライフェ・ツァイト] 女 -/-en 成熟期; 思春期.

Rei·fe_zeug·nis [ライフェ・ツォイクニス] 中 ..nisses/..nisse ギムナジウム卒業証書 (= Abiturzeugnis).

reif·lich [ライフりヒ] 形 十分な, 徹底的な. nach *reiflicher* Überlegung 十分に考慮して.

Reif_rock [ライフ・ロック] 男 -[e]s/..röcke《服飾》フープスカート(すそを輪骨でふくらませた18世紀のスカート).

reif·te [ライフテ] * reifen¹ (熟する)の 過去

Rei·gen [ライゲン ráɪgən] 男 -s/- 輪舞, 円舞. einen *Reigen* tanzen 輪舞を踊る / den *Reigen* öffnen (beschließen)《比》皮切りにする

(しんがりをつとめる).

* *die* **Rei·he** [ライエ ráɪə]

列 Sie sitzt in der ersten *Reihe*.
ズィー ズィッツト インデア エーアステン ライエ
彼女は1列目に座っている.

女 (単) -/(複) -n ① 列, 並び, 行列. (英 *row*). eine lange *Reihe* 長い列 / die erste *Reihe* 第1列 / eine *Reihe* hoher Bäume² 一列に並んだ高い樹木 / *Reihe* 3, Nr. 10 (劇場などの座席で:)3列目, 10番 / eine *Reihe*⁴ bilden 列を作る / aus der *Reihe* tanzen《口語》自分だけ勝手な行動をする(←列からはずれて踊る) / in der zweiten *Reihe* 2列目に / Gläser⁴ in eine *Reihe* stellen グラスを一列に並べる / in einer *Reihe* stehen 一列に並んでいる / Salat⁴ in *Reihen* säen サラダ菜の種を筋まきする / 人⁴ in die *Reihe* bringen《口語》人⁴を再び健康にする / 物⁴ in die *Reihe* bringen 物⁴を元どおりにする, 修復する / [wieder] in die *Reihe* kommen《口語》a) 再び健康になる, b) 元どおりになる, 修復される / in Reih und Glied 整列して, 整然と並んで / Du kannst dich nicht mit ihm in eine *Reihe* stellen.《比》君は彼と肩を並べることはできない.
② 一連[のもの]; 多数; (刊行物などの)シリーズ. eine [ganze] *Reihe* Kinder 多くの子供たち / eine *Reihe* [von] Fragen たくさんの質問.
③ 〖複 なし〗順番, 順序. (英 *order*). Die *Reihe* ist an mir. 今度は私の番だ / Du bist an der *Reihe*.《口語》君の番だ / an die *Reihe* kommen 順番になる / Ich bin ganz aus der *Reihe*.《口語》私はすっかり頭が混乱してしまった / außer der *Reihe* 番外で, 飛び入りで / der *Reihe*³ nach 順番に, 順序どおりに. ④ 〖複〗でグループ, 仲間; 戦列; (スポーツ)チームのメンバー. ⑤ (数) 級数. ⑥ (音楽) 音列, セリー.

rei·hen¹ [ライエン ráɪən] I 他 (h)《A⁴ auf B⁴ ~》《雅》(A⁴を B⁴に)連ねる, 並べる. Perlen⁴ auf eine Schnur *reihen* 真珠を糸に通す.
II 再帰 (h)《sich⁴ an 物⁴ ~》《雅》(物⁴に)続く, 連なる. Ein Unglück *reihte* sich ans andere. 不幸が次々に起きた.

rei·hen²⁽*⁾ [ライエン] (reihte, *hat*...gereiht または rieh, *hat*...geriehen) 他 (h) 仮縫いする.

Rei·hen_fol·ge [ライエン・ふぉるゲ] 女 -/-n 順序, 順番. in bestimmter (umgekehrter) *Reihenfolge* 一定の順番で(逆の順番で).

Rei·hen_haus [ライエン・ハオス] 中 -es/..häuser 《建》棟割り住宅, (連立式の)テラスハウス. (☞ Haus 図).

Rei·hen_schal·tung [ライエン・シャるトゥング] 女 -/-en 《電》直列接続.

Rei·hen_un·ter·su·chung [ライエン・ウンタズーフング] 女 -/-en 《医》集団検診.

rei·hen_wei·se [ライエン・ヴァイゼ] 副 ① 列をなして, 次々に. ②《口語》大量に, たくさん.

Rei·her [ライァ ráiɐr] 男 -s/- 《鳥》[アオ]サギ.

..rei·hig [..ライィヒ ..raɪҫ] 《形容詞をつくる接尾》[…列の] 例: ein*reihig* 1 列の.

reih≤**um** [ライ・ウム] 副 順ぐりに, 順番に.

* der **Reim** [ライム ráɪm] 男 (単 2) -[e]s/(複) -e (3 格のみ -en) 《詩学》韻, (特に:)脚韻 (= End*reim*). 《英》rhyme). ein männlicher (weiblicher) *Reim* 男性(女性)韻 / *Reime*[4] bilden (または machen) 韻を踏ませる / *Reime*[4] schmieden 下手な詩を作る / Darauf kann ich keinen *Reim* finden. 《比》それは私にはわからない.

rei·men [ライメン ráɪmən] I 自 (h) 韻文を作る. II 他 (h) ① 韻文で書く. ② 《A[4] auf B[4] ~》(A[4] に B[4] の韻を踏ませる). III 再帰 (h) *sich*[4] *reimen* ① 韻を踏んでいる. „Baum" *reimt sich auf* „Raum". Baum は Raum と韻が合う. ② つじつまが合う.

* **rein**[1] [ライン ráɪn]

> 純粋な Das ist *reines* Gold.
> ダス イスト ライネス ゴルト
> それは純金製だ.

I 形 ① 純粋な, 混じけのない. 《英》pure). *reine* Butter 純良バター / der *reine* Gewinn 純益 / ein Kleid aus *reiner* Wolle 純毛のワンピース / *reiner* Orangensaft 果汁 100 パーセントのオレンジジュース / Er spricht ein *reines* Deutsch. 彼は訛(なま)のないドイツ語を話す.
② 清潔な, きれいな; 潔白な. *reine* Wäsche 清潔な下着 / *reine* Luft 澄んだ空気 / Sie hat eine *reine* Haut. 彼女はきれいな肌をしている / Er hat ein *reines* Gewissen. 《比》彼は良心にやましいところがない / *reine* Hände[4] haben a) 清潔な手をしている, b) 《比》潔白である. ◊《名詞的に》事[4] *ins reine* (新形 **ins *Reine*) bringen 事[4](不和など)を解決する / mit 人[3] *ins reine* (新形 **ins *Reine*) kommen 人[3] と話しがつく / mit 事[3] *ins reine* (新形 **ins *Reine*) kommen 事[3] がはっきりわかる / 物[4] *ins reine* (新形 **ins *Reine*) schreiben 物[4] を清書する / mit 事[3] *im reinen* (新形 **im *Reinen*) sein 事[3] がはっきりわかっている / mit 人[3] *im reinen* (新形 **im *Reinen*) sein 人[3] と話し合いがついている.
③ 《付加語としてのみ》純然たる, まったくの; 純粋な(理論など). Das war ein *reiner* Zufall. それはまったくの偶然だった.
◊《最上級で》…も同然の. Das war ja die *reinste* Völkerwanderung! それはまさに民族大移動も同然だった.

II 副 ① もっぱら, ただ. aus *rein* persönlichen Gründen もっぱら個人的な理由で.
② 《口語》まったく. Das habe ich *rein* vergessen. 私はそれをまったく忘れてしまった.

新形 **rein wa·schen** [人[4] の] 疑いを晴らす. sich[4] *rein waschen* 身の潔白を証明する.

rein[2] [ライン] 副 《口語》(こちらの)中へ(= herein); (あちらの)中へ(=hinein). Komm *rein*! お入り.

Rei·nec·lau·de [レーネクローデ rɛ:nəkló:də] [^{辞]}] 女 -/-n 《植》レースクロード(セイヨウスモモの一種)(=Reneklode).

Rei·ne·ke Fuchs [ライネケ フクス ráɪnəkə fúks] 男 --/ 《文学》ライネケぎつね(中世の動物寓話のきつねの名).

Rei·ne·ma·che·frau [ライネマッヘ・フラオ] 女 -/-en (通いの)掃除婦.

Rei·ne·ma·chen [ライネ・マッヘン] 中 -s/ 《方》掃除, 清掃.

Rein≤**er·trag** [ライン・エァトラーク] 男 -[e]s/..träge 純益, 実利益.

Rein≤**fall** [ライン・ファル] 男 -[e]s/..fälle 《口語》失望, 期待はずれ, 幻滅. Der Film war ein *Reinfall*. この映画は期待はずれだった.

rein|**fal·len*** [ライン・ファレン ráɪn-fàlən] 自 (s) (雨などが)[中へ]落ちて来る; (光が)差し込む. ② 損をする, がっかりさせられる. ③ 《auf 人・事[4] ~》(人・事[4] に)ひっかかる.

Rein≤**ge·winn** [ライン・ゲヴィン] 男 -s/-e 純益.

Rein·hard [ライン・ハルト ráɪn-hart] -s/《男名》ラインハルト.

Rein·heit [ラインハイト] 女 -/ 純粋さ, 混じり気のなさ; 清浄. die *Reinheit* seiner Absichten[2] 彼の意図の純粋さ.

Rein·hold [ライン・ホルト ráɪn-hɔlt] -s/《男名》ラインホルト.

* **rei·ni·gen** [ライニゲン ráɪnɪgən] (reinigte, hat...gereinigt) 他 《完了》haben) きれいにする; 掃除する, 洗う, 浄化する; クリーニングする. 《英》clean). Mutter *reinigt* das Zimmer. お母さんは部屋を掃除する / eine Wunde[4] *reinigen* 傷を消毒する / Du *musst* dir die Hände *reinigen*. おまえは手をきれいに洗わなくてはいけないよ / ein Kleid[4] chemisch *reinigen lassen* ワンピースをドライクリーニングに出す. ◊《再帰的に》sich[4] *reinigen* 自分の身体を洗う. ◊《sich[4] von einem Verdacht *reinigen* 自分の嫌疑を晴らす.

類語 **reinigen**: 「きれいにする」の意味で最も一般的な語. **säubern**: (とくに物の表面や外側から汚れを取り除いて)きれいにする. **putzen**: (磨いたり, こすったりして)きれいにする, 掃除する.

Rei·ni·gen [ライニゲン] 中 -s/ 掃除する(洗う)こと. den Anzug **zum** *Reinigen* bringen スーツをクリーニングに出す.

rei·nig·te [ライニヒテ] 女 *reinigen(きれいにする)の 過去.

* die **Rei·ni·gung** [ライニグング ráɪnɪguŋ] 女 (単) -/(複) -en ① 《ふつう単》掃除, 清掃, 浄化; クリーニング. 《英》cleaning). ② クリーニング店. den Anzug **in die** *Reinigung* bringen スーツをクリーニング屋に持って行く.

Rei·ni·gungs⸗mit·tel [ライニグングス・ミッテる] 中 -s/- 洗剤.

Rein⸗kul·tur [ライン・クるトゥーァ] 女 -/-en ①《農》単式農業(栽培). ②《生》(細菌の)純粋培養. in *Reinkultur* 純粋培養された / Das ist Kitsch in *Reinkultur*. それは正真正銘のキッチュ(低俗作品)だ.

rein|le·gen [ライン・れーゲン ráɪn-lèːgən] 他 (h)《口語》だます, ひっかける.

rein·lich [ラインりヒ] 形 ① きれい好きの, 潔癖な. ② 清潔な, きちんとした. ③ はっきりした, 明確な(区分など).

Rein·ma·che·frau [ラインマッヘ・ふラオ] 女 -/-en (通いの)掃除婦.

Rein⸗ma·chen [ライン・マッヘン] 中 -s/ 掃除, 清掃.

rein⸗ras·sig [ライン・ラスィヒ] 形 純血種の.

Rein⸗schrift [ライン・シュリふト] 女 -/-en 清書.

rein|wa·schen* 他 (h) (新方) rein waschen)
☞ rein

der **Reis**¹ [ライス ráɪs] 男 (単2) -es/(種類を表すときのみ: 複) -e (英 rice) ① 米. polierter *Reis* 精白米 / *Reis*⁴ kochen ご飯を炊く / Wir leben vom *Reis*. 私たちは米を食べて生きている.
② 稲. *Reis*⁴ an|bauen 稲を栽培する / *Reis*⁴ ernten 稲を収穫する.

Reis² [ライス] 中 -es/-er ①《雅》小枝; 若芽.
② 接ぎ穂.

Reis⸗brei [ライス・ブライ] 男 -[e]s/-e 米がゆ.

die **Rei·se** [ライゼ ráɪzə]

> 旅 Gute *Reise*!
> グーテ ライゼ
> (旅に出る人に:)よいご旅行を!

女 (単) -/(複) -n ① 旅, 旅行.(英 journey, trip). eine kurze (lange) *Reise* 短い(長い)旅 / eine angenehme *Reise* 快適な旅 / eine *Reise* an die See 海辺への旅 / eine *Reise* ins Ausland 外国[へ]の旅行 / eine *Reise* in (または mit) dem Auto 自動車の旅行 / eine *Reise* mit der Eisenbahn 鉄道旅行 / eine *Reise* nach Deutschland ドイツ[への]旅行 / eine *Reise* um die Welt 世界一周旅行 / eine *Reise* zu Fuß 徒歩旅行 / eine *Reise* zu Schiff 船旅.

◇《動詞とともに》 eine *Reise*⁴ an|treten 旅に出る / Wohin geht die *Reise*?《口語》どちらへご旅行ですか / eine *Reise*⁴ machen 旅行をする ⇒ Wir machen eine *Reise* durch Europa. 私たちはヨーロッパ旅行をしています / eine *Reise*⁴ planen 旅行の計画をたてる / eine *Reise*⁴ vor|haben 旅行を計画している / Wie war die *Reise*? 旅行はどうでしたか.

◇《前置詞とともに》 Er ist auf *Reisen*. 彼は旅行中です / auf *Reisen* gehen または sich⁴ auf die *Reise* machen 旅に出る / von einer *Reise* zurück|kehren 旅行から帰って来る / Vorbereitungen⁴ zur *Reise* treffen 旅支度をする.
②《隠語》トリップ(麻薬などによる陶酔感).

> (⇒) ..reise のいろいろ: Abreise 旅立ち / Anreise (旅からの)到着 / Auslandsreise 外国旅行 / Dienstreise 公務出張 / Entdeckungsreise 探検旅行 / Ferienreise 休暇旅行 / Flugreise 空の旅 / Forschungsreise 研究(調査)旅行 / Geschäftsreise 商用旅行 / Gruppenreise グループ旅行 / Hochzeitsreise 新婚旅行 / Pauschalreise パック旅行 / Rundreise 周遊旅行 / Studienreise 研修旅行 / Urlaubsreise 休暇旅行 / Weltreise 世界旅行

> 類語 die **Reise**: (広く一般的な意味での)旅行. die **Fahrt**: (主に車や列車・船などによる)旅, ドライブ. eine *Fahrt* mit dem Auto machen 車でドライブする. der **Ausflug**: (日帰りまたは二三日程度の)遠足, ハイキング. einen *Ausflug* ins Grüne machen 郊外へハイキングをする. die **Exkursion**: (研究や研修のためのグループ)旅行. die **Tour**: ツアー, ハイキング. eine *Tour* durch Spanien スペイン・ツアー.

Rei·se⸗an·den·ken [ライゼ・アンデンケン] 中 -s/- 旅行の記念品.

Rei·se⸗apo·the·ke [ライゼ・アポテーケ] 女 -/-n 旅行用救急箱.

Rei·se⸗be·darf [ライゼ・ベダルふ] 男 -[e]s/ 旅行用品.

Rei·se⸗be·glei·ter [ライゼ・ベグらイタァ] 男 -s/- 旅の道連れ(同行者); 添乗員.

Rei·se⸗be·schrei·bung [ライゼ・ベシュライブング] 女 -/-en 旅行記, 紀行文.

das **Rei·se⸗bü·ro** [ライゼ・ビューロ ráɪzə-byroː] 中 (単2) -s/(複) -s 旅行代理店, 旅行社, 旅行案内所. zum *Reisebüro* (または ins *Reisebüro*) gehen 旅行代理店へ行く.

rei·se⸗fer·tig [ライゼ・フェルティヒ] 形 旅行の用意のできた.

Rei·se⸗füh·rer [ライゼ・フューラァ] 男 -s/- ① 旅行案内人, ガイド. ② 旅行案内書, ガイドブック.(⇒ 女性形は Reiseführerin).

Rei·se⸗ge·päck [ライゼ・ゲペック] 中 -[e]s/ 旅客手荷物.

Rei·se⸗ge·sell·schaft [ライゼ・ゲゼるシャふト] 女 -/-en ① 旅行団. ②《複 なし》旅の仲間(一行).

Rei·se⸗grup·pe [ライゼ・グルッペ] 女 -/-n 旅行団.

Rei·se⸗kof·fer [ライゼ・コッふァァ] 男 -s/- 旅行用トランク, スーツケース.

Rei·se⸗kos·ten [ライゼ・コステン] 複 旅費.

Rei·se⸗land [ライゼ・らント] 中 -[e]s/..länder 旅行(休暇)先の国.

Rei·se⸗lei·ter [ライゼ・らイタァ] 男 -s/- 旅行ガイド, 添乗員.(⇒ 女性形は Reiseleiterin).

rei·se⸗lus·tig [ライゼ・るスティヒ] 形 旅行好きの.

*rei·sen [ライゼン ráizən]

旅行する　Ich *reise* gern.
イヒ　ライゼ　ゲルン
私は旅行が好きです。

人称	単	複
1	ich reise	wir reisen
2	du **reist** / Sie reisen	ihr reist / Sie reisen
3	er reist	sie reisen

(reiste, *ist* ... gereist) 自 (完了 sein) ① **旅行する**, 旅をする; 旅立つ. (英 *travel*). geschäftlich *reisen* 商用で旅行する / Sie *reist* immer erster Klasse². 彼女はいつも1等で旅行する / Er *ist* viel *gereist*.《現在完了》彼はいろんな所を旅してきた / Ich *reise* morgen. 私はあす旅に出ます / **ans Meer** *reisen* 海へ旅行する / **ins** Ausland *reisen* 外国へ旅行する / in die Ferien (または den Urlaub) *reisen* 休暇旅行をする / Sie *reist* lieber in Gesellschaft. 彼女は団体で旅行するほうが好きだ / Wir *reisten* **mit der Bahn (dem Flugzeug)**. 私たちは鉄道で(飛行機で)旅行した / Ich *reise* im Sommer nach Deutschland (Berlin). 私は夏にドイツ(ベルリン)へ旅行します.

② 行商する, 外交販売する. Er *reist* in Stoffen. 彼は布地を売り歩いている ◇《現在分詞の形で》ein *reisender* Vertreter 外交[販売]員.

***Rei·sen·de[r]** [ライゼンデ (..ダァ) ráizəndə (..dər)] 男 女《語尾変化は形容詞と同じ ☞ Alte[r]》(例: 男 1格 der Reisende, ein Reisender) ① **旅行者**, 旅客. (英 *traveller*). ② 外交[販売]員, セールスマン, セールスウーマン.

Rei·se⸗pass [ライゼ・パス] 男 -es/..pässe 旅券, パスポート. 人³ einen *Reisepass* ausstellen 人³にパスポートを発行する.

Rei·se⸗paß [ライゼ・パス]《新形》 Reisepass

Rei·se⸗pros·pekt [ライゼ・プロスペクト] 男 -[e]s/-e 旅行案内パンフレット.

Rei·se⸗scheck [ライゼ・シェック] 男 -s/-s 旅行小切手, トラベラーズチェック.

Rei·se⸗schreib·ma·schi·ne [ライゼ・シュライブマシーネ] 女 -/-n ポータブルタイプライター.

Rei·se⸗ta·sche [ライゼ・タッシェ] 女 -/-n 旅行かばん.

Rei·se⸗ver·kehr [ライゼ・フェァケァ] 男 -s/ 旅行者の交通(往来).

Rei·se⸗ziel [ライゼ・ツィーる] 中 -[e]s/-e 旅行の目的地, 行先.

Reis⸗feld [ライス・ふェる卜] 中 -[e]s/-er 水田, たんぼ.

Rei·sig [ライズィヒ ráiziç] 中 -s/ 柴(しば)[の束], たき木.

Rei·sig·be·sen [ライズィヒ・ベーゼン] 男 -s/- 柴(しば)ほうき.

Reis⸗korn [ライス・コルン] 中 -[e]s/..körner 米粒.

Reiß⸗aus [ライス・アオス] 男《成句的に》*Reißaus*⁴ nehmen《口語》逃亡する, ずらかる.

Reiß⸗brett [ライス・ブレット] 中 -[e]s/-er 製図板.

rei·ßen [ライセン ráisən] du reißt (riss, *hat /ist*... gerissen) I 他 (完了 haben) ① **引き裂く**, ちぎる. (英 *tear*). **in** Stücke *reißen* 物⁴をずたずたに引き裂く / Ich *habe* den Brief mittendurch *gerissen*. 私は手紙を真っ二つに引き裂いた. ◇《非人称の **es** を主語として》Es *reißt* mich in allen Gliedern. 《比》(リューマチなどで)私は手足の節々が痛い. (☞ 類語 brechen).

②《A⁴ **aus** (または **von**) B³~》(A⁴を B³から)**引き抜く**, ちぎり取る, ひったくる. Unkraut⁴ aus der Erde *reißen* 雑草を地面から引き抜く / Er *hat* mir den Brief aus den Händen *gerissen*. 彼は私の手から手紙をひったくった / 人⁴ aus dem Schlaf *reißen*《比》人⁴の眠りを破る / einen Zweig vom Baum *reißen* 木から小枝を折り取る.

③《方向を表す語句とともに》《人·物⁴を…へ》**引き寄せる**, 引き入れる. Ich *habe* sie **an** mich *gerissen*. 私は彼女を強く抱き寄せた / die Macht⁴ **an** sich⁴ *reißen* 権力を奪取する / Sie *rissen* ihn **ins** Auto. 彼らは彼を車の中へ引っぱり込んだ / 人⁴ **ins** Verderben *reißen*《比》人⁴を破滅へ引きずり込む / Der Hund *riss* das Kind **zu** Boden. 犬は子供を引きずり倒した.

④ (引き裂いて穴·傷など⁴を)**作る**. Ich *habe* mir eine Wunde **am** Bein *gerissen*. 私は足に裂傷を負った / ein Loch⁴ **in** die Hose *reißen* ズボンにかぎ裂きを作る.

⑤ **強く引っぱる**. 人⁴ **an** den Haaren *reißen* 人⁴の髪を強く引っぱる.

⑥《成句的に》Possen⁴ *reißen* ふざける / Witze⁴ *reißen* ジョークをとばす. ⑦《陸上競技で》(バーなど⁴を)ひっかけて落とす;(重量挙げで)(バーベル⁴を)スナッチであげる. ⑧ (獲物⁴を)襲って食い殺す.

II 自 (完了 sein または haben) ① (s) **裂ける**, ちぎれる, (ぷっつり)切れる. Dieses Seil *reißt* niemals. このロープは決して切れません / Jetzt *reißt* mir die Geduld!《比》もう堪忍袋の緒が切れたぞ. ② (h)《**an** 物³~》(物³を)強く引っぱる. Der Hund *riss* an der Leine. 犬はひもをぐいぐい引っぱった.

III 再帰 (完了 haben) *sich⁴ reißen* ① 引っかき傷を負う. Ich *habe* mich **an** einem Nagel *gerissen*. 私はくぎで引っかき傷を負った. ②《*sich⁴* **um** 人·物⁴~》《口語》(人·物⁴を)ぜひとも得ようとする. Sie *reißen sich* **um** die Eintrittskarten. 彼らは先を争って入場券を手に入れようとしている. ③《*sich⁴* **aus** (または **von**) 物³~》(物³から)身を振りほどく. Der Hund *hat sich* von der Kette *gerissen*. 犬は鎖を切って逃げた.

◇☞ gerissen

Rei·ßen [ライセン] 中 -s/ ①《口語》リューマチ

[痛], 激痛. das *Reißen*⁴ im Bein haben リューマチで足が痛む. ② (重量挙げで:)スナッチ.

rei・ßend [ライセント] I ＊reißen (引き裂く)の 現分 II 形 ① (流れ・痛みなどが)激しい. ② (売れ行きが)飛ぶような. ③ 《付加語としてのみ》(動物が)肉食の. ein reißendes Tier 肉食獣.

Rei・ßer [ライサァ ráɪsər] 男 -s/- 《口語》(ふつう軽蔑的に:) 俗受けする書物(映画・劇); 売れ行きのよい商品, ヒット商品.

rei・ße・risch [ライセリッシュ ráɪsərɪʃ] 形 俗受けする, 安っぽい, どぎつい(広告など).

Reiß⸗fe・der [ライス・フェーダァ] 女 -/-n 製図用のペン, からす口.

reiß⸗fest [ライス・フェスト] 形 裂けにくい, 耐裂性の(布地など).

Reiß⸗lei・ne [ライス・ライネ] 女 -/-n 落下傘用の引き綱.

Reiß⸗na・gel [ライス・ナーゲる] 男 -s/..nägel 押しピン, 画鋲(がびょう). (＝Reißzwecke).

Reiß⸗schie・ne [ライス・シーネ] 女 -/-n T 定規.

Reiß⸗ver・schluss [ライス・フェアシュるス] 男 -es/..schlüsse チャック, ジッパー, ファスナー. den *Reißverschluss* öffnen (schließen) チャックを開ける(閉める).

Reiß⸗ver・schluß ☞ 新形 Reißverschluss

Reiß⸗wolf [ライス・ヴォるフ] 男 -[e]s/..wölfe (書類などの)裁断機, シュレッダー.

Reiß⸗zeug [ライス・ツォイク] 中 -[e]s/-e 製図用具.

Reiß⸗zwe・cke [ライス・ツヴェッケ] 女 -/-n 押しピン, 画鋲(がびょう). 物⁴ mit *Reißzwecken* befestigen 物⁴を押しピンで留める.

reis・te [ライステ] ＊reisen (旅行する)の 過去

Reis⸗wein [ライス・ヴァイン] 男 -s/-e ライスワイン, 日本酒.

Reit⸗bahn [ライト・バーン] 女 -/-en 馬場.

＊**rei・ten**＊ [ライテン ráɪtən] du reitest, er reitet (ritt, ist/hat...gertten) I 自 (完了 sein または haben) (馬などに)乗る, 乗って行く; またがる. (英 ride). Sie *reitet* gut. 彼女は乗馬がうまい / Wie lange *reiten* Sie schon? もうどれくらい乗馬をされていますか / **auf** einen Pferd *reiten* 馬に乗って行く / **[im]** Galopp *reiten* ギャロップで馬を進める. ◆《時間・距離などを表す 4 格とともに》Ich *bin* (または *habe*) heute zwei Stunden *geritten*.《現在完了》私はきょう 2 時間ほど馬に乗った. ◆《様子・状態などを表す 4 格とともに》Er *ist* (または *hat*) ein schnelles Tempo *geritten*.《現在完了》彼はスピードを上げて馬を走らせた / ein Rennen⁴ *reiten* 競馬に出場する. (伝. 完了の助動詞に「場所の移動」に重点が置かれるときは sein を,「乗馬する行為」に重点があれば haben を用いる).

II 他 (完了 haben) ① (馬など⁴に)乗る, 乗って行く.『方向を表す語句とともに』(馬など⁴を…へ)乗って連れて行く. das Pferd⁴ **in** den Stall *reiten* 馬を馬小屋に連れて行く. ③ (馬・ひざなど⁴が…になるまで)乗馬する. Ich *habe* mein Pferd müde *geritten*. 私は馬がへとへとになるまで乗り回した. ◆《再帰的に》*sich*⁴ wund *reiten* 馬に乗って鞍(くら)ずれができる. ④ (悪魔などが 人⁴に)乗り移っている. Dich *reitet* wohl der Teufel? (そんなことを考える(する)なんて)君は悪魔にでも取りつかれたのか.

III 再帰 (完了 haben) 《*es reitet sich*⁴ ...の形で》乗馬の調子が...である. Bei Regen *reitet es sich* schlecht. 雨の時は乗馬がしにくい.

Rei・ter [ライタァ ráɪtər] 男 -s/- ① (馬などの)乗り手, 騎手;《軍》(昔の:)騎兵. (⇨ 女性形は Reiterin). ②《複なし》台架; 干し草架. ③《理》(天秤(てんびん)の)ライダー. ④ (索引カードの)見出し用付箋.

Rei・te・rei [ライテライ raɪtərái] 女 -/-en ①《軍》(昔の:)騎兵[隊]. ②《複なし》《口語》乗馬, 騎行.

Reit⸗ger・te [ライト・ゲルテ] 女 -/-n (小さな)乗馬用のむち.

Reit⸗ho・se [ライト・ホーゼ] 女 -/-n 乗馬ズボン.

Reit⸗knecht [ライト・クネヒト] 男 -[e]s/-e (昔の:)馬丁.

Reit⸗kunst [ライト・クンスト] 女 -/..künste 馬術.

Reit⸗pferd [ライト・プフェーアト] 中 -[e]s/-e 乗馬用の馬.

Reit⸗schu・le [ライト・シューれ] 女 -/-n ① 馬術(乗馬)学校. ②《南ドシ・スイス》メリーゴーラウンド.

Reit⸗sport [ライト・シュポルト] 男 -[e]s/ 馬術競技.

Reit⸗stie・fel [ライト・シュティーふェる] 男 -s/-《ふつう 複》乗馬[用長]靴.

Reit⸗stock [ライト・シュトック] 男 -[e]s/..stöcke ①《工》(旋盤の)心(しん)押し台. ② 乗馬用むち.

Reit⸗tur・nier [ライト・トゥルニーア] 中 -s/-e 馬術競技.

Reit⸗weg [ライト・ヴェーク] 男 -[e]s/-e 乗馬道.

＊*der* **Reiz** [ライツ ráɪts] (単 2) -es/(複) -e (3 格のみ) -en) ① 刺激. (英 *stimulus*). ein chemischer *Reiz* 化学的な刺激 / **auf** einen *Reiz* an|sprechen (または reagieren) 刺激に反応を示す. ② 魅力. (英 *attraction*). der *Reiz* des Verbotenen 禁じられているものの魅力 / die weiblichen *Reize* 女性の[性的]魅力 / **auf** 人⁴ einen *Reiz* aus|üben 人⁴の心を引きつける.

reiz・bar [ライツバール] 形 ① 神経過敏な, 怒りっぽい, いらだちやすい. ②《医》敏感な(器官など).

Reiz・bar・keit [ライツバールカイト] 女 -/ 敏感さ, 神経過敏.

＊**rei・zen** [ライツェン ráɪtsən] du reizt (reizte, hat...gereizt) 他 (完了 haben) ① (目・神経など⁴を)刺激する, (食欲など⁴を)そそる. (英 *sti-

mulate). Der Rauch *reizt* die Augen. 煙が目に染みる / den Appetit *reizen* 食欲をそそる. ② いらいらさせる, 怒らせる. Er *hat* mich sehr *gereizt*. 彼は私をひどく怒らせた. ③ 《人⁴の》心をそそる, 魅了する. Das Leben auf dem Lande *reizt* mich sehr. 田舎の生活に私は非常にひかれる / Seine Worte *reizten* ihre Neugierde. 彼の言葉が彼女の好奇心をそそった / Es *reizt* mich, ihn zu foppen. 私は彼をからかってやりたい気持ちになる / Der Anblick *reizte* mich **zum** Lachen. それを見て私は思わず笑った.
◊☞ gereizt

***rei·zend** [ライツェント ráɪtsənt] I *reizen (刺激する) の 現分
II 形 魅力的な, 魅惑的な, チャーミングな. (変 charming). ein *reizendes* Mädchen チャーミングな女の子 / ein *reizender* Anblick (Abend) すばらしい眺め(楽しい夕べ) / Das ist ja *reizend*. 《口語》(反語的に:) いやはや結構なことだ.

Reiz≠kli·ma [ライツ・クリーマ] 匣 -s/-s (または ..mata) 《医・気象》(寒暖の差の激しい)刺激性気候.

reiz≠los [ライツ・ろース] 形 ① (飲食物が)味のない, 気の抜けた. ② 魅力のない, 退屈な.

Reiz≠mit·tel [ライツ・ミッテる] 匣 -s/- 《医・薬》刺激薬, 興奮剤;《比》刺激(誘惑)物.

Reiz≠stoff [ライツ・シュトふ] 男 -[e]s/-e 刺激物質.

reiz·te [ライツテ] *reizen (刺激する) の 過去

Rei·zung [ライツング] 女 -/-en ① 刺激, 挑発; 興奮. ② 《医》刺激性炎症.

reiz≠voll [ライツ・ふぉる] 形 魅力のある, 魅惑的な; 心をそそる, やりがいのある(仕事など).

Reiz≠wä·sche [ライツ・ヴェッシェ] 女 -/-n 《俗》セクシーなランジェリー(下着).

re·ka·pi·tu·lie·ren [レカピトゥリーレン rekapitulíːrən] 他 (h) 要約して繰り返す.

re·keln [レーケルン réːkəln] 再帰 (h) *sich*⁴ *rekeln* 《口語》思いきり伸びをする.

Re·kla·ma·ti·on [レクらマツィオーン reklamatsióːn] 女 -/-en 異議, 苦情, クレーム.

***die Re·kla·me** [レクらーメ rekláːmə] 女 (単) -/(複) -n ① 宣伝, 広告 (= Werbung). (変 advertisement). eine auffällige *Reklame* 人目をひく広告 / *Reklame* im Fernsehen テレビコマーシャル / für 事 *Reklame*⁴ machen 事⁴の宣伝をする / mit 人·物³ *Reklame*⁴ machen 《口語》人·物³を自慢する. ② 《口語》宣伝ビラ, チラシ, 宣伝パンフレット(映画);テレビコマーシャル. (☞ 類語 Werbung).

re·kla·mie·ren [レクらミーレン reklamíːrən] I 自 (h) 異議を申したてる, クレームをつける. **gegen** die Entscheidung *reklamieren* 決定に対して抗議する. II 他 (h) ① 物⁴に異議を申したてる, クレームをつける. ② 物⁴の返還を要求する.

re·kog·nos·zie·ren [レコグノスツィーレン rekəgnəstsíːrən] 他 (h) ① 《古》《軍》(地域など⁴を)偵察する. ② 《古》《法》(人·物⁴を本物であると)認定する.

re·kon·stru·ie·ren [レコンストルイーレン rekonstruíːrən] 他 (h) ① 再建する, 復元する. einen antiken Tempel *rekonstruieren* 古代の寺院を復元する. ② 再構成する, 再現する. einen Unfall *rekonstruieren* 事故を再現する.

Re·kon·struk·ti·on [レコンストルクツィオーン rekənstruktsióːn] 女 -/-en ① 復元[されたもの]. ② 再現[されたもの]. ③ (旧東ドイツで:)(経済的な)近代化.

Re·kon·va·les·zent [レコンヴァれスツェント rekənvalɛstsɛ́nt] 男 -en/-en 《医》回復期の病人.

Re·kon·va·les·zenz [レコンヴァれスツェンツ rekənvalɛstsɛ́nts] 女 -/《医》病気からの回復[期].

*der **Re·kord** [レコルト rekɔ́rt] 男 (単) -[e]s/(複) -e (3 格のみ -en) 《ズバ》[最高]記録, レコード. (変 record). Welt*rekord* 世界記録 / ein olympischer *Rekord* オリンピック記録 / einen *Rekord* aufstellen (brechen) 新記録を樹立する(記録を破る) / einen *Rekord* halten (verbessern) 記録を保持する(更新する).

Re·kor·der [レコルダァ rekɔ́rdɐr] 男 -s/- レコーダー, 録音(録画)器. Video*rekorder* ビデオレコーダー.

Re·kord≠hal·ter [レコルト・はるタァ] 男 -s/- 《ズバ》記録保持者.

Re·kord≠ler [レコルトらァ rekɔ́rtlər] 男 -s/- 《口語》《ズバ》記録樹立者.

Re·kord≠zeit [レコルト・ツァイト] 女 -/-en 最高記録タイム, レコードタイム.

Rek·rut [レクルート rekrúːt] 男 -en/-en 《軍》新兵;《比》新参者, 新米.

rek·ru·tie·ren [レクルティーレン rekrutíːrən] I 他 (h) ① (従業員など⁴を)新しく採用する. 《古》(新兵⁴を)徴募する. ② 《A⁴ **aus** B³~》(A⁴(グループなど)を B³ で)編成する, 補充する. II 再帰 (h) 《*sich*⁴ **aus** 人·物³ ~》(人·物³から)編成されている, 補充される. Der Verein *rekrutiert sich* hauptsächlich aus Studenten. その団体は主に学生からなっている.

Rek·ru·tie·rung [レクルティールング] 女 -/-en [新規]採用;新兵徴募.

rek·tal [レクターる rɛktáːl] 形 《医》直腸の.

Rek·ti·on [レクツィオーン rɛktsióːn] 女 -/-en 《言》格支配.

Rek·tor [レクトァ réktər] 男 -s/-en [..トーレン] ① (大学の)学長, 総長. (変 女性形は Rektorin). ② (小・中学校などの)校長. ③ 《カトリック》院長.

Rek·to·rat [レクトラート rɛktoráːt] 匣 -[e]s/-e ① 学長(校長)の職. ② 学長(校長)室.

Re·lais [レれー rəlɛ́ː] [フラ] 匣 [- レれー[ス]]/- [レれース] 《電》継電器, リレー;中継.

Re·la·ti·on [レらツィオーン relatsióːn] 女 -/

-en ① 関係, 関連;《数》関係. die *Relation* zwischen Theorie und Praxis 理論と実践との相互関連. ②《公の》通達, 報告.

*re·la·tiv [レーらティーふ ré:lati:f または レらティーふ] I 形 ① 相対的な, 比較上の; 条件付きの. (⇔ *relative*). (⇔「絶対的な」は absolut). ein *relativer* Wert 相対的価値 / die *relative* Mehrheit 相対(比較)多数. ② 関係の, 関連を表す. ein *relatives* Pronomen 関係代名詞.
II 副 比較的, わりあいに. Er ist *relativ* groß. 彼はわりと背が高い方だ.

re·la·ti·vie·ren [レらティヴィーレン relativí:rən] 他(h) (価値など４を)相対化する.

Re·la·ti·vis·mus [レらティヴィスムス relativísmus] 男 -/《哲》相対主義, 相対論.

Re·la·ti·vi·tät [レらティヴィテート relativité:t] 女 -/-en《ふつう単》相関性; 相対性.

Re·la·ti·vi·täts=the·o·rie [レらティヴィテーツ・テオリー] 女 -/《理》相対性理論.

Re·la·tiv=pro·no·men [レらティーふ・プロノーメン] 中 -s/- (または ..nomina)《言》関係代名詞.

Re·la·tiv=satz [レらティーふ・ザッツ] 男 -es/..sätze《言》関係文[章].

re·la·xen [リれクセン riléksən] (過分 relaxt) 自(h) リラックスする, くつろぐ.

Re·le·ga·ti·on [レれガツィオーン relegatsió:n] 女 -/-en 退学処分.

re·le·gie·ren [レれギーレン relegí:rən] 他(h)(生徒など４を)退学処分にする.

re·le·vant [レれヴァント relevánt] 形 (特定の視点から見て)重要な, 有意義な.

Re·le·vanz [レれヴァンツ reléváns] 女 -/ (特定の視点から見て)重要性.

Re·li·ef [レリえふ reliéf] 中 -s/-s (または -e) ①《美》浮き彫り, レリーフ.《物》³ *Relief*⁴ geben《比》《物》³を際だたせる, 浮き彫りにする. ②《地理》(土地の)起伏; 立体模型地形図.

Re·li·ef=kar·te [レリえふ・カルテ] 女 -/-n《地理》起伏(立体模型)地図.

*die Re·li·gi·on [レリギオーン religió:n] 女《単》-/《複》-en ① 宗教. (⇔ *religion*). die christliche (buddhistische) *Religion* キリスト教(仏教).
②《複 なし》信仰, 信仰心. ein Mensch ohne *Religion* 信仰[心]を持たない人間.
③《複 なし; 冠詞なしで》(学校での)宗教の時間.

Re·li·gi·ons=be·kennt·nis [レリギオーンス・ベケントニス] 中 ..nisses/..nisse 信仰告白.

Re·li·gi·ons=frei·heit [レリギオーンス・フライハイト] 女 -/ 信教の自由.

Re·li·gi·ons=ge·mein·schaft [レリギオーンス・ゲマインシャフト] 女 -/-en 宗教集団.

re·li·gi·ons=los [レリギオーンス・ろース] 形 無宗教の, 宗教を持たない.

Re·li·gi·ons=un·ter·richt [レリギオーンス・ウンタァリヒト] 男 -es/-e 宗教の授業.

*re·li·gi·ös [レリギエース religió:s] 形 ① 宗教の, 宗教に関する, 宗教的な. (⇔ *religious*). eine *religiöse* Bewegung 宗教運動. ② 信心深い, 敬虔(けい)な. ein *religiöser* Mensch 信心深い人.

Re·li·gi·o·si·tät [レリギオズィテート religiosité:t] 女 -/ 信心深いこと, 敬虔(けい); 宗教心.

Re·likt [レリクト relíkt] 中 -[e]s/-e ① 遺物, 残存物. ②《生》残存種. ③《言》遺存語, 残存語.

Re·ling [レーリング ré:lɪŋ] 女 -/-s (または -e)《ふつう単》《海》(船の)手すり, 欄干(らんかん).

Re·li·quie [レリークヴィエ relí:kviə] 女 -/-n《カトリック》聖遺物(聖徒の遺骨・記念物など).

――――― ドイツ・ミニ情報 20 ―――――

宗教 Religion

ドイツの憲法にあたる『基本法』の第４条で信仰の自由を認めているドイツは, これまでさまざまな宗教に対して寛容な態度を示してきたが, オウム真理教がボンに支部をかまえていたことが表面化して以来, 宗教団体の受け入れに慎重になった. アメリカの新興宗教サイエントロジー教団の活動を監視し, 違憲と認められた場合は宗教法人の許可を取り下げる方針だが, アメリカ政府からナチ時代の思想統制と同じだと非難されるなど, 賛否両論がみられる.

国内ではキリスト教徒が最も多く, プロテスタントが 3,000 万人, ローマ・カトリックが 2,800 万人. 住民登録の際に自己申告し, 所得税の 8～9％にあたる教会税の支払義務を負う. 学校では両宗派に分かれて宗教の授業があり, どちらにも属さない子供は倫理の授業を受ける. しかし, 若い世代には教会離れが進んでおり, 教会税の支払いを嫌って棄教する人も少なくない.

経済成長期に外国人労働者を招聘する政策をとった結果, 外国からの移住者が著しく増え, ギリシア正教やイスラム教も重要な宗教団体になった. 現在ドイツには約 170 万人のイスラム教徒が住んでいるが, その多くがトルコ人である. ユダヤ人も戦前は 53 万人がいたが, ナチの迫害にあって 3 万人に減り, 現在はベルリンに約 6,800 人, フランクフルトに約 5,000 人が住んでいる.

Rem·brandt [レンブラント rémbrant] －s/ 《人名》レンブラント (*Rembrandt van Rijn* 1606-1669; オランダの画家).

Re·mi·li·ta·ri·sie·rung [レミリタリズィールング] 囡 －/ 再軍備.

Re·mi·nis·zenz [レミニスツェンツ reministénts] 囡 －/-en ① (大切な)思い出, 回想. ② 連想させるもの; 類似[性].

re·mis [レミー rəmí:] [ラス] 形 (競技・チェスなどが)勝負なし(引き分け)である. Das Spiel endete *remis*. 試合は引き分けに終わった.

Re·mis [レミー] [ラス] 匣 －[レミース]/-[レミース](チェスで: -en [..ゼン]) (競技・チェスなどの)引き分け.

Re·mi·se [レミーゼ rəmí:zə] 囡 －/-n ① 馬車(自動車)置場, 車庫. ② (狩)保護繁殖区.

Re·mit·ten·de [レミッテンデ remiténdə] 囡 －/-n (書籍)(落丁・乱丁本の)返品, 返本.

re·mit·tie·ren [レミティーレン remittí:rən] I 他 (h) ①(落丁本などを)返品する, 返本する. II 自 (h) (医)(病気の徴候)が収まる, (熱が)下がる.

Re·mou·la·de [レムらーデ remulá:də] [ラス] 囡 －/-n 《料理》レムラード(マヨネーズに香辛料を加えたソース).

rem·peln [レンペるン rémpəln] 他 (h) ①《口語》(人⁴をわざと)突きとばす. ②(サッカーで:)(相手⁴に)ショルダーチャージする.

Ren [レン rén または レーン ré:n] 匣 －s/-e [レーネ](または -s) (動)トナカイ.

Re·nais·sance [レネサーンス rənɛsá:s] [ラス] 囡 －/-n [..セン] ①《覆なし》《史》ルネサンス, 文芸復興[期]; ルネサンス様式. (「建築様式」☞巻末付録, 1814ページ). ② 再生, 復活, 復興. die *Renaissance* einer Mode² ある流行の復活.

Re·na·te [レナーテ rená:tə] －[n]s/《女名》レナーテ.

Ren·dez·vous [ランデヴー rɑ̃devú: または ラーンデヴー rɑ̃:devu] [ラス] 匣 －[..ヴー[ス]]/- [..ヴース または ..ヴー[ス]] ①《戯》ランデヴー, デート, 密会. ein *Rendezvous*⁴ verabreden デートの約束をする. ② (宇宙船の)ランデヴー.

Ren·di·te [レンディーテ rɛndí:tə] 囡 －/-n《経》(投下資本の)利回り.

Re·ne·gat [レネガート renegá:t] 男 －en/-en 背教者; (比)(政治上の)変節者, 脱党者.

Re·nek·lo·de [レーネクろーデ re:nəkló:də] 囡 －/-n《植》レーヌクロード(セイヨウスモモの一種).

Re·net·te [レネッテ renétə] 囡 －/-n《植》レネット(小型リンゴの一種).

re·ni·tent [レニテント renitént] 形 反抗的な. ein *renitenter* Schüler 反抗的な生徒.

Renn≈bahn [レン・バーン] 囡 －/-en (モーターレース・競輪・競馬などの)レース場, コース, サーキット.

Renn≈boot [レン・ボート] 匣 －[e]s/-e レース用の[モーター]ボート.

⁑ren·nen* [レンネン rénən] (rannte, ist/hat gerannt) I 自 (完了 sein) ① 走る, 駆ける, 疾走する. (英 run). Warum *rennst* du so schnell? 何をそんなに急いで走っているの / Sie *rannte* rasch nach Hause. 急いで彼女は家へ走って帰った / mit 人³ **um** die Wette *rennen* 人³と競走する.（☞ 類語 laufen).
② 《**an** (または **gegen**) 人·物⁴〜》(人·物⁴)にぶつかる, 衝突する. Er *ist* mit dem Kopf an (または gegen) die Wand *gerannt*.《現在完了》彼は壁に頭をぶつけた.
③《方向を表す語句とともに》《口語》(何かにつけてすぐ…へ)行く, 駆けつける. dauernd **ins** Kino *rennen* しょっちゅう映画に行く / Sie *rennt* wegen jeder Kleinigkeit **zum** Arzt. 彼女はちょっとしたことでも医者に駆けつける.
II 他 (完了 haben)《方向を表す語句とともに》《口語》(人の胸などへ刃物⁴を)突き刺す. 人³ das Messer⁴ **in** den Leib *rennen* 人³の体へナイフを突き刺す.
III 再帰 (完了 haben) ① sich⁴ *rennen* 走って[その結果]…になる. Ich *habe* mich müde *gerannt*. 私は走り疲れた. ② sich³ 物⁴ *rennen*《方向を表す語句とともに》ぶつかって(物⁴)(けがなど)を…へ負う. Ich *habe* mir ein Loch **in** den Kopf *gerannt*. 私はぶつかって頭にけがをした.

Ren·nen [レンネン] 匣 －s/《スポ》レース, 競走; 走ること. Autorennen カーレース / Radrennen 自転車レース / ein *Rennen* mit Hindernissen 障害物競走 / ein *Rennen*⁴ gewinnen (verlieren) 競走に勝つ(負ける) / das *Rennen*⁴ machen《口語・比》(企画などで)成功を収める / Das *Rennen* ist gelaufen.《現在完了》《口語》すべてが終わった, 決着がついた.

Ren·ner [レンナァ rénər] 男 －s/- ① (強い)競走馬. ② (隠語)売れ行き(評判)のよい商品.

Renn≈fah·rer [レン・ふァーラァ] 男 －s/- (自動車などの)レーサー, 自動車競技の選手.

Renn≈jacht [レン・ヤハト] 囡 －/-en レース用ヨット.

Renn≈pferd [レン・プふェーアト] 匣 －[e]s/-e 競走馬.

Renn≈platz [レン・プらッツ] 男 －es/..plätze (自動車などの)競走路, サーキット; 競輪(競馬)場 (=Rennbahn).

Renn≈rad [レン・ラート] 匣 －[e]s/..räder 競走用自転車.

Renn≈sport [レン・シュポルト] 男 －[e]s/ (総称として:)競走スポーツ(オートレース・競馬・競輪など).

Renn≈stall [レン・シュタる] 男 －[e]s/..ställe ① 厩舎(*きゅうしゃ*)所属の競走馬. ② (オートレースなどの)レーシングチーム.

Renn≈stre·cke [レン・シュトレッケ] 囡 －/-n 競走コース(距離).

renn·te [レンテ] ‡rennen (走る)の接2

Renn≈wa·gen [レン・ヴァーゲン] 男 －s/- レーシングカー, 競走用自動車.

Re·nom·mee [レノメー renomé:] 匣 －s/-s《ふつう 単》評判, 名声. ein gutes *Renommee*⁴ haben 評判が良い.

re·nom·mie·ren [レノミーレン renomí:rən]

面 (h) 自慢する; 大言壮語する. **mit** 人・物³ *renommieren* 人・物³ をひけらかす.

re·nom·miert [レノミーァト] I *renommieren* (自慢する)の過分 II 形 名声のある, 評判の良い. ein *renommiertes* Hotel 評判の良いホテル.

re·no·vie·ren [レノヴィーレン renovíːrən] 他 (h)(建物など⁴を)修復する, 改築する,(部屋など⁴を)改装する. eine Wohnung⁴ *renovieren* 住まいをリフォームする.

Re·no·vie·rung [レノヴィールング] 女 -/-en (建物などの)修復, 改装, 修繕.

ren·ta·bel [レンターべル rεntáːbəl] 形 利子を生む; もうかる, 有利な.

Ren·ta·bi·li·tät [レンタビリテート rεntabilitέːt] 女 -/ (経)経済性, 収益性.

die **Ren·te** [レンテ rέnta] 女 (単) -/(複) -n ① 年金, 恩給. (英 *pension*). Alters*rente* 老齢年金 / eine lebenslängliche *Rente* 終身年金 / eine *Rente*⁴ bekommen 年金をもらう / **auf** (または in) *Rente* gehen《口語》年金生活に入る / **auf** (または in) *Rente* sein《口語》年金生活をしている / **von einer kleinen** *Rente* leben わずかな年金で生活する. ②(投資資本から生ずる)利子(地代・家賃など).

Ren·ten⸗emp·fän·ger [レンテン・エンプフェンガァ] 男 -s/- 年金受給者.

Ren·ten⸗ver·si·che·rung [レンテン・フェアズィッヒェルング] 女 -/-en 年金保険.

Ren·ti·er¹ [レンティエー rεntiéː] [ズス] 男 -s/-s ① 金利生活者. ②(古)年金生活者.

Ren·tier² [レン・ティーァ] 中 -[e]s/-e (動)トナカイ (=Ren).

ren·tie·ren [レンティーレン rεntíːrən] 再帰 (h) sich⁴ *rentieren* 利益がある, もうかる;(努力したが)報われる, 割に合う.

Rent·ner [レントナァ rέntnər] 男 -s/- ① 年金生活者. (⚥ 女性形は Rentnerin). ②(古)金利生活者.

Re·or·ga·ni·sa·ti·on [レ・オルガニザツィオーン reˀɔrganizatsió:n] 女 -/-en《ふつう 単》再組織, 再編成; 改造, 改組. die *Reorganisation* der Verwaltung² 管理機構の再編制.

re·or·ga·ni·sie·ren [レ・オルガニズィーレン reˀɔrganizíːrən] 他(h) 再編成する, 改組する.

re·pa·ra·bel [レパラーべル rεparáːbəl] 形 修理可能な, 直せる.

Re·pa·ra·ti·on [レパラツィオーン reparatsió:n] 女 -/-en ①《覆 で》(敗戦国に課せられる)賠償. ②《生・医》(組織・細胞の)修復.

die **Re·pa·ra·tur** [レパラトゥーァ reparatúːr] 女 (単) -/(複) -en 修理, 修繕. (英 *repair*). 物⁴ **in** *Reparatur* geben 物⁴を修理に出す / Schuhe⁴ **zur** *Reparatur* bringen 靴を修理に持って行く.

re·pa·ra·tur⸗be·dürf·tig [レパラトゥーァ・べデュルフティヒ] 形 修繕(修理)の必要な.

Re·pa·ra·tur⸗werk·statt [レパラトゥーァ・ヴェルクシュタット] 女 -/..stätten 修理工場.

re·pa·rie·ren [レパリーレン reparíːrən] (reparierte, *hat*...repariert) 他 (定T) haben) 修理する, 修復する. (英 *repair*). das Fahrrad⁴ *reparieren* 自転車を修理する / die Schuhe⁴ *reparieren lassen* 靴を修理してもらう / Er *hat* das Auto notdürftig *repariert*. 彼は車を応急修理した.

re·pa·riert [レパリーァト] *reparieren* (修理するの) 過分, 3 人称単数・2 人称複数 現在.

re·pa·rier·te [レパリーァテ] *reparieren* (修理する)の過去.

re·pat·ri·ie·ren [レパトリイーレン repatriíːrən] 他 (h) (政・法) (捕虜など⁴を)本国へ送還する; (国籍を失った者⁴に)再び国籍を与える.

Re·per·toire [レペルトアール repertoáːr] [ズス] 中 -s/-s (劇・音楽) レパートリー, 演目. Sein *Repertoire* ist umfangreich. 彼のレパートリーは広い.

re·pe·tie·ren [レペティーレン repetíːrən] I 他 (h) 復習する, 反復練習する. II 自 (h) 落第(留年)する.

Re·pe·tier⸗uhr [レペティーァ・ウーァ] 女 -/-en 時鐘付き懐中時計, リピーター.

Re·pe·ti·tor [レペティートァ repetíːtɔr] 男 -s/-en [..ティートーレン] (特に法学部学生の受験指導のための)補習教師; (劇・音楽) コレペティートル (オペラやミュージカルの独唱者にピアノを弾いてけいこをつける人).

Rep·lik [レプリーク replíːk] 女 -/-en ① 答弁, 反論;(法)再抗弁. ②(美)(原作者自身による)模写, 模作, レプリカ.

Re·port [レポルト repórt] (英) 男 -s/-e ① 報告[書], 報道[記事], レポート. ②(経)順日歩.

Re·por·ta·ge [レポルタージェ reportá:ʒə] [ズス] 女 -/-n ルポルタージュ, 現地報告. eine *Reportage*⁴ schreiben ルポルタージュを書く.

Re·por·ter [レポルタァ repórtər] 男 -s/- (新聞・テレビなどの)報道記者, ルポライター, 通信員. (⚥ 女性形は Reporterin). Sport*reporter* スポーツ記者.

Re·prä·sen·tant [レプレゼンタント reprεzεntánt] 男 -en/-en ① 代表者; 代理人. ② 代議士.

Re·prä·sen·ta·ti·on [レプレゼンタツィオーン reprεzεntatsió:n] 女 -/-en ① 代表[すること]. ②《覆 なし》代表機関. ③ (社交上の)品位[の維持]; 社会的地位を重んじる[ライフ]スタイル.

re·prä·sen·ta·tiv [レプレゼンタティーふ reprεzεntatí:f] 形 ①(政) 代表的, 代議制の. eine *repräsentative* Demokratie 代表制(間接)民主主義. ② 代表の, 代理の; 代表的な, 典型的な. ③ 品位のある, りっぱな; 地位(身分)にふさわしい.

re·prä·sen·tie·ren [レプレゼンティーレン reprεzεntíːrən] I 他 (h) ① 代表する. Sie *repräsentiert* eine führende Firma. 彼女はある一流会社の代表である. ②(軍⁴を)表す; (価値など⁴を)持つ. Das Grundstück *repräsentiert* einen Wert von 400 000 DM. この

地所は40万マルクである. II 自 (h) (地位にふさわしい)りっぱな態度をとる, 体面を保つ. Er *hat* immer ausgezeichnet *repräsentiert*. 〖現在完了〗彼の態度はいつも堂々としていた.

Re·pres·sa·lie [レプㇾサーリェ reprɛsáːliə] 囡 -/-n 〘ふつう複〙報復措置. gegen 囚⁴ *Repressalien*⁴ an|wenden (または ergreifen) 囚⁴ に報復する.

Re·pres·si·on [レプレスィオーン represióːn] 囡 -/-en ① 抑止, 阻止; 抑圧. ② 〘心〙抑圧.

re·pres·siv [レプレスィーふ represíːf] 形 抑圧的な, 抑止的な.

Re·pri·se [レプリーゼ repríːzə] 〘フ〙囡 -/-n ① 〘劇〙再演. ② 〘音楽〙繰り返し, 反復; 再現部. ③ 〘経〙(相場の)回復.

Re·pro·duk·ti·on [レプロドゥクツィオーン reproduktsióːn] 囡 -/-en ① 再生. ② 複写, コピー. ③ 〘美〙複写; 模写. ④ 〘経〙再生産. ⑤ 〘生〙繁殖. ⑥ 〘心〙再生.

re·pro·du·zie·ren [レプロドゥツィーレン reprodutsíːrən] I 他 (h) ① (状況など⁴を)再現する. ② 複製(複刻)する, 複写する. ③ 再生産する. II 〖再帰〗(h) *sich*⁴ *reproduzieren* ① 再現される. ② 〘生〙繁殖する.

Rep·til [レプティーる reptíːl] 中 -s/..tilien [..ティーリェン] 〘動〙爬虫(はちゅう)類.

die **Re·pub·lik** [レプブリーク republíːk] 囡 (単) -/(複) -en 共和国; 共和制[政体]. (英 *republic*). (☞「君主国」は Monarchie. die Bundesrepublik Deutschland ドイツ連邦共和国 / *Republik* Österreich オーストリア共和国.

Re·pub·li·ka·ner [レプブリカーナァ republikáːnər] 男 -s/- ① 共和主義者. (☞ 女性形は Republikanerin). ② (特にアメリカの)共和党員.

re·pub·li·ka·nisch [レプブリカーニッシュ republikáːnɪʃ] 形 ① 共和国の; 共和主義の. ② (特にアメリカの)共和党の.

Re·pu·ta·ti·on [レプタツィオーン reputatsióːn] 囡 -/ 名声, 評判.

Re·qui·em [レークヴィエム réːkviɛm] 中 -s/-s (ラテン: ..quien [..クヴィエン] も) ① 〘カトリック〙死者のためのミサ, レクイエム. ② 〘音楽〙死者のためのミサ曲, レクイエム, 鎮魂曲.

re·qui·rie·ren [レクヴィリーレン rekviríːrən] 他 (h) (軍') 軍目的のために)接収する, 徴発する.

Re·qui·sit [レクヴィズィート rekvizíːt] 中 -[e]s/-en ① 〘ふつう複〙〘劇〙小道具. ② 必要な部品, 付属部品.

Re·qui·si·teur [レクヴィズィテーァ rekvizitǿːr] 男 -s/-e 〘劇〙小道具係.

Re·se·da [レゼーダ rezéːda] 囡 -/..seden 〘植〙モクセイソウ.

Re·sek·ti·on [レゼクツィオーン rezɛktsióːn] 囡 -/-en 〘医〙切除[術]. Magenresektion 胃の切除.

Re·ser·vat [レゼルヴァート rezɛrváːt] 中 -[e]s/-e ① (動植物の)保護地域. ② (原住民の)特別居留地. ③ 〘法〙権利保留.

Re·ser·ve [レゼルヴェ rezɛ́rvə] 囡 -/-n ① 〘ふつう複〙蓄え, 予備[品]. die *Reserven* an Lebensmitteln 食料品の蓄え / offene *Reserven* (帳簿に載せた)正規の予備金 / stille *Reserven* a)(帳簿に載せない)予備金, b)〘口語〙へそくり / 物⁴ *in Reserve* haben (または halten) 物⁴を蓄えておく. ② 〘ふつう複〙〘軍〙予備役, 予備軍, (ㇲポーツ)補欠チーム[選手]. ③ 〘複なし〙控えめな(遠慮がちな)態度; 冷淡な態度. *sich*³ zuviel *Reserve*⁴ auf|erlegen 遠慮しすぎる.

Re·ser·ve·rad [レゼルヴェ・ラート] 中 -[e]s/..räder スペアホイール.

Re·ser·ve·rei·fen [レゼルヴェ・ライフェン] 男 -s/- スペアタイア.

*****re·ser·vie·ren** [レゼルヴィーレン rezervíːrən] (reservierte, hat …reserviert) 他 (完了 haben) (英 *reserve*) ① (ホテル・座席など⁴を)予約する. Er *hat* für mich einen Platz im Zug *reserviert*. 彼は私のために列車の座席を予約してくれた / ein Zimmer⁴ im Hotel *reservieren lassen* ホテルの部屋を予約する. ② (予約済みのものとして)取っておく, 残しておく. *Können* Sie mir den Mantel bis morgen *reservieren*? このコートをあすまで取っておいていただけませんか.

*****re·ser·viert** [レゼルヴィーァト rezervíːrt] I *reservieren (予約する)の過分, 3人称単数・2人称複数 現在

II 形 (英 *reserved*) ① 予約した, 取っておいた. Dieser Tisch ist *reserviert*. このテーブルは予約済みだ. ② 控えめな, 打ち解けない. sich⁴ *reserviert* verhalten 控えめにふるまう, 打ち解けない態度をとる.

re·ser·vier·te [レゼルヴィーァテ] *reservieren (予約する)の過去

Re·ser·vist [レゼルヴィスト rezervíst] 男 -en/-en ① 〘軍〙予備役軍人. ② 〘ㇲポーツ・隠語〙補欠.

Re·ser·voir [レゼルヴォアール rezervoáːr] 〘フ〙中 -s/-e 貯水槽, タンク; 貯え, ストック. Energiereservoir エネルギーの備蓄.

Re·si·denz [レズィデンツ rezidɛ́nts] 囡 -/-en ① (君主・高位聖職者などの)居城, 王宮. (☞ 類語 Burg). ② (君主などの)居住地, 首都.

re·si·die·ren [レズィディーレン rezidíːrən] 自 (h) (君主などが…に)居住する, 城を構えている.

Re·sig·na·ti·on [レズィグナツィオーン rezignatsióːn] 囡 -/-en ① 断念, あきらめ; 諦念(ていねん). ②〘官庁〙〘古〙辞任.

re·sig·nie·ren [レズィグニーレン rezigníːrən] 自 (h) 断念する, あきらめる.

re·sig·niert [レズィグニーァト] I resignieren (断念する)の過分 II 形 あきらめた, 断念した.

re·sis·tent [レズィステント rezistɛ́nt] 形 〘生・医〙抵抗力のある, 耐性の(病原体など).

Re·sis·tenz [レズィステンツ rezistɛ́nts] 囡 -/

-en ① 《生・医》抵抗力, 耐性. ② レジスタンス, 抵抗[運動].

re·so·lut [レゾるート rezolúːt] 形 決然とした, 断固たる, 果敢な.

Re·so·lu·ti·on [レゾるツィオーン rezolutsióːn] 女 -/-en ① 決議; 決議文. eine *Resolution*⁴ entwerfen 決議案を起草する / eine *Resolution*⁴ verabschieden 決議を可決する. ② 《医》(炎症などの)消散.

Re·so·nanz [レゾナンツ rezonánts] 女 -/-en ① 《物・音楽》共鳴, 共振. ② (他人の考えなどに対する)共鳴, 賛成, 反響. *Resonanz*⁴ finden 共鳴を得る / Die *Resonanz* auf diesen Vorschlag war schwach. この提案に対する賛成は少なかった.

Re·so·nanz∥bo·den [レゾナンツ・ボーデン] 男 -s/..böden 《音楽》(楽器の)共鳴板.

re·sor·bie·ren [レゾルビーレン rezɔrbíːrən] 他 (h) 《生・医》吸収する.

Re·so·zi·a·li·sie·rung [レ・ゾツィアりズィールング] 女 -/-en 社会復帰.

resp. [レスペクティーヴェ] 《略》あるいは, または, もしくは (=respektive).

Res·pekt [レスペクト respékt または rɛs..] 男 -[e]s/ ① 尊敬の念, 敬意; 畏敬(けい)[の念]. Wir haben vor dem Lehrer *Respekt*. 私たちは先生を尊敬している / (人)³ *Respekt*⁴ einflößen (人)³に尊敬の念を起こさせる / *Respekt*, *Respekt*! たいしたものだ. ② (印刷面・手紙などの)余白.

res·pek·ta·bel [レスペクターべる respɛktáːbəl または rɛs..] 形 ① 尊敬すべき, りっぱな; 正当と認められる. ② かなりの, 相当の. ein Garten von *respektabler* Größe かなりの大きさの庭園.

res·pek·tie·ren [レスペクティーレン respɛktíːrən または rɛs..] 他 (h) ① 尊敬する, (人⁴に)敬意を表する; (意見・法律など⁴を)尊重する. ② 《経》(手形⁴を)引き受ける.

res·pek·ti·ve [レスペクティーヴェ respɛktíːvə または rɛs..] 副 あるいは, または, もしくは (略: resp.).

res·pekt∥los [レスペクト・ろース] 形 敬意を欠いた, 失敬な, 無礼な.

Res·pekts∥per·son [レスペクツ・ペルゾーン] 女 -/-en 尊敬すべきりっぱな人, 名士.

res·pekt∥voll [レスペクト・ふぉる] 形 うやうやしい, 丁重な.

Res·sen·ti·ment [レサンティマーン rɛsãtimãː] [フス] 中 -s/-s ルサンチマン(無自覚的なねたみ・劣等感などから生じる憎悪などの総称).

Res·sort [レソーァ resóːr] [フス] 中 -s/-s 管轄, 権限; 管轄部局(部門).

der Rest [レスト rést]

> 残り Der *Rest* ist für Sie!
> デァ レスト イスト ふューァ ズィー
> お釣りは取っておいてください。

男 (単2) -es/(複) -e (3格の-en) (スィ:) (複)

-en) ① 残り, 残余. (墺 *rest*). Speise*rest* 食べ残し / ein *Rest* Brot パンの残り / Den *Rest* des Weges gehe ich zu Fuß. 残りの道のりを私は歩いて行く / Von dem Wein ist noch ein *Rest* da. ワインの残りがまだある / Das ist der *Rest* vom Schützenfest. 《口語》残ったのはこれだけだ / einem Tier den *Rest* geben 《口語》動物にとどめを刺す / 人・物³ den *Rest* geben 《口語》人・物³を破滅させる / sich³ den *Rest* holen 《口語》重い病気にかかる / Der *Rest* ist Schweigen. a) あとはもう何も言わぬ(ハムレットの言葉), b) もうこれについては何も言わないからいい.
② 《ふつう 複》遺跡, 遺物. fossile *Reste* 化石化した遺物.
③ 《(割り算の)剰余, 余り; 《化》[残]基.
④ 《履 -er も》《商》売れ残り, 半端物.

*das Restaurant [レストラーン rɛstorá:] [フス] 中 (単2) -s/(複) -s レストラン, 料理店. (墺 *restaurant*). ein italienisches *Restaurant* イタリアンレストラン / im *Restaurant* essen レストランで食事をする / ins *Restaurant* gehen レストランに行く.

《類語》 das **Restaurant**: (比較的高級でモダンな)レストラン. die **Gaststätte**: 飲食店[兼ホテル]. das **Gasthaus**: (飲食店を兼ねた小規模の)旅館, 宿屋. das **Lokal**: 飲食店, 居酒屋.

Res·tau·ra·ti·on [レスタオラツィオーン restauratsióːn または rɛs..] I 女 -/-en ① (美術品・建物などの)修復, 復元. ② 《政》(旧体制の)復活; 王制復古. II 中 -/-en (オストリア) レストラン.

res·tau·ra·tiv [レスタオラティーふ restaurati:f または rɛs..] 形 復古的な, 旧体制復活を目指す.

Res·tau·ra·tor [レスタオラートァ restauráːtor または rɛs..] 男 -s/-en (..ラトーレン) (美術品などの)修復技術者.

res·tau·rie·ren [レスタオリーレン restauríːrən または rɛs..] I 他 (h) ① (美術品⁴などを)修復する, 補修する. ② (旧体制⁴を)復活させる; 復興させる. II 再帰 (h) *sich*⁴ *restaurieren* 《戯》元気を回復する.

Rest∥be·stand [レスト・ベシュタント] 男 -[e]s/..stände (在庫品などの)残部, 残高.

Rest∥be·trag [レスト・ベトラーク] 男 -[e]s/..träge 残額, 残高.

rest·lich [レストりヒ] 形 《付加語としてのみ》残りの, 残った, 余った. das *restliche* Geld 余ったお金.

rest∥los [レスト・ろース] I 副 残らず, 全部, すっかり. Die Eintrittskarten waren *restlos* ausverkauft. 入場券は残らず売り切れていた. II 形 残りのない, 全部の, 徹底的な.

Rest∥pos·ten [レスト・ポステン] 男 -s/- 《商》売れ残り品, 残品.

Res·trik·ti·on [レストリクツィオーン restriktsióːn または rɛs..] 女 -/-en ① 制限, 抑制.

② 《言》(接続詞などの)制限. ③ (経済の)引き締め.

Re·sul·tat [レズるタート rezultá:t] 中 -[e]s/-e ① 結果, 成果. die neuesten *Resultate* der Forschung[2] 研究の最新の成果. ② 《数》解答. das *Resultat* einer Rechenaufgabe[2] 計算問題の解答.

re·sul·tie·ren [レズるティーレン rezultí:rən] 自 (h) ① 〖**aus** 事[3]~〗(事[3]から)結果として生じる. Dieser Erfolg *resultiert* **aus** seinem ständigen Fleiß. この成功は彼のたゆまぬ努力のたまものである. ② 〖**in** 事[3]~〗(事[3]という)結果に終わる.

Re·sü·mee [レズュメー rezymé:] 中 -s/-s 要約, 要旨, レジュメ; (総括的な)結論, 要点. ein *Resümee* in deutscher Sprache ドイツ語のレジュメ / das *Resümee*[4] ziehen 総括する / Er gab ein kurzes *Resümee* des Vortrags. 彼は講演の要旨を述べた.

re·sü·mie·ren [レズュミーレン rezymí:rən] 他 (h) 要約する, (物[4]の)要旨を述べる. einen Vortrag *resümieren* 講演を要約する.

re·tar·die·ren [レタルディーレン retardí:rən] 他 (h) (発達など[4]を)遅らせる.

Re·tor·te [レトルテ retórtə] 女 -/-n 《化》レトルト, 蒸留器. aus der *Retorte* 《口語》(ふつう軽蔑的に:)人工の, 人工的につくられた.

Re·tor·ten⹀ba·by [レトルテン・ベービ] 中 -s/-s 《隠語》試験管ベビー.

re·tour [レトゥーァ retú:r] 《方》副 《スイス・オストリア》戻って, 帰って. eine Fahrkarte hin und *retour* 往復切符.

Re·tour⹀kut·sche [レトゥーァ・クッチェ] 女 -/-n 《口語》(非難などに対する)しっぺ返し, (売り言葉に対する)買い言葉.

✱**ret·ten** [レッテン rétən] du rettest, er rettet (rettete, hat...gerettet) I 他 (定了 haben) (人・物[4]を)救う, 救助する, 助ける; (文化財など[4]を)守る. (英 save). 人[3] das Leben[4] *retten* 人[3]の命を救う / Der Arzt konnte sie nicht mehr *retten*. 医者は彼女をもう救えなかった / 人[4] aus einem brennenden Wagen *retten* 人[4]を燃えている車の中から救い出す / 人[4] vor dem Ertrinken *retten* 人[4]がおぼれそうになっているのを救助する / Bist du noch zu *retten*? 《口語》君は気は確かか(←まだ救いようがあるのか) / das Gemälde[4] *retten* (損傷・遺失などから)絵画を守る. ◇《現在分詞の形で》ein *rettender* Gedanke 打開案.
II 再帰 (定了 haben) sich[4] *retten* 助かる, 逃れる, 脱出する. sich[4] aufs Dach *retten* 屋根の上に逃げる / Er *rettete* sich ins Ausland. 彼は外国へ脱出した / *Rette* sich, wer kann! 《戯》逃げるが勝ちだ(←逃げられる者は逃げよ) / Sie *kann* sich vor Anrufen kaum noch *retten*. 彼女は電話がうるさくかかってきて困り果てている.

Ret·ter [レッタァ rétər] 男 -s/- 救助者, 救い主. (⚥ 女性形は Retterin). *Retter* in der Not 困ったときの助け舟.

ret·te·te [レッテテ] ✱retten (救う)の過去

Ret·tich [レティヒ rétiç] 男 -s/-e 《植》ダイコン(大根).

✱**die Ret·tung** [レットゥング rétuŋ] 女 (単) (複) -en ① 救助, 救出; 救援, 救護. (英 *rescue*). 人[3] *Rettung*[4] bringen 人[3]を救助する / auf *Rettung* hoffen 救助を期待している / Das ist meine letzte *Rettung*. 《口語》これは私の最後の頼みの綱だ. ② (文化財などの)保護. ③ 《オストリア》救助隊; 救急車.

Ret·tungs⹀boot [レットゥングス・ボート] 中 -[e]s/-e 《海》救助艇, (船に備えつけの)救命ボート.

Ret·tungs⹀dienst [レットゥングス・ディーンスト] 男 -[e]s/-e ① 《複 なし》救助作業(活動). ② 救助隊.

Ret·tungs⹀gür·tel [レットゥングス・ギュルテる] 男 -s/- 救命帯, ライフベルト.

ret·tungs⹀los [レットゥングス・ろース] I 形 助かる見込みのない, 絶望的な. II 副《口語》どうしようもない, ひどく.

Ret·tungs⹀mann·schaft [レットゥングス・マンシャふト] 女 -/-en 救助隊.

Ret·tungs⹀ring [レットゥングス・リング] 男 -[e]s/-e 救命浮き輪.

Ret·tungs⹀schwim·men [レットゥングス・シュヴィメン] 中 -s/ 人命救助泳法.

Ret·tungs⹀wa·gen [レットゥングス・ヴァーゲン] 男 -s/- 救助用車両, 救急車.

Ret·tungs⹀wes·te [レットゥングス・ヴェステ] 女 -/-n 救命胴衣.

Re·tu·sche [レトゥッシェ retúʃə] 女 -/-n 《写・印》(写真などの)修整; 修整箇所.

re·tu·schie·ren [レトゥシーレン retuʃí:rən] 他 (h) (写真など[4]を)修整する.

Reue [ロイエ rɔ́yə] 女 (単) 後悔, 悔恨. keine *Reue*[4] zeigen 改悛(しゅん)の色がない / über 事[4] tiefe *Reue*[4] empfinden 事[4]を深く後悔する.

✱**reu·en** [ロイエン rɔ́yən] (reute, hat...gereut) 他 (定了 haben) (人[4]を)**後悔させる**, 悔やませる. Die Tat *reut* ihn. 彼はそれをしたことを後悔している / Das Geld *reut* mich. 私はそのお金を使うんじゃなかった / *Reut* es dich, mitgefahren zu sein? 君はいっしょに行ったことを後悔しているの.

reu·e⹀voll [ロイエ・ふォる] 形 《雅》後悔の念に満ちた, ひどく悔やんでいる.

Reu⹀geld [ロイ・ゲるト] 中 -[e]s/-er ① 《法》違約(解約)金. ② (競馬で出走とり消しのとき馬主が払う)賠償金.

reu·ig [ロイイヒ rɔ́yiç] 形 《雅》後悔している, 改悛(しゅん)した. ein *reuiger* Sünder 改悛した罪人.

reu·mü·tig [ロイ・ミューティヒ] 形 後悔している, 悔やんでいる.

Reu·se [ロイゼ rɔ́yzə] 女 -/-n ① 《漁》やな. ② 《狩》(鳥の)わな.

reu·te [ロイテ] ✱reuen (後悔させる)の過去

Reu·ter [ロイタァ rɔ́ytər] 《姓》-s/-s ロイター.

Re·van·che [レヴァーンシュ (..シェ) revã:ʃ[ə]] [ラスン] 囡 -/-n [..シェン] ① (軍事的な)報復. ② 復讐(ﾌﾂしゅう). ③ 返礼, お礼. ④ (ｽﾎﾟ) リターンマッチ, 雪辱[戦].

Re·van·che·spiel [レヴァーンシュ・シュピーる] 中 -[e]s/-e (ｽﾎﾟ) リターンマッチ, 雪辱戦.

re·van·chie·ren [レヴァンシーレン revãʃí:rən] 再帰 (h) *sich*[4] *revanchieren* 《口語》《*sich*[4] *für* 事[4] ~》(事[4]に対して)報復(仕返し)をする. (事[4]に対して感謝の)お返しをする. ② 《ｽﾎﾟ》雪辱を遂げる.

Re·van·chis·mus [レヴァンシスムス revãʃísmus] 男 -/ 《政》報復主義.

Re·ve·renz [レヴェレンツ reveréns] 囡 -/-en ① 敬意, 尊敬の念. 人[3] seine *Reverenz*[4] erweisen 人[3]に敬意を表す. ② おじぎ, 敬礼.

Re·vers I [レヴェーァ revé:r または revé:r] [ラスン] 中 (ﾌｧｯｼｮﾝ: 男) - [レヴェーァ[ス]] /- [レヴェァース revérs] 男 -es/-e (貨幣メダルの) (背広・コートなどの襟の)折り返し. II [レヴェルス revérs] 男 -es/-e (貨幣メダルの)裏面. III [レヴェルス] 男 -es/-e 《商》債務証書.

re·vi·die·ren [レヴィディーレン revidí:rən] 他 (h) ① 検査する, 監査する. ② 訂正(修正)する; 改訂する. seine Meinung[4] *revidieren* 考えを改める. ◇《過去分詞の形で》die *revidierte* Auflage eines Buches ある本の改訂版.

Re·vier [レヴィーァ reví:r] 中 -s/-e ① 区域, 管区; 警察署[管内]; 猟区; 営林区; 鉱区. ② 《動》(動物などの)なわばり. ③ 《軍》営内医務室.

Re·view [リヴュー rivjú:] 《英》囡 -/-s 展望, 概観 (英語圏の雑誌名として多く用いられる).

Re·vi·si·on [レヴィズィオーン revizió:n] 囡 -/-en ① 検査, 監督; 点検. ② 《印》最終校正, 念校. ③ (見解などの)変更, 修正. eine *Revision* seiner Meinung[2] 彼の意見の修正. ④ 《法》上告. *Revision*[4] ein|legen 上告する.

Re·vi·si·o·nis·mus [レヴィズィオニスムス revizionísmus] 男 -/ ① 《政》改正論, 修正論. ② (特にマルクス主義で:)修正主義.

Re·vi·sor [レヴィーゾァ reví:zɔr] 男 -s/-en [レヴィゾーレン] ① (帳簿の)検査官, 監査人. ② (最終校正の)担当者.

Re·vol·te [レヴォるテ revólte] 囡 -/-n 反乱, 暴動. eine *Revolte*[4] machen 暴動を起こす.

re·vol·tie·ren [レヴォるティーレン revoltí:rən] 自 (h) 反乱(暴動)を起こす; 反抗する. gegen 人・事[4] *revoltieren* 人・事[4] に対して反抗する.

* *die* **Re·vo·lu·ti·on** [レヴォるツィオーン revolutsió:n] 囡 (単) -/(複) -en (※) *revolution*) ① 革命; 革命的な変革. die Französische *Revolution* 《史》フランス革命 / die industrielle *Revolution* 産業革命 / die *Revolution* in der Mode モードの革命 / Eine *Revolution* bricht aus. 革命が起こる. ② 《天》《古》公転.

* **re·vo·lu·ti·o·när** [レヴォるツィオネーァ revolutsioné:r] 形 《英》*revolutionary*) ① 革命の. eine *revolutionäre* Bewegung 革命運動. ② 革命的な, 画期的な. eine *revolutionäre* Entdeckung 画期的な発見.

Re·vo·lu·ti·o·när [レヴォるツィオネーァ] 男 -s/-e ① 革命家. (ﾌｪﾐ 女性形は Revolutionärin). ② 革命的な人, 革新者.

re·vo·lu·ti·o·nie·ren [レヴォるツィオニーレン revolutsioní:rən] 他 (h) (事[4]に)革命[的]変革をもたらす.

Re·vo·luz·zer [レヴォるッツァァ revolútsər] 男 -s/- (軽蔑的に:)えせ革命家.

Re·vol·ver [レヴォるヴァァ revólvər] 《英》男 -s/- ① 回転式連発ピストル; リボルバー. ② 《工》(機械の)回転部分.

Re·vol·ver·blatt [レヴォるヴァァ・ブらット] 中 -[e]s/..blätter 俗悪新聞, スキャンダル紙.

Re·vue [レヴュー revý: または ra..] [ラスン] 囡 -/-n [レヴューエン] ① 《劇》レビュー. (雑誌のタイトルの一部として:) 評論雑誌, 総合雑誌. ③ 《古》《軍》閲兵. 人・物[4] *Revue* passieren lassen 《比》人・物[4]を次々に思い浮かべる.

Re·zen·sent [レツェンゼント retsɛnzént] 男 -en/-en (書物・映画などの)批評家, 評論家.

re·zen·sie·ren [レツェンズィーレン retsɛnzí:rən] 他 (h) 批評する, 論評する. Bücher[4] *rezensieren* 本の批評をする.

Re·zen·si·on [レツェンズィオーン retsɛnzió:n] 囡 -/-en ① 書評, 批評. ② (異本のあるテクストなどの)校訂.

* *das* **Re·zept** [レツェプト retsépt] 中 (単2) -[e]s/(複) -e (3格のみ -en) ① (医者の)処方箋(せん). (※) *prescription*). ein *Rezept*[4] schreiben 処方箋を書く. ② 料理の手引き, レシピ (=Koch*rezept*). nach *Rezept* kochen レシピどおりに料理する. ③ 《口語・比》対策, 解決法. Dafür gibt es kein *Rezept*. それには打つ手がない.

re·zept‧frei [レツェプト・ふライ] 形 (薬が)処方箋(ｾﾝ)なしで入手できる.

Re·zep·ti·on [レツェプツィオーン retsɛptsió:n] 囡 -/-en ① (思想・文化の)受け入れ, 受容. ② (芸術・文学作品などの)受容. die *Rezeption* eines Romans ある小説の受容. ③ (ホテルなどの)フロント, 受付. Bitte bei der *Rezeption* melden! フロントにお申し出ください.

re·zept‧pflich·tig [レツェプト・ぷふりヒティヒ] 形 (薬が)処方箋(ｾﾝ)の必要な.

Re·zes·si·on [レツェスィオーン retsɛsió:n] 囡 -/-en 《経》景気後退.

re·zes·siv [レツェスィーふ retsɛsí:f] 形 ① 《生》劣性の. ② (経) 景気後退の.

re·zi·pie·ren [レツィピーレン retsipí:rən] 他 (h) (芸術作品・外国の文化など[4]を)受容する, 受け入れる.

re·zip·rok [レツィプローク retsipró:k] 形 ① 相互の, 相関の. *reziprokes* Pronomen 《言》相互代名詞. ② 《数》相反の, 逆の.

Re·zi·ta·ti·on [レツィタツィオーン retsita-

tsió:n] 〚女〛 -/-en (詩・歌の)朗読, 朗詠.
Re-zi-ta-tiv [レツィタティーふ retsitatí:f] 〚中〛 -s/-e [..ヴェ] 《音楽》レチタティーヴォ, 叙唱.
Re-zi-ta-tor [レツィタートァ retsitá:tɔr] 〚男〛 -s/-en [..タトーレン] (詩・歌などの)朗読者, 朗詠者.
re-zi-tie-ren [レツィティーレン retsití:rən] 〚他〛 (h) (詩・歌など[4]を)朗読する, 朗唱する.
R-Ge-spräch [エル・ゲシュプレーヒ] 〚中〛 -[e]s/-e 料金受信人払い通話, コレクトコール (= **Rückfrage-Gespräch**).
Rh [エル・ハー] 《化・記号》ロジウム (=**Rhodium**).
Rha-bar-ber [ラバルバァ rabárbər] 〚男〛 -s/- 《植》ダイオウ(薬用植物).
Rhap-so-de [ラプソーデ rapsó:də または ..ソーデ ..zó:də] 〚男〛 -n/-n (古代ギリシアの)吟遊詩人.
Rhap-so-die [ラプソディー rapsodí: または ..ソディー ..zodí:] 〚女〛 -/-n [..ディーエン] ① (吟遊詩人が吟唱する)叙事詩, (特にシュトルム・ウント・ドラング時代の)狂想詩. ② 《音楽》狂詩曲, ラプソディー.
* *der* **Rhein** [ライン ráɪn] 〚男〛 (単2) -[e]s/《定冠詞とともに》《川名》ライン川(略: Rh.) (スイスに源を発し, フランスとの国境からドイツを流れ, オランダを経て北海に注ぐ川. 全長 1320 km).(英 *Rhine*).
[der] Vater *Rhein* 父なるライン / am *Rhein* ライン河畔で.
der **Rhein-fall** [ライン・ふぁる ráɪn-fal] 〚男〛 -[e]s/《定冠詞とともに》《地名》ライン瀑布(ばくふ)(スイスのシャフハウゼン近くにあるライン川の滝.落差 24 m).
der (*das*) **Rhein-gau** [ライン・ガオ ráɪn-gau] 〚男〛 (方: 〚中〛) -[e]s/《定冠詞とともに》《地名》ラインガウ(ドイツ, ヘッセン州. ライン川右岸のぶどう栽培のさかんな丘陵地帯).
Rhein-hes-sen [ライン・ヘッセン ráɪn-hɛsən] 〚中〛 -s/《地名》ラインヘッセン(ドイツ, ラインラント・プファルツ州のヴォルムスからビンゲンにいたる丘陵地帯. ワインの産地として有名).
rhei-nisch [ライニッシュ ráɪnɪʃ] 〚形〛 ライン[川・地方]の.
das **Rhein-land** [ライン・らント ráɪn-lant] 〚中〛 -[e]s/《定冠詞とともに》《地名》ラインラント(旧プロイセンのライン州の俗称. 1946 年ノルトライン・ヴェストファーレン, ラインラント・プファルツ両州に分割された).
die **Rhein-lan-de** [ライン・らンデ ráɪn-landə] 〚複〛《定冠詞とともに》《地名》ラインランデ(ライン川沿岸のフランク族の居住地).
Rhein-län-der [ライン・れンダァ ráɪn-lɛndər] 〚男〛 -s/- ① ライン[川沿岸]地方の住民(出身者). (英 女性形は Rheinländerin). ②《音楽》ライン・ポルカ(2/4 拍子の舞踏).
rhein-län-disch [ライン・れンディッシュ ráɪn-lɛndɪʃ] 〚形〛 ラインラントの.
Rhein-land-Pfalz [ラインらント・プふぁるツ ráɪnlant-pfálts] 〚中〛 -/《地名》ラインラント・プファルツ(ドイツ 16 州の一つ. 州都はマインツ: ☞ 地図 C−3∼4).

Rhein=wein [ライン・ヴァイン] -[e]s/-e ラインワイン(ライン川流域で産する白ワイン).
Rhe-ni-um [レーニウム ré:nium] 〚中〛 -s/《化》レニウム(記号: Re).
Rhe-to-rik [レトーリク retó:rɪk] 〚女〛 -/-en ①《ふつう 単》修辞学; 雄弁術. ② 修辞学の教本.
Rhe-to-ri-ker [レトーリカァ retó:rikər] 〚男〛 -s/- 修辞学者; 雄弁家. (英 女性形は Rhetorikerin).
rhe-to-risch [レトーリッシュ retó:rɪʃ] 〚形〛 ① 修辞学の, 修辞的な; 弁舌の. eine *rhetorische* Frage 修辞疑問(返事を期待しない問い). ② 美辞麗句を並べた, おおげさな.
Rheu-ma [ロイマ rɔ́ʏma] 〚中〛 -s/《口語》リューマチ (=**Rheumatismus**)
Rheu-ma-ti-ker [ロイマーティカァ rɔʏmá:tikər] 〚男〛 -s/-《医》リューマチ患者.
rheu-ma-tisch [ロイマーティッシュ rɔʏmá:tɪʃ] 〚形〛《医》リューマチ[性]の; リューマチにかかっている.
Rheu-ma-tis-mus [ロイマティスムス rɔʏmatísmus] 〚男〛 -/..tismen 《医》 リューマチ. an *Rheumatismus* leiden リューマチをわずらっている.
Rhi-no-ze-ros [リノーツェロス rinó:tserɔs] 〚中〛 - (または ..rosses)/..rosse ①《動》サイ(犀). ②《俗》のろま, ばか.
Rho-di-um [ローディウム ró:dium] 〚中〛 -s/《化》ロジウム(記号: Rh).
Rho-do-dend-ron [ロドデンドロン rododéndrɔn] 〚中〛 〚男〛 -s/..dodendren《植》シャクナゲ.
rhom-bisch [ロンビッシュ rómbɪʃ] 〚形〛 ひし形の.
Rhom-bus [ロンブス rómbus] 〚男〛 -/Rhomben 《数》ひし形, 斜方形, 菱形(りょうけい).
Rhyth-men [リュトメン] ***Rhythmus** (リズム) の〚複〛
Rhyth-mik [リュトミク rýtmɪk] 〚女〛 -/ ① 律動性. ② リズム法; 律動学. ③《教》リトミック, リズム体操.
rhyth-misch [リュトミッシュ rýtmɪʃ] 〚形〛 ① リズミカルな, 律動的な. ein *rhythmischer* Tanz リズミカルな踊り. ② リズムの, リズムに関する. *rythmisches* Gefühl[4] haben リズム感がある.
* *der* **Rhyth-mus** [リュトムス rýtmus] 〚男〛 (単2) -/(複) Rhythmen ①《音楽・詩学》リズム, 律動, (詩の)韻律;《言》リズム. (英 *rhythm*). ein schneller *Rhythmus* 速いリズム / freie *Rhythmen* 自由律[の詩形]. ② 周期的反復. der *Rhythmus* der Jahreszeiten[2] 季節の移り変わり.
Ri-chard [リヒャルト ríçart] -s/《男名》リヒャルト.
Richt=an-ten-ne [リヒト・アンテンネ] 〚女〛 -/-n 《放送》指向性アンテナ, ビームアンテナ.
Richt=blei [リヒト・ブらイ] 〚中〛 -[e]s/-e《建》測鉛.

rich·ten [リヒテン ríçtən] du richtest, er richtet (richtete, hat...gerichtet) **I** 他 (完了 haben) ① 『方向を表す語句とともに』(人・物⁴を…へ)向ける. (英 direct). das Fernrohr⁴ auf 物⁴ richten 望遠鏡を物⁴に向ける / das Schiff⁴ nach Norden richten 船の進路を北に向ける / Sie richtete ihre Blicke zum Himmel. 彼女は視線を空に向けた / 人・物⁴ zugrunde richten 《比》人・物⁴を破滅させる.
② 『物⁴ an 人・物⁴~』(物⁴(願い・発言などを) 人・物⁴に)向ける. eine Bitte⁴ (eine Frage⁴) an 人・物⁴ richten 人・物⁴に依頼(質問)する / Der Brief war an dich gerichtet. 《状態受動・過去》その手紙は君にあてられたものだった. ③ まっすぐにする, 直す; (時計・望遠鏡など⁴を)合わせる, 調節する. einen Knochenbruch richten 骨折箇所をまっすぐにする / die Antenne⁴ richten アンテナを調整する / Er richtet seine Uhr nach der Bahnhofsuhr. 彼は時計を駅の時計に合わせる. ④ 立てる;(家⁴の)棟上げをする. einen Mast richten マストを立てる. ⑤ 《南ド・オストリ・ス1》(きちんと)整える;用意する. sich³ den Schlips richten ネクタイを締め直す / 人³ das Essen⁴ richten 人³に食事の用意をする / die Betten⁴ für die Gäste richten 客のためにベッドを用意する. ◊『再帰的に』sich⁴ richten 身支度をする. ⑥ 《雅》処刑する.
II 再帰 (完了 haben) sich⁴ richten ① 『方向を表す語句とともに』(視線・光などが…に)向けられる; 《比》(批判などが…へ)向けられる. Ihre Augen richteten sich auf mich. 彼女の視線は私に向けられた / Seine Kritik richtete sich gegen die Politik der Regierung. 彼の批判は政府の政策に向けられた.
②『sich nach 人・事³~』(人・事³に)従う, 合わせる;《軍》左右される. Ich richte mich nach dir (deinen Wünschen). ぼくは君(君の希望)に従うよ / Das richtet sich nach dem Wetter. それは天気しだいだ. ③ 身を起こす, 立ち上がる. Der Kranke konnte sich nur mühsam in die Höhe richten. 病人はやっとのことで身を起こした.
III 自 (完了 haben) 《雅》判決を下す, 裁く. über 人・事⁴ richten 人・事⁴を裁く.

*der **Rich·ter** [リヒタァ ríçtɐr] 男 (単2) -s/(複) - (3格のみ -n) ① 裁判官, 判事. (英 judge). (⇔ 女性形は Richterin). ein gerechter Richter 公正な裁判官 / 人⁴ vor den Richter bringen 人⁴を訴える(← 裁判官の前に連れて来る) / Wo kein Kläger ist, da ist auch kein Richter. 《ことわざ》まかぬ種は生えぬ(←訴訟人がいなければ裁き手もいらない). ② 裁く人, 審判者. der höchste Richter 《比》神(←最高の審判者).

Rich·ter=amt [リヒタァ・アムト] 中 -[e]s/ 裁判官の職[censored].
rich·ter·lich[リヒタァリヒ]形裁判官の;裁判[所]の, 司法の. die richterliche Gewalt 司法権.
Rich·ter=spruch [リヒタァ・シュプルフ] 男

-[e]s/..sprüche 判決.
Rich·ter=stuhl [リヒタァ・シュトゥール] 男 -[e]s/ 裁判官(判事)の職[席].
rich·te·te [リヒテテ] ‡richten (向ける) 過去
Richt=fest [リヒト・フェスト] 中 -[e]s/-e 《建》(新築家屋の)上棟式.
Richt=ge·schwin·dig·keit [リヒト・ゲシュヴィンディヒカイト] 女 -/-en (アウトバーンでの)標準速度.

‡**rich·tig** [リヒティヒ ríçtiç]

> 正しい　Ja, das ist *richtig*!
> ヤー　ダス　イスト　リヒティヒ
> ええ, そのとおりです.

I 形 ① 正しい, 正確な. (英 right). (⇔「間違った」は falsch). eine *richtige* Aussprache (Lösung) 正しい発音(正解) / der *richtige* Weg nach Bonn 間違いなくボンへ通じている道 / [Sehr] *richtig*!(あいづちを打って:)そのとおり / Die Antwort ist *richtig*. その答えは正しい / Ich finde das nicht *richtig*. 私はそれは正しくないと思う / der *richtige*? このとおりでしょうか / Die Uhr geht *richtig*. 時計は正確に動いている. ◊『名詞的に』das *Richtige*⁴ treffen《比》的を射る.(⇒ 類語 genau).
② 適切な. Er kam gerade im *richtigen* Augenblick. 彼はちょうどよい時に来た / der *richtige* Mann am *richtigen* Platz そのポストにうってつけの男. ◊『名詞的に』Für diese Arbeit ist sie die *Richtige*. 彼女はこの仕事にうってつけの人だ.
③ 本式の, まともな. ein *richtiger* Beruf まともな職業 / Das ist ein *richtiger* Winter. まさに冬らしい冬だ / Er ist nicht ganz *richtig* im Kopf.《口語》彼は少々頭がおかしい / Unser Nachbar ist *richtig*. 私たちの隣人はつきあいやすい人だ(← まともな人). ◊『名詞的に』Ich habe schon lange nichts *Richtiges* mehr gegessen. 私はもう長い間まともな食事をとっていない.
④ 本当の, 本物の. Das ist nicht ihr *richtiger* Name. それは彼女の本名ではない / Er ist ihr *richtiger* Sohn. 彼は彼女の実の息子だ.
II 副 ①《口語》とても, 非常に. Er war *richtig* froh. 彼はとても喜んでいた.
② 実際に, [あきれたことに] 本当に. Er hat es doch *richtig* wieder vergessen. 彼は案の上それをまた忘れてしまった.

新ח
rich·tig ge·hend (時計が)正確な, 合っている. (⇔ richtiggehend は「本当の」を意味する).
rich·tig lie·gen『mit 事・物³ ~ ~』a) (軍³(推測など)が)間違っていない, 正しい, b) (物³が)期待どおりである.
rich·tig ma·chen 《口語》(勘定など⁴を)支払う, 清算する.
rich·tig stel·len (誤りなど⁴を)訂正する, 正す.

richtiggehend

類語 **richtig**: (論理的間違い・矛盾を含んでいないという意味で)正しい. **recht**: (目的にかなう適切な状態にあるという意味で)正しい. Es steht alles am *rechten* Ort. すべてのものがあるべき場所にある. **gerecht**: (規則・法則に基づいている意味で)正しい. Das Urteil ist *gerecht*. その判断は正しい.

....

rich·tig‖ge·hend[1] [リヒティヒ・ゲーエント] 形 本当の, まぎれもない.

rich·tig‖ge·hend[2] 形 (新形) richtig gehend (正確な) ☞ richtig

* *die* **Rich·tig·keit** [リヒティヒカイト] ríçtiçkaıt] 女 (単) -/ 正しさ, 正確さ; 本物であること. (英 correctness). die *Richtigkeit* einer Rechnung[2] 計算の正しさ.

rich·tig‖lie·gen* 自 (h) (新形) richtig liegen) ☞ richtig

rich·tig‖ma·chen 他 (h) (新形) richtig machen) ☞ richtig

rich·tig‖stel·len 他 (h) (新形) richtig stellen) ☞ richtig

Rich·tig·stel·lung [リヒティヒ・シュテるング] 女 -/-en 訂正, 直し.

Richt·li·nie [リヒト・リーニエ] 女 -/-n 《ふつう 複》(当局が定める)方針, 原則, 要綱.

Richt‖platz [リヒト・プらッツ] 男 -es/..plätze 刑場.

Richt‖preis [リヒト・プライス] 男 -es/-e (経) 公定(標準)価格; (生産者の)希望価格.

Richt‖scheit [リヒト・シャイト] 中 -[e]s/-e (ﾄﾘｯｸ・ｽﾞｺ: -er)(建) 水準器付きの直定規.

Richt‖schnur [リヒト・シュヌーァ] 女 -/-en ① (建) 錘糸(おもりいと); 墨縄(すみなわ). ② 《ふつう 単》《比》規範, 規準; 指針.

Richt‖stät·te [リヒト・シュテッテ] 女 -/-n (雅) 刑場.

Richt‖strah·ler [リヒト・シュトラーらァ] 男 -s/- (放送)(送信用の)ビームアンテナ.

* *die* **Rich·tung** [リヒトゥング ríçtuŋ]

方向

Fahren Sie in *Richtung* Bonn!
ふぁーレン ズィー イン リヒトゥング ボン
(タクシーで:)ボンの方向へやってください.

女 (単) -/(複) -en ① 方向, 方角; 進路. (英 direction). Fahrt*richtung* (車の)進行方向 / die *Richtung* eines Flusses 川の流れの方向 / die *Richtung*[4] ändern 方向を変える / [人]3 die *Richtung*[4] zeigen [人]3に進路を示す / **aus** allen *Richtungen* 四方八方から / **in** *Richtung* [auf] Berlin ベルリンの方向へ / in nördliche[r] *Richtung* fahren 北の方へ行く.
② 傾向, すう勢; 主義, 見解. eine politische *Richtung* 政治上の路線(見解) / die vielfältigen *Richtungen* in der Kunst 芸術における多様な傾向 / [事]3 eine bestimmte *Richtung*[4] geben [事]3に一定の方針(方向)を与える.

rich·tung‖ge·bend [リヒトゥング・ゲーベント] 形 方針を示す, 方向を与える.

Rich·tungs‖an·zei·ger [リヒトゥングス・アンツァイガァ] 男 -s/- (ﾇｽﾞ)(官庁) 方向指示器.

rich·tung‖wei·send [リヒトゥング・ヴァイゼント] 形 方向を示す, 方針を示す.

Richt‖wert [リヒト・ヴェーァト] 男 -[e]s/-e 標準(基準)値(価格).

Ri·cke [リッケ ríka] 女 -/-n (動)ノロジカの雌.

rieb [リープ] *reiben (こする)の 過去

rie·be [リーベ] *reiben (こする)の 接2

rie·chen [リーヒェン ríːçən] (roch, hat... gerochen) (英 smell) **I** 自 (定了 haben) ① におう; (…の)においがする; 臭い. Diese Blumen *riechen* nicht. この花は香りがない / Der Kaffee *riecht* aber gut! このコーヒーはとてもいい香りがする / Der Käse *riecht* stark. このチーズにはにおいが強い / Das Ei *riecht* schon. この卵は〔腐って〕もう臭い / Diese Sache *riecht* faul. 《口語》この件はどうもうさんくさい / **nach** [物]3 *riechen* [物]3のにおいがする ⇒ Er *roch* nach Alkohol. 彼はアルコールのにおいがした. ◇《非人称の **es** を主語として》Hier *riecht* es nach Gas. ここはガス臭い.
② 《**an** [物]3~》([物]3の)においをかぐ, かいでみる. an einer Rose *riechen* ばらの香りをかいでみる.
II 他 (定了 haben) ([物]4の)においをかぐ; 《比》感づく. ein Parfüm[4] *riechen* 香水の香りをかぐ / Ich *rieche* Gas. ガスのにおいがする / Den kann ich nicht *riechen*. 《俗》あいつには我慢できない / die Gefahr[4] *riechen* 《口語》危険を察する.

Rie·cher [リーヒャァ ríːçər] 男 -s/- 《俗》① 鼻 (=Nase). ② 《比》(物事をかぎつける)勘. einen guten *Riecher* haben 勘がいい.

Ried [リート ríːt] 中 -[e]s/-e ① (植) アシ, ヨシ. ② 葦(あし)の生えている湿原.

Ried‖gras [リート・グラース] 中 -es/..gräser 《ふつう 複》(植) スゲ; カヤツリグサ.

rief [リーふ] *rufen (叫ぶ)の 過去

rie·fe [リーふェ] *rufen (叫ぶ)の 接2

Rie·fe [リーふェ ríːfə] 女 -/-n (木材・石・金属・板チョコなどの表面の)溝, 刻み目.

rie·feln [リーふェるン ríːfəln] 他 (h) ([物]4に)溝を彫る.

Rie·ge [リーゲ ríːɡə] 女 -/-n (体操などの)チーム.

Rie·gel [リーゲる ríːɡəl] 男 -s/- ① かんぬき, 差し錠, 錠のボルト. den *Riegel* vor|legen かんぬきを掛ける / [事]3 einen *Riegel* vor|schieben 《比》[事]3を妨げる. ② 《軍・ｽﾞｺ》防御線. ③ (等間隔に切れ目の入った)棒状のもの. ein *Riegel* Schokolade チョコレートバー. ④ (建) (木骨家屋の)梁(はり), 横れ. ⑤ (服飾) ベルト通し; (コートなどの)取り付けベルト.

rieh [リー] *reihen[2] (仮縫いする)の 過去

rie·he [リーエ] *reihen[2] (仮縫いする)の 接2

* *der* **Rie·men**[1] [リーメン ríːmən] 男 (単2) -s/(複) - ① (革・布などの)ひも, 帯, ベルト.

(英 belt). Schuh*riemen* 靴ひも / 物⁴ **mit einem** *Riemen* **fest|schnallen** 物⁴をひもでしっかり締める / **den** *Riemen* **enger schnallen** 《口語》出費を切り詰める / **Reiß dich am** *Riemen*! 《口語》元気を出せ, がんばれ. ② (機械の)動輪ベルト.

Rie·men² [リーメン] 男 -s/- 《海》オール, 櫂(ホシ). **sich⁴ in die** *Riemen* **legen** a) 力漕する, b) 《口語・比》全力を尽くす.

Rie·men⹀an·trieb [リーメン・アントリープ] 男 -[e]s/-e 《ふつう 単》《工》ベルト駆動.

Rie·men⹀**schei·be** [リーメン・シャイベ] 女 -/-n 《工》ベルト車, プーリー.

Rie·men⹀schnei·der [リーメン・シュナイダァ ríːmən-ʃnaidər] -s/ 《人名》 リーメンシュナイダー (Tilmann *Riemenschneider* 1460?-1531; ドイツの彫刻家).

Ries [リース ríːs] 中 -es/-e (単位: -/-) 《古》リース, 連(ヒ)(紙量の単位. 全紙 1,000 枚). 2 *Ries* Papier 2 連の紙.

* *der* **Rie·se** [リーゼ ríːzə] 男 (単 2·3·4) -n/ (複) -n (← *giant*) ① (伝説・童話の)巨人; 《比》大男; 偉大な人物. (← 女性形は Riesin;「小人」は Zwerg). **ein** *Riese* **an Geist** 才気に満ちた人 / **die** *Riesen* **der Alpen** アルプスの巨峰. ② 《天》巨星. ③ 《スッ·隠語》(体操の)大車輪.

Rie·sel⹀feld [リーゼル・フェルト] 中 -[e]s/-er (都市近郊の)下水灌漑(ホシ)利用農場.

rie·seln [リーゼルン ríːzəln] 自 (s, h) ① (s, h) (川などが)さらさら(ちょろちょろ)流れる, (血などが)ぽたぽた滴る; (粉雪・砂などが)さらさら降る. (← 方向を表す語句があれば完了の助動詞は sein を用いる). **Ein Bächlein** *rieselt* **durch die Wiese.** 小川が野原をさらさら流れる / **Leise** *rieselte* **der Schnee.** 静かに雪が降っていた. (← 類語 fließen). ② (s) 《比》(恐怖などが体を)走り抜ける. **Ein Schauder** *rieselte* **ihm über den Rücken.** 彼は背筋がぞくっとした.

rie·sen.., Rie·sen.. [リーゼン.. ríːzən..] 《形容詞・名詞などにつける 接頭》 ① 巨大な・ものすごい(ものなどにつける). 例: *riesen*groß ものすごく大きな / *Riesen*schlange 大蛇.

Rie·sen⹀**ar·beit** [リーゼン・アルバイト] 女 -/ 《口語》大仕事.

Rie·sen⹀**er·folg** [リーゼン・エァフォルク] 男 -s/-e 《口語》大成功.

rie·sen⹀groß [リーゼン・グロース] 形 《口語》ものすごく大きな, 巨大な.

rie·sen·haft [リーゼンハフト] 形 巨人のような, 巨大な; ものすごい(努力など).

Rie·sen⹀rad [リーゼン・ラート] 中 -[e]s/..räder 大観覧車.

Rie·sen⹀**schlan·ge** [リーゼン・シュランゲ] 女 -/-n 大蛇, うわばみ.

Rie·sen⹀**sla·lom** [リーゼン・スラローム] 男 -s/-s (スキーの)大回転[競技].

***rie·sig** [リーズィヒ ríːzɪç] **Ⅰ** 形 ① 巨大な (英 *gigantic*). **ein** *riesiges* **Gebäude** 巨大な建物. ② ものすごい, 非常な. **Ich habe** *riesigen* **Hunger.** 私はものすごくおなかがすいている. ③ 《口語》すばらしい. **eine** *riesige* **Party** すばらしいパーティー.
Ⅱ 副 《口語》ものすごく, とても. **Der Film war** *riesig* **interessant.** その映画はすごくおもしろかった / **sich⁴** *riesig* **freuen** 大喜びする.

Ries·ling [リースリング ríːslɪŋ] 男 -s/-e ① 《覆 なし》リースリング(ワイン用の良質ぶどうの一種). ② リースリング種のワイン.

riet [リート] *raten (忠告する)の 過去

rie·te [リーテ] *raten (忠告する)の 接²

Riff [リふ rɪf] 中 -[e]s/-e 岩礁; 砂州(ザ), 浅瀬.

rif·feln [リッふェルン ríːfəln] 他 (h) ① (物⁴に)波形(溝彫り)を付ける. ② (亜麻など⁴を)すく, こく.

Ri·go·ris·mus [リゴリスムス rigorísmus] 男 -/ 《哲》厳格(厳罰)主義.

ri·go·ros [リゴロース rigoróːs] 形 厳格な, 仮借ない, 厳しい.

Ri·go·ro·sum [リゴローズム rigoróːzum] 中 -s/..rosa (学位取得のための)口頭試問.

Ril·ke [リルケ rílkə] -s/ 《人名》リルケ (Rainer Maria *Rilke* 1875-1926; オーストリアの詩人).

Ril·le [リレ rílə] 女 -/-n (表面に刻んだ)溝. Schallplatten*rille* レコードの溝.

ril·len [リレン rílən] 他 (h) (物⁴に)溝を彫る.

* *das* **Rind** [リント rɪnt] 中 (単 2) -es (まれに -s)/(複) -er (3 格のみ -ern) ① 牛. (← *cattle*). *Rinder*⁴ **züchten** 牛を飼う / **Die** *Rinder* **grasen.** 牛が草を食べる. (← 類語 Kuh). ② 《覆 なし》《口語》牛肉 (= *Rind*fleisch). ③ 《動》ウシ亜科(ヤギュウ・スイギュウなど).

Rin·de [リンデ ríndə] 女 -/-n ① 木の皮, 樹皮. **die** *Rinde*⁴ **vom Stamm ab|lösen** 幹の皮をむく. ② (パン・チーズなどの)皮. ③ 《医》(器官の)外皮, 皮質.

Rin·der [リンダァ] *Rind (牛)の 複

Rin·der⹀**bra·ten** [リンダァ・ブラーテン] 男 -s/-《料理》ローストビーフ.

Rin·der⹀**wahn·sinn** [リンダァ・ヴァーンズィン] 男 -[e]s/ 狂牛病.

Rin·der⹀**zucht** [リンダァ・ツフト] 女 -/-en 牛の飼育.

Rind⹀fleisch [リント・ふらイシュ] 中 -[e]s/ 牛肉, ビーフ.

Rinds⹀**bra·ten** [リンツ・ブラーテン] 男 -s/- 《南ド・オ·スィ》《料理》ローストビーフ (= Rinderbraten).

Rinds⹀**le·der** [リンツ・レーダァ] 中 -s/- 牛革.

Rind⹀vieh [リント・ふィー] 中 -[e]s/..viecher ① 《覆 なし》(総称として:)(農家の飼っている)牛. ② (ののしって:)間抜け, とんま.

* *der* **Ring** [リング rɪŋ] 男 (単 2) -es (まれに -s)/ (複) -e (3 格のみ -en) (英 *ring*) ① 指輪 (= Finger*ring*). **Ehe**ring 結婚指輪 / **ein goldener** *Ring* 金の指輪 / **[sich³] einen** *Ring* **an den Finger stecken** 指輪をはめる / **Er schenkt ihr einen** *Ring*. 彼は彼女に指輪をプ

レゼントする / Sie zieht den *Ring* vom Finger. 彼女は指輪をはずす / die *Ringe*⁴ tauschen (または wechseln)《雅》結婚する(←結婚指輪を交換する).
② 輪；イヤリング(=Ohr*ring*)；ブレスレット(=Arm*ring*)；(牛などの)鼻輪. Der Stier hat einen *Ring* durch die Nase. 雄牛が鼻輪を付けている.
③ (輪状のもの)：環状道路；(樹木の)年輪；(土星の)環. Wir wohnen **am** *Ring*. 私たちは環状道路沿いに住んでいる / Sie hat dunkle *Ringe* unter den Augen. 彼女は目の下に黒いくまができている. ④ 〖ボ〗(ボクシングの)リング(=Box*ring*); 〖複〗〖で〗(体操の)つり輪. ⑤ サークル, 同好会；一味, 徒党；(企業などの)連合[体].

Ring≈bahn [リング・バーン] 女 -/-en (電車の)環状線.

Rin·gel [リンゲる rínəl] 男 -s/- (Ring の縮小)(小さな輪の形をしたもの)：煙の輪；巻き毛.

Rin·gel≈blu·me [リンゲる・ブるーメ] 女 -/-n 《植》キンセンカ属.

rin·geln [リンゲるン ríŋəln] I 他 (h) 環状(輪)にする, (犬がしっぽなど⁴を)巻く; (髪⁴を)カールする. II 再帰 (h) *sich*⁴ *ringeln* 輪になる; (蛇が)とぐろを巻く; (髪が)カールする.

Rin·gel≈nat·ter [リンゲる・ナッタァ] 女 -/-n 《動》ヨーロッパヤマカガシ(首に黄色い輪模様のあるウダ属のヘビ).

Rin·gel≈rei·hen [リンゲる・ライエン] 男 -s/- (子供の)輪踊り(手をつないで輪になって踊る).

Rin·gel≈spiel [リンゲる・シュピーる] 中 -[e]s/-e 《墺》メリーゴーラウンド (=Karussell).

Rin·gel≈tau·be [リンゲる・タオベ] 女 -/-n 《鳥》モリバト.

rin·gen [リンゲン ríŋən] (rang, *hat* ... gerungen) I 自 (完了 haben) ① 格闘する；レスリングをする；対決する. (英 wrestle). **mit** 人³ *ringen* 人³と格闘(レスリング)をする / mit dem Tode *ringen* 〖比〗死と戦う / mit einem Problem *ringen* ある問題にとり組む / mit *sich*³ *ringen* (決心がつきかねて)自分の心と戦う. ② 〖**nach** 物³ (または **um** 物⁴) ～〗(物³ または 物⁴)を求めて)奮闘する, 努力する. (英 struggle). nach Atem (または Luft) *ringen* あえぐ / nach Worten (または um Worte) *ringen* 適切な言葉を探そうと苦しむ / um Erfolg *ringen* 成果を上げようと努力する.
II 他 (完了 haben) 《雅》① 〖成句的に〗 die Hände⁴ *ringen* (困惑・絶望して)手をもみ合わせる. ② (人³から物⁴を)もぎ取る. Er *rang* ihr das Messer **aus** der Hand. 彼は彼女の手からナイフをもぎ取った.
III 再帰 (完了 haben) 〖*sich*⁴ **aus** (または **von**) 物³～〗《雅》(ため息などが物³(口などから)ふっと漏れ出る.

Rin·gen [リンゲン] 中 -s/- レスリング, 格闘.

Rin·ger [リンガァ ríŋər] 男 -s/- レスリングの選手, レスラー.

Ring≈fin·ger [リング・ふィンガァ] 男 -s/- 薬指.

ring≈för·mig [リング・フェルミヒ] 形 環状の, 輪の形をした.

Ring≈kampf [リング・カンプふ] 男 -[e]s/..kämpfe ① 取っ組み合い, 格闘. ② 〖複なし〗レスリング[の試合].

Ring≈kämp·fer [リング・ケンプふァァ] 男 -s/- レスリングの選手, レスラー (=Ringer).

Ring≈mau·er [リング・マオアァ] 女 -/-n (城・都市の)環状囲壁, 周壁. (☞ Burg 図).

Ring≈rich·ter [リング・リヒタァ] 男 -s/- (ボクシングなどの)審判, レフェリー.

***rings** [リングス ríŋs] 副 周りに, ぐるりと, 周囲に. *Rings* um die Kirche stehen schöne alte Häuser. 教会の周りにきれいな古い家々が建っている / sich⁴ *rings* im Kreis um|sehen 周囲をぐるりと見回す.

Ring≈sen·dung [リング・ゼンドゥング] 女 -/-en 《放送》ネットワーク[放送].

rings≈he·rum [リングス・ヘルム] 副 周りに, ぐるりと.

Ring≈stra·ße [リング・シュトラーセ] 女 -/-n 環状道路.

rings≈um [リングス・ウム] 副 周囲に, あたり一面に.

rings≈um·her [リングス・ウムヘーァ] 副 周囲に, 四方八方に.

Rin·ne [リンネ rínə] 女 -/-n ① 溝；用水(排水)溝(ﾐｿﾞ)；下水溝. ② 雨樋(ｱﾏﾄﾞｲ).

rin·nen [リンネン rínən] (rann, *ist*/*hat* ... geronnen) 自 (完了 sein または haben) ① (s) (水・涙などが)流れる, 流れ出る, 滴る. Der Regen *rinnt* **vom** Dach. 雨水が屋根から流れ落ちる / Aus der Wunde *rann* noch etwas Blut. 傷口からはまだ少し血が流れていた / Das Geld *rinnt* ihm nur so **durch** die Finger. 《比》彼はお金を浪費する(←お金が指の間から漏れる). (☞ 類語 fließen). ② (h) 水漏れがする. Der Eimer *rinnt*. このバケツは漏る.

Rinn·sal [リンザーる rínza:l] 中 -[e]s/-e《雅》小川, せせらぎ；滴り, 滴. ein *Rinnsal* von Tränen 一筋の涙.

Rinn≈stein [リン・シュタイン] 男 -[e]s/-e ① (道路の)側溝(ｿｸｺﾞｳ)；《比》悲惨な境遇. **im** *Rinnstein* enden 落ちぶれる. ② (歩道の)縁石.

Ripp·chen [リップヒェン rípçən] 中 -s/- (Rippe の縮小) ① 小さなあばら骨. ②《料理》スペアリブ, 骨つきのあばら肉(特に豚の).

*die **Rip·pe** [リッペ rípə] 女 (単) -/(複) -n ① 肋骨(ﾛｯｺﾂ), あばら骨. (英 rib). *sich*³ eine *Rippe*⁴ brechen 肋骨を折る / 人³ **in die** *Rippen* stoßen 人³のわき腹をつつく(注意・激励などのために) / Man kann bei ihm alle *Rippen* zählen. または Er hat nichts **auf den** *Rippen*. 《口語》彼はひどくやせている /Ich kann mir's doch nicht aus den *Rippen* schneiden. 《口語》私はそれをどうしても調達できないよ(←神がアダムの肋骨を切り取ってエヴァを作ったようにはできない).

② 《植》葉脈の隆起, 肋(ろっ). ③ 《建》肋材(ざい), リブ; 《工》(冷却機・放熱機の)フィン, ひれ; 《空》(飛行機の翼の)リブ.

Rip·pen·bruch [リッペン・ブルフ] 男 -[e]s/..brüche 《医》肋骨(ろっこつ)骨折.

Rip·pen·fell [リッペン・ふェる] 中 -[e]s/-《医》肋膜(ろくまく), 胸膜.

Rip·pen·fell·ent·zün·dung [リッペンふェる・エントツュンドゥング] 女 -/-en 《医》肋膜(ろくまく)炎, 胸膜炎.

Rip·pen·speer [リッペン・シュペーァ] 男 中 -[e]s/- 《料理》塩漬けした豚のあばら肉.

Rip·pen·stoß [リッペン・シュトース] 男 -es/..stöße わき腹をつつくこと. 人³ einen *Rippenstoß* geben 人³のわき腹をつつく(注意・激励などのため).

Rips [リップス ríps] 男 -es/-e 《織》畝織の生地.

Ri·si·ken [リーズィケン] *Risiko (危険)の 複

das **Ri·si·ko** [リーズィコ rí:ziko] 中 (単2) -s/-(複) -s (または -s) も盗み見た. 《英》risk). ein *Risiko*⁴ ein|gehen 危険を冒す / auf eigenes *Risiko* 自己の責任で / ein *Risiko*⁴ auf sich⁴ nehmen 危険を覚悟する.

ri·si·ko·los [リーズィコ・ろース] 形 危険のない.

ris·kant [リスカント rıskánt] 形 危険な, リスクを伴う, 大胆な.

*ris·kie·ren [リスキーレン rıskí:rən] (riskierte, hat...riskiert) 他 《完了》haben) 《英》risk) ① (軍⁴を危険を冒して)あえてする. einen Eingriff *riskieren* あえて介入する / Sie *riskierte* einen Blick. 彼女はそっと盗み見た. ② (軍⁴の)危険を冒す. einen Unfall *riskieren* 事故を招くような危険を冒す. ③ (地位・命・お金など⁴を)危険にさらす. Er *riskiert* sein Leben. 彼は命にかかわる危険を冒す.

ris·kiert [リスキーァト] *riskieren (あえてする)の 過分

ris·kier·te [リスキーァテ] *riskieren (あえてする)の 過去

Ri·sot·to [リゾット― rizóto] [伊] 男 -[s]/-s (ちゅう 中 -s/-[s] も) 《料理》リゾット(イタリアの米料理).

Ris·pe [リスペ ríspə] 女 -/-n 《植》円錐(えんすい)花序.

riss [リス] ‡reißen (引き裂く)の 過去

riß ☞ 新形 riss

der **Riss** [リス rís] 男 (単2) -es/(複) -e (3格のみ -en) ① 裂け目, 割れ目; 《比》(友情などの)ひび, 亀裂(きれつ); 《絵》切断. 《英》tear). ein *Riss* in der Wand 壁のひび / einen *Riss* flicken (衣服の)裂け目を繕う / einen *Riss* bekommen (友情などが)亀裂を生じる. ② 《工・数》設計図, 図面. einen *Riss* von einem Gebäude zeichnen 建物の設計図をかく.

Riß ☞ 新形 Riss

ris·se [リッセ] ‡reißen (引き裂く)の 接2

ris·sig [リスィヒ rísıç] 形 裂け目(ひび・亀裂)のある. eine *rissige* Wand ひびの入った壁.

Rist [リスト ríst] 男 -es/-e ① (スポ)(手・足の)甲. ② (牛・馬の)背峰.

ri·tar·dan·do [リタルダンド ritardándo] [伊] 副 《音楽》リタルダンド, しだいに緩やかに.

ritt [リット] ‡reiten (馬などに乗る)の 過去

Ritt [リット rít] 男 -es (まれに -s)/-e 乗馬, 騎行; 遠乗り. auf einen *Ritt* または in einem *Ritt*《口語》一気に.

Ritt·ber·ger [リット・ベルガァ rít-bɛrgər] 男 -s/- (フィギュアスケートで:)リットベルガー・ジャンプ (後ろ向きの体勢から行う回転ジャンプ. ドイツのスケーター Werner Rittberger 1891-1975 の名から).

rit·te [リッテ] ‡reiten (馬などに乗る)の 接2

der **Rit·ter** [リッタァ rítər] 男 (単2) -s/(複) - (3格のみ -n) ① (中世の)騎士. 《英》knight). ein fahrender *Ritter* 歴の騎士 / ein *Ritter* ohne Furcht und Tadel a) 騎士の鑑(かがみ), b) 《比》男の中の男 / 人⁴ zum *Ritter* schlagen 人⁴に騎士の位を授ける / ein *Ritter* des Pedals 《戯》輪蹴選手(←ペダルの騎士). ② (高位勲章の)受勲者. ③ 騎士団所属の騎士 (=Ordens*ritter*). ④ (特に女性に親切な紳士, ナイト (=Kavalier). ⑤ 《成句的に》arme *Ritter*《料理》パンフリッター, フレンチトースト(パン切れを牛乳にひたして揚げたもの).

Rit·ter·burg [リッタァ・ブルク] 女 -/-en 騎士の城.

Rit·ter·gut [リッタァ・グート] 中 -[e]s/..güter 《史》騎士領, 騎士の領地.

rit·ter·lich [リッタァりヒ] 形 ① 騎士の. ② 騎士のように気高い; (女性に対して)優しい, 親切な. Er bot ihr *ritterlich* seinen Platz an. 彼は親切にも彼女に自分の席を譲った.

Rit·ter·or·den [リッタァ・オルデン] 男 -s/-《史》騎士修道会, 騎士団.

Rit·ter·schlag [リッタァ・シュらーク] 男 -[e]s/..schläge《史》叙任(騎士に任ずる儀式).

Rit·ter·sporn [リッタァ・シュポルン] 男 -[e]s/-e 《植》ヒエンソウ.

Rit·ter·tum [リッタァトゥーム] 中 -s/ ① 騎士制度; 騎士道. ② (総称として:)騎士[階級].

ritt·lings [リットりングス rítlıŋs] 副 馬乗りになって.

Ritt·meis·ter [リット・マイスタァ] 男 -s/-《軍》(旧ドイツ軍の)騎兵中隊の隊長.

Ri·tu·al [リトゥアーる rituá:l] 中 -s/-e (または..alien [..アーりエン]) ① 《宗》(教会の)儀式書; 儀式, 典礼. ② 儀式的な行為, 慣例. das *Ritual* der Begrüßung² あいさつの習慣的形式.

ri·tu·ell [リトゥエる rituél] 形 ① (宗教の)儀式[上]の; 儀式になった. ② 儀礼化した.

Ri·tus [リートゥス rí:tus] 男 -/Riten《宗》儀式; 祭式の典礼.

Ritz [リッツ ríts] 男 -es/-e ① (ガラスなどの)引っかき傷. ② 裂け目, 割れ目.

Rit·ze [リッツェ rítsə] 女 -/-n 裂け目, 割れ目.

Rit·zel [リッツェる rítsəl] 中 -s/- 《工》小歯車, ピニオン.

rit·zen [リッツェン rítsən] 他 (h) ① (物⁴に)かき傷を付ける; (人³に)かき傷を負わせる. ◊物⁴ mit einem Messer *ritzen* 物⁴にナイフでかき傷を付ける / Die Dornen *ritzen* ihm die Haut. とげが彼の肌に引っかき傷をつくった. ◊(再帰的に) sich⁴ mit einer Nadel am Finger *ritzen* 針で指にかき傷を負う. ② 《A⁴ in B⁴ ～》(A⁴をB⁴に)刻み付ける. ein Zeichen⁴ in einen Baum *ritzen* 目印を木に刻み付ける.

Ri·va·le [リヴァーれ riváːlə] 男 -n/-n 競争相手, ライバル. (⇔ 女性形は Rivalin).

ri·va·li·sie·ren [リヴァリズィーレン rivalizíːrən] 自 (h) 《[mit 人³] ～》([人³]と)競争する, 張り合う.

Ri·va·li·tät [リヴァリテート rivalitéːt] 女 -/-en 競争, 対抗, 張り合い.

die **Ri·vi·e·ra** [リヴィエーラ riviéːra] 女 -/..vieren 《ふつう 単; 定冠詞とともに》(地名) リヴィエラ地方(フランスからイタリア北西部にかけての地中海沿岸で, 観光・保養地として有名).

Ri·zi·nus·öl [リーツィヌス・エーる] 中 -[e]s/ ひまし油(下剤).

rm [ラオム・メータァ] 《略》立方メートル (= Raummeter).

Rn [エル・エン] 《化・記号》ラドン (= Radon).

Roast·beef [ロースト・ビーふ] 《英》 中 -s/-s 《料理》ローストビーフ.

Rob·be [ロッベ rɔ́bə] 女 -/-n 《動》鰭脚(きゃく)類(アザラシ・アシカ・オットセイなど).

rob·ben [ロッベン rɔ́bən] 自 (s, h) 腹ばいになって進む, はって行く.

Rob·ben·fang [ロッベン・ふァング] 男 -[e]s/ あざらし(おっとせい)狩り.

Ro·be [ローべ rɔ́bə] 女 -/-n ① (雅)(婦人用の)夜会服, ローブ・デコルテ. ② (裁判官・聖職者などの)ガウン, 官服.

Ro·bert [ローベルト róːbert] -s/ 《男名》ローベルト.

Ro·bin·so·na·de [ロビンゾナーデ robɪnzonáːdə] 女 -/-n ① 《文学》ロビンソン・クルーソー風の冒険小説. ② ロビンソン・クルーソー風の冒険, 冒険的な行動(事業).

ro·bo·ten [ロボテン rɔ́bɔtən] 自 (h) 《口語》つらい仕事をする, あくせく働く.

Ro·bo·ter [ロボタァ rɔ́bɔtər] 男 -s/- ① 《工》ロボット, 人造人間. ② (卑)奴隷のように出る人.

ro·bust [ロブスト robúst] 形 ① たくましい, がっしりした. ② (物が)頑丈な, 長持ちする. ein *robuster* Motor タフなエンジン.

Ro·bust·heit [ロブストハイト] 女 -/ ① たくましさ. ② 頑丈さ.

roch [ロッホ] ≠riechen (におう)の過去

Ro·cha·de [ロハーデ rɔxáːdə または ロシャーデ rɔʃáːdə] 女 -/-n (チェスの) キャスリング(キングとルークの位置を替える方法).

rö·che [レッヒェ] ≠riechen (におう)の接2

rö·cheln [レッヒェるン réçəln] 自 (h) (重病人などが)ぜーぜーあえぐ, (臨終の際に)のどをごろごろ鳴らす.

Ro·chen [ロッヘン rɔ́xən] 男 -s/- 《魚》エイ.

ro·chie·ren [ロヒーレン rɔxíːrən または ロシー.. rɔʃíː..] 自 (h, s) ① (h) (チェスで:) キャスリングする. ② (h, s) 《スポ》ポジションチェンジする.

der **Rock**¹ [ロック rɔ́k]

スカート

Der *Rock* steht dir gut.
ディア ロック シュテート ディア グート
そのスカートは君によく似合っているよ.

男 (単2) -es (まれに -s)/複 Röcke [レッケ] (3格のみ Röcken) ① スカート. (英 skirt). Minirock ミニスカート / ein kurzer (langer) *Rock* 短い(長い)スカート / ein plissierter *Rock* プリーツスカート / Sie trägt meist *Rock* und Bluse. 彼女はたいていスカートとブラウスを着ている / den *Rock* an|ziehen (aus|ziehen) スカートをはく(脱ぐ) / Er ist hinter jedem *Rock* her. 《口語》彼はいつも女の子のあとを追いかけている.

② 《方》(男性の)上着, ジャケット.

Rock² [ロック] 《英》 男 -[s]/-[s] ① 《複 なし》 《音楽》ロック[ミュージック] (= *Rock*musik). ② ロックンロール.

Rock and Roll [ロッケン ローる rɔkən róːl] 《英》 男 ---/---[s] 《音楽》ロックンロール.

Rö·cke [レッケ] ≠Rock¹ (スカート)の 複

Ro·cken [ロッケン rɔ́kən] 男 -s/- (糸車の)糸巻きざお.

Ro·cker [ロッカァ rɔ́kər] 《英》 男 -s/- (黒の皮ジャンパーを着てオートバイを乗り回す)暴走族.

Rock·mu·sik [ロック・ムズィーク] 女 -/ 《音楽》ロック[ミュージック].

Rock 'n' Roll [ロッケン ローる rɔkən róːl] 《英》 男 ---/---[s] = Rock and Roll.

Rock·schoß [ロック・ショース] 男 -es/ ..schöße (えんび服などの)すそ. ② 《古》スカートの腰部. sich⁴ 人³ an die *Rockschöße* hängen a) 人³にしがみつく(特に子供が母親に), b) 《比》人³を頼りにする.

Rock·zip·fel [ロック・ツィプふェる] 男 -s/- スカート(上着)のすそ.

Ro·del [ローデる róːdəl] I 男 -s/- 《南ドツ》リュージュ, 競技用そり. II 女 -/-n 《北ドツ》 ① 小型モソ. ② (おもちゃの)からそり.

Ro·del·bahn [ローデる・バーン] 女 -/-en そり(リュージュ・ボブスレー)の滑走路.

ro·deln [ローデるン róːdəln] 自 (h, s) 《方》 ① (h, s) そり(リュージュ)で滑って遊ぶ. ② (s) (...へ)そりで滑って行く.

Ro·del·schlit·ten [ローデる・シュリッテン] 男 -s/- リュージュ, 競技用のそり.

ro·den [ローデン róːdən] 他 (h) ① (森・荒地などを)開墾する. ② (木⁴を)伐採して株を掘り起こす. ③ 《方》(じゃがいもなどを)掘り出す.

Ro·dung [ロードゥング] 女 -/-en 開墾[地].

Ro·gen [ローゲン róːgən] 男 -s/- 魚の卵, 腹子(キャビアなど).

der **Rog·gen** [ロッゲン rɔ́gən] 男 (単2) -s/- (種類を表すときのみ: 複) - 《植》ライ麦(寒さに強く,

黒パン・ウィスキーなどの原料や飼料として用いられる). (英 rye). Der *Roggen* steht gut. ライ麦の作柄が良い.

Rog·gen⇔brot [ロッゲン・ブロート] 中 -[e]s/-e 黒パン, ライ麦のパン.

‡**roh** [ロー róː]

| 生(ﾅﾏ)の | Das Fleisch ist noch *roh*. ダス ふらイシュ イスト ノッホ ロー その肉はまだ生だ. |

形 ① 生(ﾅﾏ)の, 調理されていない. (英 raw). ein *rohes* Ei 生卵 / *roher* Schinken 生ハム / *rohes* Gemüse 生野菜 / 物⁴ *roh* essen 物⁴ を生で食べる. ② 加工していない, 原料のままの. (英 rough). *rohes* Holz 原木 / *rohes* Material 原木 / *rohe* Felle なめしていない革. ③ 大ざっぱな. ein *roher* Entwurf 大ざっぱな計画. ◊《名詞的に》 Die Arbeit ist **im** *rohen* (新形 im *Rohen*) fertig. 仕事はあらかた終わっている. ④《軽蔑的に:》粗野な, 粗暴な. ein *roher* Mensch 粗野な人間 / *rohe* Pferde 調教していない馬 / *rohe* Worte 乱暴な言葉 / mit *roher* Gewalt 腕ずくで / sich⁴ *roh* benehmen 粗暴なふるまいをする. ⑤《付加語としてのみ》(皮膚が破れて)むき出しの.

Roh⇔bau [ロー・バオ] 男 -[e]s/-ten 《新築の建物の屋根・天井などの》骨組み. **im** *Rohbau* sein 《比》粗削りのままである.

Roh⇔ei·sen [ローㇳ・アイゼン] 中 -s/ 《冶》銑鉄.

Ro·heit ☞ 新形 Rohheit

Roh·heit [ロー・ハイト] 女 -/-en ① 《複なし》粗暴, 無作法. ② 粗暴な言動.

Roh⇔kost [ロー・コスト] 女 -/ 生(ナマ)の食物, (特に:) 生野菜, 果物.

Roh⇔köst·ler [ロー・ケストラァ] 男 -s/- 菜食主義者.

Roh·ling [ローリング róːlɪŋ] 男 -s/-e ① 粗野な人, 野人. ②《工》未加工の鋳造品.

Roh⇔ma·te·ri·al [ローㇳ・マテリアール] 中 -s/..alien [..ㇳ・ァーリエン] 原料, 素材.

Roh⇔öl [ロー・エール] 中 -[e]s/-e 原油.

Roh⇔pro·dukt [ローㇳ・プロドゥクト] 中 -[e]s/-e 原料産物(加工して商品化される天然の産物); 中間製品, 半製品.

‡ *das* **Rohr** [ローァ róːr] 中 (単 2) -es (まれに -s)/(複) -e (3格のみ -en) ① 管, パイプ, 導管; 砲身, 銃身. (英 pipe). Gasrohr ガス管 / *Rohre*⁴ legen (または verlegen) 導管を敷設する / voll[es] *Rohr* fahren 《口語》猛スピードで走る. ②《ふつう 単》《植》アシ(葦), ヨシ;《集合的な し》葦の茂み. Matten⁴ **aus** *Rohr* flechten 葦でござを編む / Er ist wie ein schwankendes *Rohr* im Wind. 彼は優柔不断だ(←風にそよぐ葦のようだ: ルカによる福音書 7, 24). ③《南ドミ゙ツ・オーストミ゙リア》オーブン.

Rohr⇔bruch [ローァ・ブルフ] 男 -[e]s/..brüche 管(チューブ・パイプ)の破裂.

Röhr·chen [レーァヒェン róːrçən] 中 -s/- (*Röhre* の縮小) 小さな管(チューブ・パイプ); 試験管, 毛細管.

Rohr⇔dom·mel [ローァ・ドンメル] 女 -/-n 《鳥》サンカノゴイ(葦の生えた沼地に生息するアオサギの一種).

* *die* **Röh·re** [レーレ róːrə] 女 (単) -/(複) -n ① 管, チューブ, パイプ. (英 pipe). Speiseröhre《医》食道 / kommunizierende *Röhren*《物》連通管. ② チューブ状の容器. ③ オーブン, 天火(ｱﾏﾋ゙). 物⁴ **in der** *Röhre* backen 物⁴をオーブンで焼く / **in die** *Röhre* sehen (または gucken)《口語》指をくわえて見ている. ④ 電子管; 真空管; ネオン管. ⑤《口語》《ふつう軽蔑的に:》テレビ. den ganzen Tag **in die** *Röhre* gucken 一日中テレビにかじりつく. ⑥《狩》(きつねなどの)巣穴[への通路].

röh·ren [レーレン róːrən] 自 (h) (発情期の雄鹿が)鳴く;《比》(エンジンなどが)うなる.

Röh·richt [レーリヒト róːriçt] 中 -s/-e 葦(ﾖｼ)のよしの茂み.

Rohr⇔kol·ben [ローァ・コルベン] 男 -s/-《植》ガマ(蒲)属.

Rohr⇔lei·tung [ローァ・らイトゥング] 女 -/-en 導管, 配管, パイプライン.

Rohr⇔post [ローァ・ポスト] 女 -/ シューター(書類などを圧縮空気で送る装置).

Rohr⇔sän·ger [ローァ・ゼンガァ] 男 -s/-《鳥》ヨシキリ.

Rohr⇔spatz [ローァ・シュパッツ] 男 -en (または -es)/-en《鳥》オオヨシキリ.

Rohr⇔stock [ローァ・シュトック] 男 -[e]s/..stöcke 籐(ﾄｳ)の笞(ｼﾓﾄ).

Rohr⇔stuhl [ローァ・シュトゥール] 男 -[e]s/..stühle 籐(ﾄｳ)いす.

Rohr⇔zu·cker [ローァ・ツッカァ] 男 -s/ 蔗糖(ｼｮﾄｳ).

Roh⇔sei·de [ロー・ザイデ] 女 -/-n《織》生糸(ｷｲﾄ); 生糸の織物.

Roh⇔stoff [ロー・シュトフ] 男 -[e]s/-e 原料.

Ro·ko·ko [ロココ rókoko または ロココ rokóko] 中 -[s]/ ① ロココ様式(バロックに続く, 優美な曲線的様式を特徴とした 18 世紀の美術様式で, 同時代の音楽・文学の様式をも持つ騎士の「建築様式」.☞ 巻末付録, 1814 ページ). die Mode des *Rokoko*[s] ロココのファッション. ② ロココ[様式]の時代. die Musik im *Rokoko* ロココ時代の音楽.

Ro·land [ローらント róːlant] I -s/ ①《男名》ローラント. ②《人名》ローラント(?- 788; カール大帝に仕えた伝説的武将). II -[e]s/-e ローラント立像(特に北ドイツの都市の中央広場に多く見られる抜き身の剣を持つ騎士の立像で市場権・司法権の象徴. ブレーメンのものが特に有名).

Rolla·den ☞ 新形 Rollladen

Roll⇔bahn [ロる・バーン] 女 -/-en ①《空》(飛行機の)滑走路; 誘導路. ② (建築現場・工場などの)トロッコ軌道.

‡ *die* **Rol·le** [ロれ rólə] 女 (単) -/(複) -n ① (俳優の)役. (英 role). Hauptrolle 主役 /

die *Rolle* des Hamlet ハムレットの役 / eine *Rolle*⁴ spielen ある役を演じる.
② 役割, 役目. die *Rolle* der Frau² 女性の役割 / eine wichtige (führende) *Rolle*⁴ spielen 重要な(指導的な)役割を演じる / aus der *Rolle* fallen へまをする, 失態をやらかす / Sie will immer eine große *Rolle* spielen. 彼女はいつも脚光を浴びたがる / Geld spielt bei ihm keine *Rolle*. 金銭は彼にとっては問題ではない.
③ (円筒形に)巻いた物, 一巻き. eine *Rolle* Draht 一巻きの針金 / eine *Rolle* Toilettenpapier 一巻きのトイレットペーパー. ④ (家具などの)キャスター, ころ, (洗濯物の仕上げ用)ローラー;《工》滑車. Stühle auf *Rollen* キャスター付きのいす. ⑤ (体操の)回転;《空》(曲芸飛行の)横転.

＊**rol·len** [ロれン rólən] (rollte, ist/hat...gerollt) (英 roll) I 自 (完了 sein または haben)
① (s)転がる, 回転しながら進む. Der Würfel *rollt*. さいころが転がる / Der Ball ist unter den Tisch *gerollt*.《現在完了》ボールはテーブルの下へ転がって行った / Tränen *rollten* ihr über die Wangen. 涙が彼女の頬を流れ落ちた / Eine Lawine *rollte* zu Tal. 雪崩が谷に押し寄せた / Die Sache *rollt* schon.《比》その件はもう動き始めている.
② (s) (乗り物が)ゆっくり進む. Der Zug *rollt* aus dem Bahnhof. 列車が駅から出て行く.
③ (h)(雷·銃声などが)鳴り響く, とどろく;(カナリアが)さえずる. Der Donner *rollt*. 雷がとどろく.
④ (h)(海)(船が)ローリングする.
II 他 (完了 haben) ① 転がす. Er hat das Fass **in** den Keller *gerollt*. 彼は樽(を)を地下室へ転がして行った. ◇《再帰的に》Die Hunde *rollten* sich im Gras. 犬が草むらで転げ回っていた.
② (目・頭など⁴を)回す. Er hat wütend die Augen *gerollt*. 彼は怒って目をぎょろつかせた.
③ (じゅうたんなど⁴を)巻く, 丸める. das Plakat⁴ *rollen* ポスターを丸める. ④《料理》(ケーキの生地などに)めん棒で伸ばす;《方》(洗濯物⁴に)仕上げローラーをかけてしわを伸ばす. ⑤《成句的に》das R⁴ *rollen* 巻き舌で R を発音する.
III 再帰 (完了 haben) *sich*⁴ *rollen* (紙などが)まくれる, 巻く. Die Schlange *rollt sich*. 蛇がとぐろを巻く.

Rol·len [ロれン] 中 -s/ 回転; 進行. Die Sache kommt **ins** *Rollen*.《口語》その件が動き始める / 事⁴ **ins** *Rollen* bringen《口語》事⁴を進行させる(始める).

Rol·len ≠ be·set·zung [ロれン・ベゼッツング] 女 -/-en〔劇・映〕配役, キャスティング.

Rol·ler [ロらァ rólər] 男 -s/- ① (子供の遊戯用の)[人力]スクーター. ② スクーター (= Motorroller). ③〔鳥〕ローラーカナリア.

rol·lern [ロらァン rólərn] 自 (h, s) ① (h) (子供が遊戯用の)スクーターで遊ぶ. ② (s) (…へ子供が遊戯用の)スクーターで走って行く.

Roll≠feld [ロる・ふェるト] 中 -[e]s/-er《空》離着陸場.

Roll≠film [ロる・ふィるム] 男 -[e]s/-e《写》巻きフィルム, ロールフィルム.

Roll≠kom·man·do [ロる・コマンド] 中 -s/-s (軍隊・警察などの)機動隊.

Roll≠kra·gen [ロる・クラーゲン] 男 -s/-《服飾》とっくり襟, タートルネック(カラー).

Roll≠la·den [ロる・ラーデン] 男 -s/..läden (また は -) 巻き上げ式のブラインド(シャッター).

Roll≠mops [ロる・モップス] 男 -es/..möpse《料理》ロールモップス(酢漬けにしんきゅうり・玉ねぎなどを巻いたもの).

Rol·lo [ロる róllo または ロろー] 中 -s/-s 巻き上げ式ブラインド.

Roll≠schrank [ロる・シュランク] 男 -[e]s/ ..schränke 巻き込みシャッターのついた戸棚.

Roll≠schuh [ロる・シュー] 男 -[e]s/-e ローラースケート[靴].

Roll≠sitz [ロる・ズィッツ] 男 -es/-e (競漕用ボートの)スライディングシート.

Roll≠stuhl [ロる・シュトゥーる] 男 -[e]s/ ..stühle 車いす.

roll·te [ロるテ]≠rollen (転がる)の過去

Roll≠trep·pe [ロる・トレッペ] 女 -/-n エスカレーター.

Rom [ローム róːm] 中 -s/《都市名》ローマ(イタリアの首都). *Rom* ist auch nicht an (または in) einem Tage erbaut worden.《受動・現在完了》(諺)ローマは1日にしてならず / Alle (または Viele) Wege führen nach *Rom*. (諺)すべての道はローマに通ず.

＊*der* **Ro·man** [ロマーン romáːn] (2格) 男 (単2) -s/(複) -e (3格のみ -en)《文学》〔長編〕小説. (英 novel). Kriminal*roman* 推理〔探偵〕小説 / ein historischer *Roman* 歴史小説 / einen *Roman* lesen 小説を読む / Erzähl doch keine *Romane*! a) 作り話はよしてくれ, b) 手短に話してくれ.

Ro·man·ci·er [ロマンスィエー romāsié:] (2格) 男 -s/-s 長編小説作家, 小説家.

Ro·ma·ne [ロマーネ romáːnə] 男 -n/-n ロマン[ス]語系民族の人(フランス・スペイン・ポルトガル・イタリア・ルーマニア人などのラテン系民族). (注意 女性形は Romanin).

ro·man·haft [ロマーンハふト] 形 小説風の; 作り話めいた.

Ro·ma·nik [ロマーニク romániːk] 女 -/ ロマネスク様式(10世紀末から12世紀にかけてのヨーロッパの芸術様式で, 円蓋などによる重厚な外観の建物が特徴;「建築様式」巻末付録, 1813ページ).

ro·ma·nisch [ロマーニッシュ romániʃ] 形 ①〔言〕ロマン[ス]語の; ロマン[ス]人の, ラテン民族の. die *romanischen* Sprachen ロマン[ス]語(フランス語・スペイン語・イタリア語など). ② ロマネスク〔様式〕の.

Ro·ma·nist [ロマニスト romaníst] 男 -en/-en ① ロマン[ス]語学(文学)研究者. (注意 女性形は Romanistin). ② ローマ法学者.

Ro·ma·nis·tik [ロマニスティク romanístɪk] 囡 -/ ① ロマン[ス]語学(文学). ② ローマ法学.
Ro·man·schrift·stel·ler [ローマーン・シュリフトシュテラァ] 男 -s/- 長編小説作家.
Ro·man·tik [ロマンティク romántɪk] 囡 -/ ① ロマン主義[運動・時代], ロマン派(18 世紀末から 19 世紀前半にかけてヨーロッパ, 特にドイツで起こった文学・思想・美術・音楽上の運動). ② ロマンチック(夢幻的・神秘的)なもの(傾向).
Ro·man·ti·ker [ロマンティカァ romántikər] 男 -s/- ① ロマン主義者, ロマン派の作家(画家・音楽家). ② 空想家, ロマンチスト.
***ro·man·tisch** [ロマンティッシュ romántɪʃ] 形 ① ロマン主義の, ロマン派の. (英 romantic). die *romantische* Schule ロマン派/ die *romantische* Musik (Dichtung) ロマン派の音楽(文学). ② ロマンチックな, 夢想的な, 情趣に満ちた, 絵のように美しい(景色など). ein *romantischer* Mensch 夢想的な人 / die *Romantische* Straße ロマンチック街道(ドイツのヴュルツブルクからフュッセンに至る観光ルート).
Ro·man·ze [ロマンツェ romántsə] 囡 -/-n ① 《文学》 ロマンツェ(14 世紀にスペインで起こった民謡調の叙事詩). ② 《音楽》 ロマンス(叙情的な歌曲・器楽曲). ③ 恋のロマンス.
Rö·mer¹ [レーマァ rǿːmər] 男 -s/- ① ローマ市民; 古代ローマ人. (⇨ 女性形は Römerin). ② 〖複〗なし; 定冠詞とともに〗レーマー(フランクフルト・アム・マインの市庁舎).
Rö·mer² [レーマァ] 男 -s/- 高脚のワイングラス. (☞ trinken 図).
rö·misch [レーミッシュ rǿːmɪʃ] 形 [古代]ローマの, [古代]ローマ人の. das *römische* Recht ローマ法 / *römische* Ziffern ローマ数字 / das *Römische* Reich ローマ帝国.
rö·misch-ka·tho·lisch [レーミッシュ・カトーリッシュ] 形 ローマ・カトリック[教会]の(略: röm.-kath.).
röm.-kath. [レーミッシュ・カトーリッシュ] 《略》 ローマ・カトリック[教会]の (=**röm**isch-**kath**olisch).
Rom·mé [ロンメ rómeː または ロメー roméː] [フス] 中 -s/ =Rommee
Rom·mee [ロンメ rómeː または ロメー roméː] 中 -s/ (☞) ラミー(日本では「ラミッジ」ともいう).
Ron·de [ロンデ róndə または ローンデ rɔ́ːdə] [フス] 囡 -/-n ① 《軍》《古》 巡察, 巡回, パトロール. ② 〖工〗 円形板金.
Ron·dell [ロンデる rondél] 中 -s/-e ① (庭園などの)円形花壇. ② (散歩道) (庭園内の)環状の道. ③ 〖建〗 (城の)円塔. (☞ Burg 図).
Ron·do [ロンド róndo] 中 -s/-s ① 《音楽》 ロンド. ② 《文学》 ロンド(中世の舞踏歌).
rön·ne [レンネ] *rinnen (流れる)の 接 2 《雅》.
rönt·gen [レントゲン ŕœntgən] (過分) geröntgt [ゲレントクト] 他 《人・物》⁴のレントゲン検査をする, エックス線撮影をする.
Rönt·gen [レントゲン] I -s/ 《人名》 レントゲン (Wilhelm Conrad *Röntgen* 1845–1923; ドイツの物理学者でエックス線の発見者). II 中 -s/- 《物》 レントゲン(照射線量の単位; 記号: R).
Rönt·gen=auf·nah·me [レントゲン・アオフナーメ] 囡 -/-n レントゲン撮影(写真).
Rönt·gen=be·hand·lung [レントゲン・ベハンドルング] 囡 -/-en レントゲン(エックス線)治療.
Rönt·gen=bild [レントゲン・ビるト] 中 -[e]s/-er レントゲン写真, エックス線像.
Rönt·ge·no·lo·ge [レントゲノろーゲ rœntgenoló:gə] 男 -n/-n レントゲン(放射線)専門医.
Rönt·ge·no·lo·gie [レントゲノろギー rœntgenologí:] 囡 -/ レントゲン(放射線)医学.
Rönt·gen=strah·len [レントゲン・シュトラーれン] 複 《物》 レントゲン線, エックス線.
Rönt·gen=un·ter·su·chung [レントゲン・ウンタァズーフング] 囡 -/-en レントゲン(エックス線)検査.
Roque·fort [ロック・フォァ rók-foːr または ..フォァ] [フス] 男 -s/-s ロックフォール(羊乳から作った風味の強い青カビチーズ).
ro·sa¹ [ローザ róːza] 形 《無語尾で》 ① ばら色の, ピンクの. ein *rosa* Kleid ピンクのドレス. ② 《婉曲》 同性愛の.
Ro·sa¹ [ローザ] 中 -s/- (口語: -s) ばら色.
Ro·sa² [ローザ] -s/ 《女名》 ローザ.
ro·sa=rot [ローザ・ロート] 形 ばら色の, 淡紅色の.
rösch [レーシュ rǿːʃ] 形 ① 《南ドイツ》 ぱりっと焼けた(パンなど); 元気のいい. ② 〖坑〗 粗粒の.
Rös·chen [レースヒェン rǿːsçən] 中 -s/- (Rose の 縮小) 小さなばら (=Röslein).
*die **Ro·se** [ローゼ róːzə] 囡 《単》-/《複》-n ① 《植》 バラ; ばらの花. (英 rose). eine rote *Rose* 赤いばら(美・愛の象徴) / eine wilde *Rose* 野ばら / ein Strauß *Rosen* 一束のばら / eine *Rose*⁴ brechen ばらを折る / Die *Rosen* blühen (duften). ばらの花が咲いている(におう) / Sie ist nicht **auf** *Rosen* gebettet. 〖状態受動・現在〗《雅》彼女は安楽に暮らしているわけではない (←正しくは) 私に寝かされているわけではない) / Keine *Rose* ohne Dornen. 〖ことわざ〗 とげのないばらはない. ② (ばらの形に似たもの)ばら模様; 《建》 ばら窓(桟が放射円形の窓); (宝石の)ローズ形; (ギターなどの)響き穴; (羅針盤の)コンパスカード. ③ 《医》 丹毒.
ro·sé [ロゼー rozéː] [フス] 形 《無変化で》 ばら色の, 薄桃色の.
Ro·sé [ロゼー] [フス] 男 -s/-s ロゼワイン.
Ro·sen=holz [ローゼン・ホるツ] 中 -es/..hölzer ローズウッド, 紫檀(したん)(木材名).
Ro·sen=kohl [ローゼン・コール] 男 -[e]s/ 《植》 メキャベツ, コモチカンラン.
Ro·sen=kranz [ローゼン・クランツ] 男 -es/..kränze (ヘヒャ) ① ザリオ(小珠 53 個, 大珠 6 個をつないだ数珠. これを繰りながら祈りを唱える).

Rosenkranz

② ロザリオの祈り.
Ro･sen=mon･tag [ローゼン・モーンターク] 男 -[e]s/-e 《宗》ばらの月曜日 (=Fastnachtsmontag) (謝肉祭の中心に当たる日でライン川下流地方の呼び名. rasender Montag, Rasenmontag「荒れ狂う月曜日」ともいわれたもの).
Ro･sen=öl [ローゼン・エーる] 中 -[e]s/-e ばら油.
ro･sen･rot [ローゼン・ロート] 形 ばら色の, 淡紅色の.
Ro･set･te [ロゼッテ rozétə] 女 -/-n ① 《建》ばら模様装飾, ばら窓. ② (服飾用の)ばら飾り. ③ 《植》座葉, ロゼット. ④ ロゼット形の宝石.
ro･sig [ローズィヒ ró:ziç] 形 ① ばら色の. eine *rosige* Haut ピンク色の肌. ② 《比》ばら色の, 楽観的な. 事⁴ in *rosigem* Licht sehen 事⁴を楽観的に見る.
Ro･si･ne [ロズィーネ rozí:nə] 女 -/-n 干しぶどう, レーズン. ein Kuchen mit *Rosinen* レーズンケーキ / *Rosinen*⁴ im Kopf haben《口語・比》大それたことを望んでいる / sich³ die *Rosinen*⁴ aus dem Kuchen picken《口語》いちばんよいところを取ってしまう(←ケーキの中から干しぶどうをつまみ取る).
Rös･lein [レースライン ró:slain] 中 -s/- (Rose の縮小) 小さいばら (=Röschen).
Ros･ma･rin [ロース・マリーン ró:s-mari:n または ..マリーン] 男 -s/《植》ローズマリー, マンネンロウ(シソ科の低木. 調味料・香料に用いられる).
Ross¹ [ロス rós] 中 -es/-e (南ド・口語: Rösser) ① 《複》Rosse)《雅》駿馬(しゅんめ), 馬. auf dem hohen *Ross* sitzen お高くとまっている. ② 《複》Rösser)《南ド・オーストリア・スイス》馬 (=Pferd). ③ 《複》《口語》ばか者. So ein *Ross*! このばかめ.
Roß ☞ 新形 Ross
Rös･sel=sprung [レッセる・シュプルング] 男 -[e]s/..sprünge ① (チェスで:)ナイト跳び(ナイトの進み方). ② 桂馬跳び[文字さがし]パズル.
Ross=haar [ロス・ハール] 中 -[e]s/ (詰め物などに使う)馬の毛.
Roß=haar ☞ 新形 Rosshaar
Ross=kas･ta･nie [ロス・カスターニエ] 女 -/-n 《植》セイヨウトチノキ.
Roß=ka･sta･nie ☞ 新形 Rosskastanie
Ross=kur [ロス・クーァ] 女 -/-en《口語》荒療治.
Roß=kur ☞ 新形 Rosskur
*der **Rost¹** [ロスト rɔ́st] 男 (単2) -[e]s/(複) -e (3格のみ -en) ① (肉などを焼く)グリル, 焼き網. (英 grill). Würste⁴ auf dem *Rost* braten ソーセージを焼き網で焼く. ② (ストーブなどの)火格子.
*der **Rost²** [ロスト] 男 (単2) -[e]s/(複) -e (3格のみ -en) ① 《複 なし》さび(錆). (英 rust). Mein Fahrrad setzt *Rost* an. 私の自転車はさびている. 物⁴ vor *Rost* schützen 物⁴がさびないようにする. ② 《植》さび病.
Rost=bra･ten [ロスト・ブラーテン] 男 -s/- (グリルで焼いた)ステーキ, ロースト.
rost=braun [ロスト・ブラオン] 形 赤さび色の, 赤茶色の.
* **ros･ten** [ロステン rɔ́stən] es rostet (rostete, ist/hat...gerostet) 自 《完了》sein または haben) さびる; 《比》(能力などが)さびつく, 鈍る. Das Auto fängt an zu *rosten*. 車にさびが出始める. ◇《現在分詞の形で》nicht *rostender* Stahl ステンレススチール.
* **rös･ten** [レーステン rǿ:stən または レス.. rǿs..] du röstest, er röstet (röstete, hat...geröstet) 他 (《完了》haben) ① (油などを加えずに肉など⁴を)あぶる, 焼く, ローストにする, (コーヒー豆など⁴を)炒(い)る. (英 roast). Brot⁴ *rösten* パンをトーストにする. ◇《再帰的に》sich⁴ in der Sonne *rösten*《戯・比》日光で肌を焼く. ◇《過去分詞の形で》frisch *gerösteter* Kaffee 炒りたてのコーヒー. (☞ 類語 backen). ② 《方》(油で)いためる, 揚げる, フライにする (=braten). ③ 《冶》(鉱石⁴を)焙焼(ばいしょう)する. ④ (繊維を採るために亜麻など⁴を)水にさらす.
ros･te･te [ロステテ] *rosten (さびる)の 過去
rös･te･te [レーステテ または レス..] *rösten (あぶる)の 過去
rost=far･ben [ロスト・ファルベン] 形 さび色の.
rost=frei [ロスト・フライ] 形 さびない, ステンレスの. *rostfreier* Stahl ステンレス鋼.
Rös･ti [rǿ:sti] 女 -/ (スイス) =Röstkartoffeln
ros･tig [ロスティヒ rɔ́stiç] 形 ① さびた. *rostige* Nägel さびたくぎ / eine *rostige* Stimme《比》しわがれた声. ② 《獣》さび色の.
Röst=kar･tof･feln [レースト・カルトッフェるン] 複 《方》じゃがいもの油いため (=Bratkartoffeln).
Ros･tock [ロストック rɔ́stɔk] 中 -s/《都市名》ロストック(バルト海沿いの港湾・工業都市: ☞ 地図 F-1).
rost=rot [ロスト・ロート] 形 赤さび(赤茶)色の.
Rost=schutz [ロスト・シュッツ] 男 -es/ さび止め[剤].
Rost=schutz=mit･tel [ロストシュッツ・ミッテる] 中 -s/- さび止め剤.
‡**rot** [ロート ró:t] 形 (比較 röter, 最上 rötest まれに 比較 roter, 最上 rotest) (英 red) ① 赤い, 赤色の. eine *rote* Bluse 赤いブラウス / eine *rote* Rose 赤いばら / *rote* Tinte 赤インク / das *Rote* Kreuz 赤十字 / das *Rote* Meer 紅海 / *roter* Wein 赤ワイン / einen *roten* Kopf bekommen 顔が真っ赤になる / Sie hat *rote* Augen vom Weinen. 彼女は目を真っ赤に泣きはらしている / Er wurde vor Zorn *rot*. 彼は怒りで真っ赤になった / Heute *rot*, morgen tot. (ことわざ) 朝(あした)には紅顔, 夕(ゆうべ)には白骨.
② 《口語》《政・隠語》(思想的に)赤の, 共産(社会)主義の. die *Rote* Armee 赤軍.
新形
rot glü･hend 赤熱した.

Rot [ロート] 中 -s/-(口語: -s) ① 赤色, 赤; 赤信号; 口紅, 頬紅(ほお). *Rot*[4] auflegen 口紅を塗る / Die Ampel steht auf *Rot*. 交通信号は今赤になっている. ②《覆なし; 冠詞なしで》《トランプ》(ドイツ式トランプの)ハート; ハートが切り札のゲーム.

Ro·ta·ti·on [ロタツィオーン rotatsióːn] 女 -/-en ① 回転; 《天》自転. ②《農》輪作. ③ (バレーボールの)ローテーション.

Ro·ta·ti·ons≠druck [ロタツィオーンス・ドルク] 男 -[e]s/《印》輪転印刷.

Ro·ta·ti·ons·ma·schi·ne [ロタツィオーンス・マシーネ] 女 -/-n 《印》輪転[印刷]機.

Rot≠au·ge [ロート・アオゲ] 中 -s/-n 《魚》ローチ(ウグイ科の淡水魚. 目の縁が赤い).

rot≠ba·ckig [ロート・バッキヒ] 形 頬(ほお)の赤い.

rot≠bä·ckig [ロート・ベッキヒ] 形 =rotbackig.

Rot≠bart [ロート・バールト] 男 -[e]s/..bärte 《口語》赤ひげ[の人]. Kaiser *Rotbart* 《史》赤ひげ帝バルバロッサ(ドイツ皇帝フリードリヒ 1 世 1122-1190 のあだ名).

rot≠blond [ロート・ブロント] 形 赤みがかったブロンドの(髪); 赤みがかったブロンドの髪の(人).

rot≠braun [ロート・ブラオン] 形 赤褐色の, 赤茶色の.

Rot≠bu·che [ロート・ブーヘ] 女 -/-n 《植》ヨーロッパブナ.

Rot≠dorn [ロート・ドルン] 男 -[e]s/-e 《植》セイヨウサンザシ.

Rö·te [レーテ róːtə] 女 -/-n ①《覆 なし》赤色, 赤[さ]; 赤面. die *Röte* des Abendhimmels 夕焼け / Die *Röte* stieg ihr ins Gesicht. 彼女の顔は赤くなった. ②《植》アカネ.

Ro·te-Ar·mee-Frak·ti·on [ローテ・アルメー・フラクツィオーン] 女 ドイツ赤軍派(略: RAF).

Rö·tel [レーテル róːtəl] 男 -s/ ①《覆 なし》《鉱》代赭(たいしゃ)石(顔料などに用いられる). ② 赤鉛筆, 赤チョーク.

Rö·teln [レーテルン róːtəln] 覆 《医》風疹(ふうしん).

rö·ten [レーテン róːtən] I 他 (h)《雅》赤く染める, 赤くする. II 再帰 (h) *sich*[4] *röten* 赤く染まる, 紅潮する. Sein Gesicht *rötete* sich vor Zorn. 彼の顔は怒りで真っ赤になった.

Ro·te[r] [ローテ (..タァ) róːtə (..tər)] 男 女 《語尾変化は形容詞と同じ》《口語》《政・隠語》共産主義者, 赤.

rö·ter [レータァ] *rot (赤い)の 比較.

rö·test [レーテスト] *rot (赤い)の 最上.

Rot≠fuchs [ロート・フクス] 男 -es/..füchse ①《動》アカギツネ; 赤ギツネの毛皮. ② 栗毛の馬. ③《口語》《ふつう軽蔑的に》赤毛の人.

rot≠glü·hend 形 (新旧 rot glühend) ☞ rot

Rot≠glut [ロート・グルート] 女 -/ 赤熱.

rot≠haa·rig [ロート・ハーリヒ] 形 赤い髪の, 赤毛の.

Rot≠haut [ロート・ハオト] 女 -/..häute 《戯》アメリカインディアン(←赤銅色の肌).

Ro·then·burg [ローテン・ブルク róːtən-burk] 中 -s/《都市名》ローテンブルク(正式な名称はローテンブルク・オブ・デア・タウバー. ドイツ, バイエルン州. 中世の面影を残す古都; ☞ 地図 E-4).

Rot≠hirsch [ロート・ヒルシュ] 男 -[e]s/-e 《動》アカシカ(赤鹿).

ro·tie·ren [ロティーレン rotíːrən] 自 (h) ① 回転する, ぐるぐる回る. ②《口語》あたふた動き回る. ③ (バレーボールで:)ローテーションをする.

Rot≠käpp·chen [ロート・ケップヒェン] 中 -s/ 赤頭巾(きん)ちゃん(グリム童話に出てくる少女).

Rot≠kehl·chen [ロート・ケールヒェン] 中 -s/- 《鳥》ヨーロッパコマドリ.

Rot≠kohl [ロート・コール] 男 -[e]s/《植》ムラサキキャベツ.

Rot≠kraut [ロート・クラオト] 中 -[e]s/《南ドイツ》 =Rotkohl

röt·lich [レートリヒ] 形 赤みがかった.

Rot≠licht [ロート・リヒト] 中 -[e]s/ (現象用・治療用の)赤色光線, 赤色灯;《口語》赤信号.

Ro·tor [ロートァ róːtɔr] 英 [ロートレン] 男 -s/-en [ロートーレン]《工》(ヘリコプターなどの)ローター, 回転翼; (モーターなどの)回転子.

Rot≠schwanz [ロート・シュヴァンツ] 男 -es/..schwänze《鳥》=Rotschwänzchen

Rot≠schwänz·chen [ロート・シュヴェンツヒェン] 中 -s/-《鳥》ジョウビタキ(ツグミ科の鳴鳥).

Rot≠stift [ロート・シュティフト] 男 -[e]s/-e 赤鉛筆.

Rot≠tan·ne [ロート・タンネ] 女 -/-n《植》ドイツトウヒ (=Fichte).

Rot·te [ロッテ rótə] 女 -/-n ① (軽蔑的に:)集団, 群れ, 一味. ②《軍》2 機の編隊; 2 隻の艦隊. ③《狩》いのしし(豚・おおかみ)の群れ.

Rot·ter·dam [ロッタァ・ダム rɔtərdám または ロッタァ..] 中 -s/《都市名》ロッテルダム(オランダ南西部の商工業・港湾都市;☞ 地図 B-3).

Ro·tun·de [ロトゥンデ rotúndə] 女 -/-n《建》(丸屋根のある)円形の建物, ロトンダ.

rot≠wan·gig [ロート・ヴァンギヒ] 形《雅》頬(ほお)の赤い (=rotbackig).

Rot≠wein [ロート・ヴァイン] 男 -[e]s/-e 赤ワイン.

Rot≠welsch [ロート・ヴェルシュ] 中 -[s]/ (盗賊・悪党などの間での)隠語.

Rot≠wild [ロート・ヴィルト] 中 -[e]s/《狩》赤鹿.

Rotz [ロッツ róts] 男 -es/ ①《俗》鼻汁. *Rotz* und Wasser heulen (子供が:)わんわん泣く / der ganze *Rotz* いっさいがっさい. ②《医》鼻疽(びそ).

Rotz≠ben·gel [ロッツ・ベンゲル] 男 -s/-《俗》(生意気な)鼻たれ小僧.

rot·zig [ロッツィヒ rótsɪç] 形 ①《俗》鼻水をたらした. ②《俗》ずうずうしい; 生意気な.

Rotz≠na·se [ロッツ・ナーゼ] 女 -/-n ①《俗》鼻水をたらした鼻. ② (生意気な)鼻たれ小僧.

Rouge [ルーシュ ruːʃ または ルージュ ruːʒ] 仏 中 -s/-s ①《ふつう 覆》① ルージュ, 口紅, 頬紅(ほお). *Rouge*[4] auflegen 紅をさす. ② (ルーレットの)赤.

Rou·la·de [ルラーデ ruláːdə] 仏 女 -/-n《料理》肉のロール巻き.

Rou·leau [ルรー ruló:] [ラス] 中 -s/-s 巻き上げ式ブラインド.

Rou·lett [ルлット rulét] 中 -[e]s/-s (または -e) ルーレット.

Rou·lette [ルлット rulét または ..テ ..tə] [ラス] 女 -s/-s =Roulett

Rous·seau [ルソー rusó:] -s/ 《人名》ルソー (Jean-Jacques *Rousseau* 1712-1778; フランスの思想家).

Rou·te [ルーテ rú:tə] [ラス] 女 -/-n コース, ルート, 進路.

Rou·ti·ne [ルティーネ rutí:nə] [ラス] 女 -/-n ① 熟練. große (keine) *Routine*⁴ haben 手際がいい(悪い). ② (ふつう軽蔑的に:)型どおりの仕事. ③ 《コンピュ》ルーティン, 手順(定型的なプログラム).

rou·ti·ne=mä·ßig [ルティーネ・メースィヒト] 形 決まりきった, 型どおりの. *routinemäßig* antworten 型どおりの返答をする.

Rou·ti·ne=un·ter·su·chung [ルティーネ・ウンタアズーフング] 女 -/-en 定期検査(検診).

Rou·ti·ni·er [ルティニエー rutinié:] [ラス] 男 -s/-s 熟練者, ベテラン.

rou·ti·niert [ルティニーアト rutiní:rt] 形 経験を積んだ, 熟練した, 老練な.

Row·dy [ラオディ ráudi] [英] 男 -s/-s 乱暴者, 暴れ者.

Row·dy·tum [ラオディトゥーム] 中 -s/ 乱暴[なふるまい].

Rp. 《略》① [レーツィぺ] (処方箋で:)服用のこと (=recipe!). ② [ラッペン] ラッペン (スイスの貨幣単位) (=Rappen).

RT [エル・テー] 《略》 (船の)登録トン数 (=Registertonne).

Ru [エル・ウー] 《化・記号》ルテニウム (=Ruthenium).

rub·beln [ルッベルン rúbəln] 他 (h) 《北ドツ》(背中など⁴を)ごしごしこする.

*die **Rü·be** [リューベ rý:bə] 女 (単) -/(複) -n ① 《植》カブ[類], テンサイ[類], 《英》 turnip). gelbe *Rübe* 《南ドツ》 にんじん (=Möhre) / rote *Rübe* 赤かぶ, ビート. ② 《俗》頭. eins⁴ auf die *Rübe* bekommen 頭に一発くらう. ③ 《俗》生意気なやつ.

Ru·bel [ルーベル rú:bəl] 男 -s/- ルーブル(ロシアの貨幣単位; 略: Rbl).

Rü·ben=zu·cker [リューベン・ツッカァ] 男 -s/ 甜菜(テンサイ)糖.

rü·ber [リューバァ rý:bər] 副 《口語》上へ (=herüber, hinüber).

Ru·bi·di·um [ルビーディウム rubí:dium] 中 -s/ 《化》ルビジウム (記号: Rb).

Ru·bin [ルビーン rubí:n] 男 -s/-e 《鉱》ルビー, 紅玉.

ru·bin=rot [ルビーン・ロート] 形 ルビーのように赤い, 鮮紅色の.

Rub·rik [ルブリーク rubrí:k] 女 -/-en ① (図表・新聞などの)段, 欄. ② 分類項目, 部類.

ru·bri·zie·ren [ルブリツィーレン rubritsí:rən] 他 (h) ① (部門・項目などに)分類する, 整理する. ② 《製本》《物》⁴に)赤色の表題を付ける.

Rüb·sa·men [リューブ・ザーメン] 男 -s/ 《植》アブラナ.

ruch·bar [ルーフバール または ルフ..] 形 《成句的に》 *ruchbar* werden 《雅》知れ渡る.

ruch·los [ルーフ・ロース または ルフ..] 形 《雅》邪悪な, 非道な. eine *ruchlose* Tat 残虐な行為.

ruck! [ルック rúk] 間 (重い物などを皆で持ち上げるときなどに:)よいしょ. Hau *ruck*! よいしょ, それ.

Ruck [ルック rúk] 男 -[e]s/-e (ひもなどを)急激に引くこと, 急な突き(押し). in einem *Ruck* / mit einem *Ruck* ひと息に, 中断せずに / sich³ einen *Ruck* geben 《口語》 いやいやながら決心する, 重い腰を上げる / 《事》³ einen *Ruck* geben 《事》³ にてこ入れをする.

rück.., **Rück..** [リュック.. rýk..] 《動詞・名詞などにつける 接頭》 ① (後方へ・もとへ・逆戻りの) 例: *Rück*fahrt 帰路. ② 《背後》 例: *Rück*seite 裏面.

Rück=an·sicht [リュック・アンズィヒト] 女 -/-en 背面[図].

Rück=ant·wort [リュック・アントヴォルト] 女 -/-en ① 返信. ② 《郵》返信用はがき; 返信料前払い電報. eine Postkarte mit *Rückantwort* 往復はがき.

ruck=ar·tig [ルック・アールティヒ] 形 ぐいっ(くっ)という感じの(動きなど); 不意の, 突然の.

rück=be·züg·lich [リュック・ベツューグリヒ] 形 《言》再帰の, 再帰的な (=reflexiv). ein *rückbezügliches* Fürwort 再帰代名詞.

Rück=bil·dung [リュック・ビルドゥング] 女 -/-en ① 《生》退化; 《医》(症候の)後退, 退縮. ② 《言》逆成[語].

Rück=blen·de [リュック・ブレンデ] 女 -/-n 《映》カットバック, フラッシュバック.

Rück=blick [リュック・ブリック] 男 -[e]s/-e 回顧, 追想. im *Rückblick* auf 《事》⁴ 《事》⁴を回顧して.

rück=bli·ckend [リュック・ブリッケント] 形 回顧的な.

rück|da·tie·ren [リュック・ダティーレン rýkdati:rən] 他 (h) 《不定詞・過去分詞でのみ用いられる》 (文書など⁴を実際よりも)前の日付にする.

ru·cken [ルッケン rúkən] I 自 (h) (列車などが)がたんと動く. II 他 (h) (たんくいを)動かす.

:**rü·cken** [リュッケン rýkən] (rückte, *hat/ist ...gerückt*) I 他 (定ア haben) (押したり引いたりして)動かす, ずらす, 寄せる. Sie *rückten* die Möbel **an** die Wand. 彼らは家具を壁ぎわへ寄せた / den Hut *rücken* ちょっと帽子をずらす.

II 自 (定ア sein または haben) ① (s) (ずれるように)動く, 移動する. *Kannst* du ein bisschen *rücken*? ちょっと詰めてくれないか / Der Zeiger *rückte* **auf** 12. 時計の針が12時の所へ動いた / Das Projekt *ist* **in** weite Ferne

gerückt. 《現在完了》《比》そのプロジェクトは実現が遠のいた / **zur** Seite *rücken* わきへ寄る.
② (h) 『**an** (または **mit**) 物³ ~』《物³をしきりに》動かす, ずらす. Er *rückte* nervös an seiner Krawatte. 彼は神経質にネクタイを直した / mit den Stühlen *rücken* いすをがたがたさせる.
③ (s) 〖方向を表す語句とともに〗《軍》(…へ)出動する. **ins** Feld *rücken* 出征する.

＊ der Rü·cken [リュッケン rýkən]

| 背 | Mir tut der *Rücken* weh.
ミァ トゥート デァ リュッケン ヴェー
私は背中が痛い. |

男〈単 2〉-s/〈複〉- ① (人間・動物の)**背**, 背中. (英 back). (☞ Körper 図). ein breiter *Rücken* 幅の広い背中 / einen krummen *Rücken* machen a) 背を丸める, b) 《比》卑屈な態度をとる / Er hat einen breiten *Rücken*. a) 彼は肩幅が広い, b) 《比》(批判などに対して)彼は忍耐強い / 人³ den *Rücken* decken 《比》人³を援護する / sich³ den *Rücken* frei|halten 《比》逃げ道を作っておく / 人³ den *Rücken* stärken (または stützen) 《比》人³を支援する, 激励する / 人・物³ den *Rücken* kehren (または wenden) a) 人・物³ に背を向ける, b) 《比》人・物³ を見捨てる.
◇〖前置詞とともに〗 *Rücken* **an** *Rücken* stehen 背中合わせに立っている / Er trägt den Rucksack **auf** dem *Rücken*. 彼はリュックサックを背中に背負っている / auf dem *Rücken* schwimmen 背泳ぎする / auf dem *Rücken* liegen a) あおむけに寝ている, b) 《比》のらくらしている / Legen Sie sich bitte auf den *Rücken*! あおむけに寝てください / Ich fiel beinahe auf den *Rücken*! 《口語》びっくり仰天したよ(←あおむけに倒れそうだった) / Das hat er **hinter** unserem *Rücken* getan. 《比》それを彼は私たちに隠れてやった / 人・物³ **im** *Rücken* haben 《口語》人・物³ を後ろ盾にしている(←背後に持っている) / 人³ **in** den *Rücken* fallen a) 人³ を背後から襲う, b) 《比》人³ を裏切る / Er steht **mit** dem *Rücken* an der (または zur) Wand. 《比》彼は窮地に立っている, 進退きわまっている / Es lief mir kalt **über** den *Rücken*. 私は背筋がぞっとした / den Rucksack **vom** *Rücken* nehmen リュックサックを背中から降ろす.
② (物の)背, 背面. der *Rücken* eines Buches 本の背 / der *Rücken* eines Berges 山の尾根 / der *Rücken* des Fußes 足の甲.
③ 《覆 なし》《料理》背肉, ロース. ④ 《覆 なし》《冠詞なしで》《スポ》背泳ぎ (= *Rücken*schwimmen).

Rü·cken≠de·ckung [リュッケン・デックング] 女 -/ ① 《軍》背面援護. ② 援護, 支援. 人³ *Rückendeckung*⁴ geben 人³ を援護する.

Rü·cken≠**flos·se** [リュッケン・ふろっセ] 女 -/ -n (魚の)背びれ.

Rü·cken≠**la·ge** [リュッケン・らーゲ] 女 -/-n ① 仰向け[の]姿勢. ② (スキーで:)後傾姿勢.

Rü·cken≠**leh·ne** [リュッケン・れーネ] 女 -/-n (いすの)背もたれ.

Rü·cken≠**mark** [リュッケン・マルク] 中 -[e]s/ 《医》脊髄(ずい).

Rü·cken≠**schwim·men** [リュッケン・シュヴィメン] 中 -s/ 背泳ぎ.

Rü·cken≠**stär·kung** [リュッケン・シュテルクング] 女 -/ 精神的なバックアップ.

Rü·cken≠**wind** [リュッケン・ヴィント] 男 -[e]s/ 追い風.

Rü·cken≠**wir·bel** [リュッケン・ヴィルべる] 男 -s/ 《医》脊椎(つい).

Rück≠er·stat·tung [リュック・エァシュタットゥング] 女 -/-en 払い戻し, 返済.

Rück≠fahr·kar·te [リュック・ふァールカルテ] 女 -/-n 往復切符. eine verbilligte *Rück-fahrkarte* 割引の往復切符.

＊ die Rück≠fahrt [リュック・ふァールト rýk-fa:rt] 女〈単〉-/〈複〉-en (乗り物での)**帰路**, 帰りの旅. (英 return journey). (☞「往路」は Hinfahrt). die *Rückfahrt*⁴ an|treten 帰途につく.

Rück≠**fall** [リュック・ふァる] 男 -[e]s/..fälle ① 《医》(病気の)再発. einen *Rückfall* be-kommen (病気が)再発する. ② 元の悪い状態への逆戻り. ein *Rückfall* **in** alte Fehler 昔の過ちの繰り返し. ③ 《法》累犯.

rück≠fäl·lig [リュック・ふェりヒ] 形 ① 《医》再発[性]の. ② 逆戻りの. *rückfällig* wer-den 逆戻りする. ③ 《法》累犯の, 常習犯の.

Rück≠flug [リュック・ふるーク] 男 -[e]s/..flüge 帰りの飛行, 帰還飛行. (☞「行きの飛行」は Hinflug).

Rück≠**fra·ge** [リュック・ふラーゲ] 女 -/-n 再度の問い合わせ, 再照会.

Rück≠**fra·ge·ge·spräch** [リュックふラーゲ・ゲシュプレーヒ] 中 -[e]s/-e (電話の)コレクトコール (略: R-Gespräch).

rück|fra·gen [リュック・ふラーゲン rýk-frà:-gən] 自 (h) 《不定詞・過去分詞でのみ用いられる》『**bei** 人³ ~』(人³ に)再び問い合わせる, 聞き返す.

Rück≠füh·rung [リュック・ふューるング] 女 -/ (部隊の)撤退; 《法》(捕虜などの)送還.

Rück≠**ga·be** [リュック・ガーベ] 女 -/-n 《ふつう 単》① 返却, 返還. gegen *Rückgabe* der Eintrittskarte² 入場券と引き換えに. ② 《スポ》(サッカーなどで:)バックパス.

Rück≠**gang** [リュック・ガング] 男 -[e]s/..gänge 後退; 減少, 低下; (価格などの)下落. wirt-schaftlicher *Rückgang* 景気の後退 / ein *Rückgang* der Bevölkerung² (der Preise²) 人口の減少(物価の下落).

rück≠gän·gig [リュック・ゲンギヒ] 形 ① 後戻りの, 逆行の, 減少する. ② 《成句的に》 事⁴ *rückgängig* machen 事⁴(契約などの)をキャンセルする, とり消す.

Rück≠ge·win·nung [リュック・ゲヴィヌング]

Rückgrat

ング] 囡 -/ 取り戻し, 奪還; 回収.
Rück︲grat [リュック・グラート] 囲 -(e)s/-e 《医》背骨, 脊柱(${}^{t_2,\,5}$); 《比》支柱, 基盤, バックボーン. sich³ das *Rückgrat*⁴ brechen 背骨を折る / ein Mensch ohne *Rückgrat* 《比》気骨のない人 / *Rückgrat*⁴ haben (または zeigen) 《比》気概がある / 囚³ das *Rückgrat* stärken 囚³を支援する.
Rück︲griff [リュック・グリふ] 囲 -(e)s/-e ① 《法》遡求(${}^{\varepsilon\,\varsigma\,\circ}$), 償還請求. ② (過去の理念や様式などに)立ち戻ること.
Rück︲halt [リュック・ハるト] 囲 -(e)s/-e 《ふつう 単》① 支え, 支持, 援助. an 囚³ einen finanziellen *Rückhalt* haben 囚³に財政的援助を受ける. ② 《成句的に》 ohne *Rückhalt* a) 遠慮(腹蔵)なく, b) 全面的に.
rück︲halt︲los [リュックハるト・ろース] 肥 遠慮(腹蔵)のない; 全面的な(信頼など). eine *rückhaltlose* Kritik 無遠慮な批判 / 囚³ *rückhaltlos* vertrauen 囚³を全面的に信用する.
Rück︲hand [リュック・ハント] 囡 -/, (${}^{t_2,\,5}$) (テニス・卓球などの)バックハンド[ストローク]. (↔「フォアハンド」は Vorhand).
Rück︲kauf [リュック・カォふ] 囲 -(e)s/..käufe 《商》買い戻し.
* *die* **Rück︲kehr** [リュック・ケーァ rýk-ke:r] 囡 《単》-/ 帰還; 復帰. (英 return). die *Rückkehr* in die Heimat (nach München) 故郷(ミュンヒェン)への帰還.
Rück︲kopp·lung [リュック・コップるング] 囡 -/-en 《電・工》フィードバック, 帰還.
Rück︲kunft [リュック・クンふト] 囡 -/ 《雅》帰還; 復帰 (=Rückkehr).
Rück︲la·ge [リュック・らーゲ] 囡 -/-n ①《商》準備金, 積立金. ②(スキーで)後傾姿勢.
Rück︲lauf [リュック・らォふ] 囲 -(e)s/..läufe ① 逆行, 逆流; 後退. ②《化》還流. ③(機械の)戻り行程. ④(テープなどの)巻き戻し.
rück︲läu·fig [リュック・ろィふィヒ] 肥 ① 後退の, 逆行の; 回帰的な. ein *rückläufiges* Wörterbuch《言》逆引き辞典. ②《天》逆行の.
Rück︲licht [リュック・りヒト] 囲 -(e)s/-er (列車・自動車などの)テールライト, 尾灯.
rück︲lings [リュックりングス] 副 後ろへ; 後ろから; あおむけに.
Rück︲nah·me [リュック・ナーメ] 囡 -/-n《ふつう 単》取り下げ, 撤回.
Rück︲por·to [リュック・ポルトー] 囲 -s/-s 返信料.
Rück︲rei·se [リュック・ライゼ] 囡 -/-n (旅の)帰途, 帰路. (↔「往路」は Hinreise). auf der *Rückreise* sein 帰途にある.
Rück︲ruf [リュック・ルーふ] 囲 -(e)s/-e ① (返事などの)折り返しの電話. ② (欠陥商品などの)回収, リコール.
* *der* **Ruck︲sack** [ルック・ザック rúk-zak] 囲《単2》-(e)s/《複》..säcke [..ゼッケ] (3格のみ ..säcken) リュックサック. (英 rucksack). mit dem *Rucksack* wandern リュックを背負って徒歩旅行をする.
Rück︲schau [リュック・シャオ] 囡 -/ 回顧.
Rück︲schlag [リュック・シュらーク] 囲 -(e)s/..schläge ① (情勢の)急激な悪化; 《経》景気後退. einen *Rückschlag* erleiden 急に悪化する. ② (${}^{\varepsilon_{-1}}$) (ボールの)打ち返し, リターン. ③《工》反動, 斥力. ④《医》再発.
Rück︲schluss [リュック・シュるス] 囲 -es/..schlüsse《ふつう複》(一定の事実から原因を求める)推論, 帰納的推論.
Rück︲schluß ☞ 新形 Rückschluss
Rück︲schritt [リュック・シュリット] 囲 -(e)s/-e 後退; 反動. (↔「進歩」は Fortschritt).
rück︲schritt·lich [リュック・シュリットりヒ] 肥 反動的な, 後退的な; 時代遅れの, 古めかしい.
Rück︲sei·te [リュック・ザィテ] 囡 -/-n 裏側, 背面, 後ろ. (↔「表側」は Vorderseite).
* *die* **Rück︲sicht** [リュック・ズィヒト rýkzıçt] 囡《単》-/《複》-en (英 *consideration*) ①《ふつう単》配慮, 顧慮; 思いやり. Er kennt keine *Rücksicht*. 彼は思いやりがない / auf 囚・物⁴ *Rücksicht*⁴ nehmen 囚・物⁴に気を配る / mit *Rücksicht* auf seine Gesundheit 彼の健康を顧慮して / ohne *Rücksicht* auf 事物⁴を顧みないで / ohne *Rücksicht* auf Verluste《口語》何がなんでも(←損失を顧みず). ②《複で》考慮すべき事情. aus politischen *Rücksichten* 政治的な事情で. ③《複 なし》(自動車からの)後方視界.
Rück︲sicht︲nah·me [リュックズィヒト・ナーメ] 囡 -/ 考慮, 顧慮.
* **rück︲sichts︲los** [リュックズィヒツ・ろース rýkzıçts-lo:s] 肥 (比較 rücksichtsloser, 最上 rücksichtslosest) ① 思いやりのない, 配慮に欠けた. ein *rücksichtsloses* Verhalten 思いやりのない態度 / *rücksichtslos* fahren 無謀な運転をする. ② 容赦ない, 仮借のない. eine *rücksichtslose* Kritik 仮借のない批評.
rück︲sichts︲voll [リュックズィヒツ・ふォる] 肥 思いやりのある, 配慮の行き届いた.
Rück︲sitz [リュック・ズィッツ] 囲 -es/-e (自動車の)後部座席, リヤシート. (↔「前部座席」は Vordersitz).
Rück︲spie·gel [リュック・シュピーゲる] 囲 -s/- (自動車などの)バックミラー.
Rück︲spiel [リュック・シュピーる] 囲 -(e)s/-e (${}^{\varepsilon_{-1}}$)(2回総当たり戦の)2回目の試合.
Rück︲spra·che [リュック・シュプラーヘ] 囡 -/-n (未解決の問題に関する)協議, 相談, 打ち合わせ. mit 囚³ *Rücksprache*⁴ nehmen (または halten) 囚³と打ち合わせる.
Rück︲stand [リュック・シュタント] 囲 -(e)s/..stände ① 残りかす, 残滓(${}^{x^\prime}$), 残留物. ②《ふつう複》(支払いの)滞り, 延滞(未払)金. *Rückstände*⁴ bezahlen 未払金を支払う. ③ (仕事の)遅れ; (${}^{\varepsilon_{-1}}$) 遅れ, 負け越し. mit einem Tor im *Rückstand* sein 1ゴールリードされている.

rück&stän・dig [リュック・シュテンディヒ] 形 ① 進歩(開発)の遅れた(国など); 時代遅れの. ② 未払いの, 遅滞した(賃金など).

Rück&stän・dig・keit [リュック・シュテンディヒカイト] 女 -/ ① たち遅れ; 時代遅れ; 未払い状態.

Rück&stau [リュック・シュタオ] 男 -[e]s/-s (まれに -e) ① (川などを)せき止めること. ② 交通渋滞.

Rück&stoß [リュック・シュトース] 男 -es/..stöße ① 《物》反発作用, 反跳. ② (銃などを発射する際の)反動.

Rück&strah・ler [リュック・シュトラーらァ] 男 -s/- (自動車などの)後部反射板(鏡), キャッツアイ.

Rück&tas・te [リュック・タステ] 女 -/-n (タイプライターの)バックスペースキー.

rück・te [リュックテ] ‡rücken (動かす) 過去

Rück&tritt [リュック・トリット] 男 -[e]s/-e ① 辞職, 退職, 辞任. der *Rücktritt* des Ministers 大臣の辞任. ②《法》(契約の)解除. ③ (自転車にブレーキをかける)ペダルの逆踏み.

Rück・tritt&brem・se [リュックトリット・ブレムゼ] 女 -/-n (自転車の)コースターブレーキ, 逆踏みブレーキ.

Rück&über・set・zung [リュック・ユーバァゼッツング] 女 -/-en (元の言語への)再翻訳.

rück・ver・gü・ten [リュック・フェァギューテン rýk-fɛrɡy:tən] 過分 rückvergütet) 他 (h)《不定詞・過去分詞でのみ用いられる》《経》払い戻す.

Rück・ver・gü・tung [リュック・フェァギュートゥング] 女 -/-en《経》払い戻し[金], リベート.

rück・ver・si・chern [リュック・フェァズィッヒァァン rýk-fɛrzɪçərn] 過分 rückversichert)《不定詞・過去分詞でのみ用いられる》 I 他 (h) 再保険に加入させる. II 再帰 (h) *sich*⁴ *rückversichern* ① 再保険に加入する. ② 安全策を講じる, 二重の安全をはかる.

Rück&wand [リュック・ヴァント] 女 -/..wände 後ろの壁.

rück・wär・tig [リュック・ヴェルティヒ] 形 後方の, 背後の.

***rück&wärts** [リュック・ヴェルツ rýk-verts] 副 ① 後ろへ, 後方へ; 後ろ向きに. (英 *backward*). (☞「前へ」は vorwärts). *rückwärts* gehen 後退する / *rückwärts* ein|parken バックして(車と車の間などに)駐車する. ② 逆方向に, 後ろから前へ; (過去にさかのぼって. ein Band⁴ *rückwärts* laufen lassen テープを逆に回す. ③《南ドッオスト》後ろで. *rückwärts* am Haus 家の後ろで.

新形
rückwärts gehen《es *geht* mit 3格 *rückwärts* の形で》《口語》3格が悪化する, 衰える, 不振になる.

Rück&wärts&gang [リュック・ヴェルツ・ガング] 男 -[e]s/..gänge ①《工》(自動車の)バックギア. den *Rückwärtsgang* ein|schalten バックギアを入れる. ② 後ろ向きに歩くこと.

rück&wärts|ge・hen* 非人称 (s)(新形 rückwärts gehen)☞ rückwärts

Rück&weg [リュック・ヴェーク] 男 -[e]s/-e 帰路, 家路. (☞「往路」は Hinweg). auf dem *Rückweg* 帰る途中で.

ruck・wei・se [ルック・ヴァイゼ] 副 ぐいと, ぐんと; 断続的に.

rück・wir・kend [リュック・ヴィルケント] 形 ①《法律など》過去にさかのぼって有効な, 遡及(そきゅう)的な. Das Gesetz gilt *rückwirkend* vom 1. (=ersten) April. その法律は4月1日にさかのぼって適用される. ② 反作用的な, 反応的な.

Rück&wir・kung [リュック・ヴィルクング] 女 -/-en ① 反応, 反作用. ②《法》遡及(そきゅう)効.

rück&zahl・bar [リュック・ツァーるバール] 形 払い戻しできる, 償還(返済)できる.

Rück&zah・lung [リュック・ツァーるング] 女 -/-en (借金などの)返済;《商》(株式などの)償還.

Rück&zie・her [リュック・ツィーァァ] 男 -s/- ①《口語》(要求などの)撤回, とり消し. einen *Rückzieher* machen とり消す, 撤回する. ② (サッカーの)オーバーヘッドキック.

Rück&zug [リュック・ツーク] 男 -[e]s/- (特に軍隊の)退却. den *Rückzug* an|treten 退却する.

Rück・zugs&ge・fecht [リュックツークス・ゲフェヒト] 中 -[e]s/-e 退却援護の戦闘.

rü・de [リューデ rýːdə] 形 粗野な, 無作法な.

Rü・de [リューデ] 男 -n/-n ① (犬・きつねなどの)雄. ②《狩》(特にいのしし狩り用の)猟犬.

Ru・del [ルーデる rúːdəl] 中 -s/- (かもしかなどの)群れ, 大群;《口語》(人の)群れ, 一団. im *Rudel* または in *Rudeln* 群れをなして.

ru・del&wei・se [ルーデる・ヴァイゼ] 副 群れをなして.

***das* Ru・der** [ルーダァ rúːdər] 中 (単2) -s/(複) – (3格のみ -n)(英 *oar*) ① (ボートの)オール, 櫂(かい). die *Ruder*⁴ aus|legen (ein|ziehen) オールを出す(引っ込める) / sich⁴ in die *Ruder* legen 力漕する, b)《口語》仕事に励む. ②《海》(船の)舵(かじ);《比》支配権, 政権. das *Ruder*⁴ führen 舵を取る / ans *Ruder* kommen《口語》実権を握る / am *Ruder* stehen (または sitzen)《口語》実権を握っている / aus dem *Ruder* laufen a) 舵が利かなくなる, b)(政治的に)制しきれなくなる. ③《空》昇舵舵; 方向舵 (=Seitenruder); 補助翼 (=Querruder).

Ru・der&bank [ルーダァ・バンク] 女 -/..bänke (ボートの)漕手席.

Ru・der&boot [ルーダァ・ボート] 中 -[e]s/-e 漕艇, ボート.

Ru・de・rer [ルーデラァ rúːdərər] 男 -s/- (ボートの)こぎ手.

***ru・dern** [ルーダァン rúːdərn] (ruderte, *ist*/*hat*... gerudert)(英 *row*) I 自 (完了) sein または haben) ① (s, h)[ボートを]こぐ. Er *rudert* gern. 彼はボートをこぐのが好きだ / Wir sind (ま

Ruderpinne

たは *haben*) zwei Stunden *gerudert*. 《現在完了》私たちは2時間ボートをこいだ / **mit** den Armen *rudern*《口語》腕を振って歩く. 《(完了)完了の助動詞は「場所の移動」に重点が置かれるときは sein を,「こぐ行為」に重点がおかれ haben を用いる). ② (s)《方向を表す語句とともに》…へ)いで進む. **über** den Fluss *rudern* ボートをこいで川を渡る. ③ (h, s) ボートレースに参加する. II 他 (完了 haben) ①《ボートなど⁴を》~. Ich *habe* das Boot selbst *gerudert*. 私はボートを自分でこいだ. ②《方向を表す語句とともに》《人・物⁴を…へ》ボートで運ぶ. Leute⁴ über den Fluss *rudern* 人々をボートで川向こうへ渡す. ③《記録など⁴を》ボートレースで出す.

Ru·der·pin·ne [ルーダァ・ピンネ] 女 -/-n (ヨットなどの) 舵柄(だへい).

Ru·der·re·gat·ta [ルーダァ・レガッタ] 女 -/..gatten ボートレース,レガッタ.

ru·der·te [ルーダァテ] *rudern (こぐ) の過去

Ru·di·ment [ルディメント rudimént] 中 -[e]s/-e ①《前時代の》遺物. ②《生》退化(痕跡)器官.

ru·di·men·tär [ルディメンテーァ rudimenté:r] 形 初歩的な;《生》痕跡(こんせき)の, 退化した.

Ru·dolf [ルードるふ rú:dɔlf] -s/《男名》ルードルフ.

***der* Ruf** [ルーふ rú:f] 男 (単2) -[e]s/(複) -e (3格のみ -en) ① 叫び声. 《英 *shout, cry*》. einen entsetzten *Ruf* aus|stoßen 驚いて叫び声をあげる ② 呼び声, (鳥などの)鳴き声;《鐘・らっぱなどによる》合図. 《英 *call*》. der *Ruf* des Kuckucks かっこうの鳴き声 / der *Ruf* der Glocke² zum Kirchgang (教会の)礼拝へ誘う合図の鐘. ③《複 なし》呼びかけ, 要請, アピール. der *Ruf* nach Freiheit 自由を求める声 (世論). ④《ふつう 単》《教授などへの》招聘. er erhielt einen *Ruf* an die Universität Bonn. 彼はボン大学へ招聘された. ⑤《複 なし》評判, 名声. einen guten (schlechten) *Ruf* haben 評判がよい(悪い). ⑥《複 なし》《書》電話番号 (=*Ruf*nummer).

ru·fen [ルーふェン rú:fən]

> 叫ぶ; 呼ぶ
>
> *Rufen* Sie bitte ein Taxi!
> ルーふェン ズィー ビッテ アイン タクスィ
> タクシーを呼んでください.

(rief, hat ... gerufen) I 自 (完了 haben) ① 叫ぶ; (鳥などが) 鳴く. 《英 *shout, call*》. laut *rufen* 大声で叫ぶ / *Ruft* da jemand? だれかの呼び声がしないか / Der Kuckuck *ruft*. かっこうが鳴いている. (類語 schreien).
② 〖**nach** 人・物³〗 (または **um** 事⁴) ~〗《人・物³を(または 事⁴を)求めて》呼ぶ. Das Kind *ruft* nach der Mutter. 子供が母親を呼ぶ / Er *rief* nach einem Glas Wasser. 彼は水を一杯くれと言った / um Hilfe *rufen* 大声で助けを求める.
③〖**zu** 事³ ~〗《事³に》呼びかける. Die Mut-

ter *ruft* zum Essen. 母親が食事ですよと呼ぶ/ Die Glocke *rief* zum Gebet. 鐘が礼拝の時間を告げた.
II 他 (完了 haben) ①《人⁴を》呼ぶ, 呼び寄せる, (電話などをして) 来てもらう. 《英 *call*》. *Rufen* Sie bitte die Polizei! 警察を呼んでください / Der Kranke *ließ* den Arzt *rufen*. 病人は医者を呼んでもらった / *Soll* ich ihn *rufen*? 彼に来てもらいましょうか /〖人³ 事⁴ **ins** Gedächtnis *rufen*《比》人³に 事⁴を思い起こさせる / Dringende Geschäfte *riefen* ihn nach München. 《比》彼は急用でミュンヒェンへ行かねばならなかった /〖人⁴ **zu** sich³ *rufen*〗人⁴を自分の所へ呼びつける /〖人⁴ **zu** Hilfe *rufen*〗人⁴に助けを求める. ◇《過去分詞の形で》Du kommst wie *gerufen*!《口語》君はちょうどよい時に来た (←呼ばれたように).
② (…と) 叫ぶ, 大声で言う. „Komm schnell!" *rief* er.「早くおいで」と彼は大声で言った / Feuer⁴ *rufen* 火事だと叫ぶ.
③ (A⁴ を B⁴ と) 呼ぶ (=nennen). Er heißt Johannes, aber man *ruft* ihn Hans. 彼はヨハネスという名前だが, みんなはハンスと呼んでいる. ④〖人・物⁴〗電話をかける. *Rufen* Sie mich unter der Nummer 58 27 16! お電話ください, 番号は 58 27 16 です.
III 再帰 (完了 haben) 《成句的に》*sich*⁴ heiser *rufen* 叫びすぎて〖その結果〗声をからす.

Rüf·fel [リュッふェる rýfəl] 男 -s/-《口語》《上司などによる》叱責(しっせき), 小言.

rüf·feln [リュッふェるン rýfəln] 他 (h)《口語》《人⁴を》しかりつける.

Ruf·mord [ルーふ・モルト] 男 -[e]s/-e (うわさなどによる) ひどい中傷, 誹謗(ひぼう).

Ruf·na·me [ルーふ・ナーメ] 男 -ns (3格・4格 -n)/-n 呼び名, 通称.

Ruf·num·mer [ルーふ・ヌンマァ] 女 -/-n 《官庁》電話番号 (=Telefonnummer).

Ruf·wei·te [ルーふ・ヴァイテ] 女 -/-n 声の届く距離(範囲). **in** *Rufweite* bleiben 呼べば聞こえる所にいる.

Ruf·zei·chen [ルーふ・ツァイヒェン] 中 -s/- ①《電話の》呼び出し音;《放送》コールサイン. ②《(ぱしき)(言)》感嘆符 (=Ausrufezeichen).

Rug·by [ラグビ rákbi]《英》中 -[s]/《(スッ)》ラグビー.

Rü·ge [リューゲ rý:gə] 女 -/-n 叱責(しっせき), 非難. 〖人³ eine *Rüge*⁴ erteilen〗人³を叱責する.

rü·gen [リューゲン rý:gən] 他 (h) ①〖人⁴を〗叱責(しっせき)する. ②〖事⁴を〗厳しく批判する.

Rü·gen [リューゲン rý:gən]《地名》リューゲン島 (バルト海にあるドイツ最大の島; 地図 F-1).

***die* Ru·he** [ルーエ rú:ə]

> 静けさ
>
> *Ruhe*, bitte! 静かにして!
> ルーエ   ビッテ

女 (単) -/ ① 静けさ, 静寂. 《英 *quiet*》. die nächtliche *Ruhe* 夜の静寂 / die *Ruhe* vor dem Sturm あらしの前の静けさ / Gib doch

endlich *Ruhe*! いいかげんに静かにしてくれよ. ② 休息, 休養, 安静; 睡眠.（㊆ rest）. die *Ruhe* nach der Arbeit 仕事のあとの休憩 / *Ruhe*⁴ suchen 休息を求める / Er braucht *Ruhe*. 彼には休息が必要だ / Er gönnt sich³ keine *Ruhe*. 彼は少しも休まない / Angenehme *Ruhe*!〔寝ようとする人に:〕おやすみなさい / ohne Rast und *Ruhe* 少しも休まずに / sich⁴ **zur** *Ruhe* legen 就寝する / sich⁴ zur *Ruhe* setzen 年金生活に入る / die ewige *Ruhe*《雅》永眠.
③ 平穏, 平安; 平静, 落ち着き.（㊆ calm）. eine innere *Ruhe* 心の安らぎ / die *Ruhe*⁴ bewahren (verlieren) 平静を保つ(失う) / *Ruhe*⁴ geben 静かにする, (周囲のじゃまをしない) 人³ keine *Ruhe*⁴ lassen 人³を落ち着かせない, 人³にしつこくせがむ / **in** *Ruhe* und Frieden leben 平穏に暮らす / Lass mich **in** *Ruhe*! 私に構わないでくれ, ほっといてくれ / eine Arbeit⁴ in *Ruhe* erledigen 仕事を[時間をかけて]ゆっくり片づける / in aller *Ruhe* 落ち着きはらって / Immer **mit der** *Ruhe*!〔口語〕あわてないで! / **zur** *Ruhe* kommen〔気持ちが〕落ち着く, 停止する.
④ (機械などの)静止[状態], 停止. Das Pendel ist in *Ruhe*. 振り子が止まっている.

Ru·he⋄bank [ルーエ・バンク] 女 -/..bänke (公園などの休息用の)ベンチ.
Ru·he⋄**be·dürf·nis** [ルーエ・ベデュルフニス] 中 ..nisses/..nisse 休息の必要.
ru·he⋄be·dürf·tig [ルーエ・ベデュルフティヒ] 形 休息の必要な.
Ru·he⋄ge·halt [ルーエ・ゲハルト] 中 -[e]s/..hälter (公務員の)年金, 恩給 (＝Pension).
Ru·he⋄**geld** [ルーエ・ゲルト] 中 -[e]s/-er (勤労者保険の)老齢年金.
Ru·he⋄**la·ge** [ルーエ・ラーゲ] 女 -/ ① 静止位置[状態]. ② 〖医〗 安静位.
ru·he⋄los [ルーエ・ロース] 形 落ち着かない, じっとしていない; 安らぎのない, 不安な.

*__**ru·hen**__ [ルーエン rúːən] (ruhte, *hat* ... geruht) I 自 (完 haben) ① **休息する**, 休む, 休憩する;《雅》永眠する, 眠る. auf dem Sofa *ruhen* ソファーでくつろぐ / nach der Arbeit *ruhen* 仕事を終えて休息する / den Körper *ruhen* **lassen** 身体を休める / im Grabe *ruhen*《雅》地下に眠っている / *Ruhe* sanft! または *Ruhe* in Frieden!〔墓碑銘として〕安らかに眠れ. ② (活動が一時)止まっている, 休止している. Die Maschine *ruht*. 機械が止まっている / Die Arbeit *ruht*. 仕事が中断している / Die Waffen *ruhen*.《雅》停戦中である / Seine Hände *ruhen* nie.《雅》彼の手は片時も休まない / Der Acker *ruht*. その畑は休耕中だ. ③〚場所を表す語句とともに〛(…に)置かれている. **auf** 物³ *ruhen* 物³の上に載っている ⇨ Die Brücke *ruht* auf drei Pfeilern. その橋は3本の橋脚に支えられている / Die ganze Last *ruht* auf seinen Schultern.《雅》全責任が彼の双肩にかかっている / **im** Tresor *ruhen* 金庫に保管されている. ④〚**auf** 人·物³ ～〛(視線が 人·物³に)注がれている. Sein Blick *ruhte* auf dem Bild. 彼の視線はその絵に注がれていた.
II 再帰 (完 haben) 〚**es** *ruht sich*⁴ ... の形で〛休み心地が…である. Auf diesem Sofa *ruht es sich* gut. このソファーは体がよく休まる.

⸻新形⸻
ru·hen las·sen (問題などを⁴手をつけずに)放置しておく.
⸻⸻⸻⸻⸻⸻

類語 **ruhen**:「休む」の意味で最も一般的な語. **sich⁴ aus|ruhen**: 休んで元気を回復する. Ich *muß mich* ein wenig *ausruhen*. 私はちょっと休まなければならない. **rasten**:（ドライブなどを中断して)休息をとる.
⸻⸻⸻⸻⸻⸻

ru·hen|las·sen* 他 (h) (新形 ruhen lassen) ☞ ruhen
Ru·he⋄pau·se [ルーエ・パオゼ] 女 -/-n 休憩[時間], 中休み.
Ru·he⋄**stand** [ルーエ・シュタント] 男 -[e]s/ 〚定年〛退職(退役)の身分. in den *Ruhestand* gehen (または treten) 引退する / Er ist Beamter im *Ruhestand*. 彼は退職した公務員だ.
Ru·he⋄**ständ·ler** [ルーエ・シュテンドラァ] 男 -s/- 退職者, 年金生活者.（㊆ 女性形は Ruheständlerin）.
Ru·he⋄**stät·te** [ルーエ・シュテッテ] 女 -/-n《雅》① 墓. die letzte *Ruhestätte* 墓場. ②《雅》休息所.
Ru·he⋄**stö·rer** [ルーエ・シュテーラァ] 男 -s/- 静けさ(平安·安眠)をかき乱す者.
Ru·he⋄**stö·rung** [ルーエ・シュテールング] 女 -/-en 静けさ(平安)をかき乱すこと(安眠妨害など).
Ru·he⋄**tag** [ルーエ・タク] 男 -[e]s/-e (店などの)休業日; 休日(日曜·祭日など).
Ru·he⋄**zeit** [ルーエ・ツァイト] 女 -/-en 休憩時間.

*__**ru·hig**__ [ルーイヒ rúːɪç] I 形（㊆ quiet） ① (動かずに)**静かな**. Die See war *ruhig*. 海はないでいた / *ruhiges* Wetter 穏やかな(風などのない)天気 / *ruhig* sitzen じっと座っている. (☞ 類語 still).
② (音の)静かな, 閑静な; 騒がしくない. eine *ruhige* Wohnung 静かな住まい / Das Hotel liegt sehr *ruhig*. そのホテルはたいへん閑静な所にある / Sei doch mal *ruhig*! ちょっと静かにしなさい.
③ 平穏な, 無事な; ゆったりした. *ruhige* Zeiten 平穏な時代 / Man kann hier *ruhig* arbeiten. ここならじゃまされずに仕事ができる / Sie führen ein *ruhiges* Leben. 彼らは平穏な生活を送っている.
④ 落ち着いた, 冷静な. ein *ruhiger* Mensch 落ち着いた人 / bei *ruhiger* Überlegung じっくり考えてみると / Sei *ruhig*, es wird dir nichts geschehen! 心配するな, 君には何も起こりっこないよ / Er hat *ruhig* gesprochen. 彼は落ち着いて話した / *ruhige* Farben 《比》落ち着いた色.

II 副《文中でのアクセントなし》《無関心・了解・勇気づけなどを表して》《口語》かまわずに, 気にしないで, 安心して. Soll sie *ruhig* schreien. 彼女は泣きたいだけ泣けばいいさ / Du kannst *ruhig* kommen. 君もいっしょに来たってかまわないよ / Dir kann ich es ja *ruhig* sagen. 君になら安心してこのことを話せるよ.

ru·hig stel·len (骨折部位⁴をギプスなどで)固定する.

....

ru·hig|stel·len 他 (h) 《新形》 ruhig stellen) ☞ ruhig

*der **Ruhm** [ルーム rúːm] 男 (単2) -[e]s/ 名声, 栄誉. (英) fame). unsterblicher *Ruhm* 不滅の名声 / *Ruhm*⁴ erlangen (または erwerben) 名声を得る / Er ist auf dem Gipfel seines *Ruhmes* angelangt. 《現在完了》彼は名声の頂点に達した / Da hast du dich ja nicht [gerade] mit *Ruhm* bekleckert. 《口語》(皮肉って:) 君はうまくいったとは言えないようだね.

* **rüh·men** [リューメン rýːmən] (rühmte, hat ...gerühmt) **I** 他 (定了 haben) 称賛する. (英 praise). Man rühmte seine Großmut. または Man rühmte ihn **wegen** seiner Großmut. 人々は彼の寛大さをほめたたえた / **an** (人³ **an** 人³) rühmen (人³の事⁴をほめる) / Ich *muss* an ihm seinen Fleiß *rühmen*. 私は彼の勤勉さを高く評価しないわけにはいかない. (☞ 類語 loben).
II 再帰 (定了 haben) *sich*⁴ 事² *rühmen* 事²を自慢する, 誇る. Er hat sich nie seines Erfolges *gerühmt*. 彼は決して自分の成功を鼻にかけなかった.

rüh·mens≠wert [リューメンス・ヴェーアト] 形 称賛に値する.

Ruh·mes≠blatt [ルーメス・ブラット] 中 -[e]s/ 《成句的に》kein *Ruhmesblatt* [**für** 人] sein [人]⁴の名誉なことではない.

rühm·lich [リュームリヒ] 形 称賛すべき, りっぱな, 名誉ある.

ruhm≠los [ルーム・ロース] 形 不名誉な, 面目ない.

ruhm≠re·dig [ルーム・レーディヒ] 形 《雅》自慢気な, 自慢たらたらの.

ruhm≠reich [ルーム・ライヒ] 形 栄光に満ちた, 栄誉ある, 輝かしい.

rühm·te [リュームテ] *rühmen (ほめたたえる) 過去

Ruhr¹ [ルーア rúːr] 女 -/-en 《ふつう 単》《医》赤痢.

die **Ruhr**² [ルーア] 女 -/ 《定冠詞とともに》《川名》ルール川(ライン川の支流).

Rühr≠ei [リューア・アイ] 中 -s/-er 《ふつう 単》《料理》スクランブルドエッグス, いり卵.

* **rüh·ren** [リューレン rýːrən] (rührte, hat ...gerührt) **I** 他 (定了 haben) ① かき混ぜる; かき回しながら加える. (英 stir). die Suppe⁴ *rühren* スープをかき混ぜる / ein Ei⁴ **in** die Suppe *rühren* 卵をスープにかき回しながら加える.
② (手足など⁴を)動かす. Er konnte vor Müdigkeit kein Glied mehr *rühren*. 疲れ果てて彼はもう動けなかった / keinen Finger *rühren* 《口語》指一本動かさない, 何ひとつしようとしない.
③ 感動させる, (人⁴の)心を動かす. Seine Rede *rührte* die Zuhörer **zu** Tränen. 彼の話は涙を誘うほど聴衆を感動させた / Es *rührte* ihn gar nicht, dass ... ... ということがあっても彼はまったく動じなかった.
④ (卒中などが人⁴を)襲う. Ihn *hat* der Schlag *gerührt*. 彼は卒中を起こした. ⑤ 《雅》(楽器⁴を)打ち(かき)鳴らす.
II 自 (定了 haben) ① **in** 物³ ~) (物³の中を)かき混ぜる. mit dem Löffel im Kaffee *rühren* スプーンでコーヒーをかき混ぜる.
② 【**an** 物⁴ ~】《雅》(物⁴に)触れる, 触る; (比)(事⁴に)言及する. *Rühre* besser nicht an diese Wunde! この傷には触らないほうがいい / an den Kern der Angelegenheit² *rühren* 問題の核心に触れる.
③ 【**von** 人・事³ ~】《雅》(人・事³に)起因する. Diese Krankheit *rührt* von einer Erkältung. この病気は風邪から来ている.
III 再帰 (定了 haben) *sich*⁴ *rühren* 動く. Der Verunglückte *rührte sich* nicht mehr. 事故にあった人はもはや動かなかった(死んだ) / *Rühren* Sie *sich* nicht **von der Stelle**! その場から動かないでください / *Rührt euch*! 《軍》(気をつけの姿勢に対して:)休め / Ich kann mich nicht *rühren*. 《口語》私はにっちもさっちもいかない.
◇☞ gerührt

* **rüh·rend** [リューレント rýːrənt] **I** *rühren (かき混ぜる)の 現分
II 形 感動的な, 心を打つ. (英 touching). ein *rührender* Anblick 胸を打つ光景 / in *rührender* Weise sorgen 献身的に世話をする.

das **Ruhr·ge·biet** [ルーア・ゲビート rúːr-gəbiːt] 中 -[e]s/ 《定冠詞とともに》《地名》ルール地方(ドイツ, ノルトライン・ヴェストファーレン州にあるヨーロッパ最大の重工業地帯. 中心都市としてはエッセン, ドルトムントなどがある).

rüh·rig [リューリヒ rýːrɪç] 形 活動的な, ばりばり働く, 意欲の盛んな(実業家・企業など).

rühr≠se·lig [リューア・ゼーリヒ] 形 ① センチメンタルな, 感傷的な, 涙もろい. ② お涙ちょうだいの(劇・映画など).

Rühr≠stück [リューア・シュテュック] 中 -[e]s/-e 《文学》お涙ちょうだい劇, メロドラマ.

rühr·te [リューアテ] *rühren (かき混ぜる)の 過去

Rühr≠teig [リューア・タイク] 男 -[e]s/-e (小麦粉・牛乳・砂糖などをこね合わせた)ケーキ生地.

Rüh·rung [リュールング] 女 -/ 感激, 感動. *Rührung*⁴ empfinden 感動する / **vor** *Rührung* weinen 感動のあまり泣く.

ruh·te [ルーテ] *ruhen (休息する)の [過去]

Ru·in [ルイーン ruí:n] 男 -s/ 破滅; 破産. ein finanzieller *Ruin* 財政の破綻(はた) / Der Alkohol war sein *Ruin*. 酒が彼の身を滅ぼした.

*die **Ru·i·ne** [ルイーネ ruí:nə] 女 (単) -/(複) -n ① 廃墟(はき). (英 ruin). die *Ruine* einer gotischen Kirche² ゴシック式教会の廃墟 / eine menschliche *Ruine* [比] 廃人[同様の人]. ② 《複》 で)がれきの山, 残骸(ぎん). die *Ruinen* des Krieges 戦争によるがれきの山.

ru·i·nie·ren [ルイニーレン ruiní:rən] 他 (h) ① [人・物]⁴を破滅させる, そこなう; 破産させる. Der Stress *ruinierte* seine Gesundheit. ストレスが彼の健康をそこなった. ◇《再帰的に》sich⁴ finanziell (gesundheitlich) *ruinieren* 財政的に破綻(はた)する(健康をそこなう). ② ([物]⁴を)すっかりだめにする. sich³ die Augen⁴ *ruinieren* 目をだめにする.

ru·i·nös [ルイネース ruiná:s] 形 経済的破滅をもたらす, 破産へ導く; 倒壊しそうな.

rülp·sen [リュルプセン rýlpsən] 自 (h) 《口語》げっぷをする.

Rülp·ser [リュルプサァ rýlpsər] 男 -s/ 《口語》① げっぷ. ② げっぷを[頻繁に]する人.

rum [ルム] 副 《口語》周りに, 回って (=herum).

Rum [ルム rúm] [英] 男 -s/-s ラム酒.

Ru·mä·ne [ルメーネ rumɛ́:nə] 男 -n/-n ルーマニア人. (女性形は Rumänin).

Ru·mä·ni·en [ルメーニエン rumɛ́:niən] 中 -s/ 《国名》ルーマニア[共和国](首都はブカレスト).

ru·mä·nisch [ルメーニッシュ rumɛ́:nɪʃ] 形 ルーマニア[人・語]の.

Rum·ba [ルンバ rúmba] 女 -/-s (口語・たまに: 男 -s/-s) ルンバ(ダンスの一種).

rum|hän·gen* [ルム・ヘンゲン rúm-hɛ̀ŋən] 自 (h) 《口語》(若者が)定職を持たない;(時間を持てあまして…に)たむろしている.

Rum·mel [ルンメル rúməl] 男 -s/ ① (ある人・物をめぐっての)大騒ぎ, お祭り騒ぎ. ② 《北ド》年の市(いち) (=Jahrmarkt).

Rum·mel⋄platz [ルンメる・プらッツ] 男 -es/ ..plätze [リュンプれツェ] 《北ド・口語》年の市(いち)のたつ広場.

ru·mo·ren [ルモーレン rumó:rən] [過分] rumort] 自 (h) 《口語》① がたがた音をたてる; (腹が)ごろごろ鳴る. ◇非人称の **es** を主語として)Es *rumorte* in seinem Bauch. 彼の腹がごろごろ鳴った / Im Volk *rumort* es. [比] 民衆の間に不穏な空気が広がる. ② (頭の中で怒りなどが)たぎる.

Rum·pel·kam·mer [ルンペる・カンマァ] 女 -/-n 《口語》がらくた部屋, 物置.

rum·peln [ルンペルン rúmpəln] 自 (h, s) 《口語》① (h) がたがた(ごとごと)音をたてる. ② (s) 車などがばたばた走って行く.

*der **Rumpf** [ルンプフ rúmpf] 男 (単2) -[e]s/ (複) Rümpfe [リュンプフェ] (3格のみ Rümpfen) ① (人・動物の)胴, 胴体. (英 trunk). (☞ Körper 図). Kopf, *Rumpf* und Glieder 頭と胴と手足 / den *Rumpf* beugen 上体を曲げる. ② 船体 (=Schiffs*rumpf*); (飛行機の)胴体, ボディー.

Rümp·fe [リュンプフェ] *Rumpf(胴)の 複

rümp·fen [リュンプフェン rýmpfən] 他 (h) (鼻・眉(まゆ)など⁴に)しわを寄せる(不満・軽蔑の表情). über [人・物]⁴ die Nase⁴ *rümpfen* [比] [人・物]⁴を小ばかにする.

Rump⋄steak [ルンプ・ステーク] 中 -s/-s 《料理》ランプステーキ(牛の尻肉のステーキ).

Run [ラン rán] [英] 男 -s/-s ① (数少ないものへの)突進, 殺到. ein *Run* auf [物]⁴ [物]⁴を求める人々の殺到. ② 《商》(市場への)買い殺到.

***rund** [ルント rúnt]

> 丸い Sie hat ein *rundes* Gesicht.
> ズィー ハット アイン るンデス ゲズィヒト
> 彼女は丸顔だ.

I 形 (比較) runder, (最上) rundest) (英 round) ① 丸い, 円形の; 球形の. (⇔「角ばった」は eckig). ein *rundes* Fenster 丸窓 / Die Erde ist *rund*. 地球は丸い / Das Kind machte *runde* Augen. 《口語》(驚いて)その子供は目を丸くした.

② 丸々とした, 太った, 肥えた. *runde* Arme 丸々とした腕 / Das Kind hat *runde* Bäckchen. その子供は頬(ほお)がふっくらしている / dick und *rund* werden 丸々と太る.

③ 《口語》(数・量が)ちょうどの, 端数のない, まとまった. ein *rundes* Dutzend ちょうど1ダース / *runde* fünf Jahre まる5年 / eine *runde* Zahl 端数のない数 / die *runde* Summe von 5000 Mark ぴったり 5,000 マルク.

④ 完全な; 朗々たる(音など); まろやかな(味). ein *runder* Ton 朗々とした音 / Der Wein hat einen *runden* Geschmack. そのワインはまろやかな味がする / *rund* laufen a) 《口語》うまく行く, b) 《自動車・隠語》エンジンの調子が良い.

II 副 ① 《口語》およそ, 約. *rund* 50 Mark 約 50 マルク / in *rund* 3 Stunden 約 3 時間後に / *rund* gerechnet 概算で. ② 《成句的に》*rund* um [人・物]⁴ [人・物]⁴の周りを, [人・物]⁴を巡って ⇒ ein Flug *rund* um die Welt 世界一周飛行 / *rund* um die Uhr 四六時中, つねに.

Rund [ルント] 中 -[e]s/-e 円形, 丸み; 周り, 周囲.

Rund⋄bau [ルント・バオ] 男 -[e]s/-ten 《建》(丸屋根のある)円形の建物, ロトンダ.

Rund⋄blick [ルント・ブりック] 男 -[e]s/-e パノラマ, (四方の)全景.

Rund⋄bo·gen [ルント・ボーゲン] 男 -s/ 《建》半円アーチ.

Rund⋄brief [ルント・ブリーフ] 男 -[e]s/-e (公的な)回状, 通達.

*die **Run·de** [ルンデ rúndə] 女 (単) -/(複) -n ① 仲間[の集い], グループ. (英 circle). eine heitere *Runde* von Zechern 愉快な酒飲み仲間 / Sie nahmen ihn in ihre *Runde* auf. 彼らは彼を自分たちの仲間に入れた．　② 周囲, 辺り. in der *Runde* 周りに, ぐるりと / in die *Runde* blicken 周囲を見回す．　③ **一巡**, 一周. eine *Runde*⁴ durch die Stadt machen 町を一巡する．　④ 〔㍾〕(トラックの) 1 周; (ボクシング・ゴルフなどの)ラウンド; (トーナメントの)対戦. in die letzte *Runde* gehen 最終ラウンドに入る / über die *Runden* kommen 《口語》困難を乗り切る / *Runde*⁴ über die *Runden* bringen 《口語》*Runde*⁴をうまく切り抜ける．　⑤ (一座の人々への)ふるまい酒. eine *Runde*⁴ Bier aus|geben (居合わせた人たちにビールをおごる．

run·den [ルンデン rúndən] **I** 他 (h) ① 丸くする. die Lippen⁴ *runden* 唇を丸くとがらす．　② 〈比〉仕上げる．**II** 再帰 (h) *sich*⁴ *runden* ① 丸くなる; (満月などが)現れる．② 〈比〉出来上がる.

rund|er·neu·ern [ルント・エァノイアァン rúntɛrnɔ̀yərn] (過分 runderneuert) 他 (h) (自動車)摩耗したタイヤ⁴の溝を付け直す.

*die **Rund-fahrt** [ルント・ファールト rúntfaːrt] 女 (単) -/ (複) -en (乗り物による)周遊, 遊覧, 一周. 《英》tour). *Rundfahrt* im Hafen 港内巡り.

Rund⋄flug [ルント・ふるーク] 男 -[e]s/..flüge 遊覧飛行.

Rund⋄fra·ge [ルント・ふラーゲ] 女 -/-n アンケート.

*der **Rund⋄funk** [ルント・ふンク rúntfuŋk] 男 (単 2) -s/ ① ラジオ[放送]. (《英》radio, broadcasting). (注意 「テレビ」は Fernsehen). den *Rundfunk* hören ラジオを聞く / den *Rundfunk* aus|schalten (ein|schalten) ラジオのスイッチを切る (入れる) / 事⁴ aus dem *Rundfunk* erfahren 事⁴をラジオで知る / Das habe ich im *Rundfunk* gehört. それを私はラジオで聞いた．

② 放送局. der Norddeutsche *Rundfunk* 北ドイツ放送[局] / Der *Rundfunk* überträgt das Fußballspiel. ラジオ[放送局]がサッカーの試合を放送する.

Rund·funk⋄an·stalt [ルントふンク・アンシュタるト] 女 -/-en ラジオ放送局.

Rund·funk⋄**emp·fän·ger** [ルントふンク・エンプフェンガァ] 男 -s/- ラジオ受信機.

Rund·funk⋄**ge·bühr** [ルントふンク・ゲビューァ] 女 -/-en 《ふつう 複》ラジオ受信料.

Rund·funk⋄**ge·rät** [ルントふンク・グレート] 中 -[e]s/-e ラジオ(受信機).

Rund·funk⋄**hö·rer** [ルントふンク・ヘーラァ] 男 -s/- (ラジオの)聴取者.

Rund·funk⋄**pro·gramm** [ルントふンク・プログラム] 中 -s/-e ラジオ番組[案内誌].

Rund·funk⋄**sa·tel·lit** [ルントふンク・ザテリート] 男 -en/-en 放送衛星.

Rund·funk⋄**sen·der** [ルントふンク・ゼンダァ] 男 -s/- ラジオ放送局.

Rund·funk⋄**sen·dung** [ルントふンク・ゼンドゥング] 女 -/-en (個々の)ラジオ放送(番組).

Rund·funk⋄**über·tra·gung** [ルントふンク・ユーバァトラーグング] 女 -/-en ラジオ中継放送.

Rund⋄gang [ルント・ガング] 男 -[e]s/..gänge ① 一巡, 巡回. einen *Rundgang* machen 一巡する．　② 回廊, 歩廊.

rund⋄ge·hen* [ルント・ゲーエン rúnt-gè:ən] 自 (s) ① 巡回する．　② (次々に手渡されて)回される, 回覧される; 《比》(うわさなどが)広まる．**II** 非人称 (s) Es *geht rund*. 《口語》大忙しである.

rund⋄he·raus [ルント・ヘラオス] 副 率直に, あけすけに. 事⁴ *rundheraus* bekennen 事⁴を率直に告白する.

rund⋄**he·rum** [ルント・ヘルム] 副 ① 周囲に, まわりに, ぐるりと. *rundherum* blicken 四方を見回す．　② すっかり, まったく.

Rund⋄holz [ルント・ホるツ] 中 -es/..hölzer 丸太, 丸材.

Rund⋄lauf [ルント・らおふ] 男 -[e]s/..läufe ① 回転, 循環．　② 回転ぶらんこ.

rund·lich [ルントりヒ] 形 丸みのある; ふっくらした, ふくよかな.

Rund⋄rei·se [ルント・ライゼ] 女 -/-n 周遊旅行.

Rund⋄schau [ルント・シャオ] 女 -/ ①《雅》展望．　② (新聞・雑誌の表題として:)評論.

Rund⋄schrei·ben [ルント・シュライベン] 中 -s/- (公的な)回状(= Rundbrief).

rund⋄um [ルント・ウム] 副 ① 周りに, 周囲に．　② すっかり, まったく.

rund⋄**um·her** [ルント・ウムヘーァ] 副 ぐるりと, 周りに.

Run·dung [ルンドゥング] 女 -/-en ① 丸み, 円形; ふくらみ. die weiblichen *Rundungen*⁴ haben 《俗》(女性の体が)みごとなプロポーションをしている．　② 〈言〉円唇音[化].

rund⋄weg [ルント・ヴェック] 副 はっきりと, きっぱりと.

Ru·ne [ルーネ rúːnə] 女 -/-n ルーネ(ルーン)文字(古代ゲルマン人の用いた文字).

Run·kel⋄rü·be [ルンケる・リューベ] 女 -/-n 飼料用ビート.

run·ter [ルンタァ rúntər] 副 《口語》[こちらの]下へ (= herunter); [あちらの]下へ (= hinunter).

Run·zel [ルンツェる rúntsəl] 女 -/-n 《ふつう 複》(皮膚の)しわ. *Runzeln*⁴ auf der Stirn haben 額にしわがある.

run·ze·lig [ルンツェりヒ rúntsəlɪç] 形 しわのある, しわだらけの (= runzlig).

***run·zeln** [ルンツェるン rúntsəln] ich runzle (runzelte, *hat*... gerunzelt) **I** 他 (完了 haben) (額など⁴に)しわを寄せる. (《英》wrinkle). Nachdenklich *runzelte* er die Stirn. 彼は考え込んで額にしわを寄せた.

II 再帰 (完了 haben) *sich*⁴ *runzeln* しわが寄る.

run·zel·te [ルンツェるテ] ＊runzeln（しわを寄せる）の 過去

runz·le [ルンツれ] ＊runzeln（しわを寄せる）の 1人称単数 現在

runz·lig [ルンツリヒ rúntslɪç] 形 しわのある，しわだらけの．

Rü·pel [リューべる rýːpəl] 男 -s/- がさつ者，不作法者．

Rü·pe·lei [リューべらイ ryːpəláɪ] 女 -/-en ① 《複 なし》がさつな態度，不作法． ② 不作法な行為．

rü·pel·haft [リューべるハふト] 形 がさつな，不作法な．

rup·fen [るプふェン rúpfən] 他 (h) ① 〈草など4を〉引き抜く，むしる．Gras4 rupfen 草を引き抜く / die Blätter4 vom Stiel rupfen 茎から葉をむしり取る． ② 〈鶏など4の〉羽をむしる． ③ 《口語》《人4から》多額の金(½)を巻き上げる．

Ru·pie [ルービエ rúːpiə] 女 -/-n ルピー（インド・パキスタン・スリランカの貨幣単位）．

rup·pig [ルピヒ rúpɪç] 形 ① がさつな，粗野な，生意気な，ラフな(プレイなど)． ② (毛などが)ぼさぼさの，みすぼらしい．

Rup·recht [ループレヒト rúːprɛçt] -s/ ① 《男名》ループレヒト． ② 《成句的に》Knecht Ruprecht《方》従者ループレヒト（聖ニコラウス または幼児キリストの従者で，12月6日に笞と贈り物を持って現れる）．

Rü·sche [リューシェ rýːʃə] 女 -/-n ルーシュ，フリル（婦人服の襟・袖などを飾るひだ飾り）．

Rush·hour [ラッシュ・アオアァ rʌ́ʃ-aʊər] 《英》女 -/-s ラッシュアワー．

Ruß [ルース rúːs] 男 -es/-e 《ふつう 単》すす，煤煙(ばい)． 《化》カーボンブラック．

Rus·se [ルッセ rúsə] 男 -n/-n ロシア人．

Rüs·sel [リュッセる rýsəl] 男 -s/- ① (象・豚などの)鼻；(昆虫の)吻(²ﾝ)． ②《俗》(人間の)大きい鼻；(人間の)口；男根．

ru·ßen [ルーセン rúːsən] I 自 (h) すすを出す．II 他 (h) 〈物4を〉すすだらけにする．

ru·ßig [ルースィヒ rúːsɪç] 形 すすけた，すすで黒くなった．

Rus·sin [ルッスィン rúsɪn] 女 -/..sinnen ロシア人(女性)．

＊**rus·sisch** [ルスィッシュ rúsɪʃ] 形 ロシア(共和国)の；ロシア人の；ロシア語の．(英 Russian). die russische Sprache または das Russische ロシア語 / russische Eier《料理》ロシア風卵サラダ．

Rus·sisch [ルスィッシュ] 中 -[s]/ ロシア語． 《くみ 用法については Deutsch の項参照》．

＊**Russ·land** [ルス・らント rúːs-lant] 中 《単2》-s/ 《地名》① ロシア〔共和国〕(首都はモスクワ)．② 《史》ロシア(1917年の革命までのロシア帝国). ③《口語》旧ソ連邦．

Ruß·land ☞ 新正 Russland

＊**rüs·ten** [リュステン rýstən] du rüstest, er rüstet (rüstete, hat ... gerüstet) I 自 《定了》haben) ① 軍備を整える，武装する．(英 arm). Die Staaten rüsten zum Krieg. 国々が戦争のために軍備を整える． ②《雅》準備をする．zum Aufbruch rüsten 出発の準備をする．II 再帰 《定了》haben) 《sich4 zu 事3 または für 事4》~》《雅》《事3 または 事4に》の準備をする．Wir müssen uns zur Reise rüsten. 私たちは旅行の準備をしなければならない． III 他 《定了》haben) ① 《雅》〈事4の〉準備(用意)をする．das Essen rüsten 食事の用意をする． ②(⁴ﾝ)〈野菜など4を〉下ごしらえする．

Rüs·ter [リュスタァ rýstər または リュース..rýː s..] 女 -/-n ①《植》ニレ（=Ulme）． ② 材木．

rüs·te·te [リュステテ] ＊rüsten（軍備を整える）の 過去

rüs·tig [リュスティヒ rýstɪç] 形 ① かくしゃくとした，(年のわりに)元気な．eine rüstige alte Dame かくしゃくとした老婦人． ②《雅》力強い(足取りなど)．

rus·ti·kal [ルスティカーる rustikáːl] 形 ① 田舎風の；質素で堅牢(けんろう)な．rustikale Möbel 田舎風の家具． ② 粗野な，無骨な．

＊*die* **Rüs·tung** [リュストゥング rýstʊŋ] 女 (単) -/(複) -en ① 軍備，武装．(英 armament). die nukleare Rüstung 核武装 / die Rüstung4 beschränken 軍備を縮小する． ②《中世騎士の》甲冑(かっちゅう)．

Rüs·tungs⁼be·schrän·kung [リュストゥングス・ベシュレンクング] 女 -/-en 軍備制限．

Rüs·tungs⁼in·dust·rie [リュストゥングス・インドゥストリー] 女 -/-n [..リーエン] 軍需産業．

Rüs·tungs⁼kon·trol·le [リュストゥングス・コントロれ] 女 -/-n （国際間の）軍備管理．

Rüst⁼zeug [リュスト・ツォイク] 中 -[e]s/-e ① (あることに必要な)知識，技能． ② (ある目的のための)道具，装備，必需品．

＊*die* **Ru·te** [ルーテ rúːtə] 女 -/-n ① しなやかな小枝；（懲罰用の）笞(½)．(英 switch). Weidenrute 柳の小枝 / Er herrschte mit eiserner Rute. 彼は過酷な統治をした(←鉄の笞で)． ② 釣りざお（=Angelrute); 占い杖(²ﾝ) (地下の鉱脈や水脈を探し当てるための)（=Wünschelrute)． ③ ルーテ(昔の長さの単位．2.92～4.67m). ④ 《狩》(犬などの)尾． ⑤ 《俗》ペニス．

Ru·ten·gän·ger [ルーテン・ゲンガァ] 男 -s/- 占い師（占い杖を使って鉱脈や地下水脈を探し歩く）．

Ru·the·ni·um [ルテーニウム rutéːnɪum] 中 -s/ 《化》ルテニウム（=Ru).

rutsch! [ルッチュ rʊtʃ] 間《幼児》（すばやい動き，特に滑る音を表して）つるん，すいすい．

Rutsch [ルッチュ] 男 -[e]s/-e ① 滑り落ちること；山崩れ，土砂崩れ（=Bergrutsch)；地滑り（=Erdrutsch). auf einen Rutsch または in einem Rutsch《口語》一気に． ②《口語》小旅行，遠足，ドライブ．Guten Rutsch! 行ってらっしゃい / Guten Rutsch ins neue Jahr! よいお年を．

Rutsch⁼bahn [ルッチュ・バーン] 女 -/-en ①

滑り台. ② 《口語》(雪・氷の上のスケート遊びのための)滑走路, スケートリンク.

Rut·sche [ルッチェ rútʃə] 囡 -/-n ① (貨物などを高所から下へ落とす)投下装置, シュート. ② 《南ドツ》足台.

***rut·schen** [ルッチェン rútʃən] (rutschte, ist...gerutscht) 圓 (完了 sein) (英 *slip*) ① (つるりと)滑る; 滑って転ぶ; (車などが)スリップする. Er *ist* mit dem Auto in den Graben *gerutscht*. 〖現在完了〗彼はスリップして車ごと溝に落ち込んだ. ② 滑り落ちる, ずり落ちる. vom Stuhl *rutschen* いすから滑り落ちる / Die Brille *rutscht*. 眼鏡がずり落ちる / Das Essen *rutscht* nicht. 《口語》食事がまずい(←うまくのどを通らない). ③ 《口語》席を詰める. *Rutsch* mal! ちょっと詰めてくれ. ④ 《口語》(急に思いたって…へ)小旅行に出かける.

rutsch⇗fest [ルッチュ・フェスト] 形 滑り止めを施した, 滑らない(床材など).

rut·schig [ルッチヒ rútʃɪç] 形 滑りやすい, つるつるの.

Rutsch⇗par·tie [ルッチュ・パルティー] 囡 -/-n [..ティーエン] 《口語》足を滑らすこと, スリップ.

rutsch·te [ルッチュテ] *rutschen (つるりと滑る)の 過去

***rüt·teln** [リュッテルン rýtəln] ich rüttle (rüttelte, *hat/ist*...gerüttelt) I 他 (完了 haben) 揺する, 揺り動かす. (英 *shake*). 人⁴ am Arm *rütteln* 人⁴の腕をつかんで揺さぶる / 人⁴ aus dem Schlaf *rütteln* 人⁴を揺さぶって起こす. II 圓 (完了 haben または sein) ① (h) 揺れる, 動揺する. Der Wagen *hat* sehr *gerüttelt*. その車はひどく揺れた. ② (h) 〖an 物・事³~〗(物³を)がたがた揺さぶる《比》(事³を)修正(変更)する. an der Tür *rütteln* ドアをがたがた揺する / Daran ist nicht zu *rütteln*. それは変更できない. ③ (s) (車などが…へ)がたがた揺れながら走る. ◇☞ gerüttelt

rüt·tel·te [リュッテるテ] *rütteln (揺する)の 過去

rütt·le [リュットれ] *rütteln (揺する)の1人称単数 現在

S s

s¹, S¹ [エス és] 中 -/- エス(ドイツ語アルファベットの第19字).

s² (記号) ① [ゼクンデ] 秒 (=Sekunde). ② [シリング] シリング(イギリスの貨幣単位) (=Shilling).

S² ① [エス] (化·記号) 硫黄(おう) (=Schwefel). ② [シリング] (記号) シリング(オーストリアの貨幣単位) (=Schilling). ③ [ズュート または ズューデン] (略) 南, 南風 (=Süd[en]).

s. [ズィーエ] (略) …を見よ, 参照せよ (=siehe!).

S. (略) ① [ザイテ] ページ (=Seite). ② [サン または サント または サンタ または サントー] 聖… (=San, Sant', Santa, Santo). ③ [ザイネ] (高位高官の人の称号に添えて:) (=Seine). *S.* Exzellenz 閣下.

's [ス] (略) (口語·詩) =es, das. Ist*'s* wahr? それは本当か.

Sa. (略) ① [ザムス·タークまたは ゾン·アーベント] 土曜日 (=Samstag, Sonnabend). ② [ズンマ] 総計 (=Summa). ③ [ザクセン] ザクセン [州·地方] (=Sachsen).

SA [エス·アー] (略) (ナチスの)突撃隊 (=Sturmabteilung).

s. a. (略) ① [ズィーエ アオホ] …も見よ, …も参照せよ (=siehe auch!). ② [ズィーネ アンノ] 刊行年記載なし (=sine anno).

*der **Saal** [ザーる zá:l] 男 (単2) -[e]s/(複) Säle [ゼーれ] (3格のみ Sälen) ① ホール, [大]広間. (英 *hall*). Hörsaal (大学の講義室 / Der *Saal* war völlig überfüllt. ホールは超満員だった. ② ホールに集まった人々.

die **Saa·le** [ザーれ zá:lə] 女 -/(定冠詞とともに) (川名) ① ザーレ川 (エルベ川の支流. 別称ザクセン·ザーレ川)(🗺 E-3). ② ザーレ川 (マイン川の支流. 別称フランケン·ザーレ川).

Saal≤toch·ter [ザーる·トホタァ] 女 -/..töchter (ス) ウエートレス (=Kellnerin).

die **Saar** [ザール zá:r] 女 -/(定冠詞とともに) (川名) ザール川 (モーゼル川の支流: 🗺 地図 C-4).

Saar·brü·cken [ザール·ブリュッケン za:r-brýkən] 中 -s/(都市名) ザールブリュッケン(ドイツ, ザールラント州の州都) (🗺 地図 C-4).

das **Saar·ge·biet** [ザール·ゲビート zá:r-gəbi:t] 中 -[e]s/(定冠詞とともに)(地名) ザール地方 (1920~1935年国際管理下, 1935年ドイツに帰属. 第二次大戦後フランスの管理下に入り, 1957年旧ドイツに帰属した. 今日のザールラントに当たる).

Saar·land [ザール·らント zá:r-lant] 中 -[e]s/(地名) ザールラント(ドイツ16州の一つ. 州都はザールブリュッケン) (🗺 地図 C-4).

*die **Saat** [ザート zá:t] 女 (単) -/(複) -en ① (複 なし) 種まき, 播種(はしゅ). (英 *sowing*). Es ist Zeit zur *Saat*. 種まきの時だ. ② (ふつう 複) (特に穀物の) 種, 種子. (英 *seed*). die *Saat*⁴ in die Erde bringen 種をまく, 球根を植える / Die *Saat* geht auf. a)種が芽を出す, b)(比) (行為の)結果が現れる / Wie die *Saat*, so die Ernte. (ことわざ) 因果応報. ③ 苗(発芽した種). Die *Saat* steht gut. 苗のできはよかい.

Saat≤gut [ザート·グート] 中 -[e]s/ 種, 種物.

Saat≤korn [ザート·コルン] 中 -[e]s/..körner ① (複 なし) (種まき用の)穀粒. ② 穀物(草)の種.

Saat≤krä·he [ザート·クレーエ] 女 -/-n (鳥) ミヤマガラス.

Sab·bat [ザバット zábat] 男 -s/-e (ユダヤ教の)安息日 (ユダヤ教では金曜日の日没から土曜日の日没までいっさいの仕事を休む).

sab·bern [ザッバァン zábərn] 自 (h) (口語) ① よだれをたらす. ② ぺちゃくちゃしゃべる.

Sä·bel [ゼーべる zé:bəl] 男 -s/- ① サーベル. mit dem *Säbel* rasseln a) サーベルをがちゃつかせる, b) (比) 武力で脅す. ② (フェンシングの)サーブル.

Sä·bel≤bei·ne [ゼーべる·バイネ] 複 (口語·戯) (サーベル状に湾曲した) O脚.

sä·beln [ゼーべルン zé:bəln] 他 (h) (口語) (肉·パンなどを)不器用に切る.

Sa·bi·ne [ザビーネ zabí:nə] -[n]s/ (女名) ザビーネ.

Sa·bo·ta·ge [ザボタージェ zabotá:ʒə] [フランス] 女 -/-n (ふつう 複) サボタージュ(おもに政治的な目的の妨害·破壊活動). *Sabotage*⁴ treiben サボタージュをする.

Sa·bo·teur [ザボテーア zabotø:r] 男 -s/-e サボタージュをする人.

sa·bo·tie·ren [ザボティーレン zabotí:rən] 他 (h) (軍⁴を)サボタージュする; サボタージュをして妨害する.

Sac·cha·rin [ザハリーン zaxarí:n] 中 -s/ (化) サッカリン(人工甘味料).

Sa·cha·lin [ザハリーン zaxalí:n] 中 -s/ (地名) サハリン(島)(ロシア領. 第二次大戦までは南半分が樺太と呼ばれ日本領であった).

Sach≤be·ar·bei·ter [ザッハ·ベアルバイタァ] 男 -s/- (官庁などの専門の)担当員, 係員.

Sach≤be·schä·di·gung [ザッハ·ベシェーディグング] 女 -/-en (法) (故意の器物損壊.

sach≤be·zo·gen [ザッハ·ベツォーゲン] 形 本題に関連した(即した).

Sach≤buch [ザッハ·ブーフ] 中 -[e]s/..bücher 実用書, (特定の分野の)案内書.

sach≤dien·lich [ザッハ·ディーンリヒ] 形 (官庁) (問題·事件の解明に)役だつ, 有益な.

Sache

*die Sa·che [ザッヘ záxə]

事; 物

Das ist eine andere *Sache*.
ダス イスト アイネ アンデレ ザッヘ
それは別問題だ.

女(単) -/(複) -n ① **事**, 事柄, 事件, 用件, 問題. (英 matter). eine wichtige *Sache* 大事なこと / eine lästige *Sache* やっかいなこと / eine *Sache*⁴ erledigen 用件を片づける / In welcher *Sache* kommen Sie? どのような用件でいらっしゃいましたか / Das ist meine *Sache*! それは私の問題だ(他人には関係のないことだ) / Die *Sache* ist die, dass… 実はこういうことなんだ, つまり… / Wie ist die *Sache* mit dem Auto ausgegangen? 『現在完了』車の件はどうなったの / Es ist die natürlichste *Sache* [von] der Welt. それは当然至極だ / *Sache* der Jugend ist es, zu lernen. 若者のなすべき事は勉強だ / Das ist eine *Sache* für sich. それはまた別問題だ / Das ist so eine *Sache*. それは難しい問題だ / [Das ist] *Sache*! (若者言葉:) a) オーケーだ, b) そいつはすごい / Mach keine *Sachen*! a) ばかなまねはよせ, b) まさかそんなことはあるまい.
② 〖複〗で〗**物**, 持ち物(衣類・家具・道具など), 品物(商品・芸術作品・飲食物など). (英 things). preiswerte *Sachen* 値段の手ごろな品物 / Pass auf deine *Sachen* auf! 自分の持ち物に気をつけなさい / scharfe *Sachen* 強い酒 / bewegliche (unbewegliche) *Sachen* 〖法・経〗動産(不動産). (⇨ 類語 Ding).
③ (話などの)**本題**. bei der *Sache* bleiben 本題からそれない / zur *Sache* kommen 本題に入る, 核心にふれる / Zur *Sache*! (会議などで:)本題に戻ってください / Der Name tut nichts zur *Sache*. 名前はどうでもよい(本題に関係がない).
④ 〖法〗**法律問題, 司法事件, 件**(=Rechtssache). eine schwebende *Sache* 係争中の事件.
⑤ 〖複なし〗(…の)**目的**. für die gerechte *Sache* kämpfen 正義のために戦う.
⑥ 〖複で〗〖口語〗**キロメートル時**. Er fuhr mit 100 *Sachen*. 彼は時速100キロで車を走らせた.

....

〘メモ〙 ..sache のいろいろ: Ansichts*sache* 見解の問題 / Druck*sache* (郵便で)印刷物 / Geld*sache* 金銭上の事柄 / Geschmacks*sache* 趣味(好み)の問題 / Haupt*sache* 主要な事柄 / Neben*sache* 副次的な事柄 / Privat*sache* 私事 / Schmuck*sache* 装飾品 / Straf*sache* 刑事事件 / Zivil*sache* 民事事件

....

Sa·cher⸗tor·te [ザッハァ・トルテ] 女-/-n 〖料理〗ザッハートルテ(チョコレートケーキの一種. ウィーンのホテル経営者 F. Sacher 1816-1907 の名から).
Sach⸗ge·biet [ザッハ・ゲビート] 匣 -[e]s/-e 専門分野.

sach⸗ge·mäß [ザッハ・ゲメース] 形 状況に即した, 適切な, 目的にかなった.
Sach⸗ka·ta·log [ザッハ・カタローク] 男 -[e]s/-e (図書の)事項別目録.
Sach⸗kennt·nis [ザッハ・ケントニス] 女 -/..nisse 〖ふつう 単〗専門的知識, 造詣(ぞうけい).
sach⸗kun·dig [ザッハ・クンディヒ] 形 専門的知識のある, 造詣(ぞうけい)の深い, 精通した.
Sach⸗la·ge [ザッハ・ラーゲ] 女-/ 事態, 状況.
Sach⸗leis·tung [ザッハ・ライストゥング] 女-/-en 〖ふつう 複〗(官庁)(健康保険の)現物給付.
*sach·lich [ザハリヒ záxlɪç] 形 ① **客観的な**, 私情を差しはさまない, 冷静な. (英 objective). ein *sachlicher* Bericht 客観的な報告 / *sachlich* diskutieren 感情を交えずに議論する. ② **事実に関する**, 実質的な. ein *sachlicher* Unterschied 実質的な相違 / Seine Meinung ist *sachlich* falsch. 彼の意見は事実に関して誤りがある. ③ **実用本位の**, 飾り気のない(建築・デザインなど). eine sehr *sachliche* Einrichtung (装飾がなく)まったく実用本位の家具調度.
säch·lich [ゼヒリヒ] 形 〖言〗中性の.
Sach·lich·keit [ザハリヒカイト] 女-/ 客観性, 公正さ; 事実性, 即物性. die Neue *Sachlichkeit* 〖文学・美〗新即物主義(1920年代ドイツの客観的な表現を重視する芸術運動).
Sach⸗re·gis·ter [ザッハ・レギスタァ] 匣 -s/- (図書の)事項索引.
Sachs [ザクス záks] -/ 〖人名〗ハンス・ザックス (Hans Sachs 1494-1576; ニュルンベルクの職匠歌人).
Sach⸗scha·den [ザッハ・シャーデン] 男 -s/..schäden (事故・災害などの)物的損害.
Sach·se [ザクセ záksə] 男 -n/-n ① ザクセン人(ゲルマン民族の一部族). ② ザクセン地方の人. (⇨ 女性形は Sächsin).
säch·seln [ゼクセルン zéksəln] 自 (h) ザクセン方言(訛(なま)り)で話す.
Sach·sen [ザクセン záksən] 匣 -s/ 〖地名〗ザクセン(ドイツ16州の一つ. 州都はドレースデン: ⇨ 地図 F~G-3).
Sach·sen-An·halt [ザクセン・アンハルト záksən-ánhalt] 匣 -s/ 〖地名〗ザクセン・アンハルト(ドイツ16州の一つ. 州都はマグデブルク: ⇨ 地図 E-2~3).
säch·sisch [ゼクスィッシュ zéksɪʃ] 形 ザクセン[人・方言]の.
sacht [ザハト záxt] 形 ① (動作が)穏やかな, 物静かな. 〖物〗⁴ mit *sachter* Hand berühren 〖物〗にそっと触れる / Sie befreite sich *sacht* aus seinen Armen. 彼女は彼の腕からそっと身をほどいた. ② かすかな(音・動きなど). ein *sachtes* Geräusch かすかな物音. ③ (傾斜が)緩やかな.
sach·te [ザハテ záxtə] I 副 〖口語〗① 落ち着いて, 用心して, あわてずに. *Sachte, sachte*, junger Mann! 君, あわてないで(落ち着いて). ② 〖成句的に〗so *sachte* そろそろ, ぼつぼつ.

II 形 =sacht

Sach⊱ver・halt [ザッハ・フェアハルト] 男 -[e]s/ -e 実態, 真相. einen *Sachverhalt* durchschauen 真相を見破る.

Sach・ver・stand [ザッハ・フェアシュタント] 男 -[e]s/ 専門的知識, 造詣(ぞうけい).

sach⊱ver・stän・dig [ザッハ・フェアシュテンディヒ] 形 専門的知識のある, 造詣(ぞうけい)の深い.

Sach⊱ver・stän・di・ge[r] [ザッハ・フェアシュテンディゲ (..ガァ)] 男 女《語尾変化は形容詞と同じ》専門家,(その道の)エキスパート, 大家.

Sach⊱wal・ter [ザッハ・ヴァるタァ] 男 -s/ - ①《雅》代弁者. ② 代理人. ③《法》管財人.

Sach⊱wert [ザッハ・ヴェーァト] 男 -[e]s/-e ①《複 なし》実質価値. ②《ふつう 複》有価物.

Sach⊱wör・ter・buch [ザッハ・ヴェルタァブーフ] 中 -[e]s/..bücher (ある分野に関する)事典.

der **Sack** [ザック zák] 男 (単 2) -es (まれに -s)/ (複) Säcke [ゼッケ] (3格のみ Säckern)《数量単位としては:(複) - も》① 袋. (英 sack). Rucksack リュックサック / ein voller (leerer) Sack いっぱいに詰まった (空の)袋 / ein *Sack* Kartoffeln じゃがいも 1 袋 / drei *Säcke* (または *Sack*) Mehl 小麦粉 3 袋 / einen *Sack* auf|binden (zu|binden) 袋の口をほどく (締める) / ein *Sack* voll Geld (Fragen)《口語》たくさんのお金(質問) / 物⁴ in einen *Sack* stecken 物⁴を袋に詰める / 人⁴ in den *Sack* stecken《口語》a) 人⁴に勝る, b) 人⁴をまるめ込む / 人・物⁴ im *Sack* haben《俗》a) 人⁴を手なずけている, b) 物⁴を征服している / mit *Sack* und Pack 何もかも全部持って / Ich habe geschlafen wie ein *Sack*.《俗》私はぐっすり眠った (← 袋のように). ②《南ドイツ・オーストリア・スイス》ズボンのポケット (=Hosentasche); 財布 (=Geldbeutel). ③《俗》男, やつ. So ein blöder *Sack*! 間抜けめ. ④《ふつう 複》涙嚢(るいのう) (=Tränen*sack*). ⑤《俗》陰嚢(いんのう) (=Hoden*sack*).

Sack⊱bahn・hof [ザック・バーンホーフ] 男 -[e]s/..höfe (行き止まり式の)ターミナル駅 (=Kopfbahnhof).

Sä・cke [ゼッケ] ＊Sack (袋)の 複

Sä・ckel [ゼッケる zékəl] 男 -s/ - ①《南ドイツ・オーストリア》① ズボンのポケット; 財布. ②《俗》やつ.

sa・cken¹ [ザッケン zákən] 他 (h) (穀物など⁴を)袋に詰める.

sa・cken² [ザッケン] 自 (s) ① (ぐったりと)倒れ込む, くずおれる, (船などが)沈む. ② (地盤が)沈下する, (家などが)倒れる.

sack⊱för・mig [ザック・フェルミヒ] 形 袋状の.

Sack⊱gas・se [ザック・ガッセ] 女 -/-n 袋小路;《比》行き詰まり. in eine *Sackgasse* geraten (交渉などが)行き詰まる.

Sack⊱hüp・fen [ザック・ヒュプフェン] 中 -s/ 袋跳び競走(両足を袋に入れて跳ぶ子供の遊び).

Sack⊱lei・nen [ザック・らイネン] 中 -s/ (袋に使う)麻の粗布.

Sack⊱pfei・fe [ザック・プファイフェ] 女 -/-n《音楽》バッグパイプ (=Dudelsack).

Sack⊱tuch [ザック・トゥーフ] 中 -[e]s/-e (または ..tücher) ①《複 -e》(袋地に使う)麻の粗布 (=Sackleinen). ②《複 ..tücher》《南ドイツ・オーストリア・スイス》ハンカチ (=Taschentuch).

Sa・dis・mus [ザディスムス zadísmus] 男 -/..dismen ①《複 なし》サディズム [異性を虐待することで快感を覚える変態性欲. フランスの作家 Marquis de Sade 1740-1814 の名から]. (《英》「マゾヒズム」= Masochismus). ② サディスティックな行為.

Sa・dist [ザディスト zadíst] 男 -en/-en サディスト.

sa・dis・tisch [ザディスティッシュ zadístɪʃ] 形 サディズムの, 加虐愛の; サディスト的な.

Sa・do・ma・so・chis・mus [ザド・マゾヒスムス] 男 -/..chismen サドマゾヒズム.

＊**sä・en** [ゼーエン zéːən] (säte, *hat*…gesät) 他 (《h》 haben) (物⁴の)種をまく. (《英》 sow). Getreide⁴ *säen* 穀物の種をまく / Hass⁴ *säen*《比》憎悪の種をまく / Was der Mensch *sät*, das wird er ernten. (ことわざ) 自業自得, 因果応報 (← 人は自分がまいた種を刈り取ることになろう; 聖書ガラテヤ人への手紙 6, 7). ◇《目的語なしでも》maschinell *säen* 機械で種をまく. ◇《過去分詞の形で》dünn gesät sein《比》まばらである, ごく少ない / wie gesät《比》(種をまいたように)一面に, ぎっしりと.

Sa・fa・ri [ザふァーリ zafáːri] 女 -/-s サファリ (特にアフリカ東部での狩猟・動物観察旅行).

Safe [ゼーふ zéːf]《英》男 中 -s/-s 金庫.

Saf・fi・an [ザふィアン záfian または ザふィアーン] 男 -s/ モロッコ革.

Saf・ran [ザふラーン záfraːn または ..ラン] 男 -s/ -e ①《植》サフラン. ② サフラン(黄色の染料). ③《複 なし》サフラン(香辛料).

saf・ran⊱gelb [ザふラーン・ゲるプ] 形 サフラン色の, 鮮黄色の.

der **Saft** [ザふト záft] 男 (単 2) -[e]s/(複) Säfte [ゼふテ] (3格のみ Säften) ① ジュース, 果汁. (《英》 juice). der *Saft* von Tomaten トマトジュース / der *Saft* der Reben²《詩》ワイン(← ぶどうの汁) / den *Saft* aus der Zitrone aus|pressen レモンの汁を搾る / Er trank ein Glas *Saft*. 彼はジュースを 1 杯飲んだ. ② 樹液; 体液;《比》生気. Die Wiesen stehen in vollem *Saft*. 草原は青々としている / ohne *Saft* und Kraft 生気(活気)のない, 生彩を欠いた. ③ 肉汁;《料理》ソース. Fleisch⁴ im eigenen *Saft* schmoren 肉を焼いてそれ自体から出た肉汁で煮込む / im eigenen *Saft* schmoren《口語・比》自分の関心事を人から構ってもらえない / 人⁴ im eigenen *Saft* schmoren lassen《口語・比》人⁴を身から出たさびだと苦境に放っておく. ④《俗》動力源(電気・ガスなど).

....

(ことわざ) ..*saft* のいろいろ: Apfel*saft* りんごジュース / Frucht*saft* フルーツジュース / Gemüse*saft* 野菜ジュース / Kräuter*saft* 薬草の汁 / Obst*saft* 果汁 / Orangen*saft* オレンジジュース / Tomaten*saft* トマトジュース / Trauben*saft* グレープジュース /

Säfte

Zitronen*saft* レモンジュース

Säf·te [ゼフテ] *Saft(ジュース)の複

***saf·tig** [ザフティヒ záftıç] 形 ① 果汁(汁気)の多い. (英 juicy). ein *saftiger* Pfirsich 果汁たっぷりの桃 / eine *saftige* Weide 青々とした牧草地. ②（口語・比）ひどい, ものすごい（値段など）; 品のない, 卑猥(ʰʷ)な（冗談など）. eine *saftige* Ohrfeige 強烈な平手打ち.

Saft·la·den [ザフト・らーデン] 男 -s/..läden 〖ふつう単〗(俗) (経営などが)ひどい会社.

saft·los [ザフト・ろース] 形 汁気のない, ひからびた;〘比〙生気(活気)のない. *saft*- und *kraftlos* まったく生彩を欠いた.

Sa·ga [ザーガ zá:ga または ザガ] 女 -/-s〘文学〙サガ(12-14 世紀に書かれた古代アイスランド語の散文物語).

*die **Sa·ge** [ザーゲ zá:gə] 女〘単〙-/〘複〙-n〘文学〙伝説, 言い伝え, 説話;〘比〙うわさ.（英 legend）. Helden*sage* 英雄伝説 / *Sagen*[4] sammeln 伝説を集める / Es geht die *Sage*, dass… …といううわさがある.

Sä·ge [ゼーゲ zé:gə] 女 -/-n ① のこぎり; のこぎりの形をした物. ②（南ドッ・ォー ストッ）製材所(＝*Sägewerk*).

Sä·ge·blatt [ゼーゲ・ブらット] 中 -[e]s/..blätter のこぎりの刃, 鋸身(ʰ̣ʷ).

Sä·ge·bock [ゼーゲ・ボック] 男 -[e]s/..böcke ① 木びき台. ②〘昆〙ノコギリカミキリ.

Sä·ge·fisch [ゼーゲ・フィッシュ] 男 -[e]s/-e〘魚〙ノコギリエイ.

Sä·ge·mehl [ゼーゲ・メール] 中 -[e]s/ おがくず.

Sä·ge·müh·le [ゼーゲ・ミューれ] 女 -/-n 製材所(＝*Sägewerk*).

***sa·gen** [ザーゲン zá:gən]

> 言う
> Wie *sagt* man das auf Deutsch?
> ヴィー　ザークト　マン　ダス　アオフ　ドイチュ
> それはドイツ語で何と言うのですか.

(sagte, hat…gesagt) **I** 他（完了 haben）① (単[4]を)言う, 述べる; 伝える; 主張する.（英 say）. ja (nein) *sagen* はい(いいえ)と言う / guten Tag *sagen* こんにちはと言う / 人[3] die Wahrheit[4] *sagen* 人[3]に本当のことを言う / Er *sagt* kein Wort. 彼は一言も言わない / So etwas *sagt* man nicht! そんなことは言ってはない / Was *hast* du eben *gesagt*? 今何て言ったの / Können Sie mir *sagen*, wie ich zum Bahnhof komme? 駅へはどう行くのか教えてくださいませんか / Das musste einmal *gesagt werden*. それは一度はだれかが言っておかないといけなかった / Das *ist* leichter *gesagt* als getan.〘状態受動・現在〙言うは行うよりやさしい / Was Sie nicht *sagen*!〘口語〙まあ何てことをおっしゃるのですか.

◊〘引用文とともに〙Sie *sagte* zu mir: „Ich muss jetzt gehen." 彼女は私に「私はもう行かないといけません」と言った / Er *sagte* mir, er sei krank. 彼は私に自分は病気だと言った / Man *sagt*, dass er sehr reich sei (または ist). 彼はとても金持ちだといううわさだ.

◊〘前置詞とともに〙Haben Sie etwas da*gegen* zu *sagen*? それに何か異論がおありですか / 事[4] im Ernst (Scherz) *sagen* 事[4]を本気で(冗談で)言う / Was *wollen* Sie da*mit sagen*? どういう意味でそうおっしゃっているのですか / Da*rüber*（または da*von*）*hat* er nichts *gesagt*. そのことを彼は何も言わなかった / Was *sagen* Sie dazu? それについてはあなたはどうお考えですか.

◊〘**lassen** とともに〙Ich habe mir *sagen lassen*, dass… 私は…ということを聞いて[知って]いる / Lass dir das *gesagt* sein!〘口語〙よく覚えておくがいい.

◊〘会話文にはさんで〙*Sag* mal, kennst du ihn? ねえ君, 彼を知っているかい / Ich komme, *sagen* wir, um zehn Uhr zu Ihnen. あなたのところに参ります, そうですね, 10 時に / *sage* und *schreibe*〘口語〙(信じられないことだが)本当に.

◊〘目的語なしでも〙wie man *sagt* 世間でよく言うように / wenn ich so *sagen darf* こう言ってよければ.

◊〘過去分詞の形で〙offen *gesagt* 実を言うと / nebenbei *gesagt* ついでに言うと / wie *gesagt* すでに言ったように / unter uns *gesagt* ここだけの話だが.

② (A[4] zu B[3] ～) (B[3] のことを A[4] と)言う, 呼ぶ. *Sag* doch nicht immer „Dicker" zu mir! ぼくのことをいつも「でぶ」って言わないで / du[4] zu 人[3] *sagen* 人[3] のことを du (君)と呼ぶ.

③（物事が単[4]を）意味する, 示す. Sein Gesicht *sagte* alles. 彼の表情がすべてを物語っていた / Dieses Bild *sagt* mir nichts. この絵は私に何の感銘も与えない / Das hat nichts zu *sagen*. それはたいしたことではない.

④ 指示する, 命令する. Du hast mir gar nichts zu *sagen*! 君に命令される筋合いはまったくない. ◊〘**lassen** とともに〙Das Kind *lässt* sich[3] nichts *sagen*. その子供は人の言うことを聞かない / Das *ließ* ich mir nicht zweimal *sagen*. その話に私は二つ返事で飛びついた.

II 再帰（完了 haben）① sich[3] 事[4] *sagen* 事[4]を自分に言って聞かせる, 事[4]を思う. Da *habe* ich *mir gesagt*, dass… その時私は…と思った.

② sich[4] *sagen*〘口語〙口で言うのが…である. Das *sagt sich* so leicht. それは口で言うのはやさしい(実行は難しい).

◊☞ **gesagt**

〖類語〗**sagen**: (あることを相手に口頭で)言う, 述べる, 伝える. (伝えられる内容に重点が置かれる). **sprechen**: (音声として)話す, しゃべる. (話す行為自体に重点が置かれる). Kann das Kind schon *sprechen*? その子はもうしゃべれますか. **reden**: (ある考えを)話す, 論じる. Wir *redeten* über Politik. 私たちは政治について論じあった. **meinen**: (心に思っていることを)言う. *Meinst* du das im Ernst? 君は本

気でそう言っているの?

Sa·gen [ザーゲン] I *Sage (伝説)の 複 II 中 『成句的に』das *Sagen*⁴ haben《口語》実権を握っている.

*sä·gen [ゼーゲン zέːɡən] (sägte, *hat... gesägt*) I 他 (完了 haben) ① のこぎりでひく(切る). (英 saw). Holz⁴ *sägen* 材木をのこぎりで切る. ② のこぎりで切って作る. Bretter⁴ *sägen* のこぎりでひいて板を作る. II 自 (完了 haben) ① のこぎりをひく. ②《俗》いびきをかく. ③ (カーレースで:)ハンドルを細かく左右に動かす.

sa·gen·haft [ザーゲンハフト] I 形 ① 伝説[上]の, 伝説的な. ②《口語・比》信じられないほどの, 途方もない. II 副《口語》信じられないほど, とても. Er kann *sagenhaft* gut kochen. 彼は信じられないほど料理がうまい.

sa·gen·um·wo·ben [ザーゲン・ウムヴォーベン] 形《雅》伝説に包まれた.

Sä·ge·spä·ne [ゼーゲ・シュペーネ] 複 おがくず.

Sä·ge⋄werk [ゼーゲ・ヴェルク] 中 -[e]s/-e 製材所.

Sä·ge⋄zahn [ゼーゲ・ツァーン] 男 -[e]s/..zähne のこぎりの歯, のこ歯.

Sa·go [ザーゴ záːɡo] 男 (オーストリア: 中)/-s/ サゴ(サゴやしの髄から採るでん粉).

sag·te [ザークテ] *sagen (言う)の 過去

säg·te [ゼークテ] *sägen (のこぎりでひく)の 過去

sah [ザー] *sehen (見える)の 過去

die **Sa·ha·ra** [ザハーラ zaháːra または ザーハラ] 女 -/《定冠詞とともに》《地名》サハラ砂漠(北アフリカ).

sä·he [ゼーエ] *sehen (見える)の 接2

*die **Sah·ne** [ザーネ záːnə] 女 (単) -/ ① 生クリーム, 乳脂. (英 cream). die *Sahne*⁴ schlagen 生クリームを泡立てる(ホイップする) / Kaffee mit Zucker und *Sahne* 砂糖と生クリームを入れたコーヒー. ② 泡立てた生クリーム, ホイップクリーム (=Schlag*sahne*).

Sah·ne⋄bon·bon [ザーネ・ボンボーン] 男 中 -s/-s クリームボンボン.

sah·nig [ザーニヒ záːnɪç] 形 ① 生クリームをたっぷり含んだ. ② 生クリーム状の.

Sai·son [ゼゾーン zεzɔ̃ː] 女 -/-s (オーストリア・スイス: -en [ゾーネン]) ① (催し・スポーツなどの)最盛期, シーズン; (果物などの)出回り期. die *Saison* für Reisen 旅行シーズン / **während** (au**ßerhalb**) der *Saison* シーズン中(シーズンオフ)は / *Saison*⁴ haben《口語》需要が多い, よく売れる. ② (ファッションなどの)時期, 季節.

sai·so·nal [ゼゾナール zεzonáːl] 形 シーズンの, 季節的な.

Sai·son⋄ar·beit [ゼゾーン・アルバイト] 女 -/ 季節労働.

Sai·son⋄ar·bei·ter [ゼゾーン・アルバイタァ] 男 -s/- 季節労働者.

Sai·son⋄aus·ver·kauf [ゼゾーン・アオスフェアカオフ] 男 -[e]s/..käufe 季末大売り出し.

*die **Sai·te** [ザイテ záɪtə] 女 (単) -/(複) -n ①《音楽》《楽器の》弦. (英 string). Geigen*saite* ヴァイオリンの弦 / eine neue *Saite*⁴ aufziehen 新しい弦を張る / eine *Saite*⁴ stimmen 弦を調律する / andere *Saiten*⁴ aufziehen《俗・比》これまでよりも厳しくする(←別の弦を張り替える) / **in die** *Saiten* **greifen** (弦楽器を)弾き始める. ② (ラケットの)ガット.

Sai·ten⋄in·stru·ment [ザイテン・インストルメント] 中 -[e]s/-e《音楽》弦楽器.

Sai·ten⋄spiel [ザイテン・シュピーる] 中 -[e]s/-e《ふつう 単》《雅》弦楽器の演奏.

Sak·ko [ザッコ záko] 男 中 -s/-s《服飾》(スーツの)替え上着.

sak·ral [ザクラーる zakráːl] 形 ①《宗》礼拝に関する, 宗教上の; 神聖な, 荘厳な. *sakrale* Bauten 宗教的建築物. ②《医》仙骨(せんこつ)[部]の.

Sak·ral⋄bau [ザクラーる・バオ] 男 -[e]s/-ten 宗教的建築[物].

Sak·ra·ment [ザクラメント zakramént] 中 -[e]s/-e (カトリック) 秘跡(洗礼・堅信・聖餐・告解・終油・叙階・結婚の七つの儀式); (新教) 聖礼典(洗礼・聖餐の二つの儀式). 【成句的に】*Sakrament* [noch mal]!《俗》いまいましい, ちくしょう.

Sak·ri·leg [ザクリレーク zakriléːk] 中 -s/-e 神聖冒瀆(ぼうとく), 瀆聖.

Sak·ris·tan [ザクリスターン zakristáːn] 男 -[e]s/-e (カトリック) 香(こう)部屋係.

Sak·ris·tei [ザクリスタイ zakristáɪ] 女 -/-en (教会内の)香(こう)部屋, 聖具室.

sä·ku·lar [ゼクラール zεkuláːr] 形《雅》《付加語としてのみ》① 百年ごとの, 百年に一度の; 百年続く. ② 世俗の. ③ めったにない, 傑出した. ein *säkulares* Ereignis 空前絶後の出来事.

Sä·ku·lar⋄fei·er [ゼクラール・ファイアァ] 女 -/-n《雅》百年祭.

Sä·ku·la·ri·sa·ti·on [ゼクらリザツィオーン zεkularizatsió:n] 女 -/-en ① (教会財産の)国有化. ② 世俗化; 教会との関係離脱.

sä·ku·la·ri·sie·ren [ゼクらリズィーレン zεkularizíːrən] 他 (h) ① (教会財産⁴を)国有化する. ② 世俗化する.

Sä·ku·la·ri·sie·rung [ゼクらリズィールング] 女 -/-en ① (教会財産の)国有化. ② 世俗化; 教会との関係分離. ③ (カトリック) (修道士の)修道院外居住許可.

Sä·ku·lum [ゼークるム zéːkulum] 中 -s/..kula ① 百年, 世紀 (=Jahrhundert). ② 時代.

..sal [..ザーる ..za:l]《中性名詞または女性名詞をつくる 接尾》《状態・…されたもの》例: Schicksal 運命 / Mühsal 苦労.

Sa·la·man·der [ザらマンダァ zalamándər] 男 -s/- ①《動》イモリ; サンショウウオ. ②【成句的に】einen (または den) *Salamander* reiben (学生言葉:)サラマンダーの乾杯をする(グラスをテーブルの上で3回こすって飲みほしそっと置く, コンパの作法).

Sa·la·mi [ザらーミ zaláːmi] 女 -/-[s] (オーストリア: 男 -s/- も) サラミソーセージ(イタリア風のソーセージ).

Sa·la·mi·tak·tik [ザラーミ・タクティク] 医 -/ 《口語》サラミ戦術(サラミを薄く切るように小さな要求や交渉を重ねながら、結局はより大きな[政治的]目標を達成するやり方).

Sa·lär [ザれーァ zalɛ́ːr] 田 -s/-e 《南ドッ・オーストィ》給料、サラリー.

der **Sa·lat** [ザらート zalá:t] 男 (単2) -[e]s/(複) -e (3格のみ -en) ① 《料理》サラダ. (英 *salad*). Obst*salat* フルーツサラダ / gemischter *Salat* ミックスサラダ / den *Salat* an|machen サラダを作る.
② 《複なし》サラダ菜, レタス. ein Kopf *Salat* レタス一玉. ③ 《複なし》《俗》めちゃくちゃ, 混乱. Da haben wir den *Salat*! こいつはえらいことだ.

Sa·lat≠be·steck [ザらート・ベシュテック] 田 -[e]s/-e サラダ用のサーバー(長柄のスプーンとフォークの一組).

Sa·lat≠kopf [ザらート・コプふ] 男 -[e]s/..köpfe レタスの玉.

Sa·lat≠öl [ザらート・エール] 田 -[e]s/-e サラダ油.

Sa·lat≠plat·te [ザらート・プらッテ] 女 -/-n 盛り合わせサラダ.

Sa·lat≠schüs·sel [ザらート・シュッセる] 女 -/-n サラダボウル.

sal·ba·dern [ザるバーダァン zalbáːdərn] 《語分 salbadert) 自 (h) 《口語》もったいぶって話す.

die **Sal·be** [ザるベ zálbə] 女 (単) -/(複) -n 軟膏. (英 *ointment*). *Salbe*⁴ auf|tragen 軟膏を塗る / die *Salbe*⁴ verreiben 軟膏をよくすり込む.

Sal·bei [ザるバイ zálbaɪ または ..バイ] 男 -s/(ナシ): 女 -/ 《植》サルビア.

sal·ben [ザるベン zálbən] 他 (h) ① 《黒》(人・物⁴に)軟膏(ﾅﾝｺｳ)を塗る. ② (ｷﾘｽﾄ教)(人⁴に)塗油の秘跡を施す; 聖油を塗って聖別する. einen Sterbenden *salben* 臨終の人に塗油を施す / 人⁴ zum Priester *salben* [聖油を塗って]人⁴を司祭に任ずる.

Sal·bung [ザるブング] 女 -/-en ① 軟膏(ﾅﾝｺｳ)を塗ること. ② 《黒》塗油[式].

sal·bungs≠voll [ザるブングス・ふォる] 形 もったいぶった, 大げさな.

sal·die·ren [ザるディーレン zaldí:rən] 他 (h) ① (経)(口座などの)残高を出す. ② (商)(勘定・借金など⁴を)清算する, 支払う; (ｷﾘｽﾄ教)(請求書⁴の)支払いを証明する.

Sal·do [ザるド záldo] 男 -s/Salden (または -s または Saldi) ① (経)差引残高. ② (商)負債[額], 借金. im *Saldo* sein 借りになっている.

Sä·le [ゼーれ] *Saal (ホール)の 複

Sa·li·ne [ザリーネ zalí:nə] 女 -/-n 製塩所.

Salm [ザるム zalm] 男 -[e]s/-e 《魚》サケ(鮭) (=Lachs).

Sal·mi·ak [ザるミアック zalmiák または ザる..] 男 -[e]s/ 《化》塩化アンモニウム.

Sal·mi·ak≠geist [ザるミアック・ガイスト] 男 -[e]s/ アンモニア水.

Sal·mo·nel·le [ザるモネれ zalmonélə] 女 -/-n 《ふつう複》《生》サルモネラ菌(アメリカの細菌学者 D. E. *Salmon* 1850–1914 の名から).

Sa·lo·me [ザーろメ záːlome または ザろメ zalómə] -s/ ① 《女名》サロメ. ② 《聖》《人名》サロメ(ユダヤ王ヘロデの後妻ヘロデアの娘; マタイによる福音書 14, 1–11).

Sa·lo·mo [ザーろモ záːlomo] -s (または ..monis [ザろモーニス]) / 《聖》《人名》ソロモン(古代イスラエルの王. 在位前 965²–前 925². 後世賢王として理想化された); 《比》賢者, 名君. die Sprüche *Salomos* 《聖》ソロモンの箴言(ｼﾝｹﾞﾝ).

Sa·lo·mon [ザーろモン záːlomɔn] -s (または ..monis [ザろモーニス]) / =Salomo

sa·lo·mo·nisch [ザろモーニッシュ zalomóːnɪʃ] 形 ソロモンのような; ソロモンのように賢明な.

Sa·lon [ザろーン zalɔ́ː または ザろーン zalɔ́ːn] 《フランス》男 -s/-s ① 客間(船・ホテルなどの)サロン, 談話室. ② (17–19 世紀の)サロン(文学者・芸術家仲間の集まり). ein literarischer *Salon* 文学サロン. ③ (ファッション・美容などの)店. Mode*salon* 高級洋装店 / Frisier*salon* 理髪店. ④ 展示場; 美術展.

sa·lon≠fä·hig [ザろーン・フェーイヒ] 形 社交界にふさわしい, 規範にかなった(服装・言動など).

Sa·lon≠lö·we [ザろーン・れーヴェ] 男 -n/-n (軽蔑的に)社交界の花形.

Sa·lon≠wa·gen [ザろーン・ヴァーゲン] 男 -s/- (鉄道)デラックス車両, パーラーカー.

sa·lopp [ザろップ zalɔ́p] 形 ① (服装が)くつろいだ, カジュアルな. sich⁴ *salopp* kleiden ラフな身なりをする. ② (言動が)ぞんざいな.

Sal·pe·ter [ザるペータァ zalpéːtər] 男 -s/ 《化》硝石, 硝酸カリ.

Sal·pe·ter≠säu·re [ザるペータァ・ゾイレ] 女 -/ 《化》硝酸.

Sal·to [ザるトー zálto] [ｲﾀﾘｱ] 男 -s/-s (または Salti) ① (ｽﾎﾟｰﾂ) 宙返り. ein zweifacher *Salto* 2 回宙返り. ② (空)宙返り.

Sal·to mor·ta·le [ザるトー モルターれ zálto mortá:le] [ｲﾀﾘｱ] 男 -/-/- (または Salti mortali) ① (体操などの)3 回転(または 2 回転)宙返り. ② 《比》危険な企て.

Sa·lut [ザるート zalúːt] 男 -[e]s/-e 《軍》礼砲. *Salut*⁴ schießen 礼砲を発射する.

sa·lu·tie·ren [ザるティーレン zalutí:rən] 自 (h) 《軍》敬礼をする.

Sal·ve [ザるヴェ zálvə] [ﾌﾗﾝｽ] 女 -/-n 《軍》いっせい射撃(礼砲). eine *Salve* des Beifalls 《比》いっせいに沸き上がる拍手喝采(ｶｯｻｲ).

das **Salz** [ザるツ zalts]

塩

Kann ich bitte das *Salz* haben?
カン イヒ ビッテ ダス ザるツ ハーベン
その塩を取っていただけませんか.

田 (単2) -es/(複) -e (3格のみ -en) ① 《複なし》塩, 食塩(=Koch*salz*). (英 *salt*). (注)「砂糖」は Zucker). grobes *Salz* 粗塩 / eine

Prise *Salz* 一つまみの塩 / *Salz*⁴ **an die Speise** (**in die Suppe**) **tun** 料理に(スープに)塩を加える / *Salz*⁴ **auf** (または **in**) **die Wunde streuen** (1) (苦境にある人を)さらに痛めつける (←傷に塩を振りかける) / Fisch⁴ **in** *Salz* **legen** 魚を塩漬けにする / 物⁴ **mit** *Salz* **ab|schme-cken** 物⁴を塩で味つけする / **Sie haben nicht das** *Salz* **zur Suppe.**《口語》彼らは生活に困っている(←スープに入れる塩もない) / *Salz* **und Brot macht Wangen rot.**《ことわざ》簡素な食事は健康のもと(←塩とパンは頬を赤くする).
② 《比》(ぴりっとした)機知, 味わい, おもしろ味. attisches *Salz* 気のきいた機知 / das *Salz* der Ironie² 辛らつな皮肉. ③ 《化》塩(¾), 塩類. ein neutrales *Salz* 中性塩.

salz⸗arm [ザルツ・アルム] 形 塩分の少ない.
Salz⸗burg [ザルツ・ブルク zálts-burk] 中 -s/ 《地名・都市名》 ザルツブルク(オーストリア9州の一つ, またその州都. 標高425mにある古都. 古い教会が多く風光明媚. モーツァルトの生地: ☞ 図版 F-5).
*★ **sal·zen**⁽⁺⁾ [ザルツェン záltsən] du salzt (salz-te, *hat*...gesalzen (まれに gesalzt)) 他 《完了haben》(物⁴に) **塩味をつける**; (物⁴を)**塩漬けにする**. die Kartoffeln⁴ *salzen* じゃがいもに塩味をつける.
◇☞ **gesalzen**

Salz⸗fass [ザルツ・ファス] 中 -es/..fässer ① (食卓用の)塩入れ. ② 《口語・戯》(人間の)鎖骨のくぼみ.
Salz⸗faß [☞ 新旧] **Salzfass**
Salz⸗gur·ke [ザルツ・グルケ] 女 -/-n 塩漬けきゅうり.
salz⸗hal·tig [ザルツ・ハルティヒ] 形 塩を含んだ, 塩気のある.
Salz⸗he·ring [ザルツ・ヘーリング] 男 -s/-e 塩漬けにしん.
*★ **sal·zig** [ザルツィヒ záltsıç] 形 ① 塩を含んだ, 塩気のある. (⊕ salty). *salziges* Wasser 塩水. ② 塩辛い, しょっぱい. Die Suppe ist zu *salzig*. そのスープはしょっぱすぎる.
Salz⸗kar·tof·fel [ザルツ・カルトフェる] 女 -/-n 《ふつう 複》(皮をむいて)塩ゆでしたじゃがいも.
Salz⸗la·ke [ザルツ・らーケ] 女 -/-n (塩漬け用の)塩水.
salz⸗los [ザルツ・ろース] 形 塩の入っていない.
Salz⸗säu·re [ザルツ・ゾイレ] 女 -/《化》塩酸.
Salz⸗see [ザルツ・ゼー] 男 -s/-n [..ゼーエン]《地理》塩湖(ìÍ)(海への出口がなくその水が塩分を含んだ湖).
Salz⸗stan·ge [ザルツ・シュタンゲ] 女 -/-n プリッツ(塩を振りかけた棒状のクッキー).
Salz⸗streu·er [ザルツ・シュトロイアァ] 男 -s/- (食卓用の)塩入れ.
salz·te [ザルツテ] ＊salzen (塩味をつける) の過去.
Salz⸗was·ser [ザルツ・ヴァッサァ] 中 -s/..wäs-ser ① 《複 なし》(調理用の)塩水. ② 海水. (⇔ 「淡水」は Süßwasser). ③ (塩漬け用の)塩水.
..sam [..ザーム ..za:m]《形容詞・副詞をつくる接尾》《性質・傾向》例: furcht*sam* 臆病(ੌ) / lang*sam* ゆっくりと.

Sä⸗mann [ゼー・マン] 男 -[e]s/..männer《詩》種をまく人.
Sa·ma·ri·ter [ザマリータァ zamarí:tər] 男 -s/- ① 《聖》サマリア人. ein barmherziger *Samariter* 善きサマリア人(献身的な奉仕をしたサマリア人の話から: ルカによる福音書10, 33‒37). ② (ⁿ) 救急隊員(＝Sanitäter).
Sa·ma·ri·um [ザマーリウム zamá:rium] 中 -s/《化》サマリウム(記号: Sm).
Sam·ba [ザンバ zámba] 男/-s (口語: 中) 男 -s/-s) サンバ(4分の2拍子の軽快な舞踏).
Sa·me [ザーメ zá:mə] -ns (3格・4格 -n)/-n《雅》＝Samen
*★ *der* **Sa·men** [ザーメン zá:mən] 男 (単2) -s/ (複) ① (植物の)種, 種子. (⊕ seed). *Samen*⁴ **säen** 種をまく / Der *Samen* keimt (または geht auf). 種が発芽する / der *Samen* der Zwietracht²《雅・比》不和の種. ② 《複なし》精液;《魚》(魚の)白子(尻). ③《聖》子孫.
Sa·men⸗bank [ザーメン・バンク] 女 -/-en 《医》精子銀行.
Sa·men⸗er·guss [ザーメン・エァグス] 男 -es/..güsse 射精.
Sa·men⸗er·guß [☞ 新旧] **Samenerguss**
Sa·men⸗fa·den [ザーメン・ファーデン] 男 -s/..fäden《生》精子, 精虫(＝Samenzelle).
Sa·men⸗korn [ザーメン・コルン] 中 -[e]s/..körner《植》穀粒, 種子.
Sa·men⸗lei·ter [ザーメン・らイタァ] 男 -s/-《医》精管.
Sa·men⸗zel·le [ザーメン・ツェれ] 女 -/-n《生》精子, 精虫.
Sä·me·rei [ゼーメライ zɛːməráı] 女 -/-en ①《複 で》種子, 種物(類). ② 種物屋.
sä·mig [ゼーミヒ zéːmıç] 形 どろっとした(スープ・ソースなど).
Sä·misch⸗le·der [ゼーミッシュ・れーダァ] 中 -s/-セーム皮.
Säm·ling [ゼームリング zéːmlıŋ] 男 -s/-e 実生(梦)の苗木(若木).
Sam·mel⸗an·schluss [ザンメる・アンシュるス] 男 -es/..schlüsse 構内交換電話, 共同加入電話.
Sam·mel⸗an·schluß [☞ 新旧] **Sammelanschluss**
Sam·mel⸗band [ザンメる・バント] 男 -[e]s/..bände 著作集, 論[文]集.
Sam·mel⸗be·cken [ザンメる・ベッケン] 中 -s/- (雨水などの)貯水槽;《比》結集の場.
Sam·mel⸗be·griff [ザンメる・ベグリふ] 男 -[e]s/-e 集合概念, 総称.
Sam·mel⸗be·stel·lung [ザンメる・ベシュテるング] 女 -/-en (商品の)共同(一括)注文.
Sam·mel⸗büch·se [ザンメる・ビュクセ] 女 -/-n 募金(献金)箱.
Sam·mel⸗fahr·kar·te [ザンメる・ふァールカルテ] 女 -/-n (電車などの)回数券.

Sam·mel·lin·se [ザンメる・リンゼ] 囡 -/-n
《光》凸レンズ.

Sam·mel⁀map·pe [ザンメる・マッペ] 囡 -/-n
（書類などをとじるバインダー，ファイル.

***sam·meln** [ザンメるン zámǝln]

集める　Sie *sammelt* Briefmarken.
ズィー ザンメるト　ブリーふマルケン
彼女は切手を収集している.

ich sammle (sammelte, *hat* ... gesammelt) I 他
（完了 haben）《英》 *collect*）① （探して）集める，採集する；（切手などを）収集する. Altpapier⁴ *sammeln* 古紙を集める / Pilze⁴ *sammeln* きのこ狩りをする / Material⁴ *sammeln* 《比》資料を集める. ◇《目的語なしでも》Er *sammelt* leidenschaftlich gern. 彼は熱心な収集家だ. ② （慈善のための金品など⁴を）集める，募る. Geld⁴ *sammeln* 募金する. ◇《目的語なしでも》**für** das Rote Kreuz *sammeln* 赤十字のために募金活動をする.
③ 蓄える，ためる；（精神など⁴を）集中する. Reichtümer⁴ *sammeln* 富を蓄える / Erfahrungen⁴ *sammeln* 《比》経験を積む / Ich *muss* meine Gedanken *sammeln*. 私はじっくり考えてみなければならない.
④ 呼び集める，集合させる. die Kinder⁴ um sich *sammeln* 子供たちを自分の周りに呼び集める.
II 再帰 （完了 haben）*sich*⁴ *sammeln* ① 集まる；たまる. Die Gäste *sammelten sich* **in** der Halle. 客たちがホールに集まった / *sich*⁴ **um** 人⁴ *sammeln* 人⁴の周りに集まる. ② 精神を集中する，気持ちを落ち着ける. *sich*⁴ **zu** einer Aufgabe *sammeln* ある任務のために精神を集中する.
◇ 🖙 **gesammelt**

Sam·mel⁀num·mer [ザンメる・ヌンマァ] 囡 -/-n （電話の）代表番号.

Sam·mel⁀platz [ザンメる・プらッツ] 男 -es/..plätze 集積場所；集合場所.

Sam·mel⁀punkt [ザンメる・プンクト] 男 -[e]s/-e ① 集合（集積）場所. ② 《光》焦点（= Brennpunkt）.

Sam·mel⁀stel·le [ザンメる・シュテれ] 囡 -/-n 集積場所；集合場所. （= Sammelplatz）.

Sam·mel·su·ri·um [ザンメる・ズーリウム zaməl-zúːriʊm] 匣 -s/..rien [..リエン]《俗》寄せ集め，ごたまぜ.

sam·mel·te [ザンメるテ] ≠sammeln （集める）の 過去

Sam·mel⁀trans·port [ザンメる・トランスポルト] 男 -[e]s/-e （人の）集団輸送；（貨物などの）一括輸送.

Sam·mel⁀werk [ザンメる・ヴェルク] 匣 -[e]s/-e （数名によって書かれた）著作集，論[文]集.

samm·le [ザンれ] ≠sammeln （集める）の 1 人称単数 現在

Samm·ler [ザンムらァ zámlər] 男 -s/- ① 収集家. Briefmarken*sammler* 切手収集家.
② 募金活動家.

***die* Samm·lung** [ザンムるング zámlʊŋ] 囡 （単）-/（複）-en ① 収集；募金.（英 *collection*）die *Sammlung* von Gemälden 絵画を収集すること / eine *Sammlung*⁴ für das Rote Kreuz durch|führen 赤十字のための募金を行う. ② 収集品，コレクション；選集，アンソロジー. Gedicht*sammlung* 詩集 / eine wertvolle *Sammlung* von Münzen コインの貴重なコレクション. ③ 博物館，美術館. ④ （精神の）集中.

Sa·mo·war [ザモヴァール zámova:r または ..ヴァール] [ロシア] 男 -s/-e サモワール（ロシアの卓上湯わかし器）.

***der* Sams·tag** [ザムス・ターク záms-ta:k] 男 （単）-[e]s/（複）-e （南ドイツのみ -en）（西部ドイツ・南ドイツ・オーストリア・スイス）土曜日（略: Sa.）. （英 *Saturday*）. （注意）北ドイツ・中部ドイツでは Sonnabend; 曜日名 🖙 Woche）. **am** *Samstag* 土曜日に / **am** *Samstag* früh 土曜日の早朝に / **Morgen** ist *Samstag*. あすは土曜日だ.

Sams·tag⁀abend [ザムスターク・アーベント] 男 -s/-e 土曜日の晩.

sams·tag⁀abends [ザムスターク・アーベンツ] 副 土曜日の晩に.

sams·tags [ザムス・タークス] 副 《毎週》土曜日に，土曜日ごとに.

samt [ザムト zámt] I 前 《3 格とともに》…といっしょに，…とともに. Ich habe mein Geld *samt* der Brieftasche verloren. 私は財布ごとお金をなくした. II 副 《成句的に》*samt* und sonders 一人残らず，例外なく.

Samt [ザムト] 男 -es （まれに -s）/-e ビロード. eine Haut wie *Samt* ビロードのように柔らかい皮膚.

sam·ten [ザムテン zámtən] 形 ① 《付加語としてのみ》ビロード[製]の. ② ビロードのような.

Samt⁀hand·schuh [ザムト・ハントシュー] 男 -[e]s/-e ビロードの手袋. 人⁴ **mit** *Samthandschuhen* an|fassen 《口語》人⁴を丁重に扱う.

sam·tig [ザムティヒ zámtɪç] 形 ① ビロードのような，すべすべした. ② 低くて柔らかい（声）.

***sämt·lich** [ゼムトリヒ zɛmtlɪç] I 形 ① 全部の，すべての.（英 *all*）. ② 《物質名詞などは単数形と》*sämtliches* vorhandene Geld 手持ちのお金全部. ④ 《複数名詞と》Schillers *sämtliche* Werke シラー全集 / *sämtliche* Mitglieder 全メンバー / die Liste *sämtlicher* vorhandenen （まれに vorhandener） Bücher² 手元にあるすべての本のリスト. II 副 全部，残らず. Die Mitglieder sind *sämtlich* da. メンバーはみな来ている.

Samt⁀pföt·chen [ザムト・プふェートヒェン] 匣 -s/- （猫などの）ビロードのような前足.

samt⁀weich [ザムト・ヴァイヒ] 形 ビロードのように柔らかい.

Sa·na·to·ri·um [ザナトーリウム zanató:riʊm] 匣 -s/..rien [..リエン] サナトリウム，療養所.

der Sand [ザント zánt] **I** 男 (単 2) -es (まれに -s)/(種類を表すときのみ: 複) -e ① 〚覆 なし〛砂. (英 sand). feiner (grober) Sand 細かい(粗い)砂 / der Sand des Meeres 海の砂 / Sand im Getriebe《口語》目に見えない障害（＝歯車の中の砂）/ wie Sand am Meer《口語》浜の真砂(まさご)のように, 大量に / 人³ Sand⁴ in die Augen streuen《口語》人³の目をごまかす, 人³をたぶらかす / Seine Pläne sind auf Sand gebaut.《状態受動・現在》彼の計画は砂上の楼閣だ / Kinder spielen gern **im** Sand. 子供は砂場で遊ぶのが好きだ / 物⁴ **in den** Sand setzen《口語》物⁴をだいなしにする / im Sand[e] verlaufen《口語》失敗に終わる / einen Topf mit Sand reiben 鍋(なべ)を砂で磨く. ② 《地学》(さまざまな種類の)砂.
II 男 (単 2) -[e]s/(複) -e (3 格のみ -en) または (複) Sände (3 格のみ Sänden)《海》砂州(さす). **auf** Sand geraten a) 浅瀬に乗り上げる, b)《比》にっちもさっちもいかなくなる.

San·da·le [ザンダーれ zandá:lə] 女 -/-n サンダル. (⇨ Schuh 図).

San·da·let·te [ザンダれッテ zandalétə] 女 -/-n (女性用の)サンダルシューズ. (⇨ Schuh 図).

Sand⸗bank [ザント・バンク] 女 -/..bänke 砂州(さす), 浅瀬.

Sand⸗bo·den [ザント・ボーデン] 男 -s/..böden 砂地.

San·del·holz [ザンデる・ホるツ] 中 -es/..hölzer 白檀(びゃくだん)材.

sand⸗far·ben [ザント・ファるベン] 形 (砂のような)黄褐色の, ベージュ色の.

san·dig [ザンディヒ zándiç] 形 砂の, 砂でできた; 砂だらけの. ein sandiger Strand 砂浜.

Sand⸗kas·ten [ザント・カステン] 男 -s/..kästen (まれに -) ① (中で子供が遊べる)砂場. ② 《軍》(机上演習のための)砂盤(さばん).

Sand⸗korn [ザント・コルン] 中 -s/..körner 砂粒.

Sand⸗ku·chen [ザント・クーヘン] 男 -s/- パウンドケーキ.

Sand⸗mann [ザント・マン] 男 -[e]s/ 砂男, 眠りの精(子供の目に砂をまいて眠らせるという小人).

Sand⸗männ·chen [ザント・メンヒェン] 中 -s/ ＝Sandmann

Sand⸗pa·pier [ザント・パピーァ] 中 -s/-e サンドペーパー, 研磨紙.

Sand⸗sack [ザント・ザック] 男 -[e]s/..säcke ① 砂袋. ② (ボクシングの)サンドバッグ.

Sand⸗stein [ザント・シュタイン] 男 -[e]s/-e ① 〚覆 なし〛《地学》砂岩. ② (建材用の)砂岩.

sand⸗strah·len [ザント・シュトラーれン zánt-ʃtra:lən] 他 (h) 《不定詞・過去分詞でのみ用いられる》《工》(物⁴に)サンドブラストをかける.

Sand⸗strahl⸗ge·blä·se [ザントシュトラール・ゲブれーゼ] 中 -s/-《工》サンドブラスター, 砂吹き機.

Sand⸗sturm [ザント・シュトゥルム] 男 -[e]s/..stürme 砂あらし.

sand·te [ザンテ] ＊senden (送る)の 過去

Sand⸗uhr [ザント・ウーァ] 女 -/-en 砂時計.

Sand·wich [ゼント・ヴィッチ zént-vɪtʃ]《英》男 中 -[e]s (または -)/-[e]s (または -e) サンドイッチ.

Sand⸗wüs·te [ザント・ヴューステ] 女 -/-n 砂漠.

sanft [ザンフト zánft] 形 (比較 sanfter, 最上 sanftest) ① (人柄などが)優しい, 温和な, 柔和な; (態度などが)ソフトな, 穏やかな. (英 gentle). sanfte Augen 柔和な目 / Sie hat ein sanftes Herz. 彼女は気だてが優しい / ein sanftes Pferd おとなしい馬 / sanft lächeln 優しくほほえむ. ② (色・音声などが)柔らかな, ソフトな, しっとりした. eine sanfte Melodie しっとりとしたメロディー / ein sanftes Licht 柔らかな光. ③ (風雨などが)穏やかな, 静かな. ein sanfter Regen 静かな雨 / ein sanftes Rauschen (風の)かすかなざわめき. ④ (眠りなどが)安らかな. ein sanfter Schlaf 安らかな眠り / Ein gutes Gewissen ist ein sanftes Ruhekissen.《諺》心やましからざれば眠りもまた安らかなり(＝良心は柔らかまくら) / sanft schlafen 安眠する / Ruhe sanft!（墓碑に:）安らかに眠れ. ⑤ (傾斜が)緩やかな. ein sanfter Hügel なだらかな丘.

Sänf·te [ゼンフテ zénftə] 女 -/-n (昔の:)いすかご, 輿(こし).

Sanft⸗mut [ザンフト・ムート] 女 -/ 優しさ, 柔和, 温和.

sanft⸗mü·tig [ザンフト・ミューティヒ] 形 優しい, 柔和な.

sang [ザング] ＊singen (歌う)の 過去

Sang [ザング záŋ] 男 -es (まれに -s)/Sänge《古》① 〚覆 なし〛歌うこと. mit Sang und Klang 鳴り物入りで. ② 歌, 歌謡.

sän·ge [ゼンゲ] ＊singen (歌う)の 接2

der Sän·ger [ゼンガァ zéŋɐr] 男 (単 2) -s/(複) - (3 格のみ -n) ① 歌手, 声楽家. (英 singer). Opernsänger オペラ歌手. ②《古》詩人. ein fahrender Sänger 吟遊詩人. ③《雅》歌でたたえる人, 賛美者.

Sän·ge·rin [ゼンゲリン zéŋərɪn] 女 -/..rinnen (女性の)歌手, 声楽家.

san·ges⸗freu·dig [ザンゲス・フろイディヒ] 形 歌の好きな.

San·gu·i·ni·ker [ザングイーニカァ zaŋguí:nikɐr] 男 -s/- 多血質の人; 快活な人, 楽天家.

san·gu·i·nisch [ザングイーニッシュ zaŋguí:nɪʃ] 形 多血質の; 快活な, 楽天的な.

sang- und klang⸗los [ザング ウント クらング・ろース] 副《口語》こっそりと.

sa·nie·ren [ザニーレン zaní:rən] **I** 他 (h) ①《医》(患部など⁴に)処置をする;《軍》(人⁴に)性病予防処置をする. einen Zahn sanieren 歯の治療をする. ② (旧市街など⁴を)再開発する; (制度など⁴を)近代化する; (汚染された川など⁴を)旧状に戻す. ③《経》(財政・企業など⁴を)再建する, 立て直す. **II** 再帰 (h) sich⁴ sanieren

Sanierung 1132

財政的に立ち直る;《比》懐を肥やす.

Sa·nie·rung [ザニールング] 囡 -/-en ① 《医》治療; 予防. ② (市街・施設などの)再開発, 近代化. ③《経》再建, 立て直し.

sa·ni·tär [ザニテーァ zanité:r] 形 衛生の, 保健の. sanitäre Einrichtungen 衛生設備.

Sa·ni·tä·ter [ザニテータァ zanité:tər] 男 -s/- ① 救急隊員. ②《軍》衛生兵.

Sa·ni·täts⹀dienst [ザニテーツ・ディーンスト] 男 -[e]s/-e ①《複》なし) 救急隊員としての勤務. ②《ふつう 単》《軍》衛生部.

Sa·ni·täts⹀we·sen [ザニテーツ・ヴェーゼン] 中 -s/ 公衆衛生(制度); 《ホǔゔ》《軍》衛生部.

sank [ザンク] *sinken (沈む)の 過去

sän·ke [ゼンケ] *sinken (沈む)の 接2

Sankt [ザンクト záŋkt] 形《無語尾で》聖なる, 聖…(人名・地名などにつける; 略: St.). (英 saint). Sankt Nikolaus 聖ニコラウス / Sankt-Elisabeth-Kirche 聖エリーザベト教会 / Sankt Moritz サン・モーリッツ(スイスの保養地).

Sankt Gal·len [ザンクト ガレン zaŋkt gálən] 中 -s/《地名・都市名》ザンクト・ガレン(スイス26州の一つ, またその州都. ☞《地図》D-5).

Sank·ti·on [ザンクツィオーン zaŋktsió:n] 囡 -en ①《ふつう 単》承認, 認可; 《法》同意. ②《ふつう 複》《法》(国際法上の)制裁; 《社》(個人・団体の行為に対する)社会的反応; 制裁, 処罰. ③《法》(法令などの)制裁規定.

sank·ti·o·nie·ren [ザンクツィオニーレン zaŋktsioní:rən] 他 (h) ① 承認する, 認可する; 《法》(法案など⁴に)同意(承認)する. ②《社》(事⁴に)制裁を加える.

sann [ザン] *sinnen (思案する)の 過去

sän·ne [ゼンネ] *sinnen (思案する)の 接2

Sans·krit [ザンスクリト zánskrɪt] 中 -s/ サンスクリット, 梵語(ボン)(古代インドの文語文. インド・ヨーロッパ語族に属する).

Sans·sou·ci [ザーン・スッィ zã:-susi または ザン・スィー] [ズス] 中 -s/ サンスーシー宮, 無憂宮(ドイツのポツダムにある. かつてフリードリヒ大王の離宮である).

Sa·phir [ザーフィァ zá:fɪr または ..フィーァ ..fi:r] 男 -s/-e ①《鉱》サファイア. ② (レコードの)サファイア針.

Sap·pho [ザプふォ zápfo または ザふォ záfo] -s/《人名》サッフォー(前600年頃の古代ギリシアの女流詩人).

Sar·del·le [ザルデレ zardélə] 囡 -/-n《魚》カタクチイワシ(科), (特に)アンチョビー.

Sar·del·len⹀pas·te [ザルデレン・パステ] 囡 -/-n アンチョビーペースト.

Sar·di·ne [ザルディーネ zardí:nə] 囡 -/-n《魚》サーディン, イワシ.

Sar·di·ni·en [ザルディーニエン zardí:niən] 中 -s/《島名》サルデーニャ島(イタリア西方, 地中海第2の島. イタリア領).

sar·do·nisch [ザルドーニッシュ zardó:nɪʃ] 形 冷笑的な, あざけるような(笑い). sardonisch grinsen にやっと笑う / sardonisches Lachen《医》痙笑(ケȋ).

*der **Sarg** [ザルク zárk] 男 (単2) -es (まれに-s)/(複) Särge [ゼルゲ] (3格のみ Särgen) 棺, ひつぎ. (英 coffin). den Toten in den Sarg legen 死者をひつぎに納める.

Sär·ge [ゼルゲ] *Sarg (棺)の 複

Sar·kas·mus [ザルカスムス zarkásmus] 男 -/..kasmen 辛らつな皮肉, あてこすり.

sar·kas·tisch [ザルカスティッシュ zarkástɪʃ] 形 辛らつな, あてこすりの.

Sar·kom [ザルコーム zarkó:m] 中 -s/-e《医》肉腫(ニョȗ).

Sar·ko·phag [ザルコふァーク zarkofá:k] 男 -s/-e (豪華な)石棺.

saß [ザース] *sitzen (座っている)の 過去

sä·ße [ゼーセ] *sitzen (座っている)の 接2

Sa·tan [ザータン zá:tan] 男 -s/-e ①《複 なし》《聖》サタン, 悪魔. Hol' dich der Satan!《俗》おまえなんかくたばっちまえ. ②《口語》悪魔のような人.

sa·ta·nisch [ザターニッシュ zatá:nɪʃ] 形 サタンの, 悪魔の(ような); 凶悪な.

sä·te [ゼーテ] *säen (種をまく)の 過去

*der **Sa·tel·lit** [ザテリート zatelí:t] 男 (単2·3·4) -en/(複) -en ①《天》衛星;《宇宙》人工衛星. (英 satellite). Wettersatellit 気象衛星 / ein unbemannter Satellit 無人人工衛星 / die Satelliten des Jupiters 木星の衛星 / einen Satelliten in eine Umlaufbahn bringen 人工衛星を軌道に乗せる. ② (軽蔑的に:) 衛星国 (=Satellitenstaat).

Sa·tel·li·ten⹀bild [ザテリーテン・ビルト] 中 -[e]s/-er 衛星写真.

Sa·tel·li·ten⹀fern·se·hen [ザテリーテン・フェルンゼーエン] 中 -s/ 衛星テレビ放送.

Sa·tel·li·ten⹀staat [ザテリーテン・シュタート] 男 -[e]s/-en (軽蔑的に:) 衛星国.

Sa·tel·li·ten⹀stadt [ザテリーテン・シュタット] 囡 -/..städte [..シュテーテ] 衛星都市.

Sa·tel·li·ten⹀über·tra·gung [ザテリーテン・ユーバァトラーグング] 囡 -/-en 《放送》衛星中継.

Sa·tin [ザテーン zatẽ:] 男 -s/-s《織》サテン, しゅす.

Sa·ti·re [ザティーレ zatí:rə] 囡 -/-n ①《複 なし》風刺, 皮肉, あてこすり. eine beißende Satire 痛烈な風刺. ② (文学・絵画などの)風刺的な作品, 風刺詩.

Sa·ti·ri·ker [ザティーリカァ zatí:rikər] 男 -s/- 風刺作家(詩人); 風刺家, 皮肉屋.

sa·ti·risch [ザティーリッシュ zatí:rɪʃ] 形 風刺の, 風刺的な; 辛らつな(批評など).

***satt** [ザット zát] 形 (比較 satter, 最上 sattest) ① 満腹の, おなかいっぱいの. (英 full). ein satter Gast 満腹した客人 / Bist du satt? おなかいっぱいになった? / von 物³ nicht satt werden 物³では満腹にならない / sich⁴ satt essen 腹いっぱい食べる. ② 満足した, 満ち足りた. ein sattes Lächeln 満足げなほほえみ / das satte Bürgertum 満ち足りた市民階級. ③《成句的に》人⁴ satt haben 人⁴にうんざりしている /

人・事² *satt* sein《雅》人・事²に飽き飽きする /事⁴ *satt* haben (または sein) 事⁴にうんざりしている / 事⁴ *satt* bekommen (または kriegen)《口語》事⁴がいやになる / nicht *satt* werden, **zu** 不定詞(句) …して飽きることがない ⇨ Sie wird nicht *satt*, ihn zu loben. 彼女は飽かず に彼をほめる / Ich habe mich daran nicht *satt* sehen können. 私はそれをいくら見ても見 飽きなかった. ④《付加語としての み》(色が)濃い. ein *sattes* Blau 濃い青色. ⑤《口語》相当の, かなりの. eine *satte* Summe かなりの金額. ⑥ (ネ)《服などが)きつい, 窮屈な.

der Sat·tel [ザッテる zátəl]男(単2) -s/(複) Sättel [ゼッテる] (3格のみ Sätteln) ① (馬の) 鞍(くら).《英 saddle》. dem Pferd den *Sattel* auflegen 馬に鞍を置く / 人³ aus dem *Sattel* helfen 人³が馬から降りるのに手を貸す / 人⁴ aus dem *Sattel* heben a) 人⁴を馬から突き落 とす, b)《比》人⁴を権力の座から追い落とす / 人⁴ **in** den *Sattel* heben a) 人⁴を助けて馬に 乗せる, b)《比》人⁴を権力の座に押し上げる / fest im *Sattel* sitzen a) しっかりと鞍にまた がっている, b)《比》確固たる地位を保っている / Er ist in allen *Sätteln* gerecht.《比》彼は何 でもやりこなす(←すべての鞍に対応する) / **ohne** *Sattel* reiten 裸馬に乗る. ② (自転車・バイクな どの)サドル. ③《地理》(山の)鞍部(あんぶ). ④《医》 鼻梁(びりょう). ⑤《音楽》(弦楽器の)糸枕(いとまくら), ナット.

Sät·tel [ゼッテる] *Sattel (鞍)の複

Sat·tel·dach [ザッテる・ダッハ] 中 -[e]s/ ..dächer《建》切妻屋根.(☞ Dach 図).

sat·tel·fest [ザッテる・フェスト] 形 ① 乗馬の うまい. ②《比》(ある分野に)精通した, 熟練の.

sat·teln [ザッテるン zátəln] 他 (h) (馬など⁴に) 鞍(くら)を置く.

Sat·tel·schlep·per [ザッテる・シュれッパァ] 男 -s/- 牽引(けんいん)用トラック, トラクタートラック.

Sat·tel·ta·sche [ザッテる・タッシェ] 女 -/-n ① (鞍(くら)の両側の)鞍袋. ② (自転車の)サド ルバッグ.

sät·ti·gen [ゼッティゲン zétɪɡən] 他 (h) ① 《雅》人⁴を満腹させる;《比》(欲求など⁴を)満足 させる. 人⁴ **mit** (または **an**) 物³ *sättigen* 人⁴を 物³で満足させる / die Neugier⁴ *sättigen* 好 奇心を満足させる. ◇《再帰的》*sich⁴ sättigen* 満腹する ⇨ Ich *sättige* mich an (または mit) Beeren. 私はいちごをたらふく食べた. ◇《目的語 なしで》Das Gericht *sättigt*. その料理はおな かがふくれる. ②《化》飽和状態にする.
◇☞ **gesättigt**

sät·ti·gend [ゼッティゲント] Ⅰ sättigen (現分) のⅡ 形 満腹(満足)させる. Eier- speisen sind sehr *sättigend*. 卵料理はずっし りとお腹にくる.

Sät·ti·gung [ゼッティグング] 女 -/-en《ふつう 単》① 満腹[させること];《比》満足. ②《化》 飽和[状態].

Satt·ler [ザットらァ zátlər] 男 -s/- (鞍(くら)・馬 具・トランクなどを作る)革職人.

Satt·le·rei [ザットれライ zatlarái] 女 -/-en ① 《複 なし》(鞍(くら)などの)革製品製造業. ② 革製 品製造工場.

satt·sam [ザットザーム] 副 いやというほど, うんざ りするほど.

sa·tu·rie·ren [ザトゥリーレン zaturíːrən] 他 (h) ① (要求など⁴を)満たす;(人⁴を)満足させる. ◇《過去分詞の形で》*saturierte* Wohlstands- bürger (軽蔑的に)満足しきった裕福な市民. ②《物⁴を)飽和状態にする.

Sa·turn [ザトゥルン zatúrn] -s/ Ⅰ《ロ神》サ トゥルヌス(農業の神. ギリシア神話のクロノスに当たる). Ⅱ 男 -s/《定冠詞とともに》《天》土星.

Sa·tyr [ザーテュア záːtyr] Ⅰ 男 -s (または -n)/ -n (または -e)《ロ神》サテュロス(やぎもしくは馬の足 と尾をもつ好色な山の精で、ディオニュソスの従者). Ⅱ 男 -s(または -n)/-n (または -e)《比》好色家.

der Satz [ザッツ záts]

文	Dieser *Satz* ist zu lang.
	ディーザァ ザッツ イスト ツー らング
	この文は長すぎる.

格	単		複
1	der	Satz	die Sätze
2	des	Satzes	der Sätze
3	dem	Satz	den Sätzen
4	den	Satz	die Sätze

男(単2) -es/(複) Sätze [ゼッツェ] (3格のみ Sät- zen) ① 文, 文章. 《英 sentence》. Frage- satz 疑問文 / ein kurzer (langer) *Satz* 短い (長い)文 / einen *Satz* schreiben 文を書く / einen *Satz* bilden (konstruieren) 文を作る (構成する) / 物⁴ *Satz* **für** *Satz* lesen 物⁴を一 文一文(忠実に)読む / Das lässt sich nicht **in** (または **mit**) einem *Satz* erklären. それは簡 単には説明できない.
②《ふつう 単》命題; 定理, 法則; 教義. der *Satz* des Pythagoras ピュタゴラスの定理 / ei- nen *Satz* aufstellen 命題を立てる.
③《複 なし》《印》組み版. ein Manuskript⁴ **in** *Satz* geben 原稿を組み版に回す.
④《音楽》楽章; 楽節; 作曲法. der erste *Satz* einer Sonate² ソナタの第1楽章 / Die Sinfonie hat vier *Sätze*. その交響曲は4楽 章から成る.
⑤ (スポ) (テニスなどの)セット. einen *Satz* ge- winnen 1セット取る / Er verlor **in** drei *Sät- zen*. 彼は3セット取られた.
⑥《官庁》[定]率; [定]額, レート; 定量, 適量. Steuer*satz* 税率 / Der Preis ist höher als der *Satz*. その値段は定価より高い.
⑦ (道具などの)ワンセット, 一組;《狩》一腹[の 子]. ein *Satz* Schüssel ワンセットの深皿 / ein *Satz* Briefmarken 1シートの切手. ⑧ 沈殿物, おり. der *Satz* von Kaffee コーヒー かす. ⑨ 跳躍. einen großen *Satz* machen 大きく跳ぶ / **in** (または **mit**) einem *Satz* 一跳

Satz-aus-sa-ge [ザッツ・アオスザーゲ] 囡 -/-n 《言》述語 (=Prädikat).
Satz⸗ball [ザッツ・バる] 男 -[e]s/..bälle (テニス・バレーボールなどの)セットポイント.
Satz⸗bau [ザッツ・バオ] 男 -[e]s/《言》文の構造, 構文.
Sät·ze [ゼッツェ] ⁑Satz (文)の 複
Satz⸗er·gän·zung [ザッツ・エァゲンツング] 囡 -/-en 《言》目的語 (=Objekt).
Satz⸗feh·ler [ザッツ・ふぇーらァ] 男 -s/- 《印》誤植.
Satz⸗ge·fü·ge [ザッツ・ゲふューゲ] 中 -s/- 《言》複合文(主文と一つ以上の副文からなる).
Satz⸗ge·gen·stand [ザッツ・ゲーゲンシュタント] 男 -[e]s/..stände 《言》主語 (=Subjekt).
Satz⸗glied [ザッツ・グリート] 中 -[e]s/-er 《言》文肢, 文成分 (=Satzteil).
Satz⸗leh·re [ザッツ・れーレ] 囡 -/ ① 《言》シンタクス, 統語論 (=Syntax). ② 《音楽》作曲法.
Satz⸗spie·gel [ザッツ・シュピーゲる] 男 -s/- 《印》版面.
Satz⸗teil [ザッツ・タイる] 男 -[e]s/-e 《言》文肢, 文成分(主語・述語・目的語など).
Sat·zung [ザッツング] 囡 -/-en 《法》定款(ﾃｲｶﾝ), 規約; (市町村の)条例.
satz⸗wei·se [ザッツ・ヴァイゼ] 副 一文ずつ, 一文ごとに.
Satz⸗zei·chen [ザッツ・ツァイヒェン] 中 -s/- 《言》句読点. *Satzzeichen*⁴ setzen 句読点を打つ.
Sau [ザオ ザウ] 囡 -/Säue (または -en) ① 《複 Säue》雌豚; 《方》(一般に)豚 (=Schwein). 囚⁴ **zur** *Sau* **machen** 《俗》囚⁴をこっぴどくしかる / **wie eine gesengte** *Sau* 《俗》a) ひどく下手に, b) 猛スピードで / **Das ist unter aller** *Sau*. 《俗》これはとてもひどくて使いものにならない. ② 《複 Säue》《俗》不潔なやつ; [卑劣な]やつ, 野郎. ③ 《複 Sauen》[雌]いのしし.
⁑**sau·ber** [ザオバァ záubər]

> 清潔な　Das Hemd ist *sauber*.
> 　　　　ダス ヘムト イスト ザオバァ
> 　　　　このシャツは清潔だ.

形 (比較 saub[e]rer, 最上 sauberst; 格変化語尾がつくときは saub[e]r-) ① **清潔な, 汚れていない, きれいな.** (英 clean). (反義) 「不潔な」は schmutzig). *saubere* Wäsche 清潔な下着 / *sauberes* Wasser きれいな水 / sich⁴ *sauber* halten 身の回りを清潔に保つ / *sauber* sein 《口語・比》麻薬をもはや使っていない / Das Kind ist schon *sauber*. その子はもうおしめがとれた.
② (仕上がりが)きちんとした, 念入りな. eine *saubere* Arbeit 念入りな仕事 / Sie führt ihre Hefte sehr *sauber*. 彼女はノートをとてもきちんととっている.
③ (道徳的に)潔癖な, 公正な; 問題のない. eine *saubere* Haltung フェアな態度 / Er hat einen *sauberen* Charakter. 彼は清廉潔白な人だ / ein *sauberer* Vorschlag (皆が納得できるような)問題のない提案.
④ (反語的に)すばらしい, すばらしい. ein *sauberes* Pärchen とんでもないカップル.
⑤ 《南ドﾞ・ｵｰｽﾄﾘ・ｽｲ・口語》かなりの, 相当な. [Das ist] *sauber*! [これは]すごい, すてき / Das ist ein *sauberes* Sümmchen. これはかなりの金額だ.
⑥ (技術などが)完璧(ｶﾝﾍﾟｷ)な. ⑦ 《南ドﾞ・ｵｰｽﾄﾘ》かわいらしい, 感じのよい(女の子など).
(新形)
sau·ber hal·ten ① (部屋など⁴を)清潔に(きちんと)しておく. ② 《物⁴ **von** 物³ ～》(物⁴を物³(雑草・害虫など)から)守る.
sau·ber ma·chen きれいにする, 掃除する.
──────────
sau·ber|hal·ten＊ 他 (h) (新形 sauber halten) ⇒ sauber
Sau·ber·keit [ザオバァカイト] 囡 -/ ① 清潔さ, 整然(きちん)としていること. ② (仕事の)入念さ. ③ 清廉潔白.
säu·ber·lich [ゾイバァりヒ] 形 ① きちんとした, 念入りな. 物⁴ *säuberlich* verpacken 物⁴をていねいに包装する. ② 《古》清廉潔白な.
sau·ber|ma·chen 他 (h)・自 (h) (新形 sauber machen) ⇒ sauber
⁑**säu·bern** [ゾイバァン zóybərn] (säuberte, hat ...gesäubert) 他 (完了 haben) ① きれいにする, 掃除する. (英 clean). die Schuhe⁴ mit der Bürste *säubern* 靴にブラシをかける / die Wohnung⁴ *säubern* 住まいを掃除する. ◇《再帰的に》sich⁴ **vom Schmutz** *säubern* 体の汚れをきれいに洗う. (類義 reinigen). ② 《A⁴ **von** B³ ～》(A⁴からB³を)取り除く. das Beet⁴ von Unkraut *säubern* 花壇の雑草を取る / das Viertel⁴ von Kriminellen *säubern* その地域から犯罪者を一掃する.
säu·ber·te [ゾイバァテ] ⁑säubern (きれいにする) の 過去
Säu·be·rung [ゾイベルング] 囡 -/-en ① 清掃, 掃除. ② 除去, 駆除, 追放.
Sau⸗boh·ne [ザオ・ボーネ] 囡 -/-n 《植》ソラマメ.
Sau·ce [ゾーセ zó:sə] [ｿｰｽ] 囡 -/-n 《料理》ソース (=Soße).
Sau·di-A·ra·bi·en [ザオディ・アラービエン zaudi-ará:biən] 中 -s/《国名》サウジアラビア[王国](首都はリヤド).
sau⸗dumm [ザオ・ドゥム] 形 《口語》大ばかの, ひどく間の抜けた.
⁑**sau·er** [ザオアァ záuər]

> 酸っぱい　Der Apfel ist *sauer*!
> 　　　　デァ アッふェる イスト ザオアァ
> 　　　　このりんごは酸っぱいな.

形 (比較 saurer, 最上 sauerst; 格変化語尾がつくときは saur-) ① **酸っぱい; 酢漬けの; (発酵して)**

酸味のある．(英 sour)．(甘い」は süß)．*saure* Drops 酸っぱいキャンディー / *saure* Gurken 酢漬けのきゅうり(ピクルス) / *saure* Milch 発酵乳 / Der Wein schmeckt *sauer*. そのワインは酸っぱい味がする.
② 《比》つらい，骨の折れる(仕事など)．eine *saure* Pflicht つらい義務 / Er hat sich³ das Geld *sauer* verdient. 彼は苦労してお金を稼いだ / Die Arbeit wurde mir *sauer*. または Die Arbeit kam mich *sauer* an. その仕事は私にはつらいものになった．
③ 《比》不機嫌な(顔・表情など)，《俗》腹立てた．ein *saures* Gesicht⁴ machen 不機嫌な顔をする / Er ist sehr *sauer* **auf** seinen Chef. 彼は課長にすごく腹を立てている / *sauer* auf 挙⁴ reagieren 挙⁴にむっとする．
④ 《隠語》(エンジンなどが)壊れた，いかれた；《スツ》へとへとの，力尽きた．Dieser Motor ist *sauer*. このエンジンはいかれている．
⑤ 《化》酸性の．*saurer* Regen 酸性雨 / Diese Stoffe reagieren leicht *sauer*. これらの物質は弱酸性の反応を示す．

Sau·er⸗amp·fer [ザオアァ・アンプふァァ] 男 -s/- 《植》スイバ．

Sau·er⸗bra·ten [ザオアァ・ブラーテン] 男 -s/- 《料理》ザウアーブラーテン(酢漬け牛肉のロースト)．

Sau·er⸗brun·nen [ザオアァ・ブルンネン] 男 -s/- 炭酸泉．

Sau·e·rei [ザオエライ zauəráɪ] 女 -/-en 《俗》汚い(乱雑な)こと，不潔；卑劣なこと；みだらな行為；猥談(ﾜ)．

Sau·er⸗kir·sche [ザオアァ・キルシェ] 女 -/-n 《植》スミノミザクラ(の実)．

Sau·er⸗kohl [ザオアァ・コール] 男 -[e]s/ 《方》 =Sauerkraut

Sau·er⸗kraut [ザオアァ・クラオト] 中 -[e]s/ 《料理》 ザウアークラウト(塩漬けにして発酵させた酸味のあるキャベツ)．

säu·er·lich [ゾイアァりヒ] 形 ① ちょっと酸っぱい，酸味のある．② にがにがしげな，不機嫌な．*säuerlich* lächeln にが笑いする．

Sau·er⸗milch [ザオアァ・ミるヒ] 女 -/ サワーミルク，発酵乳，凝乳．

säu·ern [ゾイアァン zóyərn] I 他 (h) ① (保存・貯蔵のためキャベツなど⁴を)発酵させて酸っぱくする．② 《料理》(酢・レモン汁で魚など⁴に)酸味をつける．II 自 (s, h) (発酵して)酸っぱくなる．

Sau·er⸗stoff [ザオアァ・シュトふ] 男 -[e]s/ 《化》酸素 (=Oxygenium；記号: O).

Sau·er⸗stoff⸗fla·sche [ザオアァ・シュトふ・ふらッシェ] 女 -/-n 酸素ボンベ．

Sau·er⸗stoff⸗ge·rät [ザオアァ・シュトふ・ゲレート] 中 -[e]s/-e 酸素吸入器，人工呼吸器．

Sau·er⸗stoff⸗man·gel [ザオアァ・シュトふ・マンゲる] 男 -s/ 酸素欠乏．

sau·er⸗süß [ザオアァ・ズュース] 形 ① 甘酸っぱい．② 《口語》愛想よくとりつくろっているが不機嫌な．

Sau·er⸗teig [ザオアァ・タイク] 男 -[e]s/ パン種，酵母．

sau·er⸗töp·fisch [ザオアァ・テプふィッシュ] 形 《口語》気難しい，むっつりした．

Sauf⸗bru·der [ザオふ・ブルーダァ] 男 -s/..brüder 《俗》飲み友達，飲み仲間．

・**sau·fen*** [ザオふェン záʊfən] du säufst, er säuft (soff, *hat*...gesoffen) I 他 (定了) haben) ① (動物が水など⁴を)飲む．Die Kühe *saufen* Wasser. 雌牛が水を飲んでいる．② 《俗》(人が酒などを⁴をがぶがぶ⁴)飲む．(「ふつうに)飲む」は trinken). Er *säuft* Cola. 彼はコーラをがぶ飲みする / einen *saufen* gehen 一杯やりに行く / sich³ einen *saufen* 一杯やって気晴らしする．
II 自 (定了) haben) ① (動物が⁴)水を飲む．② 《俗》(人が)大酒を飲む，酒びたりである．
III 再帰 (定了) haben) sich⁴ *saufen* 酒を飲んで[その結果]…にする．sich⁴ krank *saufen* 酒を飲みすぎて病気になる．

Säu·fer [ゾイふァァ zóyfər] 男 -s/- 《俗》大酒飲み，飲んだくれ．(女性形は Säuferin).

Sau·fe·rei [ザオふェライ zaufəráɪ] 女 -/-en ① 《腹 なし》暴飲．② 酒宴．

Sauf⸗ge·la·ge [ザオふ・ゲらーゲ] 中 -s/- 《俗》酒宴，酒盛り．

Sau⸗fraß [ザオ・ふラース] 男 -es/ 《俗》(豚に食わせるような)ひどい食事(食べ物)．

säufst [ゾイふスト] *saufen (飲む)の 2 人称単数 現在

säuft [ゾイふト] *saufen (飲む)の 3 人称単数 現在

・**sau·gen**⁽*⁾ [ザオゲン záʊɡən] (sog, *hat*...gesogen または saugte, *hat*...gesaugt) I 他 (定了) haben) ① (液体・気体⁴を)吸う，吸い取る，吸い上げる．A⁴ aus B³ *saugen* B³ から A⁴ を吸う ⇒ Die Bienen *saugen* Honig aus den Blüten. 蜜蜂(ﾊﾁ)が花から蜜を吸う．◊【目的語なしでも】Das Baby begann sofort zu *saugen*. 赤ん坊はすぐに乳を吸い始めた．② 【規則変化】(ほこりなど⁴を掃除機で)吸い取る，(物⁴に)掃除機をかける．den Teppich *saugen* じゅうたんに掃除機をかける．◊【目的語なしでも】Der Staubsauger *saugt* gut. この掃除機は吸い込みがいい．
II 再帰 (定了) haben) sich⁴ *saugen* ① 吸い込む．Das Löschblatt *hat* sich voll Tinte *gesogen* (または *gesaugt*). 吸取紙がインクをいっぱい吸っている．② 〖*sich*⁴ **in** 物⁴ ~〗(物⁴ に)吸い取られる．
III 自 (定了) haben) 〖**an** 物³ ~〗(物³ を)吸う，しゃぶる．an der Zigarette *saugen* 巻きたばこを吸う / an den Fingern *saugen* 指をしゃぶる．

säu·gen [ゾイゲン zóyɡən] 他 (h) (乳児・動物の子⁴に)乳を飲ませる，授乳する．

Sau·ger [ザオガァ záʊɡər] 男 -s/- ① (哺乳(ﾎﾆｭｳ)びんの)乳首；(赤ん坊の)おしゃぶり．② サイフォン；ピペット．③ 《口語》電気掃除機．

Säu·ger [ゾイガァ zóyɡər] 男 -s/- =Säugetier

Säu·ge·tier [ゾイゲ・ティーァ] 中 -[e]s/-e 《動》哺乳(ﾎﾆｭｳ)動物．

saug‹fä·hig [ザオク・フェーイヒ] 形 吸収力のある, 吸湿性の(紙・生地など).

Saug‹fla·sche [ザオク・ふらシェ] 女 -/-n 哺乳(にゅう)びん.

Saug‹he·ber [ザオク・ヘーバァ] 男 -s/- サイフォン; ピペット.

Säug·ling [ゾイクリング zɔ́yklıŋ] 男 -s/-e 乳児, 乳飲み子.

Säug·lings‹schwes·ter [ゾイクリングス・シュヴェスタァ] 女 -/-n 乳児専門の看護婦.

Säug·lings‹sterb·lich·keit [ゾイクリングス・シュテルプリヒカイト] 女 -/ 乳児死亡率.

Saug‹napf [ザオク・ナプふ] 男 -[e]s/..näpfe (動)(ヒルなどの)吸盤.

Saug‹rohr [ザオク・ローァ] 中 -[e]s/-e 吸い上げ管; ピペット.

saug·te [ザオクテ] *saugen (吸う)の過去

säu·isch [ゾイイッシュ zɔ́yıʃ] I 形 (俗) ① 不作法な; 下品な, 卑猥(ひ)な. ② ものすごい, ひどい(寒さに). II 副 (俗) ものすごく, ひどく.

*die **Säu·le** [ゾイレ zɔ́ylə] 女 (単) -/(複) -n ① 円柱; 支柱. (英 column). eine marmorne *Säule* 大理石の円柱 / eine dorische (ionische) *Säule* ドーリス式(イオニア式)の円柱 / Er stand da wie eine *Säule*. 彼はじっと動かず突っ立っていた(←円柱だという). / Er ist die *Säule* der Wissenschaft. 《比》彼は学界の大黒柱だ. ② (ガソリンスタンドの)計量給油器 (=Zapf*säule*). ③ (行進の)隊列 (=Marsch*säule*). ④ (円柱形のもの:)広告塔 (=Anschlag*säule*); 火柱 (=Feuer*säule*); 戦勝記念塔 (=Sieges*säule*); 水柱 (=Wasser*säule*).

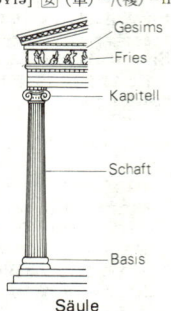

Gesims
Fries
Kapitell
Schaft
Basis
Säule

Säu·len‹gang [ゾイレン・ガング] 男 -[e]s/..gänge 《建》柱廊, 列柱回廊, コロネード.

Säu·len‹hal·le [ゾイレン・ハレ] 女 -/-n 《建》柱廊ホール(主として柱から成る広間).

Säu·len‹hei·li·ge[r] [ゾイレン・ハイリゲ(..ガァ)] 男 《語尾変化は形容詞と同じ》《宗》柱頭行者(5-11世紀の東方教会において贖罪のため柱の上で苦行した禁欲者).

Sau·lus [ザオるス záululs] -/ 《聖》《人名》サウロ(使徒パウロの改宗前のヘブライ名; 使徒行伝9).

Saum [ザオム záum] 男 -[e]s/Säume ① (衣服の)すそ, 縁, へり. den *Saum* um│schlagen 縁を折り返す. ② 《雅》(一般に:)縁, へり (=Rand). der *Saum* des Waldes 森のへり.

sau·mä·ßig [ザオ・メースィヒ] 形 (俗) ① ひどく悪い, ひどい. ② たいへんな, すごい.

säu·men¹ [ゾイメン zɔ́ymən] 他 (h) ① (衣服の⁴に)へりをつける, 縁縫いをする. ② 《雅》縁取る. Pappeln *säumen* die Allee. ポプラが並木通りを縁取っている.

säu·men² [ゾイメン] 自 (h) 《雅》ぐずぐずする. ohne zu *säumen* ためらうことなく, さっさと.

säu·mig [ゾイミヒ zɔ́ymıç] 形 《雅》(支払いなどが)遅れがちな, 滞りがちな. ein *säumiger* Zahler 支払いの悪い人.

Saum‹pfad [ザオム・プふァート] 男 -[e]s/-e (ろばなどが荷を運んで通る)狭い山道.

saum·se·lig [ザオム・ゼーりヒ] 形 《雅》のろまな, ぐずぐずした.

Saum‹tier [ザオム・ティーァ] 中 -[e]s/-e (山岳地方で)労役に使う動物(ろば・らばなど).

Sau·na [ザオナ záuna] 女 -/-s (または Saunen) サウナ[ぶろ].

*die **Säu·re** [ゾイレ zɔ́yrə] 女 (単) -/(複) -n ① 《複 なし》酸味, 酸っぱさ. (英 sourness). die *Säure* eines Apfels りんごの酸味. ② 《化》酸. Kohlen*säure* 炭酸 / *Säure* ätzt Metall. 酸は金属を腐食する.

säu·re·be·stän·dig [ゾイレ・ベシュテンディヒ] 形 耐酸性の (=säurefest).

säu·re·fest [ゾイレ・フェスト] 形 耐酸性の.

Sau·re-Gur·ken-Zeit [ザオレグルケン・ツァイト] 女 -/-en 《口語》(商売などの)夏枯れ時; (政治・文化活動などの)閑散期 (元の意味は「きゅうりの酢漬け時期」).

säu·re·hal·tig [ゾイレ・ハるティヒ] 形 酸を含む, 酸性の.

Sau·ri·er [ザオリァァ záuriər] 男 -s/- (中生代の)恐竜[類].

Saus [ザオス záus] 男 《成句的に》in *Saus* und Braus leben ぜいたく三昧(ざ)に暮らす.

säu·seln [ゾイゼるン zɔ́yzəln] I 自 (h, s) ① (h) (木の葉などが)さらさら(ざわざわ)と音をたてる, (風が)そよぐ. ◇《非人称の **es** を主語として》Es *säuselte* in den Zweigen. 風で小枝がさらさらと鳴っていた. ② (s) (さらさらと音をたてて…へ)落ちる. II 他 (h) (皮肉って:)ささやく, 低い声で言う.

*sau·sen** [ザオゼン záuzən] du saust (sauste, hat/ist...gesaust) 自 (完了 haben または sein) ① (h) ざわざわと音をたてる, ごーごー(ひゅーひゅー)と鳴る. Der Wind saust in den Bäumen. 風が樹木の間でひゅーひゅー鳴っている. ◇《非人称の **es** を主語として》Es *saust* mir in den Ohren. 私は耳鳴りがする. ② (s) 《方向を表す語句とともに》(…へ)ごーごー(ひゅー)と進む(走って行く), ばく進する. mit dem Auto durch die Stadt *sausen* 自動車で町を突っ走る / Mutter *sauste* in die Küche. 母は台所へすっ飛んで行った.

〔新形〕

sau·sen las·sen 《口語》① (計画など⁴を)あきらめる, 断念する. ② (人⁴との)関係を断つ.

──────────

sau·sen│las·sen* 他 (h) (〔新形〕 sausen lassen) ☞ sausen

Sau・stall [ザォ・シュタる] 男 -[e]s/..ställe ① 豚小屋 ②《俗》汚ない部屋(家).

saus・te [ザォステ] *sausen (ざわざわと音をたてる)の 過去

Sau・wet・ter [ザォ・ヴェッタァ] 中 -s/《俗》悪天候(特に寒いじめじめした天気).

sau・wohl [ザォ・ヴォーる] 副《成句的に》sich⁴ sauwohl fühlen《俗》すごく気分がいい.

Sa・van・ne [ザヴァンネ zavánə] 女 -/-n《地理》サバンナ(熱帯地方の草原).

Sa・xo・fon [ザクソフォーン zaksofó:n] 中 -s/-e ＝Saxophon

Sa・xo・fo・nist [ザクソふォニスト zaksofoníst] 男 -en/-en ＝Saxophonist

Sa・xo・phon [ザクソフォーン zaksofó:n] 中 -s/ 《音楽》サクソフォン.

Sa・xo・pho・nist [ザクソふォニスト zaksofoníst] 男 -en/-en サクソフォン奏者.（← 女性形は Saxophonistin）.

Sb [エス・ベー]《化・記号》アンチモン（＝Stibium).

S-Bahn [エス・バーン] 女 -/-en (都市と郊外住宅地を結ぶ)都市高速鉄道 (＝Schnellbahn, Stadtbahn).

SBB [エス・ベー・ベー]《略》スイス連邦鉄道 (＝Schweizerische Bundesbahnen).

s. Br. [ズュートりッヒャァ ブらイテ]《略》南緯[の]（＝südlicher Breite).

SB-Tank・stel・le [エスベー・タンクシュテれ] 女 -/-n セルフサービスガソリンスタンド (＝Selbstbedienungs-Tankstelle).

S-Bahn

Sc [エス・ツェー]《化・記号》スカンジウム（＝Scandium).

Scan・di・um [スカンディウム skándium] 中 -s/《化》スカンジウム(記号: Sc).

Scan・ner [スケンナァ skénər] 《英》男 -s/《工》スキャナー.

sch! [シュ ʃ] 間 ① (人を黙らせる声:)しーっ, 静かに, 黙って. ② (人・動物を追い払う声:)しっ.

Scha・be [シャーベ ʃá:bə] 女 -/-n ①《昆》ゴキブリ;《南ドッ・スイス》《昆》ガ(蛾). ② 削り道具; スクレーパー.

Scha・be・fleisch [シャーベ・ふらイシュ] 中 -[e]s/ (牛の)赤身のひき肉.

scha・ben [シャーベン ʃá:bən] I 他 (h) ① (物⁴の)皮をそぎ落とす; (野菜・肉⁴を)刻む, ミンチにする. Möhren⁴ schaben にんじんの皮をむく / Rettiche⁴ schaben 大根をおろす. ◇《再帰的に》sich⁴ schaben または sich³ den Bart schaben《口語・戯》ひげをそる. ② (体の一部⁴を)こする, なでる; すりむく. Er schabte sich³ das Kinn. 彼はあごをなでた. ③《A⁴ aus (または von) B³ ～》(A⁴ を B³ から)削り(かき)取る, そぎ落とす. das Fleisch⁴ von den Knochen schaben 骨から肉をそぎ落とす. II 自 (h)（…に)こすれる音をたてる.

Scha・ber・nack [シャーバァナック ʃá:bərnak] 男 -[e]s/-e ① いたずら, 悪ふざけ. Schabernack⁴ treiben いたずらをする. ②《方・戯》いたずら小僧.

schä・big [シェービヒ ʃé:bɪç] 形 ① (使い古して)ぼろぼろの; みすぼらしい(衣服など). ② 卑劣な, 卑しい. ③ ひどくわずかな; けちな.

Schä・big・keit [シェービヒカイト] 女 -/-en ①《複 なし》みすぼらしさ; 卑劣さ. ② 卑劣な(卑しい)言動.

Schab・lo・ne [シャブろーネ ʃabló:nə] 女 -/-n ① (文字・模様などの)型紙, ひな型;《工》型板. ②《ふつう軽蔑的に:》お決まりの型, 紋切り型. nach Schablone arbeiten 型にはまった仕事をする.

schab・lo・nen・haft [シャブろーネンハふト] 形 型にはまった, 型どおりの.

Schab・ra・cke [シャブラッケ ʃabrákə] 女 -/-n ① (飾りたてた)鞍(ﾗ)敷き; (カーテンの)上飾り. ②《俗》おいばれ馬;（醜い)老婆; 使い古し, がらくた.

＊*das* Schach [シャッハ ʃáx] 中 (単 2) -s/(複) -s ①《複 なし》チェス.（英 chess). Schach⁴ spielen チェスをする / eine Partie Schach チェスの一勝負. ②（チェスの)王手. 人・物³ Schach⁴ bieten《雅》人・物³の動きを封じる(←王手をかける) / 人⁴ in Schach halten《口語》人⁴の動きを封じている. ③《口語》チェスのセット(盤とこま).

Schach・brett [シャッハ・ブレット] 中 -[e]s/-er チェス盤(8×8＝64 のますがある).

Scha・cher [シャッハァ ʃáxər] 男 -s/ がめつい商い, 悪徳商法.

Schä・cher [シェッヒャァ ʃéçər] 男 -s/-《聖》盗賊, 強盗(特にキリストとともに十字架につけられた二人の盗賊).

scha・chern [シャッハァン ʃáxərn] 自 (h) がめつい取り引き(駆け引き)をする. um 物⁴ schachern 物⁴ をしつこく値切る.

Schach・fi・gur [シャッハ・ふィグーァ] 女 -/-en チェスのこま.

schach・matt [シャッハ・マット] 形 ① (チェスで:)王手詰めとなった. 人⁴ schachmatt setzen a) 人⁴ を詰みにする, b)《比》人⁴ を封じ込める. ②《比》くたくたの, 疲れきった.

Schach・par・tie [シャッハ・パルティー] 女 -/-n [..ティーエン] チェスの一勝負(一局).

Schach・spiel [シャッハ・シュピーる] 中 -[e]s/-e ①《複 なし》チェス[遊び]. ② チェスの一勝負. ③ チェスのセット(盤とこま).

Schach・spie・ler [シャッハ・シュピーらァ] 男 -s/- チェスをする人, チェスの選手.

Schacht [シャハト ʃáxt] 男 -[e]s/Schächte ①《坑》縦坑, 坑道. ② 深い穴(空洞); エレベーターシャフト; マンホール;《冶》(高炉の)シャフト. ③ (四方を壁に囲まれた)狭い空間(部屋).

die Schach·tel [シャヘテる ʃáxtəl] 囡（単）-/（複）-n ① (ボール紙などで作られたふた付きの)箱；箱詰めの商品．(英 carton, box). Streichholz*schachtel* マッチ箱 / eine leere *Schachtel* 空箱 / eine *Schachtel* Zigaretten たばこ一箱 / 物⁴ in einer *Schachtel* auf-bewahren 物⁴を箱にしまっておく．
② 《成句的に》 alte *Schachtel* 《俗》ばばあ．

Schach·tel=halm [シャヘテる・ハるム] 男 -[e]s/-e 〔植〕トクサ．

Schach·tel=satz [シャヘテる・ザッツ] 男 -es/..sätze （ふつう軽蔑的に）長ったらしい複雑極まりない文；〔言〕（副文が重なりあっている）箱入り文．

schäch·ten [シェヒテン ʃéçtən] 他 (h) （ユダヤ教の典礼に従い首を切って家畜⁴を）屠殺(とさつ)する．

Schach=tur·nier [シャッハ・トゥるニーァ] 中 -s/-e （トーナメント方式の）チェスの試合．

Schach=zug [シャッハ・ツーク] 男 -[e]s/..züge ① チェスのこまの動き．② 《比》巧みな方策．

*****scha·de** [シャーデ ʃáːdə]

> 残念な Wie *schade*! 本当に残念だ．
> ヴィー シャーデ

形 《述語としてのみ》 ① 残念な．(英 too bad). [Es ist] *schade*, dass du nicht kommen kannst. 君が来られないのは残念だ．
② [es ist *schade* um 人・物⁴の形で] 人・物⁴のことが残念だ，惜しまれる．Es ist *schade* um ihn. 彼を失ったのは残念だ / Es ist *schade* um die Mühe. むだ骨を折ったことが惜しまれる．
③ [人・物]¹ ist zu *schade* für 人・物⁴（または zu 物³）の形で] 人・物¹は人・物⁴（または物³）にはあまりにも惜しい，もったいない．Für diese Arbeit ist der Anzug zu *schade*. この仕事にそのスーツはもったいない / Diese Frau ist zu *schade* für dich. こんな奥さんは君にはもったいないよ．
④ [人・物]¹ ist sich³ für 人・物⁴（または zu 物³）zu *schade* の形で] 人・物¹は人・物⁴（または物³には）もったいない．Dazu bin ich mir zu *schade*. 私はそんなことをするほど落ちぶれてはいないぞ(←そんなことをするには自分がもったいない) / Er ist sich³ für keine Arbeit zu *schade*. 彼はどんな仕事でも喜んでする．

Scha·de [シャーデ] 男 -ns (3格・4格 -n)/Schäden 〈古〉 =Schaden

*****der Schä·del** [シェーデる ʃéːdəl] 男（単2）-s/（複）- (3格のみ -n) ① 頭蓋(ずがい；どくろ)〔骨〕, されこうべ．(英 skull). (☞ 類語 Kopf). ② 《口語》頭．人³ eins⁴ auf den *Schädel* geben 人³の頭に一撃を加える / einen dicken (または harten) *Schädel* haben 頭が固い，頑固である / Mir brummt der *Schädel*. 私は頭ががんがんする．③ 頭脳．sich³ den *Schädel* zerbrechen 頭を悩ます．

Schä·del=bruch [シェーデる・ブルフ] 男 -[e]s/..brüche 〔医〕頭蓋(ずがい)骨折．

*****scha·den** [シャーデン ʃáːdən] du schadest, er schadet (schadete, hat ... geschadet) 自 (普通 haben) [3格とともに] (人・物³を)害する，傷つける，だめにする．(英 damage). Rauchen *schadet* deiner Gesundheit. 喫煙は君の健康によくない / Der kalte Sommer *hat* dem Obst sehr *geschadet*. 冷夏のため果物に大きな被害があった．◊ 《否定を表す語句とともに》nicht[s] *schaden* 害にはならない，害くはない ⇒ Ein Glas Wein *schadet* nicht. ワインをグラス1杯程度ならかまわない / Das *schadet* ihm nichts. 《口語》彼にはそれが当然の報いだ / Es *schadet* nicht[s], wenn ... ...するのも悪くない．

*****der Scha·den** [シャーデン ʃáːdən] 男（単2）-s/（複）Schäden [シェーデン] ① 損害，被害；不利，損．(英 damage). ein kleiner *Schaden* ちょっとした損害 / *Schaden*⁴ erleiden (bringen) 損害を受ける(もたらす) / 人³ einen *Schaden* zu/fügen 人³に損害を与える / den *Schaden* ersetzen 損害を賠償する / Es ist dein eigener *Schaden*. それは君自身の損になる / mit *Schaden* verkaufen 損をして(原価以下で)売る / Es vielleicht gar kein *Schaden*, dass ... ...は決して悪いことではない(むしろいいことだ) / Ab (または Fort) mit *Schaden*! 《口語》とにかくもうやめろ，いいかげんにしろ．
② 損傷，破損[箇所]．einen *Schaden* am Auto haben 車に損傷を受けている / einen *Schaden* reparieren 故障を修理する．
③ (身体の)損傷，障害，疾患．ein *Schaden* am Auge 目の障害 / zu *Schaden* kommen 負傷する．

Schä·den [シェーデン] ＊Schaden (損害)の 複

Scha·den=er·satz [シャーデン・エァザッツ] 男 -es/〔法〕損害賠償．auf *Schadenersatz* klagen 損害賠償の訴訟を起こす．

Scha·den=freu·de [シャーデン・フロイデ] 囡 -/ 他人の不幸(失敗)をひそかに喜ぶ気持ち．

scha·den=froh [シャーデン・フロー] 形 他人の不幸を喜ぶ，意地の悪い．*schadenfroh* lächeln いい気味だと思ってにやりとする．

scha·de·te [シャーデテ] ＊schaden (害する)の 過去

schad·haft [シャートハフト] 形 傷んだ，破れた，破損した．

schä·di·gen [シェーディゲン ʃéːdɪɡən] 他 (h) そこなう，(名声など⁴を)傷つける，(人・物⁴に)損害を与える．Das *schädigt* deine Gesundheit. そんなことをすると君の健康を害するよ．

Schä·di·gung [シェーディグング] 囡 -/-en ① 傷つける(そこなう)こと．② 損害，損傷；(身体的な)障害．

*****schäd·lich** [シェートりヒ ʃéːtlɪç] 形 有害な，害を及ぼす．(英 harmful). (⇔ 有益な) は nützlich). *schädliche* Zusätze 有害添加物 / Dieser Stoff ist **für** den Menschen *schädlich*. この物質は人間に有害だ．

Schäd·lich·keit [シェートりヒカイト] 囡 -/ 有害であること．

Schäd·ling [シェートリング ˈʃɛːtlɪŋ] 男 -s/-
有害動物(害虫など), 有害植物. *Schädlinge*⁴ vernichten 害虫(鳥・獣)を根絶する.

Schäd·lings⸗be·kämp·fung [シェートリングス・ベケンプフング] 女 -/ 害虫駆除, 除草.

Schäd·lings·be·kämp·fungs⸗mit·tel [シェートリングスベケンプフングス・ミッテる] 中 -s/-
殺虫剤, 除草剤.

schad⸗los [シャート・ろース] 形 《成句的に》sich⁴ für 物 an 人・事³ *schadlos* halten 物⁴の損害を事³で(または人³の費用で)埋め合わせる.

Schad⸗stoff [シャート・シュトふ] 男 -[e]s/-e (動植物・人間に対する)有害物質.

das **Schaf** [シャーふ ʃaːf] 中 (単2) -[e]s/(複) -e (3格のみ -en) ① (動) ヒツジ(羊). (英 *sheep*). Das *Schaf* blökt. 羊がめぇーと鳴く / *Schafe*⁴ halten (hüten) 羊を飼う(羊の番をする) / *Schafe*⁴ scheren 羊の毛を刈る / Er ist sanft (geduldig) wie ein *Schaf*. 彼は羊のようにおとなしい(辛抱強い) / das schwarze *Schaf* sein (口語) 変わり者(異分子)である. ② (口語) お人よし, 間抜け; (愛称として:)かわいい子; いとしい人.

Schaf⸗bock [シャーふ・ボック] 男 -[e]s/ ..böcke 雄羊.

Schäf·chen [シェーフヒェン ʃɛːfçən] 中 -s/- (Schaf の 縮小) ① 小羊. sein[e] *Schäfchen*⁴ ins Trockene bringen (口語) ちゃっかり自分の利益を確保する, 私腹を肥やす. ② (口語) (愛称として:)かわいい子; いとしい人. ③ 《ふつう 複》羊雲 (= *Schäfchen*wolke).

Schäf·chen⸗wol·ke [シェーフヒェン・ヴォるケ] 女 -/-n 《ふつう複》羊雲.

der **Schä·fer** [シェーふァァ ʃɛːfɐ] 男 (単2) -s/(複) - (3格のみ -n) 羊飼い, 牧羊者. (英 *shepherd*). (☞ 女性形は Schäferin).

Schä·fer⸗hund [シェーふァァ・フント] 男 -[e]s/-e ① (動) シェパード. ein deutscher *Schäferhund* ドイツシェパード. ② 牧羊犬.

Schä·fer⸗stünd·chen [シェーふァァ・シュテュントヒェン] 中 -s/- (恋人どうしの)つかの間の逢瀬(おうせ).

Schaf⸗fell [シャーふ・ふェる] 中 -[e]s/-e 羊の毛皮.

schaf·fen¹ [シャッフェン ʃafən] (schaffte, hat ... geschafft) I 他 (完了 haben) ① やり遂げる, 達成する. (英 *manage*). Er *kann* seine Arbeit allein nicht mehr *schaffen*. 彼一人ではもはや仕事が片づけられない / Den Zug *schaffen* 列車に間に合う / die Prüfung⁴ *schaffen* (口語) 試験に合格する / Er *hat* es *geschafft*. 彼は彼女を口説いていっしょに連れ出すことに成功した. ◊《es を目的語として成句的に》Wir *haben* es *geschafft*! やったぞ!(=目的を達した).

② 《方向を表す語句とともに》(人・物⁴を…へ/…から)運ぶ, 持って行く(来る). 物⁴ *aus* dem Haus *schaffen* 物⁴を家から運び出す / Sie *schafften* die Verwundeten **ins** Krankenhaus. 彼らはけが人たちを病院に連れて行った / Wir *haben* das Paket *zur* Post *geschafft*. 私たちその小包を郵便局へ持って行った.

③ (口語) 人⁴をくたくたに(疲れ)させる, 参らせる. Die Arbeit *hat* mich heute *geschafft*. 私はきょう仕事でくたくたになった / Ich *bin* *geschafft*. 《状態受動・現在》私はへとへとだ.

II 自 (完了 haben) (南ドツ) ①働く, 仕事をする, 勤めている. (=arbeiten). Er *schafft* den ganzen Tag. 彼は一日中働いている. ◊《zu 不定詞の形で》人³ zu *schaffen* machen 人³ を困らせる, 悩ませる / zu *schaffen* machen a) 忙しそうに働く, b) ごそごそする ⇒ Was machst du dir an meinem Schreibtisch zu *schaffen*? 君は私の机で何をしているのだ / mit 人・事³ etwas⁴ (nichts⁴) zu *schaffen* haben 人・事³とかかわりあいがある(ない).

III 再帰 (完了 haben) (南ドツ) ① sich⁴ *schaffen* 働いて[その結果]…になる. *sich*⁴ müde *schaffen* 働いて疲れる. ② sich³ *schaffen* 働いて[その結果] 物⁴(手など)を…にする. *sich*³ die Hände⁴ wund *schaffen* 働いて両手にまめができる. ③ 《*es schafft sich*⁴…の形で》働きぐあいが…である. Mit dem Gerät *schafft* es *sich* leichter. この道具を使うと仕事がずっと楽だ.

schaf·fen²⁽*⁾ [シャッフェン ʃafən] (schuf, hat ... geschaffen または schuf, hat ... geschaffen) 他 (完了 haben) ① 《不規則変化》創造する, 創作する. (英 *create*). ein Kunstwerk⁴ *schaffen* 芸術作品を創作する / Gott *schuf* den Menschen. 神は人間を創造された. ◊《現在分詞の形で》der *schaffende* Mensch 創造的人間. ◊《過去分詞の形で》Er ist **für** diese Arbeit wie *geschaffen*. 彼はこの仕事のために生まれたようなものだ(うってつけだ). (☞ 類語 machen).

② 《ふつう不規則変化》《条件・状態など⁴を》生じさせる, 生み出す; 《施設など⁴を》創立する. Kaminfeuer *schafft* eine gemütliche Atmosphäre. 暖炉の火はくつろいだ雰囲気をかもし出す / Ordnung⁴ *schaffen* a) 秩序をもたらす, b) 整頓(とん)する / Platz⁴ für 物⁴ *schaffen* 物⁴のためのスペースを空ける / Abhilfe⁴ *schaffen* 救済策を講じる / sich³ ein großes Vermögen⁴ *schaffen* ばくだいな財産を築く.

Schaf·fen [シャッフェン] 中 -s/ (総称として:)(一芸術家の)[全]作品; 創造, 創作.

Schaf·fens⸗drang [シャッフェンス・ドラング] 男 -[e]s/ 創造(創作)意欲.

Schaf·fens⸗freu·de [シャッフェンス・フロイデ] 女 -/ 創造(創作)の喜び.

Schaf·fens⸗kraft [シャッフェンス・クラふト] 女 -/ 創造(創作)力.

der **Schaff·ner** [シャッフナァ ˈʃafnɐ] 男 (単2) -s/(複) - (3格のみ -n) (列車・バスなどの)車掌. (英 *conductor*).

Schaff·ne·rin [シャふネリン ˈʃafnərɪn] 女 -/

schaffnerlos

..rinnen (女性の)車掌.
schaff·ner=los [シャふナァ・ロース] 形 車掌の乗っていない，ワンマンの(バス・電車など).
schaff·te [シャふテ] *schaffen¹ (やり遂げる)，*schaffen² (生じさせる) の過去
Schaf·fung [シャッふング] 女 -/ 創造(創作)すること，作り出すこと.
Schaf=gar·be [シャーふ・ガルベ] 女 -/-n 《植》セイヨウノコギリソウ.
Schaf=her·de [シャーふ・ヘーァデ] 女 -/-n 羊の群れ.
Schaf=hirt [シャーふ・ヒルト] 男 -en/-en 羊飼い，牧羊者 (=Schäfer).
Schaf=kä·se [シャーふ・ケーゼ] 男 -s/- 羊乳チーズ (=Schafskäse).
Scha·fott [シャふォット] ʃafɔ́t] 中 -[e]s/-e (昔の)断頭台.
Schaf=pelz [シャーふ・ぺるツ] 男 -es/-e 羊の毛皮.
Schaf=schur [シャーふ・シューァ] 女 -/-en 羊毛刈り.
Schafs=kä·se [シャーふス・ケーゼ] 男 -s/- 羊乳チーズ.
Schafs=kopf [シャーふス・コプふ] 男 -[e]s/..köpfe ① 《覆 なし》羊の頭ゲーム(トランプ遊びの一種). ② 《口語》(ののしって:)とんま，愚か者.
Schaft [シャふト ʃaft] 男 -es (まれに-s)/Schäfte ① (道具・槍(やり)などの)柄; 軸, 心棒; 銃床. der Schaft eines Messers ナイフの柄. ② (樹の根から枝までの)樹幹;(植物の)茎. ③ (鳥の)羽軸 (=Federschaft). ④ (長靴・靴下の)胴. ⑤ 《建》柱身. (☞ Säule 図).
..schaft [..シャふト ..ʃaft] 《女性名詞をつくる接尾》① (抽象) 例:Freundschaft 友情. ② (集合) 例:Bürgerschaft 市民.
schäf·ten [シェふテン ʃéftən] 他 (h) ① (物⁴に)柄を付ける. ② (植物⁴を)接ぎ木する.
Schaft=stie·fel [シャふト・シュティーふェる] 男 -s/- (胴部の長い)長靴.
Schaf=wol·le [シャーふ・ヴォれ] 女 -/-[n] 羊毛.
Schaf=zucht [シャーふ・ツフト] 女 -/ 羊の飼育.
Schah [シャー ʃá:] 男 -s/-s シャー(ペルシアの君主[の称号]).
Scha·kal [シャカーる ʃaká:l またはシャー..] 男 -s/-e 《動》ジャッカル.
Schä·ker [シェーカァ ʃέ:kər] 男 -s/- 《戯》ひょうきん者;(異性と)いちゃつく人.
schä·kern [シェーカァン ʃέ:kərn] 自 (h) 《mit 人³~》(口語)(人³といちゃつく，ふざける.
schal [シャーる ʃá:l] 形 (飲み物が)気の抜けた，風味のない;《比》味気ない，間の抜けた，つまらない(しゃれなど). schales Bier 気の抜けたビール.
* *der* **Schal** [シャーる ʃá:l] 男 《単2》-s/《複》-s まれに 《複》-e ① スカーフ，マフラー，ショール. (英 scarf) ein wollener Schal ウールのマフラー / Ich wickelte mir einen Schal um den Hals. 私は首にマフラーを巻いた. ② (二重カーテンの)内側(室内側)のカーテン.

* *die* **Scha·le** [シャーれ ʃá:lə] 女 《単》-/《複》-n ① 深皿，(平たい)鉢. (英 bowl). (☞ Schüssel 図). eine silberne Schale 銀の深皿. (☞ 類語 Teller). ② 天秤(てんびん)の皿; 《化》シャーレ; 《"*5*》[コーヒー]カップ. ③ (果物などの)皮，外皮. (英 peel). die Schale einer Banane² バナナの皮 / die Schale⁴ ab|ziehen (または entfernen) 皮をむく. ④ (くるみ・卵などの)殻(かになどの)甲羅. 《英 shell》. ⑤ 《比》覆い;(よそ行きの)衣服; 外見. in Schale sein 《口語》正装している / sich⁴ in Schale werfen 《口語》よそ行きの服を着る. ⑥ 《方》(樹の)皮; 《建》シェル; 《電》(電子の)殻;《狩》(鹿などの)ひづめ.

* **schä·len** [シェーれン ʃɛ́:lən] (schälte, hat .. geschält) I 他 (完了 haben) ① (物⁴の)皮をむく，殻(さや)を取り除く. (英 peel, shell). einen Apfel schälen りんごの皮をむく. ② 《A⁴ aus B³ ~》(A⁴ を B³ からはいで取り出す，えぐり出す. den Knochen aus einem Schinken schälen ハムから骨を取り除く. ③ 《A⁴ von B³ ~》(A⁴(皮など)を B³ から)むく，はぐ. die Schale⁴ von den Kartoffeln schälen じゃがいもの皮をむく.
II 再帰 (完了 haben) sich⁴ schälen ① (皮膚が)むける. Die Haut schält sich. 皮膚がむける / Er schält sich auf der Nase. 彼は鼻の皮がむけている / sich⁴ aus dem Mantel schälen (戯) コートを脱ぐ. ② 皮が…にむける. Die Mandarinen schälen sich gut. または Die Mandarinen lassen sich leicht schälen. このみかんは皮が簡単にむける.
Scha·len=wild [シャーれン・ヴィるト] 中 -[e]s/ 《狩》ひづめを持つ猟獣(鹿・いのししなど).
Schalk [シャるク ʃálk] 男 -[e]s/-e (または Schälke) (陽気ないたずら者. Er hat den Schalk im Nacken. または Ihm sitzt der Schalk im Nacken. 彼はひょうきん者だ.
schalk·haft [シャるクハふト] 形 (雅) いたずらな
* *der* **Schall** [シャる ʃál] 男 《単2》-[e]s/《複》-e (3格のみ -en) または 《複》Schälle [シェれ] (3格のみ Schällen) (英 sound) ① 《雅》(響く)音，響き，音響. ein heller (dumpfer) Schall さえた(鈍い)音 / der Schall der Glocken² 鐘の音 / Das ist leerer Schall. それは無意味(たわごと)だ. ② 《覆 なし》《物》音. die Lehre vom Schall 音響学.
Schall=dämp·fer [シャる・デンプふァァ] 男 -s/- ①《工》消音器(装置);(自動車の)マフラー. ②《音楽》弱音器.
schall·dicht [シャる・ディヒト] 形 防音(遮音)性の(ドア・部屋など).
Schäl·le [シェれ] *Schall (音)の複
Schalleh·re ☞ 新形 Schalllehre
* **schal·len**(*) [シャれン ʃálən] (schallte または scholl, hat .. geschallt) 自 (完了 haben) (音，声が)響く，響き渡る;(部屋などが大きな音に)まれる. (英 sound). Lautes Gelächter schall-

te aus dem Nebenraum. 大きな笑い声が隣室から響いてきた / Der Saal *schallte vom* Gelächter. ホールは笑い声に包まれた． ◇非人称の *es* を主語として〕Hier *schallt* es sehr. ここは音がよく反響する．

schal·lend [シャℓント] I ＊schallen（響く）の 現分 II 形 鳴り響く． *schallender* Beifall 割れんばかりの拍手喝采(**) / *schallendes* Gelächter 高笑い．

Schall ≠ ge·schwin·dig·keit [シャℓ・ゲシュヴィンディヒカイト] 女 -/-en 《ふつう 単》音速．

Schall ≠ leh·re [シャℓ・れーレ] 女 -/ 音響学 (＝Akustik).

Schall ≠ mau·er [シャℓ・マオアァ] 女 -/-n サウンドバリアー，音速の壁（飛行機が音速に近づく時の空気の抵抗）. die *Schallmauer*4 durch|brechen 音速の壁を突破する．

die **Schall ≠ plat·te** [シャℓ・プらッテ ʃálplatə] 女 -/-n 《複》-n レコード． eine *Schallplatte*4 ab|spielen (auf|legen) レコードをかける(セットする) / *Schallplatten*4 hören レコード音楽を聞く / eine Oper4 auf *Schallplatte* auf|nehmen オペラをレコードに録音する．

schall ≠ schlu·ckend [シャℓ・シュらッケント] 形 吸音性の(建材など).

schall·te [シャℓテ] ＊schallen（響く）の 過去

Schall ≠ trich·ter [シャℓ・トリヒタァ] 男 -s/ ① 《音楽》（金管楽器のらっぱ状の）開口部． ② (拡声器などの)らっぱ，メガホン．

Schall ≠ wel·le [シャℓ・ヴェれ] 女 -/-n 《物》音波．

Schal·mei [シャℓマイ ʃalmái] 女 -/-en 《音楽》シャルマイ(ダブルリードをもつ古管楽器); (パイプオルガンの)リード音栓．

Scha·lot·te [シャろッテ ʃalótə] 女 -/-n 《植》シャロット，エシャロット(ユリ科ネギ属).

schalt [シャℓト] ＊schelten (しかる)の 過去

Schalt ≠ an·la·ge [シャℓト・アンらーゲ] 女 -/-n 《電》切り替え(開閉)装置．

Schalt ≠ bild [シャℓト・ビℓト] 中 -[e]s/-er 《電》配線(回路)図 (＝Schaltplan).

Schalt ≠ brett [シャℓト・ブレット] 中 -[e]s/-er 《電》配電盤 (＝Schaltbrett).

schäl·te [シェーℓテ] ＊schälen(皮をむく)の 過去

＊**schal·ten** [シャℓテン ʃáltən] du schaltest, er schaltet (schaltete, *hat...*geschaltet) I 他 (定了 haben) ① (スイッチ・ギア4を)**切り替える**, (物4の)スイッチを操作する. (英 switch). einen Schalter auf „aus" *schalten* スイッチを「切」にする / Er *schaltete* die Heizung auf „warm". 彼は暖房のスイッチを「暖」に入れた． ② (語句など4を)挿入する． ③ 《電》接続する．

II 自 (定了 haben) ① スイッチ(ギア)を切り替える, (他の放送局などへ)放送(中継)を切り替える. *auf* (または *in*) den 3. (=dritten) Gang *schalten* サードギアに入れる．

② スイッチ(ギア)が切り替わる． ③ 《雅》(…に)ふるまう. Ich kann hier *schalten* und walten, wie ich will. ここでは私は思いのままにふるまえる / *mit* 物³ frei *schalten* 物³を自由に処理する． ④ 《口語》理解する． Er *schaltet* langsam. 彼は頭の回転が鈍い.

III 再帰 (定了 haben) *sich*4 *schalten* スイッチ(ギア)が…に操作される. Der Wagen *schaltet sich* schwer. この車はギアが入りにくい．

＊*der* **Schal·ter** [シャℓタァ ʃáltər] 男 (単2) -s/(複) - (3格のみ -n) ① (電気器具の)**スイッチ**. (英 switch). den *Schalter* an|machen (aus|machen) 《口語》スイッチを入れる(切る) / *am Schalter* drehen スイッチをひねる．

② (郵便局・銀行などの)**窓口**; (駅の)出札口, 乗車券売場 (=Fahrkarten*schalter*); (劇場の)切符売り場. (英 counter). Pakete bitte *am Schalter* 4 aufgeben. 小包みは4番窓口でお出しください / *vor* dem *Schalter* warten 窓口の前で待つ．

Schal·ter ≠ be·am·te[r] [シャℓタァ・ベアムテ(..タァ)] 男 〔語尾変化は形容詞と同じ〕窓口係; (駅の)出札係.

Schal·ter ≠ hal·le [シャℓタァ・ハれ] 女 -/-n (大きな駅の)出札〔窓口〕ホール．

Schal·ter ≠ stun·den [シャℓタァ・シュトゥンデン] 複 窓口事務取扱(受付)時間．

schal·te·te [シャℓテテ] ＊schalten (切り替える)の 過去

Schalt ≠ he·bel [シャℓト・ヘーベℓ] 男 -s/- ① 《電》スイッチレバー． ② (自動車などの)変速レバー，〔ギヤ〕チェンジレバー．

Schalt ≠ jahr [シャℓト・ヤーℓ] 中 -[e]s/-e うるう年．

Schalt ≠ plan [シャℓト・プらーン] 男 -[e]s/ ..pläne 《電》配線(回路)図 (=Schaltbild).

Schalt ≠ ta·fel [シャℓト・ターふェℓ] 女 -/-n 《電》配電盤 (=Schaltbrett).

Schalt ≠ tag [シャℓト・ターク] 男 -[e]s/-e うるう日 (2月29日).

Schalt ≠ uhr [シャℓト・ウーアァ] 女 -/-en タイマー，タイムスイッチ．

Schal·tung [シャℓトゥング] 女 -/-en ① 《電》回路, 配線, 配線系統; 回路(接続)図, 配線図. eine integrierte *Schaltung* 集積回路． ② (電話などの)接続, 連結． ③ 変速, ギヤチェンジ．

Scha·lung [シャーℓング] 女 -/-en 《建》(コンクリートを打ち込むときの)型枠．

Scha·lup·pe [シャろッペ ʃalúpə] 女 -/-n 《海》① (昔の:)(1本マストの)スループ型小帆船． ② (艦船付属の)小型ボート．

＊*die* **Scham** [シャーム ʃáːm] 女 (単) -/ ① 恥ずかしさ, 羞恥(ﾞ)心; 恥じらい． (英 shame). *Scham* empfinden 恥ずかしく思う / Er hat keine *Scham* [im Leib]. 彼は羞恥心を持っていない / 事4 *ohne Scham* sagen 事4を恥ずかしげもなく言う / *vor Scham* rot werden 恥ずかしくて赤面する / Ich möchte vor *Scham* in

Schamane 1142

die Erde sinken. 私は恥ずかしくて穴があったら入りたいほどだ. ② 《雅・婉曲》恥部, 陰部.

Scha·ma·ne [シャマーネ ʃamáːnə] 男 -n/-n 《民俗》シャーマン, 巫祝(ふしゅく)師.

Scham⸗bein [シャーム・バイン] 中 -[e]s/-e 《医》恥骨.

***schä·men** [シェーメン ʃéːmən] (schämte, hat...geschämt) 再帰 ((英口) haben) sich⁴ schämen ① 恥じる, 恥ずかしく思う. (英) be ashamed). *Schäm dich!* 《口語》(そんなこと言って・して)恥ずかしく思いなさい / *Ich schäme mich für dich!* 私は君のことで恥ずかしいい思いをしている / *sich⁴ vor* 人³ *schämen* 人³に対して恥ずかしく思う / *sich⁴* [*wegen*] 人・物² *schämen* 人・物²のことで恥ずかしく思う ⇒ *Er schämt sich* [wegen] *seines Betragens.* 彼は自らのふるまいを恥じる / *sich⁴ zu Tode schämen* 死ぬほど恥じる.
② 《zu 不定詞[句]とともに》(…することを)はばかる, 恥じる. *Das Kind schämte sich, dies alles seinen Eltern zu erzählen.* その子供は事の一切を両親に話すのをいやがった.

Scham⸗ge·fühl [シャーム・ゲフューる] 中 -[e]s/-e 羞恥(しゅうち)心, 恥ずかしい.

Scham⸗haar [シャーム・ハール] 中 -[e]s/-e 恥毛, 陰毛.

scham·haft [シャームハフト] 形 恥ずかしがりの, 恥ずかしそうな, はにかんだ. *ein schamhafter Blick* 恥ずかしそうなまなざし.

Scham·haf·tig·keit [シャームハフティヒカイト] 女 -/ 恥ずかしがり, はにかみ, 内気.

Scham⸗lip·pe [シャーム・リッペ] 女 -/-n 《ふつう複》《医》陰唇.

scham⸗los [シャーム・ろース] 形 ① 恥知らずな; あつかましい, ずうずうしい. *eine schamlose Lüge* あつかましいうそ. ② みだらな, 卑猥(ひわい)な.

Scham⸗lo·sig·keit [シャーム・ろーズィヒカイト] 女 -/-en ① 《複 なし》恥知らずなこと. ② 恥知らずな言動.

Scha·mott [シャモット ʃamót] 男 -s/ 《口語》がらくた.

Scha·mot·te [シャモッテ ʃamótə] 女 -/ 《建》(耐火れんが用の)耐火粘土.

Scha·mot·te⸗stein [シャモッテ・シュタイン] 男 -[e]s/-e 《建》耐火れんが.

Scham·pun [シャンプーン ʃámpuːn または..プーン] 中 -[e]s/-e シャンプー (=Shampoo).

scham·pu·nie·ren [シャンプニーレン ʃampuníːrən] 他 (h) (髪など⁴を)シャンプーで洗う.

Scham·pus [シャンプス ʃámpus] 男 -/ 《口語》シャンパン (=Champagner).

scham⸗rot [シャーム・ロート] 形 (恥ずかしくて)赤面した.

Scham⸗rö·te [シャーム・レーテ] 女 -/ (恥ずかしさからの)赤面.

schäm·te [シェームテ] * schämen (再帰 で: 恥じる)の 過去

Scham⸗tei·le [シャーム・タイれ] 複 《医》《複》恥部, 陰部.

schand·bar [シャントバール] I 形 ① 恥ずべき, 不面目な, あさましい(ふるまいなど). ② 《口語》ひどい, いやな. *ein schandbares Wetter* ひどい天気. II 副 《口語》ひどく, ものすごく.

* *die* **Schan·de** [シャンデ ʃándə] 女 (単) -/ 恥, 不名誉, 不面目. (英 *shame*). *eine unerträgliche Schande* 耐えがたい恥辱 / 人³ *Schande⁴ bringen* 人³に恥をかかせる / *Mach mir keine Schande!* (ふつう冗談で:)私に恥をかさないでくれよ / *Das ist keine Schande.* それはどうということはなさ / *Er hat seiner Familie³ Schande gemacht.* 彼は一家の名を汚した / *Zu meiner Schande muss ich gestehen, dass...* お恥ずかしいしだいですが実を申せば… ◊(成句的に) *zu Schanden machen* 物⁴をだめにする / *zu Schanden werden* (または *gehen*) だめになる.

schän·den [シェンデン ʃéndən] 他 (h) ① 冒瀆(ぼうとく)する. *ein Grab⁴ schänden* 墓を冒瀆する. ② (名声・名誉など⁴を)けがす, (人⁴に)汚名を着せる. ③ (女性⁴を)凌辱(りょうじょく)する. ④ 《稀》(景観など⁴を)そこなう, 醜くする.

Schand⸗fleck [シャント・ふれック] 男 -[e]s/-e 汚点; 汚名, 不名誉.

schänd·lich [シェントりヒ] I 形 ① 恥ずべき, 不面目な, 破廉恥な, 卑劣な. *eine schändliche Tat* 破廉恥な行為. ② 《口語》ひどく悪い(天気など). II 副 《口語》ひどく, ものすごく. *Das Kleid ist schändlich teuer.* そのドレスはものすごく高い.

Schänd·lich·keit [シェントりヒカイト] 女 -/-en ① 《複 なし》恥ずべきこと, 卑劣. ② 恥ずべき(卑劣な)行為.

Schand⸗mal [シャント・マール] 中 -[e]s/-e (まれに ..mäler) (昔の:)(罪人の)烙印(らくいん); 《雅》汚名.

Schand⸗tat [シャント・タート] 女 -/-en 恥ずべき行為;《口語・戯》軽率な行為.

Schän·dung [シェンドゥング] 女 -/-en 辱めること; 冒瀆(ぼうとく); 凌辱(りょうじょく), 強姦(ごうかん).

Schank [シャンク ʃáŋk] 女 -/-en (オーストリア) 酒場; 酒場のカウンター.

Schank⸗bier [シャンク・ビーア] 中 -[e]s/-e 生ビール(樽から直接つがれるビール).

Schän·ke [シェンケ ʃéŋkə] 女 -/-n (小さな)酒場, 居酒屋 (=Schenke).

Schan·ker [シャンカア ʃáŋkər] 男 -s/- 《医》下疳(げかん)(性病の一種).

Schank⸗kon·zes·si·on [シャンク・コンツェスィオーン] 女 -/-en 酒場営業(酒類販売)許可.

Schank⸗tisch [シャンク・ティッシュ] 男 -[e]s/-e 酒場のカウンター.

Schänk⸗tisch [シェンク・ティッシュ] 男 -[e]s/-e =Schanktisch

Schank⸗wirt [シャンク・ヴィルト] 男 -[e]s/-e 酒場の主人.

Schänk⸗wirt [シェンク・ヴィルト] 男 -[e]s/-e

=Schankwirt
Schank≈wirt·schaft [シャンク・ヴィルトシャフト] 女 -/-en 飲み屋, 酒場.
Schänk≈wirt·schaft [シェンク・ヴィルトシャフト] 女 -/-en =Schankwirtschaft
Schan·ze[1] [シャンツェ] fántsə] 女 -/-n ① (スキーの)シャンツェ, ジャンプ台 (=Sprungschanze). ② 《軍》(昔の)堡塁(ほうるい). ③ 《海》(軍艦の)船尾甲板.
Schan·ze[2] [シャンツェ] 女 《成句的に》sein Leben[4] für 人・物[4] in die Schanze schlagen 人・物[4]のために命を賭(と)ける.
schan·zen [シャンツェン fántsən] I 自 (h) 《軍》堡塁(ほうるい)を築く. II (h) 《軍》(陣地などを)築く.

die **Schar**[1] [シャール fá:r] 女 (単) -/(複) -en (人・動物の)群れ, 多数. (英 *crowd*). eine *Schar* Vögel 鳥の群れ / eine *Schar* von Menschen 大勢の人々 / **in** [großen または hellen] *Scharen* 群れをなして, 大挙して.
Schar[2] [シャール] 女 -/-en (または 中 -[e]s/-e) (農)すきの水平刃, すき先.
Scha·ra·de [シャラーデ ʃará:də] 女 -/-n (ジェスチュアによる)言葉(つづり)当てゲーム.
Schä·re [シェーレ ʃέ:rə] 女 -/-n 《ふつう 複》《地理》(北欧海岸の)岩礁島.
scha·ren [シャーレン ʃá:rən] I 再帰 (h) *sich*[4] *scharen* 《雅》群がる, 集まる. *sich*[4] *um* den Lehrer *scharen* 先生の周りに集まる. II 他 (h) 集める. 人[4] *um sich scharen* 人[4]を自分の周りに集める.
scha·ren≈wei·se [シャーレン・ヴァイゼ] 副 群れをなして, 一団となって.

*‡**scharf*** [シャルふ ʃárf]

| 鋭い | Das Messer ist sehr *scharf*.
ダス メッサァ イスト ゼーァ シャルふ
そのナイフは非常に切れ味がよい. |

I 形 (比較 schärfer, 最上 schärfst) ① (刃物などが)鋭い, 鋭利な; [先の]とがった. (英 *sharp*). (⇔「鈍い」は stumpf). eine *scharfe* Schere よく切れるはさみ / *scharfe* Zähne 鋭い歯.
② (味が)舌を刺すような, 辛い, ぴりっとする; 鼻をつくような, 刺激性の. *scharfer* Senf ぴりっと辛いからし / eine *scharfe* Soße 辛いソース / *scharfe* Sachen 《口語》きつい酒 / Die Suppe ist zu *scharf*. スープは香辛料が効きすぎている.
③ かん高い(音・声など); 強烈な(光など); 身を切るような(風など). ein *scharfer* Winter 寒さの厳しい冬.
④ (視覚的に)鮮明な, はっきりした; (カメラの)ピントが合った; 鋭い輪郭の(顔だちなど). *scharfe* Umrisse 鮮明な輪郭 / Sie hat *scharfe* Gesichtszüge. 彼女の顔は彫りが深い.
⑤ (頭脳が)鋭敏な, 明敏な, シャープな. einen *scharfen* Verstand haben 明敏な理解力を持っている.
⑥ (感覚器官が)鋭敏な; (眼鏡が)度の強い. *scharfe* Augen[4] haben 視力がいい.
⑦ 激しい(抵抗など); 厳しい(判決など); 熾烈(しれつ)な(戦いなど). *scharfe* Kämpfe 熾烈な戦い.
⑧ 辛らつな, 痛烈な. eine *scharfe* Kritik 痛烈な批判 / eine *scharfe* Zunge[4] haben 言うことが辛らつである, 口が悪い / in *scharfem* Ton 激しい口調で / 人[4] *scharf* tadeln 人[4]を激しく非難する.
⑨ 迅速な, きわめて速い; 急な. ein *scharfer* Lauf 全力疾走 / eine *scharfe* Kurve 急カーブ / *scharf* bremsen 急ブレーキをかける.
⑩ (犬などが)かみつくくせのある. ⑪ 実弾の. ⑫ (ごく)強烈な(シュートなど). ⑬ アクセントのはっきりした(発音). ⑭ 《口語》すごい, すばらしい. ein *scharfes* Auto すごい車. ⑮ 《口語》セクシーな; 好色な. ein *scharfer* Bikini セクシーなビキニ. ⑯ 《成句的に》**auf** *scharf sein* 《口語》物[4]が欲しくてたまらない / auf 人[4] *scharf sein* 《口語》a) 人[4]を(性的に)欲しくてたまらない, b) 人[4]に悪意をいだいている.
II 副 すれすれに. Das Auto fuhr *scharf* an ihm vorbei. その車は彼のすぐわきを走っていった.
Scharf≈blick [シャルふ・ブリック] 男 -[e]s/ 炯眼(けいがん), 鋭い洞察力.
Schär·fe [シェルふェ ʃέrfə] 女 -/-n ① 《複 なし》鋭さ, 鋭利. die *Schärfe*[4] einer Schneide[2] prüfen 刃の鋭さを試す. ② 《複 なし》辛み, 酸味(においの)強烈さ. die *Schärfe* des Senfs からしのぴりっとした味. ③ 《複 なし》(声音の)かん高さ; (光の)強烈さ; (寒さの)厳しさ. ④ 《複 なし》(目・鼻・耳の)明敏さ. die *Schärfe* des Gehörs 耳の鋭さ. ⑤ 《複 なし》(輪郭・写真などの)鮮明度. ⑥ 《複 なし》(理解などの)明敏さ, 精密さ. ⑦ 《複 なし》厳格さ; (批判などの)辛らつさ, 仮借のなさ.

*‡**schär·fen*** [シェルふェン ʃέrfən] (schärfte, hat...geschärft) 他 《完了 haben》(英 *sharpen*) ① 鋭くする, (刃物など[4]を)研ぐ, とがらせる. ein Messer[4] *schärfen* ナイフを研ぐ. ② (感覚・精神など[4]を)鋭敏にする, 敏感にする; (理解・意識など[4]を)深める. das Gehör *schärfen* 耳を澄ます. ◊《再帰的に》*sich*[4] *schärfen* (感覚などが)鋭くなる, 鋭敏になる ⇒ Sein Sinn für Musik *hat sich* allmählich *geschärft*. 音楽に対する彼の感覚がしだいに鋭くなってきた.
schär·fer [シェルふァァ] ‡scharf (鋭い)の 比較.
scharf·kan·tig [シャルふ・カンティヒ] 形 角(かど)のとがった, へりの鋭い.
scharf|ma·chen [シャルふ・マッヘン ʃárf-màxən] 他 (h) 《口語》① (犬[4]を)けしかける. ② 《人[4] *gegen* 人・事[4] ~》(人[4]を人・事[4]に)反対するよう扇動する.
Scharf≈ma·cher [シャルふ・マッハァ] 男 -s/- 《口語》扇動家.
Scharf≈rich·ter [シャルふ・リヒタァ] 男 -s/- 死刑執行人.
Scharf≈schie·ßen [シャルふ・シーセン] 中 -s/

実弾射撃.
Scharf=schüt·ze [シャルフ・シュッツェ] 男 -n/-n ①《軍》射撃の名手, 狙撃(ﾃﾞﾞｷ)兵. ②《ｽﾎﾟ》ポイントゲッター.

scharf=sich·tig [シャルフ・ズィヒティヒ] 形 鋭い眼力のある, 炯眼(ｹｲｶﾞﾝ)の.

Scharf=sinn [シャルフ・ズィン] 男 -[e]s/ 明敏さ, 鋭い洞察力.

scharf=sin·nig [シャルフ・ズィニヒ] 形 明敏な, 洞察力の鋭い.

schärfst [シェルフスト] ‡scharf (鋭い)の 最上.

schärf·te [シェルフテ] *schärfen (鋭くする)の 過去.

scharf=zün·gig [シャルフ・ツュンギヒ] 形 口の悪い, 毒舌の (論評など).

Schar·lach [シャルらッハ ʃárlax] Ⅰ 男 (ﾌﾟﾗｽ: 中) -s/-e ①《ふつう 単》深紅色, 緋色(ﾋﾞ゙). ②(:ﾌﾞ.): 深紅色の服地. Ⅱ 男 -s/《医》猩紅(ｼﾞｮｳｺｳ)熱.

schar·lach·rot [シャルらッハ・ロート] 形 深紅色の, 緋色(ﾋﾞ゙)の.

Schar·la·tan [シャルらタン ʃárlatan] 男 -s/-e いかさま師, 山師, 詐欺師.

Scharm [シャルム ʃárm] 男 -s/ 魅力, チャーム.

Schar·nier [シャルニーァ ʃarníːr] 中 -s/-e ちょうつがい.

Schär·pe [シェルペ ʃérpə] 女 -/-n《服飾》飾り帯;《軍》肩帯.

schar·ren [シャレン ʃárən] Ⅰ 自 (h) (足・爪などで)がりがりひっかく. Das Pferd *scharrt* mit den Hufen. 馬がひづめで地面をひっかく / Die Studenten *scharrten* [mit den Füßen]. 学生たちが足で床をがりがりこすった (講義に対する不満の表明). Ⅱ 他 (h) ① (地面・床など⁴を足などで)ひっかく. ②(物)⁴を熊手などで…へ)かき寄せる (集める).

Schar·te [シャルテ ʃártə] 女 -/-n ① 刃こぼれ. eine *Scharte* aus|wetzen a) 刃こぼれを研ぐ, b)《比》失敗を取り返す, 恥をそそぐ / Das Messer hat *Scharten* bekommen. そのナイフは刃こぼれしている. ②《古》(皮膚の)割れ目 (裂け目). ③ 銃眼. ④ 山の鞍部(ｱﾝﾌﾞ).

Schar·te·ke [シャルテーケ ʃartéːkə] 女 -/-n ① くだらない古本;(芝居の)駄作. ②《俗》ばばあ.

schar·tig [シャルティヒ ʃártıç] 形 ① 刃こぼれした. ② 刻み目のある, ぎざぎざの.

schar·wen·zeln [シャルヴェンツェるン ʃarvéntsəln] 過分 scharwenzelt 自 (s, h)《um 人⁴ (または vor 人³)〜》(口語) (人⁴ (または人³)に) へつらう, ぺこぺこする.

Schasch·lik [シャシュリク ʃáʃlık] 男 中 -s/-s《料理》シャシュリク (羊肉の串焼き料理. 間にベーコンと玉ねぎをはさむ. 日本の焼き鳥に類する).

‡*der* **Schat·ten** [シャッテン ʃátən] 男 (単2) -s/(複)― ① 影, 影法師, シルエット.《米》shadow). Licht und *Schatten* 光と影 / die *Schatten* der Berge² 山並みの影 / lange *Schatten*⁴ werfen 長い影を落とす / Die *Schatten* werden länger. 影が長くなる / Sie folgt ihm wie ein *Schatten*. 彼女は影のように彼のあとについて行く / Er ist nur noch der (または ein) *Schatten* seiner selbst. 彼はやつれ果てて見る影もない (← 彼自身の影でしかない) / Er kann nicht über seinen [eigenen] *Schatten* springen. 彼は自分の性分に合ったことしかできない (← 自分の影を越えられない) / sich⁴ vor seinem eigenen *Schatten* fürchten ひどくびくびくしている (← 自分の影におびえる).
② 《複 なし》陰, 日陰, 物陰.《米》shade). kühler *Schatten* 涼しい日陰 / Die Bäume geben (または spenden) genug *Schatten*. 樹木が十分に陰を作っている / im *Schatten* sitzen [木]陰に座っている / aus der Sonne in den *Schatten* gehen ひなたから日陰へ行く / im *Schatten* leben《比》ひっそりと暮らす / 人・物² in den *Schatten* stellen《比》人・物⁴をはるかにしのぐ (← 日陰に置く) / Er stand im *Schatten* seines Vaters. 彼は父の陰でかすんでいた.
③ 暗い箇所, 黒ずんだ部分;《比》汚点. Sie hatte dunkle *Schatten* unter den Augen. 彼女は目の下に黒いくまができていた / einen *Schatten* auf der Lunge haben (レントゲン検査で:)肺に影がある / der *Schatten* der Vergangenheit²《比》過去の暗い影 / einen *Schatten* haben《比》頭がちょっとおかしい.
④ 幻影; 亡霊; 尾行者. einem *Schatten* nach|jagen《雅》幻影を追い求める / das Reich der *Schatten*² 死者の国, 冥府(ﾒｲﾌ).

Schat·ten=bild [シャッテン・ビるト] 中 -[e]s/-er ① 影, 影法師.《美》影絵.

Schat·ten=da·sein [シャッテン・ダーザイン] 中 -s/ 影のような存在, (世間から顧みられない)埋れた境遇. [nur] ein *Schattendasein*⁴ führen ひっそりと暮らす.

schat·ten·haft [シャッテンハフト] 形《雅》影のような, ぼんやりした (記憶など).

Schat·ten=ka·bi·nett [シャッテン・カビネット] 中 -s/-e《政》シャドー・キャビネット, 影の内閣.

Schat·ten=los [シャッテン・ろース] 形 日陰 (木陰)のない; 影のない.

Schat·ten=riss [シャッテン・リス] 男 -es/-e《美》影絵, シルエット.

Schat·ten=riß [シャッテン・リス]《新形》Schattenriss

Schat·ten=sei·te [シャッテン・ザイテ] 女 -/-n ①《ふつう 単》陰になる側;《比》暗い面, 裏面. ②《ふつう 複》短所, 欠点. (⇔《光の当たる側》は Lichtseite.

Schat·ten=spiel [シャッテン・シュピーる] 中 -[e]s/-e ① 影絵芝居[の台本]. ②《ふつう 複》(手による)影絵.

schat·tie·ren [シャティーレン ʃatíːrən] 他 (h) ① (物)⁴に陰影 (明暗)をつける. ②(物)⁴にニュアンス (色合い)をつける.

Schat·tie·rung [シャティールング] 女 -/-en ① 陰影 (明暗)をつけること. ② 陰影, 明暗. ③《ふつう 複》(いろいろな)傾向, 立場; ニュアンス, 色合い.

schat·tig [シャティヒ ʃátıç] 形 陰になった, [木

陰の; 陰を作る. eine schattige Bank 木陰のベンチ.

Scha·tul·le [シャトゥれ ʃatúlə] 囡 -/-n ① (鍵のかかる小さな)貴重品箱. ②《古》(王侯の)私財, お手元金.

der **Schatz** [シャッツ ʃáts] 男 (単 2) -es/(複) Schätze [シェッツェ] (3 格のみ Schätzen) ① 宝, 宝物; 財宝. (英 treasure). ein kostbarer Schatz 高価な財宝 / einen Schatz aus|graben 宝を掘り出す. ②《ふつう 複》コレクション, 宝物. Er hat viele Schätze gesammelt. 彼は数々の貴重な品を収集した / ein reicher Schatz an (または von) Erfahrungen 豊富な経験. ③《雅》(国・地方などの)宝(景勝地・文化財など). ④《法》埋蔵金. ⑤ 最愛の人, 恋人;《口語》かわいい子; 親切な人. ⑥〖複で〗(経) 国庫証券 (=Schatzanweisung).

Schatz·an·wei·sung [シャッツ・アンヴァイズング] 囡 -/-en《ふつう複》《経》国庫証券.

Schätz·chen [シェッツヒェン ʃétsçən] 中 -s/- (Schatz の 縮小) かわいい人, 恋人.

Schät·ze [シェッツェ] *Schatz (宝)の 複

*schät·zen** [シェッツェン ʃétsən] du schätzt (schätzte, hat…geschätzt) (完了 haben) ① (人・物⁴を)見積もる. 評価(査定)する. (英 estimate). die Entfernung⁴ schätzen 距離を推定する / Man schätzte den Schaden auf tausend Mark. 損害は1,000マルクと見積もられた / Ich schätze sie auf 30 [Jahre]. 私は彼女を30歳ぐらいだと思う. ◇過去分詞の形で〗 grob geschätzt おおまかに見積もって. ② (人・物⁴を)高く評価する. 重んじる. 尊重する. Ich schätze ihn sehr. 私は彼を高く買っている / Er schätzt einen guten Wein. 彼はよいワインをたしなむ. ◇再帰的に〗 Ich schätze mich glücklich, wenn…《雅》もし…であればたいへんうれしい. ③《口語》(…と)推測する, (…であると)思う. Ich schätze, dass er heute noch kommt. 彼はきょうにも来ると思う.

〔新形〕
schät·zen ler·nen (人・物⁴の)価値を認めるようになる.

schät·zen|ler·nen 他 (h) (新形) schätzen lernen) ☞ schätzen

schät·zens·wert [シェッツェンス・ヴェーアト] 形 高く評価すべき, 尊敬に値する.

Schatz·grä·ber [シャッツ・グレーバァ] 男 -s/- (戯) (地下の)宝探しをする人.

Schatz·kam·mer [シャッツ・カンマァ] 囡 -/-n ①《史》(王侯の)宝蔵;《比》(資源などの)宝庫; 宝物館. ② (イギリスの)大蔵省.

Schatz·meis·ter [シャッツ・マイスタァ] 男 -s/- ① (協会・党などの)会計主任,　出納係. ②《史》王室会計主任.

schätz·te [シェッツテ] *schätzen (見積もる)の 過去

Schät·zung [シェッツング] 囡 -/-en ① 見積もり, 評価; (家屋などの価格の)査定, 値踏み. nach meiner Schätzung または meiner Schätzung nach 私の見積もりでは. ② 高い評価, 尊重, 重視.

schät·zungs·wei·se [シェッツングス・ヴァイゼ] 副 見積もりでは, ざっと, およそ.

die **Schau** [シャオ ʃáu] 囡 (単) -/(複) -en ① 展示, 展覧; 〖展(展覧)会〗; ショー, 見せ物. (英 show). Modenschau ファッションショー / eine Schau mit vielen Stars たくさんのStarsが出るショー番組 / 物⁴ auf (または bei) einer Schau aus|stellen 物⁴を展示会に出品する / 物・事⁴ zur Schau stellen a) 物⁴を展示する, 陳列する, b) 事⁴(感情など)をあらわにする, 表面に出す / 物・事⁴ zur Schau tragen a) 物⁴を見せびらかす, b) 事⁴を装う(見せかける) / Seine Schwester ist [eine] große Schau. (若者言葉)彼の妹はすごくきれいだ / eine [große] Schau⁴ ab|ziehen《口語》a) すごくいばる, b) 人目を引こうとする / eine Schau⁴ machen (若者言葉)気取る, もったいぶる / die Schau⁴ stehlen《口語》人³を出し抜く(←見せ場を盗み取る). ②《雅》直観; 観点, 視点. 事⁴ aus historischer Schau betrachten 事⁴を歴史的な観点から考察する.

Schau·bild [シャオ・ビルト] 中 -[e]s/-er 図表, グラフ; (展示用などの縮尺模型)(見取図).

Schau·bu·de [シャオ・ブーデ] 囡 -/-n (年の市(:)の)見せ物小屋.

Schau·büh·ne [シャオ・ビューネ] 囡 -/-n 劇場 (=Theater).

Schau·der [シャオダァ ʃáudər] 男 -s/-《雅》① 悪寒(ホゥ), 寒け. ② (恐怖・畏怖(:)などによる)身震い, 戦慄(ホ;). Mich befällt (または ergreift) ein Schauder. 私はぞっとする.

schau·der·haft [シャオダァハフト] I 形《口語》そっとする, 身の毛のよだつような; ひどい, ものすごい. ein schauderhaftes Verbrechen 恐るべき犯罪. II 副《口語》ひどく, ものすごく. Es war schauderhaft kalt. ものすごく寒かった.

schau·dern [シャオダァン ʃáudərn] 非人称 (h) 〖es schaudert 人⁴(または人³)の形で〗人⁴(または人³)は身震いする, そっとする. Es schaudert mich (または mir) bei diesem Anblick. この光景に私はそっとする / Mich (または Mir) schaudert vor ihm. 彼には私ぞっとするよ. (英 es は文頭以外ではふつう省かれる). II 自 (h) (寒くて)身震いする; そっとする. Ich schauderte vor Kälte. 私は寒くてぶるぶる震えた.

:schau·en [シャオエン ʃáuən] (schaute, hat …geschaut) I 自 (完了 haben) 《南ド・オーストリア・スイス》① 〖方向を表す語句とともに〗(…の方を)見る, 眺める. (英 look). auf die Uhr schauen 時計を見る / Die Fenster des Zimmers schauen auf die Straße.《比》その部屋の窓は通りに面している / Er schaut aus dem Fenster. 彼は窓から外を見ている / 人³ in die Augen (ins Gesicht) schauen 人³の目(顔)を見つめる / nach rechts schauen 右の方を見る / um sich⁴ schauen 辺りを見回す / zur

Seite schauen わきを見る. (類語 sehen).
② (…の)目つき(表情)をする. traurig (fragend) schauen 悲しげな(もの問いたげな)表情をする. ③ 〖nach 人・物³ ~〗 (人・物³の)面倒を見る, 世話をする. nach dem Kranken schauen 病人の世話をする. ④ 〖auf 事⁴ ~〗 (事⁴に)注意を払う, 留意する. auf Ordnung schauen 秩序を重んじる.

II 他 (完了 haben) 〖南ドッ・オーストッ・スイス〗 ① 物⁴を注意して)見る. Bilder⁴ schauen 絵を鑑賞する. ◊〖目的語なしでも〗 Schau [doch] mal! ちょっとこれ見てよ / Schau, schau! (驚いて:)おやおや.
② (…するように)気をつける, 努める. Schau, dass du bald fertig bist! もうすぐ終わるようにしなさい. ③ 確かめる, 調べてみる. Schau mal, wer da ist! だれが来たのか見てきておくれ. ④ 《雅》直観的に(心の目で)とらえる.

* *der* **Schau·er** [シャオアァ ʃáuər] 男 (単2) -s/(複) - (3格のみ -n) ① 〖気象〗にわか雨, 夕立 (=Regenschauer); にわか雪 (英 shower). örtliche Schauer 局地的なにわか雨 / in einen Schauer geraten 夕立にあう.
② 《雅》悪寒(おかん), 戦慄(せんりつ). (=Schauder).

Schau·er≠ge·schich·te [シャオアァ・ゲシヒテ] 女 -/-n ぞっとする話, 怪談.

schau·er·lich [シャオアりヒ] I 形 ① ぞっとする, 身の毛もよだつ. eine schauerliche Tat むごたらしい犯行. ② 《口語》ひどい, すさまじい. schauerliche Zahnschmerzen ひどい歯痛.
II 副 《口語》ひどく, ものすごく. Es war schauerlich kalt. ひどく寒かった.

Schau·er≠mann [シャオアァ・マン] 男 -[e]s/..leute 〖海〗港湾労働者, 沖仲仕.

schau·ern [シャオアァン ʃáuərn] I 自 (h) 〖完〗(寒くて)身震いする, ぞっとする (=schaudern). II 非人称 (h) 〖完〗〖es schauert 人⁴ (または 人³) の形で〗人⁴(または人³)は身震いする; ぞっとする. ② Es schauert. にわか雨(雪)が降る.

Schau·er≠ro·man [シャオアァ・ロマーン] 男 -s/-e 怪奇小説, スリラー小説.

* *die* **Schau·fel** [シャオふェる ʃáufəl] 女 (単) -/(複) -n ① シャベル, スコップ (英 shovel). eine Schaufel [voll] Sand シャベル一杯の砂 / 物⁴ auf die Schaufel nehmen 物⁴をシャベルですくう. ② (シャベル状のもの:)ちり取り; (水車の)水受け; (オールの)水かき; (スキーのトップベンド. die Schaufeln einer Turbine² タービンの羽根. ③ 《狩》(大鹿の角の)掌状部; (雷鳥の)尾羽.

schau·feln [シャオふェるン ʃáufəln] I 他 (h) ① シャベル(スコップ)ですくう. Schnee⁴ schaufeln スコップで雪をかく / Kohlen⁴ in den Keller schaufeln 石炭をシャベルで地下室に入れる. ② (穴・溝など⁴を)シャベル(スコップ)で掘る. II 自 (h, s) ① スコップで仕事をする (遊ぶ). ② (s) (外輪船が…へ)進む.

Schau·fel≠rad [シャオふェる・ラート] 中 -[e]s/..räder 〖海〗(汽船の)外輪; 〖工〗(タービンの)羽根車.

* *das* **Schau≠fens·ter** [シャオ・フェンスタァ ʃáu-fɛnstər] 中 (単2) -s/(複) - (3格のみ -n) ショーウインドー. (英 shopwindow). 物⁴ im Schaufenster aus|stellen 物⁴をショーウインドーに陳列する.

Schau·fens·ter≠bum·mel [シャオフェンスタァ・ブンメる] 男 -s/- ウインドーショッピング.

Schau·fens·ter≠de·ko·ra·ti·on [シャオフェンスタァ・デコラツィオーン] 女 -/-en ショーウインドーの飾りつけ.

Schau≠ge·schäft [シャオ・ゲシェふト] 中 -[e]s/- ショービジネス.

Schau≠kampf [シャオ・カンプふ] 男 -[e]s/..kämpfe (ボクシングの)エキジビションマッチ.

Schau≠kas·ten [シャオ・カステン] 男 -s/..kästen 陳列(展示)ケース, ショーケース.

* *die* **Schau·kel** [シャオケる ʃáukəl] 女 (単) -/(複) -n ① ぶらんこ. (英 swing). auf der Schaukel hin und her schwingen ぶらんこをゆらりとこぐ. ② 《方》シーソー (=Wippe).

schau·keln [シャオケるン ʃáukəln] ich schaukle (schaukelte, hat/ist…geschaukelt) I 自 (完了 haben または sein) ① (h) (前後・左右に)揺れる; ぶらんこに乗って遊ぶ (英 swing). Das Boot schaukelt auf den Wellen. そのボートは波間に揺れている / Die Kinder schaukelten auf dem Hof. 子供たちは中庭でぶらんこに乗っていた. (類語 schwanken). ② (s) 《口語》(…へ/…から)揺れながら進む, よろけながら歩いて行く.

II 他 (完了 haben) ① (前後・左右に)揺り動かす, 揺する. die Wiege⁴ schaukeln 揺りかごを揺する / ein Kind⁴ auf den Knien schaukeln 子供をひざの上で揺する. ② 《口語》(人・物⁴を…へ…) 揺りながら運ぶ. ③ 《口語》(事⁴を)うまく片づける.

Schau·kel≠pferd [シャオケる・プふェァト] 中 -[e]s/-e 揺り木馬.

Schau·kel≠po·li·tik [シャオケる・ポリティーク] 女 -/ (定見のない)日和見政策.

Schau·kel≠stuhl [シャオケる・シュトゥーる] 男 -[e]s/..stühle 揺りいす, ロッキングチェア (☞ Stuhl 図).

schau·kel·te [シャオケるテ] *schaukeln (揺れる)の 過去.

schauk·le [シャオクれ] *schaukeln (揺れるの 1人称単数 現在.

Schau≠lust [シャオ・るスト] 女 -/ やじ馬根性, 物見高いこと.

schau≠lus·tig [シャオ・るスティヒ] 形 やじ馬根性の, 物見高い.

Schau≠lus·ti·ge[r] [シャオ・るスティゲ(..ガァ)] 男 女 《語尾変化は形容詞と同じ》やじ馬, 物見高い人.

* *der* **Schaum** [シャオム ʃáum] 男 (単2) -[e]s/(複) Schäume [ショイメ] (3格のみ Schäumen) 《ふつう 単》① 泡, あぶく; (口から出る)泡, つばき. (英 bubble, foam). Seifenschaum

せっけんの泡 / den *Schaum* vom Bier ab|trinken ビールの泡をする / Eiweiß⁴ **zu** *Schaum* schlagen 卵白を泡立てる / *Schaum*⁴ schlagen《俗》大口をたたく. ②《詩》《詩的》はかない(むなしい)もの. **zu** *Schaum* werden はかなく消える / Träume sind *Schäume*.《雅》夢はうたかた(はかないものだ).

Schaum⹀bad [シャオム・バート]中 -[e]s/..bäder (ふろの)泡立て溶剤; 泡ぶろ[に入ること].

Schäu・me [ショイメ] ✽Schaum (泡)の複

schäu・men [ショイメン] ʃɔ́ʏmən] I 自 (h, s) ① (h) (ビールなどが)泡立つ, (波が)しぶきを上げる. Der Sekt *schäumte* in den Gläsern. シャンパンがグラスの中でぶくぶく泡立った. ② (s)(…へ)泡を立てて(しぶきをあげて)流れる. ③ (h)《雅》激怒する. Er *schäumte* **vor** Wut. 彼はかんかんに怒っている. II 他 (h)《工》発泡させる.

Schaum⹀ge・bäck [シャオム・ゲベック]中 -[e]s/-e《料理》メレンゲ(卵白と砂糖で作ったふっくらとしたクッキー).

Schaum⹀**gum・mi** [シャオム・グンミ]男 -s/-s 気泡ゴム, フォームラバー.

schau・mig [シャオミヒ ʃáʊmɪç]形 泡だらけの, 泡でできた, 泡立つ. *schaumiges* Bier 泡立つビール / Eiweiß⁴ *schaumig* rühren 卵白を泡立立てる.

Schaum⹀kro・ne [シャオム・クローネ]女 -/-n ① 白い波頭. ② (ビールなどの)盛り上がった泡.

Schaum⹀**löf・fel** [シャオム・レッフェル]男 -s/- (あくなどをとる)網じゃくし.

Schaum⹀**schlä・ger** [シャオム・シュレーガァ]男 -s/- ① (卵などの)泡立て器(=Schneebesen). ②《俗》ほら吹き.

Schaum⹀**stoff** [シャオム・シュトフ]男 -[e]s/-e 発泡スチロール.

Schau⹀mün・ze [シャオ・ミュンツェ]女 -/-n 記念のコイン(メダル).

Schaum⹀**wein** [シャオム・ヴァイン]男 -[e]s/-e 発泡ワイン;《口語》シャンパン (=Sekt).

Schau⹀platz [シャオ・プラッツ]男 -es/..plätze (あることが行われる)場所, (事故などの)現場;(小説などの)舞台. der *Schauplatz* eines Unglücks 事故の現場 / vom *Schauplatz* ab|treten a) 公的活動から引退する, b)《雅・婉曲》死ぬ.

Schau⹀pro・zess [シャオ・プロツェス]男 -es/-e (見せしめのための)公開裁判.

Schau⹀pro・zeß ☞《旧正》Schauprozess

schau・rig [シャオリヒ]形 I 形 ① 身の毛もよだつ, ぞっとする, 恐ろしい. ②《口語》ひどい(天気など). II 副《口語》ひどく.

✽*das* **Schau⹀spiel** [シャオ・シュピール ʃáʊʃpiːl]中 (単2) -[e]s/複 -e (3格のみ -en) ①《複 なし》劇, 演劇, 芝居.《英》*drama*). ein historisches *Schauspiel* 歴史劇 / ein *Schauspiel*⁴ auf|führen 劇を上演する / sich³ ein *Schauspiel*⁴ an|sehen 劇を鑑賞する / **in** ein *Schauspiel* gehen 芝居を見に行く. ②《文学》シャウシュピール(内容が深刻だがハッピーエンドで終わる劇のジャンル). ③〖ふつう 単〗《雅》光景, 見もの(=Anblick).

✽*der* **Schau⹀spie・ler** [シャオ・シュピーらァ ʃáʊʃpiːlər]男 (単2) -s/複 - (3格のみ -n) ① 俳優, 役者.《英》 *actor*). ein begabter *Schauspieler* 有能な俳優. ②《比》お芝居上手, 偽善者.

Schau⹀spie・le・rei [シャオ・シュピーれライ]女 -/《口語》① 役者稼業. ② 見せかけ, お芝居.

Schau⹀spie・le・rin [シャオ・シュピーれリン]女 -/..rinnen 女優.

schau⹀spie・le・risch [シャオ・シュピーれリッシュ]形 俳優(役者)としての; 演技上の.

schau⹀spie・lern [シャオ・シュピーらァン ʃáʊʃpiːlərn] (過分 geschauspielert)自 (h) ①《口語》(素人が)役者のまねごとをする. ②《軽蔑的に》(状況を偽るために)お芝居をする.

Schau・spiel⹀haus [シャオシュピール・ハオス]中 -es/..häuser 劇場 (=Theater).

Schau⹀spiel⹀**kunst** [シャオシュピール・クンスト]女 -/ 演劇[芸術]; 演技力.

Schau⹀stel・ler [シャオ・シュテらァ]男 -s/- (年の市, 博覧会などの)興行師.

Schau⹀**stück** [シャオ・シュテュック]中 -[e]s/-e ① (珍しい・貴重な)展示品, 陳列品. ②《比》演劇, 芝居.

schau・te [シャオテ]✽schauen (見る)の 過去

✽*der* **Scheck** [シェック ʃék]男 (単2) -s/複 -s 小切手, チェック.《英》 *check*).《口語》現金は Bargeld). einen *Scheck* **über** 200 Euro aus|stellen (ein|lösen) 額面 200 ユーロの小切手を振り出す(現金化する) / Ich habe **mit** [einem] *Scheck* bezahlt. 私は小切手で支払った.

Sche・cke¹ [シェッケ ʃékə]男 -n/-n ぶち(まだら)の雄馬(雄牛).

Sche・cke² [シェッケ ʃékə]女 -/-n ぶち(まだら)の雌馬(雌牛).

Scheck⹀heft [シェック・ヘフト]中 -[e]s/-e 小切手帳.

sche・ckig [シェッキヒ ʃékɪç]形 ぶちの, まだらの(馬・牛など). eine *scheckige* Kuh まだらの雌牛. ◇《成句的に》sich⁴ *scheckig* lachen《口語》ばか笑いする.

Scheck⹀kar・te [シェック・カルテ]女 -/-n (銀行の)キャッシュカード.

scheel [シェール ʃéːl]形《口語》(目つきが)ねたましげな, 疑い深い, 斜くぎったような.

Schef・fel [シェッフェる ʃéfəl]男 -s/- ① シェッフェル(昔の穀物内容の単位: 50～222 リットル). ②《方》大升, (大きな)桶(訳). **in** *Scheffeln*《比》大量に / Warum stellst du dein Licht **unter** den *Scheffel*?《比》なぜ君は謙遜(けんそん)して自分の才能を隠すのか(← 自分の明かりを升の下に置く; マタイによる福音書 5, 15).

schef・feln [シェッフェるン ʃéfəln] 他 (h) 《口語》(お金・財産⁴を)大量にかき集める, しこたま手に入れる.

*die **Schei・be** [シャイベ ʃáibə] 女 (単) -/(複) -n ① 円板, 円盤;《工》ブーリー, パッキング, 座金(ﾀﾞｲ). (英 disk). Dreh*scheibe* 回転盤. ② スライス, 薄片, 薄切り. (英 slice). eine Scheibe Brot 一切れのパン / die Zitrone⁴ in Scheiben schneiden レモンをスライスする / Von ihm kannst du dir eine Scheibe abschneiden.《口語》君は彼をお手本にするとよいね(← 彼の身を一切れ切り取ってもらう). ③ 窓ガラス, ガラス板 (= Fenster*scheibe*). die Scheiben⁴ ein|werfen (石を投げて)窓ガラスを壊す. ④《ｽﾎﾟ・軍》(射撃の)標的 (=Schieß*scheibe*); (投てき用の)円盤. nach der Scheibe schießen 標的を撃つ. ⑤《口語》レコード (=Schallplatte). ⑥《口語・婉曲》いやなこと, つまらないもの (=Scheiße ②).

Schei・ben≈brem・se [シャイベン・ブレムゼ] 女 -/-n《自動車》ディスクブレーキ.

Schei・ben≈gar・di・ne [シャイベン・ガルディーネ] 女 -/-n 窓枠に張った[レースの]カーテン.

Schei・ben≈ho・nig [シャイベン・ホーニヒ] 男 -s/ ①（巣をスライスした）天然蜂蜜(ﾊﾁﾐﾂ). ②《口語・婉曲》いやなこと, つまらないもの (=Scheiße ②).

Schei・ben≈kupp・lung [シャイベン・クップるング] 女 -/-en《自動車》ディスククラッチ.

Schei・ben≈schie・ßen [シャイベン・シーセン] 中 -s/ 標的射撃.

Schei・ben≈wasch・an・la・ge [シャイベン・ヴァッシュ・アンラーゲ] 女 -/-n《自動車》ウインドーウォッシャー.

Schei・ben≈wi・scher [シャイベン・ヴィッシャァ] 男 -s/-《自動車》などのワイパー.

Scheich [シャイヒ ʃáiç] 男 -[e]s/-e (または -s) ①（イスラム社会の）族長, 首長[の称号]. ②《俗》ボーイフレンド,（恋人としての）男友だち.

Schei・de [シャイデ ʃáidə] 女 -/-n ①（刀の）さや. den Degen aus der Scheide ziehen 刀を[さやから]抜く. ②《医》腟(ﾁﾂ), ワギナ. ③ 境界.

schei・den [シャイデン ʃáidən] du scheidest, er scheidet (schied, hat/ist ... geschieden) I 他 《定了》haben) ①（裁判所が 人⁴を)離婚させる.《英 divorce). eine Ehe⁴ scheiden 夫婦を離婚させる / sich⁴ [von 人³] scheiden lassen [人³に]離婚する. ◇《過去分詞の形で》geschieden sein 離婚している. ② [A⁴ von B³~] (A⁴ を B³ から)分ける, 隔てる, 区別する; より分ける.《英 separate). Eine Wand schied die Kammer von der Küche. その部屋は壁で台所と隔てられていた / die faulen Äpfel⁴ von den guten scheiden よいりんごと腐ったりんごをより分ける. ③ [A⁴ in B⁴ ~] (A⁴ を B⁴ (グループなど)に)分ける, 区分する.
II 自 《定了》sein)《雅》別れる; 立ち去る;《比》退く. aus dem Dienst (または dem Amt) scheiden 退職する / aus dem Leben scheiden 世を去る / von 人³ scheiden 人³と別れる. III 再帰 《定了》haben) sich⁴ scheiden 分かれる. An dieser Frage scheiden sich die Meinungen. この問題では意見が分かれている.
◇☞ geschieden

Schei・de≈wand [シャイデ・ヴァント] 女 -/..wände 隔壁, 仕切り壁;《医》隔膜.

Schei・de≈was・ser [シャイデ・ヴァッサァ] 中 -s/《化》硝酸.

Schei・de≈weg [シャイデ・ヴェーク] 男 -[e]s/-e 別れ道, 岐路. am Scheideweg stehen 岐路に立つ(決心を迫られる).

*die **Schei・dung** [シャイドゥング ʃáiduŋ] 女 (単) -/(複) -en ① 離婚.《英 divorce). die Scheidung⁴ ein|reichen 離婚届けを出す / in eine Scheidung⁴ ein|willigen 離婚に同意する / in Scheidung leben (夫婦が)別居生活をしている. ② 区分, 区別; 分離.

Schei・dungs≈grund [シャイドゥングス・グルント] 男 -[e]s/..gründe 離婚の原因(理由).

Schei・dungs≈kla・ge [シャイドゥングス・クラーゲ] 女 -/-n 離婚訴訟. eine Scheidungsklage⁴ ein|reichen 離婚訴訟を起こす.

*der **Schein** [シャイン ʃáin] 男 (単 2) -[e]s/(複) -e (3格のみ -en) ①《複 なし》光, 輝き, 明かり.《英 light). der warme Schein der Sonne² 太陽の暖かい光 / der milde Schein des Mondes 月の柔らかい光 / beim (または im) Schein der Lampe² lesen ランプの明かりで読書する.
②《複 なし》外見, 外観, 見せかけ;《哲》仮象.《英 appearance). Der Schein spricht gegen ihn. 情勢は彼にとって不利に見える / Der Schein lügt. 見かけは当てにならない(←うそをつく) / dem Schein nach 外見上は, 見たところ / nur zum Schein 見せかけだけ / Schein und Sein 仮象と実在.
③ 証明書, 証書; 受領証.《英 certificate). einen Schein aus|stellen (unterschreiben) 証明書を発行する(証書にサインをする).
④ 紙幣 (=Geld*schein*). ein falscher Schein 偽札 / große (kleine) Scheine 高額(小額)の紙幣.

....

メモ ..schein のいろいろ: Empfangs*schein* 受領証 / Fahr*schein* 乗車券 / Führer*schein* 運転免許証 / Garantie*schein* 保証書 / Geld*schein* 紙幣 / Gepäck*schein* 手荷物預かり証 / Gutschein 商品引換券 / Hundertmark*schein* 100 マルク紙幣 / Kranken*schein* 健康保険証 / Mond*schein* 月光 / Seminar*schein* ゼミナール参加証明書 / Sonnen*schein* 日光 / Wider*schein* 反射光

....

schein.., Schein.. [シャイン.. ʃáin..]《形容詞・名詞につける 接頭》《偽りの・見せかけの》例: *schein*heilig 偽善の / *Schein*ehe 擬装結婚 / *Schein*lösung 見せかけの解決.

Schein≈an・griff [シャイン・アングリフ] 男 -[e]s/-e （陽動作戦による）見せかけの攻撃.

schein・bar [シャインバール ʃáinbaːr] **I** 形 外見上の, 見せかけの, うわべの. (英 seeming). ein *scheinbarer* Widerspruch 見かけ上の矛盾 / mit *scheinbarer* Ruhe 平静を装って. **II** 副 ① うわべだけ, 外見上は. Er gab nur *scheinbar* nach. 彼はただうわべだけ譲歩した. ②〘文全体にかかって〙(見たところ)どうやら…らしい. *Scheinbar* kennt sie mich. どうも彼女は私のことを知っているらしい.

Schein╱blü・te [シャイン・ブリューテ] 女 -/-n ①《植》偽花(ぎか)(花序が花に似ているもの). ② から景気, 見せかけの繁栄.

Schein╱ehe [シャイン・エーエ] 女 -/-n 偽装結婚

schei・nen* [シャイネン ʃáinən]

輝く　Die Sonne *scheint* hell.
ディ ゾンネ　シャイント ヘる
太陽が明るく輝いている.

(…であるように)見える
Sie *scheint* glücklich zu sein.
ズィー シャイント グリュックりヒ ツー ザイン
彼女は幸福そうだ.

(schien, *hat*…geschienen) 自《完了》haben) ① 輝く, 光る, 照る. (英 *shine*). Die Lampe *scheint* matt. 電灯がほの暗く光っている / Der Mond *scheint* ins Zimmer. 月の光が部屋に差し込んでいる.
② 〘ふつう **zu** 不定詞[句]とともに〙(…であるように)見える, 思われる, …らしい. (英 seem). Er *scheint* krank zu sein. 彼は病気のようだ / Sie *schien* ihn zu kennen. 彼女は彼を知っているように見えた / Er ist jünger, als er *scheint*. 彼は見かけより若い / Es *scheint* (または Mir *scheint*), dass er nicht die Wahrheit sagt. どうも彼は本当のことを言っていないようだ.
◇〘非人称の **es** を主語として〙Sie sind viel reicher, als es *scheint*. 彼らは見かけよりもずっと金持ちだ / wie es *scheint* 見たところ.

……
《類語》**scheinen**: (…であるように)見える. 思われる. (ふつう **zu** 不定詞[句]とともに用いられる). **aus│sehen**: (人や物の外見が…)見える. Er *sieht* müde *aus*. 彼は疲れているように見える. **er│scheinen**: (ある事の内容が…)に思える. Seine Erklärung *erscheint* mir seltsam. 彼の説明は私には妙に思える. **vor│kommen**: (人(3格)にとって…のような)気がする.
……

Schein╱ge・schäft [シャイン・ゲシェフト] 中 -[e]s/-e《商》偽装取引;《法》虚偽行為.

Schein╱grund [シャイン・グルント] 男 -[e]s/ ..gründe 表向きの理由, 口実.

schein╱hei・lig [シャイン・ハイりヒ] 形《口語》善人ぶった, 偽善的な; なにくわぬ顔をした.

Schein╱hei・lig・keit [シャイン・ハイりヒカイト] 女 -/《口語》偽善.

Schein╱tod [シャイン・トート] 男 -[e]s/《医》仮死[状態].

schein╱tot [シャイン・トート] 形 ①《医》仮死[状態]の. ②《俗》ものすごく疲れた.

* *der* **Schein・wer・fer** [シャイン・ヴェルふァァ ʃáin-vɛrfər] 男 (単2) -s/(複) - (3格のみ -n) (車の)ヘッドライト; サーチライト, 投光器; (劇場の)スポットライト. (英 *headlight, searchlight*). die *Scheinwerfer* ab│blenden (auf│blenden) ヘッドライトを下向き[上向き]にする / ein Gebäude⁴ mit *Scheinwerfern* an│strahlen 建物を投光器で照らす.

Schei・ße [シャイセ ʃáisə] 女 -/《俗》① くそ(糞)(＝Kot). 人⁴ aus der *Scheiße* ziehen《比》人⁴を苦境から救い出す / in der *Scheiße* sitzen《比》苦境にある. ② いやなこと, つまらぬもの. [So eine] *Scheiße*! くそっ, いまいましい.

scheiß╱egal [シャイス・エガーる] 形《述語としてのみ》《俗》まったくどうでもいい.

schei・ßen* [シャイセン ʃáisən] (schiss, *hat*…geschissen) 自 (h)《俗》① くそをする; 屁をする. ②〘**auf** 人・事⁴ ～〙(人・事⁴を)屁とも思わない, まったく無視する.

Schei・ßer [シャイサァ ʃáisər] 男 -s/-《俗》(ののしって:)くそったれ, げす野郎 (=Scheißkerl).

scheiß╱freund・lich [シャイス・ふロイントりヒ] 形《俗》いやに親切な.

Scheiß╱kerl [シャイス・ケルる] 男 -[e]s/-e《俗》(ののしって:)くそったれ, げす野郎.

Scheit [シャイト ʃáit] 中 -[e]s/-e (オーストリア・スイス -er)《南ドイツ・オーストリア・スイス》まき, たき木. Holz⁴ in *Scheite* hacken 木をまきにする.

* *der* **Schei・tel** [シャイテる ʃáitəl] 男 (単2) -s/(複) - (3格のみ -n) ① 頭髪の分け目. (英 *parting*). einen *Scheitel* ziehen 髪を分ける / den *Scheitel* links tragen 髪を左側で分けている. ② 頭のてっぺん, 頭頂;《詩》髪の毛. vom *Scheitel* bis zur Sohle 頭のてっぺんからつま先まで. ③ 最高地点, 頂点, (山の)頂上;《天》天頂;《数》頂点. der *Scheitel* eines Bogens 弧の頂点.

schei・teln [シャイテるン ʃáitəln] 他 (h) (髪⁴を)分ける.

Schei・tel╱punkt [シャイテる・プンクト] 男 -[e]s/-e 最高地点;《天》天頂;《数》頂点.

Schei・tel╱win・kel [シャイテる・ヴィンケる] 男 -s/-《数》対頂角.

Schei・ter╱hau・fen [シャイタァ・ハオふェン] 男 -s/- (中世の火刑用の)まきの山.

* **schei・tern** [シャイタァン ʃáitərn] (scheiterte, *ist*…geschetert) 自《完了》sein) ① 失敗する, 挫折(ざせつ)する, だめになる. (英 *fail*). Sein Plan *scheiterte* am Widerstand der Familie. 彼の計画は家族の抵抗にあって挫折した / Er ist mit seinem Plan *gescheitert*.《現在完了》彼は計画に失敗した. ◇〘過去分詞の形で〙eine *gescheiterte* Existenz 人生の敗残者. ② (船が)難破する, 座礁する.

schei·ter·te [シャイタァテ] *scheitern (失敗する)の 過去

Schelf [シェるふ] ʃɛlf 男 中 -s/-e 【地理】大陸棚.

Schel·lack [シェらック] ʃɛlak 男 -[e]s/-e シェラック(ワニスの原料となる樹脂).

Schel·le¹ [シェれ] ʃɛlə 女 -/-n ① (導管などの)固定金具. ② 【複 で】《古》手錠.

Schel·le² [シェれ] ʃɛlə 女 -/-n ① 鈴; 《方》小さい鐘. ②《方》【玄関ベル, 呼び鈴】 ③ 【複 で; 冠詞なし; 中性単数で】(ドイツ式トランプの)ダイヤ.

schel·len [シェれン] ʃɛlən 自 (h) 《方》① (電話などが)鳴る. ◇【非人称の es を主語として】An der Haustür *schellt* es. 玄関の呼び鈴が鳴る. ② ベル(呼び鈴)を鳴らす. *mit der Glocke schellen* 手に持った鈴を鳴らす.

Schel·len⹁baum [シェれン・バオム] 男 -[e]s/..bäume《音楽》ターキッシュ・クレッセント(長い柄に多くの鈴を付けたトルコの打楽器. 軍楽隊などで用いる).

Schel·len⹁kap·pe [シェれン・カッペ] 女 -/-n (道化師の)鈴付き帽子.

Schell·fisch [シェる・ふィッシュ] 男 -[e]s/-e 《魚》タラ(の一種).

Schel·ling [シェリング] ʃɛlɪŋ -s/ シェリング(Friedrich Wilhelm von *Schelling* 1775-1854; ドイツの哲学者).

Schelm [シェるム] ʃɛlm 男 -[e]s/-e ① いたずら者, ひょうきん者(=Schalk). *Er hat den Schelm im Nacken* 彼はいたずら好きだ. ②《古》ならず者.

Schel·men⹁ro·man [シェるメン・ロマーン] 男 -s/-e《文学》ピカレスク小説, 悪漢小説.

Schel·men⹁streich [シェるメン・シュトライヒ] 男 -[e]s/-e ① いたずら, [悪]ふざけ. ②《古》詐欺, ペテン.

Schel·me·rei [シェるメライ] ʃɛlmərái 女 -/-en ① いたずら, [悪]ふざけ(=Schelmenstreich). ②【複 なし】いたずらっぽさ. ③《古》詐欺, ペテン.

schel·misch [シェるミッシュ] ʃɛlmɪʃ 形 ① いたずらっぽい, おちゃめな. ②《古》悪党の, 詐欺師のような.

Schel·te [シェるテ] ʃɛltə 女 -/-n 《ふつう 単》《雅》叱責(しっせき), 小言. *Schelte⁴ bekommen* 小言をくらう.

* **schel·ten** * [シェるテン] ʃɛltən du *schiltst*, er schilt (schalt, *hat* ... gescholten) I 他 (定了 haben)《雅》① [人・事]⁴ をしかる, たしなめる. (英 scold). *Sie schalt sein Betragen.* 彼女は彼のふるまいをとがめた. ② [人]⁴を…だとけなす, ののしる. [人]⁴ einen Faulpelz (または faul) *schelten* [人]⁴を怠け者とののしる.
II 自 (定了 haben) ののしる, 悪態をつく; しかる. *auf* [人/事]⁴ **über**] / *mit* [人]³ *schelten* [人]³をしかる.

Schelt⹁wort [シェるト・ヴォルト] 中 -[e]s/-e 《雅》叱責(しっせき)の言葉.

* *das* **Sche·ma** [シェーマ] ʃéːma 中 (単2) -s/

(複) -s または(複) Schemata または(複) Schemen ① (基準となる)型, シェーマ, 手本; 規準, パターン. (英 pattern). 他⁴ *in ein Schema pressen* 物⁴を無理に型にはめる / *sich⁴ nach Schema richten* ある手本にならう / *nach Schema F* (軽蔑的に:)型どおりに, 判で押したように (F はプロイセン軍が使った前線報告書Frontrapporte の頭文字. これが非常に形式的にうるさかったことから). ② 図面, 見取り図. *das Schema⁴ einer elektrischen Schaltung² aufzeichnen* 電気回路図を描く.

Sche·ma·ta [シェーマタ] *Schema (型)の 複

sche·ma·tisch [シェマーティッシュ] ʃemáːtɪʃ 形 ① 図式的, 図式による. ② 型どおりの, 型にはまった.

sche·ma·ti·sie·ren [シェマティズィーレン] ʃematizíːrən 他 (h) ① 図式化する. ② (軽蔑的に:)型にはめて単純化する.

Sche·ma·tis·mus [シェマティスムス] ʃematísmʊs 男/..tismen ①《複 なし》(軽蔑的に:)形式主義, 画一主義. ② 型にはまった行動. ③《ホゥーッ》公務員職階別名簿. ④《ロゥレッ》教区統計要覧.

Sche·mel [シェーめる] ʃéːməl 男 -s/- (背もたれ・ひじ掛けのない)いす, 床几(しょうぎ); 《南ド》足台.

Sche·men¹ [シェーメン] *Schema (型)の 複

Sche·men² [シェーメン] ʃéːmən 男 中 -s/- 幻, 幻影.

sche·men·haft [シェーメンハふト] 形《雅》幻のような, おぼろな.

Schenk [シェンク] ʃɛŋk 男 -en/-en (昔の:)酒の酌をする人;《古》酒場の主人.

Schen·ke [シェンケ] ʃɛŋkə 女 -/-n (小さな)酒場, 居酒屋(=Schänke).

* *der* **Schen·kel** [シェンケる] ʃɛŋkəl 男 (単2) -s/(複) -n - (3 格のみ -n) ① 太もも, 大腿(だいたい). (英 thigh). *sich³ auf die Schenkel schlagen* (喜んで)ひざをたたく. ② (コンパスなどの)脚. ③《数》(角をはさむ)辺.

‡ **schen·ken** [シェンケン] ʃɛŋkən

> 贈る
>
> Was soll ich ihr *schenken*?
> ヴァス ゾる イヒ イーァ シェンケン
> 何を彼女にプレゼントしようかな.

(schenkte, *hat*... geschenkt) 他 (定了 haben) ① ([人]³に[物]⁴を)贈る, プレゼントする. (英 present). *Was schenkst du ihm zum Geburtstag (zu Weihnachten)?* 誕生日(クリスマス)に君は彼に何を贈るの / [人]⁴ *als Andenken schenken* [人]³に[物]³を記念品として贈る / *Das ist [fast] geschenkt.*【状態受動・現在】《口語》これはただみたいに安い. ◇【目的語をしても】*Sie schenkt gerne.* 彼女はプレゼントをするのが好きだ. ◇【過去分詞の形で】*geschenkt bekommen* 物⁴を贈り物としてもらう. ②【特定の名詞を目的語として】[人・物]³ *Aufmerksamkeit⁴ schenken* [人・物]³に注意を払

う / Sie *schenkte* mir keinen Blick.《雅》彼女は私に目もくれなかった / 人³ Gehör⁴ *schenken*《雅》人³の話に耳を傾ける / 人³ Vertrauen⁴ *schenken*《雅》人³を信頼する.
③《人³に"免除する"》Die Strafe *hat* man ihm *geschenkt*. 彼は罰を免れた. ◇《再帰的に》Das *kannst* du *dir schenken*. そんなことをするにはおよばないよ. ◇《過去分詞の形で》*Geschenkt*!《口語》(それは)話題にするほどのことじゃないよ. ④《A⁴ **in** B⁴ ~》《雅》(A⁴をB⁴に)つぐ. Wein⁴ ins Glas *schenken* ワインをグラスにつぐ.

Schen·ker [シェンカァ ʃéŋkər] 男 -s/- ①《法》贈与者. ②《古》酒場の主人.

schenk·te [シェンクテ] *schenken (贈る)の過去

Schen·kung [シェンクング] 女 -/-en《法》贈与[物].

* *die* **Scher·be** [シェルベ ʃérbə] 女 (単) -/(複) -n 《ふつう 複》(ガラス・陶器などの)破片, かけら. Glas*scherben* ガラスの破片 / die *Scherben*⁴ zusammen|kehren 破片を掃き寄せる / sich⁴ **an** einer *Scherbe* schneiden 破片で切ってけがをする / **in** *Scherben* gehen こなごなに砕ける / *Scherben* bringen Glück.《諺》陶器が割れるのは縁起が良い(だれかが陶器を壊したときに, 慰めに言う).

Scher·ben [シェルベン ʃérbən] 男 -s/- ①《南ドᅠ・オーストリア》=Scherbe ②《南ドᅠ》植木鉢.

* *die* **Sche·re** [シェーレ ʃéːrə] 女 (単) -/(複) -n ① はさみ.《英》scissors). Nagel*schere* 爪(ッ)切りはさみ / eine scharfe *Schere* 切れ味のいいはさみ / die *Schere* schleifen はさみを研ぐ / Die *Schere* schneidet gut. このはさみは良く切れる / ein Stück Stoff⁴ **mit** der *Schere* ab|schneiden (または aus|schneiden) 一片の布地をはさみで切り取る(裁断する).
②《動》(カニ・エビの)はさみ. ③《体操の》開脚交差運動;(レスリングの)ヘッドシザース. ④ (二つの事柄の間の)差, 格差.

sche·ren⁽*⁾ [シェーレン ʃéːrən] (schor, *hat*... geschoren (まれに scherte, *hat*... geschert)) 他 (h) ① (髪・毛など⁴を)刈る, 短く切る.(人・物⁴の)髪(毛)を刈る. 人³ den Bart (das Haar⁴) *scheren* 人³のひげ(髪)を刈り込む / einem Schaf die Wolle⁴ *scheren* 羊の毛を刈り取る / Er ließ sich³ die Haare *scheren*. 彼は髪を刈ってもらった. ② (芝生など⁴を)刈り込む.

sche·ren² [シェーレン] 再帰 (h) sich⁴ *scheren* (…へ)さっさと行く. *Scher* dich **ins** Bett! さっさと寝ろ / *Scher* dich **zum** Teufel!《口語》とっととうせろ, くたばっちまえ.

sche·ren³ [シェーレン] I 他 (h)《口語》(人⁴の)心をわずらわせる;(人⁴に)かかわりがある. II 再帰 (h)《成句的に》sich⁴ nicht **um** 人・事⁴ *scheren*《口語》人・事⁴のことを意に介さない, 気にかけない. Er *schert* sich nicht um die Vorschriften. 彼は規則など意に介さない.

Sche·ren⸗fern·rohr [シェーレン・フェルンローア] 中 -[e]s/-e《軍》はさみ型望遠鏡.

Sche·ren⸗schlei·fer [シェーレン・シュライファァ] 男 -s/- はさみ(刃物)研ぎ師.

Sche·ren⸗schnitt [シェーレン・シュニット] 男 -[e]s/-e 切り抜き[影]絵.

Sche·re·rei [シェーレライ ʃeːrəráɪ] 女 -/-en《ふつう 複》《口語》めんどう[なこと], もめごと.

Scherf·lein [シェルフライン ʃérflaɪn] 中 -s/-《ふつう 複》《雅》小額[の寄付].

Scher·ge [シェルゲ ʃérgə] 男 -n/-n (軽蔑的に:) 権力の手先.

Scher⸗kopf [シェァ・コプフ] 男 -[e]s/..köpfe (電気かみそりの)シェービングヘッド.

* *der* **Scherz** [シェルツ ʃérts] 男 (単 2) -es/(複) -e (3 格のみ -en) 冗談, ジョーク, ふざけ; からかい.《英》joke). (⇔「まじめ」は Ernst). ein harmloser *Scherz* 罪のない冗談 / einen *Scherz* machen 冗談を言う / Es war doch nur [ein] *Scherz*. ほんの冗談だったんだよ / Er treibt gern seinen *Scherz* mit anderen. 彼はよく他人をからかう / 事⁴ **aus** (または **im** または **zum**) *Scherz* sagen 事⁴を冗談に言う / halb im *Scherz*, halb im Ernst 半ば冗談で, 半ばまじめに / *Scherz* beiseite! a) 冗談はさておき, b) 冗談はよせ / Mach keine *Scherze*!《口語》冗談はよせ.

scher·zan·do [スケルツァンド skɛrtsándo] [伊] 副《音楽》スケルツァンド, 諧謔(於)的に.

Scherz⸗ar·ti·kel [シェルツ・アルティーケる] 男 -s/- (カーニバルなどで使う)いたずら小道具(つけ鼻・爆竹など).

* **scher·zen** [シェルツェン ʃértsən] du scherzt (scherzte, *hat*... gescherzt) 自 (《定て》 haben)《雅》冗談を言う, ふざける, からかう.《英》joke). Sie *scherzen* wohl! ご冗談を! / Ich *scherze* nicht! 私は本気だ / **mit** den Kindern *scherzen* 子供たちをからかう / Damit ist nicht zu *scherzen*. それは笑い事ではない / **über** 人・事⁴ *scherzen* 人・事⁴をちゃかす.

Scherz⸗fra·ge [シェルツ・フラーゲ] 女 -/-n とんち(意地悪)クイズ.

scherz·haft [シェルツハフト] 形 冗談半分の, ふざけた; 冗談めいた, おどけた.

Scher·zo [スケルツォ skértso] [伊] 中 -s/-s (または Scherzi)《音楽》スケルツォ, 諧謔(於)曲.

scherz·te [シェルツテ] *scherzen (冗談を言う)の過去

Scherz⸗wort [シェルツ・ヴォルト] 中 -[e]s/-e 冗談, ざれごと.

* **scheu** [ショイ ʃɔʏ] 形 (比較) scheuer, (最上) scheu[e]st) ① 物おじする, にかみやの, おどおどした, 内気な.《英》shy). ein *scheuer* Mensch 内気な人 / ein *scheuer* Blick おどおどした視線. ② (動物が)臆病(¨ュック)な, ものに驚きやすい. ein *scheues* Reh 警戒心の強いのろ鹿 / Das Pferd wurde plötzlich *scheu*. その馬は突然おびえて興奮した.

Scheu [ショイ] 女 -/ ① 不安感, 物おじ, 臆病

Scheuche

(きょう),はにかみ. ohne *Scheu* 平気で、遠慮なく. ② (動物の)警戒心.

Scheu・che [ショイヒェ ʃɔ́yçə] 囡 -/-n かかし、鳥おどし.

scheu・chen [ショイヒェン ʃɔ́yçən] 他 (h) ① (動物など[4]を脅かして)追い払う. die Katze[4] **vom** Tisch *scheuchen* 猫をテーブルから追い払う. ② (人[4]を…へ行くように)せきたてる.

****scheu・en** [ショイエン ʃɔ́yən] [scheute, *hat* …gescheut] I 他 (完了 haben) (事[4]をいやがって)しり込みする、はばかる、恐れる. (英 shy). Er *scheut* die Entscheidung. 彼は決断をしぶっている / keine Mühe[4] *scheuen* 労をいとわない. II 再帰 (完了 haben) [*sich*[4] **vor** 事[3] ~] (事[3]にしり込みする、ちゅうちょする. Er *scheut* sich vor keiner Aufgabe. 彼はどんな任務にもしり込みしない / Er *scheute* sich [davor], ihr die Wahrheit zu sagen. 彼は彼女に本当のことを言うのをはばかった.
III 自 (完了 haben) (馬などが)おびえてしり込みする、こわがって暴れる.

Scheu・er [ショイアァ ʃɔ́yər] 囡 -/-n 《南西部ドイツ》納屋、穀倉 (=Scheune).

Scheu・er=lap・pen [ショイアァ・らッペン] 男 -s/- ぞうきん.

scheu・ern [ショイアァン ʃɔ́yərn] 他 (h) ① こすってきれいにする、ごしごし磨く. den Fußboden *scheuern* 床を磨く / die Fliesen[4] blank *scheuern* タイルをぴかぴかに磨く. ② [A[4] **von** B[3] ~] (A[4]をB[3]からこすり落とす. die Farbe[4] von der Wand *scheuern* 壁から塗料をこすり落とす. ③ (人[4]・体の一部[4]に)すれる;(体の一部[4]を)こすって傷める. Der Riemen *scheuert* mich (または meine Haut). ベルトがすれて痛い / Der Schuh *scheuert* mir die Ferse wund. この靴はかかとに靴ずれがする. ◇[再帰的に] *sich*[4] **am** Knie wund *scheuern* ひざをすりむく. ◇[目的語なしでも] Der Kragen *scheuert* am Hals. カラーが首にすれる. ④ [A[4] **an** B[3] ~] (A[4]はB[3]に)こすりつける. den Rücken an der Stuhllehne *scheuern* 背中をいすの背もたれにこすりつける. ◇[再帰的に] Das Pferd *scheuert* sich[4] an der Mauer. 馬が壁に体をこすりつけている. ⑤ [成句的に] 人[3] eine[4] *scheuern* 《俗》人[3]に一発くらわす.

Scheu・er=tuch [ショイアァ・トゥーフ] 中 -[e]s/..tücher ぞうきん (=Scheuerlappen).

Scheu・klap・pe [ショイ・クらッペ] 囡 -/-n 《ふつう 複》 (馬の)目隠し(革). *Scheuklappen*[4] haben (または tragen) 《比》視野が狭い.

Scheu・ne [ショイネ ʃɔ́ynə] 囡 -/-n (農家の)納屋、穀倉.

Scheu・nen=dre・scher [ショイネン・ドレッシャァ] 男 [成句的に] wie ein *Scheunendrescher*[4] essen 《俗》ものすごくたくさん食べる.

Scheu・sal [ショイザーる ʃɔ́yza:l] 中 -s/-e (口語: ..säler) 怪物; 残忍な(いやな)やつ.

****scheuß・lich** [ショイスりヒ ʃɔ́yslıç] I 形 ① ぞっとするような、醜悪な; 卑劣な、忌まわしい(犯罪など). ein *scheußlicher* Anblick (Kerl) ぞっとするような光景(ぞっとするほどいやなやつ). ② 《口語》不快な、いやな. Das Wetter ist *scheußlich*. なんともやりきれない天気だ.
II 副 《口語》ひどく、ものすごく. Es war *scheußlich* kalt. ひどく寒かった.

Scheuß・lich・keit [ショイスりヒカイト] 囡 -/-en ① 《複 なし》忌まわしさ、醜悪. ② 《ふつう 複》忌まわしい出来事(言動).

scheu・te [ショイテ] *scheuen (しり込みする)の過去

Schi [シー ʃíː] 男 -s/-er (まれに -) スキー (= Ski). *Schi*[4] fahren (または laufen) スキーをする.

** *die* **Schicht** [シヒト ʃíçt] 囡 (単) -/(複) -en ① 層; 皮膜. 《英 layer》. Wolken*schicht* 雲の層 / eine dünne *Schicht* 薄い層 / die untere (obere) *Schicht* 下層(上層). ② (社会の)階層. die führende *Schicht* 指導者階層. ③ (工場などの)交替制勤務; (交替制勤務の)組. Früh*schicht* 早番 / Spät*schicht* 遅番 / in drei *Schichten* arbeiten 3 交替で働く / *Schicht*[4] machen 《口語》仕事じまいにする (←その日の交替制勤務を終える).

Schicht=ar・beit [シヒト・アルバイト] 囡 -/ [時間]交替制労働(作業).

Schicht=ar・bei・ter [シヒト・アルバイタァ] 男 -s/- [時間]交替制労働者.

schich・ten [シヒテン ʃíçtən] 他 (h) (層状に)積み重ねる、積み重ねて置く(しまう).

Schich・tung [シヒトゥング] 囡 -/-en 層の形成; 成層, (社会の)層的構成.

Schicht=un・ter・richt [シヒト・ウンタァリヒト] 男 -[e]s/ 交替制(二部)授業.

Schicht=wech・sel [シヒト・ヴェクセる] 男 -s/ (交替制勤務の)勤務交替.

schicht=wei・se [シヒト・ヴァイゼ] 副 ① 層を成して、重なり合って. ② 班ごとに交替で.

****schick** [シック ʃík] 形 ① (服装などが)シックな、しゃれた、粋(ぃき)な. 《英 chic》. ein *schickes* Kleid 粋なワンピース / *sich*[4] *schick* an|ziehen シックな身なりをする. ② あか抜けした、スマートな(女性など). ③ 《口語》すてきな、トレンディーな. ein *schickes* Auto すてきな車.

Schick [シック ʃík] 男 -s/ ① 粋(ぃき)、エレガンス、洗練、優雅. Sie hat *Schick*. 彼女はおしゃれのセンスがいい. ② 《方》しかるべき状態、あるべき秩序; 栄養状態のよいこと.

****schi・cken** [シッケン ʃíkən]

送る　Ich *schicke* dir ein Paket.
イヒ　シッケ　ディァ アイン パケート
君に小包を送るよ.

(schickte, hat...geschickt) I 他 (完了 haben) ① (物[4]を)送る、届ける、送り届ける. 《英 send》. 人[3] Blumen[4] *schicken* 人[3]に花を届ける / 人[3] (または **an** 人[4]) einen Brief *schicken* 人[3]は(人[4]に)手紙を出す / Wie *kann* ich das

Paket **nach** Japan *schicken*? この小包を日本へ送るにはどうしたらいいですか.
② (人⁴を)行かせる, 派遣する. Ich *schicke* Ihnen einen Boten. 使いの者をさし向けます / ein Kind⁴ **in** die Schule (ins Bett) *schicken* 子供を学校へ通わせる(寝かせる) / Er *schickte* seinen Sohn **zum** Bäcker. 彼は息子をパン屋に使いにやった. ◇〖zu のない不定詞とともに〗Die Mutter *schickte* das Mädchen einkaufen. その母親は女の子を買い物に行かせた.

II 自 (完了 haben)《**nach** 人³ ~》(人³を)呼びにやる. nach dem Arzt *schicken* 医者を呼びにやる.

III 再帰 (完了 haben) sich⁴ *schicken* ① 《sich⁴ **in** 事⁴ ~》(事⁴に)順応する, 従う. Er *schickte* sich in sein Schicksal. 彼は運命に従った. ② ふさわしい, 適切である. Ein solches Benehmen *schickt* sich nicht für dich. そんなふるまいは君にふさわしくない.
◇☞ **geschickt**

⦅類語⦆ **schicken**:「送る, 送り届ける」の意味で最も一般的な語. **senden**: *schicken* よりはやや上品な言い回し. Er *sandte* den Brief per Luftpost. 彼はその手紙を航空便で発送した. **ab|schicken**:(ある所から)発送(送付)する. **versenden**:(大勢の人にカタログなどを)発送する, 送付する.

Schi·cke·ria [シッケリーア ʃɪkərí:a] 女 -/《隠語》(社交界などの)上流階級.

schick·lich [シックリヒ] 形《雅》適切な, しかるべき, 礼儀作法にかなった. ein *schickliches* Benehmen 礼儀にかなった態度.

Schick·lich·keit [シックリヒカイト] 女 -/《雅》適当, 適切; 礼儀(作法)にかなったこと.

* *das* **Schick·sal** [シックザール ʃíkza:l] 中 (単2) -s/(複) -e (3格のみ -en) ① 運命, 宿命.《雅 fate》. das *Schicksal* eines Volkes 一民族の運命 / ein trauriges *Schicksal*⁴ haben 悲しい宿命を背負う / Er folgte seinem *Schicksal*. 彼は己の運命に従った / 人⁴ seinem *Schicksal* überlassen 人⁴を見捨てる. ②〖複 なし〗神の摂理, 天命. Das müssen wir dem *Schicksal* überlassen. それは天命に任せるほかはない.

schick·sal·haft [シックザールハフト] 形 運命の, 宿命的な; 一生を決定するような.

Schick·sals≠glau·be [シックザールス・グラオベ] 男 -ns (3格・4格 -n)/ 運命(論).

Schick·sals≠schlag [シックザールス・シュラーク] 男 -[e]s/..schläge 運命の打撃, 悲運.

Schick·se [シクセ ʃíksə] 女 -/-n《俗》(軽蔑的に):浮気娘.

schick·te [シックテ] *schicken (送る)の 過去

Schi·ckung [シックング] 女 -/-en《雅》神の摂理, 天命.

Schie·be≠dach [シーベ・ダッハ] 中 -[e]s/..dächer (自動車の)スライディングルーフ, サンルーフ.

Schie·be≠fens·ter [シーベ・フェンスタァ] 中 -s/- 引き窓, スライディングウインドー.

schie·ben [シーベン ʃí:bən] (schob, hat/ist...geschoben) **I** 他 (完了 haben) ① 押す, 押して動かす; ずらす, 押し込む.《英 push》. einen Kinderwagen *schieben* ベビーカーを押す / Er *schiebt* sich³ die Brille **auf** die Stirn. 彼は眼鏡を額の上へ押し上げる / Kuchen⁴ **in** den Mund *schieben* ケーキを口の中に押し込む / Wir *schoben* ihn ins Zimmer. 私たちは彼を部屋の中に押しやった /物⁴ **nach** oben *schieben* 物⁴を上の方へ押し上げる / 人·物⁴ **zur** Seite *schieben* 人·物⁴をわきへ押しのける.
②《事⁴ **auf** 人·物⁴ ~》(事⁴(責任など)を人·物⁴に)押しつける, 転嫁する. Er *schiebt* die Schuld gern auf andere. 彼は責任をすぐ他人になすりつける.
③《俗》(外貨などを)闇で取り引きする.

II 再帰 (完了 haben) sich⁴ *schieben*《sich⁴ **durch** 物⁴ ~》(物⁴の中を)押し分けて進む. Er *schob* sich durchs Gewühl. 彼は雑踏をかき分けて進んだ. ②〖方向を表す語句とともに〗(滑るように…へ)動いて行く. Eine Kaltfront *schiebt* sich langsam **über** Mitteleuropa. 寒冷前線がゆっくり中部ヨーロッパに張り出してくる.

III 自 (完了 sein または haben)《俗》① (s) 足を引きずるように歩いて行く. ② (h) 闇取り引きをする. mit Rauschgift *schieben* 麻薬を横流しする.

Schie·ber [シーバァ ʃí:bər] 男 -s/- ① (左右に開く)引き戸; スライド式のふた; (ドアの)かんぬき, 差し錠; (ファスナーの)スライダー. ② (食物をかき寄せる)子供用のスプーン. ③ (病人用の)差し込み便器. ④《口語》ワンステップ(ダンスの一種). ⑤《口語》闇(%)ブローカー.

Schie·be≠tür [シーベ・テューァ] 女 -/-en 引き戸.

Schie·bung [シーブング] 女 -/-en《口語》① 闇(%)取り引き. ② えこひいき.

schied [シート] *scheiden (離婚させる)の 過去

schie·de [シーデ] *scheiden (離婚させる)の 接2

Schieds≠ge·richt [シーツ・ゲリヒト] 中 -[e]s/-e ①《法》仲裁裁判所. ②《スポ》審判団.

Schieds≠rich·ter [シーツ・リヒタァ] 男 -s/- ①《法》仲裁裁判官; 仲裁人. ②《スポ》審判員, レフェリー.

Schieds≠spruch [シーツ・シュプルフ] 男 -[e]s/..sprüche《法》仲裁裁定.

***schief** [シーふ ʃi:f]

傾いた	Der Tisch steht *schief*.
	デァ ティッシュ シュテート シーふ
	そのテーブルは傾いている.

形 ① 傾いた, 斜めの; ゆがんだ. eine *schiefe* Wand 傾いた壁 / eine *schiefe* Ebene《数》斜面 / der *Schiefe* Turm von (または zu) Pisa ピサの斜塔 / eine *schiefe* Schulter⁴ haben 肩が傾いている / Sie machte ein *schie-*

Schiefer

fes Gesicht. 彼女は顔をしかめた / 人⁴ *schief* an|sehen《口語・比》人⁴を横目で見る(軽蔑・ねたみなどから) / Das Bild hängt *schief*. 絵が傾いて掛かっている / Der Teppich liegt *schief*. カーペットが斜めになっている.
② 的はずれの, 誤った. ein *schiefer* Ausdruck 的はずれの表現 / Das war ein *schiefer* Vergleich. それはピントはずれの比較だった.

《新形》
schief ge·hen《口語》(仕事などが)うまく行かない, 失敗する.
schief ge·wi·ckelt〖成句的に〗*schief gewickelt* sein とんだ思い違いをしている.
schief lie·gen〖mit 物³ ~ 〗(物³(意見など)の)前提が間違っている.
schief tre·ten (靴のかかとなど⁴を)斜めにはき減らす.

Schie·fer [シーファァ ʃíːfɐr] 男 -s/- ① 粘板(ねん)岩, スレート. ein Dach⁴ mit *Schiefer* decken 屋根をスレートでふく. ②《ドイツ南部》小木片, (木の)とげ.
Schie·fer·dach [シーファァ・ダッハ] 中 -[e]s/..dächer スレート屋根.
Schie·fer·ta·fel [シーファァ・ターフェる] 女 -/-n (昔の)(筆記用の)石板.
schief|ge·hen* 自 (s)《新形》schief gehen) ☞ schief
schief|ge·wickelt 形《新形》schief gewickelt) ☞ schief
schief|la·chen [シーふ・らッヘン ʃíːf-làxən] 再帰 *sich⁴ schieflachen*《口語》(身をよじって)大笑いする.
schief|lie·gen* 自 (h)《新形》schief liegen) ☞ schief
schief|tre·ten* 他《新形》schief treten) ☞ schief
schief·wink·lig [シーふ・ヴィンクりヒ] 形 斜角の, 直角でない.
schie·len [シーれン ʃíːlən] 自 (h) ① 斜視(やぶにらみ)である. Er *schielt* auf dem rechten Auge. 彼は右目が斜視である. ②《口語》(…の方を)そっと横目で見る, 盗み見る. **durchs** Schlüsselloch *schielen* 鍵穴(かぎあな)からのぞき見る. ③〖nach 物³ ~〗《口語》(物³を)もの欲しそうに見る, (物³を)欲しがる.
schien [シーン] *scheinen* (輝く)の 過去
Schien·bein [シーン・バイン] 中 -[e]s/-e《医》脛骨(けいこつ); 向こうずね.
schie·ne [シーネ] *scheinen* (輝く)の 接²
die **Schie·ne** [シーネ ʃíːnə] 女 (単) -/(複) -n ① (鉄道の)レール, 鉄道.《英》rail). aus den *Schienen* springen 脱線する. ② (カーテン・引き戸などの)レール; (金属の)枠縁. ③《医》(接骨用の)副木(ふくぼく). einen Arm in der *Schiene* tragen 片腕に副木を当てている. ④ T定規. ⑤《武具の》箆手(のて), 脛当(すねあて).
schie·nen [シーネン ʃíːnən] 他 (h)《医》(骨折した腕など⁴を)副木で固定する.

Schie·nen·bus [シーネン・ブス] 男 ..busses/..busse レールバス.
Schie·nen·fahr·zeug [シーネン・ふァールツォイク] 中 -[e]s/-e レール上を走る車両.
Schie·nen·netz [シーネン・ネッツ] 中 -es/- 鉄道網.
Schie·nen·strang [シーネン・シュトラング] 男 -[e]s/..stränge 《鉄道》(どこまでも続く)線路.
Schie·nen·weg [シーネン・ヴェーク] 男 -[e]s/-e (いくつかの場所を結ぶ)鉄道路線.
schier¹ [シーァ ʃiːr] 副 ほとんど (= fast, beinahe). Das ist *schier* unmöglich. それはほとんど不可能だ.
schier² [シーァ ʃiːr] 形《方》純粋な, 混じり気のない; まったくの. *schieres* Gold 純金.
Schier·ling [シーァリング ʃíːrlɪŋ] 男 -s/-e《植》ドクニンジン(毒人参).
Schieß·baum·wol·le [シース・バオムヴォれ] 女 -/ 綿火薬.
Schieß·bu·de [シース・ブーデ] 女 -/-n (年の市(いち)などの)射的場.
Schieß·bu·den·fi·gur [シースブーデン・ふィグーァ] 女 -/-en 射的場の的の人形.

‡**schie·ßen*** [シーセン ʃíːsən] du *schießt* (schoss, *hat / ist* ... geschossen) I 自 (完了) haben または sein) ① (h) 撃つ, 射撃する; (弓で)矢を射る; (銃などが…に)撃てる.《英》shoot). Er *schießt* gut. 彼は射撃がうまい / Hände hoch oder ich *schieße*! 両手を上げろ, そうしないと撃つぞ / auf 人⁴ *schießen* 人⁴をねらって撃つ / in die Luft *schießen* (威嚇のため)空へ向けて発砲する / Sie *schoss* ihm ins Bein. 彼女は彼の足を撃った / mit der Pistole *schießen* ピストルを撃つ / nach der Scheibe *schießen* 標的をめがけて撃つ / Das Gewehr *schießt* gut (nicht mehr). この銃はよく当たる(もう撃てない).
② (s)〖方向を表す語句とともに〗(…へ/…から)勢いよく動く(飛ぶ, 走る); (水などが)吹き出る;《比》(考えが)ひらめく. Das Wasser *schießt* aus der Leitung. 水が水道管から吹き出る / Ein Gedanke *schoss* ihm **durch** den Kopf. ある考えが突然彼の頭にひらめいた / Eine Rakete *schoss* **in** die Luft. ロケットが空へ発射された / Ein Sportwagen *schoss* **um** die Ecke. スポーツカーがものすごい速さでコーナーを曲がった / Der Junge *ist* mächtig *geschossen*.《現在完了》その少年はくんぐん背が伸びた. ③ (s) ぐんぐん成長する. Der Spargel *schießt*. アスパラガスがにょきにょき伸びる / Die Pflanzen *schießen* **in** die Höhe. 植物がすくすくと伸びる. ④ (h) 勢いよくボールをける(投げる). ins Tor *schießen* ゴールへシュートする.

II 他 (完了) haben) ① (人・動物など⁴を)撃つ; (獲物⁴を)射とめる. 人⁴ **in** den Arm *schießen* 人⁴の腕を撃つ / Er *hat* einen Hasen *geschossen*. 彼はうさぎを射とめた / 人³ eine⁴ *schießen*《俗》人³に一発くらわす.
②〖方向を表す語句とともに〗(ボール⁴を…へ)勢いよくける(投げる). Er *schoss* den Ball **ins**

Tor. 彼はボールをゴールにシュートした. ③ 〖方向を表す語句とともに〗(弾丸・矢など⁴を…へ)発射する. einen Satelliten **in** die Umlaufbahn *schießen* 人工衛星を軌道に打ち上げる / eine Kugel⁴ ins Herz *schießen* [人]⁴の心臓に弾丸を撃ち込む. ④ 〖A⁴ **in** B⁴ 〜〗(A⁴(穴など)を B⁴に)撃ちあける. Löcher⁴ in die Tür *schießen* 銃を撃ってドアにいくつも穴をあける. ⑤ (射撃・シュートで得点などを)獲得する. ein Tor⁴ *schießen* シュートを決める. ⑥ (スナップ写真⁴を)撮る.

(新刊) **schie·ßen las·sen** [俗] (計画など⁴を)ほうり出す, 断念する.

....

Schie·ßen [シーセン] 中 -s/- 射撃[競技会].
schie·ßen|las·sen* 他 (h) (新刊) schießen lassen) ☞ schießen
Schie·ße·rei [シーセライ ʃiːsərái] 女 -/-en ① (ふつう軽蔑的に)間断ない射撃, めった撃ち, 乱射. ② [短い]撃ち合い.
Schieß⸗ge·wehr [シース・ゲヴェーア] 中 -[e]s/-e (幼児)鉄砲.
Schieß⸗hund [シース・フント] 男 -[e]s/-e (狩)(古) 猟犬. wie ein *Schießhund* aufpassen [口語](猟犬のように)油断なく見張っている.
Schieß⸗platz [シース・プラッツ] 男 -es/..plätze 射撃練習場.
Schieß⸗pul·ver [シース・プルふァァ] 中 -s/- 火薬.
Schieß⸗schar·te [シース・シャルテ] 女 -/-n (城壁などの)銃眼, 砲門.
Schieß⸗schei·be [シース・シャイベ] 女 -/-n (射撃の)標的.
Schieß⸗sport [シース・シュポルト] 男 -[e]s/ 射撃スポーツ.
Schieß⸗stand [シース・シュタント] 男 -[e]s/..stände 射撃[練習]場.

‡*das* **Schiff** [シふ ʃif]

🚢 Wir fahren mit dem *Schiff*.
ヴィァ ふァーレン ミット デム シふ
私たちは船で行きます.

中 (単 2) -es (まれに -s)/(複) -e (3 格のみ -en) ① 船, 船舶. (英 略 ship). ein schnelles *Schiff* 速い船 / ein *Schiff*⁴ bauen 船を建造する / Das *Schiff* läuft vom Stapel. 船が進水する / Das *Schiff* liegt im Hafen vor Anker. 船が錨を降ろして港に停泊している / an (von) Bord eines *Schiffes* gehen 上船(下船)する / klar *Schiff*⁴ machen a) 〖海〗甲板を掃除をする. b) 〖口語〗用事を片づける.
② (建)(教会堂の)身廊(しんろう), ネーブ. ③ (印) ゲラ(活字組み版を入れる盆).

....

(🔎) *-schiff* のいろいろ: Dampf*schiff* 汽船 / Fracht*schiff* 貨物船 / Handels*schiff* 商船 / Kriegs*schiff* 軍艦 / Segel*schiff* 大型帆船 / Mittel*schiff* (教会の)身廊 / Seiten*schiff* (教会の)側廊

....

Schiff·fahrt ☞ (新刊) Schifffahrt
Schiffahrts⸗li·nie ☞ (新刊) Schifffahrtslinie
schiff·bar [シふバール] 形 航行可能の(水路・運河など).
Schiff⸗bau [シふ・バオ] 男 -[e]s/ 造船[業].
Schiff⸗bruch [シふ・ブルふ] 男 -[e]s/..brüche 〖古〗海難事故, 難破[船]. mit (軍)³ *Schiffbruch*⁴ erleiden 〖比〗失敗する.
schiff·brü·chig [シふ・ブリュヒヒ] 形 海難事故に遭った, 難破した.
Schiff⸗brü·cke [シふ・ブリュッケ] 女 -/-n 船橋, 浮き橋 (並べたボートの上にかけた橋).
Schiff·chen [シふヒェン ʃífçən] 中 -s/- (Schiff の 縮小) ① 小舟; おもちゃの舟. ② 〖口語〗(両端のとがった)舟型帽. ③ 〖織〗(織機の)杼(ひ); (ミシンのボビンケース; 〖手芸〗(タッチングの)シャトル. ④ 〖植〗竜骨弁.
schif·fen [シッふェン ʃífən] I 自 (s, h) ① (s) 〖古〗(…へ)船で行く. ② (h) 〖俗〗小便をする. II 非人称 (h) Es *schifft*. [俗](雨が)ざーざー降る.
Schif·fer [シッふァァ ʃífər] 男 -s/- (主として内陸航行船の)船長, 船頭, 船員.
Schif·fer·kla·vier [シッふァァ・クラヴィーア] 中 -s/-e 〖戯〗アコーデオン.
Schiff⸗fahrt [シふ・ふァールト] 女 -/ 航海, 船舶航行, 海運.
Schiff·fahrts⸗li·nie [シふァールツ・リーニェ] 女 -/-n [定期]航路.
Schiffs⸗arzt [シふス・アールツト] 男 -es/..ärzte 船医.
Schiffs⸗brü·cke [シふス・ブリュッケ] 女 -/-n 船橋, 浮き橋 (=Schiffbrücke).
Schiff⸗schau·kel [シふ・シャオケル] 女 -/-n (年の市(いち)・村祭りなどの)小舟形ぶらんこ.
Schiffs⸗eig·ner [シふス・アイグナァ] 男 -s/- 船主, 船舶所有者.
Schiffs⸗jun·ge [シふス・ユンゲ] 男 -n/-n 見習船員(水夫).
Schiffs⸗koch [シふス・コッホ] 男 -[e]s/..köche 船のコック.
Schiffs⸗la·dung [シふス・らードゥング] 女 -/-en 船荷, 船の積み荷.
Schiffs⸗mann·schaft [シふス・マンシャふト] 女 -/-en 船の乗組員(クルー).
Schiffs⸗raum [シふス・ラオム] 男 -[e]s/..räume 船舶の容積(積載量).
Schiffs⸗schrau·be [シふス・シュラオベ] 女 -/-n (船の)スクリュー, 推進器.
Schiffs⸗tau·fe [シふス・タオふェ] 女 -/-n 船の命名式, 進水式.
Schiffs⸗werft [シふス・ヴェルふト] 女 -/-en 造船所, ドック.
Schiffs⸗zwie·back [シふス・ツヴィーバック] 男 -[e]s/-e (または ..bäcke) 航海用の乾パン(非常食).

Schi・ka・ne [シカーネ ʃikáːnə] 女 -/-n ① (弱者に対する権力者の)意地悪, いやがらせ. ②〖成句的に〗mit allen *Schikanen*《口語》ありとあらゆる装備を備えた(車・キッチンなど). ③《英》(サーキットの)シケイン.

schi・ka・nie・ren [シカニーレン ʃikaniːrən] 他 (h) (人⁴に)意地悪をする, いじめる.

schi・ka・nös [シカネース ʃikanǿːs] 形 意地の悪い.

Schi⇔lau・fen [シー・らオフェン] 中 -s/ (スポーツとしての)スキー (=Skilaufen).

Schi⇔läu・fer [シー・ろイファァ] 男 -s/- スキーヤー (=Skiläufer).

*das **Schild**¹ [シルト ʃilt] 中 (単2) -es (まれに -s)/(複) -er (3格のみ -ern) **表示板, 看板, 表札, プレート, 標識**; (びんなどの)レッテル; 徽章(ポザ)《 sign, label*》. Verkehrs*schild* 交通標識[板] / *Schild* mit Preis 値札 / ein *Schild*⁴ an|bringen 看板を取り付ける.

*der **Schild**² [シルト ʃilt] 男 (単2) -es (まれに -s)/(複) -e (3格のみ -en) ①《 shield*》. *Schild* und Speer 盾と槍(鷙) / 人⁴ **auf den** *Schild* heben《雅》人⁴を指導者として祭りあげる /軍**gegen** 人⁴ **im** *Schild* führen 人⁴に対して敵⁴をひそかにたくらむ / sich⁴ **mit dem** *Schild* decken 盾で身を守る. ② 紋章盾. ③ (亀(桟)・かになどの)甲; 昆 (甲虫の)背板. ④ (帽子のひさし. ⑤《軍》防護板, 工 (原子炉の)放射線遮蔽板.

Schild⇔bür・ger [シルト・ビュルガァ] 男 -s/- 愚か者, ばかな事をする人 (シルダの町民の愚行を書いた 16 世紀の民衆本にちなむ).

Schild・bür・ger⇔streich [シルトビュルガァ・シュトライヒ] 男 -[e]s/-e 愚行.

Schild⇔drü・se [シルト・ドリューゼ] 女 -/-n 医 甲状腺(芸).

Schil・der [シルダァ] **Schild*¹ (表示板の)複.

Schil・der⇔haus [シルダァ・ハオス] 中 -es/ ..häuser《軍》歩哨(ポポ)小屋, 哨舎(ミポ).

Schil・der⇔ma・ler [シルダァ・マーラァ] 男 -s/- 看板絵師(画家).

***schil・dern** [シルダァン ʃíldərn] (schilderte, hat...geschildert) 他 (完了 haben) (ありありと)**描写する, (詳しく)述べる**. 《 describe*》. Bitte *schildern* Sie mir den Vorgang in allen Einzelheiten. その経過を詳細に述べてください.

schil・der・te [シルダァテ] *schildern (描写する)の 過去.

Schil・de・rung [シルデルング] 女 -/-en 描写, 叙述.

Schil・der⇔wald [シルダァ・ヴァルト] 男 -[e]s/-《口語》林立する交通標識(←標識の森).

Schild⇔krö・te [シルト・クレーテ] 女 -/-n 動 カメ[類].

Schild⇔krö・ten⇔sup・pe [シルトクレーテン・ズッペ] 女 -/-n 料理 海亀(鎰)のスープ.

Schild⇔patt [シルト・パット] 中 -[e]s/-e べっ甲.

Schild⇔**wa・che** [シルト・ヴァッヘ] 女 -/-n 軍 歩哨(ポ)〔勤務〕.

Schilf [シルフ ʃilf] 中 -[e]s/-e《ふつう 単》植 =Schilfrohr

Schilf⇔rohr [シルフ・ローァ] 中 -[e]s/-e 植 アシ, ヨシ.

Schi⇔lift [シー・リフト] 男 -[e]s/-e (または -s) スキーリフト (=Skilift)

Schil・ler¹ [シルァ ʃílər] 男 -s/《複 なし》(光線のぐあいで様々に変って見える)光彩, 玉虫色. ②方 淡紅色のワイン, ロゼ.

Schil・ler² [シルァ] -s/《人名》シラー (Friedrich von *Schiller* 1759–1805; ドイツの詩人・劇作家).

Schil・ler⇔lo・cke [シルァ・ロッケ] 女 -/-n ① 生クリーム入りパイ. ② (つのざめなどの)腹肉のくん製.

schil・lern [シルァン ʃílərn] 自 (h) さまざまな色に輝く, 玉虫色に光る. ◇〖現在分詞の形で〗ein *schillernder* Charakter とらえどころのない性格[の人].

*der **Schil・ling** [シリング ʃíliŋ] 男 (単2) -s/(複) -e (3格のみ -en)〖数量単位としては: 複 -〗① シリング(オーストリアの貨幣[単位]; 1 Schilling =100 Groschen) (略: S または öS.). 《英》*shilling*). Das Buch kostet 50 *Schilling*. その本は 50 シリングです. ② シリング (昔のヨーロッパの小額貨幣[単位]). ③ シリング (イギリスの shilling のドイツ語形).

schil・pen [シルペン ʃílpən] 自 (h) (すずめが)ちゅんちゅん鳴く.

schilt [シルト] I *schelten (しかる)の 3 人称単数 現在 II *schelten (しかる)の du に対する 命令

schiltst [シルツト] *schelten (しかる)の 2 人称単数 現在

Schi・mä・re [シメーレ ʃimέːrə] 女 -/-n 幻影, 妄想 (ライオンの頭・蛇の尾・やぎの胴をもち, 口から火炎を吐くギリシア神話の怪獣キマイラの名から).

Schim・mel [シンメル ʃíməl] 男 -s/- ①《複 なし》カビ. Das Brot war mit *Schimmel* bedeckt. そのパンにはかびが生えていた. ② 白馬. Ich habe ihr zugeredet wie einem lahmen *Schimmel*.《俗》私は彼女にしっかり言って聞かせた(←足の悪い白馬に言い聞かすように). ③《口語》お決まりの型, 紋切り.

schim・me・lig [シンメリヒ ʃíməliç] 形 かびの生えた. ein *schimmeliges* Brot かびの生えたパン.

schim・meln [シンメルン ʃíməln] 自 (h, s) かびが生える.

Schim・mel⇔pilz [シンメル・ピルツ] 男 -es/- 植 糸状菌, カビ[菌].

Schim・mel⇔rei・ter [シンメル・ライタァ] 男 -s/- 白馬の騎士 (ゲルマン伝説・民間信仰で冬至ごろの夜, 幽鬼の軍勢をひきいて空を駆けまわるといわれる幽霊騎士. シュトルムの小説の表題にもなっている).

Schim・mer [シンマァ ʃímər] 男 -s/-《ふつう 単》① ちらちらする光, ほのかな光, 微光. der *Schimmer* der Sterne² 星のまたたき / beim

Schimmer der Kerzen² ろうそくのほのかな光のもとで. ② ほのかな兆し, かすかな気配, 微候. der *Schimmer* eines Lächelns かすかな微笑/ keinen *Schimmer* von 事³ haben 《口語》a) 事³についてまったくわからない, b) 事³をまるで知らない.

schim·mern [シマァン ʃíməɾn] 自 (h) ① ほのかに光る(輝く), ちらちら光る. Die Sterne *schimmerten.* 星がちらちら光っていた. ② (文字などが)…から]すけて見える; ほのかに現れる.

schimm·lig [シュミㇼヒ ʃímlɪç] 形 = schimmelig

Schim·pan·se [シンパンゼ ʃɪmpánzə] 男 -n/-n 《動》チンパンジー.

Schimpf [シンプフ ʃɪmpf] 男 -[e]s/-e 《ふつう 単》《雅》侮辱, 辱め. 人³ einen *Schimpf* an|tun 人³を侮辱する / mit *Schimpf* und Schande さんざん侮辱して.

Schimp·fe [シンプフェ ʃímpfə] 女 -/《口語》小言, 叱責. *Schimpfe*⁴ bekommen (または kriegen) しかられる.

‡schimp·fen [シンプフェン ʃímpfən] (schimpfte, hat…geschimpft) I 自 《完了》 haben) ① ののしる. どなり散らす, 悪態をつく. 《英》curse). laut *schimpfen* 大声でどなる / auf (または über) 人·物³ *schimpfen* 人·物³をのしる ⇒ Er *schimpfte* maßlos über das Essen. 彼はその料理にひどく悪態をついた / gegen die Regierung *schimpfen* 政府を罵倒(ば)する.
② 〖mit 人³ ~〗(人³を)きつくしかる. Die Mutter *schimpfte* mit dem Kind. 母親はその子をきつくしかった.
II 他 (《完了》 haben)《雅》(A⁴ を B⁴ だと)ののしる. 人⁴ einen Betrüger *schimpfen* 人⁴をうそつきとののしる.
III 再帰 (《完了》 haben) *sich*⁴ 人⁴ *schimpfen* 《俗》(不当にも)人⁴(専門家など)であると自称する.

schimpf·lich [シンプふリㇶ] 形 恥ずべき, 不名誉な, 屈辱的な.

Schimpf·na·me [シンプふ・ナーメ] 男 -ns (3格·4格 -n)/-n 侮辱的なあだ名.

schimpf·te [シンプふテ] ‡schimpfen (ののしる) の 過去

Schimpf⸗wort [シンプふ・ヴォㇽト] 中 -[e]s/ ..wörter (または -e) ののしりの言葉, 悪態.

Schin·del [シンデㇽ ʃíndəl] 女 -/-n (屋根の)こけら板; (壁の)木羽(にはだ).

Schin·del⸗dach [シンデㇽ・ダッハ] 中 -[e]s/ ..dächer こけらぶきの屋根.

schin·den⁽*⁾ [シンデン ʃíndən] (schindete (まれ に schund), hat…geschunden) I 他 (h) ① (人·動物³ を)酷使する, 搾取する; 虐待する, しごく. ② 《口語》(ごまかして)せしめる, まんまと手に入れる. das Fahrgeld⁴ *schinden* ただ乗りす / Zeit⁴ *schinden* 時間かせぎをする / bei 人³ Eindruck⁴ *schinden* [wollen] 人³にどうにかして気に入られようとする. ③ (死んだ動物など⁴の)皮をはぐ. II 再帰 (h) *sich*⁴ *schinden*《口語》

さんざん苦労する. *sich*⁴ mit der Arbeit *schinden* 仕事でさんざん苦労する.

Schin·der [シンダァ ʃíndər] 男 -s/- ①（軽蔑的に:）虐待者, しごき役. ②《古》皮はぎ[職]人.

Schin·de·rei [シンデライ ʃɪndəráI] 女 -/-en ① 虐待, 酷使, しごき. ② 苦役, つらい仕事.

Schind⸗lu·der [シント・ル̀ーダァ] 中 〖成句的に〗 mit 人·物³ *Schindluder*⁴ treiben 《口語》 人·物³ を侮辱(虐待·酷使)する.

Schind⸗mäh·re [シント・メーレ] 女 -/-n (軽蔑的に:)廃馬, 老馬, 駄馬.

‡ *der* **Schin·ken** [シンケン ʃíŋkən] 男 (単2) -s/(複) -e) ① ハム; (豚の)もも肉. 《英》ham). roher (geräucherter) *Schinken* 生ハム(スモークハム) / eine Scheibe *Schinken* 一切れのハム / Eier mit *Schinken* ハムエッグ / mit der Wurst nach dem *Schinken* werfen 《口語》 えびでたいを釣ろうとする(←ハムをねらってソーセージを投げる). ② 《俗》(人間の)尻(い), 太もも. ③ 《口語·戯》分厚い本; ただ大きいだけの絵;（映画·劇などの)こけおどしの大作.

Schin·ken⸗bröt·chen [シンケン・プレートヒェン] 中 -s/- ハムをのせた(はさんだ)パン.

Schin·ken⸗wurst [シンケン・ヴㇽスト] 女 -/ ..würste ハムソーセージ(粗びきの豚肉·ハム·ベーコンなどの入ったソーセージ).

Schip·pe [シッペ ʃípə] 女 -/-n ①《北ド·中部ド》シャベル, スコップ (=Schaufel). 人⁴ auf die *Schippe* nehmen 《俗》人⁴をばかにする. ② 〖ふつう 複〗《口語》(軽蔑的に:)長い爪(?). ③ 《口語·戯》(不満そうに突き出した下唇. eine *Schippe*⁴ ziehen (または machen) ふくれっつらをする.

schip·pen [シッペン ʃípən] 他 (h)《北ド·中部ド》シャベル(スコップ)ですくう; シャベル(スコップ)で掘る.

‡ *der* **Schirm** [シㇽム ʃɪrm] 男 (単2) -[e]s/(複) -e (3格のみ -en) ① 傘. 《英》umbrella). Regen*schirm* 雨傘 / Sonnen*schirm* 日傘 / den *Schirm* auf|spannen (zu|klappen) 傘を広げる(たたむ). Sie hat ihren *Schirm* vergessen. 彼女は傘を忘れた / einen *Schirm* mit|nehmen 傘を持って出かける.
② ランプの傘 (=Lampen*schirm*); 帽子のひさし (=Mützen*schirm*); (放射線などの)遮蔽(!)板; パラシュート (=Fall*schirm*). ③ (テレビなどの)映像面, スクリーン (=Bild*schirm*). ④《雅》保護.

Schirm⸗bild [シㇽム・ビㇽト] 中 -[e]s/-er [レントゲン]スクリーン上の映像, レントゲン写真.

schir·men [シㇽメン ʃɪ́rmən] 他 (h)《雅》(人·物⁴ を)保護する.

Schirm⸗herr [シㇽム・ヘㇽ] 男 -n/-en (文化事業などの)後援者, 保護者, パトロン.

Schirm⸗herr·schaft [シㇽム・ヘㇽシャふト] 女 -/-en 後援, 支援.

Schirm⸗müt·ze [シㇽム・ミュッツェ] 女 -/-n ひさしのある帽子.

Schirm⸗stän·der [シㇽム・シュテンダァ] 男

-s/- 傘立て.

Schi·rok·ko [シロッコ ʃiróko] 男 -s/-s《気象》シロッコ(アフリカから地中海沿岸へ吹く熱風).

schir·ren [シレン ʃírən] 他 (h) ①《古》(馬⁴に)馬具を付ける. ②(馬などを…へ)つなぐ. ein Pferd⁴ an den Wagen schirren 馬を馬車につなぐ.

Schis·ma [シスマ ʃísma または スヒスマ scísma] 中 -s/Schismen (まれに Schismata)《宗教》教会分裂; 離教.

Schi‹sport [シー・シュポルト] 男 -[e]s/ スキースポーツ(=Skisport).

Schi‹sprin·gen [シー・シュプリンゲン] 中 -s/ スキーのジャンプ(=Skispringen).

schiss [シス] scheißen (くそをする)の 過去

schiß ☞ 新形 schiss

Schiss [シス ʃís] 男 -es/-e《俗》①《ふつう 単》くそ; 糞便をすること. ②《複 なし》不安, 恐怖.

Schiß ☞ 新形 Schiss

schis·se [シッセ] scheißen (くそをする)の 接²

schi·zo·phren [シツォフレーン ʃitsofré:n または スヒ.. sçi..] 形 ①《心・医》精神分裂[症]の. ②《比》きわめて矛盾した; ばかげた.

Schi·zo·phre·nie [シツォフレニー ʃitsofrení: または スヒ.. sçi..] 女 -/-n [..ニーエン]《ふつう 単》《心・医》精神分裂[症].

schlab·be·rig [シュラッペリヒ ʃlábərɪç] 形《口語》①(布地などが)柔らかくしなやかな, (服が)ゆったりした. ②(スープなどが)水っぽい, 味気ない.

schlab·bern [シュラッバァン ʃlábərn] I 他 (h)《口語》(動物がミルクなど⁴を)ぴちゃぴちゃ音をたててする. II 自 (h)《口語》口からこぼして汚す.

schlabb·rig [シュラッブリヒ ʃlábrɪç] 形 = schlabberig

***die* Schlacht** [シュラハト ʃláxt] 女 (単) -/(複) -en (大規模な**戦闘**, 会戦.《英》battle). Luft*schlacht* 空中戦 / eine blutige *Schlacht* 血なまぐさい戦い / eine *Schlacht*⁴ gewinnen (verlieren) 会戦に勝つ(敗れる). (☞ 類語 Kampf).

Schlacht‹bank [シュラハト・バンク] 女 -/..bänke 屠殺(ちゅ)台, 肉切り台.

***schlach·ten** [シュラハテン ʃláxtən] du schlachtest, er schlachtet (schlachtete, hat ge-schlachtet) 他 (完了 haben) ①(家畜⁴を)屠殺(ちゅ)する, (比)(人⁴を)虐殺する. ein Schwein⁴ schlachten 豚を屠殺する. ②《口語・戯》(ワインなど⁴の)封を切って飲み尽くす.

Schlach·ten‹bumm·ler [シュラハテン・ブンムラァ] 男 -s/-《ジャ・隠語》(ひいきチームの遠征試合にまでついて行く)熱狂的ファン (元の意味は「戦場をうろつく従軍記者」).

Schlach·ter [シュラハタァ ʃláxtər] 男 -s/-《北ド》(畜殺業を兼ねている)肉屋.

Schläch·ter [シュレヒタァ ʃléçtər] 男 -s/- = Schlachter

Schlach·te·rei [シュラハテライ ʃlaxtərái] 女 -/-en ①《北ド》(畜殺業兼が)食肉販売業. ②大量虐殺.

Schläch·te·rei [シュレヒテライ ʃleçtərái] 女 -/-en =Schlachterei

schlach·te·te [シュラハテテ] *schlachten (屠殺する)の 過去

Schlacht‹feld [シュラハト・フェルト] 中 -[e]s/-er 戦場.

Schlacht‹fest [シュラハト・フェスト] 中 -[e]s/-e 家畜を自家用につぶした日の祝宴.

Schlacht‹haus [シュラハト・ハオス] 中 -es/..häuser 屠殺場.

Schlacht‹hof [シュラハト・ホーフ] 男 -[e]s/..höfe 食肉解体場.

Schlacht‹op·fer [シュラハト・オプファァ] 中 -s/-《宗》生けにえ[の動物].

Schlacht‹ord·nung [シュラハト・オルドヌング] 女 -/-en《軍》(昔の:)戦闘隊形, 戦列.

Schlacht‹plan [シュラハト・プラーン] 男 -[e]s/..pläne《軍》戦闘計画;《比》作戦.

Schlacht‹plat·te [シュラハト・プラッテ] 女 -/-n《料理》肉の盛り合わせ(ソーセージや豚肉などを一つの皿に盛り合わせたもの).

schlacht‹reif [シュラハト・ライフ] 形 (生育して)屠殺(ちゅ)に適した.

Schlacht‹schiff [シュラハト・シフ] 中 -[e]s/-e《軍》戦艦.

Schlach·tung [シュラハトゥング] 女 -/-en 屠殺(ちゅ).

Schlacht‹vieh [シュラハト・フィー] 中 -[e]s/ 畜殺用家畜, 屠畜(ちく).

Schla·cke [シュラッケ ʃlákə] 女 -/-n ①(石炭などの)燃えかす, 石炭がら; スラグ; 鉱滓(こう).②《地学》噴石, 溶岩.

schla·cken¹ [シュラッケン ʃlákən] 自 (h) 鉱滓(こう)ができる.

schla·cken² [シュラッケン ʃlákən] 非人称 (h)《北ド》Es schlackt. みぞれが降る.

schla·ckern¹ [シュラッカァン ʃlákərn] 自 (h)《北ド・中西部ド》①ぶらぶら揺れる; (ひざなどが)がくがく震える. ②《mit 物³~》(物³を)ぶらぶらさせる.

schla·ckern² [シュラッカァン ʃlákərn] 非人称 (h)《北ド》=schlacken

schla·ckig [シュラッキヒ ʃlákɪç] 形 鉱滓(こう)の多い, 燃えがらの多い.

Schlack‹wurst [シュラック・ヴルスト] 女 -/..würste 直腸詰めソーセージ.

***der* Schlaf** [シュラーフ ʃláːf] 男 (単2) -[e]s/ ①眠り, 睡眠.《英》sleep). ein fester *Schlaf* 熟睡 / Er hat einen leichten *Schlaf*. 彼は眠りが浅い / einen guten *Schlaf* haben くっすり眠る / keinen *Schlaf* finden《雅》寝つかれない / aus dem *Schlaf* erwachen 眠りから覚める / Er liegt in tiefem *Schlaf*. 彼は熟睡している / in *Schlaf* sinken 眠りに落ちる / Er spricht im *Schlaf*. 彼は寝言をいう / ein Kind⁴ in den *Schlaf* singen 歌って子供を寝かしつける / Das fällt mir nicht im *Schlaf*

ein. そんなことは私は夢にも思わない / Das kann ich im *Schlaf*.《口語・比》そんなことは朝飯前だ(←眠っていてもできる) / **vom** *Schlaf* erwachen 眠りから覚める / den *Schlaf* des Gerechten schlafen《戯》心安らかにぐっすり眠る(←正しい者の眠りを眠る).
② 《戯》目やに.

Schlaf⸗an·zug [シュラーフ・アンツーク] 男 -[e]s/..züge 寝巻, パジャマ.

Schläf·chen [シュレーフヒェン] [ʃlέ:fçən] 中 -s/- Schlaf の《縮小》居眠り, うたた寝.

Schlä·fe [シュレーフェ] [ʃlέ:fə] 女 -/-n《医》こめかみ, 側頭[部]. Ihm pochten die *Schläfen*. 彼はこめかみがずきずきした.

__schla·fen__ [シュラーフェン] [ʃlá:fən]

眠る	*Schlaf* gut! シュラーフ グート [ぐっすり]おやすみなさい.	
人称	単	複
1	ich **schlafe**	wir **schlafen**
2	du **schläfst** Sie **schlafen**	ihr **schlaft** Sie **schlafen**
3	er **schläft**	sie **schlafen**

(schlief, *hat* ... geschlafen) **I** 自 (完了 haben) ① 眠る, 眠っている. (英 sleep). fest (または tief) *schlafen* ぐっすり眠る / *Haben* Sie gut *geschlafen*? よくおやすみになりましたか / *Schlafen* gehen 床に就く / *Darüber will* ich noch *schlafen*. それについては一晩寝て考えるよ / Die Sorge ließ ihn nicht *schlafen*. 心配で彼は眠れなかった / Im Winter *schläft* die Natur.《比》冬になると自然は活動を停止する. ◇《現在分詞の形で》sich⁴ *schlafend* stellen 眠ったふりをする.
②《場所を表す語句とともに》(…に)泊まる. Du *kannst* **bei** uns *schlafen*. 君はぼくたちの所に泊まっていいよ / **im** Hotel *schlafen* ホテルに泊まる. ③《口語・比》ぼんやりしている. *Schlaf* nicht! ぼんやりするな. ④《**mit** 人³ ~》《婉曲》(人³と)寝る.
II 再帰 (完了 haben) sich⁴ *schlafen* ① 眠って[その結果]…になる. sich⁴ gesund *schlafen* 十分に睡眠をとって元気を回復する. ②《**es** *schläft sich*⁴... の形で》…に眠れる. In diesem Bett *schläft* es *sich* gut. このベッドは寝心地が良い / Bei dem Lärm *schläft* es *sich* schlecht. この騒音ではよく眠れない.

....

類語 **schlafen**:「眠る」という意味で最も一般的な語. **ein|schlafen**: 眠りこむ. Ich *bin* über dem Lesen *eingeschlafen*. 私は本を読みながら眠りこんでしまった. **aus|schlafen**:〔十分に〕眠る, 熟睡する. **schlummern**: まどろむ

Schla·fens⸗zeit [シュラーフェンス・ツァイト] 女 -/-en《ふつう 単》就寝時刻. Jetzt ist *Schlafenszeit*. もう寝る時間だ.

Schlä·fer [シュレーファァ] [ʃlέ:fər] 男 -s/- ① 眠っている人. ②《動》ヤマネ.

schlaff [シュラフ] [ʃláf] 形 ① 緩い, たるんだ, 張りのない. ein *schlaffes* Seil 緩んだザイル. ② 力の抜けた, ぐったりした; 無気力な, だらけた. ③《若者言葉》おもしろくない, 退屈な(音楽など).

Schlaff·heit [シュラフハイト] 女 -/ 締まりのなさ; 無気力, 不活発, 退屈.

Schlaf⸗ge·le·gen·heit [シュラーフ・ゲレーゲンハイト] 女 -/-en 泊まる所, 寝場所.

Schla·fitt·chen [シュラフィットヒェン] [ʃlafítçən] 中《成句的に》人⁴ **am** (または **beim**) *Schlafittchen* kriegen (または fassen または packen)《口語》(逃げようとする)人⁴の襟首をつかまえる.

Schlaf⸗krank·heit [シュラーフ・クランクハイト] 女 -/-en《医》睡眠病.

Schlaf⸗lied [シュラーフ・リート] 中 -[e]s/-er 子守歌 (= Wiegenlied).

schlaf⸗los [シュラーフ・ロース] 形 不眠の, 眠れない. *schlaflos* liegen まんじりともせず横になっている.

Schlaf⸗lo·sig·keit [シュラーフ・ローズィヒカイト] 女 -/ 不眠[症].

Schlaf⸗man·gel [シュラーフ・マンゲル] 男 -s/ 睡眠不足.

Schlaf⸗mit·tel [シュラーフ・ミッテル] 中 -s/-《薬》睡眠薬.

Schlaf⸗müt·ze [シュラーフ・ミュッツェ] 女 -/-n ① (昔の:)ナイトキャップ (= Nachtmütze). ②《口語》寝坊助; のろま.

schlaf⸗müt·zig [シュラーフ・ミュッツィヒ] 形《口語》のろまの, ぐずの.

__schläf·rig__ [シュレーフリヒ] [ʃlέ:frɪç] 形 ① 眠い, 寝ぼけた. (英 sleepy). Ich bin noch *schläfrig*. 私はまだ眠い. ②《比》眠気を誘うような; 眠そうな, ものうげな, ぼんやりした. *schläfrige* Stimme 眠気を誘うような声.

Schläf·rig·keit [シュレーフリヒカイト] 女 -/ 眠気, けだるさ.

Schlaf⸗rock [シュラーフ・ロック] 男 -[e]s/..röcke ①〔ナイト〕ガウン, 寝室(部屋)着. ②《料理》パイ状の皮.

Schlaf⸗saal [シュラーフ・ザール] 男 -[e]s/..säle (ユースホステル・寄宿舎などの)共同寝室.

Schlaf⸗sack [シュラーフ・ザック] 男 -[e]s/..säcke シュラーフザック, 寝袋.

schläfst [シュレーフスト] ＊schlafen (眠る)の2人称単数 現在

Schlaf⸗stadt [シュラーフ・シュタット] 女 -/..städte [..シュテーテ]《口語》ベッドタウン.

Schlaf⸗sucht [シュラーフ・ズフト] 女 -/《医》嗜眠(ネィ)[症], ひどい眠気.

schläft [シュレーフト] ＊schlafen (眠る)の3人称単数 現在

Schlaf⸗tab·let·te [シュラーフ・タブレッテ] 女 -/-n (錠剤の)睡眠薬.

Schlaf⸗trunk [シュラーフ・トルンク] 男 -[e]s/..trünke (就寝前に飲む)飲み物, 寝酒.

schlaf⹁trun⹁ken [シュらーフ・トルンケン] 形 《雅》寝ぼけた.

Schlaf⹁wa⹁gen [シュらーフ・ヴァーゲン] 男 -s/- 《鉄道》寝台車.

schlaf⹁wan⹁deln [シュらーフ・ヴァンデるン] ʃláːf-vandəln (過分 geschlafwandelt) 自 (h,s) 夢遊する, 夢中で歩行する.

Schlaf⹁wand⹁ler [シュらーフ・ヴァンドらァ] 男 -s/- 夢遊病者. (⊊Ð 女性形は Schlafwandlerin).

schlaf⹁wand⹁le⹁risch [シュらーフ・ヴァンドれリッシュ] 形 夢遊病者の[ような].

das **Schlaf⹁zim⹁mer** [シュらーフ・ツィンマァ] ʃláːf-tsɪmər 中 (単2) -s/(複) - (3格のみ -n) **寝室**, ベッドルーム. (英 bedroom). ②寝室の家具調度.

der **Schlag** [シュらーク] ʃláːk 男 (単2) -es (まれに -s)/(複) Schläge [シュれーゲ] (3格のみ Schlägen) ① **一撃**, 一打ち, 打撃. (英 blow). Faustschlag こぶし打ち, パンチ / ein tödlicher *Schlag* 致命的な一撃 / ein *Schlag* auf den Kopf 頭への一撃 / ein *Schlag* ins Gesicht 顔面への一撃;《比》ひどい屈辱 / ein *Schlag* mit der Hand 平手打ち / Das war ein *Schlag* ins Wasser. それは無駄な骨折りだった(←水中への一撃) / einen *Schlag* haben《口語》頭が少々おかしい / 人³ einen *Schlag* versetzen a) 人³に一撃を加える, b)《比》人³ をひどく失望させる / Das war ein *Schlag* ins Kontor.《口語》それはショックだった(←帳場への一撃) / *Schlag* auf *Schlag* 矢継ぎ早に, たて続けに / auf einen *Schlag* 《口語》a) 何もかもいっぺんに, b) 突然 / mit einem *Schlag*《口語》一挙に, 突然. ② 打つ音, 衝撃音;《複》なし》(鳥などの連打するような)鳴き声. Glockenschlag 鐘を打つ音 / ein *Schlag* an der Haustür 玄関のドアをたたく音 / *Schlag* 12 Uhr 12時きっかりに / der *Schlag* der Nachtigall² ナイチンゲールの鳴き声. ③(規則的に)**打つこと**, 打つ運動. (水泳・ボートの)ストローク. Herzschlag 心臓の鼓動 / der *Schlag* eines Pendels 振り子の振動. ④ 落雷; 電撃. einen [elektrischen] *Schlag* bekommen 感電する. ⑤《口語》卒中(の発作)(= *Schlag*anfall). Gehirnschlag 脳卒中. ⑥(運命の)打撃, ショック. ⑦《林》(樹木の)伐採; 伐採した空地. ⑧《農》(作物の)作付け地域. ⑨(人間の)タイプ, 型;《畜》(家畜の)品種. Sie sind alle vom gleichen *Schlag*. 彼らは皆同じタイプだ. ⑩《口語》(杓子(゛゜)などですくった)料理の一人分. ein *Schlag* Suppe 一人分のスープ. ⑪(自動車・馬車などの)扉. ⑫(鳩(¹²)などの)小屋.

Schlag⹁ader [シュらーク・アーダァ] 女 -/-n 《医》動脈 (= Arterie).

Schlag⹁an⹁fall [シュらーク・アンふァる] 男 -[e]s/..fälle 《医》卒中発作.

schlag⹁ar⹁tig [シュらーク・アールティヒ] 形 突然の, 急激な.

Schlag⹁ball [シュらーク・バる] 男 -[e]s/..bälle 《スポ》① 《複 なし》ラウンダーズ(野球に似た球技). ② ラウンダーズのボール.

Schlag⹁baum [シュらーク・バオム] 男 -[e]s/..bäume (踏切・国境通過門などの)遮断機.

Schlag⹁boh⹁rer [シュらーク・ボーラァ] 男 -s/- (電動式の)削岩機, ハンマードリル.

Schlä⹁ge [シュれーゲ] *Schlag (一撃)の複

Schlä⹁gel [シュれーゲる] ʃléːgəl 男 -s/- つち, 木づち, 大ハンマー;《楽》(打楽器の)ばち.

:**schla⹁gen** [シュらーゲン] ʃláːgən

打つ

Warum *schlägst* du den Hund?
ヴァルム　シュれークスト ドゥ デン　フント
なぜ犬をたたいたりするんだい.

---

du schlägst, er schlägt (schlug, hat/ist... geschlagen) I 他 (完了 haben) ① **打つ**, たたく, なぐる. (英 strike). Sie *schlägt* ihn mit der Hand. 彼女は彼に平手打ちをくらわす / 人⁴ bewusstlos *schlagen* 人⁴をなぐって気絶させる / 物⁴ in Stücke *schlagen* 物⁴をこなごなに打ち砕く / 人⁴ zu Boden *schlagen* 人⁴をなぐり倒す.

②《方向を表す語句とともに》(物⁴を…へ)**打つける**, 打ち込む, たたきつける. ein Plakat⁴ an die Wand *schlagen* ポスターを壁に張り付ける / einen Nagel in die Wand *schlagen* くぎを壁に打ち込む / ein Ei⁴ in die Pfanne *schlagen* 卵を割ってフライパンに落とす / einen Tennisball über das Netz *schlagen* ネットを越えるようにテニスボールを打つ / die Hände⁴ vors Gesicht *schlagen* 両手で顔を覆う / die Decke⁴ zur Seite *schlagen* 毛布(掛け布団)をわきへはねのける.

③ **打ち負かす**, 打ち破る;《雅》(運命などが)襲う, 打ちのめす. Unsere Mannschaft schlug den Gegner 2：1 (=zwei zu eins). 私たちのチームは相手を2対1で打ち負かした. ◇過去分詞の形で》sich⁴ *geschlagen* geben 敗北を認める.

④《A⁴ aus (または von) B³ ～》(A⁴ を B³ から)たたき落とす. Er *hat* mir den Ball aus der Hand *geschlagen*. 彼は私の手からボールをたたき落とした.

⑤ (打楽器⁴を)打ち鳴らす, (弦楽器⁴を)かき鳴らす. die Trommel⁴ *schlagen* 太鼓をたたく.

⑥《方向を表す語句とともに》**打って**(穴など を…に)**生じさせる**. ein Loch⁴ ins Eis *schlagen* 氷を割って穴をあける / einen Durchbruch durch die Wand *schlagen* 壁を打ち抜く.

⑦ (卵白など⁴を)泡立てる, かき混ぜる. Sahne⁴ *schlagen* 生クリームを泡立てる.

⑧ (時⁴を)打つ. Die Uhr *schlägt* drei Uhr (Mitternacht). 時計が3時(真夜中)を打つ.

⑨《方向を表す語句とともに》(物⁴をさっと…へ)かぶせる, 重ねる, 包み込む, くるむ. 物⁴ in Papier *schlagen* 物⁴を紙に包む / Er schlug

eine Decke **über** die Waren. 彼は商品に覆いをかぶせた / ein Bein⁴ über das andere *schlagen* 脚を組む / ein Tuch⁴ **um** die Schultern *schlagen* 肩にショールをかける. ⑩〚特定の名詞を目的語として〛Alarm⁴ *schlagen* 警鐘を鳴らす / eine Brücke⁴ über einen Fluss *schlagen* 川に橋を架ける / Die Hose *schlägt* Falten. ズボンにしわができる / mit dem Zirkel einen Kreis *schlagen* コンパスで円を描く / ein Kreuz⁴ *schlagen* 十字を切る / den Takt *schlagen* 拍子をとる / Die Pflanzen *schlagen* Wurzeln. 植物が根づく. ⑪〚A⁴ **auf** B⁴ (または **zu** B³) ~〛(比) (A⁴ を B⁴(または B³)に加算する, 加える. die Unkosten⁴ auf den Preis *schlagen* 経費を値段に加算する / die Zinsen⁴ zum Kapital *schlagen* 利息を元金に加える. ⑫ (木など⁴を)切り倒す, 伐採する. ⑬ (チェスなどで):(相手のこま⁴を)取る.
II 〚(完了) haben または sein〛① (h)〚方向を表す語句とともに〛(…を)打つ, たたく. (英 *strike*). Er *schlug* mit der Faust **auf** den Tisch. 彼はこぶしでテーブルをたたいた / 人³ auf die Schulter *schlagen* 人³の肩をたたく / 人³ **ins** Gesicht *schlagen* 人³の顔をなぐりつける / **nach** 人³ *schlagen* 人³になぐりかかる / Er *schlug* wild **um** sich. 彼は乱暴にこぶしを振り回した.
② (s) (激しく)ぶつかる. Er *ist* mit dem Kopf **gegen** die Tür *geschlagen*.〘現在完了〙彼はドアに頭をぶつけた.
③ (h, s)〚方向を表す語句とともに〛(雨などが)…へ打ち当たる;(雷などが…に)命中する. Der Regen *schlug* heftig **ans** Fenster. 雨が激しく窓をたたいていた / Der Blitz *ist* in den Baum *geschlagen*.〘現在完了〙雷が木に落ちた.
④ (h) がたがた(ばたばた)音をたてる. Die offene Tür *schlägt* im Wind. 開いたドアが風でがたがた音をたてている / **mit** den Flügeln *schlagen* (鳥が)はばたく.
⑤ (h) (脈が)打つ, (心臓が)鼓動する;(打って)音を出す, 鳴る, (打つように)鳴らす. Sein Puls *schlägt* schnell. 彼の脈拍は速い / Die Uhr *schlägt* genau. 時計が正確に時を告げる / Die Nachtigall *schlug* im Park. ナイチンゲールが公園で鳴いていた. ⑥ (s, h)〚方向を表す語句とともに〛(炎・煙などが…から)噴き出る, (…へ)噴き上がる. Die Flammen *schlugen* **aus** dem Fenster (**zum** Himmel). 炎が窓から噴き出ていた(空へ立ち昇っていた). ⑦ (s)〚**nach** 人³ ~〛(人³に)似てくる. Sie *schlägt* ganz nach dem Vater. 彼女は父親そっくりになってくる. ⑧ (h, s)〚**in** 物⁴ ~〛(比) (物⁴(専門領域など)に属する. Das *schlägt* nicht in mein Fach. それは私の専門ではない. ⑨ (s)〚人³ **auf** 物⁴ ~〛(人³の物⁴(胃など)にこたえる. Diese Nachricht *ist* mir auf den Magen *geschlagen*.〘現在完了〙この知らせを聞いて私は胃の調子がおかしくなった.
III 再帰 〚(完了) haben〛 *sich*⁴ *schlagen* ① 〚*sich*⁴ [**mit** 人³] ~〛([人³と])なぐり合う. Er *schlug sich* oft mit seinen Mitschülern. 彼はよく同級生たちとなぐり合いをした. ② (…のぐあいに)戦う, がんばり通す. Er *hat sich* im Wettbewerb gut *geschlagen*. 彼は試合でよく戦った. ③〚*sich*⁴ **um** 物⁴ ~〛(口語)(物⁴を)奪い合う. *sich*⁴ um die besten Plätze *schlagen* いちばんいい席を奪い合う. ④〚方向を表す語句とともに〛(…へ)向きを変える, 身を転じる. *sich*⁴ **nach** links (rechts) *schlagen* 左へ(右へ)向きを変える.

◊☞ geschlagen

schla·gend [シュラーゲント] I ※schlagen (打つ)の 現分 II 形 ① 決定的な, 納得のいく. ein *schlagender* Beweis 決定的な証拠. ② (坑)(坑内ガスが)爆発性の.

* *der* **Schla·ger** [シュラーガァ ʃláːɡər] 男 (単2) -s/(複) - (3格のみ -n) (英 *hit*) ① ヒット曲, 流行歌. ein beliebter *Schlager* 人気のある流行歌 / einen *Schlager* singen 流行歌を歌う. ② ヒット商品, ベストセラー, 大当たりの映画(芝居). Sein Buch ist der *Schlager* der Saison. 彼の本は今シーズンのベストセラーだ.

Schlä·ger [シュレーガァ ʃléːɡər] 男 -s/- ① (野球などの)バッター, 打者. ② (スポ)(打つ道具:)(野球の)バット;ゴルフのクラブ(=Golf*schläger*);テニスのラケット(Tennis*schläger*). ③ (方)(クリームなどの)泡立て器. ④ (口語)(すぐに手をあげる)乱暴者.

Schlä·ge·rei [シュレーゲライ ʃleːɡəráɪ] 女 -/-en なぐり合い, けんか.

Schla·ger⁀sän·ger [シュラーガァ・ゼンガァ] 男 -s/- 流行歌手.

Schla·ger⁀star [シュラーガァ・シュタール] 男 -s/-s スター(流行)歌手.

schlag⁀fer·tig [シュラーク・フェルティヒ] 形 打てば響くような, 機転の利く, 当意即妙の. *schlagfertig* antworten 当意即妙に答える.

Schlag⁀fer·tig·keit [シュラーク・フェルティヒカイト] 女 -/ 機知, 機転, 当意即妙.

Schlag⁀in·stru·ment [シュラーク・インストルメント] 中 -[e]s/-e (音楽)打楽器.

Schlag⁀kraft [シュラーク・クラフト] 女 -/ ① 打[撃]力; 攻撃(戦闘)力. ② 説得力.

schlag⁀kräf·tig [シュラーク・クレフティヒ] 形 ① 打[撃]力のある; 攻撃(戦闘)力のある. ② 説得力のある.

Schlag⁀licht [シュラーク・リヒト] 中 -[e]s/-er (美・写)(対象物を際だたせるための)強い光[線].

Schlag⁀loch [シュラーク・ロッホ] 中 -[e]s/ ..löcher (道路の)くぼみ, 穴ぼこ.

Schlag⁀mann [シュラーク・マン] 男 -[e]s/ ..männer (ボートの)コックス; (野球の)バッター.

Schlag⁀obers [シュラーク・オーバァス] 中 -/ 《オーストリア》ホイップクリーム(=Schlagsahne).

Schlag⁀rahm [シュラーク・ラーム] 男 -[e]s/ 《南ドイツ》ホイップクリーム(=Schlagsahne).

Schlag⁀ring [シュラーク・リング] 男 -[e]s/-e

Schlagsahne 1162

① (なぐり合いに用いる)鉄製の手甲. ②《音楽》(ツィター用の)ピック.
Schlag＝sah・ne [シュラーク・ザーネ] 囡 -/ ホイップクリーム, (泡立てた)生クリーム.
Schlag＝schat・ten [シュラーク・シャッテン] 男 -s/- 《美・写》投影, (際だつ)濃い影.
Schlag＝sei・te [シュラーク・ザイテ] 囡 -/《ふつう冠詞なしで》《海》(船体の)傾斜. *Schlagseite*⁴ haben a) (船体が)傾く, b)《戯》(人が酔っ払って)千鳥足で歩く.
schlägst [シュレークスト] ＊schlagen (打つ)の2人称単数 [現在]
Schlag＝stock [シュラーク・シュトック] 男 -[e]s/..stöcke 警棒;《獨》《音楽》ドラムスティック.
schlägt [シュレークト] ＊schlagen (打つ)の3人称単数 [現在]
Schlag＝werk [シュラーク・ヴェルク] 中 -[e]s/-e (時計の)打鐘装置.
＊*das* **Schlag＝wort** [シュラーク・ヴォルト ʃláːkˌvɔrt] 男 (単2) -[e]s/(複) -e (3格のみ -en) または(複) ..wörter [..ヴェルタァ] (3格のみ ..wörtern) ①《複 -e まれに ..wörter》スローガン, 標語, キャッチフレーズ; (軽蔑的に)《政治的な》大げさ文句. die *Schlagworte* der Französischen Revolution² フランス革命のスローガン. ②《複 ..wörter》(索引カードなどの)見出し語, 検索語.
Schlag＝wort＝ka・ta・log [シュラークヴォルト・カタローク] 男 -[e]s/-e (図書館の)件名目録.
Schlag＝zei・le [シュラーク・ツァイレ] 囡 -/-n (新聞の)大見出し. *Schlagzeilen*⁴ machen 大評判になる.
Schlag＝zeug [シュラーク・ツォイク] 中 -[e]s/-e 《音楽》(一人の演奏者のための)打楽器群, ドラムス.
Schlag＝zeu・ger [シュラーク・ツォイガァ] 男 -s/- ドラマー, 打楽器奏者.
schlak・sig [シュラークスィヒ ʃláːksɪç] 形《俗》のっぽでぶかっこうな.
Schla・mas・sel [シュらマッセる ʃlamásəl] 男 (オース 中) -s/-《口語》やっかいなこと(状態), 不運; 大混乱.
＊*der* **Schlamm** [シュらム ʃlám] 男 (単2) -[e]s/(複) -e (3格のみ -en) または(複) Schlämme [シュれメ] (3格のみ Schlämmen) 泥, ぬかるみ; ヘドロ. (要 *mud*). im *Schlamm* stecken bleiben 泥にはまっている.
Schlamm＝bad [シュらム・バート] 中 -[e]s/..bäder (治療のための)泥浴.
schläm・men [シュれンメン ʃlémən] 他 (h) ①《物⁴の》泥をさらう, 浚渫(しゅんせつ)する. ②《工》(水中でかき混ぜて《物⁴を》えり分ける. ③《園芸》(植えたばかりの草木⁴に)たっぷり水をやる.
schlam・mig [シュらミヒ ʃlámɪç] 形 泥だらけの, ぬかるんだ.
Schlämm＝krei・de [シュれム・クライデ] 囡 -/《化》精製白亜(塗料・歯みがき剤に用いる).
Schlam・pe [シュらンペ ʃlámpə] 囡 -/-n《口

語》① だらしない女. ② 身持ちの悪い女.
schlam・pen [シュらンペン ʃlámpən] 自 (h)《口語》① いいかげんな仕事をする. ②《mit 物³ ~》(物³を)ぞんざいに扱う. ③《方》(ズボンなどが)だぶだぶである.
Schlam・pe・rei [シュらンペライ ʃlampəráɪ] 囡 -/-en《口語》だらしなさ, ずさんさ.
schlam・pig [シュらンピヒ ʃlámpɪç] 形《口語》(服装などが)だらしない; (仕事ぶりなどが)いいかげんな, そんざいな.
schlang [シュらング] ＊schlingen¹ (巻きつける)の [過去]
＊*die* **Schlan・ge** [シュランゲ ʃláŋə] 囡 (単) -/(複) -n ①《動》ヘビ(蛇). (要 *snake*). eine giftige *Schlange* 毒蛇 / Die *Schlange* windet sich durch das Gras. 蛇が草の中を身をくねらせて進む / eine *Schlange*⁴ am Busen nähren《雅・比》獅子身中の虫を養う(←蛇を自分の懐で養う). ②《口語》陰険な女. ③ (人人の)長蛇の列 (=Menschen*schlange*); (渋滞などでの)自動車の列 (=Auto*schlange*). *Schlange*⁴ stehen (人が窓口などで)延々と行列を作る. ④《工》蛇管.
schlän・ge [シュレンゲ] ＊schlingen¹ (巻きつける)の [接2]
schlän・geln [シュレングるン ʃléŋəln] [再帰] (h) *sich*⁴ *schlängeln* ① (蛇などが)くねくねと進む; (川などが)蛇行している. ②《*sich*⁴ *durch 物*⁴ ~》(物⁴の間を)すり抜けて進む.
Schlan・gen＝be・schwö・rer [シュランゲン・ベシュヴェーラァ] 男 -s/- 蛇使い.
Schlan・gen＝biss [シュランゲン・ビス] 男 -es/-e (毒)蛇がかむこと; 蛇にかまれた傷.
Schlan・gen＝biß [新旧] Schlangenbiss
Schlan・gen＝gift [シュランゲン・ギフト] 中 -[e]s/-e 蛇の毒.
Schlan・gen＝li・nie [シュランゲン・リーニエ] 囡 -/-n 蛇行(だこう)線, 波状線.
Schlan・gen＝mensch [シュランゲン・メンシュ] 男 -en/-en (体を自由自在に曲げる)アクロバット曲芸師.
＊**schlank** [シュランク ʃláŋk] 形 ① すらりとした, ほっそりした, スリムな. (要 *slim*). Er ist groß und *schlank*. 彼は背が高くすらりとしている / *schlanke* Arme ほっそりとした腕 / Das Kleid macht dich *schlank*. そのワンピースを着ると君はスリムに見える. (類語 dünn). ②《付加語としてのみ》《方》(足取りなどが)すばやい, 敏捷(びん)な.
Schlank・heit [シュランクハイト] 囡 -/ ほっそりしていること, すらりとしていること.
Schlank・heits＝kur [シュランクハイツ・クーァ] 囡 -/-en 痩身(そう)療法, 脱脂(減食)療法.
schlank＝weg [シュランク・ヴェック] 副《口語》即座に, 無造作に, あっさりと; まさに, まったく.
schlapp [シュらップ ʃláp] 形 ① ぐったりした,《口語》無気力な. ② (ひもなどが)緩んだ, たるんだ.
Schlap・pe [シュらッペ ʃlápə] 囡 -/-n 敗北.

痛手. eine *Schlappe*[4] erleiden 敗北を喫する.
schlap·pen [シュラッペン] ʃlápən] I 自 (h, s)
《口語》① (h) だらりとたれ下がっている; (靴が)
ぶかぶかである. ②(s) (…へ) 足を引きずって歩
く. II (h)《口語》(犬などが水など[4]を)ぴちゃ
ぴちゃすする.
Schlap·pen [シュラッペン] 男 -s/- 《口語》ス
リッパ (=Pantoffel).
Schlapp⇗hut [シュラップ・フート] 男 -[e]s/
..hüte つばの広いソフト帽.
schlapp|ma·chen [シュラップ・マッヘン] ʃlápmàxən] 自(h)《口語》へばる, ぐったりする.
Schlapp⇗schwanz [シュラップ・シュヴァンツ]
男 -es/..schwänze《俗》いくじなし, 弱虫.
Schla·raf·fen⇗land [シュララッフェン・ラント] 中 -[e]s/..länder 怠け者の天国(パラダイス)
(働かずに飲み食いのできる夢の国).
Schla·raf·fen⇗le·ben [シュララッフェン・れーベン] 中 -s/ 怠け者のパラダイスにいるような(安逸
な)生活.
*****schlau** [シュラオ ʃláu] 形 (比較 schlauer, 最上
schlau[e]st) ① 抜け目のない, ずる賢い. (英
cunning). Er ist ein *schlauer* Kopf. 彼は抜
け目のないやつだ. (🔁 類語 klug). ②《口語》
賢い. ③《成句的に》**aus** 人・事[3] nicht *schlau*
werden 人・事[3]がわからない, 理解できない.
Schlau·ber·ger [シュラオ・ベルガァ ʃláu-bərgər] 男 -s/-《口語・戯》要領のいいやつ, 抜け目
のないやつ.
****der* **Schlauch** [シュラオホ ʃláux] 男 (単2)
-[e]s/(複) Schläuche [シュロイヒェ] (3 格のみ
Schläuchen) ① ホース, 管(☆). (英 *hose*).
Gummi*schlauch* ゴムホース / einen *Schlauch*
auf|rollen (または aus|rollen) (巻いてある)ホー
スを伸ばす / einen *Schlauch* an eine Leitung an|schließen ホースを水道[管]につなぐ /
auf dem *Schlauch* stehen《俗》のみ込みが悪
い. ②(タイヤの)チューブ; (昔の:)(ワインなどの)
革袋. einen *Schlauch* auf|pumpen チューブ
に空気を入れる. ③《口語》細長い部屋. ④
《口語》長く続くつらい仕事.
Schlauch⇗boot [シュラオホ・ボート] 中 -[e]s/
-e ゴムボート.
Schläu·che [シュロイヒェ] *Schlauch (ホース)
の複
schlau·chen [シュラオヘン ʃláuxən] I 他(h)
①《口語》(仕事などが人[4]を)くたくたに疲れさせ
る, しごく. ②(液体[4]を容器へ)ホースで入れる.
③《成句的に》einen *schlauchen*《俗》大酒を
飲む. II 自(h)《**bei** 人[3] ～》《方》(人[3]の世話
になって)ぬくぬくと暮らす.
schlauch·los [シュラオホ・ろース] 形 チューブ
レスの(タイヤなど).
Schläue [シュロイエ ʃlɔ́yə] 女 -/ 要領のいいこ
と, 抜け目のなさ.
Schlau·fe [シュラオフェ ʃláufə] 女 -/-n ①
(電車などの)つり革, (荷物の)つり手. ②(ベルト
を通す)止め輪, (ボタンの)ルーブ.
Schlau·heit [シュラオハイト] 女 -/ 要領のいい

こと, 抜け目のなさ (=Schläue).
Schlau⇗kopf [シュラオ・コップ] 男 -[e]s/
..köpfe 《口語》要領のいい(抜け目のない)やつ
(=Schlauberger).
Schlau⇗mei·er [シュラオ・マイアァ] 男 -s/-
《口語》=Schlaukopf
Schla·wi·ner [シュラヴィーナァ ʃlaví:nər] 男
-s/- 《俗》ずる賢いやつ, 海千山千.

*****schlecht** [シュれヒト ʃléçt]

> 悪い Er ist *schlecht* in Physik.
> エァ イスト シュれヒト イン フュズィーク
> 彼は物理の成績が悪い.

I 形 (比較 schlechter, 最上 schlechtest) ①(質
などが)悪い, 粗悪な, 粗末な; 下手な; だめな.
(英 *bad*). (⇔「良い」は gut). eine *schlechte*
Ware 粗悪品 / *schlechtes* Essen 粗末な食
事 / Er spricht ein *schlechtes* Englisch. 彼
はブロークンな英語を話す / Das Fleisch ist
schlecht geworden.《現在完了》その肉は腐っ
てしまった / Der Kaffee schmeckt *schlecht*.
このコーヒーはまずい.
② (機能が)悪い, 健全でない. Ich habe
einen *schlechten* Magen. 私は胃の調子が悪
い / *schlecht* sehen (hören) 目がよく見えない
(耳がよく聞こえない).
③(数量的に)乏しい, 貧弱な. ein *schlechtes*
Gehalt 乏しい給料 / Der Besuch der
Veranstaltung war *schlecht*. イベントの客の
入りは悪かった.
④《**nicht** *schlecht* の形で》㋐ 悪くない, とて
もよい. [Das ist] nicht *schlecht*. それはなかなか
いい, 結構じゃないか. ㋑《口語》少なからず, 大
いに. Da staunten sie nicht *schlecht*. そのと
き彼らは少なからず驚いた.
⑤ 都合の悪い, 不利な. eine *schlechte*
Nachricht 悪いニュース / *schlechtes* Wetter
悪天候 / Sie hat eine *schlechte* Presse. 彼
女は新聞で悪評を浴びている / Heute passt es
mir *schlecht*. きょうは私は都合が悪い.
⑥ いやな, 不愉快な, 好ましくない. ein *schlechter* Geruch いやなにおい / eine *schlechte*
Angewohnheit 悪癖.
⑦(道徳的に)悪い, いかがわしい. ein *schlechter* Mensch 悪人 / einen *schlechten* Ruf
haben 評判が悪い / mit *schlechtem* Gewissen 良心の呵責(☆)を覚えながら.
⑧《人[3] ist (wird) *schlecht* の形で》人[3]の気
分・体調が悪い. Mir ist (wird)
schlecht. 私は気分が悪い(悪くなる).
⑨《古》簡素な (=schlicht).
II 副 ①《ふつう **können** とともに; 文全体にか
かって》なかなか…できない. Das kann ich ihm
schlecht sagen. 私はなかなかそのことを彼に言え
ない / Ich kann *schlecht* Nein sagen. 私はな
かなかNoと言えないんです.
②《成句的に》*schlecht* und recht どうにか[こ
うにか], 曲がりなりにも / mehr *schlecht* als
recht かろうじて.

schlecht ge·hen [es geht 人³ schlecht の形で] 人³ の健康(経済)状態がよくない.
schlecht ge·launt 不機嫌な.
schlecht ge·ma·chen 《口語》 [人・物⁴を]悪く言う, 中傷する, けなす.

類語 **schlecht**: (ある状態・品質などが客観的に見てよくない意味で)悪い, だめな. **schlimm**: (主観的に見て, 事態が重大で悪い結果を引き起こすという意味で)悪い, 困った. Die Sache nahm eine *schlimme* Wendung. 事態は悪い方へ傾いた. **böse**: (本性の上から・道徳的に)悪い, たちの悪い. ein *böser* Mann 意地悪な男. **übel**: a) (道徳的に)悪い, b) (気分などが)悪い. Mir ist *übel*. 私は気分が悪い.

schlech·ter·dings [シュレヒタァ・ディングス] 副 全然, まったく. Das ist *schlechterdings* unmöglich. それはまったく不可能だ.
schlecht|ge·hen* 非人称 (s)《新形》schlecht gehen) ☞ schlecht
schlecht|ge·launt 形 (《新形》schlecht gelaunt) ☞ schlecht
schlecht·hin [シュレヒト・ヒン] 副 ① 《名詞のあとに置かれて》ほかでもない, まさに, 正真正銘の. Er ist der Idealist *schlechthin*. 彼はまさに理想主義者だ. ② まったく, すっかり, 完全に. Das ist *schlechthin* unmöglich. それはまったく不可能だ.
Schlech·tig·keit [シュレヒティヒカイト] 女 -/-en ① 《複 なし》粗悪なこと, 堕落, 下等, 劣等. ② 悪行, 下劣な行為.
schlecht|ma·chen 他 (h) (《新形》schlecht machen) ☞ schlecht
schlecht·weg [シュレヒト・ヴェック] 副 全然, まったく.
Schlecht·wet·ter [シュレヒト・ヴェッタァ] 中 -s/ 悪天候.
Schlecht·wet·ter·geld [シュレヒトヴェッタァ・ゲルト] 中 -[e]s/-er (建設作業員に国から支給される)悪天候休業手当.
schle·cken [シュレッケン] I 他 (h) 《南ド》(アイスクリームなど⁴を)ぺろぺろなめる. II 自 (h) ① 《北ド》甘いものを食べる. ② 〖an 物³ ~〗《南ド》(物)をなめる.
Schle·cke·rei [シュレッケライ] 女 -/-en 《南ド・オストリ》甘いもの, 菓子類.
Schle·cker·maul [シュレッカァ・マオる] 中 -[e]s/..mäuler《口語・戯》美食家; (特に)甘党.
Schle·gel¹ [シュレーゲる] 男 -s/- ① ☞《新形》Schlägel ② 《南ド・オストリ》(子牛・鳥などの)もも肉.
Schle·gel² [シュレーゲる] -s/ 《人名》シュレーゲル(兄 August Wilhelm von *Schlegel* 1767-1845; ドイツの批評家, シェイクスピアの翻訳者; 弟 Friedrich von *Schlegel* 1772-1829; ドイツの文学者).
Schleh·dorn [シュレー・ドルン] 男 -[e]s/-e《植》リンボク.
Schle·he [シュレーエ] *Slé:ə* 女 -/-n 《植》①

= Schlehdorn ② リンボクの実.
schlei·chen [シュらイヒェン] *ʃláiçən* (schlich, *ist/hat*...geschlichen) I 自 (《定了》sein) 忍び足で歩く, こっそり歩く; (疲れて)足を引きずるように歩く. (《英》*creep*). auf Zehenspitzen *schleichen* つま先立ちでそっと歩く / **ins** Haus *schleichen* 家の中へ忍び込む / **nach** Beute *schleichen* 獲物に忍び寄る / Die Zeit *schleicht*. 《比》時間がゆっくり過ぎて行く. II 再帰 (《定了》haben) *sich*⁴ *schleichen*〖ふつう方向を表す語句とともに〗(…へ)忍び寄る, (…から)忍び出る. *sich*⁴ **aus** dem Haus *schleichen* こっそり家から抜け出す.
schlei·chend [シュらイヒェント] I *schleichen* (忍び足で歩く)の 現分 II 形 忍び寄る, 徐徐に進行する, 潜行性の(病気・インフレなど).
Schlei·cher [シュらイヒャァ] *ʃláiçɐ* 男 -s/- (軽蔑的に:)陰でこそこそやる人, 陰謀家.
Schleich·han·del [シュらイヒ・ハンデる] 男 -s/ 密貿易, 闇(ヤミ)商売, 不法売買.
Schleich·weg [シュらイヒ・ヴェーク] 男 -[e]s/-e (人目につかない)間道, 抜け道. **auf** *Schleichwegen*《比》不正ルートで, 闇(ヤミ)で.
Schleich·wer·bung [シュらイヒ・ヴェルブング] 女 -/《放送・広告》もぐり宣伝(通常の報道の中にこっそり宣伝文を入れること).
Schleie [シュらイエ] *ʃláiə* 女 -/-n《魚》テンチ(ヨーロッパ産コイ科の淡水魚の一種).
***der* Schlei·er** [シュらイアァ] *ʃláiɐr* 男 《単2》-s/《複》- (3格のみ -n) ① ヴェール. (《英》*veil*). Braut*schleier* ウェディングヴェール / Die Braut trägt einen langen *Schleier*. 花嫁は長いヴェールを着けている / den *Schleier* nehmen《雅》尼になる / den *Schleier* des Geheimnisses lüften《雅》秘密のヴェールをはがす / Ich sehe alles wie durch einen *Schleier*. 私には何もかもぼんやりとしか見えない(←ヴェールを通したように見える). ② 覆うもの; もや, 霧. der *Schleier* der Dämmerung² 夕暮れのとばり. ③《写》かぶり;《植》包膜(菌膜);《鳥》顔盤(フクロウなどの目をとりまく羽).
Schlei·er·eu·le [シュらイアァ・オイれ] 女 -/-n《鳥》メンフクロウ.
schlei·er·haft [シュらイアァハフト] 形 《成句的に》人³ *schleierhaft* sein《口語》(人³にとって)はっきりしない, 不可解である.
***die* Schlei·fe**¹ [シュらイフェ] *ʃláifə* 女 《単》-/《複》-n ① (リボンなどの)ちょう結び; ちょう結びのリボン; ちょうネクタイ. (《英》*bow*). ein Kranz mit *Schleife* ちょう結びリボンの付いた花輪 / eine *Schleife*⁴ binden (lösen) ちょう結びする(解く) / Sie trägt eine *Schleife* im Haar. 彼女は髪にリボンを付けている. ② (大きな)カーブ, ヘアピンカーブ. Die Straße macht hier eine *Schleife*. その通りはここで大きく環状に曲がっている.
Schlei·fe² [シュらイフェ] 女 -/-n ① 《方》(スケートの)滑走路. ② (昔の)荷物運搬用そり.
schlei·fen¹* [シュらイフェン] *ʃláifən*

(schliff, hat ... geschliffen) 他 (完了 haben) ① (刃物⁴を)研ぐ; (宝石・ガラスなど⁴を)磨く, 研磨する. die Schere⁴ *schleifen* はさみを研ぐ / Diamanten⁴ *schleifen* ダイヤモンドを磨く(カットする). ③《軍》しごく, 鍛える.
◇☞ **geschliffen**

schlei·fen² [シュライフェン] (schleifte, hat/ist ... geschleift) I 他 (h) ① 引きずる, 引っぱって行く. einen Sack **hinter** sich her *schleifen* 袋を引きずって行く / Er *schleift* sie **von** einer Party **zur** anderen.《比》彼は彼女をパーティーからパーティーへと連れ回す. ② (建物など⁴を)取り壊す. II 自 (h, s) ① (h, s) (衣服のすそなどが)引きずる; すれる, こすれる. Das Kleid *schleift* **auf** dem Boden (または **über** den Boden). ドレスが床の上を引きずっている / **am** Schutzblech *schleifen* (車輪が)泥よけにすれる. ② (s) 足を引きずって歩く.

Schlei·fer [シュライファァ ʃláifər] 男 -s/- ① (刃物の)研ぎ師, 研磨工; 宝石細工師. ②《軍》冷酷な訓練係, しごき屋. ③《音楽》シュライファー(装飾音の一種); シュライファー(ドイツの古い農民の踊り).

Schleif⸗lack [シュライフ・ラック] 男 -[e]s/-e (家具用の)つや出しワニス.

Schleif⸗**ma·schi·ne** [シュライフ・マシーネ] 女 -/-n グラインダー, 研削(研磨)機.

Schleif⸗**stein** [シュライフ・シュタイン] 男 -[e]s/-e 砥石(といし).

Schleim [シュライム ʃláim] 男 -[e]s/-e ① (動・植物の)粘液, たん. Nasen*schleim* 鼻汁. ②《料理》(胃弱者用の)かゆ. Hafer*schleim* オートミールのかゆ.

schlei·men [シュライメン ʃláimən] 自 (h) ① 粘液を分泌する. ② おべっかを使う.

Schlei·mer [シュライマァ ʃláimər] 男 -s/- おべっか使い.

Schleim⸗haut [シュライム・ハオト] 女 -/..häute《医》粘膜.

schlei·mig [シュライミヒ ʃláimɪç] 形 ① 粘液の多い; ねばねばした. ②《比》お世辞たらたらの, 卑屈な.

Schleim⸗schei·ßer [シュライム・シャイサァ] 男 -s/-《俗》おべっか使い.

Schleim⸗**sup·pe** [シュライム・ズッペ] 女 -/-n《料理》(乳児・病人用の)薄いかゆ, 重湯(おもゆ).

schlem·men [シュレメン ʃlémən] I 他 (h) うまい物をたらふく飲み食いする. II 他 (h) (高級なもの⁴を)たっぷり食べる.

Schlem·mer [シュレマァ ʃlémər] 男 -s/- 美食家, 食い道楽.

Schlem·me·rei [シュレメライ ʃlemərái] 女 -/-en ①《複なし》美食, 飽食. ②《蔑》ぜいたくなごちそう.

schlen·dern [シュレンダァン ʃléndərn] 自 (s) ぶらぶら歩く. **durch** die Straßen *schlendern* 通りをぶらつく.

Schlend·ri·an [シュレンドリアーン ʃléndriaːn] 男 -[e]s/《口語》だらだらした仕事ぶり(態度).

schlen·kern [シュレンカァン ʃléŋkərn] I 他 (h) ぶらぶら動かす(振る). eine Tasche⁴ *schlenkern* かばんをぶらぶら振る. II 自 (h, s) ① (h) ぶらぶら揺れる. ② (h)〖**mit** 物³ ~〗物³をぶらぶら動かす. **mit** den Armen *schlenkern* 腕をぶらぶらさせる. ③ (s)《方》ぶらぶら歩く.

Schlepp [シュレップ ʃlɛp] 男《成句的に》〖物³ **in** *Schlepp* nehmen 物³を曳航(えいこう)する, 牽引(けんいん)する〗**in** *Schlepp* nehmen 人⁴を無理に引っぱって行く / 人・物³ **im** *Schlepp* haben a) 人・物⁴を引っぱっている, b) 人・物⁴を引き連れている.

Schlepp⸗damp·fer [シュレップ・ダンプファァ] 男 -s/- 蒸気引き船, タグボート.

Schlep·pe [シュレッペ ʃlɛ́pə] 女 -/-n ① (婦人服の長い)引きすそ. ②《農》土ならしの道具.

*****schlep·pen** [シュレッペン ʃlɛ́pən] (schleppte, hat ... geschleppt) I 他 (完了 haben) ① 引きずるようにして運ぶ. (《英》drag). Kisten⁴ **in** den Keller *schleppen* 荷箱を引きずって地下室へ運び込む / Er *schleppte* seinen Koffer **zum** Bahnhof. 彼はトランクを引きずるようにして駅まで運んだ. (☞《類語》bringen). ② (船⁴を)曳航(えいこう)する. **ein** Auto⁴ **in** die Werkstatt *schleppen* 自動車を修理工場へ牽引する. ③《方向を表す語句とともに》《口語》〖人⁴を…へ〗無理やりに連れて行く. Er *schleppte* sie **zu** der Party. 彼は彼女を無理にそのパーティーに連れて行った.
II 再帰 (完了 haben) sich⁴ *schleppen* ①《方向を表す語句とともに》(…へ)体を引きずるようにして歩く(進む). Der Kranke *schleppte* sich mühsam **zum** Bett. 病人はやっとの思いでベッドにたどり着いた. ②〖*sich*⁴ **mit** 物・事³ ~〗《方》(物³を)苦労して運ぶ; 《比》(軍³(病気など)を)引きずる. ③ 長引く. Der Prozess *schleppt* sich nun schon über fünf Jahre. 裁判はもう5年以上続いている.
III 自 (完了 haben) (すそなどが床の上を)引きずる. Das Kleid *schleppt*. ドレスのすそが引きずっている.

schlep·pend [シュレッペント] I *schleppen (引きずるようにして運ぶ)の 現分 II 形 ① 引きずるような(歩みなど). **mit** *schleppenden* Schritten 引きずるような足取りで. ② 間延びした. eine *schleppende* Melodie 間延びしたメロディー / Er spricht ein wenig *schleppend*. 彼の話し方は少々間延びしている. ③ 緩慢な, のろい(仕事など).

Schlep·per [シュレッパァ ʃlɛ́pər] 男 -s/- ① 引き船, タグボート; 牽引(けんいん)車, トラクター. ②《口語》客引き; (逃亡などの)手引きをする人.

Schlepp⸗kahn [シュレップ・カーン] 男 -[e]s/..kähne (曳航(えいこう)される)無動力のはしけ.

Schlepp⸗**lift** [シュレップ・リフト] 男 -[e]s/-e (または -s) (スキーの)ティーバーリフト(スキーヤーがスキーをはいたままローブにつかまって引き上げてもらうリフト).

Schlepp⸗**netz** [シュレップ・ネッツ] 中 -es/-e

Schlepptau 《漁》底引き網, トロール網.
Schlepp･tau [シュれップ・タオ] 中 -[e]s/-e 引き網. 物⁴ im *Schlepptau* haben 物⁴を曳航(えいこう)(牽引(けんいん))している / 人⁴ im *Schlepptau* haben 人⁴を引き連れている / 人⁴ ins *Schlepptau* nehmen《口語》(一人では心もとない)人⁴に手を貸す.
schlepp･te [シュれップテ] *schleppen (引きずるようにして運ぶ)の過去
Schlepp＝zug [シュれップ・ツーク] 男 -[e]s/..züge (曳航(えいこう)される)はしけの列.
Schle･si･en [シュれーズィエン] 中 -s/《地名》シュレージエン, シュレジア(オーダー川中・上流の地方名. 旧プロイセンの州名. 現在はその大半がポーランド領).
Schle･si･er [シュれーズィアァ ʃléːziər] 男 -s/- シュレージエンの人.
schle･sisch [シュれーズィッシュ ʃléːzɪʃ] 形 シュレージエン[人・方言]の.
Schles･wig [シュれースヴィヒ ʃléːsvɪç] 中 -s/《地名・都市名》シュレースヴィヒ(ドイツ, シュレースヴィヒ・ホルシュタイン州の北部地方およびその都市: ☞ 地図 D-1).
Schles･wig-Hol･stein [シュれースヴィヒ・ホるシュタイン ʃléːsvɪç-hólʃtaɪn] 中 -s/《地名》シュレースヴィヒ・ホルシュタイン(ドイツ北方の州. 州都はキール. ☞ 地図 D-E-1〜2).
Schleu･der [シュろイダァ ʃlɔ́ʏdər] 女 -/-n ① (投石用の)パチンコ, 投石器. ② (洗濯機の)脱水機 (=Wäsche*schleuder*); 遠心分離器. ③《口語》車, オートバイ.
Schleu･der＝ball [シュろイダァ・バる] 男 -[e]s/..bälle (ぼっ) ① 《複 なし》シュろイダー・バル (ボールを投げ合うチーム競技の一種). ② シュろイダー・バル用のボール.
Schleu･der＝ho･nig [シュろイダァ・ホーニヒ] 男 -s/-e (遠心分離機で採取した)精製蜂蜜(ほう).
Schleu･der＝ma･schi･ne [シュろイダァ・マシーネ] 女 -/-n 遠心分離機.
＊**schleu･dern** [シュろイダァン ʃlɔ́ʏdərn] (schleuderte, hat/ist...geschleudert) I 他 (完了 haben) ① (弾みをつけて)投げる, 投げ飛ばす. (英 hurl). einen Ball *schleudern* ボールをほうり投げる / Er hat den Diskus 60 m weit *geschleudert*. 彼は円盤を60メートル投げた / 物⁴ an die Wand *schleudern* 物⁴を壁に投げつける. ② 遠心分離器(脱水機)にかける. Wäsche⁴ in (または mit) der Maschine *schleudern* 洗濯物を脱水機にかける.
II 自 (完了 sein または haben) (自動車などが)横滑りする, スリップする. (英 skid). In der Kurve *ist* (または hat) das Motorrad *geschleudert*. カーブでそのオートバイは横滑りした.
Schleu･dern [シュろイダァン] 中 《成句的に》ins *Schleudern* geraten (または kommen) a) (車がスリップする), b)《口語》うろたえる / 人⁴ ins *Schleudern* bringen《口語》人⁴をうろたえさせる.

Schleu･der＝preis [シュろイダァ・プライス] 男 -es/-e《口語》捨て値, 超安値.
Schleu･der＝sitz [シュろイダァ・ズィッツ] 男 -es/-e《空》(緊急脱出用の)射出座席.
schleu･der･te [シュろイダァテ] *schleudern (投げる)の過去
Schleu･der＝wa･re [シュろイダァ・ヴァーレ] 女 -/-n《ふつう 複》《口語》投げ売り品, 見切り品.
schleu･nig [シュろイニヒ ʃlɔ́ʏnɪç] 形《雅》早速の, 即刻の; 急ぎの, 迅速な.
schleu･nigst [シュろイニヒスト ʃlɔ́ʏnɪçst] 副 大至急, 大急ぎで.
Schleu･se [シュろイゼ ʃlɔ́ʏzə] 女 -/-n ① 水門(川や運河の水位を調節して船を通航させる装置). durch eine *Schleuse* fahren 水門を通る. ② (気密室の入口にある)エアロック, 気閘(きこう).
schleu･sen [シュろイゼン ʃlɔ́ʏzən] 他 (h) ① (船⁴を)水門を開いて通航させる. ② 《人・物》durch (または über) 物⁴ ~》人⁴に 物⁴(税関などを)通過させる. ③ (不法に…へ)潜入させる, 持ち出す(持ち込む).
Schleu･sen＝tor [シュろイゼン・トーァ] 中 -[e]s/-e 水門のゲート.
schlich [シュリヒ] *schleichen (忍び足で歩く)の過去
Schlich [シュリヒ ʃlɪç] 男 -[e]s/-e ①《ふつう 複》策略, 計略, トリック. 人³ auf die *Schliche* kommen 人³の策略を見抜く. ② (鉱) 精鉱.
schli･che [シュリッヒェ] *schleichen (忍び足で歩く)の接Ⅱ
＊**schlicht** [シュリヒト ʃlɪçt] I 形 (比較 schlichter, 最上 schlichtest) (英 simple) ① 簡素な, 質素な. *schlichte* Kleidung 地味な服装 / eine *schlichte* Mahlzeit 質素な食事. ② 素朴な, 飾り気のない, 率直な. ein *schlichter* Mensch 素朴な人 / mit *schlichten* Worten 率直な言葉で / *schlichtes* Haar《雅》なめらかな髪. (☞ 類語 naiv). ③ 純然たる, 単なる. Das ist eine *schlichte* Tatsache. それは純然たる事実だ.
II 副 まったく. Das ist *schlicht* falsch. それはまったく誤りだ. ◇《成句的に》*schlicht* um *schlicht* tauschen (お金にせず)直接交換する / *schlicht* und einfach《口語》まったく, まさに / *schlicht* und ergreifend《口語・戯》まったく, すっかり.
schlich･ten [シュリヒテン ʃlɪçtən] 他 (h) ① (争い⁴を)調停する, 仲裁する. ② (物⁴の表面を)なめらかにする, 平らにする; (皮⁴を)なめす.
Schlich･ter [シュリヒタァ ʃlɪçtər] 男 -s/- 調停者, 仲裁者.
Schlicht･heit [シュリヒトハイト] 女 -/ 簡素, 地味, 単純さ, 率直さ.
Schlich･tung [シュリヒトゥング] 女 -/-en《ふつう 単》① 調停, 仲裁. ② (加工・細工の)仕上げ.
schlicht＝weg [シュリヒト・ヴェック] 副 全然,

Schlick [シュリック ʃlík] 男 -[e]s/-e (海底・湖底の)泥土.

schlief [シューリーフ] *schlafen (眠る)の 過去

schlie·fe [シューリーフェ] *schlafen (眠る)の 接2

schlie·fig [シューリーフィヒ ʃlí:fɪç] 形《方》生焼けの(パンなど).

schlie·re [シューリーレ ʃlí:rə] 女 -/-n ① 《複なし》《中東部ʦ゛》ぬるぬるしたもの, 粘液. ② 《化・工》(光学ガラスなどの)条痕(ほん); 《地学》(火成岩などの)縞(しま)状の線.

schlie·rig [シューリーリヒ ʃlí:rɪç] 形《方》ねばばした, ぬるぬるした, 滑りやすい.

Schlie·ße [シューリーセ ʃlí:sə] -/-n 締め金, 留め金, 掛け金, バックル.

schlie·ßen [シューリーセン ʃlí:sən]

閉める
Schließen Sie bitte die Tür!
シューリーセン ズィー ビッテ ディ テューァ
ドアを閉めてください.

du schließt (schloss, *hat…*geschlossen) **I** 他 (完了 haben) ① **閉める**, 閉じる, (服など⁴の)ボタンを掛ける. (英 close, shut). (対 「開ける」 öffnen). das Fenster⁴ *schließen* 窓を閉める / Sie *schloss* das Buch. 彼女は本を閉じた / die Augen⁴ *schließen* 目を閉じる / einen Schrank *schließen* たんすの扉を閉める / eine Flasche⁴ [mit einem Korken] *schließen* びんに[コルクで]栓をする.
② (店など⁴を)**閉める**, 終業にする; (店・学校などを)閉鎖する. Wir *schließen* den Laden um 18 Uhr. 私たちは店を18時に閉めます / Das Museum *ist* heute *geschlossen*. 《状態受動・現在》博物館はきょうは閉まっている / die Grenze⁴ *schließen* 国境を閉鎖する.
③ 《A⁴ in B⁴ ~》(A⁴をB⁴に)しまい**込む**, 閉じ込める. Geld⁴ in die Schublade *schließen* お金を引き出しにしまい込む / 人⁴ in einen Keller *schließen* 人⁴を地下室に閉じ込める / Er *schloss* sie in seine Arme. 彼は彼女を腕に抱き締めた / 事⁴ in sich *schließen* 事⁴を内に含む ⇒Die Aussage *schließt* einen Widerspruch in sich. その発言は矛盾を含んでいる.
④ 《A⁴ an B⁴ ~》(A⁴をB⁴に)つなぐ. Er *schloss* den Hund an die Kette. 彼は犬を鎖につないだ.
⑤ **終える**, 終わりにする; 締めくくる. eine Sitzung⁴ *schließen* 会議を終了する / Er *schloss* seine Rede mit den Worten… 彼は演説を…という言葉で締めくくった.
⑥ (契約・関係など⁴を)**結ぶ**. einen Vertrag *schließen* 契約を結ぶ / mit 人³ die Ehe⁴ *schließen* 人³と結婚する / Wir *schlossen* Freundschaft mit ihm. 私たちは彼と親交を結んだ.
⑦ 《A⁴ aus B³ ~》(A⁴をB³から)**推論する**,

結論する. Ich *schließe* aus seinem Verhalten, dass… 彼の態度から私は…だと考えます.
⑧ (すき間・穴など⁴を)埋める, ふさぐ; (閉じて壁など⁴を)完成させる. die Reihen⁴ *schließen* 列を詰める / einen Damm *schließen* (最後のすき間を埋めて)ダムを完成させる / einen Stromkreis *schließen* 回路を閉じる.
II 自 (完了 haben) ① (ドアなどが…のぐあいに)**閉まる**, 閉じる; (鍵(かぎ)が…のぐあいに)かかる. Die Tür *schließt* automatisch. このドアは自動的に閉まる / Der Schlüssel *schließt* nicht richtig. 鍵がきちんとかからない.
② (店などが)閉まる, 閉館する; 閉鎖される. Die Bibliothek *schließt* um 17 Uhr. 図書館は17時に閉まる.
③ 《**mit** 事³ ~》(事³で)**終わる**. Mit dieser Szene *schließt* das Stück. このシーンでその劇は終わる. (⇒ 類語 enden).
④ 《**von** (または **aus**) A³ **auf** B⁴ ~》(A³からB⁴を)**推論する**, 推し量る. vom Stil auf den Autor *schließen* 文体から著者がだれかを推論する / Du *schließt* von dir auf andere. 君は自分を基準にして他の人を推し量っているよ. ⑤ (鍵穴(あな)に差し込まれて)鍵を回す. zweimal *schließen* (鍵穴に差し込んだまま)2回鍵を回す.
III 再帰 (完了 haben) sich⁴ *schließen* ① 閉まる, 閉じる. Die Tür *schließt* sich von selbst. ドアがひとりでに閉まる.
② 《sich⁴ an 事⁴ ~》(事⁴のあとに)続く, 引き続いて行われる. An den Vortrag *schloss* sich eine Diskussion. 講演に引き続いて討論が行われた.
◇⇒ geschlossen

Schlie·ßer [シューリーサァ ʃlí:sər] 男 -s/- ① 牢番(ろう), 看守; 門番, 門衛; ドア係. ② (ドアなどの)開閉装置.

Schließ≠fach [シューリース・ファッハ] 中 -[e]s/..fächer (駅などのコインロッカー; (郵)私書箱; 貸金庫. 物⁴ in einem *Schließfach* deponieren 物⁴をコインロッカーに預ける.

*schließ·lich [シューリースリヒ ʃlí:slɪç] 副 ① **最後に**, ついに, とうとう. (英 finally). *Schließlich* gab er nach. ついに彼は譲歩した / …und *schließlich* ~ (いくつか列挙して:)そして最後に~ / *schließlich* und endlich《口語》最後の最後に, やっとのことで. (⇒ 類語 endlich). ② **結局**[のところは], しょせんは, なんと言っても. (英 after all). Er ist *schließlich* mein Bruder. なんだかんだ言っても彼はやはり私の弟なのだ / *Schließlich* hat er doch Recht. 結局は彼の言うとおりだ.

Schließ≠mus·kel [シューリース・ムスケル] 男 -s/-n ① 《医》括約(かつ)筋. ② 《動》(貝などの)閉介筋, 貝柱.

Schlie·ßung [シューリースング] 女 -/-en《ふつう単》① (門・ドアなどを)閉めること, 閉鎖; 閉店, 閉館. ② (関係を)結ぶこと; (契約などの)締結; 婚約.

schliff [シュリフ] *schleifen¹ (研ぐ)の 過去

Schliff [シュリふ ﬂíf] 男 -[e]s/-e ①《複 なし》(宝石などを)磨くこと, 研磨; (刃物を)研ぐこと. ② 研磨された面, カット面. ③《複 なし》洗練[された社交態度], 上品[なふるまい]. Er hat keinen *Schliff*. 彼は作法をわきまえていない.

schlif·fe [シュリッふェ] ＊schleifen¹(研ぐ)の 接2

＊＊**schlimm** [シュリム ﬂím]

悪い	Das ist nicht so *schlimm*.
	ダス イスト ニヒト ゾー シュリム
	そんなにたいしたことではありません.

I 形 (比較 schlimmer, 最上 schlimmst) ① (事態などが)**悪い**, ゆゆしい, ひどい. (英 bad). (⇔「良い」は gut). ein *schlimmer* Fehler (Unfall) ひどい間違い(重大な事故) / eine *schlimme* Situation 憂慮すべき状況 / im *schlimmsten* Fall 最悪の場合には. ◇【名詞的に】Ich kann nichts *Schlimmes* daran finden. それはなかなかいいじゃないか(←何ら悪い所を見出せない) / Es gibt *Schlimmeres* als das. それよりもっと悪いことがあるんだよ / Ich bin auf das *Schlimmste* gefasst. 私は最悪の事態を覚悟している / Das *Schlimmste* ist, dass … いちばんいけないのは…だ.(☞ 類語 schlecht). ② 不[愉]快な, 都合の悪い, 困った. Es ist nicht *schlimm*!(相手が謝ったときに)たいしたことはありません, ご心配なく / Das ist *schlimm* **für** ihn. それは彼にとっては困ったことだ / Es steht *schlimm* **mit** ihm (または **um** ihn). 彼は苦境にある / Ist es *schlimm*, wenn ich nicht komme? 私が行かないとまずいですか.
③ (道徳的に)悪い; (性格的に)たちの悪い. eine *schlimme* Tat 悪事 / Er hat *schlimme* Gedanken. 彼はよこしまな考えを持っている.
④《付加語としてのみ》《口語》(体の部分が)炎症を起こした, けがをした. Ich habe einen *schlimmen* Finger. 私は指を痛めている.
II 副《口語》とても, ものすごく. Heute ist es *schlimm* kalt. きょうはやけに寒い.

schlimms·ten·falls [シュリムステン・ふァるス] 副 最悪の場合には; どんなに悪くても.

Schlin·ge [シュリンゲ ﬂíŋə] 女 -/-n ① (ひも・針金などを巻いて作った)**輪**. eine *Schlinge*⁴ knüpfen (または machen) 輪を結ぶ. / わな. *Schlingen*⁴ legen (または stellen) わなを仕掛ける / sich⁴ **aus** der *Schlinge* ziehen《比》窮地を脱する.

Schlin·gel [シュリンゲる ﬂíŋəl] 男 -s/-《戯》やんちゃ坊主, いたずら小僧.

＊**schlin·gen**¹＊ [シュリンゲン ﬂíŋən] (schlang, *hat* … geschlungen) I 他《完了》haben) ① 〘A⁴ **um** B³ ~〙 (A⁴ を B³ の周りに) **巻きつける**, からませる. einen Schal um den Hals *schlingen* マフラーを首に巻く / Sie *schlang* die Arme um ihn. 彼女は彼に抱きついた(←両腕を巻きつけた). ② 〘A⁴ **in** (または **durch**) B⁴ ~〙 (A⁴ を B⁴ に)編み込む, 結びつける. ein Band⁴ **in** den Zopf *schlingen* お下げ髪にリボンを結ぶ. ③ 結ぶ; 結んで作る. einen Knoten *schlingen* 結び目を作る / A⁴ **zu** B³ *schlingen* A⁴ を結んで B³ にする ⇒ das Haar⁴ zu einem Knoten *schlingen* 髪を束ねて結ぶ.
II 再帰《完了》haben) 〘*sich*⁴ **um** 物⁴ ~〙 (物⁴ に)巻きつく, からみつく. Das Efeu *schlingt sich* um den Baumstamm. つたが木の幹に巻きついている.

schlin·gen²＊ [シュリンゲン] 他 (h) (食べ物⁴を)飲み込む; むさぼり食う.

schlin·gern [シュリンガァン ﬂíŋərn] 自 (h, s) ① (h) (船が)横揺れする, ローリングする. ② (s) (船が…へ)横揺れしながら進む.

Schling=pflan·ze [シュリング・ぷふらンツェ] 女 -/-n 蔓(˘ˬ)植物(朝顔・ホップなど).

＊*der* **Schlips** [シュリップス ﬂíps] 男 (単 2) -es/(複) -e (3格のみ -en)《口語》**ネクタイ**(= Krawatte). (英 tie). einen *Schlips* tragen ネクタイをしている / einen *Schlips* um|binden (ab|binden) ネクタイを締める(ほどく) / 人³ **auf** den *Schlips* treten《俗》人³ の気持ちを傷つける(←ネクタイを踏みつける).

＊*der* **Schlit·ten** [シュリッテン ﬂítən] 男 (単 2) -s/(複) - ① **そり**. (英 sled). Hundeschlitten 犬ぞり / Die Kinder fahren *Schlitten*. 子供たちがそりに乗っている / mit 人³ *Schlitten* fahren《口語》a) 人³ に意地悪をする, b) 人³ をがみがみしかりつける. ② 《口語》(大型の)高級乗用車. ③ 《工》送り台; (タイプライターの)キャリッジ; (造船)(船の)進水台.

Schlit·ten=fahrt [シュリッテン・ふァールト] 女 -/-en そりで行くこと, 馬そりでの遠乗り.

schlit·tern [シュリッタァン ﬂítərn] 自 (h, s) ① (h) (氷上・雪上を)滑る. ② (s) (…へ)滑って行く. ③ (s) 〘**in** 事⁴ ~〙 (知らぬ間に事⁴(危険など)に)巻き込まれる.

＊*der* **Schlitt·schuh** [シュリット・シュー ﬂít-ʃuː] 男 (単 2) -[e]s/(複) -e (3格のみ -en) **スケート**〘靴〙. (英 skate). Die Kinder laufen *Schlittschuh*. 子供たちがスケートをしている.

Schlitt·schuh=läu·fer [シュリットシュー・ろイふァァ] 男 -s/- スケートをする人, スケーター. (⇨ 女性形は Schlittschuhläuferin).

Schlitz [シュリッツ ﬂíts] 男 -es/-e ① 細長い切り口; すき間, 裂け目; (自動販売機の料金投入口, (郵便ポストの)投函(˘ˬ)口. ②《服飾》(衣服のわきなどにつける)スリット, 切り込み;《口語》(ズボンの)前開き.

Schlitz=au·ge [シュリッツ・アオゲ] 中 -s/-n 《ふつう 複》(モンゴロイド系の)細い目.

schlitz·äu·gig [シュリッツ・オイギヒ] 形 細い目の, 切れ長の目をした.

schlit·zen [シュリッツェン ﬂítsən] 他 (h) (物⁴ に)細長い切れ目をつける, (スカートなど⁴に)スリットを入れる.

Schlitz=ohr [シュリッツ・オーァ] 中 -[e]s/-en ① 切れ目を入れた耳たぶ(昔, 詐欺師に刑罰の印としてつけた). ②《口語》ずるいやつ.

schlitz·oh·rig [シュリッツ・オーリヒ] 形《口

語》ずるい, 抜け目のない.

Schlitz≠ver·schluss [シュリッツ・フェァシュるス]《男》-es/..schlüsse《写》フォーカルプレーンシャッター.

Schlitz≠ver·schluß ☞ 〈新形〉 Schlitzverschluss

schloh≠weiß [シュロー・ヴァイス]《形》真っ白な(老人の髪など).

schloss [シュロス] *schließen (閉める) の 過去

schloß ☞ 〈新形〉 schloss

* *das* **Schloss** [シュロス ʃlɔ́s]

宮殿; 錠

Das *Schloss* liegt am Fluss.
ダス シュロス リークト アム ふるス
その宮殿は川沿いにある.

格	単		複	
1	das	Schloss	die	Schlösser
2	des	Schlosses	der	Schlösser
3	dem	Schloss	den	Schlössern
4	das	Schloss	die	Schlösser

中 (単2) -es/(複) Schlösser [シュレッサァ] (3格のみ Schlössern) ① 宮殿, 王宮, 城, 城館. (英 palace, castle). (☞ 類語 Burg). ein prunkvolles *Schloss* 華麗な宮殿 / ein barockes *Schloss* バロック式宮殿 / Ich möchte das Heidelberger *Schloss* besichtigen. 私はハイデルベルク城を見物したい / **auf** einem *Schloss* wohnen 宮殿に住んでいる / ein *Schloss* auf dem (または **im**) Mond《比》空中楼閣(←月の上の城) / *Schlösser*[4] **in** die Luft bauen《比》空中に楼閣を築く, 夢想する. ② 錠, 錠前. (英 lock). (☞「鍵」は Schlüssel). das *Schloss* des Koffers トランクの錠 / das *Schloss*[4] öffnen 錠を開ける / den Schlüssel **ins** *Schloss* stecken 鍵(ホ)を錠に差し込む / Er hat ein *Schloss* vor dem Mund.《口語》彼は口を開こうとしない(←口の前に錠を付けている) / hinter *Schloss* und Riegel sitzen《口語》投獄されている. ③ 留め金, (ベルトの)バックル.

Schloss

Schloß ☞ 〈新形〉 Schloss

Schlo·ße [シュローセ ʃlóːsə]《女》-/-n《ふつう 複》《方》ひょう(あられ)の粒.

schlös·se [シュレッセ] *schließen (閉める) の 接2

Schlos·ser [シュロッサァ ʃlɔ́sər]《男》-s/- 機械[修理]工. Auto*schlosser* 自動車修理工.

Schlös·ser [シュレッサァ] *Schloss (宮殿; 錠) の 複

Schlos·se·rei [シュロッセライ ʃlɔsəráɪ]《女》-/-en ① 機械の組立(修理)工場. ②《複 なし》機械いじり; 機械(金属)の仕事. ③《複 なし》ロッククライミング用具のセット.

schlos·sern [シュロッサァン ʃlɔ́sərn]《自》(h)《口語》(趣味で)機械の組立(修理)をする.

Schloss≠herr [シュロス・ヘル]《男》-n/-en 城主, 館(ホミ)の主人.

Schloß≠herr ☞ 〈新形〉 Schlossherr

Schloss≠hof [シュロス・ホーふ]《男》-[e]s/..höfe 宮殿(城)の中庭.

Schloß≠hof ☞ 〈新形〉 Schlosshof

Schloss≠hund [シュロス・フント]《男》《成句的に》wie ein *Schlosshund* heulen《口語》(番犬のように)大声で泣きわめく.

Schloß≠hund ☞ 〈新形〉 Schlosshund

Schlot [シュロート ʃloːt]《男》-es (まれに -s)/-e (まれに Schlöte) ①《方》(高い)煙突. ②《地学》(火山の)火道(マグマが火口に昇ってくる通路); (石灰岩台地の)ドリーネ. ③《口語》軽薄なやつ, 役立たず.

schlot·te·rig [シュロッテリヒ ʃlɔ́təriç]《形》= schlottrig

schlot·tern [シュロッタァン ʃlɔ́tərn]《自》(h) ① がたがた震える. ②《衣服が》だぶだぶである.

schlott·rig [シュロットリヒ ʃlɔ́triç]《形》① がたがた震えている. ②《衣服が》だぶだぶの.

Schlucht [シュるフト ʃlúxt]《女》-/-en《詩》山峡, 峡谷.

* **schluch·zen** [シュるフツェン ʃlúxtsən] du schluchzt (schluchzte, *hat*... geschluchzt)《自》(完了 haben) すすり泣く, むせび泣く, しゃくりあげて泣く. (英) *schluchzen* 大きな声で泣きじゃくる. ◇《現在分詞の形で》eine *schluchzende* Melodie むせび泣くような(センチメンタルな)メロディー.

Schluch·zer [シュるフツァァ ʃlúxtsər]《男》-s/- すすり泣き, むせび泣き, 泣きじゃくり. einen *Schluchzer* unterdrücken ぐっと涙をこらえる.

schluchz·te [シュるフツテ] *schluchzen (すすり泣く) の 過去

* *der* **Schluck** [シュるック ʃlúk]《男》(単2) -[e]s/(複) -e (3格のみ -en) まれに (複) Schlücke [シュリュッケ] **一飲み, 一飲み分[の量]**. einen *Schluck* Wein trinken ワインを一口飲む / Gib mir einen *Schluck* Wasser! 水を一口くれないか / 人[4] **auf** einen *Schluck* ein|laden《口語》人[4]を一杯飲みに誘う / *Schluck* **für** (または **um**) *Schluck* 一飲み一飲み, 一口一口 / **in** (または **mit**) kleinen *Schlucken* trinken ちびりちびり飲む.

Schluck≠auf [シュるック・アオふ]《男》-s/ しゃっくり.

Schluck≠be·schwer·den [シュるック・ベシュヴェーァデン]《複》《医》嚥下(タマ)困難.

* **schlu·cken** [シュるッケン ʃlúkən] (schluck-

te, *hat...geschluckt*) I 他 (完了 haben) ① 飲み込む, 飲み下す. (英 swallow). eine Tablette⁴ *schlucken* 錠剤を飲み込む / Er *hat* beim Schwimmen Wasser *geschluckt*. 彼は泳いでいて水を飲み込んだ. ②《俗》(酒など⁴を)飲む. ③《口語》(ほこりなど⁴を)吸い込む, 吸収する. Staub⁴ *schlucken* ほこりを吸い込む / Der Teppich *schluckt* den Schall. じゅうたんが音を吸収する. ④《口語》(会社などを)吸収合併する. ⑤《口語》(非難など⁴を)黙って受け入れる. eine Benachteiligung⁴ *schlucken* 不利益を甘受する.
II 自 (完了 haben) 物(唾など)を飲み込む; (驚いて)息を飲む.

Schlu·cker [シュルッカァ ʃlúkər] 男 -s/- 《口語》①《成句的に》armer *Schlucker* 哀れなやつ. ② 飲んべえ.

Schluck·imp·fung [シュルック・インプフング] 女 -/-en《医》経口ワクチンの投与.

schluck·te [シュルックテ] *schlucken (飲み込む)の過去

schluck=wei·se [シュルック・ヴァイゼ] 副 一飲み一飲み, 一口一口.

schlu·de·rig [シュルーデリヒ ʃlú:dərɪç] 形《口語》=schludrig

schlu·dern [シュルーダァン ʃlú:dərn] 自 (h) 《口語》① そんざいな仕事をする. ②《mit 物³ ~》(物³を)むだ使いする.

schlud·rig [シュルードリヒ ʃlú:drɪç] 形《口語》(仕事ぶりなどが)そんざいな, なげやりな; (服装が)だらしない.

schlug [シュルーク] *schlagen (打つ)の過去

schlü·ge [シュリューゲ] *schlagen (打つ)の接2

Schlum·mer [シュルンマァ ʃlúmər] 男 -s/《雅》まどろみ, うたた寝. in *Schlummer* sinken 眠り込む.

Schlum·mer=lied [シュルンマァ・リート] 中 -[e]s/-er《雅》子守歌 (=Schlaflied).

*__schlum·mern__ [シュルンマァン ʃlúmərn] (schlummerte, *hat...geschlummert*) 自 (完了 haben) ①《雅》まどろむ, うたた寝する. (英 slumber). im Sessel *schlummern* 安楽いすでうたた寝する. (類語 schlafen). ②(才能・資源などが)眠っている,(病気などが)潜んでいる.

Schlum·mer=rol·le [シュルンマァ・ロれ] 女 -/-n (ソファー用の)筒型まくら.

schlum·mer·te [シュルンマァテ] *schlummern (まどろむ)の過去

Schlund [シュルント ʃlúnt] 男 -[e]s/Schlünde [シュリュンデ] ① のど, 咽頭(いんとう); (猛獣のあんぐり開けた)口. ②《雅》深淵.

Schlupf [シュルプフ ʃlúpf] 男 -[e]s/-e (または Schlüpfe)《ふつう単》① 南ドイツ 隠れ家; 抜け穴. ②(動)(鳥の)孵化(ふか); (昆虫の)羽化. ③(工)(機械の)空転, 滑り, スリップ.

*__schlüp·fen__ [シュリュプフェン ʃlýpfən] (schlüpfte, *ist...geschlüpft*) 自 (完了 sein) ①《方向を表す語句とともに》(…から)するりと抜け出す, (…へ)するりと入り込む. Er *schlüpfte* aus dem Zimmer. 彼はするりと部屋から抜け出した / Die Maus *schlüpft* ins Loch. ねずみがするりと穴の中へ入る / 人³ aus der Hand *schlüpfen*《比》人³の手からするりと滑り落ちる. ②《in 物⁴ ~》(物⁴(衣服など)を)さっと着る(はく). in einen Mantel *schlüpfen* コートをさっと着る. ③《aus 物³ ~》(物³(衣服など)を)さっと脱ぐ. Er *schlüpfte* aus den Schuhen. 彼はさっと靴を脱いだ. ④ (ひなが卵から)孵化(ふか)する; 羽化する.

Schlüp·fer [シュリュプファァ ʃlýpfər] 男 -s/-《服飾》①《ふつう複; 単数の意味で》(婦人用の)パンティー, ショーツ. ②(ラグラン型の)男性用コート.

Schlupf·loch [シュルプフ・ロッホ] 中 -[e]s/..löcher (ねずみなどの)隠れ家, 逃げ穴.

schlüpf·rig [シュリュプフリヒ ʃlýpfrɪç] 形 ① ぬれていて滑りやすい, つるつるする. ②《比》いかがわしい, きわどい(冗談など).

Schlüpf·rig·keit [シュリュプフリヒカイト] 女 -/-en ①《複 なし》滑りやすいこと. ② わい談, (本などの)みだらな箇所.

schlüpf·te [シュリュプフテ] *schlüpfen (するりと抜け出す)の過去

Schlupf=wes·pe [シュルプフ・ヴェスペ] 女 -/-n《昆》ヒメバチ.

Schlupf=win·kel [シュルプフ・ヴィンケる] 男 -s/- (ねずみ・犯罪者などの)隠れ家, 潜伏所.

schlur·fen [シュルルフェン ʃlúrfən] I 自 (s) 足をひきずって歩く. II 他 (h)《方》=schlürfen I

schlür·fen [シュリュルフェン ʃlýrfən] I 他 (h) ①(コーヒー・スープなど⁴を)すする, (ぴちゃぴちゃ・ずるずる)音をたてて飲む. ②(ワインなど⁴を)ちびりちびり飲む. II 自 (s)《方》=schlurfen I

*__der__ **Schluss** [シュるス ʃlús]

| 終わり | *Schluss* für heute ! |
| シュるス | フューァ ホイテ |
| きょうはこれで終わり. |

男 (単 2) -es/(複) Schlüsse [シュリュッセ] (3格のみ Schlüssen) ①《複 なし》終わり, 終了, 終結; (劇などの)結末, (手紙などの)結び. (英 end). (⇔《初め》Anfang). ein plötzlicher *Schluss* 突然の終結 / *Schluss*⁴ machen a) (仕事などを)終わりにする, b)《口語》職をやめる / beim Erzählen keinen *Schluss* finden [können] いつまでも話し続ける / *Schluss* jetzt! もうやめてくれ, もうたくさんだ / Mit dem Rauchen ist jetzt *Schluss*. たばこはこれでやめにした. 《口語》Mit mir ist noch nicht *Schluss*. おれはまだくたばらないぞ / Mit dem Streit ist nun *Schluss*! いさかいはもうやめてくれ / mit 事³ *Schluss* machen 事³を終える, 断つ / mit 人³ *Schluss* machen 人³との関係を断つ.

◇《前置詞とともに》am *Schluss* des Jahres 1年の終わりに / am *Schluss* des Zuges 列車

最後尾に / **nach** (**vor**) *Schluss* der Vorstellung[2] 上演の終了後に(前に) / **zum** *Schluss* 最後に, 終わりに ⇨ Komm endlich zum *Schluss*! いいかげんにやめろ / Noch eine Bemerkung zum *Schluss*. おしまいにもう一言述べます / bis zum *Schluss* bleiben 終わりまでとどまる.

② 推論, 帰結, 結論. (英 *conclusion*). ein logischer *Schluss* 論理的な推論 / **aus** einen *Schluss* ziehen 軍[3]から結論を引き出す / Er kam **zu** dem *Schluss*, dass... 彼は…という結論に達した.

③《複 なし》(ドアなどの)閉まり具合; (乗馬の際の)脚の締まり. ④《経》(株式取り引きの)最小単位. ⑤《音楽》終止[形]. ⑥《電》ショート.

Schluß ☞ 新形 Schluss
Schluss∘akt [シュるス・アクト] 男 -[e]s/-e 《劇》最終幕;《比》大詰め; (式典などの)締めくくり.
Schluß∘akt ☞ 新形 Schlussakt
Schluss∘be·mer·kung [シュるス・ベメルクング] 女 -/-en (著作などの)結語, 結び.
Schluß∘be·mer·kung ☞ 新形 Schlussbemerkung
Schlüs·se [シュリュッセ] ＊Schluss (推論)の複
＊*der* **Schlüs·sel** [シュリュッセる ˈʃlʏsəl]

| 鍵(カギ) | Der *Schlüssel* passt nicht.
デァ シュリュッセる パスト ニヒト
この鍵は合わない. |

男 (単2) -s/(複) - (3格のみ -n) ① 鍵(カギ), キー. (英 *key*). (ロ -)「錠」は Schloss). Autoschlüssel 自動車のキー / ein *Schlüssel* für den Koffer トランクの鍵 / der *Schlüssel* zur Haustür 玄関の鍵 / den *Schlüssel* ins Schloss stecken 鍵を錠に差し込む / den *Schlüssel* ein|stecken (ab|ziehen) 鍵を差し込む(引き抜く) / Der *Schlüssel* steckt noch im Schloss. 鍵はまだ錠に差したままだ / Ich habe meinen *Schlüssel* verloren. 私は鍵をなくした.

② (問題を解く)手がかり, キーポイント; (解読の)鍵(カギ), 秘訣(ヒケツ). Das ist der *Schlüssel* zum Erfolg. これが成功の秘訣だ. ③ (解答の)手引き, 暗号解読表. ein Geheimschreiben[4] **mit** (または **nach**) einem *Schlüssel* entziffern 秘密文書を暗号解読表で解読する. ④ (配分などの)基準. ⑤《音楽》音部記号. ⑥《工》[自在]スパナ. ⑦《電》符号. ⑧《コンピ》見出し.

Schlüs·sel∘bart [シュリュッセる・バールト] 男 -[e]s/-..bärte 鍵(カギ)の歯.
Schlüs·sel∘bein [シュリュッセる・バイン] 中 -[e]s/-e《医》鎖骨.
Schlüs·sel∘blu·me [シュリュッセる・ブるーメ] 女 -/-n《植》セイヨウサクラソウ, プリムラ.
Schlüs·sel∘bund [シュリュッセる・ブント] 男 中 -[e]s/-e 鍵の束.
Schlüs·sel∘er·leb·nis [シュリュッセる・エァれープニス] 中 -nisses/-..nisse《心》(人生を左右する)重大な体験.
schlüs·sel∘fer·tig [シュリュッセる・フェルティヒ] 形 即時入居可能な(建物など).
Schlüs·sel∘fi·gur [シュリュッセる・フィグーァ] 女 -/-en (ある問題の鍵(カギ)を握る)重要人物, (政治運動などの)指導的人物.
Schlüs·sel∘ge·walt [シュリュッセる・ゲヴァるト] 女 -/《法》(配偶者の)日常家事代理権. ②《カトリック》鍵(カギ)の権能, 教導権.
Schlüs·sel∘in·dust·rie [シュリュッセる・インドゥストリー] 女 -/-n [..リーエン] 基幹産業(石炭業・鉄鋼業など).
Schlüs·sel∘kind [シュリュッセる・キント] 中 -[e]s/-er《隠語》鍵(カギ)っ子.
Schlüs·sel∘loch [シュリュッセる・ろッホ] 中 -[e]s/..löcher 鍵穴(カギアナ).
Schlüs·sel∘po·si·ti·on [シュリュッセる・ポズィツィオーン] 女 -/-en 重要な地位(ポスト).
Schlüs·sel∘ro·man [シュリュッセる・ロマーン] 男 -s/-e《文学》モデル小説.
Schlüs·sel∘stel·lung [シュリュッセる・シュテるング] 女 -/-en ① 重要な地位(ポスト). ②《軍》重要拠点.
Schlüs·sel∘wort [シュリュッセる・ヴォルト] 中 -[e]s/..wörter ① (組み合わせ錠・暗号などの)キーワード. ②《複 -e も》(ある分野の)キーワード; 暗号化された文字(数字).
Schluss∘fol·ge·rung [シュるス・フォるゲルング] 女 -/-en 推論; (推論の結果としての)結論, 帰結.
Schluß∘fol·ge·rung ☞ 新形 Schlussfolgerung
schlüs·sig [シュリュスィヒ ˈʃlʏsɪç] 形 ① 論理的な, 筋の通った, 説得力のある(論証など). ②《成句的に》sich[3] **über** 軍[4] *schlüssig* sein (werden) 軍[4]について決心している(決心がつく).
Schluss∘läu·fer [シュるス・ろイファァ] 男 -s/- (陸上競技の)(リレーなどの)アンカー, 最終走者. (女 - 女性形は Schlussläuferin).
Schluß∘läu·fer ☞ 新形 Schlussläufer
Schluss∘licht [シュるス・リヒト] 中 -[e]s/-er ① (自動車などの)尾灯, テールライト. ②《口語》(行列などの)しんがり; (成績などの)どんじり, びり. das *Schlusslicht*[4] machen しんがりをつとめる.
Schluß∘licht ☞ 新形 Schlusslicht
Schluss∘pfiff [シュるス・プふィふ] 男 -[e]s/-e (球技で)ファイナルホイッスル.
Schluß∘pfiff ☞ 新形 Schlusspfiff
Schluss∘punkt [シュるス・プンクト] 男 -[e]s/-e (文章の)終止符, ピリオド;《比》結着, (事件の)締めくくり. einen *Schlusspunkt* **unter** (または **hinter**) 軍[4] setzen 軍[4](不快なことなどに)結着をつける, けりをつける.
Schluß∘punkt ☞ 新形 Schlusspunkt
Schluss∘rech·nung [シュるス・レヒヌング] 女 -/-en ①《経·法》決算. ②《数》比例算.
Schluß∘rech·nung ☞ 新形 Schlussrechnung

Schluss꞊run･de [シュals・ルンデ] 囡 -/-n
《スポーツ》最終ラウンド,ファイナル;最後の一周.
Schluß꞊run･de ☞ 新形 Schlussrunde
Schluss꞊satz [シュals・ザッツ] 男 -es/..sätze
① 結びの文(句・語);《哲》結論. ②《音楽》
終楽章,終曲.
Schluß꞊satz ☞ 新形 Schlusssatz
Schluss꞊stein [シュals・シュタイン] 男 -[e]s/
-e ①《建》(アーチの頂上の)かなめ石. ②《比》
最後の仕上げ;頂点.
Schluß꞊stein ☞ 新形 Schlussstein
Schluss꞊strich [シュals・シュトリヒ] 男
-[e]s/-e (文書・計算書を締めくくる)終止線.
einen *Schlussstrich* **unter** 事⁴ ziehen 事⁴
(不快なことなど)にけりをつける.
Schluß꞊strich ☞ 新形 Schlussstrich
Schluss꞊ver･kauf [シュals・フェアカオフ] 男
-[e]s/..käufe (夏と冬の)季末大売り出し.
Schluß꞊ver･kauf ☞ 新形 Schlussverkauf
Schluss꞊wort [シュals・ヴォルト] 中 -[e]s/-e
結びの言葉,閉会の辞;あと書き.
Schluß꞊wort ☞ 新形 Schlusswort
Schmach [シュマーx] 囡 -/《雅》恥辱,
屈辱,不名誉. [eine] *Schmach*⁴ ertragen
屈辱に耐える / 人³ [eine] *Schmach*⁴ an|tun
(または zu|fügen) 人³ に侮辱を加える /
Schmach und Schande über dich!《戯》恥
を知れ!
schmach･ten [シュマハテン] ∫máxtən] 自 (h)
《雅》① (飢え・渇きなどに)苦しむ,あえぐ. ②
《nach 人・物³ ~》(人・物³を)渇望する,思い焦が
れる. ◇《現在分詞の形で》ein *schmachtender*
Blick 思い焦がれたまなざし.
Schmacht꞊fet･zen [シュマハト・フェッツェン]
男 -s/-《俗》① (歌・映画などの)お涙ちょうだい
もの. ② 恋にやつれた男;弱虫.
schmäch･tig [シュメヒティヒ ∫méçtıç] 形
ほっそりした,きゃしゃな.
schmach･voll [シュマーハ・フォる] 形《雅》
恥ずべき,不名誉な,屈辱に満ちた.
schmack･haft [シュマックハフト] 形 おいしい,
風味のよい. 人³ に 物⁴ *schmackhaft* machen
《口語》人³ に 物⁴ を魅力あるものに思わせる.
Schmack･haf･tig･keit [シュマックハフティヒ
カイト] 囡 -/ おいしさ,風味のよさ;《口語》魅力.
schmä･hen [シュメーエン ∫mé:ən] 他 (h)《雅》
中傷する,ののしる,悪く言う.
schmäh･lich [シュメーリヒ] 形《雅》恥ずべき,
不名誉な,屈辱的な.
Schmäh꞊re･de [シュメー・レーデ] 囡 -/-n ①
中傷(誹謗(ひぼう))演説. ②《ふつう 複》中傷,誹
謗(ひぼう). *Schmähreden*⁴ führen 悪口を言う.
Schmäh꞊schrift [シュメー・シュリフト] 囡 -/
-en 中傷文[書],誹謗(ひぼう)文[書].
Schmä･hung [シュメーウング] 囡 -/-en 中傷,
誹謗(ひぼう),悪口. gegen 人・物⁴ *Schmähungen*⁴ aus|stoßen 人・物⁴に対して罵詈(ばり)雑言
を浴びせる.
Schmäh꞊wort [シュメー・ヴォルト] 中 -[e]s/

-e 悪口.
✱schmal [シュマーる ∫má:l]

| 幅の狭い | Das Bett ist zu *schmal*.
ダス ベット イスト ツー シュマーる
そのベッドは幅が狭すぎる. |

形 (比較 schmaler, 最上 schmalst または 比較
schmäler, 最上 schmälst) ① **幅の狭い**,細長い,
薄い;(人が)ほっそりした,やせた. (英 *narrow,
slim*). (⇔「幅の広い」は breit). ein *schmaler*
Weg 狭い道 / ein *schmales* Büchlein 薄い
小冊子 / ein *schmales* Gesicht 彼女は細面だ / Sie
hat *schmale* Lippen 薄い唇 / Sie hat
ein *schmales* Gesicht 彼女は細面だ / Sie
hat *schmale* Hände. 彼女はほっそりした手を
している / Er ist recht *schmal* geworden.《現
在完了》彼はだいぶやせた.(☞ 類語 eng, dünn).
②《雅》わずかな,乏しい,貧弱な. ein *schmales*
Einkommen わずかな収入 / *schmale*
Kost 貧弱な食事.
schmä･ler [シュメーらァ] ✱schmal (幅の狭い)
の 比較.
schmä･lern [シュメーらァン ∫mé:lərn] 他 (h)
少なくする,削減する;(功績など⁴に)けちをつける.
Schmal꞊film [シュマーる・ふぃるム] 男 -[e]s/
-e 8ミリ(16ミリ)フィルム, 小型フィルム.
Schmal꞊film꞊ka･me･ra [シュマーるふぃる
ム・カメラ] 囡 -/-s 8ミリ(16ミリ)カメラ.
Schmal꞊hans [シュマーる・ハンス] 男《成句
的に》Bei ihm ist *Schmalhans* Küchenmeister.《口語》彼のところでは食うや食わずだ(←ゃ
せっぱちはコック長だ).
Schmal･heit [シュマーるハイト] 囡 -/ ① 狭い
(細い・薄い)こと. ②《雅》窮乏,貧弱.
schmal꞊lip･pig [シュマーる・リピヒ] 形 唇の
薄い.
Schmal꞊sei･te [シュマーる・ザイテ] 囡 -/-n
(部屋など長方形の)幅の狭い側.
Schmal꞊spur [シュマーる・シュプーァ] 囡 -/《鉄
道》狭軌.
Schmal꞊spur꞊bahn [シュマーるシュプーァ・
バーン] 囡 -/-en 狭軌鉄道.
schmal꞊spu･rig [シュマーる・シュプーリヒ] 形
① 狭軌の(鉄道);(スキーで:)シュプールの幅の狭
い. ②《比》不十分な,一人前でない.
schmälst [シュメーるスト] ✱schmal (幅の狭い)
の 最上.
Schmalz¹ [シュマるツ ∫máltıs] 中 -es/(種類:)
-e (豚などの脂肪を溶かしてとった)食用油脂
(ヘット・ラードなど);《方》溶かしたバター.
Schmalz² [シュマるツ] 男 -es/《口語》(軽蔑的
に:)感傷,お涙ちょうだいもの(流行歌など).
Schmalz꞊ge･ba･cke･ne[s] [シュマるツ・ゲ
バッケネ[ス]]《語尾変化は形容詞と同じ》《料理》
揚げ菓子,ドーナツ.
schmal･zig [シュマるツィヒ ∫máltsıç] 形 ①
脂っこい. ②《比》ひどくセンチメンタルな,いやに
甘ったるい(流行歌など).
schma･rot･zen [シュマロッツェン ∫marótsən]
《過分 schmarotzt》自 (h) ①《bei 人³ ~》(人³の

の所に)居候(寄食)する. ②《生》(…に)寄生する.

Schma·rot·zer [シュマロッツァァ ʃmarótsər] 男 -s/- ① 寄食者, 食客, 居候. ②《生》寄生植物(動物).

Schma·rot·zer=pflan·ze [シュマロッツァァ・プふらンツェ] 女 -/-n 寄生植物.

Schma·rot·zer=tier [シュマロッツァァ・ティーァ] 中 -[e]s/-e 寄生動物.

Schma·rot·zer=tum [シュマロッツァァトゥーム] 中 -s/ 居候(寄食)生活, 寄生虫的存在.

Schmar·re [シュマレ ʃmárə] 女 -/-n《口語》切り傷; 傷跡.

Schmar·ren [シュマレン ʃmárən] 男 -s/- ① 《南ド,オーストリア》シュマレン(パンケーキの一種). ②《口語》くだらないもの; きわもの(映画・芝居など); ナンセンスな話.

Schmatz [シュマッツ ʃmáts] 男 -es/-e (または Schmätze)《口語》(ちゅっと音をたてる)キス. 人³ einen Schmatz geben 人³にちゅっとキスをする.

schmat·zen [シュマッツェン ʃmátsən] I 自 (h)(食べるときなどに)ぴちゃぴちゃ音をたてる. II 他 (h)〈物⁴をぴちゃぴちゃ〉音をたてて食べる(飲む); 〈人⁴に〉ちゅっとキスする.

schmau·chen [シュマオヘン ʃmáuxən] 他 (h)(パイプ・たばこ⁴を)くゆらす.

Schmaus [シュマオス ʃmáus] 男 -es/Schmäuse《雅》ごちそう; 宴会.

schmau·sen [シュマオゼン ʃmáuzən] I 自 (h) ごちそうを食べる. II 他 (h)〈物⁴を〉おいしく食べる.

***schme·cken** [シュメッケン ʃmékən]

…の味がする

Die Suppe schmeckt gut.
ディ ズッペ シュメックト グート
このスープはおいしい.

(schmeckte, hat...geschmeckt) I 自 (完了 haben) ①(飲食物が…の)味がする. (英 taste). Das Essen schmeckt gut (schlecht). この食事はおいしい(まずい) / Das schmeckt salzig (bitter). これは塩辛い(にがい) / nach 物³ schmecken 物³の味がする ⇒ Der Wein schmeckt nach [dem] Fass. このワインは樽(ﾀﾙ)の味がする / nach nichts schmecken 味がしない / Das schmeckt nach mehr.《口語》これはもっと食べたくなるほどおいしい.

②([人³にとって])おいしい,([人³の)口に合う. Das Essen hat geschmeckt. 食事はおいしかった / Lassen Sie sich's (=sich es) [gut] schmecken! おいしく召しあがれ / Diese Arbeit schmeckt ihm nicht.《比》この仕事は彼の性に合わない.

◇《非人称の es を主語として》Schmeckt es Ihnen? — Danke, [es schmeckt] gut. お口に合いますか — ありがとう, おいしいですよ / Schmeckt es? または Schmeckt's? おいしい?

II 他 (完了 haben) ①(食べ物の)味⁴を感じる; (物⁴の)味をみる. Ich schmecke dieses Gewürz nicht. 私にはこの香辛料の味がわからない / die Suppe⁴ schmecken スープの味をみる. ②《南ド,オーストリア・スイス》(物⁴の)においに気づく.

schmeck·te [シュメックテ] *schmecken (…の味をみる)の 過去

Schmei·che·lei [シュマイヒェらイ ʃmaiçəlái] 女 -/-en お世辞, おべっか, 追従(ﾂｲｼｮｳ). ³ Schmeicheleien⁴ sagen 人³にお世辞を言う.

schmei·chel·haft [シュマイヒェるハふト] 形 自尊心をくすぐるような, いい気持ちにさせる, 心地よく響く(言葉など). ein schmeichelhaftes Foto《比》実物よりよく撮れている写真.

Schmei·chel=kätz·chen [シュマイヒェる・ケッツヒェン] 中 -s/-《口語》=Schmeichelkatze

Schmei·chel=kat·ze [シュマイヒェる・カッツェ] 女 -/-n おねだり上手な[女の]子.

***schmei·cheln** [シュマイヒェるン ʃmáiçəln] ich schmeichle, er schmeichelt, mir...geschmeichelt) I 自 (完了 haben) ①(人³に)お世辞を言う, おもねる; (言葉などが人³をうれしがらせる, (お世話などが自尊心³を)くすぐる. (英 flatter). Sie hat ihrem Chef geschmeichelt. 彼女は所長にごまをすった / es schmeichelt 人³, dass ... …で人³は気をよくする. ◇《過去分詞の形で》sich⁴ geschmeichelt fühlen 悪い気がしない. ②(写真などが人³を)実物以上によく見せる, (衣服などが人³を)引きたたせる. Das Foto schmeichelt ihm. この写真では彼は実際以上によく写っている / Die Frisur schmeichelt ihm. この髪型だと彼女はいちだんときれいに見える. ◇《過去分詞の形で》Die Aufnahme ist geschmeichelt. その写真は実際よりもよく写っている. ③《mit 人³ ~》(人³に)甘える. ◇《現在分詞の形で》車⁴ schmeichelnd sagen 車⁴を甘えるように言う.

II 再帰 (完了 haben) ① sich³ schmeicheln, zu 不定詞[句] …であると自負する, 得意がる. Ich schmeichle mir, ein guter Tänzer zu sein. ぼくは自分でダンスが上手だと思っている. ②《成句的に》sich⁴ ins Ohr schmeicheln (音などが)耳に快く響く.

schmei·chel·te [シュマイヒェるテ] *schmeicheln (お世辞を言う)の 過去

schmeich·le [シュマイヒれ] *schmeicheln (お世辞を言う)の 1 人称単数 現在

Schmeich·ler [シュマイヒらァ ʃmáiçlər] 男 -s/- おべっか使い, 追従(ﾂｲｼｮｳ)者. (⇒ 女性形は Schmeichlerin).

schmeich·le·risch [シュマイヒれリッシュ ʃmáiçlərɪʃ] 形 お世辞たらたらの, おもねるような.

schmei·ßen [シュマイセン ʃmáisən] du schmeißt (schmiss, hat...geschmissen) I 他 (完了 haben)《口語》①《方向を表す語句とともに》(人・物³を)勢いよく〈…へ/…から〉投げる, 投げつける, ほうり投げる. (英 fling). 物⁴ auf den Boden schmeißen 物⁴を地面(床)にたたきつける / 人⁴ aus dem Zimmer schmeißen《比》

[人]⁴を部屋から追い出す / Der Junge *schmiss* den Stein **ins** Wasser. 少年は水の中に石を投げた / die Tür⁴ [ins Schloss] *schmeißen* ドアをばたんと閉める. ◇《再帰的に》*sich*⁴ *schmeißen* (…へ)体を投げ出す ⇒ Sie *schmiss sich* weinend aufs Bett. 彼女は泣きながらベッドに身を投げた / *sich*⁴ in Schale *schmeißen* 盛装する. ② (仕事・学業など⁴を)投げ出す. ③ (仕事など⁴を)やってのける, とり仕切る. den Haushalt *schmeißen* 所帯を切り盛りする / Sie *schmeißt* den Laden ganz allein. 彼女はその店をたった一人でとり仕切っている. ④ おごる. eine Lage⁴ [eine Runde⁴] Bier *schmeißen* 一座の人々にビールをおごる. ⑤ 《劇・放送》(へまをして)台なしにする.
II 自 《完了》haben)《mit 物³ ~》《口語》《物³を)投げ[つけ]る, ほうり投げる. Er *hat* mit Steinen [**nach** mir] *geschmissen*. 彼は[私に]石を投げつけた.

Schmeiß꞊flie·ge [シュマイス・ふりーゲ] 女 -/-n 《昆》クロバエ.

Schmelz [シュメルツ ʃmɛlts] 男 -es/-e ① エナメル, (陶器の)うわ薬; (歯の)ほうろう質. ② (声・色などの)柔らかな張り, つや.

schmelz·bar [シュメルツバール] 形 (容易に)融解する, 可融性の.

schmel·zen [シュメるツェン ʃmɛltsən] du schmilzt, er schmilzt (schmolz, *ist*/*hat*...geschmolzen) I 自 《完了》sein) ① (熱で)溶ける. (英 melt). Das Eis *ist geschmolzen*.《現在完了》氷が溶けた. ② (比》(気持ちが)和らぐ. Ihr Herz *schmolz*, als sie das hörte. それを聞いて彼女の心は和らいだ.
II 他 《完了》haben) ① (氷・鉱石など⁴を)溶かす, 融解する. Die Sonne *schmilzt* den Schnee. 太陽が雪を溶かす. ② 《比》(気持ち⁴を)和らげる.

schmel·zend [シュメるツェント] I *schmelzen* (溶ける)の《現分》 II 形 心をとろかすような, 甘美な. eine *schmelzende* Stimme 心をとろかすような声.

Schmelz꞊hüt·te [シュメるツ・ヒュッテ] 女 -/-n 溶鉱所, 製錬所.

Schmelz꞊kä·se [シュメるツ・ケーゼ] 中 -s/- (パンなどに塗る)スプレッドチーズ.

Schmelz꞊ofen [シュメるツ・オーふェン] 男 -s/..öfen 《工》溶鉱炉, 溶融炉.

Schmelz꞊punkt [シュメるツ・プンクト] 男 -[e]s/-e 《物》融[解]点.

Schmelz꞊tie·gel [シュメるツ・ティーゲる] 男 -s/- るつぼ.

Schmelz꞊was·ser [シュメるツ・ヴァッサァ] 中 -s/- 雪解け水.

Schmer·bauch [シュメーァ・バオホ] 男 -[e]s/..bäuche《口語・戯》太鼓腹[の人].

Schmer·le [シュメルれ ʃmɛrlə] 女 -/-n《魚》ドジョウ.

*der **Schmerz** [シュメルツ ʃmɛrts]

痛み Wo haben Sie *Schmerzen*?
ヴォー ハーベン ズィー シュメルツェン
どこが痛みますか.

男 (単2) -es/(複) -en ① (身体の)**痛み**, 苦しみ. (英 pain). ein brennender *Schmerz* ひりりする痛み / Ich habe *Schmerzen* im Arm. 私は腕が痛い / *Schmerzen*⁴ spüren (または fühlen) 痛みを覚える / *Schmerzen*⁴ erdulden (または ertragen) 痛みをこらえる / *Schmerzen*⁴ lindern 痛みを和らげる / Der *Schmerz* lässt nach. 痛みが和らぐ / **vor** *Schmerzen* stöhnen 苦痛のあまりうめき声をあげる.
② (精神的な)**苦痛**, 悲しみ, 心痛, 悲痛.(英 grief). ein tiefer *Schmerz* 深い悲しみ / der *Schmerz* über den Tod des Kindes 子供を失ったことの悲しみ / [人]³ *Schmerzen*⁴ bereiten [人]³を苦しめる /[人]⁴ mit *Schmerzen* erwarten《口語》[人]⁴を待ち焦がれる / Geteilter *Schmerz* ist halber *Schmerz*.《諺》悲しみも分かち合えば半分(の悲しみ) / Hast du sonst noch *Schmerzen*?《口語》ほかにまだ頼みたいことがあるのかね.

⟨ス⟩ ..*schmerz* のいろいろ(ふつう 複): Abschieds*schmerz* 別れの悲しみ / Augen*schmerzen* 目の痛み / Bauch*schmerzen* 腹痛 / Hals*schmerzen* のどの痛み / Kopf*schmerzen* 頭痛 / Magen*schmerzen* 胃痛 / Nerven*schmerzen* 神経痛 / Rücken*schmerzen* 背中の痛み / Zahn*schmerzen* 歯痛

類語 der **Schmerz**: (心身が感じる)痛み, 苦しみ. (肉体的な痛みの場合は, ふつう複数になる). die **Qual**: (肉体的・精神的に耐え難い)苦しみ. die **Not**: (欠乏や不安に迫られた状態から来る)困窮.

schmerz꞊emp·find·lich [シュメルツ・エンプふィントりヒ] 形 痛みを感じやすい.

***schmer·zen** [シュメルツェン ʃmɛrtsən] (schmerzte, *hat*...geschmerzt) I 自《完了》haben) (体の部分・傷などが)**痛む**. (英 hurt). Mein Zahn *schmerzt*. 私は歯が痛い / Der Kopf *schmerzt* ihm. 彼は頭痛がする. ◇《現在分詞の形で》den *schmerzenden* Zahn heraus|ziehen 痛む歯を抜く.
II 他《完了》haben) ① ([人]⁴にとって)痛い. Die Wunde *schmerzt* ihn sehr. 彼は傷がたいへん痛む. ② (物事が精神的に)苦しめる, 悲しませる. Die harten Worte *schmerzten* ihn sehr. その厳しい言葉が彼にはたいへんつらかった.

Schmer·zens꞊geld [シュメルツェンス・ゲるト] 中 -[e]s/ 《法》慰謝料, 補償金.

Schmer·zens꞊schrei [シュメルツェンス・シュライ] 男 -[e]s/-e 苦痛の叫び, 悲鳴.

schmerz꞊frei [シュメルツ・ふライ] 形 痛みを感じない, 痛みのない.

***schmerz·haft** [シュメルツハふト ʃmɛrtshaft] 形 (比較 schmerzhafter, 最上 schmerzhaftest) (英 *painful*) ① (肉体的に)痛い, 苦痛を与える. Die Behandlung ist nicht *schmerzhaft*. その治療は痛くない. (☞ 類語 weh). ② (精神的に)苦しい, つらい. ein *schmerzhaftes* Erleben つらい体験.

***schmerz·lich** [シュメルツリヒ ʃmértslɪç] 形 痛ましい, 悲痛な, 苦しい; 手痛い. eine *schmerzliche* Erinnerung つらい思い出 / ein *schmerzlicher* Verlust 手痛い損失 / 人⁴ *schmerzlich* vermissen 人⁴がいないのがひどく寂しい. (☞ 類語 weh).

schmerz·lindernd [シュメルツ・リンデァント] 形 痛みを和らげる, 鎮痛の.

schmerz·los [シュメルツ・ロース] 形 痛み(苦痛)のない. die *schmerzlose* Geburt 無痛分娩(ぶん) / kurz und *schmerzlos*《口語》あっさりと, 無造作に.

Schmerz·mit·tel [シュメルツ・ミッテる] 中 -s/- 鎮痛剤.

schmerz·stil·lend [シュメルツ・シュティれント] 形 鎮痛の. ein *schmerzstillendes* Mittel 鎮痛剤.

schmerz·te [シュメルツテ] *schmerzen (痛むの) 過去

schmerz·voll [シュメルツ・ふォる] 形 苦痛(苦悩)に満ちた.

Schmet·ter·ball [シュメッタァ・バる] 男 -[e]s/..bälle (テニスなどで)スマッシュボール.

* *der* **Schmet·ter·ling** [シュメッタァリング ʃmétərlɪŋ] 男 (単 2) -s/(複) -e (3 格のみ -en) ①《昆》チョウ(蝶), ガ(蛾). (英 *butterfly*). Die *Schmetterlinge* flattern. ちょうがひらひら飛ぶ/ *Schmetterlinge* sammeln (fangen) ちょうを採集する(捕らえる). ② (体操の)伸身(しん)宙返り;【複】なし; 冠詞なしで〗(水泳の)バタフライ[泳法].

Schmet·ter·lings·blüt·ler [シュメッタァリングス・ブりュートらァ] 男 -s/-《植》ちょう形花冠をつけるマメ科植物.

schmet·tern [シュメッタァン ʃmétərn] I 他 (h) ① (人・物⁴を…に)投げつける, たたきつける. die Tür⁴ ins Schloss *schmettern* ドアをばたんと閉める / 物⁴ **zu** Boden *schmettern* 物⁴を地面に叩きつける. ② (テニスなどで)(ボール⁴を)スマッシュする. ③ (曲⁴を)鳴り響かせる, (歌⁴を)朗々と歌う. Die Trompeten *schmettern* einen Marsch. トランペットがマーチを高らかに吹き鳴らした. II 自 (s, h) ① (s) (…へ)激しくぶつかる. mit dem Kopf **gegen** 物⁴ *schmettern* 物⁴に頭を激しくぶつける. ② (h) (トランペットなどが)鳴り響く; 朗々と歌う, 大きな声でさえずる.

* *der* **Schmied** [シュミート ʃmíːt] 男 (単 2) -es (まれに -s)/(複) -e (3 格のみ -en) 鍛冶(か)屋; 金属細工師. (英 *smith*). Gold*schmied* 金細工師 / Jeder ist seines Glückes *Schmied*. (諺) 幸福は自分の手でつくるもの(←各人は自分の幸運の鍛冶屋である).

schmied·bar [シュミートバール] 形 (金属が)鍛えることのできる, 可鍛性の.

Schmie·de [シュミーデ ʃmíːdə] 女 -/-n 鍛冶(か)屋の仕事場; 鉄工所. vor die rechte *Schmiede* kommen《比》しかるべき所へ行く.

Schmie·de·ei·sen [シュミーデ・アイゼン] 中 -s/ 錬鉄.

schmie·de·ei·sern [シュミーデ・アイゼァン] 形 錬鉄[製]の.

Schmie·de·ham·mer [シュミーデ・ハンマァ] 男 -s/..hämmer 鍛冶(か)屋のハンマー.

***schmie·den** [シュミーデン ʃmíːdən] du schmiedest, er schmiedet (schmiedete, *hat*...geschmiedet) 他 (定了 haben) ① (鉄など⁴を)**鍛える**. den Stahl *schmieden* 鋼鉄を鍛える / Man *muss* das Eisen *schmieden*, solange es heiß ist.(諺)鉄は熱いうちに打て. ② 鍛造する. ein Hufeisen⁴ *schmieden* (鉄を鍛えて)蹄鉄(ていてつ)を作る ③《人⁴ **an** 物⁴ ～》(人⁴を物⁴に)つなぐ. einen Sträfling an eine Kette *schmieden* 受刑者を鉄の鎖につなぐ. ④《比》(計画など⁴を)考え出す, 企てる;(下手な詩など⁴を)ひねり出す.

Schmie·de·te [シュミーデテ] *schmieden (鉄などを鍛える)の 過去

schmie·gen [シュミーゲン ʃmíːɡən] I 他 (h) (物⁴を)押し当てる, もたせかける. das Kinn⁴ **in** die Hand *schmiegen* ほおづえをつく / das Gesicht⁴ **ins** Kissen *schmiegen* 顔を枕(まくら)に埋める. II 再帰 (h) *sich*⁴ *schmiegen* ① (…へ)寄り添う, もたれかかる. Das Kind *schmiegt sich* **an** die Mutter. 子供が母親に寄り添う / *sich*⁴ **in** einen Sessel *schmiegen* 安楽いすに深々と腰かける. ② (服などが体に)ぴったり合う. Das Kleid *schmiegt sich* **an** ihren Körper. このワンピースは彼女の体にぴったり合う.

schmieg·sam [シュミーク・ザーム] 形 ① 曲げやすい, 柔軟な;《雅》適応性のある, 従順な. ②《雅》ほっそりとしてしなやかな.

Schmieg·sam·keit [シュミークザームカイト] 女 -/-en〖ふつう 単〗しなやかさ, 柔軟さ; 従順.

Schmie·re¹ [シュミーレ ʃmíːrə] 女 -/-n ① 潤滑油, グリース; 軟膏(なんこう). ② べとべと(どろどろ)したもの, ねばねばした汚物. ③《方》パンに塗るもの(バター・ジャムなど). ④《方》殴打(おうだ). *Schmiere*⁴ bekommen なぐられる. ⑤《口語》(田舎の)三流劇場;《古》どさまわりの一座.

Schmie·re² [シュミーレ] 女 -/ ① 見張り. *Schmiere*⁴ stehen《俗》(悪事を働くとき)見張りをする. ② 警官.

***schmie·ren** [シュミーレン ʃmíːrən] (schmierte, *hat*...geschmiert) I 他 (定了 haben) ① (物⁴に)**油をさす**, グリースを塗る. (英 *smear*). die Achsen⁴ *schmieren* 車軸に油をさす / die Stiefel⁴ *schmieren* ブーツにグリースを塗る. ◊〖過去分詞として〗Es geht wie *geschmiert*. 事がすらすらと運ぶ(←油を塗ったように). ②〖方向を表す語句とともに〗(バター・ク

リームなど⁴を(…へ)塗る. Er *schmierte* Marmelade *aufs* Brot. 彼はパンにジャムを塗った/ Salbe⁴ auf eine Wunde *schmieren* 軟膏(なんこう)を傷口に塗布する. ③ (パン⁴にバターなどを)塗る. ein Brot⁴ [mit Butter] *schmieren* パンにバターを塗る. ④ 《口語》(字･文章⁴を)そんざいに書く、書きなぐる. ⑤ 《口語》(人⁴に)賄賂(わいろ)を贈る. ⑥ 〖成句的に〗人³ eine⁴ *schmieren* 《俗》人³に一発くらわす.
II 自 (完了 haben) ① (万年筆などが)染みをつくる、にじむ. Der Füller *schmiert*. この万年筆はインクが出すぎる. ② (潤滑油などが)よく効く. ③ 《口語》なぐり書きする.

Schmie･re･rei [シュミーレライ ʃmi:rərái] 女 -/-en ① 〖覆 なし〗書きなぐること. ② 書きなぐった文章(小説), 下手な絵.

Schmier=fett [シュミーァ･フェット] 中 -[e]s/-e グリース, 潤滑油.

Schmier=fink [シュミーァ･フィンク] 男 -en (または -s)/-en 《口語》① なぐり書きする人(特に子供); 汚い(不潔な)人(特に子供). ② 壁にスローガンなどを書く人; 中傷記事を書く人.

Schmier=geld [シュミーァ･ゲルト] 中 -[e]s/-er 〖ふつう 覆〗《口語》賄賂(わいろ), 袖(そで)の下.

Schmier=heft [シュミーァ･ヘフト] 中 -[e]s/-e 《口語》雑記帳, メモ帳.

schmie･rig [シュミーリヒ ʃmíːrɪç] 形 ① べとべとした, べとつく. ② 油(脂)で汚れた, 不潔な. ③ 不快な, いやな; いかがわしい.

Schmier=mit･tel [シュミーァ･ミッテる] 中 -s/- 潤滑剤.

Schmier=öl [シュミーァ･エール] 中 -s/-e 潤滑油.

Schmier=pa･pier [シュミーァ･パピーァ] 中 -s/-e 《口語》メモ用紙, 下書き用紙.

Schmier=sei･fe [シュミーァ･ザイふェ] 女 -/-n 軟せっけん, ソフトソープ.

schmier･te [シュミーァテ] *schmieren (油をさす)の 過去

Schmie･rung [シュミールング] 女 -/-en 潤滑油の注油.

schmilz [シュミるツ] *schmelzen (溶ける)の du に対する 命令

schmilzt [シュミるツト] *schmelzen (溶ける)の 2 人称単数･3 人称単数 現在

Schmin･ke [シュミンケ ʃmíŋkə] 女 -/-n 化粧品(口紅･おしろいの類).

***schmin･ken** [シュミンケン ʃmíŋkən] (schminkte, *hat*...geschminkt) I 他 (haben) ① (人⁴に)化粧する, メークアップをする. (英 make up). sich³ die Lippen⁴ *schminken* 口紅を塗る/ einen Schauspieler *schminken* 俳優のメークアップをする. ◊再帰的に〛sich⁴ *schminken* 化粧をする. ② (比)(報告など⁴を)粉飾する. Der Bericht *ist* stark *geschminkt*. 〖状態受動･現在〗この報告はひどく美化されている.

schmink･te [シュミンクテ] *schminken (化粧する)の 過去

Schmir･gel [シュミルゲる ʃmírɡəl] 男 -s/ エメリー, 金剛砂(さ)(研磨剤に用いられる).

schmir･geln [シュミルゲるン ʃmírɡəln] 他 (h) (物⁴を)サンドペーパーで磨く.

Schmir･gel=pa･pier [シュミルゲる･パピーァ] 中 -s/-e エメリー紙, 紙やすり, サンドペーパー.

schmiss [シュミス] *schmeißen (投げる)の 過去

schmiß ☞ 新形 schmiss

Schmiss [シュミス ʃmís] 男 -es/-e ① (学生言葉:)(特に決闘の)切り傷, 刀傷; 傷跡. ② 〖覆 なし〗《口語》勢い, 活気.

Schmiß ☞ 新形 Schmiss

schmis･se [シュミッセ] *schmeißen (投げる)の 接2

schmis･sig [シュミスィヒ ʃmísɪç] 形 《口語》勢い(活気)のある, きびきびした.

Schmö･ker [シュメーカァン ʃmǿːkər] 男 -s/- ① 《口語》娯楽本. ② 《北ﾄﾞ》喫煙者.

schmö･kern [シュメーカァン ʃmǿːkərn] 自 (h)･他 (h) くつろぎつつ読書する.

schmol･len [シュモれン ʃmɔ́lən] 自 (h) (子供などが)ふくれっ面をする. mit 人³ *schmollen* 人³に対してむくれる.

Schmoll=win･kel [シュモる･ヴィンケる] 男 〖成句的に〗sich⁴ in den *Schmollwinkel* zurück|ziehen 《口語》すねる / im *Schmollwinkel* sitzen 《口語》すねている.

schmolz [シュモるツ] *schmelzen (溶ける)の 過去

schmöl･ze [シュメるツェ] *schmelzen (溶ける)の 接2

Schmor=bra･ten [シュモーァ･ブラーテン] 男 -s/- 〖料理〗肉のシチュー(いためたあと水を加えてとろとろ煮たもの).

schmo･ren [シュモーレン ʃmóːrən] I 他 (h) 〖料理〗(肉･野菜など⁴をいためたあとに)とろ火で煮る. II 自 (h) ① とろ火で煮える. Das Fleisch *schmort* im Topf. 肉が鍋(なべ)の中でとろとろ煮えている. ② 《口語》ほったらかしにされる. 人⁴ *schmoren lassen* 人⁴をやきもきさせる/ 物⁴ *schmoren lassen* 物⁴をほったらかしにする. ③ 《口語》暑さつづき. ④ 《電》過熱する.

Schmu [シュムー ʃmúː] 男 -s/ 《口語》ごまかし, いんちき. *Schmu*⁴ machen ごまかす.

schmuck [シュムック ʃmúk] 形 (見た目に)感じのよい, こざっぱりとした, スマートな.

***der* Schmuck** [シュムック ʃmúk] 男 (単2) -[e]s/〖複〗(英 *ornament*) ① 〖ふつう 単〗装身具, アクセサリー. modischer *Schmuck* 流行のアクセサリー / *Schmuck*⁴ an|legen 装身具を着ける / Sie trägt einen kostbaren *Schmuck* am Hals. 彼女は高価なアクセサリーを首に着けている. ② 〖覆 なし〗(部屋などの)飾り, 装飾; 装い. Ein großes Gemälde war der einzige *Schmuck* des Raumes. 大きな絵がその部屋の唯一の飾りだった.

....

〈モ〉装身具のいろいろ: Armband ブレスレット /

Brosche ブローチ / Haar*schmuck* 髪飾り / Halskette ネックレス / Krawattennadel ネクタイピン / Manschettenknopf カフスボタン / Ohrgehänge (大きめの)イヤリング / Ohrring イヤリング / Ohrstecker ピアス / Ring 指輪

....

*schmü·cken [シュミュッケン ʃmýkən] (schmückte, *hat* ... geschmückt) 他 (定了 haben)（人·物⁴を)飾る，(美しく)装わせる，(物⁴に) 飾りつけをする. (英 *decorate*). Er *schmückt* das Zimmer mit Tannengrün. 彼は部屋を樅(もみ)の小枝で飾る / den Christbaum *schmücken* クリスマスツリーの飾りつけをする / Ein großer Leuchter *schmückt* den Tisch. 大きな燭台(しょくだい)がテーブルを飾っている. ◊(再帰的に) Sie *schmückt sich*⁴ gern. 彼女はおめかしするのがすきだ.

Schmuck゠käst·chen [シュムック・ケストヒェン] 中 -s/- 宝石箱；(戯·比)美しい家.

Schmuck゠los [シュムック・ロース] 形 飾り[気]のない，簡素(質素)な，あっさりした.

Schmuck゠lo·sig·keit [シュムック・ローズィヒカイト] 女 -/ 装飾(飾り気)のないこと，簡素，質素.

Schmuck゠sa·chen [シュムック・ザッヘン] 複 装飾品，アクセサリー，貴金属宝石類.

Schmuck゠stück [シュムック・シュテュック] 中 -[e]s/-e 装身具；(比)珠玉，逸品；(戯)恋人.

schmück·te [シュミュックテ] *schmücken (飾る)の 過去

Schmuck゠wa·ren [シュムック・ヴァーレン] 複 装身具，アクセサリー.

Schmud·del [シュムッデる ʃmúdəl] 男 -s/ (口語)(べとべとする)汚れ，汚いもの.

schmud·de·lig [シュムッデりヒ ʃmúdəlɪç] 形 (口語)(べとべとして)汚い，不潔な.

Schmug·gel [シュムッゲる ʃmúgəl] 男 -s/- 密輸. *Schmuggel*⁴ treiben 密輸する.

schmug·geln [シュムッゲるン ʃmúgəln] I 他 (h) ① (物⁴を)密輸する. Waffen⁴ *schmuggeln* 武器を密輸する. ② (人·物⁴を...へ)こっそり持ち込(連れ)込む，(...から)こっそり持ち出(連れ)出す. 人⁴ ins Haus *schmuggeln* 人⁴を家の中へこっそり連れ込む. ◊(再帰的に) sich⁴ *schmuggeln* (...へ)忍び込む，(...から)忍び出る. II 自 (h)密輸をする.

Schmug·gel゠wa·re [シュムッゲる・ヴァーレ] 女 -/-n 密輸品.

Schmugg·ler [シュムッグらァ ʃmúglər] 男 -s/- 密輸[業]者.

schmun·zeln [シュムンツェるン ʃmúntsəln] 自 (h)にやにや笑う，にんまりする，ほくそ笑む. Er schmunzelte **über** ihre Bemerkung. 彼は彼女の意見を聞いてにっこり笑った.

Schmus [シュムース ʃmúːs] 男 -es/ 《口語》むだ口；お世辞，おべっか.

schmu·sen [シュムーゼン ʃmúːzən] 自 (h) 《口語》① 〖mit 人³ ~〗(人³と)いちゃつく，べたべたする；(人³を)愛撫(あいぶ)する. ②〖mit〗人³ ~〗(人³に)お世辞を言う.

*der **Schmutz** [シュムッツ ʃmúts] 男 (単2) -es/ ① 汚れ，不潔なもの，汚いもの；汚物，ごみ. (英 *dirt*). der *Schmutz* der Straße² 道路のごみ / den *Schmutz* von den Schuhen kratzen 靴の泥をかき落とす / *Schmutz* und Schund 低俗な[文学]作品 / 人·物⁴ **durch** (または **in**) den *Schmutz* ziehen (比)人·物⁴のことを中傷する / 人⁴ **mit** *Schmutz* bewerfen (比)人⁴をくそみそに言う. ②《南西部ドイツ・スイス》脂肪.

schmut·zen [シュムッツェン ʃmútsən] 自 (h) ① (衣服などが)汚れる，汚くなる. Der Stoff *schmutzt* leicht. その生地は汚れやすい. ② 《南西部ドイツ・スイス》脂をひく.

Schmutz゠fän·ger [シュムッツ・フェンガァ] 男 -s/- ① 汚れやすいもの. ② (自動車などの)泥よけ，マッドガード. ③ (工)ダストトラップ.

Schmutz゠fink [シュムッツ・フィンク] 男 -en (または -s)/-en 《口語》不潔な人；不道徳な人.

Schmutz゠fleck [シュムッツ・ふれック] 男 -[e]s/-e しみ，汚れ，汚点.

*schmut·zig [シュムッツィヒ ʃmútsɪç] 形 (英 *dirty*) ① 汚れた，汚い；不潔な. (⇔「清潔な」は sauber). *schmutzige* Füße 汚れた足 / 物⁴ *schmutzig* machen 物⁴を汚す ⇒ Du hast deine Jacke schon wieder *schmutzig* gemacht. おまえはまたまた上着を汚してしまったね / Er macht sich⁴ nicht gern *schmutzig*. 彼は汚れ仕事を嫌う / *schmutzige* Farben にごった(くすんだ)色.
② 無礼な，ずうずうしい. ein *schmutziges* Lachen ぶしつけな笑い.
③ けがらわしい，みだらな. *schmutzige* Worte⁴ gebrauchen みだらな言葉を使う.
④ いかがわしい. eine *schmutzige* Gesinnung 卑しい心 / *schmutziges* Geld 汚れたお金. ⑤《南西部ドイツ・スイス》脂っこい.

Schmutz゠ti·tel [シュムッツ・ティーテる] 男 -s/- 《印》遊び紙(本の巻頭·巻末の白紙).

*der **Schna·bel** [シュナーベる ʃnáːbəl] 男 (単2) -s/(複) Schnäbel [シュネーベる] (3格のみ Schnäbeln) ① (鳥の)くちばし. (英 *bill*). ein langer *Schnabel* 長いくちばし / mit dem *Schnabel* hacken くちばしでつつく / Die jungen Vögel sperrten ihre *Schnäbel* weit auf. ひな鳥たちはくちばしを大きく開けた. ②《口語》(人間の)口. Halt den *Schnabel*! 黙れ. ③ (くちばし状の) (水差しなどの)口，飲み口；《音楽》(クラリネットなどの)マウスピース.

Schnä·bel [シュネーベる] *Schnabel (くちばし)の 複

schna·bel゠för·mig [シュナーベる・フェルミヒ] 形 くちばし状の.

schnä·beln [シュネーベるン ʃnéːbəln] 自 (h)·再帰 (h) *sich*⁴ *schnäbeln* ① (鳥が)互いにくちばしを触れ合わせる. ②《口語·戯》キスし合う.

Schna·bel゠tas·se [シュナーベる・タッセ] 女 -/-n (乳児·病人用の)吸い飲み[茶わん].

Schna·bel゠tier [シュナーベる・ティーァ] 中

-[e]s/-e 《動》カモノハシ.

Schnack [シュナック ʃnák] 男 -[e]s/-s (または Schnäcke)《北ドツ》① (楽しい)おしゃべり, 歓談. ② むだ話, たわごと. ③ ジョーク.

Schna·ke [シュナーケ ʃná:kə] 女 -/-n 《昆》① ガガンボ(カの一種). ②《方》カ(蚊).

*_die_* **Schnal·le** [シュナレ ʃnálə] 女 (単) -/ (複) -n ① 留め(締め)金, バックル.《英 buckle》. die _Schnalle_⁴ des Gürtels öffnen ベルトの留め金をはずす. ②《オスタ》(ドアの)取っ手.

***schnal·len** [シュナレン ʃnálən] (schnallte, hat...geschnallt) 他 (完了 haben) ① (ベルトなど⁴を)締める.《英 buckle》. den Gürtel enger (weiter) _schnallen_ ベルトをもっときつく締める(緩める). 〖方向を表す語句とともに〗(人・物⁴を)ベルトなどで…へ)縛りつける. Sie _schnallten_ den Kranken _auf_ den Operationstisch. 彼らは患者を手術台に固定した. ③〖A⁴ von B³ ~〗(A⁴(縛りつけたもの)を B³ から)取りはずす. ④《俗》《軍⁴が)わかる. ⑤《俗》だます.

Schnal·len⇗schuh [シュナレン・シュー] 男 -[e]s/-e 留め(締め)金付きの靴.

schnall·te [シュナるテ] *schnallen (締める)の 過去

schnal·zen [シュナるツェン ʃnáltsən] 自 (h) ぱちっと鳴らす(音をたてる). mit den Fingern _schnalzen_ 指を[はじいて]鳴らす / mit der Zunge _schnalzen_ 舌鼓を打つ.

***schnap·pen** [シュナッペン ʃnápən] (schnappte, hat/ist...geschnappt) I 自 (完了 haben または sein) 自 (h)〖**nach** 人・物³ ~〗(人・物³に)ぱくっと食いつこうとする.《英 snap at》. Die Gans _hat_ nach meinem Finger _geschnappt_. がちょうが私の指に食いつこうとした / nach Luft _schnappen_《口語》はあはあ息をする, あえぐ. ② (s)〖方向を表す語句とともに〗(…へ …から)ぱちんとはね, (ドアなどが)ばたんと閉まる. Die Tür _schnappte_ ins Schloss. ドアがばたんと閉まった. ③ (h) ぱたん(ぱちん)と音をたてる. ④《方》片足を引きずって歩く.

II 他 (完了 haben) ① ぱくっとくわえる. Der Hund _schnappte_ die Wurst. 犬はソーセージをぱくっとくわえた. ② (口語) さっとつかむ, ひっつかむ. Ich _schnappte_ [mir] meinen Mantel und ging. 私はコートをさっとつかんで出かけた. ③《口語》逮捕する, ひっ捕らえる.

Schnapp⇗mes·ser [シュナップ・メッサァ] 中 -s/- 折りたたみナイフ, ジャックナイフ.

Schnapp⇗schloss [シュナップ・シュろス] 中 -es/..schlösser ばね式錠.

Schnapp⇗schloß ⇨ 新形 Schnappschloss

Schnapp⇗schuss [シュナップ・シュス] 男 -es/..schüsse 《写》スナップ[ショット].

Schnapp⇗schuß ⇨ 新形 Schnappschuss

schnapp·te [シュナップテ] *schnappen (ぱくっと食いつこうとする)の 過去

*_der_* **Schnaps** [シュナップス ʃnáps] 男 (単2) -es/(複) Schnäpse [シュネプセ] (3格のみ Schnäpsen)《口語》シュナップス, 火酒(アルコール度の高い蒸留酒の総称. 特にブランデー・ジン・焼酎など).《英 spirits》. Er trank drei _Schnäpse_ (または drei Gläser _Schnaps_). 彼はシュナップスを 3 杯飲んだ.

Schnaps⇗bren·ne·rei [シュナップス・ブレンナライ] 女 -/-en《口語》シュナップス(火酒)製造工場.

Schnaps⇗bru·der [シュナップス・ブルーダァ] 男 -s/..brüder《口語》大酒飲み.

Schnäp·se [シュネプセ] *Schnaps (シュナップス)の 複

Schnaps⇗glas [シュナップス・グらース] 中 -es/..gläser シュナップス(火酒)用のグラス.

Schnaps⇗idee [シュナップス・イデー] 女 -/-n [..デーエン]《口語》ばかげた思いつき(考え).

Schnaps⇗na·se [シュナップス・ナーゼ] 女 -/-n《口語》酒飲みの赤鼻.

***schnar·chen** [シュナルヒェン ʃnárçən] (schnarchte, hat...geschnarcht) 自 (完了 haben) いびきをかく.《英 snore》. Er _schnarcht_ laut. 彼は大きないびきをかく.

Schnar·cher [シュナルヒェァ ʃnárçər] 男 -s/- 《口語》いびきをかく人; いびきの音.

schnarch·te [シュナルヒテ] *schnarchen (いびきをかく)の 過去

Schnar·re [シュナレ ʃnárə] 女 -/-n (おもちゃの)がらがら, 鳴子(なるこ).

schnar·ren [シュナレン ʃnárən] 自 (h) がらがら(がたがた・りんりん)音をたてる. Die Klingel _schnarrt_ laut. ベルがけたたましく鳴る. ◆〖現在分詞の形で〗 mit _schnarrender_ Stimme がらがら声で.

schnat·tern [シュナッタァン ʃnátərn] 自 (h) ① (あひるなどが)がーがー鳴く. ②《口語》ぺちゃくちゃしゃべる. ③《方》がたがた震える.

schnau·ben(*) [シュナオベン ʃnáubən] (schnaubte, hat...geschnaubt または schnob, ...geschnoben) I 自 (h) (馬などが)荒い鼻息をする, 鼻を鳴らす;《比》(人が)いきりたつ. vor Zorn _schnauben_ 激怒する. II 他 〖規則変化〗《方》(人の鼻⁴を)かんでやる. ◆〖再帰的に〗 sich⁴ _schnauben_ または sich³ die Nase⁴ _schnauben_ 鼻をかむ.

schnau·fen [シュナオフェン ʃnáufən] 自 (h) ① 荒い息遣いをする, あえぐ; あえぎあえぎ言う. ②《方》呼吸をする.

Schnau·fer [シュナオふァ ʃnáufər] 男 -s/- ①《口語》荒い息遣い, あえぎ. den letzten _Schnaufer_ tun《婉曲》息をひきとる, 死ぬ / bis zum letzten _Schnaufer_《婉曲》死ぬまで. ②《オスタ》青二才.

Schnau·ferl [シュナオふァァる ʃnáufərl] 中 -s/- (ふクセ: -n)《隠語》(手入れのよい)旧型自動車.

Schnauz⇗bart [シュナオツ・バールト] 男 -[e]s

..bärte 大きな口ひげ[を生やした人]. (☞ Bart 図).

***die* Schnau·ze** [シュナオツェ ʃnáʊtsə] 囡 (単) -/(複) -n ① (動物の)**鼻口部**, 鼻づら. (英) *muzzle*). ② (俗) (軽蔑的に)(人間の口) (おしゃべりな)口; 顔. eine große *Schnauze*[4] haben 大ぼら吹きである / frei **nach** *Schnauze* 準備もせずに, 行き当たりばったりで / Halt die *Schnauze*! 黙れ / Ich habe die *Schnauze* voll davon. 私はそれにはうんざりだ. ③ 《口語》(水差しなどの)注ぎ口. ④《口語》(自動車の)ボンネット; (飛行機の)機首; 船首.

schnau·zen [シュナオツェン ʃnaʊtsən] 圁 (h) 《口語》① どなりつける. ② (…と)どなって言う.

schnäu·zen [シュノイツェン ʃnɔ́ʏtsən] 他 (h) (鼻[4]を)かむ. dem Kind die Nase[4] *schnäuzen* 子供の鼻をかんでやる. ◇*再帰的に*) *sich*[4] *schnäuzen* または *sich*[3] die Nase[4] *schnäuzen* 鼻をかむ.

Schnau·zer [シュナオツァァ ʃnáʊtsər] 男 -s/- ①(動) シュナウツァー (鼻口部の大きいテリヤ犬の一種). ②《口語》大きな口ひげ[を生やした人] (=Schnauzbart).

***die* Schne·cke** [シュネッケ ʃnékə] 囡 (単) -/(複) -n ①(動) カタツムリ. (英 *snail*). essbare *Schnecken* 食用かたつむり / 囚[4] **zur** *Schnecke* machen《口語》囚[4]をこっぴどくやっつける. ②《口語》渦巻きパン. ③《ふつう 複》(耳の上にまとめた渦巻き状の髪型. ☞ Haar 図). ④(医)(内耳の)蝸牛(ｶﾞｭｳ)殻. ⑤(ヴァイオリンなどの)渦巻[装飾]. ⑥(建) 渦巻装飾; らせん階段. ⑦(工) ウォーム, ねじのらせん部分.

schne·cken·för·mig [シュネッケン・フェルミヒ] 形 カタツムリの形をした, らせん(渦巻き)状の.

Schne·cken·haus [シュネッケン・ハオス] 中 -es/..häuser かたつむりの殻.

Schne·cken·tem·po [シュネッケン・テンポ] 中 -s/ 《口語》のろいテンポ. im *Schneckentempo* gehen のろのろと進む.

***der* Schnee** [シュネー ʃné:]

雪 Morgen gibt's *Schnee*.
モルゲン ギープツ シュネー
あしたは雪だ.

男 (単 2) -s/ ① **雪**. (英 *snow*). Neu*schnee* 新雪 / nasser (trockner) *Schnee* べとべとした (さらさらした)雪 / der ewige *Schnee* 万年雪 / Es fällt *Schnee*. 雪が降る / Es liegt viel *Schnee*. 雪がたくさん積もっている / *Schnee*[4] fegen (または kehren) 雪かきをする, 雪をはく / *Schnee* bedeckt das Land. 雪が大地を覆っている / Das Tal liegt in tiefem *Schnee*. 谷は深い雪に埋もれている / Ihre Haut ist weiß wie *Schnee*. 彼女の肌は雪のように白い / Das ist doch *Schnee* von gestern.《口語》それにはだれも興味を示さない(←それはきのう降った雪だ) / aus dem Jahre *Schnee*《ｵｰｽﾄﾘｱ》大昔の, おそらしく古い / anno (または im Jahre) *Schnee* (ｵｰｽﾄﾘｱ)大昔に. ②《料理》(卵白を泡立てた)メレンゲ. das Eiweiß[4] zu *Schnee* schlagen 卵の白身を泡立てる. ③《隠語》(白い粉末状の)コカイン, ヘロイン.

Schnee⹀ball [シュネー・バル] 男 -[e]s/..bälle ① 雪玉. einen *Schneeball* machen 雪玉をつくる / sich[4] mit *Schneebällen* bewerfen 雪合戦をする. ②《植》ガマズミ[属](白い球状の小さな花をつける).

Schnee·ball⹀schlacht [シュネー・バル・シュラハト] 囡 -/-en 雪合戦.

Schnee·ball⹀sys·tem [シュネー・バル・ズュステーム] 中 -s/ ①《商》ねずみ算式販売法(買手に報償を与えて他の買手を勧誘させる方法), マルチ商法. ② 連絡網[による伝達方式].

schnee⹀be·deckt [シュネー・ベデックト] 形 雪に覆われた.

Schnee⹀be·sen [シュネー・ベーゼン] 男 -s/- 《料理》泡立て器.

schnee⹀blind [シュネー・ブリント] 形 雪のまぶしさで目を傷めた, 雪盲(ｾﾂﾓｳ)の.

Schnee⹀bril·le [シュネー・ブリレ] 囡 -/-n 雪眼鏡, スノーグラス.

Schnee⹀de·cke [シュネー・デッケ] 囡 -/-n 積もった雪, 積雪.

Schnee⹀fall [シュネー・ファル] 男 -[e]s/..fälle 《ふつう 複》降雪. heftige *Schneefälle* 吹雪.

Schnee⹀flo·cke [シュネー・フロッケ] 囡 -/-n 《ふつう 複》雪片.

Schnee⹀frä·se [シュネー・フレーゼ] 囡 -/-n ロータリー除雪車.

schnee⹀frei [シュネー・フライ] 形 雪のない.

Schnee⹀ge·stö·ber [シュネー・ゲシュテーバァ] 中 -s/ 吹雪.

Schnee⹀glöck·chen [シュネー・グレックヒェン] 中 -s/- (オ)マツユキソウ, ユキノハナ.

Schnee⹀gren·ze [シュネー・グレンツェ] 囡 -/ -n 雪線(万年雪の下方境界線).

Schnee⹀huhn [シュネー・フーン] 中 -[e]s/ ..hühner (鳥) ライチョウ(雷鳥).

schnee⹀ig [シュネーイヒ ʃné:ɪç] 形 ① 雪で覆われた. ②《雅》雪のような, 純白の.

Schnee⹀ket·te [シュネー・ケッテ] 囡 -/-n 《ふつう 複》(すべり止めの)スノーチェーン.

Schnee⹀kö·nig [シュネー・ケーニヒ] 男 -[e]s/ -e (東中部ドイツ)《鳥》ミソサザイ (=Zaunkönig). sich[4] wie ein *Schneekönig* freuen《口語》大喜びする.

Schnee⹀mann [シュネー・マン] 男 -[e]s/ ..männer 雪だるま. einen *Schneemann* bauen 雪だるまをつくる.

Schnee⹀matsch [シュネー・マッチュ] 男 -[e]s/ 雪解けのぬかるみ.

Schnee⹀pflug [シュネー・プフルーク] 男 -[e]s/ ..pflüge ① 雪かきの道具; 除雪機, 除雪車. ②(スキーで:)プルーク, 全制動滑降.

Schnee⹀re·gen [シュネー・レーゲン] 男 -s/ 雨まじりの雪, みぞれ.

Schnee⹀schmel·ze [シュネー・シュメるツェ] 女 -/ 雪解け.
Schnee⹀schuh [シュネー・シュー] 男 -(e)s/-e ① かんじき. ② 《古》スキー.
Schnee⹀sturm [シュネー・シュトゥルム] 男 -(e)s/..stürme 吹雪.
Schnee⹀trei·ben [シュネー・トライベン] 中 -s/ 吹雪.
Schnee⹀ver·we·hung [シュネー・フェアヴェーウング] 女 -/-en 雪の吹きだまり.
Schnee⹀we·he [シュネー・ヴェーエ] 女 -/-n ＝Schneeverwehung
schnee⹀weiß [シュネー・ヴァイス] 形 雪のように白い, 純白の.
Schnee⹀witt·chen [シュネー・ヴィットヒェン] 中 -s/ 白雪姫(グリム童話の主人公).
Schneid [シュナイト ʃnáɪt] 男 -(e)s/ (南独·オーストリア: 女 -/) 《口語》勇気, 気力. 人³ den (または die) Schneid ab|kaufen 人³をひるませる, 人³の勇気をくじく.
Schneid⹀bren·ner [シュナイト・ブレンナァ] 男 -s/ 《工》切断トーチ.
Schnei·de [シュナイデ ʃnáɪdə] 女 -/-n ① (刃物の)刃[の側]; 刀身. die Schneide eines Messers ナイフの刃 / eine scharfe (stumpfe) Schneide 鋭い(なまくらな)刃 / Die Schneide steht auf des Messers Schneide. 《比》事態は瀬戸際にある. ② 《地理》(岩·氷などの)鋭い稜線.

__schnei·den__ * [シュナイデン ʃnáɪdən]

| 切る | Soll ich das Brot *schneiden*? ゾる イヒ ダス ブロート シュナイデン パンを切りましょうか. |

du schneidest, er schneidet (schnitt, hat...geschnitten) I 他 (完了 haben) ① 切る; 切り取る, 切り離す; 切って入れる. (英 cut). Die Mutter *schneidet* den Kuchen. お母さんがケーキを切る / Papier⁴ *schneiden* 紙を切る / Blumen⁴ *schneiden* (はさみで)花を摘み取る / Wurst⁴ *schneiden* in Scheiben ソーセージをスライスする / Wurst⁴ in die Suppe *schneiden* ソーセージを刻んでスープに入れる / Zweige⁴ vom Baum *schneiden* 枝を木から切り落とす. ② (生け垣·髪など⁴を)刈る, 切り整える. den Rasen *schneiden* 芝生を刈る / Ich lasse mir die Haare *schneiden*. 私は髪をカットしてもらう.
③ 切って作る; 彫る, 刻む; (衣服⁴を)裁つ, 裁断して作る. Bretter⁴ aus Stämmen *schneiden* 丸太をひいて板にする / Er schnitt ein Muster in das Brett. 彼はある模様を板に彫り込んだ / den Anzug *schneiden* スーツを仕立てる.
④ (人⁴を)誤って切る, 切って傷つける. Der Friseur hat mich versehentlich *geschnitten*. 理容師は私の顔をうっかり傷つけた. ◊《再帰的に》Ich habe mich in die Hand *geschnitten*. 私は手を切ってしまった.
⑤ 《医·隠語》(人·物⁴を)切開する, 手術する. ein Geschwür⁴ *schneiden* 潰瘍を切除する. ⑥ (道路·線など⁴と)交差する, 交わる. ◊《相互的に》Die beiden Straßen *schneiden sich*⁴. その二つの道は交差している. ⑦ (ある表情⁴を)する. eine Grimasse⁴ *schneiden* しかめっ面をする. ⑧ 《映·放送》カットして編集する; 録音(録画)する. eine Sendung⁴ auf Tonband *schneiden* 放送番組をテープに録音する. ⑨ (人³に)知らん顔をする. ⑩ (カーブ⁴を)内側ぎりぎりに回る; (他の車など⁴の)前に割り込む. ⑪ (テニスなどで:)(ボール⁴を)カットする.
II 自 (完了 haben) ① (刃物が…の)切れ味である. Das Messer *schneidet* gut (schlecht). このナイフはよく切れる(切れない).
② 《in 物⁴ ～》(物⁴を)誤って切る, 切って傷つける. mit der Schere in den Stoff *schneiden* はさみでうっかり生地を切ってしまう / 人³ (sich³) in den Finger *schneiden* 人³の(自分の)指を誤って切る. (風·寒さなどが)身を切るようにこたえる. Der Wind *schneidet* mir ins Gesicht. 風が私の顔を刺すように吹きつける. ④ 《in 物⁴ ～》(ベルトなどが物⁴へ)食い込む.
III 再帰 (完了 haben) sich⁴ *schneiden* 《口語》思い違いをする.
◊ ☞ **geschnitten**

Schnei·den [シュナイデン] 中 《成句的に》Hier ist eine Luft zum *Schneiden*. ここは空気がひどくよどんでいる(←ナイフで切れるほど).
schnei·dend [シュナイデント] I *schneiden (切る)の現分 II 形 ① 身を切るような, 刺すような(寒さ·痛みなど). ② けたたましい(音など). ③ 痛烈な, 辛らつな.
*__der__ **Schnei·der**¹* [シュナイダァ ʃnáɪdɐ] 男 (単2) -s/(複) -(3格のみ -n) ① 仕立屋, 洋服屋, テーラー. 《英 tailor》. einen Anzug vom *Schneider* an|fertigen (または machen) lassen 服を洋服屋に仕立てさせる / wie ein *Schneider* frieren 《口語》ひどく凍えている(昔, 仕立屋は病弱であると思われていた). ② 《昆》シュナイダー. aus dem *Schneider* sein a) (スカートで:) 30 点(勝つのに必要な点以上に達している, b) 《口語》すでにピンチを切り抜けている. ③ (卓球で:)シュナイダー(1セットの得点が 11 点に達していない場合). ④ 《口語》切る道具, カッター, 裁断機.
Schnei·der² [シュナイダァ] 《姓》-s/-s シュナイダー.
Schnei·de·rei [シュナイデライ ʃnaɪdəráɪ] 女 -/-en ① 洋装店, 仕立屋[の仕事場]. ② 《複 なし》洋裁, 仕立て, ドレスメーキング.
Schnei·de·rin [シュナイデリン ʃnáɪdərɪn] 女 -/..rinnen (女性の)洋裁師, お針子.
schnei·dern [シュナイダァン ʃnáɪdɐn] 他 (h) (服⁴を)仕立てる, 裁断する. [sich³] einen Anzug *schneidern* lassen スーツを作ってもらう.
Schnei·der⹀pup·pe [シュナイダァ・プッペ] 女 -/-n 《服飾》(洋服屋の)人台, ボディー.
Schnei·de·zahn [シュナイデ・ツァーン] 男

−[e]s/..zähne 《医》門歯(ﾓﾝｼ), 切歯(ｾｯｼ).

schnei·dig [シュナイディヒ ʃnáidɪç] 形 ① 果敢な, 断固とした; きびきびした. ② スポーティーな, さっそうとした. ③ 刃のついた.

☆schnei·en [シュナイエン ʃnáɪən] (schneite, hat/ist...geschneit) **I** 非人称 (完了 haben) Es *schneit*. 雪が降る.（英 *It snows.*). Es hört auf zu *schneien*. 雪降りやむ / Es *schneit* dicke Flocken. 雪が大粒で（または大きい塊で）降る / Es *schneit* dicke Flocken. ぼたん雪が降る / Auf dem Bildschirm *schneit* es.《比》(テレビの)画面にスノーが出ている(画面がちらちらする).
II 自 (完了 sein)（雪のように）舞い落ちる. Blütenblätter *schneiten* **auf** die Straße. 花びらが吹雪のように通りに舞い落ちた. ② 《口語》…へ不意に舞い込む, やって来る. Schon am Vormittag *schneiten* Gäste **in** die Kneipe. 午前中早くもお客たちが酒場に押しかけた.

Schnei·se [シュナイゼ ʃnáɪzə] 女 -/-n ① (森林の防火のための)非植林地帯. ② 《空》(離着陸コースにつくられた)安全用空地.

schnei·te [シュナイテ] *schneien（非人称で: 雪が降る)の過去.

☆schnell [シュネる ʃnέl]

速い; 急いで

Nicht so *schnell*! そんなに急がないで.
ニヒト ゾー シュネる

形（比較 schneller, 最上 schnellst）① (速度が)速い, (英 *fast*) ↔《(速度が) 遅い》は langsam;「(時刻などが)早い」は früh). ein *schnelles* Tempo 速いテンポ. ◇副詞的に》Sie fährt immer zu *schnell*. 彼女はいつも車を飛ばしすぎる / Er fährt so *schnell*, wie er konnte. 彼はできるかぎり速く走った / *schnell* sprechen (schreiben) 早口である(ものを書くのが速い).
② (動作などが)すばやい, 即座の.（英 *quick*). eine *schnelle* Bewegung すばやい動き / einen *schnellen* Entschluss fassen すばやく決断する. ◇副詞的に》Ich komme so *schnell* wie möglich. 私はできるだけ急いで参ります / Wie heißt er noch *schnell*? (度忘れしたときに)彼の名前は何ていうんだっけ / Mach *schnell*!《口語》早くしろ, 急げ.（類語 eilig).
③ 高速の出せる(出してもよい). ein *schnelles* Auto スピードの出る車 / eine *schnelle* Straße スピードを出してよい道路. ④《口語》すぐ手に入る, すぐできる. *schnelles* Geld 手っとり早く稼げるお金. ⑤ (仕事などが)手早い, 迅速な. eine *schnelle* Bedienung 素早いサービス / Sie ist sehr *schnell*. 彼女はとても仕事が速い.

類語 **schnell**: (速度・動作が)速い. **rasch**: (敏速で)すばやい. **flink**: (敏捷で)すばしこい.

Schnell≠bahn [シュネる・バーン] 女 -/-en (都市と郊外住宅地を結ぶ)都市高速鉄道 (略: S-Bahn).

Schnell≠boot [シュネる・ボート] 中 -[e]s/-e 高速魚雷艇;（スポーツ用の)高速モーターボート.

Schnell≠dienst [シュネる・ディーンスト] 男 -[e]s/-e（クリーニングなどの)スピードサービス.

Schnel·le [シュネれ ʃnέlə] 女 -/-n ① 急流, 早瀬. ②《覆 なし》《鉄》速さ, 迅速. **auf** die *Schnelle*《口語》a) さっさと, b) 短期間に.

schnelle·big ☞ 新形 schnelllebig

schnel·len [シュネれン ʃnέlən] **I** 自 (s)（…へ/…から)はねる, はじけ飛ぶ. Er *schnellte* **von** seinem Sitz. 彼は席からさっと立ちあがった / Die Preise *schnellten* **in** die Höhe.《比》物価がはね上がった. **II** 他 (h)（物[4]を…へ)はじきとばす, さっと投げる. die Angelschnur[4] **ins** Wasser *schnellen* 釣り糸を水中へ投げる.

Schnell≠feu·er [シュネる・フォイアァ] 中 -s/ 《軍》速射.

schnell≠fü·ßig [シュネる・フュースィヒ] 形 足の速い, 足早の.

Schnell≠gast·stät·te [シュネる・ガストシュテッテ] 女 -/-n（すぐに食事がとれる)軽食堂, カフェテリア.

Schnell≠ge·richt[1] [シュネる・ゲリヒト] 中 -[e]s/-e インスタント食品;（レストランで:)すぐ調理できる料理, ファーストフード.

Schnell≠ge·richt[2] [シュネる・ゲリヒト] 中 -[e]s/-e《法》即決裁判所.

Schnell≠hef·ter [シュネる・ヘフタァ] 男 -s/- 書類ばさみ, ファイル, バインダー.

Schnell·lig·keit [シュネるリヒカイト] 女 -/-en ①《ふつう 覆》速さ, スピード. mit großer *Schnelligkeit* 大急ぎで / die *Schnelligkeit*[4] steigern スピードを上げる. ②《覆 なし》速いこと, 迅速.

Schnell≠im·biss [シュネる・インビス] 男 -es/-e ① ファーストフードレストラン. ② ファーストフード.

Schnell≠im·biß ☞ 新形 Schnellimbiss

Schnell≠koch·topf [シュネる・コッホトプフ] 男 -[e]s/..töpfe 圧力釜(ｶﾞﾏ); 圧力鍋(ﾅﾍﾞ).

schnell≠le·big [シュネる・れービヒ] 形 ① 目まぐるしく変わる(時代など); 長続きしない(流行など). ②《稀》短命の.

Schnell≠rei·ni·gung [シュネる・ライニグング] 女 -/-en スピード仕上げクリーニング[店].

schnells·tens [シュネるステンス ʃnέlstəns] 副 できるだけ速く(早く).

schnellst≠mög·lich [シュネるスト・メークリヒ] 形 できるだけ速い(早い).

Schnell≠stra·ße [シュネる・シュトラーセ] 女 -/-n 高速道路.

Schnell≠ver·fah·ren [シュネる・フェアふァーレン] 中 -s/- ①《工》高速処理. ②《法》即決裁判手続き.

Schnell≠ver·kehr [シュネる・フェアケァァ] 男 -s/ ①（自動車などの)高速交通(一般に時速 40 km 以上). ② 速い交通の便.

der **Schnell≠zug** [シュネる・ツーク ʃnέl-

Schnepfe

Schnep·fe [シュネプフェ ʃnépfə] 女 -/-n ① 《鳥》シギ. ② 《口語》(女性をののしって:)あま; 《俗》売春婦.

Schnep·pe [シュネッペ ʃnépə] 女 -/-n ① 《方》(水差しなどの)[注ぎ]口. ② 《方》＝Schnepfe ②

schneu·zen ☞ 新形 schnäuzen

Schnick=schnack [シュニック・シュナック] 男 -[e]s/ 《口語》① がらくた, くだらないもの(こと). ② くだらないおしゃべり, むだ話.

schnie·geln [シュニーゲるン ʃníːɡəln] 他 (h) 《口語》飾りたてる. ◇《再帰的に》sich⁴ schniegeln《口語》(特に男性が)着飾る, めかしこむ.
◇☞ geschniegelt

Schnipp·chen [シュニップヒェン ʃnípçən] 中 《成句的に》人³ ein Schnippchen⁴ schlagen《口語》人³に一杯くわす, 人³の裏をかく.

schnip·peln [シュニッペるン ʃnípəln] I 自 (h)《an 物³ ～》《口語》(はさみ・ナイフなどで物³を)細かく切る. an der Wurst schnippeln ソーセージを切り刻む. II 他 (h)《口語》① 細かく切る. ②《A⁴ aus B³ ～》(A⁴をB³から)切り取る. ③ 切って作る.

schnip·pen [シュニッペン ʃnípən] I 他 (h) (物⁴を指先で…)へはじき飛ばす; (たばこの灰など⁴を指先で…)から落とす. ein Stäubchen⁴ vom Kragen schnippen 襟のほこりをはじき飛ばす. II 自 (h)《mit 物³ ～》(物³を)ちょきちょき(ぱちっ)と鳴らす. mit der Schere schnippen はさみをちょきちょきさせる.

schnip·pisch [シュニピッシュ ʃnípɪʃ] 形 (若い女性が)無愛想な, つんとした, 小生意気な.

schnipp, schnapp! [シュニップ シュナップ ʃníp ʃnáp] 間 (はさみで切る音:)じょきじょき, ちょきちょき.

Schnip·sel [シュニプせる ʃnípsəl] 男 中 -s/- 切れ端, 小片.

schnip·seln, sein [シュニプせるン ʃnípsəln] 自 (h)・他 (h)《口語》＝schnippeln

schnip·sen [シュニプセン ʃnípsən] 他 (h)・自 (h) ＝schnippen

schnitt [シュニット] ＊schneiden (切る)の 過去

＊*der* **Schnitt** [シュニット ʃnít] 男 (単2) -[e]s/(複) -e (3格のみ -en) ① 切ること, 切断, 裁断; 《医》切開[手術]. (英 cut). der Schnitt mit dem Messer ナイフでの切断. ② 切り傷, 切り口; 切れ目. ein tiefer Schnitt 深い切り傷(口) / einen Schnitt ins Holz machen 木に切り込みを入れる. ③ (穀物などの)刈り取り, 刈り入れ. ④ (衣服の)裁ち方; (髪の)カット; (目・鼻などの)形. ein Kleid nach neuestem Schnitt 最新モード仕立てのワンピース / der Schnitt eines Gesichts 目鼻だち. ⑤《書籍》(書籍の)小口(こぐち). ⑥ 切断面. ⑦《服飾》(衣服裁断用の)型紙. ⑧《映·放送》(テープなどの)編集, カッティング; (映画の)カットバック. ⑨《数》交点, 交わり, 共通部分. ⑩《口語》平均[値]. im Schnitt 平均して. ⑪ (球技で:)(スピンさせた球の)回転.

Schnitt=blu·me [シュニット・ブるーメ] 女 -/-n《ふつう 複》切り花.

Schnitt=boh·ne [シュニット・ボーネ] 女 -/-n 《植》サヤインゲン.

schnit·te [シュニッテ] ＊schneiden (切る)の 接②

Schnit·te [シュニッテ ʃníta] 女 -/-n ①《方》(薄く切った)一切れ. ②《方》スライスパン. eine Schnitte mit Käse チーズオープンサンド. ③ (ドイツ) ワッフル[ケーキ].

schnitt=fest [シュニット・フェスト] 形 薄切りできる程度の固さのある(トマト・チーズなど).

Schnitt=flä·che [シュニット・ふれッヒェ] 女 -/-n 切断面, 切り口;《数》断面.

schnit·tig [シュニティヒ ʃnítɪç] 形 ① (特に自動車などが)スマートなデザインの, スポーティーな. ② (穀物などが)刈りごろの.

Schnitt=lauch [シュニット・らオホ] 男 -[e]s/ 《植》アサツキ(小さく刻んでサラダの香料に用いる).

Schnitt=mus·ter [シュニット・ムスタァ] 中 -s/-《服飾》型紙.

Schnitt=punkt [シュニット・プンクト] 男 -[e]s/ -e《数》交点; (一般に:)交差点.

Schnitt=wun·de [シュニット・ヴンデ] 女 -/-n 切り傷, 切創(せっそう).

Schnitz=ar·beit [シュニッツ・アルバイト] 女 -/-en 彫刻, 彫り物.

＊*das* **Schnit·zel** [シュニッツェる ʃnítsəl] I 中 (単2) -s/(複) - (3格のみ -n)《料理》カツレツ, シュニッツェル(子牛・豚の薄切りを油で揚げたもの). (英 cutlet). Kalbsschnitzel 子牛のカツレツ / Wiener Schnitzel ウィーン風カツレツ.
II 中 男 (単2) -s/(複) - (3格のみ -n) 切りくず, 切れ端.

Schnit·zel=jagd [シュニッツェる・ヤークト] 女 -/-en [..ヤークデン] きつね狩りごっこ(逃げる人が紙片をまき, それを手がかりに追いかける).

schnit·zeln [シュニッツェるン ʃnítsəln] 他 (h) (野菜など⁴を)細かく刻む(切る).

＊**schnit·zen** [シュニッツェン ʃnítsən] du schnitzt (schnitzte, hat ... geschnitzt) I 他 (完了 haben) (像など⁴を)彫る, 彫刻して作る. (英 carve). eine Figur⁴ aus (in) Holz schnitzen 木彫りの像を作る(木に像を彫り込む). II 自 (完了 haben) 彫刻をする. an einer Madonna schnitzen 聖母像を彫刻している.

Schnit·zer [シュニッツァァ ʃnítsər] 男 -s/- ① 彫刻家, (特に:)木彫(もくちょう)家. ②《口語》過失, 間違い. einen groben Schnitzer machen 大間違いをする.

Schnit·ze·rei [シュニッツェライ ʃnítsəráɪ] 女 -/-en ① 木彫(もくちょう)品. ②《複 なし》木彫(もくちょう).

Schnitz·ler [シュニッツら゛ァ ʃnítslər] -s/《人名》シュニッツラー (Arthur Schnitzler 1862-1931; オーストリアの作家).

schnitz·te [シュニッツテ] ＊schnitzen (彫る)の 過去

schnob [シュノープ] schnauben（荒い鼻息をする）の過去

schnö・be [シェネーベ] schnauben（荒い鼻息をする）の接2

schnod・de・rig [シュノッデリヒ ʃnɔ́dərɪç] 形《口語》生意気な, あつかましい, ずうずうしい.

schnodd・rig [シュノッドリヒ ʃnɔ́drɪç] 形 = schnodderig

schnö・de [シェネーデ ʃnǿːdə] 形《雅》① (付加語としてのみ) 卑しい, 卑劣な, 恥ずべき; つまらない. um des *schnöden* Geldes willen とるに足らぬ金のために. ② 侮辱的な, 冷淡な. 人⁴ *schnöde* behandeln 人⁴をすげなく扱う.

Schnor・chel [シュノルヒェル ʃnɔ́rçəl] 男 -s/- シュノーケル (潜水艦の換気装置, またはダイバーの呼吸管).

Schnör・kel [シェネルケル ʃnǿrkəl] 男 -s/- ①《美》渦巻き模様, からくさ模様;（署名のあとの）飾り書き;《比》美辞麗句.

schnor・ren [シュノレン ʃnɔ́rən] 他 (h)《口語》たかる, ねだる. **bei**（または **von**）人³ Zigaretten⁴ *schnorren* 人³にたばこをねだる.

Schnor・rer [シュノラァ ʃnɔ́rər] 男 -s/-《口語》他人にたかる人, たかり屋.

Schnö・sel [シェネーゼル ʃnǿːzəl] 男 -s/-《口語》生意気な青年(若造).

schnu・cke・lig [シュヌッケリヒ ʃnúkəlɪç] 形《口語》(若い女性などが) 感じのいい, かわいらしい.

Schnüf・fe・lei [シュニュッふェライ ʃnyfəláɪ] 女 -/-en ① (秘密などを)かぎ回ること; 詮索(ｾﾝｻｸ). ②《複なし》シンナーの吸引.

schnüf・feln [シュニュッふェルン ʃnýfəln] I 自 (h) ① (動物などが)くんくんにおいをかぐ. **an** 物³ *schnüffeln* 物³のにおいをくんくんかぐ. ② 《口語》鼻をずるずるする. ③《口語》こそこそかぎまわる, 詮索(ｾﾝｻｸ)する. II 他 (h) ① (におい⁴を)かぎつける, かぎ分ける. ②《口語》(シンナーなど⁴を)吸う.

Schnüff・ler [シュニュッふらァ ʃnýflər] 男 -s/- ①《口語》他人のことをかぎまわる人, スパイ. (⼥) 女性形は Schnüfflerin). ②《隠語》シンナー常習者.

Schnul・ler [シュヌらァ ʃnúlər] 男 -s/- (赤ん坊の)おしゃぶり;《方》哺乳(ほにゅう)びんの乳首.

Schnul・ze [シュヌるツェ ʃnúltsə] 女 -/-n《口語》センチメンタルな流行歌;（映画などの）お涙ちょうだい物.

schnup・fen [シュヌッふェン ʃnúpfən] I 自 (h) ① かぎたばこをかぐ. ② しゃっくりあげる, 鼻をすする. II 他 (h) (麻薬など⁴を)鼻で吸う.

der **Schnup・fen** [シュヌッふェン ʃnúpfən] 男 (単2)/(複) =《医》鼻風邪. (英 cold). [einen] *Schnupfen* haben 鼻風邪をひいている.

Schnupf⹀ta・bak [シュヌッふ・ターバク] 男 -s/-e かぎたばこ.

Schnupf⹀tuch [シュヌッふ・トゥーフ] 中 -[e]s/..tücher《南ﾄﾞ》ハンカチ.

schnup・pe [シュヌッペ ʃnúpə] 形《成句的に》[人³] *schnuppe* sein《口語》[人³にとって]どうでもよい. Das ist doch *schnuppe*. そんなことはどうでもいいよ.

Schnup・pe [シュヌッペ] 女 -/-n《北ﾄﾞ・中部ﾄﾞ》(ろうそくのしんなどの)燃えさし.

schnup・pern [シュヌッパァン ʃnúpərn] I 自 (h) ① (動物などが)くんくんにおいをかぐ. ②《**an** 物³ ～》物³のにおいをかぐ. II 他 (h) (においを⁴)かぐ, かぎ分ける.

die **Schnur** [シュヌーァ ʃnúːr] 女 (単) -/(複) Schnüre [シュニューレ] (3格のみ Schnüren) (⾐ string) ① ひも, 結びひも;《服飾》飾りひも,（金・銀の）モール. eine dünne *Schnur* 細いひも / Perlen⁴ **auf** eine *Schnur* ziehen 真珠をひもに通す / das Paket⁴ **mit** einer *Schnur* verschnüren 包みをひもで縛る /**über** die *Schnur* hauen《口語》度を過ごす, はめをはずす. ②《口語》(電気器具の)コード. die *Schnur* des Staubsaugers 掃除機のコード.

Schnür⹀bo・den [シュニューァ・ボーデン] 男 -s/..böden ①《劇》(下げ幕などを動かす)舞台天井の梁(ﾊﾘ)構え. ②《建・造船》原図場.

Schnür・chen [シュニューァヒェン ʃnýːrçən] 中 -s/- (Schnur の縮小) 短くて細いひも. wie am *Schnürchen*《口語》すらすらと, とんとん拍子に ⇒ Es geht（または läuft）alles wie am *Schnürchen*. すべてがすらすらと順調に運ぶ.

Schnü・re [シュニューレ] 女 Schnur (ひも)の複

* **schnü・ren** [シュニューレン ʃnýːrən] (schnürte, hat / ist ... geschnürt) I 他 (定ア haben) ① (物⁴に)ひもをかける, (物⁴を)縛る, ゆわえる; (物⁴を)ひもを結ぶ. ein Paket⁴ *schnüren* 小包にひもをかける / einen Strick **um** 物⁴ *schnüren* 物⁴に縄をかける / alte Zeitungen⁴ **zu** Bündeln *schnüren* 古新聞を縛って束にする / Das Paket ist nicht fest *geschnürt*.《状態受動・現在》その小包はひもがしっかり結ばれていない /[sich³] die Schuhe⁴ *schnüren* 靴のひもを結ぶ. ② (ひもなどが)人・物⁴をきつく締めつけている. Der Verband *schnürt* [mich]. 包帯がきつい.
II 再帰 (定ア haben)《*sich*⁴ **in** 物⁴ ～》(ベルトなどが物⁴に)食い込む.
III 自 (定ア sein)《狩》(きつねなどが)一直線に走る.

schnur⹀ge・ra・de [シュヌーァ・ゲラーデ] 形 まっすぐな, 一直線の(道など).

Schnur⹀ke・ra・mik [シュヌーァ・ケラーミク] 女 -/-en《考古》① 縄文(ｼﾞｮｳﾓﾝ)式土器. ②《複なし》縄文(ｼﾞｮｳﾓﾝ)文化.

schnur⹀los [シュヌーァ・ロース] 形 コードレスの(電話など).

Schnurr⹀bart [シュヌル・バールト] 男 -[e]s/..bärte 口ひげ. Er trägt einen *Schnurrbart*. 彼は口ひげを生やしている.

schnurr⹀bär・tig [シュヌル・ベーァティヒ] 形 口ひげを生やした.

Schnur・re [シュヌレ ʃnúrə] 女 -/-n 一口話, 笑い話.

schnur·ren [シュヌレン ʃnúrən] 自 (h, s) ① (h)(機械などが)ぶんぶん(かたかた)と音をたてる;《口語》(仕事などが)はかどる. Der Ventilator *schnurrt*. 換気装置がぶーんと音をたてる. ② (h)(猫などが)ごろごろのどを鳴らす. ③ (s) ぶーんと音をたてて走る(飛ぶ).

Schnür・rie・men [シュニューァ・リーメン] 男 -s/- 〔革〕ひも.

Schnür・schuh [シュニューァ・シュー] 男 -[e]s/-e ひもで結ぶ短靴.

Schnür・sen・kel [シュニューァ・ゼンケる] 男 -s/- 靴ひも.

Schnür・stie・fel [シュニューァ・シュティーふェる] 男 -s/- 編み上げ[長]靴.

schnur・stracks [シュヌーァ・シュトラックス] 副《口語》まっすぐに, 一直線に; 直ちに.

schnür・te [シュニューァテ] *schnüren (ひもをかける)の過去

schnurz [シュヌルツ ʃnúrts] 形《成句的に》[人³] *schnurz* sein《俗》[人³]にとってどうでもよい.

Schnu·te [シュヌーテ ʃnúːtə] 女 -/-n ①《北ドツ》(特に子供の)口. ② ふくれっつら, むくれた顔. eine *Schnute*⁴ ziehen ふくれつらをする.

schob [ショープ] ‡schieben (押す)の過去

schö·be [シェーベ] ‡schieben (押す)の接Ⅱ

Scho·ber [ショーバァ ʃóːbər] 男 -s/- ①(干し草などをしまう)納屋. ②《南ドツ, ｵｰｽﾄﾘｱ》(干し草などの)大きな山.

*der **Schock**¹ [ショック ʃók] 男 (単 2) -[e]s/(複) -e ショック, 衝撃;《医》ショク, 急性循環不全状態. (英 *shock*). Kultur*schock* カルチャーショック / einen *Schock* erleiden ショックを受ける / sich⁴ **von** einem *Schock* erholen ショックから立ち直る.

Schock² [ショック] 中 -[e]s/- (-/-) ① ショック(昔の数量単位で60個). zwei *Schock* Eier 2 ショック(120個)の卵. ②《雅》多数.

Schock·be·hand·lung [ショック・ベハンドるング] 女 -/-en 《医》ショック療法.

scho·cken [ショッケン ʃókən] 他 (h) ①《口語》(人⁴に)ショック(衝撃)を与える. ②《医》(人⁴に)ショック療法を施す. ③(ハンドボールなどで)(ボール⁴を)勢いよく投げる.

Scho·cker [ショッカァ ʃókər] 男 -s/-《口語》ショッキングな映画(小説); ぞっとさせること(人).

scho·ckie·ren [ショキーレン ʃokiːrən] 他 (h) (人⁴に)ショック(衝撃)を与える. 〔過去分詞の形で〕**über** [事]⁴ *schockiert* sein [事]⁴でショックを受けている.

scho·fel [ショーふェる ʃóːfəl] 形《口語》あさましい, 卑劣な; けちな.

Schöf·fe [シェッふェ ʃǽfə] 男 -n/-n 《法》(民間から選ばれる)参審員. (女性形は Schöffin).

Schöf·fen·ge·richt [シェッふェン・ゲリヒト] 中 -[e]s/-e《法》参審裁判所.

*die **Scho·ko·la·de** [ショコラーデ ʃokoláːdə] 女 (単) -/(複) -n ① チョコレート. (英 *chokolate*). eine Tafel *Schokolade* 板チョコ1枚 / Sie isst gerne *Schokolade*. 彼女はチョコレートが好きだ. ② (飲料の)ココア. eine Tasse *Schokolade*⁴ trinken 1杯のココアを飲む.

scho·ko·la·den [ショコラーデン ʃokoláːdən] 形〔付加語としてのみ〕チョコレート[製]の.

scho·ko·la·den·braun [ショコラーデン・ブラオン] 形 チョコレート色の.

Scho·ko·la·den·sei·te [ショコラーデン・ザイテ] 女 -/-n (人・物の)最良の面.

Scho·las·tik [ショらスティク ʃolástɪk] 女 -/ ① スコラ哲学. ②《軽蔑的に:》机上の空論.

Scho·las·ti·ker [ショらスティカァ ʃolástɪkər] 男 -s/- ① スコラ哲学者. ②(イエズス会の)修学修士. ③《比》小理屈をこねまわす人, 小さい学問しか知らない人.

scholl [ショる] *schallen (響く)の過去

Schol·le [ショれ ʃólə] 女 -/-n ① 土くれ, 土;〔覆 なし〕耕地,《比》生まれた土地, 故郷. die Liebe zur *Scholle* 郷土愛 / auf eigener *Scholle* sitzen 自分の土地に住んでいる. ② 氷塊(= Eis*scholle*). ③《地学》地塊. ④《魚》カレイ[科の一種].

schöl·le [シェれ] *schallen (響く)の接Ⅱ

schöl·te [シェるテ] *schelten (しかる)の接Ⅱ

***schon** [ショーン ʃóːn]

> もう Ich bin *schon* müde.
> イヒ ビン ショーン ミューデ
> 私はもう疲れた.

副 **A)** ① すでに, もう.(英 *already*).(⇔「まだ」は noch). Ich warte *schon* eine Stunde. 私はもう1時間も待っている / Er ist *schon* da. 彼はすでに来ている / Ist es *schon* so spät? もうそんな時間なのか / *schon* immer もうずっと / *schon* lange もう長いこと / *schon* längst もうとっく[の昔] / *schon* morgen あすにも / *schon* wieder またもや.
② [もう]…だけで. Der Ausweis genügt *schon*. 身分証明書だけで十分です / *Schon* der Gedanke daran ist mir schrecklich. それを考えただけでも私は恐ろしい.

B)〔文中でのアクセントあり〕〔前文の内容と対照的に〕[…であるが,] しかし. Er ist damit nicht zufrieden, ich *schon* [eher]. 彼はそれに満足していないが, 私は[むしろ]満足している. ◇〔後続の **aber** とともに〕Der Film war *schon* interessant, aber [er war] zu lang. その映画はたしかにおもしろかったのだが, 長すぎた / Das *schon*, aber... それはそうかも知れないが, しかし…

C)〔ふつう文中でのアクセントなし〕①〔発言を強めて〕まったく, 本当に. Es ist *schon* so! まさしくそうなんだ / Das ist *schon* ein Elend. それは本当に悲惨だ.
②〔一応の満足・同意を示して〕まあ, まあまあ. *Schon* gut! まあいいよ, それでいいよ / Gefällt es dir hier? — Ja, *schon*. ここは気に入った? — まあね.

D)《文中でのアクセントなし》① 《疑いを打ち消して》きっと, 確かに. Er wird ja *schon* kommen. 彼はきっと来るよ / Es wird *schon* [gut] gehen. きっとうまくいくよ.
② 《**wenn** とともに》《認容・譲歩を表して》いったん…であれば, どうせ…ならば. Wenn wir das *schon* machen, dann aber ordentlich. どうせそれをするならきちんとやろう / Wenn *schon*, denn *schon*! やるからにはいっそのこと徹底的に / Und wenn *schon*!《俗》それはそれでいいじゃないか.
③ 《命令文で》《いらだちを表して》《口語》さっさと, いいかげんに. Komm *schon*! さあ来い / Mach *schon*! 急げったら. ④ 《疑問文で》《思い出そうとして》…だっけ. Wie heißt er *schon*? 彼の名前は何といったっけ. ⑤ 《疑問文で》《反語的に》…というのか. Was kannst du *schon*? 君に何ができるというんだ.

schön [シェーン ʃǿːn]

| 美しい | Sie hat *schöne* Augen.
ズィー ハット シェーネ アオゲン
彼女は美しい目をしている. |

I 形 (比較 schöner, 最上 schönst) ① 美しい, きれいな. (英 beautiful). (⇔「醜い」は hässlich). eine *schöne* Frau 美しい女性 / eine *schöne* Blume 美しい花 / die *schönen* Künste (総称として:)芸術(文学・美術・音楽など). ◇《副詞的に》Sie hat sehr *schön* Klavier gespielt. 彼女はとても美しくピアノを弾いた.
② すばらしい, すてきな, 楽しい. (英 nice). eine *schöne* Reise 楽しい旅行 / [Ich wünsche Ihnen ein] *schönes* Wochenende! 楽しい週末を[お過ごしください]! / Es war ein *schöner* Abend. すてきな夕べだった / Es ist *schön*, dass du gekommen bist. 君が来てくれてうれしいよ / Das ist zu *schön*, um wahr zu sein. それは話がうますぎて本当とは思えない. (☞類語 gut).
③ 天気のよい, 晴れた. ein *schöner* Tag ある晴れた日 / Heute ist *schönes* Wetter. きょうはいい天気だ.
④ 《あいさつなどで》心からの. [Bestellen Sie ihm] einen *schönen* Gruß von mir! [彼に]私からよろしくとお伝えください / **Danke *schön***! どうもありがとう / **Bitte *schön***! 本当にありがとう / **Bitte *schön***! a) どういたしまして, b) さあどうぞ, c) すみませんが.
⑤ 《行いなどが》よい, 親切な;〈仕事などが〉りっぱな. Das ist ein *schöner* Zug an (または von) ihr. それが彼女のよいところだ / Das war nicht *schön* von ihm. 彼がそんなことをしたなんてよくないね / eine *schöne* Arbeit りっぱな仕事 / Das hast du [aber] *schön* gemacht! (子供をほめて:)よくできたね. ⑥《口語》(数・量が)かなりの, 相当な. eine *schöne* Summe Geld かなりの金額 / ein *schönes* Alter かなりの高齢.
⑦《口語》(反語的に:)結構な, たいした. Das ist ja eine *schöne* Geschichte! そいつは結構な話だね / Das wäre ja noch *schöner*!《接2・現在》それは一段と結構でしょうなあ(まったく問題にならないよ). ⑧《北ド》おいしい. ein *schöner* Wein おいしいワイン.

II 副 ①《口語》とても, ずいぶん. Das ist *schön* teuer. それは値段がとても高い / Du hast mich *schön* erschreckt. 君はまたぼくをずいぶん驚かせたね.
②《命令文で》《口語》ちゃんと, きちんと. *Schön* der Reihe nach! ちゃんと順番どおりに!/ Sei *schön* brav! ちゃんとお利口にしていなさい / *Schön* langsam fahren! さあゆっくり運転するんだよ.
③《了解を表して》いいですよ. *Schön*! いいですよ, 結構です / Na, *schön*! まあいいや.

………………………………………………………………
類語 **schön**: (見て・聞いて)美しい, 快い. **hübsch**: (かわいらしくて)きれいな. **attraktiv**: (身のこなしなどが)魅力的な. **niedlich**: (清楚でデリカシーがあり)かわいらしい.
………………………………………………………………

Schön·berg [シェーン・ベルク ʃǿːn-bɛrk] –s/《人名》シェーンベルク (Arnold *Schönberg* 1874–1951; 十二音技法を完成したオーストリアの作曲家).

Schön·brunn [シェーン・ブルン ʃǿːn-brʊ́n] 中 –[s]/[Schloss] *Schönbrunn* シェーンブルン[宮殿](ウィーンにあるかつての皇帝の[夏の]離宮).

Schö·ne [シェーネ ʃǿːnə] 女 語尾変化は形容詞と同じ] 美女, 美人.

scho·nen [ショーネン ʃóːnən] (schonte, *hat* …geschont) **I** 他 (定了 haben) ① (人・物4を) いたわる, 大事にする, 大切に扱う. Ich muss meine Augen *schonen*. 私は目を大事にしなければいけない / den Kranken *schonen* 病人をいたわる. ② (洗濯物などを)傷めない. Dieses Waschmittel *schont* die Wäsche. この洗剤は洗濯物を傷めない.

II 再帰 (定了 haben) *sich*4 *schonen* 体を大事にする, 健康に留意する. Sie *schont sich* nicht. 彼女は健康に気をつけない.
◇☞ schonend

scho·nen [ショーネン ʃóːnən] 他 (h) ①〈織物4に〉つや出し加工をする. ②〈ワインなど4の〉にごりを澄ます. ③〈物4を〉美しくする.

scho·nend [ショーネント] **I** ⇒schonen (る)の 現分 **II** 形 思いやりのある, 大切にする. 物4 *schonend* behandeln 物4を大切に扱う.

Scho·ner[1] [ショーナァ ʃóːnɐ] 男 –s/– (いすなどの)覆い, カバー.

Scho·ner[2] [ショーナァ ʃóːnɐ] 男 –s/– 《海》スクーナー (2本マスト以上の縦帆式帆船).

Schö·ne[s] [シェーネ[ス] ʃǿːnə[s]] 中 語尾変化は形容詞と同じ] 美しいこと(もの).

schön|fär·ben [シェーン・フェルベン ʃǿːn-fɛ̀rbən] 他 (h) 言いつくろう, 潤色する.

Schön·fär·be·rei [シェーン・フェルベライ ʃǿːn-fɛrbáraɪ] 女 –/–en 言いつくろうこと, 潤色, 粉飾.

Schon·frist [ショーン・フリスト] 女 –/–en 猶予期間.

Schön·geist [シェーン・ガイスト] 男 -[e]s/-er (ふつう軽蔑的に:)文芸愛好家, 文学好き, 文学青年.

schön·geis·tig [シェーン・ガイスティヒ] 形《付加語としてのみ》文芸愛好家の; 文学青年の.

die **Schön·heit** [シェーンハイト ʃǿːnhait] 女(単) -/(複) -en 《英 beauty》① 《複 なし》美, 美しさ. ② 美しいもの, (景色・町などの)美しい所; 美人, 美女. Sie ist eine *Schönheit*. 彼女は美人だ.

Schön·heits·feh·ler [シェーンハイツ・フェーらァ] 男 -s/- (美観をそこなう)欠陥, 玉に傷.

Schön·heits·ide·al [シェーンハイツ・イデアール] 中 -s/-e 美の理想, 理想的美.

Schön·heits·kö·ni·gin [シェーンハイツ・ケーニギン] 女 -/..ginnen 美人コンテストの女王.

Schön·heits·pfle·ge [シェーンハイツ・プふレーゲ] 女 -/ 美容[術].

Schön·heits·wett·be·werb [シェーンハイツ・ヴェットベヴェルプ] 男 -[e]s/-e 美人コンテスト.

Schon⸗kost [ショーン・コスト] 女 -/ (ダイエット・食餌(ʃʲ)療法のための)規定食.

schön·ma·chen [シェーン・マッヘン ʃǿːnmàxən] I 他 (h)《口語》美しくする. II 再帰 (h) sich⁴ *schönmachen*《口語》おめかしをする, おしゃれをする. III 自 (h)《口語》(犬が)ちんちんをする.

Schön⸗red·ner [シェーン・レードナァ] 男 -s/- おべっか使い, ごますり屋.

Schön⸗schrift [シェーン・シュリふト] 女 -/ ① (学校で習う)正しい字, 習字. ②《口語》清書.

schöns·tens [シェーンステンス ʃǿːnstəns] 副《口語》(あいさつのことばとして:)心から, くれぐれも. Er lässt Sie *schönstens* grüßen. 彼があなたによろしくとのことでした.

schon·te [ショーンテ] *schonen (いたわる)の 過去

schön|tun* [シェーン・トゥーン ʃǿːn-tùːn] 自 (h)《口語》おべっかをつかう, へつらう.

Scho·nung [ショーヌング] 女 -/-en ①《複 なし》いたわる(大事にする)こと; 保護; 容赦, 寛大. ohne *Schonung* 容赦なく / Er kennt keine *Schonung*. 彼は手加減しない. ②《林》保護林[区].

scho·nungs⸗be·dürf·tig [ショーヌングス・ベデュルふティヒ] 形 養生(静養)を必要とする.

scho·nungs⸗los [ショーヌングス・ろース] 形 容赦(仮借)ない, 無慈悲な.

Schon⸗zeit [ショーン・ツァイト] 女 -/-en《狩》禁猟(禁漁)期.

Scho·pen·hau·er [ショーペン・ハオアァ ʃóː-pən-hauər] -s/《人名》ショーペンハウアー (Arthur *Schopenhauer* 1788-1860; ドイツの哲学者).

Schopf [ショプふ ʃɔpf] 男 -[e]s/Schöpfe ① 頭髪の房; (鳥の)冠毛; (馬などのたてがみ, 樹冠. ②《ʲʲ》物置き, 納屋; 差し掛け屋根.

***schöp·fen** [シェプふェン ʃǿpfən] (schöpfte, hat...geschöpft) 他 (完了 haben) ① (水など⁴を)くむ, すくう. (英 scoop). Wasser⁴ aus der Quelle *schöpfen* 泉から水をくむ / Er musste das Wasser aus dem Boot *schöpfen*. 彼はボートの中から水をくみ出さねばならなかった / Die Suppe⁴ auf die Teller *schöpfen* スープを皿にすくい入れる / Papier⁴ *schöpfen* 紙をすく. ②《複 なし》(空気・息⁴を)吸い込む. Atem⁴ *schöpfen* 息を吸い込む / wieder Luft⁴ *schöpfen* 一息つく, ほっと安心する. ③《雅》(知識・活力など⁴を)くみ取る. Sie *schöpfte* aus seinen Worten Trost. 彼女は彼の言葉から慰めを得た. ◇《目的語にしても》aus jahrelanger Erfahrung *schöpfen*《比》長年の経験から判断する / aus dem Vollen *schöpfen* 何不自由なく生活する. ④《狩》(獣が)水を飲む.

*der **Schöp·fer**¹ [シェプふァァ ʃǿpfɐr] 男 (単2) -s/(複) - (3格のみ -n) ① 創造者, 創設(創始・創作)者. (英 creater). Wer ist der *Schöpfer* dieses Gemäldes? この絵の作者はだれですか. ②《複 なし》神, 造物主. (英 Creater).

Schöp·fer² [シェプふァァ] 男 -s/- (水などをくむ)人.

schöp·fe·risch [シェプふェリッシュ ʃǿpfəriʃ] 形 創造(独創)的な, 創造力のある. ein *schöpferischer* Mensch 創造的な人間.

Schöp·fer·kraft [シェプふァァ・クラふト] 女 -/..kräfte《雅》創造力, 独創力.

Schöpf·kel·le [シェプふ・ケれ] 女 -/-n = Schöpflöffel

Schöpf·löf·fel [シェプふ・れっふェる] 男 -s/- (クッキング用の)大型スプーン, ひしゃく, お玉.

schöpf·te [シェプふテ] *schöpfen (くむ)の 過去

*die **Schöp·fung** [シェプふング ʃǿpfʊŋ] 女 -/-en《複 なし》《英 creation》①《複 なし》創造, 創作; 創設. die *Schöpfung* der Welt 天地創造. ②《雅》(人間の創作物, 芸術作品. die *Schöpfungen* der Literatur² 文学作品. ③《複 なし》(神の)被造物, 世界.

Schöp·fungs⸗ge·schich·te [シェプふングス・ゲシヒテ] 女 -/《聖》(旧約聖書創世記の)天地創造の物語.

Schop·pen [ショッペン ʃɔpən] 男 -s/- ① ショッペン(液量の単位. ビール・ワインの1/4リットル, 昔は約1/2 リットル). ② (昔の:)1/2 リットルの升. ③《南ド・スイス》哺乳(ʲ⁾)びん. ④《方》納屋.

Schop·pen⸗wein [ショッペン・ヴァイン] 男 -[e]s/-e ショッペンワイン(樽から1ショッペン入り容器に入れて客に出す).

schor [ショーァ] scheren¹ (刈る)の 過去

schö·re [シェーレ] scheren¹ (刈る)の 接2

Schorf [ショルふ ʃɔrf] 男 -[e]s/-e ①《医》痂皮(ʲʲ), かさぶた. ②《植》(かびなどによる植物の)瘡痂(ʲʲ)病.

Schor·le [ショルれ ʃɔrlə] 女 -/-n (まれに 中 -s/-s) ショルレ[モルレ](ワインまたはりんごジュースの炭酸水割り).

*der **Schorn⸗stein** [ショルン・シュタイン

ʃórn·ʃtain] 男 (単2) -[e]s/(複) -e (3格のみ -en) 煙突. (英 chimney). Der *Schornstein* raucht wieder.《口語》再び景気が盛り返してきた(←煙突からまた煙が出だした) / 物⁴ **in** den *Schornstein* schreiben《口語》物⁴を失ったものとあきらめる.

Schorn·stein·fe·ger [ショルンシュタイン・ふェーガァ] 男 -s/- 煙突掃除人.

schoss [ショス]※schießen (撃つ)の過去

schoß ☞ 新形 schoss

Schoss [ショス ʃós] 男 -es/-e 若枝, 若芽. *Schosse*⁴ treiben 若芽を出す.

Schoß¹ ☞ 新形 Schoss

* *der* **Schoß**² [ショース ʃó:s] 男 (単2) -es/(複) Schöße [シェーセ] (3格のみ Schößen) ① ひざ. (英 lap). Das Kind klettert **auf** den *Schoß* der Mutter. 子供は母親のひざによじのぼる / ein Kind⁴ **auf** den *Schoß* nehmen 子供をひざに抱く / die Hände⁴ **in** den *Schoß* legen a) 両手をひざに置く, b)《比》何もしないでいる /人³ **in** den *Schoß* fallen《比》(富などが)労せずして人³の懐に転がり込む. ②《雅》母胎;《比》内部;《婉曲》(女性の)陰部. Sie trägt ein Kind **in** ihrem *Schoß*. 彼女は妊娠している / im *Schoß* der Erde² 大地の懐に. ③ (紳士服・乗馬服などの)すそ.

schös·se [シェッセ]※schießen (撃つ)の接2

Schö·ße [シェーセ] *Schoß (ひざ)の複

Schoß⸗hund [ショース・フント] 男 -[e]s/-e《動》愛玩(がん)犬, ペット用の犬.

Schöss·ling [シェスリング ʃǽslıŋ] 男 -s/-e 若芽, 若枝; (苗植え用の)若木.

Schöß·ling ☞ 新形 Schössling

Scho·te¹ [ショーテ ʃó:tə] 女 -/-n《植》① 長角果;(豆などの)さや. ②《方》エンドウマメ.

Scho·te² [ショーテ] 男 -n/-n《俗》ばか, あほう.

Schott [ショット ʃɔ́t] 中 -[e]s/-en (まれに -e)《海》防水隔壁.

Schot·te¹ [ショッテ ʃɔ́tə] 女 -/-n《北ドイツ》若にしん.

Schot·te² [ショッテ] 男 -n/-n スコットランド人. (☞ 女性形は Schottin).

Schot·ter [ショッタァ ʃɔ́tər] 男 -s/- ① (道路舗装用の)砕石, バラス. ② (川底の)玉石.

schot·tern [ショッタァン ʃɔ́tərn] 他 (h) (道路など⁴に)じゃり(砕石)を敷く.

schot·tisch [ショティッシュ ʃɔ́tıʃ] 形 スコットランド[人・方言]の.

Schott·land [ショット・らント ʃɔ́t-lant] 中 -s/《地名》スコットランド.

schraf·fie·ren [シュラふィーレン ʃrafí:rən] 他 (h) (図など⁴に)ハッチングを付ける, けば(線影)を付ける.

Schraf·fie·rung [シュラふィールング] 女 -/-en ① ハッチングすること, けば(線影)をつけること; けば付き線;(絵画で)陰影を表す平行線.

* **schräg** [シュレーク ʃrέ:k] 形 ① 斜めの, 傾斜した, 傾いた, はすかいの. (英 oblique). eine *schräge* Fläche 斜面 / eine *schräge* Linie 斜線 / Er wohnt *schräg* gegenüber. 彼は筋向かいに住んでいる / den Schreibtisch *schräg* stellen 机を斜めに置く / 人⁴ *schräg* an|sehen《比》人⁴を疑いの目で見る. ②《口語》奇妙な, 風変わりな, 変わった. *schräge* Musik (軽蔑的に):現代音楽, フリージャズ.

Schrä·ge [シュレーゲ ʃrέ:gə] 女 -/-n ① 斜面, 勾配(配). die *Schräge* eines Daches 屋根の勾配. ② 傾斜[の状態]. 物⁴ **aus** der *Schräge* auf|richten 物⁴をまっすぐに起こす.

Schräg⸗la·ge [シュレーク・らーゲ] 女 -/-n《ふつう単》斜めに傾いた姿勢;《医》(胎児の)斜位.

Schräg⸗strich [シュレーク・シュトリヒ] 男 -[e]s/-e 斜線.

schrak [シュラーク] schrecken² (驚く)の過去

schrä·ke [シュレーケ] schrecken² (驚く)の接2

Schram·me [シュランメ ʃrámə] 女 -/-n かき傷, かすり傷. *Schrammen* am Arm 腕のかき傷.

Schram·mel⸗mu·sik [シュランメる・ムズィーク] 女 -/ シュランメル(ウィーンの民楽音楽).

schram·men [シュランメン ʃrámən] 他 (h) (体の一部⁴に)すり傷をつける. sich³ die Stirn⁴ *schrammen* 額にすり傷(引っかき傷)を負う.

* *der* **Schrank** [シュランク ʃráŋk]

戸棚

Die Gläser stehen im *Schrank*.
ディ グれーザァ シュテーエン イム シュランク
グラスは戸棚にあります.

男 (単2) -[e]s/(複) Schränke [シュレンケ] (3格のみ Schränken) ① (扉の付いた)戸棚, たんす. (英 closet, cupboard). ein eingebauter *Schrank* 作り付けの戸棚 / einen *Schrank* öffnen (schließen) 戸棚を開ける(閉める) / 物⁴ **aus** dem *Schrank* nehmen 物⁴を戸棚から取り出す / die Kleider⁴ **in** den *Schrank* hängen 服を洋服だんすの中に掛ける / Er ist ein *Schrank*.《比》彼はがっしりした体格をしている. ②《狩》(野獣の足跡の)左右の開き.

....

☜ ..schrank のいろいろ: Bücher*schrank* 本棚 / Einbau*schrank* 作り付け戸棚 / Gefrier*schrank* 冷凍冷蔵庫 / Geld*schrank* 金庫 / Geschirr*schrank* 食器戸棚 / Glas*schrank* ガラス戸棚 / Kleider*schrank* 洋服だんす / Küchen*schrank* 台所戸棚 / Kühl*schrank* 冷蔵庫 / Wand*schrank* 作り付けの戸棚

....

Schrank⸗bett [シュランク・ベット] 中 -[e]s/-en (たたむと戸棚のように見える)収納式ベッド.

* *die* **Schran·ke** [シュランケ ʃráŋkə] 女 (単) -/(複) -n ① 遮断機, (仕切り用の)横木, 遮断棒;柵(※). (英 barrier). die *Schranke* des Bahnübergangs 踏切の遮断機 / Die *Schranke* geht hoch. 遮断機が上がる / 人⁴ **vor** die *Schranken* des Gerichts fordern《比》人⁴を法廷に引き出す(←法廷の手すりの前に) / 人⁴ **in** die *Schranken* fordern《比》人⁴に戦い

(論争)を挑む. ② 《ふつう 複》(社会的・道徳的な)制約, 壁. rechtliche *Schranken* 法的制約 / die *Schranken* der Konvention² 因襲の壁 / in *Schranken* halten 《雅》自制する / 人⁴ in seine *Schranken* weisen 人⁴の出すぎた態度をたしなめる.

Schrän·ke [シュレンケ] ‡Schrank (戸棚)の 複

schran·ken·los [シュランケン・ロース] 形 制約のない, 無制限の; 限りない, 無条件の. *schrankenlose* Freiheit 無制限の自由 / ein *schrankenloses* Vertrauen 絶対的な信頼.

Schran·ken·wär·ter [シュランケン・ヴェルタァ] 男 -s/- 踏切番.

Schrank·fach [シュランク・ファッハ] 中 -[e]s/..fächer (戸棚の)仕切り.

Schrank·kof·fer [シュランク・コッふァァ] 男 -s/- 旅行用大型スーツケース(衣服をつるようになっている).

Schrank·wand [シュランク・ヴァント] 女 -/..wände ユニット式収納戸棚.

Schran·ze [シュレンツェ ʃrántsə] 女 -/-n (まれに 男 -n/-n)《軽蔑的に:》おべっか使い, ごきげんとり;《古》こびへつらう廷臣, 佞臣(ねい).

* *die* **Schrau·be** [シュラウベ ʃráubə] 女《単》-/《複》-n (英 screw) ① ねじ, ボルト. eine *Schraube*⁴ an|ziehen (lockern) ねじを締める(緩める) / 物⁴ mit *Schrauben* befestigen 物⁴をねじで留める / eine *Schraube* ohne Ende a) 《工》無限ねじ, b) 《比》いたちごっこ / Bei ihm ist eine *Schraube* locker. 《俗》彼は頭が変だ(←ねじが1本緩んでいる). ② (船の)スクリュー;(飛行機の)プロペラ. ③ 《スポ》(体操などでの)体のひねり;(飛行機の)きりもみ. ④ 《口語》変なばあかりしているばあさん.

schrau·ben [シュラオベン ʃráubən] I 他 (h) ① ねじで留める, ねじを緩めて取りはずす; 物⁴を…へねじ込む, (物⁴を…から)ねじって取る. 物⁴ fester (loser) *schrauben* 物⁴をねじで締める(緩める) / die Glühbirne⁴ in die Fassung *schrauben* 電球をソケットにねじ込む / den Deckel vom Marmeladenglas *schrauben* ジャムのびんのふたをねじって取る. ② (ぐるぐる回して)物⁴の高さを調節する. den Klavierschemel höher (niedriger) *schrauben* ぐるぐる回してピアノのいすを上げる(下げる) / die Preise⁴ in die Höhe *schrauben*《比》物価を上昇させる. II 自 (h) (体操で:)ひねりをする. III 再帰 sich⁴ *schrauben* (…へ)らせん状に上昇(下降)する. Das Flugzeug schraubte sich in die Höhe. 飛行機は旋回しながら上昇した.
◊☞ geschraubt

Schrau·ben·dre·her [シュラオベン・ドレーアァ] 男 -s/- ねじ回し, ドライバー.

schrau·ben·för·mig [シュラオベン・フェルミヒ] 形 らせん状(形)の.

Schrau·ben·ge·win·de [シュラオベン・ゲヴィンデ] 中 -s/- ねじ山.

Schrau·ben·kopf [シュラオベン・コプふ] 男 -[e]s/..köpfe ねじ(ボルト)の頭.

Schrau·ben·mut·ter [シュラオベン・ムッタァ] 女 -/-n 雌ねじ, ナット.

Schrau·ben·schlüs·sel [シュラオベン・シュりュッセる] 男 -s/- スパナ, レンチ.

Schrau·ben·zie·her [シュラオベン・ツィーアァ] 男 -s/- ねじ回し, ドライバー.

Schraub·stock [シュラオプ・シュトック] 男 -[e]s/..stöcke 万力(まんりき).

Schraub·ver·schluss [シュラオプ・フェァシュるス] 男 -es/..schlüsse (びんなどの)ねじぶた, ねじ栓.

Schraub·ver·schluß ☞ 新形 Schraubverschluss

Schre·ber·gar·ten [シュレーバァ・ガルテン] 男 -s/..gärten [郊外の]レジャー用小菜園(創始者 D. G. M. *Schreber* 1808-1861 の名から).

* *der* **Schreck** [シュレック ʃrék] 男《単2》-[e]s/《複》-e (3格のみ -en) 《ふつう 単》(突然の)驚き, 恐怖. ein eisiger *Schreck* 身も凍る戦慄(せんりつ) / einen *Schreck* bekommen ぎょっとする / vor *Schreck* 驚き(恐怖)のあまり / Oh *Schreck*, lass nach!《口語》まさか, そんなことが! / Ach du *Schreck*!《口語》しまった, これはたいへんだ.

* **schre·cken**¹ [シュレッケン ʃrékən] (schreckte, *hat*…geschreckt) 他 《完了 haben》①《雅》驚かす, 恐怖させる.《英 fright》. ② (英 frighten). Die Geräusche *schreckten* sie. 彼女は物音に驚いた / 人⁴ aus dem Schlaf *schrecken* 人⁴をびっくりさせて目を覚めさせる. ② (卵など⁴を)冷かて冷やす.

schre·cken²⁽*⁾ [シュレッケン] du schreckst, er schreckt (古: du schrickst, er schrickt) (schreckte または schrak, *ist*…geschreckt) 自 (s) 驚く, びっくりする. aus dem Schlaf *schrecken* 驚いて目を覚ます.

* *der* **Schre·cken** [シュレッケン ʃrékən] 男《単2》-s/《複》- (英 fright) ① (突然の)驚き, 恐怖 (=Schreck). ein panischer *Schrecken* 突然の激しい恐怖 / einen *Schrecken* bekommen ぎょっとする / 人⁴ in *Schrecken* versetzen 人⁴をぎょっとさせる. ②《雅》恐ろしさ, 恐慌. die *Schrecken* des Krieges 戦争の恐ろしさ. ③《ふつう定冠詞とともに》恐怖を起こさせる(恐ろしい)人.

新形

Schre·cken er·re·gend 恐怖を起こさせる, 恐ろしい.

schre·cken·er·re·gend 形 (新形 Schrecken erregend) ☞ Schrecken

schre·ckens·bleich [シュレッケンス・ブらイヒ] 形 恐怖で青ざめた.

Schre·ckens·bot·schaft [シュレッケンス・ボートシャふト] 女 -/-en 恐ろしい知らせ, 悲報.

Schre·ckens·herr·schaft [シュレッケンス・ヘルシャふト] 女 -/ 恐怖政治.

Schreck·ge·spenst [シュレック・ゲシュペン

スト] 中 -es/-er ① 恐ろしい化け物;《比》(不気味で)恐ろしい人物. ② 危機, 恐怖. das *Schreckgespenst* des Krieges 戦争の危機.

schreck・haft [シュレックハフト] 形 臆病な, おびえやすい, こわがりの.

:schreck・lich [シュレックリヒ ʃréklɪç] **I** 形 (英 *terrible*) ① 恐ろしい, ぞっとするような. eine *schreckliche* Nachricht 恐ろしいニュース/ Das ist ja *schrecklich*. ぞっとするね.
② 《口語》ひどい, がまんできない; ひどく不愉快な. eine *schreckliche* Hitze 耐えがたい暑さ/ Er ist ein *schrecklicher* Mensch! 彼はなんともいやなやつだ.
II 副《口語》ものすごく, とても. Das Buch ist *schrecklich* interessant. その本はものすごくおもしろい.

Schreck・schrau・be [シュレック・シュラオベ] 女 -/-n《口語》いやな女.

Schreck꞊schuss [シュレック・シュス] 男 -es/..schüsse 威嚇射撃;《比》こけおどし.

Schreck꞊schuß [新形] Schreckschuss

Schreck꞊se・kun・de [シュレック・ゼクンデ] 女 -/ 恐怖の一瞬;《法》緊急対応時間.

schreck・te [シュレックテ] *schrecken[1]《驚かす》の過去

+*der* **Schrei** [シュライ ʃráɪ] 男 (単2) -[e]s/(複) -e (3格のみ -en) 叫び, 泣き叫ぶ声, わめき声; 鳥獣の鳴き声. (英 *cry*). ein gellender *Schrei* かん高い叫び声 / ein *Schrei* der Freude[2] 喜びの叫び / einen *Schrei* aus|stoßen 叫び声をあげる / der letzte *Schrei*《口語》最新の流行.

Schreib・ar・beit [シュライブ・アルバイト] 女 -/-en 《ふつう複》事務の仕事, 書きもの.

Schreib・block [シュライブ・ブロック] 男 -[e]s/..blöcke (または -s) はぎ取り式メモ帳.

:schrei・ben* [シュライベン ʃráɪbən]

> 書く: 手紙を書く
> Bitte *schreiben* Sie mir mal!
> ビッテ　シュライベン　ズィー ミァ マール
> どうかお便りをください.

(schrieb, *hat*...geschrieben) **I** 他 (定て haben) ① (文字など[4]を)書く, つづる. (英 *write*). eine Zahl[4] *schreiben* 数字を書く / Wie *schreibt* man seinen Namen? 彼の名前はどう書くのですか / in (または mit) großen Buchstaben ein *schreiben* 大文字で書く / einen Satz **an** die Tafel *schreiben* 文を黒板に書く / einen Betrag **auf** das Konto *schreiben* ある金額を口座に記帳する / Der Schüler *schreibt* die neuen Wörter in sein Heft. その生徒は新しい単語をノートに書き込む.
② (手紙・本など[4]を)書く, (曲[4]を)作曲する; (著者・新聞などが…と)書いている. Sie *schreibt* einen Roman. 彼女は小説を書いている / Er *schreibt* einen guten Stil. 彼はうまい文章を書く / 人[3] または **an** 人[4]) einen Brief *schrei-*

ben 人[3] (または 人[4])に手紙を書く / eine Oper[4] *schreiben* オペラを作曲する / Sie *schreibt* mir, dass… 彼女は私に…と書いてきている / Was *schreiben* denn die Zeitungen **über** den Vorfall? 新聞はその事件について何と書いていますか. ◇《過去分詞の形で》die *geschriebene* Sprache 書き言葉 / Wo steht das *geschriebene*? それはどこに書かれていますか.
③ 日付が…である. Wir *schreiben* heute den 2. (=zweiten) Oktober. きょうは 10 月 2 日です. ④ (医者が 人[4]は…だと)診断書を書く. Der Arzt *hat* ihn gesund *geschrieben*. 医者は彼が健康だという診断書を書いた.
II 自 (定て haben) ① 書く, 書きつける. Er *schreibt* schön. 彼は字がきれいだ / Das Kind *kann* schon *schreiben*. その子供はもう字が書ける / **auf** blauem Papier (または blaues Papier) *schreiben* 青い紙に書く / auf (または mit) der Maschine *schreiben* タイプライターで書く / mit der Hand *schreiben* 手書きする / **nach** Diktat *schreiben* 口述どおりに書き取る.
② 手紙を書く, 便りをする. (人[3] (または **an** 人[4]) *schreiben* 人[3](または 人[4])に手紙を書く ⇒ Er *schreibt* seinen Eltern (または an seine Eltern). 彼は両親に手紙を書く. ◇《相互的に》Wir *schreiben* uns regelmäßig. 私たちは定期的に手紙をやり取りしている.
③ 文章を書く, 執筆する; 著述業を営む. lebendig *schreiben* 生き生きした文章を書く / Er *schreibt* **an** seiner Dissertation. 彼は学位論文を執筆中だ / Sie *schreibt* **für** die Zeitung. 彼女は新聞に寄稿している / **über** 人・物[4] *schreiben* 人・物[4]について書く, 執筆する.
④ (ペンなどが…の)書きぐあいである. Der Füller *schreibt* gut. この万年筆は書きやすい.
III 再帰 (定て haben) *sich*[4] *schreiben* ① 《口語》(名前・単語などが…と)つづられる. Wie *schreibt* sich das Fremdwort? その外来語はどうつづるのですか. ② 《*es schreibt sich*[4]… の形で》書きぐあいが…である. Auf diesem Papier *schreibt* es *sich* schlecht. この紙は書きにくい. ③ 《*sich*[4] **mit** 人[3] ～》《口語》(人[3]と)文通している.

Schrei・ben [シュライベン] 中 -s/- (公的な)文書, 書簡; 通達. ein amtliches *Schreiben* 公文書 / in Ihrem *Schreiben* vom 1. (=ersten) dieses Monats 今月 1 日の貴信で.

Schrei・ber [シュライバァ ʃráɪbər] 男 -s/- ① 書く人, 書き手, 筆者. (正式 女性形は Schreiberin). der *Schreiber* eines Briefes 手紙の書き手. ② 書記, 文書係; 秘書. ③ 《軽蔑的に》三文文士, へぼ作家.

Schrei・be・rei [シュライベライ ʃraɪbəráɪ] 女 -/-en 《軽蔑的に》何度も何度も(長々と)書くこと, むだ書き.

Schrei・ber・ling [シュライバァリング ʃráɪbərlɪŋ] 男 -s/-e 《軽蔑的に》三文文士, 多作家.

schreib꞊faul [シュライブ・ファオル] 形 筆不精の.

Schreib꞊feh・ler [シュライブ・フェーラァ] 男

Schreibheft

-s/- 書き誤り. einen *Schreibfehler* machen 書き誤る.

Schreib⸗heft [シュライブ・ヘフト] 中 -[e]s/-e (罫線(けいせん)の入った)筆記帳, ノート.

Schreib⸗kraft [シュライブ・クラフト] 女 -/..kräfte (特に女性の)速記タイピスト, 事務員.

Schreib⸗map·pe [シュライブ・マッペ] 女 -/-n 紙ばさみ, ファイル.

*die Schreib⸗ma·schi·ne [シュライブ・マシーネ ʃráıp-maʃi:nə] 女 (単) -/(複) -n **タイプライター**. (英) *typewriter*). eine elektronische *Schreibmaschine* 電子タイプライター(または **mit**) der *Schreibmaschine* schreiben タイプライターで書く / Er kann gut *Schreibmaschine* schreiben. 彼はタイプライターを打つのがうまい.

Schreib·ma·schi·nen⸗pa·pier [シュライブマシーネン・パピーァ] 中 -s/-e タイプ用紙.

Schreib⸗pa·pier [シュライブ・パピーァ] 中 -s/-e 筆記用紙; 便箋(びんせん).

Schreib⸗schrift [シュライブ・シュリふト] 女 /-en 筆記体; 《印》筆記体(スクリプト体)の活字. (メモ「ブロック体」は Blockschrift).

Schreib⸗tisch [シュライブ・ティッシュ] 男 -es/-e 事務(勉強)机, デスク.

Schreib·tisch⸗tä·ter [シュライブティッシュ・テータァ] 男 -s/- ① (犯行の)黒幕. ② 低俗な本の作者.

Schrei·bung [シュライブング] 女 -/-en 書くこと; 書き方, 表記法.

Schreib⸗un·ter·la·ge [シュライブ・ウンタァらーゲ] 女 -/-n 下敷き; デスクマット.

Schreib⸗wa·ren [シュライブ・ヴァーレン] 複 文房具.

Schreib·wa·ren⸗ge·schäft [シュライブヴァーレン⸗ゲシェふト] 中 -[e]s/-e 文房具店.

Schreib⸗wei·se [シュライブ・ヴァイゼ] 女 -/-n ① (字の)書き方. ② 文体, 文のスタイル.

Schreib⸗zeug [シュライブ・ツォイク] 中 -[e]s/- 筆記用具.

schrei·en [シュライエン ʃráıən] (schrie, *hat*... geschrien) I 自 (完了 haben) ① 叫ぶ, 叫び声をあげる; (幼児が)大声で泣く; (鳥・動物が)鳴く. (英 *cry*). Das Baby *schreit*. 赤ちゃんが大声で泣いている / **nach** 人·物³ *schreien* 人·物³を求めて叫ぶ(泣き叫ぶ) ⇒ Das Kind *schrie* nach seiner Mutter. その子は母親を求めて泣き叫んだ / Sie *haben* um Hilfe *geschrien*. 彼らは大声で助けを求めた / Er *schreit* **vor** Schmerzen. 彼は苦痛のあまり悲鳴をあげる / vor Lachen *schreien* 《口語》大笑いする.

② 大声を張りあげる, わめく. Ich verstehe dich gut, du brauchst nicht so zu *schreien*! 君の言うことはよくわかる, そんなに大声を張りあげることはない.

II 他 (完了 haben) (事⁴を)叫ぶ, 大声で言う. Hilfe⁴ *schreien* 助けてと叫ぶ / Sie *schrie* ihm ihre Wut ins Gesicht. 彼女は彼にめんと向かって怒りの言葉をぶちまけた.

III 再帰 (完了 haben) *sich⁴ schreien* 叫んで[その結果]…になる. *sich⁴* heiser (müde) *schreien* 叫びすぎて声がかれる(くたくたになる).

類語 **schreien**: (大声を上げて)叫ぶ. **rufen**: (大声で)呼び寄せる. Die Mutter *rief* ihren Sohn. 母親は息子を呼んだ. **brüllen**: (大声を上げて)わめく. Er *brüllt* vor Wut. 彼は怒り狂ってわめいている.

Schrei·en [シュライエン] 中 《成句的に》Es war zum *Schreien*. 《口語》とてもこっけいだった(おかしかった).

schrei·end [シュライエント] I ＊schreien (叫ぶ)の 現分 II ① (色彩などが)けばけばしい, どぎつい. Die Stoffe sind mir zu *schreiend*. この布地は私にはきつすぎる. ② けしからぬ, ひどい. eine *schreiende* Ungerechtigkeit 許しがたい不正.

Schrei·er [シュライァァ ʃráıər] 男 -s/- ① わめきたてる(叫ぶ)人. ② 不平家, やかまし屋.

Schrei⸗hals [シュライ・ハるス] 男 -es/..hälse 《口語》泣きわめく人; 泣き虫.

Schrein [シュライン ʃráın] 男 -[e]s/-e 《雅》① ひつ, 聖遺物箱. 事⁴ im *Schrein* des Herzens bewahren (比喩) 事⁴を心の奥に秘める. ② 神社, 神殿, 宮. ein schintoistischer *Schrein* (日本の)神社.

Schrei·ner [シュライナァ ʃráınər] 男 -s/- 《中西部ドッ・南ドッ》指物(さしもの)師 (= Tischler).

Schrei·ne·rei [シュライネライ ʃraınəráı] 女 -/-en 《中西部ドッ・南ドッ》指物(さしもの)業; 指物師の仕事場.

schrei·nern [シュライナァン ʃráınərn] I 自 (h) 《中西部ドッ・南ドッ》(素人が趣味で)家具を作る, 日曜大工をする. II 他 (h) 《中西部ドッ・南ドッ》(家具など⁴を)趣味で作る.

schrei·ten [シュライテン ʃráıtən] du schreitest, er schreitet (schritt, *ist*... geschritten) 自 (完了 sein) 《雅》① (大股でゆっくり)歩く, 前進する, 前に進む. Der Redner *schritt* zum Pult. 演説者は演壇に進み出た. ② 《**zu** 事³ ~》(事³に)とりかかる, 着手する. zur Tat *schreiten* 実行に移る.

schrick [シュリック] schrecken² (驚く)の du に対する 命令

schrickst [シュリックスト] schrecken² (驚く)の 2 人称単数 現在

schrickt [シュリックト] schrecken² (驚く)の 3 人称単数 現在

schrie [シュリー] ＊schreien (叫ぶ)の 過去

schrieb [シュリーブ] ＊schreiben (書く)の 過去

Schrieb [シュリーブ ʃríːp] 男 -s/-e 《口語》(ふつう軽蔑的に)手紙, 書簡.

schrie·be [シュリーベ] ＊schreiben (書く)の 接2

schriee [シュリーエ] ＊schreien (叫ぶ)の 接2

**die Schrift [シュリふト ʃrıft] 女 (単) -/(複) -en ① 文字; 筆跡; 《印》活字[の字体]. (英

script). Schreib*schrift* 筆記体 / die deutsche (griechische) *Schrift* ドイツ(ギリシア)文字 / Seine *Schrift* ist schwer zu lesen. 彼の筆跡は読みにくい.
② 文書, 著作, 論文. die gesammelten *Schriften* dieses Dichters この作家の全集 / die [Heilige] *Schrift* 聖書(= Bibel). ③ (文字のある)貨幣の裏. Kopf oder *Schrift*? (賭で)表か裏か. ④〖複 で〗(ﾍﾟｿ)身分証明書.

Schrift⹀art [シュリフト・アールト] 囡 -/-en〘印〙活字の種類, 書体.

Schrift⹀**bild** [シュリフト・ビルト] 囲 -[e]s/-er〘印〙(活字の)字面(ﾂﾗ); (筆跡・活字の)書体.

Schrift⹀**deutsch** [シュリフト・ドイチュ] 囲 -[s]/ 標準ドイツ語.

Schrift⹀**ten⹀rei⹀he** [シュリフテン・ライエ] 囡 -/-n 叢書(ｿｳｼｮ).

Schrift⹀füh⹀rer [シュリフト・フューラァ] 團 -s/- (議事の)記録係, 書記.

Schrift⹀**ge⹀lehr⹀te[r]** [シュリフト・ゲレーァテ (..ﾀｧ)] 團〘語尾変化は形容詞と同じ〙〘聖〙(ユダヤ教の)律法学者.

Schrift⹀**grad** [シュリフト・グラート] 囲 -[e]s/-e〘印〙活字の大きさ(ポイント).

Schrift⹀**lei⹀ter** [シュリフト・ライタァ] 團 -s/- (新聞の)編集者(長) (= Redakteur).

Schrift⹀**lei⹀tung** [シュリフト・ライトゥング] 囡 -/-en (新聞の)編集[局] (= Redaktion).

*****schrift⹀lich** [シュリフトりヒ ʃrɪftlɪç] 厖 筆記による, 文字による, 文書(書面)による. (英 written), (←━「口頭による」は mündlich). eine *schriftliche* Prüfung 筆記試験 / eine Frage[4] *schriftlich* beantworten 質問に書面で回答する / Das kann ich dir *schriftlich* geben.《口語》それは確かなことだ(←証文を書いてやってもよい).

Schrift⹀pro⹀be [シュリフト・ブローベ] 囡 -/- ① 〘印〙見本刷り. ② 筆跡見本.

Schrift⹀**satz** [シュリフト・ザッツ] 團 -es/..sätze ① 〘印〙植字, 組版. ② 〘法〙訴答書面.

Schrift⹀**set⹀zer** [シュリフト・ゼッツァァ] 團 -s/- 〘印〙植字工.

Schrift⹀**spra⹀che** [シュリフト・シュプラーヘ] 囡 -/-n 文章語, 標準的書き言葉. (←━「話し言葉」は Umgangssprache).

der **Schrift⹀stel⹀ler** [シュリフト・シュテらァ ʃrɪft-ʃtɛlər] 團 (単2) -s/(複) - (3格のみ -n) 作家, 著作家, 文筆家. (英 writer). (←━ 女性形は Schriftstellerin). Er lebt als freier *Schriftsteller*. 彼はフリーのライターとして生活している.

Schrift⹀**stel⹀le⹀rei** [シュリフト・シュテれライ ʃrɪft-ʃtɛləráɪ] 囡 -/ 著述業, 作家(文筆)活動.

schrift⹀**stel⹀le⹀risch** [シュリフト・シュテれリッシュ ʃrɪft-ʃtɛlərɪʃ] 厖 作家(著作家)としての. *schriftstellerische* Tätigkeit 作家としての活動.

Schrift⹀**stück** [シュリフト・シュテュック] 囲 -[e]s/-e 文書, 書類, 書面. ein *Schriftstück*[4] an|fertigen 書類を作成する.

Schrift⹀tum [シュリフトトゥーム] 囲 -[e]s/ (特定の分野・テーマについての)文献, 著作. das naturwissenschaftliche *Schrifttum* 自然科学に関する文献.

Schrift⹀**ver⹀kehr** [シュリフト・フェァケーァ] 團 -[e]s/ 文書(覚え書き)交換, 文書(手紙)のやりとり; 交換文書.

Schrift⹀**wech⹀sel** [シュリフト・ヴェクセる] 團 -s/ = Schriftverkehr

Schrift⹀**zei⹀chen** [シュリフト・ツァイヒェン] 囲 -s/- 文字. griechische *Schriftzeichen* ギリシア文字.

Schrift⹀**zug** [シュリフト・ツーク] 團 -[e]s/..züge ① 筆致, 字体, 書体. ②〖複 で〗(特徴のある)筆跡.

*****schrill** [シュリる ʃrɪl] 厖 かん高い, 耳をつんざくような, けたたましい. (英 shrill). das *schrille* Klingeln des Weckers 目覚まし時計のけたたましいベルの音.

schril⹀len [シュリれン ʃrɪlən] 圓 (h) (ベルなどが)けたたましい音をたてる. Das Telefon *schrillt*. 電話のベルがけたたましく鳴っている.

Schrip⹀pe [シュリペ ʃrɪpə] 囡 -/-n (ﾍﾞﾙﾘﾝ) (中央に割れ目を付けて焼いた小さな)白パン.

schritt [シュリット] *schreiten (歩く)の 過去

***der* Schritt** [シュリット ʃrɪt] 團 (単2) -[e]s/ (複) -e (3格のみ -en) ① 歩み, 足取り, 足の運び; 歩調. (英 step). leichte *Schritte* 軽快な足取り / Bitte treten Sie einen *Schritt* näher! どうぞもう一歩近寄ってください / einen *Schritt* vor|gehen 一歩前進する / ein paar *Schritte*[4] gehen《口語》散歩する / Unser Kleines hat gestern die ersten *Schritte* gemacht. うちの子はきのう初めて歩きました / den ersten *Schritt* tun〈比〉着手する / der erste *Schritt* zur Besserung 改善への第一歩 / mit 人[3] *Schritt*[4] halten 人[3]と足並みをそろえて歩く / mit 事[3] *Schritt*[4] halten 事[3]に遅れをとらないようにする. ◇〖前置詞とともに〗 auf *Schritt* und Tritt いたるところで, 絶えず / aus dem *Schritt* kommen 歩調を乱す / *Schritt* für *Schritt* 一歩一歩, 徐々に / im *Schritt* gehen 歩調をそろえて歩く / mit gemessenen *Schritten* 落ち着いた足取りで / *Schritt* um *Schritt* だんだん, ますます.

② 〖複 なし〗歩き方. Sie hat einen leichten *Schritt*. 彼女は軽快な歩き方をする / 人[4] am *Schritt* erkennen 歩き方を見て人[4]であることがわかる.

③ 〖複 なし〗(距離の単位として:)歩幅. in hundert *Schritt* entfernt 100 歩離れて.

④ (車の)徐行, (馬の)並み足. im *Schritt* fahren (車が)徐行する / im *Schritt* gehen (馬が)並み足で歩く.

⑤ 措置, 処置. ein entscheidender *Schritt* 決定的な措置 / die nötigen *Schritte*[4] tun 必要な措置を講じる. ⑥ 〘服飾〙(ズボンの)股上

(また).

schrit・te [シュリッテ] *schreiten (歩く)[接2]

Schritt=ma・cher [シュリット・マッハァ] 男 -s/- ① (陸上競技などの)ペースメーカー; (自転車競争などの)先導車. ②《医》(心拍の)ペースメーカー. ③《比》先駆者, パイオニア.

Schritt=mes・ser [シュリット・メッサァ] 男 -s/- 万歩計, ペドメーター.

schritt=wei・se [シュリット・ヴァイゼ] 副 一歩一歩, しだいに, 徐々に. *schrittweise* voran|kommen 一歩ずつ前へ進む. ◇[付加語としても] eine *schrittweise* Annäherung 一歩ずつの接近.

Schrö・der [シュレーダァ ʃróːdər] [姓] -s/-s シュレーダー.

***schroff** [シュロふ ʃrɔ́f] 形 ① 険しい, 切り立った. (英 *steep*). *schroffe* Felsen 切り立った岩壁. ② (態度が)そっけない, ぶっきらぼうな. eine *schroffe* Abweisung にべもない拒絶. ③ 唐突な, 急激な. ein *schroffer* Übergang 急激な移行. ④ 際だった, 著しい(対照など).

schröp・fen [シュレプふェン ʃrǽpfən] 他 (h) ①《医》(人⁴に)放血(吸血)法を施す. ②《口語》(人⁴から)お金を巻き上げる.

Schrot [シュロート ʃróːt] 中 -[e]s/-e ① [覆 なし](穀物のひき割り, 粗びき麦. ② 散弾. ③ (貨幣に含まれる金銀の)総重量. von altem (または echtem) *Schrot* und Korn a) 信用のおける, 真実な, b) まさにそれらしい ⇒ ein Abenteuer von echtem *Schrot* und Korn まさに冒険と呼ぶにふさわしい冒険.

Schrot=brot [シュロート・ブロート] 中 -[e]s/-e 粗びき麦粉パン(黒パン).

schro・ten [シュローテン ʃróːtən] 他 (h) (穀物⁴を)ひき割りにする, 粗びきにする.

Schrot=flin・te [シュロート・ふりンテ] 女 -/-n 散弾銃.

Schrott [シュロット ʃrɔ́t] 男 -[e]s/-e [ふつう 単] ① スクラップ. ②《口語》古物, がらくた.

Schrott=händ・ler [シュロット・ヘンドラァ] 男 -s/- くず鉄商人.

schrott=reif [シュロット・ライふ] 形 スクラップ行きの, ぽんこつの(車など).

schrub・ben [シュルベン ʃrúbən] I 他 (h) 《口語》(床など⁴を)ブラシ(たわし)でごしごし洗う. den Schmutz vom Boden *schrubben* 床の汚れをごしごしこすり取る. ◇[再帰的に] sich⁴ *schrubben* 体をごしごし洗う. II 自 (h)《über 物⁴~》(ドアなどが物⁴に)こすれる.

Schrub・ber [シュルッバァ ʃrúbər] 男 -s/- (柄のついた)掃除用ブラシ, 床ブラシ.

Schrul・le [シュルれ ʃrúlə] 女 -/-n ① 気まぐれ, 奇妙な思いつき. ②《口語》変わり者のばあさん.

schrul・lig [シュルりヒ ʃrúlɪç] 形《口語》変な, 風変わりな(老人など); 奇妙な.

schrum・pe・lig [シュルンペリヒ ʃrúmpəlɪç] 形《口語》しわだらけの, しわくちゃの; (洗たくものなどが)しわの寄った.

schrum・peln [シュルンペるン ʃrúmpəln] 自 (s)《北ドツ・中部ドツ》= schrumpfen

schrump・fen [シュルンプふェン ʃrúmpfən] 自 (s) ① しなびる, 縮む, しわが寄る. ② (資本・蓄えなどが)減少する.

Schrump・fung [シュルンプふンク] 女 -/-en 縮むこと, 収縮; 縮小.

Schub [シューブ ʃúːp] 男 -[e]s/Schübe ① 押す(突く)こと; 押し, 突き;《物》推[進]力. mit einem *Schub* ひと押しで, 一気に. ② (人や物の)一群, 一団; (パンの)一かまど分. in kleinen *Schüben* 小さなグループごとに / ein *Schub* Brötchen 一かまど分のプチパン. ③《医》(症状などの)追発, 急性増悪. ④《方》引き出し (= *Schub*lade).

Schu・ber [シューバァ ʃúːbər] 男 -s/- ① (本の)外箱, ケース. ②《オーストリア》かんぬき.

Schu・bert [シューベァト ʃúːbərt] -s/《人名》シューベルト (Franz *Schubert* 1797-1828; オーストリアの作曲家).

Schub=fach [シューブ・ふァッハ] 中 -[e]s/..fächer 引き出し (= Schublade).

Schub=kar・re [シューブ・カレ] 女 -/-n = Schubkarren

Schub=kar・ren [シューブ・カレン] 男 -s/- 一輪の手押し車.

Schub=kraft [シューブ・クラふト] 女 -/《物》(ロケットなどの)推[進]力. ②《工》剪断(ㅁん)力.

*die **Schub=la・de** [シューブ・らーデ ʃúːplaːdə] 女 [単] -/[複] -n 引き出し. (英 *drawer*). die *Schublade*⁴ auf|ziehen 引き出しを開ける.

Schubs [シュプス ʃúps] 男 -es/-e《口語》(軽い)押し, 突き.

schub・sen [シュプセン ʃúpsən] 他 (h)《口語》(人・物⁴を)突く, 押す. 人⁴ zur Seite *schubsen* 人⁴をわきに押しやる.

schub=wei・se [シューブ・ヴァイゼ] 副 グループに分かれて, 一組(一団)ずつ.

***schüch・tern** [シュヒテァン ʃýçtərn] 形 内気な, 臆病な(ﾋﾞｮｳ)な, おずおずした; 遠慮がちな, 控えめな. (英 *shy*). ein *schüchternes* Kind 内気な子供 / einen *schüchternen* Versuch machen おそるおそる試みる / eine *schüchterne* Hoffnung 控えめな希望.

Schüch・tern・heit [シュヒテァンハイト] 女 -/ 内気, はにかみ.

schuf [シューふ] *schaffen² (創造する)[過去]

schü・fe [シューふェ] *schaffen² (創造する)[接2]

Schuft [シュふト ʃúft] 男 -[e]s/-e 悪党, ならず者, 不良.

schuf・ten [シュふテン ʃúftən] I 自 (h)《口語》あくせく働く, がつがつ勉強する. II [再帰] (h) sich⁴ *schuften*《口語》あくせく働いて[その結果]…になる. sich⁴ krank *schuften* 働きすぎて病気になる.

Schuf・te・rei [シュふテライ ʃuftəráɪ] 女 -/-en《口語》① [覆 なし] あくせく働くこと, がつがつ勉強すること. ② (個々の)骨の折れる仕事.

schuf·tig [シュふティヒ ʃúftıç] 形 《口語》恥知らずの, 卑劣な.

Schuf·tig·keit [シュふティヒカイト] 女 -/-en ①《複 なし》恥知らず, 卑劣. ② 恥知らず(卑劣)な行為.

*der **Schuh** [シュー ʃúː]

> 靴 Diese *Schuhe* drücken.
> ディーゼ シューエ ドリュッケン
> この靴はきつい.

男 (単2) -[e]s/(複) -e (3格のみ -en) ① 靴, (特に:)短靴. (英 shoe). (⇔「長靴」は Stiefel). ein Paar *Schuhe* 1足の靴 / flache (hohe) *Schuhe* かかとの低い(高い)靴 / *Schuhe*⁴ an|haben 靴をはいている / *Schuhe*⁴ an|ziehen (aus|ziehen) 靴をはく(脱ぐ) / *Schuhe*⁴ putzen 靴を磨く / Diese *Schuhe* passen mir. この靴は私にぴったりだ / Diese *Schuhe* sind mir zu eng. この靴は私にはきつい / 人³ 事⁴ in die *Schuhe* schieben 《口語・比》人³に事⁴の責任をなすりつける(←靴の中に押し込む) / Ich weiß, wo ihn der *Schuh* drückt.《口語》私は彼が何を悩んでいるのかちゃんと知っている(←彼の靴のどこがきついかを) / Umgekehrt wird ein *Schuh* draus.《口語》それはまったくあべこべ(逆)だ. ②(つえなどの)石突き; 車輪止め, ストッパー;《電》ケーブルシュー.

Halbschuh Slipper
Pumps Bergschuh Stiefel
Sandale Sandalette Pantoffel

靴のいろいろ

Schuh≈an·zie·her [シュー・アンツィーアァ] 男 -s/- 靴べら(= Schuhlöffel).

Schuh≈band [シュー・バント] 中 -[e]s/..bänder 《方》靴ひも.

Schuh≈bürs·te [シュー・ビュルステ] 女 -/-n 靴ブラシ.

Schuh≈creme [シュー・クレーム] 女 -/-s (キュ-ス: -n) 靴クリーム, 靴墨.

Schuh≈fab·rik [シュー・ふァブリク] 女 -/-en 製靴工場.

Schuh≈ge·schäft [シュー・ゲシェふト] 中 -[e]s/-e 靴屋.

Schuh≈grö·ße [シュー・グレーセ] 女 -/-n 靴のサイズ. Ich habe *Schuhgröße* 39. 私の靴のサイズは 39 だ.

Schuh≈löf·fel [シュー・れッふェる] 男 -s/- 靴べら.

Schuh≈ma·cher [シュー・マッハァ] 男 -s/- 靴職人, 靴屋.

Schuh≈num·mer [シュー・ヌンマァ] 女 -/-n 靴のサイズ番号.

Schuh≈platt·ler [シュー・プらットらァ] 男 -s/- 靴ダンス(バイエルン・チロル地方の民俗舞踊. もも・ひざ・靴のかかとをたたく).

Schuh≈put·zer [シュー・プッツァァ] 男 -s/- 靴みがき[の人・道具].

Schuh≈soh·le [シュー・ゾーれ] 女 -/-n 靴底. durchgelaufene *Schuhsohlen* すり減った靴底.

Schuh≈span·ner [シュー・シュパンナァ] 男 -s/-(形をくずさないための)靴型.

Schuh≈werk [シュー・ヴェルク] 中 -[e]s/(総称として:)靴. festes (gutes) *Schuhwerk* 丈夫な(良質の)靴.

Schuh≈wich·se [シュー・ヴィクセ] 女 -/-n 靴クリーム.

Schu·ko·ste·cker [シューコ・シュテッカァ] 男 -s/-《商標》感電防止プラグ.

Schul≈ab·gän·ger [シューる・アップゲンガァ] 男 -s/- 卒業生.

Schul≈ab·schluss [シューる・アップシュるス] 男 -es/..schlüsse 卒業資格(ギムナジウム卒業資格など).

Schul≈ab·schluß ☞ 新旧 Schulabschluss

Schul≈amt [シューる・アムト] 中 -[e]s/..ämter ① 教育庁, 学務局. ②《古》教職.

Schul≈an·fän·ger [シューる・アンフェンガァ] 男 -s/- (小学校の)新入生, 新1年生.

Schul≈ar·beit [シューる・アルバイト] 女 -/-en ①《ふつう複》宿題. Ich muss noch *Schularbeiten* machen. ぼくはまだ宿題をしなければならない. ②《オーストリア》(授業中の)課題, テスト. ③《複 なし》(学校の)授業, 課業.

Schul≈arzt [シューる・アールツト] 男 -es/..ärzte [学]校医.

Schul≈auf·ga·be [シューる・アオふガーベ] 女 -/-n ①《ふつう複》宿題 *Schulaufgaben*⁴ machen 宿題をする. ②《方》(授業中の)課題, テスト.

Schul≈bank [シューる・バンク] 女 -/..bänke (昔の:)(腰かけ付きの)生徒用机. Er drückt noch die *Schulbank*.《口語》彼はまだ学校に通っている.

Schul≈bei·spiel [シューる・バイシュピーる] 中 -[e]s/-e 模範(典型)的な例.

Schul≈be·such [シューる・ベズーフ] 男 -[e]s/-e《ふつう単》① 通学. ②《オース》(視学官などの)授業視察, 授業参観.

Schul≈bil·dung [シューる・ビるドゥング] 女 -/- 学校教育. eine gute *Schulbildung*⁴ haben よい教育を受ける.

Schul≈buch [シューる・ブーフ] 中 -[e]s/..bücher 教科書.

Schul≈bus [シューる・ブス] 男 ..busses/..busse

スクールバス.

*__schuld__ [シュると ʃúlt] 形 〖成句的に〗〚an 事³〛 *schuld* sein 〚事〛について責任がある. Sie ist an allem *schuld*. 一切の責任は彼女にある / 〚人・事³〛 *schuld* (⦅新形⦆ *Schuld*) geben 〚人・事³〛のせいにする / *schuld* (⦅新形⦆ *Schuld*) haben 責任がある.

‡*die* __Schuld__ [シュると ʃúlt]

| 責任 | Das ist meine *Schuld*.
ダス イスト マイネ シュると
それは私の責任です. |

囡(単) -/(複) -en ① 〖複 なし〗(負い目としての)責任; (精神的な)負担. (英 fault). eine moralische *Schuld* 道義的な責任 / die *Schuld*⁴ auf 人⁴ ab|wälzen (または schieben) 人⁴に責任を転嫁する / die *Schuld*⁴ auf sich⁴ nehmen 自分で責任を引き受ける / 〚an 事³〛 *Schuld*⁴ haben (または tragen) 〚事³〛について責任がある ⇨ Er hat (または trägt) keine *Schuld* an dem Unfall. 彼はその事故には責任はない / 〚人・事³〛 *Schuld*⁴ geben [事³を] 〚人・事³〛のせいにする / Die *Schuld* liegt an (または bei) mir. その責任は私にある.
② 〖複 なし〗罪, 過ち. (英 guilt). *Schuld* und Sühne 罪と償い / eine *Schuld*³ büßen 罪を償う / Er leugnet seine *Schuld*. 彼は罪を否認する. 〖成句的に〗sich³ 事⁴ zu *Schulden* kommen lassen 事⁴の罪を犯す. (☞ 類語 Sünde).
③ 〖ふつう 複〗借金, 負債; 債務. (英 debt). bei 人³ *Schulden*⁴ haben (machen) 人³に借金がある(借金する) / *Schulden*⁴ zurück|zahlen (または ab|tragen) 借金を返済する / Auf dem Haus liegt eine *Schuld* von 30 000 DM. その家のために3万マルクの負債がある / Er hat mehr *Schulden* als Haare auf dem Kopfe. 《口語・比》彼には借金が山ほどある(←髪の毛よりも多く). ④ 〖成句的に〗Ich bin (または stehe) tief in seiner *Schuld*. 《雅》私は彼に深い恩義がある.

__Schuld⸗be·kennt·nis__ [シュると・ベケントニス] 囲 ..nisses/..nisse 罪の告白.
__schuld⸗be·la·den__ [シュると・ベらーデン] 形 《雅》罪を負った, 罪のある.
__schuld⸗be·wusst__ [シュると・ベヴスト] 形 罪を意識した, 後ろめたい.
__schuld⸗be·wußt__ ☞ ⦅新形⦆ schuldbewusst
__Schuld⸗be·wusst·sein__ [シュると・ベヴストザイン] 囲 -s/ 罪の意識, 罪悪感.
__Schuld⸗be·wußt·sein__ ☞ ⦅新形⦆ Schuldbewusstsein
__schul·den__ [シュるデン ʃúldən] 他 (h) ① (人³に 物⁴の)借りがある. Er *schuldet* mir noch 50 Mark. 彼は私にまだ50マルクの借金がある. ② (人³に 事⁴の)義務を負っている. 人³ eine Erklärung⁴ *schulden* 人³に説明をする義務がある / Ich *schulde* ihm mein Leben. 彼は私の命の恩人だ.

__Schul·den⸗frei__ [シュるデン・フライ] 形 負債(借金)のない; 抵当に入っていない.
__Schul·den⸗last__ [シュるデン・らスト] 囡 -/-en 負債の重荷.
__schuld⸗fä·hig__ [シュると・フェーイヒ] 形 《法》罪に対する責任能力のある.
__schuld⸗frei__ [シュると・フライ] 形 罪のない, 潔白な.
__Schuld⸗fra·ge__ [シュると・フラーゲ] 囡 -/-n 責任(罪の有無)の問題.
__schuld·haft__ [シュるトハフト] 形 《法》罪になる, 有責の.
__Schuld⸗ge·fühl__ [シュると・ゲフューる] 囲 -[e]s/-e 罪悪感, 罪の意識.
__Schul⸗dienst__ [シュー る・ディーンスト] 男 -[e]s/ 学校勤務, 教職. Er ist im *Schuldienst* tätig. 彼は教職についている.

‡__schul·dig__ [シュるディヒ ʃúldıç] 形 ① 罪のある, 有罪の; 責任のある. (英 guilty). Der Angeklagte war *schuldig*. 被告は有罪だった / 人⁴ *schuldig* sprechen または 人⁴ für *schuldig* erklären 人⁴に有罪の判決を下す / 〚事²〛 *schuldig* sein 《雅》事²の罪を犯している ⇨ Er ist des Diebstahls *schuldig*. 彼は盗みを働いた / 〚an 事³〛 *schuldig* sein 事³に対して責任がある ⇨ Er ist an dem Unglück *schuldig*. 彼はその事故に責任がある.
② (人³に 物⁴の)借りがある, 負債がある. Ich bin ihm noch 50 Mark *schuldig*. 私はまだ彼に50マルク借りがある / Was bin ich Ihnen *schuldig*? いくらお支払いすればよろしいでしょうか / 人³ nichts *schuldig* bleiben 人³に負けずにやり返す.
③ (人³に 事⁴(弁明など)の)義務を負っている. Ich bin ihm Dank *schuldig*. 私は彼に礼を言わなくてはならない. ④ 〖付加語としてのみ〗当然なすべき, 相応の. die *schuldige* Achtung⁴ erweisen 人³にそれ相応の敬意を払う.

__Schul·di·ge[r]__ [シュるディゲ (..ガァ) ʃúldıgə (..gər)] 男 囡 〖語尾変化は形容詞と同じ〗有罪人, 罪人; 責任者.
__Schul·di·ger__ [シュるディガァ ʃúldıgər] 男 -s/- 《聖》負い目のある人, 罪人(つみびと).
__Schul·dig·keit__ [シュるディヒカイト] 囡 -/-en ① 〖複 なし〗責任, 義務. Ich habe nur meine *Schuldigkeit* getan. 私は自分の義務を果たしただけだ. ② 負債, 借金.
__Schuld⸗kom·plex__ [シュると・コンプれクス] 男 -es/-e 《心理》罪悪感コンプレックス.
__schuld⸗los__ [シュると・ろース] 形 罪のない, 無実の, 潔白な; 無邪気な.
__Schuld·ner__ [シュるドナァ ʃúldnər] 男 -s/- 債務者. (⇔ 「債権者」 ist Gläubiger).
__Schuld⸗recht__ [シュると・レヒト] 囲 -[e]s/ 《法》債権法, 債務関係法.
__Schuld⸗schein__ [シュると・シャイン] 男 -[e]s/-e 債務証書, 借金の証文.
__Schuld⸗spruch__ [シュると・シュプルフ] 男 -[e]s/..sprüche 《法》有罪(有責)判決.

die Schu·le [シューれ ʃúːlə]

> 学校; 授業
>
> Heute ist keine *Schule*.
> ホイテ　イスト　カイネ　シューれ
> きょうは学校が休みだ。

[女](単) -/(複) -n ① **学校**. (英 school). (「ドイツ連邦共和国の教育制度」[☞] 巻末付録, 1810 ページ). eine öffentliche (private) *Schule* 公立(私立)学校 / eine katholische (protestantische) *Schule* カトリック系(プロテスタント系)の学校 / eine höhere *Schule* 高等学校 / eine neue *Schule*⁴ bauen 新しい学校を建てる / die *Schule*⁴ besuchen 学校に通う / die *Schule*⁴ wechseln 転校する / die *Schule*⁴ verlassen 学校を去る(卒業する, 退学する). ◇[前置詞とともに] Er ist Lehrer **an** dieser *Schule*. 彼はこの学校の先生だ / Er geht **auf** die höhere *Schule*. 彼は上級学校に通っている / **aus** der *Schule* kommen 学校から帰宅する / aus der *Schule* plaudern《比》仲間うちの秘密を漏らす / **hinter** (または **neben**) die *Schule* gehen《口語・比》学校をさぼる / Er kommt in diesem Jahr **in** die *Schule*. 彼は今年学校に入る / Er geht noch in die *Schule* (または **zur** *Schule*). 彼はまだ学校に通っている(生徒だ) / **von** der *Schule* abgehen 学校を出る(やめる) / [人]⁴ **von** der *Schule* weisen [人]⁴を退校(放校)処分にする / Sie will später **zur** *Schule* gehen.《口語》彼女は将来教職に就くつもりだ.

② [複 なし] (学校の)**授業**. Die *Schule* ist aus.《口語》授業は終わった / Die *Schule* beginnt um acht Uhr. 授業は8時に始まる / die *Schule*⁴ versäumen (または schwänzen) 授業をさぼる / Heute haben wir keine *Schule*. きょうは学校がない / Morgen fällt die *Schule* aus. あすは学校が休みだ / **nach** der *Schule* 放課後.

③ [複 なし]《口語》(総称として:)教師および生徒[全員].

④ [複 なし] 指導, 訓練, レッスン. bei [人]³ in die *Schule* gehen [人]³にレッスンを受ける / [die] hohe *Schule* a) 高等馬術, b) 高等技術.

⑤ (芸術・学問などの)流派, 学派. die *Schule* Dürers デューラー派 / die Frankfurter *Schule* フランクフルト学派 / *Schule*⁴ machen たくさんの模倣者を出す. ⑥ (楽器などの)教則本.

> [学] ..**schule** のいろいろ: Abend*schule* 夜間学校 / Berufs*schule* 職業学校 / Fach*schule* 専門学校 / Fahr*schule* 自動車教習所 / Gesamt*schule* 総合学校 / Grund*schule* 基礎学校 / Handels*schule* 商業学校 / Haupt*schule* 基幹学校 / Hoch*schule*(一般に:)大学 / Klavier*schule* ピアノ教則本 / Mittel*schule* 中等学校 / Musik*schule* 音楽学校 / Privat*schule* 私立学校 / Real*schule* 実科学校 / Tanz*schule* ダンス教室 / Volkshoch*schule* 市民大学

schu·len [シューれン ʃúːlən] [他] (h) ① [人]⁴を専門分野について)教育する, 訓練する. [人]⁴ fachlich *schulen* [人]⁴に専門教育を施す. ② (感覚器官など⁴を)鍛える, 磨く. ◇[過去分詞の形で] mit *geschultem* Blick 経験を積んだ目で. ◇[再帰的に] *sich*⁴ *schulen* 自分を鍛える. ③ (動物⁴を)調教する.

der Schü·ler [シューらァ ʃýːlɐr]

> 生徒　Er ist ein guter *Schüler*.
> 　　　エァ イスト アイン グータァ シューらァ
> 　　　彼は出来のよい生徒だ。

[男](単2) -s/(複) - (3 格のみ -n) ① (学校の)**生徒**, 学童. (英 pupil). (注「大学生」は Student,「先生」は Lehrer). Mit*schüler* 同級生 / ein fleißiger (fauler) *Schüler* 勤勉な(怠惰な)生徒 / einen *Schüler* loben 生徒をほめる / ein fahrender *Schüler* (中世の)遍歴学生.

② (先生に対して:)教え子, 弟子, 門下[生]. ein *Schüler* von Professor Schmidt シュミット教授の教え子.

Schü·ler⸗aus·tausch [シューらァ・アオスタオシュ] [男] -[e]s/-e (生徒の)交換留学.

die Schü·le·rin [シューらりン ʃýːlərɪn] [女](単) -/(複) ..rinnen ① **女生徒**. (英 pupil). ② (女性の)教え子, 弟子, 門下[生]. Sie ist eine ehemalige *Schülerin* von ihm. 彼女は彼のかつての門下生です.

Schü·ler⸗lot·se [シューらァ・ろーツェ] [男] -n/-n (登下校時に下級生のために)交通整理にあたる生徒.

Schü·ler⸗mit·ver·wal·tung [シューらァ・ミットフェアヴァるトゥング] [女] -/-en ① 生徒の学校管理への参加, 生徒自治. ② 生徒自治会 (略: SMV).

Schü·ler⸗schaft [シューらァシャフト] [女] -/-en (総称として:)(ある学校の)生徒全員, 全校生.

Schü·ler⸗zei·tung [シューらァ・ツァイトゥング] [女] -/-en (生徒が編集する)学校新聞.

Schul⸗fach [シューる・ふァッハ] [中] -[e]s/..fächer (学校の)科目, 課目.

Schul⸗fe·ri·en [シューる・フェーリエン] [複] 学校の休暇.

Schul⸗fern·se·hen [シューる・フェルンゼーエン] [中] -s/ 学校向けテレビ放送(番組).

schul⸗frei [シューる・ふライ] [形] 授業のない, (学校が)休みの. ein *schulfreier* Tag 休校日 / Heute ist *schulfrei*. または Wir haben heute *schulfrei*. きょうは学校が休みだ.

Schul⸗freund [シューる・ふロイント] [男] -[e]s/-e 学校の友だち, 学友.

Schul⸗funk [シューる・ふンク] [男] -s/ 学校向けラジオ放送(番組).

Schul⸗geld [シューる・ゲるト] [中] -[e]s/ 授業料, 学費.

Schul‡haus [シューる・ハオス] 中 -es/..häuser 校舎.

Schul‡heft [シューる・ヘフト] 中 -[e]s/-e 学校(学習)用ノート.

Schul‡hof [シューる・ホーふ] 男 -[e]s/..höfe 校庭.

schu·lisch [シューリッシュ ʃúːlɪʃ] 形 学校の, 学校での. *schulische* Leistungen 学業成績.

Schul‡jahr [シューる・ヤーる] 中 -[e]s/-e 学年, 学年度.

Schul‡jun·ge [シューる・ユンゲ] 男 -n/-n 《口語》男子生徒.

Schul‡ka·me·rad [シューる・カメラート] 男 -en/-en 学校の友だち(=Schulfreund).

Schul‡kennt·nis·se [シューる・ケントニセ] 複 学校で得た知識.

Schul‡kind [シューる・キント] 中 -[e]s/-er 学童, 生徒.

Schul‡klas·se [シューる・クらッセ] 女 -/-n ① 学級, クラス(の全生徒). ② 学年.

Schul‡land·heim [シューる・らントハイム] 中 -[e]s/-e 林間学校[の宿泊施設].

Schul‡leh·rer [シューる・れーラァ] 男 -s/- 《口語》教師. (⇦ 女性形は Schullehrerin).

Schul‡lei·ter [シューる・らイタァ] 男 -s/- [学]校長.

Schul‡mäd·chen [シューる・メートヒェン] 中 -s/- 《口語》女子生徒.

Schul‡map·pe [シューる・マッペ] 女 -/-n (生徒用の)通学かばん.

schul‡meis·tern [シューる・マイスタァン ʃúːlmaistərn] Ⅰ 他 (h) 〈人⁴に〉教師ぶって小うるさいことを言う. Ⅱ 自 (h) 教師ぶった口をきく.

Schul‡ord·nung [シューる・オルドヌング] 女 -/-en 校則, 学則.

Schul‡pflicht [シューる・ぷふりヒト] 女 -/ 就学義務.

schul‡pflich·tig [シューる・ぷふりヒティヒ] 形 就学義務のある, 学齢に達した. ein *schulpflichtiges* Kind 学齢に達した児童.

Schul‡ran·zen [シューる・ランツェン] 男 -s/- ランドセル.

Schul‡rat [シューる・ラート] 男 -[e]s/..räte 教育庁の役人, 視学官.

Schul‡schiff [シューる・シふ] 中 -[e]s/-e 練習船.

Schul‡schluss [シューる・シュるス] 男 -es/..schlüsse ① 《複 なし》学校の終業, 授業終了. ② 《方》卒業.

Schul‡schluß [⇨ 新splg] Schulschluss

Schul‡stun·de [シューる・シュトゥンデ] 女 -/-n 授業時間.

Schul‡sys·tem [シューる・ズュステーム] 中 -s/-e 学校制度.(「ドイツ連邦共和国の教育制度」⇨ 巻末付録, 1810 ページ).

Schul‡tag [シューる・ターク] 男 -[e]s/-e 授業日. Heute ist sein erster *Schultag*. きょうは彼が初めて学校に行く日だ.

Schul‡ta·sche [シューる・タッシェ] 女 -/-n (生徒用の)通学かばん(=Schulmappe).

die **Schul·ter** [シュるタァ ʃúltər]

| 肩 | Er hat breite *Schultern*. エァ ハット ブライテ シュるタァン 彼は肩幅が広い. |

女 (単) -/(複) -n ① 肩. (英 shoulder). (⇨ Körper 図). die rechte (linke) *Schulter* 右肩(左肩) / Sie hat schmale *Schultern*. 彼女は肩幅が狭い / die *Schultern*⁴ zucken (または hoch|ziehen) 肩をすくめる / 〈人³〉die kalte *Schulter* zeigen 《口語》〈人³〉に冷淡な態度をとる.

◇《前置詞とともに》*Schulter* an *Schulter* a) 肩を寄せ合って, b) 《比》互いに協力して / 〈人³〉an den *Schultern* fassen 〈人³〉の肩をつかむ /

―――― ドイツ・ミニ情報 21 ――――

学校制度 Schulsystem

ドイツは工業国としては資源に乏しく, 専門技術を持つ人材を養成し, その力で経済大国に成長してきた. それぞれの能力と興味に合った職を見つけることに大きな価値がおかれている社会で, 小さな頃から将来何になるのかをみすえ, 早い段階で進路を専門化する教育制度をとっている. 6歳で小学校にあがると, 4 年間は一律のカリキュラムだが, 次の 2 年のオリエンテーションの期間にその先どのような学校に進むか決める.

学校の選択肢には, 基幹学校 Hauptschule(5 年間で終了, その後仕事に就きながら 18 歳まで職業学校に通うこともできる), 実科学校 Realschule(6 年間で終了, 中級職に必要な専門学校進学資格が得られる), ギムナジウム Gymnasium(9 年間で終了, 大学入学資格が得られる)の制度がある. また, 州によっては総合学校 Gesamtschule (一応 6 年間で終了する が, 希望に合わせて大学進学にも職業教育にも対応できる上記 3 校の混合形)の制度もある.

6～18 歳の 12 年間は就学義務があり, そのうち 9 年間は週 5 日, 毎日授業がある. ごくわずかな例外を除いてほとんどが公立で, 授業料の納入義務はない. 全体のおおよそ 3 分の 1 ずつ基幹学校, 実科学校, ギムナジウムに進学し, 途中で進路変更したい場合は, 各学校の必修単位をそろえれば横に移られるシステムになっている. 小学校 4 年ではまだ子供自身に判断力がないため, 保護者の意向や助言に左右されることがある.

(「ドイツ連邦共和国の教育制度」⇨ 巻末付録, 1810 ページ).

ギムナジウムの授業風景

人³ **auf die** *Schulter* **klopfen** 人³の肩をたたく / Er nahm das Kind auf die *Schulter*. 彼はその子供を肩車した / 事⁴ **auf seine** *Schultern* **nehmen** 《比》事⁴の責任を引き受ける / Er nimmt alles auf die leichte *Schulter*. 《比》彼はすべてを軽く考える / Wir stehen auf seinen *Schultern*. 私たちは彼の業績をふまえて(下敷きにして)仕事をしている / **mit den** *Schultern* **zucken** 肩をすくめる / Sie stand mit hängenden *Schultern* da. 彼女は肩を落として(がっかりして)立ちつくしていた / 人⁴ **über die** *Schulter* **an|sehen** 《比》人⁴を見下す.
② (衣服の)肩[の部分]. ③ (牛などの)肩肉.

Schul·ter·blatt [シュるタァ・ブらット] 中 -[e]s/..blätter 《医》肩甲骨.

schul·ter·frei [シュるタァ・フライ] 形 肩の露出した, ストラップレスの(ドレスなど).

Schul·ter·klap·pe [シュるタァ・クらッペ] 女 -/-n 《ふつう 複》《軍》肩章.

schul·ter·lang [シュるタァ・らンぐ] 形 肩まで届く(髪など).

schul·tern [シュるタァン ʃúltərn] 他 (h) ① (物⁴を)肩にかつぐ. den Rucksack *schultern* リュックサックを背負う. ② (レスリングで:)(相手⁴を)フォールする.

Schu·lung [シューるンぐ] 女 -/-en ① 教育, [強化]訓練, トレーニング. eine politische *Schulung*⁴ erfahren 政治教育を受ける. ② 講習会, スクーリング. an einer *Schulung* für 事⁴ teil|nehmen 事⁴の講習会に参加する.

Schul·un·ter·richt [シューる・ウンタァリヒト] 男 -[e]s/-e 《ふつう 単》学校の授業.

Schul ≠ weg [シューる・ヴェーク] 男 -[e]s/-e 通学路.

Schul ≠ weis·heit [シューる・ヴァイスハイト] 女 -/-en (軽蔑的に:)机上の知識, 学校で習っただけの知識.

Schul ≠ we·sen [シューる・ヴェーゼン] 中 -s/ 学制, 学校制度.

Schulz [シュるツ ʃúlts] -[ens]/-ens 《姓》シュルツ.

Schul ≠ zeit [シューる・ツァイト] 女 -/-en 《ふつう 単》学校(学生)時代.

Schul ≠ zeug·nis [シューる・ツォイクニス] 中 ..nisses/..nisse 学校の成績証明書, 通知表.

Schu·mann [シューマン ʃúːman] -s/ 《人名》シューマン (Robert Schumann 1810–1856; ドイツ・ロマン派の作曲家).

schum·meln [シュメるン ʃúməln] I (h) 《bei 事³ ～》《口語》(事³(トランプなど)で)いんちきをする. II 他 (h) 《口語》(物⁴を)こっそり…へまぎれ込ませる.

schum·me·rig [シュメリヒ ʃúməriç] 形 《口語》薄暗い; 薄明るい.

schumm·rig [シュムリヒ ʃúmriç] 形 =schummerig

schund [シュント] schinden (酷使する)の 過去

Schund [シュント ʃúnt] 男 -[e]s/ ① 低俗な作品(文学・映画・美術など), エロ・グロ作品. Schmutz und *Schund* 低俗な文学[作品].
② 《口語》がらくた, くだらない物, くず.

schün·de [シュンデ] schinden (酷使する)の 接²

Schund ≠ li·te·ra·tur [シュント・リテラトゥーァ] 女 -/ 俗悪(エロ・グロ)文学.

schun·keln [シュンケるン ʃúŋkəln] 自 (h, s) ① (h) (腕を組み合いリズムに合わせて)体を左右に揺する. ② (s) (…へ)体を揺すりながら腕を組んで歩く.

Schup·pe [シュッペ ʃúpə] 女 -/-n ① (魚など)のうろこ. Es fiel mir wie *Schuppen* von den Augen. 《比》私は自分からうろこが落ちる思いがした(聖書, 使徒行伝 9, 18). ②《植》鱗片 (ワ゚). ③ (うろこ状のもの:)(よろいの)小札(ゴ゙); (頭の)ふけ(=Kopfschuppe). ein Haarwasser gegen *Schuppen* ふけ止めのヘアトニック.

schup·pen [シュッペン ʃúpən] I 他 (h) (魚⁴の)うろこを落とす. den Karpfen *schuppen* 鯉のうろこを落とす. II 再帰 (h) sich⁴ *schuppen* (皮膚が)ぼろぼろむける; ふけが出る.

Schup·pen [シュッペン] 男 -s/- ① 小屋, 納屋; (機関車などの)車庫; 《口語》汚い(醜い)建物. ② 《口語》(ロック音楽などが演奏されていて踊ることのできる)酒場, バー.

Schup·pen ≠ flech·te [シュッペン・ふれヒテ] 女 -/-n 《医》乾癬(ミミ).

schup·pig [シュピヒ ʃúpiç] 形 ① うろこのある; うろこ状の. ein *schuppiger* Fisch うろこの多い魚. ② ふけだらけの.

Schur [シューァ ʃúːr] 女 -/-en ① (羊の毛の)刈り取り; 剪毛(ミ゚); 刈り取った毛. ② 《農》(芝生などの)刈り込み(牧草などの)刈り入れ.

schü·ren [シューレン ʃýːrən] 他 (h) ① (火かき棒で火⁴を)かきたてる, かき起こす. das Feuer⁴ im Ofen *schüren* 暖炉の火をかき起こす. ② 《比》(憎しみなど⁴を)あおる, かきたてる.

schür·fen [シュルふェン ʃýrfən] I 自 (h) ① 《坑》試掘する; 《比》掘り下げて考える. nach Gold *schürfen* 試掘して金の鉱脈を探す. ② (ドアなどが)きしむ音をたてる. II 他 (h) ① 《坑》(露天掘りで)採掘する. ② (体の一部⁴を)すりむく. sich³ die Haut⁴ *schürfen* 皮膚をすりむく. ◇《再帰的に》sich⁴ am Knie blutig *schürfen* ひざをすりむいて血が出る.

Schürf ≠ wun·de [シュルふ・ヴンデ] 女 -/-n すり傷, ひっかき傷.

Schür ≠ ha·ken [シューァ・ハーケン] 男 -s/- 火かき棒.

schu·ri·geln [シューリーゲるン ʃúːriːgəln] 他 (h) 《口語》(人⁴に)意地悪(いやがらせ)をする.

Schur·ke [シュルケ ʃúrkə] 男 -n/-n 破廉恥漢, 卑劣漢, ならず者.

Schur ≠ wol·le [シューァ・ヴォれ] 女 -/-n 刈り取った羊毛.

Schurz [シュルツ ʃúrts] 男 -es/-e (作業用の短い)前だれ;《方》エプロン; (熱帯地方の)腰布.

die **Schür·ze** [シュルツェ ʃýrtsə] 女 (単)-/(複)-n エプロン, 前掛け. (英 *apron*). [sich³] eine *Schürze*⁴ um|binden エプロンをつける /

schürzen

eine *Schürze* ab|legen エプロンをはずす / eine *Schürze* voll Äpfel エプロンいっぱいのりんご / Er hängt noch der Mutter³ an der *Schürze*.《口語・比》彼はまだ乳離れしていない / **hinter** jeder *Schürze* her|laufen《口語・比》女の尻(½)を追い回す.

schür·zen [シュルツェン ʃʏ́rtsən] 他 (h) ① (衣服⁴の)すそをたくし上げる, まくり上げる. den Rock *schürzen* スカートをからげる. ②〈唇⁴を〉突き出す. die Lippen⁴ *schürzen*〈不満げに〉口をとがらす. ③《雅》〈ひもなど⁴に結び目を作る;〔結び目⁴を〕作る. den Faden zu einem Knoten *schürzen* 糸に結び目を作る / im Drama den Knoten *schürzen*《比》劇の筋に山場をつくる.

Schür·zen·band [シュルツェン・バント] 中 -es/..bänder エプロン(前掛け)のひも.

Schür·zen·jä·ger [シュルツェン・イェーガァ] 男 -s/-《口語》女の尻(½)を追いまわす男.

* *der* **Schuss** [シュス ʃʊ́s] 男 (単 2) -es/(複) Schüsse [シュッセ] (3格のみ Schüssen [ʃʏ́sən] *shot*) ① 射撃, 発射, 銃声, 砲声; 弾丸, 銃弾. ein scharfer (blinder) *Schuss* 実弾(空砲)射撃 / ein *Schuss* aus einer Pistole ピストルからの発射 / ein *Schuss* ins Schwarze a)〈標的への〉命中, b)《比》大当たり / einen *Schuss* ab|geben 発砲する / Der *Schuss* traf ihn in den Arm. 弾丸は彼の腕に当たった / Er ist weit [ab] (または weitab) vom *Schuss*.《口語》a) 彼は安全なところにいる, b)《比》彼はまったくかやの外にいる / nicht **zum** *Schuss* kommen《口語》a) 射つチャンスがつかめない, b)《比》活躍のチャンスがない / Er ist keinen *Schuss* Pulver wert.《口語》彼は何の値打ちもないやつだ. ②〔複 -〕〈弾薬の〉1 発分. 5 *Schuss* Munition 5 発分の弾薬. ③ 銃率による傷. einen *Schuss* bekommen 銃創を負う. ④〈스ポ〉〈ボールの〉シュート;〔シュートした〕ボール;〔複 なし〕シュート力. ein kräftiger *Schuss* 強烈なシュート. ⑤〈坑〉発破[孔]. ⑥ すばやい動き, 疾走; 急速な成長. *Schuss*⁴ fahren〈スキーで〉直滑降で下る / einen *Schuss* tun (または machen)《口語》〈子供が〉急速に成長する / **in** *Schuss* kommen《口語》a) スピードが出る, b)〈勢いよく〉始まる. ⑦〔複 -〕〈飲食物などの〉小量, 一つまみ. Tee mit einem *Schuss* Milch ミルクを小量入れた紅茶 / Er hat einen *Schuss* Leichtsinn im Blut.《比》彼には生まれつき軽率なところがある. ⑧《隠語》麻薬(特にヘロイン)の注射; 一回分の麻薬の量. ⑨《成句的に》**in**（まれに im） *Schuss* sein《口語》a) きちんと手入れされている, b) 体調がいい / in *Schuss* kommen《口語》a) きちんと手入れされる, b) 体調がよくなる / 物⁴ **in** *Schuss* bringen《口語》物⁴をきちんと手入れ(整備)する.

Schuß ☞《新形》 Schuss

Schuss‗be·reich [シュス・ベライヒ] 男 -[e]s/-e 射界 (=Schussfeld).

Schuß‗be·reich ☞《新形》 Schussbereich

schuss‗be·reit [シュス・ベライト] 形 ① 射撃準備のできた. ②《口語》撮影準備のできた.

schuß‗be·reit ☞《新形》 schussbereit

Schüs·se [シュッセ] *Schuss (射撃)の複

Schus·sel [シュッセル ʃʊ́səl] I 男 -s/-《口語》せっかちな人. II 女 -/-n《口語》〈俗〉せっかちな女性. ②《方》〈そり滑り用の〉滑走路.

* *die* **Schüs·sel** [シュッセル ʃʏ́səl] 女 (単) -/ (複) -n 深皿, [丸]鉢, ボウル. 〈英 *bowl*〉. Salat*schüssel* サラダボウル / eine *Schüssel* voll Obst 果物をいっぱい盛った深皿 / eine *Schüssel* aus Glas ガラスの深皿 / **aus** einer *Schüssel* essen《口語》一皿で団結する(＝同じ鉢のめしを食う) / **vor** leeren *Schüsseln* sitzen《口語・比》すきっ腹をかかえている. (☞《類語》 Teller).

② (深皿に入れた)料理. ③《俗》自動車 (＝Auto).

Salat-   Suppen-   Schale
schüssel   schüssel

Schüssel/Schale

schus·se·lig [シュッセリヒ ʃʊ́səlɪç] 形《口語》そそっかしい, せっかちな.

Schuss‗fahrt [シュス・ファールト] 女 -/-en〈スキーの〉直滑降.

Schuß‗fahrt ☞《新形》 Schussfahrt

Schuss‗feld [シュス・フェルト] 中 -[e]s/-er 射界.

Schuß‗feld ☞《新形》 Schussfeld

schuss‗fest [シュス・フェスト] 形 防弾の(チョッキなど).

schuß‗fest ☞《新形》 schussfest

Schuss·li·nie [シュス・リーニエ] 女 -/-n〈銃器と標的を結ぶ〉射線. in die *Schusslinie* geraten a) 射線に入る, b)《比》激しい非難の矢を浴びる.

Schuß·li·nie ☞《新形》 Schusslinie

schuss·lig [シュスリヒ ʃʊ́slɪç] 形 ＝schusselig

schuß·lig ☞《新形》 schusslig

Schuss‗rich·tung [シュス・リヒトゥング] 女 -/-en 射撃方向.

Schuß‗rich·tung ☞《新形》 Schussrichtung

Schuss‗waf·fe [シュス・ヴァッフェ] 女 -/-n 火器, 銃砲.

Schuß‗waf·fe ☞《新形》 Schusswaffe

Schuss‗wei·te [シュス・ヴァイテ] 女 -/ 射程. außer *Schussweite* sein 射程外にある.

Schuß‗wei·te ☞《新形》 Schussweite

Schuss‗wun·de [シュス・ヴンデ] 女 -/-n 銃創, 弾傷(½).

Schuß‗wun·de ☞《新形》 Schusswunde

* *der* **Schus·ter** [シュースタァ ʃúːstər] 男

(単2) -s/(複) - (3 格のみ -n) ① 靴屋, 靴職人 (=Schuhmacher). (英) *shoemaker*). die Schuhe⁴ **zum** *Schuster* bringen 靴を靴屋へ持って行く / *Schuster*, bleib bei deinen Leisten. (俗) もちは餅屋, 余計なことはするな (←靴屋さん, 自分の靴型のところにいなさい) / auf *Schusters* Rappen (戯) 徒歩で, 歩いて (←靴屋の黒馬(靴のこと)に乗って). ② (俗) 不器用者, へたくそ.

schus·tern [シュースタァン ʃúːstərn] 自 (h) (口語) ① ぞんざいな仕事をする. ② (古) 靴職人として働く.

Schu·te [シューテ ʃúːtə] 女 -/-n ① (海) はしけ, 平底船. ② ボンネット風婦人帽.

* *der* **Schutt** [シュット ʃút] 男 (単2) -[e]s/ ① がれき, (建築工事などの) 廃棄物, ごみ. (英) *rubbish*). *Schutt* abladen verboten! (立て札などで) ごみ捨て禁止 / eine Stadt⁴ **in** *Schutt* und Asche legen 町をがれきの山にしてしまう. (方) がれき(ごみ)集積場.

Schutt♢ab·la·de·platz [シュット・アップラーデプラッツ] 男 -es/..plätze ごみ捨て場.

Schüt·te [シュッテ ʃýtə] 女 -/-n ① (食器棚の) 小引き出し. ② (石炭などの積み落とし用) シュート. ③ (方) (わらなどの) 束, 敷きわら. ④ (2ⁿ) 屋根裏の物置. ⑤ (狩) 餌場.

Schüt·tel♢frost [シュッテル・フロスト] 男 -[e]s/..fröste (医) 悪寒戦慄(ﾚﾂ), 寒け.

* **schüt·teln** [シュッテルン ʃýtəln] ich schüttle (schüttelte, hat...geschüttelt) Ⅰ 他 (完了) haben) ① 振る, 揺さぶる, 揺り動かす. (英) *shake*). die Flasche⁴ vor dem Gebrauch *schütteln* 使用前にびんを振る / den Kopf *schütteln* 頭を横に振る (否定・疑い・驚きなどの身ぶり) ⇒ Er *schüttelte* ratlos den Kopf. 彼は途方に暮れて頭を横に振った / A³ die Hand⁴ *schütteln* (手を激しく振って) A³と握手する / A⁴ **aus** dem Schlaf *schütteln* A⁴を揺り起こす / A⁴ **von** (または **aus**) B³ *schütteln* A⁴をB³から揺さぶって落とす, 振り落とす ⇒ Er *hat* die Äpfel vom Baum *geschüttelt*. 彼は木を揺すってりんごを落とした.

② (高熱・寒さなどが人⁴を) 身震いさせる. Die Kälte *schüttelte* mich. 私は寒さに震えた. ◊(非人称の **es** を主語として) Es *schüttelte* mich **vor** Angst. 私はこわくて身震いした.

Ⅱ 再帰 (完了) haben) sich⁴ *schütteln* 身震いする; (犬などが) 体を振り動かす. Er *schüttelte sich* **vor** Lachen. 彼は体を揺すって笑った / *sich*⁴ **vor** 事³ *schütteln* (身震いするほど) 事³に嫌悪を感じる.

Ⅲ 自 (完了 haben) 揺れる; 身震いする. mit dem Kopf *schütteln* 頭を横に振る.

Schüt·tel♢reim [シュッテル・ライム] 男 -[e]s/-e (詩学) (頭韻を互いに交換する) 交換韻, 頭音転換 (例: **R**inder kaufen/**K**inder raufen).

schüt·tel·te [シュッテルテ] *schütteln (振る) の 過去

* **schüt·ten** [シュッテン ʃýtən] du schüttest, er schüttet (schüttete, hat...geschüttet) Ⅰ 他 (完了 haben) 〖方向を表す語句とともに〗(液体など⁴を…へ/…から) つぐ, 流し込む, ざーっと空ける; (うっかり) こぼす. (英) *pour*). Er *schüttete* uns Wein **in** die Gläser. 彼は私たちのグラスにワインをついでくれた / den Zucker in die Dose *schütten* 砂糖を缶の中に入れる / Sie *hat* Saft **auf** die Tischdecke *geschüttet*. 彼女はテーブルクロスにジュースをこぼした.

Ⅱ 自 (完了 haben) (作物が) 豊作である. In diesem Jahr *schüttet* das Korn. 今年は穀物の出来がよい.

Ⅲ 非人称 (完了 haben) (口語) Es *schüttet*. 土砂降りだ.

schüt·ter [シュッタァ ʃýtər] 形 ① (木立などが) まばらな; (髪などが) 薄い. ② (雅) 乏しい, わずかな; (物などが) 弱々しい.

schüt·tern [シュッタァン ʃýtərn] 自 (h) 揺れる; (手足などが) 震える. (類語) schwanken).

schüt·te·te [シュッテテ] *schütten (つぐ) の 過去

Schütt♢gut [シュット・グート] 中 -[e]s/..güter ばら積みの貨物, ばら荷.

Schutt♢hal·de [シュット・ハルデ] 女 -/-n がれきの山, ごみの山. ② (地学) 崖錐(ｽｲ).

Schutt♢hau·fen [シュット・ハオフェン] 男 -s/- がれき(ごみ) の堆積(ﾀｲｾｷ); (比) 廃墟(ｷｮ).

schütt·le [シュットレ] *schütteln (振る) の 1 人称単数 現在

* *der* **Schutz** [シュッツ ʃúts] 男 (単2) -es/(複) -e (3 格のみ -en) 〖ふつう 単〗(英) *protection*) ① 〖複 なし〗保護, 庇護(ﾋ); 援助; 防御, 予防. Natur*schutz* / Umwelt*schutz* 自然保護/環境保護 / 人³ *Schutz*⁴ bieten 人³を保護(庇護)する / bei 人³ *Schutz*⁴ suchen 人³に保護を求める / Abhärtung ist ein guter *Schutz* gegen Erkältung. 体を鍛えることは風邪に対する良い予防策だ / 人⁴ **in** *Schutz* nehmen 人⁴を弁護する / im (または **unter** dem) *Schutz* der Dunkelheit² 暗闇(ｸﾗﾔﾐ)にまぎれて / unter dem *Schutz* des Gesetzes 法の保護のもとに / ein Pelz **zum** *Schutz* gegen Kälte 防寒用の毛皮 / ein wirksames Mittel zum *Schutz* gegen (または vor) Ansteckung 伝染病に対する効果的な予防剤. ② (工) 防御(安全・遮蔽(ｼｬﾍｲ)) 装置.

Schutz♢an·strich [シュッツ・アンシュトリヒ] 男 -[e]s/-e ① 上塗り, 保護塗装. ② (軍) 迷彩, カムフラージュ.

Schutz♢an·zug [シュッツ・アンツーク] 男 -[e]s/..züge 防護服.

Schutz♢blech [シュッツ・ブレヒ] 中 -[e]s/-e (自転車などの) 泥よけ.

Schutz♢brief [シュッツ・ブリーふ] 男 -[e]s/-e ① (史) (君主などが与える) 保護状; (戦時に安全を保証する) 通行券. ② 自動車保険証.

Schutz♢bril·le [シュッツ・ブリレ] 女 -/-n 保護眼鏡.

Schutz♢bünd·nis [シュッツ・ビュントニス] 中 ..nisses/..nisse 防衛同盟.

Schutz꞊dach [シュッツ・ダッハ] 中 -[e]s/ ..dächer ひさし, 日よけ(雨よけ)の屋根.
Schüt·ze[1] [シュッツェ ʃʏtsə] 女 -/-n (可動式の)水門の扉.
Schüt·ze[2] [シュッツェ] 男 -n/-n ① 射手, 射撃者; 射撃クラブ会員; (ﾎｯｹｰ)(サッカーなどの)ポイントゲッター. ② 《軍》(旧ドイツ陸軍の)二等兵. ③ 《複》なし; 定冠詞とともに》《天》射手(いて)座; 人馬宮.

＊schüt·zen [シュッツェン ʃʏtsən]

> 守る
>
> Wir müssen den Wald *schützen*.
> ヴィア ミュッセン デン ヴァルト シュッツェン
> 私たちは森を守らなくてはならない.

du schützt (schützte, hat ... geschützt) 他 (完了 haben) ① 守る, 保護する. (英 protect). Das Gesetz *schützt* die Bürger. 法律が市民を守る/[人][4] **vor** aller Gefahr (または **gegen** alle Gefahr) *schützen* [人][4]をあらゆる危険から守る / eine Erfindung[4] **durch** ein Patent *schützen* ある発明を特許によって保護する. ◊《再帰的に》*sich*[4] vor der Kälte (または gegen die Kälte) *schützen* 寒さを防ぐ. ◊《目的語なしでも》Diese Medizin *schützt* vor Erkältung. この薬は風邪を予防する. ◊《現在分詞の形で》 ein *schützendes* Dach 雨露をしのぐ屋根.
② (動植物[4]を)保護する. Tiere[4] *schützen* 動物を保護する.
◊ ☞ **geschützt**

....

類語 **schützen**:「《危険・脅威から》守る, 保護する」の意味で最も一般的な語. **beschützen**: (弱いもの・保護を要する者を危険から)守ってやる. **verteidigen**: (生命・財産などに対する攻撃に積極的に立ち向かうことによって)守る. **behüten**: (愛情を込めて注意深く見張って)守る. Der Hund *behütet* die Kinder. 犬がその子たちを見張っている. **bewahren**: (人をよくないことから)守る. Gott *bewahre* dich. 神のご加護がありますように.

....

Schüt·zen꞊fest [シュッツェン・フェスト] 中 -[e]s/-e ① 射撃祭(射撃大会がメインのお祭り). ②《ｽﾎﾟ・隠語》(球技で:)一方的な試合(←シュートのお祭り).
Schutz꞊en·gel [シュッツ・エンゲる] 男 -s/- ① (ｶﾄﾘｯｸ)守護天使; (比)救いの神. ② 《俗》売春婦のひも.
Schüt·zen꞊gra·ben [シュッツェン・グラーベン] 男 -s/..gräben 《軍》塹壕(ざんごう).
Schüt·zen꞊hil·fe [シュッツェン・ヒるフェ] 女 -/-n 《口語》支援, サポート, 援護射撃.
Schüt·zen꞊kö·nig [シュッツェン・ケーニヒ] 男 -s/-e ① 射撃大会の優勝者. ② (球技で:)最も多くシュートした者, 得点王.
Schüt·zen꞊loch [シュッツェン・ろッホ] 中 -[e]s/..löcher 《軍》射撃壕(ごう).
Schutz꞊far·be [シュッツ・ふァルベ] 女 -/-n ①《軍》迷彩色; 《工》保護塗料. ② 《動》保護色.
Schutz꞊fär·bung [シュッツ・フェルブング] 女 -/-en 《動》保護色.
Schutz꞊ge·biet [シュッツ・ゲビート] 中 -[e]s/-e ① 自然保護地区 (= Natur*schutzgebiet*). ② 《史》保護領.
Schutz꞊ge·bühr [シュッツ・ゲビューァ] 女 -/-en ① 保証料〔金〕(本当に興味を持っている人しか取らないように, パンフレットなどにつけられる料金). ② 《俗・婉曲》(暴力団などがバーなどに強制する)貢納金, 所場代.
Schutz꞊geist [シュッツ・ガイスト] 男 -[e]s/-er 守護霊; 《雅》庇護(ひご)者, 守り神.
Schutz꞊haft [シュッツ・ハフト] 女 -/ 《法》① 《婉曲》(政治的)保護検束. ② (昔の:)保護留置.
Schutz꞊hei·li·ge[r] [シュッツ・ハイリゲ (..ガァ)] 男 女 《語尾変化は形容詞と同じ》 (ｶﾄﾘｯｸ) 守護聖人.
Schutz꞊helm [シュッツ・へるム] 男 -[e]s/-e 安全(保護)ヘルメット.
Schutz꞊herr·schaft [シュッツ・ヘルシャフト] 女 -/ ① 保護(委任)統治権, 宗主権. ② 《古》保護者, パトロン[であること].
Schutz꞊hül·le [シュッツ・ヒュれ] 女 -/-n (保護)カバー, 覆い.
Schutz꞊hüt·te [シュッツ・ヒュッテ] 女 -/-n (山の)避難小屋.
Schutz꞊imp·fung [シュッツ・インプフング] 女 -/-en 《医》予防接種. eine *Schutzimpfung*[4] erhalten 予防接種を受ける.
Schütz·ling [シュッツリング ʃʏtslɪŋ] 男 -s/-e 被保護者; 《比》お気に入り.
schutz꞊los [シュッツ・ろース] 形 無防備の.
Schutz꞊macht [シュッツ・マハト] 女 -/..mächte 《政》(他の国を守る)保護(供与)国.
Schutz꞊mann [シュッツ・マン] 男 -[e]s/..männer (または ..leute) 《口語》警官, おまわりさん.
Schutz꞊mar·ke [シュッツ・マルケ] 女 -/-n 商標, トレードマーク (= Warenzeichen).
Schutz꞊mas·ke [シュッツ・マスケ] 女 -/-n 毒(ガス)マスク, 保護マスク.
Schutz꞊maß·nah·me [シュッツ・マースナーメ] 女 -/-n 保護(保安)措置, 予防対策.
Schutz꞊mit·tel [シュッツ・ミッテる] 中 -s/- 防御(予防)手段; 予防薬.
Schutz꞊pat·ron [シュッツ・パトローン] 男 -s/- (ｶﾄﾘｯｸ)守護聖人.
Schutz꞊po·li·zei [シュッツ・ポリツァイ] 女 -/ 保安警察(略: Schupo).
Schutz꞊raum [シュッツ・ラオム] 男 -[e]s/..räume 防空壕(ごう), シェルター.
schütz·te [シュッツテ] ＊schützen (守る)の 過去
Schutz꞊um·schlag [シュッツ・ウムシュらーク] 男 -[e]s/..schläge (本などの)カバー.
Schutz꞊zoll [シュッツ・ツォる] 男 -[e]s/..zölle 《政・経》保護関税.
Schw. [シュヴェスタァ] 《略》看護婦 (= Schwester).

schwab·be·lig [シュヴァッベリヒ ʃvábəlɪç] 形 《口語》ぶよぶよした，(ゼリーのように)ぷるんぷるんした；(腹などが)だぶだぶした．

schwab·beln [シュヴァッベルン ʃvábəln] I 自 (h) (プリンなどが)ぷるんぷるん揺れる；(腹などが)だぶだぶ揺れる． II 他 (h) ① 《方》(くだらないこと⁴を)ぺちゃくちゃしゃべる． ② 《工》磨く．

Schwa·be [シュヴァーベ ʃváːbə] 男 -n/-n シュヴァーベンの人．(⇨ 女性形は Schwäbin).

schwä·beln [シュヴェーベルン ʃvɛ́ːbəln] 自 (h) シュヴァーベン方言(訛(ﾅﾏ))で話す．

Schwa·ben [シュヴァーベン ʃváːbən] 中 -/ 《地名》シュヴァーベン(ドイツ南西部).

Schwa·ben=streich [シュヴァーベン・シュトライヒ] 男 -[e]s/-e 《戯》ばかげたまね(グリム童話の『7人のシュヴァーベン人』から).

schwä·bisch [シュヴェービッシュ ʃvɛ́ːbɪʃ] 形 シュヴァーベン[人・方言]の．die *Schwäbische Alb* シュヴァーベン高地(ドイツ南西部: ⇨ 地図 D～E-4).

‡schwach [シュヴァッハ ʃváx]

> 弱い
> Der Patient ist noch *schwach*.
> デァ パツィエント イスト ノッホ シュヴァッハ
> その患者はまだ弱々しい．

形 (比較 schwächer, 最上 schwächst) (英 weak) ① (体などが)弱い，力のない；(意志などが)弱い．(⇨「強い」は stark). *schwache* Augen 視力の弱い目 / mit *schwacher* Stimme 弱々しい声で / Er ist schon alt und *schwach*. 彼は老いて体も弱っている / Mir wird *schwach*. 《口語》私は気分が悪くなる / ein *schwacher* Charakter (すぐにぐらつく)弱い性格 / *schwach* werden 弱気になる，誘惑などに負けそうになる / 人⁴ *schwach* machen 人⁴ をいらいらさせる ⇒ Mach mich nicht *schwach*! 私をいらいらさせないでくれ．
② (強度が)弱い．ein *schwaches* Brett 薄い板 / Das Eis ist noch zu *schwach* zum Schlittschuhlaufen. 氷はスケートをするにはまだ薄すぎる．
③ 数の少ない．eine *schwache* Beteiligung 数少ない参加者 / Die Ausstellung war nur *schwach* besucht. 《状態受動・過去》展覧会は入場者が少なかった．
④ (程度が)弱い，かすかな．ein *schwaches* Gedächtnis 弱い記憶力 / ein *schwacher* Beifall まばらな拍手 / eine *schwache* Hoffnung かすかな希望．
⑤ (機器などの性能が)低い；効率の悪い．ein *schwaches* Fernglas 倍率の低い望遠鏡 / ein *schwacher* Motor 馬力の小さなエンジン．
⑥ (能力が)低い，(学力などの)劣った；内容が乏しい．Rechnen ist meine *schwache* Seite. 《口語》私は計算は苦手です / Schokoladen sind meine *schwache* Seite. 《口語・比》私は

チョコレートに目がない(← 抵抗力が弱い) / Der Schüler ist besonders **in** Mathematik recht *schwach*. その生徒は特に数学がかなり弱い / ein *schwaches* Argument 説得力の弱い論拠．⑦ (濃度の薄い，水っぽい．Der Kaffee ist *schwach*. このコーヒーは薄い．⑧ 《言》弱変化の．ein *schwaches* Verb 弱変化動詞 / die *schwache* Deklination (名詞・形容詞の)弱変化．

新形

schwach be·völ·kert 人口の少ない，人口密度の低い．

..schwach [..シュヴァッハ ..ʃvax] 形 形容詞をつくる 接尾 《…が弱い・少ない》例: charakter*schwach* 性格の弱い / geburten*schwach* 出生率の低い．

schwach≠be·völ·kert 形 (新形 schwach bevölkert) ⇨ schwach

*die **Schwä·che** [シュヴェッヒェ ʃvɛ́çə] 女 (単) -/(複) -n (英 weakness) ① 《ふつう単》(肉体的な)弱さ，虚弱，衰え．(⇨「強さ」は Stärke). die *Schwäche* der Augen² 視力の低下．② 弱点；(性格上の)欠点，短所；(能力上の)弱さ．Chemie ist meine *Schwäche*. 化学はぼくの弱いところだ / Jeder Mensch hat seine *Schwächen*. だれにでも欠点はあるものだ．③ 《複 なし》偏愛；好きでたまらないもの．Sie hat eine *Schwäche* **für** schöne Kleider. 彼女はすてきな洋服には目がない．

Schwä·che=an·fall [シュヴェッヒェ・アンファル] 男 -[e]s/..fälle 急激な[肉体的]衰弱．

schwä·chen [シュヴェッヒェン ʃvɛ́çən] 他 (h) ① (人・物⁴を)衰弱させる，弱める．Das Fieber *schwächte* seinen Körper. 熱のため彼は体が弱った． ② (影響力など⁴を)弱める，低下させる．

schwä·cher [シュヴェッヒャァ] ‡schwach (弱い)の 比較

Schwä·che=zu·stand [シュヴェッヒェ・ツーシュタント] 男 -[e]s/..stände 衰弱状態．

Schwach·heit [シュヴァッハハイト] 女 -/-en ① 《複 なし》弱さ，虚弱，低下．die *Schwachheit* seines Körpers 彼の体力の衰え．② 《複》(性格上の)欠点．Bilde dir [nur] keine *Schwachheiten* ein!《口語》そう甘く考えるな．

Schwach≠kopf [シュヴァッハ・コプふ] 男 -[e]s/..köpfe ばか，低能．

schwäch·lich [シュヴェヒリヒ] 形 病弱な，ひ弱な．ein *schwächliches* Kind 病弱な子供．

Schwäch·ling [シュヴェヒリング ʃvɛ́çlɪŋ] 男 -s/-e 病弱者；《比》弱虫，意気地なし．

Schwach≠punkt [シュヴァッハ・プンクト] 男 -[e]s/-e 弱点，ウィークポイント．

schwach≠sich·tig [シュヴァッハ・ズィヒティヒ] 形 《医》弱視の．

Schwach≠sinn [シュヴァッハ・ズィン] 男 -[e]s/ ① 《医》精神薄弱． ② 《口語》ばかげたこと，くだらないこと．

schwach≠sin·nig [シュヴァッハ・ズィニヒ] 形

schwächst

① 《医》精神薄弱の. ② 《口語》ばかげた, くだらない.

schwächst [シュヴェヒスト] *schwach（弱い）の[最上].

Schwach=strom [シュヴァッハ・シュトローム] [男] -[e]s/..ströme（電）弱電流.

Schwä·chung [シュヴェッヒュング] [女] -/ 弱めること; 衰弱;（影響力などの）低下.

Schwa·de [シュヴァーデ ʃváːdə] [女] -/-n 刈り取って並べた牧草（穀物）の列.

Schwa·den¹ [シュヴァーデン ʃváːdən] [男] -s/- ＝Schwade

Schwa·den² [シュヴァーデン] [男] -s/- ①《ふつう [複]》（もうもうと立ち込める）蒸気, 霧, もや, 煙. Rauch*schwaden* たばこのもうもうとした煙. ②《坑》坑内ガス, 跡ガス.

Schwad·ron [シュヴァドローン ʃvadróːn] [女] -/-en（軍）(昔の)騎兵中隊.

schwad·ro·nie·ren [シュヴァドロニーレン ʃvadroníːrən] [自] (h) べらべらしゃべる（まくしたてる）.

schwa·feln [シュヴァーふェルン ʃváːfəln] [自] (h)《口語》たわごとを言う, でまかせを並べる.

Schwa·ger [シュヴァーガァ ʃváːɡər] [男] -s/Schwäger ① 義兄, 義弟. ②（昔の）郵便馬車の御者.

Schwä·ge·rin [シュヴェーゲリン ʃvéːɡərɪn] [女] -/..rinnen 義姉, 義妹.

die **Schwal·be** [シュヴァるベ ʃválbə] [女] (単) -/(複) -n ①《鳥》ツバメ. (英 swallow). Eine *Schwalbe* macht noch keinen Sommer. 《ことわざ》早合点は禁物(←つばめが1羽来たからといってまだ夏になったわけではない).②《スミ-ツ隠語》(サッカーで:)(ペナルティキックを得るために)相手のペナルティーエリアで倒されたふりをすること.

Schwal·ben=nest [シュヴァるベン・ネスト] [中] -[e]s/-er ① つばめの巣. ②（海・軍）(昔の)（軍艦の）張り出し砲塔. ③（軍楽隊員の制服の）肩章.

Schwal·ben=schwanz [シュヴァるベン・シュヴァンツ] [男] -es/..schwänze ① つばめの尾. ②（装）フロックコートのすそ. ③《昆》キアゲハ.

Schwall [シュヴァる ʃvál] [男] -[e]s/-e《ふつう [単]》どっと押し寄せてくるもの（大水・高潮など）. ein *Schwall* von Worten とうとうたる弁舌.

schwamm [シュヴァム] *schwimmen（泳ぐ）の[過去].

der **Schwamm** [シュヴァム ʃvám] [男] (単2) -[e]s/(複) Schwämme [シュヴェンメ] (3格のみ Schwämmen) ① スポンジ, 海綿. (英 sponge). [物]⁴ mit dem *Schwamm* ab|waschen [物]⁴(汚れなど)をスポンジで洗い落とす / *Schwamm* drüber!《口語》その話はもう忘れよう. ②（動）海綿動物. ③《南ドッ・オーストリ》きのこ. ④《ふつう [軍]》(植) ナミダタケ.

schwäm·me [シュヴェンメ] *schwimmen（泳ぐ）の[接2].

Schwäm·me [シュヴェンメ] *Schwamm（スポンジ）の[複].

Schwam·merl [シュヴァンマァる ʃvámərl] -s/-[n]《南ドッ・オーストリ》きのこ.

schwam·mig [シュヴァンミヒ ʃvámɪç] [形] ① 海綿状の, スポンジのような; ふわふわした, ぶよぶよの. ein *schwammiges* Gesicht はれぼったい顔. ② はっきりしない, 漠然とした. eine *schwammige* Ausdrucksweise あいまいな言い方. ③ 腐朽してきたこが生えた（家屋など）.

der **Schwan** [シュヴァーン ʃváːn] [男] (単2) -[e]s/(複) Schwäne [シュヴェーネ] (3格のみ Schwänen) ①《鳥》ハクチョウ（白鳥）. (英 swan). Die *Schwäne* schwimmen auf dem Teich. 白鳥が池で泳いでいる / Mein lieber *Schwan*! 《俗》a)（驚きを表して:）おやおや, b)（相手をたしなめて:）これこれ. ②《複》なし; 定冠詞とともに》《天》白鳥座.

schwand [シュヴァント] *schwinden（減る）の[過去].

schwän·de [シュヴェンデ] *schwinden（減る）の[接2].

Schwä·ne [シュヴェーネ] *Schwan（白鳥）の[複].

schwa·nen [シュヴァーネン ʃváːnən] [自] (h)《口語》《人³にいやなことが》予感される. Mir *schwant* nichts Gutes. 私は何かいやな予感がする（胸騒ぎがする）.

Schwa·nen=ge·sang [シュヴァーネン・ゲザング] [男] -[e]s/..sänge《雅》白鳥の歌,（詩人などの）最後の作品, 辞世の歌（白鳥は死に際に美しい歌を歌うという言い伝えから）.

Schwa·nen=hals [シュヴァーネン・ハるス] [男] -es/..hälse ① 白鳥の首. ②《戯》長くて細い首. ③（馬の）大きく曲っている首. ④《狩》（きつねなどの）わな. ⑤（工）S字管.

schwang [シュヴァング] *schwingen（揺れる）の[過去].

Schwang [シュヴァング ʃváŋ] [男]《成句的に》im *Schwang*[e] sein 流行している / in *Schwang* kommen 流行する, はやり出す.

schwän·ge [シュヴェンゲ] *schwingen（揺れる）の[接2].

***schwan·ger** [シュヴァンガァ ʃváŋər] [形] 妊娠している, 妊娠中の. (英 pregnant). eine *schwangere* Frau 妊婦 / Sie ist im vierten Monat *schwanger*. 彼女は妊娠4か月である / mit einem Plan *schwanger* gehen 《口語》計画をいだいている.

Schwan·ge·re [シュヴァンゲレ ʃváŋərə] [女]《語尾変化は形容詞と同じ》妊婦.

schwän·gern [シュヴェンガァン ʃvéŋərn] [他] (h) ①《官庁》（特に妻以外の女性⁴を）妊娠させる, はらませる. ②《A⁴ mit B³》《比》（A⁴(空気など)をB³(煙・香りなど)で充満させる.

Schwan·ger·schaft [シュヴァンガァシャふト] [女] -/-en 妊娠. eine *Schwangerschaft* im dritten Monat 妊娠3か月 / die *Schwangerschaft* ab|brechen（または unterbrechen）妊娠中絶をする.

Schwan·ger·schafts=ab·bruch [シュ

ヴァンガァシャフツ・アップブルフ] 男 -[e]s/..brüche 妊娠中絶.

Schwan·ger·schafts⸗test [シュヴァンガァシャフツ・テスト] 男 -[e]s/-s (または -e) 妊娠テスト(検査).

Schwan·ger·schafts⸗**un·ter·bre·chung** [シュヴァンガァシャフツ・ウンタァブレッヒュング] 女 -/-en 妊娠中絶.

Schwan·ger·schafts⸗**ver·hü·tung** [シュヴァンガァシャフツ・フェァヒュートゥング] 女 -/ 避妊[法].

Schwank [シュヴァンク ʃváŋk] 男 -[e]s/Schwänke ① 《文学》笑劇, 笑話. ② いたずら, ふざけ.

*__schwan·ken__ [シュヴァンケン ʃváŋkən] (schwankte, hat/ist...geschwankt) 自 (完了) haben または sein) ① (h) 揺れる; よろめく. (英 sway). Die Zweige schwanken im Wind. 木の枝が風に揺れている. ② (s) 『方向を表す語句とともに』(…へ/…から)よろよろ歩く. Der Betrunkene schwankte über die Straße. 酔っ払いは通りをよろよろと渡って行った. ③ (h) (相場・値段などが)変動する, 定まらない. Die Temperaturen schwanken. 気温が一定しない. ④ (h) (決心がつかずに)迷う, ためらう. Er schwankt noch, ob... 彼は…かどうかまだ決心がつかない.

類語 **schwanken**: (背丈の高いものが)揺れ動く.
taumeln: (酔ったように)ふらふらする. Der Verwundete taumelte vor Schwäche. 負傷者は弱っていたのでよろめいた.
schaukeln: (ぶらんこが揺れるように)上下, 左右に揺れ動く. Das Boot schaukelt auf den Wellen. ボートは波間に揺れ動いている.
schüttern: (乗り物・乗客などが)がたがた揺れる, 震動する. Der Wagen schüttert. 車ががたがた揺れる.

Schwan·ken [シュヴァンケン] 中 『成句的に』ins Schwanken geraten (または kommen) 決心がぐらつく.

schwan·kend [シュヴァンケント] I *schwanken (揺れる)の 現分 II 形 ① 揺れている, 定まらない. mit schwankenden Schritten よろめく足取りで. ② 不安定な(健康状態など). ③ 優柔不断な(性格など).

schwank·te [シュヴァンクテ] *schwanken (揺れる)の 過去

Schwan·kung [シュヴァンクング] 女 -/-en (数値などの)揺れ, 変動. Temperaturschwankung 気温の変動.

*__der Schwanz__ [シュヴァンツ ʃvánts] 男 (単2) -es/(複) Schwänze [シュヴェンツェ] (3格のみ Schwänzen) ① (動物の)尾, しっぽ; 《比》(凧(たこ)・彗星(すいせい)などの)尾. (英 tail). ein langer (buschiger) Schwanz 長い(ふさふさした)尾 / der Schwanz eines Vogels 鳥の尾 / Der Hund wedelt mit dem Schwanz. 犬がしっぽを振る. den Schwanz ein|ziehen a) しっぽを巻く, b) 《俗》(すごすごと)引きさがる / den Schwanz hängen lassen 《俗》意気消沈する / 人³ auf den Schwanz treten 《俗》人³を侮辱する / kein Schwanz 《俗》だれも…ない. ② (列の)しんがり, (飛行機の)尾部. ③ 《俗》ペニス.

Schwän·ze [シュヴェンツェ] *Schwanz (尾)の 複

schwän·zeln [シュヴェンツェルン ʃvéntsəln] 自 (h, s) ① (h) (犬などが)しっぽを振る; 《口語》気取った歩き方をする. ② (s) 《口語》しっぽを振って走る(走り回る); 《口語》(…へ)気取った足どりで歩いて行く. ③ (h, s) 〖**um** 人⁴ (または **vor** 人³) ~〗《口語》(人⁴(または 人³))にこびる.

schwän·zen [シュヴェンツェン ʃvéntsən] 他 (h) 《口語》(学校・授業など⁴を)ずる休みする, さぼる. Er hat gestern [die Schule] geschwänzt. 彼はきのう[学校]をさぼった.

Schwanz⸗fe·der [シュヴァンツ・フェーダァ] 女 -/-n (鳥の)尾羽(おばね).

Schwanz⸗flos·se [シュヴァンツ・フロッセ] 女 -/-n ① (魚の)尾びれ. ② 《空》(飛行機の)尾翼.

schwanz⸗las·tig [シュヴァンツ・らスティヒ] 形 (飛行機が積荷などで)尾部過重の.

Schwanz⸗stück [シュヴァンツ・シュテュック] 中 -[e]s/-e 《料理》(牛のなか肉(しっぽにいちばん近い部分の肉); (魚の)尾がついた肉.

schwap·pen [シュヴァッペン ʃvápən] I 自 (h, s) ① (h) (液体が)ぴちゃぴちゃ揺れる. ② (s) (…へ/…から)ぴちゃっとこぼれる. II 他 (h) (液体⁴を…へ)ぴちゃっとこぼす. Wasser⁴ auf den Boden schwappen 水を床にぴちゃっとこぼす.

Schwä·re [シュヴェーレ ʃvéːrə] 女 -/-n 《雅》はれもの, 膿瘍(のうよう).

schwä·ren [シュヴェーレン ʃvéːrən] 自 (h) 《雅》(傷などが)化膿(かのう)する.

*__der Schwarm__ [シュヴァルム ʃvárm] 男 (単2) -[e]s/(複) Schwärme [シュヴェルメ] (3格のみ Schwärmen) ① (昆虫・魚・人などの)群れ. (英 swarm, crowd). Bienenschwarm 蜜蜂(みつばち)の群れ / ein Schwarm von Kindern 子供の一団. ② 《ふつう 単》《口語》あこがれの的, アイドル; 《集》あこがれている物. Der Sänger ist ihr Schwarm. その歌手は彼らのアイドルだ.

Schwär·me [シュヴェルメ] *Schwarm (群れ)の 複

*__schwär·men__ [シュヴェルメン ʃvérmən] (schwärmte, hat/ist...geschwärmt) 自 (完了) haben または sein) ① (h) 群がる, 群れをなす. (英 swarm). Die Bienen schwärmen. 蜜蜂(みつばち)が群がっている. ② (s) 『方向を表す語句とともに』(…へ)群がって移動する. Die Mücken schwärmten um die Lampe. 蚊が電灯の周りに群がって来た. ③ (h) 〖**für** 人³/事⁴〗(人³/事⁴)に夢中になる, 熱狂する. Er schwärmt für eine Schauspielerin. 彼はある女優に夢中になっている. ④ (h) 〖**von** 事³ ~〗(事³について)夢中でしゃべる. Er schwärmt von der Reise. 夢中になって旅行の話をする.

Schwär·men [シュヴェルメン] 中 『成句的に』

ins *Schwärmen* geraten おしゃべりに夢中になる.

Schwär·mer [シュヴェルマァ ʃvérmər] 男 -s/- ① 夢想家; 熱中(熱狂)者, ファン; 狂信者. (⊂≡ 女性形は Schwärmerin). ② 爆竹(の一種). ③《昆》スズメガ.

Schwär·me·rei [シュヴェルメライ ʃverməráɪ] 女 -/-en 夢中, 熱中, 熱狂, 心酔.

schwär·me·risch [シュヴェルメリッシュ ʃvérmərɪʃ] 形 熱狂的な, 夢中の; 狂信的な. ein *schwärmerischer* Freund 熱狂的なファン.

schwärm·te [シュヴェルムテ] ＊schwärmen (群がる)の過去.

Schwar·te [シュヴァルテ ʃvártə または シュヴァールテ] 女 -/-n ① (豚・いのししなどの)厚い外皮; (ベーコンなどの)厚皮. ② (俗)(人の)皮膚. Er arbeitet, dass (die bis) ihm die *Schwarte* kracht. 彼は猛烈に働く(←皮膚がはじけるほど). ③ 分厚くて古い本(元の意味は「豚皮装丁の本」). ④《医》(手足の)たこ. ⑤ (製材の際に生じる樹皮のついた)背板.

Schwar·ten=ma·gen [シュヴァルテン・マーゲン] 男 -s/..mägen (または -)《料理》シュヴァルテンマーゲン(豚の胃に詰め物をしたソーセージ).

＊**schwarz** [シュヴァルツ ʃvárts]

> 黒い Sie hat *schwarzes* Haar.
> ズィー ハット シュヴェルツェス ハール
> 彼女は黒い髪をしている.

形 (比較 schwärzer, 最上 schwärzest) (英 black) ① 黒い, 黒色の. (⊂≡「白い」は weiß). eine *schwarze* Katze 黒猫 / das *Schwarze* (新形 *schwarze*) Brett (大学などの)掲示板 / das *Schwarze* Meer 黒海 / *schwarz* auf weiß《口語》(念のため)文書で(←白の上に黒で) / **aus** *schwarz* **weiß** (新形 **aus** *Schwarz* **Weiß**[4]) machen [wollen]《比》白を黒と言いくるめる / Die Straße war *schwarz* von Menschen.《比》通りは黒山の人だかりだった.

② 黒っぽい, 黒みがかった; 黒人の. *schwarzes* Brot 黒パン / *schwarzer* Tee 紅茶 / den Kaffee *schwarz* trinken コーヒーをブラックで飲む / die *schwarze* Rasse 黒人種.

③《口語》汚れて黒い, 汚い. *schwarze* Hände 汚れた手 / Der Kragen ist ganz *schwarz*. 襟がひどく汚れている.

④ 暗い, 陰うつな, 不吉な; 邪悪な. alles[4] [in] *schwarz* sehen 物事をなんでも悲観的に考える / Er hat eine *schwarze* Seele. 彼は邪悪な心の持ち主だ / die *Schwarze* (新形 *schwarze*) Magie 黒魔術.

⑤《口語》非合法な, 不正な, 闇の, 闇[取引]の. der *schwarze* Markt 闇市 / die *schwarze* Liste ブラックリスト / *schwarz* arbeiten もぐりで仕事をする / *schwarz* fahren a) 無賃乗車をする, b) 無免許運転をする /《略》[4] *schwarz* kaufen 略[4]を闇で買う.

⑥《口語》《政・隠語》カトリックの(⊂≡ 僧衣の色から), カトリック政党に属した; 保守的な.

(新形) **schwarz se·hen** 悲観的に考える. 否定的に判断する. Für mein Examen *sehe* ich *schwarz*. 私は試験に合格しないかもしれない. (⊂≡ *schwarz*/sehen は「受信料を払わずにテレビを見る」を意味する).

....

Schwarz [シュヴァルツ] 中 -(e)s/- ① 黒, 黒色. das *Schwarz* ihres Haares 彼女の髪の黒さ(黒髪) / aus *Schwarz* Weiß[4] machen [wollen]《比》 黒を白と言いくるめる / in *Schwarz* a) 黒い服を着て, b) 喪服を着て. ②《覆 なし》(ルーレットの)黒.

Schwarz·ar·beit [シュヴァルツ・アルバイト] 女 -/ 不正就労, もぐりの仕事.

schwarz|ar·bei·ten [シュヴァルツ・アルバイテン ʃvárts-àrbaɪtən] 自 (h) 不正就労をする, もぐりで仕事をする.

schwarz=äu·gig [シュヴァルツ・オイギヒ] 形 黒い目の.

schwarz=braun [シュヴァルツ・ブラオン] 形 黒褐色の, こげ茶色の.

Schwarz=bren·ner [シュヴァルツ・ブレンナァ] 男 -s/- 火酒(シュナップス)の密造者.

Schwarz=brot [シュヴァルツ・ブロート] 中 -[e]s/-e (ライ麦製の)黒パン.

Schwarz=dros·sel [シュヴァルツ・ドロッセる] 女 -/-n《鳥》クロウタドリ(=Amsel).

Schwär·ze [シュヴェルツェ ʃvértsə] 女 -/-n ①《覆 なし》黒, 黒色; 漆黒(ニミケ), (夜の)暗さ. ② 黒色染料.

schwär·zen [シュヴェルツェン ʃvértsən] 他 (h) ① 黒くする, 黒く染める(塗る); 黒く汚す. ②《南》密輸する.

Schwar·ze[r] [シュヴァルツェ (..ツァァ) ʃvártsə (..tsər)] 男 女《語尾変化は形容詞と同じ》①黒人; 髪の黒い人. ②《男》《キリ》ブラックコーヒー. ③《男》《覆 なし》定冠詞とともに《古》悪魔.

schwär·zer [シュヴェルツァァ] ＊schwarz (黒い)の比較.

Schwar·ze[s] [シュヴァルツェ[ス] ʃvártsə[s]] 中《語尾変化は形容詞と同じ》《覆 なし》(的の中央の)黒点. ins *Schwarze* treffen 的の中央に当てる;《比》核心を突く.

schwär·zest [シュヴェルツェスト] ＊schwarz (黒い)の最上.

schwarz|fah·ren＊ [シュヴァルツ・ファーレン ʃvárts-fà:rən] 自 (s) ① 無賃(不正)乗車をする. ② 無免許で運転する.

Schwarz=fah·rer [シュヴァルツ・ファーラァ] 男 -s/- 無賃(不正)乗車をする人; 無免許運転者. (⊂≡ 女性形は Schwarzfahrerin).

schwarz=haa·rig [シュヴァルツ・ハーリヒ] 形 黒髪の.

Schwarz=han·del [シュヴァルツ・ハンデる] 男 -s/ 闇取り引き, 不正取り引き.

Schwarz=händ·ler [シュヴァルツ・ヘンドらァ] 男 -s/- 闇(ニミ)商人.

schwarz|hö·ren [シュヴァルツ・ヘーレン ʃvárts-hɜ̀:rən] 自 (h) 受信料を払わずにラジオを聴く；(大学で)もぐりで聴講する.

Schwarz=hö·rer [シュヴァルツ・ヘーラァ ʃvárts-hɜ̀:rɐ] 男 -s/- (ラジオの)不正聴取者；(大学の)無届聴講者，もぐりの聴講者．

Schwarz=kit·tel [シュヴァルツ・キッテる] 男 -s/- ① 〔狩〕いのしし． ② 《戯》(軽蔑的に：)カトリックの聖職者． ③ 〈ミッ・隠語〉(特にサッカーの)審判員．

schwärz·lich [シュヴェルツリヒ] 形 黒みがかった，黒ずんだ．

Schwarz=markt [シュヴァルツ・マルクト] 男 -[e]s/ 闇(𝓎)市[場], ブラックマーケット．

Schwarz=rot=gold, Schwarz-Rot-Gold [シュヴァルツ・ロート・ゴるト] 中 -(または -[e]s)/ 黒・赤・金(の3色旗(ドイツの国旗)．

schwarz=rot=gol·den, schwarz-rot-gol·den [シュヴァルツ・ロート・ゴるデン] 形 黒・赤・金の． die *schwarzrotgoldene* (または *schwarz-rot-goldene*) Fahne 黒赤金の旗(ドイツの国旗)．

schwarz|schlach·ten [シュヴァルツ・シュらハテン ʃvárts-ʃlàxtən] 他 (h) (家畜[4]を)無許可で屠殺(ᄛ̇)する．

schwarz|se·hen[1] [シュヴァルツ・ゼーエン ʃvárts-zè:ən] 自 (h) 《口語》受信料を払わずにテレビを見る．

schwarz|se·hen[2] (h) (新旧) schwarz sehen (悲観的に考える)) ☞ schwarz

Schwarz=se·her [シュヴァルツ・ゼーアァ] 男 -s/- 《口語》① 悲観論者，ペシミスト． ② (テレビの)不正聴視者．

der **Schwarz·wald** [シュヴァルツ・ヴァるト ʃvárts-valt] 男 -[e]s/ 《定冠詞とともに》《地名》シュヴァルツヴァルト(ドイツ南西部の山地． 針葉樹に覆われ，文字通り「黒い森」である： ☞ 地図 D-4 ～5).

schwarz=weiß, schwarz-weiß [シュヴァルツ・ヴァイス] 形 ① 黒と白の． ② (カラーに対し写真・映画・テレビなどが)白黒の，モノクロの． *schwarzweiß* (または *schwarz-weiß*) fotografieren モノクロで撮影する．

Schwarz·weiß=film [シュヴァルツヴァイス・ふぃるム] 男 -[e]s/-e ① 白黒(モノクロ)フィルム． ② 白黒(モノクロ)映画．

Schwarz=wild [シュヴァルツ・ヴィるト] 中 -[e]s/ 〔狩〕いのしし．

Schwarz=wur·zel [シュヴァルツ・ヴルツェる] 女 -/-n 〔植〕キクゴボウ, セイヨウゴボウ．

Schwatz [シュヴァッツ ʃvats] 男 -es/-e 《口語》おしゃべり，雑談． einen kleinen *Schwatz* halten ちょっとしたおしゃべりをする．

*★***schwat·zen** [シュヴァッツェン ʃvátsən] du schwatzt (schwatzte, *hat*...geschwatzt) I 自 (⦅定了⦆ haben) (⦅英⦆ *chat*) ① (楽しく)おしゃべりをする． Die Frauen stehen auf der Straße und *schwatzen*. 奥さんたちが通りに立っておしゃべりをしている． ② (授業中に)ひそひそおしゃべりをする． ③ 秘密をしゃべってしまう．
II 他 (⦅定了⦆ haben) (くだらないこと[4]を)ぺちゃくちゃおしゃべりする．

schwät·zen [シュヴェッツェン ʃvétsən] 自 (h)・他 (h) 《南ド》＝schwatzen

Schwät·zer [シュヴェッツァァ ʃvétsɐr] 男 -s/- おしゃべり[な人]；口の軽いやつ． (⦅注⦆ 女性形は Schwätzerin).

schwatz·haft [シュヴァッツハふト] 形 おしゃべりな，口の軽い．

schwatz·te [シュヴァッツテ] *schwatzen (おしゃべりをする) 過去

Schwe·be [シュヴェーベ ʃvé:bə] 女 《成句的に》**in [der]** *Schwebe* a) 平衡を保っている， b) 宙に浮いている， c) 《比》(問題が)懸案になっている ⇒ Vorläufig bleibt alles noch in der *Schwebe*. 《比》さしあたりまだすべてが未解決だ．

Schwe·be=bahn [シュヴェーベ・バーン] 女 -/-en ロープウェー， つり下げ式モノレール．

Schwe·be=bal·ken [シュヴェーベ・バるケン] 男 -s/- (体操の)平均台．

*★***schwe·ben** [シュヴェーベン ʃvé:bən] (schwebte, *hat*/*ist*...geschwebt) 自 (⦅定了⦆ haben または sein) ① (を) 漂っている， 浮かんでいる；(宙づりになって)揺れている． (⦅英⦆ *float*). Ein Vogel *schwebt* in der Luft. 鳥が空に舞っている ／ Die Gondel *schwebte* an Seilen. ザイルにつるされてゴンドラが揺れていた ／ Diese Szene *schwebt* mir noch deutlich vor Augen. 《比》この光景は今なおはっきりと私の目に浮かぶ ／ in Lebensgefahr *schweben* 《比》危険状態にある． ② (s) 《方向を表す語句とともに》(…へ)ふわふわ飛んで行く(漂って行く)． Wolken *schweben* nach Süden. 雲が南の方へ漂って行く． ③ 《比》未決定である， 未解決である． Der Prozess *schwebt* noch. その裁判はまだ結審していない． ◇《現在分詞の形で》*schwebende* Fragen 未解決の諸問題．

schweb·te [シュヴェーブテ] *schweben (漂っている)の 過去

Schwe·de [シュヴェーデ ʃvé:də] 男 -n/-n スウェーデン人． (⦅注⦆ 女性形は Schwedin). [Du] alter *Schwede*! 《口語》(親愛または軽い警告の情を表して)ねえ君， おいおまえ．

*★***Schwe·den** [シュヴェーデン ʃvé:dən] 中 (単2) -s/ 《国名》スウェーデン[王国](首都はストックホルム).

schwe·disch [シュヴェーディッシュ ʃvé:dɪʃ] 形 スウェーデン[人・語]の． die *schwedische* Sprache スウェーデン語．

Schwe·disch [シュヴェーディッシュ] 中 -[s]/ スウェーデン語． (⦅注⦆ 用法については Deutsch の項参照).

Schwe·fel [シュヴェーふぇる ʃvé:fəl] 男 -s/ 《化》硫黄(記号: S).

Schwe·fel=di·oxid [シュヴェーふぇる・ディーオクスィート] 中 -[e]s/-e 《化》二酸化硫黄．

schwe·fel·hal·tig [シュヴェーふぇる・ハるティ

ヒ] 形 硫黄を含む.
schwe·feln [シュヴェーフェるン ʃvéːfəln] 他 (h) ① (食品など⁴を)二酸化硫黄で処理する. den Wein schwefeln 二酸化硫黄でワインの持ちをよくする. ② 二酸化硫黄で漂白する. ③ (果樹など⁴に)硫黄合剤を散布して消毒する.
Schwe·fel⹀säu·re [シュヴェーふェる・ゾイレ] 女 -/ 《化》硫酸.
Schwe·fel⹀was·ser·stoff [シュヴェーふェる・ヴァッサァシュトふ] 男 -[e]s/-e 《化》硫化水素.
schwef·lig [シュヴェーふりヒ ʃvéːflɪç] 形 硫黄を含む, 硫黄質の; 硫黄状の, 硫黄のような. schweflige Säure 《化》亜硫酸.
Schweif [シュヴァイふ ʃváɪf] 男 -[e]s/-e 《雅》 (鳥獣の)長いふさふさとした尾; 《比》彗星(ホウキボシ)の尾.
schwei·fen [シュヴァイフェン ʃváɪfən] I 自 (s) 《雅》(当てもなく…へ)さすらう, さまよい歩く. durch die Wälder schweifen 森をさまよい歩く / über 物⁴ den Blick schweifen lassen 《比》物⁴に視線を走らせる. II 他 (h) (物⁴に)反りをつける, 湾曲させる. ein Brett⁴ schweifen 板に反りをつける.
◇☞ geschweift

Schwei·ge⹀geld [シュヴァイゲ・ゲるト] 中 -[e]s/-er 口止め料.
Schwei·ge⹀marsch [シュヴァイゲ・マルシュ] 男 -[e]s/..märsche (抗議のためや葬儀における)沈黙の行進.
＊schwei·gen＊ [シュヴァイゲン ʃváɪgən] (schwieg, hat...geschwiegen) 自 (《宅了》haben) ① 黙っている, 沈黙している, 何も言わない. (《⹀》be silent!). (《⹀》「話す」は sprechen). Schweig! 黙れ / Er schwieg einen Augenblick. 彼は一瞬黙った / Kannst du schweigen? 口外しないかい(←黙っていられるかい) / Er schweigt auf alle Fragen. 彼は何を尋ねても黙っている / über 事⁴ (または von 事³) schweigen 事⁴(または 事³)について黙っている, 何も言わない / ganz zu schweigen von 人・物³ 人・物³は言うまでもなく ⇒ Das Hotel war schlecht, ganz zu schweigen vom Essen. そのホテルはひどかった, 食事のひどさは言うまでもなく / vor Erstaunen schweigen 驚きのあまり口が利けない / zu 事³ schweigen 事³に対して黙っている(反論・論評しない).
② (音・声などが)鳴りやむ, 静まる. Das Radio schweigt. ラジオの音が止まる.
Schwei·gen [シュヴァイゲン] 中 -s/ 沈黙, 無言; 静けさ. das Schweigen⁴ brechen 沈黙を破る / sich⁴ in Schweigen hüllen 押し黙っている / 人⁴ zum Schweigen bringen a) 人⁴を黙らせる, b) 《婉曲》人⁴を殺す / Schweigen ist auch eine Antwort. 沈黙も返事の一つ / Reden ist Silber, Schweigen ist Gold. 雄弁は銀, 沈黙は金.

schwei·gend [シュヴァイゲント] I ＊schweigen (黙っている)の 現分 II 形 沈黙した, 暗黙の. die schweigende Mehrheit 《政》声なき多数 / schweigend nicken 黙ってうなずく.
Schwei·ge⹀pflicht [シュヴァイゲ・プふりヒト] 女 -/ (医師・弁護士などの)職業上の守秘義務.
schweig·sam [シュヴァイクザーム] 形 無口な, 口数の少ない. ein schweigsamer Mensch 無口な人.
Schweig·sam·keit [シュヴァイクザームカイト] 女 -/ 無口, 寡黙.
＊das Schwein [シュヴァイン ʃváɪn] 中 (単2) -es/(複) -e (3格のみ -en) ① 豚. (《⹀》pig). ein fettes Schwein 太った豚 / Schweine⁴ züchten 豚を飼う / Das Schwein grunzt. 豚がぶーぶー鳴く.
② 《覆 なし》《口語》豚肉 (=Schweinefleisch). ③ 《俗》けす野郎; 不潔なやつ; 哀れなやつ. ④ 《俗》人. ein armes Schwein かわいそうな人 / kein Schwein だれも…ない. ⑤ 《口語》幸運. Schwein⁴ haben 《口語》運がいい. ⑥ 《動》イノシシ科の動物.
＊der Schwei·ne⹀bra·ten [シュヴァイネ・ブラーテン ʃváɪnə-braːtən] 男 (単2) -s/(複) - 《料理》ローストポーク, 豚の焼き肉. (《⹀》roast pork).
＊das Schwei·ne⹀fleisch [シュヴァイネ・ふらイシュ ʃváɪnə-flaɪʃ] 中 (単2) -[e]s/ 豚肉. (《⹀》pork).
Schwei·ne⹀hund [シュヴァイネ・フント] 男 -[e]s/-e 《俗》(心の)卑しいやつ, 不潔なやつ. der innere Schweinehund 弱気の虫.
Schwei·ne⹀ko·te·lett [シュヴァイネ・コテれット] 中 -s/-s (まれに -e) 《料理》豚肉のカツレツ.
Schwei·ne·rei [シュヴァイネライ ʃvaɪnəráɪ] 女 -/-en 《俗》不潔, 汚らしいこと(状態); けしからぬこと; みだらな言動.
Schwei·ne⹀stall [シュヴァイネ・シュタる] 男 -[e]s/..ställe ① 豚小屋. ② 《口語》汚い部屋(家).
Schwein⹀igel [シュヴァイン・イーゲる] 男 -s/- 《俗》① 不潔なやつ. ② 卑猥(ヒワイ)な冗談をとばすやつ.
schwein·igeln [シュヴァイン・イーゲるン ʃváɪn-iːgəln] (過分 geschweinigelt) 自 (h) 《俗》① 不潔なことをする. ② 猥談(ワイダン)をする.
schwei·nisch [シュヴァイニッシュ ʃváɪnɪʃ] 形 《口語》① 不潔な, 汚い. ② いかがわしい.
Schweins⹀ga·lopp [シュヴァインス・ガろップ] 男 《成句的に》im Schweinsgalopp 《口語・戯》大あわてで, どたばたと.
Schweins⹀le·der [シュヴァインス・れーダァ] 中 -s/- 豚革.
＊der Schweiß [シュヴァイス ʃváɪs] 男 (単2) -es/(複) -e (3格のみ -en) 《ふつう 単》① 汗. (《⹀》sweat). kalter Schweiß 冷や汗 / sich³ den Schweiß trocknen 汗をぬぐう / Der Schweiß läuft ihm übers Gesicht. 汗が彼の

顔を伝って流れる / **in** *Schweiß* **geraten**（または **kommen**）**y / Er war** [**wie**] **in** *Schweiß* **gebadet.**《状態受動・過去》彼はびっしょり汗をかいていた / **Die Arbeit hat ihn viel** *Schweiß* **gekostet.**《比》彼はその仕事をたいへん苦労して成し遂げた（←汗をかいて）. ②《狩》（傷ついた獣の）血.

Schweiß⸗aus·bruch ［シュヴァイス・アオスブルフ］男 -[e]s/..brüche（急に）汗が吹き出ること.

schweiß⸗be·deckt ［シュヴァイス・ベデックト］形 汗びっしょりの, 汗にまみれた.

Schweiß⸗bren·ner ［シュヴァイス・ブレンナァ］男 -s/-《工》溶接用バーナー.

Schweiß⸗drü·se ［シュヴァイス・ドリューゼ］女 -/-n《ふつう複》《医》汗腺(かんせん).

schwei·ßen ［シュヴァイセン ʃváisən］ I (h) 溶接する. II 自 (h) ① 溶接作業をする. ②《方》汗をかく. ③《狩》（傷ついた獣が）血を流す.

Schwei·ßer ［シュヴァイサァ ʃváisər］男 -s/- 溶接工.

Schweiß⸗fuß ［シュヴァイス・フース］男 -es/..füße《ふつう複》汗をよくかく足, 脂足.

schweiß⸗ge·ba·det ［シュヴァイス・ゲバーデット］形 汗びっしょりの.

Schweiß⸗hund ［シュヴァイス・フント］男 -[e]s/-e《狩》ブラッドハウンド（手負い獣の足跡を追う猟犬）.

schwei·ßig ［シュヴァイスィヒ ʃváisiç］形 汗ばんだ, 汗まみれの.

Schweiß⸗naht ［シュヴァイス・ナート］女 -/..nähte《工》溶接継ぎ目.

schweiß⸗trei·bend ［シュヴァイス・トライベント］形 発汗を促す, 発汗性の; 汗だくになるような（仕事など）.

schweiß⸗trie·fend ［シュヴァイス・トリーフェント］形 汗の滴る, 汗びっしょりの.

Schweiß⸗trop·fen ［シュヴァイス・トロプフェン］男 -s/-《ふつう複》汗の滴, 玉のような汗.

Schwei·ßung ［シュヴァイスング］女 -/-en《工》溶接.

Schweit·zer ［シュヴァイツァァ ʃváitsər］ -s/-《人名》シュヴァイツァー (Albert *Schweitzer* 1875–1965; アルザス生まれの神学者・医師・オルガニスト. 1952年ノーベル平和賞).

*die **Schweiz** ［シュヴァイツ ʃváits］女 (単) -/《定冠詞とともに》《国名》スイス［連邦共和国］（首都はベルン）.《英》*Switzerland*）. **in** *der Schweiz* スイスで / **Ich fahre in die** *Schweiz*. 私はスイスに行く / **die deutsche** *Schweiz* スイスのドイツ語地域. (⇐⇒ 公用語はドイツ語, フランス語, イタリア語, レトロマン語. 人口の約70%がドイツ語を話す).

Schwei·zer ［シュヴァイツァァ ʃváitsər］ I 男 -s/- ① スイス人. (⇐⇒ 女性形は Schweizerin). ② (腕達者な)乳搾り. ③《方》教会堂番人. ④ (教皇の)護衛兵. ⑤ スイス製チーズ (= *Schweizer* Käse). II 形《無語尾で》スイスの.

Schweizer Käse スイス製チーズ.

schwei·zer⸗deutsch ［シュヴァイツァァ・ドイチュ］形 スイス[訛(なま)り]のドイツ語の.

Schwei·zer⸗deutsch ［シュヴァイツァァ・ドイチュ］中 -[s]/ スイス[訛(なま)り]のドイツ語.

schwei·ze·risch ［シュヴァイツェリッシュ ʃváitsəriʃ］形 スイス[人・方言]の. die *Schweizerische* Eidgenossenschaft スイス連邦共和国.

schwe·len ［シュヴェーれン ʃvéːlən］ I 自 (h)（火が）くすぶっている;《比》(感情がくすぶって)うっ積している. **Das Feuer** *schwelt* **unter der Asche.** 灰の下で火がくすぶっている. II 他 (h)（石炭など⁴を）低温で乾留する.

schwel·gen ［シュヴェるゲン ʃvélgən］ 自 (h) ① ぜいたくに飲み食いする. ②《**in** 物・事³ ~》《雅》《事³に》ふける, ひたる;（物³をふんだんに使う. **in Gefühlen** *schwelgen* 感情におぼれる.

schwel·ge·risch ［シュヴェるゲリッシュ ʃvélgəriʃ］形 美食の, ぜいたくな; 享楽的な.

*die **Schwel·le** ［シュヴェれ ʃvélə］女 (単) -/(複) -n ①（家の）敷居. (英 *threshold*). **eine hohe** *Schwelle* 高い敷居 / **über die** *Schwelle* **treten** 敷居をまたぐ / **an der** *Schwelle* **des 20.** (=**zwanzigsten**) **Jahrhunderts**《雅》20世紀の初頭に. ②（鉄道の）枕木(まくらぎ). ③《心》閾(いき). **die** *Schwelle* **des Bewusstseins** [意]識閾. ④《地理》隆起部; 地塊(ちかい), 海膨(かいぼう). ⑤《建》（ハーフティンバー造りの）横紋(よこぎ).

***schwel·len**[1]* ［シュヴェれン ʃvélən］ du schwillst, er schwillt (schwoll, *ist*...geschwollen) 自 (《正》 sein) ① ふくれる, 膨脹する; はれ[あが]る;《比》（喜びなどで胸が）ふくらむ. (英 *swell*). **Ihm** *ist* **die Hand geschwollen.**《現在完了》彼の手ははれあがった / **Die Knospen der Rosen** *schwellen*.《雅》ばらのつぼみがふくらむ. ◇《現在分詞の形で》*schwellende* **Lippen** ふっくらした唇. ②《雅》（水かさが）増す, (風・音が)強まる. **Der Fluss** *schwillt*. 川の水かさが増す.

◇☞ **geschwollen**

schwel·len[2] ［シュヴェれン］ (schwellte, *hat*...geschwellt) 他 (h) ①《雅》(帆など⁴を)ふくらませる. ◇《過去分詞の形で》**mit** *geschwellter* **Brust** 誇らしげに, 自慢して. ②《方》ゆでる, 煮る;（皮など⁴を）なめす.

Schwell⸗kör·per ［シュヴェる・ケルパァ］男 -s/-《医》海綿体.

Schwel·lung ［シュヴェるング］女 -/-en ①《医》はれ, 腫脹(しゅちょう); 腫大. ②《地理》隆起.

Schwem·me ［シュヴェメ ʃvémə］女 -/-n ①（家畜の）洗い場, 水浴び場. ②《経》(一時的な)供給過剰. ③《おどけ》（デパートの）特売場. ④《方》酒場, 飲み屋.

schwem·men ［シュヴェンメン ʃvémən］ 他 (h) ①（水が土砂などを …から）押し流す, 洗い流す. ②《おどけ》(洗濯物⁴を)すすぐ. ③（皮⁴を）処理液につけて柔らかくする].

Schwemm=land [シュヴェム・ラント] 中 -[e]s/《地理》沖積(ちぅせき)地.

Schwen·gel [シュヴェングる] ʃvéŋəl] 男 -s/- ① (鐘の)舌. ② (ポンプなどの)柄, ハンドル.

Schwenk [シュヴェンク ʃvéŋk] 男[e]s/(まれに -e) ① 急転回, (急速な)方向転換. ②《映》パン[ショット].

schwenk·bar [シュヴェンクバール] 形 向きを変えられる, 旋回可能な.

****schwen·ken** [シュヴェンケン ʃvéŋkən] (schwenkte, hat/ist...geschwenkt) I 他 《定て haben》① (ハンカチ・腕など⁴を)振る, 振り回す. (英 swing, wave). Er hat den Hut geschwenkt. 彼は帽子を振った. ② (振るようにして)すすぎ洗いする. Wäsche⁴ schwenken 洗濯物をすすぎ洗いする. ③ 旋回させる, (物⁴の)向きを変える. die Kamera⁴ schwenken カメラをパンする. ④《料理》(バターなどで)揺すりながらいためる. ⑤《方》解雇する, 退学させる.
II 自《定て sein》【方向を表す語句とともに】(…へ)向きを変える, 方向転換する. Er schwenkte nach rechts. 彼は右に向きを変えた.

Schwen·ker [シュヴェンカァ ʃvéŋkər] 男 -s/- ① コニャックグラス. ②《映》カメラ助手.

schwenk·te [シュヴェンクテ] *schwenken (振る)の 過去

Schwen·kung [シュヴェンクンヶ] 女 -/-en 方向転換;《比》変節, 転向.

******schwer** [シュヴェーァ ʃvé:r]

重い	Der Koffer ist aber *schwer*!
デァ コッふァ イスト アーバァ シュヴェーァ
このスーツケースは重いなあ.

I 形 ① 重い, 重量のある, ずっしりとした. (英 heavy). (反対「軽い」は leicht). ein *schwerer* Stein 重い石 / Die Kiste ist *schwer* wie Blei. その箱は鉛のように重い / Der Wagen ist *schwer* beladen. 《状態受動・現在》その車は重い荷物を積んでいる.
② 《数量を表す4格とともに》…の重さの. Das Brot ist drei Pfund *schwer*. このパンは3ポンドの重さだ / Wie *schwer* bist du?《口語》君の体重はどれくらいあるの.
③ 馬力のある, 力のある. Er fährt ein *schweres* Motorrad. 彼はでかいバイクに乗っている / *schwere* Artillerie 重砲.
④ 難しい, 難解な: 骨の折れる, つらい. (英 difficult). (反対「易しい」は leicht). eine *schwere* Prüfung 難しい試験 / Das Buch ist mir zu *schwer*. この本は私には難解すぎる / Aller Anfang ist *schwer*.《諺》何でも最初は難しい / Die Frage ist *schwer* zu beantworten. その質問は答えるのが難しい / Diese Arbeit ist zu *schwer* für sie. この仕事は彼女にはつらすぎる / Sie hat es *schwer*. 彼女は苦労している (es は形式目的語) / Er atmet *schwer*. 彼は息が苦しそうだ. 《副詞的に》*schwer* arbeiten つらい仕事(重労働)をする. (類語 schwierig).

⑤ 重苦しい, うっとうしい. einen *schweren* Traum haben 重苦しい夢を見る / *schweren* Herzens 重い気持ちで.
⑥ 鈍重な, ぎこちない. Er schrieb mit *schwerer* Hand. 彼はぎこちない手つきで書いた / Er hat einen *schweren* Gang. 彼の足取りは重い.
⑦ 重大な, 深刻な, ひどい. ein *schwerer* Schock ものすごいショック / eine *schwere* Krankheit 重病 / eine *schwere* Verletzung 重傷. ⑧ (食べ物などが)胃にもたれる; (酒などが)アルコール分の強い; (香りが)強い. Das Essen liegt mir *schwer* im Magen. この食べ物は胃にもたれる / ein *schweres* Parfüm 香りの強い香水. ⑨《海》荒々しい, 荒天の. ein *schwerer* Sturm 激しいあらし / *schweres* Wetter 荒天.
II 副《口語》非常に, すごく. Er ist *schwer* betrunken. 彼はひどく酔っ払っている.

〈成句〉
schwer be·hin·dert《官庁》重度心身障害の.
schwer be·la·den 重い荷を積んだ.
schwer be·schä·digt ① ひどい損傷を受けた. ②《官庁》(戦争などによる)重度心身障害の.
schwer be·waff·net 重装備の.
schwer er·zieh·bar (素行が悪く)教育の困難な, 教師の手に負えない.
schwer fal·len (人³にとって)難しい, つらい.
schwer hal·ten 困難である, 難しい.
schwer krank 重病の, 重症の.
schwer ma·chen (人³の事⁴を)困難にする, つらいものにする. sich³ 事⁴ *schwer machen* 事⁴でたいへん苦労する.
schwer neh·men 深刻に受けとめる, 難しく考える.
schwer tun《成句的に》sich⁴ mit 人・事³ *schwer tun*《口語》人・事³でひどく苦労する.
schwer ver·dau·lich 消化の悪い.
schwer ver·letzt 重傷を負った.
schwer ver·ständ·lich 難解な.
schwer ver·wun·det 重傷を負った.
schwer wie·gend ① 重い. ② 重大な, 決定的な. (反対 schwerwiegend ともつづる).

..schwer [..シュヴェーァ ..ʃve:r] 《形容詞をつくる》接尾 (…が重い・…の豊かな) 例: bedeutungs*schwer* 重大な / kalorien*schwer* カロリーの豊かな.

Schwer=ar·beit [シュヴェーァ・アルバイト] 女 -/ 重労働.

Schwer=ar·bei·ter [シュヴェーァ・アルバイタァ] 男 -s/- 重労働従事者.

Schwer=ath·le·tik [シュヴェーァ・アトれーティク] 女 -/ 重競技(ボクシング・重量挙げなど).

schwer=be·hin·dert 形《新形》schwer behindert》 schwer

Schwer=be·hin·der·te[r] [シュヴェーァ・ベヒンダァテ (..タァ)] 男 女《語尾変化は形容詞と同

じ》《官庁》重度心身障害者.

schwer≠be·la·den 形 (新形 schwer beladen) ☞ schwer

schwer≠be·schä·digt 形 (新形 schwer beschädigt) ☞ schwer

Schwer≠be·schä·dig·te[r] [シュヴェーァ・ベシェーディヒテ(..タァ)] 男 女 《語尾変化は形容詞と同じ》《官庁》(戦争などによる)重度心身障害者.

schwer≠be·waff·net 形 (新形 schwer bewaffnet) ☞ schwer

schwer≠blü·tig [シュヴェーァ・ブリューティヒ] 形 鈍重な(気質など).

Schwe·re [シュヴェーレ ʃvé:rə] 女 -/《雅》① 重さ, 重量; 重力. das Gesetz der *Schwere*² 《物》重力の法則 / die *Schwere* des Sackes 袋の重さ. ② 困難さ; つらさ, やっかいさ. die *Schwere* der Arbeit² 仕事の難しさ. ③ (責任・罪などの)重さ; (病気の)重さ. die *Schwere* der Verantwortung² 責任の重大さ. ④ (酒・香りなどの)強さ; (空気などの)重苦しさ, 陰うつさ.

schwe·re≠los [シュヴェーレ・ろース] 形 無重力の;《雅》軽やかな. ein *schwereloser* Zustand 無重力状態.

Schwe·re≠lo·sig·keit [シュヴェーレ・ろーズィヒカイト] 女 -/ 無重力状態;《雅》(動作などの)軽やかさ.

Schwe·re≠nö·ter [シュヴェーレ・ネータァ] 男 -s/-《口語・戯》女たらし, くわせ者.

schwer≠er·zieh·bar 形 (新形 schwer erziehbar) ☞ schwer

schwer|fal·len* 自 (s) (新形 schwer fallen) ☞ schwer

schwer≠fäl·lig [シュヴェーァ・フェりヒ] 形 鈍重の, のろのろした, 無器用な. ein *schwerfälliger* Gang 重い足取り.

Schwer≠fäl·lig·keit [シュヴェーァ・フェりヒカイト] 女 -/ 鈍重, のろま, 無器用.

Schwer≠ge·wicht [シュヴェーァ・ゲヴィヒト] 中 -[e]s/-e ①《複 なし》ヘビー級. ② ヘビー級選手. ③《口語・戯》でぶ. ④《比》重点.

Schwer≠ge·wicht·ler [シュヴェーァ・ゲヴィヒトらァ] 男 -s/- ヘビー級選手.

schwer|hal·ten* 他 (h) (新形 schwer halten) ☞ schwer

schwer≠hö·rig [シュヴェーァ・ヘーりヒ] 形 耳が遠い, 難聴の.

Schwer≠hö·ri·ge[r] [シュヴェーァ・ヘーりゲ(..ガァ)] 男 女 《語尾変化は形容詞と同じ》耳の遠い人, 難聴者.

Schwer≠hö·rig·keit [シュヴェーァ・ヘーりヒカイト] 女 -/ 耳が遠いこと, 難聴.

Schwe·rin [シュヴェリーン ʃverí:n] 中 -s/《都市名》シュヴェリーン(ドイツ, メクレンブルク・フォアポンメルン州の州都): ☞ 地区 E-2).

Schwer≠in·dust·rie [シュヴェーァ・インドゥストリー] 女 -/ 重工業.

Schwer≠kraft [シュヴェーァ・クラフト] 女 -/《物》重力.

schwer≠krank 形 (新形 schwer krank) ☞ schwer

schwer·lich [シュヴェーァりヒ] 副 ほとんど…ない, まず…てない. Das wird *schwerlich* möglich sein. それはまず不可能だろう.

schwer|ma·chen 他 (h) (新形 schwer machen) ☞ schwer

Schwer≠me·tall [シュヴェーァ・メタる] 中 -s/-e 重金属.

Schwer≠mut [シュヴェーァ・ムート] 女 -/ 憂うつ, メランコリー;《医》抑うつ[症], うつ[症]. in *Schwermut* verfallen 憂うつになる.

schwer≠mü·tig [シュヴェーァ・ミューティヒ] 形 憂うつな, メランコリックな, ふさぎ込んだ; 抑うつ症の.

schwer|neh·men* 他 (h) (新形 schwer nehmen) ☞ schwer

Schwer≠öl [シュヴェーァ・エーる] 中 -[e]s/-e 重油.

Schwer≠punkt [シュヴェーァ・プンクト] 男 -[e]s/-e《物》重心;《比》重点, 要点; 中心. den *Schwerpunkt* verlagern 重心を移動させる.

***das* Schwert** [シュヴェーァト ʃvé:rt] 中 (単2) -es (まれに -s)/(複) -er (3格のみ -ern) ① 刀, 剣. (英 sword). ein blankes *Schwert* 抜き身, 白刃 / ein scharfes *Schwert* 切れ味のいい剣 / ein zweischneidiges *Schwert*《比》両刃(ば)の剣 / ein *Schwert*⁴ tragen 剣を帯びている / das *Schwert*⁴ ziehen 剣を抜く / das *Schwert*⁴ in die Scheide stecken a) 剣をさやに納める, b)《雅》争いをやめる / mit 人³ die *Schwerter* kreuzen 人³と刃を交える. ②《造船・海》(ヨットなどの)センターボード, 垂下竜骨.

Schwert≠fisch [シュヴェーァト・フィッシュ] 男 -[e]s/-e ①《魚》メカジキ. ②《複 なし; 定冠詞とともに》《天》かじき座.

Schwert≠li·lie [シュヴェーァト・りーりエ] 女 -/-n《植》アイリス(アヤメ)[属].

schwer|tun 再帰 (h) (新形 schwer tun) ☞ schwer

Schwer≠ver·bre·cher [シュヴェーァ・フェァブレッヒャァ] 男 -s/- 重罪犯人.

schwer≠ver·dau·lich 形 (新形 schwer verdaulich) ☞ schwer

schwer≠ver·letzt 形 (新形 schwer verletzt) ☞ schwer

schwer≠ver·ständ·lich 形 (新形 schwer verständlich) ☞ schwer

schwer≠ver·wun·det 形 (新形 schwer verwundet) ☞ schwer

Schwer≠ver·wun·de·te[r] [シュヴェーァ・フェァヴンデテ(..タァ)] 男 女《語尾変化は形容詞と同じ》重傷者.

schwer≠wie·gend [シュヴェーァ・ヴィーゲント] 形 重大な, 決定的な. (新 schwer wiegend ともつづる. なお, schwer wiegend は「重い」も意味する) ☞ schwer

Schwester

***die Schwes·ter** [シュヴェスタァ ʃvéstər]

姉, 妹　Ich habe eine *Schwester*.
イヒ ハーベ アイネ シュヴェスタァ
私には姉(妹)が一人います.

女(単) -/(複) -n (英 sister) ① 姉, 妹, 姉妹. Sie ist seine *Schwester*. 彼女は彼の姉(妹)です / meine ältere (jüngere) *Schwester* 私の姉(妹) / Er hat zwei *Schwestern*. 彼には二人の姉妹がいる.（《ミニ》 ドイツではふつう「年長」「年少」を区別しない;「兄弟」は Bruder,「兄弟姉妹」は Geschwister）.
② 看護婦（＝Kranken*schwester*）. nach der *Schwester* rufen 看護婦を呼ぶ.
③《カトリック》シスター, 修道女（＝Kloster*schwester*）. ④ (女性の)同胞.

Schwes·ter⸗fir·ma [シュヴェスタァ・フィルマ] 女 -/..firmen 姉妹会社.

schwes·ter·lich [シュヴェスタァリヒ] 形 姉妹の[ような].

Schwes·ter⸗schiff [シュヴェスタァ・シフ] 中 -[e]s/-e 姉妹船(艦).

schwieg [シュヴィーク] ＊schweigen (黙っている)の過去

schwie·ge [シュヴィーゲ] ＊schweigen (黙っている)の接2

Schwie·ger⸗el·tern [シュヴィーガァ・エルタァン] 複 舅(しゅうと)と姑(しゅうとめ), 義理の両親.

Schwie·ger⸗mut·ter [シュヴィーガァ・ムッタァ] 女 -/..mütter 姑(しゅうとめ), 義母.

Schwie·ger⸗sohn [シュヴィーガァ・ゾーン] 男 -[e]s/..söhne 婿, 義理の息子.

Schwie·ger⸗toch·ter [シュヴィーガァ・トホタァ] 女 -/..töchter 嫁, 義理の娘.

Schwie·ger⸗va·ter [シュヴィーガァ・ファータァ] 男 -s/..väter 舅(しゅうと), 義父.

Schwie·le [シュヴィーレ] ʃvíːlə] 女 -/-n ①《ふつう複》(皮膚の)たこ. ②《医》胼胝(へんち).

schwie·lig [シュヴィーリヒ ʃvíːlɪç] 形 たこだらけの, たこのできた(手など).

***schwie·rig** [シュヴィーリヒ ʃvíːrɪç]

難しい

Das ist eine *schwierige* Frage.
ダス イスト アイネ シュヴィーリゲ フラーゲ
これは難しい質問だ.

形（比較 schwieriger,（最上 schwierigst）① 難しい, 困難な; やっかいな.（英 difficult）.（《ミニ》「易しい」は leicht）. ein *schwieriges* Problem やっかいな問題 / Es war *schwierig*, ihn zu überzeugen. 彼を納得させることは難しかった.
② (人が)気難しい, 扱いにくい. ein *schwieriger* Mensch 気難しい人 / ein *schwieriges* Kind 扱いにくい子供.

....
類語 **schwierig**: (あることをなすのに障害や抵抗があって)難しい. **schwer**: (心身の努力を要して)難しい. Deutsch ist keine *schwere* Sprache. ドイツ語は難しい言葉ではない. **heikel**: (微妙なやり方を要求されデリケートで)難しい. Das Problem ist zu *heikel*. その問題はとてもデリケートだ.

***die Schwie·rig·keit** [シュヴィーリヒカイト ʃvíːrɪçkaɪt] 女 (単) -/(複) -en ① 困難, 難しさ.（英 difficulty）. technische *Schwierigkeiten* 技術的な難しさ / Hierin liegt die *Schwierigkeit*. この点が難しい / **auf** *Schwierigkeiten* stoßen 困難に遭遇する.
②《ふつう複》めんどう(やっかい)なこと; 障害, 苦境. *Schwierigkeiten*⁴ bekommen めんどうなことになる / 人³ *Schwierigkeiten*⁴ machen 人³を手こずらせる / mit 人³ *Schwierigkeiten*⁴ haben 人³に手こずる / in Schwierigkeiten kommen (または geraten) 苦境に陥る.
③《スポ》(体操競技などの)難易度.

schwill [シュヴィル] schwellen¹ (ふくれる)の du に対する命令

schwillst [シュヴィルスト] schwellen¹ (ふくれる)の2人称単数現在

schwillt [シュヴィルト] schwellen¹ (ふくれる)の3人称単数現在

Schwie·rig·keits⸗grad [シュヴィーリヒカイツ・グラート] 男 -[e]s/-e 難易度.

Schwimm⸗bad [シュヴィム・バート] 中 -[e]s/..bäder プール[施設]. ins *Schwimmbad* gehen プールへ行く.

Schwimm⸗be·cken [シュヴィム・ベッケン] 中 -s/- プール.

Schwimm⸗bla·se [シュヴィム・ブラーゼ] 女 -/-n ① (魚の)浮き袋. ② (藻の)浮き袋.

Schwimm⸗dock [シュヴィム・ドック] 中 -s/-s (まれに -e)《海》浮きドック.

schwim·men [シュヴィンメン ʃvímən]

泳ぐ
Ich *schwimme* gern.
イヒ シュヴィンメ ゲルン
私は泳ぐのが好きです.

(schwamm, *hat/ist* ...geschwommen) I 自（完了 haben または sein）① (h, s) 泳ぐ, 泳いで行く.（英 swim）. Er *schwimmt* wie ein Fisch. 彼は魚のようにうまく泳ぐ / Ich *kann* nicht *schwimmen*. 私は泳げません / Wir *gehen* heute *schwimmen*. 私たちはきょう泳ぎに行く / Er hat (または ist) viel *geschwommen*. 彼はたくさん泳いだ / **auf** der Brust (dem Rücken) *schwimmen* 平泳ぎ(背泳ぎ)で泳ぐ / **im** Schmetterlingsstil *schwimmen* バタフライで泳ぐ / **gegen** den Strom *schwimmen* a) 流れに逆らって泳ぐ, b)《比》時流に逆らう / Er *ist* **über** den See *geschwommen*.《現在完了》彼は湖を泳いで渡った. ◇《距離を表す4格とともに》Wir *sind* drei Kilometer *geschwommen*.《現在完了》私たちは3キロメートル泳いだ.（《ミニ》完了の助動詞は「場所の移動」に重点が置かれるときは sein を,「泳ぐ行為」に重点があれば haben を用いる.）
② (h) (水に)浮く. Öl *schwimmt*. 油は水に

schwinden

浮く.
③ (h, s)《**auf**(または **in**)[物]³ ~》([物]³(水などに)**浮かんでいる**, 漂っている. Auf (または In) der Milch schwimmt eine Fliege. ミルクにハエが浮いている / Die Kinder ließen auf dem Teich Schiffchen schwimmen. 子供たちは池におもちゃの船を浮かべた. ◇《現在分詞の形で》ein schwimmendes Hotel 洋上ホテル(ホテルとして営業している豪華客船など) / schwimmende Waren 海上輸送中の貨物.
④ (h) **水浸しである**. Das Badezimmer schwimmt. バスルームがびしょびしょだ / Ihre Augen schwammen. 彼女の目には涙があふれていた. ⑤ (s)《**in**[物]³ ~》([物]³(液体などに)**浸っている**. im Blut schwimmen 血まみれになっている / Sie schwimmt im (または in) Glück.《比》彼女は幸福にひたっている / im (または in) Geld schwimmen《比》大金持ちである. ⑥ (s) **かすんで見える**;(頭が)もうろうとする. Mir schwimmt alles **vor** den Augen. 私は目の前がかすんで見える. ⑦ (h)《口語》(俳優などが)しどろもどろである, もたもたする. Der Redner begann zu schwimmen. 講演者は言葉に詰まりだした.
II 他 (完了) sein または haben) (泳いで記録など⁴を)**出す**. Sie ist (または hat) einen neuen Rekord geschwommen.《現在完了》彼女は水泳で新記録を出した.

Schwim·men [シュヴィンメン] 中《成句的に》ins Schwimmen kommen (または geraten)《口語》しどろもどろになる, もたつく.

Schwim·mer [シュヴィンマァ ʃvímər] 男 -s/- ① 泳ぐ人, 水泳をする人; 水泳選手. (🔗 女性形は Schwimmerin). ② (釣りの)浮き. ③ (工)フロート, 浮球; 浮き弁.

Schwimm⸗flos·se [シュヴィム・フロッセ] 女 -/-n ① (足に付ける)水かき. ② (魚の)ひれ.

Schwimm⸗fuß [シュヴィム・フース] 男 -es/..füße《ふつう複》(水鳥などの)水かき.

Schwimm⸗gür·tel [シュヴィム・ギュルテる] 男 -s/- (水泳練習用の)コルク製の浮き帯; 救命胴衣.

Schwimm⸗hal·le [シュヴィム・ハれ] 女 -/-n 室内プール.

Schwimm⸗haut [シュヴィム・ハオト] 女 -/..häute (鳥)(水鳥の)水かき.

Schwimm⸗kran [シュヴィム・クラーン] 男 -[e]s/..kräne クレーン船.

Schwimm⸗leh·rer [シュヴィム・れーラァ] 男 -s/- 水泳教師.

Schwimm⸗sport [シュヴィム・シュポルト] 男 -[e]s/ 水泳競技.

Schwimm⸗vo·gel [シュヴィム・フォーゲる] 男 -s/..vögel (鳥)(水鳥, 遊禽(⁂))類.

Schwimm⸗wes·te [シュヴィム・ヴェステ] 女 -/-n 救命胴衣, ライフジャケット.

*der **Schwin·del** [シュヴィンデる ʃvíndəl] 男 -s/-《単 2》① (医)**めまい**. (英 dizziness). ein leichter Schwindel 軽いめまい / Ein heftiger Schwindel überkam ihn. 彼は激しいめまいに襲われた. ②《口語》**いんちき, 詐欺, ぺてん**. auf einen Schwindel herein|fallen 詐欺にひっかかる / Den Schwindel kenne ich! その手はくわないぞ. ③《成句的に》der ganze Schwindel《俗》くだらない(つまらない)もの一切合切.
🆕 ─────────────

Schwin·del er·re·gend めまいを起こさせるような(高い所など);《比》目がくらむほど高い(値段など). (🔗 schwindelerregend ともつづる).

───────────────

Schwin·del⸗an·fall [シュヴィンデる・アンファる] 男 -[e]s/..fälle めまいの発作.

Schwin·de·lei [シュヴィンデらイ ʃvindəláɪ] 女 -/-en ① 詐欺, ぺてん, ごまかし. ② 絶えずうそをいうこと(ごまかすこと).

schwin·del⸗er·re·gend [形] めまいを起こさせるような(高い所など);《比》目がくらむほど高い(値段など).
(🔗 Schwindel erregend ともつづる) 🔗 Schwindel

schwin·del⸗frei [シュヴィンデる・フライ] [形] (高い場所でも)めまいのしない, めまいを感じない.

schwin·de·lig [シュヴィンデリヒ ʃvíndəlɪç] [形] =schwindlig

*schwin·deln [シュヴィンデるン ʃvíndəln] ich schwindle (schwindelte, hat...geschwindelt) I 非人称 (完了) haben)《**es schwindelt** [人]³(まれに[人]⁴)の形で》[人]³(まれに[人]⁴)は**めまいがする**. Es schwindelt mir. または Mir schwindelt. 私はめまいがする. (🔗 es は文頭以外ではふつう省かれる).
II 自 (完了) haben) ①《口語》**うそをつく, ごまかす**. Da hast du doch geschwindelt! 君はやっぱりうそをついていたんだな. ② (頭が)**くらくらする**. Der Kopf hat mir geschwindelt. 私は頭がくらくらした. ◇《現在分詞の形で》in schwindelnden Höhen 目もくらむような高い所で.
III 他 (完了) haben) ①《口語》**ごまかす,(…と)うそを言う**. Das hat er geschwindelt. それは彼のごまかしだ. ②《方向を表す語句とともに》(ごまかして[人・物]⁴を…へ)**連れ込む, 持ち込む, (…から)連れ出す, 持ち出す**. [物]⁴ **durch** den Zoll schwindeln [物]⁴をうまくごまかして税関を通過させる. ◇《再帰的に》sich⁴ durch die Polizeikontrolle schwindeln うまくごまかして警察の検問を通り抜ける.

schwin·del·te [シュヴィンデるテ] *schwindeln (非人称) で: めまいがする)の(過去)

schwin·den [シュヴィンデン ʃvíndən] du schwindest, er schwindet (schwand, ist...geschwunden) 自 (完了) sein) ①《雅》**減る, しだいに少なく(小さく)なる, 衰える**. (英 fade). Die Vorräte schwinden. 蓄えがしだいに少なくなる / Ihm schwand allmählich der Mut. 彼の勇気はしだいにしぼんでいった.
②《雅》(しだいに)**消え去る**; (月日が)**過ぎ去る**. Sein Name ist mir **aus** dem Gedächtnis

geschwunden.〖現在完了〗彼の名前は私の記憶から消えていた / Die Jahre *schwinden* schnell. 年月のたつのは速い. ③ (材木・金属などが)縮む, 収縮する.

schwind・le [シュヴィンドれ] ＊schwindeln (うそをつく)の1人称単数 現在

Schwind・ler [シュヴィンドらァ ʃvíndlər] 男 -s/- 詐欺師, ぺてん師.(◆女性形は Schwindlerin).

schwind・lig [シュヴィンドりヒ ʃvíndlıç] 形 ① めまいのする, くらくらする. Ich werde (または Mir ist) *schwindlig*. 私はめまいがする. ② めまいを起こさせるような.

Schwind ⁼ sucht [シュヴィント・ズフト] 女 -/ 肺結核, 消耗性疾患 (= Lungentuberkulose).

schwind ⁼ süch・tig [シュヴィント・ズュヒティヒ] 形 肺結核の, 消耗性疾患にかかった.

Schwing ⁼ ach・se [シュヴィング・アクセ] 女 -/-n《自動車》スイングアクセル.

Schwin・ge [シュヴィンゲ ʃvíŋə] 女 -/-n 〖ふつう 複〗《雅》翼. die *Schwingen* der Hoffnung² 《比》希望の翼. ②《方》(底の浅い)編みかご. ③《工》揺れ腕.

＊**schwin・gen** ＊ [シュヴィンゲン ʃvíŋən] (schwang, hat/ist ... geschwungen) Ⅰ 自 (定了 haben または sein) ① (h, s) 揺れる, 揺れ動く.《图 swing》. Die Schaukel *schwingt*. ぶらんこが揺れている. ②(薄膜・橋などが)震動する, 振動する. ③ (h, s)《場所を表す語句とともに》《雅》(…に)響き(鳴り)渡る. durch den Saal *schwingen* ホール中に響き渡る. ④ (h)(残響として)響く. Die Töne des Schlussakkords *schwangen* noch **im** Raum. フィナーレの響きがまだ会場に漂っていた. ⑤ (h)《物》(波動などが)伝わる, 伝導する; 振動する. ⑥ (スキーで:)(…へ)パラレルターンで滑降する.

Ⅱ 他 (定了 haben) ①〖頭上にかざして〗振る, 打ち振る; 振り回す(上げる); 揺さぶる. die Fahne⁴ *schwingen* 旗を振る / die Peitsche⁴ *schwingen* むちを振り回す(上げる). ②《農》(亜麻⁴を)からざおで打つ.

Ⅲ 再帰 (定了 haben) sich⁴ *schwingen* ①〖方向を表す語句とともに〗(…へ)ひらりと飛び乗る(降りる). sich⁴ **aufs** Fahrrad *schwingen* ひらりと自転車に飛び乗る / sich⁴ **in** die Luft *schwingen* 空中へ舞い上がる ②《雅》反る, たわむ, 弓形になる. sich⁴ **über** den Fluss *schwingen* (橋が)川に架かっている.

◇☞ geschwungen

Schwin・ger [シュヴィンガァ ʃvíŋər] 男 -s/- ①(ボクシングの)スイング. ②《スイ》(スイス式レスリングの)レスラー.

Schwing ⁼ tür [シュヴィング・テューァ] 女 -/-en (内外どちらにも開く)スイングドア.

Schwin・gung [シュヴィングング] 女 -/-en 揺れ, 振動, 震え. 物⁴ **in** *Schwingung* versetzen 物⁴を揺さぶる, 振動させる. ②《物》振動. ③《雅》(感情の)微妙な動き. ④《雅》弓形のもの.

曲線], 反り.

Schwin・gungs ⁼ zahl [シュヴィングングス・ツァーる] 女 -/-en 《理》振動数; 周波数.

schwipp! [シュヴィップ ʃvíp] 間 (むちなどの音・水の音を:)ぴしゃっ, ぱちっ; ばしゃっ.

Schwips [シュヴィップス ʃvíps] 男 -es/-e《口語》ほろ酔い. einen *Schwips* haben ほろ酔い機嫌である.

schwir・ren [シュヴィレン ʃvírən] 自 (h, s) ① (h) (矢・虫などが)ひゅーっ(ぶーん)と音をたてる. Die Mücken *schwirren*. 蚊がぶんぶんいっている. ② (s) (…へ)ひゅーっ(ぶーん)と飛んで行く;《口語》(人が…へ)すっ飛んで行く;《比》(うわさなどが)飛び交う. ③ (h)《**von** 事³ ~》(事³でごった返している, ざわざわしている. Der Kopf *schwirrt* ihm von den vielen Eindrücken. いろいろな印象で彼の頭はぼうっとしている.

Schwitz ⁼ bad [シュヴィッツ・バート] 中 -[e]s/..bäder 蒸しぶろ, サウナ.

＊**schwit・zen** [シュヴィッツェン ʃvítsən] du schwitzt (schwitzte, hat ... geschwitzt) Ⅰ 自 (定了 haben) ① 汗をかく, 汗ばむ. (图 sweat). Er *schwitzte* **am** ganzen Körper. 彼は全身に汗をかいた / **vor** Angst *schwitzen* 不安のあまり冷や汗をかく / stark *schwitzen* ひどく汗をかく / Die Hände *schwitzen* ihm. 彼の手は汗まみれだった / Ich *schwitze* wie ein Affe.《口語》私は大汗かきだ(←猿のように). ②(壁・窓ガラスなどが)結露する;(樹木が)やにを分泌する.

Ⅱ 他 (定了 haben)《料理》《物⁴を油で》いためる.

Ⅲ 再帰 (定了 haben) sich⁴ *schwitzen* 汗をかいて[その結果]…になる. Er *hat* sich ganz nass *geschwitzt*. 彼は汗びっしょりになった.

Schwitz ⁼ kas・ten [シュヴィッツ・カステン] 男 -s/..kästen ①(昔の:)(発汗浴用の)サウナボックス. ②(レスリングの)ヘッドロック.

Schwitz ⁼ kur [シュヴィッツ・クーァ] 女 -/-en 《医》発汗療法.

schwitz・te [シュヴィッツテ] ＊schwitzen (汗をかく)の 過去

Schwof [シュヴォーふ ʃvóːf] 男 -[e]s/-e《俗》ダンスパーティー.

schwo・fen [シュヴォーふェン ʃvóːfən] 自 (h)《俗》(ダンスパーティーで)ダンスをする, 踊る (= tanzen).

schwoll [シュヴォる] schwellen¹ (ふくれる)の 過去

schwöl・le [シュヴェれ] schwellen¹ (ふくれる)の 接2

schwöm・me [シュヴェンメ] ＊schwimmen (泳ぐ)の 接2

schwor [シュヴォーァ] ＊schwören (誓う)の 過去

＊**schwö・ren** ＊ [シュヴェーレン ʃvǿːrən] (schwor 〈古: schwur〉, hat ... geschworen) Ⅰ 自 (定了 haben) ① 誓う, 宣誓する. (图 swear). feierlich *schwören* 厳かに誓う / Er *schwor* **auf** die Bibel. 彼は聖書に手を置いて誓った / **vor** Gericht *schwören* 法廷で宣誓する. ②

〖auf 人・物⁴ ～〗(人・物⁴に)絶対的信頼をおく. Sie *schwört* auf ihren Arzt. 彼女はかかりつけの医者に絶対の信頼をおいている.
II 他 (完了 haben) (軍4 を)誓って言う. einen Eid *schwören* 宣誓する / 人³ Rache⁴ *schwören* 人³に復讐(ふくしゅう)を誓う / 軍4 bei seiner Ehre *schwören* 軍4を自分の名誉にかけて誓う / Ich *habe* mir geschworen, nicht mehr zu rauchen. 《口語》私は二度とたばこをすわないと[自分自身に]誓った / Ich *schwöre* [dir], dass ich nichts weiß. 誓って言うが, 私は何も知らないのだ / Ich *möchte* schwören, dass ich ihn gesehen habe. 《口語》ぼくが彼を見かけたことは誓ってもいいよ.
◇☞ geschworen

schwul [シュヴーる ʃvúːl] 形《口語》① (男性が)同性愛の, ホモの. ② (稀)(女性が)同性愛の, レスの.

＊**schwül** [シュヴューる ʃvýːl] 形 ① 蒸し暑い, うだるような. (英 sultry). ein *schwüler* Tag 蒸し暑い日 / Es war sehr *schwül* in dem Zimmer. その部屋はひどく蒸し暑かった. ② 重苦しい(雰囲気など). eine *schwüle* Stimmung 重苦しい気分. ③ 官能的な, 悩ましい.

Schwu·le[r] [シュヴーれ (..らァ) ʃvúːlə (..lər)] 男 (まれに 女)《語尾変化は形容詞と同じ》《口語》同性愛(ホモ)の男性; 女 同性愛(レズ)の女性.

Schwu·li·tät [シュヴリテート ʃvuliːtɛːt] 女 -/-en《ふつう複》《口語》難儀, 困窮. in *Schwulitäten* sein 困っている.

Schwulst [シュヴるスト ʃvúlst] 男 -es/Schwülste 《ふつう複》(軽蔑的に:)(文体・表現の)誇張, (建築物の)装飾過多.

schwuls·tig [シュヴるスティヒ ʃvúlstɪç] 形 ① はれあがった, むくんだ. ②(まれ)=schwülstig

schwüls·tig [シュヴュるスティヒ ʃvýlstɪç] 形 誇張した(文体・表現など), 装飾過多の(建築物など).

schwum·me·rig [シュヴンメリヒ ʃvúmərɪç] 形《口語》① めまいのする; 気分の悪い. ② 不安な, 恐ろしい.

schwumm·rig [シュヴンムリヒ ʃvúmrɪç] 形 =schwummerig

Schwund [シュヴント ʃvúnt] 男 -[e]s/ ① 減少, 減退. ②《医》(筋肉の)萎縮(いしゅく). ②《商》(商品の)目減り[量]. ③《放送》フェーディング.

＊*der* **Schwung** [シュヴング ʃvúŋ] 男 (単2) -[e]s/(複) Schwünge [シュヴュンゲ] (3格のみ Schwüngen) ① 揺れ, スイング, 振動, (スキーなどの)ターン; 弓形の曲線. (英 swing). der *Schwung* des Pendels 振り子の振動 / in eleganten *Schwüngen* 優美な身のこなして / in kühnem *Schwung* 大胆な曲線を描いて / mit einem *Schwung* 弾みをつけて. ②〖複 なし〗活気, 生気; 勢い. Diese Musik hat *Schwung*. この音楽には躍動感がある / *Schwung*⁴ holen (ぶらんこなどに)弾み(反動)をつける / *Schwung*⁴ in 物⁴ bringen または 物⁴ in *Schwung* bringen《口語》物⁴を活気づける / in *Schwung* sein《口語》a) 機嫌がよい, b) 好調である, 景気がよい, c) (仕事などが)はかど[ってい]る / in *Schwung* kommen《口語》a) 機嫌がよくなる, b) 好調になる, 景気がよくなる, c) (仕事などが)はかどる / mit viel *Schwung* 大張り切りで. ③〖複 なし〗《口語》多数, 多量. ein *Schwung* Schulkinder 大勢の学童たち.

Schwün·ge [シュヴュンゲ] ＊Schwung (揺れ) の 複

schwung·haft [シュヴングハフト] 形 (商売などが)活気のある, 活発な. einen *schwunghaften* Handel [mit 物³] treiben 活発に[物³を]取り引きする

Schwung=kraft [シュヴング・クラフト] 女 -/ ..kräfte ①《物》遠心力. ②《比》活気, 活力.

schwung·los [シュヴング・ろース] 形 ① 活気(元気)のない. ② 躍動感(迫力)のない.

Schwung=rad [シュヴング・ラート] 中 -[e]s/..räder《工》はずみ車.

schwung=voll [シュヴング・ふォる] 形 ① 躍動感(迫力)のある, 熱の込もった. ② 勢いのいい(身ぶりなど). ③ 流れるような弧を描いた(筆跡・模様など).

schwupp! [シュヴップ ʃvúp] 間 (すばやい運動の音に)さっ, ぱっ.

schwur [シュヴァー] ＊schwören (誓う)の 過去

＊*der* **Schwur** [シュヴーァ ʃvúːr] 男 (単2) -[e]s/(複) Schwüre [シュヴューレ] (3格のみ Schwüren) 誓い, 誓約, 宣誓. (英 oath). einen *Schwur* brechen (halten) 誓いを破る(守る) / einen *Schwur* leisten (または tun) 誓いをたてる / die Hand⁴ zum *Schwur* erheben 宣誓のために手を上げる.

schwü·re [シュヴューレ] ＊schwören (誓う)の 接2

Schwü·re [シュヴューレ] ＊Schwur (誓い)の 複

Schwur=ge·richt [シュヴーァ・ゲリヒト] 中 -[e]s/-e 陪審裁判所.

Schwyz [シュヴィーツ ʃvíːts] 中 -/《地名・都市名》シュヴィーツ(スイス 26 州の一つ, またその州都: ☞ 地図 D-5).

Sci·ence·fic·tion [サイエンス・フィクション sáɪəns-fɪkʃən] [英] 女 -/ サイエンスフィクション, SF.

s. d.《略》① [ズィー[エ] ディース] これを見よ(参照せよ) (=sieh[e] dies!). ② [ズィー[エ] ドルト] 同項(同書)参照 (=sieh[e] dort!).

SDR [エス・デー・エル]《略》南ドイツ放送[局] (=Süddeutscher Rundfunk).

Se [エス・エー]《化・記号》セレン (=Selen).

Se. [ザイネ]《略》(高位の男性に対する尊称に添えて:) *Se.* Exzellenz 閣下 (=Seine).

Seal [ズィーる síːl] [英] 男 中 -s/-s あざらしの皮[で作ったコート].

Se·bas·ti·an [ゼバスティアン zebástian] -s/《男名》ゼバスティアン.

sec《略》① [ゼクンデ] 秒 (=Sekunde). ②

[ゼーカンス] 《数》セカント, 正割 (=Sekans).

*__sechs__ [ゼクス zéks] 数 《基数; ふつう無語尾で》 6 [の]. (英 six). *sechs* Personen 6 名の人々 / **zu** *sechsen* 6 人で / Es ist halb *sechs*. 5 時半です.

__Sechs__ [ゼクス] 女 -/-en (数字の)6; (トランプ・さいころの)6[の目]; (成績評価の)6;《口語》(バス・電車などの)6番[系統].

__Sechs・ach・tel=takt__ [ゼクスアハテル・タクト] 男 -[e]s/ 《音楽》8 分の 6 拍子.

__Sechs=eck__ [ゼクス・エック] 中 -[e]s/-e 6 角形.
__sechs=eckig__ [ゼクス・エッキヒ] 形 6 角形の.

__Sech・ser__ [ゼクサァ zéksər] 男 -s/- 《口語》① 《方》5 ペニヒ硬貨 (昔の 6 グロッシェン硬貨). nicht für einen *Sechser* 少しも…ない. ② (数字くじの当たりの)六つの数字. ③ 《方》(数字の)6; (さいころの)6[の目]; (成績評価の)6; (バス・電車などの)6 番[系統].

__sech・ser・lei__ [ゼクサァらイ zéksərlái] 形 《無語尾で》6 種[類]の, 6 通りの.

__sechs=fach__ [ゼクス・ファッハ] 形 6 倍の, 6 重の.

__sechs=hun・dert__ [ゼクス・フンダァト] 数 《基数; 無語尾で》600 [の].

__sechs=jäh・rig__ [ゼクス・イェーリヒ] 形 《付加語としてのみ》6 歳の; 6 年[間]の.

__sechs=mal__ [ゼクス・マール] 副 6 度, 6 回; 6 倍.

__sechs=ma・lig__ [ゼクス・マーリヒ] 形 《付加語としてのみ》6 回の; 6 倍の.

__sechs=mo・na・tig__ [ゼクス・モーナティヒ] 形 《付加語としてのみ》生後 6 か月の; 6 か月[間]の.

__sechs=mo・nat・lich__ [ゼクス・モーナトリヒ] 形 6 か月(半年)ごとの.

__sechs=sai・tig__ [ゼクス・ザイティヒ] 形 6 弦の(弦楽器など).

__sechs=sei・tig__ [ゼクス・ザイティヒ] 形 《付加語としてのみ》6 面の, 6 辺の, 6 角[形]の; 6 ページある.

__sechs=stö・ckig__ [ゼクス・シュテッキヒ] 形 7 階建ての;《方》6 階建ての.

*__sechst__ [ゼクスト zékst] 数 《sechs の序数; 語尾変化は形容詞と同じ》第 6 [番目]の. (英 sixth). **zu** *sechst* 6 人で.

__Sechs・ta・ge=ren・nen__ [ゼクスターゲ・レンネン] 中 -s/- (自転車競技の)6 日間耐久レース.

__sechs=tä・gig__ [ゼクス・テーギヒ] 形 《付加語としてのみ》6 日[間]の.

__sechs=tau・send__ [ゼクス・タオゼント] 数 《基数; 無語尾で》6,000 [の].

__sechs・tel__ [ゼクステる zékstəl] 数 《分数; 無語尾で》6 分の 1 [の].

__Sechs・tel__ [ゼクステる] 中 (ｽｲｽ: 男) -s/- 6 分の 1.

__sechs・tens__ [ゼクステンス zékstəns] 副 第 6 に, 6 番目に.

__Sechs=und=sech・zig__ [ゼクス・ウント・ゼヒツィヒ] 中 -/ (ﾄﾗﾝﾌﾟ) 66 (トランプのゲーム).

*__sech・zehn__ [ゼヒ・ツェーン zéç-tse:n] 数 《基数; 無語尾で》16 [の]. (英 sixteen). Er ist *sechzehn* Jahre alt. 彼は 16 歳です.

__sech・zehnt__ [ゼヒ・ツェーント zéç-tse:nt] 《序数》第 16 [番目]の.

__sech・zehn・tel__ [ゼヒ・ツェーンテる zéç-tse:ntəl] 数 《分数; 無語尾で》16 分の 1 [の].

__Sech・zehn・tel__ [ゼヒ・ツェーンテる] 中 (ｽｲｽ: 男) -s/- 16 分の 1.

__Sech・zehn・tel=no・te__ [ゼヒツェーンテる・ノーテ] 女 -/-n 《音楽》16 分音符.

__Sech・zehn・tel=pau・se__ [ゼヒツェーンテる・パオゼ] 女 -/-n 《音楽》16 分休符.

*__sech・zig__ [ゼヒツィヒ zéçtsıç] 数 《基数; 無語尾で》60 [の]. (英 sixty).

__sech・zi・ger__ [ゼヒツィガァ zéçtsıgər] 形 《無語尾で》60 歳[代]の; 60 年[代]の. die *sechziger* Jahre a) 60 代, b) (ある世紀の)60 年代 / in den *sechziger* Jahren vorigen Jahrhunderts 前世紀の 60 年代に.

__Sech・zi・ger__ [ゼヒツィガァ] 男 -s/- ① 60 歳[代]の男性. ② 《複》60 [歳]代; (ある世紀の)60 年代. ③ [19]60 年産のワイン;《口語》60 ペニヒの切手.

__sech・zig=jäh・rig__ [ゼヒツィヒ・イェーリヒ] 形 《付加語としてのみ》60 歳の; 60 年[間]の.

__sech・zigst__ [ゼヒツィヒスト zéçtsıçst] 数《序数》第 60 [番目]の.

__sech・zigs・tel__ [ゼヒツィヒステる zéçtsıçstəl] 数 《分数; 無語尾で》60 分の 1 [の].

__Se・cond・hand=la・den__ [セカンドハンド・らーデン] 男 -s/..läden (衣服の)リサイクルショップ.

__SED__ [エス・エー・デー] 《略》(旧東ドイツの)ドイツ社会主義統一党 (=Sozialistische Einheitspartei Deutschlands).

__se・da・tiv__ [ゼダティーふ zedatí:f] 形 《医》鎮静作用のある, 興奮を静める.

__Se・di・ment__ [ゼディメント zedimént] 中 -[e]s/-e ① 《地学》堆積(ﾀｲｾｷ)物. ② 《化・医》沈殿物, 沈渣(ﾁﾝｻ).

__se・di・men・tär__ [ゼディメンテーァ zedimentέ:r] 形 《地学》沈積によって生じた, 堆積(ﾀｲｾｷ)性の.

*__der See__[1] [ゼー zé:]

| 湖 | Wir baden immer im *See*.
 ヴィーァ バーデン インマァ イム ゼー
 私たちはいつも湖で泳ぎます. |

男 (単 2) -s/(複) Seen [ゼーエン] 湖. (英 lake). ein stiller *See* 静かな湖 / ein künstlicher *See* 人工湖 / ein Haus **am** *See* 湖畔の家 / **an** einem *See* campen 湖畔でキャンプをする / **auf** einem *See* segeln 湖でヨットに乗る.

*__die See__[2] [ゼー zé:]

| 海 | Ich fahre im Urlaub an die *See*.
 イヒ ファーレ イム ウーァらオプ アン ディ ゼー
 私は休暇に海へ行きます. |

女 (単) -/(複) Seen [ゼーエン] ① 《複なし》海.

(英 sea). eine tobende *See* 荒れ狂う海 / die offene *See* 公海 / **an** die *See* reisen 海辺へ旅行する / eine Stadt an der *See* 海辺の町 / **auf** *See* 海上(船上)で / auf hoher *See* 外洋に / in *See* gehen (または stechen) 出航する / **zur** *See* fahren 船乗りである / zur *See* gehen《口語》船員になる / der Handel zur *See* 海上貿易 / ein Leutnant zur *See*《軍》海軍少尉. (ロァ 類語 Meer).
② 《海》波[の動き], うねり; 高波.

See⹀ad·ler [ゼー・アードゥラァ] 男 -s/-《鳥》オジロワシ.

See⹀bad [ゼー・バート] 中 -(e)s/..bäder 海辺の保養地; 海水浴場; 海水浴.

See⹀bär [ゼー・ベーァ] 男 -en/-en ① 《動》オットセイ. ② 《海》(突然の)大波, 津波. ③ 《口語・戯》老練な船乗り.

See⹀be·ben [ゼー・ベーベン] 中 -s/-《地学》海底地震, 海震.

See·ele·fant, See⹀ele·fant [ゼー・エレふァント] 男 -en/-en 《動》ゾウアザラシ.

See⹀fah·rer [ゼー・ふァーラァ] 男 -s/- 船乗り (特に帆船の船長).

See⹀fahrt [ゼー・ふァールト] 女 -/-en ① 《複なし》(貿易のための)渡航. ② 航海.

See·fahrt⹀schu·le [ゼーふァールト・シューれ] 女 -/-n 商船学校.

see⹀fest [ゼー・ふェスト] 形 ① 航海に適した (船). ② 船に酔わない. ③ 船が揺れても倒れない(食器・積み荷など).

See⹀fisch [ゼー・ふィッシュ] 男 -(e)s/-e 海水魚. (ロァ「淡水魚」は Süßwasserfisch).

See⹀gang [ゼー・ガング] 男 -(e)s/- 波立つこと; 波浪. hohen (または starken) *Seegang* haben 波が荒い.

See⹀ge·fecht [ゼー・ゲふェヒト] 中 -(e)s/-e [小]海戦.

See⹀gras [ゼー・グラース] 中 -es/..gräser 《植》アマモ属.

See⹀gur·ke [ゼー・グルケ] 女 -/-n 《動》ナマコ.

See⹀ha·fen [ゼー・ハーふェン] 男 -s/..häfen ① 海港. ② 港町.

See⹀han·del [ゼー・ハンデる] 男 -s/ 海外貿易.

See⹀herr·schaft [ゼー・ヘルシャふト] 女 -/《法》海上権;《軍》制海権.

See⹀hund [ゼー・フント] 男 -(e)s/-e ① 《動》アザラシ. ② 《複なし》あざらしの毛皮.

See⹀igel [ゼー・イーゲる] 男 -s/- 《動》ウニ.

See⹀jung·frau [ゼー・ユングふラオ] 女 -/-en 《神》人魚.

See⹀kar·te [ゼー・カルテ] 女 -/-n 海図.

see⹀klar [ゼー・クらール] 形 《海》(船が)出航(出帆)準備の整った.

See⹀kli·ma [ゼー・クりーマ] 中 -s/《地理》海洋性気候.

see⹀krank [ゼー・クランク] 形 船酔いした.

See⹀krank·heit [ゼー・クランクハイト] 女 -/ 船酔い.

See⹀krieg [ゼー・クリーク] 男 -(e)s/-e 海戦.

See⹀kuh [ゼー・クー] 女 -/..kühe 《動》カイギュウ.

See⹀lachs [ゼー・らクス] 男 -es/-e《魚》タラ[科の魚].

See·land [ゼー・らント zé:-lant] 中 -s/《島名》シェラン島(デンマーク領. 首都コペンハーゲンがある).

‡**die See·le** [ゼーれ zé:lə] 女 (単) -/(複) -n ① 心, 精神. (英 mind). (ロァ「肉体」は Leib). Leib und *Seele* 肉体と精神, 心身 / eine zarte *Seele* 優しい心 / Sie hat keine *Seele*. 彼女には人の心というものがない / eine schwarze *Seele*[4] haben 心根がよくない / Die beiden sind ein Herz und eine *Seele*. その二人は一心同体である / sich[3] die *Seele*[4] aus dem Leib reden《口語》熱を込めて語る (←肉体の中から心を引き出して) / sich[3] die *Seele*[4] aus dem Leib schreien《口語》ありったけの声を振り絞って叫ぶ / j[3] die *Seele*[4] aus dem Leib fragen《口語》j[3]に根掘り葉掘り質問する.

◇《前置詞とともに》j[3] 軍[4] **auf** die *Seele* binden j[3]に 軍[4]を心にかけるように切に頼む / Es fällt mir schwer auf die *Seele*. または Es liegt mir auf der *Seele*. それが私には気がかりだ / j[3] **auf** der *Seele* knien《口語》j[3]に切望する / **aus** ganzer (または tiefster) *Seele* 心の底から / Du sprichst mir aus der *Seele*. 《口語》君の言うことは私の言いたいことと同じだ / **in** tiefster (または in der) *Seele* 心の奥底で / **mit** ganzer *Seele* 心をこめて, 衷心から / mit Leib und *Seele* 身も心も, 全身全霊をあげて / sich[3] 軍[4] **von** der *Seele* reden 軍[4](悩みなど)を語って気持ちを軽くする.

② 魂, 霊魂. (英 soul). Der Mensch besitzt (または hat) eine *Seele*. 人間には魂がある / die *Seele*[4] erlösen 魂を救済する / Meiner *Seel*[e]!《南ドィッ・ォーストリァ》a) これは驚いた, b) 誓って言うね.

③ 人, 人間. Er ist eine treue *Seele*. 彼は誠実な人だ. ④ 中心となる人, 中心人物. Seine Frau ist die *Seele* des Hauses. 彼の奥さんは家庭の中心人物だ. ⑤ 《軍》銃腔(じゅうこう);《音楽》(弦楽器の)魂柱.

See·len⹀amt [ゼーれン・アムト] 中 -(e)s/..ämter (カトリック) 死者のためのミサ, レクイエム (= Seelenmesse).

See·len⹀frie·den [ゼーれン・ふリーデン] 男 -s/ 心の平安.

See·len⹀grö·ße [ゼーれン・グレーセ] 女 -/ 心(精神)の偉大さ, 気高さ.

See·len⹀heil [ゼーれン・ハイる] 中 -(e)s/《宗教》魂の救い.

See·len⹀le·ben [ゼーれン・れーベン] 中 -s/《雅》(内面的な)精神生活.

see·len⹀los [ゼーれン・ろース] 形 ① 魂(精神)を持たない. ② 《雅》心(感情)の込もっていない, 温かみのない.

See·len⹀mes·se [ゼーれン・メッセ] 女 -/-n (カトリック) 死者のためのミサ, レクイエム.

See·len⹀qual [ゼーれン・クヴァーる] 女 -/-en

《雅》苦悩, 懊悩(おう).

See·len=ru·he [ゼーレン・ルーエ] 囡 -/ 魂の平安, 心の落ち着き. **in aller** *Seelenruhe* 落ち着きはらって.

see·len=ru·hig [ゼーレン・ルーイヒ] 形 落ち着きはらった, 平然とした.

see·len**ver·gnügt** [ゼーレン・フェァグニュークト] 形 心から満足した, 心から喜んでいる.

See·len=ver·käu·fer [ゼーレン・フェァコイファァ] 男 -s/- ① 《海》ぼろ船. ②《口語》(金のためなら平気で他人を裏切る)人でなし, とんでもないやつ; (植民地行きの兵士, 特に水夫を集める)人買い.

see·len=ver·wandt [ゼーレン・フェァヴァント] 形 似たような気質の, 心情の似た.

See·len=ver·wandt·schaft [ゼーレン・フェァヴァントシャフト] 囡 -/ 精神的共通性, 相性.

see·len=voll [ゼーレン・フォる] 形 《雅》心(感情)の込もった, 温かみのある.

See·len=wan·de·rung [ゼーレン・ヴァンデルング] 囡 -/-en《宗》輪廻(りん).

See=leu·te [ゼーろイテ] 覆 Seemann (船乗り)の覆.

see·lisch [ゼーりッシュ zé:lɪʃ] 形 心の, 精神的な, 情緒の. *seelischer* Schmerz 精神的苦痛 / *das seelische* Gleichgewicht⁴ verlieren 心のバランスを失う, 情緒不安定になる.

See=lö·we [ゼー・れーヴェ] 男 -n/-n《動》トド; [クロ]アシカ.

Seel=sor·ge [ゼーる・ゾルゲ] 囡 -/《キリスト教》牧会(魂の世話); 司牧[職].

Seel=sor·ger [ゼーる・ゾルガァ] 男 -s/- 牧会者; 司牧者(牧師など).

See=luft [ゼー・るふト] 囡 -/ (新鮮な)海の空気.

See=macht [ゼー・マハト] 囡 -/..mächte 海軍国.

See=mann [ゼー・マン] 男 -[e]s/..leute 船乗り, (外洋)船員.

see=män·nisch [ゼー・メニッシュ] 形 船乗りの[ような]; 船員用語の.

See=manns=garn [ゼーマンス・ガルン] 中 -[e]s/ 船乗りの冒険話(ほら話). *Seemanns-garn*⁴ spinnen (船乗りが)大げさな冒険談(ほら話)をする.

See=mei·le [ゼー・マイれ] 囡 -/-n《海》海里 (1海里は1852m; 記号: sm).

Se·en [ゼーエン] ＊See¹ (湖), ＊See² (波)の覆.

See=not [ゼー・ノート] 囡 -/ 海難. **Rettung aus** *Seenot* 海難救助 / **in** *Seenot* **geraten** (海で)遭難する.

Se·en=plat·te [ゼーエン・プらッテ] 囡 -/-n《地理》湖沼の多い平原, 湖沼地帯.

See=pferd·chen [ゼー・プフェーァトヒェン] 中 -s/-《動》タツノオトシゴ.

See=räu·ber [ゼー・ロイバァ] 男 -s/- 海賊.

See=räu·be·rei [ゼー・ロイベライ] 囡 -/-en 海賊行為.

See=recht [ゼー・レヒト] 中 -[e]s/《法》海洋法.

See=rei·se [ゼー・ライゼ] 囡 -/-n 船旅, 航海.

See=ro·se [ゼー・ローゼ] 囡 -/-n ①《植》スイレン. ②《動》イソギンチャク.

See=sack [ゼー・ザック] 男 -[e]s/..säcke (船員用の)雑嚢(のう).

See=schiffahrt ☞《新形》Seeschiffahrt

See=schiff·fahrt [ゼー・シフふァールト] 囡 -/ 航海.

See=schlacht [ゼー・シュらハト] 囡 -/-en 海戦.

See=schlan·ge [ゼー・シュらンゲ] 囡 -/-n ①《動》ウミヘビ(海蛇). ②《神》海の怪物.

See=schwal·be [ゼー・シュヴァるべ] 囡 -/-n《鳥》アジサシ.

See=stern [ゼー・シュテルン] 男 -[e]s/-e《動》ヒトデ.

See=streit·kräf·te [ゼー・シュトライトクレふテ] 覆 海軍[兵力].

See=tang [ゼー・タング] 男 -[e]s/-e《植》海藻.

see=tüch·tig [ゼー・テュヒティヒ] 形 航海に適した(船), 耐航性のある.

see=wärts [ゼー・ヴェルツ] 副 海の(沖の)方へ.

See=was·ser [ゼー・ヴァッサァ] 中 -s/ 海水.

See=weg [ゼー・ヴェーク] 男 -[e]s/-e ① 航路. ②《覆 なし》海路.(《さらに》「陸路」は Landweg). **auf dem** *Seeweg* **reisen** 海路で旅行する.

See=wind [ゼー・ヴィント] 男 -[e]s/-e 海風.

See=zei·chen [ゼー・ツァイヒェン] 中 -s/- 航路標識.

See=zun·ge [ゼー・ツンゲ] 囡 -/-n《魚》シタビラメ.

＊*das* **Se·gel** [ゼーゲる zé:gəl] 中 (単2) -s/ (覆) – (3格のみ -n) ① 帆. (《英》sail). **die** *Segel*⁴ **auf|ziehen** (または hissen) 帆を上げる / [die] *Segel*⁴ **setzen**《海》帆を上げる / **die** *Segel*⁴ **ein|ziehen** (または herunter|holen) 帆を下ろす / **Der Wind schwellt die** *Segel*. 風が帆をふくらませる / **die** *Segel*⁴ **streichen**《海》帆を下ろす / **vor** 人・事³ **die** *Segel*⁴ **streichen**《雅・比》人・事³に対して抵抗をあきらめる(屈服する) / **mit vollen** *Segeln* **a**) 帆にいっぱい風をはらんで, **b**)《口語》全力をあげて / **unter** *Segel*《海》帆をあげて / **unter** *Segel* **gehen**《海》出帆する. ② (帆状の)日よけ, 天幕.

Se·gel=boot [ゼーゲる・ボート] 中 -[e]s/-e 小型帆船, ヨット.

se·gel=flie·gen [ゼーゲる・ふりーゲン zé:gəl-fli:gən] 自《不定詞でのみ用いる》グライダーで飛ぶ, 滑空する.

Se·gel=flie·ger [ゼーゲる・ふりーガァ] 男 -s/- グライダー操縦士.

Se·gel=flug [ゼーゲる・ふるーク] 男 -[e]s/..flüge グライダー飛行, 滑空.

Se·gel=flug·zeug [ゼーゲる・ふるークツオイク] 中 -[e]s/-e グライダー.

Se·gel=jacht [ゼーゲる・ヤハト] 囡 -/-en ヨット.

＊**se·geln** [ゼーゲるン zé:gəln] ich segle (segel-te, *ist/hat*...gesegelt) (《英》sail) Ⅰ 自 (sein または haben) ① (s,h) (人・船が)**帆走する**, ヨットに乗って走る; (帆船で)航海する. Das

Schiff *segelt* schnell. その船は帆走スピードが速い / Er *ist* **nach** Schweden *gesegelt*.『現在完了』彼はスウェーデンへヨットで行った / **gegen** den Wind *segeln* 風に逆らって帆走する / **mit** (または **vor**) dem Wind *segeln* 追い風を帆に受けて走る. ◇『距離・区間などを表す4格とともに』Wir *sind* (または *haben*) die Strecke in vier Stunden *gesegelt*.『現在完了』私たちはその区間を4時間で帆走した / eine Regatta¹ *segeln* ヨットレースで帆走する. (⇒ 完了の助動詞は「場所の移動」に重点が置かれるときは sein を,「帆走する行為」に重点があれば haben を用いる). ② (s) (鳥などが) 滑るように飛ぶ, (鳥が) 流れる. Der Adler *segelt* hoch **in** der Luft. 鷲(^{ワシ})が空高く舞っている. ③ (s, h) (グライダーが, 人がグライダーで) 滑空する. ④ (s)〚口語〛落ちる. **aus** der Hängematte *segeln* ハンモックから落ちる / **durch** eine Prüfung *segeln* 試験に落ちる.

II 他 (完了 haben または sein) ① (h, s)(ヨットレースで記録など⁴を) 出す. ② (h)(略)(帆船⁴を) 操縦する, 帆走させる.

III 再帰 (完了 haben) *sich*⁴ *segeln*(ヨットなどが…のぐあいに)帆走する. Die Jacht *segelt sich* gut. このヨットはよく走る. ◇『非人称の *es* を主語として』Bei diesem Sturm *segelt* **es** *sich* schlecht. この暴風だと帆走しにくい.

Se·gel⸗re·gat·ta [ゼーゲる・レガッタ] 女 -/..gatten ヨットレース.

Se·gel⸗**schiff** [ゼーゲる・シふ] 中 -[e]s/-e〚大型〛帆船.

Se·gel⸗**sport** [ゼーゲる・シュポルト] 男 -[e]s/ 帆走スポーツ(ヨットレースなど).

se·gel·te [ゼーゲるテ] *segeln(帆走する)の過去.

Se·gel⸗tuch [ゼーゲる・トゥーフ] 中 -[e]s/-e 帆布, カンバス.

*der **Se·gen** [ゼーゲン zé:gən] 男 (単2) -s/(複) - ① 〚ふつう 単〛〚宗〛祝福 (祈り・言葉・しぐさなどによる). (英 *blessing*). der päpstliche *Segen* 教皇の祝福 / 人³ den *Segen* geben (または erteilen) 人³に祝福を与える / den *Segen* erhalten (または bekommen) 祝福を受ける / über 人・物⁴ den *Segen* sprechen 人・物⁴に対して祝福(祈り)の言葉を唱える. ② 〚複なし〛(神の)加護, 幸運, 幸せ, 成功. 人³ Glück⁴ und [Gottes reichen] *Segen*⁴ wünschen 人³が幸せであるように祈る / Es ist ein *Segen*, dass es nicht regnet. 雨が降らずに幸いだ. ③ 〚複なし〛豊かな収穫. 雨が降らずに幸いだ[の量]. Das ist der ganze *Segen*?《口語》(反語的に:)なんだこれだけか. ④ 〚複なし〛《俗》同意, 承諾. Meinen *Segen* hast du! 私は君の考えに賛成だよ.

(新形)..

Se·gen brin·gend 人々に幸せをもたらす.
....

se·gen⸗brin·gend 形 (新形) Segen bringend ☞ Segen

se·gens⸗reich [ゼーゲンス・ライヒ] 形 ① 祝福に満ちた. ② 恩恵(利益)をもたらす(発明など).

Se·gens⸗wunsch [ゼーゲンス・ヴンシュ] 男 -[e]s/..wünsche 祝福;〚複〛祝福の言葉.

seg·le [ゼーグれ] *segeln(帆走する)の1人称単数 現在

Seg·ler [ゼーグらァ zé:glər] 男 -s/- ① 帆船, ヨット; グライダー. ② 帆走者; ヨット競技者; グライダー飛行士. ③〚鳥〛アマツバメ.

Seg·ment [ゼグメント zεgmént] 中 -[e]s/-e ① (分割されている)部分, 一部. ②〚数〛(円の一部の)弓形; 球欠. ③《動・医》体節, 分節. ④〚言〛(発話などの)分節.

***seg·nen** [ゼーグネン zé:gnən] du segnest, er segnet (segnete, *hat...*gesegnet) 他 (完了 haben) ① (人・物⁴に)祝福する. (英 *bless*). Der Pfarrer *segnet* die Gemeinde. 牧師が礼拝の出席者を祝福する / Gott *segne* dich!〚接1・現在〛神のお恵みがありますように. ② 〚人⁴ **mit** 人・物³ ~〛(雅)(ふつう皮肉って:)(人⁴に人・物³を)授ける, 恵む. Sie *waren* mit vielen Kindern *gesegnet*.『状態受動・過去』彼らはたくさんの子供に恵まれていた. ③ 〚宗教〛(人・物⁴に)十字を切る, (人・物⁴を)聖別する. Brot und Wein⁴ *segnen* (ミサで:)パンとぶどう酒に十字を切って聖別する. ◇『再帰的に』*sich*⁴ *segnen* 十字を切る.

◇☞ gesegnet

seg·ne·te [ゼーグネテ] *segnen(祝福する)の過去

Seg·nung [ゼーグヌング] 女 -/-en ① 祝福して十字を切ること. ②〚ふつう 複〛(ふつう皮肉って:)恵み, 恩恵, たまもの.

se·hen [ゼーエン zé:ən]

見える; 見る

Sehen Sie das Haus dort?
ゼーエン ズィー ダス ハオス ドルト
あそこの家が見えますか.

人称	単	複
1	ich sehe	wir sehen
2	du siehst Sie sehen	ihr seht Sie sehen
3	er sieht	sie sehen

(sah, *hat...*gesehen) I 他 (完了 haben) ① (人・物⁴が)見える, (人・物⁴を)目にする; 経験する. (英 *see*). Ich *sehe* gar nichts. 私は何も見えません / Siehst du dort den Mann mit grauem Haar? あそこにいる白髪の男の人が見えるかい / Ich *habe* dich vorhin auf der Straße *gesehen*. さっき通りで君を見かけたよ / Niemand war zu *sehen*. 人っ子一人見あたらなかった / 人・事⁴ gern *sehen* 人・事⁴を好ましく思う / Ich *kann* das nicht mehr *sehen*!《口語》そんなものはもう見るのもいやだ / Er *hat* einmal bessere Zeiten (または Tage) *gesehen*. 彼には以前もっと幸せな時期があった / Ich *habe*

Sehen

ihn nie so böse *gesehen*. 私は彼がこんなに怒っているのを一度も見たことがない.
◊〖*zu* のない不定詞とともに〗Ich *sehe* ihn Klavier spielen. 彼がピアノを弾いているのが見える / Ich *habe* ihn tanzen *sehen*(まれに *gesehen*).〖現在完了〗私は彼がダンスをしているのを目にした / 軍⁴ kommen *sehen* 軍⁴を予期する.
◊〖*lassen* とともに〗sich⁴ *am* Fenster *sehen lassen* 窓際に姿を見せる / *Lass* dich mal wieder [*bei* uns] *sehen*!〖口語〗また[うちに]顔を見せてくれよ / Diese Leistung kann sich⁴ *sehen lassen*. この成績は人に見せても恥ずかしくない.
② (意識的に)見る, 見物する, 鑑賞する; 参照する. *Haben* Sie den Film schon *gesehen*? その映画をもう見ましたか / Das muss man *gesehen haben*! あれは見ものだったよ / *Lass* [es] mich mal *sehen*! [それを]私に見せてごらん / Es gibt in der Stadt nichts zu *sehen*. その町には何も見るものがない / *Siehe* Seite 20! 20 ページ参照!(略: s. S. 20).
③ 〖人⁴に〗会う, 面会する. Wir *sehen* ihn selten. 私たちは彼にめったに会わない / Ich freue mich, Sie zu *sehen*. お会いできてうれしいです.
◊〖相互的に〗Wann *sehen* wir *uns*? いつ会いましょうか / Wir *haben* uns lange nicht *gesehen*. 久しぶりですね(←長い間会わなかった). (⇨ 類語) treffen.
④ 見てとる, わかる; (人・物⁴を…の見方で)見る, とらえる. alles⁴ negativ *sehen* すべてのことを否定的に見る / Wie *siehst* du das? 君はそれをどう考える? / Ich *sehe*, dass du Recht hast. 私には君の正しいことがわかる / *in* A³ B⁴ *sehen* A³ を B⁴ と見なす ⇒ Sie *sieht* in ihm nur den Gegner. 彼女は彼のことを敵だとしか考えていない. ◊〖目的語なしでも〗Wie ich *sehe*, … 私の見るところでは, … / *Siehst* du! そらごらん(言ったとおりだろう). ◊〖過去分詞の形で〗so *gesehen* そういう見方をすれば.
⑤ (人・物⁴が)目に浮かぶ; (人・物⁴を…だと)思い描く. Ich *sehe* ihn noch deutlich *vor* mir. 私は彼の姿が今でもありありと目に浮かぶ / Sie *sah* ihren Sohn schon *als* großen Künstler. 彼女はもう息子はりっぱな芸術家だと思っていた. ⑥ 見てみる, 考えて(やって)みる; 確かめてみる. *Kannst* du mal *sehen*, wer geklopft hat? だれがノックしたのかちょっと見ておくれ / Ich *will sehen*, was ich für dich tun kann. 君のために私に何ができるか考えてみよう. ◊〖目的語なしでも〗*Mal sehen*. (成り行きを)まあ見てみよう. ⑦〖従属文とともに〗(…になるように)心がける. Wir *müssen sehen*, dass wir pünktlich sind. 私たちは時間厳守するようにしないといけない.

II 自(完了 haben) ① 目が見える. Ich *sehe* gut (schlecht). 私は目がいい(悪い) / Wenn ich nicht *sehe*, … 私の見誤りでなければ, …
② 〖方向を表す副詞(…へ)〗目をやる, 視線を向ける. *auf* die Uhr *sehen* 時計に目をやる / *aus* dem Fenster *sehen* 窓から外を見る / *durch* die Brille *sehen* 眼鏡越しに見る / Er *sah* ihr fest *in* die Augen. 彼は彼女の目をじっと見つめた / *in* die Zukunft *sehen*(比)将来を見通す / *nach* oben *sehen* 上の方を見る / *vor* sich⁴ hin *sehen* ぼんやりと前方を見る / *zum* Himmel *sehen* 空を見上げる / *Sieh* da! うへーっ, ひゃー.
③ 〖*aus* 物³ ~〗(物³から少し)見えている, のぞいている. Das Boot *sah* nur ein Stück aus dem Wasser. ボートは一部分だけが水面から見えていた. ④ 〖*auf* 物⁴ (または *nach* 物³) ~〗(物⁴(または物³)に)面している. Die Fenster *sehen auf* den Garten(または *nach* den Garten). 窓は庭に面している. ⑤〖*nach* 人・物 ~〗(人・物³の)世話をする, ぐあいを見る. nach dem Kranken *sehen* 病人の世話をする / nach der Suppe *sehen* スープの出来ぐあいを見てみる. ⑥〖*auf* 人・事⁴ ~〗(人・事⁴を)重視する, (人・事⁴)に価値をおく; (方) (人・事⁴)に気をつける. Er *sieht* nur aufs Geld. 彼はお金のことしか考えていない. ⑦〖成句的に〗(人)³ ähnlich *sehen* a)(人)³に似て見える, b)《口語》(事柄が)いかにも人³らしい.

III 再帰 (完了 haben) sich⁴ *sehen* ① (…になるほど)見る. Ich kann mich *an* den Bildern nicht satt *sehen*. 私はそれらの絵をいくら見ても見飽きない. ② (自分が…だと)わかる, 思う. Ich *sah* mich betrogen. 私は自分がだまされたことがわかった / Wir *sehen* uns genötigt (または gezwungen), das Haus zu verkaufen. 私たちはこの家を売らざるを得ない.

類語 *sehen*:「見る」という意味で最も一般的な語. **schauen**: 南ドイツ・オーストリアなどで *sehen* の代わりに用いられる. **blicken**: (関心を持って何かあるものに)視線を向ける. **betrachten**: (じっくりと)眺める. **beobachten**: (注意深く)観察する. **starren**: 凝視する. ins Leere *starren* 空(くう)を見つめる. **gucken**: 《口語》(珍しいもの, 興味をおこさせるものを)見る. *Guck* mal, was ich hier habe! ぼくがここに持っているものを見てごらん.

Se·hen [ゼーエン] 中 -s/ 見る(見える)こと; 視覚. Ich kenne ihn nur *vom Sehen*. 私は彼の顔だけは知っている.

se·hens̲wert [ゼーエンス・ヴェーアト] 形 見る価値のある, 一見に値する.

se·hens̲wür·dig [ゼーエンス・ヴュルディヒ] 形 =sehenswert

die **Se·hens̲wür·dig·keit** [ゼーエンス・ヴュルディヒカイト zéːəns-vyrdɪçkaɪt] 女 (単)-/(複)-en 名所, 一見に値するもの(芸術作品・建造物など). die *Sehenswürdigkeiten* einer Stadt² besichtigen 町の名所を見物する.

Se·her [ゼーアァ zéːər] 男 -s/- ① 予言者, 千里眼. (⚥ 女性形は Seherin). ②(狩)(うさぎ・きつねなどの)目. ③(複)で《口語》(人間の)目.

se·he·risch [ゼーエリッシュ zéːərɪʃ] 形 予言(予言)的な.

Seh∻feh・ler [ゼー・ふェーらァ] 男 -s/- 視覚(視力)障害.

Seh∻kraft [ゼー・クラふト] 女 -/ 視力.

sehn [ゼーン zéːn] =sehen

Seh・ne [ゼーネ zéːnə] 女 -/-n ① [医] 腱(けん). Achillessehne アキレス腱 / sich³ eine Sehne⁴ zerren 筋を違える. ② (弓の)弦. ③ [数] 弦.

*__seh・nen__ [ゼーネン zéːnən] (sehnte, hat... gesehnt) 再帰 (完了 haben) 《sich⁴ nach 人・物³ ～》《人・物³》にあこがれる, 《人・物³》を慕う, 切望する. (英 long for). Er sehnte sich nach ihr. 彼は彼女に恋い焦がれた / sich⁴ nach Frieden sehnen 平和を渇望する / sich⁴ nach Hause sehnen ホームシックにかかる.

Seh・nen∻zer・rung [ゼーネン・ツェルング] 女 -/-en [医] 筋違え, 腱挫倒(けんざしょう).

Seh∻nerv [ゼー・ネルふ] 男 -s (または -en)/-en 視神経.

seh・nig [ゼーニヒ zéːnɪç] 形 ① 筋の多い(肉). ② 筋骨たくましい.

sehn・lich [ゼーンリヒ] 形 心からの, 切なる. mein sehnlichster Wunsch 私の切なる願い / 人⁴ sehnlich[st] erwarten 人⁴を待ち焦がれる.

*__die Sehn∻sucht__ [ゼーン・ズフト zéːn-zʊxt] 女 -/ (単) -/(複) ..süchten あこがれ, 憧憬(しょうけい), 渇望. (英 longing). eine glühende Sehnsucht 燃えるようなあこがれ / Sehnsucht in die Ferne 遠い所へのあこがれ / Sehnsucht nach der Heimat (または nach Hause) 望郷の念, 郷愁 / Sehnsucht⁴ nach 人・物³ haben 《人・物³》にあこがれている / Du wirst schon mit Sehnsucht erwartet. 《受動・現在》《口語》 みんな君をもう待ち焦がれているよ.

sehn・süch・tig [ゼーン・ズュヒティヒ zéːn-zʏç-tɪç] 形 あこがれた, 切望している, 思い焦がれた. mit sehnsüchtigen Augen あこがれのまなざしで / 人⁴ sehnsüchtig erwarten 人⁴を待ち焦がれる.

sehn・suchts∻voll [ゼーンズフツ・ふォる] 形 《雅》 あこがれた, 切望している, 思い焦がれた (= sehnsüchtig).

sehn・te [ゼーンテ] *sehnen (再帰 で: あこがれる)の 過去

*__sehr__ [ゼーァ zéːr]

非常に Das tut mir sehr Leid.
ダス トゥート ミァ ゼーァ らイト
それはたいへんお気の毒です.

副 (比較 mehr, 最上 am meisten) 非常に, とても, たいへん. (英 very). Sehr gut! たいへん結構, すばらしい / Er ist sehr reich. 彼はたいへんな金持ちだ / nicht sehr あまり…でない ⇒ Er ist nicht sehr klug. 彼はたいして利口ではない / Danke sehr! どうもありがとう / Bitte sehr! はどういたしまして, b) どうぞ / Er bestand die Prüfung mit „sehr gut". 彼は「優」の成績で試験に合格した / Sehr geehrter Herr Müller! (手紙の冒頭で)拝啓ミュラー様 / Sie hat sehr geweint. 彼女はたいへう泣いた / Ich weiß [es] sehr wohl, dass … 私は…のことをたいへんよく(詳しく)知っている.

Seh∻schär・fe [ゼー・シェルふェ] 女 -/-n 視力.

Seh∻ver・mö・gen [ゼー・フェァメーゲン] 中 -s/ 視力, 視覚.

*__sei__ [ザイ záı] I *sein¹ (…である)の du に対する 命令. Sei brav! お行儀よくしなさい.
II *sein¹ (…である)の 接I ① 《間接話法で》…であると. Er sagte, seine Mutter sei krank. 彼は母親が病気だと言った. ② 《命令・要求・とり決め》…であれ; …とする. Seien Sie still! 静かにしなさい / Seien Sie so gut und helfen Sie mir! すみませんが手伝っていただけませんか / Die Strecke AB sei 5 cm. 線分 AB の長さは5センチとする. ③ 《仮定》…であろうと. Wie dem auch sei, man muss ihm helfen. (事態が)どうであろうと彼を助けてやらなければならない / sei es heute, sei es morgen きょうにせよあしたにせよ. ④ 《成句的に》 Gott³ sei Dank! 《口語》やれやれ(←神に感謝あれ) / Es sei denn, [dass]… …の場合は別として.
(※ 完了の助動詞 ☞ sein¹ II A; 状態受動の助動詞 ☞ sein¹ II B)

*__seicht__ [ザイヒト záıçt] 形 (比較 seichter, 最上 seichtest) ① (川などが)浅い. (※ 「深い」は tief). (英 shallow). ein seichter Teich 浅い池 / Der Fluss ist hier seicht. その川はここで浅くなっている. ② 《比》中身のない, 浅薄な, 皮相な. ein seichter Mensch 浅薄な人間 / ein seichtes Gerede 中身のないおしゃべり.

Seicht・heit [ザイヒトハイト] 女 -/-en ① 《複なし》浅いこと; 《比》陳腐, 浅薄, 皮相. ② 浅薄な言葉.

*__seid__ [ザイト záıt] I *sein¹ (…である)の 2 人称複数 現在. Seid ihr Studenten? 君たちは大学生なの? II *sein¹ (…である)の ihr に対する 命令. Seid still! 静かに!
(※ 完了の助動詞 ☞ sein¹ II A; 状態受動の助動詞 ☞ sein¹ II B).

*__die Sei・de__ [ザイデ záıdə] 女 (単) -/(複) -n 絹, 絹糸; 絹布, 絹織物. (英 silk). reine Seide 純絹 / künstliche Seide 人絹, レーヨン / rohe Seide 生糸(きいと) / ein Kleid aus Seide 絹のドレス / Ihr Haar ist so weich wie Seide. 彼女の髪の毛は絹のように柔らかい.

Sei・del [ザイデる záıdəl] 中 -s/- ① (ビールの)ジョッキ. ② 《古》ザイデル(南ドイツの昔の液量単位; 0.3〜0.5 リットル).

Sei・del∻bast [ザイデる・バスト] 男 -[e]s/-e [植] ジンチョウゲ.

*__sei・den__ [ザイデン záıdən] 形 ① 《付加語としてのみ》絹[製]の. eine seidene Krawatte 絹のネクタイ. ② 絹のような. Ihr Haar glänzte seiden. 彼女の髪は絹のように輝いていた.

Sei・den∻fa・den [ザイデン・ふァーデン] 男 -s/..fäden 絹糸.

Sei・den∻glanz [ザイデン・グらンツ] 男 -es/ 絹

の[ような]光沢.
Sei·den=pa·pier [ザイデン・パピーァ] 中 -s/-e （包み紙などに用いる薄い透明な薄葉(ﾊﾟﾋﾟｰ)紙.
Sei·den=rau·pe [ザイデン・ラオペ] 女 -/-n （昆）カイコ(蚕).
Sei·den=spin·ner [ザイデン・シュピンナァ] 男 -s/- （昆）カイコガ(蚕蛾).
Sei·den=spin·ne·rei [ザイデン・シュピンネライ] 女 -/-en 絹紡績[工場].
Sei·den=stra·ße [ザイデン・シュトラーセ] 女 -/-n （史）（中国から西アジアに渡る）シルクロード.
Sei·den=strumpf [ザイデン・シュトルンプふ] 男 -[e]s/..strümpfe 絹の靴下（ストッキング）.
sei·den=weich [ザイデン・ヴァイヒ] 形 絹のように柔らかな.
sei·dig [ザイディヒ záidiç] 形 絹のような. _seidige Haare_ 絹のように柔らかくて光沢のある髪.
sei·en [ザイエン záiən] ☞ sei II
sei·end [ザイエント] *sein¹（…である）の 現分
✻ _die_ **Sei·fe** [ザイふェ záifə]

> せっけん　Gib mir mal die _Seife_!
> ギーブ ミァ マーる ディ ザイふェ
> ちょっとそのせっけんを取ってよ.

女 （単）-/（複）-n ① せっけん．（英 soap）. Bade_seife_ 浴用せっけん / ein Stück _Seife_ せっけん1個 / Die _Seife_ schäumt. せっけんが泡立つ / Wasch dir die Hände mit _Seife_! せっけんで手を洗いなさい．② 《地学》（金・ダイヤモンドなどの）砂鉱床.
sei·fen [ザイふェン záifən] 他 (h) ① 《方》《物》⁴をせっけんで洗う．② 《地学》洗鉱する.
Sei·fen=bla·se [ザイふェン・ブらーゼ] 女 -/-n シャボン玉；《比》はかない夢（計画）. _Seifenblasen_⁴ machen シャボン玉をつくる.
Sei·fen=kis·te [ザイふェン・キステ] 女 -/-n 《口語》（子供が組み立てた）木製カート.
Sei·fen=lau·ge [ザイふェン・らオゲ] 女 -/-n せっけん水（液）.
Sei·fen=oper [ザイふェン・オーバァ] 女 -/-n 《隠語》ソープドラマ，（テレビなどの）メロドラマシリーズ（洗剤会社がスポンサーになったことから）.
Sei·fen=pul·ver [ザイふェン・プるふァァ] 中 -s/- 粉せっけん.
Sei·fen=schaum [ザイふェン・シャオム] 男 -[e]s/ せっけんの泡.
Sei·fen=was·ser [ザイふェン・ヴァッサァ] 中 -s/ せっけん水.
sei·fig [ザイふィヒ záifiç] 形 ① せっけんだらけの．② せっけんのような（匂い・味など）.
sei·hen [ザイエン záiən] 他 (h) （液体⁴を）こす, ろ過する.
✻ _das_ **Seil** [ザイる záil] 中 （単2）-[e]s/（複）-e （3格のみ -en) ロープ，綱；ザイル．（英 rope）. Draht_seil_ ワイヤロープ / ein _Seil_⁴ spannen ロープを張る / Das _Seil_ reißt. ロープがちぎれる / 物⁴ an （または mit) einem _Seil_ hoch|ziehen 物⁴をロープで引き上げる / Das ist ein Tanz auf dem _Seil_. 《比》それは危険な企てだ（←綱の

上での踊り）/ über das _Seil_ springen （子供が）縄跳びをする.
Seil=bahn [ザイる・バーン] 女 -/-en ケーブルカー, ロープウェイ.
Seil=schaft [ザイるシャふト] 女 -/-en ① （1本のロープで結びあった）登山隊，ザイルパーティー．② （政治的な）同志.
seil=sprin·gen* [ザイる・シュプリンゲン záil-ʃprɪŋən] 自 (s, h) 《不定詞・過去分詞でのみ用いる》（特に子供が）縄跳びをする.
Seil=sprin·gen [ザイる・シュプリンゲン] 中 -s/ （子供の）縄跳び.
seil|tan·zen [ザイる・タンツェン záil-tantsən] 自 (h, s) 《不定詞・過去分詞でのみ用いる》綱渡りをする.
Seil=tän·zer [ザイる・テンツァァ] 男 -s/- 綱渡り師. （☞ 女性形は Seiltänzerin).
✻ **sein¹**✻ [ザイン záin]

> …である　Ich _bin_ Japaner.
> イヒ　ビン　ヤパーナァ
> ぼくは日本人です．

現在人称変化
人称	単	複
1	ich bin	wir sind
2	du bist / Sie sind	ihr seid / Sie sind
3	er ist	sie sind

過去人称変化
人称	単	複
1	ich war	wir waren
2	du warst / Sie waren	ihr wart / Sie waren
3	er war	sie waren

(war, _ist_...gewesen) **I** 自 (定了 sein) ① …である，…だ．（英 be). Sie _ist_ jung. 彼女は若い / Wie alt _bist_ du? 君は何歳なの / Das Wetter _ist_ schlecht. 天気が悪い / Er _ist_ Lehrer. 彼は教師だ / Sie _ist_ Deutsche. 彼女はドイツ人です．（☞ 職業・国籍などを表す場合はふつう無冠詞の名詞を用いる）/ Zwei und drei _ist_ fünf. 2足す3は5 / das _ist_ すなわち, つまり (略: d. i.; =das heißt).
◇《前置詞とともに》Er _ist_ außer sich³ vor Freude. 彼は喜びのあまりわれを忘れている / Er _ist_ beim Essen. 彼は食事中だ / Ich _bin_ für （gegen） diesen Plan. 私はこの計画に賛成だ（反対だ）/ Alles _ist_ in Ordnung. すべてオーケーだ / Er _ist_ ohne Geld. 彼は無一文だ．
◇《副詞とともに》Das Fenster _ist_ auf. 窓が開いている / Das Konzert _ist_ aus. コンサートが終わった / Das Geschäft _ist_ schon zu. その店はもう閉まっている．
◇《2格とともに》Er _ist_ guter Laune. 彼は上機嫌だ / Ich _bin_ der Meinung, dass... 私は…という意見だ．

◇〖非人称の **es** を主語として〗Es *ist* acht Uhr. 8時です / Es *ist* schon spät. もう遅い / Es *war* Winter. 冬だった / Es *ist* kalt hier. ここは寒い / Wie *war* es in Spanien? スペインはどうでしたか.

◇〖**es** *ist* 人³…の形で〗人³は…の気持ち(感じ)がする ⇨ Es *ist* mir kalt. または Mir *ist* kalt. 私は寒い / Mir *ist* übel. 私は気分が悪い / Es *ist* mir (または Mir *ist*), als ob ich ihn schon einmal gesehen hätte. 私は彼に前に一度会ったような気がする / Mir *ist* heute nicht **nach** Arbeiten.《口語》私はきょうは仕事をする気になれない. (⌦ es は文頭以外ではふつう省かれる).

② (…に)ある, いる, 存在する. Wo *ist* hier die Post? この辺りで郵便局はどこにありますか / Wer *ist* da? ─ Ich *bin*'s (=*bin* es). そこにいるのはだれですか ─ 私です / Ich denke, also *bin* ich. われ思う, ゆえにわれあり(デカルトの言葉) / Er *ist* nicht mehr.《雅》彼はもうこの世にいない / Es *war* einmal ein König. 昔々一人の王様がいました.

◇〖前置詞とともに〗Er *ist* gerade **bei** mir. 彼はちょうど私の所に来ている / **In** diesem Bach *sind* viele Fische. この小川には魚がたくさんいる / Sie *ist* in Berlin. 彼女はベルリンにいる / Er *war* in Ausland. 彼は外国に行っていた / Der Schlüssel *war* in meiner Tasche. 鍵(%)は私のバッグの中にあった / Morgen *bin* ich **zu** Hause. あす私は自宅にいます.

③〖**aus** (または **von**) 人・物³ ~〗(人・物³)の出身である, (物³)に由来する. Er *ist* aus Nagoya. 彼は名古屋の出身だ / Sie *ist* aus guter Familie. 彼女は良家の出だ / Das Paket *ist* von Mutter. この小包はお母さんから来たものだ.

④ 起こる; 行われる. Das Erdbeben *war* **im** Sommer letzten Jahres. その地震は去年の夏のことだった / Das Konzert *ist* heute Abend in der Kirche. コンサートは今晩教会で催される / Das *darf* nicht *sein*! そんなことがあってはならない / **Das kann sein**. そうかもしれない / Wenn etwas *ist*, ruf mich an!《口語》もし何かあったら私に電話しなさい.

⑤〖**zu** 不定詞[句]とともに〗…されうる; …されなければならない. Diese Aufgabe *ist* leicht zu lösen. この問題は容易に解ける / Hunde *sind* an der Leine zu führen. 犬はひもにつないで連れ歩かないといけない.

⑥〖方向を表す語句 または zu のない不定詞とともに〗《口語》(…へ)出かけている. Er *ist* in die Stadt. 彼は町に出かけている / Fritz *ist* baden. フリッツは泳ぎに行っている. (⌦ 文末に gegangen または gefahren が略されている).

⑦〖3格とともに〗(方・口語)(人³の)ものである(=gehören). Das Buch *ist* mir. その本は私のです.

⑧〖成句的に〗車⁴ *sein lassen* 車⁴をしないでおく. *Lass* das *sein*! それはやめておきなさい.

〖類語〗**sein**:「ある, いる, 存在する」という意味で最も一般的な語. **es gibt** 人・物⁴: 人・物⁴がある, いる, 存在する. 車⁴が起こる. In Australien *gibt es* Kängurus. オーストラリアにはカンガルーがいる.

sich⁴ befinden: (存在する場所を強調して)…にある, いる. **liegen**: 横たわっている, [横にして]置いてある. **stehen**: 立っている, [立てて]置いてある.

………………………………………………

II 助動 **A)**〖完了の助動詞〗

…した

Sie *ist* in die Stadt gegangen.
ズィー イスト イン ディ シュタット ゲガンゲン
彼女は町へ出かけました.

〖場所の移動・状態の変化を表す自動詞や **sein**, **bleiben** および 受動の助動詞 **werden** などの過去分詞とともに完了形をつくる〗①〖現在完了形で〗㋐〖過去の出来事〗Sie *sind* gestern in München angekommen. 彼らはきのうミュンヒェンに到着した. (⌦ 日常会話などで現在と関連のある過去の出来事を表す). ㋑〖完了〗Das Kind *ist* gerade eingeschlafen. その子供はたった今寝ついたところだ. ㋒〖経験〗Sind Sie einmal in Deutschland gewesen? あなたはドイツに行ったことがありますか. ㋓〖未来完了の代用〗Wenn du heimkommst, *bin* ich schon ins Bett gegangen (=…, *werde* ich schon ins Bett gegangen *sein*). 君が家に帰って来るころには, 私はもう寝ている.

②〖過去完了形で〗Als er kam, *war* sie schon gegangen. 彼が来たときには, 彼女はもう出かけたあとだった. (⌦ 過去のある時点よりも以前に起こった事柄を表すときに用いられる).

B)〖状態受動の助動詞; 他動詞の過去分詞とともに状態受動をつくる〗…されている. Das Tor *ist* bis fünf Uhr geöffnet. その門は5時まで開いている. (⌦ 動作受動には werden を用いる. 例: Das Tor *wird* um neun Uhr geöffnet. その門は9時に開けられる).

◇☞ **gewesen**

[新形] **sein las·sen**《口語》(車⁴を)やめておく, しないでおく.

:sein² [ザイン záin]

彼の; それの

Ist das *sein* Motorrad?
イスト ダス ザイン モートラァト
これは彼のオートバイですか.

格	男	女	中	複
1	sein	seine	sein	seine
2	seines	seiner	seines	seiner
3	seinem	seiner	seinem	seinen
4	seinen	seine	sein	seine

I 冠〖所有冠詞; 3人称男性・中性単数〗彼の; それの. (英 *his*; *its*). *sein* Vater und *seine*

Mutter 彼の父親と彼の母親 / das Dorf und *seine* Umgebung 村とその周辺 / einer *seiner* Freunde² 彼の友人の一人 / *seiner* Meinung³ nach 彼の意見によれば / alles zu *seiner* Zeit 何ごとも適切な時に / Er hat *seinen* Bus verpasst. 《口語》彼はいつものバスに乗り遅れた. ◇《頭文字を大文字で》《高位の男性に対する尊称に添えて:》 *Seine* Majestät 陛下 / *Seine* Exzellenz 閣下.

II 代 A)《所有代名詞》① 彼のもの.(英 his). Ist das dein Hut? — Nein, das ist *seiner*. これは君の帽子かい — いや, それは彼のだ. ◇《格語尾なしで》Das Buch ist *sein*.《方》その本は彼のだ.
② 《定冠詞とともに》 彼(それ)の… Das war nicht mein Wunsch, sondern der *seine*. 《雅》それは私の望みではなく, 彼の望みだった. ◇《名詞的に》die *Seine* または die *seine* 彼の妻 / die *Seinen* または die *seinen* 彼の家族 / das *Seine* または das *seine* a) 彼の義務, b) 彼の財産.

B)《人称代名詞; er および es の 2 格; ふつう seiner を用いる》☞ seiner I

⸺ 格変化は定冠詞がない場合は男性 1 格 seiner, 中性 1 格・4 格で sein[e]s となるほかは上の表と同じ. 定冠詞がつく場合は男性 1 格と中性 1 格・4 格で seine, 他は seinen.

die **Sei·ne** [ゼーネ zéːn または ..ネ nə] 囡 /《定冠詞とともに》《川名》セーヌ川(北フランス・パリ市内を流れセーヌ湾に注ぐ).

sei·ne [ザイネ], **sei·nem** [ザイネム], **sei·nen** [ザイネン] 冠《所有冠詞》☞ sein² I

sei·ner¹ [ザイナァ záınɐ] 代《人称代名詞; er および es の 2 格》statt *seiner* 彼の代わりに / Wir gedenken *seiner* oft. 私たちは彼のことをよく思い出す.

sei·ner² [ザイナァ] 冠《所有冠詞》☞ sein² I

sei·ner⸗seits [ザイナァ・ザイツ] 副 彼の方(側)で, 彼としては.

sei·ner⸗zeit [ザイナァ・ツァイト] 副 ① かつて, そのころ, その当時は. (略: s. Z.). *Seinerzeit* hatten wir noch kein Auto. そのころ私たちはまだ車を持っていなかった. ②《ふつう》そのうち, いずれ.

sei·nes⸗glei·chen [ザイネス・グらイヒェン] 代《不定代名詞; 無変化》彼のような人; そのようなもの. 人⁴ wie *seinesgleichen* behandeln 人⁴ を自分と対等に扱う / Dieses Kunstwerk hat nicht *seinesgleichen*. この作品に匹敵するものはない.

sei·net⸗hal·ben [ザイネット・ハるベン] 副 = seinetwegen

sei·net⸗we·gen [ザイネット・ヴェーゲン] 副 彼のために; 彼が原因で.

sei·net⸗wil·len [ザイネット・ヴィれン] 副《成句的に》um *seinetwillen* 彼のために.

sei·ni·ge [ザイニゲ záınıgə] 代《所有代名詞; 定冠詞とともに; 語尾変化は形容詞と同じ》《雅》彼のもの. Das ist nicht mein Fahrrad, sondern das *seinige*. それはぼくの自転車ではなく彼のだ. ◇《名詞的に》 die *Seinigen* または die *seinigen* 彼の家族 / das *Seinige* または das *seinige* a) 彼の義務, b) 彼の財産.

sein|las·sen* 他 (h) (新形 sein lassen) ☞ sein

seis·misch [ザイスミッシュ záısmıʃ] 形 ① 地震学の. ② 地震の, 地震による. *seismische* Wellen 地震波.

Seis·mo·graf [ザイスモグラーふ záısmográːf] 男 -en/-en =Seismograph

Seis·mo·graph [ザイスモグラーふ záısmográːf] 男 -en/-en 地震計.

Seis·mo·lo·gie [ザイスモろギー záısmologíː] 囡 -/ 地震学.

:**seit** [ザイト záıt]

> …以来 *Seit* wann bist du hier?
> ザイト ヴァン ビスト ドゥ ヒーァ
> 君はいつからここにいるの.

I 前《3格とともに》…以来, …前から.(英 since). Ich bin *seit* zwei Wochen hier. 私は 2 週間前からここにいます / *seit* Tagen 数日前から / *seit* kurzem 少し前から / *seit* langem ずっと前から / *seit* damals あのときから / *seit* gestern きのうから / *seit* eh und je《口語》ずっと以前から.

II 接《従属接続詞; 動詞の人称変化形は文末》…して以来 (=seitdem). *Seit* ich hier wohne, geht es mir besser. ここに住むようになってから, 私は以前より元気です.

seit⸗ab [ザイト・アップ] 副 わきに[離れて], かたわらに; 《雅》わきの方へ (=abseits).

*:**seit⸗dem** [ザイト・デーム zaıt-déːm] I 接《従属接続詞; 動詞の人称変化形は文末》…して以来. (英 since). *Seitdem* wir uns gestritten haben, besucht er mich nicht mehr. けんかをしてからというもの, 彼はもう私を訪ねて来ない.

II 副 それ以来. Ich habe ihn *seitdem* nicht mehr gesehen. それ以来私は彼に会っていない.

:*die* **Sei·te** [ザイテ záıtə]

> 側面; ページ
>
> Alles hat zwei *Seiten*.
> アれス ハット ツヴァイ ザイテン
> どんな物事にも両面がある.

囡 (単) -/(複) -n ① 《立体的な物の》側面; (…の)側(がわ). (英 side). Außen*seite* 外側, 外面 / die obere (untere) *Seite* einer Kiste² 木箱の上の(下の)面 / die vier *Seiten* eines Zimmers 部屋の 4 面 / die linke (rechte) *Seite* der Straße² 通りの左側(右側) / Wir wohnen *auf* der anderen *Seite* des Flusses. 私たちは川の向こう側に住んでいます / **nach** (**von**) allen *Seiten* 四方八方へ(から) / ein

Angriff von der *Seite* 側面からの攻撃.
② (問題などの)**側面**, (特徴などの)面; 観点. die technische *Seite* dieses Plans この計画の技術的な面 / Das ist nur eine *Seite* der Sache. これはこの件の一面にすぎない / Physik ist seine schwache (starke) *Seite*. 物理学は彼の苦手(得意)とするところだ / **auf** der einen *Seite*…, auf der anderen *Seite* ～ 一方では…, 他方では～ / 事⁴ **von** allen *Seiten* betrachten 事⁴をあらゆる観点から考察する / alles⁴ von der leichten *Seite* nehmen 万事気楽に考える.

③ わき, かたわら. **auf** die *Seite* gehen (または treten) わきへよける / 物⁴ auf die *Seite* legen 《口語》 物⁴(お金などを)ためこむ / 物⁴ **auf** die *Seite* schaffen 《口語》 物⁴をくすねる / 人⁴ auf die *Seite* schaffen 《俗》 人⁴を片づける(殺す) / **zur** *Seite* gehen (または treten) わきへよける ⇒ Geh zur *Seite*! どいてくれ / die Bücher⁴ zur *Seite* legen 本をわきへ置く / 人⁴ zur *Seite* schieben 《比》 (ある地位から)人⁴を押しのける.

④ (本などの)**ページ**(略: S.). die *Seiten*⁴ um|blättern ページをめくる / **auf** der ersten (letzten) *Seite* 最初(最後)のページに / Das Buch hat 80 *Seiten*. その本は 80 ページある / Bitte schlagen Sie *Seite* 10 auf! 10 ページを開けてください.

⑤ (人間・動物の)**わき腹**, 横腹. Mir tut die rechte *Seite* weh. 私は右のわき腹が痛い / sich³ vor Lachen die *Seiten*⁴ halten 抱腹絶倒する / *Seite* an *Seite* びったり並んで / A⁴ B³ an die *Seite* stellen A⁴ を B³ と比較する; A⁴ を B³ と同列に扱う / **auf** der rechten *Seite* schlafen 右を下にして寝ている / Ich habe Stiche **in** der linken *Seite*. 私は左のわき腹がちくちく痛む / 人³ nicht **von** der *Seite* gehen (または weichen) 《口語》 人³のそばを離れない / 人³ **an** seinen|sehen 人⁴をさげすむ / 人³ **zur** *Seite* stehen 人³を助ける.

⑥ (対立するものどうしの一方の)**側**(ホゎ), 党派; 《ౖスホ゛》 サイド. die gegnerische *Seite* 敵側 / **Auf** welcher *Seite* stehen Sie eigentlich? あなたはいったいどちらの側についているのですか.
◇〘**auf** *Seiten*, **von** *Seiten* の形で〙 auf *Seiten* der Opposition² 野党側に / von *Seiten* des Klägers 原告側から.

⑦ (家系の)…**方**(ホ̈). ein Verwandter von der mütterlichen (väterlichen) *Seite* 母方(父方)の親戚である男性. ⑧《数》(立体・図形の)辺; (方程式の)項.

Sei·ten≀an·sicht [ザイテン・アンズィヒト] 安 -/-en 側面図, プロフィール.

Sei·ten≀aus·gang [ザイテン・アオスガング] 男 -[e]s/..gänge わきの出口, 通用口.

Sei·ten≀blick [ザイテン・ブリック] 男 -[e]s/-e 横目, 流し目, ウインク. 人³ einen koketten *Seitenblick* zu|werfen 人³に秋波を送る / mit einem flüchtigen *Seitenblick* **auf** 人⁴ 人⁴をちらっと横目で見て.

Sei·ten≀ein·gang [ザイテン・アインガング] 男 -[e]s/..gänge わきの入口, 通用口.

Sei·ten≀flü·gel [ザイテン・フりューゲる] 男 -s/- 《建》 側翼.

Sei·ten≀gas·se [ザイテン・ガッセ] 女 -/-n 横丁, 路地.

Sei·ten≀hieb [ザイテン・ヒーブ] 男 -[e]s/-e ① (フェンシングで:)サイドカット. ② 《比》 当てこすり, いやみ. 人³ einen *Seitenhieb* versetzen 人³にいやみを言う.

sei·ten≀lang [ザイテン・らング] 形 何ページにもわたる.

Sei·ten≀leh·ne [ザイテン・れーネ] 女 -/-n (いすの)ひじ掛け.

Sei·ten≀leit·werk [ザイテン・らイトヴェルク] 中 -[e]s/-e 《空》(飛行機の)垂直尾翼.

Sei·ten≀li·nie [ザイテン・リーニエ] 女 -/-n ① (鉄道) 支線. ② (一族の)傍系, 分家. ③ 《動》(魚類などの)側線. ④ (球技で:) サイドライン.

Sei·ten≀ru·der [ザイテン・ルーダァ] 中 -s/- 《空》(飛行機の)方向舵(ತ).

sei·tens [ザイテンス záɪtəns] 前〘2 格とともに〙 《書》 …の側から. *seitens* des Angeklagten 被告側から.

Sei·ten≀schiff [ザイテン・シフ] 中 -[e]s/-e 《建》(教会の)側廊.

Sei·ten≀sprung [ザイテン・シュプルング] 男 -[e]s/..sprünge ① 浮気. ②《古》横跳び.

Sei·ten≀ste·chen [ザイテン・シュテッヒェン] 中 -s/- (差し込むような)わき腹の痛み.

Sei·ten≀stra·ße [ザイテン・シュトラーセ] 女 -/-n 裏通り, 横町.

Sei·ten≀stück [ザイテン・シュテュック] 中 -[e]s/-e ① 側面部, 側面の一部. ② 対をなすもの (=Gegenstück).

Sei·ten≀tür [ザイテン・テューァ] 女 -/-en サイドドア, 通用ドア.

sei·ten≀ver·kehrt [ザイテン・フェアケーァト] 形 左右が逆になった(スライドなど).

Sei·ten≀wa·gen [ザイテン・ヴァーゲン] 男 -s/- サイドカー (=Beiwagen).

Sei·ten≀wech·sel [ザイテン・ヴェクセる] 男 -s/- (球技・フェンシングなどで:) サイドチェンジ, コートチェンジ.

Sei·ten≀weg [ザイテン・ヴェーク] 男 -[e]s/-e わき道, 横道.

Sei·ten≀wind [ザイテン・ヴィント] 男 -[e]s/- 横から吹きつける風, 横風.

Sei·ten≀zahl [ザイテン・ツァーる] 女 -/-en ① [全]ページ数. ②《印》ノンブル.

seit·her [ザイト・ヘーァ] 副 《書》その後, それ以来 (=seitdem II).

..sei·tig [..ザイティヒ ..zaɪtɪç] 〘形容詞をつくる接尾〙 ① (…側の)例: schul*seitig* 学校側の. ② (…面の)例: viel*seitig* 多面の. ③ (…ページの)例: drei*seitig* (=3-*seitig*) 3 ページの.

seit·lich [ザイトりヒ] I 形 わき(横)の; わき(横)への. *seitlich* aus|weichen わきへよける. II 前〘2 格とともに〙 …のわき(横)に. *seitlich* des Hauses 家の横に.

..seits [..ｽﾞｧｲﾂ ..zaɪts] 《副詞をつくる》接尾 ① 《…の側から》例: ärztlicher*seits* 医者の側から. ② 《…の方に》例: beider*seits* 双方に(で).

seitsꞏwärts [ｻﾞｲﾄ・ｳﾞｪﾙﾂ] I 副 わき(横)へ; わき(横)で. *seitwärts* gehen わき(へ)行く. II 前 《2格とともに》《雅》…のわき(横)に. *seitwärts* der Straße 通りの横に.

sek., Sek. [ｾﾞｸﾝﾃﾞ] 《略》秒 (＝Sekunde).

Seꞏkanꞏte [ｾﾞｶﾝﾃ zekántə] 女 -/-n 《数》割線.

Sekꞏret [ｾﾞｸﾚｰﾄ zekré:t] 中 -[e]s/-e 《医・生》分泌液(物).

der **Sekꞏreꞏtär** [ｾﾞｸﾚﾃｰｱ zekrеté:r] 男 (単2) -s/(複) -e (3格のみ -en) ① 秘書. (英 *secretary*). Privat*sekretär* 私設秘書. ② (官庁などの)書記官; (政党などの)書記長. ③ ライティングデスク. ④ 《鳥》ヘビクイワシ.

Sekꞏreꞏtaꞏriꞏat [ｾﾞｸﾚﾀﾘｱｰﾄ zekretariá:t] 中 -[e]s/-e 秘書課; 事務局, 書記局.

die **Sekꞏreꞏtäꞏrin** [ｾﾞｸﾚﾃｰﾘﾝ zekreté:rɪn] 女 (単) -/(複) -nnen ① [女性]秘書. (英 *secretary*). ② [女性]書記官(長).

Sekꞏreꞏtiꞏon [ｾﾞｸﾚﾂｨｵｰﾝ zekretsió:n] 女 -/-en ① 《医・生》分泌[作用]. die innere (äußere) *Sekretion* 内分泌(外分泌). ② 《地学》分泌.

der **Sekt** [ｾﾞｸﾄ zékt] 男 (単2) -es (まれに -s)/(複) -e (3格のみ -en) スパークリングワイン(シャンパン風の発泡ワイン). (英 *sparkling wine*). Der *Sekt* schäumt. スパークリングワインが泡立つ.

Sekꞏte [ｾﾞｸﾃ zéktə] 女 -/-n 《宗》宗派, 分派; (政治的な)党派, セクト. eine christliche *Sekte* キリスト教の分派.

Sektꞏglas [ｾﾞｸﾄ・ｸﾞﾛｰｽ] 中 -es/..gläser シャンパングラス.

Sekꞏtieꞏrer [ｾﾞｸﾃｨｰｱｱ zektí:rər] 男 -s/- (党派・分派の)信奉者; (政治的な)セクト主義者; (旧東ドイツで:)政治的異端者. (⇒ 女性形は Sektiererin).

sekꞏtieꞏreꞏrisch [ｾﾞｸﾃｨｰﾚﾘｯｼｭ zektí:rərɪʃ] 形 宗派の, 分派の; セクト的な; (旧東ドイツで:)政治的異端者の.

Sekꞏtiꞏon [ｾﾞｸﾂｨｵｰﾝ zεktsió:n] 女 -/-en ① (組織などの)部門, 部局. ② 《医》死体解剖, 内検. ③ (旧東ドイツで:)(大学の)学科.

Sekꞏtor [ｾﾞｸﾄｱ zéktor] 男 -s/-en [..ﾄｰﾚﾝ] ① 分野, 領域. ② 《数》扇形.《物・電》セクタ. ③ (第二次大戦後のベルリンなどの)占領地区.

Seꞏkunꞏda [ｾﾞｸﾝﾀﾞ zekúnda] 女 -/..kunden ① (9年制ギムナジウムの)第6および第7学年 (第6学年が Unter*sekunda*, 第7学年が Obersekunda. それぞれ日本の高校1年, 高校2年に相当). ② 《ｵｰｽﾄﾘ》ギムナジウムの第2学年(日本の小学6年に相当). (⇒ Gymnasium).

Seꞏkunꞏdaꞏner [ｾﾞｸﾝﾀﾞｰﾅｱ zekundá:nər] 男 -s/- ① (9年制ギムナジウムの)6年および7年生. ② 《ｵｰｽﾄﾘ》ギムナジウムの2年生.

Seꞏkunꞏdant [ｾﾞｸﾝﾀﾞﾝﾄ zekundánt] 男 -en/-en ① (決闘の)立会(介添え)人. ② (ボクシング・チェスなどの)セコンド.

seꞏkunꞏdär [ｾﾞｸﾝﾃﾞｰｱ zekundé:r] 形 ① 二次的な; 副次的な. (⇔ 「一次的な」は primär). ein *sekundäres* Problem 副次的な問題. ② 《化》第2の, 2級の. 《電》二次の. *sekundäre* Verbindung 第2(2級)化合物.

Seꞏkunꞏdärꞏliꞏteꞏraꞏtur [ｾﾞｸﾝﾃﾞｰｱ・ﾘﾃﾗﾄｩｰｱ] 女 -/ 二次(参考)文献.

die Seꞏkunꞏde [ｾﾞｸﾝﾃﾞ zekúndə] 女 (単) -/(複) -n ① (時間の単位:)秒 (略: Sek.; 記号: s). (英 *second*). Eine Minute hat sechzig *Sekunden*. 1分は60秒である / zwei *Stunden*, acht Minuten, zehn *Sekunden* 2時間8分10秒 / **auf** die *Sekunde* genau 1秒ちょうどぴったりに.

② (口語)ちょっとの間. in ein paar *Sekunden* まもなく, すぐに / Eine *Sekunde* [bitte]! ちょっと待ってください. ③ 《音楽》2度[音程]. ④ 《理》(角度の単位:)秒 (記号: ʺ).

seꞏkunꞏdenꞏlang [ｾﾞｸﾝﾃﾞﾝ・ﾗﾝｸﾞ] 形 数秒間の, 一瞬の.

Seꞏkunꞏdenꞏschnelꞏle [ｾﾞｸﾝﾃﾞﾝ・ｼｭﾈﾚ] 女 -/ 瞬時. in *Sekundenschnelle* 一瞬のうちに.

Seꞏkunꞏdenꞏzeiꞏger [ｾﾞｸﾝﾃﾞﾝ・ﾂｧｲｶﾞｱ] 男 -s/- (時計の)秒針.

seꞏkunꞏdieꞏren [ｾﾞｸﾝﾃﾞｨｰﾚﾝ zekundí:rən] 自 (h) ① (人・事³)を支持する, 支援する. ② 《音楽》(人・物³)の伴奏をする. ③ (…と)賛成して言う. ④ (決闘と:)(人³)の介添えを務める; (ボクシングなどで:)(人³)のセコンドを務める.

seꞏkündꞏlich [ｾﾞｷｭﾝﾄﾘﾋ] 形 毎秒の, 1秒ごとの.

selb [ｾﾞﾙﾌﾟ zélp] 形 《付加語としてのみ》同じ, 同一の. am *selben* Tag 同じ日に / im *selben* Haus 同じ家に / zur *selben* Zeit 同じ時間(時代)に.

selꞏber [ｾﾞﾙﾊﾞｱ zélbər] 代 《指示代名詞; 無変化》《口語》[自分]自身 (＝selbst). Mach es doch *selber*! [それは]自分でしなさい.

selbst [ｾﾞﾙﾌﾟｽﾄ zélpst]

| 自分自身 | Das weiß ich *selbst*. |
| ダス ヴァイス イヒ ゼルプスト |
| それは自分でわかっています. |

I 代 《指示代名詞; 無変化》《指示する語のあとに置かれて》[自分]自身, [それ]自体. ich *selbst* 私自身[で] / Den Kuchen hat sie *selbst* gebacken. このケーキは彼女が自分で焼いた / Du hast es *selbst* gesagt. それを言ったのは君自身だ / Erkenne dich *selbst*! なんじ自身を知れ / Jeder ist sich³ *selbst* der Nächste. だれでもわが身がいちばんかわいい / Er ist die Güte *selbst*. 彼は善意そのものだ / **aus** sich *selbst* 自分から, 自発的に / **von** *selbst* ひとりでに, おのずから ⇨ Das versteht sich von *selbst*. それは自明のことだ.

II 副 《強調する語の前に置かれて》…すら, …さえ. *Selbst* ich wusste es nicht. 私でさえそん

なことは知らなかった / *selbst* wenn たとえ…でも ⇒ Ich gehe spazieren, *selbst* wenn es regnet. たとえ雨が降っても、私は散歩に行く.

selbst ge·ba·cken 自分で焼いた, 手作りの(クッキーなど).

selbst ge·macht 手製の, 自家製の. Die Marmelade ist *selbst gemacht*. このジャムは自家製です.

Selbst [ゼるプスト] 中 《雅》自分, 自我. mein wahres *Selbst* 本当の自分 / mein zweites *Selbst* もうひとりの私.

Selbstːach·tung [ゼるプスト・アハトゥング] 女 -/ 自尊心, プライド, 自負.

selb·stän·dig [ゼるプ・シュテンディヒ zélpʃtɛniç] 形 自立した; 独立している; 自営の (= selbstständig).

Selb·stän·dig·keit [ゼるプ・シュテンディヒカイト] 女 -/ 自立; 独立 (= Selbstständigkeit).

Selbstːauf·op·fe·rung [ゼるプスト・アオフオプフェルング] 女 -/-en 《ふつう 単》自己犠牲.

Selbstːaus·lö·ser [ゼるプスト・アオスレーザァ] 男 -s/-《写》セルフタイマー, 自動シャッター.

die **Selbstːbe·die·nung** [ゼるプスト・ベディーヌング zélpst-badiːnuŋ] 女 (単) -セルフサービス. (英 self-service). ein Restaurant mit *Selbstbedienung* セルフサービスのレストラン.

Selbstːbe·die·nungsːla·den [ゼるプスト・ベディーヌングス・ラーデン] 男 -s/..läden セルフサービスの店.

Selbstːbe·frie·di·gung [ゼるプスト・ベフリーディグング] 女 -/ 自慰行為, オナニー.

Selbstːbe·herr·schung [ゼるプスト・ベヘルシュング] 女 -/ 克己, 自制.

Sebstːbe·stä·ti·gung [ゼるプスト・ベシュテーティグング] 女 -/ 《心》自己(自我)確認, 自分の価値(能力)の確認.

Selbstːbe·stim·mung [ゼるプスト・ベシュティムング] 女 -/ 自主的な決定; 《政》(民族の)自決, 自治;《哲》自律.

Selbstːbe·stim·mungsːrecht [ゼるプストベシュティムングス・レヒト] 中 -[e]s/《法》(個人・民族の)自決権.

Selbstːbe·tei·li·gung [ゼるプスト・ベタイリグング] 女 -/-en (保険の)自己参与(被保険者による損害の一部負担).

Selbstːbe·trug [ゼるプスト・ベトルーク] 男 -[e]s/ 自己欺瞞(ぎまん).

selbstːbe·wusst [ゼるプスト・ベヴスト] 形 ① 《哲》自意識のある, 自覚した. ② 自信(自負心)のある, うぬぼれた.

selbst:be·wußt ☞ 新形 selbstbewusst

Selbstːbe·wusst·sein [ゼるプスト・ベヴストザイン] 中 -s/ ① 《哲》自意識, 自覚. ② 自信, 自負心.

Selbst:be·wußt·sein ☞ 新形 Selbstbewusstsein

Selbstːbild·nis [ゼるプスト・ビルトニス] 中 ..nisses/..nisse 自画像.

Selbstːbio·gra·fie [ゼるプストビオグらふィー]

女 -/-n [..ふィーエン] 自伝, 自叙伝 (= Autobiografie).

Selbstːbi·o·gra·phie [ゼるプスト・ビオグラふィー] 女 -/-n [..ふィーエン] = Selbstbiografie

Selbstːdis·zip·lin [ゼるプスト・ディスツィプリーン] 女 -/ 自律, 自制心.

Selbstːein·schät·zung [ゼるプスト・アインシェッツング] 女 -/-en 自己評価.

Selbstːer·hal·tung [ゼるプスト・エァハるトゥング] 女 -/ 自己保存.

Selbstːer·hal·tungsːtrieb [ゼるプスト・エァハるトゥングス・トリープ] 男 -[e]s/-e 自己保存の本能.

Selbstːer·kennt·nis [ゼるプスト・エァケントニス] 女 -/ 自己認識, 自覚.

Selbstːfah·rer [ゼるプスト・ファーらァ] 男 -s/- ① (レンタカー・公用車を自分で運転する人. ② (利用者が自分で操作する)エレベーター. ③ (自分で動かす患者用の)車いす.

selbstːge·backen 形 《新形》 selbst gebacken) ☞ selbst

selbstːge·fäl·lig [ゼるプスト・ゲふェりヒ] 形 うぬぼれている, 高慢な.

Selbstːge·fäl·lig·keit [ゼるプスト・ゲふェりヒカイト] 女 -/ うぬぼれ, 高慢.

Selbstːge·fühl [ゼるプスト・ゲふュール] 中 -[e]s/ 《雅》自負心, 自尊心.

selbstːge·macht 形 《新形》 selbst gemacht) ☞ selbst

selbstːge·nüg·sam [ゼるプスト・ゲニュークザーム] 形 自己満足した, 自足した.

selbstːge·recht [ゼるプスト・ゲレヒト] 形 独善的な, ひとりよがりの.

Selbstːge·spräch [ゼるプスト・ゲシュプレーヒ] 中 -[e]s/-e 《ふつう 複》ひとり言; 《劇》独白, モノローグ. *Selbstgespräche*[4] führen (または halten) ひとり言を言う.

selbstːherr·lich [ゼるプスト・ヘルリヒ] 形 独断的な, 独裁的な, 自分勝手な.

Selbstːhil·fe [ゼるプスト・ヒるふェ] 女 -/ ① 自助, 自立. ② 《法》自力救済, 自救行為.

Selbstːkos·tenːpreis [ゼるプストコステン・プライス] 男 -es/-e 《経》[仕入れ]原価.

Selbstːkri·tik [ゼるプスト・クリティーク] 女 -/-en 《ふつう 単》自己批判. *Selbstkritik*[4] üben 自己批判する.

selbstːkri·tisch [ゼるプスト・クリーティッシュ] 形 自己批判的な, 自分に対して厳しい.

Selbstːla·de·pis·to·le [ゼるプストらーデ・ピストーれ] 女 -/-n 自動ピストル.

Selbstːlaut [ゼるプスト・らオト] 男 -[e]s/-e 《言》母音 (= Vokal).

Selbstːlob [ゼるプスト・ろープ] 中 -[e]s/-e 《ふつう 単》自賛.

selbstːlos [ゼるプスト・ろース] 形 私欲のない, 利己的でない, 利他的な. ein *selbstloser* Mensch 私利私欲のない人 / *selbstlos* handeln 私欲を捨てて行動する.

Selbstːlo·sig·keit [ゼるプスト・ろーズィヒカイ

Selbstmord

ト] 图 -/ 無私, 無欲, 利他主義.
Selbst=mord [ぜるブスト・モルト] 男 -[e]s/-e 自殺. *Selbstmord*⁴ begehen 自殺する / erweiterter *Selbstmord*《法》無理心中.
Selbst=mör·der [ぜるブスト・メルダァ] 男 -s/- 自殺者. (⇔ 女性形は Selbstmörderin).
selbst=mör·de·risch [ぜるブスト・メルデリッシュ] 形 ① 《付加語としてのみ》《雅》自殺を目的にした. ②《比》きわめて危険な, 自殺に等しい.
selbst=quä·le·risch [ぜるブスト・クヴェーレリッシュ] 形 自虐的な, 自分に対して厳しすぎる.
Selbst=schutz [ぜるブスト・シュッツ] 男 -es/ 自己防衛.
selbst=si·cher [ぜるブスト・ズィッヒャァ] 形 自信のある, 自信たっぷりの.
*__selbst=stän·dig__ [ぜるブスト・シュテンディヒ zélpst-ʃtɛndɪç] 形 (英 *independent*) ① 自立した, 自主的な. ein selbstständiger Mensch 自立した人 / *selbstständig* denken 自分の頭で考える. ②（政治的・経済的に）独立している, 自営の. ein *selbstständiger* Staat 独立国家 / sich⁴ *selbstständig* machen a)（商売などで）ひとり立ちする, b)《戯》消え失せる. (⇔ selbständig ともつづる).
Selbst=stän·di·ge[r] [ぜるブスト・シュテンディゲ (..ガァ)] 男 女 《語尾変化は形容詞と同じ》自営業者.
Selbst=stän·dig·keit [ぜるブスト・シュテンディヒカイト] 女 -/ 自立; 独立. (⇔ Selbständigkeit ともつづる).
Selbst=stu·di·um [ぜるブスト・シュトゥーディウム] 中 -s/ 独学.
Selbst=sucht [ぜるブスト・ズフト] 女 -/ 利己心, 我欲, エゴイズム.
selbst=süch·tig [ぜるブスト・ズュヒティヒ] 形 利己的な, 我欲の.
selbst=tä·tig [ぜるブスト・テーティヒ] 形 ① 自動[式]の, オートマチックの. ②《雅》自発的な.
Selbst=täu·schung [ぜるブスト・トイシュング] 女 -/ 自己欺瞞. sich⁴ einer *Selbsttäuschung*³ hin|geben 自己欺瞞に陥る.
Selbst=über·schät·zung [ぜるブスト・ユーバァシェッツング] 女 -/-en うぬぼれ, 思いあがり.
Selbst=über·win·dung [ぜるブスト・ユーバァヴィンドゥング] 女 -/-en 克己, 自己克服.
Selbst=un·ter·richt [ぜるブスト・ウンタァリヒト] 男 -[e]s/ 独学 (= Selbststudium).
selbst=ver·ges·sen [ぜるブスト・フェアゲッセン] 形 《雅》われを忘れた, 忘我の, 無我夢中の.
Selbst=ver·lag [ぜるブスト・フェアラーク] 男 -[e]s/ 自費出版.
Selbst=ver·leug·nung [ぜるブスト・フェアロイグヌング] 女 -/-en 我慢, 自制; 献身, 没我.
Selbst=ver·sor·ger [ぜるブスト・フェアゾルガァ] 男 -s/- 自給[自足]者（特に自給自作農).
*__selbst=ver·ständ·lich__ [ぜるブスト・フェアシュテントリヒ zélpst-fɛrʃtɛntlɪç] I 形 自明の, 当然の. (⇔ *natural*). *selbstverständliche* Tatsachen 自明の事実 / Es ist selbst-*verständlich*, dass ich dir helfe. ぼくが君を助けるのは当然のことだよ.
II 副 《文全体にかかって》もちろん, 言うまでもなく. (英 *of course*). *Selbstverständlich* fahre ich dich nach Hause. もちろんぼくが君を家まで[車で]送って行くよ / Kommen Sie mit? ― *Selbstverständlich!* あなたもいっしょにいらっしゃいますか ― もちろんです.
Selbst=ver·ständ·lich·keit [ぜるブスト・フェアシュテントリヒカイト] 女 -/-en 自明[なこと], 当然. mit größter *Selbstverständlichkeit* ごく当然のこととして, ごく自然に.
Selbst=ver·ständ·nis [ぜるブスト・フェアシュテントニス] 中 ..nisses/ 自己理解（認識).
Selbst=ver·tei·di·gung [ぜるブスト・フェアタイディグング] 女 -/-en 自己防衛, 自衛.
Selbst=ver·trau·en [ぜるブスト・フェアトラオエン] 中 -s/ 自信.
Selbst=ver·wal·tung [ぜるブスト・フェアヴァルトゥング] 女 -/-en（大学・自治体などの）自治.
selbst=zu·frie·den [ぜるブスト・ツフリーデン] 形 自己満足した.
Selbst=zu·frie·den·heit [ぜるブスト・ツフリーデンハイト] 女 -/ 自己満足, 自足.
Selbst=zweck [ぜるブスト・ツヴェック] 男 -[e]s/ 自己目的, 目的そのもの.
sel·chen [ぜるヒェン zélçən] 他 (h)《南ドッ》（肉など⁴を）くん製にする (= räuchern).
se·lek·tie·ren [ゼレクティーレン zɛlɛktíːrən] 他 (h) 選び出す, 選択する.
Se·lek·ti·on [ゼレクツィオーン zɛlɛktsióːn] 女 -/-en ①《生》[自然]淘汰(ﾄｳﾀ). ②《複 なし》選択, 選抜.
se·lek·tiv [ゼレクティーフ zɛlɛktíːf] 形 ① 選択的な; 選択式の. ②《放送》（ラジオなどが）選択（分離）度の.
Se·lek·ti·vi·tät [ゼレクティヴィテート zɛlɛktivitéːt] 女 -/《放送》（ラジオの）選択度, 分離度.
Se·len [ゼレーン zeléːn] 中 -s/《化》セレン, セニウム（記号: Se).
Se·le·ne [ゼレーネ zeléːnə] -/《ギリ神》セレネ（月の女神. ローマ神話のルナに当たる).
Se·len·zel·le [ゼレーン・ツェレ] 女 -/-n《物》セレン光電池.
Self·made·man [せるふメイド・マン sélf-meɪd-mǽn] [英] 男 -s/..mademen 自力で立身出世した人.
*__se·lig__ [ゼーリヒ zéːlɪç] 形 (英 *blessed*) ① この上なく幸せな, 大喜びの. ein *seliges* Gefühl この上なく幸せな気持ち / Er war *selig* über diese Nachricht. 彼はこの知らせを聞いて非常に喜んだ. ②《宗》至福の; 天の祝福を受けた. ein *seliges* Ende⁴ nehmen 安らかな最期を遂げる / *selig* werden《聖》救われる. ③ 故人となった, 亡き, 故…（略: sel.）. mein *seliger* Vater わが亡き父. ④《カッ》福者となれた. ⑤《口語》ほろ酔い機嫌の.

――――新形――――――――――――――
se·lig prei·sen ①（人⁴を）たいへん幸せ

という. ② (人⁴を天国の)至福にあずかる者としてたたえる.
se·lig spre·chen(分離) (故人⁴を)列福する(福者として崇敬されてよいと教皇が宣言する).

..se·lig [..ゼーリヒ ..ze:lɪç] 《形容詞をつくる》接尾《…にあふれた・…に酔いしれた》 例: glück*selig* 喜びにあふれた / wein*selig* ワインでほろ酔いの.

Se·li·ge[r] [ゼーリゲ (..ガァ) zé:lɪɡə (..ɡər)] 男女 《語尾変化は形容詞と同じ》 ① 《複》 死者たち, 天国へ行った人たち. ③ 《複なし》 《古・戯》 亡夫(妻).

Se·lig·keit [ゼーリヒカイト] 女 -/-en ① 《複なし》 《宗》 (神から与えられる)至福, 浄福. die ewige *Seligkeit*⁴ erlangen 永遠(来世)の救いを得る. ② 無上の幸福, 歓喜.

se·lig|prei·sen* 他 (h) (新形 selig preisen) ☞ selig

se·lig|spre·chen* 他 (h) (新形 selig sprechen) ☞ selig

Se·lig·spre·chung [ゼーリヒ・シュプレッヒュング] 女 -/-en 《分離》 (故人の)列福[式].

Sel·le·rie [ゼれリ zéləri] 男 -s/-[s] 《ゼロリ [..リー] 女 -/- または -n ..リーエン》《植》セロリ, オランダミツバ. (☞ Gemüse 図).

***sel·ten** [ゼるテン zéltən]

> まれに: まれな
>
> Whisky trinke ich nur *selten*.
> ヴィスキー トリンケ イヒ ヌーア ゼるテン
> ウイスキーは私はめったに飲まない.

Ⅰ 副 ① まれに, めったに…ない. (英 seldom). (注 「しょっちゅう」は häufig; 「しばしば」は oft). Wir sehen ihn nur *selten*. 私たちはたまにしか彼とは会わない / nicht *selten* しばしば.
② 《形容詞の前に置いて》《口語》まれに見るほど…, とても…. Die Aufführung war *selten* gut. その公演はまれに見るよい出来だった.
Ⅱ 形 まれな, めったにない, 珍しい. (英 rare). ein *seltener* Gast 珍客 / ein *seltenes* Ereignis めったにない出来事 / Er ist ein *seltener* Vogel. 《口語・比》あいつは変わったやつだ.

Sel·ten·heit [ゼるテンハイト] 女 -/-en ① 《複なし》まれなこと, 希少性. ② 珍しい物, 珍品.

Sel·ten·heits≠wert [ゼるテンハイツ・ヴェーァト] 男 -[e]s/ 希少価値.

Sel·ters≠was·ser [ゼるタァス・ヴァッサァ] 中 -s/ (種類: ..wässer) (単位: -s/-) 《商標》ゼルタース炭酸水(エムス河畔ニーダーゼルタース産の天然鉱水; 一般に:)炭酸入りミネラルウォーター.

***selt·sam** [ゼるトザーム zéltza:m] 形 奇妙な, 変な, 風変わりな. (英 strange). ein *seltsamer* Mensch 変わった人 / Mir ist ganz *seltsam* zumute. 私はとても変な気がする / sich⁴ *seltsam* benehmen 奇妙なふるまいをする.

類語 **seltsam**: (めったになくて)奇妙な. **komisch**: (期待と違っていて)おかしい. **merkwürdig**: (ひどく変わっていて)奇異(奇怪)な. **sonderbar**: (特異で)奇妙な.

selt·sa·mer≠wei·se [ゼるトザーマァ・ヴァイゼ] 副 奇妙なことに.

Selt·sam·keit [ゼるトザームカイト] 女 -/-en ① 《複なし》珍しい(奇妙な)こと. ② 珍しい(奇妙な)出来事.

Se·man·tik [ゼマンティク zemántɪk] 女 -/ 《言》意味論.

se·man·tisch [ゼマンティッシュ zemántɪʃ] 形 《言》意味論の; 意味上の, 語義に関する.

* *das* **Se·mes·ter** [ゼメスタァ zeméstər] 中 (単2) -s/(複) - (3格のみ -n) ① (1年2学期制の)学期. (英 semester). Sommer*semester* 夏学期 / Winter*semester* 冬学期 / Ich habe sechs *Semester* Biologie studiert. 私は6学期間生物学を学んだ / Er ist (または steht) jetzt im fünften *Semester*. 彼は今5学期目だ. (注 ドイツでは学年ではなく学期で修学期間を示すのがふつう). ② (学生言葉:)(…の)学期目の学生. ein älteres (または höheres) *Semester* 《口語・戯》もう若くはない人(←すでに何学期も学んだ学生).

Se·mes·ter≠fe·ri·en [ゼメスタァ・フェーリエン] 複 (大学の)[学]期末休暇.

se·mi.., **Se·mi..** [ゼミ.. zemi.. または ゼーミ..] 《形容詞・名詞につける》接頭《半分・セミ》 例: *semi*professionell セミプロの.

Se·mi≠fi·na·le [ゼーミ・フィナーれ] 中 -s/- 《スポ》準決勝.

Se·mi·ko·lon [ゼミ・コーろン zemi-kó:lɔn] 中 -s/-s (または ..kola) 《言》セミコロン(記号: ;) (=Strichpunkt).

* *das* **Se·mi·nar** [ゼミナール zeminá:r] 中 (単2) -s/(複) -e (3格のみ -en) (オッシャ・スイス: 複) ..narien [..ナーリエン] も) ① (大学の)ゼミ[ナール], 演習; (一般の)セミナー. (英 seminar). Pro*seminar* 入門ゼミ / an einem *Seminar* teil|nehmen ゼミに参加する. ② (大学における各学科の)研究室, 研究所. das juristische *Seminar* 法学研究室. ③ 神学校. ④ (教)小学校教員養成所; 新任教員の教習課程.

Se·mi·nar≠ar·beit [ゼミナール・アルバイト] 女 -/-en 演習(ゼミ)のレポート.

Se·mi·o·tik [ゼミオーティク zemió:tɪk] 女 -/ ① 《哲・言》記号論, 記号学. ② 《医》症候学.

Se·mit [ゼミート zemí:t] 男 -en/-en セム族の人, セム人. (注 女性形は Semitin).

se·mi·tisch [ゼミーティッシュ zemí:tɪʃ] 形 セム族(語)の.

* *die* **Sem·mel** [ゼンメる zéməl] 女 (単) -/ (複) -n 《オッシャ・南ドッ・北ドッ・中東部ドッ》ゼンメル(小型の丸い白パン) (=Brötchen). (英 roll). (☞ Brot 図). frische *Semmel* 焼きたてのゼンメル / Das geht weg wie warme *Semmeln*. それは飛ぶように売れる(←温かいゼンメルのように).

sem·mel≠blond [ゼンメる・ブロント] 形 淡いブロンド色の[髪の].

sen. [ゼーニオァ]《略》父の, …シニア (= senior).

Se·nat [ゼナート zená:t] 男 -[e]s/-e ① (古代ローマの)元老院. ② (アメリカなどの)上院;(ハンブルク・ブレーメンなどの)市政府;(リューベックなどの)市参事会;(大学の)評議会. ③ (裁判所の)部.

Se·na·tor [ゼナートァ zená:tor] 男 -s/-en [ゼナトーレン] ① (古代ローマの)元老院議員. ② (アメリカなどの)上院議員;(ハンブルク・ブレーメンなどの)市政府議員;(リューベックなどの)市参事会員;(大学の)評議員. (◀ 女性形は Senatorin).

Send≠bo·te [ゼント・ボーテ] 男 -n/-n (昔の:)使者.

Sen·de≠an·la·ge [ゼンデ・アンらーゲ] 女 -/-n《電》送信(放送)設備.

Sen·de≠be·reich [ゼンデ・ベらイヒ] 男 -[e]s/-e 《放送》(ラジオ・テレビの)サービスエリア.

Sen·de≠fol·ge [ゼンデ・ふォるゲ] 女 -/-n《放送》① 放送プログラム. ② 《放》連続番組.

Sen·de≠ge·biet [ゼンデ・ゲビート] 中 -[e]s/-e = Sendebereich

Sen·de≠lei·ter [ゼンデ・らイタァ] 男 -s/- 放送プロデューサー.

★★sen·den(*) [ゼンデン zéndən] du sendest, er sendet (sandte, hat…gesandt または sendete, hat…gesendet) 他 (完了 haben) ①《ふつう不規則変化》《雅》《物⁴を》送る, 発送する, 送り届ける. (⦅米⦆ send). 人³ eine Karte⁴ senden 人³ にカードを送る / ein Telegramm⁴ an 人⁴ senden 人⁴ に電報を打つ / Ich habe ihm mit der Post ein Paket gesandt. 私は彼に小包を郵送した. (☞ 類語 schicken).
② 《規則変化, x⁴: 不規則変化》(テレビ・ラジオで)放送(放映)する;(無線で)発信する. Das Fernsehen sendete ein Fußballspiel. テレビがサッカーの試合を放送した / Notrufe⁴ senden 遭難信号を発する.
③《ふつう不規則変化》《雅》(人⁴を)派遣する. einen Boten senden 使いをやる.

Sen·de≠pau·se [ゼンデ・パオゼ] 女 -/-n《放送》(ラジオ・テレビの)放送休止時間.

★der Sen·der [ゼンダァ zéndər] 男 《単 2》-s/《複》- (3格のみ -n) ① 放送局. (⦅米⦆ radio (television) station). auf einen anderen Sender um|schalten (ラジオ・テレビを)他の局に切り替える. ② 送信機;送信所. (⦅米⦆ transmitter). ③ 発送(発信)人.

Sen·de≠rei·he [ゼンデ・ライエ] 女 -/-n (ラジオ・テレビの)シリーズ番組.

sen·de·te [ゼンデテ] I ≠senden (放送する)の 過去 II ≠senden (送る)の 接②

Sen·de≠zei·chen [ゼンデ・ツァイヒェン] 中 -s/- (ラジオ・テレビの放送休止時間に発信される)コールサイン.

★die Sen·dung [ゼンドゥング zénduŋ] 女 《単》-/《複》-en ① (ラジオ・テレビの)放送;放送番組. (⦅米⦆ broadcast[ing]). Livesendung 生放送 / eine Sendung in Stereo ステレオ放送. ②《郵》発送, 送付;送付物. eine postlagernde Sendung 局留め便. ③《複 なし》《雅》使命, 任務. eine diplomatische Sendung⁴ erfüllen 外交的使命を果たす.

Se·ne·ca [ゼーネカ zé:neka] -s/《人名》セネカ (Lucius Annaeus Seneca 前 4?–後 65;スペイン生まれの古代ローマ・哲学者・政治家).

★der Senf [ゼンふ zénf] 男 《単 2》-[e]s/《複》-e (3格のみ -en) ① (薬味用の)からし, マスタード. (⦅米⦆ mustard). scharfer Senf 辛みの強いからし / Würstchen mit Senf からしを添えたソーセージ. ②《口語・比》無用のおしゃべり. seinen Senf dazu|geben 聞かれもしないのに意見を言う / Mach keinen langen Senf! 長話はやめてくれ. ③《植》カラシナ.

Senf≠gas [ゼンふ・ガース] 中 -es/ マスタードガス, イペリット(毒ガス).

Senf≠gur·ke [ゼンふ・グルケ] 女 -/-n からし漬けのきゅうり.

Senf≠korn [ゼンふ・コルン] 中 -[e]s/..körner 《ふつう 複》からし粒.

Sen·ge [ゼンゲ zéŋə] 複《北ド・中部ド》殴打, 平手打ち. Senge⁴ bekommen なぐられる.

sen·gen [ゼンゲン zéŋən] I 他 (h) (鶏などを)毛焼きする;《放》(衣服など⁴を)焦がす. II 自 (h) 焦げる;(太陽が)じりじりと照りつける. ◇《現在分詞の形で》unter der sengenden Sonnenhitze 焼きつくような太陽の下で.

se·nil [ゼニーる zení:l] 形 ① 老齢の;老衰した, もうろくした. ②《付加語としてのみ》《医》老人性の. senile Demenz 老人性痴呆(ち).

Se·ni·li·tät [ゼニりテート zenilité:t] 女 -/ 老齢;老衰, 老化[現象].

se·ni·or [ゼーニオァ zé:nior] 形《人名のあとに置かれて;無語尾》父の, …シニア, 大…(略: sen.). Johann Strauß senior ヨーハン・シュトラウス父. (⦅米⦆「息子の」は junior).

Se·ni·or [ゼーニオァ] 男 -s/-en [ゼニオーレン] ①《ふつう 単》《戯》(息子に対して:)父親;《商》(商店などの)先代. ②《スポ》シニアクラス[の選手]. ③ (年金で生活している)高齢者. ④ (学生言葉:)《学生組合の》筆頭幹部.

Senk≠blei [ゼンク・ブらイ] 中 -[e]s/-e《建》下げ振り[のおもり].

Sen·ke [ゼンケ zéŋkə] 女 -/-n くぼみ, 低地.

Sen·kel [ゼンケる zéŋkəl] 男 -s/- 靴ひも. 人⁴ in den Senkel stellen 人⁴を厳しくしかる.

★sen·ken [ゼンケン zéŋkən] (senkte, hat… gesenkt) I 他 (完了 haben) ① 下ろす, 下げる. die Arme⁴ heben und senken 腕を上げ下ろしする / den Blick (または die Augen⁴) senken 目を伏せる / den Kopf senken うなだれる / die Stimme⁴ senken《雅》声をひそめる / den Sarg ins Grab senken ひつぎを墓の中に下ろす. ◇《過去分詞の形で》gesenkten Hauptes《雅》うなだれて / die Augen⁴ gesenkt halten 目を伏せている. ② (価格・温度など⁴を)

げる. die Preise[4] *senken* 価格を下げる / den Blutdruck *senken* 血圧を下げる.

II 再帰 (完了 haben) *sich*[4] *senken* ① 下りる, 下がる. Der Theatervorhang *senkte sich.* 劇場の幕が下りた. ② (地面・水位などが)沈下する, 沈む;(道などが)下り坂になる.

Senk⸗fuß [ゼンク・フース] 男 -es/..füße 《医》(軽い)扁平(☆)足.

Senk⸗gru·be [ゼンク・グルーベ] 女 -/-n 《建》汚水だめ.

*****senk·recht** [ゼンク・レヒト zéŋk-reçt] 形 ① 《数》垂直の;(上下に)まっすぐな, 直立した. (英 *vertical*). (⇨ "水平の" は waagerecht). eine *senkrechte* Linie 垂直線 / Die Mauer ist nicht *senkrecht.* その壁は傾いている / Bleib *senkrecht*! (口語) しゃんとしてなさい. ② (人) 正直な, 心のまっすぐな.

Senk·rech·te [ゼンク・レヒテ zéŋk-reçtə] 女 『語尾変化は形容詞と同じ』《数》垂直(線).

Senk·recht⸗star·ter [ゼンクレヒト・シュタルタァ] 男 -s/- ①《空》垂直離着陸機. ②《比》急に出世した人;大ヒット, ベストセラー.

senk·te [ゼンクテ] *senken(下ろす)の 過去

Sen·kung [ゼンクング] 女 -/-en 《複 なし》沈降, 沈下, 低下. die *Senkung* der Preise[2] 価格の引き下げ. ②《地学》地盤沈下. ③ (稀) くぼ地. ④《詩学》弱音部, 抑格. ⑤《医》血沈.

Senn [ゼン zén] 男 -[e]s/-e《南ドッ・オーストゥ・スィス》アルプス高原の酪農家, 牛飼い.

Sen·ne[1] [ゼンネ zénə] 男 -n/-n《南ドッ・オーストゥ》= Senn

Sen·ne[2] [ゼンネ] 女 -/-n《南ドッ・オーストゥ》(アルプス地方の)高原牧草地 (= Alm).

Sen·ner [ゼンナァ zénər] 男 -s/-《南ドッ・オーストゥ》(アルプス高原の)酪農家, 牛飼い (= Senn).

***die* Sen·sa·ti·on** [ゼンザツィオーン zɛnzatsióːn] 女 (単) -/(複) -en ① センセーション, (世間の)大評判. (英 *sensation*). *Sensation*[4] erregen (または machen) センセーションを巻き起こす / Der Roman ist eine literarische *Sensation*. その小説は文学界のセンセーションだ. ②《医》感覚, 知覚.

sen·sa·ti·o·nell [ゼンザツィオネる zɛnzatsionél] 形 センセーショナルな, 世間を騒がせる. eine *sensationelle* Nachricht センセーショナルなニュース.

Sen·sa·ti·ons⸗lüs·tern [ゼンザツィオーンス・リュステァン] 形 センセーショナルなものを喜ぶ(好む).

Sen·sa·ti·ons⸗pres·se [ゼンザツィオーンス・プレッセ] 女 -/ センセーショナルな記事を売りものにする新聞雑誌, スキャンダル新聞(雑誌).

Sen·se [ゼンゼ zénzə] 女 -/-n (大きな)草刈りがま, 大がま. mit der *Sense* mähen 大がまで草を刈る / [Jetzt ist aber] *Sense*!(俗)a)もうおしまいだ, b)もうたくさんだ.

Sen·sen⸗mann [ゼンゼン・マン] 男 -[e]s/..männer ①《婉曲》死;死神(大がまを持った骸骨の姿で表される). ②《古》大かまで刈る人.

sen·si·bel [ゼンズィーべる zɛnziːbəl] 形 ① 感受性の強い, 敏感な, 感じやすい. ein *sensibles* Kind 感受性の強い子供. ②《医》(痛みなどを)知覚する. *sensible* Nerven 知覚神経.

sen·si·bi·li·sie·ren [ゼンズィビリズィーレン zɛnzibilizíːrən] **I** 他 (h) ① (人[4])を感じやすくする, 敏感にする. ②《写》増感する. **II** 再帰 (h)『*sich*[4] *gegen* 物[4] *~*』《医》(物[4]に対して)アレルギーを起こす.

Sen·si·bi·li·tät [ゼンズィビリテート zɛnzibilitέːt] 女 -/ ① 感受性, 敏感さ. ②《医》知覚[能]力. ③《写》(フィルムの)感光度. ④《電》(無線の)感度.

sen·si·tiv [ゼンズィティーふ zɛnzitíːf] 形 神経過敏な, 感受性の鋭い.

Sen·sor [ゼンゾァ zénzɔr] 男 -s/-en [ゼンゾーレン]《工》センサー, 感知装置.

Sen·su·a·lis·mus [ゼンズアリスムス zɛnzualísmus] 男 -/《哲》感覚論;《美》感覚主義.

sen·su·ell [ゼンズエる zɛnzuέl] 形 ① 感覚[上]の, 感覚的な. ②《古》肉感的な.

Sen·tenz [ゼンテンツ zɛnténts] 女 -/-en ① 格言, 金言. ②《複》《神学》命題論集.

sen·ten·zi·ös [ゼンテンツィエース zɛntɛntsiǿːs] 形 ① 格言風の. ② 名文句の多い.

sen·ti·men·tal [ゼンティメンターる zɛntimɛntάːl] 形 感傷的な, センチメンタル[な] 多感な. ein *sentimentaler* Schlager センチメンタルな流行歌.

Sen·ti·men·ta·li·tät [ゼンティメンタリテート zɛntimɛntalitέːt] 女 -/-en (ふつう軽蔑的に:)感傷性, 多感.

Se·oul [ゼウーる zeúːl または ゼーウる zéːul] 中 -s/《都市名》ソウル(大韓民国の首都).

se·pa·rat [ゼパラート zɛparάːt] 形 分離した, 別々の;独立した, 専用の;単独の. ein *separates* Zimmer 個室.

Se·pa·ra·tis·mus [ゼパラティスムス zɛparatísmus] 男 -/《政治上・宗教上の》分離(分立)主義.

Se·pa·ree [ゼパレー zɛparéː] 中 -s/-s = Séparée

Sé·pa·rée [ゼパレー zɛparéː] [フス] 中 -s/-s (レストランなどの)特別[客]室.

se·pa·rie·ren [ゼパリーレン zɛparíːrən] 他 (h) ① (分離機などで物[4]を)分離させる. ②(病人など[4]を)隔離する.

Se·pia [ゼーピア zéːpia] 女 -/Sepien [..ピエン] ①《魚》コウイカ(甲烏賊). ②『複 なし』セピア(いかのすみからとった絵の具・染料).

Sep·sis [ゼプスィス zέpsɪs] 女 -/Sepsen《医》敗血症 (= Blutvergiftung).

Sept. [ゼプテンバァ] (略)9月 (= September).

***der* Sep·tem·ber** [ゼプテンバァ zɛptémbər] 男 (単2) -[s]/(複) - (3格のみ -n) 『ふつう単』9月 (略: Sept.). (英 *September*). (⇨ 月名 ☞ Monat). Anfang *September* 9月初めに / am 15. (= fünfzehnten) *September* 9

月15日に / Im *September* wird es schon ziemlich kühl. 9月にはもうかなり涼しくなる.

Sep·tett [ゼプテット zeptét] 中 -(e)s/-e 《音楽》七重奏(唱)[曲]; 七重奏(唱)団.

Sep·ti·ma [ゼプティマ zéptima] 女 -/..timen [..ティーメン] 《オーストリア》(ギムナジウムの)第7学年(日本の高校2年に相当). (☞ Gymnasium).

Sep·ti·ma·ner [ゼプティマーナァ zeptimá:nɐr] 男 -s/- 《オーストリア》(ギムナジウムの)7年生.

Sep·ti·me [ゼプティーメ zeptí:mə] 女 -/-n 《音楽》① (音階の)第7音. ② 7度[音程].

sep·tisch [ゼプティッシュ zéptɪʃ] 形 《医》① 敗血症の, 敗血性の. ② 病原菌に汚染された.

Se·quenz [ゼクヴェンツ zekvénts] 女 -/-en ① 連続, シリーズ; 順序. ② 《音楽》反復進行. ③ 《宗》続唱. ④ 《映》シークエンス. ⑤ 《ﾄﾗﾝﾌﾟ》シークエンス.

Ser·be [ゼルベ zέrbə] 男 -n/-n セルビア人. (☞ 女性形は Serbin).

Ser·bi·en [ゼルビェン zέrbiən] 中 -s/ 《国名》セルビア(新ユーゴスラヴィア連邦の一共和国).

ser·bisch [ゼルビッシュ zέrbɪʃ] 形 セルビア[人・語]の.

Se·re·na·de [ゼレナーデ zerená:də] 女 -/-n 《音楽》セレナード, 小夜曲.

* *die* **Se·rie** [ゼーリエ zé:riə] 女 《単》-/《複》-n 《英 series》① シリーズ, (記事・番組・本などの)シリーズもの; (同種のものの)[大量]生産. Fernseh*serie* テレビのシリーズ番組 / eine *Serie* [von] Briefmarken シリーズ切手 / 物⁴ in *Serie* her|stellen 物⁴を大量生産する / in *Serie* gehen 大量生産される / Das Werk erscheint in einer *Serie*. その作品はシリーズものとして出版される. ② 《口語》一連(のもの), 連続. eine *Serie* von Unfällen 一連の事故.

se·ri·ell [ゼリエる zeriέl] 形 ① 連続的な. ② 《音楽》セリー技法による. ③ 《コンピュータ》(データ転送などが)シリアルの.

se·ri·en·mä·ßig [ゼーリエン・メースィヒ] 形 連続組み立て方式の(生産), 大量生産の. einen Wagen serien*mäßig* bauen 車を組み立てラインによって生産する.

Se·ri·en⸗pro·duk·ti·on [ゼーリエン・プロドゥクツィオーン] 女 -/-en 《ふつう 単》(同一規格による)大量生産.

Se·ri·en⸗schal·tung [ゼーリエン・シャルトゥング] 女 -/-en 《電》直列接続.

se·ri·en⸗wei·se [ゼーリエン・ヴァイゼ] 副 ① 連続組み立て方式で; シリーズで. ② 《口語》大量に.

se·ri·ös [ゼリエース zerió:s] 形 ① 端正な, 品位のある; 厳かな. ② 《特に商売上》信頼のおける, 堅実な. ③ まじめな, 真剣な.

Ser·mon [ゼルモーン zɛrmó:n] 男 -s/-e ① 《口語》長談義. ② 《古》説教.

Ser·pen·ti·ne [ゼルペンティーネ zɛrpɛntí:nə] 女 -/-n ① (山腹の)曲りくねった坂道; (山道の)ヘアピンカーブ.

Se·rum [ゼールム zé:rum] 中 -s/Seren (または Sera) 《医》血清; 免疫血清.

Ser·vice¹ [ゼルヴィース zɛrví:s] 中 -(または -s [..セス])/- 食器セット. Kaffee*service* コーヒーセット.

Ser·vice² [サーヴィス sá:rvɪs] 《英》男 中 -/-s [..ヴィス(ィス)] ① 《覆 なし》(レストランなどの)サービス, 客扱い; (顧客に対する)[アフター]サービス. ② 《ふつう 単》(テニスなどの)サーブ[されたボール].

ser·vie·ren [ゼルヴィーレン zɛrví:rən] I 他 (h) ① (飲食物などを⁴)出す, 提供する; 食卓に運ぶ. den Gästen Wein⁴ servieren 客にワインを出す. ② (サッカーなどで:)(人³にボール⁴を)パスする. II 自 (h) ① 給仕をする. ② (テニスで:)サーブをする.

Ser·vie·re·rin [ゼルヴィーレリン zɛrví:rərɪn] 女 -/..rinnen ウエートレス.

Ser·vier⸗tisch [ゼルヴィーア・ティッシュ] 男 -es/-e 給仕台, サイドテーブル.

Ser·vier⸗wa·gen [ゼルヴィーア・ヴァーゲン] 男 -s/- (レストランの)サービスワゴン.

* *die* **Ser·vi·et·te** [ゼルヴィエッテ zɛrviέtə] 女 《単》-/《複》-n ナプキン. (《英》napkin). die *Serviette*⁴ entfalten (zusammen|legen) ナプキンを広げる(折りたたむ).

Ser·vi·et·ten⸗ring [ゼルヴィエッテン・リング] 男 -(e)s/-e ナプキンリング(ナプキンを巻いてはさんでおく輪).

ser·vil [ゼルヴィール zɛrví:l] 形 卑屈な, ぺこぺこした.

Ser·vi·li·tät [ゼルヴィリテート zɛrvilitέ:t] 女 -/-en ① 《覆 なし》卑屈, 追従. ② 卑屈な言動.

Ser·vo⸗brem·se [ゼルヴォ・ブレムゼ] 女 -/-n サーボブレーキ.

Ser·vo⸗len·kung [ゼルヴォ・レンクング] 女 -/-en 《工》パワーステアリング, サーボステアリング.

Ser·vo⸗mo·tor [ゼルヴォ・モートァ] 男 -s/-en [..モートーレン] 《工》サーボモーター.

Ser·vus! [ゼルヴス zέrvus] 間 《南ドイツ・オーストリア》やあ, こんにちは; さようなら, じゃまた.

Se·sam [ゼーザム zé:zam] 男 -s/-s 《植》ゴマ[の実]. *Sesam*, öffne dich! 《戯》開けごま(開門・宝物獲得の呪文).

* *der* **Ses·sel** [ゼッセる zέsəl] 男 《単 2》-s/《複》- (3格のみ -n) ① (ひじ掛けのある)安楽いす, ひじ掛けいす. (《英》armchair). (☞ Stuhl 図). ein bequemer *Sessel* 座り心地のよい安楽いす / sich⁴ in einen *Sessel* setzen 安楽いすに座る / Er sitzt im *Sessel*. 彼は安楽いすに座っている. ② 《オーストリア》いす (=Stuhl).

Ses·sel⸗lift [ゼッセる・りフト] 男 -(e)s/-e (または -s) (スキー場などの)チェアーリフト.

sess·haft [ゼスハフト] 形 定住している; 腰を落ちつけた. Er ist jetzt in Bonn *sesshaft*. 彼は今ボンに居を構えている / *sesshaft* werden 住居を定める.

seß·haft ☞《新形》sesshaft

Ses·si·on [ゼスィオーン zɛsió:n] 女 -/-en (長

期にわたる)会議; 会期.

Set [ゼット zét] [英] 中 男 -[s]/-s ① 1組, セット. ein *Set* aus Kamm, Bürste und Spiegel くし, ブラシ, 鏡の一そろい. ② ランチョンマット. ③《心》《心》構え, 態度.

Set·ter [ゼッタァ zétər] 男 -s/- セッター(猟犬の一種).

Setz≈ei [ゼッツ・アイ] 中 -[e]s/-er《北東部ドイツ》《料理》目玉焼き.

:set·zen [ゼッツェン zétsən]

(再帰で:)座る Bitte *setzen* Sie *sich*!
ビッテ ゼッツェン ズィー ズィヒ
どうぞお座りください.

du setzt (setzte, *hat/ist*...gesetzt) I 再帰 (完了 haben) *sich*⁴ *setzen* ① 座る, 腰かける. (英 *sit down*). Darf ich *mich* hierhin *setzen*? ここに座ってもいいですか / *sich*⁴ **an** den Tisch *setzen* 机につく / *sich*⁴ **auf** einen Stuhl *setzen* いすに座る / Der Vogel *setzte sich* auf einen Zweig. 鳥は枝にとまった / *sich*⁴ **in** einen Sessel *setzen* 安楽いすに座る / Sie *setzte sich* in das Auto. 彼女は車に乗りこんだ / *sich*⁴ **neben** 人⁴ *setzen* 人⁴の隣りに座る / *Setz dich* **zu** uns! ぼくたちの所に座れよ.

② 〖前置詞+特定の名詞とともに〗(…の状態に)入る. *sich*⁴ **an** die Arbeit *setzen*(座って)仕事にとりかかる / *sich*⁴ **in** Bewegung *setzen* 動き出す, 発車する / *sich*⁴ **zur** Ruhe *setzen* 引退する.

③ (かすが)沈殿する, (地盤が)沈下する. Der Kaffee *hat sich gesetzt*. コーヒーのかすが沈んだ. ④〖方向を表す語句とともに〗(においなどが…に)染みつく, 入り込む. Der Geruch *setzt sich* in die Kleider. そのにおいは服に染みつく.

II 他 (完了 haben) ①〖方向を表す語句とともに〗(人⁴を…へ)座らせる. Sie *setzt* das Kind auf den Stuhl. 彼女は子供をいすに座らせる / Wen *können* wir bei Tisch **neben** Frau Müller *setzen*? 会食のときにミュラー夫人の隣りにはだれに座ってもらおうか.

②〖方向を表す語句とともに〗(物⁴を…へ)置く, 据える. einen Stuhl **ans** Fenster *setzen* いすを窓辺に置く / das Glas⁴ **an** den Mund *setzen* グラスを口に当てる / Er *hat* seinen Koffer **auf** den Boden *gesetzt*. 彼はスーツケースを床に置いた / [*sich*³] den Hut **auf** den Kopf *setzen* 帽子をかぶる / einen Topf **aufs** Feuer *setzen* 深鍋を火にかける / ein Wort⁴ **in** Klammern *setzen* ある単語をかっこに入れる / Karpfen⁴ **in** einen Teich *setzen* 鯉を池に放す / eine Anzeige⁴ **in** die Zeitung *setzen* 新聞に広告を出す / 物⁴ **unter** Wasser *setzen* 物⁴を水浸しにする / einen Stein *setzen* (チェスなどで:)こまを置く. ◇〖目的語しでも〗Du *musst setzen*. (チェスなどで:)君の番だよ.

③〖前置詞+特定の名詞とともに〗(人・物⁴を…の状態に)する. 人⁴ **auf freien** Fuß *setzen* 人⁴を釈放する / eine Maschine⁴ **in** (**außer**) Betrieb *setzen* 機械を作動させる(止める) / ein Gesetz⁴ **in** (**außer**) Kraft *setzen* 法律を発効させる(無効にする) / 人⁴ **in** Begeisterung (Erstaunen) *setzen* 人⁴を感激させる(驚かせる) / 物⁴ **in** Brand *setzen* 物⁴に火をつける / ein Gedicht⁴ **in** Musik *setzen* 詩に曲をつける / eine Arbeit⁴ **ins** Werk *setzen* 仕事にとりかかる.

④ 植える, 植えつける. Salat⁴ *setzen* サラダ菜を植える / Diese Bäume *wurden* vor 10 Jahren *gesetzt*.《受動・過去》これらの木は10年前に植えられた.

⑤ 築く, 建てる; (帆など⁴を)上げる, 立てる, (旗など⁴を)揚げる. einen Ofen *setzen* 暖炉を築く / Man *hat* ihm ein Denkmal *gesetzt*. 彼の記念碑が建てられた / die Segel⁴ *setzen* 帆を上げる. ⑥ (期限・目標など⁴を)定める, 設定する. einen Termin *setzen* 期日を定める / 軍³ Grenzen⁴ *setzen* 軍³を制限する / Du *musst* dir ein Ziel *setzen*. 君は目標を定めないといけないよ. ⑦ 賭ける. Ich *setze* [hundert Mark] **auf** dieses Pferd. 私は[100マルクを]この馬に賭けよう / Er *setzte* seine Hoffnungen **auf** uns. 彼は私たちに期待をかけた. ⑧ (文字など⁴を)書く, 記入する; (リストなどに)載せる. ein Komma⁴ *setzen* コンマを打つ / 人⁴ **auf** eine Liste *setzen* 人⁴の名前をリストに載せる. ⑨《印》活字に組む, 植字する. ein Manuskript⁴ *setzen* 原稿を活字に組む. ⑩《スポ》シードする. ⑪ (人・物⁴を…へ)渡す. 人⁴ **über** den Fluss *setzen* 人⁴を川向こうへ渡す.

III 自 (完了 sein または haben)〖**über** 物⁴~〗(物⁴を)[跳び]越える; (物⁴(川など)を)渡る. **über** eine Hürde *setzen* ハードルを跳び越える / Die Römer *setzten* hier **über** den Rhein. ローマ人はここでライン川を渡った.

IV 非人称 (完了 haben)〖**es** *setzt* 軍⁴の形で〗《口語》軍⁴(なぐり合いなど)が起こる. Gleich *setzt* es Hiebe. 今にげんこつが飛ぶぞ.

◇☞ gesetzt

Set·zer [ゼッツァァ zétsər] 男 -s/-《印》植字工.

Set·ze·rei [ゼッツェライ zɛtsərái] 女 -/-en《印》植字室(部).

Setz≈kas·ten [ゼッツ・カステン] 男 -s/..kästen (まれに -) ①《園芸》苗入れ用の箱, 若木箱. ②《印》活字箱.

Setz·ling [ゼッツリング zétslıŋ] 男 -s/-e ①《園芸》さし木, 苗. ②《養殖中の》稚魚.

Setz≈ma·schi·ne [ゼッツ・マシーネ] 女 -/-①《印》植字機. ②《坑》湿式選鉱機.

setz·te [ゼッツテ] ☞setzen (再帰で: 座る)の 過去

Seu·che [ゾイヒェ zɔ́ʏçə] 女 -/-n 伝染病, 悪疫;《比》(好ましくないものの)流行. **an** einer *Seuche* erkranken 伝染病にかかる / Fremdwörter*seuche* 外来語の乱用.

•**seuf·zen** [ゾイフツェン zɔ́ʏftsən] du seufzt, (seufzte, *hat*...geseufzt) I 自 (完了 haben) た

め息をつく，嘆息する；うめく．(英 sigh). Sie *seufzte* tief. 彼女は深くため息をついた / **nach** 人³ **seufzen** 人³を恋い焦がれてため息をつく / **unter einer Last** *seufzen* 重荷にあえぐ．
II 他 (完了 haben) (…と)ため息をつきながら言う．

Seuf·zer [ゾイフツァァ zɔ́yftsər] 男 -s/- ため息，吐息；うめき．**einen** *Seufzer* **aus|stoßen** ため息をつく / **Er tat seinen letzten** *Seufzer*. 《雅》彼は息を引き取った．

seufz·te [ゾイふツテ] ＊seufzen (ため息をつく)の過去

Sex [ゼクス zέks] [英] 男 - (まれに -es)/《口語》① (男女の)性，セックス．② 性交；性生活．③ セックスアピール．④ (メディアなどによる)セックス表現．

Sex·ap·peal [ゼクス・アピーる zέks-api:l] [英] 男 -s/ セックスアピール．

Sex·bom·be [ゼクス・ボンベ] 女 -/-n 《俗》セックスアピールの強烈な女性(特に映画女優)．

Sex·ta [ゼクスタ zέksta] 女 -/Sexten ① (9年制ギムナジウムの)第1学年(日本の小学5年に相当)．② (ホラキラ) (ギムナジウムの)第6学年(日本の高校1年に相当)．(☞ Gymnasium).

Sex·ta·ner [ゼクスターナァ zεkstá:nər] 男 -s/- ① (9年制ギムナジウムの)1年生．② (ホラキラ) (ギムナジウムの)6年生．

Sex·tant [ゼクスタント zεkstánt] 男 -en/-en 《海》六分儀．

Sex·te [ゼクステ zέkstə] 女 -/-n 《音楽》6度[音程].

Sex·tett [ゼクステット zεkstέt] 中 -[e]s/-e 《音楽》六重奏(唱)[曲]；六重奏(唱)団．

se·xu·al [ゼクスアール zεksuá:l] 形 《ﾗ》性の，性的な (=sexuell).

Se·xu·al≠er·zie·hung [ゼクスアール・エァツィーウング] 女 -/ 性教育．

Se·xu·al≠hor·mon [ゼクスアール・ホルモーン] 中 -s/-e 性ホルモン．

Se·xu·a·li·tät [ゼクスアリテート zεksualité:t] 女 -/ 性，性別，セックス；性感；性欲，性行動．

Se·xu·al≠ver·bre·chen [ゼクスアール・ふェアブレッヒェン] 中 -s/- 性犯罪．

se·xu·ell [ゼクスエる zεksuέl] 形 性の，性的な．

Se·xus [ゼクスス zέksUs] 男 -/- ① 《ふつう 単》性[欲]．② 《ﾗ》《言》(名詞・代名詞などの)性．

se·xy [ゼクスィ zέksi] [英] 形 《無語尾で》《口語》セクシーな，性的魅力のある．

Se·zes·si·on [ゼツェスィオーン zetsεsió:n] 女 -/-en ① (宗教・芸術などの)分離，分派，脱退．② 《美》分離派，セセッション；《複 なし》(オーストリアの)ユーゲントシュティール派．

se·zie·ren [ゼツィーレン zetsí:rən] 他 (h) ① 《医》(死体⁴を)解剖する．② 《比》細かく分析する．**ein Kunstwerk⁴** *sezieren* 芸術作品を詳しく分析して解釈する．

Se·zier≠mes·ser [ゼツィーァ・メッサァ] 中 -s/- 《医》解剖刀，外科用メス．

sfr, sFr. [シュヴァイツァァ ふランケン] 《略》スイスフラン(スイスの通貨単位) (=Schweizer Fran-

ken).

sg., Sg. [ズィングらール] 《略》単数 (=Singular).

Shake·speare [シェーク・スピーァ ʃé:k-spi:r] -s/《人名》シェイクスピア (William Shakespeare 1564-1616; イギリスの劇作家・詩人).

Sham·poo [シャンプー ʃámpu または ..ポ..po] 中 -s/-s (洗髪用の)シャンプー．

Sham·poon [シャンポーン ʃampó:n または シェンプーン ʃempú:n] 中 -s/-s =Shampoo

Sher·ry [シェリ ʃέri] [英] 男 -s/-s シェリー酒(スペイン産白ぶどう酒).

Shil·ling [シリング ʃíliŋ] 男 -s/-s (単位:-/-) シリング(1971年まで使用されたイギリスの貨幣単位．1/20 ポンドに相当した；略: s または sh).

Shop [ショップ ʃɔ́p] [英] 男 -s/-s 店，商店 (=Laden, Geschäft).

Shorts [ショーァツ ʃɔ́:rts または ショルツ ʃɔ́rts] [英] 複 《服飾》ショートパンツ．

Show [ショウ ʃóu] [英] 女 -/-s ショー，見せ物．

Show≠ge·schäft [ショウ・ゲシェふト] 中 -[e]s/ ショービジネス．

Show≠mas·ter [ショウ・マースタァ] 男 -s/- ショーの司会者．

Si [エス・イー] 《化・記号》珪素(ｹｲｿ) (=Silizium).

Si·am [ズィーアム zí:am] 中 -s/《国名》シャム(タイ国の旧称).

si·a·me·sisch [ズィアメーズィッシュ ziamé:-zIʃ] 形 シャム[人]の．*siamesische* **Zwillinge** シャム双生児．

Si·bi·ri·en [ズィビーリエン zibí:riən] 中 -s/《地名》シベリア．

si·bi·risch [ズィビーリッシュ zibí:rIʃ] 形 シベリアの．

＊**sich** [ズィヒ zíç] 代 **A)** 《再帰代名詞; 3人称および2人称敬称の3格・4格 ☞ 巻末文法表0000ページ》① 《3格·4格で》自分自身を(に)．**Er wäscht** *sich*⁴. 彼は自分[の体]を洗う / *sich*⁴ **für** 人・事³ **opfern** 人・事³のために自分を犠牲にする / **Damit hat er** *sich*³ **geschadet**. そのことで彼は損をした(← 自分に損害を与えた)．

② 《動詞と密接に結合して再帰動詞をつくる》⑦ 《4格で》*sich*⁴ **ärgern** 腹を立てる / *sich*⁴ **beeilen** 急ぐ / *sich*⁴ **bewegen** 動く / *sich*⁴ **erkälten** 風邪をひく / **Er erinnert** *sich*⁴ **gut an seinen Großvater**. 彼はおじいさんのことをよく覚えている / *sich*⁴ **freuen** 喜ぶ / *sich*⁴ **setzen** 座る / *sich*⁴ **schämen** 恥じる / *sich*⁴ **täu·schen** 思い違いをする．⑦ 《3格で》*sich*³ 物・事⁴ **an|eignen** 物・事⁴を自分のものにする / *sich*³ 事⁴ **ein|bilden** 事⁴を思い込む / *sich*³ 事⁴ **erlauben** あえて事⁴をする / *sich*³ 物・事⁴ **vor|stellen** 物・事⁴を思い浮かべる，想像する．

③ 《3格で》《所有・利害・関心を表して》**Er wäscht** *sich*³ **die Hände**. 彼は[自分の]手を洗う / **Sie kaufte** *sich*³ **ein Eis**. 彼女は[自分のために]アイスクリームを買った / **Haben sie** *sich*³ **schon die Ausstellung angesehen?**

もうその展示会を見ましたか.
④ 【4格で: 結果を表す語句とともに】 *sich*⁴ satt essen たらふく食べる / *sich*⁴ zu Tode lachen 死ぬほど笑う.
⑤ 【4格で, 様子・状態を表す語句とともに】《受動の意味を表して》 Diese CD-Platte verkauft *sich*⁴ gut. この CD はよく売れる / Das versteht *sich*⁴ von selbst. それは自明のことだ (←おのずから理解できる). ◊【 lassen とともに】 Das lässt *sich*⁴ nicht leugnen. それは否定できない / Der Wein lässt *sich*⁴ trinken. このワインはなかなかいける.
⑥ 【4格で; 非人称の **es** を主語として】 Es handelt *sich*⁴ um unseren Sohn. 私たちの息子のことが問題だ / Hier lebt es *sich*⁴ gut. ここは暮らしやすい.
⑦ 【3格・4格で; 前置詞とともに】 Er denkt nur **an** *sich*⁴. 彼は自分のことしか考えない / an *sich*³ または an und für *sich*⁴ それ自体, 本来 / Er nahm die Schuld **auf** *sich*⁴. 彼は自分で責任を負った / Das hat nichts auf *sich*³. それは重要ではない / **außer** *sich*³ sein われを忘れている / Geld⁴ **bei** *sich*³ haben お金の持ち合わせがある / nicht bei *sich*³ sein a) 失神している, b) 正気でない / **für** *sich*³ それだけで; ひとりで / 分⁴ **hinter** *sich*³ haben 分⁴を済ませている / **von** *sich*³ aus 自発的に, 自ら / 分⁴ **vor** *sich*³ haben まだ 分⁴をしなければならない / wieder **zu** *sich*³ kommen 正気に返る / Er bat sie zu *sich*³. 彼は彼女に自分の所に来るように頼んだ.
B) 【相互代名詞; 3人称複数の3格・4格】互いを(に). Sie lieben *sich*⁴. 彼らは愛し合っている / Sie helfen *sich*³. 彼らは互いに助け合っている.

⚐ 1人称 ich, wir と 2人称 du, ihr が主語の場合には sich ではなく人称代名詞の3格・4格と同じ形になる. 例: Ich wasche mich. 私は体を洗う.

Si·chel [ズィッヒェル zíçəl] 囡 -/-n 三日月形の[草刈り]かま; 《比》三日月.
si·chel⹀för·mig [ズィッヒェル・フェルミヒ] 形 三日月形の, かま状の.

si·cher [ズィッヒャァ zíçər]

安全な; きっと
Sicher kommt er bald.
ズィッヒャァ コムト エァ バルト
きっと彼はもうじき来るよ.

I 形 ① **安全な**, 危険のない. (英 *safe*). Hier bist du *sicher*. ここにいれば君は安全だ / ein *sicherer* Weg 安全な道 / ein *sicherer* Arbeitsplatz 危険のない仕事場 / **vor** 物³ *sicher* sein 物³に対して安全である ⇨ In der Hütte waren wir vor dem Unwetter *sicher*. 私たちは山小屋にいたので暴風雨を避けることができた / *sicher* gehen (転ばないように)しっかり歩く / Sicher ist *sicher*. 《口語》用心するに越したことはない.
② **信頼できる, 安心できる**. ein *sicherer* Beweis 信頼できる証拠 / aus *sicherer* Quelle 確かな筋から / ein *sicheres* Einkommen 安定した[保証されている]収入.
③ (判断などが)確かな, (熟達していて)確実な. ein *sicheres* Urteil 確かな判断[力] / Der Zahnarzt hat eine *sichere* Hand. その歯医者は腕が確かだ. ◊【副詞的に】 Sie fährt sehr *sicher* Auto. 彼女は非常に慎重に車を運転する.
④ **自信に満ちた**, 自信のある. Er hat ein *sicheres* Auftreten. 彼の態度は自信に満ちている.
⑤ (起こることが)確実な, 確かな. ein *sicherer* Sieg 確実な勝利 / Es ist *sicher*, dass er kommt. 彼が来るのは確実だ.
⑥ 【成句的に】 [*sich*³] 囚·事² *sicher* sein 囚·事²に確信がある. Er war [sich] des Erfolgs *sicher*. 彼は成功を確信していた / Ich bin meiner selbst nicht mehr *sicher*. 私はもう自分に自信が持てない.
II 副 **きっと, 確かに**. (英 *certainly*). Das ist *sicher* richtig. 確かにそのとおりさ / Kommst du auch wirklich? — Aber *sicher*! ほんとに君も来るの? — もちろんだよ.

類語 *sicher*: (信頼でき, また間違いのないという意味で)確かな. *gewiss*: (疑いなく確実に行われるという意味で)確かな. Eine Strafe ist ihm *gewiss*. 彼が罰せられることは確かだ. *bestimmt*: (内容的に正しく, はっきりしているという意味で)確かな.

..si·cher [..ズィッヒャァ ..zıçər] 【形容詞をつくる 接尾】① (…の確実な)例: siegessicher 勝利の確実な. ② (…を防ぐ)例: kältesicher 防寒の. ③ (…しやすい)例: waschsicher 洗濯のきく.
si·cher|ge·hen* [ズィッヒャァ・ゲーエン zíçərgèːən] 圓 (s) 危険を冒さない, 安全策を取る. um *sicherzugehen* 念のために.
(⚐ sicher gehen は「しっかり歩く」を意味する) ☞ sicher ①

die Si·cher·heit [ズィッヒャァハイト zíçərhaɪt] 囡 (単) -/(複) -en ① 【複 なし】 **安全**, 安全性. (英 *safety*). Verkehrs*sicherheit* 交通安全 / die öffentliche *Sicherheit* und Ordnung 公共の安全と秩序 / **in** *Sicherheit* sein 安全である / 囚·物⁴ **in** *Sicherheit* bringen 囚·物⁴を安全な場所へ移す / 囚⁴ in *Sicherheit* wiegen 囚⁴を安全であると思い込ませる.
② 【複 なし】 信頼性, 確かさ; 確信. **mit** *Sicherheit* 確信を持って, 確かに. ③ 【複 なし】 自信, (行動などの)落ち着き. ④ 《経》保証; 担保. *Sicherheiten*⁴ geben 担保を与える. ⑤ 《政》安全保障.

Si·cher·heits⹀ab·stand [ズィッヒャァハイツ・アップシュタント] 男 -[e]s/..stände 《交通》

安全車間距離.

Si·cher·heits=bin·dung [ズィッヒャァハイツ・ビンドゥング] 囡 -/-en (スキーの)セーフティービンディング.

Si·cher·heits=**dienst** [ズィッヒャァハイツ・ディーンスト] 男 -[e]s/-e ① (国家の)秘密情報機関. ② (民間企業の)警備担当部.

Si·cher·heits=**glas** [ズィッヒャァハイツ・グラース] 中 -es/..gläser 安全ガラス.

Si·cher·heits=**gurt** [ズィッヒャァハイツ・グルト] 男 -[e]s/-e (乗用車・飛行機の)シートベルト.

si·cher·heits=hal·ber [ズィッヒャァハイツ・ハルバァ] 副 安全のために, 念のために.

Si·cher·heits=**ket·te** [ズィッヒャァハイツ・ケッテ] 囡 -/-n ドアチェーン; (時計などの)安全鎖.

Si·cher·heits=**na·del** [ズィッヒャァハイツ・ナーデる] 囡 -/-n 安全ピン.

Si·cher·heits=**pakt** [ズィッヒャァハイツ・パクト] 男 -[e]s/-e 安全保障条約.

Si·cher·heits=**rat** [ズィッヒャァハイツ・ラート] 男 -[e]s/ (国連の)安全保障理事会.

Si·cher·heits=**schloss** [ズィッヒャァハイツ・シュろス] 中 -es/..schlösser 安全錠.

Si·cher·heits=**schloß** ☞ 新形 Sicherheitsschloss

Si·cher·heits=**ven·til** [ズィッヒャァハイツ・ヴェンティーる] 中 -s/-e 〖工〗(ボイラーの)安全弁.

Si·cher·heits=**vor·keh·rung** [ズィッヒャァハイツ・フォーァケールング] 囡 -/-en 〚ふつう 複〛安全対策.

si·cher·lich [ズィッヒャァリヒ] 副 確かに, きっと. Sie kommt *sicherlich*. 彼女はきっと来るよ.

si·chern* [ズィッヒャァン zíçərn] (sicherte, *hat* ...gesichert) Ⅰ 他 〚定了〛 〚英 secure〛 ① 安全にする, 守る. 人・物⁴ **gegen 車⁴(または **vor** 車³) *sichern* 人・物⁴を 車⁴(または 車³)から守る / das Fahrrad⁴ [mit einem Schloss] *sichern* (盗難を防ぐために)自転車に錠をかける / die Pistole⁴ *sichern* ピストルに安全装置をかける. ◇〚再帰的に〛 *sich*⁴ *sichern* 身を守る, 安全にする ⇨ Du *musst dich* gegen den Verlust des Reisegepäcks *sichern*. 君は旅行手荷物がなくならないように気をつけなくてはならない. ② ([人⁴に]物⁴を)確保する; 保障する; 保証する. die Rechte⁴ der Frauen² *sichern* 女性の権利を保証する / Dieser Sprung *hat* ihm den Sieg *gesichert*. このジャンプで彼の勝利が確実になった / Seine Zukunft *ist gesichert*. 〚状態受動・現在〛彼の将来は保証されている. ◇〚再帰的に〛 *sich*³ einen Platz *sichern* (自分のために)席を確保する. ③ (現場で警察が足跡・指紋⁴を)検出する. Ⅱ 自 〚定了〛 haben) 〚狩〛(鹿などが)じっと聞き入る.

si·cher|stel·len [ズィッヒャァ・シュテれン zíçər-ʃtɛlən] (h) ① 保管する; 押収する. ② 確保する; 保障する. 人⁴ finanziell *sicher-stellen* 金銭的に人⁴の面倒をみる.

Si·cher=**stel·lung** [ズィッヒャァ・シュテるング] 囡 -/ 安全にすること; 確保, 保障.

si·cher·te [ズィッヒャァテ] *sichern (安全にする)の過去.

Si·che·rung [ズィッヒェルング] 囡 -/-en ① 安全にすること, 保安, 保全; 安全対策. 〚経〛担保. ② (銃などの)安全装置. ③ 〚電〛ヒューズ. eine *Sicherung* von 10 Ampere 10アンペアのヒューズ.

*die **Sicht** [ズィヒト zíçt] 囡 (単) -/(複) -en (英 *sight*) ① 〚覆 なし〛視界, 視野; 見晴らし, 眺め. Heute ist gute (schlechte) *Sicht*. きょうは見晴らしが利く(利かない) / Von hier aus hat man weite *Sicht*. ここからは遠くまで見渡せる / **auf** *Sicht* fliegen 〚空〛(飛行機が)有視界飛行をする / **außer** *Sicht* kommen 見えなくなる / **in** *Sicht* kommen 見えてくる / Das Flugzeug ist in *Sicht*. その飛行機はもう視界に入っている / Da ist nichts in *Sicht*. それは見込みがないよ. ② 〚ふつう 単〛見方, 視点, 見解. **aus** (または **in**) meiner *Sicht* 私の見方からすれば. ③ 〚複 なし〛《商》一覧. ein Wechsel auf *Sicht* 一覧払いの手形.

**sicht·bar* [ズィヒトバール zíçtbaːr] 形 ① 目に見える, 可視の. 〚英 *visible*〛. die *sicht-bare* Welt 目に見える世界 / Das Haus ist von der Straße aus nicht *sichtbar*. その家は通りからは見えない. ② 明らかな, 顕著な. *sicht-bare* Fortschritte⁴ machen 目だった進歩を遂げる / 物⁴ *sichtbar* machen 物⁴をはっきりさせる / Er war *sichtbar* erfreut. 彼は明らかにうれしそうだった.

sich·ten [ズィヒテン zíçtən] 他 (h) ① (遠くに)見つける, 認める. eine Insel⁴ *sichten* (遠くに)島影を認める. ② (書類など⁴に)目を通して整理する. das Material⁴ *sichten* 資料を整理する.

..sich·tig [..ズィヒティヒ ..zıçtıç] 〚形容詞をつくる 接尾〛〖目が…な〗例: kurzsichtig 近視の / weitsichtig 遠視の.

sicht·lich [ズィヒトリヒ] 形 明らかな, 明瞭(めいりょう)な. mit *sichtlichem* Vergnügen 満足の色を浮かべて.

Sich·tung [ズィヒトゥング] 囡 -/-en ① 〚複 なし〛(遠くに)見つけること, 発見. ② 選別, より分け, 精査.

Sicht=ver·hält·nis·se [ズィヒト・フェァヘルトニセ] 複 視界状況, 視程.

Sicht=ver·merk [ズィヒト・フェァメルク] 男 -[e]s/-e ビザ, 査証 (=Visum).

Sicht=wech·sel [ズィヒト・ヴェクセる] 男 -s/- 《商》一覧払い手形.

Sicht=wei·te [ズィヒト・ヴァイテ] 囡 -/-n 視界, 視程.

si·ckern [ズィッカァン zíkərn] 自 (s) (液体が…へ)染み込む, 染み通る, (…から)にじみ出る; 〚比〛(情報などが)漏れる. Aus der Wunde *sickert* Blut. 傷口から血がにじみ出ている.

Si・cker=was・ser [ズィッカァ・ヴァッサァ] 中 -s/ ① (地下に染み込んだ)浸透水. ② (堤などから染み出た)漏れ水.

Sid・dhar・tha [ズィダルタ zidárta] -s/《人名》シッダルタ(悉達多)《釈尊の在俗時代の名》.

***sie** [ズィー zi:] 代 **A)** 《人称名詞; 3 人称女性単数の 1 格・4 格》(⇦ 人だけでなく物・事でも女性名詞であれば sie で受ける)

彼女は; 彼女を	
Sie ist Studentin.	1 格 *sie*
ズィー イスト シュトゥデンティン	2 格 ihrer
彼女は大学生です.	3 格 ihr
	4 格 *sie*

① 《**1 格で**》彼女は(が); それは(が). (英 *she; it*). *Sie* spielt gern Tennis. 彼女はテニスをするのが好きだ / Diese Karte? *Sie* ist von meiner Freundin. このはがきのこと? これはぼくのガールフレンドからだよ.
② 《**4 格で**》彼女(それ)を. (英 *her; it*). Ich kenne *sie* nicht. 私は彼女を知りません / Eine schöne Bluse! Wo hast du *sie* gekauft? すてきなブラウスね. それどこで買ったの. ◇《前置詞とともに》für *sie* 彼女のために.
B)《人称名詞; 3 人称複数の 1 格・4 格》(⇦ 人だけでなく物・事でも複数形であれば sie で受ける)

彼らは; 彼らを	
Sind *sie* Studenten?	1 格 *sie*
ズィント ズィー シュトゥデンテン	2 格 ihrer
彼らは大学生ですか.	3 格 ihnen
	4 格 *sie*

① 《**1 格で**》彼らは(が), 彼女たちは(が); それらが(が). (英 *they*). Das sind Peter und Michael, *sie* sind meine besten Freunde. これはペーターとミヒャエルで, 私の親友です.
② 《**4 格で**》彼ら(彼女たち・それら)を. (英 *them*). Wir kennen *sie* nicht. 私たちは彼らを知りません / Diese Blumen, hast du *sie* selbst gepflückt? この花だけど, これはおまえが自分で摘んだの? ◇《前置詞とともに》für *sie* 彼らのために.
③ 《**1 格で**》人々は, 連中は; 当局は. Hier wollen *sie* ein Atomkraftwerk bauen. ここに当局は原子力発電所を建設しようとしている.

***Sie**[1] [ズィー zi:] 代 《人称代名詞・2 人称敬称単数および複数の 1 格・4 格》

あなたは; あなたを	
Wie heißen *Sie*?	1 格 *Sie*
ヴィー ハイセン ズィー	2 格 Ihrer
あなたのお名前は?	3 格 Ihnen
	4 格 *Sie*

① 《**1 格で**》あなたは(が), あなたがたは(が). (英 *you*). Kommen *Sie* mit? いっしょにいらっしゃいませんか.
② 《**4 格で**》あなた[がた]を. (英 *you*). Darf ich *Sie* zum Essen einladen? あなた[がた]を食事にお招きしたいのですが. ◇《前置詞とともに》für *Sie* あなた[がた]のために.

⇦ 家族・親友・学生どうしなど遠慮の要らない間柄では親称 du, ihr を用いるが, そうでない成人に対しては Sie を用いる. ⇨ du

Sie[2] [ズィー] 中 -[s]/ Sie「あなた」という呼びかけ. Die beiden sagen *Sie* zueinander. 二人は互いに Sie「あなた」で呼び合っている.

Sieb [ズィープ zi:p] 中 -es (まれに -s)/-e ① ふるい, こし器. Tee[4] **durch** ein *Sieb* gießen 紅茶をこし器でこす / Wasser[4] **mit** einem *Sieb* schöpfen 《比》むだ骨を折る(←水をふるいですくう) / Sein Gedächtnis ist wie ein *Sieb*. 《比》彼はとても忘れっぽい(←ふるいのような記憶力).
② 《印》シルクスクリーン.

Sieb=druck [ズィープ・ドルック] 男 -[e]s/-e 《印》① 《複 なし》シルクスクリーン印刷. ② シルクスクリーン印刷物.

***sie・ben**[1] [ズィーベン zí:bən] 数 《基数; 無語尾で》① 7[の]. (英 *seven*). die *sieben* Wochentage 1 週間 / zu *sieben* [Jahre alt] 彼女は 7 歳だ / zu *sieben*《口語》7 人で / Es ist *sieben* [Uhr]. 7 時だ.
② 《成句的に》(ふつう神秘的な数として:) die *sieben* Sachen 七つ道具, 持ち物全部 / die *sieben* Weltwunder 世界の七不思議 / die *sieben* Todsünden 《カト》七つの大罪 / ein Buch mit *sieben* Siegeln 不可解なこと(七つの封印をされた本; ヨハネの黙示録 5, 1–5).

sie・ben[2] [ズィーベン] 他 (h) ① (粉・砂など[4]を)ふるいにかける, ふるう. ② 《比》より分ける, 選考(選別)する. Kandidaten[4] *sieben* 候補者を選考する. ◇《目的語なしで》bei der Prüfung *sieben* 試験でふるい落とす.

Sie・ben [ズィーベン] 女 -/- ① (数字の) 7; (トランプの) 7; 《口語》(バス・電車などの) 7 番[系統]. ② 《成句的に》eine böse *Sieben*《口語》うるさい(がみがみ言う)女.

Sie・be・ner [ズィーベナァ zí:bənər] 男 -s/- 《方》(数字の) 7; (トランプの) 7; 《口語》(バス・電車などの) 7 番[系統].

sie・be・ner・lei [ズィーベナァライ zí:bənərlái] 形 《無語尾で》7 種[類]の, 7 通りの.

sie・ben=fach [ズィーベン・ファッハ] 形 7 倍の, 7 重の.

das **Sie・ben・ge・bir・ge** [ズィーベン・ゲビルゲ zí:bən-gəbìrgə] 中 -s/《定冠詞とともに》《山名》ズィーベンゲビルゲ(ライン右岸ボン近郊の連山).

das **Sie・ben・ge・stirn** [ズィーベン・ゲシュティルン zí:bən-gəʃtìrn] 中 -[e]s/《定冠詞とともに》《天》昴(すばる), プレアデス星団.

sie・ben=hun・dert [ズィーベン・フンダァト] 数 《基数; 無語尾で》700[の].

sie・ben=jäh・rig [ズィーベン・イェーリヒ] 形 《付加語としてのみ》7 歳の; 7 年[間]の. der *Siebenjährige* Krieg 7 年戦争 (1756–1763).

sie・ben=mal [ズィーベン・マール] 副 7 度, 7 回; 7 倍.

sie·ben=ma·lig [ズィーベン・マーリヒ] 形《付加語としてのみ》7 回の; 7 倍の.

Sie·ben·mei·len·stie·fel [ズィーベンマイレン・シュティーふェる] 複 (ひとまたぎで 7 マイルも歩ける)魔法の長靴. **mit** *Siebenmeilenstiefeln* 《口語・戯》a) 大股で, ひどく足早に, b) ものすごい速さで.

Sie·ben=sa·chen [ズィーベン・ザッヘン] 複《口語》七つ道具, 持ち物全部. **seine** *Siebensachen*[4] **packen** 所持品をとりまとめる.

Sie·ben=schlä·fer [ズィーベン・シュれーふァァ] 男 -s/- ① 七人の眠り聖人の祭日 (6 月 27 日. この日の天気がその後 7 週間の天気を決めると信じられている). ②《動》ヤマネ.

sie·ben=stö·ckig [ズィーベン・シュテッキヒ] 形 8 階建ての;《方》7 階建ての.

sie·bent [ズィーベント zí:bənt] 形 第 7 [番目]の (=siebt).

sie·ben·tä·gig [ズィーベン・テーギヒ] 形《付加語としてのみ》7 日[間]の.

sie·ben·tau·send [ズィーベン・タオゼント] 数《基数; 無語尾で》7,000[の].

sie·ben·tel [ズィーベンテる zí:bəntəl] 数《分数; 無語尾で》7 分の 1 [の].

Sie·ben·tel [ズィーベンテる] 中 (スィス 男) -s/- 7 分の 1.

sie·ben·tens [ズィーベンテンス zí:bəntəns] 副 第 7 [番目]に (=siebtens).

Sie·bold [ズィーボるト zí:bɔlt] -s/《人名》ジーボルト, シーボルト (Philipp Franz von *Siebold* 1796–1866; ドイツの医師. 出島のオランダ商館の医師として来日).

***siebt** [ズィープト zí:pt] 数《sieben¹ の序数: 語尾変化は形容詞と同じ》**第 7 [番目]の.** (英 *seventh*). **zu** *siebt* 7 人連れで / **Heute ist der 7.** (=siebte) きょうは 7 日です / **Sie war [wie] im** *siebten* **Himmel.** 《口語》彼女は有頂点だった (←第 7 天国すなわち最高天国にいるような).

sieb·tel [ズィープテる zí:ptəl] 数《分数; 無語尾で》7 分の 1 [の].

sieb·tens [ズィープテンス zí:ptəns] 副 第 7 [番目]に.

***sieb·zehn** [ズィープ・ツェーン zí:p-tse:n] 数《基数; 無語尾で》**17 [の].** (英 *seventeen*). **Er ist** *siebzehn* **[Jahre alt].** 彼は 17 歳です.

sieb·zehnt [ズィープ・ツェーント zí:p-tse:nt] 数《序数》第 17 [番目]の.

***sieb·zig** [ズィープツィヒ zí:ptsɪç] 数《基数; 無語尾で》**70 [の].** (英 *seventy*). **Er ist Anfang** *siebzig*. 彼は 70 歳代の初めです.

sieb·zi·ger [ズィープツィガァ zí:ptsɪgər] 形《無語尾で》70 歳[代]の; 70 年[代]の. **in den** *siebziger* **Jahren** (ある世紀の) 70 年代に.

Sieb·zi·ger [ズィープツィガァ] 男 -s/- ① 70 歳[代]の男性. ②《複で》70 [歳]代, (ある世紀の) 70 年代. ③ [19]70 年産のワイン;《口語》70 ペニヒの切手.

sieb·zig=jäh·rig [ズィープツィヒ・イェーリヒ] 形《付加語としてのみ》70 歳の; 70 年[間]の.

sieb·zigst [ズィープツィヒスト zí:ptsɪçst] 数《序数》第 70[番目]の.

sieb·zigs·tel [ズィープツィヒステる zí:ptsɪçstəl] 数《分数; 無語尾で》70 分の 1 [の].

siech [ズィーヒ zi:ç] 形《雅》(特に老人が)長わずらいの, 床についたままの.

Siech·tum [ズィーヒトゥーム] 中 -s/《雅》長わずらい, 衰弱.

sie·deln [ズィーデるン zí:dəln] 自 (h) (…の土地に)住みつく, 入植する;《比》(蜜蜂 (勢) などが)巣箱に棲 (+) みつく. **Hier haben die Germanen** *gesiedelt*. ここにゲルマン人が住みついた.

***sie·den**[*] [ズィーデン zí:dən] **du siedest (sott,** *hat*...gesotten または siedete, *hat*...gesiedet) **I** 自 (定了 haben) ① 沸く, 沸騰する,

― ドイツ・ミニ情報 22 ―

シーボルト Siebold

オランダ人医師として知られているシーボルトは, 実は 1796 年ヴュルツブルク生まれのドイツ人で, 江戸幕府が中国とオランダ以外との通商を認めなかったため, オランダ人と称して 1823 年に来日した. ヴュルツブルクで医学をおさめ, 開業して後, 自ら依願してオランダの外科軍医としてジャワへ赴任. 現地でオランダ東インド会社に入社し, 長崎出島商館の医官を務めながら日本の自然・人文科学研究を行うよう命ぜられた.

着任後まもなく日本人患者の治療と医学教育を始めたところ, 全国から師事を望む者が殺到した. そこでシーボルトは診療所兼学塾を開き, 西洋医学と一般科学を教えた. 研究任務も果たすべく, 商館長の江戸参府に随行して見聞を広め, 門下生を通じて日本の歴史, 地理, 民俗などに関する資料を収集する. 5 年間の任期を終えて帰国しようとした矢先, 荷物の中から国外不出の日本地図などが発見され, 1 年間軟禁されて取り調べを受けた後, 1829 年に国外追放された.

帰国後日本に関する著書を次々と発表し, ヨーロッパにおける日本研究の第一人者となった. 1858 年に日蘭通商条約が結ばれると入国禁止令も解け, 翌年オランダ商事会社の顧問として再来日した. 1862 年まで滞在し, 4 年後の 10 月, ミュンヒェンで亡くなっている.

1996 年には生誕 200 年を記念して, 生地ヴュルツブルクにシーボルト記念館が完成し, 日独の架け橋となったシーボルトの功績を讃えている.

シーボルトの記念切手

煮えたつ（＝kochen）.（英 boil）. Das Wasser beginnt zu sieden. お湯が沸き始める / Er siedete **vor** Wut. または **In** ihm siedete es. 《比》彼は激怒した. ② 《方》煮られる, ゆでられる. Die Kartoffeln *müssen* noch fünf Minuten sieden. じゃがいもはあと5分煮ないといけない.
II 他 （完了 haben）① 《方》沸かす. Kaffee[4] sieden コーヒーを沸かす. ② 《ふつう不規則変化》《方》煮る, ゆでる. Eier[4] sieden 卵をゆでる.

sie·dend ［ズィーデント］ I ＊sieden（沸く）の 現分 II 形 沸きたっている, 煮えたぎっている（熱湯など）. *siedendes* Wasser 熱湯.

（新形）
sie·dend heiß 煮えたぎるほど熱い. ◇《成句的に》[人]3 *siedend heiß* ein|fallen《口語》（忘れかけていた用事などが）[人]3の頭に浮かぶ.

sie·dend-heiß 形 （新形） siedend heiß ☞ siedend

Sie·de·punkt ［ズィーデ・プンクト］ 男 -[e]s/-e 《物》沸［騰］点;《比》激高（興奮）の頂点.

sie·de·te ［ズィーデテ］ ＊sieden（沸く）の 過去

Sied·ler ［ズィードらァ zíːdlɐr］ 男 -s/- （新しい土地に移ってきた）定住者; 入植者.（《女》女性形は Siedlerin）.

＊*die* **Sied·lung** ［ズィードるング zíːdluŋ］ 女 （単） -/（複） -en ① （都市郊外の）団地, 住宅地;（総称的に:）団地の住民.（英 [housing] estate）. Er wohnt in einer neuen *Siedlung*. 彼は新しい団地に住んでいる. ② 入植地. ③ （難民・戦争引揚者などのための）農地付き住宅. ④ 《複 なし》《書》入植. ⑤《動》群れ, コロニー.

＊*der* **Sieg** ［ズィーク zíːk］ 男 （単2） -es（まれに -s）/（複） -e （3格のみ -en） 勝利.（英 victory）.（《対》「敗北」は Niederlage）. ein *Sieg* im Wahlkampf 選挙戦の勝利 / einen *Sieg* feiern 勝利を祝う / den *Sieg* **über** [人]4 erringen [人]4に対して勝利をかちとる / ein *Sieg* über sich selbst《比》自己超克, 克己.

＊*das* **Sie·gel** ［ズィーゲる zíːgəl］ 中 （単2） -s/（複） - （3格のみ -n） ① 印, 印章; 公印; 封印.（英 seal）. ein *Siegel*[4] auf|brechen または öffnen 開封する, 封を切る / ein *Siegel*[4] auf [物]4 drücken [物]4に印を押す / unter dem *Siegel* der Verschwiegenheit[2]《比》秘密厳守の約束のもとに / Das ist mir ein Buch mit sieben *Siegeln*.《比》それは私にはまったくわからない（←七つの封印をされた本; ヨハネの黙示録 5, 1–5）. ② 印章の模様（図柄）.

Sie·gel-lack ［ズィーゲる・らック］ 男 -[e]s/-e 封ろう.

sie·geln ［ズィーゲるン zíːgəln］ 他 （h） ① （手紙などに）封印する, 封をする. einen Brief *siegeln* 手紙に封をする. ②《職》《文書4に》公印を押す, 捺印（'なっ）する.

Sie·gel-ring ［ズィーゲる・リング］ 男 -[e]s/-e 印章付きの指輪.

‡**sie·gen** ［ズィーゲン zíːgən］（siegte, *hat* gesiegt）自 （完了 haben） 勝つ, 勝利を収める.（英 win）. im Kampf *siegen* 戦いに勝つ / nach Punkten *siegen* 判定で勝つ / Unsere Mannschaft *hat* **mit** 2 : 0（＝zwei zu null）*gesiegt*. 私たちのチームが2対0で勝った / **über** [人]4 *siegen* [人]4に勝つ / über eine Leidenschaft *siegen*《比》激情に打ち勝つ.

＊*der* **Sie·ger** ［ズィーガァ zíːgɐr］ 男 （単2） -s/（複） - （3格のみ -n） 勝者, 勝利者;（競技などの）優勝者.（英 winner）.（《女》女性形は Siegerin）. Olympia*sieger* オリンピック競技優勝者 / den *Sieger* ehren 勝利者をたたえる / zweiter *Sieger* werden《ユ-モ・隠語》試合に負ける（←二番目の勝者になる）.

Sie·ger-eh·rung ［ズィーガァ・エーるング］ 女 -/-en （スポーツなどの優勝者・入賞者の）表彰［式］.

sie·ges-be·wusst ［ズィーゲス・ベヴスト］ 形 勝利を確信した, 勝つ自信のある.

sie·ges-be·wußt ☞ （旧式） siegesbewusst

sie·ges-ge·wiss ［ズィーゲス・ゲヴィス］ 形《雅》＝siegessicher

sie·ges-ge·wiß ☞ （旧式） siegesgewiss

Sie·ges-säu·le ［ズィーゲス・ゾイれ］ 女 -/-n 戦勝記念柱.

sie·ges-si·cher ［ズィーゲス・ズィッヒャァ］ 形 勝利を確信した.

sie·ges-trun·ken ［ズィーゲス・トルンケン］ 形 《雅》勝利に酔った.

Sie·ges-zug ［ズィーゲス・ツーク］ 男 -[e]s/ 無敵の進軍; 勝利の行進.

Sieg·fried ［ズィーク・ふリート zíːk-friːt］ -s/ ① 《男名》ジークフリート. ②《人名》ジークフリート（ゲルマン伝説の英雄でドイツ中世叙事詩『ニーベルンゲンの歌』の主人公. またヴァーグナーの楽劇名およびその主人公）.

Sieg·mund ［ズィーク・ムント zíːk-munt］ -s/ 《男名》ジークムント.

sieg-reich ［ズィーク・ライヒ］ 形 勝利を収めた; 勝利のうちに終わった; 無敵の.

sieg·te ［ズィークテ］ ‡siegen（勝つ）の 過去

sieh ［ズィー］ ‡sehen（見る）の du に対する 命令

sie·he ［ズィーエ］ ‡sehen（見る）の du に対する 命令. *Siehe* oben! 上記参照（略: s. o.）/ *Siehe* unten! 下記参照（略: s. u.）.

siehst ［ズィースト］ ‡sehen（見える）の2人称単数 現在

sieht ［ズィート］ ‡sehen（見える）の3人称単数 現在

Siel ［ズィーる zíːl］ 男 中 -[e]s/-e 《北ドイツ》① 水門, せき. ② 下水溝(ミ).

Sie·le ［ズィーれ zíːlə］ 女 -/-n （馬具の）胸革. in den *Sielen* sterben《比》仕事の最中に死ぬ.

Sie·mens ［ズィーメンス zíːməns］ I -/《人名》ジーメンス（Ernst Werner von *Siemens* 1816–1892; ドイツの電気技術者. II 男 の創設者）. II 男 -/ ジーメンス（ドイツ最大の総合電機製造コンツェルン）. III 中 -/- 《電》ジーメンス（物体の電導率

Siesta 1238

の単位; 記号: S).

Si·es·ta [ズィエスタ ziésta] [古] 囡 -/Siesten (または -s) 昼の休憩, 昼寝. *Siesta*[4] halten 昼休みをとる, 昼寝をする.

sie·zen [ズィーツェン zíːtsən] 他 (h) (相手[4] を) Sie で呼ぶ, あなたと呼ぶ. (⇔「du で呼ぶ」は duzen). ◇《相互的に》Wir *siezen* uns. 私たちは互いに Sie で呼び合っている.

Si·gel [ズィーゲる zíːɡəl] 匣 -s/- 略号, 記号; 速記記号, 略字.

Sight=see·ing [サイト・スィーイング] [英] 匣 -s/ 観光, 遊覧.

*das **Sig·nal** [ズィグナーる ziɡnáːl] 匣 (単2)-s/(複) -e (3格のみ -en) (英 *signal*) ① 合図, シグナル, 信号. (米) 「(交通の)信号灯」は Ampel). Licht*signal* 灯火信号 / das akustische *Signal* 音響信号 / das *Signal* zum Angriff 攻撃の合図 / ein *Signal*[4] blasen 合図のらっぱを吹く / ein *Signal*[4] geben 合図する. ②《鉄道》信号機. Das *Signal* steht auf „Halt". 信号機は「止まれ」になっている. ③《ﾞ》(道路の)交通標識.

Sig·nal=an·la·ge [ズィグナーる・アンらーゲ] 囡 -/-n 信号設備(装置).

Sig·nal=flag·ge [ズィグナーる・ふらッゲ] 囡 -/-n《海》信号旗.

Sig·nal=gast [ズィグナーる・ガスト] 男 -es/-en《海》信号手.

Sig·nal=horn [ズィグナーる・ホルン] 匣 -[e]s/..hörner (車などの)クラクション; (昔の:)信号らっぱ.

sig·na·li·sie·ren [ズィグナリズィーレン ziɡnalizíːrən] 他 (h) ① 信号(合図)で知らせる. ②《比》(人[3]に)(事[4]を言葉で)伝える, ほのめかす. ③ (信号として)示す.

Sig·nal=lam·pe [ズィグナーる・らンペ] 囡 -/-n 信号灯.

Sig·na·tar=macht [ズィグナタール・マハト] 囡 -/..mächte《政》調印国, 条約加盟国.

Sig·na·tur [ズィグナトゥーァ ziɡnatúːr] 囡 -/-en ① 署名; サイン, 落款(らっかん). ② 記号, 地図の符号; (図書館の)分類番号. ③《印》(印刷紙の)折り記号. ④ (薬の)用法指示.

Sig·net [ズィグネート ziɡnéːt または ズィニエーズィンイェー zinjéː] 匣 -s/-e [..ネーテ] (または -s [ズィニエース]) ①《書籍》(書物の扉に印刷する)出版社のマーク; 社標, 商標. ②《古》印章.

sig·nie·ren [ズィグニーレン ziɡníːrən] 他 (h) ① (著書・絵画など[4]に)サインをする; (文書を[4]に)署名をする. ②《書》(図書[4]に)分類番号を付ける.

*die **Sil·be** [ズィるベ zílbə] 囡 (単) -/(複) -n《言》音節, シラブル. (英 *syllable*). eine kurze (lange) *Silbe* 短(長)音節 / die *Silben*[4] trennen 音節を分ける / Das Wort hat zwei *Silben*. その単語は 2 音節だ / Er versteht keine *Silbe* Englisch.《比》彼は英語は全然わからない.

Sil·ben=rät·sel [ズィるベン・レーツェる] 匣 -s/- つづり字のパズル.

Sil·ben=tren·nung [ズィるベン・トレンヌング] 囡 -/《言》分綴(ぶんてつ)《法》.(「新しい正書法のポイント」☞ 巻末付録, 1841 ページ).

*das **Sil·ber** [ズィるバァ zílbər] 匣 (単) -s/- ① 銀 (記号: Ag). (英 *silver*). reines *Silber* 純銀 / Gold und *Silber* 金と銀 / Die Halskette ist aus *Silber*. そのネックレスは銀製だ. ② 銀貨; 銀の食器. von *Silber* speisen 銀の食器で食べる. ③《冠詞なしで》《ﾞ》銀メダル (=*Silber*medaille). ④ 銀色[の輝き]. das *Silber* des Mondlichts《詩》銀色の月の光. ⑤ 銀食器.

Sil·ber=blick [ズィるバァ・ブリック] 男 -[e]s/《口語・戯》(軽い)やぶにらみ, 斜視.

Sil·ber=fuchs [ズィるバァ・ふクス] 男 -es/..füchse ①《動》ギンギツネ. ② 銀ぎつねの毛皮.

Sil·ber=ge·halt [ズィるバァ・ゲハると] 男 -[e]s/ 銀含有量.

Sil·ber=geld [ズィるバァ・ゲると] 匣 -[e]s/ 銀貨.

Sil·ber=ge·schirr [ズィるバァ・ゲシル] 匣 -s/ 銀[製]の食器.

sil·ber=grau [ズィるバァ・グラオ] 形 銀灰色の, シルバーグレイの.

sil·ber=hal·tig [ズィるバァ・ハるティヒ] 形 銀を含んだ.

sil·ber=hell [ズィるバァ・へる] 形 ① (銀の鈴のように)明るく澄んだ(音・声). ②《詩》(銀のように)きらきら輝く.

Sil·ber=hoch·zeit [ズィるバァ・ホホツァイト] 囡 -/ 銀婚式(結婚 25 周年の祝い).

sil·be·rig [ズィるベリヒ zílbəriç] 形 =silbrig

Sil·ber=me·dail·le [ズィるバァ・メダイエ] 囡 -/ 銀メダル.

***sil·bern** [ズィるバァン zílbərn] 形 ①《付加語としてのみ》銀の, 銀製の. (英 *silver*). ein *silberner* Becher 銀の杯 / die *silberne* Hochzeit 銀婚式. ② 銀色の, 銀のように輝く. *silberne* Wellen 銀色に輝く波 / Seine Haare waren *silbern* geworden.《過去完了》《雅》彼の髪は真っ白になっていた. ③《詩》(銀の鈴のように)明るく澄んだ(音など). Ihre Stimme klang *silbern*. 彼女の声の響きは明るく澄んでいた.

Sil·ber=pa·pier [ズィるバァ・パピーァ] 匣 -s/ 銀紙; (銀色の)アルミ箔(はく).

Sil·ber=pap·pel [ズィるバァ・パッペる] 囡 -/-n《植》ウラジロハコヤナギ, ハクヨウ(白楊).

Sil·ber=schmied [ズィるバァ・シュミート] 男 -[e]s/-e 銀細工師.

Sil·ber=strei·fen [ズィるバァ・シュトライふェン] 男 -s/- 銀色に輝く一筋の線. einen *Silberstreifen* am Horizont sehen《比》(悲しみ・不幸の中で) 一筋の光明を見いだす.

Sil·ber=wäh·rung [ズィるバァ・ヴェールング] 囡 -/-en《経》銀本位制.

sil·ber=weiß [ズィるバァ・ヴァイス] 形 銀白色の

..sil·big [..ズィるビヒ ..zɪlbɪç]〖形容詞をつくる接尾〗(…音節の)例: zwei*silbig* 2 音節の.

silb·rig [ズィるブリヒ zílbrɪç] 形 ① 銀のような，銀色に輝く. ② 《雅》(銀の鈴のように)澄んだ(響きなど).

Sil·hou·et·te [ズィるエッテ ziluétə] [フ] 女 -/-n ① 輪郭，シルエット；《美》影絵. ② 《服飾》シルエット(服の外形).

Si·li·kat [ズィリカート ziliká:t] 中 -[e]s/-e《化》珪酸(ポル)塩.

Si·li·kon [ズィリコーン zilikó:n] 中 -s/-e《化》シリコーン(有機珪素化合物の重合体の総称).

Si·li·zi·um [ズィーリツィウム zilí:tsium] 中 -s/《化》珪素(ネヴィ)(記号: Si).

Si·lo [ズィーろ zí:lo] 男 中 -s/-s《農》サイロ.

*[der, das] **Sil·ves·ter** [ズィるヴェスタァ zɪlvéstɐr] 男 中 (単2) -s/(複) - (3格のみ-n)〖ふつう冠詞なしで〗大みそか(335 年 12 月 31 日に没した教皇 *Silvester* 1 世の名から). *Silvester*⁴ feiern 大みそかを祝う / Zu *Silvester* essen wir Karpfen. 大みそかには私たちは鯉(::)を食べる(ドイツの風習).

Sil·ves·ter·abend [ズィるヴェスタァ・アーベント] 男 -[e]s/-e 大みそかの晩.

Sil·via [ズィるヴィア zílvia] -s/《女名》ジルヴィア.

Sim·mel [ズィンメる zíməl] -s/《人名》ジンメル (Georg *Simmel* 1858-1918; ドイツの哲学者・社会学者).

Si·mon [ズィーモン zí:mɔn] -s/《男名》① ジーモン. ② 《聖》《人名》シモン(ペテロの別名).

sim·pel [ズィンペる zímpəl] 形 ① 単純な，簡単な，わかりきった. eine *simple* Rechenaufgabe 簡単な計算問題. ② 簡素な，質素な. ③ 愚直な.

Sim·pel [ズィンペる] 男 -s/-《方・口語》愚か者，ばか，お人よし.

simp·li·fi·zie·ren [ズィンプリふィツィーレン zɪmplifitsí:rən] 他 (h) (問題・表現など⁴を)単純化する，簡単にする.

Sims [ズィムス zíms] 男 中 -es/-e 《建》コーニス，蛇腹(マントルピース(壁から水平に突き出た部分).

Sim·son [ズィムゾン zímzon] -s/ ① 《男名》ジムゾン. ② 《聖》《人名》サムソン(大力無双のヘブライの英雄).

Si·mu·lant [ズィムらント zimulánt] 男 -en/-en 仮病を使う人.

Si·mu·la·ti·on [ズィムらツィオーン zimulatsió:n] 女 -/-en ① 仮病. ② シミュレーション，模擬実験.

Si·mu·la·tor [ズィムらートァ zimulá:tor] 男 -s/-en 《電算》シミュレーター，模擬実験装置.

si·mu·lie·ren [ズィムリーレン zimulí:rən] 他 (h) (病気など⁴の)ふりをする，《軍⁴の》装う. eine Krankheit⁴ *simulieren* 仮病を使う. ◊〖目的語なしでも〗Ich glaube, er *simuliert* [nur]. あいつは仮病を使っていると思うよ. ② (電⁴の)シミュレーション(模擬実験)をする.

si·mul·tan [ズィムるターン zimultá:n] 形 同時の. *simultanes* Dolmetschen 同時通訳.

Si·mul·tan·dol·met·scher [ズィムるターン・ドるメッチャァ] 男 -s/- 同時通訳者. (女性形は Simultandolmetscherin.

Si·mul·tan·schu·le [ズィムるターン・シューれ] 女 -/-n 宗派混合の学校(一般授業は共通で，宗教教育だけが別).

sin [ズィーヌス] 《記号》《数》サイン，正弦 (= Sinus).

der **Si·nai** [ズィーナイ zí:nai] 男 -[s]/〖定冠詞とともに〗① 《山名》シナイ山(旧約聖書でモーセが十戒を授かったとされる山). ② の南部にある). ② 《地名》シナイ半島(紅海北岸の半島).

* **sind** [ズィント zínt] ‡sein¹ の1人称複数・2人称(敬称)・3人称複数 現在. *Sind* Sie Studenten? — Ja, wir *sind* Studenten. あなた方は学生ですか — はい，私たちは学生です. (完了の助動詞 sein¹ II A; 状態受動の助動詞 sein¹ II B).

si·ne tem·po·re [ズィーネ テンポレ zí:nə témporə] [ラ] 15 分の遅れなしに，定刻に. (大学の講義開始は伝統的に 15 分遅れだが，この遅れなしに；略: s. t.).

Sin·fo·nie [ズィンふォニー zɪnfoní:] 女 -/-n [..ニーエン] 《音楽》交響曲，シンフォニー. (Symphonie ともつづる). eine *Sinfonie*⁴ komponieren 交響曲を作曲する. ② 《雅》調和，調和的な組み合わせ.

Sin·fo·nie·kon·zert [ズィンふォニー・コンツェルト] 中 -[e]s/-e シンフォニーコンサート.

Sin·fo·nie·or·ches·ter [ズィンふォニー・オルケスタァ] 中 -s/-《音楽》交響楽団.

Sin·fo·ni·ker [ズィンふォーニカァ zɪnfó:nikɐr] 男 -s/- 《音楽》① 交響曲の作曲家. ② 交響楽団の団員. ③〖複 で〗交響楽団. die Bamberger *Sinfoniker* バンベルク交響楽団.

sin·fo·nisch [ズィンふォーニッシュ zɪnfó:nɪʃ] 形 《音楽》交響[曲]的な，シンフォニーの. eine *sinfonische* Dichtung 交響詩.

Sing. [ズィングるール]《略》単数 (= Singular).

* **sin·gen*** [ズィンゲン zíŋən]

> 歌う Sie *singen* sehr gut !
> ズィー ズィンゲン ゼーァ グート
> あなたは歌がとてもお上手ですね.

(sang, hat…gesungen) I 自 (haben) ① 歌う. (英 sing). hoch (tief) *singen* 高い(低い)声で歌う / Ich *kann* leider nicht *singen*. 残念ながら私は歌えません / im Chor *singen* a) 合唱する, b) 合唱団で歌う / nach Noten *singen* 楽譜を見て歌う / vom Blatt *singen* 初見で歌う / Er *sang* zum Klavier. 彼はピアノの伴奏で歌った. ◊〖現在分詞の形で〗Er spricht mit *singendem* Tonfall. 彼は歌うような調子で話す.

② (鳥などが)さえずる；(やかんなどが)ぴーぴー音をたてる；(風・エンジンなどが)うなる. Die Vögel

singen. 小鳥がさえずっている / Die Geige *singt*. ヴァイオリンがよい音色を出している. ③《*von* 人・事³ ~》《詩》(人・事³を)詩に歌う. ④《俗》(容疑者などが)口を割る, 泥を吐く. **II** 他 (完了 haben) (歌を⁴)歌う. Die Kinder *singen* ein Lied. 子供たちが歌を歌っている / Sie *singt* ein Solo. 彼女は独唱する / Tenor⁴ *singen* テノールの声部を歌う / ein Kind⁴ **in** den Schlaf *singen* 歌って子供をかしつける. **III** 再帰 (完了 haben) *sich*⁴ *singen* ① 歌って[その結果]…になる. *sich*⁴ heiser *singen* 歌って声をからす. ② (…のぐあいに)歌える. Dieses Lied *singt* sich leicht. この歌は歌いやすい. ◇《非人称の **es** を主語として》Im Stehen *singt* es *sich* besser. 立っているほうがよく歌える.

Sin·gle [ズィングる sínɡl] [英] **I** 中 -[s]/-[s] ① (テニス・バドミントンなどの)シングル. ② (ゴルフの)シングル. ③ 中 -/-[s] (レコード・CD の)シングル盤. **III** 男 -[s]/-s 独身者, シングル.

Sing⹀sang [ズィング・ザング] 男 -s/ 単調な歌声; 単調なメロディー.

Sing⹀spiel [ズィング・シュピーる] 中 -[e]s/-e 《音楽》ジングシュピール(対話に歌が挿入された民衆的な明るいドイツの軽歌劇).

Sing⹀stim·me [ズィング・シュティンメ] 女 -/-n ① 《音楽》声楽のパート, 声部.

Sin·gu·lar [ズィングーらル zínɡula:r] 男 -s/-e 《言》① 複 なし 単数(略: Sing.). (英)「複数」は Plural). ② 単数形[の語].

sin·gu·la·risch [ズィングらーリッシュ zɪŋɡula:rɪʃ] 形 《言》単数[形]の.

Sing⹀vo·gel [ズィング・フォーゲる] 男 -s/..vö·gel (鳥)鳴く鳥, さえずる鳥.

Sing⹀wei·se [ズィング・ヴァイゼ] 女 -/-n 歌い方; メロディー.

★**sin·ken** [ズィンケン zíŋkən] (sank, *ist*... gesunken) 自 (完了 sein) ① 沈む; (ゆっくり)降下する. (英) sink). Der Ballon *sinkt* allmählich. 気球がゆっくりと降下する / Das Boot *sank*. そのボートは沈んだ / Die Sonne *sinkt*.《雅》太陽が沈む / Sie *sanken* in den tiefen Schnee. 彼らは深い雪の中に足がめり込む / moralisch *sinken* 《比》道徳的に堕落する. ◇《現在分詞の形で》bei *sinkender* Nacht 日暮れに.
② (水位・温度・価値などが)下がる, 低下する;《比》(気力などが)減少する, 弱まる. Das Fieber *sinkt*. 熱が下がる / Die Preise *sind gesunken*.《現在完了》物価が下がった / Sein Mut *ist gesunken*.《現在完了》彼の気力は衰えた.
③《方向を表す語句とともに》(…へ崩れるように)倒れる, 身を沈める. 人³ **an die Brust** *sinken* 人³の胸に倒れかかる / **auf den Boden** *sinken* 床に倒れる / Todmüde *sank* er **ins** Bett. 彼はくたくたに疲れてベッドに倒れ込んだ / in die Knie *sinken*《雅》がっくりくずおれる /

Sie *sanken* sich³ in die Arme. 彼らは互いに抱き合った.
④ たれ下がる. den Kopf *sinken lassen* うなだれる. ⑤《**in** 事⁴ ~》《雅》(事⁴の状態に)陥る. in Schlaf *sinken* 眠りに落ちる / in Ohnmacht *sinken* 気を失う.

★*der* **Sinn** [ズィン zín] 男 (単2) -es (まれに -s)/(複) -e (3 格のみ -en) (英 sense) ① 複 なし 意味, 意義, (行為の)趣旨, 意図. der *Sinn* eines Wortes 単語の意味 / der *Sinn* des Lebens 人生の意義 / den *Sinn* von 事³ verstehen 事³の意義を理解する / Was ist der *Sinn* dieser Arbeit? この仕事の目的は何ですか / **in** diesem *Sinne* この意味では / im eigentlichen *Sinne* 本来の意味では / im engeren (weiteren) *Sinn*[e] 狭い(広い)意味で / im *Sinne* des Gesetzes 法律の精神にのっとって / dem *Sinn*[e] **nach** (字句どおりではなく)その主旨に従って.

②《ふつう 複》感覚, 知覚. die fünf *Sinne* des Menschen 人間の五感 / der sechste *Sinn* 第六感 / Ich muss meine fünf *Sinne* zusammenhalten.《口語》私は注意力を集中しなければならない.

③ 複 で《雅》(正常な)意識. Meine *Sinne* verwirrten sich. 私の意識は混乱した / Er ist nicht **bei** *Sinnen*. 彼は頭がどうかしている / **von** *Sinnen* sein 分別を失っている.

④ 複 なし センス, 感受性. *Sinn* **für** Musik 音楽に対するセンス / Ihm fehlt jeder *Sinn* für Humor. 彼にはユーモアのセンスがまるでない.

⑤ 複 で《雅》考え, 意識; 心情, 意向, 気質. Mir steht der *Sinn* nicht nach Abenteuern. 私には冒険をする気はない / Er hat einen geraden *Sinn*. 彼は率直な性格の持ち主だ. ◇《前置詞とともに》人³ **aus** dem *Sinn* kommen 人³の念頭から消える / Aus den Augen, aus dem *Sinn*.《諺》去る者は日々にうとし(=目から消えれば念頭からも消える)/ Dieses Gedicht geht mir nicht aus dem *Sinn*. この詩が私には忘れられない / 人³ **durch** den *Sinn* gehen (言葉などが)人³の頭に思い浮かぶ / 人³ **in** den *Sinn* kommen 人³の頭に思い浮かぶ / 事³ **im** *Sinn* haben 事⁴を考えている(もくろんでいる) / Das ist **nach** meinem *Sinn*. それは私の好みに合っている / **ohne** *Sinn* und Verstand よく考えずに.

⑥ 複 で《雅》官能, 性欲.

....

(英) ..*sinn* のいろいろ: Doppel*sinn* 二重の意味 / Farben*sinn* 色彩感覚 / Gefühls*sinn* 触覚 / Gehör*sinn* 聴覚 / Geruchs*sinn* 嗅覚 / Geschmacks*sinn* 味覚 / Gleichgewichts*sinn* 平衡感覚 / Hinter*sinn* 真意, 含意 / Orientierungs*sinn* 方向感覚 / Tast*sinn* 触覚 / Un*sinn* ナンセンス

Sinn⹀bild [ズィン・ビるト] 中 -[e]s/-er 象徴, シンボル(=Symbol).

sinn⹀bild·lich [ズィン・ビるトりヒ] 形 象徴的

な; 比喩的な.

__sin·nen__ [ズィンネン zínən] (sann, hat... gesonnen) I 自 (《古》 haben)《雅》① **思案する**, あれこれ考える. (英 think about). hin und her *sinnen* あれこれと考える / **über** 事[4] *sinnen* 事[4]を思いめぐらす. ◇〖現在分詞の形で〗 *Sinnend* blättert er in dem Buch. 彼はあれこれ考えながら本をめくっている. ② 〖**auf** 事[4] ～〗 (事[4]を)考え出そうとする, もくろむ. auf eine List *sinnen* 策略をあれこれ考える / auf Rache *sinnen* 復讐(ふくしゅう)をたくらむ.
II 他 (《古》 haben)《雅》(事[4]を)企てる, もくろむ. Was *sinnst* du? 君は何を考えているのか.
◇☞ **gesonnen**

__Sin·nen__ [ズィンネン] 中 -s/ 思案, 熟慮. All sein *Sinnen* und Trachten ging dahin, sie zu retten. 彼の頭の中には彼女を救い出そうという思いしかなかった.

__Sin·nen≈freu·de__ [ズィンネン・フロイデ] 女 -/-n 《雅》① 〖複 なし〗感覚的な喜び. ② 〖複〗で官能的な快楽.

__sin·nen≈froh__ [ズィンネン・フロー] 形《雅》感覚的な喜びを感じる, 気分爽快(そうかい)な.

__Sin·nen≈lust__ [ズィンネン・ルスト] 女 -/《雅》官能的な快楽.

__sinn≈ent·stel·lend__ [ズィン・エントシュテレント] 形 意味をゆがめる, こじつけの.

__Sin·nen≈welt__ [ズィンネン・ヴェルト] 女 -/《哲》感覚世界, 物質界, 現象界.

__Sin·nes≈än·de·rung__ [ズィンネス・エンデルング] 女 -/-en 気持ち(考え)の変化, 心変わり.

__Sin·nes≈art__ [ズィンネス・アールト] 女 -/-en 気質, 性向.

__Sin·nes≈ein·druck__ [ズィンネス・アインドルック] 男 -[e]s/..drücke 《生》感覚器官への刺激 (印象).

__Sin·nes≈or·gan__ [ズィンネス・オルガーン] 中 -s/-e 〖ふつう 複〗感覚器官.

__Sin·nes≈täu·schung__ [ズィンネス・トイシュング] 女 -/-en (視覚的・聴覚的な)錯覚, 幻覚, 幻聴.

__sinn≈fäl·lig__ [ズィン・フェリヒ] 形 わかりやすい, 明白な, 具体的な.

__Sinn≈ge·dicht__ [ズィン・ゲディヒト] 中 -[e]s/-e 《文学》格言詩, エピグラム (= Epigramm).

__sinn≈ge·mäß__ [ズィン・ゲメース] 形 ① (字句どおりではなく)意味(内容)に従った. einen Text *sinngemäß* übersetzen あるテキストを意訳する. ② 《話》意味のある; 首尾一貫した.

__sin·nie·ren__ [ズィニーレン zini:rən] 自 (h) 思いわずらう, あれこれ思い悩む.

__sin·nig__ [ズィニヒ zínɪç] 形 ① 意味深い, 含蓄のある; (反語的に:) よく気を利かしたつもりの. ② 《古》内省的な. ③ 《方》慎重な, 注意深い.

*__sinn·lich__ [ズィンリヒ zínlɪç] 形 ① **感覚の**, 感覚的な. (英 sensuous). die *sinnliche* Welt 感性の世界 / ein *sinnlicher* Eindruck 感覚的印象. ② 官能の, 肉欲の; 官能的な, 肉感的な. *sinnliches* Verlangen 性的欲望 / *sinnliche* Lippen 肉感的な唇.

__Sinn·lich·keit__ [ズィンリヒカイト] 女 -/ ① 感覚性, 感性. ② 官能的欲望.

*__sinn≈los__ [ズィン・ロース zín-lo:s] 形 (比較 sinnloser, 最上 sinnlosest) ① **意味のない**, **無意味な**, ばかげた. (英 meaningless). eine *sinnlose* Handlung 愚かなふるまい / Es ist *sinnlos*, länger zu warten. これ以上待つのは無意味だ. ② 無感覚な, 正気を失った. Er war *sinnlos* betrunken. 彼は前後不覚に酔っ払っていた.

__Sinn≈lo·sig·keit__ [ズィン・ローズィヒカイト] 女 -/-en ① 〖複 なし〗無意味; 無感覚. ② 無意味な行為.

__sinn≈reich__ [ズィン・ライヒ] 形 ① よく工夫された, よく考えられた. ② 意味深い, 含蓄のある.

__Sinn≈spruch__ [ズィン・シュプルフ] 男 -[e]s/..sprüche 格言, 金言, 箴言(しんげん).

__sinn≈ver·wandt__ [ズィン・フェァヴァント] 形《言》同義の, 類義の (= synonym).

*__sinn≈voll__ [ズィン・フォル zín-fɔl] 形 ① よく考えられた, (目的にかなって)合理的な. eine *sinnvolle* Einrichtung よく工夫された設備. ② 意味深い, 有意義な. ein *sinnvolles* Leben 有意義な生活. ③ 意味を持った, 含蓄のある(文など).

sinn≈__wid·rig__ [ズィン・ヴィードリヒ] 形《雅》理にかなっていない, つじつまの合わない.

__Sinn≈zu·sam·men·hang__ [ズィン・ツザンメンハング] 男 -[e]s/..hänge 文脈, コンテクスト.

__Si·no·lo·ge__ [ズィノローゲ zinoló:gə] 男 -n/-n 中国学者, 中国研究者. (《古》 女性形は Sinologin).

__Si·no·lo·gie__ [ズィノロギー zinologí:] 女 -/ 中国学, 中国研究.

__Sint·flut__ [ズィント・フルート] 女 -/《聖》ノアの大洪水. Nach mir die *Sintflut*!《俗》あとは野となれ山となれ / eine *Sintflut* von Briefen《比》手紙の山.

__Si·nus__ [ズィーヌス zí:nus] 男 -/- [..ヌース] (または ..nusse) ① 《数》正弦, サイン (記号: sin). ② 《医》洞(どう).

__Si·nus≈kur·ve__ [ズィーヌス・クルヴェ] 女 -/-n 《数》正弦曲線, サインカーブ.

__Si·phon__ [ズィーフォン zi:fɔ̃ または ズィふォーン] [フランス] 男 -s/-s ① 防臭弁. ② サイフォン, 吸い上げ管. ③ 《話》炭酸水.

__Sip·pe__ [ズィッペ zípə] 女 -/-n ① 《民族》氏族, 血族, 部族; 《戯》親戚縁者. ② 《生》分類群.

__Sipp·schaft__ [ズィップシャフト] 女 -/-en ① (ふつう軽蔑的に:)親戚縁者. ② (軽蔑的に:)一味, 徒党.

__Si·re·ne__ [ズィレーネ ziré:nə] I 女 -/-n 〖ふつう 複〗《ギリシャ神》セイレン (上半身は女, 下半身は鳥の姿をした海の精. 美声で船乗りを誘い寄せたといわれる). II 女 -/-n ① サイレン. ② 《動》カイギュウ(海牛).

__Si·re·nen≈ge·heul__ [ズィレーネン・ゲホイる] 中 -[e]s/ うなりをあげるサイレンの音.

sir·ren [ズィレン zírən] 自 (h, s) ① (h) (蚊・蜂(は)などが)ぶーんと音をたてる. ② (s) (…へ)ぶーんと音をたてて飛ぶ.

Si·rup [ズィールップ ziːrup] 男 -s/(種類:) -e 《ふつう 単》シロップ, 糖蜜(とう).

Si·sal [ズィーざる zíːzal] 男 -s/ サイザル繊維(布地)(メキシコの港町 Sisal の名から).

Si·sy·phus [ズィーズュふス zíːzyfus] -/- 《ギリシア神》シシュポス(コリントの王. 地獄において絶えず転落する大石を山上に押し上げる罰を受けた).

Si·sy·phus▹ar·beit [ズィーズュふス・アルバイト] 女 -/-en 無益な果てしのない仕事, むだ骨折り(←シシュポスの仕事).

die **Sit·te** [ズィッテ zítə] 女 (単) -/(複) -n ① 風習, 風俗, 習慣, しきたり. (英 custom). Sitten und Gebräuche 昔からの風習習慣 / eine alte Sitte 昔からの風習 / Das ist bei uns [so] Sitte. それは当地のしきたりです / Andere Länder, andere Sitten. 《諺》所変われば品変わる (←異なった国には異なった習慣がある). ② 風紀, 道徳. ein Verstoß gegen die guten Sitten 良俗違反. ③ 《複 で》礼儀作法, マナー. gute Sitten⁴ haben 行儀がよい. ④ 《複 なし》《隠語》(警察の)風紀係 (=Sittenpolizei).

Sit·ten▹bild [ズィッテン・びるト] 中 -[e]s/-er ① (ある時代・社会などの)風俗描写. ②《美》風俗画.

Sit·ten▹ge·mäl·de [ズィッテン・ゲメーるデ] 中 -s/- = Sittenbild

Sit·ten▹ge·schich·te [ズィッテン・ゲシヒテ] 女 -/-n (特定の民族の)風俗史.

Sit·ten▹leh·re [ズィッテン・れーレ] 女 -/-n 道徳哲学, 倫理学 (= Ethik).

sit·ten▹los [ズィッテン・ろース] 形 不道徳な, 不品行な; 風紀の乱れた.

Sit·ten▹lo·sig·keit [ズィッテン・ろーズィヒカイト] 女 -/ 不道徳, 不品行; 風紀の退廃.

Sit·ten▹po·li·zei [ズィッテン・ポリツァイ] 女 -/-en 警察の風紀係.

Sit·ten▹rich·ter [ズィッテン・リヒタァ] 男 -s/- (しばしば軽蔑的に:)道学者.

sit·ten▹streng [ズィッテン・シュトレング] 形 道徳的に厳格な, 礼儀(行儀)にやかましい.

Sit·ten▹strolch [ズィッテン・シュトロるヒ] 男 -[e]s/-e 《俗》痴漢, (性的な)変質者.

sit·ten▹wid·rig [ズィッテン・ヴィードリヒ] 形 《法》公序良俗に反する, 風紀を乱す.

Sit·tich [ズィティヒ zítiç] 男 -s/-e 《鳥》インコ.

*sittlich** [ズィットリヒ zítliç] 形 《英 moral》 ① 道徳の, 道徳上の. die sittliche Erziehung 道徳教育. ② 道徳にかなった, 倫理的な. ein sittliches Verhalten 道義にかなったふるまい. ③ 風俗の, 性的な. ein sittliches Vergehen 風俗(性的)犯罪.

Sitt·lich·keit [ズィットリヒカイト] 女 -/ ① 道徳[心], 倫理[感]. ② 公序良俗, 風紀.

Sitt·lich·keits▹ver·bre·chen [ズィットリヒカイツ・フェアブレッヒェン] 中 -s/- わいせつ罪, 性犯罪.

Sitt·lich·keits▹ver·bre·cher [ズィットリヒカイツ・フェアブレッヒャァ] 男 -s/- 性犯罪者.

sitt·sam [ズィットザーム] 形 ① 礼儀正しい, しつけのよい. sittsame Kinder しつけのよい子供たち. ② しとやかな, つつましい.

Sitt·sam·keit [ズィットザームカイト] 女 -/ ① 礼儀正しさ. ② しとやかさ.

die **Si·tu·a·ti·on** [ズィトゥアツィオーン zituatsioːn] 女 (単) -/(複) -en 状況, 局面, シチュエーション; 立場, 境遇. (英 situation). eine gefährliche Situation 危険な状況 / die politische Situation 政治情勢 / in der heutigen Situation 今日の状況においては / Versetze dich bitte in meine Situation! 私の立場にもなってくれ.

si·tu·iert [ズィトゥイーァト zituíːrt] 形 (経済的に)…の状態にある.

der **Sitz** [ズィッツ zíts] 男 (単) -es/(複) -e (3格のみ -en) ① 座席, シート;(劇場などの)席;(いすなどの)座部. (英 seat). Autositz 車の座席 / ein bequemer Sitz 座り心地のいいシート / ein Sitz im ersten Rang (劇場の)二階席 / Ein Sitz ist noch frei. 席がまだ一つ空いている / 人³ einen Sitz an[bieten 人³に席を勧める. ② (議会の)議席. Sitz⁴ und Stimme⁴ haben 議席と投票権を持っている. ③ 居所, 所在地, 本拠. der Sitz der Regierung² 政府の所在地. ④ 《複 なし》(馬などに)乗る姿勢, 座り方. ⑤ 《複 なし》(衣服などの)合い具合い, 着心地. Der Anzug hat einen guten Sitz. このスーツはぴったり合う. ⑥ (ズボンなどの)尻(ら). ⑦ 《成句的に》auf einen Sitz 《口語》一気に.

Sitz▹bad [ズィッツ・バート] 中 -[e]s/..bäder 座浴, 腰湯.

*sitzen** [ズィッツェン zítsən]

座っている	*Sitzen* Sie bequem?
	ズィッツェン ズィー ベクヴェーム
	座り心地はいいですか.

人称	単	複
1	ich sitze	wir sitzen
2	du sitzt / Sie sitzen	ihr sitzt / Sie sitzen
3	er sitzt	sie sitzen

(saß, hat/ist ... gesessen) I 自 (完了 haben; 南ドイツ・オーストリア・スイス: sein) ① 座っている, 腰かけている;(鳥などが)とまっている. (英 sit). (区別「立っている」は stehen). Wir sitzen schon lange hier. 私たちはもう長い間ここに座っている / Bleiben Sie bitte sitzen! どうぞおかけになったままで / einem Maler sitzen 画家のモデルになる / 人⁴ sitzen lassen 人⁴に席を譲る / am Fenster sitzen 窓際に座っている / am Schreibtisch sitzen 机に向かっている / am Steuer sitzen ハンドルを握っている / an (または bei または über) einer Arbeit sitzen 仕事中である / Sie sitzt

Skalp

auf einem Stuhl. 彼女はいすに腰かけている / Die Henne *sitzt* auf den Eiern. めんどりが卵を抱いている / Er *sitzt* auf seinem Geld. 《俗》彼はお金を出ししぶる / Sie *saßen* bei Tisch (または beim Essen). 彼らは食事中だっている / **in** einem Sessel *sitzen* 安楽いすに座っている / Sie *sitzen* im Café. 彼らは喫茶店にいる / Er *saß* **über** den Büchern. 彼は一心に本を読んでいた / **zu** Hause *sitzen* 家にいる. ◇〖現在分詞の形で〗eine *sitzende* Tätigkeit 座ってる仕事.
② 〖衣服が〗体に合っている,すわりがよい. Der Anzug *sitzt* gut. このスーツは体によく合っている / Deine Krawatte *sitzt* nicht richtig. 君のネクタイはゆがんでいるよ.
③ 〖場所を表す語句とともに〗(…に)住みついている,(会社などが…に)本拠を置いている. Er *sitzt* zurzeit **in** Afrika. 彼は目下アフリカに住んでいる / Die Firma *sitzt* in Hamburg. その会社はハンブルクにある. ④ 〖**in** 〖物〗³ ~〗(〖物〗³(議会などに)席がある,(〖物〗³の)メンバーである. Er *sitzt* im Ausschuss. 彼は委員会のメンバーだ. ⑤ 〖口語〗服役中である. Er *saß* sechs Monate wegen Diebstahl[s]. 彼は窃盗罪で6か月間服役した. ⑥ 〖場所を表す語句とともに〗(…に)ある,付いて(掛かって)いる. **An** seinem Hut *saß* eine Feder. 彼の帽子には羽根が付いていた / Da *sitzt* der Fehler! そこに間違いがあるんだ / Der Schreck *saß* mir noch **in** den Gliedern. 〖比〗ショックはまだ私の全身に残っていた. ◇〖**lassen** とともに〗Das *lasse* ich nicht auf mir *sitzen*! そんなことを言われて黙ってはいないぞ. ⑦ 〖**voll[er]** とともに〗(…で)いっぱいである. Der Zweig *saß* voller weißer Blüten². 枝には白い花がいっぱい付いていた. ⑧ 〖口語〗頭に入っている. Was er einmal gelernt hat, das *sitzt* [**bei** ihm]. 彼はいったん学んだことは忘れない. ⑨ 〖口語〗命中する,(発言などが)効く. Der Schuss *hat gesessen*. 銃弾が命中した. ⑩ 〖成句的に〗einen *sitzen* haben《俗》酔っ払っている.
II 〖再帰〗〖完〗haben; 南ドイツ・スイス・オーストリア sein) *sich*⁴ *sitzen* ① 座っていて[その結果]…になる. *sich*⁴ lahm *sitzen* 長く座っていて足がしびれる. ② 〖**es** *sitzt* sich⁴... の形で〗座り心地が…である. In diesem Sessel *sitzt* es *sich* bequem. この安楽いすは座り心地がよい.

〔新〕

*** sit·zen blei·ben** ① 座ったままでいる. ② 〖口語〗(生徒が)留年(落第)する. Wenn er eine Fünf in Deutsch hat, *bleibt* er *sitzen*. 彼はドイツ語で5(不可)をもらうと留年だ. ③ 〖口語〗(ダンスパーティーで)ダンスの相手がいない. ④ 〖**auf** 〖物〗³ ~~〗〖口語〗(〖物〗³を)売りさばけないでいる. ⑤ 〖方〗(パンの生地などが)ふくらまない.

sit·zen las·sen 〖口語〗① 座らせておく. ② 〖古〗(妻子・婚約した女性などを⁴)見捨てる. ③ (人⁴に)待ちぼうけをくわせる. ④ 〖人〗⁴ **mit** 〖物〗³ ~~〗(人⁴の(〖物〗³(商品など)を)引き

(買い)取らない. ⑤ (生徒⁴を)留年(落第)させる.

sit·zen|blei·ben* 〖自〗(s) 〔新〕 sitzen bleiben) ☞ sitzen

Sit·zen·blei·ber [ズィッツェン・ブライバァ] 〖男〗 -s/- 〖口語〗落第生,留年生.

sit·zen·ge·blie·ben 〖形〗〔新〕 sitzen|bleiben (sitzen bleiben (座ったままでいる)〖旧形〗の 〖過分〗

sit·zen|las·sen* 〖形〗(h) 〔新〕 sitzen lassen) ☞ sitzen

Sitz⸗fleisch [ズィッツ・ふらイシュ] 〖中〗 -[e]s/- 《俗・戯》尻(ヒ); 〖口語・戯〗耐久力. *Sitzfleisch*⁴ haben a)(客などが)尻が重い, b)(飲み屋などで)長々とねばる / Er hat kein *Sitzfleisch*. 彼は尻が落ち着かない(仕事に根気がない).

Sitz⸗ge·le·gen·heit [ズィッツ・ゲレーゲンハイト] 〖女〗-/-en 座席[の設備],座れる場所.

Sitz⸗kis·sen [ズィッツ・キッセン] 〖中〗-s/- クッション,座布団.

Sitz⸗platz [ズィッツ・プらッツ] 〖男〗-es/..plätze 座席; (劇場などの)いす席. (反対)「立ち見席」は Stehplatz.

Sitz⸗streik [ズィッツ・シュトライク] 〖男〗-[e]s/-s 座り込みストライキ.

*** *die* Sit·zung** [ズィッツング zítsuŋ] 〖女〗〖単〗-/〖複〗-en 〖英〗 *meeting* ① 会議,集会. eine wichtige *Sitzung* 重要な会議 / eine *Sitzung*⁴ eröffnen (schließen) 会議を開会する(閉会する) / Heute haben wir eine *Sitzung*. きょう私たちは会議があります. ② (絵などの)モデルにな[って座る]こと; (一回一回の)歯科(精神科)の治療.

〔類語〕die **Sitzung**: (一般的な意味での)会議. die **Konferenz**: (討議・交渉などのための)会議, 会談. der **Kongress**: 専門家・政治家などが集まる大規模な)会議. der Wiener *Kongress* ウィーン会議. die **Tagung**: (専門家の)会議. das **Treffen**: 会合,集会.

Sit·zungs⸗be·richt [ズィッツングス・ベリヒト] 〖男〗-[e]s/-e 議事報告,議事録.

Sit·zungs⸗pro·to·koll [ズィッツングス・プロトコる] 〖中〗-s/-e 会議議事録.

Sit·zungs⸗saal [ズィッツングス・ザール] 〖男〗-[e]s/..säle 会議室,議場.

si·zi·li·a·nisch [ズィツィリアーニッシュ zitsiliá:nɪʃ] 〖形〗シチリア島(人)の.

Si·zi·li·en [ズィツィーリエン zitsí:liən] 〖中〗-s/ 《島名》シチリア(イタリアの南西の島).

Ska·la [スカーら ská:la] 〖女〗-/-Skalen (または -s) ① (計器類の)目盛り. die *Skala* des Thermometers 温度計の目盛り. ② (色調などの)等級,段階. ③ 〖音楽〗音階,スケール.

Skal·de [スカるデ skáldə] 〖男〗-n/-n スカルド(英雄をたたえた9-14世紀のスカンジナヴィアの宮廷詩人).

Skalp [スカるプ skálp] 〖男〗-s/-e (昔の:)頭髪つきの頭皮(アメリカインディアンが勝利の印に敵の頭か

らはぎとった).

Skal·pell [スカるペる skalpél] 中 -s/-e《医》解剖刀, 外科用メス.

skal·pie·ren [スカるピーレン skalpíːrən] 他 (h)《人⁴の》頭皮をはぎ取る.

***der Skan·dal** [スカンダーる skandáːl] 男 (単2) -s/(複) -e (3格のみ -en) ① スキャンダル, 醜聞.《英 scandal》. einen *Skandal* verursachen スキャンダルを引き起こす / Es ist ein *Skandal*, wie er sich dort betrunken hat. 彼がそこでどんなに酔っ払ったか, そりゃひどいものだった.②《方》騒ぎ, 騒音.

skan·da·lös [スカンダろース skandalǿːs] 形 スキャンダラスな, 醜聞の, けしからぬ. ein *skandalöser* Vorfall スキャンダラスな事件.

Skan·dal≠pres·se [スカンダーる・プレッセ] 女 -/ ゴシップ誌, 低俗新聞.

skan·die·ren [スカンディーレン skandíːrən] 他 (h)(詩⁴を)韻律に従って(抑揚をつけて)朗読する;(シュプレヒコールなど⁴を)音節に区切ってリズミカルに叫ぶ.

Skan·di·na·vi·en [スカンディナーヴィエン skandináːviən] 中 -s/《地名》スカンジナヴィア.

Skan·di·na·vi·er [スカンディナーヴィアァ skandináːviɐr] 男 -s/- スカンジナヴィアの人.(⚓ 女性形は Skandinavierin).

skan·di·na·visch [スカンディナーヴィッシュ skandináːvɪʃ] 形 スカンジナヴィア[人・語]の.

Skat [スカート skáːt] 男 -[e]s/-e (または -s) ①《ふつう 単》スカート(トランプ遊びの一種). *Skat*⁴ spielen スカートをする.②(スカートの)伏せた2枚の場札.

Skat≠bru·der [スカート・ブルーダァ] 男 -s/- ①《口語》(トランプ遊びの)スカートをよくする人, スカート狂い.② スカート仲間.

Skate≠board [スケイト・ボード] [英] 中 -s/-s スケートボード.

Ske·lett [スケれット skelétt] 中 -[e]s/-e ① 骸骨, 骨格. das *Skelett* eines Pferdes 馬の骸骨.②《建》骨組み.

Skep·sis [スケプスィス sképsɪs] 女 -/ 疑い, 懐疑. mit voller *Skepsis* ひどく疑って.

Skep·ti·ker [スケプティカァ sképtikɐr] 男 -s/- ① 疑い深い人.(⚓ 女性形は Skeptikerin).②《哲》懐疑論者.

skep·tisch [スケプティッシュ sképtɪʃ] 形 懐疑的な, 疑い深い. Ich bin wirklich *skeptisch*, ob ... ...かどうか疑わしいものだ.

Skep·ti·zis·mus [スケプティツィスムス skɛptitsísmus] 男 -s/ ① 不信, 懐疑.②《哲》懐疑論.

Sketch [スケッチュ skétʃ] [英] 男 -[es]/-e[s] (または -s) (バラエティーショーなどで演じられる)風刺寸劇, コント.

***der Ski** [シー ʃíː] 男 (単2) -s/(複) -er (3格のみ -ern) または (複) - スキー.《英 ski》. *Ski*⁴ laufen (または fahren) スキーをする / die *Skier*⁴ an|schnallen (ab|schnallen) スキーを着ける(はずす) / die *Skier*⁴ wachsen スキーにワックスをかける.(⚓ Schi ともつづる).

Ski≠an·zug [シー・アンツーク] 男 -[e]s/..züge スキーウェア.

Ski·er [シーァァ] *Ski (スキー)の 複

Ski≠fah·rer [シー・ふァーラァ] 男 -s/- スキーヤー (=Skiläufer).(⚓ 女性形は Skifahrerin).

Ski≠lauf [シー・らオふ] 男 -[e]s/ =Skilaufen

Ski≠lau·fen [シー・らオふェン] 中 -s/ (スポーツとしての)スキー.

Ski≠läu·fer [シー・ろイふァァ] 男 -s/- スキーヤー.(⚓ 女性形は Skiläuferin).

Ski≠leh·rer [シー・れーラァ] 男 -s/- スキー指導員.

Ski≠lift [シー・りふト] 男 -[e]s/-e (または -s) (スキーヤーを運ぶ)リフト.

Ski≠sport [シー・シュポルト] 男 -[e]s/ スキー競技.

Ski≠sprin·gen [シー・シュプリンゲン] 中 -s/ スキーのジャンプ.

Ski≠sprin·ger [シー・シュプリンガァ] 男 -s/- スキーのジャンパー.

Ski≠stock [シー・シュトック] 男 -[e]s/..stöcke スキーのストック.

***die Skiz·ze** [スキッツェ skítsə] 女 -/-n《英 sketch》① 《美》スケッチ, 下絵. die *Skizze* einer Landschaft² 風景のスケッチ / eine *Skizze* machen スケッチする / Er machte von dem Modell eine *Skizze*. 彼はそのモデルをスケッチした.② 見取り図, 略図; 草案. die *Skizze* einer Rede² 演説の草案.③ (文学的)小品, 短篇;《音楽》(単純な形式の)描写曲, スケッチ.

Skiz·zen≠buch [スキッツェン・ブーフ] 中 -[e]s/..bücher スケッチブック.

skiz·zen·haft [スキッツェンハふト] 形 スケッチ風の; あらましの, 概略の.

skiz·zie·ren [スキツィーレン skɪtsíːrən] 他 (h) ① (物⁴を)スケッチする; (物⁴の)見取図(略図)を描く.② (事⁴の)概要を述べる(書く); (原稿などの⁴)草案をつくる.

Skla·ve [スクらーヴェ skláːvə または ..ふェ ..fə] 男 -n/-n 奴隷. Er war *Sklave* seiner Triebe. 彼は情欲のとりこになっていた.

Skla·ven≠ar·beit [スクらーヴェン・アルバイト] 女 -/-en ①(昔の:)奴隷労働.② 苦役, 重労働.

Skla·ven≠han·del [スクらーヴェン・ハンデる] 男 -s/(昔の:)奴隷売買.

Skla·ve·rei [スクらーヴェライ skla:vərái または ..ふェライ ..fərái] 女 -/ ①(昔の:)奴隷の身分(境遇).② 奴隷根性; 重労働.

Skla·vin [スクらーヴィン skláːvɪn または ..ふィン ..fɪn] 女 -/..vinnen 女奴隷.

skla·visch [スクらーヴィッシュ skláːvɪʃ または ..ふィッシュ ..fɪʃ] 形 ①奴隷の.② 奴隷のような, 盲従的な; 卑屈な.② 主体性のない(模倣など).

Skle·ro·se [スクれローゼ skleróːzə] 女 -/-n《医》硬化[症].

skon·tie·ren [スコンティーレン skɔntíːrən] 他

(h) 《商》《勘定⁴を》割り引く.

Skon·to [スコント– skónto] [ˈɪtɐ] 男 中 -s/-s (または Skonti) 《商》割引, ディスカウント.

Skoo·ter [スクータァ skúːtər] 男 -s/- (遊園地などの)スクーカート.

Skor·but [スコルブート skɔrbúːt] 男 -[e]s/ 《医》壊血病.

Skor·pi·on [スコルピオーン skɔrpióːn] 男 -s/-e ① 〖昆〗サソリ. ② 〖覆 なし; 定冠詞とともに〗《天》さそり座; 天蠍宮.

Skript [スクリプト skrípt] 中 -[e]s/-en (または -s) ① 原稿, 草稿; 筆記ノート. ② 〖覆 ふつう -s〗《映》脚本, シナリオ.

Skru·pel [スクルーぺる skrúːpəl] 男 -s/- 〖ふつう 覆〗良心の呵責, ためらい. keine Skrupel⁴ haben ためらわない, 悪いと思わない.

skru·pel₂los [スクルーぺる・ロース] 形 良心のとがめを知らない, 厚顔無恥の.

Skru·pel₂lo·sig·keit [スクルーぺる・ロージヒカイト] 女 -/ 恥知らず, 厚顔無恥.

Skulp·tur [スクるプトゥーァ] 女 -/-en ① 彫刻品, 彫像. ② 〖覆 なし〗彫刻[術].

skur·ril [スクリーる skuríːl] 形 おどけた, こっけいな, ふざけた; 奇妙な, 奇抜な.

S-Kur·ve [エス・クルヴェ] 女 -/-n (道路の) S字型カーブ.

Sla·lom [スらーろム sláːlɔm] 男 -s/-s (スキー・カヌーなどの)スラローム, 回転[競技].

Slang [スラング slæŋ] [英] 男 -s/-s スラング(俗語・卑語・隠語など).

Sla·we [スらーヴェ sláːvə] 男 -n/-n スラブ人. (☞. 女性形は Slawin).

sla·wisch [スらーヴィッシュ sláːvɪʃ] 形 スラブ[人・語]の.

Sla·wis·tik [スらヴィスティク slavístik] 女 -/ スラブ学, スラブ語学・文学研究.

Slip [スリップ slɪp] [英] 男 -s/-s ① (男性用の)ブリーフ; (女性用の)パンティー, ショーツ. ② 〖工〗ずれ, スリップ. ③ 〖海〗スリップ; 〖空〗〖横〗滑り. ④ 〖商〗伝票.

Slip·per [スリッパァ slípər] [英] 男 -s/-[s] ① (靴ひものない)ふだんばき, カジュアルシューズ. (☞ Schuh 図). ② 〖覆 -〗(ｶﾞｿｸ) スポーティーな紳士用コート.

Slo·gan [スローゲン slóːɡən] [英] 男 -s/-s スローガン, 標語.

Slo·wa·ke [スろヴァーケ slovákə] 男 -n/-n スロヴァキア人. (☞. 女性形は Slowakin).

die **Slo·wa·kei** [スろヴァカイ slovakái] 女 -/ 〖定冠詞とともに〗《国名》スロヴァキア[共和国](旧チェコ・スロヴァキアの東部. 首都はブラチスラバ).

slo·wa·kisch [スろヴァーキッシュ slováːkɪʃ] 形 スロヴァキア[人・語]の.

Slo·we·ni·en [スろヴェーニエン slovéːnian] 中 -s/ 《国名》スロヴェニア[共和国](旧ユーゴスラヴィアの一共和国. 首都はリュブリャーナ).

slo·we·nisch [スろヴェーニッシュ slovéːnɪʃ] 形 スロヴェニア[人・語]の.

Slum [スらム slʌm] [英] 男 -s/-s 〖ふつう 覆〗スラム[街].

sm [ゼー・マイレ] 《略》海里 (= Seemeile).

Sm [エス・エム] 《化・記号》サマリウム (= Samarium).

S. M. [ザイネ マイェステート] 《略》陛下 (= Seine Majestät).

Sma·ragd [スマラクト smarákt] 男 -[e]s/-e [..ラグデ] 〖鉱〗エメラルド, 翠玉(ﾆﾕ).

sma·ragd₂grün [スマラクト・グリューン] 形 エメラルドグリーンの.

smart [スマールト smáːrt または スマルト] [英] 形 ① やり手の(実業家など), 抜け目のない(商売人など). ② (服装などが)あか抜けした, スマートな, 粋(ｲき)な.

Smog [スモック smɔ́k] [英] 男 -[s]/-s スモッグ, 煙霧.

Smo·king [スモーキング smóːkɪŋ] [英] 男 -s/-s 《服飾》スモーキング, タキシード.

Sn [エス・エン] 《化・記号》錫(ｽｽﾞ) (= Stannum, Zinn).

Snob [スノップ snɔ́p] [英] 男 -s/-s スノッブ, 紳士気取りの俗物.

Sno·bis·mus [スノビスムス snobísmus] 男 -/ ..bismen ① 〖覆 なし〗紳士気取り, 俗物根性, スノビズム. ② きざな言動.

sno·bis·tisch [スノビスティッシュ snobístɪʃ] 形 紳士気取りの, きざな.

*∗**so** [ゾー zóː]

> そのように **So** geht es nicht!
> ゾー ゲート エス ニヒト
> そうはいかないよ.

I 副 **A)** 〖ふつう文中でのアクセントあり〗① そのように, このように. (㊥) wie. So geht es in der Welt. 世の中はそうしたものだよ / So ist das also! つまりそういうこと[だったの]か / So betrachtet, hat er Recht. そのような見方をすれば, 彼の言うとおりだ / wenn ich so sagen darf そう言ってよければ / Er spricht bald so, bald so. 彼はああ言ったりこう言ったりする / Er spricht so, **dass** man ihn gut versteht. 彼はよくわかるように話してくれる / Mir ist so, als ob ich ihn schon mal gesehen hätte. 私は彼に前に一度会ったことがあるような気がする / Gut so! または Recht so! それでよろしい, そのとおり / **so** oder **so** または **so** und **so** どっちみち, いずれにしても / und **so** weiter 等々 (略: usw.) / und **so** fort 等々 (略: usf.).

② (程度を表して)それほど, そんなに. So einfach ist das gar nicht. 決してそれほど簡単なことではない / Sprich bitte **nicht so** laut! そんなに大声で話さないでくれ / Ich bin nicht so dumm, das zu glauben. 私はそれを信じるほど愚かではない / Einen so kalten Winter hatten wir seit Jahren nicht. こんな寒い冬は数年来初めてだ. ◊《**so**...**wie** ～ の形で》～と同じように… Er ist so alt wie du. 彼は君と同い年だ / so bald wie (または als) möglich できるだけ早く / so weiß wie Schnee 雪のように白い / Er ist so reich wie geizig. 彼は金持ちだ

し、またけちでもある.
③ 《**so** ..., **dass** ~ の形で》たいへん…なので~だ, ~なほど…だ. Er war *so* müde, dass er bald ins Bett ging. 彼はたいそう疲れていたのですぐ床についた.
④ 《口語》そのような. *so* ein Mensch wie er 彼のような人間 / in *so* einem Kleid そんなドレスを着て / *So* ein Unglück (Zufall)! なんという災難(偶然)だ / *so etwas* (または **was**) こんなもの / Na, *so* was! まさか、こんなことってあるものか.

B) 《文中でのアクセントあり》 ① 《ふつう **ja** とともに》たいへん, とても. Es tut mir [ja] *so* leid! たいへんお気の毒です / Ich bin ja schon *so* gespannt. ぼくは今からすごくわくわくしているよ.
② 《口語》そのまま, このまま, 何もしないで. Ich habe *so* schon genug zu tun. 私はただでさえ忙しい / Er ist *so* ins Kino gekommen. 【現在完了】彼はお金を払わずにそのまま映画館に入場した.
③ 《単独で》㋐ 《締めくくりを表して》さあ、さて. *So*, das genügt. さてこれで十分だ / *So*, und nun? さてと、次は? ㋑ 《疑問の気持ちを表して》本当[に]? Ich werde morgen verreisen. — *So*? 私はあす旅に出ようと思う — 本当? ㋒ 《確認を表して》そうか. **Ach so!** ああ、そうか.

C) 《文中でのアクセントなし》 ① 《引用文とともに》…と語る(語った). „Die Abrüstung", *so* der Präsident, „…". 「軍縮は…」と大統領は語った.
② 《数量・時刻などをぼかして》《口語》ほぼ…くらい, およそ. *so* etwa (または **gegen**) 10 Uhr 10 時ごろに / *so* in dreißig Minuten だいたい[これから]30 分で.
③ 《**und, oder** とともに》あるいはそういった、そのくらいの. Hier kommen viele Touristen her, Amerikaner und *so*. ここにはたくさんの観光客がやって来る、アメリカ人とか / in einer Woche oder *so* 1 週間か、あるいはそれくらいで.
④ 《雅》それゆえ、だから; それなら. Du warst nicht da, *so* habe ich das allein entschieden. 君はいなかった、だからぼくは一人でそう決めたんだ / Hast du einen Wunsch, *so* will ich ihn dir erfüllen. 何か願いがあるのなら、それをかなえてあげるよ.
⑤ 《時間的に》間もなく. Es dauerte nicht lange, *so* kam sie. 間もなく彼女がやって来た.
⑥ 《強調して》まったく, 本当に. Mir ist das *so* egal. 私にはそれはまったくどうでもいいことです.
⑦ 《ついでに言うときに》とにかく, まあ. Wie man *so* sagt, … まあ、人の言うところによると… / Er machte sich³ *so* seine Gedanken. とにかく彼は彼なりにじっくり考えたんだ.
⑧ 《命令文の文頭で; **doch, schon** などとともに》 *So* hör doch endlich auf! いいかげんにやめなさい / *So* komm schon! さあおいでよ.

II 接 《従属接続詞; 動詞の人称変化形は文末》
① 《*so* **dass** ... の形で》その結果 (=sodass) Er war krank, *so* dass er die Reise verschieben musste. 彼は病気だったので、旅行を延期しなければならなかった.
② 《しばしば **auch** とともに》どんなに…でも. *So* krank er auch ist, … 彼の病気がどんなにひどくても… / *So* Leid es uns tut, wir müssen jetzt gehen. たいへん残念ですが、私たちは行かなければなりません.
③ …であるかぎり. Wir rannten, *so* schnell wir konnten. 私たちはできるかぎり速く走った / *so* es mir möglich ist 私にできるかぎり.
④ 《*so*..., *so* ~ の形で》…であるだけに~ *So* jung er ist, so unerfahren ist er. 彼は若いだけに経験不足だ.

so ge·nannt いわゆる、世に言う[ところの]; (皮肉って)…と称する (略: sog.) (=**so-called**). der *so genannte* Treibhauseffekt いわゆる温室効果 / Seine *so genannte* Cousine ist in Wahrheit seine Freundin. 彼のいとこと称する女性は実は彼の恋人だ.

so viel …と同じくらい(同じ程度に). *so viel* wie möglich できるだけ多く / Das war *so viel* wie eine Zusage. それは承諾したも同然だった / Sie verdient doppelt *so viel* wie ich. 彼女は私の倍稼ぐ / *So viel* für heute! 《授業・仕事などで》きょうはここまで. (〈注〉 soviel は「…のかぎりでは」を意味する).

so weit ① そこまでは; 大体において. Alles ging *so weit* gut, aber dann… そこまでは万事うまくいったが、そののちは… / Wir sind *so weit* zufrieden. 私たちは大体において満足している. ② 《成句的に》Ich bin *so weit*. 《口語》私は準備ができている(仕事が済んだ) / Es ist endlich *so weit*. ついにその時が来た. (〈注〉 soweit は「…のかぎりでは」を意味する).

so we·nig …と同じくらい少なく, …と同様に…ない. Ich habe *so wenig* Erfahrung wie er. 私は彼と同様に経験があまりない / *so wenig* wie (または **als**) möglich できるだけ少なく. (〈注〉 sowenig は「どんなに少なく…しても」を意味する).

So. [ゾン・ターク] 《略》日曜日 (=Sonntag).
SO [ズュート・オスト または ズュート・オステン] 《略》南東 (=Südost[en]).
s. o. [ズィー・[エ] オーベン] 《略》上を見よ, 上記参照 (=sieh[e] oben!).

so·bald [ゾ・バルト zo-bált] 接 《従属接続詞; 動詞の人称変化形は文末》…するとすぐ、…するやいなや. (英 as soon as). *Sobald* er kommt, werde ich ihn fragen. 彼が来たらすぐに尋ねてみよう / Komm, *sobald* du kannst! できるだけ早くおいでよ.

*die **So·cke** [ゾッケ zóka] 女 (単) -/(複) -n 《ふつう 複》ソックス, 短い靴下. (英 sock). (〈注〉「ストッキング」は Strumpf). Herren*socken* 紳士用ソックス / wollene *Socken* ウールのソッ

クス / ein Paar *Socken* 一足のソックス / *Socken*⁴ an|ziehen (tragen) ソックスをはく(はいている) / 人³ **auf** den *Socken* sein 《口語》 人³を追跡する / sich⁴ **auf** die *Socken* machen 《口語》 出発する / **von** den *Socken* sein 《口語》 びっくり仰天する.

Sock・el [ゾッケル zɔ́kəl] 男 -s/- ① (柱・銅像などの)台石, 台座. ② (建物・壁などの)土台, 根積み, 壁の下部(腰). ③ 《電》ソケット.

So・da [ゾーダ zóːda] I 女 -/(または 中 -s/) 《化》ソーダ, 炭酸ナトリウム. II 中 -s/ ソーダ水 (=*Soda*wasser). Whisky mit *Soda* ウイスキーソーダ.

so‿dann [ゾ・ダン] 副 ① それから. ② さらに, それ以外に.

so‿dass [ゾ・ダス] 接 《従属接続詞; 動詞の人称変化形は文末》その結果… (=so dass ☞ so II ①). Er war krank, *sodass* er absagen musste. 彼は病気だった, そのためキャンセルせざるをえなかった.

so‿daß ☞ 〈新形〉 sodass

So・da‿was・ser [ゾーダ・ヴァッサァ] 中 -s/..wässer ソーダ水. Whisky⁴ mit *Sodawasser* mischen ウイスキーをソーダ水で割る.

Sod・bren・nen [ゾート・ブレンネン] 中 -s/ 《医》胸焼け.

So・do・mie [ゾドミー zodomíː] 女 -/ 獣姦(じゅうかん)

*so‿eben** [ゾ・エーベン zo-éːbən] 副 たった今, 今しがた, ちょうど今. (英 just). Er ist *soeben* angekommen. 《現在完了》彼はたった今着いたところだ / *Soeben* schlägt es zwölf. ちょうど今(時計が)12時を打っている.

das **So・fa** [ゾーファ zóːfa] 中 (単2) -s/(複) -s ソファー, 長いす. (英 *sofa*). Sie sitzt (liegt) **auf** dem *Sofa*. 彼女はソファーに腰かけている (横たわっている).

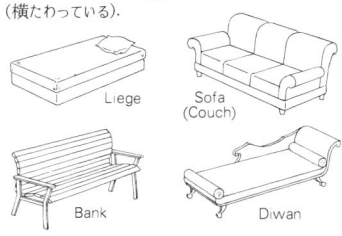

ソファーなど (Liege / Sofa (Couch) / Bank / Diwan)

So・fa‿kis・sen [ゾーファ・キッセン] 中 -s/- ソファー用のクッション.

*so‿fern** [ゾ・フェルン zo-férn] 接 《従属接続詞; 動詞の人称変化形は文末》…であるかぎり, …ならば. Wir kommen am Wochenende, *sofern* es euch passt. 君たちの都合さえよければ, ぼくらは週末に行くよ.

soff [ゾフ] *saufen (飲む)の 過去

söf・fe [ゼッフェ] *saufen (飲む)の 接2

Sof・fit・te [ゾフィッテ zɔfíta] [ズス] 女 -/-n ① 《ふつう 複》《劇》一文字(ぃちも)[幕](書き割りの上部などを隠す天井からつるされた短い横幕). ② 管状白熱電球.

So・fia [ゾフィア zófia または ゾー.. zóː..] 中 -s/ 《都市名》ソフィア(ブルガリアの首都).

*so‿fort** [ゾ・フォルト zo-fórt]

すぐに	Ich komme *sofort*.
	イヒ コンメ ゾフォルト
	すぐに参ります.

副 すぐに, 直ちに. (英 at once). Komm *sofort* her! すぐにこっちへおいで / *Sofort* nach der Ankunft nahm er ein Bad. 着くとすぐに彼はひと風呂浴びた / ab *sofort* 今から直ちに.

類語 sofort: (有無を言わずに要求する気持ちを表して)すぐに. (しばしば命令文に用いられる). sogleich: (sofort とほぼ同義だが, 文章語として用い)すぐに. Sie wusste *sogleich*, wen ich meinte. 彼女には私がだれのことを言っているのかすぐにわかった. gleich: (sofort や sogleich ほど強い調子を込めずに)すぐに. Ich bin *gleich* wieder da. すぐにまた戻って来るよ.

So・fort・bild‿ka・me・ra [ゾフォルトビルト・カメラ] 女 -/-s 《写》インスタントカメラ(ポラロイドカメラなど).

So・fort‿hil・fe [ゾフォルト・ヒルフェ] 女 -/-n (被災者などへの)緊急援助.

so・for・tig [ゾフォルティヒ zofórtɪç] 形 《付加語としてのみ》即座の, 早速の.

So・fort‿maß・nah・me [ゾフォルト・マースナーメ] 女 -/-n 応急処置.

So・fort‿pro・gramm [ゾフォルト・プログラム] 中 -s/-e 緊急(応急)対策.

soft [ゾフト sɔ́ft] 形 ① 《ジャズ音楽などの演奏指示で:》ソフトな. ② (特に男性が)やさしい, 思いやりがある.

Soft・drink [ゾフト・ドリンク zɔ́ft-drɪ́ŋk] [英] 男 -s/-s ソフトドリンク(アルコール分を含まない飲み物).

Soft Drink [ゾフト ドリンク zɔ́ft drɪ́ŋk] [英] 男 - -s/- -s =Softdrink

Soft・eis [ゾフト・アイス sɔ́ft aɪs] 中 -es/ ソフト[アイス]クリーム.

Sof・tie [ゾフティ zɔ́fti] [英] 男 -s/-s (隠語)軟弱な[若い]男.

Soft・ware [ゾフト・ウェア sɔ́ft-wɛər] [英] 女 -/-s 〈コンピ〉ソフトウェア. (⇔「ハードウェア」は Hardware).

sog [ゾーク] *saugen (吸う)の 過去

Sog [ゾーク zóːk] 男 -[e]s/-e ① (プロペラなどの)吸引[力]; (水・空気などの)吸い込む流れ; 《比》誘惑. in den *Sog* der Großstadt² geraten 《比》大都会の抗しがたい魅力に巻き込まれる / 《海》(海面下の)沖へ向かう潮流.

sog. [ゾー・ゲナント] 《略》 いわゆる (=so genannt).

*so‿gar** [ゾ・ガール zo-gáːr] 副 (英 *even*) ①

[それどころか]…でさえも，しかも．*Sogar* ich habe das verstanden. 私でさえそんなことはわかった / Er arbeitet *sogar* im Urlaub. 彼は休暇中ですら働く．
② しかも，それどころか．Sie ist vermögend, *sogar* sehr vermögend. 彼女は財産持ちだ，それもたいへんな財産持ちだ．

sö·ge [ゼーゲ] *saugen (吸う)の 接2

so=ge·nannt [形] (新形) so genannt) ☞ so

***so=gleich** [ゾ・グライヒ zo-gláiç] 副 すぐに，直ちに．Als die Gäste ankamen, wurden sie *sogleich* in ihre Zimmer geführt.《受動・過去》お客たちは到着すると直ちに部屋に案内された．(☞ 類語 sofort).

die Soh·le** [ゾーれ zó:lə] 女 (単) -/(複) -n (英 sole) ① 靴底 (=Schuh*sohle*); 靴下の底．dicke (dünne) *Sohlen* 厚い(薄い)靴底 / sich[4] 人[3] **an die *Sohlen heften (または hängen) 人[3]のあとにぴったりついて行く / eine kesse *Sohle* aufs Parkett legen《口語》さっそうと踊る．② 足の裏 (=Fuß*sohle*). **auf leisen Sohlen** 足音を忍ばせて / **mit nackten Sohlen** はだしで / Es brannte ihm **unter den Sohlen**.《口語・比》彼はいらいらしていた(気がせいていた)．③ (谷・川などの)底．④ 《坑》水平坑道; 坑道床面．

soh·len [ゾーれン zó:lən] 他 (h) (靴[4]に)靴革を付ける; (靴[4]の)底を張り替える．

‡**der Sohn** [ゾーン zó:n]

息子	Er hat einen *Sohn*.
	エア ハット アイネン ゾーン
	彼には息子が一人いる．

格	単	複
1	der Sohn	die Söhne
2	des Sohnes	der Söhne
3	dem Sohn	den Söhnen
4	den Sohn	die Söhne

男 (単2) -es (まれに -s)/(複) Söhne [ゼーネ] (3格のみ Söhnen) ① 息子, せがれ．(英 son). (☞「娘」は Tochter). Vater und *Sohn* 父と息子 / mein ältester *Sohn* 私の長男 / der einzige *Sohn* 一人息子 / Er hat zwei erwachsene *Söhne*. 彼には成人した息子が二人いる / Sie haben einen *Sohn* bekommen. 彼らに息子が生まれた / Er ist ganz der *Sohn* seines Vaters. 彼は父親そっくりだ / dieser große *Sohn* unserer Stadt[2] わが町が生んだこの偉大な男 / der verlorene *Sohn*《聖》放蕩(ほうとう)息子 (ルカによる福音書 15, 11–32) / Er ist ein echter *Sohn* der Berge.《比》彼は根っからの山育ちだ．
② 《成句的に》Mein *Sohn*! (年少者への親しい呼びかけで:) ねえ君，お若いの．

Söhn·chen [ゼーンヒェン zó:nçən] 中 -s/- (Sohn の 縮小) 小せがれ, 坊や．

Söh·ne [ゼーネ] *Sohn (息子)の 複

Soi·ree [ゾアレー zoaré:] [発音] 女 -/-n [..レーエン] 夕べの催し, 夜会．

So·ja [ゾーヤ zó:ja] 女 -/Sojen 《植》ダイズ(大豆) (=*Soja*bohne).(☞「ソーヤ」は日本語の「醬油」に由来．

So·ja=boh·ne [ゾーヤ・ボーネ] 女 -/-n 《植》ダイズ(大豆)．

So·ja=so·ße [ゾーヤ・ゾーセ] 女 -/-n 醬油(しょうゆ)．

Sok·ra·tes [ゾークラテス zó:kratɛs] -/ 《人名》ソクラテス(前 470?–前 399; 古代ギリシアの哲学者)．

Sok·ra·ti·ker [ゾクラーティカァ zokrá:tikər] 男 -s/- ソクラテス学派の人．

sok·ra·tisch [ゾクラーティッシュ zokrá:tɪʃ] 形 ① ソクラテス[学派]の, ソクラテス的な．② 《比》賢明な．

Sol [ゾール zó:l] 中 -s/-e 《化》ゾル, コロイド溶液．

so=lang [ゾ・ラング] 接 =solange

‡**so=lan·ge** [ゾ・ランゲ zo-láŋə] 接 《従属接続詞; 動詞の人称変化形は文末》…する間は，…するかぎりは．(英 as long as). *Solange* es regnet, bleiben wir hier. 雨が降っている間はここにいよう．◇《否定を表す語句とともに》…しないうちは．*Solange* du nicht aufgeräumt hast, darfst du nicht spielen. 片づけが済まないうちは遊んではいけないよ．

so·lar [ゾらール zolá:r] 形 《理》太陽の．

So·lar=bat·te·rie [ゾラール・バッテリー] 女 -/-n [..リーエン] 《電》太陽電池．

So·lar=ener·gie [ゾラール・エネルギー] 女 -/ 《物》太陽エネルギー．

So·lar=hei·zung [ゾラール・ハイツング] 女 -/ 太陽エネルギー[利用]暖房．

So·la·ri·um [ゾらーリウム zolá:rium] 中 -s/..rien [..リエン] (日焼け用の)太陽灯照射室．

So·lar=kraft·werk [ゾラール・クラふトヴェルク] 中 -[e]s/-e 太陽エネルギー[利用]発電所．

So·lar=tech·nik [ゾラール・テヒニク] 女 -/ 太陽エネルギー利用技術．

So·lar=zel·le [ゾラール・ツェれ] 女 -/-n 《電》太陽電池．

So·la=wech·sel [ゾーら・ヴェクセる] 男 -s/- 《商》約束手形．

Sol=bad [ゾール・バート] 中 -[e]s/..bäder 塩泉[浴場]．

‡**solch** [ゾるヒ zólç]

そのような

Solche Weine trinke ich gern!
ゾるヒェ ヴァイネ トリンケ イヒ ゲルン
そんな[いい]ワインなら喜んで飲むよ．

代 《指示代名詞; 語尾変化は dieser と同じ．ただし ein, kein のあとでは形容詞と同じ語尾変化．また solch ein の形では無変化》(英 such) ① 《付加語として》この(あの)ような．非常な．ein *solcher* Mann または *solch* ein Mann のような男 / ein *solcher* feiner Stoff または

solch ein feiner Stoff そのような肌触りの柔らかな生地 / Mit *solchen* Leuten verkehrst du? 君はあんな連中とつき合っているのか / bei *solchem* herrlichen Wetter こんない天気のときには / Ich habe *solchen* Hunger. 私はおなかがぺこぺこだ.
② 《名詞的に》そのような人(もの・こと). ein *solcher* または *solch* einer そのような男 / eine *solche* または *solch* eine そのような女 / *solcher* wie er 彼のような人 / Es gibt immer *solche* und *solche*.《口語》こんな人もいればあんな人もいる / Er ist kein *solcher*. 彼はそんな男ではない. ◊《*als* とともに》Die Arbeit als *solche* ist interessant, aber… その仕事はそれ自体としては面白いのだが,しかし… / das Thema als *solches* テーマ自体.

☞ 後続の形容詞はふつう弱変化であるが,強変化することもある.

sol·che [ゾるヒェ], **sol·chem** [ゾるヒェム], **sol·chen** [ゾるヒェン], **sol·cher** [ゾるヒャァ] 代《指示代名詞》☞ solch
sol·cher·art [ゾるヒャァ・アールト] I 形《付加語としてのみ;無語尾で》そのような. II 副 そのようなやり方で,それほどに.
sol·cher·lei [ゾるヒャァらイ zólçərláɪ] 形《無語尾で》そのような(種類の).
sol·ches [ゾるヒェス] 代《不定代名詞》☞ solch
Sold [ゾるト zɔlt] 男 -[e]s/-e《ふつう 単》給料, (特に兵士の)俸給. in seinem *Sold* stehen (軽蔑的に:)彼の手先である(←金で雇われている).
der **Sol·dat** [ゾるダート zɔldáːt] 男 (単 2·3·4) -en/(複) -en ① 軍人, 兵士.(英 *soldier*).(☞ 女性形は Soldatin). Berufs*soldat* 職業軍人 / das Grabmal des Unbekannten *Soldaten* 無名戦士の墓標. ② 〖昆〗ヘイタイアリ. ③ (チェスの)歩.
Sol·da·ten=fried·hof [ゾるダーテン・ふリートホーフ] 男 -[e]s/..höfe 戦没兵士の墓地.
Sol·da·ten=spra·che [ゾるダーテン・シュプラーヘ] 女 -/ 兵隊言葉(用語).
Sol·da·tes·ka [ゾるダテスカ zɔldatéska] 女 -/..tesken (軽蔑的に)乱暴で規律のない兵隊.
sol·da·tisch [ゾるダーティッシュ zɔldáːtɪʃ] 形 兵士の,軍人らしい,軍人風の.
Sold=buch [ゾるト・ブーフ] 中 -[e]s/..bücher (1945 年までの)ドイツ兵の身分証明書.
Söld·ling [ゼるトリング zœltlɪŋ] 男 -s/-e (金(かね)目当ての)雇われ人.
Söld·ner [ゼるトナァ zœldnər] 男 -s/- 雇われ兵,傭兵(ようへい)(18 世紀末までは軍の中核だった).
So·le [ゾーれ zóːlə] 女 -/-n 塩水;塩類泉.
Sol=ei [ゾーる・アイ] 中 -[e]s/-er (保存のため)塩水に漬けたゆで卵.
so·lid [ゾリート zoliːt] 形 堅固な (=solide).
so·li·da·risch [ゾリダーリッシュ zolidáːrɪʃ] 形 ① 連帯の,一致団結した. ②〖法〗連帯の.
eine *solidarische* Haftung 連帯責任.
so·li·da·ri·sie·ren [ゾリダリズィーレン zolidarizíːrən] 動 I 再帰 (h)《*sich*⁴ *mit* 人・事³ ~》(人³と)連帯する,団結する;(事³を)支持する. II 他 (h)(人³を)連帯(団結)させる.
So·li·da·ri·tät [ゾリダリテート zolidaritέːt] 女 -/ 連帯,一致団結.
*so·li·de [ゾリーデ zolíːdə] 形《比較》(最上) solidest; 格変化語尾がつくときは solid-)(= *solid*) ① 頑丈な,堅固な. ein *solider* Schrank しっかりした造りの戸棚. ②(基礎の)しっかりした;(暮らしぶりなどが)手堅い,堅実な. eine *solide* Arbeit しっかりした仕事 / Er lebt *solide*. 彼は堅実な暮らしをしている.
So·li·di·tät [ゾリディテート zoliditέːt] 女 -/ ① 堅固さ,頑丈さ. ②(生活の)堅実さ.
So·lin·gen [ゾーリンゲン zóːlɪŋən] 中 -s/《都市名》ゾーリンゲン(ドイツ,ノルトライン・ヴェストファーレン州. 刃物の製造で有名:☞ 地図 C-3).
So·list [ゾリスト zolíst] 男 -en/-en ①(音楽の)ソリスト,独唱者, 独奏者; ソロダンサー.(☞ 女性形は Solistin).②《スポーツ・隠語》(サッカーなどで)単独突破をねらうプレーヤー.
so·li·tär [ゾリテーァ zolitέːr] 形《動》群居しない,独居性の.
***soll** [ゾる zɔl] *sollen¹(…すべきだ)の 1 人称単数・3 人称単数 現在. *Soll* ich Ihnen ein Taxi bestellen? タクシーを呼びましょうか.
Soll [ゾる] 中 -[s]/-[s] ①〖商〗借り[高];借り方. *Soll* und Haben 借り方と貸し方,支出と収入. ②〖経〗基準作業量,ノルマ.
‡**sol·len**¹* [ゾれン zɔ́lən]

…すべきだ	Was *soll* ich machen?
	ヴァス ゾる イヒ マッヘン
	私はどうすればいいだろうか.

人称	単	複
1	ich soll	wir sollen
2	du sollst	ihr sollt
	Sie sollen	Sie sollen
3	er soll	sie sollen

助動 《話法の助動詞》(完了 haben) **A**) (sollte, hat…sollen)《zu のない不定詞とともに》①…すべきだ,…するのが当然だ.(英 *should*). *Soll* ich gehen oder *soll* ich bleiben? 私は行くべきか,それともとどまるべきか / Man *soll* das Alter ehren. 老人は敬うものだ / Man *soll* die Angelegenheit sofort erledigen. その用件はすぐ処理した方がいい / Du *sollst* nicht töten! なんじ殺すべからず(出エジプト記 20,13) / Das *hättest* du nicht tun *sollen*. 《接 2·過去》そんなことを君はすべきではなかったのに.
②《主語以外の人の意志》⑦《話し手の意志》…して欲しい,…せよ. Ihr *sollt* still sein! 君たち,静かにしなさい / Sie *soll* gleich zu mir kommen. 彼女をすぐ私の所に来させてくれ / Du *sollst* es haben. 君にそれをあげよう /

sollen

Hoch *soll* er leben! (乾杯の言葉:)彼の健康を祝って!
㋐《ふつう疑問文で》《相手の意向を問う》…しましょうか, …すればよいのですか. *Soll* ich das Fenster aufmachen? 窓を開けましょうか / Was *soll* es denn sein? (店員が客に)何にいたしましょうか. (くわしく)相手の許可を求める場合は dürfen を用いる. 例: Darf ich das Fenster aufmachen? 窓を開けてもよろしいでしょうか).
㋑《第三者の意志》…するように言われている. Er *soll* kein Fleisch essen. (医者から)彼は肉を食べないように言われている / Ich *soll* dich von ihm grüßen. 彼から君によろしくとのことよ. ◇《間接話法で》Sie sagte ihm, er *solle* dort warten. 《接1・現在》彼女は彼にそこで待つように言った.
③《現在形で》…だそうだ, …といううわさだ. Er *soll* krank sein. 彼は病気だそうだ / Sie *soll* geheiratet haben. 彼女は結婚したそうだ.
④《疑問文で》…なのか. Was *soll* das heißen? それはどういうことなのか / Wer *soll* das sein? (写真などを見ながら:)これはいったいだれなんですか / Das *soll* ich sein? これが私だって.
⑤ …する運命だ;…の予定である. Er *sollte* seine Heimat nie wieder sehen. 彼は故郷を二度と見ない運命にあった / Das Konzert *soll* nächsten Montag stattfinden. そのコンサートは次の月曜日に行われることになっている.
⑥ 仮に…としておこう. Das Zeichen X *soll* die zu suchende Größe sein. 記号 X は求める値とする.

B) (sollte, hat ... gesollt)《独立動詞として; 不定詞なしで》するべきだ; 意味する. Was *soll* ich damit? 私はそれをどうすればよいのだろう / Das hast du nicht *gesollt*. 君はそれをするべきではなかった / Was *soll* [denn] das? それはどういうことなのだろう. ◇《方向を表す語句とともに》(…へ)行くべきだ. Du *sollst* jetzt ins Bett. 君はもう寝なさい.

sol·len² [ゾレン] ※sollen¹ (…すべきだ)の [過分]
sollst [ゾるスト] ※sollen¹ (…すべきだ)の 2 人称単数 [現在]
soll·te [ゾるテ zólta] I ※sollen¹ (…すべきだ)の [過去]
II ※sollen¹ (…すべきだ)の [接2] ① (本来は)…すべきであるのに; …した方がよい. Das *sollte* sie doch wissen. それくらい彼女は知っているべきなのに / Bei diesem Wetter *solltest* du dir einen Mantel anziehen. この天気ではコートを着たほうがいいよ. ②《条件文で》《雅》ひょっとして…するなら. *Sollte* es regnen, [dann] bleiben wir zu Hause. 万一雨が降ったら家にいよう. ③《疑問文で》(本当に)…だろうか. *Sollte* das wahr sein? それははたして本当だろうか.

so·lo [ゾーろ zóːlo] [副] ①《音楽》独唱(独奏)で, ソロで. *solo* singen (spielen) 独唱(独奏)する. ②《口語》ひとりで.

So·lo [ゾーろ] 中 -s/-s (または Soli) ①《音楽》独唱(独奏), ソロ; ソロダンス. ②《学生・隠語》(サッカーなどで:)単独突破. ③《トランプ》ソロ.

So·lo⸗tän·zer [ゾーろ・テンツァァ] 男 -s/- ダンスのソリスト, ソロのダンサー. (くわしく)女性形は Solotänzerin).

sol·vent [ゾるヴェント zɔlvént] 形《経》支払能力のある.

Sol·venz [ゾるヴェンツ zɔlvénts] 女 -/-《経》支払能力.

so·ma·tisch [ゾマーティッシュ zomá:tɪʃ] 形《医・心》身体の, 身体的.

so·mit [ゾ・ミット] 副 だから, それで; これをもって. Er war dabei, *somit* weiß er darüber Bescheid. 彼はその場にいた, だから彼はその件について詳細を知っている.

※*der* **Som·mer** [ゾンマァ zómər]

> 夏 Was machst du im *Sommer*?
> ヴァス マハスト ドゥイム ゾンマァ
> 夏になったら何をする

男 (単2) -s/(複) - (3格のみ -n)《ふつう単》夏.(米 summer). (くわしく)「春」は Frühling,「秋」は Herbst,「冬」は Winter). ein kühler *Sommer* 涼しい夏 / Der *Sommer* in Japan ist sehr heiß. 日本の夏はたいへん暑い / Der *Sommer* kommt. 夏が来る / Der *Sommer* geht zu Ende. 夏が終わる / diesen (nächsten) *Sommer* 今年の(来年の)夏に / Im *Sommer* fahren wir ins Gebirge. 夏には私たちは山へ行く / den *Sommer* über 夏中 / *Sommer* wie Winter 1 年中(←夏も冬も).

Som·mer⸗fahr·plan [ゾンマァ・ファールプらーン] 男 -[e]s/..pläne 《鉄道》夏の列車時刻表.

※*die* **Som·mer·fe·ri·en** [ゾンマァ・フェーリエン zómər-feːriən] 複 夏休み. (米 summer vacation). in den *Sommerferien* 夏休みに / Ich freue mich schon auf die *Sommerferien*. 私は今からもう夏休みを楽しみにしている.

Som·mer⸗fri·sche [ゾンマァ・ふりッシェ] 女 -/-n《ふつう単》避暑[地].

Som·mer⸗kleid [ゾンマァ・クらイト] 中 -[e]s/-er ① サマードレス, 夏服. ②《狩》(動物の)夏毛;(鳥の)夏羽.

som·mer·lich [ゾンマァりヒ] 形 夏の, 夏らしい; 夏向きの. *sommerliches* Wetter 夏のような天気 / sich⁴ *sommerlich* kleiden 夏向きの服装をする.

Som·mer⸗mo·nat [ゾンマァ・モーナット] 男 -[e]s/-e ① 夏の月[の一つ](特に 6・7・8 月). ②《複なし》《古》6 月.

som·mers [ゾンマァス] 副 夏に, 夏場は, 夏の間; 毎夏. *sommers* wie winters 夏も冬も, 1 年中.

Som·mer⸗schluss·ver·kauf [ゾンマァ・シュるスフェァカオふ] 男 -[e]s/..käufe 夏物一掃大売り出し.

Som·mer⸗schluß·ver·kauf ☞《新形》Sommerschlussverkauf

Som·mer⸗se·mes·ter [ゾンマァ・ゼメスタァ] 中 -s/- (大学の)夏学期.

Som·mer⸗son·nen·wen·de [ゾンマァ・ゾンネンヴェンデ] 女 -/ 夏至.

Som·mer·spros·se [ゾンマァ・シュプロッセ] 囡 -/-n 《ふつう 覆》そばかす.

som·mer·spros·sig [ゾンマァ・シュプロスィヒ] 形 そばかすのある.

Som·mer·zeit [ゾンマァ・ツァイト] 囡 -/-en ① 《覆 なし》夏[期]. ② サマータイム, 夏時間.

som·nam·bul [ゾムナンブーる zɔmnambúːl] 形 《医》夢遊病の; 夢遊病者のような.

So·na·te [ゾナーテ zonáːtə] 囡 -/-n 《音楽》ソナタ, 奏鳴曲. Klavier*sonate* ピアノソナタ.

So·na·ti·ne [ゾナティーネ zonatíːnə] 囡 -/-n 《音楽》ソナチネ, 小奏鳴曲.

Son·de [ゾンデ zónde] 囡 -/-n ① 《医》ゾンデ, カテーテル, 消息子. ② 《気象》ラジオゾンデ. ③ 宇宙探査機. ④ 《工》(石油などの)試掘設備.

son·der [ゾンダァ zóndər] 前 《4 格とともに》《雅》…なしに (=ohne). *sonder* allen Zweifel なんの疑いもなく.

Son·der.. [ゾンダァ.. zóndər..] 《名詞につける 接頭》《単独の・特別の》例: *Sonder*fall 特例.

Son·der·an·fer·ti·gung [ゾンダァ・アンフェルティグング] 囡 -/-en 特別仕様, 特注[品].

Son·der·an·ge·bot [ゾンダァ・アンゲボート] 中 -[e]s/-e 特別提供, 特価品.

Son·der·auf·trag [ゾンダァ・アオフトラーク] 男 -[e]s/..träge 特殊任務, 特命.

Son·der·aus·ga·be [ゾンダァ・アオスガーベ] 囡 -/-n ① (本などの)特別号, 臨時増刊. ② 《ふつう 覆》(所得額から控除される)特別経費, 臨時支出.

*****son·der·bar** [ゾンダァバール zóndərbaːr] 形 奇妙な, 風変わりな, おかしな. (英 *strange*) ein *sonderbares* Ereignis 奇妙な出来事 / Sein Benehmen war *sonderbar*. 彼の態度は変だった. (☞ 類語 seltsam).

son·der·ba·rer·wei·se [ゾンダァバーラァヴァイゼ] 副 奇妙にも, おかしなことに.

Son·der·be·auf·trag·te[r] [ゾンダァ・ベアオフトラークテ(..タァ)] 男 囡 《語尾変化は形容詞と同じ》特別[全権]委員, 特別代理人.

Son·der·be·richt·er·stat·ter [ゾンダァベリヒト・エァシュタッタァ] 男 -s/- 特派員.

Son·der·brief·mar·ke [ゾンダァ・ブリーフマルケ] 囡 -/-n 記念切手.

Son·der·druck [ゾンダァ・ドルック] 男 -[e]s/-e ① 抜き刷り, 別刷り. ② 《髪》(本などの)特別号.

Son·der·fahrt [ゾンダァ・ファールト] 囡 -/-en 臨時運航, 特別運転.

Son·der·fall [ゾンダァ・ファる] 男 -[e]s/..fälle 特例, 特殊ケース.

Son·der·ge·neh·mi·gung [ゾンダァ・ゲネーミグング] 囡 -/-en 特別許可(認可).

son·der·glei·chen [ゾンダァ・グらイヒェン] 副《名詞のあとに置かれる》無比の, 類のない, 前代未聞の. Das ist eine Frechheit *sondergleichen*. これは無類のあつかましさだ.

Son·der·heit [ゾンダァハイト] 囡 《成句的に》in *Sonder*heit 《雅》特に, とりわけ.

son·der·lich [ゾンダァりヒ] I 形 ① 特別な, 格別大きな. (☞ ふつう否定を表す語とともに用いられる). ohne *sonderliche* Mühe たいした苦労もなしに. ② 奇妙な, 変わった. II 副 特に, 格別に. (☞ ふつう否定を表す語とともに用いられる). Dieses Gebäude ist nicht *sonderlich* schön. この建物はさほどきれいではない. ② 《ミッラ・スィ》とりわけ, ことに.

Son·der·ling [ゾンダァリング zóndərlɪŋ] 男 -s/-e 変人, 奇人, 変わり者.

Son·der·müll [ゾンダァ・ミュる] 男 -[e]s/ 特殊ごみ(毒性化学製品の廃棄物など).

*****son·dern**[1] [ゾンダァン zóndərn]

~ではなくて…
Nicht ich, *sondern* du bist schuld!
ニヒト イヒ ゾンダァン ドゥー ビスト シュるト
ぼくのせいではなくて, 君のせいだ.

接《並列接続詞》《nicht A, *sondern* B の形で》A ではなくて B. Er kommt nicht heute, *sondern* morgen. 彼が来るのはきょうではなくて, あすだ / Ich habe ihr nicht geschrieben, *sondern* sie direkt angerufen. 私は彼女に手紙を書いたのではなくて, 直接電話をかけた. ◇《nicht nur A, *sondern* [auch] B の形で》A だけでなく B も. Sie spielt nicht nur Klavier, *sondern* auch Geige. 彼女はピアノだけでなく, ヴァイオリンも弾く.

son·dern[2] [ゾンダァン] 他 (h)《A[4] von B[3] ~》(A[4] を B[3] から)より分ける, 隔離する.
◇ ☞ **gesondert**

Son·der·num·mer [ゾンダァ・ヌンマァ] 囡 -/-n (新聞・雑誌などの)特別号.

Son·der·preis [ゾンダァ・プライス] 男 -es/-e 特別価格, 特価.

son·ders [ゾンダァス] 副《成句的に》samt und *sonders* 残らず, ことごとく.

Son·der·schu·le [ゾンダァ・シューれ] 囡 -/-n 特殊学校(障害児のための義務教育施設).

Son·der·stel·lung [ゾンダァ・シュテるング] 囡 -/-en 《ふつう 単》特殊な地位. eine *Sonderstellung*[4] ein|nehmen 特殊な地位を占める.

Son·de·rung [ゾンデルング] 囡 -/-en《雅》選別, 隔離.

Son·der·zug [ゾンダァ・ツーク] 男 -[e]s/..züge 《鉄道》特別[臨時]列車.

son·die·ren [ゾンディーレン zɔndíːrən] 他 (h) ① 《軍》4 を入念に調査する, 探る. ② 《医》ゾンデ(消息子)で検査する; (探査機などで 物 を)4 を調べる. ③ 《海》(水深 を)4 を測定する.

Son·die·rung [ゾンディールング] 囡 -/-en ① ゾンデ検査[法], ゾンデ挿入[法]. ② 《ふつう 覆》=Sondierungsgespräch

Son·die·rungs·ge·spräch [ゾンディールングス・ゲシュプレーヒ] 中 -[e]s/-e (相手の意向を探る)予備会談.

So·nett [ゾネット zonét] 中 -[e]s/-e 《詩学》ソ

ネット(イタリアに起こった14行詩).
Song [ソング zɔŋ] [英] 男 -s/-s ① 《口語》流行歌, ポピュラーソング. ② 風刺歌謡.

*der **Sonn·abend** [ゾン・アーベント zɔ́na:bant] 男 (単2) -s/(複) -e (3格のみ -en) 《北ドイツ·中部ドイツ》土曜日 (略: Sa.). (英 *Saturday*). (注) 西部ドイツ·南ドイツ·オーストリア·スイスはふつう Samstag; 曜日名 ☞ Woche). **am** *Sonnabend* 土曜日に / Jeden *Sonnabend* gehen wir einkaufen. 毎土曜日に私たちは買い物に行く.

Sonn·abend·abend [ゾンアーベント·アーベント] 男 -s/-e 土曜日の晩.
sonn·abend·abends [ゾンアーベント·アーベンツ] 副 土曜日の晩に.
sonn·abends [ゾン·アーベンツ] 副 [毎週]土曜日に, 土曜日ごとに.

*die **Son·ne** [ゾネ zɔ́nə]

> 太陽　Die *Sonne* scheint.
> ディ　ゾンネ　シャイント
> 太陽が輝いている.

女 (単) -/(複) -n (英 *sun*) ① 《複 なし》太陽, 日;《天》恒星. (注)「月」は Mond). die aufgehende *Sonne* 昇る太陽 / Die *Sonne* geht auf (unter). 日が昇る(沈む). / Die *Sonne* steht hoch am Himmel. 太陽は空高く昇っている / gegen die *Sonne* fotografieren 逆光で写真を撮る(←太陽の方に向かって) / mit der *Sonne* im Rücken 太陽を背にして / unter der *Sonne*《雅》この地上で.
② 《複 なし》日光, 陽光. Das Zimmer hat keine *Sonne*. この部屋には日が当たらない / Diese Pflanze braucht viel *Sonne*. この植物は日光をたくさん必要とする / in der *Sonne* sitzen [座って]ひなたぼっこをしている / Sie liegen am Strand in der *Sonne*. 彼らは海辺に寝そべって日光浴をしている / von der *Sonne* gebräunt 日焼けして.
③ 反射式電気ストーブ (= Heizsonne); 紫外線照射灯 (= Höhensonne).

sön·ne [ゼンネ] *sinnen (思案する)の 接2 《古》
son·nen [ゾンネン zɔ́nən] Ⅰ 再帰 (h) *sich*[4] *sonnen* ① 日に当たる, 日光浴をする. ② 《*sich*[4] **in** *deˀ* ~》《*deˀ*》に満足して[ひたる. Er *sonnte sich* in seinem Erfolg. 彼は成功[の喜び]にひたった. Ⅱ 他 (h) 《方》(ふとんなどを)日に当てて.

Son·nen·an·be·ter [ゾンネン·アンベータァ] 男 -s/- 日光浴の好きな人. (注 女性形は Sonnenanbeterin).
Son·nen·auf·gang [ゾンネン·アオフガング] 男 -[e]s/..gänge 日の出. **vor** (**nach**) *Sonnenaufgang* 日の出前(後)に.
Son·nen·bad [ゾンネン·バート] 中 -[e]s/..bäder 日光浴. ein *Sonnenbad*[4] **nehmen** 日光浴をする.
Son·nen·bat·te·rie [ゾンネン·バッテリー] 女 -/-n [..リーエン] 《物·電》太陽電池.

Son·nen·blen·de [ゾンネン·ブレンデ] 女 -/-n ① 日よけ, ブラインド. ②《写》レンズフード.
Son·nen·blu·me [ゾンネン·ブルーメ] 女 -/-n 《植》ヒマワリ.
Son·nen·brand [ゾンネン·ブラント] 男 -[e]s/..brände ①《医》(皮膚の)日焼け. ② 植物の日照被害.
Son·nen·bril·le [ゾンネン·ブリレ] 女 -/-n サングラス.
Son·nen·creme [ゾンネン·クレーム] 女 -/-s (キュプン, スィエン) 日焼け止めクリーム.
Son·nen·dach [ゾンネン·ダッハ] 中 -[e]s/..dächer (店先などの)日よけ, サンブラインド.
Son·nen·deck [ゾンネン·デック] 中 -[e]s/-s (まれに -e)《海》(客船の)サンデッキ.
Son·nen·ener·gie [ゾンネン·エネルギー] 女 -/-《物》太陽エネルギー.
Son·nen·fer·ne [ゾンネン·フェルネ] 女 -/-n《天》遠日点.
Son·nen·fins·ter·nis [ゾンネン·フィンステルニス] 女 -/..nisse《天》日食.
Son·nen·fleck [ゾンネン·ふれック] 男 -[e]s/-e 《ふつう複》《天》太陽の黒点.
son·nen·ge·bräunt [ゾンネン·ゲブロイント] 形 日焼けした.
Son·nen·gott [ゾンネン·ゴット] 男 -[e]s/..götter《神》太陽神.
Son·nen·jahr [ゾンネン·ヤール] 中 -[e]s/-e《天》太陽年.
son·nen·klar 形 ① [ゾンネン·クラール] さんさんと日の照る, 明るく晴れた. ② [ゾンネン·クラール]《口語》明々白々な.
Son·nen·kol·lek·tor [ゾンネン·コレクトァ] 男 -s/-en [..トーレン] 太陽電池, ソーラーコレクター.
Son·nen·licht [ゾンネン·リヒト] 中 -[e]s/ 日光.
Son·nen·nä·he [ゾンネン·ネーエ] 女 -/-n《天》近日点.
Son·nen·öl [ゾンネン·エール] 中 -[e]s/ サンオイル.

*der **Son·nen·schein** [ゾンネン·シャイン zɔ́nən-ʃain] 男 (単2) -[e]s/(複) -e (3格のみ -en) ①《複 なし》(英 *sunshine*). **im** *Sonnenschein* 日の光を浴びて. ②《比》心の太陽(かわいい子供や孫など).
Son·nen·schirm [ゾンネン·シルム] 男 -[e]s/-e 日傘, (バルコニーなどの)パラソル.
Son·nen·schutz [ゾンネン·シュッツ] 男 -es/ 日よけ, ブラインド.
Son·nen·se·gel [ゾンネン·ゼーゲル] 中 -s/- ① (甲板などに張る)帆布の日よけ, テント. ② (人工衛星の)ソーラーセイル(太陽エネルギーを利用する装置).
Son·nen·sei·te [ゾンネン·ザイテ] 女 -/-n 《ふつう 単》(建物などの)日の当たる側; 南側;《比》(人生の)明るい面.
Son·nen·spek·trum [ゾンネン·シュペクトルム] 中 -s/《物》太陽スペクトル.

Son·nen⹀stich [ゾンネン・シュティヒ] 男 –[e]s/–e 《医》日射病. einen *Sonnenstich* haben a) 日射病にかかっている, b)《俗》頭がおかしい.

Son·nen⹀strahl [ゾンネン・シュトラール] 男 –[e]s/–en 《ふつう複》太陽光線, 日光.

Son·nen⹀sys·tem [ゾンネン・ズュステーム] 中 –s/–e《天》太陽系.

Son·nen⹀tag [ゾンネン・ターク] 男 –[e]s/–e ① 晴天の日. ②《天》太陽日(地球の自転時間: 24時間).

Son·nen⹀uhr [ゾンネン・ウーァ] 女 –/–en 日時計.

Son·nen⹀un·ter·gang [ゾンネン・ウンタァガング] 男 –[e]s/..gänge 日没. **vor (nach)** *Sonnenuntergang* 日没前(後)に.

son·nen⹀ver·brannt [ゾンネン・フェァブラント] 形 真っ黒に日焼けした.

Son·nen⹀wen·de [ゾンネン・ヴェンデ] 女 –/–n ①《天》至(い)(夏至または冬至). ②《植》ヘリオトロープ(香りのよい紫色の小花をつける).

son·nig [ゾニヒ zónɪç] 形 ① 日の当たる, 日当たりのよい; 太陽の照る, 晴れた(天気など). ein *sonniger* Platz 日当たりのよい場所. ② 朗らかな, 陽気な(皮肉っに)おめでたい.

*der Sonn·tag [ゾン・ターク zón-ta:k]

> 日曜日 Heute ist *Sonntag*.
> ホイテ イスト ゾンターク
> きょうは日曜日だ.

男 (単2) –[e]s/(複) –e (3格のみ –en) **日曜日**(略: So.). (英 *Sunday*). (←→「平日」は Werktag; 曜日名 ☞ Woche). **am** *Sonntag* 日曜日に / [am] nächsten *Sonntag* 次の日曜日に / An *Sonn*- und Feiertagen ist das Lokal geschlossen. 《状態受動・現在》日曜祭日はそのレストランは閉店している / Weißer *Sonntag* 《カトリック》白衣の主日(復活祭の次の日曜日).

Sonn·tag⹀abend [ゾンターク・アーベント] 男 –s/–e 日曜日の晩.

sonn·tag⹀abends [ゾンターク・アーベンツ] 副 日曜日の晩に.

sonn·täg·lich [ゾン・テークリヒ] 形 ① 日曜らしい. *sonntäglich* gekleidet sein 晴れ着を着ている. ② 日曜日ごとの.

sonn·tags [ゾンタークス] 副 [毎週]日曜日に, 日曜日ごとに.

Sonn·tags⹀an·zug [ゾンタークス・アンツーク] 男 –[e]s/..züge (日曜祭日用の)晴れ着(特に男性の).

Sonn·tags⹀aus·ga·be [ゾンタークス・アオスガーベ] 女 –/–n (新聞の)日曜版.

Sonn·tags⹀fah·rer [ゾンタークス・ファーラァ] 男 –s/– (軽蔑的に:)日曜ドライバー.

Sonn·tags⹀kind [ゾンタークス・キント] 中 –[e]s/–er ① 日曜日生まれの子供. ② 幸運児(＝Glückskind).

Sonn·tags⹀kleid [ゾンタークス・クらイト] 中 –[e]s/–er (日曜・祭日用の)晴れ着(特に女性の).

Sonn·tags⹀ma·ler [ゾンタークス・マーラァ] 男 –s/– 日曜画家, 素人(ムラームキ)画家.

Sonn·tags⹀ru·he [ゾンタークス・ルーエ] 女 –/ ① 日曜日の静けさ. ② 日曜日の安息.

Sonn·tags⹀schu·le [ゾンタークス・シューれ] 女 –/–n《キリスト教》日曜学校(教会などが日曜日に開き, 子供に宗教に関することを教える).

Sonn·tags⹀staat [ゾンタークス・シュタート] 男 –[e]s/《戯》(日曜日の)晴れ着.

Sonn·wend⹀fei·er [ゾンヴェント・ファイアァ] 女 –/–n 夏至の祭(野外で火をたく習慣がある).

so·nor [ゾノーァ zonó:r] 形 ① 響きのよい, よく響く, 朗々たる. ②《言》有声の.

⁑sonst [ゾンスト zónst]

> そのほかに
>
> Haben Sie *sonst* noch Fragen?
> ハーベン ズィー ゾンスト ノッホ フラーゲン
> ほかにまだ質問がありますか.

副 ① そのほかに, それ以外に, さらに. (英 *else*). Er hat *sonst* nichts erzählt. 彼はほかに何も話さなかった / *Sonst* noch etwas (または was)? (店員が客に:)ほかにまだご入用の品は? / *sonst* niemand ほかにはだれ…ない.

② さもないと, そうでなければ. Schnell, *sonst* kommst du zu spät! 急ぎなさい, さもないと遅れるよ / Wer [denn] *sonst*, wenn nicht er? 彼でないとしたら[いったい]だれというんだ.

③ いつもは, ふだんは; かつて, 以前は. Du bist doch *sonst* so lustig. 君はふだんなのに / Hier ist noch alles **wie** *sonst*. ここではまだ何もかも昔のままだ / *Sonst* stand hier doch ein Haus. 以前はここに家が建っていたのだが.

sonst je·mand《口語》① ほかのだれか. ② だれか悪いやつ.

sonst was《口語》① ほかの何か. ② 何か悪いもの.

sonst wer《口語》ほかのだれか.

sonst wie《口語》① 何かほかの方法で. ② ある特別な方法で.

sonst wo《口語》① どこかほかの所で. ② ずっと離れた所で.

sonst wo·hin《口語》① どこかほかの所へ. ② ずっと離れた所へ.

sons·tig [ゾンスティヒ zónstɪç] 形《付加語としてのみ》そのほかの, それ以外の; いつもの, 平素の. die *sonstige* Arbeit そのほかの仕事.

sonst⹀je·mand 代 (新形 sonst jemand) ☞ sonst

sonst⹀was 代 (新形 sonst was) ☞ sonst

sonst⹀wer 代 (新形 sonst wer) ☞ sonst

sonst⹀wie 副 (新形 sonst wie) ☞ sonst

sonst⹀wo 副 (新形 sonst wo) ☞ sonst

sonst⹀wo·hin 副 (新形 sonst wohin) ☞ sonst

so‹oft [ゾ・オーフト] 接《従属接続詞；動詞の人称変化形は文末》…するたびに． *Sooft* er kommt, bringt er Blumen mit. 彼は来るときは，いつも花を持って来る．

So‹phia [ゾフィーア zofí:a] -s/《女名》ゾフィーア．

So‹phie [ゾフィー zofí: または ゾフィーエ zofí:ə] -[n]s [..[エン]ス]/《女名》ゾフィー，ゾフィーエ．

So‹phis‹mus [ゾフィスムス zofísmus] 男 -/..phismen 詭弁(ｷﾍﾞﾝ)．

So‹phist [ゾフィスト zofíst] 男 -en/-en ① 詭弁(ｷﾍﾞﾝ)家．② (古代ギリシアの)ソフィスト．

So‹phis‹te‹rei [ゾフィステライ zofistəráı] 女 -/-en 詭弁(ｷﾍﾞﾝ)[をもてあそぶこと]．

So‹phis‹tik [ゾフィスティク zofístık] 女 -/ ① 詭弁(ｷﾍﾞﾝ)．②《哲》ソフィスト派．

so‹phis‹tisch [ゾフィスティッシュ zofístıʃ] 形 ① 詭弁(ｷﾍﾞﾝ)の．②《哲》ソフィスト[風]の．

So‹phok‹les [ゾーフォクレス zó:fokles] -/《人名》ソフォクレス(前496?-前406?; 古代ギリシアの悲劇作家)．

Sop‹ran [ゾプラーン zoprá:n] 男 -s/-e《音楽》① ソプラノ(女性･少年の声の最高音域)．②《複なし》ソプラノ声部．③ (女性の)ソプラノ歌手．

Sop‹ra‹nist [ゾプラニスト zopraníst] 男 -en/-en ボーイソプラノ歌手．

Sop‹ra‹nis‹tin [ゾプラニスティン zopranístın] 女 -/..tinnen ソプラノ歌手(女性の)．

Sor‹be [ゾルベ zórbə] 男 -n/-n ソルビア人(ドイツ東部に住むスラブ系の少数民族)．(⇔女性形は Sorbin)．

Sor‹bet [ゾルベット zórbɛt または ..ベー ..bé:] 男 中 -s/-s シャーベット．

Sor‹bett [ゾルベット zorbét] 男 中 -[e]s/-e ＝Sorbet

*die Sor‹ge [ゾルゲ zórgə]

心配；世話

Keine *Sorge*! 心配いらないよ．
カイネ ゾルゲ

女 (単) -/(複) -n ① 心配，気がかり，不安，懸念；心配ごと．(英 worry). finanzielle *Sorgen* 金銭上の心配 / Er hat große *Sorgen*. 彼にはたいへんな心配ごとがある /人³ *Sorgen*⁴ machen 人³を心配させる ⇒ Das macht mir *Sorgen*. そのことが私には心配だ / Ich bin sehr in *Sorge* um dich. 私は君のことがとても心配だ / sich³ um 人･物⁴ *Sorgen* machen 人･物⁴のことで心配する ⇒ Ich mache mir *Sorgen* um ihn. 私は彼のことが心配です / vor *Sorgen* graue Haare⁴ bekommen 心配のあまり髪が白くなる．

②《複 なし》世話，配慮，心づかい．(英 care). *Sorge* für die Familie 家族の世話 / für 人･物⁴ *Sorge*⁴ tragen《雅》人･物⁴の世話をする / die *Sorge* um das tägliche Brot 日々の生活の苦労(=毎日のパンを得るための) / Lassen Sie das meine *Sorge* sein! それは私に任せてください．

──────────
類語 die Sorge: (困難な境遇･将来の不安などに基づく)気がかり，不安．der Kummer: 心配，心痛．(不幸に見舞われた人の暗い気持ちを表す)．die Furcht: (外部から迫ってくる特定の危険によって引き起こされる)不安，恐怖．die Furcht vor dem Tod 死の恐怖．die Angst: (何かある漠然としたものによって抱かれていだく)不安，危惧．
──────────

*sor‹gen [ゾルゲン zórgən]

世話をする

Ich *sorge* für die Kinder.
イヒ ゾルゲ フューア ディ キンダァ
ぼくが子供たちの面倒をみるよ．

(sorgte, *hat*…gesorgt) Ⅰ 自 (完了 haben) ① 〖für 人･物⁴ ～〗(人･物⁴の)世話をする，面倒をみる．(英 look after). Sie *sorgt* gut für ihre kranke Mutter. 彼女は病気の母親の面倒をよくみる / Wer *sorgt* während deiner Abwesenheit für den Hund? 君のいない間だれが犬の世話をするの．

② 〖für 物⁴ ～〗(物⁴のために)気を配る．für Ruhe *sorgen* 静けさが守られるよう気を配る / Bitte *sorgen* Sie für ein Taxi! タクシーを手配してください / Ich *werde* dafür *sorgen*, dass… …するよう私がとりはからいます / Dafür lass mich *sorgen*! それは私に任せなさい / Für die Zukunft der Kinder *ist gesorgt*.《状態受動･現在》子供たちの将来については配慮されている．

③ 〖für 事⁴ ～〗(結果として事⁴を)引き起こす．Sein Erscheinen *sorgte* **für** Aufregung. 彼が現れると騒ぎが起こった．

Ⅱ 再帰 (完了 haben)〖*sich* um 人･事⁴ ～〗(人･事⁴のことを)心配する．Sie *sorgt* sich sehr um ihn (seine Gesundheit). 彼女は彼のこと(彼の健康のこと)をたいへん心配している．

sor‹gen‹frei [ゾルゲン・フライ] 形 心配(不安)のない．

Sor‹gen‹kind [ゾルゲン・キント] 中 -[e]s/-er ① (親にとって)心配にかかる子供，世話のやける子；《比》悩みの種．

sor‹gen‹los [ゾルゲン・ロース] 形 心配(不安)のない．

sor‹gen‹voll [ゾルゲン・フォル] 形 心配(不安)の多い．

Sor‹ge‹pflicht [ゾルゲ・プふりヒト] 女 -/《法》(子供に対する親の)保護(扶養)義務．

Sor‹ge‹recht [ゾルゲ・レヒト] 中 -[e]s/《法》(子供に対する親の)保護(養育)権．

Sorg‹falt [ゾルクふぁると zórkfalt] 女 -/ 入念さ，綿密，細心．mit *Sorgfalt* 入念に / ohne *Sorgfalt* そんざいに．

*sorg‹fäl‹tig [ゾルクふぇるティヒ zórkfɛltıç] 形 入念な，綿密な，注意深い．(英 careful). eine *sorgfältige* Arbeit 綿密な仕事 / Er ist

sehr *sorgfältig*. 彼はたいへんきちょうめんだ.
sorg≠los [ゾルク・ロース] 形 ① 不注意な, 軽率な. ② 心配しない, のんきな. ein *sorgloses* Leben⁴ führen のんきな生活をおくる.
Sorg≠lo·sig·keit [ゾルク・ローズィヒカイト] 女 -/ 不注意, 投げやり; のんき, 気楽.
sorg·sam [ゾルクザーム] 形 慎重な, 入念な; 心づかいのこまやかな. Sie pflegte den Kranken *sorgsam*. 彼女はこまやかに気を配って病人を看病した.
sorg·te [ゾルクテ] ＊sorgen (世話をする)の 過去
＊*die* **Sor·te** [ゾルテ zɔ́rtə] 女 (単) -/(複) -n ① 種類, 品種; (商品などの)種類, 等級;《口語》(人を指して:)手合い. (英 sort). Obst*sorte* 果物の品種 / die beste *Sorte* 極上品 / Dieser Kaffee ist eine gute *Sorte*. このコーヒーは良質の品だ / Stoffe in allen *Sorten* und Preislagen あらゆる品質と価格の布地 / Diese *Sorte* Menschen findet man überall.《口語》この手の人間はどこにでもいる. ②〖複〗で〗(経)外貨.
sor·tie·ren [ゾルティーレン zɔrtí:rən] 他 (h) (種類・大きさなどによって物⁴を)仕分けする, えり分ける; 整理する. die Wäsche⁴ in den Schrank *sortieren* 洗濯物をたんすに入れる.
sor·tiert [ゾルティーァト] I sortieren (仕分けする)の 過分 II 形 ① (商店などの)品そろえが…な. ein reich *sortiertes* Warenangebot 豊富にとりそろえられた商品. ② (商品などが)選び抜かれた, 上質な.
Sor·ti·ment [ゾルティメント zɔrtimént] 中 -[e]s/-e ②〖商〗商品在庫, 品目. ein reiches *Sortiment* 商品の豊富な取りそろえ. ② 書籍販売(取次)業.
Sor·ti·men·ter [ゾルティメンタァ zɔrtiméntər] 男 -s/- 書籍販売(取次)業者.
SOS [エス・オー・エス] 中 -/(略) エス・オー・エス (無線による遭難信号) (=save our ship または save our souls).
so≠sehr [ゾ・ゼーァ] 接〖従属接続詞; 動詞の人称変化形は文末〗〖しばしば **auch** とともに〗どんなに…しても. *Sosehr* er sich [auch] bemühte, er erreichte nichts. 彼はどんなに骨折っても, 何一つ達成できなかった.
so≠so [ゾ・ゾー] I 副 ① (皮肉・疑いを表して:)へえ, ほほう. ② (冷淡にあいづちを打って:)あ, そう. II 間《口語》どうにかこうにか, まあまあ. Wie geht's? — *Soso*. 調子はどう? — まあまあだよ.
＊*die* **So·ße** [ゾーセ zó:sə] 女 (単) -/(複) -n ①〖料理〗ソース. (英 sauce). Tomaten*soße* トマトソース / die *Soße*⁴ mit Wein verfeinern ワインでソースに風味をつける. ②(俗)汚水, 泥水.
sott [ゾット] ＊sieden (沸く)の 過去
söt·te [ゼッテ] ＊sieden (沸く)の 接²
Soub·ret·te [ズブレッテ zubrétə] 外 女 -/-n 《音楽・劇》(オペラ・オペレッタなどで)小間使役のソプラノ歌手, スブレット; 小間使役.

Souff·lé [ズふれー zuflé:] 外 中 -s/-s《料理》スフレ(グラタンに似た柔らかい料理).
Souff·lee [ズふれー zuflé:] 中 -s/-s =Soufflé
Souff·leur [ズふれーァ zuflǿ:r] 外 男 -s/-e《劇》プロンプター, (俳優の)後見.
Souff·leur≠kas·ten [ズふれーァ・カステン] 男 -s/..kästen《劇》(舞台の)プロンプター[の隠れている]ボックス.
Souff·leu·se [ズふれーゼ zuflǿ:zə] 外 女 -/-n《劇》(女性の)プロンプター.
souff·lie·ren [ズふりーレン zuflí:rən] I 自 (h) ①《演劇などで》プロンプターを務める. ②(俳優³に)小声でせりふを教えてやる. II 他 (h) (俳優³にせりふ⁴を)小声で教えてやる;《比》(人³に⁴を)そっと教えてやる.
so≠und≠so [ゾー・ウント・ゾー] I 副《口語》これこれ, しかじか. *soundso* groß これこれの大きさの. II 形〖無語尾で: 名詞のあとに置かれる〗《口語》これこれの. Paragraf *soundso* これこれの節. ◇〖名詞的に〗Herr *Soundso* 某氏.
so≠und≠so≠vielt [ゾー・ウント・ゾ・ふぃーるト] 形〖付加語としてのみ〗《口語》(具体的な数・日付などを言わないで:)これこれの, しかじかの. am *soundsovielten* Mai 5月某日に.
Sou·per [ズペー zupé:] 外 中 -s/-s《雅》晩餐(ばん), 夕食会.
Sou·ta·ne [ズターネ zutá:nə] 外 女 -/-n (かっ)スータン(聖職者が着るすその長い通常服).
Sou·ter·rain [ズテレーン zuteré: または ズーテレン] 外 中 (方: 男) -s/-s〖半〗地下室.
Sou·ve·nir [ズヴェニーァ zuvəní:r] 外 中 -s/-s 旅行の土産, (旅行の)記念品.
Sou·ve·nir≠la·den [スヴェニーァ・ラーデン] 男 -s/..läden 土産物店.
sou·ve·rän [ズヴェレーン zuvəré:n] 形 ① 主権のある, 自主独立の. ein *souveräner* Staat 独立国. ② 専制的な, 絶対の; 無制限の. ③《雅》非常に優れた, 卓越した, 悠然とした.
Sou·ve·rän [ズヴェレーン] 男 -s/-e ① 君主, 統治者. ②(スィ)(総称として:)有権者.
Sou·ve·rä·ni·tät [ズヴェレニテート zuvərənitɛ́:t] 女 -/ ① 主権, 統治権. ②(国家の)独立[性], 自主性. ③《雅》卓越, 悠然.
＊**so≠viel¹** [ゾ・ふぃーる zo-fí:l] 接〖従属接続詞; 動詞の人称変化形は文末〗① …のかぎりでは. *Soviel* ich weiß, kommt er heute. 私が知っているかぎりでは, 彼はきょう来る. ②〖しばしば **auch** とともに〗どんなに…しても. *Soviel* er [auch] arbeitete, er schaffte es nicht. どんなに働いても, 彼はそれをやり遂げられなかった.
＊**so≠viel²** 代 (新形 so viel (…と同じくらい)) ☞ so
＊**so≠weit¹** [ゾ・ヴァイト zo-váit] 接〖従属接続詞; 動詞の人称変化形は文末〗…のかぎりでは, …の範囲内で. *Soweit* ich sehe, ist niemand mehr da. 私の見るかぎりでは, もうだれもいない.
＊**so≠weit²** 副 (新形 so weit (そこまでは)) ☞ so

so・we・nig¹ [ゾ・ヴェーニヒ] 接《従属接続詞；動詞の人称変化形は文末》《しばしば **auch** とともに》どんなに少なく…しても. *Sowenig* ich [auch] arbeitete, ich war immer müde. どんなに少ししか仕事をしなくても，私はいつも疲れていた．

so・we・nig² 代《新形》so wenig (…と同じくらい少なく) ☞ so

* **so・wie** [ゾ・ヴィー zo-ví:] 接 ① 《並列接続詞》および，ならびに． Mehl, Zucker *sowie* Eier 小麦粉，砂糖および卵． ②《従属接続詞；動詞の人称変化形は文末》…するやいなや (= sobald). *Sowie* ich zu Hause bin, rufe ich dich an. 家に着いたらすぐに君に電話するよ．

* **so・wie・so** 副 ① [ゾ・ヴィ・ゾー zo-ví-zó:] どっちみち，いずれにせよ． Ich nehme dein Paket mit, ich muss *sowieso* zur Post. 君の小包を持って行ってあげよう，どっちみち郵便局に行かなければならないんだから / Das *sowieso*! 《口語》そんなことあたりまえだよ． ② [ゾ・ヴィ・ゾー]《名詞的に》Herr (Frau) Sowieso 某氏 (某夫人)．

Sow・jet [ゾヴィエット zɔvjét または ゾ..] 男 -s/-s ① 《史》革命評議会． ② ソビエト(旧ソ連の立法・行政機関)． der Oberste *Sowjet* 旧ソビエト最高会議． ③《複 で》《口語》旧ソ連人．

sow・je・tisch [ゾヴィエティッシュ zɔvjétɪʃ または ゾヴィエ.. zɔvjé:..] 形 旧ソビエト[連邦]の．

sow・jet・rus・sisch [ゾヴィエット・ルスィッシュ] 形《口語》旧ソビエトロシアの．

* *die* **Sow・jet・uni・on** [ゾヴィエット・ウニオーン zɔvjét-unio:n または ゾ..]《地名》 女《単》-/《定冠詞とともに》旧ソ連邦 (略: SU または UdSSR = Union der Sozialistischen Sowjetrepubliken). (英 *Soviet Union*).

Sow・jet・zo・ne [ゾヴィエット・ツォーネ] 女 -/ 旧ソ連占領地域 (=Sowjetische Besatzungszone; 略: SBZ) (旧東ドイツのことを一時旧西ドイツではこう呼んだ).

* **so・wohl** [ゾ・ヴォーる zo-vó:l] 接《並列接続詞》《*sowohl* A als [auch] B または *sowohl* A wie [auch] B の形で》A と同様に B も． Er spricht *sowohl* Englisch als auch Deutsch. 彼は英語もドイツ語も話す / *Sowohl* er wie [auch] sie waren dort. 彼も彼女もそこにいた．

* **so・zi・al** [ゾツィアーる zotsiá:l] 形 ① 社会の，社会的な． (英 *social*). *soziale* Fragen 社会問題 / die *soziale* Entwicklung 社会の発展 / die *soziale* Politik 社会政策． ② 社会福祉の，社会の福祉に役だつ． *soziale* Sicherungen 社会保障 / der *soziale* Wohnungsbau 低所得者用公営住宅建設 / *soziale* Berufe 社会福祉関係の仕事． ③ 《動》群居する． *soziale* Insekten 社会性昆虫．

So・zi・al・ab・ga・ben [ゾツィアーる・アップガーベン] 複 社会保険料．

So・zi・al・ar・beit [ゾツィアーる・アルバイト] 女 -/ ソーシャルケースワーク, 社会福祉活動．

So・zi・al・de・mo・krat [ゾツィアーる・デモクラート] 男 -en/-en 社会民主主義者． 社会民主党員．

So・zi・al・de・mo・kra・tie [ゾツィアーる・デモクラティー] 女 -/ 社会民主主義．

so・zi・al・de・mo・kra・tisch [ゾツィアーる・デモクラーティッシュ] 形 社会民主主義の． die *Sozialdemokratische* Partei Deutschlands ドイツ社会民主党 (略: SPD).

So・zi・al・hil・fe [ゾツィアーる・ヒるフェ] 女 -/ 社会扶助．

So・zi・a・li・sa・ti・on [ゾツィアリザツィオーン zotsializatsió:n] 女 -/《社・心》社会化(個人が社会の一員として適応していくこと)．

so・zi・a・li・sie・ren [ゾツィアリズィーレン zotsia-

――― ドイツ・ミニ情報 23 ―――

社会保障 Soziale Sicherheit

　戦後ドイツが奇跡の経済復興を成し遂げたのは，旧西ドイツの初代経済相エアハルトが導入した社会的市場経済によるところが大きい．資本主義と社会主義を融合した経済システムで，何がどれだけ必要で，誰がどれだけ利益を得るかは完全に市場のメカニズムにゆだねるが，得た利益を国民が自分のためだけに使うのではなく，困ったときに国全体で助け合う相互扶助の精神に立とうというものである．

　この原理に基づいて，医療・失業・労災・年金・介護保険の5つの保険の柱からなる社会保障制度が確立された．各保険の毎月の支払額は所得に応じて算出され，何らかの理由で働けなくなった時には，該当する保険金庫から援助金を支給して国民の生活を保障する．この制度がこれまではうまく機能していたため，ドイツはヨーロッパの中でも福祉の充実した暮らしやすい国として有名だった．

　しかしながら，毎月の保険料を合計すると約20%も給料から差し引かれることになり(保険料40％のうち半分の20％は雇用者が負担)，国民の負担は大きい．しかも現在ドイツは，10％を越え戦後最悪の失業率にあえいでおり，失業すれば収入がないので毎月の保険料もゼロになる．保険金庫からは金が出ていくばかりで入ってこないという状態で，ドイツ社会の根本的基盤である社会的市場経済は多かれ少なかれ危機を迎えている．(「福祉用語」 ☞ 巻末付録，1786ページ).

lizíːrən] 他 (h) ① 《経》(企業など⁴を)国有化する, 国営にする. ② 《社・心》(人⁴を)社会に適応させる.

So·zi·a·li·sie·rung [ゾツィアリズィールング] 女 -/-en 《経》(企業などの)国有化. ② (…⁴の)社会化(＝Sozialisation).

* *der* **So·zi·a·lis·mus** [ゾツィアリスムス zotsialísmus] 男 (単) — **社会主義**. (英 *socialism*). (⇔ 「資本主義」は Kapitalismus).

So·zi·a·list [ゾツィアリスト zotsialíst] 男 -en/-en ① 社会主義者. ② 社会党員.

so·zi·a·lis·tisch [ゾツィアリスティッシュ zotsialístiʃ] 形 社会主義の, 社会主義的な. die *Sozialistische* Einheitspartei Deutschlands ドイツ社会主義統一党(旧東ドイツの政権政党; 略: SED).

So·zi·al⁄las·ten [ゾツィアール・らステン] 複 社会福祉費.

So·zi·al⁄leis·tun·gen [ゾツィアール・らイストゥンゲン] 複 社会保障費; 厚生施設(事業).

So·zi·al⁄part·ner [ゾツィアール・パルトナァ] 男 -s/-〖ふつう 複〗雇用者と被雇用者.

So·zi·al⁄po·li·tik [ゾツィアール・ポリティーク] 女 -/ 社会政策.

so·zi·al⁄po·li·tisch [ゾツィアール・ポリティッシュ] 形 社会政策上の.

So·zi·al⁄pro·dukt [ゾツィアール・プロドゥクト] 中 -[e]s/-e《経》国民総生産.

So·zi·al⁄psy·cho·lo·gie [ゾツィアール・プスュヒョろギー] 女 -/ 社会心理学.

So·zi·al⁄ver·si·che·rung [ゾツィアール・フェアズィッヒェルング] 女 -/-en 社会保険.

So·zi·al⁄wis·sen·schaf·ten [ゾツィアール・ヴィッセンシャフテン] 複 社会科学.

So·zi·al⁄woh·nung [ゾツィアール・ヴォーヌング] 女 -/-en (低所得者用の)公営住宅.

So·zi·o·lo·ge [ゾツィオろーゲ zotsiolóːgə] 男 -n/-n 社会学者. (⇔ 女性形は Soziologin).

So·zi·o·lo·gie [ゾツィオろギー zotsiologíː] 女 -/ 社会学.

so·zi·o·lo·gisch [ゾツィオろーギッシュ zotsiolóːgiʃ] 形 社会学[上]の, 社会学的な.

So·zi·us [ゾーツィウス zóːtsius] 男 -/Soziusse (または Sozii) ① 《複 Sozii》《経》〖共同〗組合員, 共同経営者. ② 《複 Soziusse》(オートバイなどの)同乗者; 後部座席. ③ 《複 Soziusse》《口語・戯》相棒.

So·zi·us⁄sitz [ゾーツィウス・ズィッツ] 男 -es/-e (オートバイなどの)後部座席.

* **so⁄zu⁄sa·gen** [ゾー・ツ・ザーゲン zoː-tsuzáːgən または ゾー..] 副 いわば, 言ってみれば, …も同然. (⇔ *so to speak*). Sie ist *sozusagen* unsere Mutter. 彼女はいわば私たちの母親のようなものだ / Ihre Verlobung ist *sozusagen* offiziell. 彼らの婚約は公認されているのも同然だ.

Spach·tel [シュパハテる ʃpáxtəl] 男 -s/-(ｵｰｽﾄ 女 -/-n) ① (塗料などを塗る)パティナイフ;《美》パレットナイフ. ② パテ, 充填(じゅう)剤, プライマ

—.

Spach·tel⁄mas·se [シュパハテる・マッセ] 女 -/-n パテ, 充填(じゅう)剤(＝Spachtel ②).

spach·teln [シュパハテるン ʃpáxtəln] 他 I (h) ① (壁などパテ・絵の具など⁴をへら(こて)で塗る. ② (壁などへら(こて)で平らに仕上げる. II 自 (h)《口語》たらふく食べる.

Spa·gat¹ [シュパガート ʃpagáːt] 男 中 -[e]s/-e (体操・バレエで:)スプリット, 前後開脚姿勢.

Spa·gat² [シュパガート] 男 -[e]s/-e 《南ドｲ・ｵｰｽﾄ》 荷造りひも.

Spa·get·ti [シュパゲッティ ʃpagéti または スパ..spa..] 複 ＝Spaghetti

Spa·ghet·ti [シュパゲッティ ʃpagéti または スパ..spa..] 複《料理》スパゲッティ.

spä·hen [シュペーエン ʃpéːən] 自 (h) ① (…の方を)うかがう, のぞく. durch die Ritze *spähen* すき間から様子をうかがう. ② 〚*nach* 人・物³ ～〛(人・物³を)待ち受ける.

Spä·her [シュペーァ ʃpéːər] 男 -s/- 見張人; スパイ;《軍》偵察兵, 斥候.

Späh⁄trupp [シュペー・トルップ] 男 -s/-s《軍》偵察隊, 斥候班.

Spa·lier [シュパリーァ ʃpalíːr] 中 -s/-e ① (果樹などをはわせる)格子垣, (ぶどうなどの)棚. ② (歓迎式などの)人垣. ein *Spalier*⁴ bilden または *Spalier* stehen 人垣をつくる.

Spa·lier⁄obst [シュパリーァ・オープスト] 中 -[e]s/-e 格子垣で作る果物.

Spalt [シュパるト ʃpált] 男 -[e]s/-e 割れ目, 裂け目, すき間. die Tür⁴ einen *Spalt* [breit] öffnen ドアを細めに開ける.

spalt⁄bar [シュパるト・バール] 形 割ることができる, 裂けやすい;《物》核分裂性の.

Spalt⁄breit [シュパるト・ブライト] 男 《成句的に》einen *Spaltbreit* öffnen (ドアなどを)細めに開ける.

Spal·te [シュパるテ ʃpáltə] 女 -/-n ① (堅い物の)割れ目, 裂け目. *Spalten* im Fels 岩の割れ目. ② 《印》(本・新聞などの)段, 欄. Die Buchseite hat zwei *Spalten*. この本のページは左右２段組みである. ③ (ｵﾚﾝｼﾞ)の(薄い)切片.

* **spal·ten**⁽*⁾ [シュパるテン ʃpáltən] du spaltest, er spaltet (spaltete, *hat* ... gespalten または gespaltet) I 他 (⇔ haben) ① 割る, 裂く. (⇔ *split*). das Holz⁴ mit einem Beil *spalten* まきを斧(ﾎﾞﾇ)で割る / Der Blitz *hat* den Baum *gespalten*. 雷が木を引き裂いた. ② 《物》(党など⁴を)分裂させる; 分断する. ③《物》(原子核⁴を)分裂させる;《化》(化合物⁴を)分解する. II 再帰 (⇔ haben) *sich*⁴ *spalten* ① 割れる, 裂ける. Das Holz spaltet *sich* gut. このまきは割りやすい. ② 《比》(組織などが)分裂する, 仲間割れする. *sich*⁴ in zwei Gruppen *spalten* 二つのグループに割れる.
◊☞ gespalten

spal·te·te [シュパるテテ] ＊spalten (割る)の 過去

Spalt⁄pilz [シュパるト・ピるツ] 男 -es/-e《生・医》分裂菌[類](＝Bakterie).

Spalt≈pro･dukt [シュパるト・プロドゥクト] 中 -[e]s/-e《ふつう複》① 《物》核分裂生成物. ②《化》分解生成物.

Spal･tung [シュパるトゥング] 女 -/-en ① 分裂, 分割. ②《生》核分裂;《化》(化合物の)分解. ③ 仲間割れ, 不和.

Span [シュパーン ʃpɑːn] 男 -[e]s/Späne《ふつう複》① (木材・金属の)切れ端, 削りくず, のこくず. ②《成句的に》*Späne*[4] **machen**《俗》ごたごたを起こす, あれこれ文句を言う.

span≈ab･he･bend [シュパーン・アップヘーベント] 形《工》切削(きっさく)の, 研削の.

Span≈fer･kel [シュパーン・フェルケル] 中 -s/- 離乳前の子豚.

Span･ge [シュパンゲ ʃpɑŋə] 女 -/-n ① 留め金, バックル;ヘアクリップ(=Haar*spange*). ②(靴の)ストラップ. ③ 腕輪(=Arm*spange*). ④ 勲章用の留め金(=Ordens*spange*). ⑤《婉曲》手錠.

Span･gen≈schuh [シュパンゲン・シュー] 男 -[e]s/-e (婦人用)ストラップシューズ.

Spa･ni･el [シュパーニエる ʃpáːniəl または スペ.. spé..] [英]男 -s/-s スパニエル(猟犬の一種).

***Spa･ni･en** [シュパーニエン ʃpɑːniən] 中 (単2)/《国名》スペイン[王国](首都はマドリード). (英 Spain).

Spa･ni･er [シュパーニアァ ʃpáːniɐr] 男 -s/- スペイン人. (♀ 女性形は Spanierin).

***spa･nisch** [シュパーニッシュ ʃpáːnɪʃ] 形 スペインの, スペイン人の;スペイン語の. (英 Spanish). die *spanische* Sprache または das *Spanische* スペイン語;**auf** *spanisch*《新정》**auf** *Spanisch*) スペイン語で / Er spricht *spanisch*. 彼はスペイン語で話す / Das kommt mir *spanisch* vor.《口語》それは変だ(私には奇妙に思われる) / eine *spanische* Wand びょうぶ.

Spa･nisch [シュパーニッシュ] 中 -[s] スペイン語. (♀ 用法については Deutsch の項参照). Er lernt *Spanisch*. 彼はスペイン語を学んでいる.

spann [シュパン] *spinnen(紡ぐ)の過去

Spann [シュパン ʃpɑn] 男 -[e]s/-e 足の甲.

Spann≈be･ton [シュパン・ベトン] 男 -s/-s(または -e)《建》プレストレスト・コンクリート.

Span･ne [シュパネ ʃpɑnə] 女 -/-n ① 《短い》期間. eine *Spanne* lang ほんのひと時. ②《旧》《短い》距離;指尺(親指と小指または中指を張った長さ: 約20–25 cm). ③《商》マージン;価格差.

spän･ne [シュペネ] *spinnen(紡ぐ)の接2

***span･nen** [シュパンネン ʃpánən] (spannte, *hat*...gespannt) I 他《完了 haben》① (ひもなど[4]を)ぴんと張る;張り渡す;(筋肉・神経など[4]を)張り詰める. (英 stretch). die Saiten[4] der Geige[2] *spannen* ヴァイオリンの弦を締める / neue Saiten[4] auf die Gitarre *spannen* ギターに新しい弦を張る / Sie *spannte* im Garten die Wäscheleine. 彼女は庭に洗濯ひもを張り渡じた / die Muskeln[4] *spannen* 筋肉を緊張させる / Ihre Nerven *waren* zum Zerreißen *gespannt*.《状態受動・過去》《比》彼女の神経が 引き裂けんばかりに張りつめていた.

②《方向を表す語句とともに》(馬など[4]を...へ)つなぐ. ein Pferd[4] **an**(または **vor**) den Wagen *spannen* 馬を馬車につなぐ.

③《A[4] **in** B[4] ~》(A[4] を B[4] に)はさみ込む. *Spannt* einen Bogen in die Schreibmaschine. 彼はタイプ用紙をタイプライターにはさむ.

④ (銃・シャッターなど[4]を)セットする. die Pistole[4] *spannen* ピストルの撃鉄を起こす. ⑤《南ド,オーストリア》《口語》に気づく, 感づく.

II 再帰《完了 haben》*sich*[4] *spannen* ①(ぴんと)張られている; (筋肉・顔面などが)緊張する. Die Seile *spannen sich*. ロープがぴんと張られた. ②《*sich*[4] **über** 物[4] ~》《雅》(橋などが)物[4] の上に)架かっている. Die Brücke *spannt sich* über den Fluss. 橋が川に架かっている.

III 自《完了 haben》① (衣類などが)窮屈である, きつい. Die Jacke *spannt* [mir]. 上着が窮屈だ.

②《**auf** 人・物[4] ~》《口語》(人・物[4]に)注意を集中する, (緊張して)待ち受ける. Er *spannt* auf jedes Wort. 彼は一語一語に注意を集中して聞き入っている / Er *spannte* den ganzen Tag auf sie. 彼は一日中彼女を待ちわびた.

③《数量を表す4格とともに》(翼などの)幅が...である. Der Vogel *spannt* 1 Meter. その鳥は翼を広げると1メートルになる.

◇ ☞ gespannt

***span･nend** [シュパンネント ʃpánənt] I *spannen (ぴんと張る)の 現分

II 形 はらはら(どきどき)させる, わくわくさせる. (英 exciting). ein *spannender* Kriminalfilm 手に汗握るミステリー映画 / Mach es doch nicht so *spannend*! そんなにじらすなよ.

Span･ner [シュパンナァ ʃpánər] 男 -s/- ① (張って形を整える器具:)ズボンハンガー; 靴保存型(=Schuh*spanner*);ラケットプレス. ②《昆》シャクガ(シャクトリムシの成虫). ③《俗》のぞき魔;(悪事を働くときの)見張り.

Spann≈kraft [シュパン・クラフト] 女 -/..kräfte ① 弾力, 弾性, (蒸気の)圧力. ②《複 なし》《比》(人間の)活力, 気力, 反発力.

spann･te [シュパンテ] *spannen (ぴんと張る)の過去

*die **Span･nung** [シュパンヌング ʃpánʊŋ] 女 (単)-/(複)-en ① (期待による)緊張, 張り詰めた気持ち, 強い期待[感];サスペンス. (英 tension). eine atemlose *Spannung* 息詰まるような緊張 / ein Buch[4] **mit** *Spannung* lesen 胸をわくわくさせて(はらはらして)本を読む. ②(情勢の)緊張状態, 緊迫. politische *Spannungen* 政治的緊張. ③《物》張力, 応力;《電》電圧. Hoch*spannung* 高圧. ④ (弦などが)ぴんと張られていること;《旧》(弦などを)ぴんと張ること.

span･nungs≈ge･la･den [シュパンヌングス・ゲラーデン] 形 緊張をはらんだ, はらはらさせるような.

Span･nungs≈mes･ser [シュパンヌングス・メッサァ] 男 -s/-《電》電圧計.

Spann·wei·te [シュパン・ヴァイテ] 囡 -/-n ① (鳥・飛行機などの)翼の長さ, 翼幅; 《比》(知的活動の)範囲, 領域. ② 《建》張間(はりま), スパン(アーチ・橋などの支柱と支柱の間).

Spar=buch [シュパール・ブーフ] 中 -[e]s/..bücher 預金(貯金)通帳. ein *Sparbuch*⁴ an|legen 預金(貯金)通帳を作る.

Spar=büch·se [シュパール・ビュクセ] 囡 -/-n 貯金箱.

Spar=ein·la·ge [シュパール・アインラーゲ] 囡 -/-n 預金, 貯金.

‡spa·ren [シュパーレン ʃpáːrən]

> 蓄える: 節約する
> Energie *sparen*! エネルギーを節約しよう.
> エネルギー　シュパーレン

(sparte, *hat*...gespart) **I** 他 (完了 haben) ① (お金⁴を)蓄える. (英 save). Ich *spare* jeden Monat 300 Mark. 私は毎月 300 マルク貯金している.
② (物⁴を)節約する, 倹約する. Zeit⁴ (Mühe⁴) *sparen* 時間(労力)を節約する / Kraft⁴ *sparen* 余力を残しておく.
II 自 (完了 haben) ① **貯金する**. bei einer Bank *sparen* 銀行に貯金している / Wir sparen **auf** (または **für**) ein Auto. 私たちは車を買うために貯金をしている / Er *sparte* für seine Kinder. 彼は自分の子供たちのために貯金した.
② 倹約する, 切り詰める. Sie *spart* sogar am Essen. 彼女は食費まで切り詰めている / mit jedem Pfennig *sparen* 一銭でもむだにしない / Er *sparte* nicht mit Lob. 《比》彼は称賛を惜しまなかった.
III 再帰 (完了 haben) *sich*³ 事⁴ *sparen* 事⁴ をしないで済ませる. Die Mühe *kannst* du *dir sparen*. そんな苦労をすることはないよ / *Spar dir* deine Worte! 黙っていなさい.

Spa·rer [シュパーラァ ʃpáːrər] 男 -s/- ① 預金者, 貯金者. ② 倹約家.

Spar=flam·me [シュパール・ふらンメ] 囡 -/- (ガスこんろなどの)弱火, とろ火.

Spar·gel [シュパルゲる ʃpárgəl] 男 -s/- (ネッ: 男 -/-n も)《植》アスパラガス.

Spar=gro·schen [シュパール・グロッシェン] 男 -s/-《口語》わずかな貯金, へそくり.

Spar=gut·ha·ben [シュパール・グートハーベン] 中 -s/- 預金(貯金)残高.

Spar=kas·se [シュパール・カッセ] 囡 -/-n 貯蓄銀行.

Spar=kon·to [シュパール・コント—] 中 -s/..konten (または -s, ..konti) 普通預金(貯金)口座. (英「振替口座」は Girokonto).

spär·lich [シュペーァリヒ] 形 乏しい, わずかな, 不十分な, まばらな. ein *spärliches* Einkommen 乏しい収入 / *spärlicher* Beifall まばらな拍手 / Das Gras wächst hier nur *spärlich*. 草はここではまばらにしか生えない.

Spar=maß·nah·me [シュパール・マースナーメ] 囡 -/-n 経費節減措置, 引き締めの策.

Spar=pfen·nig [シュパール・プふェニヒ] 男 -s/-e 《口語》わずかな貯金, へそくり.

Spar·ren [シュパレン ʃpárən] 男 -s/- ①《建》垂木(たるき). ②《口語》(少しばかり)気が変なこと. Er hat einen *Sparren* zu viel. 彼は頭がいかれている.

Spar·ring [シュパリング ʃpáriŋ] [英] 中 -s/ (ボクシングの)スパーリング.

***spar·sam** [シュパールザーム ʃpáːrzaːm] 形 ① 倹約な, 節約する, つましい; 経済的な. (英 *economical*). eine *sparsame* Hausfrau やりくり上手な主婦 / mit 物³ *sparsam* um|gehen 物³を節約する / Sie lebt sehr *sparsam*. 彼女はたいへんつましく暮らしている / Der Motor ist *sparsam*. このエンジンは(燃費がよくて)経済的だ.
② わずかの, 乏しい; 最小限の. *sparsamer* Beifall まばらな拍手.

Spar·sam·keit [シュパールザームカイト] 囡 -/ ① 倹約, 節約. ② 乏しい(わずかな)こと.

Spar=schwein [シュパール・シュヴァイン] 中 -[e]s/-e 豚の形をした貯金箱.

Spar·ta [シュパルタ ʃpárta または スパルタ spárta] 中 -s/《地名》スパルタ(古代ギリシアの都市国家).

spar·ta·nisch [シュパルターニッシュ ʃpartáːnɪʃ または スパル.. spar..] 形 ① スパルタ[人]の. ②《比》スパルタ式の, 厳格な; 質素な. eine *spartanische* Erziehung スパルタ式教育 / *spartanisch* leben 質素な暮らしをする.

spar·te [シュパールテ] ‡sparen (蓄える)の 過去.

Spar·te [シュパルテ ʃpárta] 囡 -/-n ① (学問などの)分野, 部門; (スポーツの)種目; 業種. ② (新聞の)欄, 面.

‡*der* **Spaß** [シュパース ʃpáːs]

> 楽しみ: 冗談
> Viel *Spaß*! 大いに楽しんでおいで!
> ふぃーる　シュパース

男 (単 2) -es/(複) Späße [シュペーセ] (3 格のみ Späßen) ①《複 なし》楽しみ, 慰み, 気晴らし. (英 *fun*). Singen macht *Spaß*. 歌うのは楽しい / Macht dir die Arbeit *Spaß*? 仕事は楽しいかい / *Spaß*⁴ **an** 物³ haben (または finden) 事³を楽しむ / Mir ist der *Spaß* vergangen. 《現在完了》私はそれに興味がなくなった. (⇒ Freude).
② 冗談, ふざけ, 戯れ. (英 *joke*). ein harmloser *Spaß* 悪意のない冗談 / Ist das *Spaß* oder Ernst? それは冗談なの, 本気なの? / Er macht gern einen *Spaß*. 彼はよく冗談を言う(ふざける) / Er versteht keinen *Spaß*. 彼は冗談のわからないやつだ(すぐむきになる) / Mach keine *Späße*! 《驚いて》冗談だろ, まさか! / Er treibt gern seinen *Spaß* mit ihr. 彼は彼女をよくからかう / *Spaß* beiseite! a) 冗談はよせ, b) 冗談はさておき / 事⁴ **aus** (または **im** または

Späße

zum) *Spaß* sagen 冗談で冗談を言う / **ohne** *Spaß* 冗談ではなく、まじめに.
Spä.ße [シュペーセ] ‡Spaß (冗談)の 複
spa.ßen [シュパーセン ʃpá:sən] 自 (h) 冗談を言う、からかう. **Sie** *spaßen* **wohl!** ご冗談でしょう / **Mit ihm ist nicht zu** *spaßen*. または **Er** *lässt* **sich nicht mit sich** *spaßen*. 彼にはうっかり冗談も言えない / **Damit ist nicht zu** *spaßen*. これは笑いごとではない.
spa.ßes=hal.ber [シュパーセス・ハルバァ] 副《口語》冗談に、おもしろ半分に.
spaß=haft [シュパースハフト] 形 おもしろい、こっけいな.
spa.ßig [シュパースィヒ ʃpá:sɪç] 形 ① おもしろい、愉快な、こっけいな(話など). ② 冗談好きな、ひょうきんな.
Spaß=ma.cher [シュパース・マッハァ] 男 -s/- 冗談を言って笑わせる人、ひょうきん者.
Spaß=ver.der.ber [シュパース・フェアデルバァ] 男 -s/-《冗談に乗らず》興をそぐ人.
Spaß=vo.gel [シュパース・フォーゲル] 男 -s/ ..vögel ひょうきん者, おどけ者.
spas.tisch [シュパスティッシュ ʃpástɪʃ] または スパス..spás..] 形 ① 《医》けいれん性の. ②《口語》うすのろの.
‡**spät** [シュペート ʃpé:t]

遅い **Wie** *spät* **ist es?**
ヴィー シュペート イスト エス
今何時ですか.

I 形 (比較) später, (最上) spätest) ① (時刻などが)**遅い**, 末期の. (英 late). (注意「時刻などが)早い」は früh; 「速度が)遅い」は langsam). *ein später* **Abend** ある *spät* **am Abend** 晩遅めに / **bis in die** *späte* **Nacht** 夜遅くまで / **im** *späten* **Mittelalter** 中世末期に / **im** *späten* **Sommer** 晩夏に / **die Werke des** *späten* **Goethe** ゲーテ晩年の作品 / **Es ist schon ziemlich** *spät*. もうかなり遅い.

② (予定・基準より)遅い, 遅めの. **ein** *später* **Frühling** 例年より遅く訪れた春 / **eine** *späte* **Sorte Äpfel** 晩生種のりんご / **Ostern ist dieses Jahr** *spät*. 復活祭は今年は来るのが遅い.

II 副 (比較) später, (最上) am spätesten) **遅く**, 遅れて. **zu** *spät* **kommen** 遅刻する ⇒ **Du kommst immer zu** *spät*. 君はいつも遅刻するね / **Sie kam 15 Minuten zu** *spät*. 彼女は15 分遅れて来た / **von früh bis** *spät* 朝から晩まで / **bis spät in die** *späte* **Nacht** 夜遅くまで / **Er geht** *spät* **ins Bett**. 彼は遅くなってから床に着く.

Spa.tel [シュパーテる ʃpá:təl] 男 -s/- (注意: 女 -/-n) ①《医》(軟膏(注)用の)へら. ②《塗料などを塗る》パテナイフ; (美) パレットナイフ.
Spa.ten [シュパーテン ʃpá:tən] 男 -s/- (シャベル状の)すき(鋤), 踏みすき.
Spät=ent.wick.ler [シュペート・エントヴィックらァ] 男 -s/- 成長の遅い子、おくて.
‡**spä.ter** [シュペータァ ʃpé:tər]

より遅い; のちの; あとで
Bis *später*! じゃあ、またあとで.
ビス シュペータァ

(‡spät の (比較) I 形 ① **より遅い**. **Wir nehmen einen** *späteren* **Zug als diesen**. 私たちはこれよりも遅く出る列車に乗ります.

② 《付加語としてのみ》**のちの**; 将来の. *spätere* **Generationen** のちの世代 / **in** *späteren* **Jahren** 後年に / **ihr** *späterer* **Mann** 将来彼女の夫になる人.

II 副 ① **より遅く**. **Er kam** *später* **an als ich**. 彼は私より遅く着いた.

② **あとで**, その後; 将来. **drei Stunden** *später* 3 時間後に / **Darüber sprechen wir** *später*. それについてはのちほど話しましょう / **früher oder** *später* 遅かれ早かれ.

spä.ter=hin [シュペータァ・ヒン] 副《雅》あとで、のちほど.
spä.tes.tens [シュペーテステンス ʃpé:təstəns] 副 遅くとも. (注意「早くとも」は frühestens). *spätestens* **um fünf Uhr** 遅くとも 5 時には.
Spät=herbst [シュペート・ヘルプスト] 男 -[e]s/-e 《ふつう単》晩秋.
Spät=le.se [シュペート・れーゼ] 女 -/-n ① (ぶどうの)遅摘み(ふつうより遅く, 秋の終わりごろ摘むこと). ② シュペートレーゼ(遅摘みぶどうを用いた高級ワイン).
Spät.ling [シュペートリング ʃpé:tlɪŋ] 男 -s/-e ① 遅く生まれた子供; 遅生まれの家畜. ② 《雅》晩年の作品. ③《雅》遅咲きの花, 晩熟の果実.
Spät=nach.mit.tag [シュペート・ナーハミッターク] 男 -s/-e 午後遅い時刻(夕方6時ごろ).
Spät=obst [シュペート・オープスト] 中 -[e]s/ 晩熟の果実.
Spät=som.mer [シュペート・ゾンマァ] 男 -s/- 《ふつう単》晩夏.
Spät=win.ter [シュペート・ヴィンタァ] 男 -s/- 《ふつう単》晩冬.

* *der* **Spatz** [シュパッツ ʃpáts] 男 (単 2·3·4) -en または (単 2) -es/(複) -en ①《鳥》スズメ (=Sperling). (英 sparrow). **Die Spatzen tschilpen**. すずめがちゅんちゅんとさえずっている / **Er isst wie ein** *Spatz*.《口語》彼はたいへん少食だ / **Du hast wohl** *Spatzen* **unterm Hut?**《口語・戯》君は帽子の下にすずめでも入れているのかい(あいさつの際に帽子を取らない人への皮肉) / **Besser ein** *Spatz* **in der Hand als eine Taube auf dem Dach**. 《諺》あすの百より今の五十(← 屋根の上の鳩より手の中のすずめの方がましい) / **Das pfeifen die** *Spatzen* **von den Dächern.** 《口語》それはもうだれでも知っている (← 屋根のすずめたちが話している). ②《口語》小さい可愛い子供; おちびちゃん.
Spätz.le [シュペッツれ ʃpétslə] 複《料理》シュペッツレ(ヌードルを平たく短かく切ってゆでたもの. もともとシュヴァーベン地方の料理).

Spät⸗zün·der [シュペート・ツュンダァ] 男 -s/- 《口語·戯》① 理解の鈍い(のみ込みの遅い)人. ② おくての人.

Spät⸗zün·dung [シュペート・ツュンドゥング] 女 -/-en 《工》(エンジンなどの)点火遅れ. ② 《口語·戯》理解(のみ込み)の遅いこと.

***spa·zie·ren** [シュパツィーレン ∫patsíːrən] (spazierte, *ist*...spaziert) 自 (定了 sein) ぶらぶら歩く, ぶらつく. durch den Park *spazieren* 公園を散歩する.

⟨新形⟩..
***spa·zie·ren fah·ren** ① ドライブをする, ツーリングに出る. Wir *fahren* sonntags [mit dem Auto] *spazieren*. 私たちは日曜日にはドライブをします. ② (人⁴を)ドライブに連れて行く.

spa·zie·ren füh·ren (犬など⁴を)散歩に連れて行く.

***spa·zie·ren ge·hen** 散歩をする, 散策する. Ich *gehe* jeden Tag *spazieren*. 私は毎日散歩をします / Wir *sind* im Wald *spazieren gegangen*. 『現在完了』私たちは森の中を散歩しました.

spa·zie·ren|fah·ren* 自 (s) 他 (h) (新形 spazieren fahren) ☞ spazieren

spa·zie·ren|füh·ren 他 (h) (新形 spazieren führen) ☞ spazieren

spa·zie·ren·ge·fah·ren spazieren|fahren (spazieren fahren (ドライブをする)の 旧形) の 過分

spa·zie·ren·ge·gan·gen spazieren|gehen (spazieren gehen (散歩をする)の 旧形) の 過分

spa·zie·ren|ge·hen* 自 (s) (新形 spazieren gehen) ☞ spazieren

Spa·zier⸗fahrt [シュパツィーァ・ファールト] 女 -/-en ドライブ, サイクリング, 舟遊び.

* *der* **Spa·zier⸗gang** [シュパツィーァ・ガング ∫patsíːr-gaŋ] 男 (単2) -[e]s/(複) [..ゲンゲ] ..gänge 散歩, 散策. (英 walk). einen *Spaziergang* machen 散歩する.

Spa·zier⸗gän·ger [シュパツィーァ・ゲンガァ] 男 -s/- 散歩をする人. (⟨注意⟩ 女性形は Spaziergängerin).

Spa·zier⸗stock [シュパツィーァ・シュトック] 男 -[e]s/..stöcke 散歩用ステッキ.

spa·ziert [シュパツィーァト] *spazieren (ぶらぶら歩く)の 過分

spa·zier·te [シュパツィーァテ] *spazieren (ぶらぶら歩く)の 過去

SPD [エス・ペー・デー] 女 -/ 《略》ドイツ社会民主党 (= Sozialdemokratische Partei Deutschlands).

Specht [シュペヒト ∫peçt] 男 -[e]s/-e 《鳥》キツツキ.

* *der* **Speck** [シュペック ∫pék] 男 (単2) -[e]s/- (種類を表すときのみ: 複) -e ① ベーコン, (特に豚)の脂身. (英 bacon). geräucherter *Speck* くん製ベーコン / Eier mit *Speck* 《料理》ベーコンエッグ / Ran an den *Speck*! 《口語》さあ, 仕事にかかれ. ② 《口語·戯》(人間の)皮下脂肪. Er hat *Speck* angesetzt. 《口語》彼は太った.

spe·ckig [シュペッキヒ ∫pékɪç] 形 ① 脂染めた, 脂で汚れた. ② 《口語》肥満した, むくむく太った. ③ 《方》(ケーキなどが)よく焼けていない.

Speck⸗schwar·te [シュペック・シュヴァルテ] 女 -/-n ベーコンの皮.

Speck⸗sei·te [シュペック・ザイテ] 女 -/-n (豚)のわき腹肉ベーコン.

Speck⸗stein [シュペック・シュタイン] 男 -[e]s/-e 《鉱》凍石.

spe·die·ren [シュペディーレン ∫pedíːrən] 他 (h) (貨物など⁴を)運送する, 輸送する. 人⁴ ins Freie *spedieren* 《口語》人⁴を追い出す.

Spe·di·teur [シュペディテーァ ∫peditǿːr] 男 -s/-e 運送業者.

Spe·di·ti·on [シュペディツィオーン ∫peditsiόːn] 女 -/-en ① 運送, 輸送. ② 運送業; 運送店, 運送会社; (会社の)運送部.

Speech [スピーチュ spíːt∫] 《英》男 -es/-e (または -es) スピーチ, 演説, 談話.

Speed [スピート spiːt] 《英》I 男 -[s]/-s 《スポ》スピード, 速度; [ラスト]スパート. II 中 -s/-s 《隠語》覚醒⟨カハ⟩剤.

Speer [シュペーァ ∫péːr] 男 -[e]s/-e 槍(ヤリ); (陸上競技用の)投げ槍.

Speer⸗wer·fen [シュペーァ・ヴェルフェン] 中 -s/ (陸上競技の)槍⟨ヤリ⟩投げ.

Spei·che [シュパイヒェ ∫páɪçə] 女 -/-n ① (車輪の)輻(や), スポーク. ② 《医》橈骨⟨ヒ⟩.

Spei·chel [シュパイヒェル ∫páɪçəl] 男 -s/ 唾(ツバ), 唾液(ダェ). den *Speichel* schlucken 唾をのむ.

Spei·chel⸗drü·se [シュパイヒェル・ドリューゼ] 女 -/-n 《医》唾液腺(ダニセン).

Spei·chel⸗le·cker [シュパイヒェル・レッカァ] 男 -s/- (いやらしい)おべっか使い.

* *der* **Spei·cher** [シュパイヒャァ ∫páɪçər] 男 (単2) -s/(複) - (3格のみ -n) ① 倉庫, 穀物倉; (南西部⟨ドッ⟩·南⟨ドッ⟩) (物置き用の)屋根裏. ② 《工》(ダムの)貯水池. ③ 《コン》記憶装置.

Spei·cher⸗kraft·werk [シュパイヒャァ・クラフトヴェルク] 中 -[e]s/-e 《工》貯水池式発電所.

spei·chern [シュパイヒャァン ∫páɪçərn] 他 (h) ① (物⁴を倉庫などに)蓄える, 貯蔵する. ② 《コン》(データ⁴を)記憶させる, セーブする.

Spei·che·rung [シュパイヒェルング] 女 -/-en 《ふつう 単》蓄積, 貯蔵. Daten*speicherung* データの蓄積.

spei·en* [シュパイエン ∫páɪən] (spie, *hat*...gespien) I 自 (h) 《雅》① (…へ)唾(ツバ)を吐く. Er *spie* auf den Boden. 彼は地面に唾を吐いた / 人³ ins Gesicht *speien* 人³の顔に唾を吐きかける. ② 吐く, もどす. II 他 (h) 《雅》(物⁴を吐く. Blut⁴ *speien* 血を吐く, 喀血(カッ)する / Der Vulkan *speit* Feuer. 《比》火山が

噴火している.

‡*die* **Spei·se** [シュパイゼ ʃpáɪzə] 安 (単) -/(複) -n ① 料理, 食べ物. (英 food). warme *Speisen* (煮炊きした)温かい料理 / die *Speisen*⁴ auf]tragen 料理をテーブルに並べる / *Speisen* und Getränke sind im Preis inbegriffen. 食べ物と飲み物は価格の中に含まれている. (☞ 類語 Essen).
② (北ドッ) (甘い)デザート, プディング. ③ (冶) ベルメタル (＝Glocken*speise*).

(メモ) ..speise のいろいろ: Eier*speise* 卵料理 / Fleisch*speise* 肉料理 / Mehl*speise* 小麦粉料理 / Nach*speise* デザート / Süß*speise* 甘いデザート / Vor*speise* 前菜

Spei·se⸗eis [シュパイゼ・アイス] 中 -es/ アイスクリーム.

Spei·se⸗kam·mer [シュパイゼ・カンマァ] 安 -/- 食料貯蔵室(ふつう台所の隣にある).

*die **Spei·se⸗kar·te** [シュパイゼ・カルテ ʃpáɪzə-kartə] 安 (単) -/(複) -n (レストランの)メニュー, 献立表. (英 menu). Geben Sie mir bitte die Speisekarte! メニューを見せてください. (メモ) ドイツ語で Menü [メニュー] は「定食」を意味する).

***spei·sen** [シュパイゼン ʃpáɪzən] du speist (speiste, *hat*...gespeist) I 自 (完了 haben) (雅) 食事をする (＝essen). zu Abend *speisen* 夕食をとる. (☞ 類語 essen). II 他 (完了 haben) ① (雅) (人⁴を)食べる. ② (雅) (人⁴に)食事を与える. ③ 《A⁴ mit B³ ～》(A⁴ に B³ を)供給する. einen Kessel mit Wasser *speisen* ボイラーに給水する.

Spei·sen⸗fol·ge [シュパイゼン・ふォるゲ] 安 -/-n (雅) フルコースの料理.

Spei·sen⸗kar·te [シュパイゼン・カルテ] 安 -/-n (レストランの)メニュー (＝Speisekarte).

Spei·se⸗öl [シュパイゼ・エール] 中 -[e]s/-e 食用油.

Spei·se⸗rest [シュパイゼ・レスト] 男 -[e]s/-e 《ふつう複》食べ残し.

Spei·se⸗röh·re [シュパイゼ・レーレ] 安 -/-n 《医》食道.

Spei·se⸗saal [シュパイゼ・ザール] 男 -[e]s/..säle [大]食堂.

Spei·se⸗salz [シュパイゼ・ざルツ] 中 -es/ 食[卓]塩.

Spei·se⸗wa·gen [シュパイゼ・ヴァーゲン] 男 -s/- (鉄道)(列車の)食堂車.

Spei·se⸗zet·tel [シュパイゼ・ツェッテる] 男 -s/- 献立予定表.

speis·te [シュパイステ] *speisen (食事をする)の 過去

Spei·sung [シュパイズング] 安 -/-en ① (雅) 給食. ② (工)(燃料などの)供給, 給水, 給電.

spei⸗übel [シュパイ・ユーベる] 形 (吐き気がして)気分が悪い. Mir ist *speiübel*. 私は吐き気がする.

Spek·ta·kel I [シュペクターケる ʃpɛktáːkəl] 男 -s/- 《ふつう 単》(口語)大騒ぎ, 騒動; 大げんか. II [シュペクターケる または スペク.. spɛk..] 中 -s/- ① (センセーショナルな)見もの. ② (古) (はでな)芝居, 大活劇.

spek·ta·ku·lär [シュペクタクれーァ ʃpɛktakuléːr または スペク.. spɛk..] 形 目をみはるような, センセーショナルな.

Spek·tral⸗ana·ly·se [シュペクトラール・アナりューゼ] 安 -/-n (物・化)スペクトル分析.

Spek·tro·skop [シュペクトロスコープ ʃpɛktroskóːp または スペク.. spɛk..] 中 -s/-e (工)分光器, スペクトロスコープ.

Spek·trum [シュペクトルム ʃpéktrʊm または スペク.. spɛk..] 中 -s/Spektren (または Spektra) ① (物)スペクトル, 分光. ② (比) 多種多様.

Spe·ku·lant [シュペクラント ʃpekulánt] 男 -en/-en 投機家, 相場師.

Spe·ku·la·ti·on [シュペクらツィオーン ʃpekulatsióːn] 安 -/-en ① 推察, 憶測; (哲)思弁. metaphysische *Spekulation* 形而上学的思弁. ② (経)投機, 思惑(おもわく).

Spe·ku·la·ti·us [シュペクらーツィウス ʃpekuláːtsiʊs] 男 -/- スペクラチウス(香辛料入りのクリスマス用クッキー. さまざまな形にかたどられている).

spe·ku·la·tiv [シュペクらティーふ ʃpekulatíːf] 形 ① 推察(憶測)による; (哲)思弁的な. ② (経)投機的な, 思惑(おもわく)の.

spe·ku·lie·ren [シュペクリーレン ʃpekulíːrən] 自 (h) ① 《auf 物⁴ ～》(口語)(物⁴を)当て込む, 当てにする. auf eine Erbschaft *spekulieren* 遺産がもらえると当てにする. ② (経)投機する, 思惑(おもわく)買い(売り)をする. ③ 《über 事⁴ ～》(事⁴について)あれこれ推測する(推案する).

Spelt [シュペるト ʃpɛlt] 男 -[e]s/-e (植)スペルト小麦.

Spe·lun·ke [シュペるンケ ʃpelʊ́ŋkə] 安 -/-n いかがわしい飲み屋; 薄汚い家(宿屋).

Spelz [シュペるツ ʃpɛlts] 男 -es/-e (植)スペルト小麦 (＝Spelt).

Spel·ze [シュペるツェ ʃpɛ́ltsə] 安 -/-n (植)(穀物の)もみ殻; (ムギ・イネなどの)えい(頴).

spen·da·bel [シュペンダーベる ʃpɛndáːbəl] 形 (口語)気前のいい, 物惜しみしない.

Spen·de [シュペンデ ʃpɛ́ndə] 安 -/-n 寄付[金], 義援金; 寄贈[品] *Spenden*⁴ sammeln 寄付金を集める.

***spen·den** [シュペンデン ʃpɛ́ndən] du spendest, er spendet (spendete, *hat*...gespendet) 他 (完了 haben) ① 寄付する, 寄贈する. (英 donate). Blut⁴ *spenden* 献血する / Geld⁴ für 事⁴ *spenden* 事⁴のために献金する. ◇目的語なしでも】reichlich *spenden* たくさん寄付する. ② 与える, 授ける. Die Bäume *spenden* Schatten. (雅・比)樹木が日陰を与えてくれる / den Segen *spenden* (聖職者が)祝福を授ける / 人³ Beifall⁴ *spenden* (雅・比) 人³に喝采(かっさい)をおくる / 人³ Trost⁴ *spenden* (雅・比) 人³を慰め

る.

Spen·der [シュペンダァ ʃpéndər] 男 -s/- 寄付者, 寄贈者; 献血者 (=Blut*spender*); (臓器などの)提供者, ドナー. (⇐ 女性形は Spenderin).

spen·de·te [シュペンデテ] *spenden (寄付する) の 過去

spen·die·ren [シュペンディーレン ʃpendíːrən] 他 (h) (口語) [人³ に]ビールなど⁴を気前よくふるまう, おごる.

Spen·dier·ho·sen [シュペンディーァ・ホーゼン] 複《成句的に》die *Spendierhosen*⁴ an|haben《口語・戯》気前がいい, おごる気がある.

Speng·ler¹ [シュペングらァ ʃpéŋlər] 男 -s/-《南ド·オーストリ·スイス》ブリキ職人, 板金工.

Speng·ler² [シュペングらァ] -s/《人名》シュペングラー (Oswald *Spengler* 1880–1936; ドイツの文化哲学者.『西洋の没落』の著者).

Sper·ber [シュペルバァ ʃpérbər] 男 -s/-《鳥》ハイタカ.

Spe·renz·chen [シュペレンツヒェン ʃperénts-çən] 複《口語》めんどう, ごたごた.

Sper·ling [シュペるリング ʃpérlɪŋ] 男 -s/-e《鳥》スズメ (=Spatz). Die *Sperlinge* tschilpen. すずめがちゅんちゅんさえずっている.

Sper·ma [シュペルマ ʃpérma または スペルマ spérma] 中 -s/Spermen (または Spermata)《生》精液.

sperr·an·gel·weit [シュペル・アングるヴァイト] 副 いっぱいに開いた. Die Tür steht *sperrangelweit* offen. そのドアはいっぱいに開いている.

*die **Sper·re** [シュペレ ʃpérə] 女 (単) -/(複) -n ① (通行止めの)遮断物, 遮断機, バリケード. (英 barrier). eine *Sperre*⁴ errichten バリケードを築く, 通行止めにする / eine *Sperre*⁴ haben《口語・比》のみ込みが悪い. ② (駅などの)改札口. ③ 遮断, 閉鎖, 封鎖; 差し止め, 禁止. Einfuhr*sperre* 輸入禁止. ④《スポ》出場停止[処分].

***sper·ren** [シュペレン ʃpérən] (sperrte, *hat* ...gesperrt) I 他 (完了 haben) ① **遮断する**, 封鎖(閉鎖)する. (英 block). Polizei *sperrte* die Grenzen. 警察は国境を封鎖した / eine Straße⁴ *sperren* 道路を通行止めにする. ◊《過去分詞の形で》Gesperrt!《道路標識で》通行止め. ② (輸出入など⁴を)禁止する; (口座・ガスなど⁴を)使用停止にする, さし止める. die Ausfuhr⁴ *sperren* 輸出を禁止する / 人³ das Gas⁴ *sperren* 人³ にガスの供給を止める / 人³ den Kredit *sperren* 人³ に信用取引を停止する. ③《スポ》(相手の攻撃を)阻止する, ブロックする; (選手⁴を)出場停止処分にする. ④ [人·物⁴ in 物⁴ ~] (人·物⁴ を 物⁴ に)閉じ込める. 人⁴ in ein Zimmer *sperren* 人を部屋に監禁する. ⑤《印》(単語⁴の)字間を空ける. ◊《過去分詞の形で》*gesperrt* drucken 字間を空けて印刷する. ⑥《オーストリ·南ドイツ》(門·窓口⁴を)閉める.

II 自 (完了 haben)《方》(戸·窓などが)閉まりが悪い.

III 再帰 (完了 haben)《*sich*⁴ gegen 事⁴ ~ 》(事⁴を)拒む, (事⁴に)逆らう. Er *sperrt sich* gegen alles. 彼は何にでも反対する.

Sperr·feu·er [シュペル・フォイアァ] 中 -s/《軍》弾幕砲火.

Sperr·frist [シュペル・フリスト] 女 -/-en《法》停止(禁止)期間.

Sperr·ge·biet [シュペル・ゲビート] 中 -[e]s/-e 立入禁止区域, 封鎖区域.

Sperr·gut [シュペル・グート] 中 -[e]s/..güter かさばる貨物; (鉄道)濶大(カクダイ)貨物 (割増料金がかかる).

Sperr·holz [シュペル・ホるツ] 中 -es/ 合板, ベニヤ板.

sper·rig [シュペルヒ ʃpérɪç] 形 (大きくて)場所をとる, かさばる(貨物など); 扱いにくい.

Sperr·müll [シュペル・ミュる] 男 -[e]s/ 粗大ごみ.

Sperr·sitz [シュペル・ズィッツ] 男 -es/-e (劇場・サーカスなどの)最前列席[の一つ]; (映画館の)最後列席[の一つ].

Sperr·stun·de [シュペル・シュトゥンデ] 女 -/-n《ふつう 単》(飲食店・風俗営業の)法定閉店時刻 (=Polizeistunde).

sperr·te [シュペルテ] *sperren (遮断する)の 過去

Sper·rung [シュペルング] 女 -/-en ① 遮断, 閉鎖, 封鎖; [通行]禁止. ②《南ド·オーストリ》閉店.

Sperr·zo·ne [シュペル・ツォーネ] 女 -/-n 立入禁止区域, 封鎖区域.

Spe·sen [シュペーゼン ʃpéːzən] 複 (雇い主が負担する)諸経費, 雑費. nach Abzug der *Spesen*² 諸経費を差し引いて.

spe·sen·frei [シュペーゼン・フライ] 形 諸経費なしの; 運賃等無料の.

spe·zi·al·., Spe·zi·al·· [シュペツィアーる.. ʃpetsiá:l..]《形容詞・名詞につける 接頭》《特別の・別個の・専門の》例: *Spezial*arzt 専門医.

Spe·zi·al·ge·biet [シュペツィアーる・ゲビート] 中 -[e]s/-e 専門分野(領域).

Spe·zi·al·ge·schäft [シュペツィアーる・ゲシェフト] 中 -[e]s/-e 専門店 (=Fachgeschäft).

spe·zi·a·li·sie·ren [シュペツィアリズィーレン ʃpetsializíːrən] 再帰 (h)《*sich*⁴ auf 物⁴ ~ 》(物⁴(分野など)を)専門的に扱う, 専攻する.

Spe·zi·a·li·sie·rung [シュペツィアリズィールング] 女 -/-en 専門的に扱うこと, 専門化.

*der **Spe·zi·a·list** [シュペツィアリスト ʃpetsialíst] 男 (単 2·3·4) -en/(複) -en 専門家; (口語)専門医 (=Facharzt). (英 *specialist*). (⇐ 女性形は Spezialistin). *Spezialist* **für** alte Musik 古代音楽の専門家.

*die **Spe·zi·a·li·tät** [シュペツィアリテート ʃpetsialitɛ:t] 女 -/(複) -en (英 *speciality*) ① (土地の)**特産品**, 名物; (土地・店の)名物料理. Gulasch ist die *Spezialität* des Hauses. グーラシュが当店自慢の料理です. ② 得意とするもの, 特技, おはこ.

*spe·zi·ell [シュペツィエる ʃpetsiέl] I 形 特別な, 特殊な, 独特の. (英 special). (〈英〉「一般的な」は generell). ein *spezielles* Problem 特殊な問題 / Haben Sie *spezielle* Wünsche? 何か特別なご希望がありますか. ◇名詞的に〕 Auf dein *Spezielles*!《口語》(乾杯の際に:) 君の健康を祈って.
II 副 特に, とりわけ. Sie liebt die Malerei, *speziell* die Ölmalerei. 彼女は絵画, 特に油絵が好きだ / Das habe ich *speziell* für dich gekauft. これは特に君のために買ったのだよ.

Spe·zi·es [シュペーツィエス ʃpéːtsies または スペー.. spéː..] 女 -/- [..ツィース]. ① 種類. eine neue *Spezies* Mensch (または von Menschen) 新しいタイプの人間. ② 《生》種(¹⁾); 《哲》種概念.

Spe·zi·fi·ka·ti·on [シュペツィふィカツィオーン ʃpetsifikatsióːn または スペ.. spe..] 女 -/-en 詳細な[説明]; 明細書.

spe·zi·fisch [シュペツィーふィッシュ ʃpetsíːfiʃ または スペ.. spe..] 形 特有の, 固有の, 独特の. ein *spezifisches* Merkmal 固有の特徴 / das *spezifische* Gewicht 《物》比重 / ein *spezifisch* weibliches Verhalten 女性特有のふるい.

..spe·zi·fisch [..シュペツィーふィッシュ ..ʃpetsiːfiʃ または ..スペツィーふィッシュ ..spetsiːfiʃ] 〖形容詞をつくる 接尾〗(…に特有の) 例: frauen*spezifisch* 女性特有の.

spe·zi·fi·zie·ren [シュペツィふィツィーレン ʃpetsifitsíːrən または スペ.. spe..] 他 (h) 詳細に述べる[記す].

Sphä·re [スフェーレ sféːrə] 女 -/-n ① (活動・勢力の)領域, 範囲. die private *Sphäre* プライベートな領域 / Das liegt nicht in meiner *Sphäre*. それは私の領分ではない. ② 《天》(古代天文学で:)天球.

sphä·risch [スフェーリッシュ sféːriʃ] 形 《付加語としてのみ》① 天球の. ② 《数》球面の. *sphärische* Trigonometrie 球面三角法.

Sphinx [スふィンクス sfíŋks] I 女 -/-e ① 《複なし》《ギリ神》スフィンクス(上体は人間の女, 胴はライオンで翼を持った怪物. 通行人になぞをかけ, 解けない者を殺したという). ② 《比》なぞめいた人物. II 女 男 -/-e (または 男 -/Sphingen) (エジプトの)スフィンクス.

Spick·aal [シュピック・アーる] 男 -[e]s/-e くん製うなぎ.

spi·cken [シュピッケン ʃpíkən] I 他 (h) ① (焼く前に赤身肉に)脂身をはさみ込む. ②《A⁴ mit B³ ～》《口語》(A⁴にB³を)たっぷり詰め込む. eine Rede⁴ mit Zitaten *spicken* 演説に引用をたくさん挿入する. ③ 《俗》(人⁴に)賄賂(ホーº)を贈る. II 自 《方》カンニングする.

Spick·zet·tel [シュピック・ツェッテる] 男 -s/- 《方》(生徒言葉:)カンニングペーパー.

spie [シュピー] speien (唾を吐く)の 過去

spiee [シュピーエ] speien (唾を吐く)の 接2

ᵈᵉʳ **Spie·gel** [シュピーゲる ʃpíːgəl]

鏡

Sie steht ständig vorm *Spiegel*. ズィー シュテート シュテンディヒ ふォーァム シュピーゲる 彼女はいつも鏡の前に立っている.

男 (単2) -s/(複) - (3格のみ -n) ① 鏡. (英 mirror). Hand*spiegel* 手鏡 / ein blanker (trüber) *Spiegel* ぴかぴかの(曇った)鏡 / in den *Spiegel* sehen 鏡を見る / Sie betrachtet sich im *Spiegel*. 彼女は自分の姿を鏡に映して見る /〖人〗³ dat *Spiegel* vor|halten《比》〖人〗³ に当人の欠点をあからさまに言ってやる(←鏡を目の前にさし出す) / sich³ 動⁴ hinter den *Spiegel* stecken können《口語》動⁴を心にとめる(←毎日目にとまるように鏡の縁に差しはさんでおく) / sich³ 動⁴ nicht hinter den *Spiegel* stecken《口語》(恥ずかしいので) 動⁴を人目に触れさせない / Seine Romane sind ein *Spiegel* des Lebens. 《比》彼の小説は人生を映し出している / Der *Spiegel* lügt nicht. 鏡はうそをつかない. ② 水面; 水位. (＝Wasser*spiegel*). der glatte *Spiegel* des Sees なめらかな湖面. ③《医》(体液中の物質の)含有量. ④ (礼服の絹の)折襟; 《狩》(鹿などの尻(⁽ⁱ⁾)の)白っぽい斑点(ほてん). ⑤ 一覧表, リスト. ⑥ (垂直で平らな)船尾. ⑦ 『シュピーゲル』(ドイツの週刊誌名). ⑧《史》(書名で:)…典範.

Spie·gel·bild [シュピーゲる・ビるト] 中 -[e]s/-er (鏡の中・水面の)映像; 鏡像.

spie·gel·bild·lich [シュピーゲる・ビるトリヒ] 形 鏡像のような, 左右が逆になった.

spie·gel·blank [シュピーゲる・ブランク] 形 鏡のようにぴかぴかの.

Spie·gel·ei [シュピーゲる・アイ] 中 -[e]s/-er 《料理》目玉焼き.

Spie·gel·fech·te·rei [シュピーゲる・ふェヒテライ] 女 -/-en 見せかけ; ごまかし, はったり.

Spie·gel·glas [シュピーゲる・グらース] 中 -es/..gläser ① 《複 なし》(両面磨きの)鏡用板ガラス. ② 《詩》鏡.

spie·gel·glatt [シュピーゲる・グらット] 形 鏡のようになめらかな(つるつるした).

*spie·geln [シュピーゲるン ʃpíːgəln] ich spiegle (spiegelte, *hat*...gespiegelt) I 再帰 (完了 haben) *sich*⁴ *spiegeln* 〖場所を表す語句とともに〗(…に)映っている; 《比》(表情に)表れている. Die Bäume *spiegeln* sich im Wasser. 木々の影が水に映っている / In seinem Gesicht *spiegelte* sich Freude. 彼の顔に喜びの色が表れていた.
II 他 (完了 haben) ① 映す; 《比》反映する, 表す. Der Fluss *spiegelt* die Häuser. 川面に家並が映っている. ② 《医》(物⁴を)検視鏡で調べる.
III 自 (完了 haben) (床などが)ぴかぴかに光っている; 光を反射する. In allen Räumen *spiegelte* der Fußboden. どの部屋も床がぴか

ぴかだった.

Spie·gel·re·flex·ka·me·ra [シュピーゲる・レふれクス・カメラ] 囡 -/-s 《写》レフレックスカメラ.

Spie·gel·schrift [シュピーゲる・シュリふト] 囡 -/-en 鏡文字(左右が逆になっている).

spie·gel·te [シュピーゲるテ] *spiegeln (再帰で: 映っている)の過去.

Spie·gel·te·le·skop [シュピーゲる・テれスコープ] 中 -s/-e 《光》反射望遠鏡.

Spie·ge·lung [シュピーゲるング] 囡 -/-en 反射, 反映; 映像, 鏡像.

spieg·le [シュピーグれ] *spiegeln (再帰で: 映っている)の1人称単数現在.

‡*das* **Spiel** [シュピーる ʃpíːl]

遊び; 試合　　Wie steht das *Spiel*?
　　　　　　　ヴィー シュテート ダス シュピーる
　　　　　　　試合はどうなっていますか.

中 (単2) -[e]s/(複) -e (3格のみ -en) (英 play, game) ① **遊び**, 遊戯; 戯れ. ein lustiges *Spiel* 楽しい遊び / Er lernt alles wie im *Spiel*. 彼はなんでもやすやすと覚える(←遊んでいるときのように). / 事⁴ nur **zum** *Spiel* tun 事⁴をただ戯れにする.

② **試合**, 競技, (スポーツの)ゲーム. ein hartes *Spiel* 激しい試合 / ein spannendes *Spiel* 手に汗を握るような試合 / die Olympischen *Spiele* オリンピック競技 / Das *Spiel* steht 3:1 (=drei zu eins) für die Gäste. 試合は3対1でビジターチームのリードだ. / 人・事⁴ **aus** dem *Spiel* lassen 《比》人・事⁴を圏外にほうっておく, 関与させない / 人・事⁴ **ins** *Spiel* bringen 《比》人・事⁴をかつぎ出す, 巻き込む.

③ (トランプなどの)ゲーム, 賭事(かけごと), ギャンブル. ein *Spiel*⁴ machen 一勝負をする / das *Spiel*⁴ gewinnen (トランプなどで)勝ちに勝つ / mit 人・事³ ein leichtes *Spiel*⁴ haben 《比》人・事³をあっさり片づける / viel Geld⁴ **im** *Spiel* verlieren ばくちで大金をすってしまう / **auf** dem *Spiel* stehen 《比》危険にさらされている / 物⁴ aufs *Spiel* setzen 《比》物⁴を危険にさらす.

④ (覆 なし)(競技の)技(わざ), プレー. ein faires *Spiel* フェアプレー / ein offensives *Spiel* 攻撃的なプレー.

⑤ (覆 なし)(音楽家の)**演奏**; (俳優の)演技. dem *Spiel* der Geige² lauschen ヴァイオリンの演奏に耳を傾ける.

⑥ (簡単な)劇, 芝居. ein *Spiel*⁴ aufführen 劇を上演する. ⑦ (光・表情などの)微妙な動き, ゆらめき. das *Spiel* der Blätter² im Wind 風にゆらめく木の葉の動き. ⑧ (軽はずみな)行為. Er treibt nur sein *Spiel* mit ihr. 彼は彼女をもてあそんでいるだけだ. ⑨ (道具などの)一式, (カードなどの)一組, セット. ⑩ (機械の接合部などの)遊び.

………………………………………………
《…》..**spiel** のいろいろ: Ball*spiel* 球技 / Brett*spiel* 盤上ゲーム / End*spiel* 決勝戦 / Fernseh-*spiel* テレビドラマ / Fußball*spiel* サッカーの試合 / Gebärden*spiel* パントマイム / Hör*spiel* ラジオドラマ / Karten*spiel* トランプ遊び / Kinder*spiel* 子供の遊び / Klavier*spiel* ピアノ演奏 / Lust*spiel* 喜劇 / Passions*spiel* 受難劇 / Pokal*spiel* 優勝杯争奪戦 / Puppen*spiel* 人形芝居 / Schach*spiel* チェス / Schau*spiel* 劇 / Wett*spiel* 競争

Spiel⁀art [シュピーる・アールト] 囡 -/-en 変形, 別形; 《生》変種, 亜種.

Spiel⁀au·to·mat [シュピーる・アオトマート] 男 -en/-en スロットマシーン, ゲーム機.

Spiel⁀ball [シュピーる・バる] 男 -[e]s/..bälle (球技用・遊戯用の)ボール; (テニスの)ゲームポイント; 《比》(操られる)手玉, もてあそばれるもの.

Spiel⁀bank [シュピーる・バンク] 囡 -/-en 賭博(とばく)場, カジノ.

spiel·bar [シュピーるバール] 形 演奏(上演)可能な.

Spiel⁀brett [シュピーる・ブレット] 中 -[e]s/-er ① (チェスなどの)盤. ② (バスケットボールの)バックボード.

Spiel⁀do·se [シュピーる・ドーゼ] 囡 -/-n オルゴール.

‡**spie·len** [シュピーれン ʃpíːlən]

遊ぶ; (ゲームなどを)する

　　Spielen Sie Schach?
　　シュピーれン ズィー シャッハ
　　チェスをなさいますか.

人称	単	複
1	ich spiele	wir spielen
2	{ du spielst { Sie spielen	{ ihr spielt { Sie spielen
3	er spielt	sie spielen

(spielte, hat…gespielt) (英 play) I 自 (完了 haben) ① **遊ぶ**. **mit** dem Ball (einer Puppe) *spielen* ボール(人形)で遊ぶ / Er *spielt* mit seinen Kindern. 彼は自分の子供たちと遊んでいる / Darf ich *spielen* gehen? 遊びに行ってもいい?

② **試合(競技)をする**, プレーする. Japan *spielt* **gegen** Deutschland. 日本はドイツと対戦する / **um** einen Pokal *spielen* 優勝カップをかけて試合をする / Sie **haben** 2:1 (=zwei zu eins) *gespielt*. 彼らは2対1で試合を終えた / Er *spielt* **als** Stürmer. 彼はフォワードを務める.

③ **演奏する**. **nach** Noten *spielen* 譜面を見て演奏する / Er *kann* **vom** Blatt *spielen*. 彼は初見で演奏できる.

④ (芝居で)**演技をする**; 出演する. Der Schauspieler *spielt* gut. その俳優は演技がうまい / Sie *spielt* **am** Burgtheater. 彼女はブルク劇場に出演している.

⑤ 《場所・時間を表す語句とともに》(小説などの)舞台が…である. Der Film *spielt* **in** Berlin. その映画の舞台はベルリンだ.

⑥ (トランプなどの)ゲームをする; 賭事(かけごと)をする. im Lotto *spielen* 宝くじで賭ける / um Geld *spielen* お金を賭けて勝負事をする.

⑦ (戯れるように)動く, 揺らめく;(色・光が)微妙に変化する. Der Wind *spielt* in ihren Haaren. 風が彼女の髪に戯れている / Der Diamant *spielt* in allen Farben. ダイヤモンドはさまざまな色に輝く / Um seine Lippen *spielte* ein Lächeln. 彼の口もとには笑いが浮かんでいた.

⑧ 〘an (または mit) 物³ ~〙 物³をいじる, なでまわす. Sie *spielte* an (または mit) ihrer Halskette. 彼女はネックレスをいじっていた.

⑨ 〘mit 人・事³ ~〙 人・事³をもてあそぶ. Sie *spielte* mit seinen Gefühlen. 彼女は彼の気持ちをもてあそんだ / mit Worten *spielen* しゃれを言う, 語呂合わせをする.

⑩ 〘成句的に〙 物⁴ *spielen lassen* 物⁴の効果を発揮させる. Sie ließ ihren Charme *spielen*. 彼女は自分の魅力をうまく使った / Er ließ seine Beziehungen *spielen*. 彼はコネにものを言わせた.

II 他 〘定了 haben〙 ① (ゲーム・遊びなど⁴を)する. Die Kinder *spielen* Fangen. 子供たちが鬼ごっこをしている / Karten⁴ *spielen* トランプをする / Lotto⁴ *spielen* ロット(数合わせの宝くじ)で賭ける.

② (競技など⁴を)する, (あるポジション⁴を)務める. Fußball⁴ *spielen* サッカーをする / Sie *spielt* gut Tennis. 彼女はテニスが上手だ / Torwart⁴ *spielen* ゴールキーパーを務める.

③ 〘方向を表す語句とともに〙(ボール⁴を…へ)ける, 打つ, 投げる. den Ball vors Tor *spielen* ボールをゴール前にける(投げる).

④ (楽器・曲⁴を)**演奏**する. Sie *spielt* gut Klavier. 彼女はピアノが上手だ / Bach⁴ *spielen* バッハ[の曲]を演奏する.

⑤ (俳優が役⁴を)演じる;(劇⁴を)上演する,(映画⁴を)上映する. den Hamlet *spielen* ハムレット[の役]を演じる / eine Komödie⁴ (eine Oper⁴) *spielen* 喜劇(オペラ)を上演する / Was wird heute im Theater *gespielt*? 〘受動・現在〙 きょうは劇場で何の公演がありますか.

⑥ 〘比〙 人・事⁴のふりをする, (人・事⁴を)装う. Er *spielt* immer den großen Mann. 彼はいつも大物ぶっている. ◇〘過去分詞の形で〙 mit *gespielter* Gleichgültigkeit 無関心を装った.

⑦ 〘方向を表す語句とともに〙(物⁴を…へ)こっそり渡す. 人³ 物⁴ in die Hände *spielen* 人³に物⁴をこっそり手渡す.

III 再帰 〘定了 haben〙 *sich⁴ spielen* ① 遊んで[その結果]…になる. *sich⁴* hungrig *spielen* 遊んで腹をすかす / Er hat sich beim Roulette um sein Vermögen *gespielt*. 彼はルーレットで財産をつぶした. ② 〘es *spielt* sich⁴… の形で〙 試合(プレー)をするのが…である. Bei solch einem Wetter *spielt* es sich schlecht. この天候では試合はやりにくい. ③ 〘方向を表す語句とともに〙 演技(競技)の結果…の地位につく. *sich⁴* an die Spitze *spielen* トップに登りつめる.

spie·lend [シュピーれント] I ※spielen (遊ぶ)の現分 II 形 たやすい. mit *spielender* Leichtigkeit 楽々と / 事⁴ *spielend lernen* 事⁴をやすやすと覚える.

Spie·ler [シュピーらァ ʃpíːlər] 男 -s/- ① 選手, プレーヤー, 競技者; 演奏者. (女 女性形はSpielerin). Fußball*spieler* サッカー選手. ② (軽蔑的に:)賭事(かけごと)好き. ③ 〘雅〙 俳優 (=Schau*spieler*).

Spie·le·rei [シュピーれライ ʃpiːləráɪ] 女 -/-en ① 〘複 なし〙もてあそぶこと. ② 慰み, 気晴らし, 娯楽. ③ 子供だましのようなもの.

spie·le·risch [シュピーれリッシュ ʃpíːlərɪʃ] 形 ① 遊びの, 戯れの; 遊び半分の. ② 競技(プレー)上の.

Spiel⹀feld [シュピーる・フェるト] 中 -[e]s/-er 競技場, フィールド, グラウンド, コート.

Spiel⹀film [シュピーる・フィるム] 男 -[e]s/-e 劇映画.

Spiel⹀ge·fähr·te [シュピーる・ゲフェーァテ] 男 -n/-n (子供の)遊び仲間. (女 女性形はSpielgefährtin).

Spiel⹀geld [シュピーる・ゲるト] 中 -[e]s/-er 賭(かけ)金; 賭博(とばく)用のチップ.

Spiel⹀höl·le [シュピーる・へれ] 女 -/-n (軽蔑的に:)賭博(とばく)場.

Spiel⹀ka·me·rad [シュピーる・カメラート] 男 -en/-en (子供の)遊び仲間 (=Spielgefährte).

Spiel⹀kar·te [シュピーる・カルテ] 女 -/-n トランプのカード.

Spiel⹀ka·si·no [シュピーる・カズィーノ] 中 -s/-s 賭博(とばく)場, カジノ.

Spiel⹀lei·ter [シュピーる・らイタァ] 男 -s/- 舞台(映画)監督, 演出家 (=Regisseur); (テレビのゲーム・クイズ番組の)司会者.

Spiel⹀mann [シュピーる・マン] 男 -[e]s/..leute ① (中世の)吟遊詩人. ② 軍楽隊員.

Spiel⹀mar·ke [シュピーる・マルケ] 女 -/-n 賭博(とばく)のチップ.

Spiel⹀plan [シュピーる・プらーン] 男 -[e]s/..pläne (シーズンに予定されている)公演予定[表], 演奏曲目; 〘競〙試合予定表.

* der **Spiel⹀platz** [シュピーる・プらッツ ʃpíːlplats] 男 〘単2〙-es/〘複〙..plätze [..プれッツェ] (3格のみ ..plätzen] (子供の)**遊び場**, 遊園地. (英 playground). auf den Spielplatz gehen 遊び場へ行く.

Spiel⹀raum [シュピーる・ラオム] 男 -[e]s/..räume 〘工〙(機械の部品間の)遊び, 遊隙(ゆうげき); 〘比〙活動の自由(余地). (keinen) Spielraum haben 活動の余地がある(ない).

Spiel⹀re·gel [シュピーる・レーゲる] 女 -/-n ゲーム(競技)の規則, ルール. die Spielregeln⁴ beachten ルールを守る / gegen die Spielregeln verstoßen ルールに違反する.

Spiel⹀sa·chen [シュピーる・ザッヘン] 複 遊び道具, おもちゃ (=Spielzeug).

spiel·te [シュピーるテ] ※spielen (遊ぶ)の過去

Spiel‹tisch [シュピーる・ティッシュ] 男 -[e]s/-e ① 賭博[用]台, ゲームテーブル. ② パイプオルガンの演奏台.

Spiel‹uhr [シュピーる・ウーァ] 女 -/-en オルゴール[付き]時計.

Spiel‹ver·der·ber [シュピーる・フェアデルバァ] 男 -s/- (人の遊びや楽しみを)ぶちこわす人.

Spiel‹wa·ren [シュピーる・ヴァーレン] 複 (商品としての)おもちゃ.

Spiel‹zeit [シュピーる・ツァイト] 女 -/-en ① (演劇・スポーツなどの)シーズン; (映画の)上映期間. ② (スポ) 試合時間.

das **Spiel‹zeug** [シュピーる・ツォイク ʃpíːltsɔyk] 中 (単 2) -[e]s/(複) -e (3格のみ -en) ① 《複 なし》(総称として:)おもちゃ[類]. ② (個々の)おもちゃ, 玩具(ガング). (英 toy). das *Spielzeug*⁴ aufräumen おもちゃを片づける / Er ist für sie nur ein *Spielzeug*.《比》彼は彼女にとってただのおもちゃにすぎない.

der **Spieß** [シュピース ʃpiːs] 男 (単 2) -es/(複) -e (3格のみ -en) ① 槍(ﾔﾘ), 投げ槍. (英 spear). den *Spieß* um|kehren (または um|drehen)《口語》さかねじをくわせる(←槍を逆向きにする) / Er schrie wie am *Spieß*. 彼はいたましい悲鳴をあげた(←槍で突き刺されたように). ② (焼き肉用の)**焼き串**. Fleisch⁴ am *Spieß* braten 肉を串に刺して焼く. ③《軍》曹長. ④《狩》(若鹿などの)枝分かれしていない角. ⑤《印》(行間などの)汚れ.

Spieß‹bra·ten [シュピース・ブラーテン] 男 -s/- 串焼きの肉.

Spieß‹bür·ger [シュピース・ビュルガァ] 男 -s/- 偏狭な人, 俗物.

spieß‹bür·ger·lich [シュピース・ビュルガァリヒ] 形 偏狭な, 視野の狭い, 俗物的な.

spie·ßen [シュピーセン ʃpíːsən] 他 (h) ①〖A⁴ auf B⁴ ~〗(A⁴をB⁴に)突き刺す, 突き刺して取る. die Kartoffel⁴ auf die Gabel *spießen* じゃがいもをフォークに刺して取る. ②〖藝〗(写真などを)ピンで留める. ③ (槍(ﾔﾘ)・棒など⁴を…へ)突き立てる.

Spie·ßer [シュピーサァ ʃpíːsər] 男 -s/- ① 偏狭な人, 俗物 (=Spießbürger). ②《狩》(まだ角が枝分かれしていない)若鹿.

Spieß‹ge·sel·le [シュピース・ゲゼレ] 男 -n/-n ① (悪事の相棒, 共犯者. ②《戯》仲間.

spie·ßig [シュピースィヒ ʃpíːsɪç] 形《口語》偏狭な, 視野の狭い, 俗物的な (=spießbürgerlich).

Spike [シュパイク ʃpáik または スパイク spáik] [英] 男 -s/-s ① (スポーツシューズの)スパイク; (タイヤの)鋲(ビョウ). ②《複》スパイクシューズ. ③《複 で》《自動車》スパイクタイヤ.

spi·nal [シュピナーる ʃpináːl または スピ.. spi..] 形《医》脊柱(セキチュウ)の, 脊椎(セキツイ)の.

der **Spi·nat** [シュピナート ʃpináːt] 男 (単 2) -[e]s/(種類を表すときのみ: 複) -e《植》**ホウレンソウ**. (英 spinach). *Spinat*⁴ dünsten ほうれん草を蒸す.

Spind [シュピント ʃpínt] 中 男 -[e]s/-e 簡易たんす, (特に兵営の)ロッカー.

Spin·del [シュピンデる ʃpíndəl] 女 -/-n ①《織》錘(ツム), 紡錘(ボウスイ). ②《工》(機械の)主軸, 心棒. ③《建》らせん階段の親柱. ④《園芸》花軸, 葉軸.

spin·del‹dürr [シュピンデる・デュル] 形 やせ細った, やせこけた.

Spi·nett [シュピネット ʃpinét] 中 -[e]s/-e《音楽》スピネット (昔の小型チェンバロ).

die **Spin·ne** [シュピネ ʃpínə] 女 (単) -/(複) -n ①《昆》**クモ**. (英 spider). eine giftige *Spinne* 毒ぐも / Die *Spinne* spinnt ihr Netz. くもが巣をかけている / Pfui *Spinne*!《口語》(嫌悪を表して:)おお気持ち悪い. ②《比》やせこけた意地の悪い女. ③《交通》放射線状の交差点.

spin·ne‹feind 〖〗〖新形〗Spinnefeind

Spin·ne‹feind [シュピネ・ファイント] 男 《成句的に》[mit] 人³ *Spinnefeind* sein《口語》人³をひどく嫌っている. 人³と犬猿の仲である.

spin·nen [シュピネン ʃpínən] (spann, *hat* ...gesponnen) **I** 他 (完了 haben) ① (糸⁴を)**紡ぐ**; (素材⁴を)紡いで糸にする. (英 spin). Garn⁴ *spinnen* 糸を紡ぐ / Wir *spinnen* keinen guten Faden miteinander.《比》私たちは互いに折り合いがよくない. ② (くもなどが)糸を吐いて巣など⁴を作る. Die Spinne *spinnt* ihr Netz. くもが巣をかけている. ③《織》(化学繊維⁴を)生産する. ④《口語》(悪事など⁴を)たくらむ, もくろむ; でっち上げる. Gedanken⁴ *spinnen* あれこれ考えをめぐらす / Intrigen⁴ *spinnen* 陰謀をたくらむ / Das ist doch *gesponnen*!《状態受動・現在》それはでたらめだよ. **II** 自 (完了 haben) ① 糸を紡ぐ. maschinell *spinnen* 機械で糸を紡ぐ. ② (くもなどが)糸を吐く. ③《方》(猫が)ごろごろとのどを鳴らす. ④《口語》頭がおかしい. Du *spinnst* ja! 君はどうかしているぞ.

Spin·nen‹ge·we·be [シュピンネン・ゲヴェーベ] 中 -s/- くもの巣.

Spin·nen‹netz [シュピンネン・ネッツ] 中 -es/-e くもの巣.

Spin·ner [シュピナァ ʃpínər] 男 -s/- ① 紡績工. ②《口語》頭の変な人. ③《古》〖昆〗カイコガ. ④ スピナー (水中でくるくる回る擬餌針).

Spin·ne·rei [シュピネライ ʃpinəráɪ] 女 -/-en ① 紡績[業], 紡績工場. ②《口語》ばかな考え, 妄想.

Spin·ne·rin [シュピンネリン ʃpínərɪn] 女 -/..rinnen ① 紡ぎ女, 紡績女工. ②《口語》ばかなことを考える(言う)女.

Spinn‹ge·we·be [シュピン・ゲヴェーベ] 中 -s/- くもの巣.

Spinn‹rad [シュピン・ラート] 中 -[e]s/..räder 紡ぎ車, 糸車.

Spinn‹we·be [シュピン・ヴェーベ] 女 -/-n くもの糸(巣).

Spi·no·za [シュピノーツァ ʃpinóːtsa または スピ.. spi..] -s/《人名》スピノザ (Baruch de *Spinoza*

spintisieren 1268

1632-1677; オランダの哲学者).
spin・ti・sie・ren [シュピンティズィーレン ʃpɪntiziːrən] 自 (h) 《口語》つまらぬことをあれこれと考える.
Spi・on [シュピオーン ʃpióːn] 男 -s/-e ① スパイ, 諜報(ちょうほう)員; こっそり偵察している人. ② (ドアなどの)のぞき穴; (窓の)のぞき鏡(窓の外側に取り付けて, 通りや出入口を見張る).
Spi・o・na・ge [シュピオナージェ ʃpionáːʒə] 女 -/ スパイ行為, 諜報(ちょうほう)活動. Wirtschafts-*spionage* 産業スパイ / *Spionage*⁴ treiben スパイをする.
Spi・o・na・ge゠ab・wehr [シュピオナージェ・アップヴェーア] 女 -/ スパイ防止活動, 防諜(ぼうちょう)活動.
Spi・o・na・ge゠netz [シュピオナージェ・ネッツ] 中 -es/-e スパイ網.
Spi・o・na・ge゠ring [シュピオナージェ・リング] 男 -[e]s/-e スパイ組織.
spi・o・nie・ren [シュピオニーレン ʃpioníːrən] 自 (h) ① スパイ活動をする. ② (軽蔑的に:)こっそり探る(のぞく).
Spi・ra・le [シュピラーれ spiráːlə] 女 -/-n ① らせん, 渦巻き線. ② らせん(渦巻き)状の物体.
Spi・ral゠fe・der [シュピラーる・フェーダァ] 女 -/-n ぜんまい.
Spi・ral゠ne・bel [シュピラーる・ネーべる] 男 -s/-《天》渦巻き星雲.
Spi・rant [シュピラント ʃpiránt または スピ.. spi..] 男 -en/-en 《言》摩擦音 ([f, ʃ, s, ç, x] など).
Spi・ri・tis・mus [シュピリティスムス ʃpiritísmus または スピ.. spi..] 男 -/ 心霊信仰; 交霊術.
Spi・ri・tist [シュピリティスト ʃpiritíst または スピ.. spi..] 男 -en/-en 心霊信仰者; 交霊術者.
spi・ri・tis・tisch [シュピリティスティッシュ ʃpiritístɪʃ または スピ.. spi..] 形 心霊信仰の; 交霊術の.
Spi・ri・tu・al [スピリテュアる spírɪtjuəl] 男 中 -s/-s 《音楽》 (アメリカの)ニグロスピリチュアル, 黒人霊歌.
Spi・ri・tu・a・lis・mus [シュピリトゥアリスムス ʃpiritualísmus または スピ.. spi..] 男 -/ ① 《哲》唯心論. ② 心霊主義.
spi・ri・tu・ell [シュピリトゥエる ʃpirituél または スピ.. spi..] 形 ① 精神の, 精神的な; 霊的な. ② 《宗》宗教[上]の.
Spi・ri・tu・o・se [シュピリトゥオーゼ ʃpirituóːzə または スピ.. spi..] 女 -/-n 《ふつう複》強いアルコール飲料(ジン・ウイスキー・コニャックなど).
Spi・ri・tus¹ [シュピーリトゥス ʃpíːritus] 男 -/ (種類:)..tusse 酒精, エチルアルコール.
Spi・ri・tus² [スピーリトゥス spíːritus] 男 -/[..トゥース] 息; 生気; [精霊; 精神.
Spi・ri・tus゠ko・cher [シュピーリトゥス・コッハァ] 男 -s/- [簡易]アルコールこんろ.
Spi・tal [シュピターる ʃpitáːl] 中 -s/..täler ① (きょうニュース)病院 (=Krankenhaus). ② 《古》救貧院; 養老院.

:**spitz** [シュピッツ ʃpɪts] 形 (比較) spitzer, (最上) spitzest) ① (先の)とがった, 先の鋭い. (英 pointed). (〔⇔〕「とがっていない」は stumpf). eine *spitze* Nadel (Nase) とがった針(鼻) / ein *spitzer* Turm 尖塔 / ein *spitzer* Winkel 《数》鋭角 / Der Bleistift ist *spitz*. その鉛筆は[きちんと削って]とがっている.
② 鋭い, かん高い(叫び声など). ein *spitzer* Schrei 鋭い悲鳴. ③《口語》やせこけた, やつれた(顔). Sie ist nach der Krankheit recht *spitz* geworden. 《現在完了》彼女は病後すいぶんやせてしまった. ④《比》辛らつな, 皮肉な. *spitze* Bemerkungen⁴ machen とげのあることを言う / Er hat eine *spitze* Zunge. 彼は言うことが辛らつだ. ⑤《口語》セクシーで魅力的な; 欲望をかきたてられた. ein *spitzes* Weib セクシーな女 / auf 人・物⁴ *spitz* sein a) 人⁴に情欲を感じている, b) 物⁴が欲しくてたまらない.
Spitz [シュピッツ ʃpɪts] 男 -es/-e ① スピッツ(鼻・耳のとがった小型犬). ②《方》ほろ酔い. einen *Spitz* haben ほろ酔い機嫌である. ③ 《スピ》= Spitze
Spitz゠bart [シュピッツ・バールト] 男 -[e]s/..bärte 先のとがったあごひげ[の人]. (☞ Bart 図).
Spitz゠bo・gen [シュピッツ・ボーゲン] 男 -s/-《建》(ゴシック建築の)尖頭(せんとう)アーチ.
Spitz゠bu・be [シュピッツ・ブーベ] 男 -n/-n ① 泥棒, 詐欺師, ならず者. ② 生意気な子. ③ 《南ド・オーストリア》ジャムをはさんだクッキー.
spitz゠bü・bisch [シュピッツ・ビュービッシュ] 形 ① いたずらっぽい, 抜け目のない. ②《古》悪党の.
spit・ze [シュピッツェ ʃpítsə] 形 《無語尾で》《口語》すばらしい, すごくいい.

:*die* **Spit・ze** [シュピッツェ ʃpítsə] 女 《単》-/《複》-n 《英 top, peak》① (とがった)先, 尖端(せんたん), (先細りの)先端; 頂点, (山の)頂上. Turm*spitze* 塔の尖端 / Die *Spitze* des Messers ist sehr scharf. そのナイフの先は非常にとがっている / 物³ die *Spitze*⁴ ab|brechen (または nehmen) 《比》物³(攻撃などの)ほこ先をかわす (←切先を折り取る) / 人³ die *Spitze*⁴ bieten 《比》 人³に勇敢に抵抗する(←剣の先を向ける) / die *Spitze* des Eisbergs 《比》氷山の一角.
② (行列などの)先頭 (序列の)トップ, 首位, 首脳部. die *Spitze* des Zuges 列車の先頭 / an der *Spitze* stehen 先頭に立っている, トップ[の地位]にある.
③ 《複》首脳部[の人たち], トップクラスの人人. die *Spitzen* der Stadt² 町の有力者たち. ④ 最高値, マキシマム, ピーク;《口語》最高にすばらしい物(人). Das Auto fährt 160 km *Spitze*.《口語》この車の最高時速は160キロだ / 物⁴ auf die *Spitze* treiben 《比》物⁴を極端なまでに推し進める / Der neue Wagen ist *Spitze*. この新しい車は最高だ. ⑤ 辛らつな皮肉, 当てこすり. Das ist eine *Spitze* gegen dich. それは君に対する当てこすりだ. ⑥ (葉巻き・紙

巻きたばこの)吸い口, ホールダー. ⑦《経》残高; 端額. ⑧《織》レース.

Spit・zel [シュピッツェる ʃpítsəl] 男 -s/- 密偵, 回し者, スパイ.

spit・zeln¹ [シュピッツェるン ʃpítsəln] 自(h) スパイをする, スパイ活動をする.

spit・zeln² [シュピッツェるン ʃpítsəln] 他(h) (サッカーで:)(ボール⁴を)つま先でける, トーキックする.

***spit・zen** [シュピッツェン ʃpítsən] du spitzt (spitzte, *hat…*gespitzt) **I** 他 (定了 haben) とがらす, (物⁴の)先を鋭くする. (英 *sharpen*). den Bleistift *spitzen* 鉛筆を削る / die Lippen⁴ *spitzen*《比》唇をとがらす / die Ohren⁴ *spitzen*《比》a) (犬などが)耳をぴんと立てる, b)《口語》(人が)聞き耳を立てる.
II 再帰 (定了 haben){*sich*⁴ **auf** 事⁴ ~}《方》(事⁴を)待ち焦がれる.
III 自 (定了 haben)《方》①{**auf** 事⁴ ~}(事⁴を)待ち焦がれる. ② こっそり見る(のぞく); 注意を払う.

Spit・zen.. [シュピッツェン.. ʃpítsən..]《名詞につける接頭》《先頭の・最高の》: *Spitzen*sportler トップクラスの選手.

Spit・zen:er・zeug・nis [シュピッツェン・エァツォイグニス] 中 -ses/..nisse 最高級{製}品.

Spit・zen:ge・schwin・dig・keit [シュピッツェン・ゲシュヴィンディカイト] 女 -/-en 最高速度 (=Höchstgeschwindigkeit)

Spit・zen:grup・pe [シュピッツェン・グルッペ] 女 -/-n トップグループ; 先頭グループ.

Spit・zen:klas・se [シュピッツェン・クらッセ] 女 -/-n トップクラス; 最高級{品}.

Spit・zen:leis・tung [シュピッツェン・らイストゥング] 女 -/-en 最高の成果(業績);《スピ》最高記録;《電》最大出力, ピーク電力.

Spit・zen:rei・ter [シュピッツェン・ライタァ] 男 -s/- (人気・成績などで)トップクラスにある人(事・物) (元の意味は「トップクラスの騎手」)

Spit・zen:sport・ler [シュピッツェン・シュポルトらァ] 男 -s/- トップクラスのスポーツ選手.

Spit・zen:tanz [シュピッツェン・タンツ] 男 -es/..tänze (バレエの)トーダンス.

Spit・zen:tech・no・lo・gie [シュピッツェン・テヒノろギー] 女 -/- 先端科学技術.

Spit・zer [シュピッツァァ ʃpítsər] 男 -s/-《口語》鉛筆削り器.

spitz:fin・dig [シュピッツ・ふィンディヒ] 形 細かいことにこだわりすぎる, 小うるさい.

Spitz:fin・dig・keit [シュピッツ・ふィンディヒカイト] 女 -/-en ①《複 なし》細かいこと(小事)にこだわること. ② 小うるさい文句.

Spitz:ha・cke [シュピッツ・ハッケ] 女 -/-n つるはし, ピッケル.

Spitz:keh・re [シュピッツ・ケーレ] 女 -/-n ① (道路の)ヘアピンカーブ. ② (スキーの)キックターン.

spitz|krie・gen [シュピッツ・クリーゲン ʃpítskri:gən] 他 (h)《口語》(いんちきなど⁴を)見抜く.

Spitz:maus [シュピッツ・マオス] 女 -/..mäuse ①《動》トガリネズミ. ②《口語》(ふつう軽蔑的に:)細面の人(特に女性).

Spitz:na・me [シュピッツ・ナーメ] 男 -ns (3格・4格 -n)/-n あだ名, ニックネーム. 人³ einen *Spitznamen* geben 人³にあだ名をつける.

spitz・te [シュピッツテ] *spitzen (とがらす)の過去

spitz:win・ke・lig [シュピッツ・ヴィンケリヒ] 形 =spitzwinklig

spitz:wink・lig [シュピッツ・ヴィンクリヒ] 形 鋭角の.

Spleen [シュプリーン ʃplí:n または スプリーン splí:n]《英》男 -s/-e (または -s) 気まぐれ; 奇抜(とっぴ)な考え.

splee・nig [シュプリーニヒ ʃplí:niç または スプリ-.. splí:..] 形 奇抜な, とっぴな.

splen・did [シュプれンディート ʃplɛndí:t または スプれン.. splɛn..] 形 ① 気前のいい. ② 豪華な. ③《印》行間を広くとっている.

Splint [シュプリント ʃplínt] 男 -{e}s/-e ①《工》割りピン. ②《複 なし》《林》白木質, 白太(ʻ﹅).

Splitt [シュプリット ʃplít] 男 -{e}s/{種類:} -e (コンクリート用の)砕石.

*der **Split・ter** [シュプりッタァ ʃplítər] 男 {単2} -s/{複} - (3格のみ -n) (木・金属などの)破片, かけら, 細片, とげ. (英 *splinter*). Glas*splitter* ガラスの破片 / in kleine *Splitter* zerbrechen こなごなに砕ける.

split・ter:frei [シュプりッタァ・ふライ] 形 割れてもこなごなにならない(安全ガラスなど).

Split・ter:grup・pe [シュプりッタァ・グルッペ] 女 -/-n 分派, 分裂グループ.

split・te・rig [シュプりッテリヒ ʃplítəriç] 形 ① 割れ(裂け)やすい. ② ささくれだった.

split・tern [シュプりッテルン ʃplítərn] 自 (h, s) ① (h) (木材などがぼろぼろと)欠ける. ② (s) (ガラスなどが)こなごなに割れる(砕ける).

split・ter:nackt [シュプりッタァ・ナックト] 形《口語》素っ裸の, 一糸もまとわない.

Split・ter:par・tei [シュプりッタァ・パルタイ] 女 -/-en (政党の)分派.

Split・ting [シュプりッティング ʃplítiŋ または スプりッ.. splí..]《英》中 -s/-s ①《複 なし》《法》分割課税. ②《経》(株式などの)分割. ③《政》投票の分割(第一票と第二票を異なる政党へ投票すること).

Spoi・ler [シュポイらァ ʃpóylər または スポイ..spóy..] 男 -s/- (飛行機・自動車の)スポイラー.

spön・ne [シュペンネ] *spinnen (紡ぐ)の接2

spon・sern [シュポンザァン ʃpónzərn または ス.. spón..] 他 (h) (選手・競技会など⁴の)スポンサーになる.

Spon・sor [シュポンザァ ʃpónzər または スポン..spón..]《英》男 -s/-en {..ゾーレン} (または -s) スポンサー.

spon・tan [シュポンターン ʃpontá:n または スポン.. spon..] 形 自発的な, 無意識的な, とっさの; 自然発生的な. ein *spontaner* Entschluss とっさの決断 / *spontan* antworten とっさに答える.

Spon・ta・ne・i・tät [シュポンタネイテート ʃpɔntaneːiˈtɛːt または シュポン.. spɔn..] 囡 –/–en 《覆 なし》自発[性]. ② 《ふつう 單》自発的な言動.

Spon・ti [シュポンティ ʃpɔ́nti] 男 –s/–s 《政》《口語》ノンセクトの左翼支持者.

spo・ra・disch [シュポラーディッシュ ʃpoˈraːdɪʃ または スポ.. spo..] 形 まばらな; ごくまれな, 散発的な.

Spo・re [シュポーレ ʃpóːrə] 囡 –/–n 《ふつう 覆》《植》胞子, 芽胞.

Sporn [シュポルン ʃpɔ́rn] 男 –[e]s/Sporen [シュポーレン] (または –e) ① 《覆》 Sporen; ふつう 覆》拍車. einem Pferd die *Sporen*⁴ geben 馬に拍車をかける / sich³ die [ersten] *Sporen*⁴ verdienen《比》初めて手柄をたてて認められる. ② 《覆》Sporen または –e》《雄鶏・昆虫などの》けづめ. ③ 《覆 –e》《植》距(きょ)(スミレなどの萼や花冠の一部がつめ状に飛び出した部分). ④ 《覆 –e》山の突出部. ⑤ 《覆 –e》《海》(昔の:)軍艦の衝角;《文》尾ビレ.

spor・nen [シュポルネン ʃpɔ́rnən] 他 (h) (馬⁴に)拍車をかける;《比》(人⁴を)励ます, 鼓舞する.

sporn・streichs [シュポルン・シュトライヒス] 副 即座に, 直ちに, 大急ぎで; まっしぐらに.

‡*der* **Sport** [シュポルト ʃpɔ́rt]

> スポーツ　Ich treibe gern *Sport*.
> 　　　　　イヒ　トライベ　ゲルン　シュポルト
> 　　　　　私はスポーツをするのが好きです.

[英] 男 (単 2) –[e]s/《種類を表すときのみ: 覆》–e (æ sport) ① 《覆 なし》スポーツ, 運動競技; (学校の)体育. Winter*sport* ウインタースポーツ / *Sport*⁴ treiben スポーツをする / In der zweiten Stunde haben wir *Sport*. 2 時間目は体育だ.
② (種目としての)スポーツ. Fußball ist ein sehr beliebter *Sport*. サッカーは非常に人気のあるスポーツだ.
③ 《ふつう 單》《口語》趣味, 道楽. Das macht er nur **als** (または **aus** または **zum**) *Sport*. それを彼は単なる趣味でやっている / sich³ einen *Sport* daraus machen, **zu** 不定詞 [句]《口語》おもしろ半分に…をする.

Sport≠ab・zei・chen [シュポルト・アップツァイヒェン] 中 –s/– (一定のスポーツ能力を認定する)スポーツバッジ.

Sport≠art [シュポルト・アールト] 囡 –/–en スポーツの種目.

Sport≠ar・ti・kel [シュポルト・アルティーケル] 男 –s/– 《ふつう 覆》スポーツ用品.

Sport≠arzt [シュポルト・アールツト] 男 –es/..ärzte スポーツ医[師].

spor・teln [シュポルテルン ʃpɔ́rtəln] 自 (h) 《口語》(自分の楽しみのために)スポーツをする.

Sport≠fest [シュポルト・フェスト] 中 –[e]s/–e 運動(競技)会, スポーツの祭典.

Sport≠flug・zeug [シュポルト・ふるークツォイク] 中 –[e]s/–e スポーツ用軽飛行機.

Sport≠freund [シュポルト・フロイント] 男 –[e]s/–e スポーツ愛好家; スポーツ仲間.

Sport≠ge・rät [シュポルト・ゲレート] 中 –[e]s/–e スポーツ器具(用具).

Sport≠hal・le [シュポルト・ハれ] 囡 –/–n 体育館, 室内競技場.

Sport≠hemd [シュポルト・ヘムト] 中 –[e]s/–en (ユニホームなどの)スポーツシャツ; トレーニングシャツ.

spor・tiv [シュポルティーふ spɔrtíːf または シュポル.. ʃpɔr..] 形 スポーツマンらしい, スポーツ向きの, スポーティーな.

Sport≠klub [シュポルト・クるップ] 男 –s/–s スポーツクラブ.

Sport≠leh・rer [シュポルト・れーラァ] 男 –s/– 体育教師; トレーナー, コーチ.

∗*der* **Sport・ler** [シュポルトらァ ʃpɔ́rtlɐr] 男 (単 2) –s/(覆) – (3 格のみ –n) スポーツマン. (æ sportsman). Er ist ein fairer *Sportler*. 彼はフェアなスポーツマンだ.

Sport・le・rin [シュポルトれリン ʃpɔ́rtlərɪn] 囡 –/..rinnen スポーツウーマン.

∗**sport・lich** [シュポルトりヒ ʃpɔ́rtlɪç] 形 ① スポーツの, スポーツ(運動)に関する. (æ sporting). *sportliche* Wettkämpfe スポーツの試合. ② (体つきなどが)スポーツにふさわしい, スポーツマンらしい; (服装などが)スポーツに適した, スポーティーな. (æ sporty). Er hat eine *sportliche* Figur. 彼はスポーツで鍛えた体つきをしている / sich⁴ *sportlich* kleiden スポーティーな服装をする. ③ スポーツマンシップにのっとった, フェアな (プレーなど).

Sport≠me・di・zin [シュポルト・メディツィーン] 囡 –/– スポーツ医学.

∗*der* **Sport≠platz** [シュポルト・プらッツ] 男 (単 2) –es/(覆) ..plätze [..プれッツェ] (3 格のみ ..plätzen) (戸外の)運動場, 競技場. (æ sports field). Die Schüler gehen **auf** den *Sportplatz*. 生徒たちは運動場へ行く.

Sports≠mann [シュポルツ・マン] 男 –[e]s/..leute (まれに ..männer) スポーツマン (= Sportler).

Sport≠ver・ein [シュポルト・フェアアイン] 男 –[e]s/–e 体育協会, スポーツクラブ (略: SV).

Sport≠wa・gen [シュポルト・ヴァーゲン] 男 –s/– ① スポーツカー. ② (幌(ほろ)なしの軽快な)ベビーカー, 乳母車.

Sport≠zei・tung [シュポルト・ツァイトゥング] 囡 –/–en スポーツ新聞.

Sport≠zent・rum [シュポルト・ツェントルム] 中 –s/..zentren スポーツセンター.

Spot [スポット spɔ́t または シュポット ʃpɔ́t] [英] 男 –s/–s ① (テレビ・ラジオの)スポット[コマーシャル]. ② ＝Spotlight

Spot・light [スポット・らイト spɔ́t-laɪt または シュポット.. ʃpɔ́t..] [英] 中 –s/–s 《劇・写》スポットライト. **im** *Spotlight* stehen スポットライトを浴びている.

∗*der* **Spott** [シュポット ʃpɔ́t] 男 (単 2) –es (まれに –s)/– あざけり, 嘲笑(ちょうしょう); 物笑いの種. (æ mockery). [seinen] Spott mit 人・物³ treiben 人・物³をあざ笑う / **zum** Spott der Leute² werden 人々の笑い物になる.

Spott=bild [シュポット・ビルト] 中 -[e]s/-er 戯画, 風刺画, カリカチュア.

spott=bil·lig [シュポット・ビリヒ] 形 《口語》ばかみたいに安い, 二束三文の.

Spöt·te·lei [シュペッテライ ʃpœtəlái] 女 -/-en 冷やかし, からかい.

spöt·teln [シュペッテルン ʃpǽtəln] 自 (h) からかう. **über** 人・事² spötteln 人・事²を冷やかす.

***spot·ten** [シュポッテン ʃpɔ́tən] du spottest, er spottet (spottete, hat ... gespottet) 自 (完了 haben) ① あざ笑う, 嘲笑(ちょうしょう)する. (雅 mock). Spotte nicht! ばかにするな / **über** 人・事² spotten 人・事²をあざ笑う ⇒ Sie spotteten über meine Angst. 彼らは私が心配するのをからかった.
② 《雅》(事²を)問題にしない, (事²の)及ばないことである. aller Gefahr² spotten どんな危険もものともしない / Das spottet jeder Vorstellung. それは想像を絶するものだ.

Spöt·ter [シュペッタァ ʃpǽtər] 男 -s/- 嘲笑(ちょうしょう)する人, 皮肉屋.

spot·te·te [シュポッテテ] *spotten (あざ笑う)の 過去

Spott=ge·dicht [シュポット・ゲディヒト] 中 -[e]s/-e 風刺詩.

Spott=geld [シュポット・ゲルト] 中 -[e]s/ 《口語》わずかな金額. 物⁴ **für** (または **um**) ein Spottgeld bekommen 物⁴を二束三文で手に入れる.

***spöt·tisch** [シュペティッシュ ʃpǿtɪʃ] 形 あざけるような, 嘲笑(ちょうしょう)的な; 嘲笑癖のある. spöttische Worte あざけりの言葉 / ein spöttischer Mensch 他人をよくばかする人, 嘲笑家.

Spott=na·me [シュポット・ナーメ] 男 -ns (3格・4格 -n)/-n (人をあざける)あだ名.

Spott=preis [シュポット・プライス] 男 -es/-e 《口語》捨て値, 二束三文.

Spott=vo·gel [シュポット・フォーゲル] 男 -s/..vögel ①《鳥》モノマネドリ. ② 嘲笑(ちょうしょう)する人, 皮肉屋(=Spötter).

sprach [シュプラーハ] *sprechen (話す)の 過去

Sprach=at·las [シュプラーハ・アトラス] 男 -(または ..lasses/..lasse (または ..lanten)《言》言語地図[集].

Sprach=be·ga·bung [シュプラーハ・ベガーブング] 女 -/-en 語学の才能.

*die **Spra·che** [シュプラーヘ ʃprá:xə]

> 言葉 Er spricht drei *Sprachen*.
> エァ シュプリヒト ドライ シュプラーヘン
> 彼は 3 か国語話します.

女 (単) -/(複) -n ① 言語, 言葉. (英 language). die deutsche Sprache ドイツ語 / eine lebende (tote) Sprache 現在使われている言語(死語) / neuere Sprachen 近代諸語 / eine fremde Sprache⁴ lernen 外国語を学ぶ / Japanisch ist eine schwierige Sprache. 日本語は難しい言語だ / Er beherrscht fünf Sprachen. 彼は 5 か国語を使いこなす / die gleiche Sprache⁴ sprechen (または reden)《比》(考え方などが同じで)互いに話が通じやすい / eine andere Sprache⁴ sprechen a) まったく違う(別の)ことを言う, b)《比》話がまったく通じない / **in einer fremden** Sprache sprechen 外国語で話す / **in sieben** Sprachen schweigen《戯》一言も言わない(←七つの言語で黙っている).
② 《覆 なし》話す能力, 言語能力. die Sprache⁴ verlieren (ショックなどで)口が利けなくなる / Mir blieb die Sprache weg. (びっくりして)私は何も言えなかった / die Sprache⁴ wieder finden (気持ちが落ち着いて)口が利けるようになる.
③ 《覆 なし》話し方, 言葉使い; 口調, 発音[の仕方]. eine flüssige Sprache よどみない話ぶり / eine natürliche Sprache 自然な言葉使い / eine deutliche Sprache⁴ sprechen (ある事柄が)事実をはっきり示している / Man erkennt ihn **an der** Sprache. 話し方で彼だとわかる / Der Sprache³ **nach** stammt er aus Berlin. 話し方から判断すると彼はベルリン出身だ.
④ 《覆 なし》話すこと. die Sprache⁴ **auf** 事⁴ bringen 話題を事⁴に向ける / Heraus **mit** der Sprache!《口語》a) さっさと言ったらどうだ, b) いいかげんに白状しろ / **zur** Sprache kommen 話題になる.

....

(比) ..sprache のいろいろ: Fachsprache 専門用語 / Fingersprache 手話 / Fremdsprache 外国語 / Gebärdensprache 身ぶり言語 / Hochsprache 標準語 / Kindersprache 幼児語 / Kunstsprache 人工語 / Muttersprache 母語 / Schülersprache 生徒言葉 / Studentensprache 学生言葉 / Umgangssprache 話し言葉 / Volkssprache 民衆語 / Weltsprache 国際語 / Zeichensprache 記号(身ぶり)言語

....

sprä·che [シュプレーヒェ] *sprechen (話す)の 接2

Sprach=fa·mi·lie [シュプラーハ・ファミーリエ] 女 -/-n《言》語族.

Sprach=feh·ler [シュプラーハ・フェーらァ] 男 -s/-《医》言語欠陥(心理的・生理的発音上の障害), 言語障害.

Sprach=for·scher [シュプラーハ・フォルシャァ] 男 -s/- 言語学者, 言語研究家.

Sprach=füh·rer [シュプラーハ・フューラァ] 男 -s/- (特に旅行用の)外国語ハンドブック.

Sprach=ge·biet [シュプラーハ・ゲビート] 中 -[e]s/-e 言語圏.

Sprach=ge·brauch [シュプラーハ・ゲブラオホ] 男 -[e]s/ 言葉の使い方, 言語の慣用, 語法.

Sprach=ge·fühl [シュプラーハ・ゲフュール] 中 -[e]s/ 語感. ein gutes Sprachgefühl⁴ haben 語感が鋭い.

sprach・ge・wandt [シュプラーハ・ゲヴァント] 形 言葉の巧みな, 能弁な; 外国語に堪能(%)な.

..spra・chig [..シュプラーヒヒ ..praːxɪç]《形容詞をつくる 接尾》(…語を話す) 例: zwei*sprachig* 2言語の, 2言語による.

Sprach゠kennt・nis・se [シュプラーハ・ケントニセ] 複 語学(外国語)の知識. Er hat gute japanische *Sprachkenntnisse*. 彼は日本語がよくできる.

Sprach゠kurs [シュプラーハ・クルス] 男 -es/-e 語学講座, 外国語コース.

Sprach゠la・bor [シュプラーハ・らボーァ] 中 -s/-s (または -e) ランゲージラボラトリー, LL.

Sprach゠leh・re [シュプラーハ・れーレ] 女 -/-n 文法[書] (=Grammatik).

Sprach゠leh・rer [シュプラーハ・れーラァ] 男 -s/- 外国語の教師.

sprach・lich [シュプラーりヒ] 形 言語[上]の, 言葉に関する; 文法[上]の. die *sprachliche* Begabung 語学の才能 / Das ist *sprachlich* falsch. それは語法上間違っている.

***sprach゠los** [シュプラーハ・ろース ʃpráːxloːs] 形 ① (びっくりして)ものも言えない, 啞然(%)とした. (英 speechless). Er war *sprachlos vor* Entsetzen. 彼は驚きのあまりものも言えなかった. ② 《雅》無言の. in *sprachlosem* Einverständnis 暗黙の了解のもとに.

Sprach゠phi・lo・so・phie [シュプラーハ・フィろゾふィー] 女 -/ 言語哲学.

Sprach゠psy・cho・lo・gie [シュプラーハ・プスュヒョろギー] 女 -/ 言語心理学.

Sprach゠raum [シュプラーハ・ラオム] 男 -[e]s/..räume 言語圏. der deutsche *Sprachraum* ドイツ語圏.

Sprach゠rei・se [シュプラーハ・ライゼ] 女 -/-n (語学研修のための)[外国]旅行.

Sprach゠rohr [シュプラーハ・ローァ] 中 -[e]s/-e メガホン; 《比》(軽蔑的に:)話を受け売りする人; 《比》スポークスマン.

Sprach゠stö・rung [シュプラーハ・シュテーるング] 女 -/-en《医》言語障害.

Sprach゠stu・di・um [シュプラーハ・シュトゥーディウム] 中 -s/..dien [..ディエン] 言語研究.

Sprach゠ta・lent [シュプラーハ・タれント] 中 -[e]s/-e 語学の才能[の持ち主].

Sprach゠un・ter・richt [シュプラーハ・ウンタりヒト] 男 -[e]s/-e《ふつう 単》語学の授業.

Sprach゠wis・sen・schaft [シュプラーハ・ヴィッセンシャふト] 女 -/ 言語学. die vergleichende *Sprachwissenschaft* 比較言語学.

Sprach゠wis・sen・schaft・ler [シュプラーハ・ヴィッセンシャふトラァ] 男 -s/- 言語学者, 言語研究家.

sprach゠wis・sen・schaft・lich [シュプラーハ・ヴィッセンシャふトりヒ] 形 言語学[上]の.

Sprach゠zent・rum [シュプラーハ・ツェントルム] 中 -s/..zentren《医》言語中枢.

sprang [シュプラング] ⇒springen (跳ぶ)の 過去

sprän・ge [シュプレンゲ] ⇒springen (跳ぶ)の 接2

Spray [シュプレー ʃpreː または スプレー spréɪ] 〔英〕男 中 -s/-s スプレー, 噴霧[液].

spray・en [シュプレーエン ʃpreːən または スプレー.. spréɪ..] Ⅰ 自 (h)《gegen 物⁴ ~》(物⁴に)殺虫剤をスプレーする. Ⅱ 他 (h)(髪などに⁴に)スプレーする.

Sprech゠an・la・ge [シュプレヒ・アンらーゲ] 女 -/-n インターホン.

Sprech゠chor [シュプレヒ・コーァ] 男 -[e]s/..chöre シュプレヒコール[を唱える集団];《劇》対話的合唱[を歌うグループ].

:**spre・chen*** [シュプレッヒェン ʃpréçən]

話す	*Sprechen* Sie Deutsch?
	シュプレッヒェン ズィー ドイチュ
	あなたはドイツ語を話しますか.

人称	単	複
1	ich spreche	wir sprechen
2	{du **sprichst**	ihr sprecht
	{Sie sprechen	Sie sprechen
3	er **spricht**	sie sprechen

(sprach, hat...gesprochen) Ⅰ 自 (完了 haben) ① 話す, しゃべる; 話をする. (英 speak). (対「黙っている」は schweigen). laut (leise) *sprechen* 大声で(小声で)話す / *Sprechen* Sie bitte langsam! ゆっくり話してください / auf Deutsch *sprechen* ドイツ語で話す / Unser Kind *kann* noch nicht *sprechen*. うちの子はまだ言葉がしゃべれない / Hier *spricht* Meier. (電話口で:)こちらはマイアーです. (☞ 類語 sagen). ◆《前置詞とともに》**auf** 人・事⁴ zu *sprechen* kommen 人・事⁴を話題にする / Sie ist auf ihn schlecht zu *sprechen*. 彼女は彼のことを悪く思っている(嫌っている) / **für** 人・事⁴ *sprechen* a) 人・事⁴に賛成する, 人・事⁴を代弁(代表)する, b) 人・事⁴に有利に働く ⇨ Er *hat* nur für dich *gesprochen*. 彼はもっぱら君の弁護をした / Die Umstände *sprechen* für den Angeklagten. 状況は被告に有利だ / Das *spricht* für sich selbst. それは説明するまでもない(自明の理である) / **gegen** 人・事⁴ *sprechen* a) 人・事⁴に反対する, b) 人・事⁴に不利に働く / **mit** 人³ *sprechen* 人³と話をする ⇨ Er *spricht* gerade mit seinem Chef. 彼は今上役と話をしている / Wir *sprechen* nicht miteinander. 私たちはお互いに口をきかない / Ich habe mit dir zu *sprechen*. ぼくは君と話がある / mit sich³ selbst *sprechen* ひとり言を言う / **über** 人・事⁴ *sprechen* 人・事⁴について話す, 論じる ⇨ Ich *möchte* mit Ihnen über die Sache *sprechen*. 私はその件についてあなたとお話をしたい / **von** 人・事³ *sprechen* 人・事³について話す, 人・事³の話をする ⇨ Er *sprach* von seiner Vergangenheit. 彼は自分の過去について語った / Er *hat* schlecht von dir (または über dich) *gesprochen*. 彼は君のことを悪く言った.

② 演説する, 講演する. Er *spricht* heute im Fernsehen. 彼はきょうテレビで演説する / frei *sprechen* 原稿なしで話す.

③《*aus* [人・物]³ ～》《雅》([人・物]³から感情などがおのずと)現れる. Aus seinen Worten spricht nur Hass. 彼の言葉には憎しみだけが現れている.

II 他 (完了 haben) ① (言葉・外国語など⁴を)**話す,しゃべる**;(真実など⁴を)**言う**. Er spricht Dialekt. 彼は方言を話す / Er sprach kein Wort. 彼はひとこともしゃべらなかった / Sie spricht fließend Deutsch. 彼女は流暢(%%)にドイツ語を話す / die Wahrheit⁴ sprechen 真実を述べる / Unsinn⁴ sprechen ばかげたことを言う.

② ([人]⁴と)**会って話をする,面会(面談)する,電話でじかに話をする**. Ich *möchte* Herrn Braun *sprechen*. ブラウンさんにお目にかかりたいのですが / Kann ich Frau Müller *sprechen*? a) ミュラーさんにお会いできますか, b) (電話口で:) ミュラーさんをお願いできますか / Der Arzt ist täglich von 9 bis 13 Uhr zu *sprechen*. その医者の診察時間は毎日9時から13時までだ. ◊[相互的に] Wir *sprechen* uns noch! あとでまた話をつけよう.

③ (祈りなど⁴を)唱える,(詩など⁴を)朗読する. ein Gebet⁴ *sprechen* 祈りを唱える / ein Gedicht⁴ *sprechen* 詩を朗読する.

④ (判決⁴を)言い渡す. über [人]⁴ das Urteil⁴ *sprechen* [人]⁴に判決を言い渡す.

Spre·chen [シュプレッヒェン] 中《成句的に》[人]⁴ **zum** *Sprechen* **bringen** [人]⁴に発言させる.

spre·chend [シュプレッヒェント] **I** *sprechen (話す)の 現分 **II** 形 ① 明白な. ein *sprechender* Beweis 明白な証拠 / [人]³ *sprechend* ähnlich sein [人]³に生き写し(そっくり)である. ② 表情豊かな;意味ありげな(まなざしなど). ein *sprechendes* Gesicht 表情に富んだ顔.

Spre·cher [シュプレッヒャァ ∫préçɐr] 男 -s/- ① 話し手,語り手,話す人;アナウンサー,ナレーター.(女性形は Sprecherin;「聞き手」は Hörer). ② (特定グループの)代弁者;スポークスマン,広報担当者. ③ 〈隠語〉(刑務所などの)面会時間.

Sprech⸗er·zie·hung [シュプレヒ・エァツィーウング] 女 -/ スピーチ(話し方)教育.

Sprech⸗plat·te [シュプレヒ・プらッテ] 女 -/-n (詩・劇などの)朗読レコード.

die **Sprech⸗stun·de** [シュプレヒ・シュトゥンデ ∫préç-∫tundə] 女 (単)=(複) -n (相談のための)**面会時間**;(医師の)診察(診療)時間.(英 office (surgery) hours). Heute ist keine *Sprechstunde*. 本日休診 / in die *Sprechstunde* gehen 面会時間に相談に行く.

Sprech·stun·den⸗hil·fe [シュプレヒシュトゥンデン・ヒるフェ] 女 -/-n (女性の)診療助手.

Sprech⸗übung [シュプレヒ・ユーブング] 女 -/-en 会話の練習;(言語障害者の)発声訓練.

Sprech⸗wei·se [シュプレヒ・ヴァイゼ] 女 -/-n 話しぶり,言い方.

Sprech⸗zim·mer [シュプレヒ・ツィンマァ] 中 -s/- 診察室;面会(応接)室.

die **Spree** [シュプレー ∫pré:] 女 -/《定冠詞とともに》《川名》シュプレー川 (ベルリンを流れる).

*****sprei·zen** [シュプライツェン ∫práitsən] du spreizt (spreizte, *hat*...gespreizt) **I** 他 (完了 haben) (脚・腕・指など⁴を)**広げる,開く**.(英 spread). Der Vogel *spreizt* seine Flügel. 鳥が翼を広げる.

II 再帰 (完了 haben) *sich*⁴ *spreizen* ① 気取る,もったいぶる. ② (わざとらしく・気取って)遠慮する,いやがる.

◊ ☞ **gespreizt**

Spreiz⸗fuß [シュプライツ・フース] 男 -es/ ..füße 〈医〉開張足.

spreiz·te [シュプライツテ] *spreizen (広げる)の 過去

Spren·gel [シュプレンゲる ∫préŋəl] 男 -s/- ① (教会の)教区,聖堂区. ② 《オーストリア》(官庁の)管轄区域.

*****spren·gen** [シュプレンゲン ∫préŋən] (sprengte, *hat/ist*...gesprengt) **I** 他 (完了 haben) ① **爆破する,破裂させる**.(英 blast). Felsen⁴ *sprengen* 岩石を爆破する. ② **こじ開ける**. eine Tür⁴ *sprengen* ドアをこじ開ける. ③ **打ち壊す**(砕く),**粉砕する**. die Fesseln⁴ *sprengen* 足かせ(束縛)を断ち切る / die Versammlung⁴ *sprengen* 〈比〉集会を強制的に解散させる / Die Freude *sprengte* ihm fast die Brust. 〈比〉うれしくて彼の胸は張り裂けそうだった. ④ (水など⁴を)**まく**,([物]⁴に)水をまく.(英 sprinkle). Wasser⁴ **über** die Blumen *sprengen* 花に水を注ぎかける / den Rasen *sprengen* 芝生に水をまく. ⑤ 《狩》(獲物⁴を)追いたてる,追い出す.

II 自 (完了 sein)《雅》(馬で…へ)疾駆する.

Spreng⸗kap·sel [シュプレング・カプセる] 女 -/-n 雷管.

Spreng⸗kopf [シュプレング・コプふ] 男 -es/..köpfe 〈軍〉弾頭.

Spreng⸗kör·per [シュプレング・ケルパァ] 男 -s/- 爆発物,爆弾.

Spreng⸗kraft [シュプレング・クラふト] 女 -/ 爆破(爆発)力.

Spreng⸗la·dung [シュプレング・らードゥング] 女 -/-en 爆破装薬,(点火薬に対して:)炸薬(%%).

Spreng⸗stoff [シュプレング・シュトふ] 男 -[e]s/-e 爆薬,爆発物.

spreng·te [シュプレングテ] *sprengen (爆破する)の 過去

Spren·gung [シュプレングング] 女 -/-en ① 爆破,破裂;突破,粉砕. ② (集会などの)強制的解散. ③ (物に水などを)まくこと.

Spreng⸗wa·gen [シュプレング・ヴァーゲン] 男 -s/- 散水[自動]車.

Spren·kel [シュプレンケる ∫préŋkəl] 男 -s/- (小さな)斑点(%%),染み.

spren·keln [シュプレンケるン ∫préŋkəln] 他 (h) ([物]⁴に)斑点(%%)をつける;染みをつける.

◊ ☞ **gesprenkelt**

Spreu [シュプロイ ʃpróy] 女 -/ もみ殻; わらくず; 《比》廃物, くず. die *Spreu*⁴ vom Weizen sondern (または trennen)《雅》良いものと悪いものをより分ける(←もみ殻を小麦から分ける; マタイによる福音書 3, 12).

sprich [シュプリヒ] ‡sprechen (話す)の du に対する 命令

sprichst [シュプリヒスト] ‡sprechen (話す)の 2人称単数 現在

spricht [シュプリヒト] ‡sprechen (話す)の 3人称単数 現在

das **Sprich=wort** [シュプリヒ・ヴォルト ʃpríç-vɔrt] 中 (単2) -[e]s/(複) ..wörter [..ヴェルタァ] (3格のみ ..wörtern) ことわざ, 格言. (英 *proverb*). Wie das *Sprichwort* sagt,... ことわざにあるように, …

sprich·wört·lich [シュプリヒ・ヴェルトリヒ] 形 ① ことわざの[ような]. ② よく知られた, 周知の. Seine Freigebigkeit ist *sprichwörtlich*. 彼の気前のよさはだれもが知っている.

srie·ßen* [シュプリーセン ʃpríːsən] (spross, *ist*...gesprossen) 自 (s) 《雅》(植物が)発芽する, 芽ばえる; (ひげが)生え始める.

Spriet [シュプリート ʃpríːt] 中 -[e]s/-e 《海》(小型帆船の)スプリット.

Spring=brun·nen [シュプリング・ブルンネン] 男 -s/- 噴水.

****sprin·gen*** [シュプリンゲン ʃpríŋən]

> 跳ぶ
> Wie hoch *springst* du denn?
> ヴィー ホーホ シュプリングスト ドゥ デン
> 君はどのくらい高く跳べるの.

(sprang, *ist*/*hat*...gesprungen) I 自 (定了) sein または haben) ① (s) 跳ぶ, はねる. (英 *jump*). weit *springen* 遠くへ跳ぶ / Die Fische *springen*. (水面から)魚が跳ねる / 人³ **an** den Hals *springen* 人³の首に飛びつく / Die Katze *sprang* ihm **auf** den Schoß. 猫が彼のひざに飛び乗った / **aus** dem Bett *springen* ベッドから飛び起きる / aus dem Fenster *springen* 窓から飛び降りる / **in** die Höhe *springen* 飛び上がる / ins Wasser *springen* 水に飛び込む / **mit** dem Seil *springen* 縄跳びする / **über** einen Bach *springen* 小川を飛び越える / **vom** Pferd *springen* 馬から飛び下りる / **zur** Seite *springen* 跳びのく.

② (s,h) 《スラ》跳躍(ジャンプ)する. ◇[距離を表す4格とともに] Er *ist* (または *hat*) fünf Meter *gesprungen*. 《現在完了》彼は 5 メートル跳んだ. ③ (s) (鹿などが)跳びはねて行く. Ein Reh *sprang* **über** die Wiese. 1頭の鹿が草原を跳んで行った. ④ (s) 《南ド,スト》(…へ)駆けつける, 急いで行く; (用を足しに)すっとんで行く. **zum** Bäcker *springen* パン屋へひとっ走りする. ⑤ (s) 『**aus** 物³ ~』《雅》(物³からほとばしり出る, (火花が物³から)飛び散る. Eine Quelle *springt* aus dem Felsen. 清水が岩の間からわき出ている. ⑥ (s) 『**aus** (または **von**) 物³ ~』(はじけて物³から)飛び出す. Die Lokomotive *ist* aus dem Gleis *gesprungen*.《現在完了》機関車が脱線した / Der Knopf *sprang* vom Mantel. ボタンがコートから取れた / 物⁴ *springen lassen* 《口語》物⁴を気前よくおごる. ⑦ (s) 『**auf** 物⁴ ~』(物⁴に)ぱっと変わる(動く). Die Ampel *sprang* von Gelb auf Rot. 信号が黄から赤へさっと変わった. ⑧ (s) (ボールなどが)弾む. (ガラスなどに)ひびが入る, 割れる; (弦などが)ぷつんと切れる. Dünnes Porzellan *springt* leicht. 薄い磁器は割れやすい. ⑩ (s) 《雅》(つぼみが)ぱっと開く.

II 他 (定了 sein または haben) ① (スラ)(跳んで記録など⁴を)出す. einen neuen Rekord *springen* 跳躍で新記録を出す. ② 《スラ》(ある型⁴の)跳躍をする. einen Salto *springen* 宙返りする.

Sprin·gen [シュプリンゲン] 中 -s/- ① (複なし)跳ぶこと, 跳躍. ② 《スラ》ジャンプ競技.

Sprin·ger [シュプリンガァ ʃpríŋər] 男 -s/- ① ジャンプ(飛込)競技の選手. (←書 女性形は Springerin). ② (動)跳ぶ動物(バッタなど). ③ (チェスの)ナイト. ④ (企業などでの)緊急交替要員. ⑤《農》種畜(種馬など).

Spring=flut [シュプリング・ふるート] 女 -/-en 《海》大潮.

Spring=form [シュプリング・フォルム] 女 -/-en 円形のケーキ型.

Spring=ins=feld [シュプリング・インスふェルト] 男 -[e]s/-e 《ふつう 単》《戯》元気のいい若者.

spring=le·ben·dig [シュプリング・レベンディヒ] 形 元気いっぱいの, はつらつとした.

Spring=pferd [シュプリング・プふェーアト] 中 -[e]s/-e 障害競技に適した]馬.

Spring=rei·ten [シュプリング・ライテン] 中 -s/- (馬術の)障害飛越.

Spring=seil [シュプリング・ザイル] 中 -[e]s/-e 縄跳びの縄.

Sprink·ler [シュプリンクラァ ʃpríŋklər] 英 男 -s/- スプリンクラー; 自動散水消火装置.

Sprint [シュプリント ʃprínt] 英 男 -s/-s ① 《スラ》短距離競走. ② 全力疾走.

sprin·ten [シュプリンテン ʃprínən] 自 (s,h) ① (s,h) 《スラ》(短距離競走で:)全力疾走する. ② (s)《口語》急いで走って行く.

Sprin·ter [シュプリンタァ ʃprínər] 英 男 -s/- 《スラ》短距離走者, スプリンター. (←書 女性形は Sprinterin).

Sprit [シュプリット ʃprít] 男 -[e]s/(種類:) -e ① 《ふつう 単》《口語》(エンジンの)燃料, ガソリン. ② 《ふつう 単》《口語》火酒, ブランデー. ③ 《複 なし》(化)エチルアルコール.

*die **Sprit·ze** [シュプリッツェ ʃprítsə] 女 (単) -/(複) -n ① 注射; 注射器. (英 *injection*). eine *Spritze*⁴ aus|kochen 注射器を煮沸消毒する / 人³ eine *Spritze*⁴ **geben** 人³に注射する / eine *Spritze*⁴ gegen Typhus bekommen チフスの予防注射を受ける. ② 噴射器,

(クリームなどの)絞り出し. ③ 消防ポンプ; 消防車.《口語》放水ノズル. ④《俗》ピストル, 機関銃. ⑤《口語》(一時的な)経済的てこ入れ.

***sprit·zen** ［シュプリッツェン ʃprítsən］ du spritzt (spritzte, hat/ist ... gespritzt) **I** 他（定了 haben） ① 《方向を表す語句とともに》(水など⁴を…へ)まく, 吹き付ける; はねかける. 《英 sprinkle》. Wasser⁴ **auf** den Rasen spritzen 芝生に水をまく / Die Kinder spritzten uns Wasser **ins** Gesicht. 子供たちは私たちの顔に水をはねかけた / Sahne⁴ auf eine Torte spritzen 生クリームをケーキに絞り出して付ける. ◇《目的語なしでも》Spritz doch nicht so! そんなに水をはねかけるな. ② 《物⁴に》水をまく(かける); (果樹など⁴に)殺虫剤を散布する. den Hof spritzen 中庭に水をまく. ③《[人³]に》注射する;《口語》《[人⁴]に》注射する.《英 inject》. Der Arzt spritzte ihm ein Schmerzmittel. 医者は彼に鎮痛剤を注射した. ④ (車など⁴を)吹き付け塗装する. ⑤ 《飲み物⁴を》ソーダ水で割る. Apfelsaft⁴ spritzen りんごジュースをソーダ水で割る. ⑥ (スケートリンクなど⁴を)水をまいて(吹き付けて)作る.

II （定了 haben または sein） ① (h) (水などが)飛び散る, ほとばしる. ② (s)《方向を表す語句とともに》(水などが…へ)飛び散る, (…から)吹き出る. Das Wasser *ist* nach allen Seiten gespritzt. 《英完了》水が方々に飛び散った. ③ (h)《俗》射精する. ④《方向を表す語句とともに》《口語》(…へ)大急ぎで行く(来る), 駆けつける. **zum** Telefon spritzen 電話の所へ飛んで行く. ⑤ (s) (ウェーターなどが)忙しく飛び回る.

III 非人称 （定了 haben） Es spritzt.《口語》霧雨が降る.

Sprit·zer ［シュプリッツァァ ʃprítsɐ］ 男 -s/- ① (インクなどの)はね, 水しぶき; 染み; 小量の液体. ② 吹き付け塗装工. ③《口語》麻薬の常習者. ④《成句的に》ein junger *Spritzer*《口語》(未熟な)若者, 青二才.

Spritz⹀guss ［シュプリッツ・グス］ 男 -es/ 噴入鋳造法, 加圧ダイカスト.

Spritz⹀**guß** ☞ (新形) Spritzguss

sprit·zig ［シュプリッツィヒ ʃprítsɪç］ 形 ① (味・香りが)ぴりっとした, 辛口の. ② (文章・演奏などが)生き生きした, 才気あふれる. ③ きびきびした, 敏捷(ビンショウ)な; 加速のよい(車).

Spritz⹀pis·to·le ［シュプリッツ・ピストール］ 女 -/-n《工》スプレーガン, 吹き付け塗装器.

spritz·te ［シュプリッツテ］ *spritzen (水などをまく)の 過去

Spritz⹀tour ［シュプリッツ・トゥーァ］ 女 -/-en《口語》小ドライブ, (乗り物での)遠足.

sprö·de ［シュプレーデ ʃprǿːdə］ 形 ① (弾力がなくて)もろい, 壊れやすい, 割れやすい. ein *sprödes* Material もろい材料. ② (特に女性について:)つんとました. ③ かさかさの(皮膚など);ぼさぼさの(髪など);(声が)しわがれた. ④ 加工しにくい(材料など), 扱いにくい(題材など).

Sprö·dig·keit ［シュプレーディヒカイト］ 女 -/ ① もろいこと, 脆弱(ゼイジャク); (皮膚などの)かさつき; (髪の)ぼさばさ, 扱いにくさ. ② (特に女性の)とりすました態度. ③《理》脆性(ゼイセイ).

spross ［シュプロス］ sprießen (発芽する)の 過去

sproß ☞ (新形) sprossa

Spross ［シュプロス ʃprós］ 男 -es/-e (または -en) ① 〖複 -e〗〖新〗芽, 芽生え,《植》苗条(ビョウジョウ). ② 〖複 -e〗《雅》子孫, 後裔(コウエイ). ③〖複 -en〗《狩》(鹿の)枝角.

Sproß ☞ (新形) Spross

Spros·se ［シュプロッセ ʃprósə］ 女 -/-n ① (はしごの)段, 横棒; (窓などの)桟. ② 《キッチン》芽キャベツ. ③《狩》(鹿の)枝角.

sprös·se ［シュプレッセ］ sprießen (発芽する)の 接2

spros·sen ［シュプロッセン ʃprósən］ 自 (h, s)《雅》① (h) (樹木が)芽(葉)を出す. ② (s) (植物が)生える.

Spros·sen⹀wand ［シュプロッセン・ヴァント］ 女 -/..wände (体操の)肋木(ロクボク).

Spröss·ling ［シュプレスリング ʃprǿslɪŋ］ 男 -s/-e《口語・戯》子供, (特に:)息子;《古》子孫.

Spröß·ling ☞ (新形) Sprössling

Sprot·te ［シュプロッテ ʃprótə］ 女 -/-n《魚》小イワシ(ニシンの一種).

***der Spruch** ［シュプルフ ʃprúx］ 男 (単2) -(e)s/《複》Sprüche ［シュプリュッヒェ］ (3格のみ Sprüchen) ① **格言**, 金言; 箴言(シンゲン). ein *Spruch* von Goethe ゲーテの金言. ②《ふつう 複》《口語》むだ口, 空疎な言葉. *Sprüche*⁴ machen (または klopfen) 《口語》(中身のない)大口をたたく.《口語》お決まりの言葉. ③ 判決; 神託.

Spruch⹀band ［シュプルフ・バント］ 中 -[e]s/..bänder ① (スローガンなどを書いた)横断幕. ② 銘(文字)を書いたリボン(中世の絵に見られる).

Sprü·che ［シュプリュッヒェ］ *Spruch (格言)の 複

spruch⹀reif ［シュプルフ・ライフ］ 形 判決(決定)を下す段階に達した(訴訟など).

Spru·del ［シュプルーデる ʃprúːdəl］ 男 -s/- (炭酸などの)ミネラルウォーター, 炭酸水;《キッチン》清涼飲料水. drei Flaschen *Sprudel*⁴ bestellen 炭酸水を3本注文する.

***spru·deln** ［シュプルーデるン ʃprúːdəln］ (sprudelte, hat/ist ... gesprudelt) **I** 自 (h) haben または sein) ①**》**bubble》① (s)《方向を表す語句とともに》(わき水などが…から)わき出る, ほとばしり出る;《比》(言葉が)次から次へと口をついて出る. Eine Quelle *sprudelt* **aus** der Felswand. 岩壁から泉がわき出ている. ② (s)《方向を表す語句とともに》(泡立って…へ)流れる, 注がれる. Das Wasser *sprudelt* **ins** Becken. 水が泡を立てて水槽に流れ込む. ③ (h) 沸騰する; 泡立つ. Sodawasser *sprudelt* im Glas. ソーダ水がグラスの中で泡立っている / **vor** guter Laune *sprudeln*《比》上機嫌である. ④ (h)《口語》まくしたてる, しゃべりまくる.

sprudelnd

II 他 (完了 haben)《きゅう》(泡立て器などで)かき混ぜる.

spru・delnd [シュプルーデるント] I *sprudeln (わき出る)の現分 II 形 ほとばしり出る, 泡立つ(シャンパンなど);《比》(才気などが)あふれんばかりの.

spru・del・te [シュプルーデるテ] *sprudeln (わき出る)の過去

Sprüh=do・se [シュプリュー・ドーゼ] 女 -/-n 噴霧器, スプレー[容器].

***sprü・hen** [シュプリューエン ʃprýːən] (sprühte, hat/ist...gesprüht) I 他 (完了 haben) ①『方向を表す語句とともに』(水・スプレーなど⁴を…へ)**吹き付ける**, かける.《英 spray》. Wasser⁴ über die Pflanzen *sprühen* 植物に水をかける. ② (火花などを)散らす. Der Krater *sprüht* Funken. 火口は火花を散らしている.

II 自 (完了 haben または sein) ① (h) (しぶき・火花などが)**飛び散る**, 飛散する. Die Funken *sprühten*. 火花が飛び散った. ② (s)『方向を表す語句とともに』(しぶき・火花などが…へ)飛び散る. Die Gischt *ist* über das Deck *gesprüht*.『現在完了』波のしぶきがデッキに飛び散った. ③ (h)《**von**(物³~で)》(物³に)満ち満ちている. Ihre Augen *sprühten* vor Begeisterung. 彼女の目は感激に輝いていた / von Aktivität *sprühen* 活力にあふれている. ④ (h) (宝石などが)輝く, きらめく.

III 非人称 (完了 haben) Es *sprüht*. 霧雨が降る.

sprü・hend [シュプリューエント] I *sprühen (吹き付ける)の現分 II 形 あふれんばかりの; 非常に陽気な. ein *sprühender* Witz あふれる機知.

Sprüh=re・gen [シュプリュー・レーゲン] 男 -s/- 霧雨, こぬか雨.

sprüh・te [シュプリューテ] *sprühen (吹き付ける)の過去

***der Sprung** [シュプルング ʃprúŋ] 男 (単2) -[e]s/(複) Sprünge [シュプリュンゲ] (3格から Sprüngen) ① 跳躍, ジャンプ.《英 jump》. Hoch*sprung* ハイジャンプ / einen *Sprung* machen (または tun) ジャンプする / keine großen *Sprünge*⁴ machen können《口語》つつましいことしかできない(←大跳躍はできない) / **auf dem** *Sprung*[e] **sein** (または stehen), **zu** 不定詞[句]《口語》ちょうど…しようとしているところだ / Sie ist immer auf dem *Sprung*. 彼女はいつも忙しく跳び回っている / 人³ auf die *Sprünge* helfen《口語》人³を助言して助けてやる / **in** (または **mit**) **einem** *Sprung* a) 一跳びで, b)《比》たちまち / ein *Sprung* ins kalte Wasser《口語・比》(準備なしの)果敢な行為 / **zum** *Sprung* an|setzen 跳ぼうと身構える. ②《比》飛躍. Gedanken*sprung* 思考の飛躍 / Die Schauspielerin machte einen *Sprung*. その女優はせりふを一つ飛ばした. ③《複 なし》《口語》(ほんの一跳びの)**短い距離(時間)**. Es ist nur ein *Sprung* bis dahin. そこまではほんのひとっ走りだ. ④ ひび割れ, 亀裂(きれつ).《英 crack》. Der Spiegel hat einen *Sprung*. その鏡にはひびが入っている / einen *Sprung* bekommen ひびが入る / einen *Sprung* in der Schüssel haben《俗》頭がおかしい(←鉢にひびが入っている). ⑤《狩》(鹿などの)群;(うさぎの)後脚. ⑥ (種牛などの)交尾. ⑦《地学》断層.

Sprung=bein [シュプルング・バイン] 中 -[e]s/-e ①《かき》踏み切り筋. ②《医》距骨(きょこつ).

Sprung=brett [シュプルング・ブレット] 中 -[e]s/-er ① (高飛び込みの)飛び板;(体操の)踏み切り板. ②《比》(幸運な)出発点, (躍進への)スプリングボード.

Sprün・ge [シュプリュンゲ] *Sprung (跳躍)の複

Sprung=fe・der [シュプルング・フェーダァ] 女 -/-n スプリング, ばね.

sprung・haft [シュプルングハフト] 形 ① とっぴな, 脈絡のない; 気が変わりやすい. ② 飛躍的な; 突然の, 急な. eine *sprunghafte* Entwicklung 飛躍的な発展.

Sprung=lauf [シュプルング・らおフ] 男 -[e]s/- (スキーの)ジャンプ[競技].

Sprung=schan・ze [シュプルング・シャンツェ] 女 -/-n (スキーの)ジャンプ台, シャンツェ.

Sprung=stab [シュプルング・シュタープ] 男 -[e]s/..stäbe (棒高跳びの)ポール.

Sprung=tuch [シュプルング・トゥーフ] 中 -[e]s/..tücher ① 救命布, ジャンピングシーツ(火災の際高所から飛び降りる人を受け止める). ② (トランポリンの)跳躍布.

Sprung=turm [シュプルング・トゥルム] 男 -[e]s/..türme (高飛び込みの)飛び込み台.

Spu・cke [シュプッケ ʃpúkə] 女 -/《口語》(吐き出された)唾(つば)(＝Speichel). Da bleibt mir die *Spucke* weg! あきれてものが言えないよ.

***spu・cken** [シュプッケン ʃpúkən] (spuckte, hat...gespuckt) I 自 (完了 haben) ① 唾(つば)**を吐く**.《英 spit》. **auf den Boden** *spucken* 地面に唾を吐く / Sie *spuckte* ihm **ins Ge**sicht. 彼女は彼の顔に唾を吐きかけた / Ich *spucke* darauf.《口語》そんなものくそくらえだ. ②《方》げっと吐く, もどす. ③《比》(エンジンが)ノッキングする.

II 他 (完了 haben) (唾(つば)・血など⁴を)**吐く**; (食べた物⁴を)吐き出す. Blut⁴ *spucken* 血を吐く / Der Vulkan *spuckt* Lava.《比》火山が溶岩を噴出している / große Töne⁴ (または Bogen⁴) *spucken*《口語》もったいぶる, いばる.

Spuck=napf [シュプック・ナプふ] 男 -[e]s/..näpfe たんつぼ.

spuck・te [シュプックテ] *spucken (唾を吐く)の過去

Spuk [シュプーク ʃpúːk] 男 -[e]s/-e《ふつう 単》① 妖怪(ようかい)現象; 悪夢のような出来事. ②《口語》ばか騒ぎ, 大騒ぎ. ③《古》幽霊.

spu・ken [シュプーケン ʃpúːkən] 自 (h, s) ① (h) 幽霊として(のように)姿を現す;《比》(迷信などが)生き続けている, 残っている. Der alte

Graf *spukt* noch **im** Schloss. 今でもこの館(*やかた*)には老伯爵の幽霊が出る. ◇[非人称の **es** を主語として] Hier *spukt* es. ここは幽霊が出る. ② (s)(幽霊が)すーっと歩いて行く.

Spuk:ge·schich·te [シュプーク・ゲシヒテ] 女 -/-n 怪談.

Spül:be·cken [シュビュール・ベッケン] 中 -s/- (台所の)シンク, 流し.

Spu·le [シュプーレ ∫pú:lə] 女 -/-n ① 巻き枠, ボビン; 糸巻き;(録音テープの)リール;(タイプライターの)リボンスプール. Film*spule* フィルムの巻き枠. ② 【電】コイル.

spu·len [シュプーレン ∫pú:lən] 他 (h) (糸・テープなど[4]を)リールに巻く, 巻き取る.

spü·len* [シュビューレン ∫pý:lən] (spülte, *hat* ...gespült) **I 他 (**英** *rinse*) ① (水で)すすぐ, 洗う, 洗浄する. Geschirr[4] *spülen* 食器を洗う / Ich *spülte* [mir] den Mund. 私は口をすすいだ. ② 【A[4] **aus** B[3] ~】 (A[4]を B[3]から)洗い流す(落とす). Sie *spülte* das Shampoo aus den Haaren. 彼女は髪からシャンプーを洗い落とした. ③ 【方向を表す語句とともに】(波などが[人・物][4]を…へ)押し流す. Die Wellen *spülen* viele Muscheln **ans** Ufer. 波がたくさんの貝を岸辺へ打ち上げる. **II** 自 (**完** haben) ① 洗い物をする, すすぐ. Nach dem Essen *spült* sie immer gleich. 彼女は食後いつもすぐに食器洗いをする. ② (トイレの)水を流す. ③ (波が…へ)打ち寄せる.

Spül:ma·schi·ne [シュビューる・マシーネ] 女 -/-n 自動食器洗い機.

Spül:mit·tel [シュビューる・ミッテる] 中 -s/- 食器用洗剤.

spül·te [シュビューるテ] *spülen (すすぐ)の過去

Spül:tuch [シュビューる・トゥーフ] 中 -[e]s/ ..tücher (食器用の)ふきん.

Spü·lung [シュビューるング] 女 -/-en ① 洗う(すすぐ)こと;【医】洗浄. ②【工】洗浄[装置]. ③ (トイレの)水洗.

Spül:was·ser [シュビューる・ヴァッサァ] 中 -s/ ..wässer ①【工】洗浄水. ② すすぎ用の水;(食器などを洗った)汚れ水.

Spul:wurm [シュプーる・ヴルム] 男 -[e]s/ ..würmer 【動】カイチュウ(回虫).

Spund [シュブント ∫púnt] 男 -[e]s/Spünde (または -e) ① 【複 Spünde】(樽(*たる*)の)【木】栓;【木工】(さねはぎ板の)さね. ② 【複 -e】〖口語〗生意気な青二才.

***die Spur** [シュプーァ ∫pu:r] 女 (単) -/(複) -en ① 足跡;(車の)わだち;航跡;(スキーの)シュプール. (**英** *trace*). eine *Spur* im Schnee 雪の中のわだち(シュプール) / *Spuren*[4] hinterlassen [足]跡を残す / einer *Spur*[3] folgen (または nach|gehen) 跡をつける / Der Hund verfolgt eine *Spur*. 犬が足跡を追う / die *Spur*[4] verlieren (見失う) / [人・物][3] **auf** der *Spur* sein a) [人][3]の跡をつけている, b) [物][3]をかぎつけている / [人・物][3] auf die *Spur* kommen [人・物][3]の手がかりをつかむ / [人][4] auf eine *Spur* bringen 〖比〗 [人][4]にヒントを与える. ② 〖ふつう 複〗 痕跡(*こんせき*), 名残. die *Spuren* einer alten Kultur[2] 古代文化の名残 / die *Spuren* des Krieges 戦争の爪跡(*つめあと*). ③ 【交通】車線, レーン. **in** (または **auf**) der linken *Spur* fahren 左側の車線を走る. ④ (録音テープなどの)トラック. ⑤ 【自動車】両輪の間隔, トレッド. ⑥ (ハンドル操作で定められた)進行方向. Das Auto hält gut [die] *Spur*. この車は進行時の安定性が良い. ⑦ 微量. eine *Spur* Salz ひとつまみの塩 / Keine *Spur*! 〖口語〗全然そんなことはない, とんでもない.

spür·bar [シュビューァバール] 形 ① (体に)感じられる, 知覚できる. ② 明らかにそれとわかる, 著しい. eine *spürbare* Erhöhung der Preise[2] 著しい物価の上昇.

spu·ren [シュプーレン ∫pú:rən] **I** 自 (h) ① (スキーで:)シュプールをつける. ② 〖口語〗素直に従う. **II** 他 (h) (スキーで:)(コースなど[4]に)シュプールをつける.

‡**spü·ren** [シュビューレン ∫pý:rən] (spürte, *hat* ...gespürt) **I** 他 (**完** haben) ① (体に)感じる, 知覚する. (**英** *feel*). einen Schmerz im Bein *spüren* 足に痛みを感じる / die Kälte[4] *spüren* 寒さを感じる. ◇【zu のない不定詞とともに】Er *spürte* eine heftige Erregung in sich aufsteigen. 彼は全身に激しい興奮がわいてくるのを感じた. (☞ 類語 fühlen). ② (心理的に)感じる, 気づく, 感じとる. Er *spürte* ihre Enttäuschung. 彼は彼女の失望を感じとった / Hast du nicht *gespürt*, dass man dir helfen wollte? 君は君を助けようとする人がいたのに気がつかなかったのか. ③ 【狩】(犬が[物][3]の)臭跡を追う. **II** 自 (**完** haben) 【nach [物][3] ~】【狩】(犬が[物][3](獣など)の)臭跡を探す.

Spu·ren:ele·ment [シュブーレン・エレメント] 中 -[e]s/-e 〖ふつう 複〗【生化】(体内の)微量元素.

Spu·ren:si·che·rung [シュプーレン・ズィッヒェルング] 女 -/-en (警察による)証拠保全.

Spür:hund [シュビューァ・フント] 男 -[e]s/-e ① 猟犬, 捜索犬. ② 〖比〗回し者, 密偵.

..spu·rig [..シュプーリヒ ..∫pu:riç] 形容詞をつくる 接尾 〖…の軌道の〗例: breit*spurig* 広軌の.

spur:los [シュプーァ・ろース] 形 痕跡(*こんせき*)のない; 跡形もない. Das Buch ist *spurlos* verschwunden. 〖現在完了〗その本は跡形もなく消えてしまった.

Spür:na·se [シュビューァ・ナーゼ] 女 -/-n 〖口語〗鋭敏な鼻;(猟犬の)鋭い嗅覚(*きゅうかく*);〖比〗(かぎつける・見つけ出す)勘の鋭い人.

Spür:sinn [シュビューァ・ズィン] 男 -[e]s/ ① (猟犬の)嗅覚(*きゅうかく*). ② (人の)勘, 鋭い直感.

Spurt [シュプルト ∫púrt] 〖英〗 男 -[e]s/-s (または -e) 〖スポ〗スパート[能力];〖口語〗大急ぎ. End*spurt* ラストスパート / einen *Spurt* machen スパートする.

spür・te [シュビューアテ] *spüren (感じる)の過去

spur・ten [シュプルテン] ʃpúrtən 自 (s, h) ① (s, h) (スポ) スパートする. ② (s) (口語) 大急ぎで走る.

Spur゠wei・te [シュプーア・ヴァイテ] 女 -/-n (自動車) トレッド, 両輪の間隔; (鉄道) 軌間, 軌幅.

spu・ten [シュプーテン] ʃpú:tən 再帰 (h) *sich⁴ sputen*《方》(間に合うように)急ぐ.

Squash [スクヴォッシュ skvɔ́ʃ] 《英》中 -/ ① スカッシュ (果汁と炭酸水を混ぜた清涼飲料). ② (スポ) スカッシュ (壁にゴムボールを打つ競技).

Sr [エス・エル]《化・記号》ストロンチウム (= Strontium).

SRG [エス・エル・ゲー]《略》スイス・ラジオ・テレビ放送[局] (= Schweizerische Radio- und Fernsehgesellschaft).

Sri Lan・ka [スリー ランカ srí: láŋka] 中 - -s/《国名》スリランカ[民主社会主義共和国] (首都はスリジャヤワルダナプラコッテ).

ß [エス・ツェット ɛs-tsét] 中 -/- エスツェット (ドイツ語アルファベットの一つで, [s]と発音する. 例: Fuß [ふース]. ただし短い母音のあとでは ss とつづられる. 例: Fluss [ふるス]. なお, スイスでは ß は用いられない).

SS¹ [エス・エス]《略》(ナチスの)親衛隊 (= Schutzstaffel).

SS² [ゾンマァ・ゼメスタァ]《略》(大学の)夏学期 (= Sommersemester).

st [シュトゥンデ]《記号》時間 (= Stunde).

st! [スト st] 間 しっ, 静かに (= pst!).

St.《略》① [ザンクト] 聖… (= Sankt). ② [シュテュック] …個 (= Stück). ③ [シュトゥンデ] 時間 (= Stunde).

s. t. [エス テー]《略》(大学の講義が:)時間どおりに, 定刻に (= sine tempore).

*der **Staat** [シュタート ʃtá:t] 男 (単2) -es (まれに -s)/(複) -en ① 国家, 国; (連邦国家の)州. (☞ state). ein selbstständiger *Staat* 独立国家 / die benachbarten *Staaten* 近隣諸国 / Die Schweiz ist ein neutraler *Staat*. スイスは中立国である / einen neuen *Staat* gründen 新しい国を建設する / den *Staat* schützen (または verteidigen) 国を守る / im Interesse des *Staates* 国家の[利益の]ために / von *Staats* wegen 国家のことで.
② (昆虫の)[共同]社会. ③《覆 なし》《口語》晴れ着, 盛装; 華美, ぜいたく. mit 物³ *Staat⁴* machen 物³を見せびらかす, ひけらかす / Es ist ein [wahrer] *Staat*. 《比》それは実にすばらしい / in vollem *Staat* 仰々しくめかしこんで.

....

(囲み) ..staat のいろいろ: Agrar*staat* 農業国 / Bundes*staat* 連邦[国家] / Industrie*staat* 工業国 / Kultur*staat* 文化国家 / Polizei*staat* 警察国家 / Rechts*staat* 法治国家 / Satelliten*staat* 衛星国家 / Wohlfahrts*staat* 福祉国家

....

Staa・ten゠bund [シュターテン・ブント] 男 -[e]s/..bünde 《政》国家連合.

staa・ten゠los [シュターテン・ろース] 形 国籍のない, 無国籍の.

***staat・lich** [シュタートりヒ ʃtá:tlɪç] 形 ① 国家の, 国の; 国家による. die staatliche Macht 国家権力 / die staatliche Kontrolle 国による監視. ② 国立の, 国有の. ein *staatliches* Museum 国立博物館.

Staats゠akt [シュターツ・アクト] 男 -[e]s/-e 国家的行事(儀式); 国家の行為.

Staats゠ak・ti・on [シュターツ・アクツィオーン] 女 -/-en 国家的行動. aus (物)³ eine *Staatsaktion⁴* machen (口語) (物)³で大騒ぎをする.

Staats゠an・ge・hö・ri・ge[r] [シュターツ・アンゲヘーリゲ (..ガァ)] 男 女 《語尾変化は形容詞と同じ》国民, 国籍所有者. Er ist deutscher *Staatsangehöriger*. 彼はドイツ国民だ.

*die **Staats゠an・ge・hö・rig・keit** [シュターツ・アンゲヘーリヒカイト ʃtá:ts-aŋgəhø:rɪç-kaɪt] 女 (単) -/(複) -en 国籍. (☞ *nationality*). Meine *Staatsangehörigkeit* ist japanisch. 私の国籍は日本です / Er besitzt die deutsche *Staatsangehörigkeit*. 彼はドイツ国籍を持っている.

Staats゠an・lei・he [シュターツ・アンらイエ] 女 -n 国債.

Staats゠an・walt [シュターツ・アンヴァるト] 男 -[e]s/..wälte 検事, 検察官.

Staats゠an・walt・schaft [シュターツ・アンヴァるトシャフト] 女 -/-en 検察庁.

Staats゠ap・pa・rat [シュターツ・アパラート] 男 -[e]s/-e 国家機構.

Staats゠be・am・te[r] [シュターツ・ベアムテ (..タァ)] 男 《語尾変化は形容詞と同じ》国家公務員, 官吏. (☞ 女性形は Staatsbeamtin).

Staats゠be・gräb・nis [シュターツ・ベグレープニス] 中 -nisses/..nisse 国葬.

Staats゠be・such [シュターツ・ベズーフ] 男 -[e]s/-e (国家元首などの)外国訪問.

Staats゠bür・ger [シュターツ・ビュルガァ] 男 -s/- (一国の)国民, 公民.

Staats゠bür・ger゠kun・de [シュターツビュルガァ・クンデ] 女 -/ (昔の:)公民[学]; (旧東ドイツで:)公民[科目].

Staats゠bür・ger・schaft [シュターツ・ビュルガァシャフト] 女 -/-en 国籍.

Staats゠dienst [シュターツ・ディーンスト] 男 -[e]s/ 国家公務員の職務, 官職, 国務.

staats゠ei・gen [シュターツ・アイゲン] 形 国有の.

Staats゠exa・men [シュターツ・エクサーメン] 中 -s/- 国家試験 (= Staatsprüfung).

Staats゠form [シュターツ・ふォルム] 女 -/-en 国家形態, 国体, 政体.

Staats゠ge・biet [シュターツ・ゲビート] 中 -[e]s/-e (一国の)領土.

Staats゠ge・heim・nis [シュターツ・ゲハイムニス] 中 ..nisses/..nisse 国家機密.

Staats゠gel・der [シュターツ・ゲるダァ] 覆 国庫金.

Staats‗ge‧walt [シュターツ・ゲヴァルト] 囡 -/-en《ふつう軍》国家権力, 国権.

Staats‗haus‧halt [シュターツ・ハオスハルト] 男 -[e]s/-e 国家財政, 国家予算.

Staats‗ho‧heit [シュターツ・ホーハイト] 囡 -/ 国家主権.

Staats‗kas‧se [シュターツ・カッセ] 囡 -/-n 国庫.

Staats‗kos‧ten [シュターツ・コステン] 複 国費, 官費. **auf Staatskosten** 国費で.

Staats‗mann [シュターツ・マン] 男 -[e]s/..männer《雅》(国の重要な地位にある)政治家.

staats‗män‧nisch [シュターツ・メニッシュ] 形 政治家の, 政治家にふさわしい.

Staats‗mi‧nis‧ter [シュターツ・ミニスタァ] 男 -s/- ① 国務大臣. ② (ドイツの)政務次官.

Staats‗ober‧haupt [シュターツ・オーバァハオプト] 中 -[e]s/..häupter 国家元首.

Staats‗oper [シュターツ・オーバァ] 囡 -/-n 国立(州立)歌劇場.

Staats‗or‧gan [シュターツ・オルガーン] 中 -s/-e 国家機関.

Staats‗prü‧fung [シュターツ・プリューふんぐ] 囡 -/-en 国家試験.

Staats‗recht [シュターツ・レヒト] 中 -[e]s/ 国法; 憲法.

staats‗recht‧lich [シュターツ・レヒトリヒ] 形 国法[上]の, 憲法[上]の.

Staats‗sek‧re‧tär [シュターツ・ゼクレテーァ] 男 -s/-e (各省の)次官.

Staats‗si‧cher‧heits‗dienst [シュターツ・ズィッヒァハイツ・ディーンスト] 男 -[e]s/ (旧東ドイツで)国家公安局(旧東ドイツの秘密警察. 略: SSD, 口語・略: Stasi).

Staats‗streich [シュターツ・シュトライヒ] 男 -[e]s/-e クーデター.

Staats‗the‧a‧ter [シュターツ・テアータァ] 中 -s/- 国立(州立)劇場.

Staats‗ver‧fas‧sung [シュターツ・フェアファッスング] 囡 -/-en 憲法.

Staats‗ver‧trag [シュターツ・フェアトラーク] 男 -[e]s/..träge ① 国家間(州間)の条約. ② 《哲》国家契約.

Staats‗wis‧sen‧schaft [シュターツ・ヴィッセンシャフト] 囡 -/-en 国家学.

Staats‗wohl [シュターツ・ヴォール] 中 -[e]s/ 国家の福祉.

*der **Stab** [シュタープ ʃtáːp] 男 (単 2) -es (まれに -s)/(複) Stäbe [シュテーベ] (3 格のみ Stäben) (英 *stick, staff*) ① 棒, さお, つえ, ステッキ; (格子・傘などの)骨; (陸上競技で:)(リレーの)バトン, (棒高跳びの)ポール;《雅》指揮棒. **ein Stab aus Holz** 木製の棒 / **den Stab führen** a) 指揮棒を振る, b)《比》指揮する / **den Stab über** 人^4 **brechen**《雅》人^{4}を非難する. ② (総称として:)スタッフ;《軍》幕僚. **der technische Stab eines Betriebes** 企業の技術スタッフ.

Stab‗an‧ten‧ne [シュタープ・アンテンネ] 囡 -/-n《電》棒状アンテナ.

Stäb‧chen [シュテープヒェン ʃtɛ́ːpçən] 中 -s/- (Stab の縮小) ① 小さな棒;《ふつう複》箸(はし) (=Ess*stäbchen*). **Wir essen mit Stäbchen.** 私たちはお箸で食べます. ②《医》(網膜の)桿状(かんじょう)体. ③《手芸》ロングステッチ. ④《口語・戯》[紙巻き]たばこ.

Stä‧be [シュテーベ] *Stab (棒)の 複

Stab‗hoch‧sprung [シュタープ・ホーホシュプルング] 男 -[e]s/..sprünge 棒高跳び.

sta‧bil [シュタビール ʃtabíːl または スタ.. sta..] 形 ① じょうぶな, 頑丈な, 堅固な. **ein *stabiler* Schrank** 頑丈な戸棚. ② 安定した, 変動のない《物・工》安定性の. (⇔「不安定な」は labil). **eine *stabile* Wetterlage** 安定した気象状況. ③ 丈夫な, 抵抗力のある(体質など).

Sta‧bi‧li‧sa‧tor [シュタビリザートァ ʃtabilizáːtor または スタ.. sta..] 男 -s/-en [..ザトーレン]《工》安定装置; (自動車の)スタビライザー;《化》安定剤.

sta‧bi‧li‧sie‧ren [シュタビリズィーレン ʃtabilizíːrən または スタ.. sta..] I 他 (h) ① 頑丈にする. ② (通貨など^{4}を)安定させる; (体質など^{4}を)丈夫にする. II 再帰 (h) *sich⁴ stabilisieren* (関係などが)安定する; (体質など)丈夫になる.

Sta‧bi‧li‧sie‧rung [シュタビリズィールング または スタ..] 囡 -/-en 安定(固定)させること.

Sta‧bi‧li‧tät [シュタビリテート ʃtabilitέːt または スタ.. sta..] 囡 -/ 安定[性], 安定度; 強固.

Stab‗reim [シュターブ・ライム] 男 -[e]s/-e《詩学》頭韻. (⇔「脚韻」は Endreim).

Stabs‗arzt [シュターブス・アールツト] 男 -es/..ärzte《軍》軍医大尉.

Stabs‗of‧fi‧zier [シュターブス・オふィツィーァ] 男 -s/-e《軍》佐官; 参謀将校.

Stab‗wech‧sel [シュタープ・ヴェクセる] 男 -s/- (陸上競技で:)(リレーの)バトンタッチ.

stac‧ca‧to [シュタカートォ ʃtakáːto または スタ.. sta..] [楽] 副《音楽》スタッカートで.

stach [シュターハ] *stechen (刺す)の過去

stä‧che [シュテーヒェ] *stechen (刺す)の接2

*der **Sta‧chel** [シュタッヘる ʃtáxəl] 男 (単 2) -s/(複) -n (英 *thorn*) ① (植物の)とげ; (動物の)針. **die *Stacheln* der Rosen²** ばらのとげ / **einen *Stachel* aus dem Finger ziehen** (または **entfernen**) 指に刺さったとげを抜く. ② (有刺鉄線の)とげ; (靴などの)スパイク. ③《雅》心痛[の種], 良心の呵責(かしゃく), (気持ちを駆りたてるもの. 事³ **den *Stachel* nehmen** 事³を無害なものにする(←心痛の種を取り除く).

Sta‧chel‗bee‧re [シュタッヘる・ベーレ] 囡 -/-n《植》スグリの実. (☞ Beere 図).

Sta‧chel‗draht [シュタッヘる・ドラート] 男 -[e]s/..drähte 有刺鉄線.

Sta‧chel‗häu‧ter [シュタッヘる・ホイタァ] 男 -s/-,《ふつう複》《動》棘皮(きょくひ)動物(ウニなど).

sta‧che‧lig [シュタッヘりヒ ʃtáxəliç] 形 とげのある(多い), ちくちくする, 手触りが粗い;《比》とげのある, 辛らつな(言葉など).

sta・cheln [シュタッヘルン ʃtáxəln] 他 (h) (人⁴を)刺激する, 駆りたてる, (憎しみなど⁴を)あおる, かきたてる.

Sta・chel≎schwein [シュタッヘル・シュヴァイン] 中 -(e)s/-e 動 ヤマアラシ.

stach・lig [シュタッハリヒ ʃtáxlɪç] 形 =stachelig

Sta・del [シュターデル ʃtáːdəl] 男 -s/- (ˣˣ: Städel; ｵｰｽﾄ: Stadeln も)《南ﾄﾞ・ｵｰｽﾄ・ｽｲｽ》(干し草を入れる)納屋.

Sta・di・en [シュターディエン] *Stadion (競技場), *Stadium (段階)の 複

das **Sta・di・on** [シュターディオン ʃtáːdiɔn] 中 (単2) -s/(複) ..dien [..ディエン] **競技場, スタジアム.** (英 stadium). Olympiastadion オリンピック・スタジアム / **Im** *Stadion* findet heute Abend ein Fußballspiel statt. 今晩競技場でサッカーの試合が行われる.

das **Sta・di・um** [シュターディウム ʃtáːdium] 中 (単2) -s/(複) ..dien [..ディエン] (の)**段階, 時期.** (英 stage). ein frühes *Stadium* 初期段階 / in ein neues *Stadium* treten 新段階に入る.

die **Stadt** [シュタット ʃtát]

| 町 In welcher *Stadt* wohnen Sie? イン ヴェルヒャァ シュタット ヴォーネン ズィー あなたはどの町に住んでいるのですか. |

格	単	複
1	die Stadt	die Städte
2	der Stadt	der Städte
3	der Stadt	den Städten
4	die Stadt	die Städte

女 (単) -/(複) Städte [シュテーテ または シュテッテ] (3格のみ Städten) ① **町, 市; 都市; 都市の中心地.** (英 town). (⦿「村」は Dorf, 「田舎」は Land). eine schöne *Stadt* 美しい町 / eine große (kleine) *Stadt* 大(小)都市 / die *Stadt* Köln ケルン市 / die Ewige *Stadt* 永遠の都(ローマ) / eine *Stadt*⁴ besuchen (besichtigen) ある都市を訪問する(見物する) / am Rand (im Zentrum) einer *Stadt*² wohnen 町の周辺部(中心部)に住んでいる / Sie kommt **aus** der *Stadt*. 彼女は都会育ちだ / Wir wohnen **in** dieser *Stadt*. 私たちはこの町に住んでいます / in der *Stadt* leben 都会で暮らす / Sie geht in die *Stadt*. 彼女は町へ行く / in *Stadt* und Land いたる所で(←町でも田舎でも).

② 〖複 なし〗(総称として:)**市民, 町の人々.** Die ganze *Stadt* spricht schon davon. 町中の人々がもうその話をしている. ③ 《口語》**町の当局.** Er arbeitet bei der *Stadt*. 彼は市役所で働いている.

────────

⦿ ..**stadt** のいろいろ: Alt*stadt* 旧市街 / Grenz*stadt* 国境の町 / Groß*stadt* 大都市 / Hafen*stadt* 港町 / Handels*stadt* 商業都市 / Hanse*stadt* ハンザ[同盟]都市 / Haupt*stadt* 首都 / Industrie*stadt* 工業都市 / Innen*stadt* 都心 / Klein*stadt* 小都市 / Universitäts*stadt* 大学都市 / Vor*stadt* 都市近郊 / Welt*stadt* 国際都市

────────

Stadt≎au・to・bahn [シュタット・アオトバーン] 女 -/-en 都市高速道路.

Stadt≎bahn [シュタット・バーン] 女 -/-en 都市高速鉄道(略: S-Bahn).

stadt≎be・kannt [シュタット・ベカント] 形 町中に知れ渡っている.

Stadt≎be・woh・ner [シュタット・ベヴォーナァ] 男 -s/- 都市居住者, 市民, 町民.

Stadt≎bild [シュタット・ビルト] 中 -(e)s/-er 都市景観, 町の姿(たたずまい).

Stadt≎bum・mel [シュタット・ブンメる] 男 -s/- 《口語》町の散歩.

Städt・chen [シュテートヒェン ʃtéːtçən または シュテット..] 中 -s/- (Stadt の 縮小) 小都市, 小さな町.

Städ・te [シュテーテ または シュテッテ] *Stadt (町)の 複

Städ・te≎bau [シュテーテ・バオ] 男 -(e)s/ 都市計画.

Städ・te≎part・ner・schaft [シュテーテ・パルトナァシャふト] 女 -/-en 姉妹都市協定.

Städ・ter [シュテータァ ʃtéːtɐ または シュテッ..] 男 -s/- 都市(町)の住民; 都会人. (⦿ 女性形は Städterin).

Stadt≎ex・press [シュタット・エクスプレス] 男 -es/-e 都市間快速列車.

Stadt≎ex・preß ☞ 新形 Stadtexpress

Stadt≎flucht [シュタット・ふルフト] 女 -/ 都会からの脱出, 地方への移住.

Stadt≎ge・spräch [シュタット・ゲシュプレーヒ] 中 -(e)s/-e ① (電話の)市内通話 (=Ortsgespräch). ② 町中のうわさ.

*städ・tisch** [シュテーティッシュ ʃtéːtɪʃ または シュテティッシュ] 形 ① **市の, 町の; 市立の, 市営の.** ein *städtisches* Museum 市立博物館 / Das Altersheim wird *städtisch* verwaltet. 《受動・現在》その老人ホームは市営である. ② **都会の, 都会的な.** (⦿「田舎の」は ländlich). die *städtische* Bevölkerung 都市の住民 / die *städtische* Lebensweise 都会的なライフスタイル.

Stadt≎kern [シュタット・ケルン] 男 -(e)s/-e 市(町)の中心部, 都心 (=Innenstadt).

Stadt≎mau・er [シュタット・マオアァ] 女 -/-n (中世の)市の外壁.

die **Stadt≎mit・te** [シュタット・ミッテ ʃtátmɪtə] 女 (単) -/ **市(町)の中心部, 都心** (=Innenstadt). (英 town center).

Stadt≎park [シュタット・パルク] 男 -s/-s (まれに -e) 市(町)立公園.

der **Stadt≎plan** [シュタット・プらーン ʃtátplaːn] 男 (単2) -(e)s/(複) ..pläne [..プれーネ] (3格のみ ..plänen) **市街地図.** (英 town map).

Haben Sie einen *Stadtplan* von München? ミュンヒェンの市街地図はありますか.

Stadt⸗rand [シュタット・ラント] 男 -[e]s/..ränder 市(町)のはずれ, 都市周辺. am *Stadtrand* wohnen 町はずれに住んでいる.

Stadt·rand⸗sied·lung [シュタットラント・ズィードルング] 女 -/-en 郊外住宅団地.

Stadt⸗rat [シュタット・ラート] 男 -[e]s/..räte ① 市議会, 市参事会. ② 市会議員, 市参事会員.

Stadt⸗rund·fahrt [シュタット・ルントファールト] 女 -/-en (バスなどでの)市内遊覧.

Stadt⸗staat [シュタット・シュタート] 男 -[e]s/-en 都市国家.

Stadt⸗strei·cher [シュタット・シュトライヒャァ] 男 -s/- 都会の浮浪者.

Stadt⸗teil [シュタット・タイル] 男 -[e]s/-e 市区(都市の行政区画);《口語》市区の住民.

Stadt⸗tor [シュタット・トーァ] 中 -[e]s/-e (外壁で囲まれた中世都市などの)市門.

Stadt⸗vä·ter [シュタット・フェータァ] 複《口語・戯》市(町)の長老たち.

Stadt⸗ver·wal·tung [シュタット・フェアヴァるトゥング] 女 -/-en 市政; 市当局;《口語》(総称として)市職員.

Stadt⸗vier·tel [シュタット・フィアテる] 中 -s/- 市区(都市の行政区画);《口語》市区の住民 (= Stadtteil).

Stadt⸗wer·ke [シュタット・ヴェルケ] 複 市営(町営)企業.

Stadt⸗zent·rum [シュタット・ツェントルム] 中 -s/..zentren 市(町)の中心地区, 都心 (= Innenstadt).

Sta·fet·te [シュタふェッテ] ʃtaféta] 女 -/-n ① (昔の)(駅伝式の)騎馬飛脚, 急使. ② (騎兵車などの)隊列. ③ 《ｽﾎﾟ》《古》リレー[競走].

Staf·fa·ge [シュタファージェ] ʃtafáːʒə] 女 -/-n ① 添え物, 付けたり役. ②《美》点景[物].

Staf·fel [シュタッふェる] ʃtáfəl] 女 -/-n 《ｽﾎﾟ》チーム; (陸上・スキー・水泳などの)リレーチーム;(リーグの)部. ②《軍》(軍艦・飛行機などの)階段形(梯形(ﾃｲｹｲ))隊形; 飛行中隊. ③《南ドイ》階段[の踊り場].

Staf·fe·lei [シュタッふェらイ] ʃtafəlái] 女 -/-en 《美》(絵画の)画架, イーゼル.

Staf·fel⸗lauf [シュタッふェる・らオふ] 男 -[e]s/..läufe (陸上・スキーの)リレー競走.

staf·feln [シュタッふェるン] ʃtáfəln] 他 (h) ① 階段状に積み上げる, (部隊など4を)梯形(ﾃｲｹｲ)に編成する. ② 段階(等級)づける. ◆(再帰的に) *sich*4 *staffeln* 段階(等級)づけられる.

Staf·fe·lung [シュタッふェるング] 女 -/ ① 階段状形(梯形(ﾃｲｹｲ))にすること. ② 段階(等級)づけ.

staf·fie·ren [シュタふィーレン] ʃtafíːrən] 他 (h) ①《ｽﾎﾟ》(物4に)飾りを付ける. ②《服飾》(物4に)裏地を付ける.

Stag·na·ti·on [シュタグナツィオーン] ʃtagnatsióːn] または スタグ.. stag..] 女 -/-en 停滞, 沈滞;《経》不景気;《医》うっ血; (血液循環などの)停滞.

stag·nie·ren [シュタグニーレン] ʃtagníːrən] または スタグ.. stag..] 自 (h) ① (景気などが)停滞する. ②《地理》(河川が)よどむ.

stahl [シュターる] ✱stehlen (盗む)の 過去

‡ *der* **Stahl** [シュターる ʃtáːl] 男 (単2) -[e]s/-[複] Stähle [シュテーれ] (3格のみ Stählen) ① 鋼鉄, はがね, スチール. (英) *steel*). rostfreier *Stahl* ステンレス[鋼] / hart wie *Stahl* はがねのように堅い / Er hat Nerven *aus Stahl*. 彼はしたたかな神経の持ち主だ. ②《詩》刀, 剣.

Stahl⸗bau [シュターる・バオ] 男 -[e]s/-ten 《建》① 《複 なし》鉄骨構造. ② 鉄骨建築[物].

Stahl⸗be·ton [シュターる・ベトーン] 男 -s/(種類:) -s (または -e)の鋼 鉄筋コンクリート.

stahl⸗blau [シュターる・ブらオ] 形 ① はがねのように青い, はがね色の. ② 真っ青に輝く.

Stahl⸗blech [シュターる・ブれヒ] 中 -[e]s/-e 薄鋼板.

stäh·le [シュテーれ] ✱stehlen (盗む)の 接2

Stäh·le [シュテーれ] ✱Stahl (鋼鉄)の 複

stäh·len [シュテーれン] ʃtéːlən] 他 (h) ① (鉄4をはがねにする. ②(身体など4を)鍛える.

stäh·lern [シュテーられン] ʃtéːlərn] 形 ①《付加語としてのみ》鋼鉄[製]の. ②《雅》はがねのように強じんな(意志など).

stahl⸗hart [シュターる・ハルト] 形 鋼鉄のように硬い.

Stahl⸗helm [シュターる・へるム] 男 -[e]s/-e 鉄かぶと.

Stahl⸗in·dust·rie [シュターる・インドゥストリー] 女 -/-n [..リーエン] 鉄鋼産業.

Stahl⸗kam·mer [シュターる・カンマァ] 女 -/-n (銀行などの)鋼鉄製金庫室.

Stahl⸗rohr [シュターる・ローァ] 中 -[e]s/-e《工》鋼管, スチールパイプ.

Stahl·rohr⸗mö·bel [シュターる・ローァ・メーベる] 中 -s/-《ふつう 複》スチールパイプ製の家具.

Stahl⸗ross [シュターる・ロス] 中 -es/..rösser 《口語・戯》自転車(元の意味は「鋼鉄の馬」).

Stahl⸗roß ☞ 新形 Stahlross

Stahl⸗stich [シュターる・シュティヒ] 男 -[e]s/-e ①《複 なし》鋼版彫刻. ② 鋼版画.

Stahl⸗werk [シュターる・ヴェルク] 中 -[e]s/-e 製鋼所, 製鉄所.

stak [シュターク] ✱stecken (差し込んである)の 過去

stä·ke [シュテーケ] ✱stecken (差し込んである)の 接2《雅》

sta·ken [シュターケン] ʃtáːkən] I 他 (h)《北ドイ》① (いかだなど4をさおって操って進める. ②《方》(干し草など4を)熊手ですくい上げる. II 自 (s) 《北ドイ》① (...へさおを操って小舟で進んで行く. ②《話》ぎこちなく歩いて行く.

Sta·ket [シュターケート ʃtakéːt] 中 -[e]s/-e《方》柵(さく), 格子垣.

stak·sen [シュタークセン] ʃtáːksən] 自 (s)《口語》ぎこちなく(よたよたと)歩く.

Sta·lag·mit [シュタラグミート ʃtalagmíːt または スタ.. sta..] 男 -s (または -en)/-e[n] 《地学》石筍(じゅん).

Sta·lak·tit [スタラクティート stalaktíːt または シュタ.. ʃta..] 男 -s (または -en)/-e[n] 《地学》鐘乳(にゅう)石.

Sta·lin [シュターリーン ʃtáːliːn または スター.. stá..] -s/《人名》スターリン (Jossif または Iossif) Wissarionowitsch *Stalin* 1879-1953; 旧ソ連の政治家).

Sta·lin·grad [シュターリーン・グラート ʃtáːliːngraːt] 中 -s/《都市名》スターリングラード(旧ソ連の旧都市名. 1961 年にボルゴグラードと改名).

Sta·li·nis·mus [シュタリニスムス ʃtalinísmus または スタ.. sta..] 男 -/ スターリン主義, スターリニズム.

sta·li·nis·tisch [シュタリニスティッシュ ʃtalinístiʃ または スタ.. sta..] 形 スターリン主義の, スターリニズムの.

*der **Stall** [シュタる ʃtál] 男 (単2) -[e]s/(複) Ställe [シュテれ] (3格のみ Ställen) ① 家畜小屋, 畜舎. (英 *stable*). Pferde*stall* 馬小屋 / die Kühe⁴ in den *Stall* treiben 雌牛を牛舎へ追い入れる / ein ganzer *Stall* voll Kinder 《口語》非常にたくさんの子供たち. ② 《隠語》厩舎(きゅう)[所属の競走馬](=Renn*stall*).

Ställe [シュテれ] *Stall (家畜小屋)の 複.

Stall⹀meis·ter [シュタる・マイスタァ] 男 -s/ ① 《史》(宮中の)主馬頭(しゅめのかみ). ② 馬術教師.

Stal·lung [シュタるング] 女 -/-en 《ふつう 複》家畜小屋, 畜舎.

*der **Stamm** [シュタム ʃtám] 男 (単2) -es (まれに -s)/(複) Stämme [シュテンメ] (3格のみ Stämmen) ① (木の)幹, 樹幹. (英 *trunk*). (注意「大枝」は Ast, 「小枝」は Zweig). ein dicker *Stamm* 太い幹 / der *Stamm* der Eiche² オークの幹 / eine Hütte aus rohen *Stämmen* 丸太小屋. ② (人間の)種族, 部族; 氏族. die germanischen *Stämme* ゲルマン諸部族. ③《複 なし》常連[客]; レギュラーメンバー. Er gehört zum *Stamm* der Mannschaft. 彼はチームのレギュラーメンバーだ. ④ 《生》(分類区分の)門(もん); 系統, 血統. ⑤《言》語幹 (例: *leb*en, ge*leb*t, de *leb*en など).

Stamm⹀ak·tie [シュタム・アクツィエ] 女 -/-n 《経》普通株.

Stamm⹀baum [シュタム・バオム] 男 -[e]s/..bäume ① 系図, 系譜. ②《動・植》系統図(樹). ③《言》樹形図, 枝分かれ図.

Stamm⹀buch [シュタム・ブーフ] 中 -[e]s/..bücher ① 記念帳, 記名簿(友人・来客などが記念の言葉を記入する). ② 家族登録簿;《家畜の)血統証明書.

Stäm·me [シュテンメ] *Stamm (幹)の 複.

***stam·meln** [シュタンメるン ʃtáməln] ich stammle (stammelte, *hat*...gestammelt) I 他 (完了 haben) (事⁴を)どもりながら言う, つかえながら話す. (英 *stammer*). eine Antwort⁴ *stammeln* つっかえつっかえ答える.

II 自 (完了 haben) ① どもる, つかえながら話をする. ②《医》訥語(とつご)症である.

stam·mel·te [シュタンメるテ] *stammeln (どもりながら言う)の 過去.

Stamm⹀el·tern [シュタム・エるタァン] 複 ① (氏族・部族の)祖先. ② (人類の始祖としての)アダムとエバ.

* **stam·men** [シュタンメン ʃtámən] (stammte, *hat*...gestammt) 自 (完了 haben) (英 *come from*) ① 《aus 物³ ~》(物³の)出身である, (物³の)出である; (物³の)産である. Er *stammt* aus Berlin. 彼はベルリンの生まれだ / Er *stammt* aus einer Arbeiterfamilie. 彼は労働者の家庭の出である / Die Äpfel *stammen* aus Italien. このりんごはイタリア産だ. ②《aus 物³ (または von 人³) ~》(人・物³に)由来する, (人³の)作である. Das Wort *stammt* aus dem Lateinischen. この語はラテン語から来ている / Der Schmuck *stammt* von meiner Mutter. このアクセサリーは私の母にもらったものです / Das Gedicht *stammt* von Goethe. その詩はゲーテの作品だ.

Stamm⹀form [シュタム・フォルム] 女 -/-en ① 《言》動詞の基本形(不定詞, 過去形, 過去分詞). ② 《生》原形, 祖先.

Stamm⹀gast [シュタム・ガスト] 男 -es/..gäste (飲食店での)常客, 常連.

Stamm⹀hal·ter [シュタム・ハるタァ] 男 -s/- 《戯》長男, 嫡男.

Stamm⹀haus [シュタム・ハオス] 中 -es/..häuser ① 《経》(創業以来の)本社屋, 本店. ② 《史》(封建領主発祥の)城, 館(やかた).

stäm·mig [シュテミヒ ʃtémɪç] 形 がっしりした, たくましい; ずんぐりした (体つきなど).

Stamm⹀ka·pi·tal [シュタム・カピタール] 中 -s/-e 《経》基本金.

Stamm⹀land [シュタム・らント] 中 -[e]s/..länder (史: -e) 故国, 故郷; 発祥の地.

stamm·le [シュタンムれ] *stammeln (どもりながら言う)の 1 人称単数 現在.

Stamm⹀lo·kal [シュタム・ろカール] 中 -[e]s/-e 行きつけの飲食店, なじみの酒場.

Stamm⹀mut·ter [シュタム・ムッタァ] 女 -/..mütter (族の)祖先; エバ.

Stamm⹀sil·be [シュタム・ズィるべ] 女 -/-n 《言》語幹の音節, 幹綴(かんてつ).

Stamm⹀sitz [シュタム・ズィッツ] 男 -es/-e ① (劇場・酒場などの)常連客の席. ② 《経》(創業以来の)本社屋, 本店;《史》(封建領主発祥の)城, 館(やかた) (=Stammhaus).

Stamm⹀ta·fel [シュタム・ターふェる] 女 -/-n 系図, 系譜.

stamm·te [シュタンムテ] *stammen (…の出身である)の 過去.

Stamm⹀tisch [シュタム・ティッシュ] 男 -[e]s/-e ① (レストラン・飲み屋などの)常連用のテーブル. ② 常連. ③ 常連の集まり(例会). zum *Stammtisch* gehen 常連の集まりに出かける.

Stammut·ter ☞ 新形 Stammmutter

Stamm⹀va·ter [シュタム・ファータァ] 男 -s/ ..väter (男の)祖先；アダム.

stamm⹀ver·wandt [シュタム・フェァヴァント] 形 ① 同種族の, 同家系の, 同系の. ②《言》同語源の.

Stamm⹀vo·kal [シュタム・ヴォカーる] 男 -s/ -e《言》幹母音.

***stamp·fen** [シュタンプフェン ʃtámpfən] (stampfte, hat/ist...gestampft) I 自 (haben または sein) ① (h) (どしんどしんと)足を踏み鳴らす. (英 stamp). Er stampfte vor Ärger mit dem Fuß. 彼は怒って地だんだを踏んだ／Das Pferd stampft mit den Hufen. 馬がひづめで地面をける. ② (s) (…へ)どしんどしん(どたどた)と歩いて行く. ③ (h) (機械などが)ぶるんぶるんと動く(作動する). ④ (h)《海》(船が)縦揺れ(ピッチング)する.
II 他 (《定》haben) ① (リズムなど⁴を)足を踏んでとる. [mit dem Fuß] den Takt stampfen 足を踏んで拍子を取る. ② (雪など⁴を)足踏みして払い固める. ③ 踏み固める, 突き固める. die Erde⁴ stampfen 地面を踏み固める. ④ 突き砕く, 押しつぶす. Kartoffeln⁴ stampfen じゃがいもを押しつぶす. ⑤《A⁴ in B⁴ ~》(A⁴をB⁴へ)打ち込む.

Stamp·fer [シュタンプファァ ʃtámpfər] 男 -s/ - ① 《工》突き固め機, タンパ；水洗用スポイト. ② 《料理》じゃがいもつぶし器, マッシャー.

stampf·te [シュタンプフテ] *stampfen (どしんどしんと足を踏み鳴らす) 過去

stand [シュタント] *stehen (立っている)の過去

*der **Stand** [シュタント ʃtánt] 男 (単 2) -[e]s/ (複) Stände [シュテンデ] (3格のみ Ständen) ①《複なし》立っている状態, 静止状態. Der Tisch hat einen festen Stand. そのテーブルはしっかりと立っている(ぐらつかない)／aus dem Stand springen 立ち幅飛びをする／aus dem Stand [heraus]《口語》即座に／bei 人³ einen guten (schweren) Stand haben《口語・比》人³に受けがいい(よくない).
② 売店, 売り場, 屋台, スタンド；(見本市の)展示コーナー. ein Stand mit Blumen 花を売っている売店／Gemüse⁴ am Stand kaufen 露店で野菜を買う.
③ (立っている)場所, 足場；運転(操縦)席. Taxistand タクシー乗り場／der Stand des Schützen 射手の立つ場所.
④《複なし》(現在の)状況, 状態；(太陽・水面などの)位置. der Stand des Kontos 口座の現在高／der Stand des Wassers 水位／物⁴ auf den internationalen Stand bringen 物⁴を国際的水準に高める／außer Stande sein, zu 不定詞[句] …する能力がない／Das Auto ist gut im Stande (または in gutem Stand). その車はよく整備されている／im Stande sein, zu 不定詞[句] …できる, 可能である／物⁴ in Stand halten 物⁴(器具・建物など)を整備(手入れ)しておく／物⁴ in Stand setzen 物⁴を修理する／物⁴ zu Stande bringen 事⁴ (困難なこと)を完成させる／zu Stande kommen (やっと)うまくいく, 実現する.
⑤ 身分, 地位；階級, 職業；《複なし》配偶関係. der geistliche Stand 聖職者階級／der dritte Stand 第三階級, 市民階級／die höheren (niederen) Stände 上流(下層)階級／Bitte Name und Stand angeben! 名前と既婚未婚の別を言って(書いて)ください.

Stan·dard [シュタンダルト ʃtándart または スタン.. stán..] 男 -s/-s ① 標準, 基準, 規格. ② 水準. Lebensstandard 生活水準／ein hoher Standard der Bildung² 高い教育水準. ③ (貨幣制度の)本位；金位(純金・純銀との割合). ④ (度量衡の)原器.

stan·dar·di·sie·ren [シュタンダルディズィーレン ʃtandardizíːrən または スタン.. stan..] 他 (h) 規格化する, 標準化する.

Stan·dar·di·sie·rung [シュタンダルディズィールング または スタン..] 女 -/-en 規格化, 標準化.

Stan·dard⹀werk [シュタンダルト・ヴェルク] 中 -[e]s/-e 基準となる作品；(ある専門領域の)基本文献.

Stan·dar·te [シュタンダルテ ʃtandártə] 女 -/ -n ①《軍》(昔の:)(小さな四角形の)軍旗；(国家元首などの車などにつける)方形旗. (☞ Fahne 図). ② (ナチスの突撃隊・親衛隊の)部隊. ③《狩》(きつね・おおかみの)尾.

Stand⹀bild [シュタント・ビルト] 中 -[e]s/-er ① 立像. ②《映》スチール[写真].

Stand-by [シュテント・バイ]《英》中 -[s]/-s ① (空港でのキャンセル待ち. ②《電》(ラジオ・テレビの)スタンバイ.

Länd·chen [シュテントヒェン ʃténtçən] 中 -s/- (Stand の縮小) ① (小さな)売店, 屋台. ②《音楽》セレナーデ, 小夜曲[恋人の家の下に立って歌う]. 人³ ein Ständchen⁴ bringen 人³のためにセレナーデを歌う.

stän·de [シュテンデ] *stehen (立っている)の接2

Stän·de [シュテンデ] *Stand (売店)の複

Stan·der [シュタンダァ ʃtándər] 男 -s/ - (国家元首の車などにつける)ペナント, 三角旗.

Stän·der [シュテンダァ ʃténdər] 男 -s/ - ① 台, 台架；衣服(コート)掛け (=Kleiderständer)；燭台(ﾟｱ) (=Kerzenständer)；傘立て (=Schirmständer). ②《狩》(鳥類以外の)野鳥の足(脚). ③《口語》勃起(ｷｭｳ)したペニス. ④《建》(木骨家屋の)直立角柱. ⑤《電》(発電機などの)固定子.

Stan·des⹀amt [シュタンデス・アムト] 中 -[e]s/ ..ämter 戸籍役場.

stan·des⹀amt·lich [シュタンデス・アムトリヒ] 形 戸籍役場によって承認された, 戸籍上の.

Stan·des⹀be·am·te[r] [シュタンデス・ベアムテ (..タァ)] 男《語尾変化は形容詞と同じ》役場の戸籍係, 戸籍役場の職員.

Stan·des⹀be·wusst·sein [シュタンデス・ベヴストザイン] 中 -s/ 身分意識, 階級意識.

Stan·des⹀be·wußt·sein ☞ 新形 Standesbewusstsein

Stan·des⹀dün·kel [シュタンデス・デュンケる]

stan·des·ge·mäß [シュタンデス・ゲメース] 形 身分相応の, 身分にふさわしい.

Stan·des·un·ter·schied [シュタンデス・ウンタァシート] 男 -[e]s/-e 身分の相違.

stand·fest [シュタント・フェスト] 形 ① 据わりのよい, 安定した;《比》気持ちのぐらつかない, 毅然(きぜん)とした. ②《工》長期の荷重に耐える.

Stand·fes·tig·keit [シュタント・フェスティヒカイト] 女 -/ 安定[性], 固定; 毅然(きぜん)とした態度.

Stand·ge·richt [シュタント・ゲリヒト] 中 -[e]s/-e 《法》(戦地などでの)即決軍法裁判[所].

stand·haft [シュタントハフト] 形 毅然(きぜん)とした, 決然とした, 断固とした.

Stand·haf·tig·keit [シュタントハフティヒカイト] 女 -/ 毅然(きぜん)としていること, 決然.

stand|hal·ten* [シュタント・ハルテン ʃtánthàltən] 自 (h) ① (堤防・橋などが)持ちこたえる. Die Brücke *hielt* stand. 橋は持ちこたえた. ②《軍³》に耐える,《人³》に負けない. einem Angriff *standhalten* 攻撃を持ちこたえる / einer Prüfung³ *standhalten* 検査に耐える.

***stän·dig** [シュテンディヒ ʃténdɪç] 形 ① 絶え間のない, ひっきりなしの.《英》 *constant*). ein *ständiger* Krach 絶え間ない騒音 / Das Wetter wechselt *ständig*. 天候が絶えず変わる. (☞ 類語 immer). ②《付加語としてのみ》常任の, 常設の; 定まった, 固定された. eine *ständige* Kommission 常任委員会 / ein *ständiges* Einkommen 定収入 / der *ständige* Wohnsitz 定住地.

stän·disch [シュテンディッシュ ʃténdɪʃ] 形 ① 身分上の, 身分による. ②《史》州の.

Stand·licht [シュタント・リヒト] 中 -[e]s/ (自動車の)パーキングライト.

Stand·ort [シュタント・オルト] 男 -[e]s/-e 所在地, 現在地;《比》(政界などでの)立場. der *Standort* des Flugzeugs 飛行機の現在位置. ②《軍》駐屯地.

Stand·pau·ke [シュタント・パオケ] 女 -/-n《口語》お説教.

Stand·platz [シュタント・プラッツ] 男 -es/..plätze ① 立っている場所. ② タクシースタンド.

***der* **Stand·punkt** [シュタント・プンクト ʃtánt-puŋkt] 男 (複²) -[e]s/(複) -e (3格のみ -en) ① (判断の)**立場**, 観点, 見地; 見解. (《英》 *standpoint*). einen *Standpunkt* vertreten ある見解を主張する / Ich werde ihm meinen *Standpunkt* klarmachen.《口語》私は彼に自分の見解をはっきり伝え[て彼をたしなめ]るつもりだ / Ich stehe **auf dem** *Standpunkt*, dass... 私は…という見解(立場)です / **vom** historischen *Standpunkt* **aus** urteilen 歴史的観点から判断する. ②《祝》観察地点.

Stand·recht [シュタント・レヒト] 中 -[e]s/《法》戒厳令;(戒厳令下の)即決裁判.

stand·recht·lich [シュタント・レヒトリヒ] 形 《法》戒厳令の;(戒厳令下の)即決裁判の.

Stand·uhr [シュタント・ウーァ] 女 -/-en (振り子式の)据え置き大型箱時計.

***die* **Stan·ge** [シュタンゲ ʃtáŋə] 女 (単) -/(複) -n ①棒, さお, 支柱. (《英》 *pole*). Fahnen*stange* 旗ざお / eine lange *Stange* 長い棒 / Die Hühner sitzen auf ihren *Stangen*. にわとりが木に留まっている /《成句》 **die** *Stange*³ halten《口語・比》a)《人³》の味方をする(←支柱を支えてやる), b)《スゼ》《人³》に匹敵する /《人⁴》 **bei der** *Stange* halten《口語・比》《人⁴》を最後までがんばらせる / **bei der** *Stange* bleiben《口語・比》最後までがんばる / ein Anzug **von der** *Stange*《口語》既製服. ② (バレエ練習用の)バー; クライミングポール. ③《棒状のもの:》(たばこの, 硬貨の細長い包み);《方》筒形のビールグラス. eine *Stange* Zigaretten 1 カートンのたばこ / eine [schöne] *Stange* Geld《口語》大金 / eine *Stange*⁴ an|geben《口語》大ぼらを吹く.

Stän·gel [シュテンゲル ʃtéŋəl] 男 -s/-《植》茎, 葉柄, 花梗(かこう). Fall [mir] nicht **vom** *Stängel*!《比》ひっくり返るなよ, 卒倒するなよ.

Stan·gen·boh·ne [シュタンゲン・ボーネ] 女 -/-n《植》インゲンマメ.

Stan·gen·spar·gel [シュタンゲン・シュパルゲる] 男 -s/-(まるごとの)アスパラガス.

stank [シュタンク] *stinken (臭いにおいがする)の 過去

stän·ke [シュテンケ] *stinken (臭いにおいがする)の 接²

Stän·ke·rer [シュテンケラァ ʃtéŋkərər] 男 -s/- (いつも)悶着(もんちゃく)(いざこざ)を起こす人.

stän·kern [シュテンカァン ʃtéŋkərn] 自 (h) ①《口語》(陰口をたたいて)めんどう, いざこざを起こす. ② 悪臭を放つ, 空気を汚す.

Stan·ni·ol [シュタ=オーる ʃtanió:l またはスタ.. sta..] 中 -s/-e 銀紙, すず(アルミ)箔(はく).

Stan·ze¹ [シュタンツェ ʃtántsə] 女 -/-n ①《工》穴あけ器, パンチャー, 押し抜き機; 型抜き器. ② 刻印器.

Stan·ze² [シュタンツェ] 女 -/-n《詩学》シュタンツェ(弱強格の 8 行の詩節).

stan·zen [シュタンツェン ʃtántsən] 他 (h) ①《工》(押し型で)打ち抜く; プレスして作る. ②《A⁴ in(または auf) B⁴ ~》 (A⁴ を B⁴ に)刻印する, 型押しする.

Sta·pel [シュターぺる ʃtá:pəl] 男 -s/- ① 積み重ね, (物の)山;《商》商品置き場. ein *Stapel* Bücher 積み重ねた本の山. ②《造船》造船(進水)台. **vom** *Stapel* laufen 進水する / ein Schiff⁴ **vom** *Stapel* lassen 船を進水させる /《軍⁴》 **vom** *Stapel* lassen《口語》《軍⁴(反感を買うようなくだらないこと)を話し出す. ③《織》スティープル.

Sta·pel·lauf [シュターぺる・らおふ] 男 -[e]s/..läufe《海》(船の)進水[式].

sta·peln [シュターぺるン ʃtá:pəln] 他 (h) 積み

重ねる，積み上げる；《比》(知識など⁴を)蓄積する．◇《再帰的に》sich⁴ stapeln 積み重なる，山積みになる．

sta・pel・wei・se [シュターペる・ヴァイゼ] 副 大量に，山積みになって．

Stap・fe [シュタプフェ ʃtápfə] 女 -/-n 《ふつう複》足跡．

stap・fen [シュタプフェン ʃtápfən] 自 (s) 強く踏みしめながら歩いて行く． **durch** den Schnee *stapfen* 雪を踏みしめて歩く．

Stap・fen [シュタプフェン] 男 -s/- 《ふつう複》= Stapfe

Star¹ [シュタール ʃtá:r] 男 -[e]s/-e 《ᵏｽ: -en》《鳥》ホシムクドリ．

Star² [シュタール] 男 -[e]s/-e 《ふつう単》《医》白内障，そこひ． grauer *Star* 白内障 / grüner *Star* 緑内障．

Star³ [シュタール ʃtá:r または スタール stá:r] 男 -s/-s 《劇・映》スター，花形．

Star・al・lü・ren [シュタール・アリューレン] 複 スター気取り［のふるまい］．

starb [シュタルプ] ‡sterben (死ぬ)の 過去

‡**stark** [シュタルク ʃtárk]

強い Dein Bruder ist aber *stark*!
ダイン ブるーダァ イスト アーバァ シュタルク
君の兄さんは強いんだね．

Ⅰ 形 《比較》stärker，《最上》stärkst）《英》*strong*)
① (体などが)強い，力強い；丈夫な（⇔「弱い」は schwach）． ein *starker* Mann 強い男 / Er ist *stark* wie ein Bär. 彼は熊のように強い / ein *starker* Staat 《比》強大な国 / Für diesen Beruf braucht man *starke* Nerven. この職業にはずぶとい神経が必要だ / sich⁴ **für** 人・事⁴ *stark* machen 《口語》人・事⁴のために全力を尽くす．（☞ 類語 dick）．
② 意志の強い，しっかりした． ein *starker* Glaube 強い信念 / Sie hat einen *starken* Willen. 彼女は意志の強い人だ．
③ (材質などが)頑丈な，太い；《婉曲》体格のよい，太めの． *starke* Bretter 頑丈な板 / *starke* Äste 太い枝 / Kleider für *stärkere* Damen 大きめサイズの婦人服．
④ (数量が)多い，優勢な，多数の；《話》たっぷりの． Die Beteiligung war *sehr stark*. 参加者は非常に多かった / eine *starke* Partei (党員の多い)有力政党 / zwei *starke* Stunden たっぷり2時間．
⑤ 《数量を表す4格とともに》…の数(厚さ・長さ・量)の． eine 30 cm *starke* Wand 30センチメートルの厚さの壁 / Das Buch ist 700 Seiten *stark*. この本は700ページもある / eine etwa 50 Mann *starke* Gruppe 50人ほどのグループ．
⑥ (酒・たばこなどが)強い；《比》(色などが)強烈な． *starker* Kaffee 濃いコーヒー / ein *starkes* Gift 強い毒．
⑦ (性能が)優れた． *starke* Brillengläser 度の強い眼鏡レンズ / ein *starker* Motor 高性能エンジン．
⑧ (能力などが)優れた，優秀な． ein *starker* Spieler 優秀な選手 / Das ist seine *starke* Seite. それは彼の得意とするところだ / Er ist in Mathematik besonders *stark*. 彼は数学が特によくできる．
⑨ (程度が)激しい，ひどい． eine *starke* Kälte ひどい寒さ / *starker* Verkehr 激しい交通 / *starke* Schmerzen⁴ haben 激痛がある / Sie geht *stark* auf die Achtzig zu.《口語》彼女はもうすぐ80歳に手が届く / Das ist ein *starkes* Stück!《口語》こいつは前代未聞だ(ひどい)． ⑩ (若者言葉)すばらしい，すごい，かっこいい． eine *starke* Musik すてきな音楽 / Ich finde den Typ unerhört *stark*. あいつはなかなかかっこいいと思う． ⑪ 《言》強変化の． die *starke* Konjugation 動詞の強変化．

Ⅱ 副 強く，激しく，ひどく． Es regnet *stark*. 雨が激しく降っている / Mein Herz klopfte *stark*. 私は心臓がどきどきした．

新形

stark be・völ・kert 人口の密集した，人口密度の高い．

..stark [..シュタルク ..ʃtark] 形容詞をつくる 接尾 《…の強い・多い》例: willens*stark* 意志の強い / geburten*stark* 出生率の高い．

stark・be・völ・kert 形《新形》stark bevölkert）☞ stark

Stark・bier [シュタルク・ビーァ] 中 -[e]s/-e シュタルクビール(16% 以上の麦汁エキスを含む)．

*die **Stär・ke** [シュテルケ ʃtérkə] 女 (単) -/(複) -n (英 *strength*) ① 《複なし》(肉体的な)強さ，強いこと；(軍隊・国などの)力．（⇔「弱さ」は Schwäche）． die *Stärke* seiner Muskeln² 彼の筋肉の強さ / die wirtschaftliche *Stärke* eines Landes 一国の経済力． ② (機能などの)強度． die *Stärke* eines Motors エンジンの馬力． ③ 太さ，厚さ；(太さ・厚さによる)強度． Das Brett hat eine *Stärke* von 5 mm. その板は厚さが5ミリある． ④ (部隊・学級などの)人数，数量． Die Klasse hat eine *Stärke* von 30 Schülern. そのクラスの生徒は総勢30人だ． ⑤ 《複なし》(コーヒーなどの)濃さ，濃度． die *Stärke* des Alkohols アルコールの濃度． ⑥ 強度；激しさ． die *Stärke* des Lichtes 光の強度 / die *Stärke* des Sturmes あらしの激しさ． ⑦ (能力などの)強み，長所，得意[科目]． Chemie ist nicht seine *Stärke*. 化学は彼の得意科目ではない． ⑧ でん粉；[洗濯]糊(のり)．

Stär・ke・mehl [シュテルケ・メール] 中 -[e]s/-e でん粉．

stär・ken [シュテルケン ʃtérkən] 他 (h) ① (体・自信など⁴を)強くする，強化する；(人⁴を)元気づける． Der Erfolg hat sein Selbstgefühl *gestärkt*. 成功が彼の自信を深めた / Der Schlaf *stärkt* den Menschen. 睡眠は元気を回復させる．◇《再帰的に》sich⁴ *stärken* (食べて・飲んで)元気を回復する． ② 《物⁴に》糊(のり)を

付ける. das Hemd⁴ *stärken* ワイシャツに糊を付ける.

stär・ker [シュテルカァ] *stark (強い)の 比較

stärkst [シュテルクスト] *stark (強い)の 最上

Stark≠strom [シュタルク・シュトローム] 男 -[e]s/《電》高圧電流.

Stär・kung [シュテルクング] 女 -/-en ① 強化する(される)こと; 元気づけ, 奮起. ② (元気をつける)食べ物, 飲み物; 軽い食事.

Stär・kungs≠mit・tel [シュテルクングス・ミッテル] 中 -s/-《医》強壮剤.

Star・let [シュタールれット ʃtáːrlet または スター ル.. stáːr..]《英》中 -s/-s (軽蔑的に:)(一流スター気取りの)女優の卵.

***starr** [シュタル ʃtár] 形 《英 *stiff*》① (体が)硬直した; かじかんだ; ごわごわした. Meine Finger sind *starr* vor Kälte. 私の指は寒さでかじかんでいる / Sie stand *starr* vor Schreck. 彼女は恐怖のあまり身じろぎもできなかった. ②(目のすわった, (表情が)つめたい) mit *starren* Augen じっと目をすえて / 人⁴ *starr* an|sehen 人⁴をじっと見つめる. ③ 固定された. eine *starre* Achse 固定された車軸. ④ 変更できない, 融通が利かない; 頑固な, 強情な. ein *starres* Prinzip 変更できない原則.

Star・re [シュタレ ʃtára] 女 -/ 硬直, こわばり.

***star・ren** [シュタレン ʃtárən] (starrte, *hat ... gestarrt*) 自 (完了 haben) ①『方向を表す語句とともに』(…の方を)じっと見つめる(見入る), 見すえる.《英 *stare*》. 人³ ins Gesicht *starren* 人³の顔をじっと見る / Alle *starrten* erstaunt auf den Fremden. みんな驚いてそのよそ者をじっと見た.(☞ 類語 sehen). ②『**von**(または **vor**)物³ ~』(物³で)いっぱいである, (物³に)覆われている. Seine Kleidung *starrt* von (または **vor**) Schmutz. 彼の服は泥にまみれている. ③『方向を表す語句とともに』(…へ)そびえている, 突き出ている. **in**(または **gegen**) den Himmel *starren* 空にそびえている.

Starr・heit [シュタルハイト] 女 -/ ① こわばって(かじかんで)いること, 硬直. ② 凝視. ③ 頑固, 強情.

Starr≠kopf [シュタル・コプふ] 男 -[e]s/..köpfe 頑固者, 強情者.

starr≠köp・fig [シュタル・ケプふィヒ] 形 頑固な, 強情な, 頭の固い.

Starr≠krampf [シュタル・クランプふ] 男 -[e]s/《医》硬直性けいれん.

Starr≠sinn [シュタル・ズィン] 男 -[e]s/ 頑固, 強情.

starr≠sin・nig [シュタル・ズィニヒ] 形 頑固な, 強情な.

starr・te [シュタルテ] *starren (じっと見つめる)の 過去

*der **Start** [シュタルト ʃtárt または スタルト stárt] 男 (単2) -[e]s/(複) -s まれに (複) -e《英 *start*》① スタート.(☞「ゴール」は Ziel). einen guten *Start* haben いいスタートをきる / den *Start* frei|geben レースをスタートさせる / das Zeichen⁴ zum *Start* geben スタートの合図をする / fliegender (stehender) *Start* (モーターレースなどの)助走スタート(定位置スタート). ② スタートライン, スタート地点. **an den** *Start* **gehen** スタートラインにつく / **am** *Start* **sein** 競技に参加(出場)している. ③《空》(飛行機の)離陸;(ロケットの)発射; 滑走開始地点. ④ (エンジンの)始動;(仕事などの)開始.

Start≠bahn [シュタルト・バーン] 女 -/-en《空》離陸用滑走路.

start≠be・reit [シュタルト・ベライト] 形 出発(出航・離陸)の準備が完了した.

‡**star・ten** [シュタルテン ʃtártən または スタル.. stár..] du startest, er startet (startete, *ist/hat ... gestartet*) I 自 (完了 sein)《英 *start*》① (選手などが)スタートする; (レースなどに)出場する. Die Marathonläufer *starten* um 14 Uhr. マラソンランナーは14時にスタートする.
② (飛行機が)離陸する; (ロケットが)発射される.(☞「着陸する」は landen). Das Flugzeug *ist* pünktlich *gestartet*.『現在完了』その飛行機は時間どおりに離陸した. ③ 出発する. Wir *starten* morgen früh. 私たちは明朝出発します. ④ (行事などが)始まる.
II 他 (完了 haben) ① (レースなど⁴を)スタートさせる. das Autorennen⁴ *starten* モーターレースをスタートさせる. ② (エンジンなど⁴を)始動させる; 発進させる, 発射させる. eine Rakete⁴ *starten* ロケットを打ち上げる. ③《口語》開始する, 始める. eine Wahlkampagne⁴ *starten* 選挙運動を始める.

Star・ter [シュタルタァ ʃtártər または スタル.. stár..] 男 -s/-《スポ》スターター. ② レースの出場者. ③《工》(エンジンの)スターター, 始動装置.

star・te・te [シュタルテテ または スタル..] *starten (スタートする)の 過去

Start≠hil・fe [シュタルト・ヒるふェ] 女 -/-n ① (仕事・結婚などの)準備(補助)金. ②《工》(エンジンの)始動援助[装置].

start≠klar [シュタルト・クラール] 形 出発(出航・離陸)の準備が完了した(=startbereit).

Start≠li・nie [シュタルト・リーニエ] 女 -/-n スタートライン.

Start≠schuss [シュタルト・シュス] 男 -es/..schüsse (ピストルによる)スタートの合図.

Start≠schuß 新正 Startschuss

Start≠ver・bot [シュタルト・ふェアボート] 中 -[e]s/-e ① レースへの出場停止. ② (飛行機の)離陸禁止.

Sta・si [シュターズィ ʃtáːzi] 女 -/ (まれに 男 -[s]/)《略》《口語》国家公安局(旧東ドイツの秘密警察)(=Staatssicherheitsdienst).

Sta・tik [シュターティク ʃtáːtɪk または スター.. stáː..] 女 -/ ① 《物》静力学. ②《建》安定[性]. ③ 静止状態.

Sta・ti・ker [シュターティカァ ʃtáːtɪkər または スター.. stáː..] 男 -s/- 《物・建》静力学者(技師).

*die **Sta・ti・on** [シュタツィオーン ʃtatsióːn]

(単) -/(複) -en (英 station) ① 停留所, (小さな)駅. End*station* 終着駅 / Der Zug hält **auf** (または **an**) jeder *Station.* この列車は各駅に停車する / An der nächsten *Station* müssen wir aussteigen. 次の停留所で私たちは降りなければならない. (☞ 類語 Bahnhof). ② (旅の途中での)滞在[地], 休憩[地]. *Station*[4] machen (旅の途中で)短期滞在する / freie *Station*[4] haben 食事と宿泊をただにしてもらう. ③ (カッシ)(十字架の道行き・巡礼で信者の)留まる地点. ④ (人生などの)段階, 時期. die wichtigsten *Stationen* seines Lebens 彼の人生の最も重要な段階. ⑤ 病棟, (病院の) …科. die chirurgische *Station* 外科[病棟]. ⑥ 観測所(点), (研究施設などの)ステーション; 放送局. eine meteorologische *Station* 気象観測所.

sta·ti·o·när [シュタツィオネーァ ʃtatsioné:r] 形 ① 静止した, 固定された, 動かない; 停滞している. ein *stationärer* Satellit 静止衛星. ② 《医》入院の, 入院による. die *stationäre* Behandlung (外来に対して):入院治療.

sta·ti·o·nie·ren [シュタツィオニーレン ʃtatsioní:rən] 他 (h) (部隊などを…に)駐屯させる, (兵器などを…に)配備する.

sta·tisch [シュターティッシュ ʃtá:tɪʃ または スター.. stá:..] 形 ① 《物》静力学の; 平衡状態の. ② 《建》安定した; 静的荷重の. ③ 静止した, 動かない.

Sta·tist [シュタティスト ʃtatíst] 男 -en/-en 《劇·映》(せりふのない)端役(ホェン), エキストラ;《比》わき役.

Sta·tis·tik [シュタティスティク ʃtatístɪk] 女 -/-en ① (複 なし)統計学. ② 統計.

Sta·tis·ti·ker [シュタティスティカァ ʃtatístɪkər] 男 -s/- 統計学者;統計データ処理者.

sta·tis·tisch [シュタティスティッシュ ʃtatístɪʃ] 形 ① 統計学[上]の. ② 統計による.

Sta·tiv [シュタティーふ ʃtatí:f] 中 -s/-e [..ヴェ] (カメラなどの)三脚[台].

∗**statt** [シュタット ʃtát] **I** 前 《**2 格** (まれに 3 格)とともに》…の代わりに (=anstatt). (英 *instead of*). *Statt* meines Freundes kam sein Bruder. 私の友人の代わりに彼の弟が来た / *statt* seines Briefes eine Karte[4] schreiben 手紙の代わりにはがきを書く.

◇ **an** 人·物[2] *statt* の形で》人·物[2]の代わりに. an seiner *statt* 彼の代わりに / 人[4] an Kindes *statt* an|nehmen 人[4] を養子にする (← 自分の子供の代わりに受け入れる).

II 接《**zu** 不定詞[句]·**dass** 文などとともに》…する代わりに, …ではなくて. *Statt* zu arbeiten, ging er ins Kino. 彼は仕事をしないで, 映画を見に行った / *Statt* dass sie noch blieben, gingen sie. 彼らは逗留(½³)しないで, 行ってしまった.

Statt [シュタット] 女 -/《雅》《古》場所. nirgends eine bleibende *Statt*[4] haben どこにも滞在する場所がない / **an** seiner *Statt* (新形 **an** seiner *statt*) 彼の代わりに.

statt⇗des·sen [シュタット・デッセン] 副 その代わりに. (☞ **statt** dessen は「その男の人(そのこと·もの)の代わりに」を意味する.

Stät·te [シュテッテ ʃtétə] 女 -/-n 《雅》場所. eine historische *Stätte* 歴史的な場所.

∗**statt|fin·den**∗ [シュタット·ふィンデン ʃtátfɪndən] es findet … statt (fand … statt, hat … stattgefunden) 自 (完了 haben) (催し物などが)行われる, 催される. (英 *take place*). Das Konzert *findet* im Kongresssaal *statt*. そのコンサートは会議場で催される / Die Versammlung *hat* gestern *stattgefunden*. 会議はきのう行われた.

statt|ge·ben∗ [シュタット·ゲーベン ʃtát-gè:bən] 自 (h) 《官庁》(願いなど[3]を)聞き届ける, (申請など[3]を)認可する.

statt·ge·fun·den [シュタット·ゲふンデン] ∗**statt|finden** (行われる)の 過分

statt·haft [シュタットハふト] 形 《雅》《述語としてのみ》許されている, (公的に)認められている. Es ist nicht *statthaft*, hier zu rauchen. ここでタバコを吸うことは許されていない.

Statt⇗hal·ter [シュタット·ハルタァ] 男 -s/- ① 《史》総督;代官;太守. ② (ネৢ)州知事; 市町村長.

∗**statt·lich** [シュタットリヒ ʃtátlɪç] 形 ① (体格の)りっぱな, かっぷくのいい, (建物などが)豪華な, 堂々とした. (英 *stately*). ein *stattlicher* Mann かっぷくのいい男性 / eine *stattliche* Villa 豪華な別荘. ② (数量などが)かなりの, 少なからぬ. eine *stattliche* Summe 相当な金額.

Statt·lich·keit [シュタットリヒカイト] 女 -/- りっぱなこと, 豪華; 堂々たる風采(ホホン).

statt⇗zu·fin·den [シュタット·ツ·ふィンデン] ∗**statt|finden** (行われる)の zu 不定詞.

Sta·tue [シュタートゥエ ʃtá:tuə または スター.. stá:..] 女 -/-n (人間·動物の全身)立像, 彫像. eine *Statue* aus Bronze ブロンズ像.

Sta·tu·et·te [シュタトゥエッテ ʃtatuétə または スタ.. sta..] 女 -/-n 小立像, 小さい彫像.

sta·tu·ie·ren [シュタトゥイーレン ʃtatuí:rən または スタ.. sta..] 他 (h) 確立する; (義務など[4]を)定める. **an** 人[3] (または **mit** 事[3]) ein Exempel[4] *statuieren* 人·事[3]を見せしめにする.

Sta·tur [シュタトゥーァ ʃtatú:r] 女 -/-en 《ふつう 単》体格, 体つき.

Sta·tus [シュテートゥス ʃtá:tus または スター.. stá:..] 男 -/- [..トゥース] ① 状態, 状況. der wirtschaftliche *Status* eines Landes ある国の経済状態 / *Status* quo 現状. ② (社会的な)地位, 身分, ステータス;《法》(法律上の)地位. ③《医》病状, 容態; 体質.

Sta·tus⇗sym·bol [シュテートゥス·ズュンボール] 中 -s/-e ステータスシンボル, 社会的地位のシンボル.

Sta·tut [シュタトゥート ʃtatú:t または スタ.. sta..]

Stau

甲 -[e]s/-en 規約, 規則. nach den *Statuten* 規則に従って / *Statuten*⁴ auf|stellen 規約を定める.

Stau [シュタオ ʃtáu] 男 -[e]s/-s (または -e) ① 《ふつう 単》(流れの)よどみ. ② 《(交通の)渋滞. Verkehrs*stau* 交通渋滞 / im *Stau* stehen 渋滞している/ in einen *Stau* geraten 渋滞に巻き込まれる. ③ 《ふつう 単》《気象》(風・空気などの)停滞.

‡**der Staub** [シュタオプ ʃtáup] 男 (単2) -[e]s/ (複) -e (3格のみ Stauben) または (複) Stäube [シュトイベ] (3格のみ Stäuben) ほこり, ちり; 粉塵(ﾌﾟﾝ). (英 *dust*). radioaktiver *Staub* 放射性ちり / *Staub* saugen (掃除機で)ほこりを吸い取る; 掃除機で掃除する / den *Staub* von den Möbeln wischen 家具のほこりをふき取る / *Staub*⁴ auf|wirbeln a)(風が)ほこりを巻き上げる, b) 《口語・比》一騒動巻き起こす / sich⁴ aus dem *Staub* machen 《口語・比》こっそり逃げ出す / 人・物⁴ durch (または in) den *Staub* ziehen 《雅・比》人・物⁴のことをあしざまに言う.

Staub・beu・tel [シュタオプ・ボイテる] 男 -s/- ① 《植》葯(ﾔｸ). ② (電気掃除機の)集塵(ｼﾞﾝ)袋.

Staub・blatt [シュタオプ・ブらット] 中 -[e]s/ ..blätter 《植》雄しべ, 雄ずい. (注「雌しべ」は Stempel).

Stäu・be [シュトイベ] ‡Staub (ほこり)の 複

Stau・be・cken [シュタオ・ベッケン] 中 -s/- (せき止めた)貯水池.

stau・ben [シュタオベン ʃtáubən] 自 (h) (じゅうたんなどが)ほこりをたてる. Die Straße staubte. その道路にはほこりがたっていた. ◇非人称の es を主語として》Es staubt hier sehr. ここはひどくほこりっぽい.

stäu・ben [シュトイベン ʃtɔ́ybən] I 自 (h) ① (水・雪片などがほこりのように)飛び散る, 飛散する. ② 《獨》(じゅうたんなどが)ほこりをたてる. II 他 (h) ① 《A⁴ von B³ ~》(A⁴《獨》ほこりなど)を B³ から)払い落とす. ② (粉などを⁴を…へ)振りかける. Puderzucker⁴ über den Kuchen stäuben ケーキに粉砂糖を振りかける.

Staub・fän・ger [シュタオプ・フェンガァ] 男 -s/- 《口語》(ほこりをかぶりやすい)調度品.

staub・frei [シュタオプ・フライ] 形 ほこりのない, ちりのない.

Staub・ge・fäß [シュタオプ・ゲフェース] 中 -es/ -e《植》雄しべ, 雄ずい (=Staubblatt).

*staub・ig [シュタオビヒ ʃtáubıç] 形 ほこりだらけの, ほこりっぽい. (英 *dusty*). Die Schuhe sind staubig. その靴はほこりまみれだ.

Staub・korn [シュタオプ・コルン] 中 -[e]s/..körner ちりの粒, ほこり.

Staub・lap・pen [シュタオプ・らッペン] 男 -s/- ダスター, ふきん.

Staub・lun・ge [シュタオプ・るンゲ] 女 -/-n 《医》塵肺(ｼﾞﾝﾊﾟｲ)[症].

staub・sau・gen [シュタオプ・ザオゲン ʃtáup- zaugən] 自 (h)・他 (h) 掃除機で掃除する. (注 Staub saugen ともつづる) ☞ Staub

Staub・sau・ger [シュタオプ・ザオガァ] 男 -s/- 電気掃除機.

Staub・tuch [シュタオプ・トゥーフ] 中 -[e]s/ ..tücher ダスター, ふきん.

Staub・we・del [シュタオプ・ヴェーデる] 男 -s/- はたき.

Staub・wol・ke [シュタオプ・ヴォるケ] 女 -/-n もうもうとたちこめるほこり, 砂塵(ｻﾞﾝ).

Staub・zu・cker [シュタオプ・ツッカァ] 男 -s/- パウダーシュガー, 粉砂糖, 粉糖(ﾌﾝﾄｳ).

stau・chen [シュタオヘン ʃtáuxən] 他 (h) ① (人・物⁴を…へ)どんと押す, (強く)押し込む(突く). den Stock auf den Boden stauchen 棒を地面にどんと突く. ② 押しつぶす, 圧縮する; 《工》ブレスして作る. einen Sack stauchen 袋を地面にどしんと落として中味を詰める. ③ 《口語》(人⁴を)しかりとばす.

Stau・damm [シュタオ・ダム] 男 -[e]s/..dämme ダム, 堰堤(ｴﾝﾃｲ).

Stau・de [シュタオデ ʃtáudə] 女 -/-n 《植》多年生植物;《園芸》宿根草.

*stau・en [シュタオエン ʃtáuən] (staute, *hat*... gestaut) I 他 (完了 haben) ① (川・水などを)せき止める. einen Fluss stauen 川をせき止める. ② 《海》(荷物⁴を)積み込む.
II 再帰 (完了 haben) sich⁴ stauen (水・人の流れなどが)せき止められる; (交通が)渋滞する; 《比》(不満などが)うっ積する, たまる. Der Verkehr staut sich in der engen Straße. 交通が狭い道で渋滞している.

Stau・er [シュタオアァ ʃtáuər] 男 -s/- 《海》荷役作業員, 沖仲仕.

*stau・nen [シュタオネン ʃtáunən] (staunte, *hat* ...gestaunt) 自 (完了 haben) 驚く, びっくりする; 驚嘆(感嘆)する. Er *staunte*, als er das sah. 彼はそれを見たとき, びっくりした / Ich staune, wie schnell du das geschafft hast. 私は君がそれをやってのけた早さに驚いている / über 人・事⁴ staunen 人・事⁴に驚く, 驚嘆する ⇒Wir staunten über ihren Fleiß. 私たちは彼女の勤勉さに驚嘆した. ◇《現在分詞の形で》Sie betrachtete ihn mit staunenden Augen. 彼女は目を丸くして彼を見つめた. (☞ 類語 wundern).

Stau・nen [シュタオネン] 中 -s/ 驚き, 驚嘆. mit Staunen 驚いて, 驚嘆して.

stau・nens・wert [シュタオネンス・ヴェーアト] 形《雅》驚くべき, 感嘆に値する.

staun・te [シュタオンテ] *staunen (驚く)の 過去

Stau・pe [シュタオペ ʃtáupə] 女 -/-n ジステンパー(犬などの伝染病).

Stau・see [シュタオ・ゼー] 男 -s/-n [..ゼーエン] (流れをせき止めて造った)人造湖.

stau・te [シュタオテ] *stauen (せき止める)の 過去

Stau・ung [シュタオウング] 女 -/-en ① (水の)せき止め. ② (流れの)よどみ; (交通の)渋滞; (空気・風などの)停滞. Verkehrs*stauung* 交通渋

滞.

Stau゠was・ser [シュタオ・ヴァッサァ] 中 -s/- せき止められた水; 潮のたるみ.

Std. [シュトゥンデ](略)時間 (=Stunde).

Stdn. [シュトゥンデン](略)時間 (=Stunden).

Steak [ステーク sté:k または シュテーク ʃté:k] [英] 中 -s/-s《料理》ステーキ. Beef*steak* ビフテキ / ein zartes *Steak* 柔らかいステーキ.

:**ste・chen*** [シュテッヒェン ʃtéçən] du stichst, er sticht (stach, *hat*...gestochen) **I** 他 (匠⑦ haben) ① (人・動物など⁴を)刺す, 突き刺す. (奥 sting). Eine Biene *hat* mich *gestochen*. 蜜蜂(穀)が私を刺した / 人⁴ **mit** dem Messer *stechen* 人⁴をナイフで刺す. ◇[再帰的に] Ich *habe* mich **an** den Dornen *gestochen*. 私はとげが刺さってけがをした. ◇[非人称の **es** を主語として] Es *sticht* mich **in** der Seite. 私はわき腹がちくちく痛む.

② (人⁴の)心を刺激する. Die Neugier *sticht* mich. 私は好奇心をそそられる. ③《A⁴ **in** B⁴ ~》(A⁴(穴など)を B⁴ に)あける; (A⁴(絵など)を B⁴ に)彫り込む, 刻み込む. Löcher⁴ **in** das Leder *stechen* 革に穴をあける / ein Bild⁴ in Kupfer *stechen* 絵を銅版に彫る. ④ (とげなど⁴を)突いて捕まえる; (豚など⁴を)刺して屠殺(乞)する. ⑤ (芝・アスパラガスなど⁴を)掘り取る. ⑥ (ﾄﾗﾝﾌﾟ)(相手のカード⁴を)切り札で切る.

II 自 (匠⑦ haben) ① **刺す**. Viele Insekten *stechen*. 多くの昆虫は刺す習性がある / 人³ mit dem Dolch **in** den Rücken *stechen* 短刀で人³の背中を刺す / Ich *habe* mir in den Finger *gestochen*. 私はうっかり自分の指を刺してしまった.

② (服などが)ちくちくする; (光線・視線などが)刺すようである. Der Pullover *sticht*. このセーターはちくちくする / Die Sonne *sticht*. (比)太陽がじりじり照りつける. ③ (ﾄﾗﾝﾌﾟ)(あるカードが)切り札である. ④ (馬術などで)優勝決定戦をする. ⑤ タイムレコーダーを押す. ⑥《**in** 物⁴ ~》(物⁴の)色合いを帯びている. Ihr Haar *sticht* ins Rötliche. 彼女の髪は赤みがかっている. ⑦ 突き出ている, そびえている.

◇☞ **gestochen**

ste・chend [シュテッヒェント] **I** *stechen (刺す) の 現分 **II** 形 刺すような(痛み・視線・におい など). *stechende* Schmerzen⁴ haben ちくちくするような痛みを感じる.

Ste・cher [シュテッヒァァ ʃtéçər] 男 -s/- ① 銅版(鋼版)彫刻師, 銅版(鋼版)画家; 彫金師(工). ② (狩)(鴫(し)などの)くちばし.

Stech゠flie・ge [シュテヒ・フリーゲ] 女 -/-n (昆)サシバエ.

Stech゠kar・te [シュテヒ・カルテ] 女 -/-n タイムカード.

Stech゠mü・cke [シュテヒ・ミュッケ] 女 -/-n (昆)カ(蚊).

Stech゠pal・me [シュテヒ・パルメ] 女 -/-n (植)セイヨウヒイラギ.

Stech゠schritt [シュテヒ・シュリット] 男 -[e]s/- (軍)(ひざを曲げない)関兵式分列行進.

Stech゠uhr [シュテヒ・ウーァ] 女 -/-en タイムレコーダー.

Steck゠brief [シュテック・ブリーフ] 男 -[e]s/-e ① (法)指名手配書. ② (隠語)略歴; (製品などに関する)簡単なデータ.

steck゠brief・lich [シュテック・ブリーふリヒ] 形 [指名]手配書による.

Steck゠do・se [シュテック・ドーゼ] 女 -/-n (電)コンセント.

:**ste・cken**(*) [シュテッケン ʃtékən] **I** (steckte, *hat*...gesteckt) 他 (匠⑦ haben) ① (方向を表す語句とともに)(物⁴を…へ)差し込む, 突っ込む, はめる. (奥 stick). 人³ einen Ring **an** den Finger *stecken* 人³の指に指輪をはめる / den Schlüssel **ins** Schloss *stecken* 鍵(穀)を錠前に差し込む / Er *steckte* die Hände in die Taschen. 彼は両手をポケットに突っ込んだ / Sie *steckte* den Brief in den Briefkasten. 彼女はその手紙をポストに入れた / **in** Geld⁴ *stecken*(比)お金を物⁴につぎ込む. ◇[再帰的に]《*sich*⁴ **hinter** 人・事⁴ *stecken*》(口語) a) 人⁴ の助けを借りる, b) 事⁴に熱心にとり組む.

② (人⁴ **in** 物⁴ ~》人⁴を物⁴へ入れる. 人⁴ ins Gefängnis *stecken*《口語》人⁴を刑務所へ入れる / das Kind⁴ ins Bett *stecken* 子供を寝かしつける. ③ (物⁴をピンなどで)留める. Sie *steckte* die Brosche **an** das Kleid. 彼女はブローチをワンピースに付けた. ④《口語》(人³に事⁴を)こっそり教える. ◇《**es** を目的語として成句的に》es⁴ 人³ *stecken* 人³にずけずけものを言う. ⑤ (方)(たまねぎなど⁴を)植える.

II (steckte (雅: stak), *hat*...gesteckt) 自 (匠⑦ haben) ① (場所を表す語句とともに)(…に)差し込んである, はまっている. Der Schlüssel *steckt* im Schloss. 鍵(穀)は錠前に差し込んである / Der Wagen *steckt* im Schlamm. 車がぬかるみにはまっている.

② (場所を表す語句とともに)《口語》(…に)[潜んで]いる, る所にいる. Wo *hast* du *gesteckt*? 君はどこにいたの / Wo *steckt* meine Brille? 私の眼鏡はどこかな / Da *steckt* etwas dahinter. その裏には何かがある / In ihm *steckt* etwas. 彼には才能がある / Er *steckt* in Schwierigkeiten. 彼は困っている. ③《**voll**[**er**] とともに》(…で)いっぱいである. Die Arbeit *steckt* voller Fehler. この論文は間違いだらけだ / Er *steckt* voller Witz. 彼はウイットにあふれている. ④ (場所を表す語句とともに)(…にピンなどで)留めてある. An seinem Revers *steckt* ein Abzeichen. 彼の上着の折にはバッジが留めてある.

新形 ....

ste・cken blei・ben ① (車などが)立ち往生している, はまり込んでいる; (骨などがのどに)つかえる; 《比》(計画などが)行き詰まる. ② 《口語》言葉に詰まる. **in** der Rede *stecken bleiben* 話の途中で言葉に詰まる.

ste・cken las・sen (鍵(穀)など⁴を)差し込んだ

ままにしておく．*Lassen* Sie [Ihr Geld] *stecken*!《口語》ここは私のおごりです(←あなたのお金はそのままに)．

Ste・cken [シュテッケン] 男 -s/-《南ドィッ・スィス》ステッキ，つえ．*Dreck*[4] *am Stecken* haben《俗》すねに傷を持っている(←つえに泥が付いている)．

stecken|blei・ben* 自 (s) (新形 stecken bleiben) ☞ stecken

stecken|las・sen* 他 (h) (新形 stecken lassen) ☞ stecken

Ste・cken・pferd [シュテッケン・プフェート] 中 -[e]s/-e ① 棒馬(棒の先に馬の頭のついた子供の遊び道具)．② (比)趣味，道楽．

Ste・cker [シュテッカァ] ʃtékər] 男 -s/-《電》プラグ，差し込み栓．

Steck・ling [シュテックリング] 男 -s/-e《園芸》挿し木用の枝，取り木．

Steck≈na・del [シュテック・ナーデる] 女 -/-n ピン，留め針．*wie eine Stecknadel*[4] suchen《口語》人・物[4]を懸命に捜し回る．

Steck≈schlüs・sel [シュテック・シュりュッセる] 男 -s/-《工》ボックススパナ，箱スパナ．

Steck≈schuss [シュテック・シュス] 男 -es/..schüsse 盲管銃創(弾が体内に残っている傷)．

Steck≈schuß ☞ 新形 Steckschuss

steck・te [シュテックテ] *stecken (差し込む)の過去

Ste・fan [シュテファン] ʃtéfan] -s/《男名》シュテファン．

Steg [シュテーク] ʃteːk] 男 -es (まれに -s)/-e ① (小川などに架かる)小さな橋．② (船から陸地に渡す)歩み板; (ボート用の)桟橋．③《古》小道，細道．④《音楽》(弦楽器の弦を支える)こま; (眼鏡の)ブリッジ (= Brillen*steg*)．⑤《印》ファニチャー，ステッキ(左右見開きページの中央余白部)．⑥ (ズボンの下部につけ靴底にかける)ストラップ．

Steg≈reif [シュテーク・ライふ] 男 《成句的に》*aus dem Stegreif* 即席に，即興的に．

Steh・auf・männ・chen [シュテーアオふ・メンヒェン] 中 -s/- 起き上がりこぼし;《比》(苦難に負けない)楽天家．

Steh≈bier・hal・le [シュテー・ビーァハれ] 女 -/-n (立ち飲みの)ビールスタンド．

Steh≈emp・fang [シュテー・エンプふァング] 男 -[e]s/..fänge 立食レセプション．

ste・hen [シュテーエン ʃtéːən]

> 立っている
> Wo *steht* denn das Denkmal?
> ヴォァ シュテート デン ダス デンクマーる
> その記念碑はどこに立っているのですか．

(stand, *hat / ist* ... gestanden) I 自 (完了 haben; 南ドィッ・スィス・スィス: sein) ① 立っている, [立てて]置いてある; (ある場所に)いる, ある. (英 stand). (注意「座っている」は sitzen,「横たわっている」は liegen). Das Baby *kann* schon *stehen*. その赤ちゃんはもう立てる / Dort *steht* eine Kirche. そこに教会が立っている / Die Weinflaschen *sollen* liegen, nicht *stehen*. ワインのびんは立てないで，寝かせておくものだ．(☞ 類語 sein).

◇《前置詞とともに》Er *steht* **am** Fenster. 彼は窓辺に立っている / Der Mond *steht* am Himmel. 月が空に出ている / Das Essen *steht* **auf** dem Tisch. 料理が食卓に並べられている / Sie *stehen* auf meinem Fuß. あなたは私の足を踏んでいます / auf dem Kopf *stehen* 逆立ちしている / Auf Raub *steht* Gefängnis.《比》強盗罪には懲役刑が科せられている / **au・ßer** Frage *stehen* 問題外である / Die Entscheidung *steht* **bei** Ihnen.《比》決定権はあなたにあります / **für** 車[4] *stehen*《比》a) 車[4]を保証する, b) 車[4]を代表している / **hinter** 人[3] *stehen* a) 人[3]の後ろに立っている, b)《比》人[3]を支持している / Das Buch *steht* **im** Regal. その本は本棚にある / In ihren Augen *standen* Tränen. 彼女の目には涙が浮かんでいた / im Verdacht *stehen* 嫌疑がかけられている / Ich *stehe* **mit** ihm sehr gut.《比》私は彼ととてもうまくいっている / Das Stück *steht* und fällt mit dieser Schauspielerin.《比》その劇が成功するか失敗するかはこの女優の出来しだいだ / Er *steht* **über** den Dingen.《比》彼は物事に超然としている / **unter** Druck *stehen* 圧迫されている / Mein Wagen *steht* **vor** dem Haus. 私の車は家の前に止めてある / vor einem Problem *stehen*《比》ある問題に直面している / Das *steht* nicht **zur** Diskussion. それは議論のテーマになっていない． ◇《役割などを表す 4 格とともに》Sie *steht* dem Maler Modell. 彼女はその画家のモデルをしている / Posten[4] (または Wache[4]) *stehen* 歩哨(ฒะ)に立つ / Schlange[4] *stehen* 長蛇の列を作っている．

② (機械などが)止まっている，停止している． Meine Uhr *steht*. 私の時計は止まっている．

③ (衣服などが人[3]に)似合っている． Dieser Anzug *steht* dir gut. そのスーツは君によく似合っているよ．

④《場所を表す語句とともに》(…に)書いてある，載っている． Was *steht* **in** dem Brief? その手紙には何と書いてありますか / Der Artikel *steht* **auf** der ersten Seite. その記事は第 1 面に出ている．

⑤ (計器の指針などが…を)指している; (試合のスコア・外貨のレートなどが…で)ある． Das Thermometer *steht* **auf** 10 Grad. 温度計が 10 度を示している / Die Ampel *steht* auf Rot. 信号が赤になっている / Wie *steht* das Spiel? ― Es *steht* 2:1 (=zwei zu eins). 試合はどうなっていますか ― 2 対 1 です．

⑥ (…の)状態である． Die Tür *steht* offen. ドアが開いている / Der Weizen *steht* gut. 小麦の生育は良好だ / Die Aussichten *stehen* fifty-fifty. 見込みは五分五分だ / **in** Blüte *stehen* 花盛りである． ◇《非人称の **es** を主語として》Es *steht* schlecht **mit** ihm (または um

ihn). 彼の健康(経済)状態は悪い / Wie *steht*'s (=*steht* es)? 調子はどうだい.
⑦【**zu** 人・事³ ～】(人・事³に対して…の)態度をとる; (人・事³に)責任を持つ; (人・事³の)味方をする. Wie *stehst* du zu ihm? 君は彼をどう思う? / Ich *stehe* zu meinem Wort. 私は自分の言葉に責任を持つ / Ich *stehe* zu dir. ぼくは君の味方だ. ⑧【**auf** 人・物⁴ ～】(若者言葉:)(人・物⁴が)大好きである. Ich *stehe* auf Jazz. ぼくはジャズが大好きだ. ⑨《口語》(計画などが)出来上がっている, 完成している. Das Manuskript *steht*. 原稿は完成している. ⑩【**zu** 不定詞[句]とともに】…されうる; …されなければならない. Es *steht* zu erwarten (befürchten), dass... …ということが期待(心配)される.
II 再帰 (完了 haben; 南'ピ・オーストリアでは sein) *sich⁴ stehen* 《口語》① 暮らし向きが…である. Er *steht* sich gut. 彼はよい暮らしをしている. ②【成句的に】*sich⁴* **mit** 人³ **gut** (**schlecht**) *stehen* 人³と折り合いがよい(悪い).
◊【☞ **stehend**
◊【☞ **gestanden**

新形 ……………………………………
ste·hen blei·ben ① 立ち止まる. vor dem Schaufenster *stehen bleiben* ショーウィンドーの前に立ち止まる / Wo *sind* wir *stehen geblieben*?《現在完了》(話し合い・授業などで:)前回はどこまでいきましたか. ②(機械・乗り物などが)止まる, 停止する. Die Uhr *ist stehen geblieben*.《現在完了》時計が止まってしまった. ③(傘などが)置き忘れられている. ④(欠陥・建物などが元のまま)残っている.

ste·hen las·sen ① そのままにしておく, ほうっておく, 手をつけないでおく. alles⁴ liegen und *stehen lassen* 何もかもほったらかしておく / *sich³* den Bart *stehen lassen* ひげをそらないでおく / die Suppe⁴ *stehen lassen* スープに口をつけない / 人⁴ **an** der Tür *stehen lassen* 人⁴を[家の]中へ招き入れない. ② 置き忘れる. den Schirm **im** Zug *stehen lassen* 傘を列車の中に置き忘れる. ③(誤りなど⁴を)訂正せずにおく, 見落とす.

……………………………………

Ste·hen [シュテーエン] 中【成句的に】einen Zug (Wagen) **zum** *Stehen* bringen 列車(自動車)を停止させる / einen Angriff zum *Stehen* bringen《比》攻撃を食い止める / zum *Stehen* kommen (列車・自動車などが)停止する.

ste·hen|blei·ben* 自 (s) (新形) stehen bleiben) ☞

ste·hend [シュテーエント] I *stehen (立っている)の 現分 II 形 ① 立っている; 静止している, 止まっている;《理》定常の. Er arbeitet *stehend*. 彼は立ったままで働いている / ein *stehen-* *der* Zug 止まっている列車 / allein *stehend* ひとり暮らしの / hoch *stehend* 社会的に高い地位にある. ② 常設の, 常用の. ein *stehendes* Heer 常備軍 / eine *stehende* Redewendung 慣用句.

ste·hen·ge·blie·ben [シュテーエン・ゲブリーベン] stehen|bleiben (stehen bleiben(立ち止まる)の (旧形))の 過分

ste·hen|las·sen* 他 (h) (新形) stehen lassen) ☞ stehen

Ste·her [シュテーァァ ʃté:ər] 男 -s/- ①(ペースメーカーの後ろを走る)長距離競輪選手. ② 長距離競走馬. ③《方》信用できる人.

Stehːim·biss [シュテー・インビス] 男 -es/-e 立食スナック(スタンド).
Stehːim·biß ☞ (新形) Stehimbiss

Stehːkra·gen [シュテー・クラーゲン] 男 -s/- (南'ピ: ..krägen)(折り返してない)立ち襟, スタンドカラー.

Stehːlam·pe [シュテー・らンペ] 女 -/-n フロアスタンド.

Stehːlei·ter [シュテー・らイタァ] 女 -/-n 脚立(きゃたつ).

steh·len [シュテーれン ʃté:lən] du stiehlst, er stiehlt (stahl, *hat*...gestohlen) I 他 (完了 haben) (人³から物⁴を)**盗む**. (奥 **steal**). Geld⁴ *stehlen* お金を盗む / Der Dieb *hat* ihm die Uhr *gestohlen*. その泥棒は彼から時計を盗んだ / 人³ den Schlaf *stehlen*《比》人³の睡眠を妨げる / die Zeit⁴ *stehlen*《比》(訪問などで)人³のじゃまをする / *sich³* für 人⁴ die Zeit⁴ *stehlen*《比》事⁴のために時間を工面する / Woher nehmen und nicht *stehlen*? どうやって手に(工面したら)いいのだろう.
◊【目的語なしでも】Sie *stiehlt*. 彼女は盗み癖がある. ◊【過去分詞の形で】Er kann mir *gestohlen* bleiben!《口語》あいつなんかどうなったってかまわない.
II 再帰 (完了 haben) *sich⁴ stehlen*《方向を表す語句とともに》(…へ)こっそり入る, (…から)こっそり出る. *sich⁴* **aus** dem Haus *stehlen* そっと家を抜け出る / *sich⁴* **ins** Haus *stehlen* 忍び足で家の中に入る.

stehn [シュテーン ʃté:n] =stehen

Stehːplatz [シュテー・プらッツ] 男 -es/..plätze (劇場などの)立ち見席, (バス・列車などの)立ち席. (奥「座席」は Sitzplatz).

Stehːver·mö·gen [シュテー・フェアメーゲン] 中 -s/ 持久力, 耐久力, スタミナ; (精神的な)粘り.

*steif [シュタイフ ʃtáif] 形 (奥 **stiff**) ① 堅い, ごわごわした; (関節などが)硬直した, 曲がらない; かじかんだ;《口語》勃起(ぼっき)した. ein *steifer* Karton 堅い厚紙 / ein *steifer* Kragen ごわごわしたカラー / einen *steifen* Hals haben 首がこっている / Die Finger sind vor Kälte *steif*. 寒さで指がかじかんでいる. ◊【成句的に】

Steife

軍[4] *steif* und fest behaupten 軍[4]を頑強に主張する. ② ぎこちない, しゃちほこばった, 不自然な; 堅苦しい, 形式的な. ein *steifer* Gang ぎこちない歩き方 / ein *steifer* Empfang 堅苦しいレセプション. ③ (クリームなどが)固まった, 凝固した. Der Pudding ist zu *steif*. このプリンは堅くなりすぎている. ④《海》(風などが)激しい, ひどい. ⑤《口語》(アルコール飲料が)濃い, 強い.

● 新形 ●

steif hal·ten《成句的に》die Ohren[4] (または den Nacken) *steif halten*《口語》へこたれない, くじけない.

Stei·fe [シュタイフェ ʃtáɪfə] 女 -/-n ① 《覆 なし》《雅》硬直, 堅苦しさ. ② 《建》支柱, 支え, 突っ張り.

stei·fen [シュタイフェン ʃtáɪfən] 他 (h) ① 《建》しっかり支える. ② 《方》(洗濯物などに⁴)糊(のり)をつける.

steif|hal·ten* 他 (h) (新形 *steif halten*) ☞ *steif*

Steif·heit [シュタイフハイト] 女 -/ 堅いこと, 硬さ; 強固さ; ぎこちないこと, 堅苦しさ.

Steif·lei·nen [シュタイフ・ライネン] 中 -s/-《服飾》バックラム(にかわ・糊などで固めた亜麻布).

Steig [シュタイク ʃtáɪk] 男 -[e]s/-e (急な坂の)小道, (細い)坂道, (狭い)山道.

Steig=bü·gel [シュタイク・ビューゲる] 男 -s/- ① あぶみ. ②《医》(耳の)あぶみ骨.

Stei·ge [シュタイゲ ʃtáɪɡə] 女 -/-n ① 《南ドベスト》(細い坂になった)小道, 坂道;《小さな段ばしご. ② (果物などを並べる)浅い木箱;(小動物用の)おり.

Steig=ei·sen [シュタイク・アイゼン] 中 -s/- 〖ふつう 覆〗① 《登山用の》アイゼン. ② (電柱などを登るための)足場くぎ.

stei·gen [シュタイゲン ʃtáɪɡən] (stieg, ist... gestiegen) I 自 (完了 sein) ①《方向を表す語句とともに》(…から)登る, 上がる; (馬・乗り物などに)乗る. (英 climb). auf einen Turm (eine Leiter) *steigen* 塔(はしご)に登る / Er *stieg* aufs Fahrrad. 彼は自転車に乗った / durchs Fenster *steigen* (登って)窓から入り込む / in den Zug *steigen* 列車に乗る / ins Auto *steigen* 車に乗る / Er *ist* über den Zaun *gestiegen*.《現在完了》彼は垣根を乗り越えた.
②《下への方向を表す語句とともに》(…から)降りる, 下りる; (…へ)下りて行く. aus dem Auto (dem Zug) *steigen* 車(列車)から降りる / in den Keller *steigen* 地下室へ下りて行く / vom Pferd *steigen* 馬から降りる / Er *stieg* von der Leiter. 彼ははしごから下りた.
③ (煙・気球などが)上昇する, 上がって行く. Das Flugzeug *steigt*. 飛行機が上昇する / Der Nebel *steigt*. 霧が立ち昇る / Die Kinder *lassen* Drachen *steigen*. 子供たちが凧(たこ)を揚げる / Die Tränen *stiegen* ihr in die Augen. 彼女の目に涙がこみ上げた.
④ (水位・価格などが)上がる;(緊張・要求などが)高まる, 増大する. (反 「下がる」は fallen). Die Aktien *steigen*. 株価が上がる / Die Angst *steigt*. 不安が募る / Das Fieber *stieg* auf 40 Grad. 熱は40度に上がった / Das Brot *ist* im Preis *gestiegen*.《現在完了》パンの値段が上がった / Der Wasserspiegel *steigt* um einen Meter. 水面が1メートル上がる.
⑤《口語》行われる, 催される. Wann *steigt* die Party? そのパーティーはいつあるの.
II 他 (完了 sein) 登る, 下りる. eine Treppe[4] *steigen* 階段を登る.

類語 *steigen*: (馬・乗り物などに)乗る. (aus とともに用いると「降りる」になる). ein|steigen: (バス・電車などに)乗り込む. um|steigen: 乗り換える. zu|steigen: (途中の駅から)列車に乗り込む. Ist jemand *zugestiegen*? (車掌が乗客に:)途中乗車の方はありませんか.

Stei·ger [シュタイガァ ʃtáɪɡər] 男 -s/- ①《坑》坑内監督. ② (船客用の)桟橋.

***stei·gern** [シュタイガァン ʃtáɪɡərn] (steigerte, hat... gesteigert) I 他 (完了 haben) ①(速度・生産などを⁴)上げる, 高める, 増大させる. (英 increase). die Miete *steigern* 家賃を上げる / die Produktion[4] *steigern* 生産を増大する. (☞ 類語 heben). ②《言》(形容詞・副詞を⁴)比較変化させる. ③ (競売などで)競り落とす.
II 再帰 (完了 haben) sich[4] *steigern* ① (程度・度合いが)高まる, 増大する. Seine Angst *steigerte* sich. 彼の不安は高まった. ②〖sich[4] in 軍[4] ~〗(気分が高まって)軍[4]の状態になる. sich[4] in Begeisterung *steigern* 熱狂する.

stei·ger·te [シュタイガァテ] *steigern (上げる)の過去

Stei·ge·rung [シュタイゲルング] 女 -/-en ① 高めること; 増大, 増加. Preis*steigerung* 物価の上昇. ②《言》(形容詞・副詞の)比較変化.

Stei·gung [シュタイグング] 女 -/-en ① 傾斜, 勾配(こうばい); 上り坂. ②《工》(歯車などの)ピッチ.

***steil** [シュタイる ʃtáɪl] 形 ① (傾斜の)急な, 急斜面の, (山などに)険しい. (英 steep). ein *steiler* Abhang 急な斜面 / *steile* Dächer 切り立った屋根 / eine *steile* Karriere《比》非常に早い昇進(出世). ② (若者言葉:)はっと印象に残る, すてきな. ein *steiler* Zahn チャーミングな女の子.

Steil=hang [シュタイる・ハング] 男 -[e]s/ ..hänge 急坂(きゅうはん), 急斜面.

Steil·heit [シュタイる・ハイト] 女 -/ 急傾斜, (山などの)険しさ.

Steil=küs·te [シュタイる・キュステ] 女 -/-n 急傾斜の海岸, 絶壁の海岸.

der **Stein**¹ [シュタイン ʃtáin]

石 Das Brot ist hart wie *Stein*.
ダス ブロート イスト ハルト ヴィー シュタイン
このパンは石のように堅い.

男 (単2) -[e]s/(複) -e (3格のみ -en) ① 石. (英 stone). ein runder *Stein* 丸い石 / *Steine*⁴ sammeln 石を収集する / einen *Stein* nach 人³ werfen 人³に石を投げる / eine Bank aus *Stein* 石造りのベンチ / Er hat ein Herz aus *Stein*.《雅・比》彼は冷酷だ(←石の心臓を持っている) / 物⁴ in *Stein* meißeln (または hauen) 物⁴を石に刻む / zu *Stein* werden a) 化石になる, b)《雅・比》(表情が)こわばる / der *Stein* des Anstoßes《聖》つまずきの石(腹立ちなどの原因) / der *Stein* der Weisen²《雅》賢者の石(あらゆる謎を解く鍵) / Er schwor *Stein* und Bein.《口語》彼はきっぱりと誓った / Es friert *Stein* und Bein.《口語》骨身にこたえる寒さだ / Mir fällt ein *Stein* vom Herzen. 私は心の重荷が下りた / den *Stein* ins Rollen bringen《口語》(滞っていた企画などに)やっととりかかる / 人³ [die] *Steine*⁴ aus dem Weg räumen《比》人³の障害を取り除いてやる / 人³ *Steine*⁴ in den Weg legen《比》人³のじゃまをする.
② (建築用の)石材; れんが (=Ziegel*stein*). *Steine*⁴ brennen れんがを焼く / Kein *Stein* blieb auf dem anderen.《比》(都市などが)完全に破壊しつくされた(←石の上に石が残らなかった). ③ 墓石, 石碑. ④ 宝石 (=Edel*stein*); (時計の)石. ⑤ (ゲームなどの)石, こま. bei 人³ einen *Stein* im Brett haben《口語・比》人³に受けがいい. ⑥《植》(果実の)種. ⑦《医》結石.

..stein のいろいろ: Bau*stein* 建築用石材 / Edel*stein* 宝石 / Gedenk*stein* 記念碑 / Grab*stein* 墓石 / Grenz*stein* 境界石 / Grund*stein* 礎石 / Kalk*stein* 石灰岩 / Pflaster*stein* 敷石 / Prüf*stein* 試金石 / Rand*stein* 縁石 / Sand*stein* 砂岩 / Zahn*stein* 歯石 / Ziegel*stein* れんが

Stein²[シュタイン] -s/-s《姓》シュタイン.
stein.. [シュタイン.. ʃtáın..]《形容詞につける接頭》《非常に》例: *stein*reich 大金持ちの.
Stein≠**ad·ler** [シュタイン・アードラァ] 男 -s/-《鳥》イヌワシ.
stein≠**alt** [シュタイン・アルト] 形《口語》とても年をとった.
Stein≠**bock** [シュタイン・ボック] 男 -[e]s/..böcke ①《動》アイベックス(アルプスの野生ヤギの一種). ②《冠 なし: 定冠詞あり》《天》やぎ座; 磨羯(まかつ)宮.
Stein≠**bo·den** [シュタイン・ボーデン] 男 -s/..böden ① 石だらけの土地. ② 石だたみ, 石の床.
Stein≠**boh·rer** [シュタイン・ボーラァ] 男 -s/- 削岩機.

Stein≠**bruch** [シュタイン・ブルフ] 男 -[e]s/..brüche 石切り場, 採石場.
Stein≠**butt** [シュタイン・ブット] 男 -[e]s/-e《魚》オヒラメ.
Stein≠**druck** [シュタイン・ドルック] 男 -[e]s/-e ①《複 なし》(印)石版印刷[術]. ② 石版印刷物; 石版画, リトグラフ.
Stein≠**ei·che** [シュタイン・アイヒェ] 女 -/-n《植》カシ[の一種].
stei·nern [シュタイナァン ʃtáınərn] 形 ①《付加語としてのみ》石の, 石造りの. eine *steinerne* Bank 石作りのベンチ. ② 硬直した(表情など);《比》(石のように)無情な, 冷酷な.
Stein≠**er·wei·chen** [シュタイン・エァヴァイヒェン] 中《成句的に》zum *Steinerweichen* weinen 見るも哀れはげしく泣きじゃくる.
Stein≠**frucht** [シュタイン・フルフト] 女 -/..früchte《植》核果, 石果(ウメ・モモなど).
Stein≠**gar·ten** [シュタイン・ガルテン] 男 -s/..gärten ロックガーデン, 岩石庭園.
Stein≠**gut** [シュタイン・グート] 中 -[e]s/(種類:)-e ① 陶土. ② 陶器.
stein≠**hart** [シュタイン・ハルト] 形 石のように堅い, がちがちの.
stei·nig [シュタイニヒ ʃtáınıç] 形 石の, 石の多い, 石だらけの. ein *steiniger* Weg a) 石だらけの道, b)《雅・比》苦難に満ちた道.
stei·ni·gen [シュタイニゲン ʃtáınıgən] 他 (h)《史》(人⁴を)投石で死刑にする.
Stein≠**koh·le** [シュタイン・コーレ] 女 -/-n ①《複 なし》石炭, 瀝青(れきせい)炭. ②《ふつう 複》(燃料用)石炭.
Stein≠**metz** [シュタイン・メッツ] 男 -en/-en 石工, 石屋.
Stein≠**obst** [シュタイン・オープスト] 中 -[e]s/《植》(総称として:)核果, 石果(ウメ・モモなど).
Stein≠**pilz** [シュタイン・ピルツ] 男 -es/-e《植》ヤマドリタケ.
stein≠**reich** [シュタイン・ライヒ] 形 大金持ちの.
Stein≠**salz** [シュタイン・ザルツ] 中 -es/ 岩塩.
Stein≠**schlag** [シュタイン・シュラーク] 男 -[e]s/..schläge ① 落石. ②《複 なし》(舗装用の)砕石, 砂利.
Stein≠**wurf** [シュタイン・ヴルフ] 男 -[e]s/..würfe 投石.
Stein≠**zeit** [シュタイン・ツァイト] 女 -/《考古》石器時代.
Steiß [シュタイス ʃtáıs] 男 -es/-e ① 臀部(でんぶ), 尻(しり). ②《狩》(鳥の)尾隆起.
Steiß≠**bein** [シュタイス・バイン] 中 -[e]s/-e《医》尾骨.
Stel·la·ge [シュテラージェ ʃtɛláːʒə] 女 -/-n ① 台, 台架; 棚. ②《経》複合選択権付取引(売買いずれにも選択権を持つ).
stel·lar [シュテラール ʃtɛláːr または ステ.. stɛ..] 形《天》恒星の.
Stell≠**dich·ein** [シュテる・ディヒ・アイン] 中 -[s]/-[s] あいびき, ランデブー;《比》会合. sich³ ein *Stelldichein*⁴ geben a) デートする, b) 会合を持つ.

*die Stel・le [シュテレ ʃtélə] 囡 (単) -/(複) -n
① 場所, 所, 箇所; (身体の)部位. (英 place).
Unfall*stelle* 事故現場 / die beste *Stelle* zum Campen キャンプに最適の場所 / eine kahle *Stelle* am Kopf 頭のはげた箇所 / Das ist seine empfindliche *Stelle*. それが彼の泣きどころだ /〚物〛⁴ **an** eine andere *Stelle* setzen 〚物〛⁴を別の場所に置く / An dieser *Stelle* geschah der Unfall. この場所で事故が起きた / Ich an deiner *Stelle* würde das nicht machen.〚接2・現在〛もしぼくが君の立場だったらそんなことはしないだろう / **auf** der *Stelle*〚比〛その場で, 即座に / auf der *Stelle* treten《口語・比》停滞する / Er rührte sich⁴ nicht **von** der *Stelle*. 彼はその場を動かなかった / nicht von der *Stelle* kommen《口語・比》進展しない, はかどらない / **zur** *Stelle* sein その場に居合わせる. (☞〚類語〛Ort).

◊〚**an** *Stelle* の形で〛(…の)代わりに. (⇔ anstelle ともつづる). an *Stelle* des Direktors 所長の代わりに(代理として).

② (本などの)箇所. eine interessante *Stelle* おもしろい箇所 / eine *Stelle*⁴ zitieren 一節を引用する.

③ 位置, 順位. Er nimmt die oberste *Stelle* ein. (学級で)彼は首席だ / **an** erster *Stelle* 第一番に / an führender *Stelle* stehen 指導的地位にある.

④ 勤め口, 職場, ポスト (＝Arbeits*stelle*). Sie hat eine gute *Stelle*. 彼女はよいポストについている / eine *Stelle*⁴ suchen (finden) 勤め口を探す(見つける). ⑤ 役所, 官庁 (＝Dienst*stelle*). sich⁴ **an** die zuständige *Stelle* wenden 当局に問い合わせる. ⑥〚数〛(数の)位, けた. eine Zahl mit vier *Stellen* 4 けたの数.

*stel・len [シュテレン ʃtélən]

立てる
Stell dein Fahrrad hierhin!
シュテる　ダイン　ファールラート　ヒーァヒン
君の自転車はこちらに置きなさい。

(stellte, hat ... gestellt) **I** 他 (完了 haben) ①〚物⁴を〛立てる, [立てて]置く. (英 put). (⇔「横たえる」は legen). Wie *sollen* wir die Möbel *stellen*? 私たちは家具をどう置けばいいだろうか / Sie stellte die Vase **auf** den Tisch. 彼女は花びんをテーブルの上に置いた / das Auto⁴ **in** die Garage *stellen* 車をガレージに入れる / Bücher⁴ ins Regal *stellen* 本を書棚に入れる /〚事〛⁴ **in** Frage *stellen*《比》〚事〛⁴を疑問視する / ein Thema⁴ **zur** Diskussion *stellen*《比》あるテーマを討論にかける /〚人〛³〚物〛⁴ zur Verfügung *stellen*《比》〚人〛³に〚物〛⁴を自由に使わせる /〚人〛³〚事〛⁴ anheim *stellen*《比》〚人〛³に〚事〛⁴を任せる.

②〚方向を表す語句とともに〛(〚人〛⁴を…へ)立たせる. Die Mutter stellte das Kind **auf** den Stuhl. 母親は子供をいすの上に立たせた / das gestürzte Kind⁴ wieder auf die Füße *stellen* 転んだ子供を立ち上がらせる /〚人〛⁴ **auf** die Probe *stellen*《比》〚人〛⁴を試す / einen Schüler **in** die Ecke *stellen* (罰として)生徒を隅に立たせる /〚人〛⁴ **vor** die Entscheidung *stellen*《比》〚人〛⁴に決断を迫る /〚人〛⁴ **zur** Rede *stellen* 〚人〛⁴に釈明を求める.

③ (器具など⁴を)調整する, セットする. Er *stellte* seinen Wecker **auf** sechs Uhr. 彼は目覚し時計を6時に合わせた / das Radio⁴ lauter (leiser) *stellen* ラジオの音を大きく(小さく)する.

④ (飲食物⁴を…の状態に)しておく. den Wein kalt *stellen* ワインを冷やしておく / das Essen⁴ warm *stellen* 食事を温めておく.

⑤ 調達する, 用意(提供)する. Bei dem Fest *stellen* wir die Getränke. パーティーの飲み物は私たちが手配します / einen Zeugen *stellen* 証人を立てる / eine Kaution⁴ *stellen* 保証金を積む.

⑥〚特定の名詞を目的語として〛行う, …する. einen Antrag auf 〚事〛⁴ *stellen*〚事〛⁴の申請をする /〚人〛³ eine Aufgabe⁴ *stellen*〚人〛³に課題を出す / Bedingungen⁴ *stellen* 条件をつける / eine Diagnose⁴ *stellen* 診断をする / eine Forderung⁴ *stellen* 要求をする / [〚人〛³] eine Frage⁴ *stellen*〚人〛³に質問をする /〚人〛³ das Horoskop⁴ *stellen*〚人〛³の星占いをする.

⑦ (犯人など⁴を)捕まえる, (獲物⁴を)追いつめる. ⑧ (わななど⁴を)仕掛ける. ⑨ (場面など⁴を)演出する. ⑩ (動物が耳・尾など⁴を)立てる.

II 再帰 (完了 haben) sich⁴ *stellen* ①〚方向を表す語句とともに〛(…へ)立つ, 身を置く. Er *stellte sich* **ans** Fenster. 彼は窓辺に立った / *sich*⁴ **auf** die Waage *stellen* 体重計の上に乗る / *sich*⁴ **gegen**〚人・事〛⁴ *stellen*《比》〚人・事〛⁴に反対する / *sich*⁴ **hinter**〚人・事〛⁴ *stellen*《比》〚人・事〛⁴の後ろ盾になる / *sich*⁴〚人〛³ **in** den Weg *stellen* a)〚人〛³の行く手に立ちふさがる, b)《比》〚人〛³のじゃまをする / *sich*⁴ **vor**〚人〛⁴ *stellen* a)〚人〛⁴の前に立つ, b)《比》〚人〛⁴をかばう.

② (…の)ふりをする. *Stell dich* nicht so dumm! とぼけたまねをするな / *sich*⁴ krank *stellen* 病気のふりをする.

③ 自首する; (召集されて)入隊する. *sich*⁴ [der Polizei³] *stellen* [警察に]自首する. ④ (〚人・事〛³に)応じる, 受けて立つ. *sich*⁴ dem Gegner *stellen* 相手との対戦に応じる / *sich*⁴ einer Diskussion³ *stellen* 討論に応じる. ⑤〚*sich*⁴ **zu**〚人・事〛³ ～〛(〚人・事〛³に…の)態度をとる. Wie *stellst* du *dich* **zu** diesem Problem? 君はこの問題をどう思う? / *sich*⁴ positiv (negativ) zu〚人・事〛³ *stellen*〚人・事〛³について肯定的(否定的)な考え方をする. ⑥〚成句的に〛*sich*⁴ gut **mit**〚人〛³ *stellen*〚人〛³と仲良くしようとする. ⑦ (ねだん)(商) 値段が…である. Der Teppich *stellt* *sich* **auf** 7 000 Mark. そのじゅうたんには7,000マルクの値が付いている.

◊⇨ gestellt

Stel・len≠an・ge・bot [シュテレン・アンゲボート]

中-[e]s/-e 求人.

Stel·len=ge·such [シュテレン・ゲズーフ] 中 -[e]s/-e 求職.

stel·len=los [シュテレン・ロース] 形 勤め口のない, 失業した (=stellungslos).

Stel·len=markt [シュテレン・マルクト] 男 -[e]s/..märkte 労働(雇用)市場.

Stel·len=nach·weis [シュテレン・ナーハヴァイス] 男 -es/-e ① 職業紹介. ② (公共の)職業紹介所.

Stel·len=ver·mitt·lung [シュテレン・フェアミットルング] 女 -/-en 職業紹介[所].

Stel·len=wei·se [シュテレン・ヴァイゼ] 副 所所に, あちこちに.

Stel·len=wert [シュテレン・ヴェーアト] 男 -[e]s/-e ①《数》(数字の)けたの値; ②《比》(一定の範囲内で人や物が持っている)位置価値, 意味.

..stel·lig [..シュテリヒ .. ʃtɛlɪç]《形容詞をつくる接尾》(…けた(位)の) dreistellig (=3-stellig) 3けた(位)の.

Stell=ma·cher [シュテる・マッハァ] 男 -s/- 車大工.

Stell=schrau·be [シュテる・シュラオベ] 女 -/-n (時計などの)調節ねじ.

stell·te [シュテㇽテ] ‡stellen (立てる)の 過去

die **Stel·lung** [シュテるング ʃtɛ́lʊŋ] 女 (単) -/(複) -en (英 position) ① **姿勢**, ポーズ. Sprung*stellung* ジャンプの構え / bequeme *Stellung* 楽な姿勢 / in aufrechter *Stellung* 直立の姿勢で. ② **位置**, 配列. die *Stellung* der Sterne² 星の位置 / die *Stellung* eines Wortes im Satz 文章の中における単語の位置. ③ 勤め口, ポスト; 地位, 身分. Er sucht eine *Stellung* als Ingenieur. 彼はエンジニアの職を探している / die soziale *Stellung* 社会的地位 / eine hohe *Stellung*⁴ einnehmen 高い地位につく. ④《複 なし》立場, 態度. **für** (**gegen**) 事⁴ *Stellung*⁴ nehmen 事⁴に賛成(反対)する / **zu** 事³ *Stellung*⁴ nehmen 事³に対して立場を明らかにする. ⑤《軍》陣地. ⑥《ミッˋッ》徴兵検査.

Stel·lung=nah·me [シュテるング・ナーメ] 女 -/-n ①《複 なし》態度表明(決定). eine eindeutige *Stellungnahme* 明快な態度表明. ② (表明された)意見, 見解.

Stel·lungs=krieg [シュテるングス・クリーク] 男 -[e]s/-e《軍》陣地戦.

stel·lungs=los [シュテるングス・ロース] 形 勤め口のない, 失業した.

Stel·lungs=su·che [シュテるングス・ズーヘ] 女 -/ 職探し.

Stel·lungs=wech·sel [シュテるングス・ヴェクセる] 男 -s/- 態度(意見)の変更; 転職; 配置換え;《軍》陣地換え.

stell=ver·tre·tend [シュテる・フェアトレーテント] 形 代理の, 副の. der *stellvertretende* Vorsitzende 副議長 / *stellvertretend* für 人⁴ gratulieren 人⁴に代わって祝辞を述べる.

Stell=ver·tre·ter [シュテる・フェアトレータァ] 男 -s/- 代理人, 代行[者]. (⇨ 女性形は Stellvertreterin). der *Stellvertreter* des Direktors 校長代理.

Stell=ver·tre·tung [シュテる・フェアトレートゥング] 女 -/-en 代理, 代行.

Stell=werk [シュテる・ヴェルク] 中 -[e]s/-e《鉄道》信号所.

Stel·ze [シュテるツェ ʃtɛltsə] 女 -/-n ①《ふつう 複》竹馬. **auf** *Stelzen* gehen 竹馬に乗る / **wie auf** *Stelzen* gehen a) ぎこちなく歩く, b)《比》気取る, いばる. ②《鳥》セキレイ[科]. ③ 棒状の義足.

stel·zen [シュテるツェン ʃtɛ́ltsən] 自(s) ① 竹馬に乗って歩く. ②《比》(長い脚で大股で)ぎこちなく歩く.

Stemm=bo·gen [シュテム・ボーゲン] 男 -s/- (スキーの)シュテムボーゲン, 半制動回転.

Stemm=ei·sen [シュテム・アイゼン] 中 -s/- (木工用の)突きのみ.

***stem·men** [シュテンメン ʃtémən] (stemmte, hat...gestemmt) I 他 (⇨ haben) ① (重い物⁴を)頭上に持ち上げる. Hanteln⁴ *stemmen* バーベルを持ち上げる. ②《方向を表す語句とともに》(体の一方⁴を)押し当てる, 突っ張る. Er *stemmt* die Ellbogen **auf** den Tisch. 彼は机にひじをつく / die Füße⁴ **gegen** die Wand *stemmen* 足を壁に当てて突っ張る. ◇《再帰的に》Er *stemmte sich*⁴ **gegen** die Tür. 彼は体でドアを押さえた. ③ (穴など⁴を)あける. Löcher⁴ **in** eine Wand *stemmen* 壁に穴をあける. ④《俗》(ビールなど⁴を)痛飲する. ⑤《俗》(重い物⁴を)盗み出す.
II 再帰 (⇨ haben)《*sich*⁴ **gegen** 事⁴ ~》(事⁴に)抵抗する, 反抗する. Er *stemmte sich* gegen alle Vorschläge. 彼はすべての提案に反対した.
III 自 (⇨ haben) (スキーで:)シュテムする, 半制動回転する.

stemm·te [シュテムテ] *stemmen (頭上に持ち上げる)の 過去

der **Stem·pel** [シュテンペる ʃtémpəl] 男 (単2) -s/(複) -(3格のみ -n) ① スタンプ, 印鑑, はんこ. (英 *stamp*). den *Stempel* auf die Quittung drücken 領収書に印を押す / Er hat seiner Zeit seinen *Stempel* aufgedrückt.《比》彼は同時代に決定的な影響を与えた. ② (押された)印, 判, スタンプ, 消印. Der Brief trägt den *Stempel* vom 2. (= zweiten) Mai. この手紙は5月2日の消印になっている / den *Stempel* von 人·物³ tragen《比》人·物³の特徴をはっきりと示している. ③《工》打ち抜き機; (ポンプの)ピストン. ④《植》雌しべ. (⇨「雄しべ」は Staubblatt). ⑤《坑》(坑道の)支柱.

Stem·pel=geld [シュテンペる・ゲるト] 中 -[e]s/《口語》失業手当.

Stem·pel=kis·sen [シュテンペる・キッセン] 中 -s/- スタンプ台.

***stem·peln** [シュテンペるン ʃtémpəln] ich

Stempelsteuer

stemple (stempelte, hat...gestempelt) 他 (完了) haben) ① (物⁴に)スタンプを押す, 捺印する. (英 stamp). einen Ausweis stempeln 証明書に印を押す / Postkarten⁴ stempeln ははがきに消印を押す. ◇【目的語なしでも】stempeln gehen《口語》失業手当をもらいに行く. ② (物⁴を)スタンプで押す. das Datum⁴ stempeln 日付のスタンプを押す. ③《A⁴ zu B³ ～》(A⁴にB³の)烙印を押す. 人⁴ zum Verräter stempeln 人⁴に裏切り者の烙印を押す.

Stem·pel⸗steu·er [シュテンペル・シュトイアァ] 女 –/–n 印紙税.

Stem·pel·te [シュテンペルテ] *stempeln (スタンプを押す)の過去

stemp·le [シュテンプれ] *stempeln (スタンプを押す)の1人称単数 現在

Sten·gel ☞ 新形 Stängel (茎).

Ste·no [シュテーノ ʃtéːno] 女 –/《ふつう冠詞なしで》《口語》速記[術] (=Stenografie).

Ste·no·graf [シュテノグラーふ ʃtenográːf] 男 –en/–en 速記者.《女》女性形は Stenografin.

Ste·no·gra·fie [シュテノグラふィー ʃtenografíː] 女 –/–n [..ふィーエン] 速記文字; 速記[術].

ste·no·gra·fie·ren [シュテノグラふィーレン ʃtenografíːrən] 自 (h)・他 (h) 速記する.

ste·no·gra·fisch [シュテノグラーふィッシュ ʃtenográːfiʃ] 形 速記[術]の; 速記で書かれた.

Ste·no·gramm [シュテノグラム ʃtenográm] 中 –s/–e 速記原稿. ein Stenogramm⁴ aufnehmen (口述などを)速記する.

Ste·no·gramm⸗block [シュテノグラム・ブろック] 男 –[e]s/..blöcke (または –s) 速記用メモ用紙.

Ste·no·graph [シュテノグラーふ ʃtenográːf] 男 –en/–en =Stenograf

Ste·no·gra·phie [シュテノグラふィー ʃtenografíː] 女 –/–n [..ふィーエン] =Stenografie

ste·no·gra·phie·ren [シュテノグラふィーレン ʃtenografíːrən] 自 (h)・他 (h) =stenografieren

ste·no·gra·phisch [シュテノグラーふィッシュ ʃtenográːfiʃ] 形 =stenografisch

Ste·no·ty·pis·tin [シュテノ・テュピスティン ʃtenoṭypístin] 女 –/..tinnen (女性の)速記者兼タイピスト.

Sten·tor⸗stim·me [シュテントァ・シュティメ] 女 –/–n 大声, 大音声 (シュテントァ Stentor は『イーリアス』に登場する大声の英雄).

Step ☞ 新形 Stepp

Ste·phan [シュテふァン ʃtéfan] –s/《男名》シュテファン.

Ste·pha·nie [シュテふァニ ʃtéfani または ..ふァーニエ ..fáːniə] –[n]s [..ふァニス または ..ふァーニエンス]/《女名》シュテファニー, シュテファーニエ.

Stepp [シュテップ ʃtép または ステップ stép] 男 –s/–s ① タップダンス. ② (陸上競技で)(三段跳びの二歩目の)ステップ.

Stepp⸗de·cke [シュテップ・デッケ] 女 –/–n 刺し子縫い(キルティング)の掛け布団.

Step·pe [シュテッペ ʃtépə] 女 –/–n (地理) ステップ (木の生えていない大草原).

step·pen¹ [シュテッペン ʃtépən] 他 (h) 刺し子縫いにする. (物⁴に)キルティングをする.

step·pen² [シュテッペン ʃtépən または ステッステッ..] 自 (h) タップダンスをする.

Step·pen⸗wolf [シュテッペン・ヴォるふ] 男 –[e]s/..wölfe (動) コヨーテ (北アメリカの大草原にすむオオカミの一種).

Stepp⸗tanz [シュテップ・タンツ] 男 –es/..tänze タップダンス.

Step⸗tanz ☞ 新形 Stepptanz

Ster·be⸗bett [シュテルベ・ベット] 中 –[e]s/–en 臨終[の床]. auf dem Sterbebett liegen 臨終の床にある, 臨終である.

Ster·be⸗fall [シュテルベ・ふァる] 男 –[e]s/..fälle 死亡[事件].

Ster·be⸗geld [シュテルベ・ゲるト] 中 –[e]s/ (保険から支払われる)葬祭料.

⁑ster·ben* [シュテルベン ʃtérbən]

> 死ぬ Ich *sterbe* vor Hunger!
> イヒ シュテルベ ふォーァ フンガァ
> 腹がへって死にそうだ.

du stirbst, er stirbt (starb, *ist*... gestorben) 自 (完了 sein) 死ぬ, 死亡する. (英 die). (⇔「生きている」は leben). jung *sterben* 若死にする / Er *ist* plötzlich *gestorben*.《現在完了》彼は急死した / Ihm *ist* die Frau *gestorben*.《現在完了》彼は妻に死なれた / Seine Hoffnung *ist gestorben*.《現在完了》《雅・比》彼の望みは消え失せた. ◇《前置詞とともに》an 事³ *sterben* 事³(病気などで死ぬ ⇒ Er *ist* an Krebs (Altersschwäche) *gestorben*.《現在完了》彼は癌で(老衰で)死んだ / Daran (または Davon) *stirbt* man nicht gleich.《口語》それはそんなにひどいことではない(←そんなことですぐ死にはしない) / durch einen Unfall *sterben* 事故死する / Er *starb* fürs Vaterland. 彼は祖国のために死んだ / mit 80 Jahren (または im Alter von 80 Jahren) *sterben* 80歳で死ぬ / vor Hunger *sterben* 飢え死にする / Ich *sterbe* vor Neugierde.《口語》私は知りたくてうずうずしている / Ich *sterbe* vor Langweile.《口語》私は退屈でたまらない.

◇《成句的に》eines natürlichen Todes *sterben*《雅》天寿を全うする / einen schweren Tod *sterben* 苦しんで死ぬ / den Heldentod *sterben* (戦場で)英雄的な死を遂げる.

Ster·ben [シュテルベン] 中 –s/ 死[ぬこと]. im *Sterben* liegen 死にかかっている / zum *Sterben* langweilig sein 死ぬほど退屈である.

ster·bens⸗krank [シュテルベンス・クランク] 形 重病の, 重態の; ひどく気分が悪い.

ster·bens⸗lang·wei·lig [シュテルベンス・らングヴァイりヒ] 形 死ぬほど退屈な.

Ster·bens⸗wort [シュテルベンス・ヴォルト] 中 =Sterbenswörtchen

Ster·bens⸗wört·chen [シュテルベンス・ヴェ

sternenklar

ルトヒェン）中《成句的に》Davon hat er kein (または nicht ein) *Sterbens*wörtchen gesagt. それについては彼は一言もしゃべらなかった．

Ster·be⁄sak·ra·men·te [シュテルベ・ザクラメンテ]《複》《カトッ》臨終の秘跡．

Ster·be⁄stun·de [シュテルベ・シュトゥンデ] 女 -/-n 臨終, 末期（ݭ）．

Ster·be⁄ur·kun·de [シュテルベ・ウーァクンデ] 女 -/-n 死亡証明書．

＊**sterb·lich** [シュテルプリヒ ʃtérpliç] I 形 死ぬべき運命の．（英 *mortal*）．Alle Menschen sind *sterblich*. 人間は皆いつか死ぬものだ．
 II 副《口語》ひどく，すごく．in 人⁴ *sterblich* verliebt sein 人⁴に死ぬほどほれている．

Sterb·li·che[r] [シュテルプリッヒェ (..ヒャァ) ʃtérpliçə (..çɐr)] 男 女《語尾変化は形容詞と同じ》① 《雅》《死すべき人間．② (平凡な) 人間．

Sterb·lich·keit [シュテルプリヒカイト] 女 -/ ① 死ぬべき運命; はかなさ．② 死亡率．

Sterb·lich·keits⁄zif·fer [シュテルプリヒカイツ・ツィッファァ] 女 -/-n 死亡率．

Ste·reo [シュテーレオ ʃtéːreo または ステー.. stéː..] 中 -s/-s 《複 なし》ステレオ, 立体音響（=*Stereo*phonie). ein Konzert⁴ in *Stereo* senden コンサートをステレオで放送する．② 《印》ステロ版, 鉛版（=*Stereo*typieplatte).

Ste·re·o⁄an·la·ge [シュテーレオ・アンラーゲ] 女 -/-n ステレオ装置．

ste·re·o·fon [シュテレオふォーン ʃtereofóːn または ステ.. ste..] 形 =stereophon

Ste·re·o·fo·nie [シュテレオふォニー ʃtereofoníː または ステ.. ste..] 女 -/ =Stereophonie

Ste·re·o·met·rie [シュテレオメトリー ʃtereometríː または ステ.. ste..] 女 -/《数》立体幾何学．

ste·re·o·phon [シュテレオふォーン ʃtereofóːn または ステ.. ste..] 形 ステレオの, 立体音響の．

Ste·re·o·pho·nie [シュテレオふォニー ʃtereofoníː または ステ.. ste..] 女 -/ ステレオ, 立体音響．

Ste·re·o·skop [シュテレオスコープ ʃtereoskóːp または ステ.. ste..] 中 -s/-e 立体鏡, ステレオスコープ．

ste·re·o·sko·pisch [シュテレオスコーピッシュ ʃtereoskóːpiʃ または ステ.. ste..] 形 立体鏡の, 立体的に見える．

ste·re·o·typ [シュテレオテューブ ʃtereotýːp または ステ.. ste..] 形 ① 型にはまった, お決まりの, ステレオタイプの. eine *stereotype* Redewendung 決まり文句．② 《印》ステロ版(鉛版)の．

ste·ril [シュテリール ʃteríːl または ステ.. ste..] 形 ① 無菌の, 殺菌した．eine *sterile* Verpackung 無菌包装．② 《医・生》不妊の, 生殖不能の．③ 《比》生産的でない, 不毛な; 味気ない, 索漠とした．

Ste·ri·li·sa·ti·on [シュテリリザツィオーン ʃterilizatsióːn または ステ.. ste..] 女 -/-en ① 殺菌, 消毒．② 《医》不妊にすること, 断種．

ste·ri·li·sie·ren [シュテリリズィーレン ʃterilizíːran または ステ.. ste..] 他 (h) ① 殺菌する, 消毒する．medizinische Geräte⁴ *sterilisieren* 医療器具を殺菌する．② 《医》(人・動物⁴に)不妊(断種)手術を施す．

Ste·ri·li·tät [シュテリリテート ʃterilitéːt または ステ.. ste..] 女 -/ ① 無菌[状態]．② 《医・生》不妊[症]．③ 《比》(精神的)不毛, 非生産性．

＊*der* **Stern** [シュテルン ʃtérn]

星

Was für ein *Stern* ist das ?
ヴァス ふューァ アイン シュテルン イストダス
あれは何という星ですか．

男 (単 2) -[e]s/(複) -e (3格のみ -en) ① 星．(英 *star*). Polar*stern* 北極星 / Sonne, Mond und *Sterne* 太陽と月と星 / ein heller *Stern* 明るい星 / ein *Stern* erster Größe² 1 等星 / Die *Sterne* blinken (または flimmern). 星がきらめく(またたく) / Die *Sterne* stehen am Himmel. 星が空に出ている / *Sterne*⁴ sehen《口語》(なぐられて)目から火が出る / 人³(または für 人³)(または 人⁴)のためにどんなことでもやる(←空から星を取ってくる) / die *Sterne*⁴ vom Himmel holen wollen《雅・比》不可能なことをやろうとする《雅・比》高望みをする．/ **nach** den *Sternen* greifen《雅・比》高望みをする．
② (運勢としての)星．die *Sterne*⁴ befragen または **in** den *Sternen* lesen 星占いをする / Das steht in den *Sternen* geschrieben.《雅》それはどうなるかはっきりしない / Sie ist **unter** einem glücklichen *Stern* geboren.《雅》彼女は幸運の星のもとに生まれている / Sein *Stern* geht auf. 彼の運勢は上昇する．③ (星形のもの:)星印, アスタリスク(記号: *); 星形勲章; 星形の菓子; (馬などの)額の白斑(髭). ein fünfzackiger *Stern* 5角の星形 / ein Hotel mit vier *Sternen* 四つ星のホテル．④ (映画などの)スター, 花形 (=Star). ⑤ (ふつう呼びかけとして) いとしい人, 大切な人．

Stern⁄bild [シュテルン・ビルト] 中 -[e]s/-er 《天》星座．das *Sternbild* des Kleinen Bären 小熊座．

Stern·chen [シュテルンヒェン ʃtérnçən] 中 -s/- (Stern の 縮小) ① 小さな星．② 《印》星印, アスタリスク(記号: *). ③ (映画などの)新人スター, スターの卵．

Stern⁄deu·ter [シュテルン・ドイタァ] 男 -s/- 占星術師, 星占い師．

Stern⁄deu·tung [シュテルン・ドイトゥング] 女 -/ 占星術．

Ster·nen⁄ban·ner [シュテルネン・バンナァ] 中 -s/- (アメリカ合衆国の)星条旗. (英 英語では Stars and Stripes という).

Ster·nen⁄him·mel [シュテルネン・ヒンメル] 男 -s/ 《雅》星空 (=Sternhimmel).

ster·nen⁄klar [シュテルネン・クラール] 形 星の

明るい，星がよく見える(=sternklar).
Stern≠fahrt [シュテルン・ファールト] 女 -/-en 異なった出発点から同じゴールに向かうオートバイ(自動車)ラリー.
stern·för·mig [シュテルン・フェルミヒ] 形 星形の，放射状の.
stern·ha·gel·voll [シュテルンハーゲル・フォる] 形《俗》泥酔した，ぐでんぐでんの.
stern≠hell [シュテルン・へる] 形 星の明るい，星明かりの.
Stern≠him·mel [シュテルン・ヒンメる] 男 -s/ 星空.
Stern≠kar·te [シュテルン・カルテ] 女 -/-n《天》星図，星座表.
stern≠klar [シュテルン・クらール] 形 星の明るい，星がよく見える(夜空).
Stern≠kun·de [シュテルン・クンデ] 女 -/ 天文学(=Astronomie).
Stern≠schnup·pe [シュテルン・シュヌッペ] 女 -/-n 流星(=Meteor).
Stern≠stun·de [シュテルン・シュトゥンデ] 女 -/-n《雅》記念すべき時，好機；運命の時.
Stern≠war·te [シュテルン・ヴァルテ] 女 -/-n 天文台.
Stern≠zei·chen [シュテルン・ツァイヒェン] 中 -s/-《天》獣帯記号(=Tierkreiszeichen).
Sterz [シュテルツ] ſtérts] I 男 -es/-e ① (鳥などの)尾．②《農》すきの柄．II 男 -es/-e《南ド・オーストリア》《料理》シュテルツ(主に穀物を用いた料理).
stet [シュテート] ſté:t] 形《雅》変わることのない；絶え間のない，不断の．in steter Treue つねに変わらぬ忠実さで.
Ste·tho·skop [シュテトスコープ] ſtetoskó:p または ステ.. ste..] 中 -s/-e《医》聴診器.
ste·tig [シュテーティヒ] ſté:tɪç] 形 絶え間ない，不断の，連続的な；《数》連続の．ein stetiger Regen 降り続く雨.
Ste·tig·keit [シュテーティヒカイト] 女 -/ 不変，不動；連続，恒常.
***stets** [シュテーツ] ſté:ts] 副 つねに，いつも；絶えず．Sie ist stets freundlich. 彼女はいつも親切だ．(☞ 類語 immer).
*das **Steu·er**¹ [シュトイアァ ſtóγər] 中 (単2) -s/(複) - (3格のみ -n) (自動車などの)ハンドル；(船の)舵(かじ)；(飛行機の)操縦桿(かん)．(英 [steering] wheel). das Steuer⁴ führen ハンドルを操作する / das Steuer⁴ herum|reißen a) 急ハンドルを切る，b)《比》方針を急に切り varはえる / am Steuer sitzen a) (車を)運転している，b)《比》実権を握っている / Er hat das Steuer fest in der Hand. 彼は指導権をしっかり掌握している.
*die **Steu·er**² [シュトイアァ ſtóγər] 女 (単) -/(複) -n ① 税，税金，租税．(英 tax). direkte (indirekte) Steuer 直接(間接)税 / staatliche Steuer 国税 / Steuer⁴ zahlen [be]zahlen 税を納める / Steuern⁴ erhöhen (senken) 税を上げる(下げる) / Steuern⁴ hinterziehen 脱税する / Das Auto kostet 500 Mark Steuer im Jahr. この車には年額500マルクの税がかかる /《物》⁴ mit einer Steuer belegen 《物》⁴に税を課す．②《複 なし》(口語) 税務署.
steu·er·bar [シュトイアァバール] 形 ①《官庁》課税の対象となる．② 操縦できる，制御可能な.
steu·er·be·güns·tigt [シュトイアァ・ベギュンスティヒト] 形 税制上の優遇措置を受けた.
Steu·er·be·ra·ter [シュトイアァ・ベラータァ] 男 -s/- 税理士.
Steu·er·be·scheid [シュトイアァ・ベシャイト] 男 -[e]s/-e 税額査定(納税告知)書.
Steu·er·bord [シュトイアァ・ボルト] 中(まれに 男 も) -[e]s/-e《ふつう 単》《海・空》右舷(うげん).
steu·er·bord[s] [シュトイアァ・ボルト (..ボルツ)] 副《海・空》右舷(うげん)へ，右側へ.
Steu·er·hö·hung [シュトイアァ・エァヘーウング] 女 -/-en 増税.
Steu·er·klä·rung [シュトイアァ・エァクれールング] 女 -/-en 納税申告.
Steu·er·mä·ßi·gung [シュトイアァ・エァメースィグング] 女 -/-en 税額割引.
Steu·er≠flucht [シュトイアァ・ふるフト] 女 -/《法》国外逃税(とうぜい)(海外へ資産などを移して納税義務を逃れること).
steu·er≠frei [シュトイアァ・ふライ] 形 無税の，免税の，非課税の.
Steu·er·hin·ter·zie·hung [シュトイアァ・ヒンタァツィーウング] 女 -/-en 脱税.
Steu·er·klas·se [シュトイアァ・クらッセ] 女 -/-n (課税査定基準の)等級.
Steu·er·knüp·pel [シュトイアァ・クニュッペる] 男 -s/-①《空》操縦桿(かん)．②《コンピ》ジョイスティック.
steu·er·lich [シュトイアァリヒ] 形 税の．steuerliche Vergünstigungen 税制上の優遇措置.
Steu·er≠mann [シュトイアァ・マン] 男 -[e]s/..leute (まれに ..männer) ①《海》(昔の:)航海士．②(ボートの)コックス，舵手(だしゅ).
Steu·er≠mar·ke [シュトイアァ・マルケ] 女 -/-n ① 収入印紙．②(犬の)鑑札.
***steu·ern** [シュトイアァン ſtóγərn] (steuerte, hat/ist... gesteuert) I 他 (完了 haben) ① (自動車など⁴を)運転する，(船・飛行機など⁴を)操縦する．(英 steer). einen Porsche steuern ポルシェを運転する / Er steuerte das Motorrad nur mit einer Hand. 彼はオートバイを片手だけで運転した．◇《目的語なしでも》Er kann nicht steuern. 彼は車の運転ができない．(☞ 類語 fahren). ②《海・空》(ある進路⁴を)取る．Westkurs⁴ steuern 西への進路を取る．③(機械など⁴を)操作する，制御する；《比》(世論など⁴を)操る．ein Gespräch⁴ steuern 会話を自分の思う方向へもっていく.
II 自 (完了 sein または haben) ① (s)《方向を表す語句とともに》(船などが…へ)進む，向かう．Das Schiff steuerte nach Norden. 船は北へ進路を取った．②(h)《雅》《複³の》防止(除去)

に努める． dem Unheil *steuern* 災害防止に努める．

Steu·er⁀pa·ra·dies [シュトイァァ・パラディース] 中 -es/-e 税金天国(ほとんど税金のない国).

Steu·er⁀**pflicht** [シュトイァァ・プふリヒト] 女 -/ -en 納税義務.

steu·er⁀pflich·tig [シュトイァァ・プふリヒティヒ] 形 ① 納税義務のある． ② 課税対象となる．

Steu·er⁀po·li·tik [シュトイァァ・ポリティーク] 女 -/ 租税政策, 税政.

Steu·er⁀**rad** [シュトイァァ・ラート] 中 -[e]s/ ..räder (自動車などの)ハンドル;(船の)舵輪(だりん);(飛行機の操縦桿(かん)).

Steu·er⁀**re·form** [シュトイァァ・レふォルム] 女 -/-en 税制改革.

Steu·er⁀**schuld** [シュトイァァ・シュルト] 女 -/-en 未納(滞納)税金.

steu·er·te [シュトイァァテ] *steuern (運転する)の過去.

Steu·e·rung [シュトイエルング] 女 -/-en ① 《工》操舵(操縦)装置; 運転装置. ② 《覆 なし》(船の)操舵(そうだ), (飛行機の操縦;(自動車の)運転;(機械などの)操作.

Steu·er⁀**zah·ler** [シュトイァァ・ツァーらァ] 男 -s/- 納税者.

Ste·ward [ステューアァト stjúːərt][英] 男 -s/-s (旅客機などの)スチュワード, 客室乗務員.

*die **Ste·war·dess** [ステューアデス stjúːərdɛs または ..デス][英] 女 (単) -/(複) -en (旅客機などの)スチュワーデス, (女性の)客室乗務員. 《英》*stewardess*). Sie arbeitet seit drei Jahren als *Stewardess*. 彼女は3年前からスチュワーデスとして働いている．

Ste·war·deß ☞ 新形 Stewardess

StGB [エス・テー・ゲー・ベー] 《略》刑法典 (= Strafgesetzbuch).

sti·bit·zen [シュティビッツェン ʃtibítsən] 過分 stibitzt) 他 (h) 《口語》(ちょっとした物⁴を)盗む．

stich [シュティヒ] *stechen (刺す)の du に対する命令.

*der **Stich** [シュティヒ ʃtíç] 男 (単2) -[e]s/(複) -e (3格のみ -en) ① (刃や針・とげなどで)刺すこと. 《英》*stab*). Bienen*stich* 蜜蜂(みつばち)に刺されること / ein *Stich* mit dem Messer ナイフでの一突き． ② 刺し傷; 刺すような痛み． Der *Stich* schmerzt. 刺し傷が痛む / *Stiche* in der Seite わき腹のちくちくする痛み． ③ 縫い目, ステッチ． mit großen *Stichen* nähen 粗縫いする． ④ 銅版画 (=Kupfer*stich*); 銅版画 (=Stahl*stich*). ⑤ 《覆 なし》(色などの)気味. Das Dia hat einen *Stich* ins Blaue. そのスライドは青みがかっている． ⑥ 《成句的に》einen [leichten] *Stich* haben a) (牛乳などが)腐敗しかけている， b) 《俗》少し頭がおかしい， c) 《方》酔っ払っている / 人⁴ im *Stich* lassen a) 人⁴を見殺しにする， b) 人⁴を見捨てる， c) 《口語》(記憶・手足などが)人⁴の思いどおりにならなくなる / 物⁴ im *Stich* lassen 物⁴を放棄する / *Stich*⁴ halten (主張などが)しっかりしている． ⑦ (とらんプ)(切り札で)取ること. ⑧ 《建》(アーチの)迫高(せりだか). ⑨ 《狩》(猟獣の)のど元.

Sti·chel [シュティッヒェる ʃtíçəl] 男 -s/- 彫刻刀, 彫刻のみ;《工》(旋盤などの)溝切り.

Sti·che·lei [シュティッヒェらイ ʃtıçəláı] 女 -/-en ① 《覆 なし》(しつこい)いやみ, 皮肉． ② (個々の)いやみ, 皮肉． ③ 《覆 なし》(絶えず)縫いものをすること．

sti·cheln [シュティッヒェるン ʃtíçəln] 自 (h) ① 当てこすりを言う． ② (熱心に)針仕事をする, 縫いもの(ししゅう)をする．

stich⁀fest [シュティヒ・ふェスト] 形 《成句的に》 hieb- und *stichfest* (証拠などが)確かな, 確実な．

Stich⁀flam·me [シュティヒ・ふらンメ] 女 -/-n (爆発などの際の)吹き出る炎．

stich⁀hal·tig [シュティヒ・ハるティヒ] 形 確実な根拠のある, しっかりした．

Stich·ling [シュティヒリング ʃtíçlıŋ] 男 -s/-e 《魚》トゲウオ.

Stich⁀pro·be [シュティヒ・プローベ] 女 -/-n 無作為抽出検査(任意に一部をとって試験すること). *Stichproben*⁴ machen 抜き取り検査をする．

stichst [シュティヒスト] *stechen (刺す)の2人称単数 現在.

sticht [シュティヒト] *stechen (刺す)の3人称単数 現在.

Stich⁀tag [シュティヒ・ターク] 男 -[e]s/-e (官公庁によって指定された)予定日, 期日, 実施日.

Stich⁀waf·fe [シュティヒ・ヴァッふェ] 女 -/-n 突く武器(槍など).

Stich⁀wahl [シュティヒ・ヴァーる] 女 -/-en (過半数に満たない場合の)決選投票．

Stich⁀wort [シュティヒ・ヴォルト] 中 -[e]s/ ..wörter (または -e) ① 《覆 ..wörter》(辞典などの)見出語, 検索語. Das Wörterbuch enthält hunderttausend *Stichwörter*. この辞典には10万の見出語がある． ② 《覆 -e》《劇》せりふの送り言葉, きっかけ; (行動の誘因となる)発言． ③ 《覆 -e; ふつう 覆》(演説などのためにメモしておく)キーワード, メモ書き．

stich·wort⁀ar·tig [シュティヒヴォルト・アールティヒ] 形 メモ風の, 箇条書きの．

Stich·wort⁀ver·zeich·nis [シュティヒヴォルト・ふェァツァイヒニス] 中 ..nisses/..nisse 索引, 見出し．

Stich⁀wun·de [シュティヒ・ヴンデ] 女 -/-n 刺し傷, 突き傷．

*sti·cken [シュティッケン ʃtíkən] (stickte, *hat* ...gestickt) I 他 (定下 haben) (物⁴に)刺しゅうする;(模様など⁴を)刺しゅうする. 《英》*embroider*). eine Decke⁴ *sticken* テーブルクロスに刺しゅうする / ein Monogramm⁴ *auf* Taschentücher *sticken* (頭文字などの)組み合わせ文字をハンカチに刺しゅうする．

II 自 (定下 haben) 刺しゅうをする. Sie stickt gern. 彼女は刺しゅうが好きだ．

Sti·cke·rei [シュティッケライ ʃtɪkəráɪ] 女 -/-en ① 《複 なし》(絶えず)刺しゅうすること. ② 《手芸》刺しゅう飾り, 刺しゅう作品. eine Bluse mit *Stickerei* 刺しゅうのあるブラウス.

Stick⹀garn [シュティック・ガルン] 中 -[e]s/-e 刺しゅう糸.

sti·ckig [シュティッキヒ ʃtíkɪç] 形 (部屋の空気などが)息詰まるような, むっとする.

Stick⹀stoff [シュティック・シュトふ] 男 -[e]s/ 《化》窒素 (記号: N).

stick·te [シュティックテ] ＊sticken (刺しゅうする)の 過去

stie·ben(*) [シュティーベン ʃtí:bən] (stob, *ist*/*hat*...gestoben または stiebte, *ist/hat*...gestiebt) 自 (s, h) ① (s, h) 飛び散る, 散らばる. Der Schnee *stob* um das Haus. 家の周りで雪が舞い上がった. ② (s) (群衆などが…へ)四散する, あわてて逃げて行く.

Stief.. [シュティーふ.. ʃtí:f..] 《親族関係を表す名詞につける 接頭》《義理の》例: *Stief*mutter 義母.

Stief⹀bru·der [シュティーふ・ブルーダァ] 男 -s/..brüder 異父(異母)兄弟, 腹違いの兄弟.

＊*der* **Stie·fel** [シュティーふェる ʃtí:fal] 男 (単2) -s/(複) - (3格のみ -n) ① 長靴, ブーツ. (英 boot). (❬ァ「短靴」は Schuh). (☞ Schuh 図). Gummi*stiefel* ゴム長靴 / *Stiefel*⁴ an|ziehen (aus|ziehen) 長靴をはく(脱ぐ) / 〖人〗⁵ die *Stiefel*⁴ lecken 《比》〖人〗³にへつらう(←長靴をなめる) / Das sind zwei Paar *Stiefel*. 《俗》その二つはまったく別の事柄だ(←2 足の長靴). ② 長靴型の大ジョッキ. einen ordentlichen *Stiefel* vertragen 《口語》大酒飲みである. ③ 《成句的に》einen *Stiefel* zusammen|reden 《口語》くだらないことを長々としゃべる.

Stie·fe·let·te [シュティふェれッテ ʃtɪfəléta] 女 -/-n 《ふつう 複》ハーフブーツ, 半長靴.

Stie·fel⹀knecht [シュティーふェる・クネヒト] 男 -[e]s/-e (長靴・ブーツ用の)靴脱ぎ台.

stie·feln [シュティーふェるン ʃtí:faln] 自 (s) 《口語》(…へ/…から)大股でのっしのっしと歩いて行く(来る).

◇☞ gestiefelt

Stief⹀el·tern [シュティーふ・エるタァン] 複 (義父または義母の再婚によって生ずる)義父母, まま親.

Stief⹀ge·schwis·ter [シュティーふ・ゲシュヴィスタァ] 複 異父(異母)兄弟姉妹, 腹違いの兄弟姉妹.

Stief⹀kind [シュティーふ・キント] 中 -[e]s/-er まま子, 連れ子; 《比》のけ者. ein *Stiefkind* des Glücks 《比》薄幸な人.

Stief⹀mut·ter [シュティーふ・ムッタァ] 女 -/..mütter 義母, まま母.

Stief⹀müt·ter·chen [シュティーふ・ミュッタァヒェン] 中 -s/- 《植》サンシキスミレ, パンジー.

stief⹀müt·ter·lich [シュティーふ・ミュッタァリヒ] 形 まま母の; 《比》愛情のない, 無慈悲な.

Stief⹀schwes·ter [シュティーふ・シュヴェスタァ] 女 -/-n 異父(異母)姉妹, 腹違いの姉妹.

Stief⹀sohn [シュティーふ・ゾーン] 男 -[e]s/..söhne 義理の息子, (男の)まま子.

Stief⹀toch·ter [シュティーふ・トホタァ] 女 -/..töchter 義理の娘, (女の)まま子.

Stief⹀va·ter [シュティーふ・ふァータァ] 男 -s/..väter 義父, まま父.

stieg [シュティーク] ＊steigen (登る)の 過去

stie·ge [シュティーゲ] ＊steigen (登る)の 接2

Stie·ge [シュティーゲ ʃtí:gə] 女 -/-n ① (狭くて急な)木の階段; 《南ドィ・ォース・トリア》階段. ② (野菜などを入れる)木枠の箱.

Stieg·litz [シュティーグリッツ ʃtí:glɪts] 男 -es/-e 《鳥》ゴシキヒワ.

stiehl [シュティーる] ＊stehlen (盗む)の du に対する 命令

stiehlst [シュティーるスト] ＊stehlen (盗む)の 2 人称単数 現在

stiehlt [シュティーると] ＊stehlen (盗む)の 3 人称単数 現在

＊*der* **Stiel** [シュティーる ʃtí:l] 男 (単2) -[e]s/(複) -e (3格のみ -en) ① (ほうきなどの)柄, (フライパンなどの)取っ手; (ワイングラスの)脚; (アイスクリームの)スティック. (英 handle). Besen*stiel* ほうきの柄 / der *Stiel* des Hammers ハンマーの柄 / Eis am *Stiel* スティック付きアイスクリーム. ② (花の)茎; 葉柄(ヨぅぇぃ), 花柄(ヵへぃ), 花梗(ヵこう).

Stiel⹀au·ge [シュティーる・アオゲ] 中 -s/-n 《動》(カニなどの)有柄(ゆぅへぃ)眼. *Stielaugen*⁴ machen 《口語・戯》物欲しそうにながめる, 珍しげに見る (←目の玉が飛び出るほど).

stier [シュティーァ ʃti:r] 形 ① (目つきが)うつろな, ぼんやりした. ② 《ォース・スィス》文(一)なしの.

＊*der* **Stier** [シュティーァ ʃti:r] 男 (単2) -[e]s/(複) -e (3格のみ -en) ① (去勢していない)雄牛, 種牛. (英 bull). den *Stier* bei den Hörnern packen 《比》敢然と難事にとり組む(←雄牛の角をつかむ). ② 《複 なし; 定冠詞とともに》《天》牡牛(ぉぅぅし)座; 金牛宮.

stie·ren [シュティーレン ʃtí:ran] 自 (h) (…の方を)じっと見つめる. auf 〖人・物〗⁴ stieren 〖人・物〗⁴をじっと見つめる / ins Leere stieren 虚空を見つめる.

Stier⹀kampf [シュティーァ・カンプふ] 男 -[e]s/..kämpfe 闘牛.

Stier⹀kämp·fer [シュティーァ・ケンプふァァ] 男 -s/- 闘牛士.

Stier⹀na·cken [シュティーァ・ナッケン] 男 -s/- 太くて頑丈な首, 猪首(ぃく).

stier⹀na·ckig [シュティーァ・ナッキヒ] 形 太い首の, 猪首(ぃく)の.

stieß [シュティース] ＊stoßen (突く)の 過去

stie·ße [シュティーセ] ＊stoßen (突く)の 接2

＊*der* **Stift**¹ [シュティふト ʃtɪft] 男 (単2) -[e]s/(複) -e (3格のみ -en) ① (頭のない)くぎ, 木針; 〖工〗(機械の)ピン. (英 pin). ② 鉛筆 (= Blei*stift*); 色鉛筆 (= Farb*stift*); 製図用鉛筆 (= Zeichen*stift*). ③ 《口語》見習い; 小さな男の

子, ちび.

Stift[2] [シュティフト] 中 -[e]s/-e (まれに -er) ① 《ボ教》参事会, 宗教財団[員]; (宗教財団経営の)神学校;《ホッッ》修道院. ② (宗教法人経営の)老人ホーム, 養老院.

* **stif·ten** [シュティフテン] ʃtíftən] du stiftest, er stiftet (stiftete, hat ... gestiftet) 他 (完了 haben) ① (物[4]の)設立基金を出す; 設立(創設)する. (英 found). ein Kloster[4] stiften 修道院の設立基金を出す / einen Verein stiften 協会を設立する. ② 寄付する, 寄贈する. Geld[4] stiften お金を寄付する / Er hat den Wein für die Feier gestiftet. 彼はお祝いにワインを寄付した. ③ (混乱など[4]を)引き起こす, (秩序など[4]を)もたらす. Frieden[4] stiften 平和をもたらす.

[新形] ....
stif·ten ge·hen《口語》こっそり逃げ出す, ずらかる.

stif·ten|ge·hen* 自 (s) (新形 stiften gehen) ☞ stiften

Stif·ter[1] [シュティフタァ] ʃtíftər] 男 -s/- 設立(創設)者, 発起人; 寄付者. (⇔女 女性形は Stifterin).

Stif·ter[2] [シュティフタァ] -s/《人名》シュティフター (Adalbert Stifter 1805-1868; オーストリアの小説家).

stif·te·te [シュティフテテ] *stiften (設立基金を出す)の過去.

Stifts⹀kir·che [シュティフツ・キルヒェ] 女 -/-n (カッッ)》参事会(司教座)教会.

* die **Stif·tung** [シュティフトゥング] ʃtíftʊŋ] 女 (単) -/(複) -en ① (法)基金, 寄付金; (寄付による)財団. (英 foundation). eine Stiftung[4] errichten 財団を設立する / die Alexander von Humboldt-Stiftung アレクサンダー・フォン・フンボルト財団. ② 設立, 創立. die Stiftung des Klosters 修道院の設立.

Stifts⹀zahn [シュティフト・ツァーン] 男 -[e]s/ ..zähne 《医》継続歯.

Stig·ma [シュティグマ] ʃtígma または スティグマ stígma] 中 -s/Stigmata(または Stigmen) ① 特徴; (史) (古代の奴隷の)焼き印; (犯罪者などの)烙印; (医)(肉体的)特徴; 斑点(タネ);《カッ》聖痕(ヒッ). ②《植》(雄しべの)柱頭;《動》気門, 気孔.

stig·ma·ti·sie·ren [シュティグマティズィーレン ʃtigmatizí:rən または スティグ.. stig..] 他 (h) 《社》(人[4]に)烙印(ダン)を押す.

* der **Stil** [シュティール] ʃtí:l または スティール stí:l] 男 -[e]s (複) -e (3格のみ -en) ① 文体, 表現様式. (英 style). Baustil 建築様式 / Der Stil seiner Briefe ist knapp. 彼の手紙の文体は簡潔だ. ② (芸術上の)様式. der romanische Stil ロマネスク様式 / der Stil des Barocks バロック様式. ③ 《複 なし》(行動などの)スタイル, 様式, やり方, 流儀. Lebensstil ライフスタイル / Das ist nicht mein Stil. それは私の流儀(好み)ではない / im großen Stil 大がかりに, 大々的に. ④ (ネッ)技法, 型, スタイル. Schwimmstil 泳法.

Stil⹀blü·te [シュティール・ブリューテ] 女 -/-n (うっかりした)言いそこない, おかしな表現.

stil⹀echt [シュティール・エヒト] 形 (芸術・建築上の)様式にかなった.

Sti·lett [シュティレット ʃtilét または スティ.. sti..] 中 -s/-e 短剣, あいくち.

Stil⹀ge·fühl [シュティール・ゲフュール] 中 -[e]s/ 様式(文体)に対するセンス.

stil⹀ge·recht [シュティール・ゲレヒト] 形 様式にかなった, 文体の整った.

sti·li·sie·ren [シュティリズィーレン ʃtilizí:rən または スティ.. sti..] 他 (h) (人・物[4]を)様式化する.

Sti·list [シュティリスト ʃtilíst または スティ.. sti..] 男 -en/-en 文章(美文)家; スポーツのテクニシャン.

Sti·lis·tik [シュティリスティク ʃtilístɪk または スティ.. sti..] 女 -/-en ①《複 なし》文体論. ② 文体論の本, 文章読本.

sti·lis·tisch [シュティリスティッシュ ʃtilístɪʃ または スティ.. sti..] 形 文体[上]の; 様式[上]の.

‡ **still** [シュティる ʃtíl]

静かな	Sei still!　静かにしなさい.
ザイ シュティる	

形 (英 still) ① 静かな. ein stiller Platz 静かな場所 / Im Wald war es ganz still. 森の中はしんと静まりかえっていた / Sei doch endlich davon still! もうそのことは黙っていろ / Es ist still um ihn geworden. 《現在完了》《比》彼のことは世間ではとりざたされなくなった.
② 静止した, 動きのない. Die Luft war ganz still. 風はそよとも吹かなかった / ein stilles Wasser a) よどんだ水, b)《比》奥の深い人 / Stille Wasser sind tief. (ぼっ) 思慮のある人は口数が少ない (← 静かな淵は深い) / der Stille Ozean 太平洋.
③ 平穏な, 落ち着いた. in einer stillen Stunde 落ち着いたときに / ein stilles Leben[4] führen 平穏な生活を送る.
④ (性格などが)物静かな, おとなしい. Er ist ein stiller Junge. 彼は物静かな少年だ.
⑤ 無言の, 沈黙の; ひそかな. eine stille Liebe 胸に秘めた恋 / ein stiller Vorwurf 無言の非難. ◇《名詞的に》im stillen (新形 im Stillen) a) ひそかに, b) 口には出さずに, 内心.

....
《類語》 still: (物音・騒音がなく)静かな. ruhig: (動きがなく)静かな. friedlich: (平和で)穏やかな.
....

* die **Stil·le** [シュティれ ʃtílə] 女 (単) -/ ① 静けさ, 静寂; 沈黙; 平静. (英 silence). die Stille der Nacht[2] 夜のしじま / Das Tal lag in tiefer Stille. 谷は深い静けさの中にあった. ②《経》不景気. ③《成句的に》in aller Stille ひそかに, 人知れず, 内々に.

Stille·ben ☞ 新形 Stillleben

stille·gen ☞ (新形) still|legen
Stille·gung ☞ (新形) Stilllegung
stil·len [シュティレン ʃtílən] 他 (h) ① (苦痛など⁴を)鎮める, (血・涙など⁴を)止める. den Husten *stillen* せきを止める. ② (欲望などを)満足させる. den Durst mit einem Glas Bier *stillen* のどの渇きを一杯のビールでいやす. ③ (赤ん坊⁴に)乳を飲ませる. ◊《目的語なしでも》 Sie *stillt* noch. 彼女はまだ子供に乳を飲ませている.
still·ge·stan·den [シュティる・ゲシュタンデン] ＊still|stehen (止まっている)の 過分
Still·hal·te·ab·kom·men [シュティるテ・アップコメン] 中 -s/- 《経》支払い猶予協定; (政党間の)休戦協定.
still|hal·ten* [シュティる・ハるテン ʃtíl-hàltən] 自 (h) ① じっとしている, 動かないでいる. ② じっと耐える.
stillie·gen* ☞ (新形) still|liegen
Still·le·ben [シュティる・れーベン] 中 -s/- 《美》静物(画).
still|le·gen [シュティる・れーゲン ʃtíl-lè:gən] 他 (h) (物⁴の)操業(運伝・活動)を停止する. den Betrieb *stilllegen* 操業を停止する.
Still·le·gung [シュティる・れーグング] 女 -/-en 停止, 休止; 休養.
still|lie·gen* [シュティる・リーゲン ʃtíl-lì:gən] 自 (h) 操業(運転・活動)を停止している.
stil·los [シュティー・ろース] 形 ① 様式を持たない; 統一のない. ② 品のない, 趣味の悪い.
still|schwei·gen* [シュティる・シュヴァイゲン ʃtíl-ʃvàigən] 自 (h) 沈黙を守る, 黙っている.
Still·schwei·gen [シュティる・シュヴァイゲン] 中 -s/ 沈黙; 秘密を守ること, 黙秘. über 事⁴ *Stillschweigen*⁴ bewahren 事⁴について沈黙を守る / 事⁴ mit *Stillschweigen* übergehen 事⁴を黙殺する / sich⁴ in *Stillschweigen* hüllen 秘密を漏らさない.
still·schwei·gend [シュティる・シュヴァイゲント] I still|schweigen (沈黙を守る)の 現分 II 形 無言の; 暗黙の. ein *stillschweigendes* Einverständnis 暗黙の了解.
still|sit·zen* [シュティる・ズィッツェン ʃtíl-zìtsən] 自 (h) じっと(何もしないで)座っている.
Still·stand [シュティる・シュタント] 男 -[e]s/ 静止, 停止, 休止; 行き詰まり, 停滞. **zum** *Stillstand* **kommen** 停止(停滞)する / den Motor zum *Stillstand* **bringen** エンジンを止める.
＊**still|ste·hen*** [シュティる・シュテーエン ʃtíl-ʃtè:ən] (stand…still, hat…stillgestanden) 自 (定て haben) ① (機械などが)止まっている. ② (交通などが)停滞している. Sein Herz *stand* vor Schreck *still*. 《比》彼は驚きのあまり心臓が止まりそうだった. ②《軍》気をつけの姿勢をとっている. ⇒《過去分詞の形で》*Stillgestanden*! (号令で)気をつけ.
still·ver·gnügt [シュティる・フェァグニュークト] 形 ひそかに満足している, 内心悦に入っている.

Stil·mö·bel [シュティーる・メーベる] 中 -s/- アンティーク風の家具.
stil·voll [シュティーる・ふぉる] 形 ① 様式(文体)の整った. ② 趣味のいい.
Stimm·ab·ga·be [シュティム・アップガーベ] 女 -/-n 投票.
Stimm·band [シュティム・バント] 中 -[e]s/..bänder 《ふつう 複》《医》声帯.
stimm·be·rech·tigt [シュティム・ベレヒティヒト] 形 投票権のある.
Stimm·bruch [シュティム・ブルフ] 男 -[e]s/ 声変わり(=Stimmwechsel).
＊*die* **Stim·me** [シュティメ ʃtímə] 女 (単) -/ (複) -n ① 声, 音声; 歌声; 鳴き声. 《英 voice》. eine hohe (tiefe) *Stimme* 高い(低い)声 / eine heitere (heisere) *Stimme* 明るい(かすれた)声 / die *Stimme* der Vögel² 鳥の鳴き声 / die *Stimme*⁴ heben 声を高める / Sie hat eine schöne *Stimme*. 彼女はきれいな[歌]声をしている / 人⁴ an der *Stimme* erkennen 声で人⁴だとわかる / gut **bei** *Stimme* sein 声の調子が良い / Er spricht **mit** lauter *Stimme*. 彼は大きな声で話す.
② 《比》(心の)声. eine innere *Stimme* 内なる声, 予感 / der *Stimme*³ des Gewissens folgen 良心の声に従う.
③ 《音楽》(合唱の)声部; (合奏のパート). die erste (zweite) *Stimme* 第1(第2)声部 / ein Chor für vier *Stimmen* 四部合唱[曲].
④ 意見, 意思[表明]; 世論. die *Stimme* des Volkes 民の声 / die *Stimme* der Presse² 新聞雑誌の論調.
⑤ 投票, 投票権. Ja*stimme* 賛成票 / Gegen*stimme* または Nein*stimme* 反対票 / Wir geben unsere *Stimme* ab. 私たちは投票する / eine *Stimme* haben 投票権を有する / sich⁴ der *Stimme*² enthalten 投票を棄権する / Ich gebe ihm meine *Stimme*. 私は彼に投票する.

＊**stim·men** [シュティンメン ʃtímən]

(事実に)合っている
　　Das *stimmt*! そのとおり.
　　ダス シュティムト

(stimmte, hat…gestimmt) I 自 (定て haben) ① (事実に)合っている, (情報・発言などが)正しい; (計算などが)合っている; (事が)うまくいっている. Ihre Angabe *stimmt*. 彼女の申したとどおりだ / Die Nachricht *stimmt* nicht. そのニュースは事実に反している / Die Adresse *stimmt* nicht mehr. その名はもう変わっている / *Stimmt* es, dass er morgen kommt? 彼が来るというのは本当ですか / Das *kann* doch nicht *stimmen*! そんなはずはない / Es *stimmt*, was du sagst. 君の言うとおりだ / Die Rechnung *stimmt*. 勘定は合っている / *Stimmt* so! 《口語》(レストランなどで:)おつりは[チップとして]取っておいてください / Da *stimmt*

etwas nicht.《口語》そこのところがどうもおかしい.
② 《**zu** 物³(または **auf** 物⁴) ～》(物³(または 物⁴)に)うまく合う, 適合する. Dieses Blau *stimmt* nicht zur Farbe der Tapete. この青の色は壁紙の色に合わない.
③ 投票する. (英 vote). **für** (**gegen**) 事⁴ *stimmen* 事⁴に賛成(反対)の投票をする.
II 他 (英 have) ① (人⁴を…に)気持ちにさせる. Diese Nachricht *stimmte* ihn froh. このニュースは彼を喜ばせた / Er *ist* heute gut *gestimmt*.《状態受動・現在》彼はきょうは機嫌が良い. ②(楽器を)調律する. das Klavier⁴ *stimmen* ピアノを調律する.

Stim・men⇗fang [シュティンメン・ファング] 男 -[e]s/ (軽蔑的に:) 票集め. auf Stimmenfang gehen (政治家などが)票集めをする.

Stim・men⇗gleich・heit [シュティンメン・グらイヒハイト] 女 -/ (投票の)同点, 同数得票.

Stim・men⇗mehr・heit [シュティンメン・メーアハイト] 女 -/-en 過半数の得票.

Stimm⇗ent・hal・tung [シュティム・エントはるトゥング] 女 -/-en 棄権; 白票.

Stim・mer [シュティマァ ʃtímər] 男 -s/-《音楽》調律師.

Stimm⇗ga・bel [シュティム・ガーべる] 女 -/-n 《音楽》音叉(おんさ).

stimm⇗ge・wal・tig [シュティム・ゲヴァるティヒ] 形 声量が豊かな, 声の大きい.

stimm・haft [シュティムハふト] 形《言》有声[音]の.

stim・mig [シュティミヒ ʃtímɪç] 形 調和のとれた, 統一のとれた, 矛盾のない.

..stim・mig.. [シュティミヒ ..ʃtɪmɪç]《形容詞をつくる 接尾》(…の声[部]の) 例: vier*stimmig* (= 4-*stimming*) 4声の.

Stimm⇗la・ge [シュティム・らーゲ] 女 -/-n 《音楽》声域(ソプラノ・バスなど).

stimm・lich [シュティムリヒ] 形 声の, 音声[上]の.

stimm⇗los [シュティム・ろース] 形 かぼそい声の;《言》無声[音]の.

Stimm⇗recht [シュティム・レヒト] 中 -[e]s/-e 投票(選挙)権. Stimmrecht⁴ haben 選挙権がある.

Stimm⇗rit・ze [シュティム・リッツェ] 女 -/-n 《医》声門.

stimm・te [シュティムテ] ‡stimmen(事実に合っている)の 過去

‡*die* **Stim・mung** [シュティムング ʃtímʊŋ] 女《単》-/《複》-en ① 気分, 機嫌; 上機嫌. (英 mood). eine heitere *Stimmung* 朗らかな気分 / 人³ die *Stimmung*⁴ verderben 人³の機嫌をそこねる / Er ist heute **in** guter *Stimmung*. 彼はきょうは上機嫌だ / 人⁴ in *Stimmung* bringen 人⁴を楽しい気分にさせる / Ich bin jetzt nicht in der *Stimmung*, einen Brief zu schreiben. 私は今手紙を書くような気分ではない.
② (その場全体の)雰囲気, ムード. eine märchenhafte *Stimmung* おとぎ話のような雰囲気 / Die *Stimmung* auf der Feier war prima. 祝典のムードは最高だった.
③ 世論, 風潮. **für** (**gegen**) 人・物⁴ *Stimmung*⁴ machen 人・物⁴に対する人気をあおる(反感をかきたてる). ④《音楽》(楽器の)調律.

Stim・mungs⇗ba・ro・me・ter [シュティムングス・バロメータァ] 中 -s/- 雰囲気のバロメーター. Das *Stimmungsbarometer* steht auf null.《口語》雰囲気が一向に盛り上がらない.

Stim・mungs⇗bild [シュティムングス・ビルト] 中 -[e]s/-er (雰囲気などをありありと伝える)描写, 叙述.

Stim・mungs⇗ka・no・ne [シュティムングス・カノーネ] 女 -/-n《口語・戯》(パーティーなどの)雰囲気の盛り上げ役.

Stim・mungs⇗ma・che [シュティムングス・マッヘ] 女 -/ (軽蔑的に:)世論操作, ムード作り.

stim・mungs⇗voll [シュティムングス・ふォる] 形 情緒豊かな, ムード(気分)のよく出ている.

Stimm⇗wech・sel [シュティム・ヴェクせる] 男 -s/- 声変わり (= Stimmbruch).

Stimm⇗zet・tel [シュティム・ツェッテる] 男 -s/- 投票用紙.

Sti・mu・lans [シュティームらンス ʃtíːmulans または スティー.. stíː..] 中 -/..lantia [シュティームらンツィア または スティ..] (または ..lanzien [シュティームらンツィエン または スティ..]) /《医》興奮剤, 刺激剤.

sti・mu・lie・ren [シュティムリーレン ʃtimuliːrən または スティ.. sti..] 他 (h) (人・物⁴を)鼓舞する, 駆りたてる;(器官の働き⁴を)刺激する. 人⁴ **zu** 事³ *stimulieren* 人⁴を励まして事³をさせる.

Sti・mu・lus [シュティームるス ʃtíːmulus または スティー.. stíː..] 男 -/..muli《心》刺激[物]; 鼓舞.

stink.., Stink.. [シュティンク.. ʃtínk..]《形容詞・名詞につける 接頭》《非常に・ひどく》 例: *stink*faul ひどい怠け者の.

∗**stin・ken**∗ [シュティンケン ʃtíŋkən] (stank, hat ... gestunken) 自 (英 haben) ① 臭いにおいがする, いやなにおいがする. (英 stink). Abgase *stinken*. 排気ガスが臭い / **nach** 物³ *stinken* 物³のにおいがする ⇒ Du *stinkst* nach Alkohol. 君は酒臭いよ. ◊《非人称の **es** を主語として》Es *stinkt* nach Gas. ガス臭い. ②《口語》うさんくさい, いかがわしい. Das *stinkt* **nach** Verrat. そこには裏切りの気配がある / Er *stinkt* **vor** Faulheit! 彼はどうにもならない怠け者だ. ③《俗》(人³に)いや気を起こさせる. Die Arbeit *stinkt* mir. 私はその仕事にはうんざりしている.

stink⇗faul [シュティンク・ファる] 形《俗》ひどい怠け者の, ひどくぐうたらな.

stin・kig [シュティンキヒ ʃtínkɪç] 形《俗》① 臭い, 悪臭のする. ②《比》鼻持ちならぬ, いやな.

Stink⇗tier [シュティンク・ティーァ] 中 -[e]s/-e ①《動》スカンク. ②《俗》鼻持ちならぬやつ.

Stink⇗wut [シュティンク・ヴート] 女 -/《俗》ひど

い立腹.
Sti·pen·di·at [シュティペンディアート] ʃtipɛndiá:t] 男 -en/-en 奨学生, 給費生.
Sti·pen·di·en [シュティペンディエン] *Stipendium (奨学金)の 複
*das **Sti·pen·di·um** [シュティペンディウム ʃtipéndium] 中 (単2) -s/(複) ..dien [..ディエン] 奨学金; 研究助成金. (英 *scholarship*). ein *Stipendium*⁴ bekommen 奨学金をもらう / 人³ ein *Stipendium*⁴ geben 人³に奨学金を与える.
stip·pen [シュティッペン ʃtípən] 他 (h) 《北ドツ》 ① 〖A⁴ in B⁴ 〗 (A⁴ を B⁴ に) 軽く浸す. Brot⁴ in Milch *stippen* パンを牛乳に浸す. ② すくい取る, ぬぐい取る. ③ 軽くつつく.
Stipp⹀vi·si·te [シュティップ・ヴィズィーテ] 女 -/-n (口語) ちょっと[人を訪問すること.
stirb [シュティルプ] *sterben (死ぬ)の du に対する 命令
stirbst [シュティルプスト] *sterben (死ぬ)の 2 人称単数 現在
stirbt [シュティルプト] *sterben (死ぬ)の 3 人称単数 現在
*die **Stirn** [シュティルン ʃtírn] 女 (単) -/(複) -en 額. (英 *forehead*). eine breite *Stirn* 広い額 / die *Stirn*⁴ runzeln 額にしわを寄せる, 眉をしかめる / 人³ die *Stirn*⁴ bieten 《比》人³に勇敢に立ち向かう / Er hat die *Stirn*, zu behaupten, dass... 《比》彼はあつかましくも…と主張する / 人³ 軍⁴ an der *Stirn* ab|lesen 人³の顔色から軍⁴を読みとる / Das steht ihm an (または auf) der *Stirn* geschrieben. それは彼の顔にちゃんと書いてある / mit eiserner *Stirn* 《比》びくともせずに / Er wischte sich³ den Schweiß von der *Stirn*. 彼は額の汗をぬぐった ② 《地学》氷河舌の先端. (建物の) 前面, 正面 (=Front).
Stirn⹀band [シュティルン・バント] 中 -[e]s/..bänder ヘアバンド, 飾りバンド.
Stirn⹀bein [シュティルン・バイン] 中 -[e]s/-e (医) 前頭骨, 額骨.
Stirn⹀run·zeln [シュティルン・ルンツェルン] 中 -s/ 額にしわを寄せること, 眉をひそめること.
Stirn⹀sei·te [シュティルン・ザイテ] 女 -/-n (建物などの) 正面, 前面.
Stoa [シュトーア ʃtó:a または ストーア stó:a] 女 -/ 《哲》ストア学派.
stob [シュトープ] stieben (飛び散る)の 過去
stö·be [シュテーベ] stieben (飛び散る)の 接2
stö·bern [シュテーバァン ʃtö:bərn] I 自 (h, s) ① (h) 〖in 物³ ~〗(口語) (物³の中をひっかき回して) 探し物をする. Er *stöberte* in allen Ecken. 彼はあちこちと隅々まで探し回った / im Sperrmüll nach 物³ *stöbern* 粗大ごみをひっかき回して物³を探す. ② (h) 《狩》(猟犬が) 獲物を狩り出す. ③ (h) 《方》(雪などが) 舞う. ◊《非人称のes を主語として》Es *stöbert*. 激しく雪が降っている. ④ (s) (風などが) 吹き抜ける. II 他 (h) 《南ドツ》(部屋など⁴の) 大掃除をする.

sto·chern [シュトッハァン ʃtɔxərn] 自 (h) 〖in 物³ ~〗物³の中を) つつき (ほじくり) 回す. sich³ mit einem Streichholz in den Zähnen *stochern* マッチ棒で歯をほじる.
*der **Stock**¹ [シュトック ʃtók] 男 (単2) -[e]s/(複) Stöcke [シュテッケ] (3格のみ Stöcken) ① 棒, つえ, ステッキ; (スキーの) ストック. (英 *stick*). ein langer *Stock* 長いつえ / am *Stock* gehen a) 松葉づえをついて歩く, b) 《比》体力的 (経済的) に弱りきっている. ② (木の) 切り株. über *Stock* und Stein がむしゃらに, しゃにむに. ③ 小さな灌木(状の植物), 低木. Weinstock ぶどうの木. ⑤ 蜜蜂の巣箱 (=Bienenstock). ⑤ 《南ドツ》山塊. ⑥ 《南ドツ》(まき割りの) 台, 台木.
*der **Stock**² [シュトック ʃtók] 男 (単2) -[e]s/(数詞とともに: 複) - または (複) Stockwerke (3 格のみ -n) - (建物の階) (=Stockwerk). (英 *floor*). der erste *Stock* 2 階 (まれに 1 階). (英 ふつう 1 階を除いて数える). Er wohnt im zweiten *Stock*. 彼は 3 階に住んでいる / Er wohnt einen *Stock* tiefer. 彼は 1 階下に住んでいる.

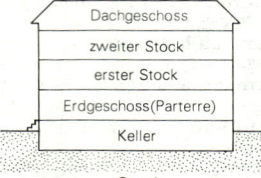

| Dachgeschoss |
| zweiter Stock |
| erster Stock |
| Erdgeschoss (Parterre) |
| Keller |

Stock

Stock³ [シュトック] 男 -s/-s (経) 在庫 [品], ストック; 資本 [金], 元金.
stock.. [シュトック..] 〖形容詞につける〗接頭 《非常に・ひどく》例: *stock*dumm 大ばかの.
stock⹀dumm [シュトック・ドゥム] 形 《口語》大ばかの.
stock⹀dun·kel [シュトック・ドゥンケる] 形 《口語》真っ暗な.
Stö·cke [シュテッケ] *Stock¹ (棒)の 複
stö·ckeln [シュテッケるン ʃtǽkəln] 自 (s) 《口語》ハイヒールをはいて気取って歩く.
Stö·ckel⹀schuh [シュテッケる・シュー] 男 -[e]s/-e ハイヒール.
***sto·cken** [シュトッケン ʃtɔ́kən] (stockte, hat /ist ...gestockt) 自 (定了) haben または sein) ① (h) (息・脈などが一時的に) 止まる; (仕事・交通などが) 滞る, 渋滞する. Der Atem *stockte* mir vor Schreck. 驚きのあまり私は息が止まる思いだった / Der Verkehr *stockt*. 交通が渋滞する.
② (h) 言葉に詰まる; (不安になって) 足が止まる. Er *stockte* bei seinem Bericht. 彼は報告中につかえてしまった.
③ (s, h) 《南ドツ・オーストリア・スイス》(ミルクなどが) 凝固する, 固まる.
④ (h) (布・本などが) かびで染みになる.

Sto·cken [シュトッケン] 中《成句的に》**ins Stocken geraten** (または **kommen**)(商売などが)行き詰まる.

sto·ckend [シュトッケント] I ＊stocken (止まる) の現分 II 形 つかえながらの、とぎれがちの. **mit stockender Stimme** 口ごもりながら / **stockend reden** たどたどしく語る.

Stock⹀en·te [シュトック・エンテ] 女 -/-n 《鳥》マガモ(真鴨).

stock⹀fins·ter [シュトック・フィンスタァ] 形 《口語》真っ暗な (=stockdunkel).

Stock⹀fisch [シュトック・フィッシュ] 男 -[e]s/-e ① 干し鱈(たら)、棒鱈; 魚の干物. ② 《口語》退屈なやつ.

Stock⹀fleck [シュトック・ふれック] 男 -[e]s/-e かびでできた染み.

stock⹀fle·ckig [シュトック・ふれッキヒ] 形 かびの生えた、染みのついた.

stock⹀**hei·ser** [シュトック・ハイザァ] 形 (声が)ひどくしゃがれた.

Stock·holm [シュトック・ホルム] ʃtɔ́k-hɔlm] 中 -s/《都市名》ストックホルム(スウェーデンの首都).

sto·ckig [シュトッキヒ ʃtɔ́kɪç] 形 ① かびくさい. ② かびの生えた;染みだらけの. ③ 《方》強情な.

..**stö·ckig** [..シュテッキヒ ..ʃtœkɪç]《形容詞をつくる接尾》(…階建ての) 例: **zweistöckig** (=2-stöckig) 3階建ての;《方》2階建ての.

Stock⹀ro·se [シュトック・ローゼ] 女 -/-n 《植》タチアオイ.

Stock⹀**schirm** [シュトック・シルム] 男 -[e]s/-e ステッキ[兼用の]傘.

Stock⹀**schnup·fen** [シュトック・シュヌプふェン] 男 -s/- 鼻詰まり;《医》閉塞(へいそく)性鼻感冒.

stock⹀steif [シュトック・シュタイふ] 形 《口語》(態度などが)とても堅苦しい、こわばった.

stock⹀**taub** [シュトック・タオプ] 形 《口語》まった く耳の聞こえない.

stock·te [シュトックテ] ＊stocken (止まる) の過去.

Sto·ckung [シュトックング] 女 -/-en ① 停止、停滞、よどみ; (言葉などの)つかえ. **Verkehrsstockung** 交通の渋滞. ② 《南ド, オーストリ, スイス》(血液・ミルクなどの)凝結、凝固.

＊*das* **Stock⹀werk** [シュトック・ヴェルク ʃtɔ́k-vɛrk] 中 (単2) -[e]s/(複) -e (3格のみ -en) ① (建物の)階. (英 floor). (注 ふつう1階を除いて数える. ☞ Stock² 図). **das obere (untere) Stockwerk** 上の(下の)階 / **im zweiten Stockwerk** 3階に / **ein Haus mit fünf Stockwerken** 6階建ての家. ② 《坑》(鉱山の)階層; 鉱脈.

Stock⹀**zahn** [シュトック・ツァーン] 男 -[e]s/..zähne [南ド, オーストリ, スイス] 奥歯 (=Backenzahn).

＊*der* **Stoff** [シュトふ ʃtɔf] 男 (単2) -[e]s/(複) -e (3格のみ -en) ① 布地、生地. (英 material). **ein wollener Stoff** ウールの生地 / **ein leichter (dünner) Stoff** 軽い(薄い)布地 / **ein Stoff aus Seide** 絹織物 / **Der Stoff liegt 90 cm breit.** この布地は幅が90センチだ. ② 物質; 材料、原料;《複 なし》《哲》質料. **ein organischer Stoff** 有機物 / **ein radioaktiver Stoff** 放射性物質. (☞ 類語 Ding). ③ (小説・論文などの)素材、題材、テーマ; 資料. **ein interessanter Stoff** 興味ある題材 / **ein Stoff für einen Roman** 小説の題材. ④ 《俗》酒; 麻薬.

⟨注⟩ ..**stoff** のいろいろ: Bau**stoff** 建築材料 / Brenn**stoff** 燃料 / Farb**stoff** 染料 / Kleb**stoff** 接着剤 / Kleider**stoff** 洋服の生地 / Kunst**stoff** プラスチック / Lehr**stoff** 教材 / Roh**stoff** 原料 / Sauer**stoff** 酸素 / Seiden**stoff** 絹織物 / Treib**stoff** (動力用)燃料 / Wasser**stoff** 水素 / Wirk**stoff** 作用物質

Stof·fel [シュトッふェる ʃtɔ́fəl] I -s/《男名》シュトッフェル (Christoph の短縮). II 男 -s/- 《口語》無作法者、無骨者.

stoff·lich [シュトふリヒ] 形 ① 生地の、布地の; 素材(題材)の. ② 物質の、物質的な.

Stoff⹀wech·sel [シュトふ・ヴェクセる] 男 -s/- 《ふつう単》《生》物質交代、[新陳]代謝.

stöh·le [シュテーれ] ＊stehlen (盗む)の接2《稀》.

＊**stöh·nen** [シュテーネン ʃtøːnən] (stöhnte, *hat* ...gestöhnt) 自 (完了 haben) うめく、うめき声を上げる. (英 groan). **vor Schmerz stöhnen** 苦痛のあまりうめき声を上げる / **über die viele Arbeit stöhnen** 仕事が多すぎると不平を言う / **Alle stöhnen unter der Hitze.** 《比》みんなが暑さで参っている.

stöhn·te [シュテーンテ] ＊stöhnen (うめく)の過去.

Sto·i·ker [シュトーイカァ ʃtóːikɐr または ストー.. stó:..] 男 -s/- ① 《哲》ストア学派の哲学者; 禁欲主義者. ② 《比》冷静な(ものに動じない)人.

sto·isch [シュトーイッシュ ʃtóːɪʃ または ストー.. stó:..] 形 ① ストア学派の; 禁欲主義[者]の、ストイックな. ② 《比》冷静な、ものに動じない.

Sto·i·zis·mus [シュトイツィスムス ʃtoitsísmus または ストイ.. stoi..] 男 -/- 《哲》ストア主義; 禁欲主義. ② 《比》冷静さ.

Sto·la [シュトーら ʃtóːla または ストーら stóːla] 女 -/Stolen ① 《服飾》(婦人用の)ストール、肩かけ. ② (古代ローマの婦人用の)長衣. ③ 《カトリック》ストラ、頸垂(けいすい)帯(司教・司祭などが祭服の際に両肩から垂らす帯状の布).

Stol·le [シュトれ ʃtɔ́lə] 女 -/-n シュトレン (=Stollen ①).

Stol·len [シュトれン ʃtɔ́lən] 男 -s/- ① シュトレン(クリスマス用の長方形のケーキ. 幼児キリストの象徴として用いる). ☞ Kuchen 図. ② 《坑》坑道、横坑; 脚柱. ③ (蹄鉄のすべり止めくぎ; (靴の)スパイク. ④ 《詩学》シュトレン (14〜16世紀の職匠歌の第1, 第2節).

＊**stol·pern** [シュトるパァン ʃtɔ́lpɐrn] (stolperte, *ist*...gestolpert) 自 (完了 sein) ① つまずく; 《比》(スキャンダルなどで)失脚する. (英

stumble). Er *stolperte* über einen Stein. 彼は石につまずいた / über eine Affäre *stolpern* スキャンダルで失脚する. ② (…へ)よろよろしながら歩いて行く. ③ 《**über** 人４ ~》(人４(表現・言葉など)に)ひっかかる, 当惑する. über einen Fachausdruck *stolpern* ある専門用語にひっかかる. ④ 《**über** 人４ ~》《口語》(人４に)ばったり出会う.

stol·per·te [シュトる パァテ] ＊stolpern (つまずく)の 過去

＊**stolz** [シュトるツ ʃtɔ́lts] 形 (比較 stolzer, 最上 stolzest) (英 proud) ① 誇りを持った, 誇らしげな, 自慢している. die *stolzen* Eltern 自慢げな両親 / **auf** 人・物４ *stolz* sein 人・物４を誇りに思っている ⇒ Sie ist *stolz* auf ihre Tochter. 彼女は娘を自慢にしている / Sie ist *stolz*, dass sie ihr Ziel erreicht hat. 彼女は目的を達成したことを誇りに思っている.
② プライドの高い, 自尊心の強い; 高慢な. ein *stolzes* Weib 高慢な女 / Warum so *stolz*? 《口語》どうしてそんなにすましているんだい.
③《付加語としてのみ》堂々とした, りっぱな(建物など). ein *stolzes* Gebäude 堂々とした建物.
④《付加語としてのみ》《口語》かなりの, 相当な(金額など).

＊*der* **Stolz** [シュトるツ ʃtɔ́lts] 男 (単２) -es/ (英 pride) ① 誇り, 自負, プライド; 自慢の種. Ich habe auch meinen *Stolz*. ぼくにだってプライドがある / Das verbietet mir mein *Stolz*. それは私の自尊心が許さない / Der Sohn ist sein ganzer *Stolz*. 息子は彼の自慢の種だ / **mit** *Stolz* 誇らしげに. ② 高慢, うぬぼれ.

stol·zie·ren [シュトるツィーレン ʃtɔltsíːrən] 自 (s) いばりくさって(気取って)歩く.

stop! [シュトップ ʃtɔ́p] 間 ① (交通標識などで)止まれ (＝halt!). ②(電報の終わり申し込んで)ピリオド.

＊**stop·fen** [シュトプフェン ʃtɔ́pfən] (stopfte, hat...gestopft) I 他 (完了 haben) ① 繕う, 縫ってふさぐ. (英 mend). Strümpfe４ *stopfen* 靴下の穴を繕う / ein Loch４ in der Hose *stopfen* ズボンの穴を繕う. ②《A４ **in** B４ ~》 (A４を B４に)詰め込む. (英 stuff). Sachen４ in den Rucksack *stopfen* 持ち物をリュックサックに詰め込む / Er *stopfte* das Hemd in die Hose. 彼はシャツをズボンに押し込んだ. ③(物４に)詰める. die Pfeife４ *stopfen* パイプにたばこを詰める. ④《音楽》(トランペットなど４に)弱音器を付ける.
II 自 (完了 haben) ①《口語》(子供などが)口いっぱい詰め込んで食べる. ② (食べ物が)便秘の原因になる. Schokolade *stopft*. チョコレートは便通を悪くする. ③《口語》(食べ物が)満腹感を与える.

Stopf⹀na·del [シュトプフ・ナーデる] 女 -/-n かがり針.

stopf·te [シュトプフテ] ＊stopfen (繕う)の 過去

stopp! [シュトップ ʃtɔ́p] 間《口語》止まれ (＝halt!); ちょっと待って (＝Moment [mal]!).

Stopp [シュトップ] 男 -s/-s 停止, 中止; 中断. Importstopp 輸入中止(中断).

Stop·pel [シュトッペる ʃtɔ́pəl] 女 -/-n ①《ふつう 複》刈り株, 切り株. ②《複 なし》(農) 刈りあと畑, 刈り田. ③《ふつう 複》《口語》不精ひげ.

Stop·pel⹀bart [シュトッペる・バールト] 男 -[e]s/..bärte《口語》不精ひげ.

Stop·pel⹀feld [シュトッペる・ふェるト] 中 -[e]s/-er 刈りあと畑, 刈り田.

stop·pe·lig [シュトッペりヒ ʃtɔ́pəliç] 形 不精ひげの.

stop·peln [シュトッペるン ʃtɔ́pəln] I 自 (h) (農)落ち穂拾いをする, じゃがいもを拾い集める. II 他 (h) (農)(じゃがいもなど４を)拾い集める.

＊**stop·pen** [シュトッペン ʃtɔ́pən] (stoppte, hat...gestoppt) I 他 (完了 haben) ① 止める, 停止させる. (英 stop). einen Wagen *stoppen* 車を止める / die Produktion４ *stoppen* 生産を停止する. ② (タイム・走者など４を)ストップウォッチで計る.
II 自 (完了 haben) (乗り物が)止まる, 停止する. Das Auto *stoppte* **an** der Kreuzung. その車は交差点で止まった.

Stop·per [シュトッパァ ʃtɔ́pər] 男 -s/- ①(スポ)(サッカーの)センターハーフ. ②(海)留め索, ストッパー.

Stopp⹀licht [シュトップ・りヒト] 中 -[e]s/-er (自動車の)ブレーキランプ.

stopp·lig [シュトップりヒ ʃtɔ́pliç] 形 ＝stoppelig

Stopp⹀schild [シュトップ・シるト] 中 -[e]s/-er 一時停止の交通標識.

stopp·te [シュトップテ] ＊stoppen (止める)の 過去

Stopp⹀uhr [シュトップ・ウーァ] 女 -/-en ストップウォッチ.

Stöp·sel [シュテプセる ʃtœpsəl] 男 -s/- ① (びん・浴槽などの)栓. ②(電)差し込み, プラグ. ③《口語・戯》ずんぐりした男の子.

stöp·seln [シュテプセるン ʃtœpsəln] 他 (h) ① (物４に)栓をする. ②(プラグなど４を…へ)差し込む. ③(電)(電話回線４を)プラグを差し込んでつなぐ.

Stör [シュテーァ ʃtøːr] 男 -[e]s/-e《魚》チョウザメ.

＊*der* **Storch** [シュトルヒ ʃtɔ́rç] 男 (単２) -[e]s/ 《複》Störche [シュテルヒェ] (３格のみ Störchen) 《鳥》コウノトリ. (英 stork). Der *Storch* bringt die Kinder. コウノトリは子宝を運ぶ / Bei ihnen war der *Storch*. 《戯》彼らに赤ちゃんが生まれた / Nun brat' mir [aber] einer 'nen *Storch*!《口語》こいつは驚いた, 冗談じゃないぜ(←こうのとりをぼくに焼いてくれるなんて).

Stör·che [シュテルヒェ] ＊Storch (コウノトリ)の 複

Storch⹀schna·bel [シュトルヒ・シュナーべる] 男 -s/..schnäbel ① こうのとりのくちばし. ②《植》ゼラニウム. ③《工》写景器, 縮図器;(鉄道)パンタグラフ.

Store [シュトーァ ʃtóːr または ストーァ stóːr] 男 -s/-s（白い）レースのカーテン.

＊stö・ren [シュテーレン ʃtǿːrən]

> じゃまをする
> Darf ich Sie *stören*?
> ダルフ イヒ ズィー シュテーレン
> ちょっとおじゃまして よろしいでしょうか.

(störte, *hat*...gestört) **I** 他（完了 haben）① (人⁴の)じゃまをする，じゃまになる．(英 *disturb*). 人⁴ bei der Arbeit *stören* 人⁴の仕事のじゃまをする(じゃまになる) / *Störe* ich Sie, wenn ich rauche? たばこを吸ったらご迷惑でしょうか / Lassen Sie sich nicht *stören*! どうぞおかまいなく / Entschuldigen Sie bitte, dass ich *störe*. おじゃましてすみません. ◇[目的語なしでも] *Störe* ich? おじゃましようか / Bitte nicht *stören*! (ホテルのドアなどの表示で:)起こさないでください.

② (事⁴を)妨げる，妨害する，乱す．den Unterricht *stören* 授業を妨げる / den Frieden *stören* 平和を乱す.

③ (人⁴の)気に障る，(人⁴を)不快にする. Die Enge des Raumes *störte* ihn. 部屋の狭さが彼はいやだった.
II 再帰（完了 haben）〖*sich*⁴ an 人・物³ ～〗《口語》(人・物³に)気を悪くする．Sie *stört* sich an seinen schlechten Manieren. 彼女は彼のマナーの悪さに不快感を覚える.
◇☞ gestört

Stö・ren⁼fried [シュテーレン・フリート] 男 -[e]s/-e 妨害者，じゃま者；平和を乱す者.

Storm [シュトルム ʃtórm] -s/-《人名》シュトルム (Theodor *Storm* 1817–1888; ドイツの詩人・小説家).

stor・nie・ren [シュトルニーレン ʃtɔrníːrən または ストル.. stor..] 他 (h) ①《商》(注文・契約など⁴を)とり消す，解約(キャンセル)する. ②《経》(帳簿のミス⁴を)反対記入によって訂正する.

Stor・no [シュトルノ ʃtórno または ストルノ stɔrno] 男 中 -s/Storni ①《商》(注文・契約などの)解約，キャンセル．②《経》(反対記入による)帳簿の訂正.

stör・risch [シュテリッシュ ʃtǿrɪʃ] 形 強情な，言うことを聞かない.

Stör⁼sen・der [シュテーァ・ゼンダァ] 男 -s/- 妨害電波発信者(所).

stör・te [シュテーァテ] ＊stören (じゃまをする)の過去

Stö・rung [シュテールング] 女 -/-en ① 妨害，じゃま；中断．Bitte entschuldigen Sie die *Störung*! おじゃましてすみません．② 障害，故障；変調；《気象》低気圧[地帯]．eine geistige *Störung* 精神錯乱.

stö・rungs⁼frei [シュテールングス・フライ] 形《工》妨害(雑音)のない(受信状態)；故障のない.

Stö・rungs⁼stel・le [シュテールングス・シュテレ] 女 -/-n（電話局の）故障係.

Sto・ry [ストーリ stóːri または ストリ stɔ́ri][英] 女 -/-s ①（映画などの）ストーリー, あら筋．②《口語》異常な事件，信じられないような話；報告，ルポルタージュ．③ 短編小説.

＊der Stoß [シュトース ʃtóːs] 男 (単2) -es/(複) Stöße [シュテーセ] (3格のみ Stößen) ① 衝突，ぶつかること；衝撃，ショック．(英 *shock*). ein kräftiger *Stoß* 激しい衝突 / Er hat mir einen heftigen *Stoß* versetzt. 彼は私にひどい打撃を与えた．② (刀剣などの)突き，突くこと．den ersten *Stoß* geben 第一撃を加える．③ (水泳・ボートの)ストローク．④ (波・風などの突くような)激しい動き；(地震などによる急激な)震動．Wind*stoß* 突風 / die *Stöße* der Wellen² 押し寄せる波．⑤ (積み重ねられたものの)山．ein *Stoß* Bücher 積まれた本の山．⑥《軍》攻撃．⑦《坑》坑道の側壁．⑧（レールなどの）継ぎ目．⑨《狩》(野鳥の)尾羽．⑩《医》(薬の)大量投与．⑪ (陸上競技で:)(砲丸の)投...

Stoß⁼dämp・fer [シュトース・デンプファァ] 男 -s/-《自動車》ショックアブソーバー，緩衝器.

Stö・ße [シュテーセ] ＊Stoß（衝突）の 複

Stö・ßel [シュテーセる] 男 -s/- ① 乳棒，すりこぎ．②《工》(内燃機械の)タペット.

stoß⁼emp・find・lich [シュトース・エンプフィントりヒ] 形 衝撃に敏感な，衝撃に弱い.

＊sto・ßen* [シュトーセン ʃtóːsən] 他 du stößt, er stößt (stieß, *hat/ist*...gestoßen) **I** 他（完了 haben）①（すばやく）突く，つつく；ける．(英 *poke*). *Stoß* mich nicht so! そんなにつつくなよ / 人⁴ aus dem Zug *stoßen* 人⁴を列車から突き落とす / 人⁴ in die Seite *stoßen* 人⁴のわき腹をつつく / 人⁴ ins Wasser *stoßen* 人⁴を水の中へ突き落とす / 人⁴ mit dem Ellenbogen (dem Fuß) *stoßen* 人⁴をひじで突く(足でける) / 人⁴ von sich³ *stoßen* a) 人⁴を[自分のそばから]突き離す，b)《比》人⁴を勘当する / 人⁴ zur Seite *stoßen* 人⁴をわきへ突き飛ばす.

②〖方向を表す語句とともに〗(物⁴を…へ)突き刺す，突っ込む；突いて(穴など⁴を…へ)あける．eine Stange⁴ in den Boden *stoßen* 棒を地面に突き刺す / Sie *stieß* ihm das Messer in den Rücken. 彼女は彼の背中にナイフを突き刺した / das Schwert⁴ in die Scheide *stoßen* 刀をさやに納める / Er *hat* mit der Stange ein Loch ins Eis *gestoßen*. 彼は棒で突いて氷に穴をあけた.

③（体の一部⁴を)ぶつける．Ich *habe* mir an der Tür den Kopf *gestoßen*. 私はドアに頭をぶつけた．④（こしょうなど⁴を）つき砕く．⑤（笑い・吐き気などが 人⁴を）襲う．⑥（砲丸など⁴を）投げる；（ビリヤードで:）(玉⁴を)突く．⑦《口語》(人³に事⁴を)はっきり(ずけずけ)言う.

II 自（完了 haben または sein）① (h) 突きかかる；けりかかる．Vorsicht, der Bock *stößt*! 気をつけて，その雄やぎは突く癖があるよ / 人³ in die Seite *stoßen* 人³のわき腹をつつく / mit dem Fuß nach 人³ *stoßen* 人³にけりかかる.

stoßfest

② (s)【方向を表す語句とともに】(…に)ぶつかる, 衝突する. Ich *bin* **an** den Stuhl *gestoßen*.【現在完了】私はいすにぶつかった / mit dem Auto **gegen** einen Baum *stoßen* 車で木にぶつかる.

③ (s)【**auf** 人・物⁴ ~】(人・物⁴に)出くわす, (偶然に)見つける; (道路などが物⁴へ)通じている. Im Urlaub *stieß* ich **auf** einen alten Bekannten. 休暇先で私は昔の知人とばったり出会った / auf Erdöl *stoßen* (偶然に)石油を発見する / auf Schwierigkeiten *stoßen*《比》困難にぶつかる / Die Straße *stößt* **auf** den Marktplatz. その道を行くと中央広場に出る.

④ (s)【**zu** 人³ ~】(人³に)合流する, いっしょになる. Sie *stoßen* im nächsten Ort zu uns. 彼らは次の町で私たちに合流する. ⑤ (h)【**an** 物⁴ ~】(物⁴に)隣接している. Mein Zimmer *stößt* an die Küche. 私の部屋は台所と隣り合わせになっている. ⑥ (h)(自動車などが)がたがた揺れる; (風などが断続的に)強く吹く. ⑦ (s)(狩)【**auf** 物⁴ ~】(鷲(ゎ)などが物⁴を目がけて)急降下する.

Ⅲ 再帰(完了 haben) *sich*⁴ *stoßen* ① ぶつかる, 衝突する. *Stoß* dich nicht! ぶつかるなよ! / Ich *habe* mich **an** der Tischkante *gestoßen*. 私は机の角にぶつかった.

② 【*sich*⁴ **an** 物³ ~】(軍で)気分を害する, 不愉快になる. Wir *stießen uns* an seinem Benehmen. 私たちは彼の態度に腹が立った.

stoß≠fest [シュトース・フェスト] 形 衝撃に強い.
Stoß≠ge·bet [シュトース・ゲベート] 中 -[e]s/-e (危急の時に唱える)短い祈り.
Stoß≠kraft [シュトース・クラフト] 女 -/..kräfte ① 衝撃力. ②《覆 なし》促進力, 圧力.
Stoß≠seuf·zer [シュトース・ゾイフツァァ] 男 -s/- (短くて)深いため息.
Stoß≠stan·ge [シュトース・シュタンゲ] 女 -/-n (自動車などの)バンパー.
stößt [シュテースト] *stoßen (突く)の2人称単数・3人称単数 現在
Stoß≠trupp [シュトース・トルップ] 男 -s/-s 《軍》特別攻撃小隊, 突撃班.
Stoß≠ver·kehr [シュトース・フェァケーァ] 男 -s/ ラッシュアワーの交通.
stoß≠wei·se [シュトース・ヴァイゼ] 副 ① 断続的に. ②(書類などが)多量に, 山積みとなって.
Stoß≠zahn [シュトース・ツァーン] 男 -[e]s/..zähne (象などの)きば.
Stoß≠zeit [シュトース・ツァイト] 女 -/-en ① ラッシュアワー. ②(商売などの)忙しい時間.
Stot·te·rer [シュトッテラァ *ʃtótərər*] 男 -s/- つかえながら話す人, 吃音(きつおん)の人.
***stot·tern** [シュトッタァン *ʃtótərn*] (stotterte, hat…gestottert) Ⅰ 自 (完了 haben) どもる, どもりながら話す. (英 stutter). **vor** Aufregung *stottern* 興奮のあまりどもる / Der Motor *stottert*.《口語・比》エンジンがたたがたいう.

Ⅱ 他 (完了 haben) (弁解など⁴を)どもりながら言う.

stot·ter·te [シュトッタァテ] *stottern (どもる)の 過去
Stöv·chen [シュテーフヒェン *ʃtǿːfçən*] 中 -s/- ティーポット保温台(ろうそくの熱を利用する).
StPO[エス・テー・ペー・オー]《略》刑事訴訟法 (=Strafprozessordnung).
Str.[シュトラーセ]《略》…通り, …街 (=Straße).
stracks [シュトラックス] 副 ① まっすぐに, 直接に. ② ただちに.
Straf≠an·stalt [シュトラーフ・アンシュタるト] 女 -/-en 刑務所.
Straf≠an·trag [シュトラーフ・アントラーク] 男 -[e]s/..träge 《法》① 告訴. *Strafantrag*⁴ stellen 告訴する. ②(検察側の)求刑.
Straf≠an·zei·ge [シュトラーフ・アンツァイゲ] 女 -/-n《法》犯罪の告発.
Straf≠ar·beit [シュトラーフ・アルバイト] 女 -/-en (生徒に対する罰としての)課題, 宿題.
***straf·bar** [シュトラーフバール *ʃtráːfbaːr*] 形 罰すべき, 有罪の. *strafbare* Handlungen 犯罪行為 / sich⁴ *strafbar* machen 罪を犯す.
Straf≠be·fehl [シュトラーフ・ベフェール] 男 -[e]s/-e《法》略式命令.
***die Stra·fe** [シュトラーフェ *ʃtráːfə*] 女 (単) -(複) -n ① 罰, 刑罰. (英 punishment). eine strenge *Strafe* 厳罰 / eine körperliche *Strafe* 体罰 / 人³ eine *Strafe*⁴ auf[er]legen 人³に罰⁴を科す / 人⁴ **in** *Strafe* nehmen《法》人⁴を処罰する / 物⁴ **unter** *Strafe* stellen 物⁴を処罰する / **Zur** *Strafe* bleibst du zu Hause! 罰として家にいなさい.

②(身柄を拘束する)自由刑. ③ 罰金, 科料. *Strafe*⁴ zahlen 罰金を払う.

***stra·fen** [シュトラーフェン *ʃtráːfən*] (strafte, hat…gestraft) 他 (完了 haben) 罰する, 処罰する. (英 punish). Er *strafte* seinen Sohn hart. 彼は息子を厳しく罰した / 人⁴ **für** einen Diebstahl (または **wegen** eines Diebstahls) *strafen* 人⁴を窃盗のかどで罰する / 人・事⁴ Lügen *strafen* 人⁴がうそをついた(事⁴がうそである)ことを証明する / Er *ist gestraft* genug.《状態受動・現在》《口語・比》彼は十分報いを受けている / Mit seiner Frau *ist* er wirklich *gestraft*.《状態受動・現在》《比》妻のことで彼は本当に参っている. ◇《現在分詞の形で》ein *strafender* Blick 非難のまなざし.

Straf≠ent·las·se·ne[r] [シュトラーフ・エントらッセネ(..ナァ)] 男 女《語尾変化は形容詞と同じ》刑期終了者, 出獄者.
Straf≠er·lass [シュトラーフ・エァらス] 男 -es/..lässe《法》刑の免除, 赦免.
Straf≠er·laß □▽ 新形 Straferlass
***straff** [シュトラフ *ʃtráf*] 形《英 tight》① ぴんと張った, 引き締まった. ein *straffes* Seil ぴんと張ったロープ. ② 厳格な, きちんとした; (文章などが)簡潔な. eine *straffe* Leitung 厳格な管理.
straf·fäl·lig [シュトラーフ・フェリヒ] 形 罰すべき, 処罰対象となる. *straffällig* werden 罪を

straf・fen [シュトラッフェン ʃtráfən] 他 (h) ①（ローブなど⁴を）ぴんと張る, (筋肉⁴を)緊張させる. ◇《再帰的に》sich⁴ straffen (ローブなどが)ぴんと張る, 引き締まる; 緊張する. ②（組織など⁴を)引き締める;（文など⁴を)簡潔にする.

straf＝frei [シュトラーふ・フライ] 形 刑を免れた, 無罪の.

Straf＝ge・fan・ge・ne[r] [シュトラーふ・ゲふァンゲネ (..ナァ)] 男 女《語尾変化は形容詞と同じ》囚人, 既決囚.

Straf＝ge・richt [シュトラーふ・ゲリヒト] 中 -[e]s/-e ①《法》刑事裁判所. ② 裁き, 処罰, 懲罰. das Strafgericht des Himmels 天の裁き.

Straf＝ge・setz [シュトラーふ・ゲゼッツ] 中 -es/-e《法》刑法.

Straf・ge・setz＝buch [シュトラーふゲゼッツ・ブーフ] 中 -[e]s/..bücher《法》刑法典（略: StGB).

Straf＝kam・mer [シュトラーふ・カンマァ] 女 -n《法》(地方裁判所の)刑事部.

Straf＝ko・lo・nie [シュトラーふ・コルニー] 女 -n [..ニーエン] 流刑地, 徒刑地.

sträf・lich [シュトレーふりヒ] 形 罰すべき; 許しがたい, とんでもない. ein sträflicher Leichtsinn 許しがたい軽率さ.

Sträf・ling [シュトレーふリング ʃtrɛ́ːflɪŋ] 男 -s/-e (軽蔑的に:)受刑者, 囚人.

straf＝los [シュトラーふ・ロース] 形 罪に問われない, 無罪の.

Straf＝man・dat [シュトラーふ・マンダート] 中 -[e]s/-e ①《法》処置[命令]; [交通違反カード. ②（昔の:)刑事処分.

Straf＝maß [シュトラーふ・マース] 中 -es/-e《法》刑量.

straf＝mil・dernd [シュトラーふ・ミるダァント] 形《法》(刑を)酌量すべき, 刑量を減ずる.

straf＝mün・dig [シュトラーふ・ミュンディヒ] 形《法》刑法上成年の, 刑事責任を負う年齢に達した.

Straf＝por・to [シュトラーふ・ポルトー] 中 -s/-s《郵》不足郵便料金.

Straf＝pre・digt [シュトラーふ・プレーディヒト] 女 -/-en《口語》お説教, 訓戒. [人]³ eine Strafpredigt⁴ halten [人]³にお説教をする.

Straf＝pro・zess [シュトラーふ・プロツェス] 男 -es/-e《法》刑事訴訟.

Straf＝pro・zeß ☞ 新形 Strafprozess

Straf＝pro・zess＝ord・nung [シュトラーふプロツェス・オルドヌング] 女 -/-en《法》刑事訴訟法（略: StPO).

Straf・pro・zeß＝ord・nung ☞ 新形 Strafprozessordnung

Straf＝punkt [シュトラーふ・プンクト] 男 -[e]s/-e (スポ) 罰点 (罰として引かれる点数), 減点.

Straf＝raum [シュトラーふ・ラオム] 男 -[e]s/..räume（サッカーなどの)ペナルティーエリア.

Straf＝recht [シュトラーふ・レヒト] 中 -[e]s/《法》刑法.

straf＝recht・lich [シュトラーふ・レヒトリヒ] 形《法》刑法上の.

Straf＝re・gis・ter [シュトラーふ・レギスタァ] 中 -s/- ①《法》犯罪記録簿, 前科簿. ②《口語》多くの失敗(悪業).

Straf＝sa・che [シュトラーふ・ザッヘ] 女 -/-n《法》刑事事件.

Straf＝stoß [シュトラーふ・シュトース] 男 -es/..stöße（サッカーの)ペナルティーキック;（アイスホッケーの)ペナルティーストローク.

Straf＝tat [シュトラーふ・タート] 女 -/-en 犯罪行為, 犯行.

straf・te [シュトラーふテ] *strafen (罰する)の過去

Straf＝ver・fah・ren [シュトラーふ・フェアふァーレン] 中 -s/-《法》刑事訴訟[手続き].

straf・ver・set・zen [ʃtráːf-fɛrzɛtsən] (過分) strafversetzt 他 (h)『不定詞・過去分詞でのみ用いる』(公務員・兵士など⁴を懲戒処分として)左遷する.

Straf＝ver・tei・di・ger [シュトラーふ・フェアタイディガァ] 男 -s/-《法》[刑事]弁護人.

Straf＝voll・zug [シュトラーふ・ふォるツーク] 男 -[e]s/《法》自由刑の執行, 行刑(ぎょうけい).

straf＝wür・dig [シュトラーふ・ヴュルディヒ] 形《法》処罰すべき, 刑罰に値する.

Straf＝zet・tel [シュトラーふ・ツェッテる] 男 -s/-《口語》交通違反カード.

*der **Strahl** [シュトラーる ʃtráːl] 男 (単2) -[e]s/(複) -en (古) 《ふつう 複》光, 光線.（英 ray). die warmen Strahlen der Sonne² 太陽の暖かい光 / Ein Strahl fiel durch den Türspalt. 一条の光がドアのすき間から差し込んだ / ein Strahl der Hoffnung²《比》希望の光. ②《ふつう 複》(水などの)噴出, 噴射. ③《複 で》《物》光線; 放射線. radioaktive Strahlen 放射線. ④《数》半直線.

⎯⎯⎯⎯⎯⎯⎯⎯⎯⎯⎯⎯⎯⎯⎯⎯⎯
(参考) ..strahl のいろいろ: Blitzstrahl 稲妻 / Laserstrahl レーザー光線 / Röntgenstrahlen レントゲン光線 / Sonnenstrahl 太陽光線 / Wärmestrahlen 熱線 / Wasserstrahl 噴き出る水
⎯⎯⎯⎯⎯⎯⎯⎯⎯⎯⎯⎯⎯⎯⎯⎯⎯

Strahl＝an・trieb [シュトラーる・アントリープ] 男 -[e]s/-e (工) ジェット推進.

***strah・len** [シュトラーれン ʃtráːlən] (strahlte, hat...gestrahlt) I 自 (⇒ haben) ① 光を発する, 光る, 輝く.（英 shine）. Die Sonne strahlt am wolkenlosen Himmel. 太陽が雲ひとつない空に輝いている. ②《比》(喜びで)顔を輝かせる. vor Glück strahlen 幸せに顔を輝かす. ③（物質が)放射線を出す.
II 他 (⇒ haben) (光・熱線など⁴を)放射する. ◇☞ strahlend

Strah・len＝be・hand・lung [シュトラーれン・ベハンドるング] 女 -/-en《医》放射線療法.

Strah・len＝bre・chung [シュトラーれン・ブレッヒュング] 女 -/《物》光線の屈折, 屈光.

Strah・len＝bün・del [シュトラーれン・ビュンデる] 中 -s/- ①《光》光束. ②《数》束線.

strah·lend [シュトラーレント] I *strahlen (光を発する)の現分 II 形 輝くような, 晴れやかな, 喜しげな. *strahlendes* Wetter 晴れわたった天気 / mit *strahlendem* Gesicht 喜びに顔を輝かせて.

Strah·len·do·sis [シュトラーレン・ドーズィス] 女 -/..dosen《医》放射線量.

strah·len·för·mig [シュトラーレン・フェルミヒ] 形 放射状の.

Strah·len·schä·di·gung [シュトラーレン・シェーディグング] 女 -/-en《物・医》放射線障害.

Strah·len**schutz** [シュトラーレン・シュッツ] 男 -es/ 放射線防護[装置・対策].

Strah·len**the·ra·pie** [シュトラーレン・テラピー] 女 -/-n [..ピーエン]《医》放射線療法.

Strah·len·ver·seucht [シュトラーレン・フェアゾイヒト] 形 放射能に汚染された.

Strah·ler [シュトラーらァ ʃtráːlər] 男 -s/- 放射器; 赤外線放射体. ②《物》放射体, 光源.

strah·lig [シュトラーリヒ ʃtráːlɪç] 形 放射状の.

strahl·te [シュトラーるテ] *strahlen (光を発する)の過去

Strahl**trieb·werk** [シュトラーる・トリープヴェルク] 中 -[e]s/-e《工》ジェット[推進]エンジン.

Strah·lung [シュトラールング] 女 -/-en《物》放射, 輻射(ふく); 放射線[量]. radioaktive *Strahlung* 放射能の放射.

Strah·lungs**ener·gie** [シュトラールングス・エネルギー] 女 -/《物》放射エネルギー.

Strah·lungs**wär·me** [シュトラールングス・ヴェルメ] 女 -/《物》放射熱, 輻射(ふく)熱.

Sträh·ne [シュトレーネ ʃtréːnə] 女 -/-n ① 髪の房(束). ② 一連の出来事; (人生の)一時期. ③《方》かせ(織糸・毛糸の量の単位として用いる).

sträh·nig [シュトレーニヒ ʃtréːnɪç] 形 (髪などが)房をなした, 束になった.

stramm [シュトラム ʃtrám] I 形 ① (衣服などが体に)ぴったりの, (ゴムなどが)ぴんと張った. Die Hose sitzt zu *stramm*. ズボンがきつすぎる. ② たくましい, 強健な. ③ きびきびした(態度など). eine *stramme* Haltung⁴ an|nehmen 直立不動の姿勢をとる. ④ 厳しい, 厳格な(規律など). II 副《口語》猛烈に. *stramm* arbeiten 猛烈に働く.

〔新形〕

stramm zie·hen (ロープなど⁴を)ぴんと張る, (ベルトなど⁴を)きつく締める.

....

stramm|ste·hen* [シュトラム・シュテーエン ʃtrám-ʃtèːən] 自 (h) (兵士などが)直立不動の姿勢をとっている.

stramm|zie·hen* 他 (h)〔新形〕 stramm ziehen ☞ stramm

Stram·pel·hös·chen [シュトランペる・ヘースヒェン] 中 -s/- ロンパース(首から足先までつながったベビー服の一種).

stram·peln [シュトランペるン ʃtrámpəln] 自 (h, s) ① (h) (幼児などが)手足をばたばたさせる. mit den Beinen *strampeln* 足をばたばたさせる. ② (s)《口語》(…へ)自転車で行く. ③ (h)《口語》苦労する, 骨を折る.

*der **Strand** [シュトラント ʃtránt] 男 (単2) -es (まれに -s)/(複) Strände [シュトレンデ] (3 格のみ Stränden) 浜, 海岸, 浜辺.《英》beach). Sand*strand* 砂浜 / am *Strand* liegen 浜辺に寝そべっている / Sie gehen an den *Strand*. 彼らは海へ[泳ぎに]行く / auf *Strand* geraten (または laufen) (船が)海岸に乗り上げる, 座礁する.

Strand**an·zug** [シュトラント・アンツーク] 男 -[e]s/..züge ビーチウェア.

Strand**bad** [シュトラント・バート] 中 -[e]s/..bäder [海]水浴場. ins *Strandbad* fahren [海]水浴に行く.

Strän·de [シュトレンデ] *Strand (浜)の複

stran·den [シュトランデン ʃtrándən] 自 (s) ① (船が)座礁する. ②《雅・比》挫折(ざせ)する.

Strand**gut** [シュトラント・グート] 中 -[e]s/..güter 漂着物.

Strand**ha·fer** [シュトラント・ハーファァ] 男 -s/-《植》ハマムギ, ハマニンニク.

Strand**ho·tel** [シュトラント・ホテる] 中 -s/-s シーサイドホテル.

Strand**korb** [シュトラント・コルプ] 男 -[e]s/..körbe (籐製(とう)の)屋根付きビーチチェア.

Strand**läu·fer** [シュトラント・ろイファァ] 男 -s/-《鳥》オバシギ.

Strand**pro·me·na·de** [シュトラント・プロメナーデ] 女 -/-n 海岸沿いの遊歩道.

Strandkorb

*der **Strang** [シュトラング ʃtráŋ] 男 (単2) -[e]s/(複) Stränge [シュトレンゲ] (3 格のみ Strängen) ① 綱, ロープ; 絞首索.《英》rope). am *Strang* der Glocke² ziehen 鐘の綱を引く / 人⁴ durch den *Strang* hin|richten 人⁴を絞首刑に処する. ② (馬などの)引き革(綱). die *Stränge*⁴ befestigen (馬に)引き革を付ける / wenn alle *Stränge* reißen《口語》ほかにどうしようもない場合には(= すべての引き革が切れた場合には) / an demselben (または an gleichen) *Strang* ziehen《比》同じ目的を追う(= 同じ引き綱を引く) / über die *Stränge* schlagen (または hauen)《口語》度を過ごす, はめをはずす(= 馬が引き綱の上までけり上げる). ③《織》(糸の)かせ;《生》(神経などの)束(たば). ein *Strang* Wolle 毛糸 1 かせ. ④ (レール・管などの)長く伸びた線;《小説・映画などの)話の筋.

Strän·ge [シュトレンゲ] *Strang (綱)の複

stran·gu·lie·ren [シュトラングリーレン ʃtraŋgulíːrən または ストラン.. straŋ..] 他 (h) (人・動物⁴を)絞殺する.

Stra·pa·ze [シュトラパーツェ ʃtrapáːtsə] 女 -/-n (肉体的な)苦労, 難儀. *Strapazen*⁴ aus|halten (または ertragen) 辛苦に耐える.

stra·pa·zie·ren [シュトラパツィーレン ʃtrapa-tsíːrən] 他 (h) ① 《物⁴を》酷使する, (酷使して)痛める. die Schuhe⁴ *strapazieren* 靴をはきつぶす. ② (精神的に人⁴を)参らせる, (神経⁴を)すり減らす; (人⁴に)無理を強いる. ◇《再帰的に》*sich⁴ strapazieren* 体を酷使する, 無理をする.

stra·pa·zier·fä·hig [シュトラパツィーァ・フェーヒヒ] 形 酷使に耐える, 頑丈な(服・靴など).

stra·pa·zi·ös [シュトラパツィエース ʃtrapa-tsióːs] 形 ひどく骨の折れる, つらい(仕事など).

Straps [シュトラップス ʃtráps ストラップス stráps] 男 -es/-e 靴下どめ, ガーター.

Strass [シュトラス ʃtrás] 男 -[es]/-e ① 《複なし》(人造宝石用の)ストラス, 鉛ガラス(発明者 G. F. *Stras* 1700-1773 の名から). ② (ストラスでできた)人造宝石.

Straß ☞ 新刊 Strass

Straß·burg [シュトラース・ブルク ʃtráːs-burk] 中 -s/《都市名》シュトラースブルク(フランスの都市. フランス語では Strasbourg: ☞ 地図 C-4).

*die **Stra·ße** [シュトラーセ ʃtráːsə]

道路　Wohin führt diese *Straße*?
ヴォヒン　フューァト　ディーゼ　シュトラーセ
この道路はどこへ通じていますか.

女 (単) -/(複) -n ① **道路**, 街路, [大]通り, 街道. (墺 *street*). eine belebte (stille) *Straße* にぎやかな(静かな)通り / eine breite (schmale) *Straße* 広い(狭い)道路 / die *Straße* vom Bahnhof zum Hotel 駅からホテルへの道路 / eine *Straße* erster Ordnung² 1 級道路 / die Romantische *Straße* ロマンチック街道 / Die *Straße* führt aus Rathaus (nach Köln). この道路は市庁舎へ(ケルンへ)通じている. (☞ 類語 Weg).

◇《動詞の目的語として》eine *Straße⁴* aus|bessern (bauen) 道路を補修する(建設する) / eine *Straße⁴* sperren (überqueren) 通りを遮断する(横切る).

◇《前置詞とともに》Das Haus steht **an** der *Straße*. その家は大通りに面して建っている / Die Kinder spielen **auf** der *Straße*. 子供たちは通りで遊んでいる / Das Fenster geht auf die *Straße*. その窓は通りに面している / auf offener *Straße* 公衆の面前で / auf die *Straße* gehen 《口語》a) 街頭デモに出る, b) 《比》街娼(がいしょう)として町に出る / 人⁴ auf die *Straße* setzen (または werfen) 《口語》a) 人⁴を解雇する, b) 人⁴(借家人など)を追い出す / auf der *Straße* liegen (または sitzen) 《口語・比》a) 失業中である, b) 住む家がない / **durch** die *Straßen* bummeln 街をぶらつく / Sie wohnen **in** einer ruhigen *Straße*. 彼らは静かな通りに住んでいる / Er ist bei Rot **über** die *Straße* gegangen. 《現在完了》彼は赤信号で道路を横断した / Verkauf über die *Straße* (店先の)路上での販売 / ein Mädchen **von** der *Straße* 《比》街娼(がいしょう) / der Mann von der *Straße* 《比》ごく普通の男 / Die Wohnung hat zwei Fenster **zur** *Straße*. その住居は道路向きに二つの窓がある.

② (町名として):…通り, …街 (略: Str.). die Kant*straße* カント通り / Das Hotel liegt **in** der Wiener *Straße*. そのホテルはウィーン通りにある.

③ (総称として:)町の人々. Die ganze *Straße* schaute zu. 町中の人が見物していた.

④ 海峡 (=Meerenge). die *Straße* von Dover ドーバー海峡.

··
☞ ..straße のいろいろ: Auto*straße* 自動車道路 / Berg*straße* 山岳道路 / Einbahn*straße* 一方通行路 / Haupt*straße* メインストリート / Land*straße* 田舎道 / Neben*straße* バイパス / Ring*straße* 環状道路 / Schnell*straße* 高速道路 / Wasser*straße* 水路
··

Stra·ßen·an·zug [シュトラーセン・アンツーク] 男 -[e]s/..züge ビジネススーツ, (男性の)平服.

Stra·ßen·at·las [シュトラーセン・アトラス] 男 - (..lasses)/..lasse (または ..lanten) 道路マップ(地図帳).

*die **Stra·ßen·bahn** [シュトラーセン・バーン ʃtráːsən-baːn] 女 (単) -/(複) -en **市街電車**, 路面電車. (墺 *streetcar, tram*). Er fährt täglich **mit** der *Straßenbahn* zur Schule. 彼は毎日市街電車で通学する / die *Straßenbahn⁴* nehmen 市街電車に乗る.

Stra·ßen·bahn·wa·gen [シュトラーセンバーン・ヴァーゲン] 男 -s/- 市街電車の車両.

Stra·ßen·bau [シュトラーセン・バオ] 男 -[e]s/- 道路工事, 道路建設.

Stra·ßen·be·nut·zungs·ge·bühr [シュトラーセンベヌッツングス・ゲビューァ] 女 -/-en 道路使用(通行)料金.

Stra·ßen·ca·fé [シュトラーセン・カフェー] 中 -s/-s ストリートカフェ (店の前の歩道にテーブルといすを置いたもの).

Stra·ßen·de·cke [シュトラーセン・デッケ] 女 -/-n 路面, (道路の)舗装.

Stra·ßen·ecke [シュトラーセン・エッケ] 女 -/-n 街角(まちかど). an der *Straßenecke* 街角で.

Stra·ßen·gra·ben [シュトラーセン・グラーベン] 男 -s/..gräben (道路の)側溝.

Stra·ßen·händ·ler [シュトラーセン・ヘンドラァ] 男 -s/- 露天商人.

Stra·ßen·jun·ge [シュトラーセン・ユンゲ] 男 -n/-n (軽蔑的に)路上にたむろする不良少年.

Stra·ßen·kampf [シュトラーセン・カンプフ] 男 -[e]s/..kämpfe 《ふつう複》市街戦.

Stra·ßen·kar·te [シュトラーセン・カルテ] 女 -/-n 道路地図, ロードマップ.

Stra·ßen·keh·rer [シュトラーセン・ケーラァ] 男 -s/- 《方》道路清掃員.

Stra·ßen·kreu·zer [シュトラーセン・クロイツァァ] 男 -s/- 《口語》大型高級乗用車.

Stra·ßen·kreu·zung [シュトラーセン・クロイツング] 女 -/-en 交差点; 道路交差.

Stra·ßen≠la·ge [シュトラーセン・ラーゲ] 女 -/ (自動車の)ロードホールディング, 走行安定性.

Stra·ßen≠la·ter·ne [シュトラーセン・ラテルネ] 女 -/-n 街灯.

Stra·ßen≠mäd·chen [シュトラーセン・メートヒェン] 中 -s/- 売春婦, 街(ﾏﾁ)の女.

Stra·ßen≠mu·si·kant [シュトラーセン・ムズィカント] 男 -en/-en ストリートミュージシャン.

Stra·ßen≠na·me [シュトラーセン・ナーメ] 男 -ns (3格・4格 -n)/-n 通りの名; 町名.

Stra·ßen≠netz [シュトラーセン・ネッツ] 中 -es/-e 道路網.

Stra·ßen≠rand [シュトラーセン・ラント] 男 -[e]s/..ränder 道路の端, 路肩. **am** *Straßenrand* **parken** 路肩に駐車する.

Stra·ßen≠raub [シュトラーセン・ラオプ] 男 -[e]s/-e 追いはぎ, 辻強盗[行為].

Stra·ßen≠räu·ber [シュトラーセン・ロイバァ] 男 -s/- 追いはぎ, 辻強盗[人].

Stra·ßen≠rei·ni·gung [シュトラーセン・ライニグング] 女 -/-en ① 道路清掃. ② 道路清掃局.

Stra·ßen≠ren·nen [シュトラーセン・レンネン] 中 -s/- (自転車などの)ロードレース.

Stra·ßen≠schild [シュトラーセン・シルト] 中 -[e]s/-er ① 道路(街路)名標示板. ② 道標, 道しるべ. ③《口語》道路標識.

Stra·ßen≠sper·re [シュトラーセン・シュペレ] 女 -/-n (道路の通行止めの)柵(ｻｸ), バリケード.

Stra·ßen≠über·füh·rung [シュトラーセン・ユーバァフューァルング] 女 -/-en 陸橋, 高架橋.

Stra·ßen≠un·ter·füh·rung [シュトラーセン・ウンタァフューァルング] 女 -/-en ガード下の道路; 地下道.

Stra·ßen≠ver·kehr [シュトラーセン・フェァケーァ] 男 -s/ 道路交通. **auf den** *Straßenverkehr* **achten** 交通に注意する.

Stra·ßen·ver·kehrs·ord·nung [シュトラーセンフェァケーァス・オルドヌング] 女 -/ 道路交通法(略: StVO).

Stra·te·ge [シュトラテーゲ ʃtraté:gə または ストラ.. stra..] 男 -n/-n 戦略家, 策略家.

Stra·te·gie [シュトラテギー ʃtrategí: または ストラ.. stra..] 女 -/-n [..ギーエン] 戦略; 戦略術. **Nuklear***strategie* 核戦略 / **die richtige** *Strategie*[4] **an|wenden** うまい手を使う.

stra·te·gisch [シュトラテーギッシュ ʃtraté:gɪʃ または ストラ.. stra..] 形 戦略上の, 戦略的な, 策略の.

Stra·to·sphä·re [シュトラト・スフェーレ ʃtratosfé:rə または ストラ.. stra..] 女 -/《気象》成層圏.

***sträu·ben** [シュトロイベン ʃtrɔ́ybən] (sträubte, *hat* ... gesträubt) **I** 他 （受丁) haben) (動物・鳥などが毛などを[4]) 逆立てる. **Der Hund** *sträubt* **das Fell.** 犬が毛を逆立てる. ◊《再帰的に》 *sich*[4] *sträuben* (毛などが)逆立つ ⇨ **Vor Entsetzen** *sträubten sich* **ihm die Haare.** 驚きのあまり彼は身の毛がよだつ思いだった.

II 再帰 （受丁) haben) *sich*[4] *sträuben* 逆らう, 反抗する. *sich*[4] **gegen** 事[4] *sträuben* 事[4]に逆らう, 反対である / **Die Feder** *sträubt sich*, **das zu schreiben.**《比》そのことを書き記そうとしてもなかなか筆が進まない.

sträub·te [シュトロイプテ] *sträuben (逆立てる)の過去*

Strauch [シュトラオホ ʃtráux] 男 -[e]s/Sträucher (根元から多くの小枝を出す)灌木(ｶﾝﾎﾞｸ); やぶ, 茂み.

strau·cheln [シュトラオヘルン ʃtráuxəln] 自 (s)《雅》① つまずく, つまずいてよろめく. **über einen Stein** *straucheln* 石につまずく. ② 《比》しくじる; 道を踏みはずす.

Strauss [シュトラオス ʃtráus] -/《人名》[リヒャルト・] シュトラウス (Richard *Strauss* 1864-1949; ドイツの作曲家).

*der **Strauß**[1] [シュトラオス ʃtráus] 男 (単2) -es/(複) Sträuße [シュトロイセ] (3格のみ Sträußen) 花束. (英 bunch *of flowers*). **Rosen***strauß* ばらの花束 / **ein duftender** *Strauß* 香りのよい花束 / 人[3] **einen** *Strauß* **schicken (überreichen)** 人[3]に花束を送る(手渡す).

Strauß[2] [シュトラオス] 男 -es/-e《鳥》ダチョウ.

Strauß[3] [シュトラオス] -/《人名》[ヨーハン・]シュトラウス (Johann *Strauß* 父親 1804-1849; 息子 1825-1899; オーストリアの作曲家[親子]).

Sträu·ße [シュトロイセ] *Strauß[1] (花束)の複

Stre·be [シュトレーベ ʃtré:bə] 女 -/-n《建》支柱, 筋違(ｽｼﾞﾁｶﾞﾋ), 方杖(ﾎｳﾂﾞｴ).

Stre·be≠bo·gen [シュトレーベ・ボーゲン] 男 -s/-《建》(ゴシック建築の)飛び控え.

:**stre·ben** [シュトレーベン ʃtré:bən] (strebte, *hat*/*ist* ... gestrebt) 自 （受丁) haben または sein) （英 strive) ① (h)《**nach** 事[3]》 〜(事[3]を)得ようと努力する. **Er** *strebt* **nach Höherem.** 彼はより高いものを追い求める / **Er** *strebte* **[danach], seine Ideale zu verwirklichen.** 彼は自分の理想を実現しようとする.

② (s)『方向を表す語句とともに』(…へ)行こうとする, 達しようとする. **nach Hause** *streben* 家路を急ぐ / **Die Menschen** *strebten* **zum Ausgang.** 人々は出口へと急いだ / **Die Pflanze** *strebt* **nach dem (または zum) Licht.**《雅》植物は光を求める性質がある.

Stre·ben [シュトレーベン] 中 -s/ ① 努力, 精進. ② 志望, 志向; 傾向, 性向. **das** *Streben* **nach Vollkommenheit** 完全性への志向.

Stre·be≠pfei·ler [シュトレーベ・プファイラァ] 男 -s/-《建》控え壁(柱), バットレス.

Stre·ber [シュトレーバァ ʃtré:bər] 男 -s/-《軽蔑的に》野心家, 立身出世主義者; 点取り虫.

Stre·ber·tum [シュトレーバァトゥーム] 中 -s/《軽蔑的に》野心, 功名心.

streb·sam [シュトレープザーム] 形 努力家の, 勤勉な.

Streb·sam·keit [シュトレープザームカイト] 女 -/ 努力, 精進, 勤勉.

streb・te [シュトレープテ] *streben (得ようと努力する)の過去

‡*die* **Stre・cke** [シュトレッケ ʃtrékə] 囡 (単) -/(複) -n ① 道のり, 道程, 距離. (英 distance). eine lange *Strecke* 長い道のり / eine *Strecke* von 10 Kilometern 10キロの道のり / die *Strecke* von Bonn bis Berlin ボンからベルリンまでの道のり / Es ist noch eine gute *Strecke* [Weges] bis dorthin. そこまではまだかなりの距離がある / **auf** der *Strecke* bleiben 《口語》 a) 途中で落後する, b) (計画などが)挫折(ざっ)する.
② (鉄道)〔線路〕区間. die *Strecke* Frankfurt-Hamburg フランクフルトーハンブルク区間.
③ 《ス゚キ゚》コース;《数》線分;(坑)(水平の)坑道.
④ 《狩》仕留めて並べられた獲物. 囚⁴ **zur** *Strecke* bringen 《比》囚⁴(犯人など)を逮捕する.

***stre・cken** [シュトレッケン ʃtrékən] (streckte, *hat*...gestreckt) I 他 (定了 haben) ① (手足など⁴を)伸ばす, 広げる. (英 stretch). Er *streckte* die Arme in die Höhe. 彼は腕を上に伸ばした / die Glieder⁴ *strecken* 手足を伸ばす / Sie *streckte* den Kopf **aus** dem Fenster. 彼女は窓から首を突き出した / alle viere⁴ **von** sich³ *strecken* 大の字に身を投げ出して寝る(へたり込む) / 囚⁴ **zu** Boden *strecken* 囚⁴をたたきのめす. ◇《再帰的に》 sich⁴ *strecken* 体を伸ばす, 背伸びする. ② (金属・皮⁴を)打ち延ばす, 圧延する. Eisenblech⁴ durch Hämmern *strecken* 薄鉄板をハンマーで打ち延ばす.
③ (スープなど⁴を)薄める, (混ぜ物をして)延ばす. die Suppe⁴ **mit** Wasser *strecken* スープを水で薄める. ④ (食料・燃料など⁴を節約して)長くもたせる. ⑤《狩》(獲物⁴を)仕留める.
II 再帰 (定了 haben) *sich⁴ strecken* ①『方向を表す語句とともに』(…へ)寝そべる. Er *streckte* sich **aufs** Sofa (**ins** Gras). 彼はソファーに(草の中に)寝そべった. ② (土地などが)広がっている, 延びている. Der Weg *streckt* sich. a) 道がずっと延びている, b)《比》道は思ったより遠い. ③ (子供が)背が伸びる, 大きくなる.

Stre・cken＝ar・bei・ter [シュトレッケン・アルバイタァ] 男 -s/- (鉄道)線路(保線)作業員.

Stre・cken＝wär・ter [シュトレッケン・ヴェルタァ] 男 -s/- (鉄道)保線係.

stre・cken＝wei・se [シュトレッケン・ヴァイゼ] 副 区間ごとに;部分的に, 所々に;ときどき.

Streck＝mus・kel [シュトレック・ムスケる] 男 -s/-n 《医》伸筋.

streck・te [シュトレックテ] *strecken (伸ばす)の過去

Stre・ckung [シュトレックング] 囡 -/-en ① 伸長, 伸展, 圧延. ② 《医》子供の伸長期.

Streck＝ver・band [シュトレック・フェアバント] 男 -[e]s/..bände 《医》伸展包帯.

*der **Streich** [シュトライヒ ʃtraiç] 男 (単2) -[e]s/(複) -e (3格のみ -en) ① いたずら, わるさ. (英 trick). ein lustiger *Streich* 愉快ないたずら / dumme *Streiche*⁴ machen ばかげたことをする / 囚³ einen *Streich* spielen a) 囚³にいたずらする, b) 囚³をひどい目にあわせる. ②《雅》一撃. einen *Streich* gegen 囚⁴ führen 囚⁴ に一撃を加える / **auf** einen *Streich* いっぺんに, 一気に.

***strei・cheln** [シュトライヒぇるン ʃtráiçəln] ich streichle (streichelte, *hat*...gestreichelt) 他 (定了 haben) (囚・物⁴を優しく)なでる, さする, 愛撫(あ゙い゙ぶ)する. (英 stroke). Er *streichelte* ihr Haar. 彼は彼女の髪をなでた.

strei・chel・te [シュトライヒぇるテ] *streicheln (なでる)の過去

‡**strei・chen*** [シュトライヒェン ʃtráiçən] (strich, *hat*/*ist*...gestrichen) I 他 (定了 haben) ①『方向を表す語句とともに』(バターなど⁴を…に)塗る. (英 spread). Butter⁴ **aufs** Brot *streichen* バターをパンに塗る / Er hat Salbe auf die Wunde *gestrichen*. 彼は傷口に軟膏(なん゙こう)を塗った.
② (パン⁴にバターなどを)塗る. ein Brot⁴ mit Marmelade *streichen* パンにジャムを塗る.
③ 塗装する, (物⁴に)塗料を塗る. (英 paint). Er *hat* das Zimmer neu *gestrichen*. 彼は部屋を新しく塗り直した. ◇《過去分詞の形で》Frisch *gestrichen*! (注意書きで):ペンキ塗りたて. ④ なでる, さする, こする. Er *strich* sich³ nachdenklich den Bart. 彼は考え込んでひげをなでた / 物⁴ **durch** ein Sieb *streichen*《料理》物⁴を裏ごしする. ◇《過去分詞の形で》ein *gestrichener* Löffel Mehl スプーンすり切り一杯の小麦粉.
⑤ (線を引いて)消す, 削除する. 囚⁴ **aus** der Liste *streichen* 囚⁴の名前をリストから削除する / Nichtzutreffendes bitte *streichen*!(書式の記入で:)該当しないものを線で消してください / einen Auftrag *streichen*《比》注文をとり消す. ⑥『方向を表す語句とともに』物⁴を…から(なでて)払いのける. Brotkrumen⁴ **vom** Tisch *streichen* パンくずをテーブルから払いのける / Er *strich* sich³ die Haare **aus** der Stirn. 彼は髪を額からかき上げた.
II 自 (定了 haben または sein) ① (h)『**durch** (または **über**) 物⁴ ~』(物⁴を)なでる, さする, こする. (英 stroke). 囚³ (sich³) über die Haare *streichen* 囚³ (自分の)髪をなでる / Er *strich* ihr liebevoll über die Wange. 彼は彼女の頬(ぽ)を優しくなでた.
② (s)『場所を表す語句とともに』(…を)うろつく, さまよう;(風が…を)吹き渡る. **durch** den Wald *streichen* 森をさまよい歩く / **ums** Haus *streichen* 家の回りをうろつく. ③ (s)『方向を表す語句とともに』《狩》(鳥などが…へ/…から)かすめるように飛ぶ. Wildenten *streichen* **über** den See. 鴨(か゚も)が湖面をかすめて飛んで行く. ④ (s)《地学》(山脈・地層などが…へ)走っている.
◇☞ gestrichen

Strei・cher [シュトライヒャァ ʃtráiçər] 男 -s/- 弦楽器奏者.

*das **Streich⸗holz** [シュトライヒ・ホルツ ˈʃtraɪ̯çhɔlts] 中 (単2) -es/(複) ..hölzer [..ヘルツァァ] (3格のみ ..hölzern) マッチ. (英 match). ein *Streichholz*⁴ an|zünden マッチをすって火をつける.

Streich·holz⸗schach·tel [シュトライヒホルツ・シャハテる] 女 -/-n マッチ箱.

Streich·in·stru·ment [シュトライヒ・インストルメント] 中 -[e]s/-e 《音楽》弦楽器.

Streich⸗kä·se [シュトライヒ・ケーゼ] 男 -s/- (パンなどに塗る) ソフトチーズ.

streich·le [シュトライヒれ] *streicheln (なでる) の1人称単数 直現.

Streich⸗or·ches·ter [シュトライヒ・オルケスタァ] 中 -s/- 弦楽合奏団.

Streich⸗quar·tett [シュトライヒ・クヴァルテット] 中 -[e]s/-e 《音楽》弦楽四重奏曲(団).

Strei·chung [シュトライヒュング] 女 -/-en (テキストなどの) 削除; 削除部分.

Streif [シュトライふ ʃtraɪ̯f] 男 -[e]s/-e 《雅》縞(しま), 線条.

Streif⸗band [シュトライふ・バント] 中 -[e]s/..bänder (郵便物の) 帯封(おびふう).

Strei·fe [シュトライふェ ˈʃtraɪ̯fə] 女 -/-n パトロール(巡察・警ろ)[隊].

****strei·fen** [シュトライふェン ˈʃtraɪ̯fən] (streifte, *hat*/*ist*...gestreift) I 他 (完了 haben) ① (人・物)⁴に軽く触れる, かすめる. Sie *hat* ihn **an der** Schulter *gestreift*. 彼女は彼の肩に軽く触れた / 人・物⁴ mit einem Blick *streifen* 人・物⁴をちらっと見る. ②《比》(ある問題⁴に) 軽く触れる, 言及する. Er *hat* das Thema in seiner Rede einige Male kurz *gestreift*. 彼はそのテーマについては話の中で何度かさっと触れた. ③〖方向を表す語句とともに〗(物⁴を…へ滑るようにはめる, かぶせる; (物)⁴を…から滑るようにはずす, 脱ぐ); こすり落とす(取る). den Ring **auf den** Finger *streifen* 指輪を指にはめる / die Ärmel **in die** Höhe *streifen* 袖(そで)をたくし上げる / sich³ das Hemd **über den** Kopf *streifen* シャツを頭からかぶって着る(脱ぐ) / den Ring **vom** Finger *streifen* 指輪を指からはずす / die Asche⁴ **von der** Zigarette *streifen* たばこの灰を[こすり]落とす.
II 自 (完了 sein) 〖場所を表す語句とともに〗(…をあてもなく) 歩き回る, うろつく; (軍) パトロールする, 巡察する. **durch die** Wälder *streifen* 森の中を歩き回る.
◇☞ gestreift

*der **Strei·fen** [シュトライふェン ˈʃtraɪ̯fən] 男 (単2) -s/(複) - ① 帯状のもの (英 stripe), ストライブ, 縞(しま) (英 stripe). Grün*streifen* グリーンベルト / ein *Streifen* Papier 細長い紙(テープ) / Fleisch⁴ **in** *Streifen* schneiden 肉を細長く切る / ein Rock **mit** bunten *Streifen* 色とりどりのストライプの入ったスカート / Das passt mir nicht **in den** *Streifen*. 《口語・比》それは私の意にそわない. ②《口語》映画. ein amüsanter *Streifen* 娯楽映画. ③《鉱》条痕(じょうこん).

Strei·fen⸗dienst [シュトライふェン・ディーンスト] 男 -[e]s/-e パトロール[隊].

Strei·fen⸗wa·gen [シュトライふェン・ヴァーゲン] 男 -s/- パトロールカー, パトカー.

strei·fig [シュトライふィヒ ˈʃtraɪ̯fɪç] 形 縞(しま)のある, 縞(しま)状の汚れのついた (洗濯物など).

Streif⸗licht [シュトライふ・リヒト] 中 -[e]s/-er ① (光) さっと差し込む光, 一条の光. ②《比》簡潔な表現(説明). ein paar *Streiflichter*⁴ **auf** ein Problem werfen ある問題の一端を浮かび上がらせる.

Streif⸗schuss [シュトライふ・シュス] 男 -es/..schüsse 《軍》擦過弾, 擦過弾傷.

Streif⸗schuß ☞ (新旧) Streifschuss

streif·te [シュトライふテ] *streifen (軽く触れる) の 過去.

Streif⸗zug [シュトライふ・ツーク] 男 -[e]s/..züge ① パトロール, 偵察; 踏査行. ② 概説, 概観.

*der **Streik** [シュトライク ʃtraɪ̯k] 男 (単2) -s (まれに -es)/(複) -s ストライキ. (英 strike). Hunger*streik* ハンガーストライキ / einen *Streik* aus|rufen (durch|führen) ストライキを宣言する(実行する) / Die Arbeiter stehen **im** *Streik*. 労働者たちはストライキ中である / [den] *Streik* treten ストに入る.

Streik⸗bre·cher [シュトライク・ブレッヒァァ] 男 -s/- スト破り (ストライキに加わらない労働者).

****strei·ken** [シュトライケン ˈʃtraɪ̯kən] (streikte, *hat*...gestreift) 自 (完了 haben) ① ストライキをする. (英 strike). Sie *streiken* **für** höhere Löhne. 彼らは賃上げ要求のストライキをする. ②《口語》参加しない, 働かない; (機械などが) 機能しない, 動かなくなる. Der Wagen *streikte*. 自動車が動かなくなった.

Strei·ken·de[r] [シュトライケンデ (..ダァ) ˈʃtraɪ̯kəndə (..dər)] 男 女 《語尾変化は形容詞と同じ》ストライキ中の人々, スト参加者.

Streik⸗pos·ten [シュトライク・ポステン] 男 -s/- スト破りに対する見張り[人], ピケ[要員].

Streik⸗recht [シュトライク・レヒト] 中 -[e]s/- ストライキ権, 争議権.

streik·te [シュトライクテ] *streiken (ストライキをする) の 過去.

*der **Streit** [シュトライト ʃtraɪ̯t] 男 (単2) -[e]s/(複) -e (3格のみ -en) ① 争い, いさかい; (意見などの) 衝突, 口論; (つかみ合いの) けんか. (英 quarrel). ein heftiger *Streit* 激しい争い / ein wissenschaftlicher *Streit* 学術論争 / ein *Streit* zwischen zwei Parteien 両党派間の論争 / **mit** 人³ **in** *Streit* geraten 人とけんかになる / ein *Streit* um des Kaisers Bart 《口語》むだな争い, どうでもよい争い (←皇帝のあごひげについての論争). ②《古》戦い.

Streit⸗axt [シュトライト・アクスト] 女 -/..äxte (昔の:) 戦斧(せんぷ).

streit・bar [シュトライトバール] 形《雅》① 争いを好む，けんか早い；論争好きな． ② 戦闘的な，勇敢な．

:strei・ten* [シュトライテン ʃtráɪtən] du streitest, er streitet (stritt, hat...gestritten) **I** 自 (完了 haben) ① **争う**，けんかする．(英 quarrel). Warum *streitet* ihr den ganzen Tag? なぜ君たちは一日中けんかしているの / Er *hat* mit seinem Freund *gestritten*. 彼は友だちとけんかをした / **um** nichts *streiten* くだらぬことでけんかする / **wegen** jeder Kleinigkeit *streiten* ちょっとしたことでけんかする．◇〈現在分詞の形で〉die *streitenden* Parteien in einem Prozess 訴訟当事者(原告と被告).

② 《**über** 圖⁴ ～》(圖⁴について)論争する，激論する．**mit** 人³ über eine Frage *streiten* 人³ とある問題について論争する / Darüber *kann* man *streiten*. または Darüber *lässt* sich⁴ *streiten*. それについては議論の余地がある．

③ 《**für** (**gegen**) 圖⁴ ～》《雅》(圖⁴のために(圖⁴ に対して))戦う．für Recht und Freiheit *streiten* 正義と自由のために戦う / gegen das Unrecht *streiten* 不正に対して戦う．

II 再帰 (完了 haben) *sich*⁴ *streiten* ① 《*sich*⁴ [**mit** 人³] ～》([人³と])**争う**，けんかする．Er *hat* sich mit seinem Bruder **um** das Erbteil (**wegen** des Mädchens) *gestritten*. 彼は兄と相続分のことで(女の子のことで)けんかした / Wenn zwei *sich streiten*, freut sich der Dritte.《諺》漁夫の利(← 二人が争えば，第三者が喜ぶ)．

② 《*sich*⁴ **über** 圖⁴ ～》(圖⁴について)論争する，激論する．

Strei・ter [シュトライタァ ʃtráɪtər] 男 -s/-《雅》闘士，戦う人；《古》戦士．ein *Streiter* für die Freiheit 自由の闘士．

Streit≠fall [シュトライト・ふァる] 男 -[e]s/..fälle 争い事．

Streit≠fra・ge [シュトライト・ふラーゲ] 女 -/-n 論争の的である問題，論点，争点．

Streit≠ge・spräch [シュトライト・ゲシュプレーヒ] 中 -[e]s/-e 論争，激論．

Streit≠ham・mel [シュトライト・ハンメる] 男 -s/-《戯》けんか好きな男．

strei・tig [シュトライティヒ ʃtráɪtɪç] 形 ① 争っている，議論の余地のある．人³ 圖⁴ *streitig* machen 人³ の圖⁴ の権利に異議を唱える，人³ と圖⁴ をめぐって争う． ② 《法》係争中の，裁判中の．

Strei・tig・keit [シュトライティヒカイト] 女 -/-en 《ふつう複》(絶え間ない)争い，論争，激論．

Streit≠kraft [シュトライト・クラふト] 女 -/..kräfte 《ふつう複》兵力，戦力；軍隊．

streit≠lus・tig [シュトライト・るスティヒ] 形 けんか好きの，議論好きの．

Streit≠macht [シュトライト・マハト] 女 -/ (投入できる)戦力，軍隊．

Streit≠ob・jekt [シュトライト・オプイェクト] 中 -[e]s/-e 争い(論争)の対象．

Streit≠sa・che [シュトライト・ザッヘ] 女 -/-n ① 争い． ②《法》係争事件，訴訟事項．

Streit≠schrift [シュトライト・シュリふト] 女 -/-en (学問・宗教・政治的な)論難(論駁(ろんばく))書．

Streit≠sucht [シュトライト・ズフト] 女 -/ 闘争心，けんか好き．

streit≠süch・tig [シュトライト・ズュヒティヒ] 形 闘争心のある，けんか好きの．

Streit≠wert [シュトライト・ヴェーァト] 男 -[e]s/-e《法》訴訟物の価格．

:streng [シュトレング ʃtrɛŋ] 形 ① **厳しい，厳格な．**(英 severe). ein *strenger* Lehrer 厳しい先生 / ein *strenges* Urteil 厳しい判決 / **mit** (または **zu**) 人³ *streng* sein 人³ に厳しい ⇒ Die Mutter ist sehr *streng* mit (または zu) den Kindern. 母は子供たちに非常に厳しい / 人⁴ *streng* bestrafen 人⁴ を厳重に処罰する / Betreten des Rasens *streng* verboten! (立て札などで)芝生内立入厳禁．

② **厳密な，**緻密(ちみつ)な，精密な．(英 strict). die *strenge* Logik 厳密な論理 / *strenge* Bettruhe 絶対安静 / im *strengen* Sinne 厳密な意味で / eine *strenge* Diät⁴ halten 厳密な食餌(しょくじ)療法を行う / der *strenge* Aufbau eines Dramas あるドラマの緻密な構成 / die Anweisungen⁴ *streng* befolgen 指示に厳密に従う．

③ (顔つきなどが)きつい，いかめしい．ein *strenges* Gesicht きつい顔[だち]．

④ (味・香りなどが)強烈な．ein *strenger* Geruch 強烈なにおい / Die Soße ist zu *streng*. このソースは味が濃すぎる．

⑤ (寒さなどが)厳しい，苛烈(かれつ)な．eine *strenge* Kälte 厳寒 / Der letzte Winter war sehr *streng*. 去年の冬はひどく寒かった．

⑥《南ドイツ・スイス》(仕事などが)ひどく骨の折れる，つらい．eine *strenge* Arbeit つらい仕事．

(新形)
streng ge・nom・men 厳密に考えれば(言えば)．

Stren・ge [シュトレンゲ ʃtrɛŋə] 女 -/ ① 厳しさ，厳格．die *Strenge* der Strafe² 刑罰の厳しさ / mit *Strenge* 厳しく． ② 厳密さ． ③ (外見の)いかめしさ． ④ (味・香りなどの)強烈さ． ⑤ (寒さなどの)厳しさ．

streng≠ge・nom・men 副 (新形) streng genommen) ☞ streng

streng≠gläu・big [シュトレング・グろイビヒ] 形 信仰の堅い；正統派の信仰の．

strengs・tens [シュトレングステンス ʃtrɛŋstəns] 副 厳重に，きわめて厳しく．

Stress [シュトレス ʃtrɛs または ストレス strés] 男 -es/-e《ふつう単》ストレス．*Stress* im Beruf 職業上のストレス．

Streß ☞ (新形) Stress

stres・sig [シュトレスィヒ ʃtrɛsɪç] 形《口語》ストレスのたまる，ストレスを起こす．

Streu [シュトロイ ʃtrɔʏ] 女 -/-en《ふつう単》

Streubüchse

(家畜のための)敷きわら.

Streu=büch·se [シュトロイ・ビュクセ] 囡 -/-n (こしょう・塩などの)振りかけ容器, 卓上調味料入れ.

***streu·en** [シュトロイエン ʃtrɔyən] (streute, hat...gestreut) I 他 (完了 haben) (英 scatter) ① まく, まき散らす, 振りかける. Blumen⁴ streuen (結婚式で新郎新婦の前に)花をまき散らす / Sie streute noch etwas Salz auf die Kartoffeln. 彼女はさらに少々の塩をじゃがいもに振りかけた. ②(道路など⁴に)滑り止めをまく. die Straße⁴ mit Sand streuen (凍結した)道路に砂をまく.
II 圓 (完了 haben) ① (容器などが中身を)まく, こぼす. Das Salzfass streut schlecht. この塩入れは出が悪い / Der Mehlsack streut. この粉袋は中身がこぼれる. ②(大砲などが)弾道が定まらない; (光線などが)散乱する; (数値が)ばらつく. ③《医》(病巣などが)播種(はしゅ)する.

Streu·er [シュトロイアァ ʃtrɔyɐr] 男 -s/- (こしょう・塩などの)振りかけ容器, 卓上調味料入れ (=Streubüchse).

Streu=gut [シュトロイ・グート] 中 -[e]s/ (路面凍結時に用いる)まき砂(塩・灰).

streu·nen [シュトロイネン ʃtrɔynən] 圓 (s まれに h) (軽蔑的に:)うろつく, ぶらぶらする.

Streu=salz [シュトロイ・ザルツ] 中 -es/ (路面凍結時に用いる)まき塩.

Streu=sand [シュトロイ・ザント] 男 -[e]s/ ①(路面凍結時に用いる)まき砂. ②(昔の:)まき砂(インキを乾かすために用いた).

Streu·sel [シュトロイゼる ʃtrɔyzəl] 男 中 -s/- (ふつう 複)《料理》シュトロイゼル(小麦・砂糖・バターで作った粒状のケーキ用トッピング).

Streu·sel·ku·chen [シュトロイゼる・クーヘン] 男 -s/-《料理》シュトロイゼルケーキ(シュトロイゼルを振りかけて作ったケーキ).

streu·te [シュトロイテ] *streuen (まく)の 過去

Streu·ung [シュトロイウング] 囡 -/-en ① まき散らすこと, 散布. ②(散弾などの飛散). ③(弾丸の標的からのそれ); (物)(光の散乱, 分散); (数値の)ばらつき, 平均値からそれること. ④《医》(病巣などの)散乱, 播種(はしゅ).

strich [シュトリヒ] *streichen (塗る)の 過去

*der **Strich** [シュトリヒ ʃtrɪç] 男 (単2) -[e]s/(複) -e (3格のみ -en) ①(鉛筆などで引いた)線. (英 line, dash). ein kurzer Strich 短い線 / einen Strich ziehen 線を引く / 人³ einen Strich durch die Rechnung machen 《口語・比》 人³の計画をだいなしにする / keinen Strich tun (または machen)《口語》全然何もしない / einen Strich unter 物⁴ machen《比》物⁴にけりをつける / 物⁴ Strich für Strich nach|zeichnen 物⁴を一画一画(丹念に)描写する / 物⁴ in schnellen großen Strichen zeichnen 物⁴をさっと大まかに描く / unter dem Strich《比》(損得計算をして)結果として / unter dem Strich sein《口語》水準以下である. ②《複 なし》筆運び, 筆法, タッチ; (ヴァイオリンの)運弓法. mit einem weichen Strich malen 柔らかいタッチで描く. ③《ふつう 複》(テキストなどの)抹消箇所. ④(ブラシをかけること, (刷毛(はけ)で)なでること. einige Striche mit der Bürste ブラシを二三回かけること. ⑤《複 なし》(毛の)向き, 毛並み; (織物の毛足の)向き. das Fell⁴ gegen den Strich bürsten 毛並みに逆らって毛皮にブラシをかける / Das geht mir gegen den Strich.《口語》それは私の性に合わない / nach Strich und Faden《口語》徹底的に. ⑥(計器類の)目盛り線;《鉱》条痕(じょうこん). ⑦(地)(帯状の細い)土地, 地帯. ⑧《南ド・スイス》(家畜の細長い)乳房. ⑨(狩)(鳥の)ゆっくりした低空飛行;(飛んでいる鳥の)群れ. ⑩《複 なし》《俗》(街頭での)売春; 売春婦の立つ街区.

stri·che [シュトリッヒェ] *streichen (塗る)の 接②

stri·cheln [シュトリッヒェるン ʃtrɪçəln] 他 (h) ①(輪郭など⁴を)破線で描く. ◇過去分詞の形で eine gestrichelte Linie 破線. ②(物⁴に)ばけ線で陰影をつける.
◇☞ gestrichelt

Strich=kode [シュトリヒ・コート] 男 -s/-s (商品の)バーコード.

Strich=mäd·chen [シュトリヒ・メートヒェン] 中 -s/-《俗》街娼(がいしょう), 街(まち)の女.

Strich=punkt [シュトリヒ・プンクト] 男 -[e]s/《言》セミコロン(記号:;).

strich=wei·se [シュトリヒ・ヴァイゼ] 副《気象》所により, 局地的に.

*der **Strick**¹ [シュトリック ʃtrɪk] 男 (単2) -[e]s/(複) -e (3格のみ -en) ①(麻などの)縄, 綱, ロープ. (英 rope). ein kurzer Strick 短いロープ / einen Strick um 物⁴ binden 物⁴の回りにロープをかける / 人³ aus 事³ einen Strick drehen《口語・比》事³を口実に 人³を陥れようとする / wenn alle Stricke reißen《口語》ほかにどうしようもない場合には(←すべてのロープが切れた場合には) / den (または einen) Strick nehmen《雅》首をつる. ②《口語》いたずらっ子, 腕白坊主.

Strick² [シュトリック] 男 -[e]s/《ふつう冠詞なしで》《服飾》ニットウェア.

***stri·cken** [シュトリッケン ʃtrɪkən] (strickte, hat...gestrickt) I 他 (完了 haben) (セーターなど⁴を)編む. (英 knit). Strümpfe⁴ stricken 靴下を編む.
II 圓 (完了 haben) 編み物をする. Sie strickt gern. 彼女は編み物が好きだ / an einem Pullover stricken セーターを編む.

Stri·cke·rei [シュトリッケライ ʃtrɪkəraɪ] 囡 -/-en ① 編み物(製品); 編み物工場. ②《複 なし》(ふつう軽蔑的に:)(絶えず)編み物をすること.

Strick=garn [シュトリック・ガルン] 中 -[e]s/-e 編み糸.

Strick=ja·cke [シュトリック・ヤッケ] 囡 -/-n ニットの上着, カーディガン.

Strick=lei·ter [シュトリック・らイタァ] 囡 -/-n

縄ばしご.

Strick⊱ma·schi·ne [シュトリック・マシーネ] 囡 -/-n 編み機.

Strick⊱na·del [シュトリック・ナーデる] 囡 -/-n 編み針(棒).

strick·te [シュトリックテ] ＊stricken (編む)の 過去

Strick⊱wa·ren [シュトリック・ヴァーレン] 覆 ニット製品.

Strick⊱zeug [シュトリック・ツォイク] 回 -[e]s/ ① 編みかけのもの. ② 編み物道具.

Strie·gel [シュトリーゲる ∫trí:gəl] 男 -s/- (家畜用, 特に馬用の)櫛, ブラシ.

strie·geln [シュトリーゲるン ∫trí:gəln] 他 (h) ① (馬など[4]に)ブラシをかける;《比》(髪[4]を)すく. ② 《口語》(人[4]を)いじめる, しごく.

Strie·me [シュトリーメ ∫trí:mə] 囡 -/-n = Striemen

Strie·men [シュトリーメン ∫trí:mən] 男 -s/- みみずばれ.

strikt [シュトリクト ∫tríkt または ストリクト stríkt] 形 厳格な, 厳しい; 厳密な. ein *strikter* Befehl 厳命.

Strip·pe [シュトリッペ ∫trípə] 囡 -/-n ① 《方》ひも, 結び(飾り)ひも. ② 《口語》導線; 電話線. **an der** *Strippe* **hängen** 電話にかじりついている / 人[4] **an der** *Strippe* **haben** 人[4]と電話中である.

Strip·tease [シュトリプティース ∫tríptiːs または ストリプ.. stríp..] 《英》男 回 -/ ストリップ[ショー].

stritt [シュトリット] ＊streiten (争う)の 過去

stritt·te [シュトリッテ] ＊streiten (争う)の 接[2]

strit·tig [シュトリティヒ ∫trítɪç] 形 未解決の; 論議の余地のある, 異論のある.

✽*das* **Stroh** [シュトロー ∫troː] 回 (単 2) -[e]s/ わら, 麦わら. (英 straw). ein Bündel *Stroh* 一束のわら / trockenes *Stroh* 乾燥わら / **auf (im)** *Stroh* **schlafen** わらの上で(中で)寝る / ein Haus[4] **mit** *Stroh* **decken** 家の屋根をわらでふく / leeres *Stroh*[4] **dreschen** 《口語・比》くだらない話をする(←実のついていない麦わらを打穀する) / *Stroh*[4] **im Kopf haben** 《口語》頭が空っぽである / Das Brot schmeckt wie *Stroh*. このパンは味もそっけもない(←わらのような味がする).

stroh⊱blond [シュトロー・ブろント] 形 淡いブロンドの, 麦わら色の.

Stroh⊱dach [シュトロー・ダッハ] 回 -[e]s/ ..dächer わら[ぶき]屋根.

Stroh⊱feu·er [シュトロー・フォイアァ] 回 -s/- ① わらを燃やした火. ②《比》つかの間の感激, 一時的な興奮.

Stroh⊱halm [シュトロー・ハるム] 男 -[e]s/-e ① 麦わら, わらの茎. sich[4] an einen *Strohhalm* klammern 《比》一本のわら(かすかな希望)にすがる / **nach** dem rettenden *Strohhalm* **greifen** 《比》(おぼれるものに)わらをもつかもうとする / **über** einen *Strohhalm* **stolpern** 《口語》つまらないことでしくじる(←1本のわらにつま

ずく). ② ストロー. Saft[4] **mit** einem *Strohhalm* **trinken** ジュースをストローで飲む.

Stroh⊱hut [シュトロー・フート] 男 -[e]s/..hüte 麦わら帽子.

stro·hig [シュトローイヒ ∫tróːɪç] 形 ① わらのような, 麦わら色の. ② かさかさの; 味のしない.

Stroh⊱kopf [シュトロー・コプふ] 男 -[e]s/ ..köpfe 《口語》ばか者, 愚か者.

Stroh⊱mann [シュトロー・マン] 男 -[e]s/..männer ① わら人形. ② 代理人, 名義[だけ]の人. ③ (ﾌﾞﾘｯｼﾞ) (ブリッジの)ダミー.

Stroh⊱sack [シュトロー・ザック] 男 -[e]s/ ..säcke わら布団. Heiliger (または Gerechter) *Strohsack*! 《俗》おやおや, これは驚いた.

stroh⊱tro·cken [シュトロー・トロッケン] 形 《口語》ひどく乾燥した.

Stroh⊱wit·we [シュトロー・ヴィトヴェ] 囡 -/-n 《口語・戯》(夫が不在で)長くひとり暮らしをしている妻.

Stroh⊱wit·wer [シュトロー・ヴィトヴァァ] 男 -s/- 《口語・戯》(妻が不在で)長くひとり暮らしをしている夫.

Strolch [シュトロるヒ ∫trɔlç] 男 -[e]s/-e ① 浮浪者, ごろつき. ②《戯》いたずら(腕白)小僧.

strol·chen [シュトロるヒェン ∫trɔlçən] 自 (s) 放浪する, うろつきまわる.

✽*der* **Strom** [シュトローム ∫troːm]

> (大きな)川; 流れ
>
> Der *Strom* fließt ins Meer.
> デァ シュトローム ふりースト インス メーァ
> その川は海に注いでいる.

男 (単 2) -[e]s/(複) Ströme [シュトレーメ] (3 格のみ Strömen) ① (大きな)川, 河. (英 river). ein breiter *Strom* 幅の広い川 / Der *Strom* tritt über die Ufer. 川が氾濫(ﾊﾝﾗﾝ)する / der *Strom* der Zeit[2] 《比》時の流れ. (☞ 類語 Fluss).

② (液体・気体の)流れ; (人・車などの)流れ. (英 stream). ein *Strom* von Tränen あふれる涙 / ein *Strom* von Besuchern どっと押し寄せる観客 / **gegen** den *Strom* **schwimmen** a) 流れに逆らって泳ぐ, b)《比》時勢に逆行する / **in** *Strömen* (液体が)大量に ⇒ Es regnet in *Strömen*. 土砂降りだ / **mit** dem *Strom* **schwimmen** a) 流れに乗って泳ぐ, b)《比》時勢に従う.

③ 電流; 電気. (英 current). Gleich*strom* 直流 / Wechsel*strom* 交流 / ein *Strom* von zwölf Ampere 12 アンペアの電流 / den *Strom* ein|schalten 電気のスイッチを入れる / **mit** *Strom* **kochen** 電熱器で料理する / Das Gerät verbraucht viel *Strom*. この器具は電力の消費量が多い.

Strom⊱ab·neh·mer [シュトローム・アップネーマァ] 男 -s/- ① 集電装置; (電車の)パンタグラフ. ② (電力の)需要者, 消費者.

strom⊱ab[·wärts] [シュトローム・アップ[ヴェル

stromauf[wärts] [シュトローム・アオフ[ヴェルツ]] 副 流れを下って,下流へ.

strom=auf[=wärts] [シュトローム・アオフ[ヴェルツ]] 副 流れをさかのぼって,上流へ.

Strom=aus=fall [シュトローム・アオスふァる] 男 -[e]s/..fälle 停電.

Strö=me [シュトレーメ] ‡Strom (川)の 複

*__strö·men__ [シュトレーメン ʃtrǿːmən] (strömte, *ist* … gestromt) 自 《完了 sein) (《英》 stream) ①《方向を表す語句とともに》(液体・気体が…から)どっと流れ出る, 《…へ)流れ込む. Wasser *strömt aus* der Leitung. 水が水道管からほとばしり出る / Frische Luft *strömte ins* Zimmer. 新鮮な空気が部屋の中へ流れ込んだ. ◇《現在分詞の形で》bei (または in) *strömendem* Regen 豪雨をついて. ②《方向を表す語句とともに》(人が…へ/…から)どっと押し寄せる(あふれ出る). Die Menschen *strömten aus* dem Kino. 映画館から人がどっとあふれ出た. ③(大河が)流れている. (☞ 類語 fließen).

Stro·mer [シュトローマァ stróːmər] 男 -s/-《口語》浮浪者,ごろつき.

stro·mern [シュトローマァン ʃtróːmərn] 自 (s, h) 《口語》① (s) 放浪する,さまよい歩く. ② (h) (働かないで)ぶらぶらする.

Strom=er=zeu·ger [シュトローム・エァツォイガァ] 男 -s/- 発電機.

Strom=er=zeu·gung [シュトローム・エァツォイグング] 女 -/- 発電.

Strom=ka·bel [シュトローム・カーベる] 中 -s/- 電気コード.

Strom=kreis [シュトローム・クライス] 男 -es/-e 電気回路(回線).

Strom=lei·tung [シュトローム・らイトゥング] 女 -/-en [送]電線.

Strom·li·ni·en=form [シュトロームりーニエン・フォルム] 女 -/-en 〔物・工〕流線形.

strom·li·ni·en=för·mig [シュトロームりーニエン・フェルミヒ] 形 流線形の.

Strom=mes·ser [シュトローム・メッサァ] 男 -s/- 〔電〕電流計;〔海〕流速計.

Strom=netz [シュトローム・ネッツ] 中 -es/-e 電力[供給]網, 電線(配線)[網].

Strom=preis [シュトローム・プライス] 男 -es/-e 電気料金.

Strom=quel·le [シュトローム・クヴェれ] 女 -/-n 〔電〕電源(バッテリー・発電機など).

Strom=schnel·le [シュトローム・シュネれ] 女 -/-n 急流, 早瀬.

Strom=stär·ke [シュトローム・シュテルケ] 女 -/-n 電流の強さ.

ström·te [シュトレームテ] *strömen (どっと流れ出る)の 過去

*__die__ __Strö·mung__ [シュトレームング ʃtrǿːmuŋ] 女 (単) -/(複) -en (《英》*current*) ① (液体・気体などの)流れ, 水流, 潮流, 気流. kalte (warme) *Strömungen* des Meeres 寒流(暖流) / gegen die *Strömung* (mit der *Strömung*) schwimmen 流れに逆らって(流れに乗って)泳ぐ. ② (思想などの)動向, 思潮;時流, (芸術などの)傾向. politische (literarische) *Strömungen* 政治の動向(文芸思潮).

Strö·mungs=leh·re [シュトレームングス・れーレ] 女 -/ 流体力学.

Strom=ver·brauch [シュトローム・フェァブラオホ] 男 -[e]s/ 電力消費[量].

Strom=ver·sor·gung [シュトローム・フェァゾルグング] 女 -/ 電力供給.

Strom=zäh·ler [シュトローム・ツェーらァ] 男 -s/- 〔電〕積算電力計, 電気メーター.

Stron·ti·um [シュトロンツィウム ʃtróntsium または ストロン.. strón..] 中 -s/ 〔化〕ストロンチウム(記号: Sr).

Stro·phe [シュトローフェ ʃtróːfə] 女 -/-n 〔詩学〕(詩の)節,連. ein Lied mit vier *Strophen* 4 節からなる歌曲.

..stro·phig [..シュトローふィヒ ..tro:fɪç] 〔形容詞をつくる 接尾〕(…節(連)の) 例: dreistrophig (= 3-*strophig*) (詩などの) 3 節(3 連)の.

strot·zen [シュトロッツェン ʃtrótsən] 自 (h) 《von (または vor) 物³ ~》 (物³で)いっぱいである, はちきれそうである. Das Diktat *strotzt* von (または vor) Fehlern. この書き取りは間違いだらけだ / Er *strotzt* von (または vor) Gesundheit. 彼は健康ではちきれそうだ.

strub·be·lig [シュトルッぺリヒ ʃtrúbəlɪç] 形 (髪が)くしゃくしゃの, 乱れた.

Stru·del [シュトルーデる ʃtrúːdəl] 男 -s/- 渦, 渦巻き;《比》混乱. ein gefährlicher *Strudel* 危険な渦 / Das Boot geriet in einen *Strudel*. ボートは渦に巻き込まれた. ② 《南ドィッ・ホスッリア》渦巻きパイ.

stru·deln [シュトルーデルン ʃtrúːdəln] 自 (h, s) ① (h) 渦を巻く. ② (s) 《比》(…へ)渦を巻きながら動いて行く.

*__die__ __Struk·tur__ [シュトルクトゥーァ ʃtruktúːr または ストルク.. struk..] 女 (単) -/(複) -en ① 構造, 構成;組織, 機構. (《英》*structure*). die *Struktur* eines Atoms 原子の構造 / die politische *Struktur* eines Landes 一国の政治機構. ②〔織〕(生地の表面の)織り地.

Struk·tu·ra·lis·mus [シュトルクトゥラリスムス ʃtrukturalísmus または ストルク.. struk..] 男 -/ 〔言・哲〕構造主義.

struk·tu·ra·lis·tisch [シュトルクトゥラリスティッシュ ʃtrukturalístɪʃ または ストルク.. struk..] 形 〔言・哲〕構造主義の.

struk·tu·rell [シュトルクトゥレる ʃtrukturɛ́l または ストルク.. struk..] 形 構造[上]の, 組織の;構造に関する.

Struk·tur=for·mel [シュトルクトゥーァ・フォルメる] 女 -/-n 〔化〕構造式.

struk·tu·rie·ren [シュトルクトゥリーレン ʃtrukturíːrən または ストルク.. struk..] 他 (h) (…の)構造を変える. die Wirtschaft völlig neu *strukturieren* 経済の構造を一変させる. ◇《再帰的に》*sich*⁴ *strukturieren* (…の)構造を持つ.

Struk·tur⊱kri·se [シュトルクトゥーア・クリーゼ] 囡 -/-n 〔経〕構造的危機.

Struk·tur⊱re·form [シュトルクトゥーア・レフォルム] 囡 -/-en 構造改革.

＊der Strumpf [シュトルンプふ ʃtrúmpf] 男 (単2) -[e]s/(複) Strümpfe [シュトリュンプふェ] (3格のみ Strümpfen) ① ストッキング, 長靴下. (英 stocking). (☞「ソックス」は Socke). nahtlose *Strümpfe* シームレス・ストッキング / ein Paar *Strümpfe* 一足のストッキング / *Strümpfe*⁴ an|ziehen (aus|ziehen) ストッキングをはく(脱ぐ) / keine *Strümpfe*⁴ tragen ストッキングをはいていない / Er kam **auf** die *Strümpfen* ins Zimmer. 彼は靴を脱いで部屋に入って来た / sich⁴ auf die *Strümpfe* machen 《口語》(こっそり)出かける, 立ち去る. ② ガス灯のマントル.

Strumpf⊱band [シュトルンプふ・バント] 中 -[e]s/..bänder (ゴムの)ガーター, 靴下止め.

Strümp·fe [シュトリュンプふェ] ＊Strumpf (ストッキング)の 複

Strumpf⊱hal·ter [シュトルンプふ・ハるタァ] 男 -s/- ガーター, 靴下止め.

Strumpf·hal·ter⊱gür·tel [シュトルンプふハるタァ・ギュルテる] 男 -s/- ガーターベルト.

Strumpf⊱ho·se [シュトルンプふ・ホーゼ] 囡 -/-n 《服飾》タイツ; パンティーストッキング.

Strumpf⊱wa·ren [シュトルンプふ・ヴァーレン] 複 靴下類.

Strunk [シュトルンク ʃtrúŋk] 男 -[e]s/Strünke (キャベツなどの)太い茎; (木の)切り株.

strup·pig [シュトルピヒ ʃtrúpɪç] 形 (毛・髪などが)もじゃもじゃした, ぼうぼうとした.

Struw·wel⊱pe·ter [シュトルヴェる・ペータァ] 男 -s/- 《口語》もじゃもじゃ頭の少年 (1845 年に出版されたハインリヒ・ホフマンの絵本の主人公の容姿から).

Strych·nin [シュトリュヒニーン ʃtrʏçní:n または シュトリュ.. strʏç..] 中 -s/ 〔化〕ストリキニーネ.

＊die Stu·be [シュトゥーベ ʃtú:ba] 囡 (単) -/(複) -n ① 《方》部屋 (=Zimmer); 居間 (=Wohnraum). (英 room). eine kleine *Stube* 小部屋 / die gute *Stube* (特別な場合にだけ使う)客間. (☞ 類語 Zimmer). ② (兵舎・学生寮などの数人用の)居室; (兵舎・学生寮などの)同室者.

Stu·ben⊱ar·rest [シュトゥーベン・アレスト] 男 -[e]s/-e 《口語》(子供が罰として受ける)外出禁止.

Stu·ben⊱ho·cker [シュトゥーベン・ホッカァ] 男 -s/- 《口語》(軽蔑的に:)家にばかりいる人, 出不精の人.

Stu·ben⊱mäd·chen [シュトゥーベン・メートヒェン] 中 -s/- (ホテルなどの部屋係のメイド.

stu·ben⊱rein [シュトゥーベン・ライン] 形 ① (犬や猫が)部屋を汚さないようにしつけられた. ② 《戯》(冗談などが)下品でない.

Stuck [シュトゥック ʃtúk] 男 -[e]s/ スタッコ, 化粧しっくい; スタッコ装飾.

＊das Stück [シュテュック ʃtýk]

部分; …個

Ich möchte ein *Stück* Brot.
イヒ メヒテ アイン シュテュック ブロート
パンを一切れください.

中 (単2) -[e]s/(複) -e (3 格のみ -en) 《数量単位としては次の: (複) -》 (英 piece) ① (全体から切り離された)部分, 切片, かけら. ein *Stück* Brot 一切れのパン / ein *Stück* Stoff 布切れ / zwei *Stück*⁴ (まれに *Stücke*) Kuchen essen ケーキを二切れ食べる / Das ist nur ein *Stück* Papier. それはただの紙切れにすぎない / ein schönes *Stück* Geld 〔比〕かなりの金額 / ein gutes *Stück* Gepäck かなりの道のり / ein *Stück* spazieren gehen 少しばかり散歩する / aus einem Buch ein *Stück*⁴ vor|lesen ある本の一節を朗読する / **in Stücke gehen** こなごなに割れる(砕ける) / Papier⁴ **in Stücke** rei-ßen 紙を細かく引き裂く / sich⁴ für 囚⁴ **in Stücke reißen lassen** 《口語・比》囚⁴のために身を粉にして尽くす / Käse⁴ **im** (または **am**) *Stück* kaufen 《方》チーズをブロックのまま買う / **in einem Stück** 《口語》絶え間なく, ぶっ続けに. ② …個, …枚, …頭. ein *Stück* Seife 石けん 1 個 / ein *Stück* Land 1 区画の土地 / drei *Stück* Gepäck 手荷物 3 個 / zwanzig *Stück* Vieh 20 頭の家畜 / ich nehme zwei *Stück* Zucker in den Kaffee. 私はコーヒーに角砂糖を 2 個入れます / Die Eier kosten das *Stück* 30 Pfennig. 卵は 1 個につき 30 ペニヒです / ***Stück* für *Stück*** 1 個ずつ.

③ (同種類のものの中で)…の物. das kostbarste *Stück* der Sammlung² コレクションの中で最も高価な物. ④ 《ふつう 単》仕業, いたずら. Das ist ein starkes *Stück*! 《口語》そいつはひどい. ⑤ 芝居, 戯曲; 楽曲. Klavierstück ピアノ曲 / ein *Stück*⁴ auf|führen ドラマを上演する. ⑥ 《俗》やつ, 野郎. ein freches *Stück* あつかましいやつ. ⑦ 《成句的に》**aus freien Stücken** 自由意志で, 自ら進んで.

Stuck⊱ar·beit [シュトゥック・アルバイト] 囡 -/-en 化粧しっくい細工.

Stück⊱ar·beit [シュテュック・アルバイト] 囡 -/-en ① 出来高払いの仕事. ② 《口語》やっつけ仕事.

Stu·cka·teur [シュトゥカテーァ ʃtukató:r] 男 -s/-e 化粧しっくい細工職人.

Stu·cka·tur [シュトゥカトゥーァ ʃtukatú:r] 囡 -/-en 化粧しっくい細工.

Stück·chen [シュテュックヒェン ʃtýkçən] 中 -s/- (Stück の 縮小) ① 小片, 小塊, 小量. ein *Stückchen* Weg[e]s 少しの道のり. ② 短い戯曲; 小曲. ③ いたずら.

stü·ckeln [シュテュケるン ʃtýkəln] 他 (h)・自 (h) 継ぎはぎをする, 継ぎはぎして作る.

Stück⊱gut [シュテュック・グート] 中 -[e]s/..güter ばら売りの商品; 《鉄道・海》小口扱い

Stücklohn

貨物.

Stück≠lohn [シュテュック・ローン] 男 -[e]s/..löhne《経》出来高払い賃金, 個数賃金. **im Stücklohn** arbeiten 賃仕事をする.

stück≠wei・se [シュテュック・ヴァイゼ] 副 一つ(1個)ずつ, ばらで.

Stück≠werk [シュテュック・ヴェルク] 中《成句的に》Stückwerk sein 中途半端である.

Stück≠zahl [シュテュック・ツァール] 女 -/-《経》(生産される)個数.

*der **Stu・dent** [シュトゥデント ʃtudént]

大学生　Ich bin *Student*.
　　　　イヒ　ビン　シュトゥデント
　　　　私は大学生です.

格	単	複
1	der Student	die Studenten
2	des Studenten	der Studenten
3	dem Studenten	den Studenten
4	den Studenten	die Studenten

男 (単2·3·4) -en/(複) -en **大学生**; 男子学生. (英 student). (注意「女子学生」は Studentin). Austausch*student* 交換留学生 / Er ist *Student* an der Universität Bonn. 彼はボン大学の学生だ / ein *Student* der Medizin² 医学生 / Er ist *Student* im dritten Semester. 彼は3学期目の学生だ. (注意「(高等学校までの)生徒」は Schüler. ただしオーストリア, スイスでは Student が高校生を意味することもある.).

Stu・den・ten≠aus・weis [シュトゥデンテン・アオスヴァイス] 男 -es/-e 学生証.

Stu・den・ten≠be・we・gung [シュトゥデンテン・ベヴェーグング] 女 -/-en 学生運動.

Stu・den・ten≠bu・de [シュトゥデンテン・ブーデ] 女 -/-n《口語》(家具付きの)学生用下宿[部屋].

Stu・den・ten≠fut・ter [シュトゥデンテン・フッタァ] 中 -s/- 学生のおやつ(休み時間などに食べるくるみ・アーモンド・干しぶどうなどを混ぜたお菓子).

Stu・den・ten≠heim [シュトゥデンテン・ハイム] 中 -[e]s/-e 学生寮 (=Studentenwohnheim).

Stu・den・ten≠lied [シュトゥデンテン・リート] 中 -[e]s/-er 学生歌.

Stu・den・ten≠schaft [シュトゥデンテンシャフト] 女 -/-en《ふつう単》(ある大学の)全学生.

Stu・den・ten≠ver・bin・dung [シュトゥデンテン・フェアビンドゥング] 女 -/-en 学生組合.

Stu・den・ten≠werk [シュトゥデンテン・ヴェルク] 中 -[e]s/-e 学生援護会; (大学の)学生課.

Stu・den・ten≠wohn・heim [シュトゥデンテン・ヴォーンハイム] 中 -[e]s/-e 学生寮.

*die **Stu・den・tin** [シュトゥデンティン ʃtudéntɪn] 女 (単) -/(複) ..tinnen (女子の)**大学生**, 女子学生. Sie ist *Studentin* an der Musikhochschule. 彼女は音楽大学の学生だ.

stu・den・tisch [シュトゥデンティッシュ ʃtudéntɪʃ] 形 大学生の; 学生による.

Stu・die [シュトゥーディエ ʃtúːdiə] 女 -/-n ①《美》習作, スケッチ (=Skizze). ② 試論, 研究[論文]; (文学作品の)草稿.

Stu・di・en [シュトゥーディエン] Studie (習作), *Studium (研究)の複

Stu・di・en≠auf・ent・halt [シュトゥーディエン・アオフエントハルト] 男 -[e]s/-e (特に外国での)研究(調査)滞在, 留学.

Stu・di・en≠di・rek・tor [シュトゥーディエン・ディレクトァ] 男 -s/-en [..トーレン] (高校の)教頭, 校長代理.

Stu・di・en≠gang [シュトゥーディエン・ガング] 男 -[e]s/..gänge (大学の)教育(学習)課程.

stu・di・en≠hal・ber [シュトゥーディエン・ハルバァ] 副 (大学での)勉強(研究)のために.

Stu・di・en≠jahr [シュトゥーディエン・ヤール] 中 -[e]s/-e ① (大学の)学年. ②《ふつう複》学生時代.

Stu・di・en≠plan [シュトゥーディエン・プラーン] 男 -[e]s/..pläne (大学の)カリキュラム; 研究計画.

Stu・di・en≠platz [シュトゥーディエン・プラッツ] 男 -es/..plätze (大学の)学生定員[分の席].

Stu・di・en≠rat [シュトゥーディエン・ラート] 男 -[e]s/..räte 高等学校教諭.

Stu・di・en≠re・fe・ren・dar [シュトゥーディエン・レフェレンダール] 男 -s/-e 高等学校教諭研修生.

Stu・di・en≠rei・se [シュトゥーディエン・ライゼ] 女 -/-n (大学の)研修(実習)旅行, 研究旅行.

Stu・di・en≠zeit [シュトゥーディエン・ツァイト] 女 -/-en (大学での)在学期間; 学生時代.

***stu・die・ren** [シュトゥディーレン ʃtudíːrən]

大学で勉強する; 専攻する

Was *studieren* Sie?
ヴァス　シュティーレン　ズィー
あなたは何を専攻しているのですか.

(studierte, *hat* ...studiert) I 自 (完了 haben) **大学で勉強する**, 大学生である. (英 study). Ich *studiere* an der Universität Bonn. 私はボン大学で学んでいます / bei Professor Schmidt *studieren* シュミット教授について勉強している / Sie *studiert* in München. 彼女はミュンヒェンの大学に在学している / Ich *studiere* jetzt im zweiten Semester. 私は大学に入って今2学期目です / Er *hat* acht Semester *studiert*. 彼は大学で8学期勉強した. ◇《過去分詞の形で》ein *studierter* Mann《口語》大学卒の男性. (☞ 類語 lernen).

II 他 (完了 haben) ① (大学で学科目⁴を)**専攻する**, 勉強する. Er *studiert* Chemie (Jura). 彼は化学(法律学)を専攻している. ② 詳しく調べる. ein Problem⁴ *studieren* ある問題を詳しく調査する. ③ (書類など⁴を)丹念に読む. die Speisekarte⁴ *studieren*《口語》(注文する際に:)メニューをじっくり検討する. ④ (せりふなど⁴を)練習して覚える.

[類語] **studieren**: (学問的に詳しく)研究する。(ある学科目を)専攻する。**forschen**: (真相を究明するために)研究・研究する。**untersuchen**: (詳しく)調べる，調査(研究)する；検査する。

Stu·die·ren·de[r] [シュトゥディーレンデ (..ダァ) ʃtudíːrəndə (..dər)] 男 女 〖語尾変化は形容詞と同じ〗大学生，学生。

stu·diert [シュトゥディーァト] ＊studieren (大学で勉強する)の 過分，3人称単数・2人称複数 現在

stu·dier·te [シュトゥディーァテ] ＊studieren (大学で勉強する)の 過去

Stu·dier·te[r] [シュトゥディーァテ (..タァ) ʃtudíːrtə (..tər)] 男 女 〖語尾変化は形容詞と同じ〗《口語》大学教育を受けた(大学出の)人。

Stu·dio [シュトゥーディオ ʃtúːdio] 中 –s/–s ① (画家・カメラマンなどの)仕事場，アトリエ。② (ラジオ・テレビ・映画の)スタジオ，放送室，撮影所。③ 実験的小劇場。④ (バレエ・演劇などの)練習場。⑤ ワンルームマンション。

＊*das* **Stu·di·um** [シュトゥーディウム ʃtúːdium] 中 (単2) –s/(複)..dien [..ディエン] (英 study) ① 〖複なし〗**大学での勉強**(研究)．das medizinische *Studium* 医学の勉強 / das *Studium* der Mathematik² 数学の勉強 / das *Studium*⁴ ab|brechen (ab|schließen) 大学の勉強を中断する(終了する)． ② (学問的な)研究；(科学的な)調査．Er treibt physikalische *Studien*. 彼は物理学の研究をしている． ③ 〖複なし〗(文書などの)入念な検討． ④ 〖複なし〗(せりふなどの)練習，暗唱．

Stu·di·um ge·ne·ra·le [シュトゥーディウム ゲネラーれ ʃtúːdium genəráːlə] 中 ––/ (各学部共通の)一般教養科目[の講義]．

＊*die* **Stu·fe** [シュトゥーフェ ʃtúːfə] 女 (単) –/(複) –n ① (階段などの)**段**，踏み段，ステップ． (英 step)． schmale *Stufen* 幅の狭い踏み段 / Vorsicht, *Stufe*! (掲示で)注意，段差あり / Die Treppe hat zehn *Stufen*. この階段は10段ある． ② **段階**，程度；レベル，等級． eine *Stufe* der geistigen Entwicklung² 精神的発展の一段階 / **auf** einer hohen *Stufe* stehen 高いレベルにある / mit 人³ auf einer (または auf der gleichen) *Stufe* stehen 人³と同じレベルにある / 人⁴ mit 人³ auf eine (auf die gleiche) *Stufe* stellen 人⁴を人³と同等に扱う． ③ (音楽) 度 (= Ton*stufe*)． ④ (工) (スイッチなどの)段階[目盛]；(ロケットの)段． ⑤ (地学) 階(年代層の区分単位)． ⑥ (坑) 鉱塊． ⑦ (服飾) フリル．

Stu·fenː**bar·ren** [シュトゥーフェン・バレン] 男 –s/– (体操の)段違い平行棒．

Stu·fenː**fol·ge** [シュトゥーフェン・フォるゲ] 女 –/–n 順位，等級；段階的発展．

Stu·fenː**lei·ter** [シュトゥーフェン・らイタァ] 女 –/–n 段ばしご；(比)(出世・地位の)段階．

stu·fenː**wei·se** [シュトゥーフェン・ヴァイゼ] 副 段階的に，徐々に．◇〖付加語としても〗*stufenweiser* Abbau von Zöllen 関税の段階的撤廃．

‡*der* **Stuhl** [シュトゥーる ʃtúːl]

| いす | Der *Stuhl* ist wackelig.
デァ シュトゥーる イスト ヴァッケりヒ
このいすはぐらぐらする． |

男 (単2) –[e]s/(複) Stühle [シュテューれ] (3格のみ Stühlen) ① (背もたれのある)**いす**． (英 chair)． ein bequemer *Stuhl* 座り心地のよいいす / ein heißer *Stuhl* (若者言葉)[大型の]オートバイ / 人³ einen *Stuhl* an|bieten 人³にいすを勧める / 人³ den *Stuhl* vor die Tür setzen 人³ a) 人³を家から追い出す，b) 人³を首にする(←ドアの前にいすを置いてやる) / sich⁴ **auf** einen *Stuhl* setzen いすに座る / Die Kinder sitzen auf den *Stühlen*. 子供たちはいすに座っている / **vom** *Stuhl* auf|stehen いすから立ち上がる / [fast] vom *Stuhl* fallen 《口語》びっくり仰天する / sich⁴ **zwischen** zwei *Stühle* setzen 《口語・比》あぶはち取らずになる(←二つのいすの間に座る)．

② 地位，ポスト，…の座． der *Stuhl* des Professors 教授のポスト / der Heilige *Stuhl* (カック) 教皇座． ③ (医) 便通 (= *Stuhl*gang)；[大]便． keinen *Stuhl* haben 便通がない．

Schaukelstuhl　　Sessel

Stuhl　いすのいろいろ　　Hocker

Stuhlː**bein** [シュトゥーる・バイン] 中 –[e]s/–e いすの脚．

Stuhlː**drang** [シュトゥーる・ドラング] 男 –[e]s/ (医) 便意．

Stüh·le [シュテューれ] ＊Stuhl (いす)の 複

Stuhlː**gang** [シュトゥーる・ガング] 男 –[e]s/ 便通；[大]便．

Stuhlː**leh·ne** [シュトゥーる・れーネ] 女 –/–n いすの背もたれ．

Stu·ka [シュトゥーカ ʃtúːka または シュトゥカ ʃtúka] 男 –s/–s 〖略〗(軍) 急降下爆撃機 (= Sturzkampfflugzeug)．

Stuk·ka·teur ☞ 新形 Stuckateur

Stuk·ka·tur ☞ 新形 Stuckatur

Stul·le [シュトゥれ ʃtúlə] 女 –/–n (北ドペルン)

オープンサンドイッチ.
Stul・pe [シュトゥるペ /túlpə/] 囡 -/-n (袖口(ホヒン)・長靴などの)折り返し.
stül・pen [シュテュるペン /týlpən/] 他 (h) ① 〖A⁴ **auf** (または **über**) B⁴ ~〗(A⁴をB⁴の上に)かぶせる, [sich³] den Hut auf den Kopf *stülpen* 帽子をかぶる. ② (縁など⁴を…へ)折り返す, (ポケットなど⁴を…へ)裏返す; (中の物を…へ)出す.
Stul・pen≠hand・schuh [シュトゥるペン・ハントシュー] 男 -[e]s/-e 折り返しのある手袋.
Stul・pen≠stie・fel [シュトゥるペン・シュティーふェる] 男 -s/- 折り返しのある長靴, トップブーツ.
Stülp≠na・se [シュテュるプ・ナーゼ] 囡 -/-n 上向きに反った鼻.
***stumm** [シュトゥム /túm/] 形 ① 口の利けない. (変 dumb). ein *stummes* Kind 口の利けない子供 / Er war *stumm* vor Schreck. 彼は驚いてものも言えなかった.
② 黙っている, 無言の. (変 silent). ein *stummer* Vorwurf 無言の非難 / ein *stummes* Einverständnis 暗黙の了解 / eine *stumme* Rolle 〖劇〗せりふのない役 / 囚⁴ *stumm* machen a) 囚⁴を黙らせる, b) 〖俗・比〗囚⁴を殺す / Sie blieb auf alle Fragen *stumm*. 彼女は何を尋ねられても黙っていた.
③〖言〗黙音の, サイレントの. ein *stummer* Laut 黙音. ④〖医〗無症状の, 不顕性の.
Stum・me[r] [シュトゥンメ (..マァ) /túmə (..mər)/] 男 囡〖語尾変化は形容詞と同じ〗口の利けない人.
Stum・mel [シュトゥンメる /túməl/] 男 -s/- 〖口語〗(鉛筆・ろうそくなどの)使い残り, 切れ端. Zigaretten*stummel* たばこの吸いさし.
Stumm≠film [シュトゥム・ふィるム] 男 -[e]s/-e サイレント(無声)映画.
Stum・pen [シュトゥンペン /túmpən/] 男 -s/- ①〖方〗切り株. ② 両切り葉巻たばこ. ③ フェルト帽のボディー. ④〖方〗ずんぐりした男.
Stüm・per [シュテュンパァ /týmpər/] 男 -s/- 無器用な人, 下手くそ, 能なし.
Stüm・pe・rei [シュテュンペライ /týmpəráɪ/] 囡 -/-en 〖榎 なし〗へま, 不手際, 不器用. ② 不手際な細工(作品).
stüm・per・haft [シュテュンパァハふト] 形 下手な, 不器用な, 拙劣な.
stüm・pern [シュテュンパァン /týmpərn/] 自 (h) 下手な仕事をする.
***stumpf** [シュトゥンプふ /túmpf/] 形 ① (刃物などが)鈍い, 切れ味の悪い. (変 dull). (⇔「鋭い」は scharf). eine *stumpfe* Schere よく切れないはさみ. ② とがっていない, 先の丸くなった. (⇔「とがった」は spitz). ein *stumpfer* Bleistift 先の丸くなった鉛筆 / eine *stumpfe* Nase 団子鼻. ③ (表面などが)ざらざらした, 光沢のない(色がくすんだ). Die Oberfläche des Holzes ist *stumpf*. 木材の表面がざらざらしている / ein *stumpfes* Rot くすんだ赤色. ④

(角度が)鈍い. ein *stumpfer* Winkel〖数〗鈍角. ⑤〖医〗出血しない(けがなど). eine *stumpfe* Verletzung 挫傷. ⑥ (感覚の)鈍い, 無気力な, ぼんやりした. ein *stumpfer* Blick うつろな目つき / gegen 事⁴ *stumpf* werden 事⁴に対して鈍感になる. ⑦〖詩学〗男性〖韻〗. ein *stumpfer* Reim 男性韻.
Stumpf [シュトゥンプふ] 男 -[e]s/Stümpfe 切れ端, 残片; 切り株. Baum*stumpf* 木の切り株 / 物⁴ mit *Stumpf* und Stiel aus|rotten〖比〗物⁴を根こそぎにする, 根絶する.
Stumpf・heit [シュトゥンプふハイト] 囡 -/ 鈍いこと; 鈍感, 無感覚.
Stumpf≠na・se [シュトゥンプふ・ナーゼ] 囡 -/-n 団子鼻.
Stumpf≠sinn [シュトゥンプふ・ズィン] 男 -[e]s/ ① 放心状態, ぼんやり, 無気力. ② 退屈, 単調. ③〖俗〗無意味, ナンセンス.
stumpf≠sin・nig [シュトゥンプふ・ズィニヒ] 形 ① 放心したような, 無関心な, 無気力な. ② 退屈な, 単調な. ③〖俗〗無意味な, ナンセンスな.
stumpf≠wink・lig [シュトゥンプふ・ヴィンクりヒ] 形〖数〗鈍角の.
*die **Stun・de** [シュトゥンデ /túndə/]

> 時間 Ich warte schon eine *Stunde*.
> イヒ ヴァルテ ショーン アイネ シュトゥンデ
> 私はもう1時間も待っている.

囡〖単〗-/〖複〗-n ① **時間**(略: St., Std.; 複 Stdn.; 記号: st, h). (変 hour). (⇨「時刻の…時」は Uhr). eine ganze (または volle) *Stunde* まる1時間 / eine gute *Stunde* たっぷり1時間 / eine halbe *Stunde* 半時間, 30分 / anderthalb *Stunden* 1時間半 / eine viertel *Stunde* (または eine Viertel*stunde*) 15分 / jede *Stunde* 毎時間 / Die Bahn verkehrt alle halbe *Stunde*. その鉄道は30分ごとに運行している / eine *Stunde* früher (später) 〖予定より〗1時間早く(遅く). (⇨ 類語 Zeit).
◊〖前置詞とともに〗Er kam **auf** (または **für**) eine *Stunde*. 彼は1時間の予定で来た / Er bekommt zwanzig Mark [für] die *Stunde*. 彼は1時間につき(時給)20マルクもらう / **in** einer *Stunde* 1時間たったら / Der Zug fährt 120 km in der *Stunde*. その列車は時速120キロで走る / **innerhalb** einer *Stunde* 1時間以内に / **nach** einer *Stunde* 1時間後に / **pro** *Stunde* 1時間につき / **von** *Stunde* **zu** *Stunde* または von einer *Stunde* zur anderen 刻々と / **vor** einer *Stunde* 1時間前に.
②〖雅〗(…する)時間, (…の)とき; 時期, 時点. Sie hat keine ruhige *Stunde* mehr. 彼女はもうゆっくりした時間が持てない / schöne *Stunden*⁴ verbringen 楽しいひとときを過ごす / die *Stunde* der Entscheidung 決断の時 / ein Mann der ersten *Stunde*² 当初(創業時)からの人 / **in** der *Stunde* der Not² 困っているときに / **zu** jeder *Stunde* いつでも / zur gleichen

Stunde 同じ時期に / zur *Stunde*《雅》目下（現在）のところ.

③（学校の）授業[時間]; レッスン. *Stunden*⁴ in Physik geben (nehmen) 物理の授業をする（受ける）/ Die erste *Stunde* fällt aus. 1 時間目の授業は休みだ.

..**stunde** のいろいろ: Deutsch*stunde* ドイツ語の授業時間 / Frei*stunde* 自由時間 / Klavier*stunde* ピアノのレッスン / Nachhilfe*stunde* 補習授業 / Polizei*stunde* 法定閉店時刻 / Privat*stunde* 個人レッスン / Schul*stunde* 授業時間 / Tanz*stunde* ダンスのレッスン

stün·de [シュテュンデ] ✻stehen（立っている）の 接2

stun·den [シュトゥンデン ʃtúndən] 他 (h)（[人³に]事⁴の）支払を猶予する.

Stun·den=buch [シュトゥンデン・ブーフ] 中 -[e]s/..bücher (ビュッヒャ) 聖務日課書;《新教》時禱(じとう)書（信徒用の祈禱書）.

Stun·den=ge·schwin·dig·keit [シュトゥンデン・ゲシュヴィンディヒカイト] 女 -/-en [平均]時速.

Stun·den=ho·tel [シュトゥンデン・ホテる] 中 -s/-s 曲(わいきょく)曲ラブホテル.

Stun·den=ki·lo·me·ter [シュトゥンデン・キロメータァ] 男 -s/-《ふつう 複》《口語》キロメートル時（略: km/h）.

***stun·den=lang** [シュトゥンデン・らング ʃtúndən-laŋ] I 副 数時間[にわたり]; 何時間も, ひどく長い間. *stundenlang* telefonieren 何時間も電話で話す.

II 形 数時間もの; 何時間もの. nach *stundenlangem* Warten 何時間も待ったあとで.

Stun·den=lohn [シュトゥンデン・ローン] 男 -[e]s/..löhne 時間給, 時給. im *Stundenlohn* arbeiten 時間給で働く.

Stun·den=plan [シュトゥンデン・プらーン] 男 -[e]s/..pläne（授業などの）時間割; 時間表.

Stun·den=schlag [シュトゥンデン・シュらーク] 男 -[e]s/..schläge（時計の）時刻を告げる鐘の音, 時鐘.

stun·den=wei·se [シュトゥンデン・ヴァイゼ] 副 時間単位で, 時間制で. *stundenweise* arbeiten パートタイマーとして働く.

stun·den=weit [シュトゥンデン・ヴァイト] 形 何時間もかかるほど離れた.

Stun·den=zei·ger [シュトゥンデン・ツァイガァ] 男 -s/-（時計の）時針, 短針.

..**stün·dig** [..シュテュンディヒ ..ʃtyndɪç]『形容詞をつくる 接尾』(…時間かかる) 例: dreistündig (=3-stündig) 3 時間の, 3 時間かかる.

stünd·lich [シュテュントりヒ] I 形 1 時間ごとの, 毎時の. II 副 ① 1 時間ごとに, 毎時. Der Intercity verkehrt *stündlich*. 都市間特急は 1 時間ごとに運行している. ② 今すぐにも; 時々刻々, 絶えず. Wir erwarten *stündlich* seine Ankunft. 私たちは彼の到着を今か今かと待っている.

..**stünd·lich** [..シュテュントりヒ ..ʃtyntlɪç]『形容詞をつくる 接尾』(…時間ごとの(に)) 例: zweistündlich (=2-stündlich) 2 時間ごとの(に).

Stun·dung [シュトゥンドゥング] 女 -/-en 支払猶予.

Stunk [シュトゥンク ʃtúŋk] 男 -s/《口語》けんか, いさかい; 怒り.

stu·pend [シュトゥペント ʃtupént または ストゥ..stu..] 形 驚くべき（知識など）.

stu·pid [シュトゥピート ʃtupí:t または ストゥ..stu..] 形 ① 愚鈍な, 頭の悪い. ② 単調な, 退屈な（仕事など）.

stu·pi·de [シュトゥピーデ ʃtupí:də または ストゥ..stu..] 形 =stupid

Stups [シュトゥップス ʃtúps] 男 -es/-e《口語》軽く押すこと.

stup·sen [シュトゥプセン ʃtúpsən] 他 (h)《口語》(人⁴を)軽く押す（突く）.

Stups=na·se [シュトゥップス・ナーゼ] 女 -/-n《口語》獅子鼻（短くて少し上を向いた鼻）.

stur [シュトゥーァ ʃtú:r] 形《口語》① 頑固な, 強情な. ② 単調な（仕事など）.

stür·be [シュテュルベ] ✻sterben（死ぬ）の 接2

Stur·heit [シュトゥーァハイト] 女 -/《口語》① 頑固, 強情. ② 単調さ.

✻ *der* **Sturm** [シュトゥルム ʃtúrm] 男（単2）-[e]s/(複) Stürme [シュテュルメ]（3 格のみ Stürmen）（英 storm）. Schnee*sturm* 吹雪 / ein heftiger *Sturm* 激しいあらし / Der *Sturm* wütet（または tobt）. あらしが荒れ狂う / ein *Sturm* im Wasserglas《比》つまらぬことでの大騒ぎ(←コップの中のあらし) / ein *Sturm* der Begeisterung²《比》感激のあらし / die *Stürme* des Lebens《比》人生の荒波 / die Ruhe **vor** dem *Sturm* あらしの前の静けさ / *Sturm* und Drang《文学》シュトゥルム・ウント・ドラング（18 世紀後半の文芸思潮 ☞ *Sturm* und Drang）.

② 急襲, 突撃; 殺到. der *Sturm* auf eine Stadt 都市への急襲 / eine Festung⁴ **im** *Sturm* nehmen 要塞(ようさい)を強襲して奪う / den Befehl **zum** *Sturm* geben 突撃命令を下す / *Sturm*⁴ läuten（または klingeln）ベルをじゃんじゃん鳴らす / gegen 事⁴ *Sturm* laufen 事⁴に激しく抗議する. ③《スポ》フォワード, 前衛. ④《複 なし》《ヴィン》（発酵中の白くにごった）新ワイン.

Sturm=an·griff [シュトゥルム・アングリふ] 男 -[e]s/-e《軍》突撃, 襲撃.

Stür·me [シュテュルメ] ✻Sturm（あらし）の 複

✻ **stür·men** [シュテュルメン ʃtýrmən]（stürmte, *hat/ist*..gestürmt）（英 storm）I 非人称（定T haben) Es *stürmt*. あらしが吹く（風が吹き荒れる. Es *stürmte* heftig. 激しいあらしだった.

II 自（定T haben または sein) ① (s)（あらし・風が）**吹き荒れる**. Der Wind *stürmt* heftig. 風が激しく吹きさぶる. ②（s）《方向を表す語句とともに》（…へ）駆けて行く, 殺到する, （…から）

飛び出す. **ins Zimmer** *stürmen* 部屋に駆け込む. (☞ 類語 laufen). ③ (h)《軍》突撃する. ④ (h)《スポ》フォワードを務める.
III 他 (完了 haben)《陣地など⁴》襲撃して占領する;《比》《物⁴》に殺到する. die feindliche Stellung⁴ *stürmen* 敵の陣地を強襲して奪う / Die Zuschauer *stürmten* die Bühne. 観客が舞台に殺到した.

Stür·mer [シュテュルマァ ʃtýrmər] 男 -s/ ① 《スポ》フォワード, 前衛. ② (学生言葉:)(へりを反らせた)学生帽. ③ 発酵中の新ワイン.

Sturm⸗flut [シュトゥルム・フるート] 女 -/-en (暴風によって起こる)高潮.

sturm·frei [シィトゥルム・ふライ] 形 ①《戯》(家主などの干渉なしに)異性を自由に入れられる(部屋など). eine *sturmfreie* Bude⁴ haben (異性の出入りに関して)干渉されない部屋を持っている. ②《軍》《古》難攻不落の.

Sturm⸗glo·cke [シュトゥルム・グロッケ] 女 -n (昔の:)警鐘. die *Sturmglocke*⁴ läuten 警鐘を鳴らす.

***stür·misch** [シュテュルミッシュ ʃtýrmɪʃ] 形 ① 暴風[雨]の, あらしの;(海が)しけの.《英 stormy》. *stürmisches* Wetter 荒天 / *stürmische* Jahre《比》波乱に満ちた歳月. ② 激しい, 情熱的な, 熱狂的な. *stürmischer* Beifall あらしのような拍手. ③ 急激な, 急速な. eine *stürmische* Entwicklung 急速な発展.

Sturm⸗lauf [シュトゥルム・らォふ] 男 -[e]s/..läufe ① 殺到. ② 疾走.

Sturm⸗schritt [シュトゥルム・シュリット] 男 《成句的に》**im** *Sturmschritt* 大急ぎで.

stürm·te [シュテュルムテ] *stürmen (非人称で:あらしが吹く)の過去.

Sturm und Drang [シュトゥルム ウント ドラング ʃtúrm ʊnt dráŋ] 男 - - -[e]s (または -) /《文学》(ドイツ文学史上の)シュトルム・ウント・ドラング, 疾風怒濤(どとう)[時代](合理主義に反対し, 感情や空想を重視した18世紀70年代の文芸思潮).

Sturm-und-Drang-Zeit [シュトゥルム・ウント・ドラング・ツァイト] 女 -/《文学》(ドイツ文学史上の)疾風怒濤(どとう)時代(18世紀70年代).

Sturm⸗vo·gel [シュトゥルム・フォーゲる] 男 -s/..vögel 《ふつう複》《鳥》ミズナギドリ科(ウミツバメなど. あらしを予告すると言われる).

Sturm⸗war·nung [シュトゥルム・ヴァルヌング] 女 -/-en《海》暴風警報.

*der **Sturz** [シュトゥルツ ʃtúrts] 男 (単2) -es/(複) Stürze [シュテュルツェ] (3格のみ Stürzen) または(複) -e (または Sturzen)《*fall*》① 《完了 Stürze》落下, 墜落, 転落; 転倒; (物価などの)急落. Temperatur*sturz* 気温の急激な降下 / ein *Sturz* **aus** dem Fenster 窓からの転落 / ein *Sturz* **vom** Pferd 落馬. ②《複 Stürze》(政治家などの)失脚, (政府などの)崩壊. ③《複 Stürze》(自動車)(車輪の)キャンバー. ④《複 Stürze または -e》《建》まぐさ(戸口や窓の上の横木). ⑤《複 Stürze》《南ドィッ・オーストリ・スィス》(釣鐘形の)ガラスのふた.

Sturz⸗bach [シュトゥルツ・バッハ] 男 -[e]s/..bäche 急流, 奔流. ein *Sturzbach* von Fragen 質問の連発.

Stür·ze [シュテュルツェ] *Sturz（落下）の複

***stür·zen** [シュテュルツェン ʃtýrtsən] du stürzt (stürzte, *ist*/*hat*...gestürzt) I 自《完了 sein》①《方向を表す語句とともに》(…へ/…から)転落する, 墜落する.《英 *fall*》. **aus dem** Fenster *stürzen* 窓から落ちる / Das Flugzeug *stürzte* **ins** Meer. 飛行機が海に墜落した / Er *ist vom* Dach *gestürzt*.《現在完了》彼は屋根から転落した.
② 転倒する, 転ぶ. Sie *ist* **auf dem** Eis *gestürzt*.《現在完了》彼女は氷の上で転んだ / **mit dem** Fahrrad *stürzen* 自転車もろとも転ぶ / **über** einen Stein *stürzen* 石につまずいて転ぶ.
③《方向を表す語句とともに》(…へ/…から)突進する, 駆け寄る(出る);(水・涙などが)どっと流れる. Sie *stürzte* **aus** dem Haus. 彼女は家から飛び出した / Tränen *stürzten* ihr **aus** den Augen.《雅》彼女の目からどっと涙があふれ出た / **ins** Zimmer *stürzen* 部屋に駆け込む /《人³》**in die** Arme *stürzen*《人³》の腕の中に飛び込む.
④ (温度・価格などが)急に下がる, (相場が)急落する. Die Temperatur *stürzte* **auf** 10 Grad unter Null. 温度が零下10度に下がった. ⑤ 失脚する. ⑥《雅》(山・がけなどが)険しく落ちこんでいる.
II 他 (完了 haben) ①《方向を表す語句とともに》(《人・物⁴》を…へ/…から)突き落とす. 《人⁴》**aus dem** Fenster *stürzen*《人⁴》を窓から突き落とす /《人⁴》**ins** Unglück *stürzen*《比》《人⁴》を不幸に陥れる. ◇《再帰的に》*sich*⁴ **aus** dem Fenster *stürzen* 窓から身を投げる / *sich*⁴ **ins** Verderben *stürzen*《比》破滅する.
② (政治家など⁴)失脚させる, (政府など⁴)打倒する. die Regierung⁴ *stürzen* 政府を倒す. ③ (容器など⁴)逆さにする; (逆さにして中身⁴)を取り出す. die Kuchenform⁴ *stürzen* ケーキの型をひっくり返す / den Pudding *stürzen* プリンを[皿に]取り出す. ◇《目的語なしでも》Bitte nicht *stürzen*! (輸送ケースの注意書き:)天地無用.
III 再帰 (完了 haben) *sich*⁴ stürzen ①《*sich*⁴ **auf**《人・物》⁴ ～》(《人・物⁴》に)飛びつく, 襲いかかる. Die Kinder *stürzten* sich **auf** den Kuchen. 子供たちはケーキを目がけて殺到した. ②《*sich*⁴ **in**《事》⁴ ～》(《事⁴》に)打ち込む, のめり込む. *sich*⁴ **in die** Arbeit *stürzen* 仕事に没頭する / *sich*⁴ **ins** Vergnügen *stürzen* 快楽にふける.

Sturz⸗flug [シュトゥルツ・ふるーク] 男 -[e]s/..flüge《空》急降下[飛行].

Sturz⸗helm [シュトゥルツ・へるム] 男 -[e]s/-e (オートバイ用の)ヘルメット.

Sturz⸗see [シュトゥルツ・ゼー] 女 -/-n [..ゼーエン] 激浪, 砕け波.

stürz·te [シュテュルツテ] *stürzen（転落する）の

sublimieren

過去

Stuss [シュトゥス ʃtús] 男 -es/《口語》愚かな(ばかげた)言動. *Stuss*⁴ reden たわごとを言う.

Stuß ☞ 新片 Stuss

Stu·te [シュトゥーテ ʃtúːtə] 女 -/-n 雌馬; 雌のらくだ(ろば).

Stutt·gart [シュトゥット・ガルト ʃtút-gart] 中 -s/《都市名》シュトゥットガルト(ドイツ, バーデン・ヴュルテンベルク州の州都. ☞ 地図 D-4).

Stutt·gar·ter [シュトゥット・ガルタァ ʃtút-gartər] I 男 -s/- シュトゥットガルトの市民(出身者). II 形《無語尾》シュトゥットガルトの.

Stütz·bal·ken [シュテュッツ・バルケン] 男 -s/- 支柱, 支梁(はり).

*die **Stüt·ze** [シュテュッツェ ʃtýtsə] 女(単) -/(複) -n ① 支え; (建) 支柱, つっかい棒.《英 support). Der Baum braucht eine *Stütze*. その木には支柱が必要だ. ② よりどころ, 頼り[になる人]. die *Stütze* der Familie² 一家の大黒柱 / die *Stützen* der Gesellschaft² (ふつう皮肉って:)社会の支えとなるお偉方. ③ お手伝いさん, 家政婦. ④《俗》失業保険金.

stut·zen¹ [シュトゥッツェン ʃtútsən] 他 (h) ①（木・生け垣などを）刈り込む. die Hecken⁴ *stutzen* 垣根を刈り込む. ②（動物のしっぽなど⁴を）切り詰める; 《戯》(髪・ひげなど⁴を）短く切る.

stut·zen² [シュトゥッツェン] 自 (h) ① (驚いて・けげんに思い)はっとして立ちすくむ. ②《狩》(鹿などが)突然立ち止まって様子をうかがう.

Stut·zen [シュトゥッツェン] 男 -s/- ① 銃身の短い猟銃. ②《工》連結パイプ; 大型の万力(まんりき). ③《ふつう 複》（アルプス住民・サッカー選手の足部のない）ハイソックス.

***stüt·zen** [シュテュッツェン ʃtýtsən] du stützt (stützte, *hat …gestützt*) I 他 (完了 haben) ① 支える. 《英 support). ein baufälliges Haus⁴ *stützen* 倒れそうな家につっかい棒をする / Zwei Leute *stützten* den Verletzten. 二人の人がその負傷者の体を支えた. ②《方向を表す語句とともに》(ひじなど⁴を…に)つく, ささえる. die Ellenbogen⁴ **auf** den Tisch *stützen* 机に両ひじをつく / Er *stützte* den Kopf **in** die Hände. 彼はほおづえをついていた. ③《比》支持する; (陳述などを⁴を)拠って立たせる. die neue Regierung⁴ *stützen* 新政府を支持する / eine Behauptung⁴ durch Beweise *stützen* 主張を証拠によって裏づける. ④《経》(為替相場などを⁴を)買い支える.
II 再帰 (完了 haben) sich⁴ *stützen* ①《sich⁴ auf 物⁴ ~》(物⁴で)体を支える, (物⁴に)もたれる. *sich*⁴ auf den Stock *stützen* つえにすがる. ②《sich⁴ auf 事⁴ ~》(事⁴に)基づく, (事⁴を)よりどころとする. *sich*⁴ auf Tatsachen *stützen* 事実に基づいている / *sich*⁴ auf Beweise *stützen* 証拠を盾に取る.

Stutz·flü·gel [シュトゥッツ・フリューゲる] 男 -s/-《音楽》小型グランドピアノ.

stut·zig [シュトゥッツィヒ ʃtútsɪç] 形《成句的に》人⁴ *stutzig* machen 人⁴を驚かせる, 人⁴に不審の念を起こさせる / *stutzig* werden けげんに思う, 当惑する.

Stütz·mau·er [シュテュッツ・マオァァ] 女 -/-n《建》擁壁(ようへき)(土砂の崩落などを防ぐ).

Stütz·pfei·ler [シュテュッツ・プふァイらァ] 男 -s/-.

Stütz·punkt [シュテュッツ・プンクト] 男 -[e]s/-e ① 支点. ② 足場, 拠点. 《軍》基地. Luft*stützpunkt* 空軍基地.

stütz·te [シュテュッツテ] *stützen（支える）の 過去.

Stütz·uhr [シュテュッツ・ウーァ] 女 -/-en 置き時計.

StVO [エス・テー・ふァオ・オー]《略》道路交通法 (=Straßenverkehrsordnung).

Sty·ro·por [シュテュロポーァ ʃtyropóːr または シュテュ.. sty..] 中 -s/《商標》スチュロポール(発泡スチロール).

s. u. [ズィー(エ)ウンテン]《略》下を見よ, 下記参照 (=sieh[e] unten!).

sub.., **Sub..** [ズプ.. zup.. または ズブ..] 《形容詞・名詞などにつける 接頭》《下・次・副・亜》例: *Sub*kultur サブカルチャー.

sub·al·tern [ズプアるテルン zupaltérn] 形 ① 下位の, 下級の(職員など); (精神的に)低級に, 低俗な. ② 卑屈な, へつらうような.

*das **Sub·jekt** [ズプイェクト zupjékt] 中 (単) -[e]s/(複) -e (3格のみ -en) ①《哲》主体, 主観. 《英 subject). (バス〉「客体」 ↔ Objekt). das erkennende *Subjekt* 認識する主体. ②《言》主語. ③ やつ, 野郎. ④《音楽》(フーガなどの)主題, テーマ.

***sub·jek·tiv** [ズプイェクティーふ zupjɛktíːf または ..ティーふ] 形 主観的な; 主観の, 主体の. 《英 subjective). (バス〉「客観的な」は objektiv). ein *subjektives* Urteil 主観的な判断 / 事⁴ *subjektiv* beurteilen 事⁴を主観的に評価する.

Sub·jek·ti·vis·mus [ズプイェクティヴィスムス zupjɛktivísmus] 男 -/..vismen ①《複 なし》《哲》主観主義. (バス〉「客観主義」は Objektivismus). ② 自己中心主義.

sub·jek·ti·vis·tisch [ズプイェクティヴィスティッシュ zupjɛktivístɪʃ] 形 ①《哲》主観論の, 主観主義的な. ② 自己中心的な.

Sub·jek·ti·vi·tät [ズプイェクティヴィテート zupjɛktivitɛ́ːt] 女 -/ ①《哲》主観性. ② 主観的(自己中心的)態度.

Sub·kul·tur [ズプ・クるトゥーァ zúp-kultuːr] 女 -/-en《社》サブカルチャー, 下位文化.

sub·ku·tan [ズプクターン zupkutáːn] 形《医》皮下の. *subkutanes* Gewebe 皮下組織 / ein Mittel⁴ *subkutan* spritzen 薬を皮下に注射する.

sub·lim [ズプリーム zublíːm] 形 繊細な, 微妙な; 高尚な.

Sub·li·mat [ズプリマート zublimáːt] 中 -[e]s/-e《化》昇華物; 昇汞(しょうこう).

sub·li·mie·ren [ズプりミーレン zublimíːrən] I 他 (h) ① 高尚なものにする, 純化する; 《心》

Sublimierung

(衝動など^{4}を)昇華させる. ◇《再帰的に》 *sich^4 sublimieren* 高尚になる; 昇華する. ② 《化》昇華させる. II 自 (s) 《化》昇華する.

Sub·li·mie·rung [ズブリミールング] 女 -/-en ① 洗練;《心》昇華. ② 《化》昇華[作用].

sub·or·di·nie·ren [ズプオルディニーレン zupɔrdiníːrən] 他 (h)《言》(文^{4}を)従属させる. ◇《過去分詞の形で》ein *subordinierter* Satz 従属文.

Sub·skri·bent [ズブスクリベント zupskribént] 男 -en/-en《書籍》(出版物などの)予約注文者.

sub·skri·bie·ren [ズブスクリビーレン zupskribíːrən] 他 (h)・自《書籍》予約注文する. [**auf**] ein Lexikon^4 *subskribieren* 百科事典を予約する.

Sub·skrip·ti·on [ズブスクリプツィオーン zupskrɪptsióːn] 女 -/-en ①《書籍》(出版物などの)予約注文. ② (中世の写本などの)奥付, 署名. ③《経》(株式などの)引き受け.

sub·stan·ti·ell [ズブスタンツィエる zupstantsiél] 形 = substanziell

Sub·stan·tiv [ズブスタンティーふ zúpstantiːf] 中 -s/-e [..ヴェ]《言》名詞.

sub·stan·ti·vie·ren [ズブスタンティヴィーレン zupstantivíːrən] 他 (h)《言》(動詞・形容詞など^{4}を)名詞化する, 名詞的に用いる.

sub·stan·ti·visch [ズブスタンティーヴィッシュ zúpstantiːvɪʃ または ..ティーヴィッシュ] 形《言》名詞の, 名詞的な.

Sub·stanz [ズブスタンツ zupstánts] 女 -/-en ① 物質. eine chemische *Substanz* 化学物質. ②《複 なし》資産, 元本(がん), 元金. von der *Substanz* zehren 元金をくいつぶす. ③《覆 なし》実質, 中身, 核心. ④《哲》実体, 本体; 本質.

sub·stan·zi·ell [ズブスタンツィエる zupstantsiél] 形 ① 物質の. ② 実質的な, 実体的な.

sub·sti·tu·ie·ren [ズブスティトゥイーレン zupstituíːrən] 他 (h) 代わりに用いる, 置き換える. A^4 durch B^4 *substituieren* A^4 の代わりに B^4 を用いる, A^4 を B^4 で置き換える.

Sub·sti·tut [ズブスティトゥート zupstitúːt] I 中 -s/-e 代用品. II 男 -en/-en ① 販売主任. ② 代理人;《法》復代理人.

Sub·strat [ズブストラート zupstráːt] 中 -[e]s/-e ① 基礎, 土台. ②《哲》実体, 基体. ③《生》培養基. ④《言》基層[言語]. ⑤《生化》基質.

sub·su·mie·ren [ズプズミーレン zupzumíːrən] 他 (h) ① (ある概念^{4}を上位の概念など^{3}に)従属(包摂)させる. ②《A^4 **unter** B^3 ~》 (A^4 を B^3(表類・テーマなど)のもとに)まとめる.

sub·til [ズブティーる zuptíːl] 形 ① 繊細な, 微妙な, 緻密(ろ...)な. eine *subtile* Unterscheidung 微妙な区別. ② 複雑な, 錯綜(さく..)した. ein *subtiles* Problem やっかいな問題.

Sub·tra·hend [ズブトラヘント zuptrahént] 男 -en/-en《数》減数.

sub·tra·hie·ren [ズブトラヒーレン zuptrahíːrən] I 他 (h)《数》(数^{4}を)引く. (←「足す」は

addieren). sieben **von** zwölf *subtrahieren* 12 から 7 を引く. II 自 (h)《数》引き算をする.

Sub·trak·ti·on [ズブトラクツィオーン zuptraktsióːn] 女 -/-en《数》引き算, 減法. (←「足し算」は Addition).

Sub·tro·pen [ズブ・トローペン zúp-tro:pən] 複《地理》亜熱帯[地方].

sub·tro·pisch [ズブ・トロービッシュ zúp-troːpɪʃ または ズブ・トロー..] 形《地理》亜熱帯の.

Sub·ven·ti·on [ズブヴェンツィオーン zupvɛntsióːn] 女 -/-en《経》補助金, 助成金.

sub·ven·ti·o·nie·ren [ズブヴェンツィオニーレン zupvɛntsioníːrən] 他 (h)《経》(事業など^{4}に)財政援助をする, 補助金を出す.

sub·ver·siv [ズブヴェルズィーふ zupvɛrzíːf] 形 (政治的な)破壊活動の.

Such≈ak·ti·on [ズーフ・アクツィオーン] 女 -/-en (大がかりな)捜索[活動].

Such≈dienst [ズーフ・ディーンスト] 男 -[e]s/-e (ドイツ赤十字社の)戦時行方不明者捜索機関.

Su·che [ズーヘ zúːxə] 女 -/-n ① 捜す(探す)こと, 捜索; 追求. **auf die** *Suche* gehen 捜索に行く / Er ist auf der *Suche* nach einem Hotel. 彼はホテルを探している. ②《狩》(犬による)かぎ出し[猟].

*‡**su·chen** [ズーヘン zúːxən]

さがす Ich *suche* ein Zimmer.
イヒ ズーヘ アイン ツィマァ
私は部屋を探しています.

(suchte, *hat* ... gesucht) I 他 (完了 haben) ① (人・物^{4}を)さがす, さがし回る. (英 look for). Sie *sucht* ihre Brille. 彼女は眼鏡を捜している /人^4 überall *suchen* 人^{4}をあちこち捜し回る / einen Parkplatz *suchen* 駐車場を探す / Er *sucht* eine neue Stellung. 彼は新しい勤め口を探している / im Wald Pilze^4 *suchen* 森できのこ狩りをする / [sich^3] einen Partner *suchen* パートナーを探す / Was *suchst* du hier?《口語》君はここに何の用があるんだ? / Deine Interpretation *sucht* ihresgleichen. 君の解釈は天下一品だ(←匹敵するものを探している). ◇《目的語なしでも》 unter dem Tisch *suchen* 机の下を捜す / Da *kannst* du lange *suchen*!《口語》君がいくら捜してもむだだよ / Wer *sucht*, der findet.《諺》求める者は見いだす(マタイによる福音書 7, 7). ◇《現在分詞の形で》 mit *suchendem* Blick 探るような目つきで. ◇《過去分詞の形で》 Verkäuferin *gesucht*! (広告で)女店員求む.

② 求める, 得ようとする. Kontakt^4 mit 人^3 *suchen* 人^{3}とのコンタクトを求める / bei 人^3 Hilfe^4 (Rat^4) *suchen* 人^{3}に援助(助言)を求める / Abenteuer^4 *suchen* 冒険(スリル)を追い求める / Er *sucht* gern Streit. 彼はけんかっ早い. ③《zu 不定詞[句]とともに》《雅》 (…しようと)努める, 試みる. 事^4 zu vergessen *suchen* 事^4 を忘れようと努める / Er *suchte* ihr zu gefallen. 彼は彼女に気に入られようと努めた.

II 自 (⦅完了⦆ haben)〘**nach** 人・物³ ~〙〘人・物³〙をさがす, さがし求める. Die Polizei *sucht* noch nach dem Täter. 警察はまだ犯人を捜索中である / nach Worten *suchen* (適切な)言葉を探す.
◊☞ **gesucht**

Su·cher [ズーハァ zúːxər] 男 -s/- ① ⦅写⦆ファインダー. ② ⦅稀⦆探索者.

Sucht [ズフト zúxt] 女 -/Süchte ① (飲酒・喫煙・麻薬などへの)病的依存, 嗜癖($\frac{し}{へき}$), 常習, 常用, …癖, …中毒. die *Sucht* nach Alkohol アルコール中毒 / **an einer** *Sucht* **leiden** 中毒にかかっている. ② 熱狂, 熱中, マニア. die *Sucht* nach Geld 金銭欲. ③ ⦅古⦆病気, 躁病($\frac{そう}{びょう}$).

such·te [ズーフテ] ≉**suchen** (さがす)の過去

süch·tig [ズュヒティヒ zýçtıç] 形 ① 病的依存の, 中毒[症]の. ② 異常な欲求を持った. **nach** 物³ *süchtig* **sein** 物³を病的に欲しがる.

..süch·tig [..ズュヒティヒ ..zʏçtıç] ⦅形容詞をつくる接尾⦆⦅…狂の・…中毒の⦆例: fernseh*süchtig* テレビ中毒の.

Sud [ズート zuːt] 男 -[e]s/-e (肉・野菜などの)煮出し汁; せんじ汁, せんじ薬.

Süd [ズュート zýːt] 男 -[e]s/-e ① ⦅複なし; 冠詞なし; 無変化⦆⦅海・気象⦆南 (=Süden) (略: S). (⦅古⦆「北」は Nord). **aus Nord und** *Süd* 北から南から. ② ⦅地名のあとにつけて⦆南[地区]方, 南部. Stuttgart *Süd* シュトゥットガルト南[部]. ③ ⦅ふつう 冠⦆⦅海・詩⦆南風 (= *Süd*wind).

Süd·af·ri·ka [ズュート・アーふリカ] 中 -s/ ① ⦅国名⦆南アフリカ[共和国](首都はプレトリア). ② ⦅地名⦆アフリカ南部.

Süd⸗ame·ri·ka [ズュート・アメーリカ] 中 -s/ ⦅地名⦆南アメリカ, 南米[大陸].

[*der*] **Su·dan** [ズダーン zudáːn または ズーダン] 男 -s/ ⦅ふつう冠詞なしで⦆⦅国名⦆スーダン[民主共和国](アフリカ北東部. 首都はハルツーム).

süd⸗deutsch [ズュート・ドイチュ] 形 南ドイツの; 南ドイツ[人]に特有の.

Süd⸗deutsch·land [ズュート・ドイチュラント] 中 -s/ ⦅地名⦆南ドイツ, ドイツ南部.

Su·de·lei [ズーデらイ zuːdəláɪ] 女 -/-en (口語) ① 汚ること; ぞんざいな仕事; へたな絵(字), なぐり書き.

su·de·lig [ズーデリヒ zúːdəlıç] 形 ⦅口語⦆汚い; だらしない, ぞんざいな; へたな.

su·deln [ズーデるン zúːdəln] 自 (h) ⦅口語⦆ ① 汚す. beim Essen *sudeln* 食べ汚しをする. ② 雑な仕事をする; なぐり書きする.

der **Sü·den [ズューデン zýːdən] 男 (単 2) -s/ ① ⦅ふつう冠詞なしで⦆南 (略: S). (⦅英⦆*south*). (⦅古⦆「東」は Osten, 「北」は Norden, 「西」は Westen). **Die Sonne steht im** *Süden*. 太陽は南にある / **Das Zimmer geht** (または **liegt**) **nach** *Süden*. その部屋は南向きだ.
② 南部[地方]; 南国, (特に:)南欧. Er wohnt **im** *Süden* **von München**. 彼はミュン

ヒェンの南部に住んでいる / **Er verbringt den Winter immer im** *Süden*. 彼は冬をいつも南国で過ごす.

die **Su·de·ten** [ズデーテン zudéːtən] 複 ⦅定冠詞とともに⦆⦅山名⦆ズデーテン(チェコとポーランドの国境に連なる山地).

Süd⸗frucht [ズュート・ふルフト] 女 -/..früchte ⦅ふつう複⦆南方の果物, 熱帯果実.

Süd⸗län·der [ズュート・れンダァ] 男 -s/- 南国(南欧)人(特に地中海沿岸の住民).

süd⸗län·disch [ズュート・れンディッシュ] 形 南国の.

***süd·lich** [ズュートリヒ zýːtlıç] **I** 形 ① 南の, 南部の. (⦅英⦆*southern*). (⦅古⦆「北の」は nördlich). *südliche* **Breite** 南緯 (略: s. Br.) / **die** *südliche* **Halbkugel** 南半球 / *südlich* **von Berlin** ベルリンの南に. ② ⦅付加語としてのみ⦆南向きの; 南からの. **in** *südlich*[*r*] **Richtung** 南の方へ向かって / *südliche* **Winde** 南風. ③ 南部[地方]の; 南国の; 南欧[人]の. **die** *südlichen* **Länder** 南方の国々 / **ein** *südliches* **Klima** 南国の気候.
II 前 ⦅2 格とともに⦆…の南[方]に. *südlich* **des Waldes** 森の南に.

Süd⸗ost [ズュート・オスト] 男 -[e]s/-e ⦅用法については Süd を参照⦆南東(略: SO); 南東風.

Süd·ost⸗asi·en [ズュートオスト・アーズィエン] 中 -s/ ⦅地名⦆東南アジア.

Süd⸗os·ten [ズュート・オステン] 男 -s/ ⦅ふつう冠詞なし; ふつう前置詞とともに⦆南東[にある地域](略: SO).

süd⸗öst·lich [ズュート・エストリヒ] **I** 形 南東の. **II** 前 ⦅2 格とともに⦆…の南東に.

Süd⸗pol [ズュート・ポーる] 男 -s/ 南極.

Süd⸗pol⸗ex·pe·di·ti·on [ズュート・ポーる・エクスペディツィオーン] 女 -/-en 南極探険[隊].

die **Süd⸗see** [ズュート・ゼー] 女 -/ ⦅定冠詞とともに⦆⦅海名⦆南太平洋, 南洋.

Süd⸗süd⸗ost [ズュート・ズュート・オスト] 男 -[e]s/-e ⦅用法については Süd を参照⦆南南東(略: SSO); 南南東の風.

Süd⸗süd⸗os·ten [ズュート・ズュート・オステン] 男 -[e]s/ ⦅ふつう冠詞なし; ふつう前置詞とともに⦆南南東[にある地域](略: SSO).

Süd⸗süd⸗west [ズュート・ズュート・ヴェスト] 男 -[e]s/-e ⦅用法については Süd を参照⦆南南西(略: SSW); 南南西の風.

Süd⸗süd⸗wes·ten [ズュート・ズュート・ヴェステン] 男 -[e]s/ ⦅ふつう冠詞なし; ふつう前置詞とともに⦆南南西[にある地域](略: SSW).

süd⸗wärts [ズュート・ヴェルツ] 副 南[方]へ; ⦅稀⦆南の方で.

Süd⸗west [ズュート・ヴェスト] 男 -[e]s/-e ⦅用法については Süd を参照⦆南西(略: SW); 南西風.

Süd⸗wes·ten [ズュート・ヴェステン] 男 -s/ ⦅ふつう冠詞なし; ふつう前置詞とともに⦆南西[にある地域](略: SW).

Süd⸗wes·ter [ズュート・ヴェスタァ] 男 -s/- ⦅海⦆防水帽(暴風雨のときに水夫がかぶる).

süd∠west·lich [ズュート・ヴェストリヒ] **I** 形 南西の. **II** 前《2格とともに》…の南西に.

Süd∠wind [ズュート・ヴィント] 男 -[e]s/-e 南風.

Su·es [ズーエス zúːɛs] 中 -/《都市名》スエズ(エジプトの港町. フランス語では Suez).

der Su·es∠ka·nal [ズーエス・カナーる] 男 -s/《定冠詞とともに》スエズ運河 (1869年開通. 地中海と紅海を結ぶ).

Suff [ズふ zóf] 男 -[e]s/《俗》① 酔っていること. im Suff 酔って, 酒の上で. ② 飲酒癖; 大酒を飲むこと.

süf·feln [ズュっふェるン zýfəln] 他 (h)《口語》(酒⁴を)たしなむ.

süf·fig [ズュふィヒ zýfɪç] 形《口語》(ワインなどが)口当たりのいい.

süf·fi·sant [ズュふィザント zyfizánt] 形 うぬぼれている, 高慢な(顔など).

Suf·fix [ズふィクス zufiks または ズ..] 中 -es/-e《言》あとつづり, 接尾辞 (=Nachsilbe).(⇔「接頭辞」は Präfix).

sug·ge·rie·ren [ズゲリーレン zʊgerí:rən] 他 (h) ①〘人³に事⁴を〙暗示する, 示唆する. ②〘事⁴の〙印象を与える.

Sug·ges·ti·on [ズゲスティオーン zʊgɛstió:n] 女 -/-en ①《複 なし》暗示. ② 暗示されたこと. der Suggestion³ erliegen 暗示にかかる. ③《複 なし》暗示力, 魅力.

sug·ges·tiv [ズゲスティーふ zʊgɛstí:f] 形 暗示的な, 誘導的な. eine suggestive Frage 誘導尋問. ② 強い心理的影響を持つ.

Sug·ges·tiv∠fra·ge [ズゲスティーふ・ふラーゲ] 女 -/-n 誘導尋問.

Suhl [ズーる zú:l] 中 -s/《都市名》ズール(ドイツ, チューリンゲン州. ☞《地図》E-3).

suh·len [ズーれン zú:lən] 再帰 (h) sich⁴ suhlen《狩》(いのししなどが)泥浴びをする.

Süh·ne [ズューネ zýːnə] 女 -/-n《雅》償い, あがない, 罪滅ぼし, 贖罪(しょくざい).

süh·nen [ズューネン zýːnən] **I** 他 (h)《雅》(罪などを⁴を)償う, あがなう. ein Verbrechen mit dem Leben sühnen 死んで罪を償う. **II** 自 (h)《für 事⁴～》《雅》(事⁴の)償いをする.

Süh·ne∠ter·min [ズューネ・テルミーン] 男 -s/-e《法》調停期限.

Sui·te [スヴィーテ svíːtə または ズイーテ zuíːtə]《フランス》女 -/-n ①(ホテルなどの)続き部屋, スイート. ②《音楽》組曲. ③《古》(従者などの)一行, 随員.

Su·i·zid [ズイツィート zuitsíːt] 男 中 -[e]s/-e 自殺 (=Selbstmord).

Su·jet [ズュジェー zyʒé:]《フランス》中 -s/-s 題材, 主題. ein beliebtes Sujet für Maler 画家に好まれる題材.

suk·zes·siv [ズクツェスィーふ zʊktsɛsíːf] 形 漸次の, 引き続く, 順次の.

suk·zes·si·ve [ズクツェスィーヴェ zʊktsɛsíːvə] 副 しだいに, 順次, 徐々に.

Sul·fo·na·mid [ズるふォナミート zʊlfonamíːt] 中 -[e]s/-e《ふつう 複》《薬》スルフォナミド.

Sul·fur [ズるふァ zúlfur] 中 -s/《化》硫黄(いおう) (=Schwefel) (記号: S).

Sul·tan [ズるタン zúltaːn] 男 -s/-e サルタン(イスラム教国の君主またはその称号).

Sul·ta·ni·ne [ズるタニーネ zultaníːnə] 女 -/-n スルタナ(大粒の種なし干しぶどう).

Sülz·e [ズュるツェ zýltsə] 女 -/-n ①《料理》肉ゼリー, アスピック(肉・魚などのミンチをゼリーで固めた料理). ②《狩》塩なめ場.

sül·zen [ズュるツェン zýltsən] 他 (h) ①《物⁴の)アスピックを作る. ②《口語》《事⁴を長々と》おしゃべりする.

summ! [ズム zúm] 間 (蜂などの昆虫の羽音:)ぶ[ー]ん. Summ, summ, summ! ぶんぶん.

sum·ma·risch [ズマーリッシュ zumáːrɪʃ] 形 概要の, 大要の, 大ざっぱな.

※ die Sum·me [ズンメ zúmə] 女 (単) -/(複) -n (後 sum) ① 合計, 総和;《数》和. die Summe⁴ errechnen 合計[額]を出す / die Summe unseres Wissens 私たちの知識のすべて.

② 金額. eine beträchtliche Summe かなりの金額 / eine Summe von 50 Mark 50マルクの金額 / die ganze Summe⁴ bar bezahlen 全額を現金で払う.

sum·men [ズンメン zúmən] **I** 自 (h, s) (h)(昆虫・モーターなどが)ぶーんという, ぶーんと音をたてる. Die Bienen summen. 蜂(はち)がぶーんといっている. Die Biene summt im Hörer. 受話器が鳴っている. ◊《非人称の es を主語として》Es summt im Hörer. 受話器が鳴っている. ②(s)(蜂(はち)などが)ぶーんと飛んで行く. **II** 他 (h)(歌など⁴を)口ずさむ, ハミングする.

Sum·mer [ズンマァ zúmɐr] 男 -s/- ブザー.

sum·mie·ren [ズミーレン zumíːrən] **I** 他 (h) ①(金額など⁴を)合計する. ② 総括する, まとめる. **II** 再帰 (h) sich⁴ summieren 増える, 増加する, たまる.

※ der Sumpf [ズンプふ zúmpf] 男 (単 2) -[e]s/(複) Sümpfe [ズュンプふェ] (3 格のみ Sümpfen) 沼地, 沼沢, 湿地. (英 marsh). einen Sumpf trocken|legen 沼地を干拓する / im Sumpf der Großstadt² versinken《比》大都会の泥沼の中で身を持ち崩す.

Sumpf∠dot·ter·blu·me [ズンプふ・ドッタァブるーメ] 女 -/-n《植》リュウキンカ.

Sümp·fe [ズュンプふェ] ＊Sumpf (沼地)の 複.

sump·fen [ズンプふェン zúmpfən] 自 (h)《俗》夜遅くまで酒を飲む.

Sumpf∠fie·ber [ズンプふ・フィーバァ] 中 -s/《医》湿地熱, マラリア (=Malaria).

Sumpf∠gas [ズンプふ・ガース] 中 -es/-e メタンガス.

Sumpf∠ge·biet [ズンプふ・ゲビート] 中 -[e]s/-e 沼沢地帯, 湿地帯.

sump·fig [ズンプふィヒ zúmpfɪç] 形 沼地のような, 沼地の多い, ぬかるみの.

Sums [ズムス zúms] 男 -es/《口語》(とるに足らないことでの)大騒ぎ;(くだらない)おしゃべり.

Sund [ズント zúnt] 男 −[e]s/−e 海峡(特にデンマークとスウェーデンの間のズント海峡).

*die **Sün・de** [ズュンデ zýndə] 女 (単) −/(複) −n (英 sin) ① (宗教・道徳上の)罪, 罪悪, 罪業. Erbsünde 原罪 / eine Sünde⁴ begehen 罪を犯す / Er bekennt (bereut) seine Sünden. 彼は自分の罪を告白する(悔いる) / Sie ist schön (faul) wie die Sünde. (俗) 彼女はすごい美人(怠け者)だ(←罪深いほどに) / 物⁴ wie die Sünde⁴ meiden 物⁴をまるで疫病神のように避ける. ② 《醜 なし》悪事; 愚行. in Sünde geraten 罪に陥る. ③ 非道徳的な行為.

……………………………
類語 die Sünde: (神のおきてや教義上の定めを犯す宗教的な意味の)罪. die Schuld: (過失に対して責任があるという意味での)罪, 負い目. das Verbrechen: (道徳・法律に反する)罪, 犯罪. Er beging viele Verbrechen. 彼は多くの犯罪を犯した.
……………………………

Sün・den・bock [ズュンデン・ボック] 男 −[e]s/..böcke 《口語》スケープゴート, (他人の罪の)身代わり(←贖罪のやぎ; レビ記 16, 21). 人⁴ zum Sündenbock für 事⁴ machen 事⁴の罪を人⁴に着せる.

Sün・den・fall [ズュンデン・ふァる] 男 −[e]s/ 《キリ教》(アダムとエバの)堕罪(創世記 2, 8 以下), (人間の)原罪.

Sün・den・re・gis・ter [ズュンデン・レギスタァ] 中 −s/− 《口語・戯》① 犯した罪の数々. ② 《ｦ》(昔の)罪過の記録.

Sün・der [ズュンダァ zýndər] 男 −s/− (宗教・道徳上の)罪人(ざいにん), 罪深い者, 悪人. (*CE* 女性形は Sünderin). Wie geht's, alter Sünder? 《口語・戯》(親友に対して:)君, 調子はどうだい.

sünd・haft [ズュントハふト] I 形 ① 《雅》罪のある, 罪深い. ② 《口語》ひどい, すごい, 法外な(値段など). II 副 《口語》ひどく, とても. Das ist sündhaft teuer. それはすごく高価だ.

sün・dig [ズュンディヒ zýndɪç] 形 罪のある, 罪深い; 良俗に反する.

***sün・di・gen** [ズュンディゲン zýndɪgən] (sündigte, hat...gesündigt) 自 (完了 haben) ① (宗教上・道徳上の)罪を犯す. (英 sin). an (または gegen) Gott sündigen 神に対して罪を犯す. ② 過ちを犯す; 悪いことをする. gegen die Gesundheit sündigen 健康によくないことをする / Wir haben wieder gesündigt. 《戯》私たちはまたも食べすぎてしまった.

sün・dig・te [ズュンディヒテ] *sündigen (罪を犯す)の 過去

su・per [ズーパァ zú:pər] 形 《無語尾で》《俗》すばらしい, すてきな, みごとな. eine super Schau ずばらしいショー / Der Film war super. その映画は最高だった.

Su・per [ズーパァ] I 中 −s/ 《ふつう冠詞なしで》《略》スーパーガソリン, ハイオク[タン価]ガソリン. II 男 −s/− スーパーヘテロダイン受信機.

su・per.., Su・per.. [ズパァ.. zupər.. または ズーパァ..]《形容詞・名詞につける 接頭》《極度・超過》例: Superstar スーパースター / superklug えらく利口ぶった.

Su・per・ben・zin [ズーパァ・ベンツィーン] 中 −s/−e スーパーガソリン. ハイオク[タン価]ガソリン.

Super・ding [ズーパァ・ディング] 中 −[e]s/−er 《俗》すごいもの(こと), 特上品.

Su・per・in・ten・dent [ズパァインテンデント zupərɪnténdént または ズー..] 男 −en/−en 《新教》教区監督.

su・per・klug [ズーパァ・クるーク] 形 《口語》えらく利口ぶった.

Su・per・la・tiv [ズーパァらティーふ zú:pərlati:f] 男 −s/−e [..ヴェ] ①《言》最上級. ②《ふつう 複》誇張[した表現]. in Superlativen reden 大げさに(誇張して)話す.

Su・per・macht [ズーパァ・マハト] 女 −/..mächte 超大国.

Su・per・mann [ズーパァ・マン] 男 −[e]s/..männer スーパーマン, 超人.

Su・per・markt [ズーパァ・マルクト] 男 −[e]s/..märkte スーパーマーケット. in einem Supermarkt ein|kaufen スーパーマーケットで買い物

‡die **Sup・pe** [ズュペ zúpə] 女 (単) −/(複) −n ① スープ. (英 soup). eine klare Suppe 澄ましスープ / eine dicke (dünne) Suppe 濃い(薄い)スープ / einen Teller Suppe essen 一皿のスープを飲む / (*CE*)「(スープを)飲む」は trinken で「飲む」ではなくて, essen「食べる」を用いる / eine Suppe mit Einlage 実(野菜・卵など)の入ったスープ / die Suppe⁴ aus|löffeln [, die man sich³ eingebrockt hat]《口語》自分でまいた種は自分で刈り取る(←[パンを砕いて入れた]スープをスプーンで残らず飲む) / 人³ eine schöne Suppe⁴ ein|brocken 人³にひどい目にあわせる(←すばらしいスープにパンを砕いて入れる) / 人³ die Suppe⁴ versalzen《口語》人³の計画(楽しみ)をだいなしにする(←スープに塩を入れすぎる) / 人³ in die Suppe spucken《俗》人³のすることをだめにする(←スープに唾をはく) / 人³ in die Suppe fallen《俗》人³の食事どきに不意に訪問する(←スープの中に落ちる). ②《口語》霧; 汗.

……………………………
(*CE*) ..suppe のいろいろ: Erbsensuppe えんどう豆のスープ / Gemüsesuppe 野菜スープ / Hühnersuppe チキンスープ / Kartoffelsuppe ポテトスープ / Linsensuppe レンズ豆スープ / Nudelsuppe ヌードル入りスープ / Ochsenschwanzsuppe オックステールスープ / Tagessuppe 日替わりスープ / Zwiebelsuppe オニオンスープ
……………………………

Sup・pen・fleisch [ズッペン・ふらイシュ] 中 −[e]s/ スープ用牛肉.

Sup・pen・grün [ズッペン・グりューン] 中 −s/ スープに入れる香味野菜(パセリなど).

Sup・pen・löf・fel [ズッペン・れッふェる] 男 −s/− スープ用スプーン.

Sup・pen・schüs・sel [ズッペン・シュッセる] 女 −/−n スープ用深鉢(食卓に運ぶためのもの). (*CE* Schüssel 図).

Sup·pen·tel·ler [ズッペン・テラァ] 男 -s/- スープ皿.

Sup·pen·wür·fel [ズッペン・ヴュルふェる] 男 -s/- 固形スープ.

Sup·ple·ment [ズプれメント zuplemént] 中 -(e)s/-e ① (本の)補遺, 増補. ② 《数》補角.

Sup·ple·ment·band [ズプれメント・バント] 男 -(e)s/..bände 《書籍》別巻, 補巻.

Sup·ple·ment·win·kel [ズプれメント・ヴィンケる] 男 -s/- 《数》補角.

Sup·re·mat [ズプレマート zupremá:t] 男 中 -(e)s/-e ① 主権, 優位;《ｶﾄﾘｯｸ》(教皇の)至上権.

Surf·brett [サーふ・ブレット] 中 -(e)s/-er サーフボード.

sur·fen [サーふェン sá:rfən] 自 (h, s) [ウインド]サーフィンをする.

Sur·fer [サーふァァ sá:rfər] 男 -s/- [ウインド]サーファー.

Sur·fing [サーふィング sá:rfɪŋ] [英] 中 -s/ [ウインド]サーフィン.

Sur·re·a·lis·mus [ズレアリスムス zurealísmus または ズュ.. zy..] 男 -/ シュールリアリズム, 超現実主義(20世紀の芸術思潮).

Sur·re·a·list [ズレアリスト zureralíst または ズュ.. zy..] 男 -en/-en シュールリアリスト, 超現実主義者.

sur·re·a·lis·tisch [ズレアリスティッシュ zurealístɪʃ または ズュ.. zy..] 形 シュールリアリズムの, 超現実主義の.

sur·ren [ズレン zúrən] 自 (h, s) ① (h)(虫などが)ぶんぶんいう, (機械などが)ぶーんと音をたてる. ② (s)(…へ)ぶーんと飛んで行く.

Sur·ro·gat [ズロガート zurogá:t] 中 -(e)s/-e ① 代用物(品), 間に合わせ. ② 《法》代償物.

Su·san·ne [ズザンネ zuzánə] -/-[n]s/《女名》ズザンネ.

sus·pekt [ズスペクト zuspékt] 形 疑わしい, 不審な, 怪しげな, うさんくさい.

sus·pen·die·ren [ズスペンディーレン zuspendí:rən] 他 (h) ① 休職させる, 停職にする. ② 《人⁴ von 事³》~ [ ](人⁴に事³)を免除する. ③ (法律・国交など⁴を)一時的に停止する. ④ 《化》懸濁(ｹﾞﾝﾀﾞｸ)する.

＊**süß** [ズュース zý:s] 形 《比較》süßer, 《最上》süßest) (㊥ sweet) ① 甘い; 甘い香りの. (☞「すっぱい」は sauer,「にがい」は bitter,「辛口の」は trocken). süße Kirschen 甘いさくらんぼ / süßer Wein 甘口のワイン / Er isst gern süße Sachen. 彼は甘いものが好きだ / ein süßer Duft 甘い香り / Die Rose duftet süß. ばらの甘い香りがする. ◇《名詞的に》etwas Süßes 何か甘いもの, お菓子.
② 愛らしい, かわいい;《雅》心地よい; 甘美な. ein süßes Kind 愛らしい子供 / ein süßes Kleid かわいらしいドレス / der süße Klang der Geige² ヴァイオリンの甘美な音色 / Träum[e] süß! いい夢を見るんだよ.
③ 〔いやに〕愛想のよい. süße Worte 甘い言葉.

Sü·ße [ズューセ zý:sə] 女 -/ 甘味, 甘さ; 愛らしさ; 甘美さ.

sü·ßen [ズューセン zý:sən] 他 (h) 甘くする, 砂糖で甘味をつける. den Kaffee [mit Zucker] süßen コーヒーに砂糖を入れる.

Süß·holz [ズュース・ホるツ] 中 -es/ 《植》カンゾウ(甘草). Süßholz⁴ raspeln 《口語》(女性の)機嫌をとる, (わざとらしい)甘い言葉をささやく.

＊*die* **Sü·ßig·keit** [ズューズィヒカイト zý:sɪçkaɪt] 女 -/-(複)-en ① 甘味. ②《ふつう 複》《雅》お菓子(チョコレート・キャンディーなど). (㊥ sweets). Kinder essen gerne Süßigkeiten. 子供たちは甘いものが好きだ. ② 《ふつう 単》《雅》甘さ; 甘美さ, 快さ.

Süß·kar·tof·fel [ズュース・カルトッフェる] 女 -/-n 《植》サツマイモ.

süß·lich [ズュースリヒ] 形 ① 少し甘い, 甘味のある. ② 甘ったるい, 感傷的な. ein süßlicher Schlager 甘ったるい流行歌. ③ 愛想のよすぎる, へつらうような. mit süßlicher Miene 変にやけた顔つきで.

Süß·most [ズュース・モスト] 男 -(e)s/-e 天然果汁.

süß·sau·er [ズュース・ザオアア] 形 甘ずっぱい;《口語・比》うれしさ半分の不機嫌そうな.

Süß·spei·se [ズュース・シュパイゼ] 女 -/-n (食後に出す)甘いもの, デザート(プディング・アイスクリームなど).

Süß·stoff [ズュース・シュトふ] 男 -(e)s/-e 人工甘味料(サッカリンなど).

Süß·wa·ren [ズュース・ヴァーレン] 複 甘いもの, お菓子.

Süß·was·ser [ズュース・ヴァッサァ] 中 -s/- 淡水. (㊥「海水」は Salzwasser).

Süß·was·ser·fisch [ズュース・ヴァッサァ・ふィッシュ] 男 -(e)s/-e 淡水魚. (㊥「海水魚」は Seefisch).

SV [エス・ふァオ] 《略》スポーツクラブ (=Sportverein).

SW [ズュート・ヴェスト または ズュート・ヴェステン] 《略》南西 (=Südwest[en]).

SWF [エス・ヴェー・エふ] 《略》南西ドイツ放送[局] (=Südwestfunk).

Swim·ming·pool [スヴィミング・プーる] [英] 男 -s/-s (特に私有の)[スイミング]プール.

Swing [スヴィング svíŋ] [英] 男 -[s]/-s ① 《音楽》(音楽の)躍動的なリズム; スイングジャズ; スイングダンス. ② 《複 なし》《経》(二国間貿易協定での)信用割当の最高額.

Syl·lo·gis·mus [ズュろギスムス zylogísmus] 男 -/..gismen 《哲》三段論法.

Syl·phi·de [ズュるふィーデ zylfí:də] 女 -/-① (女性の)大気の精. ② たおやかで上品な娘.

Sylt [ズュるト zýlt] 中 -s/《島名》ジュルト(ドイツ北端, 北フリースラント諸島最大の島).

Sym·bi·o·se [ズュンビオーゼ zymbió:zə] 女 -/-n《生》共生. in Symbiose leben 共生する.

sym·bi·o·tisch [ズュンビオーティッシュ zymbió:tɪʃ] 形《生》共生の.

das Sym·bol [ズュンボール zymbóːl] 中 (単2) -s/(複) -e (3格のみ -en) ① シンボル, 象徴. (英 symbol). Die Taube ist ein *Symbol* des Friedens. はとは平和の象徴である. ② 記号, 符号. ein chemisches *Symbol* 化学記号.

Sym·bo·lik [ズュンボーリク zymbóːlik] 女 -/ ① 象徴的表現(意味). ② 象徴(記号)の使用. ③ 象徴学; 記号学.

*sym·bo·lisch** [ズュンボーリッシュ zymbóːliʃ] 形 **象徴的な, 象徴の; 記号の**. (英 symbolic). eine *symbolische* Zeremonie 象徴的な儀式 / eine *symbolische* Bedeutung 象徴的な意味 / die *symbolische* Logik 記号論理学.

sym·bo·li·sie·ren [ズュンボリズィーレン zymbolizíːrən] I 他 (h) 象徴する, (事⁴の)象徴である. II 再帰 (h) 〖*sich*⁴ in 物³ ～〗(物³に)象徴されている.

Sym·bo·lis·mus [ズュンボリスムス zymbolísmus] 男 -/ (文芸・美術上の)象徴主義, 象徴派.

Sym·met·rie [ズュンメトリー zymetríː] 女 -n [..リーエン] 〖左右対称性, 相称; 調和, 均整.

Sym·met·rie⸗ach·se [ズュンメトリー・アクセ] 女 -/-n 〖数〗対称軸.

sym·met·risch [ズュンメートリッシュ zymétriʃ] 形 左右対称の, シンメトリックな; 均整のとれた.

sym·pa·the·tisch [ズュンパテーティッシュ zympatéːtiʃ] 形 交感(共感)的な, 感応する.

*die **Sym·pa·thie** [ズュンパティー zympatíː] 女 (単) -/(複) -n [..ティーエン] (他人への)**共感, 好感, 好意**. (英 sympathy). (注意「反感」は Antipathie). *Sympathie*⁴ für 人⁴ haben 人⁴に好感を持つ.

Sym·pa·thi·kus [ズュンパーティクス zympáːtikus] 男 -/ 〖医〗交感神経.

Sym·pa·thi·sant [ズュンパティザント zympatizánt] 男 -en/-en (特に政治運動の)同調者, シンパ[サイザー].

*sym·pa·thisch** [ズュンパーティッシュ zympáːtiʃ] 形 ① **好感の持てる, 感じのよい**. ein *sympathischer* Mensch 好感の持てる人 / Er war mir gleich *sympathisch*. 私はすぐ彼に好感を持った / Diese Sache ist mir nicht *sympathisch*. 《比》このことは私の気に入らない. ② 〖医〗交感神経[性]の, 交感性の.

sym·pa·thi·sie·ren [ズュンパティズィーレン zympatizíːrən] 自 (h) 〖mit 人・事³ ～〗(人・事³に)共感する, 好感を持つ.

Sym·pho·nie [ズュンフォニー zymfoníː] 女 -/-n [..ニーエン] 〖音楽〗交響曲, シンフォニー (=Sinfonie).

Sym·pho·ni·ker [ズュンフォーニカァ zymfóːnikɐ] 男 -s/- 〖音楽〗① 交響曲の作曲家 (=Sinfoniker). ② 交響楽団の団員. ③ 〖複で〗交響楽団.

sym·pho·nisch [ズュンフォーニッシュ zym-

fóːniʃ] 形 〖音楽〗交響[曲]的な (=sinfonisch).

Sym·po·si·on [ズュンポーズィオン zympóːzion または ..ポズィオン ..pózion] 中 -s/..sien [..ズィエン] ① 〖文語〗(学術的な)討論会. ② (古代ギリシアの)饗宴 (⇒注).

Sym·po·si·um [ズュンポーズィウム zympóːzium または ..ポズィウム ..pózium] 中 -s/..sien [..ズィエン] =Symposion

*das **Symp·tom** [ズュンプトーム zymptóːm] 中 (単2) -s/(複) -e (3格のみ -en) (英 symptom) ① 〖医〗**症状, 症候, 徴候**. ein *Symptom* für Gelbsucht 黄疸(お)の症状. ② 徴候, 兆し.

symp·to·ma·tisch [ズュンプトマーティッシュ zymptomáːtiʃ] 形 ① 徴候的な, 特徴的な. **für** 事⁴ *symptomatisch* sein 事⁴の典型的な徴候である. ② 〖医〗症候を示す, 症状の; 対症の. eine *symptomatische* Behandlung 対症療法.

syn.., Syn.. [ズュン.. zyn..] 〖形容詞・名詞につける 接頭〗(共に・同時に) 例: *Syn*these 総合.

Sy·na·go·ge [ズュナゴーゲ zynagóːɡə] 女 -/-n ① 〖宗〗ユダヤ教の会堂, シナゴーグ. ② 〖美〗シナゴーグ(旧約聖書の擬人化としての女人像).

syn·chron [ズュンクローン zynkróːn] 形 ① 同時[性]の; 同一速度の. ② 〖言〗共時[論]的な, 共時態の (=synchronisch).

Syn·chron⸗ge·trie·be [ズュンクローン・ゲトリーベ] 中 -s/ 〖工〗(自動車の)シンクロメッシュ・トランスミッション.

Syn·chro·nie [ズュンクロニー zynkroníː] 女 -/ 〖言〗共時論. (注意「通時論」は Diachronie).

Syn·chro·ni·sa·ti·on [ズュンクロニザツィオーン zynkronizatsióːn] 女 -/-en ① 〖映〗シンクロナイジング(画面と音声の同期調整); (外国映画などの)吹き替え. ② 〖工〗同期化. ③ (作業などの)同時化.

syn·chro·nisch [ズュンクローニッシュ zynkróːniʃ] 形 〖言〗共時論[的]な, 共時態の.

syn·chro·ni·sie·ren [ズュンクロニズィーレン zynkronizíːrən] 他 (h) ① 〖映〗(映画⁴の)映像と音声を一致させる; (外国映画などのせりふを)吹き替える. ② 〖工〗(二つ以上の機械装置⁴を)同期させる. ③ (作業など⁴を)同時進行させる.

Syn·chron⸗schwim·men [ズュンクローン・シュヴィンメン] 中 -s/ シンクロナイズド・スイミング.

Syn·di·kat [ズュンディカート zyndikáːt] 中 -[e]s/-e ① 〖経〗企業連合, シンジケート. ② ギャング組織, 犯罪シンジケート.

Syn·di·kus [ズュンディクス zýndikus] 男 -/..dikusse (または ..dizi) 〖法〗(大企業・商工会議所などの)法律顧問.

Syn·drom [ズュンドローム zyndróːm] 中 -s/-e 〖医・社〗症候群, シンドローム.

Syn·ko·pe I [ズュンコペ zýnkope] 女 -/-n [..コーペン] ① 〖言〗語中音消失(2子音間のアク

syn･ko･pie･ren [ズンコピーレン zynkopíːrən] 他 (h) ① 《言》(単語⁴の)語中音を省略する. ② 《音楽》シンコペーションさせる.

Sy･no･de [ズュノーデ zynóːdə] 囡 -/-n 《新教》教会会議; 《カトリック》(公会議内の)司教会議.

sy･no･nym [ズュノニューム zynonýːm] 形 《言》同義の, 同義(類義)語の. Die beiden Wörter sind *synonym*. この二つの単語は同義語だ.

Sy･no･nym [ズュノニューム zynoným] 中 -s/-e 《言》同義(同意)語, 類語, シノニム. (⇔「反意語」は Antonym).

Sy･no･ny･mik [ズュノニューミク zynonýːmɪk] 囡 -/-en ① 《複 なし》《言》同義(類義)語論. ② 同義(類義)語辞典.

Syn･tag･ma [ズュンタグマ zyntágma] 中 -s/..tagmen (または ..tagmata) 《言》シンタグマ, 統合, 統合体.

syn･tak･tisch [ズュンタクティッシュ zyntáktɪʃ] 形 《言》シンタックスの, 統語論的な.

Syn･tax [ズュンタクス zýntaks] 囡 -/-en 《言》シンタックス, 統語論, 構文論.

*die **Syn･the･se** [ズュンテーゼ zyntéːzə] 囡 (単)-/(複)-n ① 《哲》総合, 統合; ズュンテーゼ. (英 *synthesis*). (⇔「分析」は Analyse). ② 《化》合成.

Syn･the･si･zer [ズュンテサイザァ zyntəsáɪzər または ズュン..] [英] 男 -s/- 《音楽》シンセサイザー.

syn･the･tisch [ズュンテーティッシュ zyntéːtɪʃ] 形 ① 統合の, 総合的な. ② 《化》合成の.

syn･the･ti･sie･ren [ズュンテティズィーレン zyntetizíːrən] 他 (h) 《化》合成する.

Sy･phi･lis [ズューふィリス zýːfilɪs] 囡 -/ 《医》梅毒.

Sy･phi･li･ti･ker [ズュふィリーティカァ zyfilíːtikər] 男 -s/- 梅毒患者.

sy･phi･li･tisch [ズュふィリーティッシュ zyfilíːtɪʃ] 形 梅毒[性]の, 梅毒にかかった.

Sy･rer [ズューラァ zýːrər] 男 -s/- シリア人.

Sy･ri･en [ズューリエン zýːriən] 中 -s/ 《国名》シリア[アラブ共和国] (首都はダマスカス).

Sy･ri･er [ズューリアァ zýːriər] 男 -s/- = Syrer.

sy･risch [ズューリッシュ zýːrɪʃ] 形 シリア[人]の.

*das **Sys･tem** [ズュステーム zystéːm] 中 (単 2) -s/(複)-e (3格のみ -en) (英 *system*) ① 体系, 組織, システム. Sprach*system* 言語体系 / ein philosophisches *System* 哲学体系 / 物⁴ in ein *System* bringen 物⁴を体系づける. ② (系統的な)方法, (一定の)手順. *System*⁴ in 物⁴ bringen 事⁴を体系化する / nach einem *System* vor|gehen 一定の方法に従って行われる. ③ (社会的･政治的な)体制, 制度, 機構. Schul*system* 学校制度 / ein kapitalistisches *System* 資本主義制度 / das herrschende *System*⁴ unterstützen 現行体制を支持する. ④ 《理》系; (機械などの)システム. ein ökologisches *System* 生態系.

Sys･te･ma･tik [ズュステマーティク zystemáːtɪk] 囡 -/-en ① 体系化, システム化. ② 《複 なし》《生》分類学(法).

* **sys･te･ma･tisch** [ズュステマーティッシュ zystemáːtɪʃ] 形 ① 体系的な, 系統的な, 組織的な. (英 *systematic*). eine systematische Darstellung 体系的な叙述 / 物⁴ *systematisch* ordnen 物⁴を系統的に整理する. ② 《生》分類[上]の, 分類学的な. ein systematischer Katalog 分類目録.

sys･te･ma･ti･sie･ren [ズュステマティズィーレン zystematizíːrən] 他 (h) 体系化(システム化)する, 系統づける.

Sys･tem=kri･ti･ker [ズュステーム･クリーティカァ] 男 -s/- 体制批判者.

s. Z. [ザイナァ･ツァイト] 《略》そのころ, 当時 (= seinerzeit).

*die **Sze･ne** [スツェーネ stséːnə] 囡 (単)-/(複)-n (英 *scene*) ① (劇･映画などの)場面, シーン. Die *Szene* spielt in München. その場面はミュンヒェンが舞台だ / erster Akt, dritte *Szene* 第一幕, 第三場. ② 舞台. Beifall auf offener *Szene* 舞台の上で(演技中に)受ける拍手喝采(ホッ); / hinter der *Szene* 舞台裏(楽屋)で / 物⁴ in *Szene* setzen a) 物⁴を舞台にかける, 上演(演出)する, b) 《比》物⁴を仕組む, アレンジする. ③ (人目をひく)情景; 大騒ぎ, 口論, けんか. eine *Szene*⁴ machen 人³を激しく非難する. ④ 《ふつう 単》《口語》(特殊な活動の)場, …界. die politische *Szene* 政界.

Sze･nen=wech･sel [スツェーネン･ヴェクセる] 男 -s/- 《劇》場面転換.

Sze･ne･rie [スツェネリー stsenəríː] 囡 -/-n [..リーエン] ① 《劇》舞台装置. ② (小説などの)舞台, 背景.

sze･nisch [スツェーニッシュ stséːnɪʃ] 形 舞台[上]の; 舞台に関する.

Szyl･la [スツュら stsýla] 囡 -/ 《ギリシア神》スキュラ (メッシーナ海峡の岩礁に住む女の怪物).

T t

t¹, T¹ [テー té:] 中 -/- テー(ドイツ語アルファベットの第20字).

t² [トンネ]《記号》トン(=Tonne).

T² [テー]《化・記号》トリチウム(=Tritium).

Ta [テー・アー]《化・記号》タンタル(=Tantal).

der **Ta·bak** [ターバク tá:bak またはタバク] 男 (単) -s/《種類を表すときのみ: 複》-e (米 *tobacco*) ① (喫煙用の)たばこ. Er raucht eine Pfeife *Tabak*. 彼はパイプたばこをふかす. ②《植》タバコ[の葉].

Ta·baks≠beu·tel [ターバクス・ボイテる] 男 -s/- たばこ入れ(パイプたばこを入れる携帯用の袋).

Ta·baks≠do·se [ターバクス・ドーゼ] 女 -/-n たばこ入れ/パイプたばこを入れる携帯用の缶).

Ta·bak≠wa·re [ターバク・ヴァーレ] 女 -/-n《ふつう複》たばこ製品.

ta·bel·la·risch [タベらーリッシュ tabεlá:rɪʃ] 形 [一覧]表にした,表にまとめた.

ta·bel·la·ri·sie·ren [タべらリズィーレン tabεlarizí:rən] 他 (h) [一覧]表にする.

Ta·bel·le [タベれ tabélə] 女 -/-n ① 表, 一覧表, 図表, チャート. eine statistische *Tabelle* 統計表. ②《スポ》順位表.

Ta·ber·na·kel [タベルナーケる tabεrná:kəl] 中 《カトック》男 -s/-《カトック》① (聖体などを安置する)聖櫃(ひつ). ②《建》(聖櫃(ひつ)などを置く)天蓋(がい)付きの祭壇.

Tab·lett [タブれット tablέt] 中 -[e]s/-s (または-e) (飲み物を載せて運ぶ)盆, トレー. Speisen⁴ mit einem *Tablett* auf|tragen 食事を盆に載せて運ぶ.

die **Tab·let·te** [タブレッテ tablέtə]《ラス》女 (単) -/《複》-n 錠剤.(米 *tablet*). *Tabletten*⁴ ein|nehmen 錠剤を服用する.

ta·bu [タブー tabú: またはターブー tá:bu] 形 《述語としてのみ》タブーの, 禁忌(きん)の; 禁制の.

Ta·bu [タブー またはターブー] 中 -s/-s ① (民俗)(原始信仰の)タブー, 禁忌(きん). ②(一般に:)禁止事項, 禁制, タブー. ein *Tabu*⁴ an|tasten (brechen) タブーに触れる(タブーを犯す).

ta·bu·i·sie·ren [タブイズィーレン tabuizí:rən] 他 (h) (事)⁴をタブーにする, タブー視する.

Ta·bu·la ra·sa [タブら ラーザ tá:bula rá:za]《ラス》女 - - /- - 白紙(状態); 《哲》タブラサ. mit 事³ *Tabula rasa* machen 事³を容赦なく片づける, 一掃する.(ニュア) ラテン語 *tabula rasa* は表面をきれいにした書字板).

Ta·bu·la·tor [タブらートァ tabulá:tor] 男 -s/-en [..らトーレン] タビュレーター(タイプライターやワープロであらかじめ設定した位置まで用紙やカーソルを移動させる機能).

Ta·cho [タホ táxo] 男 -s/-s《口語》スピードメーター(=*Tacho*meter).

Ta·cho·graph [タホグラーふ taxográ:f] 男 -en/-en (自動車などの)タコグラフ, 回転式速度記録装置.

Ta·cho·me·ter [タホメータァ taxomé:tər] 男中 -s/- (自動車などの)スピードメーター, 回転速度計.

Ta·ci·tus [ターツィトゥス tá:tsitus] -/《人名》タキトゥス (Cornelius *Tacitus* 55?-116?: 古代ローマの歴史家).

der **Ta·del** [ターデる tá:dəl] 男 (単) -s/(複) - (3格のみ -n) ① 非難, とがめ, 叱責(しっ). (米 *reproach*). (ニュア)「称賛」は Lob). ein schwerer *Tadel* 手厳しい非難 / einen *Tadel* erhalten とがめられる / einen *Tadel* aus|sprechen 非難する / Ihn trifft kein *Tadel*. 彼にはいかなる非難も当たらない. ②《雅》欠点, 欠陥. ohne *Tadel* 非の打ちどころのない.

ta·del·los [ターデる・ろース tá:dəl-lo:s] 形 (比較) tadelloser, (最上) tadellosest) 欠点のない, 非の打ちどころのない;《口語》すばらしい. eine *tadellose* Arbeit 非の打ちどころのない作品 / sich⁴ *tadellos* benehmen 非の打ちどころのない態度をとる.

*** **ta·deln** [ターデるン tá:dəln] ich tadle (tadelte, hat...getadelt) 他 (完了) haben) (人・事)⁴をしかる, 非難する, とがめる.(米 *reproach*).(ニュア)「ほめる」は loben). einen Schüler scharf *tadeln* 生徒を厳しくしかる / 人⁴ für sein Verhalten (または wegen seines Verhaltens) *tadeln* 人⁴の態度をとがめる / An allem findet er etwas zu *tadeln*. 彼は何にでも難癖をつける. ◇《目的語なしでも》Ich *tadle* nicht gern. 私はとやかく言うのは好きでない.

ta·delnd [ターデるント] I *tadeln (しかる) の (現分) II 形 非難の(言葉), とがめるような(視線).

ta·delns·wert [ターデるンス・ヴェーァト] 形 非難すべき.

ta·del·te [ターデるテ] *tadeln (しかる) の 過去.

tad·le [タードれ] *tadeln (しかる) の 1 人称単数 現在.

Taf. [ターふェる]《略》(全ページ大の)挿絵, 図版 (=Tafel ③).

*** *die* **Ta·fel** [ターふェる tá:fəl] 女 (単) -/(複) -n (米 *board, table*) ① (掲示用の)板; 黒板 (=Wand*tafel*); 掲示板 (=Anschlag*tafel*);《ス》交通標識. Der Lehrer schreibt eine Formel an die *Tafel*. 先生が公式を黒板に書く.

② 板状のもの. eine *Tafel* Schokolade 板チョコ1枚. ③ 一覧表, 図表 (=Tabelle);

Tafelaufsatz

《印》(全ページ大の)挿絵, 図版. ④ 《雅》(宴会の)食卓; (宴会の)ごちそう. die *Tafel*⁴ decken 宴会の用意をする / die *Tafel*⁴ auf|heben 宴会をおひらきにする. ⑤ 《地学》台地.

Ta·fel≠auf·satz [ターふェる・アオふザッツ] 男 -es/..sätze (食卓中央の)飾り, センターピース.

Ta·fel≠be·steck [ターふェる・ベシュテック] 中 -[e]s/-e (上等な)ワンセットの食器(ナイフ・フォーク・スプーンなど).

ta·fel≠fer·tig [ターふェる・ふェるティヒ] 形 (料理が) すぐに食卓に出せる.

Ta·fel≠ge·schirr [ターふェる・ゲシる] 中 -[e]s/-e (上等の・祝宴用の)食器類.

Ta·fel≠glas [ターふェる・グらース] 中 -es/ 板ガラス.

Ta·fel≠land [ターふェる・らント] 中 -[e]s/..länder (地学) 卓状地, 高原.

Ta·fel≠ma·le·rei [ターふェる・マーれライ] 女 -/-en 《美》板絵, タブロー.

Ta·fel≠mu·sik [ターふェる・ムズィーク] 女 -/ (昔の宮廷の)食卓音楽, ターフェルムジーク(特にテレマンのものが有名).

ta·feln [ターふェるン tá:fəln] 自 (h) 《雅》(宴席などで)ゆっくりとごちそうを食べる.

tä·feln [テーふェるン té:fəln] 他 (h) (壁・天井などに)鏡板(羽目板)を張る.

Ta·fel≠obst [ターふェる・オープスト] 中 -[e]s/ 《商》(加工用でない)上質の果物.

Ta·fel≠run·de [ターふェる・るンデ] 女 -/-n ① 《雅》会食者一同; 会食者の宴席. ② (アーサー王伝説の)円卓の騎士たち.

Tä·fe·lung [テーふェるング] 女 -/-en ① 板を張ること. ② 羽目板(鏡板).

Ta·fel≠wein [ターふェる・ヴァイン] 男 -[e]s/ (種類:) -e ① (食事の時に飲むテーブルワイン. ② ターフェルワイン(等級としては最下位のワイン).

Taft [タふト táft] 男 -[e]s/-e 《織》タフタ, こはく織り(平織りのつやのある薄い[人]絹地).

der **Tag** [ターク tá:k]

> 日; 昼 Guten *Tag*! こんにちは!
> グーテン ターク

男 (単 2) -es (まれに-s)/(複) -e [ターゲ] (3 格のみ -en) (英 *day*) ① 日. Ein *Tag* hat 24 Stunden. 1 日は 24 時間だ / *Tag* und Stunde des Treffens 会談の日時 / **jeden *Tag*** 毎日 / jeden dritten *Tag* 3 日目ごとに / **den ganzen *Tag*** 1 日中 / **eines *Tages*** a) ある日のこと, b) いつの日か / dieser *Tage*² 最近; 近いうちに / einen *Tag* früher (später) 1 日早く(遅く) / den *Tag* über 1 日中 / Welchen *Tag* haben wir heute? きょうは何曜日ですか / Er bleibt nur wenige *Tage*. 彼はほんの数日だけ滞在する / Der *Tag* der Abreise naht. 出発の日が近づく / Er hat heute einen guten *Tag*. 彼はきょうは上機嫌だ / Es war ein schwarzer *Tag* für ihn. 彼にとってはついていない日だった / Sie machte sich³ einen guten *Tag*. 《口語》彼女は 1 日のんびり過ごした / *Tag* der offenen Tür² (施設などの)開放日 / der Jüngste *Tag* (ﾁﾘｽﾄ教) 最後の審判の日.

◆《前置詞とともに》 **an** diesem *Tag* この日に / am folgenden (または nächsten) *Tag* 翌日[に] / am *Tag* vorher (darauf) その前日(翌日)に / dreimal am *Tag* 1 日 3 回 / **auf** (または **für**) fünf *Tage* 5 日間の予定で / **für** *Tag* 毎日毎日 / **in** ein paar *Tagen* 二三日[経過]して / in den nächsten *Tagen* 数日中に / heute in acht *Tagen* または heute **über** acht *Tage* 来週のきょう / einen *Tag* **um** den anderen 1 日おきに / **von** *Tag* **zu** *Tag* 日一日と.

② 昼, 昼間, 日中. ein sonniger (regnerischer) *Tag* よく晴れた日(雨模様の日) / Die *Tage* werden kürzer (länger). 日が短く(長く)なる / Guten *Tag*! a) こんにちは, b) (昼間に別れるとき:) さようなら, c) (昼間に帰宅したときに) ただいま / [zu] 人³ Guten (または guten) *Tag* sagen 人³にこんにちはとあいさつする / [bei] 人³ [kurz] Guten (または guten) *Tag* sagen 《口語》人³のところにちょっと立ち寄る / Der *Tag* beginnt (または bricht an). 夜が明ける / Wir haben *Tag* und Nacht gearbeitet. 私たちは日夜働いた / ein Unterschied wie *Tag* und Nacht 著しい相違(←昼間と夜のような) / Man soll den *Tag* nicht vor dem Abend loben. (ﾎﾞ) 結果を見てから祝え(←一夜にならうちは物事をほめてはいけない).

◆《前置詞とともに》 **am** *Tag*[e] 日中に, 明るいうちに / 事⁴ **an** den *Tag* bringen 《比》事⁴を明るみに出す / **an** den *Tag* kommen 《比》知れ渡る, 明るみに出る / 事⁴ **an** den *Tag* legen 《比》事⁴を人に示す, 気づかせる / **bei** *Tag*[e] 日中に, 明るいうちに / **bis in** den *Tag* hinein schlafen 日が高くなるまで寝ている / **in** den *Tag* hinein leben 漫然と日を送る / **über** (**unter**) *Tag*[e] (鉱) 坑外(坑内)で / **unter** *Tags* 昼間, 日中 / noch **vor** *Tag* auf|stehen 夜明け前に起きる / die Nacht⁴ **zum** *Tag* machen 夜通し働く(飲む)(←夜を昼にする) / 物·事⁴ **zu** *Tage* bringen (または fördern) a) 物⁴ (鉱石など)を地表に掘り出す, b) 《比》事⁴を明るみに出す / **zu** *Tage* kommen (または treten) a) (鉱石などが)地表に掘り出される, b) 《比》明るみに出る.

③ 《複 で》《雅》(生涯の)ある時期. die *Tage* der Jugend² 青春の日々 / Sie hatte früher auch bessere *Tage*. 彼女にも昔はもっといい時期があった.

④ (特定の)日, 記念日. der *Tag* des Kindes 子供の日 / der *Tag* der [Deutschen] Einheit² [ドイツ]統一の日 (= 10 月 3 日). ⑤ 現在, 今日. die Politik des *Tages* 今日の政治.

(注) ① 「週」は Woche,「月」は Monat,「年」は Jahr

② 一日の区分:「朝」は Morgen,「午前」は

Vormittag,「正午」は Mittag,「午後」は Nachmittag,「夕方」は Abend,「夜」は Nacht ③ ..tag のいろいろ: All*tag* 平日, 日常 / Arbeits*tag* 仕事日, 平日 / Besuchs*tag* (病院などの)面会日 / Feier*tag* 祝日 / Fest*tag* 祭日 / Geburts*tag* 誕生日 / Gedenk*tag* 記念日 / Namens*tag* 洗礼名の日 / Ruhe*tag* 休業日 / Urlaubs*tag* 休暇日 / Wochen*tag* ウィークデー / Zahl*tag* 支払日

tag≠aus [ターク・アオス] 副《成句的に》*tagaus*, *tagein* 毎日毎日, 明けても暮れても.

Ta·ge≠bau [ターゲ・バオ] 男 -s/-e (坑) ① 《複なし》露天掘り. ② 露天掘り採掘場.

Ta·ge≠blatt [ターゲ・ブラット] 中 -[e]s/..blätter《古》日刊新聞(=Tageszeitung).

....

* *das* **Ta·ge≠buch** [ターゲ・ブーフ tá:gə-bu:x] 中 (単2) -[e]s/(複) ..bücher [..ビューヒャァ] (3格のみ ..büchern) ① 日記[帳]. (英 *diary*). ein *Tagebuch* führen 日記をつける. ② 日誌; (海)業務(航海)日誌. ③ (商)仕訳(しわけ)帳.

Ta·ge≠dieb [ターゲ・ディープ] 男 -[e]s/-e のらくら者, 怠け者.

Ta·ge≠geld [ターゲ・ゲルト] 中 -[e]s/-er ① (出張などの)日当; 《複で》(代議士などの)日当. ② (健康保険から支払われる)1日分の入院手当.

tag≠ein [ターク・アイン] 副 ☞ tagaus

ta·ge≠lang [ターゲ・ラング] I 副 数日間[も], 何日も. Es regnete *tagelang*. 雨が何日も降り続いた. II 形 数日[間]の.

Ta·ge≠lohn [ターゲ・ローン] 男 -[e]s/..löhne 日給, 日当.

Ta·ge≠löh·ner [ターゲ・れーナァ] 男 -s/- 日雇い労働者.

ta·gen [ターゲン tá:gən] I 自 (h) 会議を開く; (会議などが)開かれている. Das Gericht *tagt*. 裁判がしている. II 非人称 (h)《雅》Es *tagt*. 夜が明ける.

Ta·ge≠rei·se [ターゲ・ライゼ] 女 -/-n ① (昔の:)(馬車などによる)日帰り旅行. ② 1日の旅程.

Ta·ges≠an·bruch [ターゲス・アンブルフ] 男 -[e]s/ 夜明け. **bei (vor)** *Tagesanbruch* 夜明けに(夜明け前に).

Ta·ges≠ar·beit [ターゲス・アルバイト] 女 -/-en ① 1日の仕事. ② 日々(日常)の仕事.

Ta·ges≠ein·nah·me [ターゲス・アインナーメ] 女 -/-n 1日の収入(売上高), 日収.

Ta·ges≠ge·richt [ターゲス・ゲリヒト] 中 -[e]s/-e 日替りメニュー.

Ta·ges≠ge·spräch [ターゲス・ゲシュプレーヒ] 中 -[e]s/-e 時の話題, トピック.

Ta·ges≠kar·te [ターゲス・カルテ] 女 -/-n ① (レストランの)本日の特別サービスメニュー. ② 1日切符, 当日限り通用の乗車券(入場券).

Ta·ges≠kas·se [ターゲス・カッセ] 女 -/-n ① (劇場などの昼間開いている)切符売場. ② 1日の売上高.

Ta·ges≠kurs [ターゲス・クルス] 男 -es/-e (経) その日の相場.

Ta·ges≠leis·tung [ターゲス・らイストゥング] 女 -/-en 1日の生産高.

Ta·ges≠licht [ターゲス・リヒト] 中 -[e]s/ 日光. **bei** *Tageslicht* 明るいうちに, 日中に / **das** *Tageslicht*[4] **scheuen** 《比》世間をはばかる / **ans** *Tageslicht* **kommen** 《比》明るみに出る / 事[4] ans *Tageslicht* **bringen**《比》事[4]を明るみに出す, 暴露する.

Ta·ges≠me·nü [ターゲス・メニュー] 中 -s/-s 日替わり定食.

Ta·ges≠mut·ter [ターゲス・ムッタァ] 女 -/..mütter (共働きの夫婦などの子供を昼間預かる)保育ママ.

Ta·ges≠ord·nung [ターゲス・オルドヌング] 女 -/-en 議事日程; (取りあげるべき)問題. **an der** *Tagesordnung* **sein** 《比》(悪いことについて:)日常茶飯事である / 事[4] **auf die** *Tagesordnung* **setzen** 事[4]を議事日程に組みこむ / **über** 事[4] **zur** *Tagesordnung* **übergehen**《比》事[4]を無視する / Zur *Tagesordnung*! (会議などで発言者に警告して:)本題に戻ってください.

Ta·ges≠pres·se [ターゲス・プレッセ] 女 -/ (総称として:) 日刊新聞; その日の新聞.

Ta·ges≠schau [ターゲス・シャオ] 女 -/-en (ドイツARDテレビの)きょうのニュース.

Ta·ges≠sup·pe [ターゲス・ズッペ] 女 -/-n 日替りスープ.

Ta·ges≠zeit [ターゲス・ツァイト] 女 -/-en 1日(昼間)のうちのある時刻. zu jeder *Tageszeit* 1日のうちいつでも.

Ta·ges≠zei·tung [ターゲス・ツァイトゥング] 女 -/-en 日刊新聞.

ta·ge≠wei·se [ターゲ・ヴァイゼ] 副 ① 幾日か, 何日かにわたって. ② 日割り(日給)で.

Ta·ge≠werk [ターゲ・ヴェルク] 中 -[e]s/-e ①《複なし》《雅》日々の仕事. ②(昔の:) 1日[分]の仕事.

Tag≠fal·ter [ターク・ふァるタァ] 男 -s/- (昆)チョウ(蝶)(=Schmetterling).

tag≠hell [ターク・へる] 形 ①(日の光で)すっかり明るくなった. ② 白昼のように明るい.

..tä·gig [..テーギヒ ..tɛ:gɪç]《形容詞をつくる接尾》(…日[間]の)例: dreitägig (=3-tägig) 3日[間]の / halb*tägig* 半日の.

tägl. [テークリヒ]《略》毎日の, 日々の(=täglich).

* **täg·lich** [テークリヒ tέ:klɪç] I 形 毎日の, 日々の; 日常の. (英 *daily*). die *tägliche* Arbeit 日々の仕事.

II 副 毎日, 日々. Er kommt *täglich*. 彼は毎日やって来る / eine Medizin[4] dreimal *täglich* ein|nehmen 薬を1日に3回服用する.

..täg·lich [..テークリヒ ..tɛ:klɪç]《形容詞をつくる接尾》(…日ごとの(に))例: zwei*täglich* (=2-*täglich*) 2日ごとの(に).

tags [タークス] 副 ① 昼間に[は], 日中. (英

「夜に」は nachts). ② 《成句的に》 *tags* darauf その翌日 / *tags* zuvor (または davor) その前日に.

Tag≠schicht [タ-ク・シヒト] 囡 -/-en (交替制労働の)昼間勤務[員]. (☞ 「夜間勤務[員]」は Nachtschicht).

tags≠über [タ-クス・ユ-バァ] 副 昼間に, 日中.

tag≠täg·lich [タ-ク・テ-クリヒ] 形 毎日毎日の, 日々繰り返される.

Tag≠und≠nacht≠glei·che, Tag-und-Nacht-Glei·che [タ-ク・ウント・ナハト・グらイヒェ] 囡 -/-n 《天》分点 (春分または秋分). Frühjahrs-*Tagundnachtgleiche* 春分.

* *die* Ta·gung [タ-グング tá:gʊŋ] 囡 (単) -/ (複) -en (専門家の大規模な)会議, 大会. (英 *conference*). eine *Tagung*⁴ ab|halten 会議を開く / an einer *Tagung* über das Thema (または zum Thema) Krebs teil|nehmen 癌をテーマにした会議に参加する. (☞ 類語 Sitzung).

Tai·fun [タイふ-ン taifú:n] 男 -s/-e 《気象》台風.

Tai·ga [タイガ táiga] 囡 -/ 《地理》(シベリアの)タイガ, 針葉樹林地帯.

* *die* Tail·le [タリェ táljə] [ﾀ͡] 囡 (単) -/(複) -n ① ウエスト (胸と腰の間のくびれた部分). (英 *waist*). ☞ Körper 図) Sie hat eine schlanke Taille. 彼女はウエストがほっそりしている / ein Kleid⁴ auf *Taille* arbeiten 服をウエストにぴったり合わせて作る / [人]⁴ um die *Taille* fassen [人]⁴の腰に手を回す. ②(女性用の)胴衣, ボディス. ③《古》コルセット. per *Taille* gehen (ｶﾞﾝ) コートなしで出歩く.

Ta·kel [タ-ケる tá:kəl] 中 -s/- 《海》滑車[装置]. = Takelage

Ta·ke·la·ge [タケら-ジェ takəlá:ʒə] 囡 -/-n 《海》帆船の装備品 (マスト・帆・索具など).

* *der* Takt [タクト tákt] 男 (単 2) -[e]s/(複) -e (3 格のみ -en) ①《覆 なし》《音楽》拍子. (英 *time*). der *Takt* eines Walzers ワルツの拍子 / den *Takt* an|geben (または schlagen) 拍子をとる / aus dem *Takt* kommen a) 調子がはずれになる, b) 《比》狼狽(ﾛｳﾊﾞｲ)する / [人]⁴ aus dem *Takt* bringen 《比》[人]⁴を狼狽させる / im *Takt* bleiben または den *Takt* halten 拍子をはずさない. ②《音楽》小節. ein paar *Takte*⁴ eines Liedes singen 歌の二三小節を歌う / ein paar *Takte*⁴ aus|ruhen 《比》少し休憩する. ③《詩学》タクト(強音部から強音部までの規則的間隔). ④《技》(規則的な)打音字; (流れ作業の)工程; (モーターなどの)サイクル, ストローク. ⑤《覆 なし》思いやり, 心づかい.

takt≠fest [タクト・フェスト] 形 ①《音楽》拍子の正確な. 《比》調子の安定した, むらのない. ②《詰》確かな腕前(見識)を持った.

Takt≠ge·fühl [タクト・ゲふ-る] 中 -[e]s/ 思いやり; マナー感覚.

tak·tie·ren¹ [タクティ-レン taktí:rən] 自 (h) 拍子をとる.

tak·tie·ren² [タクティ-レン] 自 (h) 策略をめぐらす, 駆け引きをする.

Tak·tik [タクティク táktɪk] 囡 -/-en 《軍》戦術; 《比》策略, 駆け引き. Strategie und *Taktik* 戦略と戦術 / eine raffinierte *Taktik* an|wenden 抜け目のない策を用いる.

Tak·ti·ker [タクティカァ táktɪkər] 男 -s/- 戦術家; 策略家.

tak·tisch [タクティッシュ táktɪʃ] 形 戦術[上]の; 駆け引きの上手な (助言など).

*takt≠los [タクト・ロ-ス tákt-lo:s] 形 (比較 taktloser, 最上 taktlosest) 思いやりのない, 心ない, 非常識な, 無神経な. (英 *tactless*). eine *taktlose* Frage 無神経な質問.

Takt≠lo·sig·keit [タクト・ロ-ズィヒカイト] 囡 -/-en ①《覆 なし》思いやりのなさ, 非常識, 無礼. ② 思いやりのない(非常識な)言動.

Takt≠stock [タクト・シュトック] 男 -[e]s/..stöcke 《音楽》指揮棒, タクト.

Takt≠strich [タクト・シュトリヒ] 男 -[e]s/-e 《音楽》(楽譜の)小節線, 継線.

takt≠voll [タクト・ふォる] 形 思いやりのある, 礼儀をわきまえた, 心配りの行き届いた.

* *das* Tal [タ-る tá:l] 中 (単 2) -[e]s/(複) Täler [テ-らァ] (3 格のみ Tälern) ① 谷, 谷間, 渓谷. (英 *valley*). ein tiefes *Tal* 深い谷 / auf dem Grund des *Tales* 谷底 / Das Dorf liegt im *Tal*. その村は谷間にある / über Berg und *Tal* wandern 山谷を越えて歩き回る / zu *Tal* fahren 《雅》(船で)川を下る. ②《覆 なし》(総称として)谷間の住民.

tal≠ab·wärts [タ-る・アップヴェルツ] 副 谷を下って, 谷川を下って.

Ta·lar [タらール talá:r] 男 -s/-e (裁判官・弁護士などの)法服; (聖職者の)僧服; (大学教授の)ガウン.

tal≠auf·wärts [タ-る・アオふヴェルツ] 副 谷を上って, 谷川を上って.

* *das* Ta·lent [タレント talént] 中 (単) -[e]s/(複) -e (3 格のみ -en) ① 才能, (天賦の)才. (英 *talent*). musikalisches *Talent* 音楽の才能 / *Talent*⁴ für Sprachen haben 語学の才能がある / Sie hat *Talent* zur Schauspielerei. 彼女は演技の才能がある. ②(有能な)人材, タレント. junge *Talente*⁴ fördern 若い人材を育成する. ③ タラント (古代ギリシアの重量・貨幣単位).

ta·len·tiert [タレンティ-アト talɛntí:rt] 形 才能(素質)のある, 有能な.

ta·lent≠los [タレント・ロ-ス] 形 才能(素質)のない, 無能な.

ta·lent≠voll [タレント・ふォる] 形 才能豊かな, 素質のある.

Ta·ler [タ-らァ tá:lər] 男 -s/- ターラー (16–18 世紀にドイツで用いられた銀貨).

Tä·ler [テ-らァ] ‡Tal (谷)の 複

Tal≠fahrt [タ-る・ふァ-ルト] 囡 -/-en ① 谷下り, 川下り; (登山電車などの)下り. ②《経》(景気・相場の)下降, 下落.

Talg [タるク tálk] 男 -[e]s/《種類》-e 獣脂(牛・羊などの脂肪を溶かしてとった脂);《医》皮脂.

Talg=drü·se [タるク・ドリューゼ] 女 -/-n《医》[皮]脂腺(芸).

tal·gig [タるギヒ tálgɪç] 形 獣脂の; 獣脂のような.

Ta·lis·man [ターりスマン tá:lɪsman] 男 -s/-e お守り, 護符, マスコット.

Talk [タるク tálk] 男 -[e]s/《鉱》滑石.

Tal=kes·sel [ターる・ケッセる] 男 -s/-《地理》すり鉢状の谷, (山間の)盆地.

Tal·mi [タるミ tálmi] 中 -s/ ① タルミ金(黄銅系の模造金). ② まがい物, にせ物(装身具など).

Tal·mud [タるムート tálmu:t] 男 -[e]s/-e タルムード(ユダヤ教の教典).

tal·mu·disch [タるムーディッシュ talmú:dɪʃ] 形 タルムードの[精神に基づく].

Tal=mul·de [ターる・ムるデ] 女 -/-n《地理》盆地.

Tal=soh·le [ターる・ゾーれ] 女 -/-n 谷底;《比》最低の状態, (景気などの)どん底.

Tal=sper·re [ターる・シュペレ] 女 -/-n ダム, 堰堤(ãñ).

tal=wärts [ターる・ヴェるツ] 副 谷の方へ.

Ta·ma·ris·ke [タマリスケ tamaríska] 女 -/-n《植》ギョリュウ(御柳)属.

Tam·bu·rin [タンブリーン tamburí:n または タン..] 中 -s/-e ① 《音楽》タンバリン. das *Tamburin*[4] schlagen タンバリンをたたく. ② 《手芸》(円形の)刺しゅう枠.

Tam·pon [タンポン támpɔn または タンポーン tãpɔ̃:] [ポン] 男 -s/-s ① 《医》タンポン, 止血栓. ② 《美》たたき刷毛(ㅂ)(銅版画などの染色用).

tam·po·nie·ren [タンポニーレン tamponí:rən または タン.. tã..] 他 (h)《医》(傷口など[4]に)タンポンを詰める.

Tam·tam [タム・タム tam-tám または タム..] 中 -s/-s ① 《音楽》どら, ゴング. ② 《複なし》《口語》大騒ぎ, 喧騒. viel *Tamtam*[4] um 人・事[4] machen 人・事[4]のことで騒ぎたてる / mit großem *Tamtam* 仰々しく.

Tand [タント tánt] 男 -[e]s/ くだらない(つまらない)物, がらくた.

Tän·de·lei [テンデらイ tɛndəláɪ] 女 -/-en ふざけ, 遊び; 恋の戯れ, いちゃつき.

tän·deln [テンデるン téndəln] 自 (h) ふざける, 戯れる, いちゃつく.

Tan·dem [タンデム tándɛm] 中 -s/-s ① (縦列座席の)二人乗り自転車, タンデム. ② (縦並びの)二頭立ての馬車, タンデム.

tan, tang [タンゲンス]《記号》《数》タンジェント (=Tangens).

Tang [タング táŋ] 男 -[e]s/-e《植》海藻.

Tan·gens [タンゲンス táŋɡəns] 男 -/-《数》タンジェント, 正接(記号: tan, tang, tg).

Tan·gen·te [タンゲンテ taŋɡɛ́ntə] 女 -/-n ① 《数》接線; タンジェント. ② バイパス[道路].

tan·gen·ti·al [タンゲンツィアーる taŋɡɛntsiá:l] 形 《数》接線の, 接面の.

tan·gie·ren [タンギーレン taŋɡí:rən] 他 (h) ① (人・事[4]に)影響を及ぼす, 関係する, かかわる. ② 《数》(曲線・曲面[4]に1点で)接する.

Tan·go [タンゴ táŋɡo] 男 -s/-s タンゴ(2/4 または 4/8 拍子のダンス[曲]).

Tank [タンク táŋk] 男 -s/-s (まれに -e) ① (石油・ガソリンなどの)タンク. ② 戦車, タンク.

＊**tan·ken** [タンケン táŋkən]

> タンクに入れる
> Ich muss noch *tanken*.
> イヒ ムス ノッホ **タンケン**
> まずガソリンを入れなくては.

(tankte, hat ... getankt) 他 (定了 haben) ① (燃料など[4]に)タンクに入れる. (英 *tank*). Er hat 20 Liter Benzin *getankt*. 彼はガソリンを20リットル入れた. ◇《目的語なしでも》 *Hast du schon getankt?* もうガソリンを入れたかい. ② (自動車など[4]に)給油する, 燃料を補給する;《比》(新鮮な空気[4]を)吸い込む den Wagen *tanken* 車に給油する. ◇《目的語なしでも》 reichlich *tanken*《俗》しこたま酒を飲む.

Tan·ker [タンカァ táŋkɐr] 男 -s/-《海》タンカー.

Tank=säu·le [タンク・ゾイれ] 女 -/-n (ガソリンスタンドの)計量給油器 (=Zapfsäule).

Tank=schiff [タンク・シふ] 中 -[e]s/-e = Tanker.

＊*die* **Tank=stel·le** [タンク・シュテれ táŋk-ʃtɛlə] 女 (単)-/(複)-n ガソリンスタンド. (英 *gas station*).

tank·te [タンクテ] ＊tanken (タンクに入れる) の過去

Tank=wa·gen [タンク・ヴァーゲン] 男 -s/- タンクローリー; (鉄道の)タンク[貨]車.

Tank=wart [タンク・ヴァルト] 男 -[e]s/-e ガソリンスタンドの従業員(給油係).

＊*die* **Tan·ne** [タンネ tánə] 女 (単)-/(複)-n ① 《植》モミ, モミの木;《口語》クリスマスツリー. (英 *fir*). Sie ist schlank wie eine *Tanne*. 彼女はもみの木のようにすらりとしている. ② もみ材.

Tanne

tan·nen [タンネン tánən] 形《付加語としてのみ》もみ材製の.

Tan·nen=baum [タンネン・バオム] 男 -[e]s/..bäume ① 《口語》もみ[の木] ② クリスマスツリー.

Tan·nen·holz [タンネン・ホルツ] 中 -es/ もみ材.

Tan·nen·na·del [タンネン・ナーデる] 女 -/-n もみの[針]葉.

Tan·nen·wald [タンネン・ヴァるト] 男 -[e]s/..wälder もみの森.

Tan·nen·zap·fen [タンネン・ツァプフェン] 男 -s/- もみの毬果(きゅうか).

Tann·häu·ser [タン・ホイザァ tán-hɔyzər] -s/《人名》タンホイザー (1205 ?-1270 ?; 中世ドイツの恋愛詩人でヴァーグナーの歌劇の題名, およびその主人公).

Tan·nin [タニーン taní:n] 中 -s/《化》タンニン.

Tan·tal [タンタる tántal] 中 -s/《化》タンタル (記号: Ta).

Tan·ta·lus-qua·len [タンタス・クヴァーレン] 複《ギリシャ神》タンタロスの苦しみ(渇望する物が間近にありながらどうしても手に入らない苦しみ); じれったさ, もどかしさ.

***die Tan·te** [タンテ tántə]

> おば　Das ist meine *Tante*.
> ダス　イスト　マイネ　タンテ
> こちらは私のおばです.

女 (単) -/(複) -n ① おば(伯母または叔母), おばさん.(英 aunt). (↔「おじ」は Onkel). Er wohnt bei seiner *Tante*. 彼はおばさんの所に住んでいる.

② (幼児)(身近な大人の女性:)おばちゃん.

Tan·te-Em·ma-La·den [タンテ・エンマ・らーデン] 男 -s/-Läden (小さな)個人商店(セルフサービスの店やスーパーマーケットに対して, おばさんがひとりで店番をしているような店).

Tan·ti·e·me [タンティエーメ tātiε:mə] 女 -/-n 利益配当;《ふつう 複》著作権使用料, 印税.

***der Tanz** [タンツ tánts] 男 (単2) -es/(複) Tänze [テンツェ] (3格のみ Tänzen) ① ダンス, 踊り, 舞踏, 舞踊. (英 dance). Volks*tanz* 民族舞踊 / ein langsamer *Tanz* ゆっくりとした踊り / einen *Tanz* ein|üben ダンスを習い覚える / ein *Tanz* auf dem Vulkan《比》危機的状況の中での浮かれた遊び(←火山の上でのダンス) / sich⁴ im *Tanz* drehen 踊りながらくるくる回る / Darf ich [Sie] um den nächsten *Tanz* bitten? 次のダンスで私と踊っていただけますか / eine Dame⁴ zum *Tanz* auf|fordern 女性にダンスを申し込む.

② ダンス曲, 舞曲. die ungarischen *Tänze* ハンガリー舞曲. ③《複 なし》ダンスパーティー, 舞踏会. zum *Tanz* gehen ダンスパーティーに行く. ④《口語》大騒ぎ, けんか, 口論. einen *Tanz* auf|führen (つまらぬことで)大騒ぎする.

Tanz·abend [タンツ・アーベント] 男 -s/-e ダンスの夕べ, 夜のダンスパーティー.

Tanz·bar [タンツ・バール] 女 -/-s ダンスのできるバー.

Tanz·bär [タンツ・ベーァ] 男 -en/-en (サーカスなどのダンスをする熊.

Tanz·bein [タンツ・バイン] 中《成句的に》das *Tanzbein*⁴ schwingen《口語・戯》(夢中になって)踊る.

Tän·ze [テンツェ] *Tanz (ダンス)の 複

tän·zeln [テンツェるン téntsəln] 自 (h, s) ①(h) (馬などが)跳びはねる. ②(s) (…へ/…から)踊るような足取りで行く.

***tan·zen** [タンツェン tántsən]

> 踊る　Können Sie *tanzen*?
> ケンネン　ズィー　タンツェン
> あなたは踊れますか.

du tanzt (tanzte, *hat/ist*…getanzt) Ⅰ 自 (定了 haben または sein) ①(h) 踊る, ダンスをする. (英 dance). Sie *tanzt* gut. 彼女はダンスが上手だ / Lass uns *tanzen*! 踊ろうよ / *tanzen* gehen ダンスに行く / auf dem Seil *tanzen* 綱渡りをする.

②(h)《比》(雪片などが)舞う; (波・船などが)揺れ動く. Mir *tanzte* alles vor den Augen. 私は目の前がくらくらした.

③(s)《方向を表す語句とともに》(…へ/…から)踊りながら進む, 踊り回る. Sie *sind* ins Freie *getanzt*.《現在完了》彼らは踊りながら戸外へ出て行った(来た) / durch die Halle *tanzen* ホールを踊り回る.

Ⅱ 他(定了 haben) (あるダンス⁴を)踊る. Walzer⁴ (Tango⁴) *tanzen* ワルツ(タンゴ)を踊る.

Ⅲ 再帰 sich⁴ *tanzen* 踊って[その結果]…になる. sich⁴ müde *tanzen* 踊り疲れる.

Tän·zer [テンツァァ téntsər] 男 -s/- ①(男性の)踊り手, ダンスをしている人; (職業的な)[バレエ]ダンサー. ②(女性の立場から:)ダンスの相手(パートナー).

Tän·ze·rin [テンツェリン téntsərɪn] 女 -/..rinnen ①(女性の)踊り手, ダンスをしている人; (職業的な)[バレエ]ダンサー, バレリーナ. ②(男性のダンスの相手(パートナー).

tän·ze·risch [テンツェリッシュ téntsərɪʃ] 形 踊り(ダンス)の, 踊りに関する; 踊るような.

Tanz·flä·che [タンツ・ふレッヒェ] 女 -/-n ダンスフロア.

Tanz·ka·pel·le [タンツ・カぺれ] 女 -/-n ダンスバンド.

Tanz·leh·rer [タンツ・れーラァ] 男 -s/- ダンスの教師. (女 女性形は Tanzlehrerin).

Tanz·lied [タンツ・リート] 中 -[e]s/-er 舞踏歌.

Tanz·lo·kal [タンツ・ろカーる] 中 -[e]s/-e ダンスのできる酒場(レストラン).

Tanz·mu·sik [タンツ・ムズィーク] 女 -/-en ダンス音楽, 舞曲.

Tanz·saal [タンツ・ザーる] 男 -[e]s/..säle 舞踏会用の大広間; ダンスホール.

Tanz·schu·le [タンツ・シューれ] 女 -/-n ダンス教室(教習所).

Tanz·stun·de [タンツ・シュトゥンデ] 女 -/-n ダンスのレッスン(けいこ). in die *Tanzstunde* gehen ダンスのけいこに行く.

tanz·te [タンツテ] *tanzen (踊る)の 過去

Tanz·tur·nier [タンツ・トゥルニーァ] 中 -s/-e 社交ダンスの競技会.

Ta·o·is·mus [タオイスムス taoísmus または tau..] 男 -/ 道教(老子の教え).

Ta·pet [タペート tapé:t] 中 -[e]s/-e 会議用テーブル[掛け]. **aufs** *Tapet* **kommen**《口語》話題(議題)になる /事[4] **aufs** *Tapet* **bringen**《口語》事[4]を話題に出す, 議題にする.

*die **Ta·pe·te** [タペーテ tapé:tə] 女 (単)-/(複)-n 壁紙, 壁布. eine gemusterte *Tapete* 模様のついた壁紙 / die *Tapeten*[4] wechseln a) 壁紙を張り替える, b)《口語》住居(職場)を変える.

Ta·pe·ten·tür [タペーテン・テューァ] 女 -/-en 隠しドア(壁と同平面に取り付け, 壁と同じ壁紙を張って壁と見分けがつかないようにしたドア).

Ta·pe·ten·wech·sel [タペーテン・ヴェクセゥ] 男 -s/-《口語》環境を変えること(転居・転職など).

ta·pe·zie·ren [タペツィーレン tapetsí:rən] 他 (h)① 〔物〕[4]に壁紙を張る. ② 《ﾌﾞｯｳ》(ソファーなど[4]を)張り替える.

Ta·pe·zie·rer [タペツィーラァ tapetsí:rər] 男 -s/- 壁紙張り職人;《ﾌﾞｯｳ》いす張り工.

***tap·fer** [タプファァ tápfər] I 形 ① 勇敢な, 勇ましい, 勇気のある. (英 *brave*). Er war ein *tapferer* Soldat. 彼は勇敢な兵士だった / *tapferen* Widerstand leisten 果敢に抵抗する. ② 毅然(きぜん)とした, 気丈な, けなげな. eine *tapfere* Haltung 毅然とした態度. II 副《口語》大いに. *tapfer* arbeiten 精を出して働く / *tapfer* essen und trinken 大いに飲み食いする.

Tap·fer·keit [タプファァカイト] 女 -/ 勇気, 勇敢; 毅然(きぜん)とした態度.

Ta·pir [ターピーァ tá:pi:r] 男 -s/-e 〔動〕バク.

tap·pen [タッペン tápən] 自 (h, s) (s) (おぼつかない足取りで・手探りしながら)ぺたぺた歩いて行く. im Dunkeln *tappen*《比》暗中模索する. ② (s, h) ぺたぺた足音をたてる. ③ (h)【**nach**物[3] **~**】〔物〕[3]を手探りで探す.

täp·pisch [テピッシュ tépɪʃ] 形 無器用な, ぎこちない.

tap·sen [タプセン tápsən] 自 (h, s)《口語》= tappen (1).

tap·sig [タプスィヒ tápsɪç] 形《口語》無器用な, ぎこちない.

Ta·ra [ターラ tá:ra] 女 -/Taren《商》風袋(ふうたい); 風袋の目方.

Ta·ran·tel [タランテル tarántəl] 女 -/-n 〔昆〕タランチュラ(南イタリア産の毒グモの一種). wie von der *Tarantel* gestochen《比》突然気が狂ったように(←タランチュラに刺されたように).

ta·rie·ren [タリーレン tarí:rən] 他 (h) ①《経》〔物〕[4]の風袋(ふうたい)の目方を量る. ②《物》(分銅などを用いて)物[4]の正味重量を量る.

Ta·rif [タリーフ tari:f] 男 -s/-e ① 料金(運賃・定価)[表]; [関]税率[表]. die *Tarife* der Post[2] 郵便料金[表]. ②(労働協約による)賃金率.

Ta·rif∮au·to·no·mie [タリーフ・アオトノミー] 女 -/ (国家による介入のない労使交渉による)賃金の自主決定権.

ta·rif·lich [タリーふりヒ] 形 料金(運賃)に関する; 労働協約による(関する).

Ta·rif∮lohn [タリーふ・ローン] 男 -[e]s/..löhne 協定(協約)賃金.

Ta·rif∮part·ner [タリーふ・パルトナァ] 男 -s/- 《ふつう複》労働協約の当事者, 労使.

Ta·rif∮run·de [タリーふ・ルンデ] 女 -/-n (隠語)(総括的に:)賃金交渉.

Ta·rif∮ver·trag [タリーふ・フェアトラーク] 男 -[e]s/..träge 労働(賃金)協約.

tar·nen [タルネン tárnən] 他 (h) (人・物[4]を)カムフラージュ(偽装)する;《比》(感情・意図など[4]を)隠す. ◇《再帰的に》*sich*[4] **als** Reporter *tarnen* 記者になりすます.

Tarn∮far·be [タルン・ふァルベ] 女 -/-n 迷彩色(塗料).

Tarn∮kap·pe [タルン・カッペ] 女 -/-n 〔神〕隠れみの(着ると姿が見えなくなる).

Tar·nung [タルヌング] 女 -/-en ①〔複なし〕カムフラージュ, 偽装. ② 偽装に使うもの.

Ta·rock [タロック tarók] 中 男 -s/-s ①《ｶﾞｯ》タロット, タロック(3人でするトランプ遊び). ②《男》タロットカード.

Tar·ta·ros [タルタロス tártarɔs] = Tartarus[1]

Tar·ta·rus[1] [タルタルス tártarus] 男 -/《ｷﾞ神》タルタロス(地獄の下の底なしの淵).

Tar·ta·rus[2] [タルタルス] 男 -/《化・薬》酒石.

*die **Ta·sche** [タッシェ táʃə]

> バッグ; ポケット
>
> Wo ist meine *Tasche*?
> ヴォー イスト マイネ タッシェ
> 私のバッグはどこ?

女 (単)-/(複)-n ① バッグ, かばん. (英 *bag*). eine lederne *Tasche* 革製のかばん /人[3] die *Tasche*[4] tragen 人[3]のかばんを持ってあげる /物[4] in die *Tasche* packen 物[4]をバッグに詰める / Meine *Tasche* ist schon voll. 私のかばんはもういっぱいだ.

② ポケット. (英 *pocket*). eine tiefe *Tasche* 深いポケット / aufgesetzte *Taschen* am Anzug スーツのパッチポケット / *sich*[3] die *Tasche*[4] mit Bonbons füllen ポケットにキャンデーを詰める / *sich*[3] die eigenen *Taschen*[4] füllen《口語》自分の懐を肥やす /人[3] die *Taschen*[4] leeren《口語》人[3]から金(かね)を巻き上げる.

◇《前置詞とともに》人[3] **auf** der *Tasche* liegen《口語》人[3]に養ってもらっている / die Hand[4] **aus** der *Tasche* nehmen ポケットから手を出す / Er holte den Schlüssel aus der *Tasche*. 彼はポケットから鍵(かぎ)を取り出した /物[4] **aus** der eigenen (または aus eigener) *Tasche* bezahlen 物[4]の費用を自腹を切って払う /人[3] Geld[4] aus der *Tasche* ziehen 人[3]から金(かね)を巻き上げる / die Hände[4] **in** die *Taschen* stecken a) 両手をポケットに突っ込む, b)《比》何もしない / Ich habe keinen Pfen-

Taschenausgabe

nig in der *Tasche*. 私は1ペニヒの持ち合わせもない / [für 物⁴] tief in die *Tasche* greifen《口語》[物⁴のために]大金を払う / 人⁴ in der *Tasche* haben《口語》人⁴を思いどおりにする / 物⁴ in der *Tasche* haben《口語》物⁴を確保している(手中におさめている) / in die eigene *Tasche* arbeiten《口語》不当な利益を得る / 物⁴ in die *Tasche* stecken 物⁴をポケットに入れる / 物⁴ in die eigene *Tasche* stecken《口語》物⁴を着服する. ③ 袋状の部分;《医》囊(のう).

> ..*tasche*のいろいろ: Akten*tasche* 書類かばん / Brief*tasche* 札入れ, 財布 / Brust*tasche* 胸ポケット / Einkaufs*tasche* ショッピングバッグ / Hand*tasche* ハンドバッグ / Hosen*tasche* ズボンのポケット / Reise*tasche* 旅行かばん / Seiten*tasche* サイドポケット / Umhänge*tasche* ショルダーバッグ

Ta·schen⸗aus·ga·be [タッシェン・アオスガーベ] 囡 -/-n (本の)ポケット版.
Ta·schen⸗buch [タッシェン・ブーフ] 中 -es/..bücher ① 文庫本. ② 手帳.
Ta·schen⸗dieb [タッシェン・ディープ] 男 -[e]s/-e すり. Vor *Taschendieben* wird gewarnt!《受動・現在》(掲示などで:) すりにご用心.
Ta·schen⸗dieb·stahl [タッシェン・ディープシュタール] 男 -[e]s/..stähle すり[行為].
Ta·schen⸗for·mat [タッシェン・フォルマート] 中 -[e]s/ (本などの)ポケットサイズ.
Ta·schen⸗geld [タッシェン・ゲルト] 中 -[e]s/-er 小遣い[銭], ポケットマネー.
Ta·schen⸗lam·pe [タッシェン・らンペ] 囡 -/-n 懐中電灯.
Ta·schen⸗mes·ser [タッシェン・メッサァ] 中 -s/- 小型の折りたたみナイフ, ポケットナイフ.
Ta·schen⸗rech·ner [タッシェン・レヒナァ] 男 -s/- ポケット電卓.
Ta·schen⸗spie·ler [タッシェン・シュピーらァ] 男 -s/- 奇術(手品)師.

＊*das* **Ta·schen⸗tuch** [タッシェン・トゥーフ táʃən-tu:x] 中 (単2) -[e]s/(複) ..tücher [..テューヒァ] (3格の ..tüchern) ハンカチ.《英 handkerchief》. Papier*taschentuch* ティッシュペーパー / ein weißes *Taschentuch* 白いハンカチ.
Ta·schen⸗uhr [タッシェン・ウーァ] 囡 -/-en 懐中時計.
Ta·schen⸗wör·ter·buch [タッシェン・ヴェルタァブーフ] 中 -[e]s/..bücher 小型辞典, ポケット版の辞典.
Täss·chen [テスヒェン tésçən] 中 -s/- (*Tasse* の縮小)小さなカップ.
Täß·chen ☞ 新形 Tässchen

＊*die* **Tas·se** [タッセ tásə]

> カップ Eine *Tasse* Kaffee, bitte!
> アイネ タッセ カフェ ビッテ
> コーヒーを一杯ください.

囡 (単) -/(複) -n ① (紅茶・コーヒーなどの)カップ, 茶わん.《英 cup》.(☞ trinken 図). Kaffee*tasse* コーヒーカップ / eine *Tasse* aus Kunststoff プラスチック製のカップ / eine *Tasse* Tee 1杯の紅茶 / Milch⁴ in die *Tasse* gießen ミルクをカップにつぐ / eine trübe *Tasse*《口語》退屈なやつ / Du hast wohl nicht alle *Tassen* im Schrank?《口語》君は少し頭がおかしいんじゃないか(←戸棚に茶わんがそろっていないのではないか).
② カップとソーサーの1セット. ③ (オーストリア)トレー, 盆.
Tas·ta·tur [タスタトゥーァ tastatúːr] 囡 -/-en (ピアノなどの)鍵盤(けんばん);(パソコン・タイプライターなどの)キーボード「コンピュータ・ネットワーク用語」☞ 巻末付録, 1770ページ);(オルガンなどの)ペダル.
tast·bar [タストバール] 形《医》触ってわかる, 触知(触診)できる.
Tas·te [タステ tástə] 囡 -/-n (ピアノ・パソコン・

――― ドイツ・ミニ情報 24 ―――

ハンカチ Taschentuch

所変われば品変わるで, ハンカチはドイツ人にとっては手を拭くものではなく鼻をかむもの. 昔はみな布製のハンカチを使っていたが, 今日ではいわゆるポケットティッシュが広く普及している. さまざまなメーカーのものがあるが, テンポという商標名のものが他を圧倒しており, Papier*taschentuch* の代名詞になっているほど. 一回限りで捨てるティッシュではなく, テーブルナプキンほどの厚みがあり, 何度も使ってはポケットにしまう人が多い.

ドイツでは, 大きな音をたてて鼻をかむことはエチケットに反することはなく, 我慢して鼻水をずるずるさせていると, かえって失礼になる. そのため, 鼻をかむためのハンカチはあっても, 手を拭くためのハンカチはない. トイレにはたいていエアー乾燥器(またはペーパータオルや巻き取り式のタオル)が備えられているし, 夏でも湿気が少なくあまり汗をかかないので, その必要性を感じないのだろう.

北国のお国柄で, 暖房はどこでもセントラルヒーティングが完備しているが, クーラーはほとんど見かけない. 車にもエアコンがついていないのが普通である. それほど夏でも過ごしやすいのだが, 例外的にむし暑い夏でも男性は公式の場では上着を脱がないのがふつう. 暑いからといって勝手に脱ぐのは礼儀に反するので, 日本人男性は注意が必要.

Tätowierung

タイプライターなどの鍵(ほん), キー; 《オルガンなどの》ペダル; 《電話・電卓などの》プッシュボタン. eine *Taste*[4] an|schlagen （ピアノの）キーをたたく / [mächtig] **in** die *Tasten* greifen （ピアノなどを）熱演する / weiße (schwarze) *Tasten* 白鍵（黒鍵）.

* **tas·ten** [タステン *tástən*] du tastest, er tastet (tastete, *hat*... getastet) **I** 自 《定了》 haben) ① **手探りする**. 《愛 *grope*》. im Dunkeln *tasten* 暗闇(くらやみ)の中を手探りする / Der Blinde *tastete* **mit** seinem Stock. その盲人はつえで探った. ② 《**nach** 物³ ~》《物³を》手探りで捜す. Sie *tastete* nach ihrem Schlüssel. 彼女は手探りで鍵(かぎ)を捜した.
II 他 《定了》 haben) ① 《物⁴を》触って見つける; 《医》触診で認める. ② （電文・原稿など⁴を）キーでたたく; （電話番号⁴を）プッシュボタンで押す. **III** 再帰 《定了》 haben) *sich*⁴ *tasten* 《方向を表す語句とともに》（…へ）手探りしながら進む. Wir *tasteten* uns **zur** Tür. 私たちは手探りでドアのところまで進んだ.

Tas·ten⸗in·stru·ment [タステン・インストルメント] 中 -[e]s/-e 《音楽》 鍵盤(けんばん)楽器.

Tas·ten⸗te·le·fon [タステン・テーれフォーン] 中 -s/-e プッシュホン[電話].

Tas·ter [タスタァ *tástər*] 男 -s/- ①《動》触角, 触手, 触毛, 触鬚(しょくしゅ). ②《工》《電信機などの》キーボード. ③ キーボードで操作する機器（植字機など）. ④ キーボードを操作する人（植字工など）.

tas·te·te [タステテ] *tasten*（手探りする）の過去

Tast⸗or·gan [タスト・オルガーン] 中 -s/-e 《生・医》触覚器官.

Tast⸗sinn [タスト・ズィン] 男 -[e]s/ 触覚.

Tast⸗werk·zeug [タスト・ヴェルクツォイク] 中 -[e]s/-e 《ふつう 複》《生・医》触覚器官 (=Tastorgan).

tat [タート] *tun*（する）の過去

* *die* **Tat** [タート *tá:t*] 女 (単) -/(複) -en ① **行為, 行い, 行動**. 《愛 *action*》. eine gute *Tat* 善行 / ein Mann der *Tat*² 不言実行の人 / eine große *Tat*⁴ vollbringen 偉業を成し遂げる / 圏⁴ **in** die *Tat* um|setzen 圏⁴を実行に移す / 人³ **mit** Rat und *Tat* bei|stehen （また は zur Seite stehen) 人³に助言や助力を惜しまない / **zur** *Tat* schreiten 行動〈実行〉に移る. ② **犯行**. eine *Tat*⁴ begehen 犯罪を犯す / 人⁴ **auf** frischer *Tat* ertappen 人⁴を現行犯で捕まえる.
③ 《成句的に》 **in** der *Tat* 実際, 本当に.

..tät [..テート ..té:t] 《女性名詞をつくる 接尾》 《…な性質…であること》例: Nervosi*tät* 神経質.

Ta·tar [タタール *tatá:r*] **I** 男 -en/-en 韃靼(だったん)(タタール)人. **II** 中 -[s]/ = *Tatar*beefsteak

Ta·tar⸗beef·steak [タタール・ビーふステーク] 中 -s/-s 《料理》タルタルステーキ（刻んだ生の牛肉を玉ねぎ・生卵・こしょうなどで味付けしたもの）.

ta·ta·risch [タターリッシュ *tatá:rɪʃ*] 形 韃靼(だったん)(タタール)[人]の.

Tat⸗be·stand [タート・ベシュタント] 男 -[e]s/ ① 事実, 実情; 事態. ② 《法》《犯罪の》構成要件.

tä·te [テーテ] *tun*（する）の接2

Ta·ten⸗drang [ターテン・ドランク] 男 -[e]s/ 行動〈活動〉意欲.

ta·ten⸗los [ターテン・ろース] 形 （重大な場面で）何もしない, 活動しない, 不活発な, 怠惰な.

* *der* **Tä·ter** [テータァ *té:tər*] 男 （単2) -s/（複) - (3 格のみ -n) **犯人**. 《愛 *culprit*》. 《愛 女性形は Täterin》 Wer ist der *Täter*? 犯人はだれだ.

Tä·ter·schaft [テータァシャふト] 女 -/-en ① 犯人であること. ② 犯行グループ; 犯人[全員].

Tat⸗form [タート・フォルム] 女 -/ 《言》能動態 (=Aktiv).

* **tä·tig** [テーティヒ *té:tɪç*] 形 ① **勤めている, 勤務している; 仕事をしている, 働いている**. Er ist in einer Bank *tätig*. 彼は銀行に勤めている / der in unserer Firma *tätige* Ingenieur 私たちの会社に勤めているエンジニア / Mutter ist noch in der Küche *tätig*. お母さんはまだ台所で仕事をしている / **als** Lehrer *tätig* sein 教師をしている / Unruhe⁴ *tätig* werden 《官庁》行動を起こす / Der Vulkan ist noch *tätig*. 《比》その火山はなお活動中である.
② **活動的な, 多忙な**. 《愛 *active*》. Sie ist immer *tätig*. 彼女はいつも多忙だ / Heute war ich sehr *tätig*. 《戯》きょうは私はよく働いた. ③ 《付加語としてのみ》積極的な, 行動力を伴った（協力など）. *tätige* Mitarbeit 積極的な協力 / *tätige* Reue 《法》積極的悔悟（犯人が犯行の発覚以前に自発的に犯罪の実現を防止すること）.

tä·ti·gen [テーティゲン *té:tɪgən*] 他 (h) 《商》（商取引・記帳など⁴を）行う.

* *die* **Tä·tig·keit** [テーティヒカイト *té:tɪçkaɪt*] 女 (単) -/(複) -en ① **活動, 働き, 行動; 仕事**. 《愛 *activity*》. eine politische *Tätigkeit* 政治活動 / sich³ eine neue *Tätigkeit*⁴ suchen 新しい仕事を探す. ②《複 なし》《機械装置などの》働き, 作動, 運転. Die Maschine ist **in** (**außer**) *Tätigkeit*. その機械は作動している〈いない〉.

Tä·tig·keits⸗form [テーティヒカイツ・フォルム] 女 -/ 《言》能動態 (=Aktiv).

Tä·tig·keits⸗wort [テーティヒカイツ・ヴォルト] 中 -[e]s/..wörter 《言》動詞 (=Verb).

Tat⸗kraft [タート・クラふト] 女 -/ 行動力, 実行力.

tat⸗kräf·tig [タート・クレふティヒ] 形 行動力のある, 実行力のある; 精力的な.

tät·lich [テートりヒ] 形 乱暴な, 暴力的な. gegen 人⁴ *tätlich* werden 人⁴に暴力をふるう.

Tat⸗ort [タート・オルト] 男 -[e]s/-e 犯行現場.

tä·to·wie·ren [テトヴィーレン *tetovi:rən*] 他 (h) 《人・物⁴に》入れ墨をする. ② （図柄など⁴を…へ）入れ墨で彫る.

Tä·to·wie·rung [テトヴィールング] 女 -/-en

入れ墨[をすること].

‡*die* **Tat╱sa・che** [タート・ザッヘ tá:t-zaxə] 囡 (単) -/(複) -n 事実. (英 *fact*). nackte *Tatsachen* 赤裸々な事実 / Das ist eine unbestreitbare *Tatsache*. それは明白な事実だ / eine historische *Tatsache* 歴史上の事実 / Es ist [eine] *Tatsache*, dass... …は事実だ / Das entspricht nicht den *Tatsachen*. それは事実と一致していない / vollendete *Tatsachen*⁴ schaffen 既成事実を作る / die *Tatsachen*⁴ verdrehen 事実を曲げる / den *Tatsachen* ins Auge sehen 現実を直視する / 人⁴ vor vollendete *Tatsachen* stellen 人⁴に既成事実を突きつける / *Tatsache*! 《口語》本当だよ.

Tat・sa・chen╱be・richt [タートザッヘン・ベリヒト] 男 -[e]s/-e 事実の報告, ルポルタージュ.

‡**tat╱säch・lich** [タットゼヒリヒ tá:t-zɛçlıç または ‥ゼヒリヒ] Ⅰ 副 《文全体にかかって》① 実際に, 本当に. (英 *actually*). So etwas gibt es *tatsächlich*. そんなことが本当にあるものだ. ② 実際には, 本当のところは. Aber *tatsächlich* heißt sie Petra. しかし本当は彼女はペトラという名前だ / *Tatsächlich*? 本当なの?
Ⅱ 形《付加語としてのみ》実際の, 現実の, 本当の. (英 *actual*). die *tatsächlichen* Zustände 実際の状況 / Sein *tatsächlicher* Name ist Rudolf.《口語》彼の本当の名前はルードルフだ.

tät・scheln [テッチェルン tɛ́tʃəln] 他 (h) (人・物⁴を)軽くたたいて愛撫(ぶ)する, なでる.

Tat・te・rich [タッテリヒ tátərıç] 男 -s/《口語》(老衰・アルコール中毒などによる)手の震え.

tat・te・rig [タッテリヒ tátərıç] 形 ①(指・手などが)ぶるぶる震える. ② よぼよぼの.

Tat╱ver・dacht [タート・フェアダハト] 男 -[e]s/ 犯罪容疑.

Tat・ze [タッツェ tátsə] 囡 -/-n ①(猛獣の)前足. ②(俗)《ふつう軽蔑的に》ごつい手. ③《方》(お仕置として)棒で手を打つこと.

*der **Tau**¹ [タオ táu] 男 (単2) -[e]s/《朝》露. (英 *dew*). Der *Tau* hängt an den Gräsern. 露が草の葉にかかっている.

Tau² [タオ] 匣 -[e]s/-e (太い)綱, ロープ.

***taub** [タオプ táup] 形 ① 耳の聞こえない, 耳の不自由な,《医》聾(ろう)の. (英 *deaf*). ein *taubes* Kind 耳の聞こえない子供 / Er ist **auf** einem Ohr *taub*. 彼は一方の耳が聞こえない / Sie ist **für**(または **gegen**)meine Ratschläge *taub*. 彼女は私の忠告に耳を貸さない. ②(寒さなどのため)感覚を失った, 麻痺(ひ)した. Meine Füße waren von der Kälte *taub*. 私は寒さで足の感覚がなくなった. ③ 中身のない, 空(から)の; 気の抜けた(薬味など). ein *taubes* Ei 無精卵 / *taubes* Gestein (坑) 有用鉱物を含んでいない岩石 / Der Pfeffer ist *taub*. このこしょうは風味がない.

*die **Tau・be** [タオベ táubə] 囡 -/-n ①《鳥》ハト(鳩). (英 *pigeon*). Brieftaube 伝書鳩 / Die *Tauben* girren (または gurren). 鳩がくーくー鳴く / Sie ist sanft wie eine *Taube*. 彼女は鳩のようにおとなしい / Die gebratenen *Tauben* fliegen einem nicht ins Maul.《諺》棚からぼた餅は落ちてこない(←ローストされた鳩が口に飛び込んでくることはない). ②《ふつう 複》《政》ハト派の政治家). (⇔「タカ派[の政治家]」は Falke).

tau・ben╱blau [タオベン・ブラオ] 形 (鳩(はと)の)羽のような青灰色の.

tau・ben╱grau [タオベン・グラオ] 形 (鳩(はと)の)羽のような青灰色の.

Tau・ben╱schlag [タオベン・シュラーク] 男 -[e]s/‥schläge 鳩(はと)小屋, 鳩舎(きゅうしゃ). Bei ihm geht es [zu] wie im *Taubenschlag*.《口語》彼の所にはたえず人が出入りしている.

Tau・be[r] [タオベ (‥バァ) táubə (‥bər)] 男 囡《語尾変化は形容詞と同じ》耳の聞こえない人.

die **Tau・ber**¹ [タオバァ táubər] 囡 /《定冠詞とともに》《川名》タウバー川(マイン川の支流).

Tau・ber² [タオバァ] 男 -s/- = Täuberich

Täu・ber [トイバァ tɔ́ybər] 男 -s/- = Täuberich

Täu・be・rich [トイベリヒ tɔ́ybərıç] 男 -s/-e 雄鳩(おんばと).

Taub・heit [タオプハイト] 囡 -/ ① 耳の聞こえない(遠い)こと;《医》聾(ろう); 感覚麻痺(ひ). ② 空虚, 空(から)の;中身のないこと.

Taub╱nes・sel [タオプ・ネッセる] 囡 -/-n 《植》オドリコソウ.

taub╱stumm [タオプ・シュトゥム] 形 聾啞(ろうあ)の.

Taub╱stum・me[r] [タオプ・シュトゥンメ (‥マァ)] 男 囡《語尾変化は形容詞と同じ》聾啞(ろうあ)者.

Tauch╱boot [タオホ・ボート] 匣 -[e]s/-e 潜水艇.

***tau・chen** [タオヘン táuxən] (tauchte, hat/ist ‥getaucht) Ⅰ 自 (⇨) haben または sein) ①(h, s) (水中へ)潜る, 潜水する, 水をくぐる; (水中に)沈む, 没する. (英 *dive*). Die Ente *taucht*. 鴨(かも)が水に潜る / Er kann lange *tauchen*. 彼は長い間水に潜ることができる / Er hat (または *ist*) **nach** Muscheln *getaucht*. 彼は貝を取りに潜った / Die Sonne *taucht* **unter** den Horizont.《比》太陽が地(水)平線のかなたに沈む.
② (s)《方向を表す語句とともに》《雅》(水面へ)浮かび上がる;(水中などから)姿を現す;(…へ)姿を消す. Sie *tauchte* **an** die Oberfläche. 彼女は水面に浮かび上がった / Eine Insel *tauchte* **aus** dem Meer. 一つの島が海中から姿を現した.
Ⅱ 他 (⇨) haben) ①《A⁴ **in** B⁴ ~》(A⁴をB⁴(水などの)に)浸す, つける, 沈める. die Feder in die Tinte *tauchen* ペンをインクに浸す / die Hand⁴ ins Wasser *tauchen* 手を水につける. ②《人⁴ **in** (または **unter**)物⁴ ~》《人⁴を物⁴(水中など)に)突っ込む. Sie *haben* ihn ins (または **unter**) Wasser *getaucht*. 彼らは彼を無理やりに水に突っ込んだ.

Tau·cher [タオハァ táuxər] 男 -s/- ① 潜水夫(者). ② 《鳥》水に潜る鳥(アビ・カイツブリなど).

Tau·cher≠an·zug [タオハァ・アンツーク] 男 -[e]s/..züge 潜水服.

Tau·cher≠bril·le [タオハァ・ブリレ] 女 -/-n 潜水用眼鏡.

Tau·cher≠glo·cke [タオハァ・グロッケ] 女 -/-n (水中作業用の)釣鐘形潜水器.

Tau·cher≠krank·heit [タオハァ・クランクハイト] 女 -/《医》潜函(ミミ)病, 潜水病.

Tauch≠sie·der [タオホ・ズィーダァ] 男 -s/- (湯沸し用の)投入式電熱器(電熱線の管を水の中に入れる).

tauch·te [タオホテ] *tauchen (潜る)の 過去

***tau·en**¹ [タオエン táuən] (taute, hat/ist...getaut) **I** 自 (定了 sein) (雪・氷などが)解ける. (英 thaw). Das Eis *ist getaut*. 《現在完了》氷が解けた.
II 非人称 (定了 haben) Es *taut*. 雪解けの陽気だ.
III 他 (定了 haben) (雪・氷などを)解かす. Die Sonne *hat* den Schnee *getaut*. 日ざしで雪が解けた.

tau·en² [タオエン] 非人称 (h) Es *taut*. 露が降りる, 露でぬれている.

Tauf≠be·cken [タオフ・ベッケン] 中 -s/-《宗教》洗礼盤(＝Taufstein).

Tauf≠buch [タオフ・ブーフ] 中 -[e]s/..bücher 《宗教》受洗者名簿(洗礼・結婚・埋葬などの記録).

*die **Tau·fe** [タオフェ táufə] 女 (単) -/(複) -n ① 《複 なし》《宗教》洗礼, 浸礼, 洗礼式 (英 baptism). die *Taufe*⁴ empfangen (spenden) 洗礼を受ける / ein Kind⁴ **über** die *Taufe* halten 子供の洗礼に立ち会う, 名づけ親になる / 物⁴ **aus** der *Taufe* heben 《口語・比》物⁴を設立する. ② (船などの)命名式.

***tau·fen** [タオフェン táufən] (taufte, hat...getauft) 他 (定了 haben) ① 《宗教》(人⁴に)洗礼を施す. (英 baptize). Das Kind *ist getauft worden*. 《受動・現在完了》その子は洗礼を受けた / sich⁴ *taufen lassen* 洗礼を受ける. ② (人⁴に)洗礼を施して命名する; (物⁴に)名前をつける. das Kind⁴ [**auf** den Namen] Hans *taufen* (洗礼式で)その子供をハンスと命名する / Das Schiff *wurde* auf den Namen „Bremen" *getauft*. 《受動・過去》その船は「ブレーメン」と命名された.

Täu·fer [トイファァ tóyfər] 男 -s/-《宗教》① 洗礼を授ける人. Johannes der *Täufer* 洗礼者(バプテスマの)ヨハネ. ② 再洗礼派の人.

tau≠feucht [タオ・フォイヒト] 形 露にぬれた.

Täuf·ling [トイフリング tóyflıŋ] 男 -s/-e 《宗教》受洗者.

Tauf≠na·me [タオフ・ナーメ] 男 -ns (3格・4格 -n)/-n 洗礼名, クリスチャンネーム.

Tauf≠pa·te [タオフ・パーテ] 男 -n/-n (洗礼式の)代父(洗礼式で名を授ける人). (←英 女性形は Taufpatin).

tau≠frisch [タオ・フリッシュ] 形 ① 朝露にぬれた. ② みずみずしい, 新鮮な, 若々しい; 真新しい.

Tauf≠schein [タオフ・シャイン] 男 -[e]s/-e 《宗教》受洗証明書.

Tauf≠stein [タオフ・シュタイン] 男 -[e]s/-e 《宗教》洗礼盤.

tauf·te [タオフテ] *taufen (洗礼を施す)の 過去

Tauf≠was·ser [タオフ・ヴァッサァ] 中 -s/《宗教》洗礼用の聖水.

tau·gen [タオゲン táugən] 自 (h) ① 《**für** 人・事⁴ (または **zu** 人・事³)～》(人・事⁴ (または 人・事³)に)適している, ふさわしい. Das Buch *taugt* nicht für Kinder. その本は子供向きではない / Er *taugt* nicht zu schwerer Arbeit. 彼は重労働には向かない. ② 《etwas⁴, nichts⁴ などとともに》(…の程度に)役にたつ, ためになる. Er *taugt* nichts. 彼は役にたたずだ / *Taugt* der Film etwas? その映画は少しはためになるのか.

Tau·ge≠nichts [タオゲ・ニヒツ] 男 -[es]/-e のらくら者, 役にたず, 能なし.

***taug·lich** [タオクリヒ táuklıç] 形 ① (ある目的に)適した, 適切な; 役にたつ. Er ist für diese Aufgabe (**zu** schwerer Arbeit) nicht *tauglich*. 彼はこの任務(重労働)には向いていない. ② 兵役に適格の.

Taug·lich·keit [タオクリヒカイト] 女 -/ 適合性, 適切さ; 有用さ, 有効性.

Tau·mel [タオメる táuməl] 男 -s/ ① めまい, 目のくらみ. Ein leichter *Taumel* überkam ihn. 彼は軽いめまいに襲われた. ② 熱狂, 激しい興奮[状態], 狂喜.

tau·me·lig [タオメリヒ táuməlıç] 形 ① めまいがする; 有頂天の. ② よろめいている.

tau·meln [タオメるン táuməln] 自 (s, h) ① (s, h) よろめく, ふらふらする; (ちょうなどが)ひらひら飛ぶ. **vor** Müdigkeit *taumeln* 疲労のあまり足がふらつく. ② (s) (…へ)よろめきながら歩いて行く; (ちょうなどが…へ)ひらひら飛んで行く. **von** Blüte **zu** Blüte *taumeln* (ちょうが)花から花へと舞う. 《類語》 schwanken).

der **Tau·nus** [タオヌス táunus] 男 -/《定冠詞とともに》《山名》タウヌス山地(ドイツ中西部: ☞ 地図 D-3).

Tau≠punkt [タオ・プンクト] 男 -[e]s/-e 《物》露点.

*der **Tausch** [タオシュ táuʃ] 男 (単 2) -[e]s/(複) -e (3格のみ -en)《ふつう 単》交換; 交易. (英 exchange). einen guten *Tausch* machen 有利な交換をする / 物⁴ **durch** *Tausch* erwerben 物⁴を交換によって手に入れる / A⁴ **im** *Tausch* für (または gegen) B⁴ erhalten B⁴ と引き換えに A⁴ を手に入れる / **zum** *Tausch* an|bieten 代償として物⁴を提供する.

***tau·schen** [タオシェン táuʃən] (tauschte, hat...getauscht) **I** 他 (定了 haben) (英 exchange) ① 交換する, 取り替える. Briefmarken⁴ *tauschen* 切手の交換をする / Wir *tauschten* unsere Plätze. 私たちは席を替わった / A⁴ **gegen** B⁴ *tauschen* A⁴ を B⁴ と交換す

る(交替させる)/ **mit** 人³ 物⁴ *tauschen* 人³と物⁴を交換する. (☞ 類語 wechseln). ② (視線・あいさつなど⁴を)交わす. Küsse⁴ *tauschen* キスを交わす.
Ⅱ 自 (完了 haben) ① 【**mit** 物³ ~】物³を互いに交換する. Sie *tauschten* mit den Plätzen. 彼らは席を替わった. ② 【**mit** 人³ ~】(人³と)立場(役割)を交替する. mit einem Kollegen *tauschen* 同僚に代わってもらう / Ich *möchte* nicht mit ihm *tauschen*. 私は彼の立場にはなりたくない.

***täu‧schen** [トイシェン tɔ́yʃən] (täuschte, hat…getäuscht) Ⅰ 他 (完了 haben) (人³を)だます, 欺く; (信頼など⁴を)裏切る. (英 deceive). Er *hat* uns *getäuscht*. 彼は私たちをだました / Wenn mich mein Gedächtnis nicht *täuscht*, … 私の記憶違いでなければ, … / Er *lässt* sich⁴ leicht *täuschen*. 彼はすぐだまされる. ◇【目的語なしでも】Der Schein *täuscht*. 見かけは当てにならない.
Ⅱ 自 (完了 haben) (スポ) フェイントをかける.
Ⅲ 再帰 (完了 haben) *sich*⁴ *täuschen* 思い違いをする, 勘違いをする. Wenn ich *mich* nicht *täusche*, … 私の思い違いでなければ, … / *sich*⁴ **in** 事⁴ *täuschen* 事³を思い違いする ⇒ Ich *habe* mich im Datum *getäuscht*. 私は日にちを間違っていた / *sich*⁴ in 人³ *täuschen* 人³を見そこなう / *sich*⁴ **über** 事⁴ *täuschen* 事⁴のことで判断を誤る.

täu‧schend [トイシェント] Ⅰ *täuschen (だます)の現分 Ⅱ 形 見間違うほどの, そっくりの. Sie ist ihrer Mutter³ *täuschend* ähnlich. 彼女は見間違うほど母親に似ている.

Tausch⸗ge‧schäft [タオシュ・ゲシェフト] 中 -[e]s/-e ① 物々交換[の取引]. ② = Tauschhandel

Tausch⸗**han‧del** [タオシュ・ハンデる] 男 -s/ 《商》バーター取引.

Tausch⸗**ob‧jekt** [タオシュ・オプイェクト] 中 -[e]s/-e 交換物.

tausch‧te [タオシュテ] *tauschen (交換する)の過去

täusch‧te [トイシュテ] *täuschen (だます)の過去

*die **Täu‧schung** [トイシュング tɔ́yʃʊŋ] 女 (単)-/(複)-en ① だます(欺く)こと, 詐欺, ペてん. (英 deception). auf eine *Täuschung* herein|fallen ぺてんにかかる. ② 思い違い, 錯覚. eine optische *Täuschung* 目の錯覚 / sich⁴ einer *Täuschung*³ hin|geben 思い違いをする.

Täu‧schungs⸗ma‧nö‧ver [トイシュングス・マネーヴァァ] 中 -s/- 偽装工作.

Tausch⸗wert [タオシュ・ヴェーァト] 男 -[e]s/-e 交換価値.

‡**tau‧send** [タオゼント táuzənt] 数 【基数; 無語尾でも】① 千(**1,000**)[の]. (英 *thousand*). *tausend* Menschen 千人の人 / Ich wette *tausend* zu (または gegen) eins, dass…《口語》…はまったく確かなことだ(←1,000 対 1 で賭けてもいい).
② 《口語》数千もの, 非常に多くの. *tausend* und aber*tausend* 幾千もの / vor *tausend* Jahren 大昔に / *Tausend* Dank! (親しい人に)ほんとうにありがとう / *Tausend* Grüße! (手紙の結びで)くれぐれもよろしく. (☞ ②の意味の場合は頭文字を大文字でも書く. ☞ Tausend¹ ②).

*das **Tau‧send**¹ [タオゼント táuzənt] Ⅰ 中 (単2)-s/(複)-e (3 格のみ -en) または (複)- ① 【複 -】(数量の単位として)千, 1,000 (略: Tsd.). das erste *Tausend* der Auflage² 初版の 1,000 部 / fünf von *Tausend* 5 パーミル(略: 5 v. T.). ② 【複 で】数千, 多数. Tausende (または *tausende*) armer Menschen² 何千という貧しい人々 / Tausende (または *tausende*) von Menschen 何千もの人々 / *Tausend* und Aber*tausend* (または *tausend* und aber*tausend*) Ameisen 幾千匹ものあり / Die Kosten gehen **in** die Tausende (または *tausende*). 《口語》費用は数千マルクに達する / **zu** Tausenden (または *tausenden*) sterben 何千人となく死ぬ.

Tau‧send² [タオゼント] 女 -/-en (数字の)1,000.

Tau‧send³ [タオゼント] 男 【成句的に】Ei der *Tausend*! 《古》これは驚いた, こんちくしょう(☞ Teufel「悪魔」の代わりに用いられた).

Tau‧sen‧der [タオゼンダァ táuzəndər] 男 -s/- ① 《数》1,000 の位の数; 1,000 がつく数 (2,000・3,000 など). ② 1,000 メートルを越える山. ③ 《口語》1,000 マルク(シリング)紙幣.

tau‧sen‧der‧lei [タオゼンダァらイ táuzəndərlái] 形 【無語尾で】《口語》1,000 種[類]の, 1,000 通りの; 種々雑多の.

tau‧send⸗fach [タオゼント・ファッハ] 形 1,000 倍の.

Tau‧send⸗fü‧ßer [タオゼント・フューサァ] 男 -s/- 《動》ムカデ, ヤスデ(多足類).

Tau‧send⸗füß‧ler [タオゼント・フュースらァ] 男 -s/- = Tausendfüßer

tau‧send⸗mal [タオゼント・マーる] 副 ① 1,000 度, 1,000 回; 1,000 倍. ② 《口語》幾度となく; 何千倍も, はるかに. Ich bitte *tausendmal* um Verzeihung! 幾重にもおわび申し上げます.

tau‧send⸗ma‧lig [タオゼント・マーりヒ] 形 【付加語としてのみ】1,000 回の; 1,000 倍の.

Tau‧send⸗sa‧sa [タオゼント・ササ] 男 -s/-[s] 《口語・戯》① (何でもこなす)すごい人. ② 向こう見ずな人.

Tau‧send⸗**sas‧sa** [タオゼント・ササ] 男 -s/-[s] = Tausendsasa

tau‧sendst [タオゼンツト táuzəntst] 数 【序数】第 1,000 [番目]の.

tau‧sends‧tel [タオゼンツテる táuzəntstəl] 数 【分数; 無語尾で】1,000 分の 1 [の].

Tau‧sends‧tel [タオゼンツテる] 中 (スイ: 男) -s/- 1,000 分の 1.

tau·send‿und‿ein [タオゼント・ウント・アイン] 数 《基数》1,001[の]. „*Tausendundeine Nacht*"『千一夜物語』.

tau·te [タオテ] *tauen¹ (解ける)の過去.

Tau·to·lo·gie [タオトろギー tautologíː] 女 -/-n [..ギーエン] 修 同義語(類語)反復, トートロジー (例: ein alter Greis 年老いた老人).

tau·to·lo·gisch [タオトろーギッシュ tautolóːgıʃ] 形 修 同義語(類語)反復の.

Tau‿trop·fen [タオ・トロプふェン] 男 -s/- 露[の滴].

Tau‿werk [タオ・ヴェルク] 中 -[e]s/《海》(船の)索具; 綱, ロープ.

Tau‿wet·ter [タオ・ヴェッタァ] 中 -s/ 雪解けの陽気;《比》(政治上の)雪解け, 緊張緩和.

Tau‿zie·hen [タオ・ツィーエン] 中 -s/ 綱引き;《比》つば競り合い.

Ta·ver·ne [タヴェルネ tavérnə] 女 -/-n (イタリア風の)飲食店, 居酒屋.

Ta·xa·me·ter [タクサメータァ taksamétər] 中 -s/- (タクシーの)メーター.

Ta·xa·tor [タクサートァ taksáːtɔr] 男 -s/-en ..トーレン《経》評価者, 価格査定人.

Ta·xe [タクセ táksə] 女 -/-n ① 《公定》料金, [規定]使用料. ② 査定(見積り)価格. ③ タクシー (=Taxi).

tax‿frei [タクス・ふライ] 形 手数料なしの.

*das **Ta·xi** [タクスィ táksi]

> タクシー Nehmen wir ein *Taxi*!
> ネーメン ヴィァ アイン タクスィ
> タクシーに乗りましょう.

中 (スィ; 男)も (単2) -s/(複) -s タクシー.（英 taxi）. Funk*taxi* 無線タクシー / ein *Taxi*⁴ bestellen タクシーを予約する / [sich³] ein *Taxi*⁴ nehmen タクシーに乗る / *Taxi*⁴ fahren a) タクシーの運転手をしている, b) タクシーで行く / Sie fahren **mit** dem *Taxi.* 彼らはタクシーで行く / Bitte rufen Sie mir ein *Taxi*! タクシーを 1 台呼んでください.

ta·xie·ren [タクスィーレン taksíːrən] 他 (h) ①《口語》[人・物⁴の大きさ・年齢・重さなどを]見積る;《物⁴の価値を査定する. Ich *taxiere* ihn **auf** etwa 50. 私は彼は 50 歳くらいだと思う / ein Gemälde⁴ auf 8 000 Euro *taxieren* 絵の価格を 8,000 ユーロに査定する. ②《口語》[人・物⁴を吟味するようにじろじろ見る, 品定めする. ③ (状況など⁴を)判断する.

Ta·xie·rung [タクスィールング] 女 -/-en 見積り, 査定, 評価.

Ta·xi‿fah·rer [タクスィ・ふァーラァ] 男 -s/- タクシー運転手.

Ta·xi‿stand [タクスィ・シュタント] 男 -[e]s/..stände タクシースタンド, タクシー乗り場.

Ta·xus [タクスス táksʊs] 男 -/-《植》イチイ.

Tax‿wert [タクス・ヴェーァト] 男 -[e]s/-e 査定(見積り)価格.

Tb¹ [テー・ベー] 《化・記号》テルビウム (=Terbium).

Tb² [テー・ベー]《略》結核 (=Tuberkulose).

Tbc [テー・ベー・ツェー]《略》=Tb²

Tc [テー・ツェー]《化・記号》テクネチウム (=Technetium).

Te [テー・エー]《化・記号》テルル (=Tellur).

Teak‿holz [ティーク・ホルツ] 中 -es/..hölzer チーク材.

Team [ティーム tíːm] [英] 中 -s/-s (スポーツの)チーム; 研究班, 作業グループ. in einem *Team* arbeiten チームの一員として仕事をする.

Team‿ar·beit [ティーム・アルバイト] 女 -/ チームワーク, 共同作業.

Team‿work [ティーム・ワーク] [英] 中 -s/ チームワーク, 共同作業.

*die **Tech·nik** [テヒニク téçnık] 女 (単) -/(複) -en 覆 なし 科学技術, テクノロジー, 工学. (英 technology). Wir leben im Zeitalter der *Technik*. われわれは科学技術の時代に生きている. ② [専門]技術; (芸術作品などの)手法, 技法, テクニック. (英 technique) die *Technik*⁴ des Eiskunstlaufs beherrschen フィギュアスケートの技術をマスターする. ③ 覆 なし (総称として:)生産(工業)設備. ④ 覆 なし (機械・器具の)メカニズム. ⑤ 覆 なし 技術スタッフ. ⑥ 《口語》工業大学.

*der **Tech·ni·ker** [テヒニカァ téçnikər] 男 (単2) -s/(複) - (3 格のみ -n) ① 技術者, 技師; 工学者. (英 engineer). (⚠ 女性形は Technikerin). Elektro*techniker* 電気技術者. ② (芸術・スポーツの)技巧家, テクニシャン.

Tech·ni·kum [テヒニクム téçnikum] 中 -s/ ..ka (または ..niken) 工業専門学校.

*der **tech·nisch** [テヒニッシュ téçnıʃ] 形 ① 科学技術の, テクノロジーの, 工学の. (英 technological). das *technische* Zeitalter 科学技術時代 / eine *technische* Hochschule 工業(工科)大学 (略: TH) / eine *technische* Universität (幅広い専攻分野を持つ)工業(総合)大学 (略: TU). ② 技術的な, テクニックの. (英 technical). *technische* Schwierigkeiten 技術的困難 / aus *technischen* Gründen 技術上の理由から / Er ist *technisch* begabt. 彼は技術に優れた才能がある.

tech·ni·sie·ren [テヒニズィーレン tɛçnizíːrən] 他 (h) 機械化(工業化)する.

Tech·ni·sie·rung [テヒニズィールング] 女 -/-en 機械化, 工業化.

Tech·no·krat [テヒノクラート tɛçnokráːt] 男 -en/-en テクノクラート;（軽蔑的に:)技術万能主義者.

Tech·no·kra·tie [テヒノクラティー tɛçnokratíː] 女 -/ テクノクラシー;（軽蔑的に:)技術万能主義.

tech·no·kra·tisch [テヒノクラーティッシュ tɛçnokráːtıʃ] 形 テクノクラシーの;（軽蔑的に:)技術万能主義の.

Tech·no·lo·ge [テヒノローゲ tɛçnolóːgə] 男 -n/-n 科学(工業)技術の専門家. (⚠ 女性形は Technologin).

Tech·no·lo·gie [テヒノろギー tɛçnoloɡíː] 囡 -/-n [..ギーエン] テクノロジー, 科学(工業)技術.

tech·no·lo·gisch [テクノろーギッシュ tɛçnolóːɡɪʃ] 形 テクノロジーの, 科学(工業)技術[上]の.

Tech·tel≈mech·tel [テヒテる・メヒテる] 匣 -s/- 情事, 戯れの恋.

Ted·dy [テディ tédi] 男 -s/-s =Teddybär

Ted·dy·bär [テディ・ベーァ] 男 -en/-en 熊のぬいぐるみ, テディーベア.

*der **Tee** [テー téː]

紅茶 Ich trinke morgens Tee.
イヒ トリンケ モルゲンス テー
私は朝は紅茶を飲みます.

男 (単2) -s/(種類を表すときのみ: 複) -s (英 tea)
① 紅茶 (=schwarzer Tee); 茶; 茶の葉. grüner Tee 緑茶 / japanischer Tee 日本茶 / starker Tee 濃いお茶 / ein Glas Tee⁴ trinken 1杯の紅茶を飲む / Tee⁴ kochen (machen) 茶を沸かす(いれる) / Tee mit Zitrone レモンティー / Möchten Sie noch eine Tasse Tee? 紅茶をもう1杯いかがですか / Abwarten und Tee trinken!《口語》まあ落ち着け(←せんじ茶が十分に出るまで待て).
② お茶の会. einen Tee geben ティーパーティーを開く / 人⁴ zum Tee ein|laden 人⁴をお茶に招待する.

TEE [テー・エー・エー]《略》男 -[s]/-[s] ヨーロッパ国際特急[列車] (=Trans-Europ-Express) (1987年に廃止. Eurocityzugの前身).

Tee≈beu·tel [テー・ボイテる] 男 -s/- ティーバッグ.

Tee≈blatt [テー・ブらット] 匣 -[e]s/..blätter 《ふつう複》茶の葉.

Tee-Ei, Tee≈ei [テー・アイ] 匣 -[e]s/-er (卵形の)茶こし器(中に紅茶の葉を入れて熱湯にひたす). (☞ trinken 図).

Tee≈ge·bäck [テー・ゲベック] 匣 -[e]s/ (お茶菓子の)クッキー, ビスケット.

Tee≈kan·ne [テー・カンネ] 囡 -/-n ティーポット, きゅうす.

Tee≈kes·sel [テー・ケッセる] 男 -s/- やかん.

Tee≈löf·fel [テー・れッふェる] 男 -s/- ティースプーン, 茶さじ. ein Teelöffel Salz ティースプーン一杯の塩.

Tee·na·ger [ティーネーチァァ tíːneːdʒɐ] [英] 男 -s/- ティーンエージャー (13～19歳の少年少女). (☞ 類語 Jugendliche[r]).

Teer [テーァ téːr] 男 -[e]s/(種類:) -e タール(石炭・木材などから採る).

tee·ren [テーレン téːrən] 他 (h) ① (物⁴に)タールを塗る. ② (道路など⁴を)コールタールで舗装する.

Tee≈ro·se [テー・ローゼ] 囡 -/-n 《植》コウシンバラ(茶に似たにおいのするバラの一種).

Teer≈pap·pe [テーァ・パッペ] 囡 -/-n (屋根ふき用の)タール紙.

Tee≈ser·vice [テー・ゼルヴィース] 匣 -[s] [..ヴィース (..セス)] /- ティーセット, 茶器[一式].

Tee≈sieb [テー・ズィープ] 匣 -[e]s/-e 茶こし.

Tee≈stu·be [テー・シュトゥーベ] 囡 -/-n 喫茶店, ティールーム.

Tee≈tas·se [テー・タッセ] 囡 -/-n ティーカップ.

Tee≈wa·gen [テー・ヴァーゲン] 男 -s/- ティーワゴン(茶道具・飲食物を入れて運ぶ車).

Tee≈wurst [テー・ヴルスト] 囡 -/..würste 《料理》テーヴルスト(上等のペースト用くん製ソーセージ).

Te·he·ran [テーヘラーン téːhəraːn または テヘラーン] 匣 -s/《都市名》テヘラン(イランの首都).

*der **Teich** [タイヒ táiç] 男 (単2) -[e]s/(複) -e (3格のみ -en) 池; 小さな湖, 貯水地. (英 pond). im Teich baden 池で泳ぐ / über den großen Teich fahren《口語・戯》海を渡る(大西洋を越えてアメリカへ).

Teich≈ro·se [タイヒ・ローゼ] 囡 -/-n 《植》スイレン(水蓮).

*der **Teig** [タイク táik] 男 (単2) -[e]s/(複) -e (3格のみ -en) (パン・ケーキなどの)生地, こね粉. (英 dough). den Teig kneten 生地をこねる / den Teig mit Hefe an|setzen イーストを混ぜて生地をつくる.

tei·gig [タイギヒ táiɡɪç] 形 ① (パン・菓子など が)生焼けの. ② (パン生地のように)柔らかい, ぶよぶよの; 青白くふくれた(顔など). ③ 練り粉だらけの(手など).

Teig≈wa·re [タイク・ヴァーレ] 囡 -/-n 《ふつう複》パスタ(めん)類(マカロニ・パイなど).

*der **Teil**¹ [タイる táil] 男 (単2) -[e]s/(複) -e (3格のみ -en) ① 部分, (全体の)一部. (英 part). der obere (untere) Teil des Hauses 家屋の上部(下部) / der größte Teil der Arbeit² 仕事の大部分 / der südliche Teil des Landes 国の南部地区 / der zweite Teil des „Faust" 『ファウスト』第2部 / Ein wesentlicher Teil fehlt. 重要な部分が欠けている / Der fünfte Teil von fünfzig ist zehn. 50の5分の1は10だ / ein Roman in drei Teilen 3部構成の小説 /物⁴ in vier Teile teilen 物⁴を4つの部分に分ける / zum Teil 部分的には, 一部は, いくぶん(略: z. T.) / zum Teil..., zum Teil~ 一部は…, 一部は~ / Ich habe es zum größten Teil selbst gemacht. 私はそれを大部分自分でやった.
② (相対する)一方の側, 当事者. der gebende Teil 与える側 / der klagende (schuldige) Teil《法》原告(被告)側 / Man muss beide Teile hören. 双方の言い分を聞かなければならない.

Teil² [タイる] 男 匣 -[e]s/-e 分け前, 割当分, 分担分 (=Anteil). (英 share). Jeder bekommt sein[en] Teil. a) だれもが分け前をもらう, b)《比》だれもが罰(報い)を受ける / 人³ sein[en] Teil geben a) 人³ にその分け前を与える, b)《比》人³ に本当のことをあけすけに言う / Ich will gern mein[en] Teil dazu beitragen. 私は私なりにそれに寄与するつもりだ / Er hat das bessere Teil erwählt.《比》彼は他の

teilnehmen

人よりも恵まれた境遇にある / Ich habe mir mein *Teil* gedacht.《比》(口には出さないが)私は私なりに考えた / ich **für** mein[en] *Teil* 私としては / Die Kinder erbten **zu** gleichen *Teilen*. 子供たちは均等に財産を相続した.

Teil³ [タイる] 田 -[e]s/-e (機械などの)部品, パーツ. die einzelnen *Teile* des Motors エンジンの個々のパーツ / ein gut *Teil* かなり[の部分], たくさん.

> ..*teil* のいろいろ: Bestand*teil* 構成要素 / Bruch*teil* 小片 / Einzel*teil* 個々の部分 / Erd*teil* 大陸 / Ersatz*teil* 交換部品 / Fertig*teil* プレハブの部品 / Haupt*teil* 主要部分 / Körper*teil* 肢体 / Ober*teil* 上部 / Stadt*teil* 市区 / Unter*teil* 下部

teil·bar [タイるバール] 形 分けられる, 可分の;《数》割り切れる.

Teil⁼be·trag [タイる・ベトラーク] 男 -[e]s/..träge 総額の一部.

Teil·chen [タイるヒェン táilçən] 田 -s/- (*Teil* の縮小) ① 小部分; 小さな部品. ②《物》微粒子;素粒子(=Elementar*teilchen*). ③《方》ビスケット.

＊tei·len [タイれン táilən]

> 分ける Bitte, *teilt* das brüderlich!
> ビッテ タイるトダス ブリューダァりヒ
> 仲よくそれを分けなさいよ.

(teilte, *hat*... geteilt) I 他 (完了 haben) ① (人·物⁴を)分ける, 分割する; 二分する;《数》割る. (英 *divide*). ein Land⁴ *teilen* 国土を分割する / Der Vorhang *teilt* das Zimmer. カーテンが部屋を二つに仕切っている / die Schüler⁴ **in** drei Gruppen *teilen* 生徒たちを 3 グループに分ける / einen Apfel in vier Stücke *teilen* りんごを四つに割る.《過去分詞の形で》15 *geteilt* **durch** 3 ist 5. 15 割る 3 は 5 / Wir waren *geteilter* Meinung². 私たちは意見が分かれていた.

② **分配する**; 分け与える. die Beute⁴ *teilen* 獲物を山分けする / Er *hat* sein Brot **mit** mir *geteilt*. 彼はパンを私に分けてくれた / Wir *teilten* die Äpfel **unter** uns. 私たちはりんごを分け合った / Sie *teilten* sich³ die Kirschen. 彼らはさくらんぼを分け合った. ◇《目的語なしでも》Er *teilt* nicht gern. 彼はけちだ(←分け与えたがらない).

③ 《物⁴ **mit** 人³~》(物⁴を人³と)共用する. Ich *teile* das Zimmer mit meinem Bruder. 私は兄(弟)と部屋を共用している.

④ (考え·運命など⁴を)共有する, 共にする. Ich *teile* sene Ansicht nicht. 私は彼とは意見が違う / Sie **haben** Freude und Leid **mit**einander *geteilt*. 彼らは苦楽を共にした.

II 再帰 (完了 haben) sich⁴ *teilen* ① (道·集団などが)**分かれる**; (細胞が)分裂する. Der Weg *teilt* sich hier. 道はここで分かれている / Die Schüler *teilten* sich **in** zwei Gruppen.

生徒たちは二つのグループに分かれた / In diesem Punkt *teilen* sich die Meinungen.《比》この点で意見が分かれている.

② 《sich³ **in** 物·事⁴ ~》《雅》(物⁴を)分け合う; (英⁴を)分担する. Wir *teilten* uns in den Gewinn. 私たちは利益を分け合った / Ich *teile* mich **mit** ihm in die Arbeit. 私は彼と仕事を分担する.

◇☞ **geteilt**

Tei·ler [タイらァ táilər] 男 -s/-《数》除数, 約数. der [größte] gemeinsame *Teiler* [最大]公約数.

Teil⁼er·folg [タイる・エァふォるク] 男 -[e]s/-e 部分的な成功(成果).

Teil⁼ge·biet [タイる・ゲビート] 田 -[e]s/-e (学問の)分野, (特定)領域.

teil·ge·nom·men [タイる・ゲノメン] ＊*teil*nehmen (参加する)の 過分

teil|ha·ben* [タイる・ハーベン táil-hà:bən] 自 (h) 《**an** 事³~》(事³に)関与(参加)する; (事³を)共にする. an seiner Freude *teilhaben* 彼と喜びを分かち合う.

Teil·ha·ber [タイる・ハーバァ táil-ha:bər] 男 -s/-《経》(会社などへの)出資者, 組合員, 株主. (＊ 女性形は Teilhaberin).

teil·haf·tig [タイる・ハふティヒ táil-haftiç] 形 《成句的に》事⁴ *teilhaftig* werden《雅》事⁴に関与する, 事⁴の分け前(恩恵)にあずかる.

..tei·lig [..タイりヒ ...tailiç]《形容詞をつくる接尾》(...の部分からなる) 例: drei*teilig* 3 部[分]からなる(=3-teilig).

＊die Teil·nah·me [タイる・ナーメ táilna:mə] 女 (単) -/ ① **参加**, 加入; 出席; 関与. (英 *participation*). die *Teilnahme* **am** Kurs 講習会への参加 / *Teilnahme* am Verbrechen 犯罪への関与 ② 関心, 興味;《雅》同情, 弔意. 人³ herzliches *Teilnahme*⁴ aus|sprechen 人³に心からのお悔やみを述べる.

Teil·nah·me⁼be·rech·tigt [タイる ナーメ·ベレヒティヒト] 形 参加(出席)資格のある.

Teil·nahms⁼los [タイるナームス·ろース] 形 無関心な, 興味のなさそうな, 冷淡な. mit *teilnahmslosen* Augen 無関心な目つきで.

Teil·nahms⁼lo·sig·keit [タイるナームス·ろーズィヒカイト] 女 -/ 無関心, 冷淡.

Teil·nahms⁼voll [タイるナームス·ふォる] 形 深い関心を示した, 同情深い, 思いやりのある.

＊teil|neh·men* [タイる・ネーメン táil-nè:mən] (du) nimmst...teil, er nimmt...teil (nahm ...teil, *hat*...teilgenommen) 自 (完了 haben)

① 《**an** 事³~》(事³に)**参加する**, 加わる, 出席する. (英 *take part in*). Ich *nehme* an der Reise *teil*. 私はその旅行に参加します / an einem Seminar (einem Wettbewerb) *teilnehmen* ゼミに出席する(競技会に出場する).

② 《**an** 事³~》(事³に)共感(同情)を寄せる. Er *nahm* an meinem Schmerz *teil*. 彼は私と悲しみを分かち合ってくれた. ◇《現在分詞の形で》*teilnehmende* Worte いたわりの言葉.

類語 teil|nehmen:「参加する」という意味で最も一般的な語. sich⁴ beteiligen (催し・事業などに正式[な]メンバーとして)参加する. Er hat an der Expedition *beteiligt*. mit|machen:（他の人につき合う意味で）参加する. Ich *machte* den Ausflug *mit*. 私はハイキングに参加した.

*der **Teil·neh·mer** [タイる・ネーマァ táilne:mɐr] 男 (単) -s/(複) - (3格のみ -n) 参加者, 出席者; 関与者; (英 *participant*); (風 などの)加入者. (⇨ 女性形は Teilnehmerin). eine Versammlung von 50 *Teilnehmern* 参加者 50 人の集会.

* **teils** [タイるス táils] 副 部分的に, 一部は. (英 *partly*). Er hat *teils* Recht. 彼の言うことは部分的には正しい / *teils*…, *teils* ~ 一部は…, 一部は~ ⇨ Ich habe meine Reise *teils* mit dem Zug, *teils* mit dem Auto gemacht. 私は列車に乗ったり, 車に乗ったりして旅をした / Wie hat dir das Konzert gefallen? — *Teils, teils.*《口語》そのコンサートはどうだった ー まあまあだったよ.

..teils [..タイるス ..táils] 副詞をつくる 接尾 《…の部分では》例: eines*teils* 一方では / größten*teils* 大部分は.

Teil·stre·cke [タイる・シュトレッケ] 女 -/-n (鉄道・バスなどの)区間.

Teil·strich [タイる・シュトリヒ] 男 -[e]s/-e (計量器・物差などの)目盛り線.

teil·te [タイるテ] ‡teilen (分ける)の 過去

Tei·lung [タイるング] 女 -/-en ① 分割, 分離; 分配; 区分. ②《数》除法, 割り算. ③《生》分裂. Zell*teilung* 細胞分裂.

***teil·wei·se** [タイる・ヴァイゼ táil-vaizə] 副 部分的に, 一部は. (英 *partly*). Das Haus ist *teilweise* fertig. その家は一部は出来上がっている. ◇《付加語としても》ein *teilweiser* Erfolg 部分的な成功.

Teil·zah·lung [タイる・ツァーるング] 女 -/-en 分割払い. eine monatliche *Teilzahlung* 月賦払い / 物⁴ **auf** (または **in**) *Teilzahlung* kaufen 物⁴を分割払いで買う.

Teil·zeit·ar·beit [タイるツァイト・アルバイト] 女 -/-en =Teilzeitbeschäftigung

Teil·zeit·be·schäf·ti·gung [タイるツァイト・ベシェフティグング] 女 -/-en パートタイム勤務.

teil·zu·neh·men [タイる・ツ・ネーメン] ‡teil-nehmen (参加する)の zu 不定詞.

Teint [テーン tɛ̃:] [22] 男 -s/-s 顔色, 血色; 顔の皮膚.

Tek·to·nik [テクトーニク tɛktóːnɪk] 女 -/ ①《地学》構造地質学. ②《建》構造(構築)[術]. ③《文学》(作品の)内部構造, 構成.

tek·to·nisch [テクトーニッシュ tɛktóːnɪʃ] 形 ①《地学・建》構造(構築)上の. ②《文学》〔作品〕構成上の.

Tel. (略) ① [テーれフォーン または テれフォーン] 電話 (=Telefon). ② [テれグラム] 電報 (=Telegramm).

..tel [..テる ..təl]《数詞につけて名詞・形容詞をつくる 接尾》(…分の 1 の) 例: Vier*tel* 4 分の 1.

te·le··, Te·le·· [テれ.. tele.. または テーれ.. téːle.. または téːlə..]《形容詞・名詞につける 接尾》《遠い》例: *Tele*pathie テレパシー.

Te·le·ar·beit [テーれ・アルバイト] 女 -/ (自宅と会社を結ぶ通信網を利用した)在宅勤務.

Te·le·fax [テーれ・ファクス téːlə-faks] 中 -/-e ファクス, ファクシミリ.

te·le·fa·xen [テーれ・ファクセン téːlə-faksən] I 他 (h) (物⁴を)ファクスで送る. II 自 (h) ファクスを送る.

*das **Te·le·fon** [テーれフォーン téːlefoːn または テれふォーン]

電話 *Telefon* für dich!
テーれフォーン フューァ ディヒ
君に電話だよ.

中 (単2) -s/(複) -e (3格のみ -en) 電話[機]; 電話の接続. (英 *telephone*). das schnurlose *Telefon* コードレス・テレホン / Das *Telefon* läutet (または klingelt). 電話が鳴っている / Darf ich Ihr *Telefon* benutzen? お電話をお借りしていいですか / Haben Sie *Telefon*? 電話をお持ちですか / ans *Telefon* rufen 人⁴を電話口に呼び出す / Sie werden am *Telefon* gewünscht.《受動・現在》あなたにお電話です / sich³ *Telefon*⁴ legen lassen 電話を引いて(設置して)もらう.

⇨ **..telefon** のいろいろ: Auto*telefon* カーテレホン / Bild*telefon* テレビ電話 / Karten*telefon* カード式[公衆]電話 / Mobil*telefon* 携帯電話 / Tasten*telefon* プッシュホン

Te·le·fon·an·schluss [テーれフォーン・アンシュるス] 男 -es/..schlüsse 電話接続.

Te·le·fon·an·schluß ☞ 新形 Telefon-anschluss

Te·le·fo·nat [テれフォナート telefonáːt] 中 -[e]s/-e 通話.

Te·le·fon-Ban·king, Te·le·fon·ban·king [テーれフォーン・ベンキング] 中 -[s]/ テレホンバンキング(銀行とのビジネスを電話で行えるシステム).

Te·le·fon·buch [テーれフォーン・ブーフ] 中 -[e]s/..bücher 電話帳.

Te·le·fon·ge·spräch [テーれフォーン・ゲシュプレーヒ] 中 -[e]s/-e 通話. ein langes *Telefongespräch*⁴ führen 長電話をする.

‡**te·le·fo·nie·ren** [テれフォニーレン telefoníːrən] (telefonierte, hat…telefoniert) ① (完了 haben) 電話する, 電話で話す. (英 *telephone, call*). Er *telefonierte* mit seiner Tochter. 彼は娘と電話で話した / nach Deutschland *telefonieren* ドイツに電話する / nach einem Taxi *telefonieren* 電話でタクシーを呼ぶ.

te·le·fo·niert [テれフォニーァト] ‡telefonie-

ren (電話する)の 過分, 3 人称単数・2 人称複数 現在|.
te・le・fo・nier・te [テれフォニーアテ] *telefonieren (電話する)の 過去.

***te・le・fo・nisch** [テれフォーニッシュ telefóːnɪʃ] 形 電話による; 電話の. (英 *telephonic*). eine *telefonische* Bestellung 電話による注文 / Ich bin *telefonisch* zu erreichen. 私には電話で連絡がつきます.

Te・le・fo・nis・tin [テれフォニスティン telefonístɪn] 女 −/..tinnen (女性の)電話の交換手.

Te・le・fon≠kar・te [テーれフォーン・カルテ] 女 −/−n テレホンカード.

***die Te・le・fon≠num・mer** [テーれフォーン・ヌンマァ téːlefoːn-nʊmər または テれフォーン..] 女 (単) −/(複) −n 電話番号 (=Rufnummer). (英 [*tele*]*phone number*). Wie ist Ihre *Telefonnummer*? あなたの電話番号は何番ですか / Er gab mir seine *Telefonnummer*. 彼は私に自分の電話番号を教えてくれた.

Te・le・fon≠seel・sor・ge [テーれフォーン・ゼーるゾルゲ] 女 −/ 電話[による]カウンセリング, 電話人生相談.

Te・le・fon≠zel・le [テーれフォーン・ツェれ] 女 −/−n 電話ボックス.

Te・le・fon≠zent・ra・le [テーれフォーン・ツェントラーれ] 女 −/−n (会社などの)電話交換台.

Te・le・fo・to・gra・fie [テーれ・フォトグラふィー téːleloː-fotografiː] 女 −/−n [..フィーエン] 《写》望遠写真.

te・le・gen [テれゲーン telegéːn] 形 テレビ向きの, テレビ映りのよい(人・顔など).

Te・le・graf [テれグラーふ telegráːf] 男 −en/−en 電信機(テレタイプなど).

Te・le・gra・fie [テれグラふィー telegrafíː] 女 −/ 電信. die drahtlose *Telegrafie* 無線電信.

te・le・gra・fie・ren [テれグラふィーレン telegrafíːrən] I 他 (h) ([人³に][事⁴を]電報で知らせる. II 自 (h) 電報を打つ. nach Berlin *telegrafieren* ベルリンに電報を打つ.

te・le・gra・fisch [テれグラーふィッシュ telegráːfɪʃ] 形 電信(電報)による; 電信(電報)の.

***das Te・le・gramm** [テれグラム telegrám] 中 (単2) −s/(複) −e (3格のみ −en) 電報. (英 *telegram*). Glückwunsch*telegramm* 祝電 / ein *Telegramm*⁴ auf|geben (郵便局で)電報の発信を依頼する / 人³ ein *Telegramm*⁴ schicken 人³に電報を打つ.

Te・le・gramm≠for・mu・lar [テれグラム・ふォルムらール] 中 −s/−e 電報頼信(発信)紙.

Te・le・gramm≠stil [テれグラム・シュティーる] 男 −[e]s/ 電文体, 電報のような文体.

Te・le・graph [テれグラーふ telegráːf] 男 −en/−en =Telegraf

Te・le・gra・phie [テれグラふィー telegrafíː] 女 −/ =Telegrafie

te・le・gra・phie・ren [テれグラふィーレン telegrafíːrən] 他 (h)/自 (h) =telegrafieren

te・le・gra・phisch [テれグラーふィッシュ telegráːfɪʃ] 形 =telegrafisch

Te・le・kol・leg [テーれ・コれーク] 中 −s/−s テレビ講座.

Te・le・kom [テーれ・コム téːle-kɔm] 女 −/ テレコム. Deutsche *Telekom* AG ドイツテレコム株式会社(1995年 Bundespost より独立, 民営化).

Te・le・mark [テーれマルク téːləmark] 男 −s/−s (昔の:)(スキーの)テレマーク式回転.

Te・le・ob・jek・tiv [テーれ・オプイェクティーふ] 中 −[e]s/−e [..ヴェ] 《写》望遠レンズ.

Te・le・pa・thie [テれパティー telepatíː] 女 −/ テレパシー, 精神感応[術].

te・le・pa・thisch [テれパーティッシュ telepáːtɪʃ] 形 テレパシーによる, 精神感応の.

Te・le・phon [テーれ・フォーン téːlefoːn] 中 −s/−e 電話 (=Telefon). (⚠ 旧正書法では f を ph とつづこともあった).

Te・le・shop・ping [テーれ・ショッピング] 中 −s/ テレビショッピング.

Te・le・skop [テれスコープ teleskóːp] 中 −s/−e 望遠鏡 (=Fernrohr).

te・le・sko・pisch [テれスコーピッシュ teleskóːpɪʃ] 形 望遠鏡の, 望遠鏡による.

Te・le・text [テーれ・テクスト] 男 −[e]s/ (テレビの)文字放送.

Te・lex [テーれクス téːlɛks] 中 −/−[e] テレックス.

te・le・xen [テーれクセン téːlɛksən] 他 (h) テレックスで送信する.

Tell [テる tɛ́l] −s/ 《人名》テル (Wilhelm *Tell*; 14世紀のスイス独立戦争における伝説的英雄).

***der Tel・ler** [テらァ tɛ́lər] 男 (単2) −s/(複) − (3格のみ −n) ① (食事用の)皿. (英 *plate*). Suppen*teller* スープ皿 / ein tiefer *Teller* 深皿 / ein *Teller* [voll] Suppe 一皿のスープ / die *Teller*⁴ ab|waschen (spülen) 皿を洗う(すすぐ) / Der *Teller* steht auf dem Tisch. 皿はテーブルの上にある. ② (スキーのストックの)リング. ③ 《ふつう 複》《狩》いのししの耳.

....
類語 der Teller: (ふつう浅く丸い)皿. die Schüssel: 鉢. (料理を盛って食卓に出す深皿, 取っ手・ふたの付いたのもある). die Suppen*schüssel* スープ鉢. die Schale: (果物などを盛るやや深めの)皿, 鉢. die Obst*schale* フルーツ皿.
....

Tel・ler≠wä・scher [テらァ・ヴェッシャァ] 男 −s/− 皿洗い[人].

Tel・lur [テるーァ tɛlúːr] 中 −s/ 《化》テルル(記号: Te).

***der Tem・pel** [テンペる tɛ́mpəl] 男 (単2) −s/(複) − (3格のみ −n) ① (キリスト教以外の宗教の)神殿, 寺院, 聖堂. (英 *temple*). ein griechischer *Tempel* ギリシアの神殿 / der *Tempel* der Kunst² 《比》芸術の殿堂 / 人⁴ zum *Tempel* hinaus|jagen (《口語》人⁴を家から追い出す(← 神殿の外へ追いやる). ② 神殿風の建物.

Tem・pel≠herr [テンペる・ヘル] 男 −n/−en 《史》テンプル(聖堂)騎士団員.

Tem・pe・ra≠far・be [テンペラ・ふァルベ] 女 −/

Tem·pe·ra·ma·le·rei [テンペラ・マーレライ] 囡 -/-en ① 《覆 なし》テンペラ画法. ② テンペラ画.

* *das* **Tem·pe·ra·ment** [テンペラメント tɛmpəramént] 申 (単2) -[e]s/-en ① 気質, 気性, 性分. (㊀ *temperament*). ein melancholisches *Temperament* 憂うつ気質 / Er hat ein ruhiges *Temperament*. 彼は気性が穏やかだ. ② 《覆 なし》《情熱的な》気性, 活気, 元気. Sie hat kein *Temperament*. 彼女はおとない(無気力だ).

tem·pe·ra·ment·los [テンペラメント・ろース] 形 活気のない, 元気のない, 気の抜けた.

tem·pe·ra·ment·voll [テンペラメント・ふォる] 形 気性の激しい, 元気のいい, 情熱的な.

* *die* **Tem·pe·ra·tur** [テンペラトゥーァ tɛmpəratú:r] 囡 (単) -/(複) -en (3格のみ -en) ① 温度; 気温. Wasser*temperatur* 水温 / die höchste *Temperatur* 最高気温 / Die *Temperatur* beträgt 20 Grad. 気温は20度だ / Die *Temperatur* steigt (sinkt). 気温が上がる(下がる). ② 《医》微熱. [erhöhte] *Temperatur*⁴ haben 微熱がある. ③ 《音楽》平均律, 音律.

Tem·pe·ra·tur·reg·ler [テンペラトゥーァ・レーグらァ] 男 -s/- サーモスタット.

Tem·pe·ra·tur·sturz [テンペラトゥーァ・シュトゥるツ] 男 -es/..stürze 温度の急激な下降.

tem·pe·rie·ren [テンペリーレン tɛmpəríːrən] 他 (h) ① 《物⁴の》温度を調節する(適温にする). ② 《雅》《激情など⁴を》和らげる, 静める. ③ 《音楽》調律する. ◇《過去分詞の形で》 die *temperierte* Stimmung 平均律.

Tem·pi [テンピ] ＊Tempo (テンポ)の覆

* *das* **Tem·po** [テンポ témpo] 申 (単2) -s/(複) -s (複) Tempi ① 《覆 なし》速度, スピード. (㊀ *speed*). ein langsames *Tempo* ゆっくりしたスピード / das *Tempo*⁴ erhöhen (または steigern) 速度を上げる / das *Tempo*⁴ herab[setzen (または vermindern) 速度を落とす / *Tempo, Tempo!*《口語》急げ急げ / Hier gilt *Tempo* 50. ここは制限時速50キロだ / **in** (または **mit**) hohem *Tempo* ハイスピードで. ② 《覆 ふつう Tempi》《音楽》《楽曲の演奏の》テンポ, 速度. (㊀ *tempo*). ③ 《フェンシング》テンポ(相手の攻撃に対する先制攻撃). ④《覆 -s》《商標》ティッシュペーパー (= *Tempo*taschentuch).

Tem·po·li·mit [テンポ・リミット] 申 -s/-s (または -e)《交通》速度(スピード)制限

tem·po·ral [テンポラーる tempoɾáːl] 形 ① 《言》時称の, 時を表す. ② 《医》側頭部の.

tem·po·rär [テンポレーァ tɛmpɔrɛ́ːr] 形 一時の, 仮の, 当座の.

Tem·po·ta·schen·tuch [テンポ・タッシェントゥーフ] 申 -[e]s/..tücher 《商標・口語》ティッシュペーパー (= Papiertaschentuch).

Tem·pus [テンプス témpus] 申 -/Tempora 《言》《動詞の》時称.

* *die* **Ten·denz** [テンデンツ tɛndénts] 囡 (単) -/(複)《㊀ *tendency*》① 傾向. Die Preise haben eine steigende *Tendenz*. 物価は上昇傾向にある. ② 《ふつう 覆》動向, 風潮. neue *Tendenzen* in der Musik 音楽界における新しい動向. ③ 《個人の》性向, 《軽蔑的に:》《文章などの》[イデオロギー的]傾向. Seine Bücher zeigen eine *Tendenz* **zum** Mystischen. 彼の著書には神秘主義への傾向が見られる.

ten·den·zi·ell [テンデンツィエる tɛndɛntsiél] 形 一般的傾向に従った; 傾向上の.

ten·den·zi·ös [テンデンツィエース tɛndɛntsiø:s] 形 偏向した, かたよった, 政治色のある.

Ten·der [テンダァ téndər] [英] 男 -s/- ① 《蒸気機関車の》炭水車. ② 《海》補給船.

ten·die·ren [テンディーレン tɛndíːrən] 他 (h) 《…への》傾向がある, 傾く. **zu** 事³ *tendieren* 事³の傾向がある / Die Partei *tendiert* **nach** links. その政党は左寄りだ.

Ten·ne [テンネ ténə] 囡 -/-n (納屋の)打穀場.

* *das* **Ten·nis** [テニス ténis] 申 (単) -/ テニス, 庭球. (㊀ *tennis*). Ich spiele gern *Tennis*. 私はテニスをするのが好きです.

Ten·nis·ball [テニス・バる] 男 -[e]s/..bälle テニスボール.

Ten·nis·platz [テニス・プらッツ] 男 -es/..plätze テニスコート, テニス場.

Ten·nis·schlä·ger [テニス・シュれーガァ] 男 -s/- テニス用ラケット.

Ten·nis·spiel [テニス・シュピーる] 申 -[e]s/-e テニスの試合.

Ten·nis·spie·ler [テニス・シュピーらァ] 男 -s/- テニスをする人, テニスプレーヤー (㊟ 女性形は Tennisspielerin).

Ten·nis·tur·nier [テニス・トゥルニーァ] 申 -s/-e テニストーナメント.

Te·nor [テノーァ tenóːr] I 男 -s/Tenöre (㊄ブリュラ: -e も)《音楽》① テノール(男声の最高音域). ② 《覆 なし》テノール声部. ③ テノール歌手. II 男 -s/ ① 主旨, 大意; 《法》判決主文. ② 《音楽》《単旋律聖歌の》主音; (13～16世紀のポリフォニー音楽の)定旋律.

Te·no·rist [テノリスト tenorʃst] 男 -en/-en テノール歌手.

* *der* **Tep·pich** [テピヒ tépiç] 男 (単2) -s/(複) -e (3格のみ -en) ① じゅうたん, カーペット. (㊀ *carpet*). ein wertvoller *Teppich* 高価なじゅうたん / den *Teppich* klopfen (ほこりを落とすために)じゅうたんをたたく / Bleib **auf** dem *Teppich*!《口語・比》夢みたいなことを言うものではない, 慎重に行動しなさい(←じゅうたんの上にとどまれ) / ein Zimmer⁴ **mit** *Teppichen* aus|legen 部屋にじゅうたんを敷く / ein Problem⁴ **unter** den *Teppich* kehren《口語・比》ある問題をもみ消す(←じゅうたんの下にほうきで掃いて入れる). ② 《南》毛布.

Tep·pich·klop·fer [テピヒ・クろプふァァ] 男 -s/- じゅうたんたたき.

der Ter·min [テルミーン tɛrmí:n] 男 (単2) -s/(複) -e (3格のみ -en) ① 期日, 期限; (日時の)約束, アポイントメント. (英 date). Zahlungs*termin*《商》支払期日 / einen *Termin* fest|setzen (ein|halten) 期日を定める(厳守する) / einen *Termin* beim Zahnarzt haben 歯医者を予約している / Er hat den *Termin* versäumt. 彼は期日に遅れた / **zu** *Termin* stehen 期日が決まっている. ② 《法》公判[日]; 出廷[日].

Ter·mi·nal [タ−ミナる tá:rmɪnəl] [英] I 男 中 –s/-s 《空港の》ターミナルビル;《鉄道の》ターミナルステーション. II 中 –s/-s 《コンピュ》端末[装置], ターミナル.

ter·min∥**ge·mäß** [テルミーン・ゲメース] 形 期日(期限)どおりの, 期限内の.

ter·min∥**ge·recht** [テルミーン・ゲレヒト] 形 = termingemäß

Ter·min∥**ge·schäft** [テルミーン・ゲシェふト] 中 –[e]s/-e《商》定期先物(さきもの)商取引.

Ter·mi·no·lo·gie [テルミノろギー tɛrminologí:] 女 –/-n [..ギーエン] 《総称として》専門用語, 術語.

Ter·mi·nus [テルミヌス términus] 男 –/..mini 専門用語, 術語.

Ter·mi·te [テルミーテ tɛrmí:tə] 女 –/-n《昆》シロアリ.

Ter·pen·tin [テルペンティーン tɛrpɛntí:n] 中 (まれ: 男) –s/-e ① テルペンチン, 松やに(松科植物の樹脂). ②《口語》テレピン油.

Ter·rain [テレーン tɛrɛ̃:] [ぅランス] 中 –s/-s ① 地域;地所, 土地;《比》領域, 分野. ②《地理》地形, 地勢.

Ter·ra·kot·ta [テラコッタ tɛrakɔ́ta] 女 –/..kotten [《複》なし] テラコッタ, 赤土素焼. ② テラコッタ工芸品.

Ter·ra·ri·um [テラーリウム tɛrá:rium] 中 –s/..rien [..リエン]《動》(両生類・爬虫(はちゅう)類などの)飼育[用のガラス]ケース;(動物園の)両生類(爬虫類)館.

die **Ter·ras·se** [テラッセ tɛrásə] 女 (単) (複) –n (英 terrace) ①《家の》テラス. (☞ Haus 図). **auf der** *Terrasse* frühstücken テラスで朝食をとる. ②(階段状の)段地, 段丘;台地. Reis[4] in *Terrassen* an|bauen 棚田で米を栽培する.

ter·ras·sen·för·mig [テラッセン・フェルミヒ] 形 段地(段丘)状の, テラス状の.

Ter·raz·zo [テラッツォ tɛrátso] [イタリヤ] 男 –[s]/..razzi《建》テラゾ(床材).

Ter·ri·er [テリアァ tériər] 男 –s/- テリヤ(狩猟・愛玩用の犬).

Ter·ri·ne [テリーネ tɛrí:nə] 女 –/-n (ふた付きの)スープ鉢.

ter·ri·to·ri·al [テリトリアーる tɛritoriá:l] 形 領土の, 領地の;(旧東ドイツで:)地域の.

Ter·ri·to·ri·um [テリトーリウム tɛritó:rium] 中 –s/..rien [..リエン] ① 地帯, 領域. ②(一国の)領土, 領地. fremdes *Territorium*[4] verletzen 外国の領土を侵犯する.

Ter·ror [テロァ térɔr] 男 –s/ ① 恐怖政治, テロ[リズム];(暴力による)弾圧. ② ものすごい恐怖. ③《口語》争いごと, もめごと, ケンカ.

ter·ro·ri·sie·ren [テロリズィーレン tɛrorizí:rən] 他 (h) ① (テロなどによって)人[4]・地域など[4] を恐怖に陥れる. ②(人[4]を)ひどく困らせる.

Ter·ro·ris·mus [テロリスムス tɛrorísmus] 男 –/ ① 恐怖政治, テロリズム, テロ行為(手段). ②(総称として:)テロリストの一味.

Ter·ro·rist [テロリスト tɛrorɪ́st] 男 –en/-en テロリスト. (☞ 女性形は Terroristin).

ter·ro·ris·tisch [テロリスティッシュ tɛrorístɪʃ] 形 テロ[行為]の.

Ter·tia [テルツィア tértsia] 女 –/..tien [..ツィエン] ① (9年制ギムナジウムの)第4および第5学年(第4学年が Unter*tertia*, 第5学年が Ober*tertia*. それぞれ日本の中学2年, 3年に相当). ②《オーストリヤ》(ギムナジウムの)第3学年(日本の中学1年に相当). (☞ Gymnasium). ③ [《複》なし]《印》16ポイントの活字.

Ter·ti·a·ner [テルツィアーナァ tɛrtsiá:nər] 男 –s/- ① (9年制ギムナジウムの)4年および5年生. ②《オーストリヤ》(ギムナジウムの)3年生.

Ter·ti·är [テルツィエーァ tɛrtsiɛ́:r] 中 –s/《地学》第3紀.

Terz [テルツ tɛrts] 女 –/-en ①《音楽》3度[音程]. ②(フェンシングの)第3の構え. ③《カトリック》第3時課(午前9時の礼拝).

Ter·zett [テルツェット tɛrtsét] 中 –[e]s/-e ①《音楽》三重唱[団]. ② テルツェット(ソネットの後半の3行詩節). ③ 三人組.

Te·sa·film [テーザ・ふぃるム] 男 –[e]s/《商標》セロハンテープ, セロテープ.

Tes·sin [テスィーン tɛsí:n] 中 –s/《地名》テッシン(スイス26州の一つ. 州都はベリンツォーナ. イタリア名はティッツィーノ).

Test [テスト tést] [英] 男 –[e]s/-s (または -e) テスト, 検査; 適性検査.

das **Tes·ta·ment** [テスタメント tɛstamént] 中 (単2) –[e]s/(複) -e (3格のみ -en) ① 遺言[状]. Er machte sein *Testament*. 彼は遺言を作成した. ②《キリスト教》(神と人との)契約; 聖書. das Alte *Testament* 旧約聖書(略: A. T.) / das Neue *Testament* 新約聖書(略: N. T.).

tes·ta·men·ta·risch [テスタメンターリッシュ tɛstamɛntá:rɪʃ] 形 遺言[状]の, 遺言による.

Tes·ta·ments∥**er·öff·nung** [テスタメンツ・エァエフヌング] 女 –/-en《法》遺言状の開封.

Tes·ta·ments∥**voll·stre·cker** [テスタメンツ・ふぉるシュトレッカァ] 男 –s/-《法》遺言執行者.

tes·ten [テステン téstən] 他 (h) (人・物[4]を)テストする, 検査する. ein Medikament[4] auf Nebenwirkungen *testen* 薬の副作用を検査する. (☞ 類語 untersuchen).

tes·tie·ren [テスティーレン tɛstí:rən] I 他 (h)《法》遺言状を作成する. II 他 (h) (事[4]の)証

明をする，証明書を発行する．

Test︙per･son [テスト・ペルゾーン] 囡 -/-en 被験者．

Te･ta･nus [テータヌス tétːanus または テタ..tétaː] 男 -/ 《医》破傷風．

Tete-a-tete [テタテート tɛtaté:t] 中 -/-s (恋人たちの)あいびき．

Tête-à-tête [テタテート tɛtaté:t] [ﾃﾀﾃｰﾄ] 中 -/-s = Tete-a-tete

tet･ra..，Tet･ra.. [テトラ.. tetra..] 形容詞・名詞につける 接頭 《四》例: *Tetra*gon 四角形．

Tet･ra･lo･gie [テトラロギー tetralogíː] 囡 -/-n [..ギーエン] ① 《文学・音楽》四部作． ② (古代ギリシア演劇の)四部劇．

*__teu･er__ [トイアァ tóʏɐr]

高価な	Wie *teuer* ist das?
	ヴィー トイアァ イスト ダス
	それはいくらですか．

形 (比較 teurer, 最上 teuerst; 格変化語尾がつくときは teur-) ① 高価な，値段の高い．《反 expensive)．《参考》「(値段の)安い」は billig．eine *teure* Uhr 高価な時計 / ein *teures* Restaurant 値段の高いレストラン / Das ist mir zu *teuer*. それは私には高すぎる / Er hat seinen Leichtsinn *teuer* bezahlt. 《比》彼の軽率さが悪い結果をもたらした(← 高くついた) / eine *teure* Adresse 家賃(地代)の高いところ / 囚⁴ (または 囚³) *teuer* zu stehen kommen 囚⁴(または 囚³)にとって高いものにつく．

② 《雅》愛する，いとしい；大切な，貴重な．Mein *teurer* Freund! 愛するわが友よ． ◇名詞的に) Meine *Teure* (または *Teuerste*)! 《戯》(女性に対して:)いとしい人よ！

類語 *teuer*: (物の値段が)高い．*wertvoll*: (価値があるという意味で)高価な，値打ちのある．ein *wertvolles* Geschenk 高価な贈り物．*kostbar*: (高品質で値段も高く)貴重な．*kostbare* Teppiche 豪華なじゅうたん．

Teu･e･rung [トイエルング] 囡 -/-en 物価の上昇，値上がり．

***der Teu･fel** [トイフェる tóʏfəl] 男 (単2) -s/ (複) - (3格のみ -n) ① 《複 なし》**悪魔**，サタン；《比》悪魔のようなやつ．《英》devil). *Teufel* und Hexen 悪魔と魔女 / der leibhaftige *Teufel* 悪魔の化身 / den *Teufel* aus|treiben (または verjagen) (とりついた)悪魔を追い出す / Der Kleine ist ein richtiger *Teufel*. 《口語・比》この坊やはほんとうに手に負えない子だ / sich³ den *Teufel* auf den Hals laden 《口語》たいへんな面倒をしょい込む / den *Teufel* an die Wand malen 《口語》縁起でもないことを言う / Der *Teufel* ist los! 《口語・比》上を下への大騒ぎだ / Ihn reitet der *Teufel*. 《口語》彼は分別を失っている(← 悪魔が彼に乗り移っている) / Der *Teufel* steckt im Detail. 物事は細部がいちばんやっかいだ(← 悪魔は細部に潜んでいる) / In der Not frisst der *Teufel* Fliegen. 《ｺﾄﾜｻﾞ》飢えた者は食を選ばず(← 困れば悪魔は(魂の代わりに)はえを食べる) / Hol dich der *Teufel*! 《口語・現在》《俗》おまえなんかくたばっちまえ / Hol mich der *Teufel*, wenn ich lüge! 《接1・現在》うそなんかつくものか(← 私の言うことがうそだったら悪魔にさらわれてもいい) / Das weiß der *Teufel*! 《口語》《俗》そんなことだれが知るもんか / wie der *Teufel* fahren 狂ったように車をとばす． ◇間投詞的に) Pfui *Teufel*! 《口語》ちぇっ，いまいましい / *Teufel* auch! または *Teufel*, *Teufel*! 《俗》なんてこった / *Teufel* noch mal! または Tod und *Teufel*! こんちくしょう / [Zum] *Teufel*! 《俗》いまいましい． ◇強い否定を表して) kein *Teufel* 《俗》だれひとり…でない / den *Teufel* 《俗》ちっとも…でない ⇒ Ich werde den *Teufel* tun. 私はそんなことは全然しようとは思わない．

◇前置詞とともに) **auf** *Teufel* komm raus 《口語》一生懸命，全力で / Der Motor ist **beim** *Teufel*. 《俗》エンジンがいかれてしまった / Das müsste **mit dem** *Teufel* zugehen, wenn ... 《接2・現在》《口語》…が起こるなんてとても考えられない / Er ist **vom** *Teufel* besessen. 《口語》彼は悪魔にとりつかれている / 囚⁴ **zum** *Teufel* jagen 《俗》囚⁴を追っ払う / 囚⁴ **zum** *Teufel* wünschen 《俗》囚⁴がいなくなってしまえばいいと思う / Das Geld ist **zum** *Teufel*. 《俗》金(ﾈ)がなくなってしまった / Wer **zum** *Teufel* hat dich hergeschickt? いったいだれが君をここへよこしたのだ．

◇[2 格の形で] des *Teufels* sein 《口語》ばかなことをする，気が変である / in *Teufels* Küche kommen 《口語》窮地に陥る(← 悪魔の台所に入り込む) / 囚⁴ in *Teufels* Küche bringen 《口語》囚⁴を窮地に追い込む / In des (または drei) *Teufels* Namen! こんちくしょうめ！

② デーモン，魔神． ③ 《口語》やつ．ein armer *Teufel* 哀れなやつ．

Teu･fe･lin [トイフェリン tóʏfəlɪn] 囡 -/..linnen 《口語》気性の激しい(情熱的な)女性；悪魔のような女，毒婦．

Teu･fels︙kerl [トイフェるス・ケルる] 男 -[e]s/-e 《口語》(何でもこなす)すごいやつ，好漢．

Teu･fels︙kreis [トイフェるス・クライス] 男 -es/-e 悪循環．

teuf･lisch [トイふリッシュ tóʏflɪʃ] I 形 ① 悪魔のような，残忍な，凶悪な．ein *teuflisches* Verbrechen 凶悪犯罪． ② 《口語》ものすごい，非常な．II 副 《口語》ひどく，ものすごく．

der Teu･to･bur･ger Wald [トイトブルガァヴァるト tóʏtoburɡər valt] 男 - -[e]s / 《定冠詞とともに》《山名》トイトブルクの森(ドイツ北西部の丘陵地帯．紀元9年 アルミニウスの率いるゲルマン軍がローマ軍を破った)．《地図》D-2～3)．

Teu･to･ne [トイトーネ tɔʏtóːnə] 男 -n/-n チュートン人(ゲルマン人の一部族)；《戯》(軽蔑的に:)(行動や容貌が)典型的なドイツ人． 《参考》女性形は Teutonin)．

der Text [テクスト tékst] Ⅰ 男 (単2) -es (まれに -s)/(複) -e (3格のみ -en) ① (序文・注釈などに対して:) テキスト, 本文; 原文, 原典. (英 text). ein literarischer *Text* 文学上のテキスト / einen *Text* interpretieren テキストを解釈する / **aus** dem *Text* kommen《口語・比》(話の)筋がわからなくなる, 話題からそれる, まごつく / 人⁴ aus dem *Text* bringen《口語》人⁴をまごつかせる / Weiter **im** *Text*!《口語・比》(話の)先を続けなさい(続けよう).
② 《音楽》(楽譜に対して:)歌詞, せりふ,(オペラなどの)台本. ③ (挿絵・写真などの)説明文.
④ (説教に引用される)聖書の章句.
Ⅱ 女 (単) -/ 《印》20 ポイント[活字].

Text‧buch [テクスト・ブーフ] 中 -[e]s/..bücher《音楽》歌劇台本, リブレット.

Text‧dich‧ter [テクスト・ディヒタァ] 男 -s/-《音楽》作詞家,(歌劇の)台本作家.

tex‧ten [テクステン] (流行歌など⁴の)作詞をする;(広告など⁴の)文案(コピー)を作る.

Tex‧ter [テクスタァ tékstər] 男 -s/- (流行歌の)作詞者; 広告文案家, コピーライター. (女性形は Texterin).

tex‧til [テクスティーる tɛkstíːl] 形 織物の, 紡績の; 繊維(紡績)工業の.

Tex‧til‧fab‧rik [テクスティーる・ファブリーク] 女 -/-en 繊維工場.

tex‧til‧frei [テクスティーる・フライ] 形《口語・戯》裸の.

Tex‧ti‧li‧en [テクスティーリエン tɛkstíːliən] 複 繊維製品.

Tex‧til‧in‧dust‧rie [テクスティーる・インドゥストリー] 女 -/-n [..リーエン] 繊維(紡績)工業.

Tex‧til‧wa‧ren [テクスティーる・ヴァーレン] 複 繊維製品 (=Textilien).

Text‧kri‧tik [テクスト・クリティーク] 女 -/ 本文批評, 原文(原典)批判.

text‧lich [テクストりヒ] 形 本文[について]の, 原典[について]の.

Text‧lin‧gu‧is‧tik [テクスト・リングイスティク] 女 -/《言》テクスト言語学.

Text‧pro‧gramm [テクスト・プログラム] 中 -s/-e ワープロソフト.

Text‧ver‧ar‧bei‧tung [テクスト・フェアアルバイトゥング] 女 -/-en (コンピ) ワード・プロセッシング, テクスト処理.

Text‧ver‧ar‧bei‧tungs‧sys‧tem [テクストフェアアルバイトゥングス・ズュステーム] 中 -s/-e ワードプロセッサ.

Te‧zett [テーツェット téːtsɛt または テツェット] 中《成句的に》bis **ins** [letzte] (または bis **zum**) *Tezett*《口語》綿密に, とことんまで. (古いアルファベット表では z のあとに tz があったことから).

tgl. [テークりヒ] (略) 毎日の, 日々の (=täglich).

Th [テー・ハー] トリウム (=Thorium).

TH [テー・ハー] (略) 工業(工科)大学 (=technische Hochschule).

Thai [タイ tái] Ⅰ 男 -[s]/-[s] タイ人. Ⅱ 中 -/ タイ語.

Thai‧land [タイ・らント tái-lant] 中 -s/《国名》タイ[王国](首都はバンコク).

Thai‧län‧der [タイ・れンダァ tái-lɛndər] 男 -s/- (女性形は Thailänderin).

thai‧län‧disch [タイ・れンディッシュ tái-lɛndɪʃ] 形 タイ[人・語]の.

Tha‧les [ターれス táːlɛs] -/《人名》タレス(前624?–前547?; ギリシアの哲学者).

Thal‧li‧um [タリウム tálium] 中 -s/《化》タリウム (記号: Tl).

das Thea‧ter [テアータァ teáːtər]

劇場; 芝居

Wir gehen heute ins *Theater*.
ヴィァ ゲーエン ホイテ インステアータァ
私たちきょう芝居を見に行きます.

中 (単2) -s/(複) - (3格のみ -n) (英 theater)
① 劇場; 劇団, 一座. ein kleines *Theater* 小劇場 / **am** (または **beim**) *Theater* sein《口語》(俳優として)劇団に勤めている / **zum** *Theater* gehen《口語》役者になる.
② 《複 なし》芝居,(劇の)上演; 劇場の観客. ins *Theater* gehen 芝居を見に行く / *Theater*⁴ spielen《口語・比》(人をだますために)お芝居をする / [ein großes] *Theater*⁴ [um 事⁴ (または wegen 事²)] machen《口語》事⁴(または 事²)のことで大騒ぎする ⇒ Mach kein *Theater*! そんなに大騒ぎするんじゃないよ / 人³ *Theater*⁴ vor|machen《口語》人³に一芝居うつ.
③ 《複 なし》(総称として:)演劇作品, 劇文学. das griechische *Theater* ギリシア演劇.

(ウィーン国立歌劇場の場合)
Theater

Thea‧ter‧be‧such [テアータァ・ベズーフ] 男 -[e]s/-e 芝居見物, 観劇; 観客数.

Thea‧ter‧be‧su‧cher [テアータァ・ベズーハァ] 男 -s/- 芝居を見に行く人, 観劇者.

Thea‧ter‧dich‧ter [テアータァ・ディヒタァ] 男 -s/- (特に18・19世紀の)座付作者, 脚本家.

Thea‧ter‧di‧rek‧tor [テアータァ・ディレク

トァ] 男 -s/-en [..トーレン] 劇場支配人；劇場総監督.

The・a・ter⹀kar・te [テアータァ・カルテ] 女 -/-n 劇場の入場券，芝居の切符.

The・a・ter⹀kas・se [テアータァ・カッセ] 女 -/-n (劇場の)切符売り場.

The・a・ter⹀kri・tik [テアータァ・クリティーク] 女 -/-en 演劇評論，劇評.

The・a・ter⹀stück [テアータァ・シュテュック] 中 -(e)s/-e 脚本，戯曲.

The・a・ter⹀vor・stel・lung [テアータァ・フォーァシュテるング] 女 -/-en 芝居の上演.

the・a・tra・lisch [テアトラーリッシュ teatrá:lɪʃ] 形 ① 『付加語としてのみ』劇場(演劇・舞台)の. ② 《比》芝居がかった，大げさな. *theatralische* Gebärden 大げさな身ぶり.

The・is・mus [テイスムス teísmʊs] 男 -/《哲・宗》有神論，(特に:) 一神論(教).

The・ist [テイスト teíst] 男 -en/-en 有神論者.

the・is・tisch [テイスティッシュ teístɪʃ] 形 有神論の；有神論者の.

..thek [..テーク ..té:k] 《女性名詞をつくる 接尾》《収集・収蔵所》例. Biblio*thek* 図書館 / Video*thek* ビデオライブラリー.

The・ke [テーケ té:ka] 女 -/-n (酒場などの)カウンター，スタンド；(店の)売り台.

* *das* **The・ma** [テーマ té:ma] 中 (単2) -s/(複) Themen または (複) Themata ① (論文などの)テーマ，主題；話題. (英 theme). das *Thema* der Diskussion² 討論のテーマ / ein politisches *Thema* 政治的テーマ / Das *Thema* des Vortrags heißt (または lautet)… 講演のテーマは…というものである / ein *Thema*⁴ behandeln あるテーマを取り扱う / Wechseln wir das *Thema*! 話題を変えよう / **beim** *Thema* bleiben 本題からそれない / **über** ein *Thema* sprechen あるテーマについて論じる / **vom** *Thema* ab|kommen 本題からそれる / Das gehört nicht **zum** *Thema*. それは本題とは関係がない. ②《音楽》テーマ，主題. ③《言》提題.

The・ma・ta [テーマタ] *Thema (テーマ)の 複

The・ma・tik [テマーティク temá:tɪk] 女 -/-en 『ふつう 単』① (複合した)テーマの範囲；テーマの設定. ②《音楽》主題(テーマ)技法.

the・ma・tisch [テマーティッシュ temá:tɪʃ] 形 ① テーマ(主題・論題)の，テーマに関する. ②《音楽》テーマの，主題の.

The・men [テーメン] *Thema (テーマ)の 複

die **Them・se** [テムゼ témzə] 女 -/《定冠詞とともに》《川名》テムズ川(ロンドンを流れる).

The・o・bald [テーオバルト té:obalt] -s/《男名》テーオバルト.

The・o・dor [テーオドーァ té:odo:r] -s/《男名》テーオドーァ.

The・o・do・ra [テオドーラ teodó:ra] -/《女名》テオドーラ.

The・o・kra・tie [テオクラティー teokratí:] 女 -/-n [..ティーエン] 神権政体；神政国家.

The・o・lo・ge [テオローゲ teoló:gə] 男 -n/-n 神学者；神学生. (☞ 女性形は Theologin).

The・o・lo・gie [テオろギー teologí:] 女 -/-n [..ギーエン] 神学.

the・o・lo・gisch [テオろーギッシュ teoló:gɪʃ] 形 神学[上]の，神学的な. die *theologische* Fakultät 神学部.

The・o・rem [テオレーム teoré:m] 中 -s/-e 《理・哲》定理.

The・o・re・ti・ker [テオレーティカァ teoré:tikər] 男 -s/- ① 理論家. (☞「実際家」は Praktiker). ② 空論家.

* **the・o・re・tisch** [テオレーティッシュ teoré:tɪʃ] 形 ① 理論の，理論的な. (英 theoretical). (☞「実際の」は praktisch). die *theoretische* Physik 理論物理学. ② 理論上の，理論としてだけの. Das ist *theoretisch* richtig. それは理屈の上では正しい.

* *die* **The・o・rie** [テオリー teorí:] 女 (単) -/(複) -n [..リーエン] 理論；学説；空論. (英 theory). (☞「実践」は Praxis). Relativitäts*theorie* 《物》相対性理論 / eine *Theorie*⁴ auf|stellen 学説を立てる / die *Theorie*⁴ in die Praxis um|setzen 理論を実践に移す / Das ist reine (または bloße) *Theorie*. それは単なる理論にすぎない / Das graue *Theorie*. それは空論だ.

The・ra・peut [テラポイト terapóyt] 男 -en/-en《医・心》セラピスト，精神療法医，治療家. (☞ 女性形は Therapeutin)

The・ra・peu・tik [テラポイティク terapóytɪk] 女 -/《医》治療学.

the・ra・peu・tisch [テラポイティッシュ terapóytɪʃ] 形 治療の；治療法の.

The・ra・pie [テラピー terapí:] 女 -/-n [..ピーエン] 《医・心》セラピー，治療；治療法. Psycho*therapie* 心理療法.

The・re・se [テレーゼ teré:zə] -[n]s/《女名》テレーゼ.

Ther・mal⹀bad [テルマーる・バート] 中 -[e]s/..bäder ① 温泉浴. ② 温泉；温水プール.

Ther・mal⹀quel・le [テルマーる・クヴェれ] 女 -/-n 温泉.

Ther・me [テルメ térmə] 女 -/-n ① 温泉. ②《複》で 古代ローマの公衆浴場.

Ther・mik [テルミク térmɪk] 女 -/《気象》熱上昇気流.

ther・misch [テルミッシュ térmɪʃ] 形 熱の，熱による.

ther・mo..，Ther・mo.. [テルモ.. tɛrmo.. または テルモ..] 『形容詞・名詞につける 接頭』《熱》例: *Thermo*meter 温度計.

Ther・mo・dy・na・mik [テルモ・デュナーミク térmo-dyna:mɪk または ..デュナーミク] 女 -/ 熱力学.

* *das* **Ther・mo・me・ter** [テルモ・メータァ termo-mé:tər] 中 (南ドヅ・オーストリア・スイス: 男 も) (単2) -s/(複) - (3格のみ -n) 温度計，寒暖計；体温計. (英 thermometer). Das *Thermometer*

fällt (steigt). 温度計が下がる(上がる) / Das *Thermometer* zeigt acht Grad über Null. 寒暖計は[摂氏]8度を示している.

ther·mo·nuk·le·ar [テルモ・ヌクれアール térmo-nuklea:r または ..アール] 形《物》熱核の.

Ther·mos·fla·sche [テルモス・ふらッシェ] 女 -/-n《商標》魔法びん.

Ther·mos·tat [テルモスタート tɛrmostá:t] 男 -[e]s (または -en)/-e[n] サーモスタット, 自動温度調節装置.

The·se [テーゼ té:zə] 女 -/-n ① 命題, テーゼ, 論題; 綱領. eine politische *These* 政治綱領 / eine *These*⁴ auf|stellen ある命題をたてる. ②《哲》(弁証法で)テーゼ, 定立.

Thing [ティング tíŋ] 中 -[e]s/-e (古代ゲルマンの) 人民[裁判]集会, 民会.

Tho·mas [トーマス tó:mas] -/ ①《男名》トーマス. ②《人名》トマス(十二使徒の一人). ein ungläubiger *Thomas* うたくり深い人 (使徒トマスがイエスの復活を疑ったことから).

Tho·mis·mus [トミスムス tomísmus] 男 -/《哲》トミズム, トマス説(主義)(トマス・アクィナス *Thomas* von Aquin 1225?–1274 の神学・哲学の体系).

Tho·ra [トラー torá: または トーラ] 女 -/《ﾕﾀﾞﾔ教》トーラ(モーセ五書の律法).

Tho·ri·um [トーリウム tó:rium] 中 -s/《化》トリウム(放射性金属元素; 記号: Th).

Thril·ler [スリらァ θrílər] 《英》男 -s/- スリラー[映画・小説].

Throm·bo·se [トロンボーゼ trɔmbó:zə] 女 -/-n《医》血栓(けっせん)症.

Thron [トローン tró:n] 男 -[e]s/-e ① 王座, 玉座; 王位, 帝位. den *Thron* besteigen 即位する / 人³ auf den *Thron* folgen a) 人³の王位を継承する, b) 人³を襲ってその王位につく / Sein *Thron* wackelt.《比》彼の地位は危ない. ②《戯》(子供用の)おまる.

Thronː be·stei·gung [トローン・ベシュタイグンク] 女 -/-en 即位.

thro·nen [トローネン tró:nən] 自 (h) ① 王座についている. ②《比》(議長席などに)堂々と座っている; (城などが)そびえ立っている.

Thronːer·be [トローン・エルベ] 男 -n/-n 王位(帝位)継承者.

Thronːfol·ge [トローン・ふォるゲ] 女 -/ 王位(帝位)継承.

Thronːfol·ger [トローン・ふォるガァ] 男 -s/- 王位(帝位)継承者.(ﾜﾝﾎﾟｲﾝﾄ 女性形は Thronfolgerin.)

Thronːräu·ber [トローン・ロイバァ] 男 -s/- 王位(帝位)簒奪(さんだつ)者.

Thronːre·de [トローン・レーデ] 女 -/-n (議会で:) 王(皇帝)の開会式辞.

Thu·ky·di·des [トゥキューディデス tuký:didɛs] -/《人名》トゥキディデス(前460?–前400?; ギリシアの歴史家).

Thu·le [トゥーれ tú:lə] 中 -s/《島名》トゥーレ(古代ギリシア・ローマ人が極北にあると信じていた島).

Thu·li·um [トゥーリウム tú:lium] 中 -s/《化》ツリウム(記号: Tm).

Thunːfisch [トゥーン・ふィッシュ] 男 -[e]s/-e《魚》マグロ(=Tunfisch).

Thü·rin·gen [テューリンゲン tý:riŋən] 中 -s/《地名》テューリンゲン(ドイツ中東部の州. 州都はエアフルト: ☞ 地図 E~F–3).

Thü·rin·ger [テューリンガァ tý:riŋər] I 男 -s/- テューリンゲン地方の住民(出身者).(ﾜﾝﾎﾟｲﾝﾄ 女性形は Thüringerin). II 形《無語尾で》テューリンゲンの. der *Thüringer* Wald テューリンゲンの森.

thü·rin·gisch [テューリンギッシュ tý:riŋiʃ] 形 テューリンゲンの.

Thy·mi·an [テューミアーン tý:mia:n] 男 -s/-e ①《植》ジャコウソウ, タイム. ②《複 なし》《料理》タイム(香辛料).

Ti [テー・イー]《化・記号》チタン(=Titan).

Ti·a·ra [ティアーラ tiá:ra] 女 -/Tiaren ① 古代ペルシア王の帽子. ② ローマ教皇の三重冠.

Ti·bet [ティベット tí:bɛt または ティベート tibé:t] I 中 -s/《地名》チベット(中国南西部の自治区). II -s/-e《織》モヘヤ; チベット羊毛.

Ti·be·ter [ティベータァ tibé:tər または ティーベタァ tí:bɛtər] 男 -s/- チベット人.

ti·be·tisch [ティベーティッシュ tibé:tiʃ または ティーベティッシュ tí:bɛtiʃ] 形 チベット[人・語]の.

Tick [ティック tík] 男 -[e]s/-s ①《口語》妙な癖, 気まぐれ. ②《医》チック症(顔面筋のけいれん). ③《口語》ニュアンス, 微妙な差. einen *Tick* ほんの少し, ちょっとだけ.

ti·cken [ティッケン tíkən] 自 (h) ① (時計などが)かちかち(かたかた)音をたてる. ②《mit 物³ ~》(物³で)かちかち(かたかた)音をたてる. ③《口語》考え方が…である.

Ti·cket [ティケット tíkət]《英》中 -s/-s (飛行機の)搭乗(航空)券, 乗船(乗車)券; 《話》入場券.

tickːtack! [ティック・タック tík-ták] 間 (時計などの音:)ちくたく, かちかち.

Tieck [ティーク tí:k] -s/《人名》ティーク (Ludwig *Tieck* 1773–1853; ドイツ・ロマン派の作家).

***tief** [ティーふ tí:f]

> 深い Wie *tief* ist der Brunnen?
> ヴィ ティーふ イスト デァ ブルンネン
> この井戸の深さはどれくらいですか.

I 形 (比較 tiefer, 最上 tiefst) ① 深い, 底深い. (反 deep). (ﾜﾝﾎﾟｲﾝﾄ「浅い」は seicht). *tiefer* Schnee 深い雪 / ein *tiefer* See 深い湖 / ein *tiefer* Teller 深皿 / *tief* graben 深く掘る / ein *tief* ausgeschnittenes Kleid 襟くりの深いドレス / eine *tiefe* Verbeugung⁴ machen 深々とおじぎする.

②《数量を表す4格とともに》…の深さの, …の奥行きの. eine drei Meter *tiefe* Grube 深さ3メートルの穴 / Der Schrank ist 50 cm *tief*. その戸棚は奥行きが50センチある.

③ (位置的に)低い; (気温などが)低い. *tiefe*

Tief

Wolken 低い雲 / ein Zimmer mit *tiefer* Decke 天井の低い部屋 / Das Flugzeug fliegt *tief*. 飛行機が低空飛行している / *tief* unten im Tal 深い谷底に / Er wohnt eine Etage *tiefer*. 彼は1階下に住んでいる / *tiefe* Temperaturen 低温. (☞ 類語 niedrig).

④ 奥深い, 奥行きのある; (内部へ)奥深い. ein *tiefer* Wald 深い森 / Die Bühne ist ziemlich *tief*. その舞台はかなり奥行きが深い / im *tiefen* Afrika アフリカの奥地で / eine *tiefe* Wunde 深い傷 / *tief* ins Land ein|dringen 内陸の奥深くまで侵入する / *tief* atmen 深呼吸する / **bei** 人³ nicht *tief* gehen 人³にたいした感銘を与えない.

⑤ (時間的に)真っただ中の. *tief* in der Nacht 深夜に / im *tiefen* Winter 真冬に / bis *tief* in die Nacht (in den Herbst) [hinein] 真夜中まで(秋が深まるころまで).

⑥ (程度が)深い, ひどい, はなはだしい. ein *tiefer* Schmerz (Schlaf) ひどい苦痛(深い眠り) / eine *tiefe* Freude 心底からの喜び / in *tiefster* Not 困り果てて. ◇《名詞的に》 **aufs** *tiefste* は **aufs Tiefste** ははなはだしく.

⑦ (思想などが)深遠な, 深い. ein *tiefer* Gedanke 深遠な思想.

⑧ (色が)濃い; (音程が)低い. ein *tiefes* Rot 濃い赤 / eine *tiefe* Stimme 低い声.

II 副 非常に, はなはだしく. 軍⁴ *tief* bedauern 軍⁴を非常に残念に思う.

〘新形〙
tief be·wegt 深く感動した.
tief bli·ckend 洞察力のある, 炯眼(けいがん)の.
tief emp·fun·den 心からの, 衷心からの.
tief ge·hend 根底にまで及ぶ, 根本的な, 徹底的な(改革など).
tief grei·fend 根底にまで及ぶ, 根本的な, 徹底的な(改革など).
tief lie·gend ① 深い(低い)ところにある. ② くぼんだ(目など).
tief schür·fend 深く掘り下げた, 徹底的な(考察など).
tief ste·hend 低い位置にある; (価値・順位・水準などが)低い.

....

Tief [ティーフ] 中 -s/-s 《気象》低気圧[圏] (=*Tief*druckgebiet); 《比》深い谷底. (✍「高気圧[圏]」は Hoch). ②《海》(浅い水域の中の)水路.

Tief⁼bau [ティーフ・バオ] 男 -[e]s/-ten (または -e) ① 〘覆 なし〙 (道路・トンネルなどの)地表(地下)工事, 土木工事. (✍「地上工事」は Hochbau). ② 地表(地下)建築物. ③ 〘覆 --e〙〘坑〙坑内採掘.

tief⁼be·wegt 形 (〘新形〙 tief bewegt) ☞ tief
tief⁼blau [ティーフ・ブラオ] 形 濃青色の.
tief⁼blickend 形 (〘新形〙 tief blickend) ☞ tief
Tief⁼druck¹ [ティーフ・ドルック] 男 -[e]s/《気象》低気圧.
Tief·druck² [ティーフ・ドルック] 男 -[e]s/-e (印) ① 〘覆 なし〙 凹版印刷[術]. ② 凹版印刷物.
Tief·druck⁼ge·biet [ティーフドルック・ゲビート] 中 -[e]s/-e 《気象》低気圧[圏], 低圧部.

die **Tie·fe** [ティーフェ tíːfə] 女 -/(単) -n ① 深さ, 深み, 深い所. (英 depth). (✍「高さ」は Höhe). die *Tiefe* des Wassers 水深 / Der Brunnen hat eine *Tiefe* von drei Metern. この泉は3メートルの深さがある / **aus der** *Tiefe* 深い所から / **in die** *Tiefe* stürzen 深みに落ち込む. ② 奥行き; 奥の方. ein Schrank von 30 cm *Tiefe* 奥行30センチの戸棚 / **aus** der *Tiefe* seines Herzens 《比》心の奥底から. ③ 〘覆 なし〙 (精神的な)深さ; (感情などの)強さ, 激しさ. die *Tiefe* des Gedankens 思想の深さ. ④ 〘覆 なし〙 (色の)濃さ; (音・声の)低さ.

Tief⁼ebe·ne [ティーフ・エーベネ] 女 -/-n (海抜200メートル以下の)平地, 低地. (✍「高原」は Hochebene).

tief⁼emp·fun·den 形 (〘新形〙 tief empfunden) ☞ tief

Tie·fen⁼psy·cho·lo·gie [ティーフェン・プスュヒョロギー] 女 -/ 《心》深層心理学.

Tie·fen⁼schär·fe [ティーフェン・シェルフェ] 女 -/-n 《写》(レンズの)焦点深度.

Tie·fen⁼wir·kung [ティーフェン・ヴィルクング] 女 -/ ① (身体の深部への効果. ② (絵・舞台などの)立体効果, 遠近効果.

tief⁼ernst [ティーフ・エルンスト] 形 非常にまじめな, きわめて厳粛な.

Tief⁼flug [ティーフ・ふルーク] 男 -[e]s/..flüge 低空飛行.

Tief⁼gang [ティーフ・ガング] 男 -[e]s/《造船》(船の)喫水(きっすい); 《比》(精神的な)深み.

Tief⁼ga·ra·ge [ティーフ・ガラージェ] 女 -/-n 地下ガレージ, 地下駐車場.

tief⁼ge·frie·ren* [ティーフ・ゲフリーレン tíːfɡəfriːrən] 他 (h) (肉・野菜など⁴を)冷凍する.

tief⁼ge·fro·ren [ティーフ・ゲふローレン] I tief⁼gefrieren (冷凍する)の過分 II 形 (保存のために)冷凍された.

tief⁼ge·hend 形 (〘新形〙 tief gehend) ☞ tief

tief⁼ge·kühlt [ティーフ・ゲキュールト] 形 (保存のために)冷凍された.

tief⁼grei·fend (〘新形〙 tief greifend) ☞ tief

tief⁼grün·dig [ティーフ・グリュンディヒ] 形 ① 深く洞察した, 徹底的な考察など). ② 《農》(耕土が)地中深くまで達する.

Tief·kühl⁼fach [ティーフキューる・ふァッハ] 中 -[e]s/..fächer 冷蔵庫の冷凍室, フリージングボックス.

Tief·kühl⁼kost [ティーフキューる・コスト] 女 -/ 冷凍食品.

Tief·kühl⁼tru·he [ティーフキューる・トルーエ] 女 -/-n (大型の)冷凍庫; 冷凍食品のショーケース.

Tief⁼küh·lung [ティーフ・キューるング] 女 -/ [急速]冷凍.

Tief=la·der [ティーふ・ラーダァ] 男 -s/- 《鉄道》大物車(特大貨物用の低床式車輌).

Tief=land [ティーふ・らント] 中 -(e)s/..länder (または -e) (海抜 200 メートル以下の)低地. (⇔「高地」は Hochland).

tief=lie·gend 形 (新形 tief liegend) ☞ tief

Tief=punkt [ティーふ・ぷンクト] 男 -(e)s/-e (目盛りなどの)最下点; どん底[状態]; 《経》(景気の)谷, 底. den *Tiefpunkt* erreichen 最低水準に達する.

Tief=schlag [ティーふ・シュらーク] 男 -(e)s/..schläge (ボクシングで:)ローブロー(ベルトラインの下を打つ反則攻撃);《比》フェアでない攻撃.

tief=schür·fend 形 (新形 tief schürfend) ☞ tief

Tief=see [ティーふ・ゼー] 女 -/《地理》(水深 1,000 メートル以上の)深海.

Tief=sinn [ティーふ・ズィン] 男 -(e)s/ ① 物思い, 憂うつ. in *Tiefsinn* verfallen 物思いに沈む. ② 深い意味.

tief=sin·nig [ティーふ・ズィニヒ] 形 ① 深い意味のある. ② 物思いに沈んだ, 憂うつな.

Tief=stand [ティーふ・シュタント] 男 -(e)s/ (発展の)低水準, 沈滞; 最低水位;《経》不振期, 不況.

Tief=sta·pe·lei [ティーふ・シュターぺらイ] 女 -/-en ① 《複なし》卑下. ② 卑下した言葉.

tief|sta·peln [ティーふ・シュターぺるン tíːf-ʃtàːpəln] 自 (h) (自分の能力などについて)卑下する.

tief=ste·hend 形 (新形 tief stehend) ☞ tief

Tiefst=preis [ティーふスト・プらイス] 男 -es/-e 超安値, 大廉価.

Tie·gel [ティーゲる tíːɡəl] 男 -s/- ① るつぼ. ②《東中部ドィツ》平鍋 (^{ひら}), フライパン.

‡*das* **Tier** [ティーァ tíːr] 中 (単 2) -es (まれに -s)/(複 3 格のみ -en) ① 動物, (四つ足の)獣. (英 animal). (⇔「植物」は Pflanze). ein wildes *Tier* 野獣 / ein nützliches *Tier* 益獣 / *Tiere*[4] halten (dressieren) 動物を飼う(調教する) / Er ist ein richtiges *Tier*. 《比》彼はまったくけだもののようなやつだ / Sie ist ein gutes *Tier*. 《俗》彼女はお人よしだ / ein großes (または hohes) *Tier*《口語》お偉方, 大物. ②《狩》雌鹿.

⋯⋯⋯⋯⋯⋯⋯⋯⋯⋯⋯⋯⋯⋯⋯⋯⋯⋯⋯⋯

参考 ..tier のいろいろ: Arbeits*tier* 役畜 / Haus*tier* 家畜 / Last*tier* 荷役用家畜 / Raub*tier* 猛獣 / Säuge*tier* 哺乳動物 / Versuchs*tier* 実験動物 / Zug*tier* (荷車をひく)役畜

⋯⋯⋯⋯⋯⋯⋯⋯⋯⋯⋯⋯⋯⋯⋯⋯⋯⋯⋯⋯

Tier=art [ティーァ・アールト] 女 -/-en 《動》動物の種類.

Tier=arzt [ティーァ・アールツト] 男 -es/..ärzte 獣医. (参考 女性形は Tierärztin).

tier=ärzt·lich [ティーァ・エーァツトりヒ] 形 獣医[学]の.

Tier=freund [ティーァ・ふロイント] 男 -(e)s/-e 動物好き[の人].

Tier=gar·ten [ティーァ・ガルテン] 男 -s/..gärten ① (小規模の)動物園. ②《地名》ティーアガルテン(ベルリンの地区名).

Tier=hal·ter [ティーァ・ハるタァ] 男 -s/- 動物の飼育者(飼い主).

Tier=heil·kun·de [ティーァ・ハイるクンデ] 女 -/ 獣医学 (=Tiermedizin).

Tier=heim [ティーァ・ハイム] 中 -(e)s/-e (犬・猫などを収容する・宿泊させる)動物ホーム.

tie·risch [ティーリッシュ tíːrɪʃ] I 形 ① 動物の; 動物性の. *tierisches* Fett 動物性脂肪. ② けだもののような, 《口語》ものすごい. *tierische* Grausamkeit けだもののような残忍さ. II 副《口語》ものすごく, ひどく.

Tier=kreis [ティーァ・クらイス] 男 -es/《天》黄道帯, 獣帯; 十二宮.

⋯⋯⋯⋯⋯⋯⋯⋯⋯⋯⋯⋯⋯⋯⋯⋯⋯⋯⋯⋯

参考 Tierkreis (十二宮): Widder 牡羊座 / Stier 牡牛座 / Zwillinge 双子座 / Krebs かに座 / Löwe 獅子座 / Jungfrau 乙女座 / Waage 天秤座 / Skorpion さそり座 / Schütze 射手座 / Steinbock やぎ座 / Wassermann みずがめ座 / Fische 魚座.

⋯⋯⋯⋯⋯⋯⋯⋯⋯⋯⋯⋯⋯⋯⋯⋯⋯⋯⋯⋯

Tier·kreis·zei·chen [ティーァクらイス・ツァイヒェン] 中 -s/-《天》獣帯記号.

Tier=kun·de [ティーァ・クンデ] 女 -/ 動物学 (=Zoologie).

Tier=me·di·zin [ティーァ・メディツィーン] 女 -/ 獣医学.

Tier=park [ティーァ・パルク] 男 -s/-s (まれに -e) (大規模な)動物園.

Tier=quä·le·rei [ティーァ・クヴェーれライ] 女 -/-en 動物虐待.

Tier=reich [ティーァ・らイヒ] 中 -(e)s/-e 動物界.

Tier=schau [ティーァ・シャオ] 女 -/-en (サーカスなどの)動物ショー.

Tier=schutz [ティーァ・シュッツ] 男 -es/ 動物保護.

Tier·schutz=ge·biet [ティーァシュッツ・ゲビート] 中 -(e)s/-e 動物保護地区.

Tier·schutz=ver·ein [ティーァシュッツ・フェァアイン] 男 -(e)s/-e 動物愛護協会.

Tier=ver·such [ティーァ・ふェァズーフ] 男 -(e)s/-e 動物実験.

Tier=welt [ティーァ・ヴェるト] 女 -/ 動物界, 動物相.

Tier=zucht [ティーァ・ツフト] 女 -/ 動物(特に家畜)の飼育; 畜産.

Ti·ger [ティーガァ tíːɡər] 男 -s/-《動》トラ.

ti·gern [ティーガァン tíːɡərn] 自 (s) 《口語》(⋯へ)歩いて出かける, ほっつき歩く.
◊☞ getigert

Til·de [ティるデ tíldə] [スペイン] 女 -/-n ① 波形符(スペイン語やポルトガル語などでの口蓋鼻音記号. Señor などに用いる; 記号: ˜). ② 波形ダッシュ(辞書などに用いられる省略記号; 記号: ~).

tilg·bar [ティるクバール] 形 ① 消すことができる. ② 償還(償却)できる.

til·gen [ティるゲン tílgən] 他 (h) ①《雅》(人・物⁴を)消す, 抹消(削除)する; 抹殺(根絶)する. die Spuren⁴ eines Verbrechens *tilgen* 犯罪の痕跡⁴を消す / 人・事⁴ aus dem Gedächtnis *tilgen*《比》人・事⁴を記憶からぬぐい去る. ②《経》(負債など⁴を)返済する, 償却する. ein Darlehen⁴ *tilgen* ローンを返済する.

Til·gung [ティるグング] 女 -/-en ① 消すこと, 抹殺; 削除. ②《法》償却, 償還.

Till Eu·len·spie·gel [ティる オイれン・シュピーゲる tíl óylən-ʃpi:gəl] I --s/《人名》ティル・オイレンシュピーゲル(14 世紀に実在したとりれる有名ないたずら者で, 15-16 世紀の民衆本の主人公). II 男 --s/--《比》いたずら者.

Timb·re [テーンブル tɛ̃:brə または ..バァ ..bər] [フス] 中 -s/-s (楽器や声の)音色.

tin·geln [ティンゲるン tíŋəln] 自 (h) (隠語) (安キャバレーなどで)ショーを演じる.

Tink·tur [ティンクトゥーァ tɪŋktúːr] 女 -/-en (薬) チンキ[剤]. Jod*tinktur* ヨードチンキ.

Tin·nef [ティンねふ tínəf] 男 -s/-《口語》① くだらない品物, がらくた. ② ばかげたこと.

*die **Tin·te** [ティンテ tíntə] 女 (単) -/(複) -n ①インク.(愛 *ink*). blaue (rote) *Tinte* 青(赤)インク / mit *Tinte* schreiben インクで書く / Das ist klar wie dicke *Tinte*.《口語》それはわかりきったことだ / in die *Tinte* geraten《口語》困ったことになる / in der *Tinte* sitzen《口語》困っている. ②《雅》色彩, 色調.

Tin·ten≂fass [ティンテン・ふァス] 中 -es/..fässer インクつぼ(スタンド).

Tin·ten**faß** ☞ 新形 Tintenfass

Tin·ten≂fisch [ティンテン・ふィッシュ] 男 -[e]s/-e《動》イカ.

Tin·ten≂klecks [ティンテン・クれックス] 男 -es/-e (ノートなどの)インクの染み.

Tin·ten≂stift [ティンテン・シュティふト] 男 -[e]s/-e (しんにタールを含ませた)複写(コピー)用鉛筆.

Tin·ten≂strahl·dru·cker [ティンテン・シュトらーるドゥらッカァ] 男 -s/-《コンピュータ》インクジェットプリンター.

Tip ☞ 新形 Tipp

*der **Tipp** [ティップ típ]《英》男 (単) -s/(複) -s (愛 *tip*) ①《口語》ヒント, 助言. 人³ einen *Tipp* geben 人³にヒントを与える. ② (賭事や競馬などの)情報, 予想.

Tip·pel≂bru·der [ティッペる・ブルーダァ] 男 -s/..brüder《戯》浮浪者.

tip·peln [ティッペるン típəln] 自 (s)《口語》① (長い道のりを)てくてく歩く. ② (子供などが)ちょこちょこ歩く.

***tip·pen**¹ [ティッペン típən] (tippte, hat... getippt) I 自 (完了 haben) ①《方向を表す語句とともに》指先などで…を軽くたたく, 軽く触れる.(愛 *tap*). **an**(または **gegen**) die Scheibe *tippen* 窓ガラスをこつこつたたく / Er hat mir (または mich) **auf** die Schulter *getippt*. 彼は私の肩をぽんとたたいた / im Gespräch **an** 事⁴ *tippen*《比》話のついでに事⁴に触れる / Daran ist nicht zu *tippen*.《口語》それは異論の余地がない. ②《口語》タイプ(ワープロ)を打つ.
II 他 (完了 haben)《口語》(原稿など⁴を)タイプ(ワープロ)で打つ.(愛 *type*). einen Brief *tippen* 手紙をタイプ(ワープロ)で打つ.

tip·pen² [ティッペン] I 自 (h) ①《口語》予想する, 推測する. Du *hast* richtig *getippt*. 君の予想どおりだった / **auf** seinen Sieg *tippen* 彼の勝利を予想する. ② トトカルチョ(ナンバーくじ)をする. II 他 (h) (賭で)事⁴を予想する.

Tipp≂feh·ler [ティップ・ふェーらァ] 男 -s/- タイプ(ワープロなど)の打ち間違い, タイプミス.

Tipp·se [ティップセ típsə] 女 -/-n《口語》《軽蔑的に》タイピスト嬢.

tipp, tapp! [ティップ タップ típ táp] 間 (軽い足音に)ぱたぱた.

tipp·te [ティップテ] **tippen*¹ (軽くたたく)の過去

tipp·topp [ティップ・トップ típ-tóp] 形《口語》最高の, ものすごくいい.

Tipp≂zet·tel [ティップ・ツェッテる] 男 -s/- (宝くじなどの)予想記入用紙.

Ti·ra·de [ティらーデ tirá:də] 女 -/-n ① (軽蔑的に)長談義, 長広舌. ②《音楽》ティラード(速い音階的経過音による装飾).

Ti·rol [ティろール tiróːl] 中 -s/《地名》チロル(オーストリア西部とイタリア北部のアルプス山間地方. オーストリアではチロル州をなす. 州都はインスブルック).

Ti·ro·ler [ティろーらァ tiróːlər] I 男 -s/- チロルの住民(出身者).(〜 女性形は Tirolerin). II 形《無語尾で》チロルの.

*der **Tisch** [ティッシュ tíʃ]

> テーブル Bitte zu *Tisch*!
> ビッテ ツー ティッシュ
> どうかテーブルにおつきください.

男 (単 2) -es (まれに -s)/(複) -e (3 格のみ -en) ① テーブル, 机, 食卓.(愛 *table*). ein runder *Tisch* 丸いテーブル / den *Tisch* decken 食卓の用意をする / mit 事³ reinen *Tisch* machen《口語》事³(やっかいな問題)を片づける. ◇《前置詞とともに》Sie sitzen **am** *Tisch*. 彼らはテーブルについている / am runden *Tisch* (交渉・会議などで)対等に, 腹蔵なく(←円卓について) / am grünen *Tisch* (または vom grünen *Tisch* aus) 机上の判断で, 実情に即さないで / das Essen⁴ **auf** den *Tisch* bringen 料理を食卓に運ぶ / 事⁴ auf den *Tisch* des Hauses legen 事⁴ を公けにする / [bar] auf den *Tisch* [des Hauses]《口語》現金で / **unter** den *Tisch* fallen《口語》a) 実施されない(←テーブルの下に落ちる) / Wir saßen **um** den *Tisch*. 私たちはテーブルを囲んで座っていた / **vom** *Tisch* sein《口語》解決済みである / vom *Tisch* müssen《口語》解決されなければならない / 事⁴ vom *Tisch* wischen《口語》事⁴を重要ではないとして無視する(←テーブルからふき取る) / **zum** *Tisch* des Herrn gehen《雅》聖餐

(聖)にあずかる、聖体を拝領する. ②〘冠詞なしで〙食事. bei Tisch 食事の際に / nach (vor) Tisch 食後(食前)に. ③ (総称として:)テーブルについている人たち.

◇◆◇ ..tisch のいろいろ: Arbeits*tisch* 仕事机 / Auszieh*tisch* 伸縮テーブル / Ess*tisch* 食卓 / Klapp*tisch* 折りたたみテーブル / Nacht*tisch* ナイトテーブル / Schreib*tisch* 書き物机 / Spiel*tisch* ゲーム台 / Stamm*tisch* 常連用のテーブル

Tischǂda·me [ティッシュ・ダーメ] 囡 -/-n (正式の宴席で男性の)パートナーとなる女性(食卓で Tischherr の右隣りの席に座る). (☞ Tischherr).

Tischǂde·cke [ティッシュ・デッケ] 囡 -/-n テーブル掛け, テーブルクロス.

tischǂfer·tig [ティッシュ・フェルティヒ] 形 そのまま食卓に出せる, 調理済みの, インスタントの.

Tischǂge·bet [ティッシュ・ゲベート] 囲 -[e]s/-e 食前(食後)の感謝の祈り.

Tischǂge·spräch [ティッシュ・ゲシュプレーヒ] 囲 -[e]s/-e 食卓での会話.

Tischǂherr [ティッシュ・ヘル] 囲 -n/-en (正式の宴席で女性のパートナーとなる男性(Tischdame を案内し, その左隣りの席に座る). (☞ Tischdame).

Tischǂkar·te [ティッシュ・カルテ] 囡 -/-n (パーティなどの)座席カード.

Tisch·leinǂdeck·dich [ティッシュライン・デッキディヒ] 匣 -/ ① 魔法のテーブル(グリム童話で欲しい料理が願いどおりに出てくるテーブル). ② 〘戯〙それさえあれば困らないもの.

Tisch·ler [ティッシュラァ tíʃlər] 囲 -s/- 家具職人, 指物(さしもの)師, 建具屋.

Tisch·le·rei [ティッシュレライ tɪʃləráɪ] 囡 -/-en ① 家具製作所, 指物(さしもの)師の仕事場. ② 〘複 なし〙家具製造業, 指物(さしもの)業.

tisch·lern [ティッシュラァン tíʃlərn] I 自 (h) 趣味で家具を作る. II 他 (h) (家具⁴を)趣味で作る.

Tischǂplat·te [ティッシュ・プラッテ] 囡 -/-n 机(テーブル)の甲板(こういた).

Tischǂrech·ner [ティッシュ・レヒナァ] 囲 -s/- (机に置いて使う)電卓.

Tischǂre·de [ティッシュ・レーデ] 囡 -/-n テーブルスピーチ.

Tischǂten·nis [ティッシュ・テンニス] 匣 -/ ピンポン, 卓球. *Tischtennis*⁴ spielen 卓球をする.

Tischǂtuch [ティッシュ・トゥーフ] 匣 -[e]s/..tücher テーブルクロス. ein frisches *Tischtuch* 洗いたてのテーブルクロス / ein *Tischtuch*⁴ auflegen テーブルクロスを掛ける.

Tischǂwä·sche [ティッシュ・ヴェッシェ] 囡 -/ 食卓用布類(テーブルクロス, ナプキンなど).

Tischǂzeit [ティッシュ・ツァイト] 囡 -/-en 昼食の時間; 昼休み.

Tit. [ティーテる] 〘略〙肩書き; 題目 (=Titel).

Ti·tan [ティターン titáːn] I 囲 -en/-en ① 〘ギリ神〙タイタン, ティタン(神々に反抗した巨人族). ② 巨人; 偉人. II 匣 -s/ 〘化〙チタン, チタニウム(金属元素; 記号: Ti).

ti·ta·nisch [ティターニッシュ titáːnɪʃ] 形 ① 巨人のような, 偉大な. ② 〘鉱〙タイタンの.

* **der Tiǂtel** [ティーテる tíːtəl] 囲 (単2) -s/(複) -. (3格のみ -n) 〘裏 *title*〙① 称号, 肩書き, 学位. Doktor*titel* 博士の称号 / 人³ einen *Titel* verleihen 人³に称号を与える. ② (本などの)題名, 表題, タイトル. der *Titel* des Romans 小説の題名. ③ 〘スポ〙タイトル, 選手権. einen *Titel* verteidigen (verlieren) タイトルを防衛する(失う). ④ 〘法〙(法令などの)節. ⑤ 〘経〙(予算などの)項目.

Ti·telǂbild [ティーテる・ビるト] 匣 -[e]s/-er (本の)口絵 / (雑誌の)表紙絵(写真).

Ti·telǂblatt [ティーテる・ブらット] 匣 -[e]s/..blätter (本の)扉, タイトルページ; (雑誌の)表紙 / (新聞の)第一面.

Ti·telǂheld [ティーテる・へるト] 囲 -en/-en (小説・映画などの)題名と同名の主人公. (◇◆◇ 女性形は Titelheldin).

Ti·telǂkampf [ティーテる・カンプふ] 囲 -[e]s/..kämpfe 〘スポ〙タイトルマッチ, 選手権試合.

Ti·telǂrol·le [ティーテる・ロれ] 囡 -/-n タイトルロール(映画・戯曲などの題名と同名の主役).

Ti·telǂver·tei·di·ger [ティーテる・フェァタイディガァ] 囲 -s/- 〘スポ〙タイトル(選手権)防衛者.

Tit·te [ティッテ títə] 囡 -/-n 〘ふつう 複〙〘俗〙(女性の)乳房, おっぱい.

ti·tu·lie·ren [ティトゥリーレン tituliːrən] 他 (h) ① (人⁴を)称号をつけて呼ぶ. 人⁴ [mit] Herr Doktor *titulieren* 人⁴に博士と呼びかける. ② (人⁴を…と)呼ぶ. 人⁴ [als] Dummkopf *titulieren* 人⁴をばか呼ばわりする.

tja チャー tjáː] 間 (ためらい・困惑・あきらめなどを表して)そうだなあ; うーん; ちぇっ.

Tl [テー・エる] 〘化・記号〙タリウム (=Thallium).

Tm [テー・エム] 〘化・記号〙ツリウム (=Thulium).

Toast [トースト tóːst] 〘英〙囲 -es (まれに -s)/-e (または -s) ① トースト; トースト用パン. zwei Scheiben *Toast* 2枚のトースト / *Toast*⁴ mit Butter bestreichen トーストにバターを塗る. ② 乾杯の辞. einen *Toast* auf 人⁴ ausbringen 人⁴のために乾杯の辞を述べる.

toas·ten [トーステン tóːstən] I 他 (h) (パン⁴を)トーストにする. II 自 (h) 〘auf 人・事⁴ ~〙(人・事⁴のために)乾杯の辞を述べる.

Toas·ter [トースタァ tóːstər] 囲 -s/- トースター.

To·bak [トーバク tóːbak] 囲 -[e]s/-e 〘古〙たばこ (=Tabak). Das ist starker *Tobak*! 〘口語・戯〙これはひどい[冗談だ].

* **toǂben** [トーベン tóːbən] (tobte, hat/ist... getobt) 〘助〙 haben または sein) ① (h) (あらしなどが)荒れ狂う, 吹き荒れる. 〘裏 *rage*〙. Das Meer *tobt*. 海が荒れる. ② (h) (怒り・苦痛で)荒れ狂う. vor Schmerzen *toben* 苦痛でのたうちまわる / vor Wut *toben* 激怒する. ③ (h) (子供などが)はしゃぎ回る, 騒ぐ. Die Kinder *haben* auf dem Hof *getobt*. 子供たちは

Tobias

中庭で騒いだ. ④ (s)(子供などが…へ)騒ぎながら駆けて行く.

To·bi·as [トビーアス tobí:as] -/《男名》トビーアス.

Tob≈sucht [トープ・ズフト] 囡 -/ 狂乱状態;《医》重躁(じゅうそう)病, 躁狂(そうきょう).

tob≈süch·tig [トープ・ズュヒティヒ] 形 狂乱状態の;《医》重躁(じゅうそう)病の, 躁狂(そうきょう)の.

tob·te [トープテ] *toben (荒れ狂う)の 過去

*die **Toch·ter** [トホタァ tóxtər]

娘　Sie hat eine *Tochter*.
ズィー ハット アイネ トホタァ
彼女には娘が一人いる.

囡 (単) -/(複) Töchter [テヒタァ] (3格のみ Töchtern) ① (親に対して)娘.《英 daughter》.《⇄》「息子」は Sohn). die einzige *Tochter* 一人娘 / die jüngste *Tochter* 末娘 / Mutter und *Tochter* 母と娘 / Ich habe zwei *Töchter*. 私には娘が二人います / Sie ist ganz die *Tochter* ihres Vaters. 彼女は父親そっくりだ / Grüßen Sie Ihr Fräulein *Tochter*! お嬢様にどうぞよろしく / die große *Tochter* unserer Stadt² 《比》わが町が生んだ高名な女性.
② (^1⁄₂)《古》(未婚の)娘, (特に:)ウエートレス, お手伝いさん. ③《経・隠語》子会社 (= *Tochter*gesellschaft).

Töch·ter [テヒタァ] *Tochter (娘)の 複

Toch·ter≈ge·sell·schaft [トホタァ・ゲゼルシャフト] 囡 -/-en《経》子会社.

*der **Tod** [トート tó:t] 男 (単 2) -es (まれに -s)/(複) -e (3格のみ -en)《ふつう 単》① 死.《英 death》.《⇄》「生」は Leben). Hunger*tod* 餓死 / ein früher (plötzlicher) *Tod* 若死に(突然の死) / der nasse *Tod* 溺死(できし) / der schwarze *Tod* 黒死病, ペスト / der weiße *Tod* (雪崩などによる雪の中での)凍死 / den *Tod* fürchten 死を恐れる / einen sanften *Tod* haben 安らかに死ぬ / Sein *Tod* kam plötzlich. 彼の死は突然訪れた /囚³ den *Tod* wünschen 囚³の死を願う / Das war der *Tod* ihrer Ehe.《比》それで彼らの結婚生活は終わった / Das wäre mein *Tod*!《接2・現在》《比》そんなことは我慢できないよ.
◇《前置詞とともに》 ein Kampf **auf** Leben und *Tod* 生死を賭(か)けた戦い / Das kann ich auf den *Tod* nicht leiden.《口語》そんなことはとても我慢できない / auf den *Tod* krank sein《雅》重態である / 囚⁴ auf den *Tod* verwunden 囚⁴に致命傷を負わせる / bis **in** den *Tod* 死ぬまで / **in** den *Tod* gehen《雅》囚・物⁴のために命をささげる / 囚⁴ **in** den *Tod* treiben 囚⁴を死に追いやる / 軍⁴ **mit** dem *Tod* bezahlen 軍⁴を死をもって償う / Jetzt geht es **um** Leben und *Tod*. 今や生きるか死ぬかの問題だ / 囚⁴ **vom** *Tod* erretten 囚⁴の命を救う / bis **zum** *Tode* 死ぬまで / Er ist zu *Tode* erkrankt. 彼は致命的な病気にかかっている / **zu** *Tode* kommen 死ぬ / 物⁴ zu *Tode* hetzen (または reiten) 物⁴を使いすぎてその効力をなくす / 囚⁴ **zum** *Tode* verurteilen 囚⁴に死刑の宣告をする / sich⁴ zu *Tode* schämen《比》死ぬほど恥ずかしい思いをする / Er war zu *Tode* erschrocken.《比》彼はひどく驚いた.
②《雅》死神. Der *Tod* klopft an. 死神がドアをノックする / **mit** dem *Tod* ringen (または kämpfen) 重態である(← 死神と闘う) / *Tod* und Teufel! こんちくしょう.

tod.. [トート.. tó:t..]《形容詞につける 接頭》《非常に・ものすごく》例: *tod*müde へとへとに疲れた.

tod≈brin·gend [トート・ブリンゲント] 形 致命的な.

tod≈ernst [トート・エルンスト] 形 恐ろしく真剣な, くそまじめな.

To·des≈angst [トーデス・アングスト] 囡 -/..ängste ① 死に対する不安. ② 死ぬほどの不安.

To·des≈an·zei·ge [トーデス・アンツァイゲ] 囡 -/-n 死亡広告, 死亡通知.

To·des≈fall [トーデス・ふァる] 男 -[e]s/..fälle (特に家族などの身内の者の)死亡[例]. wegen *Todesfalls* 忌中につき.

To·des≈ge·fahr [トーデス・ゲふァール] 囡 -/-en 死の危険.

To·des≈jahr [トーデス・ヤール] 中 -[e]s/-e 死亡の年, 没年.

To·des≈kampf [トーデス・カンプふ] 男 -[e]s/..kämpfe 死との戦い;《医》死戦, アゴニー.

To·des≈kan·di·dat [トーデス・カンディダート] 男 -en/-en 死の近い人, 死を間近に控えた人.

to·des≈mu·tig [トーデス・ムーティヒ] 形 死に物狂いの, 必死の.

To·des≈op·fer [トーデス・オプふァァ] 中 -s/- (事故などによる)死者, 犠牲者.

To·des≈stoß [トーデス・シュトース] 男 -es/..stöße 致命的打撃; とどめの一発. 囚³ den *Todesstoß* geben a) 囚³にとどめを刺す, b)《比》囚³を破産させる.

To·des≈stra·fe [トーデス・シュトラーふェ] 囡 -/-n 死刑.

To·des≈tag [トーデス・ターク] 男 -[e]s/-e 死亡の日, 命日.

To·des≈ur·sa·che [トーデス・ウーァザッヘ] 囡 -/-n 死因.

To·des≈ur·teil [トーデス・ウァタイる] 中 -s/-e 死刑判決, 死刑の宣告.

To·des≈ver·ach·tung [トーデス・フェアアハトゥング] 囡 -/ 死を恐れないこと.

tod≈feind [トート・ふァイント] 形 (囚³に)激しい敵意を持っている.

Tod≈feind [トート・ふァイント] 男 -[e]s/-e 不倶戴天(ふぐたいてん)の敵, 宿敵.

tod≈krank [トート・クランク] 形 危篤の, 重態の.

tod≈lang·wei·lig [トート・らングヴァイりヒ] 形 死ぬほど退屈な.

***töd·lich** [テートりヒ tö:tlıç] I 形 ① 致命

的な, 致死の, 命取りの. 《英 deadly》. eine *tödliche* Krankheit 命にかかわる病気 / ein *tödliches* Gift 猛毒 / Körperverletzung mit *tödlichem* Ausgang《法》傷害致死[罪]. ② 極度の, はなはだしい. mit *tödlicher* Sicherheit 絶対確実に.
　II 副 ひどく, ものすごく. sich⁴ *tödlich* langweilen 死ぬほど退屈する.

tod‹müde [トート・ミューデ] 形 へとへとに疲れた, 死ぬほど疲れた.

tod‹schick [トート・シック] 形《口語》とてもすてきな.

tod‹si・cher [トート・ズィッヒァァ] I 形《口語》絶対確かな. II 副《口語》確かに, 相違なく.

Tod‹sün・de [トート・ズュンデ] 女 -/-n《カト》大罪. die sieben *Todsünden* 七つの大罪(高慢・貪欲・肉欲・嫉妬・大食・怒り・怠惰の七つ).

tod‹un・glück・lich [トート・ウングリュックリヒ] 形 ひどく不幸な.

tod‹wund [トート・ヴント] 形《雅》致命傷を負った.

To・hu・wa・bo・hu [トーフヴァボーフー to:huvabó:hu] 中 -[s]/-s 混沌(ﾄﾝ), 混乱.

‡*die* **Toi・let・te** [トァれッテ toaléta]《フス》女 (単) -/(複) -n ① トイレ, 便所, 化粧室；便器.《英 toilet》. eine öffentliche *Toilette* 公衆便所 / die *Toilette*⁴ benutzen トイレを使う / Entschuldigung, wo sind die *Toiletten*? すみません, トイレはどこでしょうか / auf (または in) die *Toilette* gehen トイレに行く.
　②《複 なし》《雅》身づくろい, 化粧. *Toilette*⁴ machen 化粧(身支度)する / die morgendliche *Toilette* 朝のお化粧. ③ (女性の)社交服. in großer *Toilette* 盛装して.

Toi・let・ten‹ar・ti・kel [トァれッテン・アルティーケる] 男 -s/- 化粧用品.

Toi・let・ten‹frau [トァれッテン・フラオ] 女 -/-en トイレ番のおばさん(公衆便所の掃除をして, 利用者から使用料を徴収する).

Toi・let・ten‹pa・pier [トァれッテン・パピーァ] 中 -s/-e《ふつう単》トイレットペーパー.

toi, toi, toi! [トイ トイ トイ tóy tóy tóy] 間 ①(成功を祈って:)しっかりやれよ, がんばって. ②《ふつう unberufen とともに》《口語》(うっかりして口に出して, つきが落ちないように机などを指さにしながら:)言わなきゃよかった, くわばらくわばら. Unberufen *toi, toi, toi!* ああ言うんじゃなかった, つきが落ちませんように.

To・kai・er [トカイァァ tokáiar] 男 -s/- トカイワイン(ハンガリーのトカイ Tokaj が生産の中心地).

To・kio [トーキオ tó:kio] 中 -s/《都市名》東京.（←ドイツ語圏では Tokyo よりも一般的).

To・ki・o・er [トーキオアァ tó:kioar]＝Tokioter

To・ki・o・ter [トキオータァ tokió:tar] I 男 -s/- 東京の都民(出身者).《←= 女性形は Tokioterin》. II 形《無語尾で》東京の.

Tok・ka・ta [トカータ toká:ta] 女 -/Tokkaten《音楽》トッカータ.

to・le・rant [トれラント tolaránt] 形 ① 寛大な, 寛容な. ein *toleranter* Mensch 寛大な人 / gegen 人⁴ *tolerant* sein 人⁴に対して寛容である. ②《婉曲》(性的に)開放的な.

To・le・ranz [トれランツ toleránts] 女 -/-en ①《複 なし》寛大, 寛容. ②《医》(薬物などに対する)耐性. ③《工》許容誤差, 公差.

to・le・rie・ren [トれリーレン tolerí:ran] 他 (h) ①《人・事⁴を》寛大に扱う, 許容(容認)する. ②《工》(機械の誤差⁴を)許容する.

***toll** [トる tól] I 形 ①《口語》すてきな, すごい, すばらしい.《英 great》. ein *toller* Film すごくおもしろい映画 / Das ist einfach *toll!* それは実にすてきだ. ②《口語》むちゃな, はめをはずした, 気違いじみた. eine *tolle* Fahrt むちゃな運転. ③《口語》ひどい, ものすごい. ein *toller* Lärm ひどい騒音. ④《古》気が違った；狂犬病の.
　II 副《口語》すごく, ひどく. Es ist *toll* heiß. すごく暑い.

Tol・le [トれ tóla] 女 -/-n (額にたれた)巻毛.

tol・len [トれン tólan] 自 (h, s) ① (h)(子供などが)はしゃぎ回る. ② (s) (子供などが…へ)はしゃぎながら歩いて行く.

Toll‹haus [トる・ハオス] 中 -es/..häuser (昔の:)精神病院. Hier geht es zu wie in einem *Tollhaus*. これはまったく乱痴気騒ぎだ.

Toll‹heit [トる・ハイト] 女 -/-en ①《複 なし》狂気, 精神錯乱. ② 狂気めいた行為, 愚行.

Toll‹kir・sche [トる・キルシェ] 女 -/-n《植》ベラドンナ(有毒植物だが薬にも用いる).

toll‹kühn [トる・キューン] 形 向こう見ずな, 無謀な.

Toll‹kühn・heit [トる・キューンハイト] 女 -/-en ①《複 なし》向こう見ず, 無謀. ② 向こう見ずな行為.

Toll‹patsch [トる・パッチュ] 男 -[e]s/-e《俗》不器用なやつ, とんま.

Toll‹wut [トる・ヴート] 女 -/《医》狂犬病.

toll‹wü・tig [トる・ヴューティヒ] 形 狂犬病にかかった.

Tol・patsch ☞ 新език Tollpatsch

Töl・pel [テるぺる tǽlpal] 男 -s/- ① 間抜け, くず. ②《鳥》カツオドリ.

töl・pel・haft [テるぺるハフト] 形 間の抜けた, くずの.

Tols・toi [トるストイ tɔlstóy] -s/《人名》トルストイ(Lew *Tolstoi* 1828-1910；ロシアの作家).

***die* **To・ma・te** [トマーテ tomá:ta] 女 (単) -/(複) -n《植》トマト；トマトの実.《英 tomato》. *Tomaten*⁴ an|bauen トマトを栽培する / Die *Tomaten* sind noch nicht reif. トマトはまだ熟していない / eine treulose *Tomate*《口語・戯》信用できない人 / *Tomaten*⁴ auf den Augen haben《俗》うっかりしてものが目に入らない.

To・ma・ten‹mark [トマーテン・マルク] 中 -[e]s/《料理》トマトピューレ.

Tom・bo・la [トンボら tómbola] [伊] 女 -/-s (または ..bolen) (バザー・年の市(ﾄｼ)などでの)福引

き.

der Ton[1] [トーン tó:n] 男 (単2) -[e]s/(複) Töne [テーネ] (3格のみ Tönen) ① 音, 響き, 音響; 楽音, 音色. (英 sound). ein hoher (tiefer) Ton 高い(低い)音 / ein lauter Ton 大きな音 / ein ganzer (halber) Ton《音楽》全音(半音) / Der Ton verklingt. 音がしだいに鳴りやむ / Das Instrument hat einen schönen Ton. その楽器はすばらしい音色を出す / den Ton an|geben a)(歌手などに)音の高さを指示する, b)《比》音頭を取る / 人・物[4] in den höchsten Tönen loben《比》人・物[4]をべたぼめする.
② アクセント, 強音. Die erste Silbe trägt den Ton. 第1音節にアクセントがある / Der Ton liegt auf, e'. アクセントはeにある.
③《ふつう 単》口調, 話し方, 語調. Was ist das für ein Ton? 何という口のきき方だ / in freundlichem Ton sagen やさしい口調で言う.
④《口語》言葉, 発言. keinen Ton heraus|bringen (または von sich geben)(不安のあまりに)一言もしゃべらない / große Töne[4] reden (または spucken)《口語》大言壮語する. ⑤《覆 なし》礼儀, エチケット. der gute Ton 礼儀作法. ⑥《美》色調, 色合い, トーン (=Farbton). ein Gemälde in düsteren Tönen 暗い色調の絵 / Ton in Ton (二つ以上の似かよった色が)似たハーモニーをつくる.

Ton[2] [トーン] 男 -[e]s/(種類:) -e 粘土, 陶土. Ton[4] kneten 粘土をこねる.

Ton=ab・neh・mer [トーン・アップネーマァ] 男 -s/- (レコードプレーヤーの)カートリッジ.

to・nal [トナール toná:l] 形《音楽》調性のある.

ton=an・ge・bend [トーン・アンゲーベント] 形 指導的な役割を果たす, 音頭取りの.

Ton=arm [トーン・アルム] 男 -[e]s/-e (レコードプレーヤーの)トーンアーム (差し込み式のピックアップ).

Ton=art [トーン・アールト] 女 -/-en ①《音楽》調, 調性. Durtonart 長調 / Molltonart 短調 / Das Stück steht in der Tonart C-Dur. その曲の調性はハ長調だ. ② 口調, 語調. eine andere Tonart[4] an|schlagen《比》態度を[より厳しいものに]変える / in allen Tonarten 言葉を尽くして.

Ton=auf・nah・me [トーン・アオフナーメ] 女 -/-n 録音.

***das* Ton=band** [トーン・バント tó:n-bant] 中 (単2) -[e]s/(複) ..bänder [..ベンダァ] (3格のみ ..bändern) 録音テープ. (英 tape). ein Tonband[4] besprechen 録音テープに吹き込む / Musik[4] auf Tonband auf|nehmen 音楽をテープに録音する.

Ton・band=auf・nah・me [トーンバント・アオフナーメ] 女 -/-n テープ録音.

Ton・band=ge・rät [トーン・バント・ゲレート] 中 -[e]s/-e テープレコーダー.

Ton=dich・tung [トーン・ディヒトゥング] 女 -/-en《音楽》① 音詩, 交響詩. ②《雅》音楽作品, 楽曲.

Tö・ne [テーネ] **Ton**[1]《音》の 複

tö・nen [テーネン tö́:nən] (tönte, hat... getönt) I 自 (完了 haben) ① 響く, 鳴り響く. Die Glocken tönten. 鐘が鳴った. (⇨ 類語 klingen). ②《口語》自慢する, ふいちょうする. Er tönt ständig von seinen Erfolgen. 彼はいつも自分の成功をひけらかす.
II 他 (完了 haben) ① (物[4]に)色合いをつける, (物[4]を)染める. sich[3] das Haar[4] [rötlich] tönen 髪を[赤く]染める.

Ton=er・de [トーン・エーァデ] 女 -/《鉱》アルミナ, 礬土(ばん).

tö・nern [テーナァン tö́:nərn] 形《付加語としてのみ》粘土[製]の, 陶器の.

Ton=fall [トーン・ふァる] 男 -[e]s/..fälle《ふつう 単》① イントネーション, 抑揚. ② 口調, 話し方. in freundlichem Tonfall 親しげな話し方で.

Ton=film [トーン・ふぃるム] 男 -[e]s/-e《映》トーキー.

Ton=fol・ge [トーン・ふォるゲ] 女 -/-n《音楽》音の連なり; 短いメロディー.

Ton=ge・fäß [トーン・ゲフェース] 中 -es/-e 陶器, 土器.

Ton=hö・he [トーン・ヘーエ] 女 -/-n 音の高さ.

To・ni [トーニ tó:ni] -s/《男名・女名》トーニ (Anton, Antonie, Antonia の 短縮).

To・ni・ka [トーニカ tó:nika] I Tonikum の 複 II 女 -/..niken《音楽》主音(各音階の第1音); 主和音.

To・ni・kum [トーニクム tó:nikum] 中 -s/..nika《薬》強壮剤.

Ton=in・ge・ni・eur [トーン・インジェニエーァ] 男 -s/-e《映・放送》録音技師, ミキサー.

Ton=kopf [トーン・コプふ] 男 -[e]s/..köpfe (テープレコーダーの)[録音・再生]ヘッド.

Ton=kunst [トーン・クンスト] 女 -/《雅》音楽.

Ton=künst・ler [トーン・キュンストらァ] 男 -s/-《雅》作曲家 (=Komponist).

Ton=la・ge [トーン・らーゲ] 女 -/-n《音楽》音域.

Ton=lei・ter [トーン・らイタァ] 女 -/-n《音楽》音階.

ton=los [トーン・ろース] 形 響きのない, 抑揚のない.

Ton=meis・ter [トーン・マイスタァ] 男 -s/-《映・放送》録音技師, ミキサー (=Toningenieur).

Ton・na・ge [トナージェ toná:ʒə][フランス] 女 -/-n《海》① (船舶の)容積トン数. ② (国家・会社などの)船舶総数.

***die* Ton・ne** [トンネ tónə] 女 (単) -/(複) -n ① ドラム缶, 大樽(慈診), 筒形容器. (英 drum). Mülltonne 大型のごみ容器 / eine Tonne mit Öl 石油のドラム缶. ②《海》(船の)登録総トン数. ③ トン (重量単位. 1,000 kg; 略: t). (英 ton). eine Tonne Kohlen 石炭1トン. ④

《海》ブイ. ⑤《口語・戯》太っちょ, でぶ.

Ton·nen·ge·wöl·be [トンネン・ゲヴェるベ] 中 -s/-《建》半円筒ヴォールト.

ton·nen·wei·se [トンネン・ヴァイゼ] 副 トン単位で;《比》大量に.

Ton·spur [トーン・シュプーァ] 女 -/-en《映》サウンドトラック.

Ton·sur [トンズーァ tɔnzúːr] 女 -/-en (カック) (修道士の)トンスラ, 剃髪(ﾃｲﾊﾂ)[した頭], 中ぞり.

tön·te [テーンテ] ＊tönen (響く)の過去

Ton·trä·ger [トーン・トレーガァ] 男 -s/- 録音媒体(テープ・ミニディスクなど).

Tonsur

Tö·nung [テーヌング] 女 -/-en ① 色合いをつけること. ② 色調, 色合い.

top.., Top.. [トップ.. tóp..]《形容詞・名詞につける 接頭》《最高の・最上の・トップの》例: *Top*management トップマネージメント.

To·pas [トパース topáːs] 男 -es/-e《鉱》黄玉(ｵｳｷﾞｮｸ), トパーズ.

＊*der* **Topf** [トプふ tópf] 男 (単2) -es (まれに -s)/(複) Töpfe [テプふェ] (3格のみ Töpfen) ① 深鍋(ﾌｶﾅﾍﾞ). (窶 *pot*). ein emaillierter *Topf* ほうろう引きの深鍋 / ein *Topf* voll Suppe 深鍋一杯のスープ / einen *Topf* auf den Herd setzen 鍋をレンジにかける / wie *Topf* und Deckel zusammen|passen《口語》(二人の間が)しっくりついている(←深鍋とふたのように) / alles⁴ in einen *Topf* werfen《口語》何もかもいっしょくたにする /〔人〕³ in die *Töpfe* gucken《口語》〔人〕のことにおせっかいをやく(←深鍋をのぞき込む) / Jeder *Topf* findet seinen Deckel. 《諺》破鍋(ﾜﾚﾅﾍﾞ)に綴蓋(ﾄｼﾞﾌﾞﾀ)(←どんな鍋でもふたを見つける).

② (牛乳・食料品などの)つぼ, ポット. Milch*topf* ミルクポット. ③ 植木鉢 (＝Blumen*topf*); おまる (＝Nacht*topf*).

Topf   Kasserolle

Töpf·chen [テプふヒェン tœpfçən] 中 -s/- (Topf の縮小形) 小さい鍋(ﾅﾍﾞ)(つぼ); おまる.

Töp·fe [テプふェ] ＊Topf (深鍋)の複

Töp·fer [テプふァァ tœpfər] 男 -s/- 陶工.

Töp·fe·rei [テプふェライ tœpfəráI] 女 -/-en ①《複 なし》製陶業. ② 陶器工場; 陶磁器.

Töp·fer·schei·be [テプふァァ・シャイベ] 女 -/-n 陶工ろくろ.

Töp·fer·wa·re [テプふァァ・ヴァーレ] 女 -/-n《ふつう 複》陶磁器類.

Topf·gu·cker [トプふ・グッカァ] 男 -s/-《戯》台所のことに口を出す人; おせっかいな人.

top·fit [トップ・ふィット tóp-fít] 形《述語としてのみ》体調(コンディション)が最高の.

Topf·lap·pen [トプふ・ラッペン] 男 -s/- (布製の)鍋(ﾅﾍﾞ)つかみ.

Topf·pflan·ze [トプふ・プふらンツェ] 女 -/-n 鉢植え植物.

To·po·gra·fie [トポグラふィー topografíː] 女 -/-n [..ふィーエン] ＝Topographie

to·po·gra·fisch [トポグラーふィッシュ topográːfɪʃ] 形 ＝topographisch

To·po·gra·phie [トポグラふィー topografíː] 女 -/-n [..ふィーエン] ①《地理》地誌; 地形図, 地形, 地勢. ②《気象》等圧面天気図. ③《医》局所解剖学.

to·po·gra·phisch [トポグラーふィッシュ topográːfɪʃ] 形 地形(測量)に関する;《医》局所の.

To·po·lo·gie [トポろギー topologíː] 女 -/《数》位相幾何学, トポロジー; 位相的構造.

To·pos [トーポス tóːpɔs または トポス tɔ́pɔs] 男 -/Topoi《文学》トポス, 文学的常套(ｼﾞｮｳﾄｳ)句, 伝統的言い回し.

topp! [トップ tóp] 間 (同意・賛成を表して:)よし, 承知した.

Topp [トップ] 男 -s/-e[n] (または -s) ①《海》(マストの)頂上, 檣楼(ｼｮｳﾛｳ). ②《戯》《劇場の)最上階の最も安い席, 天井桟敷.

Topp·se·gel [トップ・ゼーゲる] 中 -s/-《海》トップスル, 中檣(ﾁｭｳｼｮｳ)帆.

＊*das* **Tor**¹ [トーァ tóːr] 中 (単2) -[e]s/(複) -e (3格のみ -en) ① 門; (入口の)扉, 門扉. (窶 *gate*). Stadt*tor* 市門 / das Brandenburger *Tor* (ベルリンの)ブランデンブルク門 / ein *Tor*⁴ öffnen (schließen) 門を開ける(閉める) / Das *Tor* der Garage öffnet sich automatisch. ガレージの扉は自動的に開く.
② (サッカーなどの)ゴール. (窶 *goal*). ein *Tor*⁴ schießen ゴールを決める / den Ball ins *Tor* schießen ボールをゴールにシュートする / mit 2:1 (＝zwei zu eins) *Toren* siegen 2対1で勝つ / das *Tor*⁴ hüten ゴールを守る. ③ (スキーの)旗門.

Tor² [トーァ] 男 -en/-en《雅》愚か者, ばか.

To·re·a·dor [トレアドーァ toreadóːr] (ｽﾍﾟｲﾝ) 男 -s (または -en)/-e[n] (騎乗の)闘牛士.

To·res·schluss [トーレス・シュるス] 男 -es/ 門限. [kurz] **vor** Toresschluss ぎりぎりの時間になって.

To·res·schluß ☞ 新形 Toresschluss

To·re·ro [トレーロ toréːro] (ｽﾍﾟｲﾝ) 男 -[s]/-s (徒歩の)闘牛士.

Torf [トルふ tórf] 男 -[e]s/(種類:) -e ① 泥炭. *Torf*⁴ stechen 泥炭を掘る. ②《複 なし》泥炭地.

Torf·moor [トルふ・モーァ] 中 -[e]s/-e 泥炭地.

Torf·mull [トルふ・むる] 男 -[e]s/-e ピートモス (土壌改良剤としての泥炭腐植土).

Tor·heit [トーァハイト] 囡 -/-en 《雅》①《複なし》愚鈍, 愚かさ. ② 愚行. eine Torheit[4] begehen ばかなことをする.

Tor·hü·ter [トーァ・ヒュータァ] 男 -s/- ①(球技で:)ゴールキーパー. ②(昔の:)門番.

tö·richt [テーリヒト tǿ:rɪçt] 形 愚かな, ばかな; ばかげた; 無意味な. eine törichte Frage ばかな質問.

tor·keln [トルケルン tɔ́rkəln] 圓 (s, h)《口語》①(s, h) よろける. ②(s)(酔っ払いなどが…へ)よろよろと歩いて行く.

Tor⊰lauf [トーァ・らォふ] 男 -[e]s/..läufe (スキーの)スラローム, 回転滑降競技 (=Slalom).

Tor⊰li·nie [トーァ・リーニエ] 囡 -/-n (球技の)ゴールライン.

Tor⊰mann [トーァ・マン] 男 -es/..männer (または -leute)(サッカーなどの)ゴールキーパー.

Tor·na·do [トルナード tɔrná:do] 男 -s/-s ①《気象》大旋風, (特に北アメリカ南部の)トルネード. ②(競技用の二人乗り双胴ヨット.

Tor·nis·ter [トルニスタァ tɔrnístɐr] 男 -s/-《軍》背囊(はいのう); 《方》ランドセル.

tor·pe·die·ren [トルペディーレン tɔrpedí:rən] 他 (h) ①《軍》(船[4]を)魚雷で撃沈する. ②《比》(計画など[4]を)ぶち壊す.

Tor·pe·do [トルペード tɔrpé:do] 男 -s/-s《軍》魚雷, 水雷.

Tor⊰pe·do⊰boot [トルペード・ボート] 中 -[e]s/-e《軍》(昔の:)魚雷艇.

Tor⊰pfos·ten [トーァ・プフォステン] 男 -s/- (サッカーなどの)ゴールポスト.

Tor⊰raum [トーァ・ラオム] 男 -[e]s/..räume (サッカーなどの)ゴールエリア.

Tor·schluss [トーァ・シュる ス] 男 -es/ = Toresschluss

Tor⊰schluß ☞ 新形 Torschluss

Tor·schluss⊰pa·nik [トーァシュるス・パーニク] 囡 -/ 時間切れ寸前の焦り. aus Torschlusspanik heiraten (取り残される)焦燥感から結婚する.

Tor·schluß⊰pa·nik ☞ 新形 Torschlusspanik

Tor⊰schüt·ze [トーァ・シュッツェ] 男 -n/-n (サッカーなどで:)ゴールを決めた選手.

Tor·si·on [トルズィオーン tɔrzió:n] 囡 -/-en《工・物》ねじれ, ねじり; 《数》ねじれ率; 《医》捻転(ねんてん).

Tor·so [トルソ tɔ́rzo] [複 (げん)] 男 -s/-s (または Torsi) ① トルソ(頭・手足のない彫像). ② 未完の作品.

Tört·chen [テルトヒェン tœ́rtçən] 中 -s/- (Torte の 縮小) 小型のトルテ.

*die **Tor·te** [トルテ tɔ́rtə] 囡 (単)-/(複)-n ①《料理》トルテ(果物・クリームなどをのせた円い大型のデコレーションケーキ), 《英》layer cake). (☞ Kuchen 図). Obsttorte フルーツトルテ. ②(若者言葉:)女の子.

Tor·ten⊰he·ber [トルテン・ヘーバァ] 男 -s/- ケーキサーバー.

Tor·tur [トルトゥーァ tɔrtú:r] 囡 -/-en ①(昔の:)拷問. ② 責め苦, ひどい苦痛.

Tor⊰wart [トーァ・ヴァルト] 男 -[e]s/-e ①(球技で:)ゴールキーパー. ②(昔の:)門番.

Tos·ca·ni·ni [トスカニーニ tɔskaníːni] -s/《人名》トスカニーニ (Arturo Toscanini 1867-1957; イタリア生まれの指揮者).

to·sen [トーゼン tó:zən] 圓 (h, s) ①(h)(あらし・急流などが)ごう音をたてる. ◇《現在分詞の形で》tosender Beifall《比》あらしのような拍手喝采(かっ さい). ②(s)(…へ)ごう音をたてて進む.

:**tot** [トート tó:t]

死んでいる

Er ist seit drei Jahren *tot*.
エァ イスト ザイト ドライ ヤーレン トート
彼が死んでから3年になる.

形 (英 dead) ① 死んでいる, 死んだ; 死ぬほど疲れた. ein *toter* Mensch 死人 / ein *toter* Baum 枯れ木 / Sie war sofort (または auf der Stelle) *tot*. 彼女は即死だった / *tot* um|fallen (発作などで)卒倒して死ぬ / Sie ist halb *tot* vor Schrecken.《口語》彼女は恐怖のあまりへなへなになった / Das ist *tot* und begraben.《口語》それはとっくに忘れられている / Ich bin mehr *tot* als lebendig. 私はもうくたくただ(←生きているというよりは死んでいる) / Ihre Liebe war *tot*.《比》彼女の愛は冷めてしまった / eine *tote* Sprache《比》死語 / Die Leitung ist *tot*.《比》この電話は通じていない.
② 生気のない, 活気のない; (色などが)さえない, 鈍い; 人気(ひとけ)のない. Er war geistig *tot*.《比》彼は精神的に参っていた / mit *toten* Augen どんよりした目で / ein *totes* Grün くすんだ緑色 / eine *tote* Straße 人気のない通り.
③ 使われていない, 機能を失った, 利用できない. ein *totes* Gleis 待避線 / *totes* Kapital a)(利益を生まない)非生産資本, b)《比》利用されていない能力.

新形 ....

tot ge·bo·ren 死産の. ein tot geborenes Kind a) 死産児, b)《比》最初から成功の見込みのない計画.

tot stel·len sich[4] *tot stellen* 死んだふりをする.

*·**to·tal** [トタール totá:l] I 形《付加語としてのみ》① 完全な, 全面的な, 全体的の. (英 total). der *totale* Krieg 総力戦 / eine *totale* Sonnenfinsternis 皆既日食 / eine *totale* Niederlage 完敗. ②《国》全体主義の. der *totale* Staat 全体主義国家.
II 副《口語》完全に, すっかり. Das habe ich *total* vergessen. それを私はすっかり忘れていた.

To·tal⊰aus·ver·kauf [トタール・アオスふェァカォふ] 男 -[e]s/..käufe 在庫一掃大売り出し.

to·ta·li·tär [トタリテーァ totalité:r] 形《政》全体主義の; 《国》全体的な. ein *totalitärer*

Staat 全体主義国家.

To·ta·li·ta·ris·mus [トタリタリスムス totalitarísmus] 男 -/《政》全体主義.

To·ta·li·tät [トタリテート totalität:t] 女 -/-en ①《ふつう》《哲》全体[性]. ②《ふつう》軍 独裁的な権力行使. ③《天》皆既食.

To·tal·scha·den [トターる・シャーデン] 男 -s/..schäden (修理不能な)完全な破損, 全損.

tot|ar·bei·ten [トート・アルバイテン tó:t-àrbaɪtən] 再帰 (h) sich⁴ totarbeiten 《口語》へとへとになるまで働く.

tot|är·gern [トート・エルゲァン tó:t-ὲrgərn] 再帰 (h) sich⁴ totärgern 《口語》かんかんに怒る.

To·tem [トーテム tó:tɛm] 中 -s/-s《民俗》トーテム(未開民族が種族の象徴として崇拝する動植物).

To·te·mis·mus [トテミスムス totemísmus] 男 -/《民俗》トーテム信仰(崇拝).

‡**tö·ten** [テーテン tó:tən] du tötest, er tötet (tötete, hat...getötet) I 他 (完了 haben) ① 殺す, 死なせる.《& kill》. einen Menschen (ein Tier⁴) töten 人(動物)を殺す / Durch die Explosion wurden zwei Arbeiter getötet.《受動・過去》その爆発で二人の作業員が死亡した. ◆目的語しでも》Du sollst nicht töten.《聖》あなたは殺してはならない(十戒の一つ). ②《口語》破壊する, つぶす. einen Nerv [im Zahn] töten《歯の神経を殺す / Gefühle⁴ töten《比》感情を抑える / die Zeit⁴ töten《比》暇をつぶす.
II 再帰 (完了 haben) sich⁴ töten 自殺する.

To·ten≈bah·re [トーテン・バーレ] 女 -/-n 棺台.

To·ten≈bett [トーテン・ベット] 中 -[e]s/-en 臨終の床.

to·ten≈blass [トーテン・ブらス] 形 死人のように青ざめた(顔色の).

to·ten≈blaß [☞ 新旧 totenblass

to·ten≈bleich [トーテン・ブらイヒ] 形 =totenblass

To·ten≈fei·er [トーテン・ファイアァ] 女 -/-n 葬式, 追悼式.

To·ten≈glo·cke [トーテン・グろッケ] 女 -/-n 葬式の鐘, 弔鐘.

To·ten≈grä·ber [トーテン・グレーバァ] 男 -s/- ① 墓掘り[人]. ②《昆》シデムシ[科の甲虫].

To·ten≈hemd [トーテン・ヘムト] 中 -[e]s/-en (死体に着せる)埋葬用の衣服, 経かたびら.

To·ten≈kla·ge [トーテン・クらーゲ] 女 -/-n 死者を悼む嘆き;《文学》挽歌.

To·ten≈kopf [トーテン・コプふ] 男 -[e]s/..köpfe ① どくろ, しゃれこうべ. ② どくろ印.

To·ten≈mas·ke [トーテン・マスケ] 女 -/-n デスマスク.

To·ten≈mes·se [トーテン・メッセ] 女 -/-n 《カトリック》死者のためのミサ, レクィエム.

To·ten≈schein [トーテン・シャイン] 中 -[e]s/-e 死亡診断書.

To·ten≈sonn·tag [トーテン・ゾンターク] 男 -[e]s/-e《ふつう》単《新教》死者慰霊日(待降節 Advent 直前の日曜日).

To·ten≈star·re [トーテン・シュタレ] 女 -/《医》死後硬直.

to·ten≈still [トーテン・シュティる] 形 物音一つしない, しんと静まりかえった.

To·ten≈stil·le [トーテン・シュティれ] 女 -/ 死のような静けさ, 深い静寂.

To·ten≈tanz [トーテン・タンツ] 男 -es/..tänze 《美》死の舞踏, どくろの踊り(中世後期の絵画に好んで用いられた主題. 死神が人間を墓場に導く図柄).

To·ten≈wa·che [トーテン・ヴァッヘ] 女 -/-n 通夜. die Totenwache⁴ halten 通夜をする.

* **To·te[r]** [トーテ (..タァ) tó:tə (..tər)] 男 女《語尾変化は形容詞と同じ ☞ Alte[r]》(例: 男 1 格 der Tote, ein Toter) 死者, 死人. die Toten⁴ ehren 死者を敬う / einen Toten begraben 死者を埋葬する / wie ein Toter schlafen《口語》ぐっすり眠る / Na, bist du von den Toten auferstanden?《現在完了》《口語・戯》(久しぶりに会った人に》おやまだ生きていたのか(←冥土からよみがえったのか).

tö·te·te [テーテテ] ‡töten (殺す)の 過去

tot|fah·ren* [トート・ふァーレン tó:t-fà:rən] 他 (h) (車などで)ひき殺す.

tot≈ge·bo·ren 形 (新旧 tot geboren) ☞ tot

Tot≈ge·burt [トート・ゲブァート] 女 -/-en《医》死産; 死産児.

tot|la·chen [トート・らッヘン tó:t-làxən] 再帰 (h) sich⁴ totlachen《口語》死ぬほど笑う, 笑いこける.

tot|lau·fen* [トート・らオふェン tó:t-làʊfən] 再帰 (h) sich⁴ totlaufen《口語》成果なしに終わる; (流行などが)自然にすたれる.

tot|ma·chen [トート・マッヘン tó:t-màxən] I 他 (h)《口語》(動物など⁴を)殺す;《比》(競争相手など⁴を)やっつける. II 再帰 (h) 《sich⁴ für 人·事⁴ ~》《口語》(人·事⁴のために)健康をそこねる, 神経をすり減らす.

To·to [トート to:to] 男 中 -s/-s (公営)馬券発売所; (サッカーなどの)スポーツくじ.

tot|schie·ßen* [トート・シーセン tó:t-ʃi:sən] 他 (h)《口語》(人·動物⁴を)射殺する.

Tot≈schlag [トート・シュらーク] 男 -[e]s/ 殺害, 殺人;《法》故殺.

tot|schla·gen* [トート・シュらーゲン tó:t-ʃlà:gən] 他 (h) 打ち殺す, なぐり殺す. die Zeit⁴ totschlagen《比》暇つぶしをする.

Tot≈schlä·ger [トート・シュれーガァ] 男 -s/- ① 殺人者, 殺害者;《法》故殺者. ② 人殺しの道具(頭部に鉛のついた棍棒).

tot|schwei·gen* [トート・シュヴァイゲン tó:t-ʃvàɪgən] 他 (h)《人·事⁴を》黙殺する.

tot|stel·len 再帰 (h)《新旧 tot stellen》☞ tot

Tö·tung [テートゥング] 女 -/-en《ふつう》単 ① 殺害;《法》殺人[罪]. fahrlässige Tötung 過失致死[罪]. ②(感情などの)抑圧.

Tou·pet [トゥペー tupé:] 中 -s/-s 男性用ヘア

tou·pie·ren [トゥピーレン tupí:rən] 他 (h) (髪[4]を)逆毛を立ててふくらませる.

die **Tour** [トゥーァ tú:r] [`ズ`] 囡 (単) -/(複) -en ① 遠足, ハイキング; ドライブ, [小]旅行, ツアー. (英 tour, trip). Berg*tour* 山岳旅行/ Er geht morgen auf *Tour*. 彼はあす旅に出る (遠足に行く) / eine *Tour*[4] durch Europa (in die Berge) machen ヨーロッパ旅行する(山へハイキングに出かける). (☞類語 Reise). ② 行程, 距離. die ganze *Tour* 全行程. ③《ふつう 単》《口語》手口, やり方, もくろみ. Die *Tour* zieht bei mir nicht! その手に乗るものか. ④《ふつう 複》《工》回転, 旋回. auf vollen *Touren* laufen a) (エンジンなどが)フル回転する, b)《口語》(仕事が)どんどん進んでいる / auf *Touren* kommen《口語》a)加速する, b)《比》ふるいたつ, c)《比》激怒する / in einer *Tour*《口語》続けざまに / eine Schallplatte mit 33 *Touren* 33回転のレコード. ⑤ (繰り返し運動の)1区切り(ダンスの1回り・メリーゴーラウンドの1周など).

Tou·ren=zahl [トゥーレン・ツァール] 囡 -/-en 《工》回転数.

Tou·ren=zäh·ler [トゥーレン・ツェーらァ] 男 -s/- 回転速度計, タコメーター.

Tou·ris·mus [トゥリスムス turísmus] 男 -/ 観光[客の往来], 観光旅行.

der **Tou·rist** [トゥリスト turíst] 男 (単2・3・4) -en/(複) -en **旅行者**, 観光客, ツーリスト. (英 tourist). (☞ 女性形は Touristin). Ich bin *Tourist*. 私は旅行者です.

Tou·ris·ten=klas·se [トゥリステン・クラッセ] 囡 -/-n (航空機などの)ツーリスト(エコノミー)クラス.

Tou·ris·tik [トゥリスティク turístık] 囡 -/ 観光[旅行], 観光事業.

tou·ris·tisch [トゥリスティッシュ turístıʃ] 形 観光[旅行]の.

Tour·nee [トゥルネー turné:] [`ズ`] 囡 -/-s (または -n [..ネーエン]) (音楽家・劇団などの)客演旅行, 巡業. auf *Tournee*[4] gehen 巡業に出る.

Tow·er [タオァァ táuər] [英] 男 -s/- 《空》(空港の)管制塔, コントロールタワー.

To·xi·ko·lo·gie [トクスィコろギー toksikologí:] 囡 -/ 毒物学; 中毒学.

To·xin [トクスィーン toksí:n] 匣 -s/-e 《医・生》毒素.

to·xisch [トクスィッシュ tóksıʃ] 形《医》① 有毒の. ② 毒によって引き起こされた, 中毒性の.

Trab [トラープ trá:p] 男 -es (まれに -s)/ (馬などの)トロット, 速歩(`はやあし`). ② 《口語》(人の)急ぎ足. [im] *Trab* reiten 馬を速歩で走らせる / [4] auf *Trab* bringen《口語》[4]をせきたてる / [4] in *Trab* halten《口語》[4]を休ませない.

Tra·bant [トラバント trabánt] **I** 男 -en/-en ① 《天》衛星; (宇宙)人工衛星. ② (昔の)従者, 従僕, (軽蔑的に)とり巻き. ③ 〘覆で〙《口語・戯》子供たち. **II** 男 -s/-[s] 《商標》トラバント(旧東ドイツの小型自動車. 愛称トラビ Trabi).

Tra·ban·ten=stadt [トラバンテン・シュタット] 囡 -/..städte [..シュテーテ] 衛星都市; ベッドタウン.

tra·ben [トラーベン trá:bən] 自 (h, s) ① (h, s) (馬が)速歩(`はやあし`)で走る; 馬を速歩で走らせる. ② (s)《口語》(人が急ぎ足で…へ)歩いて行く.

Tra·ber [トラーバァ trá:bər] 男 -s/- 速歩(`はやあし`)馬 (二輪馬車を引いて競争する馬).

Trab=ren·nen [トラーブ・レンネン] 中 -s/- 速歩(`はやあし`)競馬 (二輪馬車を引いて競争する).

die **Tracht** [トラハト tráxt] 囡 (単) -/(複) -en ① (時代・地方・職業などに特有な)**服装**, 衣装. (英 costume). Volks*tracht* 民族(民俗)衣装 / eine bäuerliche *Tracht* 農民の服装. ② (その時代特有の)髪型, ひげの型. ③ 蜜蜂(`みつばち`)が運ぶ蜜と花粉. ④《農》輪作, 連作. die erste (zweite)*Tracht* 第一(第二)作. ⑤《方》かつぎ棒, 背負子(`しょいこ`). ⑥《方》ひとかつぎの荷. ⑦《成句的に》eine *Tracht*[4] Prügel bekommen《口語》さんざんなぐられる.

trach·ten [トラハテン tráxtən] 自 (h)《雅》① 【**nach** 単[3]~】(単[3]を)得ようと努める, 努力する. nach Ehre *trachten* 名誉を得ようと努力する. ② 【**zu** 不定詞[句]とともに】(…しようと)努める. Er *trachtete*, möglichst schnell Karriere zu machen. 彼はなるべく早く出世しようと努めた.

träch·tig [トレヒティヒ tréçtıç] 形 ① (動物が)妊娠している. ② 《雅》(思想などが)豊かな, 内容が豊富な. ein von (または mit) Gedanken *trächtiges* Werk 着想の豊かな作品.

die **Tra·di·ti·on** [トラディツィオーン traditsió:n] 囡 (単) -/(複) -en ① **伝統**, しきたり, 慣例, 因襲. (英 tradition). eine *Tradition*[4] bewahren 伝統を守る / Dieses Fest ist bei uns schon *Tradition* geworden. 【現在完了】この祭は当地ではすでに伝統になった / an der *Tradition* fest|halten 慣習に固執する / mit der *Tradition* brechen 慣習を破る. ② 《聖》伝承[すること].

die **tra·di·ti·o·nell** [トラディツィオネる traditsionél] 形 **伝統的な**, 恒例の. das *traditionelle* Weihnachtsessen 伝統的なクリスマスの食べ物.

traf [トラーフ] ‡treffen (会う)の 過去

trä·fe [トレーフェ] ‡treffen (会う)の 接[2]

Tra·fik [トラフィック trafík] 囡 -/-en (`オース`) たばこ屋.

Tra·fi·kant [トラフィカント trafikánt] 男 -en/-en (`オース`) たばこ屋の主人.

Tra·fo [トラーふォ trá:fo] 男 -s/-s 《電》変圧器 (=Transformator).

träg [トレーク tré:k] 形 =träge

Trag=bah·re [トラーク・バーレ] 囡 -/-n 担架.

trag·bar [トラーク・バール] 形 ① 携帯用の, 身につけられる. ein *tragbarer* Fernseher ポータブルテレビ. ② 着用できる, 着ておかしくない(衣服). ③ (経済的に)耐えられる; (状況などが)我慢できる. Dieser

Zustand ist nicht mehr *tragbar*. この状況にはもはや耐えられない。

Tra・ge [トラーゲ trá:gə] 囡 -/-n 担架; 背負い枠.

*****trä・ge** [トレーゲ tré:gə] 形 (比較) träger, (最上) träg[e]st; 格変化語尾がつくときは träg-) ① 不活発な, 動きがにぶい; 怠惰な. ein *träger* Mensch 無精な人. ② 《物》慣性的;《化》不活性の. eine *träge* Masse 慣性質量.

‡**tra・gen*** [トラーゲン trá:gən]

持ち運ぶ; 身につけている

Komm, ich *trage* den Koffer.
コム   イヒ トラーゲ デン コッファァァ
さあ, そのスーツケースを持ってあげよう。

人称	単	複
1	ich trage	wir tragen
2	{ du **trägst** / Sie tragen	{ ihr tragt / Sie tragen
3	er **trägt**	sie tragen

(trug, *hat*..getragen) I 他 (完了 haben) ① [持ち]運ぶ; 担いでいる, 載せている.(英 carry). einen Sack **auf** dem Rücken *tragen* 袋を背負って運ぶ / Die Mutter *trägt* das Baby auf dem Arm. 母親が赤ちゃんを腕に抱いている / eine Tasche **in** der Hand *tragen* バッグを手に持っている / ein Kind⁴ ins Bett *tragen* 子供を抱えてベッドに運ぶ / Er *trägt* ein Paket **zur** Post. 彼は小包を郵便局へ持って行く. ◊《目的語なしでも》Kann ich Ihnen *tragen* helfen？ 運ぶのを手伝いましょうか / schwer **an**《物・事》*tragen* a) 《物》³が重くて苦労する, b) 《比》《事》³に苦しむ ⇒ Er *trägt* schwer an seiner Schuld. 責任を負うことが彼には重荷になっている. (☞ 類語 bringen).
② (衣服など⁴を) **身につけている**, (ある髪型⁴を)している; 携行(携帯)している. Er *trägt* einen neuen Anzug. 彼は新しいスーツを着ている / einen Bart *tragen* ひげを生やしている / eine Brille⁴ *tragen* 眼鏡をかけている / einen Hut *tragen* 帽子をかぶっている / Sie *trägt* immer Jeans. 彼女はいつもジーンズをはいている / Pferdeschwanz⁴ *tragen* ポニーテールにしている / eine Pistole⁴ *tragen* ピストルを携帯している / einen Pass **bei** sich *tragen* パスポートを携行している.
③ (責任など⁴を)**引き受ける**, (費用など⁴を)負担する. Er *trägt* die Schuld an dem Unglück. その事故の責任は彼にある / Die Versicherung *trägt* den Schaden. 保険会社が損害を負担する.
④ 《人・物》³を**支える**, 載せている. Vier Säulen *tragen* das Dach. 4本の柱が屋根を支えている / Die Füße *tragen* mich nicht mehr. 私は足がくたびれてもう歩けない. ◊《目的語なしでも》Das Eis *trägt* schon. 氷はもう人が乗ってもだいじょうぶだ.
⑤ (体の部分・髪⁴を…に)している, 保っている. den Kopf aufrecht *tragen* 頭をまっすぐにしている / Sie *trägt* ihr Haar lang. 彼女は髪を長くしている.
⑥ (名前・日付など⁴を)持っている, (レッテルなど⁴を)つけている. Er *trägt* den Titel „Doktor". 彼は「博士」の称号を持っている.
⑦ (苦難など⁴を)耐える, 忍ぶ. Sie *trägt* ihr Schicksal tapfer. 彼女は運命にけなげに耐えている.
⑧ (実りなど⁴を)もたらす;《比》(利益など⁴を)生む. Der Baum *trägt* keine Früchte. この木はちっとも実がならない / Zinsen⁴ *tragen* 利子を生む. ◊《目的語なしでも》Der Acker *trägt* gut. その畑は作物の出来がいい.
⑨ (感情など⁴を)心にいだいている. Bedenken⁴ *tragen* 疑念をいだいている / für 《人・事》⁴ Sorge⁴ *tragen* 《人・事》⁴のために配慮する.
⑩ (子供⁴を)はらんでいる.
II 再帰 (完了 haben) *sich*⁴ *tragen* ① 持ち運びが…である. Der Koffer *trägt sich* leicht. このスーツケースは持ちやすい.
② 着心地が…である. Der Mantel *trägt sich* schlecht. このコートは着心地が悪い.
③ (…の)身なりをしている. Sie *trägt sich* elegant. 彼女はエレガントな身なりをしている.
④ 《*sich*⁴ **mit**《事》³~》《事》³(考えなど)をいだいている. Er *trägt sich* mit der Absicht, sein Haus zu verkaufen. 彼は家を売るつもりだ.
III 自 (完了 haben) (声・銃砲などが…のくあいに)届く, 達する. Das Geschütz *trägt* weit. その大砲は射程距離が長い.
◊ ☞ getragen

Tra・gen [トラーゲン] 中 《成句的に》**zum** *Tragen* kommen《比》効力を発揮する.

tra・gend [トラーゲント] I ‡tragen (持ち運ぶ)の 現分 II 形 支えとなる; 基本的な; 主要な. die *tragenden* Säulen des Lebens / die *tragende* Idee 基本理念 / die *tragende* Rolle⁴ spielen a) (劇の)主役を演じる, b) 主要な役割を果たす.

Trä・ger [トレーガ tré:gɐ] 男 -s/- ① 運ぶ人, ポーター; 配達人. (☜ 女性形は Trägerin). Briefträger 郵便配達人 / Gepäck*träger* (駅の)ポーター. ② 《建》梁(^{はり}), 桁. ③ 《ふつう 複》ストラップ, 肩つりひも. ④ 所持者, 保有者; 担い手. Rechts*träger* 権利の担い手 / der *Träger* eines Ordens 勲章の所有者. ⑤ 《電信》搬送波. ⑥ 《医》保菌者;《化・生》担体.

Trä・ger・ra・ke・te [トレーガァ・ラケーテ] 囡 -/-n 推進ロケット.

Tra・ge・ta・sche [トラーゲ・タッシェ] 囡 -/-n ショッピングバッグ, 買い物袋; (買物用のビニール袋).

trag・fä・hig [トラーク・フェーイヒ] 形 重みを支える力のある(橋・梁(^{はり})など);《比》許容できる(妥協案など).

Trag・fä・hig・keit [トラーク・フェーイヒカイト] 囡 -/ 積載(負担)力.

Trag・flä・che [トラーク・ふれッヒェ] 囡 -/-n 《空》主翼.

Trag・flä・chen・boot [トラークふれッヒェン・ボート] 中 -[e]s/-e 水中翼船.

Trag・flü・gel [トラーク・ふりゅーゲる] 男 -s/- 《空》主翼 (=Tragfläche).

Trag・flü・gel・boot [トラークふりゅーゲる・ボー

ト] 中 -[e]s/-e 水中翼船.
Träg·heit [トレークハイト] 女 -/-en ① 《覆なし》怠惰, 不精; 不活発, 緩慢. ② 《ふつう 単》《物》慣性, 惰性.
Träg·heits·mo·ment [トレークハイツ・モメント] 中 -[e]s/-e 《物》慣性モーメント.
Tra·gik [トラーギク tráːgɪk] 女 -/ ① 悲劇的なこと, 悲運, いたましさ. ② 《文学》悲劇性.
tra·gi·ko·misch [トラーギ・コーミッシュ tráːgi-koːmɪʃ または トラギ・コー..] 形 悲喜劇の, 悲喜こもごもの.
Tra·gi·ko·mö·die [トラーギ・コメーディエ tráːgi-komøːdi ə または トラギ・コメー..] 女 -/-n 《文学》悲喜劇.

* **tra·gisch** [トラーギッシュ tráːgɪʃ] 形 ① 悲劇的な, 悲惨な, 痛ましい. 《英 tragic》. ein *tragisches* Ende 悲劇的な結末 / ein *tragischer* Unglücksfall 悲惨な事故 / Nimm es nicht so *tragisch*! 《口語》そんなに深刻に受け取るなよ. ② 《文学》悲劇の. ein *tragischer* Dichter 悲劇作家.

Trag·korb [トラーク・コルプ] 男 -[e]s/..körbe 背負いかご.
Trag·kraft [トラーク・クラフト] 女 -/《建・工》負荷(積載)能力.
Trag·last [トラーク・ラスト] 女 -/-en 積み荷, 荷物.
Tra·gö·de [トラゲーデ tragóːdə] 男 -n/-n 《劇》悲劇俳優.

* *die* **Tra·gö·die** [トラゲーディエ tragóːdi ə] 女 《単》-/《複》-n ① 《文学》(ジャンルとしての)**悲劇**. 《英 tragedy》. 《対 「喜劇」は Komödie》. ② (個々の)悲劇作品. eine *Tragödie* in (または mit) fünf Akten auf[-]führen 5幕の悲劇を上演する. ③ 悲劇的な出来事, 悲運. Es ist eine *Tragödie* mit ihm. 《口語》彼は運が悪い / Mach doch keine *Tragödie* daraus! そんなに悲観することはないよ.

Tra·gö·din [トラゲーディン tragóːdɪn] 女 -/..dinnen 《劇》悲劇女優.
Trag·rie·men [トラーク・リーメン] 男 -s/- (ランドセルなどの)つり(背負い)革, 肩ひも.
trägst [トレークスト] ≠tragen(持ち運ぶ)の2人称単数 現在.
trägt [トレークト] ≠tragen(持ち運ぶ)の3人称単数 現在.
Trag·wei·te [トラーク・ヴァイテ] 女 -/ ① 《軍》着弾距離, 射程; 《海》光達距離. ② 《比》影響(有効)範囲. ein Ereignis von großer *Tragweite* 影響力の大きな出来事.
Trag·werk [トラーク・ヴェルク] 中 -[e]s/-e ① 《空》翼部. ② 《建》(建物の)支持構造.
Trai·ner [トレーナァ tréːnər または トレー..] 《英》男 -s/- 《スポ》トレーナー, コーチ; (馬の)調教師.

* **trai·nie·ren** [トレニーレン trenízren または tre..] (trainierte, *hat*... trainiert) I 他 《英て haben》《英 train》① (選手などを[^4])**訓練する**; (体・筋肉など[^4])を鍛える; (馬[^4])を調教する. Er *hat* die Mannschaft trainiert. 彼はチームを

訓練した. ◊《再帰的に》*sich*[^4] im Rechnen *trainieren* 計算力をつける. ② (軍[^4]を)練習して覚え込む, 練習する.
II 自 《⊗ haben》トレーニングする, 練習する. Er *trainiert* hart [für die nächsten Spiele]. 彼は次の試合に備えて]ハードトレーニングする.
trai·niert [トレニーァト] ≠trainieren(訓練する)の 過分
trai·nier·te [トレニーァテ] ≠trainieren(訓練する)の 過去
Trai·ning [トレーニング tréːnɪŋ または tréː..] 《英》中 -s/-s トレーニング, 訓練; (馬の)調教.
Trai·nings·an·zug [トレーニングス・アンツーク] 男 -[e]s/..züge トレーニングウェア.
Trai·nings·la·ger [トレーニングス・ラーガァ] 中 -s/- トレーニングキャンプ, 合宿所.
Trakt [トラクト trákt] 男 -[e]s/-e ① 《建》(建物の横に張り出した)翼部; (総称として:)翼部の居住(宿泊)者. ② 《医》(管状臓器などの)路. Verdauungs*trakt* 消化管.
Trak·tat [トラクタート traktáːt] 中 -[e]s/-e 《学術》論文; (特に宗教関係の)パンフレット.
trak·tie·ren [トラクティーレン traktíːrən] 他 (h) ① (人[^4] mit 物[^3] ~) (人[^4]を物[^3]で)いやな目にあわせる, 痛めつける. ② (人[^4] mit 物[^3] ~) (人[^4]に物[^3]を)たくさんごちそうする.

* *der* **Trak·tor** [トラクトァ tráktɔr] 男 (単2) -s/(複) -en [..トーレン] トラクター. 《英 tractor》.
träl·lern [トレらァン trélərn] I 自 (h) ららららと口ずさむ. II 他 (h) (メロディーなど[^4]を)ららららと口ずさむ.
Tram [トラム trám] 女 -/-s (スィ: 中 -s/-s) 《南ドッ・キィッ・スィ》市街電車, 路面電車 (=Straßenbahn).
Tram·bahn [トラム・バーン] 女 -/-en 《南ドッ》=Tram
Tram·pel [トランペる trámpəl] 男 中 -s/- 《口語》のろま(鈍重)な人(特に若い女性).
tram·peln [トランペるン trámpəln] I 自 (h, s) ① (h) 足を踏み鳴らす, 足踏みする. auf den Boden *trampeln* 床を踏み鳴らす. ② (s) (...へ)どたどたと乱暴に歩いて行く. II 他 (h) ① (道など[^4]を)踏み固めて作る. einen Pfad *trampeln* 足で踏み固めて道を作る. ② 踏みつけて...[の]状態にする. ③ (A[^4] von B[^3] ~) (A[^4](泥などを) B[^3](靴などから)足踏みして取り除く.
Tram·pel·pfad [トランペる・プふァート] 男 -[e]s/-e (人の足で)踏み固められてできた道.
Tram·pel·tier [トランペる・ティーァ] 中 -[e]s/-e ① 《動》フタコブラクダ. ② 《俗》のろま, 不器用な人.
tram·pen [トレンペン trémpən または トランプ..] 自 (s) ① ヒッチハイクする. ② (流れ者として)渡り歩く.
Tram·per [トレンパァ trémpər] 男 -s/- ヒッチハイカー. 《(注 女性形は Tramperin).
Tram·po·lin [トランポリーン trampolíːn または トラン..プ] 中 -s/-e トランポリン.
Tran [トラーン tráːn] 男 -[e]s/(種類:) -e ① 魚

油, 鯨油. ② 《成句的に》im *Tran* (《口語》a) 酔っ払って, b) うっかりして, ぼんやりして.

Tran·ce [トラーンセ trá:sə または トラーンス trá:ns] [ﾌﾗ] 囡 -/-n 催眠状態, トランス.

tran·chie·ren [トランシーレン trãʃíːrən] 他 (h) =transchieren

Tran·chier·mes·ser [トランシーァ・メッサァ] 囲 -s/- =Transchiermesser

※ *die* **Trä·ne** [トレーネ tréːnə] 囡 (単) -/(複) -n ① 《ふつう 複》涙. (英 tear). heimliche *Tränen* 人知れず流す涙 / *Tränen* der Freude[2] うれし涙 / *Tränen*[4] lachen 涙が出るほど笑う / sich[3] die *Tränen*[4] ab|wischen (または trocknen) 涙をぬぐう / *Tränen*[4] vergieβen 涙を流す / bittere *Tränen*[4] weinen 痛しく泣く / die *Tränen*[4] zurück|halten 涙をこらえる / Die *Tränen* standen ihm in den Augen. 彼の目に涙が浮かんでいた / Sie war den *Tränen* nahe. 彼女は今にも泣きだしそうだった / *Tränen* laufen ihr über die Wangen. 彼女の頬(ほお)に涙が伝わり落ちる / Die Sache ist keine *Träne* wert. そのことは悲しむに値しない.
◇《前置詞とともに》in *Tränen*[4] aus|brechen わっと泣きだす / mit *Tränen* in den Augen 目に涙を浮かべて / mit den *Tränen* kämpfen 涙をこらえる / unter *Tränen* 涙ながらに / Er war zu *Tränen* gerührt. 彼は感動して涙を流していた.
② 《口語》(液体の)少量. ③ 《俗》涙もろい人, 泣き虫; のろま.

trä·nen [トレーネン tréːnən] 自 (h) (目が)涙を出す(流す).

Trä·nen⹃drü·se [トレーネン・ドリューゼ] 囡 -/-n 《ふつう 複》《医》涙腺(せん).

Trä·nen⹃gas [トレーネン・ガース] 囲 -es/ 催涙(るい)ガス.

trä·nen⹃reich [トレーネン・ライヒ] 形 涙もろい, 涙ながらの; とても悲しい.

Trä·nen⹃sack [トレーネン・ザック] 囲 -[e]s/..säcke 《医》涙嚢(のう).

tra·nig [トラーニヒ traːnɪç] 形 ① 魚油のような; 魚油だらけの. ② 《口語》のろまな, ぐずの; 退屈な.

trank [トランク] ＊trinken (飲む)の 過去

Trank [トランク tráŋk] 囲 -[e]s/Tränke 《ふつう 単》《雅》飲み物, 飲料. Liebes*trank* ほれ薬, 媚薬(びやく) / ein bitterer *Trank* 《比》つらい事, にがい薬.

trän·ke [トレンケ] ＊trinken (飲む)の 接[2]

Trän·ke [トレンケ tréŋkə] 囡 -/-n (家畜の)水飲み場.

trän·ken [トレンケン tréŋkən] 他 (h) ① (家畜[4]に)水を飲ませる. ② 《A[4] mit B[3] ～》(A[4]に B[3]を)染み込ませる.

trans.., **Trans..** [トランス.. trans..] 《形容詞・名詞につける 接頭》(…のかなたに, …を横断して・別の状態へ)例: *trans*atlantisch 大西洋の向こうの, 大西洋横断の.

Trans·ak·ti·on [トランスアクツィオーン transaktsióːn] 囡 -/-en (通常の業務を越えた)大がかりな財政的業務(増資・合併など).

trans·at·lan·tisch [トランス・アトらンティッシュ trans-atlántɪʃ] 形 (ヨーロッパから見て:)大西洋の向こうの; 大西洋横断の.

tran·schie·ren [トランシーレン tranʃíːrən] 他 (h) 《料理》(調理した肉[4]を)切り分ける.

Tran·schier⹃mes·ser [トランシーァ・メッサァ] 囲 -s/- (調理した肉を切り分けるための)大型ナイフ.

Trans·fer [トランスフェーァ transféːr] 囲 -s/-s ① 《経》(外国への)振替送金, 外貨による支払い. ② (空港などからホテルなどへの)旅客の移送. ③ 《スポ》(プロの選手の)トレード, 移籍. ④ 移住. ⑤ 《心・教・言》(学習の)転位.

trans·fe·rie·ren [トランスフェリーレン transferíːrən] 他 (h) ① 《経》(お金[4]を)外国為替で送金する; 為替で送る. ② 《スポ》([特に]サッカーの)選手[4]を)金銭トレードする. ③ 《オーストリア》《官庁》転勤させる.

Trans·for·ma·ti·on [トランスフォルマツィオーン transformatsióːn] 囡 -/-en 変形, 変態; 《数》変換; 《生》形質転換; 《電》変圧; 《言》変形.

Trans·for·ma·tor [トランスフォルマートァ transformáːtor] 囲 -s/-en [..マトーレン] 《電》変圧器, トランス.

trans·for·mie·ren [トランスフォルミーレン transformíːrən] 他 (h) ① 変形(変換)する. ② 《電》変圧する.

Trans·fu·si·on [トランスふズィオーン transfuzióːn] 囡 -/-en 《医》輸血(=Bluttransfu*sion*); 輸液.

Tran·sis·tor [トランズィストァ tranzístor] 囲 -s/-en [..トーレン] ① 《電》トランジスタ. ② トランジスタラジオ(=*Transistor*radio).

Tran·sis·tor⹃ra·dio [トランズィストァ・ラーディオ] 囲 -s/-s トランジスタラジオ.

Tran·sit [トランズィート tranzíːt または ..ズィット..zít] I 囲 -s/-e 《経》(商品・旅客の第三国の)通過, トランジット. II 囲 -s/-s 通過査証(ビザ).

Tran·sit⹃han·del [トランズィート・ハンデる] 囲 -s/ 《商》通過貿易(輸送の途中, 第三国を通過する二国間貿易の形態).

tran·si·tiv [トランズィティーふ tránzitiːf または ..ティーふ] 形 《言》他動詞の. ein *transitives* Verb 他動詞.

Tran·si·tiv [トランズィティーふ] 囲 -s/-e [..ヴェ..] 《言》他動詞. (＊＊「自動詞」は Intransitiv).

Tran·sit⹃ver·kehr [トランズィート・フェァケァ] 囲 -s/ 《旅客・商品などの》通過交通.

trans·kon·ti·nen·tal [トランス・コンティネンタる trans-kontinentáːl] 形 大陸横断の.

trans·skri·bie·ren [トランスクリビーレン transkribíːrən] 他 (h) ① 《言》(単語などを)他の[言語の]文字に書き換える; 発音記号で書き表す. ② 《音楽》(曲[4]を他の楽器用に)編曲する.

Tran·skrip·ti·on [トランスクリプツィオーン transkriptsió:n] 囡 -/-en ① 《言》(他の文字や記号への)書き換え；発音表記. ② 《音楽》(他の器楽曲への)編曲.

Trans·mis·si·on [トランスミスィオーン transmisió:n] 囡 -/-en ① 《工》伝動装置，トランスミッション. ② 《物》(光波・音波などの)透過.

trans·pa·rent [トランスパレント transparént] 形 透明な，すき通った；《比》わかりやすい.

Trans·pa·rent [トランスパレント] 囲 -[e]s/-e ① 横断幕 (=Spruchband). ② (内側から照明を当てる)すかし絵，透視画.

Trans·pa·rent·pa·pier [トランスパレント・パピーァ] 囲 -s/ トレーシングペーパー.

Trans·pa·renz [トランスパレンツ transparénts] 囡 -/ ① 透明さ. ② 《光》透明度.

Tran·spi·ra·ti·on [トランスピラツィオーン transpiratsió:n] 囡 -/ ① 《医》発汗[作用]. ② 《植》蒸散[作用].

tran·spi·rie·ren [トランスピリーレン transpirí:rən] 圓 (h) ① 汗をかく，発汗する. ② 《植》蒸散する.

Trans·plan·tat [トランスプランタート transplantá:t] 囲 -[e]s/-e 《医》移植物(体).

Trans·plan·ta·ti·on [トランスプランタツィオーン transplantatsió:n] 囡 -/-en ① 《医》移植[術]. ② 《植》接ぎ木(穂).

trans·plan·tie·ren [トランスプランティーレン transplantí:rən] 他 (h) 《医》(人³に臓器など⁴を)移植する.

trans·po·nie·ren [トランスポニーレン transponí:rən] 他 ① 《音楽》移調する. ② (物⁴を…へ)置き換える；翻訳する.

*der **Trans·port** [トランスポルト transpórt] 囲 (単 2) -[e]s/(複) -e (3格のみ -en) ① 輸送，運送. (英 transportation). der Transport von Gütern per Bahn (または mit der Bahn) 鉄道による貨物の輸送. ② 輸送される貨物(人間).

trans·por·ta·bel [トランスポルターべル transportá:bəl] 形 輸送可能な；持ち運びのできる，ポータブルの.

Trans·por·ter [トランスポルタァ transpórtɐr] [英] 囲 -s/- 輸送機；輸送船；輸送用トラック.

Trans·por·teur [トランスポルテーァ transportǿ:r] [フラ] 囲 -s/-e ① 運送人(業者). ② 《数》分度器. ③ (ミシンの送り金(⁵̈⁰)).

Trans·port·fä·hig [トランスポルト・フェーイヒ] 形 (病人・負傷者などが)移送に耐えられる.

Trans·port≈flug·zeug [トランスポルト・ふるークツォイク] 囲 -[e]s/-e 《空》輸送機.

trans·por·tie·ren [トランスポルティーレン transportí:rən] 他 (h) ① (人・物⁴を)輸送する，運搬する；《比》伝達する. Güter⁴ mit der Bahn (per Schiff) transportieren 貨物を鉄道(船)で輸送する. ② 《工》(機械装置が物⁴を)連続的に送り出す.

Trans·port≈mit·tel [トランスポルト・ミッテる] 囲 -s/- 輸送(運送)手段.

Trans·port≈schiff [トランスポルト・シふ] 囲 -[e]s/-e 輸送船.

Trans·port≈un·ter·neh·men [トランスポルト・ウンタァネーメン] 囲 -s/- 運送会社.

Trans·port≈we·sen [トランスポルト・ヴェーゼン] 囲 -s/ 運輸[組織].

Trans·po·si·ti·on [トランスポズィツィオーン transpozitsió:n] 囡 -/-en ① 《音楽》移調. ② 《言》置き換え.

Trans≈ra·pid [トランス・ラピート] 囲 -[e]s/ トランスラピッド (ハンブルク－ベルリン間を走行予定のリニアモーターカー).

Tran·su·se [トラーン・ズーゼ] 囡 -/-n 《口語》のろま，くず.

Trans·ves·tit [トランス・ヴェスティート transvestí:t] 囲 -en/-en 服装倒錯者(女装趣味の男性).

trans·zen·dent [トランスツェンデント transtsεndént] 形 ① 《哲》超越(超経験・超感覚)的な. ② 《数》超越の.

trans·zen·den·tal [トランスツェンデンタる transtsεndentá:l] 形 《哲》(スコラ哲学で:)超越的な；(カント哲学で:)先験的な.

Trans·zen·denz [トランスツェンデンツ transtsεndénts] 囡 -/ 《哲》超越.

Tra·pez [トラペーツ trapé:ts] 囲 -es/-e ① 《数》台形. ② (体操・曲芸用の)ぶらんこ.

Tra·pez≈künst·ler [トラペーツ・キュンストらァ] 囲 -s/- 空中ぶらんこ乗りの曲芸師.

trapp! [トラップ tráp] 間 (馬のひづめの音:)ぱっかぱっか；(行軍などの際の足音:)ざっくざっく，だっだっ.

trap·peln [トラッペるン trápəln] 圓 (h, s) ① (h) (子供・馬などが)ぱたぱた(ぱかぱか)足音をたてる. ② (s) (子供・馬などが)ぱたぱた(ぱかぱか)音をたてて歩いて行く.

Tra·ra [トララー trará:] 囲 -s/ (ホルン・らっぱなどの)合図，響き；《口語》(軽度的に:)大騒ぎ. viel (または großes) Trara⁴ um 人・事⁴ machen 人・事⁴のことで大騒ぎする.

Tras·se [トラッセ trásə] 囡 -/-n (道路・鉄道などの)建設予定線；道路線，鉄道線，路盤.

trat [トラート] ≈treten (歩む)の 過去

trä·te [トレーテ] ≈treten (歩む)の 接²

Tratsch [トラーチュ trá:tʃ] 囲 -[e]s/ 《口語》(軽度的に:)うわさ話，陰口.

trat·schen [トラーチェン trá:tʃən] 圓 (h) 《口語》うわさ話をする，陰口をたたく.

Trat·te [トラッテ trátə] 囡 -/-n 《経》為替手形.

Trau·al·tar [トラオ・アるタール] 囲 -s/..täre 婚礼の祭壇. vor den Traualtar treten 《雅》教会で結婚式をあげる.

*die **Trau·be** [トラオベ tráubə] 囡 (単) -/(複) -n ① 《植》(果実の)房. (英 bunch). die Trauben der Johannisbeere² スグリの実の房. ② 《ふつう 複》ぶどうの房 (=Weintraube)；ぶどう[の実]. (英 grape). grüne Trauben 青いぶどうの房 / Trauben⁴ ernten (lesen) ぶどうを収穫する(摘む) / Die Trauben hängen ihm zu hoch. 《比》それは彼には高嶺(゙̈ポ゚)の花だ(←ぶどう

がまりにも高い所にぶら下がっている). ③《植》(フジなどの)総状花序. ④ 群れ, 集団. eine *Traube* von Menschen 人々の群.

Trau·ben≠le·se [トラオベン・レーゼ] 囡 -/-n ぶどう摘み(収穫).

Trau·ben≠**saft** [トラオベン・ザふト] 男 -[e]s/..säfte グレープジュース.

Trau·ben≠**zu·cker** [トラオベン・ツッカァ] 男 -s/《化》ぶどう糖.

*trau·en [トラオエン *tráuən*] (traute, *hat*...getraut) I 圁 (完了 haben) (人·物³に)信用する, 信頼する. (英 trust). Diesem Mann *kann* man *trauen*. この男は信用できる / Ich *traue* seinen Worten nicht. 私は彼の言葉に当てにしていない / *Trau*, schau, wem!《諺》信用するまえにその人をよく見よ. (☞ 類語 glauben).

II 他 (完了 haben) (牧師などが 人⁴の)結婚式をとり行う. Der Pfarrer *traute* die beiden. 牧師は二人の結婚式をとり行った / sich⁴ kirchlich *trauen lassen* 教会で結婚式をあげる.

III 再帰 (完了 haben) sich⁴ *trauen* ①『zu 不定詞[句]とともに』思いきって…する, (…する)勇気がある. Ich *traue* mich (まれに *mir*) nicht, es ihm zu sagen. 私はそれを彼に言う勇気がない. ②『方向を表す語句とともに』(…へ/…から)勇気を出して行く(出る). Ich *traue* mich nicht **ins** Wasser. 私は水中へ飛び込む勇気がない.

*die **Trau·er** [トラオァ *tráuər*] 囡 (単) -/ ① (深い)悲しみ, 悲嘆. (英 grief). tiefe *Trauer*⁴ empfinden 深い悲しみを覚える / Diese Nachricht erfüllte ihn mit *Trauer*. この知らせは彼を悲しませた. ② 喪, 喪期; 喪服. um 人⁴ *Trauer*⁴ haben 人⁴の喪に服している / *Trauer*⁴ tragen 喪服を着ている / *Trauer*⁴ an|legen a) 喪服を着る, b) 喪に服する / die *Trauer*⁴ ab|legen a) 喪服を脱ぐ, b) 喪を終える / eine Dame **in** *Trauer* 喪服を着た女性.

Trau·er≠an·zei·ge [トラオァァ・アンツァイゲ] 囡 -/-n 死亡通知, 死亡広告.

Trau·er≠**fall** [トラオァァ・ふァる] 男 -[e]s/..fälle (身内の者の)死亡.

Trau·er≠**fei·er** [トラオァァ・ふァイァァ] 囡 -/-n 葬式.

Trau·er≠**flor** [トラオァァ・ふろーァ] 男 -s/-e 黒紗(じゃ)の喪章.

Trau·er≠**jahr** [トラオァァ・ヤール] 中 -[e]s/-e 1年の服喪期間.

Trau·er≠**klei·dung** [トラオァァ・クらイドゥング] 囡 -/-en 喪服.

Trau·er≠**kloß** [トラオァァ・クろース] 男 -es/..klöße《口語·戯》退屈(陰気)なやつ.

Trau·er≠**marsch** [トラオァァ・マルシュ] 男 -es/..märsche《音楽》葬送行進曲.

***trau·ern** [トラオァン *tráuərn*] (trauerte, *hat*...getrauert) 圁 (完了 haben) ① 悲しむ, 悼む. (英 mourn). **um** einen Verstorbenen *trauern* 故人を悼む / um den Tod der Mutter² *trauern* 母親の死を悲しむ / Sie *trauert* über den Verlust ihrer goldenen Kette. 彼女は金のネックレスをなくして悲しんでいる. ② 喪に服している, 喪服を着ている.

Trau·er≠rand [トラオァァ・ラント] 男 -[e]s/..ränder (死亡通知などの)黒枠.

Trau·er≠**re·de** [トラオァァ・レーデ] 囡 -/-n 弔辞.

Trau·er≠**spiel** [トラオァァ・シュピーる] 中 -[e]s/-e ① 悲劇. ②《口語》悲しいこと, 不幸.

trau·er·te [トラオァァテ] *trauern (悲しむ)の過去

Trau·er≠**wei·de** [トラオァァ・ヴァイデ] 囡 -/-n《植》シダレヤナギ.

Trau·er≠**zeit** [トラオァァ・ツァイト] 囡 -/-en 喪に服する期間, 服喪期間.

Trau·er≠**zug** [トラオァァ・ツーク] 男 -[e]s/..züge 葬列.

Trau·fe [トラオふェ *tráufə*] 囡 -/-n 雨樋(とい), 軒の末端.

träu·feln [トロイふェるン *tróyfəln*] I 他 (h) (液体⁴を…へ)たらす, ぽたぽた落とす. II 圁 (s) (液体が…へ)滴る.

trau·lich [トラオりヒ] 形 居心地のいい, くつろげる;《雅》親しい.

*der **Traum** [トラオム *tráum*] 男 (単) -es (まれに -s)/(複) Träume [トロイメ] (3格のみ Träumen) の 夢. (英 *dream*). ① ein seltsamer *Traum* 奇妙な夢 / einen schönen *Traum* haben すてきな夢を見る / *Träume*⁴ deuten (analysieren) 夢占いをする(夢を分析する) / **aus** einem *Traum* erwachen 夢から目覚める / **im** *Traum* reden 寝言を言う / Im *Traum* habe ich ihn gesehen. 私は夢の中で彼に会った / **nicht im** *Traum* 夢にも…ない ⇒ Daran dachte ich *nicht im* Traum. そんなことは私には夢にも思わなかった.

②(願望としての)夢, あこがれ; 空想, 幻想. Zukunfts*traum* 未来の夢 / Das ist der *Traum* meines Lebens. それは私の生涯の夢です / Sie ist die Frau seiner *Träume*. 彼女は彼の理想の女性だ / **Aus** [ist] der *Traum*!《口語》夢ははかなく消えた.

③(夢かと思うほど)すてきなもの. ein *Traum* von einem Kleid 夢かと思うようなすてきなドレス.

Trau·ma [トラオマ *tráuma*] 中 -s/Traumen (または Traumata) ①《心·医》精神的外傷(ショック), トラウマ. ②《医》外傷.

trau·ma·tisch [トラオマーティッシュ *traumá-tiʃ*] 形 ①《心·医》精神的外傷[性]の, 精神的ショックを与えるような. ②《医》外傷[性]の.

Traum≠bild [トラオム・ビるト] 中 -[e]s/-er ① 幻影, 夢の中の姿. ② 理想像.

Traum≠**deu·ter** [トラオム・ドイタァ] 男 -s/- 夢判断をする人; 夢占い師.

Traum≠**deu·tung** [トラオム・ドイトゥング] 囡 -/-en 夢判断; 夢占い.

Träu·me [トロイメ] ＊Traum (夢)の 複

＊**träu·men** [トロイメン trɔ́ymən] (träumte, hat...geträumt) I 自 (完了 haben) (英 dream) ① 夢を見る. Ich *habe* schlecht geträumt. 私はいやな夢を見た / von 人·物³ *träumen* 人·物³の夢を見る ⇨ Ich *träumte* von meiner Heimat. 私は故郷の夢を見た / *Träum* süß! (就寝する人に:)いい夢をごらんよ. ② 空想にふける, ぼんやりしている. in den Tag hinein *träumen* 白昼夢を見る, 空想にふける / *Träum* nicht! ぼんやりするな / Der Fahrer hat geträumt. 運転者はぼんやりしていた. ③ 《von 事³ ~》事³を夢想する, 夢見る. von einer großen Karriere *träumen* 大きな出世を夢見る / Er *träumt* davon, Rennfahrer zu werden. 彼はレーサーになることを夢見ている. II 他 (完了 haben) (事⁴を)夢に見る. etwas Schreckliches⁴ *träumen* 恐ろしい夢を見る / Er *träumte*, er sei in einem fernen Land. 彼は遠い国にいる夢を見た / Das hätte ich mir nie *träumen* lassen. 《接2·過去》そんなことは夢にも思わなかった.

Träu·mer [トロイマァ trɔ́ymər] 男 -s/- ① 空想家, 夢想家. (女性 女性形は Träumerin). ② 《稀》よく夢を見る人.

Träu·me·rei [トロイメライ trɔymərái] 女 -/-en 夢想, 空想.

träu·me·risch [トロイメリッシュ trɔ́ymərɪʃ] 形 夢見るような, 夢心地の. *träumerische* Augen 夢見るような目.

traum·haft [トラオムハフト] ① 夢のような, 夢心地の. ② 《口語》素晴らしい, みごとな. eine *traumhafte* Landschaft すばらしい景色.

träum·te [トロイムテ] ＊träumen (夢を見る)の 過去

traum⸗ver·lo·ren [トラオム·フェァローレン] 形 夢想にふけっている, ぼんやりした.

Traum⸗welt [トラオム·ヴェルト] 女 -/-en 夢(空想)の世界.

＊**trau·rig** [トラオリヒ tráurɪç]

悲しい

Warum bist du so *traurig*?
ヴァルム　ビスト　ドゥ　ゾー　トラオリヒ
何をそんなに悲しんでいるの.

形 (比較 trauriger, 最上 traurigst) ① 悲しい, 悲しげな. (英 sad). ein *trauriges* Mädchen 悲しんでいる少女 / Sie machte ein *trauriges* Gesicht. 彼女は悲しげな顔をした / 人⁴ *traurig* machen 人⁴を悲しませる.

② 悲しむべき, 痛ましい. eine *traurige* Nachricht 悲報 / Es ist *traurig*, dass man nichts ändern kann. 悲しいことにどうにも手の施しようがない.

③ 惨めな, 哀れな, 貧弱な. ein *trauriges* Ergebnis お粗末な結果 / Sie lebt in recht *traurigen* Verhältnissen. 彼女はまったく惨めな暮らしをしている.

Trau·rig·keit [トラオリヒカイト] 女 -/-en ① 《複 なし》悲しみ, 悲哀. ② 悲しい出来事.

Trau⸗ring [トラオ·リング] 男 -[e]s/-e 結婚指輪.

Trau⸗schein [トラオ·シャイン] 男 -[e]s/-e 婚姻証明書.

traut [トラオト tráut] 形 《雅》くつろげる, 気楽な, 気のおけない; 親愛なる, 愛する.

trau·te [トラオテ] ＊trauen (信用する)の 過去

Trau·te [トラオテ tráutə] 女 -/ 《口語》勇気.

Trau·ung [トラオウング] 女 -/-en 結婚[式].

Trau⸗zeu·ge [トラオ·ツォイゲ] 男 -n/-n 結婚立会人.

Tra·vel·ler⸗scheck [トレヴェラァ·シェック] 男 -s/-s トラベラーズチェック, 旅行者用小切手.

Tra·ves·tie [トラヴェスティー travestíː] 女 -/-n [..ティーエン] 《文学》 ① 《複 なし》戯画化, もじり(作品の内容は変えずに形式をそれにそくわないものに変形すること). ② (個々の)戯文, もじり作品.

Traw·ler [トローらァ tróːlər] 男 -s/- トロール漁船.

Tre·ber [トレーバァ tréːbər] 複 ビールかす; (ぶどうの)絞りかす.

Treck [トレック trék] 男 -s/-s (家財道具などを車に積んで移動する避難民などの)行列, 隊列.

tre·cken [トレッケン trékən] 自 (h, s) (難民などが)行列をなして移動する.

Tre·cker [トレッカァ trékər] 男 -s/- 牽引(けんいん)車, トラクター.

Treff¹ [トレふ tréf] 男 -s/-s 《口語》出会い, 会合; 落ち合う場所.

Treff² [トレふ] 田 -s/-s 《トランプ》クラブ.

＊**tref·fen**＊ [トレッふェン tréfən]

| 会う | Wo *treffe* ich dich?
ヴォー　トレッふェ　イヒ　ディヒ
どこで君と会うことにしようか. |

人称	単	複
1	ich treffe	wir treffen
2	{du **triffst** {Sie treffen	{ihr trefft {Sie treffen
3	er **trifft**	sie treffen

(traf, hat/ist...getroffen) I 他 (完了 haben) ① 《4格とともに》(人⁴と約束して)会う, 落ち合う; (人⁴に偶然)出会う, 出くわす. (英 meet). Ich *treffe* ihn heute Nachmittag. 私はきょうの午後彼に会う / Ich *habe* sie zufällig in der Stadt *getroffen*. 私は彼女に町でばったり出会った. ◇《相互的に》Ihre Blicke *trafen sich*⁴. 《比》彼らの視線が合った.

② (弾丸などが人·物⁴に)当たる, 命中する; (標的などを)当てる, 命中させる. Der Schuss *traf* ihn **in den Rücken**. 銃弾は彼の背中に当たった / 物⁴ mit einem Stein *treffen* 物⁴に石を命中させる / Der Jäger hat das Reh *getroffen*. 猟師はのろ鹿を仕留めた.

③ (人·物⁴を)的確にとらえる, うまく言い当てる. den Kern der Sache² *treffen* 問題の核心を

treiben

突く / Mit dem Geschenk *hast* du seinen Geschmack *getroffen*. 君のプレゼントは彼の好みにぴったりだった / Auf dem Foto *ist* sie gut *getroffen*.《状態受動・現在》その写真では彼女の映りがよく出ている / [Du *hast* es] *getroffen*!《口語》図星だよ.
④（精神的に）傷つける,（人^{4}に）ショックを与える,（人・事^{4}に）打撃を与える. Sein Tod *hat* sie schwer *getroffen*. 彼の死は彼女にひどくこたえた / Diese Steuererhöhung *trifft* uns alle. この増税は私たち皆に降りかかってくる.
⑤（不幸・発作などが人^{4}を）襲う, 見舞う. Ein Unglück *traf* ihn. 彼は不幸に見舞われた / Der Schlag *hat* ihn *getroffen*. 卒中の発作が彼を襲った.
⑥《**es** を目的語として成句的に》**es**^{4} gut (schlecht) *treffen* 運がいい（悪い）. Du *triffst* es heute gut. 君はきょうついている.
⑦《行為などを表す名詞^{4}を目的語として》行う, …する. eine Auswahl^4 *treffen* 選択する / eine Entscheidung^4 *treffen* 決定を下す / Maßnahmen^4 *treffen* 措置を講じる / Vorbereitungen^4 *treffen* 準備をする.
II 自（完了 haben または sein）① (h)（弾丸などが）当たる, 命中する;（弾丸などを）当てる, 命中させる. Er *hat* gut *getroffen*. 彼はうまく命中させた / Der Schuss *trif* nicht. その射撃は的をはずれた / **ins** Schwarze *treffen* a) 標的の中心に当たる（当てる）, b)《比》（発言などが）核心を突く.
② (s)《**auf** 人・物^4 ～》〔人・物^{4}に〕不意に出くわす, ぶつかる. auf den Feind *treffen* 敵に出くわす / Sie *trafen* auf starken Widerstand. 彼らは激しい抵抗にあった.
③ (s)《**auf** 人^4 ～》《スポ》（試合で人^{4}と）対戦する.
III 再帰（完了 haben） *sich*^{4} *treffen* ①《*sich*^{4} **mit** 人^3～》（人^{3}と約束して）会う. Ich *treffe* mich heute mit meinen Freunden. 私はきょう友人たちと会う. ②（ある事柄が）たまたま起こる. Es *traf* sich, dass... …ということが起きた. / Es *trifft* sich gut, dass du kommst. 君が来てくれてちょうどよかった / Das *trifft* sich gut! それは好都合だ.

....
《類語》**treffen:** a)（約束して）会う, b)（人^{4}とばったり）出会う. **begegnen:**（通りすがりに人^{3}に偶然）出会う, 出くわす. Sie *begegnet* ihm oft auf der Straße. 彼女は通りでしばしば彼に出会う. **sehen:**（ふつうの意味で）会う, 互いに話をする, 面談する. Ich freue mich, Sie zu *sehen*. お会いできてうれしいです.
....

Tref·fen [トレッフェン] 中 -s/- ① 会合, 会談; 集会, ミーティング. Klassen*treffen* クラス会 / ein *Treffen* verabreden 会う約束をする（☞《類語》Sitzung）. ②《スポ》試合. ③《古》《軍》（小さな）戦闘, 会戦. 事^4 ins *Treffen* führen《雅》事^{4}を証拠（理由）としてあげる.

tref·fend [トレッフェント] I *treffen（会う）の

現分 II 形 適切な, 的確な（判断・意見など）. ein *treffendes* Urteil 的確な判断.

Tref·fer [トレッファァ tréfər] 男 -s/- ① 命中弾,（球技で:）ゴール,（フェンシングで:）一本;（ボクシングで:）ヒット. einen *Treffer* erzielen a) 命中する, b) 得点をあげる（一本を取る・パンチが当たる）. ② 当たりくじ; 当たり芝居; ベストセラー. einen *Treffer* haben《口語》運がいい.

treff·lich [トレふりヒ] 形《雅》優秀な, 優れた, 卓越した, りっぱな.

Treff≈punkt [トレふ・プンクト] 男 -[e]s/-e ① 集合（会合）地点, 落ち合う場所; 中心地, メッカ. Das Café ist ein *Treffpunkt* für junge Leute. その喫茶店は若者たちのたまり場だ / einen *Treffpunkt* vereinbaren 落ち合う場所をとり決める. ②《数》接点, 交点.

treff≈si·cher [トレふ・ズィッヒャァ] 形 命中確実な; 的確な（表現など）.

Treff·si·cher·heit [トレふ・ズィッヒャァハイト] 女 -/ 命中の確実性;（表現・判断などの）的確さ.

Treib≈eis [トライプ・アイス] 中 -es/ 流氷.

:**trei·ben*** [トライベン tráibən] (trieb, *hat*/*ist* …*getrieben*) I 他（完了 haben）① 追いたてる, 駆りたてる.《軽》drive). Der Bauer *treibt* die Kühe **auf** die Weide. 農夫が牛を放牧場へ追いたてる / Die Arbeit *trieb* ihm den Schweiß auf die Stirn. 仕事をして彼は額に汗をかいた / 人^4 **aus** dem Haus *treiben* 人^{4}を家から追い出す / Der Wind *treibt* das welke Laub **durch** die Straßen. 風で枯れ葉が通りを吹き飛ばされて行く / die Preise^4 **in** die Höhe *treiben*《比》物価をつり上げる / den Ball **vor** das Tor *treiben* ボールをゴール前へドリブルして行く / Wild^4 *treiben*《狩》獲物を駆り出す.
②《人^4 **in** 事^4（または **zu** 事^4） ～》〔人^{4}を事^4（または事^4）に〕追いやる, せきたてる. 人^4 **in** den Tod *treiben* 人^{4}を死に追いやる / 人^4 **zur** Eile *treiben* 人^{4}を急がせる / 人^4 **zur** Verzweiflung *treiben* 人^{4}を絶望させる / Seine Eifersucht *hatte* ihn zu dieser Tat *getrieben*.《比》嫉妬心から彼はこの行為におよんだのだった. ◇《非人称の **es** を主語として》Es *treibt* mich [dazu], Ihnen zu danken. あなたにお礼を言わずにはいられません.
③（原動力が機械など^{4}を）動かす, 駆動する. Der Motor *treibt* zwei Maschinen. このモーターで2台の機械が動いている. ◇《現在分詞の形で》die *treibende* Kraft 動力, 推進力.
④（仕事・活動などを）する, 行う, 営む. Du musst mehr Sport *treiben*. 君はもっとスポーツをしなくては / Deutsch^4 *treiben* ドイツ語をやっている / Handel^4 (Politik^4) *treiben* 商業を営む（政治活動をする）/ Was *treibst* du denn hier?《口語》君はここで何をしているんだ / Missbrauch^4 **mit** 物^3 *treiben* 物^{3}を悪用する / dunkle Geschäfte^4 *treiben* 危ない商売をする / Unsinn^4 *treiben* ばかげたことをする.

Treiben

⑤《es を目的語として成句的に》Er *treibt es zu weit*. 彼はやりすぎだ / es⁴ mit 人³ übel *treiben* 人にひどい仕打ちをする / es⁴ [mit 人³] *treiben*《口語・婉曲》人³とセックスする.
⑥《方向を表す語句とともに》(くぎなど⁴を…へ)打ち込む;(トンネルなど⁴を…へ)掘り抜く;(物⁴を)ふるいにかける. einen Tunnel **durch** den Berg *treiben* 山にトンネルを通す / Fleisch⁴ **durch** den Fleischwolf *treiben* 肉を肉ひき機にかける / einen Nagel **in** die Wand *treiben* くぎを壁に打ち込む.
⑦(金属⁴を)打ち出して加工する;(物⁴を)打ち出して作る. eine Schale⁴ **aus** Silber *treiben* 銀の小皿を打ち出す.
⑧《園芸》(野菜など⁴を)促成栽培する. ⑨(酵母がパン生地⁴を)ふくらませる. ⑩(芽・葉・根⁴を)出す.
II 自 (完了 sein または haben) ① (s, h)(風・潮流などに乗って)漂う, 漂流する. Ein Boot *treibt* **auf** den Wellen. 1艘のボートが波間に漂っている / die Dinge⁴ *treiben* lassen《比》事態を成り行きにまかせる. ◇《現在分詞の形で》*treibende* Wolken 空に浮かぶ雲.
② (s)《方向を表す語句とともに》(…へ)漂って行く, 流されて行く. Der Ballon *ist* südwärts *getrieben*.《現在完了》気球は南へ流されて行った.
③ (h)(ビールなどが)利尿(発汗)作用がある.
④ (h)(酵母が)発酵する, (パン生地が)ふくれる.
⑤ (h)(植物が)芽吹く, 発芽する.

Trei·ben [トライベン] 中 -s/- ①《覆なし》雑踏, あわただしい動き(営み). das Leben und *Treiben* der Großstadt² 大都会の雑踏. ②(人間の)行動, 行い. sein schändliches *Treiben* 彼の恥ずべき行為. ③《狩》追い出し猟[の猟場].

Trei·ber [トライバァ tráibər] 男 -s/- ①《狩》(獲物を狩り出す)勢子. ②牛(羊・馬)追い(家畜を牧場などへ追いたてる人). ③《軽蔑的に:》(人を)せきたてる人, 扇動者. ④《海》(ヨットの)ミズンスル.

Treib⁀gas [トライプ・ガース] 中 -es/-e ①(動力用の)燃料ガス. ②(スプレーの缶などに入った)圧縮ガス.

Treib⁀haus [トライプ・ハオス] 中 -es/..häuser 温室.

Treib·haus⁀ef·fekt [トライプハオス・エフェクト] 男 -s/《気象》(炭酸ガスなどによる)温室効果.

Treib⁀holz [トライプ・ホルツ] 中 -es/ 流木.

Treib⁀jagd [トライプ・ヤークト] 女 -/-en [..ヤークデン]《狩》追い出し猟.

Treib⁀mit·tel [トライプ・ミッテる] 中 -s/- ①《料理》ふくらし粉(イースト・ベーキングパウダーなど). ②《化》発泡剤. ③(スプレーの缶などに入った)圧縮ガス.

Treib⁀rad [トライプ・ラート] 中 -[e]s/..räder《工》駆動輪.

Treib⁀rie·men [トライプ・リーメン] 男 -s/-《工》駆動ベルト.

Treib⁀sand [トライプ・ザント] 男 -[e]s/-e《ふつう単》流砂.

Treib⁀stoff [トライプ・シュトふ] 男 -[e]s/-e (動力用の)燃料(重油・ガソリンなど).

Tre·ma [トレーマ tré:ma] 中 -s/-s (または Tremata) ①《言》分音符(2母音が並ぶ場合に別々に発音することを示す記号;例: Viëtor の e の¨). ②《医》上門歯間のすき間.

tre·mo·lie·ren [トレモリーレン tremolí:rən] 自 (h)《音楽》トレモロで演奏する(歌う).

Tre·mo·lo [トレーモろ tré:molo] 中 -s/-s (または ..moli)《音楽》トレモロ, 顫音(せん).

Trench·coat [トレンチ・コウト tréntʃ-kout] [英] 男 -[s]/-s《服飾》トレンチコート.

Trend [トレント trént] [英] 男 -s/-s 傾向, 趨勢(すう); 流行, トレンド. der neueste modische *Trend* 最新の流行ファッション.

trenn·bar [トレンバール] 形 分離できる. ein *trennbares* Verb《言》分離動詞.

***tren·nen** [トレンネン trénən] (trennte, *hat*... getrennt) I 他 (完了 haben) ①《A⁴ **von** (または **aus**) B³~》(A⁴ を B³ から)[切り]離す, [切り]取る. (英 separate). Ich *trenne* das Fleisch **vom** Knochen. 私は肉を骨から切り離す / das Futter⁴ **aus** dem Mantel *trennen* コートから裏地をはずす.
②(事物が 人・物⁴ を)隔てている, 分けている. Der Kanal *trennt* England **vom** Kontinent. その海峡がイギリスをヨーロッパ大陸から隔てている / Uns *trennen* Welten. 私たちはお互いに別世界の人間のようだ(←私たちを世界が隔てている).
③(人⁴ を)引き離す. das Kind⁴ **von** der Mutter *trennen* 子供を母親から引き離す / Der Krieg *hat* die Familie *getrennt*. 戦争でその家族は離れ離れになった.
④(概念など⁴ を)区別する. Man **muss** die Person **von** der Sache *trennen*. 事柄と人物とは切り離して考えなければならない.
⑤(混合物など⁴ を)分ける. das Eigelb⁴ **vom** Eiweiß *trennen* 卵の黄身と白身を分ける / Das Radio *trennt* [die Sender] gut.《放送》このラジオは分離性能がよい.
⑥(単語⁴ を)分綴(せつ)する. ⑦(電話の接続など⁴ を)切る. ⑧(縫い目⁴ を)ほどく;(衣服など⁴ の)縫い目をほどく.

II 再帰 (完了 haben) *sich⁴ trennen* ①別れる, 離れる. Wir *trennen* uns **am** Bahnhof. 私たちは駅で別れた / Sie *hat* sich **von** ihrem Mann *getrennt*. 彼女は夫と離婚した / Die beiden Mannschaften *trennten* sich 1:1 = eins zu eins).(スポ)両チームは1対1で引き分けた.

②《sich⁴ **von** 物³》(物³ を)手放す. Er *konnte* sich **von** dem Auto nicht *trennen*. 彼はその車を手放すことができなかった / sich³ **von** einem Gedanken *trennen*《比》ある考えを放棄する.

◇☞ **getrennt**

trenn⹁scharf [トレン・シャルふ] 形 ①《放送》選択(分離)度のよい. ②《哲》区別の精密な.

Trenn⹁schär・fe [トレン・シェルふェ] 安 -/ ①《放送》(ラジオの)選択(分離)度. ②《哲》弁別性.

trenn・te [トレンテ] ‡trennen(切り離す)の過去

die **Tren・nung** [トレンヌング trénuŋ] 安 (単) -/(複) -en ① **分離**; 別離, 別れ. (英 separation). die Trennung von Kirche und Staat 教会と国家の分離 / **Bei** der Trennung weinte sie. 別れるとき彼女は泣いた / **in** Trennung leben 別居生活する. ② 区別, 区分. ③ 電話を切る(電話が切れる)こと. ④《言》分綴(てっ)(=Silbentrennung).

Tren・nungs⹁ent・schä・di・gung [トレンヌングス・エントシェーディグング] 安 -/-en 単身赴任手当.

Tren・nungs⹁geld [トレンヌングス・ゲルト] 中 -es/-er 単身赴任手当.

Tren・nungs⹁strich [トレンヌングス・シュトリヒ] 男 -[e]s/-e ①《言》ハイフン(記号: -). ②《暦》境界線.

Tren・se [トレンゼ trénzə] 安 -/-n 小勒(くつわ)(馬具の一種).

trepp⹁ab [トレップ・アップ] 副 階下へ, 階段を下りて.

trepp⹁auf [トレップ・アオふ] 副 階上へ, 階段を上がって.

die **Trep・pe** [トレッペ trépə]

> 階段
>
> Die *Treppe* hoch und dann links.
> ディ トレッペ ホーホ ウント ダン リンクス
> 階段を上がって左側です.

安 (単) -/(複) -n **階段**. (英 stairs). Rolltreppe エスカレーター / eine steile Treppe 急な階段 / die Treppe⁴ hinauf|steigen (hinunter|steigen) 階段を上がる(下りる) / Die Treppe führt in den Keller. この階段は地下室に通じている / Sie wohnen eine Treppe höher. 彼らは1階上に住んでいる / **auf** halber Treppe zum ersten Stock 2階へ上る踊り場で / die Treppe⁴ hinauf|fallen《口語・比》思いがけず昇進する.

Trep・pen⹁ab・satz [トレッペン・アップザッツ] 男 -es/..sätze 階段の踊り場.

Trep・pen⹁ge・län・der [トレッペン・ゲレンダァ] 中 -s/- 階段の手すり.

Trep・pen⹁haus [トレッペン・ハオス] 中 -es/..häuser《建》階段のある吹き抜け, 階段の間.

Trep・pen⹁stu・fe [トレッペン・シュトゥーふェ] 安 -/-n (階段の)段.

Trep・pen⹁witz [トレッペン・ヴィッツ] 男 -es/-e あと知恵(部屋を出たあと階段にかかってやっと思いつくような知恵); 悪い冗談のような出来事.

Tre・sen [トレーゼン tré:zən] 男 -s/-《北ドッ》(酒場・商店の)カウンター(=Theke).

Tre・sor [トレゾーァ trezó:r] 男 -s/-e 金庫; (銀行などの)金庫室.

Tres・se [トレッセ trésə] 安 -/-n《ふつう複》打ちひも, 組ひも, (金・銀の)モール. die Tressen⁴ bekommen《比》下士官に昇進する.

Tres・ter [トレスタァ tréstər] 男 -s/- ①《複で》(ぶどう・りんごなどの)圧搾かす. ②《方》圧搾かすからつくるブランデー.

‡ **tre・ten*** [トレーテン tré:tən]

> 歩む *Treten* Sie bitte näher!
> トレーテン ズィー ビッテ ネーァァ
> どうぞもっと近くへお寄りください.
>
> | 人称 | 単 | 複 |
> |---|---|---|
> | 1 | ich trete | wir treten |
> | 2 | du **trittst** / Sie treten | ihr tretet / Sie treten |
> | 3 | er **tritt** | sie treten |

(trat, ist/hat ... getreten) **I** 自 (定了) sein または haben (英 step) ① (s)《方向を表す語句とともに》(…へ向かって)**歩む**; 歩んで出る(入る). ans Fenster treten 窓辺に歩み寄る / **auf** den Balkon treten バルコニーに出る / **aus** dem Haus treten 家から外へ出る / Sie *ist* **ins** Zimmer *getreten*.《現在完了》彼女は部屋の中に入った / Die Tränen traten ihm in die Augen.《口語》涙が彼の目にあふれた / 囚³ **in** den Weg treten a)囚³の道をさえぎる, b)《比》囚³のじゃまをする / **nach** vorn (hinten) treten 前へ出る(後ろへ下がる) / **vor** den Spiegel treten 鏡の前に立つ / Er *trat* **zur** Seite. 彼はわきへよけた.

② (s, h)《**auf**(または **in**)物⁴ ~》(物⁴をうっかり)踏む. Er *ist* auf seine Brille *getreten*.《現在完了》彼は自分の眼鏡を踏んでしまった / Ich *bin*(または *habe*) ihm auf den Fuß *getreten*.《現在完了》私はうっかり彼の足を踏んだ / Nicht auf den Rasen treten!(公園などの掲示で:)芝生に入らないでください / in eine Pfütze treten 水たまりに足を突っ込む.

③ (h)《**auf** 物⁴ ~》(物⁴を意識的に)踏みつける. auf das Gaspedal (die Bremse) treten アクセル(ブレーキ)を踏む.

④ (h) (足で)ける. Das Pferd tritt. その馬はける癖がある / Er trat gegen die Tür. 彼はドアをけとばした / 囚³ **in** den Bauch treten 囚³の腹をける.

⑤ (s)《**in** 事⁴ ~》(事⁴の状態に)入る. **in** Aktion treten 行動を起こす / in den Ehestand treten 結婚生活に入る / in Kraft treten (法律などが)施行される / mit 囚³ in Verhandlungen treten 囚³と交渉に入る / Er *ist* in sein 50. (=fünfzigstes) Jahr *getreten*.《現在完了》彼は50歳になった.

II 他 (定了 haben) ① (囚・物⁴を)**踏む**, 踏み込む. die Bremse⁴ treten ブレーキを踏む / den Takt treten 足で拍子を取る / Er *hat* mich **auf** den Fuß *getreten*. 彼は私の足を踏んだ / sich³ einen Nagel **in** den Fuß treten

くぎを踏み抜く.
② (人・物⁴を)ける. Du darfst den Hund nicht treten. 犬をけってはいけないよ / 人⁴ in den Bauch treten 人⁴の腹をける / den Ball ins Tor treten (サッカーで:)ボールをけってゴールに入れる.
③ 踏み固めて(道など⁴を)作る. einen Weg durch den Schnee treten 雪を踏み固めて道を作る / den Boden treten (雄鳥が雌鳥⁴と)交尾する.

Tret≈**müh·le** [トレート・ミューれ] 囡 -/-n ① (昔の:)踏み車(動力装置). ② (口語)(軽蔑的に:)単調な日常の仕事(生活).

Tret≈**rad** [トレート・ラート] 囲 -[e]s/..räder (昔の:)踏み車の車輪部分.

‡**treu** [トロイ tróy] 形 (比較 treuer, 最上 treu-[e]st) ① 忠実な, 忠誠な, 貞節な. (英 faithful). eine treue Liebe 変わらぬ愛 / ein treuer Freund 誠実な友人 / dein treuer Sohn (手紙の結びで:)[あなたの忠実な]息子より / 人・事³ treu sein (または bleiben) 人・事³に忠実である ⇒ Er ist seiner Frau treu. 彼は妻を裏切らない / Er bleibt seinem Versprechen treu. 彼は約束を忠実に守る / Er ist ein treuer Kunde von uns. 《口語》彼は私たちの[店の]お得意さんだ.
② 《口語》純真な, 無邪気な, あどけない. Sie hat einen treuen Blick. 彼女のまなざしは澄んでいる / treu und brav (または bieder) 律儀(ﾘﾁｷﾞ)に / Du bist ja treu! まったく君はおめでたい(単純な人)だね.
③ 《雅》(事実に)忠実な, 正確な. eine treue Wiedergabe 正確な描写.
新形
treu er·ge·ben 忠実な, 忠誠な.

..**treu** ..trɔy] 形[形容詞をつくる 接尾] 《…に忠実な》例: texttreu 原文に忠実な.

Treu≈**bruch** [トロイ・ブルフ] 囲 -[e]s/..brüche 背信, 裏切り;《史》忠誠義務違反.

*die **Treue** [トロイエ tróyə] 囡 (単) -/ ① 誠実, 忠実; 忠誠, 信義; 貞節. (英 faithfulness). die eheliche Treue 夫婦間の操 / 人³ Treue⁴ schwören 人³に忠節を誓う / 人³ die Treue⁴ halten 人³に信義を守る / die Treue⁴ brechen 信義を破る / auf (まれに in) Treue und Glauben 《口語》(相手を)信頼して. ② (描写などの)忠実さ, 正確さ, 信頼性. historische Treue einer Dokumentation² 記録文書の歴史的正確さ.

Treu≈**eid** [トロイ・アイト] 囲 -[e]s/-e ① 忠誠の誓い. ② 《史》(臣下として封土を受領する際の)忠誠の宣誓.

treu·er·ge·ben 形 (新形 treu ergeben) ☞ treu

Treu≈**hand** [トロイ・ハント] 囡 -/ 《法》信託.

Treu≈**hän·der** [トロイ・ヘンダァ] 囲 -s/- 《法》(権利・財産などの)受託者.

treu≈**hän·de·risch** [トロイ・ヘンデリッシュ] 形 受託者による, 信託の.

Treu≈**hand**≈**ge·sell·schaft** [トロイハント・ゲゼるシャふト] 囡 -/-en 《法》信託会社.

treu≈**her·zig** [トロイ・ヘルツィヒ] 形 純真な, 無邪気な.

Treu·her·zig·keit [トロイ・ヘルツィヒカイト] 囡 -/ 純真さ, 無邪気さ.

treu·lich [トロイリヒ] 形 忠実な, 誠実な.

treu≈**los** [トロイ・ロース] 形 不実な, 不誠実な; 不貞な. ein treuloser Liebhaber 浮気な恋人.

Treu≈**lo·sig·keit** [トロイ・ローズィヒカイト] 囡 -/ 不実, 不信; 不貞.

tri.., Tri.. [トリ.. tri.. または トリー..] 《形容詞・名詞につける 接頭》《三》例: Trilogie 三部作.

Tri·an·gel [トリーアンゲる tríːaŋəl] 囲 (ｵｰｽ:囲) -s/- 《音楽》トライアングル(打楽器の一種). ② (方)(衣服につけた)三角形のかぎ裂き.

Tri·as [トリーアス tríːas] 囡 -/- ① 三つ組みのもの];《音楽》三和音;《医》(同時に現れる)三主徴. ② 《園 なし》(地学》三畳紀.

Tri·ath·lon [トリーアトろン tríːatlɔn] 囲 -s/-s (ｽﾎﾟ) トライアスロン.

Tri·bun [トリブーン tribúːn] 囲 -[e]s (または -en)/-e[n] ① (古代ローマの)護民官. ② (古代ローマの)軍団の副司令官.

Tri·bu·nal [トリブナーる tribunáːl] 囲 -s/-e ① 《史》法官席(古代ローマの広場にあった高い席). ② 《雅》法廷, [上級]裁判所. ③ フォーラム, 公開討論会.

Tri·bü·ne [トリビューネ tribýːnə] 囡 -/-n ① 演壇. ② 観覧席, 傍聴席, スタンド;(総称として:) 観客, 聴衆.

Tri·but [トリブート tribúːt] 囲 -[e]s/-e ① (ローマ時代の)貢ぎ物, 年貢; 租税(比)代償, 犠牲. einen hohen Tribut fordern 大きい犠牲を払わせる. ② (当然払うべき)敬意, 尊敬. 事³ Tribut⁴ zollen 事³(業績などに)敬意を表する.

Tri·chi·ne [トリヒーネ triçiːnə] 囡 -/-n 《動》センモウチュウ.

*der **Trich·ter** [トリヒタァ tríçtər] 囲 (単 2) -s/(複) -(3 格のみ -n) ① じょうご, 漏斗(ﾛｳﾄ). (英 funnel). ein Trichter aus Glas ガラス製の漏斗 / Öl⁴ durch einen Trichter gießen 油をじょうごで注ぐ / der Nürnberger Trichter 《戯》速成学習法, 虎(ﾄﾗ)の巻(←ニュルンベルクのじょうご; 17 世紀にニュルンベルクで出版された詩学書の書名から) / 人⁴ auf den [richtigen] Trichter bringen 人⁴に正しい方法を教えてやる / Endlich kam er auf den Trichter. 《口語》彼はやっと要領がわかった. ② (じょうご状のもの:)噴火口, (砲弾・爆弾による)弾孔, すりばち状の穴; (管楽器のらっぱ状の)開口部, メガホン.

trich·ter·för·mig [トリヒタァ・フェルミヒト] 形 じょうご状の, 漏斗(ﾛｳﾄ)状の.

*der **Trick** [トリック trík] [英] (単) -s/(複) -s まれに (複) -e ① (人を欺くための)策略, トリック. (英 trick). einen Trick an|wenden トリックを使う / auf einen Trick herein|fallen トリックに引っかかる. ② (仕事をうまくこなすの)

つ, 秘訣(ポ). ③ (奇術などの)仕掛け, トリック.
Trick⊱auf·nah·me [トリック・アオふナーメ] 囡 -/-n 特殊撮影(録音).
Trick⊱film [トリック・ふィるム] 男 -[e]s/-e 特殊撮影(特撮)映画.
trick⊱reich [トリック・ライヒ] 形 策略に満ちた(政治家など), トリックを多く使う(選手など).
trick·sen [トリクセン tríksən] I 自 (h)《口語》(サッカーなどで)トリックプレーをする. II 他 (h)《口語》(トリックを使って)車⁴をうまくやる.
trieb [トリープ] *treiben (追いたてる)の過去
der **Trieb** [トリープ trí:p] 男 (単 2) -[e]s/(複) -e (3格のみ -en) ① (本能的な)衝動, 欲求; 性向.《英》*impulse*). ein blinder *Trieb* 盲目的衝動 / ein mütterlicher *Trieb* 母性本能 / sexuelle *Triebe* 性的衝動 / Er beherrschte seine *Triebe*. 彼は自分の欲求を抑えた. ②《複》なし》意欲, やる気. keinen *Trieb* zur Arbeit haben 働く気がない. ③ 新芽, 若芽; 若枝. ④《工》駆動, 伝動装置;(時計などの)小歯車.
trie·be [トリーベ] *treiben (追いたてる)の接2
Trieb⊱fe·der [トリープ・ふェーダァ] 囡 -/-n (時計などの)ぜんまい;《比》主因, 動機.
trieb⊱haft [トリープハふト] 形 本能的な, [性的]な衝動に駆られた.
Trieb⊱kraft [トリープ・クラふト] 囡 -/..kräfte ①《植》発芽(成長)力. ②《社》推進力, 原動力;《比》(人などを)動かす力.
Trieb⊱rad [トリープ・ラート] 中 -[e]s/..räder《工》動輪, 駆動輪.
Trieb⊱wa·gen [トリープ・ヴァーゲン] 男 -s/-《鉄道》動力車(電車・ディーゼルカーなどの原動機のついた車両).
Trieb⊱werk [トリープ・ヴェルク] 中 -[e]s/-《工》動力装置;(航空機などの)エンジン.
Trief⊱au·ge [トリーふ・アオゲ] 中 -s/-n《ふつう複》《口語》ただれ目.
trief⊱äu·gig [トリーふ・オイギヒ] 形《口語》ただれ目の.
trie·fen(*) [トリーふェン trí:fən] (triefte (雅: troff), *ist/hat*...getrieft (まれに: getroffen)) 自 (s, h) ① (s) (液体が)ぼたぼた落ちる, 滴る. Das Blut *trieft* aus der Wunde. 傷口から血がぼたぼた滴る. ② (h)《von (または vor)《物³~》》(物³で)びしょぬれである, (物が)たれるほどぬれている;《比》(物³で)満ちあふれている. Sein Anzug *triefte* vom Regen. 彼の背広は雨でびしょびしょだった / Seine Erzählungen *triefen* von (または vor) Sentimentalität. 彼の話はセンチメンタルこの上ない.
trie·fend [トリーふェント] I triefen (ぼたぼた落ちる)の現分 II 形 (液体が)ぼたぼた滴る. ein von Blut *triefendes* Messer 血の滴るナイフ / Der Mantel ist *triefend* nass. コートはずぶぬれだ.
trief⊱nass [トリーふ・ナス] 形《口語》ずぶぬれの.
trief⊱naß ☞新旧 triefnass
Trier [トリーァ trí:r] 中 -s/《都市名》トリーア(ドイツ, ラインラント・プファルツ州. ローマ帝国時代に建設された古都). ☞ 地図 C-4).
trie·zen [トリーツェン trí:tsən] 他 (h)《口語》いじめる, 苦しめる.
triff [トリふ] *treffen (会う)の du に対する命令
triffst [トリふスト] *treffen (会う)の 2 人称単数現在
trifft [トリふト] *treffen (会う)の 3 人称単数現在
Trift [トリふト trift] 囡 -/-en ①《海》吹送流(風による海面潮流)(= Drift). ②《方》(特に羊用の)[やせた]放牧地;(放牧地への)家畜の通路.
trif·tig [トリふティヒ tríftɪç] 形 根拠のある, 十分に説得力のある.
Tri·go·no·me·trie [トリゴノメトリー trigonometrí:] 囡 -/《数》三角法.
tri·go·no·me·trisch [トリゴノメートリッシュ trigonomé:trɪʃ] 形《数》三角法の.
Tri·ko·lo·re [トリコローレ trikoló:rə] [フランス語] 囡 -/-n 三色旗(特にフランス国旗).
Tri·kot [トリコー trikó: または トリコ tríko] [フランス語] I 男 (まれに 中) -s/-s《織》トリコット(伸縮性のあるメリヤス織りの布地). II 中 -s/-s トリコット地の衣類(レオタード・タイツなど).
Tri·ko·ta·ge [トリコタージェ trikotá:ʒə] [フランス語] 囡 -/-n《ふつう複》トリコット製品.
Tril·ler [トリらァ trílər] 男 -s/- ①《音楽》トリル, 顫音(葉). ② (トリルに似た)鳥のさえずり.
tril·lern [トリらァン trílərn] I 自 (h) ① トリルで歌う(演奏する);(鳥が)さえずる. ② ホイッスルを吹く. II 他 (h) ① (楽曲⁴を)トリルで歌う(演奏する). ② (合図など⁴を)ホイッスルで知らせる.
Tril·ler⊱pfei·fe [トリらァ・プふァイふェ] 囡 -/-n ホイッスル, 警笛.
Tri·lo·gie [トリろギー trilogí:] 囡 -/-n [..ギーエン]《文学・音楽》三部作.
Tri·mes·ter [トリメスタァ trimέstər] 中 -s/- ① 3 か月[間]. ②(年 3 学期制の) 1 学期.
Trimm-dich-Pfad [トリム・ディヒ・プふァート] 男 -[e]s/-e (森の中の)フィールドアスレチックコース.
trim·men [トリンメン trímən] 他 (h) ① (人⁴を)訓練する;(人⁴の)体調を整えさせる. Er *trimmt* seine Schützlinge. 彼は弟子たちを訓練する. ◇再帰的に》 *Trimm dich* durch Sport! スポーツで体調を整えなさい. ②《成句的に》人・物⁴ auf... *trimmen*《口語》人・物⁴を…[の状態]に仕上げる. seine Kinder⁴ auf Höflichkeit *trimmen* 子供たちを礼儀正しくするようにしつける / Das Lokal *ist* auf antik *getrimmt*.《状態受動・現在》その酒場はアンチック風にしつらえられている.(《犬》…には 4 格の名詞や形容詞がくる). ③(犬⁴の)毛を刈り込む,(犬⁴に)ブラシをかける. ④(積み荷の配置などによって船・飛行機⁴の)バランスをよくする. ⑤(無線機など⁴を)調整する.
Trim·mer [トリンマァ trímər] 男 -s/- ①《口語》体のコンディション作りをしている人. ②《電》トリマーコンデンサー.

Tri·ni·tät [トリニテート trinité:t] 囡 -/《キッ教》(父・子・聖霊の)三位一体 (=Dreieinigkeit).

Tri·nit·ro·to·lu·ol [トリニトロ・トルオーる tri-nitro-tolu̯ó:l] 囲 -s/《化》トリニトロトルエン(強力な爆薬; 略: TNT).

trink·bar [トリンクバール] 形 飲用に適した, 飲める. 《口語》うまい, いける(ワインなど).

＊trin·ken＊ [トリンケン tríŋkən]

> 飲む　Ich *trinke* gern Wein.
> イヒ　トリンケ　ゲルン　ヴァイン
> 私はワインが好きです.

(trank, hat…getrunken) **I** 他 (完了 haben) (物⁴を)飲む. (英 drink). 《注意》「食べる」は essen). Bier⁴ *trinken* ビールを飲む/ eine Tasse Kaffee⁴ *trinken* コーヒーを1杯飲む/ Er *trinkt* keinen Alkohol. 彼は酒を飲まない/ Er hat sein Glas leer *getrunken*. 彼はグラスを飲み干した/ Der Kognak *lässt* sich *trinken*. このコニャックはなかなかいける / einen *trinken*《口語》一杯やる / sich³ einen *trinken*《口語》飲んで憂さ晴らしをする / 人³ zu *trinken* geben 人³に飲み物を与える ⇒ Die Mutter gibt dem Kind zu *trinken*. 母親が子供に飲み物を与える / Brüderschaft⁴ *trinken* 兄弟の杯を交わす, 親友になる / das Leben⁴ *trinken*《詩》人生を満喫する.
II 自 (完了 haben) ① 飲む; 酒を飲む; (乳児が)乳を飲む. Er *trinkt* gern. 彼は酒好きだ / aus dem Glas *trinken* グラスで飲む / in (または mit) kleinen Schlucken *trinken* ちびちび飲む / in großen Zügen *trinken* がぶがぶ飲む / Lass mich mal von dem Saft *trinken*! ぼくにもそのジュースを少し飲ませてくれ. ② 〖auf 人・事⁴ ～〗(人・事⁴のために)乾杯する. Wir *trinken* **auf** deine Gesundheit. 私たちは君の健康を祈って乾杯しよう
III 再帰 (完了 haben) sich⁴ *trinken* ① 飲んで[その結果]…になる. sich⁴ krank *trinken* 飲み過ぎて病気になる / sich⁴ **um** den Verstand *trinken* 酔って正体を失う. ② 飲み心地が…である. Der Wein *trinkt* sich gut. そのワインは口当たりがよい.

[Illustration: Tasse, Untertasse, Kanne, Tee-Ei, Glas, Becher, Römer, Krug — **trinken**]

Trin·ken [トリンケン] 囲 -s/ 飲むこと; 飲酒. Essen und *Trinken* 飲食 / sich³ das *Trinken*⁴ an|gewöhnen (ab|gewöhnen) 酒をたしなむようになる(やめる).

Trin·ker [トリンカァ tríŋkər] 囲 -s/- 酒飲み; アルコール中毒者.《注意》女性形は Trinkerin). ein starker *Trinker* 酒豪.

trink‿fest [トリンク・フェスト] 形 酒に強い.

Trink‿ge·fäß [トリンク・ゲフェース] 囲 -es/-e 飲むための器(グラス・コーヒーカップなど).

Trink‿ge·la·ge [トリンク・ゲらーゲ] 囲 -s/- 酒宴, 酒盛り.

Trink‿geld [トリンク・ゲると] 囲 -{e}s/-er チップ, 心づけ.

Trink‿glas [トリンク・グらース] 囲 -es/..gläser コップ, グラス.

Trink‿hal·le [トリンク・はれ] 囡 -/-n ① (湯治場の)鉱泉水を飲むホール(部屋). ② (飲料などを売る)キオスク.

Trink‿halm [トリンク・はるム] 囲 -{e}s/-e ストロー.

Trink‿lied [トリンク・リート] 囲 -{e}s/-er 酒宴の歌.

Trink‿spruch [トリンク・シュプルフ] 囲 -{e}s/..sprüche 乾杯の辞.

Trink‿was·ser [トリンク・ヴァッサァ] 囲 -/- 飲料水. Kein *Trinkwasser*! (掲示で:)飲料水ではありません.

Trink·was·ser‿auf·be·rei·tung [トリンクヴァッサァ・アオフベライトゥング] 囡 -/-en 飲料水の浄化.

Trio [トリーオ trí:o] 囲 -s/-s ① 《音楽》トリオ, 三重奏(唱)[曲]; 三重奏(唱)団. ②《音楽》トリオ(メヌエットなどの中間部). ③ (ふつう皮肉って:) 3人組.

Tri·o·le [トリオーれ trió:lə] 囡 -/-n《音楽》3連符.

Trip [トリップ tríp] [英] -s/-s ①《口語》遠足, 小旅行. einen kurzen *Trip* unternehmen 短い旅行を計画する. ②《隠語》(麻薬による)幻覚状態, トリップ; 1服の麻薬(特に LSD). ③《隠語》夢中で何かをしている時間.

trip·peln [トリッペるン trípəln] 自 (s) (…へ)小走りに歩いて行く, ちょこちょこと歩く.

Trip·per [トリッパァ trípər] 囲 -s/-《医》淋病(りんびょう).

Trip·tik [トリプティク tríptɪk] 囲 -s/-s =Trip-tyk

Trip·ty·chon [トリプテュヒョン tríptyçon] 囲 -s/..tychen (または ..tycha)《美》トリプティカ(3部からなる祭壇画). (⇒Altar 図).

Trip·tyk [トリプテュク tríptʏk] 囲 -s/-s (自動車・船舶などの)国境通過許可証.

trist [トリスト tríst] 形 もの悲しい, わびしい, 荒涼とした; 味気ない.

Tris·tan [トリスタン trístan] -s/《人名》トリスタン(中世の伝説・物語の主人公. イゾルデの愛人). *Tristan* und Isolde 『トリスタンとイゾルデ』(ヴァーグナーの楽劇の題名).

Tri·ti·um [トリーツィウム trí:tsiʊm] 囲 -s/《化》トリチウム, 三重水素(記号: T).

Tri·ton¹ [トリートン trí:tɔn] -en [トリトーネン]-en [トリトーネン]《ギッ神》①《複 なし》トリトン

(半人半魚の海神．ポセイドンの息子)．② 《複》で 海神の従者たち（ほら貝を吹いて海を静める）．
Tri・ton[2] [トリートン] 中 -s/-en [トリトーネン]《化》トリトン，三重陽子（トリチウムの原子核）．
tritt [トリット] I ‡treten（歩む）の3人称単数 現在 II ‡treten（歩む）の du に対する 命令
* *der* **Tritt** [トリット trít] 男 《単2》-[e]s/《複》-e （3格のみ -en） ① 歩み，1歩．《英》step）. kräftige *Tritte* 力強い歩み / Die Dielen knarren **bei** jedem *Tritt*. 床が一足ごとにぎーぎーきしむ / einen falschen *Tritt* machen a) 足を踏みはずす, b) 足をくじく. ② 《複 なし》**歩き方**, 足取り; 歩調. einen leichten *Tritt* haben 足取りが軽い / den *Tritt* halten 同じ歩調を保つ / den falschen *Tritt* haben 歩調が合わない / *Tritt*[4] fassen a) 歩調をそろえる, b) 調子を取り戻す / **aus** dem *Tritt* kommen（または geraten）歩調が乱れる / **im** *Tritt* 歩調をそろえて / mit festem *Tritt* しっかりした足取りで． ③ 足でけること，キック. 人[3] einen *Tritt* geben（または versetzen）人[3]を けとばす, b) 《口語・比》人[3]を首にする / einen *Tritt* bekommen（または kriegen）a) けとばされる, b) 《口語・比》首になる. ④ 踏み台, ペダル; （バスなどの昇降口の）ステップ, 踏み段. ⑤ 《狩》（鹿などの）足跡; 《ふつう複》（鳥の）足跡.
Tritt≈brett [トリット・ブレット] 中 -[e]s/-er （バス・電車などの昇降口の）ステップ．
Tritt≈lei・ter [トリット・ライタァ] 女 -/-n 脚立．
trittst [トリッツト] ‡treten（歩む）の2人称単数 現在
* *der* **Tri・umph** [トリウムふ triúmf] 男 《単2》-[e]s/《複》-e （3格のみ -en） ① **勝利**, 大成功．《英》triumph). ②「**敗北**」《 Niederlage). einen *Triumph* erringen 勝利（大成功）を収める / Der Sänger feierte *Triumphe*. その歌手は大成功を収めた. ② 《複 なし》勝利の喜び（満足感）. im *Triumph* 意気揚々と. ③ (古代ローマの）凱旋(がいせん)行進.
tri・um・phal [トリウムふァーる triumfá:l] 形 輝かしい（成果など); 勝利の歓声に包まれた.
Tri・umph≈bo・gen [トリウムふ・ボーゲン] 男 -s/-/《建》① (古代ローマの）凱旋（がいせん)門. ② (教会内部の) 凱旋アーチ（キリストの勝利が描かれている).
tri・um・phie・ren [トリウムふィーレン triumfí:ran] 自 (h) ① 勝ち誇る，勝利の歓声をあげる. Sie *hatte* zu früh *triumphiert*. 彼女が喜び勇んだのは早すぎた. ② 《**über** 人・事[4]〜》（人・事[4]に)打ち勝つ, 勝利を収める.
Tri・umph≈zug [トリウムふ・ツーク] 男 -[e]s/..züge 凱旋（がいせん）の行進;《比》優勝パレード.
tri・vi・al [トリヴィアーる triviá:l] 形 平凡な, 通俗的な, ありきたりの. eine *triviale* Bemerkung 月並みな意見.
Tri・vi・a・li・tät [トリヴィアリテート trivialité:t] 女 -/-en 《複 なし》平凡, 陳腐. ② 平凡（陳腐)な言葉（考え).
Tri・vi・al・li・te・ra・tur [トリヴィアーる・リテラ

トゥーァ] 女 -/-en 《ふつう単》通俗文学.
tro・chä・isch [トロヘーイッシュ trɔxέːɪʃ] 形 《詩学》強弱(長短)格の.
Tro・chä・us [トロヘーウス trɔxέːʊs] 男 -/..chäen 《詩学》強弱(長短)格.
‡**tro・cken** [トロッケン trɔ́kən]

乾いた

Die Wäsche ist schon *trocken*.
ディ ヴェッシェ イスト ショーン トロッケン
洗濯物はもう乾いている．

形 （比較）trock[e]ner, 最上 trockenst; 格変化語尾がつくときは trock[e]n-) ① 乾いた，乾燥した, 湿気のない.《英》dry).《⇔》「ぬれた」は nass). *trockene* Schuhe 乾いた靴 / *trockene* Luft 乾いた空気 / sich[4] *trocken* rasieren 電気かみそりでひげをそる / Wir sind noch *trocken* nach Hause gekommen. 《現在完了》私たちは雨が降る前に家に帰り着いた. ◊《名詞的に》**auf** dem *trock[e]nen*（新形) **auf** dem *Trock[e]nen*) sitzen（または sein)（口語) a) にっちもさっちもいかない, b) お金がなくて動きがとれない, c)《戯》もう飲みもの(酒)がない / im *trock[e]nen*（新形) im *Trock[e]nen*）（雨に)ぬれないで.
② 雨の降らない, 雨の少ない. ein *trockener* Sommer 日照り続きの夏 / Bei *trockenem* Wetter sind die Kinder immer draußen. 天気のよい時には子供たちはいつも外に出ている．
③ 干からびた, 水気のない, かさかさの. eine *trockene* Haut かさかさの皮膚 / *trockene* Zweige 枯れ枝 / Er hatte einen ganz *trockenen* Hals. 彼はからからにのどが渇いていた.
④ （パンなどに）何もつけてない. *trockenes* Brot バター（ジャムなど）を塗っていないパン / das Fleisch[4] *trocken* essen ソースをつけないで肉を食べる.
⑤ （ワインなどが)**辛口の**, 甘くない.《⇔》「甘口の」は süß). *trockener* Sekt 辛口のシャンパン / Der Wein ist mir zu *trocken*. このワインは私には辛すぎる.
⑥ **味気ない**, おもしろ味がない, そっけない; さりげない（冗談・皮肉など）. Sein Vortrag war sehr *trocken*. 彼の講演はとても退屈だった / eine *trockene* Abhandlung おもしろくない論文 / eine *trockene* Antwort そっけない返事 / *trocken* antworten そっけない返事をする / einen *trockenen* Humor haben さりげないユーモアがある.
⑦ 乾いた音の. ein *trockener* Husten 乾いたせき, 空ぜき. ⑧ 《隠語》アルコール(酒)を絶っている; （定食などが)アルコール類のつかない. *trockene* Länder 禁酒国 / Er ist seit einiger Zeit trocken. 彼はしばらく前から禁酒している.
⑨ 《スポ・隠語》（ボクシングのパンチ・サッカーのシュートなどが)すばやくて痛烈な.
Tro・cken≈bat・te・rie [トロッケン・バッテリ

-] 囡 -/-n [..リーエン]《電》乾電池.
Tro·cken·bo·den [トロッケン・ボーデン] 男 -s/..böden 屋根裏の物干し部屋.
Tro·cken≠**dock** [トロッケン・ドック] 中 -s/-s (まれに -e)《造船》乾ドック.
Tro·cken≠**ei** [トロッケン・アイ] 中 -[e]s/-er (粉状の)乾燥卵.
Tro·cken≠**eis** [トロッケン・アイス] 中 -es/ ドライアイス.
Tro·cken≠**ele·ment** [トロッケン・エレメント] 中 -[e]s/-e《電》乾電池.
Tro·cken≠**fut·ter** [トロッケン・フッタァ] 中 -s/《農》乾燥飼料.
Tro·cken≠**ge·mü·se** [トロッケン・ゲミューゼ] 中 -s/- 乾燥野菜.
Tro·cken≠**hau·be** [トロッケン・ハオベ] 囡 -/-n ボンネット型ヘアドライヤー.
Tro·cken·heit [トロッケンハイト] 囡 -/-en 【覆 なし】乾燥していること; 味気なさ. ②《ふつう 圉》乾季.
tro·cken≠**le·gen** [トロッケン・れーゲン tró:kən-lè:gən] 他 (h) ①(赤ん坊⁴の)おむつを取り替える. ②(湿地など⁴を)干拓する. ③《口語》(人⁴に)禁酒させる.
Tro·cken≠**milch** [トロッケン・ミるヒ] 囡 -/ ドライミルク, 粉ミルク.
Tro·cken≠**ra·sie·rer** [トロッケン・ラズィーラァ] 男 -s/《口語》① 電気かみそり. ② 電気かみそり愛用者.
tro·cken·rei·ben* [トロッケン・ライベン tró:kən-ràibən] 他 (h) (ぬれた食器・髪など⁴を)ふいて(こすって)乾かす.
Tro·cken≠**rei·ni·gung** [トロッケン・ライニグング]囡 -/-en ドライクリーニング.
Tro·cken≠**schleu·der** [トロッケン・シュろイダァ] 囡 -/-n 遠心脱水機.
Tro·cken≠**zeit** [トロッケン・ツァイト] 囡 -/-en 乾季.(⟨英⟩「雨季」は Regenzeit).
* **trock·nen** [トロックネン tróknən] du trocknest, er trocknet (trocknete, hat/ist...getrocknet) I 他 (⟨完了⟩ haben) ① 乾かす, 乾燥させる;(果実など⁴を)干して乾燥させる.(⟨英⟩ dry). nasse Schuhe⁴ auf der Heizung trocknen ぬれた靴を暖房器の上で乾かす / Sie hat ihre Haare getrocknet. 彼女は髪を乾かした.(汗など⁴を)ぬぐう, 人³ Tränen⁴ trocknen 人³の涙をぬぐってやる / sich³ die Hände⁴ an der Schürze trocknen エプロンで手をふく.
II 自 (⟨完了⟩ sein または haben) 乾く, 乾燥する. Die Wäsche ist (または hat) schon getrocknet.【現在完了】洗濯物はもう乾いた.
Trock·nen [トロックネン] 中【成句的に】物⁴ zum Trocknen auf|hängen 物⁴をつるして乾かす.
trock·ne·te [トロックネテ] *trocknen (乾かす)の 過去
Tro·del [トろッデる tródəl] 囡 -/-n (衣服・帽子などの)飾り房, タッセル.
Trö·del [トレーデる trǿ:dəl] 男 -s/《口語》

がらくた, 古物(特に古着・古い家庭用品など). ② がらくた市(:s), 古物市.
Trö·de·lei [トレーデらイ trø:dəláI] 囡 -/《口語》絶えずぐずぐず(のろのろ)していること.
Trö·del≠markt [トレーデる・マルクト] 男 -[e]s/..märkte がらくた市(:s), のみの市.
trö·deln [トレーデるン trø:dəln] 自 (h, s)《口語》①(h) ぐずぐず(のろのろ)する. bei der Arbeit trödeln 仕事がのろい. ②(s) (...へ)ぶらぶら歩いて行く.
Tröd·ler [トレードらァ trǿ:dlər] 男 -s/-《口語》① 古物(古着)商人. (⟨英⟩ 女性形は Trödlerin). ② くず, のろま.
troff [トろフ] triefen (ぽたぽた落ちる)の 過去
tröf·fe [トレッフェ] triefen (ぽたぽた落ちる)の 接2
trog [トローク] *trügen (欺く)の 過去
Trog [トローク] 中 -[e]s/Tröge ①(長方形の)桶(:s). Backtrog パンのこね桶 / Futtertrog 飼料桶. ②《地学》地溝(;ɔ). ③《気象》[気圧の]谷.
trö·ge [トレーゲ] *trügen (欺く)の 接2
Tro·ja [トろーヤ tró:ja] 中 -s/《都市名》トロイア(現トルコ西部にあった古代都市でトロイア戦争の舞台. シュリーマン 1822–1890 により発掘された).
Tro·ja·ner [トろヤーナァ trojá:nər] 男 -s/- トロイアの住民.
trol·len [トろれン trólən] I 再帰 (h) sich⁴ trollen《口語》すごすごと立ち去る. II 自 (s)《口語》(...へ)ぶらぶら歩いて行く.
* die **Trom·mel** [トロンメる trɔ́məl] 囡 (単)-/(複)-n ①《音楽》太鼓, ドラム.(⟨英⟩ drum). eine große Trommel 大太鼓 / die Trommel⁴ schlagen 太鼓をたたく / die Trommel⁴ für 人⁴ rühren《口語》人⁴をはでに宣伝する. ②(太鼓状のもの:)(ピストルなどの)回転弾倉;(洗濯機などの)回転ドラム;(ロープなどの)巻き胴.
Trom·mel≠fell [トロンメる・フェる] 中 -[e]s/-e ① 太鼓の張り皮. ②《医》鼓膜.
Trom·mel≠feu·er [トロンメる・フォイアァ] 中 -s/《軍》集中砲火;《比》(質問などの)連発, 集中攻撃.
* **trom·meln** [トロンメるン trɔ́məln] ich trommle (trommelte, hat...getrommelt) I 自 (⟨完了⟩ haben) ①太鼓(ドラム)をたたく. laut trommeln 大鼓を大きくたたく. ② どんどん(とんとん)と音をたてる, どんどん(とんとん)たたく. Der Regen trommelt auf das Dach. 雨がぱらぱらと屋根に当たる / mit den Fäusten gegen die Tür trommeln こぶしでドアをどんどんたたく. ◇【非人称の es を主語として】Es trommelt in meinem Schädel. 私は頭ががんがんする.
II 他 (⟨完了⟩ haben) (曲など⁴を)太鼓(ドラム)で演奏する. einen Marsch trommeln 太鼓でマーチを演奏する. / 人⁴ aus dem Bett (または dem Schlaf) trommeln (ドアなどをたたいて)人⁴をたたき起こす.
Trom·mel≠schlag [トロンメる・シュらーク]

Trom·mel=**schläge** 太鼓を打つこと.
Trom·mel=**stock** [トロンメル・シュトック] 男 -[e]s/..stöcke 《ふつう 複》太鼓のばち, ドラムスティック.
trom·mel·te [トロンメルテ] *trommeln（太鼓をたたく）の 過去
Trom·mel=**wir·bel** [トロンメル・ヴィルベル] 男 -s/- 太鼓の連打(すり打ち).
tromm·le [トロンメレ] *trommeln（太鼓をたたく）の 1 人称単数 現在
Tromm·ler [トロンムラァ trómlər] 男 -s/- 太鼓(ドラム)奏者, 大鼓(ドラム)をたたく人. (一ン 女性形は Trommlerin).
die Trom·pe·te [トロンペーテ trompé:tə] 女 (単) -/(複) -n 《音楽》トランペット, らっぱ. (英 trumpet). [die] Trompete⁴ blasen または auf der Trompete blasen トランペットを吹く / Die Trompete schmettert. らっぱが鳴り響く.
trom·pe·ten [トロンペーテン trompé:tən] (過分 trompetet) I 自 (h) トランペットを吹く;（象がらっぱのような声で)ほえる;《口語》大きな音をたてて鼻をかむ. II 他 (h) ① (曲など⁴を)トランペットで演奏する. ② 大声で言いふらす.
Trom·pe·ter [トロンペータァ trompé:tər] 男 -s/- トランペット奏者; らっぱ手. (一ン 女性形は Trompeterin).
Tro·pen [トローペン tró:pən] 複 《地理》熱帯[地方]. in den Tropen leben 熱帯で暮らす.
Tro·pen=**helm** [トローペン・ヘルム] 男 -[e]s/-e 防暑用ヘルメット帽(コルクに布を張った帽子).
Tro·pen=**kol·ler** [トローペン・コラァ] 男 -s/ 《医》熱帯神経症(熱帯地方に長期滞在する人にしばしば見られる).
Tro·pen=**krank·heit** [トローペン・クランクハイト] 女 -/-en 《医》熱帯病(マラリア・黄熱病など).
Tropf [トロプフ tröpf] I 男 -[e]s/Tröpfe (口語) 間抜け, のろま. ein armer Tropf 哀れなやつ. II 男 -[e]s/-e (医) 点滴装置.
tröp·feln [トレプフェルン trö́pfəln] I 自 (s) (…へ／…から)滴る, 滴り落ちる. Blut tröpfelt aus der Wunde. 傷口から血が滴る. II 非人称 (h) Es tröpfelt.《口語》雨がぽつりぽつりと降る. III 他 (h) (物⁴を…へ)滴らせる, 滴下する. die Medizin⁴ in die Wunde tröpfeln 薬を傷口へたらす.
trop·fen [トロプフェン trö́pfən] (tropfte, ist/hat...getropft) I 自 (完了) sein または haben) (英 drip) ① (s) (液体が)滴り落ちる. Der Regen tropft [vom Dach]. 雨が[屋根から]したたり落ちる / Der Schweiß tropft ihm von der Stirn. 彼の額から汗が滴り落ちる. ② (h) 滴をたらす. Der Wasserhahn tropft. 蛇口から水がたれている / Ihm tropft die Nase. 彼は鼻をたらしている.
II 非人称 ((完了) haben) Es tropft. 滴が落ちる; 雨がぱらぱら降る.
III 他 ((完了) haben) 滴らせる, 滴下する. eine Tinktur⁴ auf die Wunde tropfen 傷口にチンキ剤をたらす.

der Trop·fen [トロプフェン trö́pfən] 男 (単 2) -s/(複) - ① 滴, 滴り, 水滴. (英 drop). Regentropfen 雨滴 / ein Tropfen Wasser 一滴の水 / Es regnet dicke Tropfen. 大粒の雨が降っている / Der Schweiß stand ihm in feinen Tropfen auf der Stirn. 細かな汗が彼の額に浮かんでいた / Steter Tropfen höhlt den Stein.《諺》点滴石をもうがつ. ② (液体の)小量, 微量. Das ist ein Tropfen auf den heißen Stein.《口語》それは焼け石に水だよ / bis auf den letzten Tropfen 最後の一滴まで / Er hat keinen Tropfen getrunken. 彼は一滴も飲まなかった. ③ 《複》《医》滴剤. Augentropfen 点眼薬. ④ 《成句的に》ein guter (または edler) Tropfen 上等のワイン(ブランデー).
Tropf·en=**fän·ger** [トロプフェン・フェンガァ] 男 -s/- 滴受け(ポットなどの注ぎ口に付けたスポンジ).
tropf·en=**wei·se** [トロプフェン・ヴァイゼ] 副 ① 一滴ずつ. ② 《口語・比》少しずつ.
tropf·nass [トロプフ・ナス] 形 (ぽたぽた滴がたれるほどびしょぬれの.
tropf·naß ☞ (新形) tropfnass
Tropf·stein [トロプフ・シュタイン] 男 -[e]s/-e 《地学》鍾乳(しょうにゅう)石; 石筍(せきじゅん).
Tropf·stein=**höh·le** [トロプフシュタイン・ヘーレ] 女 -/-n 鍾乳(しょうにゅう)洞.
tropf·te [トロプフテ] *tropfen（滴り落ちる）の 過去
Tro·phäe [トロフェーエ trofé:ə] 女 -/-n ① 戦勝記念品, 戦利品. ② 狩猟の獲物(鹿の枝角など). ③ 《競技などの》のトロフィー, 賞品.
tro·pisch [トロービッシ tró:pɪʃ] 形 ① 熱帯の, 熱帯性の, 熱帯産の. tropische Pflanzen 熱帯植物. ② 熱帯のような(暑さなど).
Tross [トロス trɔs] 男 -es/-e ① 《軍》(昔の:)輜重(しちょう)隊. ② 従者;《比》追従者. im Tross von 人³ 人³に追従して. ③ 行列.
Troß ☞ (新形) Tross

der Trost [トロースト tró:st] 男 (単 2) -es/ 慰め, 慰めとなるもの. (英 comfort). ein wahrer Trost 真の慰め / 人³ Trost⁴ zu|sprechen 人³を慰める / Ihr einziger Trost ist das Kind. 彼女の唯一の慰めは子供だ / in 人³ Trost⁴ finden 事³で心を慰める / 事⁴ zum Trost sagen 事⁴をせめてもの慰めに言う / Das ist ein schwacher Trost. それは慰めにもならない / Du bist wohl nicht ganz bei Trost?《口語》君はちょっと頭がおかしいんじゃないか.

trös·ten [トレーステン trö́:stən] du tröstest, er tröstet (tröstete, hat...getröstet) I 他 ((完了) haben) 慰める, 元気づける. (英 comfort). Seine Worte trösteten sie. 彼の言葉で彼女は慰められた / Das tröstet mich.《口語》それで私は安心した / Sie tröstete ihn in seinem Kummer. 彼女は彼が悲しんでいるのを慰めた. ◇《相互的に》sich⁴ gegenseitig trösten 互いに慰め合う.
II 再帰 ((完了) haben) sich⁴ trösten 自らを慰

める; 気をまぎらす. *sich*[4] mit dem Gedanken *trösten*, dass... …と考えて気をとり直す / Er *tröstete* sich *über* die Niederlage mit einer Flasche Whisky. 彼はウイスキーを1本空けて敗北の憂さを晴らした.

Trös·ter [トレースタァ tröːstɐr] 男 -s/- 慰める人; (比)慰めとなるもの(こと).

trös·te·te [トレーステテ] ＊trösten (慰める)の過去

tröst·lich [トレーストリヒ] 形 慰めになる, 元気づけてくれる; 喜ばしい.

trost·los [トロースト・ロース] 形 ① 慰めのない, 見込みのない, 絶望的な. eine *trostlose* Lage 絶望的な状況. ② 気がめいるような(天気など). ③ (土地・景色などが)荒涼とした, わびしい.

Trost·lo·sig·keit [トロースト・ローズィヒカイト] 女 -/ 慰めのなさ, 絶望的なこと; 荒涼, わびしさ.

Trost⹀preis [トロースト・プライス] 男 -es/-e 残念賞.

trost⹀reich [トロースト・ライヒ] 形 大いに慰めになる, 元気づけてくれる.

Trös·tung [トレーストゥング] 女 -/-en 慰め; 慰めとなるもの(言葉).

Trott [トロット trɔt] 男 -[e]s/-e ① (馬の)跑足(ﾊﾟｸ). in *Trott* gehen 跑足で歩く. ② 《比》退屈な調子. im gleichen *Trott* laufen 旧態依然としている.

Trot·tel [トロッテる trɔtəl] 男 -s/- 《口語》間抜け, とんま.

trot·te·lig [トロッテリヒ trɔtəliç] 形 《口語》もうろくした, ぼけた.

trot·ten [トロッテン trɔtən] 自 (s) (重い足取りで…へ)のろのろと歩いて行く.

Trot·toir [トロトアール trɔtŏaːr] 【外】 中 -s/-e (または -s) 《南ﾄﾞ・ｽｲｽ》歩道.

＊**trotz** [トロッツ trɔts] 前 《2 格(まれに 3 格)とともに》…にもかかわらず, …なのに. 《英 in spite of》. Wir gingen *trotz* des Regens spazieren. 私たちは雨にもかかわらず散歩に出かけた / *trotz* allen Fleißes 大いに努力したのに / *trotz* meines Verbotes 私が禁じたにもかかわらず / *trotz* allem (または alledem) それらすべてにもかかわらず.

＊der **Trotz** [トロッツ trɔts] 男 (単 2) -es/ 反抗, 反抗心. 《英 defiance》. kindischer *Trotz* 子供っぽい反抗[心] / 人[3] *Trotz*[4] bieten 人[3]に反抗する / aus *Trotz* 反抗心から / 人[3] zum *Trotz* 人[3]に反抗して / aller Gefahr[3] zum *Trotz* あらゆる危険を無視して.

Trotz⹀al·ter [トロッツ・アるタァ] 中 -s/ 反抗期.

trotz·dem [トロッツ・デーム trɔtsˈdeːm または トロッツ・デーム]

それにもかかわらず
Ich liebe ihn *trotzdem*.
イヒ リーベ イーン トロッツデーム
それでも私は彼を愛しています.

I 副 それにもかかわらず. 《英 nevertheless》. Er ist noch ein Kind, *trotzdem* versteht er das schon. 彼はまだ子供だが, そのことはもう理解できる.

II 接 《従属接続詞; 動詞の人称変化形は文末》《口語》…にもかかわらず (=obwohl). Sie kam, *trotzdem* sie erkältet war. 彼女は風邪をひいていたのにやって来た.

＊**trot·zen** [トロッツェン trɔtsən] du trotzt (trotzte, hat ... getrotzt) 自 (完了 haben) ① 《雅》(人・事[3]に)抵抗する, 反抗する, 逆らう; 耐える. 《英 defy》. dem Chef *trotzen* 上役に逆らう / einer Gefahr[3] *trotzen* 危険をものともしない / Diese Krankheit *trotzt* jeder Behandlung. 《比》この病気にはどんな治療も効果がない. ② (子供などが)反抗的である, 強情を張る.

＊**trot·zig** [トロッツィヒ trɔtsɪç] 形 (子供などが)反抗的な, きかん気の; 強情な. 《英 defiant》. ein *trotziges* Kind きかん気の子 / Er machte ein *trotziges* Gesicht. 彼は反抗的な顔をした.

Trotz·ki [トロツキ trɔtski] -s/ (人名) トロツキー (Leo Trotzki 1879–1940; ﾛｼｱの革命家).

Trotz·kis·mus [トロツキスムス trɔtskísmus] 男 -/ トロツキズム (トロッキーによる世界革命主義).

Trotz⹀kopf [トロッツ・コプふ] 男 -[e]s/..köpfe 強情者, (特に:)手に負えない子供.

trotz·köp·fig [トロッツ・ケプふィヒ] 形 強情な, 手に負えない(子供など).

trotz·te [トロッツテ] ＊trotzen (抵抗する)の過去

trüb [トリューブ tryːp] 形 =trübe

＊**trü·be** [トリューベ tryːbə] 形 《比較》trüber, 《最上》trüb[e]st; 格変化語尾がつくときは trüb-) ① (液体が)にごった, 不透明の. 《英 muddy》. *trübes* Wasser にごった水. ◇《名詞的に》im *trüben* (新形 im *Trüben*) fischen 《比》《口語》どさくさにまぎれてうまいことをする (←にごった所で魚を捕る). ② (ガラス・目などが)曇った, 輝きのない; (光・色などが)鈍い. 《英 dull》. *trübe* Fensterscheiben 曇った窓ガラス / Der Kranke hat *trübe* Augen. その病人には目の輝きがない / *trübes* Licht 鈍い光. ③ (空・天気などが)曇った, どんよりした. 《英 cloudy》. Heute ist es *trübe*. きょうは曇りだ. ④ 《比》陰気な, 暗い; 疑わしい. eine *trübe* Stimmung 物悲しい気分 / *trübe* Miene[4] machen 暗い顔をする / eine *trübe* Sache 不確かな事柄. (☞ 類語 dunkel).

Tru·bel [トルーベる trúːbəl] 男 -s/ 雑踏, 混雑, ざわめき. sich[4] in den *Trubel* stürzen 雑踏にまぎれ込む / im *Trubel* der Geschäfte[2] 《比》仕事に忙殺されて.

＊**trü·ben** [トリューベン tryːbən] (trübte, hat getrübt) 他 (完了 haben) ① (液体[4]を)にごらせる, (空・ガラスなど[4]を)曇らせる. Kein Wölkchen *trübte* den Himmel. 空には一片の雲もなかった. ◇《再帰的に》 sich[4] *trüben* (液体が)にごる, (空・ガラスなどが)曇る. ② (気分など[4]を)暗くする, (関係など[4]をそこなう; (感覚など[4]を)鈍らせる. Der Vorfall *trübte* meine gute

Laune. その出来事で私はせっかくの気分をこわされた. ◊《再帰的に》 sich⁴ trüben (気分などが) 暗くなる, (関係などが) そこなわれる; (感覚などが) 鈍る.

Trüb·heit [トリューブ・ハイト] 囡 -/ にごり, 曇り; 陰うつ.

Trüb·sal [トリューブ・ザール trýːpzaːl] 囡 -/-e 《雅》① 不幸, 苦難. *Trübsal*⁴ erleiden 苦難にあう. ② 《複 なし》(深い) 悲しみ, 悲嘆. *Trübsal*⁴ blasen 《口語》悲しみに沈んでいる.

trüb·se·lig [トリューブ・ゼーリヒ] 形 ① 悲しい, 悲惨な. eine *trübselige* Stimmung みじめな気持ち. ② 陰うつな(天気など); 荒涼とした. eine *trübselige* Gegend 荒涼とした地方.

Trüb=sinn [トリューブ・ズィン] 男 -[e]s/ 憂うつ, ふさぎ込み. in *Trübsinn* verfallen ふさぎ込む.

trüb=sin·nig [トリューブ・ズィニヒ] 形 憂うつな気分の, ふさぎこんだ.

trüb·te [トリューブテ] *trüben (にごらせる)の 過去

Trü·bung [トリューブング] 囡 -/-en ① にごり, 曇り. eine *Trübung* der Linse² レンズの曇り. ② (判断力などの) 鈍り; (よい関係などの) 悪化. die *Trübung* der Freundschaft² 友情にひびが入ること.

Tru·de [トルーデ trúːdə] -s/ 《女名》 トルーデ (Gertrud の 短縮).

tru·deln [トルーデルン trúːdəln] 自 (s) ① (ボールなどが) ころころ転がる; (木の葉が) 舞い落ちる, (飛行機が) きりもみ状態で降下する. ② 《口語・戯》(…へ) のろのろ行く.

Trüf·fel [トリュッフェル trýfəl] 囡 -/-n (口語: 男 -s/-) ① 《植》セイヨウショウロ, トリュフ. ② トリュフ (ココアをまぶしたチョコレート).

trug [トルーク] *tragen (持ち運ぶ)の 過去

Trug [トルーク trúːk] 男 -[e]s/ 《雅》詐欺, 欺瞞(ぎまん); 迷妄, 錯覚. Lug und *Trug* うそ偽り.

Trug=bild [トルーク・ビルト] 中 -[e]s/-er 幻覚, 幻影, 錯覚.

trü·ge [トリューゲ] *tragen (持ち運ぶ)の 接2

* **trü·gen*** [トリューゲン trýːgən] (trog, *hat*... getrogen) 他 (完了 haben) (期待などが 人⁴を) 欺く, 裏切る. 《英》*deceive*. Seine Hoffnung *trog* ihn. 彼は当てがはずれた / Wenn mich meine Erinnerung nicht *trügt*,... 私の記憶違いでなければ… ◊《目的語にしても》 Oft *trügt* der Schein. 人はしばしば見かけによらないものだ (←外見は人を欺く).

trü·ge·risch [トリューゲリッシュ trýːgərɪʃ] 形 見せかけの, うわべだけの; 偽りの, ごまかしの. ein *trügerischer* Glanz 見せかけだけの華やかさ.

Trug=schluss [トルーク・シュルス] 男 -es/..schlüsse ① (一見正しそうで) 間違った推論 (結論); 《哲》誤謬(ごびゅう). ② 《音楽》偽終止.

Trug=schluß ☞ 新形 Trugschluss

Tru·he [トルーエ trúːə] 囡 -/-n ① (ふた付きの) 衣服箱, 長持. ② 《南ドツ》棺.

Trumm [トルム trúm] 中 -[e]s/Trümmer 《南ドツ・オースト・ス》(大きい) かけら, かたまり, 切れ端. ein *Trumm* Fleisch 一切れの肉.

* *die* **Trüm·mer** [トリュンマァ trýmər] 複 (3格のみ -n) 破片, がれき; 廃墟(はいきょ), 残骸(ざんがい). 《英》*rubble, ruins*. die *Trümmer* eines Flugzeugs 飛行機の残骸 / Die Stadt liegt in *Trümmern*. その町は廃墟と化している / in *Trümmer*⁴ gehen こなごなに壊れる, 崩壊する / 物⁴ in *Trümmer*⁴ schlagen 物⁴を粉砕する.

Trüm·mer=feld [トリュンマァ・フェルト] 中 -[e]s/-er がれきの山, (一面の) 廃墟(はいきょ).

Trüm·mer=hau·fen [トリュンマァ・ハオフェン] 男 -s/- がれきの山, 廃墟(はいきょ). 物⁴ in einen *Trümmerhaufen* verwandeln 物⁴を廃墟と化す.

Trumpf [トルンプフ trúmpf] 男 -[e]s/Trümpfe (げん) 切り札; 《比》奥の手. [einen] *Trumpf* aus|spielen a) (トランプで) 切り札を出す, b) 奥の手を出す / alle *Trümpfe*⁴ in der Hand haben 《比》完全に有利な立場にいる (←切り札を全部持っている) / *Trumpf* sein 〔目下〕極めて重要な大流行・花形的存在) である.

trump·fen [トルンプフェン trúmpfən] 自 (h) (トランプで:) 切り札で切る.

Trunk [トルンク trúŋk] 男 -[e]s/Trünke 《ふつう 単》《雅》① 飲み物; 飲むこと, 一飲み. ein kühler *Trunk* 冷たい飲み物 / einen *Trunk* tun 飲み物を一口飲む. ② 飲酒[癖].

trun·ken [トルンケン trúŋkən] 形 《雅》① 酒に酔った. 人⁴ *trunken* machen 人⁴を酔わせる. ② 《比》陶酔した, 有頂天になった. *trunken* vor Glück sein 幸せに酔いしれている.

Trun·ken=bold [トルンケン・ボルト] 男 -[e]s/-e 飲んだくれ, 大酒飲み.

Trun·ken·heit [トルンケンハイト] 囡 -/ ① 酔い, 酩酊(めいてい). *Trunkenheit* am Steuer 飲酒運転. ② 《雅》陶酔.

Trunk=sucht [トルンク・ズフト] 囡 -/ 飲酒癖, 酒好き; アルコール中毒[症].

trunk=süch·tig [トルンク・ズュヒティヒ] 形 飲酒癖のある, 酒好きな; アルコール中毒[症]の.

Trupp [トルップ trúp] 男 -s/-s (兵隊などの) 小部隊, 班, 一団. Stoß*trupp* 突撃班 / ein *Trupp* Studenten 一団の学生.

* *die* **Trup·pe** [トルッペ trúpə] 囡 (単) -/(複) -n ① 《軍》部隊; 《複 で》軍隊; 《複 なし》前線部隊. 《英》*troops*. eine motorisierte *Truppe* 機械化部隊. ② (俳優・芸人などの) 一座, (スポーツの) 選手団.

Trup·pen=gat·tung [トルッペン・ガットゥング] 囡 -/-en 兵科, 兵種.

Trup·pen=pa·ra·de [トルッペン・パラーデ] 囡 -/-n 閲兵式, 観閲式.

trupp=wei·se [トルップ・ヴァイゼ] 副 群れを成して, いくつかの隊に分かれて.

Trust [トラスト trást まれに トルスト trúst] 《英》男 -[e]s/-e (または -s) 《経》トラスト, 企業合同.

Trut=hahn [トルート・ハーン] 男 -[e]s/..hähne 雄の七面鳥.

Trut=hen·ne [トルート・ヘンネ] 囡 -/-n 雌の七面鳥.

Trut・huhn [トルート・フーン] 中 -[e]s/..hühner ①《鳥》シチメンチョウ． ② 雌の七面鳥 (=Truthenne).

Tschai・kows・ki [チャイコフスキー tʃaikófski] -s/《人名》チャイコフスキー (Pjotr Iljitsch *Tschaikowski* 1840–1893; ロシアの作曲家).

tschau! [チャオ tʃáu] [イタ] 間《俗》さよなら，バイバイ．

Tsche・che [チェッヒェ tʃéçə] 男 -n/-n チェコ人．(☞ 女性形は Tschechin).

Tche・chi・en [チェヒエン tʃéçiən] 中 -s/《国名》チェコ[共和国] の短縮形． 正式名称 die Tschechische Republik の短縮形．

tsche・chisch [チェヒッシュ tʃéçiʃ] 形 チェコ[人・語]の． die *Tschechische* Republik チェコ共和国 (首都はプラハ． 1993年1月1日にスロヴァキアと分離).

Tsche・cho・slo・wa・ke [チェヒョ・スロヴァーケ tʃeço-slová:kə] 男 -n/-n 旧チェコ・スロヴァキアの人． (☞ 女性形は Tschechoslowakin).

die **Tsche・cho・slo・wa・kei** [チェヒョ・スロヴァカイ tʃeço-slovakái] 女 -/《定冠詞とともに》《国名》旧チェコ・スロヴァキア (旧首都はプラハ． ドイツ語形は Prag． 1993年1月1日にチェコとスロヴァキアに分離独立).

tsche・cho・slo・wa・kisch [チェヒョ・スロヴァーキッシュ tʃeço-slová:kiʃ] 形 旧チェコ・スロヴァキア[人]の．

Tsche・chow [チェヒョフ tʃéçof] -s/《人名》チェーホフ (Anton Pawlowitsch *Tschechow* 1860–1904; ロシアの作家).

tschil・pen [チルペン tʃílpən] 自 (h) (すずめが) ちゅんちゅん鳴く．

tschüs! [チュス tʃýs] または チュース tʃý:s] 間 《口語》じゃあね，バイバイ．

tschüss! [チュス tʃýs] 間 =tschüs!

tschüß! [☞ 新形] tschüss!

Tsd. [タオゼント]《略》1,000 (=Tausend).

T-Shirt [ティー・シャート] [英] 中 -s/-s《服飾》Tシャツ．

T-Trä・ger [テー・トレーガァ] 男 -s/-《建》T形梁(はり)(鉄骨).

tu [トゥー] ‡tun (する)の du に対する 命令．

TU [テー・ウー]《略》工業[総合]大学 (=technische Universität).

Tu・ba [トゥーバ tú:ba] 女 -/Tuben ①《音楽》チューバ(低音金管楽器); (古代ローマの)軍用らっぱ． ②《医》耳管; 卵管 (=Tube ②).

die **Tu・be** [トゥーベ tú:bə] 女 (単) -/(複) -n ① (練り歯磨きなどの)チューブ． (英 *tube*). Farbe⁴ aus der *Tube* drücken 絵の具をチューブから押し出す / **auf** die *Tube* drücken《俗》(車の)アクセルを踏む，スピードを出す． ②《医》耳管; 卵管．

Tu・ber・kel [トゥベルケル tubérkəl] 男 -s/- (オーストリア: 女 -/-n も)《医》[結核]結節．

Tu・ber・ku・lin [トゥベルクリーン tubεrkulí:n] 中 -s/《医》ツベルクリン．

tu・ber・ku・lös [トゥベルクレース tubεrkuló:s]

形《医》結核[性]の; 結核にかかった．

Tu・ber・ku・lo・se [トゥベルクローゼ tubεrkuló:zə] 女 -/-n《医》結核; 肺結核 (略: Tb, Tbc).

Tü・bin・gen [テュービンゲン tý:bɪŋən] 中 -s/《都市名》テュービンゲン (ドイツ，バーデン・ヴュルテンベルク州の大学都市; ☞ 地図 D-4).

‡*das* **Tuch** [トゥーフ tú:x] **I** 中 (単2) -es (まれに -s)/(複) Tücher チューヒァァ (3格のみ Tüchern) (種々の用途のために加工された)布． (英 *cloth*). ein seidenes *Tuch* 絹のネッカチーフ(ハンカチ) / 物⁴ **in** ein *Tuch* wickeln 物⁴をハンカチにくるむ / sich³ ein *Tuch*⁴ um den Kopf binden 頭にスカーフを巻く / Das ist ein rotes *Tuch* für ihn.《口語》そのことが彼にはしゃくの種だ(←闘牛の赤い布).

II 中 (単2) -es (まれに -s)/(複) -e (3格のみ -en) 布地，生地，織物． englisches *Tuch* 英国産生地 / *Tuch*⁴ weben 布地を織る．

....

(☞ ..*tuch* のいろいろ: Bett*tuch* シーツ / Hals*tuch* ネッカチーフ / Hand*tuch* タオル / Kopf*tuch* スカーフ / Taschen*tuch* ハンカチ / Tisch*tuch* テーブルクロス / Wisch*tuch* ぞうきん

....

Tü・cher [テューヒァァ] ‡Tuch (布)の 複．

Tuch‡füh・lung [トゥーフ・フューるング] 女 -/《戯》(袖が)触れるほどの近い距離．mit 人³ *Tuchfühlung*⁴ haben a) 人³のすぐ近くにいる，b) 人³ と親交がある / mit 人³ schnell auf *Tuchfühlung*⁴ kommen 人³とすぐに親密になる．

***tüch・tig** [テュヒティヒ týçtiç] **I** 形 ① 有能な，能力のある，敏腕な． (英 *capable*). ein *tüchtiger* Mitarbeiter 有能な協力者 / Er ist als Arzt sehr *tüchtig*. 彼は医者として非常に有能だ． ②(仕事などが)りっぱな，みごとな． Das ist eine *tüchtige* Arbeit. それはりっぱな仕事だ． ③《口語》相当な，かなりの量の． einen *tüchtigen* Appetit haben かなりの食欲がある．

II 副 大いに，非常に． *tüchtig* arbeiten 大いに働く / Es ist *tüchtig* kalt. ひどく寒い．

..tüch・tig [..テュヒティヒ ..týçtiç] 《形容詞をつくる 接尾》 ① (…可能な) 例: fahr*tüchtig* 運転可能な． ②(…に適した) 例: see*tüchtig* 航海に適した．

Tüch・tig・keit [テュヒティヒカイト] 女 -/ ① 有能さ; 熟練; 優秀さ． ② 適合性，強さ．körperliche *Tüchtigkeit* 肉体的な強さ．

Tü・cke [テュッケ týkə] 女 -/-n ① [複 なし] 悪意，陰険． Sie ist (または steckt) voller *Tücke*. 彼女は陰険きわまりない / die *Tücke* des Schicksals《比》運命のいたずら / **mit** List und *Tücke*《口語》あらゆる術策を用いて． ②《ふつう 複》陰険な行為，悪だくみ． eine *Tücke*⁴ gegen 人⁴ üben 人⁴に対して悪だくみをしかける． ③《ふつう 複》予測できぬ困難，危険． die *Tücken* der Maschine² 機械の思わぬトラブル．

tu·ckern [トゥッカァン túkərn] 自 (h, s) ① (h) 《エンジンなどが》ぶるんぶるんと音をたてる. ② (s) (…へ)ぶるんぶるんと音をたてて進む.

tü·ckisch [テュキッシュ týkɪʃ] 形 ① 悪意のある, 陰険な. ein tückischer Gegner 陰険な敵. ② 危険をはらんだ, 《病気などが》潜行性の. eine tückische Krankheit 悪性の病気.

tue [トゥーエ] I *tun (する)の 1 人称単数 現在 II *tun (する)の du に対する 命令

tu·end [トゥーエント] *tun (する)の 現分

Tu·e·rei [トゥーエライ tu:ərái] 女 -/ 《口語》気取り, てらい.

Tuff [トゥふ túf] 男 -s/《種類:》-e 《鉱》凝灰岩.

Tüf·te·lei [テュふテライ tʏftəláɪ] 女 -/-en 《口語》① 《複 なし》めんどうなことに根気よくとり組むこと. ② めんどうな(やっかいな)仕事.

tüf·teln [テュふテるン týftəln] 自 (h)《口語》《めんどうなことに》根気よくとり組む.

Tüft·ler [テュふトらァ týftlər] 男 -s/- 《口語》めんどうなことに根気よくとり組む人. 〖女性形 Tüftlerin〗.

die **Tu·gend** [トゥーゲント tú:gənt] 女 《単》-/《複》-en (🇬🇧 *virtue*) ① 《複 なし》徳. Er ist ein Ausbund **an** Tugend. (ふつう肉づくに:)彼は徳の権化だ / Tugend⁴ üben 徳を行う. ② (倫理的な)美点, 長所; 美徳. die Tugend der Bescheidenheit² 謙遜(けんそん)の美徳 / Jeder Mensch hat seine Tugenden und Fehler. だれにでも長所と短所がある.

Tu·gend♢bold [トゥーゲント・ぼると] 男 -[e]s/-e (軽蔑的に)道徳家ぶる人.

tu·gend·haft [トゥーゲントハふト] 形 徳の高い, 有徳の; 貞潔な; 品行方正な. ein tugendhaftes Leben⁴ führen 品行方正な生活を送る.

Tu·kan [トゥーカン tú:kan または トゥカーン] 男 -s/-e 《鳥》オオハシ(巨嘴鳥)科.

Tüll [テュる týl] 男 -s/《種類:》-e 《織》チュール (カーテンなどに用いられる網状の薄地).

Tül·le [テュれ týlə] 女 -/-n 《方》① (短い管状のもの:)(コーヒーポットなどの)口; 《電》ソケット; (燭台(しょくだい)の)ろうそく受け口.

die **Tul·pe** [トゥるペ túlpə] 女 《単》-/《複》-n ① 《植》チューリップ. (🇬🇧 *tulip*). ② (チューリップ形の)ビールのグラス. ③ 《俗》変わり者.

..tum [..トゥーム ..tu:m] 《中性名詞(まれに男性名詞)をつくる 接尾》《地位・身分・状態・宗教・階級》例: Kaiser*tum* 帝位 / Christen*tum* キリスト教 / Bürger*tum* 市民階級. 《→ 男性名詞は Irr*tum* (誤り)と Reich*tum* (富)の 2 語のみ).

tum·meln [トゥンメるン túməln] I 再帰 (h) sich⁴ tummeln ① (子供などが…で)はしゃぎ回る. ② 《方》急ぐ. II 自 (s)《方》(…へ)ふらふら動いて行く, ひらひら舞う.

Tum·mel♢platz [トゥンメる・プらッツ] 男 -es/..plätze (子供の)遊び場; たまり場.

Tüm·m·ler [テュンムらァ týmlər] 男 -s/- ① 《動》ネズミイルカ. ② 《鳥》チュウガエリバト(宙返り鳩).

Tu·mor [トゥーモァ tú:mɔr または トゥモーァ tumó:r] 男 -s/-en [トゥモーレン]《医》腫瘍(しゅよう).

Tüm·pel [テュンペる týmpəl] 男 -s/- (小さな)沼, 池.

Tu·mult [トゥムるト tumúlt] 男 -[e]s/-e 騒ぎ; 騒動; 暴動. Es kam **zu** schweren Tumulten. 大騒動になった.

:tun* [トゥーン tú:n]

する	Was *tust* du hier?
	ヴァス トゥースト ドゥ ヒーァ
	君はここで何をしているの.

人称	単	複
1	ich tue	wir tun
2	{du tust / Sie tun	{ihr tut / Sie tun
3	er tut	sie tun

(tat, hat…getan) I 他 (完了 haben) ① (事⁴を)する, 行う. (🇬🇧 *do*). Was soll ich *tun*? 私はどうしたらいいのだろう / Er *tut* seine Pflicht. 彼は義務を果たす / So etwas *tut* man nicht! そんなことはするものではない / Ich *habe* mein Bestes *getan*. 私は最善を尽くした / Er *tut* nichts als schimpfen. 《口語》彼は文句ばかり言っている / Wunder⁴ *tun* a) 奇跡を行う, b) 《比》驚くほどよく効く / Kann ich etwas **für** Sie *tun*? 何かあなたのお役にたてるでしょうか / Ich *muss* noch etwas für die Schule *tun*. ぼくはもう少し学校の宿題がある / **Dagegen** *kann* man nichts *tun*. それに対しては手の打ちようがない / Was *wirst* du **mit** dem Geld *tun*? 君はそのお金をどうするつもりなの / **Damit** *ist* es nicht *getan*. 《状態受動・現在》それで事が済んだわけではない / Was *tun*? さてどうしたものか.

◇《行為などを表す名詞を目的語として》eine Äußerung⁴ *tun* 発言する / einen Blick *tun* 一瞥(いちべつ)する / einen Schrei *tun* 叫ぶ. ◇《動詞の繰り返しを避けて》Hat er den Brief geschrieben? ― Nein, er *hat* es nicht *getan*. 彼は手紙を書きましたか ― いいえ, 書いていません. ◇《過去分詞の形で》Gesagt, *getan*. 言うが早いか実行された / nach *getaner* Arbeit 仕事を済ませたあとで.

② 《zu tun の形で; haben などとともに》viel⁴ (nichts⁴) zu *tun* haben することがたくさんある (何もない) ⇒ Ich habe heute viel zu *tun*. 私はきょうはたくさん仕事がある(忙しい) / **mit** 人・事³ etwas⁴ (nichts⁴) zu *tun* haben 人・事³ と関係がある(ない) ⇒ Er hat mit dem Mord nichts zu *tun*. 彼はその殺人事件とは関係がない / Ich will mit ihm nichts zu *tun* haben. 私は彼とかかわりを持ちたくない. ◇《**es** を目的語として成句的に》es⁴ **mit** 人・事³ zu *tun* haben 人・事³ を相手にしている / es⁴ mit 人³ zu *tun* bekommen (口語: kriegen) 人³ とごたごたを起こす. ◇《目的語なしでも》Ich habe noch in der Stadt zu *tun*. 私はまだ町で用事がある.

③ 《方向を表す語句とともに》《人・物⁴ を…へ》入れる, 置く, 行かせる. Wohin *soll* ich die Gläser *tun*? グラスをどこに置きましょうか / Salz⁴ **an** (**in**) die Suppe *tun* スープに塩を入れる / Das Geld *tue* ich **auf** die Bank. そのお金を私は銀行に預ける / das Kind⁴ in den Kindergarten *tun* 子供を幼稚園に入れる.

④ ([人³]に)親切・意地悪など⁴をする. 人³ ein Unrecht⁴ *tun* 人³に不当なことをする / Der Hund *tut* nichts. この犬は何もしやしないよ / *Kannst* du mir einen Gefallen *tun*? ちょっと頼まれてくれないか.

⑤ (効果・影響など⁴を)もたらす, 及ぼす. Das Mittel *tat* bald seine Wirkung. 薬はすぐに効いてきた / Das *tut* nichts. そんなことはなんでもありません(かまいません) / Was *tut* das schon? 〔口語〕それがなんだっていうんだ.

⑥ 《**es** を目的語として成句的に》**es**⁴ *tun* 〔口語〕a) 役にたつ, 間に合う, b) (機械などが)動く, 機能する. Der Mantel *tut* es noch diesen Winter. そのコートはまだこの冬も着られる.

⑦ 《**zu** 不定詞句とともに; 助動詞的に》⑦ 《本動詞の強調》Kochen *tut* er nicht gern. 料理するのは彼は好きではない. ⑦ 《接2 *täte* の形で; 本動詞の 接2 の言い換え》《方》Das *täte* (=würde) mich schon interessieren. それはきっと私の興味をひくでしょうに.

II 自 (完了 haben) ① (…の)ふりをする, (…のように)ふるまう. Sie *tut* immer so vornehm. 彼女はいつも上品ぶっている / Er *tut* [so], als ob er nichts wüsste. 彼は何も知らないふりをする.

② 《成句的に》**Es *tut* mir Leid.** それはお気の毒です, 残念です.

③ 《成句的に》**gut** (または **recht**) **daran *tun*, zu** 不定詞[句]…したほうがいい. Du *tätest* gut daran, jetzt zu gehen. 〔接2・現在〕君は今行ったほうがいいだろう.

④ 《[人]³ **ist** [**es**] **um** [人・事]⁴ **zu *tun*** の形で》人³にとって人・事⁴が気にかかる. Ihm ist es nur um Geld zu *tun*. 彼はお金のことにしか関心がない.

III 再帰 (完了 haben) *sich*⁴ *tun* 起こる; (事が)動き出す. Im Lande *tut sich* etwas. 国内で何かが起きている.

Tun [トゥーン] 中 -s/ 行い, 行為, 行動. sein *Tun* und Treiben 《雅》彼の行動 / sein *Tun* und Lassen 《雅》彼の行状.

Tün·che [テュンヒェ týnçə] 女 -/(種類:) -n ① 壁面装用の水性塗料, 水しっくい. ② 《複なし》《比》うわべのごまかし, みせかけ.

tün·chen [テュンヒェン týnçən] 他 (h) (壁など⁴に)水しっくいを塗る.

Tund·ra [トゥンドラ túndra] [ロシ] 女 -/ Tundren (地理)(北シベリアなどの)ツンドラ, 凍土帯.

Tu·ner [テューナァ tjúːnər] [英] 男 -s/- ① (電)(テレビなどの)チューナー, 同調装置. ② (隠語)(自動車の)チューンアップ技術者.

Tu·ne·si·en [トゥネーズィエン tuneːziən] 中 -s/ (国名)チュニジア[共和国](北アフリカ. 首都チュニス).

tu·ne·sisch [トゥネーズィッシュ tuneːzɪʃ] 形 チュニジア[人]の.

Tun·fisch [トゥーン・フィッシュ] 男 -[e]s/-(魚)マグロ(=Thunfisch).

Tun·gu·se [トゥングーゼ tʊŋɡúːzə] 男 -n/-n ツングース人(シベリア東部から中国北東部に住む民族).

Tun·ke [トゥンケ túŋkə] 女 -/-n (料理)ソース.

tun·ken [トゥンケン túŋkən] 他 (h)《A⁴ **in** B⁴ ~》(A⁴ を B⁴ に)浸す, つける. die Feder⁴ in die Tinte *tunken* ペンをインクにつける.

tun·lich [トゥーンリヒ] 形 ① 望ましい, 得策な. ② できる限りの. sobald als *tunlich* できるだけ早く.

tun·lichst [トゥーンリヒスト túːnlɪçst] 副 ① できる限り, なるべく; できれば. *tunlichst* bald できるだけ速やかに. ② ぜひ, 必ず.

* *der* **Tun·nel** [トゥンネる túnəl] 男 (単2) -s/(複) - (3格のみ -n) まれに(複) -s トンネル; 地下道. (英 *tunnel*). Der Zug fährt **durch** einen *Tunnel*. 列車がトンネルを通過する / einen *Tunnel* bauen トンネルを建設する.

Tun·te [トゥンテ túntə] 女 -/-n ① 〔口語〕(軽蔑的に:)(おろかで退屈な)おばさん. ② (俗)(女役の)同性愛の男性.

Tüp·fel·chen [テュプふェるヒェン týpfəlçən] 中 -s/- 小さい点. das *Tüpfelchen* auf dem i a) i の上の小点, b) 《比》最後の仕上げ.

tüp·feln [テュプふェるン týpfəln] 他 (h)(物⁴ に)小さな斑点(はんてん)を付ける.

tup·fen [トゥプふェン túpfən] 他 (h) ①《A⁴ **mit** B³》(A⁴ に B³ を)軽くたたくように当てる. sich³ den Mund mit einer Serviette *tupfen* 口にナプキンを当てる. ②《A⁴ **auf** B⁴ ~》(A⁴ を B⁴ に)軽くたたくようにして塗る. Jod⁴ auf die Wunde *tupfen* ヨードチンキを傷口につける. ③《A⁴ **von** B³ ~》(A⁴をB³から)軽くたたくようにしてぬぐう. sich³ den Schweiß von der Stirn *tupfen* 額の汗をふき取る. ④ (布地など⁴に)斑点(はんてん)を付ける.

Tup·fen [トゥプふェン] 男 -s/- 点, 斑点(はんてん), 水玉模様.

Tup·fer [トゥプふァァ túpfər] 男 -s/- ① 〔口語〕小斑点(はんてん), 水玉模様. ② (医)綿球, タンポン.

* *die* **Tür** [テューァ týːr]

> ドア Die *Tür* ist offen.
> ディ テューァ イスト オッふェン
> ドアが開いている.

女 (単) -/(複) -en ドア, 戸, 扉; 戸口. (英 *door*). eine eiserne *Tür* 鉄の扉 / die *Tür*⁴ öffnen (schließen) ドアを開ける(閉める) / Die *Tür* öffnet sich (schließt sich). ドアが開く(閉まる) / 事³ *Tür* und Tor öffnen 《比》事³を助長する, 事³ (望ましくないこと)をはびこらせる / für 事⁴ die *Tür*⁴ offen halten 《雅》事⁴のために交渉の余地を残しておく / *Tür* zu, es zieht! ドアを閉めて.すき間風が入るから! / Die *Tür* ist nur angelehnt.《状態受動・現在》ドアは半開きになっている / Die *Tür* führt in den Garten. 戸口は庭に通じている / Mach die *Tür* von außen zu!《口語》出て行け(←ドアを外から閉めろ) / überall offene (verschlossene) *Türen*[4] finden《比》どこに行っても歓迎される(拒絶される) / offene *Türen*[4] ein|rennen《口語》一人相撲を取る(←開いているドアを突破する) / 人[3] die *Tür*[4] weisen《雅》人[3]に出て行けと命令する / 人[3] die *Tür*[4] vor der Nase zu|schlagen a) 人[3]の鼻先でドアを閉める, b)《比》人[3]をすげなく追い返す.

◇《前置詞とともに》**an** die *Tür*(または an der *Tür*)klopfen ドアをノックする / Sie wohnen *Tür* an *Tür*. 彼らは隣り合わせに住んでいる / **hinter** verschlossenen *Türen*《比》秘密裏に, 非公開で(←閉ざされたドアの後ろで) / ein Auto **mit** vier *Türen* フォードアの自動車 / mit der *Tür* ins Haus fallen《口語・比》(要求などを)出し抜けに持ち出す(←ドアごと家になだれ込む) / **von** *Tür* zu *Tür* gehen 一軒一軒回って行く / **vor** verschlossener *Tür* stehen《比》だれにも相手にされない(←閉ざされたドアの前に立っている) / Ostern steht vor der *Tür*. イースターが目前に迫っている / **vor** die *Tür* 外へ, 野外へ / 人[4] vor die *Tür* setzen《口語》a) 人[4]を外へ追い出す, b)《比》人[4]を首にする / **zwischen** *Tür* und Angel《口語・比》大急ぎで, そそくさと(←ドアとちょうつがいの間を).

....

⌘ ..*tür*のいろいろ: Auto*tür* 自動車のドア / Dreh*tür* 回転ドア / Flügel*tür* 両開きドア / Haus*tür*(建物の)玄関のドア / Pendel*tür* スイングドア / Schiebe*tür* 引き戸 / Wohnungs*tür*(住まいの)玄関のドア

....

Tür・an・gel [テューァ・アンゲる] 女 -/-n ドアのちょうつがい.

Tur・ban [トゥルバーン túrba:n] 男 -s/-e ① ターバン(イスラム・ヒンドゥー教徒の男子が頭に巻く布). ②(婦人用の)ターバン風の帽子.

Tur・bi・ne [トゥルビーネ turbí:nə] 女 -/-n《工》タービン. Dampf*turbine* 蒸気タービン.

tur・bu・lent [トゥルブれンツ turbulént] 形 ① 大荒れの, 騒々しい, 混乱した. ②《物・天・気象》(流体や大気が)乱れた. *turbulente* Strömungen 乱流, 乱気流.

Tur・bu・lenz [トゥルブれンツ turbulénts] 女 -/-en ①《複》なし》大荒れ, 混乱; 騒動. ②《物・天・気象》乱流, 乱気流.

Tür・fül・lung [テューァ・ふュるング] 女 -/-en ドアの羽目板, 鏡板.

Tur・gen・jew [トゥルゲニェふ turgénjɛf] -s/-《人名》ツルゲーネフ(Iwan *Turgenjew* 1818–1883; ロシアの作家).

Tür=griff [テューァ・グリふ] 男 -[e]s/-e ドアの取っ手(=Klinke).

Tür・ke [テュルケ týrkə] 男 -n/-n ① トルコ人. (⌘ 女性形は Türkin). ②《口語》偽造, まや

かし;《放送・隠語》でっちあげ, やらせ. einen *Türken* bauen うそを真実らしく見せかける.

die Tür・kei [テュルカイ tyrkái] 女 -/《定冠詞とともに》《国名》トルコ[共和国](首都はアンカラ). in der *Türkei* leben トルコで暮らす / in die *Türkei* reisen トルコへ旅行する.

Tür・kis [テュルキース tyrkí:s] I 男 -es/-e《鉱》トルコ石. II 中 -/ トルコ石の青, 青緑色.

tür・kisch [テュルキッシュ týrkɪʃ] 形 トルコ[人・語]の. die *türkische* Sprache トルコ語.

Tür=klin・ke [テューァ・クリンケ] 女 -/-n ドアの取っ手.

Tür=klop・fer [テューァ・クろプふァァ] 男 -s/- ノッカー(玄関扉に取り付けたノックのための金具).

der Turm [トゥルム túrm] 男 (単2) -[e]s/(複) Türme [テュルメ] (3 格のみ Türmen) ① 塔, タワー, やぐら.(英 tower). Fernseh*turm* テレビ塔 / der *Turm* der Kirche[2] 教会の尖塔(⌘) / einen *Turm* besteigen または **auf** einen *Turm* steigen 塔に上る / **in** einem elfenbeinernen *Turm* leben(または sitzen)《比》象牙(⌘)の塔に閉じこもっている.

② (昔の):(牢獄の)塔. ③ (高飛び込みの)飛込台. ④《チェスの》ルーク.

Tür・me [テュルメ] ✲Turm (塔)の 複

tür・men[1] [テュルメン týrmən] (türmte, hat ...getürmt) I 他《定下》haben) 積み上げる, 積み重ねる.(英 pile). Er türmte die Pakete **auf** den Tisch. 彼は小包を机の上に積み上げた.
II 再帰《定下》haben) *sich*[4] türmen ①(本・書類などが)積み上げられている. ②《雅》(山などが)そそり立っている.

tür・men[2] [テュルメン] 自 (s)《俗》ずらかる, 逃げる.

Tür・mer [テュルマァ týrmər] 男 -s/-《昔の:》塔の番人, 鐘楼守.

Turm=fal・ke [トゥルム・ふァるケ] 男 -n/-n《鳥》チョウゲンボウ(ハヤブサ属).

turm=hoch [トゥルム・ホーホ] 形 塔のように高い, そびえ立っている. 人[3] *turmhoch* überlegen sein《比》人[3]よりはるかに優れている.

Turm=spit・ze [トゥルム・シュピッツェ] 女 -/-n 塔の先端.

Turm=sprin・gen [トゥルム・シュプリンゲン] 中 -s/(水泳の)高飛び込み.

türm・te [テュルムテ] ✲türmen[1] (積み上げる)の 過去

Turm=uhr [トゥルム・ウーァ] 女 -/-en [時計] 塔の時計.

Turn=an・zug [トゥルン・アンツーク] 男 -[e]s/-..züge 体操服(着).

✲**tur・nen** [トゥルネン túrnən] (turnte, hat/ist ...geturnt) I 自《定下》haben または sein) ① (h)《⌘》《器械体操》する. Sie *turnen* **am** Reck(am Barren). 彼らは鉄棒(平行棒)をしている / auf der Matte *turnen* 床運動をする.
②(s)《方向を表す語句とともに》《口語》(…へ)敏捷(⌘)な身のこなしで進む. Die Kinder

Turnen 1388

turnten über die Betten. 子供たちはベッドの上をひょいひょいと跳び越えて行った. ③ 〚他〛《口語》(子供などが…と)跳び回る.
II 〚他〛《完了 haben》《スポ》(…の)体育の演技⁴を行う. eine Kür⁴ *turnen* 自由演技を行う.

Tur·nen [トゥルネン] 匣 -s/ 〔器械〕体操(= Geräte*turnen*);(授業としての)体育. Wir haben heute *Turnen*. きょうは体育の授業がある.

Tur·ner [トゥルナァ túrnər] 男 -s/- 体操をする人;〔器械〕体操選手.

Tur·ne·rin [トゥルネリン túrnərin] 囡 -/..rinnen (女性の)体操をする人;〔器械〕体操選手.

tur·ne·risch [トゥルネリッシュ túrnərɪʃ] 形 〔器械〕体操の;体育の.

Tur·ner·schaft [トゥルナァシャフト] 囡 -/-en 体操選手団,体操チーム.

Turn⚬fest [トゥルン・フェスト] 匣 -(e)s/-e 体育祭,体操大会.

Turn⚬ge·rät [トゥルン・ゲレート] 匣 -(e)s/-e 体操器具.

Turn⚬hal·le [トゥルン・ハレ] 囡 -/-n 体育館,屋内競技場.

Turn⚬hemd [トゥルン・ヘムト] 匣 -(e)s/-en 体操シャツ,ランニングシャツ.

Turn⚬ho·se [トゥルン・ホーゼ] 囡 -/-n 体操ズボン,トレーニングパンツ.

Tur·nier [トゥルニーァ turníːr] 匣 -s/-e ① 《スポ》(トーナメント方式の)競技大会. Tennis*turnier* テニスのトーナメント. ② (中世騎士の)馬上試合,武芸競技.

Turn⚬leh·rer [トゥルン・れーラァ] 男 -s/- 体育(体操)教師.(← 女性形は Turnlehrerin).

Turn⚬schuh [トゥルン・シュー] 男 -(e)s/-e 運動靴,スニーカー.

Turn·schuh⚬ge·ne·ra·ti·on [トゥルンシュー・ゲネラツィオーン] 囡 -/ スニーカー世代(スポーツをしない時にも運動靴をはくのがはやり出した1980年代の青少年たち).

Turn⚬stun·de [トゥルン・シュトゥンデ] 囡 -/-n 体育の時間.

turn·te [トゥルンテ] ‡turnen (体操をする)の 過去

Turn⚬un·ter·richt [トゥルン・ウンタリヒト] 男 -(e)s/-e 体育(体操)の授業.

Tur·nus [トゥルヌス túrnus] 男 -/..nusse ① (一定の)順番,輪番,交代のローテーション. im *Turnus* von drei Jahren 3年ごとの順番で. ② (反復される行為の)1回,ラウンド,各段階. ③ 《オーストリア》(交代制の)勤務当番.

Turn⚬ver·ein [トゥルン・フェアアイン] 男 -(e)s/-e 体操協会,体育クラブ(略:TV).

Tür⚬öff·ner [テューァ・エフナァ] 男 -s/- ドア自動解錠装置(室内でボタンを押すと建物の入口のドアロックが自動的に解除される).

Tür⚬rah·men [テューァ・ラーメン] 男 -s/- ドアの枠.

Tür⚬schild [テューァ・シルト] 匣 -(e)s/-er ドアの表札.

Tür⚬schlie·ßer [テューァ・シュリーサァ] 男 -s/- ① (オートマチックの)ドアチェック. ② ドアマン,ドア係.

Tür⚬schwel·le [テューァ・シュヴェれ] 囡 -/-n ドア(戸口)の敷居.

tur·teln [トゥルテるン túrtəln] 圊 (h) ① 《戯》いちゃいちゃする,いちゃつく. ② 《古》(鳩(はと)が)くーくー鳴る.

Tur·tel⚬tau·be [トゥルテる・タオベ] 囡 -/-n 《鳥》コキジバト(仲むつまじい男女の象徴).

Tusch [トゥッシュ túʃ] 男 -es (まれに -s)/-e (らっぱなどの)華やかな和音の吹奏;ファンファーレ.

Tu·sche [トゥッシェ túʃə] 囡 -/-n ① 墨,墨汁;製図用インク. ② 《方》水彩絵の具.

tu·scheln [トゥッシェるン túʃəln] I 圊 (h) ひそひそ話をする. II 他 (h) ささやく. 人³ 事⁴ ins Ohr *tuscheln* 人³に事⁴をささやく(耳打ちする).

tu·schen [トゥッシェン túʃən] 他 (h) 墨(製図用インク)で描く;《方》水彩で描く. sich³ die Wimpern⁴ *tuschen* まつ毛にマスカラをつける.

Tusch⚬far·be [トゥッシュ・ファルベ] 囡 -/-n 《方》水彩絵の具.

Tusch⚬kas·ten [トゥッシュ・カステン] 男 -s/..kästen 《方》絵の具箱.

Tusch⚬zeich·nung [トゥッシュ・ツァイヒヌング] 囡 -/-en ① 墨絵;ペン画. ② 《方》水彩画.

tust [トゥースト] ‡tun (する)の2人称単数 現在

tut [トゥート túːt] 間 ‡tun (する)の3人称単数・2人称複数 現在

tut! [トゥート] 《幼児》(クラクションの音などを子供がまねて)ぷー,ぶー.

Tu·te [トゥーテ túːtə] 囡 -/-n ① 《口語》警笛,号笛. ② 《方》= Tüte

*die ★ **Tü·te*** [テューテ týːtə] 囡 (単) -/(複) -n ① (ふつう円錐(えんすい)形の)紙袋;(買い物などを入れる)ビニール袋. eine *Tüte* [mit] Bonbons ボンボン一袋 / *Tüten*⁴ kleben 《口語》刑務所に入っている(←袋貼りをしている) / Das kommt nicht in die *Tüte*! 《口語》それは問題にならない,とんでもない. ② (アイスクリームの)コーン(カップ)(= Eis*tüte*). ③ 《隠語》(ドライバーの酒量を調べる)アルコール検出用袋. ④ 《俗》ろくでなし,くだらないやつ.

tu·ten [トゥーテン túːtən] 圊 (h) (船・自動車などが)ぽーぽー(ぶーぶー)警笛を鳴らす;(警笛などが)ぽーぽー(ぶーぶー)と鳴る. Der Dampfer *tutet*. 汽船が警笛を鳴らす.

Tu·ten [トゥーテン] 匣 《成句的に》Er hat von *Tuten* und Blasen keine Ahnung. 《口語》彼は何もわかっちゃいない.

Tu·tor [トゥートァ túːtɔr] 男 -s/-en [トゥトーレン] ① 《教》 チューター(下級生などのための助言者). ② 《史》(ローマ法で)後見人.

tut·ti [トゥッティ tútti] 《音》 副 《音楽》トゥッティで,総奏で.

Tut·ti⚬frut·ti [トゥッティ・フルティ] 《音》 匣 -(s)/-(s) 《料理》トゥッティフルッティ(いろいろな果物を刻んで砂糖漬けにしたもの).

TÜV [テュふ týf] 男 -/ 《略》技術監査協会(ドイツで車検などを行う機関)(= Technischer Überwachungsverein).

TV《略》① [テー・ファオ] テレビ(＝Television). ② [テー・ファオ または トゥルン・フェアアイン] 体操協会 (＝Turnverein). ③ [テクスト・フェアアルバイトゥング] テクスト処理(＝Textverarbeitung).

Tweed [トヴィート tví:t][英] 男 -s/-e (または -s)《織》ツイード.

Twen [トヴェン tvén] 男 -[s]/-s 20代の若者 (特に男性).

Twist [トヴィスト tvíst] **I** 男 -es/-e《織》より糸. **II** -s/-s ① ツイスト(4/4拍子のダンス). ② (テニスの)カーブ, 球のひねり; (体操の)ひねり.

Ty·che [テューヒェ tý:çə] **I** -/《ギラ神》テュケ (幸運の女神. ローマ神話のフォルトゥーナに当たる). **II** -/(神の)摂理, 運命.

* *der* **Typ** [テープ tý:p] 男 (単2) -s/(複) -en ① (物・人などの)型, 種類, タイプ. (英 type). eine Partei neuen *Typs* 新しいタイプの政党 / Fehler dieses *Typs* この種の誤り / Sie ist genau mein *Typ*.《口語》彼女はまさにぼくの好みのタイプだ. ②《(単2) -en も》《口語》(若い)男. ein dufter *Typ* すてきなやつ. ③《複 なし》《哲》類型. ④《工》(自動車などの)型, 型式, タイプ. zehn Autos verschiedenen *Typs* 異なった型の10台の自動車 / eine Maschine vom *Typ* Boeing 747 ボーイング747型の飛行機.

Ty·pe [テューペ tý:pə] 女 -/-n ①《印》活字; (タイプライターの)活字. ②《ﾄﾞｲﾂ》(自動車などの)型, タイプ. ③ ティーペ(穀物をひく時の細かさの度合い). ④《口語》変人, 奇人.

Ty·pen [テューペン] ＊Typ (型), Type (活字), Typus (種類)の 複

Ty·pen╱druck [テューペン・ドルック] 男 -[e]s/-e《印》①《複 なし》活字印刷[術]. ② 活字印刷物.

Ty·phus [テューフス tý:fʊs] 男 -/《医》チフス.

***ty·pisch** [テューピッシュ tý:pɪʃ] 形 ① 典型的な. (英 *typical*). ein *typischer* Wiener 典型的なウィーンっ子 / ein *typisches* Beispiel 典型的な例. ②(…に)特徴的な, いかにも…らしい. Dieses Verhalten ist *typisch* für ihn. このふるまいはいかにも彼らしい / Das ist wieder einmal *typisch* Fritz! またまたいかにもフリッツらしいやり方だ. ③《古》模範的な.

ty·pi·sie·ren [テュピズィーレン typizí:rən] 他 (h) ①《人•物》[4]を類別する; 類型化する. ②《ﾄﾞｲﾂ》《物》[4]を規格化する.

Ty·po·gra·fie [テュポグラふィー typografí:] 女 -/-n [..ふィーエン]《印》①《複 なし》活版印刷術. ② タイポグラフィー, 印刷の体裁.

ty·po·gra·fisch [テュポグラーふィッシュ typográ:fɪʃ] 形《印》活版印刷[術]の.

Ty·po·gra·phie [テュポグラフィー typografí:] 女 -/-n [..ふィーエン]＝Typografie

ty·po·gra·phisch [テュポグラーふィッシュ typográ:fɪʃ] 形 ＝typografisch

Ty·po·lo·gie [テュポロギー typologí:] 女 -/-n [..ギーエン] ①《複 なし》類型学. ② 類型の体系. ③ 典型的な特性.

Ty·pus [テュープス tý:pʊs] 男 -/Typen ① 種類, 型, タイプ. ②《哲》原型; 基本形. ③《文学・美》類型(典型)的人物.

* *der* **Ty·rann** [テュラン tyrán] 男 (単2·3·4) -en/(複) -en (英 *tyrant*) ① 専制君主; (古代ギリシアの)僭主(ﾌﾞﾝ). (⇔ 女性形は Tyrannin). ② 暴君. Ihr Mann ist ein *Tyrann*. 彼女の夫は暴君だ.

Ty·ran·nei [テュラナイ tyranái] 女 -/-en《ふつう単》専制政治, 圧制; 暴虐行為.

***ty·ran·nisch** [テュラニッシュ tyránɪʃ] 形 専制的な; 暴君のような, 横暴な. (英 *tyrannical*). eine *tyrannische* Regierung 専制政治.

ty·ran·ni·sie·ren [テュラニズィーレン tyranizí:rən] 他 (h) ① (国など[4]を)独裁的に支配する. ②《人》[4]に横暴なふるまいをする. Das Kind *tyrannisierte* die ganze Familie. その子は家族全員をさんざん困らせた.

Tz [テー・ツェット té:-tsɛt または テ・ツェット] 中 ＝Tezett

U u

u, U[1] [ウー ú:] 中 -/- ウー(ドイツ語アルファベットの第21字).
U[2] [ウー]《略》《化・記号》ウラン(=Uran).
ü, Ü [ユー ý:] 中 -/- u, Uの変音(ウー・ウムラウト).
u. [ウント]《略》そして,…と(=und).
u. a.《略》① [ウント アンデレ または ウント アンデレス] 等々, その他(=und andere, und anderes). ② [ウンタァ アンデレム または ウンタァ アンデレン] なかでも, とりわけ(=unter anderem または unter anderen).
u. ä. ☞ 新形 u. Ä.
u. Ä. [ウント エーンリッヒェス または ウント エーンリッヒェ]《略》そのほかこれに類するもの, 等々(=und Ähnliches または und Ähnliche).
u. a. m. [ウント アンデレス メーァ または ウント アンデレ メーァ]《略》そのほか, 等々(=und anderes mehr または und andere mehr).

*die **U-Bahn** [ウーバーン ú:ba:n] 女 (単) -/(複) -en 地下鉄(=Untergrundbahn). (英 subway). Wir fahren mit der U-Bahn. 私たちは地下鉄で行きます.
U-Bahn-hof [ウーバーンホーふ] 男 -[e]s/..höfe 地下鉄の駅.
U-Bahn-Sta·ti·on [ウーバーン・シュタツィオーン] 女 -/-en 地下鉄の駅.

U-Bahn

*ü·bel [ユーべる ý:bəl] 形 (比較) übler, (最上) übelst; 格変化語尾がつくときは übl-)《雅》①(感覚的に)いやな, 不快な. (英 bad). ein übler Geruch いやなにおい. ◊{nicht übel の形で}《口語》悪くない, なかなかいい. Nicht übel! なかなかいいぞ / Der Gedanke ist nicht übel. その考えは悪くない / Der Wein schmeckt nicht übel. そのワインはけっこういける / Ich hätte nicht übel Lust, die Sache hinzuwerfen.【接2・現在】できることならこの件をほうり出したいくらいだ. ②(状況などが)悪い, まずい. eine üble Situation まずい状況 / ein übles Ende 困った結果 / Es steht mit ihm (または um ihn) übel. 彼は困った状況にある. ③不機嫌な; 気分が悪い. Sie hat üble Laune. 彼女は機嫌が悪い / Mir wird mir übel. 私は気分が悪い / Beim Autofahren wird mir immer übel. 自動車に乗ると私はいつも気分が悪くなる.(☞ 類語 schlecht). ④(道徳的に)悪い, よくな

い; ひどい. ein übler Bursche 不良少年 / einen üblen Ruf haben 評判が悪い / 人[3]に übel mit|spielen 人[3]にひどい仕打ちをする.

(新形)

übel ge·launt 不機嫌な.
übel ge·sinnt 悪意をいだいた, 意地悪な.
übel neh·men (人[3]の 事[4]を)悪くとる, (人[3]の 事[4]で)気を悪くする. Nehmen Sie es mir nicht übel! そのことで気を悪くなさらないでください.
übel rie·chend 悪臭を放つ, いやなにおいのする.
übel wol·len (人[3]に)悪意をいだく.

*das **Ü·bel** [ユーべる ý:bəl] 中 (単2) -s/(複) -(3格のみ -n) ① 害悪, 悪; 災い(英 evil). ein notwendiges Übel 必要悪 / ein Übel[4] beseitigen 害悪を排除する / der Grund allen Übels 諸悪の根源 / das Übel[4] mit der Wurzel aus|rotten 災いの根を絶つ. ②《雅》病気. ein unheilbares Übel 不治の病.

übel≈ge·launt 形 (新形) übel gelaunt) ☞ übel
übel≈ge·sinnt 形 (新形) übel gesinnt) ☞ übel
Ü·bel·keit [ユーべるカイト] 女 -/-en ①【複なし】不快感, むかつき. ② 気分が悪い状態.
ü·bel≈lau·nig [ユーべる・らォニヒ] 形 不機嫌な.
übel|neh·men* 他 (h) (新形) übel nehmen) ☞ übel
ü·bel≈neh·me·risch [ユーべる・ネーメリッシュ] 形 すぐ気を悪くする, 怒りっぽい.
übel≈rie·chend 形 (新形) übel riechend) ☞ übel
Ü·bel·stand [ユーべる・シュタント] 男 -[e]s/..stände 不都合, 障害, 弊害. einem Übelstand ab|helfen 弊害を取り除く.
Ü·bel·tat [ユーべる・タート] 女 -/-en《雅》悪行; 犯罪.
Ü·bel·tä·ter [ユーべる・テータァ] 男 -s/- 悪人, 悪事を働く者; 犯罪者.
übel|wol·len* 自 (h) (新形) übel wollen) ☞ übel

*ü·ben [ユーベン ý:bən]

| 練習する | Wir üben täglich.
ヴィァ ユーベン テークリヒ
私たちは毎日練習します. |

(übte, hat...geübt) I 自 (完了) haben) 練習する, けいこする. (英 practice). am Reck üben 鉄棒の練習をする / Sie übt auf der Geige.

彼女はヴァイオリンの練習をする.
II 他(完了 haben) ① 【4格を】練習する, けいこする. Geige⁴ üben ヴァイオリンの練習をする/ das Schreiben⁴ üben 字の書き方を練習する.
② 鍛える, 鍛練する. die Muskeln⁴ üben 筋肉を鍛える.
③ 【特定の名詞を目的語として】《雅》行う, …する; 示す. Geduld⁴ üben 我慢する / Verrat⁴ üben 裏切る / **an** 人・事³ Kritik⁴ üben 人・事³ を批判する / Gnade⁴ üben 慈悲を施す.
III 再帰(完了 haben) 〖*sich*⁴ **in** 事³ ~〗 〖事³ の練習をする〗. Die Kinder übten sich im Schwimmen. 子供たちは水泳の練習をする.
◇☞ geübt

***ü·ber** [ユーバァ ý:bər] **I** 前〖3格・4格とともに〗(口語では定冠詞と融合しübers (←über das) のようになることがある) ①《空間的に》 ⑦《どこに》〖3格と〗…の上の方に, …の上方に. (英 over), (⇔ …の下に》 unter). Die Lampe hängt über dem Tisch. 電灯がテーブルの上にぶら下がっている (☞ 図) / Er wohnt über uns. 彼はうちの上の階に住んでいる / 1 000 m über dem Meer 海抜 1,000 メートル. ⑦《どこへ》〖4格と〗…の上の方へ, …の上方へ. Hans hängt die Lampe über den Tisch. ハンスは電灯をテーブルの上につり下げる (☞ 図) / Der Mond steigt über die Bäume. 月が木々の上へ昇る.

②⑦〖3格と〗…を覆って, …の上に. Über dem Tisch liegt eine schöne Decke. テーブルには美しいテーブルクロスが掛けられている / Sie trägt über der Bluse einen Pullover. 彼女はブラウスの上からセーターを着ている. ⑦〖4格と〗…を覆って, …の上に. eine Decke⁴ über den Tisch legen テーブルにテーブルクロスを掛ける / einen Pullover über die Bluse ziehen ブラウスの上にセーターを着る / Tränen liefen ihr über die Wangen. 涙が彼女の頬(ほお)を伝って流れた.

③⑦〖3格と〗…の向こう側に. Sie wohnen über der Straße. 彼らは通りの向こう側に住んでいる / über den Bergen 山の向こう側に. ⑦〖4格と〗…の向こう側へ, …を越えて. über die Straße gehen 通りを渡る / ein Flug über die Alpen アルプス越えの飛行.

④《上位・優位・支配》⑦〖3格と〗…以上に, …より上位に. über dem Durchschnitt liegen 平均以上である / Er steht über dem Abteilungsleiter. 彼は部長より上の地位にある. ⑦〖4格と〗…を越えて, …以上. Kinder über 14 Jahre 14 歳以上の子供 / Das

geht *über* meine Kraft. それは私の能力を越えている / Musik geht ihm *über* alles. 音楽は彼にとって何物にも代えがたい. ⑦〖4格と〗…を支配して. Macht⁴ *über* 人・物⁴ haben 人・物⁴ を支配している / *über* 人・物⁴ verfügen 人・物⁴ を意のままにする.

⑤《時間的に》⑦〖4格と〗…を過ぎて. Es ist eine Stunde *über* die Zeit. 定刻を1時間過ぎている / heute *über* acht Tage 1 週間後のきょう. ⑦〖4格と〗…の間, …にかけて. Wir fahren *über* das Wochenende in die Berge. 私たちはこの週末に山へ行く / *über* Ostern 復活祭の間. ⑦〖3格と〗…している間に. *über* der Arbeit ein|schlafen 仕事をしているうちに眠り込む.

⑥《経由・仲介》〖4格と〗…を通って; …を通じて. Ich fahre *über* München nach Rom. 私はミュンヘン経由でローマに行く / Er bekam die Anschrift *über* einen Freund. 彼はその住所をある友人を通じて手に入れた.

⑦《原因》〖3格と〗…のせいで. Die Kinder sind *über* dem Lärm aufgewacht. 〖現在完了〗子供たちは騒音で目が覚めてしまった / *über* der Arbeit das Essen⁴ vergessen 仕事にかまけて食事を忘れる.

⑧《テーマ》〖4格と〗…について, …に関して. ein Buch *über* moderne Kunst 現代芸術に関する本 / *über* 事⁴ sprechen 事⁴ について話す / Ich arbeite *über* die Literatur der Romantik. 私はロマン派文学について研究している.

⑨《感情の原因》〖4格と〗…のことで. Ich bin sehr froh *über* das Ergebnis. 私はその結果をとてもうれしく思う / sich⁴ *über* 事⁴ freuen (ärgern) 事⁴ を喜ぶ(事⁴ に腹を立てる).

⑩《金額》〖4格と〗…と等価の. ein Scheck *über* 300 DM 300 マルクの小切手.

⑪《同じ名詞にはさまれて》 Er macht Fehler *über* Fehler. 彼は次から次へとミスをする / Schulden *über* Schulden 借金に次ぐ借金.

II 副 ①《数量を表す語句とともに》…以上[の]. Städte von 100 000 Einwohnern 人口10万以上の都市 / Er ist *über* 30 Jahre alt. 彼は30歳を越えている / seit *über* einem Jahr 1年以上前から.

②《期間を表す語句のあとに置いて》…の間ずっと. den ganzen Tag *über* 1日中 / die ganze Nacht *über* 一晩中. ③ 上方へ. Das Gewehr *über*! (軍) 担え銃(つつ)!/ Segel *über*! 帆を上げよ. ④《成句的に》*über* und *über* 完全に, すっかり.

III 形《述語としてのみ》《口語》① 残った, 余った. Zehn Mark sind noch *über*. まだ10マルク余っている.

② (人⁴ よりも)優れている. Er ist mir im Rechnen *über*. 彼は私よりも計算が得意である. ③ 飽き飽きしている. Das ist mir jetzt *über*. 私はこれにはもううんざりだ.

ü·ber.. [ユーバァ.. ý:bər.. または ユーバァ..] **I** 〖分離動詞の 前つづり; つねにアクセントをもつ〗①

über.., Über..

《上部へ・被覆》例: *über*|ziehen 着せる. ② 《向こうへ》例: *über*|setzen (向こう岸に)渡す. ③ 《充満》例: *über*|laufen あふれる. ④ 《過度》例: *über*arbeiten 超過勤務をする. II 《非分離動詞の 前つづり; アクセントをもたない》 ① 《転移》例: *über*setzen 翻訳する. ② 《過度》例: *über*fordern 過大な要求をする. ③ 《優勢・凌駕》例: *über*treffen しのぐ. ④ 《圧倒》例: *über*fallen 襲う. ⑤ 《看過》例: *über*hören 聞き漏らす. ⑥ 《違反》例: *über*treten 違反する. ⑦ 《委任》例: *über*lassen 任せる. ⑧ 《概観》例: *über*blicken 見ده。す.

ü·ber.., Ü·ber.. [ユーバァ・ý:bər..] 《形容詞・名詞につける 接頭》《過度・超過》例: *über*groß 巨大な / *Über*gewicht 重量超過.

*ü·ber≠all [ユーバァ・アる y:bər-ál] または ユーバァ・アる] 副 (英 *everywhere*) いたるところで(に); 《比》あらゆる領域(機会)に. *Überall* habe ich dich gesucht. 君をあちこち捜したんだよ / von *überall* いたるところから / Er ist *überall* beliebt. 彼はだれからも好かれている / Er weiß *überall* Bescheid. 彼はなんでも知っている / Sie will *überall* dabei sein. 彼女は何にでも首を出したがる.

ü·ber·all·her [ユーバァるヘーァ] 副 《成句的に》von *überallher* 四方八方(いたるところ)から.

ü·ber·all·hin [ユーバァるヒン] 副 四方八方(いたるところ)へ.

ü·ber≠al·tert [ユーバァ・アるタァト] 形 ① 老人の多い, 高齢化した(社会・集団など). ② 《話》あまりにも時代遅れになった.

Ü·ber·al·te·rung [ユーバァ・アるテルング] 女 -/-en 《ふつう 単》高齢化; 老朽化.

Ü·ber·an·ge·bot [ユーバァ・アンゲボート] 中 -[e]s/-e 供給過剰, 超過供給.

ü·ber·ängst·lich [ユーバァ・エングストりヒ] 形 心配しすぎる, 気の小さい.

ü·ber·an·stren·gen [ユーバァ・アンシュトレンゲン y:bər-ánʃtrɛŋən] (過分 überanstrengt) 他 (h) (人・物⁴に)過度な負担をかける, 酷使する. ◇《再帰的に》sich⁴ *überanstrengen* 過労になる, 無理をしすぎる.

Ü·ber·an·stren·gung [ユーバァ・アンシュトレングング] 女 -/-en ① 過労. ② 酷使.

ü·ber·ant·wor·ten [ユーバァ・アントヴォァテン y:bər-ántvɔrtən] 他 (h) 《雅》① (A⁴ を B³ の)保護(世話)にゆだねる. den Großeltern *überantworten* 子供の世話を祖父母にゆだねる. ② (犯人など⁴を司直など³に)引き渡す.

ü·ber·ar·bei·ten¹ [ユーバァ・アルバイテン ý:bər-àrbaıtən] 《分離》自 (h) 《口語》超過勤務をする, 時間外労働をする. Er *hat* zwei Stunden *übergearbeitet*. 彼は2時間の超過勤務をした.

ü·ber·ar·bei·ten² [ユーバァ・アルバイテン] 《非分離》I 他 (h) (原稿など⁴に)手を入れる, 加筆する, (本など⁴を)改訂する. ein Manuskript⁴ *überarbeiten* 原稿に手を加える. ◇《過去分詞の形で》 eine *überarbeitete* Auflage 改訂版. II 再帰 (h) sich⁴ *überarbeiten* 働き過ぎる, 過労になる.

Ü·ber·ar·bei·tung [ユーバァ・アルバイトゥング] 女 -/-en ① 《ふつう 単》加筆, 推敲(すぃこぅ), 改訂. ② 《複 なし》《話》過労.

ü·ber·aus [ユーバァ・アオス] 副 《雅》きわめて, 非常に.

ü·ber·ba·cken⁽*⁾ [ユーバァ・バッケン y:bərbákən] 他 (h) 《料理》(できた料理⁴をオーブンで)軽く焦げ目がつく程度に焼く.

Ü·ber·bau [ユーバァ・バオ] 男 -[e]s/-e (または -ten) ① 《複 -e》(マルクス主義で)上部構造. ② 《ふつう 単》《法》境界を越えた建築[物]. ③ 《建》(支柱の付いていない)上部構造; 階上の出っ張り(バルコニー・ひさしなど).

ü·ber|bau·en¹ [ユーバァ・バオエン ý:bər-bàuən] 《分離》自 (h) (地所の)境界を越えて建物を建てる.

ü·ber·bau·en² [ユーバァ・バオエン] 《非分離》他 (h) (物⁴の)上に屋根(ひさし)をつける; (物⁴の)上部に増築する.

Ü·ber·bein [ユーバァ・バイン] 中 -[e]s/-e 《医》外骨症(腫(しゅ)), 骨瘤(こっりゅう).

ü·ber|be·kom·men [ユーバァ・ベコンメン ý:bər-bəkɔ̀mən] 他 (h) 《口語》(事⁴に)うんざりする, 飽き飽きする.

ü·ber·be·las·ten [ユーバァ・ベらステン y:bərbəlastən] (過分 überbelastet) 《⁽※⁾ zu 不定詞は überzubelasten》他 (h) ① (車・船などに)荷を積みすぎる. ② (人⁴に)過大の負担をかける.

Ü·ber·be·las·tung [ユーバァ・ベらストゥング] 女 -/-en ① 荷重超過. ② 負担過重.

ü·ber·be·legt [ユーバァ・ベれークト] 形 定員(収容人数)オーバーの(病院・ホテルなど).

ü·ber·be·lich·ten [ユーバァ・ベりヒテン ý:bər-bəlıçtən] (過分 überbelichtet) 《⁽※⁾ zu 不定詞は überzubelichten》他 (h) 《写》(フィルム⁴を)露出しすぎる.

Ü·ber·be·lich·tung [ユーバァ・ベりヒトゥング] 女 -/-en 《写》露出オーバー.

Ü·ber·be·schäf·ti·gung [ユーバァ・ベシェふティグング] 女 -/-en 《ふつう 単》《経》超完全雇用.

ü·ber·be·to·nen [ユーバァ・ベトーネン ý:bərbato:nən] (過分 überbetont) 《⁽※⁾ zu 不定詞は überzubetonen》他 (h) 強調しすぎる.

ü·ber·be·völ·kert [ユーバァ・ベふぇるケァト] 形 人口過剰(過密)の.

Ü·ber·be·völ·ke·rung [ユーバァ・ベふぇるケルング] 女 -/ 人口過剰(過密).

ü·ber·be·wer·ten [ユーバァ・ベヴェーァテン ý:bər-bəve:rtən] (過分 überbewertet) 《⁽※⁾ zu 不定詞は überzubewerten》他 (h) (事⁴を)過大評価する.

Ü·ber·be·wer·tung [ユーバァ・ベヴェーァトゥング] 女 -/-en 過大評価.

ü·ber·bie·ten⁽*⁾ [ユーバァ・ビーテン y:bər-bí:tən] 他 (h) ① (競売などで人⁴よりも)高値で

ける. ② 〖人・事〗を上回る, しのぐ. 〖人〗⁴ **an** 〖事〗³ *überbieten* 〖人〗⁴を〖事〗³の点で上回る. ◇〖相互的に〗 *sich*⁴ *überbieten* 互いに張り合う ⇨ *sich*⁴ in Lobeshymnen *überbieten* 互いにお世辞を言い合う.

ü·ber|blei·ben* [ユーバァ・ブらイベン ýːbɐrblaɪbən] 自 (s) 《口語》残っている, 余っている.

Ü·ber·bleib·sel [ユーバァ・ブらイプせる] 中 -s/- 《口語》残り[物], 余り; 遺物.

ü·ber·blen·den [ユーバァ・ブれンデン yːbɐrbléndən] 他 (h) 〖映・放送〗(音声・映像など⁴を)フェード・オーバーする(音声・映像などをオーバーラップさせながら別の場面に切り換える).

Ü·ber·blen·dung [ユーバァ・ブれンドゥング] 女 -/-en 〖映・放送〗フェード・オーバー.

*der **Ü·ber‖blick** [ユーバァ・ブリック ýːbɐrblɪk] 男 (単2) -[e]s/(複) -e (3格のみ -en) ① **見晴らし, 展望**. (英 view). Von hier hat man einen guten *Überblick* über die Stadt. ここからは町がよく見渡せる. ② (覆 なし)(全体を)見通す力, 洞察力. Ihm fehlt der *Überblick*. 彼には大局を見る目がない. ③ 概観, 概要. ein *Überblick* über die deutsche Literatur ドイツ文学の概要.

ü·ber·bli·cken [ユーバァ・ブリッケン yːbɐrblíkən] 他 (h) ① 見渡す, 見晴らす. ② (状況など⁴を)概観する, 見通す. die Lage⁴ *überblicken* 形勢を展望する.

ü·ber·brin·gen* [ユーバァ・ブリンゲン yːbɐrbríŋən] 他 (h) 《雅》(仲介者として〖物〗⁴を)届ける; 伝える. 〖人〗³ eine Nachricht⁴ *überbringen* 〖人〗³に知らせをもたらす / Glückwünsche⁴ **von** 〖人〗³ *überbringen* 〖人〗³からのお祝いの言葉を伝える.

Ü·ber·brin·ger [ユーバァ・ブリンガァ] 男 -s/- 持参人; 伝達者. (◁ 女性形は Überbringerin).

ü·ber·brü·cken [ユーバァ・ブリュッケン yːbɐrbrýkən] 他 (h) ① (待ち時間など⁴を)つぶす. die Wartezeit⁴ mit Lesen *überbrücken* 待ち時間を本を読んでつぶす. ② (困難⁴を)切り抜ける, (苦しい時期⁴を)しのぐ, (対立など⁴を)調停する. die finanzielle Notlage⁴ *überbrücken* 金銭的な苦境を切り抜ける. ③ (鉄)(川など⁴に)橋を架ける.

Ü·ber·brü·ckung [ユーバァ・ブリュックング] 女 -/-en ① 待ち時間などをつぶすこと. ② (困難の)克服; (不和の)調停. ③ 架橋.

ü·ber·bür·den [ユーバァ・ビュルデン yːbɐrbýrdən] 他 (h) 〖〖人〗⁴ **mit** 〖事〗³ ～〗《雅》(〖人〗⁴に〖事〗³で)過重の負担を負わせる(課す).

ü·ber·da·chen [ユーバァ・ダッヘン yːbɐrdáxən] 他 (h) (物⁴に)屋根を付ける.

ü·ber·dau·ern [ユーバァ・ダオァァン yːbɐrdáuərn] 他 (h) (事⁴を)越えて生き残る, 無事に切り抜ける. Der Bau *hat* mehrere Kriege *überdauert*. この建物は幾多の戦争に耐えて残った.

ü·ber·de·cken [ユーバァ・デッケン yːbɐr- dékən] 他 (h) ① (物⁴を)覆う. Eine Eisschicht *überdeckt* den See. 氷が湖面を覆っている. ② (物⁴を)[覆い]隠す.

ü·ber·den·ken* [ユーバァ・デンケン yːbɐrdéŋkən] 他 (h) 熟考する, 熟慮する.

ü·ber⹀deut·lich [ユーバァ・ドイトりヒ] 形 きわめて明白な.

ü·ber⹀dies [ユーバァ・ディース] 副 ① その上, さらに. ② いずれにしろ, どっちみち.

ü·ber·di·men·si·o·nal [ユーバァ・ディメンズィオナーる] 形 並はずれて大きな, 巨大な.

Ü·ber⹀do·sis [ユーバァ・ドーズィス] 女 -/..dosen (薬の)服用(投与)量過多, 過量.

ü·ber·dre·hen [ユーバァ・ドレーエン yːbɐrdréːən] 他 (h) ① (時計のねじなど⁴を)巻きすぎる, 巻きすぎて壊す. ② (自動車のエンジンなどの)回転数を上げすぎる. ③ 《映》(映画⁴を)高速度で撮影する.

ü·ber·dreht [ユーバァ・ドレート] I überdrehen (巻きすぎる)の 過分 II 形 《口語》(過労・緊張などのために異常に神経が高ぶった.

Ü·ber⹀druck [ユーバァ・ドルック] I 男 -[e]s/..drücke 〖物〗 超過圧; 過剰圧力. II 男 -[e]s/-e 〖印〗(切手の額面や文字訂正・加筆の)加刷.

Ü·ber⹀druck·ka·bi·ne [ユーバァドルック・カビーネ] 女 -/-n 〖空〗加圧(与圧)室.

Ü·ber⹀druss [ユーバァ・ドルス] 男 -es/ うんざりすること. der *Überdruss* **am** Leben 厭世(えんせい) / 〖物〗⁴ **als** *Überdruss* tun 〖事〗⁴をいやいやながらする / **bis zum** *Überdruss* いやになるほど.

Über⹀druß ☞ 新旧 Überdruss

ü·ber⹀drüs·sig [ユーバァ・ドリュスィヒ] 形 《成句的に》〖人・事〗² *überdrüssig* sein (werden) 〖人・事〗²に飽き飽きしている(する). Ich bin der dauernden Diskussionen *überdrüssig*. 私は討論が長々と続くのにうんざりしている.

ü·ber·durch·schnitt·lich [ユーバァ・ドゥルヒシュニットりヒ] 形 平均以上の, 水準以上の.

ü·ber⹀eck [ユーバァ・エック] 副 (部屋の隅に)斜めに, はすに.

Ü·ber·ei·fer [ユーバァ・アイファァ] 男 -s/ 過度の熱心さ(熱中).

ü·ber⹀eif·rig [ユーバァ・アイフリヒ] 形 過度に熱心な, 熱中しすぎる.

ü·ber·eig·nen [ユーバァ・アイグネン yːbɐráɪgnən] 他 (h) (〖人〗³に財産・地所など⁴を)譲渡する.

Ü·ber·eig·nung [ユーバァ・アイグヌング] 女 -/-en (財産などの)譲渡, 移譲.

ü·ber·ei·len [ユーバァ・アイれン yːbɐr-áɪlən] I 他 (h) (よく考えずに〖事〗⁴を)あわててする, 大急ぎでする. II 再帰 〖*sich*⁴ **mit** 〖事〗³ ～〗(〖事〗³を)急ぎすぎる, (〖事〗³を)あわててする.

ü·ber·eilt [ユーバァ・アイるト] I übereilen (あわててする)の 過分 II 形 (よく考えず)急ぎすぎた, 性急な. eine *übereilte* Heirat 早まった結婚.

Ü·ber·ei·lung [ユーバァ・アイるング] 女 -/-en 〖ふつう 単〗急ぎすぎ, 性急. Nur keine *Übereilung*! あわてないで, 慎重に.

ü・ber=ei・nan・der [ユーバァ・アイナンダァ] 副 ① 重なり合って, 上下に. ② お互いに関して. *übereinander* sprechen お互いのことを話す.

ü・ber・ei・nan・der le・gen (物⁴を)重ねて置く, 積み重ねる.

ü・ber・ei・nan・der schla・gen (物⁴を)重ね合わせる;(腕・足⁴を)組む.

über・ein・an・der|le・gen 他 (h) (新形 übereinander legen) ☞ übereinander

über・ein・an・der|schla・gen* 他 (h) (新形 übereinander schlagen) ☞ übereinander

ü・ber・ein・ge・stimmt [ユーバァアイン・ゲシュティムト] *überein|stimmen (意見が一致する)の過分

ü・ber・ein|kom・men* [ユーバァアイン・コンメン y:bəráin-kɔ̀mən] 自 (s) 〖成句的に〗〖mit 人³〗 *übereinkommen*, **zu** 不定詞[句] 〖雅〗…することで[人³と]意見が一致する. Ich *bin* mit ihm *übereingekommen*, den Vertrag abzuschließen. 〖現在完了〗私は契約を結ぶことで彼と同意した.

Ü・ber・ein|kom・men [ユーバァアイン・コンメン] 中 -s/- (意見の)一致, 合意; 協定, とり決め. ein stillschweigendes *Übereinkommen* 暗黙の合意 / **mit** 人³ ein *Übereinkommen*⁴ treffen 人³と協定を結ぶ.

Ü・ber・ein|kunft [ユーバァアイン・クンフト] 女 -/..künfte ⇒ Übereinkommen

*****ü・ber・ein|stim・men** [ユーバァアイン・シュティンメン y:bəráin-ʃtìmən] (stimmte… überein, hat…übereingestimmt) 自 (定了 haben) (〖**mit** 人³〗 **in** 事³ ～) (事³に関して[人³と])意見が一致する, 同意見である. (英 agree). In diesem Punkt *stimme* ich mit ihm *überein*. この点に関して私は彼と同意見である. ② (言動などが)一致する, 合致する. Ihre Aussagen *stimmen* nicht *überein*. 彼らの証言は食い違っている. ③〖**mit** 物³ ～〗(物³と)調和している, 合っている. Der Teppich *stimmt* **in** der Farbe mit den Gardinen *überein*. このじゅうたんは色がカーテンと調和している.

ü・ber・ein・stim・mend [ユーバァアイン・シュティメント] I *überein|stimmen (意見が一致する)の 現分 II 形 一致した, 同意見の. *übereinstimmende* Ansichten 一致した見解.

*****die Ü・ber・ein=stim・mung** [ユーバァアイン=シュティムング] 女 (単) -/(複) -en **一致**, 合意; 調和. (英 agreement). die *Übereinstimmung* von Idee und Wirklichkeit 理念と現実の一致 / zwei Dinge⁴ in *Übereinstimmung* bringen 二つのことを一致(調和)させる / in *Übereinstimmung* **mit** 人³ 人³と合意の上で.

ü・ber=emp・find・lich [ユーバァ・エンプフィント

リヒト] 形 ① 過敏な, ひどく敏感な. ②〖医〗過敏性(症)の, アレルギー性の.

Ü・ber=emp・find・lich・keit [ユーバァ・エンプフィントリヒカイト] 女 -/ ① 〖神経〗過敏. ②〖医〗過敏性(症)[症患].

ü・ber|es・sen¹* [ユーバァ・エッセン ý:bər-èsən] 〖分離〗再帰 (h) *sich* 物⁴ *überessen* 物⁴を食べ飽きる.

ü・ber・es・sen²* [ユーバァ・エッセン] 〖非分離〗再帰 (h) 〖*sich*⁴ 〖**an** 物³〗～〗(〖物³を〗食べすぎる.

*****ü・ber・fah・ren**¹* [ユーバァ・ファーレン y:bərfà:rən] 〖非分離〗du überfährst, er überfährt (überfuhr, *hat*…überfahren) 他 (定了 haben) ① (乗り物で)ひく. (英 run over). Er *hat* einen Hund *überfahren*. 彼は犬をひいた. ② (運転中に標識など⁴を)見落として走る. ein Signal⁴ *überfahren* 信号を見落として走る. ③ (乗り物が交差点など⁴を)さっと走り過ぎる. ④ 〖口語〗(人⁴を)言いくるめる. ⑤ 〖スポ〗(相手⁴に)圧勝する.

ü・ber|fah・ren²* [ユーバァ・ファーレン ý:bərfà:rən] 〖分離〗I 自 (s) (舩) (船などで向こう岸まで)渡る. II 他 (h) (舩) (船などで向こう岸まで)渡す, 運ぶ.

ü・ber・fah・ren³ [ユーバァ・ファーレン] *überfahren¹ (ひく)の過分

ü・ber・fährt [ユーバァ・フェーァト] *überfahren¹ (ひく)の2人称単数現在

Ü・ber=fahrt [ユーバァ・ファールト] 女 -/-en (船で)渡ること, 渡航.

ü・ber・fährt [ユーバァ・フェーァト] *überfahren¹ (ひく)の3人称単数現在

Ü・ber=fall [ユーバァ・ファる] 男 -[e]s/..fälle ① 襲撃, 奇襲;(比) 突然の訪問. der *Überfall* auf die Bank 銀行強盗. ②〖土木〗(ダムの)越流口; 越流部からの排水. ③〖服飾〗(ニッカボッカーなどの)ふくらみ. ④〖法〗(果物の隣地への)落下(果物は隣地の所有者のものになる).

*****ü・ber=fal・len**¹* [ユーバァ・ファれン y:bərfálən] du überfällst, er überfällt (überfiel, *hat* …überfallen) 他 (定了 haben) ① 襲う, 襲撃する;(比)(質問などで)責めたてる. (英 attack). Gestern *haben* maskierte Gangster eine Bank *überfallen*. きのう覆面をしたギャングたちが銀行を襲った / Die Kinder *überfielen* mich **mit** ihren Fragen. 子供たちは私を質問責めにした. ②〖比〗(人⁴を)突然訪問する. ③ (感情・感覚などが⁴を)襲う. Ein gewaltiger Schreck *überfiel* mich. 私はひどい恐怖に襲われた.

ü・ber=fal・len² [ユーバァ・ファれン] *überfallen¹ (襲う)の過分

ü・ber=fäl・lig [ユーバァ・フェリヒ] 形 ① (飛行機・船などが)定刻になっても到着しない. Das Flugzeug ist schon zwei Stunden *überfällig*. その飛行機はもう2時間も遅れている. ② 時機を失した;(経)(手形・為替などが)期限の過ぎた, 満期を過ぎた.

Ü·ber·fall‹kom·man·do [ユーバァふァる・コマンド] 中 -s/-s 《口語》(警察の)緊急出動隊.

ü·ber·fällst [ユーバァ・フェるスト] ＊überfallen[1](襲う)の2人称単数 現在

ü·ber·fällt [ユーバァ・フェェルト] ＊überfallen[1](襲う)の3人称単数 現在

ü·ber·fiel [ユーバァ・フィール] ＊überfallen[1](襲う)の 過去

ü·ber·fi·schen [ユーバァ・フィッシェン ý:bərfiʃən] 他(h)(魚[4]・湖など[4]の魚を)乱獲する.

ü·ber·fischt [ユーバァ・フィッシュト] Ⅰ überfischen (魚を乱獲する)の 過分 Ⅱ 形 乱獲で魚の数がめっきり減った(湖・川など).

Ü·ber·fi·schung [ユーバァ・フィッシュング] 女 -/-en (魚の)乱獲.

ü·ber·flie·gen* [ユーバァ・フリーゲン y:bərflí:gən] 他(h) ① (人・物[4]の)上を飛んで行く. ② (本など[4]を)ざっと読む, 走り読みする. einen Fragebogen *überfliegen* アンケート用紙にざっと目を通す. ③ 《雅》(表情などが顔な ど[4]に)さっと浮かぶ.

ü·ber|flie·ßen[1]＊ [ユーバァ・フリーセン ý:bərflì:sən]《分離》自(s) ① 《雅》あふれ[出]る, 氾濫([はんらん])する; あふれ出る. Das Bier *ist übergeflossen.* 現在完了 ビールがあふれ出た / Sein Herz *fließt vor* Dank *über.* 《比》彼の心は感謝の念でいっぱいである. ② (色などが)混じり合

ü·ber·flie·ßen[2]＊ [ユーバァ・フリーセン] 《非分離》他(h) (雅)(水などが物[4]に)あふれる.

ü·ber·flü·geln [ユーバァ・フリューゲるン y:bərflý:gəln] 他(h) (人[4]を)凌駕([りょうが])する, しのぐ.

*der **Ü·ber‹fluss** [ユーバァ・ふるス ý:bərflus] 男 (単2) -es/ 過剰, 過多, 余分. (英 *abundance*). *Überfluss*[4] **an** 物[3] haben 物[3]をあり余るほど持っている / **im** *Überfluss* leben ぜいたくな暮らしをする / Geld ist bei ihnen im (または in) *Überfluss* vorhanden. 彼らの所にはお金があり余るほどある / **zum** (または zu allem) *Überfluss* その上[悪いことには], おまけに.

Über‹fluß ☞ 新形 Überfluss

Ü·ber·fluss‹ge·sell·schaft [ユーバァふるス・ゲゼるシャフト] 女 -/-en 過剰消費社会, 物のあり余った消費社会.

Über·fluß‹ge·sell·schaft ☞ 新形 Überflussgesellschaft

*ü·ber‹flüs·sig [ユーバァ・ふリュスイヒ ý:bərflysıç] 形 余計な, 不必要な. (英 *superfluous*). Die Arbeit ist *überflüssig.* その仕事は不必要だ / Mach dir keine *überflüssigen* Sorgen! 余計な心配をするな / Ich komme mir hier *überflüssig* vor. 私はここでは余計な人間のようだ.

ü·ber·flüs·si·ger·wei·se [ユーバァふリュスィガァ・ヴァイゼ] 副 余計なことに, 不必要にも.

ü·ber·flu·ten [ユーバァ・ふるーテン y:bərflú:tən] 他(h) (川の水などが土地など[4]を)水浸しにする, (物[4]に)あふれる, 氾濫([はんらん])する.

ü·ber·for·dern [ユーバァ・フォルダァン y:bərfórdərn] 他(h) (人・事[4]に)過大な要求をする. Damit *ist* er *überfordert.* 《状態受動・現在》それは彼には荷が重すぎる.

Ü·ber·for·de·rung [ユーバァ・フォルデルング] 女 -/-en 過大な要求; 過剰な期待.

ü·ber·fragt [ユーバァ・ふラークト y:bərfrá:kt] 形 答えられない(手に余る)質問を受けた. Da bin ich *überfragt.* それは私には答えられません (わかりません).

Ü·ber·frem·dung [ユーバァ・ふレムドゥング] 女 -/-en 異文化(異言語)の過度の影響, 過度の外国化.

ü·ber·fres·sen* [ユーバァ・ふレッセン y:bərfrésən] 再帰 *sich*[4] [**an** 物[3]] *überfressen* 《口語》(人が) (物[3]を)がつがつ食べる; (動物が) [餌([えさ])[3]を]食べ過ぎる.

ü·ber·fuhr [ユーバァ・ふーァ] ＊überfahren[1] (ひく)の 過去

ü·ber|füh·ren[1] [ユーバァ・フューレン ý:bərfy:rən] 《分離》他(h) ① (病人などを…へ)移送する, 運ぶ. ② (A[4] **in** B[4] ~) (A[4]を B[4]の状態に)移行させる, 変える. eine Flüssigkeit[4] in den gasförmigen Zustand *überführen* 液体をガス状に変える.

ü·ber·füh·ren[2] [ユーバァ・フューレン] 《非分離》他(h) ① *sein*|führen[1] ② (人[4]に[等の]を[4]) 犯罪を犯したことを認めさせる. Der Angeklagte *wurde* [des Verbrechens] *überführt.* 《受動・過去》被告の有罪が立証された. ③ (橋などが物[4]の上に)架かっている. Eine Brücke *überführte* den Fluss. 橋が川に架かっていた.

Ü·ber‹füh·rung [ユーバァ・フューレング] 女 -/-en ① 輸送, 移送. ② 罪状の立証. ③ 高架橋, 陸橋, 跨線([こせん])橋.

Ü·ber·fül·le [ユーバァ・ふェれ] 女 -/ 過剰; 充満. eine *Überfülle* von Blumen あふれんばかりの花.

*ü·ber·fül·len [ユーバァ・ふュれン y:bərfýlən] (*überfüllte, hat...überfüllt*) 他 (完了 haben) (物[4]に)詰め込みすぎる, 入れすぎる. (英 *overcrowd*). *sich*[3] den Magen *überfüllen* 食べすぎる / Der Saal *war* [**von** Menschen] *überfüllt.* 《状態受動・過去》ホールは超満員だった.

ü·ber·füllt [ユーバァ・ふュるト] Ⅰ ＊überfüllen (詰め込みすぎる)の 過分 Ⅱ 形 いっぱい詰まった. ein *überfüllter* Hörsaal 超満員の講義室.

ü·ber·füll·te [ユーバァ・ふュるテ] ＊überfüllen (詰め込みすぎる)の 過去

Ü·ber·fül·lung [ユーバァ・ふュるング] 女 -/-en 《ふつう 単》詰め(入れ)すぎ, 満員の状態.

Ü·ber·funk·ti·on [ユーバァ・フンクツィオーン] 女 -/ 《医》機能亢進([こうしん]).

ü·ber·füt·tern [ユーバァ・ふュッタァン y:bərfýtərn] 他(h) (動物[4]に)餌([えさ])をやりすぎる; (人[4]に)食べ物を与えすぎる. das Kind[4] **mit** Süßigkeiten *überfüttern* 子供に甘い物を与え

すぎる.

ü・ber・gab [ユーバァ・ガープ] ＊übergeben¹(手渡す)の過去

Ü・ber・ga・be [ユーバァ・ガーベ] 囡 -/-n ① 引き渡し; 譲渡; 引き継ぎ. ② 《軍》(敵への)明け渡し, 降伏.

＊*der* **Ü・ber≠gang** [ユーバァ・ガング] ýːbərgaŋ] 男 (単2) -(e)s/(複) ..gänge [..ゲンゲ] (3格のみ ..gängen) ① (川などを)渡ること, 渡って行くこと; 通過. Grenz*übergang* 国境通過. ② (向こう側へ)渡る場所, 踏切, 陸橋. ein *Übergang* für Fußgänger 横断歩道 / der *Übergang* über die Grenze 国境の通過点. ③ 移行, 推移; (色の濃淡の)ぼかし; (音楽) 移行部, 経過句. der *Übergang* vom Wachen zum Schlafen 覚醒から睡眠への移行. ④ 〖複 なし〗過渡期, (季節などの)変わり目. ⑤ 当座しのぎ[の解決]. ⑥ (鉄道)(2等から1等への)変更切符.

Ü・ber・gän・ge [ユーバァ・ゲンゲ] ＊Übergang (渡ること)の複

ü・ber・gan・gen [ユーバァ・ガンゲン] ＊übergehen²(無視する)の過分

Ü・ber・gangs≠lö・sung [ユーバァガングス・レーズング] 囡 -/-en 暫定的解決[策].

Ü・ber・gangs≠man・tel [ユーバァガングス・マンテル] 男 -s/..mäntel 合着のコート, スプリングコート.

Ü・ber・gangs≠sta・di・um [ユーバァガングス・シュターディウム] 中 -s/..dien [..ディエン] 過渡的段階, 移行期.

Ü・ber・gangs≠zeit [ユーバァガングス・ツァイト] 囡 -/-en ① 過渡期. ② 季節の変わり目(春と秋).

Ü・ber・gar・di・ne [ユーバァ・ガルディーネ] 囡 -/-n (2重カーテンの)内側(部屋側)のカーテン.

＊**ü・ber|ge・ben**¹ ＊ [ユーバァ・ゲーベン ýːbərgéːbən] du übergibst, er übergibt (übergab, *hat*...übergeben) I 他 (完了 haben) ① (物⁴を)手渡す, 渡す; (保管のために)預ける; 譲り渡す. (英 hand over). den Brief *übergeben* 人³に手紙を手渡す / den Staffelstab an den nächsten Läufer *übergeben* バトンを次の走者に渡す / Er *hat* das Geschäft seinem Sohn *übergeben*. 彼は店を息子に譲った. ② (人・事⁴をしかるべき人・警察など³に)ゆだねる, 引き渡す. Ich *übergebe* diese Angelegenheit meinem Anwalt. 私はこの件を弁護士にゆだねる. ③ (敵に町・城など⁴を)明け渡す. die Stadt⁴ dem Feind (または an den Feind) *übergeben* 町を敵に明け渡す. ④ (道路・施設など⁴を一般の人々など³に)公開(開放)する. eine Autobahn⁴ dem Verkehr *übergeben* 高速道路を開通させる.
II 再帰 (完了 haben) *sich*⁴ *übergeben* 嘔吐(ホラン)する, 吐く.

ü・ber・ge・ben² [ユーバァ・ゲーベン] ＊übergeben¹(手渡す)の過分

ü・ber・ge・gan・gen [ユーバァ・ゲガンゲン] ＊über|gehen¹(移行する)の過分

＊**ü・ber|ge・hen**¹＊ [ユーバァ・ゲーエン ýːbərgéːən] 分離 (ging...über, *ist*...übergegangen) 自 (完了 sein) ① 〖zu 事³ ~〗(事³に)移行する. zu einem anderen Thema *übergehen* 別の話題に移る. ② 〖auf 人⁴ (または in 物⁴) ~〗(所有権が人⁴(または 物⁴)へ)移る. Das Grundstück *ist* in seinen Besitz *übergegangen*. その土地外は彼の所有物になった. ③ 〖in 事⁴ ~〗(徐々に事⁴の状態に)変化する. in Fäulnis *übergehen* 腐りはじめる. ④ 〖方向を表す語句とともに〗(...へ)くら替えする, 寝返る. zum Gegner *übergehen* 敵方に寝返る. ⑤ 〖成句的に〗ineinander *übergehen*(色などが互いに)溶け合う. ⑥ 《雅》(涙などが)あふれ出る.

＊**ü・ber・ge・hen**²＊ [ユーバァ・ゲーエン ýːbərgéːən] 非分離 (überging, *hat*...übergangen) 他 (完了 haben) ① (人・事⁴を)無視する, 顧みない. eine Anordnung⁴ *übergehen* 命令を無視する.◇〖過去分詞の形で〗Er fühlt sich *übergangen*. 彼は自分が無視されたと感じている. ② (物⁴を)飛ばす, 抜かす. Ich *übergehe* diesen Punkt zunächst. 私はとりあえずこの問題点は飛ばします.

ü・ber≠ge・nug [ユーバァ・ゲヌーク] 副 十二分に, あり余るほどに.

ü・ber・ge・ord・net [ユーバァ・ゲオルドネット] I über|ordnen (優先させる)の過分 II 形 上位の, より重要な; 上級の(役所など). ein *übergeordneter* Begriff 〖哲〗上位概念.

Ü・ber≠ge・wicht [ユーバァ・ゲヴィヒト] 中 -[e]s/-e ① 〖複 なし〗体重超過, 太り過ぎ;〖ふつう 単〗(手紙などの)重量超過. Er hat *Übergewicht*. 彼は太り過ぎだ. ② 〖成句的に〗*Übergewicht*⁴ bekommen (または kriegen)〖口語〗バランスを失う. ③ 〖複 なし〗優勢, 優位;〖ふつう 単〗重要性. das *Übergewicht*⁴ [über 人⁴] gewinnen [人⁴よりも]優位にたつ.

ü・ber・gib [ユーバァ・ギープ] ＊übergeben¹(手渡す)の du に対する命令

ü・ber・gibst [ユーバァ・ギープスト] ＊übergeben¹(手渡す)の2人称単数現在

ü・ber・gibt [ユーバァ・ギープト] ＊übergeben¹(手渡す)の3人称単数現在

ü・ber・gie・ßen＊ [ユーバァ・ギーセン yːbərgíːsən] 他 (h) (人・物⁴に)注ぐ, かける. Braten⁴ mit Soße *übergießen* 焼き肉にソースをかける.

ü・ber・ging [ユーバァ・ギング] ＊übergehen²(無視する)の過去

ü・ber≠glück・lich [ユーバァ・グリュックりヒ] 形 非常に幸福な, 大喜びの.

ü・ber|grei・fen＊ [ユーバァ・グライフェン ýːbərgràifən] 自 (h) ① (ピアノ演奏・体操などで:)手を交差させる. ② 〖auf 物⁴ ~〗(火・病気などが物⁴へ)広がる, 飛び火する. Im Nu *griff* das Feuer auf die anderen Häuser *über*. たちまち火はほかの家々に燃え移った.

Ü·ber·griff [ユーバァ・グリフ] 男 -[e]s/-e (不当な)干渉, 侵害.

ü·ber·groß [ユーバァ・グロース] 形 非常に大きな, 巨大な; 途方もない, 法外な.

Ü·ber·grö·ße [ユーバァ・グレーセ] 女 -/-n (既製服などの)特大サイズ, LL サイズ.

ü·ber|ha·ben* [ユーバァ・ハーベン ý:bər·hà:-bən] 他 (h) 《口語》① (コートなど4を)上に着ている, ひっかけている. ② (人・物4に)飽き飽き(うんざり)している.

ü·ber·hand [ユーバァ・ハント y:bər-hánt] 《動詞とともに成句的に用いられる》

新形

ü·ber·hand neh·men (よくないことが)急激に増える(広まる), 蔓延(まんえん)する. Der Verkehrslärm *nahm überhand*. 交通騒音がひどくなった.

....

Ü·ber·hand∮nah·me [ユーバァハント・ナーメ] 女 -/ 増大; 蔓延(まんえん).

über·hand|neh·men* [ユーバァ・ヘンゲン] 自 (h) 新形 überhand nehmen; ☞ überhand

Ü·ber∮hang [ユーバァ・ハング] 男 -[e]s/..hänge ①《建》突き出し, 張り出し; (登山で)オーバーハング, (岩の突出部; (敷地から)突き出ているもの(枝など). ②《商》(商品の)残余, 在庫. ③ (上にひっかけるもの:)肩かけ, ケープ, マント.

ü·ber·hän·gen[1]* [ユーバァ・ヘンゲン y:bər-hènən] 自 (h) ① (ひさしなど4が)突き出ている, 張り出している. ② (塔などが)傾斜している. ③ (枝などが境界を越えて)たれ下がっている.

ü·ber·hän·gen[2] [ユーバァ・ヘンゲン] 他 (h) (人4に衣類など4を)上から掛けている, 肩に担わせる. 人3 (sich3) den Rucksack *überhängen* 人3にリュックサックを背負わせる(自分でリュックを背負う).

ü·ber·häu·fen [ユーバァ・ホイフェン y:bər-hóyfən] 他 (h) ①《人4 mit 物3 ~》(人4に物3を)山のように与える. 人4 mit Geschenken *überhäufen* 人4に山ほど贈り物をする / 人4 mit Vorwürfen *überhäufen* 人4にさんざん非難を浴びせる. ②《A4 mit B3 ~》(於)(A4 の上に B3 を)山のように積み重ねる.

*ü·ber∮haupt [ユーバァ・ハオプト y:bər-háupt] 副 A) ① 一般に, 概して, だいたい. Er ist *überhaupt* etwas nachlässig. 彼はだいたいにおいて少々だらしない / Sie ist *überhaupt* selten zu Hause. 彼女はおよそめったに家にいない / die Musik *überhaupt* 音楽一般.

◊《否定を強めて》*überhaupt* nicht 少しも…ない, 全然…ない ⇒ Das war *überhaupt* nicht möglich. それはまったく不可能だった / Ich habe heute *überhaupt* noch nichts gegessen. 私はきょうはまだまったく何も食べていない / Ich habe *überhaupt* kein Geld. 私には全然お金がない.

◊《und *überhaupt* の形で》それはともかく, それはそれとして. Und *überhaupt* konnte ich nicht anders handeln. それはともかく私にはかにやりようがなかったのです

◊《wenn *überhaupt* の形で》もしそうであっても. Wenn *überhaupt*, kommt er sehr spät. 来るとしても彼は非常に遅くなります.

② 特に, とりわけ. Wir gehen gerne im Wald spazieren, *überhaupt* im Herbst. 私たちは森を散歩するのが好きだ, とりわけ秋には.

B)《疑問文で; 文中でのアクセントなし》《疑問の気持ちを強めて》いったい, そもそも. Kannst du *überhaupt* Auto fahren? 君はそもそも車を運転できるのかい / Was tust du *überhaupt*? 君はいったい何をやっているんだい.

ü·ber·he·ben* [ユーバァ・ヘーベン y:bər-hé:-bən] I 他 (h) (人4に事2を)免除する. II 再帰 (h) *sich*4 *überheben* うぬぼれる, 思いあがる.

ü·ber∮heb·lich [ユーバァ・ヘープリヒ] 形 思いあがった, 高慢な, 尊大な.

Ü·ber·heb·lich·keit [ユーバァ・ヘープリヒカイト] 女 -/-en ①《複 なし》思いあがり, 横柄, 高慢. ②《複》思いあがった態度.

ü·ber·hei·zen [ユーバァ・ハイツェン y:bər-hártsən] 他 (h) (部屋など4を)暖めすぎる.

ü·ber·hit·zen [ユーバァ・ヒッツェン y:bər-hítsən] 他 (h) 過熱させる, 熱しすぎる.

ü·ber·hitzt [ユーバァ・ヒッツト] I überhitzen (過熱する)の 過分 II 形 過熱した(景気など); 過度に興奮した; (蒸気などの)過熱の.

ü·ber·hö·hen [ユーバァ・ヘーエン y:bər-hé:-ən] 他 (h) (カーブ・道路など4に)片勾配(かたこうばい)をつける.

ü·ber·höht [ユーバァ・ヘート] I überhöhen (片勾配をつける)の 過分 II 形 法外に高い(価格); 極端に速い(スピード). mit *überhöhter* Geschwindigkeit スピードを出し過ぎて.

Ü·ber∮hö·hung [ユーバァ・ヘーウング] 女 -/-en ① 高めること; 上昇; (価格などの)つり上げ. ②《鉄道》カント;《土木》片勾配(かたこうばい);《建》盛り土.

*ü·ber·ho·len[1] [ユーバァ・ホーレン y:bər-hó:lən]《非分離》(überhole, *hat* ~eholt) 他 (h) ① (人4・車など4を)追い越す, 追い抜く;《比》(仕事・成績で人・物4を)抜く. (英 overtake). einen Bus *überholen* バスを追い越す / Er *hat* seine Mitschüler *überholt*. 彼は[成績で]同級生を抜いた. ◊《目的語として》Man *darf* nur links *überholen*. 左側からしか追い越してはいけない.

② (機械・車など4を)オーバーホール(分解修理)する. einen Wagen *überholen* 車をオーバーホールする.

◊☞ überholt

ü·ber·ho·len[2] [ユーバァ・ホーレン ý:bər-hò:-lən]《分離》I 他 (h) (人・物4を迎えに行って)対岸へ渡す. *Hol über*! (船頭を呼ぶ声に)渡してくれ! II 自 (h)《海》(船が風で)傾く.

Ü·ber∮hol·spur [ユーバァホーる・シュプァ] 女 -/-en 追い越し車線.

ü·ber·holt [ユーバァ・ホーるト] I *überholen[1] (追い越す)の 過分, 3 人称単数・2 人称複数 現在

überholte

II 形 古くさい，時代遅れの(考えなど).

ü·ber·hol·te [ユーバァ・ホールテ] *überholen¹ (追い越す)の過去

Ü·ber≈ho·lung [ユーバァ・ホーるング] 女 -/-en 《工》オーバーホール，分解修理．

Ü·ber·hol≈ver·bot [ユーバァホール・フェアボート] 中 -[e]s/-e (交通規則で:) 追い越し禁止．

ü·ber·hö·ren [ユーバァ・ヘーレン y:bər-hə́:rən] 他 (h) ① (不注意で)聞き漏らす，聞き落とす．Entschuldigen Sie bitte, ich habe Ihre Frage überhört. すみません，あなたの質問を聞き漏らしました．② (故意に)聞き流す．

ü·ber≈ir·disch [ユーバァ・イルディッシュ] 形 ① この世のものとは思えない，神々しい，崇高な．② 《古》地上の．

ü·ber·kip|pen [ユーバァ・キッペン ý:bər-kipən] 自 (s) ① 均衡を失って傾く(ひっくり返る)．② 《比》(声が)急にかん高くなる．

ü·ber·kle·ben [ユーバァ・クレーベン y:bər-klé:bən] 他 (物⁴に)紙などを貼(は)って見えなくする(隠す)．A⁴ mit B³ überkleben A⁴にB³を貼って覆い隠す．

ü·ber·ko·chen [ユーバァ・コッヘン ý:bər-kəxən] 自 (s) (牛乳などが)沸騰してこぼれる；《口語・比》激怒する．vor Zorn überkochen かんかんに怒る．

ü·ber·kom·men¹ [ユーバァ・コンメン y:bər-kómən] 他 (h) ① (感情などが人⁴を)襲う．Ihn überkam große Furcht. 彼は急にひどくこわくなった．② (遺産など⁴を)受け継ぐ．

ü·ber·kom·men² [ユーバァ・コンメン] I überkommen¹ (襲う)の過分 II 形 《雅》受け継がれて来た，伝統の．überkommene Bräuche 伝統的な風習．

ü·ber·krie·gen [ユーバァ・クリーゲン ý:bər-krì:gən] 他 (h) (口語) ① (人・物⁴に)うんざりする．② 《成句的に》eins⁴(または einen) überkriegen 一発くらう．

ü·ber·krus·ten [ユーバァ・クルステン y:bər-krústən] 他 (h) (料理) (物⁴の)グラタンを作る．

ü·ber·la·den¹ [ユーバァ・らーデン y:bər-lá:dən] 他 (h) (物⁴に)荷を積みすぎる，(人⁴に)負担をかけすぎる．sich³ den Magen überladen 食べすぎる．

ü·ber·la·den² [ユーバァ・らーデン] I überladen¹ (荷を積みすぎる)の過分 II 形 荷を積みすぎた；《比》飾りすぎた．ein überladener Stil ごてごてした文体．

ü·ber·la·gern [ユーバァ・らーガァン y:bər-lá:gərn] 他 (h) ① (物⁴の)上に重なる，層を成して覆う，(物⁴に)覆いかぶさる．◆《相互的に》sich⁴ überlagern (事件などが)重なる，かちあう．② (他の放送局⁴と)混信する．

Ü·ber·la·ge·rung [ユーバァ・らーゲルング] 女 -/-en ① 重なる(重なった)こと；重なってきたもの；《地学》成層．② (物)(音波・電波の)重なり，干渉．

ü·ber·lap·pen [ユーバァ・らッペン y:bər-lápən] 他 (h) (物⁴と)部分的に重なる，オーバーラップする．◆《相互的に》sich⁴ überlappen 部分的に重なり合う，オーバーラップする．

ü·ber·las·sen¹ [ユーバァ・らッセン y:bər-lásən] du überlässt, er überlässt (überließ, hat ...überlassen) I 他 (完了 haben) ① (人³に物⁴を)譲る；貸す．Er hat seinem Sohn das Auto überlassen. 彼は息子にその車を譲った / 人³に物⁴ leihweise (käuflich) überlassen 人³に物⁴を貸す(売る)．② (A³に B⁴を)ゆだねる，任せる；預ける．Überlassen Sie das mir! それは私にお任せください / die Kinder⁴ der Nachbarin³ überlassen 子供たちを隣の女性に預ける / 事⁴ dem Zufall überlassen 事⁴を偶然にまかせる / 人⁴ der Gefahr³ überlassen 人⁴を危険にさらす / sich³ selbst überlassen 人⁴をほうっておく．

II 再帰 (完了 haben) sich⁴ 事³ überlassen 事³(感情など)に身をゆだねる，ふける．sich⁴ den Träumen überlassen 夢想にふける / sich⁴ dem Zorn überlassen 見境なく怒る．

ü·ber·las·sen² [ユーバァ・らッセン] *überlassen¹ (譲る)の過分

ü·ber·lässt [ユーバァ・れスト] *überlassen¹ (譲る)の2人称単数・3人称単数現在 überlässt

über·läßt ☞ 新形

Ü·ber·las·sung [ユーバァ・らッスング] 女 -/-en 《ふつう単》引き渡し，譲渡，委託．

Ü·ber≈last [ユーバァ・らスト] 女 -/-en 過重の荷物；超過重量；《電・工》過負荷．

ü·ber·las·ten [ユーバァ・らステン y:bər-lástən] 他 (h) (物⁴に)荷を積みすぎる；(人・物⁴に)負担をかけすぎる．das Herz⁴ überlasten 心臓に負担をかけすぎる / Wir sind zurzeit mit der Arbeit überlastet.《状態受動・現在》私たちは目下仕事に忙殺されている．

ü·ber·las·tet [ユーバァ・らステット] I überlasten (荷を積みすぎる)の過分 II 形 荷を積みすぎた，負担加重の．Sie ist beruflich überlastet. 彼女は仕事の上で負担が重すぎる．

Ü·ber≈las·tung [ユーバァ・らストゥング] 女 -/-en 重量超過；負担過剰；《電・工》過負荷．

Ü·ber≈lauf [ユーバァ・らオフ] 男 -[e]s/..läufe ① 《工・土木》(ダムなどの)余水吐き；(浴槽などの)溢水(いっすい)口．② 《ごう》オーバーフロー，あふれ．

ü·ber·lau·fen¹ [ユーバァ・らオフェン y:bər-làufən] 《分離》 自 (s) ① (液体・容器が)あふれる．Die Milch läuft über. 牛乳があふれる / Die Badewanne läuft über. 浴槽から水があふれる．② (敵方に)寝返る．

ü·ber·lau·fen²* [ユーバァ・らオフェン] 《非分離》 他 (h) ① (恐怖などが人⁴を)襲う．Ein Schauder überlief ihn. 彼は身震いした．◆《非人称の es を主語として》Es überlief mich kalt. 私はぞっとした．② (ハードルなど⁴を)跳び越える；(相手⁴を)追い抜く；(サッカーなどで:)(ディフェンス⁴を)突破する．③ (人・物⁴の所へ)押しかける，殺到する．Die Geschäfte waren von Touristen überlaufen.《状態受動・過去》店は旅行客でいっぱいだった．④ (色が物⁴の表面を)覆う．

Ü·ber·läu·fer [ユーバァ・ロイファァ] 男 -s/- ① (敵方に)寝返った兵(者), 脱走兵, 投降兵. (⇔ 女性形は Überläuferin). ② 《狩》生後2年目のいのしし.

ü·ber=laut [ユーバァ・らオト] 形 声の(音の)大きすぎる, やかましい.

ü·ber·le·ben [ユーバァ・れーベン y:bər·léːbən] I 他 (h) ① (敵⁴に耐えて)生き延びる. Er hat den Krieg überlebt. 彼は戦争を生き延びた. ② (人⁴より)長生きする. Sie überlebte ihren Mann um drei Jahre. 彼女は夫より3年長生きした. II 再帰 (h) sich⁴ überleben 時代遅れになる, 古くさくなる.

Ü·ber·le·ben·de[r] [ユーバァ・れーベンデ (..ダァ)] 男 女 《語尾変化は形容詞と同じ》生き残った人, 生存者.

ü·ber=le·bens·groß [ユーバァ・れーベンスグロース] 形 等身大以上の, 実物より大きい.

***ü·ber·le·gen**¹ [ユーバァ・れーゲン y:bər·léːgən] 《非分離》(überlegte, hat...überlegt) 他 (完了 haben) よく考える, 熟慮する. (英 consider). eine bessere Lösung⁴ überlegen もっとよい解決策を考える / Er überlegt, welchen Wagen er kaufen soll. 彼はどの車を買えばいいか考えているところだ / Es ist zu überlegen, ob ... …かどうかよく考えるべきだ. ◊再帰代名詞(3格)とともに》sich³ 事⁴ überlegen 事⁴についてよく考える ⇒ Ich werde mir die Sache noch mal genau überlegen. 私はその件をさらによく考えてみよう / Ich habe es mir anders überlegt. 私はよく考えた末に思い直した. ◊《目的語なしでも》Er überlegte hin und her. 彼はあれこれ考えをめぐらせた.
◊☞ überlegt

ü·ber|le·gen² [ユーバァ・れーゲン ýːbər·lèːgən] 《分離》I 他 (h) ① (人³に物⁴を)掛ける, かぶせる. eine Decke⁴ überlegen 人³に毛布を掛けてやる. ② (口語)(子供⁴を)ひざの上に乗せて尻(㊓)をたたく. II 再帰 (h) sich⁴ überlegen 身を乗り出す.

***ü·ber=le·gen**³ [ユーバァ・れーゲン y:bər·léːgən] 形 ① 優れている, 優勢な, 秀でている. (英 superior). ein überlegener Geist 卓越した精神 / ein überlegener Sieg 圧倒的な勝利 / Er ist mir in Mathematik an (An Bildung) überlegen. 彼は数学で(教養があるという点で)私より優れている. ② 尊大な, 高慢な. eine überlegene Miene⁴ auf|setzen 偉そうな顔をする / Er lächelte überlegen. 彼は見下したような微笑を浮かべた.

Ü·ber·le·gen [ユーバァ・れーゲン] 中 -s/ よく考えること, 熟考. nach langem Überlegen じっくり考えた末に.

Ü·ber=le·gen·heit [ユーバァ・れーゲンハイト] 女 -/ 優越, 優位, 卓越.

ü·ber·legt [ユーバァ・れークト] I *überlegen¹ (よく考える)の 過分, 3人称単数・2人称複数 現在. II 形 思慮深い, 慎重な, 熟慮の上での. ein überlegtes Urteil よく考えた上での判断.

ü·ber·leg·te [ユーバァ・れークテ] *überlegen¹ (よく考える)の 過去.

Ü·ber=le·gung [ユーバァ・れーグング] 女 -/-en ① 《複 なし》熟考, 熟慮. bei ruhiger Überlegung 冷静に考えてみると / mit Überlegung 熟慮して / nach sorgfältiger Überlegung 慎重に考えた上で / ohne Überlegung よく考えもしないで. ② 《ふつう 複》(決定を下す前の)考察. Überlegungen⁴ an|stellen 考察する.

ü·ber|lei·ten [ユーバァ・らイテン ýːbər·làitən] 自 (h) 《zu 物³ ~》(物³へ)移行する. zum nächsten Thema überleiten 次のテーマに移る.

Ü·ber=lei·tung [ユーバァ・らイトゥング] 女 -/-en ① (新しい段階への)移行, 推移. ohne Überleitung いきなり, 突然に. ② (文章の)移行部分;《音楽》経過句, 移行部.

ü·ber·le·sen* [ユーバァ・れーゼン y:bər·léːzən] 他 (h) ① (読む際に 物⁴を)見落とす. ② (物⁴に)ざっと目を通す.

***ü·ber·lie·fern** [ユーバァ・リーふァァン y:bər·líːfərn] 《非分離》(überlieferte, hat...überliefert) 他 (完了 haben) ① (風習など⁴を)伝える, 伝承する. (英 hand down). Die Sage ist mündlich überliefert.《状態受動・現在》その伝説は口伝えで伝承されたものである / ein Werk⁴ der Nachwelt³ überliefern ある作品を後世に伝える. ◊《過去分詞の形で》überlieferte Sitten 伝承された風習. ② (雅)(人³を敵・運命など³に)引き渡す, ゆだねる. (人⁴) dem Gericht überliefern 人⁴ を裁判にゆだねる.

ü·ber·lie·fert [ユーバァ・リーふァァト] *überliefern (伝える)の 過分

ü·ber·lie·fer·te [ユーバァ・リーふァァテ] *überliefern (伝える)の 過去

*die **Ü·ber=lie·fe·rung** [ユーバァ・リーフェルング y:bər·líːfəruŋ] 女 (単) -/(複) -en ① 《複 なし》伝承. (英 tradition). die mündliche Überlieferung von Sagen 口伝えによる伝説の伝承. ② 伝承されたもの, 伝説. ③ 習慣, しきたり; 伝統. alte Überlieferungen⁴ pflegen 古いしきたりを保存する.

ü·ber·ließ [ユーバァ・リース] *überlassen¹ (譲る)の 過去

ü·ber·lis·ten [ユーバァ・リステン y:bər·lístən] 他 (h) (人⁴の)裏をかく, (人⁴を)出し抜く.

ü·berm [ユーバム]《口語》《前置詞 über と定冠詞 dem の融合形》

Ü·ber·macht [ユーバァ・マハト] 女 -/ (数・力の)優勢, 優位. in der Übermacht sein 優勢である.

ü·ber=mäch·tig [ユーバァ・メヒティヒ] 形 ① 優勢な, 優位にある. ② 強烈な, 抑えきれないほど強い(感情など).

ü·ber·ma·len [ユーバァ・マーれン y:bər·máːlən] 他 (h) 《口語》(物⁴を)塗りつぶす.

ü·ber·man·nen [ユーバァ・マンネン y:bər·mánən] 他 (h) ① (感情・苦痛などが 人⁴を)襲う. Der Schlaf übermannte mich. 私は睡魔に襲われた. ② (古)(戦いで 人⁴を)打ち負かす.

ü·ber·manns·hoch [ユーバァ・マンスホーホ] 形 人間の背丈より高い.

Ü·ber≠maß [ユーバァ・マース] 中 -es/-e ① 《複 なし》過度, 過量, 過多. ein Übermaß an Arbeit 過度の労働 / Er hat Geld im Übermaß. 彼はお金をあり余るほど持っている. ② 〔工〕(部品のはめ込み部分の)内径過大.

ü·ber≠mä·ßig [ユーバァ・メースィヒ] I 形 ① 過度の, 過量の, 過多の. übermäßige Sorgen 過度の心配 / in übermäßiger Eile 大急ぎで. ②《音楽》増音程の. II 副 過度に, あまりにも. Das Auto ist übermäßig teuer. この車はあまりにも高すぎる.

Ü·ber≠mensch [ユーバァ・メンシュ] 男 -en/-en 〔哲〕超人(ニーチェの用語として知られる);《戯》完全無欠な人.

ü·ber·mensch·lich [ユーバァ・メンシュリヒ] 形 超人の, 超人的な;《比》偉大な, 強力な.

ü·ber·mit·teln [ユーバァ・ミッテルン y:bərmítəln] 他 (h) ([人³に] 事⁴を)伝達する, 伝える. 人³ telefonisch Glückwünsche ³ übermitteln 人³にお祝いの言葉を電話で伝える.

Ü·ber≠mitt·lung [ユーバァ・ミットルング] 女 -/-en 《ふつう 単》伝達; 送付.

***ü·ber≠mor·gen** [ユーバァ・モルゲン ý:bər-mɔrgən] 副 あさって, 明後日.(英 the day after tomorrow). übermorgen früh あさっての朝 / Ich komme übermorgen zurück. 私は明後日戻って来ます.

ü·ber·mü·den [ユーバァ・ミューデン y:bərmý:dən] 他 (h) (人⁴を)過度に疲れさせる. ◇《過去分詞の形で》Er ist völlig übermüdet. 彼は完全に疲れ果てている.

Ü·ber≠mü·dung [ユーバァ・ミュードゥング] 女 -/-en 《ふつう 単》過労, ひどく疲れていること.

Ü·ber≠mut [ユーバァ・ムート] 男 -[e]s/ ① 大はしゃぎ, 有頂天. aus Übermut 調子に乗って, はしゃぎすぎて / Er wusste vor lauter Übermut nicht, was er tun sollte. 彼は有頂天になって何をしてよいのかわからなかった. ② 高慢, 思いあがり. Übermut tut selten gut.《諺》おごる者は久しからず.

ü·ber≠mü·tig [ユーバァ・ミューティヒ] 形 ① 大はしゃぎの, 有頂天の. in übermütiger Laune ひどくしゃいだ気分で. ② 思いあがった, 高慢な.

ü·bern [ユーバァン] [口語]《前置詞 über と定冠詞 den の融合形》

ü·ber≠nächst [ユーバァ・ネーヒスト] 形 《付加語としてのみ》次の次の. am übernächsten Tag 翌々日に.

***ü·ber·nach·ten** [ユーバァ・ナハテン y:bər-náxtən] 自 er übernachtest, er übernachtet (übernachtete, hat ... übernachtet) 自 《完了 haben》《場所を表す語句とともに》(…に)宿泊する, 夜を過ごす. Du kannst bei mir übernachten. 君は私の所に泊まっていいよ / im Hotel übernachten ホテルに宿泊する / im Freien übernachten 野宿する.

ü·ber·nach·tet [ユーバァ・ナハテット] *übernachten (宿泊する) 過分

ü·ber·nach·te·te [ユーバァ・ナハテテ] *übernachten (宿泊する) 過去

ü·ber·näch·tig [ユーバァ・ネヒティヒ] 形 《オースリ》 = übernächtigt

ü·ber≠näch·tigt [ユーバァ・ネヒティヒト] 形 寝不足の, 寝不足で疲れた.

Ü·ber≠nach·tung [ユーバァ・ナハトゥング] 女 -/-en 宿泊, 夜を過ごすこと. Die Übernachtung kostet 50 DM pro Person. 宿泊は 1 人につき 50 マルクです / Zimmer mit Übernachtung und Frühstück 朝食付きの[ホテルの]部屋.

ü·ber≠nahm [ユーバァ・ナーム] *übernehmen¹ (引き継ぐ) 過去

Ü·ber≠nah·me [ユーバァ・ナーメ] 女 -/-n ① 《複 なし》受け取り, 引き受け; 引き継ぎ; (テーマ・アイディアなどの)借用. ② 受け取ったもの; 引き継いだもの; 借用したもの.

ü·ber≠näh·me [ユーバァ・ネーメ] *übernehmen¹ (引き継ぐ) 接2

ü·ber≠na·tio·nal [ユーバァ・ナツィオナール] 形 超国家的な.

ü·ber≠na·tür·lich [ユーバァ・ナテューァリヒ] 形 ① 超自然的な, 不可思議な. ② 実物より大きい, 等身大以上の.

***ü·ber·neh·men¹** [ユーバァ・ネーメン y:bərné:mən] 《非分離》du übernimmst, er übernimmt (übernahm, hat ... übernommen) I 他 《完了 haben》 ① (店など⁴を)引き継ぐ, (家具など⁴を)譲り受ける. (英 take over). Er will das Geschäft seines Vaters übernehmen. 彼は父親の店を引き継ぐつもりだ / die Möbel⁴ des Vorgängers übernehmen 前に住んでいた人の家具を譲り受ける.
② (責任・任務など⁴を)引き受ける. ein Amt⁴ übernehmen ある職務を引き受ける / die Verantwortung⁴ für 事⁴ übernehmen 事⁴に対する責任を引き受ける / die Garantie⁴ übernehmen 保証する / Er übernahm es, sie zu trösten. 彼は彼女の慰め役を引き受けた.
③ 受け取る. das Staffelholz⁴ übernehmen バトンを受け取る. ④ (従業員など⁴を)引き取る, 迎え入れる; (海)(船の乗客・積み荷⁴を)引き取る. ⑤ (他人の文章・考えなど⁴を)借用する; (放送)(他局の番組⁴を)放送する. eine Stelle⁴ wörtlich übernehmen ある箇所をそっくり借用する.
II 再帰 (h) sich⁴ übernehmen (精神的・肉体的に)無理をする. sich⁴ beim Sport übernehmen スポーツで無理をする / Er hat sich mit dem Hausbau finanziell übernommen. 彼は家の建築で経済的に無理をした.

ü·ber|neh·men² [ユーバァ・ネーメン ý:bərnè:mən] 《分離》他 (h) ① 《口語》(コートなど⁴を)肩に掛ける, (銃など⁴を)肩にかつぐ. ②《海》(船が波⁴を)かぶる.

ü·ber≠nimm [ユーバァ・ニム] *übernehmen¹

(引き継ぐ)の du に対する 命令

ü·ber·nimmst [ユーバァ・ニムスト] *übernehmen¹(引き継ぐ)の 2 人称単数 現在

ü·ber·nimmt [ユーバァ・ニムト] *übernehmen¹(引き継ぐ)の 3 人称単数 現在

ü·ber·nom·men [ユーバァ・ノンメン] *übernehmen¹(引き継ぐ)の 過分

ü·ber|ord·nen [ユーバァ・オルドネン ýːbərɔ̀rdnən] 他 (h) (A⁴ を B³ より)優先させる; (A⁴ を B³ の)上の地位に置く. den Beruf der Familie³ *überordnen* 家庭より仕事を優先させる.
◊ ☞ **übergeordnet**

ü·ber⹀par·tei·lich [ユーバァ・パルタイリヒ] 形 超党派の.

Ü·ber⹀pro·duk·ti·on [ユーバァ・プロドゥクツィオーン] 女 -/-en 〖経〗過剰生産.

ü·ber·prü·fen [ユーバァ・プリューフェン yːbərprýːfən] 他 (h) ① (人・物⁴を)(再)検査する, (再)点検する. eine Rechnung⁴ *überprüfen* 検算する / den Motor auf Mängel *überprüfen lassen* エンジンの欠陥を調べさせる. ② (決定など⁴を)再考する, 再検討する.

Ü·ber⹀prü·fung [ユーバァ・プリューフング] 女 -/-en 〖再〗検査, 〖再〗検討.

ü·ber|quel·len* [ユーバァ・クヴェレン ýːbərkvɛ̀lən] 自 (s) (容器から)あふれ出る; (容器が)あふれるほどいっぱいになる. Der Aschenbecher *quillt* gleich *über*. 灰皿がもうすぐこぼれそうだ.

***ü·ber·que·ren** [ユーバァ・クヴェーレン yːbərkvéːrən] (überquerte, *hat* ... überquert) 他 (完了 haben) (道路など⁴を)横断する, 横断する. (英 cross). eine Straße⁴ *überqueren* 道路を横切る / den Ozean *überqueren* 大洋を横断する / Hier *überquert* die Eisenbahn die Autobahn. 鉄道はここで高速道路の上を横切っている.

ü·ber·quert [ユーバァ・クヴェーァト] *überqueren (横切る)の 過分, 3 人称単数・2 人称複数 現在

ü·ber·quer·te [ユーバァ・クヴェーァテ] *überqueren (横切る)の 過去

ü·ber·ra·gen¹ [ユーバァ・ラーゲン yːbərráːɡən] 他 (h) ① (人・物⁴の)上にそびえる. 人⁴ *um* einen Kopf *überragen* 人⁴より頭一つ背が高い. ② (人・物⁴より)はるかに優れている, 凌駕(ﾘｮｳｶﾞ)する. 人⁴ *an* Leistungen *überragen* はるかに業績ではるかに勝っている.

ü·ber|ra·gen² [ユーバァ・ラーゲン ýːbərràːɡən] 〖分離〗自 (h) (横に)張り出している, 突き出ている.

ü·ber·ra·gend [ユーバァ・ラーゲント] I *überragen*¹(上にそびえる)の 現分 II 形 優れた, 抜きん出た, 傑出した. eine *überragende* Begabung とび抜けた才能.

***ü·ber·ra·schen** [ユーバァ・ラッシェン yːbərráʃən] (überraschte, *hat* ... überrascht) 他 (完了 haben) ① (人⁴を予期せぬことで)驚かせる, びっくりさせる. (英 surprise). Die Nachricht *überraschte* mich sehr. その知らせに私はとても驚いた.

② (人⁴を思いがけないことで)喜ばせる. 人⁴ *mit* einem Geschenk (einem Besuch) *überraschen* 人⁴を思いがけない贈り物で(不意に訪問して)喜ばせる / Lassen wir uns *überraschen*! まあどうなるか楽しみに待つとしよう.

③ (人⁴をよからぬ行為の最中に)不意打ちする, 現場を押さえる. ein Kind⁴ *beim* Naschen *überraschen* 子供のつまみ食いを見とがめる / Er *wurde* beim Diebstahl *überrascht*. 〖受動・過去〗彼は盗みの現場を押さえられた.

④ (雨・天災などが)突然襲う. Das Erdbeben *überraschte* die Menschen im Schlaf. 突然地震が人々の寝込みを襲った.
◊ ☞ **überrascht**

ü·ber·ra·schend [ユーバァ・ラッシェント] I *überraschen (驚かせる)の 現分 II 形 驚くべき, 意外な, 予期せぬ. ein *überraschender* Besuch 不意の来客 / Es ging *überraschend* schnell. 事は思いのほか速く運んだ.

ü·ber·rascht [ユーバァ・ラシュト] I *überraschen (驚かせる)の 過分, 3 人称単数・2 人称複数 現在 II 形 驚いた, びっくりした. ein *überraschtes* Gesicht びっくりした顔 / *von* 3³ (または *über* 事⁴) *überrascht sein* 事³(または 事⁴)に驚いている. (類語 wundern).

ü·ber·rasch·te [ユーバァ・ラシュテ] *überraschen (驚かせる)の 過去

* *die* **Ü·ber⹀ra·schung** [ユーバァ・ラッシュング yːbərráʃʊŋ] 女 -/-(複)-en (英 surprise) ① (覆 なし)(予期しないことの)驚き. *aus Überraschung* schweigen びっくりしてものも言えないでいる / *zu* meiner größten *Überraschung* 私がとても驚いたことには. ② 予期せぬ出来事; 思いがけないうれしいこと(贈り物・吉報・訪問など). Das ist aber eine *Überraschung*! これは思いもかけない喜びです / für 人⁴ eine *Überraschung* kaufen 人⁴のためにちょっとしたプレゼントを買う / Ich habe eine große *Überraschung* für dich. 君をすごくびっくりさせるものがあるよ.

***ü·ber·re·den** [ユーバァ・レーデン yːbərréːdən] (du überredest, er überredet (überredete, *hat* ... überredet) 他 (完了 haben) (人⁴を)説得する, 説いて勧める. (英 persuade). 人⁴ *zu* 事³ *überreden* 人⁴を説得して事³をさせる / *sich*⁴ *überreden lassen* (説得されて)承知する. ◊〖zu 不定詞〔句〕とともに〗Sie *überredete* ihn, mit ihr ins Kino zu gehen. 彼女はいっしょに映画を見に行こうと彼を口説いた.

ü·ber·re·det [ユーバァ・レーデット] *überreden (説得する)の 過分

ü·ber·re·de·te [ユーバァ・レーデテ] *überreden (説得する)の 過去

Ü·ber·re·dung [ユーバァ・レードゥング] 女 -/-en 〖ふつう 単〗説得, 説き伏せること.

Ü·ber·re·dungs⹀kunst [ユーバァレードゥ

ü・ber・re・gi・o・nal [ユーバァ・レギオナール] 形 地域の枠を超えた, 超地域的な.

ü・ber・rei・chen [ユーバァ・ライヒェン y:bərráıçən] 他 (h) ([人³]に)[物⁴]をうやうやしく)贈呈する, 進呈する; 手渡す. 人³ Blumen⁴ überreichen 人³に花束を贈呈する.

ü・ber≠reich・lich [ユーバァ・ライヒリヒ] 形 おびただしい, あり余るほどの.

Ü・ber≠rei・chung [ユーバァ・ライヒュング] 女 -/-en 《ふつう 単》授与; 贈呈; 提供.

ü・ber≠reif [ユーバァ・ライフ] 形 (果物などが)熟れすぎた.

ü・ber・rei・zen [ユーバァ・ライツェン y:bər-ráıtsən] 他 (h) (人⁴・神経など⁴を)過度に刺激する.

ü・ber・reizt [ユーバァ・ライツト] I überreizen (過度に刺激する)の 過分 II 形 (刺激を受けて)過度に興奮した, 神経が過敏な.

ü・ber・ren・nen* [ユーバァ・レンネン y:bər-rénən] 他 (h) ① (人⁴を)走って行って突き倒す. ② (敵など⁴を)急襲する, けちらす. ③ 《口語》言いくるめる.

Ü・ber≠rest [ユーバァ・レスト] 男 -[e]s/-e 《ふつう 複》残り[物], 残飯; 廃墟(ホメーネ). die sterblichen Überreste《雅・婉曲》亡きがら.

ü・ber・rie・seln [ユーバァ・リーゼルン y:bər-rí:zəln] 他 (h)《雅》(人・物⁴の上を)さらさら流れる. Ein Schauer überrieselte mich.《比》私は恐ろしくて背筋がぞくぞくした.

ü・ber・rol・len [ユーバァ・ロれン y:bər-rólən] 他 (h) ① (敵・敵陣⁴を)戦車で踏みにじる. ② (列車・雪崩などが人・物⁴を)巻き込む.

ü・ber・rum・peln [ユーバァ・ルンペルン y:bər-rúmpəln] 他 (h) (人⁴を)不意打ちする, 奇襲する. 人⁴ mit seinem Besuch überrumpeln 人⁴を不意に訪問する.

Ü・ber・rum・pe・lung [ユーバァ・ルンペるング] 女 -/-en 不意打ち, 奇襲.

Ü・ber≠rump・lung [ユーバァ・ルンプるング] 女 -/-en =Überrumpelung

ü・ber・run・den [ユーバァ・ルンデン y:bər-rúndən] 他 (h) ① (スㇺ)(人⁴を)トラックで一周引き離す. ② (成績などで人⁴に)差をつける.

ü・bers [ユーバス]《口語》《前置詞 über と定冠詞 das の融合形》

ü・ber・sah [ユーバァ・ザー] *übersehen¹ (見渡す)の 過去

ü・ber・sät [ユーバァ・ゼート y:bər-zé:t] 形 一面にまき散らされた, 一面を覆っている. ein mit (または von) Sternen übersäter Himmel 一面に星をちりばめた空.

ü・ber・sät・tigt [ユーバァ・ゼッティヒト] 形 ① 飽き飽きした. von 物・事³ übersättigt sein 物・事³に飽き飽きしている, うんざりしている. ② 《化》過飽和された, 過飽和の. eine übersättigte Lösung 過飽和溶液.

Ü・ber≠schall・ge・schwin・dig・keit [ユーバァ・シャるゲシュヴィンディヒカイト] 女 -/《理》超音速.

ü・ber・schat・ten [ユーバァ・シャッテン y:bər-ʃátən] 他 (h) ① (物⁴を)影で覆う, (物⁴に)影を落とす. ②《比》(物⁴に)暗い影を投げかける.

ü・ber・schät・zen [ユーバァ・シェッツェン y:bər-ʃétsən] 他 (h) (人・物⁴を)過大に評価する (見積もる), 買いかぶる. ◇《再帰的に》sich⁴ überschätzen 自分の能力を過信する.

Ü・ber≠schät・zung [ユーバァ・シェッツング] 女 -/-en《ふつう 単》過大評価.

Ü・ber≠schau [ユーバァ・シャオ] 女 -/-en《ふつう 単》《雅》概観, 概要. eine kurze Überschau⁴ über 事⁴ geben 事⁴をかいつまんで話す.

ü・ber・schau・bar [ユーバァ・シャオバール] 形 概観できる; 見渡すことができる.

ü・ber・schau・en [ユーバァ・シャオエン y:bər-ʃáʊən] 他 (h) (物⁴を)見渡す, 見晴らす. Von hier aus überschaut man die Stadt sehr gut. ここからは町がとてもよく見える. ② (状況など⁴を)概観する, 見通す.

ü・ber|schäu・men [ユーバァ・ショイメン ý:bər-ʃɔʏmən] 自 (s) ① (ビール・グラスなどが)泡立ってあふれる. ②《比》感情がほとばしり出る. vor Zorn überschäumen 激怒する.

ü・ber・schla・fen* [ユーバァ・シュラーフェン y:bər-ʃláːfən] 他 (h) (事⁴を)一晩熟考する.

Ü・ber≠schlag [ユーバァ・シュらーク] 男 -[e]s/..schläge ① 概算, 見積もり. einen Überschlag machen (費用・数量などの大体のところを)見積もる. ②(スㇺ)回転; 倒立転回. ③《空》宙返り. ④《電》フラッシュオーバー; 火花連絡.

ü・ber|schla・gen¹* [ユーバァ・シュらーゲン ý:bər-ʃlàːgən]《分離》I 他 (h) (脚・腕など⁴を)組む. ◇《過去分詞の形で》mit übergeschlagenen Armen 腕組みをして. II 自 (s) ① (火花が)飛ぶ; (波が)洗う. ②《in 事⁴ ~》(感情などが事⁴に)高じる.

ü・ber・schla・gen²* [ユーバァ・シュらーゲン]《非分離》I 他 (h) ① (ページなど⁴を読まずに)飛ばす, (食事など⁴を)抜く. das Mittagessen⁴ überschlagen 昼食を抜く. ② 見積もる, 概算する. die Kosten⁴ überschlagen 費用を見積もる. II 再帰 (h) sich⁴ überschlagen ① (人が宙返りする, ひっくり返る; (波が)逆巻く. ② (声が)急にうわずる. ③ (事件などが)次々に重なる.

ü・ber・schla・gen³ [ユーバァ・シュらーゲン] I überschlagen² (読まずに飛ばす)の 過分 II 形《方》(水などが)ぬるい, 生暖かい.

ü・ber・schlä・gig [ユーバァ・シュれーギヒ] 形 およその, 概算の.

ü・ber|schnap・pen [ユーバァ・シュナッペン ý:bər-ʃnàpən] 自 (s, h) ① (s)《口語》頭がおかしくなる, 正気を失う. ② (s)《口語》(声が)急にうわずる. ③ (s, h) (錠などが)かちっと音をたててはずれる.

ü・ber・schnei・den* [ユーバァ・シュナイデン y:bər-ʃnáɪdən] 再帰 (h) sich⁴ überschneiden ① (線・面が)交わる, 交差する. ② (日程・番

übersehen

組などが)かち合う, 重なる; (学問分野・テーマなどが)重なり合う.

Ü·ber·schnei·dung [ユーバァ・シュナイドゥング] 囡 -/-en 交差; (会議などの)かち合い; 共通領域, 部分的な重なり.

ü·ber·schrei·ben* [ユーバァ・シュライベン y:-bər-ʃráibən] 他 (h) ① (物⁴に)表題をつける. ② 〖物⁴ 人³(または auf 人⁴) ~〗(物⁴を人³(または人⁴)の名義に書き換える, 譲渡する. ③《コンピ》上書きする.

Ü·ber·schrei·bung [ユーバァ・シュライブング] 囡《法》譲渡, 名義の書き換え.

ü·ber·schrei·en* [ユーバァ・シュライエン y:-bər-ʃráiən] I 他 (h) (人⁴の声・物音⁴を)大声で圧倒する. einen Redner *überschreien* 大声を出して演説者の声をかき消す. II 再帰 (h) *sich⁴ überschreien* 声がかれるほど大声で叫ぶ.

ü·ber·schrei·ten [ユーバァ・シュライテン y:bər-ʃráitən] du überschreitest, er überschreitet (überschritt, *hat...*überschritten) 他 (定了 haben) ① (境界など⁴を)越える, (川・線路など⁴を)渡る. die Grenze⁴ *überschreiten* 国境を越える / den Rhein *überschreiten* ライン川を渡る. ② (限度・能力など⁴を)越える, (規則など⁴を)犯す. die vorgeschriebene Geschwindigkeit⁴ *überschreiten* 法定速度を越える / Die Ausgaben *überschreiten* die Einnahmen. 支出が収入を上回る / ein Gesetz⁴ *überschreiten* 法を犯す.

Ü·ber·schrei·ten [ユーバァ・シュライテン] 匣 -s/ 越えること. *Überschreiten* der Gleise² verboten! (掲示で)線路の横断禁止.

Ü·ber·schrei·tung [ユーバァ・シュライトゥング] 囡 -/-en (制限などの)超過; (規則)違反.

die Ü·ber⸗schrift [ユーバァ・シュリふト ý:bər-ʃrift] 囡 (単)/(複) -en (論文・詩などの)表題, (新聞などの)見出し. 《英》title). Wie lautet die *Überschrift* des Artikels? その記事の見出しは何となっていますか.

ü·ber·schritt [ユーバァ・シュリット] *überschreiten (越える)の 過去

ü·ber·schrit·ten [ユーバァ・シュリッテン] *überschreiten (越える)の 過分

Ü·ber·schuh [ユーバァ・シュー] 男 -[e]s/-e オーバーシューズ.

ü·ber·schul·det [ユーバァ・シュるデット] 形 債務超過の, 多額の負債のある.

Ü·ber·schul·dung [ユーバァ・シュるドゥング] 囡 -/-en《法》債務超過.

Ü·ber·schuss [ユーバァ・シュス] 男 -es/..schüsse [ユーバァ・シュスィヒ] 形 ① 利潤, 純益, 黒字. hohe *Überschüsse⁴ haben* 利潤が大きい. ② 過剰, 余剰. *Überschuss an* Energie エネルギーの余剰.

Über⸗schuß ☞ 新形 Überschuss

über⸗schüs·sig [ユーバァ・シュスィヒ] 形 過剰の, 余剰の, あり余ってる. *überschüssige* Energie 余剰エネルギー.

ü·ber⸗schüt·ten [ユーバァ・シュッテン y:bər-ʃýtən] 他 (h)〖人・物⁴ mit 物³ ~〗(人・物⁴に 物³を)注ぎかける;《比》いっぱい与える(浴びせる). 人⁴ mit Vorwürfen *überschütten* 人⁴にさんざん非難を浴びせる.

Ü·ber·schwang [ユーバァ・シュヴァング] 男 -[e]s/ 感情の充溢(ジュウイツ), 熱狂; あふれるほどの豊かさ. im *Überschwang* der Freude² 喜びにあふれて.

ü·ber·schwäng·lich [ユーバァ・シュヴェングリヒ] 形 感情の込もりすぎた, 熱狂的な, オーバーな(表現など). mit *überschwänglichen* Worten ひどく大げさな言葉で / sich⁴ *überschwänglich* bedanken 大げさに礼を述べる.

Ü·ber·schwäng·lich·keit [ユーバァ・シュヴェングリヒカイト] 囡 -/-en ①〖覆 なし〗感情過多, 熱狂. ② オーバーな所作, 大げさな言動.

ü·ber|schwap·pen [ユーバァ・シュヴァッペン ý:bər-ʃvápən] 自 (s)《口語》(液体が容器から)こぼれる; (容器が液体で)あふれる.

ü·ber·schwem·men [ユーバァ・シュヴェンメン y:bər-ʃvémən] 他 (h) ① (物⁴に)氾濫(ハンラン)する, あふれる, (物⁴を)水浸しにする. Die Fluten *überschwemmten* die Äcker. 洪水で畑が水浸しになった / Touristen *überschwemmen* die Stadt.《比》その町には旅行者があふれていた. ② 〖人・物⁴ mit 物³ ~〗《比》(人・物⁴を 物³で)あふれさせる. Der Markt *war* mit Gemüse *überschwemmt*.《状態受動・過去》市場には野菜があふれていた.

Ü·ber⸗schwem·mung [ユーバァ・シュヴェンムング] 囡 -/-en 氾濫(ハンラン), 洪水. Die *Überschwemmung* des Rheins ライン川の氾濫.

über⸗schweng·lich ☞ 新形 überschwänglich

Über⸗schweng·lich·keit ☞ 新形 Überschwänglichkeit

Ü·ber⸗see [ユーバァ・ゼー] 囡《成句的に》aus *Übersee* 海外(特にアメリカ)からの / in *Übersee* leben 海外で暮らす / nach *Übersee* exportieren 海外へ輸出する.

ü·ber⸗see·isch [ユーバァ・ゼーイッシュ] 形 海外の; 海外に向けての; 海外からの.

ü·ber·seh·bar [ユーバァ・ゼーバール] 形 ① 見通し(展望)の利く. ② 概観できる;《比》予想がつく, 見当がつく.

ü·ber·se·hen¹* [ユーバァ・ゼーエン y:bərzé:ən] 《非分離》du übersiehst, er übersieht (übersah, *hat...*übersehen) 他 (定了 haben) ① (高い所から)**見渡す**, 展望する, 見晴らす. Von hier aus *kann* man die ganze Straße *übersehen*. ここから通り全体が見渡せる. ② (状況⁴などを)見通す, 概観する. Die Lage *lässt* sich ungefähr *übersehen*. 情勢はだいたい見当がつく. ③ (うっかり)見逃す, (信号などを)見落とす. einen Fehler *übersehen* 誤りを見落とす. ④ (故意に)無視する. Er *wollte* mich *übersehen*. 彼は私を無視しようとした.

ü·ber|se·hen²* [ユーバァ・ゼーエン ý:bərzè:-

ən]《分離》再帰 (h) *sich*³⁴ *übersehen*《口語》物⁴を見飽きる.
ü·ber·se·hen³ [ユーバァ・ゼーエン] ✻übersehen¹(見渡す)の過分
ü·ber·sen·den⁽*⁾ [ユーバァ・ゼンデン y:bərzéndən] 他 (h) ([人³に]物⁴を)送る, 送り届ける.
Ü·ber≠sen·dung [ユーバァ・ゼンドゥング] 女 -/-en《ふつう 単》送付, 送達.
ü·ber·setz·bar [ユーバァ・ゼッツバール] 形 翻訳可能な.

✻ü·ber·set·zen¹ [ユーバァ・ゼッツェン y:bər-zétsən]

> **翻訳する**
> Das kann man nicht *übersetzen*.
> ダス　カン　マン　ニヒト　ユーバァゼッツェン
> それは翻訳できない.

《非分離》du übersetzt (übersetzte, *hat*…übersetzt) 他 (h) (完了 haben) ① (他国語に)**翻訳する**, 訳す. (英 *translate*). einen Text frei (wörtlich) *übersetzen* 原文を意訳(逐語訳)する / *Könnten* Sie mir den Brief *übersetzen*? この手紙を翻訳していただけないでしょうか / ein Buch⁴ aus dem Deutschen (または vom Deutschen) ins Japanische *übersetzen* ある本をドイツ語から日本語に翻訳する / Das Buch *wurde* in mehrere Sprachen *übersetzt*.《受動・過去》その本は数か国語に翻訳された. ②〖A⁴ in B⁴ ~〗(A⁴を別の形の B⁴ に)移し換える. ein Thema⁴ ins Dramatische *übersetzen* あるテーマをドラマ化する.

ü·ber|set·zen² [ユーバァ・ゼッツェン ý:bərzètsən]《分離》I 他 (h) (船で向こう岸へ)渡す. Der Fährmann *setzte* uns *über*. 渡し守は私たちを向こう岸へ渡してくれた. II 自 (s, h) (船で向こう岸へ)渡る.

Ü·ber≠set·zer [ユーバァ・ゼッツァァ] 男 -s/- ① 翻訳家; 訳者. (◇ 女性形は Übersetzerin). ② 翻訳機.

ü·ber·setzt [ユーバァ・ゼッツト] ✻übersetzen¹ (翻訳する)の過分, 3 人称単数・2 人称複数 現在

ü·ber·setz·te [ユーバァ・ゼッツテ] ✻übersetzen¹ (翻訳する)の過去

✻*die* Ü·ber≠set·zung [ユーバァ・ゼッツング y:bər-zétsuŋ] 女 〖単〗 -/〖複〗 -en ①《ふつう 単》**翻訳[すること]**. (英 *translation*). eine freie (wörtliche) *Übersetzung* 意訳(逐語訳) / eine *Übersetzung* aus dem Japanischen ins Deutsche 日本語からドイツ語への翻訳. ② 翻訳[されたもの], 翻訳書, 訳本. Das Werk liegt in einer *Übersetzung* vor. その本は翻訳が出ている. ③《工》歯車比; [変速]ギアの段.

Ü·ber·set·zungs≠bü·ro [ユーバァゼッツングス・ビュロー] 中 -s/-s 翻訳事務所.

Ü·ber≠sicht [ユーバァ・ズィヒト] 女 -/-en ①〖覆 なし〗展望, 見通し; 洞察[力]. die *Übersicht*⁴ verlieren 見通しが利かなくなる. ② 概要; 一覧[表]. eine *Übersicht* über die deutsche Literatur ドイツ文学概要.

ü·ber≠sicht·lich [ユーバァ・ズィヒトリヒ] 形 ① 見通しの利く, 見晴らしのよい. ② 一目瞭然(⁰ₐ⁰ヾ)の, 明快な, わかりやすい. eine *übersichtliche* Darstellung 明快な表現.

Ü·ber≠sicht·lich·keit [ユーバァ・ズィヒトリヒヒカイト] 女 -/ 見通しの利くこと; 明快[さ], 一目瞭然(⁰ₐ⁰ヾ).

Ü·ber·sichts≠kar·te [ユーバァズィヒツ・カルテ] 女 -/-n (広い地域を概観するための)一般地図, 略地図.

ü·ber|sie·deln¹ [ユーバァ・ズィーデるン ý:bər-zi:dəln]《分離》自 (s) (…へ)移転する, 引っ越す; 移住する. von München nach Bonn *übersiedeln* ミュンヒェンからボンへ引っ越す.

ü·ber·sie·deln² [ユーバァ・ズィーデるン]《非分離》自 (s) =über|siedeln¹

Ü·ber≠sied·lung [ユーバァ・ズィードるング または ..ズィードるング] 女 -/-en 移転, 移住.

ü·ber·sieh [ユーバァ・ズィー] ✻übersehen¹(見渡す)の du に対する 命令

ü·ber·siehst [ユーバァ・ズィースト] ✻übersehen¹(見渡す)の 2 人称単数 現在

ü·ber·sieht [ユーバァ・ズィート] ✻übersehen¹ (見渡す)の 3 人称単数 現在

ü·ber·sinn·lich [ユーバァ・ズィンリヒ] 形 超感覚的な, 超自然的な;《哲》超感性的な.

ü·ber·span·nen [ユーバァ・シュパネン y:bər-ʃpánən] 他 (h) ①〖A⁴ mit B³ ~〗(A⁴を B³ で)張って覆う. den Balkon mit einem Tuch *überspannen* バルコニーの上一面に布を張る. ② (橋などが物⁴の上に)架かっている. Eine Brücke *überspannte* den Fluss. 橋が川に架かっていた. ③ (ロープなど⁴を)強く張りすぎる.

ü·ber·spannt [ユーバァ・シュパント] I überspannen (張って覆う)の 過分 II 形 とっぴな (意見など), 過度な(要求など); エキセントリックな, 常軌を逸した(性格など).

Ü·ber·spannt·heit [ユーバァ・シュパントハイト] 女 -/-en ①〖覆 なし〗極端, 法外. ② 極端な言動.

ü·ber·spie·len [ユーバァ・シュピーれン y:bər-ʃpí:lən] 他 (h) ① (録音・録画されたもの⁴を)ダビングする; (放送⁴を)中継する. eine CD⁴ auf ein Tonband *überspielen* CD を録音テープにダビングする. ② (弱点など⁴を)巧みに隠す, わからないようにする. Er *überspielt* seine Befangenheit. 彼は自分の当惑を人に気づかせない. ③《スポ》(相手⁴に)力を発揮させない. ④ (人⁴を)だしぬく.

ü·ber·spit·zen [ユーバァ・シュピッツェン y:bər-ʃpítsən] 他 (h) (要求など⁴を)やりすぎる, 極端にまでやる; (表現など⁴を)誇張する.

ü·ber·spitzt [ユーバァ・シュピッツト] I überspitzen (やりすぎる)の 過分 II 形 極端な; 誇張した. eine *überspitzte* Formulierung 誇張した言い方.

ü·ber|sprin·gen¹✻ [ユーバァ・シュプリンゲン

ü·ber|sprin·gen² [ユーバァ・シュプリンゲン ý:bər-ʃprìŋən]《分離》 圓 (s) ① (火花などが)飛び移る, (火が)燃え移る. ②《**auf** 事⁴ ～》(事⁴に)急に移る. auf ein anderes Thema *überspringen* 急に他の話題に移る.

ü·ber|sprin·gen²* [ユーバァ・シュプリンゲン]《非分離》他 (h) ① (垣根など⁴を)飛び越える. ② (ページなど⁴を)飛ばす; 抜かす; 飛び級する. ein Paar Seiten⁴ *überspringen* 数ページ飛ばして読む.

ü·ber|spru·deln [ユーバァ・シュプルーデるン ý:bər-ʃprùːdəln] 圓 (s) (炭酸水などが容器から)泡立ってあふれる, (熱湯が)吹きこぼれる. Er *sprudelt von* (または **vor**) neuen Ideen *über*.《比》彼には次々と新しいアイディアが浮かんでくる.

ü·ber|spü·len [ユーバァ・シュピューれン y:bər-ʃpýːlən] 他 (h) (波などが物⁴を)洗う, (洪水などが道路など⁴を)水浸しにする. 人⁴ **mit** kaltem Wasser *überspülen* 人⁴に冷水を浴びせる.

ü·ber·staat·lich [ユーバァ・シュタートりヒ] 形 超国家的な.

ü·ber‡stän·dig [ユーバァ・シュテンディヒ] 形 ①《農》収穫(伐採)の時期を逸した(穀物・樹木など), 屠殺(ﾄｻﾂ)の時期を逸した(家畜など). ②《古》古くなくなった, 時代遅れの; 売れ残りの.

ü·ber|ste·hen¹* [ユーバァ・シュテーエン ý:bər-ʃtèːən]《分離》圓 (h) (バルコニーなどが)突き出ている, 張り出している. ◇《現在分詞の形で》*überstehende* Zähne 出っ歯.

ü·ber|ste·hen²* [ユーバァ・シュテーエン]《非分離》他 (h) (苦難など⁴に)耐える; (危機・病気など⁴を)切り抜ける, 克服する. Er *hat* eine schwere Krankheit *überstanden*. 彼は重い病気に打ち勝った.

ü·ber·stei·gen* [ユーバァ・シュタイゲン y:bər-ʃtáiɡən] 他 (h) ① (塀など⁴を)乗り越える, (山など⁴を)越える. ② (期待・能力など⁴を)上回る, 超える. Das *übersteigt* meine Kräfte. それは私の力ではおよばない.

ü·ber·stei·gern [ユーバァ・シュタイガァン ý:bər-ʃtáiɡərn] I 他 (h) (価格など⁴を)上げ過ぎる. ◇《過去分詞の形で》ein *übersteigertes* Selbstbewusstsein⁴ haben 自意識が過剰である. II 再帰 (*sich*⁴ **in** 事³ ～)《事³をするのに)度を過ごす.

ü·ber·stel·len [ユーバァ・シュテれン y:bər-ʃtélən] 他 (h) (官庁)(囚人など⁴を[法廷など³に])引き出す.

ü·ber·steu·ern [ユーバァ・シュトイアァン y:bər-ʃtɔ́yərn] 他 I 他 (h)《電気》(物⁴の)ボリュームを上げ過ぎる, 変調する. II 圓 (h)《自動車》(車が)オーバーステアになる.

ü·ber·stim·men [ユーバァ・シュティンメン] 他 (h) ① (人⁴に)投票で破る. ② (動議など⁴を)多数決で否決する.

ü·ber·strah·len [ユーバァ・シュトラーれン y:bər-ʃtráːlən] 他 (h) ①《雅》(物⁴を)くまなく照らす. Die Freude *überstrahlte* ihr Gesicht.《比》喜びの彼女の顔は輝いていた. ② (より強い光で物⁴の)輝きを失わせる, 影を薄くする.

ü·ber|strei·fen [ユーバァ・シュトライフェン ý:bər-ʃtràifən] 他 (h) (人³に)衣類⁴をさっと)着せる, ひっかける. (人³ (sich³) eine Jacke⁴ *überstreifen* 人³に上着をかけてやる(自分で上着をひっかける).

ü·ber|strö·men¹ [ユーバァ・シュトレーメン ý:bər-ʃtrɔ̀ːmən]《分離》圓 (s) ① (水が)あふれ出る, 氾濫(ﾊﾝﾗﾝ)する.《比》(感情が)あふれる. von Dankesworten *überströmen* 口をきわめて謝辞を述べる. ②《**auf** 人⁴ ～》《雅》(感情などが人⁴に)乗り移る, 伝染する.

ü·ber|strö·men² [ユーバァ・シュトレーメン]《非分離》他 (h) (川・涙などが物⁴の)一面にあふれる. ◇《過去分詞の形で》**von** Schweiß *überströmt*《比》汗だくになって.

Ü·ber·stun·de [ユーバァ・シュトゥンデ] 女 -/-n 時間外労働, 超過勤務. *Überstunden*⁴ machen 超過勤務をする.

ü·ber·stür·zen [ユーバァ・シュテュルツェン y:bər-ʃtýrtsən] I 他 (h) (物⁴を)あわてて(あわただしく)する. Er *hat* seine Abreise *überstürzt*. 彼はあわただしく旅に出た. II 再帰 (h) *sich*⁴ *überstürzen* ① あわてる. *sich*⁴ **beim** Essen *überstürzen* 大急ぎで(せかせかと)食事をする. ② 次々に起こる, 相次ぐ. Seine Worte *überstürzten sich*. 彼は早口にまくしたてた.

ü·ber·stürzt [ユーバァ・シュテュルツト] I *überstürzen* (あわてさせる) の 過分 II 形 あわただしい, 大急ぎの. eine *überstürzte* Abreise あわただしい旅立ち.

Ü·ber‡stür·zung [ユーバァ・シュテュルツング] 女 -/ 大急ぎ, 性急. Nur keine *Überstürzung*! あわてるんじゃない.

ü·ber·teu·ern [ユーバァ・トイアァン y:bərtɔ́yərn] 他 (h) (物⁴に)法外な値段をつける.

ü·ber·töl·peln [ユーバァ・テるペるン y:bərtǿlpəln] 他 (h) (人⁴を)欺く, だます. *sich*⁴ *übertölpeln lassen* だまされる.

ü·ber·tö·nen [ユーバァ・テーネン y:bər-tǿːnən] 他 (h) (より大きな音で独唱者・声など⁴を)聞こえなくする. かき消す.

Ü·ber·trag [ユーバァ・トラーク ý:bər-tra:k] 男 -[e]s/..träge《商》繰越[高].

ü·ber·trag·bar [ユーバァ・トラークバール] 形 ① 転用できる. Diese Methode ist auch **auf** andere Gebiete *übertragbar*. この方法は他の分野にも転用できる. ② 伝染性の(病気など). ③ 他人が使用してもよい(入場券など).

*****ü·ber·tra·gen**¹* [ユーバァ・トラーゲン y:bərtráːɡən] du überträgst, er überträgt (übertrug, *hat*...übertragen) 他 (h) ① (ラジオ・テレビなどで)中継放送する. Das Fernsehen *überträgt* die Veranstaltung direkt. テレビはそのイベントを実況中継する. ②《A⁴ **auf** B⁴ ～》(A⁴をB⁴に)ダビングする. eine Schallplattenaufnahme⁴ auf Band *übertragen* レコードをテープにダビングする. ③《方向を表す語句とともに》(作文・図案など⁴を…へ)

übertragen

転記する, 書き写す. den Aufsatz ins Heft *übertragen* 作文をノートに書き写す. ④ 《雅》 **翻訳する**; 書き換える. ein Buch⁴ ins Deutsche *übertragen* ある本をドイツ語に訳す / eine Erzählung⁴ in Verse *übertragen* 物語を韻文に書き換える. ⑤ 〖A⁴ **auf** B⁴ ~〗(A⁴ を B⁴ に)転用する, 当てはめる. ein Gesetz⁴ der Malerei² auf die Fotografie *übertragen* 絵画の法則を写真術に転用する. ⑥ (人³に任務・権限など⁴を)ゆだねる, 任せる. 人³ eine Arbeit⁴ *übertragen* 人³にある仕事を任せる. ⑦ (病気⁴を)うつす, (気分など⁴を)伝える. eine Krankheit **auf** 人⁴ *übertragen* 人³に病気をうつす. ◊《再帰的に》*sich*⁴ **auf** 人⁴ *übertragen* (病気が)人⁴に伝染する, (気分などが)人⁴に伝わる ⇨ Die Krankheit *überträgt sich auf Menschen*. その病気は人間に伝染する. ⑧ (工)(動力⁴を)伝達する.

ü·ber·tra·gen² [ユーバァ・トラーゲン] I *übertragen¹ (中継放送する)の 過分 II 形 ① 比喩的な. im *übertragenen* Sinn 比喩的な意味(転義)で. ② (だうか)着古した(服など); 中古の.

ü·ber·trägst [ユーバァ・トレークスト] *übertragen¹ (中継放送する)の 2 人称単数 現在

ü·ber·trägt [ユーバァ・トレークト] *übertragen¹ (中継放送する)の 3 人称単数 現在

*die **Ü·ber=tra·gung** [ユーバァ・トラーグング y:bər-tráːguŋ] 女 -/(複) -en ① (ラジオ・テレビなどの)**中継**[**放送**](~ broadcast). Das Fernsehen sendet eine *Übertragung* aus dem Konzertsaal. テレビがコンサートホールから中継放送する. ② **翻訳**, 翻案; 転記. ③ 転用, 応用. ④ 〖複 なし〗(工)伝達, 伝動; 送電; (テニュ)転送. ⑤ 〖複 なし〗(権限などの)委譲, (職員などの)委任. ⑥ (病気の)感染. ⑦ (医)予定日を越える妊娠.

ü·ber·trat [ユーバァ・トラート] *übertreten¹ (犯す)の 過去

ü·ber·tref·fen* [ユーバァ・トレッフェン y:bərtréfən] 他 (h) (人・物⁴よりも)優れている. Du *übertriffst* ihn an Ausdauer. 粘り強さでは君の方が彼より上だ / Er *hat* mich in dieser Kunst weit *übertroffen*. この技術では彼は私よりはるかに上だった. ② (予想など⁴を)超える. Das Ergebnis *übertraf* alle Hoffnungen. その成果はあらゆる期待を上回るものであった.

ü·ber·trei·ben [ユーバァ・トライベン y:bər-tráibən] (übertrieb, hat...übertrieben) 他 (定了 haben) ① (事⁴を)**誇張する**, 大げさに言う. (英) exaggerate. Sie *übertreibt* seine Schwäche. 彼女は彼の弱点を誇張して言う. ◊ 〖目的語なしでも〗Ich *übertreibe* nicht, wenn ich das sage. そう言っても過言ではありません. ② (事⁴を)しすぎる, (事⁴の)度を越している. Er *übertreibt* seine Forderungen. 彼の要求は度を越している. ◊ 〖**es** を目的語として成句的に〗**es**⁴ **mit** dem Training *übertreiben* トレーニングの度を過ごす.

◊ ☞ **übertrieben**

Ü·ber=trei·bung [ユーバァ・トライブング] 女 -/-en ① 〖複 なし〗誇張; 度を過ごすこと, やり過ぎ. ② 行き過ぎた言動, 誇張した表現.

*ü·ber·tre·ten*¹* [ユーバァ・トレーテン y:bər-tréːtən] 〖非分離〗du übertrittst, er übertritt (übertrat, hat...übertreten) 他 (定了 haben) ① (法律・規則など⁴を)**犯す**, 破る. (英 violate). Er *hat* das Gesetz *übertreten*. 彼は法を犯した. ② 踏み違えて痛める. sich³ den Fuß *übertreten* 足をくじく.

ü·ber|tre·ten²* [ユーバァ・トレーテン ýːbərtrèːtən] 〖分離〗自 (s, h) ① (s) (走り幅跳びなどで)踏み切り線を越える, ファウルする. ② (s) (川が)氾濫(はんらん)する. ③ (s) 〖**zu** 物³ ~〗 (物³他の宗派・党など³に)くら替えする, 転向する. zum Katholizismus *übertreten* カトリックに改宗する. ④ (s) 〖**in** 物⁴ ~〗(液体などが物⁴に)入り込む. ⑤ (s) 〖**in** 物⁴ ~〗(テニス)(物⁴学校・年金生活などに)入る.

ü·ber·tre·ten³ [ユーバァ・トレーテン] *übertreten¹ (犯す)の 過分

Ü·ber=tre·tung [ユーバァ・トレートゥング] 女 -/-en 違反, 反則; (テニュ)(法)軽犯罪.

ü·ber·trieb [ユーバァ・トリープ] *übertreiben (誇張する)の 過去

ü·ber·trie·ben [ユーバァ・トリーベン] I *übertreiben (誇張する)の 過分 II 形 過度の; 誇張された, 大げさな. *übertriebene* Forderungen 過度の要求 / eine *übertriebene* Ausdrucksweise 大げさな表現の仕方 / Er ist *übertrieben* vorsichtig. 彼は極端に用心深い.

ü·ber·tritt [ユーバァ・トリット] I *übertreten¹ (犯す)の 3 人称単数 現在 II *übertreten² の du に対する 命令

Ü·ber=tritt [ユーバァ・トリット] 男 -[e]s/-e ① (他の宗派・党への)転向; 改宗, 改党. der *Übertritt* **zum** Katholizismus カトリックへの改宗. ② 入り込むこと, 侵入. ③ (テニュ)(身分・地位などの)変化, 移動. der *Übertritt* **in** den Ruhestand 定年退職.

ü·ber·trittst [ユーバァ・トリッツト] *übertreten¹ (犯す)の 2 人称単数 現在

ü·ber·trug [ユーバァ・トルーク] *übertragen¹ (中継放送する)の 過去

ü·ber·trumpf·en* [ユーバァ・トルンプフェン y:bər-trúmpfən] 他 (h) (トランブ)(相手・札⁴・相手の札⁴より)強い札を出して切る. ② (比)(人・物⁴に)しのぐ, 凌駕(りょうが)する.

ü·ber·tün·chen [ユーバァ・テュンヒェン y:bər-týnçən] 他 (h) (物⁴に)水しっくいを塗る; (比)(物⁴の)うわべを飾る.

ü·ber=über·mor·gen [ユーバァ・ユーバァモルゲン] 副 〖口語〗しあさってに, 明々後日に.

ü·ber·völ·kern [ユーバァ・フェルカァン y:bər-fœlkərn] 他 (h) (人が場所など⁴に)いっぱいになる. Die Urlauber *übervölkern* den Strand. 休暇中の人々で砂浜はいっぱいだ.

ü·ber·völ·kert [ユーバァ・フェるカァト] I übervölkern (いっぱいになる)の 過分 II 形 人口過剰(過密)の(都市など); 人で混みあった(行楽地など).

Ü·ber·völ·ke·rung [ユーバァ・フェるケルング] 女 -/ 人口過剰(過密).

ü·ber≈voll [ユーバァ・フォる] 形 あふれるばかりの, 超満員の. Der Zug war übervoll. その列車は超満員だった.

ü·ber·vor·tei·len [ユーバァ・フォァタイルン yːbərˈfórtaɪlən] 他 (h) (人⁴を)だましてもうける, 出し抜いて甘い汁を吸う.

ü·ber·wa·chen [ユーバァ・ヴァッヘン yːbərˈváxən] 他 (h) ① 監視する, 見張る. ② (交通の流れなど⁴を)管理する, チェックする.

ü·ber·wach·sen* [ユーバァ・ヴァクセン yːbərˈváksən] 他 (h) ① (草などが物⁴の上に)一面に生い茂る. ② (雅) (木などが成長して人・物⁴より)大きくなる.

Ü·ber·wa·chung [ユーバァ・ヴァッフング] 女 -/-en 《ふつう 単》監視, 監督; 管理, チェック.

***ü·ber·wäl·ti·gen** [ユーバァ・ヴェるティゲン yːbərˈvέltɪɡən] (überwältigte, hat…überwältigt) 他 (完了) (雅) overcome) ① (力ずくで人⁴を)打ち負かす, (犯人など⁴を)取り押さえる. einen Einbrecher überwältigen 侵入者を取り押さえる. ② (喜び・苦痛などが人⁴を)圧倒する, 襲う. Die Freude überwältigte ihn. 彼の心は喜びでいっぱいになった.

ü·ber·wäl·ti·gend [ユーバァ・ヴェるティゲント] I *überwältigen (打ち負かす)の 現分 II 形 圧倒的な, 強烈な. mit überwältigender Mehrheit 圧倒的多数で / ein überwältigendes Erlebnis 強烈な体験.

ü·ber·wäl·tigt [ユーバァ・ヴェるティヒト] *überwältigen (打ち負かす)の 過去.

ü·ber·wäl·tig·te [ユーバァ・ヴェるティヒテ] *überwältigen (打ち負かす)の 過去.

ü·ber·wand [ユーバァ・ヴァント] *überwinden (克服する)の 過去.

ü·ber·wei·sen [ユーバァ・ヴァイゼン yːbərˈváɪzən] du überweist (überwies, hat…überwiesen) 他 (完了) haben) ① (お金⁴を)振り込む, 振替で送金する. (雅 transfer). 人³(または an 人⁴) Geld⁴ überweisen (銀行を通して・郵便振替で)人³(または人⁴)に送金する / Bitte überweisen Sie den Betrag **auf** unser Konto bei der Deutschen Bank! その金額をドイツ銀行の私どもの口座に振り込んでください. ② 《方向を表す語句とともに》 (患者⁴を他の専門医に)回す, 紹介する; (事件など⁴を他の裁判所に)回す, (文書など⁴を他の部局へ)回す, ゆだねる. Sie wurde **zu** einem Facharzt (または **an** einen Facharzt) überwiesen. 《受動・過去》 彼女は専門医に回された / eine Akte⁴ einer anderen Behörde³ (またはan eine andere Behörde) überweisen 書類を他の官庁に回す.

*die **Ü·ber≈wei·sung** [ユーバァ・ヴァイズング yːbərˈváɪzʊŋ] 女 (単) -/(複) -en ① 《経》 振替, 口座振込; 振込金. (雅 transfer). Ich habe die Überweisung erhalten. 私は振替送金を受け取った. ② 委託(状); 《法》 移送; 《医》 (ホームドクターから専門医あての)委託状, 所見状; (専門医への)患者の移送.

ü·ber≈wend·lich [ユーバァ・ヴェントリヒ] 形 《手芸》 (糸目の細かい)かがり縫いの.

ü·ber|wer·fen¹* [ユーバァ・ヴェルフェン yːbərˈvὲrfən] 他 (人³に)コートなどを さっと掛けてやる. 人³ (sich³) eine Jacke⁴ überwerfen 人³に上着を掛けてやる(自分で上着をはおる).

ü·ber·wer·fen²* [ユーバァ・ヴェルフェン] 《非分離》 再帰 (h) {sich⁴ [mit 人³] ~} ([人³]と)仲たがいする, 不仲になる.

***ü·ber·wie·gen** [ユーバァ・ヴィーゲン yːbərˈvíːɡən] (überwog, hat…überwogen) I 自 (完了 haben) 優勢である, 優位を占める, 支配的である. Hier überwiegt die Meinung, dass… ここでは…という意見が優勢である. II 他 (完了 haben) (事⁴より)勝っている, 上回っている, 優勢である. Die Neugier überwog meine Bedenken. 好奇心が私の懸念を上回った.

ü·ber·wie·gend [ユーバァ・ヴィーゲント] I *überwiegen (優勢である)の 現分 II 副 主として, だいたい. Das Wetter war überwiegend heiter. 天気はおおむねよかった. III 形 優勢な, 圧倒的な, 大部分の.

ü·ber·wies [ユーバァ・ヴィース] *überweisen (振り込む)の 過去.

ü·ber·wie·sen [ユーバァ・ヴィーゼン] *überweisen (振り込む)の 過分.

ü·ber·win·den [ユーバァ・ヴィンデン yːbərˈvíndən] (überwand, hat…überwunden) I 他 (完了 haben) (雅 overcome) ① (困難など⁴を)克服する, 乗り切る; (誘惑など⁴に)打ち勝つ. Er überwand seine Angst. 彼は不安を克服した / alle Bedenken⁴ überwinden あらゆる疑念を払拭(ふっしょく)する. ② 《雅》 (人⁴を)打ち負かす, (人⁴に)打ち勝つ. den Gegner überwinden 敵に勝つ.
II 再帰 (完了 haben) sich⁴ überwinden (いやだという)気持ちに打ち勝つ. Ich konnte mich nicht überwinden, das zu tun. 私はどうもそれをする気になれなかった.

Ü·ber·win·dung [ユーバァ・ヴィンドゥング] 女 -/ 克服; 克己, 自制.

ü·ber·win·tern [ユーバァ・ヴィンタァン yːbərˈvíntərn] I 自 (h) 冬を越す, 越冬する. II 他 (h) (植物など⁴を…の場所で)越冬させる.

ü·ber·wog [ユーバァ・ヴォーク] *überwiegen (優勢である)の 過去.

ü·ber·wo·gen [ユーバァ・ヴォーゲン] *überwiegen (優勢である)の 過分.

ü·ber·wöl·ben [ユーバァ・ヴェるベン yːbərˈvœlbən] 他 (h) ① (物⁴に)丸天井(アーチ)をつける. ② (円屋根が物⁴の上に)アーチ状に架かっている.

ü・ber・wu・chern [ユーバァ・ヴーハァン yːbərvúːxərn] 他 (h) (植物が物⁴の上に)一面に生い茂る.

ü・ber・wun・den [ユーバァ・ヴンデン] ＊überwinden (克服する)の 過分

Ü・ber・wurf [ユーバァ・ヴルふ ýːbər-vurf] 男 -(e)s/..würfe ① 上っ張り, コート; ショール. ② 《ﾍﾞｯﾄﾞ》(ベッドなどの)装飾用カバー. ③ 《ｽﾎﾟ》 (レスリングの)バック投げ.

Ü・ber=zahl [ユーバァ・ツァーる] 女 -/ (数の上での)優勢; 多数. In diesem Beruf sind Frauen in der *Überzahl*. この職業では女性の方が[男性よりも]多い / eine *Überzahl* von Zuschauern 多数の観客.

ü・ber・zäh・len [ユーバァ・ツェーれン yːbər-tséːlən] 他 (h) (物⁴を)数え直す, 検算する.

ü・ber・zäh・lig [ユーバァ・ツェーりヒ] 形 余った, 余計な, 余分な.

ü・ber・zeich・nen [ユーバァ・ツァイヒネン yːbər-tsáıçnən] 他 (h) ① 《経》(公債など⁴を)募集額以上に申し込む. ② (作中の登場人物などを)誇張して表現する.

＊**ü・ber・zeu・gen** [ユーバァ・ツォイゲン yːbər-tsɔ́ygən] (überzeugte, *hat*... überzeugt) I 他 (定了 haben) 《人⁴ [von 事³] ~》《人⁴に》 [事³を]納得させる, 確信させる. (英 convince). Diese Erklärung *überzeugt* mich nicht. この説明では私は納得できない / Ich *habe* ihn von meiner Unschuld *überzeugt*. 私は彼に私の潔白を認めさせた. ◊《目的語なしでも》Die Mannschaft *überzeugte* diesmal. そのチームは今回は納得のいく(期待どおりの)試合をした.
II 再帰 (定了 haben) 《sich⁴ [von 事³] ~》 ([事³を]納得する, 確信する. Ich *überzeugte* mich von seiner Schuld. 私は彼の有罪を確信した / sich⁴ mit eigenen Augen *überzeugen* 自分の目で見て納得する.
◊▯☞ überzeugt

ü・ber・zeu・gend [ユーバァ・ツォイゲント] I ＊überzeugen (納得させる)の 現分 II 形 納得のいく, 説得力のある. ein *überzeugender* Beweis 確かな証拠.

＊**ü・ber・zeugt** [ユーバァ・ツォイクト yːbər-tsɔ́ykt] I ＊überzeugen (納得させる)の 過分, 3人称単数・2人称複数 現在 II 形 確信した, 確信のある. (英 convinced). Ich bin von seiner Unschuld fest *überzeugt*. 私は彼の無罪を固く信じている / ein *überzeugter* Marxist 筋金入りのマルクス主義者.

ü・ber・zeug・te [ユーバァ・ツォイクテ] ＊überzeugen (納得させる)の 過去

＊*die* **Ü・ber=zeu・gung** [ユーバァ・ツォイグング yːbər-tsɔ́ygʊŋ] 女 (単) -/(複) -en ① 確信, 信念. (英 conviction). die politische *Überzeugung* 政治的信念 / bei der festen *Überzeugung*², dass ... 私は…と固く信じている / 事⁴ aus (または mit) *Überzeugung* tun 確信を持って事⁴を行う / meiner *Überzeugung* nach または nach meiner *Überzeugung* 私の信じるところでは. ② 《複なし》《法》説得.

Ü・ber・zeu・gungs=kraft [ユーバァツォイグングス・クラふト] 女 -/ 説得力.

＊**ü・ber・zie・hen¹**＊ [ユーバァ・ツィーエン yːbər-tsíːən] 《非分離》(überzog, *hat*... überzogen) I 他 (定了 haben) ① 覆う, くるむ; (物⁴に)かぶせる, 掛ける. (英 cover). ein Bett⁴ frisch *überziehen* ベッドに新しいシーツを掛ける / den Kuchen mit Schokolade *überziehen* ケーキにチョコレートをかける / Das Kissen *ist* frisch *überzogen*. 枕(⁴)には新しいカバーが掛けてある. ② 《経》(口座などから)残高以上に引き出す. ③ (決められた時間など⁴を)超過する. den Urlaub *überziehen* 規定日数以上に休暇をとる. ④ (批判など⁴を)誇張する. ⑤ 《ｽﾎﾟ》(ボール⁴に)トップスピンをかける.
II 再帰 (定了 haben) 《sich⁴ mit 物³ ~》 (物³で)覆われる. Der Himmel *hat* sich mit Wolken *überzogen*. 空は雲で覆われた.

ü・ber|zie・hen²＊ [ユーバァ・ツィーエン ýːbər-tsiːən] 《分離》(zog ... über, hat... übergezogen) ① (衣服⁴を) [上に]着る, はおる. Ich *zog* [mir] eine warme Jacke *über*. 私は暖かい上着を上にはおった. ② 《成句的に》《人³ eins⁴ *überziehen*》《人³》に一発くらわす.

Ü・ber・zie・her [ユーバァ・ツィーァァ ýːbər-tsiːər] 男 -s/- ① (男性用の薄手の)コート. ② 《俗》コンドーム.

ü・ber・zog [ユーバァ・ツォーク] ＊überziehen¹ (覆う)の 過去

ü・ber・zo・gen [ユーバァ・ツォーゲン] ＊überziehen¹ (覆う)の 過分

Ü・ber=zug [ユーバァ・ツーク] 男 -(e)s/..züge ① 覆い, 被膜; (ケーキなどの)ころも. ein *Überzug* aus Schokolade チョコレートのコーティング. ② (ベッド・家具などの)カバー.

ü・ber・zwerch [ユーバァ・ツヴェルヒ] I 副 《方》斜めに, 交差して. II 形 ① ひねくれた, 偏屈な. ② 《方》浮かれた.

＊**üb・lich** [ユープりヒ ýːplıç] 形 普通の, 通常の, いつもの; 慣例の. (英 usual). wie *üblich* 例によって, いつものように / in *üblicher* Weise いつものやり方で / Das ist hier so *üblich*. ここではそれが普通なのです.

U-Boot [ウー・ボート] 中 -(e)s/-e 《軍》潜水艦, ユーボート (=**U**nterseeboot).

＊**üb・rig** [ユープリヒ ýːbrıç]

残っている

Ist noch etwas Kuchen *übrig*?
イスト ノッホ エトヴァス クーヘン ユープリヒ
ケーキはまだいくらか残ってる?

形 残っている, 残りの, 余った; その他の. Drei Äpfel sind *übrig*. りんごが3個残っている / Von der Suppe ist noch etwas *übrig*. スー

うはまだ少し残っている / **für** 人・物⁴ **etwas**⁴ **übrig haben** a) 人⁴に好意を持っている, b) 物に関心を持っている / **für** 人・物⁴ **nichts**⁴ **übrig haben** a) 人⁴を好きではない, b) 物に関心がない. 彼はスポーツには関心がない / **Ich habe noch etwas Geld** *übrig*. 私はまだお金が少し残っている.

◊《名詞的に》**das** *übrige* (新形 **das** *Übrige*) その他のこと / **die** *übrigen* (新形 **die** *Übrigen*) その他の人々 / **ein** *übriges*⁴ (新形 **ein** *Übriges*⁴) **tun** 念を押す / **im** *übrigen* (新形 **im** *Übrigen*) a) その他の点では, b) それはそうと, ついでに言うと.

新形 ‥‥‥‥‥‥‥‥‥‥‥‥‥‥‥‥‥‥‥
üb·rig be·hal·ten (物⁴を)残しておく, とっておく.

***üb·rig blei·ben** 残っている. **Wie viel Geld** *ist* **übrig geblieben**?《現在完了》お金はいくら残っているのか / **Mir** *bleibt* **nichts** [**anders**] *übrig*, **als** … 私には…するほかに道はない.

üb·rig las·sen (物⁴を)残しておく, 残す, 余す. *Lass* **mir bitte etwas vom Kuchen** *übrig*? そのケーキをいくらか私に残してくれる? / **Es** *lässt* **nichts (sehr) zu wünschen** *übrig*. それは申し分ない(大いに不満が残る).

üb·rig|be·hal·ten* 他 (h) (新形 übrig behalten) ☞ übrig

üb·rig|blei·ben* 自 (s) (新形 übrig bleiben) ☞ übrig

***üb·ri·gens** [ユーブリゲンス ýːbrɪɡəns] 副 ところで, それはそうと. (英 *by the way*). *Übrigens*, **was macht denn Peter**? ところでペーターは何をしているんだろう? / **Ich habe** *übrigens* **ganz vergessen, dir zu gratulieren.** それはそうとぼくは君におめでとうを言うのをすっかり忘れていたよ.

üb·rig·ge·blie·ben übrig|bleiben (übrig bleiben (残っている)の 旧形)の 過分

üb·rig|las·sen* 他 (h) (新形 übrig lassen) ☞ übrig

üb·te [ユープテ] *üben (練習する)の 過去

*die **Ü·bung** [ユーブング ýːbʊŋ]

> 練習 *Übung* **macht den Meister**.
> ユーブング　マハト　デン　マイスタァ
> 名人も練習しだい.

女 (単) -/(複) -en ① 《複 なし》**練習**, 訓練, けいこ, トレーニング, 修業. (英 *exercise*). **eine gymnastische** *Übung* 体操の練習 / **Das ist alles nur** *Übung*. 要するに練習しだいさ / 車⁴ **zur** *Übung* **tun** 車⁴を練習のためにする / **Das**⁴ **macht die** *Übung*. それは練習すればできるようになる.

② (練習で得た)**熟練**, 巧みさ. **in der** *Übung* **sein** 熟練している / **in** 事³ *Übung*⁴ **haben** 事³が上手である / **aus der** *Übung* **kommen** 腕がなまる.

③ **練習問題**; 練習曲. *Übungen*⁴ **auf dem Klavier spielen** ピアノで練習曲を弾く.

④《スポーツ》(体操などの)**演技**. **eine schwierige** *Übung* **am Reck** 鉄棒の難しい演技. ⑤《大学の》演習. **eine mathematische** *Übung* 数学の演習. ⑥《軍》演習. ⑦《カトリック》修業, お勤め. ⑧《南ドイツ・オーストリア・スイス》**習慣, 慣行**.

Ü·bungs⁼auf·ga·be [ユーブングス・アオフガーベ] 女 -/-n 練習問題.

Ü·bungs⁼buch [ユーブングス・ブーフ] 中 -[e]s/..bücher 練習帳.

ü·bungs⁼hal·ber [ユーブングス・ハルバァ] 副 練習のために.

Ü·bungs⁼hang [ユーブングス・ハング] 男 -[e]s/..hänge (スキーの)練習用ゲレンデ(斜面).

Ü·bungs⁼platz [ユーブングス・プラッツ] 男 -es/..plätze ①《軍》練兵場. ② 運動場.

Ü·bungs⁼sa·che [ユーブングス・ザッヘ] 女《成句的に》**Das ist [reine]** *Übungssache*. それは[まったく]練習しだいだ.

Ü·bungs⁼stück [ユーブングス・シュテュック] 中 -[e]s/-e (語学などの)**練習用教材**, テキスト; 《音楽》**練習曲**.

u. dgl. [m.] [ウント デーァ・グらイヒェン [メーァ]]《略》**等々, その他** (=**und dergleichen** [**mehr**]).

u. d. M. [ウンタァ デム メーレス・シュピーゲる]《略》**海面下** (=**unter dem Meeresspiegel**).

ü. d. M. [ユーバァ デム メーレス・シュピーゲる]《略》**海抜** (=**über dem Meeresspiegel**).

die **UdSSR** [ウー・デー・エス・エス・エル]《略》《国名》**旧ソビエト社会主義共和国連邦**, **旧ソ連** (=**Union der Sozialistischen Sowjetrepubliken**; 1922–1991).

u. E. [ウンゼレス エァ・アハテンス]《略》**われわれの考え(判断)では** (=**unseres Erachtens**).

U·fa [ウーふァ úːfa] 女 -/ ウーファ (1917年創設のドイツの映画会社) (=**Universum-Film-AG**).

*das **U·fer** [ウーふァァ úːfər] 中 (単2) -s/(複) - (3 格のみ -n) (川・湖・海などの)**岸**. (英 *shore*). **Fluss***ufer* 川岸 / **ein steiles** *Ufer* 急斜面の岸 / **das rechte (linke)** *Ufer* **eines Flusses** (下流に向かって:)川の右岸(左岸) / **am anderen** *Ufer* 対岸に / **Der Fluss trat über die** *Ufer*. 川が氾濫した / **vom anderen** *Ufer* **sein**《口語》同性愛者である / **zu neuen** *Ufern* **auf|brechen**《比》新しい[人生の]目標に向けて出発する.

U·fer⁼bö·schung [ウーふァァ・ベッシュング] 女 -/-en 岸の斜面.

u·fer⁼los [ウーふァァ・ろース] 形 **果てしない, 無[制]限の**. *uferlose* **Auseinandersetzungen** 果てしない議論. ◊《名詞的に》**ins** *Uferlose* **gehen** 際限なくひろがる.

uff! [ウふ úf] 間 (緊張のあとの安堵のため息:) **ふーっ**, **ほーっ**.

u. ff. [ウント ふォるゲンデ〔ザイテン〕]《略》および以下数ページ (=**u**nd **f**olgende [Seiten]).

U-fo, UFO [ウーふォ ú:fo] 中 -(s)/-s 未確認飛行物体 (=**u**nbekanntes **F**lugobjekt).

U·gan·da [ウガンダ ugánda] 中 -s/《国名》ウガンダ[共和国](アフリカ中東部. 首都はカンパラ).

UHF [ウー・ハー・エふ]《略》極超短波 (=**U**ltrahochfrequenz).

‡*die* **Uhr** [ウーァ ú:r]

> 時計 Meine *Uhr* steht.
> マイネ ウーァ シュテート
> 私の時計は止まっている.
>
> …時 Es ist drei *Uhr*. 3時です.
> エス イスト ドライ ウーァ

女 (単) -/(複) -en ① 時計. (英 *watch*). Meine *Uhr* geht richtig. 私の時計は正確だ / Die *Uhr* schlägt fünf. 時計が5時を打つ / Die *Uhr* geht vor (nach). 時計が進んでいる(遅れている) / die *Uhr*⁴ auf|ziehen 時計のねじを巻く / **auf** die *Uhr*⁴ richtig stellen 時計を合わせる / **auf** die *Uhr* sehen 時計を見る / Es ist eins **nach** meiner *Uhr*. 私の時計では1時です / rund **um** die *Uhr*《口語》24時間ぶっ通しで, 四六時中.

② 《覆 なし》(時刻):…時. (英 *o'clock*). (〈英〉「長さとしての時間」は Stunde). Wie viel *Uhr* ist es? — Es ist ein *Uhr*. 何時ですか — 1時です (〈英〉 eine Uhr と言えば「一つの時計」という意味になる) / Es ist genau neun *Uhr*. ちょうど9時です / 8.10 *Uhr* (=**acht Uhr zehn**) 8時10分 (〈英〉 時と分の間にはピリオドを打つ) / **um** 12 *Uhr* mittags 昼の12時に / Der Zug fährt um fünf *Uhr* dreißig. その列車は5時30分に発車します / **gegen** sieben *Uhr* 7時ごろに. (〈類語〉 Zeit).

・・・・・・・・・・・・・・・・・・・・・・・・・・・・・・・・

〈英〉 時計のいろいろ: Armband*uhr* 腕時計 / Digital*uhr* デジタル時計 / Kuckucks*uhr* かっこう時計 / Pendel*uhr* 振り子時計 / Quarz*uhr* クォーツ時計 / Sand*uhr* 砂時計 / Sonnen*uhr* 日時計 / Stopp*uhr* ストップウォッチ / Stutz*uhr* 置き時計 / Taschen*uhr* 懐中時計 / Turm*uhr* 塔の時計 / Wecker 目覚まし時計

・・・・・・・・・・・・・・・・・・・・・・・・・・・・・・・・

Uhr⸗arm·band [ウーァ・アルムバント] 中 -(e)s/..bänder 腕時計のバンド.

Uhr⸗ket·te [ウーァ・ケッテ] 女 -/-n 時計の鎖.

Uhr⸗ma·cher [ウーァ・マッハァ] 男 -s/- 時計製造(修理)職人.

Uhr⸗werk [ウーァ・ヴェルク] 中 -(e)s/-e 時計の機械; 時計(ぜんまい)仕掛け.

Uhr⸗zei·ger [ウーァ・ツァイガァ] 男 -s/- 時計の針.

Uhr·zei·ger⸗sinn [ウーァツァイガァ・ズィン] 男 -(e)s/ 時計回り. **im** (**entgegen dem**) *Uhrzeigersinn* 時計回り(時計と逆回り)で.

Uhr⸗zeit [ウーァ・ツァイト] 女 -/-en 時刻.

U·hu [ウーフー ú:hu] 男 -s/-s《鳥》ワシミミズク.

die **Uk·ra·i·ne** [ウクライーネ ukraí:nə または ウクライネ ukráɪnə] 女 -/《定冠詞とともに》《国名》ウクライナ[共和国](旧ソ連邦. 首都はキエフ).

UKW [ウー・カー・ヴェー]《略》超短波 (=**U**ltra**k**urz**w**elle).

Ulk [ウるク úlk] 男 -s (まれに-es)/-e《ふつう 単》冗談,(悪)ふざけ.

ul·ken [ウるケン úlkən] 自 (h) 冗談を言う, ふざける. **mit** 人³ *ulken* 人³に冗談を言って(ふざけて)からかう.

ul·kig [ウるキヒ úlkɪç] 形《口語》おかしい, こっけいな; 奇妙な, 変な.

Ulm [ウるム úlm] 中 -s/《都市名》ウルム(ドイツ, バーデン・ヴュルテンベルク州. ドナウ河畔にあり, 大聖堂で有名: ☞ 地図 D~E-4).

Ul·me [ウるメ úlmə] 女 -/-n ①《植》ニレ. ② にれ材.

Ul·rich [ウるリヒ úlrɪç] -s/《男名》ウルリヒ.

Ul·ri·ke [ウるリーケ ulrí:kə] -s/《女名》ウルリーケ.

Ul·ti·ma ra·tio ☞ 新形 **Ultima Ratio**

Ul·ti·ma Ra·tio [ウるティマ ラーツィオ última rá:tsio] [ラテン] 女 --/《雅》最後の手段, 伝家の宝刀.

Ul·ti·ma·tum [ウるティマートゥム ultimá:tum] 中 -s/..maten (また -s) 最後通牒(ツウチヨウ). 人³ ein *Ultimatum*⁴ stellen 人³に最後通牒を出す.

Ul·ti·mo [ウるティモ último] -s/-s《商》月末, 月末に. *Ultimo* April 4月末に.

ult·ra·., Ult·ra·. [ウるトラ.. ultra.. または ウるトラ..]《形容詞・名詞につける 接頭》《超・過激・極端》例: *Ultra*kurzwelle 超短波.

Ult·ra [ウるトラ últra] 男 -s/-s《隠語》(政治的)過激派, 急進派.

Ult·ra⸗hoch·fre·quenz [ウるトラ・ホーホふレクヴェンツ] 女 -/-en 極超短波周波数帯(略: UHF).

Ult·ra⸗kurz·wel·le [ウるトラ・クルツヴェれ] 女 -/-n 超短波(略: UKW).

Ult·ra·kurz·wel·len⸗sen·der [ウるトラクルツヴェれン・ゼンダァ] 男 -s/- 超短波送信機(局).

ult·ra⸗ma·rin [ウるトラ・マリーン] 形《無語尾で》ウルトラマリンの, 群青(グンジヨウ)色の.

Ult·ra⸗ma·rin [ウるトラ・マリーン] 中 -s/ ウルトラマリン, 群青(グンジヨウ)色.

ult·ra⸗rot [ウるトラ・ロート] 形《物》赤外線の.

Ult·ra⸗rot [ウるトラ・ロート] 中 -s/《物》赤外線.

Ult·ra⸗schall [ウるトラ・シャる] 男 -(e)s/《物》超音波, 超可聴(チヨウ)音.

Ult·ra·schall⸗the·ra·pie [ウるトラシャる・テラピー] 女 -/-n [..ピーエン]《医》超音波療法.

Ult·ra·schall⸗wel·le [ウるトラ・シャるヴェれ] 女 -/-n《物》超音波.

Ult·ra⸗strah·lung [ウるトラ・シュトラーるング] 女 -/-en《理》宇宙線.

ult·ra⸗vi·o·lett [ウるトラ・ヴィオれット] 形

《物》紫外線の.
Ult・ra・vi・o・lett [ウラトラ・ヴィオレット] 中 -s/ 《物》紫外線(略: UV).

*__um__ [ウム úm] Ⅰ 前《4格とともに》(定冠詞と融合して (um das) となることがある) ① 《空間的に》…の周りを[を], …を回って. (英 round, around). Wir saßen *um* den Tisch. 私たちはテーブルの周りに座っていた (☞図). / *um* das Haus [herum] gehen 家の周りを回る / Das Raumschiff kreist *um* die Erde. 宇宙船は地球の周りを回っている / eine Kette⁴ *um* den Hals tragen 首にネックレスをしている / die Wälder *um* Berlin herum ベルリン周辺の森. ◇《再帰代名詞(4格)とともに》ängstlich *um* sich blicken おずおずと周りを見回す / Er hat viele Freunde *um* sich. 彼は周りに友だちが多い / Die Epidemie greift *um* sich. 伝染病が広がる. (⚠ この場合 um にアクセントを置く).
② …を曲がって. *um* die Ecke biegen 角を曲がる / gleich *um* die Ecke 角を曲がってすぐのところに.
③ 《時間的に》⑦ 《正確な時刻》…に. (英 at). *um* 8 Uhr 8時に Das Geschäft schließt *um* 18 Uhr. その店は18時に閉まる. ⑦ 《しばしば **herum** とともに》《およその日時》…ごろに. *um* die Mittagszeit [herum] お昼ごろに / *um* Ostern [herum] 復活祭のころに / *um* 8 Uhr herum 8時ごろに.
④ 《差異》…だけ. den Rock *um* 5 cm kürzen スカートを5センチ短くする / Er ist *um* einen Kopf größer als ich. 彼は私より頭一つだけ背が高い / *um* vieles besser はるかに良い.
⑤ 《追求》…を求めて. 入⁴に Rat bitten 入⁴に助言を求める / *um* Hilfe rufen 助けを求めて叫ぶ / *um* Geld spielen お金を賭(か)けてゲームをする.
⑥ 《喪失》*um* 物⁴ kommen 物⁴を失う / *ums* Leben kommen 命を失う / 入⁴ *um* 物⁴ bringen 入⁴から物⁴を奪う.
⑦ 《テーマ》…について, …をめぐって. *um* 事⁴ wissen 事⁴について知っている / eine erregte Diskussion *um* das Problem その問題をめぐる激しい議論 / Es geht hier *um* das Prinzip. ここで問題となっているのは原則なのだ / Es steht schlecht *um* ihn. 彼は調子がよくない.
⑧ 《悲しみ・心配などの原因》…について. *um* einen Verstorbenen klagen 亡き人のことを嘆く / Sie macht sich Sorgen *um* die Kinder. 彼女は子供たちのことを心配している / Es ist schade *um* die Zeit. 時間がもったいない.
⑨ 《同じ名詞にはさまれて》Tag *um* Tag 一日一日 / Schritt *um* Schritt 一歩一歩.
⑩ 《成句的に》*um* jeden Preis ぜひとも / *um* keinen Preis 決して…ない / *um* nichts in der Welt 絶対に…ない.
⑪ 《*um* 入・物² willen の形で》入・物²のために. *um* der Freiheit willen 自由のために / *Um* Gottes willen! a) とんでもない, 大変だ, b) お願いだから.

Ⅱ 接

> **…するために**
> Ich bin hier, *um* dir zu helfen.
> イヒ ビン ヒーア ウム ディーア ツー ヘるふェン
> ぼくは君を助けるためにここに来たのだ.

① 《**zu** 不定詞[句]とともに》⑦ 《目的を表して》…するために. *Um* sie abzuholen, ging er zum Bahnhof. 彼女を迎えに彼は駅へ行った. ⑦ 《結果を表して》そして… Er kam, *um* gleich wieder fortzugehen. 彼は来たと思ったら, すぐにまたどこかへ行ってしまった. ⑤ 《断り書きで》*Um* die Wahrheit zu sagen, ich liebe ihn nicht mehr. 本当のことを言うと, 私はもう彼を愛していないのよ. (⚠ 後続文の語順に影響を与えない) / *um* ein Beispiel zu nennen 一例をあげるに. ㊁ 《副詞の **zu**＋形容詞と呼応して》…するには(あまりに～), (あまりに～すぎて)…できない. Sie ist noch zu jung, *um* das zu begreifen. 彼女はそれを理解するにはまだ若すぎる. ⑦ 《形容詞＋**genug** と呼応して》…するのに(十分なほど～). Sie ist alt genug, *um* das *zu* begreifen. 彼女はそれを理解できる年齢に達している.
② 《*um so* の形で》(☞ 新形 *um*so) それだけに[いっそう]….

Ⅲ 副 ① 《*um* [die] … [herum] の形で》およそ, 約. Sie ist *um* [die] 30 [herum]. 彼女は30歳ぐらいだ / Das Buch kostet *um* [die] 20 Mark [herum]. その本はおよそ20マルクだ.
② 《成句的に》*um* und *um* 《方》まったく, いたるところに. Das ist *um* und *um* verkehrt. それはまったく間違っている.
③ 過ぎて, 終わって.

新形 **um sein** 《口語》過ぎている, 終わっている. Die Ferien *sind um*. 休暇は終わった.

um.. [ウム.. úm.. または ウム..] Ⅰ 《分離動詞の 前つづり》つねにアクセントをもつ) ① 《周囲に(を)》例: *um*|blicken あたりを見回す. ② 《回転》例: *um*|drehen 回す. ③ 《転倒》例: *um*|fallen 倒れる. ④ 《移動》例: *um*|ziehen 引っ越す. ⑤ 《やり直し・変更》例: *um*|schreiben 書き直す. ⑥ 《喪失》例: *um*|kommen 死ぬ. ⑦ 《交換》例: *um*|tauschen 交換する.
Ⅱ 《非分離動詞の 前つづり; アクセントをもたない》① 《…の周囲をぐるりと》例: *um*fahren 回る. ② 《包囲》例: *um*geben 囲む. ③ 《迂回》例: *um*gehen 迂回(うかい)する.

um|än・dern [ウム・エンダァン úm-èndərn] 他 (h) [作り]変える, 作り直す, 変更する.

Um・än・de・rung [ウム・エンデルング] 女 -/-en 作り変え; 変更.

um|ar·bei·ten [ウム・アルバイテン úm-àrbaɪtən] 他 (h) ① (服など⁴を)作り直す. ② 書き直す,改作する.

Um·ar·bei·tung [ウム・アルバイトゥング] 女 -/-en 作り直し;改訂,改作.

***um·ar·men** [ウム・アルメン um-ármən] 他 (定了) haben) (人⁴を)抱く,抱き締める. ◊《相互的に》 sich⁴ umarmen 抱き合う. Sie umarmten sich beim Wiedersehen. 彼らは再会して抱き合った.

Um·ar·mung [ウム・アルムング] 女 -/-en 抱擁.

Um·bau [ウム・バオ úm-bau] 男 -[e]s/-e (または -ten) ①《複 なし》改築,改装;(舞台装置の)転換. ② 改築(改造)家屋. ③ (ベッドなどの)外装部分.

um|bau·en¹ [ウム・バオエン úm-bàuən]《分離》他 (定了) haben) ① 改築する,改造する;(舞台装置⁴を)転換する. ein Haus⁴ umbauen 家を改築する / Das Kino wurde zu einem Supermarkt umgebaut.《受動・過去》映画館はスーパーマーケットに改装された. ② (組織など⁴を)改組する,再編成する.

um·bau·en² [ウム・バオエン]《非分離》他 (h) (建物で広場など⁴を)囲む.

um|be·nen·nen* [ウム・ベネンネン úm-bənènən]《過分 umbenannt》他 (h) (物⁴の)名称を改める.

um|be·set·zen [ウム・ベゼッツェン úm-bəzètsən]《過分 umbesetzt》他 (h) (ポストなど⁴に)別の人を配置する,(配役など⁴を)変更する.

um|bet·ten [ウム・ベッテン úm-bètən] 他 (h) ① (患者など⁴を)ほかのベッドに移す. ② (死体⁴を)別の墓に葬りなおす.

um|bie·gen* [ウム・ビーゲン úm-bì:gən] I 他 (h) (針金など⁴を)折り曲げる. II 自 (s) (道などが)大きく折れ曲がる;(人・車などが) U ターンする.

um|bil·den [ウム・ビるデン úm-bìldən] I 他 (h) (物⁴の)形を変える,作り直す;(内閣など⁴を)改造する. Sätze⁴ umbilden 文章を書き換える. II 再帰 (h) sich⁴ umbilden (形・構造などが)変わる.

Um·bil·dung [ウム・ビるドゥング] 女 -/-en 作り変え,改組,再編成.

um|bin·den¹* [ウム・ビンデン úm-bìndən]《分離》他 (h) ① 巻く(結び)つける;(衣服など⁴を)まとう. 〔人³ (sich³)〕 eine Schürze⁴ umbinden 人³にエプロンを結んでやる(自分でエプロンを結ぶ). ② (本⁴を)製本し直す.

um·bin·den²* [ウム・ビンデン]《非分離》他 (h) 《A⁴ mit B³ ~》(A⁴を B³ で)結ぶ,巻く,縛る. Pakete⁴ mit einem Strick umbinden 小包をひもで結ぶ.

um|blät·tern [ウム・ブれッタァン úm-blètərn] I 他 (h) (本・新聞など⁴の)ページをめくる. II 自 (h) ① ページをめくる. ② (人³のために)楽譜をめくる.

um|bli·cken [ウム・ブリッケン úm-blìkən] 再帰 (h) sich⁴ umblicken ① 辺りを見回す. ② 振り返って見る.

Umb·ra [ウンブラ úmbra] 女 -/ ①《天》アンブラ(太陽の黒点の暗黒部). ② アンバー(褐色顔料).

um|bre·chen¹* [ウム・ブレッヒェン úm-brèçən]《分離》I 他 (h) ① (木・垣根など⁴を)折って倒す;(紙⁴を)折りたたむ. ② (畑⁴を)すきかえす. II 自 (s) 折れ曲がる;(木・垣根が)折れて倒れる.

um·bre·chen²* [ウム・ブレッヒェン]《非分離》他 (h)《印》(組み版⁴を)ページに組む,割り付ける,メークアップする.

um|brin·gen [ウム・ブリンゲン úm-brìŋən] (brachte...um, hat...umgebracht) 他 (定了) haben) 殺す,殺害する(=töten).《英 kill》. 〔人⁴ mit Gift umbringen 人⁴を毒殺する / Dieser Krach bringt mich noch um.《口語》この騒音には参ってしまう / Das Material ist nicht umzubringen.《口語・比》この素材は長持ちする. ◊《再帰的に》Er hat sich⁴ umgebracht. 彼は自殺した.

Um·bruch [ウム・ブルフ úm-brux] 男 -[e]s/..brüche ① (特に政治上の)変革, 大改革. ②《複 なし》《印》ページに組むこと,割りつけ,メーキャップ. ③《農》(畑の)すき返し.

um|bu·chen [ウム・ブーヘン úm-bù:xən] 他 (h) ① (旅行・飛行機など⁴の)予約を変更する. ② 《経》(金額⁴を)記帳移すする,振り替える.

um|den·ken* [ウム・デンケン úm-dèŋkən] 他 (h) 考え方を改める(一新する).

um|dis·po·nie·ren [ウム・ディスポニーレン úm-dısponi:rən] I 他 (h) (計画・予定など⁴を)変更する. II 自 (h) 計画(予定)を変更する.

um·drän·gen [ウム・ドレンゲン um-dréŋən] 他 (h) (物⁴の)周りに押し寄せる(殺倒する).

um|dre·hen [ウム・ドレーエン úm-drè:ən] (drehte...um, hat/ist...umgedreht) I 他 (定了) haben) ① 回す,回転させる,ひねる.《英 turn round》. den Schlüssel im Schloss umdrehen 錠に差した鍵(⁂)を回す / 人³ den Arm umdrehen 人³の腕をねじ上げる / ② 裏返す;(ページ⁴を)めくる. die Tischdecke⁴ umdrehen テーブルクロスを裏返しにする / einen Spion umdrehen《比》スパイを寝返らせる.

II 再帰 (定了) haben) sich⁴ umdrehen くるりと向きを変える,回れ右をする. sich⁴ nach 人・物³ umdrehen 人・物³の方を振り向く ⇒ Er drehte sich nach dem Mädchen um. 彼はその女の子の方を振り向いた.

III 自 (定了) haben または sein) U ターンする,引き返す. Das Boot hat (または ist) umgedreht. ボートは U ターンした.

Um·dre·hung [ウム・ドレーウング] 女 -/-en 回転,旋回.

Um·dre·hungs=zahl [ウムドレーウングス・ツァーる] 女 -/-en 回転数.

Um·druck [ウム・ドルック úm-druk] 男 -[e]s/

-e ① 《覆 なし》(石版印刷などの)転写, 複写. ② 転写(複写)されたもの.

um・ei・nan・der [ウム・アイナンダァ] 副 互いをめぐって, 互いの周りを, 互いに関して.

um|fah・ren[1]* [ウム・ファーレン úm-fàːrən] 《分離》 I 他 (h)(乗り物で 人[4]を)引き倒す. II 自 (s)《口語》(乗り物で)回り道をする.

um・fah・ren[2]* [ウム・ファーレン] 《非分離》他 (h)(乗り物 物[4]の)周囲を回る;(乗り物で 物[4]を)迂回(⏎)する, よけて通る. einen See umfahren 湖の回りを一周する. ②(指などで線など[4]を)なぞる.

um|fal・len [ウム・ファレン úm-fàlən] du fällst...um, er fällt...um (fiel...um, ist...umgefallen) 自《完了 sein》 ① 倒れる, 転倒する;(意識を失って)倒れる, 卒倒する. Die Vase ist umgefallen. 花びんが倒れた / tot umfallen(心臓麻痺(⏎)などで)ばったり倒れて死ぬ. ②《口語》態度(意見)をくるりと変える.

Um・fal・len [ウム・ファレン] 中《成句的に》Ich bin zum Umfallen müde. 私は倒れそうなくらい疲れている.

***der* Um・fang** [ウム・ファング úm-faŋ] 男 (単2) -[e]s/(複) ..fänge [..フェンゲ] (3 格のみ..fängen) ① 周囲の長さ;(数) 円周.《英》circumference). Brustumfang 胸囲 / den Umfang eines Kreises berechnen 円周を計算する / Der Baumstamm hat einen Umfang von sechs Metern. その木の幹の回りは 6 メートルある. ② 大きさ, 量, 広がり. Das Buch hat einen Umfang von 200 Seiten. その本は 200 ページある. ③ 範囲, 規模. der Umfang des Schadens 損害の規模 / in vollem Umfang 十分に, すっかり.

Um・fän・ge [ウム・フェンゲ] *Umfang (周囲の長さ)の 複

um・fan・gen* [ウム・ファンゲン úm-fáŋən] 他 (h)《雅》(人[4]を)抱く;《比》(静けさ・闇(⏎)などが 人[4]を)とり囲む, 包み込む.

um・fäng・lich [ウム・フェングリヒ] 形 [かなり] 広範囲な; [かなり]分量の多い.

um・fang・reich [ウム・ファング・ライヒ] 形 広範囲の; 分量の多い, かさばった; 大規模な. Die Bibliothek ist sehr umfangreich. その図書館はとても規模が大きい.

um・fas・sen [ウム・ファッセン um-fásən] du umfasst, er umfasst (umfasste, hat...umfasst) 他 《完了 haben》 ①(腕を回して)抱く, 抱擁する;握り締める. Er hat sie zärtlich umfasst. 彼は彼女を優しく抱き締めた. ◇《相互的に》sich[4] [gegenseitig] umfassen 抱き合う. ② 含んでいる, 包含している. Diese Ausgabe umfasst alle Werke des Dichters. この版にはその詩人の全作品が含まれている. ③《A[4] mit B[3] ~》(A[4] を B[3] で)囲む, とり巻く. ④《軍》包囲する.

um・fas・send [ウム・ファッセント um-fásənt] I *umfassen (抱く)の 現分 II 形 包括的な, 広範囲にわたる; 全面的な.

Sie hat umfassende Kenntnisse. 彼女はたいへん博識だ.

um・fasst [ウム・ファスト] *umfassen (抱く) の 過分, 2 人称単数・3 人称単数・2 人称複数 現在

um・faßt ☞ 《新形》 umfasst

um・fass・te [ウム・ファステ] *umfassen (抱く) の 過去

um・faß・te ☞ 《新形》 umfasste

Um・fas・sung [ウム・ファッスング] 女 -/-en ① 抱擁, 包含;《軍》包囲. ② 囲い;柵(⏎), 垣根.

Um・feld [ウム・フェェルト úm-felt] 中 -[e]s/-er ①《心・社》(個人をとり巻く)環境. ②《地》周辺[地域].

um|flie・gen[1]* [ウム・フリーゲン úm-flìːgən] 《分離》自 (s) ①《俗》ひっくり返る. ②《方・口語》迂回(⏎)して飛ぶ.

um・flie・gen[2]* [ウム・フリーゲン] 《非分離》他 (h)(物[4]の)周りを飛ぶ;(物[4]を)避けて飛ぶ.

um|for・men [ウム・フォルメン úm-fɔrmən] 他 (h) ①(物[4]を)変形する, 作り直す;(人[4]を)変える. einen Roman umformen 小説を書き換える. ②《電》(電流[4]を)変換する.

Um・for・mer [ウム・フォルマァ úm-fɔrmər] 男 -s/-《電》変換器, コンバーター.

Um・for・mung [ウム・フォルムング] 女 -/-en 変形, 改造;《電》変換.

Um・fra・ge [ウム・フラーゲ úm-fraːɡə] 女 -/-n アンケート, 世論調査. eine Umfrage[4] halten (または machen) アンケートをとる.

um|fra・gen [ウム・フラーゲン úm-fràːɡən] 自 (h)《不定詞・過去分詞でのみ用いる》アンケートをとる.

um・frie・den [ウム・フリーデン um-fríːdən] 他 (h)《雅》(垣根・壁などで 物[4]の)周りを囲う, (物[4]に)囲いをきする.

um|fül・len [ウム・フュレン úm-fỳlən] 他 (h) (ワインなど[4]を別の容器へ)詰め(入れ)かえる.

um|funk・ti・o・nie・ren [ウム・フンクツィオニーレン úm-fuŋktsioniːrən] 他 (h)(物[4]を)別の用途に当てる, 転用する.

um・gab [ウム・ガープ] *umgeben[1] (とり囲む)の 過去

***der* Um・gang** [ウム・ガング úm-gaŋ] 男 (単2) -[e]s/(複) ..gänge [..ゲンゲ] (3 格のみ..gängen) ①《覆 なし》つき合い, 交際;交際相手.《英》contact). ein vertrauliche Umgang 親密なつき合い / mit 人[3] Umgang[4] haben (または pflegen) 人[3]と交際している / Sie ist kein Umgang für ihn.《口語》彼女は彼にとってふさわしい交際相手ではない. ②《覆なし》(人や物の)扱い. Er ist erfahren im Umgang mit Tieren. 彼は動物の扱いには慣れている. ③《建・美》(教会の)回廊;周歩廊;(祭壇を巡る)礼拝の行列.

Um・gän・ge [ウム・ゲンゲ] *Umgang (回廊)の 複

um・gan・gen [ウム・ガンゲン] *umgehen[2] (迂

***um·gäng·lich** [ウム・ゲングリヒ úm-gɛŋlɪç] 形 人づき合いのいい，愛想のいい． Sie ist sehr *umgänglich*. 彼女はとても愛想がいい．

Um·gangs⸗form [ウムガングス・ふォルム] 女 -/-en 《ふつう複》エチケット，礼儀作法．

Um·gangs⸗spra·che [ウムガングス・シュプラーヘ] 女 -/-n ① (言) 日常語，話し言葉，口語． (⇔「書き言葉」は Schriftsprache). ② 仲間内で使用する言葉．

um·gangs⸗sprach·lich [ウムガングス・シュプラーハリヒ] 形 日常語の，話し言葉の，口語の．

um·gar·nen [ウム・ガルネン um-gárnən] 他 (h) (人⁴を)とり入る，(人⁴を)まるめ込む．

***um·ge·ben**¹* [ウム・ゲーベン um-gé:bən] 他 (定了 haben) を囲む，とり巻く．(英 surround). Eine Hecke *umgibt* das Haus. 生垣がその家を囲んでいる / 人⁴ mit Liebe *umgeben* 《比》人⁴を愛情で包む / Die Stadt *ist* ringsum von Wald *umgeben*. 【状態受動・現在】 その町は周りを森に囲まれている． ◆《再帰的に》 sich⁴ mit Fachleuten *umgeben* 自分の周りを専門家で固める．

um·ge·ben² [ウム・ゲーベン] *umgeben¹ (とり囲む)の 過分

um·ge·bracht [ウム・ゲブラハト] *um|bringen (殺す)の 過分

*die **Um·ge·bung** [ウム・ゲーブング um-gé:bʊŋ] 女 (単) -/(複) -en (英 surroundings) ① 周囲，周辺． die *Umgebung* Berlins ベルリンの周辺地域 / in Dresden oder *Umgebung* ドレスデンまたはその周辺に． ② 周囲の人たち；環境． der Bundespräsident und seine *Umgebung* 連邦大統領とその側近たち / sich⁴ der neuen *Umgebung*³ an|passen 新しい環境に順応する．

um·ge·dreht [ウム・ゲドレート] *um|drehen (回す)の 過分

um·ge·fal·len [ウム・ゲふァれン] *um|fallen (倒れる)の 過分

um·ge·gan·gen [ウム・ゲガンゲン] *um|gehen¹ (広まる)の 過分

um|ge·hen¹ [ウム・ゲーエン úm-gè:ən] 【分離】 (ging ... um, ist ... umgegangen) 自 (定了 sein) ① (うわさなどが)広まる，(病気などが)広がる；(幽霊などが)出没する． Die Grippe *geht* um. インフルエンザが流行する． ② 【mit 人・物³ ~ 】 (人・物³を…に)扱う． Sie *kann* sehr gut mit Kindern *umgehen*. 彼女は子供の扱い方がとてもうまい / mit 人・物³ vorsichtig *umgehen* 人・物³を用心深く扱う． ③ 【mit 人³ ~ 】 (人³と)つき合う． ④ 【mit 事¹ ~ 】 (事³(計画など)を)いだいている． Er *ging* mit dem Gedanken *um*, ein Haus zu bauen. 彼は家を建てようと考えていた． ⑤ 《口語・方》(誤って)回り道をする．

um·ge·hen² [ウム・ゲーエン um-gé:ən] 【非分離】(umging, hat ... umgangen) 他 (定了 haben) ① (物⁴を)迂回(ｳｶｲ)する，避けて通る． Die Straße *umgeht* westlich den Gebirgszug. その道は山脈の西側を迂回している． ② (困難・責任など⁴を)回避する，避ける． eine Antwort⁴ *umgehen* 返答を避ける / im Gesetz⁴ *umgehen* 法の網の目をくぐる / Das *lässt* sich⁴ nicht *umgehen*. それはやむを得ないことだ (←避けられない)．

um·ge·hend [ウム・ゲーエント] Ⅰ *um|gehen¹ (広まる)の 現分 Ⅱ 形 折り返しの，即座の． mit *umgehender* Post 折り返し[の便で] / Er schickte *umgehend* das Geld. 彼は折り返しお金を送った．

Um·ge·hung [ウム・ゲーウング] 女 -/-en ① 迂回(ｳｶｲ)；回避． ② バイパス，迂回(ｳｶｲ)道路．

Um·ge·hungs⸗stra·ße [ウムゲーウングス・シュトラーセ] 女 -/-n バイパス，迂回(ｳｶｲ)路．

um·ge·kehrt [ウム・ゲケーァト úm-gəke:rt] Ⅰ *um|kehren (引き返す)の 過分 Ⅱ 形 逆の，反対の，裏返しの． in *umgekehrter* Reihenfolge 逆の順序で / Die Sache ist genau *umgekehrt*. 事態はまったくその逆だ．

um·ge·kom·men [ウム・ゲコンメン] *um|kommen (命を失う)の 過分

um·ge·ris·sen [ウム・ゲリッセン] *um|reißen¹ (引き倒す)の 過分

um·ge·schla·gen [ウム・ゲシュらーゲン] *um|schlagen (折り返す)の 過分

um·ge·se·hen [ウム・ゲゼーエン] *um|sehen (再帰的で: 見回す)の 過分

um|ge·stal·ten [ウム・ゲシュタるテン úm-gəʃtàltən] 他 (h) 作り変える，改造する． einen Raum *umgestalten* 部屋を改造する．

um·ge·stellt [ウム・ゲシュテるト] *um|stellen¹ (置き換える)の 過分

um·ge·stie·gen [ウム・ゲシュティーゲン] *um|steigen (乗り換える)の 過分

um·ge·tauscht [ウム・ゲタオシュト] *um|tauschen (取り替える)の 過分

um·ge·wandt [ウム・ゲヴァント] *um|wenden (裏返す)の 過分

um·ge·wen·det [ウム・ゲヴェンデット] *um|wenden (裏返す)の 過分

um·ge·wor·fen [ウム・ゲヴォルふェン] *um|werfen (ひっくり返す)の 過分

um·ge·zo·gen [ウム・ゲツォーゲン] *um|ziehen¹ (引っ越す)の 過分

um·gib [ウム・ギープ] *umgeben¹ (とり囲む)の du に対する 命令

um·gibst [ウム・ギープスト] *umgeben¹ (とり囲む)の 2 人称単数 現在

um·gibt [ウム・ギープト] *umgeben¹ (とり囲む)の 3 人称単数 現在

um|gie·ßen* [ウム・ギーセン úm-gì:sən] 他 (h) ① (液体⁴を別の容器に)移し換える． ② (金属⁴を)改鋳する．

um·ging [ウム・ギング] *umgehen² (迂回する)の 過去

um|gra·ben* [ウム・グラーベン úm-grà:bən]

um・gren・zen [ウム・グレンツェン umgréntsən] 他 (h) ① (垣根などが物⁴を)とり囲む. ② 《比》(任務など⁴の範囲を)限定する.

um|grup・pie・ren [ウム・グルピーレン úmgrupìːrən] 他 (h) (人・物⁴を)編成し直す, 組み替える.

um|gu・cken [ウム・グッケン úm-gùkən] 再帰 (h) *sich⁴ umgucken*《口語》① 見回す. ② 振り返って見る.

um|ha・ben* [ウム・ハーベン úm-hàːbən] 他 (h) 《口語》(物⁴を)着ている, 身につけている. einen Mantel *umhaben* コートを着ている.

um|hal・sen [ウム・ハるゼン úm-hálzən] 他 (h) (人⁴の)首に抱きつく.

Um・hang [ウム・ハング úm-haŋ] 男 -[e]s/..hänge 肩かけ, ケープ.

um|hän・gen [ウム・ヘンゲン úm-hèŋən] 他 (h) ① (絵など⁴を他の場所へ)掛け替える. ② (人の肩・首に物⁴を)掛けてやる, つけてやる. 人³ (sich³) einen Mantel *umhängen* 人³に(自分の肩などに)コートを掛ける.

Um・hän・ge・ta・sche [ウムヘンゲ・タッシェ] 女 -/-n ショルダーバッグ.

um|hau・en(*) [ウム・ハオエン úm-hàuən] 他 (h) ① (木⁴を)切り倒す;《口語》(人⁴を一発で)なぐり倒す. ② 《俗》(人⁴を)びっくりさせる; (暑さ・酒などが人⁴を)参らせる.

***um⁄her** [ウム・ヘーァ um-héːr] 副 周りに, あたり一面に; あちこちに. (英 *around*). Weit *umher* lagen Trümmer. あたり一面に破片が散乱していた.

um・her.. [ウム・ヘーァ.. um-héːr..]《分離動詞の 前つづり》つねにアクセントをもつ;《あちこち》例: *umher*|blicken あちこち見回す / *umher*|irren さまよい歩く.

um・her|bli・cken [ウムヘーァ・ブリッケン um-héːr-blikən] 自 (h) あちこち(きょろきょろ)見回す.

um・her|ge・hen* [ウムヘーァ・ゲーエン um-héːr-geːən] 自 (s) ぶらぶら歩き回る, ぶらつく.

um・her|ir・ren [ウムヘーァ・イレン um-héːr-irən] 自 (s) さまよい歩く, あてどなく歩き回る.

um・her|zie・hen* [ウムヘーァ・ツィーエン um-héːr-tsìːən] I 自 (s) 放浪する; 巡業する. Der Zirkus *zieht im Lande umher.* そのサーカスは国中を巡業して回る. II 他 (h) (物⁴を)あちこち引っぱり回す.

um・hin|kön・nen* [ウムヒン・ケンネン um-hín-kɛnən] 自 (h)《成句的に》nicht *umhinkönnen*, **zu** 不定詞[句]…せざるをえない. Ich *konnte* nicht *umhin*, es ihm zu sagen. 私は彼にそれを言わざるをえなかった.

um|hö・ren [ウム・ヘーレン úm-hø̀ːrən] 再帰 (h)《*sich⁴* [*nach* 事³] ~》([事³について]聞いて回る, あちこち問い合わせる.

um|hül・len [ウム・ヒュルン úm-hýlən] 他 (h)《人・物⁴ *mit* 物³ ~》(人・物⁴を物³で)包む, くるむ. einen Kranken mit einer Decke *umhüllen* 病人を毛布でくるむ.

Um・hül・lung [ウム・ヒュるング] 女 -/-en ①《覆 なし》覆う(包む)こと. ② 覆い; 包装.

Um・kehr [ウム・ケーァ úm-keːr] 女 -/ ① 引き返すこと; 帰還; 方向転換. ②《比》転向, 改心.

um・kehr・bar [ウム・ケーァバール] 形 ひっくり返すことができる, 逆にできる;《理》可逆の.

***um|keh・ren** [ウム・ケーレン úm-kèːrən] (kehrte...um, *ist*/*hat*...umgekehrt) I 自 (定了 sein) ① 引き返す, 戻る. Wir *sind* auf halbem Weg *umgekehrt*.《現在完了》私たちは途中で引き返した. ②《比》改心する. II 他 (定了 haben) ① (順序など⁴を)逆にする. die Reihenfolge⁴ *umkehren* 順序を逆にする. ◊《再帰的に》*sich⁴ umkehren* (状況などが逆になる ⇒ Die Tendenz hat sich umgekehrt. すう勢は逆転した. ②《裏》裏返す, 逆にする. ein Blatt Papier⁴ *umkehren* 1枚の紙を裏返しにする / das ganze Haus⁴ [nach 物³] *umkehren*《比》(物³を探して)家中をひっくり返す. ◊☞ **umgekehrt**

Um・keh・rung [ウム・ケールング] 女 -/-en ① 逆転; 反転; 裏返し. ②《音楽》転回(反行) [形].

um|kip・pen [ウム・キッペン úm-kìpən] I 自 (s) ① (物が)倒れる, ひっくり返る, (船などが)転覆する. Das Boot *ist umgekippt*.《現在完了》ボートが転覆した. ②《口語》気を失って倒れる. ③《口語》《突然》態度を変える; (雰囲気などが)がらりと変わる. ④《口語》(ワインが)酢になる. II 他 (h) (誤って物⁴を)倒す, ひっくり返す, 倒してこわす.

um・klam・mern [ウム・クらンマァン um-klámərn] 他 (h) ① (人・物⁴に)抱き(しがみ)つく, (人・物⁴を)しっかりつかむ;《比》(不安などが人⁴を)とらえる;《ボクシングで》(相手⁴に)クリンチする. ② (敵⁴を)包囲する.

Um・klam・me・rung [ウム・クらンメルング] 女 -/-en 抱きしがみつくこと.

Um・klei・de・ka・bi・ne [ウムクらイデ・カビーネ] 女 -/-n (小さく仕切った)更衣室.

um|klei・den¹ [ウム・クらイデン úm-klàidən] 《分離》他 (h)《雅》(人⁴の)着替えさせる. ◊《再帰的に》*sich⁴ umkleiden* 服を着替える.

um|klei・den² [ウム・クらイデン]《非分離》他 (h)《A⁴ mit B³ ~》(A⁴の周りにB³を)かぶせる, (A⁴の周りをB³で)覆う.

Um・klei・de・raum [ウムクらイデ・ラオム] 男 -[e]s/..räume 更衣室.

um|kni・cken [ウム・クニッケン úm-knikən] I 他 (h) (紙など⁴を)折り曲げる, 折りたたむ. ein Blatt Papier⁴ *umknicken* 1枚の紙を折る. II 自 (s) ① (木などが)[ぽきっと]折れる. ② (足を)くじく.

um|kom・men [ウム・コンメン úm-kɔmən] (kam...um, *ist*...umgekommen) 自 (定了 sein) ① (事故などで)命を失う, 死ぬ. (英 *die*). bei einem Flugzeugunglück *umkommen* 飛行機事故で死ぬ. ② 《口語》(暑さ・寒さ・不安などで)死にそうである. Auf der Party *bin* ich vor Langeweile fast *umgekommen*.【現在完了】パーティーでは私は退屈で死にそうだった. ③ (食料品などが)腐る, 傷む.

Um≈kreis [ウム・クライス] 男 -es/-e ① 《複なし》周囲, 周辺; 近郊. im *Umkreis* von 50 m 50メートル四方に. ② 《数》外接円.

um|krei・sen [ウム・クライゼン um-kráızən] 他 (h) (人・物⁴の)周りを回る;(比) (考えがテーマなど⁴を)めぐって離れない.

um|krem・peln [ウム・クレンペルン úm-krɛmpəln] 他 (h) ① (袖⁴など)を折り返す, まくり上げる. ② (靴下など⁴を)裏返す. das ganze Haus⁴ *umkrempeln*(比)家中ひっくり返して捜しものをする. ③《口語》(人・物⁴を)すっかり変える, 一変させる.

um|la・den* [ウム・ラーデン úm-là:dən] 他 (h) (荷⁴を)積み替える.

Um・la・ge [ウム・ラーゲ úm-la:gə] 女 -/-n 割当額, 分担金.

um|la・gern¹ [ウム・ラーガァン úm-là:gərn]《分離》他 (物⁴を)ほかの保管場所へ移す.

um・la・gern² [ウム・ラーガァン úm-la:gərn]《非分離》他 (h) (人・物⁴を)とり囲む, 包囲する.

Um≈land [ウム・ラント] 中 -(e)s/ 都市の周辺地域.

*der **Um・lauf** [ウム・ラオフ úm-lauf] 男 (単2) -(e)s/(複) ..läufe [..ろイフェ] (3格のみ ..läufen) ①《複 なし》回転;(天体の)公転.(英 *rotation*). der *Umlauf* eines Satelliten um die Erde 地球を巡る衛星の回転. ②《複 なし》(血液などの)循環. ③《複 なし》(貨幣などの)流通; 流布. in *Umlauf* kommen 流通する / Diese Münze ist seit fünf Jahren in (または im) *Umlauf*. この硬貨は5年前から流通している / Das Gerücht ist in *Umlauf*, dass… …といううわさが広まっている. ④ 回状, 回覧文. ⑤《医》瘭疽(ʰょぅ゙).

Um・lauf≈bahn [ウムらオフ・バーン] 女 -/-en《天》(天体・人工衛星の)軌道.

Um・läu・fe [ウム・ろイフェ] *Umlauf(回状)の 複

um|lau・fen¹* [ウム・らオフェン úm-làufən]《分離》I 自 (s) ① 回転する;(天体が)公転する;(バルコニーなどが)ぐるりと延びている;(風などの向きがぐるくる変わる. 【現在分詞の形で】ein *umlaufendes* Rad 回転する車輪. ② (血液などが)循環する. ③ (お金が)流通する; (うわさが)広まる. Über ihn *laufen* allerlei Gerüchte *um*. 彼についてさまざまなうわさが広まっている. ④ 《方》(間違って)回り道をする. II 他 (h) (人・物⁴に)ぶつかって突き倒す(ひっくり返す).

um・lau・fen² [ウム・らオフェン]《非分離》他 (h) ① (物⁴の)周りを走る. ② (惑星などが天体⁴の)周りを回る, 公転する.

Um・laut [ウム・ラオト úm-laut] 男 -(e)s/-e《言》①《複 なし》変音(すること). ② 変母音, ウムラウト (ä, ö, ü, äu).

um|lau・ten [ウム・ラオテン úm-làutən] 他 (h)《言》(母音⁴を)変音させる, ウムラウトさせる.

um|le・gen [ウム・れーゲン úm-lè:gən] 他 (h) ① (人³の肩・首などに物⁴を)巻いてやる, まとわせる. (人³ (sich³) eine Kette⁴ *umlegen* 人³にネックレスを着けてやる(自分の身に着ける). ② (袖口など⁴を)折り曲げる, 折り返す. einen Kragen *umlegen* 襟を折る. ③ 横にする, 横に倒す;(木⁴を)倒す. einen Mast *umlegen* マストを倒す. ◇再帰的に《 *sich*⁴ *umlegen* 横たわる, 横倒しになる. ④《口語》なぐり倒す;(ボクシングで:)ダウンさせる;《俗》撃ち殺す. ⑤ (電線・線路など⁴を)他の場所に敷設する;(病人⁴を)他の部屋へ移す;(電話⁴を)切り換える. (期日⁴を)変更する. ⑥ (費用など⁴を)割り当てる;(耕地など⁴を)分配する.

um|lei・ten [ウム・らイテン úm-làıtən] 他 (h) (交通など⁴を)迂回(ǔかぃ)させる.

*die **Um・lei・tung** [ウム・らイトゥング úm-laıtuŋ] 女 (単) -/(複) -en ① 迂回(ǔかぃ). (英 *diversion*). ② 迂回(ǔかぃ)路, 回り道. eine *Umleitung*⁴ fahren (車で)迂回路を行く.

um|len・ken [ウム・れンケン úm-lɛ̀ŋkən] I 他 (h) (乗り物⁴を)Uターンさせる, (物⁴の)向きを変える. den Wagen *umlenken* 車をUターンさせる. II 自 (h) (運転手が)Uターンする, 向きを変える.

um|ler・nen [ウム・れルネン úm-lɛ̀rnən] 自 (h) ① 学び直す. ② 新しい仕事(方法)を学ぶ.

um・lie・gend [ウム・リーゲント]形《付加語としてのみ》付近の, 周辺の.

um|mau・ern [ウム・マオアァン um-máuərn] 他 (h) 壁で囲む, (物⁴に)壁を巡らす.

um|mel・den [ウム・メるデン úm-mɛ̀ldən] I 他 (h) (人・物⁴の)名義書き換えをする, 登録変更をする. ein Kraftfahrzeug⁴ *ummelden* 乗用車の登録変更をする. II 再帰 (h) *sich*⁴ *ummelden* 転居届を出す / *sich*⁴ polizeilich *ummelden* 警察に住所変更を届ける.

um|mo・deln [ウム・モーデるン úm-mò:dəln] 他 (h) ① (物⁴を)作り直す, 改造する. ② (生活など⁴の)形を変える.

um・nach・tet [ウム・ナハテット um-náxtət]形《雅》精神錯乱の.

Um・nach・tung [ウム・ナハトゥング] 女 -/-en《雅》精神錯乱.

um|ne・beln [ウム・ネーベるン um-né:bəln] 他 (h) ① (霧などが人・物⁴を)包む. ②《比》(感覚・意識など⁴を)もうろうとさせる.

um|pa・cken [ウム・パッケン úm-pàkən] 他 (h) ① (荷物⁴を別の入れ物に)詰め替える. ② (かばんなど⁴を)詰め直す.

um|pflan・zen¹ [ウム・プふランツェン úm-pflàntsən]《分離》他 (h) (植物⁴を)植え替える, 移植する.

um|pflan・zen² [ウム・プふらンツェン]《非分離》他 (h) (植物を物⁴の)周りに植える. den Rasen *mit* Blumen *umpflanzen* 芝生の周りに花を植える.

um|pflü·gen [ウム・プふりューゲン úm-pflyː-gən] 他 (h) (畑⁴などを)すき返す.

um|po·len [ウム・ポーれン úm-pòːlən] 他 (h) (電)(電池など⁴を)転極させる.

um|quar·tie·ren [ウム・クヴァルティーレン úm-kvartiːrən] 他 (h) (人⁴を)別の宿舎(部屋)に移す.

um·rah·men [ウム・ラーメン um-ráːmən] 他 (h) (物⁴を)縁取る. einen Vortrag musikalisch *umrahmen*《比》講演の前後に音楽を演奏する.

um·ran·den [ウム・ランデン um-rándən] 他 (h) (物⁴に)縁取りする, (物⁴の)縁を飾る. eine Textstelle⁴ mit Rotstift *umranden* テキストのある部分を赤鉛筆で囲む.

Um·ran·dung [ウム・ランドゥング] 女 -/-en ① 縁付け, 縁を飾ること. ② 縁, へり.

um·ran·ken [ウム・ランケン um-ráŋkən] 他 (h) ①(植物が物⁴に)巻きつく, からみつく. ②《比》(うわさなどが人・物に)まつわりついている.

um|räu·men [ウム・ロイメン úm-ròymən] 他 (h) (物⁴の)配置を換える. Möbel⁴ *umräumen* 家具を移す. ②(部屋など⁴を)模様替えする.

um|rech·nen [ウム・レヒネン úm-rèçnən] 他 (h) 換算する. Yen⁴ in Euro *umrechnen* 円をユーロに換算する.

Um·rech·nung [ウム・レヒヌング] 女 -/-en 換算.

Um·rech·nungs⹀kurs [ウムレヒヌングス・クルス] 男 -es/-e 為替相場(レート).

um|rei·ßen[1] [ウム・ライセン úm-ràɪsən]《分離》du reißt…um (riss…um, *hat*…umgerissen) 他《完て haben》① (人⁴・物⁴を)引き(押し)倒す, (風などが物⁴を)なぎ倒す. Der Sturm *hat* das Zelt *umgerissen*. あらしがテントをなぎ倒した. ② 倒壊させる.

um·rei·ßen[2]* [ウム・ライセン《非分離》] 他 (h) ①(物⁴の)輪郭を描く, 略図を書く. ②(軍⁴の)概略を述べる. Er *hat* das Thema kurz *umrissen*. 彼はそのテーマの要点を手短に述べた.

um|ren·nen* [ウム・レネン úm-rènən] 他 (h) 走っていて(人⁴・物⁴を)突き倒す.

um·rin·gen [ウム・リンゲン um-ríŋən] 他 (h) (人⁴・物⁴を)とり囲む, とり巻く.

*der **Um·riss** [ウム・リス úm-ris] 男 (単2) -es/(複) -e (3格のみ -en) 輪郭; 略図, 見取図; 概略, あらまし, アウトライン.(英 outline). der *Umriss* eines Turmes 塔の輪郭 / 物⁴ im *Umriss* (または in *Umrissen*) zeichnen 物⁴の輪郭を描く.

Um·riß ☞ 新形 Umriss

Um·riss⹀zeich·nung [ウム・リス・ツァイヒヌング] 女 -/-en 見取図, 略図, スケッチ.

Um·riß⹀zeich·numg ☞ 新形 Umrisszeichnung

um|rüh·ren [ウム・リューレン úm-ry̌ːrən] 他 (h)(液状のもの⁴を)かき混ぜる. die Suppe⁴ *umrühren* スープをかき混ぜる.

ums [ウムス]《前置詞 um と定冠詞 das の融合形》

um|sat·teln [ウム・ザッテるン úm-zàtəln] I 他 (h) (馬⁴の)鞍(くら)を替える. II 自 (h)《口語》くら替えする, 転職(転科)する. Er *sattelte von* Physik *auf* (または *zu*) Medizin *um*. 彼は物理学から医学に転科した.

*der **Um·satz** [ウム・ザッツ úm-zats] 男 (単2) -es/(複) ..sätze [..ゼッツェ] (3格のみ ..sätzen) ①《商》売り上げ, 売れ行き; 売上高.(英 turnover). der monatliche *Umsatz* 毎月の売り上げ / einen großen *Umsatz* haben たいへんな売れ行きである / Der *Umsatz* an Medikamenten steigt. 薬の売り上げが伸びる. ②《医・化》代謝.

Um·sät·ze [ウム・ゼッツェ] *Umsatz (売り上げ)の 複

Um·satz⹀steu·er [ウムザッツ・シュトイアァ] 女 -/-n《商》売上税.

um·säu·men [ウム・ゾイメン um-zóymən] 他 (h) ①(物⁴の)縁を折り返して縫う. ②《雅》囲む.

um|schal·ten [ウム・シャるテン úm-ʃaltən] I 他 (h)(スイッチ・ギアなど⁴を)切り替える. den Strom *umschalten* 電流を切り替える. ◊《目的語なしで》Wir *schalten* ins Stadion *um*. (放送で)競技場に中継を切り替えます. II 自 (h) ①(信号などが)変わる. Die Ampel *schaltet auf* Gelb *um*. 信号が黄色に変わる. ②《口語》(気持ちなどの)切り替えをする. Er *kann* nicht so schnell *umschalten*. 彼はそんなに早くは頭の切り替えができない.

Um·schal·ter [ウム・シャるタァ úm-ʃaltər] 男 -s/- ①《工》切り替えスイッチ. ②(タイプライター・キーボードの)シフトキー.

Um·schal·tung [ウム・シャるトゥング] 女 -/-en 切り替え; 切り替え装置.

Um·schau [ウム・シャォ úm-ʃau] 女 -/ 見回すこと;《比》展望. nach 人・物³ *Umschau* halten 人・物³を捜して辺りを見回す.

um|schau·en [ウム・シャオエン úm-ʃàuən] 再帰 (h) *sich⁴ umschauen*《方》見回す; 振り返って見る(=um|sehen).

um·schich·tig [ウム・シヒティヒ úm-ʃɪçtɪç] 形 交替の. *umschichtig* arbeiten 交替で働く.

um·schif·fen [ウム・シッふェン um-ʃífən] 他 (h)(岬・岩礁など⁴を)迂回(うかい)して航行する. eine Klippe⁴ glücklich *umschiffen*《比》障害(問題点)をうまく切り抜ける.

*der **Um·schlag** [ウム・シュらーク úm-ʃlaːk] 男 (単2) -(e)s/(複) ..schläge [..シュれーゲ] (3格のみ ..schlägen) ①(本などの)カバー.(英 cover). einen *Umschlag* um das Buch legen 本にカバーをする. ② 封筒(= Brief*umschlag*).(英 envelope). den Brief in einen *Umschlag* stecken 手紙を封筒に入

れる. ③〖医〗湿布, 罨法(%%).　[人]³ *Umschläge*⁴ machen　[人]³に湿布をする.　④ (襟・ズボンの)折り返し, 折り目. eine Hose **mit** (**ohne**) *Umschlag* 折り返しのある(ない)ズボン. ⑤〖覆 なし〗(天候・気分などの)急変, 激変. ein politischer *Umschlag* 政変. ⑥〖覆 なし〗〖経〗(貨物の)積み替え; 資産の運用.

Um·schlä·ge [ウム・シュレーゲ] ＊Umschlag (カバー)の覆

＊**um|schla·gen*** [ウム・シュらーゲン úm-ʃlàːɡən] du schlägst...um, er schlägt...um (schlug...um, hat/ist...umgeschlagen) I 他 (完了 haben) ① (覆了 なし) **折り返す**, 折り曲げる, まくりあげる. (英) *turn up*). die Ärmel⁴ *umschlagen* 袖(%)を折り返す. ② (ページなど⁴を)めくる. (英) *turn over*). die Seite⁴ eines Buches *umschlagen* 本のページをめくる. ③ ([人]³に[物]⁴を)掛けてやる, まとわせる. [人]³ eine Decke⁴ *umschlagen* [人]³に毛布を掛けてやる. ◇〖再帰的に〗*sich*³ ein Tuch⁴ *umschlagen* スカーフをまとう. ④ (木など⁴を)切り倒す; (ボートなど⁴を)転覆させる. ⑤ (貨物⁴を)積み替える. II 自 (完了 sein) ① **倒れる**, 横倒しになる; 転覆する. Ein Boot *schlägt um.* ボートが転覆する. ② (風向き・天候・気分などが)急変する, 急に変わる. Der Wind (Die Stimmung) *ist umgeschlagen.*〖現在完了〗風向き(雰囲気)が急に変わった. (ワインなどが)変質する.

um·schlie·ßen* [ウム・シュリーセン um-ʃlíːsən] 他 (h) ① とり囲む; (敵陣など⁴を)包囲する. ② 抱き締める; 握り締める. Er *umschloss* sie mit beiden Armen. 彼は両腕で彼女を抱いた. ③ 含んでいる, 包含している.

um·schlin·gen* [ウム・シュリンゲン um-ʃlíŋən] 他 (h) ① ([人]⁴に)抱きつく. Das Kind *umschlang* den Hals der Mutter. 子供は母親の首に抱きついた. ② (つたなどが[物]⁴ に)巻きつく, からみつく.

um|schmei·ßen* [ウム・シュマイセン úm-ʃmàɪsən] 他 (h) (〖口語〗① ([人・物]⁴を)投げ倒す, ひっくり返す. ② (計画など⁴を)ぶちこわす. ③ ([人]⁴を)うろたえさせる; 酔っ払わせる.

um|schnal·len [ウム・シュナれン úm-ʃnàlən] 他 (([人]³の体に[物]⁴を)留め金で留める. ◇〖再帰的に〗*sich*³ den Gürtel *umschnallen* ベルトを締める.

um|schrei·ben¹* [ウム・シュライベン úm-ʃràɪbən]〖分離〗 他 (h) ① 書き直す; 書き換える, 書き改める. einen Aufsatz *umschreiben* 作文を書き直す / das Datum⁴ einer Rechnung² *umschreiben* 計算書の日付を書き換える. ② (手形・為替⁴を)振り替える. ([人・物]⁴を他人の名義に)書き換える. ein Grundstück⁴ **auf** [人]⁴ *umschreiben lassen* 地所を[人]⁴の名義に書き換えさせる.

um·schrei·ben²* [ウム・シュライベン]〖非分離〗他 (h) ① (別の表現で)言い換える, 遠回しに言う. ② (権限など⁴を)明確に限定(規定)する. ③〖数〗([物]⁴に)外接させる.

Um·schrei·bung¹ [ウム・シュライブング] 女 -/-en ① 書き直し; 書き換え. ② 登記(名義)書き換え.

Um·schrei·bung² [ウム・シュライブング] 女 -/-en ① 言い換えること. ② 言い換えられた表現(パラフレーズ).

Um·schrift [ウム・シュリふト úm-ʃrɪft] 女 -/-en ① 〖言〗書き換え. phonetische *Umschrift* 発音記号による書き換え(表記). ② 写本. ③ (貨幣・メダルなどの)周囲の文字.

um|schu·len [ウム・シューれン úm-ʃùːlən] I 他 (h) ① 転校させる. ② (転職などのために[人]⁴を)再訓練(再教育)する. II 自 (h) 再訓練(再教育)を受ける.

Um·schu·lung [ウム・シューるング] 女 -/-en 転校; 再訓練, 再教育.

um|schüt·ten [ウム・シュッテン úm-ʃʏ̀tən] 他 (h) ① (容器を倒して液体など⁴を)こぼす. ② (液体など⁴を別の容器に)入れ替える.

um·schwär·men [ウム・シュヴェルメン um-ʃvérmən] 他 (h) ① (虫・鳥などが[人・物]⁴の周りに)群がる. ② (ファンなどが[人]⁴をとり巻く, ちやほやする.

Um·schweif [ウム・シュヴァイふ úm-ʃvaɪf] 男 -[e]s/-e 〖ふつう 覆〗くどい(遠回しの)言い方. **ohne** *Umschweife* 率直に, 単刀直入に / Mach keine *Umschweife*! 回りくどい言い方をするな.

um|schwen·ken [ウム・シュヴェンケン úm-ʃvènkən] 自 (s) ① ぐるっと向きを変える. ② 〖比〗[突然]心変わりする, 変節する.

Um·schwung [ウム・シュヴング úm-ʃvʊŋ] 男 -[e]s/..schwünge ① (状況などの)急変, 激変. ② (体操の)回転. ③ (スィ)家の周辺の土地.

um|se·geln [ウム・ゼーゲるン um-zéːɡəln] 他 (h) ([物]⁴の周りを帆船で周航する.

＊**um|se·hen*** [ウム・ゼーエン úm-zèːən] du siehst...um, er sieht...um (sah...um, hat...umgesehen) 再帰 (完了 haben) *sich*⁴ *umsehen* ① 見回す; 見て回る, 見物して歩く. (英 *look around*). *sich*⁴ **im** Zimmer *umsehen* きょろきょろ部屋の中を見回す / Du *wirst* dich noch *umsehen*!〖口語〗君は今に自分の思い違いに気がつくよ. ② 振り返って見る. Er *sieht sich*⁴ **nach** jeder Frau *um.* 彼は女性が通るたびに振り返って見る. ③〖*sich*⁴ **nach** [人・物]³ ～〗([人・物]³を)探し回る, 探す. *sich*⁴ **nach** einem passenden Geschenk *umsehen* 適当なプレゼントを探す.

um|sein* 自 (s) (新形) um sein (過ぎている)) ⇒ um

um·sei·tig [ウム・ザイティヒ úm-zaɪtɪç] 形 裏面の, 裏側の; 裏ページの. die *umseitige* Abbildung 裏面の図版.

um|set·zen [ウム・ゼッツェン úm-zètsən] 他 (h) ① (ほかの場所へ)置き換える, 移す. einen Schüler *umsetzen* 生徒の席を替える. ◇〖再帰的に〗*sich*⁴ *umsetzen* 別の席に移る. ② (樹木など⁴を)植え替える. ③〖A⁴ **in** B⁴ ～〗(A⁴

をB[4]に)替える,転換する. einen Plan in die Tat *umsetzen* 計画を実行に移す / Wasserkraft[4] in Strom *umsetzen* 水力を電力に転換する. ◊[再帰的に] Die Bewegung *setzt sich* in Wärme *um*. 運動は熱に変わる. ④ (商品など[4]を)売りさばく,販売する. ⑤ (重量挙げで:)(バーベル[4]を)クリーンする.

Um·set·zung [ウム・ゼッツング] 囡 -/-en ① (場所的)移動,置き換え. ② 植え替え,移植. ③ 転換,変換. ④ 売却,販売.

Um·sicht [ウム・ズィヒト úm-zɪçt] 囡 -/ 慎重さ,思慮深さ. **mit** *Umsicht* **zu Werke gehen**《雅》慎重に仕事に着手する.

um·sich·tig [ウム・ズィヒティヒ úm-zɪçtɪç] 形 慎重な,用心深い,用意周到な.

um|sie·deln [ウム・ズィーデルン úm-zì:dəln] I 倉 (s) 移住する,移り住む. **in** ein anderes Hotel *umsiedeln* ほかのホテルに移る. II 他 (h) 移住させる.

Um·sied·ler [ウム・ズィードラァ úm-zi:dlər] 男 -s/- 移住者,移民. (⇨ 女性形は Umsiedlerin).

Um·sied·lung [ウム・ズィードルング] 囡 -/-en 移住,移り住むこと.

um|sin·ken * [ウム・ズィンケン úm-zìŋkən] 倉 (s) よろよろと倒れる.

um·so [ウム・ゾ úm-zo] 圈 ①《*umso*+比較級の形で》それだけに[いっそう]… Die Zeit ist knapp, *umso* besser muss man sie nützen. 時間はあまりない,それだけにうまく使わねばならない. ◊《als, weil などの従属文とともに》(~なので)なおさら… Ich gehe *umso* lieber hin, als ich dort alte Freunde treffen kann. 私はそこで旧友たちに会えるだけになおさら行きたい. ②《je+比較級, *umso*+比較級の形で》(~であればあるほど)それだけ… Je schneller man fährt, *umso* größer ist die Gefahr. スピードを出せばそれだけ危険が大きくなる.

* **um·sonst** [ウム・ゾンスト um-zónst] 副 ① ただで,無料で. (英 *free*). Er hat die Arbeit *umsonst* gemacht. 彼はその仕事を無報酬でやった. ②《文全体にかかって》むだに,無益に,いたずらに. (英 *in vain*). Seine Bemühungen waren *umsonst*. 彼の努力はむだだった / Er hat *umsonst* auf sie gewartet. 彼は彼女を待ったがむだだった. ◊《nicht *umsonst* の形で》それなりの理由があって. Das habe ich nicht *umsonst* gesagt. 私が言ったのはそれなりの理由があってのことだ.

um·sor·gen [ウム・ゾルゲン um-zórgən] 他 (h) (人[4]の)面倒をみる,世話する.

um|span·nen[1] [ウム・シュパンネン úm-ʃpànən]《分離》他 (h) ① (電流[4]を)変圧する. ② (馬車の馬など[4]を)取り替える.

um·span·nen[2] [ウム・シュパンネン]《非分離》他 (h) ① (物[4]を)抱きかかえる;握り締める. ② (分野・期間など[4]に)およぶ,わたる.

Um·span·ner [ウム・シュパンナァ úm-ʃpanər] 男 -s/- (電)変圧器.

Um·spann≠werk [ウム・シュパン・ヴェルク] 中 -(e)s/-e (電)変電所.

um·spie·len [ウム・シュピーれン um-ʃpí:lən] 他 (h) ① (波などが物[4]の)周りに軽く打ち寄せる(漂う). ② 微笑が口元[4]に)漂う. ② (球技で:)(相手の選手[4]を)ボールをキープしながら巧みにかわす. ③ (音楽)(メロディーなど[4]を)パラフレーズする.

um|sprin·gen[1] * [ウム・シュプリンゲン úm-ʃprìŋən]《分離》倉 (s) ① (風向き・信号などが)急に変わる. ②《mit 人・物》[3] ~》(人・物[3]を…に)扱う,遇する. ③ (スキーで:)ジャンプターンする;(体操などで:)フルターンする.

um·sprin·gen[2] * [ウム・シュプリンゲン]《非分離》他 (h) (人・物[4]の周りを)跳び回る,はね回る.

um|spu·len [ウム・シュプーれン úm-ʃpù:lən] 他 (h) (テープなど[4]を)巻き戻す.

* *der* **Um·stand** [ウム・シュタント úm-ʃtant] 男 (単2) -es (まれに -s)/(複) ..stände [..シュテンデ] (3格のみ ..ständen) ① 事情,状況,事態,境遇. (英 *circumstance*). ein wichtiger *Umstand* 重大な事情 / nähere *Umstände* 事の詳細 / 人[3] mildernde *Umstände*[4] zubilligen《法》人[3]に情状酌量を認める / wenn es die *Umstände* erlauben 事情が許せば / Sie ist **in** anderen *Umständen*.《婉曲》彼女は妊娠している(←いつもとは違う状況にある) / je **nach** den *Umständen* 状況によって / **unter** *Umständen* 場合によっては(略: u. U.) / unter diesen *Umständen* こういう事情では / unter keinen *Umständen* どんなことがあっても…ない / unter allen *Umständen* どんなことがあっても,必ず. ②《ふつう 複》わずらわしいこと,めんどうなこと,手間. **ohne alle** *Umstände* さっさと,ぐずぐずせずに / Machen Sie [sich[3]] meinetwegen keine [großen] *Umstände*! どうぞお構いなく / Wenn es Ihnen keine *Umstände* macht, … ごめんどうでなければ, …

Um·stän·de [ウム・シュテンデ] *Umstand (事情の 複)

um·stän·de≠hal·ber [ウムシュテンデ・はルバァ] 副 事情があって,都合により.

* **um·ständ·lich** [ウム・シュテントりヒ úm-ʃtɛntlɪç] 形 ① めんどうな,やっかいな. eine *umständliche* Arbeit 手間のかかる仕事. ② 回りくどい,ばかていねいな. *umständliche* Erklärungen 回りくどい説明.

Um·ständ·lich·keit [ウム・シュテントりヒカイト] 囡 -/ ① めんどう,やっかい. ② 回りくどさ.

Um·stands≠kleid [ウムシュタンツ・くらイト] 中 -(e)s/-er マタニティドレス,妊婦服.

Um·stands≠krä·mer [ウムシュタンツ・クレーマァ] 男 -s/-《口語》形式主義者,細部にこだわる人.

Um·stands≠wort [ウムシュタンツ・ヴォルト] 中 -(e)s/..wörter《言》副詞.

um|ste·hen * [ウム・シュテーエン um-ʃté:ən] 他 (h) (人・物[4]の)周りに立っている.

um・ste・hend [ウム・シュテーエント] I umstehen (周りに立っている)の現分 II 形 ① 『付加語としてのみ』周りに立っている. die *umstehenden* Leute 周りに立っている人々, 見物人たち. ② 裏面の, 裏ページの. auf der *umstehenden* Seite 裏のページに. ◇『名詞的に』Im *umstehenden* (新形 Im *Umstehenden*) finden sich die näheren Erläuterungen. 詳しい説明は裏面にあります.

um|stei・gen [ウム・シュタイゲン úm-ʃtàigən] (stieg...um, *ist*...umgestiegen) 自 (完了 sein) (交 change) ① 乗り換える. (ロ〝乗車する〟は「乗車する」,「下車する」は aus|steigen; ☞ ein|steigen 図). Ich muss in Köln *umsteigen*. 私はケルンで乗り換えなければならない / in einen Bus *umsteigen* バスに乗り換える / nach Aachen *umsteigen* アーヘン行きに乗り換える.
② [auf 物⁴~]《口語》(物⁴に)くら替えする, 転向する. auf Medizin *umsteigen* 医学部に転学する / Er *will* auf einen neuen Wagen *umsteigen*. 彼は新しい車に買い換えるつもりだ.

***um|stel・len**¹ [ウム・シュテレン úm-ʃtèlən] 『分離』(stellte...um, *hat*...umgestellt) I 他 (完了 haben) ① (ほかの場所へ)置き換える, 移す; (スプ) (チームなど⁴のメンバー(ポジション)を)チェンジする. Ich habe die Schränke wieder *umgestellt*. 私は再び戸棚の場所を換えた. ② (スイッチなど⁴を)切り換える, 変える. einen Hebel *umstellen* レバーを切り換える / das Telefon⁴ vom Geschäft auf die Wohnung *umstellen* 電話を事務所から家の方へ切り換える / die Uhren³ auf die Sommerzeit *umstellen* 時計を夏時間に切り換える. ◇『再帰的に』*sich*⁴ auf 事⁴ *umstellen* 事⁴に切り換えられる, 切り換わる ⇒ Das Geschäft *stellt sich* auf Selbstbedienung *um*. その店はセルフサービス方式に切り換わる.
II 再帰 (完了 haben) [*sich*⁴ auf 事⁴ ~] (事⁴に)順応する, 慣れる. *sich*⁴ auf ein anderes Klima *umstellen* 違った気候に慣れる.

um・stel・len² [ウム・シュテレン] 『非分離』 他 (h) 囲む, とり巻く, 包囲する.

Um・stel・lung¹ [ウム・シュテルング] 女 –/–en ① 置き換え; 切り換え, 転換; (スプ) メンバー(ポジション)の変更. ② 順応.

Um・stel・lung² [ウム・シュテルング] 女 –/–en 包囲.

um・stim・men [ウム・シュティンメン úm-ʃtìmən] 他 (h) ① (弦楽器⁴の)調子を変える. ② (人⁴の)意見(気分)を変えさせる. Er lässt sich nicht *umstimmen*. 彼は意見を変えない.

um・sto・ßen* [ウム・シュトーセン úm-ʃtò:sən] 他 (h) ① 突き倒す, ぶつかってひっくり返す. eine Vase⁴ *umstoßen* 花びんをひっくり返す. ② (比) (判決・決議など⁴を)くつがえす, (予定など⁴を)だいなしにする.

um・strit・ten [ウム・シュトリッテン um-ʃtrítən] 形 議論の余地のある, 評価の定まっていない.

um|struk・tu・rie・ren [ウム・シュトルクトゥリーレン úm-ʃtrukturi:rən] 他 (h) (物⁴の)組織を変える, 構造を改変(変革)する.

um|stül・pen [ウム・シュテュルペン úm-ʃtỳl-pən] 他 (h) ① (バケツなど⁴を)逆さまにする. ② (ポケットなど⁴を)裏返しにする; ごちゃごちゃにする. ③ (生活など⁴を)全面的に改める.

Um・sturz [ウム・シュトゥルツ úm-ʃturts] 男 –es/..stürze 革命, (政治的)転覆, (比) 大変革. einen *Umsturz* planen 革命を企てる / Der *Umsturz* scheiterte. 革命は失敗した.

um|stür・zen [ウム・シュテュルツェン úm-ʃtỳrtsən] I 自 (s) 倒れる, ひっくり返る, 転覆する. II 他 (h) ① (物⁴を)倒す, ひっくり返す. den Tisch *umstürzen* テーブルをひっくり返す. ② (政権など⁴を)倒す, 転覆させる; (計画など⁴を)くつがえす.

Um・stürz・ler [ウム・シュテュルツラァ úm-ʃtỳrtslər] 男 –s/– ふつう軽蔑的に:革命家, 破壊分子.

um・stürz・le・risch [ウム・シュテュルツれリシュ úm-ʃtỳrtslərɪʃ] 形 (ふつう軽蔑的に)革命的な, 政府転覆を企てる.

um|tau・fen [ウム・タオフェン úm-tàufən] 他 (h) ① 《口語》改名する, 改称する. eine Straße⁴ *umtaufen* 通りの名を改める. ② 洗礼を施し直す. sich⁴ *umtaufen* lassen 改宗する.

Um・tausch [ウム・タオシュ úm-tauʃ] 男 –es/–e 《ふつう 単》① 取り替え, 交換. Der *Umtausch* ist innerhalb einer Woche möglich. 交換は一週間以内なら可能です. ② (通貨の)両替. der *Umtausch* von Yen in Euro 円からユーロへの両替.

***um|tau・schen** [ウム・タオシェン úm-tàuʃən] (tauschte...um, *hat*...umgetauscht) 他 (完了 haben) (交 exchange) ① 取り替える, 交換する. eine fehlerhafte Ware⁴ *umtauschen* 欠陥商品を取り替えてもらう / A⁴ in (または gegen) B⁴ *umtauschen* A⁴ を B⁴ と交換する. (☞ 類語 wechseln. ② (他の通貨へ)両替する. Vor unserer Reise will ich noch 50 000 Yen in Euro *umtauschen*. 旅行の前に私は 50,000 円をユーロに両替するつもりです.

um|top・fen [ウム・トプフェン úm-tòpfən] 他 (h) (植物⁴を)他の鉢に植え替える.

um|trei・ben* [ウム・トライベン úm-tràibən] I 他 (h) (不安などが[人⁴を]駆りたてる. II 再帰 (h) sich⁴ *umtreiben* 《雅》放浪する.

Um・trieb [ウム・トリープ úm-tri:p] 男 –[e]s/–e ① 《複》で(軽蔑的に:)(政治的な)策動, 陰謀; 《方》(個人的な)活動. ② 《林》輪伐期. ③ (坑)回り坑道.

Um・trunk [ウム・トルンク úm-truŋk] 男 –[e]s/..trünke 《ふつう 単》回し飲み; 飲み会.

um|tun* [ウム・トゥーン úm-tù:n] I 他 (h) 《口語》([人³に]コートなど⁴を)掛けてやる, まとわせる. (人³ (sich³)) eine Decke⁴ *umtun* (人³ (自分自身)に)毛布を掛ける. II 再帰 (h) sich⁴

Umweltschützer

umtun《口語》① 〖sich⁴ nach 物³ ~〗(物³を)探し求める. Ich *habe mich* nach einer anderen Stellung *umgetan*. 私はほかの勤め口を探した. ② 〖sich⁴ in 物・事³ ~〗(物³を)見て回る;(軍³に)たずさわる.

um|wäl·zen [ウム・ヴェるツェン úm-vèltsən] 他 (h) ① (ごろんと)転がす, 転覆させる. einen Stein *umwälzen* 石を転がす. ◇〖現在分詞の形で〗*umwälzende* Ereignisse 革命的な出来事. ② (水・空気など⁴を)循環させる.

Um·wäl·zung [ウム・ヴェるツンク] 女 -/-en ① (社会的な)大変革, 大変動. ② (水・空気などの)循環.

um|wan·deln [ウム・ヴァンデるン úm-vàndəln] 他 (h) 〖A⁴ in B⁴ ~〗(A⁴をB⁴に)変える, 変化させる;〚理〛変換(転換)する. Wasser⁴ in Energie *umwandeln* 水をエネルギーに変える. ◇〖再帰的に〗*sich*⁴ *umwandeln* (人柄などが)すっかり変わる. ◇〖過去分詞の形で〗Er ist seitdem wie *umgewandelt*. 彼はそれ以来人が変わったみたいだ.

Um·wand·lung [ウム・ヴァンドるンク] 女 -/-en 変化, 変形; 転換.

um|wech·seln [ウム・ヴェクセるン úm-vèksəln] 他 (h) 両替する. Papiergeld⁴ in Münzen *umwechseln* 紙幣を硬貨に両替する.

***der Um·weg** [ウム・ヴェーク úm-ve:k] 男 (単2)-[e]s/(複) -e (3格のみ -en) 回り道. (英 *detour*). einen *Umweg* machen 回り道をする / auf *Umwegen* a) 回り道をして, b)《比》間接的に, 人づてに / ohne *Umwege* a) 回り道をせずに, b)《比》率直に, ストレートに.

um|we·hen [ウム・ヴェーエン úm-vè:ən] 他 (h) (強風などが 人・物⁴に)吹き倒す.

***die Um·welt** [ウム・ヴェるト úm-vɛlt] 女 (単) -/(複) -en 〖ふつう 単〗① **環境**. (英 *environment*). (「環境用語集」☞ 巻末付録, 1776 ページ). die natürliche *Umwelt* 自然環境 / die Verschmutzung⁴ der *Umwelt*² bekämpfen 環境汚染と戦う. ② (総称として:) 周囲の人々.

Um·welt⚡be·dingt [ウムヴェると・ベディンクト] 形 環境に制約された, 環境に左右された.

um·welt⚡be·las·tend [ウムヴェると・べらステント] 形 環境を汚染する.

Um·welt⚡be·las·tung [ウムヴェると・べらストゥンク] 女 -/-en 環境汚染.

um·welt⚡be·wusst [ウムヴェると・ベヴスト] 形 環境保護[問題]を意識した.

Um·welt⚡be·wußt ☞ 新形 umweltbewusst

Um·welt⚡be·wusst·sein [ウムヴェると・ベヴストザイン] 中 -s/ 環境保護[に対する]意識.

Um·welt⚡be·wußt·sein ☞ 新形 Umweltbewusstsein

um·welt⚡feind·lich [ウムヴェると・ファイントりヒ] 形 [自然]環境をそこなう.

um·welt⚡freund·lich [ウムヴェると・フロイントりヒ] 形 [自然]環境をそこなわない, 環境にやさしい.

Um·welt⚡gip·fel [ウムヴェると・ギプふェる] 男 -s/ 環境サミット.

Um·welt⚡kri·mi·na·li·tät [ウムヴェると・クリミナリテート] 女 -/ 環境汚染犯罪, 公害罪.

Um·welt⚡pa·pier [ウムヴェると・パピーァ] 中 -[e]s/-e 再生紙.

Um·welt⚡po·li·tik [ウムヴェると・ポリティーク] 女 -/ 環境[保護]政策.

Um·welt⚡schä·den [ウムヴェると・シェーデン] 複 [自然]環境の悪化による損害.

um·welt⚡schäd·lich [ウムヴェると・シェートりヒ] 形 [自然]環境に有害な.

Um·welt⚡schutz [ウムヴェると・シュッツ] 男 -es/ 環境保護.

Um·welt⚡schüt·zer [ウムヴェると・シュッ

ドイツ・ミニ情報 25

環境 Umwelt

ドイツは環境先進国として世界的に名高く, 国民一人一人が環境問題に非常に強い関心を持っている. 地方分権の観点から, 各地方自治体ごとに抜本的な政策を独自に展開でき, 身近なところから着手できるからで,「グローバルに考え, ローカルに実行する」のが, ドイツの環境保護の基本である. 選挙で支持政党を選ぶ時も, 環境政策をどのように公約しているかが, つねに重要なポイントとなる.

1998 年の連邦議会改選で与党になった SPD (ドイツ社会民主党) と同盟 90 および緑の党は, ドイツに 19 基ある原子力発電所の完全撤廃を主張している. 特に緑の党は, もともと環境保護を唱える市民運動の中から生れた政党なので, 環境に悪影響を及ぼす燃料の使用にエネルギー税を課税するよう求めるなど, とりわけ環境問題に熱心である. 国連環境サミットでもドイツが先頭に立って, 二酸化炭素の排出量を減らすよう各国の理解と同調を求めている.

世界にさきがけて始めたゴミの分別は, すでにあたりまえのこととして日常生活に定着した. リサイクル活動も盛んだが, 今ではゴミをどう処理するかよりも, ゴミをどう減らすかに焦点が移ってきている. エネルギー問題も同様で, エネルギーの供給をどう増やすかではなく消費をどう減らすかが重視されており, 省エネで動く車や機械の開発が注目を集めている.

また, 学校においても自然保護や生態系などについて, 広く環境教育が行われている. (「環境用語」☞ 巻末付録, 1776 ページ).

Um·welt·steu·er [ウムヴェルト・シュトイアァ] 囡 -/-n 環境税.
Um·welt≳sün·der [ウムヴェルト・ズンダァ] 男 -s/- (意図的な)環境破壊(汚染)者. (ISE 女性形は Umweltsünderin).
Um·welt≳ver·schmut·zung [ウムヴェルト・フェアシュムッツング] 囡 -/-en (ふつう 単) 環境汚染, 公害.
um·welt≳ver·träg·lich [ウムヴェルト・フェアトレークリヒ] 形 環境を汚染しない.

* **um|wen·den**[⁽*⁾] [ウム・ヴェンデン úm-vèndən] du wendest...um, er wendet...um (wendete...um, hat...umgewendet または wandte...um, hat...umgewandt) I 他 (完了 haben) ① 裏返す, (ページなど⁴を)めくる. (英 turn over). die Seiten⁴ des Buches *umwenden* 本のページをめくる / den Braten *umwenden* 焼き肉をひっくり返す. ② (車・馬など⁴の)向きを変える. (英 turn round). das Auto⁴ *umwenden* 車をターンさせる. ◇(再帰的に) *sich*⁴ *umwenden* 向きを変える.
II 再帰 (完了 haben) 《*sich*⁴ *umwenden* nach 人・物³ ~》 (人・物³の方を)振り返る. Ich *wandte* (または *wendete*) *mich* nach ihr *um*. 私は彼女の方を振り返った.
III 自 (完了 haben) 《規則変化》 (運転者が)車の向きを変える, (車が)方向転換する.

um·wer·ben[*] [ウム・ヴェルベン um-vérbən] 他 (h) (人⁴に)言い寄る, 求愛する.

* **um|wer·fen**[*] [ウム・ヴェルフェン úm-vèrfən] du wirfst...um, er wirft...um (warf...um, hat...umgeworfen) 他 (完了 haben) ① (激しくぶつかって)ひっくり返す, 転倒(転覆)させる. Ich *habe* versehentlich den Stuhl *umgeworfen*. 私は誤っていすをひっくり返した. ② (人³に衣類など⁴をさっと)掛けてやる, まとわせる. 人³ eine Decke⁴ *umwerfen* 人³に毛布を掛けてやる. einen Mantel *umwerfen* コートをはおる. ③《口語》(知らせなどが人⁴を)びっくりさせる, (人⁴に)ショックを与える. ④《口語》(計画など⁴を)ぶち壊す.

um·wer·fend [ウム・ヴェルフェント] I *um|werfen (ひっくり返す)の 現分 II 形《口語》衝撃的な, ショッキングな(体験など); ひっくり返るほどの(おかしなど).

um|wer·ten [ウム・ヴェーァテン úm-vè:rtən] 他 (h) (軍⁴を)評価し直す, 再評価する.

Um·wer·tung [ウム・ヴェーァトゥング] 囡 -/-en 評価のし直し, 再評価. die *Umwertung* aller Werte² あらゆる価値の転換(ニーチェの用語).

um·wi·ckeln [ウム・ヴィッケるン um-víkəln] 他 (h) 《A⁴ mit B³ ~》 (A⁴ に B³ を)巻きつける.

um·win·den[*] [ウム・ヴィンデン um-víndən] 他 (h) ① 《A⁴ mit B³ ~》 (A⁴ に B³ を)巻きつける. ② (つたなどが物⁴の)周りに巻きつく.

um·woh·nend [ウム・ヴォーネント] 形《付加語

としてのみ》近郊(周辺)に住む.

Um·woh·ner [ウム・ヴォーナァ úm-vo:nər] 男 -s/- 付近の住民, 近所の人 (=Nachbar).

um·wöl·ken [ウム・ヴェるケン um-vǽlkən] I 他 (h) (霧などが山など⁴を)覆う. II 再帰 (h) *sich*⁴ *umwölken* (霧などで)覆われる, 曇る; 《比》(表情が)暗くなる. Seine Stirn *umwölkte sich*. 彼の表情が曇った(←額に陰が差した).

um·zäu·nen [ウム・ツォイネン um-tsóynən] 他 (h) (物⁴に)垣根(柵(ᛢ))を巡らす.

Um·zäu·nung [ウム・ツォイヌング] 囡 -/-en ① 垣根(柵(ᛢ))を巡らすこと. ② 垣根, 柵(ᛢ).

* **um|zie·hen**[1*] [ウム・ツィーエン um-tsí:ən] 分離 (zog...um, *ist*/*hat*...umgezogen) I 自 (完了 sein) 引っ越す, 転居する, 移転する. (英 move). Wir *ziehen* nächste Woche *um*. 私たちは来週引っ越します / nach Bonn *umziehen* ボンに引っ越す.
II 他 (完了 haben) ① (人⁴に)着替えをさせる. das Kind⁴ *umziehen* 子供に服を着替えさせる. ② (引っ越しの家具など⁴を)移送する.
III 再帰 (完了 haben) *sich*⁴ *umziehen* 着替える. Ich *habe mich* schon *umgezogen*. 私は着替えをすませた.

um·zie·hen[2*] [ウム・ツィーエン]《非分離》他 (h) ① (物⁴の)周りを囲む. ② (雲) 覆う. ◇(再帰的に) *sich*⁴ *umziehen* (空が)雲で覆われる.

um·zin·geln [ウム・ツィンゲるン um-tsíŋəln] 他 (h) (敵・犯人など⁴を)とり囲む, 包囲する.

Um·zin·ge·lung [ウム・ツィンゲるング] 囡 -/-en とり囲む(囲まれる)こと, 包囲.

* *der* **Um·zug**[1*] [ウム・ツーク úm-tsu:k] 男 (単2) -[e]s/(複) ..züge [..ツューゲ] (3格のみ ..zügen) ① 引っ越し, 転居. (英 move). der *Umzug* in eine neue Wohnung 新しい住居への引っ越し. ② (祭り・デモなどの)行列, 行進. einen politischen *Umzug* machen 政治的なデモ行進をする.

Um·zü·ge [ウム・ツューゲ] *Umzug (引っ越し) の 複

um·zu·stei·gen [ウム・ツ・シュタイゲン] *um|steigen (乗り換える)の zu 不定詞.

um·zu·zie·hen [ウム・ツ・ツィーエン] *um|ziehen (引っ越す)の zu 不定詞.

UN [ウー・エン] 複《略》国際連合, 国連 (=United Nations).

un.. [ウン.. un.. または ウン..]《形容詞・名詞につける 接頭》《不…・非…・無…》例: *un*höflich 礼儀知らずな / *Un*menge 無数. (ISE アクセントは原則として un.. に置かれるが, それぞれの語の意味やリズムの関係で他の部分に置かれることも多い).

un·ab·än·der·lich [ウン・アップエンダァリヒ または ウン..] 形 変更できない, 変えることができない.

un·ab·ding·bar [ウン・アップディングバール または ウン..] 形 ① 絶対に必要な, 不可欠の. ②《法》当事者間の合意によっても変更できない.

* **un·ab·hän·gig** [ウン・アップヘンギヒ ún-aphɛŋɪç] 形 ① (社会的・経済的に)独立した,

自立した, 依存しない. (≈ *independent*). ein *unabhängiger* Staat 独立国家 / eine *unabhängige* Zeitung [政治的に]中立の新聞 / **von** 人･物³ *unabhängig* sein 人･物³から独立している, 人･物³に依存していない ⇒ Sie ist finanziell *unabhängig* von ihm. 彼女は経済的に彼から独立している. ② …に左右されない, …に関係ない. Unser Vorhaben ist *vom* Wetter *unabhängig*. 私たちの計画は天候にかかわらず決行される / Die Tiere leben hier *unabhängig* vom Menschen. 動物はここでは人間と関係なく生きている / *unabhängig* davon, ob… …かどうかは別にして.

Un·ab·hän·gig·keit [ウン・アップヘンギカイト] 囡 -/ 独立, 自主.

un·ab·kömm·lich [ウン・アップケムリヒ または ウン..] 圏 (仕事などから)手が離せない; 不可欠の, 欠くことのできない.

un·ab·läs·sig [ウン・アップれスィヒ un-aplɛsɪç または ウン..] 圏 絶え間のない, 不断の.

un·ab·seh·bar [ウン・アップゼーバール または ウン..] 圏 ① 見渡せないほど広大な. ② 見通しのつかない, 予測できない. *unabsehbare* Folgen 予測しえない結果.

un·ab·sicht·lich [ウン・アップズィヒトリヒ] 圏 故意でない, 意図的でない.

un·ab·weis·bar [ウン・アップヴァイスバール または ウン..] 圏 ＝unabweislich

un·ab·weis·lich [ウン・アップヴァイスリヒ または ウン..] 圏 避けられない, いやおうなしの, 拒むことのできない.

un·ab·wend·bar [ウン・アップヴェントバール または ウン..] 圏 避けられない, 逃れがたい.

un·acht·sam [ウン・アハトザーム] 圏 不注意な, 軽率な, ぼんやり(うっかり)した. Er war beim Unterricht *unachtsam*. 彼は授業中ぼんやりしていた.

Un·acht·sam·keit [ウン・アハトザームカイト] 囡 -/ 不注意, 軽率. **aus** *Unachtsamkeit* うっかり, 不注意で.

un·ähn·lich [ウン・エーンリヒ] 圏 (人･物³に)似ていない. Er ist seinem Vater *unähnlich*. 彼は父親に似ていない.

un·an·fecht·bar [ウン・アンフェヒトバール または ウン..] 圏 反論(論争)の余地のない.

un·an·ge·bracht [ウン・アンゲブラハト ún-aŋgəbraxt] 圏 適切でない, ふさわしくない.

un·an·ge·foch·ten [ウン・アンゲフォホテン ún-aŋgəfɔxtən] 圏 異議を唱えられない; じゃまされない; 他を寄せつけない(勝者など).

un·an·ge·mel·det [ウン・アンゲメるデット ún-aŋgəmɛldət] 圏 ① 予告なしの, あらかじめ通知しない. ein *unangemeldeter* Besuch 突然の訪問. ② (役所に)届け出ていない, 住民登録をしていない.

un·an·ge·mes·sen [ウン・アンゲメッセン ún-aŋgəmɛsən] 圏 不適切な(表現など), ふさわしくない, 不当な(要求など).

＊**un·an·ge·nehm** [ウン・アンゲネーム ún-

aŋgəne:m] 圏 **不快な**, 不愉快な, いやな; やっかいな. (英 *unpleasant*). (⇔ 「快適な」は angenehm). ein *unangenehmer* Mensch いやなやつ / eine *unangenehme* Situation 困った状況 / Ihre Äußerung hat mich *unangenehm* berührt. 彼女の発言で私は不愉快な思いをした. ◇〈成句的に〉 *unangenehm* werden a) (人)が腹を立てる, b) (事態が)紛糾する. Er kann sehr *unangenehm* werden. 彼はとても怒るかもしれない.

un·an·ge·tas·tet [ウン・アンゲタステット ún-aŋgətastət] 圏 ① 手をつけられていない(貯蓄など). ② 侵害されていない.

un·an·greif·bar [ウン・アングライふバール または ウン..] 圏 攻撃できない; 侵すことのできない(権利など); 批判の余地のない.

un·an·nehm·bar [ウン・アンネームバール または ウン..] 圏 受け入れがたい.

Un·an·nehm·lich·keit [ウン・アンネームリヒカイト] 囡 -/-en《ふつう 複》不[愉]快なこと, わずらわしいこと.

un·an·sehn·lich [ウン・アンゼーンリヒ] 圏 見栄えのしない, 見すぼらしい.

un·an·stän·dig [ウン・アンシュテンディヒ ún-anʃtɛndɪç] I 圏 ぶしつけな, 無礼な; 下品な, 粗野な; わいせつな. II 副 ひどく, 過度に. *unanständig* viel⁴ essen ひどく大食いする.

Un·an·stän·dig·keit [ウン・アンシュテンディヒカイト] 囡 -/-en ①《複 なし》不作法, 無礼; わいせつ. ② 不作法(わいせつ)の言動.

un·an·tast·bar [ウン・アンタストバール または ウン..] 圏 ① 触れることのできない; 侵すことのできない(権利など); 非の打ちどころのない, 文句のつけようがない. ② 手をつけることのできない(お金など).

un·ap·pe·tit·lich [ウン・アペティートりヒ] 圏 ① 食欲をそそらない, まずい. ② 不潔な, 汚い; いやらしい. ein *unappetitliches* Badezimmer 汚い浴室.

Un·art [ウン・アールト ún-a:rt] I 囡 -/-en ① ぶしつけ, 不作法; 悪習, 悪癖. ② いたずら, 腕白. II 男《古》-[e]s/-e 腕白者, 悪童.

un·ar·tig [ウン・アールティヒ ún-a:rtɪç] 圏 行儀の悪い, 腕白な.

un·ar·ti·ku·liert [ウン・アルティクりーァト ún-artikuli:rt] 圏 ① 発音の不明瞭(めいりょう)な, はっきりしない. ② 獣じみた大声の, 金切り声の.

un·äs·the·tisch [ウン・エステーティッシュ ún-ɛste:tɪʃ] 圏 美的でない; 悪趣味な, いやな感じの.

un·auf·dring·lich [ウン・アオふドリングリヒ] 圏 控えめな, 押しつけがましくない.

un·auf·fäl·lig [ウン・アオふフェリヒ ún-auffɛlɪç] 圏 ① 目だたない; 控えめな, 地味な. ein *unauffälliges* Benehmen 控えめなふるまい. ② (他人に)気づかれない. *unauffällig* verschwinden こっそり姿を消す.

un·auf·find·bar [ウン・アオふふィントバール または ウン..] 圏 発見できない, 見つからない.

un·auf·ge·for·dert [ウン・アオふゲふォル

ダァト ún-aufgəfordərt] 形 要求されていない，自発的な．

un·auf·halt·sam [ウン・アオふハるトザーム または ウン・..] 形 制止しがたい，とどまることのない．eine *unaufhaltsame* Entwicklung とどまるところを知らない発展．

un·auf·hör·lich [ウン・アオふヘーァリヒ または ウン・..] 形 絶え間のない，不断の．Es regnete *unaufhörlich*. 休みなく雨が降った．

un·auf·lös·bar [ウン・アオふれースバール または ウン・..] 形 ① 溶かすことのできない；《化》不溶性の．② ほどけない(結び目)；解決できない(問題など)．

un·auf·lös·lich [ウン・アオふれースリヒ または ウン・..] 形 ① 解決できない(矛盾など)．② 《化》不溶性の．③ ほどけない(結び目)．

un·auf·merk·sam [ウン・アオふメルクザーム] 形 ① 不注意な，注意散漫な．ein *unaufmerksamer* Schüler 注意力の足りない生徒．② 気の利かない，不親切な．

Un·auf·merk·sam·keit [ウン・アオふメルクザームカイト] 女 -/ 不注意，注意散漫；不親切．

un·auf·rich·tig [ウン・アオふリヒティヒ ún-aufrıçtıç] 形 不正直な，不誠実な，率直でない．

Un·auf·rich·tig·keit [ウン・アオふリヒティヒカイト] 女 -/-en ①《腹 なし》不正直，不誠実．② 不正直な(誠意のない)言動．

un·auf·schieb·bar [ウン・アオふシーブバール または ウン・..] 形 延期できない，緊急の．

un·aus·bleib·lich [ウン・アオスブらイプリヒ または ウン・..] 形 避けることのできない，必至の．

un·aus·denk·bar [ウン・アオスデンクバール または ウン・..] 形 考えられない，計り知れない，想像もつかない．

un·aus·führ·bar [ウン・アオスふューァバール または ウン・..] 形 実行(実現)できない．

un·aus·ge·füllt [ウン・アオスゲふるト ún-ausgəfʏlt] 形 ① 記入されていない(用紙など)．② (精神的に)満たされていない，充実でない．

un·aus·ge·gli·chen [ウン・アオスゲグリッヒェン ún-ausgəglıçən] 形 ① 気まぐれな，むら気な．②《商》収支の不均衡な．

un·aus·ge·go·ren [ウン・アオスゲゴーレン ún-ausgəgo:rən] 形 十分に練られていない(計画など)．

un·aus·ge·setzt [ウン・アオスゲゼッツト ún-ausgəzɛtst] 形 絶え間のない，不断の．

un·aus·ge·spro·chen [ウン・アオスゲシュプロッヘン ún-ausgəʃprɔxən] 形 口に出されていない，暗黙の．

un·aus·lösch·lich [ウン・アオスれッシュリヒ または ウン・..] 形《雅》消しがたい，忘れがたい(印象など)，ぬぐいがたい(恥辱など)．

un·aus·rott·bar [ウン・アオスロットバール または ウン・..] 形 根絶しがたい．

un·aus·sprech·bar [ウン・アオスシュプレヒバール または ウン・..] 形 発音しにくい．

un·aus·sprech·lich [ウン・アオスシュプレヒリヒ または ウン・..] 形《雅》言い表しがたい，何とも言いようのない．

un·aus·steh·lich [ウン・アオスシュテーリヒ または ウン・..] 形 我慢ならない，耐えがたい．

un·aus·weich·lich [ウン・アオスヴァイヒリヒ または ウン・..] 形 避けがたい，不可避の，必至の．

un·bän·dig [ウン・ベンディヒ ún-bɛndıç] I 形 抑制しがたい，手に負えない；非常な，ものすごい．ein *unbändiger* Zorn 抑えがたい怒り．II 副 非常に，ものすごく．Ich habe mich *unbändig* gefreut. 私はものすごくうれしかった．

un·bar [ウン・バール ún-ba:r] 形 現金によらない(小切手・振替などによる)．

un·barm·her·zig [ウン・バルムヘルツィヒ ún-barmhɛrtsıç] 形 無慈悲な，残忍な，容赦のない．eine *unbarmherzige* Kälte 酷寒．

Un·barm·her·zig·keit [ウン・バルムヘルツィヒカイト] 女 -/ 無慈悲，残忍さ．

un·be·ab·sich·tigt [ウン・ベアップズィヒティヒト ún-bəapzıçtıçt] 形 故意でない，意図しない．

un·be·ach·tet [ウン・ベアハテット ún-bəaxtət] 形 注目されない，顧みられない．*unbeachtet* leben 人目にたたない暮らしをする．

un·be·an·stan·det [ウン・ベアンシュタンデット ún-bəanʃtandət] 形 異議のない，文句のつけられない．

un·be·ant·wor·tet [ウン・ベアントヴォルテット ún-bəantvɔrtət] 形 返事(返答)のない．

un·be·baut [ウン・ベバオト ún-bəbaut] 形 ① まだ建物の建っていない．② 未開墾の．

un·be·darft [ウン・ベダルふト ún-bədarft] 形 経験のない，未熟な，うぶな．

un·be·denk·lich [ウン・ベデンクリヒ] I 形 心配のない，危険のない．II 副 ためらうことなく，ちゅうちょせずに．

un·be·deu·tend [ウン・ベドイテント ún-bədɔytənt] 形 ① 重要でない，つまらない．② わずかな，ささいな．eine *unbedeutende* Änderung わずかな変更．

‡**un·be·dingt** [ウン・ベディングト ún-bədıŋt または ..ベディングト] I 副 絶対に，ぜひとも．(英 *absolutely*). Das ist *unbedingt* nötig. それは絶対に必要だ／Du musst *unbedingt* zum Arzt gehen. 君はぜひとも医者に行かないといけないよ．
II 形 無条件の，絶対の．(英 *absolute*). zu 人³ *unbedingtes* Vertrauen⁴ haben 人³に絶対の信頼を寄せている／*unbedingte* Reflexe 《医》無条件反射．

un·be·ein·flusst [ウン・ベアインふるスト ún-bəaınflust] 形 影響(感化)されていない．

un·be·ein·flußt ☞ 新形 unbeeinflusst

un·be·fahr·bar [ウン・ベふァールバール または ウン・..] 形 通行できない(道路など)．

un·be·fan·gen [ウン・ベふァンゲン ún-bəfaŋən] 形 ① 無邪気な，こだわりのない．ein *unbefangenes* Kind 無邪気な子供．② 偏見のない，公平な；《法》予断を持たない．

Un·be·fan·gen·heit [ウン・ベふァンゲンハイト] 女 -/ ① 無邪気，率直さ．② 公平．

un・be・fleckt [ウン・ベふれックト ún-bəflɛkt] 形 ① 〖雅〗純潔な. die *Unbefleckte* Empfängnis 《カトリック》(聖母マリアの)無原罪のおん宿り. ② 〖稀〗汚れのない.

un・be・frie・di・gend [ウン・ベふリーディゲント ún-bəfri:dɪgənt] 形 不満足な, 不十分な.

un・be・frie・digt [ウン・ベふリーディヒト ún-bəfri:dɪçt] 形 満足していない, 欲求不満の.

un・be・fugt [ウン・ベふークト ún-bəfu:kt] 形 権限(資格)のない.

Un・be・fug・te[r] [ウン・ベふークテ (..タァ) ún-bəfu:ktə (..tər)] 男 女〖語尾変化は形容詞と同じ〗権限(資格)のない人.

un・be・gabt [ウン・ベガープト ún-bəga:pt] 形 才能(天分)のない. Er ist **für** Sprachen *unbegabt*. 彼は語学の才能がない.

un・be・greif・lich [ウン・ベグライふりヒ または ウ..] 形 理解しがたい, 不可解な.

un・be・grenzt [ウン・ベグレンツト ún-bəgrɛntst または ..ベグレンツト] 形 限りない, 絶対的な. *unbegrenztes* Vertrauen[4] zu 人[3] haben 人[3]に絶対の信頼を寄せている.

un・be・grün・det [ウン・ベグリュンデット ún-bəgrʏndət] 形 根拠のない, 理由のない. ein *unbegründeter* Verdacht いわれのない嫌疑.

Un・be・ha・gen [ウン・ベハーゲン ún-bəha:gən] 中 -s/ 不快, 不愉快な気持ち.

un・be・hag・lich [ウン・ベハークリヒ] 形 不[愉]快な, 居心地の悪い; 気分のよくない. sich[4] *unbehaglich* fühlen 不快感をおぼえる.

un・be・hel・ligt [ウン・ベへりヒト ún-bəhélɪçt または ウ..] 形 じゃまされない, わずらわされない.

un・be・herrscht [ウン・ベヘルシュト ún-bəhɛrʃt] 形 自制心のない, やりたい放題の.

un・be・hin・dert [ウン・ベヒンダァト ún-bəhíndərt または ウ..] 形 妨げられない, じゃまされない.

un・be・hol・fen [ウン・ベホるフェン ún-bəhɔlfən] 形 ぎこちない, 不器用な, 危なっかしい.

Un・be・hol・fen・heit [ウン・ベホるフェンハイト] 女 -/ ぎこちなさ, 不器用, 危なっかしさ.

un・be・irr・bar [ウン・ベイルバール または ウン..] 形 惑わされることのない.

un・be・irrt [ウン・ベイルト un-bəírt または ウン..] 形 惑わされない. *unbeirrt* sein Ziel[4] verfolgen いちずに自分の目標を追求する.

＊un・be・kannt [ウン・ベカント ún-bəkant] 形 〖比較〗 unbekannter, 〖最上〗 unbekanntest) ① (人[3]の)知らない, 未知の, 面識のない (土地の)不案内の. 〖英〗 unknown). eine *unbekannte* Gegend 未知の地方 / Das war mir *unbekannt*. 私はそれを知らなかった / eine *unbekannte* Größe 〖数〗未知数 / Empfänger *unbekannt* 〖郵〗受取人不明 / Ich bin hier *unbekannt*. a) ここでは私を知っている人はいない, b) 〖口語〗私はこの辺は不案内だ. 〖名詞的に〗 Anzeige gegen *unbekannt* 氏名不詳の者に対する告発. ② 無名の, 有名でない. ein *unbekannter* Künstler 無名の芸術家.

Un・be・kann・te[r] [ウン・ベカンテ (..タァ) ún-bəkantə (..tər)] 男 女〖語尾変化は形容詞と同じ〗知らない人; 無名の人.

un・be・kann・ter・wei・se [ウンベカンタァ・ヴァイゼ] 副 面識はないが. Grüßen Sie Ihre Frau *unbekannterweise* von mir! 面識はありませんが奥様によろしく.

un・be・klei・det [ウン・ベクらイデット ún-bəklaɪdət] 形 服を着ていない, 裸の.

un・be・küm・mert [ウン・ベキュンマァト un-bəkʏ́mərt または ウン..] 形 のんきな; むとんじゃくな, 平気な.

un・be・lebt [ウン・ベれープト ún-bəle:pt] 形 ① 生命を持たない. ② 活気のない, 人気(ひとけ)のない.

un・be・lehr・bar [ウン・ベれーァバール または ウン..] 形 人の言うことを聞かない, 頑迷な.

un・be・liebt [ウン・ベリープト ún-bəli:pt] 形 好かれない, 愛されない, 人気のない. sich[4] [mit 事[3]] bei 人[3] *unbeliebt* machen [事[3]によって] 人[3]に嫌われる.

Un・be・liebt・heit [ウン・ベリープトハイト] 女 -/ 不人気, 不評.

un・be・mannt [ウン・ベマント ún-bəmant] 形 ① 要員の配置されていない, 無人の(宇宙船など). ② 《口語・戯》(女性が)亭主持ちでない.

un・be・merkt [ウン・ベメルクト ún-bəmɛrkt] 形 [だれにも]気づかれない.

un・be・mit・telt [ウン・ベミッテるト ún-bəmɪtəlt] 形 資産のない, 貧しい (=arm).

un・be・nom・men [ウン・ベノンメン un-bənómən または ウン..] 形 〖成句的に〗 bleibt (または ist) 人[3] *unbenommen* 事[1] は人[3]の自由に任されている. Es bleibt Ihnen *unbenommen*, das Geld für eine Reise zu verwenden. そのお金を旅行のために使うのはあなたの自由です.

un・be・nutz・bar [ウン・ベヌッツバール または ウン..] 形 使えない, 利用できない.

un・be・nutzt [ウン・ベヌッツト ún-bənutst] 形 使用されていない, 未使用の.

un・be・nützt [ウン・ベニュッツト ún-bənʏtst] 形 〖方〗=unbenutzt

un・be・o・bach・tet [ウン・ベオーバハテット ún-bəo:baxtət] 形 だれにも見られていない, 気づかれない. in einem *unbeobachteten* Augenblick だれも見ていないすきに.

＊un・be・quem [ウン・ベクヴェーム ún-bəkve:m] 形 ① 快適でない, 窮屈な, 楽でない. (〖英〗 *uncomfortable*). ein *unbequemer* Sessel 座り心地の悪いいす / Die Schuhe sind *unbequem*. その靴ははき心地が悪い. ② やっかいな, 不愉快な. eine *unbequeme* Frage わずらわしい質問.

Un・be・quem・lich・keit [ウン・ベクヴェームりヒカイト] 女 -/-en ① やっかいなこと. ② 〖複なし〗 面倒, 気の悪さ, 不快.

un・be・re・chen・bar [ウン・ベレッヒェンバール または ウン..] 形 ① 算定できない, 予測のつかない(事態など). ② (人が)何をしでかすかわからない,

Un·be·rech·en·bar·keit [ウン・ベレッヒェンバールカイト または ウン..] 囡 -/ ① 算定(予測)できないこと. ② 当てにならないこと.

un·be·rech·tigt [ウン・ベレヒティヒト ún-bərɛçtıçt] 形 権利(資格)のない; 不当な.

un·be·rück·sich·tigt [ウン・ベリュックズィヒティヒト un-bərýkzıçtıçt または ウン..] 形 顧みられない. 匯⁴ *unberücksichtigt lassen* 匯⁴ を顧みない(考慮に入れない).

un·be·ru·fen¹ [ウン・ベルーフェン ún-bəru:fən または ..ベルーフェン] 形 権限(職権)のない.

un·be·ru·fen² [ウン・ベルーフェン ún-bəru:..] 間 *unberufen* [toi, toi, toi]! 言わなきゃよかった, くわばらくわばら(言ってはいけないことを口にしたために, それまでうまくいっていたことのつきが落ちるという迷信から).

un·be·rührt [ウン・ベリューァト ún-bəry:rt] 形 ① (手で)触れられていない, 手つかずの; 自然のままの(風景など), (女性が)男の手に触れられていない, 純潔な. *das Essen*⁴ *unberührt lassen* 食事に手をつけずにおく. ② 心を動かされない, 無感動な.

un·be·scha·det [ウン・ベシャーデット un-bəʃá:dət または ウン..] I 前《2格とともに; 名詞のあとに置かれることもある》…を害する(妨げる)ことなしに; …に関係なく. *unbeschadet seiner Rechte* 彼の権利を侵害することなしに. II 副 そこなわれずに, 無事に.

un·be·schä·digt [ウン・ベシェーディヒト ún-bəʃɛ:dıçt] 形 被害のない, 損傷のない, 無傷の.

un·be·schei·den [ウン・ベシャイデン ún-bəʃaidən] 形 ずうずうしい, あつかましい.

un·be·schol·ten [ウン・ベショるテン ún-bəʃɔltən] 形 非の打ちどころない, 品行方正な.

un·be·schrankt [ウン・ベシュランクト ún-bəʃraŋkt] 形 遮断機のない(踏切).

un·be·schränkt [ウン・ベシュレンクト un-bəʃrénkt または ウン..] 形 制限されていない, 絶対の(権力など).

un·be·schreib·lich [ウン・ベシュライプリヒ または ウン..] 形 I 筆舌に尽くせない, 言葉では言い表せない; 非常な. *ein unbeschreibliches Gefühl* なんとも言えない気持ち. II 副 非常に. *Sie war unbeschreiblich schön.* 彼女は言いようもなく美しかった.

un·be·schrie·ben [ウン・ベシュリーベン ún-bəʃri:bən] 形 何も書かれていない, 白紙の.

un·be·schwert [ウン・ベシュヴェーァト ún-bəʃve:rt] 形 心配事のない, 気楽な, やましくない(良心など).

un·be·seelt [ウン・ベゼーると ún-bəze:lt] 形 魂(精神)のない, 生命のない.

un·be·se·hen [ウン・ベゼーエン un-bəzé:ən または ウン..] I 副 よく吟味せずに. 匯⁴ *unbesehen glauben* 匯⁴を頭から信じる. II 形 よく吟味していない.

un·be·setzt [ウン・ベゼッツト ún-bəzɛtst] 形 空いている(場所など); 空席の, 欠員の(ポストなど).

un·be·sieg·bar [ウン・ベズィークバール または ウン..] 形 打ち負かせない, 無敵の.

un·be·siegt [ウン・ベズィークト un-bəzí:kt または ウン..] 形 負けたことのない, 不敗(無敗)の.

un·be·son·nen [ウン・ベゾンネン ún-bəzɔnən] 形 思慮のない, 無分別な, 軽率な.

Un·be·son·nen·heit [ウン・ベゾンネンハイト] 囡 -/-en ①《複なし》無思慮, 軽率. ② 分別のない(軽率な)言動.

un·be·sorgt [ウン・ベゾルクト ún-bəzɔrkt] 形 心配していない. *Seien Sie unbesorgt!* ご心配なく.

un·be·spielt [ウン・ベシュピーると ún-bəʃpi:lt] 形 録音されていない, 生の(カセットテープなど).

un·be·stän·dig [ウン・ベシュテンディヒ ún-bəʃtendıç] 形 気まぐれな, むら気の; 不安定な, 変わりやすい(天候など).

Un·be·stän·dig·keit [ウン・ベシュテンディヒカイト] 囡 -/ 気まぐれ, むら気; 変わりやすさ, 不安定[性].

un·be·stä·tigt [ウン・ベシュテーティヒト ún-bəʃte:tıçt または ..ベシュテーティヒト] 形 (真実であると)確認されていない(情報など); 非公式の. *nach unbestätigten Meldungen* 非公式の報告によれば.

un·be·stech·lich [ウン・ベシュテヒリヒ または ウン..] 形 ① 買収されない, 清廉な. ② 何ものにも惑わされない, 揺るぎない.

Un·be·stech·lich·keit [ウン・ベシュテヒリヒカイト または ウン..] 囡 -/ ① 清廉. ② (何物にも)惑わされないこと.

un·be·stimm·bar [ウン・ベシュティムバール または ウン..] 形 確定できない, はっきりしない, 漠然とした.

***un·be·stimmt** [ウン・ベシュティムト ún-bəʃtımt] 形 (比較 unbestimmter, 最上 unbestimmtest) ① 決まっていない, 未定の. 《≒ *uncertain*》 *Es ist noch unbestimmt, ob er kommt.* 彼が来るかどうかまだ決まっていない / *der unbestimmte Artikel* 〔言〕 不定冠詞. ② 漠然とした, あいまいな. *ein unbestimmter Eindruck* 漠然とした印象.

Un·be·stimmt·heit [ウン・ベシュティムトハイト] 囡 -/ ① 決まっていないこと, 未決定. ② 不確かさ, あいまいさ.

un·be·streit·bar [ウン・ベシュトライトバール または ウン..] 形 議論の余地のない, 明白な. *eine unbestreitbare Tatsache* 疑いのない事実.

un·be·strit·ten [ウン・ベシュトリッテン ún-bəʃtrıtən または ..ベシュトリッテン] 形 議論の余地のない; だれからも認められている.

un·be·tei·ligt [ウン・ベタイりヒト un-bətáilıçt または ウン..] 形 ① 無関心な, 関心のない. ② 関与していない, 無関係の. *Er war an dem Mord unbeteiligt.* 彼はその殺人にはかかわっていなかった.

un·be·tont [ウン・ベトーント ún-bəto:nt] 形 アクセントのない.

un·be·trächt·lich [ウン・ベトレヒトリヒ または ウン..] 形 とるに足らない、ささいな、ごくわずかな.

un·beug·sam [ウン・ボイクザーム または ウン..] 形 不屈の、強固な意志を持った.

un·be·wacht [ウン・ベヴァハト ún-bəvaxt] 形 見張りのない、監視のない、人の見ていない.

un·be·waff·net [ウン・ベヴァフネット ún-bəvafnət] 形 武装していない、無防備の.

un·be·wäl·tigt [ウン・ベヴェェルティヒト ún-bəvɛltɪçt または ..ベヴェるティヒト] 形 片づいていない、克服されていない、未解決の(問題など).

un·be·wan·dert [ウン・ベヴァンダァト ún-bəvandərt] 形 未熟な、精通していない. **in** (または **auf**) 圏³ *unbewandert* sein 圏³に精通していない.

un·be·weg·lich [ウン・ベヴェークリヒ または ..ベヴェークリヒト] 形 ① 動かない；動かせない，固定された. *unbewegliche* Sachen 不動産. ② 表情の変わらない. mit *unbeweglicher* Miene 表情一つ変えずに. ③ 頭が鈍い. ④ 日付けが固定している(祭日).

Un·be·weg·lich·keit [ウン・ベヴェークリヒカイト または ..ベヴェークリヒカイト] 女 -/ 動かない(動かせない)こと、固定；無表情；不屈[の精神].

un·be·weibt [ウン・ベヴァイプト ún-bəvaɪpt] 形 《口語・戯》(男性が)女房持ちでない.

un·be·wie·sen [ウン・ベヴィーゼン ún-bəvi:zən] 形 証明(立証)されていない.

un·be·wohn·bar [ウン・ベヴォーンバール または ウン..] 形 住むことができない、居住に適さない.

un·be·wohnt [ウン・ベヴォーント ún-bəvo:nt] 形 人の住んでいない、空いている(部屋・家など).

* **un·be·wusst** [ウン・ベヴスト ún-bəvʊst] 形 無意識の；意識していない，(自分で)気づかない；意図的でない. (英 *unconscious*). das *unbewusste* Handeln 無意識の行動 / Er hat *unbewusst* das Richtige getan. 彼は知らずに正しいことをやった. ◇《名詞的に》das *Unbewusste*《心》無意識.

un·be·wußt 旧字 unbewusst

un·be·zahl·bar [ウン・ベツァールバール または ウン..] 形 ① (高価で)支払えない. ② (たいへん貴重で)値段のつかない；《口語・比》かけがえのない.

un·be·zahlt [ウン・ベツァールト ún-bətsa:lt] 形 支払われない、不払いの；無給の.

un·be·zähm·bar [ウン・ベツェームバール または ウン..] 形 抑制(制御)できない、抑えられない.

un·be·zwing·bar [ウン・ベツヴィングバール または ウン..] 形 =unbezwinglich

un·be·zwing·lich [ウン・ベツヴィングリヒ または ウン..] 形 ① 征服(攻略)できない(要塞など). ② 抑えられぬ(感情など).

Un·bil·den [ウン・ビルデン ún-bɪldən] 複《雅》不快、つらさ、苦痛. die *Unbilden* des Winters 冬の厳しさ.

Un·bill [ウン・ビル ún-bɪl] 女 -/《雅》不当な扱い；不正；ひどい仕打ち. 人³ viel *Unbill*⁴ zu|fügen 人³にひどい仕打ちを加える.

un·bil·lig [ウン・ビリヒ ún-bɪlɪç] 形 《雅》不当な、公正でない.

un·blu·tig [ウン・ブルーティヒ ún-blu:tɪç] 形 ① 血を流さない、無血の(革命など). ②《医》非観血の.

un·bot·mä·ßig [ウン・ボートメースィヒ ún-bo:tmɛ:sɪç] 形《戯》不従順な、反抗的な.

Un·bot·mä·ßig·keit [ウン・ボートメースィヒカイト] 女 -/-en《戯》不従順、反抗.

un·brauch·bar [ウン・ブラオホバール] 形 使いものにならない、役にたたない.

Un·brauch·bar·keit [ウン・ブラオホバールカイト] 女 -/ 使いものにならないこと、役にたたないこと.

un·bü·ro·kra·tisch [ウン・ビュロクラーティッシュ ún-byrokra:tɪʃ] 形 官僚主義的でない、お役所式でない、形式的でない.

un·christ·lich [ウン・クリストリヒ] 形 非キリスト教的な；キリストの教えに反する.

* **und** [ウント únt]

> …と…、…そして
>
> Erika *und* Hans besuchen uns.
> エーリカ ウント ハンス ベズーヘン ウンス
> エーリカとハンスがうちに来るよ。

接《並列接続詞》① …と…、…そして、および. (英 *and*). du *und* ich 君とぼく / Herr *und* Frau Stickel シュティッケル夫妻 / Männer, Frauen *und* Kinder 男たち、女たちおよび子供たち (⇨ 三つ以上の語を並べるときはコンマでつなぎ、最後の語の前に *und* を入れる) / Tag *und* Nacht 昼も夜も / *und* so weiter (略: usw.) などなど *und* so fort (略: usf.) などなど / 3 *und* 5 ist 8. 3足す5は8 / Wir nahmen ein Taxi *und* fuhren zum Bahnhof. 私たちはタクシーに乗って、駅へ行った / Er erzählte, *und* sie hörten aufmerksam zu. 彼が物語ると彼らは注意して耳を傾けた.

② 《同じ語を結びつけて》durch *und* durch 徹底的に / nach *und* nach しだいしだいに / Das Geräusch kam näher *und* näher. その物音はだんだん近づいてきた / Er lief *und* lief. 彼は走りに走った.

③ 《意外に思われる語句を結びつけて》…が…だとは. Ich *und* singen? 私が歌うだって[とんでもない] / Er *und* Lehrer! 彼が教師だなんて.

④ 《命令文とともに》そうすれば、それなら. Hilf mir bei den Englischaufgaben, *und* ich helfe dir bei den Mathematikaufgaben. ぼくの英語の宿題を手伝ってくれ、そうすれば君の数学の宿題を手伝うよ.

⑤ ところが、しかし. Alle verreisen, *und* er allein soll zu Hause bleiben? みんな旅行に出かけるのに、彼だけが家にいなくてはならないというのか.

⑥ 《譲歩文で》たとえ…であっても. Ich gehe jetzt, *und* wenn es noch so regnet. たとえどんなに雨が降っていても、私はもう行きます / Du musst es tun, *und* fällt es dir noch so schwer. それがどんなに困難でも、君はそれをやらなければならない.

⑦《二つの命令文にはさまれて》Seien Sie bitte so freundlich *und* reichen Sie mir meinen Mantel! 恐れ入りますが私のコートを取ってください.

⑧《文末を上げて》*Und*? または Na, *und*? (挑発的に)それで[どうしたというんだ]?

⑨《*ob*, *wie* とともに》《口語》もちろんだ. Kommst du mit? — *Und* ob! いっしょに来る? —もちろん! / Ist es draußen kalt? — *Und* wie! 外は寒い? — ええ、とてもね.

Un·dank [ウン・ダンク ún-daŋk] 男 –(e)s/《雅》忘恩, 恩知らず. *Undank* ist der Welt² Lohn.《諺》忘恩は世の習い.

***un·dank·bar** [ウン・ダンクバール ún-daŋkba:r] 形 ① 恩知らずな. (英 *ungrateful*), ein *undankbarer* Mensch 恩知らずな人. ② 報われない, 割に合わない(仕事など). eine *undankbare* Aufgabe やりがいのない任務.

Un·dank·bar·keit [ウン・ダンクバールカイト] 女 –/ ① 忘恩[的行為], 恩知らず. ② (仕事などが)割に合わないこと.

un·da·tiert [ウン・ダティーアト ún-dati:rt] 形 日付のない.

un·de·fi·nier·bar [ウン・デフィニーァバール または ウン..] 形 はっきり定義(説明)できない.

un·de·kli·nier·bar [ウン・デクリニーァバール または ウン..] 形《言》語形変化しない, 無変化の(形容詞・名詞など).

un·denk·bar [ウン・デンクバール] 形 考えられない, 思いもよらない, ありえない.

un·denk·lich [ウン・デンクリヒ] 形《成句的に》seit (vor) *undenklichen* Zeiten はるか遠い昔から(に).

Un·der·ground [アンダァ・グラオンド ǻndər-graund] [英] 男 –s/ ① (反体制の)地下組織. ② (前衛芸術の)アングラ[運動]. ③ アングラ音楽.

***un·deut·lich** [ウン・ドイトリヒ ún-dɔyt-lɪç] 形 不明瞭(ﾒｲﾘｮｳ)な, はっきりしない, 不鮮明な. eine *undeutliche* Aussprache 不明瞭な発音 / eine *undeutliche* Erinnerung ぼんやりした記憶.

Un·deut·lich·keit [ウン・ドイトリヒカイト] 女 –/ 不明瞭(ﾒｲﾘｮｳ), 不鮮明.

un·dicht [ウン・ディヒト ún-dɪçt] 形 気密でない, (水・空気などの)漏れる;《比》口の堅くない.

un·dif·fe·ren·ziert [ウン・ディフェレンツィーァト ún-dıfərɛntsi:rt] 形 (考え方などが)大ざっぱな, 未分化の, 差異のない.

Un·di·ne [ウンディーネ undí:nə] 女 –/-n ウンディーネ(女性の水の精).

Un·ding [ウン・ディング ún-dıŋ] 中《ふつう成句的に》ein *Unding* sein ばかげたことである. Es ist wirklich ein *Unding*, solche Forderungen zu stellen. そんな要求をするのはまったくナンセンスだ.

un·dis·zi·pli·niert [ウン・ディスツィプリニーァト ún-dıstsiplini:rt] 形 規律のない, だらしのない; 自制心のない.

un·duld·sam [ウン・ドゥルトザーム] 形 寛容でない, 狭量な.

Un·duld·sam·keit [ウン・ドゥルトザームカイト] 女 –/ 不寛容, 狭量.

un·durch·dring·lich [ウン・ドゥルヒドリングリヒ または ウン..] 形 ① 通り抜けられない(森・壁など), 見通せない(霧など). ② 計り知れない, 何を考えているかわからない(表情など). eine *undurchdringliche* Miene ポーカーフェイス.

un·durch·führ·bar [ウン・ドゥルヒフューァバール または ウン..] 形 実行[実施]不可能な(計画など).

un·durch·läs·sig [ウン・ドゥルヒレスィヒ ún-durçlɛsıç] 形 (液体・光・気体などを)通さない, 不透過性の.

un·durch·schau·bar [ウン・ドゥルヒシャオバール または ウン..] 形 ① 見抜く(見通す)ことができない. ② えたいの知れない.

un·durch·sich·tig [ウン・ドゥルヒズィヒティヒ ún-durçzıçtıç] 形 ① 不透明な. ② えたいの知れない.

Un·durch·sich·tig·keit [ウン・ドゥルヒズィヒティヒカイト] 女 –/ ① 不透明. ② えたいの知れないこと.

un·eben [ウン・エーベン ún-e:bən] 形 ① 平らでない, でこぼこ(起伏)のある. ②《成句的に》nicht *uneben*《口語》悪くない, けっこういい.

Un·eben·heit [ウン・エーベンハイト] 女 –/-en ①《複 なし》平らでないこと, でこぼこ. ② でこぼこ道, 穴だらけの場所.

un·echt [ウン・エヒト ún-ɛçt] 形 ① 本物でない, 偽の, 模造の; 偽りの, うわべだけの(好意など). *unechter* Schmuck 模造のアクセサリー / *unechte* Zähne 義歯. ②《成句的に》*unechte* Brüche《数》仮分数. ③《化・織》色のあせる, 変色する.

un·edel [ウン・エーデる ún-e:dəl] 形 ①《雅》高貴でない; 卑しい, 下品な. ② (金属が)高級でない. *unedle* Metalle 卑金属.

un·ehe·lich [ウン・エーエリヒ] 形 正式の結婚によらない, 私生の, 庶出の(子供); 内縁の. ein *uneheliches* Kind 私生児.

Un·eh·re [ウン・エーレ ún-e:ra] 女 –/《雅》不名誉, 不面目, 恥.《人³ zur *Unehre* gereichen (あることが)人³の不名誉になる.

un·eh·ren·haft [ウン・エーレンハフト] 形《雅》不名誉な, 恥ずべき.

un·ehr·er·bie·tig [ウン・エーアエァビーティヒ ún-e:rɛrbi:tıç] 形《雅》敬意に欠けた, 失礼な.

un·ehr·lich [ウン・エーァリヒ] 形 ① 不誠実な, 不正直な. ② 不正な, 信頼できない.

Un·ehr·lich·keit [ウン・エーァリヒカイト] 女 –/ ① 不誠実, 不正直. ② 不正, 卑劣.

un·ei·gen·nüt·zig [ウン・アイゲンニュッツィヒ ún-aıgənnytsıç] 形 利己的でない, 私欲のない.

un·ei·gent·lich [ウン・アイゲントリヒ] 副《戯》本来は許されないのだが, (本当はいけないのだが)ま

あまあ.

un・ein・ge・schränkt [ウン・アイングシュレンクト ún-aɪŋəʃrɛŋkt または ..ゲシュレンクト] 形 無制限の, 無条件の, 絶対的な.

un・ei・nig [ウン・アイニヒ ún-aɪnɪç] 形 意見が一致していない. [sich³] mit 囚³ *uneinig* sein 囚³と意見が同じでない.

Un・ei・nig・keit [ウン・アイニヒカイト] 女 -/-en (意見などの)不一致; 不和.

un・ein・nehm・bar [ウン・アインネームバール または ウン..] 形 攻略できない, 難攻不落の.

un・eins [ウン・アインス ún-aɪns] 形 意見が一致していない (=uneinig).

un・emp・fäng・lich [ウン・エンプフェングリヒ] 形 感受性のない, 鈍感な. **für** 事⁴ *unempfänglich* sein 事⁴を受けつけない.

un・emp・find・lich [ウン・エンプフィントリヒ] 形 ① 鈍感な, 無感覚の, 感受性のない; 抵抗力(免疫)のある. Er ist **gegen** Kritik *unempfindlich*. 彼は批判されても平気である. ② 傷みにくい, 汚れにくい(布地など).

* **un・end・lich** [ウン・エントリヒ un-éntlɪç] I 形 無限の, 果てしない, 限りない; 〖数〗無限の (記号: ∞). (英 infinite). das *unendliche* Meer 果てしない海 / eine *unendliche* Geduld 限りない忍耐 / eine *unendliche* Größe 無限大. ◇〖名詞的に〗bis **ins** *unendliche* (新形) **ins** *Unendliche* 果てしなく.

II 副 非常に, きわめて. Sie war *unendlich* froh, ihn wieder zu sehen. 彼女は彼と再会してものすごく喜んだ.

* *die* **Un・end・lich・keit** [ウン・エントリヒカイト un-éntlɪçkaɪt] 女 (単) -/ ① 無限, 広大無辺; 永久; 〖数〗無限大 (記号: ∞). (英 infinity). die *Unendlichkeit* des Weltalls 宇宙の広大無辺さ. ② 〖口語〗非常に長い時間.

un・ent・behr・lich [ウン・エントベールリヒ または ウン..] 形 欠くことのできない, 不可欠の, 必須の. Er ist **für** uns *unentbehrlich*. 彼は私たちにとってなくてはならぬ人だ.

un・ent・gelt・lich [ウン・エントゲルトリヒ または ウン..] 形 無報酬の; 無料の. eine *unentgeltliche* Dienstleistung 無料サービス.

un・ent・schie・den [ウン・エントシーデン ún-ɛnt-ʃiːdən] 形 ① 未決定の, まだはっきりしていない; 〖スポーツ〗引き分けの. ein *unentschiedenes* Spiel 引き分けの試合. ② 優柔不断な.

Un・ent・schie・den [ウン・エントシーデン] 中 -s/- 未決定; 〖スポーツ〗引き分け.

Un・ent・schie・den・heit [ウン・エントシーデンハイト] 女 -/ 未決定; 優柔不断; 〖スポーツ〗引き分け.

un・ent・schlos・sen [ウン・エントシュロッセン ún-ɛnt-ʃlɔsən] 形 決心のつかない, ためらっている; 優柔不断な, 決断力のない.

Un・ent・schlos・sen・heit [ウン・エントシュロッセンハイト] 女 -/ ためらい; 優柔不断.

un・ent・schuld・bar [ウン・エントシュルトバール または ウン..] 形 許しがたい, 言いわけのたたない.

un・ent・schul・digt [ウン・エントシュルディヒト ún-ɛnt-ʃuldɪçt] 形 無断の, 無届けの. *unentschuldigt* fehlen 無断で欠席する.

un・ent・wegt [ウン・エントヴェークト un-ɛnt-véːkt または ウン..] 形 不屈の, 倦(う)むことのない, 根気のよい; 絶え間ない, ひっきりなしの.

un・ent・wi・ckelt [ウン・エントヴィッケルト ún-ɛntvɪkəlt] 形 ① 発育不全の; 未発達の, 発展途上の. ② 〖写〗(フィルムが)未現像の.

un・ent・wirr・bar [ウン・エントヴィルバール または ウン..] 形 ほどけない(もつれなど); 収拾(解決)しがたい(混乱など).

un・er・bitt・lich [ウン・エァビットリヒ または ウン..] 形 容赦のない, 厳しい, 冷酷(無情)な.

Un・er・bitt・lich・keit [ウン・エァビットリヒカイト または ウン..] 女 -/ 容赦のなさ, 厳格, 冷酷.

un・er・fah・ren [ウン・エァファーレン ún-ɛrfaːrən] 形 経験の乏しい, 未経験の, 未熟な.

Un・er・fah・ren・heit [ウン・エァファーレンハイト] 女 -/ 経験の乏しいこと, 未熟.

un・er・find・lich [ウン・エァフィントリヒ または ウン..] 形 〖雅〗説明のつかない, 理解できない, 不可解な.

un・er・forsch・lich [ウン・エァフォルシュリヒ または ウン..] 形 〖雅〗探究しがたい, 計り知れない, 不可解な.

un・er・freu・lich [ウン・エァフロイリヒ] 形 喜ばしくない, 不愉快な. eine *unerfreuliche* Nachricht うれしくない知らせ.

un・er・füll・bar [ウン・エァフュルバール または ウン..] 形 実現不可能な, かなえられない(望みなど).

un・er・gie・big [ウン・エァギービヒ ún-ɛrgiːbɪç] 形 収穫(収量)の乏しい, 不毛の; 〖比〗実りの少ない(テーマなど).

un・er・gründ・lich [ウン・エァグリュントリヒ または ウン..] 形 ① 解明できない, なぞめいた. ② 底知れぬほど深い.

un・er・heb・lich [ウン・エァヘーブリヒ] 形 とるに足らない, ささいな, つまらない. ein *unerheblicher* Schaden 軽微な損害.

* **un・er・hört**¹ [ウン・エァヘーァト ún-ɛrhøːrt] I 形 (比較) *unerhörter*, (最上) *unerhörtest*) ① 途方もない. eine *unerhörte* Summe とてつもない金額. ② ずうずうしい, あつかましい. ③ 〖雅〗前代未聞の, 未曾有(みぞう)の.

II 副 きわめて, 非常に. Er hat *unerhört* viel gearbeitet. 彼はものすごく働いた.

un・er・hört² [ウン・エァヘーァト] 形 〖雅〗(願いなどが)聞き入れられない, かなえられない.

un・er・kannt [ウン・エァカント ún-ɛrkant] 形 [だれにも]知られていない, 見抜かれていない.

un・er・klär・lich [ウン・エァクレーァリヒ または ウン..] 形 説明のつかない, 不思議な.

un・er・läss・lich [ウン・エァレスリヒ または ウン..] 形 欠くことのできない, 不可欠の, 必須の. eine *unerlässliche* Bedingung 必須条件.

un・er・läß・lich ☞ (新形) unerlässlich

un・er・laubt [ウン・エァラオプト ún-ɛrlaʊpt] 形 無許可の, 禁じられている; 不法な. eine *uner-*

unerledigt

laubte Handlung 《法》不法行為.
un·er·le·digt [ウン・エァれーディヒト ún-ɛrleːdɪçt] 形 片づいていない, 未処理(未解決)の.
un·er·mess·lich [ウン・エァメスリヒ または ウン..] I 形《雅》計り知れない; 途方もない, 非常な. ◇《名詞的に》[bis] ins *Unermessliche* 際限なく. II 副《雅》途方もなく, 非常に.
un·er·meß·lich ☞ 新形 unermesslich
un·er·müd·lich [ウン・エァミュートりヒ または ウン..] 形 疲れを知らない, 倦(ウ)むことのない, 根気強い.
un·er·quick·lich [ウン・エァクヴィックりヒ]形《雅》不愉快な, 喜ばしくない.
un·er·reich·bar [ウン・エァライヒバール または ウン..] 形 到達できない, 手の届かない; 連絡がとれない. Im Moment ist er *unerreichbar*. 目下彼には連絡がつかない.
un·er·reicht [ウン・エァライヒト un-ɛrraɪçt または ウン..] 形 いまだ達成されたことのない, 前人未到の.
un·er·sätt·lich [ウン・エァゼットりヒ または ウン..] 形 飽くことを知らない, 貪欲(ドン)な. ein *unersättlicher* Wissensdurst 貪欲な知識欲.
un·er·schlos·sen [ウン・エァシュロッセン ún-ɛrʃlɔsən] 形 未開拓の(土地・分野など); 未開発の(資源など).
un·er·schöpf·lich [ウン・エァシェプふりヒ または ウン..] 形 ① 尽きることのない, 無尽蔵の. ② 論じ尽くせない(問題など).
un·er·schro·cken [ウン・エァシュロッケン ún-ɛrʃrɔkən] 形 恐れを知らない, 大胆な, 勇敢な.
Un·er·schro·cken·heit [ウン・エァシュロッケンハイト] 女 -/ 大胆さ, 勇敢さ.
un·er·schüt·ter·lich [ウン・エァシュッタァりヒ または ウン..] 形 揺るがない, びくともしない. mit *unerschütterlicher* Ruhe 落ち着きをはらって.
un·er·schwing·lich [ウン・エァシュヴィングりヒ または ウン..] 形 (費用などが)調達できない, 都合のつかない; 法外な(値段など).
un·er·setz·lich [ウン・エァゼッツりヒ または ウン..] 形 取り替えの利かない, かけがえのない; 取り返しのつかない. ein *unersetzlicher* Schaden 取り返しのつかない損害.
un·er·sprieß·lich [ウン・エァシュプリースりヒ または ウン..] 形《雅》無益な, 役にたたない, 実りのない.
un·er·träg·lich [ウン・エァトレークりヒ または ウン..] I 形 耐えられない, 我慢のできない. *unerträgliche* Schmerzen 耐えがたい痛み. II 副 ひどく, たまらなく. Es ist *unerträglich* heiß hier. ここはたまらなく暑い.
un·er·wähnt [ウン・エァヴェーント ún-ɛrvɛːnt] 形 述べられない, 言及されていない. 事^4 *unerwähnt* lassen 事^4 について言及せずにおく.
un·er·war·tet [ウン・エァヴァルテット または ..エァヴァルテット] 形 思いがけない, 予期しなかった, 不意の. ein *unerwartetes* Wiedersehen 思いがけない再会.

un·er·wi·dert [ウン・エァヴィーダァト ún-ɛrviːdərt] 形 ① 応答(返事)のない. ② 報われない(恋など).
un·er·wünscht [ウン・エァヴュンシュト ún-ɛrvʏnʃt] 形 望ましくない, 具合(都合)が悪い. ein *unerwünschter* Gast 来てほしくない客.
un·er·zo·gen [ウン・エァツォーゲン ún-ɛrtsoːgən] 形 しつけの悪い, 不作法な.
UNESCO [ウネスコ unésko] 女 -/《略》ユネスコ, 国際連合教育科学文化機関 (=United Nations Educational, Scientific and Cultural Organization).
* **un·fä·hig** [ウン・フェーイヒ ún-fɛːɪç] 形 ① 無能な, 力量のない.(英) incapable). ein *unfähiger* Abteilungsleiter 無能な課長. ② (…)できない. zu 事^3 *unfähig* sein 事^3 の能力(資格)がない / Ich bin *unfähig*, dieses Buch zu übersetzen. この本を翻訳するなんて私にはできない.
Un·fä·hig·keit [ウン・フェーイヒカイト] 女 -/ 無能, 力量のなさ; 不適任.
un·fair [ウン・フェーァ ún-fɛːr] 形 公平(公正)でない, フェアでない. *unfair* spielen 《スポ》アンフェアなプレーをする.
* *der* **Un·fall** [ウン・ふァる ún-fal] 男 (単2) -(e)s/(複) ..fälle [..ふェれ] (3格のみ ..fällen) 事故, 災害, 災難. (英 accident). Verkehrs*unfall* 交通事故 / ein schwerer *Unfall* 大事故 / einen *Unfall* erleiden (または haben) 事故にあう / Die *Unfälle* mehren sich. 事故が増加している / bei einem *Unfall* ums Leben kommen 事故死する / in einen *Unfall* verwickelt werden 事故に巻き込まれる.

....

類語 der Unfall: (広く一般的な意味での)事故. das Unglück: (人の身にふりかかる不幸という意味での)事故. (Unfall より災害の規模が大きい). An der Kreuzung ist wieder ein *Unglück* passiert. その交差点でまた事故が起こった. die Katastrophe: 大災害, 破局. Der Zweite Weltkrieg war eine furchtbare *Katastrophe* für Europa. 第二次世界大戦はヨーロッパにとってすさまじい破局であった.

....

Un·fäl·le [ウン・ふェれ] *Unfall (事故)の 複
Un·fall=flucht [ウン・ふァる・ふるフト] 女 -/《法》(自分が原因の)事故現場からの逃避(ひき逃げなど).
un·fall=frei [ウンふァる・ふライ] 形 事故を起こしたことのない, 無事故の(ドライバーなど).
Un·fall=kran·ken·haus [ウンふァる・クランケンハオス] 中 -es/..häuser 救急病院.
Un·fall=sta·ti·on [ウンふァる・シュタツィオーン] 女 -/-en (病院の)救急病棟(施設).
Un·fall=stel·le [ウンふァる・シュテれ] 女 -/-n 事故現場.
Un·fall=ver·hü·tung [ウンふァる・フェアヒュートゥング] 女 -/ 事故防止[対策].
Un·fall=ver·si·che·rung [ウンふァる・フェァズィッヒェルング] 女 -/-en 傷害(災害)保険[

Un·fall·wa·gen [ウンファル・ヴァーゲン] 男 -s/- ① 事故車. ② 救急車 (=Krankenwagen).
un·fass·bar [ウン・ファスバール または ウン..] 形 理解できない, 不可解な; 想像もつかない. Das ist **für** mich *unfassbar*. それは私には想像もつかない.
un·faß·bar ☞ 新形 unfassbar
un·fass·lich [ウン・ファスリヒ または ウン..] 形 = unfassbar
un·faß·lich ☞ 新形 unfasslich
un·fehl·bar [ウン・フェールバール または ウン..] I 形 ① 過失(間違い)を起こさない. ② 確かな. II 副 間違いなく, 必ず.
Un·fehl·bar·keit [ウン・フェールバールカイト または ウン..] 女 -/ ① 過失(間違い)のないこと, 確かなこと. ② 《カトリック》(教皇の)不謬(ふびゅう)性.
un·fein [ウン・ファイン ún-faɪn] 形 上品でない, 粗野な, 不作法な.
un·fern [ウン・フェルン ún-fɛrn] 前《2格とともに》…から遠くない所に (=unweit). *unfern* der Brücke その橋から遠くない所に. ◇《von とともに副詞的に》*unfern* vom Bahnhof 駅から遠くない所に.
un·fer·tig [ウン・フェルティヒ ún-fɛrtɪç] 形 ① まだ出来上がっていない, 未完成の. ② 未熟な.
Un·flat [ウン・フラート ún-fla:t] 男 -[e]s/《雅》汚物; 《比》ののしり[の言葉], 悪口.
un·flä·tig [ウン・ふれーティヒ ún-flɛ:tɪç] 形 《雅》ひどく下品な, 口汚い. 人[4] *unflätig* beschimpfen 人[4]を口汚くののしる.
un·folg·sam [ウン・ふォルクザーム] 形 言うことをきかない, 従順でない(子供など).
Un·folg·sam·keit [ウン・ふォルクザームカイト] 女 -/ 聞き分けの悪いこと, 従順でないこと.
un·för·mig [ウン・フェルミヒ ún-fœrmɪç] 形 (太くて)不格好な.
Un·för·mig·keit [ウン・フェルミヒカイト] 女 -/ 不格好さ.
un·förm·lich [ウン・フェルムリヒ] 形 ① 形式ばらない, くだけた(態度など). ②《古》=unförmig.
un·fran·kiert [ウン・フランキーアト ún-fraŋki:rt] 形 料金未納の, 切手の貼(は)られていない(郵便物).
un·frei [ウン・ふライ ún-fraɪ] 形 ① 自由でない, 束縛された; 《史》不自由身分の, 隷属した. ② のびのびしていない, ぎこちない, 窮屈な. ③《郵》料金未納の, 受取人払いの.
un·frei·wil·lig [ウン・フライヴィリヒ ún-fraɪvɪlɪç] 形 ① 自由意志からでない, 本意な. ② 意図しない, そのつもりのない. *unfreiwilliger* Humor 巧まざるユーモア.
*****un·freund·lich** [ウン・ふロイントリヒ ún-frɔʏntlɪç] 形 ① 不親切な, 無愛想な. (反 *unfriendly*). ein *unfreundlicher* Kellner 無愛想なウエーター / eine *unfreundliche* Antwort 不親切な返答. ② 不快な, いやな,

unfreundliches Wetter いやな(陰うつな)天気.
Un·freund·lich·keit [ウン・ふロイントリヒカイト] 女 -/-en ①《複 なし》不親切, 無愛想. ② 不親切な言動.
Un·frie·de [ウン・ふリーデ ún-fri:də] 男 -ns (3格・4格 -n)/ = Unfrieden
Un·frie·den [ウン・ふリーデン] 男 -s/ 争い; いがみあい. *Unfrieden*[4] stiften 争いの種をまく / Unter (または Zwischen) ihnen herrscht *Unfrieden*. 彼らはいがみあっている.
un·frucht·bar [ウン・ふルフトバール] 形 ① 実りの乏しい(土地が)不毛の. ②《生・医》繁殖力(生殖能力)のない, 不妊の; 実を結ばない(植物). ③《比》実りのない, 生産的でない(議論など).
Un·frucht·bar·keit [ウン・ふルフトバールカイト] 女 -/ ① 不毛. ②《生・医》不妊; 不結実.
Un·fug [ウン・ふーク ún-fu:k] 男 -[e]s/ ① 迷惑な行為, 乱暴. *Unfug*[4] treiben 乱暴を働く. ② ばかげたこと. Macht keinen *Unfug*! 君たち, ばかなまねはよせ.
..ung ..ウング ..ʊŋ《主に動詞の語幹につけて女性名詞をつくる》接尾 ①《行為》例: Ach*tung* 注意. ②《行為の結果》例: Erfind*ung* 発明[品]. ③《場所》例: Wohn*ung* 住まい / Fest*ung* 要塞(さい).
Un·gar [ウンガァ úngar] 男 -n/-n ハンガリー人. (☞ 女性形は Ungarin).
un·ga·risch [ウンガリッシュ úngarɪʃ] 形 ハンガリー[人・語]の.
Un·garn [ウンガルン úngarn] 中 -s/《国名》ハンガリー[共和国](首都はブダペスト).
un·gast·lich [ウン・ガストリヒ] 形 ① もてなしの悪い, 客あしらいの悪い. ② 住む(滞在する)気になれない(家・場所).
un·ge·ach·tet [ウン・ゲアハテット ún-gəaxtət または ..ゲアハテット] 前《2格とともに 名詞のあとに置かれることもある》《雅》…にもかかわらず (=trotz). *ungeachtet* der Schwierigkeiten または der Schwierigkeiten *ungeachtet* 困難な状況にもかかわらず.
un·ge·ahn·det [ウン・ゲアーンデット ún-gəa:ndət または ..ゲアーンデット] 形 罰せられない.
un·ge·ahnt [ウン・ゲアーント ún-gəa:nt または ..ゲアーント] 形《付加語としてのみ》予想外の, 思いがけない, 意外な.
un·ge·bär·dig [ウン・ゲベーァディヒ ún-gəbɛ:rdɪç] 形《雅》手に負えない(子供・馬など).
un·ge·be·ten [ウン・ゲベーテン ún-gəbe:tən] 形 頼まれていない, 招かれていない. ein *ungebetener* Gast 招かれざる客.
un·ge·beugt [ウン・ゲボイクト ún-gəbɔʏkt] 形 ① 曲がっていない, まっすぐな(背中など). ② くじけない, 不屈の. ③《言》語形変化しない.
un·ge·bil·det [ウン・ゲビルデット ún-gəbɪldət] 形 教養のない, 無学な.
un·ge·bo·ren [ウン・ゲボーレン ún-gəbo:rən] 形 まだ生まれていない.
un·ge·bräuch·lich [ウン・ゲブロイヒリヒ] 形

un·ge·braucht [ウン・ゲブラオホト ún-gə-brauxt] 形 まだ使用されていない,新品の.

un·ge·bro·chen [ウン・ゲブロッヘン ún-gə-brɔxən] 形 ①《理》屈折していない(光線など); (色が)くすんでいない. ② くじけない, 不屈の.

un·ge·bühr·lich [ウン・ゲビューァリヒ または ..ゲビューァりヒ] 形《雅》① 不作法な, 無礼な. ein ungebührliches Benehmen 無礼な態度. ② 不当な(要求など).

un·ge·bun·den [ウン・ゲブンデン ún-gəbundən] 形 ① 製本されていない, 仮とじの. ② 拘束(抑制)されない, 自由な. ③《料理》とろみのついていない. ungebundene Suppen コンソメスープ. ④《詩学》韻を踏んでいない, 散文の. in ungebundener Rede 散文で. ⑤《音楽》ノン・レガートに.

Un·ge·bun·den·heit [ウン・ゲブンデンハイト] 女 -/ 自由, 放縦, 奔放.

un·ge·deckt [ウン・ゲデックト ún-gədɛkt] 形 ① 覆われていない; まだ屋根のない(家). ② 食事の用意のできていない(食卓). ③ (球技などで:)ノーマークの. ④《経》無担保の(債権など).

***die Un·ge·duld** [ウン・ゲドゥルト ún-gə-dult] 女 (単) -/ 短気, いらだち. (英 impatience). (⇔「忍耐」は Geduld). voller Ungeduld または mit Ungeduld いらいらしながら.

***un·ge·dul·dig** [ウン・ゲドゥるディヒ ún-gəduldıç] 形 短気な, 性急な, いらだった. (英 impatient). ein ungeduldiger Patient 気の短い患者 / ungeduldig auf 人⁴ warten いらいらしながら 人⁴ を待つ.

un·ge·eig·net [ウン・ゲアイグネット ún-gə-aıgnət] 形 適していない, 不適切な, ふさわしくない. für 事⁴ (または zu 事³) ungeeignet sein 事⁴(または人⁴)に向いていない.

****un·ge·fähr** [ウン・ゲフェーァ ún-gəfɛːr または ..ゲフェーァ]

> およそ
> Ich wiege *ungefähr* sechzig Kilo.
> イヒ ヴィーゲ ウンゲフェーァ ゼヒツィヒ キーろ
> 私の体重はおよそ60キロです.

I 副 およそ, だいたい, ほぼ. (英 about). ungefähr um 3 Uhr だいたい3時ごろに / Er ist ungefähr 30 Jahre alt. 彼は30歳くらいだ / so ungefähr だいたいそんなところ / von ungefähr 偶然に / nicht von ungefähr 偶然ではない ⇨ Das kommt nicht von ungefähr. それは偶然の[結果]ではない.

II 形《付加語としてのみ》およその, だいたいの. eine ungefähre Zahl 概数 / Ich habe davon nur eine ungefähre Vorstellung. 私はそれについて漠然としたイメージしか持っていない.

un·ge·fähr·det [ウン・ゲフェーァデット ún-gəfɛːrdət または ..ゲフェーァデット] 形 危険にさらされていない, 安全な.

un·ge·fähr·lich [ウン・ゲフェーァりヒ] 形 危険でない, 無害の. Es ist nicht ganz ungefährlich. それはかなり危険だ.

un·ge·fäl·lig [ウン・ゲフェりヒ ún-gəfɛlıç] 形 無愛想な, 不親切な.

Un·ge·fäl·lig·keit [ウン・ゲフェりヒカイト] 女 -/ 無愛想, 不親切.

un·ge·färbt [ウン・ゲフェルプト ún-gəfɛrpt] 形 ① 染めていない, 着色していない. ②《比》粉飾していない, ありのままの(真実など).

un·ge·fragt [ウン・ゲフラークト ún-gəfraːkt] 副 ① 聞かれもしないのに. ② 断りもなく.

un·ge·fü·ge [ウン・ゲフューゲ ún-gəfyːgə] 形《雅》① 大きくて不格好な, かさばる. ② ぎこちない, 不器用な.

un·ge·hal·ten [ウン・ゲハるテン ún-gəhaltən] 形 怒っている, 立腹した. über 事⁴ ungehalten sein 事⁴ に腹を立てている.

un·ge·hei·ßen [ウン・ゲハイセン ún-gəhaısən] 副《雅》自発的に, 命じられずに.

un·ge·heizt [ウン・ゲハイツト ún-gəhaıtst] 形 暖房[装置]のない, 暖房の入っていない.

un·ge·hemmt [ウン・ゲヘムト ún-gəhɛmt] 形 ① 何の束縛も受けない, 自由な; 奔放な, 抑制の利かない(怒りなど). ② 臆(ぉく)するところのない, 気後れしない.

***un·ge·heu·er** [ウン・ゲホイァァ ún-gəhɔyər または ..ゲホイァァ] I 形 (比較 ungeheurer, 最上 ungeheuerst; 格変化語尾がつくときは ungeheur-)(大きさ・程度などが)ものすごい, 途方もない, ばくだいな. (英 enormous). eine ungeheure Weite とてつもない広さ / eine ungeheure Anstrengung たいへんな骨折り. ◇《名詞的に》Die Kosten stiegen ins ungeheure (新形 ins Ungeheure). 経費はばくだいなものになった.

II 副 とてつもなく, 非常に. Die Aufgabe ist ungeheuer schwierig. その任務はとてつもなく難しい.

Un·ge·heu·er [ウン・ゲホイァァ] 中 -s/- ① (伝説上の)怪物; 《比》極悪非道な人. ② 巨大な(不格好な)もの.

un·ge·heu·er·lich [ウン・ゲホイァァりヒ または ウン..] 形 ① けしからぬ, 言語道断の, ひどい. ②《話》=ungeheuer

un·ge·hin·dert [ウン・ゲヒンダァト ún-gəhındərt] 形 妨げられない, じゃまされない.

un·ge·ho·belt [ウン・ゲホーべるト ún-gəhoːbəlt または ..ゲホーべるト] 形 ① かんながけされていない. ②《比》荒削りな, 粗野な; やぼったい.

un·ge·hö·rig [ウン・ゲヘーリヒ ún-gəhøːrıç] 形 その場にふさわしくない, 不作法な(態度など).

Un·ge·hö·rig·keit [ウン・ゲヘーリヒカイト] 女 -/-en 形《複 なし》不適当, 不作法. ② 不適当(不作法)な言動.

un·ge·hor·sam [ウン・ゲホーァザーム] 形 言うことを聞かない, 従順でない(子供など).

Un·ge·hor·sam [ウン・ゲホーァザーム] 男 -s/ 従順でないこと, 不服従.

un·ge·klärt [ウン・ゲクれーァト ún-gəklɛːrt] 形

明らかにされていない，まだ解明されていない．

un·ge·küns·telt [ウン・ゲキュンステㇽト ún-gəkynstəlt] 形 作為的でない，わざとらしさのない，ありのままの．

un·ge·kürzt [ウン・ゲキュルツト ún-gəkyrtst] 形 短縮(省略)されていない，完本の，ノーカットの(映画など)．

un·ge·la·den [ウン・ゲラーデン ún-gəla:dən] 形 招待されていない(客など)．

un·ge·le·gen [ウン・ゲレーゲン ún-gəle:gən] 形 (時間的に)都合(具合)の悪い．zu *ungelegener* Zeit 都合の悪い時に / Komme ich *ungelegen*? おじゃまでしょうか．

Un·ge·le·gen·heit [ウン・ゲレーゲンハイト] 女 –/-en 《ふつう複》不都合, 迷惑. 人³ *Ungelegenheiten*⁴ bereiten 人³ に迷惑をかける．

un·ge·lenk [ウン・ゲレンク ún-gələŋk] 形《雅》(動きが)ぎこちない; 不器用な, たどたどしい(筆跡など)．

un·ge·len·kig [ウン・ゲレンキヒ ún-gələŋkɪç] 形 しなやかでない, こわばった, ぎこちない．

un·ge·lernt [ウン・ゲレルント ún-gəlɛrnt] 形 専門の職業訓練を受けていない, 未熟な. ein *ungelernter* Arbeiter 未熟練工．

un·ge·lo·gen [ウン・ゲローゲン ún-gəlo:gən] 副《口語》うそではなく, 本当に, 実際. Ich habe *ungelogen* keinen Pfennig mehr. ぼくは本当にもう1ペニとも持っていない．

Un·ge·mach [ウン・ゲマーハ ún-gəma:x] 中 –[e]s/《雅》不愉快; めんどう, やっかい; 災い．

un·ge·mein [ウン・ゲマイン ún-gəmain または ..マイン] I 形 普通でない; ものすごい, 非常な. *ungemeine* Fortschritte たいへんな進歩. II 副 並はずれて, 非常に．

un·ge·müt·lich [ウン・ゲミュートリヒ ún-gəmy:tlɪç] 形 ① 居心地の悪い, 落ち着かない. ein *ungemütliches* Zimmer 居心地の悪い部屋. ② 不愉快な, 不機嫌な. *ungemütlich* werden《口語》つむじを曲げる, 機嫌を悪くする．

un·ge·nannt [ウン・ゲナント ún-gənant] 形 匿名の, 名前を隠した．

un·ge·nau [ウン・ゲナオ ún-gənau] 形 不正確な, 精密でない(測定など); あいまいな(印象など); いいかげんな(仕事など)．

Un·ge·nau·ig·keit [ウン・ゲナオイヒカイト] 女 –/-en ① 《複 なし》不正確さ; あいまいなこと; いいかげんさ. ② 期待はずれなこと．

un·ge·niert [ウン・ジェニーァト ún-ʒeni:rt または ..ジェニーァト] 形 遠慮のない, あけっぴろげの．

un·ge·nieß·bar [ウン・ゲニースバァ または ..ゲニースバール] 形 ① 食べられ(飲め)ない; ひどくまずい. ②《口語・戯》(不機嫌で)どうしようもない, (人が)手に負えない．

un·ge·nü·gend [ウン・ゲニューゲント ún-gəny:gənt] 形 不十分な, 乏しい; (成績評価で:)不可の. (⇒ 成績評価については ☞ gut ⑪). *ungenügende* Kenntnisse 不十分な知識．

un·ge·nutzt [ウン・ゲヌッツト ún-gənutst] 形 ＝ungenützt

un·ge·nützt [ウン・ゲニュッツト ún-gənytst] 形 使われないままの, 利用されていない．

un·ge·ord·net [ウン・ゲオルドネット ún-gəɔrdnət] 形 無秩序な, 乱雑な．

un·ge·pflegt [ウン・ゲプふれークト ún-gəpfle:kt] 形 手入れの行き届いていない, 身だしなみのよくない, だらしない．

un·ge·ra·de [ウン・ゲラーデ ún-gəra:də] 形 《数》奇数の. eine *ungerade* Zahl 奇数．

un·ge·ra·ten [ウン・ゲラーテン ún-gəra:tən] 形 出来の悪い, しつけの悪い(子供など)．

un·ge·rech·net [ウン・ゲレヒネット ún-gərɛçnət] I 形 計算に含まれていない. II 前《2格とともに》…を計算(勘定)に入れないで, …を別にすれば．

***un·ge·recht** [ウン・ゲレヒト ún-gərɛçt] 形 (比較 *ungerechter*, 最上 *ungerechtest*) 公正な, 不公平な; 不当な．《英》*unjust*). ein *ungerechter* Richter 公正を欠く裁判官 / Die Strafe ist *ungerecht*. その処罰は不当だ．

un·ge·recht·fer·tigt [ウン・ゲレヒトフェルティヒト ún-gərɛçtfɛrtɪçt] 形 正当化できない, 不当な．

* *die* **Un·ge·rech·tig·keit** [ウン・ゲレヒティヒカイト ún-gərɛçtɪçkaɪt] 女 (単) –/(複) –en ①《複 なし》不正, 不当; 不公平 (*injustice*). die *Ungerechtigkeit* der sozialen Verhältnisse² 社会的境遇の不公平. ② 不正(不当)な言動．

un·ge·reimt [ウン・ゲライムト ún-gəraimt] 形 ①《詩》韻を踏んでいない. ②《比》つじつまの合わない, ばかげた(おしゃべりなど)．

Un·ge·reimt·heit [ウン・ゲライムトハイト] 女 –/-en ①《複 なし》つじつまの合わないこと; ばかげたこと, 無意味. ② つじつまの合わない発言．

un·gern [ウン・ゲルン ún-gɛrn] 副 気が進まずに, いやいやながら. 事⁴ *ungern* tun 事⁴をいやいやながらする．

un·ge·rührt [ウン・ゲリューァト ún-gəry:rt] 形 心を動かされない, 無感動の, 平然とした. mit *ungerührter* Miene 平然とした(顔)で．

un·ge·rupft [ウン・ゲルプふト ún-gərupft] 形 《成句的に》*ungerupft* davon|kommen《口語》(危険から)無事に逃れる．

un·ge·sagt [ウン・ゲザークト ún-gəza:kt] 形 言われないままの．

un·ge·sät·tigt [ウン・ゲゼッティヒト ún-gəzɛtɪçt] 形 ①《雅》満ち足りていない, 満腹していない. ②《化》不飽和の(溶液など)．

un·ge·sche·hen [ウン・ゲシェーエン ún-gəʃe:ən] 形《成句的に》事⁴ *ungeschehen* machen 事⁴を元どおりにする, 事⁴が起こらなかったことにする．

Un·ge·schick [ウン・ゲシック ún-gəʃɪk] 中 –[e]s/ 不器用, ぎこちなさ; 不手際．

Un·ge·schick·lich·keit [ウン・ゲシックリヒカイト] 女 –/-en ①《複 なし》不器用, ぎこちなさ. ② 不手際な行為．

***un·ge·schickt** [ウン・ゲシックト ún-gəʃɪkt] 形 (比較 *ungeschickter*, 最上 *ungeschick-*

test) ① 不器用な, ぎこちない; 下手な(表現など). ungeschickte Hände⁴ haben 手先が不器用である. ②《南ド》(時間的に)都合(具合)の悪い; 使いにくい.

un·ge·schlacht [ウン・ゲシュラハト ún-gəʃlaxt] 形 ①（大きくて)不格好な, 不作法な, がさつな.

un·ge·schlif·fen [ウン・ゲシュリッフェン ún-gəʃlɪfən] 形 ① 研磨されていない(宝石など). ②《比》洗練されていない; 粗野な.

un·ge·schmä·lert [ウン・ゲシュメーらァト ún-gəʃmɛːlərt] 形《雅》減らされていない, 全面的な.

un·ge·schminkt [ウン・ゲシュミンクト ún-gəʃmɪŋkt] 形 ① 化粧していない. ②《比》飾りたてない, ありのままの(真実など).

un·ge·scho·ren [ウン・ゲショーレン ún-gəʃoːrən] 形 ① 刈り込まれていない(毛皮など). ② わずらわされない. 人⁴ ungeschoren lassen 人⁴をそっとしておく / ungeschoren bleiben めんどうなことにならずに済む / ungeschoren davon|kommen 無事に切り抜ける.

un·ge·schrie·ben [ウン・ゲシュリーベン ún-gəʃriːbən] 形 書かれていない. ein ungeschriebenes Gesetz 不文律.

un·ge·schult [ウン・ゲシューるト ún-gəʃuːlt] 形 ① 教育を受けていない. ② 訓練を受けていない, 未熟な.

un·ge·schützt [ウン・ゲシュッツト ún-gəʃʏtst] 形 保護されていない, 無防備の; 覆いのない.

un·ge·se·hen [ウン・ゲゼーエン ún-gəzeːən] 副 (他人に)見られずに, 人目につかずに.

un·ge·sel·lig [ウン・ゲゼリヒ ún-gəzɛlɪç] 形 ① 非社交的な, 人づき合いの悪い. ②《生》群居(ぐんきょ)しない.

un·ge·setz·lich [ウン・ゲゼッツリヒ] 形 非合法な, 違法の.

Un·ge·setz·lich·keit [ウン・ゲゼッツリヒカイト] 女 -/-en ①《複 なし》非合法, 違法[性]. ② 違法行為.

un·ge·sit·tet [ウン・ゲズィッテット ún-gəzɪtət] 形 不作法な, 粗野な.

un·ge·stalt [ウン・ゲシュタるト ún-gəʃtalt] 形《雅》はっきりした形を持たない.

un·ge·stört [ウン・ゲシュテーァト ún-gəʃtøːrt] 形 妨げられない, 中断されない.

un·ge·straft [ウン・ゲシュトラーフト] 形 罰せられない. ungestraft davon|kommen 罰を免れる.

un·ge·stüm [ウン・ゲシュテューム ún-gəʃtyːm] 形《雅》① 激情的な, 熱烈な. ②《言》激しい, 猛烈な(風など).

Un·ge·stüm [ウン・ゲシュテューム] 中 -[e]s/ 《雅》① 激情的であること, 熱烈. mit Ungestüm 激しい勢いで. ②《言》(風などの)激しさ.

*****un·ge·sund** [ウン・ゲズント ún-gəzunt] 形 (比較) ungesünder, (最上) ungesündest まれに (比較) ungesunder, (最上) ungesundest ① 不健康な. (英) unhealthy). Er hat ein ungesundes Aussehen. 彼は不健康な顔色をしている. ② 健康によくない. Er führt ein ungesundes Leben. 彼は不摂生な生活をしている. ③《比》不健全な. ein ungesunder Ehrgeiz 不健全な名誉欲.

un·ge·sün·der [ウン・ゲズュンダァ] *ungesund (不健康な)の 比較

un·ge·sün·dest [ウン・ゲズュンデスト] *ungesund (不健康な)の 最上

un·ge·süßt [ウン・ゲズュースト ún-gəzyːst] 形 砂糖の入っていない, 無糖の(飲み物など).

un·ge·teilt [ウン・ゲタイるト ún-gətaɪlt] 形 ① 分かれていない. ② 完全な, 全体の; [全員]一致した.

un·ge·trübt [ウン・ゲトリューブト ún-gətryːpt] 形 曇りのない; 完全な, 純粋な. eine ungetrübte Freude 曇りのない喜び.

Un·ge·tüm [ウン・ゲテューム ún-gətyːm] 中 -s/-e 大きくて不格好なもの(機械・器具など); 大きくて恐ろしげな動物; 怪物.

un·ge·übt [ウン・ゲデューブト ún-gəyːpt] 形 練習を積んでいない, 未熟な, 不慣れな.

un·ge·wandt [ウン・ゲヴァント ún-gəvant] 形 不器用な, 下手な, ぎこちない.

*****un·ge·wiss** [ウン・ゲヴィス ún-gəvɪs] 形 (比較) ungewisser, (最上) ungewissest ① 不確かな, 確実ではない. (英 uncertain). eine ungewisse Zukunft 不確かな将来 / Es ist ungewiss, ob er heute noch kommt. 彼がきょうのうちに来るかどうかははっきりしない. ② 決めかねている, 確信が持てない. Ich bin mir noch ungewiss, was ich tun soll. 私は自分が何をしたらいいのかいまだにわからない. ◇《名詞的に》 sich³ über 事⁴ im ungewissen (新形 im Ungewissen) sein 事⁴について決心がつかないでいる / 人⁴ über 事⁴ im ungewissen (新形 im Ungewissen) lassen 人⁴に事⁴についてはっきり言わない. ③《雅》ぼんやりした, 不鮮明な (色など), あいまいな.

un·ge·wiß 新形 ☞ ungewiss

Un·ge·wiss·heit [ウン・ゲヴィスハイト] 女 -/-en《ふつう 単》不確実, 未定; 確信のなさ.

Un·ge·wiß·heit 新形 ☞ Ungewissheit

Un·ge·wit·ter [ウン・ゲヴィッタァ ún-gəvɪtər] 中 -s/- ① 怒りの爆発, 激怒. ②《古》暴風雨, 雷雨.

*****un·ge·wöhn·lich** [ウン・ゲヴェーンリヒ ún-gəvøːnlɪç] I 形 ① ふつうでない, 異常な. (英) unusual). eine ungewöhnliche Kälte 異常な寒気. ② 並はずれた, 非凡な. eine ungewöhnliche Begabung 非凡な才能. II 副 並はずれて, 非常に. Für sein Alter ist er ungewöhnlich groß. 年のわりには彼は並はずれて背が高い.

un·ge·wohnt [ウン・ゲヴォーント ún-gəvoːnt] 形 慣れていない, 不慣れな; ふだんと違った.

un·ge·wollt [ウン・ゲヴォるト ún-gəvɔlt] 形 意図的でない, 望んだのではない.

un·ge·zählt [ウン・ゲツェーるト ún-gətsɛːlt]

形《付加語としてのみ》数えきれないほどの, 無数の. *ungezählte* Male 何回となく. **II** 副 数えないで. Er steckte das Geld *ungezählt* in seine Tasche. 彼はそのお金を数えもせずポケットに突っ込んだ.

un·ge·zähmt [ウン・ゲツェームト ún-gətsɛːmt] 形 飼い慣らされていない;《比》抑えられない(情熱など).

Un·ge·zie·fer [ウン・ゲツィーファァ ún-gətsiːfəɐ̯] 中 -s/ 害虫(のみ・しらみなど); 有害な小動物(ねずみなど). das *Ungeziefer*⁴ vernichten 害虫を駆除する.

un·ge·zie·mend [ウン・ゲツィーメント ún-gətsiːmənt] 形《雅》けしからぬ, 無礼な.

un·ge·zo·gen [ウン・ゲツォーゲン ún-gətsoːgən] 形 しつけの悪い, 腕白な(子供など); 不作法な. ein *ungezogenes* Kind いたずらっ子 / eine *ungezogene* Antwort そんざいな返事.

Un·ge·zo·gen·heit [ウン・ゲツォーゲンハイト] 女 -/-en ①《複 なし》しつけの悪いこと, 不作法なこと. ② 不作法な言動.

un·ge·zü·gelt [ウン・ゲツューゲルト ún-gətsyːgəlt] 形 抑制できない, 放縦な.

un·ge·zwun·gen [ウン・ゲツヴンゲン ún-gətsvʊŋən] 形 強いられていない, 自然な, のびのびした. in *ungezwungener* Haltung 自然な態度で.

Un·ge·zwun·gen·heit [ウン・ゲツヴンゲンハイト] 女 -/ 強いられていないこと, のびのびした態度.

Un·glau·be [ウン・グラオベ ún-glaubə] 男 -ns (3 格·4 格 -n) / ① 信じないこと, 不信. ② 不信仰, 無宗教.

un·glaub·haft [ウン・グラオブハフト] 形 信じられない, 真実らしくない.

un·gläu·big [ウン・グロイビヒ ún-glɔybɪç] 形 ① 疑いをいだいている, 懐疑的な. ein *ungläubiges* Gesicht⁴ machen 疑わしげな顔をする. ② 不信仰の, 無宗教の.

****un·glaub·lich** [ウン・グラオプリヒ ún-gláuplɪç または ウン..] **I** 形 ① 信じられない, 驚くべき.《英》*incredible*). eine *unglaubliche* Geschichte 信じられない話 / eine *unglaubliche* Frechheit あきれるばかりのずうずうしさ. ②《口語》ものすごい, 途方もない. eine *unglaubliche* Summe ものすごい金額.
II 副《口語》ものすごく. Die Sitzung dauerte *unglaublich* lang. その会議は信じられないくらい長くかかった.

un·glaub·wür·dig [ウン・グラオプヴュルディヒ ún-glaupvʏrdɪç] 形 信じるに値しない, 信用できない.

un·gleich [ウン・グライヒ ún-glaɪç] **I** 形 等しくない, そろわない, 不平等の. ein *ungleicher* Lohn 不平等な賃金. **II** 副《ふつう比較級とともに》比較にならないほど, ずっと. *ungleich* besser はるかに良い. **III** 前《3 格とともに》…と異なって.

un·gleich·ar·tig [ウングライヒ・アールティヒ] 形 異種の, 異質の; 均質でない.

Un·gleich·ge·wicht [ウングライヒ・ゲヴィヒト] 中 -[e]s/-e アンバランス, 不均衡.

Un·gleich·heit [ウン・グライヒハイト] 女 -/-en ①《複 なし》不平等; 不釣り合い; そろわない. ② 等しくないもの; 違い.

un·gleich·mä·ßig [ウングライヒ・メースィヒ ún-glaɪçmɛːsɪç] 形 一様でない, そろわない, 不規則な.

: das **Un·glück** [ウン・グリュック ún-glʏk] 中 (単 2) -[e]s/(複) -e (3 格のみ -en) ①(大きな)事故.《英 *accident*). Eisenbahn*unglück* 鉄道事故 / Ein schweres *Unglück* ist geschehen.《現在完了》大惨事が起きた / ein *Unglück*⁴ verursachen 事故をひき起こす / Lass nur, das ist kein *Unglück*!. 気にすることではないんだから.(☞ 類語 Unfall). ②《複 なし》不幸, 不運; 災難, 災い; 不首尾.《英 *misfortune*). *Unglück*⁴ in der Liebe haben 失恋する /《雅》人⁴ ins *Unglück* bringen (または stürzen)《雅》人⁴を不幸に陥れる / Ich hatte Glück im *Unglück*. 私にとっては不幸中の幸いでした / in sein *Unglück* rennen《口語》みずから墓穴を掘る / zu allem *Unglück* さらに悪いことには / Ein *Unglück* kommt selten allein. 泣きっ面に蜂(ﾊﾁ)(←不幸はめったに単独ではやって来ない).

****un·glück·lich** [ウン・グリュックリヒ ún-glʏklɪç] 形 ① 不幸な, 悲しんでいる.《英 *unhappy*). *unglückliche* Menschen 不幸な人たち / ein *unglückliches* Gesicht⁴ machen 悲しそうな顔をする / 人⁴ *unglücklich* machen 人⁴を悲しませる. ② 不運な, ついていない.《英 *unlucky*). eine *unglückliche* Niederlage 不運な敗北 / eine *unglückliche* Liebe 悲恋, 片思い. ③ 不器用な, まずい. eine *unglückliche* Bewegung へまな動き.

un·glück·li·cher·wei·se [ウングリュックリッヒャァ・ヴァイゼ] 副 不幸にも, 不運にも.

un·glück·se·lig [ウングリュック・ゼーリヒ ún-glʏk-zeːlɪç] 形 不幸な, 悲惨な; 不運な.

Un·glücks·fall [ウングリュックス・ファる] 男 -[e]s/..fälle 不幸な出来事, 事故, 災難.

Un·glücks·ra·be [ウングリュックス・ラーベ] 男 -n/-n《口語》運の悪い人.

Un·gna·de [ウン・グナーデ ún-gna:də] 女《成句的に》bei 人³ in *Ungnade* fallen 人³の機嫌をそこねる, 人³の不興を買う.

un·gnä·dig [ウン・グネーディヒ ún-gnɛːdɪç] 形 ① 不機嫌な. ②《雅》無慈悲な, 冷酷な.

un·gül·tig [ウン・ギュるティヒ ún-gʏltɪç] 形 通用しない, 無効の. eine *ungültige* Fahrkarte 無効になった乗車券.

Un·gül·tig·keit [ウン・ギュるティヒカイト] 女 -/ 無効, 失効.

Un·gunst [ウン・グンスト ún-gʊnst] 女 -/-en ①《複 なし》《雅》不興, 不機嫌. die *Ungunst* des Wetters《比》悪天候. ②《複 で》不都合. Das Urteil ist zu seinen *Ungunsten* ausgefallen.〖現在完了〗判決は彼に不利だった / zu Ungunsten des Klägers 原告にとって不利になるように.

*un・güns・tig ［ウン・ギュンスティヒ úngynstıç］形 ① 都合の悪い，不利な．(英 unfavorable). ungünstiges Wetter 思わしくない天候 / ein ungünstiger Termin 都合の悪い日時 / unter ungünstigen Bedingungen 不利な条件のもとで．② (雅) 好意的でない．

un・gut ［ウン・グート ún-gu:t］形 ① いやな；よくない；不快な．②《成句的に》 Nichts für ungut! どうかしらずよ.

un・halt・bar ［ウン・はルトバール または ..ハるトバール］形 ① 持ちこたえられない，維持できない(状態など)；根拠のない(主張など). ②〖軍〗防衛できない．③ (球技で) 阻止できない(シュート).

un・hand・lich ［ウン・ハントりヒ］形 扱いにくい，手ごろでない，操作しにくい．

un・har・mo・nisch ［ウン・ハルモーニッシュ únharmo:nıʃ］形 ① 協調性のない，調和のとれていない(性格など)；(色彩などが)不調和な．②〖音楽〗不協和音の．

Un・heil ［ウン・ハイる ún-hail］中 -(e)s/《雅》災い, 不幸. Unheil⁴ an|richten (または stiften) 災いをひき起こす，困ったことをしでかす．

[新形]..

Un・heil brin・gend 災い(不幸)をもたらす．

un・heil・bar ［ウン・ハイるバール または ..ハイるバール］形 治療できない，不治の(病気など).

un・heil・brin・gend ［ウン・ハイる・ブリンゲント］形 (〖新形〗 Unheil bringend) 〖☞ Unheil

un・heils・voll ［ウンハイる・ふォる］形 災いに満ちた，不吉な．

*un・heim・lich ［ウン・ハイムりヒ únhaımlıç または ..ハイムりヒ］I 形 ① 不気味な，気味の悪い．(英 uncanny). eine unheimliche Stille 不気味な静けさ / Mir wurde unheimlich [zumute]. 私は気味が悪くなった．②《口語》ものすごい．eine unheimliche Summe たいへんな金額．

II 副《口語》ものすごく．Er ist unheimlich groß. 彼はものすごく背が高い．

un・höf・lich ［ウン・ヘーふりヒ］形 礼儀知らずな，不作法な，失礼な．eine unhöfliche Antwort 失礼な返事．

Un・höf・lich・keit ［ウン・ヘーふりヒカイト］女 -/-en ①《覆 なし》礼儀知らずなこと，不作法．②《ふつう 覆》失礼(不作法)な言動．

Un・hold ［ウン・ホるト ún-hɔlt］男 -[e]s/-e ① (童話・伝説の)悪魔，妖怪(ͣͤͤ). ② (鬼のように)残忍な人；性犯罪者．

un・hör・bar ［ウン・ヘーアバール または ウン..]形 聞こえない，ほとんど聞きとれない(声・音など).

un・hy・gi・e・nisch ［ウン・ヒュギエーニッシュ ún-hygie:nıʃ］形 非衛生的な，不潔な．

u・ni ［ユニ ýni または ユニー yni:］[˹ ˺]形《無語尾で》一色の，単色の(=einfarbig); 無地の(布など). eine uni Krawatte 無地のネクタイ．

U・ni ［ウ゠ úni］女 -/-s《口語》《総合》大学 (=Universität). Er ist noch auf der Uni. 彼はまだ［大学に］在学中だ．

*die U・ni・form ［ウニふォルム uniförm または ウニ..úni..］女 (単) -/(覆) -en 制服，ユニフォーム. (英 uniform). (対 「私服」は Zivil. Die Polizisten tragen eine grüne Uniform. 警官はグリーンの制服を着ている / Soldat in Uniform 制服を着た兵士 / in voller Uniform (制服で[勲章などをつけて])正装して．

u・ni・for・mie・ren ［ウニふォルミーレン uniformí:rən］他 (h) ① (人⁴に)制服(軍服)を着せる．② 画一化する．

U・ni・for・mi・tät ［ウニふォルミテート uniformitéːt］女 -/ (ふつう軽蔑的に):画一［性], 均一．

U・ni・kat ［ウニカート unikáːt］中 -(e)s/-e ① たった一つしかない物，珍品 (=Unikum ①).② (コピーのない)一部だけ作製された書類．

U・ni・kum ［ウ゠ニクム úːnikum］中 -s/-s (または Unika) ① 《覆 Unika》 たった一つしかない物，珍品．② 〖覆〗 -s 《口語》変人．

u・ni・la・te・ral ［ウーニ・らテラーる úːni-latera:l または ウニ・らテラーる］形 〖政〗 一方だけの，一方的な，片側だけの．

un・in・te・res・sant ［ウン・インテレサント ún-ıntəresant］形 ① 興味をひかない，おもしろくない．②〖商〗有利でない(取り引きなど).

un・in・te・res・siert ［ウン・インテレスィーアト ún-ıntəresi:rt］形 無関心な，興味をいだいていない．an 人・事³ uninteressiert sein 人・事³に興味がない．

*die U・ni・on ［ウニオーン unió:n］女 (単) -/(覆) -en 連合，連盟，同盟；連邦．(英 union). einer Union³ an|gehören 連合の一員である / die Christlich-Demokratische Union キリスト教民主同盟(ドイツの政党；略: CDU) / die Europäische Union ヨーロッパ連合(略: EU).

u・ni・so・no ［ウニゾーノ unizó:no または ウニーゾノ］[˹音˺] 副 〖音楽〗 ユニゾンで，同音(同度)で．

u・ni・ver・sal ［ウニヴェルザーる univerzá:l］形 ① 全般的な，普遍的な，多面的な．eine universale Bildung 幅広い教養．② 全世界の，全世界に及ぶ．

U・ni・ver・sal・er・be ［ウニヴェルザーる・エルベ］男 -n/-n 〖法〗単独(包括)相続人．

U・ni・ver・sal・ge・nie ［ウニヴェルザーる・ジェニー］中 -s/-s 万能の天才；(戯)多種多芸の人．

u・ni・ver・sell ［ウニヴェルゼる univerzél］形 ① 全般(普遍)的な．② 多目的の，万能の(道具など)；多方面にわたる(才能など).

*die U・ni・ver・si・tät ［ウニヴェルズィテート univerzité:t］女 (単) -/(覆) -en ① 大学(略: Uni). (英 university). (対 「総称としての大学」および「単科大学」は Hochschule). (「ドイツ連邦共和国の教育制度」〖☞ 巻末付録, 1810 ペ―ジ). Ich besuche eine Universität. 私は大学に通っています / Er studiert an der Universität [in] München. 彼はミュンヒェン大学で勉強している / auf die Universität (または

zur *Universität*) gehen 大学に通っている. ②〘㍶ なし〙大学の全教員と全学生.

U·ni·ver·si·täts≠pro·fes·sor [ウニヴェルズィテーツ・プロフェッソァ] 㲷 -s/-en [..ソーレン] 大学教授.

U·ni·ver·si·täts≠stadt [ウニヴェルズィテーツ・シュタット] 㲸 -/..städte [..シュテーテ] 大学都市, 大学町.

U·ni·ver·sum [ウニヴェルズム univérzum] 㲹 -s/ 宇宙, 万有;《比》(無限の)多様性.

Un·ke [ウンケ únkə] 㲸 -/-n ①〘動〙スズガエル(鈴蛙). ②〘口語〙不吉な予言をする人; 悲観論者.

un·ken [ウンケン únkən] 㲺 (h)〘口語〙不吉なことを予言する, 悲観的なことを言う.

un·kennt·lich [ウン・ケントリヒ] 㲻 見分けがつかない, 識別できない. sich⁴ *unkenntlich* machen すっかり変装する.

Un·kennt·lich·keit [ウン・ケントリヒカイト] 㲸 -/ 見分けがつかないこと.

Un·kennt·nis [ウン・ケントニス ún-kεntnɪs] 㲸 -/ 知らないこと;無知,無学.㲽⁴ über 㲶⁴ in *Unkenntnis* lassen㲽⁴に㲶⁴を知らせずにおく.

un·kind·lich [ウン・キントリヒ] 㲻 子供らしくない, ませた.

* **un·klar** [ウン・クらール ún-kla:r] 㲻 ① はっきりしない, 不鮮明な, あいまいな. ein *unklares* Bild 不鮮明な写真 / *unklare* Erinnerungen あいまいな記憶. ② 不明瞭(ﾒｲﾘｮｳ)な, 理解しにくい. ein *unklarer* Satz 意味がはっきりしない文. ③ 疑わしい, 確信が持てない. eine *unklare* Situation 不確かな状況. ◇〘名詞的に〙㲽⁴ über 㲶⁴ im *unklaren*(新形 im *Unklaren*) lassen㲽⁴に㲶⁴の真相を知らせずにおく / sich³ über 㲶⁴ im *unklaren*(新形 im *Unklaren*) sein 㲶⁴についてはっきりわかっていない. ④ 不透明な, にごった.

Un·klar·heit [ウン・クらールハイト] 㲸 -/-en 不明瞭(ﾒｲﾘｮｳ)なこと; 不明な点.

un·klug [ウン・クるーク ún-klu:k] 㲻 賢明でない, 愚かな, 無分別な.

Un·klug·heit [ウン・クるークハイト] 㲸 -/-en ①〘㍶ なし〙愚鈍, 無分別. ② 愚かな(無分別な)言動.

un·kom·pli·ziert [ウン・コンプリツィーアト ún-komplitsi:rt] 㲻 複雑でない, 単純な(人・性格など). ein *unkomplizierter* Bruch《医》単純骨折.

un·kor·rekt [ウン・コレクト ún-kɔrεkt] 㲻 不正確な; 不正な; 不当な.

* *die* **Un·kos·ten** [ウン・コステン ún-kɔstən] ㍶(正規の経費以外の)雑費. Die *Unkosten*⁴ trägt die Firma. 雑費は会社が負担する / sich⁴ in *Unkosten* stürzen 大金を使う, 散財する. ②〘口語〙支出, 出費.

Un·kos·ten≠bei·trag [ウンコステン・バイトラーク] 㲷 -[e]s/..träge (正規の経費以外の)雑費の負担.

* *das* **Un·kraut** [ウン・クラオト ún-kraut] 㲹(単2) -[e]s/(複) ..kräuter [..クロイタァ] (3格のみ..kräutern)①〘㍶ なし〙雑草.《英》weed). Das *Unkraut* wuchert. 雑草がはびこる / *Unkraut*⁴ aus|reißen (または jäten) 雑草を引き抜く / *Unkraut* vergeht (または verdirbt) nicht.(ﾄﾞｲﾂ)〘戯〙憎まれっ子世にはばかる(←雑草は絶えることがない). ②(個々の)雑草.

Un·kräu·ter [ウン・クロイタァ] *Unkraut (雑草)の複.

un·kri·tisch [ウン・クリーティッシュ ún-kri:tɪʃ] 㲻 ① 無批判な. ② 危機的でない.

un·kul·ti·viert [ウン・クるティヴィーアト ún-kultivi:rt] 㲻 ① 洗練されていない, 不作法な. ② 開墾されていない.

ドイツ・ミニ情報 26

大学 Universität

ドイツには大学入試はない. ギムナジウム卒業試験アビトゥーア(Abitur)に合格してギムナジウムを卒業後, ドルトムントの中央学籍配分センタへ希望の大学と専攻学科を申請すると, 人数の調整が行われた後に入学が認められる. 人気が高くて定員に限りがある学部は, アビトゥーアの成績順に入学が許可される. 大学間の移籍は比較的自由で, 特に文系学部の場合はいくつかの大学を「遍歴」することも少なくない. ドイツの大学には日本のような大学の格差はない.

総合大学と単科大学を合わせて約150の大学があり, ほとんどが州立で, ごく一部の例外を除いて, 授業料の納入義務がない. 2学期制で, 9～3月の冬学期と4～8月の夏学期は完全に独立しており, どちらの学期に入学してもよい. 卒業期限もなく, 自分のペースで受けたい講座を選択し, 履修登録する. ディプローム, 修士号, 博士号のうち, どの資格・学位の取得をめざすかによって卒業規定が異なり, 必修条件がそろった時点で修了試験を受けて卒業する.

学生の自主性を尊重したゆとりのある大学制度で, 長期的な展望で個性的な人材が育つメリットがあるが, 学生がなかなか卒業せず, 教育の成果が労働市場に還元されにくいという弊害も生じている. 財政難も深刻なため, 授業料の徴収が検討されているが, ドイツの学生は自活が原則で親からの仕送りを受けていないため, 学費稼ぎのアルバイトに時間をとられ, 余計に卒業が遅れるのではないかと心配されている. (「ドイツ連邦共和国の教育制度」☞ 巻末付録, 1810ページ).

© BUNDESBILDSTELLE BONN

un·künd·bar [ウン・キュントバール または ..キュントバール] 形 (契約などを)とり消すことのできない, 解約不能の.

un·kun·dig [ウン・クンディヒ ún-kundɪç] 形 十分な知識(経験)のない. 軍² *unkundig sein*《雅》軍²に精通していない, 軍²ができない.

un·längst [ウン・れングスト ún-lɛŋst] 副《つい》先ごろ, 最近 (=kürzlich).

un·lau·ter [ウン・らオタァ ún-lautər] 形《雅》不純な; 不誠実な, 不正な.

un·leid·lich [ウン・らイトリヒ] 形 ① 不機嫌な, ぶすっとしている. ② 耐えがたい(状況など).

un·lenk·sam [ウン・れンクザーム または ..れンクザーム] 形 操縦しにくい, 扱いにくい.

un·le·ser·lich [ウン・れーザァリヒ または ..れーザリヒ] 形 (筆跡などが)読みにくい, 判読できない.

un·leug·bar [ウン・ろイクバール または ..ろイクバール] 形 否定(否認)できない, 明白な.

un·lieb [ウン・リープ ún-li:p] 形 好ましくない, いやな. 人³ nicht *unlieb* sein 人³にとってありがたい.

un·lieb·sam [ウン・リープザーム] 形 好ましくない, 不快な, いやな.

un·lo·gisch [ウン・ろーギッシュ ún-lo:gɪʃ] 形 非論理的な, 理屈に合わない.

un·lös·bar [ウン・れースバール または ウン..] 形 ① 解消できない, 密接な(関係など). ② 解決できない. ein *unlösbares* Problem 解決困難な問題. ③《稀》溶けない;《化》不溶性の (=unlöslich).

un·lös·lich [ウン・れースリヒ または ウン..] 形 ① 溶けない;《化》不溶性の. ② 解決できない, 密接な (=unlösbar).

Un·lust [ウン・るスト ún-lust] 女 -/ いや気, 気乗りしないこと. mit *Unlust* いやいやながら.

un·lus·tig [ウン・るスティヒ ún-lustɪç] 形 気の進まない, 気乗りしない.

un·ma·nier·lich [ウン・マニーァリヒ] 形 行儀(しつけ)の悪い, 不作法な.

un·männ·lich [ウン・メンリヒ] 形 男らしくない, めめしい.

Un·maß [ウン・マース ún-ma:s] 中 -es/《雅》過度, 過多. im *Unmaß* 過度(過剰)に.

Un·mas·se [ウン・マッセ ún-masə] 女 -/-n《口語》ばくだいな量(数).

un·maß·geb·lich [ウン・マースゲープリヒ または ..ゲープリヒ] 形 標準(基準)にならない; 重要でない. nach meiner *unmaßgeblichen* Meinung 《謙遜して》私見によれば.

un·mä·ßig [ウン・メースィヒ ún-mɛːsɪç] I 形 極端な, 節度のない. *unmäßige* Forderungen 過度の要求. II 副 極端に, 非常に. Sein Hunger war *unmäßig* groß. 彼はものすごく腹が減っていた.

Un·mä·ßig·keit [ウン・メースィヒカイト] 女 -/ 極端, 節度がないこと.

Un·men·ge [ウン・メンゲ ún-mɛŋə] 女 -/-n 無数; 多量. eine *Unmenge* von Menschen 非常に大勢の人々.

Un·mensch [ウン・メンシュ ún-mɛnʃ] 男 -en/-en 人でなし, 無情(残酷)な人. Ich bin ja kein *Unmensch*.《口語》私だって話のわからない人間ではない.

un·mensch·lich [ウン・メンシュリヒ または ..メンシュリヒ] I 形 ① 非人間的な, 非人道的な, 残酷な. ② 耐えがたい, ものすごい. *unmenschliche* Schmerzen 耐えがたい苦痛. II 副《口語》ものすごく.

Un·mensch·lich·keit [ウン・メンシュリヒカイト または ..メンシュリヒカイト] 女 -/-en ①《複なし》非人間的なこと. ② 非人間的(残酷)な行為.

un·merk·lich [ウン・メルクリヒ または ウン..] 形 ほとんど気づかない, かすかな.

un·miss·ver·ständ·lich [ウン・ミスフェァシュテントリヒ または ..シュテントリヒ] 形 誤解のおそれのない, 明白な; きっぱりとした(拒否など).

un·miß·ver·ständ·lich ☞ 〈新形〉 unmissverständlich

__un·mit·tel·bar__ [ウン・ミッテるバール ún-mɪtəlba:r] I 形 ① 直接的な, 直接の.《英》*immediate*.《ご注意》「間接的な」は mittelbar. die *unmittelbare* Demokratie 直接民主主義. ②(時間的・空間的に)すぐの. in *unmittelbarer* Nähe すぐ近くに.
II 副 直接に; すぐ, 直ちに.《英》*immediately*. *unmittelbar* danach その直後 / *unmittelbar* vor der Tür ドアのすぐ前に.

un·möb·liert [ウン・メブリーァト ún-møbli:rt] 形 家具の備えつけられていない(部屋など).

__un·mo·dern__ [ウン・モデルン ún-modɛrn] 形 流行遅れの, 古くさい, モダンでない; 現代的でない. *unmoderne* Kleidung 流行遅れの服装.

__un·mög·lich__ [ウン・メークリヒ ún-mø:klɪç または ..メークリヒ] I 形 ① 不可能な, 実行できない; ありえない.《英》*impossible*.《ご注意》「可能な」は möglich). ein *unmögliches* Vorhaben 実行不可能な計画 / Es ist mir *unmöglich*, das zu tun. 私にはそれはできない / Es ist ganz *unmöglich*, dass er der Schwindler ist. 彼があの詐欺師だなんてまったく考えられないことだ. ◊《名詞的》*unmögliches*⁴〈新形〉*Unmögliches*⁴) verlangen 不可能なことを要求する.
②《口語》とんでもない, ひどい. ein *unmögliches* Benehmen とんでもないふるまい / Dieser Hut ist *unmöglich*. この帽子はまったく変てこだ. ◊《ふつう最上級で》奇妙な. Er sammelt die *unmöglichsten* Dinge. 彼はおよそ奇妙なものを収集している.
③《成句的に》人⁴ *unmöglich* machen 人⁴の面目を失わせる, 人⁴に恥をかかせる / sich⁴ *unmöglich* machen 面目を失う, 恥をかく.
II 副《ふつう können とともに; 文全体にかかって》《口語》決して…ない. Ich kann ihn jetzt *unmöglich* im Stich lassen. 私は今彼を見捨てることはとうていできない / Das kann *unmöglich*

richtig sein. それは正しいはずがない.

Un·mög·lich·keit [ウン・メークリヒカイト または ..メークリヒカイト] 囡 –/–en《ふつう 匭》不可能なこと, 不可能性.

un·mo·ra·lisch [ウン・モラーリッシュ ún-mo-raːlɪʃ] 形 道徳に反する, 不道徳な.

un·mo·ti·viert [ウン・モティヴィーァト ún-motiviːrt] 形 動機のない, 理由のない.

un·mün·dig [ウン・ミュンディヒ ún-mʏndɪç] 形 未成年の;(社会人として)一人前でない, 未熟な.

Un·mün·dig·keit [ウン・ミュンディヒカイト] 囡 –/ 未成年[であること]; 未熟さ.

un·mu·si·ka·lisch [ウン・ムズィカーリッシュ ún-muzikaːlɪʃ] 形 音楽のセンス(才能)がない, 音楽を解さない; 非音楽的な.

Un·mut [ウン・ムート ún-muːt] 男 –[e]s/《雅》不機嫌, 不満, 怒り.

un·mu·tig [ウン・ムーティヒ ún-muːtɪç] 形《雅》不機嫌な, 不満な.

un·nach·ahm·lich [ウン・ナーアームリヒ または ..アームリヒ] 形 まねのできない, 無類の.

un·nach·gie·big [ウン・ナーハギービヒ ún-naːxgiːbɪç] 形 譲歩しない, (人の)言いなりにならない.

Un·nach·gie·big·keit [ウン・ナーハギービヒカイト] 囡 –/ 頑固, 強情.

un·nach·sich·tig [ウン・ナーハズィヒティヒ ún-naːxzɪçtɪç] 形 容赦のない, 厳格な.

un·nah·bar [ウン・ナーバール または ウン..] 形 近寄りがたい, とっつきにくい.

Un·na·tur [ウン・ナトゥーァ ún-natuːr] 囡 –/《雅》不自然[なこと].

un·na·tür·lich [ウン・ナテューァリヒ] 形 ① 不自然な, 自然に反する. ein *unnatürlicher* Tod 変死. ② わざとらしい, 作為的な.

Un·na·tür·lich·keit [ウン・ナテューァリヒカイト] 囡 –/ 不自然さ, わざとらしさ.

un·nenn·bar [ウン・ネンバール または ウン..] 形《付加語としてのみ》《雅》名状しがたい, 言葉で言い表せない(苦痛など).

un·nö·tig [ウン・ネーティヒ ún-nø:tɪç] 形 不必要な, むだな, 余計な. *unnötige* Kosten むだな出費.

un·nö·ti·ger·wei·se [ウンネーティガァ・ヴァイゼ] 副 不必要に.

un·nütz [ウン・ニュッツ ún-nʏts] 形 役にたたない, 無用の; むだな; くだらない. *unnützes* Gerede 無用のおしゃべり / sich³ *unnütze* Mühe⁴ machen むだ骨を折る.

UNO, U·no [ウー・/ ú:no] 囡 –/《略》国際連合, 国連 (= United Nations Organization).

un·or·dent·lich [ウン・オルデントリヒ] 形 (人が)きちんとしていない; 無秩序な, 乱雑な. ein *unordentliches* Zimmer 散らかった部屋.

die **Un·ord·nung** [ウン・オルドヌング ún-ɔrdnʊŋ] 囡 –/《単》**無秩序**, 混乱. (英 *disorder*). 匭⁴ in *Unordnung*⁴ bringen 匭⁴を混乱させる, 乱す / in *Unordnung*⁴ geraten 秩序が乱れる, 混乱に陥る.

un·or·ga·nisch [ウン・オルガーニッシュ ún-ɔrgaːnɪʃ] 形 ① 有機的でない. ②《略》《化》無機の.

un·paar [ウン・パール ún-pa:r] 形《生》対を成していない.

un·par·tei·isch [ウン・パルタイイッシュ ún-partaɪʃ] 形 党派的でない, 不偏不党の, 公平な, 中立の.

Un·par·tei·i·sche[r] [ウン・パルタイイッシェ (..ɪʃɐ) ún-partaɪʃə (..ʃɐr)] 男《語尾変化は形容詞と同じ》《スポ・隠語》審判員, レフェリー.

Un·par·tei·lich·keit [ウン・パルタイリヒカイト] 囡 –/ 不偏不党, 公平.

un·pas·send [ウン・パッセント ún-pasənt] 形 不適当な, ふさわしくない; 都合のよくない. zu *unpassender* Zeit 都合の悪いときに.

un·pas·sier·bar [ウン・パスィーァバール または ..パスィーァバール] 形 通行できない, 渡れない(道路・川など).

un·päss·lich [ウン・ペスリヒ] 形 体調のよくない, 気分のすぐれない.

un·päß·lich ☞ 新形 unpässlich

Un·päss·lich·keit [ウン・ペスリヒカイト] 囡 –/–en《ふつう 匭》体調がよくないこと, 気分がすぐれないこと.

Un·päß·lich·keit ☞ 新形 Unpässlichkeit

un·per·sön·lich [ウン・ペルゼーンリヒ] 形 ① 個性的でない, 特色のない; 個人の感情の入らない, 事務的な(会話など). in einem *unpersönlichen* Stil schreiben 個性のない文体で書く. ②《哲·宗》人格を持たない;《言》非人称の. *unpersönliche* Verben 非人称動詞.

un·po·li·tisch [ウン・ポリーティッシュ ún-poliːtɪʃ] 形 非政治的な, 政治に関心のない.

un·po·pu·lär [ウン・ポプレーァ ún-populɛːr] 形 (一般大衆に)人気のない, 評判が悪い.

un·prak·tisch [ウン・プラクティッシュ ún-praktɪʃ] 形 ① 実用的でない, 役にたたない. ein *unpraktisches* Gerät 使いにくい器具. ② 不器用な, 手際の悪い.

un·pro·duk·tiv [ウン・プロドゥクティーフ ún-produktiːf] 形 生産力を持たない; 非生産的な.

un·pro·por·ti·o·niert [ウン・プロポルツィオニーァト ún-proportsioniːrt] 形 均整のとれていない, プロポーションの悪い.

un·pünkt·lich [ウン・ピュンクトリヒ] 形 ① 時間(期日)を守らない. ② 定刻(期限)に遅れた(列車・支払いなど).

Un·pünkt·lich·keit [ウン・ピュンクトリヒカイト] 囡 –/ 時間を守らないこと; 遅刻, 遅延.

un·qua·li·fi·ziert [ウン・クヴァりフィツィーァト ún-kvalifitsiːrt] 形 ① 資格(能力)のない; 資格(特別の能力)を必要としない(仕事など). ② 知的レベルの低い(発言など).

un·ra·siert [ウン・ラズィーァト ún-raziːrt] 形 ひげをそっていない, 不精ひげをはやした.

Un·rast [ウン・ラスト ún-rast] **I** 囡 –/《雅》落

ち着かないこと，不安 (＝Unruhe)．II 男 -[e]s/-e《古》落ち着きのない人(特に子供)．

Un·rat [ウン・ラート ún-ra:t] 男 -[e]s《雅》ごみ，くず，汚物．*Unrat*⁴ wittern いやな予感をいだく，不審に思う．

un·ra·ti·o·nell [ウン・ラツィオネる ún-ratsio-nel] 形 効率の悪い；非合理的な．

un·rat·sam [ウン・ラートザーム] 形 得策でない，勧められない，不利な．

un·re·a·lis·tisch [ウン・レアリスティッシュ ún-realɪstɪʃ] 形 現実的でない，実際的でない．

*__un·recht__ [ウン・レヒト ún-reçt] 形《比較 unrechter, 最上 unrechtest》① 不適切な，ふさわしくない，不都合な．Das war eine Bemerkung am *unrechten* Ort. それは場違いな発言だった / zur *unrechten* Zeit まずいときに． ②《雅》不当な．(英 *wrong*)．eine *unrechte* Tat 不正行為 / 人³ *unrecht* tun 人³に不当な評価(非難)をする / Es ist *unrecht* von dir, ihn zu bestrafen. 君が彼を罰するのは不当だ．《名詞的に》*unrecht* (新形 *Unrecht*⁴) bekommen (他人から)間違っていると言われる / 人³ *unrecht* (新形 *Unrecht*⁴) geben 人³ の言うことを間違っているとする / *unrecht* (新形 *Unrecht*⁴) haben (言うことが)間違っている． ③ 間違った．in *unrechte* Hände kommen (または geraten) (郵便物が)誤配される． ◇《名詞的に》**an** den **Unrechten** geraten (または kommen)《口語》お門違いの所へ話をもって行く．

*__das Un·recht__ [ウン・レヒト ún-reçt] 中 (単2)-[e]s/ 不正，不当；不正(不当)行為；誤り，過誤．(英 *injustice*)．(注意「正当」は Recht)． 人³ ein *Unrecht*⁴ an|tun (または tun) 人³に対して不正をはたらく / ein *Unrecht*⁴ begehen 不正を犯す / im *Unrecht* sein 間違っている / 人³ ins *Unrecht* setzen 人⁴を悪者であるかのように思わせる / *Unrecht*⁴ bekommen (他人から)間違っていると言われる / 人³ *Unrecht*⁴ geben 人³の言うことを間違っているとする / *Unrecht*⁴ haben (言うことが)間違っている / zu *Unrecht* 不当に[も]．

un·recht·mä·ßig [ウン・レヒトメースィヒ ún-reçtmɛ:sɪç] 形 不法な，違法の，非合法の．

Un·recht·mä·ßig·keit [ウン・レヒトメースィヒカイト] 女 -/-en ①《複 なし》不法，違法． ② 不法(違法)な行為．

un·red·lich [ウン・レートりヒ]形《雅》不正直な，不誠実な，不正な(手段など)．

Un·red·lich·keit [ウン・レートりヒカイト] 女 -/-en ①《複 なし》不正直，不誠実． ② 不正(不誠実)な行為．

un·re·ell [ウン・レエる ún-reel] 形 信用できない，堅実でない(会社など)．

un·re·gel·mä·ßig [ウン・レーゲるメースィヒ ún-re:ɡəlmɛ:sɪç] 形 不規則な，変則的な，不ぞろいの；不定期の．ein *unregelmäßiger* Puls《医》不整脈 / *unregelmäßige* Verben《言》不規則動詞．

Un·re·gel·mä·ßig·keit [ウン・レーゲるメースィヒカイト] 女 -/-en ①《複 なし》不規則，変則． ② 変則的なこと；《ふつう 複》不正，違反．

un·reif [ウン・ライフ ún-raɪf] 形 (果物などが)熟していない；(人・考えなどが)未熟な．

Un·rei·fe [ウン・ライふェ ún-raɪfə] 女 -/ 未熟[なこと]．

un·rein [ウン・ライン ún-raɪn] 形 ① 純粋でない，不純な，にごった，調子はずれの(音程)；澄んでない，不潔な．*unreines* Wasser にごった水 / *unreine* Luft 汚れた空気． ◇《成句的に》書⁴ ins *unreine* (新形 ins *Unreine*) schreiben 書⁴を下書きする，書⁴の草案を作る / ins *unreine* (新形 ins *Unreine*) sprechen (または reden)《口語・戯》思いつくまましゃべる． ②《宗》不浄な．

Un·rein·heit [ウン・ラインハイト] 女 -/-en ①《複 なし》不純；不潔；《宗》不浄． ② 不純物；(肌の)染み，吹出物．

un·rein·lich [ウン・ラインりヒ] 形 きれい好きでない；不潔な，汚い．

Un·rein·lich·keit [ウン・ラインりヒカイト] 女 -/ 不潔，汚らしさ．

un·ren·ta·bel [ウン・レンターベる ún-rɛnta:-bəl] 形 もうからない，採算がとれない(商売など)．

un·rett·bar [ウン・レットバール または ウン..] 形 救助できない，助からない．*unrettbar* verloren sein went absolutely lost である．

un·rich·tig [ウン・リヒティヒ ún-rɪçtɪç] 形 正しくない，間違った，不正確な；適切(適切)でない．

Un·rich·tig·keit [ウン・リヒティヒカイト] 女 -/-en ①《複 なし》誤り，過失． ② 間違った主張(報告・申し立て)．

Un·ruh [ウン・ルー ún-ru:] 女 -/-en《工》(時計の)平衡輪，テンプ輪．

*__die Un·ru·he__ [ウン・ルーエ ún-ru:ə] 女 (単)-/(複)-n ①《複 なし》落ち着きのなさ，騒がしさ；(指などを落ちつきなく絶えず動かしていること．(英 *restlessness*)．die *Unruhe* der Großstadt² 大都会の騒々しさ． ②《複 なし》不穏な状態． ③《複 なし》(心の)動揺，不安．in *Unruhe* sein 動揺している / 人⁴ in *Unruhe* versetzen 人⁴を不安に陥れる． ④《複 で》(政治的)騒乱，暴動．Studenten*unruhen* 学生の騒乱．

Un·ru·he·herd [ウンルーエ・ヘーァト] 男 -[e]s/-e《政》政治的危機をはらんだ地域，暴動の多発する地帯；紛争の火種．

Un·ru·he·stif·ter [ウンルーエ・シュティふタァ] 男 -s/- ごたごたを起こす人；扇動者．

*__un·ru·hig__ [ウン・ルーイヒ ún-ru:ɪç] 形 ① 落ち着きのない，騒々しい．(英 *restless*)．ein *unruhiges* Kind じっとしていない子供 / ein *unruhiges* Meer 荒れた海． ② 騒がしい，騒騒しい．(英 *noisy*)．eine *unruhige* Gegend 騒々しい地域． ③ 不安な(夜など)，不穏な．*unruhige* Zeiten 不穏な時代． ④ あわただしい．*unruhige* Tage あわただしい日々．

un·rühm·lich [ウン・リューム りヒ] 形 不名誉

uns [ウンス úns] 代《人称代名詞; 1人称複数 wir の3格・4格》① 《3格》私たちに, 私たちにとって. (英 us). Kannst du *uns* helfen? ぼくらに手を貸してくれないか / *Uns* geht es gut. 私たちは元気です. ◇《前置詞とともに》bei *uns* zu Hause 私たちの所(家・国)では / unter *uns* gesagt ここだけの話だが. ◇《再帰代名詞として》 Das können wir *uns* nicht vorstellen. それは私たちには想像できない / Wir helfen *uns*. 私たちは助け合っている.
② 《4格》私たちを. Niemand hat *uns* gesehen. だれも私たちを見なかった. ◇《前置詞とともに》ein Brief an *uns* 私たちあての手紙 / für *uns* 私たちのために. ◇《再帰代名詞として》 Wir freuen *uns*. 私たちはうれしい / Wir lieben *uns*. 私たちは愛し合っている.

un·sach·ge·mäß [ウン・ザッハゲメース únzaxɡəmɛːs] 形 状況に即していない, 不適切な.

un·sach·lich [ウン・ザハリヒ] 形 事実に即していない; 客観性のない.

un·sag·bar [ウン・ザークバール または ウン‥] Ⅰ 形 言葉では言い表せない; たいへんな. Ⅱ 副 すごく, ひどく.

un·säg·lich [ウン・ゼークリヒ または ウン‥] 形 《雅》=unsagbar

un·sanft [ウン・ザンふト únzanft] 形 穏やかでない, 荒っぽい.

un·sau·ber [ウン・ザオバァ únzaubər] 形 ① 不潔な, 汚れた, 汚い. *unsaubere* Hände 汚れた手. ② ぞんざいな(仕事など), 乱雑な(字など). ③ 澄んでいない, 調子はずれの(音など). ④《比》汚い(手段など);《スポ》反則の.

Un·sau·ber·keit [ウン・ザオバァカイト] 女 -/-en ① 《複 なし》不潔, 汚いこと. ② 汚れた箇所; 不正[行為].

un·schäd·lich [ウン・シェートリヒ] 形 害のない, 無害な. *unschädliche* Insekten 害のない昆虫 / 人・物⁴ *unschädlich* machen 人・物⁴が害を及ぼさないように排除(処分)する.

un·scharf [ウン・シャルふ ún-ʃarf] 形 ①《写》ピントがぼけた, 不鮮明な. ② 精確でない, 厳密でない(思考など).

un·schätz·bar [ウン・シェッツバール または ウン‥] 形 評価できないほど高価(貴重)な.

un·schein·bar [ウン・シャインバール] 形 目だたない, 地味な, 人目をひかない.

un·schick·lich [ウン・シックリヒ] 形《雅》適切でない, ふさわしくない, 不作法な.

Un·schick·lich·keit [ウン・シックリヒカイト] 女 -/-en 《雅》①《複 なし》不適切, ぶしつけ, 不作法. ② ぶしつけ(不作法)な言動.

un·schlag·bar [ウン・シュラークバール または ウン‥] 形 打ち負かすことのできない.

un·schlüs·sig [ウン・シュリュスィヒ ún-ʃlysɪç] 形 ① 決心のつかない, ちゅうちょしている. ②《言》非論理的な, つじつまの合わない.

Un·schlüs·sig·keit [ウン・シュリュスィヒカイト] 女 -/ ① 決心のつかないこと, ちゅうちょ. ② 《言》つじつまの合わないこと.

un·schön [ウン・シェーン ún-ʃøːn] 形 ① 美しくない, 醜い. ② 不親切な, 不当な; 不愉快な, いやな(天気など).

*die **Un·schuld** [ウン・シュるト ún-ʃult] 女 (単) -/ ① 無罪, 無実, 潔白. (英 innocence). Er konnte seine *Unschuld* beweisen. 彼は身の潔白を証明できた. ② 純真, 無垢(く), 無邪気. 慣⁴ in aller *Unschuld* sagen 何の悪気もなしに慣⁴を言う / eine *Unschuld* vom Lande《戯》田舎出のおぼこ娘. ③ 純潔, 処女性. die *Unschuld*⁴ verlieren 純潔を失う.

***un·schul·dig** [ウン・シュるディヒ ún-ʃuldɪç] 形 ① 無罪の, 罪のない; 責任のない. (英 innocent). Der Angeklagte ist *unschuldig*. その被告人は無実だ / an 慣³ *unschuldig* sein 慣³に責任がない → Er ist an dem Unfall *unschuldig*. 彼はその事故に責任がない. ② 純真な, 無邪気な. *unschuldige* Augen けがれを知らない目 / eine *unschuldige* Frage 無邪気な質問. (☞ 類語 naiv). ③ 処女の, 童貞の.

Un·schulds·lamm [ウンシュるツ・らム] 中 -[e]s/..lämmer (軽蔑的に:) 悪い事一つできないやつ(←純真な小羊).

Un·schulds·mie·ne [ウンシュるツ・ミーネ] 女 -/-n 虫も殺さぬような(何食わぬ)顔.

un·schulds·voll [ウンシュるツ・ふぉる] 形 罪のない; 無邪気な.

un·schwer [ウン・シュヴェーァ ún-ʃveːr] 副 《雅》容易に, たやすく.

un·selb·stän·dig [ウン・ぜるプシュテンディヒ ún-zɛlpʃtɛndɪç] 形 =unselbstständig

Un·selb·stän·dig·keit [ウン・ぜるプシュテンディヒカイト] 女 -/ = Unselbstständigkeit

un·selbst·stän·dig [ウン・ぜるプストシュテンディヒ ún-zɛlpstʃtɛndɪç] 形 独立していない; 自立(自活)できない, 人に頼っている;(自営ではなく)雇われての(仕事などに).

Un·selbst·stän·dig·keit [ウン・ぜるプストシュテンディヒカイト] 女 -/ 独立していないこと; 他力本願.

un·se·lig [ウン・ゼーりヒ ún-zeːlɪç] 形 《雅》のろわれた, 不吉な, 宿命的な. ②《言》不幸な, 不運な.

***un·ser** [ウンザァ únzər]

	私たちの	Das ist *unser* Haus.
	ダス イスト ウンザァ ハオス
	これが私たちの家です.

格	男	女	中	複
1	unser	unsere	unser	unsere
2	unseres	unserer	unseres	unserer
3	unserem	unserer	unserem	unseren
4	unseren	unsere	unser	unsere

格語尾がつくとき r の前の e を省くことがある. 例: unsre, unsrem. また unserm (←unserem), unsern (←unseren) という形もある.

I 冠《所有冠詞; 1人称複数》私たちの、われわれの。(英 our). *unser* Vater 私たちの父 / *unsere* Eltern 私たちの両親 / *Unser* Zug hatte heute Verspätung. 私たちがいつも乗る列車はきょうは遅れた.

II 代 **A)**《所有代名詞》① 私たち(われわれ)のもの。(英 ours). Sein Wagen ist größer als *unserer*. 彼の車は私たちの車より大きい / Das sind nicht eure Bücher, sondern *unsere*. これらは君たちの本ではなく、私たちのものだ. ◊《格語尾なしで》Dieses Auto ist *unser*. この車は私たちのものです.

② 《定冠詞とともに》私たち(われわれ)の… Das ist nicht euer Verdienst, sondern der *unsere*.《雅》それは君たちの手柄ではなく、ぼくらの手柄だ. ◊《名詞的に》die *Unseren* または die *unseren* 私たちの家族(仲間) / das *Unsere* または das *unsere* a) 私たちの義務, b) 私たちの財産.

《*メモ*》格変化は定冠詞がない場合は男性1格で unserer、中性1格・4格で unseres または unsres となるほかは上の表と同じ. 定冠詞がつく場合は男性1格と女性・中性1格・4格で unsere、他は unseren または unsern となる.

B)《人称代名詞; 1人称複数 wir の2格》Vergesst *unser* nicht!《雅》私たちのことを忘れないでください.

un·se·re [ウンゼレ] 冠《所有冠詞》☞ unser I
un·ser·ei·ner [ウンザァ・アイナァ] 代《不定代名詞; 2格なし, 3格 ..einem, 4格 ..einen》《口語》私たちのような者、われわれのような人間.
un·ser·eins [ウンザァ・アインス] 代《不定代名詞; 無変化》=unsereiner
un·se·rer⸗seits [ウンゼラァ・ザイツ] 副 私たちの方(側)では.
un·se·rem [ウンゼレム], **un·se·ren** [ウンゼレン], **un·se·rer** [ウンゼラァ], **un·se·res** [ウンゼレス] 冠《所有冠詞》☞ unser I
un·se·res⸗glei·chen [ウンゼレス・グライヒェン] 代《不定代名詞; 無変化》私たちのような者.
un·se·ri·ge [ウンゼリゲ] 代 =unsrige
un·ser⸗seits [ウンザァ・ザイツ] 副 私たちの方(側)では (=unsererseits).
un·sert⸗hal·ben [ウンザァト・ハルベン] 副 = unsertwegen
un·sert⸗we·gen [ウンザァト・ヴェーゲン] 副 私たちのために.
un·sert⸗wil·len [ウンザァト・ヴィレン] 副《成句的に》um *unsertwillen* 私たちのために.

***un·si·cher** [ウン・ズィッヒャァ ún-zıçər] 形 ① 危険な、安全でない.(英 *unsafe*). eine *unsichere* Gegend 物騒な地方 / einen Ort *unsicher* machen《口語・戯》(仲間と)ある場所に行き、はめをはずして遊ぶ(←ある場所を不穏にする). ② 不確かな、疑わしい、はっきりしない;当てにならない.(英 *uncertain*). eine *unsichere* Methode 疑わしい方法 / eine *unsichere* Zukunft 見通しのつかない将来 / Der genaue Termin ist noch *unsicher*. 正確な期日はまだ決まっていない / Ich bin *unsicher*, ob das stimmt. それが本当なのかどうか私には確信がない. ③ 自信のない; おぼつかない(手つきなど), 危げな(足取りなど). ein *unsicheres* Auftreten たよりなげなふるまい / Das Kind ist noch *unsicher* auf den Füßen. その子供はまだよちよち歩きだ.

Un·si·cher·heit [ウン・ズィッヒャァハイト] 女 -/-en ①《複 なし》安全でないこと; 不確実; 自信のないこと. ② 不確実(不安)な要素.
Un·si·cher·heits⸗fak·tor [ウンズィッヒャァハイツ・ファクトァ] 男 -s/-en [..トーレン] 不確定要素.
un·sicht·bar [ウン・ズィヒトバール] 形 目に見えない. ein *unsichtbares* Haarnetz 目につかないヘアネット / sich⁴ *unsichtbar* machen《口語・戯》姿をくらます、雲隠れする.
Un·sicht·bar·keit [ウン・ズィヒトバールカイト] 女 -/ 目に見えないこと, 不可視.

***der Un·sinn** [ウン・ズィン ún-zın] 男《単2》-[e]s/ ① 無意味[なこと]; ばかげたこと(行為), くだらないこと, ナンセンス.(英 *nonsense*). Das ist doch alles *Unsinn*. それはまったくのナンセンスだ / Rede doch keinen *Unsinn*!《口語》ばかげたことを言うな / *Unsinn*!《口語》とんでもない、そんなばかな. ② 悪さ、いたずら. *Unsinn*⁴ machen (treiben) 悪さをはたらく.

un·sin·nig [ウン・ズィニヒ ún-zınıç] **I** 形 ① 無意味な、くだらない(おしゃべりなど). ②《口語》とてつもない. *unsinnige* Forderungen 法外な要求. **II** 副《口語》とてつもなく.
Un·sit·te [ウン・ズィッテ ún-zıtə] 女 -/-n 悪習, 悪い習慣.
un·sitt·lich [ウン・ズィットリヒ] 形 ① 不道徳な; わいせつな. ②《法》公序良俗に反する.
Un·sitt·lich·keit [ウン・ズィットリヒカイト] 女 -/-en ①《複 なし》不道徳. ② 不道徳な行為.
un·so·li·de [ウン・ゾリーデ ún-zoli:də] 形 堅牢(ごう)でない, しっかりしていない(家具など); 堅実でない, だらしない(生活など).
un·so·zi·al [ウン・ゾツィアール ún-zotsia:l] 形 ① 非社会的な; 社会的弱者の利益を考慮に入れない. ②《動》非群居性の.
un·sport·lich [ウン・シュポルトリヒ] 形 ① スポーツに向かない. ② スポーツ精神に反する, アンフェアな.
uns·re [ウンズレ], **uns·rem** [ウンズレム], **uns·rer** [ウンズラァ], **uns·res** [ウンズレス] 冠《所有冠詞》☞ unser I
uns·ri·ge [ウンズリゲ únzrıgə] 代《所有代名詞; 定冠詞とともに》《雅》私たちのもの. Euer Haus ist größer als das *unsrige*. 君たちの家はぼくらより大きい. ◊《名詞的に》die *Unsrigen* または die *unsrigen* 私たちの家族(仲間) / das *Unsrige* または das *unsrige* a) 私たちの義務, b) 私たちの財産.

un·statt·haft [ウン・シュタットハフト] 形 許されていない, 禁じられている.

un·sterb·lich [ウン・シュテルプリヒ または ..シュテルプリヒ] **I** 形 不死の; 不滅(不朽)の. die *unsterblichen* Werke Beethovens ベートーヴェンの不滅の作品. **II** 副《口語》非常に, ひどく; in 人·物⁴ *unsterblich* verlieben 人·物⁴にぞっこんほれこむ.

Un·sterb·lich·keit [ウン・シュテルプリヒカイト または ..シュテルプリヒカイト] 女 -/ 不死;《宗》(魂の)不滅.

Un·stern [ウン・シュテルン ún-ʃtɛrn] 男 -[e]s/《雅》悪い星回り, 悪い運勢, 不運(＝Unglück). **unter** einem *Unstern* geboren sein 悪い星のもとに生まれている, 不運である.

un·stet [ウン・シュテート ún-ʃte:t] 形《雅》落ち着きのない, 気の変わりやすい;(住所などが)不定の. in *unsteter* Blick きょろきょろした目つき.

un·still·bar [ウン・シュティルバール または ウン..] 形 ① 鎮めがたい, 抑えられない(衝動・渇きなど). ② 止まらない(出血など).

un·stim·mig [ウン・シュティミヒ ún-ʃtɪmɪç] 形 一致しない, 不統一な, 矛盾した.

Un·stim·mig·keit [ウン・シュティミヒカイト] 女 -/-en ①《複 なし》不一致, 不統一, 矛盾. ②《ふつう 複》(計算などの)食い違い. ③《ふつう 複》意見の相違.

un·strei·tig [ウン・シュトライティヒ ún-ʃtraɪtɪç または ..シュトライティヒ] 形 議論の余地のない, 明らかな, 確かな.

Un·sum·me [ウン・ズンメ ún-zumə] 女 -/-n 巨額[のお金].

un·sym·met·risch [ウン・ズュンメートリッシュ ún-zymeːtrɪʃ] 形 (左右が)非対称の; 均整のとれていない.

un·sym·pa·thisch [ウン・ズュンパーティッシュ ún-zympaːtɪʃ] 形 共感できない, 好感の持てない, 気に入らない.

un·ta·de·lig [ウン・ターデリヒ ún-taːdəlɪç または ..ターデリヒ] 形 非の打ちどころのない.

Un·tat [ウン・タート ún-taːt] 女 -/-en 悪事, 犯行, 犯罪. eine *Untat*⁴ begehen 罪を犯す.

un·tä·tig [ウン・テーティヒ ún-tɛːtɪç] 形 何もしない, 無為の.

Un·tä·tig·keit [ウン・テーティヒカイト] 女 -/ 無為, 怠惰.

un·taug·lich [ウン・タオクリヒ] 形 ①(ある目的に)適していない; 役にたたない. ② 兵役に不適格の.

Un·taug·lich·keit [ウン・タオクリヒカイト] 女 -/ 不適当, 役にたたないこと; 兵役不適格.

un·teil·bar [ウン・タイルバール または ウン..] 形 ① 分けることのできない, 不可分の. ②《数》1 とその数でしか整除できない. eine *unteilbare* Zahl 素数.

***un·ten** [ウンテン úntən]

> 下に Das Buch liegt da *unten*.
> ダス ブーフ リークト ダー ウンテン
> その本はそこの下にある.

副 (英 below) ① 下に, 下の方に; 階下に; 裏[面]に. (⇔「上に」は oben). *unten* rechts または rechts *unten* 右下に / *unten* am Berge 山のふもとに / **nach** *unten* [hin] 下へ向かって / **von** *unten* nach oben 下から上へ / *unten* [her] 下の方から / Wir wohnen *unten*. 私たちは1階(下の階)に住んでいる / Diese Seite des Stoffes ist *unten*. 布のこちら側が裏だ / bei 人³ *unten* durch sein《口語》人³に見限られている.

② 端に. Er sitzt *unten* an der Tafel. 彼は食卓の末席に座っている.

③ (本などの)後続の箇所に. siehe *unten* 下記参照.

④《口語》南の方(地図の下の方)に. Er wohnt *unten* in Bayern. 彼は南の方のバイエルン州に住んでいる.

⑤ (社会的・地位的な)下層部で. Er hat sich von *unten* hochgearbeitet. 彼は下積みから働いてのし上った. ⑥《口語》下半身(特に陰部)に. sich⁴ *unten* waschen 下半身を洗う.

[新形]
un·ten er·wähnt 後述の, あとで言及する.

un·ten ste·hend 後出の, あとに出てくる. die *unten stehenden* Fakten あとに出てくるデータ.

....

un·ten∶an [ウンテン・アン] 副《ж》下端に, 末席に. *untenan* sitzen 末席に座っている.

un·ten∶er·wähnt 形（[新形] *unten erwähnt*）☞ unten

un·ten∶ste·hend 形（[新形] *unten stehend*）☞ unten

***un·ter** [ウンタァ úntər] **I** 前《**3格・4格**とともに》(口語では定冠詞と融合して unterm (←unter dem, unters (←unter das) のようになることがある). (英 *under*) ①《空間的に》⑦《どこに》《**3格**と》…の下に, …の下方に. (⇔「…の上の方に」は über). Der Papierkorb steht *unter* dem Tisch. 紙くずかごは机の下にある (☞ 図) / *unter* einem Baum sitzen 木の下に座っている / Sie trägt *unter* dem Pullover eine Bluse. 彼女はセーターの下にブラウスを着ている / Sie wohnen *unter* uns. 彼らは私たちの下の階に住んでいる ⑦《どこへ》《**4格**と》…の下へ, …の下方へ. Hanna stellt den Papierkorb *unter* den Tisch. ハンナは紙くずかごを机の下に置く (☞ 図) / sich⁴ *unter* einen Baum setzen 木の下に座る / eine Jacke⁴ *unter* den Mantel ziehen コートの下に上着を着る.

unter dem Tisch

unter den Tisch

②《程度》⑦《**3格**と》(数値などが)…より少ない(低い). fünf Grad *unter* Null (dem

unter..

Gefrierpunkt) 零下(氷点下) 5 度 / Kinder *unter* acht Jahren 8 歳未満の子供たち / *unter* [dem] Preis verkaufen 物⁴を定価より安く売る / *unter* dem Durchschnitt liegen (または sein) 平均以下である. ⑥ 【4 格と】(数値などが)…以下で. Die Temperatur sinkt *unter* Null (den Gefrierpunkt). 温度が零下(氷点下)に下がる.

③《条件》【3 格と】 …のもとで. *unter* der Voraussetzung, dass... …という前提で / *unter* Umständen 場合によっては(略: u. U.)/ *unter* allen Umständen どんなことがあっても, 必ず / *Unter* dieser Bedingung stimme ich zu. この条件で私は同意する.

④《付帯状況・同時進行》【3 格と】 …しながら. *unter* der Arbeit 仕事をしながら / *unter* Tränen 涙ながらに / *unter* Schmerzen 痛みに苦しみながら / *Unter* dem Beifall der Menge zogen sie durch die Stadt. 大衆の歓呼を浴びながら彼らは市中を行進した.

⑤《状態》⑦【3 格と】 …の状態で. *unter* Alkohol stehen 酒気を帯びている / *unter* Zeitdruck arbeiten 時間に迫られて仕事をする. ④【4 格と】 …の状態へ. 物⁴ *unter* Druck (Strom) setzen 物⁴に圧力をかける(電気を通す).

⑥《従属》【3 格と】 …のもとで. Ich arbeite *unter* ihm. 私は彼のもとで働いている / *unter* der Leitung von 人³ 人³の指揮(指導)のもとに / *unter* ärztlicher Kontrolle 医者の監視のもとに / *unter* 人³ stehen 人³の部下である.

⑦《集団・相互関係》【3 格と】 …の中で, …の間で. der Beste *unter* seinen Mitschülern 彼の同級生の中でいちばんできる生徒 / ein Streit *unter* den Erben 相続人どうしの争い / *unter* uns gesagt ここだけの話だが.

⑧《混在・介在》⑦【3 格と】 …の間に[混ざって], …の中に[混ざって]. *Unter* den Gästen waren einige Schauspieler. お客の中に何人かの俳優がいた / *unter* ander[e]m または *unter* ander[e]n (略: u. a.) なかでも, とりわけ. ④【4 格と】 …の間へ[混ざって], …の中へ[混ざって]. ein Gerücht⁴ *unter* die Leute bringen うわさを世間に広める / Er mischte sich *unter* die Gäste. 彼はお客の中にまぎれ込んだ.

⑨《病気などの原因》【3 格と】 …のために. *unter* der Einsamkeit leiden 孤独に悩む / *unter* Gicht leiden 痛風をわずらっている.

⑩《分類・区分》⑦【3 格と】 …のもとで. *unter* dem Thema (Motto) … …というテーマ(モットー)で / *unter* falschem Namen 偽名で / Was verstehst du *unter* „Demokratie"? 「民主主義」という言葉を君はどのように理解しているのか. ④【4 格と】 物⁴ *unter* ein Thema stellen 物⁴をあるテーマで扱う.

II 副 【数量を表す語句とともに】 …未満[の]. Städte von *unter* 100 000 Einwohnern 人口 10 万未満の諸都市 / Er ist *unter* 30 Jahre alt. 彼は 30 歳になっていない.

III 形 (比較 なし, 最上 unterst)《付加語としてのみ》① 下の, 下の方の; 下流の. (英 lower). (メモ 「上の」は ober) das *untere* Stockwerk 下の階 / die *untere* Elbe エルベ川下流. (☞ 語源 niedrig). ② 下級の, 下位の. die *unteren* Beamten 下級公務員 / die *unteren* Klassen der Schule² 学校の低学年. ③ 裏側の. ④ (テーブルなどの)端の, 末席の.

(新形)

un·ter der Hand ひそかに, こっそり.

un·ter..¹ [ウンタァ. úntər.. または ウンタァ..] I 【分離動詞 前つづり】 つねにアクセントをもつ】 ①【上方から下へ】例: *unter|tauchen* 潜る. ②《間に・混じって》例: *unter|mengen* 混ぜ入れる. II 【非分離動詞 前つづり】 アクセントをもたない》 ①《下から》例: *unterbauen* 基礎工事をする. ②《(書いたもの)下に》例: *unterschreiben* 署名する. ③《従属》例: *unterstellen* 従属させる. ④《中断》例: *unterbrechen* 中断する. ⑤《過小》例: *unterschätzen* 過小評価する. ⑥《区分》例: *unterscheiden* 区別する. ⑦《抑圧》例: *unterdrücken* 抑圧する.

un·ter..² [ウンタァ. úntər..] 【形容詞・名詞につける 前綴】《下・小・以下》例: *Unter*grund 地下 / *Unter*abteilung 小区分 / *unter*durchschnittlich 平均以下の.

Un·ter·ab·tei·lung [ウンタァ・アップタイルング] 囡 -/-en 下位の部門, 小区分(部門).

Un·ter·arm [ウンタァ・アルム] 男 -[e]s/-e 前腕.

Un·ter·bau [ウンタァ・バオ] 男 -[e]s/-ten ① 基礎[工事], 下部構造;《比》《覆 なし》基礎. der theoretische *Unterbau* 理論的基礎. ②《建》台座, 土台;《鉄道・道路などの》路床, 路盤. ③《林》 苗木;《覆 なし》(苗木の)植樹.

Un·ter·bauch [ウンタァ・バオホ] 男 -[e]s/..bäuche 《ふつう 単》下腹部.

un·ter·bau·en [ウンタァ・バオエン untər·báuən] 他 (h) ①《建》物⁴の基礎工事をする. ②《比》(学説など⁴を)基礎づける.

un·ter·be·legt [ウンタァ・ベレークト] 形 (ホテル・病院などに)空室がある, 空きベッドがある.

un·ter·be·lich·ten [ウンタァ・ベリヒテン úntər·bəliçtən] (過分 unterbelichtet) (メモ zu 不定詞は unterzubelichten) 他 (h)《写》(フィルム⁴を)露出不足にする.

un·ter·be·setzt [ウンタァ・ベゼッツト] 形 定員に満たない, 参加者不足の.

un·ter·be·wer·ten [ウンタァ・ベヴェーァテン úntər·bəvè·rtən] (過分 unterbewertet) (メモ zu 不定詞は unterzubewerten) 他 (h) (事⁴を)過小評価する.

un·ter·be·wusst [ウンタァ・ベヴスト] 形《心》意識下の, 潜在意識の.

un·ter·be·wußt ☞ 新形 unterbewusst

Un·ter·be·wusst·sein [ウンタァ・ベヴストザイン] 匣 -s/《心》潜在意識.

Un·ter·be·wußt·sein ☞ 新形 Unterbewusstsein

un·ter·bie·ten* [ウンタァ・ビーテン ʊntərbíːtən] 他 (h) ① (ある値段・競争相手など⁴より)安い値段をつける. Das Niveau dieses Romans ist kaum noch zu *unterbieten*. 《比》この小説の水準を下回るものはまずない. ② (記⁴)(記録など⁴を)縮める.

un·ter·bin·den* [ウンタァ・ビンデン ʊntərbíndən] 他 (h) ① (望ましくないこと⁴を)阻止する, 禁止する. ② 《医》(血管など⁴を)結紮(けっさつ)する.

un·ter·blei·ben* [ウンタァ・ブらイベン ʊntərbláɪbən] 自 (s) 行われない, 起こらない. Das hat [künftig] zu *unterbleiben*! そんなことは[今後]二度とあってはならない.

un·ter·brach [ウンタァ・ブラーハ] *unterbrechen (中断する)の過去

un·ter·brä·che [ウンタァ・ブレーヒェ] *unterbrechen (中断する)の接2

un·ter·bre·chen [ウンタァ・ブレッヒェン ʊntərbréçən] du unterbrichst, er unterbricht (unterbrach, *hat*…unterbrochen) 他 《定了 haben》《英 interrupt》① (事⁴を一時的に)中断する, 中止する, 中絶する. Ich *muss* leider meine Arbeit *unterbrechen*. 私は残念ながら仕事を中断しなければならない / Er *hat* seine Reise *unterbrochen*. 彼は旅行を中断した. ② (人⁴の話などを)さえぎる; (静けさなど⁴を)破る. *Unterbrich* mich doch nicht! 私の話をさえぎらないでくれ / Er *unterbrach* ihren Redestrom [mit Fragen]. 彼は[質問をして]彼女の話の流れをさえぎった. ③ 《交通・通信などを》遮断する. Der Verkehr *ist* durch einen Unfall *unterbrochen*. 《状態受動・現在》交通が事故で遮断されている.

Un·ter·bre·cher [ウンタァ・ブレッヒャァ] 男 -s/- 《電》ブレーカー, 遮断器.

Un·ter·bre·chung [ウンタァ・ブレッヒュング] 女 -/-en 中断; 中絶; 阻止; 遮断. **ohne** *Unterbrechung* 絶えず.

un·ter|brei·ten¹ [ウンタァ・ブライテン úntərbraɪtən] 《分離》他 (h) 《口語》(毛布など⁴を)下に広げる, 下に敷く.

un·ter·brei·ten² [ウンタァ・ブライテン] 《非分離》他 (h) 《雅》(人³に文書など⁴を)提出する, (人³に考え・計画など⁴を)提示する, 提示して説明する.

un·ter·brich [ウンタァ・ブリヒ] *unterbrechen (中断する)の du に対する命令

un·ter·brichst [ウンタァ・ブリヒスト] *unterbrechen (中断する)の2人称単数現在

un·ter·bricht [ウンタァ・ブリヒト] *unterbrechen (中断する)の3人称単数現在

un·ter|brin·gen [ウンタァ・ブリンゲン úntər briŋən] (brachte…unter, *hat*…untergebracht) 他 《定了 haben》① 《場所を表す語句とともに》(人³は⁴を)泊める, 宿泊させる; (病院・施設などに)収容する, 《英 accommodate》die Gäste⁴ *im* Hotel *unterbringen* 客をホテルに泊める / 人⁴ in einem Altersheim *unterbringen* 人⁴を老人ホームに入れる. ② 《場所を表す語句とともに》(荷物など⁴を…に)納める, しまう. In diesem Koffer *kann* ich nicht alles *unterbringen*. このトランクには全部は入れることができない. ③《場所を表す語句とともに》(人⁴を…に)就職させる; (原稿など⁴を出版社などに)採用[掲載]してもらう. 人⁴ **bei** einer Firma *unterbringen* 人⁴をある会社に就職させる.

Un·ter·brin·gung [ウンタァ・ブリングング] 女 -/-en ① 《ふつう単》入れる(納める)こと; 宿泊[させること]. ②《口語》宿泊所, 宿.

un·ter·bro·chen [ウンタァ・ブロッヘン] *unterbrechen (中断する)の過分

un·ter≠der≠hand 副 《新形》 unter der Hand) ☞ unter

un·ter≠des[·sen] [ウンタァ・デス (..デッセン)] 副 その間に, そうこうするうちに.

Un·ter·druck [ウンタァ・ドルック] 男 -[e]s/..drücke ①《物・工》負圧, 低圧. ②《複なし》《医》低血圧.

un·ter·drü·cken [ウンタァ・ドリュッケン ʊntər drýkən] (unterdrückte, *hat*…unterdrückt) 他 《定了 haben》① (怒り・不安など⁴を)抑える, (笑いなど⁴を)こらえる, 《英 suppress》. Er *konnte* seine Erregung nur mit Mühe *unterdrücken*. 彼はどうにか興奮を抑えることができた / eine Bemerkung¹ *unterdrücken* 発言を控える. ◇《過去分詞の形で》mit *unterdrückter* Stimme 抑えた声で. ② 抑圧する, 弾圧する, 鎮圧する. einen Aufstand *unterdrücken* 暴動を鎮圧する. ③ (事実など⁴を)伏せる, (報道・記事⁴を)さし止める. Die Regierung *unterdrückte* Informationen über den Unfall im Atomreaktor. 政府は原子炉の事故に関する情報をさし止めた.

Un·ter·drü·cker [ウンタァ・ドリュッカァ] 男 -s/- 圧制者, 迫害者.

un·ter·drückt [ウンタァ・ドリュックト] *unterdrücken (抑える)の過分

un·ter·drück·te [ウンタァ・ドリュックテ] *unterdrücken (抑える)の過去

Un·ter·drü·ckung [ウンタァ・ドリュックング] 女 -/-en 抑制; 抑圧, 弾圧; 隠蔽(いんぺい).

un·ter≠ei·nan·der [ウンタァ・アイナンダァ] 副 ① (互いに)重なり合って; 上下に. ② お互いに, お互いの間で. sich³ *untereinander* helfen 互いに助け合う.

un·ter≠ent·wi·ckelt [ウンタァ・エントヴィッケるト] 形 ① 発育不良の, 未熟の. ②《政》低開発の.

un·ter≠er·nährt [ウンタァ・エァネーァト] 形 栄養不足の, 栄養不良の.

Un·ter≠er·näh·rung [ウンタァ・エァネールング] 女 -/-en 《ふつう単》栄養不足, 栄養不良.

un·ter·fah·ren* [ウンタァ・ファーレン ʊntər fáːrən] 他 (h) ①《建》(建物など⁴の)下にトンネルを掘る. ②《坑》(鉱床など⁴の)下を掘り進む. ③ (橋など⁴の)下を乗物で通り抜ける.

un·ter·fan·gen* [ウンタァ・ファンゲン unt∂r-fáŋən] I 再帰 (h) *sich*[4] *unterfangen, zu* 不定詞[句]《雅》あえて(あつかましくも)…する. II 他 (h)《建》(壁・家など[4]の)土台を補強する.

Un·ter·fan·gen [ウンタァ・ファンゲン] 中 -s/- 《ふつう 単》大胆な企て, 冒険.

un·ter·fas·sen [ウンタァ・ファッセン úntər-fàsən] 他 (h)《口語》① (人[4]の)腕をとる, (人[4]と)腕を組む. ◊《過去分詞の形で》*untergefasst gehen* 腕を組んで歩く. ② (負傷者など[4]の)わきの下に腕を回して支える.

un·ter·fer·ti·gen [ウンタァ・フェルティゲン untər-fértɪɡən] 他 (h)《官庁》(物[4]に)署名する (= unterschreiben).

un·ter·füh·ren [ウンタァ・フューレン untər-fý:rən] 他 (h) ① (道路・トンネルなど[4]を)下に通す. ②《印》(単語など[4]に)同書符号(〃)をつける.

Un·ter·füh·rung [ウンタァ・フュールング] 女 -/-en ① ガード下の道路(鉄道), 地下道. ②《印》同書符号(〃)をつけること.

Un·ter·funk·ti·on [ウンタァ・フンクツィオーン] 女 -/-en《医》(器官の)機能低下.

der **Un·ter·gang** [ウンタァ・ガング úntərgaŋ] 男 (単2) -[e]s/(複) ..gänge [..ゲンゲ] (3格のみ ..gängen) ① (太陽・月などが)沈むこと.（英 setting).（⇔「昇ること」は Aufgang). den *Untergang* der Sonne[2] beobachten 日没を観察する. ② (船の)沈没. ③ (国などの)没落, 滅亡, 破滅. der *Untergang* des Römischen Reiches ローマ帝国の滅亡 / Der Alkohol war ihr *Untergang*. アルコールが彼女の破滅をもたらした.

un·ter·gä·rig [ウンタァ・ゲーリヒ] 形 下面発酵の(ビールなど).（⇔「上面発酵の」は obergärig).

un·ter=ge·ben [ウンタァ・ゲーベン untər-gé:bən] 形 (人[3]の)部下である.

Un·ter·ge·be·ne[r] [ウンタァ・ゲーベネ (..ナァ) untər-gé:bənə (..nər)] 男 女《語尾変化は形容詞と同じ》部下.

Un·ter=ge·bracht [ウンタァ・ゲブラハト] *unter|bringen (泊める)の 過分

un·ter=ge·gan·gen [ウンタァ・ゲガンゲン] *unter|gehen (沈む)の 過分

un·ter|ge·hen [ウンタァ・ゲーエン úntərgè:ən] ging...unter, ist...untergegangen 自 (完了 sein) ① (太陽・月などが)沈む, 没する.（英 set).（⇔「昇る」は auf|gehen). Die Sonne *geht unter*. 太陽が沈む. ② (水中に)沈む, 沈没する;《比》(音が)消え去る.（英 sink). Das Schiff *ist untergegangen*.〖現在完了〗船は沈没した / Sein Rufen *ging* in dem Lärm *unter*. 彼の叫び声は騒音にかき消された. ③《比》没落する, 滅亡(滅滅)する; 堕落する.

un·ter=ge·ord·net [ウンタァ・ゲオルドネット] I unter|ordnen (再帰で: 従う)の 過分 II 形 ① 下位の, 従属的(二義的)な. ②《言》従属の. *untergeordnete* Sätze 従属文, 副文.

Un·ter=ge·schoss [ウンタァ・ゲショス] 中 -es/-e 半地下室, 地階 (1階と地下室との間).

Un·ter=ge·schoß [☞ 新形 Untergeschoss

Un·ter=ge·stell [ウンタァ・ゲシュテる] 中 -[e]s/-e ① (自動車の)シャーシー, 車台. ②《俗・戯》足, 脚.

Un·ter=ge·wicht [ウンタァ・ゲヴィヒト] 中 -[e]s/-e 重量不足. *Untergewicht*[4] haben 重量が足りない.

un·ter·glie·dern [ウンタァ・グリーダァン untər-glí:dərn] 他 (h) (作文など[4]をいくつかの部に)小分けする, (組織など[4]を)細分する.

un·ter·gra·ben* [ウンタァ・グラーベン untər-grá:bən] 他 (h) だんだん削り取る;《比》(名声など[4]を)徐々に失墜させる;(健康など[4]を)しだいにそこなう.

Un·ter=grund [ウンタァ・グルント] 男 -[e]s/..gründe《ふつう 単》①《農》心土; 下層土. ②《建, 絵》床下; (海などの)底. ③ 下地[の色]. ④《複 なし》《政》非合法(地下)組織(活動). in den *Untergrund* gehen 地下組織に入る, 地下にもぐる. ⑤《農》(前衛芸術の)アングラ[運動] (= Undergrcund).

Un·ter·grund=bahn [ウンタァグルント・バーン] 女 -/-en 地下鉄 (略: U-Bahn).

Un·ter·grund=be·we·gung [ウンタァグルント・ベヴェーグング] 女 -/-en《政》地下[抵抗]運動.

un·ter=ha·ken [ウンタァ・ハーケン úntər-hà:kən] 他 (h)《口語》(人[4]と)腕を組む.

un·ter·halb [ウンタァ・ハるプ] I 前《2格とともに》…の下方に, …の下手(霊)に.（⇔「…の上方に」は oberhalb). *unterhalb* des Gipfels 頂上の下の方に. II 副 下の方に. ◊《von とともに》*unterhalb* vom Schloss 城の下の方に.

Un·ter=halt [ウンタァ・ハるト] 男 -[e]s/ ① 生計, 生活費; 扶養料, 養育費. ein kärglicher *Unterhalt* 乏しい生活費. ② (施設などの)維持費.

un·ter·hält [ウンタァ・ヘるト] *unterhalten[1] (再帰 で: 語り合う)の 3 人称単数 現在

***un·ter·hal·ten**[1]* [ウンタァ・ハるテン untər-háltən]《非分離》du unterhältst, er unterhält (unterhielt, hat...unterhalten) I 再帰 (完了 haben)《*sich*[4] *[mit* 人[3]] *~*》(人[3]と)楽しく語り合う, 歓談する.（英 talk). Ich *unterhalte mich* gern mit ihm. 私は彼と話をするのが楽しい / Wir *haben uns* über das Konzert *unterhalten*. 私たちはそのコンサートについてあれこれ語り合った.

II 他 (完了 haben) ① 養う, 扶養する.（英 support). Er *unterhält* eine große Familie. 彼は大家族を養っている.

② 楽しませる, もてなす. 人[4] mit Musik *unterhalten* 人を音楽で楽しませる / Bitte *unterhalte* unsere Gäste, bis ich komme! 私が行くまで客の相手をしていてくれ. ◊《再帰的に》*Haben* Sie *sich*[4] heute Abend gut *unterhal-*

ten? 今夜はお楽しみになりましたか.
③ 維持する, 保つ. Die beiden Staaten *unterhalten* normale diplomatische Beziehungen. 両国は正常な外交関係を保っている / das Feuer⁴ im Kamin *unterhalten* 暖炉の火を絶やさない.
④ 経営する, 運営する. ein Geschäft⁴ *unterhalten* 店を経営する.

un·ter|hal·ten² [ウンタァ・ハルテン ún(tər)hàltən]《分離》他 (h)《物⁴を》下にあてがう.

un·ter·hal·ten³ [ウンタァ・ハルテン] ＊unterhalten¹《再帰》で: 語り合うの 過去

un·ter·hal·tend [ウンタァ・ハルテント] I ＊unterhalten¹《再帰》で: 語り合うの 現分 II 形 楽しい, おもしろい. ein *unterhaltender* Film 娯楽映画.

Un·ter≠hal·ter [ウンタァ・ハルタァ] 男 -s/- (客などを)もてなす人, 楽しませる人.

un·ter·halt·sam [ウンタァ・ハルトザーム] 形 楽しくてすぐ時間のたつ(集まりなど), (人が)もてなし上手な.

un·ter·halts≠be·rech·tigt [ウンタァハルツ・ベレヒティヒト] 形 扶養を受ける権利のある.

Un·ter·halts≠kos·ten [ウンタァハルツ・コステン] 複 生活費, 扶養費; 維持費.

Un·ter·halts≠pflicht [ウンタァハルツ・プフリヒト] 女 -/-en 扶養義務.

un·ter·halts≠pflich·tig [ウンタァハルツ・プフリヒティヒ] 形 扶養義務のある.

un·ter·hältst [ウンタァ・ヘルツト] ＊unterhalten¹《再帰》で: 語り合うの 2 人称単数 現在

＊*die* **Un·ter·hal·tung** [ウンタァ・ハルトゥング Untər-háltuŋ] 女 -/(複) -/ (楽しい)**会話**, 歓談, おしゃべり. (英 *conversation*). eine vertrauliche *Unterhaltung* 打ち解けた会話 / mit 人³ eine *Unterhaltung*⁴ führen 人³と歓談する. (☞ 類) Gespräch). ② 楽しみ; (客の)もてなし, 歓待; 娯楽, 気晴らし. (英 *entertainment*). zur *Unterhaltung* der Gäste² bei|tragen お客のもてなしに役だつ. ③ 『複なし』(家屋などの)維持, 保存; (家族などの)扶養. Der Wagen ist teuer in der *Unterhaltung*. この車は維持費が高くつく.

Un·ter·hal·tungs≠elek·tro·nik [ウンタァハルトゥングス・エルクトローニク] 女 -/ (総称として:)(娯楽のための)オーディオビジュアル機器.

Un·ter·hal·tungs≠in·dust·rie [ウンタァハルトゥングス・インドゥストリー] 女 -/-n [..リーエン] 娯楽産業, ショービジネス.

Un·ter·hal·tungs≠kos·ten [ウンタァハルトゥングス・コステン] 複 生活費, 扶養費; 維持費.

Un·ter·hal·tungs≠li·te·ra·tur [ウンタァハルトゥングス・リテラトゥーァ] 女 -/-en 《ふつう 単》娯楽文学, 通俗文学.

Un·ter·hal·tungs≠mu·sik [ウンタァハルトゥングス・ムズィーク] 女 -/ 軽音楽, 娯楽音楽 (略: U-Musik).

un·ter·han·deln [ウンタァ・ハンデるン Untər-hándəln] 自 (h)《政》交渉をする. mit 人³

über 事⁴ *unterhandeln* 人³と事⁴について交渉する.

Un·ter≠händ·ler [ウンタァ・ヘンドらァ] 男 -s/- (特に政治上の)交渉者, 協議者.

Un·ter≠hand·lung [ウンタァ・ハンドるング] 女 -/-en (特に政治上の)交渉, 協議, 談判.

Un·ter≠haus [ウンタァ・ハオス] 中 -es/..häuser《政》(特にイギリスの)下院, 衆議院. (◁▤「上院」の意. Oberhaus).

Un·ter≠hemd [ウンタァ・ヘムト] 中 -[e]s/-en 肌着, アンダーシャツ.

un·ter·hielt [ウンタァ・ヒーるト] ＊unterhalten¹《再帰》で: 語り合うの 過去

un·ter·hiel·te [ウンタァ・ヒーるテ] ＊unterhalten¹《再帰》で: 語り合うの 接²

un·ter·höh·len [ウンタァ・ヘーれン Untərhǿ:lən] 他 (h) ① (水が岸など⁴の)下を徐々に浸食する. ② 《比》徐々に失墜させる; しだいにそこなう.

Un·ter≠holz [ウンタァ・ホるツ] 中 -es/ 下生え, 下草; 下木(した).

Un·ter≠ho·se [ウンタァ・ホーゼ] 女 -/-n ズボン下; パンツ.

un·ter≠ir·disch [ウンタァ・イルディッシュ] 形 ① 地下の, 地中の. ein *unterirdischer* Gang 地下道 / das *unterirdische* Reich 冥府(めい), あの世. ② 《比》隠れた, ひそかな.

un·ter·jo·chen [ウンタァ・ヨッヘン Untər-jóxən] 他 (h) (民族・国家など⁴を)制圧する, 屈服させる.

un·ter·kel·lern [ウンタァ・ケらァン Untər-kélərn] 他 (h) (建物⁴に)地下室をつける.

Un·ter≠kie·fer [ウンタァ・キーふァァ] 男 -s/- 下あご, 下顎(がく).

Un·ter≠kleid [ウンタァ・クらイト] 中 -[e]s/-er 《服飾》スリップ; ペチコート.

Un·ter≠klei·dung [ウンタァ・クらイドゥング] 女 -/-en 《ふつう 単》下着(肌着)[類].

un·ter≠kom·men* [ウンタァ・コンメン Untər-kɔ̀mən] 自 (s) ① (…に)泊めてもらう, 宿泊する; 収容される. bei einer Familie (in einer Pension) *unterkommen* ある家庭(ペンション)に泊めてもらう. ② (口語) (…に)就職する. bei einer Firma *unterkommen* ある会社に就職する. ③ 《ふつう》(人³の身に)起こる, 生じる.

Un·ter≠kom·men [ウンタァ・コンメン] 中 -s/- 《ふつう 単》① 宿, 宿泊所. kein *Unterkommen*⁴ finden 泊まるところが見つからない. ② 就職口.

Un·ter≠kör·per [ウンタァ・ケルパァ] 男 -s/- 下半身.

un·ter|krie·gen [ウンタァ・クリーゲン Untər-krì:gən] 他 (h) 《口語》(人⁴を)屈服させる. sich⁴ nicht *unterkriegen lassen* 屈しない.

un·ter·küh·len [ウンタァ・キューれン Untər-ký:lən] 他 (h) ① 《工》(液体・ガスなど⁴を凝固させないで)過冷却する. ② (人⁴の)体温を平熱以下下げる.

un·ter·kühlt [ウンタァ・キューるト] I unterkühlen (過冷却する)の 過去 II 形 ① 冷えす

きた；体温が平熱以下に下がった．② 《比》冷淡な，クールな．

die **Un·ter⹀kunft** [ウンタァ・クンフト ún-tər-kuft] 囡 (単) -/(複) ..künfte [..キュンフテ] (3格のみ) ..künften 宿，宿泊所；《軍》宿営；《ふつう 単》宿泊. (英 *accommodation*). eine *Unterkunft*⁴ für eine Nacht suchen 一夜の宿を探す．

Un·ter⹀la·ge [ウンタァ・らーゲ úntər-la:gə] 囡 -/-n ① 下に敷くもの，下敷，マット；基礎，土台． eine gute finanzielle *Unterlage*⁴ haben しっかりした財政的基盤をもっている．② 《覆 で》《証明》書類，資料，文書． *Unterlagen*⁴ beschaffen 資料を入手する．③ 《植》《接ぎ木の》台木．

Un·ter⹀land [ウンタァ・らント] 囲 -[e]s/ 低地．

Un·ter⹀lass [ウンタァ・らス úntər-las] 囲 《成句的に》 ohne *Unterlass* 間断なく，絶えず．

Un·ter⹀laß [新形] Unterlass

****un·ter·las·sen**¹* [ウンタァ・らッセン un-tər-lásən] du unterlässt, er unterlässt (unterließ, *hat* ...unterlassen) 囮 (完了 haben) 囮⁴ をしない，やめる，怠る． eine Reise⁴ *unterlassen* 旅行をとりやめる / *Unterlass* bitte die Bemerkungen! そんな言い方はやめてくれ / Warum *haben* Sie es *unterlassen*, die Angelegenheit zu melden? なぜあなたはその件を届け出なかったのですか．

un·ter·las·sen² [ウンタァ・らッセン] *unterlassen¹ (しない)の 過分

un·ter·lässt [ウンタァ・れスト] *unterlassen¹ (しない)の2人称単数・3人称単数 現在

un·ter·läßt [新形] unterlässt

Un·ter·las·sung [ウンタァ・らッスング] 囡 -/-en 中止，中断；不履行；《法》不作為．

Un·ter·las·sungs⹀sün·de [ウンタァらッスングス・ズュンデ] 囡 -/-n 《口語》怠慢の罪，なさざる罪．

Un·ter⹀lauf [ウンタァ・らォフ] 囲 -[e]s/..läufe (川の)下流．

un·ter·lau·fen¹* [ウンタァ・らォフェン untər-láufən] I 圁 (s) ①《人³に》過失などがたまたま生じる． Mir *ist* ein Fehler *unterlaufen*．《現在完了》私はミスをした．②《口語》《人³に》出くわす，《人³の》身に起こる． II 囮 (h) ①《サッカーなどで》《人⁴の》下をかいくぐって攻撃する．②《軍⁴の》裏をかく．

un·ter·lau·fen² [ウンタァ・らォフェン] I unterlaufen¹ (生じる)の 過分 II 圏 皮下出血している，充血している．

un·ter|le·gen¹ [ウンタァ・れーゲン úntər-lè:gən] 《分離》 囮 (h) ①《物⁴を》下に置く(敷く，入れる)． dem Patienten ein Kissen⁴ *unterlegen* 患者に[肩の下に]クッションを当てる．②（言葉・発言などに別の意味⁴を）こじつける．

un·ter·le·gen² [ウンタァ・れーゲン] 《非分離》 囮 (h) ①《人³に》(A⁴ mit B³ ～)(A⁴をB³で)裏打ち(裏張り)する．②(A³にB⁴をつける)． einer Melodie³ einen Text *unterlegen* メロディーに

歌詞をつける．

un·ter·le·gen³ [ウンタァ・れーゲン] I unterliegen (負ける)の 過分 II 圏《人³に》負けた，劣っている．

Un·ter·le·gen·heit [ウンタァ・れーゲンハイト] 囡 -/-en 《ふつう 単》劣っていること，劣勢．

Un·ter⹀leib [ウンタァ・らイプ] 囲 -[e]s/-e 《ふつう 単》下腹部．

un·ter·lie·gen* [ウンタァ・リーゲン untər-lí:-gən] 圁 (s, h) ① (s) 負ける，屈する．《人³ im Wettbewerb *unterliegen* 《人³に競争で負ける / der Krankheit³ *unterliegen* 《比》病気で倒れる．② (h)《軍³の》影響下にある，《軍³の》左右される，《軍³の》支配を受ける． Die Kleidung *unterliegt* der Mode. 服装は流行に左右される / Es *unterliegt* keinem Zweifel, dass ... …は疑う余地がない．
◇☞ unterlegen³

un·ter·ließ [ウンタァ・リース] *unterlassen¹ (しない)の 過去

Un·ter⹀lip·pe [ウンタァ・リッペ] 囡 -/-n 下唇．(《比》「上唇」は Oberlippe).

un·term [ウンテルム] 《口語》《前置詞 unter と定冠詞 dem の融合形》 „*Unterm* Rad" 『車輪の下』(ヘッセの小説)．

un·ter·ma·len [ウンタァ・マーれン untər-má:lən] 囮 (h) ①《絵⁴の》下塗りをする．②《A⁴ mit B³ ～》(A⁴《映画などに》B³《音楽など》を添える．

Un·ter⹀ma·lung [ウンタァ・マーるング] 囡 -/-en ①《美》《絵の》下塗り．②（映画などでの）バックグラウンドミュージック．

un·ter·mau·ern [ウンタァ・マオアァン untər-máuərn] 囮 (h) ①《建物⁴を》基礎壁で支える，《軍⁴の》基礎を補強する．②《比》《理論など⁴》を根拠づける．

un·ter|men·gen [ウンタァ・メンゲン úntər-mèŋən] 囮 (h) (干しぶどうなど⁴をパン生地などに)混ぜ入れる．

Un·ter⹀mie·te [ウンタァ・ミーテ] 囡 -/-n 《覆なし》(住居などの)転貸貸[借]，また貸し，また借り. in (または zur) *Untermiete* wohnen また貸しの人の家に住む．②《ふつう 単》また貸し(また借り)賃．

Un·ter⹀mie·ter [ウンタァ・ミータァ] 囲 -s/- (住居の)転借人，また借りしている人(特に下宿人など). 囡 女性形は Untermieterin).

un·ter·mi·nie·ren [ウンタァ・ミニーレン un-tər-minírən] 囮 (h) ①（地位・名声など⁴を）徐々にむしばむ，危くする．②《軍》《物⁴に》地雷を敷設する，爆弾を仕掛ける．

un·ter|mi·schen [ウンタァ・ミッシェン úntər-mìʃən] 囮 (h) =unter|mengen

un·tern [ウンテルン] 《口語》《定冠詞 unter と定冠詞 den の融合形》 *untern* Tisch fallen 議題(話題)にのぼらない．

un·ter·nahm [ウンタァ・ナーム] *unternehmen (企てる)の 過去

un·ter·näh·me [ウンタァ・ネーメ] *unternehmen (企てる)の 接2

‡un·ter·neh·men* [ウンタァ・ネーメン ʊntərnéːmən] du unternimmst, er unternimmt (unternahm, *hat*...unternommen) 他 (完了 haben) ① 企てる,(旅行・散歩など⁴を)する,(英 *undertake*). einen Versuch *unternehmen* ある試みを企てる / einen Spaziergang *unternehmen* 散歩する / Was wollen wir heute Abend *unternehmen*? 私たちは今晩何をしようか.
② (措置など⁴を)講じる,(軍⁴の)手を打つ. etwas⁴ **gegen** die Missstände *unternehmen* 不都合なことに対して何らかの策を講じる / Er *hat* nichts dagegen *unternommen*. 彼はそれに対して何ら手を打たなかった / Er *hat* es *unternommen*, die Sache aufzuklären. 《雅》彼は事態の解明に乗り出した.

‡*das* **Un·ter≠neh·men** [ウンタァ・ネーメン ʊntərnéːmən] 中(単2) -s/(複) - ① 企て, 試み; 事業.(英 *enterprise*). ein kühnes *Unternehmen* 思いきった企て. ② **企業**,(大きい)会社. ein großes (privates) *Unternehmen* 大企業(私企業) / ein *Unternehmen*⁴ gründen 企業を設立する. ③《軍》作戦(行動).

Un·ter·neh·mend [ウンタァ・ネーメント] I ‡unternehmen (企てる)の 現分 II 形 進取の気性に富んだ, 意欲満々の.

Un·ter·neh·mens≠be·ra·ter [ウンタァ・ネーメンス・ベラータァ] 男 -s/-《経》企業コンサルタント.

Un·ter·neh·mer [ウンタァ・ネーマァ ʊntərnéːmər] 男 -s/- 企業家, 事業家, 経営者.(英 女性形は Unternehmerin).

Un·ter·neh·mung [ウンタァ・ネームング] 女 -/-en ① 企て, 試み. ② 〖話〗企業.

Un·ter·neh·mungs≠geist [ウンタァ・ネームングス・ガイスト] 男 -[e]s/ 事業欲, 企業心; 進取の気性.

un·ter·neh·mungs≠lus·tig [ウンタァ・ネームングス・ルスティヒ] 形 事業欲の盛んな; 進取の気性に富んだ, 意欲満々の.

un·ter·nimm [ウンタァ・ニム] ‡unternehmen (企てる)の du に対する 命令

un·ter·nimmst [ウンタァ・ニムスト] ‡unternehmen (企てる)の2人称単数 現在

un·ter·nimmt [ウンタァ・ニムト] ‡unternehmen (企てる)の3人称単数 現在

un·ter·nom·men [ウンタァ・ノンメン] ‡unternehmen (企てる)の 過分

Un·ter≠of·fi·zier [ウンタァ・オフィツィーァ] 男 -s/-e 《軍》下士官;(陸軍・空軍の)伍長(ごちょう).

un·ter|ord·nen [ウンタァ・オルドネン ʊntərɔrdnən] I 再帰 (h) *sich*⁴ [人・事³] *unterordnen* [人・事³]に従う. II 他 (h) (A⁴より B³を)優先させる; (A⁴を B³より)下位に置く,(A⁴を B³に)従属させる.
◇☞ **untergeordnet**

Un·ter≠ord·nung [ウンタァ・オルドヌング] 女 -/-en ① 〖複 なし〗下位, 従属. ②〖言〗従属[関係]. ③ 小区分, 細目;《生》亜目.

Un·ter≠pfand [ウンタァ・プファント] 中 -[e]s/..pfänder ① 《雅》あかし, しるし. das Kind als *Unterpfand* einer Liebe² 愛のしるしとしての子供. ②《古》担保, 抵当.

un·ter|pflü·gen [ウンタァ・プふリューゲン ʊntərpflyːgən] 他 (h) (肥料など⁴を)地中にすき込む.

Un·ter≠pri·ma [ウンタァ・プリーマ] 女 -/..primen (9年制ギムナジウムの)第8学年(日本の高校3年に相当).(☞ Gymnasium).

Un·ter≠pri·ma·ner [ウンタァ・プリマーナァ] 男 -s/-(9年制ギムナジウムの)8年生.

un·ter≠pri·vi·le·giert [ウンタァ・プリヴィれギーァト] 形 (社会的・経済的に)抑圧されている, 恵まれない.

un·ter·re·den [ウンタァ・レーデン ʊntərréːdən] 再帰 (h) 《*sich*⁴ **mit** [人]³ ~》《雅》([人]³と)話し合う, 相談する.

Un·ter≠re·dung [ウンタァ・レードゥング] 女 -/-en 相談, 話し合い;(公式の)協議. eine *Unterredung*⁴ unter vier Augen haben 二人きりで会談する(話し合う).

授業

Wann beginnt der *Unterricht*?
ヴァン　ベギント　デァ　ウンタァリヒト
授業は何時に始まりますか.

‡*der* **Un·ter·richt** [ウンタァ・リヒト ʊntərrɪçt] 男 (単2) -[e]s/(複) -e (3格のみ -en)《ふつう 単》**授業**, レッスン.(英 *lessons*). Deutsch*unterricht* ドイツ語の授業 / ein lebendiger (langweiliger) *Unterricht* 活気のある(退屈な)授業 / den *Unterricht* versäumen (schwänzen) 授業を怠ける(さぼる) / **am** *Unterricht* teil|nehmen 授業に出席する / *Unterricht*⁴ in Englisch geben (nehmen) 英語の授業をする(受ける) / Der *Unterricht* in Chemie fällt aus. 化学の授業は休講だ / Sie haben täglich sechs Stunden *Unterricht*. 彼らは毎日6時間授業を受ける / Heute ist kein *Unterricht*. きょうは授業がない.

‡**un·ter·rich·ten** [ウンタァ・リヒテン ʊntərríçtən] du unterrichtest, er unterrichtet (unterrichtete, *hat*...unterrichtet) 他 (完了 haben). ① ([人]⁴に)**教える**;(教科⁴を)教える.(英 *teach*). Er *unterrichtet* die Klasse in Mathematik. 彼はそのクラスに数学を教えている / Sie *unterrichtet* Englisch. 彼女は英語を教えている.《目的語なしでも》Er *unterrichtet* **an** einem Gymnasium. 彼はギムナジウムで教鞭(きょうべん)をとっている. ② ([人]⁴に)**知らせる**, 報告する. [人]⁴ **von** [事]³ (または **über** [事]⁴) *unterrichten* [人]⁴に[事]³(または[事]⁴)を知らせる, 報告する.《再帰的に》*sich*⁴ *unterrichten* 情報を得る ⇒ Der Arzt *unterrichtete sich* über den Zustand der Verletzten. 医者は負傷者たち

un·ter·rich·tet [ウンタァ・リヒテット] I *unterrichten (教える)の 過分 II 形 事情に通じている. Soweit ich *unterrichtet* bin, ... 私が知っているかぎりでは.

un·ter·rich·te·te [ウンタァ・リヒテテ] *unterrichten (教える)の 過去

Un·ter·richts꞊brief [ウンタァリヒツ・ブリーフ] 男 -[e]s/-e 通信講座教材.

Un·ter·richts꞊fach [ウンタァリヒツ・ファッハ] 中 -[e]s/..fächer 授業科目, 教科.

Un·ter·richts꞊ge·gen·stand [ウンタァリヒツ・ゲーゲンシュタント] 男 -[e]s/..stände 授業で扱う対象(テーマ・題目).

Un·ter·richts꞊stun·de [ウンタァリヒツ・シュトゥンデ] 女 -/-n 授業時間.

Un·ter·richts꞊we·sen [ウンタァリヒツ・ヴェーゼン] 中 -s/ 教育(学校)制度.

Un·ter·rich·tung [ウンタァ・リヒトゥング] 女 -/-en 通知, 報告; 情報を得ること.

Un·ter·rock [ウンタァ・ロック] 男 -[e]s/..röcke (服飾) スリップ, ペチコート.

un·ters [ウンタァス] 《口語》《前置詞 unter と定冠詞 das の融合形》unters Bett kriechen ベッドの下にもぐり込む.

un·ter·sa·gen [ウンタァ・ザーゲン untər-záː-gən] 他 (h) ([人³に] 事⁴を)禁じる, 禁止する. Der Arzt *hat* mir das Rauchen *untersagt*. 医者は私に喫煙を禁止した.

Un·ter·satz [ウンタァ・ザッツ] 男 -es/..sätze ① 下敷き, 敷物; 土台, 台[座]; 受け皿. ein fahrbarer *Untersatz* 《口語・戯》自動車. ② (哲) (三段論法の)小前提.

un·ter·schät·zen [ウンタァ・シェッツェン untər-ʃétsən] 他 (h) 実際よりも少なく見積もる, 過小評価する, 見くびる. eine Gefahr⁴ *unterschätzen* 危険を軽く見る.

Un·ter·schät·zung [ウンタァ・シェッツング] 女 -/-en 《ふつう 単》過小評価, 軽視.

un·ter·scheid·bar [ウンタァ・シャイトバール] 形 区別できる, 見分けのつく.

un·ter·schei·den [ウンタァ・シャイデン untər-ʃáidən] du unterscheidest, er unterscheidet (unterschied, *hat* ... unterschieden) I 他 (定) haben) ① 区別する, 見分ける. (英 distinguish). Gutes⁴ und Böses⁴ *unterscheiden* 善悪を区別する / A⁴ von B³ *unterscheiden* A⁴ を B³ から区別する ⇨ Ich *kann* Peter nie von seinem Bruder *unterscheiden*. 私はペーターと彼の兄(弟)の見分けがつかない.
② (人・物⁴を)はっきり見てとる(聞きとる). Mit dem Fernglas *kann* man Einzelheiten *unterscheiden*. この双眼鏡では細かい所がはっきり見える.
③ 〖A⁴ von B³ ~〗(A⁴ を B³ から)区別する特徴である. Seine Zuverlässigkeit *unterscheidet* ihn von seinem Vorgänger. 信頼がおけるという点で彼は彼の前任者と異なる.
II 再帰 (定) haben) sich⁴ *unterscheiden* 異なる, 違っている. Er *unterscheidet sich* von seinem Bruder im Charakter. 彼は彼の兄(弟)とは性格が異なる / Die beiden Kleider *unterscheiden sich* nur durch ihre Farbe. その二つのワンピースは色が違うだけだ.
III 自 (定) haben) 〖zwischen A³ und B³ ~〗(A³ と B³ を)区別する. zwischen Echtem und Unechtem *unterscheiden* 本物と偽物を区別する.
◊☞ **unterschieden**

Un·ter·schei·dung [ウンタァ・シャイドゥング] 女 -/-en 区別[すること], 見分け, 識別.

Un·ter·schei·dungs꞊merk·mal [ウンタァシャイドゥングス・メルクマール] 中 -[e]s/-e 識別標識, (見分けるための)特徴.

Un·ter·schen·kel [ウンタァ・シェンケル] 男 -s/- すね, (医)下腿(たい)[部]. (☞ Körper 図).

Un·ter꞊schicht [ウンタァ・シヒト] 女 -/-en ① 下層階級. ② (ある物の)下層.

un·ter·schie·ben¹* [ウンタァ・シーベン untər-ʃíːbən] 〖分離〗 他 (h) (物⁴を [人・物³の]) 下へ押し(差し)込む. Ich *habe* ihr ein Kissen *untergeschoben*. 私は彼女[の背中]にクッションを当てがった.

un·ter·schie·ben²* [ウンタァ・シーベン] 〖非分離〗 他 (h) ① ([人³に 物⁴を)こっそり押しつける. ② ([人³に 事⁴を)なすりつける, 転嫁する.

un·ter·schied [ウンタァ・シート] *unterscheiden (区別する)の 過去

der **Un·ter·schied** [ウンタァ・シート úntər-ʃiːt] 男(単 2) -[e]s/(複) -e (3格のみ -en) ① 相違, 差異, 違い. (英 difference). Zeit-*unterschied* 時差 / ein geringer (großer) *Unterschied* わずかな(大きな)相違 / *Unterschiede* in der Qualität 質の違い / ein *Unterschied* zwischen A³ und B³ A³ と B³ の間の違い / Das macht keinen *Unterschied*. 《口語》それはどうでもいいことだ(←差異をもたらさない) / Das ist ein *Unterschied* wie Tag und Nacht. それは雲泥の差だ(←昼と夜ほどの). ② 区別[づけ], 差別. (英 distinction). einen *Unterschied* zwischen A³ und B³ machen A³ と B³ を区別(差別)する / im *Unterschied* zu 人・物³ 人・物³ とは違って(異なって) / ohne *Unterschied* 区別なく, 一様に / zum *Unterschied* von 人・物³ 人・物³ とは違って(異なって).

un·ter·schie·de [ウンタァ・シーデ] *unterscheiden (区別する)の 接2

un·ter·schie·den [ウンタァ・シーデン] I *unterscheiden (区別する)の 過分 II 形 区別された; 異なった, 種々の.

un·ter·schied·lich [ウンタァ・シートリヒ] 形 異なった, 種々の, さまざまの. *unterschiedliche* Charaktere いろいろな性格[の人々] / Die Qualität ist recht *unterschiedlich*. 品質はかなりまちまちだ.

un·ter·schieds꞊los [ウンタァシーツ・ロース] 形 区別のない, 無差別の.

un·ter|schla·gen¹* [ウンタァ・シュラーゲン

úntər-ʃlàːɡən] 《分離》他 (h) (脚・腕⁴を)組む.
un·ter·schla·gen* [ウンタァ・シュラーゲン] 《非分離》他 (h) ① (お金など⁴を)横領する, 着服する. ② (事実など⁴を)隠しておく.
Un·ter⸗schla·gung [ウンタァ・シュラーグング] 女 -/-en ① 横領, 着服, 使い込み. ② 隠蔽(いんぺい).
Un·ter⸗schlupf [ウンタァ・シュるプふ] 男 -[e]s/-e (または ..schlüpfe) 《ふつう 単》逃げ場, 隠れ家.
un·ter|schlüp·fen [ウンタァ・シュリュプふェン úntər-ʃlỳpfən] 自 (s) 《口語》(…に)逃げ込む, 隠れる, 避難する.

un·ter·schrei·ben [ウンタァ・シュライベン untər-ʃráibən] (unterschrieb, hat...unterschrieben) 他 (完了 haben) 《**4格**とともに》① (物⁴に)署名する, サインする. (英 sign). einen Brief unterschreiben 手紙に署名する / Ich habe den Vertrag nicht unterschrieben. 私はその契約書にサインしなかった. ◇《目的語なしでも》Unterschreiben Sie bitte hier! ここにサインをしてください. ② (《口語・比》《事⁴に》同意(賛成)する. Diese Meinung kann ich nicht unterschreiben. 私はこの意見に賛成できない.

un·ter·schrei·ten* [ウンタァ・シュライテン untər-ʃráitən] 他 (h) (見積額など⁴を)下回る.
un·ter·schrieb [ウンタァ・シュリープ] ⸨unterschreiben (署名する)の過去⸩
un·ter·schrie·be [ウンタァ・シュリーベ] ⸨unterschreiben (署名する)の接2⸩
un·ter·schrie·ben [ウンタァ・シュリーベン] ⸨unterschreiben (署名する)の過分⸩

* *die* **Un·ter⸗schrift** [ウンタァ・シュリふト úntər-ʃrìft] 女 《単》-/《複》-en 署名, サイン. (英 signature). eine unleserliche Unterschrift 判読できない署名 / eine Unterschrift⁴ leisten (官庁) 署名する / Unterschriften⁴ für 事⁴ sammeln 事⁴のために署名を集める / Der Brief trägt seine Unterschrift. この手紙には彼のサインがある.
Un·ter·schrif·ten⸗ak·ti·on [ウンタァシュリふテン・アクツィオーン] 女 -/-en 署名運動.
Un·ter·schrif·ten⸗map·pe [ウンタァシュリふテン・マッペ] 女 -/-n 未署名(未決裁)書類入れ.
Un·ter·schrif·ten⸗samm·lung [ウンタァシュリふテン・ザンムるング] 女 -/-en 署名集め, 署名運動.
un·ter·schwel·lig [ウンタァ・シュヴェりヒ] 形《心》意識下の, 閾下(いきか)の.
Un·ter⸗see·boot [ウンタァゼー・ボート] 中 -[e]s/-e 潜水艦 (略: U-Boot).
un·ter⸗see·isch [ウンタァ・ゼーイッシュ] 形 《地学》海面下の, 海中の.
Un·ter⸗sei·te [ウンタァ・ザイテ] 女 -/-n 下側, 下面; 裏面. (⇔ 「上側; 表面」は Oberseite).
Un·ter⸗se·kun·da [ウンタァ・ゼクンダ] 女 -/..kunden (9年制ギムナジウムの)第6学年

(日本の高校1年に相当). (⇒ Gymnasium).
Un·ter·se·kun·da·ner [ウンタァ・ゼクンダーナァ] 男 -s/- (9年制ギムナジウムの)6年生.
un·ter|set·zen [ウンタァ・ゼッツェン úntər-zètsən] 他 (h) (何かの下に置く(あてがう).
Un·ter⸗set·zer [ウンタァ・ゼッツァァ] 男 -s/- (食器・植木鉢・置物などの)下敷き, 敷物; 受け皿, コースター.
un·ter·setzt [ウンタァ・ゼット untər-zétst] 形 ずんぐりした, 小太りの.
Un·ter⸗set·zung [ウンタァ・ゼッツング] 女 -/-en 《自動車》(駆動軸をより低い回転に減速する)変速機.
un·ter|sin·ken* [ウンタァ・ズィンケン úntər-zìŋkən] 自 (s) (船などが)沈没する, 沈む.
un·ter·spü·len [ウンタァ・シュピューれン untər-ʃpýːlən] 他 (h) (流水が物⁴の)下をえぐる, 下の土を洗い流す.
un·terst [ウンタァスト úntərst] (⸨unter の最上⸩) 形 いちばん下の; 最下位の, 最低の. der unterste Knopf 一番下のボタン. ◇《名詞的に》das Unterste⁴ zuoberst kehren《口語》(探しものをして)何もかもごちゃごちゃにする.
Un·ter⸗stand [ウンタァ・シュタント] 男 -[e]s/..stände ① 避難所, 避難場所. ② 防空壕(ごう). ③ 《ドイツ》宿泊所, 宿.
un·ter|ste·hen¹* [ウンタァ・シュテーエン úntər-ʃtèːən] 《分離》自 (h) (雨宿りなどで何かの)下(物陰)に立っている.
un·ter·ste·hen²* [ウンタァ・シュテーエン] 《非分離》I 自 (h) (人・事³に) 従属している, (人・事³の)支配下にある, 下位にある. Es untersteht keinem Zweifel, dass... ...は疑う余地がない. II 再帰 (h) sich⁴ unterstehen 《ふつう zu 不定詞[句]とともに》あつかましくも…する. Niemand understand sich, ihm zu widersprechen. だれ一人彼に異議を唱える者はいなかった / Untersteh dich! やれるものならやってみろ.
un·ter|stel·len¹ [ウンタァ・シュテれン úntər-ʃtèlən] 《分離》I 他 (h) ① しまう, 入れる. Der Wagen *ist* in der Garage *untergestellt*. 《状態受動・現在》車はガレージに入れである. ② (バケツなど⁴を)下に据える(置く). II 再帰 (h) sich⁴ unterstellen (雨宿りなどで何かの)物陰に入る.
un·ter·stel·len² [ウンタァ・シュテれン] 《非分離》他 (h) ① (A⁴を B³の)下位(管轄下)に置く. Ich *bin* ihm *unterstellt*. 《状態受動・現在》私は彼の部下だ. ② (人³に)任せる. ③ (事⁴を人³の)せいにする. ④ 仮定する.
Un·ter⸗stel·lung [ウンタァ・シュテるング] 女 -/-en ① 下位に置くこと. ② (他人に対するいわれなき)誹謗(ひぼう), (責任・罪の)転嫁.
un·ter·strei·chen* [ウンタァ・シュトライヒェン untər-ʃtráiçən] 他 (h) ① (物⁴に)下線を引く, アンダーラインを引く. Er *hat* die Fehler rot *unterstrichen*. 彼は間違いの箇所に赤い線を引いた. ② 《比》(事⁴を)強調する, 力説する.
Un·ter⸗stu·fe [ウンタァ・シュトゥーふェ] 女 -/

un·ter·stüt·zen [ウンタァ・シュテュッツェン untər-ʃtýtsən] du unterstützt (unterstützte, hat...unterstützt) 他 (完了 haben) ① 援助する, 支援する, サポートする. (英 support). Er unterstützte uns mit Geld. 彼は私たちに金銭的な援助をしてくれた / 人⁴ finanziell unterstützen 人⁴に経済的な援助をする / Er unterstützt mich bei meiner Arbeit. 彼は私の仕事をサポートしてくれる. ② (人⁴·意見など⁴を)支持する;(治療など⁴を)促進する. einen Kandidaten unterstützen 候補者を支持する.

un·ter·stützt [ウンタァ・シュテュッツト] *unterstützen (援助する)の 過分

un·ter·stütz·te [ウンタァ・シュテュッツテ] *unterstützen (援助する)の 過去

*die **Un·ter·stüt·zung** [ウンタァ・シュテュッツング untər-ʃtýtsuŋ] 女 (単) -/(複) -en ① 援助, 支援, 救済. (英 support). bei 人³ Unterstützung finden 人³に援助してもらう. ② 補助金, 助成金. 人³ Unterstützung⁴ gewähren 人³に補助金を与える.

un·ter·su·chen [ウンタァ・ズーヘン untər-zú:xən] (untersuchte, hat...untersucht) 他 (完了 haben) ① (詳しく)調べる, 調査(研究)する;検査する;《法》審理する. (英 examine). Die Polizei untersucht den Unfall. 警察が事故を調査している / eine Frage⁴ wissenschaftlich untersuchen ある問題を学問的に研究する / das Blut⁴ auf Zucker untersuchen 血液の糖分を検査する / die Maschine⁴ untersuchen 機械を点検する. (☞ 類語 studieren).
② (医者が)診察する. einen Kranken untersuchen 病人を診察する / Ich will mich ärztlich untersuchen lassen. 私は医者に診察してもらうつもりだ.

....
類語 untersuchen:(原因·実体を突きとめるために)調べる. prüfen:(物の性能·人の知識などを)検査(試験)する. testen:(人の知識·体力などを)テストする,(物の性能などを実験により)テストする.

un·ter·sucht [ウンタァ・ズーフト] *untersuchen (調べる)の 過分, 3人称単数·2人称複数 現在

un·ter·such·te [ウンタァ・ズーフテ] *untersuchen (調べる)の 過去

*die **Un·ter·su·chung** [ウンタァ・ズーフング untər-zú:xuŋ] 女 (単) -/(複) -en ① 調査, 研究. (英 research). eine eingehende Untersuchung 詳しい調査 / eine chemische Untersuchung 化学的検査 / eine Untersuchung⁴ an|stellen 調査(研究)を行う. ② 診察. die Untersuchung eines Kranken 病人の診察. ③《法》審理;(警察の)取り調べ. ④ 研究論文.

Un·ter·su·chungs⚡aus·schuss [ウンタァズーフングス·アオスシュス] 男 -es/..schüsse 審査(調査)委員会.

Un·ter·su·chungs⚡aus·schuß ☞ 新形 Untersuchungsausschuss

Un·ter·su·chungs⚡ge·fan·ge·ne[r] [ウンタァズーフングス·ゲファンゲネ(..ナァ)] 男 女 《語尾変化は形容詞と同じ》《法》未決囚.

Un·ter·su·chungs⚡haft [ウンタァズーフングス·ハフト] 女 -/《法》未決拘留(略: U-Haft). 人⁴ in Untersuchungshaft nehmen 人⁴を拘留する.

Un·ter·su·chungs⚡rich·ter [ウンタァズーフングス·リヒタァ] 男 -s/-《法》予審判事.

Un·ter·tag⚡bau [ウンタァターク·バオ] 男 -[e]s/-e =Untertagebau

Un·ter·ta·ge⚡bau [ウンタァターゲ·バオ] 男 -[e]s/-e (坑) ①《覆 なし》坑内採鉱. ②(採掘)坑.

un·ter·tan [ウンタァ·ターン úntər-ta:n] 形 (成句的) 人³ untertan sein《雅》人³に隷属している, 人³の臣下である / sich³ 人·物⁴ untertan machen《雅》人·物⁴を服従させる, 意のままにする ⇒ Der Mensch macht sich die Natur untertan. 人間は自然を支配している.

Un·ter·tan [ウンタァ·ターン] 男 -s (または -en)/-en (昔の:) 臣民, 臣下;《比》体制側の人間.

un·ter·tä·nig [ウンタァ·テーニヒ -nɪç] 形 服従(隷属)的な, 従順な, へりくだった. Ihr untertänigster Diener (昔の手紙の結びで:) 頓首(とんしゅ).

Un·ter⚡tas·se [ウンタァ·タッセ] 女 -/-n (茶わんの)受け皿, ソーサー. eine fliegende Untertasse 空飛ぶ円盤, UFO.

un·ter⚡tau·chen [ウンタァ·タオヘン úntər-tàʊxən] I 自 (s) ①(水中に)潜る, 沈む. ② 姿を消す;(秘密の場所に)ひそむ. in der Menge untertauchen 人ごみの中に姿をくらます. II 他 (h) (水中に)沈める;浸す.

Un·ter⚡teil [ウンタァ·タイル] 中 男 -[e]s/-e 下部, 底部, 底.

un·ter·tei·len [ウンタァ·タイレン untər-táɪlən] 他 (h) 細分する, 小分けする;区分する.

Un·ter·tei·lung [ウンタァ·タイルング] 女 -/-en 細分, 区分.

Un·ter⚡ter·tia [ウンタァ·テルツィア] 女 -/..tertien (9年制ギムナジウムの)第4学年(日本の中学2年に相当). (☞ Gymnasium).

Un·ter⚡ter·ti·a·ner [ウンタァ·テルツィアーナァ] 男 -s/- (9年制ギムナジウムの)4年生.

Un·ter⚡ti·tel [ウンタァ·ティーテる] 男 -s/- ① 副題, サブタイトル. der Untertitel der Abhandlung² 論文の副題. ②《映》字幕.

Un·ter⚡ton [ウンタァ·トーン] 男 -[e]s/..töne ①《物·音楽》下方倍音. ②《比》言外の響き, ニュアンス.

un·ter·trei·ben* [ウンタァ·トライベン untər-tráɪbən] 他 (h) (実際よりも)少なめ(控えめ)に言う.

Un·ter⚡trei·bung [ウンタァ·トライブング] 女 -/-en ①《覆 なし》(実際より)少なめ(控えめ)に

言うこと. ② 控えめな言葉.
un·ter·tun·neln [ウンタァ・トゥンネるン Un-tər-túnəln] 他 (h)《物⁴の》下にトンネルを掘る.
un·ter·ver·mie·ten [ウンタァ・フェァミーテン úntər-fɛrmiːtən] (過分 untervermietet) 他 (h)《部屋など⁴を》また貸しする.
un·ter·ver·si·chern [ウンタァ・フェァズィッヒャァン úntər-fɛrzɪçərn] (過分 unterversichert) 他 (h)《物⁴に》の過剰保険をかける.
Un·ter·wal·den [ウンタァ・ヴァるデン úntərvaldən] 中 -s/《地名》ウンターヴァルデン(スイス中部の州で, ニートヴァルデン Nidwalden とオプヴァルデン Obwalden の二つの準州に分かれる).
un·ter·wan·dern [ウンタァ・ヴァンダァン Untər-vándərn] 他 (h)《組織など⁴に》徐々に潜り込む(潜入する).
Un·ter·wan·de·rung [ウンタァ・ヴァンデルング] 女 -/-en《組織への》潜り込み, 潜入.
un·ter·wärts [ウンタァ・ヴェるツ] 副《口語》下の方へ; 下の方で.
*die **Un·ter·wä·sche** [ウンタァ・ヴェッシェ úntər-vɛʃə] 女 (単) -/ **下着**[類], 肌着[類]. (英 *underwear*). warme *Unterwäsche* 暖かい肌着.
Un·ter·was·ser [ウンタァ・ヴァッサァ] 中 -s/- 地下水.
Un·ter·was·ser⸗ka·me·ra [ウンタァヴァッサァ・カメラ] 女 -/-s 水中カメラ.
Un·ter·was·ser⸗mas·sa·ge [ウンタァヴァッサァ・マサージェ] 女 -/-n《医》水中マッサージ.
‡**un·ter·wegs** [ウンタァ・ヴェークス Untər-véːks] 副 ① 《どこかへ行く》**途中で**. (英 *on the way*). Er ist bereits *unterwegs*. 彼はもう出かけてしまった / Der Brief ist schon *unterwegs*. 手紙はもう発送されている / Bei meiner Schwester ist ein Kind *unterwegs*.《口語・比》私の姉妹に子供が生まれます(←子供が生まれて来る途中にある).
② 旅行中で. Sie waren vier Wochen *unterwegs*. 彼らは4週間旅行していた.
③ 屋外に出て, 外に出て. Die ganze Stadt war *unterwegs*. 町中の人々が外に出ていた.
un·ter·wei·sen* [ウンタァ・ヴァイゼン Untər-váɪzən] 他 (h)《雅》《人⁴に》教える, 指導する. 人⁴ im Rechnen *unterweisen* 人⁴に計算を教える.
Un·ter·wei·sung [ウンタァ・ヴァイズング] 女 -/-en 指導, 教授.
Un·ter·welt [ウンタァ・ヴェるト] 女 -/ ①《ギリ神》あの世, 黄泉(よみ)の国. ② (大都会などの)暗黒街.
un·ter·wer·fen* [ウンタァ・ヴェるフェン Untər-vérfən] I 他 (h) ① 支配下に置く, 征服する, 服従させる. ein Land⁴ *unterwerfen* ある国を征服する. ◇《過去分詞の形で》人・事³ *unterworfen* sein ...に支配されている, 服従している. ②《人・物⁴を》《事³に》受けさせる. 人⁴ einem Verhör *unterwerfen* 人⁴を尋問する. II 再帰 (h) *sich*⁴ 人・事³ *unterwerfen* ①《人・事³に》屈服する; 従う. Er *unterwarf sich* dem Urteil. 彼は判決に従った. ②《事³(試験など)を》受ける. *sich*⁴ einer Prüfung *unterwerfen* 試験を受ける.
Un·ter·wer·fung [ウンタァ・ヴェルフンク] 女 -/-en ① 征服. ② 屈服, 服従.
un·ter·wür·fig [ウンタァ・ヴュルフィヒ] 形 へりくだった, 卑屈な.
Un·ter·wür·fig·keit [ウンタァ・ヴュルフィヒカイト] 女 -/ へりくだり, 卑屈.
un·ter·zeich·nen [ウンタァ・ツァイヒネン Untər-tsáiçnən] 他 (h)《契約書など⁴に》署名する, サインする. einen Brief *unterzeichnen* 手紙に署名する. ◇《目的語なしでも》rechts *unterzeichnen* 右側にサインする.
Un·ter·zeich·ner [ウンタァ・ツァイヒナァ] 男 -s/- 署名者, (条約の)調印者.
Un·ter⸗zeich·ne·te[r] [ウンタァ・ツァイヒネテ(..タァ)] 男 女《語尾変化は形容詞と同じ》《官庁》署名者.
Un·ter·zeich·nung [ウンタァ・ツァイヒヌング] 女 -/-en 署名.
un·ter|zie·hen¹* [ウンタァ・ツィーエン úntər-tsiːən]《分離》他 (h) ①《肌着など⁴を》下に着る. ②《建》《梁(はり)など⁴を》下に通す. ③《料理》(そっと)混ぜ入れる.
un·ter·zie·hen²* [ウンタァ・ツィーエン]《非分離》 I 再帰 (h) *sich*⁴ 事³ *unterziehen* ...を引き受ける, 受ける. *sich*⁴ einer Kur³ *unterziehen* 治療を受ける / Er muss sich noch einer Prüfung *unterziehen*. 彼はまだ一つ試験を受けなければならない. II 他 (h)《人⁴に》《事³を》受けさせる. 人⁴ einem Verhör *unterziehen* 人⁴を尋問する.
un·tief [ウン・ティーふ ún-tiːf] 形《鉱》(水が)深くない, 浅い.
Un·tie·fe [ウン・ティーふェ ún-tiːfə] 女 -/-n ① 浅い所, 浅瀬;《比》浅薄. ② 深み;《雅》深淵(ふち).
Un·tier [ウン・ティーァ ún-tiːr] 中 -[e]s/-e 怪物, 怪獣;《比》人でなし, 残忍な人.
un·tilg·bar [ウン・ティるクバール または ウン..] 形《雅》取り返しのつかない(罪など); 返済できない(負債).
un·trag·bar [ウン・トラークバール または ウン..] 形 ①(経済的に)負いきれない, (高くて)手が出ない. ② 耐えがたい, 我慢できない(状態など);(役職などに)不適格な.
un·trenn·bar [ウン・トレンバール または ウン..] 形 離すことのできない, 分けられない;《言》非分離の. *untrennbare* Verben 非分離動詞.
un·treu [ウン・トロイ ún-trɔʏ] 形 ①《雅》不誠実な, 誠意のない, 不忠な. einem Ideal *untreu* werden ある理想に背く. ② 裏切りの, 不貞の. ihrem Ehemann *untreu* werden 夫に不貞を働く.
Un·treue [ウン・トロイエ ún-trɔʏə] 女 -/ ① 不誠実, 不忠; 不貞, 浮気. ②《法》背任.
un·tröst·lich [ウン・トレーストりヒ または ウン..] 形 慰めようのない, 悲嘆に暮れた.

un·trüg·lich [ウン・トリュークリヒ または ウン..] 形 間違いようのない、まぎれもない、確かな。

un·tüch·tig [ウン・テュヒティヒ ún-tyçtıç] 形 無能な、能力のない、役にたたない。

Un·tu·gend [ウン・トゥーゲント ún-tu:gənt] 女 -/-en 悪徳；悪習、悪い習慣。

un·über·brück·bar [ウン・ユーバァブリュックバール または ウン..] 形 橋渡しできない、調停不可能な(対立など)。

un·über·legt [ウン・ユーバァれークト ún-y:bərle:kt] 形 思慮(分別)のない、軽率な。

Un·über·legt·heit [ウン・ユーバァれークトハイト] 女 -/-en ① 【覆なし】無思慮、無分別、軽率。 ② 無分別(軽率)な言動。

un·über·seh·bar [ウン・ユーバァゼーバール または ウン..] I 形 ① 見落とすことのできない、看過し得ない。 ② 見渡すことのできない、見通せない。 II 副 限りなく。

un·über·setz·bar [ウン・ユーバァゼッツバール または ウン..] 形 翻訳不可能な。

un·über·sicht·lich [ウン・ユーバァズィヒトリヒ] 形 展望(見通し)の利かない；雑然とした、わかりにくい(事情など)。 eine *unübersichtliche* Kurve 見通しの悪いカーブ。

un·über·steig·bar [ウン・ユーバァシュタイクバール または ウン..] 形 乗り越えがたい、打ち勝ちがたい(障害など)。

un·über·treff·lich [ウン・ユーバァトレふりヒ または ウン..] 形 凌駕(ﾘｮｳｶﾞ)するもののない、無敵の、卓越した。

un·über·trof·fen [ウン・ユーバァトロッふェン un-y:bərtrófən または ウン..] 形 凌駕(ﾘｮｳｶﾞ)されたことのない、無比の、卓越した。

un·über·wind·lich [ウン・ユーバァヴィントリヒ または ウン..] 形 打ち勝てない、無敵の；排除しがたい(困難など)。

un·um·gäng·lich [ウン・ウムゲングリヒ または ウン..] 形 避けられない、不可避の、絶対必要な。

un·um·schränkt [ウン・ウムシュレンクト unumʃrέŋkt または ウン..] 形 無制限の、絶対的な；専制の。 ein *unumschränktes* Vertrauen 絶大な信頼。

un·um·stöß·lich [ウン・ウムシュテースリヒ または ウン..] 形 くつがえすことのできない、変更できない、最終的な(決定など)。

un·um·strit·ten [ウン・ウムシュトリッテン unumʃtrítən または ウン..] 形 議論の余地のない、確実な、明白な。 eine *unumstrittene* Tatsache 明白な事実。

un·um·wun·den [ウン・ウムヴンデン únʊmvʊndən または ..ヴンデン] 形 包み隠しのない、あからさまな、率直な。

un·un·ter·bro·chen [ウン・ウンタァブロッヘン ún-ʊntərbrɔxən または ..ブロッヘン] 形 断えることない、連続した。 Sie redet *ununterbrochen*. 彼女はひっきりなしにしゃべっている。

un·ver·än·der·lich [ウン・フェアエンダァリヒ または ウン..] 形 変わらない、不変の；変えられない。 eine *unveränderliche* Größe 《数》定数。

un·ver·än·dert [ウン・フェアエンダァト únfɛrɛndərt または ..エンダァト] 形 変わらない、変更されていない、元のままの。 Er sieht *unverändert* aus. 彼は以前と変わっていないように見える。

un·ver·ant·wort·lich [ウン・フェアアントヴォルトリヒ または ウン..] 形 無責任な；【話】責任感のない。

un·ver·äu·ßer·lich [ウン・フェアオイサァリヒ または ウン..] 形 ① 《雅》譲渡(放棄)できない(権利など)。 ② 《話》売却できない。

un·ver·bes·ser·lich [ウン・フェアベッサァリヒ または ウン..] 形 改善の見込みのない；どうしようもない(人・性格など)。 ein *unverbesserlicher* Raucher ひどいヘビースモーカー。

un·ver·bind·lich [ウン・フェアビントリヒ または ..ビントリヒ] 形 ① 拘束力のない、義務のない；購入義務がない。 eine *unverbindliche* Auskunft (確かだという)保証のない情報。 ② (礼儀正しいが)愛想の悪い、よそよそしい。

un·ver·blümt [ウン・フェアブリュームト unferblý:mt または ウン..] 形 (表現などが)飾らない、あからさまな、率直な。

un·ver·brüch·lich [ウン・フェアブリュヒリヒ または ウン..] 形 《雅》破られることのない、確固とした(約束・誓いなど)。 eine *unverbrüchliche* Freundschaft 変わらぬ友情。

un·ver·bürgt [ウン・フェアビュルクト un-fɛrbýrkt または ウン..] 形 保証のない；不確実な(情報など)。

un·ver·däch·tig [ウン・フェアデヒティヒ únfɛrdɛçtıç または ..デヒティヒ] 形 疑わしくない。

un·ver·dau·lich [ウン・フェアダオリヒ または ..ダオリヒ] 形 消化しにくい、不消化の(食べ物)；《比》理解しにくい。 eine *unverdauliche* Lektüre 難解な読み物。

un·ver·daut [ウン・フェアダオト ún-fɛrdaut または ..ダオト] 形 消化されていない、不消化のままの(食べ物)；《比》十分に理解されていない。

un·ver·dient [ウン・フェアディーント ún-fɛrdi:nt または ..ディーント] 形 受けるに値しない、過分な(称賛など)；いわれのない、不当な(罰など)。 ein *unverdienter* Vorwurf 不当な非難。

un·ver·dor·ben [ウン・フェアドルベン ún-fɛrdɔrbən] 形 ① 傷んでいない、腐っていない(食料品など)。 ② (比)(道徳的に)堕落していない。

un·ver·dros·sen [ウン・フェアドロッセン únfɛrdrɔsən または ..ドロッセン] 形 倦(ｳ)むことのない、根気のよい。

un·ver·ein·bar [ウン・フェアアインバール または ウン..] 形 相いれない、両立しない。 mit 事³ *unvereinbar* sein 事³と相いれない。

un·ver·fälscht [ウン・フェアふェるシュト únfɛrfɛlʃt または ..ふェるシュト] 形 混ぜ物(混じり気)のない、純粋な。 einen *unverfälschten* bairischen Dialekt sprechen 生粋のバイエルン方言を話す。

un·ver·fäng·lich [ウン・フェアフェングリヒ または ..フェングリヒ] 形 無難な、当たりさわりのない。

un·ver·fro·ren [ウン・フェアふローレン únfɛrfro:rən または ..ふローレン] 形 あつかましい、ずうずうしい、生意気な。

Un·ver·fro·ren·heit [ウン・フェァフローレンハイト または ..フローレンハイト] 囡 -/-en ① 〖複なし〗あつかましさ, ずうずうしさ. ② あつかましい言動.

un·ver·gäng·lich [ウン・フェァゲングリヒ または ..ゲングリヒ] 形 消え去ることのない, 不滅の, 不朽の.

Un·ver·gäng·lich·keit [ウン・フェァゲングリヒカイト または ..ゲングリヒカイト] 囡 -/ 不滅, 不朽, 永遠[であること].

un·ver·ges·sen [ウン・フェァゲッセン ún-fɛrgɛsən] 形 忘れられていない, 心に残る.

un·ver·gess·lich [ウン・フェァゲスリヒ または ウン..] 形 忘れられない, 忘れがたい. unvergessliche Eindrücke 忘れがたい印象.

un·ver·geß·lich ☞ 〖新旧〗 unvergesslich

*** un·ver·gleich·lich** [ウン・フェァグらィヒリヒ un-fɛrgláiçlıç または ウン..] I 形 ① 他に比べるもののない, 比類のない, 卓越した. (英 incomparable). ein *unvergleichlicher* Mensch 卓越した人. ② 《雅》比類ない. II 副 比類のないほど, 非常に. Sie ist *unvergleichlich* schön. 彼女は絶世の美女だ.

un·ver·hält·nis·mä·ßig [ウン・フェァへるトニスメースィヒ または ..へるトニスメースィヒ] 副 不釣り合いなほどに, 極端に. Das Kind ist für sein Alter *unverhältnismäßig* groß. その子は年のわりにずいぶん背が高い.

un·ver·hei·ra·tet [ウン・フェァハイラーテット ún-fɛrhaıra:tət] 形 未婚の, 独身の.

un·ver·hofft [ウン・フェァホフト ún-fɛrhɔft または ..ホフト] 形 思いがけない, 予期していなかった. ein *unverhofftes* Wiedersehen 思いがけない再会.

un·ver·hoh·len [ウン・フェァホーレン ún-fɛrho:lən または ..ホーレン] 形 あからさまな, むき出しの(憎悪・好奇心など).

un·ver·hüllt [ウン・フェァヒュるト ún-fɛrhʏlt] 形 包まれて(覆われて)いない, むき出しの, あらわな.

un·ver·käuf·lich [ウン・フェァコイふりヒ または ..コイふりヒ] 形 売り物でない, 非売の; 売り物にならない.

un·ver·kenn·bar [ウン・フェァケンバール または ウン..] 形 間違えようのない, まぎれもない, 明白な.

un·ver·letz·lich [ウン・フェァれッツリヒ または ウン..] 形 侵すことのできない, 不可侵の(権利・領土など).

un·ver·letzt [ウン・フェァれッツト ún-fɛrlɛtst] 形 負傷していない, 無傷の; 破られていない(封印など).

un·ver·meid·bar [ウン・フェァマイトバール または ウン..] 形 避けられない, 不可避の.

un·ver·meid·lich [ウン・フェァマイトリヒ または ウン..] 形 ① 避けられない, 不可避の; やむをえない. ◇〖名詞的に〗sich⁴ ins *Unvermeidliche* fügen 運命に従う. ② (皮肉って)お決まりの(祝辞など).

un·ver·min·dert [ウン・フェァミンダァト ún-fɛrmındərt] 形 衰えない, 減少しない(強さ・速さなど). mit *unverminderter* Stärke 変わらない強さで.

un·ver·mit·telt [ウン・フェァミッテるト ún-fɛrmıtəlt] 形 突然の, 出し抜けの.

Un·ver·mö·gen [ウン・フェァメーゲン ún-fɛrmø:gən] 中 -s/ 無力, 無能.

un·ver·mö·gend [ウン・フェァメーゲント ún-fɛrmø:gənt] 形 財産(資産)のない, 貧しい.

un·ver·mu·tet [ウン・フェァムーテット ún-fɛrmu:tət] 形 予期しない, 思いがけない, 不意の. *unvermutete* Schwierigkeiten 予想していなかった困難.

Un·ver·nunft [ウン・フェァヌンフト ún-fɛrnʊnft] 囡 -/ 無分別, 無思慮.

*** un·ver·nünf·tig** [ウン・フェァニュンふティヒ ún-fɛrnʏnftıç] 形 無分別な, 理性的でない. (英 unreasonable). ein *unvernünftiges* Kind 聞き分けのない子供 / Es ist *unvernünftig*, das zu tun. そんなことをするのはむちゃだ.

un·ver·öf·fent·licht [ウン・フェァエッふェントりヒト ún-fɛrœfəntlıçt] 形 公表されていない; 発行(出版)されていない, 未刊の.

un·ver·rich·tet [ウン・フェァリヒテット] 形 〖成句的に〗*unverrichteter* Dinge² 目的を果たさないで, なすところなく.

un·ver·rich·te·ter·din·ge 副 (〖新旧〗 unverrichteter Dinge) ☞ unverrichtet

*** un·ver·schämt** [ウン・フェァシェームト ún-fɛrʃɛ:mt] I 形 (比較 unverschämter, 最上 unverschämtest) ① 恥知らずの, あつかましい. (英 shameless). ein *unverschämter* Kerl ずうずうしいやつ. ② (口語)法外な, ものすごい. ein *unverschämtes* Glück ものすごい好運. II 副 (口語)法外に, ものすごく. Das ist *unverschämt* teuer. それはべらぼうに高価だ.

Un·ver·schämt·heit [ウン・フェァシェームトハイト] 囡 -/-en ① 〖複なし〗恥知らずなこと, あつかましさ. ② 恥知らずの(あつかましい)言動.

un·ver·schul·det [ウン・フェァシュるデット ún-fɛrʃʊldət または ..シュるデット] 形 自分に責任(過失・罪)のない. ein *unverschuldeter* Unfall 自分に過失のない事故.

un·ver·se·hens [ウン・フェァゼーエンス または ..ゼーエンス] 副 思いがけず, いつのまにか, 突然. Er kam *unversehens* ins Zimmer. 不意に彼が部屋に入って来た.

un·ver·sehrt [ウン・フェァゼーァト ún-fɛrze:rt または ..ゼーァト] 形 〖人が〗負傷していない; (品物などが)損傷のない, 無傷の.

un·ver·söhn·lich [ウン・フェァゼーンリヒ または ..ゼーンリヒ] 形 ① 和解(仲直り)する気のない, かたくなな. ② 調停の余地のない, 相いれない(対立など).

Un·ver·söhn·lich·keit [ウン・フェァゼーンリヒカイト または ..ゼーンリヒカイト] 囡 -/ 和解(仲直り)できない; (対立などが)相いれないこと.

Un·ver·stand [ウン・フェァシュタント ún-fɛrʃtant] 男 -(e)s/ 無思慮, 無分別.

un·ver·stan·den [ウン・フェアシュタンデン ún-fɛrʃtandən] 形 (他人に)理解してもらえない.

un·ver·stän·dig [ウン・フェアシュテンディヒ ún-fɛrʃtɛndɪç] 形 (十分な)理解力のない, 聞き分けのない(子供など).

＊un·ver·ständ·lich [ウン・フェアシュテントリヒ ún-fɛrʃtɛntlɪç] 形 ① 聞きとりにくい, 不明瞭(ﾒｲ)な(発音・言葉など). eine *unverständliche* Aussprache 不明瞭な発音. ② 理解できない, 不可解な. Ihr Verhalten ist mir *unverständlich*. 彼女の態度は私には理解できない.

Un·ver·ständ·lich·keit [ウン・フェアシュテントリヒカイト] 女 -/-en ① [複 なし] 不明瞭(ﾒｲ); 不可解. ② 理解できないもの(こと).

Un·ver·ständ·nis [ウン・フェアシュテントニス] 中 ..nisses/ 無理解.

un·ver·sucht [ウン・フェアズーフト ún-fɛrzu:xt または ..ズーフト] 形 《成句的に》 nichts⁴ *unversucht* lassen あらゆる手段を尽くす.

un·ver·träg·lich [ウン・フェアトレークリヒ または ..トレークリヒ] 形 ① (食べ物が)消化にくい. ② (人が)協調性のない, けんか好きの. ③ (意見などが)相いれない, 矛盾する; (血液型などが)適合しない.

Un·ver·träg·lich·keit [ウン・フェアトレークリヒカイト または ..トレークリヒカイト] 女 -/ 消化しにくいこと; 協調性のなさ; (意見などが)相いれないこと, 矛盾; (血液型などの)不適合.

un·ver·wandt [ウン・フェアヴァント ún-fɛrvant] 形 (視線を)わきへそらさない. Er blickte sie *unverwandt* an. 彼はじっと彼女を見つめた.

un·ver·wech·sel·bar [ウン・フェアヴェクセるバール または ウン..] 形 取り違えようのない, まぎれもない.

un·ver·wund·bar [ウン・フェアヴントバール または ウン..] 形 傷つけられない, 不死身の.

un·ver·wüst·lich [ウン・フェアヴューストリヒ または ウン..] 形 丈夫で, 長持ちする(布など); 《比》(精神的・肉体的に)不屈の, くじけることのない.

un·ver·zagt [ウン・フェアツァークト ún-fɛrtsa:kt] 形 物おじしない, ひるまない.

un·ver·zeih·lich [ウン・フェアツァイリヒ または ウン..] 形 許されない. ein *unverzeihlicher* Fehler 許せない過失.

un·ver·zins·lich [ウン・フェアツィンスリヒ または ウン..] 形 [経] 無利子の, 無利息の.

un·ver·zollt [ウン・フェアツォるト] 形 非課税の, 免税の.

un·ver·züg·lich [ウン・フェアツーグリヒ または ウン..] 形 遅滞のない, 即座の, 即刻の. *unverzügliche* Hilfe 応急援助.

un·voll·en·det [ウン・ふォるエンデット Únfɔlɛndət または ..エンデット] 形 未完[成]の. ein *unvollendeter* Roman 未完の小説 / „Die *Unvollendete*" 『未完成交響曲』(シューベルトの作品).

un·voll·kom·men [ウン・ふォるコンメン ún-fɔlkɔmən または ..コンメン] 形 完全無欠でない, 不完全な; 不備(欠陥)のある.

Un·voll·kom·men·heit [ウン・ふォるコンメンハイト または ..コンメンハイト] 女 -/-en ① [複 なし] 不完全さ, 不備. ② 不完全(不備)な点.

un·voll·stän·dig [ウン・ふォるシュテンディヒ ún-fɔlʃtɛndɪç または ..シュテンディヒ] 形 不完全な, 不備のある, 全部そろっていない(全集など).

un·vor·be·rei·tet [ウン・フォーアベライテット ún-fo:rbəraɪtət] 形 前もって準備していない, 即席で; 思いがけない.

un·vor·ein·ge·nom·men [ウン・フォーアアインゲノンメン ún-fo:raɪngənɔmən] 形 先入観(偏見)のない.

Un·vor·ein·ge·nom·men·heit [ウン・フォーアアインゲノンメンハイト] 女 -/ 先入観(偏見)のないこと.

un·vor·her·ge·se·hen [ウン・フォーアヘーアゲゼーエン ún-fo:rhe:rgəze:ən] 形 予期(予測)していなかった, 思いがけない, 不意の.

un·vor·schrifts·mä·ßig [ウン・フォーアシュリふツメースィヒ ún-fo:rʃrɪftsmɛ:sɪç] 形 規定(規則)どおりでない, 規則違反の. *unvorschriftsmäßig* parken 駐車違反をする.

un·vor·sich·tig [ウン・フォーアズィヒティヒ ún-fo:rzɪçtɪç] 形 不注意な, 軽率な, うかつな.

Un·vor·sich·tig·keit [ウン・フォーアズィヒティヒカイト] 女 -/-en ① [複 なし] 不注意, 軽率. ② 不注意(軽率)な言動.

un·vor·stell·bar [ウン・フォーアシュテるバール または ウン..] I 形 想像もできない, 考えられないほどの. II 副 非常に, とても.

un·vor·teil·haft [ウン・フォァタイるハふト] 形 ① (服などが)似合わない, 魅力がない. ② 不利な, 得にならない, 損な.

un·wäg·bar [ウン・ヴェークバール または ウン..] 形 計測できない; 計り知れない.

un·wahr [ウン・ヴァール ún-va:r] 形 真実でない, 虚偽の.

un·wahr·haf·tig [ウン・ヴァールハふティヒ ún-va:rhaftɪç] 形 《雅》 不正直な, 不誠実な; 虚偽の.

Un·wahr·heit [ウン・ヴァールハイト] 女 -/-en ① [複 なし] 真実でないこと, 虚偽. ② (個々の)うそ, 偽り. die *Unwahrheit*⁴ sagen うそをつく.

un·wahr·schein·lich [ウン・ヴァールシャインリヒ] I 形 ① ありそうもない; 本当とは思えない. ② (口語) 信じられないほどの, 途方もない. II 副 (口語) 信じられないど, 途方もなく.

Un·wahr·schein·lich·keit [ウン・ヴァールシャインリヒカイト] 女 -/-en ① [複 なし] ありそうもないこと. ② ありそうもない事柄.

un·wan·del·bar [ウン・ヴァンデるバール または ウン..] 形 《雅》 いつまでも変わらない, 不変の(愛情など).

un·weg·sam [ウン・ヴェークザーム] 形 道らしい道のない, 通行困難な.

un·weib·lich [ウン・ヴァイプリヒ] 形 女らしくない, 女性的でない.

un・wei・ger・lich [ウン・ヴァイガァリヒ または ウン..] 形 避けられない, 不可避の, 必然的な.

un・weit [ウン・ヴァイト ún-vait] 前《2格とともに》…から遠くない所に. *unweit* der Kirche 教会から遠くない所に. ◇《**von** とともに》*unweit* vom Wald 森から遠くない所に.

Un・we・sen [ウン・ヴェーゼン ún-veːzən] 中 -s/ 不法行為, 悪事, 狼藉(ろうぜき);《雅》悪い状態. sein *Unwesen*⁴ treiben 悪事をはたらく.

un・we・sent・lich [ウン・ヴェーゼントリヒ] I 形本質的でない, 重要でない, とるに足らない. II 副《比較級とともに》ほんの少しだけ. Er ist nur *unwesentlich* jünger als du. 彼は君より少しだけ若い.

Un・wet・ter [ウン・ヴェッタァ ún-vɛtər] 中 -s/- 悪天候, 雷雨, あらし;《比》非難のあらし.

un・wich・tig [ウン・ヴィヒティヒ ún-viçtiç] 形重要でない, ささいな.

Un・wich・tig・keit [ウン・ヴィヒティヒカイト] 女 -/-en ① 《複 なし》重要でないこと. ② 重要でない事柄.

un・wi・der・leg・bar [ウン・ヴィーダァれークバール または ウン..] 形 反駁(はんばく)できない, 論駁(ろんばく)しえない. *unwiderlegbare* Beweise 反論の余地のない証拠.

un・wi・der・ruf・lich [ウン・ヴィーダァルーふりヒ または ウン..] 形 とり消せない, 撤回できない, 最終的な. ein *unwiderrufliches* Urteil 最終判決.

un・wi・der・spro・chen [ウン・ヴィーダァシュプロッヘン un-viːdərʃprɔxən または ウン..] 形 反論されない, 異論のない.

un・wi・der・steh・lich [ウン・ヴィーダァシュテーリヒ または ウン..] 形 ① 抵抗できない, 抑えきれない(欲望など). ein *unwiderstehlicher* Drang やむにやまれぬ衝動. ② 《比》抗しがたい魅力を持った.

un・wie・der・bring・lich [ウン・ヴィーダァブリングリヒ または ウン..] 形 《雅》回復できない, 取り返しのつかない, 二度と戻ってこない.

Un・wil・le [ウン・ヴィれ ún-vilə] 男 -ns (3格・4格 -n)/《雅》不機嫌, 立腹, 憤り. Meine Äußerung erregte seinen *Unwillen*. 私の言葉が彼を怒らせてしまった.

Un・wil・len [ウン・ヴィれン ún-vilən] 男 -s/ =Unwille

un・wil・lig [ウン・ヴィリヒ ún-viliç] 形 ① 不機嫌な, 立腹した. über 事⁴ *unwillig* werden 事⁴に腹を立てる. ② いやいやながらの.

un・wil・lkom・men [ウン・ヴィるコンメン ún-vilkɔmən] 形 歓迎されない, ありがたくない.

un・will・kür・lich [ウン・ヴィるキューァリヒ または ..キューァリヒ] 形 ① 自分の意志によらない, 思わず知らずの;《心》無意識的な, 不随意の. eine *unwillkürliche* Reaktion 無意識の反応.

un・wirk・lich [ウン・ヴィルクリヒ] 形 《雅》非現実的な, 事実でない, 架空の.

un・wirk・sam [ウン・ヴィルクザーム] 形 効力(効果)のない, 無効の.

Un・wirk・sam・keit [ウン・ヴィルクザームカイト] 女 -/ 効力(効果)のないこと, 無効.

un・wirsch [ウン・ヴィルシュ ún-virʃ] 形 無愛想な, そっけない, つっけんどんな.

un・wirt・lich [ウン・ヴィルトリヒ] 形 ①(土地などが)荒涼とした, 不毛の;(気候などが)厳しい. ② もてなしの悪い, 客を歓待しない.

un・wirt・schaft・lich [ウン・ヴィルトシャフトリヒ] 形 不経済な, 浪費的な; やりくりの下手な.

un・wis・send [ウン・ヴィッセント ún-visənt] 形何も知らない, 無知な;(ある事実を)知らない. ein *unwissendes* Kind 何もわからない子供.

Un・wis・sen・heit [ウン・ヴィッセンハイト] 女 -/ 無知, 無学; 知らないこと. 事⁴ **aus** (または **in**) *Unwissenheit* machen 事情をよく知らずに事⁴をする.

un・wis・sen・schaft・lich [ウン・ヴィッセンシャフトリヒ] 形 学問的でない, 非科学的な.

un・wis・sent・lich [ウン・ヴィッセントリヒ] 副それと知らずに, それと気づかずに.

un・wohl [ウン・ヴォーる ún-voːl] 形 ① 気分がすぐれない. Mir ist *unwohl*. または Ich fühle mich *unwohl*. 私は気分がよくない. ② 居心地がよくない, 気持ちが落ち着かない.

Un・wohl・sein [ウン・ヴォーる・ザイン ún-voːlzain] 中 -s/ 気分(体調)がすぐれないこと.

un・wohn・lich [ウン・ヴォーンリヒ] 形 住みにくい, 住み心地の悪い.

un・wür・dig [ウン・ヴュルディヒ ún-vyrdiç] 形 ① 品位(体面)を傷つけるような, 侮辱的な. ②(…の)価値がない. 事² *unwürdig* sein 事²に値しない(ふさわしくない) ⇒ Er ist des Lobes *unwürdig*. 彼はその称賛に値しない.

Un・wür・dig・keit [ウン・ヴュルディヒカイト] 女 -/ 品位(体面)を傷つけるようなこと, 下劣さ;(称賛などに)値しないこと.

Un・zahl [ウン・ツァーる ún-tsaːl] 女 -/ 無数. eine *Unzahl* von Menschen 大勢の人々.

un・zähl・bar [ウン・ツェーるバール または ウン..] 形 数えきれない, 無数の.

un・zäh・lig [ウン・ツェーリヒ un-tsɛ́ːliç または ウン..] 形 数えきれないほどの, 無数の. *unzählige* Male 何回も何回も.

Un・ze [ウンツェ úntsə] 女 -/-n オンス(昔の重量単位. 英語圏では約 28.35 g. 貴金属などの場合は約 31.10 g).

Un・zeit [ウン・ツァイト ún-tsait] 女《成句的に》zur *Unzeit*《雅》都合の悪いときに, 折あしく.

un・zeit・ge・mäß [ウン・ツァイトゲメース ún-tsaitgəmɛːs] 形 ① 時代に合わない. ② 季節はずれの.

un・zer・brech・lich [ウン・ツェァブレヒリヒ または ウン..] 形 壊れない, 割れない.

un・zer・reiß・bar [ウン・ツェァライスバール または ウン..] 形 引き裂くことのできない, ちぎれない.

un・zer・stör・bar [ウン・ツェァシュテーァバール または ウン..] 形 破壊できない;《比》確固たる(信念など).

un・zer・trenn・lich [ウン・ツェァトレンリヒ または ウン..] 形 (引き離すことのできないほど)親密な, 互いに離れられない. zwei *unzertrennliche*

unziemlich

Freunde 無二の親友どうし.
un·ziem·lich [ウン・ツィームりヒ] 形 《雅》(その場の状況に)適切でない, ふさわしくない, ぶしつけな(態度など).
un·zi·vi·li·siert [ウン・ツィヴィりズィーアト ún-tsivilizi:rt] 形 洗練されていない, 教養のない.
Un·zucht [ウン・ツフト ún-tsuxt] 女 -/ みだらな行為, わいせつ, ふしだら. *Unzucht*⁴ treiben わいせつ行為をする.
un·züch·tig [ウン・ツュヒティヒ ún-tsyçtiç] 形 みだらな, わいせつな.
*★**un·zu·frie·den** [ウン・ツ・ふリーデン ún-tsufri:dən] 形 満足していない, 不満な, 不平のある. (英 discontented). (⇔「満足している」は zufrieden). mit 人·物³ unzufrieden sein 人·物³に不満である. ⇨ Er ist mit seinem Gehalt *unzufrieden*. 彼は自分の給料に不満である / ein *unzufriedenes* Gesicht⁴ machen 不満そうな顔をする.
Un·zu·frie·den·heit [ウン・ツ・ふリーデンハイト] 女 -/ 不満足, 不満, 不平.
un·zu·gäng·lich [ウン・ツーゲングりヒ] 形 ① (ある場所が障害などで)近寄れない, 立ち入れない. ② (人が)近づきにくい, 親しみにくい;(頼みごとなど³に対して)耳を貸さない.
un·zu·läng·lich [ウン・ツーれングりヒ] 形 《雅》不十分な, 不足している. *unzulängliche* Kenntnisse 不十分な知識.
Un·zu·läng·lich·keit [ウン・ツーれングりヒカイト] 女 -/-en ① 《複 なし》不十分であること. ② 不十分な事柄(点).
un·zu·läs·sig [ウン・ツーれスィヒ ún-tsu:lɛsiç] 形 許されていない, 許容できない.
un·zu·mut·bar [ウン・ツームートバール または ウン..] 形 要求できない, 不当な.
un·zu·rech·nungs·fä·hig [ウン・ツーレヒヌングスフェーイヒ ún-tsu:rɛçnuŋsfɛ:iç] 形 (自分の行動に対して)責任能力のない.
Un·zu·rech·nungs·fä·hig·keit [ウン・ツーレヒヌングスフェーイヒカイト] 女 -/ 責任能力のないこと.
un·zu·rei·chend [ウン・ツーライヒェント ún-tsu:raiçənt] 形 不十分な, 足りない.
un·zu·sam·men·hän·gend [ウン・ツザンメンヘンゲント ún-tsuzamənhɛŋənt] 形 相互に関連のない, 支離滅裂な.
un·zu·stän·dig [ウン・ツーシュテンディヒ ʃtɛndiç] 形 権限(資格)のない, 管轄外の.
un·zu·tref·fend [ウン・ツートレッフェント ún-tsu:trɛfənt] 形 適切でない, 的を射ていない; 該当しない. *Unzutreffendes* bitte streichen! (アンケートなどで:) 該当しない項目を消してください.
un·zu·ver·läs·sig [ウン・ツーフェれスィヒ ún-tsu:fɛrlɛsiç] 形 信頼できない, 当てにならない.
Un·zu·ver·läs·sig·keit [ウン・ツーフェれスィヒカイト] 女 -/ 信頼できない, 当てにならな

ないこと.
un·zweck·mä·ßig [ウン・ツヴェックメースィヒ ún-tsvekme:sIç] 形 目的に合わない, 役にたたない, 不適当な.
Un·zweck·mä·ßig·keit [ウン・ツヴェックメースィヒカイト] 女 -/ 目的に合わないこと, 不適当.
un·zwei·deu·tig [ウン・ツヴァイドイティヒ ún-tsvaidɔytiç] 形 あいまいでない, 明確な. eine *unzweideutige* Antwort 明確な返答.
un·zwei·fel·haft [ウン・ツヴァイふェるハフト または ..ツヴァイふェるハフト] I 形 疑う余地のない, 明白な. ein *unzweifelhafter* Erfolg 明らかな成功. II 副 疑いもなく.
*★**üp·pig** [ユピヒ ýpIç] 形 ① (植物などが)繁茂した, 豊富な, たっぷりの; 華やかな, ぜいたくな. (英 luxuriant). eine *üppige* Vegetation 繁茂した植物 / ein *üppiges* Mahl 豪華な食事 / *üppig* leben ぜいたくに暮らす. ② 《比》(女性の体つきなどが)豊満な, ふくよかな. (☞ 類語 dick). ③ 《方·比》あつかましい, 生意気な.
Üp·pig·keit [ユピヒカイト] 女 -/ 繁茂, 豊富さ; 豊満さ.
Ur [ウーァ ú:r] 男 -[e]s/-e 《動》オーロクス, 原牛(17世紀に絶滅したヨーロッパ畜牛の祖).
ur.., **Ur..** [ウーァ. ú:r.. または ウーァ..] 《形容詞·名詞につける接頭》① 《原始》例: *Ur*wald 原始林. ②《非常の》例: *ur*alt 非常に古い. ③《一代前の》例: *Ur*großvater 曾祖父.
Ur≠ab·stim·mung [ウーァ・アップシュティムング] 女 -/-en (組合員全員による)直接投票 (労働組合がスト決行の可否決定などのために行う).
Ur≠ahn [ウーァ・アーン] 男 -[e]s (または -en)/-en 遠い祖先;《方》曾祖父($\frac{そう}{ふ}$) (=Urgroßvater).
Ur≠ah·ne¹ [ウーァ・アーネ] 男 -n/-n =Urahn
Ur≠ah·ne² [ウーァ・アーネ] 女 -/-n (女性の)遠い祖先;《方》曾祖母($\frac{そう}{ぼ}$) (=Urgroßmutter).
der U·ral [ウーらる urá:l] 男 -[s]/ 《定冠詞とともに》① 《山名》ウラル山脈. ②《川名》ウラル川.
ur≠alt [ウーァ・アるト] 形 非常に古い, 高齢の; 大昔の, 太古の. aus *uralten* Zeiten 大昔からの.
U·ran [ウラーン urá:n] 中 -s/ 《化》ウラン (記号: U).
U·ran≠bren·ner [ウラーン・ブレンナァ] 男 -s/ - ウラン燃料原子炉.
U·ra·nia [ウラーニア urá:nia] -s/ 《ギリシア神》① ウラニア (ムーサイの一人で天文をつかさどる女神). ② アフロディーテ[の別名].
U·ra·nus [ウーラヌス ú:ranus] I -/ 《ギリシア神》ウラノス(天空の神). II 男 -/ 《定冠詞とともに》《天》天王星.
ur·auf·füh·ren [ウーァアオふ・フューレン ú:r-auf-fy:rən] 他 (h) 《ふつう不定詞·過去分詞で用いる》(芝居·オペラなど⁴を)初演する, (映画⁴を)封切る.

Ur·auf·füh·rung [ウーァ・アオフヒューるンゲ] 女 -/-en (芝居・オペラなどの)初演, (映画の)封切り.

ur·ban [ウルバーン urbáːn] 形 ① 都市の. ② 都会風の; (比)あか抜けした, 洗練された(立ち居ふるまいなど).

ur·ba·ni·sie·ren [ウルバニズィーレン urbaniːzíːrən] 他 (h) ① 都市化(市街化)する. ② (又⁴を)都会的(都会風)にする.

Ur·ba·ni·tät [ウルバニテート urbanitéːt] 女 -/ 都会的であること, 都会風; 上品, 洗練.

ur·bar [ウーァ・バール úːr-baːr] 形 [成句的に] den Wald *urbar* machen 森を開墾する.

Ur·bar=ma·chung [ウーァバール・マッフング] 女 -/-en 開墾.

Ur=be·völ·ke·rung [ウーァ・べフェるケルング] 女 -/-en 原住民.

Ur=be·woh·ner [ウーァ・べヴォーナァ] 男 -s/- =Urbevölkerung.

Ur=bild [ウーァ・びるト] 中 -(e)s/-er ① 原型, 原像. ② 典型, 理想像.

ur=ei·gen [ウーァ・アイゲン] 形 [付加語としてのみ] まったく自分だけの, 自分に特有な. Das ist meine *ureigenste* Angelegenheit. それはまったく私自身の問題だ.

Ur=ein·woh·ner [ウーァ・アインヴォーナァ] 男 -s/- 原住民 (=Urbevölkerung).

Ur=el·tern [ウーァ・エるタァン] 複 ① (キリ教) 人類の始祖(アダムとエバ). ② (古) 始祖.

Ur=en·kel [ウーァ・エンケる] 男 -s/- ひ孫, 曾孫; (一般に:)子孫.

Ur=en·ke·lin [ウーァ・エンケリン] 女 -/..lin-nen (女性の)ひ孫.

Ur=form [ウーァ・フォルム] 女 -/-en 原形, 原型.

ur=ge·müt·lich [ウーァ・ゲミュートりヒ] 形 とても居心地のいい(快適な).

Ur=ge·schich·te [ウーァ・ゲシヒテ] 女 -/ 先史時代; 先史学.

ur=ge·schicht·lich [ウーァ・ゲシヒトりヒ] 形 先史時代の.

Ur=ge·walt [ウーァ・ゲヴァるト] 女 -/-en 《雅》 (自然の)根源的な力.

Ur=groß·el·tern [ウーァ・グロースエるタァン] 複 曾祖父母(ᇶᇴ).

Ur=groß·mut·ter [ウーァ・グロースムッタァ] 女 -/..mütter 曾祖母(ᇶᇴ).

Ur=groß·va·ter [ウーァ・グロースファータァ] 男 -s/..väter 曾祖父(ᇶᇴ).

Ur=he·ber [ウーァ・ヘーバァ] 男 -s/- 創始者, 首唱者, 発起人; 主謀者, 張本人; (法)原作者, 著作者. (⇔ 女性形は Urheberin).

Ur=he·ber=recht [ウーァ・ヘーバァ・レヒト] 中 -(e)s/-e (法)著作権, 著作権法.

Ur=he·ber·schaft [ウーァ・ヘーバァシャフト] 女 -/ 創始者(原作者)であること.

Ur=he·ber·schutz [ウーァヘーバァ・シュッツ] 男 -es/ (法)著作権保護.

u·rig [ウーリヒ úːrɪç] 形 自然のままの, 原始的な; おかしな, 風変わりな.

U·rin [ウリーン uríːn] 男 -s/-e (ふつう 単)(医) 尿, 小便 (=Harn). ein trüber *Urin* にごった尿 / den *Urin* untersuchen 尿の検査をする.

u·ri·nie·ren [ウリニーレン uriníːrən] 自 (h) 排尿する, 小便をする.

ur=ko·misch [ウーァ・コーミッシュ] 形 ひどくこっけいな.

* *die* **Ur·kun·de** [ウーァ・クンデ úːr-kundə] 女 -(単) -/(複) -n (法的に有効な)文書, 記録, 証書. (英 document). Geburts*urkunde* 出生証明書 / eine öffentliche *Urkunde* 公文書 / eine notarielle *Urkunde* 公正証書 / eine *Urkunde*⁴ aus|stellen 証[明]書を交付する.

Ur·kun·den·fäl·schung [ウーァクンデン・フェるシュング] 女 -/-en (法)文書偽造.

ur·kund·lich [ウーァ・クントりヒ] 形 文書(記録)による, 文書(記録)の.

‡ *der* **Ur·laub** [ウーァ・らオプ úːr-laup]

> 休暇　Wann hast du *Urlaub*?
> ヴァン　ハスト ドゥ ウーァらオプ
> いつ休暇を取るの?

男 (単2) -(e)s/(複) -e (3格のみ -en) (会社・官庁などの)**休暇**, [有給]休暇, バカンス. (英 vacation). Jahres*urlaub* (有給の)年次休暇 / ein mehr-wöchiger *Urlaub* 数週間の休暇 / Wir ver-bringen unseren *Urlaub* an der See (im Gebirge). 私たちは海で(山で)休暇を過ごす / *Urlaub*⁴ beantragen (bekommen) 休暇を申請する(もらう) / *Urlaub*⁴ nehmen 休暇をとる / Sie ist **auf** (または **in** または **im**) *Urlaub*. 彼女は休暇をとっています / **in** *Urlaub* gehen (または fahren) 休暇旅行に出かける / Er macht *Urlaub* **vom** Alltag. 彼は日常の業務から離れて心身をリフレッシュする.

....

(類語) der **Urlaub**: (会社・官庁などの)休暇, バカンス. der **Feiertag**: (法律で定められている)休日, 祭日. an Sonn- und *Feiertagen* geschlossen 日曜・祭日閉店(閉館). die **Ferien**: (学校などの)休暇. die Sommer*ferien* 夏休み.

....

Ur·lau·ber [ウーァ・らオバァ úːr-laubər] 男 -s/- 休暇中の旅行者;《軍》帰休兵.

Ur·laubs=geld [ウーァらオプス・ゲるト] 中 -(e)s/-er 休暇手当(休暇のために雇用主から特別に支給される); 休暇のための積立金.

Ur·laubs=rei·se [ウーァらオプス・ライゼ] 女 -/-n 休暇旅行.

Ur·laubs=tag [ウーァらオプス・ターク] 男 -(e)s/-e 休暇日.

Ur·laubs=zeit [ウーァらオプス・ツァイト] 女 -/-en 休暇期間; 休暇シーズン.

Ur=mensch [ウーァ・メンシュ] 男 -en/-en 原始人, 原人, 人類の祖(例えばアダムとエバなど).

Ur·ne [ウルネ úrnə] 女 -/-n ① 骨つぼ. ② 投票箱; くじ箱.

U·ro·lo·ge [ウロローゲ uroló:gə] 男 -n/-n 泌尿器科[専門]医.

U·ro·lo·gie [ウロろギー urologí:] 女 -/ 泌尿器[科]学.

u·ro·lo·gisch [ウロろーギッシ uroló:gɪʃ] 形 泌尿器[科]学の.

ur≠plötz·lich [ウーァ・ブれツツりヒ] I 副 まったく突然に, 出し抜けに. II 形 まったく突然の, 出し抜けの.

*die **Ur·sa·che** [ウーァ・ザッヘ ú:r-zaxə] 女 (単) -/(複) -n 原因, 理由, きっかけ. (英 cause). Todes*ursache* 死因 / *Ursache* und Wirkung 原因と結果 / die *Ursache* des Brandes (または für den Brand) 火事の原因 / die *Ursache*[4] klären 原因を解明する / Was ist die *Ursache* dafür? 何がその原因なのか / Keine *Ursache*! (人から礼を言われたとき:) どういたして / Du hast keine *Ursache*, dich zu beschweren. 君には何も不平を言う理由はないはずだ / Kleine *Ursachen*, große Wirkungen. 《ことわざ》小因大果 (← 小さな原因が大事を招く).

....

類語 die **Ursache**: (ある事件・状態を引き起こす) 原因. der **Grund**: (言動の)動機, 理由. der **Anlass**: (行為・状態を導き出す)きっかけ, 動機.

....

ur·säch·lich [ウーァ・ゼヒリヒ] 形 原因の; 原因となる, 因果的な.

Ur·schrift [ウーァ・シュりふト] 女 -/-en 原本; (自筆の)原稿, 草稿.

urspr. [ウーァ・シュブリュングリヒ または ..シュブリュングリヒ]《略》本来の, 元来の(＝*ursprünglich*).

Ur·spra·che [ウーァ・シュブラーヘ] 女 -/-n ① 《言》祖語. ② (翻訳語に対して:)原語.

*der **Ur·sprung** [ウーァ・シュブルング ú:r-ʃprʊŋ] 男 (単) -[e]s/(複) ..sprünge [..シュブリュンゲ] (3格のみ ..sprüngen) ① 起源, 根源, 源泉, 出所; 起因. (英 origin). der *Ursprung* der Menschheit[2] 人類の起源 / ein Wort germanischen *Ursprungs* ゲルマン語起源の単語 / Das Gestein ist vulkanischen *Ursprungs*. この岩石は火山活動によってできたものだ / Der Brauch hat seinen *Ursprung* im 16. (＝sechzehnten) Jahrhundert. この風習は 16 (＝sechzehnten)世紀に始まった. ② 《数》(座標軸の)交点.

Ur·sprün·ge [ウーァ・シュプリュンゲ] *Ur·sprung (起源)の複.

·**ur·sprüng·lich** [ウーァ・シュブリュングリヒ ú:r-ʃprʏŋlɪç または ..シュプリュングリヒ] I 形 ①《付加語としてのみ》元の, 最初の, 本来の. (英 original). der *ursprüngliche* Plan 当初の計画. ② 自然のままの, 素朴な. eine *ursprüngliche* Lebensweise 自然のままの暮らし. II 副 元来は, 最初は, もともとは. *Ursprünglich* wollte er Pilot werden. 彼はもともとはパイロットになろうと思っていた.

Ur·sprüng·lich·keit [ウーァ・シュプリュングリヒカイト] 女 -/ 最初のものであること, 根源性; 自然のままであること, 自然さ, 素朴さ.

Ur·sprungs≠land [ウーァシュプルングス・らント] 中 -[e]s/..länder (輸入品の)生産(原産)国.

Ur≠stand [ウーァ・シュテント] 女《成句的に》[fröhliche] *Urstand*[4] feiern (好ましくないものが)息を吹き返す, 再びはやり出す.

Ur≠stoff [ウーァ・シュトふ] 男 -[e]s/-e 《理》元素; 《複なし》《哲》質料.

Ur·su·la [ウルズら úrzula] -s/《女名》ウルズラ.

:*das* **Ur·teil** [ウァ・タイる ú:r-taɪl] 中 (単) -s/(複) -e (3格のみ -en) (英 judgement) ①《法》判決. ein mildes (hartes) *Urteil* 寛大な(厳

--- ドイツ・ミニ情報 27 ---

休暇 Urlaub

労働組合が強いドイツでは, より良い条件を求めて毎年激しい労使交渉が展開されるが, 先進国の中で最も労働時間が短いといわれるほど休暇に恵まれている. 「連邦休暇法」によって年間に労働日 24 日間(＝4 週間)以上の「保養休暇」を付与することが定められており, 土・日と祝祭日を含めて約 6 週間の休暇があり, 誰もが余すことなくこれを使いきる. この有給休暇を夏と冬に分け, 夏は太陽のあるところ, 冬はウインタースポーツを楽しめるところへ出かける人が多い. 長期の休暇旅行は, ドイツ人には絶対に欠かせない楽しみの一つである.

ドイツは北国なので冬は毎日厚い雲に覆われて寒く, 日照時間が短いこともあって, 外に出られない重苦しい日々が続く. そのため南方・太陽への憧れが非常に強く, 南の国々や島々が休暇地として人気が高い. イタリアは知識欲をかきたてる歴史的名所が多く, 夏にでるイタリアのゴミの半分はドイツ人が捨てていったものと言われるほど. スペインの南欧特有の風土に魅せられ, 別荘を持つドイツ人も少なくない.

戸外で飲食できるのも, ドイツ人にとっては短い夏の間にしかできない特別なこと. 少しでも暖かくなると, テラスに椅子, テーブル, パラソルを持ち出し, 戸外で飲食をする. ビールの産地として有名なバイエルン州では, 普通の公園がビアガーデンに早変わり. つまみだけでなく, テーブルクロスや食器まで持ち込んで自分の家のようにしつらえ, 屋台で 1 リットルジョッキのビールを買い込んで夜遅くまで楽しむ人もいる.

しい) 判決 / ein *Urteil*⁴ fällen (an|nehmen) 判決を下す(受け入れる) / Das *Urteil* lautet auf Freispruch. 判決は無罪である.
② 判断, 判定; (専門家の)意見; 判断力. Wert*urteil* 価値判断 / ein objektives *Urteil* 客観的な判断 / ein *Urteil*⁴ ab|geben 判断を下す / das *Urteil*⁴ eines Fachmanns ein|holen 専門家の判断を求める / sich³ ein *Urteil*⁴ **über** 人・事⁴ bilden 人・事⁴について自分なりの判断を持つ / Ich habe darüber kein *Urteil*. 私はそれについてはなんら意見はない.
③〖哲〗判断.

* **ur·tei·len** [ウァ・タイれン úr-taɪlən] (urteilte, *hat*...geurteilt) 自 (⟨妥⟩ haben) 判断する, 判定を下す, 意見を述べる. (英 judge). gerecht *urteilen* 公正に判断する / **über** 人・事⁴ *urteilen* 人・事⁴について判断する ⇨ Wie *urteilen* Sie darüber? あなたはそれについてどう思いますか / **nach** dem äußeren Schein *urteilen* 外見で判断する.

ur·teils·fä·hig [ウァタイるス・フェーイヒ] 形 判断力のある.

Ur·teils·kraft [ウァタイるス・クラふト] 女 -/ 判断力.

Ur·teils·**spruch** [ウァタイるス・シュプルフ] 男 -(e)s/..sprüche〖法〗判決主文.

Ur·teils·**ver·kün·dung** [ウァタイるス・フェアキュンドゥング] 女 -/-en〖法〗判決の言い渡し.

Ur·teils·**ver·mö·gen** [ウァタイるス・フェアメーゲン] 中 -s/ 判断力.

ur·teil·te [ウァ・タイるテ] *urteilen (判断する)の過去.

Ur·text [ウーァ・テクスト] 男 -(e)s/-e 原本, 元のテクスト; (翻訳に対して:) 原文, 原典.

Ur·**tier·chen** [ウーァ・ティーァヒェン] 中 -s/-〖ふつう 複〗〖動〗原生動物.

ur·tüm·lich [ウーァテューㇺりヒ] 形 自然な, 素朴な; 原始のままの.

U·ru·gu·ay [ウールグヴァイ ú:rugvaɪ または ウルグアイ uruguái̯] 男 -s/〖国名〗ウルグアイ〔共和国〕(南米南東部. 首都はモンテヴィデオ).

Ur·**va·ter** [ウーァ・ふァータァ] 男 -s/..väter 祖先(の男性); 人類の父(例えばアダム).

Ur·**vieh** [ウーァ・ふィー] 中 -s/..viecher〖俗〗素朴でおかしなやつ.

Ur·**wald** [ウーァ・ヴァるト] 男 -(e)s/..wälder 原始林, 原生林.

Ur·**welt** [ウーァ・ヴェるト] 女 -/-en 原始世界, 太古の世界.

ur·welt·lich [ウーァ・ヴェるトりヒ] 形 原始世界(太古の世界)の.

ur·**wüch·sig** [ウーァ・ヴュークスィヒ] 形 自然のままの; 素朴な.

Ur·**wüch·sig·keit** [ウーァ・ヴュークスィヒカイト] 女 -/ 自然(野生)のままであること; 素朴.

Ur·**zeit** [ウーァ・ツァイト] 女 -/-en 太古, 原始時代. seit *Urzeiten* 大昔から.

Ur·**zeu·gung** [ウーァ・ツォイグング] 女 -/-en (生)(生物の)自然(偶然)発生.

Ur·**zu·stand** [ウーァ・ツーシュタント] 男 -(e)s/..stände 原始状態.

US [ウー・エス]《略》=USA

* *die* **USA** [ウー・エス・アー u:-ɛs-á:] 複〖定冠詞とともに〗《略》〖国名〗アメリカ合衆国 (=the United States of America; die Vereinigten Staaten von Amerika). **in** die *USA* fahren アメリカ合衆国へ行く.

U·ser [ユーザァ júːzər]〖英〗 男 -s/-〖隠語〗麻薬常用者.

usf. [ウント ゾー ふォルト]《略》...など, 等々 (=und so fort).

U·sur·pa·ti·on [ウズルパツィオーン uzurpatsió:n] 女 -/-en (政権・王位などの)強奪.

U·sur·pa·tor [ウズルパートァ uzurpá:tɔr] 男 -s/-en (..パトーレン) (政権・王位などの)強奪者.

u·sur·pie·ren [ウズルピーレン uzurpíːrən] 他 (h) (政権・王位など⁴を)強奪する, 簒奪(*さんだつ*)する.

U·sus [ウーズス úːzʊs] 男 -/〖口語〗慣習, 慣例. Das ist hier so *Usus*. それがここのしきたりだ.

* **usw.** [ウント ゾー ヴァイタァ unt zo: váɪtər]《略》...など, 等々 (=und so weiter).

U·ta [ウータ úːta] -s/〖女名〗ウータ.

U·te [ウーテ úːta] -[n]s/〖女名〗ウーテ.

U·ten·sil [ウテンズィーる utɛnzí:l] 中 -s/..silien [..ズィーりエン]〖ふつう 複〗用具, 道具.

U·te·rus [ウーテルス úːterʊs] 男 -/Uteri〖医〗子宮.

U·ti·li·ta·ris·mus [ウティりタリスムス utilitarísmʊs] 男 -/〖哲〗功利主義, 功利説.

u·ti·li·ta·ris·tisch [ウティりタリスティッシュ utilitarístɪʃ] 形 功利主義の; 功利[主義]的な.

U·to·pia [ウトーピァ utó:pia] 中 -s/〖ふつう冠詞なしで〗ユートピア, 理想郷, 理想社会(イギリスの人文学者 トマス・モア 1478-1535 の本の名から).

* *die* **U·to·pie** [ウトピー utopí:] 女 (単) -/(複) -n [..ピーエン] 夢物語品, 空想の産物, ユートピア的社会像. (英 utopia). Das ist doch [eine] *Utopie*! そんなのは夢物語さ.

u·to·pisch [ウトーピッシュ utó:pɪʃ] 形 空想的な, 現実離れした; ユートピアの, ユートピア的な.

U·to·pist [ウトビスト utopíst] 男 -en/-en ユートピアン, 空想(夢想)家; 空想的社会改良家.

u. U. [ウンタァ ウㇺ・シュテンデン]《略》場合によっては (=unter Umständen).

UV [ウー・ふァオ]《略》紫外線 (=Ultraviolett).

u. v. a. [m.] [ウント ふィーァ[ス] アンデレ [メーァ]]《略》およびその他多数 (=und viele[s] andere [mehr]).

u. W. [ウンゼレス ヴィッセンス]《略》われわれの知るところでは (=unseres Wissens).

U·we [ウーヴェ úːvə] -s/〖男名〗ウーヴェ.

u·zen [ウーツェン úːtsən] 他 (h)〖口語〗からかう, ひやかす (=necken).

u. zw. [ウント ツヴァール]《略》詳しく言うと, しかも (=und zwar).

V v

v, V[1] [ファオ fáu] 中 -/- ファオ(ドイツ語アルファベットの第22字).

V[2] 《記号》① [ふユンふ] ローマ数字の5. ② [ヴォるト] ボルト (=Volt). ③ [ヴォるーメン] 体積, 容積 (=Volumen). ④ [ふァオ] 《化・記号》バナジウム (=Vanadium).

v. [ふォム または ふォン]《略》…から; …の. (=vom, von).

V. [ふェルス]《略》詩句 (=Vers).

VA [ヴォるト・アンペーア]《記号》ボルトアンペア (=Voltampere).

v. a. [ふォーア アれム]《略》とりわけ, 特に (=vor allem).

va banque [ヴァ バンク va báːk] [ふラ] =Vabanque

Va·banque [ヴァ・バンク va báːk]《成句的に》*Vabanque* spielen いちかばちかの賭(か)をする;《比》大きなリスクを冒す.

Va·banque⁼spiel [ヴァバンク・シュピーる] 中 -[e]s/-e いちかばちかの大勝負.

Va·de·me·kum [ヴァデメークム vademéːkum] 中 -s/-s (携帯用の)入門(案内)書, 便覧, ハンドブック.

vag [ヴァーク váːk] 形 =vage

Va·ga·bund [ヴァガブント vagabúnt] 男 -en/-en 放浪(浮浪)者, 流れ者.

va·ga·bun·die·ren [ヴァガブンディーレン vagabundíːrən] 自 (h, s) ① (h) 放浪生活を送る. ② (s) 放浪する. durch die Welt *vagabundieren* 世界を放浪して歩く.

va·ge [ヴァーゲ váːgə] 形 はっきりしない, 漠然とした. eine *vage* Erinnerung あいまいな記憶.

Va·gi·na [ヴァギーナ vagíːna または ヴァーギナ] 女 -/..ginen [ヴァギーネン]《医》膣(ちつ).

va·kant [ヴァカント vakánt] 形 (地位・職などが)空いている, 空席の, 欠員の.

Va·kanz [ヴァカンツ vakánts] 女 -/-en ① 空席, 欠員[のポスト]. ②《方》(学校の)休暇.

Va·ku·um [ヴァークウム vákuum] 中 -s/..kuen (または ..kua)《物》真空[状態];《比》(政治・経済などの)空白状態.

Va·ku·um⁼pum·pe [ヴァークウム・プンペ] 女 -/-n 《工》真空ポンプ.

va·ku·um⁼ver·packt [ヴァークウム・フェアパックト] 形 真空パック(包装)された.

Vak·zi·ne [ヴァクツィーネ vaktsíːnə] 女 -/-n 《医》ワクチン, 痘苗(とうびょう).

Va·len·tin [ヴァーれンティーン váːlɛntiːn] -s/ ①《男名》ヴァーレンティーン. ②《人名》聖ヴァレンタイン(ローマの殉教者で恋人たちの守護聖人).

Va·len·tins⁼tag [ヴァーれンティーンス・ターク] 男 -[e]s/-e ヴァレンタインデー, 聖ヴァレンタインの日(2月14日).

Va·lenz [ヴァれンツ valénts] 女 -/-en ①《言》(動詞などの)結合価, ヴァレンツ. ②《化》原子価.

Va·lu·ta [ヴァるータ valúːta] 女 -/..luten《経》① 外国通貨, 外貨; (外国通貨との)交換価値. ② 利子起算日.

Vamp [ヴェンプ vémp] [英] 男 -s/-s 妖婦(ようふ), ヴァンプ.

Vam·pir [ヴァンピーア vámpiːr または ..ピーア] 男 -s/-e ①《民俗》吸血鬼;《比》他人を食い物にする人間(悪質な高利貸しなど). ②《動》(中南米産の)チスイコウモリ.

Va·na·di·um [ヴァナーディウム vanáːdium] 中 -s/《化》バナジウム(記号: V).

Van·da·le [ヴァンダーれ vandáːlə] (=Wandale) 男 -n/-n ①《史》ヴァンダル族(5世紀にローマの文化を破壊したゲルマン民族の一種族). ②《比》文化(芸術)の破壊者.

Van·da·lis·mus [ヴァンダリスムス vandalísmus] 男 -/《文化・芸術の)破壊する行為, 蛮行 (=Wandalismus).

Va·nil·le [ヴァニリエ vaníljə または ..nll ..lə] 女 -/ ①《植》バニラ(ラン科. 実から香料を採る). ② バニラエッセンス(菓子などに用いる). *Vanille*eis バニラアイスクリーム.

Va·nil·le⁼zu·cker [ヴァニリエ・ツッカァ] 男 -s/- バニラシュガー.

va·ri·a·bel [ヴァリアーベる variáːbəl] 形 変わりうる, 可変の, 変化(変動)する. eine *variable* Größe《数》変数.

Va·ri·an·te [ヴァリアンテ variántə] 女 -/-n ① 変形, 変種, 異形. ②《文学》(写本などの)異文. ③《音楽》ヴァリアンテ(長調から短調, またはその逆の急な転調).

Va·ri·a·ti·on [ヴァリアツィオーン variatsióːn] 女 -/-en ① 変化, 変動; 変形, 異形. ②《音楽》変奏[曲]. ③《生》変異; 変種. ④《数》変分, 変動. ⑤《天》変差, (月の)二均差.

Va·ri·e·té [ヴァリエテー variɛtéː] [ふラ] 中 -s/-s =Varietee

Va·ri·e·tee [ヴァリエテー variɛtéː] 中 -s/-s ① [ヴァリエテ]演芸場. ② ヴァリエテ, バラエティー(曲芸・ダンスなどバラエティーに富んだ寄席).

Va·ri·e·té⁼the·a·ter [ヴァリエテー・テアタァ] 中 -s/- =Varieteetheater

Va·ri·e·tee⁼the·a·ter [ヴァリエテー・テアタァ] 中 -s/- [ヴァリエテ]演芸場.

va·ri·ie·ren [ヴァリイーレン variíːrən] I 他 (h) さまざまに変える, (物[4]に)変化をつける;《音楽》(主題など[4]を)変奏する. II 自 (h) さまざまに変わる, 少しずつ異なる.

Va·sall [ヴァザる vazál] 男 -en/-en (中世の)封建家臣; (一般に:)家来.

Va·sal·len≠staat [ヴァザレン・シュタート] 男 -(e)s/-en (軽蔑的に)属国, 従属国家.
*_die_ **Va·se** [ヴァーゼ vá:zə] 女 (単) -/(複) -n 花びん. (古代の)つぼ. (英 _vase_). eine schlanke _Vase_ ほっそりした花びん / die Blumen[4] in die _Vase_ stellen 花を花びんに生ける.
Va·se·lin [ヴァゼリーン vazelí:n] 中 -s/ = Vaseline
Va·se·li·ne [ヴァゼリーネ vazelí:nə] 女 -/ ワセリン.
va·so·mo·to·risch [ヴァゾ・モトーリッシュ vazo-motó:rɪʃ] 形《医》血管運動(神経)の.
*_der_ **Va·ter** [ファータァ fá:tər]

> 父　Mein _Vater_ ist Beamter.
> マイン　ファータァ　イスト　ベアムタァ
> 私の父は公務員です。
>
> | 格 | 単 | | 複 | |
> |---|---|---|---|---|
> | 1 | der | Vater | die | Väter |
> | 2 | des | Vaters | der | Väter |
> | 3 | dem | Vater | den | Vätern |
> | 4 | den | Vater | die | Väter |

男 (単2) -s/(複) Väter [フェータァ] (3格のみ Vätern) ① 父, 父親. (英 _father_). (⇔「母」は Mutter). Schwieger_vater_ 義父 / _Vater_ und Mutter 父と母 / ein strenger _Vater_ 厳格な父親 / Er ist _Vater_ von drei Kindern. 彼は3人の子供の父親だ / Er wird bald _Vater_. 彼はもうすぐ父親になる / Er ist ganz der _Vater_. 彼は父親そっくりだ / _Vater_ Rhein《詩》父なるライン川.
② 庇護(ひご)者. ein _Vater_ der Waisen[2] 孤児たちの庇護者 / die _Väter_ der Stadt[2] 町の長老たち.
③ 創始者, 元祖. der geistige _Vater_ dieses Projekts このプロジェクトの精神的生みの親.
④《カトリック》神父 (=Pater). Heiliger _Vater_ 聖父(ローマ教皇のこと). ⑤《複 なし》《宗教》父[なる神]. der _Vater_ im Himmel 天にいます父なる神. ⑥《複 で》《雅》父祖, 先祖. ⑦《工》(レコードなどの)父型.
Vä·ter [フェータァ]*Vater (父)の 複
Va·ter≠land [ファータァ・ラント] 中 -[e]s/..länder《雅》祖国, 故国.
va·ter≠län·disch [ファータァ・レンディッシュ] 形《雅》祖国の, 故国の; 愛国的な.
Va·ter·lands·lie·be [ファータァランツ・リーベ] 女 -/《雅》祖国愛, 愛国心.
***vä·ter·lich** [フェータァリヒ fé:tərlɪç] 形 ①《付加語としてのみ》父[親]の; 父親からの, 父方の. (英 _paternal_). meine Verwandten von _väterlicher_ Seite 私の父方の親戚たち.
② 父親のような, 父親らしい. (英 _fatherly_). Er war mir ein _väterlicher_ Freund. 彼は私にとって父親のような友人だった.
vä·ter·li·cher≠seits [フェータァリッヒャァ・ザイツ] 副 父方で. meine Großeltern _väterlicherseits_ 私の父方の祖父母.

va·ter≠los [ファータァ・ロース] 形 父親のいない.
Va·ter≠mör·der [ファータァ・メルダァ] 男 -s/- ① 父親殺し[人]. ②《戯》(19世紀の紳士服の)高い立襟(たちえり)カラー.
Va·ter≠schaft [ファータァシャフト] 女 -/-en《ふつう 単》父であること, 父という身分; 父性.
Va·ter·schafts≠kla·ge [ファータァシャフツ・クラーゲ] 女 -/-n《法》父子関係確認(認知)の訴え.
Va·ter≠stadt [ファータァ・シュタット] 女 -/..städte [..シュテーテ]《雅》故郷の町.
Va·ter≠stel·le [ファータァ・シュテレ] 女《成句的に》bei (または an) _Vaterstelle_[4] vertreten 人[3]の父親代わりをする.
Va·ter≠tag [ファータァ・ターク] 男 -[e]s/-e《戯》父の日.
Va·ter≠un·ser [ファータァ・ウンザァ] 中 -s/-《キリスト教》主の祈り, 主祷(しゅとう)文(マタイによる福音書 6, 9–13). ein (または das) _Vaterunser_[4] beten 主の祈りを唱える.
Va·ti [ファーティ fá:ti] 男 -s/-s (Vater の 愛称) パパ, お父ちゃん. (⇔「ママ」は Mutti).
Va·ti·kan [ヴァティカーン vatiká:n] 男 -s/ ① ヴァチカン宮殿(ヴァチカン丘にあるカトリックの総本山). ② ヴァチカン政庁, 教皇庁. ③《定冠詞とともに》ヴァチカン市国 (=_Vatikan_stadt).
va·ti·ka·nisch [ヴァティカーニッシュ vatiká:nɪʃ] 形 ヴァチカン[宮殿]の; 教皇庁の.
die **Va·ti·kan≠stadt** [ヴァティカーン・シュタット] 女 -/《定冠詞とともに》《国名》ヴァチカン市国.
V-Aus≠schnitt [ファオ・アオスシュニット] 男 -[e]s/-e《服飾》(セーター・ドレスなどの)Vネック.
v. Chr. [フォーァ クリストー または フォーァ クリストゥス]《略》紀元前 (=vor Christo または vor Christus).
v. D. [フォム ディーンスト]《略》勤務中の (=vom Dienst).
VEB [ファオ・エー・ベー]《略》(旧東ドイツの)国営企業 (=Volkseigener Betrieb).
Ve·ge·ta·bi·li·en [ヴェゲタビーリエン vegetabí:liən] 複 植物性食品, 野菜類.
ve·ge·ta·bi·lisch [ヴェゲタビーリッシュ vegetabí:lɪʃ] 形 植物[性]の.
Ve·ge·ta·ri·er [ヴェゲターリアァ vegetá:riər] 男 -s/- 菜食主義者, ヴェジタリアン.
ve·ge·ta·risch [ヴェゲターリッシュ vegetá:rɪʃ] 形 菜食[主義]の; 植物性の(食品). _vegetarisch_ leben 菜食生活をする.
Ve·ge·ta·ti·on [ヴェゲタツィオーン vegetatsióːn] 女 -/-en 植生, 植被; 植物の成長.
ve·ge·ta·tiv [ヴェーゲタティーフ vé:getati:f または ヴェゲタティーフ] 形 ①《医・生》植物性の; 自律神経の. das _vegetative_ Nervensystem 植物性神経系. ②《生》無性生殖の. ③《稀》植物的な, 植物的な.
ve·ge·tie·ren [ヴェゲティーレン vegetí:rən] 自 K ① 細々と暮らしていく. ②《植》無性生殖をする.
ve·he·ment [ヴェヘメント vehemént] 形 激しい, 激烈な, 猛烈な.

Ve·he·menz [ヴェヘメンツ vehemént s] 囡 -/ 激しさ, 激烈(猛烈)さ.

Ve·hi·kel [ヴェヒーケる vehí:kəl] 田 -s/- ① (ふつう軽蔑的に:)(旧式の)乗り物, おんぼろ車. ② 伝達(表現)手段.

***das* Veil·chen** [ふァイるヒェン fáilçən] 田 (単2) -s/(複) - ① 〖植〗スミレ. (英 violet). duftende *Veilchen* ほのかに香るすみれ / Er ist blau wie ein *Veilchen*.《口語・戯》彼はぐでんぐでんに酔っぱらっている(←すみれのように青い). ② 《口語・戯》(なぐられたりしてできた)目の周りの青あざ.

veil·chen≠blau [ふァイるヒェン・ブらオ] 形 ① すみれ色の. ②《口語・戯》ひどく酔った.

Veits≠tanz [ふァイツ・タンツ] 男 -es/《医》舞踏病(患者が聖ファイト Veit に祈ったことから).

Vek·tor [ヴェクトァ véktɔr] 男 -s/-en [..トーレン]《数・物》ベクトル.

Ve·lo [ヴェーろ vé:lo] 田 -s/-s (スイス) 自転車 (=Fahrrad).

Ve·lours [ヴェるーァ vəlúːr または ve..] 〖殺〗 I 男 - [..ス]/- [..ス]〖織〗ベロア, ビロード. II 田 - [..ス]/(種類:) - [..ス] ベロア革(スエードよりや や毛足が長く目の粗いなめし革).

Ve·ne [ヴェーネ vé:nə] 囡 -/-n《医》静脈. (〖英〗「動脈」は Arterie).

Ve·ne·dig [ヴェネーディヒ vené:dɪç] 田 -s/ 《都市名》ヴェネチア, ヴェニス(イタリア北東部).

ve·ne·risch [ヴェネーリッシュ vené:rɪʃ] 形 《医》性病の.

Ve·ne·zia·ner [ヴェネツィアーナァ venetsiá:nər] 男 -s/- ヴェネチアの市民(出身者).

ve·ne·zia·nisch [ヴェネツィアーニッシュ venetsiá:nɪʃ] 形 ヴェネチアの.

***die* Ve·ne·zu·e·la** [ヴェネツエーら venetsué:la] 田 -s/《国名》ベネズエラ[共和国](南米北部. 首都 Caracas).

ve·nös [ヴェネース venó:s] 形《医》静脈の.

Ven·til [ヴェンティーる ventíːl] 田 -s/-e ① (ガス管などの)バルブ, 弁. ein *Ventil*⁴ öffnen バルブを開ける / Er braucht ein *Ventil* für seinen Ärger.《比》彼には怒りのはけ口が必要だ. ②《音楽》(金管楽器の)ピストン, 弁; (パイプオルガンの)音栓.

Ven·ti·la·ti·on [ヴェンティらツィオーン vɛntilatsióːn] 囡 -/-en 換気, 通風; 換気装置.

Ven·ti·la·tor [ヴェンティらートァ ventilá:tɔr] 男 -s/-en [..らトーレン] 換気装置, 通風機.

ven·ti·lie·ren [ヴェンティリーレン ventilí:rən] 他 (h) ① (部屋など⁴の)換気(通風)をする. ② (問題など⁴を)慎重に検討する.

Ve·nus [ヴェーヌス vé:nʊs] I -/《ロ⁻神》ウェヌス, ヴィーナス《美と恋愛の女神. ギリシア神話のアフロディーテに当たる). II -/《定冠詞とともに》《天》金星.

ver.. [ふェァ.. fɛr..] 《非分離動詞の 前つづり》; アクセントをもたない》① 《代理・代表》例: *ver*treten 代表する. ②《逆方向・阻止・失策》 例: *ver*drehen ねじる, *ver*sagen 拒絶する.

③《消滅・除去》例: *ver*blühen (花が)しぼむ. ④《移動》例: *ver*setzen 移す. ⑤《完了・結果》例: *ver*brauchen 使い果たす. ⑥《自動詞から他動詞を, 形容詞・名詞から動詞を造る》例: *ver*folgen 追跡する / *ver*größern 拡大する. ⑦《基礎語の意味を強める》例: *ver*mehren 増す. ⑧《反対概念》例: *ver*kaufen 売る.

ver·ab·fol·gen [ふェァ・アップふォるゲン fɛrápfɔlɡən]《過分 verabfolgt》他 (h)《書》《人³に 物⁴を》手渡す; 《人³に》薬・食事など⁴を与える.

***ver·ab·re·den** [ふェァ・アップレーデン fɛr-ápre:dən] du verabredest, er verabredet (verabredete, *hat* ... verabredet) I 他《完了》 haben) (待ち合わせなど⁴を)申し合わせる, 約束する, とり決める. (英 arrange). ein Treffen⁴ *verabreden* 会う約束する / Ich *habe* mit ihm *verabredet*, dass ... 私は彼と ... ということを約束した(とり決めた).
II 再帰 《完了》 haben)《sich⁴ [mit 人³に] ~》 (〖人〗³に)会う約束をする. Er *hat* sich mit ihm am Bahnhof *verabredet*. 彼は彼女と駅で会う約束をしている / sich⁴ mit 人³ auf ein Glas Wein (zum Tennis) *verabreden* 〖人〗³とワインを飲む(テニスをする)約束をする.

ver·ab·re·det [ふェァ・アップレーデット] I *verabreden (申し合わせる)の過分 II 形 (会うことなどを)申し合わせた, 約束した. zur *verab*redeten Zeit 約束の時間に / Ich bin heute schon *verabredet*. 私はきょうは先約があります.

ver·ab·re·de·te [ふェァ・アップレーデテ] *verabreden (申し合わせる)の過去

***die* Ver·ab·re·dung** [ふェァ・アップレードゥング fɛr·ápre:dʊŋ] 囡 (単) -/(複) -en (人と会う)約束; (待ち合わせなどの)申し合わせ, とり決め. (英 appointment). eine Verabredung⁴ [mit 人³] treffen [〖人〗³と]会う約束をする / Ich habe heute Abend eine Verabredung. 私は今夜人と会う約束をしている.

ver·ab·rei·chen [ふェァ・アップライヒェン fɛrápraɪçən]《過分 verabreicht》他 (h)《書》《人³に食事・薬など⁴を与える. 〖人〗³ ein Medikament⁴ *verabreichen* 〖人〗³に投薬する.

ver·ab·säu·men [ふェァ・アップゾイメン fɛrápzɔʏmən]《過分 verabsäumt》他 (h)《書》 (事⁴を)怠る, なおざりにする.

ver·ab·scheu·en [ふェァ・アップショイエン fɛr-ápʃɔʏən]《過分 verabscheut》他 (h) 嫌悪する, ひどく嫌う.

***ver·ab·schie·den** [ふェァ・アップシーデン fɛr-ápʃiːdən] du verabschiedest, er verabschiedet (verabschiedete, *hat* ... verabschiedet) I 再帰 《完了》 haben)《sich⁴ verabschieden 別れを告げる. Ich *muss* mich leider schon *verabschieden*. 残念ながらもうおいとましなければなりません / Er *verabschiedete* sich von allen mit Handschlag. 彼はみんなに握手をして別れを告げた.
II 他《完了》 haben) ① (去って行く 人⁴に)別

veranlassen

のあいさつをする；(退職者など[4]に)送別の辞を述べる. ② (議案など[4]を)議決する，可決する. Das Gesetz *wurde* vom Parlament *verabschiedet*.《受動・過去》その法案は国会で可決された.

ver·ab·schie·det [フェア・アプシーデット] ＊verabschieden (再帰 で；別れを告げる)の 過分

ver·ab·schie·de·te [フェア・アプシーデテ] ＊verabschieden (再帰 で；別れを告げる)の 過去

Ver·ab·schie·dung [フェア・アプシードゥング] 女 -/-en ① 送別；退職. ② 議決，可決.

＊**ver·ach·ten** [フェア・アハテン fɛr-áxtən] du verachtest, er verachtet (verachtete, *hat*...verachtet) 他 (定了 haben) 軽蔑する，侮る，軽んじる. (英 *despise*). (反 「尊敬する」は achten). den Verräter *verachten* 裏切り者を軽蔑する / Sie *verachtete* ihn wegen seiner Feigheit. 彼女は彼をその臆病(おくびょう)さのゆえに軽蔑した / die Gefahr[4] *verachten*《比》危険をものともしない / Der Wein ist nicht zu *verachten*.《口語》このワインはなかなかいける(←ばかにできない).

ver·ach·tens≥wert [フェアアハテンス・ヴェーァト] 形 軽蔑に値する，軽蔑すべき.

Ver·äch·ter [フェア・エヒタァ fɛr-ɛ́çtər] 男 -s/- 軽蔑する人，侮蔑する人.

ver·ach·tet [フェア・アハテット] ＊verachten (軽蔑する)の 過分

ver·ach·te·te [フェア・アハテテ] ＊verachten (軽蔑する)の 過去

ver·ächt·lich [フェア・エヒトリヒ] 形 ① 軽蔑的な，さげすむような. ein *verächtlicher* Blick 軽蔑的なまなざし. ② 軽蔑すべき，軽蔑に値する. eine *verächtliche* Gesinnung 軽蔑すべき心根 / 人・事[4] *verächtlich* machen 人・事[4]を笑いものにする.

＊*die* **Ver·ach·tung** [フェア・アハトゥング fɛr-áxtʊŋ] 女 (単) -/ 軽蔑，侮蔑(ぶべつ)；軽視. (英 *contempt*). (反 「尊敬」は Achtung). 人[4] mit *Verachtung* strafen 人[4]を侮蔑して黙殺する.

ver·al·bern [フェア・アるバァン fɛr-álbərn] 他 (h) からかう，愚弄(ぐろう)する.

ver·all·ge·mei·nern [フェア・アるゲマイナァン fɛr-álgəmáinərn] 他 (h) (事[4]を)一般化する. ◇目的語なしでも Er *verallgemeinert* gern. 彼は何でも一般化したがる.

Ver·all·ge·mei·ne·rung [フェア・アるゲマイネルング] 女 -/-en 一般化，普遍化；一般論.

ver·al·ten [フェア・アるテン fɛr-áltən] 自 (s) 時代(流行)遅れになる，すたれる. Modewörter *veralten* schnell. 流行語はすぐにすたれる.

ver·al·tet [フェア・アるテット] I veralten (時代遅れになる)の 過分 II 形 古風な，時代遅れの，古めかしい. eine *veraltete* Mode 時代遅れのファッション.

Ve·ran·da [ヴェランダ veránda] 女 -/..randen《建》ベランダ(屋根付きで，3 面ガラス張りの張り出し縁). auf (または in) der *Veranda* sitzen

ベランダに座っている.

ver·än·der·lich [フェア・エンダァリヒ] 形 変わりやすい，不安定な；変わりうる，可変の. *veränderliches* Wetter 不安定な天気 / eine *veränderliche* Größe《数》変数.

Ver·än·der·lich·keit [フェア・エンダァリヒカイト] 女 -/-en《ふつう 単》変わりやすいこと，不安定；変わりうること，可変性.

＊**ver·än·dern** [フェア・エンダァン fɛr-éndərn] (veränderte, *hat*...verändert) I 他 (定了 haben) 変える，変化させる (英 *change*). Er *will* die Welt *verändern*. 彼は世界を変革するつもりだ / Dieses Ereignis *hat* ihn sehr *verändert*. この出来事で彼はずいぶん変わった. II 再帰 (定了 haben) *sich*[4] *verändern* ① 変わる，変化する. Du *hast* dich aber *verändert*! 君は人が変わってしまったね / Er *hat* sich **zu** seinem Vorteil (Nachteil) *verändert*. 彼は以前よりも人柄が良く(悪く)なった. ② 職(勤め口)を変える.

ver·än·dert [フェア・エンダァト] ＊verändern (変える)の 過分，3 人称単数・2 人称複数 現在

ver·än·der·te [フェア・エンダァテ] ＊verändern (変える)の 過去

＊*die* **Ver·än·de·rung** [フェア・エンデルング fɛr-éndərʊŋ] 女 (単) -/(複) -en 変化；変更；《職》転職. (英 *change*). eine starke *Veränderung* 激しい変化 / **an** 事[3] eine *Veränderung*[4] vor|nehmen 事[3]を変更する.

ver·ängs·ti·gen [フェア・エングスティゲン fɛr-έŋstɪɡən] 他 (h) こわがらせる，おびえさせる.

ver·an·kern [フェア・アンカァン fɛr-áŋkərn] (過分 verankert) 他 (h) ① (船[4]を)錨(いかり)で固定する，係留する. ② (支柱など[4]を)固定する；(法律などで権利など[4]を)定める.

Ver·an·ke·rung [フェア・アンケルング] 女 -/-en ① (船の)停泊，係留. ② 固定，定着.

ver·an·la·gen [フェア・アンらーゲン fɛr-ánla:ɡən] 他 (h) (人・物[4]の)税額を査定する.

ver·an·lagt [フェア・アンらークト] I veranlagen (税額を査定する)の 過分 II 形 (…の)素質(才能)のある，(…の)体質を持った. Sie ist musikalisch *veranlagt*. 彼女には音楽的な才能がある / **zu** 事[3] (または **für** 事[4]) *veranlagt* sein 事[3](または 事[4])の才能がある.

＊*die* **Ver·an·la·gung** [フェア・アンらーグング fɛr-ánla:ɡʊŋ] 女 (単) -/(複) -en ① 素質，体質；天分，才能. (英 *disposition*). Er hat eine *Veranlagung* **zum** Lehrer. 彼は生まれつき教師に向いている. ② 税額の査定.

＊**ver·an·las·sen** [フェア・アンらッセン fɛr-ánlasən] du veranlasst, er veranlasst (veranlasste, *hat*...veranlasst) 他 (定了 haben) ① 《人[4] **zu** 事[3] ～》(人[4]を促して事[3]をさせる；(人[4]にとって事[3]を)するきっかけとなる. Was *veranlasste* dich zu diesem Entschluss? 何が君にこのような決心をさせたのか. ◇**zu** 不定詞[句]とともに》Er hat mich *veranlasst*, meinen Antrag zurückzuziehen. 彼は私の

veranlasst

提案を撤回するよう私を説得した. ◊過去分詞の形で) sich[4] *veranlasst* fühlen (または sehen), **zu** 不定詞(句) …しなければならないと感じる. ② (他[4]を行うよう)**指示する**. eine Untersuchung[4] *veranlassen* 調査を命じる / Wir *veranlassen* das Nötige. 私たちは必要な措置がとられるよう手配いたします.

ver·an·lasst [フェア・アンらスト] *veranlassen(…させる)の過分

ver·an·laßt ☞ 新形 veranlasst

ver·an·lass·te [フェア・アンらステ] *veranlassen(…させる)の過去

ver·an·laß·te ☞ 新形 veranlasste

*die **Ver·an·las·sung** [フェア・アンらッスング fɛr-ánlasʊŋ] 女(単) –/(複) –en ① きっかけ, 動機, 誘因. (英 *cause, motive*). Du hast keine *Veranlassung* zu nörgeln. 君には不平を言うわけはないはずだ. ② 指示. **auf** *Veranlassung* der Regierung[2] 政府の指示で.

ver·an·schau·li·chen [フェア・アンシャオりッヒェン fɛr-ánʃaʊ̯lɪçən] (過分 veranschaulicht) 他 (h) (実例・図解などを用いて)わかりやすく説明する, 例示する.

ver·an·schau·li·chung [フェア・アンシャオりッヒュング] 女 –/–en 実例(図・表など)で説明すること, 例示.

ver·an·schla·gen [フェア・アンシュらーゲン fɛr-ánʃlaːɡən] 他 (h) (数量・経費など[4]を)見積もる; (比)評価する.

***ver·an·stal·ten** [フェア・アンシュタるテン fɛr-ánʃtaltən] du veranstaltest, er veranstaltet (veranstaltete, *hat* … veranstaltet) 他 (完了 haben) ① (行事・集会など[4]を)**催す**, 開催する; (企画など[4]を)実施する. (英 *organize*). eine Ausstellung[4] *veranstalten* 展覧会を催す / eine Umfrage[4] *veranstalten* アンケート調査をする. ② 《口語》行う, する. Lärm[4] *veranstalten* 騒ぐ.

Ver·an·stal·ter [フェア・アンシュタるタァ fɛr-ánʃtaltɐ] 男 –s/– (催しなどの)**主催(開催)者**.

Ver·an·stal·tet [フェア・アンシュタるテット] *veranstalten(催す)の過分

Ver·an·stal·te·te [フェア・アンシュタるテテ] *veranstalten(催す)の過去

*die **Ver·an·stal·tung** [フェア・アンシュタるトゥング fɛr-ánʃtaltʊŋ] 女(単) –/(複) –en ① 開催, 挙行. (英 *organization*). die *Veranstaltung* der Olympischen Spiele[2] オリンピック競技の開催. ② 催し[物], 行事. (英 *event*). eine sportliche *Veranstaltung* スポーツ行事.

***ver·ant·wor·ten** [フェア・アントヴォルテン fɛr-ántvɔrtən] du verantwortest, er verantwortet (verantwortete, *hat* … verantwortet) I 他 (完了 haben) (他[4]の)**責任を負う**. Das kann ich nicht *verantworten*. その責任は持てません.

II 再帰 (完了 haben) *sich*[4] *verantworten* 釈明する, 申し開きをする; 責任を取る. *sich*[4] **für** 他[4] (または **wegen** 他[2]) *verantworten* 他[4] (または 他[2])の弁明をする.

ver·ant·wor·tet [フェア・アントヴォルテット] *verantworten(責任を負う)の過分

ver·ant·wor·te·te [フェア・アントヴォルテテ] *verantworten(責任を負う)の過去

***ver·ant·wort·lich** [フェア・アントヴォルトりヒ fɛr-ántvɔrtlɪç] 形 ① **責任のある**. (英 *responsible*). der *verantwortliche* Redakteur 責任のある編集者 / **für** 人・事[4] *verantwortlich* sein 人・事[4]について責任がある ⇒ Die Eltern sind für ihre Kinder *verantwortlich*. 親には子供についての責任がある / Für den Misserfolg war der damalige Chef *verantwortlich*. その失敗は当時の課長の責任だ / 人[4] **für** 事[4] *verantwortlich* machen 人[4]に事[4]の責任を負わせる / Er ist nur dem Chef [gegenüber] *verantwortlich*. 彼は上司に対してのみ釈明する責任がある. ② 責任の重い, 責任を伴った(地位・職など). eine *verantwortliche* Stellung 責任の重い地位.

Ver·ant·wort·lich·keit [フェア・アントヴォルトりヒカイト] 女 –/–en ① (複 なし)責任[のあること]. ② 責任の範囲.

*die **Ver·ant·wor·tung** [フェア・アントヴォルトゥング fɛr-ántvɔrtʊŋ] 女(単) –/(複) –en ① **責任**. (英 *responsibility*). eine schwere *Verantwortung* 重い責任 / Die Eltern haben die *Verantwortung* **für** ihre Kinder. 親には子供についての責任がある / die *Verantwortung*[4] **für** 事[4] übernehmen 事[4]の責任を引き受ける / Du kannst es **auf** meine *Verantwortung* tun. 私が責任をとるから君はそれをやっていいよ / **in** eigener *Verantwortung* 自己の責任において / 人[4] **für** 事[4] **zur** *Verantwortung* ziehen 人[4]に事[4]の釈明を求める(責任を問う). ② 〖複 なし〗 責任感. ein Mensch **ohne** jede *Verantwortung* まったく責任感のない人. ③ 《古》弁明.

ver·ant·wor·tungs⹀be·wusst [フェアアントヴォルトゥングス・ベヴスト] 形 責任を自覚した, 責任感のある.

ver·ant·wor·tungs⹀be·wußt ☞ 新形 verantwortungsbewusst

Ver·ant·wor·tungs⹀be·wusst·sein [フェアアントヴォルトゥングス・ベヴストザイン] 中 –s/ 責任の自覚, 責任感.

Ver·ant·wor·tungs⹀be·wußt·sein ☞ 新形 Verantwortungsbewusstsein

Ver·ant·wor·tungs⹀ge·fühl [フェアアントヴォルトゥングス・ゲフュール] 中 –[e]s/ 責任感.

ver·ant·wor·tungs⹀los [フェアアントヴォルトゥングス・ろース] 形 責任感のない, 無責任な.

ver·ant·wor·tungs⹀voll [フェアアントヴォルトゥングス・フォる] 形 ① 責任の重い(任務など). ② 責任感のある.

***ver·ar·bei·ten** [フェア・アルバイテン fɛrárbaɪtən] du verarbeitest, er verarbeitet (verarbeitete, hat...verarbeitet) 他 (〈丁〉 haben) ① 【A⁴ zu B³ ~】(A⁴ を B³ に)加工する, 細工する. (《英》 process). Gold⁴ zu Schmuck verarbeiten 金を細工してアクセサリーを作る / Er hat den Roman zu einem Film verarbeitet. 《比》彼はその小説を映画化した. ◇《現在分詞の形で》 verarbeitende Industrie 《経》 加工工業. ② (加工するために 物⁴ を)材料として使う. ausländische Rohstoffe⁴ verarbeiten 外国から輸入した原料を使う. ③ (胃などが食べ物⁴を)消化する; (精神的に)消化する, (経験・印象など⁴を)頭の中で整理する. ein Buch⁴ geistig verarbeiten ある本の内容を消化する. ④ (データなど⁴を)処理する.

ver·ar·bei·tet [フェァ・アルバイテット] Ⅰ *verarbeiten (加工する)の 過去 Ⅱ 形 ① (…の)作り(仕立て)の. ein gut verarbeiteter Mantel 仕立てのよいコート. ② [長年の仕事でくたびれた(人など)] (手などが)荒れた.

ver·ar·bei·te·te [フェァ・アルバイテテ] *verarbeiten (加工する)の 過去.

Ver·ar·bei·tung [フェァ・アルバイトゥング] 女 -/-en ① 加工, 細工; (食べ物の)消化; (精神的な)消化; (データの)処理. ② 作り[具合い], 仕立て.

ver·ar·gen [フェァ・アルゲン] fɛr-árɡən] 他 (h) 《雅》【人³の 事⁴を】悪くとる, 恨みに思う.

ver·är·gern [フェァ・エルガァン] fɛr-ɛ́rɡərn] 他 (h) 怒らせる, 不機嫌にする.

ver·ar·men [フェァ・アルメン] fɛr-ármən] 自 (s) 貧しくなる, 落ちぶれる.

ver·armt [フェァ・アルムト] Ⅰ verarmen (貧しくなる)の 過去 Ⅱ 形 貧乏になった, 落ちぶれた.

Ver·ar·mung [フェァ・アルムング] 女 -/-en 《ふつう単》貧乏になること; 貧困.

ver·arz·ten [フェァ・アールツテン] fɛr-á:rtstən または ..アルツテン] 他 (h) 《口語》(に)応急手当てをする; (傷など⁴に)手当て(包帯)をする.

ver·äs·teln [フェァ・エステルン] fɛr-éstəln] 再帰 (h) sich⁴ verästeln (木が)枝分かれする; 《比》(血管・川などが)分枝する.

ver·aus·ga·ben [フェァ・アオスガーベン] fɛr-áʊsɡaːbən] (過分 verausgabt) Ⅰ 他 (h) 《書》(多額のお金⁴を)支出する; (切手など⁴を)発行する. Ⅱ 再帰 (h) sich⁴ verausgaben 全力を使い果たす.

ver·äu·ßer·lich [フェァ・オイサァリヒ] 形 《法》売却(譲渡)できる(権利など).

ver·äu·ßern [フェァ・オイサァン] fɛr-ɔ́ʏsərn] 他 (h) 《法》① 売却する, 譲渡する. ② (権利⁴を)委譲する.

Ver·äu·ße·rung [フェァ・オイセルング] 女 -/-en 《法》売却, 譲渡.

Verb [ヴェルプ vérp] 中 -s/-en 《言》動詞 (= Verbum).

ver·bal [ヴェルバール vɛrbáːl] 形 ① 言葉による, 口頭の. ② 《言》動詞の, 動詞的な.

ver·ball·hor·nen [フェァ・バルホルネン] fɛr-bálhɔrnən] 他 (h) (字句など⁴を)訂正しようとしてかえって改悪してしまう.

ver·band [フェァ・バント] *verbinden (結ぶ)の 過去

* *der* **Ver·band** [フェァ・バント fɛr-bánt] 男 (単 2) -es (まれに -s)/(複) ..bände [..ベンデ] (3格のみ ..bänden) ① 包帯. (《英》 bandage). einen Verband an|legen (ab|nehmen) 包帯をする(はずす). ② 連盟, 同盟, 連合会. (《英》 association). Sportverband スポーツ連盟 / einen Verband gründen 連盟を結成する. ③ 《軍》部隊; (飛行機などの)編隊. ④ (動物などの)群れ, 集団; 《植》群団. im Verband 群れをなして. ⑤ 《建》(木材の継ぎ手, (れんがなどの)接合.

ver·bän·de [フェァ・ベンデ] *verbinden (結ぶ)の 接2

Ver·bän·de [フェァ・ベンデ] *Verband (包帯)の 複

Ver·band≠kas·ten [フェァバント・カステン] 男 -s/..kästen 包帯用品箱, 救急箱.

Ver·band≠päck·chen [フェァバント・ペックヒェン] 中 -s/- (救急用の)包帯パック.

Ver·bands≠kas·ten [フェァバンツ・カステン] 男 -s/..kästen = Verbandkasten

Ver·band≠stoff [フェァバント・シュトフ] 男 -[e]s/-e 包帯の材料.

Ver·band≠zeug [フェァバント・ツォイク] 中 -[e]s/- 包帯用品.

ver·ban·nen [フェァ・バンネン] fɛr-bánən] 他 (h) (国外などに)追放する, 流刑(ﾙｹｲ)にする. 人⁴ auf eine Insel verbannen 人⁴を島流しにする / 人⁴ aus dem Gedächtnis verbannen 《比》人⁴を忘れてしまう.

Ver·bann·te[r] [フェァ・バンテ (..タァ) fɛr-bántə (..tər)] 男 女 《語尾変化は形容詞と同じ》 追放された人, 流刑(ﾙｹｲ)者.

Ver·ban·nung [フェァ・バンヌング] 女 -/-en 《ふつう単》追放; 流刑(ﾙｹｲ). 人⁴ in die Verbannung schicken 人⁴を追放する.

ver·barg [フェァ・バルク] *verbergen (隠す)の 過去

ver·bar·ri·ka·die·ren [フェァ・バリカディーレン fɛr-barikadíːrən] Ⅰ 他 (h) (道路など⁴を)バリケードでふさぐ. Ⅱ 再帰 (h) sich⁴ verbarrikadieren バリケードを築いて立てこもる.

ver·bau·en [フェァ・バオエン fɛr-báʊən] 他 (h) ① (眺めなど⁴を)建物でさえぎる; (建物で土地などを⁴の)美観をそこなう; 《比》(人³ の可能性など⁴を)だいなしにする. 人³ (sich³) die Zukunft⁴ verbauen 人³の(自分の)将来をだいなしにする. ② (材料・資金などを⁴を)建築に使う, 使い果す. ③ (家などを⁴を)建てそこなう.

ver·bei·ßen* [フェァ・バイセン fɛr-báɪsən] Ⅰ 再帰 (h)【sich⁴ in 物⁴ ~】(犬などが 物⁴ に)かみつく. sich⁴ in eine Arbeit verbeißen 《比》仕事に熱中する. Ⅱ 他 (h) ① (苦痛など⁴を)歯を食いしばってこらえる. [sich³] das Lachen⁴ verbeißen 笑いをかみ殺す. ② 《狩》(野獣が若木など⁴を)食い荒らす. ③ 《馬》(歯⁴を)食いしばる,

(唇⁴を)きっと結ぶ.
◊☞ **verbissen**

ver‧ber‧gen [フェア・ベルゲン fɛr-bérgən] du verbirgst, er verbirgt (verbarg, *hat*...verborgen) 他 (定了 haben) ① (人・物⁴を)隠す, かくまう. (英 *hide*). Was *verbirgst* du **hinter** deinem Rücken? 君は背中に何を隠しているの / das Gesicht⁴ **in** (または **mit**) den Händen *verbergen* 顔を両手で隠す / 人⁴ **vor** der Polizei *verbergen* 人⁴を警察の追跡からかくまう / Sie *konnte* den Ärger nicht *verbergen*. 彼女は怒りを抑えることができなかった. ◊《再帰的に》*sich*⁴ [**vor** 人³] *verbergen* [人³]から身を隠す. ② (事実など⁴を)隠す, 秘密にする. Er *verbirgt* uns etwas (または etwas **vor** uns)! 彼は私たちに何か隠しごとをしている / Ich habe nichts zu *verbergen*. 私は隠さなければならないようなことはしていない.
◊☞ **verborgen**²

***ver‧bes‧sern** [フェア・ベッサァン fɛr-bésərn] (verbesserte, *hat*...verbessert) **I** 他 (定了 haben) ① **より良くする**, **改良(改善)する**. (英 *improve*). eine Methode⁴ *verbessern* 方法を改善する / Die Firma *hat* die Qualität der Ware *verbessert*. 会社はその商品の品質を改良した / einen Rekord *verbessern* 記録を更新する. ◊《過去分詞の形で》eine *verbesserte* Auflage 改訂版.

② (間違いなど⁴を)**訂正する**, 修正する. (英 *correct*). einen Fehler *verbessern* 誤りを正す / 人³ *verbessern* 人⁴の発言を訂正する. ◊《再帰的に》Ich *muss* mich *verbessern*. 私は自分の発言を訂正しなければなりません.
II 再帰 (定了 haben) *sich*⁴ *verbessern* ① (状況・成績などが)**より良くなる**, 改良(改善)される. Er *hat* sich **in** Deutsch *verbessert*. 彼はドイツ語の成績が向上した. ② (昇進・転職などで)暮らし向きが良くなる.

ver‧bes‧sert [フェア・ベッサァト] ***verbessern** (より良くする)の 過分, 3 人称単数・2 人称複数 現在

ver‧bes‧ser‧te [フェア・ベッサァテ] ***verbessern** (より良くする)の 過去

*die **Ver‧bes‧se‧rung** [フェア・ベッセルング fɛr-bésəruŋ] 女 (単) -/(複) -en ① **改良**, **改善**. (英 *improvement*). technische *Verbesserung*⁴ vor|nehmen 技術的な改良を行う. ② 訂正, 修正; (テキストなどの)改訂版.

Ver‧bes‧se‧rungs⸗vor‧schlag [フェア・ベッセルングス・フォーァシュロ─ク] 男 -[e]s/..schläge 改良(改善)の提案.

***ver‧beu‧gen** [フェア・ボイゲン fɛr-bóygən] (verbeugte, *hat*...verbeugt) 再帰 (定了 haben) *sich*⁴ *verbeugen* **おじぎをする**, 会釈する. (英 *bow*). Er *verbeugte sich* tief **vor** ihr. 彼は彼女に深く頭を下げた.

ver‧beugt [フェア・ボイクト] ***verbeugen** (再帰 で: おじぎをする)の 過分

ver‧beug‧te [フェア・ボイクテ] ***verbeugen** (再帰 で: おじぎをする)の 過去

*die **Ver‧beu‧gung** [フェア・ボイグング fɛr-bóyguŋ] 女 (単) -/(複) -en おじぎ, 会釈. (英 *bow*). **vor** 人³ eine kleine (tiefe) *Verbeugung*⁴ machen 人³に軽く(深々と)おじぎをする.

ver‧beu‧len [フェア・ボイレン fɛr-bóylən] (h) へこませる, でこぼこにする.

ver‧bie‧gen* [フェア・ビーゲン fɛr-bí:gən] ① (h) (誤って)曲げる, 曲げて使えなくする; 《比》(性格など⁴を)ゆがめる. **II** 再帰 (h) *sich*⁴ *verbiegen* 曲がってしまう, 曲がって使えなくなる.

ver‧bies‧tert [フェア・ビースタァト fɛr-bí:stərt] 形 《方》① 怒った, 不機嫌な. ② (頭が)混乱した, とり乱した.

ver‧bie‧ten [フェア・ビーテン fɛr-bí:tən] du verbietest, er verbietet (verbot, *hat*...verboten) **I** 他 (定了 haben) ([人³に] 事⁴を)**禁じる**, **禁止する**. (英 *forbid*). (反 「許す」は erlauben). 人³ das Rauchen⁴ *verbieten* 人³に喫煙を禁じる / einen Film *verbieten* ある映画の上映を禁止する / Sie *hat* ihm das Haus *verboten*. 彼女は彼に家への出入りを禁じた / Er *verbot* mir, den Wagen zu benutzen. 彼は私にその車を使うことを禁じた / Du hast mir gar nichts zu *verbieten*! 君にぼくに何も禁じる権利はない / Eine solche Reise⁴ *verbietet* mir mein Geldbeutel. 《戯・比》そのような旅行は私の財布が許さない. ◊《過去分詞の形で》Parken *verboten*! (掲示などで:) 駐車禁止.
II 再帰 (定了 haben) *sich*⁴ *verbieten* (事の性質上)不可能である, 問題にならない. So etwas *verbietet sich* [von selbst]. そんなことは問題にならない.
◊☞ **verboten**

ver‧bil‧den [フェア・ビるデン fɛr-bíldən] 他 (h) (誤った教育で人⁴・人の考え⁴を)ゆがめる.

ver‧bil‧li‧gen [フェア・ビリゲン fɛr-bíligən] **I** 他 (h) (物⁴の)値段(コスト)を下げる, 安くする, 値引きする. **II** 再帰 (h) *sich*⁴ *verbilligen* 安くなる, コストが下がる.

ver‧bil‧ligt [フェア・ビリヒト] **I** verbilligen (値段を下げる)の 過分 **II** 形 割引[価格]の.

Ver‧bil‧li‧gung [フェア・ビリグング] 女 -/-en 【ふつう 単】値引き, 割引き, 値下がり.

ver‧bin‧den [フェア・ビンデン fɛr-bíndən] du verbindest, er verbindet (verband, *hat*...verbunden) **I** 他 (定了 haben) ① **結ぶ**, **つなぐ**, **結合する**. (英 *connect*). zwei Fäden⁴ *verbinden* 2本の糸を結び合わせる / Die Autobahn *verbindet* Hamburg **mit** München. このアウトバーンはハンブルクとミュンヒェンを結んでいる / Der Bolzen *verbindet* die beiden Teile. 1本のボルトが二つの部分を結合している.

② (電話で人⁴を)つなぐ. *Verbinden* Sie mich bitte **mit** Frau Schmidt! — Einen Augenblick, ich *verbinde* [Sie]. シュミット夫人につないでください — ちょっとお待ちください, おつなぎします. ◊《過去分詞の形で》Entschuldigung,

falsch *verbunden*! すみません，間違ってつながりました．
③《A⁴ mit B³~》《比》(A⁴ を B³ と)結びつける；結びつけて考える. den Beruf mit dem Hobby *verbinden* 職業と趣味を結びつける(兼ねる) / Sie *verbindet* Klugheit mit Schönheit. 彼女は知性と美貌(ぼう)を合わせ持っている / Ich *verbinde* mit diesem Wort etwas anderes als du. ぼくはこの言葉から君とは別のことを連想する / Diese Arbeit *ist* mit Gefahr *verbunden*.《状態受動・現在》この仕事は危険を伴う．
④ (人・物⁴に)包帯をする；(目・口など⁴を)覆う. Die Schwester *verbindet* die Wunde. 看護婦が傷口に包帯をする / 人³ die Augen⁴ *verbinden* 人³に目隠しをする. ⑤《比》(人⁴を精神的に)結びつける. Uns *verbinden* gemeinsame Interessen. われわれを結びつけているのは共通の利害だ．
II 再帰 (完了 haben) *sich⁴ verbinden* ①《sich⁴ [mit 物³] ~》([物³]と)結びつく；連結(接続)する；《化》化合する. Mit dieser Stadt *verbinden sich* für mich schöne Erinnerungen. この町は私にとって楽しい思い出と結びついている．
②《sich⁴ [mit 人³] ~》([人³]と)結びつく，結束する. *sich⁴* mit 人³ ehelich *verbinden* 人³ と結婚する．
◇☞ **verbunden**

ver·bind·lich [フェァ・ビントリヒ] 形 ① 愛想のいい，親切な. *Verbindlich*[st]en Dank!《雅》まことにありがとうございました / *verbindlich* lächeln 愛想よくほほえむ. ② 拘束力のある，義務のある. eine *verbindliche* Zusage 拘束力のある約束.

Ver·bind·lich·keit [フェァ・ビントリヒカイト] 女 -/-en ①《複 なし》愛想のいい態度，親切. ② おあいそ，お世辞. ③《複 なし》(規則・契約などの)拘束力，《ふつう複》義務. ④《複 で》《商》債務，負債.

die Ver·bin·dung [フェァ・ビンドゥング fɛr-bíndʊŋ] 女 (単) -/(複) -en (英 connection) ① 結合，接合；(交通などの)連絡，便，(電話などの)接続. die *Verbindung* der einzelnen Bauteile² 個々の部品の結合(接合) / Die Brücke ist die einzige *Verbindung* zwischen beiden Städten. この橋は両都市を結ぶ唯一の交通路だ / Ich bekomme keine *Verbindung* mit ihm. 私は彼と[電話]連絡がとれません / Sie haben [eine] direkte *Verbindung* nach Frankfurt. フランクフルトへは直通で行けますよ.
② (人との)結びつき，関係，連絡；(事柄の)関連. eine geschäftliche *Verbindung* 取引上の関係 / eine eheliche *Verbindung* 婚姻関係 / die *Verbindung*⁴ mit 人³ aufnehmen 人³とコンタクトをとる / Er hat *Verbindungen* zum Ministerium. 彼は本省にコネがある.

◇《in *Verbindung* mit 人・物³の形で》 a) 人・物³との結びつき(関連)で, b) 人³と協力して. Die Karte ist nur in *Verbindung* mit dem Studentenausweis gültig. この切符は学生証を持っている場合にのみ有効です / A⁴ mit B³ in *Verbindung* bringen A⁴ を B³ と関連づける / mit 人³ in *Verbindung* bleiben 人³とコンタクトを保つ / mit 人³ in *Verbindung* stehen 人³と連絡がある / sich⁴ mit 人³ in *Verbindung* setzen 人³と連絡をとる.
③ 組合，結社，(特に:) 学生組合 (= Studentenverbindung). ④《化》化合[物]. eine organische *Verbindung* 有機化合物. ⑤ (球技の)連携プレー.

Ver·bin·dungs·gang [フェァビンドゥングス・ガング] 男 -[e]s/..gänge 連絡通路，渡り廊下.

Ver·bin·dungs·li·nie [フェァビンドゥングス・リーニェ] 女 -/-n ① (2点間を)結ぶ線. ②《軍》(前線と基地との)連絡路線.

Ver·bin·dungs·mann [フェァビンドゥングス・マン] 男 -[e]s/..männer (または ..leute) 仲介者；[秘密情報]連絡員，密使.

Ver·bin·dungs·of·fi·zier [フェァビンドゥングス・オフィツィーァ] 男 -s/-e 《軍》連絡将校.

Ver·bin·dungs·stück [フェァビンドゥングス・シュテュック] 中 -[e]s/-e 接合具，つなぎ材，継ぎ手.

Ver·bin·dungs·tür [フェァビンドゥングス・テューァ] 女 -/-en (二つの部屋をつなぐ)連絡ドア.

ver·birg [フェァ・ビルク] *verbergen (隠す)の du に対する 命令

ver·birgst [フェァ・ビルクスト] *verbergen (隠す)の 2 人称単数 現在

ver·birgt [フェァ・ビルクト] *verbergen (隠す)の 3 人称単数 現在

ver·bis·sen [フェァ・ビッセン] I *verbeißen* (再帰 で: かみつく)の 過分 II 形 ① 強情(頑固)な，粘り強い. ein *verbissener* Gegner しぶとい敵. ② 怒りを抑えている(顔など). ③《口語》小うるさい，細かいことにこだわる.

Ver·bis·sen·heit [フェァ・ビッセンハイト] 女 -/ 頑固，しぶとさ；不機嫌.

ver·bit·ten* [フェァ・ビッテン fɛr-bítən] 再帰 (h) *sich³* 事⁴ *verbitten* 事⁴をきっぱり断る. Das *verbitte* ich *mir!* そんなことはまっぴら御免だ.

ver·bit·tern [フェァ・ビッタァン fɛr-bítərn] 他 (h) ① (人⁴をひねくれた人間にする，すねさせる. ② (人³の事⁴を)つらいものにする. 人³ das Leben⁴ *verbittern* 人³の人生をつらいものにする.

Ver·bit·te·rung [フェァ・ビッテルング] 女 -/-en《ふつう 単》ひねくれて(すねて)いること，《転》つらいものにすること.

ver·blas·sen [フェァ・ブラッセン fɛr-blásən] 自 (s) ① (色などが)あせる，(写真などが)色あせる；(星の輝きを失う. ②《雅》(記憶などが)薄れる.

ver·bläu·en [フェァ・ブロイエン fɛr-blɔ́yən]

Ver·bleib [フェア・ブらイプ fɛr-bláɪp] 男 -[e]s/《雅》① (人の)居所; (物の)ありか. ② (ある場所に)とどまること, 滞留.

ver·blei·ben* [フェア・ブらイベン fɛr-bláɪbən] 自 (s) ① (…のように)とり決める, 申し合わせる. *Wollen wir so verbleiben, dass ich dich morgen anrufe?* ぼくが明日君に電話することにしようか. ② 《雅》(ある場所・地位などに)とどまる. ③ 《雅》いつまでも…のままである. *Mit freundlichen Grüßen verbleibe ich Ihr Peter Schneider.* (手紙の結びで:)心からのごあいさつを込めて(敬具), ペーター・シュナイダー. ④ 《雅》(お金などが)残って(余って)いる. ◊ [現在分詞の形で] *die verbleibende* Summe 残金.

ver·blei·chen(*) [フェア・ブらイヒェン fɛr-bláɪçən] 自 (s) ① (色が)あせる, (生地などが)色あせる. ② (星などが)輝きを失う. 《雅》死ぬ, 亡くなる.
◊ ☞ verblichen

ver·blen·den [フェア・ブれンデン fɛr-bléndən] 他 (h) ① (人⁴の)分別を失わせる, 目をくらませる. ② 《建》(壁など⁴に)化粧張りをする.

Ver·blen·dung [フェア・ブれンドゥング] 女 -/-en ① 分別を失っていること. ② 《建》化粧張り, 化粧仕上げ. 《医》(歯冠の)外装.

ver·bleu·en ☞ 新形 verbläuen

ver·bli·chen [フェア・ブりッヒェン] I verbleichen (色があせる)の 過分 II 形 ① 色あせた. ② 《雅》死んだ.

Ver·bli·che·ne[r] [フェア・ブりッヒェネ (..ナナ) fɛr-blíçənə (..nər)] 男 女 《語尾変化は形容詞と同じ》《雅》亡くなった人, 故人.

ver·blö·den [フェア・ブれーデン fɛr-blǿːdən] I 自 (s) ① 白痴になる. ② 《口語》(単調な仕事などで)頭がおかしくなる, ぼける. II 他 (h) 《口語》(テレビの見すぎなどが人⁴を)白痴化する.

Ver·blö·dung [フェア・ブれードゥング] 女 -/ 白痴化する(される)こと, 痴呆化.

ver·blüf·fen [フェア・ブりュッフェン fɛr-blýfən] 他 (h) (人⁴を)びっくり仰天させる.

ver·blüfft [フェア・ブりュプト] I verblüffen (びっくり仰天させる)の 過分 II 形 びっくり仰天した, あっけにとられた.

Ver·blüf·fung [フェア・ブりュッフング] 女 -/-en 《ふつう 単》びっくり仰天.

ver·blü·hen [フェア・ブりューエン fɛr-blýːən] 自 (s) ① (花が)咲き終わる, しぼみだす;《比》(容色などが)衰えかける. ② 《隠語》(こっそり)姿を消す, ずらかる.

ver·blümt [フェア・ブりュームト fɛr-blýːmt] 形《雅》(表現などが)遠回しの, 婉曲(えんきょく)な.

ver·blu·ten [フェア・ブるーテン fɛr-blúːtən] 自 (s) 再帰 (h) *sich*⁴ *verbluten* 出血多量で死ぬ.

ver·bo·cken [フェア・ボッケン fɛr-bókən] 他 (h)《口語》だいなしにする, だめにする.

ver·boh·ren [フェア・ボーレン fɛr-bóːrən] 再帰 (h) [*sich*⁴ **in** 単⁴ ~] 《口語》(単⁴(仕事など)に)没頭する, (単⁴(自説など)に)固執する.

ver·bohrt [フェア・ボールト] I verbohren (再帰 で: 没頭する)の 過分 II 形 かたくなな, 頑固(頑迷)な.

Ver·bohrt·heit [フェア・ボールトハイト] 女 -/《口語》かたくななこと, 頑固, 頑迷.

ver·bor·gen¹ [フェア・ボルゲン fɛr-bórgən] 他 (h) 貸す, 貸し出す (= verleihen).

ver·bor·gen² [フェア・ボルゲン] I *verbergen (隠す)の 過分 II 形 ① 人里離れた (村など); 人目につかない. ② 目に見えない(危険など); 隠れた(才能など). ◊ [名詞的に] *im verborgenen* (新形 *im Verborgenen*) a) 人に知られずに, b) 隠れて.

Ver·bor·gen·heit [フェア・ボルゲンハイト] 女 -/ 隠されていること, 秘密; 閑適(かんてき).

ver·bot [フェア・ボート] *verbieten (禁じる)の 過去

* *das* **Ver·bot** [フェア・ボート fɛr-bóːt] 中 (単 2) -[e]s/(複) -e (3格のみ -en) 禁止, さし止め; 禁止令. (英) *prohibition*). Parkverbot 駐車禁止 / ein ärztliches *Verbot* 医者による禁止 / ein *Verbot*⁴ beachten (übertreten) 禁令を守る(犯す).

ver·bö·te [フェア・ベーテ] *verbieten (禁じる)の 接2

***ver·bo·ten** [フェア・ボーテン fɛr-bóːtən] *verbieten (禁じる)の 過分. ◊ [成句的に] Rauchen *verboten*! (掲示などで:)禁煙 / Parken *verboten*! (掲示などで:)駐車禁止. II 形 ① 禁じられた, 禁制の. ein *verbotener* Weg 通行禁止道路. ② 《口語》お話にならないほどひどい. *Du siehst aber verboten aus!* 君の格好ときたらまったくひどいもんだ.

Ver·bots゠schild [フェアボーツ・シルト] 中 -[e]s/-er ① 《交通》禁止標識[板]. ② 禁止の標示板, 禁札.

Ver·bots゠ta·fel [フェアボーツ・ターフェる] 女 -/-n 禁止の標示板, 禁札.

ver·brach [フェア・ブラーハ] *verbrechen (しでかす)の 過去

ver·bracht [フェア・ブラハト] *verbringen (過ごす)の 過分

ver·brach·te [フェア・ブラハテ] *verbringen (過ごす)の 過去

ver·brä·men [フェア・ブれーメン fɛr-bréːmən] 他 (h) ① (衣服⁴に)縁飾りを付ける. ② (非難など⁴を)婉曲(えんきょく)に表現する.

ver·brannt [フェア・ブラント] I *verbrennen (燃えなくなる)の 過分 II 形 ① 焼け落ちた. ② (日照りで)枯れた, 干からびた;《口語》日焼けした.

ver·brann·te [フェア・ブランテ] *verbrennen (燃えなくなる)の 過去

* *der* **Ver·brauch** [フェア・ブラオホ fɛr-bráux] 男 (単 2) -[e]s/(複) ..bräuche (..ブロイヒェ) (3格のみ ..bräuchen) [《複 なし》 消費. (英) *consumption*). Energieverbrauch エネルギー消費 / einen großen *Verbrauch* an 物³ haben《口語》物³を大量に消費する / Diese

Seife ist sparsam *im Verbrauch*. このせっけんは使い減りが少ない. ② 消費量.

*ver·brau·chen [フェァ・ブラオヘン fɛr-bráuxən] (verbrauchte, hat...verbraucht) I 他 (定了 haben) ① (電気・ガスなど⁴を)消費する, 使用する. (英 *consume*). viel Strom⁴ *verbrauchen* 大量の電気を消費する / Das Auto *verbraucht* auf 100 Kilometer acht Liter Benzin. この車は 100 キロ当たり 8 リットルのガソリンを消費する. ② **使い果たす**　使い古す, 着古す. (英 *use up*). Wir *haben* den ganzen Vorrat *verbraucht*. 私たちは蓄えをすべて使い果たした.

II 再帰 (定了 haben) *sich*⁴ *verbrauchen* 力を使い果たす. *sich*⁴ in der Arbeit völlig *verbrauchen* 仕事ですっかり消耗する.

◇☞ verbraucht

Ver·brau·cher [フェァ・ブラオハァ fɛr-bráuxər] 男 -s/- 《経》 消費者 (＝Konsument).

Ver·brau·cher≠markt [フェァ・ブラオハァ・マルクト] 男 -[e]s/..märkte (都市周辺部にある)大型スーパーマーケット.

Ver·brau·cher≠**schutz** [フェァブラオハァ・シュッツ] 男 -es/ 消費者保護.

Ver·brauchs≠gut [フェァブラオホス・グート] 中 -[e]s/..güter 《ふつう 複》 消費財, 消費物資.

Ver·brauchs≠**steu·er** [フェァブラオホス・シュトイアァ] 女 消費税.

ver·braucht [フェァ・ブラオホト] I *verbrauchen (消費する) 過分 II 形 ① 使い果たした. *verbrauchte* Kleider 着古した衣服 / *verbrauchte* Luft 汚れた空気. ② 精根尽き果て, やつれきった. ein *verbrauchter* Mensch やつれ果てた人.

ver·brauch·te [フェァ・ブラオホテ] *verbrauchen (消費する) の 過去

ver·bre·chen [フェァ・ブレッヒェン fɛr-bréçən] du verbrichst, er verbricht (verbrach, *hat*...verbrochen) 他 (定了 haben) 《口語》 (愚かなこと・悪いことなど⁴を)しでかす. Was *hast* du wieder *verbrochen*? おまえはまた何をしでかしたのだ / Wer *hat* denn diesen Roman *verbrochen*? だれがこんな小説を書いたんだ.

*das **Ver·bre·chen** [フェァ・ブレッヒェン fɛr-bréçən] 中 (単2) -s/(複)- **犯罪**, 罪; 犯罪的行為; 《法》重罪. (英 *crime*). ein schweres *Verbrechen* 重大な犯罪 / ein *Verbrechen*⁴ begehen 罪を犯す / Krieges sind ein *Verbrechen* **an** der Menschheit. 戦争は人類に対する犯罪的行為である / ein *Verbrechen* **gegen** die Menschlichkeit 人間性にもとる犯罪. (類似 Sünde).

*der **Ver·bre·cher** [フェァ・ブレッヒャァ fɛr-bréçər] 男 (単2) -s/(複)- (3格のみ -n) **犯罪者**, 犯人. (英 *criminal*). (☞ 女性形は Verbrecherin). ein gefährlicher *Verbrecher* 凶悪犯 / einen *Verbrecher* verhaften 犯人を逮捕する.

Ver·bre·cher≠ban·de [フェァ・ブレッヒャァ・バンデ] 女 -/-n 犯罪者集団.

ver·bre·che·risch [フェァ・ブレッヒェリッシュ fɛr-bréçərɪʃ] 形 犯罪(者)の; 犯罪の. eine *verbrecherische* Handlung 犯罪的な行為.

Ver·bre·cher≠kar·te [フェァ・ブレッヒャァ・カルテ] 女 -/-n (写真と指紋を検索カード式にした)犯罪者名簿.

*ver·brei·ten [フェァ・ブライテン fɛr-bráitən] du verbreitest, er verbreitet (verbreitete, *hat*...verbreitet) I 他 (定了 haben) (英 *spread*) ① (ニュース・うわさなど⁴を)**広める**, 流布させる. Der Rundfunk *verbreitet* die Nachrichten. ラジオがニュースを流す / ein Gerücht⁴ *verbreiten* うわさを広める. ◇〖再帰的に〗 *sich*⁴ *verbreiten* (ニュースなどが)広まる, 流布する ⇒ Das Gerücht *verbreitete sich* schnell. うわさはすぐに広まった. ◇〖過去分詞の形で〗 eine weit *verbreitete* Ansicht 広く行き渡った見解. ② (光・熱など⁴を)**放射する**; (不安など⁴を)呼び起こす; (気分など⁴を)振りまく. Der Ofen *verbreitete* eine gemütliche Wärme. ストーブが心地よい暖かさを放っていた / Er *verbreitet* Ruhe und Heiterkeit [um sich]. 彼は[周りの]人に落ち着きと明るさを振りまく. ③ (病気など⁴を)**蔓延(まんえん)させる**. ◇〖再帰的に〗 *sich*⁴ *verbreiten* (病気・においなどが)蔓延する, 広がる ⇒ Die Krankheit *verbreitet sich* unter jungen Menschen. その病気は若い人たちの間に蔓延している.

II 再帰 (定了 haben) 〖*sich*⁴ **über** 事⁴ ～〗 (事⁴について)長々とまくしたてる.

ver·brei·tern [フェァ・ブライタァン fɛr-bráitərn] 他 (h) (道路など⁴を)広げる, 拡張する. ◇〖再帰的に〗 *sich*⁴ *verbreitern* 幅広くなる.

Ver·brei·te·rung [フェァ・ブライテルング] 女 -/-en (幅を)広げること, 拡張; 拡張された部分.

ver·brei·tet [フェァ・ブライテット] *verbreiten (広める) の 過分

ver·brei·te·te [フェァ・ブライテテ] *verbreiten (広める) の 過去

Ver·brei·tung [フェァ・ブライトゥング] 女 -/ 広める(広まる)こと, 普及; 流布; 蔓延(まんえん); (動植物の)分布.

ver·bren·nen [フェァ・ブレンネン fɛr-brénən] (verbrannte, *ist/hat*...verbrannt) I 自 (定了 sein) (英 *burn*) ① **燃えてなくなる**, 焼失する; 焼け死ぬ. Unsere Bücher *sind* mit dem Haus *verbrannt*. 〖現在完了〗私たちの本は家屋もろとも焼失してしまった / **zu** Asche *verbrennen* 燃えて灰になる. ② (料理などが)焦げる. Der Braten *ist* total *verbrannt*. 〖現在完了〗ローストがすっかり焦げついた. ③ (日照りで植物が)枯れる, (日照りで地面が)からからに乾く. ④ 《化》燃焼する.

II 他 (定了 haben) ① **燃やす, 焼く, 焼却する**. *Verbrennen* Sie die Briefe! これらの手紙は焼却してください / eine Leiche⁴ *verbrennen* 《口語》死体を火葬にする. ② (人⁴・手足など⁴を)やけどさせる. *sich*³ die Hand⁴ *ver-*

Verbrennung

brennen 手をやけどする. ◇《再帰的に》Ich habe mich am Bügeleisen verbrannt. 私はアイロンでやけどした. ③《口語》(太陽が人⁴・顔など⁴を)日焼けさせる; (植物など⁴を)照りつけて枯らす. Die Sonne *hat* den Rasen *verbrannt*. 日照りで芝生が枯れた. ④《化》燃焼させる. ⑤《口語》(電気・ガスなど⁴を)消費する.
◇☞ verbrannt

Ver・bren・nung [フェァ・ブレンヌング] 囡 -/-en ①《複なし》焼却, 燃焼. ② やけど, 火傷.

Ver・bren・nungs = mo・tor [フェァブレンヌングス・モートァ] 男 -s/-en (..モトーレン) 《工》内燃機関.

ver・brich [フェァ・ブリヒ] *verbrechen (してかす)の du に対する 命令

ver・brichst [フェァ・ブリヒスト] *verbrechen (してかす)の 2 人称単数 現在

ver・bricht [フェァ・ブリヒト] *verbrechen (してかす)の 3 人称単数 現在

ver・brie・fen [フェァ・ブリーフェン fɛr-brí:fən] 他 (h)《雅》(権利など⁴を)文書で証明する. ◇《過去分詞の形で》verbriefte Rechte (文書によって保障された)既得権.

__ver・brin・gen__ [フェァ・ブリンゲン fɛr-bríŋən] (verbrachte, hat...verbracht) 他 (完了 haben) ① (時⁴を)過ごす. (英 spend). Sie *verbringen* ihren Urlaub in Italien. 彼らは休暇をイタリアで過ごす / die Zeit⁴ mit Lesen *verbringen* 読書をして時を過ごす. ②《方向を表す語句とともに》(官庁) [人・物]⁴を...へ)運んで[連れて]行く. 人⁴ in eine Heilanstalt *verbringen* を療養所に入れる.

ver・bro・chen [フェァ・ブロッヘン] *verbrechen (してかす)の 過分

ver・brü・dern [フェァ・ブリューダァン fɛr-brý:dərn] 再帰 (h)《sich⁴ [mit 人³] ~》([人³と)兄弟のように交わる, 親交を結ぶ.

Ver・brü・de・rung [フェァ・ブリューデルング] 囡 -/-en 兄弟の契り(親交)を結ぶこと.

ver・brü・hen [フェァ・ブリューエン fɛr-brý:ən] 他 (h) (熱湯などで人⁴・手足など⁴を)やけどさせる. *sich³* die Hand⁴ *verbrühen* 手をやけどする. ◇《再帰的に》*sich⁴ verbrühen* (熱湯などで)やけどする.

ver・bu・chen [フェァ・ブーヘン fɛr-bú:xən] 他 (h)《商》帳簿に記入する, 記帳する. 事⁴ als Erfolg [für sich⁴] *verbuchen*《比》事⁴を[自分の]成功力と見なす.

Ver・bum [ヴェルブム vérbum] 回 -s/Verba (または Verben)《言》動詞 (=Verb).

ver・bum・meln [フェァ・ブンメルン fɛr-búməln] I 他 (h)《口語》(時間⁴を)むだに過ごす. ein Semester⁴ *verbummeln* 1 学期間をのらくらと過ごす. ②(会う約束など⁴を)うっかり忘れる; (鍵(袋)など⁴を)うっかりなくす. II 自 (s) (怠惰などのために)身を持ち崩す.

Ver・bund [フェァ・ブント fɛr-búnt] 男 -[e]s/-e ①《経》(企業などの)連合, 合同. ②《工》(部品などの)結合, 組み合わせ.

ver・bun・den [フェァ・ブンデン] I *verbinden (結ぶ)の 過分. ◇《成句的に》Verzeihung, falsch *verbunden*! (電話で:)すみません, 間違ってつながりました. II 形《雅》(人³に)恩義を感じている. Ich bin Ihnen **für** Ihre Hilfe sehr *verbunden*. お助かりした大変ありがたく思っています.

ver・bün・den [フェァ・ビュンデン fɛr-býndən] 再帰 (h)《sich⁴ [mit 人³] ~》([人³と)同盟を結ぶ.

Ver・bun・den・heit [フェァ・ブンデンハイト] 囡 -/ (精神的な)結びつき, 結束, 連帯[感].

Ver・bün・de・te[r] [フェァ・ビュンデテ (..タァ) fɛr-býndətə (..tər)] 男 囡《語尾変化は形容詞と同じ》同盟者, 盟友; 同盟国.

Ver・bund = netz [フェァ・ブント・ネッツ] 回 -es/-e (複数の発電所からの)電力供給網.

ver・bür・gen [フェァ・ビュルゲン fɛr-bÝrgən] I 他 (h) (権利・生活など⁴を)保障する. II 再帰 (h)《sich⁴ für [人・事]⁴ ~》([人・事]⁴を)保証する, 請け合う.

ver・bürgt [フェァ・ビュルクト] I verbürgen (保障する)の 過分 II 形 保証された; 確実な. eine *verbürgte* Nachricht 確かなニュース.

ver・bü・ßen [フェァ・ビューセン fɛr-bÝ:sən] 他 (h)《法》(刑⁴に)服する.

ver・chro・men [フェァ・クローメン fɛr-kró:mən] 他 (h) (物⁴に)クロムめっきをする.

__der Ver・dacht__ [フェァ・ダハト fɛr-dáxt] 男 (単 2) -[e]s/(複) -e (3 格のみ -en) または (複) ..dächte (3 格のみ ..dächten) 疑い, 疑念, 嫌疑; 容疑. einen begründeten *Verdacht* 根拠のある疑惑 / einen *Verdacht* hegen 疑いをいだく / Der *Verdacht* richtete sich gegen ihn. 疑いは彼に向けられた / **auf** *Verdacht*《口語》あてずっぽうで / Er steht im *Verdacht* der Spionage. 彼にはスパイの容疑がかかっている / 人⁴ im (または in) *Verdacht* haben 人⁴を疑っている / in *Verdacht* kommen 疑われる.

__ver・däch・tig__ [フェァ・デヒティヒ fɛr-déçtɪç] I 形 ① 疑わしい, 嫌疑のある. (英 suspicious). 事² *verdächtig* sein 事²の嫌疑がかけられている ⇒ Er ist des Diebstahls *verdächtig*. 彼にはその窃盗の疑いがかけられている / sich⁴ *verdächtig* machen 嫌疑を受ける. ② 怪しげな, うさんくさい. ein *verdächtiges* Geräusch 不審な物音. II 副 妙に. Es war *verdächtig* still. 妙に静かだった.

ver・däch・ti・gen [フェァ・デヒティゲン fɛr-déçtɪgən] 他 (h) (人⁴に疑いをかける. 人⁴ eines Diebstahls (als Dieb) *verdächtigen* 人⁴に盗み(泥棒)の疑いをかける.

Ver・däch・ti・gung [フェァ・デヒティグング] 囡 -/-en 嫌疑(人⁴に疑いをかける)こと.

Ver・dachts = grund [フェァダハツ・グルント] 男 -[e]s/..gründe《法》嫌疑(容疑)の根拠.

Ver・dachts = mo・ment [フェァダハツ・モメン

ト] 中 -[e]s/-e 《ふつう 複》《法》容疑事実.

ver·dam·men [フェア・ダンメン fɛr-dámən] 他 (h) ① 糾弾する, 激しく非難する. ② 《キリ教》《人⁴に》永遠の罰を下す. ③ 〖A⁴ zu B³~〗(A⁴ に B³ を)余儀なくさせる.
◇☞ verdammt

ver·dam·mens·wert [フェアダンメンス・ヴェーァト] 形 糾弾すべき, 非難すべき.

Ver·damm·nis [フェア・ダムニス] 女 -/ 《キリ教》劫罰(ごうばつ), 永遠の断罪.

ver·dammt [フェア・ダムト] I verdammen (糾弾する)の 過分 II 形 ①《俗》のろわべき, いまいしい. Dieser verdammte Kerl! このいまいしいやつめ. ◇《間投詞的に》 Verdammt [noch mal]! こんちくしょう / So ein verdammter Mist! くそいまいましい. ②《口語》ものすごい, とてつもない. Ich hatte [ein] verdammtes Glück. ぼくはものすごくラッキーだった. III 副《口語》ものすごく, ひどく. Es war verdammt kalt. ものすごく寒かった.

Ver·dam·mung [フェア・ダムング] 女 -/-en 厳しい非難; 《キリ教》永遠の断罪; 運命としてそうなってしまうこと.

ver·damp·fen [フェア・ダンプフェン fɛr-dámpfən] I 自 (s) (液体が)蒸発する, 気化する. II 他 (h) (液体⁴を)蒸発させる, 気化させる.

Ver·damp·fer [フェア・ダンプファァ] 男 -s/- 《工》蒸発装置, 蒸発器, 気化器.

Ver·damp·fung [フェア・ダンプフング] 女 -/-en 《ふつう 単》蒸発, 気化.

*__ver·dan·ken__ [フェア・ダンケン fɛr-dáŋkən] (verdankte, hat...verdankt) I 他 (完了 haben) ①〖事¹は人³のおかげである. (英 owe). Ich verdanke ihm meine Rettung. 私が助かったのは彼のおかげだ / Ich verdanke meinem Lehrer sehr viel. 私は先生にたいへん世話になっている / Das habe ich nur dir zu verdanken! (反語的に)ぼくがこんな目にあったのはひとえに君のおかげだ. ②《スィス・オーストリ》(贈り物など⁴の)お礼を言う.
II 再帰 (完了 haben) sich⁴ 事³ verdanken 事³に基づいている.

ver·dankt [フェア・ダンクト] *verdanken (おかげである)の 過分

ver·dank·te [フェア・ダンクテ] *verdanken (おかげである)の 過去

ver·darb [フェア・ダルプ] *verderben (だいなしにする)の 過去

ver·da·tert [フェア・ダッタァト fɛr-dátərt] 形 《口語》めんくらった, あっけにとられた.

*__ver·dau·en__ [フェア・ダオエン fɛr-dáuən] (verdaute, hat...verdaut) 他 (完了 haben) ① (食べ物⁴を)消化する. (英 digest). Erbsen sind schwer zu verdauen. えんどう豆は消化が悪い. ②《口語・比》(事⁴を精神的に)消化する, 理解する. (経験・印象など⁴を)頭の中で整理する. Dieses Erlebnis musste er erst verdauen. この経験を彼はひとまず頭の中で整理しなければならなかった.

ver·dau·lich [フェア・ダオリヒ] 形 消化できる, 消化しやすい; 《比》理解しやすい. Das Essen ist leicht (schwer) verdaulich. この料理は消化が良い(悪い).

Ver·dau·lich·keit [フェア・ダオリヒカイト] 女 -/ 消化できる(しやすい)こと.

ver·daut [フェア・ダオト] *verdauen (消化する)の 過分

ver·dau·te [フェア・ダオテ] *verdauen (消化する)の 過去

Ver·dau·ung [フェア・ダオウング] 女 -/ 消化.

Ver·dau·ungs·ap·pa·rat [フェア・ダオウングス・アパラート] 男 -[e]s/-e 《医》消化器[官].

Ver·dau·ungs·be·schwer·den [フェアダオウングス・ベシュヴェーァデン] 複《医》消化不良.

Ver·dau·ungs·spa·zier·gang [フェアダオウングス・シュパツィーァガング] 男 -[e]s/..gänge《口語》腹ごなしの散歩.

Ver·dau·ungs·stö·rung [フェアダオウングス・シュテールング] 女 -/-en 《医》消化不良.

Ver·deck [フェア・デック fɛr-dɛ́k] 中 -[e]s/-e ① (船の)最上甲板. ② (自動車・馬車などの)幌(ほろ).

ver·de·cken [フェア・デッケン fɛr-dɛ́kən] 他 (h) ① 覆い隠す, 見えないようにする. Die Bäume verdeckten die Aussicht auf den See. 木々が湖への眺望をさえぎっていた. ②(意図など⁴を)隠す.

ver·den·ken* [フェア・デンケン fɛr-dɛ́ŋkən] 他 (h)《雅》(人³の事⁴を)悪くとる. Das kann ihm niemand verdenken. そのことでだれも彼を恨みに思うわけにはいかない.

Ver·derb [フェア・デルプ fɛr-dɛ́rp] 男 -[e]s/ ① (食品などの)腐敗. ②《雅》滅亡, 破滅.

:**ver·der·ben*** [フェア・デルベン fɛr-dɛ́rbən] du verdirbst, er verdirbt (verdarb, hat / ist...verdorben) I 他 (完了 haben) (英 spoil) ① だいなしにする, だめにする. beim Waschen im Kleid⁴ verderben 洗濯してワンピースをだめにしてしまう / Sie hat den Kuchen verdorben. 彼女はケーキを焼きそこなった / 人³ den Spaß verderben 人³の楽しみをぶち壊す / Ich habe mir den Magen verdorben. 私は胃をこわした.
②《雅》(人⁴を)堕落させる. ③〖es を目的語として成句的に〗es⁴ mit 人³ verderben 人³の機嫌をそこねる, 人³と仲たがいする.
II 自 (完了 sein) ① (食料品などが)傷む, 腐る. Diese Früchte verderben leicht. この果物は傷みやすい / Das Fleisch ist verdorben. 《現在完了》肉が腐ってしまった.
②《雅》堕落する.
◇☞ verdorben

Ver·der·ben [フェア・デルベン] 中 -s/ ① (食料品などの)腐敗. Obst⁴ vor dem Verderben schützen 果物を腐らないようにする. ②《雅》破滅[の元]. 人⁴ ins Verderben stürzen 人⁴を破滅に追い込む / Der Alkohol war

ver·derb·lich [フェア・デルプリヒ] 形 ① 傷みやすい, 腐りやすい(食料品など). ② (道徳的に)有害な. ein verderblicher Einfluss 好ましくない影響.

Ver·derb·nis [フェア・デルプニス] 女 -/《雅》堕落, 退廃.

ver·derbt [フェア・デルプト fɛr-dérpt] 形 ①《雅》堕落した. ② 判読できない(古文書など).

ver·deut·li·chen [フェア・ドイトリッヒェン fɛr-dɔ́ytliçən] 他 (h) (事[4]を)明確にする, はっきりと説明する.

ver·deut·schen [フェア・ドイチェン fɛr-dɔ́ytʃən] 他 (h) ① (外来語など[4]を)ドイツ語化する; ドイツ語に翻訳する. ② 《口語》([人[3]に]事[4]を)わかりやすく説明する.

Ver·di [ヴェルディ vérdi] -s/《人名》ヴェルディ (Giuseppe Verdi 1813–1901; イタリアの歌劇作曲家).

ver·dich·ten [フェア・ディヒテン fɛr-díçtən] I 他 (h) ① (物・工) (ガスなど[4]を)圧縮する. ② (交通網など[4]を)密にする. II 再帰 (h) sich[4] verdichten ① (霧などが)濃くなる. ② (比) (疑いなどが)強くなる, 濃厚になる.

Ver·dich·ter [フェア・ディヒタァ fɛr-díçtər] 男 -s/- (工) コンプレッサー, 圧縮機.

Ver·dich·tung [フェア・ディヒトゥング] 女 -/-en 濃密化;(物・工) 圧縮.

ver·di·cken [フェア・ディッケン fɛr-díkən] I 他 (h) (液体[4]を)濃くする, 濃縮する. II 再帰 (h) sich[4] verdicken 太くなる; はれる;(皮膚が)厚くなる.

＊ver·die·nen [フェア・ディーネン fɛr-dí:-nən]

稼ぐ	Wie viel verdienst du?
	ヴィ ふぃーる フェアディーンスト ドゥ
	君はどれくらい収入があるの.

(verdiente, hat ... verdient) 他 (完了) haben) ① (物[4]を)稼ぐ,(働いて)得る.(英 earn). Er verdient 10 Mark in der Stunde. 彼は1時間に10マルク稼ぐ / bei (または mit) 事[3] Geld[4] verdienen 事[3]をしてお金を稼ぐ. ◊[再帰代名詞(3格)とともに] Ich habe mir das Studium selbst verdient. 私は学資を自分で稼いだ. ◊[目的語なしでも] Seine Frau verdient auch. 彼の妻も稼いでいる / Er verdient gut (schlecht). 彼は稼ぎがいい(悪い).

② (お金など[4]を)もうける, 利益として得る. 40% (=Prozent) an 物[3] verdienen 物[3] で40パーセントの利益をあげる / Bei (または Mit) diesem Geschäft haben wir viel Geld verdient. この取り引きでわれわれは大金を得た.

③ (称賛・罰など[4]に)値する, ふさわしい. (英 deserve). Seine Tat verdient Anerkennung. 彼の行為は称賛に値する / Er hat seine Strafe verdient. 彼が罰を受けたのは当然のことだ.
◊⇨ verdient

＊der Ver·dienst[1] [フェア・ディーンスト fɛr-dí:nst] 男 (単2) -[e]s/(複) -e (3格のみ -en) 収入, 稼ぎ, 所得.(英 earnings). Er hat einen hohen Verdienst. 彼は高い収入を得ている / ohne Verdienst sein 稼ぎがない.

＊das Ver·dienst[2] [フェア・ディーンスト fɛr-dí:nst] 中 (単2) -[e]s/(複) -e (3格のみ -en) 功績, 功労.(英 merit). sich[3] 事[4] als Verdienst an|rechnen 事[4]を自分の功績だと思う / Seine Verdienste um die Wissenschaft sind groß. 学問への彼の功績はとても大きい.

Ver·dienst·span·ne [フェア・ディーンスト・シュパンネ] 女 -/-n 《商》利幅, 利ざや, マージン.

ver·dienst·voll [フェア・ディーンスト・フォる] 形 ① 称賛に値する(行為など). ②《付加語としての み》功績のある(スポーツ選手など).

ver·dient [フェア・ディーント] I ＊verdienen (稼ぐ)の 過分, 3人称単数・2人称複数 現在 II 形 ① (働いて)得た. sauer verdientes Geld あくせく働いて得たお金. ② 功績のある. ein verdienter Mann 功労者 / sich[4] um 事[4] verdient machen 事[4]のために貢献する. ③ 当然の(賞罰など);(スポッ・隠語)(勝負が)順当な.

ver·dien·te [フェア・ディーンテ] ＊verdienen (稼ぐ)の 過去

ver·dien·ter·ma·ßen [フェア・ディーンタァ・マーセン] 副 功績(功労)にふさわしく.

Ver·dikt [ヴェルディクト verdíkt] 中 -[e]s/-e ①《法》《古》(陪審員の)評決. ② 弾劾(^{だんがい}).

ver·dirb [フェア・ディルプ] ＊verderben (だいなしにする)の du に対する 命令

ver·dirbst [フェア・ディルプスト] ＊verderben (だいなしにする)の2人称単数 現在

ver·dirbt [フェア・ディルプト] ＊verderben (だいなしにする)の3人称単数 現在

ver·dol·met·schen [フェア・ドるメッチェン fɛr-dɔ́lmɛtʃən] 他 (h) 《口語》① 通訳する. ② (比) わかりやすく説明する.

ver·don·nern [フェア・ドンナァン fɛr-dɔ́nərn] 他 (h) 〔人[4] zu 事[3] ~〕《俗》(人[4]に事[3]の)刑を科する;(比)〔人[4]に〕大目玉をくらうと言いつける.

ver·don·nert [フェア・ドンナァト] I verdonnern (刑を科する)の 過分 II 形 《口語》びっくり仰天した.

ver·dop·peln [フェア・ドッペるン fɛr-dɔ́pəln] 他 (h) [2] 倍にする;(比) (努力など[4]を)強める. die Geschwindigkeit[4] verdoppeln 速度を倍にする. ◊[再帰的に] sich[4] verdoppeln [2]倍になる, 倍増する.

Ver·dop·pe·lung [フェア・ドッペるング] 女 -/-en 倍加;(比)増大, 強化.

ver·dor·ben [フェア・ドルベン] ＊verderben (だいなしにする)の 過分 II 形 ① 傷んだ, 腐った (食料品など). verdorbene Wurst 傷んだソーセージ. ② 具合の悪い(胃など); だいなしになった(気分など). einen verdorbenen Magen[4] haben 胃をこわしている. ③ (比) (道徳的に) 堕落した.

Ver·dor·ben·heit [フェア・ドルベンハイト] 女

-/ 堕落, 退廃.

ver·dor·ren [フェア・ドレン fɛr-dórən] 圓 (s) 植物などが枯れる, 干からびる.

ver·drah·ten [フェア・ドラーテン fɛr-drá:tən] 他 (h) ① 金網(有刺鉄線)で囲う. ②《電》(電気部品などに)配線する.

ver·drän·gen [フェア・ドレンゲン fɛr-dréŋən] 他 (h) ① (人・物⁴を)押しのける, 排除する. Er wollte mich aus meiner Stellung verdrängen. 彼は私を押しのけて地位を占めようとした. ②《海》(船舶が)排水する. Das Schiff verdrängt 1 500 t. この船の排水量は1,500トンである. ③《心》(願望など⁴を)抑圧する. 〖過去分詞の形で〗verdrängte Triebe 抑圧された欲求.

Ver·drän·gung [フェア・ドレングング] 囡 -/-en ① 押しのけること, 排除. ②《海》(船の)排水量. ③《心》抑圧.

ver·dre·hen [フェア・ドレーエン fɛr-dré:ən] 他 (h) ① (無理に)ねじ曲げる, ゆがめる. Er drehte mir den Arm. 彼は私の腕をねじった / die Augen⁴ verdrehen (驚いて・困って)目を白黒させる. ②《口語・比》(事実など⁴を)曲げ, 歪曲(おん)する; 曲解する. das Recht⁴ verdrehen 法を曲げる. ③《口語》(フィルム⁴を)消費する.

ver·dreht [フェア・ドレート] I verdrehen (ねじ曲げる)の 過分 II 形《口語》頭の混乱した, 気違いじみた; とっぴな. 人⁴ verdreht machen 人⁴の頭を混乱させる.

Ver·dre·hung [フェア・ドレーウング] 囡 -/-en ① ねじること; ねじれ, ゆがみ. ②(事実などを)曲げること, 歪曲(おん); 曲解.

ver·drei·fa·chen [フェア・ドライファッヘン fɛr-dráɪfaxən] 他 (h) 3倍にする. ◇〖再帰的に〗sich⁴ verdreifachen 3倍になる.

ver·dre·schen* [フェア・ドレッシェン fɛr-dréʃən] 他 (h)《口語》さんざんぶんなぐる.

ver·drie·ßen* [フェア・ドリーセン fɛr-drí:sən] (verdross, hat...verdrossen) 他 (h)《雅》不愉快にさせる, 怒らせる. Ihr Verhalten verdrießt mich. 彼女の態度には腹が立つ. ◇〖成句的に〗Lass dich's (=dich es) nicht verdrießen! いや気を起こすな.

◇☞ verdrossen

ver·drieß·lich [フェア・ドリースりヒ] 形 ① 不機嫌な, 無愛想な. ein verdrießliches Gesicht⁴ machen ぶすっとした顔をする. ②《雅》腹立たしい, うんざりするような(出来事・仕事など).

Ver·drieß·lich·keit [フェア・ドリースりヒカイト] 囡 -/-en ①《覆 なし》不機嫌. ②〖ふつう覆〗腹立たしい事柄.

ver·dross [フェア・ドロス] verdrießen (不愉快にさせる)の 過去

ver·droß ☞ 新形 verdross

ver·drös·se [フェア・ドレッセ] verdrießen (不愉快にさせる)の 接2

ver·dros·sen [フェア・ドロッセン] I verdrießen (不愉快にさせる)の 過分 II 形 不機嫌な(顔など).

Ver·dros·sen·heit [フェア・ドロッセンハイト] 囡 -/ 不機嫌なこと.

ver·drü·cken [フェア・ドリュッケン fɛr-drýkən] I 再帰 (h) sich⁴ verdrücken《口語》こっそり立ち去る, ずらかる. II 他 (h) ①《口語》(食べ物⁴を)平らげる. ②《方》(衣服など⁴を)しわくちゃにする.

Ver·druss [フェア・ドルス fɛr-drús] 男 -es/-e 〖ふつう覆〗不機嫌; 腹立たしさ; 不満. 人³ Verdruss⁴ bereiten 人³を怒らせる.

Ver·druß ☞ 新形 Verdruss

ver·duf·ten [フェア・ドゥフテン fɛr-dúftən] 圓 (s) ① (コーヒーなどが)香りを失う. ②《俗》こっそり逃げ出す, ずらかる.

ver·dum·men [フェア・ドゥンメン fɛr-dúmən] I 他 (h) (人⁴から)判断力(批判力)を奪う, (人⁴を)愚かにする. II 圓 (s) ばかになる, 頭がおかしくなる.

ver·dun·keln [フェア・ドゥンケるン fɛr-dúŋkəln] 他 (h) ① 暗くする, (窓など⁴を)光が漏れないようにする. einen Raum verdunkeln 部屋を暗くする. ②《法》隠蔽(いんぺい)する. ◇〖再帰的に〗sich⁴ verdunkeln 暗くなる; (表情などが)曇る. ③《法》(事実などを)隠蔽(いんぺい)する.

Ver·dun·ke·lung [フェア・ドゥンケるング] 囡 -/-en ①《覆 なし》暗くなること. ② 灯火管制. ③《覆 なし》《法》証拠隠滅.

Ver·dunk·lungs·ge·fahr [フェアドゥンクるングス・ゲファール] 囡 -/《法》証拠隠滅のおそれ.

ver·dün·nen [フェア・デュンネン fɛr-dýnən] 他 (h) (液体など⁴を)薄くする, 薄める. Wein⁴ mit Wasser verdünnen ワインを水で割る. ◇〖再帰的に〗sich⁴ verdünnen 薄くなる.

Ver·dün·nung [フェア・デュンヌング] 囡 -/-en ① 薄くなる(する)こと, 希薄化. bis zur Verdünnung《俗》うんざりするほど繰り返して. ②《化》希釈, 希釈度.

ver·duns·ten [フェア・ドゥンステン fɛr-dúnstən] I 圓 (s) (液体が)蒸発する, 気化する. II 他 (h) (液体⁴を)蒸発(気化)させる.

Ver·duns·tung [フェア・ドゥンストゥング] 囡 -/ 蒸発, 気化.

ver·dür·be [フェア・デュルベ]‡ verderben (だいなしにする)の 接2

ver·durs·ten [フェア・ドゥルステン fɛr-dúrstən] 圓 (s) のどの渇きで死ぬ;《口語》死ぬほどのどが渇く.

ver·düs·tern [フェア・デュースタァン fɛr-dý:stɐn] I 他 (h) (雲が空⁴を)暗くする;《雅》(顔⁴を)曇らせる, (心など⁴を)陰うにする. II 再帰 (h) sich⁴ verdüstern 暗くなる;《雅》陰うになる. Sein Gesicht verdüsterte sich. 彼の顔が曇った.

ver·dutzt [フェア・ドゥッツト fɛr-dútst] 形 唖然(あ)とした, ぼうぜんとした.

ver·eb·ben [フェア・エッベン fɛr-ébən] 圓 (s)《雅》(騒音などが)しだいに静まる(収まる).

ver·edeln [フェア・エーデるン fɛr-é:dəln] 他 (h) ①《雅》気高くする, 高尚にする. ② 精

製する; 加工する． ③《園芸》(植物⁴を)接ぎ木して改良する．

Ver・ede・lung [フェア・エーデルング] 囡 -/ ① 《雅》気高くすること． ② 精製, 加工． 《園芸》接ぎ木．

ver・ehe・li・chen [フェア・エーエリッヒェン fɛr-é:əliçən] I 再帰 (h) sich⁴ verehelichen《官庁》結婚する． II 他 (h) 賦《官庁》結婚させる．

Ver・ehe・li・chung [フェア・エーエリッヒュング] 囡 -/-en《官庁》結婚．

＊**ver・eh・ren** [フェア・エーレン fɛr-é:rən] (verehrte, hat…verehrt) 他 (完了 haben) ① 《雅》**尊敬する**, 敬愛する．(英 worship)． Er verehrt seinen Lehrer. 彼は先生を尊敬している． ② (神など⁴を)崇拝する, あがめる; (女性⁴に)思いを寄せる． Die Griechen verehrten viele Götter. ギリシア人は多くの神々を崇拝していた． ③《戯》(人³に物⁴を)贈る．
◇☞ verehrt

Ver・eh・rer [フェア・エーラァ fɛr-é:rər] 男 -s/- ① 崇拝者, 信奉者.（変化 女性形は Verehrerin）. ②《戯》(女性をあがめる)ファン, とり巻き．

ver・ehrt [フェア・エーアト] I ＊verehren (尊敬する)の 過分 II 形 尊敬された, 親愛なる． Sehr verehrter Herr (verehrte Frau) Braun!（手紙の冒頭で）拝啓ブラウン様 / Verehrte Anwesende!（講演の冒頭で）ご出席の皆様．

ver・ehr・te [フェア・エーアテ] ＊verehren (尊敬する)の 過去

Ver・eh・rung [フェア・エールング] 囡 -/ 尊敬; 崇拝．

ver・eh・rungs・wür・dig [フェアエールングス・ヴュルディヒ] 形 尊敬に値する, 尊敬すべき．

ver・ei・di・gen [フェア・アイディゲン fɛr-áɪdɪgən] 他 (h) (人⁴に)宣誓させる．

Ver・ei・di・gung [フェア・アイディグング] 囡 -/-en 宣誓．

＊*der* **Ver・ein** [フェア・アイン fɛr-áɪn] 男 (単2) -s (まれに -es)/(複) -e (3格のみ -en) ① **協会, 団体, 法人,（組織としての）会, クラブ.**（英 association, club）. Musikverein 音楽協会 / einen Verein gründen 協会を設立する / aus einem Verein aus|treten 協会から脱退する / in einen Verein ein|treten 協会に入会する． ②《成句的に》im Verein mit 人³ 人³と協力 (提携)して / in trautem Verein mit 人³《戯》思いがけず人³と ⇒ Er plauderte in trautem Verein mit seinem politischen Gegner. 彼は意外にも政敵と雑談していた． ③《口語》連中, やつら．

ver・ein・bar [フェア・アインバール] 形《述語としてのみ》一致(調和)できる, 両立できる. mit 事³ vereinbar sein 事³と一致しうる．

＊**ver・ein・ba・ren** [フェア・アインバーレン fɛr-áɪnba:rən] (vereinbarte, hat…vereinbart) 他 (完了 haben) ① (会合・期日など⁴を) **とり決める, 協定する.**（英 arrange）. einen Termin vereinbaren 期日をとり決める / Wir haben vereinbart, dass… 私たちは…ととり決めた / einen Preis mit 人³ vereinbaren 人³と価格を協定する． ◇《過去分詞の形で》zur vereinbarten Zeit 約束の時間に． ② 一致(調和)させる． Das kann er nicht mit seinem Gewissen vereinbaren. それは彼の良心が許さない(← 良心と相いれない).

ver・ein・bart [フェア・アインバールト] ＊vereinbaren (とり決める)の 過分

ver・ein・bar・te [フェア・アインバールテ] ＊vereinbaren (とり決める)の 過去

Ver・ein・ba・rung [フェア・アインバールング] 囡 -/-en ① とり決めること, 協定すること． eine Vereinbarung⁴ treffen とり決める． ② とり決め, 協定, 合意. sich⁴ an die Vereinbarung halten 協定を守る．

＊**ver・ei・nen** [フェア・アイネン fɛr-áɪnən] (vereinte, hat…vereint) I 他 (完了 haben) 《雅》① 一つにまとめる, 統合する, 合併する.（英 unite）. Uns⁴ vereint ein gemeinsames Ziel. 私たちを一つにまとめているのは共通の目標だ / Unternehmen⁴ zu einem Konzern vereinen 企業をコンツェルンへ統合する． ②《A⁴ mit B³ ～》(A⁴ を B³ と)**一致させる, 調和させる.** Unsere Ansichten lassen sich⁴ nicht [miteinander] vereinen. 私たちの見解は互いに相いれない．

II 再帰 (完了 haben) sich⁴ vereinen 《雅》一つにまとまる, 一体となる. sich⁴ zu gemeinsamem Handeln vereinen 一体となって共同の行動をとる / In ihr vereint sich Geist mit Anmut. 彼女は才色兼備だ．
◇☞ vereint

ver・ein・fa・chen [フェア・アインふァッヘン fɛr-áɪnfaxən] (過分 vereinfacht) 他 (h) 簡単にする, 単純化する．

Ver・ein・fa・chung [フェア・アインふァッフング] 囡 -/-en 単純化, 簡素化．

ver・ein・heit・li・chen [フェア・アインハイトリッヒェン fɛr-áɪnhaɪtlıçən] 他 (h) (規格など⁴を)統一する, 単一化する．

Ver・ein・heit・li・chung [フェア・アインハイトリッヒュング] 囡 -/-en (規格などの)統一, 単一化．

＊**ver・ei・ni・gen** [フェア・アイニゲン fɛr-áɪnɪgən] (vereinigte, hat…vereinigt) I 他 (完了 haben) ① **一つにまとめる, 統合する, 合併する.**（英 unite）. Er hat verschiedene Unternehmen zu einem Konzern vereinigt. 彼はいくつもの企業をコンツェルンに統合した / 物⁴ in sich³ vereinigen 物⁴を合わせ持つ ⇒ Sie vereinigt sehr gegensätzliche Eigenschaften in sich. 彼女は正反対の性質を合わせ持っている． ②《A⁴ mit B³ ～》(A⁴ を B³ と)**一致させる, 調和させる.** Sein Handeln lässt sich⁴ mit seinen politischen Ansichten nicht vereinigen. 彼の行動は彼の政治的見解と一致しない．

II 再帰 (定了 haben) *sich*[4] *vereinigen* ① 一つにまとまる、合併する；（川などが）合流する. Die beiden Unternehmen *haben sich vereinigt.* 二つの企業は合併した / Hier *vereinigt sich* die Isar *mit* der Donau. ここでイーザル川はドナウ川と合流している. ② （人々が）寄り集まる. *sich*[4] *zu* einem Gottesdienst *vereinigen* 礼拝に集まる.

ver·ei·nigt [フェア・アイニヒト] I ＊vereinigen（一つにまとめる）の過去 II 形 一つにまとまった、合同した. die *Vereinigten* Staaten [von Amerika] [アメリカ]合衆国 / das *vereinigte* Deutschland 統一ドイツ(1990 年 10 月 3 日から).

ver·ei·nig·te [フェア・アイニヒテ] ＊vereinigen（一つにまとめる）の過去

＊*die* **Ver·ei·ni·gung** [フェア・アイニグング fɛr-áɪnɪɡuŋ] 女 (単) (複) -en ① **一体化、統合、合同、合併**. (英) union). die *Vereinigung* von zwei Organisationen 二つの組織の合併. ② 団体；《法》結社. *Vereinigung* der Kunstfreunde[2] 芸術愛好家の会 / eine politische *Vereinigung* 政治結社.

ver·ein·nah·men [フェア・アインナーメン fɛr-áɪnnaːmən] 過分 vereinnahmt) 他 (h) ① (商)（お金など[4]を）受け取る. ② (戯) ひとり占めにする.

ver·ein·sa·men [フェア・アインザーメン fɛr-áɪnzaːmən] 過去 vereinsamt) 自 (s) 孤独になる、孤立する.

Ver·ein·sa·mung [フェア・アインザームング] 女-/ 孤独化、孤立化.

Ver·eins·haus [フェア・アインス・ハオス] 中 -es/..häuser（団体の）会館、クラブハウス.

Ver·eins⊅**mei·er** [フェア・アインス・マイアァ] 男 -s/- (口語) (軽蔑的に:)クラブ(団体)の活動にうつつを抜かす人.

Ver·eins⊅**mei·e·rei** [フェア・アインス・マイエライ] 女 -/ (口語) (軽蔑的に:)クラブ(団体)の活動にうつつを抜かすこと.

ver·eint [フェア・アイント] I ＊vereinen（一つにまとめる）の過去 II 形 一つにまとまった、連合した. mit *vereinten* Kräften 力を合わせて / die *Vereinten* Nationen 国際連合（略: VN).

ver·ein·te [フェア・アインテ] ＊vereinen（一つにまとめる）の過去

ver·ein·zeln [フェア・アインツェルン fɛr-áɪntsəln] 他 (h) ① (林・農)（苗など[4]を）間引く. ② (雅) 散り散りにする.

ver·ein·zelt [フェア・アインツェルト] I vereinzeln（間引く）の過分 II 形 ばらばらの；時たまの、散発的な（ケース・射撃など).

ver·ei·sen [フェア・アイゼン fɛr-áɪzən] I 自 (s) 凍る、氷結する、凍結する；(比)（表情などが）こわばる. II 他 (h) (医)（体の組織など[4]に）寒冷(冷却)麻酔を施す.

ver·eist [フェア・アイスト] I vereisen（凍る）の過分 II 形 凍った、凍結した；(比) こわばった（表情など). eine *vereiste* Straße 凍結した道路.

Ver·ei·sung [フェア・アイズング] 女 -/-en ① 氷結、凍結. ② (医) 寒冷(冷却)麻酔.

ver·ei·teln [フェア・アイテルン fɛr-áɪtəln] 他 (h) (他人の計画など[4]を)挫折(ざっ)させる、つぶす.

ver·ei·tern [フェア・アイタァン fɛr-áɪtərn] 自 (s) (医) 化膿(のう)する.

ver·ekeln [フェア・エーケルン fɛr-é:kəln] 他 (h) (人[3]に 事[4]に対する)嫌悪感(いや気)を起こさせる. Diese Erzählung *verekelte* mir die Mahlzeit. この話で私は食事をする気がしなくなった.

ver·elen·den [フェア・エーレンデン fɛr-é:lən-dən] 自 (s) (雅) 悲惨な状態に陥る、貧しくなる.

Ver·elen·dung [フェア・エーレンドゥング] 女 -/ (雅) 貧困化、窮乏化.

ver·en·den [フェア・エンデン fɛr-éndən] 自 (s) ① (家畜などが)死ぬ；(比) (人が)惨めに死ぬ. ② (狩) (野獣が)仕留められて死ぬ.

ver·en·gen [フェア・エンゲン fɛr-éŋən] I 他 (h) (道路など[4]を)狭くする、狭める. II 再帰 (h) *sich*[4] *verengen* 狭くなる、狭まる、収縮する.

Ver·en·gung [フェア・エングング] 女 -/-en ① 狭くする(なる)こと. ② 狭くなった所；(医)（食道などの）狭窄(きょう)[症].

ver·er·ben [フェア・エルベン fɛr-érbən] I 他 (h) ① (人[3]に 物[4]を)遺産として残す；(口語・戯) (不用品など[4]を)くれてやる. ② (生・医) 遺伝的に伝える. II 再帰 (h) *sich*[4] *vererben* (生・医) 遺伝する.

Ver·er·bung [フェア・エルブング] 女 -/-en (ふつう 単) (生・医) 遺伝.

Ver·er·bungs⊅leh·re [フェア・エルブングス・れーレ] 女 -/ (生) 遺伝学(＝Genetik).

ver·ewi·gen [フェア・エーヴィゲン fɛr-é:vɪgən] 他 (h) ① (人・物[4]を)不滅にする、不朽にする. Mit diesem Werk *hat* er seinen Namen *verewigt.* この作品で彼は自分の名前を不朽のものにした. ◊(再帰的に:) *sich*[4] *verewigen* a) 不朽の名を残す、b) (口語)（来客簿・壁などに）自分の名を書き記す. ② (状態など[4]を)永続させる.

ver·ewigt [フェア・エーヴィヒト] I verewigen（不滅にする）の過分 II 形 (雅) 故人になった、今は亡き.

Verf. (略) ① [フェア・ファッサァ] 著者（＝Verfasser). ② [フェア・ファッスング] 憲法（＝Verfassung).

ver·fah·ren[1]＊ [フェア・ファーレン fɛr-fá:rən] I 自 (s) ① (…に)ふるまう、(…の)態度をとる；(…のやり方をする. Er *verfährt* immer eigenmächtig. 彼はいつも自分勝手な態度をとる. ② [**mit** 人[3]（または **gegen** 人[4]）～]（人[3]・人[4]に…の）態度をとる. streng mit 人[3] *verfahren* 人[3]に厳しく接する. II 他 (h) 車を走らせて(お金・時間・燃料など[4]を)費やす. III 再帰 (h) *sich*[4] *verfahren* (車で)道に迷う.

ver·fah·ren[2] [フェア・ファーレン] I verfahren[1]（…にふるまう）の過分 II 形 行き詰まった、にっちもさっちもいかなくなった.

Verfahren

*_das_ **Ver·fah·ren** [フェァ・ファーレン fɛr-fáːrən] 甲 (単2) -s/(複) ― ① (仕事などの)やり方, 方法, 手順. (英 procedure, method). ein neues Verfahren⁴ an|wenden 新しいやり方を適用する / Er arbeitet **nach** den modernsten Verfahren. 彼は最新の方法で仕事をしている. ② 〖法〗[訴訟]手続き. ein Verfahren⁴ **gegen** 人⁴ eröffnen (または ein|leiten) 人⁴に対して訴訟を起こす / ein Verfahren⁴ ein|stellen 訴訟を取り下げる.

Ver·fah·rens≠wei·se [フェァファーレンス・ヴァイゼ] 女 -/-n やり方, 方法.

*_der_ **Ver·fall** [フェァ・ファる fɛr-fál] 男 (単2) -[e]s/ ① (建物などの)崩壊, 腐朽, 荒廃; (気力・体力の)衰え, 衰弱; (文明・道徳などの)衰退, 没落. (英 decay). den Verfall eines Hauses auf|halten 家屋の崩壊を食いとめる / Der Verfall des Kranken ist deutlich sichtbar. その病人の衰弱ぶりははっきりとわかる / der Verfall des Römischen Reichs ローマ帝国の衰亡. ② (有効期限の)期限切れ, (商)(手形などの)満期. ③ 〖法〗(財産の)帰属, 没収.

ver·fal·len¹* [フェァ・ファれン fɛr-fálən] 自(s) ① (建物などがしだいに)荒廃する, 傾く;(気力・体力が)衰える, 衰弱する; (国家・文明などが)衰亡(衰退)する. Das Gebäude verfiel immer mehr. その建物はますます荒れ果てた. ② 有効期限が切れる, (手形などが)満期になる. Die Genehmigung verfällt am 1. (=ersten) April. その許可証は4月1日で無効になる. ③ 〖**in** 物⁴ ~〗(物⁴の状態)に陥る. in Schweigen verfallen 黙り込む / Er verfiel in den gleichen Fehler. 彼は同じ誤りを犯した. ④ 〖**auf** 物⁴ ~〗(物⁴を)思いつく. auf eine seltsame Idee verfallen 奇抜なアイディアを思いつく. ⑤ (人・物³の)とりこになる. dem Alkohol verfallen 酒におぼれる. ⑥ (人・物³)の所有に帰する.

ver·fal·len² [フェァ・ファれン] I verfallen¹ (荒廃する)の 過分 II 形 ① (建物などが)崩壊した, 荒廃した; 衰弱した. ein verfallenes Schloss 荒れ果てた城. ② 期限の切れた, 満期の. verfallene Fahrkarten 無効になった乗車券. ③ (人・物³の)とりこになった.

Ver·falls≠er·schei·nung [フェァファるス・エァシャイヌング] 女 -/-en 衰退現象.

Ver·falls≠tag [フェァファるス・ターク] 男 -[e]s/-e (手形などの)満期日, 支払期日.

Ver·falls≠zeit [フェァファるス・ツァイト] 女 -/-en (商)(手形などの)支払開始時.

ver·fäl·schen [フェァ・フェるシェン fɛr-félʃən] 他 ① (本物など⁴を)偽造する, にせものを作る; ゆがめる. ② (混ぜ物をして飲食物⁴の)品質を落とす. Wein⁴ verfälschen ワインに混ぜ物をする. ③ 〖法〗(文書など⁴を)改ざんする, 偽造する.

Ver·fäl·schung [フェァ・フェるシュング] 女 -/-en 歪曲(ﾜｲｷｮｸ); (混ぜ物をして)品質を落とすこと; 偽造, 変造.

ver·fan·gen* [フェァ・ファンゲン fɛr-fáŋən] I 再帰 (h) 〖sich⁴ **in** 物³ ~〗(物³(網などに)引っかかる, 絡まる. Das Tier hat sich im Netz verfangen. その動物が網にかかった / sich⁴ in Widersprüchen verfangen 《比》矛盾に陥る. II 自 (h) 効果がある, 役にたつ. Diese Ausreden verfangen **bei** mir nicht. こんな言い逃れは私には通じない.

ver·fäng·lich [フェァ・フェングリヒ] 形 やっかいな, 当惑するような. eine verfängliche Frage 返答に困るような質問.

ver·fär·ben [フェァ・フェルベン fɛr-fɛ́rbən] I 他 (h) (洗濯物など⁴を)色移りでだめにする. II 再帰 (h) sich⁴ verfärben ① (洗濯物などが)他の色に染まる, 変色する; 顔色が変わる. Sein Gesicht verfärbte sich vor Ärger. 怒りのあまり顔色が変わった. ② 《狩》(野獣などが)毛色が変わる.

***ver·fas·sen** [フェァ・ファッセン fɛr-fásən] du verfasst, er verfasst (verfasste, hat ... verfasst) 他 (支配 haben) (手紙・小説など⁴を)執筆する, 書く, (文書など⁴を)作成する. (英 write). Er verfasste mehrere Romane. 彼はいくつもの長編小説を書いた.

*_der_ **Ver·fas·ser** [フェァ・ファッサァ fɛr-fásɐr] 男 -s/ -(複) -n (3格のみ -n) 著者, 著作者; (文書などの)起草者. (英 author). (女性形は Verfasserin). der Verfasser eines Dramas ドラマの作者.

ver·fasst [フェァ・ファスト] *verfassen (執筆する)の 過分

ver·faßt 新形 verfasst

ver·fass·te [フェァ・ファステ] *verfassen (執筆する)の 過去

ver·faß·te 新形 verfasste

*_die_ **Ver·fas·sung** [フェァ・ファッスング fɛr-fásuŋ] 女 (単) -/(複) -en ① 憲法;(団体などの)定款, 規則. (英 constitution). eine demokratische Verfassung 民主的憲法 / gegen die Verfassung verstoßen 憲法に違反する. ② 《複 なし》(心身の)状態, 調子, コンディション. (英 condition). Geistesverfassung 精神状態 / Ich bin heute in schlechter Verfassung. 私はきょうは気分(体調)が悪い. ③ 体制, 構成.

Ver·fas·sungs≠än·de·rung [フェァファッスングス・エンデルング] 女 -/-en 憲法改正.

Ver·fas·sungs≠ge·richt [フェァファッスングス・ゲリヒト] 甲 -[e]s/-e 憲法裁判所.

ver·fas·sungs≠mä·ßig [フェァファッスングス・メースィヒ] 形 憲法に基づく, 憲法上の.

Ver·fas·sungs≠schutz [フェァファッスングス・シュッツ] 男 ① 憲法擁護, 護憲. ② 《口語》連邦憲法擁護庁 (=Bundesamt für Verfassungsschutz).

ver·fas·sungs≠wid·rig [フェァファッスングス・ヴィードリヒ] 形 憲法違反の, 違憲の.

ver·fau·len [フェァ・ファオれン fɛr-fáulən] 自 (s) (肉・果物などが)腐る, 朽ちる.

ver·fech·ten* [フェァ・フェヒテン fɛr-féçtən]

Ver·fech·ter [フェア・フェヒタァ fɛr-féçtər] 男 -s/- 主張者, 擁護者. (⇔ 女性形は Verfechterin).

ver·feh·len [フェア・フェーレン fɛr-féːlən] 他 (h) ① (人⁴に)会いそこなう, (物⁴に)乗りそこなう. Ich wollte ihn abholen, habe ihn aber verfehlt. 私は彼を迎えに行くつもりだったが, 行き違いになった / den Zug verfehlen 列車に乗り遅れる. ◇[相互的に] sich⁴ verfehlen 互いに行き違いになる. ② (目標など⁴を)はずれる, 間違える. Der Pfeil verfehlte sein Ziel. 矢は的をはずれた / Er hat seinen Beruf verfehlt. [比] 彼は職業を間違えた(本職以外の才能をほめる場合にも用いる). ③ 《雅》《軍⁴を》逸する. Ich möchte [es] nicht verfehlen, Ihnen zu danken. あなたにぜひともお礼を申し上げたい.

ver·fehlt [フェア・フェーるト] I verfehlen (会いそこなう) の 過分 II 形 間違った, 誤った, 的はずれの.

Ver·feh·lung [フェア・フェーるング] 女 -/-en 過ち, 過失, 違反.

ver·fein·den [フェア・ふァインデン fɛr-fáɪndən] 再帰 (h) 《sich⁴ [mit 人³] ~》([人³]と)仲たがいする, 不和になる. Sie haben sich miteinander verfeindet. 彼らは仲たがいした.

ver·fei·nern [フェア・ふァイナァン fɛr-fáɪnərn] I 他 (h) 洗練する, (物⁴に)磨きをかける. die Soße⁴ mit Sahne verfeinern 生クリームでソースに風味をつける / eine Methode⁴ verfeinern 方法を精密にする. ◇[過去分詞の形で] ein verfeinerter Geschmack 洗練された趣味. II 再帰 (h) sich⁴ verfeinern 洗練される, 磨きがかかる.

Ver·fei·ne·rung [フェア・ふァイネルング] 女 -/-en 洗練すること; 洗練されたもの.

ver·fe·men [フェア・フェーメン fɛr-féːmən] 他 (h) 《雅》(社会的に)追放する.

ver·fer·ti·gen [フェア・フェるティゲン fɛr-fértɪɡən] 他 (h) 《芸術作品などを⁴を》作る, 制作(製作)する. Er hat Schmuck aus Silber verfertigt. 彼は銀で装身具を作った.

Ver·fer·ti·gung [フェア・フェるティグング] 女 -/-en 《ふつう単》製作.

ver·fes·ti·gen [フェア・フェスティゲン fɛr-féstɪɡən] I 他 (h) 固める, 凝固させる. II 再帰 (h) sich⁴ verfestigen 固くなる, 凝固する.

Ver·fet·tung [フェア・フェットゥング] 女 -/-en 肥満; 《医》脂肪変性.

ver·feu·ern [フェア・ふォイアァン fɛr-fóʏərn] 他 (h) ① (石炭などを⁴を)燃料にする, 燃やす; 燃やしつくす. ② (弾薬など⁴を)撃ちつくす.

ver·fil·men [フェア・ふィるメン fɛr-fílmən] 他 (h) ① (小説など⁴を)映画化する. ② [マイクロ]フィルム化する.

Ver·fil·mung [フェア・ふィるムング] 女 -/-en ① 映画化. [マイクロ]フィルム化. ② 映画, [マイクロ]フィルム.

ver·fil·zen [フェア・ふィるツェン fɛr-fíltsən] 自 (s) 再帰 (h) sich⁴ verfilzen (毛糸などが)もつれる; フェルト状になる.

ver·filzt [フェア・ふィるツト] I verfilzen (再帰で: もつれる) の 過分 II 形 もつれた, 毛玉のある.

ver·fins·tern [フェア・ふィンスタァン fɛr-fínstərn] I 他 (h) (空など⁴を)暗くする. II 再帰 (h) sich⁴ verfinstern (空が)暗くなる; [比] (表情が)曇る. Der Himmel verfinstert sich zusehends. 見る見るうちに空が暗くなる.

ver·fla·chen [フェア・ふらッヘン fɛr-fláxən] I 自 (h) ① 平らになる, (川などが)浅くなる. ② 《比》(話などが)浅薄になる. II 再帰 (h) sich⁴ verflachen (丘などが)平らになる. III 他 (h) 平らにする.

ver·flech·ten* [フェア・ふれヒテン fɛr-fléçtən] 他 (h) 編み合わせる; 《比》絡み合わせる. Bände⁴ miteinander verflechten リボンを互いに編み合わせる. ◇[再帰的に] sich⁴ verflechten 編み合わさる; 《比》絡み合う.

Ver·flech·tung [フェア・ふれヒトゥング] 女 -/-en 編み合わせ, 絡み合い; 《比》密接な関連; (企業などの)集中, 統合.

ver·flie·gen* [フェア・ふりーゲン fɛr-flíːɡən] I 再帰 (h) sich⁴ verfliegen 飛行コースを間違える. II 自 (s) ① (時が)飛ぶように過ぎる. Die Stunden verflogen im Nu. 時間はあっと言う間に過ぎ去った. ② (においなどが)消える, 発散する; (興奮などが)治まる, 消え去る.

ver·flie·ßen* [フェア・ふりーセン fɛr-flíːsən] 自 (h) ① (色が)混じり合う; (境界などが)あいまいになる. ② 《雅》(時が)流れ去る, 過ぎ去る. ◇☞ **verflossen**

ver·flixt [フェア・ふりクスト fɛr-flíkst] I 形 《口語》いまいましい, 不愉快な, 腹立たしい. eine verflixte Sache しゃくにさわること. ◇[間投詞的に] Verflixt [noch mal]! こんちくしょう. ② ものすごい. II 副《口語》ものすごく, ひどく. Der Koffer ist verflixt schwer. このスーツケースはすごく重い.

ver·flos·sen [フェア・ふろッセン] I verfließen (混じり合う) の 過分 II 形 《俗》昔の, かつての, 以前の(恋人など). seine verflossene Freundin 彼の昔のガールフレンド. ◇[名詞的に] ihr Verflossener 彼女の昔のボーイフレンド(別れた夫). ② 《雅》過ぎ去った. im verflossenen Jahr 昨年に.

ver·flu·chen [フェア・ふるーヘン fɛr-flúːxən] 他 (h) ① (人⁴に)のろいをかける. ② (人・事⁴を)いまいましく思って)のろう, ののしる.

ver·flucht [フェア・ふるーフト] I verfluchen (のろいをかける) の 過分 II 形 《俗》① のろわれた, いまいましい. eine verfluchte Geschichte しゃくにさわる話. ◇[間投詞的に] Verflucht [noch mal]! こんちくしょう. ② ものすごい(空腹・幸運など). III 副《俗》ものすごく.

ver·flüch·ti·gen [フェア・ふりュヒティゲン fɛr-flýçtɪɡən] I 再帰 (h) sich⁴ verflüchtigen ① 《化》(液体が)蒸発する, 揮発する. ② (霧・においなどが)消えてなくなる. ③ 《口語》(人が)

verflüssigen

こっそりいなくなる，(物)が消えてなくなる．**II** 他 (h)《化》《液体⁴を》蒸発させる，揮発させる．

ver·flüs·si·gen [フェア・フリュスィゲン fɛrflýsɪɡən] 他 (h)《気体⁴を》液化させる，液体にする．◇《再帰的に》sich⁴ verflüssigen 液化する，液体になる．

Ver·flüs·si·gung [フェア・フリュスィグング] 女 -/-en《ふつう単》液化，液体化．

*　**ver·fol·gen** [フェア・フォるゲン fɛrfólɡən] (verfolgte, hat...verfolgt) 他 (完了 haben) ① 《人・物⁴を》追う，追跡する；《比》《考え・不運など が人・物⁴に》つきまとう．(英 pursue). Die Polizei verfolgt den flüchtenden Verbrecher. 警察が逃走中の犯人を追跡する / 人⁴ mit Blicken verfolgen《比》人⁴を目で追う / Eine dunkle Ahnung verfolgte ihn.《比》暗い予感が彼につきまとっていた / Er ist vom Pech verfolgt.《状態受動・現在》《比》彼は不運につきまとわれている．
② 《道・足跡など⁴を》たどる．Wir verfolgten den Weg bis an den Fluss. 私たちはその道をたどって川まで行った．
③ 迫害する．人⁴ aus politischen Gründen verfolgen 人⁴を政治的な理由で迫害する．
④《人⁴ mit 事³ ~》《人⁴を事³で》責めたてる，悩ます．Sie verfolgte ihn mit ihren Bitten. 彼女は彼にうるさくせがんだ．⑤《目的など⁴を》追求する，(計画など⁴を)推し進める．eine Absicht⁴ verfolgen ある意図を達成しようとする．⑥《事の成り行き⁴を》見守る．den Verlauf der Konferenz² verfolgen 会議の成り行きに注目する．⑦《法》訴追する．

Ver·fol·ger [フェア・フォるガァ fɛrfólɡər] 男 -s/- 追跡者，追っ手；迫害者．(◁ 女性形は Verfolgerin).

ver·folgt [フェア・フォるクト] *verfolgen (追う)の過分，3人称単数・2人称複数現在

ver·folg·te [フェア・フォるクテ] *verfolgen (追う)の過去

* *die* **Ver·fol·gung** [フェア・フォるグング fɛrfólɡʊŋ] 女《単》-/《複》-en ① 追跡．(英 pursuit). die Verfolgung⁴ auf|nehmen 追跡を始める．② 迫害．die Verfolgung der Juden² ユダヤ人の迫害．③《法》訴追．④《ふつう単》《目的などの》追求．

Ver·fol·gungs⁼wahn [フェア・フォるグングス・ヴァーン] 男 -[e]s/《心》追跡(迫害)妄想．

ver·for·men [フェア・フォるメン fɛrfórmən] 他 (h) ①《物⁴の》形をゆがめる，変形させる．◇《再帰的に》sich⁴ verformen 形がゆがむ，変形する．②《金属など⁴を》成形する．

ver·frach·ten [フェア・フらハテン fɛrfráxtən] 他 (h) ①《貨物として》運送する；積み込む．②《口語・戯》《人⁴を…へ》連れて行く．人⁴ in den Zug verfrachten 人⁴を列車に乗せる．

ver·fran·zen [フェア・フらンツェン fɛrfrántsən] 再帰 (h) sich⁴ verfranzen ①《空》飛行コースを間違える．②《口語》道に迷う．

ver·frem·den [フェア・フれムデン fɛrfrémdən] 他 (h)《ありふれた事柄など⁴を》目新しい形で表現する；《文学・劇》異化する．

Ver·frem·dung [フェア・フれムドゥング] 女 -/-en 目新しいものにすること；《文学・劇》異化．

ver·fres·sen¹ [フェア・フれッセン fɛrfrésən] 他 (h)《俗》《給料など⁴を》食べることに使い果たす．

ver·fres·sen² [フェア・フれッセン] 形《俗》食い意地の張った，がつがつした．

ver·fro·ren [フェア・フローレン fɛrfróːrən] 形 ① 冷えきった，凍えた．② 寒がりの．

ver·frü·hen [フェア・フリューエン fɛrfrýːən] 再帰 (h) sich⁴ verfrühen (予定より)早く来る，早く起こる．Der Winter hat sich dieses Jahr verfrüht. 今年は冬が早く来た．

ver·früht [フェア・フリュート] **I** verfrühen (再帰で：早く来る)の過分 **II** 形 早すぎる，時期尚早の．

ver·füg·bar [フェア・フューグバール] 形 意のままにできる，自由に使用(処理)できる．verfügbares Bargeld 手持ちの現金．

Ver·füg·bar·keit [フェア・フューグバールカイト] 女 -/ 意のままにできること，自由に使用(処理)できること．

*　**ver·fü·gen** [フェア・フューゲン fɛrfýːɡən] (verfügte, hat...verfügt) **I** 自 (完了 haben)《über 人・物⁴~》《人・物⁴を》意のままにする，自由に使用(処理)する；《物》《経験・能力などを》持っている．Die Kinder können frei über ihr Taschengeld verfügen. 子供たちは小遣いを自由に使える / Bitte, verfügen Sie über mich! ご用は何なりと私におっしゃってください / Er verfügt über reiche Erfahrungen. 彼は豊かな経験の持ち主だ．
II 他 (完了 haben) (職権によって事⁴を)命令する，定める．Er verfügte den Bau einer neuen Schule. 彼は新しい学校の建設を命じた．
III 再帰 (完了 haben) sich⁴ verfügen《方向を表す語句とともに》《書・戯》(…へ)行く，赴く．Er verfügte sich nach Hause. 彼は帰宅した．

ver·fügt [フェア・フュークト] *verfügen (意のままにする)の過分

ver·füg·te [フェア・フュークテ] *verfügen (意のままにする)の過去

* *die* **Ver·fü·gung** [フェア・フューグング fɛrfýːɡʊŋ] 女《単》-/《複》-en ①《複 なし》自由な使用(処理)．(英 disposal). 物⁴ zur Verfügung haben 物⁴を自由に使用(処理)できる / Ich halte mich zu Ihrer Verfügung. 私はいつでもあなたのお役にたちます / 物¹ steht 人³ zur Verfügung 物¹を人³が自由に使える ⇒ Das Zimmer steht dir jederzeit zur Verfügung. この部屋はいつでも自由に使っていいよ / 人³ 物⁴ zur Verfügung stellen 人³に物⁴を自由に使わせる．②《法》(官庁などの)命令，指令；《法》処分．eine einstweilige Verfügung erlassen 仮処分 / eine letztwillige Verfügung 遺言 / eine Verfügung⁴ erlassen 指令を発する．

Ver·fü·gungs⁼ge·walt [フェア・フューグングス・ゲヴァるト] 女 -/ 処分権能．

ver·füh·ren [フェア・フューレン fɛr-fýːrən] (verführte, *hat* … verführt) 他 (定了 haben) ① 《人⁴ **zu** 事³ ~》《人⁴に事³をするように》そそのかす. einen Freund zum Trinken *verführen* 友だちをそそのかして酒を飲ませる / Der niedrige Preis *verführte* sie zum Kauf. 値段が安いので彼女はつい買う気になった / *Darf* ich Sie zu einer Tasse Kaffee *verführen*? (口語・戯) コーヒーを1杯いかがですか. ② (少女など⁴を)誘惑する.

Ver·füh·rer [フェア・フューラァ fɛr-fýːrər] 男 -s/- 誘惑者.

ver·füh·re·risch [フェア・フューレリッシュ fɛr-fýːrərɪʃ] 形 気をそそる(申し出など); 誘惑的な, 魅惑的な(女性など).

ver·führt [フェア・フューァト] ＊verführen (そそのかす)の 過分

ver·führ·te [フェア・フューァテ] ＊verführen (そそのかす)の 過去

Ver·füh·rung [フェア・フュールング] 女 -/-en ① 誘惑, そそのかし. ② 魅力.

ver·füt·tern [フェア・フュッタァン fɛr-fýtərn] 他 (h) 飼料として与える; 飼料として使う.

ver·gab [フェア・ガープ] ＊vergeben¹ (許す)の 過去

Ver·ga·be [フェア・ガーベ fɛr-gáːbə] 女 -/-n 《ふつう 単》(賞などの)授与, (仕事などの)委託.

ver·gaf·fen [フェア・ガッフェン fɛr-gáfən] 再帰 (h) 《sich⁴ **in** 人·物⁴ ~》《俗》(人·物⁴に)ほれ込む.

ver·gäl·len [フェア・ゲルン fɛr-gélən] 他 (h) ① (アルコールなど⁴を)変性させる, 飲めなくする. ② 《比》(人³の事⁴を)だいなしにする.

ver·ga·lop·pie·ren [フェア・ガㇿピーレン fɛr-galɔpíːrən] 再帰 (h) *sich⁴ vergaloppieren*《口語》あわててへまをする. うっかり口を滑らせる.

ver·gam·meln [フェア・ガンメルン fɛr-gáməln] I 自 (s)《口語》① だらしなくなる, 堕落する. ② (食べ物が)傷む, 腐る, だめになる. ③ (庭などが)荒れる. II 他 (h)《口語》(時⁴を)むだに過ごす.

＊**ver·gan·gen** [フェア・ガンゲン fɛr-gáŋən]
I ＊vergehen (過ぎ去る)の 過分
II 形 **過ぎ去った**, 過去の, この前の. (英 *past*). am *vergangenen* Montag この前の月曜日に / Im *vergangenen* Jahr waren wir in Italien. 昨年私たちはイタリアに行った.

die **Ver·gan·gen·heit** [フェア・ガンゲンハイト fɛr-gáŋənhaɪt] 女 (単) -/(複) -en ① 《複 なし》過去, 過去のこと. (英 *past*). (⇔ 「現在」は Gegenwart, 「未来」は Zukunft). die jüngste *Vergangenheit* 最近 / Das gehört der *Vergangenheit* an. それは過去のことだ / Er hat eine dunkle *Vergangenheit*. 彼には暗い過去がある / eine Frau **mit** *Vergangenheit* 過去のある女性.
② 《ふつう 単》〖言〗過去[時称]; 過去形.

ver·gäng·lich [フェア・ゲングリヒ] 形 移ろいやすい, つかの間の; はかない, 無常の.

Ver·gäng·lich·keit [フェア・ゲングリヒカイト] 女 -/ 移ろいやすいこと; はかなさ, 無常.

ver·gä·ren⁽*⁾ [フェア・ゲーレン fɛr-géːrən] I 他 (h) 発酵させる. II 自 (s) 発酵する.

ver·ga·sen [フェア・ガーゼン fɛr-gáːzən] 他 (h) ① (石炭など⁴を)ガス化する, 気化する. ② (害虫など⁴を)毒ガスで駆除する; 毒ガスで殺す.

Ver·ga·ser [フェア・ガーザァ fɛr-gáːzər] 男 -s/- 〖工〗気化器, キャブレター.

ver·gaß [フェア・ガース] ＊vergessen¹ (忘れる)の 過去

ver·gä·ße [フェア・ゲーセ] ＊vergessen¹ (忘れる)の 接2

Ver·ga·sung [フェア・ガーズング] 女 -/-en ① ガス化, 気化. ② 《成句的に》bis **zur** *Vergasung* (口語) うんざりするほど.

＊**ver·ge·ben¹** [フェア・ゲーベン fɛr-géːbən] du vergibst, er vergibt (vergab, *hat* … vergeben) I 他 (定了 haben) ① 《雅》(人³の罪・過失など⁴を)許す. Sie *hat* ihm das Unrecht *vergeben*. 彼女は彼の過失を許してやった. ◇《目的語なしでも》*Vergib* mir! 許してくれ. (⇒ 類語 entschuldigen). ② (仕事・地位・賞など⁴を)与える, 授ける. einen Preis (ein Stipendium⁴) **an** 人⁴ *vergeben* 賞(奨学金)を 人⁴に与える / Es sind noch einige Eintrittskarten zu *vergeben*. 入場券はまだ何枚か残っている / Die Stelle *ist* schon *vergeben*.《状態受動・現在》そのポストはもうふさがっている /《状態受動・現在》Heute Abend *bin* ich schon *vergeben*.《状態受動・現在》今晩私はすでに先約がある. ③ 《成句的に》*sich³ etwas⁴ (nichts⁴) vergeben* 体面をけがす(保つ). Du *vergibst* dir nichts, wenn du das tust. 君はそれをしても何も恥じることはないよ. ④ 《スプ》(チャンスなど⁴を)逃す; (ゴールなど⁴を)はずす. ⑤ (カード⁴を)配り間違う.
II 再帰 (定了 haben) *sich⁴ vergeben*《トラ》カードを配り間違う.

ver·ge·ben² [フェア・ゲーベン] ＊vergeben¹ (許す)の 過分

＊**ver·ge·bens** [フェア・ゲーベンス fɛr-géːbəns] 副 《文全体にかかって》むだに, 無益に. (英 *in vain*). Er hat *vergebens* gewartet. 彼は待ったがむだだった / *sich⁴ vergebens* bemühen むだ骨折り.

＊**ver·geb·lich** [フェア・ゲープリヒ fɛr-géːplɪç] 形 むだな, 無益な, むなしい. (英 *vain*). *vergebliche* Bemühungen むだな骨折り / Alle Versuche waren *vergeblich*. どんな試みも効果がなかった / Wir warteten *vergeblich* auf Nachricht. 私たちは知らせを待ったがむだだった.

Ver·geb·lich·keit [フェア・ゲープリヒカイト] 女 -/ むだ, 徒労.

Ver·ge·bung [フェア・ゲーブング] 女 -/-en 《雅》許し. die *Vergebung* der Sünden² 《キリスト教》罪の許し.

ver·ge·gen·wär·ti·gen [フェア・ゲーゲンヴェルティゲン fɛr-géːɡənvɛrtɪɡən または ..ヴェルティ

ゲン] 再帰 (h) sich³ 事⁴ vergegenwärtigen
事⁴をありありと思い浮かべる.

ver·ge·hen* [フェア・ゲーエン fɛr-gé:ən]
(verging, ist/hat ...vergangen) I 自 (完了
sein) ① (時が)過ぎ去る, 経過する. (英 pass).
Die Zeit vergeht schnell. 時のたつのは速い /
Die Tage vergingen [mir] wie im Fluge.
日々が飛ぶように過ぎ去った. ◇〖過去分詞の形
で〗im vergangenen Jahr 去年.
② (苦痛・喜びなどが)消え去る, なくなる;(霧な
ど)が消える. Die Schmerzen vergehen nicht.
痛みが止まらない / Der Appetit ist mir ver-
gangen.〖現在完了〗私は食欲がなくなった.
③〖**vor** 事³ ~〗(事³のあまり)死ぬ思いである.
Ich vergehe vor Durst. 私はのどが渇いて死に
そうだ. ④ (雅)死ぬ.
II 再帰 (完了 haben) sich⁴ vergehen ①
〖sich⁴ **gegen** 事⁴ ~〗事⁴に違反する. sich⁴
gegen das Gesetz vergehen 法律に違反する.
②〖sich⁴ **an** 人³ ~〗(人³(女性)に)暴行する.
◇☞ **vergangen**

Ver·ge·hen [フェア・ゲーエン] 中 -s/- ①〖複
なし〗時が過ぎ去ること. ② 違反行為;《法》軽
犯罪.

ver·geis·ti·gen [フェア・ガイスティゲン fɛr-
gáɪstɪgən] 他 (h) 精神的なものにする.

ver·geis·tigt [フェア・ガイスティヒト] I ver-
geistigen (精神的なものにする)の過分 II 形
精神的な, 俗世を脱した. ein vergeistigter
Mensch 超俗的な人.

ver·gel·ten* [フェア・ゲるテン fɛr-géltən]
(h) ① (人³の事⁴に)報いる, お返しをする. Wie
soll ich dir das vergelten? どうやって君に
お礼をしたらいいんだろう / Vergelt's Gott! あり
がとう(←神が君に報いたまわんことを). ②〖A⁴ mit
B³ ~〗(A⁴に B³で)報いる. 人³ Gutes⁴ mit
Bösem vergelten 人³に恩をあだで返す(←善に
悪で報いる) / Gleiches⁴ mit Gleichem vergel-
ten しっぺ返しをする.

Ver·gel·tung [フェア・ゲるトゥング] 女 -/-en
〖ふつう 単〗① 報い, お返し. ② 報復, 復讐
(ふくしゅう). für 事⁴ Vergeltung⁴ üben 事⁴の報復
をする.

Ver·gel·tungs⸗maß·nah·me [フェア・ゲる
トゥングス・マースナーメ] 女 -/-n 報復措置.

ver·ge·sell·schaf·ten [フェア・ゲぜるシャふ
テン fɛr-gəzɛ́l∫aftən] I 他 (h) ① (財産
など⁴を)国有(公有)化する, (企業など⁴を)国営
(公営)化する. ②〖社・心〗(人³を)社会に適応
させる, 社会化する. II 再帰 (h) sich⁴ verge-
sellschaften《生・医》群集を形成する; 共存(共
生)する.

ver·ges·sen¹* [フェア・ゲッセン fɛr-gésən]

忘れる
Ich werde dich nie vergessen.
イヒ ヴェーアデ ディヒ ニー フェアゲッセン
君のことは決して忘れないよ.

du vergisst, er vergisst (vergaß, hat ...verges-
sen) I 他 (完了 haben) 忘れる; 置き忘れる.
(英 forget). eine Telefonnummer⁴ ver-
gessen 電話番号を忘れる / Ich habe seinen
Namen vergessen. 私は彼の名前を忘れてしま
った / Er hat seinen Schirm **im** Zug verges-
sen. 彼は傘を列車に置き忘れた / Ich habe ver-
gessen, dass ... ...ということを忘れてしまっ
た ... 私は ... / Vergessen Sie bitte nicht, die Fenster
zu schließen! 窓を閉めるのを忘れないでくださ
い / Sie hatten **über** dem Erzählen ganz
die Arbeit vergessen. 彼らは話に夢中になっ
ていてすっかり仕事のことを忘れてしまっていた /
Das werde ich dir nie vergessen! 君のこの
親切(仕打ち)は決して忘れないよ / Vergiss es!
a) それは意味がない, b) それは重要でない(それ
を忘れろ) / Das kannst du vergessen!《口語》
それはたいしたことないよ(←それは忘れていいよ) /
nicht zu vergessen ... (列挙などの最後に):(そし
て)忘れてならないのは ...だ. ◇〖目的語なしでも〗
Er vergisst sehr leicht. 彼はとても忘れっぽい.
◇〖過去分詞の形で〗ein vergessener Dichter
(世間から)忘れられた詩人.
II 自 (完了 haben) ① (雅)(人·物²を)忘れる.
②〖**auf** 人·物⁴ ~〗(南ドッ·オースタリア)(人·物⁴を)忘
れる.
III 再帰 (完了 haben) sich⁴ vergessen (かっ
となって)われを忘れる. Er vergaß sich in
seinem Zorn. 彼は立腹のあまりわれを忘れた.

ver·ges·sen² [フェア・ゲッセン] ☞vergessen¹
(忘れる)の過分

Ver·ges·sen·heit [フェア・ゲッセンハイト] 女
-/ 忘れられていること; 忘却. in Vergessen-
heit⁴ geraten 忘れ去られる.

ver·gess·lich [フェア・ゲスりヒ] 形 忘れっぽい,
健忘症の.

ver·geß·lich ☞ 新形 vergesslich

Ver·gess·lich·keit [フェア・ゲスりヒカイト] 女
-/ 忘れっぽさ, 健忘症.

Ver·geß·lich·keit ☞ 新形 Vergesslich-
keit

ver·geu·den [フェア・ゴイデン fɛr-gɔ́ʏdən]
(h) (時間・お金など⁴を)浪費する, むだに使う.

Ver·geu·dung [フェア・ゴイドゥング] 女 -/-en
浪費, むだ使い.

ver·ge·wal·ti·gen [フェア・ゲヴァるティゲン
fɛr-gəváltɪgən] (過分 vergewaltigt) 他 (h) ①
(女性⁴を)暴力で犯す, 強姦(ごうかん)する. ② (国
民などを)力で押さえつける, 抑圧する; (法律な
ど⁴を)ねじ曲げる.

Ver·ge·wal·ti·gung [フェア・ゲヴァるティグ
ング] 女 -/-en 強姦(ごうかん); 抑圧; (法律などの)ね
じ曲げ.

ver·ge·wis·sern [フェア・ゲヴィッサァン fɛr-
gəvísərn] (過分 vergewissert) 再帰 (h) sich⁴
事² vergewissern 事²を確かめる, 確認する.
◇〖**dass** 文, **ob** 文とともに〗Hast du dich ver-
gewissert, dass (ob) die Tür abgeschlos-
sen ist? 君はドアに鍵(かぎ)がかかっているのを(か
かっているかどうかを)確かめたか.

ver·gib [フェア・ギープ] ＊vergeben¹ (許す)の du に対する 命令

ver·gibst [フェア・ギープスト] ＊vergeben¹ (許す)の 2 人称単数 現在

ver·gibt [フェア・ギープト] ＊vergeben¹ (許す)の 3 人称単数 現在

ver·gie·ßen＊ [フェア・ギーセン fɛr-gíːsən] 他 (h) ① (誤って)こぼす. Ich *habe* hier etwas Wasser *vergossen*. 私はここに少し水をこぼしてしまった. ② (涙・血など⁴を)流す. Tränen⁴ *vergießen* さめざめと泣く. ③ 鋳込む; 鋳造する.

ver·gif·ten [フェア・ギふテン fɛr-gíftən] du vergiftest, er vergiftet (vergiftete, *hat*...vergiftet) Ⅰ 他 (完了 haben) (英 *poison*) ① (物⁴ に)毒を入れる(塗る); (大気など⁴を)汚染する. Er *hat* die Speisen *vergiftet*. 彼は料理に毒を入れた. ◊ 過去分詞の形で ein *vergifteter* Pfeil 毒矢. ② 毒殺する. Sie *hat* ihren Mann *vergiftet*. 彼女は夫を毒殺した. ◊ 再帰的に sich⁴ *vergiften* 服毒自殺をする. ③《比》(雰囲気など⁴を)害する, 害する, そこなう. die Seele⁴ eines Kindes *vergiften* 子供の心を毒する.
Ⅱ 再帰 (完了 haben) *sich⁴ vergiften* 食中毒にかかる. *sich⁴* **an** Pilzen (**durch** verdorbene Wurst) *vergiften* きのこ(腐ったソーセージ)にあたる.

ver·gif·tet [フェア・ギふテット] ＊vergiften (毒を入れる)の 過分

ver·gif·te·te [フェア・ギふテテ] ＊vergiften (毒を入れる)の 過去

Ver·gif·tung [フェア・ギふトゥング] 女 -/-en ① 毒を入れること; 毒殺. ②《医》中毒. **an** einer *Vergiftung* sterben 中毒死する.

Ver·gil [ヴェルギーる vɛrgíːl] -s/《人名》ヴェルギリウス (Publius *Vergilius* Maro 前 70–前 19; 古代ローマの詩人).

ver·gil·ben [フェア・ギるベン fɛr-gílbən] 自 (s) (紙などが)黄色くなる, 黄ばむ.

ver·gilbt [フェア・ギるプト] Ⅰ vergilben (黄色くなる)の 過分 Ⅱ 形 黄色くなった, 黄ばんだ(写真・紙など).

ver·ging [フェア・ギング] ＊vergehen (過ぎ去る)の 過去

ver·gin·ge [フェア・ギンゲ] ＊vergehen (過ぎ去る)の 接2

ver·giss [フェア・ギス] ＊vergessen¹ (忘れる)の du に対する 命令

ver·giß ☞ 新旧 vergiss

Ver·giss⹀mein⹀nicht [フェア・ギス・マイン・ニヒト] 中 -(e)s/-(e)《植》ワスレナグサ(忘れな草) (友愛と思い出のシンボル).

Ver·giß⹀mein⹀nicht ☞ 新旧 Vergissmeinnicht

ver·gisst [フェア・ギスト] ＊vergessen¹ (忘れる)の 2 人称単数・3 人称単数 現在

ver·gißt ☞ 新旧 vergisst

ver·git·tern [フェア・ギッタァン fɛr-gítərn] 他 (h) (物⁴に)格子を付ける. ◊ 過去分詞の形で *vergitterte* Fenster 格子窓.

ver·gla·sen [フェア・グらーゼン fɛr-gláːzən] 他 (h) (物⁴に)ガラスをはめる. ◊ 過去分詞の形で eine *verglaste* Veranda ガラス張りのベランダ.

＊*der* **Ver·gleich**＊ [フェア・グらイヒ fɛr-gláiç] 男 (単 2) -(e)s/(複) -e (3 格のみ -en) ① 比較, 対比. (英 *comparison*). ein treffender *Vergleich* 適切な比較 / einen *Vergleich* an|stellen (または ziehen) 比較する / Das ist ja kein *Vergleich*! それはとても比較にならない[ほど良い・悪い] / Er hält den *Vergleich* mit seinem Bruder nicht aus. 彼は彼の兄とは比べものにならない(はるかに劣っている) / **im** *Vergleich* **zu** (または **mit**) 人・物³ 人・物³と比較して. ②《文学》直喩(ちょくゆ). ③《法》和解, 和議. einen *Vergleich* schließen 和解する. ④《スポ》(チーム間の)練習試合.

ver·gleich·bar [フェア・グらイヒバール] 形 比較できる. **mit** 人・物³ *vergleichbar* sein 人・物³ と比べられる, 人・物³に匹敵する.

：**ver·glei·chen**＊ [フェア・グらイヒェン fɛr-gláiçən] (verglich, *hat*...verglichen) Ⅰ 他 (完了 haben) ① (人・物⁴を)比較する, 比べる. (英 *compare*). Preise⁴ *vergleichen* 値段を比較する / eine Kopie⁴ mit dem Original *vergleichen* 複製をオリジナルと比較する / Das ist doch gar nicht zu *vergleichen*!《口語》それはまったく比べものにならない / *Vergleiche* (略: vgl.) Seite 12! 12 ページを参照せよ. ◊ 現在分詞の形で *Vergleichende* Sprachwissenschaft 比較言語学. ◊ 過去分詞の形で *Verglichen* mit ihm bist du ein Zwerg. 彼と比べると君は小人のようだ.
②《A⁴ mit B³ ～》(A⁴ を B³ に)例える. Der Dichter *verglich* sie mit einer Blume. 詩人は彼女を花になぞらえた.
Ⅱ 再帰 (完了 haben)《*sich⁴* [**mit** 人³] ～》① ([人³と]) 優劣を争う, 競う. Mit ihm *kannst* du *dich* nicht *vergleichen*. 彼には君はかなわないよ. ②《法》([人³と])和解する.

ver·gleichs⹀wei·se [フェア・グらイヒス・ヴァイゼ] 副 他と比較して, 比較的.

ver·glich [フェア・グリヒ] ＊vergleichen (比較する)の 過去

ver·gli·che [フェア・グリッヒェ] ＊vergleichen (比較する)の 接2

ver·gli·chen [フェア・グリッヒェン] ＊vergleichen (比較する)の 過分

ver·glim·men(＊) [フェア・グリンメン fɛr-glímən] 自 (s) (火・光などが)しだいに消えてゆく.

ver·glü·hen [フェア・グりューエン fɛr-glýːən] 自 (s) ① (流星・ロケットなどが)燃え尽きる. ② (火などが)しだいに消えてゆく.

＊**ver·gnü·gen** [フェア・グニューゲン fɛr-gnýːɡən] (vergnügte, *hat*...vergnügt) Ⅰ 再帰 (完了 haben) *sich⁴ vergnügen* 楽しむ, 興じる. (英 *enjoy*). *sich⁴* **auf** einem Fest *vergnügen* 祭りを楽しむ / Die Kinder *vergnügten*

sich mit Schneeballwerfen. 子供たちは雪合戦に興じた.
II 他 (定了 haben)《用》面白がらせる, 楽しませる.
◇☞ **vergnügt**

‡*das* **Ver·gnü·gen** [フェア・グニューゲン fɛr-gný:gən] 中 (単2) -s/(複) ① 《複 なし》楽しみ, 喜び. (英 *pleasure*). ein kindliches *Vergnügen* 無邪気な楽しみ / [Ich wünsche Ihnen] viel *Vergnügen*! (遊びに行く人などに:)大いに楽しんでいらっしゃい / Das macht (または bereitet) mir *Vergnügen*. それをするのが私には楽しい / Es ist mir ein *Vergnügen*. 喜んでいたします / Es war mir ein *Vergnügen*, Sie kennen zu lernen. お近づきになれてたいへんうれしゅうございました / **an** 事3 *Vergnügen* haben 事3に楽しみ(喜び)を見いだす / Mit [dem größten] *Vergnügen*! (依頼などに対して:)喜んで! / 事4 **zum** *Vergnügen* tun 楽しみのために事4をする. (☞ 類語 Freude).
② 《ふつう 単》楽しみごと; 楽しい催し, (特に:)ダンスパーティー. Das ist ein teures *Vergnügen*. それはお金のかかる楽しみだ.

ver·gnüg·lich [フェア・グニュークリヒ] 形 楽しい, 愉快な.

****ver·gnügt** [フェア・グニュークト fɛr-gný:kt] I *vergnügen (再帰 で: 楽しむ)の 過分
II 形 (比較 vergnügter, 最上 vergnügtest) 楽しそうな, 陽気な, 楽しい. (英 *cheerful*). Er ist immer *vergnügt*. 彼はいつも上機嫌だ / ein *vergnügter* Abend 愉快な晩 / sich3 einen *vergnügten* Tag machen 楽しい一日を過ごす.

ver·gnüg·te [フェア・グニュークテ] *vergnügen (再帰 で: 楽しむ)の 過去

Ver·gnü·gung [フェア・グニューグング] 女 -/-en 《ふつう 複》楽しみごと, 娯楽; 楽しい催し.

Ver·gnü·gungs≠park [フェア・グニューグングス・パルク] 男 -s/-s (まれに -e) 遊園地.

Ver·gnü·gungs≠rei·se [フェアグニューグングス・ライゼ] 女 -/-n (商用旅行などに対して:)行楽の旅, レジャー観光.

Ver·gnü·gungs≠steu·er [フェアグニューグングス・シュトイアァ] 女 -/ 遊興税, 娯楽税.

Ver·gnü·gungs≠sucht [フェアグニューグングス・ズフト] 女 -/ 遊び好き, 享楽欲.

ver·gnü·gungs≠süch·tig [フェアグニューグングス・ズュヒティヒ] 形 遊び好きの, 享楽的な.

ver·gol·den [フェア・ゴるデン fɛr-góldən] 他 (h) ① (物4に)金めっきする, 金箔を張る;《比》金色に染める. ◇《過去分詞の形で》eine *vergoldete* Uhr 金張りの時計. ② 《雅》(実際よりも)美しい(楽しい)ものにする. Die Erinnerung *vergoldete* die schweren Jahre. 思い出はつらい年月をなつかしいものに変えた.

Ver·gol·dung [フェア・ゴるドゥング] 女 -/-en ① 金めっきすること. ② 金めっき, 金箔.

ver·gön·nen [フェア・ゲンネン fɛr-gǽnən] 他 (h) (人3に事4を恩恵として)与える, 許す; 喜んで認める. Es *war* ihm nicht *vergönnt*, diesen Tag zu erleben.《状態受動・過去》彼はこの日を生きて迎えることはできなかった.

ver·göt·tern [フェア・ゲッタァン fɛr-gǽtərn] 他 (h) 盲目的に崇拝する; 熱愛する.

Ver·göt·te·rung [フェア・ゲッテルング] 女 -/-en 盲目的崇拝; 熱愛.

ver·gra·ben [フェア・グラーベン fɛr-grá:bən] I 他 (h) ① (隠すために)地中に埋める. einen Schatz *vergraben* 宝物を埋蔵する. ② (手4をポケットへ)突っ込む; (顔4を両手で)覆う, 隠す. die Hände4 in die Hosentaschen (または in den Hosentaschen) *vergraben* 両手をズボンのポケットに突っ込む. II 再帰 (h) sich4 *vergraben* ① 潜って隠れる. sich4 **in die Erde** (または **in der Erde**) *vergraben* (もぐらなどが)地中に隠れる. ② 《sich4 **in** 事4 ~》《事3(または 事4)に)没頭する.

ver·grä·men [フェア・グレーメン fɛr-grɛ́:mən] 他 (h) (人3の反感をかう.

ver·grämt [フェア・グレームト] I vergrämen (反感をかう)の 過分 II 形 悲しみにやつれた.

ver·grau·len [フェア・グラオれン fɛr-gráulən] 他 (h) 《口語》① (無愛想な態度で 人3を)寄りつかなくさせる. ② (人4の 事3を)だいなしにする.

ver·grei·fen* [フェア・グライフェン fɛr-gráifən] 再帰 (h) sich4 *vergreifen* ① つかみそこなう; (演奏者が)弾き間違える. ② 《sich4 **in** 事3 ~》(物3の)選択を誤る. sich4 im Ton *vergreifen* 口のきき方を間違える. ③ 《sich4 **an** 物3 ~》(物3を)横領する. sich4 an fremdem Eigentum *vergreifen* 他人の財産に手をつける. ④ 《sich4 **an** 人3 ~》(人3に)暴行を加える.
◇☞ **vergriffen**

ver·grei·sen [フェア・グライゼン fɛr-gráizən] 自 (s) ① 老け込む. ② (住民などが)高齢化する.

ver·grif·fen [フェア・グリッフェン] I vergreifen (再帰 で: つかみそこなう)の 過分 II 形 品切れの, 絶版の(本など). Das Buch ist leider *vergriffen*. その本は残念ながら絶版である.

ver·grö·bern [フェア・グレーバァン fɛr-grǿ:bərn] 他 (h) (人・顔つきなど4を)荒っぽくする, がさつにする. ◇《再帰的に》sich4 *vergröbern* 荒っぽくなる, がさつになる.

***ver·grö·ßern** [フェア・グレーサァン fɛr-grǿ:sərn] (vergrößerte, hat ... vergrößert) I 他 (定了 haben) ① 大きくする, 拡大(拡張)する. (英 *enlarge*). (反 「小さくする」は verkleinern). ein Geschäft4 *vergrößern* 店を大きくする / ein Foto4 *vergrößern* 写真を引き伸ばす. ② 増やす, 増大させる. die Belegschaft4 *vergrößern* 従業員を増やす.
II 再帰 (定了 haben) sich4 *vergrößern* ① 大きくなる, 広がる. Der Betrieb *hat* sich *vergrößert*. その企業は大きくなった. ② 増える, 増大する. ③ 《口語》住居(店)を拡張する. これまでより広いところに引っ越す.

ver·grö·ßert [フェア・グレーサァト] *vergröβern (大きくする)の過分

ver·grö·ßer·te [フェア・グレーサァテ] *vergrößern (大きくする)の過去

Ver·grö·ße·rung [フェア・グレーセルング] 女 -/-en ① (ふつう単) 拡大, 拡張; (写真の)引き伸ばし; 増加, 増大. ② 引き伸ばし写真.

Ver·grö·ße·rungs‗ap·pa·rat [フェアグレーセルングス・アパラート] 男 -[e]s/-e (写) (写真などの)引き伸ばし機.

Ver·grö·ße·rungs‗**glas** [フェアグレーセルングス・グラース] 中 -es/..gläser 拡大鏡, 虫眼鏡.

ver·gu·cken [フェア・グッケン fɛr-gúkən] 再帰 (h) sich^4 vergucken《口語》① 《sich^4 in 事^3~》(事^{3}を)見間違える. ② 《sich^4 in 人·物^4~》(人·物^{4}に)ほれ込む.

Ver·güns·ti·gung [フェア・ギュンスティグング] 女 -/-en 特典, 優遇措置, 割引.

ver·gü·ten [フェア・ギューテン fɛr-gýːtən] 他 (h) ① (人^{3}に立替金など^{4}を)返済する, (人^{3}に損害を補償する. ② (官庁) (仕事など^{3}の)報酬を支払う. ③ (工) (鋼^{4}を)焼き入れする, 硬化させる;《光》(レンズ^{4}を)コーティングする.

Ver·gü·tung [フェア・ギュートゥング] 女 -/-en ① 返済, 補償. ② 返済金, 補償金; 報酬. ③《工》焼き入れ, 硬化;《光》コーティング.

verh. [フェア・ハイラーテット]《略》既婚の (= verheiratet).

***ver·haf·ten** [フェア・ハフテン fɛr-háftən] du verhaftest, er verhaftet (verhaftete, *hat*...verhaftet) 他 (定) haben) **逮捕する**, 拘禁する. (英 arrest). Die Polizei *hat* den Täter *verhaftet*. 警察は犯人を逮捕した.

ver·haf·tet [フェア・ハフテット] I *verhaften (逮捕する)の 過分 II 形 ① 逮捕された. ②《in 事^3~》(事^3(伝統など)に)根ざした, しっかり結びついた.

ver·haf·te·te [フェア・ハフテテ] *verhaften (逮捕する)の 過去

Ver·haf·tung [フェア・ハフトゥング] 女 -/-en ① 逮捕, 拘禁. ②《格》(伝統などに)根ざしていること.

ver·ha·geln [フェア・ハーゲルン fɛr-háːɡəln] 自 (s) (農作物などが)ひょうで被害を受ける.

ver·hal·len [フェア・ハлレン fɛr-háːlən] 自 (s) (音·響きなどが)しだいに消えてゆく;《比》(願いなどが)聞いてもらえないままに終わる.

ver·hält [フェア・ヘルト] *verhalten^1 再帰 で: ふるまう)の 3 人称単数 現在

***ver·hal·ten^{1*}** [フェア・ハлテン fɛr-háltən] du verhältst, er verhält (verhielt, *hat*...verhalten) I 再帰 (定) haben) *sich^4 verhalten* (…に), (…)の態度をとる. (英 behave). Er *verhält sich* immer ruhig. 彼はいつも冷静にふるまう / *sich^4 passiv verhalten* 消極的な態度をとる.

② (事柄が…の)状態である. Die Sache *verhält sich* ganz anders. この件については事情はまったく違っている. ◇《非人称の **es** を主語として》Mit den anderen Kindern *verhält* *es sich* ganz genauso. 他の子供たちも事情はまったく同じだ.

③《*sich^4* **zu** 事^3 ~》(事^{3}に対して…の)関係にある. 3 *verhält sich* zu 5 **wie** 6 zu 10. 3 と 5 の比は 6 と 10 の比に等しい.

II 他 (定) haben)《雅》① (痛み·笑いなど^{4}を)抑える, こらえる. die Tränen^4 *verhalten* 涙をこらえる / Er *verhielt* den Atem. 彼は息を殺した. ② (歩み^{4}を)止める. ◇目的語なしでも》an der Kreuzung *verhalten* 交差点で歩みを止める.

ver·hal·ten^2 [フェア・ハлテン] I *verhalten^1 (再帰: でふるまう)の 過分 II 形 ① 抑えた, こらえた(感情など); 控えめな(人柄·スピードなど). mit *verhaltenem* Zorn 怒りを抑えて / *verhalten* fahren 控えめなスピードで運転する. ② 和らげられた, 弱められた(音·光など). *verhaltene* Farbtöne 落ち着いた色調.

*das **Ver·hal·ten** [フェア・ハлテン fɛr-háltən] 中 (単2) -s/ **態度**, ふるまい, (動物などの)行動. (英 behavior). ein anständiges *Verhalten* 礼儀正しい態度. (☞ 類語 Haltung).

Ver·hal·tens‗for·schung [フェアハлテンス・フォルシュング] 女 -/ 生態学, 動物行動学.

Ver·hal·tens‗ge·stört [フェアハлテンス・ゲシュテールト] 形《心·医》行動障害のある.

Ver·hal·tens‗stö·rung [フェアハлテンス・シュテールング] 女 -/-en 《ふつう複》《心·医》行動障害.

Ver·hal·tens‗wei·se [フェアハлテンス・ヴァイゼ] 女 -/-n 態度, 行動様式.

*das **Ver·hält·nis** [フェア・ヘルトニス fɛrhéltnɪs] 中 (単2) ..nisses/(複) ..nisse (3格のみ ..nissen) ① **割合**, 比, 比率;(数) 比例. (英 proportion). im *Verhältnis* [von] 2 zu 1 stehen 2 対 1 の割合である / im *Verhältnis* **zu** dir 君に比べると / Der Lohn steht in keinem *Verhältnis* zur Arbeit. 賃金は仕事に釣り合っていない. ②[対人]関係, 間柄. (英 relationship). das *Verhältnis* **zwischen** ihm und seinem Bruder 彼と兄との関係 / Ich stehe **in** einem engen *Verhältnis* zu ihm. 私は彼とは親しい間柄です. ③《口語》恋愛関係; 愛人. **mit** 人^3 ein *Verhältnis*^{4} haben 人^{3}と恋愛関係にある. ④《複 で》**状況**, 情勢, 事情; 境遇. (英 circumstances). die ärmlichen *Verhältnisse* 貧しい境遇 / die politischen *Verhältnisse* 政治情勢 / Sie kommt **aus** kleinen *Verhältnissen*. 彼女は小市民の出である / Er lebt **in** bescheidenen *Verhältnissen*. 彼はつましく暮らしている / Er lebt **über** seine *Verhältnisse*. 彼は分不相応な暮らしをしている.

***ver·hält·nis‗mä·ßig** [フェアへルトニス·メースィヒ fɛrhéltnɪs-mɛːsɪç] I 副 ① **比較的**, 割合に. (英 relatively). Diese Arbeit ist *verhältnismäßig* leicht. この仕事は比較的楽だ. ② 一定の比率で.

II 形 一定の比率による. (英 proportional).

Ver·hält·nis≠wahl [フェアヘるトニス・ヴァーる] 女 -/-en 《政》比例代表制選挙.

Ver·hält·nis·wort [フェアヘるトニス・ヴォルト] 中 -[e]s/..wörter 《言》前置詞 (=Präposition).

ver·hältst [フェアへるツト] ‡verhalten¹ 再帰 で:ふるまう) の 2 人称単数 現在

***ver·han·deln** [フェア・ハンデるン fɛr-hándəln] ich verhandle (verhandelte, hat... verhandelt) I 自 (完了 haben) ① 交渉する, 協議する. (英 negotiate). mit 人³ über 事⁴ verhandeln 人³と事⁴について交渉する / Man hat lange über einen Friedensschluss verhandelt. 講和条約締結について長い間交渉が続けられた. ② 《gegen 人⁴ ~》《法》(人⁴に対する)審理を行う.
II 他 (完了 haben) ① (事⁴について) 交渉する, 協議する. Ich habe diese Angelegenheit mit ihm verhandelt. 私はこの件について彼と話し合った. ② 《法》審理する. einen Fall verhandeln ある事件を審理する.

ver·han·delt [フェア・ハンデるト] *verhandeln (交渉する)の 過分

ver·han·del·te [フェア・ハンデるテ] *verhandeln (交渉する)の 過去

ver·han·dle [フェア・ハンドれ] *verhandeln (交渉する)の 1 人称単数 現在

***die Ver·hand·lung** [フェア・ハンドるング fɛr-hándluŋ] 女 (単) -/(複) -en 《ふつう 複》① 交渉, 協議, 話し合い. (英 negotiation). geheime Verhandlungen 秘密交渉 / die Verhandlungen⁴ führen 交渉する / mit 人³ in Verhandlungen stehen 人³と交渉中である. ② 《法》審理 (=Gerichts*verhandlung*).

Ver·hand·lungs≠ba·sis [フェアハンドるングス・バーズィス] 女 -/..basen 交渉の基盤(前提条件).

Ver·hand·lungs≠be·reit [フェアハンドるングス・ベライト] 形 交渉(話し合い)の用意がある.

Ver·hand·lungs≠part·ner [フェアハンドるングス・パルトナァ] 男 -s/- 交渉の相手方.

Ver·hand·lungs≠weg [フェアハンドるングス・ヴェーク] 男 《成句的に》auf dem Verhandlungsweg 交渉によって.

ver·han·gen [フェア・ハンゲン fɛr-háŋən] 形 ① 雲に覆われた, もやに包まれた, 曇った(空など). ② カーテンのかかった(窓など)

ver·hän·gen [フェア・ヘンゲン fɛr-héŋən] 他 (h) ① (窓など⁴をカーテンなどで)覆う. die Fenster⁴ verhängen 窓にカーテンを掛ける / den Spiegel mit einem Tuch verhängen 鏡に布を掛けて覆う. ② (刑罰など⁴を)科する; (非常事態など⁴を)布告する. die Todesstrafe⁴ über 人⁴ verhängen 人⁴に死刑を科する.

Ver·häng·nis [フェア・ヘングニス] 中 ..nisses/..nisse 不運, 悲運, 破滅の元. Der Alkohol wurde ihm zum Verhängnis. 酒が彼の命取りとなった.

ver·häng·nis≠voll [フェアヘングニス・ふォる] 形 致命的な, 重大な結果を招くような.

ver·harm·lo·sen [フェア・ハルムろーゼン fɛr-hármlo:zən] 他 (h) (危険など⁴を)軽視する, ささいなこととして扱う.

ver·härmt [フェア・ヘルムト fɛr-hérmt] 形 悲しみ(心痛)にやつれた.

ver·har·ren [フェア・ハレン fɛr-hárən] 自 (h) 《雅》① (…の場所に)じっと動かずにいる, (…の)ままでいる. Sie verharrte minutenlang an der Tür. 彼女は数分間ドアのそばに立ちつくしていた. ② 《auf (または bei または in) 事³~》(事³に)固執する, (事³に)とどまっている. bei einem Entschluss verharren 決心を変えない.

ver·har·schen [フェア・ハルシェン fɛr-hárʃən] 自 (s) ① (雪が)凍結する. ② (傷が)かさぶたになる.

ver·här·ten [フェア・ヘルテン fɛr-hértən] I 他 (h) 堅くする, 固める;《比》(人・物⁴を)かたくなに(冷酷に)する. II 自 (s) 堅くなる, 硬化する. III 再帰 (h) sich⁴ verhärten 堅くなる, 硬化する;《比》かたくなに(冷酷)になる. sich⁴ gegen 人⁴ verhärten 人⁴に対して冷たい態度をとる.

Ver·här·tung [フェア・ヘルトゥング] 女 -/-en ① 堅くなる(する)こと, 硬化で; (態度の)硬化. ② (皮膚などの)堅くなった箇所.

ver·has·peln [フェア・ハスペるン fɛr-háspəln] 再帰 (h) sich⁴ verhaspeln 《口語》早口でしゃべって何度も言い間違いをする(舌がもつれる).

ver·hasst [フェア・ハスト fɛr-hást] 形 いやな, 嫌いな, 憎まれた, 嫌われた. ein verhasster Mensch いやな人間 / sich⁴ bei 人³ verhasst machen 人³に嫌われる.

ver·haßt ☞ 新形 verhasst

ver·hät·scheln [フェア・ヘーチェるン fɛr-hé:tʃəln] 他 (h) (子供など⁴を)甘やかす.

Ver·hau [フェア・ハオ fɛr-háu] 男 中 -[e]s/-e ① バリケード, 防柵(ぼう). Drahtverhau 鉄条網. ②《比》大混乱.

ver·hau·en⁽*⁾ [フェア・ハオエン fɛr-háuən] I 他 (h) 《口語》① さんざんなぐる. 人³ den Hintern verhauen 人³の尻(し)をたたく. ② (宿題など⁴を)ひどく間違える. einen Aufsatz gründlich verhauen 作文でひどく書き間違いをする. ③ (お金など⁴を)浪費する. II 再帰 (h) sich⁴ verhauen《口語》ひどく間違いをする.

ver·he·ben* [フェア・ヘーベン fɛr-hé:ban] 再帰 (h) sich⁴ verheben 重いものを持ち上げて体を痛める.

ver·hed·dern [フェア・ヘッダァン fɛr-hédərn] I 再帰 (h) sich⁴ verheddern《口語》絡まる, もつれる;(話の途中で)つかえる. II 他 (h)《口語》(糸など⁴を)もつれさせる.

ver·hee·ren [フェア・ヘーレン fɛr-hé:rən] 他 (h) (国土など⁴を)荒らす, 荒廃させる.

ver·hee·rend [フェア・ヘーレント fɛr-hé:rənt] I verheeren (荒らす)の 現分 II 形 ① 壊滅的な(災害・結果など). verheerende Zustände 惨たんたる状態. ②《口語》ひどい, 趣味の悪い(服装など).

Ver·hee·rung [フェア・ヘールング] 女 -/-en 荒廃, 壊滅.

ver·heh·len [フェァ・ヘーレン fɛr-hé:lən] 他 (h)《雅》([人³に対して]感情・考えなど⁴を)隠しておく, 口に出さない.

ver·hei·len [フェァ・ハイレン fɛr-háilən] 自 (s)(傷などが)治る, ふさがる.

ver·heim·li·chen [フェァ・ハイムリッヒェン fɛr-hámlıçən] 他 (h) ([人³に]事⁴を)秘密にしておく. Du verheimlichst mir doch etwas. 君は私に何か隠しているね.

Ver·heim·li·chung [フェァ・ハイムリッヒュング] 女 -/-en 《ふつう 単》隠しだて, 秘密にすること.

*__ver·hei·ra·ten__ [フェァ・ハイラーテン fɛr-háira:tən] du verheiratest, er verheiratet (verheiratete, hat...verheiratet) I 再帰 (定了 haben) sich⁴ verheiraten 結婚する.《英 marry》. Sie hat sich wieder verheiratet. 彼女は再婚した / Er hat sich mit einer Japanerin verheiratet. 彼は日本人女性と結婚した.
II 他 (定了 haben) (人⁴を)結婚させる.

*__ver·hei·ra·tet__ [フェァ・ハイラーテット fɛr-háira:tət] I *verheiraten (再帰 で: 結婚する) の過分
II 形 結婚している, 既婚の (略: verh.; 記号: ⓄⒾ). (英 married). (⇔「独身の」は ledig). eine verheiratete Frau 既婚女性 / Sie ist glücklich verheiratet. 彼女は幸せな結婚生活を送っている / Ich bin doch nicht mit der Firma verheiratet.《口語·戯》私はいつ会社を辞めてもかまわないんだよ(←会社と結婚しているわけではない).

ver·hei·ra·te·te [フェァ・ハイラーテテ] *verheiraten (再帰 で: 結婚する)の過去

Ver·hei·ra·tung [フェァ・ハイラートゥング] 女 -/-en 結婚, 婚姻.

ver·hei·ßen* [フェァ・ハイセン fɛr-háisən] 他 (h)《雅》((人³に)事⁴を) 約束する; 予告する. 人³ eine große Zukunft⁴ verheißen 人³に洋々たる未来を約束する.

Ver·hei·ßung [フェァ・ハイスング] 女 -/-en 《雅》約束. das Land der Verheißung²《聖》約束の地, カナン(現在のパレスチナ西部).

ver·hei·ßungs·voll [フェァ・ハイスングス・フォる] 形 前途有望な, 大いに見込みのある.

ver·hei·zen [フェァ・ハイツェン fɛr-háitsən] 他(h) ① (暖房のためにまきなど⁴を)たく, 火にくべる. ②《俗》(人⁴を)酷使して消耗させる.

ver·hel·fen* [フェァ・ヘるフェン fɛr-hélfən] 自 (h)『人³ zu 事³ ~』(人³を助けて事³を)得させる. 人³ zum Erfolg verhelfen 人³を助けて成果を収めさせる.

ver·herr·li·chen [フェァ・ヘルリッヒェン fɛr-hérlıçən] 他 (h) 賛美(称賛)する, ほめそやす.

Ver·herr·li·chung [フェァ・ヘルリッヒュング] 女 -/-en 《ふつう 単》賛美, 称賛.

ver·het·zen [フェァ・ヘッツェン fɛr-hétsən] 他 (h) 扇動する, そそのかす.

ver·he·xen [フェァ・ヘクセン fɛr-héksən] 他 (h) 魔法にかける;《比》魅了する. 人⁴ in 物⁴ verhexen 人⁴を魔法にかけて 物⁴に変える. ◇《過去分詞の形で》Das ist ja wie verhext!《口語》これはどうもうまくいかないなあ(←魔法にかけられたようだ).

ver·hielt [フェァ・ヒーるト] *verhalten¹ (再帰 で: ふるまう)の過去

ver·hiel·te [フェァ・ヒーるテ] *verhalten¹ (再帰 で: ふるまう)の接2

ver·him·meln [フェァ・ヒンメるン fɛr-hímeln] 他 (h)《口語》神のようにあがめる, 熱烈に崇拝する.

*__ver·hin·dern__ [フェァ・ヒンダァン fɛr-híndərn] (verhinderte, hat...verhindert) 他 (定了 haben) はばむ, 防止(阻止)する.《英 prevent》. ein Unglück⁴ verhindern 事故を防止する / Das muss ich unter allen Umständen verhindern. どんなことがあってもそれを阻止しなければならない.

ver·hin·dert [フェァ・ヒンダァト] I *verhindern (はばむ)の過分 II 形 差し支えがある[ために出かけられない]. Ich bin dienstlich verhindert. 私は勤務の都合で行けない / ein verhinderter Professor《口語》(それなりの才能はあるのに)教授になりそこねた人.

ver·hin·der·te [フェァ・ヒンダァテ] *verhindern (はばむ)の過去

Ver·hin·de·rung [フェァ・ヒンデルング] 女 -/-en 妨げ, 防止, 阻止; 支障.

ver·hoh·len [フェァ・ホーレン fɛr-hó:lən] 形 隠された, ひそかな. mit kaum verhohlenem Spott 嘲笑(ちょうしょう)をあらわにして.

ver·höh·nen [フェァ・ヘーネン fɛr-hǿ:nən] 他 (h) あざける, 嘲笑(ちょうしょう)する.

ver·hoh·ne·pi·peln [フェァ・ホーネピーペるン fɛr-hó:nəpi:pəln] 他 (h)《口語》(人・物⁴を)笑い物にする.

Ver·höh·nung [フェァ・ヘーヌング] 女 -/-en あざけり, 嘲笑(ちょうしょう).

ver·hö·kern [フェァ・ヘーカァン fɛr-hǿ:kərn] 他 (h)《俗》(お金欲しさに物⁴を)売りとばす.

Ver·hör [フェァ・ヘーァ fɛr-hǿ:r] 中 -[e]s/-e (警察・裁判所による)尋問, 審問, 取り調べ. 人⁴ ins Verhör nehmen または 人⁴ einem Verhör unterziehen 人⁴を尋問する.

ver·hö·ren [フェァ・ヘーレン fɛr-hǿ:rən] I 他 (h) (警察・裁判所で人⁴を)尋問する. II 再帰 (h) sich⁴ verhören 聞き違いをする.

ver·hül·len [フェァ・ヒュれン fɛr-hýlən] 他 (h) 覆う, 覆い隠す. Sie verhüllte ihr Gesicht mit einem Schleier. 彼女は顔をヴェールで覆い隠した. ◇《再帰的に》sich⁴ verhüllen (自分の)体を覆う, 顔を隠す. ◇《現在分詞の形で》ein verhüllender Ausdruck 婉曲(えんきょく)的な表現. ◇《過去分詞の形で》eine verhüllte Drohung それとはなしの脅し.

Ver·hül·lung [フェァ・ヒュるング] 女 -/-en ① 覆う(隠す)こと. ② 覆い, カバー.

ver·hun·dert·fa·chen [フェァ・フンダァト

verhungern

ファッヘン fɛr-húndərtfaxən] 他 (h) 百倍にする. ◇《再帰的に》 sich⁴ verhundertfachen 百倍になる.

*ver·hun·gern [ふェア・フンガァン fɛr-húŋərn] (verhungerte, ist...verhungert) 自 (《完了》 sein) 餓死する, 飢え死にする. (英 starve). In den Konzentrationslagern sind viele Menschen verhungert. 《現在完了》強制収容所で多くの人々が餓死した.

ver·hun·gert [ふェア・フンガァト] *verhungern (餓死する)の 過分

ver·hun·ger·te [ふェア・フンガァテ] *verhungern (餓死する)の 過去

ver·hun·zen [ふェア・フンツェン fɛr-húntsən] 他 (h) 《口語》《物⁴を》だめにする, だいなしにする.

ver·hü·ten [ふェア・ヒューテン fɛr-hý:tən] 他 (h) (危険・病気など⁴を)防止する, 予防する. ein Unheil⁴ verhüten 災害を防止する / eine Empfängnis⁴ verhüten 避妊する / Das⁴ verhüte Gott!《接1·現在》そんなことはまっぴらごめんだ(←神がそれを防いでくださいますように).

ver·hüt·ten [ふェア・ヒュッテン fɛr-hýtən] 他 (h) (鉱石など⁴を)精錬する.

Ver·hü·tung [ふェア・ヒュートゥング] 女 -/-en 《ふつう 単》防止, 予防; 避妊.

Ver·hü·tungs·mit·tel [ふェアヒュートゥングス・ミッテる] 中 -s/- 避妊薬(器具); 予防薬.

ver·hut·zelt [ふェア・フッツェるト fɛr-hútsəlt] 形 《口語》(老いて)しわくちゃの; しなびた(果実など).

ve·ri·fi·zie·ren [ヴェリふィツィーレン verifitsí:rən] 他 (h) 《単⁴の》正しさを立証(証明)する.

ver·in·ner·li·chen [ふェア・インナァリッヒェン fɛr-ínərlɪçən] 他 (h) 内面化する; (生活など⁴を)内面的に充実させる. ◇《過去分詞の形で》 ein verinnerlichter Mensch 内省的な人.

Ver·in·ner·li·chung [ふェア・インナァリッヒュング] 女 -/-en 内面化, 精神的深化.

ver·ir·ren [ふェア・イレン fɛr-írən] 《再帰》(h) sich⁴ verirren 道に迷う; (…へ)迷い込む. Einige Schüler verirrten sich im Wald. 何人かの生徒が森で道に迷った. ◇《過去分詞の形で》 ein verirrtes Schaf 《聖》 迷える羊(マタイによる福音書 18, 12–13) / eine verirrte Kugel 流れ弾.

Ver·ir·rung [ふェア・イルング] 女 -/-en 道に迷うこと; 迷い;《比》(道徳的な)過ち, 過失.

ver·ja·gen [ふェア・ヤーゲン fɛr-já:gən] 他 (h) 追い払う, (風が)吹き払う;《比》(考えなど⁴を)払いのける. Fliegen⁴ verjagen はえを追い払う.

ver·jäh·ren [ふェア・イェーレン fɛr-jé:rən] 自 (s) 《法》時効にかかる, 時効になる.

Ver·jäh·rung [ふェア・イェールング] 女 -/-en 《法》[消滅]時効.

Ver·jäh·rungs·frist [ふェア・イェールングス・ふリスト] 女 -/-en 《法》[消滅]時効期間.

ver·ju·beln [ふェア・ユーベるン fɛr-jú:bəln] 他 (h) 《口語》(お金など⁴を遊ぶために)浪費する.

ver·jün·gen [ふェア・ユンゲン fɛr-jýnən] I 他 (h) ① 若返らせる, 若々しくする. ◇《再帰的に》 sich⁴ verjüngen 若返る. ② (若い人を入れて組織など⁴の)若返りを図る. II 《再帰》(h) sich⁴ verjüngen (先が)細くなる. Die Säule verjüngt sich nach oben. 柱は上になるほど細くなっている.

Ver·jün·gung [ふェア・ユングング] 女 -/-en ① 若返り; (若い人を採用したり)人事(メンバー)の刷新. ② 《建》(柱などの)先細(さきぼそ).

ver·ka·belt [ふェア・カーベるト fɛr-ká:bəlt] 形 《口語》ケーブルテレビが受信可能な.

ver·kal·ken [ふェア・カるケン fɛr-kálkən] 自 (s) ① 《医》(動脈などが)硬化する. ② 《口語》(人が)動脈硬化症にかかる; 老化する, 頭が固くなる. ③ (水道管などが)石灰沈着によって機能が低下する.

ver·kal·ku·lie·ren [ふェア・カるクリーレン fɛr-kalkulí:rən] 《再帰》(h) sich⁴ verkalkulieren 計算違いをする; 誤算(見込み違い)をする.

Ver·kal·kung [ふェア・カるクング] 女 -/-en ① 《医》(動脈などの)硬化. ② 《口語》頭が固くなること. ③ 石灰化; 石灰沈着.

ver·kappt [ふェア・カップト fɛr-kápt] 形 変装(偽装)した.

ver·kap·seln [ふェア・カプセるン fɛr-kápsəln] 《再帰》(h) sich⁴ verkapseln 《医》(菌などが)包嚢(ほうのう)をつくる;《比》自分の殻に閉じ込める.

ver·ka·tert [ふェア・カータァト fɛr-ká:tərt] 形 《口語》二日酔いの.

*der Ver·kauf [ふェア・カオふ fɛr-káuf] 男 (単2) -[e]s/(複) ..käufe ..コイふェ (3格のみ ..käufen) ① 販売, 売却. (英 sale).「購入」は Kauf). der Verkauf von Lebensmitteln 食料品の販売 / Verkauf über die Straße または Verkauf auch außer Hause (店の表示で):お持ち帰りもできます / 物⁴ zum Verkauf an|bieten 物⁴を売りに出す / Das Grundstück kommt (steht) zum Verkauf. その地所は売りに出される (出されている). ② 《複 なし》《商》販売部(課). Er arbeitet im Verkauf. 彼は販売部で働いている.

Ver·käu·fe [ふェア・コイふェ] *Verkauf (販売) の 複

*ver·kau·fen [ふェア・カオふェン fɛr-káufən]

売る　Ich verkaufe mein Auto.
　　　イヒ　ふェアカオふェ　マイン　アオトー
　　　私は自分の車を売ります.

(verkaufte, hat...verkauft) I 他 (《完了》haben) ① 売る, 販売する, 売却する. (英 sell). (《反》「買う」は kaufen). 物⁴ billig (teuer) verkaufen 物⁴を安く(高く)売る / 人³ (または an 人⁴) 物⁴ verkaufen 人³(または 人⁴)に物⁴を売る ⇒ Der Erfinder hat sein Patent mehreren Firmen verkauft. その発明者は自分の特許を数社に売った / ein Motorrad⁴ für (または um) 1 000 Mark verkaufen オートバイを 1,000 マルクで売る / Wie teuer verkaufen Sie das?

れをいくらで売ってくれますか / einen Spieler *verkaufen* 選手を金銭トレードに出す / Sie *verkauft* ihren Körper. または Sie *verkauft* sich⁴. 彼女は売春をしている / Das Haus ist zu *verkaufen*. この家は売り物だ / Dieser Teppich *ist* leider schon *verkauft*.《状態受動・現在》このじゅうたんは残念ながらもう売約済みです.

② 《口語》《人・事⁴を》売り込む, 宣伝する. 事⁴ **als** große Leistung *verkaufen* 事⁴ を大きな成果だと宣伝する. ◇《再帰的に》Er *verkauft sich*⁴ schlecht. 彼は自分を売り込むのが下手だ. Il 再帰《(完)で haben) *sich*⁴ *verkaufen* ① 売れ行きが…である. Dieser Artikel *verkauft sich* gut (schlecht). この商品は売れ行きがよい(悪い). ② 買収される. *sich*⁴ **dem** Feind (または **an den** Feind) *verkaufen* 敵に買収される. ③《方》まずい買い物をする. **Mit** diesem Mantel *habe* ich mich *verkauft*. このコートを買ったのは失敗だった.

*der **Ver·käu·fer** [フェァ・コイふァァ fɛr-kɔ́yfər] 男 (単2) -s/(複) – (3格のみ -n) ① (男性の)**店員**, セールスマン, 販売員. (英 salesman). Er arbeitet als *Verkäufer* in einem Elektrogeschäft. 彼は電器店の店員として働いている. ② (土地などの)売り手, 売却者.

*die **Ver·käu·fe·rin** [フェァ・コイふェリン fɛr-kɔ́yfərin] 女 (単) -/(複) ..rinnen ① (女性の)**店員**, セールスウーマン, (女性の)販売員. Sie ist *Verkäuferin* in einem Schuhgeschäft. 彼女は靴屋の店員だ. ② (女性の)売り手, 売却者.

ver·käuf·lich [フェァ・コイふりヒ] 形 ① 売れる, 売り物になる. Die Waren sind gut (schwer) *verkäuflich*. その品物は売れ行きがよい(悪い). ② 販売用の; 店頭で買える([処方箋ˢの要らない]薬など).

Ver·kaufs⇔aus·stel·lung [フェァカオふス・アオスシュテるング] 女 -/-en 展示即売会.
Ver·kaufs⇔au·to·mat [フェァカオふス・アオトマート] 男 -en/-en 自動販売機.
Ver·kaufs⇔hit [フェァカオふス・ヒット] 男 -[s]/-s《口語》ヒット商品.
Ver·kaufs⇔lei·ter [フェァカオふス・らイタァ] 男 -s/- 販売主任.
ver·kaufs·of·fen [フェァカオふス・オッふェン] 形 (本来閉店の時間に)開店している. der *verkaufsoffene* Samstag 夕方まで開店している土曜日(第一土曜日およびクリスマス前の土曜日).
Ver·kaufs⇔preis [フェァカオふス・プライス] 男 -es/-e 販売価格.
Ver·kaufs⇔schla·ger [フェァカオふス・シュらーガァ] 男 -s/- 大ヒット商品.
Ver·kaufs⇔stand [フェァカオふス・シュタント] 男 -[e]s/..stände (飲み物・花などを売る)スタンド, 売店.
ver·kauft [フェァ・カオふト] *verkaufen (売る) の 過分, 3人称単数・2人称複数 現在.
ver·kauf·te [フェァ・カオふテ] *verkaufen (売る) の 過去.

*der **Ver·kehr** [フェァ・ケーァ fɛr-ké:r]

> 交通　Der *Verkehr* stockt.
> デァ　フェァケーァ　シュトックト
> 交通が渋滞している.

男 (単2) -s (まれに -es)/(複) -e (3格のみ -en) ① ふつう 単 ① 交通, 通行, 往来; 運輸. (英 traffic). lebhafter *Verkehr* にぎやかな往来 / fließender *Verkehr* スムーズな車の流れ / der *Verkehr* auf der Autobahn アウトバーンでの交通 / den *Verkehr* regeln 交通を整理する. ② 交際, つき合い; 交流. *Verkehr*⁴ **mit** 人³ pflegen 人³とのつき合いを大切にする / den *Verkehr* **mit** 人³ ab|brechen 人³との交際を

ドイツ・ミニ情報 28

交通 Verkehr

ドイツ人の休暇旅行は, トランクを3つも4つも持って2～3週間におよぶのが普通なので, 空港や駅の構内にはどこにでも, 自由に使えるワゴンが備えられている. これはエスカレーターも上り下りできる機能的なものだが, そのワゴンに必ず Auf eigene Gefahr!(自己の責任において)という言葉が書いてあるのは, 実にドイッらしい. 自由を認める代わりに良識のある行動をせよということであり, 万一の場合(けがなど)の保障はしないということを意味するが, ドイツでは万事この調子である.

ドイツの駅には改札がない. 長距離列車の場合は, 車掌が車内を回って検札をするが, 近距離の電車では個人の自主性にゆだねられており, プラットホームや車内に設置された自動改札機(383ページの写真参照)に切符を差し込み, 乗車時間を印字するだけのことが多い. バスも同様である. ということは無賃乗車も可能なのだが, 時々抜き打ち検査があって, 有効切符を持っていないことが発覚すると高額な罰金を徴収される.

切符は, バスや近距離電車なら自動発券機で買うのが一番手っ取り早い. 長距離列車の場合は窓口で購入するか, 割引切符や乗り継ぎについてのんびり質問しながら買う人が多く, 多客期には長蛇の列ができているので, 事前に買っておくか, 時間に余裕をもって窓口へ行かないと予定が狂う. バスや鉄道のドアも, 閉まるのは自動だが, 開けるときは手動や乗客自身がスイッチを押すタイプのものなので, ぼんやり開くのを待っていると乗り遅れてしまうので要注意だ.

やめる / Wir haben keinen *Verkehr* mehr mit ihm. 私たちは彼とはもうつき合っていない. ③《貨幣などの》流通, 取り引き. 物⁴ aus dem *Verkehr* ziehen 物⁴の流通を停止する / 物⁴ in [den] *Verkehr* bringen 物⁴を流通させる. ④《婉曲》性的交渉. vorehelicher *Verkehr* 婚前交渉.

⟨メモ⟩ ..verkehr のいろいろ: Auto*verkehr* 自動車交通 / Fern*verkehr* 長距離輸送 / Fremden*verkehr* 観光[客の往来] / Güter*verkehr* 貨物輸送 / Luft*verkehr* 空の交通 / Nah*verkehr* 近距離交通 / Pendel*verkehr*（乗り物による）通勤, 通学 / Rechts*verkehr* 右側通行 / Stadt*verkehr* 都市交通 / Stoß*verkehr* ラッシュアワーの交通 / Straßen*verkehr* 道路交通

*__ver·keh·ren__ ［フェア・ケーレン fɛr-ké:rən］（verkehrte, *hat*/*ist*…verkehrt）Ⅰ 自（完了 haben または sein）① (h, s)（バス・電車などが）運行(運航)する. Der Bus *verkehrt* alle 15 Minuten. バスは15分ごとに通っている. ②(h)【mit 人³～】(人³と)交際する, つき合う, 《婉曲》(人³と)性的関係を持つ. Wir *verkehren* nicht mehr mit ihm. 私たちは彼とはもうつき合っていない / mit 人³ brieflich *verkehren* 人³と文通する. ③(h)【in 物³ (bei 人³)～】(物³に(人³の所に))出入りする. Er *verkehrte* damals viel in diesem Café (bei ihnen). 彼はそのころこの喫茶店に(彼らの所に)よく出入りしていた.
Ⅱ 他（完了 haben）逆にする, (逆のものに)変える. Traurigkeit⁴ in Freude *verkehren* 悲しみを喜びに変える. ◇【再帰的に】 *sich*⁴ *verkehren* 逆になる, (逆のものに)変わる ⇨ Ihre Zuneigung *hat sich* in Abneigung *verkehrt*. 彼女の愛情は嫌悪に変わった.
◇☞ verkehrt

__Ver·kehrs≠ader__ ［フェアケーアス・アーダァ］ 女 -/-n 交通の大動脈, 幹線道路.

__Ver·kehrs≠am·pel__ ［フェアケーアス・アンペル］ 女 -/-n 交通信号機(灯).

__Ver·kehrs≠amt__ ［フェアケーアス・アムト］ 中 -[e]s/..ämter （市・町の）観光案内所, 観光協会.

__Ver·kehrs≠auf·kom·men__ ［フェアケーアス・アオフコメン］ 中 -s/ 交通量.

*__ver·kehrs≠be·ru·higt__ ［フェアケーアス・ベルーイヒト］ 形 《交通》交通量が規制された. eine *verkehrsberuhigte* Zone 車両通行規制区域.

__Ver·kehrs≠bü·ro__ ［フェアケーアス・ビュロー］ 中 -s/-s 観光協会.

__Ver·kehrs≠cha·os__ ［フェアケーアス・カーオス］ 中 -/ ひどい交通混乱.

__Ver·kehrs≠de·likt__ ［フェアケーアス・デリクト］ 中 -[e]s/-e 交通違反[行為].

__Ver·kehrs≠dich·te__ ［フェアケーアス・ディヒテ］ 女 -/ 交通量.

__Ver·kehrs≠er·zie·hung__ ［フェアケーアス・エアツィーウング］ 女 -/ 交通安全教育.

__Ver·kehrs≠funk__ ［フェアケーアス・フンク］ 男 -s/ （ラジオの）道路交通情報.

__ver·kehrs≠güns·tig__ ［フェアケーアス・ギュンスティヒ］ 形 交通の便がよい.

__Ver·kehrs≠hin·der·nis__ ［フェアケーアス・ヒンダァニス］ 中 ..nisses/..nisse 交通障害.

__Ver·kehrs≠in·sel__ ［フェアケーアス・インゼる］ 女 -/-n （路面より一段高い）安全地帯.

__Ver·kehrs≠kno·ten·punkt__ ［フェアケーアス・クノーテン・プンクト］ 男 -[e]s/-e 交通路の集結点(要衝).

__Ver·kehrs≠la·ge__ ［フェアケーアス・らーゲ］ 女 -/-n ① （住宅などからの）交通の便. ② 道路交通状況.

__Ver·kehrs≠mit·tel__ ［フェアケーアス・ミッテる］ 中 -s/- 交通(運輸)機関.

__Ver·kehrs≠netz__ ［フェアケーアス・ネッツ］ 中 -es/-e 交通網.

__Ver·kehrs≠op·fer__ ［フェアケーアス・オプふァ］ 男 -s/- 交通事故による犠牲者.

__Ver·kehrs≠ord·nung__ ［フェアケーアス・オルドヌンゲ］ 女 -/ 交通法規.

__Ver·kehrs≠po·li·zist__ ［フェアケーアス・ポリツィスト］ 男 -en/-en 交通警官.

__Ver·kehrs≠re·gel__ ［フェアケーアス・レーゲる］ 女 -/-n 《ふつう 複》 交通規則.

__Ver·kehrs≠re·ge·lung__ ［フェアケーアス・レーゲるンゲ］ 女 -/-en 交通整理(規制).

__ver·kehrs≠reich__ ［フェアケーアス・ライヒ］ 形 交通量の多い.

__Ver·kehrs≠schild__ ［フェアケーアス・シるト］ 中 -[e]s/-er 交通(道路)標識.

__Ver·kehrs≠si·cher__ ［フェアケーアス・ズィッヒァ］ 形 交通安全の; 安全運行できる状態にある, 整備万全の(車両など).

__Ver·kehrs≠si·cher·heit__ ［フェアケーアス・ズィッヒァハイト］ 女 -/ 交通安全.

__Ver·kehrs≠stau·ung__ ［フェアケーアス・シュタオウング］ 女 -/-en 交通渋滞.

__Ver·kehrs≠sto·ckung__ ［フェアケーアス・シュトックング］ 女 -/-en 交通渋滞.

__Ver·kehrs≠sün·der__ ［フェアケーアス・ズュンダァ］ 男 -s/- 《口語》 交通[規則]違反者.

__Ver·kehrs≠teil·neh·mer__ ［フェアケーアス・タイるネーマァ］ 男 -s/- 道路交通利用者(歩行者・ドライバーなど).

*der __Ver·kehrs≠un·fall__ ［フェアケーアス・ウンふァる fɛrké:rs-unfall］ 男 -[e]s/(複)..fälle [..ふェれ] （3格のみ ..fällen）交通事故. (英 trafic accident).

__Ver·kehrs≠ver·ein__ ［フェアケーアス・フェアアイン］ 男 -[e]s/-e 観光協会.

__Ver·kehrs≠vor·schrift__ ［フェアケーアス・ふォーァシュリふト］ 女 -/-en 《ふつう 複》 交通規則.

__Ver·kehrs≠weg__ ［フェアケーアス・ヴェーク］ 男 -[e]s/-e ① 交通路(道路・鉄道路・航路など). ②《ふつう 複》（命令などの）通達経路.

__Ver·kehrs≠we·sen__ ［フェアケーアス・ヴェーゼン］ 中 -s/ 交通(運輸)制度, 交通業務.

ver・kehrs・wid・rig [フェアケーアス・ヴィードリヒ] 形《口語》交通違反の.

Ver・kehrs・zäh・lung [フェアケーアス・ツェールング] 女 -/-en 交通量調査.

Ver・kehrs・zei・chen [フェアケーアス・ツァイヒェン] 中 -s/- 交通標識.

*__ver・kehrt__ [フェア・ケーアト fɛr-ké:rt] I *verkehren（運行する）の過分
II 形（比較 verkehrter, 最上 verkehrtest）逆の, 反対の;（セーターなどが）裏返し（後ろ前）の;（教育などが）本末転倒の, 間違った. die verkehrte Richtung 逆方向 / Kaffee verkehrt《口語》ミルクの方が多く入ったコーヒー, ミルクコーヒー / eine verkehrte Erziehung 間違った教育 / Das ist gar nicht verkehrt. それはまったく正しい / Er macht alles verkehrt. 彼は何をやってもへまばかりする.

ver・kehr・te [フェア・ケーアテ] *verkehren（運行する）の過去

Ver・kehrt・heit [フェア・ケーアトハイト] 女 -/-en ① 《複なし》逆, 逆さま, 倒錯. ② 間違った（不合理な）行為, 愚行.

ver・kei・len [フェア・カイレン fɛr-káilən] I 他 (h) ① くさびで固定する. ②《方》ぶんなぐる. II 再帰 (h)《sich⁴ in 物⁴ ～》〔物⁴に〕くさびのように食い込む.

ver・ken・nen* [フェア・ケンネン fɛr-kénən] 他 (h) 誤認（誤解）する, 見誤る. Ihre Absicht war nicht zu verkennen. 彼女の意図は明白だった / Ich will nicht verkennen, dass ... 私は…ということを認めるにやぶさかではない.

Ver・ken・nung [フェア・ケンヌング] 女 -/ 誤認, 誤解.

ver・ket・ten [フェア・ケッテン fɛr-kétən] 他 (h) ①（ドアなど⁴に）チェーンを掛ける, 鎖でつなぐ. ② 結びつける. ◇《再帰的に》sich⁴ verketten（分子などが）連鎖的に結合する;（事件などが）連鎖的に（次次に）起こる.

Ver・ket・tung [フェア・ケットゥング] 女 -/-en 連鎖, 連結; 連結. eine Verkettung von Unglücksfällen 災難続き.

ver・ket・zern [フェア・ケッツァァン fɛr-kétsərn] 他 (h)（公然と）非難する, 中傷する.

ver・kit・ten [フェア・キッテン fɛr-kítən] 他 (h)（すき間・継ぎ目など⁴を）パテ（接着剤）でふさぐ.

ver・kla・gen [フェア・クラーゲン fɛr-klá:gən] 他 (h) ① 告訴する, 訴える. einen Arzt auf Schadenersatz verklagen 損害賠償を求めて医者を告訴する. ②《方・雅》〔人⁴のことで〕不平を言う, 苦情を持ち込む.

ver・klap・pen [フェア・クラッペン fɛr-klápən] 他 (h)（廃棄物などを）海洋投棄する.

ver・klä・ren [フェア・クレーレン fɛr-klé:rən] 他 (h) ①（喜びなどが顔など⁴を）晴れやかにする, 輝かせる;（過去など⁴を）美化する. ◇《再帰的に》sich⁴ verklären（顔などが）晴れやかになる, 輝く;（過去などが）美化される. ②《キリスト教》変容させる.

ver・klärt [フェア・クレーアト] I verklären（晴れやかにする）の過分 II 形 輝いた, 晴れ晴れした; 浄(ジョウ)められた. mit verklärtem Blick 目を輝かせて.

Ver・klä・rung [フェア・クレールング] 女 -/-en （精神的）美化, 浄化;《キリスト教》変容. die Verklärung Christi² キリストの変容.

ver・klat・schen [フェア・クラッチェン fɛr-klátʃən] 他 (h)《口語》〔人⁴のことを〕告げ口する.

ver・klau・su・lie・ren [フェア・クラォズリーレン fɛr-klauzulí:rən] 他 (h) ①（契約など⁴に）付帯条件を付ける. ②《軍⁴を》回りくどく（難しい言い回しで）表現する.

ver・kle・ben [フェア・クレーベン fɛr-klé:bən] I 自 (s) くっつく, べたつく. II 他 (h) ①（裂け目など⁴を）貼(は)ってふさぐ. eine Wunde⁴ mit Heftpflaster verkleben 傷口に絆創(バンソウ)こうを貼る. ②（タイルなど⁴を）張る. ③ くっつき合わせる.

ver・klei・den [フェア・クライデン fɛr-kláidən] 他 (h) ① 変装（仮装）させる. ◇《再帰的に》sich⁴ verkleiden 変装（仮装）する ⇒ sich⁴ als Frau verkleiden 女装する. ② 覆う. Wände⁴ mit Holz verkleiden 壁を板張りにする. ③（事実など⁴を）粉飾する.

Ver・klei・dung [フェア・クライドゥング] 女 -/-en ① 変装, 仮装. ②（壁などの）上張り, 化粧張り; 被覆.

*__ver・klei・nern__ [フェア・クライナァン fɛr-kláinərn]（verkleinerte, hat...verkleinert）I 他 (完了 haben) ① 小さくする, 縮小する.（英 reduce）.（反対「大きくする」は vergrößern）. einen Betrieb verkleinern 企業を縮小する. ② 減らす, 削減する. ③ 実際より小さく見せる. ④《軍⁴に》けちをつける.
II 再帰（完了 haben）sich⁴ verkleinern ① 小さくなる, 縮小される. Die Geschwulst hat sich verkleinert. 腫瘍(シュヨウ)が小さくなった. ② 減る, 減少する. ③《口語》これまでより狭いところに引っ越す.

ver・klei・nert [フェア・クライナァト] *verkleinern（小さくする）の過分

ver・klei・ner・te [フェア・クライナァテ] *verkleinern（小さくする）の過去

Ver・klei・ne・rung [フェア・クライネルング] 女 -/-en ①《ふつう単》縮小;（英）減少, 削減; けちをつけること. ② 縮小した写真（コピー）.

Ver・klei・ne・rungs・form [フェアクライネルングス・フォルム] 女 -/-en《言》縮小形.

Ver・klei・ne・rungs・sil・be [フェアクライネルングス・ズィルベ] 女 -/-n《言》縮小語尾（例：..chen, ..lein）.

ver・kleis・tern [フェア・クライスタァン fɛr-kláistərn] 他 (h)《口語》（すき間など⁴を）糊(のり)で張って繕う;《比》（矛盾など⁴を）糊塗(ぬり)する.

ver・klem・men [フェア・クレンメン fɛr-klémən] 再帰 (h) sich⁴ verklemmen（戸などが）動かなくなる, 引っかかる.

ver・klemmt [フェア・クレムト] I verklemmen（再帰で: 動かなくなる）の過分 II 形（心理的に）抑制された, ぎこちない, 気後れした.

ver･kli･ckern [フェァ・クリッカァン fɛr-klí-kərn] 他 (h) 《口語》(人³に事⁴を)説明する, わからせる.

ver･klin･gen* [フェァ・クリンゲン fɛr-klíŋən] 自 (s) ① (声･音などが)しだいに消えてゆく;(感激などが)薄れてゆく. ② (雅)(祭りなどが)終わりに近づく.

ver･klop･pen [フェァ・クロッペン fɛr-klɔ́pən] 他 (h) 《口語》① さんざんなぐる. ② (安値で)売りとばす.

ver･kna･cken [フェァ・クナッケン fɛr-knákən] 他 (h) 《口語》(人³を事³の刑に処する.

ver･knack･sen [フェァ・クナクセン fɛr-knáksən] 他 (h) 《成句的に》sich³ den Fuß (die Hand)⁴ verknacksen《口語》足(手)をくじく.

ver･knal･len [フェァ・クナルン fɛr-knálən] 再帰 (h) 《sich⁴ in 人⁴ ～》(俗)(人⁴に)ぞっこんほれ込む.

ver･knap･pen [フェァ・クナッペン fɛr-knápən] 他 (h) 乏しくする, 少なくする, 切りつめる. ◇《再帰的に》sich⁴ verknappen (食料などが)乏しくなる, 少なくなる.

Ver･knap･pung [フェァ・クナップング] 女 -/-en 欠乏, 不足, 払底.

ver･knei･fen* [フェァ・クナイフェン fɛr-knáɪfən] I 再帰 (h)《sich³ 事⁴ verkneifen》《口語》事⁴を抑える. sich³ das Lachen⁴ verkneifen 笑いをこらえる. II 他 (髪)(目⁴を)細める, (口⁴を)きっと結ぶ.

ver･knif･fen [フェァ・クニフェン fɛr-knífən] I verkneifen (再帰で: あきらめる)の過分 II 形 しかめた(顔など); 口をへの字に結んだ. ein verkniffenes Gesicht しかめっ面.

ver･knö･chern [フェァ・クネッヒャァン fɛr-knœ́çərn] 自 (s) ① (年をとって)頑迷になる, 融通が利かなくなる. ② 《医》骨化する.

ver･knö･chert [フェァ・クネッヒャァト] I verknöchern (頑迷になる)の過分 II 形 (年をとって)頑迷な, かたくなな, 融通の利かない.

ver･kno･ten [フェァ・クノーテン fɛr-knóːtən] I 他 (h) ① 結ぶ; 結び合わせる. ②《A⁴ an B³ ～》(A⁴をB³に)結びつける. ③《sich⁴ verknoten (ひもなどが)もつれて結び目ができる.

ver･knüp･fen [フェァ・クニュプフェン fɛr-knýpfən] 他 (h) ① (ひもなどを)結び合わせる. ②《A⁴ mit B³ ～》(A⁴をB³と)結びつける, 関連づける. ◇《再帰的に》sich⁴ mit 事³ verknüpfen 事³と結びついて(関連して)いる.

Ver･knüp･fung [フェァ・クニュプフング] 女 -/-en 結合する(される)こと; 関連[づけ].

ver･knu･sen [フェァ・クヌーゼン fɛr-knúːzən] 他 (h)《成句的に》人･事⁴ nicht verknusen können《口語》人･事⁴を我慢できない.

ver･ko･chen [フェァ・コッヘン fɛr-kóxən] I 他 (h)《A⁴ zu B³ ～》(A⁴をB³に)煮つめる. II 自 (s) (水などが)沸騰して蒸発してしまう; (野菜などが)煮てどろどろになる, 煮つまる.

ver･koh･len¹ [フェァ・コーレン fɛr-kóːlən] I 自 (s) 炭になる, 炭化する. II 他 (h) (木材などを焼いて)炭にする, 炭化する.

ver･koh･len² [フェァ・コーレン] 他 (h)《口語》(うそをついて)からかう, かつぐ.

ver･ko･ken [フェァ・コーケン fɛr-kóːkən] 他 (h) (石炭⁴を)コークス化する.

ver･kom･men* [フェァ・コンメン fɛr-kómən] 自 (s) ① 落ちぶれる; 堕落する, 不良になる. ◇《過去分詞の形で》ein verkommenes Subjekt《俗》自堕落な人間. ② (家屋などが)荒廃する, 朽ちてゆく. ③ (食べ物が)傷む, 腐る.

Ver･kom･men･heit [フェァ・コンメンハイト] 女 -/ ① 零落; 堕落. ② 荒廃. ③ 腐敗.

ver･kon･su･mie･ren [フェァ・コンズミーレン fɛr-kɔnzumíːrən] 他 (h)《口語》(食料品など⁴を)消費する.

ver･kop･peln [フェァ・コッペルン fɛr-kɔ́pəln] 他 (h)《A⁴ mit B³ ～》(A⁴をB³と)つなぎ合わせる; 関連づける.

ver･kor･ken [フェァ・コルケン fɛr-kɔ́rkən] I 他 (h) (びんなど⁴に)コルク栓をする. II 自 (s) コルク状になる.

ver･kork･sen [フェァ・コルクセン fɛr-kɔ́rksən] 他 (h)《口語》① だめにする, だいなしにする. sich³ den Magen verkorksen 胃をこわす. ② (物⁴を)作りそこなう; (事⁴を)やりそこなう.

ver･kör･pern [フェァ・ケルパァン fɛr-kǿrpərn] I 他 (h) ①《人⁴の》役を演じる. ② 具現する, (物⁴の)権化である. II 再帰 (h)《sich⁴ in 人³ ～》(人³の中に)具現(体現)される.

Ver･kör･pe･rung [フェァ・ケルペルング] 女 -/-en ① 具現, 具体化. ② 権化, 化身.

ver･kra･chen [フェァ・クラッヘン fɛr-kráxən] I 再帰 (h)《sich⁴ [mit 人³] ～》《口語》([人³と])仲たがいする. II 自 (s)《口語》倒産する; 挫折(ざせつ)する, 落後する.

ver･kracht [フェァ・クラハト] I verkrachen (再帰で: 仲たがいする)の過分 II 形《口語》倒産した; 挫折(ざせつ)(落後)した.

ver･kraf･ten [フェァ・クラフテン fɛr-kráftən] 他 (h) (仕事など⁴を自力で)やり遂げる; (難局など⁴を)乗り切る; (戯)食べ尽くす.

ver･kramp･fen [フェァ・クランプフェン fɛr-krámpfən] I 再帰 (h)《sich⁴ verkrampfen》① (筋肉などが)けいれんを起こす, ひきつる. ② 《比》(精神的に)緊張する, こちこちになる. II 他 (h) (手など⁴をひきつらせる, こわばらせる.

ver･krampft [フェァ・クランプフト] I verkrampfen (再帰で: けいれんを起こす)の過分 II 形 ひきつった, こわばった. ein verkrampftes Lächeln ひきつったような笑い.

Ver･kramp･fung [フェァ・クランプフング] 女 -/-en けいれん.

ver･krie･chen* [フェァ・クリーヒェン fɛr-kríːçən] 再帰 (h)《sich⁴ ～》(動物などが)潜り込む; はって身を隠す. sich⁴ ins Bett verkriechen《口語》ベッドに潜り込む.

ver･krü･meln [フェァ・クリューメルン fɛr-krýːməln] I 他 (h) (パンなど⁴の)くずをまき散らす. II 再帰 (h) sich⁴ verkrümeln《口語》いつのまにか(こっそり)姿を消す.

ver･krüm･men [フェァ・クリュンメン fɛr-

ver·krüm·mung [フェア・クリュンムング] 囡 -/-en (骨格などの)湾曲, ゆがみ.

ver·krüp·peln [フェア・クリュペるン fɛr-krýpəln] I 圓 (s) (木などが)奇形になる. II (h)(事故などが)[人⁴・手足⁴を]不具にする, 不自由な体にする.

ver·krüp·pelt [フェア・クリュペるト] I verkrüppeln(奇形になる)の過分 II 厖 不自由な体の, 奇形の.

ver·krus·ten [フェア・クルステン fɛr-krústən] 圓 (s) (傷が)かさぶたになる; (血・泥などが)固まる. ◊[過去分詞の形で] eine verkrustete Wunde かさぶたになった傷口.

ver·küh·len [フェア・キューれン fɛr-kýːlən] 再帰 (h) sich⁴ verkühlen《方》風邪をひく.

ver·küm·mern [フェア・キュンマァン fɛr-kýmərn] 圓 (s) (動植物が)発育不全になる; (筋肉などが)萎縮する(じゅく); (人が)気力をなくす; (比)(才能などが)伸びなくなる.

ver·kün·den [フェア・キュンデン fɛr-kýndən] 他 (h)《雅》① (公的に)発表する, 公示(公告)する;(法律などが)布告する. das Urteil⁴ verkünden 判決を言い渡す. ② (はっきり)告げる, 明言する. ③ (災いなど⁴を)予告する.

ver·kün·di·gen [フェア・キュンディゲン fɛr-kýndɪgən] 他 (h)《厳かに》告げる, 告知する. das Evangelium⁴ verkündigen (宗教) 福音を宣べ伝える. ② 公布する, 公表する. ③ 明言する. ④ (災いなど⁴を)予告する.

Ver·kün·di·gung [フェア・キュンディグング] 囡 -/-en《雅》告知, お告げ; 予言. Mariä² Verkündigung (ゕ゚ゕ゚) 聖母マリアへのお告げ[の祝日] (天使ガブリエルがキリスト受胎を聖母マリアに伝えた記念祭. 3月25日).

Ver·kün·dung [フェア・キュンドゥング] 囡 -/-en 公表, 公告, 公布; 予告

ver·kup·peln [フェア・クッペるン fɛr-kúpəln] 他 (h)《蔑》① [人⁴を](または mit B³)verkuppeln A⁴とB⁴(またはB³)の仲をとりもつ, (財産目当てで)A⁴をB⁴(またはB³)と結婚させる. ②《鉄》(車両など⁴を)連結する, つなぐ.

* **ver·kür·zen** [フェア・キュルツェン fɛr-kýrtsən] du verkürzt (verkürzte, hat ... verkürzt) I 他 (完了 haben) **短くする**, 縮める; (期間などを)短縮する; 削減(カット)する. (⇔ shorten). (注意)「長くする」は verlängern). eine Schnur um 10 cm verkürzen ひもを10センチ短くする / die Arbeitszeit⁴ verkürzen 労働時間を短縮する / die Zeit³ durch 事⁴ (または mit 事³) verkürzen 事⁴(または事³)で退屈しのぎをする. ◊[再帰的に] sich⁴ verkürzen 短くなる, 縮まる.
II 圓 (完了 haben) (球技で:)点差を縮める. **auf 4:3** (= vier zu drei) verkürzen 4対3まで追いあげる.

ver·kürzt [フェア・キュルツト] *verkürzen (短くする)の過分

ver·kürz·te [フェア・キュルツテ] *verkürzen (短くする)の過去

Ver·kür·zung [フェア・キュルツング] 囡 -/-en 短縮, 縮小; 削減.

Verl.《略》① [フェア・らーク] 出版社 (= **Verlag**). ② [フェア・れーガァ] 出版者 (= **Verleger**).

ver·la·chen [フェア・らッヘン fɛr-láxən] 他 (h) あざ笑う, 嘲笑(ちょう)する.

ver·la·den* [フェア・らーデン fɛr-láːden] 他 (h) ① (荷物・兵隊など⁴を)積む, 積み込む. Güter⁴ auf Lastwagen verladen トラックに商品を積む. ②《口語》[人⁴を]口車に)乗せる, だます.

Ver·la·de≈ram·pe [フェアらーデ・ランペ] 囡 -/-n [貨物]積み込みランプ(ホーム).

Ver·la·dung [フェア・らードゥング] 囡 -/-en 積み込み, 積載.

* *der* **Ver·lag** [フェア・らーク fɛr-láːk] 男 (単2) -[e]s/(複) (3格のみ -en) ① **出版社**, 発行所. (英) publisher). Er sucht einen Verlag für sein Buch. 彼は自分の本を出してくれる出版社を探している / Das Buch erscheint im Verlag Karl Sommer. その本はカール・ゾンマー出版社で出版される. ②《商》問屋業, 取次業. Bier*verlag* ビール問屋.

ver·la·gern [フェア・らーゲァン fɛr-láːgərn] 他 (h)(重心・重点など⁴を)移す; [物⁴を]ほかの保管場所へ移す. ◊[再帰的に] sich⁴ verlagern (他の場所へ)移る, 移動する.

Ver·la·ge·rung [フェア・らーゲルング] 囡 -/-en 移動, 転位, 移転.

Ver·lags≈buch·han·del [フェアらークス・ブーフハンデる] 男 -s/ 出版業.

Ver·lags≈buch·händ·ler [フェアらークス・ブーフヘンドらァ] 男 -s/- 出版業者.

Ver·lags≈buch·hand·lung [フェアらークス・ブーフハンドるング] 囡 -/-en 出版社.

Ver·lags≈ka·ta·log [フェアらークス・カタローク] 男 -[e]s/-e 出版図書目録.

Ver·lags≈recht [フェアらークス・レヒト] 匣 -[e]s/《法》① [出]版権. ② 出版法[規].

* **ver·lan·gen** [フェア・らンゲン fɛr-láŋən] (verlangte, hat ... verlangt) I 他 (完了 haben) ① **求める**, 要求する; 請求する. (英 demand). Ich verlange eine Erklärung! 私は説明を求めます / Er verlangt für diese Arbeit hundert Mark. 彼はこの仕事に対して100マルクを請求する / Der Beamte verlangte von ihr einen Ausweis. その官吏は彼女に身分証明書の提示を求めた / Ich verlange, dass ... 私は…ということを要求する / Das ist zu viel verlangt.《状態受動・現在》それは要求のしすぎだ.

② (物事が事⁴を)**必要とする**, 要する. Diese Arbeit verlangt viel Geduld. この仕事にはたいへんな根気が要る.

③ (人⁴を電話口などへ)呼び出す. Herr Schmidt, Sie werden am Telefon verlangt.

Verlangen

〖受動・現在〗シュミットさん、あなたにお電話です。
II 自(完了 haben)〖**nach** 人・物³~〗〖雅〗(物³を)欲しがる、求める。(人³に)来てもらいたがる。Er *verlangt* nach Wasser. 彼は水を欲しがっている / Er *verlangte* nach dem Geschäftsführer. 彼は支配人を呼んでくれと言った。◇〖現在分詞の形で〗*verlangende* Blicke もの欲しげなまなざし.
III 非人称(完了 haben)〖**es** *verlangt* 人⁴ **nach** 人・事³の形で〗〖雅〗人⁴が人・事³を求める。Es *verlangt* ihn nach Ruhe. 彼は安らぎを求めている. ◇〖**zu** 不定詞〖句〗とともに〗Es *verlangt* mich noch einmal zu sehen. 私は彼にぜひもう一度会いたい.

*das **Ver·lan·gen** [フェア・ランゲン fɛr-láŋən] 中(単2)-s/(複)〖雅〗① **欲求、欲望、願望.** (英 *desire*). ein dringendes *Verlangen* 切望 / ein *Verlangen*⁴ erfüllen 欲求を満たす / Er zeigte kein *Verlangen* nach diesen Dingen. 彼はこのような物は欲しがらなかった. ② **要求、要請.** (英 *demand*). auf *Verlangen* von Herrn Meyer マイアー氏の要求に応じて.

***ver·län·gern** [フェア・レンガァン fɛr-léŋɐrn] (verlängerte, *hat*...verlängert) 他(完了 haben) ① 長くする、伸ばす；(期間など⁴を)延長する、(証明書など⁴を)更新する. (英 *lengthen, extend*). (反対「短くする」は verkürzen). die Ärmel⁴ [um drei Zentimeter] *verlängern* 袖(₂)を[3センチ]長くする / Er *verlängerte* seinen Urlaub. 彼は休暇を延長した. ◇〖再帰的に〗*sich*⁴ *verlängern* 長くなる、伸びる；(期間などが)延長される ⇒ Der Ausweis *verlängert sich* automatisch. その証明書は自動的に更新される. ② (ソースなど⁴を)薄めて量を増やす、のばす. ③ (球技で:)(ボール⁴を…へ)つなぐ、パスする.

ver·län·gert [フェア・レンガァト] *verlängern(長くするの)過分

ver·län·ger·te [フェア・レンガァテ] *verlängern(長くするの)過去

Ver·län·ge·rung [フェア・レンゲルング] 女-/-en ① 延ばすこと、伸長；(有効期限・試合時間などの)延長. ② 延長部分.

Ver·län·ge·rungs·schnur [フェアレンゲルングス・シュヌーア] 女-/..schnüre (電)(電気の)延長コード.

ver·lang·sa·men [フェア・ラングザーメン fɛr-láŋzaːmən] 他(h)(速度⁴を)遅くする、減速する. ◇〖再帰的に〗*sich*⁴ *verlangsamen*(速度が)遅くなる、減速される.

ver·langt [フェア・ラングト] *verlangen(求める)の過分, 3人称単数・2人称複数現在

ver·lang·te [フェア・ラングテ] *verlangen(求める)の過去

Ver·lass [フェア・ラス fɛr-lás] 男〖成句的に〗Es ist kein *Verlass* **auf** ihn. 彼は信頼できない.

Ver·laß ☞ 新形 Verlass

****ver·las·sen**¹* [フェア・ラッセン fɛr-lásən] du verlässt, er verlässt (verließ, *hat*...verlassen) **I** 他(完了 haben) ① (ある場所⁴を)去る、あとにする；(人⁴のもとを)離れる. (英 *leave*). die Heimat⁴ *verlassen* 故郷をあとにする / Er *verlässt* im Herbst die Schule. 彼は秋に学校を卒業する / Er *hat* soeben das Haus *verlassen*. 彼はたった今家を出て行った / Sie *hat* ihre Eltern *verlassen*. 彼女は両親のもとを離れた. (☞ 類語 ausgehen).
② (人⁴を)見捨てる、置き去りにする. Er *hat* seine Frau *verlassen*. 彼は妻を見捨てた / Seine Kräfte *verließen* ihn. 〖比〗彼の力は尽きてしまった.
II 再帰(完了 haben)〖*sich*⁴ **auf** 人・事⁴~〗(人・事⁴を)頼りにする、当てにする. Man *kann sich* auf ihn *verlassen*. 彼は信頼できる / Darauf *kannst* du *dich* verlassen. それは当てにしていいよ(確かなことだよ).

ver·las·sen² [フェア・ラッセン] **I** *verlassen¹(去る)の過分 **II** 形 ① 見捨てられた、寄る辺のない；孤独な. Ich fühlte mich *verlassen*. 私は心細い思いをした. ② 荒涼とした、人の住まない、人気のない.

Ver·las·sen·heit [フェア・ラッセンハイト] 女-/ 孤独、荒涼.

ver·läss·lich [フェア・レスリヒ] 形 頼りになる、信用できる；(情報などが)信頼性の高い.

ver·läß·lich ☞ 新形 verlässlich

Ver·läss·lich·keit [フェア・レスリヒカイト] 女-/ 頼りになること、信頼性.

Ver·läß·lich·keit ☞ 新形 Verlässlichkeit

ver·lässt [フェア・レスト] *verlassen¹(去る)の2人称単数・3人称単数現在

ver·läßt ☞ verlässt

Ver·laub [フェア・ラオプ fɛr-láup] 男〖成句的に〗mit *Verlaub*〖雅〗お許し願えれば、失礼ながら / mit *Verlaub* gesagt (または zu sagen)〖雅〗失礼ながらあえて申します.

*der **Ver·lauf** [フェア・ラオフ fɛr-láuf] 男 (単2)-[e]s/(複)..läufe [..ろイフェ](3格のみ..läufen)(英 *course*)〖ふつう 単〗① **経過、進行、成り行き.** der *Verlauf* einer Krankheit² 病気の経過 / **im** *Verlauf* von zehn Jahren 10年のうちに / **nach** *Verlauf* von fünf Tagen 5日後に. ② (道・境界線などの)延びる方向(様子).

****ver·lau·fen**¹* [フェア・ラオフェン fɛr-láufən] du verläufst, er verläuft (verlief, *hat/ist*...verlaufen) **I** 再帰(完了 haben) *sich*⁴ *verlaufen* ① (歩いていて)道に迷う. Die Kinder *haben sich* im Wald *verlaufen*. 子供たちは森で道に迷った. ② 〖*sich*⁴ **in** 物³~〗(足跡・道などが物³の中に)消える. ③ (群衆などが)四散する、散り散りになる. ④ (高潮・洪水などが)引く.
II 自(完了 sein) ① (事柄が…のぐあいに)経過する、進行する. Die Sache *ist* gut *verlau-*

fen.〖現在完了〗その件はうまくいった. ② (道・線などが…のぐあいに)走っている, (…へ)延びている. Die beiden Linien *verlaufen* parallel. 2本の線は平行して延びている / Der Weg *verläuft* entlang der Grenze. その道は国境に沿って走っている. ③〖**in** 物³ ~〗(足跡・道などが物³の中に)消える, とだえる. ④ (インクなどが)にじむ. ⑤ (バターなどが)溶ける.

ver·lau·fen² [フェァ・ろオフェン] *verlaufen¹ (再帰) で: 道に迷う)の過分

ver·läufst [フェァ・ろイフスト] *verlaufen¹ (再帰) で: 道に迷う)の2人称単数現在

ver·läuft [フェァ・ろイフト] *verlaufen¹ (再帰) で: 道に迷う)の3人称単数現在

ver·laust [フェァ・ろオスト fɛr-láʊst] 形 しらみのたかった(髪など).

ver·laut·ba·ren [フェァ・らオトバーレン fɛr-láʊtba:rən] I 他 (h) 公表する, 発表する, 告知する. II 自 (s) (雅) 知れ渡る. ◇非人称の **es** を主語として〗Es *verlautbart*, dass… …であると公表(発表)される.

Ver·laut·ba·rung [フェァ・らオトバールング] 女 -/-en (公式の)発表, 告知, 公示.

ver·lau·ten [フェァ・らオテン fɛr-láʊtən] I 自 (s) 知れ渡る, 報じられる. 事⁴ *verlauten lassen* 事⁴を口外する, 漏らす. ◇過去分詞の形で〗wie *verlautet* 発表されたところによれば. II 他 (h) 公表する, 発表する. ◇非人称の **es** を主語として〗Es *verlautet*, dass … …だそうだ.

ver·le·ben [フェァ・れーベン fɛr-lé:bən] 他 (h) ① (時間・休暇など⁴を)過ごす. Er *hat* drei Jahre **in** Amerika *verlebt*. 彼は3年間アメリカで過ごした. ②《口語》(お金など⁴を)生活費に使う.

ver·lebt [フェァ・れープト] I verleben (過ごす)の過分 II 形 (酒色にふけって・不節制のために)やつれ果てた, 老けこんだ.

ver·le·gen¹ [フェァ・れーゲン fɛr-lé:gən] I 他 (h) ① 移す, 移転させる. Er *hat* seinen Wohnsitz **nach** Bonn *verlegt*. 彼は住所をボンに移した. ② (期日を)変更する, 延期する. 事⁴ **auf** nächste Woche *verlegen* 事⁴を翌週に延期する. ③ どこかに置き忘れる. Ich *habe* meine Brille *verlegt*. 私は眼鏡をどこかに置き忘れた. ④ 出版する. ⑤ (管・ケーブルなど⁴を)据え付ける, 敷設する. ⑥ ふさぐ. 人³ den Weg *verlegen* 人³の道をふさぐ. II 再帰〗(h)〖*sich*⁴ **auf** 事⁴ ~〗(これまでの態度を変えて)事⁴に切り替える. *sich*⁴ aufs Bitten *verlegen* 今度はしきりに懇願し始める.

*✱**ver·le·gen**² [フェァ・れーゲン fɛr-lé:gən] 形 ① 当惑した, 気まずい, 途方に暮れた.《英 *embarrassed*》. ein *verlegener* Blick 途方に暮れたまなざし / *verlegen* lächeln きまり悪そうにほほえむ. ②〖成句的に〗**um** 物⁴ *verlegen* sein 物⁴に困っている. Er ist immer **um** Geld *verlegen*. 彼はいつもお金に困っている / Er ist nie **um** eine Ausrede *verlegen*. 彼は言い訳に困ったためしがない.

*✱*die* **Ver·le·gen·heit** [フェァ・れーゲンハイト fɛr-lé:gənhaɪt] 女 (単)-/(複)-en (複なし〗当惑, 困惑.《英 *embarrassment*》. in *Verlegenheit* kommen (または geraten) 当惑する / 人⁴ **in** *Verlegenheit* bringen 人⁴を困惑させる. ② 困った状況, 窮地. 人³ **aus** der *Verlegenheit* helfen 人³を窮地から救う.

Ver·le·ger [フェァ・れーガァ fɛr-lé:gɐ] 男 -s/- 出版業者, 発行人.

Ver·le·gung [フェァ・れーグング] 女 -/-en ① 移転. ② (期日の)変更, 延期. ③ 出版, 発行. ④ (導線・導管の)敷設.

ver·lei·den [フェァ・らイデン fɛr-láɪdən] 他 (h) (人³の事⁴を)だいなしにする, 不快なものにする. 人³ den Urlaub *verleiden* 人³の休暇をだいなしにする.

Ver·leih [フェァ・らイ fɛr-láɪ] 男 -[e]s/-e〖複 なし〗賃貸, 貸し出し. ② 賃貸業, レンタルショップ. Kostüm*verleih* レンタルブティック.

*✱**ver·lei·hen**✱ [フェァ・らイエン fɛr-láɪən] (verlieh, verliehen) 他 (完了 haben) ① 貸す; 賃貸する.《英 *lend, rent*》. Er *verleiht* seine Bücher nicht gern. 彼は自分の本を貸したがらない / Geld **an** 人⁴ *verleihen* 人⁴にお金を貸す. ② (人⁴に)勲章・称号など⁴を)授ける, 授与する. 人³ einen Orden *verleihen* 人³に勲章を授ける. ③ (人・物³に)事⁴を)与える, 付与する. Dieser Erfolg *verlieh* ihm neuen Mut. この成功は彼に新たな勇気を与えた.

Ver·lei·her [フェァ・らイアァ fɛr-láɪɐ] 男 -s/- 貸し手, 貸し主; 賃貸業者; 授与者.

Ver·lei·hung [フェァ・らイウング] 女 -/-en ① 貸与, 賃貸. ② 称号などの授与.

ver·lei·men [フェァ・らイメン fɛr-láɪmən] 他 (h) 接着剤(にかわ)で接着する.

ver·lei·ten [フェァ・らイテン fɛr-láɪtən] 他 (h) 〖人³ **zu** 事³ ~〗(人³を事³へ)誘惑する, (人⁴に)そそのかして(事³を)させる.

ver·ler·nen [フェァ・れルネン fɛr-lérnən] 他 (h) (習い覚えたこと⁴を)忘れる. Er *hat* sein Englisch *verlernt*. 彼は習った英語を忘れてしまった.

ver·le·sen✱ [フェァ・れーゼン fɛr-lé:zən] I 他 (h) ① 読み上げる. ② (果物など⁴を)より分ける, 選別する. II 再帰〗(h) *sich*⁴ *verlesen* 読み違える.

ver·letz·bar [フェァ・れッツバール] 形 (精神的に)傷つきやすい, 感情を害しやすい.

:ver·let·zen✱ [フェァ・れッツェン fɛr-létsən] du verletzt (verletzte, *hat* … verletzt) I 他 (完了 haben) ① 傷つける, 負傷させる.《英 *hurt*》. Der Dieb *hat* ihn mit dem Messer *verletzt*. その泥棒は彼をナイフで傷つけた / Er ist schwer *verletzt*.〖状態受動・現在〗彼は重傷を負っている / *sich*³ 事⁴ *verletzen* 物⁴(体の一部)にけがをする ⇨ Ich *habe* mir die Hand *verletzt*. 私は手にけがをした.
② (精神的に)傷つける, (人⁴の)感情を傷つける. Seine Bemerkung *hat* sie tief *verletzt*. 彼の

発言が彼女を深く傷つけた。◇〖現在分詞の形で〗 verletzende Worte 人の心を傷つける言葉。③ (法律など⁴を)犯す, (礼儀など⁴に)反する。(国境など⁴を)侵犯する。den Geschmack verletzen 趣味に反する / den Luftraum eines Staates verletzen ある国の領空を侵犯する。 II 再帰 (完了 haben) sich⁴ verletzen 負傷する, けがをする。Ich habe mich am Kopf verletzt. 私は頭にけがをした。

....

類語 verletzen: (人の心を不当に深く)傷つける。beleidigen: (不注意な言動で)侮辱する。kränken: (人の感情・自尊心などを)傷つける。

ver·letz·lich [フェア・れッツリヒ] 形 (精神的に)傷つきやすい, 感情を害しやすい。

ver·letzt [フェア・れッツト] I ＊verletzen (傷つける)の 過分, 3 人称単数・2 人称複数 現在 II 形 ① 負傷した。Der Fahrer war schwer verletzt. そのドライバーは重傷を負っていた。② (精神的に)傷ついた。Sie fühlte sich in ihrer Ehre verletzt. 彼女はプライドが傷つけられたように感じた。

ver·letz·te [フェア・れッツテ] ＊verletzen (傷つける)の 過去

Ver·letz·te[r] [フェア・れッツテ (..タァ) fɛr-létstə (..tər)] 男 女 《語尾変化は形容詞と同じ》負傷者, けが人。

＊die **Ver·let·zung** [フェア・れッツング fɛr-létsuŋ] 女 (単) -/(複) -en ① けが, 傷害, 負傷。(英 injury). eine schwere Verletzung⁴ erleiden 重傷を負う / 人³ eine Verletzung⁴ zufügen 人³にけがをさせる / Er hat eine Verletzung **am** Kopf. 彼は頭にけがをしている。② (精神的に)傷つけること, 侮辱。③ (法律などの)違反; (国境などの)侵犯。

ver·leug·nen [フェア・ろイグネン fɛr-lɔ́ʏg-nən] 他 (h) 否認する, 否定する, (事実など⁴を)覆い隠す。die Wahrheit⁴ verleugnen 真実を否認する / seinen Freund verleugnen 自分の友人を知らない人だと言う / Das lässt sich⁴ nicht verleugnen. それは否定できない事実である / sich⁴ verleugnen lassen 居留守を使う。◇〖再帰的に〗 sich⁴ verleugnen 自分の本心(信念)に背いて行動する。

Ver·leug·nung [フェア・ろイグヌング] 女 -/-en 否認, 否定。

ver·leum·den [フェア・ろイムデン fɛr-lɔ́ʏm-dən] 他 (h) 中傷する, そしる, 誹謗(ひぼう)する。人⁴ als Betrüger verleumden 人⁴を詐欺師だとそしる。

Ver·leum·der [フェア・ろイムダァ fɛr-lɔ́ʏm-dər] 男 -s/- 中傷者, 誹謗(ひぼう)者。

ver·leum·de·risch [フェア・ろイムデリッシュ fɛr-lɔ́ʏmdərɪʃ] 形 中傷的な, 誹謗(ひぼう)的な, 中傷するに等しい。

Ver·leum·dung [フェア・ろイムドゥング] 女 -/-en 中傷, 誹謗(ひぼう)。

＊**ver·lie·ben** [フェア・リーベン fɛr-líːbən] (verliebte, hat...verliebt) 再帰 (完了 haben) 〖sich⁴ in 人・物⁴ ~〗(人⁴・物⁴に)ほれ込む, 夢中になる。Er hat sich unsterblich in sie verliebt. 彼は彼女にぞっこんほれ込んだ。

Ver·lie·ben [フェア・リーベン] 中 〖成句的に〗 **zum** Verlieben aus|sehen (または sein) ほれぼれするほどきれいである。

ver·liebt [フェア・リープト] I ＊verlieben (再帰で; ほれ込む)の 過分 II 形 ほれ込んだ, 熱愛している。ein verliebtes Paar 相思相愛のカップル / 人³ verliebte Augen⁴ machen 人³に秋波を送る / Er ist ganz verliebt in seine Idee. 《比》 彼は自分のアイディアにすっかり夢中になっている。

ver·lieb·te [フェア・リープテ] ＊verlieben (再帰で; ほれ込む)の 過去

Ver·lieb·te[r] [フェア・リープテ (..タァ) fɛr-líːptə (..tər)] 男 女 《語尾変化は形容詞と同じ》恋をしている人, (ある異性に)ほれ込んでいる人。

Ver·liebt·heit [フェア・リープトハイト] 女 -/- ほれ込んでいること。

ver·lief [フェア・リーふ] ＊verlaufen¹ (再帰で; 道に迷う)の 過去

ver·lieh [フェア・リー] ＊verleihen (貸す)の 過去

Ver·lie·hen [フェア・リーエン] ＊verleihen (貸す)の 過分

＊＊**ver·lie·ren**＊ [フェア・リーレン fɛr-líːrən]

なくす; 失う

Ich verliere oft meinen Schirm.
イヒ　フェアリーレ オフト マイネン　シルム
私はよく傘をなくす。

(verlor, hat...verloren) I 他 (完了 haben) (英 lose) ① なくす, 紛失する; (人⁴を) 見失う。den Autoschlüssel verlieren 車のキーをなくす / Sie haben etwas verloren! 何か落としましたよ / Das Kind hat im Gedränge seine Mutter verloren. その子供は人ごみの中で母親を見失った / Was hast du hier verloren? 《口語》 君はいったいここに何の用があるんだ(←ここで何をなくしたのか)。② (人・物⁴を)失う。Er hat im Krieg einen Arm verloren. 彼は戦争で片腕を失った / Sie hat im letzten Jahr ihren Mann verloren. 彼女は昨年夫を亡くした / einen Freund (die Kundschaft⁴) verlieren. 友人(顧客)を失う / Im Herbst verlieren die Bäume ihre Blätter. 秋になると木々は葉を落とす / Der Reifen verliert Luft. このタイヤは空気が抜ける / Du darfst keine Zeit verlieren. 君は一刻もむだにしてはいけない / den Arbeitsplatz verlieren 職を失う / die Hoffnung⁴ verlieren 《比》 希望をなくす / die Sprache⁴ verlieren 《比》 (驚きのあまり)ものが言えなくなる / Er hat nichts mehr zu verlieren. 《比》 彼はもうこれ以上失うものは何もない(恐れるものはもう何もない)。

③ (戦い・試合など⁴に)負ける。(⇔ 「勝つ」は

gewinnen). den Krieg *verlieren* 戦争に負け / Sie *haben* das Spiel [mit] 1:3 (=eins zu drei) *verloren*. 彼らは1対3で試合に負けた. ◊『目的語なしでも』Wir *haben* [nach Punkten] *verloren*. 私たちは[ポイント差で]負けた. ④ (賭事(゚ど)である金額⁴を)とられる, 負ける. II 自(定了 haben) ① 『an 事³ ~』(事³を)失う, (事³が)減少する. an Bedeutung *verlieren* 意味を失う / Das Flugzeug *verlor* an Höhe. その飛行機は高度を失った. ② 魅力 (美しさ)が衰える. Ohne Gürtel *verliert* das Kleid. ベルトがないとそのドレスは引きたたない / Sie *hat* sehr *verloren*. 彼女は容色がとても衰えた.
III 再帰 (定了 haben) *sich*⁴ *verlieren* ① (感激などが)消えてなくなる. Die Angst *verliert sich* nach und nach. 不安がしだいに薄れる. ② 『場所を表す語句とともに』(…に)消えて見えなくなる; 迷い込む. Die Spur *verlor sich* im Wald. その足跡は森の中で消えていた. ③ 『*sich*⁴ **in** 事³ (または 事⁴) ~』(事³(または事⁴)に)没頭する, 夢中になる. Er *hat sich* ganz in seine Arbeit *verloren*. 彼は仕事にすっかり夢中になった / *sich*⁴ in Einzelheiten *verlieren* 細かい点にこだわる.
◊☞ verloren

Ver·lie·rer [フェァ・リーラァ fɛr-líːrər] 男 -s/- (物を紛失した人; (ゲームなどの)敗者. (☞ 女性形は Verliererin).

Ver·lies [フェァ・リース fɛr-líːs] 中 -es/-e (昔の城内の)地下牢(う).

ver·ließ [フェァ・リース fɛr-líːs] ‡verlassen¹ (去る)の 過去

ver·lie·ße [フェァ・リーセ] ‡verlassen¹ (去る) の 接2

ver·lischt [フェァ・リシュト] verlöschen¹ (消える)の3人称単数 現在

****ver·lo·ben** [フェァ・ローベン fɛr-lóːbən] (verlobte, *hat* ... verlobt) I 再帰 (定了 haben) 『*sich*⁴ [**mit** 人³] ~』(〖人³〗と)婚約する. Er *hat sich* mit ihr *verlobt*. 彼は彼女と婚約した / Sie *haben sich* heimlich *verlobt*. 彼らはひそかに婚約した.
II 他 (定了 haben) 〖A⁴ B³ (または **mit** B³) ~〗(A⁴をB³と)婚約させる.
◊☞ verlobt

Ver·löb·nis [フェァ・レープニス] 中 ..nisses/ ..nisse 〖雅〗婚約 (= Verlobung).

****ver·lobt** [フェァ・ロープト fɛr-lóːpt] I *verloben (〖…〗で: 婚約する)の 過分
II 形 婚約した. (英 *engaged*). Sie sind *verlobt*. 彼らは婚約している.

ver·lob·te [フェァ・ロープテ] *verloben 〖再帰〗で: 婚約する)の 過去

Ver·lob·te[r] [フェァ・ロープテ (..タァ) fɛr-lóːp-ta (..tər)] 男 女 〖語尾変化は形容詞と同じ〗婚約者, フィアンセ. Seine *Verlobte* ist Lehrerin. 彼のフィアンセは学校の先生だ.

die **Ver·lo·bung** [フェァ・ローブング fɛr-lóːbʊŋ] 女 (単)-/(複)-en ① 婚約. (英 *engagement*). (☞ 「婚約の解消」は Entlobung). die *Verlobung*⁴ bekannt machen 婚約を発表する / die *Verlobung*⁴ [auf]lösen 婚約を解消する. ② 婚約披露パーティー.

Ver·lo·bungs·ring [フェァ・ローブングス・リング] 男 -[e]s/-e エンゲージリング, 婚約指輪.

ver·lo·cken [フェァ・ロッケン fɛr-lókən] 他 (h) 〖人³ **zu** 事³ ~〗(人³を)誘惑して(事³へ)誘惑させる, そそのかす. Der See *verlockt* mich zum Baden. 湖を見ていると私はどうしても泳ぎたくなる.

ver·lo·ckend [フェァ・ロッケント] I *verlocken* (誘う)の 現分 II 形 誘惑的な, そそのかすような.

Ver·lo·ckung [フェァ・ロックング] 女 -/-en 誘惑, そそのかし.

ver·lo·gen [フェァ・ローゲン fɛr-lóːgən] 形 うそつきの; 偽りの, でたらめな(モラルなど).

Ver·lo·gen·heit [フェァ・ローゲンハイト] 女 -/ -en うそであること, 虚偽.

ver·loh·nen [フェァ・ローネン fɛr-lóːnən] I 自 (h)・再帰 (h) *sich*⁴ *verlohnen* 〖雅〗やりがいがある, 報われる. II 他 (h) 〖雅〗(苦労などに)値する.

ver·lor [フェァ・ローァ] ‡verlieren (なくす)の 過去

ver·lö·re [フェァ・れーレ] ‡verlieren (なくす)の 接2

****ver·lo·ren** [フェァ・ローレン fɛr-lóːrən] I ‡verlieren (なくす)の 過分
II 形 ① 失われた, 紛失した; (試合などに)負けた. (英 *lost*). ein *verlorener* Gegenstand 紛失物 / 〖人・物〗⁴ *verloren* geben 〖人・物〗⁴をなくなったものとあきらめる. ② 見捨てられた, 孤独な, 救いようがない. Ohne seine Frau ist er einfach *verloren*. 〖比〗奥さんがいないと彼はどうしようもない. ③ 夢中になった, 没頭した. Er war ganz **in** Gedanken *verloren*. 彼はすっかり物思いにふけっていた. ④ むだな(骨折りなど). *verlorene* Mühe 徒労.

〈新形〉

ver·lo·ren ge·hen ① なくなる. Mein Ausweis *ist verloren gegangen*. 〖現在完了〗私の身分証明書がなくなった / **An** ihm *ist* ein Techniker *verloren gegangen*. 〖現在完了〗〖口語〗彼はいい技術者になれただろうに. ② (戦争などで)負けになる.

----

ver·lo·ren|ge·hen [フェァ・ローレン・ゲーエン] 自 (s) 〈新形〉 verloren gehen) ☞ verloren

ver·losch [フェァ・ロッシュ] verlöschen¹ (消える)の 過去

ver·lo·schen [フェァ・ロッシェン] verlöschen¹ (消える)の 過分

ver·lö·schen¹⁽*⁾ [フェァ・レッシェン fɛr-lœ-ʃən] es verlischt (verlosch, *ist* ... verloschen または verlöschte, *ist* ... verlöscht) 自 (s) (火・明かりなどが)消える; 〖比〗(愛情などが)さめる, (名声な

ver·löschen

などが)消え去る.

ver·lö·schen² [フェア・れッシェン] 他 (h) (雅) (火・明かりなど⁴を)消す.

ver·lo·sen [フェア・ローゼン fɛr-ló:zən] 他 (h) (物⁴を)もらう人をくじで決める.

Ver·lo·sung [フェア・ローズング] 女 -/-en くじ引きによる分配.

ver·lö·ten [フェア・れーテン fɛr-lǿ:tən] 他 (h) はんだ付けする.

ver·lot·tern [フェア・ろッタァン fɛr-lɔ́tərn] I 自 (s) 身を持ち崩す, 落ちぶれる. II 他 (h) (財産など⁴を)放蕩(ほう)で使い果たす.

*der **Ver·lust** [フェア・るスト fɛr-lúst] 男 (単2) -es (まれに -s)/(複) -e (3格のみ -en) (変 loss) ① 失うこと, 紛失, 喪失；死去. Am Abend bemerkte er den *Verlust* seines Ausweises. 夕方になって彼は身分証明書を紛失したことに気づいた / den *Verlust* des Vaters beklagen 父親の死を嘆く / in *Verlust* geraten 《官庁》紛失する. ② 損失, 損害；(商) 赤字. einen großen *Verlust* erleiden 大損害を被る / mit *Verlust* 損をして.

ver·lus·tie·ren [フェア・るスティーレン fɛr-lustí:rən] 再帰 (h) sich⁴ *verlustieren* 《戯》楽しむ；うつ をぬかす.

ver·lus·tig [フェア・るスティヒ fɛr-lústɪç] 形 《成句的に》物² *verlustig* gehen 《官庁》物²を失う. Er ist seiner Stellung *verlustig* gegangen. 《現在完了》彼は勤め口を失った / 人³ 物² für *verlustig* erklären 《官庁》人³に物²の剥奪(はく)を宣言する.

Ver·lust·lis·te [フェア・るスト・リステ] 女 -/-n 損害リスト；(軍) 死傷者名簿.

ver·ma·chen [フェア・マッヘン fɛr-máxən] 他 (h) ① (人³に物⁴を)遺産として与える, 遺贈する. ② 《口語・比》(人³に物⁴を)くれてやる.

Ver·mächt·nis [フェア・メヒトニス] 中 ..nisses/..nisse ① (法) 遺贈；遺贈物, 遺産. 人³ ein Haus⁴ als *Vermächtnis* hinter|lassen 人³に遺産として家を残す. ② 遺言, 故人の遺志.

ver·mag [フェア・マーク] *vermögen (…することができる)の1人称単数・3人称単数 現在

ver·magst [フェア・マークスト] *vermögen (…することができる)の2人称単数 現在

ver·mäh·len [フェア・メーれン fɛr-mé:lən] I 再帰 (h) 《sich⁴ [mit 人³] ~》(雅) ([人³]と)結婚する. II 他 (h) (雅) 結婚させる.

ver·mählt [フェア・メーるト] I vermählen (再帰で: 結婚する)の 過去 II 形 (雅) 既婚の (略: verm.).

Ver·mäh·lung [フェア・メーるング] 女 -/-en (雅) 結婚 (=Heirat).

ver·männ·li·chen [フェア・メンリッヒェン fɛr-mɛ́nlɪçən] 他 (h) (女性⁴を)男性化する.

ver·mark·ten [フェア・マルクテン fɛr-márktən] 他 (h) ① (物⁴を)金もうけの種にする. ② (経)(商品⁴を)市場に出す.

ver·ma·seln [フェア・マッゼるン fɛr-máːsəln] 他 (h) (計画・チャンスなど⁴を)だいなしにする, (試験など⁴を)しくじる.

ver·mas·sen [フェア・マッセン fɛr-másən] I 自 (s) 大衆化する. II 他 (h) 大衆化させる.

Ver·mas·sung [フェア・マッスング] 女 -/-en 大衆化.

ver·mau·ern [フェア・マオアァン fɛr-máuərn] 他 (h) ① (入口・穴など⁴を)壁でふさぐ. ② (壁など⁴を)壁工事に費す.

***ver·meh·ren** [フェア・メーレン fɛr-mé:rən] (vermehrte, *hat*…vermehrt) 他 (変了 haben) 増やす, (財産など⁴を)殖(ふ)やす；(動植物⁴を)増殖(繁殖)させる. (英 increase). ↔「減らす」はvermindern). seltene Pflanzen⁴ *vermehren* 稀少植物を増殖させる. ◇《再帰的に》 sich⁴ *vermehren* 増える, (財産などが)殖える；(動植物が)増殖(繁殖)する ⇒ Die Zahl der Unfälle *vermehrt sich* jedes Jahr. 事故の件数が年々増えつつある.

ver·mehrt [フェア・メーァト] *vermehren (増やす)の 過去分

ver·mehr·te [フェア・メーァテ] *vermehren (増やす)の 過去

Ver·meh·rung [フェア・メールング] 女 -/-en 増加, 増大；増殖, 繁殖.

ver·meid·bar [フェア・マイトバール] 形 避けられる, 回避できる.

ver·mei·den [フェア・マイデン fɛr-máidən] du vermeidest, er vermeidet (vermied, *hat*…vermieden) 他 (変了 haben) (物⁴を)避ける, しないようにする. (英 avoid). einen Fehler *vermeiden* 過ちを避ける / Er *vermied* es, davon zu sprechen. 彼はそれについて話すのを避けた / Es lässt sich⁴ nicht *vermeiden*, dass… …ということは避けられない.

ver·meid·lich [フェア・マイトりヒ] 形 避けられる, 回避できる.

Ver·mei·dung [フェア・マイドゥング] 女 -/-en 避けること, 回避.

ver·mei·nen [フェア・マイネン fɛr-máinən] 他 (h) (雅) (誤って)…と思い込む.

ver·meint·lich [フェア・マイントりヒ] 形 (誤って)…と思い込まれた. der *vermeintliche* Täter (誤って)犯人と思われていた男.

ver·men·gen [フェア・メンゲン fɛr-mɛ́ŋən] 他 (h) ① 《A⁴ mit B³ ~》(A⁴ を B³ と)混ぜる, 混ぜ合わせる. ◇《再帰的に》 sich⁴ *vermengen* 混ざる, 混ざり合う. ② 混同する.

ver·mensch·li·chen [フェア・メンシュリヒェン fɛr-mɛ́nʃlɪçən] 他 (h) 擬人化する, 人格化する.

Ver·mensch·li·chung [フェア・メンシュリヒュング] 女 -/-en 擬人化.

Ver·merk [フェア・メルク fɛr-mɛ́rk] 男 -[e]s/-e 覚え書き, メモ；備考, 注.

ver·mer·ken [フェア・メルケン fɛr-mɛ́rkən] 他 (h) ① 書き留める, メモする. ② 心に留める, 受け取る. [人³] 事⁴ übel *vermerken* [[人³]の]事⁴を悪くとる.

ver·mes·sen[1]* [フェァ・メッセン fɛr-mésən] I 他 (h) (土地など[4]を)測量する. II 再帰 (h) sich[4] vermessen ① 測り間違える. ②〖zu 不定詞[句]とともに〗(雅)僭越(せんえつ)にも…する.

ver·mes·sen[2] [フェァ・メッセン] I vermessen[1](測量する)の 過分 II 形 (雅)不遜(ふそん)な, 生意気な; 大胆不敵な. ein vermessener Wunsch 身の程知らずな望み.

Ver·mes·sen·heit [フェァ・メッセンハイト] 女 -/-en 大胆不敵; 不遜(ふそん), 僭越(せんえつ).

Ver·mes·sung [フェァ・メッスング] 女 -/-en 測量, 測定.

Ver·mes·sungs·in·ge·ni·eur [フェァメッスングス・インジェニエーァ] 男 -s/-e 測量技師.

ver·mied [フェァ・ミート] *vermeiden (避ける)の 過去

ver·mie·den [フェァ・ミーデン] *vermeiden (避ける)の 過分

ver·mie·sen [フェァ・ミーゼン fɛr-míːzən] 他 (h)《口語》(人[3]の楽しみなど[4]を)だいなしにする.

***ver·mie·ten** [フェァ・ミーテン fɛr-míːtən] du vermietest, er vermietet (vermietete, hat…vermietet) 他 (定了) haben) (住居・車など[4]を)賃貸しする, 賃貸料をとって貸す(↔「賃借りする」は mieten). 人[3](または an 人[4]) eine Wohnung[4] vermieten 人[3](または人[4])に住居を貸す / Zimmer zu vermieten!(掲示で:)貸間あり.

*der **Ver·mie·ter** [フェァ・ミータァ fɛr-míːtɐr] 男 (単2) -s/(複) - (3格のみ -n) 賃貸人, 家主, 貸し主. (英) landlord). (←) 女性形は Vermieterin;「賃借人」は Mieter).

ver·mie·tet [フェァ・ミーテット] *vermieten (賃貸しする)の 過分

ver·mie·te·te [フェァ・ミーテテ] *vermieten (賃貸しする)の 過去

Ver·mie·tung [フェァ・ミートゥング] 女 -/-en 賃貸し, 賃貸.

***ver·min·dern** [フェァ・ミンダァン fɛr-míndɐrn] (verminderte, hat…vermindert) 他 (定了) haben) 減らす;(速度など[4]を)落とす;(価格など[4]を)引き下げる. (英) reduce). (←)「増やす」は vermehren). die Gefahr[4] vermindern 危険を減らす / die Geschwindigkeit[4] vermindern 速度を落とす. ◇(再帰的に) sich[4] vermindern 減る, 減少する, 低下する;(苦痛などが)和らぐ.

ver·min·dert [フェァ・ミンダァト] *vermindern (減らす)の 過分

ver·min·der·te [フェァ・ミンダァテ] *vermindern (減らす)の 過去

Ver·min·de·rung [フェァ・ミンデルング] 女 -/-en 減少, 低下; 緩和;(価格の)引き下げ.

ver·mi·nen [フェァ・ミーネン fɛr-míːnən] 他 (h)(ある場所[4]に)地雷(機雷)を敷設する.

ver·mi·schen [フェァ・ミッシェン fɛr-míʃən] I 他 (h) ① 混ぜる, 混合する. Whisky[4] mit Wasser vermischen ウィスキーを水で割る. ②(二つの概念など[4]を)混同する, ごっちゃにする.

II 再帰 (h) sich[4] vermischen 混ざる, 混ざり合う. Wasser vermischt sich nicht mit Öl. 水は油と溶け合わない.

ver·mischt [フェァ・ミシュト] I vermischen (混ぜる)の 過分 II 形 混じり合った, 雑多な. mit Soda vermischter Whisky ハイボール / Vermischtes (新聞・雑誌の)雑報欄.

Ver·mi·schung [フェァ・ミッシュング] 女 -/-en 混合, 混和; 混合物.

***ver·mis·sen** [フェァ・ミッセン fɛr-mísən] du vermisst, er vermisst (vermisste, hat…vermisst) 他 (定了) haben) ① (人[4]が)いないのに気づく, (物[4]がないのに気づく. (英) miss). Ich vermisse meinen Ausweis. 私の身分証明書が見当たらない. ② (人[4]が)いないのを寂しく思う, (物[4]が)なくて不便に思う. Wir haben dich sehr vermisst. 私たちは君がいなくてとても寂しかった.

ver·misst [フェァ・ミスト] I *vermissen (いないのに気づく)の 過分 II 形 行方不明の. Er ist im Krieg vermisst. 彼は戦争で行方不明になっている.

ver·mißt ☞ 新形 vermisst

ver·mis·ste [フェァ・ミステ] *vermissen (いないのに気づく)の 過去

ver·miß·te ☞ 新形 vermisste

Ver·miss·te[r] [フェァ・ミステ (..タァ) fɛr-místə (..tɐr)] 男 女〘語尾変化は形容詞と同じ〙行方不明者.

Ver·miß·te[r] ☞ 新形 Vermisste[r]

***ver·mit·teln** [フェァ・ミッテるン fɛr-mítəln] ich vermittle (vermittelte, hat…vermittelt) I 他 (定了) haben) ① (人[3]に事[4]を)仲介する, (仕事など[4]を)斡旋(あっせん)する. 人[3] eine Wohnung[4] vermitteln 人[3]に住居を斡旋する / 人[3] einen Briefpartner vermitteln 人[3]にペンフレンドを紹介する / eine Ehe[4] vermitteln 結婚を世話する. ②(情報・知識など[4]を)伝える, 与える.

II 自 (定了) haben) 仲裁をする, 調停する. Er hat zwischen ihnen vermittelt. 彼は彼らの仲裁をした.

ver·mit·tels[t] [フェァ・ミッテるス(ト) fɛr-mítəls(t)] 前〖2格とともに〗《書》…を用いて, …を手段として. vermittels eines Antragsformulars 申請用紙によって.

ver·mit·telt [フェァ・ミッテるト] *vermitteln (仲介する)の 過分

ver·mit·tel·te [フェァ・ミッテるテ] *vermitteln (仲介する)の 過去

ver·mit·tle [フェァ・ミットれ] *vermitteln (仲介する)の1人称単数 現在

Ver·mitt·ler [フェァ・ミットらァ fɛr-mítlɐr] 男 -s/- ①(けんかの)仲裁者, 調停者. den Vermittler machen (または spielen) 調停役をする. ② 仲介者, 斡旋(あっせん)人; 仲買人.

Ver·mitt·lung [フェァ・ミットるング] 女 -/-en ① 仲裁, 調停. ② 仲介, (仕事などの)斡旋(あっせん). ③ 電話交換局(係).

Ver·mitt·lungs=ge·bühr [フェァミットるングス・ゲビューァ] 女 -/-en 仲介[手数]料.
ver·mö·beln [フェァ・メーべルン fɛr-mǿː-bəln] 他 (h) 《俗》ぶちのめす.
ver·mocht [フェァ・モホト] *vermögen (…することができる) の 過分
ver·moch·te [フェァ・モホテ] *vermögen (…することができる) の 過去
ver·mo·dern [フェァ・モーダァン fɛr-mǿː-dərn] 自 (s) (落ち葉などが) 腐る, 朽ちる.
ver·mö·ge [フェァ・メーゲ fɛr-mǿː-ɡə] 前 《2格とともに》《雅》「…の力で, …のおかげで」. *vermöge ihres Sprachtalents* 彼女の語学の才能のおかげで.
ver·mö·gen [フェァ・メーゲン fɛr-mǿː-ɡən] *ich vermag, du vermagst, er vermag (vermochte, hat...vermocht)* 他 (完了 haben) 《雅》① 《*zu* 不定詞[句]とともに》(…することが) できる. (英 *be able to*). *Er vermag [es] nicht, mich zu überzeugen.* 彼は私を説得することはできない. ② (事⁴を) できる, 達成する. *Ich will tun, was ich vermag.* 私はできるかぎりのことをするつもりだ.

*das **Ver·mö·gen** [フェァ・メーゲン fɛr-mǿː-ɡən] 中 (単2) -s/(複) − ① 《複 なし》《雅》**能力**, 力. (英 *ability*). *Denkvermögen* 思考能力 / *Das geht über sein Vermögen.* それは彼の力に余る. ② **財産**, 資産, 富. (英 *property*). *Sie hat ein großes Vermögen.* 彼女は大資産家だ. ③ 《口語》大金. *Das Bild kostet ja ein Vermögen.* その絵を手に入れるには大金を要る.

ver·mö·gend [フェァ・メーゲント] I *vermögen* (…することができる) の 現分 II 形 資産のある, 財産持ちの, 裕福な.
Ver·mö·gens=bil·dung [フェァメーゲンス・ビるドゥング] 女 -/ 財産形成; 財形貯蓄.
Ver·mö·gens=steu·er [フェァメーゲンス・シュトイァ] 女 -/-n 資産税, 財産税.
ver·mum·men [フェァ・ムンメン fɛr-mǘ-mən] 他 (h) すっぽり包む(くるむ); 変装させる, (顔に) 覆面をする. ◊《再帰的に》*sich⁴ vermummen* すっぽりくるまる; 変装(覆面)する.
Ver·mum·mung [フェァ・ムンムング] 女 -/-en ① すっぽり包むこと. ② 変装, 覆面.
ver·murk·sen [フェァ・ムルクセン fɛr-mʊ́rk-sən] 他 (h) 《口語》(しくじって) だいなしにする.
***ver·mu·ten** [フェァ・ムーテン fɛr-mǘː-tən] *du vermutest, er vermutet (vermutete, hat...vermutet)* 他 (完了 haben) ① **推測する**, 推定(憶測)する, (…と) 思う. (英 *presume*). *Ich weiß es nicht, ich vermute es nur.* 私は知っているわけではなく, ただそう推測しているだけだ / *Die Polizei vermutet Brandstiftung.* 警察は放火だと推測している / *Ich vermute, dass er nicht kommt.* 私は彼は来ないと思う. ② 《場所を表す語句とともに》(人⁴が…にいると) 思う. *Ich vermute ihn zu Hause.* 彼は家にいると思います.

ver·mu·tet [フェァ・ムーテット] *vermuten* (推測する) の 過分, 3人称単数・2人称複数 現在
ver·mu·te·te [フェァ・ムーテテ] *vermuten* (推測する) の 過去
***ver·mut·lich** [フェァ・ムートりヒ fɛr-mǘːt-lɪç] I 形 《付加語としてのみ》**推測できる**, 推定の. *das vermutliche Ergebnis der Wahl²* 予想できる選挙結果.
II 副 《文全体にかかって》察するに, 思うに, たぶん. (英 *probably*). *Er kommt vermutlich nicht mehr.* 彼はたぶんもう来ないだろう. (☞ 類語 wahrscheinlich).
Ver·mu·tung [フェァ・ムートゥング] 女 -/-en 推測, 推察, 推定, 予想. *Meine Vermutung war richtig.* 私の予想は正しかった.
***ver·nach·läs·si·gen** [フェァ・ナーハれスィゲン fɛr-náːxlɛsɪɡən] (*vernachlässigte, hat...vernachlässigt*) 他 (完了 haben) ① (人⁴を) ほったらかしにする, ないがしろにする. (英 *neglect*). *die Familie⁴ vernachlässigen* 家族をほったらかしにする. ② (事⁴を) おろそかにする, なおざりにする. *seine Pflichten⁴ vernachlässigen* 自分の義務を怠る / *die Kleidung⁴ vernachlässigen* 服装にかまわない. ③ (事⁴を) 無視する.
ver·nach·läs·sigt [フェァ・ナーハれスィヒト] *vernachlässigen* (ほったらかしにする) の 過分
ver·nach·läs·sig·te [フェァ・ナーハれスィヒテ] *vernachlässigen* (ほったからしにする) の 過去
Ver·nach·läs·si·gung [フェァ・ナーハれスィグング] 女 -/-en 構わずにほうっておくこと, 軽視, 無視.
ver·na·geln [フェァ・ナーゲるン fɛr-náːɡəln] 他 (h) くぎづけにする, くぎで打ちつけてふさぐ.
ver·na·gelt [フェァ・ナーゲると] I *vernageln* (くぎづけにする) の 過分 II 形 頭が固い, 鈍い.
ver·nä·hen [フェァ・ネーエン fɛr-nɛ́ːən] 他 (h) ① 縫い合わせる(付ける); (傷口⁴を) 縫合する. ② (糸⁴を) 縫い物に使い果たす.
ver·nahm [フェァ・ナーム] *vernehmen* (聞く) の 過去
ver·nar·ben [フェァ・ナルベン fɛr-nárbən] 自 (s) (傷口が) 癒着して瘢痕(ﾊﾝｺﾝ)化する.
ver·nar·ren [フェァ・ナレン fɛr-nárən] 再帰 (h) 《*sich⁴ in* 人・物⁴ ~》(人・物⁴に) ほれ込む, 夢中になる.
ver·narrt [フェァ・ナルト] I *vernarren* (ほれ込む) の 過分 II 形 盛info的に》*in* 人・物⁴ *vernarrt sein* (人・物⁴に) ほれ込んでいる, 夢中である.
ver·na·schen [フェァ・ナッシェン fɛr-náʃən] 他 (h) ① (お金⁴を) 甘い物(お菓子⁴) に費やす. ② 《俗》(女の子など⁴を) ひっかける, ものにする. ③ 《俗》(敵など⁴に) 簡単にやっつける.
ver·nascht [フェァ・ナシュト] I *vernaschen* (お金を甘い物に費やす) の 過分 II 形 甘い物(つまみ食い) 好きな.
ver·ne·beln [フェァ・ネーベるン fɛr-néːbəln] 他 (h) ① (ある地域⁴を) 霧(煙) で覆う, 煙幕で

覆う；（比）（酒が頭⁴などを）ぼんやりさせる． ②（真相・意図など⁴を）ぼかす，隠蔽（ぷ）する． die Tatsachen⁴ *vernebeln* 事実を覆い隠す.

ver·nehm·bar [フェア・ネームバール] 形《雅》(物音などが)聞こえる，聞きとれる.

ver·neh·men [フェア・ネーメン fɛr-néː-mən] du vernimmst, er vernimmt (vernahm, *hat*...vernommen) 他 (《完了》 haben) ① 《雅》(音・声など⁴を)**聞く**，聞きとる，耳にする． (≒ *hear*). ein Geräusch⁴ *vernehmen* 物音を耳にする. ② 《雅》(知らせなど⁴を)聞いて知る. Ich *habe* nichts davon *vernommen*. 私はそのことについて何も聞いていない. ③ (人⁴を)尋問する. die Zeugen⁴ *vernehmen* 証人を尋問する.

Ver·neh·men [フェア・ネーメン] 中 《成句的に》 dem *Vernehmen* nach 聞くところによると / sicherem *Vernehmen* nach 確かな筋からの情報によると.

ver·nehm·lich [フェア・ネームリヒ] 形 はっきり聞きとれる. mit *vernehmlicher* Stimme はっきりと聞きとれる声で.

Ver·neh·mung [フェア・ネームング] 女 -/-en 《法》尋問，事情聴取.

ver·neh·mungs≠fä·hig [フェアネームングス・フェーイヒ] 形 (心身の状態が)尋問(事情聴取)に耐え得る.

ver·nei·gen [フェア・ナイゲン fɛr-náigən] 再帰 (h) *sich*⁴ *verneigen* 《雅》おじぎをする.

Ver·nei·gung [フェア・ナイグング] 女 -/-en 《雅》おじぎ，会釈.

***ver·nei·nen** [フェア・ナイネン fɛr-náinən] (verneinte, *hat*...verneint) 他 (《完了》 haben) ① (質問など⁴に)「**いいえ**」と答える，否定の返事をする. (⇔ 『『はい』と答える』は bejahen). Er *verneinte* alle Fragen. 彼はすべての質問にノーと答えた. ◇《現在分詞の形で》 ein *verneinender* Satz 《言》否定文 / *verneinend* den Kopf schütteln 否定して頭を横に振る. (☞類語 leugnen). ② (戦争・暴力など⁴を)否定する，(言⁴に)反対する. die Gewalt⁴ *verneinen* 暴力を否定する.

ver·neint [フェア・ナイント] *verneinen (「いいえ」と答える)の 過分

ver·nein·te [フェア・ナインテ] *verneinen (「いいえ」と答える)の 過去

Ver·nei·nung [フェア・ナイヌング] 女 -/-en 否定，否認；《言》否定詞.

ver·net·zen [フェア・ネッツェン fɛr-nétsən] 他 (h) 網状に結ぶ，ネットワークで結ぶ.

Ver·net·zung [フェア・ネッツング] 女 -/-en 網状に結ぶこと，(コンピュータの)ネットワーク[化].

***ver·nich·ten** [フェア・ニヒテン fɛr-níçtən] du vernichtest, er vernichtet (vernichtete, *hat*...vernichtet) 他 (《完了》 haben) ① **全滅させる**，根絶する，(ΔΔ4を)破棄する. Unkraut⁴ *vernichten* 雑草を根絶やしにする / Das Unwetter *hat* die Ernte *vernichtet*. あらし が収穫を全滅させた. ② (文書など⁴を)破棄する，処分する.

③ (計画・夢など⁴を)ぶちこわす. ④ (敵など⁴を)打ちのめす，撃滅する.

ver·nich·tend [フェア・ニヒテント] I *vernichten (全滅させる)の 現分 II 形 壊滅的な(敗北など)；まったく否定的な(批評など). eine *vernichtende* Kritik 酷評.

ver·nich·tet [フェア・ニヒテット] *vernichten (全滅させる)の 過分

ver·nich·te·te [フェア・ニヒテテ] *vernichten (全滅させる)の 過去

Ver·nich·tung [フェア・ニヒトゥング] 女 -/-en 《ふつう 単》破壊，壊滅，根絶，(文書などの)破棄.

Ver·nich·tungs≠waf·fe [フェアニヒトゥングス・ヴァッフェ] 女 -/-n 《ふつう 複》大量殺りく兵器.

ver·nied·li·chen [フェア・ニートリッヒェン fɛr-níːtlɪçən] 他 (h) (失敗・誤りなど⁴を)たいしたことがないように見せる.

ver·nie·ten [フェア・ニーテン fɛr-níːtən] 他 (h) (物⁴を)鋲(ぴょう)でとめる，リベットで締める.

ver·nimm [フェア・ニム] *vernehmen (聞く)の du に対する 命令

ver·nimmst [フェア・ニムスト] *vernehmen (聞く)の 2 人称単数 現在

ver·nimmt [フェア・ニムト] *vernehmen (聞く)の 3 人称単数 現在

ver·nom·men [フェア・ノンメン] *vernehmen (聞く)の 過分

*die **Ver·nunft** [フェア・ヌンフト fɛr-núnft] 女 (単) -/ **理性**，理知，判断力，思慮分別；《哲》理性. (≒ *reason*). die menschliche *Vernunft* 人間の理性 / *Vernunft*⁴ an|nehmen 分別をわきまえる / Er hat keine *Vernunft*. 彼には思慮分別がない / Das ist doch **gegen** alle *Vernunft*! それは非常識極まることだ / **ohne** *Vernunft* 無分別に / (人)⁴ **zur** *Vernunft* bringen (思慮を失った)(人)⁴を正気に返らせる.

Ver·nunft≠ehe [フェア・ヌンフト・エーエ] 女 -/-n (愛によらない)打算的結婚.

ver·nunft≠ge·mäß [フェア・ヌンフト・ゲメース] 形 理性的な，道理にかなった.

***ver·nünf·tig** [フェア・ニュンフティヒ fɛr-nýnftɪç] 形 ① **理性的な**，理知的な，思慮分別のある. (≒ *reasonable*). ein *vernünftiger* Mensch 分別のある人 / Sei doch *vernünftig*! ばかなまねはよせ / *vernünftig* denken 理性的に考える. (☞類語 klug).
② (言動・考えが)**理にかなっている**，もっともな. eine *vernünftige* Antwort 筋の通った回答. ③ 《口語》まともな，ちゃんとした(仕事・住居など). ein *vernünftiges* Essen まともな食事.

ver·nünf·ti·ger≠wei·se [フェアニュンフティガァ・ヴァイゼ] 副 賢明にも，(分別を持って考えると)当然のことながら.

ver·nunft≠wid·rig [フェア・ヌンフト・ヴィードリヒ] 形 理性(道理)に反する.

ver·öden [フェア・エーデン fɛr-ǿːdən] I 自 (s) ① 人気(ひとけ)がなくなる；荒廃する，荒れ果てる

Verödung 1502

② 《医》(血管などが)閉塞(ﾍｲｿｸ)を起こす. **II** 他 (h)《医》(静脈瘤(ﾘｭｳ)[4])を閉塞(ﾍｲｿｸ)する.
Ver-ödung [ﾌｪｱ･ｴｰﾄﾞｩﾝｸﾞ] 女 -/-en ① 荒廃. ②《医》(静脈瘤(ﾘｭｳ)[4])の閉塞(ﾍｲｿｸ).
***ver-öf-fent-li-chen** [ﾌｪｱ･ｴｯﾌｪﾝﾄﾘｯﾋｪﾝ fɛr-ǽfəntlıçən] (veröffentlichte, *hat*...veröffentlicht) 他 (完了 haben) (英 *publish*) ① 公にする, 公表(発表)する. die Rede[4] eines Politikers in den Medien *veröffentlichen* 政治家の談話をマスメディアに公表する. ② 出版する, 刊行する. Er *hat* ein Buch *veröffentlicht*. 彼は本を出した.
ver-öf-fent-licht [ﾌｪｱ･ｴｯﾌｪﾝﾄﾘﾋﾄ] *veröffentlichen (公にする)の過分
ver-öf-fent-lich-te [ﾌｪｱ･ｴｯﾌｪﾝﾄﾘﾋﾃ] *veröffentlichen (公にする)の過去
Ver-öf-fent-li-chung [ﾌｪｱ･ｴｯﾌｪﾝﾄﾘｯﾋｭﾝｸﾞ] 女 -/-en ① 公表, 発表; 出版, 刊行. ② 出版物.
Ve-ro-na [ｳﾞｪﾛｰﾅ veró:na] 中 -s/《地名･都市名》ヴェローナ(北イタリアの州および都市).
***ver-ord-nen** [ﾌｪｱ･ｵﾙﾄﾞﾈﾝ fɛr-órdnən] du verordnest, er verordnet (verordnete, *hat*...verordnet) 他 (完了 haben) ①(医者が治療法[4]を)指示する, (薬[4]を)処方する. (英 *prescribe*). Der Arzt *verordnete* ihm strenge Bettruhe. 医者は彼に絶対安静を命じた. ②《官》(行政当局が措置など[4]を)指令する, 講じる.
ver-ord-net [ﾌｪｱ･ｵﾙﾄﾞﾈｯﾄ] *verordnen (指示する)の過分
ver-ord-ne-te [ﾌｪｱ･ｵﾙﾄﾞﾈﾃ] *verordnen (指示する)の過去
Ver-ord-nung [ﾌｪｱ･ｵﾙﾄﾞﾇﾝｸﾞ] 女 -/-en ①(医者による)指示,(薬の)処方. nach ärztlicher *Verordnung* 医者の処方により. ②(行政当局による)指令, 政令.
ver-pach-ten [ﾌｪｱ･ﾊﾟﾊﾃﾝ fɛr-páxtən] 他 (h) (土地など[4]を)賃貸しする.
Ver-päch-ter [ﾌｪｱ･ﾍﾟﾋﾀ fɛr-péçtər] 男 -s/- (土地などの)賃貸人, 貸し主.
Ver-pach-tung [ﾌｪｱ･ﾊﾟﾊﾄｩﾝｸﾞ] 女 -/-en 賃貸.
ver-pa-cken [ﾌｪｱ･ﾊﾟｯｹﾝ fɛr-pákən] 他 (h) ① 包む, 包装する; 詰める. Sie *verpackte* die Eier in eine Kiste. (または einer Kiste). 彼女は卵を箱詰めにした. ②《比》(人[4]に)暖かいものを着せる, (毛布などで人[3]を)くるむ.
Ver-pa-ckung [ﾌｪｱ･ﾊﾟｯｸﾝｸﾞ] 女 -/-en ①《複 なし》包装, 荷造り. ② 包装材料(紙･箱など).
Ver-pa-ckungs=müll [ﾌｪｱﾊﾟｯｸﾝｸﾞｽ･ﾐｭﾙ] 男 -[e]s/ 包装ごみ(使用済みの包装紙など).
***ver-pas-sen** [ﾌｪｱ･ﾊﾟｯｾﾝ fɛr-pásən] du verpasst, er verpasst (verpasste, *hat*...verpasst) 他 (完了 haben) ①(機会など[4]を)逃す, 逸する, (列車など[4]に)乗り遅れる. (英 *miss*). eine gute Gelegenheit[4] *verpassen* 好機を逃

す / Ich *habe* den Zug *verpasst*. 私は列車に乗り遅れた. ②(人[4]に)会いそこなう. ◇《相互的に》Wir *haben* uns *verpasst*. 私たちは行き違いになった. ③《口語》(人[3]にいやなもの[4]を)与える. 人[3] eins[4] (または eine[4]) *verpassen* 人[3]に一発くらわす.
ver-passt [ﾌｪｱ･ﾊﾟｽﾄ] *verpassen (逃す)の過分
ver-paßt ☞ 新形 verpasst
ver-pass-te [ﾌｪｱ･ﾊﾟｽﾃ] *verpassen (逃す)の過去
ver-paß-te ☞ 新形 verpasste
ver-pat-zen [ﾌｪｱ･ﾊﾟｯﾂｪﾝ fɛr-pátsən] 他 (h)《口語》(事[4]を)しそこなう, だいなしにする.
ver-pes-ten [ﾌｪｱ･ﾍﾟｽﾃﾝ fɛr-péstən] 他 (h) 悪臭で満たす, (大気など[4]を)汚染する.
Ver-pes-tung [ﾌｪｱ･ﾍﾟｽﾄｩﾝｸﾞ] 女 -/-en 《ふつう単》悪臭で満たすこと; 大気汚染.
ver-pet-zen [ﾌｪｱ･ﾍﾟｯﾂｪﾝ fɛr-pétsən] 他 (h)《生徒言葉》(人[4]のことを)告げ口する.
ver-pfän-den [ﾌｪｱ･ﾌﾟﾌｪﾝﾃﾞﾝ fɛr-pféndən] 他 (h) 質入れする, 抵当に入れる. 人[3] sein Wort[4] *verpfänden*《雅･比》人[3]に言質を与える.
ver-pfei-fen* [ﾌｪｱ･ﾌﾟﾌｧｲﾌｪﾝ fɛr-pfáifən] 他 (h)《口語》密告する.
ver-pflan-zen [ﾌｪｱ･ﾌﾟﾌﾗﾝﾂｪﾝ fɛr-pflántsən] 他 (h) ①(植物を別の場所へ)植え替える, 移植する. ②《医》(臓器など[4]を)移植する.
Ver-pflan-zung [ﾌｪｱ･ﾌﾟﾌﾗﾝﾂﾝｸﾞ] 女 -/-en ①《植》植え替え, 移植. ②《医》移植[手術].
ver-pfle-gen [ﾌｪｱ･ﾌﾟﾌﾚｰｹﾞﾝ fɛr-pflé:gən] 他 (h) (人[3]に)食事を給する, (人[4]の)食事の面倒をみる. ◇《再帰的に》*sich*[4] selbst *verpflegen* 自炊する.
Ver-pfle-gung [ﾌｪｱ･ﾌﾟﾌﾚｰｸﾞﾝｸﾞ] 女 -/-en ①《複 なし》食事の世話, 賄い, 給食. ②《ふつう単》(賄いの)食事.
***ver-pflich-ten** [ﾌｪｱ･ﾌﾟﾌﾘﾋﾃﾝ fɛr-pflíçtən] du verpflichtest, er verpflichtet (verpflichtete, *hat*...verpflichtet) **I** 他 (完了 haben) ①(人[4]に)義務づける. (英 *oblige*). Beamte **auf** die Verfassung *verpflichten* 公務員に憲法を遵守することを誓わせる / 人[4] **zu** einer Zahlung *verpflichten* 人[4]に支払いの義務を負わせる. ②(俳優など[4]と)雇用契約を結ぶ.

II 再帰 (完了 haben) *sich*[4] *verpflichten* ①《*sich*[4] **zu** 物[3] ～》(事[3]をする)義務を負う, (事[3]を)約束する. Ich **kann** mich nicht dazu *verpflichten*. そのことは約束できません. (俳優などが出演の)契約を結ぶ. '*sich*[4] **auf** (または **für**) drei Jahre *verpflichten* 3年間の出演契約を結ぶ.
ver-pflich-tet [ﾌｪｱ･ﾌﾟﾌﾘﾋﾃｯﾄ] **I** *verpflichten (義務づける)の過分 **II** 形 ① 義務を負わされた. Ich bin ihm **zu** Dank *verpflichtet*. 私は彼に感謝しなければならない / Bin ich

verpflichtet, an der Sitzung teilzunehmen? どうしても会議に出なければならないのでしょうか． ②《雅》(人・物³)の恩恵(影響)を受けている．

ver·pflich·te·te [フェア・プフりヒテテ] ＊verpflichten (義務づける)の過去

Ver·pflich·tung [フェア・プフりヒトゥング] 女 -/-en ① 義務を負わすこと． ② 義務，責務；課題． eine *Verpflichtung*⁴ ein|gehen (また übernehmen) 義務を負う． ③《ふつう 複》《法》債務，借金．

ver·pfu·schen [フェア・プフッシェン fɛr-pfúːʃən] 他 (h)《口語》(いいかげんにやって)だいなしにする，だめにする．

ver·pis·sen [フェア・ピッセン fɛr-písən] 再帰 (h) *sich*⁴ *verpissen*《俗》立ち去る． *Verpiss dich*! とっとと消えうせろ！

ver·pla·nen [フェア・プらーネン fɛr-pláːnən] 他 (h) ① (軍⁴の)計画を誤る． ②(人⁴の)スケジュールを決める，(お金・時間など⁴の)計画をたてる．

ver·plap·pern [フェア・プらッパァン fɛr-plápərn] 再帰 (h) *sich*⁴ *verplappern*《口語》うっかり口をすべらせる．

ver·plau·dern [フェア・プらオダァン fɛr-pláudərn] I 他 (h) (時間⁴を)おしゃべりして過ごす． II 再帰 (h) *sich*⁴ *verplaudern* ① おしゃべりして時のたつのを忘れる． ②(話) 口をすべらせる．

ver·plem·pern [フェア・プれンパァン fɛr-plémpərn] I 他 (h)《口語》(お金・時間など⁴を)浪費する． II 再帰 (h) *sich*⁴ *verplempern* くだらないことに時間(能力・労力)を費やす．

ver·pönt [フェア・ペーント fɛr-pǿːnt] 形《雅》禁じられている，タブーの，忌み嫌われた．

ver·pop·pen [フェア・ポッペン fɛr-pópən] 他 (h) (映画など⁴を)大衆向けに作る； (曲など⁴を)ポップス風にする．◇《過去分詞の形で》eine *verpoppte* Melodie ポップス風にされたメロディー．

ver·pras·sen [フェア・プラッセン fɛr-prásən] 他 (h) (お金・財産⁴を)浪費する．

ver·prel·len [フェア・プれレン fɛr-prélən] 他 (h) ① 困惑させる，おびえさせる． ②《狩》(猟獣⁴を)脅して追いたてる．

ver·prü·geln [フェア・プリューゲるン fɛr-prýːɡəln] 他 (h) さんざんなぐる，打ちのめす．

ver·puf·fen [フェア・プッフェン fɛr-púfən] 自 (s) ①(火などが)小さくぽっと燃えあがる． ② (喜びなどが)むなしく(はかなく)消える，(やる気などが)効果なく終わる．

ver·pul·vern [フェア・プるふァァン fɛr-púlfərn または ..ヴァァン ..vərn] 他 (h)《口語》(お金など⁴を)浪費する．

ver·pum·pen [フェア・プンペン fɛr-púmpən] 他 (h)《口語》貸す(＝verleihen)．

ver·pup·pen [フェア・プッペン fɛr-púpən] 再帰 (h) *sich*⁴ *verpuppen* さなぎになる，蛹化(ようか)する．

ver·pus·ten [フェア・プーステン fɛr-púːstən] 自 (h)・再帰 (h) *sich*⁴ *verpusten*《北ドイツ・口語》一息入れる，一休みする．

Ver·putz [フェア・プッツ fɛr-púts] 男 -es/ しっくい，プラスター，モルタル．

ver·put·zen [フェア・プッツェン fɛr-pútsən] 他 (h) ①(物⁴に)しっくい(モルタル)を塗る． ②《口語》(ケーキなど⁴を)ぺろりと平らげる． ③《口語》(お金など⁴を)使い果たす． ④《スサ》(相手⁴を)一蹴(いっしゅう)する．

ver·qualmt [フェア・クヴァるムト fɛr-kválmt] 形 (たばこの)煙が立ち込めた．

ver·quel·len* [フェア・クヴェれン fɛr-kvélən] 自 (s) (水を吸って)ふくれる，ふやける．
◇☞ **verquollen**

ver·quer [フェア・クヴェーァ fɛr-kvéːr] 形 ① (位置が)ずれた，曲がった，斜めになった． ② 奇妙な，変な；不都合な． eine *verquere* Idee 妙な考え／Uns³ geht alles *verquer*. 私たちは何もかもうまくいかない．

ver·qui·cken [フェア・クヴィッケン fɛr-kvíkən] 他 (h) ①(金属⁴を)アマルガムにする． ②(二つの事柄⁴を)結びつける，関連させる．

ver·quol·len [フェア・クヴォれン fɛr-kvólən] I verquellen (ふくれる)の過分 II 形 はれぼったい(目など)，むくんだ(顔など)；水を吸ってふくれた(木など)．

ver·ram·meln [フェア・ランメるン fɛr-ráməln] 他 (h)《口語》(門など⁴をバリケードで)閉鎖(封鎖)する．

ver·ram·schen [フェア・ラムシェン fɛr-rámʃən] 他 (h)《口語》(商品など⁴を)投げ売りする．

ver·rannt [フェア・ラント] I verrennen (再帰 で：間違った方向に考えを進める)の過分 II 形 考え違いの，(ある考えに)のめり込んだ，とりつかれた．

＊*der* **Ver·rat** [フェア・ラート fɛr-ráːt] 男 (単2) -[e]s/ ① 裏切り，背信．(英 betrayal). an 人³ *Verrat*⁴ begehen 人³を裏切る． ②(秘密の)漏洩(ろうえい)．

ver·rät [フェア・レート] ＊verraten¹ (裏切る)の3人称単数 現在

‡**ver·ra·ten**¹* [フェア・ラーテン fɛr-ráːtən] du verrätst, er verrät (verriet, *hat*…verraten) I 他 (h) haben)《英 betray》① 裏切る，(理想など⁴に)背く． Er *hat* seinen Freund *verraten*. 彼は友人を裏切った．◇《過去分詞の形で》*verraten* und verkauft sein 途方に暮れている．

② (秘密など⁴を)漏らす；《口語》こっそり教える． 人³ (または an 人⁴) ein Geheimnis⁴ *verraten* 人³(または 人⁴)に秘密を漏らす／Ich *will* dir *verraten*, was ich vorhabe. 君にぼくの計画をそっと教えてあげよう．

③ (感情など⁴を)無意識のうちに表す，(能力・特徴など⁴を)示す． Seine Miene *verriet* Ärger. 彼の表情には怒りの色が見えた．◇《再帰的に》In diesen Worten *verrät sich*⁴ sein Überlegenheitsgefühl. この言葉に彼の優越感が表れている．

II 再帰 (完了 haben) *sich*⁴ *verraten* 自分の秘密(本心・正体)を知られてしまう．

ver·ra·ten² [フェア・ラーテン] ＊verraten¹ (裏切

Ver·rä·ter [フェァ・レータァ ferréːtər] 男 -s/- 裏切り者, 背信者;(秘密の)漏洩(ろうえい)者. (←女性形はVerräterin).

ver·rä·te·risch [フェァ・レーテリッシュ ferréːtərɪʃ] 形 ① 裏切りの, 背信の. in verräterischer Absicht 背信の意図を持って. ② (本心が思わず)それとわかってしまうような(言葉・表情など).

ver·rätst [フェァ・レーツト] *verraten¹(裏切る)の2人称単数 現在

ver·rau·chen [フェァ・ラオヘン ferráuxən] I 自 (s) (煙・もやが)消える;《比》(怒りなどが)消える, 静まる. II 他 (h) ①(お金⁴を)たばこ代に費やす. ②(部屋など⁴を)たばこの煙で満たす.

ver·räu·chern [フェァ・ロイヒァン ferrɔ́yçərn] 他 (h) (部屋など⁴を)煙でいっぱいにする; 煙ですすけさせる. ◇[過去分詞の形で] eine verräucherte Kneipe 煙ですすけた飲み屋.

ver·rech·nen [フェァ・レヒネン ferréçnən] I 他 (h) (勘定⁴を)清算する, 差引勘定する, (小切手⁴を)口座に繰り入れる. II 再帰 (h) sich⁴ verrechnen ① 計算違いをする. ② 見込み違い(誤算)をする.

Ver·rech·nung [フェァ・レヒヌング] 女 -/-en ①(勘定の)清算, 差引勘定, 決済. ② 計算違い;《比》誤算.

Ver·rech·nungs⸗scheck [フェァレヒヌングス・シェック] 男 -s/-s (まれに -e)《商》計算(振替)小切手.

ver·re·cken [フェァ・レッケン ferrékən] 自 (s)《俗》(動物が)死ぬ;(人が)のたれ死にする;(物が)壊れる.

ver·reg·nen [フェァ・レーグネン ferréːgnən] 自 (s) 雨でだいなしになる. Unser Urlaub ist völlig verregnet.《現在完了》私たちの休暇は雨ですっかりだいなしになった.

ver·reg·net [フェァ・レーグネット] I verregnen (雨でだいなしになる)の 過分 II 形 雨でだいなしになった. ein verregneter Sonntag 雨にたたられた日曜日.

ver·rei·ben [フェァ・ライベン ferráibən] 他 (h) (クリームなど⁴を)すり込む.

***ver·rei·sen** [フェァ・ライゼン ferráizən] 自《完了》du verreist (verreiste, ist…verreist) sein) 旅行に出かける, 旅立つ. geschäftlich verreisen 商用で旅行に出かける / Ich muss morgen verreisen. 私はあす旅立たなければならない. ◇[過去分詞の形で] Er ist zurzeit verreist. 彼は目下旅行(出張)中だ.

ver·rei·ßen* [フェァ・ライセン ferráisən] 他 (h) ①(方)(衣服⁴を)着古しでぼろぼろにする. ②《隠語》酷評する, こきおろす. ③《口語》(車のハンドル⁴を)切りそこねる.

ver·reist [フェァ・ライスト] *verreisen (旅行に出かける)の 過分

ver·reis·te [フェァ・ライステ] *verreisen (旅行に出かける)の 過去

ver·ren·ken [フェァ・レンケン ferréŋkən] 他 (h)(手足など⁴を)脱臼(だっきゅう)させる, ねじ曲げる. 人³ (sich³) den Arm verrenken 人³の(自分の)腕をくじく. ◇[再帰的に] sich⁴ verrenken 無理に身体をねじる.

Ver·ren·kung [フェァ・レンクング] 女 -/-en ①《医》脱臼(だっきゅう). ②(強く)身をねじること(曲げること).

ver·ren·nen* [フェァ・レンネン ferrénən] 再帰 (h) sich⁴ verrennen 間違った方向に考え(行動)を進める. ②〖sich⁴ in 事⁴ ~〗(事⁴に)とらわれる, のめり込む.
◇☞ verrannt

ver·rich·ten [フェァ・リヒテン ferríçtən] 他 (h)(仕事・義務など⁴を)片づける, 遂行する, 果たす. ein Gebet⁴ verrichten お祈りをする.

Ver·rich·tung [フェァ・リヒトゥング] 女 -/-en ①〖履 なし〗実行, 遂行. ② 業務, 仕事. häusliche Verrichtungen 家事.

ver·rie·geln [フェァ・リーゲルン ferríːgəln] 他 (h)(ドアなど⁴に)かんぬきを掛ける.

ver·riet [フェァ・リート] *verraten¹(裏切る)の 過去

ver·rie·te [フェァ・リーテ] *verraten¹(裏切る)の 接2

ver·rin·gern [フェァ・リンゲァン ferríŋərn] 他 (h)(数・量など⁴を)少なくする, 減らす;(値段⁴を)下げる;(速度⁴を)落とす;(間隔⁴を)狭める. ◇[再帰的に] sich⁴ verringern 少なくなる, 減少(低下)する.

Ver·rin·ge·rung [フェァ・リンゲルング] 女 -/-en 〖ふつう 単〗削減, 減少, 低下.

ver·rin·nen* [フェァ・リンネン ferrínən] 自 (s) ①(水などが)流れて消えて行く, (地面などに)染み込む. ②《雅》(時などが)過ぎ去る.

Ver·riss [フェァ・リス ferrís] 男 -es/-e《隠語》酷評.

Ver·riß ☞ 新形 Verriss

ver·ro·hen [フェァ・ローエン ferróːən] I 自 (s) 野蛮になる, 粗暴になる. II 他 (h) 野蛮(粗暴)にする.

ver·ros·ten [フェァ・ロステン ferróstən] 自 (s) さびる, さびつく.

ver·rot·ten [フェァ・ロッテン ferrótən] 自 (s) (木・葉などが)腐る, 朽ちる;(壁・本などがぼろぼろになる);《比》(社会などが)腐敗(堕落)する. ◇[過去分詞の形で] eine verrottete Gesellschaft 腐敗した社会.

ver·rucht [フェァ・ルーフト ferrúːxt] 形 ①《雅》極悪非道の, 卑劣の. ②《戯》いかがわしい(店・盛り場など).

Ver·rucht·heit [フェァ・ルーフトハイト] 女 -/-en 〖ふつう 単〗極悪非道, 破廉恥, 卑劣.

ver·rü·cken [フェァ・リュッケン ferrýkən] 他 (h)(家具など⁴を他の場所へ)動かす, 移す, ずらす.

***ver·rückt** [フェァ・リュックト ferrýkt] I verrücken (動かす)の 過分 II 形《比較》verrückter,《最上》verrücktest ①《俗》気の狂った. (英 crazy, mad). Bist du verrückt? 君は気でも狂ったのか / Ich werde *verrückt* a) (騒音などで:)私は気が狂いそうだ, b) こいつは驚いた / wie *verrückt*《口語》ものすごく, はげしく(←狂ったように).

② (口語)風変わりな, とっぴな, 奇抜な. ein *verrückter* Einfall とっぴな思いつき. ③《成句的に》**auf**[4] *verrückt* sein《口語》[物][4]が欲しくてたまらない / **auf**[人][4] (または **nach**[人][3]) *verrückt* sein《口語》[人][4] (または[3])にほれ込んでいる ◇ Er ist ganz *verrückt* auf das Mädchen (または nach dem Mädchen). 彼はその女の子に首ったけだ.

III《雅》非常に, やたらと. Die Suppe ist *verrückt* heiß. このスープはものすごく熱い.

Ver·rück·te[r] [フェア・リュックテ (..タァ) fɛr-rýktə (..tər)] [男][女]《語尾変化は形容詞と同じ》狂人.

Ver·rückt·heit [フェア・リュックトハイト] [女] -/-en ①《複》なし》狂気, 精神錯乱. ② 狂った言動; とっぴな思いつき.

Ver·ruf [フェア・ルーフ fɛr-rú:f] [男]-[e]s/ 悪評. in *Verruf* kommen (または geraten) 不評を招く, 評判を落とす / [人]4 in *Verruf* bringen [人]4を悪く言う.

ver·ru·fen [フェア・ルーフェン fɛr-rú:fən] [形] 評判の悪い, 悪名の高い.

ver·rüh·ren [フェア・リューレン fɛr-rý:rən] [他] (h) かき混ぜる.

ver·ru·ßen [フェア・ルーセン fɛr-rú:sən] I [自] (s) すすける, すすだらけになる. II [他] (h) すすだらけにする.

ver·rut·schen [フェア・ルッチェン fɛr-rútʃən] [自] (s) (積荷・帽子などが)ずれる, ずり落ちる.

*der **Vers** [フェルス férs] [男] (単2) -es/(複) -e (3格のみ -en) ① 韻文, 詩. (英 verse). (←「散文」は Prosa). gereimte *Verse* 韻を踏んだ詩 / *Verse*[4] machen 詩を作る / in *Verse* bringen [事]4を韻文(詩)にする. ② 詩行, 詩句; (聖書の)節.

ver·sach·li·chen [フェア・ザハリッヒェン fɛr-záxlɪçən] [他] (h) ([事]4を)客観的にする, 具体化する.

ver·sa·cken [フェア・ザッケン fɛr-zákən] [自] (s) (口語) ① 沈む, 沈没する; (土台などが)沈下する; (車輪がぬかるみなどに)はまる. ② 自堕落になる, 飲んだくれる.

* **ver·sa·gen** [フェア・ザーゲン fɛr-zá:gən] (versagte, *hat*...versagt) I [自] (完了 haben) (機械などが)**機能しなくなる**; 役にたたない, 失敗する. (英 fail). Der Motor hat versagt. エンジンが故障した(かからなかった) / Ihre Stimme *versagte* vor Aufregung. 興奮のあまり彼女は声が出なかった / Sie *hat* im Examen *versagt*. 彼女は試験に失敗した.

II [他] (完了 haben)《雅》([人]に[事]4を)拒む, 拒絶する. (英 refuse). [人]3 einen Wunsch *versagen* [人]3の願いを拒む / Seine Beine *versagten* ihm den Dienst. 彼の足は言うことをきかなくなった(←勤めを拒んだ).

III 再帰 (完了 haben) ① *sich*[3] [事]4 *versagen*

《雅》[事]4をあきらめる, 断念する. ② *sich*[4] [人]3 *versagen* 《雅》[人]3の言うままにならない. Sie *versagte sich* ihm. 彼女は彼に身を任すのを拒んだ.

Ver·sa·ger [フェア・ザーガァ fɛr-zá:gər] [男] -s/- 期待はずれの人, 役にたたず, 能なし; 不良品, 欠陥品; (作品・劇などの)失敗作.

ver·sagt [フェア・ザークト] *versagen (機能しなくなる)の[過分]

ver·sag·te [フェア・ザークテ] *versagen (機能しなくなる)の[過去]

ver·sah [フェア・ザー] *versehen[1] (持たせる)の[過去]

Ver·sailles [ヴェルザイ vɛrzáɪ] [中] -/《都市名》ヴェルサイユ(フランス北西部の都市).

ver·sal·zen(*) [フェア・ザルツェン fɛr-záltsən] [他] (h) ① ([過分] versalzen (まれに versalzt)) ([物]4に)塩を入れすぎる. Sie *hat* die Suppe *versalzen*. 彼女はスープに塩を入れすぎた. ② ([過分] versalzen)《口語》([人]3の計画など4を)だいなしにする.

* **ver·sam·meln** [フェア・ザンメルン fɛr-zámələn] ich versammle (versammelte, *hat*... versammelt) (完了 haben)《場所を表す語句とともに》([人]4を…に) **呼び集める**, 集合させる, 召集する. (英 assemble). Er *versammelte* seine Schüler **um** sich. 彼は生徒たちを自分の周りに集めた. ◇《再帰的に》 *sich*[4] *versammeln* 集まる, 集合する ⇒ Wir *versammelten uns* um 10 Uhr **vor** der Schule. 私たちは10時に学校の前に集合した.

ver·sam·melt [フェア・ザンメルト] *versammeln (呼び集める)の[過分]

ver·sam·mel·te [フェア・ザンメルテ] *versammeln (呼び集める)の[過去]

ver·samm·le [フェア・ザンムレ] *versammeln (呼び集める)の1人称単数[現在]

* *die* **Ver·samm·lung** [フェア・ザンムルング fɛr-zámlʊŋ] [女] (単) -/(複) -en ① **集会**, 会合, 会議, 大会. (英 *meeting*). eine politische *Versammlung* 政治集会 / eine *Versammlung*[4] ein|berufen 会議を召集する / die *Versammlung*[4] eröffnen (schließen) 会議を開く(閉じる) / **an** einer *Versammlung* teil|nehmen 集会に参加する / **auf** einer *Versammlung* sprechen 会議で演説をする / **zu** einer *Versammlung* gehen 集会に行く. ②《複》なし》集合, 招集.

Ver·samm·lungs·frei·heit [フェアザンムルングス・フライハイト] [女] -/ 集会の自由.

Ver·sand [フェア・ザント fɛr-zánt] [男] -[e]s/ ① (商品の)発送. ② =Versandabteilung

Ver·sand·ab·tei·lung [フェアザント・アップタイルング] [女] -/-en (会社などの)発送部.

ver·sand·be·reit [フェアザント・ベライト] [形] 発送準備のできた(商品など).

ver·san·den [フェア・ザンデン fɛr-zándən] [自] (s) ① (河口などが)砂に埋もれる, 砂で浅くなる. ② (交際などが)しだいにとだえる.

ver·sand·fer·tig [フェア・ザント・フェルティヒ] 形 発送準備のできた(商品など).

Ver·sand⊱han·del [フェア・ザント・ハンデる] 男 -s/ 通信販売[業].

Ver·sand⊱haus [フェア・ザント・ハオス] 中 -es/ ..häuser 通信販売店.

Ver·sand⊱kos·ten [フェア・ザント・コステン] 複 送料, 運送費.

ver·sank [フェア・ザンク] *versinken (沈む)の 過去

ver·sau·en [フェア・ザオエン fɛr-záuən] 他 (h) 《俗》① (服など⁴を)ひどく汚す. ② だいなしにする.

ver·sau·ern [フェア・ザオァァン fɛr-záuərn] 自 (s) ① (ワインなどが)酸っぱくなる; (土壌などが)酸性化する. ② 《口語》(精神的に)張りがなくなる, 頭が鈍る.

ver·sau·fen* [フェア・ザオふェン fɛr-záufən] I 他 (h)《俗》(お金など⁴を)酒につぎこむ. II 自 (s) ① 《方・俗》おぼれ死ぬ. ② 《坑》水没する. ◊☞ **versoffen**

***ver·säu·men** [フェア・ゾイメン fɛr-zɔ́ymən] (versäumte, hat…versäumt) 他 (完了 haben) ① (機会など⁴を)逃す, 逸する; (列車などに⁴に)乗り遅れる. (英 miss). eine Chance⁴ versäumen チャンスを逃す / Versäume nicht, dieses Buch zu lesen! この本はぜひ読みなさい / Er hat den Zug versäumt. 彼は列車に乗り遅れた. ② (なすべきこと⁴を)怠る, 果たさない. (英 neglect). den Termin versäumen 期限を守らない / den Unterricht versäumen (生徒などが)授業をさぼる / Er hat seine Pflichten versäumt. 彼は義務を果たさなかった. ◊《過去分詞の形で; 名詞的に》 Versäumtes⁴ nach|holen 遅れを取り戻す.

Ver·säum·nis [フェア・ゾイムニス] 中 ..nisses/ ..nisse (古: 女 -/..nisse) 怠慢, (義務などの)不履行; 《法》懈怠(けたい). Versäumnisse⁴ wieder gut|machen しなかった分を取り戻す.

ver·säumt [フェア・ゾイムト] *versäumen (逃す)の 過去分詞

ver·säum·te [フェア・ゾイムテ] *versäumen (逃す)の 過去

ver·scha·chern [フェア・シャッハァン fɛr-ʃáxərn] 他 (h) 《口語》高く売りつける.

ver·schach·telt [フェア・シャハテるト fɛr-ʃáxtəlt] 形 入り組んだ, 錯綜(さくそう)した, 複雑な (道路・文章など). ein verschachtelter Satz a) 《言》箱入り文(副文が入り組んだ文), b) 《比》難解極まりない文.

***ver·schaf·fen** [フェア・シャッふェン fɛr-ʃáfən] (verschaffte, hat…verschafft) 他 (完了 haben) (人³に 物⁴を)世話する, 手に入れてやる. 人³ eine Stellung⁴ verschaffen 人³に就職口を世話する / Was verschafft mir die Ehre (または das Vergnügen) Ihres Besuches? (予期しない来客に対して:)どのようなご用件でしょうか. ◊《再帰的に》 sich³ 物⁴ verschaffen (自分のために)物⁴を手に入れる, 工面(調達)する ⇨ Er verschaffte sich ein Auto. 彼は車を手に入れた / sich³ Respekt⁴ verschaffen 尊敬を得る.

ver·schafft [フェア・シャふト] *verschaffen (世話する)の 過去分詞

ver·schaff·te [フェア・シャふテ] *verschaffen (世話する)の 過去

ver·scha·len [フェア・シャーれン fɛr-ʃá:lən] 他 (h) (壁など⁴を)板張りにする.

Ver·scha·lung [フェア・シャーるング] 女 -/-en ① 板張りにすること. ② 羽目板.

ver·schämt [フェア・シェームト fɛr-ʃɛ́:mt] 形 恥ずかしそうな, はにかんだ. ein verschämtes Lächeln はにかんだ笑み / Sie sah ihn verschämt an. 彼女は恥ずかしそうに彼を見た.

ver·schan·deln [フェア・シャンデるン fɛr-ʃándəln] 他 (h)《口語》醜くする, (物⁴の)美観(景観)をそこねる.

ver·schan·zen [フェア・シャンツェン fɛr-ʃántsən] I 他 (h)《軍》(陣地など⁴を)堡塁(ほうるい)で固める. II 再帰 (h) 《sich⁴ hinter 物・事³ ~》 (物³の陰に身を隠す;《比》(事³を)盾にとる. Er hat sich hinter einer Ausrede verschanzt. 彼は口実を作って逃げた.

ver·schär·fen [フェア・シェルふェン fɛr-ʃɛ́rfən] I 他 (h) いっそう激しくする, (緊張など⁴を)高める; (速度など⁴を), (罰など⁴を)きつくする. die Gegensätze⁴ verschärfen 対立を激化させる / das Tempo⁴ verschärfen 速度を速める. II 再帰 (h) sich⁴ verschärfen 先鋭化する, 激しくなる, 激化(悪化)する. Die Lage hat sich verschärft. 局面は緊迫した.

Ver·schär·fung [フェア・シェルふング] 女 -/-en 鋭くすること; 激化, 増大.

ver·schar·ren [フェア・シャレン fɛr-ʃárən] 他 (h) (人・物⁴を)地面を掘って埋める.

ver·schät·zen [フェア・シェッツェン fɛr-ʃɛ́tsən] 再帰 (h) sich⁴ verschätzen 判断(見積もり)を誤る.

ver·schau·keln [フェア・シャオケるン fɛr-ʃáukəln] 他 (h)《口語》だます, (ライバルなど⁴を)出し抜く.

ver·schei·den* [フェア・シャイデン fɛr-ʃáidən] 自 (s) 《雅》死ぬ (=sterben). ◊☞ **verschieden²**

ver·schen·ken [フェア・シェンケン fɛr-ʃɛ́ŋkən] 他 (h) ① 《物⁴ [an 人³] ~》(物⁴を[人³に])贈る, やる. ein Lächeln⁴ verschenken 《比》ほほえみかける. ② (勝利など⁴を)みすみす逃す.

ver·scher·beln [フェア・シェルべるン fɛr-ʃɛ́rbəln] 他 (h) 《口語》安値で売る, 投げ売りする.

ver·scher·zen [フェア・シェルツェン fɛr-ʃɛ́rtsən] 再帰 (h) sich³ 事⁴ verscherzen (不注意から)事⁴を失う, うっかり見逃す. Er hat sich ihre Sympathie verscherzt. 彼は軽はずみなことをして彼女の好意を失ってしまった.

ver·scheu·chen [フェア・ショイヒェン fɛr-ʃɔ́yçən] 他 (h) (人・動物など⁴を)追い払う;《比》

(心配・眠気など⁴を)払いのける.

ver·scheu·ern [フェア・ショイアァン fɛr-ʃɔ́y-ərn] 他 (h) 《口語》安値で売る, 投げ売りする.

ver·schi·cken [フェア・シッケン fɛr-ʃíkən] 他 (h) ① (商品など⁴を)発送する. ② (人⁴を療養・保養に)行かせる. Kinder⁴ aufs Land *verschicken* 子供たちを田舎へやる(転地させる). ③ (罪人など⁴を)流刑(るけい)に処する.

Ver·schi·ckung [フェア・シックング] 囡 -/-en ① 発送. ② (保養に)行かせること. ③ 流刑(るけい).

ver·schieb·bar [フェアシーブバール] 形 (押して)動かすことのできる; (期日を)延期できる.

Ver·schie·be⸗bahn·hof [フェアシーベ・バーンホーふ] 男 -[e]s/..höfe 《鉄道》操車場.

*** ver·schie·ben*** [フェア・シーベン fɛr-ʃíːbən] (verschob, *hat*...verschoben) 他 (ったり haben) ① (押して)ずらす, 押して動かす. (英 move). den Schrank *verschieben* たんすの位置をずらす. ◇《再帰的に》*sich*⁴ *verschieben* (位置などが)ずれる; (比)(状況などが)変わる. ② (期日などを)**延期**する, 先に延ばす. (英 postpone). die Abreise⁴ *verschieben* 出発を延ばす / *Verschiebe* nicht **auf** morgen, was du heute kannst besorgen!(ことわざ) きょうできることはあすに延ばすな. ◇《再帰的に》Der Termin *hat sich*⁴ *verschoben*. 期限は延びた. ③ 《口語》(品物を)闇(やみ)取引する.

Ver·schie·bung [フェア・シーブング] 囡 -/-en ① ずらすこと, 移動. ② (期日などの)延期. ③ 《地学》地滑り, 断層. ④ 《口語》密売, 闇(やみ)取引, 横流し. ⑤ 《音楽》(ピアノの)ソフトペダル. ⑥ 《理》変位.

ver·schie·den¹ [フェア・シーデン fɛr-ʃíːdən] 形 (比較 なし, 最上 verschiedenst) ① **異なった, 別の**. (英 different). Wir haben *verschiedene* Haarfarben. 私たちは異なった髪の色をしている / Wir sind *verschiedener* Meinung². 私たちは見解を異にしている / Die Gläser sind **in** (または **nach**) Farbe *verschieden*. これらのグラスは色が違っている / Mein Standpunkt ist **von** deinem sehr *verschieden*. ぼくの立場は君のとはずいぶん違う / Das ist von Fall zu Fall *verschieden*. それはケースバイケースだ / Das kann man *verschieden* beurteilen. それについては異なった判断ができる. ② 《付加語としてのみ》**いくつかの, さまざまな, いろいろな**. (英 various). Ich habe noch *verschiedene* Fragen. 私はまだいくつか質問したいことがある / bei *verschiedenen* Gelegenheiten いろいろな機会に. (注意 無冠詞の名詞の複数形にかかる). ◇《中性単数形で; 名詞的に》**いくつかの**(いろいろな)**もの**. Mir ist noch *verschiedenes* (新形 *Verschiedenes*) unklar. 私にはまだいくつかのことがわかりません.

ver·schie·den² [フェア・シーデン] I verschieden (死ぬ)の 過分 II 形 《雅》亡くなった, 故人の.

ver·schie·den⸗ar·tig [フェアシーデン・アールティヒ] 形 種類の異なる; 種々の, さまざまな.

Ver·schie·den·ar·tig·keit [フェアシーデン・アールティヒカイト] 囡 -/ 雑多, 多種多様.

ver·schie·de·ner·lei [フェア・シーデナァらイ fɛr-ʃíːdənərlái] 形 《無語尾で》種々の, さまざま.

ver·schie·den⸗far·big [フェアシーデン・ふァルビヒ] 形 異なる色の; 色とりどりの, さまざまな色の(混じった).

Ver·schie·den·heit [フェア・シーデンハイト] 囡 -/-en 異なること, 相違, 差異; 多様.

ver·schie·dent·lich [フェア・シーデントりヒ] 副 一度ならず, 何度か, たびたび.

ver·schie·ßen* [フェア・シーセン fɛr-ʃíːsən] I 他 (h) ① (砲弾などを)発射する. ② 撃ち(射)尽くす. (サッカーで:)(ペナルティーキック⁴をはずす. II 再帰 《*sich*⁴ in 人⁴》《口語》(人⁴に)ぞっこんほれ込む. III 自 (s) 色あせる. Die Vorhänge *sind* schon sehr *verschossen*. 《現在完了》カーテンがもうすっかり色あせてしまった.
◇☞ verschossen

ver·schif·fen [フェア・シッふェン fɛr-ʃífən] 他 (h) 船で運ぶ(送る).

Ver·schif·fung [フェア・シッふング] 囡 -/-en 船で運ぶこと, 海上輸送.

ver·schim·meln [フェア・シンメるン fɛr-ʃíməln] 自 (s) かびる, かびが生える.

ver·schis·sen [フェア・シッセン fɛr-ʃísən] 形 《成句として》[es] **bei** (または **mit**) 人³ *verschissen* haben 《口語》人³に愛想をつかされる.

*** ver·schla·fen***¹* [フェア・シュらーふェン fɛr-ʃláːfən] du verschläfst, er verschläft (verschlief, *hat*...verschlafen) I 自 (ったり haben) 寝過ごす. (英 oversleep). Ich *habe* heute Morgen *verschlafen*. 私は今朝寝過ごした. II 他 (ったり haben) ① (時⁴を)寝て過ごす. den ganzen Tag *verschlafen* 一日中寝て過ごす. ② 《口語》寝過ごして逃す;(約束など⁴を)うっかり忘れる. den Zug *verschlafen* 寝過ごして列車に乗り遅れる. ③ (心配事など⁴を)眠って忘れる.
III 再帰 (ったり haben) *sich*⁴ *verschlafen* 寝過ごす.

ver·schla·fen² [フェア・シュらーふェン] I *verschlafen*¹ (寝過ごす)の 過分 II 形 寝ぼけた, 眠そうな; ものうげな, ぼんやりした;(比)活気のない(町など).

Ver·schla·fen·heit [フェア・シュらーふェンハイト] 囡 -/ 眠気;(比)活気のなさ.

ver·schläfst [フェア・シュれーふスト] *verschlafen*¹ (寝過ごす)の 2 人称単数 現在

ver·schläft [フェア・シュれーふト] *verschlafen*¹ (寝過ごす)の 3 人称単数 現在

Ver·schlag [フェア・シュらーク fɛr-ʃláːk] 男 -[e]s/..schläge 板仕切りの(粗末な小)部屋.

*** ver·schla·gen***¹* [フェア・シュらーゲン fɛr-ʃláːɡən] du verschlägst, er verschlägt (verschlug, *hat*...verschlagen) 他 (ったり haben)

verschlagen

① 《物⁴に板などを》打ちつけてふさぐ; くぎ付けする. 《英》nail up). den Eingang mit Brettern *verschlagen* 入口に板を打ちつけて閉鎖する. ② 《開けてあったページ⁴を》わからなくしてしまう. ③ 《球技で》《ボール⁴を》打ちそこなう. ④ 《方向を表す語句とともに》《あらし・運命などが人・物⁴を…へ》押し流す, 漂着させる. Das Schicksal *hat* uns hierher *verschlagen*. 運命がわれわれをここへたどり着かせた. ⑤ 《人³の声・呼吸など⁴を一時的に》妨げる. Der Schreck *verschlug* ihm die Stimme. 驚いて彼は声も出なかった. ⑥ 《料理》しっかりかき混ぜる. ⑦ 《nichts⁴, viel⁴ などとともに》（…の）重要性を持つ; 《方》（…の）効き目がある. Das *verschlägt* nichts. そんなことはどうでもいい. ◇《目的語なしでも》Die Arznei *verschlägt* nicht. その薬は効き目がない.

ver·schla·gen² [フェア・シュラーゲン] Ⅰ *verschlagen¹（打ちつけてふさぐ）の過分 Ⅱ 形 ① ずる賢い, 狡猾(ぶっ)な. ② 《方》（水などが）生ぬるい.

Ver·schla·gen·heit [フェア・シュラーゲンハイト] 女 -/ ずる賢さ, 狡猾(ぶっ).

ver·schlägst [フェア・シュレークスト] *verschlagen¹（打ちつけてふさぐ）の2人称単数 現在

ver·schlägt [フェア・シュレークト] *verschlagen¹（打ちつけてふさぐ）の3人称単数 現在

ver·schlam·men [フェア・シュランメン フェア・シュラーメン] 自 (s)（道などが）ぬかるみになる,（靴などが）泥だらけになる.

ver·schlam·pen [フェア・シュランペン fɛr-ʃlámpən] Ⅰ 自 (s)《口語》（庭などが）荒れる;（人が）だらしなくなる. Ⅱ 他 (h)《口語》うっかりなくしてしまう; うっかり忘れてしまう.

ver·schlang [フェア・シュラング] *verschlingen¹（絡み合わせる）, *verschlingen²（むさぼるように食べる）の過去

ver·schlech·tern [フェア・シュレヒタァン fɛr-ʃléçtərn] 他 (h) いっそう悪くする, 悪化させる. ◇《再帰的に》sich⁴ *verschlechtern* いっそう悪くなる, 悪化する.

Ver·schlech·te·rung [フェア・シュレヒテルング] 女 -/-en 悪化, 低下.

ver·schlei·ern [フェア・シュライアァン fɛr-ʃláiərn] Ⅰ 他 (h) ①《人・物⁴に》ヴェールをかぶせる. ②《比》（事実など⁴を）隠す. Ⅱ 再帰 (h) sich⁴ *verschleiern* ヴェールをかぶる;（空が）薄雲で覆われる,（涙で目が）かすむ,（声が）かすれる.

Ver·schlei·e·rung [フェア・シュライエルング] 女 -/-en ヴェールで覆うこと;《比》（事実の）隠蔽(ぷ), カムフラージュ.

ver·schlei·fen* [フェア・シュライフェン] 他 (h)《工》（でこぼこなもの⁴を）磨いてなめらかにする, 研ぎ磨く;《言》（単語・音節⁴を）不明瞭(ぷっ)に（省略して）発音する.

ver·schlei·men [フェア・シュライメン fɛr-ʃláimən] Ⅰ 他 (h)（気管など⁴を）粘液(たん)で詰まらせる. ◇《過去分詞の形で》*verschleimte* Bronchien たんのからんだ気管支.

Ver·schleiß [フェア・シュライス fɛr-ʃláis] 男 -es/-e《ふつう単》① 消耗, 摩滅. ②《オーストリア》小売り.

ver·schlei·ßen(*) [フェア・シュライセン fɛr-ʃláisən] (verschliss, hat/ist…verschlissen または verschleißte, hat…verschleißt) Ⅰ 他 ①《不規則変化》（使って）すり減らす,（服⁴を）着古す,（靴⁴を）はきつぶす. ◇《再帰的に》sich⁴ *verschleißen*（衣服などが）すり切れる,（靴が）すり減る.②《オーストリア》小売りする. Ⅱ 自 (s)《不規則変化》（衣服などが）すり切れる,（靴などが）すり減る,（機械などが）摩滅する.

◇🖙 verschlissen

ver·schlep·pen [フェア・シュレッペン fɛr-ʃlépən] 他 (h) ①《人⁴を》無理やり連れて行く, 拉致(ちっ)する,（物⁴を）不法に運び去る. ②（病気など⁴を）蔓延(ほん)させる. ③（訴訟・病気などを⁴）長引かせる. ◇《過去分詞の形で》eine *verschleppte* Grippe こじらせた風邪.

Ver·schlep·pung [フェア・シュレッブング] 女 -/-en ① 連行, 拉致(ちっ). ②（病気の）蔓延(まん). ③（訴訟・病気などを）長引かせること.

Ver·schlep·pungs=tak·tik [フェア・シュレッブングス・タクティク] 女 -/-en 引き延ばし戦術.

ver·schleu·dern [フェア・シュロイダァン fɛr-ʃlɔ́ydərn] 他 (h) ①（お金・財産⁴を）浪費する, むだ使いする. ② 投げ売りする.

ver·schlief [フェア・シュリーフ] *verschlafen¹（寝過ごす）の過去形

ver·schlie·ßen [フェア・シュリーセン fɛr-ʃlíːsən] du verschließt (verschloss, hat…verschlossen) Ⅰ 他 （完了 haben) ①《物⁴に》鍵(ぎ)をかける, 閉鎖する;《可能性など⁴を》閉ざす.《英》lock). Er *verschloss* alle Zimmer. 彼はすべての部屋に鍵をかけた / die Augen⁴ (die Ohren⁴) vor 事³ *verschließen* 事³に目を閉ざす（耳をふさぐ）. ②（容器⁴を）密閉する. eine Flasche⁴ mit einem Korken *verschließen* びんをコルク栓で密閉する. ③（貴重品⁴を）鍵をかけて保管する;《比》（考えなど⁴を）胸に秘める. das Geld⁴ im Tresor *verschließen* お金を金庫に保管する / Sie *verschloss* ihre Liebe in ihrem Herzen. 彼女は愛情を胸に秘めていた.

Ⅱ 他 (完了 haben) sich⁴ 人・事³ *verschließen* 人³に対して心を閉ざす（提案などに）耳を借そうとしない.

◇🖙 verschlossen

ver·schlimm·bes·sern [フェア・シュリムベッサァン fɛr-ʃlímbɛsərn] 他 (h)《口語》改悪する, 良くしようとしてかえって悪くする.

ver·schlim·mern [フェア・シュリンマァン fɛr-ʃlímərn] 他 (h)（病気・状況など⁴を）いっそう悪くする. ◇《再帰的に》sich⁴ *verschlimmern* いっそう悪くなる, 悪化する.

Ver·schlim·me·rung [フェア・シュリンメルング] 女 -/-en（病状などの）悪化.

ver·schlin·gen¹* [フェア・シュリンゲン fɛr-ʃlíŋən] (verschlang, hat…verschlungen) 他 (完了 haben) 絡み合わせる;（糸⁴を）よる.《英》

devour). die Finger⁴ miteinander *verschlingen* 指を絡み合わせる / die Arme⁴ *verschlingen* 腕を組む. ◇《過去分詞の形で》*verschlungene* Wege 入りくんだ道.

ver·schlin·gen² [フェア・シュリンゲン fɛr-ʃlíŋən] (verschlang, hat...verschlungen) 他 (完了 haben) ① むさぼるように食べる. Der Hund *verschlang* das Fleisch. その犬は肉をがつがつ食った. ② 《比》むさぼるように見る(読む). 人⁴ mit Blicken *verschlingen* 人⁴をむさぼるように見つめる. ③ 《比》(闇(ﾔﾐ)が 人・物⁴を)包み込む. ④ 《比》(多額の費用⁴を)くう.

ver·schliss [フェア・シュリス] verschleißen (すり減らす)の 過去

ver·schliß ☞ 新形 verschliss

ver·schlis·se [フェア・シュリッセ] verschleißen (すり減らす)の 接2

ver·schlis·sen [フェア・シュリッセン] I verschleißen (すり減らす)の 過分 II 形 (衣服などが)すり切れた, (靴などが)すり減った.

ver·schloss [フェア・シュロス] *verschließen (鍵をかける)の 過去

ver·schloß ☞ 新形 verschloss

ver·schlos·sen [フェア・シュロッセン] I *verschließen (鍵をかける)の 過分 II 形 ① 閉ざされた, 鍵(ｶｷﾞ)のかかった. vor *verschlossener* Tür stehen 門前払いをくう. ② 打ち解けない, 無口な. ein *verschlossener* Mensch 人づきあいの悪い(内向的な)人.

Ver·schlos·sen·heit [フェア・シュロッセンハイト] 女 -/ ① 閉鎖, 封鎖. ② 打ち解けないこと, 無愛想.

***ver·schlu·cken** [フェア・シュルッケン fɛr-ʃlúkən] (verschluckte, hat...verschluckt) I 他 (完了 haben) (英 *swallow*) ① (誤って)飲み込む, 飲み下す. Das Baby *hat* einen Knopf *verschluckt*. その赤ん坊は誤ってボタンを飲み込んでしまった. ② 《比》(涙・怒りなど⁴を)抑える, (悪口など⁴を)口に出さずにこらえる. ③ 《比》(闇(ﾔﾐ)が 人・物⁴を)包み込む.
II 再帰 (完了 haben) sich⁴ *verschlucken* (飲みそこなって)むせる. sich⁴ an der Suppe (beim Essen) *verschlucken* スープを飲んでいて(食事をしていて)むせる.

ver·schluckt [フェア・シュルックト] *verschlucken (飲み込む)の 過分

ver·schluck·te [フェア・シュルックテ] *verschlucken (飲み込む)の 過去

ver·schlug [フェア・シュルーク] *verschlagen¹ (打ちつけてふさぐ)の 過去

ver·schlun·gen [フェア・シュルンゲン] *verschlingen¹ (絡み合わせる), *verschlingen² (むさぼるように食べる)の 過分

Ver·schluss [フェア・シュルス fɛr-ʃlús] 男 -es/..schlüsse ① 閉める(閉じる)装置, (びんの)栓, ふた; 締め金, 錠前; 《写》シャッター. ② (施錠による)保管. unter *Verschluss* halten 物⁴を施錠して保管する. ③ 《医》閉塞(ﾍｲｿｸ)症.

Ver·schluß ☞ 新形 Verschluss

ver·schlüs·seln [フェア・シュリュッセルン fɛr-ʃlýsəln] 他 (h) 暗号(符号・コード)化する; 《比》暗示的にぼかして表現する.

Ver·schlüs·se·lung [フェア・シュリュッセルング] 女 -/-en 暗号(符号・コード)化.

Ver·schluss=laut [フェア・シュルスらオト] 男 -[e]s/-e 《言》閉鎖音([p, t, k, b, d, g]など).

Ver·schluß=laut ☞ 新形 Verschlusslaut

ver·schmach·ten [フェア・シュマハテン fɛr-ʃmáxtən] 自 (s) 《雅》① 飢えと乾きで死ぬ. ② (飢えなどで)ひどく苦しんでいる, 憔悴(ｼｮｳｽｲ)している.

ver·schmä·hen [フェア・シュメーエン fɛr-ʃmɛ́ːən] 他 (h) 《雅》(申し出など⁴を)すげなく断る, はねつける.

ver·schmau·sen [フェア・シュマオゼン fɛr-ʃmáuzən] 他 (h) 《口語》(ケーキなど⁴を)おいしく食べる.

ver·schmel·zen* [フェア・シュメるツェン fɛr-ʃméltsən] I 他 (h) ① (金属など⁴を)溶かし合わせる. Kupfer⁴ und Zink⁴ zu Messing *verschmelzen* 銅と錫(ｽｽﾞ)を溶かし合わせて真鍮(ﾁｭｳ)を作る. ② 《比》(二つのもの⁴を)まとめる, 合併させる. II 自 (s) ① 溶け合う, 融合する. ② 《比》まとまる, (会社などが)合併する.

Ver·schmel·zung [フェア・シュメるツング] 女 -/-en 溶融, 融合; 融成物 融融物; (絵の具の)混和, 配合; (会社などの)合併.

ver·schmer·zen [フェア・シュメルツェン fɛr-ʃmértsən] 他 (h) (軍⁴の)苦しみ(悲しみ)を克服する, (軍⁴の)痛手から立ち直る.

ver·schmie·ren [フェア・シュミーレン fɛr-ʃmíːrən] 他 (h) ① (穴・裂け目など⁴を)塗ってふさぐ. die Risse⁴ in der Wand mit Mörtel *verschmieren* 壁の裂け目をモルタルで塗り込める. ② 《口語》(バター・軟膏など⁴を)塗る. ③ 下手にぬって(書いて)汚す.

ver·schmitzt [フェア・シュミッツト fɛr-ʃmítst] 形 ちゃっかりした, いたずらっぽい, 茶目っ気のある.

ver·schmut·zen [フェア・シュムッツェン fɛr-ʃmútsən] I 他 (h) 汚す, (大気など⁴を)汚染する. II 自 (s) 汚れる, 汚くなる.

Ver·schmut·zung [フェア・シュムッツング] 女 -/-en 汚すこと; 汚染.

ver·schnap·pen [フェア・シュナッペン fɛr-ʃnápən] 再帰 (h) sich⁴ *verschnappen* 《方》うっかり口をすべらせる, 失言する.

ver·schnau·fen [フェア・シュナオフェン fɛr-ʃnáufən] 自 (h)・再帰 (h) sich⁴ *verschnaufen* 一息入れる, 一休みする.

ver·schnei·den* [フェア・シュナイデン fɛr-ʃnáidən] 他 (h) ① (生け垣など⁴を)刈り込む, 剪定(ｾﾝﾃｲ)する. ② (服地など⁴を)裁断しそこなう; (髪など⁴を)切りそこなう. ③ (家畜⁴を)去勢する. ④ (酒類⁴を)ブレンドする.

ver·schnei·en [フェア・シュナイエン fɛr-ʃnáiən] 自 (s) 雪に埋まる(覆われる).

ver·schneit [フェア・シュナイト] I verschneien (雪に埋まる)の 過分 II 形 雪に埋もれた(覆わ

れた).

Ver·schnitt [フェア・シュニット fɛr-ʃnít] 男 -[e]s/-e ① ブレンドすること；ブレンドしたアルコール飲料. ② (木・布などの)切れ端.

ver·schnör·keln [フェア・シュネルケルン fɛr-ʃnœ́rkəln] 他 (h) (物⁴に)渦巻き模様をつける.

ver·schnör·kelt [フェア・シュネルケルト] I verschnörkeln (渦巻き模様をつける)の過分 II 形 渦巻き模様の[飾りのついた]. eine *verschnörkelte* Schrift 飾り文字.

ver·schnup·fen [フェア・シュヌプフェン fɛr-ʃnúpfən] 他 (h) 《口語》(人⁴の)感情を害する, 機嫌をそこねる.

ver·schnupft [フェア・シュヌプフト] I verschnupfen (感情を害する)の過分 II 形 鼻風邪をひいた; 鼻声の;《口語》感情を害した, 機嫌をそこねた.

ver·schnü·ren [フェア・シュニューレン fɛr-ʃnýːrən] 他 (h) (小包みなど⁴を)ひもでくくる.

ver·schob [フェア・ショープ] *verschieben (ずらす)の過去

ver·scho·ben [フェア・ショーベン] *verschieben (ずらす)の過分

ver·schol·len [フェア・ショルレン fɛr-ʃɔ́lən] 形 行方(消息)不明の; (法)失踪(とっ)した.

ver·scho·nen [フェア・ショーネン fɛr-ʃóːnən] 他 (h) ① (人・物⁴に)危害を加えない. Der Krieg *verschonte* niemanden. 戦争の被害を免れた者は一人もいなかった. ◇《過去分詞の形で》von 事³ *verschont* bleiben 事³の被害を受けずに済む. ② 《人⁴ mit 事³》《人⁴に事³で》わずらわさない. *Verschone* mich mit deinen Ratschlägen! 君の忠告などまっぴらだ.

ver·schö·nen [フェア・シェーネン fɛr-ʃǿːnən] 他 (h) 美しくする, すてきな(楽しい)ものにする. sich³ den Abend mit einem Theaterbesuch *verschönen* 芝居を見て楽しい夕べを過ごす.

ver·schö·nern [フェア・シェーナァン fɛr-ʃǿːnərn] 他 (h) いっそう美しくする, きれいに飾る. einen Balkon mit Blumen *verschönern* バルコニーを花で飾る.

Ver·schö·ne·rung [フェア・シェーネルング] 女 -/-en ① 美化; 装飾. ② 美化(装飾)されたもの.

ver·schor·fen [フェア・ショルフェン fɛr-ʃɔ́rfən] 自 (s) (傷口が)かさぶたになる.

ver·schos·sen [フェア・ショッセン] I verschießen (発射する)の過分 II 形 ① 《成句的に》in 人⁴ *verschossen* sein《口語》人³にぞっこんほれ込んでいる. ② 色のあせた.

ver·schram·men [フェア・シュランメン fɛr-ʃrámən] I 他 (h) かき(すり)傷をつける. sich³ den Ellbogen *verschrammen* ひじをすりむく. II 自 (s) 《ま》かき(すり)傷ができる.

ver·schrän·ken [フェア・シュレンケン fɛr-ʃréŋkən] 他 (h) (腕・脚など⁴を)組む. Er *verschränkte* die Hände hinterm Kopf. 彼は両手を頭の後ろに組んだ.

ver·schrau·ben [フェア・シュラオベン fɛr-ʃráubən] 他 (h) ねじで[締めて]固定する.

ver·schrei·ben [フェア・シュライベン fɛr-ʃráibən] (verschrieb, *hat*...verschrieben) I 他 《完了 haben》 ① (人³に薬・治療法など⁴を)処方する, 指示する.《英 prescribe》einem Kranken ein Medikament⁴ *verschreiben* 病人に薬を処方する. ② (人³に財産など⁴を文書によって)譲渡する. ③ (紙・鉛筆など⁴を)書いて使い尽くす.

II 再帰 《完了 haben》 sich⁴ *verschreiben* ① 書きそこなう. ② (事³に)専念する. Er *hat sich der* Forschung *verschrieben*. 彼は研究に打ち込んだ.

ver·schrei·en* [フェア・シュライエン fɛr-ʃráiən] 他 (h) (公然と)非難する.
◇☞ verschrien

ver·schrieb [フェア・シュリープ] *verschreiben (処方する)の過去

ver·schrie·ben [フェア・シュリーベン] *verschreiben (処方する)の過分

ver·schrie·en ☞ 新形 verschrien

ver·schrien [フェア・シュリーン] I verschreien (非難する)の過分 II 形 評判の悪い, 悪名高い.

ver·schro·ben [フェア・シュローベン fɛr-ʃróːbən] 形 つむじ曲がりの, ひねくれた, 奇妙な(人・考え方など).

Ver·schro·ben·heit [フェア・シュローベンハイト] 女 -/-en ① 《複 なし》風変わりなこと. ② 風変わりな言動.

ver·schrot·ten [フェア・シュロッテン fɛr-ʃrɔ́tən] 他 (h) (車など⁴を)スクラップ(くず鉄)にする.

ver·schrum·peln [フェア・シュルンペルン fɛr-ʃrúmpəln] 自 (s) 《口語》(果物などが)しなびる.

ver·schüch·tern [フェア・シュヒタァン fɛr-ʃýçtərn] 他 (h) ひるませる, おじけづかせる.

ver·schüch·tert [フェア・シュヒタァト] I verschüchtern (ひるませる)の過分 II 形 ひるんだ, おじけづいた.

ver·schul·den [フェア・シュルデン fɛr-ʃúldən] I 他 (h) (自分の過失で事⁴を)引き起こす, しでかす. Sie *hat* ihr Unglück selbst *verschuldet*. 彼女の不幸は自業自得だ. II 自 (s) 負債(借金)を背負い込む. III 再帰 (h) sich⁴ *verschulden* 借金をする.

Ver·schul·den [フェア・シュルデン] 中 -s/ 過失, 落ち度, (事故などの)責任.

ver·schul·det [フェア・シュルデット] I verschulden (引き起こす)の過分 II 形 借金(負債)のある. an 人³ (bei 人³) *verschuldet* sein 人³(物³(銀行など))に借金がある.

Ver·schul·dung [フェア・シュルドゥング] 女 -/-en 借金(負債)のあること; 負債; (事故などの)責任を負うこと.

ver·schütt [フェア・シュット fɛr-ʃýt] 《特定の動詞とともに成句をつくる》
新形 ⋯⋯⋯⋯⋯⋯⋯⋯⋯⋯⋯⋯⋯⋯⋯⋯⋯⋯

ver·schütt ge·hen ① 《口語》なくなる. ② 《俗》死ぬ; 車にひかれる.
⋯⋯⋯⋯⋯⋯⋯⋯⋯⋯⋯⋯⋯⋯⋯⋯⋯⋯⋯⋯

ver·schüt·ten [フェア・シュッテン fɛr-ʃýtən] 他 (h) ① (コーヒーなど⁴を)うっかりこぼす, つぎそこなう. Zucker⁴ verschütten 砂糖をこぼす. ② (土砂などが人・物⁴を)埋める, 生き埋めにする; (堀などを土砂などで)埋めてる.

ver·schütt|ge·hen* [フェア・シュット・ゲーエン] 自 (s) (新形 verschütt gehen) ☞ verschütt

ver·schwä·gert [フェア・シュヴェーガァト fɛr-ʃvέːɡərt] 形 (結婚によって生じた)親戚(しんせき), 姻戚(いんせき)関係の.

ver·schwand [フェア・シュヴァント] *verschwinden (消える)の 過去

ver·schwän·de [フェア・シュヴェンデ] *verschwinden (消える)の 接2

__ver·schwei·gen__ [フェア・シュヴァイゲン fɛr-ʃváiɡən] 他 (完了 haben) ([人³に] 事⁴を)言わないでおく, 秘密にしておく, 包み隠す. (英 conceal). Er hat uns seine Krankheit verschwiegen. 彼は病気のことを私たちには黙っていた.
◇☞ verschwiegen

ver·schwei·ßen [フェア・シュヴァイセン fɛr-ʃváisən] 他 (h) 溶接する.

__ver·schwen·den__ [フェア・シュヴェンデン fɛr-ʃvέndən] du verschwendest, er verschwendet (verschwendete, hat...verschwendet) 他 (完了 haben) (お金・財産など⁴を)浪費する, (労力・時間など⁴を)むだに使う. (英 waste). viel Geld⁴ für 事⁴ verschwenden 事⁴のためにたくさんのお金を浪費する / Er hat viel Zeit an (または auf) diese Sache verschwendet. 彼はこのことに多くの時間を費やしたがむだだった / Er verschwendete keinen Blick (kein Wort) an sie. 彼は彼女には目もくれなかった(声もかけなかった).

Ver·schwen·der [フェア・シュヴェンダァ fɛr-ʃvέndər] 男 -s/- 浪費家. (ちなみ 女性形は Verschwenderin).

ver·schwen·de·risch [フェア・シュヴェンデリッシュ fɛr-ʃvέndəriʃ] 形 ① むだ使いをする, 浪費的な. ein verschwenderischer Mensch 金使いの荒い人 / mit 物³ verschwenderisch um|gehen 物³を惜しげもなく(湯水のように)使う. ② 非常に豊富な, あり余るほどの.

ver·schwen·det [フェア・シュヴェンデット] *verschwenden (浪費する)の 過分

ver·schwen·de·te [フェア・シュヴェンデテ] *verschwenden (浪費する)の 過2

Ver·schwen·dung [フェア・シュヴェンドゥング] 女 -/-en 浪費, むだ使い.

Ver·schwen·dungs=sucht [フェア・シュヴェンドゥングス・ズフト] 女 -/ 浪費癖.

ver·schwieg [フェア・シュヴィーク] *verschweigen (言わないでおく)の 過去

ver·schwie·gen [フェア・シュヴィーゲン] I *verschweigen(言わないでおく)の 過分 II 形 ① 口の堅い, 秘密を守る. ② あまり人の来ない, ひっそりとした(場所・店など).

Ver·schwie·gen·heit [フェア・シュヴィーゲンハイト] 女 -/ 口が堅いこと; 秘密保持(厳守). die Pflicht zur Verschwiegenheit 守秘義務 / unter dem Siegel der Verschwiegenheit² 絶対秘密にするという約束で.

ver·schwim·men* [フェア・シュヴィンメン fɛr-ʃvímən] 自 (s) (輪郭が)ぼやける, かすむ; (色が)薄れる, 溶けあう.
◇☞ verschwommen

__ver·schwin·den__ [フェア・シュヴィンデン fɛr-ʃvíndən] du verschwindest, er verschwindet (verschwand, ist...verschwunden) 自 (完了 sein) ① (視界から)消える, 姿を消す, 見えなくなる; 消滅する. (比)(流行などが)すたれる. (英 disappear). Die Sonne verschwand hinter den Bergen. 太陽が山の後ろに隠れた / Er ist in der Menge verschwunden. 現在完了 彼は人ごみの中に姿を消した / Neben ihm verschwindet sie. 《比》彼と並ぶと彼女は陰に隠れてしまうほど小さい / Verschwinde!《口語》とっととうせろ / Ich muss mal verschwinden. 《口語・婉曲》(トイレに行くときに)ちょっと失礼. ② (物が)なくなる, (お金などが)盗まれる. Meine Brille ist verschwunden. 現在完了 私の眼鏡がなくなった. / 《 lassen とともに》Geld⁴ verschwinden lassen お金を横領(着服)する.

ver·schwin·dend [フェア・シュヴィンデント] I *verschwinden (消える)の 現分 II 形 ごくわずかの. verschwindende Ausnahmen ごくわずかの例外.

ver·schwit·zen [フェア・シュヴィッツェン fɛr-ʃvítsən] 他 (h) ① (シャツなど⁴を)汗で汚す, 汗でしょくしょくにする. ② 《口語》(約束など⁴を)忘れる.

ver·schwitzt [フェア・シュヴィッツト] I verschwitzen (汗で汚す)の 過分 II 形 汗で汚れた, 汗まみれの.

ver·schwol·len [フェア・シュヴォルン fɛr-ʃvólən] 形 はれあがった(顔・目など).

ver·schwom·men [フェア・シュヴォンメン] I verschwimmen(かすむ)の 過分 II 形 輪郭のぼやけた; 不明瞭(めいりょう)な. eine verschwommene Erinnerung ぼんやりとした記憶 / sich⁴ verschwommen aus|drücken あいまいな言い方をする.

Ver·schwom·men·heit [フェア・シュヴォンメンハイト] 女 -/-en《ふつう 単》輪郭のぼやけ, 不明瞭(めいりょう); あいまい.

ver·schwö·ren* [フェア・シュヴェーレン fɛr-ʃvǿːrən] 再帰 (h) sich⁴ verschwören ① 《sich⁴ [mit 人³] ~》([人³と)結託(共謀)する. sich⁴ gegen 人⁴ verschwören 共謀して人⁴に反逆を企てる / Alles hat sich gegen mich verschworen. 《比》 私には何もかもうまくいかなかった. ② (事³に)身をささげる, 没頭する.

Ver·schwö·rer [フェア・シュヴェーラァ fɛr-ʃvǿːrər] 男 -s/- 共謀者; 謀反人. (ちなみ 女性形は Verschwörerin).

Ver·schwö·rung [フェア・シュヴェールング] 女 -/-en 共謀すること; 謀反.

ver·schwun·den [フェア・シュヴンデン] ‡verschwinden (消える)の 過分

***ver·se·hen**[1]* [フェア・ゼーエン fɛr-zé:ən] du versiehst, er versieht (versah, hat ... versehen) I 他 (完了 haben) 〖人[4] mit 物[3] ~〗(人[4]に物[3]を)持たせる, 与える, 用意してやる. (英 provide). 人[4] mit Geld versehen 人[4]にお金を持たせる / einen Kranken mit den Sterbesakramenten versehen(カトリック)(主任司祭が)病人に臨終の秘跡を授ける. ◇〖再帰的に〗sich[4] mit 物[3] versehen (自分のために)物[3]を用意する ⇒ Er versah sich mit dem Nötigsten für die Reise. 彼は旅行になくてはならないものを用意した. ② 〖A[4] mit B[3] ~〗(A[4]に B[3]を)備え付ける, 取り付ける. ein Zimmer[4] mit Vorhängen versehen 部屋にカーテンを取り付ける / einen Text mit Anmerkungen versehen 本文に注を付ける. ◇〖過去分詞の形で〗mit 物[3] versehen sein 物[3]を備えている. ③ (任務・義務など[4]を)果たす, 遂行する; 管理する. Er versah seinen Dienst gewissenhaft. 彼は自分の職務を忠実に果たした. ④ (事[4]を)忘れる, なおざりにする.

II 再帰 (完了 haben) sich[4] versehen ① (うっかり)間違いをする. Ich habe mich beim Zählen versehen. 私は数え間違いをした / sich[4] in der Hausnummer versehen 番地を間違える. ② 《雅》(事[4]を)予期する. ◇〖成句的に〗ehe man sich's versieht あっという間に.

ver·se·hen[2] [フェア・ゼーエン] *versehen[1] (持たせる)の 過分

*das **Ver·se·hen** [フェア・ゼーエン fɛr-zé:ən] 中 (単2) -s/(複) - (うっかりした)間違い, 手落ち, ケアレスミス. (英 mistake). aus Versehen 誤って, うっかりして.

ver·se·hent·lich [フェア・ゼーエントリヒ] I 副 誤って, うっかり, 間違って. II 形 間違い(不注意)からの, うかつな.

ver·se·hren [フェア・ゼーレン fɛr-zé:rən] 他 (h) 《古》(人[4]にけがをさせる.

Ver·sehr·te[r] [フェア・ゼーァテ (..タァ) fɛr-zé:rtə (..tər)] 男 女 〖語尾変化は形容詞と同じ〗身体障害者.

ver·selb·stän·di·gen [フェア・ゼるプシュテンディゲン fɛr-zélpʃtɛndɪɡən] 他 (h) =verselbstständigen

ver·selbst·stän·di·gen [フェア・ゼるプストシュテンディゲン fɛr-zélpstʃtɛndɪɡən] 他 (h) 独立させる. ◇〖再帰的に〗sich[4] verselbstständigen 独立する, 自立する.

ver·sen·den(*) [フェア・ゼンデン fɛr-zéndən] 他 (h) (通知状など[4]を)送る, 発送する, 送付する. (☞ 類語 schicken).

Ver·sen·dung [フェア・ゼンドゥング] 女 -/-en 発送, 送付.

ver·sen·gen [フェア・ゼンゲン fɛr-zéŋən] 他 (h) (うっかり)焦がす, (物[4]の)表面を焼く; (日ざしなどが畑など[4]を)からからに乾燥させる. sich[3] die Haare[4] versengen 髪を焦がす.

ver·senk·bar [フェア・ゼンクバール] 形 (表面の板の下などに)収納できる, 収納式の(ミシンなど).

ver·sen·ken [フェア・ゼンケン fɛr-zéŋkən] I 他 (h) ① (船など[4]を)沈める. ② (すっぽり)埋める, (くぎなど[4]を)深く打ち込む. die Schraube[4] versenken ねじをねじ込む / die Hände[4] in die Taschen versenken 両手をポケットに突っ込む. II 再帰 (h) 〖sich[4] in 事[4] ~〗(事[4]に)没頭する. Ich hatte mich in meine Bücher versenkt. 私は本を読みふけっていた.

Ver·sen·kung [フェア・ゼンクング] 女 -/-en ① 沈めること, 沈没させること. ② 没頭, 専念. ③ 〖劇〗(舞台の)迫(*)り出し. [wieder] aus der Versenkung auf]tauchen 〖口語〗(忘れられていた存在が[再び]活動の)舞台に上がる, 世の脚光を浴びる / in der Versenkung verschwinden 〖口語〗(活動の)舞台から姿を消す, 世間から忘れられる.

ver·ses·sen [フェア・ゼッセン] I versitzen (座ってむだに過ごす)の 過分 II 形 〖成句的に〗auf 人・物[4] versessen sein 人・物[4]に夢中になっている. Sie ist auf Süßigkeiten versessen. 彼女は甘いものに目がない.

Ver·ses·sen·heit [フェア・ゼッセンハイト] 女 -/-en 〖ふつう 単〗夢中, 執心[していること].

***ver·set·zen** [フェア・ゼッツェン fɛr-zétsən] du versetzt (versetzte, hat ... versetzt) 他 (完了 haben) ① (ほかの場所へ)移す, 置き換える, ずらす. (英 shift). einen Baum versetzen 木を移植する / die Knöpfe[4] an einem Mantel versetzen コートのボタンの位置をずらす / 人[4] nach vorne versetzen 人[4]を前の方の席に移す. ② 配置換えする, 転勤させる. 人[4] in eine andere Abteilung versetzen 人[4]を別の部局に配置換えする / Er wurde nach Berlin versetzt. 〖受動・過去〗彼はベルリンへ転勤になった. ③ (生徒[4]を)進級させる. ④ 〖人・物[4] in 事[4] ~〗(人・物[4]を事[4]の状態に)変える, 陥らせる. 人[4] in Aufregung versetzen 人[4]を興奮させる / eine Maschine[4] in Bewegung versetzen 機械を作動させる. ⑤ (人[3]に打撃など[4]を)加える. 人[3] einen Schlag versetzen 人[3]をなぐる / 人[3] eine[4] (または eins[4]) versetzen 《口語》人[3]に一発くらわす. ⑥ 質に入れる; 売却する. ⑦ 〖口語〗(人[4]に)待ちぼうけをくわせる. ⑧ (…ときっぱりと)答える, 返事する. ⑨ 〖A[4] mit B[3] ~〗(A[4]に B[3]を)混ぜる. Wein[4] mit Wasser versetzen ワインに水を混ぜる.

II 再帰 (完了 haben) 〖sich[4] in 人・事[4] ~〗(人[4]の)立場になって考える, (事[4]に)身を置く. Versetz dich bitte einmal in meine Lage! ちょっとぼくの立場にもなってみろよ.

ver·setzt [フェア・ゼッツト] *versetzen (移す)の 過分

ver·setz·te [フェア・ゼッツテ] *versetzen (移す)の 過去

Ver·set·zung [フェア・ゼッツング] 女 -/-en ① 移すこと, 移転; 転任; (生徒の)進級. ② 質

入れ,換金. ③ (飲み物の)混合.

Ver·set·zungs⊘zei·chen [フェアゼッツングス・ツァイヒェン] 中 -s/- 《音楽》臨時記号 (♯, ♭ など).

ver·seu·chen [フェア・ゾイヒェン fɛr-zɔ́yçən] 他 (h) (病原菌などで)汚染する. ◇〔過去分詞の形で〕radioaktiv verseuchte Milch 放射能で汚染されたミルク.

Ver·seu·chung [フェア・ゾイヒュング] 女 -/-en 感染; 汚染.

Vers⊘fuß [フェルス・フース] 男 -es/..füße 《詩学》詩脚(詩行の最小単位).

Ver·si·che·rer [フェア・ズィッヒェラァ fɛr-zíçərər] 男 -s/- 保険者; 保険会社.

‡**ver·si·chern** [フェア・ズィッヒャァン fɛrzíçərn] (versicherte, hat...versichert) I 他 (完了 haben) ① (〔人〕³に〔事〕⁴を確かだと)請け合う,断言する,保証する. (英 assure). Das kann ich dir versichern. そのことは君に断言していくよ / Ich versichere Ihnen, dass ... ... ということは保証します.
② 《雅》(〔人〕⁴に〔事〕²を当てにできると)請け合う,保証する. Er hat sie seines Schutzes versichert. 彼は彼女に守ってやると約束した.
③ (〔人・物〕⁴に)保険をかける. (英 insure). Er hat sein Haus gegen Feuer versichert. 彼は自分の家に火災保険をかけた. ◇〔再帰的に〕sich⁴ gegen Tod versichern 生命保険に入る. II 再帰 (完了 haben) sich⁴ 〔事〕² versichern 《雅》〔事〕²を確かめる. Wir haben uns seiner Zustimmung versichert. われわれは彼の同意が得られるよう確かめた.

ver·si·chert [フェア・ズィッヒャァト] ‡versichern (請け合う)の過分, 3 人称単数・2 人称複数 現在.

ver·si·cher·te [フェア・ズィッヒャァテ] ‡versichern (請け合う)の過去.

Ver·si·cher·te[r] [フェア・ズィッヒャァテ (..ターァ) fɛr-zíçərtə (..tər)] 男 女 〔語尾変化は形容詞と同じ〕被保険者.

*die **Ver·si·che·rung** [フェア・ズィッヒェルング fɛr-zíçəruŋ] 女 (単) -/(複) -en ① 保証, 確約, 断言. (英 assurance). 〔人〕³ die Versicherung⁴ geben, dass ... 〔人〕³に...であると断言する. ② 保険〔契約〕; 保険料. (英 insurance). Lebensversicherung 生命保険 / eine Versicherung gegen Feuer 火災保険 / eine Versicherung⁴ ab|schließen (kündigen) 保険を契約する(解約する). ③ 保険会社 (= Versicherungsgesellschaft).

Ver·si·che·rungs⊘bei·trag [フェアズィッヒェルングス・バイトラーク] 男 -[e]s/..träge 保険料.

Ver·si·che·rungs⊘be·trug [フェアズィッヒェルングス・ベトルーク] 男 -[e]s/ 保険詐欺.

Ver·si·che·rungs⊘ge·sell·schaft [フェアズィッヒェルングス・ゲゼるシャフト] 女 -/-en 保険会社.

Ver·si·che·rungs⊘neh·mer [フェアズィッヒェルングス・ネーマァ] 男 -s/- 被保険者, 保険契約者.

Ver·si·che·rungs⊘pflicht [フェアズィッヒェルングス・ぷふりヒト] 女 -/-en 保険加入の義務.

Ver·si·che·rungs⊘po·li·ce [フェアズィッヒェルングス・ポリーセ] 女 -/-n 保険証券(証書).

Ver·si·che·rungs⊘prä·mie [フェアズィッヒェルングス・プレーミエ] 女 -/-n 保険料.

Ver·si·che·rungs⊘schein [フェアズィッヒェルングス・シャイン] 男 -[e]s/-e 保険証券(証書).

Ver·si·che·rungs⊘sum·me [フェアズィッヒェルングス・ズンメ] 女 -/-n 保険金[額].

ver·si·ckern [フェア・ズィッカァン fɛr-zíkərn] 自 (s) (水が地面・壁などに)染み込む.

ver·sie·ben [フェア・ズィーベン fɛr-zí:bən] 他 (h) 《口語》① うっかり置き忘れる, うっかりなくす. ② だいなしにする, ぶちこわす. ◇《es を目的語として成句的に》es⁴ bei 〔人〕³ versieben 〔人〕³と仲たがいする.

ver·sie·geln [フェア・ズィーゲるン fɛr-zí:gəln] 他 (h) ① (物⁴に)封をする, 封印をする. einen Brief versiegeln 手紙に封印をする. ② (木の床など⁴を)保護塗装する.

ver·sie·gen [フェア・ズィーゲン fɛr-zí:gən] 自 (s) 《雅》(泉などが)干上がる, (涙が)かれる; 《比》(力が)尽きる.

ver·sieh [フェア・ズィー] *versehen¹ (持たせる)の du に対する 命令.

ver·siehst [フェア・ズィースト] *versehen¹ (持たせる)の 2 人称単数 現在.

ver·sieht [フェア・ズィート] *versehen¹ (持たせる)の 3 人称単数 現在.

ver·siert [ヴェルズィーァト vɛrzí:rt] 形 経験豊かな, 熟練した, 精通した. in 〔事〕³ versiert sein 〔事〕³に精通している.

ver·sil·bern [フェア・ズィるバァン fɛr-zílbərn] 他 (h) ① (物⁴に)銀めっきをする. ② 《口語》(所持品⁴を)お金に換える, 売り払う.

ver·sin·ken [フェア・ズィンケン fɛr-zíŋkən] (versank, ist...versunken) 自 (完了 sein) ① **沈む, 沈没する**; (沼・雪などに)はまり込む. (英 sink). Das Schiff ist im Meer versunken. 〔現在完了〕その船は海に沈んだ / Die Sonne versank hinter dem Horizont (または dem Horizont). 太陽が地(水)平線のかなたに沈んだ. ② 《in 事⁴ ~》《比》(事⁴に)ふける, ひたる. in Gedanken versinken 思いにふける / in Trauer versinken 悲しみに沈む / in die Arbeit versinken 仕事に没頭する.

◇☞ versunken

ver·sinn·bild·li·chen [フェア・ズィンビるトりッヒェン fɛr-zínbɪltlıçən] 他 (h) 象徴する, 象徴的に表す.

ver·sinn·li·chen [フェア・ズィンりッヒェン fɛr-zínlıçən] 他 (h) (抽象的なもの⁴を)感覚的にとらえようとする.

Ver·si·on [ヴェルズィオーン vɛrzió:n] 〔フランス〕女 -/-en ① (あるものの)特別な型, 別形; 版, 稿;

翻訳. eine ältere *Version* des Gedichtes その詩の旧稿 / eine englische *Version* des Romans その小説の英語版. ② (特定の立場からの一つの)見解, 解釈. die offizielle *Version* 公式見解. ③ (製品の)型, [ニュー]モデル.

ver・sit・zen* [フェア・ズィッツェン fɛr-zítsən] 他 (h) 《口語》① (時間⁴を)座ってむだに過ごす. ② (服など⁴を)座ってしわくちゃにする; (いすなど⁴を)座っていためる.
◇☞ versessen

ver・skla・ven [フェア・スクらーヴェン fɛr-sklá:-vən または ..フェン ..fən] 他 (h) 奴隷にする.

Vers≤leh・re [フェルス・れ—レ] 女 -/ 韻律論 (=Metrik).

Vers≤maß [フェルス・マース] 中 -es/-e 《詩学》韻律, リズム(=Metrum).

ver・snobt [フェア・スノップト fɛr-snópt] 形 紳士気取りの, 俗物の, 通ぶった.

ver・sof・fen [フェア・ゾッフェン] I versaufen (お金など⁴を酒につぎこむ)の 過分 II 形 《俗》飲んべえの, 飲んだくれの; 飲んべえだとわかる(声など).

ver・soh・len [フェア・ゾーれン fɛr-zó:lən] 他 (h) 《口語》さんざんなぐる, ぶちのめす.

***ver・söh・nen** [フェア・ゼーネン fɛr-zǿ:nən] (versöhnte, hat ... versöhnt) I 再帰 (完了 haben) sich⁴ *versöhnen* **仲直りする**, 和解する. Wir *haben* uns wieder *versöhnt*. 私たちは再び仲直りした / sich⁴ *mit* 人³ *versöhnen* 人³と仲直りする.
II 他 (完了 haben) ① **仲直りさせる**, 和解させる. (英 reconcile). Sie *hat* ihn *mit* seiner Mutter *versöhnt*. 彼女は彼を彼の母親と仲直りさせた. ② (人⁴を)なだめる.

ver・söhn・lich [フェア・ゼーンりヒ] 形 ① 和解する気持ちのある, 宥和(⁺ゥ)的な. ② 望みの通りの, 明るい方向に向かう(本の結末など).

Ver・söhn・lich・keit [フェアゼーンりヒカイト] 女 -/ 宥和(⁺ゥ)的な態度.

ver・söhnt [フェア・ゼーント] *versöhnen (再帰で: 仲直りする)の 過分

ver・söhn・te [フェア・ゼーンテ] *versöhnen (再帰で: 仲直りする)の 過去

Ver・söh・nung [フェア・ゼーヌング] 女 -/-en 仲直り, 和解.

ver・son・nen [フェア・ゾンネン fɛr-zónən] 形 考え(空想)にふけっている, 夢想的な.

***ver・sor・gen** [フェア・ゾルゲン fɛr-zórgən] (versorgte, hat ... versorgt) 他 (完了 haben) ① 人・物⁴ *mit* 物³ ～ (人・物⁴に)物³を**供給する**, 与える. (英 provide). Hast du die Tiere mit Futter *versorgt*? 君は動物に餌(⁺ゥ)を与えたかね / die Stadt⁴ *mit* Gas *versorgen* 町にガスを供給する. ◇《再帰的に》sich⁴ *mit* allem Nötigen *versorgen* 必要なものをすべて取りそろえる. ② (人⁴の)面倒をみる, 世話をする; 扶養する. einen Kranken *versorgen* 病人の世話をする / Er hat eine Familie zu *versorgen*. 彼は一家を養わねばならない. ③ (物⁴を)管理する, 処理する. den Garten *versor-*

gen 庭を管理する / den Haushalt *versorgen* 家事をつかさどる.

Ver・sor・ger [フェア・ゾルガァ fɛr-zórgər] 男 -s/- 養い手, 扶養者. (☜ 女性形は Versorgerin).

ver・sorgt [フェア・ゾルクト] *versorgen (供給する)の 過分

ver・sorg・te [フェア・ゾルクテ] *versorgen (供給する)の 過去

Ver・sor・gung [フェア・ゾルグング] 女 -/ ① 供給; 扶養, 世話. Wasser*versorgung* 水の供給. ② 生活扶助.

Ver・sor・gungs≤be・rech・tigt [フェアゾルグングス・ベレヒティヒト] 形 年金請求権のある.

ver・span・nen [フェア・シュパンネン fɛr-ʃpá-nən] I 他 (h) (綱・ワイヤーなどで)固定する. II 再帰 (h) sich⁴ *verspannen* (筋肉が)引きつる.

***ver・spä・ten** [フェア・シュペーテン fɛr-ʃpέ:-tən] du verspätest, er verspätet (verspätete, hat ... verspätet) sich⁴ *verspäten* (人・乗り物が)**遅れる**, 遅刻する. (英 be late). Ich *habe* mich leider etwas *verspätet*. 残念ながら私は少し遅れた / Der Zug *hat* sich [um] 20 Minuten *verspätet*. 列車は 20 分延着した.

ver・spä・tet [フェア・シュペーテット] I *verspäten (で: 遅れる)の 過分, 3 人称単数・2 人称複数 現在 II 形 遅れた; 時期遅れの. eine *verspätete* Blüte 遅咲きの花.

ver・spä・te・te [フェア・シュペーテテ] *verspäten (で: 遅れる)の 過去

*die **Ver・spä・tung** [フェア・シュペートゥング fɛr-ʃpέ:tuŋ] 女 (単) -/(複) -en **遅れ**, 遅刻, 延着. (英 delay). Entschuldigen Sie bitte meine *Verspätung*! 遅刻してすみません / Der Zug hat eine Stunde *Verspätung*. 列車は 1 時間遅れている.

ver・spei・sen [フェア・シュパイゼン fɛr-ʃpáɪ-zən] 他 (h) 《雅》おいしく食べる; 平げる.

ver・spe・ku・lie・ren [フェア・シュペクリーレン fɛr-ʃpekulí:rən] I 他 (h) (財産など⁴を)投機で失う. II 再帰 (h) sich⁴ *verspekulieren* ① 投機に失敗する. ② 《口語》見込み違いをする.

ver・sper・ren [フェア・シュペレン fɛr-ʃpέrən] 他 (h) ① (入口・道路など⁴を)閉鎖(封鎖)する; さえぎ[ってい]る. 人³ den Weg *versperren* 人³の行く手をさえぎる / Ein Gebäude *versperrt* die Aussicht. 建物が視界をさえぎっている. ② 《オストリア》(ドアなど⁴に)鍵(⁺ぎ)をかける.

ver・spie・len [フェア・シュピーれン fɛr-ʃpí:lən] I 他 (h) ① (お金など⁴を)賭事(^{とば})で失う; 賭(⁺)ける. ② (チャンスなど⁴を)ふいにする. ③ (時⁴を)遊んで過ごす. II 再帰 (h) sich⁴ *verspielen* (楽器を)弾き間違える. III 自 (h) 《過去分詞の形で》bei 人³ *verspielt haben* 《口語》人³に愛想をつかされている.

ver・spielt [フェア・シュピーるト] I verspielen (賭事で失う)の 過分 II 形 ① じゃれる(遊ぶ)のが好きな(子供・猫など). ② 戯れるような, 軽快な

(メロディーなど).

ver·spin·nen* [フェア・シュピンネン fɛr-ʃpínən] I 他 (h) (綿花など⁴を)つむいで糸にする. II 再帰 (h)《*sich*⁴ *in* 事⁴ ～》(事⁴に)没頭する，ふける.

ver·spon·nen [フェア・シュポンネン] I verspinnen(つむいで糸にする)の 過分 II 形 奇妙な，おかしな[考えについて].

ver·spot·ten [フェア・シュポッテン fɛr-ʃpótən] 他 (h) あざける，嘲笑する.

Ver·spot·tung [フェア・シュポットゥング] 女 -/-en あざけり，嘲笑(ちょう),からかい.

ver·sprach [フェア・シュプラーハ] *versprechen(約束する)の 過去

ver·sprä·che [フェア・シュプレーヒェ] *versprechen(約束する)の 接2

ver·spre·chen [フェア・シュプレッヒェン fɛr-ʃpréçən] du versprichst, er verspricht (versprach, *hat* ...versprochen) I 他 (完了 haben) ① ([人³に] 事⁴を)**約束する**. (英 promise). 人³ eine Belohnung⁴ *versprechen* 人³に報酬を[与えると]約束する / Er *hat* es fest (または in die Hand) *versprochen*. 彼はそれを確約した / Er *hat* ihr die Ehe *versprochen*. 彼は彼女を約束した / Er *hat* mir *versprochen*, pünktlich zu kommen. 彼は時間通りに来ると私に約束した / *Versprich* mir, dass du vorsichtig fährst! 慎重に運転すると約束してくれ / Was man *verspricht*, muss man halten. 約束は守らなければならない.◇《過去分詞の形で》wie *versprochen* 約束したように. ② (事⁴を)期待させる，(事⁴に)なりそうだ. Das Barometer *verspricht* gutes Wetter. 気圧計によれば好天気が期待できそうだ.◇《*zu* 不定詞[句]とともに》Das Buch *verspricht* ein Bestseller zu werden. その本はベストセラーになりそうだ.

II 再帰 (完了 haben) ① 《*sich*⁴ *versprechen*》言い間違いをする. Ich *habe* mich mehrmals *versprochen*. 私は何度も言い間違えた.

② 《*sich*³ 事⁴ *von* 人·事³ ～》(事⁴を人·事³から)期待する. Von ihm *verspreche* ich *mir* nicht viel. 私は彼から多くのことを期待しない.

*das **Ver·spre·chen** [フェア・シュプレッヒェン fɛr-ʃpréçən] 中 (単2) -s/(複) -《ふつう 単》**約束，誓約**. (英 promise). ein Versprechen⁴ erfüllen (halten) 約束を果たす(守る) / 人³ das Versprechen⁴ geben, **zu** 不定詞[句] …をすると人³に約束する.

Ver·spre·cher [フェア・シュプレッヒャァ fɛr-ʃpréçɐr] 男 -s/- 言い間違い，失言.

*die **Ver·spre·chung** [フェア・シュプレッヒュング fɛr-ʃpréçʊŋ] 女 (単) -/(複) -en 《ふつう 複》**約束，誓い**. (英 promise). leere Versprechungen 空約束 / große Versprechungen⁴ machen 気前のいい約束をする.

ver·spren·gen [フェア・シュプレンゲン fɛr-ʃpréŋən] 他 (h) ① (水など⁴を)まき散らす. ② (敵の部隊など⁴を)敗走させる;〔狩〕(猟獣⁴を)追いたてる.◇《過去分詞の形で》versprengte Soldaten (Tiere) 散り散りになって逃げた兵隊(動物).

ver·sprich [フェア・シュプリヒ] *versprechen(約束する)の du に対する 命令

ver·sprichst [フェア・シュプリヒスト] *versprechen(約束する)の2人称単数 現在

ver·spricht [フェア・シュプリヒト] *versprechen(約束する)の3人称単数 現在

ver·sprit·zen [フェア・シュプリッツェン fɛr-ʃprítsən] 他 (h) ① (水など⁴を)まき散らす;(塗料など⁴に)吹きつける. ② (物⁴に)飛沫(しぶき)をはねかけて汚す.

ver·spro·chen [フェア・シュプロッヘン] *versprechen(約束する)の 過分

ver·sprü·hen [フェア・シュプリューエン fɛr-ʃprýːən] I 他 (h) ① (薬液など⁴を)噴霧器で吹きつける，スプレーする. ② (火花⁴を)飛ぢ散らす. II 自 (s)《雅》(しぶき・火花が)飛び散る.

ver·spü·ren [フェア・シュプリューレン fɛr-ʃprýːrən] 他 (h) (空腹・不安など⁴を)感じる;(影響など⁴を)認める. (☞ 類語 fühlen).

ver·staat·li·chen [フェア・シュタートリッヒェン fɛr-ʃtáːtlɪçən] 他 (h) 国有(国営)化する.

Ver·staat·li·chung [フェア・シュタートリッヒュング] 女 -/-en 国有化，国営化.

ver·städ·tern [フェア・シュテーテァン fɛr-ʃtéːtɐrn または ..シュテッタァン] I 自 (s) (地方が)都会化する，都会風になる. II 他 (h)〔稀〕都会化させる.

Ver·städ·te·rung [フェア・シュテーテルング または ..シュテッテルング] 中 -/-en 都会(都市)化.

ver·stand [フェア・シュタント] *verstehen(理解する)の 過去

*der **Ver·stand** [フェア・シュタント fɛr-ʃtánt] 男 (単2) -es・(まれに -s)/-0 **① 理解力，思考力;分別，理性.〔哲〕悟性**. (英 mind). Menschen*verstand* 人間の知性 / Er hat einen scharfen *Verstand*. 彼は理解力が鋭い / den *Verstand* verlieren 分別(正気)を失う / Du hast mehr Glück als *Verstand*.《口語》君は運のいいやつだ(← 頭より運の方がまさっている) / Nimm doch *Verstand* an! ばかなまねはよせ / Du bist wohl nicht ganz bei *Verstand*.《口語》君は頭が少しおかしいんじゃないか / 事⁴ mit *Verstand* tun 事⁴を慎重に行う / 物⁴ mit *Verstand* essen (trinken) 物⁴をじっくり味わって食べる(飲む) / Das geht über meinen *Verstand*.《口語》それは私には理解できない / 人⁴ um den *Verstand* bringen 人⁴の分別を失わせる. ②《雅》意味.

ver·stän·de [フェア・シュテンデ] *verstehen(理解する)の 接2

ver·stan·den [フェア・シュタンデン] *verstehen(理解する)の 過分

ver·stan·des⹀mä·ßig [フェア・シュタンデス・メースィヒ] 形 ① 理性による，理性的な. ② 知力の.

Ver·stan·des⹀mensch [フェア・シュタンデス・

ver·stän·dig [フェア・シュテンディヒ fɛr-ʃtén-dɪç] 形 思慮(分別)のある, 賢い; 理解のある, ものわかりのよい. ein *verständiges* Kind ものわかりのよい子供.

***ver·stän·di·gen** [フェア・シュテンディゲン fɛr-ʃténdɪɡən] (verständigte, *hat*...verständigt) **I** 他 (完了 haben) (人⁴に)知らせる, 通知(通報)する. (英 *inform*). Er *verständigte* die Polizei über diesen Vorfall (または **von** diesem Vorfall). 彼はこの事件について警察に通報した.
II 再帰 (完了 haben) *sich⁴ verständigen* ① 《*sich⁴* [**mit** 人³] ~》([人³と]意思を疎通させる. Wir *verständigten* uns auf Englisch. 私たちは英語で話が通じた / Ich konnte mich mit ihm gut *verständigen*. 私は彼と十分に意思疎通ができた. ② 《*sich⁴* [**mit** 人³] ~》([人³と]合意する, 合意に達する. *sich⁴* mit 人³ **über** den Preis *verständigen* 人³と価格について合意する.

Ver·stän·dig·keit [フェア・シュテンディヒカイト] 女 -/ 思慮深さ, 聡明さ; 了解, 理解.

ver·stän·dig·t [フェア・シュテンディヒト] *verständigen (知らせる)の 過分

ver·stän·dig·te [フェア・シュテンディヒテ] *verständigen (知らせる)の 過去

Ver·stän·di·gung [フェア・シュテンディゲング] 女 -/-en 《ふつう 単》① 通知, 通報, 報告. ② 意思の疎通. ③ 意見の一致, 合意.

***ver·ständ·lich** [フェア・シュテントリヒ fɛr-ʃténtlɪç] 形 ① 聞きとりやすい(発音など). (英 *audible*). eine *verständliche* Aussprache 聞きとりやすい発音. ② わかりやすい, 理解できる. (英 *understandable*). Sein Vortrag war schwer *verständlich*. 彼の講演はわかりにくかった / sich⁴ *verständlich* machen 自分の言うことを人にわからせる. ③ もっともな, 当然と考えられる(願い・質問など). eine *verständliche* Reaktion 当然の反応.

ver·ständ·li·cher·wei·se [フェアシュテントリッヒャァ・ヴァイゼ] 副 当然, 納得のいくことながら.

Ver·ständ·lich·keit [フェア・シュテントリヒカイト] 女 -/ (発音などの)明瞭(めいりょう)さ; (意味の)わかりやすさ.

*das **Ver·ständ·nis** [フェア・シュテントニス fɛr-ʃténtnɪs] 中 (単2) ..nisses/(複) ..nisse (3格のみ ..nissen) 《ふつう 単》 理解; 《覆 なし》理解力. (英 *understanding*). Er hat viel *Verständnis* **für** junge Leute. 彼は若い人たちの気持ちがよくわかっている / Ich habe kein *Verständnis* für moderne Malerei. 私には現代絵画はちっともわからない.

ver·ständ·nis·in·nig [フェア・シュテントニス・イニヒ] 形 《雅》深い理解のある, 理解に満ちた(まなざしなど).

ver·ständ·nis·los [フェアシュテントニス・ろース] 形 理解できない; 理解のない.

Ver·ständ·nis·lo·sig·keit [フェアシュテントニス・ローズィヒカイト] 女 -/ 無理解.

ver·ständ·nis·voll [フェア・シュテントニス・ふォる] 形 理解のある, ものわかりのよい.

***ver·stär·ken** [フェア・シュテルケン fɛr-ʃtérkən] (verstärkte, *hat*...verstärkt) **I** 他 (完了 haben) ① 強化する, 補強する. (英 *strengthen*). eine Mauer⁴ *verstärken* 塀を補強する. ◇《過去分詞の形で》ein *verstärkter* Kunststoff 強化プラスチック. ② (影響力など⁴を)増大させる; (チームなど⁴を)増強する; 《電》増幅する; 《化》濃縮する. die Besatzung⁴ *verstärken* 乗組員を増強する / den Ton *verstärken* 音量を上げる. ◇《過去分詞の形で》in *verstärktem* Maße よりいっそう.
II 再帰 (完了 haben) *sich⁴ verstärken* 強まる; 激しくなる; 増大する. Der Sturm *hat sich verstärkt*. あらしは激しくなった / Sein Einfluss *verstärkt sich*. 彼の影響力が強くなる.

Ver·stär·ker [フェア・シュテルカァ fɛr-ʃtérkɐ] 男 -s/- (電・工)増幅器, アンプ; (写)補力剤.

Ver·stär·ker·röh·re [フェアシュテルカァ・レーレ] 女 -/-n 《電》増幅管.

ver·stärkt [フェア・シュテルクト] *verstärken (強化する)の 過分

ver·stärk·te [フェア・シュテルクテ] *verstärken (強化する)の 過去

Ver·stär·kung [フェア・シュテルクング] 女 -/-en 《ふつう 単》① 強化, 補強[材], 増大, 増加. ② 《軍》増強[部隊], 増援. ③ 《電》増幅; 《化》濃縮; 《写》補力.

ver·stau·ben [フェア・シュタオベン fɛr-ʃtáubən] 自 (s) ほこりにまみれる, ほこりだらけになる.

ver·stäu·ben [フェア・シュトイベン fɛr-ʃtɔ́ybən] 他 (h) (殺虫剤など⁴を)噴霧器で散布する.

ver·staubt [フェア・シュタオプト] **I** verstauben (ほこりにまみれる)の 過分 **II** 形 ① ほこりまみれの. ② 《比》時代遅れの, 古くさい.

ver·stau·chen [フェア・シュタオヘン fɛr-ʃtáuxən] 他 (h) (足など⁴を)くじく, 捻挫(ねんざ)する. sich³ den Fuß (den Arm) *verstauchen* 足(腕)を捻挫する.

Ver·stau·chung [フェア・シュタオフング] 女 -/-en 《医》捻挫(ねんざ).

ver·stau·en [フェア・シュタオエン fɛr-ʃtáuən] 他 (h) (荷物など⁴を)きちんと詰め込む(積み込む).

Ver·steck [フェア・シュテック fɛr-ʃték] 中 -[e]s/-e 隠れ場所, 潜伏所, 隠し場所. mit (または vor) 人³ *Versteck*⁴ spielen 人³に本心を見せない.

***ver·ste·cken** [フェア・シュテッケン fɛr-ʃtékən] (versteckte, *hat*...versteckt) 他 (h) haben) 隠す. (英 *hide*). Er *versteckte* das Geld **in** seinem Schreibtisch. 彼はそのお金を机の引き出しに隠した / Die Mutter *versteckte* die Schokolade **vor** den Kindern. 母親はチョコレートを子供たちに見つからない所に隠した. ◇《再帰的に》*sich⁴ verstecken* 隠れる, まぎれ込む ⇒ Die Maus *hat sich* in ihrem

Loch *versteckt*. ねずみは穴の中に隠れた / Der Brief *hatte sich* in einem Buch *versteckt*. 手紙は本の間にまぎれ込んでいた / Er *versteckt sich* hinter den Vorschriften.《比》彼は規則を口実に言い逃れをする / *sich*⁴ vor 人³ *verstecken müssen* (または *können*)《口語》人³の足元にもおよばない.

◇☞ **versteckt**

Ver·ste·cken [フェア・シュテッケン] 中 –s/ 隠れんぼう. *Verstecken*⁴ spielen 隠れんぼうをして遊ぶ.

Ver·steck·spiel [フェア・シュテック・シュピール] 中 –[e]s/–e《ふつう 単》隠れんぼう; 隠しだて[をすること].

ver·steckt [フェア・シュテックト] I *verstecken (隠す)の 過分 II 形 ① 人目につかない, 隠された. *sich*⁴ *versteckt* halten 隠れている. ② 遠回しの(脅しなど); 秘密の, 内密の. ein *versteckter* Vorwurf 陰口.

ver·steck·te [フェア・シュテックテ] *verstecken (隠す)の 過去

∗**ver·ste·hen**∗ [フェア・シュテーエン fɛr-ʃtéː-ən]

理解する　*Verstehen* Sie das?
ふェアシュテーエン ズィー ダス
あなたはこれがわかりますか.

(verstand, *hat*...verstanden) I 他 (定了 haben) ① (事⁴を)理解する, (事⁴が)わかる, (人⁴の)言うことがわかる; (人⁴の)立場(気持ち)を理解する.(英)understand). *Verstehen* Sie Deutsch? ドイツ語がわかりますか / Dieses Wort *verstehe* ich nicht. 私はこの単語の意味がわからない / *Haben* Sie mich *verstanden*? 私の言うことがわかりましたか / Keiner *versteht* mich. だれも私のことをわかってくれない / Ich *verstehe* seine Haltung. 私には彼の態度が理解できる / Das Buch ist schwer zu *verstehen*. その本は理解しにくい / 人³ 事⁴ zu *verstehen* geben 人³に事⁴をほのめかす.◇《目的語なしで》*Verstehen* Sie? — Ja, ich *verstehe*. わかりますか — ええ, わかります.◇《過去分詞の形で》*Verstanden*? わかったかね.

② (人⁴の言うこと・事⁴が)聞きとれる. Sprich lauter, ich *verstehe* kein Wort. もっと大きな声で話してくれ, 一言も聞きとれないよ.

③ (人・事⁴を…と)解する, 受け取る. 事⁴ falsch *verstehen* 事⁴を誤解する / 事⁴ als Drohung *verstehen* 事⁴を脅しと受け取る / A⁴ unter B³ *verstehen* B³ を A⁴ と解釈する ⇨ Was *verstehst* du unter „Freiheit"? 「自由」を君はどのように解釈するか.

④ 心得ている, (事⁴に)習熟している. Er *steht* seinen Beruf. 彼は自分の職業に熟達している.◇《zu 不定詞[句]とともに》Er *versteht* zu reden. 彼は話術を心得ている.

⑤《**viel**⁴, **nichts**⁴ などとともに; **von** 事³ ~》 (事³について…の)知識(心得)がある. Er *versteht* etwas vom Kochen. 彼は料理について多少の心得がある.

II 再帰 (完了 haben) *sich*⁴ *verstehen* ① 《*sich*⁴ [mit 人³] ~》([人³]と)理解し合っている. Die beiden *verstehen sich* gut. その二人は互いによく理解し合っている / Ich *verstehe mich* sehr gut mit ihm. 私は彼ととてもうまが合う.

② 自明である, 当然である. Das *versteht sich* von selbst. それは自明のことだ / *Versteht sich*!《口語》もちろんさ.

③《*sich*⁴ **auf** 事⁴ ~》(事⁴に)習熟(精通)している. Er *versteht sich* auf Pferde. 彼は馬の扱い方が上手だ.

④《*sich*⁴ **als** 人⁴ ~》(自分のことを 人⁴と)思っている. Er *versteht sich* als Wissenschaftler. 彼は自分のことを学者だと思っている.

⑤《商》(価格が…と)理解される. Der Preis *versteht sich* mit Bedienung. その料金はサービス料込みのものです. ⑥《*sich*⁴ **zu** 事³ ~》(事³をすることに)いやいや同意する.

類語 **verstehen**:「理解する」という意味で最も一般的な語. **begreifen**: (他と関連づけて)理解する, 把握する. **ein|sehen**: (誤りなどを)悟る, (理由などが)わかる. **fassen**:《雅》理解する, 把握する.(ふつう否定文で用いられる). Ich kann seinen plötzlichen Tod nicht *fassen*. 私は彼の突然の死を受け入れることができない.

ver·stei·fen [フェア・シュタイフェン fɛr-ʃtái-fən] I 他 (h) ① 堅くする, こわばらせる.◇再帰的に》*sich*⁴ *versteifen* 堅くなる, こわばる. ② (支柱などで)支える, 補強する. einen Zaun mit Pfählen *versteifen* 垣根を支柱で補強する. II 自 (s) 堅くなる, こわばる. III 再帰 (h) *sich*⁴ *versteifen*《*sich*⁴ **auf** 事⁴ ~》(事⁴を)かたくなに主張する, (事⁴に)固執する.

Ver·stei·fung [フェア・シュタイフンク] 女 –/–en ① 堅くする(なる)こと; 硬直. ② 補強材, リブ.

ver·stei·gen∗ [フェア・シュタイゲン fɛr-ʃtái-gən] 再帰 (h) *sich*⁴ *versteigen* ① 登山で道に迷う. ②《*sich*⁴ **zu** 事³ ~》《雅》思いあがって(事³を)する. Er *verstieg sich* zu der Behauptung, dass... 彼は思いあがって…と主張した.

◇☞ **verstiegen**

ver·stei·gern [フェア・シュタイガァン fɛr-ʃtái-gərn] 他 (h) 競売にかける, 競り売りする.

Ver·stei·ge·rung [フェア・シュタイゲルング] 女 –/–en 競売, 競り売り.

ver·stei·nern [フェア・シュタイナァン fɛr-ʃtái-nərn] I 自 (s) (動植物が)石化する, 化石になる; (比)(顔などが)硬直する, こわばる.◇《過去分詞の形で》wie *versteinert* da|stehen (驚いて)棒立ちになる. II 他 (h) (顔などを)硬直させる.◇《再帰的に》*sich*⁴ *versteinern* (顔などが)硬直する.

Ver·stei·ne·rung [フェア・シュタイネルング] 女 –/–en ①《復なし》石化[作用]. ② 化石.

ver·stell·bar [フェア・シュテるバール] 形 (位置

などが)調整可能な.

ver·stel·len [フェア・シュテレン fɛr-ʃtélən] I 他 (h) ① (入口など⁴を)ふさぐ, (眺めなど⁴を)さえぎる. Der Wagen *verstellt* die Ausfahrt. その車は出口をふさいでいる. ② 置き違える, (物⁴の)位置を狂わす; (物⁴を)調節する. Du *hast* die Bücher völlig *verstellt*. 君は本の並べ方をすっかり狂わせてしまった. ③ (ごまかすために声・筆跡など⁴を)変える, 偽る. II 再帰 (h) *sich⁴ verstellen* ① 位置が狂う; (装置などが)変調をきたす. ② うわべを装う, しらばくれる.

Ver·stel·lung [フェア・シュテルング] 女 -/-en ① 〖複なし〗見せかけ, 偽装, ごまかし. ② 〖稀〗ふさぐ(さえぎる)こと; 位置をずらすこと.

ver·steu·ern [フェア・シュトイアァン fɛr-ʃtɔ́yərn] 他 (h) (税⁴の)税金を納める. sein Einkommen⁴ *versteuern* 所得税を納める.

ver·stie·gen [フェア・シュティーゲン] I *ver*steigen (再帰で: 登山で道に迷う)の過分 II 形 極端な, 行き過ぎた; とっぴな(考えなど).

ver·stim·men [フェア・シュティンメン fɛr-ʃtímən] 他 (h) ① (楽器⁴の)調子を狂わせる. ein Klavier⁴ *verstimmen* ピアノの調子を狂わせる. ◇(再帰的に) *sich⁴ verstimmen* (楽器が)調子が狂う. ② (人⁴の)機嫌をそこなう.

ver·stimmt [フェア・シュティムト] I *verstimmen* (調子を狂わせる)の過分 II 形 ① (楽器が)調子の狂った. ② 感情を害した. 《比》具合の悪い. Sie hat einen *verstimmten* Magen. 彼女は胃の具合が悪い.

Ver·stim·mung [フェア・シュティンムング] 女 -/-en ① (楽器の)調子の狂い. ② 不機嫌.

ver·stockt [フェア・シュトックト fɛr-ʃtɔ́kt] 形 頑固な, 強情な, かたくなな.

Ver·stockt·heit [フェア・シュトックトハイト] 女 -/ 頑固, 強情.

ver·stoh·len [フェア・シュトーレン fɛr-ʃtóːlən] 形 ひそかな, 秘密の, 人目を忍んだ.

ver·stop·fen [フェア・シュトプフェン fɛr-ʃtɔ́pfən] I 他 (h) (穴など⁴を埋めて)ふさぐ, (管など⁴を)詰まらせる; (道路⁴を)渋滞させる. die Ritzen⁴ mit Papier *verstopfen* 裂け目を紙でふさぐ / Die Autos *verstopfen* die Straße. 車が通りをふさいでいる. II 自 (s) (排水口などが)詰まる.

ver·stopft [フェア・シュトプフト] I *verstopfen* (ふさぐ)の過分 II 形 管などが詰まった; (道路が)渋滞した; 便秘の.

Ver·stop·fung [フェア・シュトプフング] 女 -/-en 詰める(詰まる)こと; 詰まった状態; (車の)渋滞; 便秘(症), 閉塞(ぐ゚).

***ver·stor·ben** [フェア・シュトルベン fɛr-ʃtɔ́rbən] 形 死去した, 故人の. (略: verst.) meine *verstorbene* Mutter 私の亡き母.

Ver·stor·be·ne[r] [フェア・シュトルベネ (..ナァ) fɛr-ʃtɔ́rbənə (..nər)] 男 女 〖語尾変化は形容詞と同じ〗故人.

ver·stö·ren [フェア・シュテーレン fɛr-ʃtǿːrən] 他 (h) 動揺させる, うろたえさせる.

ver·stört [フェア・シュテールト] I *verstören* (動揺させる)の過分 II 形 動揺した, うろたえた.

Ver·stört·heit [フェア・シュテールトハイト] 女 -/ 困惑, 当惑, 狼狽(ろうばい).

Ver·stoß [フェア・シュトース fɛr-ʃtóːs] 男 -es/..stöße 違反, 過失. ein *Verstoß gegen* die Straßenverkehrsordnung 道路交通規則違反.

ver·sto·ßen* [フェア・シュトーセン fɛr-ʃtóːsən] I 他 (h) (グループ・一家から)追い出す, 追放する. Er *hat* seine Tochter *verstoßen*. 彼は娘を勘当した. II 自 (h) 〖**gegen** 物⁴ ~〗 (物⁴に)違反する, もとる. gegen die guten Sitten *verstoßen* 良俗に反する.

ver·strah·len [フェア・シュトラーレン fɛr-ʃtráːlən] 他 (h) ① (地域など⁴を)放射能で汚染する. ◇《過去分詞の形で》 *verstrahltes* Gebiet 放射能汚染地域. ② (熱などを)放射する; 《比》(魅力などを)発散する.

ver·stre·ben [フェア・シュトレーベン fɛr-ʃtréːbən] 他 (h) 筋交いで補強する.

Ver·stre·bung [フェア・シュトレーブング] 女 -/-en 筋交いによる補強; 補強柱.

ver·strei·chen* [フェア・シュトライヒェン fɛr-ʃtráiçən] 他 (h) ① (まんべんなく)塗る. die Butter⁴ auf dem Brot *verstreichen* バターをパンに塗る. ② (塗料など⁴を)使いきる, 消費する. ③ (亀裂など⁴を塗ってふさぐ, 塗りつぶす. II 自 (s) 《雅》(時・期限が)過ぎ去る.

ver·streu·en [フェア・シュトロイエン fɛr-ʃtrɔ́yən] 他 (h) ① (種・砂利など⁴を)まく, 振りまく; うっかりまき散らす. Sie hat das ganze Salz *verstreut*. 彼女は塩を全部こぼしてしまった. ② (まき餌(ゑ)など⁴を)まいて使う. ③ 散乱させる, 散らかす.

ver·streut [フェア・シュトロイト] I *verstreuen* (まく)の過分 II 形《比》点在する. *verstreute* Häuser 点在する家々.

ver·stri·cken [フェア・シュトリッケン fɛr-ʃtríkən] 他 (h) ① (毛糸など⁴を)編み物に使う. ② 〖人⁴ **in** 物⁴ ~〗《雅》(人⁴を物⁴に)巻き込む. II 再帰 (h) *sich⁴ verstricken* ① 編み間違える. ② 〖成句的に〗 *sich⁴* gut (schlecht) *verstricken* (毛糸などが)編みやすい(編みにくい). ③ 〖*sich⁴* **in** 物⁴ ~〗(物⁴に)巻き込まれる.

ver·stüm·meln [フェア・シュテュンメルン fɛr-ʃtýməln] 他 (h) ① (人⁴の)身体をばらばらにする. ②《比》(原文など⁴を)短縮して意味不明にする.

Ver·stüm·me·lung [フェア・シュテュンメルング] 女 -/-en (手足などの)切断; (原文などの意味が不明になるほどの)短縮, 削除.

ver·stum·men [フェア・シュトゥンメン fɛr-ʃtúmən] 自 (s)《雅》(急に)黙り込む; (音などが)鳴りやむ. Er *verstummte* vor Schreck. 彼はびっくりして口が利けなくなった.

ver·stün·de [フェア・シュテュンデ] *verstehen (理解する)の接2

*der **Ver·such** [フェア・ズーフ fɛr-zúːx] 男 (単2) -[e]s/(複) -e (3格のみ -en) ① 試み, 企

て. (英 attempt). ein kühner *Versuch* 大胆な試み / Ich will noch einen letzten *Versuch* machen. もう一度最後の試みをやってみよう. ② 実験, 試験 (＝Experiment). (英 experiment). ein chemischer *Versuch* 化学実験 / Er macht *Versuche* **an** Tieren. 彼は動物実験をする. ③ 〔文学などの〕試作, 試論, 習作. ④ 〔ﾗｸﾞﾋﾞｰ〕〔幅跳びなどの〕試み; (ラグビーの)トライ. ⑤ 《法》未遂.

ːver·su·chen [ﾌｪｱ・ｽﾞｰﾍﾝ fɛr-zúːxən]

試みる　*Versuch*'s doch mal!
　　　ﾌｪｱｽﾞｰﾌｽ　ﾄﾞｯﾎ　　ﾏｰﾙ
　まあやってみてごらんよ.

(versuchte, *hat*...versucht) **I** 他 (完了 haben) ① 試みる, 試す; (…しようと)努める. (英 try). Ich *werde* mein Bestes *versuchen*. 最善を尽くしてみましょう / Er *versucht*, ob er es kann. 彼はそれができるかどうか試してみる. ◇《zu 不定詞[句]とともに》Sie *versucht* ihn zu verstehen. 彼女は彼の言うことを理解しようとする / Er *versuchte*, es ihr zu erklären. 彼はそれを彼女になんとか説明しようとした. ◇《es を目的語として成句的に》es⁴ **mit** 人･物³ *versuchen* 人･物³が役にたつかどうか試してみる ⇒ Ich *will* es noch einmal mit ihr versuchen. 君にもう一度チャンスを与えてみよう / *Versuch* es doch einmal mit diesem Medikament! 一度この薬を使ってみよう.

② (試しに)食べてみる, 飲んでみる. *Versuchen* Sie einmal diesen Wein! このワインを一度試してみてください. ◇《目的語なしでも》*Darf* ich mal *versuchen*? ちょっと試食(試飲)してもいいですか.

③ 《雅》〔人⁴を〕誘惑する, 試練にあわせる, そそのかす. Ich *war* versucht, ihm nachzugeben. 《状態受動・完了》私は彼に譲歩しそうになった. **II** 再帰 (完了 haben) 〘sich⁴ **an** (または **in**) 事³ ～〙(事³に)挑戦する, (事³を)手がけてみる. Ich *versuchte mich* in der Malerei. 私は絵画に挑戦してみた.

⋯⋯⋯⋯⋯⋯⋯⋯⋯⋯⋯⋯⋯⋯⋯⋯⋯⋯⋯⋯⋯

[類語] **versuchen**: (ある結果を得ようとして)試みる. **probieren**: (可能かどうか)試してみる, やってみる. Ich *probiere*, ob der Motor anspringt. エンジンが始動するかどうかやってみよう.

Ver·su·cher [ﾌｪｱ・ｽﾞｰﾊｧ fɛr-zúːxər] 男 -s/- 《聖》(悪への)誘惑者; 悪魔 (＝Teufel).
Ver·suchsːan·la·ge [ﾌｪｱｽﾞｰﾌｽ・ｱﾝﾗｰｹﾞ] 女 -/-n 実験装置(設備).
Ver·suchsːan·stalt [ﾌｪｱｽﾞｰﾌｽ・ｱﾝｼｭﾀﾙﾄ] 女 -/-en 実験所, 試験所.
Ver·suchsːbal·lon [ﾌｪｱｽﾞｰﾌｽ・ﾊﾞﾛｰﾝ] 男 -s/-s (または -e) 《気象》観測気球; 《比》探り, (世論などの)打診.
Ver·suchsːka·nin·chen [ﾌｪｱｽﾞｰﾌｽ・ｶﾆｰﾝﾋｪﾝ] 中 s/- ① 《口語》(軽蔑的に:)モルモット(実験台)のように扱われる人. ② 〘ﾁｮｳ〙実験用うさぎ.

Ver·suchsːper·son [ﾌｪｱｽﾞｰﾌｽ・ﾍﾟﾙｿﾞｰﾝ] 女 -/-en 《心･医》(実験の)被験者.
Ver·suchsːrei·he [ﾌｪｱｽﾞｰﾌｽ・ﾗｲｴ] 女 -/-n 一連の実験.
Ver·suchsːstre·cke [ﾌｪｱｽﾞｰﾌｽ・ｼｭﾄﾚｯｹ] 女 -/-n (自動車などの)テストコース.
Ver·suchsːtier [ﾌｪｱｽﾞｰﾌｽ・ﾃｨｰｱ] 中 -[e]s/-e 実験用動物.
ver·suchsːwei·se [ﾌｪｱｽﾞｰﾌｽ・ｳﾞｧｲｾﾞ] 副 試験的に, 試みに, 試しに.
ver·sucht [ﾌｪｱ・ｽﾞｰﾌﾄ] ‡versuchen (試みる)の 過分, 3人称単数・2人称複数 現在
ver·such·te [ﾌｪｱ・ｽﾞｰﾌﾃ] ‡versuchen (試みる)の 過去

die **Ver·su·chung** [ﾌｪｱ・ｽﾞｰﾌﾝｸﾞ fɛr-zúːxʊŋ] 女 (単) -/(複) -en ① 誘惑. (英 temptation). einer *Versuchung³* erliegen (widerstehen) 誘惑に負ける(耐える) / Du willst mich wohl **in** *Versuchung* führen? 君は私を悪の道に誘い込むつもりだな / in *Versuchung* geraten (または kommen), **zu** 不定詞[句]…したい気持ちに駆られる. ② 《聖》試み, 誘惑. die *Versuchung Jesu²* in der Wüste イエスの受けた荒野の誘惑.

ver·sump·fen [ﾌｪｱ・ｽﾞﾝﾌﾟﾌｪﾝ fɛr-zúmpfən] 自 (s) ① (湖などが)沼地(のよう)になる. ② 《口語》(精神的に)だらしなくなる, 堕落する; 酒びたりになる.
ver·sün·di·gen [ﾌｪｱ・ｽﾞﾝﾃﾞｨｹﾞﾝ fɛr-zýndɪgən] 再帰 (h) 〘*sich*⁴ [**an** 人･物³] ～〙《雅》([人･物³に対して])罪を犯す.
Ver·sün·di·gung [ﾌｪｱ・ｽﾞﾝﾃﾞｨｸﾞﾝｸﾞ] 女 -/-en 《雅》罪を犯すこと; 犯罪行為.
ver·sun·ken [ﾌｪｱ・ｽﾞﾝｹﾝ] **I** *versinken (沈む)の 過分 **II** 形 ① 沈んだ, 沈没した. ② 《比》滅び去った(文明・都市など); 喪失した(記憶など). ③ 《成句的に》**in** 事⁴ *versunken* sein 事⁴に没頭(専心)している. Er war ganz in seine Arbeit *versunken*. 彼は仕事にすっかり没頭していた.
Ver·sun·ken·heit [ﾌｪｱ・ｽﾞﾝｹﾝﾊｲﾄ] 女 -/ 《雅》沈思黙考, 没頭.
ver·sü·ßen [ﾌｪｱ・ｽﾞｭｰｾﾝ fɛr-zýːsən] 他 (h) (人³の事⁴を)楽しいものにする. 人³ (*sich³*) das Leben⁴ *versüßen* 人³の(自分の)人生を楽しくする.
ver·ta·gen [ﾌｪｱ・ﾀｰｹﾞﾝ fɛr-táːɡən] 他 (h) (会議など⁴を)延期する. die Sitzung⁴ **auf** nächsten Dienstag *vertagen* 会議を次の火曜日に延期する. ◇《再帰的に》*sich⁴ vertagen* (会議などが)延期になる.
Ver·ta·gung [ﾌｪｱ・ﾀｰｸﾞﾝｸﾞ] 女 -/-en (会議などの)延期.
ver·täu·en [ﾌｪｱ・ﾄｲｴﾝ fɛr-tóyən] 他 (h) 《海》(船⁴を)つなぎ留める, 係留する.
ver·tausch·bar [ﾌｪｱ・ﾀｵｼｭﾊﾞｰﾙ] 形 〘ﾁｮｳ〙交換可能な (＝austauschbar).
ver·tau·schen [ﾌｪｱ・ﾀｵｼｪﾝ fɛr-táʊʃən] 他 (h) ① 〘A⁴ **mit** B³ ～〙(A⁴ を B³ と)取り替える, 交換する. die Stadt⁴ mit dem Land

Ver·tau·schung [フェア・タオシュング] 囡 -/-en ① 取り替え, 交換. ② 士の違え.

＊ver·tei·di·gen [フェア・タイディゲン fɛr-táɪdɪɡən] (verteidigte, hat...verteidigt) 他 (完了 haben) ① (人・物⁴を攻撃などから)守る, 防衛(防備)する. (英 defend) das Land⁴ (das Eigentum⁴) verteidigen 国土(財産)を守る / Die Bürger verteidigten tapfer ihre Stadt. 市民は勇敢に自分たちの町を防衛した / die Einwohner⁴ **gegen** die Angriffe des Feindes verteidigen 住民を敵の攻撃から守る. ◊[再帰的に] Er hat sich⁴ mit bloßen Fäusten verteidigt. 彼は素手で身を守った. (☞ 類語 schützen).
② (人・事⁴を)弁護する. Er hat ihre Meinung verteidigt. 彼は彼女の意見を弁護した / ◊[再帰的に] sich⁴ verteidigen 自分の立場を弁護する.
③ (スポ) (ゴール・タイトルなど⁴を)守る, 防衛する. das Tor⁴ verteidigen (サッカーで:)ゴールを守る. ◊[目的語なしでも] Wer verteidigt? (球技で:)バックスはだれがやるのか.

Ver·tei·di·ger [フェア・タイディガァ fɛr-táɪdɪɡər] 男 -s/- ① 防衛者, 擁護者, 弁護者; (法) 弁護人. (☞ 女性形は Verteidigerin). ② (スポ) (タイトルなどの)防衛者, バックス, 後衛.

ver·tei·digt [フェア・タイディヒト] ‡verteidigen (守る)の 過分, 3人称単数・2人称複数 現在

ver·tei·dig·te [フェア・タイディヒテ] ‡verteidigen (守る)の 過去

＊die Ver·tei·di·gung [フェア・タイディグング fɛr-táɪdɪɡʊŋ] 囡 (単) -/(複) -en (英 defence) ① 防衛, 防御. die Verteidigung der Grenzen² 国境の防衛. ② (複 なし)(軍) 国防. ③ (スポ) (サッカーなどの)バックス, 後衛. ④ 擁護;(法) 弁護人[側]. das Recht auf Verteidigung 弁護権.

Ver·tei·di·gungs⊱krieg [フェアタイディグングス・クリーク] 男 -[e]s/-e 防衛戦.

Ver·tei·di·gungs⊱mi·nis·ter [フェアタイディグングス・ミニスタァ] 男 -s/- 国防大臣, (日本の)防衛庁長官.

Ver·tei·di·gungs⊱re·de [フェアタイディグングス・レーデ] 囡 -/-n (法) (弁護士の)弁論, 弁明.

‡ver·tei·len [フェア・タイレン fɛr-táɪlən] (verteilte, hat...verteilt) I 他 (完了 haben) ① 分け[与え]る, 配る, 分配する. (英 distribute). Flugblätter⁴ **an** Passanten ちらしを通行人に配る / Er verteilte Schokolade **unter** die Kinder. 彼はチョコレートを子供たちに分け与えた / Der Spielleiter verteilte die Rollen. 演出家が役を割り振った.
② 均等に配分する(分担させる). Kosten⁴ gleichmäßig verteilen 費用を均等に分担させる / die Salbe⁴ gleichmäßig **auf** der Wunde (または die Wunde) verteilen 軟膏(なんこう)をまんべんなく傷口に塗る.
II 再帰 (完了 haben) sich⁴ verteilen 分かれる, 分散する; 広がる. Die Gäste verteilten sich **auf** die verschiedenen Räume. 客たちはそれぞれの部屋に分散した / Der Geruch verteilte sich **im** ganzen Haus (または **über** das ganze Haus). においが家中に充満した.

Ver·tei·ler [フェア・タイらァ fɛr-táɪlər] 男 -s/- ① 分配者, 配布者. ② (通信販売業の)配送者. ③ (ガス・電気などの)供給所. ④ (文書などの)配送先指定. ⑤ (電) 配電器;(工) ディストリビューター.

ver·teilt [フェア・タイるト] ‡verteilen (分け与える)の 過分, 3人称単数・2人称複数 現在

ver·teil·te [フェア・タイるテ] ‡verteilen (分け与える)の 過去

Ver·tei·lung [フェア・タイるング] 囡 -/-en 分配, 配布; 割当, 配当; 分散.

ver·teu·ern [フェア・トイアァン fɛr-tóʏərn] (h) (物⁴の)値段を上げる. ◊[再帰的に] sich⁴ verteuern 値段が高くなる.

ver·teu·feln [フェア・トイふェるン fɛr-tóʏfəln] 他 (h) (人・事⁴を)悪者に仕立てあげる.

ver·teu·felt [フェア・トイふェるト] I verteufeln (悪者に仕立てあげる)の 過分 II 形 (口語) ① やっかいな, めんどうな(状況など). ② (付加語的に)ものすごい(ものすごく). ③ 途方もない, 向こう見ずな(若者など). III 副 (口語) ものすごく. Hier zieht es verteufelt. ここはすきま風がひどい.

＊ver·tie·fen [フェア・ティーふェン fɛr-tíːfən] (vertiefte, hat...vertieft) I 他 (完了 haben) (英 deepen) ① (溝・穴など⁴を)深くする, 掘り下げる. einen Graben um einen Meter vertiefen 堀は1メートル掘り下げる. ② (比) (知識・友情など⁴を)深める, 強める. Er will sein Wissen vertiefen. 彼は自分の知識を深めたいと思っている / ein Problem⁴ vertiefen 問題を深く掘り下げる. die Stimme⁴ vertiefen 声を低くする.
II 再帰 (完了 haben) sich⁴ vertiefen ① (しわなどが)深くなる. 《比》(知識・友情などが)深まる, (憎悪などが)強まる. Ihre Freundschaft hat sich vertieft. 彼らの友情は深まった. ② [sich⁴ **in** 事⁴ ～] (事⁴に)没頭する, 熱中する. Ich vertiefte mich **in** die Arbeit. 私は仕事に打ち込んだ.

ver·tieft [フェア・ティーふト] I ＊vertiefen (深くする)の 過分 II 形 没頭した. Sie waren **ins** Gespräch vertieft. 彼らは話に夢中だった.

ver·tief·te [フェア・ティーふテ] ＊vertiefen (深くする)の 過去

Ver·tie·fung [フェア・ティーふング] 囡 -/-en ① 深める(深まる)こと;(音楽) (音程を)下げること; 没頭. ② くぼみ, へこみ, くぼ地.

ver·ti·kal [ヴェルティカーる vɛrtikáːl] 形 垂直の. (☞ 「水平の」は horizontal).

Ver·ti·ka·le [ヴェルティカーれ vɛrtikáːlə] 囡 -/-n 《または冠詞なしで; 語尾変化は形容詞と同じ》垂

直線；鉛直.

ver·til·gen [フェア・ティルゲン fɛr-tílɡən] 他 (h) ① (害虫など⁴を)根絶する, 撲滅する, (雑草など⁴を)根絶やしにする. ②《口語・戯》(食事など⁴を)平らげる.

Ver·til·gung [フェア・ティルグング] 女 -/-en 《ふつう 単》根絶, 撲滅；《口語・戯》(食事などを)平らげること.

ver·tip·pen [フェア・ティッペン fɛr-típən] I (h)《口語》(ワープロなどで文字⁴を)打ち間違える. II 再帰 (h) sich⁴ vertippen《口語》(ワープロなどで)打ち間違いをする.

ver·to·nen [フェア・トーネン fɛr-tóːnən] 他 (h) (詩など⁴に)曲をつける, 作曲する；(映画⁴に)音楽(音声)を入れる.

Ver·to·nung [フェア・トーヌング] 女 -/-en (詩・台本などに)曲をつけること, 作曲；(映画に)音楽(音声)を入れること.

ver·trackt [フェア・トラックト fɛr-trákt] 形《口語》込み入った, やっかいな；不快な, いやな.

der **Ver·trag** [フェア・トラーク fɛr-tráːk] 男 (単2) -es (まれ -s)/(複) ..träge [..トレーゲ] (3格のみ ..trägen) 条約, 協定；契約書；条約.（英 contract). ein langfristiger Vertrag 長期契約 / einen Vertrag brechen (unterschreiben) 契約を破る (契約書に署名する) / ein Vertrag auf drei Jahre 3年契約 / einen Vertrag mit 人³ ab|schließen (または schließen) 人³と契約を結ぶ / einen Künstler unter Vertrag nehmen 芸術家を契約によって雇う / Der Torwart steht noch zwei Jahre bei diesem Verein unter Vertrag. そのゴールキーパーはまだ2年はこのクラブと契約している.

（注）..vertrag のいろいろ: Arbeits*vertrag* 労働契約 / Friedens*vertrag* 平和条約 / Kauf*vertrag* 売買契約 / Miet*vertrag* 賃貸契約 / Staats*vertrag* 国家間条約 / Versicherungs*vertrag* 保険契約

ver·tra·gen¹ [フェア・トラーゲン fɛr-tráːɡən] du verträgst, er verträgt (vertrug, hat...vertragen) I 他 （完了）haben) ①（物⁴に)耐えられる；(飲食物⁴を)受けつける.（英 endure). Er verträgt keinen Alkohol. 彼は酒が飲めない / Ich kann Kälte gut vertragen. 私は寒さに強い / Er kann viel vertragen.《口語》彼は酒に強い. ②《口語》(批判など⁴を)我慢できる, (冷静に)受け入れる. Sie verträgt keinen Widerspruch. 彼女は反論されるとむっとする / Er verträgt keinen Spaß. 彼には冗談が通じない.《ズィ》(新聞など⁴を)配達する.
II 再帰 （完了）haben) sich⁴ vertragen ①『sich⁴ [mit 人³] ～』(人³と)仲良くやっていく(いる). Ich vertrage mich gut mit meinen Nachbarn. 私は隣人たちとうまくやっている / Die beiden vertragen sich wieder. 二人は仲直りした. ②『sich⁴ mit 物³ ～』(比)(物³と)調和している. Sein Verhalten verträgt sich nicht mit seiner gesellschaftlichen Stellung. 彼のふるまいはその社会的地位にそぐわない.

ver·tra·gen² [フェア・トラーゲン] *vertragen¹ (耐えられる)の 過分

ver·trag·lich [フェア・トラークリヒ] 形 契約 (条約)による, 契約(条約)上の.

*ver·träg·lich** [フェア・トレークリヒ fɛr-trɛ́ːklɪç] 形 ① 消化のよい(食べ物など); 胃に負担をかけない(薬など). *vertragliche Speisen 消化のよい食べ物. ② 人と折り合いのいい, 協調性のある. Er ist sehr *verträglich*. 彼はとてもつき合いやすい.

Ver·träg·lich·keit [フェア・トレークリヒカイト] 女 -/-en《ふつう 単》消化のよさ；折り合いのよさ, 温和, 協調性；(化)相容性；(ユニット)互換性, 両立性.

Ver·trags⌇ab·schluss [フェアトラークス・アップシュルス] 男 -es/..schlüsse 契約(協定)の締結.

Ver·trags⌇ab·schluß ☞ 新形 Vertragsabschluss

Ver·trags⌇bruch [フェアトラークス・ブルフ] 男 -(e)s/..brüche 契約(条約)違反, 違約.

ver·trags⌇brü·chig [フェアトラークス・ブリュヒヒ] 形 契約(条約)違反の.

ver·trags⌇ge·mäß [フェアトラークス・ゲメース] 形 契約(条約)の, 契約(条約)による.

Ver·trags⌇part·ner [フェアトラークス・パルトナァ] 男 -s/- 契約の相手(方).

Ver·trags⌇stra·fe [フェアトラークス・シュトラーフェ] 女 -/-n《法》違約罰；違約金.

ver·trägst [フェア・トレークスト] *vertragen¹ (耐えられる)の 2人称単数 現在

ver·trags⌇wid·rig [フェアトラークス・ヴィードリヒ] 形 契約(条約)違反の.

ver·trägt [フェア・トレークト] *vertragen¹ (耐えられる)の 3人称単数 現在

ver·trat [フェア・トラート] *vertreten¹ (代理を務める)の 過去

*ver·trau·en** [フェア・トラオエン fɛr-tráuən] (vertraute, hat...vertraut) I 自 （完了）haben) 『人・事³ (または auf 人・事⁴) ～』(人・事³ (または 人・事⁴)を)信頼する, 信用する.（英 trust). Du kannst ihm unbedingt *vertrauen*. 君は彼を無条件に信頼していいよ / Ich *vertraue* auf seine Ehrlichkeit. 私は彼の誠実さを信じる.（☞類語 glauben).
II 他 （完了）haben) 《雅》(人³に事⁴を)打ち明ける. ◇《再帰的に》sich⁴ 人³ *vertrauen* 人³に胸中を打ち明ける.
◇☞ vertraut

das **Ver·trau·en** [フェア・トラオエン fɛr-tráuən] 中 (単2) -s/ 信頼, 信用.（英 trust). ein blindes *Vertrauen* 盲目的信頼 / 『人³ *Vertrauen* schenken 人³に信頼を寄せる / auf (または in) 人⁴ *Vertrauen*⁴ setzen 人⁴を信頼する / im *Vertrauen* [gesagt] 内々の話だが / 人⁴ ins *Vertrauen* ziehen 人⁴に秘密を打

ち明ける / Ich habe großes *Vertrauen* zu ihm. 私は彼を大いに信頼している / das *Vertrauen*⁴ zu 人³ verlieren 人³を信用できなくなる / *Vertrauen* ist gut, Kontrolle ist besser. 信頼するのもいいが，チェックするのはもっといい．

〖新形〗
Ver·trau·en er·we·ckend 信頼の念を起こさせる．

ver·trau·en≠er·weckend 形 (〖新形〗 Vertrauen erweckend) ☞ Vertrauen

Ver·trau·ens≠arzt [フェアトラオエンス・アールツト] 男 -es/..ärzte [健康保険医(保険組合の依頼を受けて，被保険者の健康診断を審査する)．

Ver·trau·ens≠bruch [フェアトラオエンス・ブルフ] 男 -[e]s/..brüche 信頼に対する裏切り，背信，背任．

Ver·trau·ens≠fra·ge [フェアトラオエンス・フラーゲ] 女 -/-n ① 〘ふつう 単〙 信頼の問題． ② 〘政〙(内閣などによる)信任投票の提案．

Ver·trau·ens≠mann [フェアトラオエンス・マン] 男 -[e]s/..männer (または ..leute) ① 〘複〙 ..leute〙(組合の)職場委員，代議員． ② 〘複〙 ..männer または ..leute〙(職場の重度身体障害者などの)利益代表者． ③ 〘複〙 ..männer〙(難しい折衝などの際の)代理権者． ④ 〘法〙〘複〙 ..männer または ..leute〙秘密諜報(ﾁｮｳﾎｳ)員(略: V-Mann)．

Ver·trau·ens≠per·son [フェアトラオエンス・ペルゾーン] 女 -/-en 信頼できる人物．

Ver·trau·ens≠sa·che [フェアトラオエンス・ザッヘ] 女 -/-n ① 〘ふつう 単〙 信頼の問題． ② 内密に取り扱われるべき事柄．

ver·trau·ens≠se·lig [フェアトラオエンス・ゼーリヒ] 形 人を安易に信用する，なんでもすぐ真に受ける．

Ver·trau·ens≠ver·hält·nis [フェアトラオエンス・フェアへﾙﾄﾆｽ] 中 ..nisses/..nisse 信頼関係．

Ver·trau·ens≠voll [フェアトラオエンス・フォル] 形 信頼しきった；(相互に)深く信用している．

Ver·trau·ens≠vo·tum [フェアトラオエンス・ヴォートゥム] 中 -s/ 〘政〙信任投票．

Ver·trau·ens≠wür·dig [フェアトラオエンス・ヴュルディヒ] 形 信頼に値する．

ver·trau·ern [フェアトラオアン fɛr-tráu-ərn] 他 (h) 〘雅〙(時⁴を)悲嘆のうちに過ごす．

***ver·trau·lich** [フェアトラオリヒ fɛr-tráu-lɪç] ① **内密の，内々の**. (英 confidential). eine *vertrauliche* Mitteilung 内密の報告. ② 親密な，打ち解けた，なれなれしい．in *vertraulichem* Ton 打ち解けた口調で．

Ver·trau·lich·keit [フェアトラオリヒカイト] 女 -/-en ① 〘複なし〙 内密，機密． ② 〘ふつう 複〙 なれなれしい(無遠慮な)言動． Bitte keine *Vertraulichkeiten*! なれなれしくしないで！

ver·träu·men [フェアトロイメン fɛr-trɔ́y-mən] 他 (h) (時⁴を)夢想にふけって過ごす．

ver·träumt [フェアトロイムト] I verträu-men (夢想にふけって過ごす)の 過分 II 形 ① 夢見がちな(子供など)，夢見るような(ほほえみなど)． ② 牧歌的な，のどかな(村など)．

***ver·traut** [フェアトラオト fɛr-tráut] I *vertrauen (信頼する)の 過分
II 形 (比較 vertrauter, 最上 vertrautest) ① 親しい，親密な．(英 intimate). ein *vertrauter* Freund 親友 / mit 人³ *vertraut* werden 人³と親しくなる． ② (人³に)よく知られている．(英 familiar). eine *vertraute* Stimme 聞き慣れた声 / Diese Stadt ist mir *vertraut*. この町のことなら私はよく知っている． ③ よく知っている，熟知している．事⁴ *vertraut* sein 事⁴を熟知している / sich⁴ mit 事³ *vertraut* machen 事³に習熟する，事³に慣れる．

....
類語 vertraut: (気心が知れていて)親しい．**intim**: (個人的に気がおけなくて)親しい．(異性と深い仲であることにも用いられる)．ein *intimes* Lokal 気のおけぬ酒場．
....

ver·trau·te [フェア・トラオテ] *vertrauen (信頼する)の 過去

Ver·trau·te[r] [フェア・トラオテ (..ターァ) fɛr-tráutə (..tər)] 男 女 〘語尾変化は形容詞と同じ〙 〘雅〙親友；信頼できる人．

Ver·traut·heit [フェア・トラオトハイト] 女 -/-en ① 〘複なし〙親密；精通，熟知． ② 〘ふつう 単〙親交；よく知っている事柄．

ver·trei·ben [フェア・トライベン fɛr-trái-bən] (vertrieb, hat...vertrieben) 他 (完了 haben) ① **追い出す，追い払う，追放する**．(英 drive away). den Feind (Fliegen⁴) *vertreiben* 敵(はえ)を追い払う / 人⁴ aus dem Haus *vertreiben* 人⁴を家から追い出す / Habe ich Sie von Ihrem Platz *vertrieben*? ひょっとしたらあなたの座席に座ってしまったのではないでしょうか． ② (熱・痛みなど⁴を)取り除く，吹き飛ばす．人³ die Sorgen⁴ *vertreiben* 人³の心配を取り除く / sich³ den Schlaf *vertreiben* 眠気を覚ます / sich³ mit 事³ die Zeit⁴ *vertreiben* 事³で暇をつぶす． ③ [大量に]売る，販売する．Zeitschriften⁴ *vertreiben* 雑誌を売りさばく．

Ver·trei·bung [フェア・トライブング] 女 -/-en ① 追放，駆逐．die *Vertreibung* aus dem Paradies 〘聖〙楽園追放． ② 〘稀〙〘商〙販売．

ver·tret·bar [フェア・トレートバール] 形 ① 支持できる，是認できる(処置・出費など)． ② 〘法〙代替可能の．

***ver·tre·ten**¹* [フェア・トレーテン fɛr-tréː-tən] du vertrittst, er vertritt (vertrat, hat...vertreten) 他 (完了 haben) ① (人⁴の)**代理を務める**．(英 represent). Er *vertritt* seinen kranken Kollegen. 彼は病気の同僚の代理を務める / 人⁴ in seinem Amt *vertreten* 人⁴の職務を代行する． ② (組織など⁴を)**代表する**．den Staat als Diplomat *vertreten* 外交官として国を代表する． ③ (意見・立場など⁴を)**主張する**，支持する；弁明する；(事⁴の)責任をとる．eine

Meinung⁴ *vertreten* 意見を主張する / *Kannst* du das wirklich *vertreten*? 君はほんとうにその責任がとれるのか. ④ (商社など⁴の)代理商(取次人)を務める. Herr Müller *vertritt* die Firma Bosch. ミュラー氏はボッシュ社の代理商をしている. ⑤ (じゅうたんなど⁴を)歩いてすりへらす; (靴など⁴を)はきつぶす. ⑥《成句的に》人³ den Weg *vertreten* 人³の行く手をさえぎる. ⑦《成句的に》sich³ den Fuß *vertreten* 足をくじく.

ver·tre·ten² [フェア・トレーテン] I *vertreten (代理を務める)の過去 II 形《述語としてのみ》(代表として)出席している, (展示品などが)展示(収録)されている. Von dem Betrieb war niemand *vertreten*. その会社からはだれも出席していなかった.

* *der* **Ver·tre·ter** [フェア・トレータァ fɛr-tréːtər] 男(単)-s/(複)-(3格の-n) (英) *representative*) ① 代理人, 代行[者], [利益]代表者; (組織などの)代表者. Er kommt als *Vertreter* des Chefs. 彼がチーフの代理人として来る / einen *Vertreter* stellen 代理人を立てる / die Abgeordneten als gewählte *Vertreter* des Volkes 国民の選ばれた代表者としての代議士 / die diplomatischen *Vertreter* 外交官たち. ② (思想・文化などの)**代表者**, 代弁者, 支持者, 擁護者. ein *Vertreter* des Expressionismus 表現主義の代表者. ③ 販売外交員, セールスマン. ein *Vertreter* einer Versicherungsgesellschaft² 保険の勧誘外交員.

Ver·tre·te·rin [フェア・トレーテリン fɛr-tréːtərɪn] 女-/..rinnen (女性の)代理人, 代表者; 販売外交員.

Ver·tre·tung [フェア・トレートゥング] 女-/-en ① 代理, 代行. in *Vertretung* meines Vaters 私の父の代理で. ② 代理人; (組織などの)代表者; (集合) 代表選手団. die *Vertretungen* der einzelnen Nationen bei der UNO 国連の各国代表部. ③ 代理業(店). ④ (ある考えなどの)支持, 擁護.

ver·tre·tungs⸗wei·se [フェアトレートゥングス・ヴァイゼ] 副 代理(代表)として.

ver·trieb [フェア・トリープ] *vertreiben (追い出す)の過去

Ver·trieb [フェア・トリープ fɛr-tríːp] 男-[e]s/-e ① [複 なし]販売, 流通. ② 『ふつう 単』販売課, 営業部.

ver·trie·ben [フェア・トリーベン] *vertreiben (追い出す)の過分

Ver·trie·be·ne[r] [フェア・トリーベネ (..ナァ) fɛr-tríːbənə (..nɐr)] 男 女 『語尾変化は形容詞と同じ』 [国外]追放者, (国を追われた)難民.

ver·trin·ken* [フェア・トリンケン fɛr-tríŋkən] 他 (h) (お金など⁴を)酒代に費やす; 《方》(悲しみなど⁴を)酒でまぎらす.

ver·tritt [フェア・トリット] I **vertreten*¹ (代理を務める)の3人称単数 現在 II **vertreten*¹ (代理を務める)の du に対する 命令

ver·trittst [フェア・トリッツト] **vertreten*¹ (代理を務める)の2人称単数 現在

ver·trock·nen [フェア・トロックネン fɛr-trɔ́knən] 自 (s) (泉などが)枯渇する, 干上がる; (草木が)枯れる, 干からびる.

ver·trö·deln [フェア・トレーデルン fɛr-tróːdəln] 他 (h) 《口語》(時間⁴を)むだに過ごす.

ver·trös·ten [フェア・トレーステン fɛr-tróːstən] 他 (h) (人⁴を)なだめて(慰めて)待たせる. 人⁴ **auf den nächsten Tag** *vertrösten* 人⁴を次の日まで待ってくれとなだめる.

ver·trot·teln [フェア・トロッテルン fɛr-trɔ́təln] 自 (s) 《口語》ぼける, もうろくする.

ver·trug [フェア・トルーク] **vertragen*¹ (耐えられる)の過去

ver·tun* [フェア・トゥーン fɛr-túːn] I 他 (h) (お金・時間など⁴を)浪費する, むだにする; (チャンスなど⁴を)逃す. die Zeit⁴ mit Kartenspiel *vertun* トランプで時間を費やす. II 再帰 (h) sich⁴ *vertun* 《口語》間違う, 思い違いをする. sich⁴ beim Rechnen *vertun* 計算を間違える.

ver·tu·schen [フェア・トゥッシェン fɛr-túʃən] 他 (h) (事件・スキャンダルなど⁴を)もみ消す, とりつくろう.

ver·übeln [フェア・ユーベルン fɛr-ýːbəln] 他 (h) (人³の事⁴を)悪くとる, (人³に対して事⁴で)気を悪くする.

ver·üben [フェア・ユーベン fɛr-ýːbən] 他 (h) (悪いこと・ばかげたこと⁴を)行う, 犯す. Selbstmord⁴ *verüben* 自殺する.

ver·ul·ken [フェア・ウルケン fɛr-úlkən] 他 (h) 《口語》からかう, ひやかす, 笑いものにする.

ver·un·glimp·fen [フェア・ウングリンプフェン fɛr-únglɪmpfən] 他 (h) 《雅》中傷する, 侮辱する, そしる.

Ver·un·glimp·fung [フェア・ウングリンプフング] 女-/-en 中傷, 侮辱, 名誉毀損(基).

* **ver·un·glü·cken** [フェア・ウングリュッケン fɛr-únglʏkən] (verunglückte, *ist*...verunglückt) 自 (変了 sein) ① (人・乗り物が)**事故に遭う**. tödlich *verunglücken* 事故で死ぬ / Er *ist* mit dem Auto *verunglückt*. 現在完了 彼は自動車事故に遭った. ② 《口語》(物事が)失敗に終わる. Der Kuchen *ist* verunglückt. 現在完了 このケーキは失敗だった.

ver·un·glückt [フェア・ウングリュックト] *verunglücken (事故に遭う)の過去

ver·un·glück·te [フェア・ウングリュックテ] *verunglücken (事故に遭う)の過去

Ver·un·glück·te[r] (..タァ) fɛr-únglʏkta (..tɐr)] 男 女 『語尾変化は形容詞と同じ』 事故に遭った人, 被災者, 遭難者.

ver·un·rei·ni·gen [フェア・ウンライニゲン fɛr-únraɪnɪɡən] 他 (h) ① 《雅》汚す. ② (空気・水など⁴を)汚染する.

Ver·un·rei·ni·gung [フェア・ウンライニグング] 女-/-en ① 汚染, 汚濁. ② 汚染物質.

ver·un·si·chern [フェア・ウンズィッヒャァン fɛr-únzɪçɐrn] 他 (h) (人⁴の)考えをぐらつかせる, (人⁴の)動揺させる.

ver·un·stal·ten [フェア・ウンシュタるテン fɛrúnʃtaltən] 他 (h) (物⁴の)外観をそこなう, 醜くする. eine Landschaft⁴ verunstalten 景観をそこなう.

Ver·un·stal·tung [フェア・ウンシュタるトゥング] 女 -/-en ① 醜くすること. ② 醜い箇所.

ver·un·treu·en [フェア・ウントロイエン fɛrúntrɔyən] 他 (h) (法)(金品⁴を)横領する, 着服する.

Ver·un·treu·ung [フェア・ウントロイウング] 女 -/-en 横領, 着服.

ver·un·zie·ren [フェア・ウンツィーレン fɛrúntsi:rən] 他 (h) (物⁴の)見た目を悪くする.

***ver·ur·sa·chen** [フェア・ウーァザッヘン fɛrú:rzaxən] (verursachte, hat...verursacht) 他 (完了) haben) 引き起こす, (事⁴の)原因となる. (英 cause). Er hat einen Unfall verursacht. 彼は事故を起こしてしまった / Mühe⁴ verursachen 苦労のもととなる / (人)³ große Kosten⁴ verursachen (人)³に多大な出費をさせることになる.

Ver·ur·sa·cher [フェア・ウーァザッハァ fɛrú:rzaxɐr] 男 -s/- (事故などを)引き起こした人, (事故の)責任者. (注 女性形は Verursacherin).

ver·ur·sacht [フェア・ウーァザハト] *verursachen (引き起こす) 過分

ver·ur·sach·te [フェア・ウーァザハテ] *verursachen (引き起こす) 過去

***ver·ur·tei·len** [フェア・ウァタイれン fɛrúrtailən] (verurteilte, hat...verurteilt) 他 (完了) haben) ① ((人)⁴に)有罪の判決を下す. (英 condemn). (人)⁴ zu einer Geldstrafe verurteilen (人)⁴に罰金刑を言い渡す / Er wurde zum Tode verurteilt. 『受動・過去』 彼は死刑を宣告された / Sein Plan war von Anfang an zum Scheitern verurteilt. 『状態受動・過去』(比) 彼の計画は初めから失敗する運命にあった. ② ((人・事)⁴を)厳しく非難する.

ver·ur·teilt [フェア・ウァタイるト] *verurteilen (有罪の判決を下す) 過分

ver·ur·teil·te [フェア・ウァタイるテ] *verurteilen (有罪の判決を下す) 過去

Ver·ur·tei·lung [フェア・ウァタイるング] 女 -/-en ① 有罪の判決(宣告); 厳しい非難. ② 有罪であること.

Ver·ve [ヴェるヴェ vέrvə] 女 -/ (雅)(仕事などに対する)情熱, 熱狂. mit Verve 熱中して.

ver·viel·fa·chen [フェア・フィーるふァッヘン fɛrfí:lfaxən] I 他 (h) ① 何倍にもする. 《A⁴ mit B³~》(数) (A⁴ に B³ を掛ける. zwei mit drei vervielfachen 2 に 3 を掛ける. II 再帰 (h) sich⁴ vervielfachen 何倍にも増える, 著しく増加する.

ver·viel·fäl·ti·gen [フェア・フィーるふェるティゲン fɛrfí:lfɛltɪgən] I 他 (h) ① コピー(複写・プリント)する. ②(雅)(緊張・努力などを)強める. II 再帰 (h) sich⁴ vervielfältigen 増える.

Ver·viel·fäl·ti·gung [フェア・ふィーるふェるティグング] 女 -/-en ① コピー, 複写. ② コピー-(複写)されたもの.

ver·voll·komm·nen [フェア・ふォるコムネン fɛrfɔ́lkɔmnən] (過分 vervollkommnet) I 他 (h) より完全なものにする, 洗練する. seine Sprachkenntnisse⁴ vervollkommnen 語学力に磨きをかける. II 再帰 (h) sich⁴ vervollkommnen より完全なものになる. sich⁴ in Deutsch vervollkommnen ドイツ語に熟達する.

Ver·voll·komm·nung [フェア・ふォるコムヌング] 女 -/-en ① 完成, 仕上げ. ② 完成品, 完璧(%)な物.

ver·voll·stän·di·gen [フェア・ふォるシュテンディゲン fɛrfɔ́lʃtɛndɪgən] I 他 (h) (補って)完全にする, (収集品など⁴を)すべてそろえる. II 再帰 (h) sich⁴ vervollständigen 完全になる, すべてそろう.

Ver·voll·stän·di·gung [フェア・ふォるシュテンディグング] 女 -/-en 完全にする(なる)こと; 完成, 完結.

ver·wach·sen¹* [フェア・ヴァクセン fɛrváksən] I 自 (s) ① (傷口などが)ふさがる, 治る. Die Wunde verwächst schlecht. 傷口の治りが悪い. ② 《mit (人・物)³》((人・物)³と)癒着する, 密接に結びつく. Die beiden Knochen verwachsen miteinander. 両方の骨が癒着する. ◊『過去分詞の形で』Er ist mit seiner Familie ganz verwachsen. 彼は家族と一心同体だ. ③ (道などが)草木で覆われる. II 他 (h) (方) 成長して(衣服⁴が)合わなくなる. Der Junge hat seine Hosen schon wieder verwachsen. 少年は大きくなってまたズボンが短くなってしまった. III 再帰 (h) sich⁴ verwachsen (傷口が)ふさがる, 治る. Die Narbe hat sich völlig verwachsen. 傷跡はすっかり消えた.

ver·wach·sen² [フェア・ヴァクセン fɛrváksən] I verwachsen (成長する) の 過分 II 形 (四肢などが)奇形の.

Ver·wach·sung [フェア・ヴァクスング] 女 -/-en ① 癒着すること. ②《医・生》癒合, 癒着; 合生. ③《鉱》(結晶の)連晶.

ver·wa·ckeln [フェア・ヴァッケるン fɛrvákəln] 他 (h) (口語)(写真⁴の画像を)ぶれさせる. ◊『過去分詞の形で』verwackelte Bilder カメラぶれされた写真.

ver·wah·ren [フェア・ヴァーレン fɛrvá:rən] I 他 (h) 保管する, 保存する. Geld⁴ im Tresor verwahren お金を金庫の中に保管する. II 再帰 (h) 『sich⁴ gegen (事)⁴ ~』(事⁴に)強く抗議する.

ver·wahr·lo·sen [フェア・ヴァールろーゼン fɛrvá:rlo:zən] 自 (s) (家などが放置されて)荒廃する; (青少年がぐれる, 非行化する); (服装が)だらしなくなる. ein Haus⁴ verwahrlosen lassen 家を荒れるにまかせる.

ver·wahr·lost [フェア・ヴァールろースト] I verwahrlosen (荒廃する) の 過分 II 形 荒れた, ほったらかしの; 非行化した.

Ver·wahr·lo·sung [フェア・ヴァールろーズング] 女 -/ ① 放置; 荒廃. ② 放置(荒廃)した状態.

Ver·wah·rung [フェア・ヴァールング] 囡 -/-en ① 保存, 保管. 物⁴ **in** *Verwahrung* geben (nehmen) 物⁴を預ける(預かる). ② 〘法〙(昔の:)拘留, 監禁. ③ 抗議, 異議申したて. **gegen** 事⁴ *Verwahrung*⁴ ein|legen 事⁴に抗議する.

ver·wai·sen [フェア・ヴァイゼン fɛr-váɪzən] 圁 (s) 孤児になる.

ver·waist [フェア・ヴァイスト] I verwaisen (孤児になる)の過分 II 圂 孤児になった; 人気(ポッ)のない; 〘雅・比〙孤独な; (ポストなどが)空席の.

*__ver·wal·ten__ [フェア・ヴァるテン fɛr-váltən] du verwaltest, er verwaltet (verwaltete, *hat*...verwaltet) 他 (完了 haben) ① **管理す る**; 運営(経営)する. (茣 *administer*). ein Haus⁴ (ein Vermögen⁴) *verwalten* 建物(財産)を管理する. ② (業務など⁴を)行う, つかさどる. ein Amt⁴ *verwalten* 公職についている.

Ver·wal·ter [フェア・ヴァるタァ fɛr-váltər] 圀 -s/- 管理人, 支配人. (囡 女性形は Verwalterin).

ver·wal·tet [フェア・ヴァるテット] *verwalten (管理する)の過分

ver·wal·te·te [フェア・ヴァるテテ] *verwalten (管理する)の過去

*__die Ver·wal·tung__ [フェア・ヴァるトゥング fɛr-váltʊŋ] 囡 (単) -/(複) -en 〘ふつう 単〙 **管理**, **運営**; **行政**. (茣 *administration*). Dieses Gebäude steht **unter** staatlicher *Verwaltung*. この建物は国の管理下にある. 管理部[門], 管理(行政)機関, 管理棟(室); 管(行政)機構; 当局. Er ist **in** der *Verwaltung* tätig. 彼は管理部門で働いている.

Ver·wal·tungs⹀ap·pa·rat [フェアヴァるトゥングス・アパラート] 圀 -[e]s/-e 行政(管理)機構.

Ver·wal·tungs⹀**be·am·te**[r] [フェアヴァるトゥングス・ベアムテ (..タァ)] 圀 〘語尾変化は形容詞と同じ〙行政官.

Ver·wal·tungs⹀**be·zirk** [フェアヴァるトゥングス・ベツィルク] 圀 -[e]s/-e 行政区画.

Ver·wal·tungs⹀**dienst** [フェアヴァるトゥングス・ディーンスト] 圀 -[e]s/ 行政事務(職務).

Ver·wal·tungs⹀**ge·bäu·de** [フェアヴァるトゥングス・ゲボイデ] 中 -s/- [行政]官庁の建物; 管棟.

*__ver·wan·deln__ [フェア・ヴァンデるン fɛr-vándəln] ich verwandle (verwandelte, *hat*...verwandelt) I 他 (完了 haben) ① (人・物⁴を)すっかり**変える**, 一変させる. (茣 *change*). Das Erlebnis *verwandelte* sie völlig. その体験が彼女をすっかり変えてしまった. ② 《A⁴ **in** B⁴ ~》(A⁴ を B⁴ に)変える, 変換(転換)する. Die Hexe *hat* den Prinzen in einen Frosch *verwandelt*. 魔女は王子を蛙に変えた / Energie⁴ in Bewegung *verwandeln* エネルギーを運動に転換する. ③ (サッカーなどで:)(ペナルティーキックなど⁴を)得点に結びつける.

II 再帰 (完了 haben) sich⁴ *verwandeln* ① (すっかり)**変わる**. Die Szene *verwandelte sich*. 舞台が変わった. ②《*sich*⁴ **in** 人・物⁴ ~》(人・物⁴に)変わる. Seine Zuneigung *verwandelte sich* in Hass. 彼の好意は憎しみに変わった.

ver·wan·delt [フェア・ヴァンデるト] *verwandeln (変える)の過分

ver·wan·del·te [フェア・ヴァンデるテ] *verwandeln (変える)の過去

ver·wan·dle [フェア・ヴァンドれ] *verwandeln (変える)の1人称単数.

Ver·wand·lung [フェア・ヴァンドるング] 囡 -/-en 変化, 変形, 変身; 変換; 〘劇〙(場面の)転換;〘動〙変態.

*__ver·wandt__ [フェア・ヴァント fɛr-vánt] I *verwenden (使う)の過分

II 圂 ① 親類の, 親戚(ぱい)の, 血縁の. (茣 *related*). Sie ist **mit** mir *verwandt*. 彼女は私と親戚です / 人³ nahe (entfernt) *verwandt* sein 人³と近い(遠い)親戚である. ② (動植物などが)同種の, 同属の; (民族・言語などが)同系の, 同族の. *verwandte* Sprachen 同族語. ③ **類似の**, 似通った. *verwandte* Erscheinungen 類似の現象 / Diese Fachgebiete sind miteinander *verwandt*. これらの専門分野は互いに類似している.

ver·wand·te [フェア・ヴァンテ] *verwenden (使う)の過去

:__Ver·wand·te[r]__ [フェア・ヴァンテ (..タァ) fɛr-vántə (..tər)] 圀囡 〘語尾変化は形容詞と同じ〙 ☞ Alte[r] (例: 男 1格 der Verwandte, ein Verwandter) **親戚**(ぱ), 親類, 血縁者. (茣 *relative*). Das sind meine *Verwandten*. こちらは私の親戚の者たちです / Karl ist ein naher (entfernter) *Verwandter* von mir. カールは私の近い(遠い)親戚です.

*__die Ver·wandt·schaft__ [フェア・ヴァントシャフト fɛr-vánt-ʃaft] 囡 (単) -/(複) -en ① **親戚**(ぱ)**関係**, 血縁関係. (茣 *relationship*). ② 〘複 なし〙(総称として:)**親戚**(ぱ), 親類. Er hat eine große *Verwandtschaft*. 彼には親戚が多い. ③ **類似性**, 親近性;〘化〙親和性(力). Zwischen den beiden Sprachen besteht eine gewisse *Verwandtschaft*. その両言語の間には一種の類似性がある.

ver·wandt·schaft·lich [フェア・ヴァントシャフトりヒ] 圂 親戚(ぱ)の, 親類の, 血縁の. *verwandtschaftliche* Beziehungen 親戚関係.

ver·wanzt [フェア・ヴァンツト fɛr-vántst] 圂 《口語》南京(ば)虫のわいた.

ver·war·nen [フェア・ヴァルネン fɛr-várnən] 他 (h) (人⁴に)警告を与える.

Ver·war·nung [フェア・ヴァルヌング] 囡 -/-en 警告, 叱責(ば).

ve·wa·schen [フェア・ヴァッシェン fɛr-váʃən] 圂 (衣服が)洗いざらしの; 風雨にさらされて消えかかった; 色のあせた; 《比》はっきりしない, あいまいな(表現など). *verwaschene* Vorstellun-

ver·wäs·sern [フェア・ヴェッサァン fɛr-vésərn] 他 (h) ① (飲み物⁴を)水でひどく薄める; 水っぽくする. ②《比》(文・表現など⁴の)内容を薄める. ◊《過去分詞の形で》ein *verwässerter* Stil 味気ない文体.

ver·we·ben⁽*⁾ [フェア・ヴェーベン fɛr-vé:bən] I 他 (h) ①《規則変化》(糸など⁴を)織物に使う. ② 織り合わせる;《比》(イメージなど⁴を)絡み合わせる. die Fäden⁴ miteinander *verweben* 糸を織り合わせる. ③《A⁴ in B⁴ ~》(A⁴をB⁴に)織り込む. II 再帰 (h) *sich*⁴ *verweben*《不規則変化》《詩》(夢と現実などが)織り合わさっている.

‡ver·wech·seln [フェア・ヴェクセるン fɛr-véksəln] ich verwechsle (verwechselte, *hat*…verwechselt) 他 (《完了》haben) 取り違える, 混同する. (《英》confuse). die Namen⁴ *verwechseln* 名前を間違える / zwei Wörter⁴ *verwechseln* 二つの単語を混同する / Wir *haben* unsere Handschuhe *verwechselt*. 私たちは手袋を取り違えた / Er *verwechselt* manchmal Mein und Dein.《比》彼はときどき盗みをはたらく(←自分のものと相手のものを取り違える) / A⁴ mit B³ *verwechseln* A⁴をB³と取り違える ⇒ Mit wem *verwechseln* Sie mich? 私をだれと思い違いなさっているのですか.

Ver·wech·seln [フェア・ヴェクセるン] 中《成句的に》Die beiden sind sich³ **zum** *Verwechseln* ähnlich. 両人は見間違えるほどよく似ている.

ver·wech·selt [フェア・ヴェクセるト] ‡verwechseln (取り違える)の 過分, 3人称単数・2人称複数 現在

ver·wech·sel·te [フェア・ヴェクセるテ] ‡verwechseln (取り違える)の 過去

Ver·wech·se·lung [フェア・ヴェクセるング] 女 -/-en ＝Verwechslung

ver·wechs·le [フェア・ヴェクスれ] ‡verwechseln (取り違える)の 1人称単数 現在

Ver·wechs·lung [フェア・ヴェクスるング] 女 -/-en 間違い, 思い違い, 混同.

ver·we·gen [フェア・ヴェーゲン fɛr-vé:gən] 形 向こう見ずな, 大胆な;《比》(服装などが)奇抜な.

Ver·we·gen·heit [フェア・ヴェーゲンハイト] 女 -/-en ①《覆 なし》大胆不敵, 向こう見ず. ② 向こう見ずな行為.

ver·we·hen [フェア・ヴェーエン fɛr-vé:ən] I 他 (h) ① (風が吹き払う, 吹き散らす. ② (吹雪が道など⁴を)覆いつくす. ◊《過去分詞の形で》vom (または mit) Schnee *verwehte* Wege 雪に覆われた道. II 自 (s)《詩》(声などが)かき消される, 消える. Seine Worte *verwehten* im Sturm. 彼の言葉はあらしの中でかき消された.

ver·weh·ren [フェア・ヴェーレン fɛr-vé:rən] 他 (h) (人³に事⁴を)拒絶をする, 断る. 人³ *verwehren*, zu 不定詞[句] 人³が…するのを拒む(禁じる).

Ver·we·hung [フェア・ヴェーウング] 女 -/-en (雪の)吹きだまり.

ver·weich·li·chen [フェア・ヴァイヒリッヒェン fɛr-váɪçlɪçən] I 自 (s) 虚弱(ひじゃく)になる. II 他 (h) 虚弱(ひじゃく)にする.

Ver·weich·li·chung [フェア・ヴァイヒリッヒュング] 女 -/ 虚弱化, 体力の衰え.

＊ver·wei·gern [フェア・ヴァイガァン fɛr-váɪɡɐrn] (verweigerte, *hat*…verweigert) I 他 (《完了》haben) 拒む, 拒否する, 断る. (《英》refuse). den Wehrdienst *verweigern* 兵役を拒否する / den Befehl *verweigern* 命令に服従しない /人³ die Einreise⁴ *verweigern* 人³に入国を拒否する. ◊《再帰的に》*sich*⁴ *verweigern*《雅》人³に身を任すことを拒む. (*類語* weigern).

II 自 (《完了》haben) (馬術で:)(馬が障害物の前で)立ち止まる.

ver·wei·gert [フェア・ヴァイガァト] ＊verweigern (拒む)の 過分

ver·wei·ger·te [フェア・ヴァイガァテ] ＊verweigern (拒む)の 過去

Ver·wei·ge·rung [フェア・ヴァイゲルング] 女 -/-en 拒絶, 拒否.

ver·wei·len [フェア・ヴァイれン fɛr-váɪlən] I 自 (h)《雅》(…にしばらく)留まる, 滞在する. bei 人³ *verweilen* 人³のもとに滞在する / bei einem Thema *verweilen*《比》あるテーマにこだわる. II 再帰 (h) *sich*⁴ *verweilen*《雅》留まる, 滞在する.

ver·weint [フェア・ヴァイント fɛr-váɪnt] 形 泣きはらした(目など). mit *verweinten* Augen 目を泣きはらして.

Ver·weis [フェア・ヴァイス fɛr-váɪs] 男 -es/-e ① けん責, 叱責(しっせき), 戒告. einen *Verweis* erhalten けん責を受ける. ② 参照[記号], 参照指示.

＊ver·wei·sen＊ [フェア・ヴァイゼン fɛr-váɪzən] du verweist (verwies, *hat*…verwiesen) 他 (《完了》haben) ①《人⁴ **auf** 事⁴ ~》(人⁴に事⁴を)参照するよう指示する, 参照させる; (人⁴に事⁴への)注意を喚起する. den Leser auf eine frühere Stelle des Buches *verweisen* 読者に本の既出の箇所を参照させる. ◊《目的語なしでも》Das Schild *verweist* auf eine Einfahrt. 標識は進入口を示している. ②《人⁴ **an** 人・物⁴ ~》(人⁴を人・物⁴(責任者・担当窓口などに)問い合わせるよう指示する. Der Kunde *wurde* an den Geschäftsführer *verwiesen*.《受動・過去》その客は店長の所に行くように言われた. ③《人⁴ **aus** (または **von**) 物³ ~》(人⁴を物³から)出て行かせる, 退去させる. 人⁴ aus dem Saal (von der Schule) *verweisen* 人⁴をホールから出て行かせる(放校処分にする). ◊《2格とともに》人⁴ des Landes *verweisen* 人⁴を国外に追放する. ④《スポ》(勝って相手を下位に)追い落とす. (人³の物⁴を)しかる. 人⁴ **zur** Ruhe *verweisen* 人⁴に静かにするようしかる. ⑥《法》(訴訟事件⁴を)移送する.

ver·wel·ken [フェア・ヴェるケン fɛr-vélkən]

自(s) ① (花が)しぼむ, しおれる; 《比》(名声などが)衰える. ② (人が)容色が衰える. ◇《過去分詞の形で》ein *verwelktes* Gesicht 張りのなくなった顔.

ver·welt·li·chen [フェア・ヴェるトリッヒェン fɛr-véltlɪçən] I 他 (h) ① (宗教色をなくして)世俗化する. ② (教会財産⁴を)国有にする. II 自(s)《雅》世俗化する, 現世的になる.

Ver·welt·li·chung [フェア・ヴェるトリッヒュング] 女 -/ 世俗化; (教会財産の)世俗(国有)化.

ver·wend·bar [フェア・ヴェントバール] 形 使用できる, 役にたつ.

__ver·wen·den__(*) [フェア・ヴェンデン fɛr-véndən] du verwendest, er verwendet (verwendete, *hat*...verwendet または verwandte, *hat*...verwandt) I 他 (定了 haben) 使う, 利用する, 活用する. (英 use). zum Kochen Butter⁴ *verwenden* 料理にバターを用いる / Das *kann* man nicht mehr *verwenden*. それはもう使えない / Zeit⁴ *auf* 事⁴ *verwenden* 事⁴に時間を費やす / Geld⁴ *für* 事⁴ (または *zu* 事³) *verwenden* 事⁴(または事³)にお金をかける / Meine Kenntnisse *kann* ich hier gut *verwenden*. 私は自分の知識をここでは十分役だてることができる. (☞ 類語 gebrauchen).
II 再帰 (定了 haben) 《*sich*⁴ *für* 人・事⁴ ~》《雅》(人・事⁴のために)尽力する.
◇☞ **verwandt**

ver·wen·det [フェア・ヴェンデット] *verwenden (使う)の 過分

ver·wen·de·te [フェア・ヴェンデテ] *verwenden (使う)の 過去

die **Ver·wen·dung** [フェア・ヴェンドゥング fɛr-véndʊŋ] 女 (単) -/(複) -en ① 使用, 利用. (英 use). keine *Verwendung*⁴ *für* 人・物⁴ haben 人・物⁴の使い道がない / *Verwendung*⁴ finden 使用される. ② 《複 なし》《雅》尽力, とりなし.

Ver·wen·dungs⸗zweck [フェア・ヴェンドゥングス・ツヴェック] 男 -[e]s/-e 使用目的.

ver·wer·fen* [フェア・ヴェルふェン fɛr-vérfən] I 他 (h) ① (計画など⁴を)はねつける, 退ける. ② 《法》却下(棄却)する. ③ 《雅》非難する;《聖》(神が)見捨てる. II 再帰 (h) *sich*⁴ *verwerfen* ① (板などが)反る. ② 《地学》断層を起こす. ③ 《カ》カードを出し間違える. III 自 (h) (牛などが)流産する.
◇☞ **verworfen**

ver·werf·lich [フェア・ヴェルふりヒ] 形 《雅》(道徳的に)排すべき, 非難すべき; 憎むべき, いまわしい.

Ver·werf·lich·keit [フェア・ヴェルふりヒカイト] 女 -/ 排すべき(非難すべき)こと.

Ver·wer·fung [フェア・ヴェルふンゲ] 女 -/-en ① 放棄, 拒否;《法》却下, 棄却;《雅》非難. ② (牛などの)流産. ③ (板などの)反り. ④ 《地学》断層.

ver·wert·bar [フェア・ヴェーアトバール] 形 [まだ]利用できる, 役にたつ.

ver·wer·ten [フェア・ヴェーァテン fɛr-vé:rtən] 他 (h) 利用(活用)する. Das *lässt sich*⁴ nicht mehr *verwerten*. それはもう役にたたない.

Ver·wer·tung [フェア・ヴェーァトゥング] 女 -/-en 利用, 活用.

ver·we·sen [フェア・ヴェーゼン fɛr-vé:zən] 自 (s) (死体などが)腐る, 腐敗する.

Ver·we·ser [フェア・ヴェーザァ fɛr-vé:zər] 男 -s/-《史》代官, 代理人, 摂政.

ver·wes·lich [フェア・ヴェースりヒ] 形 腐敗しやすい. *verwesliche* Materie 腐りやすい物質.

Ver·we·sung [フェア・ヴェーズング] 女 -/ 腐敗. in *Verwesung* über|gehen 腐り始める.

ver·wet·ten [フェア・ヴェッテン fɛr-vétən] 他 (h) ① (お金など⁴を)賭(か)ける. ② (財産など⁴を)賭(と)して失う.

ver·wi·ckeln [フェア・ヴィッケるン fɛr-víkəln] I 他 (h) ① (糸など⁴を)もつれさせる. ②《方》(足など⁴に)包帯を巻く. ③《人 *in* 事⁴ ~》(人を事⁴(事件などに)巻き込む. *in* 事⁴ *verwickelt* werden 事⁴に巻き込まれる. II 再帰 (h) *sich*⁴ *verwickeln* ① (糸などが)もつれる. ②《*sich*⁴ *in* 物⁴ (または 物³) ~》(物⁴(または 物³)に)巻き込まれる, 絡まる. *sich*⁴ *in* die Netze *verwickeln* 網に絡まる / *sich*⁴ *in* Widersprüche *verwickeln*《比》矛盾に陥る.

ver·wi·ckelt [フェア・ヴィッケるト] I verwickeln (もつれさせる)の 過分 II 形 込み入った, 入り組んだ, やっかいな.

Ver·wick·lung [フェア・ヴィックるング] 女 -/-en ① 巻き込まれること, もつれ. ②《ふつう 複》ごたごた, 紛糾. politische *Verwicklungen* 政治的混乱.

ver·wies [フェア・ヴィース] *verweisen (参照するよう指示する)の 過去

ver·wie·sen [フェア・ヴィーゼン] *verweisen (参照するよう指示する)の 過分

ver·wil·dern [フェア・ヴるダァン fɛr-víldərn] 自 (s) ① (庭などが)荒れ放題になる, 雑草で覆われる. ② (動植物が)野性化する. ③《雅》粗野(乱暴)になる, (風紀の)乱れる.

ver·wil·dert [フェア・ヴるダァト] I verwildern (荒れ放題になる)の 過分 II 形 荒れ果てた(庭など);《比》乱れに伸びた(髪・ひげなど); 野性化した(家畜など);《雅》乱れた(風紀など).

ver·win·den* [フェア・ヴィンデン fɛr-víndən] 他 (h)《雅》(苦痛など⁴に)打ち勝つ, 乗り越える; (不幸など⁴から)立ち直る. den Schmerz *verwinden* 苦痛に耐える.

ver·win·kelt [フェア・ヴィンケるト fɛr-vínkəlt] 形 曲がりくねった(小道など).

ver·wir·ken [フェア・ヴィルケン fɛr-vírkən] 他 (h)《雅》(自分のせいで信用・権利など⁴を)ふいにする, 失う. das Recht⁴ zu 事³ *verwirken* 事³の権利を失う.

__ver·wirk·li·chen__ [フェア・ヴィルクりッヒェン fɛr-vírklɪçən] (verwirklichte, *hat*...verwirklicht) I 他 (定了 haben) (夢・計画など⁴

verwirklicht

を)**実現**する,具体化する.(英 *realize*). einen Plan *verwirklichen* 計画を遂行する.
II 再帰 *hat*) *sich⁴ verwirklichen* ① 実現される. Mein Wunsch *hat sich verwirklicht*. 私の願いが実現した. ② 自分の能力(本領)を発揮する. *sich⁴ in seiner Arbeit verwirklichen* 仕事において自分の能力を発揮する.

ver·wirk·licht [フェア・ヴィルクリヒト] ＊*verwirklichen*(実現する)の 過分

ver·wirk·lich·te [フェア・ヴィルクリヒテ] ＊*verwirklichen*(実現する)の 過去

Ver·wirk·li·chung [フェア・ヴィルクリッヒュング] 女 -/-en 実現,具体化;自己実現.

Ver·wir·kung [フェア・ヴィルクング] 女 -/-en 《ふつう 単》《法》(権利などの)喪失;(契約・資格などの)失効.

＊**ver·wir·ren** [フェア・ヴィレン fɛr-vírən] (verwirrte, *hat*...verwirrt) I 他 (完了 haben)
① (糸・髪など⁴を)もつれさせる,くしゃくしゃにする. Der Wind *verwirrte* ihre Haare. 風で彼女の髪が乱れた. ② 《比》(人⁴を)動揺させる,うろたえさせる,当惑させる. Die Nachricht *hat* ihn *verwirrt*. その報告を聞いて彼はうろたえた.
II 再帰 (完了 haben) *sich⁴ verwirren* ① (糸などが)もつれる. ② 《比》(考えなどが)混乱する.

ver·wirrt [フェア・ヴィルト] I ＊*verwirren*(もつれさせる)の 過分 II 形 もつれた(糸・髪など);《比》(頭が)乱れた,うろたえた.

ver·wirr·te [フェア・ヴィルテ] ＊*verwirren*(もつれさせる)の 過去

Ver·wir·rung [フェア・ヴィルング] 女 -/-en 混乱,紛糾;当惑,狼狽(ろうばい). 人⁴ *in Verwirrung bringen* 人⁴をあわてさせる / *in Verwirrung geraten* 混乱に陥る,当惑する.

ver·wirt·schaf·ten [フェア・ヴィルトシャフテン fɛr-vírt-ʃaftən] 他 (h) (財産など⁴をずさんな管理で)使い果たす.

ver·wi·schen [フェア・ヴィッシェン fɛr-víʃən] I 他 (h) ① (文字など⁴を)こすってぼやけさせる. ◇《過去分詞の形で》eine *verwischte* Unterschrift ぼやけた署名. ② (犯行の痕跡(こんせき)などを)消す. II 再帰 (h) *sich⁴ verwischen* (輪郭などが)ぼやける,はっきりしなくなる.

ver·wit·tern [フェア・ヴィッテァン fɛr-vítərn] 自 (s) (石造りの建物・岩石などが)風雨にさらされて傷む,風化する.

Ver·wit·te·rung [フェア・ヴィッテルング] 女 -/-en 風化.

ver·wit·wet [フェア・ヴィトヴェット fɛr-vítvət] 形 夫(妻)に先だたれた,やもめになった (略: verw.) Frau Meier, *verwitwete* Schmidt シュミット氏の未亡人のマイヤーさん / Er ist seit zwei Jahren *verwitwet*. 彼は2年前からやもめだ.

＊**ver·wöh·nen** [フェア・ヴェーネン fɛr-vǿːnən] (verwöhnte, *hat*...verwöhnt) 他 (完了 haben) (人⁴を)甘やかす,ちやほやする. (英 *spoil*). Sie *hat* ihre Kinder sehr *verwöhnt*.

彼女は子供たちをとても甘やかした / 人⁴ *mit Geschenken verwöhnen*(気に入られようとして)人⁴にいろいろ贈り物をする / Das Schicksal *hat* uns nicht *verwöhnt*. 《比》運命は私たちに甘くはなかった / *sich⁴ verwöhnen lassen* ちやほやされる.

ver·wöhnt [フェア・ヴェーント] I ＊*verwöhnen*(甘やかす)の 過分 II 形 甘やかされた;ぜいたくに慣れた;好みにうるさい. Ich bin im Essen nicht sehr *verwöhnt*. 私は食べ物にはあまりうるさいほうではありません.

ver·wöhn·te [フェア・ヴェーンテ] ＊*verwöhnen*(甘やかす)の 過去

Ver·wöh·nung [フェア・ヴェーヌング] 女 -/ 甘やかすこと.

ver·wor·fen [フェア・ヴォルフェン] I *verwerfen*(はねつける)の 過分 II 形 《雅》極悪非道な.

Ver·wor·fen·heit [フェア・ヴォルフェンハイト] 女 -/ 非道,悪徳;堕落.

ver·wor·ren [フェア・ヴォレン fɛr-vórən] 形 混乱した,支離滅裂の(説明など),紛糾した(状況など).

Ver·wor·ren·heit [フェア・ヴォレンハイト] 女 -/ 混乱,紛糾.

ver·wund·bar [フェア・ヴントバール] 形 ① 傷のつきやすい. ② (精神的に)傷つきやすい,感情を害しやすい.

＊**ver·wun·den** [フェア・ヴンデン fɛr-vúndən] du verwundest, er verwundet (verwundete, *hat*...verwundet) 他 (完了 haben) (銃弾などが人⁴を)負傷させる;《比》(人⁴の)感情を傷つける. (英 *wound*). 人⁴ schwer *verwunden* 人⁴に重傷を負わせる / Er *wurde* im Krieg *verwundet*. 《受動・過去》彼は戦争で負傷した. ◇☞ **verwundet**

ver·wun·der·lich [フェア・ヴンダァリヒ] 形 驚くべき,不思議な,変な. Es ist nicht *verwunderlich*, dass er nicht kommt. 彼が来なくても不思議ではない.

＊**ver·wun·dern** [フェア・ヴンダァン fɛr-vúndərn] (verwunderte, *hat*...verwundert) I 他 (完了 haben) (人⁴を)驚かせる,不思議がらせる. (英 *astonish*). Ihr Benehmen *hat* mich sehr *verwundert*. 彼女の態度に私はとても驚いた / Es ist nicht zu *verwundern*, wenn ... ...としても驚くに当たらない. ◇《過去分詞の形で》ein *verwunderter* Blick いぶかしげなまなざし.
II 再帰 (完了 haben) 《*sich⁴ über* 事⁴ ~》(事⁴に)驚く,(事⁴を)不思議に思う. (☞ 類語 *wundern*).

ver·wun·dert [フェア・ヴンダァト] ＊*verwundern*(驚かせる)の 過分

ver·wun·der·te [フェア・ヴンダァテ] ＊*verwundern*(驚かせる)の 過去

Ver·wun·de·rung [フェア・ヴンデルング] 女 -/ 不審の念;驚き. 人⁴ *in Verwunderung setzen* 人⁴に不審の念をいだかせる.

ver·wun·det [フェア・ヴンデット] I ＊*verwun*-

den（負傷させる）の 過分　II 形 負傷した. *verwundete* Soldaten 負傷兵.

ver·wun·de·te [フェア・ヴンデテ] ＊verwunden（負傷させる）の 過去

Ver·wun·de·te[r] [フェア・ヴンデテ (..ター) fɛr-vúndətə (..tər)] 男 女《語尾変化は形容詞と同じ》負傷者, けが人.

Ver·wun·dung [フェア・ヴンドゥング fɛr-vúnduŋ] 女 –/-en 傷つけられること；（特に戦争での）負傷.

ver·wun·schen [フェア・ヴンシェン fɛr-vúnʃən] 形 魔法にかけられた. eine *verwunschene* Prinzessin 魔法にかけられた王女.

＊**ver·wün·schen** [フェア・ヴュンシェン fɛr-výnʃən] (verwünschte, *hat*...verwünscht) 他 (完了 haben) ① (人·物[4]の)のろう, いまいましく（腹立たしく）思う.(＝ *curse*). Er *verwünschte* sein Schicksal. 彼は自分の運命をのろった. ② 《古》(人[4]に)魔法をかける.

ver·wünscht [フェア・ヴュンシュト] I ＊verwünschen（のろう）の 過分　II 形 腹立たしい, いまいましい. Eine *verwünschte* Geschichte! いまいましい話だ / *Verwünscht*! ちくしょう！

ver·wünsch·te [フェア・ヴュンシュテ] ＊verwünschen（のろう）の 過去

Ver·wün·schung [フェア・ヴュンシュング] 女 –/-en ① のろい[の言葉]；悪態. *Verwünschungen*[4] aus|stoßen 悪態をつく. ②《古》魔法をかけること.

ver·wur·zeln [フェア・ヴルツェルン fɛr-vúrtsəln] 自 (s) 根づく, 根をおろす；《比》定住(定着)する.

ver·wur·zelt [フェア・ヴルツェルト] I verwurzeln（根づく）の 過分　II 形《成句的に》in 物[3] *verwurzelt* sein《比》物[3]に根ざしている.

ver·wüs·ten [フェア・ヴュ-ステン fɛr-výːstən] 他 (h)（戦争などが国土を[4]）荒らす, 荒廃させる, 廃墟(は゜)にする.

Ver·wüs·tung [フェア・ヴュ-ストゥング] 女 –/-en 荒廃[させること], 破壊.

ver·za·gen [フェア・ツァーゲン fɛr-tsáːɡən] 自 (s, h)《雅》気後れする, ひるむ, 弱気になる. Nur nicht *verzagen*! 弱音を吐くな.◆過去分詞の形で》 Sie war ganz *verzagt*. 彼女はすっかり弱気になっていた.

Ver·zagt·heit [フェア・ツァークトハイト] 女 –/ 気後れ, 弱気.

ver·zäh·len [フェア・ツェーレン fɛr-tséːlən] 再帰 (h) *sich*[4] *verzählen* 数え違いをする, 計算間違いをする.

ver·zah·nen [フェア・ツァーネン fɛr-tsáːnən] 他 (h) ①（車輪などを[4]）歯を付ける，（物[4]に）刻み目（ほぞ）を付ける．（歯車など[4]）かみ合わせる，（角材を[4]）ほぞ継ぎする.

Ver·zah·nung [フェア・ツァーヌング] 女 –/-en（歯車などの）かみ合わせ；ほぞ継ぎ.

ver·zap·fen [フェア・ツァプフェン fɛr-tsápfən] 他 (h) ①《方》（酒類を[4]）樽(たる)から量り売りする. ②（角材など[4]）ほぞ継ぎする. ③《口語》（ばかげたこと[4]）話す, する.

ver·zär·teln [フェア・ツェーアテルン fɛr-tséːrtəln] 他 (h)（子供を[4]）甘やかす, 甘やかしてひ弱にする.

ver·zau·bern [フェア・ツァオバァン fɛr-tsáubərn] 他 (h) ① (人[4]に)魔法をかける．Die Hexe *verzauberte* den Prinzen **in** einen Frosch. 魔女は王子に魔法をかけて蛙にした. ②《比》魅了する, うっとりさせる.

Ver·zau·be·rung [フェア・ツァオベルング] 女 –/-en 魔法をかけること；魅了.

ver·zehn·fa·chen [フェア・ツェーンファッヘン fɛr-tséːnfaxən] 他 (h) 10倍にする.◆再帰的に》*sich*[4] *verzehnfachen* 10倍になる.

Ver·zehr [フェア・ツェーア fɛr-tséːr] 男 –[e]s/ ①（飲食物の）摂取, 飲食. Zum baldigen *Verzehr* bestimmt!（食品のラベルの表示で）お早めにお召し上がりください. ②《方》田も 飲食したもの.

＊**ver·zeh·ren** [フェア・ツェーレン fɛr-tséːrən] (verzehrte, *hat*...verzehrt) I 他 (完了 haben)（英 *consume*）①《雅》(すっかり)**食べる**, 飲む,（レストランなどで)飲食する. sein Frühstück *verzehren* 朝食を平らげる. ②（体力・気力など[4]）消耗させる. Die Krankheit *hat* alle seine Kräfte *verzehrt*. 病気のために彼の体力はすっかり衰えた.《現在分詞の形で》eine *verzehrende* Krankheit《医》消耗性疾患. ③（財産など[4]）使い果たす.

II 再帰 (完了 haben) *sich*[4] *verzehren*《雅》やつれる, 憔悴(しょうすい)する. Er *verzehrt sich* **in** Liebe zu ihr. 彼は彼女に恋い焦がれている.

ver·zehrt [フェア・ツェーアト] ＊verzehren（食べる）の 過分

ver·zehr·te [フェア・ツェーアテ] ＊verzehren（食べる）の 過去

＊**ver·zeich·nen** [フェア・ツァイヒネン fɛr-tsáiçnən] du verzeichnest, er verzeichnet (verzeichnete, *hat*...verzeichnet) 他 (完了 haben) ① 書き留める, 記載する, 記録する.（英 *note down*）. die Namen[4] **in** der Liste *verzeichnen* 名前をリストに載せる / Er hatte einen großen Erfolg zu *verzeichnen*.《比》彼は大成功を収めた. ② 描きそこなう；《比》（事実など[4]）をゆがめる, 歪曲(わいきょく)する.

ver·zeich·net [フェア・ツァイヒネット] ＊verzeichnen（書き留める）の 過分

ver·zeich·ne·te [フェア・ツァイヒネテ] ＊verzeichnen（書き留める）の 過去

＊*das* **Ver·zeich·nis** [フェア・ツァイヒニス fɛr-tsáiçnɪs] 中（単2）..nisses/複 ..nisse (3格のみ ..nissen) リスト, 目録, 一覧表；索引.（英 *list*）. Bücher*verzeichnis* 図書目録 / ein alphabetisches *Verzeichnis*[4] auf|stellen アルファベット順のリストを作成する / Dieses Buch ist **in** dem *Verzeichnis* enthalten.《状態受動·現在》この本はそのリストに載っている / 物[4] **in** ein *Verzeichnis* ein|tragen（または auf|nehmen）物[4]をリストに載せる.

＊ver・zei・hen＊ [フェア・ツァイエン fɛr-tsáiən] (verzieh, hat...verziehen) 他 (完了 haben) ([人³に]事⁴を)許す, 容赦する, 勘弁する. (英 forgive). Verzeihen Sie bitte die Störung! おじゃましてすみません / So etwas kann ich ihm nicht verzeihen. そんなことを彼に許すわけにはいかない / Verzeihen Sie bitte, dass ich so spät komme. 遅れてすみません. ◊〖目的語なしでも〗Verzeihen Sie bitte! a) すみません, b) 失礼! / Verzeihen Sie, können Sie mir sagen, wie spät es ist? すみませんが, 何時か教えていただけませんか / Kannst du mir verzeihen? 許してくれる? (☞ 類語 entschuldigen).

ver・zeih・lich [フェア・ツァイヒト] 形 許すことのできる, 許容範囲内の, 無理もない. ein verzeihlicher Fehler 許せる過失.

＊die Ver・zei・hung [フェア・ツァイウング fɛr-tsáiuŋ] 女 (単) -/ 許し, 容赦. (英 pardon). Verzeihung! a) すみません! b) 失礼! / 人⁴ um Verzeihung bitten 人⁴に許しを請う.

ver・zer・ren [フェア・ツェレン fɛr-tsérən] I 他 (h) ① (顔など⁴を)ゆがめる, しかめる. den Mund vor Schmerz verzerren 痛くて口をゆがめる / Entsetzen verzerrte sein Gesicht. 恐怖で彼の顔は引きつった. ② (筋など⁴を)ねじる. sich³ die Sehne⁴ verzerren 筋を違える. ③ (音・映像など⁴を)ひずませる; (事実など⁴を)歪曲(ﾜｲｷｮｸ)する. 〖過去分詞の形で〗verzerrte Darstellung 歪曲した描写. II 再帰 (h) sich⁴ verzerren (苦痛などで顔・口などが)ゆがむ, 引きつる.

Ver・zer・rung [フェア・ツェルング] 女 -/-en ① (顔などを)ゆがめること; (筋などを)違えること; (音・映像などのひずみ; (事実の歪曲(ﾜｲｷｮｸ). ② ゆがめられた(歪曲(ﾜｲｷｮｸ)された)もの.

ver・zet・teln¹ [フェア・ツェッテルン fɛr-tsétəln] 他 (h) 目録カードに記入する, カードに取る.

ver・zet・teln² [フェア・ツェッテルン] I 他 (h) (労力・時間など⁴を)浪費する. sein Geld⁴ mit unnützen Dingen verzetteln くだらぬことにお金を浪費する. II 再帰 (h) sich⁴ verzetteln (つまらぬことなどに)熱中しすぎる, 精力を浪費する.

Ver・zicht [フェア・ツィヒト fɛr-tsíçt] 男 -[e]s/-e 放棄, 断念. auf 事⁴ Verzicht⁴ leisten 事⁴を断念する, あきらめる.

＊ver・zich・ten [フェア・ツィヒテン fɛr-tsíçtən] du verzichtest, er verzichtet (verzichtete, hat...verzichtet) 自 (完了 haben) 〖auf 事⁴～〗(事⁴を)放棄する, 断念する, あきらめる. (英 renounce). Er verzichtete auf sein Recht. 彼は権利を放棄した / auf die Teilnahme verzichten 参加をあきらめる. ◊〖können, müssenとともに〗Wir können auf dich nicht verzichten. 私たちは君がいないとやっていけない / Auf seine Gesellschaft müssen wir heute verzichten. きょうは彼抜きでやらざるをえない.

ver・zich・tet [フェア・ツィヒテット] ＊verzichten(放棄する)の 過分

ver・zich・te・te [フェア・ツィヒテテ] ＊verzichten(放棄する)の 過去

ver・zieh [フェア・ツィー] ＊verzeihen(許す)の 過去

ver・zie・he [フェア・ツィーエ] ＊verzeihen(許す)の 接2

ver・zie・hen¹＊ [フェア・ツィーエン fɛr-tsí:ən] I 他 (h) ① (顔・口など⁴を)ゆがめる, 曲げる. den Mund zu einem Grinsen verziehen 口をゆがめてにやりと笑う / ohne eine Miene zu verziehen 顔色ひとつ変えずに. ② (子供など⁴を)甘やかして育てる. ③ (球技で:)(ボール⁴を)打ち(けり)そこなう. ④ (農)(苗など⁴を)間引く. II 自 (s) 引っ越す. Sie sind nach Hamburg verzogen. 〖現在完了〗彼らはハンブルクへ引っ越した. III 再帰 (h) sich⁴ verziehen ① (顔・口などが)ゆがむ; 形が崩れる, (板が)反る. Sein Gesicht verzog sich schmerzlich. 彼の顔は悲しそうにゆがんだ. ② だんだん遠ざかる(消える); 〖口語〗こっそり姿を消す. Das Gewitter hat sich verzogen. 雷雨は遠ざかった.

ver・zie・hen² [フェア・ツィーエン] ＊verzeihen(許す)の 過分

ver・zie・ren [フェア・ツィーレン fɛr-tsí:rən] 他 (h) 飾る, 装飾する. einen Hut mit einer Feder verzieren 帽子に羽根飾りを付ける.

Ver・zie・rung [フェア・ツィールング] 女 -/-en 飾ること, 装飾; 飾り, 装飾物;《音楽》装飾音.

ver・zin・ken¹ [フェア・ツィンケン fɛr-tsíŋkən] 他 (h) (鉄など⁴を)亜鉛めっきする.

ver・zin・ken² [フェア・ツィンケン] 他 (h)《口語》(密告などをして)裏切る; (秘密など⁴を)漏らす.

ver・zin・nen [フェア・ツィンネン fɛr-tsínən] 他 (h) (金属など⁴に)錫(ｽｽﾞ)をかぶせる, 錫めっきする.

ver・zin・sen [フェア・ツィンゼン fɛr-tsínzən] I 他 (h) (預金など⁴に)利子(利息)をつける. ein Kapital⁴ mit 4 Prozent verzinsen 元金に4パーセントの利子を付ける. II 再帰 (h) sich⁴ verzinsen 利子(利息)を生む.

ver・zins・lich [フェア・ツィンスリヒト] 形 利子(利息)のつく, 利子を生む. ein verzinsliches Darlehen 利息つきローン.

Ver・zin・sung [フェア・ツィンズング] 女 -/-en 利子をつけること, 利回り.

ver・zö・gern [フェア・ツェーガァン fɛr-tsǿ:gərn] I 他 (h) ① 延期する; 遅らせる. ② (テンポなど⁴を)遅くする. den Schritt verzögern 歩調を緩める. II 再帰 (h) sich⁴ verzögern ① 遅れる. Seine Ankunft hat sich um zwei Stunden verzögert. 彼の到着は2時間遅れた. ② 手間どる.

Ver・zö・ge・rung [フェア・ツェーゲルング] 女 -/-en 遅滞, 遅延, 延期.

ver・zol・len [フェア・ツォルン fɛr-tsólən] 他 (h) (物⁴の)関税を払う. Haben Sie etwas zu verzollen? 何か課税品をお持ちですか.

Ver・zol・lung [フェア・ツォルング] 女 -/-en 関税支払い.

ver・zü・cken [フェア・ツュッケン fɛr-tsýkən] 他 (h) うっとり(恍惚(ｺｳｺﾂ)と)させる.

ver·zu·ckern [ふェア・ツッカァン fɛr-tsúkərn] 他 (h) ① 《物⁴に》砂糖をまぶす，衣をかぶせる. ② 《生・化》糖化する.

ver·zückt [ふェア・ツュックト] I verzücken (うっとりさせる)の過分 II 形 うっとり(恍惚(ミス))とした. *verzückt* einer Melodie³ lauschen うっとりとメロディーに聞き入っている.

Ver·zü·ckung [ふェア・ツュックンヶ] 女 -/ 有頂天, 恍惚; エクスタシー. in *Verzückung* geraten うっとりする.

Ver·zug [ふェア・ツーク fɛr-tsú:k] 男 -[e]s/ ① 《支払い・仕事などの》遅れ, 遅滞, 遅延. mit 物⁴ in *Verzug* geraten (または kommen) 物⁴が滞る, 遅れる / Er ist mit der Arbeit im *Verzug*. 彼は仕事が滞っている / Es ist Gefahr im *Verzug*. 危険が迫っている / **ohne** *Verzug* 即刻. ② 《方》寵児(ちょうじ); 甘えっ子. ③ 《坑》矢板.

Ver·zugs⹀zin·sen [ふェアツークス・ツィンゼン] 複 延滞利子.

***ver·zwei·feln** [ふェア・ツヴァイふェるン fɛr-tsváifəln] ich verzweifle (verzweifelte, ist ...verzweifelt) 自 (《運了》sein) 絶望する, 希望を失う. (《英》 *despair*). am Leben *verzweifeln* 人生に絶望する / am Gelingen des Plans *verzweifeln* 計画の成功に望みを失う / Nur nicht *verzweifeln*! やけになるな.

Ver·zwei·feln [ふェア・ツヴァイふェるン] 中 《成句的に》Es ist zum *Verzweifeln* mit dir! おまえには愛想が尽きたよ.

***ver·zwei·felt** [ふェア・ツヴァイふェるト fɛr-tsváifəlt] I *verzweifeln (絶望する)の過分 II 形 ① 絶望的な; 望みを失った, 絶望した. (《英》 *desperate*). eine *verzweifelte* Situation 絶望的な状況. ② 必死の, 命がけの. *verzweifelte* Anstrengungen 必死の努力. III 副 きわめて, ものすごく. Die Situation ist *verzweifelt* ernst. 事態はきわめて深刻だ.

ver·zwei·fel·te [ふェア・ツヴァイふェるテ] **verzweifeln (絶望する)の過去

ver·zwei·fle [ふェア・ツヴァイふれ] **verzweifeln (絶望する)の1人称単数現在

die **Ver·zweif·lung [ふェア・ツヴァイふるンヶ fɛr-tsváiflʊŋ] 女 -/(複) -en 絶望 [感], 自暴自棄. (《英》 *despair*). 事⁴ **aus** (または **in** または **vor**) *Verzweiflung* tun 絶望して事⁴をする / in *Verzweiflung* geraten 絶望に陥る / 人⁴ **zur** *Verzweiflung* **bringen** (treiben) 人⁴を絶望的な気分に追いやる(駆りたてる).

Ver·zweif·lungs⹀tat [ふェアツヴァイふるンヶス・タート] 女 -/-en 捨て鉢な行為.

ver·zwei·gen [ふェア・ツヴァイゲン fɛr-tsváigən] 再帰 (h) *sich⁴ verzweigen* (木などが)枝分かれする; (道などが)分岐する, 分かれる. ◇過去分詞の形で *verzweigtes* Unternehmen 《比》多くの支社のある企業.

Ver·zwei·gung [ふェア・ツヴァイグンヶ] 女 -/-en ① 分枝, 分岐, 分派; (分枝した)枝. ②

《入》交差点.

ver·zwickt [ふェア・ツヴィックト fɛr-tsvíkt] 形 《口語》複雑な, 込み入った, めんどうな. eine *verzwickte* Situation 込み入った状況.

Ves·per [ふェスパァ féspər] 女 -/-n ① (《カトリック》聖務日課の)晩課; 夕べの祈り. ②《南ド・オーストリ》(《中》-s/- も)(午後の)おやつ, 中休み.

Ves·per⹀brot [ふェスパァ・ブロート] 中 -[e]s/-e 《南ド・オーストリ》(午後の)おやつ, 間食.

ves·pern [ふェスパァン féspərn] 自 (h) 《南ド・オーストリ》(午後の)おやつを食べる.

Ves·ti·bül [ヴェスティビューる vɛstibý:l] 中 -s/-e 玄関[の間](劇場などの)ロビー, ホール.

der **Ve·suv** [ヴェズーふ vezú:f] 男 -[s]/《定冠詞とともに》《山名》ヴェスヴィオ山(イタリア南部の火山).

Ve·te·ran [ヴェテラーン veterá:n] 男 -en/-en ① 老兵, 古参兵;《比》ベテラン, 老練家. ② クラッシックカー.

Ve·te·ri·när [ヴェテリネーァ veteriné:r] 男 -s/-e 獣医 (= *Tierarzt*).

Ve·te·ri·när⹀me·di·zin [ヴェテリネーァ・メディツィーン] 女 -/ 獣医学 (= *Tiermedizin*).

Ve·to [ヴェート— vé:to] 中 -s/-s 拒否[権]. ein *Veto⁴* **gegen** 事⁴ **ein|legen** 事⁴に拒否権を発動する.

Ve·to⹀recht [ヴェート・レヒト] 中 -[e]s/-e 拒否権.

Vet·tel [ふェッテる fétəl] 女 -/-n (ののしって:)だらしない老婆, 鬼ばばあ.

der **Vet·ter [ふェッタァ fétər] 男 《単2》-s/(複) -n (男性の)いとこ, 従兄弟 (= *Cousin*). (《英》 [*male*] *cousin*). (《注意》「従姉妹」は Kusine). Ich wohne mit meinem *Vetter* zusammen. 私はいとこといっしょに住んでいる.

Vet·tern⹀wirt·schaft [ふェッタァン・ヴィルトシャふト] 女 -/ (軽蔑的に)縁故採用, 身びいき.

Ve·xier⹀bild [ヴェクスィーァ・ビるト] 中 -[e]s/-er 判じ絵, 隠し絵.

Ve·xier⹀spie·gel [ヴェクスィーァ・シュピーゲる] 男 -s/- (像がゆがんでみえる)マジックミラー.

v-för·mig, V-för·mig [ふァオ・ふェルミヒ] 形 V 字形の.

vgl. [ふェア・グらイヒェ] 《略》参照せよ (= *vergleiche*!).

v. H. [ふォム フンダァト] 《略》百分の…, …パーセント (= *vom Hundert*).

via [ヴィーア ví:a] 前 《4格とともに》① …経由で. *via* München ミュンヒェン経由で. ② …を通して. *via* Anwalt 弁護士を通して.

Vi·a·dukt [ヴィアドゥクト viadúkt] 男 中 -[e]s/-e (谷の上などに架かる)陸橋, 高架橋.

Vi·bra·ti·on [ヴィブラツィオーン vibratsió:n] 《英》女 -/-en 振動, 震え, バイブレーション.

vi·bra·to [ヴィブラート— vibrá:to] 《イタ》 副 《音楽》ヴィブラートで, 音を震わせて.

vib·rie·ren [ヴィブリーレン vibrí:rən] 自 (h) 振動する, 揺れる, 震える.

Vi·deo [ヴィーデオ ví:deo] 《英》中 -s/-s ①

Vi·de·o⇄band [ヴィーデオ・バント] 男 -[e]s/..bänder ビデオテープ.

Vi·de·o⇄film [ヴィーデオ・ふぃるム] 男 -[e]s/-e ビデオ映画.

Vi·de·o⇄ka·me·ra [ヴィーデオ・カメラ] 女 -/-s ビデオカメラ.

Vi·de·o⇄kas·set·te [ヴィーデオ・カセッテ] 女 -/-n ビデオカセット.

Vi·de·o⇄plat·te [ヴィーデオ・プラッテ] 女 -/-n ビデオディスク.

Vi·de·o⇄re·kor·der [ヴィーデオ・レコルダァ] 男 -s/- ビデオレコーダー.

Vi·de·o⇄spiel [ヴィーデオ・シュピーる] 中 -[e]s/-e ビデオゲーム.

Vi·de·o·thek [ヴィデオテーク videoté:k] 女 -/-en レンタルビデオ店; ビデオライブラリー.

Viech [ふィーヒ fi:ç] 中 -[e]s/-er《口語》動物, 獣; 《俗》粗野なやつ (= Vieh ②).

Vie·che·rei [ふィーヒェライ fi:çərái] 女 -/-en 《口語》① 苦労, 骨折り. ② 卑劣な行為.

‡*das* **Vieh** [ふィー fi:] 中《単2》-[e]s/ ① (総称として) 家畜; 飼い牛. (英 cattle). Vieh⁴ halten (または züchten) 家畜を飼う / das Vieh⁴ füttern 家畜に飼料を与える / das Vieh⁴ auf die Weide treiben 牛を牧場へ追う / 人⁴ wie ein Stück Vieh⁴ behandeln 人⁴を家畜同然に扱う. ②《口語》動物, 獣; 《俗》粗野なやつ.

> メモ ドイツでよく見かける家畜: Ente あひる, 鴨 / Esel ろば / Gans がちょう / Hahn おんどり / Henne めんどり / Kaninchen いえうさぎ / Kuh 雌牛 / Ochse 雄牛 / Pferd 馬 / Rind (雌雄の区別なく) 牛 / Schaf 羊 / Schwein 豚 / Truthuhn 七面鳥 / Ziege やぎ

Vieh⇄be·stand [ふィー・ベシュタント] 男 -[e]s/..stände 家畜保有数.

Vieh⇄fut·ter [ふィー・ふッタァ] 中 -s/ 家畜の飼料.

vie·hisch [ふィーイッシュ fi:ɪʃ] 形 ① 畜生のような, 家畜なみの (暮らしなど). ② (獣のように) 残忍な. ③ ひどい, ものすごい.

Vieh⇄wa·gen [ふィー・ヴァーゲン] 男 -s/- 家畜運搬専用車.

Vieh⇄zeug [ふィー・ツォイク] 中 -[e]s/《口語》小家畜, ペット; いやな動物.

Vieh⇄zucht [ふィー・ツフト] 女 -/ 畜産, 牧畜.

Vieh⇄züch·ter [ふィー・ツュヒタァ] 男 -s/- 畜産農家, 牧畜業者.

‡**viel** [ふィーる fi:l]

多くの Ich habe *viel* Arbeit.
イヒ ハーベ ふィーる アルバイト
私にはたくさん仕事がある.

I 形 (比較 mehr, 最上 meist) (英 many, much)
① 《複数名詞とともに》多くの, たくさんの. (メモ 「少しの」は wenig; 1格, 4格で格変化語尾がつかないことがある. しかし冠詞類が前にあれば必ず格変化語尾がつく). *viel[e]* Kinder 大勢の子供たち / in *vielen* Fällen 多くの場合には / mit *vielen* Worten 多くの言葉を費やして / die *vielen* Kameras そのたくさんのカメラ.
② 《物質・集合・抽象名詞とともに》多量の; 多くの, たくさんの. (メモ 2格を除いてふつう格変化語尾はつかない. しかし冠詞類が前にあれば必ず格変化語尾がつく). *viel* Geld 大金 / Das *viele* Geld macht ihn auch nicht glücklich. それほどの大金があっても彼は幸せになれない / Das kostet *viel* Mühe. それはひどく骨が折れる / [Haben Sie] *vielen* Dank! どうもありがとう / *Viel* Glück! お幸せに, ご無事で / *Viel* Spaß! 大いに楽しんでおいで.
③ 《名詞的に》㋐ 《複 で》多くの人々 (もの). *viele* von uns 私たちの中の多くの人 / *Viele* können das nicht verstehen. 多くの人々にはそれがわからない / *viele* der Blumen² それらの花々の多く / die Interessen *vieler*² (または von *vielen*) 多くの人々の利益 / Haben Sie Freunde hier? ― Ja, *viele*. 当地に友人をお持ちですか ― ええ, たくさんいます.
㋑ 《複 なし; 単数中性で》多くのもの (こと). (メモ 1格, 4格で格変化語尾がつかないことがある). Er weiß *viel (vieles)*. 彼は深い知識を持っている (あれこれとたくさんのことを知っている) / Es gibt *viel[es]*, was er nicht weiß. 彼の知らないことがたくさんある / in *vielem* 多くの点で / um *vieles* はるかに, ずっと.
㋒ 《名詞化した形容詞とともに》Er hat *viel* Neues (または *vieles* Neue) gesehen. 彼は多くの新しいものを見た.
④ 《gleich, so, wie などとともに》…の数 (量) の. Sie haben gleich *viel[e]* Dienstjahre. 彼らの勤務年数は同じだ / So *viel* ist sicher. これだけのことは確かだ / Wie *viel[e]* Kinder haben Sie? お子さんは何人いらっしゃいますか.

> メモ 強変化語尾のある *viele*... に続く形容詞は強変化する. ただし単数男性の3格, 中性の1, 3, 4格の場合あとに続く形容詞は弱変化であることが多い. 例: mit *vielem* unnötigen Zögern「その必要もないのにとてもためらいながら」. 格変化語尾のない *viel* のあとに続く形容詞は必ず強変化する.

II 副 (比較 mehr, 最上 am meisten) ① 大いに, しばしば. *viel* lachen よく笑う / Er geht *viel* ins Theater. 彼はよく芝居に行く.
② 《比較級や zu + 形容詞などの前で》はるかに, ずっと. *viel* größer als ich. 彼は私よりもずっと背が高い / *viel zu* ... あまりにも... ⇒ Du bist *viel zu* fleißig! 君は勤勉すぎるよ / Hier ist es auch nicht *viel* anders als bei uns. ここも私たちの所とたいして違わない.

新形

viel be·schäf·tigt 多忙な, たいへん忙しい.
viel sa·gend 意味深長な, 意味ありげな. ein *viel sagender* Blick 意味ありげな目つき.
viel ver·spre·chend 前途有望な, 将来性 (見込み) のある.

viel‑be‑schäf‑tigt 形 (新形 viel beschäftigt) ☞ viel

viel‑deu‑tig [ふィーる・ドイティヒ] 形 いろいろな意味にとれる, 多義的な; あいまいな.

Viel‑deu‑tig‑keit [ふィーる・ドイティヒカイト] 女 -/ 多義性; あいまいさ.

Viel‑eck [ふィーる・エック] 中 -[e]s/-e 多角形.

viel‑eckig [ふィーる・エッキヒ] 形 多角形の.

Viel‑ehe [ふィーる・エーエ] 女 -/-n 一夫多妻(一妻多夫)[制](=Polygamie).

＊**vie‑ler‑lei** [ふィーァららイ fíːlərláɪ] 形 [無語尾で; 付加語としてのみ] いろいろな, 種々の, さまざまな. (英 various). vielerlei Sorten Brot いろいろな種類のパン. ◇[名詞的に] Ich habe noch vielerlei zu tun. 私はまだすることがいろいろある.

＊**viel‑fach** [ふィーる・ファッハ fíːl‑fax] I 形 (英 multiple). ① 何倍もの. die vielfache Menge 何倍もの量. ② 幾重もの, 何回もの; 各方面からの. ein vielfacher Millionär 億万長者 / ein vielfacher Meister im Tennis 何度も優勝したテニスプレーヤー / auf vielfachen Wunsch 各方面からの要望にこたえて. ③ さまざまな, 多様な. vielfache Versuche さまざまな試み.
II 副 《口語》 しばしば. Man kann dieser Meinung³ vielfach begegnen. このような意見はしばしば耳する.

Viel‑falt [ふィーる・ファるト] 女 -/ 雑多, 多様, 多彩.

viel‑fäl‑tig [ふィーる・フェるティヒ] 形 多様な, 多彩な, 変化に富む.

Viel‑fäl‑tig‑keit [ふィーる・フェるティヒカイト] 女 -/ 多様, 多彩.

viel‑far‑big [ふィーる・ファァルビヒ] 形 多色の, 色とりどりの.

Viel‑fraß [ふィーる・ふラース] 男 -es/-e ① 《口語》 大食漢. ② 《動》 クズリ(イタチ科).

viel‑ge‑stal‑tig [ふィーる・ゲシュタるティヒ] 形 さまざまな形態の, 変化に富む.

Viel‑göt‑te‑rei [ふィーる・ゲッテライ fíːl‑gœtəráɪ] 女 -/ 多神教, 多神信仰.

Viel‑heit [ふィーる・ハイト] 女 -/ 多数; 多量.

＊**viel‑leicht** [ふィらイヒト filáɪçt]

> **ひょっとすると**
> *Vielleicht* kommt er morgen.
> ふィらイヒト コムト エァ モルゲン
> ひょっとしたら彼はあす来るかもしれません.

副 **A**) ① 《文全体にかかって》 ひょっとすると, もしかしたら. (英 perhaps). *Vielleicht* habe ich mich geirrt. ひょっとしたら私は思い違いをしたかもしれない / Kommst du heute Abend? — *Vielleicht*! 今晩来るかい — もしかしたらな. (☞類語 wahrscheinlich).
② 《文全体にかかって》 《遠慮がちに:》 もしや, よろしければ, すみませんが. Kannst du mir *vielleicht* helfen? すまないが手伝ってくれないか / Würden Sie *vielleicht* das Fenster schließen? 《接 2・現在》 窓を閉めてはいただけませんか.
③ 《数量を表す語句とともに》 ほぼ, およそ, 約. (英 about). ein Mann von *vielleicht* fünfzig Jahren 50 がらみの男 / Es waren *vielleicht* 20 Leute da. ほぼ 20 人がそこにいた.
B) 《文中でのアクセントあり》 ① 《感嘆文で》 《驚きの気持ちを表して》 まったく, 本当に. Ich habe *vielleicht* [eine] Angst gehabt! 私ときたらなんと心配したことか.
② 《疑問文で》 《否定の答えを期待して》 いったい…とでもいうのか. Ist das *vielleicht* eine Lösung? いったいそれが解決策とでもいうのか.
③ 《文頭で》 《要求を表して》 …してくれるだろうね. *Vielleicht* wartest du, bis du an der Reihe bist! 順番になるまで待つんだよ.

＊**viel‑mals** [ふィーる・マーるス fíːl‑maːls] 副 ① 《感謝の気持ちなどを強めて:》 幾重にも, 重ね重ね, くれぐれも. Ich bitte *vielmals* um Entschuldigung. 幾重にもおわびいたします / Ich danke [Ihnen] *vielmals*. 本当にどうもありがとうございます. ② 《雅》 たびたび, 何回も.

＊**viel‑mehr** [ふィーる・メーァ fíːl‑méːr または ふィーる..] 副 [いや]むしろ, かえって; より正確に言えば. (英 rather). Ich glaube *vielmehr*, dass… 私はむしろ…だと思う / Es waren Tausende, oder *vielmehr* Zehntausende von Leuten da. 何千, いやそれどころか何万もの人がいた.

viel‑sa‑gend (新形 viel sagend) ☞ viel

viel‑schich‑tig [ふィーる・シヒティヒ] 形 ① 多くの層から成る, 多層の. ② 雑多な.

Viel‑schrei‑ber [ふィーる・シュライバァ] 男 -s/- (軽蔑的に:) 多作家, やたらに書きまくる人.

＊**viel‑sei‑tig** [ふィーる・ザイティヒ fíːl‑zaɪtɪç] 形 ① 《教養・関心などが》 **多方面にわたる**, 多くのことに精通している; 多面的な. (英 manysided). eine *vielseitige* Ausbildung 多面的な教育 / Er ist *vielseitig* begabt. 彼は多才な人だ. ② 多方面からの. auf *vielseitigen* Wunsch 多方面からの要望にこたえて. ③ 《数》 多辺[形]の.

Viel‑sei‑tig‑keit [ふィーる・ザイティヒカイト] 女 -/ 多面性; 広範.

viel‑sil‑big [ふィーる・ズィるビヒ] 形 《言》 多音節の.

viel‑stim‑mig [ふィーる・シュティミヒ] 形 多くの声の混じった; 《音楽》 多声[部]の, ポリフォニーの.

viel‑ver‑spre‑chend 形 (新形 viel versprechend) ☞ viel

Viel‑völ‑ker‑staat [ふィーるふェるカァ・シュタート] 男 -[e]s/-en 多民族国家.

Viel‑wei‑be‑rei [ふィーる・ヴァイベライ] 女 -/ (軽蔑的に:) 一夫多妻[制].

Viel‑zahl [ふィーる・ツァーる] 女 -/ 多数.

＊**vier** [ふィーァ fíːr] 数 《基数; ふつう無語尾で》 **4** [の]. (英 four). die *vier* Jahreszeiten 四

季 / Es ist *vier* [Uhr]. 4時です / Das Kind wird heute *vier* [Jahre alt]. その子供はきょう4歳になる / alle *viere*⁴ von sich strecken 《口語》大の字に寝る,手足を伸ばす / Das ist so klar, wie zwei mal zwei *vier* ist. それは火を見るよりも明らかだ(←2掛ける2が4であるように) / auf allen *vieren* 《口語》よつんばいで / unter *vier* Augen《比》二人きりで,内密に / zu *vieren* 4人で(ずつ).

Vier [ふィーァ] 囡 -/-en (数字の)4; (トランプ・さいころの)4[の目]; 《口語》(電車・バスなどの)4番[系統]; (成績評価の)4(可).

vier⸗ar·tig [ふィーァ・アールティヒ] 形 4種類の.

Vier⸗bei·ner [ふィーァ・バイナァ] 男 -s/- 四つ足の動物, (特に:)犬.

vier⸗bei·nig [ふィーァ・バイニヒ] 形 4本足の, 4脚の(踏み台など).

vier⸗blät·te·rig [ふィーァ・ブレッテリヒ] 形 四つ葉の, 葉が4枚の.

vier⸗blätt·rig [ふィーァ・ブレットリヒ] 形 = vierblätterig

vier⸗di·men·si·o·nal [ふィーァ・ディメンスィオナール] 形 《物》4次元的な.

Vier⸗eck [ふィーァ・エック] 中 -[e]s/-e 4角形, 4辺形; 正方形.

vier⸗eckig [ふィーァ・エッキヒ] 形 4角形の, 正方形(長方形)の.

vier⸗ein·halb [ふィーァ・アインハルプ] 形《分数; 無語尾で》4個半の, 4と2分の1($4^{1}/_{2}$)の.

Vie·rer [ふィーァラァ fí:rər] 男 -s/- ① (ボートで:)フォアオール. ②《口語》(ナンバーくじの)四つの当り数字. ③《方》(数字の)4; (トランプ・さいころの)4の目; (成績評価などの)4; 《口語》(電車・バスなどの)4番[系統]. ④ (ゴルフの)フォアサム.

Vie·rer⸗bob [ふィーァラァ・ボップ] 男 -s/-s 4人乗りのボブスレー.

vie·rer·lei [ふィーァラらイ fí:rərlái] 形《無語尾で》4種[類]の, 4通りの.

vier⸗fach [ふィーァ・ふァッハ] 形 4倍の, 4重の.

Vier⸗far·ben·druck [ふィーァふァルベン・ドルック] 男 -[e]s/-e 《印》4色刷り.

Vier⸗fü·ßer [ふィーァ・ふューサァ] 男 -s/- 《動》四足獣.

vier⸗fü·ßig [ふィーァ・ふュースィヒ] 形 ① 4本足(脚)の. ②《詩学》4詩脚の. ein *vierfüßiger* Vers 4詩脚の詩句.

vier⸗hän·dig [ふィーァ・ヘンディヒ] 形 (ピアノなどで)連弾の, 4手の. *vierhändig* spielen (ピアノを)連弾で演奏する.

vier⸗hun·dert [ふィーァ・フンダァト] 数《基数; 無語尾で》400[の].

vier⸗jäh·rig [ふィーァ・イェーリヒ] 形《付加語としてのみ》4歳の; 4年[間]の.

vier⸗jähr·lich [ふィーァ・イェーァリヒ] 形 4年ごとの.

vier⸗kan·tig [ふィーァ・カンティヒ] 形 4稜($^{9}_{3}$)の.

Vier·ling [ふィーァリング fí:rlɪŋ] 男 -s/-e 四つ子[の一人]; 《複》四つ子.

vier⸗mal [ふィーァ・マーる] 副 4度, 4回; 4倍.

vier⸗ma·lig [ふィーァ・マーリヒ] 形《付加語としてのみ》4度の, 4回の.

vier⸗mo·na·tig [ふィーァ・モーナティヒ] 形《付加語としてのみ》生後4か月の; 4か月[間]の.

vier⸗mo·nat·lich [ふィーァ・モーナトリヒ] 形 4か月ごとの.

Vier·rad⸗an·trieb [ふィーァラート・アントリープ] 男 -[e]s/-e 《自動車》四輪駆動.

vier⸗räd·rig [ふィーァ・レードリヒ] 形 4輪の, 車輪が四つある.

vier⸗sai·tig [ふィーァ・ザイティヒ] 形 4弦の(弦楽器など).

vier⸗schrö·tig [ふィーァ・シュレーティヒ] 形 ごつい, すんぐりした, 無骨な(男).

vier⸗sei·tig [ふィーァ・ザイティヒ] 形《付加語としてのみ》4面の, 4辺の, 4角[形]の; 4ページある.

Vier⸗sit·zer [ふィーァ・ズィッツァァ] 男 -s/- 4人乗りの乗り物(特に自動車).

vier⸗stel·lig [ふィーァ・シュテリヒ] 形 4けたの.

vier⸗stim·mig [ふィーァ・シュティミヒ] 形《音楽》4声[部]の.

vier⸗stö·ckig [ふィーァ・シュテッキヒ] 形 5階建ての; (方)4階建ての.

vier⸗stün·dig [ふィーァ・シュテュンディヒ] 形《付加語としてのみ》4時間の.

vier⸗stünd·lich [ふィーァ・シュテュントリヒ] 形 4時間ごとの.

*__viert__ [ふィーァト fi:rt] 数《vier の序数; 語尾変化は形容詞と同じ》第4[番目]の. (英 *fourth*). Heute ist der *vierte* Juni. きょうは6月4日だ / die *vierte* Dimension 第4次元 / zu *viert* 4人で.

vier⸗tä·gig [ふィーァ・テーギヒ] 形《付加語としてのみ》4日[間]の.

Vier·takt⸗mo·tor [ふィーァタクト・モートァ] 男 -s/-en [..モートーレン]《工》4サイクルエンジン.

vier⸗tau·send [ふィーァ・タオゼント] 数《基数; 無語尾で》4,000[の].

vier·tei·len [ふィーァ・タイれン fí:r-taɪlən] (h) ① 《過分》はふつう viergeteilt; 《慣》四つに分ける. ②《過分》はふつう gevierteilt; 《史》(罪人などを⁴)四つ裂きの刑に処する.

vier⸗tei·lig [ふィーァ・タイリヒ] 形 四つの部分から成る.

vier·tel [ふィァてる fírtəl] 数《分数; 無語尾で》① 4分の1[の]. ein *viertel* Liter または ein *Viertel*liter 4分の1リットル. ② (時刻を表す数詞の直前で:)15分(4分の1時間)[の]. Es ist [ein] *viertel* sieben. 6時15分です(←7時に向かって15分) / um drei *viertel* sieben 6時45分に.

*__das__ **Vier·tel** [ふィァてる fírtəl] 中 (単2) -s/ (複) - (3格のみ -n) (英 *quarter*) ① **4分の1**; (時刻で) **15分** (4分の1時間). ein *Viertel* Wein ワイン4分の1リットル / drei *Viertel* a) 4分の3, b) 45分 / Es ist [ein] *Viertel* (新形 *viertel*) sieben. 6時15

分です(←7 時に向かって 15 分) / um drei *Viertel* (新形 *viertel*) sieben 6 時 45 分に / Es ist [ein] *Viertel* nach (vor) drei. 3 時 15 分過ぎ(前)です. (⚠ 新正書法では時刻を表す数詞の直前では小文字で書く ☞ *viertel* ②).
② (都市の)**区域**, 地区. Wohn*viertel* 住宅地区 / Wir wohnen in einem ruhigen *Viertel*. 私たちは閑静な地区に住んでいる. ③《音楽》4 分音符.

Vier·tel≠fi·na·le [ふィァテる・フィナーれ] 中 -s/- 《スポ》準々決勝.

Vier·tel≠jahr [ふィァテる・ヤール] 中 -[e]s/-e 4 分の 1 年, 3 か月, 1 季[節].

vier·tel≠jäh·rig [ふィァテる・イェーリヒ] 形《付加語としてのみ》3 か月[間]の.

vier·tel≠**jähr·lich** [ふィァテる・イェーァリヒ] 形 3 か月ごとの, 季刊の.

Vier·tel·jahrs≠schrift [ふィァテるヤールス・シュリふト] 女 -/-en 季刊[雑]誌.

Vier·tel≠li·ter [ふィァテる・リータァ] 男 中 -s/- 4 分の 1 リットル.

vier·teln [ふィァテるン] 他 (h) 四つに分ける, 4 等分する.

Vier·tel≠no·te [ふィァテる・ノーテ] 女 -/-n 《音楽》4 分音符.

Vier·tel≠pau·se [ふィァテる・パオゼ] 女 -/-n 《音楽》4 分休[止]符.

Vier·tel≠pfund [ふィァテる・プふント] 中 -[e]s/-e 4 分の 1 ポンド(ドイツでは 125 g).

Vier·tel≠stun·de [ふィァテる・シュトゥンデ] 女 -/-n 15 分 (4 分の 1 時間).

vier·tel≠stün·dig [ふィァテる・シュテュンディヒ] 形《付加語としてのみ》15 分[間]の.

vier·tel≠**stünd·lich** [ふィァテる・シュテュントりヒ] 形 15 分ごとの.

vier·tens [ふィーァテンス fíːrtəns] 副 第 4 に, 4 番目に.

vier≠tü·rig [ふィーァ・テューリヒ] 形 フォードアの(車など).

vier≠und·ein·halb [ふィーァ・ウント・アインハるプ] 数《分数; 無語尾で》4 か 2 分の 1 (4¹/₂)[の].

Vie·rung [ふィールング] 女 -/-en 《建》(教会の)[十字]交差部(身廊と翼廊との交差部分).

Vier≠vier·tel≠takt [ふィァ・ふィァテる・タクト] 男 -[e]s/-《音楽》4 分の 4 拍子.

der **Vier·wald·stät·ter See** [ふィーァヴァるト・シュテッタァ ゼー fíːrvált-ʃtɛtər zeː] 男 --s/-《定冠詞とともに》《湖名》フィーアヴァルトシュテッター湖 (スイス中部: ☞ 地図 D–5).

vier≠wö·chent·lich [ふィーァ・ヴェッヒェントりヒ] 形 4 週間ごと.

* **vier·zehn** [ふィァ・ツェーン fír-tseːn] 数《基数; 無語尾で》**14** [の]. (英 *fourteen*). *vierzehn* Tage 2 週間 / heute **in** (**vor**) *vierzehn* Tagen 2 週間後(前)のきょう.

vier·zehnt [ふィァ・ツェーント fír-tseːnt] 数《序数》第 14 [番目]の. Heute ist der *vierzehnte* Juli. きょうは 7 月 14 日だ.

Vier≠zei·ler [ふィーァ・ツァイらァ] 男 -s/-《詩学》4 行詩; 4 行詩節.

vier≠zei·lig [ふィーァ・ツァイリヒ] 形 4 行の, 4 行から成る.

* **vier·zig** [ふィァツィヒ fírtsɪç] 数《基数; 無語尾で》**40** [の]. (英 *forty*). Er ist über *vierzig* [Jahre alt]. 彼は 40 歳を過ぎている.

vier·zi·ger [ふィァツィガァ fírtsɪɡər] 形《無語尾で》40 歳[代]の; 40 年[代]の. in den *vierziger* Jahren 40 年代に.

Vier·zi·ger [ふィァツィガァ] 男 -s/- ① 40 歳[代]の男性. ②《覆せ》40 [歳]代; (ある世紀の)40 年代. ③ [19]40 年産のワイン;《口語》40 ペニヒの切手.

vier·zig≠jäh·rig [ふィァツィヒ・イェーリヒ] 形《付加語としてのみ》40 歳の; 40 年[間]の.

vier·zigst [ふィァツィヒスト fírtsɪçst] 数《序数》第 40 [番目]の.

vier·zigs·tel [ふィァツィヒステる] 数《分数; 無語尾で》40 分の 1 [の].

Vier·zig·stun·den≠wo·che [ふィァツィヒシュトゥンデン・ヴォッヘ] 女 -/-n 週 40 時間労働[制].

Vi·et·nam [ヴィエトナム vjetnám または ヴィエト..] 中 -s/《国名》ヴェトナム[社会主義共和国](インドシナ半島. 首都はハノイ).

Vi·gil [ヴィギーる vigíːl] 女 -/..gilien [..ギーりェン]《カトリック》① (祝祭日の前夜の)徹夜の祈り. ② 教会祝祭日の前日 (前夜)の祭り.

Vig·net·te [ヴィニェッテ vɪnjétə] [フランス語] 女 -/-n ① 《書籍》(本の扉・章末などの)装飾模様, カット. ②《スイス》(アウトバーンの)年間通行証ステッカー.

Vi·kar [ヴィカール vikáːr] 男 -s/-e ①《カトリック》助任司祭. ②《新教》副牧師; 神学実習生. ③《スイス》代用教員.

Vik·tor [ヴィクトァ víktor] -s/《男名》ヴィクトーァ.

Vik·to·ria [ヴィクトーリア vɪktóːria] **I** -/《ローマ神》ヴィクトーリア(勝利の女神. ギリシア神話のニーケに当たる). **II** -/《女名》ヴィクトーリア.

* *die* **Vil·la** [ヴィら víla] 女 -/《複》Villen ①(庭園をめぐらした)**大邸宅**. (英 *villa*). eine *Villa* am Stadtrand 郊外の大邸宅. ②(豪華な)別荘.

Vil·len [ヴィれン] * Villa (大邸宅)の 覆

Vil·len≠vier·tel [ヴィれン・ふィァテる] 中 -s/- 高級住宅街.

Vi·o·la¹ [ヴィーオら víːola] 女 -/Violen [ヴィオーれン]《植》スミレ (= Veilchen).

Vi·o·la² [ヴィオーら] 女 -/Violen《音楽》ヴィオラ (= Bratsche). *Viola* d'Amore ヴィオラ·ダモーレ.

Vi·o·la tri·co·lor [ヴィーオら トリーコろァ víːola tríːkolor] 女 --/《植》サンシキスミレ (= Stiefmütterchen).

* **vi·o·lett** [ヴィオれット violét] 形 すみれ色の, 紫の. (英 *violet*). eine *violette* Blüte すみれ色の花.

Vi·o·lett [ヴィオれット] ㊥ -s/- (口語: -s) すみれ色, 紫色.

Vi·o·li·ne [ヴィオリーネ violí:nə] ㊛ -/-n 《音楽》ヴァイオリン (=Geige).

Vi·o·li·nist [ヴィオリニスト violiníst] ㊚ -en/-en 《楽》ヴァイオリニスト (=Geiger). (⊿⊿ 女性形はViolinistin).

Vi·o·lin∗kon·zert [ヴィオリーン・コンツェルト] ㊥ -[e]s/-e 《音楽》ヴァイオリン協奏曲.

Vi·o·lin∗schlüs·sel [ヴィオリーン・シュリュッセる] ㊚ -s/- 《音楽》ト音記号, 高音部記号.

Vi·o·lon·cel·lo [ヴィオろンチェろ violɔntʃélo] [忘] ㊥ -s/..celli (口語: -s) 《音楽》チェロ.

VIP, V. I. P. [ヴィップ] ㊛ -/-s 《略》要人, 重要人物 (=very important person).

Vi·per [ヴィーパァ ví:pər] ㊛ -/-n 《動》マムシ [科の毒蛇].

vir·tu·ell [ヴィルトゥエる virtuél] ㊠ (力・能力などが)潜在的な; 《理》仮想の. *virtuelle* Realität (コンピュータシミレーションによる)バーチャルリアリティー.

vir·tu·os [ヴィルトゥオース virtuó:s] ㊠ 名人の, 巨匠の, 名人(巨匠)らしい.

Vir·tu·o·se [ヴィルトゥオーゼ virtuó:zə] ㊚ -n/-n (特に音楽の)名手, 巨匠, ヴィルトゥオーゾ. (⊿⊿ 女性形はVirtuosin).

Vir·tu·o·si·tät [ヴィルトゥオズィテート virtuozité:t] ㊛ -/ (特に音楽の)名人芸, 妙技.

vi·ru·lent [ヴィルれント virulént] ㊠ ① 《医》毒性の, 発病性の, 伝染性の. ② 危険な.

Vi·ru·lenz [ヴィルれンツ virulénts] ㊛ -/ ① 《医》毒性, 発病性, 伝染性. ② 危険性.

Vi·rus [ヴィールス ví:rus] ㊚ ㊥ -/Viren 《生・医》ウイルス, ろ過性病原体.

Vi·rus∗krank·heit [ヴィールス・クランクハイト] ㊛ -/-en 《医》ウイルス性疾患.

Vi·sa [ヴィーザ] *Visum (ビザ)の㊄

Vi·sa·ge [ヴィザージェ vizá:ʒə] [忘] ㊛ -/-n 《俗》(軽蔑的に:)つら, 顔 (=Gesicht); 顔つき (=Miene).

vis-a-vis [ヴィザヴィー] I ⑩ 《3 格とともに; 名詞のあとに置かれることもある》 向かい合って (=gegenüber). *Vis-a-vis dem Rathaus ist ein Park.* 市庁舎の向かい側に公園がある. II ⑯ 向かい合って.

vis-à-vis [ヴィザヴィー] [忘] =vis-a-vis

Vi·sen [ヴィーゼン] *Visum (ビザ)の㊄

Vi·sier [ヴィズィーア vizí:r] [忘] ㊥ -s/-e ① (かぶとの)面頰(ﾒﾝﾎｳ), 頰(ﾎｵ)当て; 《군》(レーザー用ヘルメットの)バイザー (目の部分の透明な覆い). *mit offenem Visier kämpfen* 《比》(自分の手の内を隠さず)正々堂々と戦う. ② (銃砲の)照尺.

vi·sie·ren [ヴィズィーレン vizí:rən] I ㊁ (h) ① (銃などの)照準を合わせる. ② 《*auf* 人・物⁴ ～》(人・物⁴に)ねらいを定める. II ㊂ (h) ① (銃などで)(人・物⁴に)ねらいを定める; 見すえる. ② 《군》(旅券などを)査証する, (計量器などを⁴)検定する.

Vi·si·on [ヴィズィオーン vizió:n] ㊛ -/-en 幻影, (宗教的)幻想, 幻覚; 《比》未来像, ヴィジョン.

vi·si·o·när [ヴィズィオネーァ vizioné:r] ㊠ 幻影の; 幻影に現れる, まぼろしの; 幻想的な.

Vi·si·ta·ti·on [ヴィズィタツィオーン vizitatsió:n] ㊛ -/-en ① (所持品などの)検査. ② (監督官庁・高位聖職者などによる)視察, 巡視.

Vi·si·te [ヴィズィーテ vizí:tə] [忘] ㊛ -/-n ① (医師たちの)回診; 回診する医師たち. ② (表敬)訪問.

Vi·si·ten∗kar·te [ヴィズィーテン・カルテ] ㊛ -/-n 名刺; 名刺代わりの(特徴的な)もの.

vi·si·tie·ren [ヴィズィティーレン vizití:rən] ㊂ (h) ① (人⁴の)所持品検査をする, (家など⁴を)捜査する. ② (学校など⁴を)視察する; (旅券などを⁴)調べる.

vis·kos [ヴィスコース viskó:s] ㊠ 《化》粘性の, 粘着性の.

Vis·ko·se [ヴィスコーゼ viskó:zə] ㊛ -/ 《化》ヴィスコース(レーヨンやセロハンなどの原料).

Vis·ko·si·tät [ヴィスコズィテート viskozité:t] ㊛ -/-en 《化・工》粘性, 粘度.

vi·su·ell [ヴィズエる vizuél] ㊠ 視覚の, 視覚による. (⊿⊿ 「聴覚の」はakustisch). *visuelle* Eindrücke 視覚的な印象.

∗ *das* **Vi·sum** [ヴィーズム ví:zum] ㊥ (単2) -s/(複) Visa または (複) Visen ビザ, (旅券の)査証. (⊛ *-visum*) Touristen*visum* 観光ビザ / ein *Visum⁴* beantragen ビザを申請する.

vi·tal [ヴィターる vitá:l] ㊠ ① (人が)活気のある, 元気いっぱいの; 生体の, 生命の. ② 《付加語としてのみ》きわめて重要な, 死活にかかわる.

Vi·ta·li·tät [ヴィタりテート vitalité:t] ㊛ -/ 生命力, 活力, 活気.

Vi·ta·min [ヴィタミーン vitamí:n] ㊥ -s/-e ビタミン. *Vitamin B* (口語・戯) コネ. (⊿⊿ B は Beziehung「関係・コネ」の頭文字).

Vi·ta·min∗arm [ヴィタミーン・アルム] ㊠ ビタミンの乏しい.

Vi·ta·min∗man·gel [ヴィタミーン・マンゲる] ㊚ -s/ ビタミン欠乏.

Vi·ta·min∗reich [ヴィタミーン・ライヒ] ㊠ ビタミンの豊富な.

Vit·ri·ne [ヴィトリーネ vitrí:nə] [忘] ㊛ -/-n 陳列ガラス戸棚, ショーケース.

vi·va·ce [ヴィヴァーチェ vivá:tʃə] [忘] ㊠ 《音楽》ヴィヴァーチェ, 速く, 生き生きと.

Vi·vi·sek·ti·on [ヴィヴィゼクツィオーン viviεktsió:n] ㊛ -/-en (実験動物の)生体解剖.

Vi·ze [ふィーツェ fí:tsə または ヴィーツェ ví:tsə] ㊚ -s/-s 《口語》代理人(副大統領・副首相・副議長など).

Vi·ze.. [ふィーツェ.. fí:tsə.. または ヴィーツェ.. ví:tsə..] 《名詞につける 接頭》 ① 《副・代理》例: *Vize*präsident 副大統領. ② 《準》例: *Vize*weltmeister 準世界選手権保持者.

Vi·ze∗kanz·ler [ふィーツェ・カンツらァ] ㊚ -s/- 副首相, 副総理.

Vi·ze∗prä·si·dent [ふィーツェ・プレズィデント]

男-en/-en 副大統領; 副会長.

v. J. [ふォーリゲン ヤーレス]《略》前年の(に), 昨年の(に) (=vorigen Jahres).

Vlies [ふリース fliːs] 中 -es/-e 羊の毛皮; 羊毛. das Goldene *Vlies*《神》金の羊毛(英雄イアソンが捜しに行った秘宝).

v. M. [ふォーリゲン モーナッツ]《略》先月の(に) (=vorigen Monats).

VN [ふァオ・エン]《略》国際連合 (=Vereinte Nationen).

v. o. [ふォン オーベン]《略》上から (=von oben).

＊*der* Vo·gel [ふォーグる fóːɡəl]

鳥

Was für ein *Vogel* ist das?
ヴァス ふューァ アイン ふォーグる イスト ダス
あれは何という鳥ですか.

男(単2) -s/(複) Vögel [ふェーグる] (3格のみ Vögeln) ① 鳥. (⇒ *bird*). Zug*vogel* 渡り鳥 / Der *Vogel* fliegt (flattert). 鳥が飛んでいる(羽ばたく) / Der *Vogel* singt (zwitschert). 鳥が鳴いている(さえずっている) / einen *Vogel* fangen 鳥を捕まえる / die *Vögel*[4] füttern 鳥に餌(え)をやる / Die *Vögel* ziehen nach [dem] Norden. 鳥が北へ渡っていく / [mit 獣3] den *Vogel* ab|schießen《口語》[獣3で]一番の成績をあげる(←鳥形の標的を射落とす) / Friss, *Vogel*, oder stirb!《俗》食うか食われるか覚悟をきめろ(←鳥よ, 食え, さもなくば死ね) / Der *Vogel* ist ausgeflogen.《現在完了》《口語》目指す相手はずらかっている(←鳥は飛び去っていた) / einen *Vogel* haben《俗》頭がどうかしている, 気が変だ.

② 《俗・戯》[おかしな]やつ. ein komischer *Vogel* おかしなやつ.

・・・・・・・・・・・・・・・・・・・・・・・・・・・・・・・・・・

🔍 ドイツでよく見かける鳥: Adler 鷲 / Amsel くろうたどり(つぐみ科) / Drossel つぐみ / Ente 鴨 / Eule ふくろう / Falke はやぶさ / Fasan きじ / Fink あとり / Gans がちょう / Kuckuck かっこう / Lerche ひばり / Meise しじゅうから / Möwe かもめ / Nachtigall ナイチンゲール / Rabe (大型の)からす / Schwalbe つばめ / Schwan 白鳥 / Specht きつつき / Sperling, Spatz すずめ / Storch こうのとり / Taube 鳩 / Truthahn 七面鳥

・・・・・・・・・・・・・・・・・・・・・・・・・・・・・・・・・・

Vögel [ふェーグる] ＊Vogel (鳥)の 複

Vo·gel·bau·er [ふォーグる・バオァァ] 中 男 -s/- 鳥かご.

Vogel⸗beer·baum [ふォーグる・ベーァバオム] 男 -[e]s/..bäume《植》ナナカマド.

Vo·gel·bee·re [ふォーグる・ベーレ] 女 -/-n《植》ナナカマドの実.

vo·gel·frei [ふォーグる・ふライ] 形 (昔の)法律の保護外に置かれた, 追放された. 人4 für *vogelfrei* erklären 人4から法律の保護を奪う, 人4を追放する.

Vo·gel⸗fut·ter [ふォーグる・ふッタァ] 中 -s/- 鳥の餌(え).

Vo·gel⸗haus [ふォーグる・ハオス] 中 -es/..häuser (大型の)鳥小屋.

Vo·gel⸗kä·fig [ふォーグる・ケーふィヒ] 男 -s/-e 鳥かご.

Vo·gel⸗kun·de [ふォーグる・クンデ] 女 -/ 鳥類学.

Vo·gel⸗nest [ふォーグる・ネスト] 中 -[e]s/-er 鳥の巣.

Vo·gel⸗per·spek·ti·ve [ふォーグる・ペルスペクティーヴェ] 女 -/-n 鳥瞰(ちょう). aus der *Vogelperspektive* 鳥瞰して, 上空から見て.

Vo·gel⸗schau [ふォーグる・シャオ] 女 -/-en ① 鳥瞰(ちょう). ② 《宗》鳥占い(鳥の飛び方で占う).

Vo·gel⸗scheu·che [ふォーグる・ショイヒェ] 女 -/-n ① かかし. ② 《俗》(服装がみすぼらしい・悪趣味な)やせっぽち[の女性].

Vo·gel⸗schutz⸗ge·biet [ふォーグるシュッツ・ゲビート] 中 -[e]s/-e 鳥類保護区域.

Vo·gel-Strauß-Po·li·tik [ふォーグる・シュトラオス・ポリティーク] 女 -/ (不利な事にはふれまいとする)事なかれ主義政策, 一時のがれ政策. (⇒ *Strauß* は「だちょう」. だちょうは追い込まれると頭を砂の中に突っ込むといわれる習性から.)

Vo·gel⸗war·te [ふォーグる・ヴァルテ] 女 -/-n 鳥類研究所(特に渡り鳥に関する研究所).

Vo·gel⸗zug [ふォーグる・ツーク] 男 -[e]s/..züge 渡り鳥の移動, 鳥の渡り.

***die* Vo·ge·sen** [ヴォゲーゼン voɡéːzən] 複《定冠詞とともに》《山名》ヴォゲーゼン山地 (フランス北東部. ライン左岸のヴォージュ山地のドイツ名).

Vög·lein [ふェーグらイン fǿːɡlain] 中 -s/- (Vogel の 縮小)小鳥, ひな.

Vogt [ふォークト fóːkt] 男 -[e]s/Vögte ① 《史》(封建領地・教会領の)代官. ② 《スィス・古》後見人.

Vo·ka·bel [ヴォカーベる vokáːbəl] 女 -/-n (きュナ: 中) ① 《特に外国語の》単語. deutsche *Vokabeln*[4] lernen ドイツ語の単語を習う. ② 表現; 概念.

Vo·ka·bel⸗heft [ヴォカーべる・ヘふト] 中 -[e]s/-e 単語帳.

Vo·ka·bu·lar [ヴォカブらール vokabuláːr] 中 -s/-e ① 語彙(い), ボキャブラリー. ② 語彙(い)表.

vo·kal [ヴォカーる vokáːl] 形 《音楽》声(ヴォーカル)の, 声楽の.

Vo·kal [ヴォカーる] 男 -s/-e《言》母音. (⇔「子音」は Konsonant).

vo·ka·lisch [ヴォカーリッシュ vokáːlɪʃ] 形《言》母音の.

Vo·kal⸗mu·sik [ヴォカーる・ムズィーク] 女 -/ 《音楽》声楽[曲]. (⇔「器楽[曲]」は Instrumentalmusik).

Vo·ka·tiv [ヴォーカティーふ vóːkatiːf] 男 -s/-e [..ヴェ]《言》呼格.

vol. [ヴォるーメン]《略》(本の)巻 (=Volumen).

Vo·lant [ヴォらーン voláː] [ジュス] 男 (ステ: 中) -s/-s ① 《服飾》(衣服の)縁飾り, レース. ② 《ジュス・スィス》(自動車の)ハンドル.

*das **Volk** [ふぉるク fólk] 中 -es (まれに -s)/Völker [ふェるカァ] (3格のみ Völkern) (英 people) ① 民族, 国民. das deutsche *Volk* ドイツ民族(国民) / die *Völker* Asiens アジアの諸民族 / das auserwählte *Volk* (ユダヤ教)選ばれた民(ユダヤ人). (←☞ Volk と Nation: Volk が共通の言語・文化・宗教を持つ人々の統一体を指すのに対して, Nation は政治的なまとまりとしての国民を指す).
② 〖覆 なし〗庶民, 民衆, 人民. ein Mann aus dem *Volk* 庶民階級出の男 / die Vertreter des *Volkes* im Parlament 議会における民衆の代表者たち.
③ 〖覆 なし〗《口語》人々, 群衆. viel *Volk* 大勢の人々 / das junge *Volk* (戯) 若者たち / das kleine *Volk* (戯) 子供たち / 物⁴ unters *Volk* bringen 物⁴ を人々の間に広める. ④ 《生・狩》(動物の)群れ. ein *Volk* Bienen 一群れの蜜蜂(語).

Völk·chen [フェるクヒェン fœ́lkçən] 中 -s/- (Volk の縮小) (グループをなす)人々, 連中. ein lustiges *Völkchen* 愉快な連中.

Vol·ker [ふぉるカァ fólkər] -s/《男名》フォルカー.

Völ·ker [フェるカァ] *Volk (民族)の覆.

Völ·ker‗ball [フェるカァ・バる] 男 -[e]s/ ドッジボール(子供のボール遊びの一種).

Völ·ker‗bund [フェるカァ・ブント] 男 -[e]s/ 《史》国際連盟 (1920-1946).

Völ·ker‗kun·de [フェるカァ・クンデ] 女 -/ 民族学, 文化人類学 (=Ethnologie).

völ·ker‗kund·lich [フェるカァ・クントりヒ] 形 民族学[上]の, 文化人類学[上]の.

Völ·ker‗mord [フェるカァ・モルト] 男 -es/-e 〖ふつう 単〗(ある民族・種族などに対する)大量殺りく, ジェノサイド.

Völ·ker‗recht [フェるカァ・レヒト] 中 -[e]s/ 《法》国際法.

völ·ker‗recht·lich [フェるカァ・レヒトりヒ] 形 国際法上の.

Völ·ker‗schaft [フェるカァシャふト] 女 -/-en 種族, 部族.

Völ·ker‗wan·de·rung [フェるカァ・ヴァンデルング] 女 -/-en 〖ふつう 単〗① 《史》民族移動(特に 2-8 世紀におけるゲルマン民族の大移動). ② 《口語》集団移動(移住).

völ·kisch [フェるキッシュ fœ́lkɪʃ] 形 ① (特にナチス用語で:)民族的な, 民族主義的な, 国粋的な. ② 《古》民族(国民)の.

Volks‗ab·stim·mung [ふぉるクス・アップシュティンムング] 女 -/-en 国民(住民)投票.

Volks‗ar·mee [ふぉるクス・アルメー] 女 -/-n [..メーエン] 人民軍. Nationale *Volksarmee* (旧東ドイツの)国家人民軍 (略: NVA).

Volks‗auf·stand [ふぉるクス・アオふシュタント] 男 -[e]s/..stände 民衆の蜂起(譎).

Volks‗be·fra·gung [ふぉるクス・ベふラーグング] 女 -/-en 世論調査.

Volks‗be·geh·ren [ふぉるクス・ベゲーレン] 中 -s/- 《政》国民発案, 住民請願.

Volks‗buch [ふぉるクス・ブーフ] 中 -[e]s/..bücher 《文学》(中世末期・特に16世紀の)民衆本.

Volks‗de·mo·kra·tie [ふぉるクス・デモクラティー] 女 -/-n [..ティーエン] 《政》(共産党の支配する)人民民主主義[の国家].

Volks‗deut·sche[r] [ふぉるクス・ドイチェ(..チャァ)] 男女 《語尾変化は形容詞と同じ》(ナチス用語で:)国外ドイツ人 (1937年当時東欧・南欧に定住していたドイツ人).

Volks‗dich·ter [ふぉるクス・ディヒタァ] 男 -s/- 民衆(国民)作家(詩人).

volks‗ei·gen [ふぉるクス・アイゲン] 形 (旧東ドイツで:)人民[所有]の, 国営の. ein *volkseigener* Betrieb 人民(国営)企業 (略: VEB).

Volks‗ei·gen·tum [ふぉるクス・アイゲントゥーム] 中 -s/- (旧東ドイツで:)人民所有財産.

Volks‗ein·kom·men [ふぉるクス・アインコメン] 中 -s/- 《経》国民所得.

Volks‗emp·fin·den [ふぉるクス・エンプふィンデン] 中 -s/ 大衆感覚, 庶民感情.

Volks‗ent·scheid [ふぉるクス・エントシャイト] 男 -[e]s/-e 《政》国民(住民)表決.

Volks‗epos [ふぉるクス・エーポス] 中 -/..epen 《文学》民衆叙事詩.

Volks‗ety·mo·lo·gie [ふぉるクス・エテュモろギー] 女 -/-n [..ギーエン] 《言》民間語源(こじつけの語源解釈).

Volks‗fest [ふぉるクス・ふェスト] 中 -es/-e 民衆の祭り(村祭など).

Volks‗ge·mein·schaft [ふぉるクス・ゲマインシャふト] 女 -/-en (特にナチス用語で:)民族共同体.

Volks‗ge·nos·se [ふぉるクス・ゲノッセ] 男 -n/-n (ナチス用語で:)国民同胞.

Volks‗glau·be [ふぉるクス・グらオベ] 男 -ns (3格・4格 -n)/《民俗》民間信仰, 迷信.

Volks‗hoch·schu·le [ふぉるクス・ホーホシューれ] 女 -/-n (社会人のための)市民大学.

Volks‗kam·mer [ふぉるクス・カンマァ] 女 -/ (旧東ドイツの)人民議会.

Volks‗kun·de [ふぉるクス・クンデ] 女 -/ 民俗学.

volks‗kund·lich [ふぉるクス・クントりヒ] 形 民俗学[上]の.

Volks‗kunst [ふぉるクス・クンスト] 女 -/ 民衆芸術(芸能), 民芸.

Volks‗lauf [ふぉるクス・らおふ] 男 -[e]s/..läufe 市民マラソン.

*das **Volks‗lied** [ふぉるクス・リート fólksli:t] 中 (単2) -[e]s/(複) -er (3格のみ -ern) 民謡, フォークソング. (英 folk song). (←「創作歌曲」は Kunstlied). eine Sammlung von *Volksliedern* 民謡集.

Volks‗mär·chen [ふぉるクス・メーアヒェン] 中 -s/- 民話, 民間伝承童話.

Volks‗men·ge [ふぉるクス・メンゲ] 女 -/-n 民衆, 大衆, 群衆.

Volks‗mund [ふぉるクス・ムント] 男 -[e]s/ 民

衆の言葉(表現). **im** *Volksmund* 俗に言う, 一般に言われるところの.

Volks⹀mu·sik [ふォるクス・ムズィーク] 囡 -/ 民族音楽, 民衆音楽.

volks⹀nah [ふォるクス・ナー] 形 (政治家などが)大衆受けする, 大衆と接触のある.

Volks⹀par·tei [ふォるクス・パルタイ] 囡 -/-en 国民(人民)党.

Volks⹀po·li·zei [ふォるクス・ポリツァイ] 囡 -/ (旧東ドイツで:)人民警察(略: VP または Vopo).

Volks⹀re·pu·blik [ふォるクス・レプブりーク] 囡 -/-en 人民共和国. die *Volksrepublik* China 中華人民共和国.

Volks⹀sa·ge [ふォるクス・ザーゲ] 囡 -/-n 民間伝説.

Volks⹀schicht [ふォるクス・シヒト] 囡 -/-en 《ふつう 複》国民(社会)階層.

Volks⹀schu·le [ふォるクス・シューれ] 囡 -/-n (昔の:)小学校, 国民学校; (ﾄﾞｲﾂ) 小学校.

Volks⹀schul⹀leh·rer [ふォるクス・シューる・れーラァ] 男 -s/- (昔の:)小学校教師.

Volks⹀spra·che [ふォるクス・シュプラーへ] 囡 -/-n 《言》民衆語.

Volks⹀stamm [ふォるクス・シュタム] 男 -[e]s/..stämme (ある民族内部の)種族, 部族.

Volks⹀stück [ふォるクス・シュテュック] 中 -[e]s/-e 《劇》大衆(民衆)劇[の作品].

Volks⹀tanz [ふォるクス・タンツ] 男 -es/..tänze 民族(民俗)舞踊, フォークダンス.

Volks⹀tracht [ふォるクス・トラハト] 囡 -/-en 民族(民俗)衣装.

Volks⹀tum [ふォるクストゥーム] 中 -s/ 民族性, 国民性.

*****volks·tüm·lich** [ふォるクステュームりヒ fɔ́lkstyːmlɪç] 形 ① 国民的な, 民族の. ein *volkstümlicher* Brauch 民族的な風習. ② 大衆向きの, 通俗的な. (英 *popular*). ein *volkstümlicher* Vortrag 一般向けの講演.

Volks·tüm·lich·keit [ふォるクステューム りヒカイト] 囡 -/ ① 国民性, 民族性. ② 大衆性, 通俗性.

Volks·ver·mö·gen [ふォるクス・フェアメーゲン] 中 -s/ 《経》国民資産, 国富.

Volks·ver·samm·lung [ふォるクス・フェアザムるンク] 囡 -/-en ① (政治的な)大衆集会; (総称として:)大衆集会の参加者. ② 国民(人民)会議.

Volks·ver·tre·ter [ふォるクス・フェアトレータァ] 男 -s/- 国民の代表者, 国会議員.

Volks·ver·tre·tung [ふォるクス・フェアトレートゥンク] 囡 -/-en 国民の代表機関, 国会.

Volks⹀wa·gen [ふォるクス・ヴァーゲン] 男 -s/- 《商標》フォルクスワーゲン(ドイツの自動車会社. またその会社の自動車; 略: VW).

Volks⹀wei·se [ふォるクス・ヴァイゼ] 囡 -/-n 民謡, 民謡調のメロディー.

Volks⹀wirt [ふォるクス・ヴィルト] 男 -[e]s/-e 国民経済学者.

Volks⹀wirt·schaft [ふォるクス・ヴィルトシャふト] 囡 -/-en 国民経済[学].

Volks⹀wirt·schaft·ler [ふォるクスヴィルトシャふトらァ] 男 -s/- 国民経済学者(＝Volkswirt).

Volks⹀wirt·schaft·lich [ふォるクス・ヴィルトシャふトりヒ] 形 国民経済の.

Volks·wirt·schafts⹀leh·re [ふォるクスヴィルトシャふツ・れーレ] 囡 -/ 国民経済学.

Volks⹀zäh·lung [ふォるクス・ツェールンク] 囡 -/-en 国勢(人口)調査.

*****voll** [ふォる fɔl]

| いっぱいの | Der Koffer ist *voll*. デァ コッふァ イスト ふォる トランクはいっぱいに詰まっている. |

形 ① いっぱいの, いっぱいに詰まった, 満員の. (英 *full*). (⇔「空の」は leer). ein *volles* Glas なみなみとついだグラス / ein *voller* Saal 満員のホール / Diese Kanne ist nur halb *voll*. このポットには半分しか入っていない / Er hat beide Hände *voll*. 彼は両手がふさがっている / Es war sehr *voll* im Bus. バスの中はぎゅうぎゅう詰めだった / den Kopf *voll* haben 《口語》考え事(心配)で頭がいっぱいである / mit *vollem* Mund 口にものをほおばったまま. ◇《名詞的に》aus dem *Vollen* schöpfen《比》(お金を)使いまくる / im *vollen*(新形 im *Vollen*)leben《比》裕福に暮らす.

◇《名詞とともに》(…で)いっぱいの. ein Teller *voll* Suppe 皿いっぱいのスープ / ein Herz *voll* Liebe 胸いっぱいの愛 / Sie hatte die Augen *voll* Tränen. 彼女は目にいっぱい涙を浮かべていた / ein Korb *voll* frischer Eier[2] (まれに *voll* frischen Eiern) かごいっぱいの新鮮な卵.

⚠ *voll* に続く名詞は, 冠詞や形容詞が付かない場合には, 格が明示されない名詞を伴う場合には, 2格, まれに 3格形を用いる. また *voll* が *voller* となることもある; (⇨ voller).

◇《von, mit とともに》eine Kiste *voll* von (または mit) Spielzeugen いっぱいおもちゃが入った箱.

② (形が)ふっくらした, 丸々とした; (髪などが)豊かな; (味などが)芳醇(ﾎｳｼﾞｭﾝ)な; (音・響きが)力強い. ein *volles* Gesicht ふっくらした顔 / ein *voller* Busen 豊満な胸 / der *volle* Geschmack des Kaffees コーヒーの芳醇な味わい.

③ 全部の, 完全な, 全面的な, まるごとの. die *volle* Summe 全額 / einen *vollen* Tag まる 1 日 / mit dem *vollen* Namen unterschreiben フルネームでサインする / Der Mond ist *voll*. 月は満月だ / in die *vollen* (新形 in die *Vollen*) gehen《口語》全力を出す. ◇《副詞的に》*voll* und ganz 十分に, 完全に / *voll* an|sehen 人[4]の顔をまともに見る / Er ist *voll* verantwortlich. 彼は全面的に責任を負っている / Er arbeitet *voll*. 彼はフルタイムで働く /

Das Kind muss jetzt *voll* bezahlen. その子はもう大人料金を払わなくてはならない. ④《口語》《時刻が》正時の. Die Uhr schlägt nur die *volle* Stunde. その時計は正時にしか鳴らない / Der Bus fährt immer 5 nach *voll*. バスはいつも正時5分後に発車する. ⑤《俗》くでんくでんに酔った.

voll be·setzt 満員の, 満席の. ein *voll besetzter* Bus 満員のバス.

voll fül·len (容器など⁴を)いっぱいにする, 満たす.

voll gie·ßen (容器⁴に)いっぱいにつぐ.

voll lau·fen (容器などが液体で)いっぱいになる. sich⁴ *voll laufen lassen*《俗》酔っ払う.

voll ma·chen ①《口語》(液体などで容器⁴を)満たす, いっぱいにする. den Eimer mit Wasser *voll machen* バケツに水を満たす. ②《口語》汚す. das Bett⁴ *voll machen* おねしょをする / sich⁴ *voll machen* うそをして体(服)を汚す. ③ 完全なものにする. das Dutzend⁴ *voll machen* (補って)1ダースにする / um das Unglück *voll zu machen* さらに運の悪いことには.

voll pa·cken (物⁴に)いっぱい詰める(積む).

voll pfrop·fen (物⁴に)いっぱい(ぎっしり)詰め込む.

voll sau·gen〖sich⁴ [mit 物³] ～ ～〗([物³を])たっぷり吸い込む.

voll schla·gen《成句的に》sich³ den Bauch (または den Magen) *voll schlagen*《俗》(食べ物で)おなかいっぱいにする / sich⁴ mit 物³ *voll schlagen* 物³をたらふく食う.

voll stop·fen《口語》(物⁴に)いっぱい(ぎっしり)詰め込む. sich³ den Bauch *voll stopfen*《比》腹いっぱい食べる.

voll tan·ken (車など⁴を)満タンにする. *Tanken Sie bitte voll!* 満タンにお願いします / sich⁴ *voll tanken*《俗》酔っ払う.

....

voll..¹ [ふぉる.. fɔl..]《非分離動詞の 前つづり; アクセントをもたない》《完成・遂行》例: *voll*bringen 完成する.

voll..², Voll.. [ふぉる.. fɔl..]《形容詞・名詞につける 接頭》《満・完全》例: *voll*automatisch 全自動の / *Voll*bad 全身浴.

..voll [..ふぉる ..fɔl]《形容詞をつくる 接尾》《…に満ちた》例: mühe*voll* 苦労の多い.

voll⸗auf [ふぉる・アオフ] 副 たっぷりと, すっかり.

vollau·fen* 自 (s)《新形》voll laufen ☞ voll

voll⸗au·to·ma·tisch [ふぉる・アオトマーティッシュ] 形 全自動の.

Voll⸗bad [ふぉる・バート] 中 -[e]s/..bäder 全身浴.

Voll⸗bart [ふぉる・バールト] 男 -[e]s/..bärte 顔一面のひげ. (☞ Bart 図).

voll⸗be·schäf·tigt [ふぉる・ベシェフティヒト] 形 全日雇用の, フルタイムの.

Voll⸗be·schäf·ti·gung [ふぉる・ベシェフティグング] 女 -/《経》完全雇用.

voll⸗be·setzt 形 (新形) voll besetzt ☞ voll

Voll⸗be·sitz [ふぉる・ベズィッツ] 男 -es/ 完全な所有. Er ist noch im *Vollbesitz* seiner Kräfte. 彼の力はまだまったく衰えていない.

Voll⸗blut [ふぉる・ブルート] 中 -[e]s/ ①(馬の)純血種. ②《医》完全血.

Voll⸗blü·ter [ふぉる・ブリューテァ] 男 -s/- (馬の)純血種(=Vollblut ①).

voll⸗blü·tig [ふぉる・ブリューティヒ] 形 ① 純血種の. ② 血気盛んな, 元気はつらつとした.

voll⸗bracht [ふぉる・ブラハト] *vollbringen (成し遂げる)の 過分

voll⸗brach·te [ふぉる・ブラハテ] *vollbringen (成し遂げる)の 過去

voll⸗brin·gen [ふぉる・ブリンゲン fɔl-brɪ́ŋən] (vollbrachte, *hat*...vollbracht) 他《完了》haben)《雅》成し遂げる, やってのける; (すばらしい作品など⁴を)完成させる. (英 *accomplish*). ein Meisterstück⁴ *vollbringen* 傑作をものにする.

voll⸗bu·sig [ふぉる・ブーズィヒ] 形 胸の豊かな, バストの大きな.

Voll⸗dampf [ふぉる・ダンプふ] 男 -[e]s/《海》全蒸気圧. mit *Volldampf*《口語》全速力で, 全力をあげて.

voll⸗en·den [ふぉる・エンデン fɔl-ɛ́ndən または ふぉレン.. fɔlɛn..] du vollendest, er vollendet (vollendete, *hat*...vollendet) I 他《完了》haben) 完成する, 仕上げる. (英 *complete*). ein Werk⁴ *vollenden* 作品を完成する / einen Brief *vollenden* 手紙を書き終える / Er hat sein Leben *vollendet*.《雅》彼は生涯を閉じた. II 再帰《完了》haben) sich⁴ *vollenden*《雅》成し遂げられる, 結実する.

voll⸗en·det [ふぉる・エンデット または ふぉレン..] I *vollenden (完成する)の 過分 II 形 完全な, 申し分のない, 非の打ちどころのない. ein *vollendeter* Gastgeber 申し分のないホスト[役].

voll⸗en·de·te [ふぉる・エンデテ または ふぉレン..] *vollenden (完成する)の 過去

***vol·lends** [ふぉれンツ fɔ́lɛnts] 副 ① 完全に, すっかり, 残らず. (英 *completely*). Diese Nachricht verwirrte ihn *vollends*. この知らせで彼はすっかり混乱してしまった. ② ましてや, とりわけ. Die Landschaft dort ist sehr reizvoll, *vollends* im Frühling. そこの風景は, とりわけ春には実にみごとだ.

Voll⸗en·dung [ふぉる・エンドゥング または ふぉレン..] 女 -/-en ① 完成, 完了, 仕上げ;《雅》結実, 成就. ②《覆 なし》完全さ.

vol·ler [ふぉらァ fɔ́lɐ] 形《無語尾で》(…で)いっぱいの. (英 用法については ☞ voll ①). Das Kleid ist *voller* Flecken. ドレスは染みだらけだ / ein Herz *voller* Liebe 愛情に満ちあふれた心.

Völ·le·rei [ふぉれライ fœlərái] 女 -/ 飲酒暴食.

Vol·ley·ball [ヴォリ・バる vɔ́li-bal]《英》男

–[e]s/..bälle ① 【覆 なし】バレーボール. ② バレーボール用のボール.

voll·füh·ren [ふォる・フューレン fɔl-fýːrən] 他 (h) 行う, する; (芸当など⁴を)して見せる, 聞かせる.

voll|fül·len 他 (h) (新形 voll füllen) ☞ voll

Voll⊱gas [ふォる・ガース] 中 【ふつう成句的に】 *Vollgas*⁴ geben (自動車の)スロットルを全開にする / mit *Vollgas* 《口語》スロットル全開で, フルスピードで.

Voll⊱ge·fühl [ふォる・ゲフューる] 中 –[e]s/ 十分な自覚(意識). im *Vollgefühl* seiner Überlegenheit² 自分の優位を十分意識して, 自信満々で.

voll|gie·ßen* 他 (h) (新形 voll gießen) ☞ voll

voll⊱gül·tig [ふォる・ギュるティヒ] 形 完全に有効な. ein *vollgültiger* Beweis 十分な証拠.

Voll·gum·mi⊱rei·fen [ふォるグンミ・ライふェン] 男 –s/– (中空部分のない)ソリッドタイヤ.

⁑völ·lig [ふェりヒ fǿlɪç] 形 完全な, まったくの. (英 complete). *völlige* Einigung (意見の)完全な一致 / 人³ *völlige* Freiheit⁴ lassen 人³に完全な自由を認める / Das ist *völlig* unmöglich. そんなことはまったくありえない.

voll·jäh·rig [ふォる・イェーリヒ] 形 《法》成年に達した. *volljährig* werden 成人になる.

Voll·jäh·rig·keit [ふォる・イェーリヒカイト] 女 –/ 成年(ドイツでは18歳, オーストリアでは19歳, スイスでは20歳).

Voll·kas·ko⊱ver·si·che·rung [ふォるカスコ・フェアズィッヒェルング] 女 –/–en 車両(船体)総合保険.

⁑voll·kom·men [ふォる・コンメン fɔl-kómən または ふォる..] 形 ① 完全な, 申し分のない, 欠点のない. (英 perfect). ein *vollkommenes* Gedächtnis. 彼は完璧(%?)な記憶力の持ち主だ / Kein Mensch ist *vollkommen*. だれだって完全無欠ではない.
② 《口語》まったくの. eine *vollkommene* Niederlage 決定的な敗北 / Er ist *vollkommen* gesund. 彼はまったく健康だ.

Voll·kom·men·heit [ふォる・コンメンハイト または ふォる..] 女 –/ 完全(無欠), 完璧(%?).

Voll·korn⊱brot [ふォる コルン・ブロート] 中 –[e]s/–e (粗びきのライ麦の入った)黒パン.

voll|ma·chen 他 (h) (新形 voll machen) ☞ voll

Voll·macht [ふォる・マハト] 女 –/–en ① 全権, 代理権, 委任権. 人³ die *Vollmacht*⁴ geben (または erteilen) 人³に全権を与える. ② 委任状. eine *Vollmacht*⁴ aus|stellen 人³に委任状を交付する.

Voll⊱mat·ro·se [ふォる・マトローゼ] 男 –n/–n 有資格船員.

Voll⊱milch [ふォる・ミるヒ] 女 –/ 全乳(脱脂していない牛乳).

Voll⊱mond [ふォる・モーント] 男 –[e]s/–e ① 【覆 なし】《天》満月, 望(ぼう);【ふつう 單】満月のとき. ② 《戯》はげ頭.

Voll·mond⊱ge·sicht [ふォるモーント・ゲズィヒト] 中 –[e]s/–er 《戯》① まん丸い顔. ② 顔のまん丸い人.

voll·mun·dig [ふォる・ムンディヒ] 形 こくのある(ワイン・ビールなど).

voll|pa·cken 他 (h) (新形 voll packen) ☞ voll

Voll⊱pen·si·on [ふォる・パンズィオーン] 女 –/ 【ふつう冠詞なしで】(ペンションなどでの)3食付き宿泊. (☞「2食付き宿泊」は Halbpension).

voll|pfrop·fen 他 (h) (新形 voll pfropfen) ☞ voll

voll|sau·gen* (⁎) 再帰 (新形 voll saugen) ☞ voll

voll|schla·gen* 他 (h) (新形 voll schlagen) ☞ voll

voll⊱schlank [ふォる・シュらンク] 形 《婉曲》小太りの, 太りぎみの, やや太めの(女性).

⁂voll·stän·dig [ふォる・シュテンディヒ fɔl-ʃtɛndɪç] 形 ① 完全にそろった, 完備した(コレクション・リストなど). (英 complete). ein *vollständiges* Verzeichnis 完全総目録. ② 完全に, まったくの. Die Stadt hat sich *vollständig* verändert. その町はすっかり変わってしまった.

Voll·stän·dig·keit [ふォる・シュテンディヒカイト] 女 –/ 完全; 完備.

voll|stop·fen 他 (h) (新形 voll stopfen) ☞ voll

voll·stre·cken [ふォる・シュトレッケン fɔl-ʃtrɛ́kən] 他 (h) ① 《法》(刑など⁴を)執行する. ein Todesurteil⁴ an 人³ *vollstrecken* 人³に対して死刑を執行する. ② 《スポ》(ペナルティーキックなど⁴を)ゴールに決める.

Voll·stre·ckung [ふォる・シュトレックング] 女 –/–en 《法》(刑の)執行.

Voll·stre·ckungs⊱be·am·te[r] [ふォるシュトレックングス・ベアムテ(..タァ)] 男 《語尾変化は形容詞と同じ》《法》執行官.

Voll·stre·ckungs⊱be·fehl [ふォるシュトレックングス・ベふェーる] 男 –[e]s/–e 《法》【強制】執行命令.

voll|tan·ken 他 (h) (新形 voll tanken) ☞ voll

voll⊱tö·nend [ふォる・テーネント] 形 よく響く, よく通る, 朗々とした(声など).

Voll⊱tref·fer [ふォる・トレッふァァ] 男 –s/– (命中の)直撃弾, 《比》(歌・レコードなどの)大当たり, 大ヒット.

voll⊱trun·ken [ふォる・トルンケン] 形 完全に酔っ払った, ぐでんぐでんの.

Voll⊱ver·samm·lung [ふォる・フェアザンムるング] 女 –/–en 総会, 大会.

Voll⊱wai·se [ふォる・ヴァイゼ] 女 –/–n (両親を失った)孤児, みなしご.

voll⊱wer·tig [ふォる・ヴェーァティヒ] 形 (ある目的に)十分に適した, (ある任務に)十分な能力のある, 完全に等価の.

voll・zäh・lig [ふォル・ツェーりヒ] 形 全部の, 全員の, 全員そろった. eine *vollzählige* Liste der Mitglieder² 全会員の名簿.

Voll・zäh・lig・keit [ふォル・ツェーりヒカイト] 女 -/ 全員(全部)そろっていること.

__voll・zie・hen__ [ふォル・ツィーエン fɔl-tsíː-ən] (vollzog, hat...vollzogen) I 他 (受了 haben) 実行する, 遂行する; (刑など⁴を)執行する. (英 execute). einen Befehl *vollziehen* 命令を実行する / an 人³ eine Strafe⁴ *vollziehen* 人³に刑を執行する. ◇〖現在分詞の形で〗 die *vollziehende* Gewalt 執行権.
II 再帰 (受了 haben) *sich*⁴ *vollziehen* 起こる, 生じる. In ihr *vollzog* sich ein Wandel. 彼女の心に変化が生じた.

Voll・zie・hung [ふォル・ツィーウング] 女 -/-en 〖ふつう単〗実行, 遂行; 〖法〗執行.

voll・zog [ふォル・ツォーク] *vollziehen (実行する)の過去

voll・zo・gen [ふォル・ツォーゲン] *vollziehen (実行する)の過分

Voll・zug [ふォル・ツーク fɔl-tsúːk] 男 -[e]s/..züge 〖ふつう単〗① 実行, 遂行. ②〖法〗執行;〖隠語〗刑務所.

Vo・lon・tär [ヴォろンテーァ volonté:r または ヴォろン.. vol̃:..] 男 -s/-e (特に報道・商業関係の)実習生, 見習い, 訓練生. (注 女性形は Volontärin).

vo・lon・tie・ren [ヴォろンティーレン volontíː-rən または ヴォろン.. vol̃:..] 自 (h) (特に報道・商業関係の)実習生(見習い)として働く.

Volt [ヴォルト vólt] 中 -(または -[e]s)/-〖物・電〗ボルト(電圧の単位. イタリアの物理学者 Alessandro *Volta* 1745 - 1827 の名から; 記号: V).

Vol・taire [ヴォるテール voltéːr] -s/ 〖人名〗ヴォルテール (François-Marie *Voltaire* 1694–1778; フランス啓蒙主義の作家・哲学者).

Volt・me・ter [ヴォルト・メータァ vólt-me:ər] 中 -s/-〖電〗電圧計.

Vo・lu・men [ヴォるーメン volúːmən] 中 -s/- (または ..lumina) ① 〖複 -〗〖数〗体積, 容積, 容量(略: V). ② 〖複 -〗(一般的に:)〖総〗量, 規模. ③ 〖複 ..lumina〗〖書籍〗(書物の)巻, 冊(略: vol.).

vo・lu・mi・nös [ヴォるミネース voluminó:s] 形 容積の大きな, ボリュームのある, かさばった, (本が)大部な.

Vo・lu・te [ヴォるーテ volúːtə] 女 -/-n 〖建・美〗ヴォリュート, (柱頭)の渦巻き型装飾.

__vom__ [ふォム fóm] 〖前置詞 von と定冠詞 dem の融合形〗 vom Turm (以上) その塔から / *vom* 10. (=zehnten) bis [zum] 15. (=fünfzehnten) April 4月 10 日から 15 日まで.

__von__ [ふォン fón]

...から; ...の
Ich komme gerade *von* der Uni.
イヒ コンメ ゲラーデ ふォン デァ ウニ
私はちょうど大学から[帰って]来たところです.

前〖3 格とともに〗(定冠詞と融合して vom (←von dem) となることがある) ①《空間的な起点》...から. (英 from). (父)〖「...の中から」は aus; ☞ aus 図〗. *von* der Schule zurück|kommen 学校から帰って来る / *von* hinten (vorn) 後ろから(前から) / *von* weitem 遠方から / Der Zug fährt *von* München nach Hamburg. この列車はミュンヒェン発ハンブルク行きです / *von* Stadt zu Stadt 町から町へ. ◇〖副詞の an, aus などとともに〗 *von* hier an ここから / *Vom* Turm aus hat man eine weite Sicht. この塔からは遠望がきく / *von* mir aus 私の立場からは, 私としては[かまわない].
②《離脱・除去》...から. die Wäsche⁴ *von* der Leine nehmen 洗濯ひもから洗濯物を取りはずす / Er ist nicht frei *von* Schuld. 彼は責任を免れてはいない.
③《出所・出身》...から, ...出身の. Ich habe es *von* ihr gehört. 私はそれを彼女から聞いた / Grüß ihn *von* mir! 彼に[ぼくからよろしく] / Er stammt *von* hier. 彼は当地の出身だ / *von* sich³ aus または *von* selbst 自分から[進んで].
④《時点》...から. *von* Montag bis Freitag 月曜から金曜まで / in der Nacht *von* Samstag auf (または zu) Sonntag 土曜から日曜にかけての夜に / *von* heute auf morgen 一朝一夕に / *von* Jahr zu Jahr 年々 / *von* neuem 新たに, 改めて / Ich kenne ihn *von* früher. 私は以前から彼を知っている. ◇〖副詞の an, ab などとともに〗 *von* heute an (または ab) きょうから / *von* Kindheit an (または auf) 幼いときから[ずっと] / *von* alters her 昔から.
⑤《日付・時代》...の. der Brief *vom* 10. 5. (=zehnten Mai) 5 月 10 日付の手紙 / die Jugendlichen *von* heute 今日の若者たち / Die Zeitung ist *von* gestern. その新聞はきのうのだ.
⑥《全体の一部》...の[うちの]. einer *von* euch 君たちのうちのだれか / sieben *von* hundert (または *vom* Hundert) 7 パーセント / Er trank die Hälfte *von* der Flasche. 彼はボトルの半分を飲んだ.
⑦〖2 格・所有代名詞の代用〗...の. (英 of). der König *von* Schweden スウェーデン国王 / der Hut *von* meinem Vater〖口語〗私の父の帽子 (=der Hut meines Vaters) / Sie ist Mutter *von* drei Kindern. 彼女は 3 人の子供の母親だ / ein Freund *von* mir〖口語〗私の友人(=mein Freund) / ein Roman *von* Thomas Mann トーマス・マンの長編小説.
⑧〖受動文の行為者〗...によって. Er wurde *von* seinem Lehrer gelobt. 〖受動・過去〗彼は先生にほめられた.
⑨《原因・手段》...のために, ...によって. Ich bin erschöpft *von* der Arbeit. 私は仕事でくたくただ / *von* dem Lärm erwachen 騒音で目が覚める / Das ist *von* Hand hergestellt. 〖状態受動・現在〗それは手作りだ.
⑩《テーマ》...について, ...のことを. *von* 事

sprechen 事³について話す / Er berichtete *von* seinen Erlebnissen. 彼は自分の経験を報告した.

⑪《観点》…について言えば, …の点では. Sie ist schön *von* Gestalt. 彼女はスタイルがいい / Was sind Sie *von* Beruf? あなたの職業は何ですか / Das ist sehr nett *von* Ihnen. それはどうもご親切に.

⑫《性質》…の[ある]. eine Frau *von* großer Schönheit とても美しい女性 / Das ist *von* besonderer Bedeutung. それは特に重要だ.

⑬《数量を表す語句とともに》…の. ein Abstand *von* fünf Metern 5メートルの間隔 / Städte *von* über 50 000 Einwohnern 人口5万人超の都市.

⑭《素材》…でできた, …製の. ein Ring *von* Gold 金の指輪 / Der Einband ist *von* Leder. この本の装丁は革製だ.

⑮《名前の一部で》Johann Wolfgang *von* Goethe ヨーハン・ヴォルフガング・フォン・ゲーテ. (☞ von は元来貴族の身分を表した).

⑯《特定の動詞・形容詞とともに》*von* 人·事³ abhängen 人·事³に依存する / *von* 人⁴ überzeugen 人⁴に事³を納得させる / *von* 人·事³ abhängig sein 人·事³しだいである / *von* 事³ überzeugt sein 事³を確信している.

*von·ei·nan·der [フォン・アイナンダァ fɔn-aɪnándər] 副 お互いに, お互いのことについて; お互いに[離れに]. Sie sind *voneinander* abhängig. 彼らはお互いに依存し合っている / Sie können sich nicht *voneinander* trennen. 彼らは互いに別れられない.

von=nö·ten [フォン・ネーテン] 副《成句的に》*vonnöten* sein 必要である. Eile ist *vonnöten*. 急がないといけない.

von=sei·ten [フォン・ザイテン] 前《2格とともに》…の側から. *vonseiten* des Klägers 原告側から.
(☞ von Seiten ともつづる) ☞ Seite ⑥

von=stat·ten [フォン・シュタッテン] 副《成句的に》*vonstatten* gehen a) 行われる, 開催される, b) (事が)進む, はかどる. Wann geht die Feier *vonstatten*? その祝賀パーティーはいつ行われますか.

***vor** [フォーァ fóːr] I 前《3格·4格とともに》《口語では定冠詞と融合して vorm (←vor dem), vors (←vor das) となることがある》① 《空間的に》 ⑦《どこに》《3格と》…の前に, …の手前に. (英 *in front of*). (☞「…の後ろに」は hinter). Die Stehlampe steht *vor* dem Sofa. フロアランプはソファーの前にある(☞ 図) / *vor* dem Café 喫茶店の前に / *vor* vielen Zuschauern 大勢の観客の前で / kurz *vor* der Grenze 国境のすぐ前に / *vor* der Tür ドアの外で, 戸外で / *vor* der Stadt wohnen 郊外に住んでいる / Plötzlich stand sie *vor* mir. 突然彼女が私の前に立っていた / Die Prüfung liegt *vor* ihm. 彼はその試験を目前にしている / 事⁴ *vor* sich³ haben 事⁴(仕事など)を済ませなければならない.

⑦《どこへ》《4格と》…の前へ, …の手前へ. Hans stellt die Stehlampe *vor* das Sofa. ハンスはフロアランプをソファーの前に置く(☞ 図) / *vor* den Altar treten 祭壇の前へ進み出る / sich⁴ *vor* 人⁴ setzen 人⁴の前に座る / Er stellte das Auto *vor* das Haus. 彼は車を家の前に止めた / *vor* sich⁴ hin ひとりひそかに, あてもなく ⇒ *vor* sich⁴ *hin* murmeln (sprechen) ぶつぶつひとりでつぶやく(しゃべる) / *vor* sich⁴ gehen a) 起こる, b) 行われる.

vor das Sofa

② 《時間的に》《3格と》…前に; …の前に. (英 *before*). (☞「…のあとに」は nach). *vor* drei Tagen 3日前に / drei Tage *vor* seinem Tod 彼の死の3日前に / *vor* dem Essen 食事の前に / ***vor** kurzem* ついこの間 / im Jahre 200 *vor* Christi Geburt 紀元前200年に / Es ist fünf [Minuten] *vor* zehn. 10時5分前です / Seine Frau ist *vor* ihm gestorben.《現在完了》彼の妻は彼より早く死んだ.

③《優先》《3格と》…より先に. den Vorrang *vor* 人·事³ haben 人·事³より優位にある, 事³に優先する / Ich war *vor* Ihnen an der Reihe! 私があなたより順番が先でしたよ / ***vor** allem* または *vor* allen Dingen とりわけ, 特に.

④《原因》《3格と》…のあまり. *vor* Freude (Angst) 喜び(心配)のあまり / Er zitterte *vor* Kälte. 彼は寒くてがたがた震えた. (☞ vor のあとの名詞は無冠詞).

⑤《感情・用心などの対象》《3格と》…に対して. *vor* 人³ Furcht⁴ (Respekt⁴) haben 人³に恐れ(尊敬の念)をいだく / sich⁴ *vor* 人³ schämen 人³に対して恥ずかしく思う / Schütze dich *vor* Erkältung! 風邪をひかないようにして.

II 副 ① 前へ. Einen Schritt *vor*!(号令で:)1歩前へ! / Ich konnte weder *vor* noch zurück. 私はにっちもさっちもいかなくなった.
②《成句的に》*nach wie vor* 相変わらず.

vor.. [フォーァ.. fóːr..]《分離動詞の 前つづり; つねにアクセントをもつ》①《前へ》例: *vor*|verlegen 前へずらす. ②《事前》例: *vor*|arbeiten 前もって仕事をする. ③《優勢》例: *vor*|wiegen 勝っている. ④《模範》例: *vor*|machen 手本を示す. ⑤《予防》例: *vor*|beugen 予防する.

Vor.. [フォーァ.. fóːr..]《名詞などにつける 接頭》①《(空間的に)前の》例: *Vorraum* 控え室. ②《(時間的に)前の》例: *Vormittag* 午前. ③《優勢》例: *Vorliebe* 偏愛. ④《模範》例: *Vorbild* 模範.

vor=ab [フォーァ・アップ] 副 まず[第一に], さしあたって, 前もって.

Vor･abend [フォーァ・アーベント] 男 -s/-e 《祭り・事件などの》前夜. am *Vorabend* der Revolution² 革命の前夜(直前)に.

Vor･ah･nung [フォーァ・アーヌング] 女 -/-en (不吉な)予感, 虫の知らせ.

***vo･ran** [フォラン forán] 副 ① 先に[立って], 先頭に. *voran* der Vater, die Kinder hinterher 先頭を父親が, 後ろから子供たちが続いて. ② 前方へ, 先へ. Immer langsam *voran*! あわてずにゆっくりやりなさい.

vo･ran|ge･hen* [フォラン・ゲーエン foránɡèːən] 自 (s) ① 先(先頭)に立って行く. ② (比³)に先だって行われる, 先行する. Dem Beschluss *gingen* lange Diskussionen *voran*. その決定に先だって長い討論が行われた. ◇《現在分詞の形で名詞的に》im *vorangehenden* (新形 im *Vorangehenden*) 前述の箇所で. ③ (仕事などが)はかどる.

vo･ran|kom･men* [フォラン・コンメン foránkɔ̀mən] 自 (s) ① 前へ(先へ)進む. ② (比³) (仕事などが)はかどる.

Vor･an･kün･di･gung [フォーァ・アンキュンディグング] 女 -/-en 事前通告, 予告.

Vor･an･mel･dung [フォーァ・アンメルドゥング] 女 -/-en 予約申し込み; 指名通話(パーソナルコール)の申し込み.

Vor･an･schlag [フォーァ・アンシュラーク] 男 -[e]s/..schläge 《経》予算, 見積り.

Vor･an･zei･ge [フォーァ・アンツァイゲ] 女 -/-n 《新刊本・映画・芝居などの》予告.

Vor･ar･beit [フォーァ・アルバイト] 女 -/-en 《仕事の》下準備; 準備工作, 根回し.

vor|ar･bei･ten [フォーァ・アルバイテン fóːràrbaitən] I 自 (h) ① (あとで休みをとるために)前もって(あらかじめ)仕事をする. ① 仕事の下準備をする. II 再帰 (h) *sich*⁴ *vorarbeiten* 努力して上位に進出する, 苦労して前へ進む.

Vor･ar･bei･ter [フォーァ・アルバイタァ] 男 -s/- 職[工]長, (職場の)班長. (☞ 女性形は Vorarbeiterin.)

Vor･arl･berg [フォーァ・アルるベルク fóːrarlbɛrk または ..アルるベルク] 中 -s/《地名》フォーアアルルベルク(オーストリア 9 州の一つ. 州都はブレゲンツ).

***vo･raus** [フォオラオス foráus] 副 ① 先に, 先行して, 先頭に. Geh *voraus*! 先を歩きなさい/ 人･物³ *voraus* sein (比) 人･物³に勝っている ⇒ Im Rechnen ist sie ihm *voraus*. 計算にかけては彼女は彼よりすぐれている / Sie war ihrer Zeit weit *voraus*. 彼女は時代をはるかに先取りしていた.
② 《海》前方へ; 《航》前方に. ③ [フォーラオス fóːraus] 《成句的に》im *voraus* (新形 im *Voraus*) 前もって, あらかじめ ⇒ Besten Dank im *Voraus*! 前もって厚くお礼申し上げます / **zum** *voraus* (新形 **zum** *Voraus*)(スィス) 前もって, あらかじめ.

vo･raus.. [フォオラオス.. foráus..] 《分離動詞の前つづり: つねにアクセントをもつ》《先に・先行して》

例: **voraus|setzen** 前提とする.

vo･raus|ah･nen [フォオラオス・アーネン foráusàːnən] 他 (h) (不幸などを⁴)予感する.

vo･raus|be･rech･nen [フォオラオス・ベレヒネン foráusbərɛ̀çnən] 他 (過分 vorausberechnet) 他 (h) あらかじめ算定する, 見積もる.

vo･raus|be･stim･men [フォオラオス・ベシュティンメン foráusbəʃtìmən] 他 (過分 vorausbestimmt) 他 (h) あらかじめ決める, 予定する.

vo･raus|be･zah･len [フォオラオス・ベツァーレン foráusbətsàːlən] 他 (過分 vorausbezahlt) 他 (h) (家賃など⁴を)前払いする.

Vo･raus･be･zah･lung [フォオラオス・ベツァールング] 女 -/-en 前払い, 前納.

vo･raus|ge･hen* [フォオラオス・ゲーエン foráusɡèːən] 自 (s) ① (人³より)先に行く; 先に立って歩く. ② (物³に)先行する. ◇《現在分詞の形で》im *vorausgehenden* Kapitel 前の章で. 《名詞的に》im *vorausgehenden* (新形 im *Vorausgehenden*) 上述の箇所で.

Vo･raus|ge･setzt [フォオラオス・ゲゼッツト] I *vorausetzen (前提とする)の 過分 II 《成句的に》*vorausgesetzt*, [dass] … …を前提として, もし … ならば.

vo･raus|ha･ben* [フォオラオス・ハーベン foráushàːbən] 他 (h) 《成句的に》[vor] 人³ *vorausnehmen* 人³より 物⁴ で優れている.

vo･raus|neh･men* [フォオラオス・ネーメン foráusnèːmən] 他 (h) (先) 先取りする.

Vo･raus･sa･ge [フォオラオス・ザーゲ] 女 -/-n 予言, 予告, 予報.

vo･raus|sa･gen [フォオラオス・ザーゲン foráuszàːɡən] 他 (h) 予言する, 予告する, 予報する.

Vo･raus･sa･gung [フォオラオス・ザーグング] 女 -/-en 予言, 予告, 予報 (= Voraussage).

vo･raus|schau･end [フォオラオス・シャオエント] 形 先見的な.

vo･raus|schi･cken [フォオラオス・シッケン foráusʃìkən] 他 (h) ① (使者など⁴を)先に行かせる; (手紙など⁴を)先に送っておく. ② 前もって述べる.

vo･raus|se･hen* [フォオラオス・ゼーエン foráuszèːən] 他 (h) 予見する, 予知する.

***vo･raus|set･zen** [フォオラオス・ゼッツェン foráuszètsən] du setzt…voraus (setzte…voraus, hat…vorausgesetzt) 他 (完了 haben) ① (条件として 物⁴を)**前提とする**, 必要とする. Diese Tat *setzt* großen Mut *voraus*. これをするにはたいへんな勇気が必要だ. ◇《過去分詞の形で》*vorausgesetzt*, [dass]… …を前提として, もし … ならば. ② (物⁴を当然のこととして)予期する, 当てにする. Er hatte ihr Einverständnis *vorausgesetzt*. 彼は彼女の同意が得られるものと思っていた.

*die **Vo･raus|set･zung** [フォオラオス・ゼッツング foráustsetsuŋ] 女 《単》-/《複》-en **前提[条件], [必要]条件; 仮定.** (英 *condition*). die *Voraussetzungen*⁴ erfüllen 前提条件を満たす / die *Voraussetzungen*⁴ **für**⁴ schaffen 車[4]のための必要条件を作り出す / unter der *Voraussetzung, dass*... ・・・という前提条件のもとに / von falschen *Voraussetzungen* aus|gehen 誤った前提から出発する.

Vo·raus≠sicht [ﾌｫｱﾗｵｽ・ｽﾞｨﾋﾄ] 囡 -/ 先見[の明], 前途の見通し. **in** weiser *Voraussicht* 《戯》先見の明で, 賢明にも / **aller** *Voraussicht*[3] **nach** 十中八九.

***vo·raus≠sicht·lich** [ﾌｫｱﾗｵｽ・ｽﾞｨヒトリヒ foráus-zɪçtlɪç] **I** 副 おそらく, たぶん, 予想では. 《英》 *probably*. Er wird *voraussichtlich* heute noch kommen. おそらく彼はきょうのうちに来るだろう.
II 《付加語としての》予想される, 見込まれる, ありそうな. die *voraussichtliche* Ankunft des Zuges 列車の到着見込み.

Vo·raus≠wahl [ﾌｫｱﾗｵｽ・ｳﾞｧーる] 囡 -/-en 予備選挙.

Vo·raus≠zah·len [ﾌｫｱﾗｵｽ・ﾂｧーれン foráus-tsàːlən] 他(h) 前払いする, 前金で払う.

Vo·raus≠zah·lung [ﾌｫｱﾗｵｽ・ﾂｧーるングﾝ] 囡 -/-en 前払い, 前納.

Vor≠bau [ﾌｫｱ・ﾊﾞｳ] 男 -[e]s/-ten ① (建物の)突出部(バルコニー・ベランダなど). ② 《俗・戯》豊かな胸. ③ 《腹 なし》《坑》前進式採掘.

vor|bau·en [ﾌｫｱ・ﾊﾞｵエン fóːr-bàuən] **I** 他(建物などの前面に出窓など車[4]を)付ける. **II** 自(h) (車[3]に対して)あらかじめ備えをする, 予防措置を講じる.

Vor≠**be·dacht** [ﾌｫｱ・ベダハト] 男《成句的に》 **aus** (または **mit** または **voll**) *Vorbedacht* あらかじめよく考えて, 計画的に.

Vor≠**be·deu·tung** [ﾌｫｱ・ベドイトゥング] 囡 -/-en 前兆, 兆候.

Vor≠**be·din·gung** [ﾌｫｱ・ベディングング] 囡 -/-en 前提条件.

Vor≠**be·halt** [ﾌｫｱ・ベハるト] 男 -[e]s/-e 留保, 保留; 条件, 制限. **mit** (または **unter**) *Vorbehalt* 条件つきで / **ohne** *Vorbehalt* 無条件に.

vor|be·hal·ten[1]* [ﾌｫｱ・ベハるテン fóːr-bəhàltən] (過分 vorbehalten) 再帰 (h) *sich*[3] 車[4] *vorbehalten* 車[4]を留保する, さし控える. Ich *behalte* mir die Entscheidung bis morgen *vor*. 私は明日まで決定を留保します.

vor·be·hal·ten[2] [ﾌｫｱ・ベハるテン] **I** vor|behalten[1] (再帰で: 留保する)の 過分 **II** 形 留保してある; 残して(取って)ある. 人[3] *vorbehalten* sein (または bleiben) 人[3]のために残されて(留保されて)いる.

vor·be·halt·lich [ﾌｫｱ・ベハるトりヒ] 前 《2格とともに》《官庁》…を留保して, …を前提(条件)として.

vor·be·halt≠los [ﾌｫｱベハるト・ろース] 形 留保のない, 無条件の.

:**vor≠bei** [ﾌｫｱ・ﾊﾞｲ fɔr-bái または ﾌｫｰｱ.. foːr..]

通り過ぎて; 過ぎ去って
  Die Party ist schon *vorbei*.
  ディ パールティ イスト ショーン フォアバイ
  パーティーはもう終わった.

副 ① 《空間的に》 通り過ぎて, そばを通って. 《英》 *past*. **an** 人·物[3] *vorbei* 人·物[3]のそばを通り過ぎて ⇨ Der Wagen war im Nu an uns *vorbei*. 車はあっという間に私たちのわきを通り過ぎた / Der Zug ist schon an Bonn *vorbei*. 列車はもうボンを通過した.
② 《時間的に》過ぎ去って, 終わって. 《英》 *past, over*. Es ist 2 Uhr *vorbei*. 2時過ぎだ / Der Schmerz ist *vorbei*. 痛みはなくなった / Diese Mode ist *vorbei*. この流行はもうすたれた / Mit uns ist es *vorbei*.《口語》私たちの仲はもうおしまいだ / [Es ist] aus und *vorbei*. もうどうしようもない / *Vorbei* ist *vorbei*. 済んだことはもうしかたがない.

vor·bei.. [ﾌｫｱ・ﾊﾞｲ.. fɔr-bái.. または ﾌｫーｱ・ﾊﾞｲ.. foːr-bái..]《分離動詞の 前つづり; つねにアクセントをもつ》① 《通過》例: *vorbei*|fahren (乗り物で)通り過ぎる. ② 《立ち寄って》例: *vorbei*|gehen 立ち寄る.

vor·bei|be·neh·men* [ﾌｫｱﾊﾞｲ・ベネーメン fɔrbái-bənèːmən または ﾌｫーｱ.. foːr..] (過分 vorbeibenommen) 再帰 (h) *sich*[4] *vorbeibenehmen*《口語》不作法にふるまう, 行儀の悪いことをする.

vor·bei|fah·ren* [ﾌｫｱﾊﾞｲ・ファーレン fɔrbái-fàːren または ﾌｫーｱ.. foːr..] 自 (s) ① 《**an** 人·物[3]~》(人が乗り物で·乗り物が 人·物[3]のそばを)通り過ぎる. ② 《**bei** 人·物[3]~》《口語》(乗り物で 人·物[3]のところに)立ち寄る.

vor·bei·ge·gan·gen [ﾌｫｱﾊﾞｲ・ゲガンゲン または ﾌｫーｱ..] *vorbei|gehen (通り過ぎる)の 過分

vor·bei|ge·hen [ﾌｫｱﾊﾞｲ・ゲーエン fɔrbái-gèːən または ﾌｫーｱ.. foːr..] (ging.. vorbei, *ist*...vorbeigegangen) 自 (完了 sein) ① 通り過ぎる. 《英》 *pass*. **an** 人·物[3] *vorbeigehen* a) 人·物[3]のそばを通り過ぎる, b) (競走で) 人[3]を追い抜く, c) 《比》人·物[3]のことを気にしない(見過ごす)⇨ Man kann an diesen Tatsachen nicht *vorbeigehen*. これらの事実は無視できない. ② 《**bei** 人·物[3] ~》《口語》(人·物[3]のところに)立ち寄る. ③ (あらし・チャンスなどが)過ぎ去る. (苦痛などが)消え去る.

Vor·bei·ge·hen [ﾌｫｱﾊﾞｲ・ゲーエン] 中《成句的に》 **im** *Vorbeigehen* a) 通りすがりに, b) ついでに.

vor·bei·ge·kom·men [ﾌｫｱﾊﾞｲ・ゲコメン または ﾌｫーｱ..] *vorbei|kommen (通りかかる)の 過分

vor·bei|kom·men [ﾌｫｱﾊﾞｲ・コメン fɔrbái-kɔmən または ﾌｫーｱ.. foːr..] (kam ...vorbei, *ist*...vorbeigekommen) 自 (完了 sein) ① 通りかかる. 《英》 *pass by*. Kommt der Bus hier *vorbei*? そのバスはここを通りますか / **an** 人・物³ *vorbeikommen* 人・物³のそばを通る ⇨ Wenn wir an einem Restaurant *vorbeikommen*, wollen wir einkehren. レストランがあったら入ろう. ② 通過できる;《比》避けて通る. **An** dieser Tatsache *kommt* man nicht *vorbei*. この事実を無視するわけにはいかない. ③ 《**bei** 人³》~》(人³のところに)立ち寄る. *Kommen* Sie mal bei uns *vorbei*! 一度うちに遊びに来てください.

vor·bei|las·sen [フォァバイ・ラッセン fɔrbái-làsən または フォーァ.. fo:r..] 他 (h)《口語》① 通してやる. ② (機会などを)逸する, 見逃す.

Vor·bei≠marsch [フォァバイ・マルシュ] 男 -[e]s/..märsche《ふつう 単》分列行進, パレード.

vor·bei|re·den [フォァバイ・レーデン fɔrbái-rè:dən または フォーァ.. fo:r..] 自 (h)《**an** 事³ ~》(事³に)言及しない. aneinander *vorbeireden* 互いに話がすれ違う.

vor·bei|schie·ßen* [フォァバイ・シーセン fɔrbái-ʃi:sən または フォーァ.. fo:r..] 自 (h, s) ① (h)《**an** 物³~》(物³を)撃ち(射)そこなう. ② (s)《**an** 人・物³~》(人・物³のそばを)さっと通り過ぎる.

vor·bei|zie·hen* [フォァバイ・ツィーエン fɔrbái-tsì:ən または フォーァ.. fo:r..] 自 (s) ①《**an** 人・物³~》(行列などが 人・物³のそばを)通り過ぎる. ②《競》《**an** 人³~》(人³を)追い抜く.

vor≠be·las·tet [フォーァ・べらステット] 形 (遺伝的に)ハンディキャップを背負った, (前科などで)重荷を背負った.

Vor≠be·mer·kung [フォーァ・ベメルクング] 女 -/-en 序文, 前書;(講演などの)前置き.

vor|be·rei·ten [フォーァ・ベライテン fó:r-bəràıtən] du bereitest ... vor, er bereitet ... vor (bereitete ... vor, hat ... vorbereitet)《英》 *prepare*) I 他《完了》haben) ①《事⁴の》準備をする, 用意をする. Sie *bereiten* das Fest *vor*. 彼らは祭りの準備をしている / Sie *bereitet* das Essen *vor*. 彼女は食事の支度をしている. ②《人⁴ **auf(または **für**)事⁴~》(人⁴に 事⁴の)準備をさせる, 心構えをさせる. Der Lehrer *bereitet* seine Schüler *auf*(または **für**)die Prüfung *vor*. 先生が生徒たちに試験の準備をさせる / 人⁴ *auf* eine schlechte Nachricht *vorbereiten* 人⁴に悪い知らせに対する心構えをさせる / Ich *war auf* diese Frage nicht *vorbereitet*. 《状態受動・過去》私はこんな質問は予期していなかった.
II 再帰《完了》haben) *sich⁴ vorbereiten* ①《*sich⁴* **auf**(または **für**)事⁴~》(事⁴の)準備をする, 心構えをする. Ich muss mich *auf*(または **für**)die Prüfung *vorbereiten*. 私は試験の準備をしなければならない.
② 兆しがある. Ein Gewitter *bereitet sich vor*. 雷雨が来そうだ.

vor·be·rei·tet [フォーァ・ベライテット] ‡vor|bereiten (準備をする)の 過分

*die Vor·be·rei·tung [フォーァ・ベライトゥング fó:r-bəraıtʊŋ] 女《単》-/《複》-en 準備, 用意, 支度.《英》 *preparation*). die *Vorbereitung* **auf**(または **für**)die Prüfung 試験のための準備 / Das Buch ist **in** *Vorbereitung*. その本は出版準備中だ / *Vorbereitungen⁴* **zur** Abreise(または **für** die Abreise) treffen 旅立ちの準備をする.

Vor≠be·spre·chung [フォーァ・ベシュプレッヒュング] 女 -/-en 下相談, 打ち合わせ.

vor|be·stel·len [フォーァ・ベシュテレン fó:r-bəʃtɛlən] (過分 vorbestellt) 他 (h) 予約する, 前もって注文する.

Vor·be·stel·lung [フォーァ・ベシュテるング] 女 -/-en 予約[注文].

vor≠be·straft [フォーァ・ベシュトラーフト] 形《官庁》前科のある.

vor|be·ten [フォーァ・ベーテン fó:r-bè:tən] 他 (h) ①《人³に事⁴を》先立って朗唱する. ②《口語》《人³に事⁴を》長々と(くどくど)言う.

*vor|beu·gen [フォーァ・ボイゲン fó:r-bɔ̀ʏgən] (beugte ... vor, hat ... vorgebeugt) I 他《完了》haben)(上体など⁴を)前に曲げる, かがめる.《英》 bend forward). den Kopf *vorbeugen* 頭を前にたれる. ◇《再帰的に》*sich⁴ vorbeugen* 前かがみになる, 身を乗りだす ⇨ Ich *beugte mich vor*, um besser sehen zu können. もっとよく見ることができるように私は前かがみになった.
II 自《完了》haben)(事³を)予防する, 防止する.《英》 prevent). einer Gefahr³ *vorbeugen* 危険を防止する. 《現在分詞の形で》 *vorbeugende* Maßnahmen⁴ gegen 事⁴ treffen 事⁴に対する予防措置を講じる.

Vor·beu·gung [フォーァ・ボイグング] 女 -/-en 予防, 防止;《医》(病気の)予防.

Vor·beu·gungs≠maß·nah·me [フォーァ・ボイグングス・マースナーメ] 女 -/-n 予防措置.

*das Vor≠bild [フォーァ・ビるト fó:r-bɪlt] 中《単》-es(まれに -s)/《複》-er (3格のみ -ern) 手本, 模範; 典型.《英》 model). ein gutes *Vorbild* 良い手本 / Er ist mein *Vorbild*. 彼は私の模範だ / **nach** dem *Vorbild* von 物³ 物³を手本として / *sich³* 人³ **zum** *Vorbild* nehmen 人⁴を範とする.

*vor≠bild·lich [フォーァ・ビるトりヒ fó:r-bɪltlɪç] 形 手本とすべき, 模範的な.《英》 *exemplary*). ein *vorbildlicher* Schüler 模範的な生徒.

Vor≠bil·dung [フォーァ・ビるドゥング] 女 -/ 基礎知識(能力), 素養.

Vor≠bo·te [フォーァ・ボーテ] 男 -n/-n 先触れ[の人]; 徴候, 兆し. ein *Vorbote* des Frühlings 春の兆し.

vor|brin·gen* [フォーァ・ブリンゲン fó:r-brɪŋən] 他 (h) ①(願い・質問など⁴を)持ち出す, 申し出る, 述べる;(言葉・音など⁴を)出す. ②《口語》前へ持って行く.

Vor≠büh·ne [フォーァ・ビューネ] 女 -/-n《劇》

前舞台, エプロンステージ.

vor|christ·lich [ふォーァ・クリストリヒ] 形 《付加語としてのみ》 キリスト生誕以前の, 西暦紀元前の. (⇔「紀元後の」は nachchristlich).

vor|da·tie·ren [ふォーァ・ダティーレン] fó:r-dati:rən] 他 (h)(手紙など^{4}を)実際よりもあとの日付にする.

vor·dem [ふォーァ・デーム] 副 ① 《雅》今しがた; 以前に. ② 昔, かつて.

*__vor·der__ [ふォルダァ fórdər] 形 (比較 なし, 最上 vorderst)《付加語としてのみ》前の, 前の方の, 前面の. (⇔ front, ⇔「後ろの」は hinter). die *vorderen* Zähne 前歯 / der *vordere* Platz 前の方の席 / der *Vordere* Orient 近東.

Vor·der.. [ふォルダァ.. fórdər..] 《名詞につける接頭》《前述の》の例: *Vorder*rad 前輪.

Vor·der=ach·se [ふォルダァ・アクセ] 女 -/-n (自動車などの)前車軸.

Vor·der=an·sicht [ふォルダァ・アンズィヒト] 女 -/-en 《建》正面[図].

Vor·der·asi·en [ふォルダァ・アーズィエン] 中 -s/《地名》西南アジア, 近東諸国.

Vor·der=bein [ふォルダァ・バイン] 中 -[e]s/-e (動物の)前脚. (⇔「後ろ脚」は Hinterbein).

Vor·der=deck [ふォルダァ・デック] 中 -[e]s/-s (まれに -e)《海》前甲板.

Vor·der=front [ふォルダァ・ふロント] 女 -/-en (建物の)正面.

Vor·der=fuß [ふォルダァ・ふース] 男 -es/..füße (動物の)前足. (⇔「後ろ足」は Hinterfuß).

Vor·der=grund [ふォルダァ・グルント] 男 -[e]s/..gründe (絵画・舞台などの)前景. (⇔「背景」は Hintergrund). im *Vordergrund* stehen a) 前景に出ている, b)《比》目だっている, 重きを置かれている / sich^4 in den *Vordergrund* drängen (または rücken) a) 前景に出て来る, b)《比》(問題などが)持ち上がる, 重要になる.

vor·der·grün·dig [ふォルダァ・グリュンディヒ] 形 うわべだけの, 表面的な, 簡単に見抜ける.

vor=der=hand [ふォーァ・デーァ・ハント] 副 目下, さしあたり, 当分の間.

Vor·der=hand [ふォルダァ・ハント] 女 -/ ① (特に馬の)前半身. ②《ジラ》先手[の権利・位置].

Vor·der=haus [ふォルダァ・ハオス] 中 -es/..häuser (大きな建物の)道路に面した部分.

Vor·der=mann [ふォルダァ・マン] 男 -[e]s/..männer (列・グループの前にいる(前を行く)人.

Vor·der=rad [ふォルダァ・ラート] 中 -[e]s/..räder (車の)前輪. (⇔「後輪」は Hinterrad).

Vor·der·rad=an·trieb [ふォルダァラート・アントリープ] 男 -[e]s/ (自動車などの)前輪駆動.

Vor·der=satz [ふォルダァ・ザッツ] 男 -es/..sätze ①《言》前置文. ②《楽》前楽節.

Vor·der=sei·te [ふォルダァ・ザイテ] 女 -/-n 前面, 正面, 表側. (⇔「背面」は Rückseite).

Vor·der=sitz [ふォルダァ・ズィッツ] 男 -es/-e (自動車の)前部座席, フロントシート. (⇔「後部座席」は Rücksitz).

vor·derst [ふォルダァスト fórdərst] (* *vorder* の最上) 形 《付加語としてのみ》いちばん前の, 最前方の. der *vorderste* Platz 最前列の座席 / die *vorderste* Front 最前線.

Vor·der=teil [ふォルダァ・タイル] 中 -[e]s/-e 前部.

Vor·der=tür [ふォルダァ・テューァ] 女 -/-en フロントドア, 正面玄関.

vor|drän·gen [ふォーァ・ドレンゲン fó:r-drɛ̀ŋən] I 再帰 (h) sich^4 *vordrängen* 人を押しのけて前へ進み出る;《比》出しゃばる. II 自 (h)(押し合いながら)前に進む.

vor|drin·gen* [ふォーァ・ドリンゲン fó:r-drìŋən] 自 (s) ①(…へ)突き進む, 進出する. ②《比》(思想などが)広まる, 流布する.

vor·dring·lich [ふォーァ・ドリングリヒ] 形 緊急の, さし迫った. eine *vordringliche* Aufgabe 緊急の課題.

Vor·dring·lich·keit [ふォーァ・ドリングリヒカイト] 女 -/ 緊急性; 重要性.

Vor=druck [ふォーァ・ドルック] 男 -[e]s/-e ①(官庁などの)記入用紙. ②《印》見本刷り.

vor=ehe·lich [ふォーァ・エーエリヒ] 形 結婚前の; 婚前の.

vor=ei·lig [ふォーァ・アイリヒ] 形 性急な, せっかちな.

Vor=ei·lig·keit [ふォーァ・アイリヒカイト] 女 -/-en ①《複》なし 性急さ, せっかち. ② 性急な行動.

vor·ei·nan·der [ふォーァ・アイナンダァ] 副 互いに向かい合って; 互いに[対して]. Sie haben keine Geheimnisse *voreinander*. 彼らは互いに何の秘密もない.

vor=ein·ge·nom·men [ふォーァ・アインゲノンメン] 形 先入観にとらわれた, 偏見を持った. gegen 人·物^4 *voreingenommen* sein 人·物^{3}に対して先入観を持っている.

Vor=ein·ge·nom·men·heit [ふォーァ・アインゲノンメンハイト] 女 -/ 先入観にとらわれていること, 偏見.

Vor=el·tern [ふォーァ・エルタァン] 複 祖先.

vor|ent·hal·ten* [ふォーァ・エントハるテン fó:r-ɛnthàltən] (過分 vorenthalten) 他 (h)(人^{3}に物^{4}を不当に)渡さない, 知らせない. 人^3 nichts *vorenthalten* 人^{3}に何もかも話す.

Vor=ent·schei·dung [ふォーァ・エントシャイドゥング] 女 -/-en 仮決定;《スラ》予選.

Vor=ent·wurf [ふォーァ・エントヴルふ] 男 -[e]s/..würfe 予備設計(構想), 草案.

*__vor=erst__ [ふォーァ・エーァスト fó:r-e:rst または ..エーァスト] 副 さしあたり, とりあえず, 当分の間. *Vorerst* tun wir nichts. さしあたり私たちは何もしない.

vor=er·wähnt [ふォーァ・エァヴェーント] 形 《付加語としてのみ》前述の, 上記の.

Vor=fahr [ふォーァ・ふァール] 男 -en/-en 祖先, 先祖.

vor|fah·ren* [ふォーァ・ふァーレン fó:r-fà:-

rən] **I** 自 (s) ① (玄関先などに)乗りつける. ② (乗り物で)少し前に進む. ③《口語》(乗り物で)先に行く. ④《交通》(通行の)優先権がある. **II** 他 (h) ① (乗り物⁴を)玄関先まで乗りつける. ② (乗り物⁴を)少し前へ進める.

Vor·fahrt [ふォーァ・ファールト fóːr-faːrt] 女 -/《交通》(交差点での)優先通行権.

Vor·fahrts=stra·ße [ふォーァ・ファールツ・シュトラーセ] 女 -/-n《交通》優先道路.

der **Vor·fall** [ふォーァ・ふァる fóːr-fal] 男 (単2) -[e]s/(複) ..fälle [..ふェれ] (3格のみ ..fällen) ① (不意の)**出来事**, [突発]事件, 事故.《英 incident》. ein aufregender *Vorfall* 人騒がせな事件. ②《医》脱出[症], ヘルニア.

Vor·fäl·le [ふォーァ・ふェれ] *Vorfall (出来事)の覆

vor·fal·len* [ふォーァ・ふァれン fóːr-fàlən] 自 (s) ① (事件・事故などが)起こる, 突発する. Er tat, als ob nichts *vorgefallen* wäre.《接2・過去》彼はあたかも何事もなかったかのようなふりをした.《☞類語 geschehen》. ② 前へ倒れる, 前へ落ちる. ③《医》脱出する.

Vor=fei·er [ふォーァ・ふァイァァ] 女 -/-n 前夜祭, 前祝い.

Vor=feld [ふォーァ・ふェるト] 中 -[e]s/-er ①《軍》前地. ②《言》(文の)前域.

vor·fer·ti·gen [ふォーァ・ふェァティゲン fóːr-fɛrtɪɡən] 他 (h) (組立部品として)前もって作る, プレハブ方式で作る.

Vor=film [ふォーァ・ふぃるム] 男 -[e]s/-e (メインの映画作品の前に上映される)短編映画.

vor·fin·den* [ふォーァ・ふィンデン fóːr-fɪndən] **I** 他 (h) (人・物⁴がいる(ある)のを見いだす,《人・物⁴に》出会う. Ich *fand* eine große Unordnung im Wohnzimmer *vor*. 居間はたいへんな乱雑ぶりだった. **II** 再帰 (h) *sich⁴ vorfinden* (自分が…に)いるのに気づく, 見いだされる, 存在する.

Vor=freu·de [ふォーァ・ふロイデ] 女 -/-n 待ち望むうれしさ, 期待感.

Vor=früh·ling [ふォーァ・ふりューリング] 男 -s/-e 早春.

vor·füh·len [ふォーァ・ふューれン fóːr-fỳːlən] 自 (h)《[bei 人³] ~》([人³に])あらかじめ探りを入れる, 意向を打診する.

*ｱｸｾﾝﾄ***vor|füh·ren** [ふォーァ・ふューレン fóːr-fỳːrən] (führte ... vor, hat ... vorgeführt) 他 (完アクセント haben) ① (客に)(商品・新居・友人など⁴を)見せる, 披露する, 展示する.《英 show》. Sie führte dem Kunden verschiedene Geräte *vor*. 彼女は客にいくつかの器具を出して見せた. ② 上映(上演)する, 実演してみせる. einen Film *vorführen* 映画を上映する. ③ (患者・囚人など⁴を[人³の前へ])連れて行く. einen Kranken dem Arzt *vorführen* 病人を医者へ連れて行く. ④《口語》(人⁴に)恥をかかせる.

Vor·füh·rer [ふォーァ・ふューラァ fóːr-fyːrər] 男 -s/- 映写技師;《話》(展示品などの)説明係.

Vor·führ=raum [ふォーァ・ふューァ・ラオム] 男 -[e]s/..räume 映写室; (新製品などの)展示室, ショールーム.

Vor·füh·rung [ふォーァ・ふューるング] 女 -/-en ①《獨》人の前へ連れ出すこと. ② 上映, 上演; 披露, 展示. ③《法》拘引.

Vor·führ=wa·gen [ふォーァ・ふューァ・ヴァーゲン] 男 -s/- 展示(試乗)用自動車.

Vor·ga·be [ふォーァ・ガーベ fóːr-ɡaːbə] 女 -/-n (ゴルフ)(ゴルフなどの)ハンディキャップ. ② (あらかじめ設定された)規準.

der **Vor·gang** [ふォーァ・ガング fóːr-ɡaŋ] 男 (単2) -[e]s/(複) ..gänge [..ゲンゲ] (3格のみ ..gängen) ① (出来事の)**経過**, 過程, 成り行き.《英 process》.[人³] einen *Vorgang* genau schildern [人³に]事の成り行きを正確に説明する. ②《官内》(総称として:)関係書類.

Vor·gän·ge [ふォーァ・ゲンゲ] *Vorgang (経過)の覆

Vor·gän·ger [ふォーァ・ゲンガァ] 男 -s/- 前任者, 先任者.《女 女性形は Vorgängerin》.

Vor=gar·ten [ふォーァ・ガルテン] 男 -s/..gärten 前庭.

vor·gau·keln [ふォーァ・ガオケるン fóːr-ɡàʊkəln] 他 (h)《[人³]事⁴を)本当だと思わせる, 巧みに信じ込ませる.

vor·ge·ben* [ふォーァ・ゲーベン fóːr-ɡèːbən] 他 (h) ①《口語》[人³に]物⁴を)さし出す, 提出する. ②《事⁴を)口実にする.◊《zu 不定詞[句]とともに》Er gab *vor*, krank gewesen zu sein. 彼は病気だったからだとうそをついた. ③《ゴルフ》(人³に)得点などを)ハンディ[キャップ]として与える. ④ (基準など⁴を)前もって定める.

vor·ge·beugt [ふォーァ・ゲボイクト] *vor|beugen (前に曲げる)の過分

Vor=ge·bir·ge [ふォーァ・ゲビルゲ] 中 -s/- ① 山麓(ｻﾝﾛｸ)の丘陵. ②《俗》豊満なバスト.

vor·geb·lich [ふォーァ・ゲープりヒ] **I** 形 自称の, 表向きの, 見せかけの, いわゆる. eine *vorgebliche* Krankheit 仮病. **II** 副 …と称している. Er war *vorgeblich* verreist. 彼は旅行中だったことになっている.

vor·ge·fasst [ふォーァ・ゲふァスト] 形《付加語としてのみ》あらかじめ心にいだいている die *vorgefasste* Meinung 先入観, 偏見.

vor=ge·faßt ☞ *新形* vorgefasst

Vor=ge·fühl [ふォーァ・ゲふュール] 中 -[e]s/-e 予感, 虫の知らせ.

vor·ge·führt [ふォーァ・ゲふューァト] *vor|führen (見せる)の過分

vor·ge·gan·gen [ふォーァ・ゲガンゲン] *vor|gehen (前に進む)の過分

vor·ge·habt [ふォーァ・ゲハープト] ≠vor|haben (予定している)の過分

*ｱｸｾﾝﾄ***vor|ge·hen*** [ふォーァ・ゲーエン fóːr-ɡèːən] (ging ... vor, ist ... vorgegangen) 自 (完 sein) ① **前に進む**, 進み出る,《軍》進撃する.《英 go forward》. an die Tafel *vorgehen* 黒板の所へ出て行く / zum Altar *vorgehen* 祭壇へ進み出る. ②《口語》先に行く, 先発する.

vor·ge·hen [フォーァ・ゲーエン] 中 -s/ やり方, 行動, 処置.

vor·ge·kom·men [フォーァ・ゲコンメン] ‡vor|kommen (起こる)の 過分

vor≠ge·la·gert [フォーァ・ゲらーガァト] 形 前方に横たわっている(ある). die der Küste³ *vorgelagerten* Inseln 岸辺の前方に横たわる島々.

vor·ge·legt [フォーァ・ゲれークト] ∗vor|legen (提示する)の 過分

vor·ge·le·sen [フォーァ・ゲれーゼン] ∗vor|lesen (読んで聞かせる)の 過分

vor≠ge·nannt [フォーァ・ゲナント] 形《付加語としてのみ》《官庁》前述の,上記の.

vor·ge·nom·men [フォーァ・ゲノンメン] ∗vor|nehmen (再帰 で:企てる)の 過分

Vor≠ge·richt [フォーァ・ゲリヒト] 中 -[e]s/-e 前菜,オードブル (＝Vorspeise).

vor·ge·rückt [フォーァ・ゲリュックト] I vor|rücken (前の方へ動かす)の 過分 II 形 (年令・時刻が)先へ進んだ. eine Dame in *vorgerücktem* Alter 《雅》かなり年輩の婦人 / zu *vorgerückter* Stunde 《雅》夜更けに.

Vor≠ge·schich·te [フォーァ・ゲシヒテ] 女 -/-n ① 《複 なし》先史時代;先史学,先史時代史. ② (それまでの)いきさつ,前史;前歴. ③《医》既往歴.

vor·ge·schicht·lich [フォーァ・ゲシヒトリヒ] 形 先史時代の,有史以前の.

vor·ge·schla·gen [フォーァ・ゲシュらーゲン] ∗vor|schlagen (提案する)の 過分

Vor≠ge·schmack [フォーァ・ゲシュマック] 男 -[e]s/ 先触れ,(前もって感じとる)感触.

vor·ge·schrit·ten [フォーァ・ゲシュリッテン] I vor|schreiten (はかどる)の 過分 II 形《雅》(年令・時刻が)先へ進んだ. im *vorgeschrittenen* Alter かなり年輩の.

vor·ge·se·hen [フォーァ・ゲゼーエン] ∗vor|sehen (予定している)の 過分

Vor≠ge·setz·te[r] [フォーァ・ゲゼッツテ (..タァ)] 男 女《語尾変化は形容詞と同じ》上司,上役. mein unmittelbarer *Vorgesetzter* 私の直接の上司.

vor·ge·stellt [フォーァ・ゲシュテるト] ∗vor|stellen (紹介する)の 過分

‡**vor≠ges·tern** [フォーァ・ゲスタァン fó:r-gɛstərn] 副 ① 一昨日,おととい.《英 the day before yesterday》. *vorgestern* Abend おとといの晩. ②《成句的に》von *vorgestern*《口語》時代遅れの.

vor≠gest·rig [フォーァ・ゲストリヒ] 形 ①《付加語としてのみ》一昨日の,おとといの. die *vorgestrige* Zeitung 一昨日の新聞. ②《口語》時代遅れの,古くさい.

vor·ge·tra·gen [フォーァ・ゲトラーゲン] ∗vor|tragen (演奏する)の 過分

vor·ge·wor·fen [フォーァ・ゲヴォルふェン] ∗vor|werfen (非難する)の 過分

vor·ge·zo·gen [フォーァ・ゲツォーゲン] ∗vor|ziehen (より好む)の 過分

vor|grei·fen∗ [フォーァ・グライふェン fó:r-gràɪfən] 自 (h) ① (つかもうとして手を前に伸ばす. auf Geld *vorgreifen*《比》お金を前借りする. ② (事³を)先取りする; (人³に)先んじて言う, (人³の)機先を制する.

Vor≠griff [フォーァ・グリふ fó:r-grɪf] 男 -[e]s/-e 先取り.

‡**vor|ha·ben**∗ [フォーァ・ハーベン fó:r-hà:bən] du hast...vor, er hat...vor (hatte...vor, *hat*...vorgehabt) (他 haben) ① (事⁴を)予定している,計画している.《英 plan》. Hast du heute Abend schon etwas *vor*? 君は今晩もう何か予定があるか / Er *hat* eine Reise *vor*. または Er *hat* vor, eine Reise zu machen. 彼は旅行をするつもりだ.
② 《口語》(エプロンなど⁴を体の前に)つけている,掛けている.

....

類語 vor|haben: (近々)予定している. **beabsichtigen**: 意図する,...するつもりである. **planen**: 計画する.

....

∗*das* **Vor·ha·ben** [フォーァ・ハーベン fó:r-ha:bən] 中 (単 2) -s/《複》－ 計画,企て;もくろみ.《英 plan》. ein *Vorhaben*⁴ aus|führen (または durch|führen) 計画を遂行する.

Vor≠hal·le [フォーァ・ハれ] 女 -/-n 玄関,入口の間,ロビー,ラウンジ.

vor|hal·ten∗ [フォーァ・ハるテン fó:r-hàltən] I 他 ① 前に当てがう. [sich³] beim Husten die Hand⁴ *vorhalten* せきをするとき手を口に当てる. ② 前にさし出す,突きつける. ◇《過去分詞の形で》人³ mit *vorgehaltener* Pistole drohen ピストルを突きつけて人³をおどす. ③ (人³の事⁴を)責める,非難する. II 自 (h)《口語》(蓄えなどが)持ちこたえる,長持ちする; (効果などが長く)持続する.

Vor·hal·tung [フォーァ・ハるトゥング] 女 -/-en 【ふつう 複】非難,叱責(しっせき). 人³ *Vorhaltungen*⁴ machen 人³を叱責する.

Vor≠hand [フォーァ・ハント] 女 -/ ①《スポ》(テニス・卓球などの)フォアハンド[ストローク].《英 「バックハンド」は Rückhand》. ②《とり》先手[の権利・位置]. die *Vorhand*⁴ haben または in der *Vorhand* sein a) 先である, b)《比》優先権を持つ. ③ (特に馬の)前半身.

∗**vor·han·den** [フォーァ・ハンデン fo:r-hándən] 形 手元にある,存在する,現存の. die *vorhandenen* Lebensmittel 蓄えてある食

料 / Von den Waren ist nichts mehr *vorhanden*. その品物はもう残っていない.

Vor·han·den ̄sein [フォーァハンデン・ザイン] 中 -s/ 現存, 存在.

*der **Vor·hang** [フォーァ・ハング fóːr-haŋ] 男 (単2) -[e]s/(複) ..hänge [..ヘンゲ] (3格のみ ..hängen) 〔厚地の〕カーテン; 〔舞台の〕幕, 緞帳(どんちょう). (英 curtain). (仏 「薄地のカーテン」は Gardine). der eiserne *Vorhang* 〔劇〕〔舞台と客席の間の〕防火シャッター / den *Vorhang* auf|ziehen (zu|ziehen) カーテンを引いて開ける（閉める）/ Der *Vorhang* fällt (geht auf). 幕が下りる（上がる）.

Vor·hän·ge [フォーァ・ヘンゲ] *Vorhang (カーテン)の 複

vor·hän·gen [フォーァ・ヘンゲン fóːr-hèŋən] 他 (h) 前に掛ける（たらす）;〔ドアのチェーンなど⁴を〕掛ける.

Vor·hän·ge ̄schloss [フォーァヘンゲ・シュロス] 中 -es/..schlösser 南京(ナンキン)錠.

Vor·hän·ge ̄schloß 〔新形〕 ☞ Vorhängeschloss

Vor·haut [フォーァ・ハオト] 女 -/..häute《医》包皮.

***vor ̄her** [フォーァ・ヘーァ foːr-héːr または フォーァ..] 副 ① それ以前に, その前に. (英 before). am Tag *vorher* 前日に / einige Tage *vorher* 数日前に / kurz (lange) *vorher* 少し前（ずっと前）に / *Vorher* sah alles anders aus. 以前は何もかも違って見えた.

② 前もって, あらかじめ. Warum hast du mir das nicht *vorher* gesagt? どうしてそのことを前もって私に言ってくれなかったのか.

vor·her|be·stim·men [フォーァヘーァ・ベシュティンメン foːrhéːr-bəʃtìmən] (過分 vorherbestimmt) 他 (h) 〔神・運命などが〕あらかじめ定める.

vor·her|ge·hen* [フォーァヘーァ・ゲーエン foːrhéːr-gèːən] 自 (s)《事³より》先に起こる, 先行する.

vor·her·ge·hend [フォーァヘーァ・ゲーエント] I vorher|gehen (先に起こる)の 現分 II 形 すぐ前の, 先行する; 前述の. am *vorhergehenden* Abend 前の晩に. ◊《名詞的に》im *Vorhergehenden* (新形 im *Vorhergehenden*) 前述の箇所で.

vor·he·rig [フォーァ・ヘーリヒ foːr-héːrɪç または フォーァ..] 形《付加語としてのみ》その前の, 前もっての. am *vorherigen* Tag 前の日に.

Vor ̄herr·schaft [フォーァ・ヘルシャフト] 女 -/ 優位, 優勢; 主導権. um die *Vorherrschaft* kämpfen 主導権を争う.

vor|herr·schen [フォーァ・ヘルシェン fóːr-hèrʃən] 自 (h) 優勢（有力）である, 支配的である, 広く行なわれている. ◊〔現在分詞の形で〕die damals *vorherrschende* Mode 当時支配的だったファッション.

Vor·her ̄sa·ge [フォーァヘーァ・ザーゲ] 女 -/-n 予測, 予言;〔天気〕予報.

vor·her|sa·gen [フォーァヘーァ・ザーゲン foːrhéːr-zàːgən] 他 (h) 予測して言う, 予言する;〔天気⁴を〕予報する.

vor·her|se·hen* [フォーァヘーァ・ゼーエン foːrhéːr-zèːən] 他 (h) 予見する, 予知する.

***vor ̄hin** [フォーァ・ヒン foːr-hín または フォーァ..] 副 たった今, つい先ほど, ほんの少し前. Ich habe ihn *vorhin* noch gesehen. つい先ほど私は彼を見かけた. (☞ 類語 kürzlich).

Vor·hi·nein [フォーァ・ヒナイン]〔成句的に〕im *Vorhinein*(アレ) 前もって, あらかじめ.

Vor ̄hof [フォーァ・ホーフ] 男 -[e]s/..höfe ①《医》心房:〔内耳などの〕内庭. ② 前庭.

Vor ̄hut [フォーァ・フート] 女 -/-en《軍》前衛〔部隊〕.

***vo·rig** [フォーリヒ fóːrɪç] 形 ①《付加語としてのみ》この前の, 先の. (英 previous). im *vorigen* Jahr 昨年に / am 3. (=dritten) *vorigen* Monats 先月の3日に / Die Konferenz fand in der *vorigen* Woche statt. 会議は先週開催された. ◊《名詞的に》wie im *vorigen* (新形 im *Vorigen*) 上で述べたように. ②《ズィ》残りの, 余った. 物⁴ *vorig* lassen 物⁴を残す.

Vor ̄jahr [フォーァ・ヤール] 中 -[e]s/-e 昨年, 前年.

vor ̄jäh·rig [フォーァ・イェーリヒ] 形《付加語としてのみ》昨年の, 前年の.

Vor ̄kämp·fer [フォーァ・ケンプファァ] 男 -s/- 先駆者, パイオニア. (仏 女性形は Vorkämpferin).

vor|kau·en [フォーァ・カオエン fóːr-kàʊən] 他 (h) ①〔幼児³に〕物⁴をかんで与える. ②《口語》〔人³に〕事⁴をかんで含めるように説明する.

Vor ̄kauf [フォーァ・カオフ] 男 -[e]s/..käufe《経》先買い, 買い占め.

Vor ̄kaufs ̄recht [フォーァカオフス・レヒト] 中 -[e]s/-e《法》先買(センバイ)権.

Vor·keh·rung [フォーァ・ケールング] 女 -/-en《ふつう 複》備え, 準備, 予防〔措置〕. für (また gegen) 事⁴ *Vorkehrungen*⁴ treffen 事⁴の準備をする, 事⁴に対して予防措置を講ずる.

Vor·kennt·nis [フォーァ・ケントニス] 女 -/..nisse《ふつう 複》予備知識, 素養.

vor|knöp·fen [フォーァ・クネプフェン fóːr-knœpfən] 再帰 (h) sich³ 人⁴ *vorknöpfen*《口語》人⁴を呼びつけてとっちめる.

vor|ko·chen [フォーァ・コーヘン fóːr-kòxən] 他 (h) 温めて食べられるように食事⁴を前もって調理しておく.

vor|kom·men [フォーァ・コンメン fóːr-kɔ̀mən] (kam...vor, ist...vorgekommen) 自 (完了 sein) ①〔不快なことなどが〕起こる, 生じる;〔人³の〕身に起こる. (英 happen). Solche Fehler *kommen* häufig *vor*. このような間違いはよく起こる / So etwas *ist* mir noch nicht *vorgekommen*.〔現在完了〕私はまだこんな目に遭ったことがない.

②〔人³にとって…のように〕思われる. Diese

Frau *kommt* mir bekannt *vor*. この女性には会ったことがあるような気がする. ◇〖非人称の **es** を主語として〗Es *kommt* mir *vor*, als ob... 私はあたかも…であるような気がする. ◇〖再帰的に〗Du *kommst* dir wohl sehr klug *vor*. 君は自分がよほど頭がいいと思っているのだろうな. (☞ 類語 scheinen).

③〖場所を表す語句とともに〗(…に)**存在する**, ある, 見られる. Diese Pflanze *kommt* nur **im** Gebirge *vor*. この植物は山岳地帯にだけ見られる / In diesem Gedicht *kommt* das Wort „Frühling" achtmal *vor*. この詩の中に Frühling (春)という単語が8回出て来る.

④ 前に出る; (物陰から)出て来る. *Komm vor* und schreibe es an die Tafel! 前に出てそれを黒板に書きなさい / **hinter** dem Vorhang *vorkommen* カーテンの後ろから出て来る.

Vor·kom·men [ふォーァ・コンメン] 中 -s/- ① 〖複 なし〗存在[していること]; 発生. das *Vorkommen* einer Krankheit[2] 発病. ②〖ふつう 複〗〖資源の〗埋蔵, 鉱床. reiches *Vorkommen* von Erdöl 豊富な石油の埋蔵.

Vor·komm·nis [ふォーァ・コムニス] 中 ..nisses/..nisse 不愉快な出来事, 事件.

Vor⹀kriegs⹀zeit [ふォーァクリークス・ツァイト] 女 -/-en 〖ふつう 単〗戦前(特に第二次世界大戦前).

vor|la·den* [ふォーァ・ラーデン fóːr-làːdən] 他 (h) (人[4]を)出頭させる, 召喚する.

Vor⹀la·dung [ふォーァ・ラードゥング] 女 -/-en 呼び出し, 召喚; 召喚状.

Vor⹀la·ge [ふォーァ・ラーゲ] 女 -/-n ①〖複 なし〗呈示, 提出. ② 議案. ③〖書画の〗手本, 原型;〖印〗版下. nach einer *Vorlage* zeichnen 手本にならって描く. ④ (サッカーなどの)アシストパス. ⑤〖複 なし〗(スキー・ボートなどの)前傾[姿勢]. ⑥〖建〗(壁などの)補強柱. ⑦〖化〗(蒸留物の)受け器.

vor|las·sen* [ふォーァ・ラッセン fóːr-làsən] 他 (h) (人[4]を) ①〖口語〗(順番が後の者[4]を)先に行かせる; 追い越させる. ② (人[4]に)面会を許す.

Vor⹀lauf [ふォーァ・ラオふ] 男 -[e]s/..läufe ①〖化〗(蒸留で)最初に出て来る蒸留物. ②〖スポ〗(陸上競技の)予選. ③〖複 なし〗(特に旧東ドイツで):予備的な(基礎的)研究.

Vor⹀läu·fer [ふォーァ・ロイふァァ] 男 -s/- ① 先駆者; (現在のものの)前身; 前兆. ② (スキーの)前走者. ③〖方〗(先発の)臨時列車.

***vor⹀läu·fig** [ふォーァ・ロイふィぐ fóːr-lɔyfɪç] 形 **一時的な**, 暫定的な, 仮の. (英 *temporary*). eine *vorläufige* Regelung 一時的規制 / Diese Maßnahmen sind nur *vorläufig*. この措置はただ仮のものです / *Vorläufig* wohnt er noch im Hotel. さしあたり彼はホテルに住んでいる.

vor⹀laut [ふォーァ・ラオト] 形 出しゃばりな, 生意気な(子供など).

Vor⹀le·ben [ふォーァ・レーベン] 中 -s/ 前歴, 経歴, 素性.

Vor·le·ge⹀be·steck [ふォーァ・レーゲ・ベシテック] 中 -[e]s/-e (口語 -s) 取り分け用のナイフとフォーク.

***vor|le·gen** [ふォーァ・レーゲン fóːr-lèːgən] (legte...vor, *hat*...vorgelegt) **I** 他 (h) ① **提示する**, [出して]見せる. (人[3]) den Ausweis *vorlegen* (人[3]に)証明書を提示する / dem Kunden mehrere Muster[4] *vorlegen* 顧客に見本をいくつか出して見せる. ② (法案などを[4]を)**提出する**, 出す; 公表(公刊)する. das Budget[4] *vorlegen* 予算案を提出する / (人[3]) eine Frage[4] *vorlegen* (人[3]に)質問する / ein neues Buch[4] *vorlegen* 新刊書を公刊する. ③ 〖雅〗((人[3]に)料理など[4]を)取り分ける[てや]る; (動物[3]に餌(ぇ)[4]を)与える. ④ (安全のために)前に置く; (錠など[4]を)おろす, 掛ける. ⑤ (サッカーで)[フォワード]にパスする. ⑥〖成句的に〗ein scharfes Tempo[4] *vorlegen* [はじめから]猛スピードでぶっとばす. ⑦〖口語〗(酒の前の腹ごしらえに)たらふく食べる. ⑧ (ある金額[4]を)立て替える.

II 再帰 (完了 haben) *sich*[4] *vorlegen* 前へかがむ, 身を乗りだす.

Vor⹀le·ger [ふォーァ・レーガァ] 男 -s/- (ベッドなどのわきに置く)マット; バスマット.

Vor⹀leis·tung [ふォーァ・ライストゥング] 女 -/-en 将来の利益を見越した給付(投資・譲歩).

vor|le·sen [ふォーァ・レーゼン fóːr-lèːzən] du liest...vor, er liest...vor (las...vor, *hat*...vorgelesen) 他 (完了 haben) ((人[3]に) 物[4]を)**読んで聞かせる**, 朗読する. Ich *lese* den Kindern jeden Abend eine Geschichte *vor*. 私は子供たちに毎晩物語を読んで聞かせる. ◇〖目的語なしでも〗(人[3]) **aus** der Bibel *vorlesen* (人[3]に)聖書を読んで聞かせる(朗読する). (☞ 類語 lesen).

*die **Vor·le·sung** [ふォーァ・レーズング fóːr-lèːzʊŋ] 女 (単)〈(複) -en ① (大学の)**講義**. (英 *lecture*). eine obligatorische *Vorlesung* 必修講義 / eine *Vorlesung*[4] über die deutsche Geschichte halten ドイツ史について講義をする / eine *Vorlesung*[4] belegen 講義の聴講届けをする / Er hört (または besucht) die *Vorlesungen* für Chirurgie. 彼は外科学の講義を聴講している / **in** die *Vorlesung* (または **zur** *Vorlesung*) gehen 講義を受けに行く. ②〖複 なし〗朗読.

Vor·le·sungs⹀ver·zeich·nis [ふォーァレーズングス・フェアツァイヒニス] 中 ..nisses/..nisse (大学の)講義題目一覧.

vor⹀letzt [ふォーァ・レツト] 形 〖付加語としてのみ〗最後から2番目の; 前の前の, もう一つ(一人)前の. im *vorletzten* Jahr 一昨年 / Das ist mein *vorletzter* Fünfzigmarkschein. これで50マルク札があと一枚だけだ.

vor⹀lieb [ふォーァ・リープ] 〖特定の動詞とともに成句をつくる〗

新形 ....

   vor·lieb neh·men 〖mit (人・物)[3] ~ ~〗

Vorliebe

(人・物³で)我慢する, 満足する.

*die **Vor·lie·be** [フォーァ・リーベ] fóːr-liːba] 囡 (単) -/(複) -n 愛好心, 偏愛, ひいき. Er hat eine *Vorliebe* für klassische Musik. 彼は特にクラシック音楽が好きだ / **mit** *Vorliebe* 特に好んで.

vor·lieb|neh·men* (h) (新形) vorlieb nehmen) ☞ vorlieb

vor|lie·gen* [フォーァ・リーゲン] fóːr-lìːgən] 圊 (h) ① (〔人³の〕)手元にある, (〔人³に〕)提出されている; (本が)出版されている. Mir *liegt* eine Anfrage *vor*. 私に問い合わせが来ている. ◇《現在分詞の形で》eine *vorliegende* Frage 当面の問題 / in *vorliegendem* (または im *vorliegenden*) Fall 〔今問題になっている〕このケースでは. ◇《名詞的に》im *vorliegenden* (新形) im *Vorliegenden*) ここに(で). ② (誤り・問題などが)ある, 存在する. Hier *liegt* ein Missverständnis *vor*. この点に誤解がある. ③ 〘口語〙(チェーン・錠などが)掛かっている.

vor|lü·gen* [フォーァ・リューゲン] fóːr-lỳːgən] 他 (h) 〘口語〙(人³に事⁴を)うそをついて言う.

vorm [フォーァム] 〘口語〙《前置詞 vor と定冠詞 dem の融合形》

vorm. [フォーァ・ミッタークス] 《略》 午前[中]に (=vormittags).

vor|ma·chen [フォーァ・マッヘン] fóːr-màxən] 他 (h) 〘口語〙① (人³の前で事⁴を)してみせる, (人³に事⁴の)手本を示す. ② (人³に対して事⁴を)まんまと信じ込ませる. Du kannst mir doch nichts *vormachen*! 君にだまされはしないぞ. ③ 前に置く; (錠など⁴を)おろす, 掛ける.

Vor≠macht [フォーァ・マハト] 囡 -/ 優勢, 主導権.

Vor·macht≠stel·lung [フォーァマハト・シュテルング] 囡 -/ 優位[な立場].

vor·ma·lig [フォーァ・マーリヒ] 肜《付加語としてのみ》以前の, 昔の.

vor≠mals [フォーァ・マールス] 副 以前に, かつて.

Vor≠marsch [フォーァ・マルシュ] 男 -[e]s/..märsche 前進.

Vor≠märz [フォーァ・メルツ] 男 -/ 〘史〙三月革命前の時代 (1815-1848 年).

vor|mer·ken [フォーァ・メルケン] fóːr-mèrkən] 他 (h) (予約など⁴を)メモしておく, 書き留めておく. einen Termin *vormerken* 期日をメモしておく / 物⁴ *vormerken lassen* 事⁴を予約する / sich⁴ **für** 事⁴ *vormerken lassen* 事⁴の予約申し込みをする.

Vor·mer·kung [フォーァ・メルクング] 囡 -/-en メモ; (座席などの)予約申し込み; 〘法〙仮登記.

vor≠mit·tag 副 例: heute *vormittag*) (新形) heute *Vormittag*) きょうの午前 / Montag *vormittag*) (新形) Montag*vormittag*) 月曜日の午前 《注》 特定の曜日と結び付く場合は 1 語で書く) ☞ Vormittag

*der **Vor≠mit·tag** [フォーァ・ミッターク fóːr-mɪtaːk] 男 (単 2) -s/(複) -e (3 格のみ -en) 午前. (英 *morning*). (注) 「午後」は Nachmittag. heute (morgen) *Vormittag* きょう(あす)の午前[中]に / Montag *vormittag* 月曜日の午前 / der heutige *Vormittag* きょうの午前中ずっと雨が降っていた / **am** *Vormittag* 午前中に / **vom** frühen *Vormittag* bis zum späten Abend 朝早くから夜遅くまで.

***vor≠mit·tags** [フォーァ・ミッタークス fóːr-mɪtaːks] 副 午前[中]に (略: vorm.). (英 *in the morning*). (注) 「午後に」は nachmittags). *vormittags* um 10 Uhr 午前 10 時に / Montag *vormittags* (または montags *vormittags*) 毎週月曜日の午前に.

Vor·mund [フォーァ・ムント] 男 -[e]s/-e (または ..münder) 〘法〙後見人.

Vor·mund·schaft [フォーァ・ムントシャフト] 囡 -/-en 〘法〙後見. die *Vormundschaft*⁴ **über** (または **für**) 人⁴ übernehmen 人⁴の後見を引き受ける.

Vor·mund·schafts≠ge·richt [フォーァムントシャフツ・ゲリヒト] 匣 -[e]s/-e 後見裁判所.

***vorn¹** [フォルン fɔrn] 副 前に, 前方に, 先頭に; 表に. (英 *at the front*). (注) 「後ろに」は hinten). gleich da *vorn* すぐそこの前に / **nach** *vorn* gehen 前方へ歩いて行く / nach *vorn* liegen 〔口語〕前面に出ている / **von** *vorn* a) 前の方から, b) 初めから, もう一度 / hinten und *vorn* a) 〘口語〙何から何まで(←後ろも前も), b) 〘比〙どこもかしこも / von *vorn* bis hinten 〘口語〙完全に, 例外なく / *vorn* im Buch 本の冒頭に / Ich warte *vorn* am Eingang. 私は前の入口のところで待っているよ.

vorn² [フォーァン] 〘口語〙《前置詞 vor と定冠詞 den の融合形》

*der **Vor≠na·me** [フォーァ・ナーメ fóːr-naːma] 男 (単 2) -ns; (単 3・4) -n/(複) -n (姓に対して:)名, 洗礼名. (英 *first name*). (注) 「姓」は Familienname). Mein *Vorname* ist Peter. 私の名はペーターです / 人⁴ **beim** *Vornamen* rufen 人⁴を名(洗礼名)で呼ぶ.

vorn≠an [フォルン・アン] 副 いちばん前に, 先頭に.

vor·ne [フォルネ fɔrnə] =vorn¹

***vor·nehm** [フォーァ・ネーム fóːr-neːm] 肜 ① 気高い, 高潔な. (英 *noble*). ein *vornehmer* Mensch 高潔な人. ② 上流の, 一流の, 高級な. Sie stammt aus einer *vornehmen* Familie. 彼女は上流家庭の出である. ③ 上品な, 洗練された. eine *vornehme* Kleidung 洗練された服装. ④《付加語としてのみ, ふつう最上級で》〘雅〙重要な, 主要な. unsere *vornehmste* Aufgabe 私たちの最も重要な課題.

vor|neh·men [フォーァ・ネーメン fóːr-nèːmən] 他 du nimmst...vor, er nimmt...vor (nahm...vor, hat...vorgenommen) I 再帰 (完了) haben) *sich³* *vornehmen* ① (事⁴を)企てる, もくろむ, (…しようと)決心する. (英 *intend*,

plan). *Hast* du *dir* für morgen schon etwas *vorgenommen*? 君はあすはもう何か計画があるか. ◊《**zu** 不定詞[句]》とともに》Er *hat sich vorgenommen*, sie zu besuchen. 彼は彼女を訪ねようと心に決めた. ②《口語》《人⁴を》呼びつけてとっちめる.
II 他《完了 haben》①《口語》《物⁴を》前方へ出す, 前へ動かす; 前に掛ける(当てる). das linke Bein⁴ *vornehmen* 左足を前へ出す / eine Schürze⁴ *vornehmen* エプロンを掛ける / ein Taschentuch⁴ *vornehmen* ハンカチを口に当てる. ②《口語》《事⁴に》とりかかる, 《人⁴を》相手にする. [sich³] eine Arbeit⁴ *vornehmen* 仕事にとりかかる / Er *nahm* [sich³] die Zeitung *vor*. 彼は新聞を読みはじめた / [sich³] einen Patienten *vornehmen* 患者の診察をはじめる. ③《口語》《人⁴を》優先的に扱う. ④《特定の名詞を目的語として》…する, 行う. eine Prüfung⁴ *vornehmen* 試験をする / eine Änderung⁴ *vornehmen* 変更する.

Vor·nehm·heit [ふォーァ・ネームハイト] 囡 -/ 気高さ, 高潔; 高貴; 上品, 気品.

vor·nehm·lich [ふォーァ・ネームリヒト] 副《雅》おもに, 主として, 特に.

vor|nei·gen [ふォーァ・ナイゲン fóːr-nàigən]
I 他 (h) (頭・上体などを)前へ傾ける. **II** 再帰 (h) *sich*⁴ *vorneigen* 身をかがめる, おじぎをする.

vorn¦he·rein [ふォルン・ヘライン] 副《成句的に》**von** *vornherein* 最初から, もともと.

vorn¦über [ふォルン・ユーバァ] 副 前方へ, 前がみに, 前のめりに.

vorn¦weg [ふォルン・ヴェック] 副 ① 前もって, 先に;《口語》最初(始め)から. ② 先を, 先頭で. ③ とりわけ, 特に.

der **Vor≈ort** [ふォーァ・オルト fóːr-ɔrt] 男 (単2) -[e]s/(複) -e (3格のみ -en) ① 郊外, 市郊外の町, 町はずれ. (英 *suburb*). Ich wohne **in** einem *Vorort* von Köln. 私はケルンの郊外に住んでいる. ②《スイ》(広域団体の)役員, 幹部, 首脳[部].

Vor·ort[s]·ver·kehr [ふォーァオルト・ふェアケーァ (ふォーァオルツ..)] 男 -[e]s/ 近郊交通(大都市郊外との間の交通).

Vor·ort≈zug [ふォーァオルト・ツーク] 男 -[e]s/ ..züge 近郊列車.

Vor≈platz [ふォーァ・プらッツ] 男 -es/..plätze ① (ある建物の前の)広場. ②《方》玄関の間.

Vor≈pos·ten [ふォーァ・ポステン] 男 -s/-《軍》前哨(ぜんしょう).

vor|pro·gram·mie·ren [ふォーァ・プログラミーレン fóːr-programìːrən] 他 (h) ① あらかじめプログラムに組み込む. ◊《過去分詞の形で》*vorprogrammiert* sein (ある事の成り行きが)避けられない, 必至である. ②(録音・録画のため物⁴の)番組予約をする.

Vor≈prü·fung [ふォーァ・プリューふング] 囡 -/-en 予備(一次)試験.

Vor≈rang [ふォーァ・ラング] 男 -[e]s/ ① 上位, 優位; 優勢. 人³ den *Vorrang* geben 人³に上位を譲る / 人³ den *Vorrang* streitig machen 人³と優劣(席次)を争う / **vor** 人³ [den] *Vorrang* haben 人³より上位にいる(優位である). ②《オスト》(交差点での)優先通行権.

vor·ran·gig [ふォーァ・ランギヒ] 形 優先する, 優先的な.

Vor·rang≈stel·lung [ふォーァラング・シュテるング] 囡 -/ 優位, 優先.

der **Vor·rat** [ふォーァ・ラート fóːr-raːt] 男 (単2) -[e]s/(複) ..räte [..レーテ] (3格のみ ..räten) 蓄え, 備蓄, ストック; 在庫[品]. (英 *stock, store*). ein *Vorrat* **an** Lebensmitteln 食料品の蓄え / einen großen *Vorrat* von 物⁴ haben 物⁴を大量に蓄えている / **auf** *Vorrat* arbeiten 働いて蓄える / 物⁴ **auf** *Vorrat* kaufen 物⁴を大量に仕入れる(買いだめする) / 物⁴ **in** *Vorrat* haben 物⁴を蓄えている.

Vor·rä·te [ふォーァ・レーテ] *Vorrat (蓄え)の複.

vor·rä·tig [ふォーァ・レーティヒ fóːr-rɛːtɪç] 形 蓄えてある, 手持ちの, 在庫の. (英 *in stock*). *vorrätige* Waren 在庫品 / eine Ware⁴ *vorrätig* haben (または halten) ある商品の在庫がある, ある品物を持ち合わせている.

Vor·rats≈raum [ふォーァラーツ・ラオム] 男 -[e]s/..räume 貯蔵室, 食料品室.

Vor≈raum [ふォーァ・ラオム] 男 -[e]s/..räume 控え室, ロビー.

vor|rech·nen [ふォーァ・レヒネン fóːr-rɛçnən] 他 (h) (人³の前で事⁴を)計算してみせる. 人³ seine Fehler⁴ *vorrechnen*《比》人³の誤りを並べたてる.

Vor≈recht [ふォーァ・レヒト] 中 -[e]s/-e 特権, 特典; 優先権. *Vorrechte*⁴ genießen (verlieren) 特権を享受する(失う).

Vor≈re·de [ふォーァ・レーデ] 囡 -/-n (話などの)前置き; 序言, 序文 (=Vorwort).

Vor≈red·ner [ふォーァ・レードナァ] 男 -s/- (ある人より)先に話した(話す)人.

Vor·rich·tung [ふォーァ・リヒトゥング] 囡 -/-en ① 設備, 装置. eine selbsttätige *Vorrichtung* 自動装置. ②《方》整備, 準備.

vor|rü·cken [ふォーァ・リュッケン fóːr-rỳkən]
I 他 (h) 前の方へ動かす(ずらす), (時計の針などを)進める. **II** 自 (s) ① 前へ動く(出る), 先へ進む. ②《軍》進軍する. ③ (時間が)過ぎる. ◊☞ **vorgerückt**

Vor≈run·de [ふォーァ・ルンデ] 囡 -/-n《スポ》(団体戦の)第一次予選.

vors [ふォーァス]《口語》《前置詞 vor と定冠詞 das の融合形》

Vors. [ふォーァ・ズィッツェンデ (..ダァ)]《略》議長, 座長 (=Vorsitzende[*r*])

vor|sa·gen [ふォーァ・ザーゲン fóːr-zàːgən] 他 (h) (人³に)ささやいて(こっそり教えて, 口に出して)言う. ◊《再帰的に》*sich*³ 事⁴ *vorsagen* (覚えるために)事⁴をそっと口に出して言う, 事⁴を自分に言って聞かせる.

Vor≠sai·son [フォーァ・ゼゾーン] 囡 -/-s (南ドイツ、オーストリア: -en) シーズン前の時期.

Vor≠sän·ger [フォーァ・ゼンガァ] 男 -s/- (合唱の)先唱者; (聖歌隊の)前唱者.

*der **Vor·satz** [フォーァ・ザッツ fóːr-zats] 男 (単2) -es/(複) ..sätze [..ゼッツェ] (3格のみ ..sätzen) ① **決意**, **意図**; 《法》故意. (英 intention). einen *Vorsatz* fassen, **zu** 不定詞[句] …をしようと決心する / Er blieb **bei** seinem *Vorsatz*. 彼は決心を変えなかった / **mit** *Vorsatz* 故意に. ② (本の)見返し. ③ (機械の)付属装置.

Vor·satz≠blatt [フォーァザッツ・ブラット] 中 -[e]s/..blätter 《製本》(本の)見返し.

Vor·sät·ze [フォーァ・ゼッツェ] *Vorsatz (決意)の 複

vor·sätz·lich [フォーァ・ゼッツリヒ] 形 意図的な, 計画的な, 故意の.

Vor·satz≠lin·se [フォーァザッツ・リンゼ] 囡 -/-n 《写》(カメラのレンズに装着する)補助レンズ.

Vor·schau [フォーァ・シャウ] 囡 -/-en (テレビ・映画などの)予告[篇], 番組案内.

Vor·schein [フォーァ・シャイン] 男 《成句的に》物 **zum** *Vorschein* bringen 物 [4] を見せる, 現す / **zum** *Vorschein* kommen 現れる, 出てくる.

vor|schi·cken [フォーァ・シッケン fóːr-ʃikən] 他 (h) ① 前方へ送る. ② (人 [4]を)先発させる. ③ (荷物など [4]を)前もって送る.

vor|schie·ben* [フォーァ・シーベン fóːr-ʃiː-bən] 他 (h) ① 前方へ押しやる; (頭など [4]を)前に突き出す; (部隊など [4]を)前進させる. den Riegel *vorschieben* かんぬきを差す. ◇再帰的に sich [4] *vorschieben* 押し分けて進む. ② (人 [4]を)前面にかつぎ出す. ③ 口実にする. eine Krankheit [4] *vorschieben* 病気を口実にする.

vor|schie·ßen* [フォーァ・シーセン fóːr-ʃiː-sən] I 自 (s) 《口語》(前へ)さっと飛び出す. II 他 (h) 《口語》(人 [3]にお金 [4]を)前払い(前貸し)する.

*der **Vor·schlag** [フォーァ・シュラーク fóːr-ʃlaːk] 男 (単2) -[e]s/(複) ..schläge [..シュレーゲ] (3格のみ ..schlägen) ① **提案**, **提議**, 申し出. (英 proposal). Gegen*vorschlag* 反対提案 / Das ist ein praktischer *Vorschlag*. それは実際的な提案だ / einen *Vorschlag* an|nehmen (ab|lehnen) 提案を受け入れる(拒否する) / 人 [3] einen *Vorschlag* machen 人 [3] に提案する / ein *Vorschlag* zur Güte 和解の提案 / **auf** *Vorschlag* von Herrn Kohl コール氏の提案によって. ② 《音楽》前打音.

Vor·schlä·ge [フォーァ・シュレーゲ] *Vorschlag (提案)の 複

****vor|schla·gen*** [フォーァ・シュラーゲン fóːr-ʃlàːgən] du schlägst...vor, er schlägt...vor (schlug...vor, *hat*...vorgeschlagen) 他 (完了 haben) (英 propose) ① (人 [3]に 人 [4] を)**提案する**, 提議する. 人 [3] eine andere Lösung [4] *vorschlagen* 人 [3]に別の解決策を提案する / Ich *schlage vor*, dass wir uns in meinem Büro treffen. 私の事務所で落ち合うことにしましょう. ② (人 [4] を)推薦する. 人 [4] **als** Kandidaten (für ein Amt) *vorschlagen* 人 [4] を候補者として(ある職務に)推薦する.

Vor·schlag≠ham·mer [フォーァシュラーク・ハンマァ] 男 -s/..hämmer 大ハンマー.

Vor·schluss≠run·de [フォーァシュルス・ルンデ] 囡 -/-n 《スポ》準決勝戦.

Vor·schluß≠run·de ☞ 新形 Vorschlussrunde

vor·schnell [フォーァ・シュネる] 形 早まった, 軽率な, 性急な(判断・行動など).

vor|schrei·ben* [フォーァ・シュライベン fóːr-ʃràibən] 他 (h) ① (人 [3]に 物 [4]を)手本として書いてみせる. Kindern [3] die Buchstaben [4] *vorschreiben* 子供たちに文字を書いてみせる. ② (人 [3]に 事 [4]を)指示する, 定める. Ich lasse mir von dir nichts *vorschreiben*! ぼくは君の指図なんか受けないよ / Das Gesetz schreibt vor, dass… 法律では…と定められている. ◇過去分詞の形で die *vorgeschriebene* Dosis 医者に指示された服用量.

vor|schrei·ten* [フォーァ・シュライテン fóːr-ʃràitən] 自 (s) 《雅》(仕事などが)はかどる, 進捗(しんちょく)する; (時が)経過する.
◇☞ **vorgeschritten**

*die **Vor·schrift** [フォーァ・シュリふト fóːr-ʃrift] 囡 (単) -/(複) -en 指示, 規定, 規則; (医師による)処方. (英 instruction). eine strenge *Vorschrift* 厳格な規定 / die dienstlichen *Vorschriften* [4] befolgen (verletzen) 服務規程に従う(違反する) / sich [4] an die *Vorschriften* halten 規則を守る / **nach** *Vorschrift* des Arztes 医者の処方どおりに.

vor·schrifts≠mä·ßig [フォーァシュリふツ・メースィヒ] 形 規定(規則・指示)どおりの.

vor·schrifts≠wid·rig [フォーァシュリふツ・ヴィードリヒ] 形 規定(規則・指示)に反した.

Vor·schub [フォーァ・シューブ] 男 -[e]s/..schube ① 《工》送り. ② 《成句的に》人・事 [3] *Vorschub* [4] leisten 人・事 [3]を援助する, 助成する.

Vor·schu·le [フォーァ・シューレ] 囡 -/-n ① 就学前教育施設(幼稚園・保育園など). ② (昔の:)高等予備校.

vor≠schu·lisch [フォーァ・シューリッシュ] 形 就学前の(学齢前の).

Vor·schuss [フォーァ・シュス] 男 -es/..schüsse 前払い[金], 前貸し[金]; 立て替え金. sich [3] einen *Vorschuss* geben lassen 前貸しをしてもらう / um [einen] *Vorschuss* bitten 前貸しを頼む.

Vor·schuß ☞ 新形 Vorschuss

vor|schüt·zen [フォーァ・シュッツェン fóːr-ʃỳtsən] 他 (h) (事 [4]を)口実に(言いわけに)する. eine Krankheit [4] *vorschützen* 病気を言いわけにする, 仮病を使う.

vor|schwe·ben [フォーァ・シュヴェーベン fóːrʃvèːbən] 自(h) (人³の)念頭に浮かんでいる.

vor|schwin·deln [フォーァ・シュヴィンデるン fóːr-ʃvɪndəln] 他 (h)《口語》(人⁴をだまして事⁴を)本当だと思わせる, (人³に事⁴の)うそをつく.

vor|se·hen [フォーァ・ゼーエン fóːr-zèːən] du siehst...vor, er sieht...vor (sah...vor, *hat* ...vorgesehen) I 他 (完了 haben) ① (人・事⁴を)予定している. (英 schedule). neue Maßnahmen⁴ *vorsehen* 新しい措置を予定する / Er *ist* als Nachfolger des Präsidenten *vorgesehen*.《状態受動・現在》彼は大統領の後継者と見込まれている / Wir *haben* das Geld für Einkäufe *vorgesehen*. 私たちはそのお金を買い物に使う予定だった. ② (法律・計画などがあらかじめ)定めている, 考慮に入れている. Das Gesetz *sieht* solche Maßnahmen nicht *vor*. この法律はそのような措置を想定していない.
II 再帰 (完了 haben) *sich⁴ vorsehen* 用心する. *sich⁴ vor* 人・物³ *vorsehen* 人・物³に用心する, 人・物³を警戒する / Bitte *sieh* dich vor, dass (または damit) du dich nicht erkältest! 風邪をひかないように用心しなさいよ.
III 自 (完了 haben) (下着などの)のぞいている; (物陰から)のぞき見る.

Vor·se·hung [フォーァ・ゼーウング] 女 -/《宗》(神の)摂理, 神慮; 運命.

vor|set·zen [フォーァ・ゼッツェン fóːr-zɛ̀tsən] 他 (h) ① 前に置く(出す, 付ける). den rechten Fuß *vorsetzen* 右足を前に出す / dem Namen den Titel *vorsetzen* 名前に肩書きをつける. ② (人⁴を)前の方に座らせる ◇《再帰的に》*sich⁴ vorsetzen* 前の方の席に座る. ③ (人³に飲食物⁴を)出す;《比》(ひどい番組など⁴を)提供する.

:die **Vor·sicht** [フォーァ・ズィヒト fóːr-zɪçt]

用心 *Vorsicht*! 気をつけて!
ﾌｫｰｧｽﾞｨﾋﾄ

女《単》-/《ふつう冠詞なしで》用心, 注意; 慎重さ. (英 care, caution). *Vorsicht*, Stufe!《掲示などで》注意, 段差あり! / *Vorsicht*⁴ üben (または walten lassen) 用心する / **aus** *Vorsicht* 用心のために / **mit** *Vorsicht* 用心して, 気をつけて, 慎重に / **zur** *Vorsicht* 用心のために / *Vorsicht* ist besser als Nachsicht.《諺》転ばぬ先のつえ(←前の用心はあとの注意に勝る) / *Vorsicht* ist die Mutter der Weisheit.《諺》用心に越したことはない(←用心は知恵の母).

:**vor·sich·tig** [フォーァ・ズィヒティヒ fóːr-zɪçtɪç] 形 用心深い, 慎重な. (英 cautious). ein *vorsichtiger* Mensch 用心深い人 / Sei *vorsichtig*! 気をつけて! / Fahr bitte *vorsichtig*! 安全運転してくれよ.

vor·sichts⋄hal·ber [フォーァズィヒツ・ハるバァ] 副 用心のため, 念のため.

Vor·sichts⋄maß·nah·me [フォーァズィヒツ・マースナーメ] 女 -/-n 予防措置.

Vor·sichts⋄**maß·re·gel** [フォーァズィヒツ・マースレーゲる] 女 -/-n 予防策(措置).

Vor⋄sil·be [フォーァ・ズィるべ] 女 -/-n《言》前つづり, 接頭辞 (= Präfix). (対)「後づづり」は Nachsilbe.

vor|sin·gen* [フォーァ・ズィンゲン fóːr-zɪŋən]
I 他 (h) (人³に物⁴を)歌って聞かせる; お手本として歌ってみせる; (ソリストとして)先唱(前唱)する.
II 自 (h) オーディションで歌う.

vor·sint·flut·lich [フォーァ・ズィントふるートリヒ] 形《口語》時代遅れの(元の意味は「ノアの大洪水以前の」).

Vor⋄sitz [フォーァ・ズィッツ] 男 -es/ 議長(座長)の地位, 議長職. den *Vorsitz* führen 議長(座長)をつとめる.

***Vor·sit·zen·de**[**r**] [フォーァ・ズィッツェンデ (..ダァ) fóːr-zɪtsəndə (..dɐr)] 男 女《語尾変化は形容詞と同じ (注意 男: 1格 der Vorsitzende, ein Vorsitzender) Alte[r]》(例:男 1格 der Vorsitzende, ein Vorsitzender) 議長, 座長; 会長; 委員長, 理事長(略: Vors.). (英 chairperson). 人⁴ zum *Vorsitzenden* wählen 人⁴を議長に選ぶ.

Vor⋄som·mer [フォーァ・ゾンマァ] 男 -s/- 初夏.

Vor⋄**sor·ge** [フォーァ・ゾルゲ] 女 -/-n《ふつう単》(将来のための)配慮, 用心, 用意. **für** 事⁴ *Vorsorge*⁴ tragen (または treffen) 事⁴に対してあらかじめ用意(準備)しておく / **zur** *Vorsorge* 用心して, 念のため.

vor|sor·gen [フォーァ・ゾルゲン fóːr-zɔ̀rgən] 自 (h)《für 人・事⁴ ~》(人・事⁴に対して)あらかじめ備える.

Vor·sor·ge⋄un·ter·su·chung [フォーァゾルゲ・ウンタァズーフング] 女 -/-en《医》予防検診.

vor·sorg·lich [フォーァ・ゾルクリヒ] 副 用心して, 用心のために, 念のために.

Vor⋄**spann** [フォーァ・シュパン] 男 -[e]s/-e ① (映画・テレビの冒頭の)タイトル, (新聞記事の)リード(記事内容を概説した冒頭の部分). ② (けん引用の)補助馬;《鉄道》補助機関車.

vor|span·nen [フォーァ・シュパンネン fóːr-ʃpànən] 他 (h) ① (けん引する家畜・車⁴を)前につなぐ. ein Pferd⁴ *vorspannen* 馬を馬車につなぐ. ②《電》(物⁴に)バイアス(電圧)を加える.

Vor⋄spei·se [フォーァ・シュパイゼ] 女 -/-n《料理》前菜, オードブル (= Vorgericht).

vor|spie·geln [フォーァ・シュピーゲるン fóːr-ʃpiːgəln] 他 (h) (人³に)(事⁴を)本当と思わせる, (事⁴の)ふりをする. 人³ eine Krankheit⁴ *vorspiegeln* 人³に仮病を使う.

Vor·spie·ge·lung [フォーァ・シュピーゲるング] 女 -/-en 本当らしく見せかけること, 欺瞞(ぎまん).

***das Vor⋄spiel** [フォーァ・シュピーる fóːr-ʃpiːl] 中《単 2》-[e]s/《複》-e (3格のみ -en) ①《音楽》前奏曲, 序曲. (英 prelude). ②《劇》序幕, プロローグ.《比》序の口. Das war nur das *Vorspiel*. これはほんの序の口だった. ③《スポ》前座試合. ④ (性交の)前戯. ⑤ オーディション.

vor|spie·len [ふォーァ・シュピーれン fóːr-ʃpiːlən] I 他 (h) ① (人³に)楽曲・劇など⁴を演奏する, 演じる; (手本として)演奏して(演じて)みせる. ② (人³に事⁴を)本当だと思わせる. II 自 (h) (人³の前で)演奏(演技)する.

Vor-spra·che [ふォーァ・シュプラーヘ] 女 -/-n (依頼などの用件での)短時間の訪問.

vor|spre·chen* [ふォーァ・シュプレッヒェン fóːr-ʃprɛçən] I 他 (h) ① (人³の前で単語など⁴を)発音してみせる. einem Kind ein schwieriges Wort⁴ *vorsprechen* 子供に難しい単語の発音をしてみせる. ② (せりふなど⁴をオーディションで)朗読する. II 自 (h) 《bei 人³～》(頼みごと・相談のために 人³を)訪問する.

vor|sprin·gen* [ふォーァ・シュプリンゲン fóːr-ʃprɪŋən] 自 (s) ① (前方へ)飛び出す; (時計の針が)跳ねるように進む. hinter dem Auto *vorspringen* 車の後ろから飛び出す. ② 突き出ている, (建物の一部などが)張り出している.

vor·sprin·gend [ふォーァ・シュプリンゲント] I vor|springen (前方へ飛び出す)の 現分 II 形 突き出た, 張り出した. ein *vorspringendes* Fenster 出窓.

Vor=sprung [ふォーァ・シュプルング] 男 -[e]s/..sprünge ① (岩などの)突出部, (建物などの)張り出し, 突出部. ② (競争でのリード; 《比》優位. ein *Vorsprung* von fünf Metern 5メートルのリード / einen großen *Vorsprung* vor 人³ haben 人³を大きくリードしている.

vor|spu·len [ふォーァ・シュプーれン fóːr-ʃpuːlən] 他 (h) (ビデオテープなど⁴を)早送りする. (⦅字⦆ 「巻き戻しする」は zurück|spulen)

Vor=stadt [ふォーァ・シュタット] 女 -/..städte [..ʃテーテ] 郊外, 町はずれ.

Vor=städ·ter [ふォーァ・シュテータァ] 男 -s/- 郊外居住者.

vor·städ·tisch [ふォーァ・シュテーティッシュ] 形 郊外の.

Vor=stand [ふォーァ・シュタント] 男 -[e]s/..stände ① (会社・協会などの)指導部, 幹部, (会社の)取締役会, 首脳部; 役員, 理事, 部局長. ② (⦅古⦆) 駅長.

Vor·stands=mit·glied [ふォーァシュタンツ・ミットグリート] 中 -[e]s/-er 幹部(理事)の一員.

Vor·stands=sit·zung [ふォーァシュタンツ・ズィッツング] 女 -/-en 幹部(理事)会, 役員会議.

vor|ste·hen* [ふォーァ・シュテーエン fóːr-ʃtèːən] 自 (h) ① 突き(張り)出ている. ② (事³を)とり仕切る, (組織など³の)長(代表者)である. dem Haushalt *vorstehen* 家計をつかさどる / Er *steht* unserer Schule *vor*. 彼は私たちの学校の校長だ. ③ (狩)(猟犬が獲物に向かって)構える.

vor·ste·hend [ふォーァ・シュテーエント] I vor|-stehen (突き出ている)の 現分 II 形 ① 上述の, 前記の. ◇《名詞付に》im *vorstehenden* (新形) im *Vorstehenden*) 上述の箇所で. ② 突き出た. *vorstehende* Zähne⁴ haben 出っ歯である.

Vor=ste·her [ふォーァ・シュテーァァ] 男 -s/- 役員, 理事, 部局長. (⦅字⦆ 女性形は Vorsteherin).

Vor·ste·her=drü·se [ふォーァ・シュテーァァ・ドリューゼ] 女 -/-n (医)前立腺(ぜん).

Vor·steh=hund [ふォーァ・シュテー・フント] 男 -[e]s/-e (狩猟用の)ポインター, セッター.

vor·stell·bar [ふォーァ・シュテるバール] 形 想像できる, 考えられる.

:vor|stel·len [ふォーァ・シュテれン fóːr-ʃtɛlən]

> 紹介する Darf ich mich *vorstellen*?
> ダルふ イヒ ミヒ ふォーァシュテれン
> 自己紹介してよろしいでしょうか.

(stellte...vor, hat...vorgestellt) I 他 (⦅定了⦆ haben) ① (人³に) 人・物⁴を)紹介する. (英 introduce). *Darf* ich Ihnen Herrn Meyer *vorstellen*? マイアーさんを紹介させていただきます / Er *stellte* mich seiner Frau *vor*. 彼は私を奥さんに紹介した / Die Firma *stellt* ihre neuen Modelle *vor*. 《比》その会社はニューモデルを発表する.
② (絵などが物⁴を)表す; 意味する; (役など⁴を)演じる. Was *stellt* das Gemälde *vor*? この絵は何を表現しているのですか / Er *stellt* etwas *vor*. 彼はひとかどの人物だ.
③ 前の方へ出す; (他の物の)前に[立てて]置く. das rechte Bein⁴ *vorstellen* 右足を前へ出す.
④ (時計⁴・時計の針⁴を)進める. (⦅字⦆ 「遅らせる」は nach|stellen). den Wecker [um] eine Stunde *vorstellen* 目覚まし時計を1時間進める. ⑤ (人³を医者に)診察してもらう. ◇《再帰的に》*sich*⁴ dem Arzt *vorstellen* 医者の診察を受ける. ⑥ (人³に状況など⁴を)よくわかるように説明する.

II 再帰 (⦅定了⦆ haben) ① *sich*⁴ *vorstellen* 自己紹介する, (自分の)名を名乗る; 《比》面接を受ける. *Hast* du *dich* ihm *vorgestellt*? 君は彼に自己紹介をしたの / *sich*⁴ **in** einer Firma *vorstellen* (就職などのために)ある会社で面接を受ける / *sich*⁴ **mit** Schmidt *vorstellen* シュミットと名乗る.
② *sich*³ 人・物⁴ *vorstellen* 人・物⁴を**想像する**, 思い浮かべる. Das *kann* ich *mir* gut *vorstellen*. そのことは私にはよくわかります / Ich hatte mir ihn viel älter *vorgestellt*. 私は彼のことをもっと年をとっていると思っていた / *Stell dir vor*, er will morgen kommen! 考えてごらんよ, 彼があす来るって言うんだ.

vor·stel·lig [ふォーァ・シュテりヒ fóːr-ʃtɛlɪç] 形 《成句的に》 *vorstellig* werden 《書》(人³に)懇願する, (物³役所などに)陳情に行く.

*die Vor·stel·lung [ふォーァ・シュテるング fóːr-ʃtɛlʊŋ] 女 (単) -/(複) -en ① 《ふつう 単》紹介[すること]; 《比》新製品の公開. (英 introduction). die *Vorstellung* eines neuen Mitarbeiters 新しい仕事仲間の紹介. ② 上演, 上映, 公演. (英 performance). eine *Vor-*

*stellung*⁴ besuchen 芝居(映画)を見に行く. ③ イメージ, 考え, 《哲》表象; 想像. (☞ *idea*). eine klare *Vorstellung*⁴ von 物³ haben 物³ についてはっきりしたイメージを持っている / Du machst dir von seinem Reichtum keine *Vorstellung*. 彼がどんなに金持ちか君には想像もつかないだろう. ④ 《ふつう 複》《雅》異議; 非難. 人³ *Vorstellungen*⁴ machen 人³をとがめる.

Vor·stel·lungs·kraft [ふォァシュテルングス・クラフト] 女 -/ 表象能力; 想像力.

Vor·stel·lungs·ver·mö·gen [ふォァシュテルングス・フェアメーゲン] 中 -s/ 表象能力; 想像力.

Vor⚆stoß [ふォーァ・シュトース] 男 -es/..stöße ① 突撃, 進撃, 突進, 突入. einen *Vorstoß* machen 突撃(突進)する. ②《服飾》縁飾り.

vor|sto·ßen* [ふォーァ・シュトーセン fóːr-ʃtoːsən] I 他 (h) 前方へ突き出す(突き飛ばす). II 自 (s) (…へ)突き進む, 進撃する;《比》(チームなどが上位に)進出する.

Vor⚆stra·fe [ふォーァ・シュトラーふェ] 女 -/-n 《法》前科.

vor·stre·cken [ふォーァ・シュトレッケン fóːr-ʃtrɛkən] 他 (h) ① (腕・足など⁴を)前方へ伸ばす, 突き出す. ◇[再帰的に] *sich*⁴ *vorstrecken* 身を乗り出す. ② (人³に物⁴を)前貸しする, 立て替える.

Vor⚆stu·fe [ふォーァ・シュトゥーふェ] 女 -/-n 前段階, 第一段階.

Vor⚆tag [ふォーァ・ターク] 男 -[e]s/-e 前日.

vor|täu·schen [ふォーァ・トイシェン fóːr-tɔ̀y-ʃən] 他 (h) (事⁴を)装う, (…であるふりをする). eine Krankheit⁴ *vortäuschen* 仮病を使う.

Vor·täu·schung [ふォーァ・トイシュング] 女 -/-en 見せかけ, (…の)ふり.

‡*der* **Vor·teil*** [ふォァ・タイル fóːr-taɪl]

有利; 利益

Das ist für dich von *Vorteil*. ダス イスト ふューァ ディヒ ふォン ふォァタイル それは君にとって有利だ.

男 (単2) -[e]s/(複) -e (3格のみ -en) (英 *advantage*). ① 有利, メリット; 利益, 得, 長所, 利点. (☞「不利」は Nachteil). finanzielle *Vorteile* 財政上のメリット / Der *Vorteil* liegt darin, nass … メリットは…の点にある / Er sucht nur seinen eigenen *Vorteil*. 彼は自分の利益ばかりを追求する / *Vorteil*⁴ aus 事³ ziehen 事³から利益を引き出す / Ich bin ihm gegenüber **im** *Vorteil*. 私は彼に対して有利な立場にある / **von** *Vorteil* sein 有利(得)である. ② (テニスの)アドバンテージ.

*****vor·teil·haft** [ふォァ・タイルはふト fóːr-taɪl-haft] 形 (比較 vorteilhafter, 最高 vorteilhaftest) **有利な**, 得な, 好都合な. (色・服などが)似合う, 引きたてる. (英 *advantageous*). ein *vorteilhaftes* Angebot 有利な申し出 / 物⁴ *vorteilhaft*

kaufen 物⁴を安く買う / Diese Farbe ist für dich *vorteilhaft*. この色は君に似合う.

‡*der* **Vor·trag** [ふォーァ・トラーク fóːr-traːk] 男 (単2) -es (まれに -s)/(複) ..träge [..トレーゲ] (3格のみ ..trägen) ① **講演**, (英 *talk, lecture*). ein öffentlicher *Vortrag* 公開講演 / einen *Vortrag* **über** die Weltraumforschung halten 宇宙研究に関する講演をする / **in** einen *Vortrag* (または einem *Vortrag*) gehen 講演を聞きに行く. (☞ 類語 Gespräch).

② (詩などの)朗読; (体操などの)演技; (楽曲の)演奏. ③ (上役への)上申, 報告. ④《商》繰り越し[高].

Vor·trä·ge [ふォーァ・トレーゲ] *Vortrag (講演)の 複.

*****vor|tra·gen*** [ふォーァ・トラーゲン fóːr-tràːɡən) du trägst … vor, er trägt … vor (trug … vor, *hat* … vorgetragen) 他 (完了 haben) ① (聴衆・観衆の前で楽曲など⁴を)**演奏する**, 歌う, (詩などの⁴を)朗読する, (体操など⁴を)演じる. (英 *perform*). ein Lied⁴ *vortragen* 歌を歌う. ② (人³に事⁴を)申し述べる, 伝える, 上申する. 人³ eine Angelegenheit⁴ *vortragen* 人³に用件を伝える. ③ (口語)(物⁴を持って行く(運ぶ). die Hefte³ **zum** Lehrer *vortragen* (学校で)ノートを先生のところへ持って行く. ④《A⁴ auf B⁴ ~》《商》(A⁴をB⁴に)繰り越す.

Vor·trag·en·de[r] [ふォーァ・トラーゲンデ (..ダァ) fóːr-traːɡəndə (..dər)] 男 女《語尾変化は形容詞と同じ》朗読家; 演奏家.

Vor·trags·be·zeich·nung [ふォーァトラークス・ベツァイヒヌング] 女 -/-en《音楽》演奏記号.

Vor·trags·rei·he [ふォーァトラークス・ライエ] 女 -/-n 連続講演.

*****vor·treff·lich** [ふォーァ・トレふりヒ foːr-tréflɪç] 形 優れた, 卓越した, 優秀な. (英 *excellent*). Er ist ein *vortrefflicher* Koch. 彼は優秀なコックだ. (☞ 類語 gut).

Vor·treff·lich·keit [ふォーァ・トレふりヒカイト] 女 -/ 優秀さ, 卓越していること.

vor|tre·ten* [ふォーァ・トレーテン fóːr-trɛ̀ː-tən] 自 (s) ① 前方へ歩いて行く; (列などの)前へ出る. ②《口語》(目・骨などが)突き出ている, (血管が)浮き出ている.

Vor⚆tritt [ふォーァ・トリット] 男 -[e]s/ ① (礼儀上)先に行かせること, 優先[権], 上位. 人³ den *Vortritt* lassen a) 人³を先に行かせる, b)《比》人³に優先権を与える. ②《スイス》(交差点での)優先通行権 (= Vorfahrt).

*****vo·rü·ber** [ふォリューバァ forý:bər] 副 ① 《時間的に》**過ぎ去って**, 終わって. Der Sommer ist *vorüber*. 夏が終わった. ②《空間的に》通り過ぎて.

vo·rü·ber|fah·ren [ふォリューバァ・ふァーレン forý:bər-fàːrən] 自 (s)《**an** 人·物³ ~》(人·物³)のそばを乗り物で)通り過ぎる.

vo·rü·ber·ge·gan·gen [ふォリューバァ・ゲガンゲン] *vorüber|gehen (通り過ぎる)の 過分.

vo·rü·ber|ge·hen* [フォリューバァ・ゲーエン] forý:bər-gè:ən] (ging...vorüber, ist...vorübergegangen) 自 (完了 sein) ① 『an 人・物³ ~』(人・物³のそばを)通り過ぎる；《比》(物³を)見のがす．(英 pass by). Sie ging ohne Gruß an mir vorüber. 彼女はあいさつもしないで私のそばを通り過ぎた / An dieser Tatsache kann man nicht vorübergehen. この事実は無視できない． ② (休暇・あらしなどが)過ぎ去る, 終わる. Der Urlaub ist viel zu schnell vorübergegangen. 『現在完了』休暇はあっという間に終わってしまった.

Vo·rü·ber|ge·hen [フォリューバァ・ゲーエン] 中 《成句的に》im Vorübergehen a) 通りすがりに, b) 《比》ついでに．

***vo·rü·ber≠ge·hend** [フォリューバァ・ゲーエント forý:bər-ge:ənt] I *vorüber|gehen(通り過ぎる)の 現分
II 形 一時的な, 臨時の；《医》一過性の．(英 temporary). Das Museum ist vorübergehend geschlossen. 『状態受動・現在』博物館は臨時休館している．

Vor≠übung [フォーァ・ユーブング] 女 -/-en 予習, 下げいこ, 予行演習．

Vor≠un·ter·su·chung [フォーァ・ウンタァズーフング] 女 -/-en 予備(事前)調査；《法》(昔の:)予審．

***das Vor≠ur·teil** [フォーァ・ウァタイる fó:rurtaɪl] 中 (単) -s/(複) -e (3格のみ -en) 偏見, 先入観．(英 prejudice). Vorurteile⁴ gegen 人・物⁴ haben 人・物⁴に対して偏見を持つ / in Vorurteilen befangen sein 偏見にとらわれている / ein Mensch ohne Vorurteile 偏見のない人．

vor·ur·teils≠frei [フォーァウァタイるス・フライ] 形 偏見のない, 公平な．

vor·ur·teils≠**los** [フォーァウァタイるス・ろース] 形 偏見のない, 公平な．

Vor≠vä·ter [フォーァ・フェータァ] 複《雅》祖先．

Vor≠ver·gan·gen·heit [フォーァ・フェァガンゲンハイト] 女 -/《言》過去完了[形] (=Plusquamperfekt).

Vor≠ver·kauf [フォーァ・フェァカオふ] 男 -[e]s/ (切符・座席券などの)前売り．

vor|ver·le·gen [フォーァ・フェァれーゲン fó:r-fɛrlè:gən] (過分 vorverlegt) 他 (h) ① 前方にずらす(移動させる). ② (日時など⁴を)繰り上げる, 早める．

vor≠vor·ges·tern [フォーァ・フォーァゲスタァン] 副 《口語》一昨々日に, さきおとといに．

vor≠vo·rig [フォーァ・フォーリヒ] 形 《付加語としてのみ》《口語》前の前の. vorvorige Woche 先々週．

Vor≠wahl [フォーァ・ヴァーる] 女 -/-en ① 予備選考．②《政》予備選挙．③ (電話の)市外局番[を回すこと]．

Vor·wähl|num·mer [フォーァヴェーる・ヌンマァ] 女 -/-n (電話の)市外局番．

*der **Vor·wand** [フォーァ・ヴァント fó:r-vant] 男 (単2) -es (まれに -s)/(複) ..wände [..ヴェンデ] (3格のみ ..wänden) 口実, 言いわけ, 言い逃れ．(英 pretext). 事⁴ als Vorwand benutzen 事⁴を口実につかう / eine Einladung⁴ unter einem Vorwand ab|sagen 言いわけをして招待を断る / 事⁴ zum Vorwand nehmen 事⁴を口実にする．

Vor≠wän·de [フォーァ・ヴェンデ] *Vorwand (口実)の 複

vor|war·nen [フォーァ・ヴァルネン fó:r-vàrnən] 他 (h) (人³に)前もって(あらかじめ)警告する．

Vor≠war·nung [フォーァ・ヴァルヌング] 女 -/-en 警告；警戒警報．

***vor·wärts** [フォーァ・ヴェルツ fó:r-verts または フォァ.. fó:r..] 副 ① 前へ, 前方へ；前向きに．(英 forward). (⇔「後方へ」ab rückwärts). einen Schritt vorwärts machen 一歩前進する / Vorwärts marsch! 《軍》［前へ］進め! / Nun mach mal vorwärts! 《口語・比》急ぎなさい / den Wagen vorwärts ein|parken (空きスペースに)車を頭から入れて駐車する．

② 順方向に, 前から後ろへ；未来に向かって．ein Band⁴ vorwärts laufen lassen テープを順方向に回す / ein großer Schritt vorwärts 未来へ向けての大きな一歩．

[新形] ....

vor·wärts brin·gen (人⁴を)成長(進歩)させる；(事⁴を)進捗(しんちょく)させる, 発展させる．

vor·wärts ge·hen 《口語》(仕事などは)かどる；(病気などが)快方に向かう. ◇『非人称の es を主語として』Mit der Arbeit geht es jetzt gut vorwärts. 仕事は目下順調に進んでいる．

vor·wärts kom·men ① (人生で)成功する, 出世する；(事が)順調に進む. ②『mit 事³ ~』(事³)がはかどる．

....

vor·wärts|brin·gen* 他 (h) (新形 vor·wärts bringen) ☞ vorwärts

Vor·wärts≠gang [フォーァヴェルツ・ガング] 男 -[e]s/..gänge (自動車の)前進ギア．

vor·wärts|ge·hen* 自 (s) (新形 vorwärts gehen) ☞ vorwärts

vor·wärts|kom·men* 自 (s) (新形 vor·wärts kommen) ☞ vorwärts

vor≠weg [フォーァ・ヴェック] 副 ① 前もって, 先に；《口語》最初(始め)から．② 先を, 先頭を．③ とりわけ, 特に．

Vor·weg≠nah·me [フォーァヴェック・ナーメ] 女 -/-n 『ふつう 単』先取り；先取りして言う(行うこと)．

vor·weg|neh·men* [フォーァヴェック・ネーメン fo:rvék-nè:mən] 他 (h) 先取りする；先取りして言う(行う)．

vor|wei·sen* [フォーァ・ヴァイゼン fó:r-vàɪzən] 他 (h) (旅券など⁴を)見せる, 提示する；(知識・能力など⁴を)人前で見せる, 披露する．

vor|wer·fen [フォーァ・ヴェルふェン fó:rvèrfən] du wirfst...vor, er wirft...vor (warf vor, hat...vorgeworfen) 他 (定了 haben) ① (人³の軍⁴を)非難する，責める．(英 accuse). Er wirft mir Unpünktlichkeit vor. 彼は私が時間を守らないのを非難する．◇《再帰的に》Ich habe mir nichts vorzuwerfen. 私にはなんらやましいところはない． ② (物⁴を)前方へ投げる(投げ出す); (軍)(部隊など⁴を)前線に投入する． den Ball vorwerfen ボールを前に投げる / die Beine⁴ vorwerfen 両脚を前へ投げ出す / neue Truppen⁴ vorwerfen 新しい部隊を前線へ送る． ③ (人・物³の前に物⁴を)投げてやる，投げ与える． den Tieren Futter⁴ vorwerfen 動物に餌(;)を投げ与える．

vor|wie·gen* [ふォーァ・ヴィーゲン fóːr-vìːgən] I 自 (h) 優勢である，支配的である． II 他 (h)(人³の目の前で物⁴を)量ってみせる．

vor·wie·gend [ふォーァ・ヴィーゲント] I vor|wiegen(優勢である)の現分 II 形 主要な，優勢な． III 副 おもに，主として，だいたい． Morgen ist es vorwiegend heiter. あすはおおむね晴れでしょう．

Vor⋮win·ter [ふォーァ・ヴィンタァ] 男 -s/- 初冬．

Vor⋮wis·sen [ふォーァ・ヴィッセン] 中 -s/- あらかじめ知っていること，予備知識． ohne mein Vorwissen 私に無断で．

Vor⋮witz [ふォーァ・ヴィッツ] 男 -es/ ① (不謹慎な)好奇心． ② (特に子供の)おせっかい，でしゃばり．

vor⋮wit·zig [ふォーァ・ヴィッツィヒ] 形 ① (不謹慎で)好奇心の強い． ② (特に子供について:)おせっかいな，でしゃばりな．

Vor⋮wo·che [ふォーァ・ヴォッヘ] 女 -/-n 前の週，先週．

Vor⋮wort [ふォーァ・ヴォルト] 中 -[e]s/-e (または ..wörter) ①《複 -e》序文，前置き． ②《複 ..wörter》《言》前置詞 (= Präposition).

* der **Vor·wurf** [ふォーァ・ヴルふ fóːr-vurf] 男 (単 2) -[e]s/(複) ..würfe [..ヴュルふェ] (3 格のみ ..würfen) ① 非難，(英 reproach). ein offener Vorwurf あからさまな非難 / 人³ Vorwürfe⁴ machen 人³を非難する / Vorwürfe⁴ gegen 人・事⁴ erheben 人・事⁴に対して非難の声をあげる． ②《芸》(小説・絵画などの)主題，題材．

Vor·wür·fe [ふォーァ・ヴュルふェ] *Vorwurf (非難)の複

vor·wurfs⋮voll [ふォーァヴルふス・ふぉる] 形 非難を込めた，とがめるような．

vor|zäh·len [ふォーァ・ツェーれン fóːr-tsèːlən] 他 (h) (人³の目の前で物⁴を)数えてみせる．

Vor⋮zei·chen [ふォーァ・ツァイヒェン] 中 -s/- ① 前兆，徴候． ein gutes Vorzeichen 吉兆． ②《数》符号 (+, - など数字の前のもの);《音楽》調号，変化記号 (#, ♭ など). ein positives (negatives) Vorzeichen プラス(マイナス)の符号．

vor|zeich·nen [ふォーァ・ツァイヒネン fóːr-tsàιçnən] 他 (h) ① (物⁴の)下絵(略図)を描く． ② (人³に物⁴を手本として)描いて見せる． ③ (進路・方向など⁴を)前もって決める(指定する).

vor|zei·gen [ふォーァ・ツァイゲン fóːr-tsàιgən] 他 (h) (乗車券など⁴を)出して見せる，提示する．

Vor⋮zeit [ふォーァ・ツァイト] 女 -/-en 原始時代，太古．

vor⋮zei·ten [ふォーァ・ツァイテン] 副《詩》以前，かつて，昔．

vor⋮zei·tig [ふォーァ・ツァイティヒ] 形 早すぎた，予定以前の． eine vorzeitige Geburt 早産．

vor⋮zeit·lich [ふォーァ・ツァイトリヒ] 形 原始時代の，大昔の，太古の．

vor|zie·hen [ふォーァ・ツィーエン fóːr-tsìːən] (zog...vor, hat...vorgezogen) 他 (定了 haben) ① (人・物⁴のほうが)より好む; (人⁴を)ひいきにする．(英 prefer). Ich ziehe moderne Möbel vor. 私は現代調の家具のほうが好きだ / Ziehen Sie Wein oder Bier vor? ワインとビールとどちらがいいですか / A⁴ B³ vorziehen A⁴ を B³ より好む ⇒ Ich ziehe ihn seinem Bruder vor. 私は彼の兄(弟)よりも彼の方が好きだった． ② 前方へ引き出す;《軍》(部隊など⁴を)前線に送る． den Schrank einen Meter vorziehen 戸棚を 1 メートル前へ出す． ③ (カーテンなど⁴を)前に引く． den Vorhang am Fenster vorziehen 窓のカーテンを引いて閉める． ④《口語》(物⁴をポケットなどから)引っぱり出す，取り出す． ⑤ (期日など⁴を予定より)早める，繰り上げる;《口語》(時間的に)優先させる． Der Arzt hat mich vorgezogen. 医者は私を先に診てくれた．

Vor⋮zim·mer [ふォーァ・ツィンマァ] 中 -s/- ① (オフィスなどの)受付け[の部屋]． ②《オースオ》玄関の間，ロビー．

vor⋮zu⋮be⋮rei⋮ten [ふォーァ・ツ・ベライテン] *vor|bereiten (準備をする)の zu 不定詞．

* der **Vor·zug** [ふォーァ・ツーク fóːr-tsuːk] 男 (単 2) -[e]s/(複) ..züge [..ツューゲ] (3 格のみ ..zügen) ①《複 なし》優位，優先．(英 priority). 人・事³ den Vorzug geben 人・事³を優先させる / 人・事⁴ mit Vorzug behandeln 人・事⁴を優先的に扱う． ② 長所，メリット，利点．(英 merit). Wir alle haben unsere Vorzüge und Nachteile. 私たちはだれだって長所と短所を持っている． ③ (ある人だけが受ける)特典． ④《オースオ》(学校の成績の)優等[賞].

Vor·zü·ge [ふォーァ・ツューゲ] *Vorzug (長所)の複

***vor·züg·lich** [ふォーァ・ツーークリヒ fóːr-tsýːklιç または ふォーァ..] I 形 非常に優れた，優秀な，すばらしい．(英 excellent). eine vorzügliche Leistung 優秀な成績 / Das Essen war vorzüglich. 食事はとてもおいしかった / Sie spricht vorzüglich Englisch. 彼女はとても上手に英語を話す． (⇨語源 gut).

II 副 とりわけ，特に．

Vor·züg·lich·keit [ふォーァ・ツューークリヒカ

Vorzugsaktie

イト または ふォーァ..] 女 -/-en 優秀, 卓越.
Vor·zugs≠ak·tie [ふォーァツークス・アクツィエ] 女 -/-n 《ふつう 複》《経》優先株.
Vor·zugs≠preis [ふォーァツークス・プライス] 男 -es/-e 特価.
vor·zugs≠wei·se [ふォーァツークス・ヴァイゼ] 副 おもに, 特に, 殊に (=besonders).
vor·*zu*·ha·ben [ふォーァ・ツ・ハーベン] *vor|-haben (予定している)の zu 不定詞.
vor·*zu*·kom·men [ふォーァ・ツ・コンメン] *vor|kommen (起こる)の zu 不定詞.
vor·*zu*·schla·gen [ふォーァ・ツ・シュらーゲン] *vor|schlagen (提案する)の zu 不定詞.
vor·*zu*·stel·len [ふォーァ・ツ・シュテれン] *vor|stellen (紹介する)の zu 不定詞.
Vo·ta [ヴォータ] Votum (票)の 複
Vo·ten [ヴォーテン] Votum (票)の 複
vo·tie·ren [ヴォティーレン votí:rən] 自 (h) 〖für (gegen) 人·事⁴ ~〗 (人·事⁴に賛成(反対)の)投票をする, 意思表明をする.
Vo·tiv≠bild [ヴォティーふ・ビるト] 中 -[e]s/-er 《カトリック》奉納画.
Vo·tiv≠ta·fel [ヴォティーふ・ターふェる] 女 -/-n 《カトリック》奉納額(画).
Vo·tum [ヴォートゥム vó:tum] 中 -s/Voten (または Vota) ① 投票[による意志表明]. sein *Votum*⁴ ab|geben 票を投じる. ② 議決. ③ 判決, 査定. 《古》誓い.
Vou·cher [ヴァオチャァ váutʃər] 〖英〗 中 男 -s/-[s] (特に旧東ドイツで:)(ホテルなどの)前払い証明書.

v. T. [ふォム タオゼント] 《略》1,000 分の…, …パーミル (=vom Tausend).
v. u. [ふォン ウンテン] 《略》下から (=von unten).
* **vul·gär** [ヴるゲーァ vulgέ:r] 形 ① 下品な, 俗悪な, 卑しい. 《英》*vulgar*). ein *vulgäres* Wort 下品な言葉. ② 通俗的な, 学問的でない.
* *der* **Vul·kan** [ヴるカーン vulká:n] I 男 (単2) -s/(複) -e (3格のみ -en) 火山. 《英》*volcano*). ein tätiger (erloschener) *Vulkan* 活火山(死火山) / wie **auf** einem *Vulkan* leben つねに危険な状態にある(←火山の上で暮らすようなもの) / ein Tanz auf dem *Vulkan* (比)危険きわまる状態での軽率なふるまい(←火山の上でのダンス).
II (単2) -s/ 《ローマ神》ウルカヌス(火と鍛冶の神. ギリシア神話のヘパイストスに当たる).
Vul·kan≠aus·bruch [ヴるカーン・アオスブルフ] 男 -[e]s/..brüche 火山の爆発(噴火).
Vul·kan≠fi·ber [ヴるカーン・ふィーバァ] 女 -/ 《工》バルカンファイバー (セルロースで作られた皮革代用品).
vul·ka·nisch [ヴるカーニッシュ vulká:nɪʃ] 形 火山の, 火山性の.
vul·ka·ni·sie·ren [ヴるカニズィーレン vulkanizí:rən] 他 (h) ① 《口語》(タイヤなど⁴を)修理する. ② 《工》(生ゴム⁴に)加硫する.
VW [ふァオ・ヴェー fau-vé: または ふァオ..] 男 -[s]/-s 《商標》フォルクスワーゲン (=Volkswagen).

W w

w, W¹ [ヴェー vé:] 中 -/- ヴェー(ドイツ語アルファベットの第23字).

W² ① [ヴァット]《記号》ワット(= Watt). ② [ヴェスト または ヴェステン]《略》西(= West[en]). ③ [ヴェー]《化・記号》タングステン, ウォルフラム(= Wolfram).

die **Waadt** [ヴァート vá:t または ヴァット] 女 -/《定冠詞とともに》《地名》ヴァート(スイス26州の一つ. 州都はローザンヌ. フランス名はヴォー).

das **Waadt‖land** [ヴァート・ラント vá:t-lant または ヴァット..] 中 -[e]s/《定冠詞とともに》《地名》= die Waadt

‡*die* **Waa·ge** [ヴァーゲ vá:gə] 女 (単) -/(複) -n ① はかり, 天秤(びん), 計量器. eine genaue *Waage* 正確なはかり /《物・事》 **auf** die *Waage* legen a)《物》⁴をはかりにかける, b)《比》事⁴について考量する /《物》⁴ auf (または **mit**) der *Waage* wiegen《物》⁴をはかりで量る / sich³ [gegenseitig] die *Waage*⁴ halten《比》(両者が)互いに均衡を保っている ⇒ Angebot und Nachfrage halten sich die *Waage*. 供給と需要が釣り合っている.
② 〖複〗なし; 定冠詞とともに〗《天》天秤(てんびん)座; 天秤宮. ③ (体操・フィギュアスケートの)水平姿勢.

Waa·ge‖bal·ken [ヴァーゲ・バルケン] 男 -s/- はかり(天秤(てんびん))のさお.

* **waa·ge⁄recht** [ヴァーゲ・レヒト vá:gəreçt] 形 水平の. 《英》 *level*). 《英》「垂直の」は senkrecht). eine *waagerechte* Fläche 水平面.

Waa·ge⁄rech·te [ヴァーゲ・レヒテ] 女 《語尾変化は形容詞と同じ》水平線(= Horizontale).

Waag⁄rech·te [ヴァーク・レヒテ] 女 《語尾変化は形容詞と同じ》= Waagerechte

Waag⁄scha·le [ヴァーク・シャーレ] 女 -/-n 天秤(てんびん)の皿. alles (または jedes) Wort⁴ auf die *Waagschale* legen《比》自分の言葉を吟味する, 慎重に発言する /《物》⁴ **in** die *Waagschale* werfen《比》(ある目的のために)物⁴にものをいわせる / Das fällt schwer in die *Waagschale*. それはきわめて重要である.

wab·be·lig [ヴァッベリヒ vábəlıç] 形 《口語》ぶよぶよの, ぐにゃぐにゃした.

wab·beln [ヴァッベルン vábəln] 自 (h) 《口語》(腹などが)ぶよぶよする, ゆらゆらする.

wabb·lig [ヴァップリヒ váblıç] 形 = wabbelig

Wa·be [ヴァーベ vá:bə] 女 -/-n 蜂(はち)の巣.

Wa·ben‖ho·nig [ヴァーベン・ホーニヒ] 男 -s/- 蜂(はち)の巣のなかの蜜(みつ), 天然蜂蜜(みつ).

wa·bern [ヴァーバァン vá:bərn] 自 (h)《方》《雅》(炎などが)ゆらぐ, ゆらゆらする.

‡**wach** [ヴァッハ váx] 形 ① 目覚めている, 起きている. (《英》 *awake*). in *wachem* Zustand 目が覚めた状態で / Um 6 Uhr wurde er *wach*. 6時に彼は目が覚めた / Der Lärm machte mich *wach*. 騒音で私は目が覚めた /人⁴ *wach* rufen 人⁴を呼んで目を覚まさせる / Sie rüttelte ihn *wach*. 彼女は彼を揺り起こした.
② (精神的に)活発な, 生き生きとした; 注意深い. *wache* Augen 生き生きした目 / ein *wacher* Geist 聡明(そうめい)な人 / mit *wachem* Verstand 鋭い理解力で.

《新形》

wach hal·ten (関心・記憶など⁴を)持ち続ける, 生き生きと保つ.

* *die* **Wa·che** [ヴァッヘ váxə] 女 (単) -/(複) -n ①見張り, 監視. (《英》 *guard*). *Wache* halten 見張りをする / [auf] *Wache* stehen 《口語》見張りに立つ. ② 監視人, 守衛, 番人. *Wache*⁴ aufstellen 監視人を立てる. ③ 監視室, 守衛室; 交番. 人⁴ *auf* die *Wache* bringen 人⁴を交番へ連行する.

* **wa·chen** [ヴァッヘン váxən] (wachte, *hat*... gewacht) 自 (定下 haben) ① 《雅》目を覚ましている, 起きている. Sie *wachte*, bis ihr Mann nach Hause kam. 彼女は夫が帰って来るまで起きていた. ② 寝ずの番をする. bei einem Kranken *wachen* 病人のそばで夜通し看病する. ③ 〖**über** 人・物⁴ ~〗(人・物⁴を)見張っている, 監視する. Sie *wachte* über die Kinder. 彼女は子供たちを見守っていた.

wach‖ha·bend [ヴァッハ・ハーベント] 形 《付加語としてのみ》当番の, 当直の.

Wach‖ha·ben·de[r] [ヴァッハ・ハーベンデ(..ダァ)] 男 女 《語尾変化は形容詞と同じ》当番員, 見張り員.

wach‖hal·ten 他 (h) 《新形》 wach halten ☞ wach

Wach⁄hund [ヴァッハ・フント] 男 -[e]s/-e 番犬.

Wa·chol·der [ヴァホルダァ vaxóldər] 男 -s/- ① 《植》 ビャクシン属(ネズなど). ② ねず酒, ジン.

Wach⁄pos·ten [ヴァッハ・ポステン] 男 -s/- 衛兵, 歩哨(ほしょう).

wach|ru·fen* [ヴァッハ・ルーフェン vár-rù:fən] 他 (h) 呼び覚ます, 思い起こさせる.

wach|rüt·teln [ヴァッハ・リュッテルン várrỳtəln] 他 (h) 揺り起こす; (良心など⁴を)呼び覚ます.

* *das* **Wachs** [ヴァクス váks] 中 (単2) -es/(種類を表すときのみ: 複) -e ろう, ワックス. (《英》 *wax*).

Bienen*wachs* 蜜(ﾐﾂ)ろう / Das *Wachs* schmilzt. ろうが溶ける / weiß wie *Wachs* ろうのように白い / den Boden mit *Wachs* polieren 床をワックスで磨く / Er ist *Wachs* in ihren Händen.《比》彼は彼女の思いのままだ(←彼女の手に握られたろうだ) / Sie ist weich wie *Wachs*.《比》彼女は感化されやすい(←ろうのように柔らかい).

wach·sam [ヴァハザーム] 形 用心深い, 油断のない, 警戒している. ein *wachsames* Auge⁴ **auf** 人・物⁴ haben 人・物⁴に目を光らせている.

Wach·sam·keit [ヴァハザームカイト] 女 -/ 用心深いこと, 油断のないこと, 警戒.

**wach·sen*¹* [ヴァクセン vákṣən]

成長する

Die Kinder *wachsen* so schnell.
ディ キンダ ヴァクセン ソー シュネる
子供たちはすぐに大きくなるものだ.

du wächst, er wächst (wuchs, *ist*...gewachsen) 自 (完了 sein) ① (人間・動植物などが)**成長する**, 伸びる; (草木などが)生える, 育つ. (英 *grow*). Dieser Baum *wächst* nicht mehr. この木はこれ以上大きくならない / Das Gras *wächst* üppig. 草が生い茂る / Ich *lasse* mir einen Bart *wachsen*. 私はひげを伸ばす / Meine Haare *wachsen* schnell. 私の髪はすぐ伸びる / Du *bist* aber *gewachsen*!【現在完了】君は大きくなったね / Sie *ist* gut *gewachsen*.【現在完了】彼女はスタイルがいい / Der Mais *wächst* hier nicht. ここではとうもろこしは育たない / Die Schatten *wuchsen*.《雅・比》影が長くなった.

② (数量・規模などが)**増大する**, 増える, 大きくなる; (程度などが)強まる. Die Stadt *wächst* von Jahr zu Jahr. その町は年々大きくなる / Sein Ärger *wuchs* immer mehr. 彼の怒りはますます激しくなった. ◇【現在分詞の形で】die *wachsende* Arbeitslosigkeit 増える失業 / mit *wachsendem* Interesse しだいに興味を募らせて.

◇☞ gewachsen

wach·sen² [ヴァクセン] (wachste, *hat*...gewachst) 他 (h) (床・スキー板など⁴に)ワックスをかける(塗る).

wäch·sern [ヴェクサァン vékṣərn] 形 ① ろうの, ろう製の. ②《雅》ろうのように青白い.

Wachs·fi·gur [ヴァクス・フィグーァ] 女 -/-en ろう人形, ろう細工.

Wachs·fi·gu·ren·ka·bi·nett [ヴァクスフィグーレン・カビネット] 中 -s/-e ろう人形館.

Wachs·ker·ze [ヴァクス・ケルツェ] 女 -/-n ろうそく.

wächst [ヴェクスト] ‡wachsen¹ (成長する)の2人称単数・3人称単数 現在

Wach·stu·be [ヴァッハ・シュトゥーベ] 女 -/-n ① 守衛室. ② 交番.

Wachs·tuch [ヴァクス・トゥーフ] 中 -[e]s/-e (または ..tücher) ①【複 -e】ろう布, 防水布. ②【複 ..tücher】ろう引き布のテーブルクロス.

*das **Wachs·tum** [ヴァクストゥーム vákstu:m] 中 (単 2) -s/ (英 *growth*) ① **成長**, 発育, 生育. das körperliche *Wachstum* eines Kindes 子供の身体の成長 / das normale *Wachstum* der Pflanzen² fördern 植物の正常な成長を促す. ② **増大**, 増加; (都市・経済などの)発展. ③ 農作物, (特に:)ワイン. eigenes *Wachstum* 自家製の作物.

Wachs·tums·ra·te [ヴァクストゥームス・ラーテ] 女 -/-n (経)経済成長率.

wachs·weich [ヴァクス・ヴァイヒ] 形 ① (ろうのように)非常に柔らかい, ぐにゃぐにゃの. ② 弱腰の; 信用のおけない.

Wacht [ヴァハト váxt] 女 -/-en《詩》見張り (=Wache).

wach·te [ヴァハテ] ★wachen (目を覚ましている)の 過去

Wäch·te [ヴェヒテ] (☞ 新形) Wechte (雪庇).

Wach·tel [ヴァハテる váxtəl] 女 -/-n《鳥》ウズラ.

Wach·tel·hund [ヴァハテる・フント] 男 -[e]s/- スパニエル(猟犬の一種).

Wäch·ter [ヴェヒタァ véçtər] 男 -s/- 番人, 守衛, 警備員, ガードマン.

Wacht·meis·ter [ヴァハト・マイスタァ] 男 -s/- ① 巡査, (下級の)警官. Herr *Wachtmeister*! (呼びかけで:) おまわりさん. ②【複 なし】巡査の職. ③【軍】(昔の:) 砲兵曹長.

Wacht·pos·ten [ヴァハト・ポステン] 男 -s/- 衛兵, 歩哨(ほしょう) (=Wachposten).

Wach·traum [ヴァッハ・トラオム] 男 -[e]s/..träume 白昼夢.

Wacht·turm [ヴァハト・トゥルム] 男 -[e]s/..türme = Wachturm

Wach·turm [ヴァッハ・トゥルム] 男 -[e]s/..türme 見張り塔, 監視塔.

Wach- und Schließ·ge·sell·schaft [ヴァッハ ウント シュリース・ゲゼるシャふト] 女 -/-en 警備保障会社.

Wach·zim·mer [ヴァッハ・ツィンマァ] 中 -s/- (ｵｰｽﾄﾘｱ) 交番; 派出所.

***wa·cke·lig** [ヴァッケリヒ vákəlɪç] 形 ① ぐらぐらする, がたがたする; がたがたの(車など). ein *wackeliger* Zahn ぐらぐらする歯. ②《口語》(病気や高齢で)弱々しい, 足もとのおぼつかない. ③《口語》不安定な, 危なっかしい. Die Firma ist schon etwas *wackelig*. その会社はもういくぶん経営が危ない / Er steht in der Schule *wackelig*. 彼は落第しそうだ.

Wa·ckel·kon·takt [ヴァッケる・コンタクト] 男 -[e]s/-e (電) 不良接触.

***wa·ckeln** [ヴァッケるン vákəln] ich wackle (wackelte, *hat*/*ist*...gewackelt) 自 (完了 haben または sein) ①《口語》(机・歯などが)ぐらぐらする, がたがたする; 《口語》(人・家などが)ゆらゆら動く. Der Tisch *wackelt*. このテーブルはぐらぐらだ. ② (h)【**an** 物³ ~】《口語》(物³を)揺り動かす.

an der Tür *wackeln* ドアを揺さぶる. ③ (h)《**mit** 物³ ~》《口語》(物³を)振り動かす. mit den Hüften *wackeln* 腰を振る. ④ (h)《口語》(地位などが)不安定である, 危うい. ⑤ (s)《口語・比》(…へ)よろよろと歩いて行く.

wa·ckel·te [ヴァッケるテ] *wackeln (くらくらする)の 過去

wa·cker [ヴァッカァ vákər] 形 ① 実直な, 正直な. ② りっぱな, 勇敢な.

wack·le [ヴァックれ] *wackeln (くらくらする)の 1人称単数 現在

wack·lig [ヴァックりヒ váklıç] 形 =wackelig

Wa·de [ヴァーデ vá:də] 女 -/-n《医》ふくらはぎ, こむら, 腓腹(ふく).

Wa·den⸗bein [ヴァーデン・バイン] 中 -[e]s/-e 《医》腓骨(ひこつ).

Wa·den⸗krampf [ヴァーデン・クランプフ] 男 -[e]s/..krämpfe 《医》こむら返り, 腓腹(ひふく)筋けいれん.

*die Waf·fe [ヴァッフェ váfə] 女 (単) -/(複) -n 武器, 兵器.(英 *weapon*). nukleare *Waffen* 核兵器 / biologische *Waffen* 生物兵器 / *Waffen*⁴ bei sich führen (または tragen) 武器を携帯する / die *Waffen*⁴ strecken a) 武器を捨てる, b)《比》降伏する / **in** *Waffen* stehen 武装している / **unter** den *Waffen* sein (または stehen)《雅》戦闘準備ができている / **zu** den *Waffen* greifen 武力を使う. ②《複 なし》《軍》兵科. ③《複 で》《狩》《猛禽(もうきん)類などの鉤爪(かぎづめ)》; (いのししなどの)きば.

Waf·fel [ヴァッフェる váfəl] 女 -/-n《料理》ワッフル(菓子の一種).

Waf·fel⸗ei·sen [ヴァッフェる・アイゼン] 中 -s/- ワッフルの焼き型.

Waf·fen⸗bru·der [ヴァッフェン・ブルーダァ] 男 -s/..brüder《雅》戦友.

Waf·fen⸗gat·tung [ヴァッフェン・ガットゥング] 女 -/-en《軍》(昔の)兵科, 兵種.

Waf·fen⸗ge·walt [ヴァッフェン・ゲヴァるト] 女 -/ 武力, 兵力.

waf·fen⸗los [ヴァッフェン・ろース] 形 非武装の; 無防備の.

Waf·fen⸗ru·he [ヴァッフェン・ルーエ] 女 -/ [一時]休戦.

Waf·fen⸗schein [ヴァッフェン・シャイン] 男 -[e]s/-e 武器(銃砲)携帯許可証.

Waf·fen⸗still·stand [ヴァッフェン・シュティるシュタント] 男 -[e]s/..stände 休戦, 停戦.

Wa·ge⸗hals [ヴァーゲ・ハるス] 男 -es/..hälse 冒険家, 命知らず.

wa·ge⸗hal·sig [ヴァーゲ・ハるズィヒ] 形 =waghalsig

Wa·ge⸗mut [ヴァーゲ・ムート] 男 -[e]s/ 大胆, 向こう見ず.

wa·ge⸗mu·tig [ヴァーゲ・ムーティヒ] 形 大胆な, 向こう見ずな.

*wa·gen [ヴァーゲン vá:gən] (wagte, *hat... gewagt*) **I** 他 (完了 haben) ①《軍⁴を》思いきってする, あえてする; (…する)勇気がある.（英 dare). einen Versuch *wagen* 思いきって試みる / eine Bitte⁴ **an** 人⁴ *wagen* 人に思いきって頼む / Er *wagt* nicht, ihr zu widersprechen. 彼には彼女に反論する勇気がない / Ich *wage* nicht zu behaupten, dass... 私には…だと言う自信はない. ◇《目的語なしでも》Wer *wagt*, gewinnt.《諺》虎穴に入らずんば虎児を得ず(←思いきってする者は獲得する). ②(地位・財産など⁴を)賭(か)ける, 危険にさらす. Er *hat* für sie sein Leben *gewagt*. 彼は彼女のために命を賭けた.

II 再帰 (完了 haben) *sich*⁴ *wagen*《方向を表す語句とともに》思いきって…へ行く(…から出て行く). Abends *wagt* sie *sich* nicht mehr **aus** dem Haus. 夜になると彼女はもう家から出る勇気がない / *sich*⁴ **an** eine schwierige Aufgabe *wagen*《比》思いきって困難な課題に立ち向かう.

◇☞ gewagt

*der Wa·gen [ヴァーゲン vá:gən]

> 自動車; 車両
>
> Mein *Wagen* ist kaputt.
> マイン　ヴァーゲン　イスト　カプット
> 私の車は故障した.

男 (単2) -s/(複) - (南ドイツ・オーストリア: Wägen [ヴェーゲン]も) ①**自動車, 車**《英 *car*). ein sportlicher *Wagen* スポーティーな車 / Der *Wagen* läuft ruhig. その車は走りが静かだ / **aus** dem *Wagen* (**in** den *Wagen*) steigen 車から降り(車に乗る) / Er ist viel **mit** dem *Wagen* unterwegs. 彼はよく車で出かける / Wollen wir sehen, wie der *Wagen* läuft.《口語》事の成り行きを見守りましょう(←どのように車が走るかを).
② (鉄道の)**車両**. ein Zug mit 12 *Wagen* 12両編成の列車.
③ **馬車; 荷車; 手押し車** (=Hand*wagen*); ベビーカー; ディナーワゴン. ein zweirädriger *Wagen* 2輪車 / die Pferde⁴ vor den *Wagen* spannen 馬車に馬をつなぐ / 人³ **an** den *Wagen* fahren《俗・比》人³の感情を傷つける.
④《工》(旋盤などの)往復台; (タイプライターの)キャリッジ. ⑤《成句的に》der Große (Kleine) *Wagen*《天》大熊(小熊)座.

《*☞*》..**wagen** のいろいろ: Einkaufs*wagen* ショッピングカート / Gebraucht*wagen* 中古車 / Gepäck*wagen* (鉄道の)手荷物車 / Kinder*wagen* ベビーカー / Klein*wagen* 小型車 / Kombi*wagen* ライトバン / Lastkraft*wagen* トラック / Leih*wagen*, Miet*wagen* レンタカー / Personenkraft*wagen* 乗用車 / Personen*wagen* 客車 / Renn*wagen* レーシングカー / Schlaf*wagen* 寝台車 / Speise*wagen* 食堂車 / Sport*wagen* スポーツカー; 腰かけ式のベビーカー / Streifen*wagen* パトカー

類語 der **Wagen**: 本来は「(人・荷物を運搬する)

wägen 1564

馬車」を意味したが, 今日では「自動車, 車両」の意味でふつうに用いられる. **das Auto**: 本来は Automobil の略語.「自動車・自家用車」を意味する日常語. Fahren Sie *Auto*? あなたは車を運転しますか. **der Kraftwagen**: (おもに官庁用語で, トラック・バスを含めた広い意味での自動車).

....

wä·gen[*] [ヴェーゲン vέːgən] (wog, hat...gewogen または wägte, hat...gewägt) 他 (h) ① 《古》《動》[4]の重さを量る (＝wiegen). ② 《雅》よく考える, 吟味する. Erst *wägen*, dann wagen!《諺》熟慮断行.
◊☞ gewogen

Wa·gen≠he·ber [ヴァーゲン・ヘーバァ] 男 -s/- (車両用の)ジャッキ.

Wa·gen≠ko·lon·ne [ヴァーゲン・コロンネ] 女 -/-n 車の長い列.

Wa·gen≠la·dung [ヴァーゲン・ラードゥング] 女 -/-en トラック 1 台分(貨車 1 両分)の積高.

Wa·gen≠park [ヴァーゲン・パルク] 男 -s/-s (まれに -e) (会社などの)車両保有台数.

Wa·gen≠rad [ヴァーゲン・ラート] 中 -[e]s/..räder 車輪.

Wa·gen≠schmie·re [ヴァーゲン・シュミーレ] 女 -/ 車両用グリース.

Wa·gen≠stand≠an·zei·ger [ヴァーゲンシュタント・アンツァイガァ] 男 -s/- (鉄道)列車編成表示板.

Wa·ge≠stück [ヴァーゲ・シュテュック] 中 -[e]s/-e 《雅》大胆な行為, 冒険.

Wag·gon [ヴァゴーン vaɡɔ̃ː または ヴァゴーン vaɡoːn] 男 -s/-s (ﾄﾗｯｸ: -e も) (特に貨車の)車両; 貨車 1 両分[の荷].

wag≠hal·sig [ヴァーク・ハルズィヒ] 形 向こう見ずな, 無謀な(人など); 危険きわまりない(企てなど).

Wag·ner [ヴァーグナァ vάːɡnər] I -s/-s 《姓》ヴァーグナー. II -s/《人名》ヴァーグナー (Richard *Wagner* 1813–1883; ドイツの作曲家).

Wag·ne·ri·a·ner [ヴァーグネリアーナァ vaːɡnərianːr] 男 -s/- ヴァーグナー崇拝者, ヴァーグネリアン.

Wag·nis [ヴァークニス vάːknɪs] 中 ..nisses/..nisse 大胆な行為, 冒険; 危険な行為, リスク. ein *Wagnis*[4] unternehmen 冒険を企てる / ein *Wagnis*[4] auf sich nehmen いちかばちかやってみる.

Wa·gon [ヴァゴーン vaɡɔ̃ː または ヴァゴーン vaɡoːn] 男 -s/-s (ﾄﾗｯｸ: -e も) ＝Waggon

wag·te [ヴァークテ] *wagen (思いきってする)の 過去

***die Wahl** [ヴァール vάːl] 女 (単) -/(複) -en ①《ふつう 単》選択, (英 choice). Berufs-*wahl* 職業の選択 / eine schwere *Wahl* 難しい選択 / eine gute (schlechte) *Wahl*[4] treffen うまく選択する(選択を誤る) / [人][3] die *Wahl*[4] lassen [人][3]に選択を任せる / Ich habe keine andere *Wahl*. 私はこうするしかない(ほかに選択の余地がない) / Die *Wahl* steht dir frei. 選択は君の自由だ / eine Reise nach eigener *Wahl* 自分で自由に選んだ旅行 / vor der *Wahl* stehen 選択を迫られている / Sie haben drei Stücke **zur** *Wahl*. 3 個のうちどれでも選んでください / Wer die *Wahl* hat, hat die Qual.《諺》選択の自由には苦労がつきもの. ② 選挙, (英 election). eine direkte *Wahl* 直接選挙 / die *Wahl* des Präsidenten 大統領選挙 / die *Wahl* durch Stimmzettel (Handaufheben) 投票(挙手)による選出 / **zur** *Wahl* gehen 投票へ行く / Er ist zur *Wahl* berechtigt. 彼には選挙権がある. ③ 《覆なし》選出[されること], 当選. die *Wahl*[4] an|nehmen (ab|lehnen) 選出を受諾する(拒否する) / [人][3] **zur** *Wahl* gratulieren [人][3]に当選おめでとうと言う / sich[4] zur *Wahl* aufstellen lassen 立候補する / Die *Wahl* ist auf ihn gefallen.《現在完了》選挙では彼が当選した. ④ (商品の)品質, 等級. Waren erster *Wahl*[2] 一級品.

Wahl≠al·ter [ヴァール・アルタァ] 中 -s/- 選挙(被選挙)資格年齢.

wähl·bar [ヴェール・バール] 形 ① 被選挙権のある. ②《稀》選択可能な.

wahl≠be·rech·tigt [ヴァール・ベレヒティヒト] 形 選挙権のある.

Wahl≠be·tei·li·gung [ヴァール・ベタイリグング] 女 -/ 投票[率].

Wahl≠be·zirk [ヴァール・ベツィルク] 男 -[e]s/-e 投票区.

***wäh·len** [ヴェーレン vέːlən]

> 選ぶ
> Welchen Beruf soll ich *wählen*?
> ヴェるヒェン ベルーふ ゾる イヒ ヴェーレン
> 私はどの職業を選べばいいだろうか.

(wählte, hat...gewählt) I 他 (完了 haben) ① [人・物][4]を選ぶ, 選択する. (英 choose). ein Geschenk[4] für [人][4] *wählen* [人][4]へのプレゼントを選ぶ / Er *wählte* seine Worte mit Bedacht. 彼は慎重に言葉を選んだ.
② 選挙する, 選出する, ([人]に)投票する. einen Präsidenten *wählen* 大統領を選出する / [人][4] **zum** Vorsitzenden *wählen* [人][4]を議長に選出する / Wen (Welche Partei) hast du *gewählt*? 君はだれに(どの党に)投票したか.
③ (電話番号[4]をダイヤルして)回す, (プッシュホンで)押す. eine falsche Nummer[4] *wählen* 電話番号を間違える. ◊《目的語なしでも》Ich habe falsch gewählt. 私は電話番号を間違って回した(押した).
II 自 (完了 haben) ① 選ぶ, 選択する. zwischen zwei Möglichkeiten *wählen* 二つの可能性の中から選ぶ / Haben Sie schon ge*wählt*? (ウェーターなどが客に:)もうお決めになりましたか.
② 投票する, 選挙をする. *wählen* gehen 投票に行く.

....

類語 wählen:「選ぶ」という意味で最も一般的な語.

aus|wählen: (比較・吟味して)選び出す. **aus|lesen**: (悪いものをよりのける;《雅》(良いものを)えりすぐる. **aus|suchen**: (多くのものの中から捜し出して)選ぶ.

....

◊ ☞ **gewählt**

Wäh·ler [ヴェーラァ vέːlər] 男 -s/- 有権者, 投票者, 選挙人. (《変》女性形は Wählerin.

Wahl ≳ er·geb·nis [ヴァーる・エァゲープニス] 中 ..nisses/..nisse 選挙(投票)の結果.

wäh·le·risch [ヴェーれリッシュ vέːlərɪʃ] 形 より好みする, 好き嫌いの激しい.

Wäh·ler·lis·te [ヴェーラァ・リステ] 女 -/-n 選挙人名簿.

Wäh·ler·schaft [ヴェーラァシャふト] 女 -/-en 《ふつう 複》(総称として:) 有権者.

Wahl ≳ fach [ヴァーる・ふァッハ] 中 -(e)s/..fächer 選択科目. (《变》「必修科目」は Pflichtfach).

wahl ≳ frei [ヴァーる・ふライ] 形 自由選択の(科目など).

Wahl ≳ gang [ヴァーる・ガング] 男 -(e)s/..gänge (一回一回の)投票.

Wahl ≳ ge·heim·nis [ヴァーる・ゲハイムニス] 中 ..nisses/..nisse 投票の秘密.

Wahl ≳ ge·schenk [ヴァーる・ゲシェンク] 中 -(e)s/-e 選挙公約.

Wahl ≳ ge·setz [ヴァーる・ゲゼッツ] 中 -es/-e 選挙法.

Wahl ≳ hei·mat [ヴァーる・ハイマート] 女 -/ 第二の故郷(自分で選んだ居住地).

Wahl ≳ kampf [ヴァーる・カンプふ] 男 -(e)s/..kämpfe 選挙戦.

Wahl ≳ kreis [ヴァーる・クライス] 男 -es/-e 《官庁》選挙区.

Wahl ≳ lis·te [ヴァーる・リステ] 女 -/-n 立候補者名簿.

Wahl ≳ lo·kal [ヴァーる・ろカーる] 中 -(e)s/-e 投票所.

wahl ≳ los [ヴァーる・ろース] 形 手当たりしだいの, 見境のない.

Wahl ≳ pflicht ≳ fach [ヴァーるプふリヒト・ふァッハ] 中 -(e)s/..fächer 選択必修科目.

Wahl ≳ pro·gramm [ヴァーる・プログラム] 中 -s/-e (政党の)選挙綱領(公約).

Wahl ≳ recht [ヴァーる・レヒト] 中 -(e)s/-e ① 選挙権. aktives (passives) *Wahlrecht* 選挙(被選挙)権. ② (総称として:) 選挙法.

Wahl ≳ re·de [ヴァーる・レーデ] 女 -/-n 選挙演説.

Wähl ≳ schei·be [ヴェーる・シャイベ] 女 -/-n (電話の)ダイヤル.

Wahl ≳ spruch [ヴァーる・シュプルふ] 男 -(e)s/..sprüche 標語, スローガン, モットー.

Wahl ≳ tag [ヴァーる・ターク] 男 -(e)s/-e 投票日.

wähl·te [ヴェーるテ] ☆ **wählen** (選ぶ)の過去

Wahl ≳ ur·ne [ヴァーる・ウルネ] 女 -/-n 投票箱.

Wahl ≳ ver·samm·lung [ヴァーる・ふェアザンムルング] 女 -/-en 選挙(立会)演説会.

Wahl ≳ ver·wandt·schaft [ヴァーる・ふェアヴァントシャふト] 女 -/-en 同質性, 親近性, 相性(読); 《化》親和力.

wahl ≳ wei·se [ヴァーる・ヴァイゼ] 副 各自の選択に応じて, 自分で選んで.

Wahl ≳ zel·le [ヴァーる・ツェれ] 女 -/-n 投票用紙記入ボックス.

Wahl ≳ zet·tel [ヴァーる・ツェッテる] 男 -s/- 投票用紙.

Wahn [ヴァーン váːn] 男 -(e)s/ ① 《雅》妄想, 幻想, 思い込み. Er ist **in** einem *Wahn* befangen, dass ... 彼は…と思い込んでいる. ② (病的な)妄想. Größen*wahn* 誇大妄想.

Wahn ≳ bild [ヴァーン・ビるト] 中 -(e)s/-er 幻像, 幻覚.

wäh·nen [ヴェーネン vέːnən] 他 (h) 《雅》(間違って…と)思い込む; (人・事⁴が…であると)思い込む, 思い違いする. (人)⁴ in Rom *wähnen* (人)⁴がローマにいるものとばかり思う. ◊《再帰的に》*sich*⁴ verlassen *wähnen* 見捨てられているように思う.

★*der* **Wahn ≳ sinn** [ヴァーン・ズィン váːnzɪn] 男 (単 2) -(e)s/ ① 狂気, 精神異常. (《英》*madness*). **in** *Wahnsinn* verfallen 発狂する. ② 《口語》狂気のさた. Das ist ja *Wahnsinn*! まったくばかげているよ / *Wahnsinn*! (反語的に:)すごい!

★**wahn ≳ sin·nig** [ヴァーン・ズィニヒ váːnzɪnɪç] I 形 ① 気の狂った, 精神異常の. (《英》*mad*). ein *wahnsinniger* Mensch 気の狂った人 / wie *wahnsinnig*《口語》狂ったように / Bei diesem Lärm kann man ja *wahnsinnig* werden. 《口語》この騒音では頭が変になりそうだ. ② 《口語》気違いじみた, ばかげた. ein *wahnsinniges* Unternehmen むちゃな企て. ③ 《口語》途方もない, たいへんな. Sie hatte *wahnsinnige* Angst. 彼女はひどくこわがった.
II 副《口語》ひどく, ものすごく. Sie liebt ihn *wahnsinnig*. 彼女は彼を熱愛している.

Wahn ≳ witz [ヴァーン・ヴィッツ] 男 -es/ 狂気のさた, ナンセンスな(ばかげた)行為.

wahn ≳ wit·zig [ヴァーン・ヴィッツィヒ] 形 気違いじみた, ばかげた;《稀》途方もない.

★**wahr** [ヴァール váːr]

真実の	Ist das *wahr*? イスト ダス ヴァール それは本当ですか.

形 ① 真実の, 本当の; 事実どおりの, 実際にあった. (《英》*true*). (《变》「間違った」は falsch). eine *wahre* Geschichte 実話 / Das ist nur zu *wahr*! それは残念ながら真実だ / Das kann (または darf) doch nicht *wahr* sein! まさかそんなことがあるはずがない / ..., **nicht** *wahr*? でしょう? ね, そうだろう? ⇒ Du kommst doch mit, nicht *wahr*? 君もいっしょに来るよね / 事 für *wahr* halten 事⁴を真実と思う / 事⁴ *wahr*

wahren

machen 動⁴を実現する / Endlich zeigte sie ihr *wahres* Gesicht. とうとう彼女は本性を現した / Wie *wahr*! または Sehr *wahr*! まったくそのとおり / So *wahr* ich hier stehe! または So *wahr* ich lebe!《誓いの言葉で:》誓って本当だ / Er spricht *wahr*.《雅》彼は本当のことを話す. ②《雅》本物の, 真の, まことの. ein *wahrer* Freund 真の友 / *wahre* Kunst 本物の芸術. ③ まったくの, 文字どおりの. Es ist ein *wahres* Glück. それはまさに幸運だ.

> 類語 **wahr**:（偽り・見かけ倒しではなく）内実が正しい. **echt**:（混ぜ物・模倣などではなくて）本物の. **wirklich**:（空想ではなく）現実の, 実際の.

wah·ren [ヴァーレン vá:rən] 他 (h)《雅》① 保つ, 維持する. den Schein *wahren* 体裁をつくろう / den Abstand *wahren* 距離を保つ / ein Geheimnis⁴ *wahren* 秘密を守る. ②（権利・利益など⁴を）守る. seine Rechte⁴ *wahren* 自分の権利を守る.

wäh·ren [ヴェーレン vé:rən] 自 (h)《雅》続く, 持続する (=dauern). ◇〖非人称の **es** を主語として〗Es *währte* nicht lange, so kam er. 間もなく彼はやって来た.（☞ 類語 dauern）.

wäh·rend [ヴェーレント vé:rənt]

> …の間; …している間
> Sprich nicht, *während* du isst!
> シュプリヒ ニヒト ヴェーレント ドゥ イスト
> 食べているときはおしゃべりしてはいけないよ.

I 前〖2格（まれに3格）とともに〗《時間的に》…の間, …している間.（英 during）. *während* des Essens 食事中[に] / *Während* des Krieges lebten sie im Ausland. 戦時中彼らは外国で暮らした.
II 接〖従属接続詞; 動詞の人称変化形は文末〗① …している間.（英 while）. *Während* er kochte, las sie die Zeitung. 彼が食事を作っている間, 彼女は新聞を読んでいた.
② …であるのに対して, 一方… Er ging weg, *während* die anderen noch blieben. 彼は立ち去ったが, 他の人たちはなおそこにとどまった.

wäh·rend≳des·sen [ヴェーレント・デッセン] 副 その間に, そうするうちに.

wahr·ge·nom·men [ヴァール・ゲノンメン] *wahr|nehmen（気づく）の 過分

wahr|ha·ben* [ヴァール・ハーベン vá:r-hà:bən] 他 (h)《成句的に》動⁴ nicht *wahrhaben* wollen 動⁴を認めようとしない.

wahr·haft [ヴァールハフト] 形《雅》本当の, 真[実]の, 本物の. *wahrhafte* Tugend 本当の美徳.

wahr·haf·tig [ヴァールハフティヒ va:rháftıç または ヴァール..] I 形《雅》誠実な, 正直な; 本当の. ein *wahrhaftiger* Mensch 誠実な人 / *Wahrhaftiger* Gott!《驚いて:》大変だ! おやまあ! II 副 本当に, 実際に. Ich weiß es *wahrhaftig* nicht. 私は本当にそれを知らないんです.

* die Wahr·heit [ヴァールハイト vá:rhaıt] 女（単）-/（複）-en ① 真実, 真相, 事実, 本当のこと; 真理.（英 truth）. eine reine *Wahrheit* ありのままの事実 / die *Wahrheit*⁴ verschleiern 真相を隠す / Sag mir die *Wahrheit*! 本当のことを言いなさい / Die *Wahrheit* liegt in der Mitte.《諺》真実は中庸にあり / bei der *Wahrheit* bleiben うそをつかない / in *Wahrheit* 実は, 実際 / Kinder und Narren sagen die *Wahrheit*.《諺》子供とばかはうそを言わない.
②〖 なし〗（証言などの）真実性.

wahr·heits≳ge·mäß [ヴァールハイツ・ゲメース] 形 真実どおりの, ありのままの.

wahr·heits≳ge·treu [ヴァールハイツ・ゲトロイ] 事実を忠実に再現する, 事実どおりの.

Wahr·heits≳lie·be [ヴァールハイツ・リーベ] 女 -/ 真理への愛; 誠実さ.

wahr·heits≳lie·bend [ヴァールハイツ・リーベント] 形 真理(真実)を愛する; 誠実な.

wahr·lich [ヴァールリヒ] 副《雅》本当に, 確かに, まことに.

wahr·nehm·bar [ヴァール・ネームバール] 形 知覚できる, 目に見える, 耳に聞こえる, 感じとれる. ein kaum *wahrnehmbarer* Ton ほとんど聞きとれない音.

* wahr|neh·men* [ヴァール・ネーメン vá:r-nè:mən] du nimmst…*wahr*, er nimmt… *wahr* (nahm…*wahr*, hat…*wahrgenommen*) 他（完了 haben）①（人・物⁴に）気づく, 知覚する.（英 perceive）. ein Geräusch⁴ *wahrnehmen* 物音に気づく / Sie kam ins Zimmer, ohne ihn *wahrzunehmen*. 彼女は彼がいるのに気づかずに部屋に入って来た. ②（機会など⁴を）利用する,（権利など⁴を）行使する. eine Chance⁴ *wahrnehmen* チャンスを生かす.《官庁》（利益など⁴を）代表する,（義務・任務など⁴を）負う,（期限など⁴を）守る.

Wahr·neh·mung [ヴァール・ネーミング] 女 -/-en ① 認知, 知覚. ②（機会などの）利用;《官庁》（期限などの）遵守 (ﾞｼｭ);（利益などの）擁護, 代表.

Wahr·neh·mungs≳ver·mö·gen [ヴァールネームングス・フェアメーゲン] 中 -s/ 知覚能力, 感知能力.

wahr|sa·gen [ヴァール・ザーゲン vá:r-zà:gən]（注意 非分離動詞として用いることもある）I 自 (h) 占う, 予言する. aus der Hand (den Karten) *wahrsagen* 手相をみる（トランプ占いをする）. II 他 (h)（人³の将来など⁴を）占う, 予言する.

Wahr·sa·ger [ヴァール・ザーガァ vá:r-za:gər] 男 -s/- 占い師, 予言者.

Wahr·sa·ge·rei [ヴァール・ザーゲライ va:rgəráı] 女 -/-en（軽蔑的に）①〖 なし〗占い, 予言. ② 占い師（予言者）の言葉.

Wahr·sa·ge·rin [ヴァール・ザーゲリン vá:r-za:gərın] 女 -/..rinnen（女性の）占い師, 予言者.

wahr·schein·lich [ヴァール・シャインリヒ vaːr-ʃáinlɪç または ヴァール..]

> たぶん　*Wahrscheinlich* kommt er.
> ヴァールシャインリヒ　コムト　エァ
> たぶん彼は来るだろう.

I 副《文全体にかかって》たぶん, おそらく. (🇪 *probably*). Er ist *wahrscheinlich* schon fort. 彼はたぶんもう出かけたでしょう / Kommst du heute？ — *Wahrscheinlich*! きょう来るかい？ — たぶん来る.

II 形 ありそうな, それらしい, 本当らしい. (🇪 *probable*). der *wahrscheinliche* Täter 容疑者 / Ich halte das für *wahrscheinlich*. 私はそれはありそうなことだと思う.

....

> 類語 *wahrscheinlich*: (ある理由からみて確かなという意味で)たぶん, おそらく. (*vermutlich* に比べると確実性がより高いことを示す). **vermutlich**: (話し手の漠然とした仮定・推測を示して)どうやら…らしい. Sie sind *vermutlich* ins Kino gegangen. 彼らはどうやら映画を見に行ったらしい. **wohl**: (話し手の推測の気持ちを表して)おそらく. Sie ist *wohl* im Garten. 彼女はたぶん庭にいるだろう. **vielleicht**: (可能性の少ない事柄に対する推量を示して)ひょっとしたら, もしかしたら. Ich habe mich *vielleicht* geirrt. もしかしたら私が勘違いをしたかもしれません.

Wahr·schein·lich·keit [ヴァール・シャインリヒカイト] 女 -/-en 本当らしい(ありそうな)こと; 確実性;《数》確率. aller *Wahrscheinlichkeit*[3] nach たぶん, 十中八九は.

Wahr·schein·lich·keits⹀rech·nung [ヴァールシャインリヒカイツ・レヒヌング] 女 -/-en《数》確率論; 確率計算.

Wah·rung [ヴァールング] 女 -/ 保持, 維持, 確保. zur *Wahrung* seiner Interessen[2] 彼の利益の確保のために.

die **Wäh·rung** [ヴェールング véːrʊŋ] 女

① (単) -/(複) -en (経) ① (一国の)**通貨**. (🇪 *currency*). eine stabile *Währung* 安定した通貨 / in ausländischer *Währung* zahlen 外貨で支払う. ② 通貨体系.

Wäh·rungs⹀ein·heit [ヴェールングス・アインハイト] 女 -/-en (ある国の)通貨単位(円・ドルなど).

Wäh·rungs⹀re·form [ヴェールングス・レフォルム] 女 -/-en 通貨改革.

Wäh·rungs⹀sys·tem [ヴェールングス・ズュステーム] 中 -s/-e 通貨体系.

Wäh·rungs⹀uni·on [ヴェールングス・ウニオーン] 女 -/ 通貨統合; 通貨同盟.

Wahr⹀zei·chen [ヴァール・ツァイヒェン] 中 -s/- (町などの)象徴[となるもの], シンボル.

die **Wai·se** [ヴァイゼ váizə] 女 (単) -/(複) -n

① みなしご, 孤児. (🇪 *orphan*). Das Mädchen ist eine *Waise*. その女の子はみなしごだ. ② (詩学)(押韻詩の中の)無韻詩行.

Wai·sen⹀haus [ヴァイゼン・ハオス] 中 -es/..häuser 孤児院.

Wai·sen⹀heim [ヴァイゼン・ハイム] 中 -[e]s/-e 孤児院.

Wai·sen⹀kind [ヴァイゼン・キント] 中 -[e]s/-er みなしご, 孤児 (= *Waise* ①).

Wai·sen⹀kna·be [ヴァイゼン・クナーベ] 男 -n/-n (雅) 孤児の少年. gegen 人[4] ein [reiner] *Waisenknabe* sein《口語》人[4]の足元にも及ばない.

Wal [ヴァール váːl] 男 -[e]s/-e《動》クジラ(鯨).

der **Wald** [ヴァルト vált]

> 森　Wir gehen in den *Wald*.
> ヴィァ ゲーエン インデン ヴァるト
> 私たちは森へ行くところです.

男 (単2) -es (まれに -s)/(複) Wälder [ヴェるダァ] (3格のみ Wäldern) ① **森**, 林, 森林[地帯]. (🇪 *woods, forest*). Nadel*wald* 針葉樹林 / ein dichter *Wald* うっそうとした森林 / die Tiere des *Waldes* 森の動物たち / durch *Wald* und Feld streifen《詩》山野をさまよう / Sie hat sich **im** *Wald* verirrt. 彼女は森の中で道に迷った / den *Wald* vor lauter Bäumen nicht sehen《戯》a) (捜し物が)すぐ近くにあるのに気がつかない, b) 個々のものにとらわれて全体を見失う(=目の前の木ばかり見て森を見ない). ②《比》密集(林立)した物. ein *Wald* von Antennen びっしりと立ち並んだアンテナ.

Wald⹀brand [ヴァルト・ブラント] 男 -[e]s/..brände 山火事.

Wäl·der [ヴェるダァ] **Wald** (森)の 複.

Wald⹀erd·bee·re [ヴァルト・エーァトベーレ] 女 -/-n《植》エゾヘビイチゴ, ヤマイチゴ.

Wald⹀fre·vel [ヴァルト・ふレーふェる] 男 -s/- 森林法違反(特に盗伐).

Wald⹀horn [ヴァルト・ホルン] 中 -[e]s/..hörner《音楽》ヴァルトホルン, フレンチホルン.

wal·dig [ヴァるディヒ váldɪç] 形 森林のある, 森林の多い, 森林で覆われた.

Wald⹀lauf [ヴァルト・らォふ] 男 -[e]s/..läufe《スポ》クロスカントリー.

Wald⹀meis·ter [ヴァルト・マイスタァ] 男 -s/-《植》クルマバソウ.

Wald⹀rand [ヴァルト・ラント] 男 -[e]s/..ränder 森のはずれ, 森の周辺.

wald⹀reich [ヴァルト・ライヒ] 形 森林の多い.

Wald⹀ster·ben [ヴァルト・シュテルベン] 中 -s/ (大気汚染などによる)森林の枯死.

Wal·dung [ヴァるドゥング] 女 -/-en 森林[地帯], 林野.

Wald⹀weg [ヴァルト・ヴェーク] 男 -[e]s/-e 森の[小]道, 山道.

Wal⹀fang [ヴァール・ふァング] 男 -[e]s/ 捕鯨.

Wal⹀fän·ger [ヴァール・ふェンガァ] 男 -s/- ① 捕鯨業者. ② 捕鯨船.

Wal⹀fisch [ヴァール・ふィッシュ] 男 -es/-e ①《動》(総称として:) クジラ(鯨) (= Wal). ②《複》なし; 定冠詞とともに《天》鯨座.

Wal·hall [ヴァるはル válhal または ..ハる] 中 -s/-

Wal·halla 《ふつう冠詞なしで》《北欧神》ヴァルハラ (ヴォータンが戦死者の霊を迎え入れる天堂).

Wal·hal·la [ヴァるハら valhála] 中 -(s)/ (または 女 -/) 《ふつう冠詞なしで》= Walhall

wal·ken [ヴァるケン válkən] 他 (h) ① (織) (布⁴を)縮絨(しゅくじゅう)する, フェルト状にする. ② (皮革⁴をたたいてなめす; (金属⁴を)ローラーにかけて延ばす. ③ (方)(パン生地⁴を)こねる; (人⁴を)強くマッサージする. ④ (口語) さんざんなぐる.

Walk·man [ウォーク·マン wɔ́:k-mən] [英] 中 -s/Walkmen 《商標》ウォークマン.

Wal·kü·re [ヴァるキューレ valký:rə または ヴァる..] 女 -/-n ① (北欧神)ヴァルキューレ(ヴォータンに仕える戦いの乙女で戦死者の霊をヴァルハラに導く. ヴァーグナーに同名の楽劇がある). ② (戯) 大柄な[ブロンドの]女性.

Wall [ヴァる vál] 男 -(e)s/Wälle 土塁, 防塁; 堤防, 土手; (比)防御, 守り.

Wal·lach [ヴァらハ válax] 男 -(e)s/-e (ホーラック)-en/-en) 去勢された馬.

wal·len [ヴァれン válən] 自 (h, s) ① (h) (湯などが)煮え立つ, 沸騰(ふっとう)する; (雅)《感情などが)激する, 高ぶる. ② (h) (雅)(海などが)波立つ, 荒れ狂う. ③ (h, s) (雅)(霧などが)かたまりになって漂う. ④ (s) (雅)《髪·衣服などが…へ)波打つ, ひらひらする(たれる).

Wal·len·stein [ヴァれン·シュタイン válənʃtaɪn] -s/ 《人名》ヴァレンシュタイン (Albrecht von *Wallenstein* 1583–1634; 三十年戦争におけるドイツの将軍).

wall·fah·ren [ヴァる·ファーレン vál-fa:rən] (wallfahrte, *ist*…gewallfahrt) 自 (s) 聖地もうでに行く, 巡礼をする(= pilgern).

Wall·fah·rer [ヴァる·ファーラァ] 男 -s/-巡礼者. 《女性形は Wallfahrerin》.

Wall·fahrt [ヴァる·ファールト] 女 -/-en [聖地]巡礼. auf *Wallfahrt*⁴ gehen 巡礼に出る.

Wall·fahrts·kir·che [ヴァるファールツ·キルヒェ] 女 -/-n 巡礼教会.

Wall·fahrts·ort [ヴァるファールツ·オルト] 男 -(e)s/-e 巡礼地, 霊場.

das **Wal·lis** [ヴァる válɪs] 中 -(es)/ 《定冠詞とともに》(地名) ヴァリス (スイス26州の一つ. 州都はジッテン. フランス名はヴァレー).

Wal·lung [ヴァるング] 女 -/-en ① 沸騰; (雅)波立ち; 泡立ち; (比)興奮, 激高. in *Wallung* bringen 人⁴を激昂させる / in *Wallung* geraten 激高する. ② (医)充血; のぼせ, 逆上.

Walm·dach [ヴァるム·ダッハ] 中 -(e)s/..dächer (建)寄棟(よせむね)屋根. (☞ Dach 図).

Wal·nuss [ヴァる·ヌス] 女 -/..nüsse (植) クルミ[の木].

Wal·nuß ☞ 《新形》 Walnuss

Wal·nuss·baum [ヴァる ヌス·バオム] 男 -(e)s/..bäume (植) クルミの木.

Wal·nuß·baum ☞ 《新形》 Walnussbaum

Wal·pur·gis·nacht [ヴァるプルギス·ナハト] 女 -/..nächte ヴァルプルギスの夜祭り(5月1日の前夜ブロッケン山に魔女たちが集まって酒宴を開くという民間信仰).

Wal·ross [ヴァる·ロス] 中 -es/-e 《動》セイウチ.

Wal·roß ☞ 《新形》 Walross

wal·ten [ヴァるテン váltən] 自 (h)《雅》① (国王などが)支配する, 統治する; 管理する. ② (力・法則などが)作用している, 支配している. Vernunft⁴ *walten* lassen 理性を働かせる.

Wal·ter, Wal·ther [ヴァる タァア váltər] -s/ ① (男名)ヴァルター. ② (人名)ヴァルター·フォン·デァ·フォーゲルヴァイデ (*Walther* von der Vogelweide 1170 ?–1230 ?; ドイツ中世の叙情詩人).

Walz·blech [ヴァるツ·ブれヒ] 中 -(e)s/-e (工)圧延薄鋼板.

Wal·ze [ヴァるツェ váltsə] 女 -/-n ① (数)円筒[形のもの], 円柱, ドラム. ② (円筒形のもの:) ローラー, シリンダー. ③ 地ならしのローラー; 農業用ローラー. ④ (タイプライターの)プラーテン. ⑤ (古)(職人の)遍歴の旅.

wal·zen [ヴァるツェン váltsən] I 他 (h) ① (金属⁴を)ローラーで圧延する. ② (地面など⁴を)ローラーでならす(平らにする). II (s, h) (戯) ① (s) 遍歴する, ぶらぶら歩く. ② (h, s) ワルツを踊る.

* **wäl·zen** [ヴェるツェン véltsən] du wälzt (wälzte, *hat*…gewälzt) I 他 (完了 haben) ① 『方向を表す語句とともに』(人·物⁴を…へ) 転がす, 転がして運ぶ. (英 roll). Fässer⁴ in den Keller (zur Seite) *wälzen* 樽(たる)を転がして地下室へ運(わきへ運)ぶ / die Schuld⁴ auf einen anderen *wälzen* (比)責任を他人に転嫁する. ② (口語)(本など⁴を)あれこれ調べる. Kataloge⁴ *wälzen* カタログをあれこれめくってみる. ③ (口語)あれこれ検討[思案]する. Pläne⁴ *wälzen* いろいろ計画をめぐらす.

II 再帰 (完了 haben) sich⁴ *wälzen* ① 転げ回る; 寝返りをうつ; のたうち回る. Sie *wälzten* sich vor Lachen. 彼らは笑い転げた. ② 『方向を表す語句とともに』(…へ)転がって行く; (人波·雪崩などが…へ)どっと押し寄せる. Die Menge *wälzte* sich zum Eingang. 群衆は入口へと押し寄せた.

wal·zen·för·mig [ヴァるツェン·フェルミヒ] 形 円筒形の, シリンダー状の.

* *der* **Wal·zer** [ヴァるツァァ váltsər] 男 (単2) -s/《複》- (3格のみ -n) ワルツ, 円舞曲. (英 waltz). Wiener *Walzer* ウィンナーワルツ / einen *Walzer* tanzen ワルツを踊る.

Wäl·zer [ヴェるツァァ véltsər] 男 -s/- (口語) 分厚い本, 大著 (元の意味は「転がして運ぶほどの本」).

Walz·stahl [ヴァるツ·シュターる] 男 -(e)s/..stähle (まれに -e) (工)圧延鋼.

wälz·te [ヴェるツテ] * wälzen (転がす)の過去

Walz·werk [ヴァるツ·ヴェルク] 中 -(e)s/-e (工) ① 圧延機. ② 圧延工場.

Wam·pe [ヴァンペ vámpə] 女 -/-n (口語)(軽蔑的に:) 太鼓腹; 胃袋.

Wams [ヴァムス váms] 中 -es/Wämser (14–17世紀の男性用)胴着, ダブレット(よろいの下に着た).

wand [ヴァント] ＊winden (再帰) で; 身をくねらせる)の 過去

‡*die* **Wand** [ヴァント vánt]

壁

Die *Wand* ist voll mit Plakaten.
ディ ヴァント イスト ふォる ミット プラカーテン
壁はポスターでいっぱいだ

女 (単) -/(複) Wände [ヴェンデ] (3 格のみ Wänden) ① (部屋などの)**壁**. (英 *wall*). (←「城などの)壁」は Mauer). eine dicke (dünne) *Wand* 厚い(薄い)壁 / eine *Wand* ein|ziehen 間仕切りの壁を入れる / die *Wände*[4] tapezieren 壁に壁紙を張る / Da wackelt die *Wand*! 《口語》たいへんな騒ぎだ (←壁が揺れている) / Die *Wände* haben Ohren. 壁に耳あり / Sie wurde weiß wie die (または eine) *Wand*. 彼女は真っ青になった.

◇《前置詞とともに》 **an** *Wand* wohnen 隣り合って(壁一つ隔てて)住んでいる / sich[4] an die *Wand* lehnen 壁に寄りかかる / 人[4] an die *Wand* drücken 《口語・比》人[4]を押しのける / 人[4] an die *Wand* spielen 《比》 a) (技量で) 人[4]を圧倒する, b) (ようをろうして) 人[4]を押しのける / 人[4] an die *Wand* stellen 人[4]を銃殺する / mit dem Kopf **durch** die *Wand* wollen 無理を通そうとする(←頭で壁を突き抜けようとする) / **gegen** eine *Wand* reden 《比》馬の耳に念仏を唱える(←壁に向かって演説する) / ein Loch[4] **in** die *Wand* bohren 壁に穴をあける / in den eigenen vier *Wänden* 《口語》自宅で (←自分の四つの壁の中で).

② (戸棚などの)壁;(管・器官などの)内壁. ③ 岩壁. ④ (坑)〔大〕塊鉱. ⑤ 雲の(霧の)壁.

⋯⋯⋯⋯⋯⋯⋯⋯⋯⋯⋯⋯⋯⋯⋯⋯
（←） ..**wand** のいろいろ: Außen*wand* 外壁 / Berg*wand* 山の絶壁 / Bretter*wand* 板壁 / Innen*wand* 内壁 / Schrank*wand* [壁面]ユニット戸棚 / Zwischen*wand* 間仕切り壁
⋯⋯⋯⋯⋯⋯⋯⋯⋯⋯⋯⋯⋯⋯⋯⋯

Wan·da·le [ヴァンダーれ vandáːlə] 男 -n/-n ① ヴァンダル族(5 世紀にローマの文化を破壊したゲルマン民族の一部族). ② 《比》文化(芸術)の破壊者.

Wan·da·lis·mus [ヴァンダりスムス vandalísmus] 男 -/ (文化・芸術を)破壊する行為, 蛮行.

Wand⸗brett [ヴァント・ブれット] 中 -[e]s/-er (特に書架として使う)壁棚.

wän·de [ヴェンデ] ＊winden (再帰)で; 身をくねらせる)の 接2

Wän·de [ヴェンデ] ‡Wand (壁)の 複

＊*der* **Wan·del** [ヴァンデる vándəl] 男 (単 2) -s/ ① 変化, 変遷, 移り変わり. (英 *change*). ein allmählicher (schneller) *Wandel* ゆっくりとした(急速な)変化 / Die Mode ist dem *Wandel* unterworfen. 《状態受動・現在》流行は絶えず変化するものだ (←変化に支配される) / im *Wandel* der Zeiten[2] 時代の移り変わりとともに. ② 《古》行状, 生活態度 (＝Lebens*wandel*).

wan·del·bar [ヴァンデるバール] 形 《雅》変わりやすい, 不安定な.

Wan·del⸗gang [ヴァンデる・ガング] 男 -[e]s/ ..gänge ＝Wandelhalle

Wan·del⸗hal·le [ヴァンデる・はれ] 女 -/-n (劇場・保養地などの)遊歩廊, ロビー.

＊**wan·deln** [ヴァンデるン vándəln] ich wandle (wandelte, *hat*/*ist*...gewandelt) **I** 再帰 (完了 haben) *sich*[4] *wandeln* 《雅》変わる, 変化する. (英 *change*). Die Mode *wandelt sich* schnell. 流行は変わるのが速い / Ihr Hass *hat sich* **in** Liebe (または **zu** Liebe) *gewandelt*. 彼女の憎しみは愛情に変わった.
II 他 (完了 haben) 《雅》**変える, 変化させる.** (英 *change*). Dieses Erlebnis *hat* ihn *gewandelt*. この体験は彼の人柄を変えてしまった.
III 自 (完了 sein) 《場所を表す語句とともに》《雅》(当てもなく…を)ぶらつく, 散策する. **im** Park *wandeln* 公園を散歩する / auf und ab *wandeln* あちこちぶらつく. ◇《現在分詞の形で》ein *wandelndes* Lexikon 《口語・戯》生き字引.

wan·del·te [ヴァンデるテ] ＊wandeln (再帰)で; 変わる)の 過去

Wan·der⸗aus·stel·lung [ヴァンダァ・アオスシュテるング] 女 -/-en 移動展示会.

Wan·der⸗büh·ne [ヴァンダァ・ビューネ] 女 -/-n 移動劇団, 旅回りの一座.

Wan·der⸗bur·sche [ヴァンダァ・ブルシェ] 男 -n/-n (昔の) 渡り職人, 遍歴[する]職人.

Wan·der⸗dü·ne [ヴァンダァ・デューネ] 女 -/-n 《地理》移動砂丘.

Wan·de·rer [ヴァンデらァ vándərər] 男 -s/- 徒歩旅行者, ハイカー; さすらい人. (←女性形は Wand[r]erin).

Wan·der⸗kar·te [ヴァンダァ・カルテ] 女 -/-n ハイキング用地図.

Wan·der⸗lied [ヴァンダァ・リート] 中 -[e]s/-er さすらい(遍歴)の歌; ハイキング用唱歌.

Wan·der⸗lust [ヴァンダァ・るスト] 女 -/ ハイキング(徒歩旅行)に出かけたい気持ち.

wan·der⸗lus·tig [ヴァンダァ・るスティヒ] 形 ハイキング(徒歩旅行)の好きな.

‡**wan·dern** [ヴァンダァン vándərn] (wanderte, *ist*...gewandert) 自 (完了 sein) ① **ハイキングをする, (野山を)徒歩旅行する.** (英 *hike*). Wir *wandern* gern. 私たちはハイキングが好きです / **in** die Berge *wandern* 山へハイキングに行く. (☞ 類語 gehen).

② ぶらぶら歩く, (あてもなく)歩き回る. **durch** die Stadt *wandern* 町を歩き回る / durchs Zimmer *wandern* 部屋の中を行ったり来たりする / Die Wolken *wandern* **am** Himmel. 《比》雲が空を流れて行く / Seine Gedanken *wanderten* **in** die Ferne. 《比》彼は遠くへ思いをはせた.

③ 移動する; (修業中の職人などが)遍歴する.

Ein Zirkus *wandert* **durch** die Städte. サーカスが町を移動して行く / Der Brief *war* **von** Hand **zu** Hand *gewandert*. 《過去完了》《比》手紙は次から次へと回されていた. ◇《現在分詞の形で》ein *wandernder* Händler 行商人. ④《方向を表す語句とともに》《口語》(…へ)入れられる, 運ばれる. **ins** Gefängnis *wandern* 投獄される / Der Brief *wanderte* in den Papierkorb. 手紙はくずかごに投げ込まれた.

Wan·der·po·kal [ヴァンダァ・ポカール] 男 -s/-e (次々と優勝者に引き継がれる)優勝カップ.

Wan·der≈pre·di·ger [ヴァンダァ・プレーディガァ] 男 -s/- 巡回説教師.

Wan·der≈preis [ヴァンダァ・プライス] 男 -es/-e (持ち回りの)優勝カップ(旗・盾).

Wan·der≈rat·te [ヴァンダァ・ラッテ] 女 -/-n 《動》ドブネズミ.

Wan·der·schaft [ヴァンダァシャフト] 女 -/-en 《ふつう 単》旅; (昔の職人・学生などの)遍歴(の時期). **auf** die *Wanderschaft* gehen 旅(遍歴)に出る.

Wan·ders≈mann [ヴァンダァス・マン] 男 -(e)s/..leute ①《古の:》遍歴職人(学生). ②《戯》徒歩旅行者, ハイカー.

wan·der·te [ヴァンダァテ] *wandern (ハイキングをする)の 過去

Wan·der≈trieb [ヴァンダァ・トリープ] 男 -(e)s/ ①《動》移動本能. ②《医》徘徊(はいかい)症.

die **Wan·de·rung** [ヴァンデルング vándərʊŋ] 女 (単) -/(複) -en ① ハイキング, 徒歩旅行. (英 *hike*). eine *Wanderung*⁴ machen ハイキング(徒歩旅行)をする. ②(民族の)移動, 移住; (魚の回遊)(鳥の渡り).

Wan·der≈vo·gel [ヴァンダァ・フォーゲる] 男 -s/..vögel ①《複 なし》ワンダーフォーゲル(健全な徒歩旅行を奨励する青年運動の会および会員. 1895年にカール・フィッシャーが組織した徒歩旅行グループがその始まり). ②《古》渡り鳥, 《比》放浪生活者.

Wan·der≈zir·kus [ヴァンダァ・ツィルクス] 男 -/..kusse 巡業サーカス.

Wand≈ge·mäl·de [ヴァント・ゲメーるデ] 中 -s/- 壁画.

Wand≈kar·te [ヴァント・カルテ] 女 -/-n [壁]掛け地図.

wand·le [ヴァンドれ] *wandeln (再帰)で: 変わる)の 1 人称単数 現在

Wand≈leuch·ter [ヴァント・ろイヒタァ] 男 -s/- (壁に取り付けられた)壁灯, ウォールライト.

die **Wand·lung** [ヴァントるング vándlʊŋ] 女 (単) -/(複) -en ① 変化. (英 *change*). eine äußere (innere) *Wandlung* 外面的(内面的)な変化. ②《カトッ》(ミサにおける)聖変化. ③《法》(売買契約の)解除.

Wand≈ma·le·rei [ヴァント・マーれライ] 女 -/-en《美》①《複 なし》壁画[技法]. ②(個々の)壁画.

Wan·de·rer [ヴァンドラァ vándrər] 男 -s/- 徒歩旅行者, ハイカー(=Wanderer).

Wand≈schirm [ヴァント・シルム] 男 -(e)s/-e びょうぶ, ついたて.

Wand≈schrank [ヴァント・シュランク] 男 -(e)s/..schränke 作り付けの戸棚(押入れ).

Wand≈spie·gel [ヴァント・シュピーゲる] 男 -s/- 壁掛け鏡, 姿見.

Wand≈ta·fel [ヴァント・ターふェる] 女 -/-n 黒板.

wand·te [ヴァンテ] *wenden (向ける)の 過去

Wand≈tep·pich [ヴァント・テピヒ] 男 -s/-e タペストリー, 飾り壁掛け.

Wand≈uhr [ヴァント・ウーァ] 女 -/-en 掛け時計, 柱時計.

Wand≈ver·klei·dung [ヴァント・フェアクらイドゥング] 女 -/-en (外壁・内壁の)化粧仕上げ.

Wand≈zei·tung [ヴァント・ツァイトゥング] 女 -/-en 壁新聞.

die **Wan·ge** [ヴァンゲ váŋə] 女 (単) -/(複) -n ①《雅》頬(ほお) (=Backe). (英 *cheek*). rote *Wangen* 赤い頬 / 人⁴ **auf** die *Wange* küssen 人⁴の頬にキスをする / die *Wange*⁴ **in** die Hand stützen ほおづえをつく. ②(階段・家具などの)側板(がわいた); 《建》(教会内陣の)側面仕切り. ③(器具・機械などの)側面.

Wan·kel≈mo·tor [ヴァンケる・モートァ] 男 -s/-en [..モトーレン]《工》ロータリーエンジン(発明者のドイツ人技師 F. Wankel 1902–88 の名から).

Wan·kel≈mut [ヴァンケる・ムート] 男 -(e)s/《雅》移り気, 気まぐれ, 無定見.

wan·kel≈mü·tig [ヴァンケる・ミューティヒ] 形《雅》移り気な, 気まぐれな, 無定見な.

wan·ken [ヴァンケン váŋkən] (wankte, *hat/ist*...gewankt) 自 《完了 haben または sein》① (h) ぐらぐらする, 揺れる; よろける. (英 *sway*). Der Mast *hat* im Sturm *gewankt*. あらしでマストがぐらぐらした / Meine Knie *wankten*. 《雅》私はひざががくがくした. ② (s)《方向を表す語句とともに》(…へ)よろめきながら(ふらふら)歩いて行く. Er *ist* **zur** Tür *gewankt*. 《現在完了》彼はよろよろと戸口へ歩いて行った. ③ (h)《雅》《決心・地位などが》揺らぐ, ぐらつく. Seine Stellung begann zu *wanken*. 彼の地位はぐらつき始めた. ◇《現在分詞の形で》Er wurde **in** seinem Entschluss *wankend*. 彼は決心がぐらついた.

Wan·ken [ヴァンケン] 中 -s/ 動揺, ぐらつき. 物⁴ **ins** *Wanken* bringen《雅》物⁴(決心など)をぐらつかせる / **ins** *Wanken* geraten《雅》(決心などが)ぐらつく.

wank·te [ヴァンクテ] *wanken (ぐらつきする)の 過去

wann [ヴァン ván]

> いつ *Wann* kommst du?
> ヴァン   コムスト   ドゥ
> 君はいつ来るの.

副 **A)**《疑問副詞》いつ; どんな場合に. (英 *when*). *Wann* ist das Buch erschienen?

warm

《現在完了》その本はいつ出版されましたか / Bis *wann* bist du zu Hause? 君はいつまで家にいるの / Seit *wann* wohnt er in Köln? いつから彼はケルンに住んでいますか / Von *wann* bis *wann* ist Sprechstunde? 面会(診療)時間はいつからいつまでですか / dann und *wann* ときどき, ときおり.

◊《間接疑問文で; 動詞の人称変化形は文末》Wissen Sie, *wann* der Zug abfährt? 列車は何時に出発するかご存じですか.

◊《auch, immer とともに譲歩文で; 動詞の人称変化形は文末》いつ…であっても. (英 whenever). Du kannst kommen, *wann* [auch] immer du Lust hast. 君が気が向いたときにはいつでも来ていいよ.

B) 《関係副詞; 動詞の人称変化形は文末》…する[ときに]. in der Woche, *wann* die Sommerferien beginnen 夏休みが始まる週に / Du kannst kommen, *wann* du willst. 君が好きなときに来ていいよ.

Wan·ne [ヴァンネ vánə] 囡 -/-n (大きめの)たらい, (特に:) バスタブ, 浴槽 (= Bade*wanne*); (飼葉(ばぁ))桶; オイルパン.

Wan·nen*bad [ヴァンネン・バート] 匣 -[e]s/..bäder ① (シャワーに対して:)(浴槽での)入浴. ② 浴槽を備えた公衆浴場.

Wanst [ヴァンスト vánst] 團 -es/Wänste《俗》太鼓腹[の人].

Wan·ze [ヴァンツェ vántsə] 囡 -/-n ①《昆》異翅(いし)類, (特に:) ナンキンムシ(南京虫). ② いやな(不快な)やつ. ③《隠語》小型盗聴器.

Wap·pen [ヴァッペン vápən] 匣 -s/- 紋章, ワッペン. Die Stadt führt einen Löwen **im** *Wappen*. この町はライオンの紋章を持っている.

die Bundesrepublik Deutschland   Berlin
Wappen

Wap·pen*kun·de [ヴァッペン・クンデ] 囡 -/ 紋章学.

Wap·pen*schild [ヴァッペン・シルト] 團 匣 -[e]s/-er (紋章の中央の)盾形[部分].

Wap·pen*tier [ヴァッペン・ティーァ] 匣 -[e]s/-e 紋章に用いられている動物.

wapp·nen [ヴァップネン vápnən] 再動 (h) *sich*⁴ *wappnen*《雅》①《*sich*⁴ *gegen* 事⁴ ~》《事⁴ (危険など)に対して》備える, 《事⁴を》覚悟する. ②《*sich*⁴ *mit* 事³ ~》《事³をふるい起こす. *sich* mit Mut *wappnen* 勇気をふるい起こす.

* **war** [ヴァール váːr] *sein¹ (…である)の1人称単数・3人称単数 過去. Er *war* krank. 彼は病気だった. (✍ 完了の助動詞 ☞ sein¹ II A; 状態受動の助動詞 ☞ sein¹ II B).

warb [ヴァルプ] *werben (宣伝をする)の 過去

ward [ヴァルト] *werden (…になる)の 過去《詩》. (✍ 未来の助動詞 ☞ werden II A; 動作受動の助動詞 ☞ werden II B).

‡*die* **Wa·re** [ヴァーレ váːrə] 囡 -(単) -/(複) -n 商品, (売るための)品物. (米 goods). Fertig*ware* 既製品 / eine billige (teure) *Ware* 安い(高い)品物 / eine gute (schlechte) *Ware* 質の良い(質の悪い)品 / *Waren*⁴ her|stellen (または produzieren) 商品を生産する / Die *Ware* verkauft sich gut. この商品はよく売れる / Diese *Waren* führen wir nicht. 私たちはこれらの商品は取り扱っていない / Gute *Ware* lobt sich selbst. 《諺》良い商品に宣伝はいらない(←自分で自分をほめる). (☞ 類語 Ding).

* **wä·re** [ヴェーレ vέːrə] *sein¹ (…である)の 接② ①《非現実の表現》もし…であれば. Wenn das Wetter schön *wäre*, könnten wir spazieren gehen. 天気がよければ散歩ができるのに / Wenn sie doch hier *wäre*! 彼女がここにいてくれたらなあ. ②《控えめな表現》…でしょう. Das *wäre* besser. そうする方がいいでしょう / Das *wär*'s (= *wäre* es). これで全部です / Wie *wär*'s **mit** einem Whisky? ウイスキーを1杯いかがですか / Und das *wäre*? とおっしゃいますと. ③《安堵》ようやく…だ. Jetzt *wären* wir endlich **in** München! さあやっとミュンヒェンに着いたぞ.

(✍ 完了の助動詞 ☞ sein¹ II A; 状態受動の助動詞 ☞ sein¹ II B).

wa·ren [ヴァーレン] *sein¹ (…である)の 1人称複数・2人称(敬称)・3人称複数 過去. (✍ 完了の助動詞 ☞ sein¹ II A; 状態受動の助動詞 ☞ sein¹ II B).

Wa·ren≉an·ge·bot [ヴァーレン・アンゲボート] 匣 -[e]s/-e 商品の供給.

Wa·ren≉be·stand [ヴァーレン・ベシュタント] 團 -[e]s/..stände (商品の)在庫, ストック.

Wa·ren≉haus [ヴァーレン・ハオス] 匣 -es/..häuser デパート, 百貨店 (= Kaufhaus).

Wa·ren≉kun·de [ヴァーレン・クンデ] 囡 -/ 商品学.

Wa·ren≉la·ger [ヴァーレン・らーガァ] 匣 -s/- 商品倉庫.

Wa·ren≉mus·ter [ヴァーレン・ムスタァ] 匣 -s/- 商品見本;《郵》商品見本[郵便物].

Wa·ren≉pro·be [ヴァーレン・プローベ] 囡 -/-n 商品見本.

Wa·ren≉test [ヴァーレン・テスト] 團 -[e]s/-s (または -e) 商品テスト.

Wa·ren≉zei·chen [ヴァーレン・ツァイヒェン] 匣 -s/- トレードマーク, 商標(略: Wz.). ein eingetragenes *Warenzeichen* 登録商標.

warf [ヴァルフ] *werfen (投げる)の 過去

‡**warm** [ヴァルム várm]

暖かい	Es ist heute sehr *warm*.
	エス イスト ホイテ ゼーァ ヴァルム
	きょうはとても暖かい.

形 (比較 wärmer, 最上 wärmst) ①《気候などが》暖かい, 温暖な;《食べ物などが》温かい;《口語》

(アパートなどが)暖房費込みの. (英 warm). (反 「寒い」は kalt). ein *warmes* Zimmer 暖かい部屋 / *warmes* Essen 温かい食事 / Hier es ist sehr *warm*. ここはとても暖かい / Mir ist [es] *warm*. 私は暑いい / *warme* Miete 暖房費込みの家賃 / Das Zimmer kostet *warm* 200 Mark [Miete]. その部屋は暖房費込みで200マルクだ / Der Kaffee ist noch *warm*. コーヒーはまだ温かい / Heute Abend esse ich *warm*. 今晩私は温かい料理を食べる / das Essen⁴ *warm* halten (machen) 食事が冷めないようにする(食事を温める).
② (衣服などが)暖かい, 保温性のある. eine *warme* Decke 暖かい毛布 / Der Mantel ist sehr *warm*. このコートはとても暖かい / sich⁴ *warm* an|ziehen 暖かい服装をする.
③ (気持ち・態度などが)温かい, 心のこもった; 親切な; 熱心な, 熱烈な. eine *warme* Begrüßung 温かい歓迎の言葉 / ein *warmes* Herz⁴ haben 思いやりがある / mit 人³ *warm* werden (口語) 人³と親しくなる / mit 物³ *warm* werden (口語) 物³が気に入る, 好きになる / Er ist weder *warm* noch kalt. (口語) 彼は何事にも無関心だ(←温かくも冷たくもない) / 人³ *warm* die Hand⁴ drücken 心を込めて人³と握手する. ④ (口語) ホモの(=schwul). ein *warmer* Bruder ホモの男性.

(新形)
warm hal·ten sich³ 人⁴ *warm halten* (口語) 人⁴の好意を失わないように努める. (注意 warm halten は「冷めないようにする」という本来の意味でも使われる: ☞ *warm* ①).

warm lau·fen (エンジンなどがアイドリングをして暖まる. den Motor *warm laufen lassen* 暖機運転する.

Warm≠blut [ヴァルム・ブルート] 中 -[e]s/ (馬の)温血種(軽種の乗用馬).

Warm≠blü·ter [ヴァルム・ブリュータァ] 男 -s/- (動)温血動物.

warm≠blü·tig [ヴァルム・ブリューティヒ] 形 (動物が)温血の, 定温の.

*die **Wär·me** [ヴェルメ vérmə] 女 (単) -/ ① 暖かさ, 温暖さ. (英 *warmth*). (反 「寒さ」は Kälte). Körperwärme 体温 / die *Wärme* der Heizung² 暖房の暖かさ / eine angenehme *Wärme* 快適な暖かさ / Wir haben heute 20 Grad *Wärme*. きょうの気温は20度だ. ② (心・雰囲気などの)温かさ, 親切; 熱意; (比)(色などの)暖かさ. innere *Wärme* 心の温かさ / 人⁴ mit *Wärme* empfangen 人⁴を温かく迎える. ③ (物)熱(エネルギー).

Wär·me≠ein·heit [ヴェルメ・アインハイト] 女 -/-en (理)熱量単位(カロリー・ジュールなど) (略: WE).

Wär·me≠grad [ヴェルメ・グラート] 男 -[e]s/-e (口語) (摂氏0度以上の)温度.

Wär·me≠kraft·werk [ヴェルメ・クラフトヴェルク] 中 -[e]s/-e 火力発電所.

Wär·me≠leh·re [ヴェルメ・れーレ] 女 -/-n (物)熱学.

Wär·me≠lei·ter [ヴェルメ・らイタァ] 男 -s/- (物)熱伝導体.

***wär·men** [ヴェルメン vérmən] (wärmte, *hat...gewärmt*) I 他 (完了 haben) (人・物⁴を)温める, 暖かくする. (英 *warm*). die Suppe⁴ *wärmen* スープを温める / Sie *wärmt* dem Baby die Milch. 彼女は赤ちゃんにミルクを温めてやる / Ich *habe* mir am Ofen die Hände *gewärmt*. 私はストーブで手を暖めた.
II 自 (完了 haben) (熱・衣服などが)体を暖かくする. Der heiße Kaffee *wärmt*. 熱いコーヒーを飲むと体が暖まる / Dieser Mantel *wärmt* gut. このコートは暖かい.
III 再帰 (完了 haben) sich⁴ *wärmen* 体を暖める. Komm herein und *wärme* dich! 中に入って暖まりなさい.

wär·mer [ヴェルマァ vérmər] ‡warm (暖かい)の (比較).

Wär·mer [ヴェルマァ] 男 -s/- (口語)保温カバー, ウォーマー(ゆで卵・コーヒーポットなどにかぶせる).

Wär·me≠reg·ler [ヴェルメ・レーグらァ] 男 -s/- サーモスタット, 調温装置.

Wär·me≠spei·cher [ヴェルメ・シュパイヒャァ] 男 -s/- (工)蓄熱器.

Wär·me≠strah·lung [ヴェルメ・シュトラールング] 女 -/ (物)熱放射.

Wär·me≠tech·nik [ヴェルメ・テヒニク] 女 -/ (工)熱工学, 熱力学.

Wärm≠fla·sche [ヴェルム・ふらッシェ] 女 -/-n (ゴム製の)湯たんぽ.

Warm≠front [ヴァルム・ふロント] 女 -/-en (気象)温暖前線. (注意「寒冷前線」は Kaltfront).

warm≠hal·ten* 再帰 (h) (新形) warm halten) ☞ warm

warm≠her·zig [ヴァルム・ヘルツィヒ] 形 心の温かい, 思いやりのある; 心の込もった.

warm≠lau·fen* 自 (s) (新形) warm laufen) ☞ warm

Warm≠luft [ヴァルム・るフト] 女 -/ (気象)暖気.

Warm·luft≠hei·zung [ヴァルムるフト・ハイツング] 女 -/-en 温風暖房[装置].

wärmst [ヴェルムスト vérmst] ‡warm (暖かい)の (最上).

wärm·te [ヴェルムテ] *wärmen (温める)の (過去).

Warm·was·ser≠be·rei·ter [ヴァルムヴァッサァ・ベライタァ] 男 -s/- (工)湯沸かし器, ボイラー.

Warm·was·ser≠hei·zung [ヴァルムヴァッサァ・ハイツング] 女 -/-en (工)温水暖房.

Warm·was·ser≠spei·cher [ヴァルムヴァッサァ・シュパイヒャァ] 男 -s/- (工)温水(貯湯)タンク.

Warn≠an·la·ge [ヴァルン・アンらーゲ] 女 -/-n 警報装置.

Warn≠blink·an·la·ge [ヴァルン・ブリンクア

ンらーゲ] 女 -/-n《自動車》非常点滅表示灯, ハザードランプ.

Warn⹀drei·eck [ヴァルン・ドライエック] 中 -[e]s/-e《自動車》(三角形の)停止表示板(車の故障の際などに路上に置く).

:**war·nen** [ヴァルネン várnən] (warnte, *hat* …gewarnt) 他 (完了 haben) (英 *warn*) ① 〖**4格**とともに〗(用心するよう 人⁴に)**警告する,注意する**. 人⁴ **vor** einer Gefahr *warnen* 人⁴に危険に対して注意するよう警告する / Er *warnte* sie vor diesem Menschen. 彼は彼女にこの人間に用心するよう注意した. ◊〖目的語なしでも〗Der Rundfunk *warnt* vor Glatteis. ラジオが路面凍結に注意するよう呼びかけている. ② (…しないよう 人⁴に)警告する,注意する. Der Polizist *hat* die Kinder [davor] *gewarnt*, auf das Eis zu gehen. 警官は子供たちに氷の上に行かないように注意した / Ich *warne* dich, lass das sein! 警告しておくが, それはやめた方がいい. ◊〖現在分詞の形で〗ein *warnendes* Beispiel 戒めとなる例.

Warn⹀ruf [ヴァルン・ルーふ] 男 -[e]s/-e 警戒の叫び声, 警告の呼び声.
Warn⹀schild [ヴァルン・シルト] 中 -[e]s/-er ① 警告の表示板. ②《交通》警戒標識板.
Warn⹀schuss [ヴァルン・シュス] 男 -es/..schüsse 警告のための発砲, 威嚇射撃.
Warn⹀schuß ☞ 新形 Warnschuss
Warn⹀sig·nal [ヴァルン・ズィグナーる] 中 -s/-e 警戒信号, 警報.
Warn⹀streik [ヴァルン・シュトライク] 男 -[e]s/-e (示威的な)時限ストライキ.
warn·te [ヴァルンテ] ☞warnen (警告する)の過去

*die **War·nung** [ヴァルヌング várnʊŋ] 女 (単) -/(複) -en **警告**, (危険であることの)注意;(将来への)戒め, 忠告.(英 *warning*). eine *Warnung* **vor** Sturm 暴風警報 / Das ist meine letzte *Warnung*! これが私の最後の警告だ / ohne *Warnung* schießen 警告なしに発砲する / Lass es dir **als** (または **zur**) *Warnung* dienen! それを戒めとして今後気をつけなさい.

Warn⹀zei·chen [ヴァルン・ツァイヒェン] 中 -s/- ① 警戒信号, 警報 (＝Warnsignal). ②《交通》警戒標識板. ③ (不吉な)前兆.
War·schau [ヴァルシャオ várʃau] 中 -s/《都市名》ワルシャオ(ポーランドの首都).
warst [ヴァールスト] ☞sein¹ (…である)の2人称単数 過去.(英) 完了の助動詞 ☞sein¹ II A;状態受動の助動詞 ☞sein¹ II B).
wart [ヴァールト] ☞sein¹ (…である)の2人称複数 過去.(英) 完了の助動詞 ☞sein¹ II A;状態受動の助動詞 ☞sein¹ II B).
War·te [ヴァルテ vártə] 女 -/-n ① 《雅》見晴らし台, 展望台;《比》見地, 見解. von meiner *Warte* **aus**《比》私の立場から見ると. ②《史》(中世の城の)望楼.
War·te·hal·le [ヴァルテ・はれ] 女 -/-n (駅などの)待合室.

War·te·lis·te [ヴァルテ・リステ] 女 -/-n 空席(順番)待ちの名簿, ウェーティングリスト.

:**war·ten** [ヴァルテン vártən]

| 待つ | *Warten* Sie einen Moment! ヴァルテン ズィー アイネン モメント ちょっとお待ちください. |

人称	単	複
1	ich warte	wir warten
2	{du wartest / Sie warten	{ihr wartet / Sie warten
3	er wartet	sie warten

(wartete, *hat* …gewartet) **I** 自 (完了 haben) ① **待つ, 待っている**. (英 *wait*). Wir *warten* hier. 私たちはここで待っています / Ich *warte*, bis du kommst. 君が来るまで待っているよ / *Warte* mal! ちょっと待ってよ / Na, *warte*!《口語》よし, 覚悟してろよ / Das Essen *kann warten*!《比》食事は別に急ぎません / Da *kannst* du lange *warten*.《口語》いくら待ってもむだだよ/Er *ließ* uns lange *warten*. 彼は私たちを長く待たせた.
② 〖**auf** 人·物³~〗(人·物³を)**待つ**. Ich *warte* auf den Bus (einen Brief). 私はバス(手紙)を待っている / Ich *habe* tagelang auf dich *gewartet*. 私は何日も君を待ったよ / Die Gäste *warten* darauf, vorgestellt zu werden. 客たちは紹介されるのを待っている / Worauf *warten* wir eigentlich noch? さあすぐに取りかかろう(始めよう) / Die Post *lässt* heute lange auf sich *warten*. 郵便がきょうはなかなか来ない.
③ 〖**mit** 物³~〗(物³を)先へ延ばし, しないで待つ. Wir *werden* mit dem Essen noch etwas *warten*. 食事はもう少し待つことにしよう.
II 他 (完了 haben) ① 《工》(機械など⁴の)手入れをする, 整備をする. ②《雅》(人·物⁴の)世話をする, 面倒を見る.

*der **Wär·ter** [ヴェルタァ vértər] 男 (単2) -s/ (複) - (3格のみ -n) **世話係, 監視員**, 看守;踏切番. (英 *attendant*). (女) 女性形は *Wärterin*). Kranken*wärter* 看護人 / Der *Wärter* füttert die Affen. 飼育係が猿に餌(えさ)をやる.

War·te⹀raum [ヴァルテ・ラオム] 男 -[e]s/..räume ① 待合室. ②《空》(着陸待ちの航空機が飛ぶ空の)待機ゾーン.
War·te⹀saal [ヴァルテ・ザーる] 男 -[e]s/..säle [..ゼーれ] (駅などの[飲食店のある])待合室.
war·te·te [ヴァルテテ] ☞warten (待つ)の過去
War·te⹀zeit [ヴァルテ・ツァイト] 女 -/-en ① 待ち時間. ②(保険の)待機期間.
War·te⹀zim·mer [ヴァルテ・ツィンマァ] 中 -s/- (病院などの)待合室.
..wär·tig [..ヴェルティヒ ..vɛrtɪç] 〖形容詞をつくる 接尾〗(…の方の) 例: aus*wärtig* 外国の.
..wärts [..ヴェルツ ..vɛrts] 〖副詞をつくる 接尾〗(…の方へ) 例: ost*wärts* 東方へ / auf*wärts* 上方へ.

War·tung [ヴァルトゥング] 囡 -/-en（機械などの）手入れ, 整備, メインテナンス; 世話.

war·tungs=frei [ヴァルトゥングス・フライ] 形（機械などが）手入れ（整備）不要の, メインテナンスフリーの.

＊wa·rum [ヴァルム varúm]

なぜ	*Warum* tust du das?
	ヴァルム トゥースト ドゥ ダス
	なぜそんなことをするの.

副 **A)**《疑問副詞》なぜ, どうして. (英 *why*). *Warum* bist du nicht gekommen?《現在完了》どうして君は来なかったの / *Warum* **nicht?** a) なぜいけないのか, いいではないか, b) もちろんです, いいですとも ⇒ Wollen wir spazieren gehen? — *Warum* nicht? 散歩に行きませんか — いいですとも / *Warum* nicht gleich [so]?《口語》どうしてすぐにそうしなかったんだい. ◇《名詞的に》nach dem *Warum* fragen 理由を尋ねる.
◇《間接疑問文で; 動詞の人称変化形は文末》Ich weiß nicht, *warum* er das getan hat. 彼がどうしてそんなことをしたのか私にはわからない.
B)《関係副詞; 動詞の人称変化形は文末》なぜ…かという（理由など）. Der Grund, *warum* er das getan hat, ist mir unbekannt. 彼がそんなことをした理由を私は知らない.

War·ze [ヴァルツェ vártsə] 囡 -/-n ①《医》いぼ. ②《医》乳頭, 乳首 (=Brust*warze*).

War·zen=schwein [ヴァルツェン・シュヴァイン] 史 -[e]s/-e《動》イボイノシシ.

＊was [ヴァス vás]

何	*Was* ist das?	1格 *was*
	ヴァス イスト ダス	2格 (wessen)
	これは何ですか.	3格 —
		4格 *was*

代 **A)**《疑問代名詞》① 何, 何が, 何を. (英 *what*). *Was* machst du da? 君はそこで何をしているの / *Was* hat er gesagt? 彼は何と言ったのか / *Was* sind Sie von Beruf? あなたの職業は何ですか / *Was* ist denn los? どうしたの, 何が起きたの / *Was* hast du? または *Was* fehlt dir? どうしたの, どこか具合が悪いの / *Was* gibt es Neues? どんなニュースがありますか / [Und] *was* dann?《口語》それからどうするの / Auf *was* (=Worauf) wartest du noch?《口語》君は何を待っているのか / Um *was* (=Worum) geht es?《口語》何の話ですか. (注 ふつうは wo[r]+前置詞の形が用いられる).
◇《間接疑問文で; 動詞の人称変化形は文末》Weißt du, *was* er gesagt hat? 彼が何と言ったか知ってるかい.
◇《間投詞的に》*Was* denn?《口語》いったいどうしたんだ / *Was*, du hast gewonnen?《口語》ほんとかい, 君が優勝したのかい / *Was*?《俗》なんだって. (注 ふつうは Wie bitte?) / Es ist schön, *was*?《口語》すてきだろう, ね? (注 ふつうは nicht [wahr]?) / Ach *was*! そんなばかな /

Was weiß ich! 私は知りませんよ / *Was* es [nicht] alles gibt! ほんとになんでもあるものだ.
②《口語》いくら, どれくらい. *Was* kostet das? これはいくらですか / *Was* haben wir noch an Wein? ワインはまだどれくらいあるの / *Was* geht das mich an? それは私に何の関係があるのか.
③《*was* für [ein] の形で》どんな, どんな種類（性質）の. *Was* für ein Buch möchten Sie? どういう本をご希望ですか / *Was* sind das für Blumen? これはどういう種類の花ですか.
◇《感嘆文で》……… *Was* für ein Lärm! なんという騒々しさだ. (注 für のあとの名詞の格はその名詞の文中での役割によって決まる).
④《副詞的に用いて》《口語》（とがめる口調で:）なぜ (=warum), ……のように (=wie). *Was* regst du dich so auf? なぜそんなに興奮しているんだい / Lauf, *was* du kannst! できるだけ速く走りなさい.
B)《関係代名詞; 動詞の人称変化形は文末》① …すること(もの). (英 *what*). *Was* er sagt, stimmt nicht. 彼の言うことは事実に合わない / Erzähle mir *alles*, *was* du erlebt hast! 君が体験したことを話してくれ.
◇《**auch**, **immer** とともに譲歩文で》たとえ何であろうと. *Was* er auch sagt, ich glaube ihm nicht. 彼が何と言おうと私は彼の言うことを信じない.
②《**das**, **alles**, **etwas**, **nichts**, 中性名詞化した形容詞などを先行詞として》…する［ところの］. Ich erzähle dir *alles*, *was* ich gehört habe. ぼくが聞いたことを全部君に話そう / Das Beste, *was* du tun kannst, ist … 君にできる最善のことは…だ.
③《前文の内容を受けて》そのことは(を). Sie kam nicht, *was* mich sehr ärgerte. 彼女は来なかった, それに私はとても腹が立った.
C)《不定代名詞》①《口語》あること(もの), 何か (=etwas). *Was* Neues 何か新しいこと / Das ist *was* anderes! それは別の問題だ / *Was* [mit dir]? [君は]どうかしたの / Ich habe *was* Schönes für dich. 君にいいものをあげるよ / so *was* そんなもの(こと) ⇒ Na, so *was*! / Er ist so *was* wie ein Dichter. 彼は作家みたいなものだ.
②《方》少し, いくらか. Hast du noch *was* Geld? まだいくらかお金を持ってるかい.

Wasch=an·la·ge [ヴァッシュ・アンラーゲ] 囡 -/-n（ガソリンスタンドなどの）洗車装置.

Wasch=au·to·mat [ヴァッシュ・アオトマート] 男 -en/-en 自動洗濯機.

wasch·bar [ヴァッシュバール] 形 洗濯がきく, 洗っても傷まない（布など）.

Wasch=bär [ヴァッシュ・ベーァ] 男 -en/-en《動》アライグマ.

Wasch=be·cken [ヴァッシュ・ベッケン] 史 -s/-（壁に取り付けた）洗面台; 洗面器.

Wasch=ben·zin [ヴァッシュ・ベンツィーン] 史 -s/-（汚れを落とすために使う）ベンジン.

Wasch=brett [ヴァッシュ・ブレット] 史 -[e]s

-er ① 洗濯板. ②《楽》ウォッシュボード.

die Wä·sche [ヴェッシェ véʃə] 囡 (単) -/ (複) -n ① 〖覆 なし〗(総称として:) 洗濯物.（英 wash). Bettwäsche 寝具用カバー・シーツ類 / die Wäsche⁴ auf|hängen (ab|nehmen) 洗濯物をつるす(取り込む) / die Wäsche⁴ waschen (trocknen) 洗濯物を洗う(乾かす) / Sie bügelt die Wäsche. 彼女は洗濯物にアイロンをかける.

② 〖覆 なし〗(総称として:) 下着[類], 肌着. Damenwäsche 女性用肌着類 / frische Wäsche⁴ an|ziehen 洗いたての下着を着る / die Wäsche⁴ wechseln 肌着を取り替える / dumm aus der Wäsche gucken《俗》(事情がわからずに)ぽかんとしている.

③ 洗濯, (車・体などを)洗うこと. Autowäsche 洗車 / 物⁴ in die Wäsche (または zur Wäsche) geben 物⁴を洗濯に出す.

Wä·sche≠beu·tel [ヴェッシェ・ボイテル] 男 -s/- 洗濯物入れ(袋).

wasch≠echt [ヴァッシュ・エヒト] 形 ①《織》洗濯がきく, 洗っても色のさめない(縮まない). ②《比》本物の, 生粋の; 由緒正しい(貴族など). Er ist ein waschechter Berliner. 彼は生粋のベルリンっ子だ.

Wä·sche≠klam·mer [ヴェッシェ・クラムマァ] 囡 -/-n 洗濯ばさみ.

Wä·sche≠korb [ヴェッシェ・コルプ] 男 -[e]s/ ..körbe 洗濯物入れ(かご).

Wä·sche≠lei·ne [ヴェッシェ・ライネ] 囡 -/-n 物干し用ロープ.

‡wa·schen* [ヴァッシェン váʃən]

> 洗う Wasch dir die Hände!
> ヴァッシュ ディァ ディ ヘンデ
> 手を洗いなさい.

du wäschst, er wäscht (wusch, hat…gewaschen) 他 (完了 haben) ① 洗う; (気体⁴を)洗浄する; (鉱石など⁴を)洗鉱する.（英 wash). den Wagen waschen 車を洗う / Sie wäscht gerade die Kinder. 彼女は今子供たちの体を洗っているところだ / 人³ (sich³) die Haare⁴ waschen 人³の(自分の)髪を洗う / Wo kann ich mir die Hände waschen? お手洗いはどちらでしょうか / A⁴ aus (または von) B³ waschen A⁴ を B³ から洗い落とす ⇒ den Schmutz aus der Wunde waschen 傷口から汚れを洗い落とす. ◊《再帰的に》sich⁴ waschen 自分の体を洗う ⇒ Er wäscht sich jeden Morgen. 彼は毎朝体を洗う / sich⁴ kalt (warm) waschen 水で(お湯で)体を洗う / Die Prüfung hatte sich gewaschen.《口語》試験はものすごく難しかった.

② 洗濯する. die Socken⁴ mit Seife waschen ソックスをせっけんで洗濯する / Das Hemd ist sauber gewaschen.《状態受動・現在》そのシャツはきれいに洗濯してある. ◊《目的語なしでも》Heute muss ich waschen. きょうは洗濯をしなくては.

Wä·scher [ヴェッシャァ véʃər] 男 -s/- 洗う人; 洗濯夫.（女性形は Wäscherin).

die Wä·sche·rei [ヴェッシェライ veʃərái] 囡 (単) -/(複) -en クリーニング店, ランドリー, 洗濯屋.（英 laundry). Wäsche⁴ in die Wäscherei geben 洗濯物をクリーニング店に出す.

Wä·sche≠schleu·der [ヴェッシェ・シュロイダァ] 囡 -/-n (洗濯物の)脱水機.

Wä·sche≠schrank [ヴェッシェ・シュランク] 男 -[e]s/..schränke 下着類(洗濯物)用の戸棚.

Wä·sche≠trock·ner [ヴェッシェ・トロックナァ] 男 -s/- ① (洗濯物の)乾燥機. ② 洗濯物掛.

Wasch≠frau [ヴァッシュ・フラオ] 囡 -/-en 洗濯女.

Wasch≠korb [ヴァッシュ・コルプ] 男 -[e]s/ ..körbe 洗濯物入れ(かご).

Wasch≠kü·che [ヴァッシュ・キュッヒェ] 囡 -/ -n ① 洗濯室. ②《口語》濃い霧.

Wasch≠lap·pen [ヴァッシュ・ラッペン] 男 -s/- ① 浴用の小タオル, 洗面タオル. ②《口語》臆病(おくびょう)者, 弱虫.

die Wasch≠ma·schi·ne [ヴァッシュ・マシーネ váʃ-maʃiːnə] 囡 (単) -/(複) -n 洗濯機.《英 washing machine). eine vollautomatische Waschmaschine 全自動洗濯機 / Das kann man mit (または in) der Waschmaschine waschen. それは洗濯機で洗える.

Wasch≠mit·tel [ヴァッシュ・ミッテる] 中 -s/- (洗濯用の)洗剤;《医》洗浄剤.

Wasch≠pul·ver [ヴァッシュ・プるふァァ] 中 -s/- 粉末洗剤.

Wasch≠raum [ヴァッシュ・ラオム] 男 -[e]s/ ..räume (駅などの)洗面所, お手洗.

Wasch≠sa·lon [ヴァッシュ・ザろーン] 男 -s/-s コインランドリー.

Wasch≠schüs·sel [ヴァッシュ・シュッセる] 囡 -/-n 洗面器, 洗い桶(おけ).

wäschst [ヴェシュスト] ‡waschen (洗う)の 2 人称単数 現在.

wäscht [ヴェシュト] ‡waschen (洗う)の 3 人称単数 現在.

Wasch≠tisch [ヴァッシュ・ティッシュ] 男 -[e]s/ -e 洗面台, 化粧台.

Wa·schung [ヴァッシュング] 囡 -/-en ① (体などを)洗うこと. ②《医》洗浄.

Wasch≠was·ser [ヴァッシュ・ヴァッサァ] 中 -s/ (体を洗う・洗濯をする)洗い水.

Wasch≠weib [ヴァッシュ・ヴァイプ] 中 -[e]s/ -er ①《俗》おしゃべりなやつ(女). ②《古》洗濯女.

Wasch≠zet·tel [ヴァッシュ・ツェッテる] 男 -s/- ①《書籍》(カバー・折り返しなどの)本の内容紹介. ② 短い新聞情報.

Wasch≠zeug [ヴァッシュ・ツォイク] 中 -[e]s/ 洗面道具, 入浴用具.

Wa·shing·ton [ウォッシングトン wɔ́ʃɪŋtən] 中 -s/ ①《都市名》ワシントン(アメリカ合衆国の首都). ②《地名》ワシントン(アメリカ合衆国北西部

の州).

*das **Was·ser** [ヴァッサァ vásər]

水 Ist das *Wasser* trinkbar?
イスト ダス ヴァッサァ トリンクバール
この水は飲めますか.

中(単2)-s/(複)-(3格のみ-n)または(複)Wässer [ヴェッサァ](3格のみ Wässern) ① 〖複なし〗水.(英 water). heißes (kaltes) *Wasser* 熱湯(冷水)/ hartes (weiches) *Wasser* 硬水(軟水)/ *Wasser*⁴ trinken 水を飲む/ Kann ich ein Glas *Wasser* haben? 水を一杯いただけませんか / ein Zimmer mit fließendem *Wasser* (ホテルなどの)洗面設備のある部屋 / Das *Wasser* kocht (siedet). 湯が沸いている(沸騰している)/ Das *Wasser* tropft aus dem Hahn. 蛇口から水が滴り落ちている / wie Feuer und *Wasser* sein 火と水のように相いれない / 人³ nicht das *Wasser*⁴ reichen können (比) 人³の足元にもおよばない / reinsten *Wassers* または **von** reinstem *Wasser* a) きらきらした光沢のある(ダイヤモンドなど), b) 生粋の. ② 〖複 -〗(水の集まり)川, 池, 湖, 海. Das *Wasser* ist sehr tief. この池(川・湖・海)はたいへん深い / Das Haus steht am *Wasser*. その家は水辺にある / Dieses Tier lebt **im** *Wasser*. この動物は水中に棲(+)む / ins *Wasser* fallen a) 水中に落ちる, b)(比)(計画などが)水の泡となる / ins *Wasser* gehen《婉曲》入水自殺をする / Die Wiesen stehen **unter** *Wasser*. (洪水で)草地は水中に没している / **zu** *Wasser* 水路で, 船で / Das *Wasser* steht ihm bis zum Hals.《口語・比》(借金をかかえて)彼はあっぷあっぷしている(首が回らない) / 人³ das *Wasser*⁴ abgraben (比)(人³を)窮地に陥れる(←人³の水路を断つ) / Stille *Wasser* sind tief.《諺》思慮ある人は口数が少ない(←静かな淵は深い) / Er ist ein stilles *Wasser*.(比)彼は感情を外に出さない(腹の底がわからない).
③ 〖複 Wässer〗(化粧・薬用・飲料などの)溶液, …水. kölnisch[es] *Wasser* オーデコロン.
④ 〖複なし〗涙, 汗, 唾(🔰), 尿. *Wasser*⁴ lassen《婉曲》放尿する / Das *Wasser* läuft mir im Mund zusammen.《口語》(料理を前にして)私は口に唾がたまった.

(新形)
Was·ser ab·sto·ßend 水をはじく, 防水性の(布など)

....

メモ ..**wasser** のいろいろ: Grund*wasser* 地下水 / Haar*wasser* ヘアトニック / Leitungs*wasser* 水道水 / Meer*wasser* 海水 / Mineral*wasser* ミネラルウォーター / Quell*wasser* 泉の水 / Regen*wasser* 雨水 / Salz*wasser* 食塩水, 海水 / Schmutz*wasser* 汚水 / Trink*wasser* 飲料水

....

Wäs·ser [ヴェッサァ] *Wasser(溶液の)複
was·ser=ab·sto·ßend 形 (新形) *Wasser* abstoßend) ☞ *Wasser*

Was·ser=ader [ヴァッサァ・アーダァ] 女 -/-n (地下の)水脈.
was·ser=arm [ヴァッサァ・アルム] 形 水の乏しい.
Was·ser=auf·be·rei·tung [ヴァッサァ・アオフベライトゥング] 女 -/ (再利用のための)水の浄化.
Was·ser=bad [ヴァッサァ・バート] 中 -[e]s/..bäder 〖ふつう 単〗《料理》湯せん用の鍋(🔰).
Was·ser=ball [ヴァッサァ・バる] 男 -[e]s/..bälle ① 〖複なし〗水球, ウォーターポロ. ② 水球用のボール;(水遊び用の)ビーチボール.
Was·ser=bau [ヴァッサァ・バオ] 男 -[e]s/ 水路(河川・港湾)工事.
Was·ser=bett [ヴァッサァ・ベット] 中 -[e]s/-en ウォーターベッド.
Was·ser=bom·be [ヴァッサァ・ボンベ] 女 -/-n 《軍》爆雷.
Was·ser=burg [ヴァッサァ・ブルク] 女 -/-en 水城(ᵃ🔰)(堀・池・川などで囲まれた城).
Wäs·ser·chen [ヴェッサァヒェン vésərçən] 中 -s/- ① (*Wasser* の縮小)小川, 水たまり; 香水. ② 〖成句的に〗kein *Wässerchen*⁴ trüben können《口語》虫も殺せない(←水一滴もにごすことができない).
Was·ser=dampf [ヴァッサァ・ダンプふ] 男 -[e]s/..dämpfe 水蒸気, 湯気.
was·ser=dicht [ヴァッサァ・ディヒト] 形 ① 水を通さない, 防水の(時計など), 耐水性の. ② 《口語》すきのない, 確実な(アリバイなど).
Was·ser=druck [ヴァッサァ・ドルック] 男 -[e]s/..drücke (まれに-e) 水圧.

*der **Was·ser=fall** [ヴァッサァ・ふァる vásər-fal] 男 (単2)-[e]s/(複)..fälle [..ふェれ] (3格のみ ..fällen) 滝. (英 *waterfall*). wie ein *Wasserfall* reden《口語》立て板に水を流すようにしゃべる.
Was·ser=far·be [ヴァッサァ・ふァルベ] 女 -/-n 水彩絵の具.
was·ser=fest [ヴァッサァ・ふェスト] 形 水を通さない, 耐水性の (=wasserdicht ①).
Was·ser=flä·che [ヴァッサァ・ふれッヒェ] 女 -/-n 水面.
Was·ser=floh [ヴァッサァ・ふろー] 男 -[e]s/..flöhe《動》ミジンコ.
Was·ser=flug·zeug [ヴァッサァ・ふるークツォイク] 中 -[e]s/-e 水上飛行機.
was·ser=ge·kühlt [ヴァッサァ・ゲキューるト] 形 水冷式の(エンジン).
Was·ser=glas [ヴァッサァ・グラース] 中 -es/..gläser ① [水飲み]コップ. ②《化》水ガラス(珪酸のアルカリ塩).
Was·ser=gra·ben [ヴァッサァ・グラーベン] 男 -s/..gräben 堀, 溝.
Was·ser=hahn [ヴァッサァ・ハーン] 男 -[e]s/..hähne (まれに -en)(水道の)蛇口, 栓, コック.
Was·ser=ho·se [ヴァッサァ・ホーゼ] 女 -/-n《気象》(水上の)竜巻.
wäs·se·rig [ヴェッセリヒ vésərıç] 形 =wäss-

rig.
Was·ser⸗jung·fer [ヴァッサァ・ユングふァァ] 女 -/-n 《昆》トンボ (=Libelle ①).
Was·ser⸗kes·sel [ヴァッサァ・ケッセる] 男 -s/- 湯沸かし, やかん.
Was·ser⸗klo·sett [ヴァッサァ・クろゼット] 中 -s/-s (または -e) [水洗]トイレ (略: WC).
Was·ser⸗kopf [ヴァッサァ・コプふ] 男 -[e]s/..köpfe 《医》水頭[症].
Was·ser⸗kraft [ヴァッサァ・クラふト] 女 -/ 水力.
Was·ser⸗kraft·werk [ヴァッサァ・クラふトヴェルク] 中 -[e]s/-e 《工》水力発電所.
Was·ser⸗küh·lung [ヴァッサァ・キューるング] 女 -/ (エンジンなどの)水冷.
Was·ser⸗lauf [ヴァッサァ・らオふ] 男 -[e]s/..läufe 水の流れ, 小川, 水路.
Was·ser⸗lei·tung [ヴァッサァ・らイトゥング] 女 -en 水道[設備]; 水道管.
Was·ser⸗li·nie [ヴァッサァ・リーニエ] 女 -/-n 《海》(船の)喫水線.
Was·ser⸗lin·se [ヴァッサァ・リンゼ] 女 -/-n 《植》アオウキクサ.
was·ser⸗lös·lich [ヴァッサァ・れースリヒ] 形 水溶性の, 水に溶ける.
Was·ser⸗man·gel [ヴァッサァ・マングる] 男 -s/- 水不足.
Was·ser⸗mann [ヴァッサァ・マン] 男 -[e]s/..männer ①《神》(男の)水の精. ②『覆 なし; 定冠詞とともに』みずがめ座, 宝瓶(ほうへい)宮.
Was·ser⸗me·lo·ne [ヴァッサァ・メろーネ] 女 -/-n 《植》スイカ(西瓜).
Was·ser⸗mes·ser [ヴァッサァ・メッサァ] 男 -s/- 水道のメーター, 水量計.
Was·ser⸗müh·le [ヴァッサァ・ミューれ] 女 -/-n 水車[小屋].
was·sern [ヴァッサァン vásərn] 自 (s, h) (飛行機・鳥などが)着水する.
wäs·sern [ヴェッサァン vésərn] I 他 (h) ①(食品など⁴を)水につける(浸す). ② (木・庭など⁴に)たっぷり水をまく. II 自 (h) 《雅》涙(唾液(だえき))でいっぱいになる. Ihm *wässern* die Augen. 彼の目が涙でいっぱいになる / Mir *wässert* der Mund danach. 私はそれが食べたくてよだれが出そうだ.
Was·ser⸗pfei·fe [ヴァッサァ・プふァイふェ] 女 -/-n 水ぎせる(煙を水にくぐらせて吸う喫煙具).
Was·ser⸗pflan·ze [ヴァッサァ・プふらンツェ] 女 -/-n 水生植物.
Was·ser⸗po·li·zei [ヴァッサァ・ポリツァイ] 女 -/-en 水上警察.
Was·ser⸗qua·li·tät [ヴァッサァ・クヴァリテート] 女 -/-en 水質.
Was·ser⸗rad [ヴァッサァ・ラート] 中 -[e]s/..räder 水車.
Was·ser⸗rat·te [ヴァッサァ・ラッテ] 女 -/-n ①《動》ミズネズミ. ②《口語・戯》泳ぎの大好きな人.
was·ser⸗reich [ヴァッサァ・ライヒ] 形 水の豊富な.
Was·ser⸗rohr [ヴァッサァ・ローァ] 中 -[e]s/-e 送水管, 水道管.
Was·ser⸗scha·den [ヴァッサァ・シャーデン] 男 -s/..schäden (家の中の)水漏れなどによる被害; 水害.
Was·ser⸗schei·de [ヴァッサァ・シャイデ] 女 -/-n 《地理》分水界, 分水嶺(れい).
was·ser⸗scheu [ヴァッサァ・ショイ] 形 水を恐れる(こわがる).
Was·ser⸗scheu [ヴァッサァ・ショイ] 女 -/ ① 水を恐れること. ②《医》恐水(狂犬)病.
Was·ser⸗schlauch [ヴァッサァ・シュらオホ] 男 -[e]s/..schläuche ① 注水(水道)用のホース. ②《植》タヌキモ.
Was·ser⸗schloss [ヴァッサァ・シュろス] 中 -es/..schlösser 水に囲まれた宮殿, 堀をめぐらした館.
Was·ser⸗schloß ☞ 《新形》Wasserschloss
Was·ser⸗ski [ヴァッサァ・シー] I 男 -s/-[er] 水上スキー用の板. II 中 /《スポ》水上スキー.
Was·ser⸗spei·cher [ヴァッサァ・シュパイヒァァ] 男 -s/- 貯水タンク, 貯水池.
Was·ser⸗spei·er [ヴァッサァ・シュパイアァ] 男 -s/- (建)樋嘴口(といはしぐち), ガーゴイル (軒先に取り付けた怪獣の形をした雨水排水口. ゴシック建築に多い).
Was·ser⸗spie·gel [ヴァッサァ・シュピーゲる] 男 -s/- 水面; 水位.
Was·ser⸗sport [ヴァッサァ・シュポルト] 男 -[e]s/ 水上(水中)スポーツ.
Was·ser⸗spü·lung [ヴァッサァ・シュピューるング] 女 -/-en (トイレの)水洗. ein Klosett mit *Wasserspülung* 水洗便所.
Was·ser⸗stand [ヴァッサァ・シュタント] 男 -[e]s/..stände (河川などの)水位.
Was·ser⸗stoff [ヴァッサァ・シュトふ] 男 -[e]s/ 《化》水素(記号: H) (=Hydrogenium).
was·ser·stoff⸗blond [ヴァッサァシュトふ・ブろント] 形《口語》オキシドールで脱色した金髪の.
Was·ser·stoff⸗bom·be [ヴァッサァシュトふ・ボンベ] 女 -/-n 水素爆弾 (=H-Bombe). (参考)「原子爆弾」は Atombombe).
Was·ser·stoff⸗per·oxyd [ヴァッサァシュトふ・ペルオクスュート] 中 -[e]s/-e《化》過酸化水素.
Was·ser⸗strahl [ヴァッサァ・シュトラーる] 男 -[e]s/-en《ふつう 単》水の噴流, 噴水.
Was·ser⸗stra·ße [ヴァッサァ・シュトラーセ] 女 -/-n 水路.
Was·ser⸗sucht [ヴァッサァ・ズフト] 女 -/《医》水腫(しゅ), 水症.
Was·ser⸗turm [ヴァッサァ・トゥルム] 男 -[e]s/..türme 給水塔, 貯水塔.
Was·ser⸗uhr [ヴァッサァ・ウーァ] 女 -/-en ① 水時計. ② 水量計.
Was·se·rung [ヴァッセルング] 女 -/-en (飛行機などの)着水.
Wäs·se·rung [ヴェッセルング] 女 -/-en《ふつう 単》①《料理》水に浸すこと. ② たっぷり水をまくこと. ③ 水洗い.
Was·ser⸗ver·dräng·ung [ヴァッサァ・ふェァドレングング] 女 -/ (船の)排水[量].

Was·ser‡ver·schmut·zung [ヴァッサァ・フェアシュムッツング] 安 -/-en 水質汚染.

Was·ser‡ver·sor·gung [ヴァッサァ・フェアゾルグング] 安 -/-en 《ふつう 単》水の供給, 給水.

Was·ser‡vo·gel [ヴァッサァ・フォーゲる] 男 -s/..vögel 水鳥.

Was·ser‡waa·ge [ヴァッサァ・ヴァーゲ] 安 -/-n 《建・工》水準器.

Was·ser‡weg [ヴァッサァ・ヴェーク] 男 -[e]s/-e (内陸の)水路.

Was·ser‡wer·fer [ヴァッサァ・ヴェルふァァ] 男 -s/- 放水器; 放水車.

Was·ser‡werk [ヴァッサァ・ヴェルク] 中 -[e]s/-e 水道設備, 上水道.

Was·ser‡wirt·schaft [ヴァッサァ・ヴィルトシャふト] 安 -/ 水の管理, 治水.

Was·ser‡zäh·ler [ヴァッサァ・ツェーらァ] 男 -s/- 水量計; 水道のメーター.

Was·ser‡zei·chen [ヴァッサァ・ツァイヒェン] 中 -s/- (紙の)すかし模様.

wäss·rig [ヴェスリヒ vésrɪç] 形 ① 水っぽい, 水気の多い; 水性の(溶液など). ein *wässriger* Wein 水っぽいワイン / ein *wässrige* Lösung 水溶液. ② 色が薄い; 水色の. *wässrige* Augen 水色の目. ③ 涙を浮かべた(目).

wäß·rig ☞ 新形 wässrig

wa·ten [ヴァーテン vá:tən] 自 (s) (川などの中を一歩一歩足を抜いて)歩く, 歩いて行く. durch einen Bach *waten* 小川を歩いて渡る / im Sand *waten* 砂の中を歩いて行く.

Wat·sche [ヴァーチェ vá:tʃə または ヴァッチェ] 安 -/-n 《南ドイツ・オーストリア・口語》平手打ち, びんた.

wat·scheln [ヴァッチェるン vátʃəln] 自 (s) (あひるなどが)よたよた歩く.

Watt[1] [ヴァット] 中 -s/- (単位: -/-) 《物・工》ワット(電力の単位; 略: W; イギリスの技士 J. Watt 1736–1819 の名から).

Watt[2] [ヴァット] 中 -[e]s/-en (北海沿岸の)砂州, 干潟(がた).

die **Wat·te** [ヴァッテ váta] 安 (単) -/(種類を表すときのみ: 複) -n 綿, 詰め綿; 脱脂綿. sich[3] *Watte*[4] in die Ohren stopfen 耳に綿を詰める / jn[4] in *Watte* packen 《口語・比》jn[4]をきわめて慎重に扱う(←納にくるむ).

Wat·te‡bausch [ヴァッテ・バオシュ] 男 -[e]s/..bäusche 綿の詰め物;《医》綿球, タンポン.

Wat·ten‡meer [ヴァッテン・メーァ] 中 -[e]s/-e (特に北海沿岸の)砂州のある海.

wat·tie·ren [ヴァッティーレン vatí:rən] 他 (h) (物[4]に)綿の詰め物をする.

Wat‡vo·gel [ヴァット・フォーゲる] 男 -s/..vögel 《鳥》渉禽(しょうきん)類(ツル・サギ・シギなど).

wau, wau! [ヴァオ ヴァオ vau váu または ヴァオヴァオ] 間《幼児》(犬の鳴き声をまねて:)わんわん.

Wau·wau [ヴァオ・ヴァオ vau-vau または ..ヴァオ] 男 -s/-s 《幼児》犬, わんわん.

WC [ヴェー・ツェー] 中 -[s]/-[s] 《略》[水洗]トイレ (= water closet).

WDR [ヴェー・デー・エル] 《略》西部ドイツ放送[局](= Westdeutscher Rundfunk).

WE [ヴェルメ・アインハイト] 《略》熱量単位 (= Wärmeeinheit).

* **we·ben** [ヴェーベン vé:bən] (webte, *hat* gewebt / 雅: wob, *hat* ... gewoben) I 他 (完了 haben) (物[4]を)織る. (英 weave). ein Muster[4] in den Stoff *weben* ある模様を布地に織り込む / eine Decke[4] mit der Hand *weben* テーブルクロスを手で織る / Sie *hat* den Teppich selbst *gewebt*. 彼女はそのじゅうたんを自分で織った.

II 自 (完了 haben) 機(はた)を織る. Sie *webt* an einem Teppich. 彼女はじゅうたんを織っている.

III 再帰 (完了 haben) 《不規則変化》《sich[4] um 人物[4] ~》《雅》(人物[4]にまつわって伝説などがしだいに生じる.

We·ber[1] [ヴェーバァ vé:bər] 男 -s/- ① (手織りの)織匠. (√ 女性形は Weberin). ② 《織》《古》織工.

We·ber[2] [ヴェーバァ] I -s/-s《姓》ヴェーバー. II -s/ 《人名》ヴェーバー (① Carl Maria von *Weber* 1786–1826; ドイツの作曲家. ② Max *We*ber 1864–1920; ドイツの社会学者).

We·be·rei [ヴェーベライ ve:bərái] 安 -/-en ① 《複 なし》機(はた)織り. ② 機(はた)織り工場. ③ 織物, 織地.

We·ber‡knecht [ヴェーバァ・クネヒト] 男 -[e]s/-e 《昆》メクラグモ.

We·ber‡schiff·chen [ヴェーバァ・シふヒェン] 中 -s/- (織機の)杼(ひ).

Web‡stuhl [ヴェープ・シュトゥーる] 男 -[e]s/..stühle 機(はた)織り機.

web·te [ヴェープテ] *weben (織る)の 過去

‡ *der* **Wech·sel** [ヴェクセる véksəl] 男 (単2) -s/(複) - (3格のみ -n) ① 《ふつう 単》交替, 交代, 移り変わり, 変化, 変動; 交換; 《スポーツ》(コートなどの)チェンジ. (英 change). ein rascher *Wechsel* 急激な変化 / der *Wechsel* der Jahreszeiten[2] 四季の移り変わり / der *Wechsel* von Tag und Nacht 昼と夜の交替 / der *Wechsel* eines Spielers 選手の交代 / der *Wechsel* der Reifen[2] タイヤの交換 / Sie liebt den *Wechsel*. 彼女は変化(気分転換)を好む / im *Wechsel* der Zeiten[2] 時代の変化の中で / in buntem *Wechsel* 多彩に変化して. ② 《経》(為替)手形. einen *Wechsel* ausstellen 手形を振り出す.

③ 毎月の仕送り. ④ 《狩》獣道(けものみち).

......
〈√〉 ..wechsel のいろいろ: Brief*wechsel* 文通 / Geld*wechsel* 両替 / Jahres*wechsel* 年が変わること / Klima*wechsel* 気候の変化, 転地療養 / Personal*wechsel* 人事移動 / Regierungs*wechsel* 政権の交替 / Reifen*wechsel* タイヤ交換 / Stellungs*wechsel* 転職 / Stimm*wechsel* 声変わり / Wohnungs*wechsel* 転居.
......

Wech·sel‡bad [ヴェクセる・バート] 中 -[e]s/..bäder 冷温交互浴.

Wech·sel≤be·zie·hung [ヴェクセる・ベツィーウング] 囡 -/-en 相互関係, 相関関係.

Wech·sel≤fäl·le [ヴェクセる・ふェれ] 覆 人生の浮沈, 栄枯盛衰.

Wech·sel≤geld [ヴェクセる・ゲるト] 中 -[e]s/-er 《ふつう 単》釣銭;《覆 なし》(両替用の)小銭.

Wech·sel≤ge·sang [ヴェクセる・ゲザング] 男 -[e]s/..sänge 交互歌唱.

Wech·sel≤ge·spräch [ヴェクセる・ゲシュプレーヒ] 中 -[e]s/-e 対話, 対談.

Wech·sel≤ge·trie·be [ヴェクセる・ゲトリーベ] 中 -s/- 《工》変速機(装置).

wech·sel·haft [ヴェクセるハふト] 形 変わりやすい, すぐに変わる(天候など).

Wech·sel≤jah·re [ヴェクセる・ヤーレ] 覆 (特に女性の)更年期.

Wech·sel≤kurs [ヴェクセる・クルス] 男 -es/-e 《経》[外国]為替相場(レート).

*__wech·seln__ [ヴェクセるン véksəln]

> 取り替える: 両替する
> Wo kann ich hier Geld *wechseln*?
> ヴォー カン イヒ ヒーァ ゲるト ヴェクセるン
> この辺りではどこで両替できるでしょうか.

ich wechsle (wechselte, hat/ist...gewechselt) I 他 (完了 haben) ① 取り替える, 交換する; 変える, 変更する. (英 change). die Reifen[4] *wechseln* タイヤを取り替える / Ich möchte gerne die Kleidung *wechseln*. 服を着替えたいのですが / Er *hat* seine Stellung *gewechselt*. 彼は転職した / die Schule[4] *wechseln* 転校する / das Thema[4] *wechseln* 話題を変える. ② (他の通貨に)**両替する**; (小銭に)くずす. (英 exchange). Yen[4] **in** (または **gegen**) Mark *wechseln* 円をマルクに両替する / Kannst du mir zehn Mark *wechseln*? 10マルクをくずしてくれないか. ◊《目的語なしでも》Ich **kann** leider nicht *wechseln*. 残念ながら両替できません(お釣りがありません).

③ 《**mit** 人[3] 物[4] ~》(人[3]と物[4]を)[取り]交わす. mit 人[3] Blicke[4] *wechseln* 人[3]と視線を交わす / mit 人[3] Briefe[4] *wechseln* 人[3]と文通する / Wir *wechselten* einige Worte [miteinander]. 私たちはちょっと言葉を交わしただけだった.

II 自 (完了 haben または sein) ① (h) **変わる**, 移り変わる; 入れ替わる. Das Wetter *wechselt* ständig. 天気が絶えず変わる.

② (s) 《方向を表す語句とともに》(…へ)移る, 移動する. Der Spieler *ist* **zu** einem anderen Verein *gewechselt*.《現在完了》その選手は別のクラブへ移った.

> 類語 **wechseln**: (使用中のものなどを他の同種のものと)取り替える. **aus|tauschen**: (人・物・意見などを対等に)交換する. **tauschen**: (二人の人間が等価物を)[物々]交換する. **um|tauschen**: (買った品物を別の物と)取り替える.

wech·selnd [ヴェクセるント] I *wechseln (取り替える)の 現分 II 形 変わりやすい, よかったり悪かったりの. Der Himmel ist *wechselnd* bewölkt. 空は晴れたり曇ったりだ.

Wech·sel≤rei·te·rei [ヴェクセる・ライテライ] 囡 -/《法》手形騎乗, 空手形使用.

wech·sel≤sei·tig [ヴェクセる・ザイティヒ] 形 相互の; 交互の. eine *wechselseitige* Abhängigkeit 相互依存.

Wech·sel≤spiel [ヴェクセる・シュピーる] 中 -[e]s/-e 相互作用; 入れ替わり, 交替.

Wech·sel≤strom [ヴェクセる・シュトローム] 男 -[e]s/..ströme 《電》交流. (⇔「直流」は Gleichstrom).

Wech·sel≤stu·be [ヴェクセる・シュトゥーベ] 囡 -/-n (駅・空港などの)両替所.

wech·sel·te [ヴェクセるテ] *wechseln (取り替える)の 過去

wech·sel≤voll [ヴェクセる・ふォる] 形 変化の多い, 波乱に富んだ.

wech·sel≤wei·se [ヴェクセる・ヴァイゼ] 副 ① 交互に, かわるがわる. ②《古》相互に.

Wech·sel≤wir·kung [ヴェクセる・ヴィルクング] 囡 -/-en 相互作用.

wechs·le [ヴェクスれ] *wechseln (取り替える)の 1人称単数 現在

Wech·te [ヴェヒテ véçtə] 囡 -/-n 雪庇(せっぴ).

*__we·cken__ [ヴェッケン vékən] (weckte, ge...geweckt) 他 (完了 haben) ① (眠っている人[4]を)起こす, (人[4]の)目を覚まさせる. (英 wake). *Wecken* Sie mich um sechs Uhr! 私を6時に起こしてください / aus tiefem Schlaf *wecken* 人[4]を深い眠りから起こす / sich[4] [telefonisch] *wecken* lassen [モーニングコールで]起こしてもらう / Der Kaffee *weckt* die Lebensgeister.《比》コーヒーを飲むと元気が出る.

② 《比》(記憶・関心など[4]を)呼び覚ます, 呼び起こす. **in** 人[3] alte Erinnerungen[4] *wecken* 人[3]に昔の思い出を呼び起こす / Das *weckt* meine Neugier. それは私の好奇心をそそる. ◊⇨ geweckt

We·cken[1] [ヴェッケン] 中 -s/ 起床[すること]; 《軍》起床[ラッパ].

We·cken[2] [ヴェッケン] 男 -s/- 《南ドイツ・オーストリア》(小麦粉製の)細長い白パン.

*__der We·cker__ [ヴェッカァ vékər] 男《単2》-s/《覆》-(3格のみ -n) ① **目覚まし時計**. (英 alarm clock). Der *Wecker* klingelt. 目覚ましが鳴っている / den *Wecker* auf 6 Uhr stellen 目覚まし時計を6時に合わせる. ②《口語》ばかでかい腕(懐中)時計.

Weck≤glas [ヴェック・グらース] 中 -es/..gläser (肉・野菜などの)殺菌貯蔵びん.

Weck≤ruf [ヴェック・ルーふ] 男 -[e]s/-e 《軍》起床の合図(らっぱ); (ホテルの)モーニングコール.

weck·te [ヴェックテ] *wecken (起こす)の 過去

We·del [ヴェーデる védəl] 男 -s/- ① はたき, ちり払い. ② (しゅろ・しだなどの)扇状の葉.

we·deln [ヴェーデるン védəln] I 自 (h) ①

(犬が)しっぽを振る. ② 《mit 物³~》 《物³を》振る, 揺り動かす. mit dem Taschentuch wedeln ハンカチを振る. ③ (スキーで)ウェーデルンをする. II 他 (h) (パンくずなど⁴を)払い落とす, 振り払う.

we·der [ヴェーダァ véːdər] 接 《*weder* A noch B の形で》A でもなく B でもない. (英 neither A nor B). Ich habe *weder* Zeit noch Geld für die Reise. 私はそんな旅行をする暇もお金もない / *Weder* er noch sie wusste (または wussten) Bescheid. 彼も彼女も事情がわからなかった.

weg [ヴェック vék] 副 ① (口語) 離れて, 去って. (英 away). *Weg* da! そこをどけ / *Weg* damit! それをどけてくれ / Hände *weg*! 手を引っ込めろ, 触るな / Das Haus liegt drei Kilometer *weg* von der Straße. その家は道路から3キロメートル離れている.
② なくなった, 消えた, いなくなった. Sie ist schon *weg*. 彼女はもうここにはいない / Meine Uhr ist *weg*. 私の時計がなくなった / Er muss bald *weg*. 彼はすぐに行かなければならない / *weg* sein 《口語》a) 意識を失っている, b) 夢中になっている ⇒ Er ist ganz *weg* in sie (von dem Kind). 彼は彼女にぞっこんだ(その子にすっかり夢中になっている) / über 事⁴ *weg* sein 事⁴ を越えて(超越して)いる.
③ 《成句的に》in einem *weg* 《口語》間断なく, ひっきりなしに.

der Weg [ヴェーク véːk]

道 Wohin führt dieser *Weg*?
ヴォヒン フューァト ディーザァ ヴェーク
この道はどこへ通じていますか.

男 (単 2) -es (まれに -s)/(複) -e (3格のみ -en)
① 道, 道路; (目標への)道順, 経路; 通路. (英 way). ein steiniger *Weg* 石だらけの道 / ein breiter (schmaler) *Weg* 広い(狭い)道 / ein öffentlicher (privater) *Weg* 公道(私道) / 人³ den *Weg* zeigen 人³に道を教える / den *Weg* verlieren 道に迷う / der kürzeste *Weg* zum Flughafen 空港へ行くいちばんの近道 / Der *Weg* führt direkt zur Burg. その道はまっすぐ城に通じている / der *Weg* zum Erfolg 成功への道 / Alle *Wege* führen nach Rom. 《諺》すべての道はローマに通ず / seinen [eigenen] *Weg* gehen 《比》自分が道を行く / Er hat seinen *Weg* gemacht. 《比》彼は出世した.
◆《前置詞とともに》am *Weg*[e] 道端で(に) / Er ist auf dem *Weg* nach Berlin. 彼はベルリンへ行く途中だ / Sie ist auf dem *Weg* der Besserung. 彼女の容態は快方へ向かっている / sich⁴ auf den *Weg* machen 出発する / ein Paket⁴ auf den *Weg* bringen 小包を発送する / 人³ auf halben *Weg* entgegen|kommen a) 人³を途中まで出迎える, b) 《比》人³に対してある程度譲歩する / 人・物³ aus dem *Weg* gehen 人・物³を避ける / 物⁴ aus dem *Weg* räumen 《比》物⁴を取り除く / 人⁴ aus dem *Weg* räumen 《俗》人⁴を片づける(殺す) / 人・物³ im *Weg* stehen (または sein) 人・物³のじゃまをしている ⇒ Du stehst mir im *Weg*. 君はじゃまだよ / 事⁴ in die *Wege* leiten 事⁴を準備する / Er fragte mich nach dem *Weg* zum Bahnhof. 彼は私に駅への道を尋ねた / vom *Weg* ab|kommen 道(本筋)からそれる / 事⁴ zu *Wege* bringen 事⁴を成し遂げる / mit 事³ zu *Wege* kommen 事³をうまくこなす.
② 《覆 なし》行程, 道程. ein gutes Stück *Weg* かなりの道のり / ein *Weg* von einer Stunde 1時間の行程 / den *Weg* ab|kürzen 近道をする.
③ (口語) 用事[で出かけること], 用足し. Ich muss noch einen *Weg* machen. 私はもう一仕事しに出かけなければならない / 人³ einen *Weg* ab|nehmen 人³に代わって用事を果たす.
④ 方法, やり方, 手段. einen besseren *Weg* suchen よりよい方法を探す / auf diplomatischem *Weg* 外交的手段を通じて / 事⁴ auf kaltem *Weg*[e] erledigen (口語) 事⁴をあっさりと片づける / Wo ein Wille ist, da ist auch ein *Weg*. (諺) 意志のあるところに道は開ける.

....**weg** のいろいろ: Fahr*weg* 車道 / Feld*weg* 野中の道 / Fuß*weg* または Geh*weg* 歩道 / Heim*weg* 家路 / Hin*weg* 往路 / Neben*weg* わき道 / Privat*weg* 私道 / Rad*weg* 自転車専用道路 / Rück*weg* 帰路 / Schul*weg* 通学路 / Um*weg* 回り道 / Wald*weg* 森の道

(類語) der *Weg*: (ふつう舗装されていない歩行者用, もしくは一般的な総称としての)道. die **Straße**: (計画的につくられた)舗装道路, [大]通り, 街路. die **Gasse**: 狭い道, 横丁.(オーストリアでは Gasse は Straße の意味にも用いる). die **Allee**: 並木道.

....

weg.. [ヴェック.. vék..] 《分離動詞の 前つづり》つねにアクセントをもつ》① 《除去》例: *weg*|nehmen 取り除く ② 《去って》例: *weg*|gehen 立ち去る.

weg|be·kom·men* [ヴェック・ベコンメン vék-bəkɔ̀mən] (過分 wegbekommen) 他 (h) 《口語》① (染みなど⁴を)取り除く. ② (人⁴を)連れ去る; (重い物⁴を)運び去る. ③ (損害など⁴を受ける; (病気⁴に)かかる. ④ (やり方など⁴を)理解する, 悟る.

Weg|be·rei·ter [ヴェーク・ベライタァ] 男 -s/- 先駆者, 開拓者, 創始者, 草分け.

weg|bla·sen* [ヴェック・ブラーゼン vék-blàː-zən] 他 (h) (ほこりなど⁴を)吹き払う, 吹き飛ばす.

weg|blei·ben* [ヴェック・ブライベン vék-blàɪbən] 自 (s) 《口語》① (来るべき場所へ)やって来ない, 姿を見せない. Von da an blieb er *weg*. その時以来彼は姿を見せなかった. ② (エンジン・呼吸などが一時的に)止まる. Der Motor blieb *weg*. エンジンが止まった. ③ (語

句などが)省略される.
weg|brin·gen* [ヴェック・ブリンゲン vék-brıŋən] 他 (h) ① 運び(連れ)去る; (修理などに)持って行く. ② 《口語》(汚れなど⁴を)取り除く.
We·ge·la·ge·rer [ヴェーゲ・らーゲラァ] 男 -s/- 追いはぎ.
***we·gen** [ヴェーゲン vé:gən]

> …のために
> *Wegen* Umbaus geschlossen.
> ヴェーゲン ウムバオス ゲシュろッセン
> 改築のため閉館中.

前《**2 格** (まれに 3 格)とともに; 名詞のあとに置かれることもある》① 《原因・理由》…のために, …のせいで. (英 *because of*). *wegen* des schlechten Wetters または des schlechten Wetters *wegen* 悪天候のために / *wegen* der Krankheit 病気のために.
② 《目的・動機》…のために. Er arbeitet nur *wegen* des Geldes. 彼はお金のためにだけ働く / *wegen* Geschäften 商用で.
③ …に関して. *wegen* dieser Angelegenheit この件に関しては
④ 〖**von…*wegen*** の形で〗…に基づいて. von Amts *wegen* a) 職務上, b) 当局の指示により / Von *wegen*!《口語》(拒絶を表して:)とんでもない.
We·ge·rich [ヴェーゲリヒ vé:gərıç] 男 -s/-e 《植》オオバコ.
weg|es·sen* [ヴェック・エッセン vék-ɛ̀sən] 他 (h) ① (人³の分まで 物⁴を)食べてしまう. ② 《口語》残らず食べる, 平らげる.
weg|fah·ren [ヴェック・ふァーレン vék-fà:rən] (du fährst…weg, er fährt…weg (fuhr…weg, *ist*/*hat*…weggefahren) I 自 《完了 sein》(乗り物が・人が乗り物で)走り去る, 出発する. Wann *fahrt* ihr morgen *weg*? 君たちはあすは何時に出発するの.
II 他 《完了 haben》(乗り物で)運び去る, 連れ去る.
Weg·fall [ヴェック・ふァる] 男 -[e]s/ 脱落, 省略; 廃止, 中止. in *Wegfall*⁴ kommen《書》省略(廃止)される.
weg|fal·len* [ヴェック・ふァれン vék-fàlən] 自 (s) 脱落する, 省略される; 廃止(中止)される. 物⁴ *wegfallen lassen* 物⁴を削除する, 省く.
weg|fe·gen [ヴェック・フェーゲン vék-fè:gən] 他 (h) ① (北ド)(雪など⁴を)掃いて取り除く. ② (政権など⁴を)一掃する.
weg|flie·gen* [ヴェック・ふりーゲン vék-flì:gən] 自 (s) 飛び去る.
weg|füh·ren [ヴェック・フューレン vék-fỳ:rən] I 他 (h) 連れ去る. II 自 〖**von** 物³ **~**〗(道が物³から)遠ざかる, 離れる.
Weg·gang [ヴェック・ガング] 男 -[e]s/ 出発, 退去.
weg|ge·ben* [ヴェック・ゲーベン vék-gè:bən]他 (h) ① (人・物⁴を)手放す. ② (物⁴を)修理・洗濯などに)出す.
weg·ge·fah·ren [ヴェック・ゲふァーレン] **weg|fahren* (走り去る)の 過分
weg·ge·gan·gen [ヴェック・ゲガンゲン] **weg|gehen* (立ち去る)の 過分
weg|ge·hen [ヴェック・ゲーエン vék-gè:-ən] (ging…weg, *ist*…weggegangen) 自 《完了 sein》① 立ち去る, 出発する, 離れる. (英 *go away*, *leave*). *Geh* [von mir] *weg*! うせろ / Sie *ging* ohne Gruß *weg*. 彼女はあいさつもしないで出て行った / *Geh* mir bloß *weg* damit! 《口語》そんな話はやめてくれ. ② 《口語》外出する. ③ 《口語》(痛みなどが)消える; (染みなどが)落ちる. ④ 〖**über** 人・事⁴ **~**〗《口語》(人・事⁴を)無視する. ⑤ 《口語》(品物が売れる, はける; (値段で)なくなる.
weg·ge·nom·men [ヴェック・ゲノンメン] **weg|nehmen* (取り去る)の 過分
weg·ge·wor·fen [ヴェック・ゲヴォルふェン] **weg|werfen* (投げ捨てる)の 過分
weg|ha·ben [ヴェック・ハーベン vék-hà:bən] 他 (h) 《口語》① 取り除けて(遠ざけて)しまう. Sie *wollen* mich *weghaben*. 彼らは私を追い出そうとしている. ② (いやなこと⁴を)背負い込んでいる. Sie *hat* ihre Strafe *weg*. 彼女はもう罰を受けている / einen *weghaben* [少し]酔っている. ③ (事⁴の)要領をのみ込んでいる, こつを心得ている.
weg|ho·len [ヴェック・ホーレン vék-hò:lən] I 他 (h) 連れ(持ち)去る. II 再帰 (h) *sich*³ 事⁴ *weghoben wollen*《口語》人⁴を病気などにかかる.
weg|ja·gen [ヴェック・ヤーゲン vék-jà:gən] 他 (h) (人・動物⁴を)追い出す, 追い払う. Fliegen⁴ *wegjagen* はえを追い払う.
weg|kom·men* [ヴェック・コンメン vék-kɔ̀mən] 自 (s) 《口語》① 立ち去る. Mach, dass du *wegkommst*! さっさと出て行け / von 人・物³ *wegkommen* 人・物³から離れる ⇒ vom Rauchen *wegkommen* 仕事をやめる. ② なくなる, 紛失する. ③ 〖**über** 事⁴ **~**〗(事⁴を)乗り越える, 克服する. ④ (…のくあいに切り抜ける. bei 事³ gut (schlecht) *wegkommen* 事³をうまく切り抜ける(事³に失敗する).
weg|krie·gen [ヴェック・クリーゲン vék-krì:-gən] 他 (h) 《口語》① (染みなど⁴を)取り除く. ② (人⁴を)連れ去る; (重い物⁴を)運び去る. ③ (損害など⁴を)受ける; (病気⁴に)かかる. ④ 理解する, 悟る.
weg|las·sen* [ヴェック・らッセン vék-làsən] 他 (h) ① 立ち去らせる, 行かせる. 人⁴ nicht *weglassen wollen* 人⁴を離そうとしない. ② 《口語》省く, カットする; (うっかり)言い(書き)落とす.
weg|lau·fen* [ヴェック・らオふェン vék-làu-fən] 自 (s) 走り去る, 逃げ去る. **von** der Arbeit *weglaufen* 仕事をほうり出して逃げる / Ihm *ist* seine Frau *weggelaufen*.〖現在完了〗《口語》彼は妻に逃げられた / Das *läuft* mir nicht *weg*.《口語》それは急いでしなくてもよい(←

私から逃げていくことはない).

weg|le·gen [ヴェック・レーゲン vék-lè:gən] 他 (h) (手に持っている物⁴を)わきへ置く，片づける．die Zeitung⁴ *weglegen* 新聞を片づける．

weg|ma·chen [ヴェック・マッヘン vék-màxən] I 他 (h) 《口語》(汚れなど⁴を)取り除く．sich³ ein Kind⁴ *wegmachen lassen*《俗》子供を堕(お)ろす．II 再帰 (h) *sich⁴ wegmachen*《口語》そっと立ち去る．

weg|müs·sen* [ヴェック・ミュッセン vék-mỳsən] 自 (h)《口語》① 立ち去らなければならない．② (手紙などが)発送されなければならない．③ 取り除かれ(片づけられ)なければならない．

weg|neh·men [ヴェック・ネーメン vék-nè:mən] du nimmst...weg, er nimmt...weg (nahm...weg, *hat*...weggenommen) 他 《完了》 haben) ① 取り去る，持ち去る，どける．《英》 *take away*). *Nimm deine Sachen hier weg!* ここにあるおまえの物をどけろ / die Zeitung⁴ *wegnehmen* 新聞を片づける / Gas⁴ *wegnehmen* アクセルを離す．② (人³から 人・物⁴を)取り上げる，奪い取る．Er *nahm* dem Kind das Spielzeug *weg*. 彼は子供からおもちゃを取り上げた．③ (場所・時間など⁴を)とる，(光など⁴を)さえぎる．

Weg:rand [ヴェーク・ラント] 男 -(e)s/..ränder 道端，路傍．

weg|räu·men [ヴェック・ロイメン vék-ròymən] 他 (h) 取り除く；片づける．Schnee⁴ *wegräumen* 除雪する．

weg|rei·ßen* [ヴェック・ライセン vék-ràisən] 他 (h) (人³から物⁴を)もぎ取る，ひったくる．

weg|schaf·fen [ヴェック・シャッフェン vék-ʃafən] I 他 (h) ① 運び(連れ)去る，取り除く．② 《口語》(仕事など⁴を)片づける．II 再帰 (h) *sich⁴ wegschaffen* 《俗》自殺する．

weg|sche·ren [ヴェック・シェーレン vék-ʃè:rən] 再帰 (h) *sich⁴ wegscheren* 《口語》急いで立ち去る．

weg|schi·cken [ヴェック・シッケン vék-ʃikən] 他 (h) ① (荷物など⁴を)発送する．② (人⁴を)使いに出す，送り出す；追い払う．

weg|schlei·chen* [ヴェック・シュライヒェン vék-ʃlàiçən] 自 (s)・再帰 (h) *sich⁴ wegschleichen* こっそり立ち去る．

weg|schmei·ßen* [ヴェック・シュマイセン vék-ʃmàisən] 他 (h) 《口語》投げ捨てる．

weg|schnap·pen [ヴェック・シュナッペン vék-ʃnàpən] 他 (h) 《口語》(人³から 人・物⁴を)ひったくる，横取りする．

weg|se·hen* [ヴェック・ゼーエン vék-zè:ən] 他 (h) ① 目をそらす(そむける)．② 《über 人・物⁴~》《口語》(人・物⁴越しに)見渡す，(人・物⁴を)大目に見る；無視する．

weg|set·zen [ヴェック・ゼッツェン vék-zètsən] I 他 (h) ① 離して座らせる，(他の場所へ)移す．◊(再帰的に) *sich⁴ wegsetzen* 離れて座る．(他の場所へ)移る．II 再帰 (h)《*sich⁴* über 事⁴~》《口語》(事⁴を)無視する．

weg|ste·cken [ヴェック・シュテッケン vék-ʃtɛkən] 他 (h) ① 《口語》(ポケットなどに)しまい込む．② (非難などを)甘んじて受ける．

weg|steh·len* [ヴェック・シュテーレン vék-ʃtè:lən] 再帰 (h) *sich⁴ wegstehlen* (会合などから)こっそり立ち去る．

weg|sto·ßen* [ヴェック・シュトーセン vék-ʃtò:sən] 他 (h) (人・物⁴を)押しのける，突き飛ばす．

Weg:stre·cke [ヴェーク・シュトレッケ] 女 -/-n 道のり，行程．

weg|tre·ten* [ヴェック・トレーテン vék-trè:tən] I 他 (h) (ボールなど⁴を足で)けってどける．II 自 (s) ① わきへ寄る(退く)．Bitte vom Gleis *wegtreten!* 線路からどいてください．② 《軍》解散する．

weg|tun* [ヴェック・トゥーン vék-tù:n] 他 (h) ① わきへやる，片づける．② (ごみなど⁴を)捨てる．

weg·wei·send [ヴェーク・ヴァイゼント] 形 指針となる．

Weg:wei·ser [ヴェーク・ヴァイザァ] 男 -s/- ① 道標，道しるべ，道路案内板．② 入門書；旅行案内書．

weg|wer·fen [ヴェック・ヴェルフェン vék-vèrfən] du wirfst...weg, er wirft...weg (warf...weg, *hat*...weggeworfen) I 他 《完了》haben) ① 投げ捨てる，投棄する．《英》 *throw away*). eine Zigarette⁴ *wegwerfen* たばこを投げ捨てる / Geld⁴ *wegwerfen* 《比》お金をむだに使う / sein Leben⁴ *wegwerfen* 《比》自殺する．II 再帰 haben) 《*sich⁴* an 人・事⁴~》 (つまらない 人・事⁴に)献身する，夢中になる．

weg·wer·fend [ヴェック・ヴェルフェント] I *weg|werfen (投げ捨てる) の 現分 II 形 軽蔑的な(発言・態度など)．

weg|wi·schen [ヴェック・ヴィッシェン vék-vìʃən] 他 (h) ふき取る，ふいて消す．

Weg:zeh·rung [ヴェーク・ツェールング] 女 -/-en ① 《雅》(旅行用の)携帯食料，遠足の弁当．② (カトリック) (臨終者に対する)聖体拝領．

weg|zie·hen* [ヴェック・ツィーエン vék-tsì:ən] I 他 (h) 引っぱってのける(離す)．den Vorhang *wegziehen* カーテンを引いて開ける．II 自 (s) ① 引っ越す，転居する．② (渡り鳥が)飛び去る．

***weh**¹ [ヴェー vé:] 形 ①《口語》痛い，痛む．《英》 *sore*). Ich habe einen *wehen* Finger. 私は指を痛めている．② 《雅》悲しい，悲痛な．ein *wehes* Gefühl 悲しい気持ち．

....

類語 **weh**: (肉体的に)痛い．(*schmerzhaft* の口語調．**schmerzhaft**: (おもに肉体的に)痛い，ひりひりする．Die Wunde ist sehr *schmerzhaft*. 傷口が痛くてたまらない．**schmerzlich**: 心の痛む，悲しい，つらい．eine *schmerzliche* Erfahrung 心の痛む経験．**peinlich**: (自分の感じとして)気まずい，つらい．Es ist mir *peinlich*, das sagen zu müssen. そんなことを言わねばならないとは，私は心苦しい．

....

weh[2]! [ヴェー] 間 ああ, おお; 災いあれ. (= wehe!).

Weh [ヴェー] 中 -(e)s/-e《ふつう 単》《雅》① 悲しみ, 嘆き. mit (または unter) Weh und Ach《口語》いやいやながら. ②《詩》(肉体的な)苦痛.

we·he! [ヴェーエ véːə] 間 ①(悲しみ・嘆き・苦痛を表して:)ああ, おお. Weh[e]! ああ痛い(悲しい). ②(のろい・脅しなどを表して:)災いあれ. Weh[e] dir, wenn du …! 君が…しようものならひどい目に遭うぞ.

We·he[1] [ヴェーエ] 女 -/-n《ふつう 複》陣痛. Die Wehen setzen ein. 陣痛が始まる.

We·he[2] [ヴェーエ] 女 -/-n 雪(砂)の吹きだまり.

:we·hen [ヴェーエン véːən] (wehte, hat/ist... geweht) I 自 (完了) haben または sein) ①(h)(風が)吹く.(英 blow). Der Wind weht stark. 風が強く吹いている / Heute weht ein kalter Wind aus Osten. きょうは東から冷たい風が吹いている. ◊『非人称の es を主語として』Draußen weht es tüchtig. 外はひどい風だ.
②(h)(旗に)なびく, (旗などが風に吹かれて)翻る. Ihr Haar weht im Wind. 彼女の髪が風になびいている / Auf dem Turm weht eine Fahne. 塔の上に旗が翻っている.
③(s)『方向を表す語句とともに』(…へ/…から)風に吹かれて行く(来る). Ein Duft von Rosen wehte ins Zimmer. ばらの香りが部屋の中へ入って来た.
II 他 (完了 haben)『方向を表す語句とともに』(風が物[4]を…へ/…から)吹いて運ぶ, 吹き払う(散らす). Der Wind wehte den Schnee vom Dach. 風が屋根から雪を吹き飛ばした.

Weh⹀ge·schrei [ヴェー・ゲシュライ] 中 -s/ 悲しみ(嘆き)の叫び声, 悲鳴.

weh·ge·tan [ヴェー・ゲターン] ⹀weh|tun(痛む)の 過分

Weh⹀kla·ge [ヴェー・クらーゲ] 女 -/-n《雅》悲嘆, 嘆き.

weh⹀kla·gen [ヴェー・クらーゲン véː-klàːgən] (過去 gewehklagt) 自 (h)《雅》声をあげて嘆き悲しむ.

weh⹀lei·dig [ヴェー・らイディヒ] 形 すぐめそめそする, 大げさに痛がる; 哀れっぽい(泣き声など).

Weh⹀mut [ヴェー・ムート] 女 -/《雅》悲哀, 悲しみ, 憂愁.

weh⹀mü·tig [ヴェー・ミューティヒ] 形 物悲しい, 憂うつそうな. ein wehmütiges Lied 哀愁を帯びた歌 / wehmütig lächeln 悲しげに微笑する.

Wehr[1] [ヴェーァ véːr] 女 -/-en ①《複 なし》《古》防御, 抵抗. Notwehr 正当防衛 / sich[4] zur Wehr setzen 防御する, 抵抗する. ②《詩》身を守る手段(武器). ③ 消防隊(= Feuerwehr).

Wehr[2] [ヴェーァ] 中 -(e)s/-e せき(堰). Stauwehr ダム.

Wehr⹀be·auf·trag·te[r] [ヴェーァ・ベアォフトラークテ (..タァ)] 男『語尾変化は形容詞と同じ』国防委員(軍人の基本権を保護するために連邦議会が任命する).

Wehr⹀dienst [ヴェーァ・ディーンスト] 男 -(e)s/ 兵役. den Wehrdienst leisten 兵役を勤めあげる.

Wehr·dienst⹀ver·wei·ge·rer [ヴェーァディーンスト・フェァヴァイゲラァ] 男 -s/- 兵役拒否者.

Wehr·dienst⹀ver·wei·ge·rung [ヴェーァディーンスト・フェァヴァイゲルング] 女 -/-en 兵役拒否.

⁑weh·ren [ヴェーレン véːrən] (wehrte, hat... gewehrt) I 再帰 (完了 haben) sich[4] wehren 抵抗する, 身を守る. (英 defend). sich[4] heftig (mit allen Kräften) wehren 激しく(全力で)抵抗する / sich[4] gegen 事[4] wehren 事[4]に対して抵抗する ⇨ Sie wehrte sich gegen die Vorwürfe. 彼女はその非難に対して抗議した.

—— ドイツ・ミニ情報 29 ——

兵役 Wehrdienst

ドイツの憲法『基本法』を制定して旧西ドイツが誕生した 1949 年の段階では, 再び軍隊を持つか否かについては保留されていた. 二度と戦争を起こさないよう, 軍隊を放棄し平和な国づくりに専念すべきだとする意見が強かったためである. しかし, 地理的に東西ドイツのちょうど境界に位置し, 共産圏と厳しい緊張状態にあったことから, ついに再軍備を決意. 1968 年, 「一般兵役義務」を定めた条項を『基本法』に加えた.

以来ドイツでは, 満 18 歳以上の男子に兵役義務があり, 25 歳になるまでにこの義務を果たさねばならない. 10 か月訓練を受けながら軍隊で生活し, さらに 2 か月は命令しだいでいつでも出動する待機期間があり, 加えて随時行われた防衛訓練に参加する義務を負う. ただし, 『基本法』は良心を理由に武器を扱う兵役を拒否する権利を認めており, 申請して承認されれば 13 か月の社会福祉活動でそれに代えることができる.

兵役に代わる社会福祉活動は, 基本的に社会に貢献できる仕事であれば何でもよく, 病院や老人養護施設で介護助手をする者もいれば, 環境保護団体や文化交流機関の活動を手伝う者もいる. それがきっかけとなって, 除役後もボランティア活動に関与するケースも多い. 冷戦が終結した今, ドイツ連邦軍が担う役割が大きく変わりつつあり, 良心的兵役拒否を希望する若者は今後さらに増えるだろう.

NATO 50 周年記念

© BUNDESBILDSTELLE BONN

wehrfähig

◊【zu 不定詞[句]とともに】Er wehrte sich, das zu glauben. 彼はそれを信じようとしなかった.
II 自 (完了 haben)《雅》《軍³を》阻止(防止)する. einem Übel wehren 災いを防ぐ.
III 他 (完了 haben)《雅》《人³が軍⁴をするのを》阻止する, 禁止する. 人³ den Zutritt wehren 人³に立ち入りを禁止する.

wehr･fä･hig [ヴェーァ・フェーイヒ] 形 兵役に服する能力のある.

wehr=los [ヴェーァ・ロース] 形 無防備の, 抵抗する力のない.

Wehr=lo･sig･keit [ヴェーァ・ローズィヒカイト] 女 -/ 無防備, 無抵抗.

Wehr=macht [ヴェーァ・マハト] 女 -/ (総称として:) 国防軍 (特に1935-1945のナチス・ドイツの軍隊).

Wehr=pflicht [ヴェーァ・プふリヒト] 女 -/ 兵役の義務.

wehr=pflich･tig [ヴェーァ・プふリヒティヒ] 形 兵役義務のある.

wehr･te [ヴェーァテ] *wehren (再帰 で: 抵抗する)の 過去

weh･te [ヴェーテ] *wehen (風が吹く)の 過去

＊weh|tun [ヴェー・トゥーン vé:-tù:n]

痛む Der Kopf tut mir weh.
ダァ コブふ トゥートゥ ミァ ヴェー
私は頭が痛い.

(tat weh, hat…wehgetan) 自 (完了 haben)《口語》① (体の一部が)[人³にとって]痛む. Mir tut der Magen weh. 私は胃が痛い. ◊非人称の es を主語として》Wo tut es [Ihnen] weh? どこが痛みますか.
② [人³に]痛い(つらい)思いをさせる. Er hat sich³ mit dem Messer wehgetan. 彼はナイフでけがをした(切って痛い思いをした) / Seine Worte haben ihr wehgetan.《比》彼の言葉が彼女につらい思いをさせた.

Weh=weh･chen [ヴェー・ヴェーヒェン] 中 -s/-《口語・戯》(大げさに訴える)たいしたことのない痛み. Er hat immer irgendein Wehwehchen. 彼はいつもどこか痛がっている.

weh･zu･tun [ヴェー・ツ・トゥーン] ＊weh|tun (痛む)の zu 不定詞.

Weib [ヴァイプ váip] 中 -es (まれに -s)/-er ①《口語》女の人; (軽蔑的に:) 女, あま. ein tolles Weib すごくいい女 / Das dumme Weib! ばかな女め. (☞ 類語 Frau). ② (男性に対して:)女性. (古) 妻, 女房.

Weib･chen [ヴァイプヒェン váipçən] 中 -s/-(または Weiberchen) (Weib の 縮小形) ① (動物の)雌. ② (軽蔑的に:) 女. ③ (古・戯) 妻.

Wei･ber=feind [ヴァイバァ・ふァイント] 男 -[e]s/-e 女性を敵視する男.

wei･bisch [ヴァイビッシュ váibiʃ] 形 (軽蔑的に:) 女のような, 女々しい(性格など). ein weibischer Mann 女々しい男.

＊weib･lich [ヴァイプりヒ váipliç] 形 ① (性的に) 女性の; 雌の. (英 female). (《英》「男性の」は männlich). das weibliche Geschlecht 女性 / weibliche Blüten (植) 雌花. ② 女性の; 女性用の. Eine weibliche Stimme meldete sich am Telefon. 女性の声で電話があった. ③ 女らしい, 女性的な. weibliche Anmut 女らしい優美さ / mit weiblichem Instinkt 女性特有の勘で. ④《言》女性の(名詞);《詩学》女性の(韻).

Weib･lich･keit [ヴァイプりヒカイト] 女 -/-en ①【複 なし】女らしさ. ②【複 なし】《戯》(総称として:) その場に居合わせる女性たち; (集) 女性.

Weibs=bild [ヴァイプス・ビると] 中 -[e]s/-er ① (南ドイツ・オーストリア・口語) 女, 女性. ②《俗》(軽蔑的に:) 女, あま.

:weich [ヴァイヒ váiç]

柔らかい Das Kissen ist zu weich.
ダス キッセン イスト ツー ヴァイヒ
そのクッションは柔らかすぎる.

形 ① 柔らかい, 軟らかい; なめらかな. (英 soft). (《英》「かたい」は hart). ein weiches Bett 柔らかいベッド / eine weiche Birne 熟した梨 / Das Gemüse ist noch nicht weich. 野菜はまだ煮えていない / ein weicher Pelz なめらかな毛皮 / die Eier⁴ weich kochen 卵を半熟にする / Hier sitzt man weich. ここは柔らかで座り心地がいい.
② (心の)優しい, 情にもろい; (印象などに)穏やかな, 柔和な. ein weiches Gesicht 柔和な顔 / Er hat ein weiches Gemüt. 彼は優しい心の持ち主だ / weich werden《口語》ほろりとする, 態度が軟化する / [人⁴] weich stimmen 人⁴をほろりとさせる.
③ (音・色・光などが)柔らかい. eine weiche Stimme 柔らかい声 / weiches Licht 柔らかい光. ④ (気候などが)温暖な. ⑤ (水が軟質の, (通貨などが)不安定な, 変動する, (麻薬が)依存性のない; (着陸などが)衝撃のない. weiches Wasser 軟水 / eine weiche Währung 不安定な通貨 / eine weiche Landung (宇宙船などの)軟着陸.

(新形) ....
weich ge･kocht 柔らかく煮た; (卵が)半熟の.
....

Weich=bild [ヴァイヒ・ビるト] 中 -[e]s/-er (ふつう 単) ① 市域(都市の周辺地域). ②《史》都市権; 都市権のおよぶ地域.

Wei･che¹ [ヴァイヒェ váiçə] 女 -/-n ① (馬などの)わき腹. ②【複 なし】《雅》柔らかさ; 柔和.

Wei･che² [ヴァイヒェ váiçə] 女 -/-n 《鉄道》ポイント, 転轍(てん)器. die Weichen⁴ stellen ポイントを入れる / die Weichen⁴ für 軍⁴ stellen《比》あらかじめ軍⁴の路線を定める.

＊wei･chen¹＊ [ヴァイヒェン váiçən] (wich, ist …gewichen) 自 (完了 sein) ① (不安・血の気などが)消え去る, なくなる. Die Angst wich nach und nach. 不安はしだいに薄れた / Alles

Blut *war* **aus** seinem Gesicht *gewichen*. 《過去完了》彼の顔からすっかり血の気がうせていた / Die Spannung *wich* **von** ihm. 緊張が彼から消えた. ② 退く, よける; 離れ去る. **vor** dem Auto **zur** Seite *weichen* 車をよけて脇に寄る / Sie *wich* nicht **von** seiner Seite. 彼女は彼のそばから離れなかった. ③ (人・事³に)屈服する, 抗しない. dem Gegner (der Gewalt³) *weichen* 敵(暴力)に屈服する / Die alten Häuser *mussten* modernen Neubauten *weichen*. 古い家は現代風の新建築に場所を譲らざるをえなかった.

wei·chen² [ヴァイヒェン] (weichte, *ist/hat*...geweicht) I 自 (s) (液体に漬かって)柔らかくなる. II 他 (h) (馴) (液体に漬けて)柔らかくする.

Wei·chen·stel·ler [ヴァイヒェン・シュテらァ] 男 -s/- 《鉄道》(鉄道の)転轍(なっ)係.

weich⇒ge·kocht 形 (新形) weich gekocht) ☞ weich

Weich·heit [ヴァイヒハイト] 女 -/-en 《ふつう 単》柔らかさ, 柔軟; 柔和, 温和, 優しさ.

weich⇒her·zig [ヴァイヒ・ヘルツィヒ] 形 心の優しい, 思いやりのある.

Weich⇒her·zig·keit [ヴァイヒ・ヘルツィヒカイト] 女 -/ 心の優しさ, 思いやりがあること.

Weich⇒kä·se [ヴァイヒ・ケーゼ] 男 -s/- 軟質チーズ(カマンベールチーズなど).

weich·lich [ヴァイヒリヒ] 形 ① 柔らかめの. ② 軟弱な(男性); 柔弱な, 意気地のない(性格).

Weich·lich·keit [ヴァイヒリヒカイト] 女 -/ 柔弱, 弱々しさ.

Weich·ling [ヴァイヒリング] 男(げ)sls 男 -s/-e 意気地なし, 臆病(むう)者, 弱虫.

Weich⇒ma·cher [ヴァイヒ・マッハァ] 男 -s/- 《化・工》軟化剤, 柔軟剤.

die **Weich·sel** [ヴァイクセる várksəl] 女 -/ 《定冠詞とともに》《川名》ヴァイクスル川(ポーランドの大河. ポーランド名はヴィスワ川).

Weich⇒tei·le [ヴァイヒ・タイれ] 複 《医》(体の)軟部, 組織(内臓など); (口語)(男性の)性器.

Weich⇒tier [ヴァイヒ・ティーァ] 中 -[e]s/-e 《ふつう 複》《動》軟体動物.

* *die* **Wei·de**¹ [ヴァイデ várdə] 女 (単) -/(複) -n 牧場, 牧草地, 放牧場. (英) *pasture*). die Schafe⁴ **auf** die *Weide* (または **zur** *Weide*) treiben 羊を放牧場へ連れて行く.

Wei·de² [ヴァイデ] 女 -/-n (植)ヤナギ(柳).

Wei·de·land [ヴァイデ・らント] 中 -[e]s/ 牧場, 牧草地.

wei·den [ヴァイデン várdən] I 自 (h) (家畜が牧場で)草を食う. II 他 (h) (家畜⁴を)放牧する. III 再帰 (h) (*sich*⁴ an 物・事³ ~) (雅)(物・事³を見て)楽しむ; (事³を見て)おもしろがる. Er *weidete sich* an dem schönen Anblick. 彼はすばらしい眺めを楽しんだ.

Wei·den·baum [ヴァイデン・バオム] 男 -[e]s/..bäume 柳の木.

Wei·den**kätz·chen** [ヴァイデン・ケッツヒェン] 中 -s/- (植)ヤナギの尾状花序.

Wei·de⇒platz [ヴァイデ・ブらッツ] 男 -es/..plätze 牧場, 放牧場.

weid⇒ge·recht [ヴァイト・ゲレヒト] 形 狩猟の作法を心得ている.

weid·lich [ヴァイトリヒ] 副 大いに, 存分に.

Weid⇒mann [ヴァイト・マン] 男 -[e]s/..männer 猟師, (本式の)狩猟家.

Weid⇒**werk** [ヴァイト・ヴェルク] 中 -[e]s/ 《狩》狩猟(の仕事).

* **wei·gern** [ヴァイガァン váigərn] (weigerte, *hat*...geweigert) I 再帰 (完了) haben) *sich*⁴ *weigern* 拒む, 拒否(拒絶)する. (英 *refuse*). ◇《ふつう **zu** 不定詞[句]とともに》Er *weigerte sich*, den Befehl auszuführen. 彼はその命令を拒んだ.
II 他 (完了) haben) 《古》(人³に事⁴を)拒む, 拒否(拒絶)する.

....

類語 *sich*⁴ **weigern**: (…することをきっぱりと)断る. **verweigern**: (証言・要求などを)拒む. Ich *verweigere* die Aussage. 私は証言を拒否する. **ab|lehnen**: (申し出などを)断る; 辞退する. Sie *lehnte* seine Einladung *ab*. 彼女は彼の招待を断った. **ab|schlagen**: (依頼などを)拒絶する.

....

wei·ger·te [ヴァイガァテ] * weigern (再帰で: 拒む)の 過去

Wei·ge·rung [ヴァイゲルング] 女 -/-en 拒絶, 拒否.

Weih [ヴァイ vár] 男 -[e]s/-e 《鳥》チュウヒ(= Weihe²).

Weih⇒bi·schof [ヴァイ・ビショフ] 男 -s/..schöfe (カトリック)司教補佐.

Wei·he¹ [ヴァイエ várə] 女 -/-n ① 《宗》奉納[式], 献堂式; (カトリック) 聖別[式], 叙階[式]. die *Weihe*⁴ empfangen 叙階を受ける. ② 《雅》荘厳さ, 厳粛さ.

Wei·he² [ヴァイエ] 女 -/-n 《鳥》チュウヒ (タカの一種).

* **wei·hen** [ヴァイエン várən] (weihte, *hat*... geweiht) 他 (完了) haben) ① (カトリック) (清めて)神聖にする, 聖別する; (宗)(教会などを⁴)奉献する. (英 *consecrate*). den Altar *weihen* 祭壇を聖別する / Diese Kirche *ist* dem Heiligen Michael *geweiht*. 《状態受動・現在》この教会は聖ミヒャエルに奉献されたものだ. ② (カトリック)(人⁴を聖職位に)任命する, 叙階(叙品)する. einen Bischof *weihen* 司教を叙階する / 人⁴ **zum** Priester *weihen* 人⁴を司祭に叙品する. ③ 《雅》(時間・努力・愛などを人・物³に)ささげる; (記念碑など⁴を戦死者など³に)ささげる. Er *hat* sein Leben der Wissenschaft *geweiht*. 彼は一生を学問にささげた. ◇《再帰的に》*sich*⁴ 事³ *weihen* 一身を事³にささげる. ④ 《雅》(人・物⁴を死・破壊など³に)ゆだねる.

Wei·her [ヴァイァ várər] 男 -s/- 《南ド》池, 小さな沼.

wei·he⇒voll [ヴァイエ・ふォる] 形 《雅》厳粛な, 荘厳な.

Weih·nacht [ヴァイ・ナハト vár-naxt] 女 -/

weih·nach·ten [ヴァイ・ナハテン vái-naxtən] 非人称 (h) Es *weihnachtet*. クリスマスが近づく，クリスマスらしくなる．

[das] **Weih·nach·ten** [ヴァイ・ナハテン vái-naxtən]

クリスマス
Fröhliche *Weihnachten*!
フレーリッヒェ　ヴァイナハテン
メリー・クリスマス！

中 (単) -/(複) - 《ふつう冠詞なしで; 成句や南ドイツ・オーストリアでは 複 でも》① クリスマス，キリスト降誕祭(節)．(英 *Christmas*)．(「祝日」☞ 巻末付録, 1812ページ)．Wir feiern *Weihnachten* zu Hause. 私たちはクリスマスを自宅で祝います / grüne *Weihnachten* 雪のないクリスマス / weiße *Weihnachten* ホワイトクリスマス / **zu** (または **an**) *Weihnachten* クリスマスに．② 《方》クリスマスプレゼント．

* **weih·nacht·lich** [ヴァイ・ナハトリヒ vái-naxtlɪç] 形 クリスマスの，クリスマスらしい．Es herrschte eine *weihnachtliche* Stimmung. クリスマス気分がみなぎっていた．

Weih·nachts≠abend [ヴァイナハツ・アーベント] 男 -s/-e クリスマスイブ (12月24日)．

Weih·nachts≠baum [ヴァイナハツ・バオム] 男 -[e]s/..bäume クリスマスツリー．

Weih·nachts≠be·sche·rung [ヴァイナハツ・ベシェールング] 女 -/-en クリスマスプレゼントを贈る(渡す)こと．

Weih·nachts≠fei·er [ヴァイナハツ・ファイアァ] 女 -/-n クリスマスの祝祭(催し)．

Weih·nachts≠fest [ヴァイナハツ・フェスト] 中 -[e]s/-e クリスマス，キリスト降誕祭．

Weih·nachts≠geld [ヴァイナハツ・ゲルト] 中 -[e]s/-er クリスマス手当て(ボーナス)．

Weih·nachts≠ge·schenk [ヴァイナハツ・ゲシェンク] 中 -[e]s/-e クリスマスプレゼント．

Weih·nachts≠gra·ti·fi·ka·ti·on [ヴァイナハツ・グラティフィカツィオーン] 女 -/-en クリスマス手当(ボーナス)．

Weih·nachts≠kar·te [ヴァイナハツ・カルテ] 女 -/-n クリスマスカード．

Weih·nachts≠lied [ヴァイナハツ・リート] 中 -[e]s/-er クリスマスの歌．

Weih·nachts≠mann [ヴァイナハツ・マン] 男 -[e]s/..männer ① サンタクロース．② 《口語》とんま，間抜け．

Weih·nachts≠markt [ヴァイナハツ・マルクト] 男 -[e]s/..märkte クリスマスの市(いち)(クリスマスの1か月ほど前から町の広場などに市が立ち，クリスマスの飾り物などを売る)．

Weih·nachts≠stern [ヴァイナハツ・シュテルン] 男 -[e]s/-e ① (クリスマスツリーの)星飾り．② 《植》ポインセチア．

Weih·nachts≠tag [ヴァイナハツ・ターク] 男 -[e]s/-e クリスマスの[公式]祝祭日 (12月25日, 26日)．

Weih·nachts≠zeit [ヴァイナハツ・ツァイト] 女 -/ クリスマスの時節 (待降節 Advent の第1日曜日から年末まで)．

Weih≠rauch [ヴァイ・ラオホ] 男 -[e]s/ ① 乳香(アラビア・インドなどでとれる); (一般に:) 香．*Weihrauch*⁴ brennen 香をたく / [人]³ *Weihrauch*⁴ streuen 《雅》[人]³をほめそやす．② 香をたく煙．

weih·te [ヴァイテ] *weihen (神聖にする)の 過去

Weih≠was·ser [ヴァイ・ヴァッサァ] 中 -s 《カトリック》聖水．

Weih·was·ser≠be·cken [ヴァイヴァッサァ・

――― ドイツ・ミニ情報 30 ―――

クリスマス Weihnachten

ドイツの祭日は，5月1日のメーデーと10月3日の統一記念日以外はすべてキリスト教関係の祝日である．なかでも復活祭(イースター) Ostern, 聖霊降臨祭 Pfingsten, クリスマス(降誕祭) Weihnachten は，キリスト教の三大祝祭といわれ，特にクリスマスは2日続きの祝日をはさみ，2週間公共機関が休みになる．宗教上の祝祭日は伝統的に月の満ち欠けを基準に定められるため，年によって日付が移動する．

キリストの復活を祝う復活祭は，教会暦で最も古く，最も意義深い祭りとされている．春分の日(3月21日)直前の満月の日から数え，最初の日曜日が復活の日である．この3日前の金曜日にキリストが亡くなり，日曜日に復活した．キリストは，復活の日から40日目に昇天したが，自分がいなくなっても10日後に天から聖霊が降りてくると弟子たちに予言．これが聖霊降臨祭で，教会の礎が築かれたことを記念する祝日として祝われている．

ドイツのクリスマスは，12月25日から数えて4週間前の日曜日の待降節の第1日曜 Erster Advent から始まり，主の誕生を待ちわびながら，日曜日毎にお祝いをして気分を高めていく．聖夜にクライマックスを迎え，家族や親しい者たちが集まって静かに厳かに祝う．これに対して大みそかは，零時をまわると花火を上げて大騒ぎをする．Advent 週間から新年までの約1か月は何かと催しが多く，お菓子やアルコール飲料などごちそうがあふれる飽食の日々なので，胃と肝臓に注意が必要かもしれない．(「祝日」☞ 巻末付録, 1812ページ)．

weil [ヴァイる váil]

…だから　Warum kommt er nicht?
ヴァルム　コムト　エァ ニヒト
— *Weil* er krank ist.
ヴァイる エァ クランク イスト
彼はなぜ来ないの. — 病気だから.

接 〖従属接続詞; 動詞の人称変化形は文末〗《原因・理由》[なぜなら] …だから, … なので. (英 because). *Weil* ich eine Panne hatte, kam ich zu spät. 車が故障したので, 私は遅刻した / Er hat gute Zensuren, *weil* er fleißig ist. 彼は勤勉だから成績が良い. ◇〖主文の **deshalb** などと呼応して〗Wir konnten [deshalb] nicht kommen, *weil* kein Zug mehr fuhr. 列車がもうなかったので, 私たちは来ることができなかった.

⚠ weil と da と denn: da が相手も知っている理由を述べるのに対して, weil はおもに相手の知らない理由を述べる. また, denn が先行する文に対する話し手の判断の根拠を述べるのに対して, weil と da は主文に対する因果関係を述べるときに用いる. ☞ da, denn

wei·land [ヴァイらント váilant] 副《古》かつて.
Weil·chen [ヴァイるヒェン váilçən] 中 -s/- (Weile の 縮小) しばらく(ちょっと)の間.
die **Wei·le** [ヴァイれ váilə] 女(単) -/ しばらくの間. (英 while). eine kleine (または kurze) *Weile* ちょっとの間 / Es dauerte eine gute *Weile*, bis er kam. 彼が来るまでかなりの時間がかかった / **für** eine *Weile* しばらくの間 / **nach** einer *Weile* しばらくして / Mit der Sache hat es *Weile*.《雅》その件は急ぐ必要はない / Eile mit *Weile*! 《諺》急がば回れ.

wei·len [ヴァイれン váilən] 自 (h) 《雅》(…に) とどまる, 滞在する. Er *weilt* nicht mehr **unter** uns (または den Lebenden).《婉曲》彼はもうこの世の人ではない.
Wei·ler [ヴァイらァ váilər] 男 -s/- 小村落(部落), 集落.
Wei·mar [ヴァイマァ váimar] 中 -s/《都市名》ヴァイマル, ワイマール(ドイツ, チューリンゲン州). ☞ (地図) E–3).
Wei·ma·rer [ヴァイマらァ váimarər] I 男 -s/- ヴァイマルの市民(出身者). II 形 〖無語尾で〗ヴァイマルの. die *Weimarer* Republik ヴァイマル共和国 (1919–1933).

der **Wein** [ヴァイン váin]

ワイン

Trinken wir ein Glas *Wein*!
トリンケン　ヴァイン グらース ヴァイン
ワインを 1 杯飲みましょうよ.

男 (単 2) -[e]s/(種類を表すときのみ: 複) -e ① ワイン, ぶどう酒. (英 wine). ein guter *Wein* 上質のワイン / roter (weißer) *Wein* 赤(白)ワイン / *Wein* von Fass 樽(たる)[からの]ワイン / eine Flasche (ein Glas) *Wein* びん 1 本(グラス 1 杯)のワイン / süßer (trockener) *Wein* 甘口(辛口)ワイン / *Wein*⁴ probieren ワインを試飲する / Ich trinke lieber *Wein* als Bier. ぼくはビールよりワインが好きだ / 人³ reinen (または klaren) *Wein* ein|schenken《比》人³にすっぱりと本当のことを言う(← 純粋なワインをついでやる) / neuen *Wein* in alte Schläuche füllen《聖》新しいワインを古い皮袋に入れる(一時しのぎの改革をする) / *Wein* auf Bier, das rat ich dir; Bier auf *Wein*, das lass sein! ビールのあとのワイン, これは勧めるが, ワインのあとのビール, これはやめた方がいい / Im *Wein* ist Wahrheit.《諺》酒の中に真実あり.
② 〖複 なし〗ぶどう[の木]; ぶどうの実(房). *Wein*⁴ bauen (または an|bauen) ぶどうを栽培する / *Wein*⁴ ernten (lesen) ぶどうを収穫する(摘む). ③ (ワイン以外の)果実酒.

⚠ *Wein* についてのいろいろ: ① 産地による呼び名の例: Franken*wein* フランケンワイン / Mosel*wein* モーゼルワイン / Rhein*wein* ラインワイン.
② 種別による呼び名の例: Rot*wein* 赤ワイン / Schaum*wein* 発泡ワイン / Weiß*wein* 白ワイン.
③ 格づけによる呼び名の例: Tafel*wein*, Tisch*wein* テーブルワイン / Qualitäts*wein* [mit Prädikat] [肩書き付き]優良ワイン.
④ 肩書き付き優良ワインの等級: Kabinett カビネット / Spätlese 遅摘み / Auslese 房選り / Beerenauslese 粒選り / Trockenbeerenauslese 乾粒選果 / Eis*wein* 氷凍ワイン.
⑤ 味覚の表現: trocken 辛口の / halbtrocken やや辛口の / lieblich くせのない / mild マイルドの / süß 甘口の.

Wein-bau [ヴァイン・バオ] 男 -[e]s/ ぶどう栽培. *Weinbau*⁴ betreiben ぶどうを栽培する.
Wein-bau·er [ヴァイン・バオアァ] 男 -n (まれに -s)/-n ぶどう栽培[兼ぶどう酒醸造業]者.
Wein-be·cher [ヴァイン・ベッヒャァ] 男 -s/- ワイングラス.
Wein-bee·re [ヴァイン・ベーレ] 女 -/-n ぶどうの実;《南ドィッ・オーストリア・スィス》干しぶどう.
Wein-berg [ヴァイン・ベルク] 男 -[e]s/-e ぶどう山, ぶどう園.
Wein·berg-schne·cke [ヴァインベルク・シュネッケ] 女 -/-n エスカルゴ(食用かたつむり).
Wein-brand [ヴァイン・ブラント] 男 -[e]s/..bränden ブランデー, コニャック(ワインから蒸留する).

wei·nen [ヴァイネン váinən]

泣く　Warum *weinst* du denn?
ヴァルム　ヴァインスト ドゥ デン
どうして泣いてるの.

(weinte, *hat* … geweint) I 自 (完了 haben) 泣く, 涙を流す. (英 cry). (⚠「笑う」は lachen).

Weinen

laut (heftig) *weinen* 大声で(激しく)泣く / Das Baby *weint* **nach** seinem Fläschchen. 赤ちゃんが哺乳(ほにゅう)びんを欲しがって泣いている / **über** 人・事⁴ *weinen* 人・事⁴のことを悲しんで泣く / **um** einen Verstorbenen *weinen* 死者を悼んで泣く / Er *weinte* **vor** Freude. 彼はうれし泣きした. ◊〖現在分詞の形で〗das *weinende* Kind 泣いている子供 / leise *weinend* 《口語》しゃがれこえして, しょんぼりして.
Ⅱ 他 (完了 haben) ① 〖Tränen などを目的語として〗(…の涙⁴を流して)泣く. heiße (bittere) Tränen⁴ *weinen* 熱い(にがい)涙を流す / Freudentränen⁴ *weinen* うれし泣きをする. ② (泣いて目など⁴を…にする). sich³ die Augen⁴ rot *weinen* 目が赤くなるほど泣く.
Ⅲ 再帰 (完了 haben) *sich*⁴ *weinen* 泣いて〖その結果〗…になる. *sich*⁴ müde (**in** den Schlaf) *weinen* 泣き疲れる(泣き疲れて寝入る).

Wei·nen [ヴァイネン] 中 〖成句的に〗Das ist [doch] **zum** *Weinen*. それはまったく情けないことだ(←泣きたくなる) / Sie war dem *Weinen* nahe. 彼女は今にも泣き出しそうだった.

wei·ner·lich [ヴァイナァリヒト] 形 泣き出しそうな, めそめそした. mit *weinerlicher* Stimme 泣き出しそうな声で.

Wein*ern·te [ヴァイン・エルンテ] 女 -/-n ぶどうの収穫.

Wein*es·sig [ヴァイン・エスィヒ] 男 -s/ ぶどう酢, ワインビネガー.

Wein*fass [ヴァイン・ファス] 中 -es/..fässer ワインの樽. (俗) 大酒飲み.

Wein*faß 旧綴り Weinfass

Wein*fla·sche [ヴァイン・ふらッシェ] 女 -/-n ワインのびん.

Wein*gar·ten [ヴァイン・ガルテン] 男 -s/..gärten ぶどう園.

Wein*geist [ヴァイン・ガイスト] 男 -[e]s/ 《化》酒精, エチルアルコール.

Wein*glas [ヴァイン・グらース] 中 -es/..gläser ワイングラス.

Wein*gut [ヴァイン・グート] 中 -[e]s/..güter ぶどう[農]園.

Wein*jahr [ヴァイン・ヤール] 中 〖成句的に〗ein gutes (schlechtes) *Weinjahr* ぶどうの豊作(不作)の年.

Wein*kar·te [ヴァイン・カルテ] 女 -/-n 《レストランなどの》ワインリスト.

Wein*kel·ler [ヴァイン・ケらァ] 男 -s/- ① ワインの地下貯蔵室. ② 地下のワイン酒場, ワインケラー.

Wein*kel·le·rei [ヴァイン・ケれライ] 女 -/-en ワインの醸造会社.

Wein*ken·ner [ヴァイン・ケンナァ] 男 -s/- ワイン通.

Wein*krampf [ヴァイン・クランプふ] 男 -[e]s/..krämpfe (激しい)泣きじゃくり.

Wein*lau·ne [ヴァイン・らオネ] 女 -/ 《戯》ワインを飲んだ一杯機嫌.

Wein*le·se [ヴァイン・れーゼ] 女 -/-n ぶどう摘み.

Wein*lo·kal [ヴァイン・ろカーる] 中 -[e]s/-e ワイン酒場.

Wein*pro·be [ヴァイン・ブローベ] 女 -/-n ワインの試飲.

Wein*re·be [ヴァイン・レーベ] 女 -/-n ① 《植》ぶどう. ② (長)ぶどうの木.

wein*rot [ヴァイン・ロート] 形 ワインレッドの.

Wein*säu·re [ヴァイン・ゾイレ] 女 -/ 《化》酒石酸.

wein*se·lig [ヴァイン・ゼーリヒト] 形 ワインを飲んでほろ酔い機嫌の.

Wein*stein [ヴァイン・シュタイン] 男 -[e]s/ 《化》酒石.

Wein*stock [ヴァイン・シュトック] 男 -[e]s/..stöcke (個々の)ぶどう[の木].

Wein*stu·be [ヴァイン・シュトゥーベ] 女 -/-n (小さな)ワイン酒場.

wein·te [ヴァインテ] ‡weinen (泣く)の過去

Wein*trau·be [ヴァイン・トラオベ] 女 -/-n ぶどうの房.

*‡**wei·se** [ヴァイゼ *váizə*] 形 (比較) weiser, (最上) weisest; 格変化語尾がつくときは weis-) 賢い; 賢明な, 思慮深い. (英 *wise*). Er ist ein *weiser* Mann. 彼は賢い人だ / eine *weise* Antwort 賢明な回答 / *weise* handeln 思慮深く行動する. (☞類語 **klug**).

*‡*die* **Wei·se** [ヴァイゼ *váizə*] 女 (単) -/(複) -n ① やり方, 仕方, 方法, 流儀. (英 *way, manner*). Lebensweise 生活の仕方 / die Art und *Weise* 方法, やり方 / **auf diese** *Weise* この方法で, こんなふうに / **auf jede** *Weise* あの手この手で / **auf meine** *Weise* 私なりのやり方で / **auf keine** *Weise* または **in keiner** *Weise* 決して…ない / **in der** *Weise*, **dass**… …のようにして / Jeder handelt **nach** seiner *Weise*. 各人が各様にふるまう. ② 《音楽》メロディー, 旋律; 歌. volkstümliche *Weise* 民謡.

..wei·se [..ヴァイゼ *-vaizə* または ..ヴァイゼ] 〖形容詞・副詞をつくる 接尾〗 ① 〖形容詞につけて〗(話者の主観的気持ちを表して) 例: glücklicherweise 幸いにも. ② 〖名詞につけて〗《方法・様態》 例: beispielsweise たとえば.

*‡**wei·sen*** [ヴァイゼン *váizən*] du weist (wies, hat…gewiesen) Ⅰ 他 (完了 haben) ① (人³に物⁴を)指し示す, 指し示す, 指示する. (英 *show*). Er *wies* mir den Weg. 彼は私に道を教えてくれた. ② 〖方向を表す語句とともに〗(人⁴を…から)追い出す. 人⁴ **aus** dem Haus *weisen* 人⁴に家から出ていくように命じる / 人⁴ **von** der Schule *weisen* 人⁴を退学処分にする / 事⁴ [**weit**] **von sich**³ *weisen* (比)事⁴を拒絶する, はねつける. ③ (方) 見せる.
Ⅱ 自 (完了 haben) 〖方向を表す語句とともに〗(…[の方]を)指さす, 指し示す. Der Zeiger *wies* bereits **auf zwölf** Uhr. 時計の針はもう12時を指していた / **in die** Ferne *weisen* 遠くを指さす / Die Magnetnadel *weist* **nach** Norden. 磁石の針が北を指す.

Wei·se[r] [ヴァイゼ (..ザァ) *váizə* (..zər)] 男 名

《語尾変化は形容詞と同じ》賢者, 賢人. die drei Weisen aus dem Morgenland 東方の三博士(賢人)(マタイによる福音書 2, 1).

*die **Weis·heit** [ヴァイスハイト váishait] 囡 (単)-/(複)-en 《複 なし》 賢明さ, 英知, 知恵. (英 wisdom). die Weisheit des Alters 老人の知恵, 年の功 / Er hat die Weisheit nicht mit Löffeln gefressen.《口語》彼はあまり利口ではない(←知恵をスプーンですくって食べなかった) / Ich bin mit meiner Weisheit am Ende.《万策尽きて》私は途方に暮れている / der Weisheit[2] letzter Schluss a) 最高の英知, b)《口語》理想的な解決. ② 教訓, 金言.

Weis·heits╱zahn [ヴァイスハイツ・ツァーン] 男 -[e]s/..zähne 智歯(ち), 親知らず.

weis╱ma·chen [ヴァイス・マッヘン váis-màxən] 他 (h)《口語》(人[3]に 事[4]を)本当だと思い込ませる. Ich lasse mir von dir nichts weismachen. 私は君にはだまされないぞ.

weiß[1] [ヴァイス váis] ＊wissen (知っている)の1人称単数・3人称単数 現在

*＊**weiß**[2] [ヴァイス váis]

白い

Das weiße Kleid steht dir gut.
ダス ヴァイセ クライト シュテート ディア グート
その白いドレスは君によく似合う.

形 (比較) weißer, (最上) weißest) ① 白い, 白色の. (英 white). (反)「黒い」 schwarz). weißes Brot 白パン / weiße Wolken 白い雲 / Ihre Haut ist weiß wie Schnee. 彼女の肌は雪のように白い / das Weiße Haus ホワイトハウス(アメリカ大統領官邸) / die weiße Kohle《比》(電力源としての)水力(←白い石炭) / eine weiße Maus a)《シロネズミ, b)《口語》白バイ警官 / die Weiße Rose《史》白ばら(反ナチス抵抗運動[グループ]) / der Weiße Sonntag 白衣の主日(復活祭後の最初の日曜日) / Sie war ganz weiß im Gesicht. 彼女は顔面蒼白(ジ)だった / Er ist weiß geworden.《現在完了》彼の頭は白くなった / schwarz auf weiß《口語》(念のため)文書で(←白い上に黒で) / aus schwarz weiß (新形) aus Schwarz Weiß[4]) machen [wollen] 白を黒と言いくるめる.

② 白っぽい; 白人の. weißer Wein (= Weißwein) 白ワイン / die weiße Rasse 白色人種. ③《商》商標のない(商品など).

(新形)..
weiß glü·hend 白熱した(金属など).

Weiß [ヴァイス] 中 -[e]s/- 白, 白色. in Weiß gekleidet 白い服を着て / aus Schwarz Weiß[4] machen [wollen] 白を黒と言いくるめる.

weis·sa·gen [ヴァイス・ザーゲン váis-za:gən] (過分 geweissagt) 他(h) 予言する; 予感させる.

Weis·sa·ger [ヴァイス・ザーガァ] 男 -s/- 予言者, 占い師. (注意 女性形は Weissagerin).

Weis·sa·gung [ヴァイス・ザーグング] 囡 -/-en 予言, 占い.

Weiß╱bier [ヴァイス・ビーァ] 中 -[e]s/-e ヴァイスビール(小麦と大麦の麦芽を半分ずつ混ぜて作る)(= Weizenbier).

Weiß╱blech [ヴァイス・ブレヒ] 中 -[e]s/-e ブリキ[板].

Weiß╱brot [ヴァイス・ブロート] 中 -[e]s/-e 白パン.

Weiß╱buch [ヴァイス・ブーフ] 中 -[e]s/..bücher《政》白書(政府の実状報告書).

Weiß╱bu·che [ヴァイス・ブーヘ] 囡 -/-n《植》クマシデ属.

Weiß╱dorn [ヴァイス・ドルン] 男 -[e]s/-e《植》サンザシ.

Wei·ße [ヴァイセ váisə] 囡 -/-n ①《複 なし》白[色]. ② ヴァイスビール (= Weißbier). ③ ベルリン風白ビール (= Berliner Weiße).

wei·ßen [ヴァイセン váisən] 他 (h) (壁など[4]を ペンキなどで)白く塗る.

Wei·ße[r] [ヴァイセ(..サァ) váisə (..sər)] 男 囡《語尾変化は形容詞と同じ》白人.

Wei·ße[s] [ヴァイセ[ス] 中《語尾変化は形容詞と同じ》白いもの. das Weiße im Ei 卵の白身.

Weiß╱fisch [ヴァイス・フィッシュ] 男 -[e]s/-e《魚》(銀色に輝く)コイ科の魚(ウグイ・ヤナギバエなど).

Weiß╱glas [ヴァイス・グラース] 中 -/..gläser (分別回収用の)透明ガラス.

weiß╱glü·hend 形 (新形) weiß glühend ▷ weiß

Weiß╱glut [ヴァイス・グルート] 囡 -/《冶》白熱. 人[4] [bis] zur Weißglut bringen (または reizen または treiben)《口語》人[4]をかんかんに怒らせる.

weiß╱haa·rig [ヴァイス・ハーリヒ] 形 白髪の.

Weiß╱kohl [ヴァイス・コール] 男 -[e]s/-《北ド》《植》キャベツ, カンラン.

Weiß╱kraut [ヴァイス・クラオト] 中 -[e]s/《南ド・オースト》《植》= Weißkohl

weiß·lich [ヴァイスリヒ] 形 白っぽい, 白みがかった.

Weiß╱russ·land [ヴァイス・ルスラント] 中 -s/《国名》ベラルーシ[共和国](首都はミンスク).

Weiß╱ruß·land (旧形) ▷ Weißrussland

weißt [ヴァイスト] ＊wissen (知っている)の2人称単数 現在

Weiß╱tan·ne [ヴァイス・タンネ] 囡 -/-n《植》オウシュウモミ.

Weiß╱wa·ren [ヴァイス・ヴァーレン] 複 白生地製品(敷布・テーブルクロス・肌着類など).

weiß╱wa·schen* [ヴァイス・ヴァッシェン váisvàʃən] 他 (h)《口語》(人[4]の)身の潔白を証明する. ◇《再帰的に》sich[4] weißwaschen 自分の身の潔白を証明する.

Weiß╱wein [ヴァイス・ヴァイン] 男 -[e]s/-e 白ワイン.

Weiß╱wurst [ヴァイス・ヴルスト] 囡 -/..würste 白ソーセージ.

Wei·sung [ヴァイズング] 囡 -/-en《雅》指示,

weisungsgemäß

指図;《官方》指令, 命令. 八³ eine *Weisung*⁴ geben 八³に指示を与える.
wei·sungs≈ge·mäß [ヴァイズングス・ゲメース] 形 指令(命令)どおりの.
:weit [ヴァイト vát]

広い; 遠い Ist das *weit* von hier?
イスト ダス ヴァイト フォン ヒーア
それはここから遠いですか.

I 形 (比較) weiter, (最上) weitest) ① (空間的に)広い; (面積が)広大な. (英 *wide*). (「狭い」は eng;「(幅が)広い」は breit). eine *weite* Ebene 広大な平野 / das *weite* Meer 広大な海 / *weite* Kreise der Bevölkerung² 国民(住民)の幅広い層 / in die *weite* Welt ziehen 広い世間に出る / die Tür⁴ *weit* öffnen ドアを広く開ける / im *weiteren* Sinne 広い意味で, 広義で (略: i. w. S.) / *weit* und breit 辺り一面, 見渡す限り. (類語 breit).

◇《名詞的に》das *Weite*⁴ suchen 逃亡する / das *Weite*⁴ gewinnen [うまく]逃げる.
② (衣服などが)ゆったりとした. ein *weiter* Rock ゆったりしたスカート / Die Hose ist mir zu *weit*. このズボンは私にはだぶだぶだ.
③ (距離が)遠い, のろかな, 遠方の. (英 *far*). ein *weiter* Weg 遠い道のり / aus *weiter* Entfernung はるか遠くから / es⁴ *weit* bringen 《比》出世(成功)する (比 es は形式的目的語) / von *weitem* 遠くから / Wie weit ist es noch bis zum Bahnhof? 駅まではまだどのくらいありますか / *weit* blickend 先見の明がある / *weit* gehend 広範囲にわたる / Das geht zu *weit*! それはひどすぎるよ, そんなむちゃな / Es ist zu *weit* gegangen.《現在完了》彼は度を越してやり過ぎた / So *weit*, so gut. ここまではよろしい. (類語 fern).

◇《数量を表す4格とともに》…の距離の, (…ほど)離れた. Der Ort liegt nur einen Kilometer *weit* von hier. その村はここからほんの1キロメートルしか離れていない / Sie wohnt zwei Häuser *weiter*. 彼女は2軒先に住んでいる.
④ (時間的に遠く隔たった, 遠い. Bis Weihnachten ist es noch *weit*. クリスマスはまだ先のことだ / Das liegt schon *weit* zurück. それはもう遠い昔のことだ.
⑤ (程度・事態が)進んだ, はかどった. Wie *weit* bist du mit deiner Arbeit? 君の仕事はどんどん進んだの / So *weit* ist es schon mit dir gekommen?《現在完了》君はここまで落ちぶれてしまったのか / **bei *weitem*** はるかに, ずっと ⇒ Das ist bei *weitem* besser. その方がはるかにいい / bei *weitem* nicht … …には程遠い.
II 副 ずっと, はるかに. *weit* oben ずっと上の方に / Er ist *weit* über vierzig Jahre alt (または über [die] Vierzig). 彼は40歳をとっくに過ぎている / Er ist *weit* größer als du. 彼は君よりずっと背が高い.

新形
....

weit ge·reist 広く旅をした, 見聞の広い.

weit grei·fend 広範囲にわたる.
weit rei·chend 遠くまで達する; 広範囲におよぶ.
weit tra·gend 射程[距離]の長い; 広範囲におよぶ.
weit ver·brei·tet 広く分布している; 広く普及した.
weit ver·zweigt いくつにも枝分かれした (鉄道・企業・家系など).

....

weit≈ab [ヴァイト・アップ] 副 遠く離れて, 遠くに. *weitab* vom Bahnhof wohnen 駅から遠く離れた所に住んでいる.
weit≈aus [ヴァイト・アオス] 副 はるかに, 格段に, ずっと. Er ist *weitaus* begabter als ich. 彼は私よりもはるかに才能に恵まれている.
Weit≈blick [ヴァイト・ブリック] 男 -[e]s/ ① 先見の明. ② 見晴らし, 展望.
weit≈bli·ckend [ヴァイト・ブリッケント] 形 先見の明がある. (英 *weit blickend* ともつづる) ☞ weit ③

*die **Wei·te** [ヴァイテ várta] 女 (単) -/(複) -n ① 広大さ, 広がり, 広さ. (英 *expanse*). unendliche *Weiten* 果てしない広がり / die *Weite* des Weltalls 宇宙の広大さ. ② 遠い所, 遠方. **in die *Weite* schauen** 遠くを眺める. ③ (スポ) (到達)距離. Reich*weite* (ジャンプ・投てきなどの)到達距離. ④ (管などの)内径. ⑤ (衣服などの)幅, サイズ. ein Rock in bequemer *Weite* ゆったりしたサイズのスカート.

wei·ten [ヴァイテン várten] 他 (h) (靴など⁴の幅を)広げる. ◇《再帰的に》sich⁴ *weiten* 広がる, 広くなる.

:wei·ter [ヴァイタァ várter] (≠weit の 比較) **I** 形 ① より広い; より遠い. ② 《付加語としてのみ》そのほかの, これ以上の. (英 *further*). Haben Sie noch *weitere* Fragen? まだほかに質問がありますか / eine *weitere* Schwierigkeit 新たな困難 / nach *weiteren* drei Tagen さらに3日後に / bis auf *weiteres* さしあたり, 当分の間 / **ohne *weiteres*** 無造作に, あっさり.
◇《名詞的に》das *Weitere* そのほか(あと)のこと, 詳細 / des *weiteren* (新形 des *Weiteren*) (雅) さらに.

II 副 ① さらに先へ, 前へ. *Weiter*! 先へ進め, 続けろ / Halt, nicht *weiter*! 止まれ, それ以上進むな / **und so *weiter*** (列挙の最後で:)等々 (略: usw.) ⇒ Brot, Butter und so *weiter* パンにバターにその他いろいろ.
② 続いて, その後. Und was geschah *weiter*? それから何が起こったの.
③ 以上に, その他に. *Weiter* weiß ich nichts von der Sache. その件については私はそれ以上何も知らない.
④ 《成句的に》nicht *weiter*… 特に…ではない. Das ist nicht *weiter* wichtig. それは特に重要であるというわけではない / **nichts *weiter* als** … …以外の何ものでもない ⇒ Das ist nichts *weiter* als ein Versehen. それは過失以外の

何ものでもない.

wei·ter be·ste·hen〔新〕 さらに存続する.

wei·ter..〔ヴァイタァ.. váitar..〕《分離動詞の〔前つづり〕》つねにアクセントをもつ》① 《前方へ・先へ》例: *weiter*|geben 次へ渡す. ② 《活動・状態の継続》例: *weiter*|führen 続行する.

wei·ter|be·ste·hen* 〔自〕(h)(〔新〕 weiter bestehen)☞ weiter

wei·ter|bil·den〔ヴァイタァ・ビるデン váitər-bildən〕〔他〕(h)(人⁴をに)引き続き教育する, 再教育する. ◇《再帰的に》sich⁴ weiterbilden 引き続きさらに勉強(修業)を続ける.

Wei·ter≠bil·dung〔ヴァイタァ・ビるドゥング〕〔女〕-/ 生涯教育, 再教育.

wei·ter|brin·gen*〔ヴァイタァ・ブリンゲン váitər-briŋən〕〔他〕(h) さらに先に進める, 促進する.

wei·ter|den·ken*〔ヴァイタァ・デンケン váitər-dèŋkən〕〔自〕(h) もっと考える, 考え続ける.

wei·ter|emp·feh·len*〔ヴァイタァ・エンプふェーれン váitər-ɛmpfèːlən〕(〔過分〕 weiterempfohlen)〔他〕(h)(推薦された人・物⁴をに)さらに他の人に推薦する.

wei·ter|ent·wi·ckeln〔ヴァイタァ・エントヴィッケるン váitər-ɛntvikəln〕(〔過分〕 weiterentwickelt) I 〔他〕(h)(理論など⁴を)さらに発展させる. II 〔再帰〕《sich⁴ weiterentwickeln》さらに発展する.

wei·ter|er·zäh·len*〔ヴァイタァ・エァツェーれン váitər-ɛrtsɛːlən〕(〔過分〕 weitererzählt) I 〔自〕(h) 話し続ける. II 〔他〕(h)(人から聞いた話⁴を)他の人に話す, 語り伝える.

wei·ter|fah·ren*〔ヴァイタァ・ふァーレン váitər-fàːrən〕〔自〕(s, h) ① (s)(乗り物が・人が乗り物で)走り続ける, さらに先へ行く(旅行を続ける). ② (h, s)《南ドイツ・スイス》続行する.

Wei·ter≠fahrt〔ヴァイタァ・ふァールト〕〔女〕-/ (乗り物で)乗り継いでいく(旅行を続ける)こと.

wei·ter|füh·ren〔ヴァイタァ・ふューレン váitər-fỳːrən〕I 〔他〕(h) ① 続行する, 継続する; (人⁴を)前進させる. ② (道路など⁴を)先へ延長する. II 〔自〕(h)(道路などが)先へ伸びている.

wei·ter|ge·ben*〔ヴァイタァ・ゲーベン váitərgèːbən〕〔他〕(h) 次の人に渡す(回す); (伝言など⁴を)伝える. einen Ball *weitergeben*《スポ》ボールをパスする.

wei·ter|ge·hen*〔ヴァイタァ・ゲーエン váitərgèːən〕〔自〕(s) ① 先へ進む, 歩き続ける. Bitte *weitergehen*, nicht stehen bleiben! どうぞ先へお進みください, 立ち止まらないでください. ② (話などがさらに)続く, (会議などが)続行される.

wei·ter|hin〔ヴァイタァ・ヒン〕〔副〕① 今もなお. ② これから先も, 将来も. ③ さらに.

wei·ter|kom·men*〔ヴァイタァ・コンメン váitər-kòmən〕〔自〕(s) ① 先へ進む, 前進する. ② (仕事が)成功する, はかどる. mit der Arbeit *weiterkommen* 仕事がはかどる.

wei·ter|lei·ten〔ヴァイタァ・らイテン váitər-làitən〕〔他〕(h) さらに先へ渡す(回す); 転送する.

wei·ter|ma·chen〔ヴァイタァ・マッヘン váitər-màxən〕〔他〕(h)《口語》続行する, 継続する.

Wei·ter≠rei·se〔ヴァイタァ・ライゼ〕〔女〕-/ 旅行の継続(続行).

wei·ter|sa·gen〔ヴァイタァ・ザーゲン váitər-zàːgən〕〔他〕(h)(人から聞いたこと⁴を)他の人に伝える, 他言する.

Wei·te·rung〔ヴァイテルング〕〔女〕-/-en 《ふつう〔複〕》困った事態, 不都合な結果.

wei·ter|ver·mie·ten〔ヴァイタァ・フェァミーテン váitər-fɛrmìːtən〕(〔過分〕 weitervermietet) 〔他〕(h) また貸しする.

weit≠ge·hend〔ヴァイト・ゲーエント〕〔形〕広範囲にわたる, 大幅な. *weitgehende* Unterstützung⁴ finden 広い支持を得る.
(⇔ weit gehend ともつづる)☞ weit ③

weit≠ge·reist〔形〕(〔新〕 weit gereist) ☞ weit

weit≠grei·fend〔ヴァイト・グライふェント〕〔形〕広範囲にわたる.
(⇔ weit greifend ともつづる)☞ weit

weit≠her〔ヴァイト・ヘーァ〕〔副〕《雅》遠くから.
(⇔ von を伴う場合には von *weit her* と分けて書く).

weit≠her·zig〔ヴァイト・ヘルツィヒ〕〔形〕心の広い, 寛大な.

weit≠hin〔ヴァイト・ヒン〕〔副〕① 遠くまで; 広く, 一般に. ② かなりの程度まで, 相当に.

weit≠läu·fig〔ヴァイト・ろイふィヒ〕〔形〕① 広大な(家・庭園など). ② 事細かで回りくどい. 事⁴ *weitläufig* erklären 事⁴をくどくどと説明する. ③ 遠縁の. ein *weitläufiger* Verwandter 遠い親戚(%).

Weit≠läu·fig·keit〔ヴァイト・ろイふィヒカイト〕〔女〕-/-en 《〔複〕なし》広大さ; 遠縁[関係]; 詳細, 回りくどさ. ② 詳細な(回りくどい)もの.

weit≠ma·schig〔ヴァイト・マッシヒ〕〔形〕目の粗い(網・編み物など).

weit≠rei·chend〔ヴァイト・ライヒェント〕〔形〕① 遠くまで達する(弾丸など), 射程の長い(ミサイルなど). ② 広範囲におよぶ(効果・影響など).
(⇔ weit reichend ともつづる)☞ weit

weit≠schwei·fig〔ヴァイト・シュヴァイふィヒ〕〔形〕長ったらしい, 回りくどい, 冗長な.

Weit≠sicht〔ヴァイト・ズィヒト〕〔女〕-/ ① 先見の明. ② 見晴らし, 展望.

weit≠sich·tig〔ヴァイト・ズィヒティヒ〕〔形〕① 《医》遠視の.(⇔ 「近視の」は kurzsichtig). ② 《比》先見の明のある. *weitsichtig* handeln 先のことを考えて行動する.

Weit≠sich·tig·keit〔ヴァイト・ズィヒティヒカイト〕〔女〕-/ ① 遠視.(⇔ 「近視」は Kurzsichtigkeit). ② 《転》先見の明があること.

Weit≠sprung〔ヴァイト・シュプルング〕〔男〕-[e]s/..sprünge《スポ》① 《〔複〕なし》走り幅跳び. ② (走り幅跳びの)ジャンプ.

weit≠tra·gend〔ヴァイト・トラーゲント〕〔形〕① 遠くまで達する, 射程[距離]の長い(ミサイルなど). ② 広範囲におよぶ(効果・影響など).

weitverbreitet

(〓 weit tragend ともつづる) ☞ weit

weit・ver・brei・tet [ヴァイト・フェアブライテット] 形 ① 広く分布している(植物など). ② 広く普及(流布)した.

(〓 weit verbreitet ともつづる) ☞ weit

weit・ver・zweigt [ヴァイト・フェアツヴァイクト] 形 いくつにも枝分かれした(鉄道・企業・家系など).

(〓 weit verzweigt ともつづる) ☞ weit

Weit・win・kel・ob・jek・tiv [ヴァイトヴィンケる・オプイェクティーふ] 中 -s/-e [..ヴェ] 《写》広角レンズ.

* der **Wei・zen** [ヴァイツェン váitsən] 男 (単2) -s/(種類を表すときのみ: 複) - 《植》コムギ(小麦). (英 wheat). Weizen⁴ an|bauen 小麦を栽培する / Der Weizen steht gut. 小麦の作柄がよい / Sein Weizen blüht. 《口語・比》彼の仕事(商売)はうまくいっている. ② 小麦の粒.

Wei・zen≠bier [ヴァイツェン・ビーァ] 中 -[e]s/-e ヴァイスビール(小麦と大麦の麦芽を半分ずつ混ぜて作る)(=Weißbier).

Wei・zen≠brot [ヴァイツェン・ブロート] 中 -[e]s/-e 小麦パン, 白パン.

Wei・zen≠mehl [ヴァイツェン・メーる] 中 -[e]s/ 小麦粉.

** **welch** [ヴェるヒ vélç]

	どの Welcher Koffer gehört Ihnen? ヴェるヒァァ コッふァァ ゲヘーァト イーネン どのスーツケースがあなたのですか.

格	男	女	中	複
1	welcher	welche	welches	welche
2	welches	welcher	welches	welcher
3	welchem	welcher	welchem	welchen
4	welchen	welche	welches	welche

代 A) 《疑問代名詞; 語尾変化はふつう dieser と同じ, 無語尾の welch も用いられることがある》 ① 《付加語として》 どの, どちらの, どんな. (英 which). Welcher Mantel gehört dir? どのコートが君のですか / In welche Schule gehst du? 君はどの学校に通っているの / Welches Kindes Spielzeug ist das? これはどの子のおもちゃですか (〓 2格であとにくる名詞に -[e]s がつく場合 welchen がふつう).

◇《間接疑問文で; 動詞の人称変化形は文末》 Wissen Sie, mit welchem Zug er kommt? 彼がどの列車で来るかご存じですか.

◇《auch, immer とともに譲歩文で; 動詞の人称変化形は文末》 どんな…であっても. Welche Folgen die Sache auch immer haben mag, … 그 그とがどんな結果になろうとも…

② 《名詞的に》 どれ, どちら; どの人. Welches der Bilder² (または von den Bildern) gefällt dir besser? この写真のうちのどれが気に入ったかい? / Welches sind Ihre Kinder? どれがあなたのお子さんたちですか (〓 welches は動詞 sein の主語として性・数に関係なく用いられる).

◇《間接疑問文で; 動詞の人称変化形は文末》 Ich weiß, welcher das gesagt hat. 私はどの人がそれを言ったのか知っている.

◇《auch, immer とともに譲歩文で; 動詞の人称変化形は文末》 どれが…であっても. Welcher auch der Schuldige ist, … どちらに責任があるにせよ…

③ 《感嘆文で》 なんとした[いう]… Welch [ein] schöner (または Welcher schöne) Tag heute! きょうはなんてすばらしい日だろう / Welch ein (または Welches) Glück! なんという幸運だ!

B) 《関係代名詞; 語尾変化は dieser と同じ, ただし 2格はない; 動詞の人称変化形は文末; 現在ではふつう der 型の関係代名詞を用い, welcher は定冠詞と関係代名詞の同形を避ける場合などに用いられる》 […である]ところの. das Kind, welches das schönste Bild⁴ gemalt hat いちばん美しい絵を描いた子供. (〓 das の重複を避けて welches とする).

C) 《不定代名詞; 語尾変化は dieser と同じ》 (物質名詞・複数名詞の名を受けて) いくらか, いくつか; 《口語》 何人か. Ich habe kein Geld bei mir. Hast du welches? ぼくはお金の持ち合わせがない. 君はいくらか持っているかい / Es gibt welche, die so etwas machen. そんな事をする人もいる.

◇《was für welch.. の形で》 どんな[種類の]. Ich höre gern Musik. — Was für welche? 私は音楽を聴くのが好きです — どんな音楽を.

wel・che [ヴェるヒェ], **wel・chem** [ヴェるヒェム], **wel・chen** [ヴェるヒェン], **wel・cher** [ヴェるヒァァ] 代 《疑問・関係・不定代名詞》 ☞ welch

wel・cher・lei [ヴェるヒァァらイ vélçərlái] 形 《無語尾で; 付加語としてのみ》 どのような, どんな種類の. Welcherlei Ausreden er auch hat, … 彼にどんな口実があろうとも…

wel・ches [ヴェるヒェス] 代 《疑問・関係・不定代名詞》 ☞ welch

welk [ヴェるク vélk] 形 枯れた, しぼんだ; たるんだ, しなびた. welkes Laub 枯れ葉.

wel・ken [ヴェるケン vélkən] 自 (s) (植物が)しおれる, 枯れる; 《比》(容色などが)衰える.

Well≠blech [ヴェる・ブれヒ] 中 -[e]s/-e 波形トタン板, なまこ板.

* die **Wel・le** [ヴェれ vélə] 女 (単) -/(複) -n ① 波, 波浪. (英 wave). hohe Wellen 高波 / Die Wellen brechen sich an den Klippen. 波が岩礁に砕ける / Das Boot treibt auf den Wellen. ボートは波間に漂っている / in den Wellen versinken 波間に沈む / Die Wellen der Begeisterung gingen hoch. 《比》感激の波が高まった. ② 波状に現れるもの, (…の)波. Wellen⁴ schlagen 波紋を投げかける / die neue Welle in der Mode ファッション界のニューウェーブ / grüne Welle 青信号の連続(ドライバーが一定区間赤信号で停車しないで走れるよう調整された交通信号システム). ③ (髪の)ウェーブ; (土地の)起伏. ④ 《物》波動, 波長,

電波. kurze *Wellen* 短波 / Deutsche *Welle* ドイチェヴェレ(ドイツ国際放送; 略: DW). ⑤《工》シャフト, 回転軸. ⑥（体操などの）回転.

──────────

🗒 ..welle のいろいろ: Dauer*welle* パーマネント［ウェーブ］/ Grippe*welle* インフルエンザの流行 / Hitze*welle* 熱波 / Kälte*welle* 寒波 / Kurz*welle* 短波 / Lang*welle* 長波 / Radio*welle* 放送電波 / Schall*welle* 音波 / Ultrakurz*welle* 超短波

──────────

wel·len [ヴェレン vélən] **I** 他 (h) 波形(波状)にする;（髪⁴に）ウェーブをかける. sich³ das Haar⁴ *wellen lassen* 髪にウェーブをかけてもらう. **II** 再帰 (h) sich⁴ *wellen* （じゅうたんなどが）波を打っている, でこぼこがある;（髪が）ウェーブしている.

Wel·len≀bad [ヴェレン・バート] 中 -[e]s/..bäder 人工波プール.

Wel·len≀**be·reich** [ヴェレン・ベライヒ] 男 -[e]s/-e 《物》周波数範囲.

Wel·len≀**berg** [ヴェレン・ベルク] 男 -[e]s/-e 波の山.（🗒 「波の谷」は Wellental）.

Wel·len≀**bre·cher** [ヴェレン・ブレッヒャァ] 男 -s/- ① 防波堤. ②《造船》（前甲板上の）波よけ.

wel·len≀för·mig [ヴェレン・フェルミヒ] 形 波形(波状)の.

Wel·len≀gang [ヴェレン・ガング] 男 -[e]s/ 波の動き, 波動.

Wel·len≀**kamm** [ヴェレン・カム] 男 -[e]s/..kämme （白い）波頭.

Wel·len≀**län·ge** [ヴェレン・レンゲ] 女 -/-n ①《物》波長. ②《口語》物の考え方(見方), 波長. Wir haben die gleiche *Wellenlänge*. 私たちは馬(波長)が合う.

Wel·len≀**li·nie** [ヴェレン・リーニエ] 女 -/-n 波線.

Wel·len≀**rei·ten** [ヴェレン・ライテン] 中 -s/ 《スポ》サーフィン（=Surfing）.

Wel·len≀**schlag** [ヴェレン・シュラーク] 男 -[e]s/..schläge （岸・船べりに）波が打ち寄せること(音・リズム).

Wel·len≀**sit·tich** [ヴェレン・ズィティヒ] 男 -s/-e 《鳥》セキセイインコ.

Wel·len≀**tal** [ヴェレン・タール] 中 -[e]s/..täler 波の谷.（🗒 「波の山」は Wellenberg）.

Well≀fleisch [ヴェる・ふらイシュ] 中 -[e]s/ 《料理》ゆでた豚肉.

wel·lig [ヴェリヒ véliç] 形 波状の; 起伏のある; ウェーブをかけた. *welliges* Haar ウェーブをかけた髪.

Well≀pap·pe [ヴェる・パッペ] 女 -/-n （包装用の）段ボール.

Wel·pe [ヴェるペ vélpə] 男 -n/-n 犬(おおかみ・きつね)の子.

Wels [ヴェるス véls] 男 -es/-e 《魚》ナマズ(鯰).

welsch [ヴェるシュ vélʃ] 形 ①《スイス》のフランス語地域の. ②《古》ロマンス語(特にフランス語・イタリア語)系の国の;（軽蔑的に:）（南の）異国[風]の.

───── (next column) ─────

‡*die* **Welt** [ヴェるト vélt]

世界　Die *Welt* ist klein.
　　　ディ ヴェるト イスト クらイン
　　　世界は狭いものだ.

女(単) -/(複) -en ①《複 なし》（人間の生活空間としての）世界. （英 world）. die weite *Welt* 広い世界 / die Neue *Welt* 新世界(アメリカ大陸) / die Dritte *Welt*《政・経》第三世界(発展途上国) / Das kostet nicht die *Welt*.《比》それにたいして金はかからない.

◇《前置詞とともに》Wie viele Menschen leben **auf** der *Welt*? 世界にはどれだけの人間が住んでいるのだろう / Sie ist allein auf der *Welt*. 彼女は天涯孤独の身だ / Menschen **aus** aller *Welt* 世界中から来た人々 / Der Ort liegt doch nicht aus der *Welt*.《口語》その村はそんなに遠くはないですよ(←世界の外にはない) / **in** der ganzen *Welt* 世界中で / **in** aller *Welt* a)［世界中］いたる所で, b)《口語》いったい[全体] ⇒ Wo in aller *Welt* bist du gewesen? 君はいったいどこにいたんだい / um alles in der *Welt*《口語》どんなことをしてでも / eine Reise **um** die *Welt* 世界一周旅行.

②《複 なし》世間, この世, 世の中; 世間の人々. die *Welt*⁴ verändern 世の中を変える / Er kennt die *Welt*. 彼は世情に通じている / die *Welt* von morgen あしたの世間, 未来 / Er versteht die *Welt* nicht mehr. 彼にはもう世の中のことがわからなくなった / vor den Augen der *Welt*² 公衆の面前で / Die *Welt* hofft auf den Frieden. 世界中の人々が平和を望んでいる / Das ist der Lauf der *Welt*. それが世の習いだ / Alle *Welt* weiß es.《口語》世間のだれもがそれを知っている.

◇《前置詞とともに》ein Kind⁴ **auf** die *Welt* bringen 子供を産む / **auf** die *Welt* kommen 生まれる / 物⁴ **aus** der *Welt* schaffen 物⁴を取り除く / ein Mann **von** *Welt* 世慣れた人 / **vor** aller *Welt* 公衆の面前で / ein Kind⁴ **zur** *Welt* bringen 子供を産む / **zur** *Welt* kommen 生まれる.

③（特定の）世界, …界; 社会. die *Welt* des Kindes 子供の世界 / die *Welt* der Politik² 政界 / die literarische *Welt* 文学界.

④《複 なし》宇宙. die Entstehung der *Welt*? 宇宙の生成.

⑤ 大量. ◇《**eine** *Welt* **von** 人・物³の形で》数多くの. eine *Welt* von Feinden (Vorurteilen) 幾多の敵(偏見).

──────────

🗒 ..welt のいろいろ: Außen*welt* 外界 / Film*welt* 映画界 / Geistes*welt* 精神界 / Innen*welt* 内界 / Märchen*welt* 童話の世界 / Pflanzen*welt* 植物界 / Tier*welt* 動物界 / Traum*welt* 夢の世界 / Um*welt* 環境

──────────

Welt≀all [ヴェるト・アる] 中 -s/ 宇宙, 万有

(＝Kosmos).

welt=an·schau·lich [ヴェるト・アンシャオりヒ] 形 世界観[上]の, 世界観に基づく.

Welt=an·schau·ung [ヴェるト・アンシャオウング] 女 -/-en 世界観. eine christliche *Weltanschauung* キリスト教的な世界観.

Welt=aus·stel·lung [ヴェるト・アオスシュテるング] 女 -/-en 万国博覧会.

Welt=bank [ヴェるト・バンク] 女 -/ 世界銀行 (1945年に創設された国連の特別機関).

welt=be·kannt [ヴェるト・ベカント] 形 世界中に知られた.

welt=be·rühmt [ヴェるト・ベリュームト] 形 世界的に有名な, 世に名高い.

welt=best [ヴェるト・ベスト] 形 世界一の, 世界最高の.

Welt=best·leis·tung [ヴェるト・ベストライストゥング] 女 -/-en 《スポ》世界最高記録.

welt=be·we·gend [ヴェるト・ベヴェーゲント] 形 世界を揺るがすような, 驚天動地の.

Welt=bild [ヴェるト・ビるト] 中 -[e]s/-er 世界像.

Welt=bür·ger [ヴェるト・ビュルガァ] 男 -s/- 世界市民, コスモポリタン.

Wel·ten=bumm·ler [ヴェるテン・ブンムらァ] 男 -s/- 世界中を旅する人, 世界漫遊者.

welt=er·fah·ren [ヴェるト・エァファーレン] 形 世慣れた, 人生経験の豊かな.

Wel·ter=ge·wicht [ヴェるタァ・ゲヴィヒト] 中 -[e]s/-e ①《複なし》(ボクシングなどの)ウェルター級. ② ウェルター級の選手.

Wel·ter=ge·wicht·ler [ヴェるタァ・ゲヴィヒトらァ] 男 -s/- (ボクシングなどの)ウェルター級の選手.

welt=er·schüt·ternd [ヴェるト・エァシュッタァント] 形 世界を揺るがすような.

Welt=flucht [ヴェるト・ふるフト] 女 -/ 世間からの逃避, 隠遁(いんとん).

Welt=fremd [ヴェるト・ふレムト] 形 世間知らずの, 世事に疎い.

Welt=frie·den [ヴェるト・ふリーデン] 男 -s/ 世界平和.

Welt=geist·li·che[r] [ヴェるト・ガイストりヒェ (..ヒャァ)] 男《語尾変化は形容詞と同じ》《カトリック》(教区付きの)在俗司祭.

Welt=gel·tung [ヴェるト・ゲるトゥング] 女 -/ 世界的に通用すること, 国際的な評価.

Welt=ge·richt [ヴェるト・ゲリヒト] 中 -[e]s/《キリスト教》最後の審判.

Welt=ge·schich·te [ヴェるト・ゲシヒテ] 女 -/-n ①《複なし》世界史. ②《口語・戯》世界. in der *Weltgeschichte* herum|reisen あちこち旅行して回る.

welt=ge·schicht·lich [ヴェるト・ゲシヒトりヒ] 形 世界史[上]の; 世界史的な.

welt=ge·wandt [ヴェるト・ゲヴァント] 形 世慣れた, 如才のない.

Welt=han·del [ヴェるト・ハンデる] 男 -s/ 世界貿易.

Welt=herr·schaft [ヴェるト・ヘルシャフト] 女 -/ 世界支配, 世界制覇.

Welt=hilfs=spra·che [ヴェるト・ヒるふスシュプラーヘ] 女 -/-n 国際補助語(エスペラント語など).

Welt=kar·te [ヴェるト・カルテ] 女 -/-n 世界地図.

Welt=klas·se [ヴェるト・クらッセ] 女 -/《スポ》世界的なレベル[の選手].

Welt=krieg [ヴェるト・クリーク] 男 -[e]s/-e 世界大戦. der Erste *Weltkrieg* 第一次世界大戦 / nach dem Zweiten *Weltkrieg* 第二次世界大戦後に.

Welt=ku·gel [ヴェるト・クーゲる] 女 -/-n《雅》地球[儀](＝Erdkugel).

Welt=kul·tur=er·be [ヴェるトクるトゥーァ・エルベ] 中 -s/ 世界文化遺産.

Welt=la·ge [ヴェるト・らーゲ] 女 -/ 世界(国

ドイツ・ミニ情報 31

世界文化遺産 Weltkulturerbe

1972年, 人類の足跡を印す貴重な文化遺産とかけがえのない自然環境を保護し, 次の世代に残すためユネスコ(国際連合教育科学文化機関)が「世界文化遺産および自然遺産の保護に関する条約」を採択. 136か国が締約し, 世界各国から400以上の名所旧跡がリストアップされた. ドイツでは, 1978年にアーヘンの大聖堂が指定を受けたのを初めとして, 現在20か所の文化財が世界遺産として登録されている.

ヒルデスハイム, アーヘン, トリーア, シュパイアー, ブラッフェンヴィンケルの大聖堂や教会, ロルシュ, マウルブロンの修道院, ブリュール, ポツダム, ヴュルツブルクの宮殿や庭園というように, 教会関係や王宮の歴史建造物が多い. ちょっと異色な世界遺産としては, フェルクリンゲンの大製鉄所跡, メッセルビット化石発掘地, ゴスラルの旧鉱山がある.

町全体が指定を受けているところもある. リューベックは, 路地, 民家, ホルステン門, 塩倉庫, 塩商人の豪邸など, ハンザ都市をほうふつとさせる旧市街全体がそっくり世界遺産として登録された. 11世紀に司教都市として栄えたバンベルクのレグニッツ川沿い一帯と, 木骨家屋が建ち並ぶクヴェートリンブルクの旧市街は, 中世都市の面影を色濃く残すものとして指定を受けている.

リューベックのホルステン門

際)情勢.

welt·lich [ヴェるトリヒ] 形 ① この世の, 現世の, 浮世の. *weltliche* Freuden 現世の楽しみ. ② 宗教に関係のない, 世俗の. (⇔「宗教上の」ist geistlich). eine *weltliche* Schule 非教会系の学校 / *weltliche* Musik 世俗音楽.

Welt≈li·te·ra·tur [ヴェるト・リテラトゥーァ] 女 -/ 世界文学.

Welt≈macht [ヴェるト・マハト] 女 -/..mächte 世界の強国, 列強.

Welt≈mann [ヴェるト・マン] 男 -[e]s/..männer 世慣れした男性, 社交家.

welt≈män·nisch [ヴェるト・メニッシュ] 形 世慣れた, 如才ない; 社交的な.

Welt≈markt [ヴェるト・マルクト] 男 -[e]s/ 《経》世界市場.

Welt≈meer [ヴェるト・メーァ] 中 -[e]s/-e 大洋(=Ozean).

Welt≈meis·ter [ヴェるト・マイスタァ] 男 -s/- 世界チャンピオン, 世界選手権保持者. (⇔ 女性形は Weltmeisterin).

Welt≈meis·ter·schaft [ヴェるト・マイスタァシャフト] 女 -/-en 《スポ》① 世界選手権. ② 世界選手権大会.

Welt≈po·li·tik [ヴェるト・ポリティーク] 女 -/ 世界政策.

Welt≈raum [ヴェるト・ラオム] 男 -[e]s/ 宇宙[空間].

Welt·raum≈fahrt [ヴェるトラオム・ふァールト] 女 -/-en 宇宙飛行(=Raumfahrt).

Welt·raum≈for·schung [ヴェるトラオム・ふォルシュング] 女 -/ 宇宙研究.

Welt·raum≈müll [ヴェるトラオム・ミュる] 男 -[e]s/ 宇宙廃棄物 (宇宙船・人工衛星などの残骸).

Welt≈reich [ヴェるト・ライヒ] 中 -[e]s/-e 世界帝国.

Welt≈rei·se [ヴェるト・ライゼ] 女 -/-n 世界[一周]旅行.

Welt≈re·kord [ヴェるト・レコルト] 男 -[e]s/-e 世界記録. einen *Weltrekord* auf|stellen (brechen) 世界記録を樹立する(破る).

Welt≈re·kord·ler [ヴェるト・レコルトらァ] 男 -s/- 世界記録保持者. (⇔ 女性形は Weltrekordlerin).

Welt≈ruf [ヴェるト・るーふ] 男 -[e]s/ 世界的な評判. ein Wissenschaftler **von** *Weltruf* 世界的に著名な学者.

Welt≈ruhm [ヴェるト・ルーム] 男 -[e]s/ 世界的な名声. *Weltruhm*[4] erlangen 世界的な名声を博する.

Welt≈schmerz [ヴェるト・シュメルツ] 男 -es/ 世界苦, 感傷的厭世(ﾀﾝ)感情.

Welt≈si·cher·heits·rat [ヴェるトズィッヒャァハイツ・ラート] 男 -[e]s/ (国連の)安全保障理事会.

Welt≈spra·che [ヴェるト・シュプラーヘ] 女 -/-n 世界(国際)語(英語・フランス語・スペイン語など).

Welt≈stadt [ヴェるト・シュタット] 女 -/..städte [..シュテーテ] 国際都市.

welt≈städ·tisch [ヴェるト・シュテーティッシュ] 形 世界的な大都市の(大都市にふさわしい).

Welt≈um·se·ge·lung [ヴェるト・ウムゼーゲるング] 女 -/-en 《海》(帆船による)世界周航.

Welt≈un·ter·gang [ヴェるト・ウンタァガング] 男 -[e]s/..gänge 《ふつう単》世界の滅亡.

Welt≈ver·bes·se·rer [ヴェるト・ふェァベッセらァ] 男 -s/-(皮肉って)世直し屋.

welt≈weit [ヴェるト・ヴァイト] 形 世界的な, 全世界におよぶ.

Welt≈wirt·schaft [ヴェるト・ヴィルトシャフト] 女 -/ 世界経済.

Welt·wirt·schafs≈kri·se [ヴェるトヴィルトシャフツ・クリーゼ] 女 -/-n 世界経済恐慌.

Welt≈wun·der [ヴェるト・ヴンダァ] 中 -s/- 《ふつう複》世にも不思議なもの. die sieben *Weltwunder* 世界の七不思議.

Welt≈zeit [ヴェるト・ツァイト] 女 -/ (グリニッジの)世界時.

:**wem** [ヴェーム vé:m] 代《wer の3格》**A)**《疑問代名詞》だれに. (英 *whom*). *Wem* gehört dieser Schirm? この傘はだれのですか(←だれに属するか) / Mit *wem* hast du gesprochen? 君はだれと話していたの.
B)《関係代名詞; 動詞の人称変化形は文末》…する人. *Wem* nicht zu raten ist, dem ist nicht zu helfen.《諺》忠告を受けいれない人は助けようがない.
C)《不定代名詞》《口語》だれかに.

Wem≈fall [ヴェーム・ふァる] 男 -[e]s/《言》3格, 与格(=Dativ).

:**wen** [ヴェーン vé:n] 代《wer の4格》**A)**《疑問代名詞》だれを. (英 *whom*). *Wen* laden Sie ein? あなたはだれを招待するのですか / Für *wen* machst du das? だれのために君はそれをするのか.
B)《関係代名詞; 動詞の人称変化形は文末》…する人. *Wen* man liebt, dem vergibt man alles. 愛している人には何でも許してやれるものだ.
C)《不定代名詞》《口語》だれかを.

Wen·de [ヴェンデ véndə] 女 -/-n ① 転換, 急変. eine *Wende* in der Außenpolitik 外交政策の転換 / die *Wende* **zum** Guten 好転. ② 転換期, 変わり目. Jahres*wende* 年の変わり目 / **an** der *Wende* (または **um** die *Wende*) des 20. (=zwanzigsten) Jahrhunderts 20世紀の初頭(20世紀の末)に. ③《定冠詞とともに》1989年の旧東ドイツにおける)政治的転換. ④《スポ》ターン; 折り返し点.

Wen·de≈hals [ヴェンデ・ハるス] 男 -[e]s/..hälse 日和見主義者.

Wen·de≈kreis [ヴェンデ・クライス] 男 -es/-e ①《地理》(天体・地球の)回帰線. der *Wendekreis* des Krebses (Steinbocks) 北(南)回帰線. ②《工》[最小]回転半径.

Wen·del [ヴェンデる véndəl] 女 -/-n《工》らせん, 渦巻き線.

Wen·del≈trep·pe [ヴェンデる・トレッペ] 女 -/-n らせん階段.

wen・den(*) [ヴェンデン véndən] du wendest, er wendet (wendete, hat...gewendet または wandte, hat...gewandt) **I** 他 (完了 haben) ① 〖規則変化〗**裏返す**, ひっくり返す. (英 turn). Sie *wendete* den Braten in der Pfanne. 彼女はフライパンの焼き肉を裏返した. ◊〖目的語なしでも〗Bitte *wenden*! (文書などの指示で)裏面をごらんください(略: b. w.).
② (顔・視線など⁴を別の方向へ)**向ける**. Er *wandte* (または *wendete*) den Kopf nach rechts. 彼は顔を右へ向けた / keinen Blick von 人・物³ *wenden* 人・物³から目を離さない / den Rücken *zum* Fenster *wenden* 窓に背を向ける.
③ 〖規則変化〗(自動車など⁴を)**方向転換させる**, ターンさせる. Ich kann das Auto hier nicht *wenden*. 私はここでは車をターンできない.
④ 〖物⁴ **an** (または **auf**) 人・物⁴ ～〗(物⁴(お金・時間など)を人・物⁴に)費やす. Sie *wendeten* (または *wandten*) viel Geld an ihre Kinder. 彼らはたくさんのお金を子供たちに使った / viel Zeit⁴ auf (または an) die Arbeit *wenden* 多くの時間をその仕事に費やす.
II 再帰 (完了 haben) sich⁴ *wenden* ① **向きを変える**, (別の方向へ)向く; 《比》(状況などが)**変わる**, 変化する. sich⁴ nach links *wenden* 左に向く / Das Glück *wendet sich* **von** ihm. 《比》運が彼から離れる / Sie *hat sich* **zu** uns gewandt (または gewendet). 彼女は私たちの方を向いた / Die Situation *wendete* (または *wandte*) *sich* zum Guten. 《比》状況はいい方に向かった.
② 〖sich⁴ **an** 人⁴ ～〗(人⁴に)**相談する**, 問い合わせる; 《比》(本などが)人⁴向けである. An wen soll *ich mich wenden*? 私はだれに相談したらいいでしょうか / Die Zeitschrift *wendet sich* an Jugendliche. この雑誌は若者向けだ.
③ 〖sich⁴ **gegen** 人・事⁴ ～〗(人・事⁴に)**反論する**, 反対する.
④ 〖sich⁴ **zu** 事³ ～〗(事³をしようとする. sich⁴ zum Gehen *wenden* 出かけようとする.
III 自 (完了 haben) 〖規則変化〗(自動車などが)**方向転換する**, ターンする. Die Jacht *wendete* im Nu. ヨットはあっという間にターンした.
◊☞ gewandt

Wen・de・punkt [ヴェンデ・プンクト] 男 -[e]s/-e ① 転回点; 転換期, 変わり目. ein *Wendepunkt* in der Geschichte 歴史の転換期. ② 〖天〗(太陽の)回帰点. ③ 〖数〗(曲線の)変曲点.

wen・de・te [ヴェンデテ] ⁂wenden (裏返す)の 過去.

wen・dig [ヴェンディヒ véndıç] 形 扱いやすい, (乗物などが)操縦しやすい; 機転の利く, 機敏な.

Wen・dig・keit [ヴェンディヒカイト] 女 -/ ① 操縦しやすさ. ② 機転, 機敏さ.

Wen・dung [ヴェンドゥング] 女 -/-en ① 方向転換; (事態の)変化. eine scharfe *Wendung*⁴ machen 急角度に向きを変える / eine *Wendung* nach rechts 右への方向転換 / eine *Wendung* zum Guten (事態の)好転. ② (道などの)カーブ. Der Weg macht hier eine *Wendung*. 道はここでカーブしている. ③ 言い回し, 語法(=Rede*wendung*). eine feste *Wendung* 決まり文句.

Wen=fall [ヴェーン・ふァる] 男 -[e]s/ 〖言〗4格, 対格(=Akkusativ).

we・nig [ヴェーニヒ vé:nıç]

> 少しの Ich habe *wenig* Zeit.
> イヒ ハーベ ヴェーニヒ ツァイト
> 私はあまり時間がない.

I 形 (比較 weniger, 最上 wenigst または 比較 minder, 最上 mindest) (英 little, few) ① 〖複数名詞とともに〗**少しの**, わずかの; ほとんど(わずかしか)…ない. (参考「多くの」は viel; 1格, 4格とも格変化語尾がつかないことがある. しかし冠詞類が前にあれば必ず格変化語尾がつく). *wenig[e]* Leute 少数の人々 / in *wenigen* Tagen 数日のうちに / mit *wenigen* Ausnahmen 少数の例外を除いて / seine *wenigen* Freunde 彼の少数の友人たち.
② 〖物質・集合・抽象名詞とともに〗**少量**の, 少しの, ほとんど(わずかしか)…ない. (参考 2格を除いてふつう格変化語尾はつかない. しかし冠詞類が前にあれば必ず格変化語尾がつく). *wenig* Geld わずかなお金 / das *wenige* Geld そのなけなしのお金 / mit *wenig* Mühe あまり骨を折らずに.
③ 〖名詞的に〗⑦ 〖複〗 **少数の人々**(もの). *wenige* von uns 私たちの中の少数の者 / Nur *wenige* können das. それができる人はほんのわずかだ / *wenige* der Bücher² それらの本の少数 / der Reichtum *weniger²* (または von *wenigen*) 少数の人々の富 / Haben Sie Schallplatten? — Ja, aber nur *wenige*. レコードをお持ちですか — ええ, でもほんの数枚です.
④ 〖複〗なし; 中性単数で〗**少しのもの(こと)**. (参考 1格, 4格とも格変化語尾がつかないことがある). Ich kann dir nur *wenig[es]* darüber sagen. それについて私が君に言えることは少ししかない / Es gibt *wenig[es]*, was er nicht weiß. 彼が知らないようなことはあまりない / Sie ist mit *wenigem* zufrieden. 彼女はわずかなもので満足している.
⑦ 〖名詞化した形容詞とともに〗Er hat *wenig* Neues gehört. 彼は耳新しいことはほとんど聞かなかった.
④ 〖**ein *wenig*** の形で〗**少し**, いくらか. (英 a little). Ich habe *ein wenig* Zeit. 私は少しは時間がある / Er trinkt den Kaffee gerne mit *ein wenig* Milch. 彼はコーヒーにミルクを少し入れたのが好きだ. ◊〖副詞的に〗Ich bin *ein wenig* müde. 私はちょっと疲れている / Sie lächelte *ein wenig*. 彼女は少しほほえんだ. (参考 wenig は否定的な意味が強いが, ein wenig は肯定的な意味を持つ).

(参考 強変化語尾のある wenig.. に続く形容詞は強変化する. ただし男性・中性単数3格の場合あとに続く形容詞は弱変化する. 例: nach *wenigem* kurzen Üben「ほんの短い練習のあとで」．格変化語尾のない wenig のあとに続く形容詞は必ず強変化する．

II 副 《比較》weniger，《最上》am wenigsten）あまり…ない，少ししか…ない．Er trinkt *wenig*. 彼はあまりアルコールを飲まない / nicht *wenig* 少なからず，かなり ⇨ Ich ärgerte mich nicht *wenig*. 私は少なからず腹が立った / Er ist nur *wenig* älter als ich. 彼は私よりほんの少しだけ年をとっている．

《類語》**wenig**：《数量が》少ない．**gering**：《程度が》少ない．eine *geringe* Begabung わずかな才能．

*****we·ni·ger** [ヴェーニガァ véːnɪɡər] (≠wenig の《比較》) **I** 形 より少ない．(《反》*less, fewer*). 「より多い」は mehr). Ich habe *weniger* Geld **als** du. ぼくは君ほどお金を持ってないよ / Sie wird immer *weniger*. 《俗》彼女はだんだんやせてくる．◇《名詞的に》より少ないもの(人)．Ich verdiene *weniger* als er. 私は彼より稼ぎが少ない / nicht *weniger* als 100 Personen 100 人を下らない人々．

II 副 より少なく．Er arbeitet *weniger* **als** ich. 彼は私ほど仕事をしない / **mehr oder weniger** 多かれ少なかれ / Das ist *weniger* angenehm. それはそんなに心地よいことではない / nicht *weniger* [als…] [...に劣らず]同様に ⇨ Sie war nicht *weniger* erstaunt [als ich]. 彼女も[私に劣らず]同様に驚いた / **nichts weniger als…** まったく…ではない ⇨ Ich war nichts *weniger* als erfreut. 私は全然うれしくなかった．◇《二つの形容詞を比較して》*weniger* … als ~ …よりはむしろ～．Sie ist *weniger* unbegabt **als** faul. 彼女は才能がないというよりはむしろ怠け者だ．

III 接 マイナス，引く（=minus）．Sechs *weniger* zwei ist vier. 6 引く 2 は 4．

We·nig·keit [ヴェーニヒカイト] 女 -/- わずかな[な物]，少し[の物]，とるに足らない物．meine *Wenigkeit*《戯》小生．

we·nigst [ヴェーニヒスト véːnɪçst] (≠wenig の《最上》) **I** 形《定冠詞とともに》最も少ない，最少の．Sie hatte von uns allen das *wenigste* Geld. 私たちのうちで彼女がいちばん持ち合わせのお金が少なかった / **zum wenigsten** 少なくとも．◇《名詞的に》Das ist das *wenigste*, was er tun soll. これは彼がすべき最低限のことだ / Die *wenigsten* wussten das. それを知っているのはごくわずかな人たちだけだった．**II** 副《**am wenigsten** の形で》最も少なく．Das hat ihm am *wenigsten* gefallen. 彼はそれがぜんぜん気に入らなかった．

*****we·nigs·tens** [ヴェーニヒステンス véːnɪçstəns] 副 少なくとも，せめて．(《英》*at least*). Ich habe es *wenigstens* dreimal versucht. 私は少なくとも 3 回それを試みた / Das müssen Sie *wenigstens* versuchen. あなたはせめてそれをやってみなくてはいけません．

*****wenn** [ヴェン vɛn]

もし…ならば

Wenn nötig, komme ich sofort.
ヴェン　ネーティヒ　コンメ　イヒ　ゾフォルト
必要ならすぐ参ります．

接《従属接続詞；動詞の人称変化形は文末》① 《条件・仮定》もし…ならば，仮に…だとすれば．(《英》*if*). *Wenn* Sie Lust haben, kommen Sie morgen zu uns. もし気が向かれたら，あすうちへおいでください / Was sind Sie von Beruf, *wenn* ich fragen darf? お尋ねしてよければ，お仕事は何ですか / *Wenn* ich Geld hätte, würde ich das Haus kaufen. 《接 2・現在》お金があればその家を買うのだが．
② 《時間的に》…するとき，…するときはいつでも．(《英》*when*). *Wenn* die Ferien anfangen, verreisen wir. 休暇が始まったら，私たちは旅行に出ます / Immer *wenn* er kommt, wird es lustig. 彼が来るといつもおもしろくなる / Mein Vater freute sich immer sehr, *wenn* ich ihn besuchte. 私が訪ねると，父はいつもたいへん喜んだものだ．

《注》**wenn** と **als**：過去の「反復・習慣」のように wenn を用いるが，過去の「一回的な事柄」には als を用いる．Mein Vater freute sich sehr, als ich ihn besuchte. 私が訪ねたとき，父はたいへん喜んだ．

③ 《**auch, schon** などとともに譲歩文で》たとえ…であっても．*Wenn* er auch kräftig ist, das schafft er doch nicht. 彼がいくら力が強くても，それはできない．
④ 《**doch, nur** とともに》…であればなあ．Ach, *wenn* er doch bald käme!《接 2・現在》ああ彼が早く来てくれればなあ．
⑤ 《**als, wie** とともに》まるで…であるかのように．Er tat [so], als（または wie）*wenn* er mich nicht bemerkt hätte.《接 2・過去》彼はまるで私に気づかなかったようなふりをした．

wenn⸗gleich [ヴェン・グライヒ] 接《従属接続詞；動詞の人称変化形は文末》…にもかかわらず（=obgleich）．

wenn⸗schon 接《従属接続詞；動詞の人称変化形は文末》① [ヴェン・ショーン]《雅》=wenngleich ② [ヴェン・ショーン]《成句的に》Na *wennschon*!《口語》a) かまわないさ，あないさ / *Wennschon, dennschon!*《口語》a) やるからにはいっそのこと徹底的に，b) こうなったからには仕方がない．

Wen·zel [ヴェンツェる véntsəl] 男 -s/-（ドイツ式トランプの）ジャック．

*****wer** [ヴェーァ veːr]

| だれ | *Wer* zahlt?
ヴェーァ　ツァーるト
だれが支払うの？ | 1格 *wer*
2格 wessen
3格 wem
4格 wen |

代 A) 【疑問代名詞】 ① だれ[が]. (英 who). *Wer* ist dieser Mann? この男の人はだれですか / *Wer* sind diese Leute? この人たちはだれですか / *Wer* von euch hat das getan? 君たちのうちのだれがそれをしたんだい.

◆【間接疑問文で; 動詞の人称変化形は文末】 Ich weiß nicht, *wer* es gesagt hat. 私はだれがそれを言ったのか知らない.

② 【*wer weiß*+疑問詞の形で】 だれにもわからない. Er kommt *wer weiß* wann. いつかわからないが彼は来るさ / Ich habe es ihm schon *wer weiß* wie oft gesagt. 私はそのことを彼にもう何度も言った.

B) 【関係代名詞; 動詞の人称変化形は文末】 …する人. *Wer* etwas weiß, soll die Hand heben. 何か知っている人は手をあげなさい / *Wer* A sagt, [der] muss auch B sagen. (諺) 乗りかかった舟だ(←A を言う者は B も言わねばならぬ).

C) 【不定代名詞】【口語】 ① だれか, ある人 (=jemand). Ist schon *wer* gekommen? 【現在完了】もうだれか来ましたか. ② 特別な人. In seiner Firma ist er *wer*. 彼は会社では重要人物だ.

Wer・be・ab・tei・lung [ヴェルベ・アップタイルング] 女 -/-en 宣伝部.

Wer・be・agen・tur [ヴェルベァ・アゲントゥーァ] 女 -/-en 広告代理店.

Wer・be・ak・ti・on [ヴェルベ・アクツィオーン] 女 -/-en 広告キャンペーン, 宣伝活動.

Wer・be・feld・zug [ヴェルベ・フェルトツーク] 男 -[e]s/..züge 広告キャンペーン.

Wer・be・fern・se・hen [ヴェルベ・フェルンゼーエン] 中 -s/ テレビのコマーシャル[放送].

Wer・be・film [ヴェルベ・フィるム] 男 -[e]s/-e 宣伝映画, コマーシャルフィルム.

Wer・be・funk [ヴェルベ・フンク] 男 -s/ (ラジオの)コマーシャル[放送].

Wer・be・ge・schenk [ヴェルベ・ゲシェンク] 中 -[e]s/-e 宣伝用の景品.

Wer・be・gra・fik [ヴェルベ・グラーふィク] 女 -/-en コマーシャルグラフィック.

Wer・be・kam・pag・ne [ヴェルベ・カンパニェ] 女 -/-n 広告(宣伝)キャンペーン.

Wer・be・kos・ten [ヴェルベ・コステン] 複 宣伝費.

Wer・be・lei・ter [ヴェルベ・らイタァ] 男 -s/- 宣伝部長.

Wer・be・mit・tel [ヴェルベ・ミッテる] 中 -s/- 宣伝(広告)の手段(媒体).

wer・ben [ヴェルベン vérbən] du wirbst, er wirbt (warb, *hat*...geworben) I 自 (完了 haben) ① 宣伝(広告)をする. (英 advertise). Wir müssen mehr *werben*. われわれはもっと宣伝に力を入れなければならない. für eine Ware (eine Partei) *werben* ある商品(ある政党)の宣伝をする. ② 【um 人・事⁴ ～ 】 【雅】 【人・事⁴を】 得ようと努める. [bei 人³] um Freundschaft *werben* [人³の]友情を求める / um eine Frau *werben* ある女性に求婚する.

II 他 (完了 haben) 募る, 募集する; 勧誘する. Mitglieder⁴ *werben* 会員を募る / für eine Zeitung Abonnenten⁴ *werben* 新聞の予約講読者を募集する.

Wer・be・pla・kat [ヴェルベ・プらカート] 中 -[e]s/-e 宣伝用ポスター.

Wer・ber [ヴェルバァ vérbɐr] 男 -s/- ① 【口語】宣伝(広告)マン; (顧客などの)勧誘担当者. (注 女性形は Werberin). ② 【古】求婚者. ③ 【古】【兵士の】徴募官.

wer・be・risch [ヴェルベリッシュ vérbərɪʃ] 形 宣伝(広告)の; 勧誘的な.

Wer・be・schrift [ヴェルベ・シュリふト] 女 -/-en 宣伝パンフ[レット].

Wer・be・sen・dung [ヴェルベ・ゼンドゥング] 女 -/-en コマーシャル放送.

Wer・be・spot [ヴェルベ・スポット] 男 -s/-s (テレビ・ラジオの)スポットコマーシャル.

Wer・be・text [ヴェルベ・テクスト] 男 -[e]s/-e 宣伝文, 広告文.

Wer・be・tex・ter [ヴェルベ・テクスタァ] 男 -s/- コピーライター.

Wer・be・trä・ger [ヴェルベ・トレーガァ] 男 -s/- 広告(宣伝)メディア, 広告(宣伝)手段.

Wer・be・trom・mel [ヴェルベ・トロンメる] 女 【成句的に】 die Werbetrommel⁴ für 人・物 rühren (または schlagen) 【口語】(鳴り物入りで) 人・物⁴を大いに宣伝する.

wer・be・wirk・sam [ヴェルベ・ヴィルクザーム] 形 宣伝効果のある.

*die **Wer・bung** [ヴェルブング vérbʊŋ] 女 (単) -/(複) -en ① 【複 なし】 宣伝, 広告, コマーシャル. (英 advertising). die *Werbung* für ein Produkt im Fernsehen テレビによる製品宣伝. ② 【複 なし】 宣伝(広告)部. ③ (顧客・会員などの)募集, 勧誘. ④ 【雅】求婚, 求愛. Sie schlug seine *Werbung* aus. 彼女は彼の求婚をはねつけた.

類語 die Werbung: (商業上の)宣伝, コマーシャル. die Propaganda: (文化的, とりわけ政治的な)宣伝. die Reklame: (テレビ・映画・ネオンなどによる)宣伝. im Fernsehen *Reklame*⁴ machen テレビで宣伝する. die Anzeige: (新聞・雑誌などの)広告.

Wer・bungs・kos・ten [ヴェルブングス・コステン] 複 ① (所得から控除される)必要経費. ② 【旧】宣伝費, 広告費.

wer・de [ヴェーァデ vérdə] I ≠werden (…になる)の 1 人称単数 現在. Ich *werde* 20 Jahre alt. 私は20歳になります. II ≠werden (…になる)の 接Ⅰ III ≠werden (…になる)の du に対する 命令.

(注 未来の助動詞 ☞ werden II A; 動作受動の助動詞 ☞ werden II B).

Wer・de・gang [ヴェーァデ・ガング] 男 -[e]s/..gänge 【ふつう 単】 ① 成長(発達)の経過, 発展の過程. ② (精神的な)成長の過程.

wer･den [ヴェーァデン vé:rdən]

…になる	Ich *werde* Pilot.
	イヒ ヴェーァデ ピロート
	ぼくはパイロットになります.

人称	単	複
1	ich werde	wir werden
2	du **wirst** / Sie werden	ihr werdet / Sie werden
3	er **wird**	sie werden

I (wurde, ist…geworden) 自 (完了 sein) ① (…に)なる. (英 *become*). krank *werden* 病気になる / alt *werden* 年をとる, 古くなる / Er *wird* zehn Jahre alt. 彼は10歳になる / Er *wird* Arzt. 彼は医者になる / Das Wetter *wird* schön. 天気がよくなる / Was willst du *werden*? 君は何になるつもりなの / Sie *ist* Mutter *geworden*. 〖現在完了〗彼女は母親になった / Sein Traum *wurde* Wirklichkeit. 彼の夢が実現した.
◇〖前置詞とともに〗**aus** 人・物³ *werden* 人・物³ から…が生じる, 人・物³が…になる ⇒ Aus ihm *ist* ein großer Komponist *geworden*. 〖現在完了〗彼は偉大な作曲家になった / Aus Liebe *wurde* Hass. 愛が変じて憎しみとなった / Aus diesem Plan *wird* nichts. この計画は実現しない / **zu** 人・物³ *werden* 人・物³になる, 変わる ⇒ Er *wurde* zum Trinker. 彼は酒飲みになった / Das Wasser *wurde* über Nacht zu Eis. 夜のうちに水が凍った / Das Kind *wird* mir zur Last. その子は私にとって重荷になる.
◇〖非人称の **es** を主語として〗Es *wird* Abend. 日が暮れる / Bald *wird* es Sommer. もうすぐ夏になる / Es *wird* kalt (warm). 寒く(暖かく)なる / Es *ist* sehr spät *geworden*. 〖現在完了〗(時刻が)とても遅くなった / Plötzlich *wurde* [es] ihm übel. 突然彼は気分が悪くなった.
② 生じる, 起きる. Was *wird*, wenn er nicht kommt? 彼が来ないとどうなるだろう.
③〖口語〗出来上がる, うまくいく, よくなる. Das Haus *wird* allmählich. 家がしだいにできていく / Der Kranke *ist* wieder *geworden*. 〖現在完了〗病人が回復した / Die Zeichnung *ist* nichts *geworden*. 〖現在完了〗スケッチは失敗した. ◇〖非人称の **es** を主語として〗Na, *wird*'s (=*wird* es) bald? おい, まだなのか.
④〖雅〗(人³に)与えられる. Jedem Bürger soll sein Recht *werden*. どの市民にも権利が与えられるべきである.

II 助動 A)〖未来の助動詞〗

…だろう	Morgen *wird* schönes Wetter sein.
	モルゲン ヴィルト シェーネス ヴェッタァ ザイン
	あしたはよい天気でしょう.

〖他の動詞の不定詞とともに未来形をつくる〗① 〖未来・推量〗…だろう. Es *wird* bald regnen. 間もなく雨になるだろう / Er *wird* es wohl wissen. 彼はそのことをたぶん知っているでしょう / Morgen *wird* er die Arbeit beendet haben. 〖未来完了〗あすには彼はその仕事を終えているでしょう / Sie *wird* krank gewesen sein. 〖未来完了〗彼女は病気だったのだろう (🔍 この場合, 「過去の事柄についての推量」を表す).

🔍 未来の事柄でも, それが確実に起こるような場合には, 現在形を用いる. 例: Ich fahre morgen nach München. 私はあすミュンヒェンに行きます.

②〖意志〗…するつもりだ. (🔍 この用法では主語は1人称). Ich *werde* dich nie verlassen. 私は君を決して見捨てない.
③〖話し手の要求・命令〗…するのだよ. (🔍 この用法では主語は2人称). Du *wirst* jetzt deine Hausaufgaben machen! おまえは今から宿題をやりなさい.
④〖接2〗würde の形で〗☞ würde

B) (wurde, ist…worden)〖動作受動の助動詞〗

…される	Er *wird* oft gelobt.
	エァ ヴィルト オフト ゲロープト
	彼はよくほめられる.

〖過去分詞とともに受動態をつくる〗(完了 sein) …される. In Österreich *wird* Deutsch gesprochen. オーストリアではドイツ語が話される / Sie *wurde* von dem Lehrer gefragt. 彼女は先生から質問された / Die Stadt *ist* durch ein Erdbeben total zerstört *worden*. 〖現在完了〗その町は地震によって完全に破壊された.
◇〖自動詞の過去分詞とともに〗形式上の主語として **es** をとる〗Es *wurde* viel gelacht. (=Man lachte viel.) 大笑いだった / Ihm *wird* von ihr geholfen. 彼は彼女に手伝ってもらう / Jetzt *wird* aber geschlafen! さあもう寝なさい. (🔍 es は文頭以外では省かれる).

Wer･den [ヴェーァデン] 中 -s/ 生成, 発生; 成長, 発達. das *Werden* und Vergehen 生成と消滅 / **im** *Werden* **sein** 生成中である, できつつある.

wer･dend [ヴェーァデント] **I** *werden (…になる)の 現分 **II** 形 なりつつある, 生成(成長)中の. eine *werdende* Mutter 妊娠中の女性.

Wer･der [ヴェルダァ vérdər] 男 (まれに 中) -s/ - ① (川・湖などの)中州, 川中島. ② (川と湖の間の)低地; 干拓地.

wer･det [ヴェーァデット] *werden (…になる)の 2人称複数 現在. (🔍 未来の助動詞 ☞ werden II A; 動作受動の助動詞 ☞ werden II B).

Wer･fall [ヴェーァ・ふァる] 男 -[e]s/〖言〗1格, 主格 (=Nominativ).

wer･fen [ヴェルふェン vérfən]

投げる	Er kann gut *werfen*.
	エァ カン グート ヴェルふェン
	彼は投げかうまい.

Werfer

du wirfst, er wirft (warf, hat...geworfen) I 他 (完了 haben) ① 投げる,ほうる.(英 throw). einen Stein werfen 石を投げる / Er hat den Speer 90 Meter weit geworfen. 彼は槍(%)を90メートル投げた / Weltrekord⁴ werfen (競技で:)世界新記録を出す / Das Schiff wirft Anker. 船が錨を下ろす.

◊[前置詞とともに] 人⁴ auf den Boden werfen 人⁴を地面へ投げ倒す / einen Blick auf 人・物⁴ werfen 《比》 人・物⁴をちらっと見る / Waren⁴ auf den Markt werfen《比》商品を市場に出す / 人⁴ aus dem Haus werfen《口語・比》人⁴を家から追い出す / den Ball in die Höhe werfen ボールをほうり上げる / Sie warf die Tür ins Schloss. 彼女はドアをばたんと閉めた / eine Frage⁴ in die Debatte werfen 《比》ある問題を討論にかける / einen Stein nach 人・物³ werfen 人・物³めがけて石を投げつける / den Ball über den Zaun werfen ボールを柵(%)の向こうへ投げる / die Kleider von sich³ werfen 衣服を脱ぎ捨てる. ◊[目的語なしでも] Wie weit kannst du werfen? — Ich werfe 42 Meter weit. 君はどのくらい遠くまで投げられる? — ぼくは42メートル投げるよ.

② (体の部分⁴を)さっと動かす. die Arme⁴ in die Höhe werfen 両腕を突き上げる / den Kopf in den Nacken werfen 頭をぐっとそらす. ③ (投げてゴールなど⁴を)決める,(さいころを振って目⁴を)出す. drei Tore⁴ werfen (ハンドボールなどで:) 3ゴールを決める / eine Sechs⁴ werfen (さいころで:) 6を出す. ④ (光・影など⁴を)投げかける,(泡・しわなど⁴を)生じさせる. Der Baum wirft einen Schatten. 木が影を落としている / Das Meer wirft Wellen. 海が波立つ. ⑤ (柔道・レスリングなどで:)(相手⁴を)投げる,フォールする. ⑥ (哺乳(½)動物が子⁴を)産む.

II 再帰 (完了 haben) sich⁴ werfen ① [方向を表す語句とともに] (...へ)身を投げつける,倒れ込む. Er warf sich aufs Bett. 彼はベッドに身を投げ出した / sich⁴ [vor 人³] auf die Knie werfen [人³の前に]ひざまずく / sich⁴ auf 事⁴ werfen《比》事⁴に専念(熱中)する / Sie warf sich ihm in die Arme. 彼女は彼の腕に身を投げかけた / sich⁴ in die Kleider werfen《比》急いで服を着る / sich⁴ 人³ zu Füßen werfen 人³の足元にひれ伏す.

② (板などが)反る,ゆがむ. Das Holz wirft sich. 木材が反り返る.

III 自 (完了 haben) [mit 物³ ~] (物³を)投げつける. mit Steinen nach 人³ werfen 人³に石を投げつける / mit dem Geld um sich⁴ werfen《口語》お金をやたらと使う.

Wer·fer [ヴェルファァ vérfɐr] 男 -s/- ① (ハンドボール・バスケットボールなどの)シューター; 投てきの選手; (野球の)ピッチャー. ② 《軍》ロケット弾(ミサイル)発射装置 (=Raketenwerfer).

Werft [ヴェルふト vérft] 女 -/-en 造船所, ドック; 航空機の整備工場. auf (または in) die Werft kommen (修理のために)ドックに入る.

Werft≠ar·bei·ter [ヴェルふト・アルバイタァ] 男 -s/- 造船所(ドック・航空機整備場)の工員.

Werg [ヴェルク vérk] 中 -[e]s/ 麻くず, 粗麻.

‡ das **Werk** [ヴェルク vérk] 中 (単2) -es (まれに -s)/(複) -e (3格のみ -en) ① 〖複 なし〗仕事, 作業. (英 work). ein mühevolles Werk 骨の折れる仕事 / ein Werk⁴ beginnen 仕事を始める / Mein Werk ist vollendet. 《状態受動・現在》 私の仕事は完成した / ans Werk gehen または sich⁴ ans Werk machen 仕事に着手する / Wir sind bereits am Werk. 私たちはもう作業にとりかかっている / beim Werke sein 仕事にかかっている / im Werk sein《雅》起こりつつある, 進行中である / 事⁴ ins Werk setzen 事⁴を実行に移す, 着手する / vorsichtig zu Werke gehen 《雅》慎重に事を進める.

② 作品, 製作物, 著作. Goethes sämtliche Werke ゲーテ全集 / ein unvollendetes Werk 未完の作品 / ein wissenschaftliches Werk⁴ schreiben 学術書(論文)を書く.

③ 行為, 行い. ein Werk der Barmherzigkeit² 慈善行為 / ein gutes Werk⁴ tun 善行をなす.

④ 工場, 製作所, プラント. ein chemisches Werk 化学工場.

⑤ (機械などの)装置, 仕掛け, メカニズム. das Werk einer Uhr² 時計のメカニズム. ⑥ (城塞(½)の)堡塁(½).

....

〈メモ〉 ..werk のいろいろ: Bauwerk 建築物 / Bergwerk 鉱山 / Feuerwerk 花火 / Flickwerk つぎはぎ細工 / Handwerk 手工業 / Kraftwerk 発電所 / Kunstwerk 芸術作品 / Räderwerk 歯車装置 / Stahlwerk 製鋼所 / Triebwerk 駆動装置

Werk≠bank [ヴェルク・バンク] 女 -/..bänke (仕事場・工場などの)作業台, 工作台.

werk·ei·gen [ヴェルク・アイゲン] 形 工場所有の, 社有の.

wer·keln [ヴェルケるン vérkəln] 自 (h) (暇つぶしに趣味で)手仕事をする. im Garten werkeln 庭いじりをする.

wer·ken [ヴェルケン vérkən] 自 (h) 手仕事をする, 作業する.

Wer·ken [ヴェルケン] 中 -s/ 技術工芸の授業 (=Werkunterricht).

werk≠ge·treu [ヴェルク・ゲトロイ] 形 原作(原曲)に忠実な(上演・演奏など).

Werk≠meis·ter [ヴェルク・マイスタァ] 男 -s/- 職工長.

werks≠ei·gen [ヴェルクス・アイゲン] 形 (ﾋｮｳｼﾞｭﾝ) =werkeigen

Werk≠spi·o·na·ge [ヴェルク・シュピオナージェ] 女 -/ 産業スパイ活動.

Werk≠statt [ヴェルク・シュタット] 女 -/..stätten (手工業者の)仕事(作業)場; (自動車などの)修理工場.

Werk≠stät·te [ヴェルク・シュテッテ] 女 -/-n 《雅》 =Werkstatt

Werk≠stoff [ヴェルク・シュトふ] 男 -[e]s/-e 製作(工作)材料(金属・木材・皮革など).

Werk:stück [ヴェルク・シュテュック] 中 -[e]s/-e (加工・製造用の)素材, 部材.

Werk:stu·dent [ヴェルク・シュトゥデント] 男 -en/-en (学費を自分で稼ぐ)勤労学生.

Werk:tag [ヴェルク・タ-ク] 男 -[e]s/-e ウィークデー, 仕事日, 平日.「日曜日」は Sonntag,「祝日・休日」は Feiertag.

werk:tags [ヴェルク・タ-クス] 副 ウィークデーに, 仕事日に, 平日に.

werk:tä·tig [ヴェルク・テ-ティヒ] 形 仕事(職業)についている, 就労の(人口など).

Werk:un·ter·richt [ヴェルク・ウンタァリヒト] 男 -[e]s/-e 《ふつう 単》技術工芸の授業.

das **Werk:zeug** [ヴェルク・ツォイク vérktsɔyk] 中 (単 2) -[e]s/(複) -e (3 格のみ -en) (英 tool). ① 道具, 工具; 《比》(ある目的のために)道具のように使われる人, 手先. ② 《複 なし》(総称として:)(ある仕事のための)道具一式. das Werkzeug des Tischlers 指物(さしもの)師の道具一式.

....

類語 das **Werkzeug**: 工具, 道具 (素材を加工するのに用いる金づち・ペンチ・やすりなど). das **Gerät**: 器具, 器械. (略語としてラジオ受信機・テレビ受像機などの意にも用いる). der **Apparat**: (複雑な部品から成り立っている)機器, 装置. (略語としてカメラ・電話の受話器などの意味でも用いる). das **Instrument**: (特に技術的・医学的な)器械. medizinische *Instrumente* 医療器具.

Werk:zeug:kas·ten [ヴェルクツォイク・カステン] 男 -s/..kästen 道具箱, 工具箱.

Werk·zeug:ma·schi·ne [ヴェルクツォイク・マシ-ネ] 女 -/-n 工作機械.

Wer·mut [ヴェーァムート vé:rmu:t] 男 -[e]s/ ① 《植》ニガヨモギ. ② ベルモット(にがよもぎで味をつけた食前酒).

Wer·mut:trop·fen [ヴェーァムート・トロプフェン (ヴェーァムーツ..)] 男 -s/ 《雅》(喜びをそこなう)一滴の苦汁(にがじる).

Wer·ner [ヴェルナァ vérnər] I -s/-s 《姓》ヴェルナー. II -s/ 《男名》ヴェルナー.

wert [ヴェーァト vé:rt] 形 (比較) werter, (最上) wertest) ① (物⁴の)価値がある; …の値段の. (英 worth). Das ist viel (wenig) wert. それは大いに価値がある(ほとんど価値がない) / Wie viel ist es wert? — Das ist 100 Mark wert. それはおいくらですか — 100 マルクです.

② 《成句的に》人⁴・物² (まれに 物⁴) wert sein 人⁴・物⁴ (まれに 物⁴)に値する ⇨ Er ist dieser Frau² nicht wert. 彼はこの女性に値しない / Das ist nicht der Mühe² (まれに die Mühe) wert. それは骨折りがいがない / Dresden ist immer eine Reise wert. ドレスデンはいつでも旅行をするだけの値打ちがある.

③ 《付加語としてのみ》《雅》尊敬すべき, 敬愛する. Werte Frau Meyer! 尊敬する(手紙の冒頭で):親愛なるマイアー夫人 / Wie ist Ihr werter Name? お名前は何とおっしゃいますか.

der **Wert** [ヴェーァト vé:rt] 男 (単 2) -es (まれに -s)/(複) -e (3 格のみ -en) ① 《ふつう 単》(金銭的な)**価値**, 値打ち. (英 value). Der Wert des Geldes schwankt. 通貨の価値が揺れている / an Wert gewinnen (verlieren) 値が上がる(下がる) / im Wert steigen (fallen) 値が上がる(下がる) / Exporte im Wert[e] von 2 Millionen Mark 200 万マルクの価値の輸出品 / **unter** [seinem] Wert verkaufen 物⁴を価格を下げて売る / ein Ring **von** hohem Wert 高価な指輪.

② 《複》で価値ある物, 貴重な物. kulturelle Werte 文化財 / unersetzliche Werte⁴ erhalten かけがえのない貴重な物を保存する.

③ 《複 なし》(金銭面以外の)価値, 重要性. der künstlerische Wert eines Films ある映画の芸術的価値 / Diese Erfindung hat keinen wesentlichen Wert. この発明には実用的価値がない / Wert⁴ **auf** 物⁴ legen 物⁴を重要視する / Das hat doch keinen Wert! 《口語》そんなことをしても無意味だ / Das ist **ohne** jeden Wert. それはまったく価値がない. ④ 値(あたい), 数値. Messwert 測定値. ⑤ 郵便切手. ein Wert zu 50 Pfennig 50 ペニヒの切手. ⑥ 《複》で有価証券 (= Wertpapiere).

..wert [..ヴェーァト ..ve:rt] 《形容詞をつくる 接尾》《…に値する》例: dankenswert 感謝すべき.

Wert:an·ga·be [ヴェーァト・アンガーベ] 女 -/-n 《郵》価格表記(申告).

Wert:ar·beit [ヴェーァト・アルバイト] 女 -/ (価値のある)第一級の仕事(作品).

wert:be·stän·dig [ヴェーァト・ベシュテンディヒ] 形 価値の安定した.

Wert:be·stän·dig·keit [ヴェーァト・ベシュテンディヒカイト] 女 -/ 価値(通貨)の安定(性).

Wert:brief [ヴェーァト・ブリーフ] 男 -[e]s/-e 《郵》価格表記郵便物.

wer·ten [ヴェーァテン vé:rtən] 他 (h) ① 評価する; 《スポ》採点する. 人・物⁴ hoch werten 人・物⁴を高く評価する. ② 《A⁴ als B⁴ ~》(A⁴ を B⁴ と)見なす. 軍⁴ als gute Leistung werten 軍⁴をりっぱな成果だと見なす.

Wert:ge·gen·stand [ヴェーァト・ゲーゲンシュタント] 男 -[e]s/..stände 価値のある物, 貴重品.

Wer·ther [ヴェーァタァ vé:rtər] -s/ 《男名》ヴェールター, ヴェルテル(ゲーテの 1774 年の小説 „Die Leiden des jungen Werther" 『若きヴェルテルの悩み』の主人公の名).

..wer·tig [..ヴェーァティヒ ..ve:rtiç] 《形容詞をつくる 接尾》《…価の・…の価値のある》例: gleichwertig 等価の.

Wer·tig·keit [ヴェーァティヒカイト] 女 -/-en ① 《化》原子価. ② 《言》(動詞などの)結合価, ヴァレンツ (= Valenz). ③ 価値, 有用性.

wert:los [ヴェーァト・ロース] 形 ① 無価値の (貨幣などの). ② 役に立たない, 利用価値のない.

Wert:lo·sig·keit [ヴェーァト・ローズィヒカイト] 女 -/ 無価値.

Wert:mar·ke [ヴェーァト・マルケ] 女 -/-n 印

紙.

Wert‗maß‧stab [ヴェーァト・マースシュタープ] 男 -[e]s/..stäbe 価値尺度(基準).

Wert‗min‧de‧rung [ヴェーァト・ミンデルング] 女 -/-en (損傷・使用による)価値の低下, 減価.

Wert‗pa‧ket [ヴェーァト・パケート] 中 -[e]s/-e《郵》価格表記小包.

Wert‗pa‧pier [ヴェーァト・パピーァ] 中 -s/-e《ふつう 複》《経》有価証券.

Wert‗sa‧che [ヴェーァト・ザッヘ] 女 -/-n《ふつう 複》高価な物, 貴重品, (特に:)装身具.

wert‗schät‧zen [ヴェーァト・シェッツェン vé:rt-ʃɛtsən] 他 (h)《雅》(人・事4を)高く評価する, 尊敬する.

Wert‗schät‧zung [ヴェーァト・シェッツング] 女 -/-en 尊重, 評価.

Wert‗sen‧dung [ヴェーァト・ゼンドゥング] 女 -/-en《郵》価格表記郵便物.

Wert‗stoff [ヴェーァト・シュトフ] 男 -[e]s/-e リサイクル可能物(古紙・空びんなど).

Wer‧tung [ヴェーァトゥング] 女 -/-en 評価, (額の)査定;《ｽﾎﾟｰﾂ》採点, 評点.

Wert‗ur‧teil [ヴェーァト・ヴァタイる] 中 -s/-e 価値判断.

***wert‗voll** [ヴェーァト・ふォる vé:rt-fɔl] 形 ① 高価な, 価値(値打ち)のある.《英 valuable》. *wertvoller* Schmuck 高価な装身具 / eine wissenschaftlich *wertvolle* Entdeckung 学問的に価値のある発見.（☞ 類語 teuer). ② 役にたつ, 有益な(助言など). ein *wertvoller* Hinweis 有益な指摘. ③ りっぱな, 尊敬すべき(人物など).

Wert‗zei‧chen [ヴェーァト・ツァイヒェン] 中 -s/- 有価証紙(切手・紙幣・株券・収入印紙など).

Wert‗zu‧wachs [ヴェーァト・ツーヴァクス] 男 -es/..wächse (土地などの)価値の増大.

Wer‧wolf [ヴェーァ・ヴォるふ vé:r-vɔlf] 男 -[e]s/..wölfe (伝説上の)おおかみ人間.

wes [ヴェス vés] 代《古》= wessen

*das **We‧sen** [ヴェーゼン vé:zən] 中 (単2) -s/(複) -① 《複 なし》本質, 本性;《哲》実体.《英 essence》. Das liegt im *Wesen* der Kunst. それは芸術の本質を成すものだ. ②《複 なし》(人の)性格, 人柄.《英 nature》. Sie hat ein freundliches *Wesen*. 彼女は好感の持てる人だ. ③ 存在[者・物]. alle lebenden *Wesen* 生きとし生けるもの / das höchste *Wesen* 神(←最高の存在). ④《被造物としての)人間. ein weibliches (männliches) *Wesen* 女性(男性) / ein kleines *Wesen* 子供. ⑤《複 なし》《古》活動. sein *Wesen*⁴ treiben a) (子供が)はしゃぎ回る, b) 悪さを働く / viel *Wesen*⁴ **um** 事⁴ (または **von** 事³) machen《口語》事⁴(または事³)で大騒ぎする.

..we‧sen [..ヴェーゼン ..ve:zən]《中性名詞をつくる 接尾》《制度・組織》例: Schul*wesen* 学校制度.

we‧sen‧haft [ヴェーゼンハふト] 形《雅》① 本質的な, 核心をなす. ② 実在する, 実体のある.

we‧sen‧los [ヴェーゼン・ロース] 形《雅》① 実体のない, おぼろな(影など). ② 本質的でない, 無意味な, 重要でない.

We‧sens‧art [ヴェーゼンス・アールト] 女 -/ (人の)特性, 生まれつきの性格.

we‧sens‧ei‧gen [ヴェーゼンス・アイゲン] 形 (人・物³の)本質に固有な, 特有な.

we‧sens‧fremd [ヴェーゼンス・ふレムト] 形 (人・物³の)本質に無関係な, 異質な.

we‧sens‧gleich [ヴェーゼンス・グらイヒ] 形 本質(性格)を同じくする, 同質の.

We‧sens‧zug [ヴェーゼンス・ツーク] 男 -[e]s/..züge (本質的な)特徴, 特性.

***we‧sent‧lich** [ヴェーゼントりヒ vé:zənt-lɪç] I 形 本質的な, 基本的な; 重要な.《英 essential》. ein *wesentlicher* Unterschied 本質的な相違 / ein *wesentlicher* Bestandteil 基本的な構成要素 / Das ist von *wesentlicher* Bedeutung. それは重要な意味を持っている. ◊《名詞的に》das *Wesentliche*⁴ erkennen 本質的なものを認識する / **im** *wesentlichen*（新形 **im** *Wesentlichen*) a) 概して, 大体のところ, b) まず第一に, おもに.

II 副 ①《比較級とともに》はるかに, ずっと. Er ist *wesentlich* größer als du. 彼は君よりずっと背が高い. ② ずいぶん, かなり. Sie hat sich⁴ nicht *wesentlich* verändert. 彼女はそんなに変わっていない.

die **We‧ser** [ヴェーザァ vé:zər] 女 -/《定冠詞とともに》《川名》ヴェーザー川(ドイツ北西部を流れ北海に注ぐ:☞ 地図 D-2~3).

Wes‧fall [ヴェス・ふァる] 男 -[e]s/《言》2 格, 所有格, 属格(= Genitiv).

***wes‗halb** [ヴェス・ハるプ vɛs-hálp または ヴェス..] 副 A)《疑問副詞》なぜ, 何のために(= warum).《英 why》. *Weshalb* lachst du? 君はなぜ笑うんだい / Er fragte mich, *weshalb* ich das getan hatte. 彼は私がなぜそんなことをしたのかと聞いた.

B)《関係副詞; 動詞の人称変化形は文末》そのために. Es begann zu regnen, *weshalb* wir schneller liefen. 雨が降り出したので私たちは足を速めた.

Wes‧pe [ヴェスペ véspə] 女 -/-n《昆》スズメバチ.

Wes‧pen‗nest [ヴェスペン・ネスト] 中 -[e]s/-er すずめ蜂(ﾊﾁ)の巣. in ein *Wespennest* greifen (または stechen)《口語》やっかいな事に首を突っ込んでひどい目にあう(←すずめ蜂の巣に手を突っ込む).

Wes‧pen‗tail‧le [ヴェスペン・タリエ] 女 -/-n (すずめ蜂(ﾊﾁ)のような)細いウエスト.

***wes‧sen** [ヴェッセン véssən] 代《wer, was の 2 格》A)《疑問代名詞》①《wer の 2 格》だれの.《英 whose》. *Wessen* Wörterbuch ist das? これはだれの辞書ですか / *Wessen* erinnerst du dich?《雅》君はだれのことを思い出しているんだい. ②《was の 2 格》何. *Wessen* rühmt er sich? 彼は何を自慢しているのだろう.

B)〘関係代名詞；動詞の人称変化形は文末〙〘wer の 2 格〙…する人. *Wessen* Recht groß ist, der hat auch große Pflichten. 大きな権利を持つ者は, また大きな義務を負う.

Wes·si [ヴェッスィ vést] 男 -/-s 〔女 -/-s〕〘口語〙(ふつう軽蔑的に)旧西ドイツの人.(⇔「旧東ドイツの人」は Ossi).

West [ヴェスト vést] 男 -[e]s/-e ① 〘複なし；冠詞なし；無変化〙〘海・気象〙西 (= West; W).(⇨「東」は Ost). **aus**(または **von**)*West* 西から / aus Ost und *West* 方々から. ② 〘地名のあとにつけて〙西方, 西部. Stuttgart *West* シュトゥットガルト西部. ③〘ふつう 単〙〘海・詩〙西風(= *West*wind).

West‑ber·lin [ヴェスト・ベルリーン] 中 -s/《都市名》旧西ベルリン.(⇨「旧東ベルリン」は Ostberlin).

West‑Ber·lin ⇨ 旧新形 Westberlin

West‑deutsch·land [ヴェスト・ドイチュラン ト] 中 -s/ ドイツ西部, (俗)旧西ドイツ.

die **Wes·te** [ヴェステ vésta] 女 (単)-/(複)-n ① 〘服飾〙ベスト, チョッキ.(⇔ *vest*). eine weiße (または reine または saubere) *Weste*⁴ haben 〘口語・比〙潔白である, 前科がない. ② (防弾用などの)チョッキ; 救命胴着. eine schusssichere (または kugelsichere) *Weste* 防弾チョッキ. ③ 〘方〙ニットのベスト (ジャケット).

der **Wes·ten** [ヴェステン véstən] 男 (単2) -s/ ① 〘ふつう冠詞なし〙西 (略: W).(⇔ *west*).(⇨「東」は Osten, 「北」は Norden, 「南」は Süden). Die Sonne geht im *Westen* unter. 太陽は西に沈む / nach *Westen* 西へ / Von *Westen* kommt ein Gewitter. 西からあらしがやって来る.

② 西部[地方]. im *Westen* Japans 日本の西部[地方]に. ③ 西欧諸国, 西側諸国.

Wes·ten‑ta·sche [ヴェステン・タッシェ] 女 -/-n ベスト(チョッキ)のポケット. Er kennt die Stadt wie seine *Westentasche*.〘口語〙彼はその町をすみずみまでよく知っている.

Wes·tern [ヴェスタァン véstərn] [英] 男 -[s]/- 西部劇[映画], ウェスタン.

West‑eu·ro·pa [ヴェスト・オイローパ] 中 -s/ 《地名》西ヨーロッパ, 西欧.

west‑eu·ro·pä·isch [ヴェスト・オイロペーイシュ] 形 西ヨーロッパ(西欧)の.

West‑fa·len [ヴェスト・ファーレン vɛst-fá:lən] 中 -s/《地名》ヴェストファーレン(ドイツ, ノルトライン・ヴェストファーレン州の一地方).

west‑fä·lisch [ヴェスト・フェーリッシュ vɛst-fé:lɪʃ] 形 ヴェストファーレン[地方の人・方言]の. der *Westfälische* Friede 〘史〙ウェストファリア条約(三十年戦争終結の講和条約. 1648 年).

West‑in·di·en [ヴェスト・インディエン] 中 -s/ 《地名》西インド諸島(カリブ海に浮かぶ諸島).

west‑in·disch [ヴェスト・インディッシュ] 形 西インド諸島の.

westlich [ヴェストリヒ véstlɪç] **I** 形 ①

西の, 西部の.(⇔ *western*).(⇨「東」の」は östlich). der *westliche* Himmel 西の空 / das *westliche* Frankreich フランス西部 / Die Insel liegt auf dem 30. (=dreißigsten) Grad *westlicher* Länge. その島は西経 30 度にある / Der Ort liegt *westlich* von Leipzig. その村はライプツィヒの西の方にある. ② 〘付加語としてのみ〙西向きの; 西からの. *westliche* Winde 西風 / in *westliche*[r] Richtung 西の方へ向かって. ③ 西側諸国の.

II 前 〘2 格とともに〙 …の西[方]に. *westlich* der Grenze 国境の西方に.

West‑mäch·te [ヴェスト・メヒテ] 複 〘政〙西側の列強(第一次世界大戦の際の対ドイツ連合国. イギリス・フランス(のちにアメリカも). 1945 年以後はイギリス・フランス・アメリカの西側連合国).

West‑nord‑west [ヴェスト・ノルト・ヴェスト] 男 -[e]s/-e 〘用法については West を参照〙西北西 (略: WNW); 西北西の風.

West‑nord‑wes·ten [ヴェスト・ノルト・ヴェステン] 男 -[e]s/ 〘ふつう冠詞なし, ふつう前置詞なしに〙西北西[にある地域] (略: WNW).

west‑öst·lich [ヴェスト・エストリヒ] 形 西から東へ向かう, 東西を結ぶ.

West‑süd‑west [ヴェスト・ズュート・ヴェスト] 男 -[e]s/-e 〘用法については West を参照〙西南西 (略: WSW); 西南西の風.

West‑süd‑wes·ten [ヴェスト・ズュート・ヴェステン] 男 -[e]s/ 〘ふつう冠詞なし, ふつう前置詞なしに〙西南西[にある地域] (略: WSW).

west‑wärts [ヴェスト・ヴェルツ] 副 西[方]へ.

West‑wind [ヴェスト・ヴィント] 男 -[e]s/-e 西風.

wes·we·gen [ヴェス・ヴェーゲン] 副 なぜ; そのために (=weshalb).

wett [ヴェット vét] 形 〘成句的に〙 **mit** 人³ *wett* sein 〘雅〙 a) 人³に貸し借りがない, b) 人³と縁が切れている.(⇨ ふつう mit 人³ quitt sein を用いる).

der **Wett‑be·werb** [ヴェット・ベヴェルプ vét-bəverp] 男 (単2) -[e]s/(複) -e (3 格のみ -en) ① 競技会, コンクール, コンテスト.(⇔ *contest*). ein musikalischer *Wettbewerb* 音楽コンクール / einen *Wettbewerb* gewinnen コンクールで優勝する / an einem *Wettbewerb* teil|nehmen 競技会(コンクール)に参加する. ② 〘複 なし〙〘経〙(企業間の)競争. freier *Wettbewerb* 自由競争 / Unter den Firmen herrscht ein harter *Wettbewerb*. 各社の間で激しい競争が行われている.

Wett‑be·wer·ber [ヴェット・ベヴェルバァ] 男 -s/- ① 競技会(コンクール)の参加者. ② 〘経〙競合している企業, 商売敵.

Wett‑bü·ro [ヴェット・ビュロー] 中 -s/-s (賭(か)けスポーツの)チケット売り場; 馬券売り場.

die **Wet·te** [ヴェッテ vétə] 女 -/(複)-n ① 賭(か)け.(⇔ *bet*). eine gewagte *Wette* 大胆な賭 / eine *Wette*⁴ [mit 人³] ab|schließen [人³と]賭をする / eine *Wette*⁴ gewinnen (verlieren) 賭に勝つ(負ける) / Ich gehe jede *Wette* ein, dass... 私は…と確信している(←どんな賭でもする) / Was gilt die *Wette*? いくら賭ける? ② 馬券. ③《成句的に》**um** die *Wette* a) 競争して, b)《口語》競って, 互いに負けまいと. um die *Wette* laufen 競走する.

Wett·ei·fer [ヴェット・アイふァァ] 男 -s/ 競争.

wett·ei·fern [ヴェット・アイふァァン vét-aifərn] (過分 gewetteifert) 自 (h) 競争する, 張り合う. **mit** 人³ **um** 事⁴ *wetteifern* 人³と事⁴をめざして争う.

***wet·ten** [ヴェッテン vétən] du wettest, er wettet (wettete, *hat*...gewettet) I 自 (完了 haben) ① 賭(ホヤナ)をする.(英 bet). mit 人³ **um** 10 Mark *wetten* 人³と10マルクの賭をする / Worum (Um wie viel) *wetten* wir? 何を(いくら)賭けようか / Ich *wette*, dass du das nicht kannst.《口語》賭けてもいいが, 君にはそれはできっこないよ / So haben wir nicht gewettet!《口語》それじゃ話が違うよ. ②《**auf** 人·物⁴ ~》(人·物⁴に)賭(カ)ける. auf ein Pferd *wetten* (競馬に)ある馬に賭ける.
II 他 (完了 haben) (賭事に)物⁴を)賭(カ)ける. Ich *wette* zehn Mark. 10マルク賭けるよ / Darauf *wette* ich meinen Kopf (または Hals)!《口語》それは絶対間違いない(←頭(首)を賭けてもいい).

‡*das* **Wet·ter**¹ [ヴェッタァ vétər]

> 天気 Wie ist das *Wetter*?
> ヴィー イスト ダス ヴェッタァ
> 天気はどうですか.

中 (単2) -s/(複) -(3格のみ -n) ①《複 なし》天気, 天候, 気象.(英 weather). Es ist schönes (schlechtes) *Wetter*. 良い(悪い)天気だ / Wir haben warmes (kaltes) *Wetter*. 暖かい(寒い)天候だ / Wie wird das *Wetter* morgen? あすの天気はどうなるだろう / Das *Wetter* ändert sich. 天候が変わる / bei 人³ gut *Wetter*⁴ machen《口語》人³の機嫌をとる / bei jedem *Wetter* どんな天気でも / nach dem *Wetter* sehen 空模様を見る / um gut[es] *Wetter* bitten《口語》好意にすがろうとする(←よい天気を請う).
② 雷雨, 暴風[雨]. Ein *Wetter* bricht los. 急に雷雨が起こる / Alle *Wetter*!《口語》これはすごい, おやおや, これは驚いた. ③《複 で》(坑)坑内のガス.

Wet·ter² [ヴェッタァ] 男 -s/- 賭(カ)ける人.

Wet·ter⹀amt [ヴェッタァ・アムト] 中 -[e]s/..ämter 気象台.

Wet·ter⹀aus·sicht [ヴェッタァ・アオスズィヒト] 女 -/-en《ふつう 複》天気の見通し(予想), 天気予報.

Wet·ter⹀be·richt [ヴェッタァ・ベリヒト] 男 -[e]s/-e 天気予報, 気象通報.

wet·ter⹀be·stän·dig [ヴェッタァ・ベシュテンディヒ] 形 =wetterfest

Wet·ter⹀dienst [ヴェッタァ・ディーンスト] 男 -[e]s/-e (総称として:)気象業務(観測・研究・予報・通報など).

Wet·ter⹀fah·ne [ヴェッタァ・ふァーネ] 女 -/-n 風信旗, 風見/《比》日和見主義者, 無定見な人.

wet·ter⹀fest [ヴェッタァ・ふェスト] 形 風雨に耐える, 悪天候でもだいじょうぶな(衣服など).

Wet·ter⹀frosch [ヴェッタァ・ふロッシュ] 男 -[e]s/..frösche ①《口語》天気予報の雨蛙(ガラスびんの中で飼われ, その中のはしごを登ると晴れるとされる). ②《戯》気象予報官.

wet·ter⹀füh·lig [ヴェッタァ・ふューリヒ] 形 天候の変化に敏感な.

Wet·ter⹀hahn [ヴェッタァ・ハーン] 男 -[e]s/..hähne 風見鶏(ホミルサミ).

Wet·ter⹀kar·te [ヴェッタァ・カルテ] 女 -/-n 天気図.

Wet·ter⹀kun·de [ヴェッタァ・クンデ] 女 -/ 気象学 (=Meteorologie).

Wet·ter⹀la·ge [ヴェッタァ・ラーゲ] 女 -/-n (気象)気象状況.

wet·ter⹀leuch·ten [ヴェッタァ・ろイヒテン vétər-lɔyçtən] (過分 gewetterleuchtet) 非人称 (h) Es *wetterleuchtet*. 遠くで稲妻が光る.

Wet·ter⹀leuch·ten [ヴェッタァ・ろイヒテン] 中 -s/ 稲妻, 稲光.

wet·tern [ヴェッタァン vétərn] I 非人称 (h) Es *wettert*. 雷雨になっている. II 自 (h)《口語》(ひどく)ののしる, どなりつける.

Wet·ter⹀sa·tel·lit [ヴェッタァ・ザテリート] 男 -en/-en 気象衛星.

Wet·ter⹀schacht [ヴェッタァ・シャハト] 男 -[e]s/..schächte《坑》通風坑.

Wet·ter⹀sei·te [ヴェッタァ・ザイテ] 女 -/-n (山・家などの)風雨の当たる側.

Wet·ter⹀sturz [ヴェッタァ・シュトゥルツ] 男 -es/..stürze 急激な気温の低下.

Wet·ter⹀um·schlag [ヴェッタァ・ウムシュらーク] 男 -[e]s/..schläge 天候の急変.

Wet·ter⹀vor·her·sa·ge [ヴェッタァ・ふォーアヘーアザーゲ] 女 -/-n 天気予報.

Wet·ter⹀war·te [ヴェッタァ・ヴァルテ] 女 -/-n 気象観測所, 測候所.

wet·ter⹀wen·disch [ヴェッタァ・ヴェンディッシュ] 形 お天気屋の, 気まぐれな, 無定見な.

Wet·ter⹀wol·ke [ヴェッタァ・ヴォるケ] 女 -/-n 雷雲.

wet·te·te [ヴェッテテ] *wetten (賭をする)の 過去.

Wett⹀fahrt [ヴェット・ふァールト] 女 -/-en (乗り物による)競走(競輪・ボートレースなど).

*der **Wett⹀kampf** [ヴェット・カンプふ vét-kampf] 男 (単2) -[e]s/(複) ..kämpfe [..ケンプふェ] (3格のみ ..kämpfen) 試合, 競技[会]. (英 competition). einen *Wettkampf* veranstalten 競技会を開催する / einen *Wettkampf* gewinnen (verlieren) 試合に勝つ(負ける).

Wett⹀kämp·fer [ヴェット・ケンプふァァ] 男

-s/- 競技(試合の)参加者, 選手. (⇨ 女性形は Wettkämpferin).

Wett=lauf [ヴェット・らオふ] 男 -[e]s/..läufe 競走, 駆けっこ.

wett|lau·fen [ヴェット・らオふェン vét-làufən] 自 [不定詞でのみ用いられる] 競走する.

Wett=läu·fer [ヴェット・ろイふァァ] 男 -s/- 競走者, ランナー. (⇨ 女性形は Wettläuferin).

wett|ma·chen [ヴェット・マッヘン vét-màxən] 他 (h) 《口語》 ① [損失などを⁴]償う, 埋め合わせる. ② [軍⁴に]感謝の意を表す.

Wett=ren·nen [ヴェット・レンネン] 中 -s/- 競走.

Wett=rüs·ten [ヴェット・リュステン] 中 -s/ 軍備拡張競争.

Wett=spiel [ヴェット・シュピーる] 中 -[e]s/-e 競技; (特に子供たちの)競争, ゲーム.

Wett=streit [ヴェット・シュトライト] 男 -[e]s/-e 競争, 競い合い. mit 人³ in Wettstreit treten 人³と競争する.

wet·zen [ヴェッツェン vétsən] I 他 (h) (刃物など⁴を)研ぐ, 磨く. seine Zunge⁴ an 人・事³ wetzen《比》 人・事³のことをこきおろす. II 自 (s) 《口語》急いで行く, 駆けて行く.

Wetz=stein [ヴェッツ・シュタイン] 男 -[e]s/-e 砥石(といし).

WEZ [ヴェー・エー・ツェット] 《略》西ヨーロッパ標準時 =westeuropäische Zeit).

Whis·ky [ヴィスキー víski] 《英》男 -s/-s ウイスキー. einen Whisky mit Soda trinken ハイボールを飲む.

wich [ヴィヒ] *weichen¹ (消え去る)の過去

wi·che [ヴィッヒェ] *weichen¹ (消え去る)の接²

Wichs [ヴィクス víks] 男 -es/-e (チュニ: 女 /-en) (学生言葉)学生組合員の礼装. in vollem Wichs 礼装(盛装)して.

Wich·se [ヴィクセ víksə] 女 -/-n 《口語》 ① つや出し剤, (特に)靴墨. ② [複 なし] 殴打. Wichse⁴ kriegen なぐられる.

wich·sen [ヴィクセン víksən] 他 ① 《口語》つや出しワックス(クリーム)で磨く. ② 《方》ぶんなぐる. 人³ eine⁴ wichsen 人³に一発くらわす.
◇☞ **gewichst**

Wicht [ヴィヒト víçt] 男 -[e]s/-e ① (童話などに出てくる)小人. ② 坊や, ちび. ③ やつ, 野郎, ならず者.

Wich·tel=männ·chen [ヴィヒテる・メンヒェン] 中 -s/- (童話などに出てくる)小人.

★**wich·tig** [ヴィヒティヒ víçtıç]

| 重要な | Das ist sehr *wichtig*.
ダス イスト ゼーア ヴィヒティヒ
それはとても重要だ. |

形 (比較 wichtiger, 最上 wichtigst) ① 重要な, 重大な, 大切な. (英 important). ein *wichtiger* Brief 重要な手紙 / eine *wichtige* Mitteilung (Person) 重大な報告(重要な人物) / 事⁴ *wichtig* nehmen 事⁴を重要(重大)視する.
◇[名詞的に] Das *Wichtigste* ist Gesundheit. 最も大切なものは健康だ.
② もったいぶった, 偉そうな, 尊大な. ein *wichtiges* Gesicht⁴ machen もったいぶった顔をする / sich⁴ *wichtig* nehmen または sich³ *wichtig* vor|kommen《口語》自分のことを偉いと思う / sich⁴ *wichtig* machen (または tun または haben) 《口語》もったいぶる.

★**die Wich·tig·keit** [ヴィヒティヒカイト víçtıçkaıt] 女 -/(複) -en ① 【複 なし】重要性, 重要(重大)さ. (英 importance). 事³ große *Wichtigkeit*⁴ bei|messen 事³をたいへん重要視する / Die Sache ist von großer *Wichtigkeit*. この件は非常に重要だ. ② 重要な事柄. ③ もったいぶった様子(しぐさ).

Wich·tig=tu·er [ヴィヒティヒ・トゥーァァ] 男 -s/- 《口語》もったいぶる人, 偉そうにする人.

Wich·tig=tu·e·rei [ヴィヒティヒ・トゥーエライ] 女 -/-en 《口語》 ① [複 なし] もったいぶること, 偉そうにすること. ② もったいぶった言動.

wich·tig=tu·e·risch [ヴィヒティヒ・トゥーエリッシュ] 形 《口語》もったいぶった, 偉ぶった.

Wi·cke [ヴィッケ víkə] 女 -/-n 【植】ソラマメ属; スイートピー. in die *Wicken* gehen《口語》なくなる, だめになる, 破滅する.

Wi·ckel [ヴィッケる víkəl] 男 -s/- ① 【医】湿布, 罨法(あんぽう). 人³ einen *Wickel* machen 人³に湿布する. ② 巻いたもの; 巻き物の糸, 巻いた玉. ein *Wickel* Wolle 毛糸の玉. ③ 巻きつけるもの; 糸巻き, リール. ④ 【成句的に】 人・事⁴ am (または beim) *Wickel* packen (または kriegen または haben) a) 人⁴を捕まえる, b) 事⁴を詳細に取り上げる, c) 人⁴を詰問する. ⑤ 【植】サソリ形花序, 互散花序.

Wi·ckel=ga·ma·sche [ヴィッケる・ガマッシェ] 女 -/-n ゲートル, 巻きぎゃはん.

Wi·ckel=kind [ヴィッケる・キント] 中 -[e]s/-er 赤ん坊, おむつをしている幼児.

★**wi·ckeln** [ヴィッケるン víkəln] ich wickle (wickelte, *hat*...gewickelt) 他 (⇨ haben) ① (毛糸・髪などを⁴)巻く, 巻きつける; (葉巻きなどを⁴)巻いて作る. (英 wind). Sie *wickelte* ihr Haar. 彼女は髪をカーラーに巻いた / Garn⁴ auf die Rolle *wickeln* 糸を糸巻きに巻きつける / Ich *wickelte* mir einen Schal um den Hals. 私はマフラーを首に巻いた / einen Turban *wickeln* ターバンを巻く. ◇【過去分詞の形で】 schief *gewickelt* sein《口語》とんだ思い違いをしている(←斜めに巻かれている). ② 【A⁴ in B⁴ ~】(A⁴ を B⁴ に)包む, くるむ. (英 wrap). ein Geschenk⁴ in Papier *wickeln* プレゼントを紙に包む / ein Baby⁴ [in Windeln] *wickeln* 赤ん坊におむつを当てる. ◇【再帰的に】 Ich *wickelte mich* in die Decke. 私は毛布にくるまった. ③ 【A⁴ aus B³ ~】(A⁴ を B³ の中から)ほどいて取り出す. das Buch⁴ aus dem Papier *wickeln* 包装をほどいて本を取り出す. ④ 【A⁴ von B³ ~】(A⁴ を B³ から)解く, ほどく. den Verband vom

Bein *wickeln* 脚から包帯を解く. ⑤ (手足などに)包帯をする.

wi·ckel·te [ヴィッケルテ] ＊wickeln (巻く)の 過去

wick·le [ヴィックれ] ＊wickeln (巻く)の1人称単数 現在

Wick·lung [ヴィックるング] 女 -/-en ①【複なし】巻き込むこと, 巻くこと. ②巻いたもの; 《電》コイル, 巻線①.

Wid·der [ヴィッダァ vídər] 男 -s/- ①《動》雄羊. ②【複なし; 定冠詞とともに】《天》牡羊座; 白羊宮.

wi·der [ヴィーダァ víːdər] 前【4格とともに】《雅》…に逆らって, …に反して. *wider* die Gesetze 法律に[違]反して / *wider* 人⁴ Anklage⁴ erheben 人⁴を告訴する / *wider* Erwarten 予期に反して / *wider* Willen 心ならずも.

wi·der.. [ヴィーダァ víːdər..] または ヴィーダァ..] Ⅰ【分離動詞の 前つづり】; つねにアクセントをもつ》《反響・反射》例: *wider*|hallen 反響する. Ⅱ【非分離動詞の 前つづり】; アクセントをもたない》《反対・抵抗》例: *wider*stehen 逆らう.

wi·der=bors·tig [ヴィーダァ・ボルスティヒ] 形 ①(毛髪が)ごわごわしている, 櫛(くし)の通りの悪い. ②反抗的な, 強情な(子供など). sich⁴ *widerborstig* zeigen 反抗的な態度をとる.

wi·der·fah·ren* [ヴィーダァ・ふァーレン viːdər-fáːrən] 自 (s) 《雅》(人³の身の上に)起こる, 生じる, ふりかかる. Mir *ist* ein Unglück *widerfahren*. 《現在完了》私は不幸な目に遭った / 人³ Gerechtigkeit⁴ *widerfahren lassen* 人³を公平に扱う.

Wi·der=ha·ken [ヴィーダァ・ハーケン] 男 -s/- (釣針などの)かかり, 逆鉤(さかばり).

Wi·der=hall [ヴィーダァ・ハる] 男 -[e]s/-e 反響, こだま, 山びこ. *Widerhall*⁴ finden 反響(反応)される.

wi·der|hal·len [ヴィーダァ・ハれン víːdər-hàlən] 自 (h) ①反響する, こだまする. Der Ruf *hallte* von den Bergen *wider*. 叫び声が山にこだました. ②《von 物³ ~》(ホールなどが)物³(歌声などで)反響する, こだまする.

Wi·der=kla·ge [ヴィーダァ・クらーゲ] 女 -/-n 《法》反訴.

Wi·der=la·ger [ヴィーダァ・らーガァ] 中 -s/- 《建》迫台(せりだい)(アーチの両端を受ける台); 橋台.

wi·der·leg·bar [ヴィーダァ・れークバール] 形 論駁(ろんばく)しうる, 反駁(はんばく)できる.

wi·der·le·gen [ヴィーダァ・れーゲン viːdər-léːgən] 他 (h) 論駁(ろんばく)する, (人・事⁴の)誤りを論証する.

Wi·der·le·gung [ヴィーダァ・れーグング] 女 -/-en 論駁(ろんばく), 反駁(はんばく).

wi·der·lich [ヴィーダァりヒ] Ⅰ 形 ①(においなどが)いやな, 胸の悪くなる. ein *widerlicher* Anblick いかつくような光景. ②(態度などが)いやらしい, 不愉快な. ein *widerlicher* Typ いやなやつ. Ⅱ 副 いやに, ひどく. Der Kuchen ist *widerlich* süß. このケーキはやけに甘い.

wi·der=na·tür·lich [ヴィーダァ・ナテューァりヒ] 形 自然の理に反した, 反自然的な, 異常な, 変態の(性欲など).

Wi·der=part [ヴィーダァ・パルト] 男 -[e]s/-e 《雅》① 敵, 敵手, 敵. ②《成句的に》人³ *Widerpart*⁴ bieten (または geben)人³に対抗する, 抵抗する.

wi·der·ra·ten* [ヴィーダァ・ラーテン viːdər-ráːtən] Ⅰ 他 (h) (人⁴に事⁴を)やめるよう忠告する. Ⅱ 自 (h) (事³を)やめるよう忠告する.

wi·der=recht·lich [ヴィーダァ・レヒトりヒ] 形 不法な, 違法の.

Wi·der=re·de [ヴィーダァ・レーデ] 女 -/-n 抗弁, 口答え; 異論, 反論. ohne *Widerrede* 異議なく, 文句なしに.

Wi·der=rist [ヴィーダァ・リスト] 男 -es/-e (牛・馬などの)背峰(はいほう).

Wi·der=ruf [ヴィーダァ・ルーふ] 男 -[e]s/-e (意見・命令などの)とり消し, 撤回, 破棄. [bis] auf *Widerruf* とり消されない限り.

wi·der·ru·fen* [ヴィーダァ・ルーふェン viːdər-rúːfən] 他 (h) (発言など⁴を)とり消す, 撤回する.

wi·der=ruf·lich [ヴィーダァ・ルーふりヒ または ..ルーふりヒ] 形 とり消しのありうる, 撤回されるまで通用する(規定など).

Wi·der=sa·cher [ヴィーダァ・ザッハァ] 男 -s/- 敵, 反対者.

Wi·der=schein [ヴィーダァ・シャイン] 男 -[e]s/- 反射, 反映. der *Widerschein* des Mondes auf dem Wasser 水に映った月影.

wi·der·set·zen [ヴィーダァ・ゼッツェン viːdər-zétsən] 再帰 (h) *sich⁴* 人・事³ *widersetzen* 人・事³に逆らう, 抵抗する.

wi·der·setz·lich [ヴィーダァ・ゼッツりヒ または ヴィーダァ..] 形 反抗的な, 手に負えない. ein *widersetzliches* Verhalten 反抗的な態度.

Wi·der=sinn [ヴィーダァ・ズィン] 男 -[e]s/ 矛盾, 不合理, ばかげていること. den *Widersinn* einer Behauptung² ein|sehen ある主張の矛盾を見抜く.

wi·der=sin·nig [ヴィーダァ・ズィニヒ] 形 不合理な, 不条理な, ばかげた.

wi·der=spens·tig [ヴィーダァ・シュペンスティヒ] 形 強情な, しまつに負えない;《比》(癖があって)セットしにくい(髪); 反抗的な(顔つきなど).

Wi·der=spens·tig·keit [ヴィーダァ・シュペンスティヒカイト] 女 -/-en ①【複なし】反抗的なこと. ②反抗的な行為.

wi·der|spie·geln [ヴィーダァ・シュピーゲるン víːdər-ʃpìːgəln] Ⅰ 他 (h) 映して(映し出して)いる, 反映している. Das Wasser *spiegelt* den Himmel *wider*. 水に空が映っている. Ⅱ 再帰 (h) *sich⁴ in* 物³ *~*》(物³に)映っている; 反映している. Dieses Erlebnis *spiegelt sich* in seinen Dichtungen *wider*. この体験が彼の文学に反映している.

wi·der·sprach [ヴィーダァ・シュプラーハ] ＊widersprechen (反論する)の 過去

wi·der·spre·chen [ヴィーダァ・シュプレッヒェン] vi:dər-ʃpréçən] du widersprichst, er widerspricht (widersprach, hat...widersprochen) 自 ((定了) haben) ((英) contradict) ① (人・事³に)反論する, 異論(異議)を唱える. einer Meinung³ *widersprechen* ある意見に反論する / *Widersprich* mir nicht! 私の言うことに反対するな. ◊《再帰的に》*sich³ widersprechen* (前言と)矛盾したことを言う. ② (事³に)矛盾している, (事³と)相いれない. Die Tatsachen *widersprechen* seiner Behauptung. この事実は彼の主張と矛盾している. ◊《相互的に》Beide Aussagen *widersprechen sich³* (または einander). 両者の証言は食い違っている.

wi·der·sprich [ヴィーダァ・シュプリヒ] *widersprechen (反論する)の du に対する 命令

wi·der·sprichst [ヴィーダァ・シュプリヒスト] *widersprechen (反論する)の 2 人称単数 現在

wi·der·spricht [ヴィーダァ・シュプリヒト] *widersprechen (反論する)の 3 人称単数 現在

wi·der·spro·chen [ヴィーダァ・シュプロッヘン] *widersprechen (反論する)の 過分

*der **Wi·der·spruch** [ヴィーダァ・シュプルフ víːdər-ʃprux] 男 (単 2) -[e]s/(複) ..sprüche [..シュプリュッヒェ] (3 格のみ ..sprüchen) ① 【複 なし】反論, 異論, 異議. (英 contradiction). gegen 事⁴ *Widerspruch*⁴ erheben 事⁴に異議を唱える / keinen *Widerspruch* dulden いかなる反論も許さない / ohne *Widerspruch* 異議なく. ② 矛盾. im *Widerspruch* zu 事³ stehen 事³と矛盾している.

wi·der·sprüch·lich [ヴィーダァ・シュプリュヒりヒ] 形 (相互に)矛盾した, つじつまの合わない (供述など); 矛盾を含んだ.

Wi·der·spruchs⸗geist [ヴィーダァシュプルフス・ガイスト] 男 -[e]s/-er ① 【複 なし】反抗心. ②《口語》何にでも反対ばかりする人, あまのじゃく.

wi·der·spruchs⸗los [ヴィーダァシュプルフス・ロース] 形 異議を唱えない.

wi·der·spruchs⸗voll [ヴィーダァシュプルフス・ふォる] 形 矛盾に満ちた, 矛盾だらけの.

wi·der·stand [ヴィーダァ・シュタント] *widerstehen (抵抗する)の 過去

*der **Wi·der⸗stand** [ヴィーダァ・シュタント víːdər-ʃtant] 男 (単 2) -es (まれに -s)/(複) ..stände [..シュテンデ] (3 格のみ ..ständen) ① 抵抗, 反抗. (英 resistance). ein hartnäckiger *Widerstand* 粘り強い抵抗 / aktiver (passiver) *Widerstand* 積極的な(不服従による)抵抗 / *Widerstand* **gegen** die Staatsgewalt 《法》公務執行妨害 /人³ heftigen *Widerstand* leisten 人³に激しく抵抗する / bei 人³ **auf** *Widerstand* stoßen 人³の抵抗にあう / ohne *Widerstand* 抵抗することなく / 人⁴ **zum** *Widerstand* auffrufen 人⁴に抵抗を呼びかける. ②【複 なし】レジスタンス, 抵抗運動. ③ 障害. allen *Widerständen*³ zum Trotz あらゆる障害をものともせず. ④《理》(流体などの)抵抗. ⑤《電》抵抗[器].

wi·der·stan·den [ヴィーダァ・シュタンデン] *widerstehen (抵抗する)の 過分

Wi·der·stands⸗be·we·gung [ヴィーダァシュタンツ・ベヴェーグング] 女 -/-en 抵抗運動, (特に反ナチスの)レジスタンス.

wi·der·stands⸗fä·hig [ヴィーダァシュタンツ・フェーイヒ] 形 (病気などに対して)抵抗力のある, 耐性のある.

Wi·der·stands⸗fä·hig·keit [ヴィーダァシュタンツ・フェーイヒカイト] 女 -/ 抵抗[能]力.

Wi·der·stands⸗kämp·fer [ヴィーダァシュタンツ・ケンプふァァ] 男 -s/- レジスタンス(抵抗)運動の闘士.

Wi·der·stands⸗kraft [ヴィーダァシュタンツ・クラふト] 女 -/..kräfte 抵抗力.

wi·der·stands⸗los [ヴィーダァシュタンツ・ロース] 形 ① 無抵抗の, 抵抗しない. ② 抵抗を受けない.

wi·der·ste·hen [ヴィーダァ・シュテーエン viːdər-ʃtéːən] (widerstand, hat...widerstanden) 自 ((定了) haben) ① (人・事³に)抵抗する, 逆らう; 屈しない. (英 resist). dem Gegner *widerstehen* 敵に抵抗する / Ich *konnte* der Versuchung nicht *widerstehen*. 私は誘惑に負けた. ② (人³に)嫌悪感を催させる. Diese Wurst *widersteht* mir. このソーセージは私は嫌いだ / Mir *widersteht* es zu lügen. 私はうそをつくのはいやだ. ③ (重圧・腐食など³に)耐える.

wi·der·stre·ben [ヴィーダァ・シュトレーベン víːdər-ʃtréːbən] 自 (h) ① (人・事³の)意にそわない, (人³にとって)いやである. Es *widerstrebt* mir, über diese Angelegenheit zu reden. この件について話すのは私はいやだ. ②《雅》(人・事³に)逆らう, 反抗する.

wi·der·stre·bend [ヴィーダァ・シュトレーベント] I widerstreben (意にそわない)の 現分 II 形 意にそわない. Er tat die Arbeit nur *widerstrebend*. 彼はその仕事をいやいやながらした.

Wi·der⸗streit [ヴィーダァ・シュトライト] 男 -[e]s/-e 【ふつう 単】(内的な)分裂, 相克; (意見などの)対立.

wi·der·strei·ten [ヴィーダァ・シュトライテン viːdər-ʃtráɪtən] 自 (h) ① (事³と)矛盾(対立)する. ②《古》(人・事³に)逆らう, 反抗する.

wi·der⸗wär·tig [ヴィーダァ・ヴェルティヒ] 形 不快な, いやな; めんどうな, やっかいな. ein *widerwärtiger* Kerl いやなやつ / eine *widerwärtige* Angelegenheit やっかいな事柄.

Wi·der⸗wär·tig·keit [ヴィーダァ・ヴェルティヒカイト] 女 -/-en ① 【複 なし】いやな(やっかい)こと, 不快, 苦. ② 不快な物; いやな事.

Wi·der⸗wil·le [ヴィーダァ・ヴィれ] 男 -ns (3 格・4 格 -n)/-n【ふつう 単】嫌悪, 反感. einen starken *Widerwillen* **gegen** 事⁴ empfinden 事⁴に強い嫌悪を感じる / mit *Widerwillen* いやいやながら.

wi·der⸗wil·lig [ヴィーダァ・ヴィりヒ] I 副 いやいやながら. Er macht diese Arbeit nur

widmen

widerwillig. 彼はいやいやこの仕事をやっているだけだ.　II 形 いやいやながらの, 不承不承の. eine *widerwillige* Antwort 不承不承の返事.

***wid·men** [ヴィトメン vítmən] du widmest, er widmet (widmete, *hat* ... gewidmet) I 他 (完了 haben) ① (人³に作品など⁴を)ささげる, 献呈する. (英 dedicate). Er *widmete* seinen ersten Roman seiner Frau. 彼は最初の長編小説を妻にささげた. ② 《雅》 (時間・努力など⁴を 人・事³ のために)ささげる, 費やす. Er *widmete* sein Leben der Kunst. 彼は生涯を芸術にささげた / Er *widmet* den Kindern viel Zeit. 彼は子供たちのために多くの時間をさいている.

II 再帰 (完了 haben) *sich*⁴ 人・事³ *widmen* 人・事³ に専念する, かかりきりになる. Sie *widmet sich* ganz ihrem Haushalt. 彼女は家事に専念している.

wid·me·te [ヴィトメテ] *widmen (ささげる)の 過去

Wid·mung [ヴィトムング] 女 -/-en ① 献詞, 献辞. ② 献呈, 寄贈. ③ 《官庁》公共物に指定すること.

wid·rig [ヴィードリヒ víːdrɪç] 形 ① 不都合な, 妨げになる. ein *widriges* Geschick 不運 / *widrige* Winde 逆風. ② いやな, 不快な. ein *widriger* Geruch いやなにおい.

..wid·rig [..ヴィードリヒ ..víːdrɪç] 《形容詞をつくる 接尾》《…に反する》例: rechts*widrig* 違法の.

wid·ri·gen≠falls [ヴィードリゲン・ファるス] 副 《官庁》これに反する場合には, さもないと.

Wid·rig·keit [ヴィードリヒカイト] 女 -/-en やっかい, 困難, 障害.

***wie** [ヴィー víː]

> **どのように**
> *Wie* ist Ihr Name, bitte?
> ヴィー イスト イーァ ナーメ　　ビッテ
> あなたのお名前は？

I 副 A) 《疑問副詞》① どのように, どんなふうに, どうやって, どんな方法で. (英 how). *Wie* geht es Ihnen? ご機嫌いかがですか / *Wie* komme ich zum Bahnhof? 駅へはどう行けばよいでしょうか / *Wie* meinen Sie das? それをどういうつもりでおっしゃっているのですか / *Wie* war das Wetter? 天気はどうでしたか / *Wie* läuft der neue Wagen? 新車の調子はどうですか / *Wie* gefällt er dir? 彼をどう思う / *Wie* bitte? (相手の言ったことが聞き取れないとき:) 何とおっしゃいましたか / *Wie* wäre es, wenn wir ins Kino gingen? 《接2・現在》映画を見に行くのはいかがでしょう (見に行きませんか).

◇《間接疑問文で; 動詞の人称変化形は文末》Ich weiß nicht, *wie* man das macht. 私にはそれをどんなふうにやるのかわからない.

② どのくらい, どれほど. (英 how). *Wie* alt bist du? 君は年はいくつ? / *Wie* spät ist es? 何時ですか / *Wie* weit ist es noch? まだどのくらい [距離が]ありますか / *Wie* lange dauert die Sitzung? 会議はどのくらい [時間が] かかるのですか.

◇《間接疑問文で; 動詞の人称変化形は文末》Wissen Sie, *wie* hoch der Turm ist? あの塔の高さがどのくらいか知っていますか.

③ 《しばしば **auch, immer** とともに譲歩文で; 動詞の人称変化は文末》どんなに … であろうと. (英 however). *Wie* er sich auch bemühte, … どんなに彼が努力したところで… / *wie* dem auch sei 《接1・現在》たとえそれがどうであれ.

④ 《感嘆文で》なんと … *Wie* schön ist die Blume! この花はなんと美しいんだろう / Ist es kalt draußen? — Und *wie*!《口語》外は寒いかい — 寒いなんてもんじゃないよ / *Wie* schade! なんて残念(気の毒)な!

⑤ 《肯定の返事を期待して》《口語》… ですよね. Das ärgert dich wohl, *wie*? 君はそのことに腹を立てているんだよな.

B) 《関係副詞; 動詞の人称変化形は文末》《方法・程度を表す語を先行詞として》… するその. Die Art, *wie* er spricht, stört mich. 彼の話し方が私は気に障る / In dem Maße, *wie* man in dem Lehrbuch vorangeht, … その教科書は先へ進むにつれて.

II 接 《従属接続詞; 動詞の人称変化形は文末, ただし文でなく語句を結びつけることも多い》① … のように, … のような. (英 as). Seine Hand war kalt *wie* Eis. 彼の手は氷のように冷たかった / ein Mensch *wie* er 彼のような人間 / Haustiere *wie* [zum Beispiel] Rinder, Schweine, Pferde [例えば]牛, 豚, 馬のような家畜 / Er ist Lehrer, *wie* sein Vater es war. 父親がそうだったように彼も教師である / *Wie* du weißt, ist er krank. 君も知っているように, 彼は病気だ / *wie* immer いつものように / *wie* oben 上記のとおり / *wie* gesagt 先に言ったように.

◇《so 〜 wie … の形で》[ちょうど] … と同じくらい 〜. (英 as 〜 as …). Er ist so groß *wie* ich. 彼は私と[ちょうど]同じ背丈だ / Er ist nicht so alt *wie* ich. 彼は私ほど年をとっていない / so schnell *wie* möglich できるだけ早く / so gut *wie* … … も同然 ⇒ Er versteht so gut *wie* nichts. 彼は何もわかっていないも同然だ.

② … も, ならびに. Männer *wie* Frauen 男も女も / außen *wie* innen 外側も内側も / **nach** *wie* **vor** いぜんとして.

◇《sowohl A *wie* [auch] B の形で》AもBも. Sowohl die Kinder *wie* [auch] die Eltern sind musikalisch. 子供たちも両親も音楽の才能がある.

③ 《知覚動詞などとともに》 … するのを, … する様子を. Ich sah, *wie* er auf die Straße lief. 私は彼が通りに駆け出すのを見た.

④ 《主文中の語を受ける人称代名詞とともに一種の関係文を導いて》 … するような. Ich wünsche mir einen Computer, *wie* ihn mein Freund hat. 私は友人が持っているようなコン

ピュータが欲しい.
⑤ 〖形容詞＋*wie*…*ist* などの形で〗…であるので, …ではあるが. Vorsichtig *wie* er ist, … a) 彼は用心深いので…, b) 用心深い彼ではあるが
⑥ 〖*wie wenn*… の形で〗あたかも…であるかのように (=*als ob*). Es war, *wie* wenn jemand riefe.〖接 2・現在〗だれかが呼んだみたいだった.
⑦ 〖比較級とともに〗《口語》…よりも (=*als*). Er ist größer *wie* ich. 彼は私よりも背が高い.
⑧ 〖**ander, nichts** などとともに〗《口語》…とは別の. Er nahm eine andere Bahn *wie* ich. 彼は私とは別の列車に乗った / Er hat nichts *wie* Unsinn im Kopf. 彼の頭にあるのはくだらないことだけだ.
⑨ 《口語》…するときに, …したときに (=*als*). Und *wie* ich aus der Tür trete, … ちょうど私がドアから出ようとすると… / *Wie* ich ihn besuchen wollte, war er verreist. 私が彼を訪ねようとしたら, 彼は旅行中だった.

─────────────────────────
＊**wie viel** ① 《数量的に》どのくらい, どれだけ, いくら. (《英》*how many, how much*). *Wie viel* Geld hast du bei dir? 君は手元にいくらお金を持っているんだい / *Wie viel* kostet das? それはいくらですか / *Wie viel*[*e*] Einwohner hat Hamburg? ハンブルクの人口はどれくらいですか / *Wie viel* Uhr ist es? 何時ですか / *Wie viel* wiegst du? 君の体重はどのくらいなの. (《英》複数 1 格・4 格の名詞の前では *wie viele* とも書く.) ◊〖**auch** とともに譲歩文で〗*Wie viel* er auch verdient, er ist nie zufrieden. 彼はいくら稼いでも決して満足しない.
② 《比較級とともに》〈程度・差が〉どれほど. *Wie viel* jünger ist er als Sie? 彼はあなたよりいくつ(どのくらい)若いのですか. ◊〖感嘆文で〗なんと多く[の]; どれほど. *Wie viel* Schönes habe ich auf dieser Reise gesehen! 私はこの旅行でなんと多くのすばらしいものを見たことでしょう / *Wie viel* schöner wäre das Leben, wenn…〖接 2・現在〗もし…なら, 人生はどれほどすばらしいことだろう.
③ 《口語》(番号などが)何番目の, いくつ目の. Klosterstraße *wie viel* wohnt sie? 彼女はクロースター通りの何番地に住んでいますか.
─────────────────────────

Wie [ヴィー] 田 -s/ どんなふうにということ, 仕方, 方法; 状態. Nicht das Was, sondern das *Wie* ist wichtig. 重要なのは何がではなくいかになのだ.

Wie·de·hopf [ヴィーデ・ホプフ víːdə-hɔpf] 男 -[e]s/-e《鳥》ヤツガシラ.

＊＊**wie·der** [ヴィーダァ víːdɐr]

┌─────────────────────────┐
│ 再び   Kommen Sie bald *wieder*! │
│   コンメン   ズィー バルト ヴィーダァ │
│   近いうちにまたいらしてください. │
└─────────────────────────┘

副 ① (繰り返して)再び, また. (《英》*again*). Nie *wieder* Krieg! 二度と戦争はいやだ / Ich tue es nie *wieder*. 私は二度とそんなことはしない / **schon wieder** またもや ⇨ Es regnet schon *wieder*. またもや雨になった / **hin und wieder** ときおり / **immer wieder** (雅: *wieder und wieder*) 再三再四, 繰り返し / Das ist *wieder* etwas anderes. それはまた別の問題だ.
② (元どおりに)再び, 戻って, 戻って. In fünf Minuten bin ich *wieder* da. 5 分したら私は戻って来ます / Er ist *wieder* gesund. 彼はまた元気になった.
③ 同時にまた, 他方では. Es gefällt mir und gefällt mir *wieder* nicht. 私にはそれがいいようにも, またよくないようにも思える.
④ 《口語》同様に; (…は…で)また. Die neue Therapie half *wieder* nichts. 新しい治療法もまた役にたたなかった / Er half ihr, und sie *wieder* half ihm. 彼は彼女に手を貸し, 彼女の方もまた彼に手を貸した.
⑤ (思い出そうとして)《口語》えーっと. *Wie* heißt sie *wieder*? えーっと彼女の名前は何だったっけ.

─────────────────────────
wie·der auf|bau·en 再建(再興)する.
wie·der auf|be·rei·ten (廃棄物など^{4}を)再処理する.
wie·der auf|füh·ren 《劇》再演する.
wie·der auf|neh·men ① (仕事・交渉など^{4}を)再開する; 再び取り上げる. ② (人^{4}を) 組織などに)再び受け入れる.
wie·der be·le·ben 蘇生(そせい)させる; (習慣など^{4}を)復活させる.
wie·der ein|set·zen 復職(復権)させる.
wie·der er·ken·nen 再確認する.
wie·der er·öff·nen (店・劇場など^{4}を)再開する.
wie·der er·zäh·len ① 自分の言葉で再現する(話す). ② 《口語》(聞いたこと^{4}を)他の人に話す, 言いふらす.
wie·der fin·den ① (なくした物^{4}を)見つけ出す. Ich *habe* meinen Schlüssel *wieder gefunden*. 私は鍵(かぎ)を見つけ出した / seine Fassung^4 *wieder finden*《比》落ち着きを取り戻す / sich^4 *wieder finden* 意識を取り戻す. ② (同じ物^{4}を別のところでも)見つける. sich^4 *wieder finden* (別のところでも)見いだされる.
wie·der ge·bo·ren 生まれ変わった.
wie·der gut|ma·chen 償う, 賠償する, (事^{4}の)埋め合わせをする.
＊**wie·der se·hen** (人^{4}に)再会する; (物^{4}を)再び見る. Ich *habe* ihn nach 15 Jahren *wieder gesehen*. 私は 15 年ぶりに彼と再会した / Ich *möchte* meine Heimat einmal *wieder sehen*. 私は故郷をいつかまた訪ねてみたい / Wann *sehen* wir uns *wieder*? 今度お会いするのはいつでしょう.
wie·der ver·ei·ni·gen 再統一する, 再び統合する.

wie·der ver·hei·ra·ten sich⁴ *wieder verheiraten* 再婚する.
wie·der ver·wen·den 再利用する.
wie·der wäh·len 再選する.

....

wie·der.. [ヴィーダァ.. víːdər.. または ヴィーダァ..] **I** 〖分離動詞の 前つづり; つねにアクセントをもつ〗① 《再び》例: *wieder*|bekommen 返してもらう / *wieder*|holen 取り戻す. (⇐「繰り返す」を意味する *wiederholen* の *wieder* は非分離の 前つづり). ② 《元へ》例: *wieder*|kehren 帰還する. **II** 〖名詞などにつける 接頭〗《再び・元へ》例: *Wieder*aufbau 再建.

Wie·der≠auf·bau [ヴィーダァ・アオフバオ] 男 -s/ 再建, 復興. der *Wiederaufbau* nach dem Krieg 戦後の復興.

wie·der|auf|bau·en 他 (h) (新形) wieder auf|bauen) ☞ wieder

wie·der|auf|be·rei·ten 他 (h) (新形) wieder auf|bereiten) ☞ wieder

Wie·der≠auf·be·rei·tung [ヴィーダァ・アオフベライトゥング] 女 -/-en (核廃棄物などの)再処理.

Wie·der·auf·be·rei·tungs≠an·la·ge [ヴィーダァアオフベライトゥングス・アンらーゲ] 女 -/-n (核廃棄物などの)再処理施設.

wie·der|auf|füh·ren 他 (h) (新形) wieder auf|führen) ☞ wieder

Wie·der≠auf·nah·me [ヴィーダァ・アオフナーメ] 女 -/-n 〖ふつう 単〗再び取り上げること, 再度の受け入れ; 再開; 再上演.

wie·der|auf|neh·men* 他 (h) (新形) wieder auf|nehmen) ☞ wieder

Wie·der≠auf·rüs·tung [ヴィーダァ・アオフリュストゥング] 女 -/ 再軍備.

Wie·der≠be·ginn [ヴィーダァ・ベギン] 男 -[e]s/ 再開[始]. *Wiederbeginn* des Unterrichts 授業の再開.

wie·der|be·kom·men* [ヴィーダァ・ベコンメン víːdər-bəkɔmən] (過分 wiederbekommen) 他 (h) 返してもらう, 取り戻す. Er *hat* sein Geld *wiederbekommen*. 彼はお金を返してもらった.

wie·der|be·le·ben 他 (h) (新形) wieder beleben) ☞ wieder

Wie·der≠be·le·bung [ヴィーダァ・ベれーブング] 女 -/-en 〖ふつう 単〗蘇生(せい)[法]; 〖比〗(習慣などの)復活.

Wie·der·be·le·bungs≠ver·such [ヴィーダァベれーブングス・フェァズーフ] 男 -[e]s/-e 〖ふつう 複〗蘇生(せい)の試み, 蘇生術(人工呼吸など).

wie·der|brin·gen* [ヴィーダァ・ブリンゲン víːdər-brɪŋən] 他 (h) 返却する; (元の場所へ)連れ戻す. ein geliehenes Buch⁴ *wiederbringen* 人³に借りた本を返す.

wie·der|ein|set·zen 他 (h) (新形) wieder ein|setzen) ☞ wieder

wie·der|er·hal·ten* [ヴィーダァ・エァハるテン víːdər-ɛrhaltən] (過分 wiedererhalten) 他 (h) (お金など⁴を)返してもらう.

wie·der|er·ken·nen* 他 (h) (新形) wieder erkennen) ☞ wieder

wie·der|er·lan·gen [ヴィーダァ・エァらンゲン víːdər-ɛrlaŋən] (過分 wiedererlangt) 他 (h) (体力など⁴を)取り戻す, 回復する.

wie·der|er·öff·nen 他 (h) (新形) wieder eröffnen) ☞ wieder

Wie·der≠er·öff·nung [ヴィーダァ・エァエフヌング] 女 -/-en (店・劇場などの)再開.

wie·der|er·stat·ten [ヴィーダァ・エァシュタッテン víːdər-ɛrʃtatən] (過分 wiedererstattet) 他 (h) (経費など⁴を)弁済(返済)する.

wie·der|er·zäh·len 他 (h) (新形) wieder erzählen) ☞ wieder

wie·der|fin·den* 他 (h) (新形) wieder finden) ☞ wieder

Wie·der≠ga·be [ヴィーダァ・ガーベ] 女 -/-n ①(言葉による)再現, 描写. ②(絵の)複写, 模写; 複製画. ③《音楽》(楽曲の)演奏. ④(音の)再生.

wie·der|ge·ben [ヴィーダァ・ゲーベン víːdər-gèːbən] du gibst...wieder, er gibt...wieder (gab...wieder, hat...wiedergegeben) 他 (《完了》 haben) ① (人³に 物⁴を)返す, 返却する. (英 *give back*). 人³ Geld⁴ *wiedergeben* 人³にお金を返す. ② (事⁴を言葉などで)再現する, 言い表す, 伝える; 引用する. ein Gespräch⁴ wörtlich *wiedergeben* 会話を言葉どおり再現する / Das lässt sich mit Worten gar nicht *wiedergeben*. それはまったく言葉では言い表せない. ③ (絵画など⁴を)複製する; (音⁴を)再生する.

wie·der≠ge·bo·ren 形 (新形) wieder geboren) ☞ wieder

Wie·der≠ge·burt [ヴィーダァ・ゲブーァト] 女 -/-en ①《宗》(霊魂の)よみがえり. ②〖覆なし〗《仏教》再生. ③《雅》復興, 復活. die *Wiedergeburt* der Antike² in der Renaissance ルネサンスにおける古代の復興.

wie·der·ge·ge·ben [ヴィーダァ・ゲゲーベン] *wieder|geben (返す)の 過分

wie·der·ge·se·hen [ヴィーダァ・ゲゼーエン] wieder|sehen (wieder sehen (再会する)の 旧形)の 過分

wie·der|ge·win·nen* [ヴィーダァ・ゲヴィンネン víːdər-gəvɪnən] (過分 wiedergewonnen) 他 (h) (なくした物など⁴を)取り戻す, 取り返す.

wie·der|gut|ma·chen 他 (h) (新形) wieder gut|machen) ☞ wieder

Wie·der≠gut·ma·chung [ヴィーダァ・グートマフング] 女 -/-en 〖ふつう 単〗① 償い, 賠償, 埋め合わせ. ② 償いの行為, 補償金.

wie·der|ha·ben* [ヴィーダァ・ハーベン víːdər-hàːbən] 他 (h) 再び手に入れる, 返してもらう. Wir *haben* unseren Sohn *wieder*. 《比》息子が家に帰って来てくれた.

wie·der|her|stel·len [ヴィーダァ・ヘーァシュテれン víːdər-héːr-ʃtɛlən] (stellte...wieder her, hat...wiederhergestellt) 他 (h) ① 元どおりにする, 復旧する, (秩序など⁴を)回復する. ②

Wiedervereinigung

(人⁴の)健康を回復させる. Der Kranke *ist* völlig *wiederhergestellt*.《状態受動・現在》病人はすっかり良くなった.
(←■) wieder herstellen は「再び生産する」を意味する.

Wie·der·her·stel·lung [ヴィーダァ・ヘーァシュテルング] 囡 -/-en《ふつう 単》① 復旧, 復興. ② (病人の)回復, 全快.

wie·der≠ho·len¹ [ヴィーダァ・ホーレン vi:dərhó:lən]《非分離》(wiederholte, hat... wiederholt) I 他 (完了 haben) (英 *repeat*)
① 繰り返す, もう一度行う. ein Experiment⁴ *wiederholen* 実験を繰り返す / eine Sendung⁴ *wiederholen* 再放送する / Der Schüler *muss* die Klasse *wiederholen*. その生徒は留年しなければならない(←一学年を繰り返す).
② 繰り返して言う, もう一度言う. Ich *wiederhole* meine Forderungen. 私の要求を繰り返して言います / Bitte *wiederholen* Sie den Namen. その名前をもう一度言ってください.
③ (教材など⁴を)復唱する, 復習する. Die Schüler *wiederholen* Vokabeln. 生徒たちは単語を復習する.
II 再帰 (完了 haben) *sich*⁴ *wiederholen* ① 同じことを繰り返して言う. Du *wiederholst dich*. 君は同じことばかり言っている.
② (出来事などが)繰り返される, 繰り返し起こる. Dieser Vorgang *wiederholt sich* fast täglich. こういうことは毎日のように繰り返し起こっている.

wie·der|ho·len² [ヴィーダァ・ホーレン ví:dər-hò:lən]《分離》他 (h) 取りに行く; 取り返す. *sich*³ den Weltmeistertitel *wiederholen*《比》世界チャンピオンのタイトルを奪回する.

wie·der·holt [ヴィーダァ・ホールト] I ✽wiederholen¹ (繰り返す)の 過分, 3人称単数・2人称複数 現在. II 形 繰り返しの, たび重なる, 再三の(苦情・要求など). zum *wiederholten* Mal 繰り返し / Ich habe dich schon *wiederholt* ermahnt. ぼくは君にもう何度も警告したはずだぞ.

wie·der·hol·te [ヴィーダァ・ホールテ] ✽wiederholen¹ (繰り返す)の.

✱ *die* **Wie·der≠ho·lung** [ヴィーダァ・ホールング ví:dərhò:luŋ] 囡 (単)-/(複)-en 繰り返し, 反復; 復習, 復唱. (英 *repetition*). Eine *Wiederholung* der Prüfung ist nicht möglich. 再試験はあり得ない.

Wie·der·ho·lungs≠fall [ヴィーダァホールングス・ファる] 男 《成句的に》im *Wiederholungsfall*《官庁》同じことが再度起きた場合には.

Wie·der·ho·lungs≠zei·chen [ヴィーダァホールングス・ツァイヒェン] 中 -s/-《音楽》反復記号.

Wie·der≠hö·ren [ヴィーダァ・ヘーレン] 中 《成句的に》 [Auf] *Wiederhören*! (電話・ラジオで)さようなら.

Wie·der≠**in·stand·set·zung** [ヴィーダァ・インシュタントゼッツング] 囡 -/-en《ふつう 単》修復, 修理.

wie·der|käu·en [ヴィーダァ・コイエン ví:dər-kòyən] 他 (h) ① (牛などが餌(☆)など⁴を)反芻(☆)する. Schafe *käuen wieder*. 羊が餌を反芻している. ②《比》(同じこと⁴を)何度も繰り返して言う, (他人の言葉⁴を)受け売りする.

Wie·der≠käu·er [ヴィーダァ・コイアァ] 男 -s/- (動)反芻(☆)動物.

Wie·der≠kauf [ヴィーダァ・カオふ] 男 -[e]s/..käufe《法》買い戻し.

Wie·der≠kehr [ヴィーダァ・ケーァ] 囡 -/《雅》① 帰還, 帰って来ること. die *Wiederkehr* Christi² キリストの再臨. ② 繰り返し, 反復.

wie·der|keh·ren [ヴィーダァ・ケーレン ví:dər-kè:rən] 自 (s)《雅》① 帰還する, 帰って来る. Er *ist* aus dem Krieg *wiedergekehrt*.《現在完了》彼は戦争から帰って来た. ② (主題・出来事などが)繰り返される; (チャンスなどが)再び巡って来る.

wie·der|kom·men✻ [ヴィーダァ・コンメン ví:dər-kòmən] 自 (s) ① (人が)帰って来る;《比》(記憶などが)戻って来る. *von* einer Reise *wiederkommen* 旅行から帰って来る. ② 再び来る; (チャンスなどが)再び巡って来る. Bitte *kommen* Sie bald *wieder*! どうかまた近いうちにお越しください.

wie·der|sa·gen [ヴィーダァ・ザーゲン ví:dərzà:gən] 他 (h)《口語》(他人から聞いたとおりを当事者に)口をすべらして言う.

Wie·der≠schau·en [ヴィーダァ・シャオエン] 中《成句的に》[Auf] *Wiederschauen*!《方》さようなら.

wie·der|se·hen✻ 他 (h) (新形) wieder sehen) ☞ wieder

✱ *das* **Wie·der≠se·hen** [ヴィーダァ・ゼーエン ví:dərze:ən]

再会	Auf *Wiedersehen*! さようなら.
	アオふ ヴィーダァゼーエン

中 (単)-s/(複)-《ふつう 単》再会. ein fröhliches *Wiedersehen* 楽しい再会 / das *Wiedersehen*⁴ feiern 再会を祝う / *Wiedersehen* macht Freude! (他人に物を貸すときに:) どうぞ忘れず返してくださいね / ein *Wiedersehen*⁴ vereinbaren 再会の日を取り決める.

wie·de·rum [ヴィーデルム ví:dərum] 副 ① 再び, またもや. ② 他方, それに対して. ◇《人称代名詞の後ろに添えて》…としては. Ich *wiederum* bin der Meinung², dass… 私[のほう]としては…という意見だ.

wie·der|ver·ei·ni·gen 他 (h) (新形) wieder vereinigen) ☞ wieder

Wie·der≠ver·ei·ni·gung [ヴィーダァ・フェアアイニグング] 囡 -/-en《ふつう 単》再統一, 再結合. die *Wiedervereinigung* Deutschlands ドイツの再統一(1990年10月3日).

wie·der|ver·hei·ra·ten 再帰 (h) 新形
wieder verheiraten) ☞ wieder

Wie·der=ver·hei·ra·tung [ヴィーダァ・フェアハイラートゥング] 女 -/-en《ふつう》単 再婚.

Wie·der=ver·käu·fer [ヴィーダァ・フェアコイファァ] 男 -s/-《経》小売商人; 転売人.

wie·der|ver·wen·den 他 (h) 新形 wieder verwenden) ☞ wieder

Wie·der=ver·wen·dung [ヴィーダァ・フェアヴェンドゥング] 女 -/-en《ふつう》単 ① 再利用(使用). ② 再雇用, 復職.

Wie·der=wahl [ヴィーダァ・ヴァール] 女 -/-en 再選.

wie·der|wäh·len 他 (h) 新形 wieder wählen) ☞ wieder

Wie·ge [ヴィーゲ víːɡə] 女 -/-n ① 揺りかご. die *Wiege*[4] schaukeln 揺りかごを揺する / von der *Wiege* bis zur Bahre《戯》生まれてから死ぬまで(←揺りかごから棺桶まで). ②《比》発祥の地, 揺籃(ようらん)の地. Seine *Wiege* stand in Berlin.《比》彼はベルリン生まれである.

Wie·ge=mes·ser [ヴィーゲ・メッサァ] 中 -s/-《料理》みじん切り用包丁(弓形で両端に取っ手のついたみじん切り用のもの).

＊**wie·gen**[1]＊ [ヴィーゲン víːɡən] (wog, hat...gewogen) I 自 (完了 haben) (…の)重さがある, 目方がある. Das Paket *wiegt* fünf Kilo. その小包は5キロの重さです / Wie viel *wiegst* du? 君はどのくらい体重があるの / Er *wiegt* zu viel (zu wenig). 彼は体重が重すぎる(軽すぎる) / Seine Worte *wiegen* nicht schwer.《比》彼の言葉には重みがない.
II 他 (完了 haben) (人・物[4]の)重さを量る, 目方を量る. (英 weigh). Er *wiegt* das Paket. 彼は小包の重さを量る / Sie *wog* den Brief in der Hand. 彼女はその手紙を手に持って重さの見当をつけた. ◇《再帰的に》Er *wiegt sich*[4] jeden Tag. 彼は毎日自分の体重を量っている. ◇《目的語なしでも》Die Verkäuferin *wiegt* immer großzügig. その店員はいつも気前よく(少し多めに)目方を量ってくれる.
◇ ☞ gewogen

＊**wie·gen**[2] [ヴィーゲン víːɡən] (wiegte, hat...gewiegt) I 他 (完了 haben) ① 揺り動かす, 揺する. (英 rock). ein Baby[4] in den Armen *wiegen* 赤ん坊を腕に抱いて揺する / Er *wiegte* sorgenvoll den Kopf. 彼は気づかわしげに頭を左右に振った / ein Kind[4] in den Schlaf *wiegen* 子供を揺すって寝かしつける. ② (肉・野菜[4]を)みじん切りにする, 刻む. Fleisch[4] *wiegen* 肉を刻む.
II 自 (完了 haben) (枝などが)揺れる, 揺れ動く. ◇《現在分詞の形で》mit *wiegenden* Schritten gehen 弾むような足取りで歩く.
III 再帰 (完了 haben) *sich*[4] *wiegen* ① 体を揺り動かす, (物が)揺れる. Das Boot *wiegt sich* auf den Wellen. ボートが波間に揺れている / *sich*[4] in den Hüften *wiegen* 腰を振る (振って歩く). ②《*sich*[4] in 事[3] ~》《比》(事[3]に)ふける, ひたる. *sich*[4] in der Hoffnung *wiegen*, dass...…という希望にひたっている / *sich*[4] in Sicherheit *wiegen* (愚かにも)安心しきっている.
◇ ☞ gewiegt

Wie·gen=fest [ヴィーゲン・フェスト] 中 -[e]s/-e《雅》誕生日[の祝い].

Wie·gen=lied [ヴィーゲン・リート] 中 -[e]s/-er 子守歌. ein *Wiegenlied*[4] summen 子守歌を口ずさむ.

wieg·te [ヴィークテ] ＊wiegen[2] (揺り動かす)の 過去

wie·hern [ヴィーアァン víːərn] 自 (h) ① (馬が)いななく. ②《口語》(人が)大笑いする.

Wien [ヴィーン víːn] 中 -s/《都市名》ウィーン, ヴィーン(オーストリアの首都. ドナウ川右岸に発達した古都. ハープスブルク家のもとで繁栄し, ヨーロッパの政治・文化の中心地となった. 音楽の都としても有名. ☞ 地図 H-4).

Wie·ner [ヴィーナァ víːnər] I 男 -s/- ウィーンの市民(出身者).(🔁 女性形は Wienerin). II 女 -/-《ふつう》複 ウインナーソーセージ. III 形《無語尾で》der *Wiener* Kongress ウィーン会議 (1814–1815).

wie·ne·risch [ヴィーネリッシュ víːnərɪʃ] 形 ウィーン[風]の; ウィーン方言の.

wies [ヴィース] ＊weisen (指し示す)の 過去

Wies·ba·den [ヴィース・バーデン víːs-baːdən] 中 -s/《都市名》ヴィースバーデン(ドイツ, ヘッセン州の州都. 温泉の出るローマ時代からの保養地. ☞ 地図 D-3).

wie·se [ヴィーゼ] ＊weisen (指し示す)の 接2

＊*die* **Wie·se** [ヴィーゼ víːzə] 女 (単) -/(複) -n 草地, 牧草地, 草原.(英 meadow). *Wiesen* und Wälder 草地や森 / eine *Wiese*[4] mähen 牧草地の草を刈る / Kühe weideten auf der *Wiese*. 雌牛が牧草地で草を食べていた / auf der grünen *Wiese* 郊外の空地で.

Wie·sel [ヴィーゼル víːzəl] 中 -s/-《動》イタチ. Er ist flink wie ein *Wiesel*. 彼はいたちのようにすばしこい.

Wie·sen=schaum·kraut [ヴィーゼン・シャオムクラオト] 中 -[e]s/..kräuter《植》タネツケバナ[属の一種].

：**wie=so** [ヴィ・ゾー vi-zóː] (英 why) 副 A)《疑問副詞》どうして, なぜ. *Wieso* hast du nicht angerufen? なぜ君は電話しなかったんだい / Ärgerst du dich? — Nein, *wieso*? 怒っているの? — いや, どうして[そう思ったの].
B)《関係副詞; 動詞の人称変化形は文末》なぜ…かという(理由など). Der Grund, *wieso* er das gesagt hat, ist mir unbekannt. なぜ彼がそのことを口にしたのか, 私は知らない.

wie=viel 副 新形 wie viel (どのくらい) ☞ wie

wie·viel=mal [ヴィフィール・マール] 副《疑問副詞》何回, 何度. *Wievielmal* warst du in Rom? 君はローマに何回行ったことがあるの.

wie・viel [ヴィ・フィーゅト vi-fiːlt または ヴィー..] 形《付加語としてのみ》**何番目の**. Das *wievielte* Bier trinkst du jetzt? 君は何杯目のビールを飲んでいるんだい. ◇《名詞的に》Der *Wievielte* ist heute? または Den *Wievielten* haben wir heute? きょうは何日ですか. ◇《成句的に》 **zu** *wieviel* 何人で ⇒ Zu *wieviel* wart ihr? 君たちは何人だったの.

wie≈weit [ヴィ・ヴァイト] 副《疑問副詞; 間接疑問文で; 動詞の人称変化形は文末》どの程度まで (=inwieweit). Ich weiß nicht, *wieweit* ich das tun kann. 私にどこまでやれるものかわからない.

wie≈wohl [ヴィ・ヴォーる] 接《従属接続詞; 動詞の人称変化形は文末》《雅》…にもかかわらず (=obwohl).

Wig・wam [ヴィクヴァム víkvam] 〔英〕 男 -s/-s (アメリカインディアンの)テント小屋.

Wi・kin・ger [ヴィーキンガァ víːkɪŋər] 男 -s/- ヴァイキング (8–11 世紀にヨーロッパの海岸地域を侵略したスカンジナヴィアのノルマン人).

wild [ヴィるト vɪlt] 形《比較級 wilder, 最上 wildest》① **野性の**. (変 wild). *wilde* Pflanzen 野性の植物 / Diese Rosen sind *wild*. これらのばらは野性のものだ.
② 未開の; 野蛮な. *wilde* Völker 未開民族.
③ 自然のままの; (草などが)伸び放題の; 未開拓の. eine *wilde* Gegend 未開拓な地方 / eine *wilde* Mähne《俗》ぼさぼさの長髪.
④ 不法な, 無届けの. ein *wilder* Streik 山猫(非公認)スト / ein *wildes* Taxi 無許可タクシー, 白タク / *wild* parken 違法駐車する / mit 人³ in *wilder* Ehe leben (正式の結婚手続きを行わずに)人³と同棲している.
⑤ 激しい, すさまじい; 怒り狂った. Das Meer war ganz *wild*. 海は大変に荒れていた / Er war *wild vor* Wut. 彼はかんかんに怒っていた / **auf** 人・物⁴ *wild sein*《口語》 人・物⁴に夢中になっている ⇒ Er ist ganz *wild* auf sie. 彼は彼女に夢中だ.
⑥ (動物が)こわがって興奮した; (子供が)手に負えない[ほど元気な]; 《口語》激動の(時代など). Seid nicht so *wild*! おまえたち, そんなにはしゃぐんじゃない! / Das waren *wilde* Zeiten! あのころは激動の時代だった.
⑦ とんでもない, めちゃくちゃな. *wilde* Gerüchte とんでもないうわさ / Das ist halb so (または nicht so) *wild*.《口語》それはそんなに悪くはない.

（新形）..
wild le・bend（動物について:)野性の.
wild wach・send（植物について:)野性の.
....

Wild [ヴィるト] 中 -es (まれに -s)/ ① (総称として:)(狩猟用の)野獣; 獣肉, 鳥肉, 猟の獲物.
② 獣肉の肉.

Wild≈bach [ヴィるト・バッハ] 男 -[e]s/..bäche (山間の)急流, 渓流.

Wild≈**bahn** [ヴィるト・バーン] 女《成句的に》in freier *Wildbahn* 野外で.

Wild≈bret [ヴィるト・ブレット] 中 -s/《雅》猟獣の肉.

Wild≈**dieb** [ヴィるト・ディープ] 男 -[e]s/-e 密猟者.

Wild≈**en・te** [ヴィるト・エンテ] 女 -/-n《鳥》カモ, (特に:)マガモ.

Wil・de[r] [ヴィるデ (..ダァ) vílda (..dər)] 男 女《語尾変化は形容詞と同じ》未開人.

Wil・de・rer [ヴィるデラァ víldərər] 男 -s/- 密猟者 (=Wilddieb).

wil・dern [ヴィるダァン víldərn] 自 (h) ① 密猟をする. ② (犬・猫などが)野性化する.

Wild≈fang [ヴィるト・ファング] 男 -[e]s/..fänge ① 暴れん坊, おてんば娘. ② 捕えられた野獣(野鳥).

wild≈fremd [ヴィるト・ふレムト] 形 まったく見知らぬ. ein *wildfremder* Mensch 見ず知らずの人.

Wild≈gans [ヴィるト・ガンス] 女 -/..gänse《鳥》(野性の)ガチョウ; ハイイロガン.

Wild・heit [ヴィるトハイト] 女 -/-en ① 野生. ② 未開, 野蛮. ③ 自然状態. ④ 粗野, 乱暴. ⑤ 奔放さ.

Wild≈hü・ter [ヴィるト・ヒュータァ] 男 -s/- 狩猟区の管理人, 鳥獣保護員.

Wild≈kat・ze [ヴィるト・カッツェ] 女 -/-n《動》ヨーロッパヤマネコ.

wild≈le・bend 形（新形 wild lebend）☞ wild

Wild≈le・der [ヴィるト・れーダァ] 中 -s/- 鹿皮, バックスキン.

Wild・ling [ヴィるトリング víltlɪŋ] 男 -s/-e ① 《園芸》(接ぎ木の)台木;《林》実生(ふら)の木. ② (捕らえられた)野生動物. ③ 腕白小僧, おてんば娘.

Wild・nis [ヴィるトニス] 女 -/..nisse 荒野, 荒地, 荒涼とした所.

Wild≈park [ヴィるト・パルク] 男 -s/-s (まれに -e) (柵(き)で囲まれた)鳥獣保護区域.

wild≈ro・man・tisch [ヴィるト・ロマンティッシュ] 形 野趣に富んだロマンチックな(風景など).

Wild≈sau [ヴィるト・ザオ] 女 -/..säue (または -en) ① 雌のいのしし. ②《俗》(ののしって:)豚野郎.

Wild≈scha・den [ヴィるト・シャーデン] 男 -s/..schäden ① (野獣による)林業・農業の被害. ② (野生動物の道路横断による)交通事故の損害.

Wild≈schütz [ヴィるト・シュッツ] 男 -en/-en ① 密猟者. ②《古》猟師.

Wild≈schwein [ヴィるト・シュヴァイン] 中 -[e]s/-e ①《動》イノシシ. ②《複 なし》いのししの肉.

wild≈wach・send 形（新形 wild wachsend）☞ wild

Wild≈was・ser [ヴィるト・ヴァッサァ] 中 -s/- ① 山間の急流, 渓流. ②《複 なし》(カヌーの)ワイルドウォーター[競技].

Wild≈wech・sel [ヴィるト・ヴェクセる] 男 -s/-

①(動物の)通り道, けもの道. ②〖覆〗なし〗(道路での)野生動物の横断.

Wild=west [ヴィるト・ヴェスト] 男 -s/〖覆〗なし; 冠詞なしで〗(開拓時代のアメリカの)西部.

Wild=west=film [ヴィるト・ヴェスト・フィるム] 男 -[e]s/-e (アメリカの)西部劇[映画], ウェスタン.

Wil·helm [ヴィるヘるム vílhɛlm] -s/〘男名〙ヴィルヘルム.

Wil·hel·mi·ne [ヴィるヘるミーネ vɪlhɛlmíːnə] -/〘女名〙ヴィルヘルミーネ.

* **will** [ヴィる víl] ＊**wollen**[1] (…するつもりだ)の1人称単数・3人称単数 現在. Er *will* Arzt werden. 彼は医者になるつもりだ.

* *der* **Wil·le** [ヴィれ vílə] 男 (単2) -ns; (単3.4) -n/(複) -n 〖ふつう 単〗**意志**, 意向, 意図; 決意. (英 *will, intention*). ein fester *Wille* 確固たる意志 / Er hat einen starken (schwachen) *Willen*. 彼は意志が強い(弱い) / der *Wille* zum Frieden (Leben) 平和を守ろうとする(生きようとする)意志 / Er hat keinen eigenen *Willen*. 彼には自分の意志というものがない / Er will seinen *Willen* durchsetzen. 彼は自分の意志を押し通そうとする / Es war mein freier *Wille*, dies zu tun. 私は自分の自由意志でそれをしたのだ / Lass ihm seinen *Willen*. 彼のしたいようにさせておきなさい / Wo ein *Wille* ist, ist auch ein Weg. 〘諺〙意志のあるところに道は開ける.

◊〖前置詞とともに〗**aus** freiem *Willen* 自由意志で, 自発的に / **beim** besten *Willen* いくら努力しても / **Das** geschah **gegen** meinen *Willen*. それは私の意志に反して起きたことだ / 事物⁴ **mit** *Willen* tun 事物⁴を故意に(わざと)する / mit einigem guten *Willen* 多少ともやる気があれば / **nach** dem *Willen* der Mehrheit[2] 大多数の意志に従って / **nach** Wunsch und *Willen* 思いどおりに / **ohne** [Wissen und] *Willen* unseres Vaters 私たちの父が知らないままに / **wider** meinen *Willen* 心ならずも, 意に反して / 人³ **zu** *Willen* sein 人³の言いなりになる.

wil·len [ヴィれン vílən] 前〖2格とともに; **um**…*willen* の形で〗…のために. um der Gesundheit *willen* 健康のために / um unserer Freundschaft *willen* われわれの友情のために. ◊〖間投詞的に〗Um Gottes *willen*! または Um [des] Himmels *willen*! a) とんでもない, b) お願いだから.

Wil·len [ヴィれン] 男 -s/- 〘話〙 = Wille

wil·len=los [ヴィれン・ろース] 形 自分自身の考え(意志)のない, 人の言いなりになる. ein *willenloser* Mensch 自分の意志のない人.

Wil·len·lo·sig·keit [ヴィれン・ろーズィヒカイト] 女 -/ 無意志, 人の言いなりになること.

wil·lens [ヴィれンス] 形〖成句的に〗*willens* sein, **zu** 不定詞[句]〘雅〙…をする気がある, …をするつもりである.

Wil·lens=er·klä·rung [ヴィれンス・エァクれールング] 女 -/-en 〘法〙意思表示.

Wil·lens=frei·heit [ヴィれンス・フライハイト] 女 -/ 〘哲・神〙意志の自由.

Wil·lens=kraft [ヴィれンス・クラフト] 女 -/ 意志の力.

wil·lens=schwach [ヴィれンス・シュヴァッハ] 形 意志薄弱な, 意志の弱い.

Wil·lens=schwä·che [ヴィれンス・シュヴェッヒェ] 女 -/ 意志薄弱.

wil·lens=stark [ヴィれンス・シュタルク] 形 意志強固な, 意志の強い.

Wil·lens=stär·ke [ヴィれンス・シュテルケ] 女 -/ 意志の強さ, 意志力.

wil·lent·lich [ヴィれントりヒ] 副〘雅〙故意に, わざと. *willentlich* gegen ein Tabu verstoßen わざとタブーを破る.

will·fah·ren [ヴィる・ファーレン vɪl-fáːrən または ヴィる..] (過分 willfahrt または gewillfahrt) 自 (h)〘雅〙(人³の)意に従う, 言うことを聞く;(願い・希望などを)かなえる.

will·fäh·rig [ヴィる・フェーリヒ víl-fɛːrɪç または ..フェーリヒ] 形〘雅〙(ふつう軽蔑的に:)人の言いなりになる. 人³ *willfährig* sein 人³の言いなりになる.

Will·fäh·rig·keit [ヴィる・フェーリヒカイト または ヴィる・フェー..] 女 -/-en 〖ふつう 単〗〘雅〙(ふつう軽蔑的に:)人の言いなりになること, 屈従.

wil·lig [ヴィりヒ vílɪç] 形 喜んで(進んで)…する, 自発的な. ein *williger* Arbeiter 進んで働く労働者 / ein *williges* Kind 聞き分けのよい子 / 事物⁴ *willig* tun 事物⁴を快く(喜んで)する.

wil·li·gen [ヴィりゲン vílɪgən] 自 (h)〘in 人物⁴~〙〘雅〙(人物⁴に)同意する, (事物⁴を)承諾する.

Will·komm [ヴィる・コム víl-kɔm] 男 -s/-e 〖ふつう 単〗 ①〘話〙 = Willkommen ② (昔の:)(賓客用の)杯.

＊＊**will·kom·men** [ヴィる・コンメン vɪl-kɔ́mən]

歓迎される	Herzlich *willkommen*!
	ヘルツリヒ　ヴィるコンメン
	ようこそいらっしゃいました.

形 歓迎される, 喜ばれる; 好都合の. (英 *welcome*). ein *willkommener* Gast 歓迎される客 / eine *willkommene* Nachricht 喜ばしいニュース / *Willkommen* **zu** Hause (in Kyoto)! わが家へ(京都へ)ようこそ / Seien Sie mir *willkommen*!〘接1・現在〙ようこそいらっしゃいました / Sie sind uns zu jeder Zeit *willkommen*! どうぞいつでもおいでください / Das ist mir sehr *willkommen*. それは私には非常に好都合です / 人⁴ ***willkommen*** **heißen** 人⁴を[ようこそと言って]迎える.

Will·kom·men [ヴィる・コンメン] 中 (まれに 男) -s/- 歓迎の辞(あいさつ); 歓迎の意. 人³ ein herzliches *Willkommen*⁴ bieten (または bereiten) 人³に心から歓迎の意を表する.

Will·kür [ヴィる・キューァ víl-kyːr] 女 -/ 恣意(し), 勝手, 気まま; 任意, 随意; 専横. Das ist die reine *Willkür*. それは勝手気ままもいいとこ

Will·kür=akt [ヴィるキューァ・アクト] 男 -[e]s/-e 勝手なふるまい.

Will·kür=**herr·schaft** [ヴィるキューァ・ヘルシャフト] 女 -/ 独裁(専制)政治, 圧政.

***will·kür·lich** [ヴィる・キューァリヒ vílky:rlɪç] 形 ① 恣意(ピ)的な, 勝手な; 横暴な. (英 arbitrary). *willkürliches* Handeln 恣意的な行動. 任意の, 無作為の;《生》随意の. eine *willkürliche* Auswahl 無作為抽出 / *willkürliche* Muskeln 随意筋.

willst [ヴィるスト] ＊**wollen**¹ (…するつもりだ)の2人称単数 現在

wim·meln [ヴィンメるン vímǝln] 自 (h) ① うようよしている, 群がっている. Im Netz *wimmeln* Fische. 魚が網の中でうようよしている. ②《von 人・物³》で》(人・物³で)いっぱいである. Die Straße *wimmelt* von Menschen. 通りは人でいっぱいだ. ◊《非人称の **es** を主語として》In dem Buch *wimmelt* es von Fehlern.《比》その本には誤りがたくさんある.

wim·mern [ヴィンマァン vímərn] 自 (h) すすり(しくしく)泣く. **vor** Schmerzen *wimmern* 痛くてすすり泣く / **um** Gnade *wimmern* 泣いて慈悲を請う.

Wim·pel [ヴィンぺる vímpǝl] 男 -s/- (細長い)三角旗, ペナント(スポーツクラブの旗・船の信号旗など).《☞ Fahne 図》.

Wim·per [ヴィンパァ vímpǝr] 女 -/-n ① まつげ. falsche (または künstliche) *Wimpern* つけまつげ / ohne mit der *Wimper* zu zucken 眉(ミュ)ひとつ動かさずに平然と. ②《生》繊毛.

Wim·pern=tu·sche [ヴィンパァン・トゥッシェ] 女 -/-n マスカラ.

der **Wind** [ヴィント vínt]

> 風 Der *Wind* kommt von Osten.
> デァ ヴィント コムト フォン オステン
> 風が東から吹いている.

男 (単2) -es (まれに -s)/(複) -e (3格のみ -en) ① 風. (英 wind). Gegen*wind* 向かい風 / ein kalter *Wind* 寒風 / ein sanfter (starker) *Wind* 穏やかな(強い)風 / Der *Wind* weht (bläst). 風が吹く(強く吹く) / Der *Wind* pfeift. 風がひゅーひゅー鳴る / Der *Wind* dreht sich. 風向きが変わる / Der *Wind* legt sich. 風がおさまる / den *Wind* im Rücken haben 追い風を背に受けている / Ich weiß schon, woher der *Wind* weht.《口語》私にはもう実情がわかっている(←風がどちらから吹いているかが) / *Wind*⁴ machen《口語・比》大ぶろしきを広げる / Hier weht ein scharfer *Wind*.《口語・比》ここには厳しい雰囲気がみなぎっている / Daher weht der *Wind*!《口語》そういうことだったのか(←そこから風が吹いて来るのか) / 人³ den *Wind* aus den Segeln nehmen (人³の)気勢をそぐ / sich³ den *Wind* um die Nase (または die Ohren) wehen lassen《口語・比》世間の風に当たって経験を積む(←自分の鼻(ミ)のあたりに風を吹かせる).
◊《前置詞とともに》**auf** günstigen *Wind* warten 順風を待つ / **bei** (または in) *Wind* und Wetter どんな悪天候でも / **gegen** den *Wind* laufen 風に向かって走る / **einen** Rat in den *Wind* schlagen《口語》忠告を聞き流す / **in** alle *Winde* 四方八方へ / **in** den *Wind* reden《比》馬の耳に念仏を唱える(←風の中で語りかける) / **mit** dem *Wind* segeln 追い風を受けて帆走する.
② (パイプオルガンのパイプに送られる)空気;《冶》(溶鉱炉に送られる)空気. ③ (腸内の)ガス, おなら, 放屁.

Wind=beu·tel [ヴィント・ボイテる] 男 -s/- ①《料理》シュークリーム. ②《俗》ほらふき, 軽率なやつ.

Wind=**bruch** [ヴィント・ブルフ] 男 -[e]s/..brüche (山林・樹木の)風害.

Win·de [ヴィンデ víndǝ] 女 -/-n ①《工》ウィンチ, 巻き上げ機, ジャッキ. ②《植》セイヨウヒルガオ属.

Wind=ei [ヴィント・アイ] 中 -[e]s/-er ① 殻のない卵(薄い膜で覆われただけの卵). ② 無精卵;《比》実体のない物. ③《医》奇胎.

die **Win·del** [ヴィンデる víndǝl] 女 (単) -/(複) -n おむつ, おしめ. (英 diaper, nappy). das Kind⁴ in *Windeln* wickeln 子供におむつを当てる / Das liegt (または steckt) noch in den *Windeln*.《比》それはまだごく初期の段階にある(←おむつくるまれている).

win·del=weich [ヴィンデる・ヴァイヒ] 形《口語》① 人の言いなりになる. ②《成句的に》人⁴ *windelweich* schlagen (または hauen または prügeln) 人⁴をこてんこてんになぐる.

*****win·den*** [ヴィンデン víndǝn] du windest, er windet (wand, hat…gewunden) I 再帰 (完了 haben) *sich*⁴ *winden* ① 身をくねらせる, 身をよじる, のたうつ. Der Verletzte *wand* sich **vor** Schmerzen. 負傷者は苦しみのあまりのたうちまわった. ②《方向を表す語句とともに》(道などが…へ)曲がりくねって続いている, 蛇行している. (英 wind). Der Bach *windet* sich **durch** die Felsen. 小川が岩の間をぬって流れている. ③《*sich*⁴ **um** 物⁴》(物⁴に)巻きつく, からみつく. Die Bohnen *winden* sich um die Stangen. 豆は支柱にからみついている. ④《*sich*⁴ **durch** 人・物⁴~》(人・物⁴を)かきわけて進む. Er versuchte *sich* **durch** die Menge nach vorn zu *winden*. 彼は大勢の人をかきわけて前へ進もうとした. ⑤《比》言い逃れをしようとする; あがく.
II 他 (完了 haben) ①《雅》(花・花輪などを)編む. Blumen⁴ **in** einen Kranz (または **zu** einem Kranz) *winden* 花輪を編む. ②《A⁴ **um** B⁴ ~》《雅》(A⁴をB⁴に)巻きつける. Sie *wand* dem Kind ein Tuch um den Kopf. 彼女は子供の頭に布を巻いた. ③《成句的に》人³ 物⁴ **aus** der Hand *winden*《雅》人³の手か

ら物⁴をもぎ取る．④（ウインチなどで…ヘ／…から）巻き上げる．eine Last⁴ nach oben *winden* 荷物を上へ巻き上げる．
◊ ☞ gewunden

Win·des·ei·le [ヴィンデス・アイレ] 囡 《成句的に》 **in**（または **mit**）*Windeseile* たちまち，あっという間に（←はやてのように）．

Wind⩴fang [ヴィント・ファング] 男 -(e)s/..fänge ポーチ，《建》ポーチ，張出し玄関．

wind⩴ge·schützt [ヴィント・ゲシュッツト] 形 風から守られた，風の当たらない．

Wind⩴har·fe [ヴィント・ハルフェ] 囡 《音楽》（風圧で鳴る）エオリアンハープ（= Äolsharfe）．

Wind⩴hauch [ヴィント・ハオホ] 男 -(e)s/-e 微風，そよ風．

Wind⩴ho·se [ヴィント・ホーゼ] 囡 -/-n 《気象》竜巻．

Wind⩴hund [ヴィント・フント] 男 -(e)s/-e ① グレーハウンド（足の速い猟犬）．② 《口語》軽薄なやつ．

* **win·dig** [ヴィンディヒ víndiç] 形 ① 風の吹く，風の強い．(英 windy)．ein *windiger* Tag 風の強い日 / Draußen ist es *windig*. 外は風が強い．② 《口語》信頼できない，いい加減な．ein *windiger* Bursche 当てにならない人．

Wind⩴ja·cke [ヴィント・ヤッケ] 囡 -/-n ウインドブレーカー．

Wind⩴jam·mer [ヴィント・ヤンマァ] 男 -s/- 《海》大型帆船．

Wind⩴ka·nal [ヴィント・カナール] 男 -s/..näle ①《工》風洞．②《音楽》（オルガンの）送風管．

Wind⩴licht [ヴィント・リヒト] 匣 -(e)s/-er ほや付きカンテラ，ガラスの風よけの付いたランプ．

Wind⩴mes·ser [ヴィント・メッサァ] 男 -s/- 風速計，風力計．

Wind⩴müh·le [ヴィント・ミューレ] 囡 -/-n 風車．gegen *Windmühlen*（または mit *Windmühlen*）kämpfen 勝ち目の見込みのない戦いをする（←風車と戦う）《『ドン・キホーテ』から》．

Wind·müh·len⩴flü·gel [ヴィントミューレン・フリューゲル] 男 -s/- 風車の翼（羽根）．

Wind⩴po·cken [ヴィント・ポッケン] 覆 《医》水痘(ホウ)，水疱瘡(ホウ)．

Wind⩴rad [ヴィント・ラート] 匣 -(e)s/..räder 《工》風力動力機（風力発電機など）．

Wind⩴rich·tung [ヴィント・リヒトゥング] 囡 -/-en 風向き，風の方向．

Wind⩴rös·chen [ヴィント・レースヒェン] 匣 -s/-《植》イチリンソウ属，アネモネ．

Wind⩴ro·se [ヴィント・ローゼ] 囡 -/-n 羅針盤の指針面（形がばらの花に似ていることから）．

Wind⩴sack [ヴィント・ザック] 男 -(e)s/..säcke （飛行場などの）吹き流し．

Wind⩴schat·ten [ヴィント・シャッテン] 男 -s/- 風の当たらない側，風当たりの弱い所．

wind⩴schief [ヴィント・シーフ] 形 （風で）傾いた，ゆがんだ（家など）．

wind⩴schlüp·fig [ヴィント・シュリュプフィヒ] 形 = windschnittig

wind⩴schnit·tig [ヴィント・シュニティヒ] 形 風力抵抗の少ない形をした，流線形の．

Wind⩴schutz·schei·be [ヴィント・シュッツシャイベ] 囡 -/-n （自動車などの）フロントガラス．

Wind⩴sei·te [ヴィント・ザイテ] 囡 -/-n （家などの）風の当る側，風上．

Wind⩴spiel [ヴィント・シュピール] 匣 -(e)s/- グレーハウンド（= Windhund）．

Wind⩴stär·ke [ヴィント・シュテルケ] 囡 -/-n 風力．

wind⩴still [ヴィント・シュティル] 形 無風の，風のない．ein *windstiller* Tag 風のない日．

Wind⩴stil·le [ヴィント・シュティレ] 囡 -/ 無風，凪(ﾅｷﾞ)．

Wind⩴stoß [ヴィント・シュトース] 男 -es/..stöße 突風．

Wind⩴sur·fing [ヴィント・サーフィング] 《英》匣 -s/ ウインドサーフィン．

Win·dung [ヴィンドゥング] 囡 -/-en 屈曲，蛇行；旋回，ねじれ．Der Fluss verläuft in vielen *Windungen*. その川はあちこちで蛇行している．

* *der* **Wink** [ヴィンク vínk] 男 (単2) -(e)s/-e (3格のみ -en) ① （身ぶり・目などによる）合図．（英 sign）．ein deutlicher *Wink* はっきりした合図 / 人³ einen *Wink* mit der Hand geben 人³に手で合図する / auf einen *Wink* des Gastes お客の合図に応じて．② 示唆，暗示，ヒント．（英 hint）．nützliche *Winke* für die Hausfrau 主婦のための有益な助言 / einen *Wink* bekommen ヒントを得る / ein *Wink* des Himmels（または Schicksals）《比》天の啓示（人生の指標となるような出来事） / ein *Wink* mit dem Zaunpfahl《比》あからさまなほのめかし（←垣根のくいを振り回しての暗示）．

* *der* **Win·kel** [ヴィンケル vínkəl] 男 (単2) -s/-（複）-（3格のみ -n）①《数》角，角度．（英 angle）．ein rechter *Winkel* 直角 / ein spitzer (stumpfer) *Winkel* 鋭角 (鈍角) / Die beiden Linien bilden einen *Winkel* von 60°（= sechzig Grad）．その2直線は60度の角をなす / im toten *Winkel* liegen 死角にある / einen *Winkel* messen 角度を測定する．② 隅，片隅；人目につかない場所．（英 corner）．ein stiller *Winkel* der Stadt² 町のひっそりした片隅に / im tiefsten *Winkel* des Zimmers 部屋の片隅に / im tiefsten *Winkel* des Herzens《比》心の奥底では．③ 直角定規，三角定規．④《軍》山形の袖章(ｼｮｳ)．

Win·kel⩴ad·vo·kat [ヴィンケル・アトヴォカート] 男 -en/-en 三百代言，いかさま弁護士．

Win·kel⩴ei·sen [ヴィンケル・アイゼン] 匣 -s/-《工》① 山形鋼（断面がL型の棒鋼材）．②（鉄製の）隅金具．

Win·kel⩴funk·ti·on [ヴィンケル・フンクツィオーン] 囡 -/-en《数》三角関数．

win·ke·lig [ヴィンケリヒ vínkəliç] 形 隅の多い

(家など), (道が入り組んでいて)角の多い(町など).
Win·kel·maß [ヴィンケる・マース] 中 -es/-e 《数》① (角度の単位としての)度. ② 直角定規.
Win·kel=**mes·ser** [ヴィンケる・メッサァ] 男 -s/- 《数》分度器;《工》ゴニオメータ 測角器.
Win·kel=zug [ヴィンケる・ツーク] 男 -[e]s/..züge 《ふつう複》(巧妙な)言い逃れ,手口. *Winkelzüge*⁴ machen うまく言い逃れをする.

:win·ken⁽*⁾ [ヴィンケン vínkən] (winkte, *hat* … gewinkt (方・戯: gewunken)) I 自 (完了 haben) ① (身ぶりなどで)合図する; (ウエーターなど³を)合図して呼ぶ. (英 wave). dem Kellner (einem Taxi) *winken* ウエーター(タクシー)に合図する / Sie *winkte* ihm **mit** dem Taschentuch. 彼女はハンカチを振って彼に合図した / 人³ mit den Augen *winken* 人³に目で合図を送る / 人³ **zum** Abschied *winken* 人³に手を振って別れを告げる.
② 《比》(報酬・成功などが人³を)待ち受けている. Dem Sieger *winken* wertvolle Preise. 勝者には豪華賞品が授与されます.
II 他 (完了 haben) ① 《方向を表す語句とともに》(合図して人⁴を…へ)行かせる,来させる. den Kellner **an** den Tisch *winken* (合図して)ウエーターをテーブルに呼び寄せる / 人⁴ **zu** sich³ *winken* 人⁴を自分のところへ来させる / Der Polizist *winkte* den Wagen zur Seite. 警官は車に合図してわきに寄らせた.
② (事⁴を)するように合図する; (事⁴を)合図で知らせる. Ich *winkte* ihr zu schweigen. 私は彼女に黙るように合図した.
Win·ker [ヴィンカァ vínkər] 男 -s/- (自動車の腕木式の)方向指示器, ウィンカー.
wink·lig [ヴィンクりヒ vínklɪç] 形 =winkelig
wink·te [ヴィンクテ] ‡winken (合図する)の過去
win·seln [ヴィンゼるン vínzəln] 自 (h) ① (犬が)くんくん鳴く. ② 《um 事⁴ ~》(事⁴を)めそめそ哀願する.

:*der* Win·ter [ヴィンタァ vínter]

> 冬
> Der *Winter* ist endlich vorüber.
> デァ ヴィンタァ イスト エントりヒ ふォリューバァ
> 冬がやっと終わった.

男 (単2) -s/(複) – (3格のみ -n) 《ふつう単》冬. (英 winter). (参考 「春」は Frühling, 「夏」は Sommer, 「秋」は Herbst). ein harter (strenger) *Winter* 厳しい冬 / ein milder *Winter* 穏やかな冬 / Es wird *Winter*. 冬になる / Der *Winter* kommt. 冬がやって来る / **im** *Winter* 冬に / im *Winter* 2002/3 2002 年から 3 年にかけての冬に / **über** den *Winter* または den *Winter* über 冬中 / **während** des *Winters* 冬の間は / Sommer wie *Winter* 夏も冬も, 1 年中.
Win·ter=an·fang [ヴィンタァ・アンふァング] 男 -[e]s/..fänge 冬の始まり, 冬至.
Win·ter=fahr·plan [ヴィンタァ・ふァールプらーン] 男 -[e]s/..pläne 《鉄道》冬の列車時刻表.
win·ter=fest [ヴィンタァ・ふェスト] 形 耐寒性の(衣類など).
Win·ter=fri·sche [ヴィンタァ・ふりッシェ] 女 -/-n 《ふつう単》《古》冬期保養[地]. in die *Winterfrische* fahren 冬の保養に出かける.
Win·ter=frucht [ヴィンタァ・ふルフト] 女 -/..früchte (秋まきの)冬作物, 穀物.
Win·ter=gar·ten [ヴィンタァ・ガルテン] 男 -s/..gärten 温室, 室内庭園(植木鉢などを置くために室内やベランダに設けられたガラス張りの温室).
Win·ter=ge·trei·de [ヴィンタァ・ゲトライデ] 中 -s/《農》越冬作物(秋にまき翌年の夏に収穫する作物).
win·ter=hart [ヴィンタァ・ハルト] 形 (植物について)寒さに強い.
Win·ter=kleid [ヴィンタァ・クらイト] 中 -[e]s/-er ① 冬服. ② (動物の)冬毛, (鳥の)冬羽.
win·ter·lich [ヴィンタァりヒ] 形 ① 冬の, 冬らしい. ein *winterliches* Wetter 冬らしい天候. ② 冬用の(衣服など). sich⁴ *winterlich* an|ziehen 冬向きの服を着る.
Win·ter=mo·nat [ヴィンタァ・モーナット] 男 -[e]s/-e ① 冬月[の一つ](特に 12・1・2 月). ② 《複 なし》《古》12 月.
win·tern [ヴィンタァン víntərn] 非人称 (h) Es *wintert*. 冬になる.
Win·ter=olym·pi·a·de [ヴィンタァ・オリュンピアーデ] 女 -/-n 冬期オリンピック.
Win·ter=rei·fen [ヴィンタァ・ライふェン] 男 -s/- (自動車の)スノータイヤ.
win·ters [ヴィンタァス] 副 冬[の間]に.
Win·ter=saat [ヴィンタァ・ザート] 女 -/-en 越冬作物の種子(苗).
Win·ter=sa·chen [ヴィンタァ・ザッヘン] 複 冬物衣類.
Win·ter=schlaf [ヴィンタァ・シュらーふ] 男 -[e]s/《動》冬眠. *Winterschlaf*⁴ halten 冬眠する.
Win·ter=schluss·ver·kauf [ヴィンタァ・シュるスふェァカオふ] 男 -[e]s/..käufe 冬物一掃大売り出し.
Win·ter=schluß·ver·kauf ☞ (新形) Winterschlussverkauf
Win·ter=se·mes·ter [ヴィンタァ・ゼメスタァ] 中 -s/- (大学の)冬学期.
Win·ter=son·nen·wen·de [ヴィンタァ・ゾンネンヴェンデ] 女 -/-n 冬至.
Win·ter=spie·le [ヴィンタァ・シュピーれ] 複 冬季[オリンピック]競技.
Win·ter=sport [ヴィンタァ・シュポルト] 男 -[e]s/ ウインタースポーツ.
Win·ters=zeit [ヴィンタァス・ツァイト] 女 -/ =Winterzeit
Win·ter=zeit [ヴィンタァ・ツァイト] 女 -/ 冬, 冬季. zur *Winterzeit* 冬に.
Win·zer [ヴィンツァァ víntsər] 男 -s/- ぶどう園主, ぶどう栽培者[兼ワイン醸造・販売業者].
win·zig [ヴィンツィヒ víntsɪç] 形 ごく小さい, ご

く少ない，わずかな．ein *winziges* Häuschen ちっぽけな家 / eine *winzige* Menge ほんの少量 / ein *winziges* bisschen《俗》ほんのちょっぴり．

Win·zig·keit [ヴィンツィヒカイト] 囡 -/-en ① 《複なし》微少なこと．②《口語》ささいなこと；さやかな物．

Wip·fel [ヴィプふェる vípfəl] 男 -s/- こずえ，樹木の頂．

Wip·pe [ヴィッペ vípə] 囡 -/-n シーソー．auf einer *Wippe* schaukeln シーソーに乗って遊ぶ．

wip·pen [ヴィッペン vípən] 自 (h) ① シーソーで遊ぶ．② 上下に(ゆさゆさ)動く，体を上下に動かす．Ihre Zöpfe *wippten* bei jedem Schritt. 彼女のおさげが一足ごとに揺れた．③ 《mit 物³ ~》(物³を)上下に動かす．Der Vogel *wippt* mit dem Schwanz. 鳥が尾を振っている．

*__wir__ [ヴィーァ víːr]

私たちは		
Wir sind Studenten. ヴィァ ズィント シュトゥデンテン 私たちは学生です．	1格	wir
	2格	unser
	3格	uns
	4格	uns

代《人称代名詞；1人称複数の1格》私たちが(が)，われわれは(が)．(英 we). (一番《一番「私は」は ich). *wir* alle 私たちはみんな / *wir* beide 私たちは二人とも / *wir* Deutsche[n] われわれドイツ人は / Spielen *wir* Tennis! テニスをしよう．(一番 *wir* は著者や演説者が ich の代わりに用いたり，特に子供に対して親しみをこめて自分と相手を含めた意味で用いることがある)．

wirb [ヴィルプ] *werben (宣伝をする) の du に対する命令．

*__der__ **Wir·bel** [ヴィルベる vírbəl] 男 (単2) -s/ (複) - ①《水・空気などの》渦，渦巻き；《ダンス・スケートなどの》旋回．(英 whirl). Der Strom hat starke *Wirbel*. その流れは激しく渦巻いている / in einen *Wirbel* von Staub geraten ほこりの渦に巻き込まれる．② 《感情などの》渦，混乱，大騒ぎ．im *Wirbel* der Ereignisse² いろいろな出来事にまぎれて / einen *Wirbel* um 人・物⁴ machen 人・物⁴のことで大騒ぎをする．③《頭髪の》つむじ；《医》椎骨(つい)，脊椎(せき)．④（太鼓などの）連打．⑤（弦楽器の）糸巻き．

wir·be·lig [ヴィルベりヒ vírbəliç] 形 《俗》① 活発な，めまぐるしく動きまわる；浮き足立つ（祭りの時期など）．ein *wirbeliges* Kind 活発な子供．② (頭が)混乱した，目が回るような．Mir ist ganz *wirbelig*. 私は頭がくらくらする．

Wir·bel·kno·chen [ヴィルベる・クノッヘン] 男 -s/-《医》脊椎(せきつい)骨，椎骨．

wir·bel·los [ヴィルベる・ろース] 形 《動》脊椎(せきつい)のない．*wirbellose* Tiere 無脊椎動物．

*__wir·beln__ [ヴィルベるン vírbəln] ich wirble (wirbelte, ist/hat...gewirbelt) I 自 ①《S》sein または haben) ① (s) 渦を巻く，渦を巻いて流れる (舞い上がる). (英 whirl). Schneeflocken *wirbeln* durch die Luft. 雪片が空中を舞っている．② (s) 《スケート・ダンスなどで》旋回する，スピンする．③ (h, s) 《車輪などが》ぐるぐる回る．Mir *wirbelt* der Kopf. 《比》私は頭がくらくらする．④ (s) ぐるぐる回りながら動いて行く(進む)．⑤ (h) 太鼓を連打する；《太鼓が》連打される．
II 他 《完了 haben》①《方向を表す語句とともに》《風などが 物⁴を…へ》舞い上げる．Der Wind *wirbelt* die Blätter in die Luft. 風で木の葉が宙に舞う．②《ダンスなどで》《人⁴を》旋回させる．

Wir·bel·säu·le [ヴィルベる・ゾイれ] 囡 -/-n《医》脊柱(せきちゅう)．

Wir·bel·sturm [ヴィルベる・シュトゥルム] 男 -[e]s/..stürme (特に熱帯地方の)大旋風．

wir·bel·te [ヴィルベるテ] *wirbeln (渦を巻く) の過去．

Wir·bel·tier [ヴィルベる・ティーァ] 中 -[e]s/-e《動》脊椎(せきつい)動物．

Wir·bel·wind [ヴィルベる・ヴィント] 男 -[e]s/-e ① 旋風．②《戯》元気な子供(若者)．

wirbst [ヴィルプスト] *werben (宣伝をする) の2人称単数 現在．

wirbt [ヴィルプト] *werben (宣伝をする) の3人称単数 現在．

*__wird__ [ヴィルト vírt] *werden (…になる) の3人称単数 現在．Sie *wird* Lehrerin. 彼女は教師になる．(一番 未来の助動詞 一番 werden II A; 動作受動の助動詞 一番 II B).

wirf [ヴィルふ] *werfen (投げる) の du に対する命令．

wirfst [ヴィルふスト] *werfen (投げる) の2人称単数 現在．

wirft [ヴィルふト] *werfen (投げる) の3人称単数 現在．

*__wir·ken__ [ヴィルケン vírkən] (wirkte, *hat*... gewirkt) I 自 《完了 haben》① 作用する，効果がある，影響(感銘)を与える，《薬などが》効く．Die Arznei *wirkt* gut. その薬はよく効く / Nikotin *wirkt* auf die Nerven. ニコチンは神経に作用する / auf 人⁴ stark *wirken* 人⁴に深い感銘を与える / Ich habe den Film auf mich *wirken* lassen. 私はその映画に感銘を受けた / gegen Erkältung *wirken* 風邪に効く．
② (人が)活動する，働く．(英 work). Er *wirkt* hier als Arzt. 彼はここで医者として働いている / für 事⁴ *wirken* 事⁴のために尽力する．③《…の》印象を与える，《…に》見える．Neben ihm *wirkte* sie sehr klein. 彼の横にいると彼女はとても小柄に見えた．④《場所を表す語句とともに》《…で》引きたつ，映える．Das Bild *wirkt* in diesem Zimmer nicht. その絵はこの部屋では引きたたない．
II 他 《完了 haben》①《雅》(奇跡・善行など⁴を)行う，する．Gutes⁴ *wirken* 善いことをする / Wunder⁴ *wirken* a) 奇跡を行う，b)《口語》(薬などが)奇跡的に効く．
②《織》(ニットウェア⁴を)編む；(じゅうたん⁴を)

る. ③《方》(パン生地など[4])を十分にこねる.
Wir・ken [ヴィルケン] 中 -s/ 作用; 活動.

:wirk・lich [ヴィルクリヒ vírklɪç]

> 現実の; 本当に
> Er kommt heute. — *Wirklich*?
> エァ コムト ホイテ ヴィルクリヒ
> きょう彼が来るよ. — 本当ですか.

I 副《文全体にかかって》**本当に**, 実際に. (英 *really*). Das weiß ich *wirklich* nicht. そのことを私は本当に知りません / Bist du *wirklich* dort gewesen?《現在完了》君は本当にそこへ行ったことがあるのか / *Wirklich*, so ist es! 本当にそうなんです.
II 形 ① **現実の**, 実際の, 本当の. (英 *real*). eine *wirkliche* Begebenheit 実際の出来事 / der *wirkliche* Name 本名, 実名 / Das *wirkliche* Leben sieht ganz anders aus. 現実の生活はまったく違っている. (☞ 類語 wahr).
② 真の, 本物の. ein *wirklicher* Künstler 真の芸術家 / *wirkliche* Liebe 誠の愛.

die **Wirk・lich・keit** [ヴィルクリヒカイト vírklɪçkaɪt] 女 (単) -/(複) -en **現実**; 実際, 実情, 実態. die harte *Wirklichkeit* 厳しい現実 / Der Traum wird *Wirklichkeit*. 夢が現実となる / der *Wirklichkeit*[3] ins Auge sehen 現実を直視する / **aus der** *Wirklichkeit* fliehen 現実から逃避する / **in** *Wirklichkeit* 実は, 実際は.

Wirk・lich・keits=form [ヴィルクリヒカイツ・フォルム] 女 -/-en《言》直説法 (=Indikativ).

wirk・lich・keits=fremd [ヴィルクリヒカイツ・フレムト] 形 現実離れした, 現実に即していない(理想・理論など).

wirk・lich・keits=**ge・treu** [ヴィルクリヒカイツ・ゲトロイ] 形 現実(事実)に忠実な, 写実的な.

wirk・lich・keits=**nah** [ヴィルクリヒカイツ・ナー] 形 現実に近い, リアルな(描写など).

* **wirk・sam** [ヴィルクザーム vírkza:m] 形 効力(効果)のある. 有効な, 効き目のある. (英 *effective*). Das Mittel ist sehr *wirksam*. その薬はとてもよく効く / eine *wirksame* Maßnahme 有効な対策 / *wirksam* werden《官庁》(法律などが)効力を生じる.

Wirk・sam・keit [ヴィルクザームカイト] 女 -/ 効果, 効き目, 作用.

Wirk=stoff [ヴィルク・シュトフ] 男 -[e]s/-e《生》作用物質(ホルモン・ビタミン・酵素などの総称).

wirk・te [ヴィルクテ] ‡wirken (作用する)の 過去

die **Wir・kung** [ヴィルクング vírkʊŋ] 女 (単) -/(複) -en ① **作用**, 影響, 効果, 効き目. (英 *effect*). Gegen*wirkung* 反作用 / eine nachhaltige *Wirkung* 永続的な効果 / die *Wirkung* der Rede[2] 演説の効果 / Die Medizin hatte eine schnelle *Wirkung*. その薬はすぐに効いた / eine erzieherische *Wirkung*[4] aus|üben 教育的影響を及ぼす / keine *Wirkung*[4] haben (忠告などが)効き目がない /

mit *Wirkung* vom 1. (=ersten) Oktober《官庁》10月1日付発行で / **ohne** *Wirkung* bleiben 効果がない / **zur** *Wirkung* kommen 効果を現す. (☞ 類語 Ergebnis). ②《物》作用[量].

Wir・kungs=be・reich [ヴィルクングス・ベライヒ] 男 -[e]s/-e 活動範囲, 勢力(影響)範囲.

Wir・kungs=grad [ヴィルクングス・グラート] 男 -[e]s/-e《物・工》効率.

Wir・kungs=kreis [ヴィルクングス・クライス] 男 -es/-e 活動範囲, 勢力(影響)範囲.

wir・kungs=los [ヴィルクングス・ロース] 形 効果(効き目)のない, 影響を与えない. Seine Worte blieben *wirkungslos*. 彼の言葉は効き目がなかった.

Wir・kungs=lo・sig・keit [ヴィルクングス・ローズィヒカイト] 女 -/ 効果(効き目)のないこと.

wir・kungs=voll [ヴィルクングス・フォル] 形 効果(効き目)の大きい, 影響の大きい.

Wir・kungs=wei・se [ヴィルクングス・ヴァイゼ] 女 -/-n 作用(影響)の仕方.

Wirk=wa・ren [ヴィルク・ヴァーレン] 複 ニットウェア, メリヤス編物類.

* **wirr** [ヴィル vír] 形 ① 乱れた, もつれた. *wirre* Haare 乱れた髪. ②（考えなどが)混乱した, とりとめのない. ein *wirrer* Traum とりとめのない夢 / Mir war ganz *wirr* im Kopf. 私の頭の中は混乱していた. ③ 狼狽(ろうばい)した. Der Brief machte ihn ganz *wirr*. その手紙は彼をすっかり狼狽させた.

Wir・re [ヴィレ víra] 女 -/-n ①《複》で混乱, 紛糾. politische *Wirren* 政治的な混乱. ②《雅》錯綜(さくそう).

Wirr=kopf [ヴィル・コプフ] 男 -[e]s/..köpfe 頭の混乱した人.

Wirr・nis [ヴィルニス] 女 -/..nisse《雅》(事態の)混乱, 紛糾;（思考の)混乱.

Wirr=warr [ヴィル・ヴァル] 男 -s/ ごったがえし, 混乱, 騒動.

Wir・sing [ヴィルズィング vírzɪŋ] 男 -s/《植》ちりめんキャベツ. (☞ Gemüse 図).

Wir・sing=kohl [ヴィルズィング・コール] 男 -[e]s/ =Wirsing

* **wirst** [ヴィルスト vírst] ‡werden (…になる)の 2人称単数 現在. Wie alt *wirst* du? 君は何歳になるの. (☞ 未来の助動詞 ☞ werden 11 A; 動作受動の助動詞 ☞ werden II B).

der **Wirt** [ヴィルト vírt] 男 (単2) -[e]s/(複) -e (3格のみ -en) ①（飲食店などの)**主人**. Der *Wirt* kocht selbst. 店主自ら料理を作る / die Rechnung[4] **ohne den** *Wirt* machen《比》(肝心な点で)見込み違いをする(=主人抜きで勘定をする). ② 家主; (部屋・アパートの)貸主, (下宿の)主人. ③《生》宿主(しゅくしゅ). ④《古》(招待者としての)主人, ホスト (=Gastgeber).

Wir・tin [ヴィルティン vírtɪn] 女 -/..tinnen (飲食店などの)女主人; (女性の)家主; (宿屋・下宿の)おかみ.

wirt·lich [ヴィルトリヒ] 形 もてなしのいい, 客を歓待する.

‡ *die* Wirt·schaft [ヴィルトシャフト vírt-ʃaft] 囡 (単) -/(複) -en ① 《ふつう 単》(総称として:) (社会・国家の)経済. (英 *economy*). Markt*wirtschaft* 市場経済 / die kapitalistische (sozialistische) *Wirtschaft* 資本主義(社会主義)経済 / die *Wirtschaft*⁴ an|kurbeln 経済に活気を与える.
② 飲食店, 食堂 (=Gast*wirtschaft*). **in einer Wirtschaft ein|kehren** 飲食店に立ち寄る.
③ 農場 (=Land*wirtschaft*).
④ 家政, 家計 (=Haus*wirtschaft*). 人³ die *Wirtschaft*⁴ führen 人³の家事の面倒をみる.
⑤ 《複 なし》(口語)騒ぎ, ごたごた, 混乱. Das ist ja eine schöne *Wirtschaft*! たいへんなごった返しだ.

wirt·schaf·ten [ヴィルトシャフテン vírt-ʃaftən] 自 (h) ① 家事をつかさどる; 家計のやりくりをする. Sie versteht zu *wirtschaften*. 彼女はやりくりを心得ている / **mit** 物³ *wirtschaften* 物³を節約する. ② (会社・農場などを)経営する. eine Firma⁴ zugrunde *wirtschaften* 経営に失敗して会社をつぶす. ③ (家事をして)忙しく働いている.

Wirt·schaf·ter [ヴィルトシャフタァ vírt-ʃaftər] 男 -s/- ①《経》経営者, マネージャー; 財界人. ②《オーストリア・スイス》経済学者.

Wirt·schaf·te·rin [ヴィルトシャフテリン vírt-ʃaftərɪn] 囡 -/..rinnen ① (女性の)経営者, マネージャー. ② 家政婦.

Wirt·schaft·ler [ヴィルトシャフトラァ vírt-ʃaftlər] 男 -s/- ① 経済学者. ② 経営者, マネージャー.

＊wirt·schaft·lich [ヴィルトシャフトリヒ vírt-ʃaftlıç] 形 ① 経済の, 経済上の; 財政上の. (英 *economic*). die *wirtschaftliche* Blüte eines Landes ある国の経済的繁栄 / das *wirtschaftliche* Wachstum 経済成長 / Er ist *wirtschaftlich* noch von seinen Eltern abhängig. 彼はまだ経済的に両親に依存している. ② 経済的な; やりくり上手な, つましい. ein *wirtschaftliches* Auto 経済的な(燃費のよい)車.

Wirt·schaft·lich·keit [ヴィルトシャフトリヒカイト] 囡 -/ 経済性, 収益性; やりくり上手.

Wirt·schafts≠ab·kom·men [ヴィルトシャフツ・アップコンメン] 中 -s/- (国家間の)経済協定.

Wirt·schafts≠be·ra·ter [ヴィルトシャフツ・ベラータァ] 男 -s/- 経済顧問.

Wirt·schafts≠buch [ヴィルトシャフツ・ブーフ] 中 -(e)s/..bücher 家計簿.

Wirt·schafts≠flücht·ling [ヴィルトシャフツ・フリュヒトリング] 男 -s/-e 経済難民.

Wirt·schafts≠ge·bäu·de [ヴィルトシャフツ・ゲボイデ] 中 -s/-《ふつう 複》(修道院・城などの)食糧庫, 作業棟.

Wirt·schafts≠geld [ヴィルトシャフツ・ゲルト] 中 -(e)s/-er《ふつう 単》家計費.

Wirt·schafts≠ge·mein·schaft [ヴィルトシャフツ・ゲマインシャフト] 囡 -/-en《経》経済共同体.

Wirt·schafts≠ge·o·gra·fie [ヴィルトシャフツ・ゲオグラフィー] 囡 -/ =Wirtschaftsgeographie

Wirt·schafts≠ge·o·gra·phie [ヴィルトシャフツ・ゲオグラフィー] 囡 -/ 経済地理学.

Wirt·schafts≠ge·schich·te [ヴィルトシャフツ・ゲシヒテ] 囡 -/ 経済史.

Wirt·schafts≠gip·fel [ヴィルトシャフツ・ギプフェる] 男 -s/- 経済サミット(首脳会議).

Wirt·schafts≠hil·fe [ヴィルトシャフツ・ヒるフェ] 囡 -/ 経済援助.

Wirt·schafts≠jahr [ヴィルトシャフツ・ヤール] 中 -(e)s/-e《経》会計年度.

Wirt·schafts≠krieg [ヴィルトシャフツ・クリーク] 男 -(e)s/-e 経済戦争.

Wirt·schafts≠kri·se [ヴィルトシャフツ・クリーゼ] 囡 -/-n《経》経済的危機, 経済恐慌.

Wirt·schafts≠la·ge [ヴィルトシャフツ・らーゲ] 囡 -/-n 経済状態.

Wirt·schafts≠mi·nis·ter [ヴィルトシャフツ・ミニスタァ] 男 -s/- 経済大臣.

Wirt·schafts≠mi·nis·te·ri·um [ヴィルトシャフツ・ミニステーリウム] 中 -s/..rien [..リエン] 経済省.

Wirt·schafts≠po·li·tik [ヴィルトシャフツ・ポリティーク] 囡 -/ 経済政策.

wirt·schafts≠po·li·tisch [ヴィルトシャフツ・ポリーティッシュ] 形 経済政策[上]の.

Wirt·schafts≠prü·fer [ヴィルトシャフツ・プリューファァ] 男 -s/- 公認会計士.

Wirt·schafts≠raum [ヴィルトシャフツ・ラオム] 男 -(e)s/..räume ① 経済圏. ② (僧院などの)納屋, 家事室.

Wirt·schafts≠sys·tem [ヴィルトシャフツ・ズュステーム] 中 -s/-e《経》経済体制.

Wirt·schafts≠teil [ヴィルトシャフツ・タイる] 男 -(e)s/-e (新聞などの)経済欄.

Wirt·schafts≠wachs·tum [ヴィルトシャフツ・ヴァクストゥーム] 中 -s/ 経済成長.

Wirt·schafts≠wis·sen·schaft [ヴィルトシャフツ・ヴィッセンシャフト] 囡 -/-en《ふつう 複》経済学.

Wirt·schafts≠wis·sen·schaft·ler [ヴィルトシャフツ・ヴィッセンシャフトラァ] 男 -s/- 経済学者.

Wirt·schafts≠wun·der [ヴィルトシャフツ・ヴンダァ] 中 -s/-(口語)奇跡の経済復興. das deutsche *Wirtschaftswunder* (第二次大戦後の)ドイツの奇跡的経済復興.

Wirt·schafts≠zweig [ヴィルトシャフツ・ツヴァイク] 男 -(e)s/-e 産業部門.

Wirts≠haus [ヴィルツ・ハオス] 中 -es/..häuser (宿屋も兼ねる田舎の)飲食店, 食堂.

Wirts≠leu·te [ヴィルツ・ろイテ] 複 ① (飲食店・宿屋などの)主人夫婦. ② 家主夫婦.

Wisch [ヴィッシュ víʃ] 男 -[e]s/-e ① 《俗》紙くず；くだらない書き物．②《古》小さな束．

‡**wi・schen** [ヴィッシェン víʃən] (wischte, hat/ist...gewischt) I 他 (完了 haben) ① 《A⁴ von (または aus) B³ ~》(A⁴ を B³ からふき取る，ぬぐい取る．(英 wipe). Ich *wischte* den Staub von den Büchern. 私は本のほこりをふき取った / 人³ (sich³) die Tränen⁴ aus den Augen *wischen* 人³の(自分の)目から涙をぬぐう / sich³ den Schlaf aus den Augen *wischen* 目をこすって眠気を払う．
② ぬぐう，ふく；(ぞうきんで)ふいてきれいにする．sich³ den Mund *wischen* (ナプキンで)口をぬぐう / den Fußboden *wischen* 床をふく．③《成句的に》人³ eine⁴ *wischen*《口語》人³ に一発くらわす．
II 自 (完了 haben または sein) ① (h)《über 物⁴ ~》《物⁴の上を》払う，ぬぐう．mit der Hand über den Tisch *wischen* 手で机の上を払う．② (s)《方向を表す語句とともに》(…へ/…から)さっと動く．aus dem Zimmer *wischen* 部屋からさっと出て行く．

Wi・scher [ヴィッシャ víʃər] 男 -s/- ① (自動車などの)ワイパー(=Scheiben*wischer*)．② ペンふき．③ (パステルなどをこすってぼやけさせる)擦筆(さっぴつ)．④《軍》擦過弾[による傷]；《口語》軽いけが．

Wi・schi・wa・schi [ヴィシ・ヴァッシ vɪʃi-váʃi] 中 -s/-《俗》たわ言，くだらない話．

Wisch▷lap・pen [ヴィッシュ・ラッペン] 男 -s/- 《方》みがき布，ふきん，ぞうきん．

wisch・te [ヴィシュテ] ‡wischen (ふき取る)の 過去

Wisch・tuch [ヴィッシュ・トゥーフ] 中 -[e]s/..tücher ふきん，ぞうきん；《方》みがき布．

Wi・sent [ヴィーゼント ví:zent] 男 -s/-e 《動》ヨーロッパバイソン；ヨーロッパヤギュウ．

Wis・mut [ヴィスムート vísmu:t] 中 -[e]s/《化》蒼鉛(そうえん)，ビスマス (記号: Bi).

wis・pern [ヴィスパァン vísp*ə*rn] I 自 (h) ささやく，小声で話す．II 他 (h)《事⁴》耳打ちする．Sie *wisperte* ihm ein Geheimnis ins Ohr. 彼女は彼にないしょごとを耳打ちした．

Wiss▷be・gier [ヴィス・ベギーァ] 女 -/ =Wissbegierde

Wiß▷be・gier ☞ 新形 Wissbegier

Wiss▷be・gier・de [ヴィス・ベギーァデ] 女 -/ 知識欲；好奇心．

Wiß▷be・gier・de ☞ 新形 Wissbegierde

wiss▷be・gie・rig [ヴィス・ベギーリヒ] 形 知識欲の旺盛(おうせい)な，好奇心の強い．

wiß▷be・gie・rig ☞ 新形 wissbegierig

‡**wis・sen*** [ヴィッセン vísən]

知っている
> Davon *weiß* ich nichts.
> ダフォン ヴァイス イヒ ニヒツ
> それについては私は何も知りません．

人称	単	複
1	ich **weiß**	wir **wissen**
2	du **weißt** / Sie **wissen**	ihr **wisst** / Sie **wissen**
3	er **weiß**	sie **wissen**

(wusste, hat...gewusst) I 他 (完了 haben) ① (知識として)知っている，わかっている，覚えている．(英 know). Ich *weiß* es genau. 私はそのことを詳しく知っている / Woher *weißt* du das? どうしてそれを知っているの / Das *weiß* ich nicht mehr. そのことはもう覚えていない / *Wissen* Sie schon das Neueste? — Ja, ich *weiß* alles. その最新のニュースをもう知っていますか — ええ，すべてを知っています / *Wissen* Sie etwas von diesem Mann? 彼について何か知っていますか / Ich *weiß* ihre Adresse (seinen Namen) nicht. 私は彼女の住所(彼の名前)を知らない / *Weißt* du ein gutes Restaurant? いいレストランを知っているかい / Bescheid⁴ *wissen* a) 事情がわかっている，b) (ある分野に)精通している / Ich *weiß* [mir] keinen Rat. 私はどうしたらいいかわからない / Was *weiß* ich!《口語》私は知りません / Was ich nicht *weiß*, macht mich nicht heiß.《ことわざ》知らぬが仏(←私が知らないことは私を熱くしない).

◇《従属文とともに》Ich *weiß*, dass er krank ist. 私は彼が病気だということを知っている / *Wissen* Sie, wer das ist? あれがだれだかご存じですか / Ich *weiß* nicht recht, was ich tun soll. 私はどうすればよいかよくわからない / Sie *weiß*, was sie will. 彼女は明確な目的意識を持っている(意志堅固だ) / Wer *weiß*, wie lange das noch dauern wird! それがいつまで続くか知れたものではない．(☞ 類語 kennen).

◇《目的語なしでも》*Weißt* du noch? まだ覚えているかい / Ich *weiß* nicht recht. よくは知らないよ，さあね / wie Sie *wissen* ご存じのように / soviel ich *weiß* 私の知るかぎりでは / *wissen* Sie または *weißt* du a) (文の冒頭で:) あのね，実はですね，b) (文の末尾で:) いいですね ⇨ Du darfst nicht auf der Fahrbahn spielen, *weißt* du! 君は車道で遊んじゃいけないよ，いいね！ / *Weißt* du [was], wir gehen spazieren. どうだい，散歩に行こうよ．

② 《雅》《人・物⁴...であることを》知っている．Ich *weiß* ihn glücklich. 私は彼が幸せであることを知っている / Er *wusste* sie **in** Sicherheit. 彼は彼女が安全であることを知っていた．

③ 《**zu** 不定詞[句]とともに》(…するすべを)心得ている．Sie *weiß* zu reden. 彼女は話し方を心得ている(話がうまい) / Er *weiß* gut mit Kindern umzugehen. 彼は子供の扱い方がうまい．

④ 《成句的に》《口語》Er kommt wer (または Gott) *weiß* wann. 彼はいつやって来るよ(←いつだか，だれにもわからない) / wer (または Gott) *weiß* wie とても，非常に / wer *weiß* wer だれかが / wer (または Gott) *weiß* wo どこかに / *weiß* Gott 本当に．

Wissen

II 自 《完了》haben)《**von** 事³（または **um** 事⁴）~》(事³（または事⁴）について)承知している、わかっている。Ich *weiß* von seiner schwierigen Situation. 私は彼の苦しい状況を知っている。

*das **Wis·sen** [ヴィッセン vísən] 中 (単 2) -s/
① 知識。(英 *knowledge*). ein umfangreiches *Wissen* 博識 / *Wissen* ist Macht.《諺》知は力なり。② 知っていること；承知[していること]。meines *Wissens* 私の知るかぎりでは (略: m. W.) / mit *Wissen* [und Willen] それと知っていて、故意に / 事⁴ nach bestem *Wissen* und Gewissen tun 事⁴を誠意を尽くしてする / ohne mein *Wissen* 私に無断で、私も了解なしに / wider besseres *Wissen* 良心に反して、悪いと知りながら。

wis·send [ヴィッセント] I ‡wissen (知っている)の現分 II 形 知っている、事情に通じている。ein *wissender* Blick 知っているぞという目つき。

die **Wis·sen·schaft [ヴィッセンシャフト vísənʃaft] 女 (単) -/(複) -en ① 学問、学術、科学。(英 *science*). Natur*wissenschaft* 自然科学 / Kunst und *Wissenschaft* 芸術と学問 / reine (angewandte) *Wissenschaft* 純粋(応用)科学 / die medizinische *Wissenschaft* 医学 / sich⁴ der *Wissenschaft*³ widmen 学問に身をささげる / Das ist eine *Wissenschaft* für sich.《比》それは簡単にはわからない(←それ自体が一つの学問)。
② 知っていること、知識 (=Wissen).

*der **Wis·sen·schaft·ler** [ヴィッセンシャフトラァ vísənʃaftlər] 男 (単 2) -s/(複) -(3格のみ -n) 学者、科学者、研究者。(英) 女性形は Wissenschaftlerin).

***wis·sen·schaft·lich** [ヴィッセンシャフトリヒ vísənʃaftlɪç] 形 学問の、学問上の；科学的な、学術的な。(英 *scientific*). eine *wissenschaftliche* Abhandlung 学術論文 / *wissenschaftliche* Methoden 科学的方法 / 物⁴ *wissenschaftlich* untersuchen 物⁴を科学的に調査する。

Wis·sen·schaft·lich·keit [ヴィッセンシャフトリヒカイト] 女 -/ 学問(科学)的であること、科学性。

Wis·sens≠drang [ヴィッセンス・ドラング] 男 -[e]s/ (旺盛な)知識欲。

Wis·sens≠durst [ヴィッセンス・ドゥルスト] 男 -[e]s/ 知識への渇望。

wis·sens≠dur·stig [ヴィッセンス・ドゥルスティヒ] 形 知識に飢えた、知識欲の旺盛な《雅》。

Wis·sens≠ge·biet [ヴィッセンス・ゲビート] 中 -[e]s/-e 知識(学問)の分野。

wis·sens≠wert [ヴィッセンス・ヴェーアト] 形 知るに値する、知っておくべき(情報など)。

wis·sent·lich [ヴィッセントリヒ] 形 故意の、意図的な。

wisst [ヴィスト] ‡wissen (知っている)の2人称複数現在。

wißt 🖙 《新形》wisst

Wit·ten·berg [ヴィッテン・ベルク vítən-bɛrk]

中 -s/《都市名》ヴィッテンベルク(ドイツ、ザクセン‐アンハルト州. ルターの宗教改革の中心地.🖙《地図》F-3).

wit·tern [ヴィッタァン vítərn] I 他 (h) ① 《狩》(猟犬が獲物などを⁴の)においをかぎつける。② 《比》(人が危険など⁴を)感じとる、察知する。II 自 (h)《狩》(鹿などが空中に漂う)においをかぐ。

Wit·te·rung [ヴィッテルング] 女 -/-en ① (ある期間の)天気、空模様。**bei** guter *Witterung* どんな天気でも。② 《狩》(動物の)嗅覚(きゅうかく); (風が運ぶ)におい。*Witterung*⁴ von 物³ bekommen 《比》物³をかぎつける、物³に感づく。③《5つ感》鋭い感知力、予感能力、勘。

Wit·te·rungs≠um·schlag [ヴィッテルングス・ウムシュラーク] 男 -[e]s/..schläge 天候の急変。

Wit·te·rungs≠ver·hält·nis·se [ヴィッテルングス・フェアヘルトニセ] 複 気象(天候)状態。

*die **Wit·we** [ヴィットヴェ vítva] 女 (単) -/(複) -n 未亡人、やもめ (略: Wwe.). (英 *widow*).《注》「男やもめ」は Witwer). eine reiche *Witwe* 金持ちの未亡人 / grüne *Witwe*《口語·戯》郊外やもめ(夫が仕事で忙しいため郊外の家で寂しく留守を守る妻)。

Wit·wen≠geld [ヴィトヴェン・ゲルト] 中 -[e]s/-er 寡婦扶助料。

Wit·wen≠ren·te [ヴィトヴェン・レンテ] 女 -/-n 寡婦年金。

Wit·wer [ヴィトヴァァ vítvər] 男 -s/- 男やもめ (略: Wwr.). (英)「未亡人」は Witwe).

*der **Witz** [ヴィッツ víts] 男 (単 2) -es/(複) -e (3格のみ -en) ① (機知に富んだ)小ばなし、笑い話、冗談、しゃれ、ジョーク。(英 *joke*). ein guter (schlechter) *Witz* うまい(へたな)しゃれ / einen *Witz* erzählen 小ばなしをする / *Witze*⁴ machen 冗談を言う ⇨ Mach keine *Witze*! 冗談はよせ、まさかそんなことはあるまい / *Witze* reißen《口語》ジョークを飛ばす / Das ist der ganze *Witz* [bei der Sache].《比》そこが肝心なところだ。② 《複》なし》機知[の自覚]、才知、エスプリ、ウィット。(英 *wit*). Er hat viel *Witz*. 彼はウィットに富んでいる。

Witz≠blatt [ヴィッツ・ブラット] 中 -[e]s/..blätter コミック(風刺漫画)新聞。

Witz≠bold [ヴィッツ・ボルト] 男 -[e]s/-e《口語》ジョークの好きな人、ひょうきん(いたずら)者。

Wit·ze·lei [ヴィッツェライ vitsəláɪ] 女 -/-en ①《複》なし》ジョーク[を飛ばすこと]、ちゃかし。② 《ふつう複》冗談、からかい、揶揄(やゆ)。

wit·zeln [ヴィッツェルン vítsəln] 自 (h) からかう; からかって言う。**über** 人·事⁴ *witzeln* 人·事⁴をからかう、ちゃかす。

wit·zig [ヴィッツィヒ vítsɪç] 形 ① 機知(ウィット)に富んだ。ein *witziger* Mensch 機知に富んだ人。② 《口語》一風変わった、奇妙な。③ (思いつきなどが)気の利いた。

witz≠los [ヴィッツ・ろース] 形 ① 機知(ウィット)のない。② 《口語》無意味な、むだな。

w. L. [ヴェストリッヒァァ れング]《略》西経[の]

（＝westlicher Länge）
wo [ヴォー vóː]

> どこに　*Wo* wohnen Sie?
> ヴォー　ヴォーネン　ズィー
> どこにお住まいですか．

I 副 **A)**〖疑問副詞〗どこに，どこで．(英 where)．*Wo* liegt das Buch? その本はどこにあるの / *Wo* ist hier eine Bank? この辺りで銀行はどこにありますか / *Wo* kommen Sie her? あなたはどちらからいらっしゃいましたか / *Wo* gehst du hin? どこへ行くの / *Wo* gibt's denn so was?《口語》なんてことをするんだ(←どこの世界にそんなことがあるものか)．
◇〖間接疑問文で；動詞の人称変化形は文末〗Ich weiß nicht, *wo* er wohnt. 彼がどこに住んでいるのか私は知りません．
◇〖間投詞的に〗Ach (または I) *wo*!《口語》とんでもない．
B)〖関係副詞；　動詞の人称変化形は文末〗㋐〖場所を表す語を先行詞として〗 …**するところの**. die Straße, *wo* (＝in der) ich wohne 私が住んでいる通り / überall, *wo* Menschen wohnen 人が住んでいるところならどこでも．
◇〖**auch, immer** とともに譲歩文で〗どこに(で)…であっても．(英 *wherever*)．*Wo* auch immer ich bin, denke ich an dich. どこにいようとも私は君のことを思っているよ．
㋑〖時間を表す語を先行詞として〗…する[とき]．der Tag, *wo* (＝an dem) ich sie zuerst sah 私が初めて彼女に会った日 / jetzt, *wo* ich alles weiß 私がすべてを知ってしまった今．
C)《口語》どこかに，どこかで (＝irgend*wo*)．Das Buch muss doch *wo* liegen. その本はどこかにあるはずだ．
II 接〖従属接続詞；動詞の人称変化形は文末〗
① …なので (＝weil)．Wir bleiben besser zu Hause, *wo* es doch so regnet. こんなに雨が降っているのだから，ぼくらは家にいた方がいいよ．
②〖**doch** とともに〗…にもかかわらず (＝obwohl)．Sie erklärte sich außerstande, *wo* sie doch nur keine Lust hatte. 彼女はやりたくなかっただけなのに，自分にはできないのだと言った．
③《古》もしも…なら．*wo* möglich もし可能なら / *wo* nicht, dann… もしそうできれば…

wo.. [ヴォ.. または ヴォー..]〖前置詞・副詞と結合して was の代わりをし，疑問副詞・関係副詞をつくる(母音の前では wor..)；ふつうアクセントをもたない〗例：*wo*mit 何でもって，それでもって / *wo*hin どこへ，その方へ．
w. o. [ヴィー オーベン]《略》上述のように (＝wie oben)．
woˬan·ders [ヴォ・アンダァス] 副 (どこか)別の場所(ところ)で(に)．
wob [ヴォープ] ＊weben (織る)の 過去《雅》
wö·be [ヴェーベ] ＊weben (織る)の 接2《雅》
woˬbei [ヴォ・バイ vo-baí] 副 **A)**〖強調:〗ヴォー..]〖疑問副詞；bei と was の融合形〗どんなとき(場合)に，何の際に．*Wobei* haben Sie ihn getroffen? 何の機会にあなたは彼と会ったのですか / *Wobei* bist du gerade? 君は今何をしているの．
B)〖関係副詞；bei と関係代名詞の融合形；動詞の人称変化形は文末〗**その際に**，その場合に．Sie gab mir das Buch, *wobei* sie vermied, mich anzusehen. 彼女は私に本を渡したが，そのとき私と目を合わそうとしなかった．

die Wo·che [ヴォッヘ vóxə]

> 週　Nächste *Woche* habe ich Zeit.
> ネーヒステ　ヴォッヘ　ハーベ　イヒ　ツァイト
> 来週は私は暇があります．

女 (単) ‐/(複) ‐n ① **週**，週間；平日．(英 week)．eine *Woche* 1週間 / Er bekommt vier *Wochen* Urlaub. 彼は4週間の休暇をもらう / diese *Woche* 今週 / nächste (または kommende) *Woche* 来週 / vorige (または letzte) *Woche* 先週 / [am] Anfang der *Woche*² 週の初めに / jede *Woche* 毎週 / zweimal die *Woche* 週に2回 / alle drei *Wochen* または jede dritte *Woche* 3週間ごとに．◇〖前置詞とともに〗*Woche* **für** *Woche* 毎週毎週 / **für** zwei *Wochen* verreisen 2週間の予定で旅に出る / Ich muss zweimal **in** der *Woche* zum Arzt. 私は週に2回医者へ行かなければならない / heute **in** drei *Wochen* 3週間後のきょう / **in** vier *Wochen* 4週間したら / **in** den nächsten *Wochen* これから数週間は / **in** der *Woche* 平日に / **nach** drei *Wochen* [それから]3週間後に / die *Woche* **über** 平日の間ずっと / **vor** drei *Wochen* [今から]3週間前に / **während** der *Woche* 平日の間に．
②〖複 で〗《口語》＝*Wochen*bett

⸺ 曜日名：月曜 Montag / 火曜 Dienstag / 水曜 Mittwoch / 木曜 Donnerstag / 金曜 Freitag / 土曜 Samstag または Sonnabend / 日曜 Sonntag （ドイツのカレンダーではドイツ工業規格 (DIN) に基づいて週の始まりを月曜日と定めている）．

⸺ 「日」は Tag，「月」は Monat，「年」は Jahr

Wo·chen⸗bett [ヴォッヘン・ベット] 中 ‐[e]s/ 産褥(さんじょく)，産床．
Wo·chen⸗blatt [ヴォッヘン・ブラット] 中 ‐[e]s/ ..blätter 週刊新聞，週刊紙．
Wo·chen·end⸗bei·la·ge [ヴォッヘンエント・バイラーゲ] 女 ‐/‐n (新聞の)週末付録．
das Wo·chen·en·de [ヴォッヘン・エンデ vóxən-ɛndə] 中 (単2) ‐s/(複) ‐n **週末**，ウイークエンド．(英 *weekend*)．**am** *Wochenende* 週末に / [Ein] schönes *Wochenende*!（金曜日の別れのあいさつ:）楽しい週末を[お過ごしください]!
Wo·chen·end⸗haus [ヴォッヘンエント・ハオ

Wochenkarte

ス] 甲 -es/..häuser 週末用の[郊外の]別荘.
Wo·chen⹀kar·te [ヴォッヘン・カルテ] 囡 -/-n （電車・バスの）1週間定期券, （劇場などの）1週間有効入場券.
wo·chen⹀lang [ヴォッヘン・らンク] 形 数週間続く, 何週間も. nach *wochenlangem* Warten 何週間も待ったあとに.
Wo·chen⹀lohn [ヴォッヘン・ローン] 男 -[e]s/..löhne 週給.
Wo·chen⹀markt [ヴォッヘン・マルクト] 男 -[e]s/..märkte 毎週の市場(いちば)（週に1回または数回開かれる）.
Wo·chen⹀schau [ヴォッヘン・シャオ] 囡 -/-en （昔の:）[週間]ニュース映画.
der **Wo·chen⹀tag** [ヴォッヘン・タ-ク vɔ́xən-taːk] 男 （単2）-[e]s/（複）-e （3格のみ -en) ウィークデー, 週日, 平日, 仕事日. (英 *weekday*). Das Geschäft ist an allen *Wochentagen* geöffnet.《状態受動・現在》その店は平日ならいつでも開いている.
wo·chen⹀tags [ヴォッヘン・タークス] 副 ウィークデーに, 平日に.
*_**wö·chent·lich**_ [ヴェッヒェントりヒ vǿ-çəntlıç] I 形 毎週の, 週ごとの. （英 *weekly*). eine *wöchentliche* Bezahlung 週給.
II 副 毎週, 週ごとに. *wöchentlich* zweimal または zweimal *wöchentlich* 週に2回 / Diese Zeitschrift erscheint *wöchentlich*. この雑誌は週刊です.
..wö·chent·lich [..ヴェッヒェントりヒ ..vǿ-çəntlıç]《形容詞をつくる 接尾》《(…週間ごとの) 例: zwei*wöchentlich* (=2-*wöchentlich*) 2週間ごとの.
wo·chen⹀wei·se [ヴォッヘン・ヴァイゼ] 副 週単位で, 1週間ごとに.
Wo·chen⹀zeit·schrift [ヴォッヘン・ツァイトシュリフト] 囡 -/-en 週刊誌.
Wo·chen⹀zei·tung [ヴォッヘン・ツァイトゥング] 囡 -/-en 週刊新聞.
..wö·chig [..ヴェヒヒ ..vǿçıç]《形容詞をつくる 接尾》《(…週間の) 例: zwei*wöchig* (=2-*wöchig*) 2週間の.
Wöch·ne·rin [ヴェヒネリン vǿçnərın] 囡 -/..rinnen 産褥(さんじょく)婦, 産婦.
Wo·dan [ヴォーダン vóːdan] 男 -s/ 《ゲル神》ヴォーダン（ゲルマン神話の最高神. 北欧神話のオーディンに当たる）（= Wotan).
Wod·ka [ヴォトカ vótka] [ロシ] 男 -s/-s ウォッカ（ロシアの火酒）.
*_**wo⹀durch**_ [ヴォ・ドゥルヒ vo-dúrç] 副 **A)** [(強調:) ヴォー..]《疑問副詞; durch と was の融合形》何によって, 何(どこ)を通って; どういう事情で. *Wodurch* ist er so stark geworden?《現在完了》どうやって彼はそんなに強くなったのか.
B)《関係副詞; durch と関係代名詞の融合形; 動詞の人称変化形は文末》それによって, そのために, そこを通って. Anfangs ging alles gut, *wodurch* sie dann leichtsinnig wurden. 初めはすべてうまく行った, そのために彼らは軽率になった.

*_**wo⹀für**_ [ヴォ・フューア vo-fýːr] 副 **A)** [(強調:) ヴォー..]《疑問副詞; für と was の融合形》何のために; 何に対して. *Wofür* brauchst du das Geld? 君は何のためにその金が必要なんだい / *Wofür* halten Sie mich? あなたは私を何だと思っているのですか.
B)《関係副詞; für と関係代名詞の融合形; 動詞の人称変化形は文末》そのために, それに対して. Er hat mir viel geholfen, *wofür* ich ihm sehr dankbar bin. 彼はいろいろと私を助けてくれた, それに対して私は大いに彼に感謝している.
wog [ヴォーク] ＊wiegen¹（重さがある）, wägen （重さを量る）の 過去
Wo·ge [ヴォーゲ vóːɡə] 囡 -/-n 《雅》大波, 高波. brausende *Wogen* 怒涛(どとう) / die *Wogen* der Begeisterung²《比》感動の高まり.
wö·ge [ヴェーゲ] ＊wiegen¹（重さがある）, wägen （重さを量る）の 接2
wo⹀ge·gen [ヴォ・ゲーゲン] 副 **A)** [(強調:) ヴォー..]《疑問副詞; gegen と was の融合形》何に対して, 何に逆らって. *Wogegen* kämpfst du? 君は何と戦っているんだい / *Wogegen* hilft dieses Mittel? この薬は何に効くのですか.
B)《関係副詞; gegen と関係代名詞の融合形; 動詞の人称変化形は文末》それに対して（逆らって）. alles, *wogegen* er protestierte 彼が抗議したことのすべて.
wo·gen [ヴォーゲン vóːɡən] 自 (h)《雅》（海などが）大きな波を立てる;《比》（胸などが）大きく波打つ. Die Ähren *wogen* im Wind. 穂が風に波打っている. ◇《非人称 **es** を主語として》Es *wogte* in ihr vor Empörung. 彼女の胸は怒りで張り裂けんばかりだった. ◇《現在分詞の形で》das *wogende* Meer 波立つ海 / mit *wogendem* Busen 胸を波打たせて.

*_**wo⹀her**_ [ヴォ・ヘーア vo-héːr]

> どこから **Woher** kommen Sie?
> ヴォヘーア コンメン ズィー
> どこからいらっしゃったのですか.

副 **A)** [(強調:) ヴォー..]《疑問副詞》どこから; だれから, どういうことから. （英 *where... from*). *Woher* stammt er? 彼はどこの出身ですか / *Woher* weißt du das? 君はだれからそのことを聞いたんだい / [Aber] *woher* denn! または Ach （または I) *woher*!《口語》とんでもない.
◇《間接疑問文で; 動詞の人称変化形は文末》Weißt du, *woher* sie kommt? 彼女がどこから来た（どこの出身）か知っていますか.
B)《関係副詞; 動詞の人称変化形は文末》そこから. Er fuhr dorthin, *woher* er gekommen war. 彼はやって来た方へ戻っていった.

*_**wo⹀hin**_ [ヴォ・ヒン vo-hín]

> どこへ **Wohin** gehen Sie?
> ヴォヒン ゲーエン ズィー
> どこへいらっしゃるのですか.

副 **A)** [(強調:) ヴォー..]《疑問副詞》どこへ.

(英) [to] where). *Wohin* fährst du in deinen Ferien? 君は休暇にはどこへ行くの / *Wohin* damit?《口語》これはどうしたらよいですか(どこへ置けばよいですか).
◇《間接疑問文で; 動詞の人称変化形は文末》Ich weiß nicht, *wohin* er die Akten gelegt hat. 彼がどこへ書類を置いたのか私は知りません. **B)**《関係副詞; 動詞の人称変化形は文末》そこへ. Ihr könnt gehen, *wohin* ihr wollt. 君たちは行きたいところへ行けばよい.

wo‐hi‐naus [ヴォ・ヒナオス] 副 **A)** [(強調:)ヴォー..]《疑問副詞》[中から]どこへ[向かって]. **B)**《関係副詞》[中から]そこへ.

wo‐**hin‐ge‐gen** [ヴォ・ヒンゲーゲン] 接《従属接続詞》それに反して, 他方.

wo‐**hin‐ter** [ヴォ・ヒンタァ] 副 **A)** [(強調) ヴォー..]《疑問副詞; hinter と was の融合形》何の後ろに, 何の背後(裏)に. *Wohinter* hat er sich versteckt? 何の裏に彼は隠れたのか. **B)**《関係副詞; hinter と関係代名詞の融合形; 動詞の人称変化形は文末》その後ろに, 背後(裏)に. Er kämpft gegen alles, *wohinter* er Heuchelei vermutet. 彼は裏に偽善ありと思われるあらゆるものと戦う.

✱wohl [ヴォーる vó:l]

元気で	Leben Sie *wohl*!
	れーベン ズィー ヴォーる
	(別離に際して:) お元気で!

副 **A)** ① (比較 wohler, 最上 am wohlsten)《雅》元気で, 健康に; 気分よく, 快適に. (英 well). Mir ist *wohl*. 私は気分がいい / Ist dir nicht *wohl*? 君は気分がよくないのかい / Ich fühle mich heute nicht ganz *wohl*. 私はきょうは気分がすぐれない / Schlaf *wohl*! (寝る人に:)よくお休み / *wohl* oder übel 良かれ悪しかれ, いやがおうでも.
② (比較 besser, 最上 am besten)《雅》よく, 十分に. Ich verstehe dich *wohl*. 君の言うことはよくわかるよ / Hast du alles *wohl* bedacht? 君はあらゆることを十分に考えたのか.
③ 確かに, もちろん. Das weiß ich sehr *wohl*. 私はそのことは確かによく知っている.
④《後続の **aber** などと呼応して》なるほど[…であるが], *Wohl* ist er noch jung, aber doch schon sehr erfahren. たしかに彼はまだ若いが, しかしもうとても経験が豊富だ / Er ist nicht dumm, *wohl* aber faul. 彼はおろかではないが, なまけ者だ.
⑤《数詞とともに》およそ, ほぼ. Es waren *wohl* 100 Menschen anwesend. およそ100人ほどの人が出席していた.
⑥《間投詞的に》《雅》…は幸いだ. *Wohl* dem Volk, das in Frieden lebt. 平和に暮らしている国民は幸せだ. ⑦《肯定の返事》Sehr *wohl*, mein Herr! 承知しました, お客様!
B)《文中でのアクセントなし》① おそらく, たぶん. Das ist *wohl* möglich. それはありうることだ / Er wird *wohl* bald kommen. 彼はた

ぶん間もなく来るだろう. (☞ 類語 wahrscheinlich).
②《平叙文の形の疑問文で; 肯定の返事を期待して》もしかして, きっと. Du hast *wohl* keine Zeit? きっと時間がないんだろうね / Du gehst *wohl* mit? 君はいっしょに行くよね.
③《要求を強めて》…だろうね. Willst du *wohl* hören! 君は聞いてくれるんだろうね.

‥‥‥‥‥‥‥‥‥‥‥‥‥‥‥‥‥‥‥‥ 新形

wohl be‐dacht《雅》熟慮した末の, 十分に考えた上での. eine *wohl bedachte* Handlung よく考えた上での行動.

wohl be‐kannt《雅》よく知られた, 有名な. Er ist mir *wohl bekannt*. 私は彼をよく知っている.

wohl ge‐meint 善意からの, 善意の.

wohl tun《雅》① ([人]に)慈善を施す. ② (事物が[人]³を)良い気持ち(気分)にさせる, 元気にする. Deine Worte *haben* mir *wohl getan*. 君の言葉が私にはうれしかった.

wohl ü‐ber‐legt《雅》熟慮した末の, 練りに練った(計画など).

wohl un‐ter‐rich‐tet《雅》事情に通じた.

wohl wol‐len ([人]³に)好意を持っている.

‥‥‥‥‥‥‥‥‥‥‥‥‥‥‥‥‥‥‥‥

✱*das* **Wohl** [ヴォーる vó:l] 中 (単2) ‐(e)s/ 幸せ, 福祉; 健康, 無事. (英 welfare), das öffentliche (または allgemeine) *Wohl* 公共の福祉 / Das *Wohl* ihrer Familie liegt ihr am Herzen. 彼女は家族の幸せが気がかりだ / *Zum Wohl*! または *Auf Ihr Wohl*! 乾杯!(ご健康を祈って) / das *Wohl* und Wehe 幸不幸.

wohl.. [ヴォーる.. vó:l..]《形容詞・名詞につける 接頭》《良・善・好》例: *wohl*riechend 香りのよい / *Wohl*befinden 健在.

wohl‐an! [ヴォーる・アン] 間《雅》さあ, いざ.

wohl‐**an‐stän‐dig** [ヴォーる・アンシュテンディヒ] 形《雅》礼儀正しい, たいへん上品な.

wohl‐**auf** [ヴォーる・アォふ] I 副《雅》健康で, 元気で. II 間《雅》さあ, さて, いざ.

wohl‐**be‐dacht** 形 (新形 wohl bedacht) ☞ wohl

Wohl‐be‐fin‐den [ヴォーる・ベふィンデン] 中 ‐s/ 健康, 健在, 元気.

Wohl‐be‐ha‐gen [ヴォーる・ベハーゲン] 中 ‐s/ 快適, 気楽, 満足[感]. mit *Wohlbehagen* 楽しげに, 満足そうに.

wohl‐**be‐hal‐ten** [ヴォーる・ベハるテン] 形 (人が)無事な; (物が)損害のない. Sie sind *wohlbehalten* angekommen.《現在完了》彼らは無事に到着した.

wohl‐**be‐kannt** 形 (新形 wohl bekannt) ☞ wohl

Wohl‐er‐ge‐hen [ヴォーる・エァゲーエン] 中 ‐s/ 健康, 達者, 息災, 無事.

wohl‐**er‐zo‐gen** [ヴォーる・エァツォーゲン] 形《雅》しつけのよい, 育ちのいい.

Wohl‐fahrt [ヴォーる・ふァールト] 女 ‐/ ①《雅》福祉, 厚生. (「福祉用語」 ☞ 巻末付録, 1786ページ). ②《口語》福祉事務所.

Wohl·fahrts≈pfle·ge [ヴォーるファーるツ・プフれーゲ] 囡 / 福祉事業, 厚生事業.

Wohl·fahrts≈staat [ヴォーるファーるツ・シュタート] 男 -[e]s/-en 《政》(ふつう軽蔑的に:)福祉国家.

wohl≈feil [ヴォーる・ファイる] 形 ① 廉価(安価)な. ② ありきたりの, 月並みな(表現など).

Wohl≈ge·fal·len [ヴォーる・ゲファれン] 中 -s/ 喜び, 満足. mit *Wohlgefallen* 喜んで / ein *Wohlgefallen*⁴ an 人・物³ haben (または finden) 人・物³が気に入る / sich⁴ in *Wohlgefallen* auf|lösen 《口語》a) いい(満足すべき)結果に終わる, b) 崩壊(解体)する, ばらばらになる, c) 消失する.

wohl≈ge·fäl·lig [ヴォーる・ゲふェリヒ] 形 ① 満足そうな(表情など). ② 《雅》快い; 満足のいく, 意にかなう.

Wohl≈ge·fühl [ヴォーる・ゲフューる] 中 -[e]s/ 快い気持, 快感.

wohl≈ge·meint 形 (新形 wohl gemeint) ☞ wohl

wohl≈**ge·merkt** [ヴォーる・ゲメルクト] 副 《間投詞的に》(注意を喚起して:) よく聞いてほしいんだが, いいかね. *Wohlgemerkt*, so war es. いいかね, そういうことだったんだよ.

wohl≈**ge·mut** [ヴォーる・ゲムート] 形 《雅》機嫌のいい, 朗らかな.

wohl≈**ge·nährt** [ヴォーる・ゲネーァト] 形 (ふつう皮肉って:)栄養のよい, 丸々と太った.

wohl≈**ge·ra·ten** [ヴォーる・グラーテン] 形 《雅》① 出来のよい(作品). ② しつけのよい, すくすく育った(子供).

Wohl≈ge·ruch [ヴォーる・ゲルフ] 男 -[e]s/..rüche 《雅》芳香, 香気.

Wohl≈ge·schmack [ヴォーる・ゲシュマック] 男 -[e]s/ 《雅》美味, おいしさ.

wohl≈ge·setzt [ヴォーる・ゲゼッツト] 形 《雅》適切な, 当を得た(言葉・表現など).

wohl≈**ge·sinnt** [ヴォーる・ゲズィント] 形 好意を持っている, 好意的な. 人³ *wohlgesinnt* sein 人³に好意を持っている.

wohl≈**ha·bend** [ヴォーる・ハーベント] 形 裕福な, 金持ちの.

Wohl≈ha·ben·heit [ヴォーる・ハーベンハイト] 囡 -/ 裕福.

woh·lig [ヴォーりヒ vóːlɪç] 形 快い, 快適な, 気持ちのよい. eine *wohlige* Wärme 快適な暖かさ / sich⁴ *wohlig* aus|strecken (または dehnen) のびのびと手足を伸ばす.

Wohl≈klang [ヴォーる・クらング] 男 -[e]s/..klänge 《雅》① 美しい音色, 快い響き. ② 【覆 なし】(楽器などの)音色の美しさ.

wohl≈klin·gend [ヴォーる・クりングント] 形 《雅》美しい音色の, 快い響きの.

Wohl≈le·ben [ヴォーる・れーベン] 中 -s/ 《雅》裕福な生活, ぜいたくな暮らし.

wohl≈mei·nend [ヴォーる・マイネント] 形 《雅》善意の; 好意的, 親切な.

wohl≈**rie·chend** [ヴォーる・リーヒェント] 形 《雅》芳香を放つ, 香りのよい.

wohl≈schme·ckend [ヴォーる・シュメッケント] 形 《雅》味のよい, おいしい, 美味な.

Wohl≈sein [ヴォーる・ザイン] 中 -s/ 《雅》健康, 達者; 幸せ. [Zum] *Wohlsein*! a) (乾杯の辞で:)ご健康を祈って, b) (人がくしゃみをしたときに:)お大事に.

Wohl≈stand [ヴォーる・シュタント] 男 -[e]s/ 裕福. im *Wohlstand* leben 裕福に暮らす.

Wohl≈stands≈ge·sell·schaft [ヴォーるシュタンツ・ゲゼるシャフト] 囡 -/ (高度経済成長による)豊かな社会.

Wohl≈tat [ヴォーる・タート] 囡 -/-en ① 慈善[行為], 善行. 人³に *Wohltat*⁴ erweisen 人³に善行を施す. ② 《覆 なし》恵み, 救い, 慰め. Die Kühle des Waldes war eine *Wohltat* für mich. 森の冷気は私にとってありがたかった.

Wohl≈tä·ter [ヴォーる・テータァ] 男 -s/- 恩恵を施す人, 慈善家; 恩人. (🔁 女性形は Wohltäterin).

wohl≈tä·tig [ヴォーる・テーティヒ] 形 ① 慈善の, 慈善を行う. ② 《雅》快い, 心地よくしてくれる; ためになる.

Wohl≈tä·tig·keit [ヴォーる・テーティヒカイト] 囡 -/ 慈善[心], 慈悲[深いこと].

wohl≈tu·end [ヴォーる・トゥーエント] I wohl|tun (wohl tun (善意を施す)の 旧形) の 現分 II 形 快適な, 心地よい, (痛み・疲れなどを)和らげてくれる. eine *wohltuende* Wärme 快適な暖かさ.

wohl|tun* 自 (h) (新形 wohl tun) ☞ wohl

wohl≈über·legt 形 (新形 wohl überlegt) ☞ wohl

wohl≈**un·ter·rich·tet** [ヴォーる・ウンタァリヒテット] 形 wohl unterrichtet ☞ wohl

wohl≈**ver·dient** [ヴォーる・フェァディーント] 形 当然受けるべき, 相応の(報酬・罰など).

Wohl≈ver·hal·ten [ヴォーる・フェァハるテン] 中 -s/ りっぱなふるまい(態度).

wohl≈ver·stan·den [ヴォーる・フェァシュタンデン] 副 《間投詞的に》《雅》(注意を喚起して:)わかったかね, いいかね.

wohl≈**weis·lich** [ヴォーる・ヴァイスりヒ] 副 賢明にも; よく考えた上で, 慎重に.

wohl|wol·len* 自 (h) (新形 wohl wollen) ☞ wohl

Wohl≈wol·len [ヴォーる・ヴォれン] 中 -s/ 好意, 親切. mit *Wohlwollen* 好意的に.

wohl≈wol·lend [ヴォーる・ヴォれント] I wohl|wollen (wohl wollen (好意を持っている)の 旧形)の 現分 II 形 好意的な. eine *wohlwollende* Haltung⁴ zeigen 好意的な態度を示す.

Wohn≈block [ヴォーン・ブろック] 男 -s/-s (また ..blöcke) 《複》集合住宅;住居ブロック.

＊**woh·nen** [ヴォーネン vóːnən]

住む Ich *wohne* in Freiburg.
イヒ ヴォーネ イン フライブルク
私はフライブルクに住んでいます.

Wohnzimmer

人称	単	複
1	ich wohne	wir wohnen
2	du wohnst / Sie wohnen	ihr wohnt / Sie wohnen
3	er wohnt	sie wohnen

(wohnte, hat...gewohnt) 自 (完了 haben) ① 『場所を表す語句とともに』(…に)**住む**, 住んでいる. (英 live). Wo *wohnen* Sie? どこに住んでいらっしゃいますか / **auf** dem Land *wohnen* 田舎に住んでいる / Er *wohnt* **bei** seinen Eltern. 彼は両親のところに住んでいる / in der Stadt *wohnen* 都会に住んでいる / in der Kantstraße *wohnen* カント通りに住んでいる / Er *wohnt* **über** (**unter**) mir. 彼は私の上の階に(下の階に)住んでいる / **zur** Miete *wohnen* 間借り(借家)している / möbliert *wohnen* 家具付きの住まいに住んでいる.
② (ホテルなどに)**泊まる**, [一時的に]滞在する. **In** welchem Hotel *wohnen* Sie? どのホテルに泊まっているのですか.
◊☞ **gewohnt**

Wohn⸗flä·che [ヴォーン・ふれッヒェ] 女 -/-n (住宅の)居住面積.
Wohn⸗ge·bäu·de [ヴォーン・ゲボイデ] 中 -s/- 住宅用の建物, アパート.
Wohn⸗ge·biet [ヴォーン・ゲビート] 中 -[e]s/-e 住宅(居住)地域.
Wohn⸗geld [ヴォーン・ゲルト] 中 -[e]s/-er (官庁)(公務員に支給される)住宅手当.
Wohn⸗ge·mein·schaft [ヴォーン・ゲマインシャフト] 女 -/-en 住宅共同体(家族とは限らない数人が一つの住宅を共有して共同生活を営むこと).
wohn·haft [ヴォーン(ハ)ふト] 形 《官庁》(…に)居住(在住)している. Hans Mayer, *wohnhaft* in Bonn ハンス・マイアー, ボン在住 / die in Berlin *wohnhaften* Ausländer ベルリン在住の外国人.
Wohn⸗haus [ヴォーン・ハオス] 中 -es/..häuser 住宅用の建物 (= Wohngebäude).
Wohn⸗heim [ヴォーン・ハイム] 中 -[e]s/-e 寄宿舎, 寮.
Wohn⸗kü·che [ヴォーン・キュッヒェ] 女 -/-n リビングキッチン.
Wohn⸗kul·tur [ヴォーン・クルトゥーア] 女 -/ 住まいの文化.
Wohn⸗la·ge [ヴォーン・らーゲ] 女 -/-n 住宅環境(事情).
wohn·lich [ヴォーンりヒ] 形 住みやすい, 住み心地の良い(部屋など).
Wohn⸗ort [ヴォーン・オルト] 男 -[e]s/-e 居住地, 住所.
Wohn⸗raum [ヴォーン・ラオム] 男 -[e]s/..räume ① 居間. ②《複 なし》居住空間; 住居.
Wohn⸗schlaf·zim·mer [ヴォーン・シュらーふ・ツィンマァ] 中 -s/- 居間兼寝室.
Wohn⸗sied·lung [ヴォーン・ズィードるンヶ] 女 -/-en (住宅)団地.
Wohn⸗sitz [ヴォーン・ズィッツ] 男 -es/-e 居住地, 住所.

wohn·te [ヴォーンテ] ‡**wohnen** (住む)の 過去
‡*die* **Woh·nung** [ヴォーヌング vóːnuŋ]

住まい
Ich suche mir eine *Wohnung*.
イヒ ズーヘ ミァ アイネ **ヴォーヌンク**
私は住宅を探しています.

女 (単) -/(複) -en ① **住まい**, 住居, 住宅, アパート[の1戸分]. (英 *apartment*). Einzimmer*wohnung* ワンルームマンション / eine möblierte *Wohnung* 家具付き住宅 / eine gemütliche *Wohnung* 居心地のいい住まい / eine *Wohnung* mit Bad und Balkon バスルームとバルコニー付きの住居 / eine *Wohnung*⁴ mieten 住まいを借りる / eine *Wohnung*⁴ beziehen ある住宅に入居する / die *Wohnung*⁴ wechseln 転居する / Sie haben eine schöne *Wohnung*! すてきなお住まいをお持ちですね.
② 宿泊. freie *Wohnung*⁴ bei 人³ haben 人³の所に居候している.

....

☞ 一般に Haus が「建物としての家」を指すのに対して, Wohnung はアパートやマンションの「一世帯分住宅」を指す. (☞ 類語 Haus).

....

Woh·nungs⸗amt [ヴォーヌングス・アムト] 中 -[e]s/..ämter 《口語》住宅局(公営住宅の割り当てや管理をする).
Woh·nungs⸗bau [ヴォーヌングス・バオ] 男 -[e]s/- 住宅建設.
Woh·nungs⸗in·ha·ber [ヴォーヌングス・インハーバァ] 男 -s/- (住宅の)借り主, 居住者.
woh·nungs⸗los [ヴォーヌングス・ろース] 形 住む家のない, ホームレスの, 宿無しの.
Woh·nungs⸗man·gel [ヴォーヌングス・マンゲる] 男 -s/ 住宅不足.
Woh·nungs⸗not [ヴォーヌングス・ノート] 女 -/ 住宅難.
Woh·nungs⸗po·li·tik [ヴォーヌングス・ポリティーク] 女 -/ 住宅政策.
Woh·nungs⸗su·che [ヴォーヌングス・ズーヘ] 女 -/ 住居(部屋)探し.
Woh·nungs⸗tür [ヴォーヌングス・テューァ] 女 -/-en (住まいの)玄関のドア.
Woh·nungs⸗wech·sel [ヴォーヌングス・ヴェクセる] 男 -s/- 転居, 転宅.
Wohn⸗vier·tel [ヴォーン・ふィァテる] 中 -s/- 住居地区, 住宅地[域].
Wohn⸗wa·gen [ヴォーン・ヴァーゲン] 男 -s/- ① キャンピングカー, (自動車に引かれる)移動住宅. ② (サーカス団などの)居住車, トレーラーハウス.
‡*das* **Wohn⸗zim·mer** [ヴォーン・ツィンマァ vóːn-tsimɐr] 中 (単2) -s/(複) - (3格のみ -n) ① **居間**, リビングルーム. (英 *living room*). ein gemütliches *Wohnzimmer* 居心地のよい居間. ② 居間用の家具調度.

wöl·ben [ヴェるベン vǽlbən] **I** 再帰 (h) *sich⁴ wölben* アーチ形にな[っている], 弓形に丸く突き出[ている]. **Über den Fluss *wölbte sich* eine alte Brücke.** 川の上にアーチ状で古い橋が架かっていた. **II** (h)(天井など⁴を)弓形(アーチ形)にする, 丸く反らす.
◊☞ gewölbt

Wöl·bung [ヴェるブング] 囡 -/-en 弓形, 反り; (門などの)アーチ, 丸天井, 丸屋根.

der **Wolf** [ヴォるふ vɔ́lf] 男 (単2)-[e]s/(複) Wölfe [ヴェるふェ](3格のみ Wölfen) ① 動 オオカミ(狼). (英 *wolf*). **ein Rudel *Wölfe*** 一群のおおかみ / **Ich bin hungrig wie ein *Wolf*.** 口語 私は腹ぺこだ(←おおかみのように) / **Er ist ein *Wolf* im Schafspelz.** 比 彼は羊の皮をかぶったおおかみだ(偽善者だ) / **mit den *Wölfen* heulen** 口語 大勢に順応する, 日和見主義である(←おおかみの群れといっしょにほえる). ② 口語 肉ひき器; (不要紙などを寸断する)シュレッダー. **das Fleisch⁴ durch den *Wolf* drehen** 肉ひき器で肉をミンチにする / **人⁴ durch den *Wolf* drehen** 俗 人⁴をしごく, 痛めつける. ③ 獣医 医 股ずれ, 狼瘡(ᵉᵘ). ④ 複 なし; 定冠詞とともに 天 おおかみ座.

Wöl·fe [ヴェるふェ] *Wolf(オオカミ)の 複

Wolf·gang [ヴォるふ・ガング vɔ́lf-gaŋ] -s/ 男名 ヴォルフガング.

Wöl·fin [ヴェるふィン vǽlfɪn] 囡 -/..finnen 雌おおかみ.

wöl·fisch [ヴェるふィッシュ vǽlfɪʃ] 形 おおかみのような; 貪欲で, 残忍な.

Wolf·ram¹ [ヴォるふ・ラム vɔ́lf-ram] 中 -s/ 化 タングステン(記号: W).

Wolf·ram² [ヴォるふ・ラム] -s/ ① 男名 ヴォルフラム. ② 人名 ヴォルフラム・フォン・エッシェンバッハ (*Wolfram von Eschenbach* 1170?-1220?; 中世ドイツの叙事詩人).

Wolfs⋮hund [ヴォるふス・フント] 男 -[e]s/-e 口語 ドイツシェパード犬.

Wolfs⋮hun·ger [ヴォるふス・フンガァ] 男 -s/ 口語 ひどい空腹.

Wolfs⋮milch [ヴォるふス・ミるヒ] 囡 -/ 植 トウダイグサ.

Wolfs⋮ra·chen [ヴォるふス・ラッヘン] 男 -s/- 医 口蓋(ᵃᵃ)裂, 狼咽(ᵃᵃ).

die Wol·ke [ヴォるケ vɔ́lkə] 囡 (単)-/(複)-n ① 雲. (英 *cloud*). **Regen*wolke*** 雨雲 / **Eine weiße *Wolke* steht am Himmel.** 白い雲が空に浮かんでいる / **Die *Wolken* hängen tief.** 雲が低くたれ込めている / ***Wolken* bringen Regen.** 雲が雨を運んでくる / **Dunkle *Wolken* ziehen am Horizont auf.** 比 不吉な兆しが現れる(←暗雲が地平線に現れる) / **aus allen *Wolken* fallen** 口語 びっくり仰天する(←すべての雲から落ちる) / **in** (または **über**)**den *Wolken* schweben** 雅 夢想にふけっている(←雲の中(上)を漂っている) / **Der Himmel ist mit** (または **von**)***Wolken* bedeckt.** 空は雲に覆われている.
② (雲状のもの:)もうもうたる煙; (蚊などの)大群. **eine *Wolke* von Staub** もうもうたるほこり / **eine *Wolke* von Mücken** 蚊の大群. ③ 戯 (雲のような)ふわふわした布地. ④ 鉱 (宝石などの)曇り.

Wol·ken⋮bruch [ヴォるケン・ブルフ] 男 -[e]s/ ..brüche 突然の土砂降り, 豪雨.

Wol·ken⋮de·cke [ヴォるケン・デッケ] 囡 -/-n 空を覆う雲の層.

Wol·ken⋮krat·zer [ヴォるケン・クラッツァァ] 男 -s/- 摩天楼, 超高層ビル.

Wol·ken⋮ku·ckucks·heim [ヴォるケン・クックックスハイム] 中 -[e]s/ 雅 夢の国, ユートピア. (西 アリストファネスの喜劇『鳥』から).

wol·ken⋮los [ヴォるケン・ロース] 形 雲のない, 晴れ渡った. **ein *wolkenloser* Himmel** 雲一つない青空.

*wol·kig [ヴォるキヒ vɔ́lkɪç] 形 ① 曇っている, 雲の多い. (英 *cloudy*). **ein *wolkiger* Himmel** 曇り空. ② (煙・ほこりなどが)もうとした. ③ ぼやけた(色・映像など). ④ 鉱 曇りのある. ⑤ 話 もうろうとした, ぼんやりした.

Woll⋮de·cke [ヴォる・デッケ] 囡 -/-n ウールの毛布.

*die **Wol·le** [ヴォれ vɔ́lə] 囡 (単)-/(複)-n ① ウール, 羊毛; 毛糸, 毛織物. (英 *wool*). **raue (weiche) *Wolle*** 粗い(柔らかい)ウール / **die *Wolle*⁴ spinnen** 毛糸を紡ぐ / **Ist die Hose aus echter *Wolle*?** そのズボンは本物のウールですか / **in die *Wolle* kommen** (または **geraten**) 口語 かっとなる / **人⁴ in die *Wolle* bringen** 口語 人⁴をひどく怒らせる / **in der *Wolle* gefärbt [sein]** 口語 生粋の, 根からの(←毛糸に染め込まれた).
② 狩 (うさぎなどの)毛皮; (水鳥の)うぶ毛.

wol·len¹* [ヴォれン vɔ́lən]

…するつもりだ

Ich *will* Medizin studieren.
イヒ ヴィる メディツィーン シュトゥディーレン
私は医学を勉強するつもりです.

人称		単	複
1		ich **will**	wir wollen
2	{	du **willst**	ihr wollt
		Sie wollen	Sie wollen
3		er **will**	sie wollen

助動 《話法の助動詞》 (完了 haben) **A)** (wollte, hat...wollen)《zu のない不定詞とともに》 ① …するつもりだ, …しようと思う, …したい[と思う]. (英 *will, want*). **Wohin *willst* du gehen?** 君はどこへ行くつもりなの / **Ich *will* morgen abreisen.** 私はあす旅立とうと思います / **Wir *wollten* gerade gehen.** 私たちはちょうど出かけようと思っていたところです / **Das Buch *habe* ich schon immer lesen *wollen*.** 現在完了 その本を私はずっと読みたいと思っていました / **Dann *will* ich nichts gesagt haben.** だった

ら私は何も言わなかったことにしよう / Das *will* ich meinen (または glauben). 私もそう思います.
◊《*Wollen* wir ... または Wir *wollen* ... の形で》(いっしょに)…しましょう. *Wollen* wir gehen! または Wir *wollen* gehen! さあ行きましょう / *Wollen* wir uns setzen? 腰をかけませんか.
◊《*Wollen* Sie [bitte] ...! の形で》…してください. *Wollen* Sie bitte einen Augenblick warten! ちょっとお待ちください.
② …と言い張っている, 主張する. Er *will* krank sein. 彼は自分が病気だと言い張っている / Sie *will* es gesehen haben. 彼女はそれを見たと言っている.
③ 〖事物が〗〖今にも〗…しそうだ, …しかかっている. Es *will* regnen. 今にも雨が降りそうだ / Das Haus *will* einstürzen. その家は今にも倒れそうだ. ◊〖否定を表す語句とともに〗〖なかなか〗…しようとしない, …しそうにない. Die Wunde *will* nicht heilen. 傷がなかなか治らない.
④ 〖過去分詞＋werden (または sein)とともに〗…されなければならない. Die Pflanze *will* täglich gegossen werden. その植物には毎日水をやらなければならない.
⑤ 〖物事が〗…することを目的とする. Diese Sendung *will* aufklären. この番組は視聴者を啓発することを意図している.
B) (wollte, *hat* ... gewollt)〖独立動詞として; 不定詞なしで〗① 欲する, 望む, するつもりだ. Sie *will* ein Kind. 彼女は子供を欲しがっている / *Willst* du noch eine Tasse Kaffee? もう１杯コーヒーを飲むかい / Was *wollen* Sie von mir? 私に何の用ですか / Sie *will*, dass ich mitfahre. 彼女は私がいっしょに行くことを望んでいる / wenn Sie *wollen* よろしければ / wie Sie *wollen* 〖あなたの〗お好きなように / Ohne es zu *wollen*, ... そんなつもりではなかったのに… / [Na] dann *wollen* wir mal!〖口語〗じゃ, 始めるとしようか / Da ist nichts zu *wollen*.〖口語〗それはどうにもならないよ / 人³ etwas⁴ (nichts⁴) *wollen*〖口語〗人³に危害を加える(加えない).
◊〖方向を表す語句とともに〗(…へ)行くつもりだ. Sie *wollen* ans Meer.〖口語〗彼らは海へ行くつもりだ / Ich *will* nach Hause.〖口語〗私は家に帰りたい.
② 〖口語〗〖動植物が成長のために〗必要とする. Diese Blume *will* viel Sonne. この花は十分日に当てないといけない.
③ 〖否定を表す語句とともに〗〖口語〗〖足などが〗動かない, いうことをきかない.
◊☞ gewollt
wol·len² [ヴォれン] ＊wollen¹ (…するつもりだ)の過分
wol·len³ [ヴォれン] 形〖付加語としてのみ〗ウールの, 羊毛の, 毛織りの. *wollene* Socken ウールの靴下.
Wol·len [ヴォれン] 中 -s/ 意志, 意欲, 願望.
Woll⚬garn [ヴォる・ガルン] 中 -[e]s/-e 毛糸.
Woll⚬gras [ヴォる・グラース] 中 -es/..gräser〖植〗ワタスゲ[属].

wol·lig [ヴォりヒ vɔ́lıç] 形 ① ウールの, 羊毛の; ウールのように柔らかい; 羊毛(純毛)で覆われた. ② もじゃもじゃした(髪の毛).
Woll⚬ja·cke [ヴォる・ヤッケ] 女 -/-n ウールのジャケット(カーディガン).
Woll⚬spin·ne·rei [ヴォる・シュピンネライ] 女 -/-en 羊毛(毛糸)紡績[工場].
Woll⚬stoff [ヴォる・シュトふ] 男 -[e]s/-e ウール生地, 毛織物.
＊**woll·te** [ヴォるテ vɔ́ltə] I ＊wollen¹ (…するつもりだ)の過去. Wir *wollten* gestern einen Ausflug machen. 私たちはきのう遠足に行くつもりだった.
II ＊wollen¹ (…するつもりだ)の接² ① …したいのですが. Ich *wollte* Sie fragen, ob ... …かどうかあなたにお尋ねしたいのですが. ② …であればいいのだが. Ich *wollte*, er wäre hier. 彼がここにいてくれたらなあ.
Wol·lust [ヴォるスト vɔ́lust] 女 -/Wollüste〖ふつう単〗〖雅〗性的快楽; 欲情, 肉欲, 好色.
wol·lüs·tig [ヴォりュスティヒ vɔ́lystıç] 形〖雅〗性的快楽に満ちた; 官能的な, 欲情をそそる.
Woll⚬wa·re [ヴォる・ヴァーレ] 女 -/-n〖ふつう複〗ウール製品, 毛織物.
＊**wo⚬mit** [ヴォ・ミット vo-mít] 副 A)〖(強調:) ヴォー..〗〖疑問副詞; mit と was の融合形〗何でもって; 何によって. *Womit* hast du den Fleck entfernt? 君は何を使ってその染みを抜いたの？ / *Womit* kann ich Ihnen dienen? (店員が客に:)何をお求めでしょうか.
B)〖関係副詞; mit と関係代名詞の融合形; 動詞の人称変化形は文末〗それでもって, それによって. Das ist die Straßenbahn, *womit* er täglich ins Büro fährt. これが彼が毎日事務所に通う市街電車です.
wo⚬mög·lich [ヴォ・メークりヒ] 副 ひょっとしたら, もしかすると, ことによると. Er kommt *womöglich* schon heute. ひょっとしたら彼はきょうにもやって来るかもしれない.
wo⚬nach [ヴォ・ナーハ] 副 A)〖(強調:) ヴォー..〗〖疑問副詞; nach と was の融合形〗どの方へ; 何のあとに; 何にしたがって; 何を求めて. *Wonach* suchst du? 君は何を捜しているの. B)〖関係副詞; nach と関係代名詞の融合形; 動詞の人称変化形は文末〗その方へ; そのあとに; それにしたがって; それを求めて. Das war es, *wonach* er sich sehnte. それこそが彼が切望していたものだった.
wo⚬ne·ben [ヴォ・ネーベン] 副 A)〖(強調:) ヴォー..〗〖疑問副詞; neben と was の融合形〗何の隣(そば)に; 何と並んで. *Woneben* soll ich den Stuhl stellen? いすは何の隣に置きましょうか. B)〖関係副詞; neben と関係代名詞の融合形; 動詞の人称変化形は文末〗その隣(そば)に. das Haus, *woneben* der Baum steht 横に木が立っているあの家.
Won·ne [ヴォンネ vɔ́nə] 女 -/-n 至福[の喜び], 歓喜; 恍惚(こうこつ). die *Wonnen* der Liebe² 恋の喜び / mit *Wonne*〖口語〗大喜びで.

Won·ne⁄mo·nat [ヴォネ・モーナット] 男 –[e]s/-e《ふつう単》《古》5月(=Mai).

won·ne⁄trun·ken [ヴォネ・トルンケン] 形《詩》歓喜に酔った.

won·ne⁄voll [ヴォネ・ふォル] 形《詩》歓喜に満ちあふれた.

won·nig [ヴォニヒ vónıç] 形 ① かわいい, 愛らしい. ein *wonniges* Baby かわいい赤ちゃん. ② 《雅》《詩》喜びに満ちた.

***wo·ran** [ヴォラン vorán] 副 **A)**〔(強調:) ヴォー..〕《疑問副詞; an と was の融合形》何に[接して]; 何[が原因]で; 何について. *Woran* denkst du? 君は何を考えているのか / *Woran* ist er gestorben?《現在完了》彼は何が原因で死んだのろうか.
B)《関係副詞; an と関係代名詞の融合形; 動詞の人称変化形は文末》それにおいて; その点で; それによって. das Bild, *woran* er arbeitet 彼がとりかかっている絵 / Das ist alles, *woran* ich mich erinnern kann. それが私に思い出すことのできるすべてです.

***wo·rauf** [ヴォラオふ voráuf] 副 **A)**〔(強調:) ヴォー..〕《疑問副詞; auf と was の融合形》何の上に(へ); 何に基づいて; 何に対して; 何を. *Worauf* darf ich mich setzen? 私はどこに座ればいいのでしょうか / *Worauf* wartest du denn? 君はいったい何を待っているんだい.
B)《関係副詞; auf と関係代名詞の融合形; 動詞の人称変化形は文末》① その上に(へ); それに基づいて; それを. das Geld, *worauf* ich warte 私が待っているお金. / Er erhielt ein Fax, *worauf* er plötzlich abreiste. 彼はファクスを受け取ると突然旅立った.

wo·rauf⁄hin [ヴォラオふ・ヒン] 副 **A)**〔(強調:) ヴォー..〕《疑問副詞》何のために, 何のつもりで.
B)《関係副詞》それに続いてすぐ.

***wo·raus** [ヴォラオス voráus] 副 **A)**〔(強調:) ヴォー..〕《疑問副詞; aus と was の融合形》何から, どこから; 何で. *Woraus* besteht Wasser? 水は何からできているか / *Woraus* schließt du das? どこから君はその結論を導き出すのか.
B)《関係副詞; aus と関係代名詞の融合形; 動詞の人称変化形は文末》そこから, それから. das Holz, *woraus* die Möbel gemacht sind《状態受動・現在》家具の原材料になっている木材.

wor·den [ヴォルデン] 動作受動の助動詞 *werden*(…される)の過分. Er *ist* betrogen *worden*.《現在完了・受動》彼はだまされた.

wo·rein [ヴォライン] 副 **A)**〔(強調:) ヴォー..〕《疑問副詞; [hin]ein と was の融合形》何の中へ. *Worein* hast du das Geld gesteckt? どこへそのお金を入れたの. **B)**《関係副詞; [hin]ein と関係代名詞の融合形; 動詞の人称変化形は文末》その中へ, それへ. eine dumme Geschichte, *worein* ich verwickelt war《状態受動・過去》私が巻き込まれていたくだらない一件.

***wo·rin** [ヴォリン vorín] 副 **A)**〔(強調:) ヴォー..〕《疑問副詞; in と was の融合形》何の中に; どの点において, どこに. *Worin* besteht der Vorteil? メリットはどこにあるんですか.
B)《関係副詞; in と関係代名詞の融合形; 動詞の人称変化形は文末》その中に(へ); その点において. das Haus, *worin* ich wohne 私が住んでいる家.

Work·shop [ワーク・ショップ wáːrk-ʃɔp] [英]男 –s/-s 研究会, ゼミ[ナール], ワークショップ.

Worms [ヴォルムス vɔrms] 中 –/ ヴォルムス(ドイツ, ラインラント・プファルツ州; ☞〔地図〕D–4).

*das **Wort** [ヴォルト vɔ́rt]

語; 言葉

Was bedeutet dieses *Wort*?
ヴァス ベドイテット ディーゼス ヴォルト
この単語は何という意味ですか.

中〘単2〙–es (まれに –s)/〘複〙 Wörter [ヴェルタァ] (3格のみ Wörtern) または〘複〙 Worte (3格のみ Worten) ①〘複〙Wörter〘個々の〙語, 単語. (英 word). (☞「文章」は Satz). ein kurzes (langes) *Wort* 短い(長い)単語 / ein deutsches *Wort* ドイツ語の単語 / ein neues *Wort* 新語 / ein einsilbiges *Wort* 単音節の単語 / ein zusammengesetztes *Wort* 合成語 / die Bedeutung eines *Wortes* ある語の意味 / ein *Wort*⁴ buchstabieren 単語をつづる / Dieses *Wort* hat mehrere Bedeutungen. この単語にはいくつかの意味がある / im eigentlichen Sinne des *Wortes* この語の本来の意味で / einen Text **Wort für Wort** ab|schreiben テキストを一語一語書き写す.
②〘複〙言葉, 文句, (言葉による)表現; 話, 談話; 発言. (英 word). *Worte* des Dankes 感謝の言葉 / ein dichterisches *Wort* 詩的な言葉 / freundliche *Worte* 親切な言葉 / geflügelte *Worte* よく引用される名言(←羽根の生えた言葉) / leere *Worte* 空疎な言葉 / unvorsichtige *Worte* 不用意な言葉.

....

《⇐》複数形 Wörter と Worte: 意味上のつながりのない個々の単語の集まりは Wörter. 相互に意味上のつながりをもち, ある意味内容を表す単語の集まりは Worte.

....

◇〔動詞とともに〕人³ das *Wort*⁴ ab|schneiden 人³の言葉をさえぎる / ein [gutes] *Wort*⁴ für 人⁴ ein|legen 人⁴のためにとりなす / das *Wort*⁴ ergreifen 発言する / Mir fehlen die *Worte*. (驚きのあまり)私は言うべき言葉を知らない / keine *Worte*⁴ für 事⁴ finden (あきれて)事⁴を言い表す言葉を知らない / das *Wort*⁴ führen 発言の主導権を握る / das große *Wort*⁴ führen 大言壮語する / 人³ das *Wort*⁴ geben 人³に発言を許す / 人³ ein gutes *Wort*⁴ geben 人³に良い言葉をかける / Ein Wort gibt das andere. 売り言葉に買い言葉 / das letzte *Wort*⁴ haben 決定権を持つ / Hast du *Worte*?《口語》そんなことがあるだろうか / viele *Worte*⁴ machen 口数が多い / 人³ das *Wort*⁴ aus dem Mund **nehmen** 人³が言おうとしたことを先に言う / ein offenes *Wort*⁴ **reden** 率直に話す / ohne ein *Wort* zu **sagen** 一言も言わずに / **Spare** [dir] deine *Worte*! よけいな口をきくな / ein paar *Worte* **sprechen** 二言三言話をする / Ich **verstehe** kein *Wort*. 私にはさっぱりわからない / kein *Wort*⁴ mehr über 事⁴ **verlieren** 事⁴についてはもはや一言も言わない / mit 人³ ein paar *Worte*⁴ **wechseln** 人³と二言三言言葉を交わす / Davon **weiß** ich kein *Wort*. それは初耳だ.

◇《前置詞とともに》**Auf** ein *Wort*! 一言君に話したいことがある / 人³ aufs *Wort* **glauben** 人³の言葉をうのみにする / eine Sprache⁴ **in** *Wort* und Schrift beherrschen ある言語を自由に話したり書いたりできる / 事⁴ in *Worte* **fassen** 事⁴を言葉に表す / 人³ ins *Wort* **fallen** 人³の言葉をさえぎる / 事⁴ in (または **mit**) **wenigen** *Worten* **sagen** 事⁴を手短に言う / mit anderen *Worten* **sagen** / mit einem *Wort* 一言で言えば / **nach** dem *Wort* **Shakespeares** シェイクスピアの言葉によれば / **ohne** viele *Worte* あれこれ言わずに / Ich bitte **ums** *Wort*. 発言したいのですが / ein Mensch **von** wenigen *Worten* 口数の少ない人 / **zu** *Worte* **kommen** 発言を許される.

③《複 なし》約束[の言葉]. Er wird sein *Wort* halten (brechen). 彼は約束を守る(破る)だろう / Ich **gebe** Ihnen mein *Wort* darauf. それは請け合いますよ / Er nahm sein *Wort* zurück. 彼は約束をとり消した / **Auf** mein *Wort*! 誓って! / 人⁴ **beim** *Wort* nehmen 人⁴の約束を信じる, 人⁴の言質(ｹﾞﾝﾁ)をとる.

④《複 *Worte*》《雅》語句; (曲に対して:)歌詞. Lieder ohne *Worte* 無言歌. ⑤《複 なし》《ｷﾘｽﾄ教》神の言葉; 《神学》ロゴス. das *Wort* Gottes 神のみ言葉.

···
〈注〉 ..**wort** のいろいろ: Fach*wort* 専門語 / Fremd*wort* 外来語 / Mode*wort* 流行語 / Nach*wort* あと書き / Schlag*wort* スローガン / Schlüssel*wort* キーワード / Schluss*wort* 結びの言葉 / Sprich*wort* ことわざ / Stich*wort* 見出し語 / Vor*wort* 前書き / Zahl*wort* 数詞 / Zauber*wort* 呪文(ｼﾞｭﾓﾝ).
···

Wort‡art [ヴォルト・アールト] 女 -/-en《言》品詞.

Wort‡be·deu·tung [ヴォルト・ベドイトゥング] 女 -/-en 語の意味, 語義.

Wort‡bil·dung [ヴォルト・ビルドゥング] 女 -/-en《言》① 《複 なし》造語. ② (個々の)[新]造語.

Wort‡bruch [ヴォルト・ブルフ] 男 -[e]s/..brü·che 《ふつう単》約束違反, 破約, 違約.

wort‡brü·chig [ヴォルト・ブリュヒヒ] 形 約束違反の, 破約の, 違約の. **gegen** 人⁴ *wortbrüchig* sein 人⁴に対して約束を守っていない / **an** 人³ *wortbrüchig* werden 人³にした約束を破る.

Wört·chen [ヴェルトヒェン] v**ǽrtçən** 中 -s/- (*Wort* の縮小) ちょっとした言葉, 一言[二言]. Mit dir habe ich noch ein *Wörtchen* zu reden! 君にもう一言話しておきたいことがある.

Wor·te [ヴォルテ] ‡**Wort** (言葉)の複

Wör·ter [ヴェルタァ] ‡**Wort** (単語)の複

‡*das* **Wör·ter‡buch** [ヴェルタァ・ブーフ] v**ǽrtɐ-buːx**] 中 (単2) -[e]s/(複) ..bü·cher [..ビューヒャァ] (3格のみ ..büchern) 辞書, 辞典. (英 *dictionary*). ein deutsch-japanisches *Wörterbuch* 独和辞典 / ein *Wort*⁴ **im** *Wörterbuch* nach|**schlagen** ある単語を辞書でひく.

···
〈注〉 ..**wörterbuch** のいろいろ: Bild*wörterbuch* 図解辞典 / Fach*wörterbuch* 専門語辞典 / Fremd*wörterbuch* 外来語辞典 / Hand*wörterbuch* 中型辞典 / Sach*wörterbuch* 事典 / Taschen*wörterbuch* ポケット辞典
···

Wör·ter‡ver·zeich·nis [ヴェルタァ・フェアツァイヒニス] 中 ..nis·ses/..nis·se (学術書などの)用語索引.

Wort‡fa·mi·lie [ヴォルト・ファミーリエ] 女 -/-n《言》語家族(同一の語根に基づく語の集まり; geben「贈る」, Gabe「たまもの」, Gift「贈り物」など).

Wort‡feld [ヴォルト・フェルト] 中 -[e]s/-er 《言》語場(主要な意味素性を共有する語の集合).

Wort‡fol·ge [ヴォルト・フォルゲ] 女 -/-n《言》語順, 配語法.

Wort‡füh·rer [ヴォルト・フューラァ] 男 -s/- スポークスマン, 代弁者.

Wort‡ge·fecht [ヴォルト・ゲフェヒト] 中 -[e]s/-e 口論; 論争.

wort‡ge·treu [ヴォルト・ゲトロイ] 形 語(原文)に忠実な, 文字どおりの. eine *wortgetreue* Übersetzung 逐語訳.

wort‡ge·wandt [ヴォルト・ゲヴァント] 形 雄弁な, 能弁な.

wort‡karg [ヴォルト・カルク] 形 無口な, 口数の少ない; そっけない(表現・返事など).

Wort‡karg·heit [ヴォルト・カルクハイト] 女 -/ 無口なこと, 寡黙さ.

Wort‡klau·ber [ヴォルト・クラオバァ] 男 -s/- 一字一句にこだわる人.

Wort‡klau·be·rei [ヴォルト・クラオベライ] 女 -/-en 一字一句にこだわること.

Wort‡laut [ヴォルト・ラオト] 男 -[e]s/ (書かれたままの)文面, (発言どおりの)文言.

wört·lich [ヴェルトリヒ] v**ǽrtlɪç**] 形 ① 原文に忠実な, 逐語的な; 言葉(文字)どおりの. (英 *literal*). die *wörtliche* Übersetzung eines Textes あるテクストの逐語訳 / Er hat es *wörtlich* genommen. 彼はそれを額面どおりに受け取った. ② 言葉による, 口頭の.

wort‡los [ヴォルト・ロース] 形 無言の, 黙ったままの; 言葉によらない. *wortloses* Verstehen 暗黙の了解.

wort‡reich [ヴォルト・ライヒ] 形 ① 言葉(口

数)の多い, 多弁な, 冗漫な. ② 語彙(ご)の豊富な.

*der **Wort⹀schatz** [ヴォルト・シャッツ vórtʃats] 男 (単2) -es/(複) ..schätze [..シェッツェ] (3格のみ ..schätzen)《ふつう単》《ふつう単》語彙(ご). 《ある分野で使われる》用語範囲, ボキャブラリー. (英 vocabulary). Grund*wort*schatz 基本語彙 / Er hat einen großen *Wortschatz*. 彼はボキャブラリーの豊富な人だ.

Wort⹀schwall [ヴォルト・シュヴァる] 男 -[e]s/ (軽蔑的に:)多弁, 長談義.

Wort⹀spiel [ヴォルト・シュピーる] 中 -[e]s/-e 言葉の遊び, 言葉のしゃれ, 語呂(ろ)合わせ.

Wort⹀stamm [ヴォルト・シュタム] 男 -[e]s/ ..stämme《言》語幹.

Wort⹀stel·lung [ヴォルト・シュテるング] 女 -/ -en《言》語順, 配語法.

Wort⹀streit [ヴォルト・シュトライト] 男 -[e]s/-e ① 口論, 論争. ② 語義をめぐる論争.

Wort⹀ver·dre·hung [ヴォルト・フェアドレーウング] 女 -/-en 言葉の曲解, こじつけ.

Wort⹀wech·sel [ヴォルト・ヴェクセる] 男 -s/- 言い争い, 口論, 口げんか; 会話.

wort⹀wört·lich [ヴォルト・ヴェルトりヒ] 形 原本の語句にきわめて忠実な, 一言一句違わない; 文字どおりの.

*__wo·rü·ber__ [ヴォリューバァ vorý:bər] 副 A) [(強調:) ヴォー..]《疑問副詞; über と was の融合形》何について; 何の上[の方]に. *Worüber* habt ihr gesprochen? 何について君たちは話をしていたの. B)《関係副詞; über と関係代名詞の融合形; 動詞の人称変化形は文末》それについて, その上[の方]に. das Thema, *worüber* er spricht 彼が話すテーマ.

wo·rum [ヴォルム] 副 A) [(強調:) ヴォー..]《疑問副詞; um と was の融合形》何の周りに; 何をめぐって. *Worum* geht es? 何の話ですか. B)《関係副詞; um と関係代名詞の融合形; 動詞の人称変化形は文末》その周りに; 何をめぐって. Das ist alles, *worum* ich dich bitten möchte. これが君にお願いしたいことのすべてだ.

wo·run·ter [ヴォルンタァ] 副 A) [(強調:) ヴォー..]《疑問副詞; unter と was の融合形》何の下に; 何のもとに. *Worunter* hast du es versteckt? 君はそれを何の下に隠したんだい. B)《関係副詞; unter と関係代名詞の融合形; 動詞の人称変化形は文末》その下に; 何のもとに. die Heizung, *worunter* er seine nassen Schuhe stellte 彼がぬれた靴をその下に置いたヒーター.

wo⹀selbst [ヴォ・ぜるプスト] 副《関係副詞》《雅》(まさに)そこで (=wo).

Wo·tan [ヴォータン vó:tan] -s/《ゲ神》ヴォータン(ゲルマン神話の最高神. 北欧神話のオーディンに当たる) (=Wodan).

*__wo⹀von__ [ヴォ・ホォン vo-fón] 副 A) [(強調:) ヴォー..]《疑問副詞; von と was の融合形》何から; 何について; 何によって. *Wovon* spre-

chen sie? 彼らは何を話しているのだろう. B)《関係副詞; von と関係代名詞の融合形; 動詞の人称変化形は文末》それから; それについて; それによって. Das ist etwas, *wovon* ich nichts verstehe. それが私にはまったく理解できないことなんです.

wo⹀vor [ヴォ・ホォーァ] 副 A) [(強調:) ヴォー..]《疑問副詞; vor と was の融合形》何の前に; 何に対して. *Wovor* fürchtest du dich? 君は何を恐れているんだい. B)《関係副詞; vor と関係代名詞の融合形; 動詞の人称変化形は文末》その前に; それに対して. Das ist es, *wovor* ich Angst habe. 私が不安なのはそのことだ.

*__wo⹀zu__ [ヴォ・ツー vo-tsú:] 副 A) [(強調:) ヴォー..]《疑問副詞; zu と was の融合形》何のために; 何の方へ. *Wozu* brauchst du das Geld? 君は何にそのお金が要るの. B)《関係副詞; zu と関係代名詞の融合形; 動詞の人称変化形は文末》そのために; その方へ. Ich muss noch Briefe schreiben, *wozu* ich gestern keine Zeit hatte. きのう書く暇がなかった手紙を私はこれから書かなければならない.

wrack [ヴラック vrák] 形 (船・飛行機などが)大破した;《商》売り物にならない.

Wrack [ヴラック] 中 -[e]s/-s (まれに -e) (船・飛行機などの)残骸(がい);《比》廃人, 落ちぶれた人.

wrang [ヴラング] wringen (絞る)の 過去

wrän·ge [ヴレンゲ] wringen (絞る)の 接2

wrin·gen* [ヴリンゲン vríŋən] (wrang, *hat*... gewrungen) 他 (h)《北ドツ》① (洗濯物[4] を両手で)絞る. ② 《A[4] aus B[3] ~》(A[4] (水など)を B[3] から)絞り出す.

WS [ヴィンタァ・ゼメスタァ]《略》(大学の)冬学期 (=Wintersemester).

Wu·cher [ヴーヒャァ vú:xər] 男 -s/ 暴利[行為], 高利. *Wucher*[4] treiben 暴利をむさぼる.

Wu·che·rer [ヴーヘらァ vú:xərər] 男 -s/- 暴利をむさぼる人, 高利貸し, 不当利得者. (ヘで女性形は Wucherin).

wu·che·risch [ヴーヘリッシュ vú:xərɪʃ] 形 暴利をむさぼる, 高利貸しの[ような], がめつい.

wu·chern [ヴーハァン vú:xərn] 自 (s, h) ① (s, h) (植物が)生い茂る, (体内組織が)増殖する. Das Unkraut *wuchert* im Garten. 庭には雑草がはびこっている. ◇《現在分詞の形で》eine *wuchernde* Geschwulst 増殖性腫瘍(じゅ). ② (h)《mit 物[3] ~》(物[3] を元手に)暴利をむさぼる, 高利貸しをする.

Wu·cher⹀preis [ヴーヒャァ・プライス] 男 -es/-e 暴利価格, むちゃくちゃな高値.

Wu·che·rung [ヴーヘルング] 女 -/-en (人間・動植物の組織の)病的増殖, 異常増殖; 肉瘤(にくりゅう), 腫瘍(しゅ), こぶ.

Wu·cher⹀zins [ヴーヒャァ・ツィンス] 男 -es/ -en《ふつう 複》暴利, 高利. Geld[4] zu *Wucherzinsen* aus|leihen 高利で金を貸す.

wuchs [ヴークス] ‡wachsen[1] (成長する)の 過去

Wuchs [ヴークス vú:ks] 男 -es/Wüchse ①

〖覆〗なし)成長, 発育. eine Pflanze mit schnellem *Wuchs* 成長の早い植物. ②〖覆〗なし)体格, 体つき; 容姿. ein Mädchen von schlankem *Wuchs* ほっそりした体つきの女の子. ③ 幼樹, 若木.

Wucht [ヴフト vúxt] 囡 -/-en ①〖覆〗なし)重み, 重量(感), 圧力; 勢い. mit voller *Wucht* 力いっぱいに, 勢いよく. ②〖覆〗なし)(方・俗)ぶつかること, 殴打. ③《方・俗》大量, 多量. ④〖成句的に〗Das ist eine *Wucht*!《俗》そいつはすごい.

wuch·ten [ヴフテン vúxtən] I 他 (h)《口語》① (重い物⁴を力を入れて…へ/…から)持ち上げる, 放り降ろす. Säcke⁴ auf den Wagen (vom Wagen) *wuchten* 袋を車に載せる(車から降ろす). ② 〖物〗⁴を…へ)力いっぱいける(ぶつける). den Ball ins Tor *wuchten* ボールを力いっぱいゴールにけり込む. II 〖再帰〗(h) *sich*⁴ *wuchten*《口語》(…へ)重そうに体を動かす. *sich*⁴ in einen Sessel *wuchten* どっかと安楽いすに腰を下ろす. III 自(h, s)《口語》① (h)(建物などが)どっかりと立っている. ② (突風などが…へ)さっと吹き抜ける. ③ (h)(俗)あくせく働く.

wuch·tig [ヴフティヒ vúxtıç] 形 ① 力を込めた, 力いっぱいの. ein *wuchtiger* Schlag 力まかせの一撃. ② どっしり(がっしり)した(体格など), 重々しい(家具など). eine *wuchtige* Gestalt どっしりした体格.

Wühl⧸ar·beit [ヴューる・アルバイト] 囡 -/-en ① (土を)掘り返すこと. ②〖覆〗なし)(比)(政治的な)地下工作, 撹乱(ミミ)工作.

*⋆**wüh·len** [ヴューれン vý:lən] (wühlte, hat … gewühlt) I 自(完了 haben) ① (手・前足などで)穴を掘る, 掘り返す, (髪などで)かきむしる. (英 dig). Die Kinder *wühlen* im Sand. 子供たちが砂に穴を掘る / **nach** Kartoffeln *wühlen* じゃがいもを掘る / Sie *wühlte* nervös in ihren Haaren. 彼女はいらいらして髪をかきむしった / Der Schmerz *wühlte* in seiner Brust.《比》彼は心痛に胸をかきむしられる思いだった. ②〖場所を表す語句とともに〗《口語》(探し物をして…の中を)引っかき回す. in der Schublade *wühlen* 引き出しの中を引っかき回す. ③〖gegen 人・事⁴ ~〗(人・事⁴に反対して)反乱(抵抗)を扇動する. ④《口語》あくせく働く. II 他(完了 haben) ① (穴など⁴を)掘る. ein Loch⁴ [in die Erde] *wühlen* [地面に]穴を掘る / Die Feldmäuse *wühlen* sich³ unterirdische Gänge. 野ねずみが地中に穴を掘る. ② 掘って(引っかき回して)取り出す. III 〖再帰〗(完了 haben) *sich*⁴ *wühlen* ① 〖*sich*⁴ in 物⁴ ~〗(物⁴の中へ)穴を掘って潜り込む. ②〖*sich*⁴ durch 人・物⁴ ~〗(人・物⁴を)かき分けて進む.

Wüh·ler [ヴューらァ vý:lər] 男 -s/- ① (動) 地中に穴を掘る動物(モグラなど). ② 扇動者, アジテーター. ③《口語》あくせく働く人.

Wühl⧸maus [ヴューる・マオス] 囡 -/..mäuse ①(動)ハタネズミ. ②《戯》扇動者, アジテーター.

wühl·te [ヴューるテ] *wühlen (穴を掘る)の過去

Wühl⧸tisch [ヴューる・ティッシュ] 男 -[e]s/-e 《口語》(デパートなどの)バーゲン[セール]台.

Wulst [ヴるスト vúlst] 男 -es/Wülste (まれに -e) (または 囡 /Wülste) ① (円筒形の)ふくらみ, (医) (傷跡などの)隆起, 結節; クッション, パッド. ② (紋章の)飾り輪, リース. ③ (建) (柱脚などの)大玉縁.

wuls·tig [ヴるスティヒ vúlstıç] 形 (円筒状に)ふくらんでいる, ふくらみのある; 隆起した. *wulstige* Lippen 厚ぼったい唇.

wum·mern [ヴマァン vúmərn] 自 (h)《口語》① (機械などが)鈍い音をたてる. ② 〖an (または gegen) 物⁴ ~〗(物⁴を)どんどんたたく.

wund [ヴント vúnt] 形 ① (皮膚などが)すりむけた, 傷ついた, (すりむいて)ひりひり痛む. *wunde* Füße すりむけた足 / sich⁴ *wund* laufen 靴ずれができる[ほど走り回る] / *sich*³ die Finger⁴ *wund* schreiben《口語》(指がすりむけるほどに)せっせと書きまくる. ②(狩)(ら)手負いの.

新旧

wund lie·gen sich⁴ *wund liegen* (体に)床ずれができる.

Wund⧸brand [ヴント・ブラント] 男 -[e]s/《医》創傷壊疽(ぇぞ).

die **Wun·de** [ヴンデ vúndə] 囡 (単) -/(複) -n 傷, 創傷. (英 wound). Schnitt*wunde* 切り傷 / eine leichte (tödliche) *Wunde* 軽傷(致命傷) / Die *Wunde* schmerzt. 傷が痛む / Die *Wunde* blutet. 傷から血が流れる / eine alte *Wunde*⁴ wieder auf|reißen《比》古傷をあばく.

wun·der ☞ 新旧 Wunder ②

das **Wun·der** [ヴンダァ vúndər] 中 (単2) -s/(複) - (3格のみ -n) ① 奇跡, 不思議[なこと], 驚くべきこと, 驚異. (英 miracle, wonder). die *Wunder* der Natur² 自然の驚異 / Ein *Wunder* geschieht. 奇跡が起こる / Das ist kein *Wunder*. それは少しも不思議なことではない / *Wunder*⁴ wirken《口語》驚くほどよく効く ⇒ Diese Arznei wirkt bei mir *Wunder*. この薬は私には不思議なほどよく効く / **an** *Wunder* glauben 奇跡を信じる / **auf** ein *Wunder* hoffen 奇跡[が起こること]を頼みにする / O *Wunder*! または *Wunder* über *Wunder*! これは驚いた, 信じがたいことだ / Was *Wunder*, wenn (または dass) … …は何の不思議があるだろうか / Du wirst noch dein blaues *Wunder* erleben.《口語》君はきっといやな目にあうだろう. ② 〖**was, wie, wer** などとともに〗《口語》何かすばらしい… Er glaubt, *Wunder* was geleistet zu haben. 彼はたいしたことをしたように思っている.

‡**wun·der·bar** [ヴンダァバール vúndərba:r] I 形 ① すばらしい, みごとな, すてきな.

(英 wonderful). ein wunderbarer Abend すてきな夕べ / wunderbares Wetter すばらしいお天気 / Er ist ein wunderbarer Mensch. 彼はすばらしい人物だ / Das ist ja wunderbar! これは実にすばらしい.
② 奇跡的な, 不思議な. (英 miraculous). eine wunderbare Rettung 奇跡的救助. ◊〘名詞的に〙Das grenzt ans Wunderbare. それはまるで奇跡だ(← 奇跡的なものと境を接している).
II 副〘口語〙ものすごく, 実に. Der Stoff ist wunderbar weich. この布地は実に柔らかい.

類語 wunderbar: (驚嘆に値するほどすばらしい. großartig: (大きく見えて目だつ意味で)すばらしい. herrlich: (それ以上が考えられない意味で)すばらしい. fantastisch: (現実離れしていて感嘆に値するという意味で)すばらしい.

---

wun·der·ba·rer≠wei·se [ヴンダァバーラァ・ヴァイゼ] 副 不思議なことに, 奇跡的に.
Wun·der≠ding [ヴンダァ・ディング] 中 -[e]s/-e ①〘ふつう 複〙不思議な事柄. ②〘口語〙驚くべきもの, たいしたしろもの.
Wun·der≠dok·tor [ヴンダァ・ドクトァ] 男 -s/-en [..トーレン](軽蔑的に:)奇跡で治療する〔やぶ〕医者.
Wun·der≠glau·be [ヴンダァ・グらオベ] 男 -ns(3格・4格 -n)/-n〘ふつう 単〙奇跡〔への〕信仰.
wun·der≠hübsch [ヴンダァ・ヒュプシュ] 形 すばらしくきれいな(かわいい), こよなく美しい.
Wun·der≠ker·ze [ヴンダァ・ケルツェ] 女 -/-n 線香花火(硝酸バリウム・アルミニウム粉・鉄粉などを針金に付けたもの).
Wun·der≠kind [ヴンダァ・キント] 中 -[e]s/-er 神童.
Wun·der≠land [ヴンダァ・らント] 中 -[e]s/..länder (童話の)不思議の国.
***wun·der·lich** [ヴンダァりヒ vúndərlɪç] 形 奇妙な, おかしな, 風変わりな. (英 odd, strange). ein wunderlicher Mensch 奇人, 変人 / wunderliche Einfälle 妙な思いつき.
Wun·der≠mit·tel [ヴンダァ・ミッテる] 中 -s/- 妙薬.
***wun·dern** [ヴンダァン vúndərn] (wunderte, hat ... gewundert) I 他 (❏ haben) (予期せぬことに)驚かす, 不思議がらせる, いぶかしがらせる. (英 surprise). Das wundert mich. それは驚きだ / Es wundert mich, dass er nicht kommt. 彼が来ないのはおかしい / Es sollte mich wundern, wenn ... もし…なら驚きだ.
II 再帰 (❏ haben) sich⁴ wundern (予期せぬことに) 驚く, 不思議に思う, いぶかしく思う. (英 be surprised). Ich wunderte mich über ihr Benehmen. 私は彼女のふるまいを不思議に思った / Ich habe mich sehr gewundert, dass er gekommen ist. 私は彼がやって来たのでたいへん驚いた / Du wirst dich wundern! 君はきっと驚くだろうよ.

類語 sich⁴ wundern: (予期せぬことに)驚く, 不思議に思う. sich⁴ verwundern: (奇異なことに対して)不審に思う. staunen: (意外なことに出会って, 態度に表すほど)驚く, びっくりする. überrascht sein: (不意打ちにあって)びっくり仰天する.

---

wun·der|neh·men* [ヴンダァ・ネーメン vúndər-nèːmən] 他 (h)〘雅〙①(人⁴を)いぶかし(不思議)がらせる. ②(人³)(人⁴の)好奇心をひく.
wun·der·sam [ヴンダァザーム] 形〘雅〙不思議な, この世ならぬ(夢・メロディーなど).
wun·der≠schön [ヴンダァ・シェーン] 形 すばらしく(息をのむほどに)美しい, 実にすばらしい. ein wunderschönes Mädchen はっとするような美少女.
Wun·der≠tat [ヴンダァ・タート] 女 -/-en 奇跡; 驚くべき行為(業績).
Wun·der≠tä·ter [ヴンダァ・テータァ] 男 -s/- 奇跡を行う人.
Wun·der≠tä·tig [ヴンダァ・テーティヒ] 形 奇跡を行なう(起こす).
wun·der·te [ヴンダァテ] ‡wundern (驚かす)の過去
Wun·der≠tier [ヴンダァ・ティーァ] 中 -[e]s/-e 怪獣, 怪物;〘俗〙怪人物.
wun·der≠voll [ヴンダァ・ふォる] I 形 すばらしい, すてきな. II 副〘口語〙ものすごく, 実に.
Wun·der≠welt [ヴンダァ・ヴェるト] 女 -/-en 不思議な(すばらしい)世界.
Wun·der≠werk [ヴンダァ・ヴェルク] 中 -[e]s/-e 驚異的な仕事(製品), 驚嘆すべき作品.
Wund≠fie·ber [ヴント・ふィーバァ] 中 -s/-〘医〙創傷熱.
wund|lie·gen* [再帰 (h) (新形 wund liegen) ☞ wund
Wund≠mal [ヴント・マーる] 中 -[e]s/-e〘雅〙傷跡. die Wundmale Christi² キリストの聖痕(せいこん).
Wund≠sal·be [ヴント・ざるベ] 女 -/-n 創傷軟膏(なんこう).
Wund≠starr·krampf [ヴント・シュタルクランプふ] 男 -[e]s/-〘医〙創傷性破傷風.
***der **Wunsch** [ヴンシュ vʊnʃ] 男 (単2) -es/ (複) Wünsche [ヴュンシェ] (3格のみ Wünschen) ① 願い, 願望, 望み, 希望. (英 wish). einen Wunsch äußern 願いを述べる / einen heimlichen Wunsch hegen ひそかな望みをいだく /(人³) einen Wunsch erfüllen (人³の)願いをかなえてやる / Haben Sie sonst noch einen Wunsch?(店員が客に:)ほかにまだ何かお望みはございませんか / Es ist sein größter Wunsch, einmal nach Amerika zu reisen. 一度アメリカへ旅行をしたいというのが, 彼の最大の望みだ / auf Wunsch von Herrn Meyer マイアー氏の願いによれば / Es geht alles nach Wunsch. 万事望みどおりに進んでいる.
②〘複 で〙お祝いの言葉, 祝福. Die besten Wünsche zum Geburtstag! 誕生日おめでと

う / mit den besten *Wünschen*（手紙の結びで:）ご健勝を祈って.

Wunsch░bild [ヴンシュ・ビルト] 中 –[e]s/–er 理想[像], 最高の目標.

Wunsch░den·ken [ヴンシュ・デンケン] 中 –s/ （現実離れした）願望に基づく思考, 希望的観測.

Wün·sche [ヴュンシェ] ‡Wunsch（願い）の 複

Wün·schel·ru·te [ヴュンシェル・ルーテ] 女 –/–n 占い棒（フォーク状の若枝で, 地下の鉱脈や水脈を探り当てる力があると信じられていた）.

Wün·schel·ru·ten░gän·ger [ヴュンシェル・ルーテン・ゲンガァ] 男 –s/– 占い棒を持って鉱脈や水脈を探す人.

‡**wün·schen** [ヴュンシェン vÝnʃən]

望む	Was *wünschen* Sie bitte?
	ヴァス ヴュンシェン ズィー ビッテ
	（店員が客に:）何をさしあげましょうか.

(wünschte, hat…gewünscht) 他 (完了 haben) ① 望む, 願う, 求める. (英 wish). eine Änderung[4] *wünschen* 変化を望む / Er *wünscht* eine Antwort. 彼は返事を求めたい / Ich *wünsche* das nicht. それは願い下げだ / Der Chef *wünscht*, dich zu sprechen. 部長が君と話したいと言ってるよ / Es ist zu *wünschen*, dass… …ということが望ましい / Ich *wünschte*, du wärest hier. 《接2・現在》君がここにいてくれたらなあ / Seine Arbeit lässt nichts (viel) zu *wünschen* übrig. 彼の仕事は申し分ない（不十分だ）. ◇《目的語としても》 Sie *wünschen* bitte?（店員が客に:）何をさしあげましょうか / Ganz wie Sie *wünschen*. あなたのお望みどおりに. 《再帰代名詞(3格)とともに》*sich*[3] 人・物[4] *wünschen* 人・物[4]が欲しい ⇒ Was *wünschst* du *dir* zu Weihnachten? クリスマスのプレゼントに何が欲しい？ / Sie *wünschen sich* ein Baby. 彼らは赤ちゃんを欲しがっている / Er *wünscht sich* Max **als**（または **zum**）Freund. 彼はマックスに友人になってほしいと思っている. ◇《過去分詞の形で》Bitte die *gewünschte* Nummer hier einsetzen!（注文票などで:）ここにご希望の番号をご記入ください. ② (人[3]に幸運など[4]を) 祈る, 願う. 人[3] viel Erfolg[4] *wünschen* 人[3]の成功を祈る / Ich *wünsche* Ihnen gute Besserung.（病気の人に:）早くよくなりますように / Ich *wünsche* Ihnen ein glückliches neues Jahr. 新年おめでとうございます（←あなたに幸せな新年を祈ります）. ③《方向を表す語句とともに》(人・物[4]が…へ)行けばいいと願う. 人[4] **zum** Teufel *wünschen* 人[4]なんかいなくなればいいと思う（←悪魔のいる所へ）. ◇《再帰的に》Ich *wünschte* mich **ins** Ausland. 《接2・現在》私はいっそ外国にでも行ってしまいたい.

wün·schens░wert [ヴュンシェンス・ヴェァト] 形 望ましい, 願わしい, 好ましい.

wunsch░ge·mäß [ヴンシュ・ゲメース] 形 希望どおりの, 願いどおりの.

Wunsch░kind [ヴンシュ・キント] 中 –[e]s/–er

（長い間）待ち望まれて生まれた子.

Wunsch░kon·zert [ヴンシュ・コンツェルト] 中 –[e]s/–e リクエスト音楽会（放送）, 希望音楽会.

wunsch░los [ヴンシュ・ロース] 形 これといって望むこともない, 満ち足りた. Ich bin *wunschlos* glücklich.《戯》私は[今のところ]満ち足りている.

wünsch·te [ヴュンシュテ] ‡wünschen（望む）の 過去

Wunsch░traum [ヴンシュ・トラオム] 男 –[e]s/..träume（実現を願う）夢, 念願.

Wunsch░zet·tel [ヴンシュ・ツェッテる] 男 –s/– おねだりカード（子供が誕生日・クリスマスなどのプレゼントに欲しいものを書くカード）.

wupp·dich! [ヴップ・ディヒ vúp-dɪç] 間《口語》《すばやい動きを表して》さっ[と］, ぱっ[と].

wür·be [ヴュルベ] ✶werben（宣伝をする）の 接2

✶**wur·de** [ヴルデ vύrdə] ‡werden (…になる) の 過去. Sie *wurde* krank. 彼女は病気になった. (←未来の助動詞 ☞ werden II A; 動作受動の助動詞 ☞ werden II B).

✶**wür·de** [ヴュルデ vÝrdə] I ‡werden (…になる) の 接2. (←未来の助動詞 ☞ werden II A; 動作受動の助動詞 ☞ werden II B).
II 不のない不定詞とともに ①《条件文に対する帰結文；他の動詞の 接2 の言い換えとして》…するでしょうに, …するのだが. Ich *würde* gern kommen, wenn ich Zeit hätte. 暇あればお伺いしたいところですが / Wie *würden* Sie urteilen? あなただったらどう判断なさいますか. ②《*Würden* Sie [bitte] …? の形で》…していただけますか. *Würden* Sie bitte die Tür schließen? すみませんがドアを閉めていただけますか. ③《控えめな主張》…と存じます. Ich *würde* sagen, dass… 私は…かと思います. ④《間接話法で過去における未来を表す》Er sagte, sie *würden* morgen kommen. 彼は彼らがあす来ると言った.

✶ *die* **Wür·de** [ヴュルデ vÝrdə] 女 (単) –/（複）–n ①《複 なし》（人間に備わっている）威厳, 尊さ, 尊厳；品位, 品格.（英 dignity）. die *Würde* des Menschen 人間の尊厳 / die *Würde* des Alters 老年の威厳 / die *Würde*[4] wahren (verlieren) 品位を保つ（失う）/ seine *Würde*[4] verletzen 彼の品位を傷つける / **mit** *Würde* 威厳を持って / Diese Behandlung ist **unter** aller *Würde*. この扱いは話にならないほどひどい / Es ist unter meiner *Würde*, das zu tun. そんなことをするのは私の沽券(こけん)にかかわる. ② (高い) 位, 位階. akademische *Würden* 学位 / in Amt und *Würden* sein 高位高官の地位にある.

wür·de░los [ヴュルデ・ロース] 形 威厳（品位）のない, 尊厳（品位）を傷つける.

Wür·den░trä·ger [ヴュルデン・トレーガァ] 男 –s/–《雅》高位の人（高官・高僧など）.

wür·de░voll [ヴュルデ・ふぉる] 形 威厳に満ちた, 品位のある.

✶**wür·dig** [ヴュルディヒ vÝrdɪç] 形 ① 威厳

..würdig

のある，品位のある; 厳かな．(英 dignified). eine würdige Haltung 堂々とした態度．② ふさわしい, 値する, 匹敵する． einen würdigen Nachfolger suchen ふさわしい後継者を探す． ◊《2格とともに》[人・物]⁴ würdig ist [人・物]³にふさわしい，値する．Sie ist seines Vertrauens würdig. 彼女は彼の信用を得るに値する．

..wür·dig [..ヴュルディヒ ..vvrdɪç]《形容詞をつくる 接尾》(…に値する) 例: sehenswürdig 一見に値する．

*wür·di·gen [ヴュルディゲン vv́rdɪgən] (würdigte, hat... gewürdigt) 他 (完了 haben) ① ([人・事]⁴を)正当に評価する，評価してたたえる．(英 appreciate). Der Redner würdigte die Verdienste des Ministers. 演説者は大臣の功績をたたえた / Ich weiß die Hilfe meiner Freunde zu würdigen. 私は友人たちの助力をありがたいと思っている．② ([人]³を[事]²に)値すると見なす. Er würdigte mich keines Blickes. 彼は私に目もくれなかった．

Wür·dig·keit [ヴュルディヒカイト] 女 -/ ① 威厳, 品位．② ふさわしい(値する)こと．

wür·dig·te [ヴュルディヒテ] *würdigen (正当に評価する)の過去

Wür·di·gung [ヴュルディグング] 女 -/-en 価値を認めること，評価．in Würdigung seiner Verdienste² 彼の功績を評価して．

*der Wurf [ヴュルフ vúrf] 男 (単2) -[e]s/(複) Würfe [ヴュルフェ] (3格のみ Würfen) ① 投げること; 投てき, 投球; (柔道などの)投げ．(英 throw). ein Wurf mit dem Speer 槍(ﾔﾘ)投げ / in einer weiter Wurf 遠投 / einen Wurf setzen 《比》いちかばちかでやってみる(←すべてを一投に賭ける) / mit einem Wurf 一投で / zum Wurf aus|holen 投げようと身構える．② よくできた(成功した)作; 傑作．ein großer Wurf ヒット作．③ (猫・豚などの)一腹の子．ein Wurf Katzen 一腹の子猫．

Wurf=bahn [ヴルフ・バーン] 女 -/-en (投てき物の)軌道．

wür·fe [ヴュルフェ] *werfen (投げる)の 接2

Wür·fe [ヴュルフェ] *Wurf (投げること)の 複

*der Wür·fel [ヴュルフェる vv́rfəl] 男 (単2) -s/- (3格のみ -n) ① さいころ．(英 dice). Würfel⁴ spielen さいころ遊び(ダイスゲーム)をする，ばくちをする / Die Würfel sind gefallen.《現在完了》《比》さいは投げられた, 決断が下された．② さいころ形のもの．Suppenwürfel (さいころ形の)固形スープ / zwei Würfel Zucker 角砂糖2個 / Speck⁴ in Würfel schneiden ベーコンをさいの目に切る．③ 《数》立方体, 六面体．

Wür·fel·be·cher [ヴュルフェる・ベッヒャァ] 男 -s/- ダイスカップ, さい筒．

wür·fe·lig [ヴュルフェリヒ vv́rfəlɪç] 形 ① さいころ形の, 立方体の．Schinken⁴ würfelig schneiden ハムをさいの目に切る．② (織物が)市松模様の, 格子縞(ｼﾞﾏ)の．

wür·feln [ヴュルフェるン vv́rfəln] I 自 (h) さ

いころを振る, さいころ遊び(とばく)をする． um Geld würfeln お金を賭(ｶ)けてダイスゲームをする．II 他 (h) ① (ある数の目⁴を)さいころを振って出す．eine Sechs⁴ würfeln さいころを振って6の目を出す．② (物⁴を)さいの目に切る． ◊☞ gewürfelt

Wür·fel=spiel [ヴュルフェる・シュピーる] 中 -[e]s/-e ダイスゲーム, さいころ遊び, すごろく; さいころ遊び．

Wür·fel=zu·cker [ヴュルフェる・ツッカァ] 男 -s/ 角砂糖．

Wurf=ge·schoss [ヴルフ・ゲショス] 中 -es/-e 投てき弾(物)(手りゅう弾・石など)．

Wurf=ge·schoß ☞ 新旧 Wurfgeschoss

Wurf=schei·be [ヴルフ・シャイベ] 女 -/-n (円盤投げの)円盤．

Wurf=sen·dung [ヴルフ・ゼンドゥング] 女 -/-en (宣伝用印刷物などの)ダイレクトメール．

wür·gen [ヴュルゲン vv́rgən] I 他 (h) ~ ([人]⁴の)首をしめる; 絞め殺す; ([人]⁴の)のどを詰まらせる．Der Kragen würgt mich [am Hals]. 襟が私の首を締めつける(窮屈である)．② ([人]⁴に)吐き気を催させる．③ 《口語》(ボタンなどを…)に無理やり押し(はめ)込む．II 自 (h) ① 《an [物]³ ~》(物³を)やっとの思いで飲み込む．② 吐き気を催す．③ 《口語》あくせく働く．

Wür·ger [ヴュルガァ vv́rgər] 男 -s/- ① 《鳥》モズ．② 《古》絞殺者, 絞刑吏．

*der Wurm [ヴルム vúrm] I 男 (単2) -[e]s/(複) Würmer [ヴュルマァ] (3格のみ Wümern) 虫(毛虫・青虫・うじ虫など); 蠕虫(ｾﾞﾝﾁｭｳ). (英 worm). Regenwurm みみず / Im Apfel sitzt ein Wurm. りんごに虫が入っている / Das Kind hat Würmer. その子はおなかに虫がいる / [人]³ die Würmer⁴ aus der Nase ziehen 《口語》(人³から)秘密を巧みに聞き出す(←鼻から腹の虫を引き出す) / Da ist (または sitzt) der Wurm drin. 《口語》それはどこかおかしい(←虫が入っている) / Auch der Wurm krümmt sich, wenn er getreten wird. 《諺》一寸の虫にも五分の魂 (←虫を踏まれば縮こまる)．

II 中 (単2) -[e]s/(複) Würmer (3格のみ Würmern) 《口語》幼くてかわいい(寄る辺のない)子供．

Würm·chen [ヴュルムヒェン vv́rmçən] 中 -s/- (Wurm I, II の 縮小) ① 小さな虫．② 幼くてかわいい(寄る辺のない)子供．

wur·men [ヴュルメン vv́rmən] 他 (h) 《口語》(ある事が[人]⁴を)むしゃくしゃさせる, 不機嫌にさせる．

Wür·mer [ヴュルマァ] *Wurm (虫・幼くてかわいい子供)の複

Wurm=fort·satz [ヴルム・フォルトザッツ] 男 -es/..sätze 《医》(盲腸の)虫垂(ﾁｭｳｽｲ), 虫様(ﾁｭｳﾖｳ)突起．

wur·mig [ヴルミヒ vúrmɪç] 形 虫のいる, 虫食いの(果物など)．

wurm=sti·chig [ヴルム・シュティヒヒ] 形 虫の食った, 虫穴のある(果物・木など)．

die Wurst [ヴルスト vúrst]

> ソーセージ
>
> Bitte eine *Wurst* mit Ketschup!
> ビッテ　アイネ　ヴルスト　ミット　ケチャプ
> ケチャップつきソーセージを一つください．

囡 (単) -/(複) Würste [ヴュルステ] (3格のみ Würsten) ① ソーセージ，腸詰め．(英 *sausage*). gebratene *Wurst* ローストソーセージ / geräucherte *Wurst* くん製ソーセージ / hausgemachte *Wurst* 自家製ソーセージ / eine Scheibe *Wurst* (スライスした)一切れのソーセージ / eine *Wurst*⁴ braten ソーセージを焼く / ein Brot⁴ **mit** *Wurst* belegen パンにソーセージをのせる / mit der *Wurst* nach der Speckseite (または dem Schinken) werfen《比》えびでたいを釣ろうとする(←豚のわき腹肉(ハム)をねらってソーセージを投げる) / *Wurst* **wider** *Wurst*!《口語》そっちがそっちならこっちもこっちだ(豚を毒殺したとき互いにできたばかりのソーセージを贈る風習に由来する) /《人》³ *Wurst* sein《口語・比》《人》³にとってどうでもいい ⇒ Das ist mir [ganz] *Wurst*. それは私にとっては[まったく]どうでもいいことだ / Jetzt geht es **um** die *Wurst*.《口語》今や決断の時だ(← 競争に勝って今やソーセージをもらわねばならぬ)． ② ソーセージ形のもの；《口語》うんち．

> メモ ..*wurst* のいろいろ: Blut*wurst* ブラッドソーセージ / Bock*wurst* (ゆでて食べる)ボックヴルスト / Brat*wurst* ローストソーセージ / Brüh*wurst* ゆでソーセージ / Leber*wurst* レバーソーセージ / Mett*wurst* (パンなどに塗って食べる)メットヴルスト / Salami*wurst* サラミソーセージ / Schinken*wurst* ハムソーセージ / Weiß*wurst* 白ソーセージ

Wurst≤brot [ヴルスト・ブロート] 中 -[e]s/-e ソーセージをのせた(はさんだ)パン．

Würst·chen [ヴュルストヒェン výrstçən] 中 -s/- (Wurst の 縮小) ① 小さいソーセージ． Frankfurter *Würstchen* フランクフルトソーセージ． ②《口語》つまらないやつ，哀れなやつ．

Würst·chen≤bu·de [ヴュルストヒェン・ブーデ] 囡 -/-n ソーセージの屋台(売店)．

Würst·chen≤stand [ヴュルストヒェン・シュタント] 男 -[e]s/..stände ソーセージの屋台(売店)．

Würs·te [ヴュルステ] ‡Wurst (ソーセージ) の 複．

Würs·tel [ヴュルステる výrstəl] 中 -s/-《南ドイツ・オーストリア》小型ソーセージ，ウィンナーソーセージ．

wurs·teln [ヴルステルン vúrstəln] 自 (h)《口語》だらだらと仕事をする．

wurs·tig [ヴルスティヒ vúrstiç] 形《口語》どうでもよい，無関心な (= gleichgültig).

Wurs·tig·keit [ヴルスティヒカイト] 囡 -/《口語》無関心．

Wurst≤plat·te [ヴルスト・ブらッテ] 囡 -/-n ソーセージの盛り合わせ[の皿]．

Wurst≤wa·ren [ヴルスト・ヴァーレン] 複 ソーセージ製品．

Wurst≤zip·fel [ヴルスト・ツィプふェる] 男 -s/- ソーセージのしっぽ(両端の結び目の部分).

Würt·tem·berg [ヴュルテン・ベルク výrtəmbɛrk] 中 -s/《地名》ヴュルテンベルク(ドイツ，バーデン・ヴュルテンベルク州東部の一地方).

Würz·burg [ヴュルツ・ブルク výrts-burk] 中 -s/《都市名》ヴュルツブルク(ドイツ，バイエルン州の都市．マイン河畔の古都でロマンチック街道の起点: ☞ 地図 D-4).

*die **Wür·ze** [ヴュルツェ výrtsə] 囡 (単) -/(複) -n ① 香辛料，スパイス，薬味；ぴりっとした味，風味．(英 *spice*). eine scharfe *Würze* ぴりっとする香辛料 / Die Soße hat zu viel *Würze*. このソースはスパイスが効きすぎている / In der Kürze liegt die *Würze*.《ことわざ》言葉は簡潔でこそ味がある． ② (ビール発酵前の)麦芽汁．

*die **Wur·zel** [ヴルツェる vúrtsəl] 囡 (単) -/(複) -n (英 *root*) ① (植物の)根．dicke (lange) *Wurzeln* 太い(長い)根 / *Wurzeln*⁴ schlagen a) (植物が)根づく，根を下ろす， b)《比》(ある土地に)住み着く / Unkraut⁴ **mit** der *Wurzel* aus|ziehen 雑草を根ごと引き抜く． ②《比》根底，根本，根源．das Übel⁴ mit der *Wurzel* aus|rotten 悪の根を絶つ(根絶する)． ③ (肉体各部の)付け根；歯根 (= Zahn*wurzel*); 毛根 (= Haar*wurzel*). ④《言》語根． ⑤《数》根(ね)，乗根．die *Wurzel*⁴ aus einer Zahl ziehen ある数の平方根を求める / Die dritte *Wurzel* aus 27 ist 3. 27 の立方根は 3 である．

Wur·zel≤be·hand·lung [ヴルツェる・ベハンドるング] 囡 -/-en《医》歯根の治療．

wur·zel≤los [ヴルツェる・ロース] 形 (植物が)根のない；《比》(人が)根なし草の．

wur·zeln [ヴルツェるン vúrtsəln] 自 (h) ① 根をおろしている，根を張っている．Die Pflanze *wurzelt* tief **im** Boden. その植物は地面に深く根を張っている． ②〘**in**《人・事》³ ~〙《比》(《人・事》³ に)根ざしている，根源がある．

Wur·zel≤stock [ヴルツェる・シュトック] 男 -[e]s/..stöcke《植》根茎，地下茎．

Wur·zel≤werk [ヴルツェる・ヴェルク] 中 -[e]s/-e ①《植》(総称として:) (植物の)根． ②《料理》スープ用根菜(セロリ・にんじん・パセリなど).

Wur·zel≤zei·chen [ヴルツェる・ツァイヒェン] 中 -s/-《数》ルート記号(記号: √).

* **wür·zen** [ヴュルツェン výrtsən] du würzt (würzte, *hat* ...gewürzt) 他 (《完了》haben) ① (物⁴に香辛料で)味付けする．(英 *spice*). eine Speise⁴ **mit** Paprika *würzen* 料理にとうがらしで味をつける． ②《比》(事⁴に)趣を添える．Humor *würzt* das Leben. ユーモアは生活に趣を添える．

* **wür·zig** [ヴュルツィヒ výrtsiç] 形 ① スパイス(薬味)の利いた，風味のよい；芳香のある．(英 *spicy*). eine *würzige* Suppe こくのあるスープ． ②《比》気の利いた，味のある(ジョーク・スピーチなど).

würz·te [ヴュルツテ] *würzen (味付けする)の

wusch [ヴーシュ] ‡waschen (洗う)の過去

wü·sche [ヴーシェ] ‡waschen (洗う)の接2

Wu·schel‡haar [ヴッシェル・ハール] 中 -[e]s/-e《口語》もじゃもじゃの髪の毛.

wu·sche·lig [ヴッシェリヒ vúʃəliç] 形《口語》もじゃもじゃの, 乱れた(髪).

Wu·schel‡kopf [ヴッシェル・コプフ] 男 -[e]s/..köpfe《口語》髪ぼうぼう(もじゃもじゃ)の頭[の人].

wuss·te [ヴステ] ‡wissen (知っている)の過去

wuß·te ☞《新形》wusste

wüss·te [ヴュステ] ‡wissen (知っている)の接2
◇《成句的に》Nicht, dass ich wüsste. 私はまったく知りません.

wüß·te ☞《新形》wüsste

Wust [ヴースト vúːst] 男 -es (まれに -s)/《軽蔑的に:》乱雑; 雑然と積み重ねた物. ein Wust von Büchern 雑然と積み重ねた本[の山].

*****wüst** [ヴュースト vyːst] 形《比較》wüster,《最上》wüstest) ① 荒涼とした, 荒れ果てた.《英 desolate》. eine wüste Gegend 荒涼とした一帯. ② 混乱した, ひどく雑然とした. ein wüster Bart もじゃもじゃのひげ / wüst träumen とりとめもなく夢想する. ③ 粗野な, 放縦な, 自堕落な; 下品な, 野卑な; 大変な, ひどい. ein wüstes Leben⁴ führen 放蕩（ほうとう）生活を送る.

*****die Wüs·te** [ヴューステ výːstə] 女（単）-/（複）-n 砂漠; 荒地, 荒野; 不毛の土地.《英 desert》. die Libysche Wüste リビア砂漠 / das Schiff der Wüste²《戯》らくだ（←砂漠の船）/ eine Oase in der Wüste 砂漠の中のオアシス /人⁴ in die Wüste schicken《口語》人⁴を失脚させる, 解雇する / das Land⁴ zur Wüste machen 国土を荒廃させる.

wüs·ten [ヴューステン výːstən] 自 (h) 《mit 物³~》《物³を》浪費する. mit seiner Gesundheit wüsten むちゃをして健康をそこなう.

Wüs·te·nei [ヴューステナイ vyːstənái] 女 -/-en ① 砂漠, 荒野. ②《戯》ひどい混乱[状態].

Wüs·ten‡schiff [ヴューステン・シフ] 中 -[e]s/-e《戯》らくだ（←砂漠の船）(=Kamel).

Wüst·ling [ヴュストリング výːstlɪŋ] 男 -s/-e 放蕩（ほうとう）者, 道楽者, （生活の）ふしだらな人.

*****die Wut** [ヴート vúːt] 女（単）-/ ① 激怒, 憤激.《英 rage, fury》. maßlose Wut 極度の怒り / Ihn packte die Wut. 彼は激怒した / Wut⁴ auf 人⁴ haben 人⁴にたいへん腹を立てている / 人⁴ in Wut bringen 人⁴を激怒させる / in Wut geraten (または kommen) 激怒する / [eine] Wut⁴ im Bauch haben《口語》憤激している(←腹に憤激を持っている) / vor Wut beben 怒りに身を震わす. ②《比》(あらしなどの)猛威. ③《比》(過度の)熱意, 熱中, 熱狂. Lesewut 読書熱 / mit Wut 夢中になって. ④《医》狂犬病, 恐水病 (=Tollwut).

Wut‡an·fall [ヴート・アンふァる] 男 -[e]s/..fälle =Wutausbruch

Wut‡aus·bruch [ヴート・アオスブルフ] 男 -[e]s/..brüche 怒りの爆発.

·**wü·ten** [ヴューテン výːtən] du wütest, er wütet (wütete, hat...gewütet) 自《完了 haben》(人が)暴れる, 怒り狂う;《比》(あらし・病気などが)猛威をふるう.《英 rage》. Er wütete vor Zorn. 彼は怒り狂った / gegen 人·物⁴ wüten 人·物⁴に対して激怒する(暴力をふるう) / Die Pest wütete in der Stadt. その町ではペストが猛威をふるった.

·**wü·tend** [ヴューテント výːtənt] I ‡wüten (暴れる)の現分
II 形 ① 激怒している, 怒り狂った.《英 furious》. mit wütender Stimme 怒り狂った声で / Er ist wütend auf (または über) mich. 彼は私のことをひどく怒っている. ② 激しい, 強烈な. wütende Schmerzen 激痛.

wut‡ent·brannt [ヴート・エントブラント] 形 怒りに燃えた, 激怒した.

Wü·te·rich [ヴューテリヒ výːtərɪç] 男 -s/-e《軽蔑的に:》怒りっぽい人.

..wü·tig [..ヴューティヒ ..vyːtɪç]《形容詞をつくる接尾》《ひどく…に熱心な・…好きの》例: operationswütig 手術好きの(外科医).

wut‡schäu·mend [ヴート・ショイメント] 形 激怒した, 怒り狂った.

wut‡schnau·bend [ヴート・シュナオベント] 形 =wutschäumend

Wwe. [ヴィトヴェ]《略》未亡人 (=Witwe).

Wwr. [ヴィトヴァァ]《略》男やもめ (=Witwer).

Wz., WZ [ヴァーレン・ツァイヒェン]《略》商標 (=Warenzeichen).

X x

x, X [イクス íks] 中 -/- ① イクス(ドイツ語アルファベットの第24字). ② 《大文字で》(名前を明確にできない人や物で:) 某… Herr *X* 某氏. ③《小文字で》《数》(未知数・変数を表して:)エックス. ④《小文字で》《口語》数多くの, かなりの数の. Er hat *x* Bekannte. 彼には多くの知人がいる.

x-Ach·se [イクス・アクセ] 女 -/-n 《数》(座標軸の) x 軸.

Xan·thip·pe [クサンティッペ ksantípə] 女 -/-n 《口語》口やかましい女, 悪妻(ギリシアの哲学者ソクラテスの妻の名から).

X-Bei·ne [イクス・バイネ] 複《医》X 脚, 外反膝(しつ).

x-bei·nig, X-bei·nig [イクス・バイニヒ] 形 X 脚の.

x-be·lie·big [イクス・ベリービヒ] 形《口語》任意の. eine *x-beliebige* Zahl 任意の数.

X-Chro·mo·som [イクス・クロモゾーム] 中 -s/-en《生》X 染色体.

Xe [イクス・エー]《化・記号》キセノン (=**Xe**non).

Xe·nie [クセーニエ ksé:niə] 女 -/-n《文学》(2行詩形式の)風刺[短]詩.

Xe·non [クセーノン ksé:nɔn] 中 -s/《化》キセノン (記号: Xe).

Xe·ro·ko·pie [クセロコピー kserokopí:] 女 -/-n [..ピーエン]《印》ゼログラフィー[方式コピー].

x-fach [イクス・ふァッハ] 形《口語》何重もの, 何倍もの; 度重なる.

x-mal [イクス・マール] 副《口語》何回も何回も, 度々, 幾度となく.

X-Strah·len [イクス・シュトラーれン] 複《物》エックス線, レントゲン線.

x-t [イクスト íkst] 数 ①《数》x 番目の. die *x-te* Potenz《数》x 乗. ②《口語》何度目かの. zum *x-ten* Mal[e]《口語》何度目かに.

Xy·lo·graf [クスュろグラーふ ksylográ:f] 男 -/-en =Xylograph

Xy·lo·gra·fie [クスュろグラふィー ksylografí:] 女 -/-n [..ふィーエン] =Xylographie

xy·lo·gra·fisch [クスュろグラーふィッシュ ksylográ:fıʃ] 形 =xylographisch

Xy·lo·graph [クスュろグラーふ ksylográ:f] 男 -en/-en 木版画家, 木版師 (=Holzschneider).

Xy·lo·gra·phie [クスュろグラふィー ksylografí:] 女 -/-n [..ふィーエン] ①《複 なし》木版術. ② 木版画 (=Holzschnitt).

xy·lo·gra·phisch [クスュろグラーふィッシュ ksylográ:fıʃ] 形 木版[術・画]の.

Xy·lo·fon [クスュろフォーン ksylofó:n] 中 -s/-e =Xylophon

Xy·lo·phon [クスュろふォーン ksylofó:n] 中 -s/-e《音楽》木琴, シロフォン.

Y y

y, Y¹ [ユプスィロン ýpsilɔn] 中 -/- ① ユプシロン(ドイツ語アルファベットの第 25 字). ② 〘小文字で〙《数》(第 2 の未知数・変数を表して:)ワイ.

Y² [ユプスィロン] 《化・記号》イットリウム (=Yttrium).

y-Ach·se [ユプスィロン・アクセ] 女 -/-n 《数》(座標軸の) y 軸.

Yacht [ヤハト jáxt] 女 -/-en ヨット (=Jacht).

Yak [ヤック ják] 男 -s/-s 《動》ヤク.

Yan·kee [イェンキー jéŋki] [英] 男 -s/-s (ふつう軽蔑的に:)ヤンキー(アメリカ人を指す俗称).

Yard [ヤールト já:rt] [英] 中 -s/-s (単位: -/-[s]) ヤード (英米の長さの単位. 1 ヤード=0.9144 m; 略: y., yd.; 複 yds.).

Yb [ユプスィロン・ベー] 《化・記号》イッテルビウム (=Ytterbium).

Y-Chro·mo·som [ユプスィロン・クロモゾーム] 中 -s/-en 《生》Y 染色体.

yd. [ヤールト] 《略》ヤード (=Yard).

Yen [イェン jén] 男 -[s]/-[s] (単位: -/-) 円(日本の貨幣単位).

Yo·ga [ヨーガ jó:ga] 男 中 -[s]/ ヨガ; ヨガの行(ぎょう) (=Joga).

Yo·gi [ヨーギ jó:gi] 男 -s/-s ヨガの行者 (=Jogi).

Yp·si·lon [ユプスィロン ýpsilɔn] 中 -[s]/-s Y, y の字.

Y·sop [イーゾプ í:zɔp] 男 -s/-e 《植》ヤナギハッカ.

Ytt·er·bi·um [ユテルビウム ytérbium] 中 -s/ 《化》イッテルビウム (記号: Yb).

Ytt·ri·um [ユトリウム ýtrium] 中 -s/ 《化》イットリウム (記号: Y).

Yu·an [ユーアン jú:an] 男 -[s]/-[s] (単位: -/-) 元(中国の貨幣単位).

Yuc·ca [ユッカ júka] 女 -/-s 《植》ユッカ.

Yup·pie [ユッピー júpi] 男 -s/-s (軽蔑的に:)ユッピー(出世・高収入と外見にこだわる都会青年).

Z z

z, Z [ツェット tsét] 中 -/- ツェット(ドイツ語アルファベットの第26字). von A bis Z《口語》初めから終わりまで.

z. [ツー または ツム または ツ〔ー〕ァ]《略》=**zu** または **zum** または **zur**

Z.《略》① [ツァーる] 数(=**Z**ahl). ② [ツァイれ] 行(=**Z**eile). ③ [ツァイト] 時間(=**Z**eit). ④ [ツァイヒェン] 記号, 印(しるし)(=**Z**eichen).

zack! [ツァック tsák]《間》《俗》さっと, すばやく.

Zack [ツァック] 男《成句的に》**auf Zack sein**《口語》a) (人が)有能である, b) (事・物が)好調である / 人⁴ **auf Zack bringen**《口語》(仕事などがちゃんとできるように) 人⁴を仕込む / 物⁴ **auf Zack bringen**《口語》(うまくいくように) 物⁴を調整する.

Za·cke [ツァッケ tsákə] 女 -/-n (突き出た)先端; (櫛(くし)・のこぎりなどの)歯; (王冠・木の葉などの)ぎざぎざ. die Zacken des Bergkammes 山のとがった尾根続き.

za·cken [ツァッケン tsákən] 他 (h) (物⁴に)ぎざぎざ(刻み目)を付ける.
◇☞ **gezackt**

Za·cken [ツァッケン] 男 -s/- 《方》=**Zacke** ◇《成句的に》sich³ keinen Zacken aus der Krone brechen《口語》自分の面目をそこなわない / einen Zacken haben《口語》酔っ払っている.

za·ckig [ツァッキヒ tsákıç] 形 ① ぎざぎざのある, のこぎりの歯状の. ein zackiger Felsen 先のとがった岩. ②《口語》威勢のいい, きびきびした.

zag [ツァーク tsá:k] 形《雅》臆病(おくびょう)な, 気の弱い(=**zaghaft**).

za·gen [ツァーゲン tsá:gən] 自 (h)《雅》ためらう, びくびくする.

zag·haft [ツァークハフト] 形 臆病(おくびょう)な, 気の弱い, びくびくした. Sie nicht so zaghaft! そうびくびくするな / Er klopfte zaghaft an die Tür. 彼はおずおずとドアをノックした.

Zag·haf·tig·keit [ツァークハフティヒカイト] 女 -/ 臆病(おくびょう)なこと.

***zäh** [ツェー tsé:] 形《比較》zäher, 《最上》zäh[e]st] ① (肉などが)堅い; (皮などが)しなやかで丈夫な. (英 tough). Das Fleisch ist sehr zäh. この肉はとても堅い. ② (液体などが)ねっとりした, ねばねばした. ein zäher Hefeteig ねっとりしたイースト入りパン生地. ③ (話し合いなどが)なかなか進展しない. ④ 強じんな, 丈夫な, タフな; 粘り強い. ein zäher Bursche タフな若者 / zähen Widerstand leisten 粘り強く抵抗する.

Zä·heit ☞ 新刊 **Zähheit**

zäh≠flüs·sig [ツェー・ふりュスィヒ] 形 ねばねばした, ねばり気のある, 粘着性のある;《比》(交通の)流れが悪い.

Zäh·heit [ツェーハイト] 女 -/ 頑健さ; 粘り強さ.

Zä·hig·keit [ツェーイヒカイト] 女 -/ ① 粘り強さ, 強じんさ; 執拗(しつよう)さ. ②《質》《理》粘性.

***die** **Zahl** [ツァーる tsá:l]

数	Die Zahl Sieben bringt Glück.
	ディ ツァーる ズィーベン ブリンクト グリュック
	7という数は幸運をもたらす.

女(単) -/(複) -en ① 数(略: **Z.**). (英 number). eine hohe (または große) Zahl 大きい数 / eine niedrige (または kleine) Zahl 小さい数 / eine gerade (ungerade) Zahl 偶数(奇数) / eine ganze Zahl 整数 / eine gebrochene Zahl 分数 / Zahlen⁴ addieren (subtrahieren) 数を足す(引く) / Zahlen⁴ multiplizieren (dividieren) 数を掛ける(割る) / eine Zahl⁴ auf|runden (ab|runden) ある数を切り上げる(切り捨てる) / rote Zahlen (経営状態の)赤字.

②《複 なし》数量, 人数. eine große Zahl Besucher 多数の観客 / Die Zahl unserer Mitglieder steigt ständig. 私たちの会員の数は絶えず増加している / Sie waren sieben **an der Zahl**. 彼ら[の数]は7人だった / **in voller Zahl** 全員で. ③ 数字. arabische (römische) Zahl アラビア(ローマ)数字. ④《言》(文法上の)数(=Numerus).

⟨合⟩ ..**zahl** のいろいろ: Bruchzahl 分数 / Dezimalzahl 小数 / Grundzahl または Kardinalzahl 基数 / Mehrzahl 大多数 / Ordinalzahl または Ordnungszahl 序数

zahl·bar [ツァーるバール] 形《商》支払うべき, 支払い期限の来た. zahlbar bei Lieferung (nach Erhalt) 代金引き換えで(あと払いの).

zähl·bar [ツェーるバール] 形 数えられる;《言》複数形のある, 可算の(名詞).

zäh≠le·big [ツェー・れービヒ] 形 生命力の強じんな, 容易に死なない(害虫など); 根強い, なかなかなくならない(偏見・風習など).

***zah·len** [ツァーれン tsá:lən]

支払う	Herr Ober, bitte zahlen!
	ヘル オーバァ ビッテ ツァーれン
	ボーイさん, お勘定を願います.

(zahlte, hat...gezahlt) I 他 (完了 haben) ① (ある金額⁴を)支払う; (家賃・税金など⁴を)払う. (英 pay). Du musst das Geld an ihn zah-

zählen

len. 君はそのお金を彼に支払わなければならない / Ich *habe* **für** den Schrank 3 000 Mark *gezahlt*. 私はそのたんすに 3,000 マルク支払った / einen Betrag [**in**] bar (**mit einem** Scheck) *zahlen* ある金額を現金で(小切手で)支払う / Was (または Wie viel) habe ich zu *zahlen*? 私はいくらお払いすればいいですか / Miete⁴ *zahlen* 家賃を払う / Steuern⁴ *zahlen* 税金を払う.
② 《口語》(物⁴の)代金を支払う. das Taxi⁴ *zahlen* タクシーの料金を支払う / Ich *zahle* dir das Essen. 君の食事代を払ってあげるよ.
II (完了) 支払いをする, お金を払う. pünktlich *zahlen* (期限どおり)きちんと支払う / Der Kunde *zahlt* gut. その客は払いがよい / Er *zahlt* noch **an** seinem Auto. 彼はまだ車のローンを払っている.

┈┈┈┈┈┈┈┈┈┈┈┈┈┈┈┈┈┈
【類語】 **zahlen**: (お金を数えながら)渡す, 支払う.
bezahlen: (品物・サービスなどの代金として)支払う.
entrichten: (官庁)(定められた料金・税金などを)支払う.
┈┈┈┈┈┈┈┈┈┈┈┈┈┈┈┈┈┈

‡**zäh·len** [ツェーれン tséːlən]

> 数える
>
> *Zählen* Sie bitte noch einmal!
> ツェーれン ズィー ビッテ ノッホ アインマーる
> もう一度数えてください.

(zählte, hat...gezählt) I 自 (完了 haben) ① 数を数える. (英 count). Das Kind *kann* schon bis hundert *zählen*. その子供はもう 100 まで数を数えることができる.
② 〖**auf** 人・事⁴ ～〗(人・物⁴に)当てにする, 頼りにする. Ich *zähle* auf deine Hilfe. ぼくは君の助けを当てにしているよ.
③ 重要である, 価値(意味)を持つ. Hier *zählt* nur das Können. ここでは能力だけがものをいう / Das Tor *zählt* nicht. そのゴールは得点にならない.
④ 〖**zu** 人・物³ ～〗(人・物³の)中に数え入れられる, (人・物³の)一つ(一人)とみなされる. Er *zählt* zu den bedeutendsten Dirigenten. 彼は最も著名な指揮者の一人である.
⑤ 〖**nach** 物³ ～〗《雅》(物³(ある数)に)およぶ, 達する. Die Zuschauer *zählten* nach Tausenden. 観衆は数千におよんだ.
II 他 (完了 haben) ①(人・物⁴に)数える, 計算する. die Äpfel⁴ *zählen* りんごの数を数える / Die Kinder *zählten* die Tage bis Weihnachten. 子供たちはクリスマスまでの日数を指折り数えて待った / Seine Tage *sind gezählt*. 〖状態受動・現在〗 彼の命はもう長くはない(← 彼の余命は数えられている).
② 〖A⁴ **zu** B³ ～〗(A⁴ を B³ に)数え入れる, (A⁴ を B³ の)一つ(一人)とみなす. Ich *zähle* ihn zu meinen besten Freunden. 私は彼を親友の一人だと思っている. ③《雅》(ある数⁴に)達す

る. Er *zählt* gerade 40 Jahre. 彼はちょうど 40 歳になる / Die Stadt *zählt* eine Million Einwohner. その都市は人口百万を数える.
④ (物⁴の)値打ちがある. Das Ass *zählt* 11 [Punkte]. (トランプの)エースは 11 点に数えられる.

zah·len≠mä·ßig [ツァーれン・メースィヒ] 形 数による, 数の上での. Der Gegner ist *zahlenmäßig* weit überlegen. 敵は数の上ではずっと勝っている.

Zah·len≠rei·he [ツァーれン・ライエ] 女 -/-n 数の列, 数列.

Zäh·ler [ツェーらァ tséːlɐr] 男 -s/- ① (電気・ガスなどの)メーター, 計量器, カウンター. ②《数》分子. *Zähler* und Nenner 分子と分母. ③ 数える人, 計算者. ④《スポ》ポイント, 得点.

Zahl≠kar·te [ツァーる・カルテ] 女 -/-n 《郵》為替払込用紙.

zahl≠los [ツァーる・ろース] 形 無数の, たくさんの. *zahllose* Sterne 無数の星.

Zahl≠meis·ter [ツァーる・マイスタァ] 男 -s/- 会計担当者;《軍》主計官.

‡**zahl≠reich** [ツァーる・ライヒ tsáːl-raiç] 形 ① 多数の, たくさんの(人・物など). (英 *numerous*). *zahlreiche* Fabriken 多くの工場. ② 多人数からなる(家族・観衆など). (英 *large*). eine *zahlreiche* Familie 大家族.

Zähl≠rohr [ツェーる・ローァ] 中 -[e]s/-e 《工》ガイガーカウンター(放射能測定器).

Zahl≠stel·le [ツァーる・シュテれ] 女 -/-n ①(銀行などの)支払窓口. ②(手形の)支払地.

Zahl≠tag [ツァーる・ターク] 男 -[e]s/-e (給料などの)支払日;(手形などの)満期日.

zahl·te [ツァーるテ] ‡zahlen (支払う)の 過去

zähl·te [ツェーるテ] ‡zählen (数を数える)の 過去

‡*die* **Zah·lung** [ツァーるング tsáːluŋ] 女 -/(複) -en ① 支払い. Vorauszahlung 前払い / die *Zahlung*⁴ ein|stellen 支払いを停止する / 物⁴ **in** *Zahlung* geben (nehmen) 物⁴を下取りに出す(下取りする). ② 支払い金額.

Zäh·lung [ツェーるング] 女 -/-en 数えること, 計算. Volkszählung 人口調査.

Zah·lungs≠an·wei·sung [ツァーるングス・アンヴァイズング] 女 -/-en 《経》(為替・小切手などの)支払指図書.

Zah·lungs≠auf·for·de·rung [ツァーるングス・アオふフォルデルング] 女 -/-en 《経》支払請求.

Zah·lungs≠auf·schub [ツァーるングス・アオふシューブ] 男 -[e]s/..schübe 《経》支払延期. *Zahlungsaufschub*⁴ gewähren 支払延期を認める.

Zah·lungs≠be·din·gun·gen [ツァーるングス・ベディングンゲン] 複 《経》支払条件.

Zah·lungs≠be·fehl [ツァーるングス・ベフェール] 男 -[e]s/-e 《古》《法》支払い命令.

Zah·lungs≠bi·lanz [ツァーるングス・ビらンツ] 女 -/-en 《経》国際収支.

zah·lungs⸗fä·hig [ツァーるングス・フェーイヒ] 形《経》支払能力のある.
Zah·lungs⸗fä·hig·keit [ツァーるングス・フェーイヒカイト] 女 -/《経》支払能力.
Zah·lungs⸗frist [ツァーるングス・フリスト] 女 -/-en《経》支払期限.
Zah·lungs⸗mit·tel [ツァーるングス・ミッテる] 中 -s/-《経》支払手段(通貨・小切手など).
zah·lungs⸗un·fä·hig [ツァーるングス・ウンフェーイヒ] 形《経》支払能力のない, 支払不能の.
Zah·lungs⸗un·fä·hig·keit [ツァーるングス・ウンフェーイヒカイト] 女 -/《経》支払不能.
Zah·lungs⸗ver·kehr [ツァーるングス・フェアケーア] 男 -s/《経》支払流通.
Zähl⸗werk [ツェーる・ヴェルク] 中 -[e]s/-e メーター, カウンター, 計数装置.
Zahl⸗wort [ツァーる・ヴォルト] 中 -[e]s/..wörter《言》数詞(＝Numerale).
Zahl⸗zei·chen [ツァーる・ツァイヒェン] 中 -s/- 数字.

*zahm [ツァーム tsáːm] 形 ① (動物が)人になれた, 飼いならされた. (英 tame). ein zahmer Vogel 人になれた鳥. ② 《口語》おとなしい, 従順な(子供など); 穏健な, 控えめな. eine zahme Kritik 控えめな批評.
zähm·bar [ツェームバール] 形 飼いならすことのできる(動物); 手なずけられる(人).

***zäh·men** [ツェーメン tsɛ́ːmən] (zähmte, hat ...gezähmt) 他《完了 haben》① (動物など⁴を)飼いならす, 手なずける;《比》(自然の力⁴を)抑える, コントロールする. (英 tame). einen Löwen zähmen ライオンを飼いならす. ② 《雅》(欲情など⁴を)抑制する. die Ungeduld⁴ zähmen いらだちを抑える. ◇《再帰的に》sich⁴ zähmen 自制する.
Zahm·heit [ツァームハイト] 女 -/ (動物が人に)なれていること;(人が)従順な(控えめ)なこと.
zähm·te [ツェームテ] *zähmen (飼いならす)の過去
Zäh·mung [ツェームング] 女 -/ (動物を)飼いならすこと, 調教;《雅》(欲情の)抑制.

‡der **Zahn** [ツァーン tsáːn]

歯　Mein Zahn tut weh.
　マイン　ツァーン　トゥート　ヴェー
　私は歯が痛い.

男 (単2) -[e]s/(複) Zähne [ツェーネ] (3格のみ Zähnen) ① 歯. (英 tooth). gute(schlechte) Zähne 良い(悪い)歯 / ein falscher (または künstlicher) Zahn 義歯 / ein fauler (または kariöser) Zahn 虫歯 / der Zahn der Zeit²《口語》(万物を老廃させていく)時の力 / Zähne⁴ bekommen 歯が生える / Sie hat schöne Zähne. 彼女はきれいな歯をしている / sich³ die Zähne⁴ putzen 歯を磨く / Ein Zahn oben links schmerzt. 左上の歯が痛む/ Der Zahn wackelt. 歯がぐらぐらする / 人³ die Zähne⁴ zeigen a) 人³に歯を見せる, b)《口語・比》人³ に刃向かう / 人³ einen Zahn⁴ ziehen《口語・比》人³の幻想を打ち砕く / die Zähne⁴ zusammen|beißen《口語》歯をくいしばる / sich³ an 物³ die Zähne⁴ aus|beißen 物³で歯を折る / sich³ an 物・事³ die Zähne⁴ aus|beißen《口語・比》事³にどうしても歯がたたない.
◇《前置詞とともに》bis an die Zähne bewaffnet《口語》完全武装して / 人³ auf den Zahn fühlen《比》人³の能力を厳しく吟味する / mit den Zähnen knirschen 歯ぎしりする / mit den Zähnen klappern (寒くて・こわくて)歯がかちかち鳴る / Auge um Auge, Zahn um Zahn.《聖》目には目を, 歯には歯を(出エジプト記 21, 24).
② (歯車・のこぎり・櫛(ﾞ)などの)歯; (織物・レースなどの)ぎざぎざ. ③ 《口語》猛スピード. einen Zahn zu|legen《口語》[仕事の]スピードを上げる. ④ 《動》(サメの)楯鱗(ﾞﾞ).

（ﾒﾓ）..zahn のいろいろ: Backenzahn または Backzahn 臼歯 / Eckzahn 犬歯 / Giftzahn 毒牙 / Milchzahn 乳歯 / Sägezahn のこぎりの歯 / Schneidezahn 切歯, 切歯 / Stiftzahn 継ぎ歯 / Weisheitszahn 智歯, 親知らず

*der **Zahn⸗arzt** [ツァーン・アールツト tsáːn-a:rtst または アールツト] 男 (単2) -es/(複) ..ärzte [..エーアツテ または ..エルツテ] (3格のみ ..ärzten) 歯科医, 歯医者. (英 dentist). （ﾒﾓ）女性形は Zahnärztin. Ich muss zum Zahnarzt. 私は歯医者に行かなければならない.
zahn⸗ärzt·lich [ツァーン・エーァツトりヒ] 形 歯科医の, 歯科医による.
Zahn⸗be·hand·lung [ツァーン・ベハンドるング] 女 -/-en 歯の治療.
Zahn⸗be·lag [ツァーン・べらーク] 男 -[e]s/..läge《医》歯垢(ﾞ).

*die **Zahn⸗bürs·te** [ツァーン・ビュルステ tsáːn-bʏrstə] 女 (単) -/(複) -n 歯ブラシ. (英 toothbrush). eine elektrische Zahnbürste 電動歯ブラシ.
Zahn⸗creme [ツァーン・クレーム] 女 -/-s 練り歯磨き(＝Zahnpasta).
Zäh·ne [ツェーネ] ‡Zahn (歯)の 複
zäh·ne⸗flet·schend [ツェーネ・フれッチェント] 形 歯をむき出した.
Zäh·ne⸗klap·pern [ツェーネ・クらッパァン] 中 -s/ (寒くて・こわくて)歯をかちかちいわせること.
Zäh·ne⸗knir·schen [ツェーネ・クニルシェン] 中 -s/ 歯ぎしり.
zah·nen [ツァーネン tsáːnən] 自 (h) 乳歯が生える. Das Baby zahnt. 赤ちゃんに歯が生える.
zäh·nen [ツェーネン tsɛ́ːnən] 他 (h) (物⁴に)歯(ぎざぎざ)を付ける.
◇☞ gezähnt
Zahn⸗er·satz [ツァーン・エァザッツ] 男 -es/..sätze《ふつう 単》義歯, 入れ歯.
Zahn⸗fäu·le [ツァーン・フォイれ] 女 -/《医》虫歯.

Zahn⇗fleisch [ツァーン・ふらイシュ] 中 -[e]s/ 歯ぐき.《医》歯肉.

Zahn⇗fül·lung [ツァーン・ふュるング] 女 -/-en《医》歯の充塡(じゅうてん).

Zahn⇗heil·kun·de [ツァーン・ハイるクンデ] 女 -/ 歯科学.

Zahn⇗höh·le [ツァーン・ヘーれ] 女 -/-n《医》歯髄腔(こう).

Zahn⇗kli·nik [ツァーン・クリーニク] 女 -/-en (大学付属の)歯科医院, 歯科診療所.

Zahn⇗kro·ne [ツァーン・クローネ] 女 -/-n《医》歯冠.

Zahn⇗laut [ツァーン・らオト] 男 -[e]s/-e《言》歯音 ([t, d] など).

zahn⇗los [ツァーン・ろース] 形 歯のない, 歯の抜けた. ein zahnloser Alter 歯の抜けたおじいさん.

Zahn⇗lü·cke [ツァーン・リュッケ] 女 -/-n (抜歯・欠歯による)歯と歯のすき間, 歯間[隙].

Zahn⇗me·di·zin [ツァーン・メディツィーン] 女 -/ 歯科学.

Zahn⇗pas·ta [ツァーン・パスタ] 女 -/..pasten 練り歯磨き.

Zahn⇗pfle·ge [ツァーン・プふれーゲ] 女 -/ 歯の手入れ, 歯の衛生.

Zahn⇗rad [ツァーン・ラート] 中 -[e]s/..räder《工》歯車.

Zahn⇗rad⇗bahn [ツァーンラート・バーン] 女 -/-en《工》アプト式鉄道.

Zahn⇗schmelz [ツァーン・シュメるツ] 男 -es/《医》歯のエナメル質.

der **Zahn⇗schmerz** [ツァーン・シュメるツ tsá:n-ʃmerts] 男 (単2) -es/-en 《ふつう 複》歯痛. (英 toothache). Ich habe heftige Zahnschmerzen. 私は歯がひどく痛い.

Zahn⇗stan·ge [ツァーン・シュタング] 女 -/-n《工》ラック(歯車とかみ合う歯の付いた棒).

Zahn⇗stein [ツァーン・シュタイン] 男 -[e]s/《医》歯石.

Zahn⇗sto·cher [ツァーン・シュトッハァ] 男 -s/- ようじ.

Zahn⇗tech·ni·ker [ツァーン・テヒニカァ] 男 -s/- 歯科技工士. (女 女性形は Zahntechnikerin).

Zahn⇗wech·sel [ツァーン・ヴェクセる] 男 -s/- 歯の生えかわり;《医》歯牙(しが)交代.

Zahn⇗weh [ツァーン・ヴェー] 中 -[e]s/《口語》歯痛 (=Zahnschmerz).

Zahn⇗wur·zel [ツァーン・ヴルツェる] 女 -/-n《医》歯根.

Zäh·re [ツェーれ tsé:rə] 女 -/-n《詩》涙 (=Träne).

Zan·der [ツァンダァ tsándər] 男 -s/-《魚》ホタルジャコ(スズキの一種).

die **Zan·ge** [ツァンゲ tsáŋə] 女 (単) -/(複) -n ① やっとこ, ペンチ, ニッパー, 火ばさみ;《医》(分娩(ぶん)用の)鉗子(かんし).《英 nippers). einen Nagel mit der Zange heraus|ziehen くぎをペンチで抜く / 人⁴ in die Zange nehmen a) (サッカーで:) 人⁴を両サイドから攻める, b)《口語・比》人⁴をきめたてる /人⁴ nicht mit der Zange anfassen mögen《口語・比》人・物⁴がいやでたまらない(←やっとこ使っても触りたくない). ②《口語》(動物の)鉗子(かんし)状器官(クワガタのはさみなど).

Zan·gen⇗ge·burt [ツァンゲン・ゲブァト] 女 -/-en《医》鉗子分娩(かんしぶんべん).

Zank [ツァンク tsáŋk] 男 -[e]s/ 言い争い, 口論, 口げんか. um 事⁴ **in** Zank geraten 事⁴のことで口論になる.

Zank⇗ap·fel [ツァンク・アプふぇる] 男 -s/..äpfel 不和のもと, 争いの種(ギリシア神話の不和の女神エリスの金のりんごに由来する).

*zan·ken [ツァンケン tsáŋkən] (zankte, hat ...gezankt) I 再帰 (完了 haben)《sich⁴ [mit 人³] ~》([人³と])口げんかをする, 言い争いをする. (英 quarrel). Er zankt sich mit allen Leuten. 彼はあらゆる人と言い争いをする / Die Kinder zankten sich um das neue Spielzeug. 子供たちは新しいおもちゃを奪い合ってけんかをした.
II 自 (完了 haben) ①《[mit 人³] ~》([人³と])口げんかをする. ②《方》がみがみしかる. mit den Kindern zanken 子供たちをがみがみしかる.

Zän·ker [ツェンカァ tséŋkər] 男 -s/- 口論好きな人; がみがみ小言を言う人, うるさ型.

Zän·ke·rei [ツェンケライ tsɛŋkəráɪ] 女 -/-en《口語》(絶え間ない)口げんか.

zän·kisch [ツェンキッシュ tséŋkɪʃ] 形 (特に女性が)口げんか(口論)好きの; がみがみ小言を言いたがる.

Zank⇗sucht [ツァンク・ズフト] 女 -/ 口げんか(口論)好き.

zank·te [ツァンクテ] *zanken (再帰で: 口げんかをする) 過去

Zäpf·chen [ツェプふヒェン tsépfçən] 中 -s/- (Zapfen の縮小) ① 小さな栓; 小さな毬果(きゅうか); 小さなつらら. ②《薬》座薬. ③《医》口蓋(こうがい)垂, のどびこ.

zap·fen [ツァプふェン tsápfən] 他 (h) (ビールなどの)栓を抜いてつぐ.

Zap·fen [ツァプふェン tsápfən] 男 -s/- ①《植》毬果(きゅうか), まつかさ. ② (樽(たる)などの)栓;《はうしょ》コルク栓. ③《工》差し込み, ピボット;《木工》ほぞ. ④《医》網膜錐[状]体. ⑤ つらら (=Eiszapfen). ⑥《方》酔い. ⑦《覆なし》《ぼうず・口語》ひどい寒さ.

Zap·fen⇗streich [ツァプふェン・シュトライヒ] 男 -[e]s/-e《軍》① 帰営ラッパ. ②《覆なし》帰営時刻;《比》門限.

Zapf⇗säu·le [ツァプふ・ゾイれ] 女 -/-n (ガソリンスタンドの)計量給油器.

zap·pe·lig [ツァッペりヒ tsápəlɪç] 形《口語》(絶えず動き回る)落ち着かない(子供など); そわそわした; いらいらしている.

zap·peln [ツァッペるン tsápəln] 自 (h) ① 体

をばたばたさせる. **mit Armen und Beinen** *zappeln* 手足をばたつかせる / Ein Fisch *zappelte* **im** Netz. 魚が網の中でぴちぴちはねた. ② そわそわ(やきもき)する. 人⁴ *zappeln lassen* 《口語》人⁴をやきもきさせる.

Zap·pel≠phi·lipp [ツァッペル・フィーリップ] 男 -s/-e (または -s) 《口語》落ち着かない(じっとしていない)子供.

zap·pen≠dus·ter [ツァッペン・ドゥースタァ] 形 《口語》真っ暗闇(ﾔﾐ)の;《口語・比》お先真っ暗の.

zapp·lig [ツァップリヒ tsápliç] 形 = zappelig

Zar [ツァール tsá:r] 男 -en/-en ツァー(昔の帝政ロシア・ブルガリア・セルビアの皇帝[の称号]). (←女性形は Zarin).

Za·ra·thust·ra [ツァラトゥストラ tsaratústra] -s/ 《人名》ツァラトゥストラ (ゾロアスター Zoroaster の古代イラン語形. 紀元前6〜7世紀頃のペルシアの宗教改革者. ゾロアスター教の創始者. ニーチェに『ツァラトゥストラはこう語った』という作品がある).

Zar·ge [ツァルゲ tsárgə] 女 -/-n ① (戸・窓の)大枠, フレーム. ② (机・いすなどの)横板, (箱などの)側板;《音楽》(ヴァイオリンなどの)横板.

* **zart** [ツァールト tsá:rt] 形 (比較 zarter, 最上 zartest) ① やわらかな, ほっそりした, ひ弱な; 感じやすい, 繊細な. (←tender). **ein** *zartes* **Kind** ひ弱な子供 / Sie ist von *zarter* Gestalt. 彼女はほっそりした体つきをしている / ein *zartes* Gemüt 感じやすい心 / *zart* besaitet 感じやすい, デリケートな. ② (食べ物などが)柔らかい. *zartes* Fleisch 柔らかい肉. ③ (音・色・光などが)優しい, 穏やかな. *zarte* Farben おとなしい色 / eine *zarte* Stimme 柔和な声. ④ (気持ちが)優しい. *zarte* Fürsorge 優しい看護 / *zart* fühlend 思いやりのある, 感じやすい. ⑤ かすかな(微笑など).

zart≠be·sai·tet [ツァールト・ベザイテット] 形 感じやすい, デリケートな.
(←zart besaitet ともつづる) ☞ zart ①

zart≠füh·lend [ツァールト・フューれント] 形 思いやりのある, (n) 感じやすい.
(←zart fühlend ともつづる) ☞ zart ④

Zart≠ge·fühl [ツァールト・ゲフュール] 中 -[e]s/ (心の)優しさ, 思いやり; (n) 感じやすさ.

Zart·heit [ツァールトハイト] 女 -/-en ① 《複 なし》きゃしゃ; ひ弱さ; 柔らかさ; 穏やかさ; (心の)優しさ, 思いやり. ② 《複》優しい言葉(態度).

* **zärt·lich** [ツェーァトりヒ tsέ:rtliç] 形 ① 愛情のこもった, 情愛の深い. (←loving). ein *zärtlicher* Kuss 愛情のこもったキス / **zu** 人³ *zärtlich* sein 人³に対して思いやりがある. ②《雅》優しい. ein *zärtlicher* Ehemann 優しい夫.

Zärt·lich·keit [ツェーァトりヒカイト] 女 -/-en ① 《複 なし》優しさ, 情のこまやかさ. ② 《ふつう 複》優しい愛撫(ｱｲﾌﾞ).

Zä·si·um [ツェーズィウム tsέ:zium] 中 -s/ 《化》セシウム (=Cäsium; 記号: Cs).

Zas·ter [ツァスタァ tsástər] 男 -s/ 《俗》金(ｶﾈ), 現なま (=Geld).

Zä·sur [ツェズーァ tsεzú:r] 女 -/-en ① 《詩学》中間休止(詩行の中間における意味の切れ目による休止); 《音楽》(楽節中の)区切れ. ② (歴史的な)転機, 変わり目.

* *der* **Zau·ber** [ツァオバァ tsáubər] 男 (単2) -s/(複 -n) ① 《ふつう 単》**魔法**, 魔術; 呪文;《比》魔力. einen *Zauber* an|wenden 魔法を使う / *Zauber*⁴ treiben 魔法を行う / den *Zauber* lösen (または bannen) 魔法を解く / 人⁴ durch einen *Zauber* heilen 人⁴の病気を魔術で治す / fauler *Zauber* 《口語》ペテン. ② 《複 なし》魅力, 魅惑. (←charm). der *Zauber* ihres Lächelns 彼女の微笑の魅力. ③ 《複 なし》《口語》ばか騒ぎ; つまらない物, がらくた.

Zau·be·rei [ツァオベライ tsaubərái] 女 -/-en ① 《複 なし》魔法, 魔術. ② 手品, 奇術.

* *der* **Zau·be·rer** [ツァオベラァ tsáubərər] 男 (単2) -s/(複 -n) 魔法使い, 魔術師; 手品師. (←magician). (←女性形は Zauberin).

Zau·ber≠flö·te [ツァオバァ・ふれーテ] 女 -/-n 魔法の笛. „Die *Zauberflöte*" 『魔笛』(モーツァルト作の歌劇名).

Zau·ber≠for·mel [ツァオバァ・ふォルメる] 女 -/-n ① 呪文(ｼﾞｭﾓﾝ). ②《比》決定的な解決策.

zau·ber·haft [ツァオバァハふト] 形 魅惑的な, うっとりするような, 非常に美しい.

Zau·ber≠hand [ツァオバァ・ハント] 女 《成句的に》**wie von**(または **durch**) *Zauberhand* 突然に (←魔法の手によるかのように).

zau·be·risch [ツァオベリッシュ tsáubəriʃ] 形 ①《雅》不思議な; 魅惑的な. ②《古》魔法の.

Zau·ber≠kraft [ツァオバァ・クラふト] 女 -/..kräfte 魔力, 魔法の力.

Zau·ber≠kunst [ツァオバァ・クンスト] 女 -/..künste ① 《複 なし》魔法; 手品. ② 《ふつう 複》魔術的能力, 魔力.

Zau·ber≠künst·ler [ツァオバァ・キュンストらァ] 男 -s/- 手品(奇術)師.

* **zau·bern** [ツァオバァン tsáubərn] (zauberte, hat...gezaubert) **I** 自《完了 haben》① 魔法を使う. (←do magic). Ich *kann* doch nicht *zaubern*!《口語》できないことはできないよ (←魔法を使うことはできない). ② 手品(奇術)をする.
II 他《完了 haben》① 魔法で呼び出す(出現させる). Die Fee *zauberte* ein Pferd. 妖精は魔法で馬を呼び出した / Er *zauberte* herrliche Töne **aus** dem Instrument.《比》彼はその楽器を使ってすばらしい音を奏でた. ② 《方向を表す語句とともに》〔人・物⁴を…から/…へ〕手品を使って出す(入れる). ein Kaninchen⁴ **aus** dem Hut *zaubern* 手品を使って帽子の中からうさぎを取り出す.

Zau·ber≠spruch [ツァオバァ・シュプルフ] 男 -[e]s/..sprüche 呪文(ｼﾞｭﾓﾝ).

Zau·ber≠stab [ツァオバァ・シュターブ] 男 -[e]s/..stäbe 魔法のつえ.

zau·ber·te [ツァオバァテ] *zaubern (魔法を使

Zau·ber≠trank [ツァオバァ・トランク] 男 -[e]s/ ..tränke 魔法の水薬(特にほれ薬・媚薬).

Zau·ber≠wort [ツァオバァ・ヴォルト] 中 -[e]s/ -e 呪文(じゅもん)(=Zauberspruch).

Zau·de·rer [ツァオデラァ tsáudərər] 男 -s/- 優柔不断な人, ちゅうちょする人.

zau·dern [ツァオダァン tsáudərn] 自 (h) ためらう, ちゅうちょする. **mit** 事³ *zaudern* 事³をためらう.

Zau·dern [ツァオダァン] 中 《成句的に》 **ohne** *Zaudern* ためらうことなく.

Zaum [ツァオム tsáum] 男 -[e]s/Zäume 馬勒(ばろく)(頭部につける馬具一式). **einem Pferd den** *Zaum* **an|legen** 馬に馬勒を付ける / 人・物⁴ **im** *Zaum[e]* **halten** 《比》人・物⁴を抑制する, 制御する.

zäu·men [ツォイメン tsóymən] 他 (h) 馬⁴に馬勒(ばろく)を付ける.

der **Zaun** [ツァオン tsáun] 男 (単 2) -[e]s/(複) Zäune [ツォイネ] (3 格のみ Zäunen) 垣根, 柵(さく), 塀, フェンス. (英 fence). Latten*zaun* 木柵(もくさく) / **ein lebender** *Zaun* 生け垣 / **einen** *Zaun* **um den Garten ziehen** 庭の周りに垣を作る / **Die Kinder schlüpften durch den** *Zaun*. 子供たちは垣根をするりとくぐり抜けた / **einen Streit vom** *Zaun[e]* **brechen** 《比》いきなり争いの(けんか)を始める.

Zäu·ne [ツォイネ] *Zaun (垣根)の 複

Zaun≠gast [ツァオン・ガスト] 男 -es/..gäste 柵(さく)の外からの[無料]見物人; 《比》傍観者.

Zaun≠kö·nig [ツァオン・ケーニヒ] 男 -[e]s/-e (鳥)ミソサザイ.

Zaun≠pfahl [ツァオン・プファール] 男 -[e]s/ ..pfähle 垣根(柵(さく))のくい. **mit dem** *Zaunpfahl* **winken** 《比》露骨にほのめかす(←くいを振って合図する).

zau·sen [ツァオゼン tsáuzən] 他 (h) (髪など⁴を)[軽く]かきむしる, まさぐる.

* **z. B.** [ツム バイ・シュピール tsum bái-ʃpi:l] 《略》例えば (=zum Beispiel).

ZDF [ツェット・デー・エフ] 《略》ドイツ第二テレビ[放送] (=Zweites Deutsches Fernsehen).

Ze·bra [ツェーブラ tsé:bra] 中 -s/-s 《動》シマウマ, ゼブラ.

Ze·bra≠strei·fen [ツェーブラ・シュトライフェン] 男 -s/- 《交通》(ゼブラ模様の)横断歩道.

Zech≠bru·der [ツェヒ・ブルーダァ] 男 -s/- 《口語》① 大酒飲み. ② 飲み友だち.

* *die* **Ze·che** [ツェッヒェ tséçə] 女 (単) -/(複) -n ① 飲食代, 飲み屋の勘定. (英 check). **Jeder zahlt seine** *Zeche*. 自分の飲み代は各自で払うこと / **eine große** *Zeche*⁴ **machen** (飲み屋で)大いに飲み食いする / **die** *Zeche*⁴ **zahlen müssen** 《口語・比》不祥事のあと始末をさせられる(←飲食代を払わねばならない) / **die** *Zeche*⁴ **prellen** 《口語》飲み(食い)逃げする. ② (鉱) 鉱山, 鉱坑.

ze·chen [ツェッヒェン tséçən] 自 (h) 《戯》(仲間といっしょに)大酒を飲む, 痛飲する.

Ze·cher [ツェッヒャァ tséçər] 男 -s/- 《戯》のんべえ, 大酒飲み.

Zech≠ge·la·ge [ツェヒ・ぐらーゲ] 中 -s/- 酒宴, 酒盛り.

Zech≠kum·pan [ツェヒ・クンパン] 男 -s/- 《口語》飲み仲間.

Zech≠prel·ler [ツェヒ・プレらァ] 男 -s/- 飲み(食い)逃げする人, 無銭飲食者.

Ze·cke [ツェッケ tséka] 女 -/-n (動) [マ]ダニ.

Ze·der [ツェーダァ tsé:dər] 女 -/-n (植)ヒマラヤスギ[属].

ze·die·ren [ツェディーレン tsedí:rən] 他 (h) (法)(債権など⁴を)譲渡する.

Zeh [ツェー tsé:] 男 -s/-en =Zehe

* *die* **Ze·he** [ツェーエ tsé:ə] 女 (単) -/(複) -n ① 足指. (英 toe). (《英》「手の指」は Finger). **die große (kleine)** *Zehe* 足の親指(小指) / **auf [den]** *Zehen* **gehen** つま先で(抜き足さし足で)歩く / **sich⁴ auf die** *Zehen* **stellen** つま先立つ / 人³ **auf die** *Zehen* **treten** a) 人³の足指を踏む, b) 《口語・比》(それと気づかずに)人³の気持ちを傷つける, c) 人³をせきたてる. ② 《にんにくの小鱗茎(りんけい)(球根の一かけら).

Ze·hen≠na·gel [ツェーエン・ナーゲる] 男 -s/ ..nägel 足指の爪.

Ze·hen≠spit·ze [ツェーエン・シュピッツェ] 女 -/-n つま先. **auf [den]** *Zehenspitzen* つま先立ち(忍び足)で歩く / **sich⁴ auf die** *Zehenspitzen* **stellen** つま先立つ.

* **zehn** [ツェーン tsé:n] 数 《基数; 無語尾で》 10 [の]. (英 ten). **Er ist** *zehn* [**Jahre alt**]. 彼は 10 歳だ / **Es ist** *zehn*. 10 時だ / **vor** *zehn* **Tagen** 10 日前に / **die** *Zehn* **Gebote** 《聖》(モーセの十戒)(出エジプト記 20 章) / **wette** *zehn* **gegen eins, dass...** 私は十中八九…だと思う(←10 対 1 で賭けてもいい) / **zu** *zehnen* 10 人で, 10 人ずつ.

Zehn [ツェーン] 女 -/-en (数字の)10; トランプの 10; 《口語》(電車・バスなどの)10 番[系統].

Zeh·ner [ツェーナァ tsé:nər] **I** 男 -s/- ① 《口語》10 マルク硬貨; 10 マルク紙幣. ② 《ふつう 複》10 の位の数. ③ 《方》(数字の)10; 《口語》(電車・バスなどの)10 番[系統]. **II** 女 -/- 《口語》10 ペニヒ切手.

zeh·ner·lei [ツェーナァらイ tsé:nərlái] 形 《無語尾で》10 種[類]の, 10 通りの.

Zeh·ner≠pa·ckung [ツェーナァ・パックング] 女 -/-en 10 個入りの包み.

zehn≠fach [ツェーン・ファッハ] 形 10 倍の, 10 重の, 10 枚重ねの.

zehn≠fäl·tig [ツェーン・フェるティヒ] 形 =zehnfach

zehn≠jäh·rig [ツェーン・イェーリヒ] 形 《付加語としてのみ》10 歳の; 10 年[間]の.

zehn≠jähr·lich [ツェーン・イェーァりヒ] 形 10 年ごとの.

Zehn≠kampf [ツェーン・カンプフ] 男 -[e]s/ ..kämpfe (陸上の)十種競技.

zehn≠mal [ツェーン・マーる] 副 10 回, 10 度.

zehn≠**ma·lig** [ツェーン・マーリヒ] 形《付加語としてのみ》10 回の; 10 倍の.

Zehn·mark≠**schein** [ツェーンマルク・シャイン] 男 -[e]s/-e 10 マルク紙幣.

Zehn·pfen·nig≠**stück** [ツェーンプふェニヒ・シュテュック] 中 -[e]s/-e 10 ペニヒ硬貨.

*★**zehnt** [ツェーント tséːnt] 数《zehn の序数; 語尾変化は形容詞と同じ》**第 10 [番目]の.**（英 tenth）. der zehnte Mai 5月10日 / **zu zehnt** 10 人で, 10 人ずつ.

zehn≠**tä·gig** [ツェーン・テーギヒ] 形《付加語としてのみ》10 日[間]の.

zehn≠**tau·send** [ツェーン・タオゼント] 数《基数; 無語尾で》1 万[の]. die oberen *zehntausend* 上流階級の人々.

zehn·tel [ツェーンテる tséːntəl] 数《分数; 無語尾で》10 分の 1 [の].

Zehn·tel [ツェーンテる] 中 (ﾇｽ: 男) -s/- 10 分の 1.

zehn·tens [ツェーンテンス tséːntəns] 副 第 10 に, 10 番目に.

zeh·ren [ツェーレン tséːrən] 自 (h) ①《**von** 物》3 ~》《物》3 で》食べて生きていく, 《物》3 で》命をつなぐ. Wir *zehrten* von unseren Vorräten. われわれは蓄えで命をつないだ / Sie *zehrte* von ihren Erinnerungen.《比》彼女は思い出に[支えられて]生きた.《潮風・熱などが》体力を消耗させる. Fieber *zehrt*. 熱が出ると体が弱る. ③《**an** 人・物》3 ~》《人・物》3 を》衰弱させる, むしばむ. Die Krankheit *zehrte* an seinen Kräften. 病気が彼の体力を衰弱させた.

*★*das* **Zei·chen** [ツァイヒェン tsáiçən] 中 (単2) -s/(複) - (《略 sign》 ① 合図, 信号, サイン. ein heimliches *Zeichen* ひそかな合図 / 人》3 ein *Zeichen*4 geben （または machen）人》3 に合図する / Das *Zeichen* **zum** Anfang ertönte. 開始の合図が鳴り響いた.

② 印(ｼﾙｼ), 目印, マーク; 標識. ein kreisförmiges *Zeichen* 丸印 / Er machte (kerbte) ein *Zeichen* in den Baum. 彼は木に目印を刻んだ / einen Zettel **als** *Zeichen* in ein Buch legen 1 枚の紙片を目印として本にはさむ / **Zum** *Zeichen* der Versöhnung gab sie ihm die Hand. 仲直りのしるしに彼女は彼に握手の手を差し出した.

③ 記号, 符号;《言》句読点. ein chemisches *Zeichen* 化学記号 / die *Zeichen*4 richtig setzen 句読点を正しく打つ.

④ 徴候, 前兆, 兆し. ein böses (gutes) *Zeichen* 凶兆(吉兆) / die ersten *Zeichen* einer Krankheit*4* 病気の最初の徴候 / Das ist ein *Zeichen* dafür, dass sich*4* das Wetter ändert. それは天気が変わる前兆だ.

⑤ 星座. Die Sonne steht **im** *Zeichen* des Krebses. 太陽は蟹(ｶﾆ)座に入っている / Er ist **im** *Zeichen* des Löwen geboren. 彼は獅子座の生まれだ / Die ganze Stadt stand **im** *Zeichen* der Olympischen Spiele. 町中がオリンピック一色だった.

⊂ﾒﾓ⊃ ..*zeichen* のいろいろ: Anführungs*zeichen* 引用符 / Ausrufe*zeichen* 感嘆符 / Blink*zeichen* 点滅信号 / Firmen*zeichen* 社標 / Frage*zeichen* 疑問符 / Kenn*zeichen* 目印 / Klopf*zeichen* ノックの合図 / Krankheits*zeichen* 症候 / Minus*zeichen* マイナス記号 / Pausen*zeichen* 休止符 / Plus*zeichen* プラス記号 / Satz*zeichen* 句読点 / Schrift*zeichen* 文字 / Verkehrs*zeichen* 交通標識 / Vorzeichen 前兆 / Warenzeichen 商標 / Wiederholungs*zeichen* 反復記号

....

Zei·chen≠**block** [ツァイヒェン・ブろック] 男 -[e]s/..blöcke （または -s） スケッチブック, (はぎ取り式の)画用紙帳.

Zei·chen≠**brett** [ツァイヒェン・ブレット] 中 -[e]s/-er 製図板.

Zei·chen≠**kunst** [ツァイヒェン・クンスト] 女 -/ 製図法; 図画.

Zei·chen≠**pa·pier** [ツァイヒェン・パピーァ] 中 -s/-e 製図用紙; 画用紙.

Zei·chen≠**saal** [ツァイヒェン・ザーる] 男 -[e]s/..säle 製図室; 図画教室.

Zei·chen≠**set·zung** [ツァイヒェン・ゼッツング] 女 -/《言》句読法.

Zei·chen≠**spra·che** [ツァイヒェン・シュプラーヘ] 女 -/-n《言》身振り(手振り)言語; 手話.

Zei·chen≠**stift** [ツァイヒェン・シュティふト] 男 -[e]s/-e 製図用鉛筆; クレヨン, クレパス.

Zei·chen≠**stun·de** [ツァイヒェン・シュトゥンデ] 女 -/-n 図画(製図)の時間.

Zei·chen≠**trick·film** [ツァイヒェン・トリックふぃるム] 男 -[e]s/-e アニメーション映画.

*★**zeich·nen** [ツァイヒネン tsáiçnən]

描く Was *zeichnest* du da?
　　　ヴァス ツァイヒネスト ドゥ ダー
そこで何を描いているの.

du zeichnest, er zeichnet (zeichnete, hat ... gezeichnet) I 他 （完了 haben） ①《絵などを線で）描く,《図面などを》書く; 素描する, スケッチ（デッサン）する.《英 draw）. einen Akt *zeichnen* ヌードを描く / den Grundriss eines Hauses *zeichnen* 家の見取図を書く / eine Landschaft4 nach der Natur *zeichnen* 風景を写生する / Die Figuren des Romans *sind* realistisch *gezeichnet*.《状態受動・現在》《比》この小説の登場人物たちはリアルに描かれている.

②《物4に》印(ｼﾙｼ）を付ける, 目印を付ける. die Wäsche4 mit dem Monogramm *zeichnen* 洗濯物にイニシャルを付ける / Er *ist* vom Tod *gezeichnet*.《状態受動・現在》《雅・比》彼の顔には死相が現れている.

③《物》《物4に》サインする,《署名してある金額4の》寄付を申し込む,《署名して株など4を》引き受ける. einen Scheck *zeichnen* 小切手にサインする / Er *zeichnete* bei der Sammlung einen Betrag von 50 Mark. 彼は募金に50マルク出す署名をした. ◇《過去分詞の形で》*gezeichnet* H. Schmidt [オリジナルには] H. シュミットの署名あり(コピーに記し, 原本に本人の署名があることを示す).

II 自 (完了 haben) ① 線画を描く, スケッチ(デッサン)をする, 製図する. Sie *kann* gut *zeichnen.* 彼女は図画が上手だ / **an** einem Plan *zeichnen* 設計図をかく. ②《官庁》(責任者として)署名をする, 署名して責任を負う. **Für** den Artikel *zeichnet* der Chefredakteur. この記事には編集長が文責を負う.
◇☞ **gezeichnet**

Zeich·ner [ツァイヒナァ tsáiçnər] 男 -s/- ① 製図家, 図案家, デザイナー.《女性形は Zeichnerin》. ②《商》(株などの)引受人.

zeich·ne·risch [ツァイヒネリッシュ tsáiçnərıʃ] 形 スケッチ(デザイン)の; 製図の; 図による.

zeich·ne·te [ツァイヒネテ] ‡zeichnen (描く)の 過去

* *die* **Zeich·nung** [ツァイヒヌング tsáiçnʊŋ] 女 (単) -/(複) -en ① スケッチ, デッサン, 線描画; 製図, 図面. (英 *drawing*). eine naturetreue *Zeichnung* 自然に忠実なスケッチ / eine *Zeichnung*⁴ entwerfen スケッチ(デザイン)する. ②《比》(小説などの)描写. ③ (動植物の)紋様, 斑紋(はん). ④《商》(署名による新株などの)引受.

zeich·nungs⹀be·rech·tigt [ツァイヒヌングス・ベレヒティヒト] 形《商》署名権限のある.

Zei·ge⹀fin·ger [ツァイゲ・フィンガァ] 男 -s/- 人差し指.

‡ **zei·gen** [ツァイゲン tsáıgən]

見せる *Zeig* mir mal den Brief!
ツァイク ミァ マール デン ブリーフ
その手紙をちょっと見せてごらん.

(zeigte, hat…gezeigt) **I** 他 (完了 haben) ① (人³に物⁴を)見せる, 示す; (指し示して)教える. (英 *show*). Bitte *zeigen* Sie mir mein Zimmer! 私の泊まる部屋を見せてください / Er hat mir die ganze Stadt *gezeigt.* 彼は私に町中を案内してくれた / Der Polizist *zeigte* mir den Weg. その警官は私に道を教えてくれた / Ich *zeige* dir, wie man es macht. どうやるのか君に教えてあげよう / Die Bäume *zeigen* schon Knospen.《雅》木々はもうつぼみをつけている. ◇《es を目的語として成句的に》es⁴ 人³ *zeigen*《口語》a)人³に思い知らせる, b)人³に実力を見せつける ⇨ Dem *werde* ich's (=ich es) *zeigen*! あいつに思い知らせてやるぞ.

② (感情·関心などを)表す, 示す. Er *zeigte* keine Reue. 彼は少しも後悔の色を見せない / Verständnis⁴ für 事⁴ *zeigen* 事⁴に理解を示す.

③ (能力などを)示す, 発揮する; (経験·態度などが)証明する. Nun *zeig* einmal, was du kannst! さあ, ひとつ君の腕前を見せてもらおう / Die Erfahrung hat *gezeigt*, dass… 経験は

…ということがわかった.

④《比》(計器などがある目盛り⁴を)指している. Die Uhr *zeigt* fünf. 時計の針は 5 時を指している.

II 自 (完了 haben)《方向を表す語句とともに》(…を)指し示す, 指す. (英 *point*). Er *zeigte* mit dem Finger **auf** den Täter. 彼は指で犯人を指し示した / Er *zeigte* **in** diese Richtung. 彼はこちらの方向を指し示した / Der Wegweiser *zeigt* **nach** Norden.《比》道しるべは北を指している.

III 再帰 (完了 haben) *sich*⁴ *zeigen* ① 現れる, 姿を見せる. Er hat sich **am** Fenster *gezeigt.* 彼は窓辺に姿を見せた / Am Himmel *zeigten* sich die ersten Sterne. 空にそろそろ星が見えはじめた.

② (…であることを)態度で示す, 証明する. *sich*⁴ tapfer *zeigen* 勇敢なところを見せる / Er hat sich **als** guter Freund *gezeigt*. 彼は良き友であることを身をもって示した.

③《比》明らかになる, 判明する. Es *zeigte* sich, dass er uns getäuscht hatte. 彼がわれわれをだましていたことがわかった / Es wird sich *zeigen,* ob… …かどうかいずれ明らかになるだろう.

* *der* **Zei·ger** [ツァイガァ tsáıgər] 男 (単 2) -s/- (複) - (3 格のみ -n) (時計·メーターなどの)針, 指針; 羅針.《英 *pointer*》. Minuten*zeiger* 分針, 長針 / Stunden*zeiger* 時針, 短針 / der große (kleine) *Zeiger* 長針(短針) / Der *Zeiger* steht (または zeigt) auf zwölf. 時計の針は 12 時を指している / den *Zeiger* vor|stellen (zurück|stellen) 時計の針を進める(戻す).

Zei·ge⹀stock [ツァイゲ・シュトック] 男 -[e]s/..stöcke (図などを指し示すための)指示棒.

zeig·te [ツァイクテ] ‡zeigen (見せる)の 過去

zei·hen* [ツァイエン tsáıən] (zieh, hat… geziehen) 他 (h)《雅》《人⁴を事²の罪で》責める, とがめる. 人⁴ der Lüge² *zeihen* 人⁴のうそを責める.

* *die* **Zei·le** [ツァイレ tsáılə] 女 (単) -/(複) -n ① (文章などの)行 (略: Z.). (英 *line*). die erste *Zeile* eines Gedichtes 詩の 1 行目 / einen Text *Zeile* **für** *Zeile* prüfen テキストを 1 行 1 行吟味する / **in** (または **auf**) der fünften *Zeile* von oben 上から 5 行目に / **mit** zwei *Zeilen* Abstand 2 行間隔で / **zwischen** den *Zeilen* lesen《比》行間の意味を読みとる. ② (手短な)手紙, 便り. ein paar *Zeilen*⁴ **an** 人⁴ schreiben 人⁴に便りを書く. ③ 列, 並び; (テレビの)走査線. eine lange *Zeile* von Häusern 長い家並み.

Zei·len⹀ab·stand [ツァイレン・アップシュタント] 男 -[e]s/..stände 行の間隔.

zei·len⹀wei·se [ツァイレン・ヴァイゼ] 副 1 行ずつ, 行単位で; 列をなして.

..zei·lig [..ツァイりヒ ..tsaılıç]《形容詞をつくる接尾》(…行の)例: zwei*zeilig* (=2- *zeilig*) 2 行の.

Zei·sig [ツァイズィヒ tsáızıç] 男 -s/-e ①《鳥》

マヒワ．②《口語》軽率な人．
zeit［ツァイト tsáit］前《2格とともに；成句的に》
zeit meines Lebens 私の一生の間(生涯ずっと)．

die **Zeit**［ツァイト tsáit］

時間；暇

Haben Sie morgen *Zeit*?
ハーベン ズィー モルゲン ツァイト
あす暇がありますか．

女（単）-/(複)-en ①《複 なし》(経過する)**時間**, 時．(英 time). (⟨⟩「空間」は Raum). Die *Zeit* vergeht schnell. 時がたつのは早い/ im Laufe der *Zeit*² 時のたつうちに / **mit** der *Zeit* 時とともに，しだいに / Die *Zeit* heilt alle Wunden.《諺》時[の経過]はすべての傷をいやす / Kommt *Zeit*, kommt Rat.《諺》時が来れば名案も浮かぶ．
② (ある目的のための時間:)**時点**, 時期．*Zeit*⁴ und Ort⁴ eines Treffens bestimmen 会合の時と場所をとり決める / die *Zeit* der Ernte² 収穫期 / Es ist [die] höchste *Zeit*. もうぐずぐずしていられない．
◇《前置詞とともに》Es ist [an der] *Zeit*, dass ich gehe. 私はもう行かなければならない / **außer** der *Zeit*（定められた)時間外に / **seit** dieser *Zeit* この時から / morgen **um** diese *Zeit* あすのこの時間に / **von** der *Zeit* an 今の時から / von *Zeit* zu *Zeit* ときどき，ときおり (☞《類語》manchmal) / **vor** der *Zeit* 定刻前に，早々と / **zu** jeder *Zeit* いつでも / zur *Zeit*（新形）zur-*zeit*）目下のところ / zur rechten *Zeit* ちょうどよいときに．
③《複 なし》(自由に使える)**時間**, 暇[な時間], 余暇．*Zeit*⁴ haben（暇な)時間がある ⇒ Ich habe heute keine *Zeit* dafür （viel *Zeit*) dafür. 私はきょうはそれをする暇がない(たっぷりある) / *Zeit*⁴ sparen 時間を節約する / eine viel *Zeit* sparende Lösung 多くの時間を節約する解決策 / Wir wollen keine *Zeit* verlieren. 急ごうよ(←時間を失いたくない) / Das braucht viel *Zeit*. それにはたっぷり時間がかかる / 囚³ die *Zeit*⁴ stehlen 囚³の自由な時間を奪う / die *Zeit*⁴ tot|schlagen〈口語〉（軽蔑的に）時間をつぶす / die *Zeit*⁴ mit Lesen verbringen 余暇を読書で過ごす / *Zeit* ist Geld.《諺》時は金(かね)なり．
④ **時代**, 時期．(英 age). die *Zeit* meines Studiums 私の大学時代 / die schönste *Zeit* des Lebens 人生の最盛期 / die *Zeit* Goethes ゲーテの時代 / die gute alte *Zeit* 古き良き時代 / kommende（または künftige) *Zeiten* 未来．
◇《前置詞とともに》ein Vertrag **auf** *Zeit* 期限つき協定 / **für** einige（längere）*Zeit* しばらくの(かなり長期間の)予定で / für alle *Zeit* 永久に / **in** der nächsten（または in nächster) *Zeit* 間もなく / in der letzten（または in letz-
ter) *Zeit* 最近, 近ごろ / **nach** kurzer *Zeit* しばらくしてから / **seit** einiger *Zeit* しばらく前から / **vor** langer *Zeit* ずっと前に / **während** dieser *Zeit* この期間に / **zu** aller *Zeit* または zu allen *Zeiten* いつも, いつの時代にも / zu *Zeiten* Goethes または zur *Zeit* Goethes ゲーテの時代には．(☞「目下のところ」の意味では zur-*zeit* とつづる).
⑤《複 なし》**時刻**．Welche *Zeit* ist es? 何時ですか / Hast du [die] genaue *Zeit*? 正確な時間がわかるかい．⑥《スツ》所要時間，タイム. die *Zeit*⁴ stoppen タイムをストップウォッチで計る．⑦《言》時称．⑧《成句的に》Du liebe *Zeit*! または Du meine *Zeit*!（驚きを表して:) おやまあ，これはこれは．

Zeit lang《成句的に》eine *Zeit* lang しばらくの間．

⟨⟩ ..**zeit** のいろいろ: Erntezeit 収穫期 / Essen*szeit* 食事時間 / Freizeit 余暇 / Jahreszeit 季節 / Jugend*zeit* 青少年期 / Kinderzeit 幼年期 / Mittags*zeit* 昼どき / Normal*zeit* 標準時 / Ortszeit 地方時 / Schlafens*zeit* 就寝時刻 / Schul*zeit* 学校時代 / Steinzeit 石器時代 / Studien*zeit* 大学時代 / Weihnachts*zeit* クリスマスの時節 / Welt*zeit* グリニッジ標準時

《類語》die **Zeit**:（時の経過を表す一般的な意味での)時間．**Uhr**:（時刻の表示としての)…時．Wie viel *Uhr* ist es? — Es ist drei *Uhr*. 何時ですか — 3 時です．die **Stunde**:（時間の長さの単位としての)時間．Er musste zwei *Stunden* warten. 彼は2時間待たなければならなかった．

Zeit⸗ab·schnitt［ツァイト・アプシュニット］男 -[e]s/-e 時期, 時代．
Zeit⸗ab·stand［ツァイト・アプシュタント］男 -[e]s/..stände 時の間隔．

das **Zeit⸗al·ter**［ツァイト・アるタァ tsáit-al-tər］中（単2）-s/(複) -（3格のみ -n) ① **時代**．(英 age, era). Atom*zeitalter* 原子力時代 / das *Zeitalter* der Technik² 科学技術の時代 / das *Zeitalter* Friedrichs des Großen フリードリヒ大王時代 / das goldene *Zeitalter* 黄金時代 / **in** unserem *Zeitalter* 現代において．②《地学》代．
Zeit⸗an·ga·be［ツァイト・アンガーベ］女 -/-n ① 日時[の記入], 日付, 年月日．②《言》時の副詞[句]．
Zeit⸗an·sa·ge［ツァイト・アンザーゲ］女 -/-n（ラジオなどの)時報．
Zeit⸗auf·nah·me［ツァイト・アオフナーメ］女 -/-n《写》(ふつう 1/20 秒以上の)タイム露出による撮影[写真].
Zeit⸗auf·wand［ツァイト・アオフヴァント］男 -[e]s/ 時間の浪費．
Zeit⸗dau·er［ツァイト・ダオァァ］女 -/（ある事が継続する)時間; 期間．
Zeit⸗ein·heit［ツァイト・アインハイト］女 -/-en

時の単位(秒・時間・世紀など).

Zei·ten·fol·ge [ツァイテン・ふォるゲ] 囡 -/
《言》時称の一致.

Zeit⹁form [ツァイト・ふォルム] 囡 -/-en 《言》
時称, 時制 (=Tempus).

zeit⹁ge·bun·den [ツァイト・ゲブンデン] 形 時代に制約された; 時代に即応した(結びついた).

Zeit⹁geist [ツァイト・ガイスト] 男 -[e]s/ 時代精神, 時代思潮.

zeit⹁ge·mäß [ツァイト・ゲメース] 形 時流にかなった, 時代にマッチした, 現代風の. ein *zeitgemäßes* Thema 時代に即応したテーマ.

Zeit⹁ge·nos·se [ツァイト・ゲノッセ] 男 -n/-n ① 同時代の人, 同年代の人. (女性形は Zeitgenossin). Er war ein *Zeitgenosse* Goethes. 彼はゲーテと同時代の人だった. ②《口語》仲間; (軽蔑的に)やつ.

zeit⹁ge·nös·sisch [ツァイト・ゲネスィッシュ] 形 ① 同時代の. ② 現代の.

Zeit⹁ge·schich·te [ツァイト・ゲシヒテ] 囡 -/
現代史.

Zeit⹁ge·winn [ツァイト・ゲヴィン] 男 -[e]s/ 時間の節約.

* **zei·tig** [ツァイティヒ tsáɪtɪç] 形 ① **早い時期(時刻)の**, 早目の. (英 early). ein *zeitiger* Winter ひと足早い冬 / *zeitig* aufstehen 早めに起きる. ②《方》熟した.

zei·ti·gen [ツァイティゲン tsáɪtɪɡən] I 他 (h)《雅》(努力などが効果など⁴を)もたらす. II 自 (h)《ハッハジ》(果実が)熟する.

Zeit⹁kar·te [ツァイト・カルテ] 囡 -/-n 定期乗車券.

Zeit⹁lang 囡 (新形) Zeit lang ☞ Zeit

Zeit⹁lauf [ツァイト・らオふ] 男 -[e]s/..läufte (まれに ..läufe) ① 〖複で〗《雅》時勢, 時局. ② 〖複なし〗《古》時の経過.

zeit⹁le·bens [ツァイト・れーベンス] 副 一生の間(ずっと), 生涯. *zeitlebens* schwer arbeiten 一生の間あくせく働く.

* **zeit·lich** [ツァイトりヒ tsáɪtlɪç] 形 ① **時間の**, 時間的の. der *zeitliche* Ablauf 時の経過 / Die Erlaubnis ist *zeitlich* begrenzt. その許可には時間的な制限が設けられている. ②《宗》現世の, はかない.

Zeit⹁lohn [ツァイト・ろーン] 男 -[e]s/..löhne 《経》時間給.

Zeit⹁los [ツァイト・ろース] 形 時流に制約されない; 時代(時間)を超越した; はやりすたりのない(衣服の型など).

Zeit⹁lu·pe [ツァイト・るーペ] 囡 -/-n 《映》高速度撮影, スローモーション.

Zeit·lu·pen⹁auf·nah·me [ツァイトるーペン・アオふナーメ] 囡 -/-n 《映》高速度(スローモーション)撮影.

Zeit·lu·pen⹁tem·po [ツァイトるーペン・テンポ] 中 -s/ スローモーション[テンポ]. im *Zeitlupentempo* arbeiten 実にのろのろと働く.

Zeit⹁man·gel [ツァイト・マンゲル] 男 -s/ 時間の不足. aus *Zeitmangel* 時間がないために.

Zeit⹁maß [ツァイト・マース] 中 -es/-e ①《音楽・運動などの》テンポ. ②《鯰》時間の単位.

Zeit⹁mes·ser [ツァイト・メッサァ] 男 -s/- 計時器(時計・クロノメーターなど).

Zeit⹁neh·mer [ツァイト・ネーマァ] 男 -s/- 《スポッ》(競技の)タイムキーパー, 計時員.

Zeit⹁not [ツァイト・ノート] 囡 -/ 時間の不足[からくる苦境]. in *Zeitnot* geraten (何かをするのに)時間がなくなる.

* *der* **Zeit⹁punkt** [ツァイト・プンクト tsáɪtpʊŋkt] 男 (単2) -[e]s/(複) -e (3格のみ -en) **時点**, 時刻, 時機; 日時. den günstigen *Zeitpunkt* verpassen 好機を逸する / einen *Zeitpunkt* vereinbaren 日時を申し合わせる / zum jetzigen *Zeitpunkt* 今の時点で.

Zeit⹁raf·fer [ツァイト・ラッふァァ] 男 -s/- 《映》低速度撮影, クイックモーション.

zeit⹁rau·bend [ツァイト・ラオベント] 形 時間をとる, 手間どる(仕事など).

Zeit⹁raum [ツァイト・ラオム] 男 -[e]s/..räume 期間, 時期, 時代. in einem *Zeitraum* von drei Monaten 3ヵ月の間に.

Zeit⹁rech·nung [ツァイト・レヒヌング] 囡 -/-en ① 年代学計算法. [die] christliche *Zeitrechnung* 西暦 / nach (vor) unserer *Zeitrechnung* 西暦紀元(紀元前) (略: n. u. Z. (v. u. Z.)). ②《天文学に基づく》日時の計算.

Zeit⹁schal·ter [ツァイト・シャるタァ] 男 -s/- タイムスイッチ, タイマー.

* *die* **Zeit⹁schrift** [ツァイト・シュリふト tsáɪtʃrɪft] 囡 (単) -/(複) -en **雑誌**, 定期刊行物. (英 *magazine*). (☞ 「新聞」は Zeitung). Wochen*zeitschrift* 週刊誌 / eine medizinische *Zeitschrift* 医学雑誌 / eine *Zeitschrift*⁴ abonnieren 雑誌を[予約]講読する.

Zeit⹁span·ne [ツァイト・シュパンネ] 囡 -/-n (ある長さの)時間, 期間.

zeit⹁spa·rend [ツァイト・シュパーレント] 形 時間の節約になる.
(☞ Zeit sparend ともつづる) ☞ Zeit ③

Zeit⹁ta·fel [ツァイト・ターふェる] 囡 -/-n 年表, 年代表.

** *die* **Zei·tung** [ツァイトゥング tsáɪtʊŋ]

| 新聞 | Welche *Zeitung* lesen Sie?
ヴェるヒェ ツァイトゥング れーゼン ズィー
あなたはどの新聞を読んでいますか. |

囡 (単) -/(複) -en ① **新聞**. (英 *newspaper*). (☞「雑誌」は Zeitschrift). eine regionale (überregionale) *Zeitung* 地方(全国)紙 / eine *Zeitung*⁴ abonnieren 新聞を[予約]購読する / Ich lese jeden Morgen die *Zeitung*. 私は毎朝新聞を読む / etw⁴ aus der *Zeitung* erfahren 事⁴を新聞で知る / eine Anzeige⁴ in die *Zeitung* setzen 広告を新聞に掲載する / Das habe ich in der *Zeitung* gelesen. それを私は新聞で読んだ / In der *Zeitung* steht, dass... …と新聞に出ている. ②《口語》新聞社. ③《古》(事件などの)知

..**zeitung** のいろいろ: Abend*zeitung* 夕刊 / Lokal*zeitung* ローカル新聞 / Morgen*zeitung* 朝刊 / Sonntags*zeitung* 日曜新聞 / Sport*zeitung* スポーツ新聞 / Tages*zeitung* 日刊新聞 / Wand*zeitung* 壁新聞 / Wochen*zeitung* 週刊新聞

Zei·tungs⊳an·zei·ge [ツァイトゥングス・アンツァイゲ] 囡 -/-n 新聞広告.

Zei·tungs⊳ar·ti·kel [ツァイトゥングス・アルティーケる] 男 -s/- 新聞記事.

Zei·tungs⊳aus·schnitt [ツァイトゥングス・アオスシュニット] 男 -[e]s/-e 新聞の切り抜き.

Zei·tungs⊳en·te [ツァイトゥングス・エンテ] 囡 -/-n《口語》新聞の誤報.

Zei·tungs⊳ki·osk [ツァイトゥングス・キーオスク] 男 -[e]s/-e 街頭の新聞スタンド.

Zei·tungs⊳no·tiz [ツァイトゥングス・ノティーツ] 囡 -/-en 新聞小記事, 雑報.

Zei·tungs⊳pa·pier [ツァイトゥングス・パピーァ] 匣 -s/ ① (用済みの)新聞紙, 古新聞紙. 物⁴ in *Zeitungspapier* ein|wickeln 物⁴を新聞紙に包む. ② 新聞用紙.

Zei·tungs⊳ver·käu·fer [ツァイトゥングス・フェァコイふァァ] 男 -s/- 街頭などの新聞売り子.

Zei·tungs⊳we·sen [ツァイトゥングス・ヴェーゼン] 匣 -s/ 新聞業界, ジャーナリズム.

Zeit⊳un·ter·schied [ツァイト・ウンタァシート] 男 -[e]s/-e 時差; 時間差.

Zeit⊳ver·geu·dung [ツァイト・フェァゴイドゥング] 囡 -/ 時間の浪費 (=Zeitverschwendung).

Zeit⊳ver·lust [ツァイト・フェァるスト] 男 -[e]s/ 時間の損失. den *Zeitverlust* auf|holen 時間のロスを取り戻す.

Zeit⊳ver·schwen·dung [ツァイト・フェァシュヴェンドゥング] 囡 -/ 時間の浪費.

Zeit⊳ver·treib [ツァイト・フェァトライプ] 男 -[e]s/-e《ふつう 単》暇つぶし, 気晴らし. nur zum *Zeitvertreib* ただ暇つぶしに.

zeit⊳wei·lig [ツァイト・ヴァイりヒ] 形 ① 一時的な, 当分の間の. ② ときどきの.

zeit⊳wei·se [ツァイト・ヴァイゼ] 副 ① ときどき. ② 一時的に, しばらくの間.

Zeit⊳wert [ツァイト・ヴェーァト] 男 -[e]s/-e《ふつう 単》① 時価. ②《音楽》(音符の表す)音の長さ.

Zeit⊳wort [ツァイト・ヴォルト] 匣 -[e]s/..wörter《言》動詞 (=Verb).

Zeit⊳zei·chen [ツァイト・ツァイヒェン] 匣 -s/- (ラジオなどの)時報.

Zeit⊳zün·der [ツァイト・ツュンダァ] 男 -s/- (爆弾などの)時限信管.

ze·leb·rie·ren [ツェれブリーレン tselebríːrən] 他 (h)《ミサ⁴を》挙行する. ② (会食などを)儀式ばって大げさに行なう.

＊*die* **Zel·le** [ツェれ tsélə] 囡《単》-/《複》-n（英 *cell*) ① (隔離された)小部屋; (修道院の)独居室; (刑務所の)監房. ② 電話ボックス (=Telefon*zelle*); (プールの)更衣室 (=Bade*zelle*). ③ (蜂⁴の巣の)巣房. ④《電》電池;《ﾛﾝｺﾞ》セル. ⑤《生》細胞;《社》(政治組織の)細胞. Die *Zellen* teilen sich. 細胞が分裂する. ⑥ (飛行機の)胴体.

Zell⊳ge·we·be [ツェる・ゲヴェーベ] 匣 -s/-《生》細胞組織.

Zell⊳kern [ツェる・ケルン] 男 -[e]s/-e《生》細胞核.

Zel·lo·phan [ツェろふァーン tsɛlofáːn] 匣 -s/《商標》セロハン.

Zell⊳stoff [ツェる・シュトふ] 男 -[e]s/-e《化》セルロース, 繊維素, パルプ.

Zel·lu·loid [ツェるロイト tsɛluló‹yt または ..ロイート ..loí:t] 匣 -[e]s/ ① セルロイド. ②《隠語》(写真の)フィルム.

Zel·lu·lo·se [ツェるローゼ tsɛluló:zə] 囡 -/《種類:》-n《化》セルロース, 繊維素.

Zell⊳wand [ツェる・ヴァント] 囡 -/..wände《生》細胞壁.

Zell⊳wol·le [ツェる・ヴォれ] 囡 -/-n《織》ステープルファイバー, スフ.

Ze·lot [ツェろート tseló:t] 男 -en/-en 狂信者, 熱狂者.

＊*das* **Zelt** [ツェるト tsélt] 匣《単》-es (まれに -s)/《複》-e (3格のみ -en) テント, 天幕. (英 *tent*). Camping*zelt* キャンプ用テント / ein *Zelt*⁴ auf|schlagen (ab|brechen) テントを張る(たたむ) / in einem *Zelt* schlafen テントの中で寝る / die *Zelte*⁴ auf|schlagen (ab|brechen)《戯》居を定める(住居を引き払う).

Zelt⊳bahn [ツェるト・バーン] 囡 -/-en テント用防水布.

Zelt⊳dach [ツェるト・ダッハ] 匣 -[e]s/..dächer《建》ピラミッド形屋根, 方形屋根. (☞ Dach 図).

zel·ten [ツェるテン tséltən] 自 (h) テントに泊まる, (テントを張って)キャンプする; テントで暮らす.

Zelt⊳la·ger [ツェるト・らーガァ] 匣 -s/- (テント設営の)キャンプ場.

Zelt⊳pflock [ツェるト・プふロック] 男 -[e]s/..pflöcke テントのくい, ペッグ.

Zelt⊳platz [ツェるト・プらッツ] 男 -es/..plätze キャンプ場.

Zelt⊳stan·ge [ツェるト・シュタンゲ] 囡 -/-n テントの支柱.

Ze·ment [ツェメント tsemént] **I** 男 -[e]s/《種類:》-e セメント; 歯科用セメント. **II** 匣 -[e]s/-e《医》歯のセメント質.

ze·men·tie·ren [ツェメンティーレン tsɛmɛntíːrən] 他 (h) ① セメント(コンクリート)で固める, (物⁴に)セメントを塗る. ②《比》(状態・立場など⁴を)固定化する.

Ze·nit [ツェーニート tseníːt] 男 -[e]s/ ①《天》天頂. Die Sonne steht im *Zenit*. 太陽は天頂にある. ②《比》頂点, 絶頂. Er steht im *Zenit* seines Lebens. 彼は人生の盛りにある.

zen·sie·ren [ツェンズィーレン tsɛnzíːrən] 他

Zensor 1652

(h) ① (物⁴に)評点をつける. den Aufsatz mit „gut" zensieren 作文に「優」の点をつける. ② (映画・出版物など⁴を)検閲する.

Zen·sor [ツェンゾァ tsénzɔr] 男 -s/-en [..ゾーレン] (出版物・興行などの)検閲官.

＊*die* **Zen·sur** [ツェンズーァ tsenzú:r] 囡 (単) -/(複) -en ① (学校での)評点, 成績. (英 mark). 人³ eine schlechte Zensur⁴ geben 人³に悪い点を与える / Ich habe eine gute Zensur in Deutsch bekommen. 私はドイツ語でいい成績をもらった. ② (《複》なし)検閲; 検閲局.

Zen·taur [ツェンタオァ tsentáuər] 男 -en/-en (《ギリ神》) ケンタウロス(人頭馬身の怪物).

Zen·ti.. [ツェンティ.. tsenti.. または ツェンティ..] 《単位を表す名詞につける 接頭》(100 分の 1) 例: Zentimeter センチメートル.

＊*der* (*das*) **Zen·ti·me·ter** [ツェンティ・メータァ tsénti-me:tər または ..メータァ] 男 中 (単 2) -s/(複) - (3 格のみ -n) センチメートル (記号: cm). (英 centimeter). Der Stab ist 20 Zentimeter lang. この棒は長さが 20 センチある.

Zent·ner [ツェントナァ tséntnər] 男 -s/- ツェントナー(重さの単位. ドイツでは 50 kg; 略: Ztr., スイス・オーストリアでは 100 kg; 略: q). 2 Zentner Weizen 2 ツェントナーの小麦.

Zent·ner≠last [ツェントナァ・ラスト] 囡 -/-en 1 ツェントナーの(数ツェントナーの)荷; (《比》)(精神的な)重荷.

zent·ner≠schwer [ツェントナァ・シュヴェーァ] 形 1 ツェントナーの(数ツェントナーの)重さの; (《比》)(精神的に)非常に重たい.

＊**zen·tral** [ツェントラーる tsentrá:l] 形 ① (場所などが)中心の, 中心部の. (英 central). ein Hotel in zentraler Lage (町の)中心地にあるホテル. ② (役目・意義が)中心的な, 重要な. Er ist eine zentrale Figur in diesem Drama. 彼はこのドラマの中心人物だ. ③ (組織・制御系などの)中央からの, 中枢 の. das zentrale Nervensystem (《医》)中枢神経系.

Zent·ral.. [ツェントラー.. tsentrá:l..] 《名詞につける 接頭》《中央・中心》 例: Zentralheizung セントラルヒーティング.

Zent·ral≠bau [ツェントラーる・バオ] 男 -[e]s/-ten (《建》) 集中式建築(個々の部屋が中央の空間を取り囲むように配置された建物).

Zent·ral≠be·hör·de [ツェントラーる・ベヘーァデ] 囡 -/-n 中央官庁, 本省, 本局.

Zent·ra·le [ツェントラーれ tsentrá:lə] 囡 -/-n ① 中心点; 中心地, 起点; 本部, 本局, 本社, 本店; 中央電話局. ② (《数》)中心線.

Zent·ral≠hei·zung [ツェントラーる・ハイツング] 囡 -/-en セントラルヒーティング, 集中暖房.

zent·ra·li·sie·ren [ツェントラリズィーレン tsentralizí:rən] 他 (h) (政治・経済など⁴を)中央集権化する.

Zent·ra·li·sie·rung [ツェントラリズィールング] 囡 -/-en ① (一つに)集める(集まる)こと. ② (《政》) 中央集権[化].

Zent·ra·lis·mus [ツェントラリスムス tsentralísmus] 男 -/ (《政》) 中央集権制[主義].

Zent·ral≠ner·ven·sys·tem [ツェントラーる・ネルフェンズュステーム] 中 -s/-e (《医・動》) 中枢神経系.

Zent·ren [ツェントレン] ＊Zentrum (中心)の.

zent·rie·ren [ツェントリーレン tsentrí:rən] 他 (h) ① (A⁴ um B⁴ ~) (A⁴ を B⁴ を中心にして)配置する. ② (工) 中心点(軸)に合わせる.

zent·ri·fu·gal [ツェントリ・フガーる tsentrifugá:l] 形 (物) 遠心的な, 遠心[力]の; (生・医) 遠心性の. (⇔「求心的な」は zentripetal).

Zent·ri·fu·gal≠kraft [ツェントリフガーる・クラフト] 囡 -/..kräfte (物) 遠心力. (⇔「求心力」は Zentripetalkraft).

Zent·ri·fu·ge [ツェントリ・フーゲ tsentrifú:gə] 囡 -/-n 遠心[分離]機.

zent·ri·fu·gie·ren [ツェントリ・フギーレン tsentrifugí:rən] 他 (h) 遠心分離機にかける.

zent·ri·pe·tal [ツェントリ・ペターる tsentripetá:l] 形 (物) 求心的な, 求心[力]の; (生・医) 求心性の. (⇔「遠心的な」は zentrifugal).

Zent·ri·pe·tal≠kraft [ツェントリペターる・クラフト] 囡 -/..kräfte (物) 求心力. (⇔「遠心力」は Zentrifugalkraft).

zent·risch [ツェントリッシュ tséntriʃ] 形 ① 中央(中心)の. ② 中央(中心)にある.

＊*das* **Zent·rum** [ツェントルム séntrum] 中 (単 2) -s/(複) Zentren (英 center) ① 中心, 中心点, 中央[部]. ein kulturelles Zentrum 文化の中心地 / das Zentrum eines Kreises 円の中心点 / Im Zentrum des Platzes steht ein Denkmal. 広場のまん中に記念碑が立っている / im Zentrum des Interesses stehen (《比》)(人々の)関心の的である. ② (施設・機関などの)センター. ein Zentrum für Gentechnologie 遺伝子工学センター.

(英) ..zentrum のいろいろ: Einkaufszentrum ショッピングセンター / Freizeitzentrum レクリエーションセンター / Jugendzentrum 青少年センター / Pressezentrum プレスセンター / Rechenzentrum 計算機センター / Sportzentrum スポーツセンター / Stadtzentrum 市の中心地区

Zep·pe·lin [ツェッペリーン tsépəli:n] 男 -s/-e (昔の:)ツェッペリン飛行船 (ドイツの飛行船発明家 Zeppelin 1838–1917 の名から).

Zep·ter [ツェプタァ tséptər] 中 -s/- 王笏(おうしゃく)(王位・王権の象徴). das Zepter⁴ führen (または schwingen) (《戯》) 君臨する, 支配する.

zer.. [ツェァ.. tsɛr..] 《非分離動詞の前つづり》アクセントをもたない. 《分離・解体・散乱・破壊》 例: zerbrechen 壊す / zerkleinern 小さく砕く.

zer·bei·ßen＊ [ツェァ・バイセン tsɛr-báisən] 他 (h) ① かみ砕く. ② (昆虫が)あちこち刺す.

zer·bers·ten＊ [ツェァ・ベルステン tsɛr-bérstən] 自 (s) こなごなになる(割れる, 砕ける). vor

Wut fast *zerbersten*《比》怒りで胸が張り裂けそうだ.

zer·bom·ben [ツェァ・ボンベン tsɛr-bómbən] 他 (h)(建物など⁴を)爆撃で破壊する.

zer·brach [ツェァ・ブラーハ] ＊zerbrechen(割る)の 過去

＊**zer·bre·chen**＊ [ツェァ・ブレッヒェン tsɛr-bréçən] du zerbrichst, er zerbricht (zerbrach, *hat/ist*...zerbrochen) I 他 (完了 haben) (こなごなに)割る, 砕く, 壊す. (英 break). Er *hat* die Tasse *zerbrochen*. 彼はカップを割った / *sich*³ über 人·事⁴ den Kopf *zerbrechen*《比》人·事⁴のことで頭を痛める.
II 自 (完了 sein) (こなごなに)割れる, 砕ける, 壊れる. Diese Gläser *zerbrechen* leicht. このグラスは割れやすい / Seine Hoffnung *zerbrach*.《雅·比》彼の希望は打ち砕かれた / Er *ist am* Leben *zerbrochen*.《現在完了》《雅·比》彼は人生に挫折(ざせつ)した. ◇《過去分詞の形で》ein *zerbrochenes* Glas 割れたグラス.

zer·brech·lich [ツェァ・ブレヒリヒ] 形 ① 壊れやすい, もろい. ②《雅》弱々しい, きゃしゃな.

zer·brich [ツェァ・ブリヒ] ＊zerbrechen(割る)の du に対する 命令

zer·brichst [ツェァ・ブリヒスト] ＊zerbrechen(割る)の 2 人称単数 現在

zer·bricht [ツェァ・ブリヒト] ＊zerbrechen(割る)の 3 人称単数 現在

zer·bro·chen [ツェァ・ブロッヘン] ＊zerbrechen(割る)の 過去分詞

zer·brö·ckeln [ツェァ・ブレッケるン tsɛr-brǿkəln] I 自 (s) 細かく砕ける, (壁などが)ぼろぼろに崩れる. II 他 (h)(パンなど⁴を)細かく砕く, こなごなにする.

zer·drü·cken [ツェァ・ドリュッケン tsɛr-drýkən] 他 (h) ①(じゃがいもなど⁴を)押しつぶす; (たばこ⁴を)もみ消す, (蚊など⁴を)つぶす. ②《口語》(衣服など⁴を押しつけて)しわくちゃにする.

ze·re·bral [ツェレブラーる tserebráːl] 形 ①《医》大脳の, 脳の. ②《言》反転音の, そり舌音の.

Ze·re·mo·nie [ツェレモニー tseremoníː または ..モーニエ ..móːniə] 女 –/–n [..モーニーエン または ..モーニエン] 儀式, 式典, セレモニー. die japanische Tee*zeremonie* 日本式の茶会(茶の湯).

ze·re·mo·ni·ell [ツェレモニエる tseremoniél] 形 儀式の, 礼式にかなった(歓迎会).

Ze·re·mo·ni·ell [ツェレモニエる] 中 –s/–e (総称として:)儀式次第, 式典のルール. ein diplomatisches *Zeremoniell* 外交儀礼.

Ze·re·mo·ni·en·meis·ter [ツェレモニーエン·マイスタァ] 男 –s/– 儀典長, 式部官.

ze·re·mo·ni·ös [ツェレモニエース tseremoniǿːs] 形 儀式ばった, 堅苦しい.

zer·fah·ren [ツェァ・ふァーレン tsɛr-fáːrən] 形 ① 注意力散漫な, とり乱した, 放心した. ②車の通行で傷んだ(道路など).

Zer·fah·ren·heit [ツェァ・ふァーレンハイト] 女 –/ 注意力散漫, 放心.

Zer·fall [ツェァ・ふァる tsɛr-fál] 男 –[e]s/..fälle ①《複 なし》崩壊, 解体; (文明などの)衰退, 滅亡. der *Zerfall* des Römischen Reiches ローマ帝国の滅亡. ②《物》(原子核などの)崩壊.

＊**zer·fal·len**¹＊ [ツェァ・ふァれン tsɛr-fálən] du zerfällst, er zerfällt (zerfiel, *ist*...zerfallen) 自 (完了 sein) ① 崩壊する, 崩れる. (英 *collapse*). Das Gebäude *zerfällt*. 建物が崩れ落ちる / **in**(または **zu**) Asche *zerfallen* 灰燼(かいじん)に帰する / eine Tablette⁴ in Wasser *zerfallen lassen* 錠剤を水に溶かす. ◇《現在分詞の形で》*zerfallende* Mauern 崩れかけた壁. ②(国家·文明などが)滅亡する. ③《物》(原子核が)崩壊する. ④《**in** 物⁴ ~》(物⁴に)分かれる. Das Buch *zerfällt* in drei Teile. この本は 3 部から成っている.

zer·fal·len² [ツェァ・ふァれン] I ＊zerfallen¹(崩壊する)の 過分 II 形 不和の, **mit** *zerfallen* sein 人³と仲たがいしている / mit sich³ selbst *zerfallen* sein 自分自身がいやになった.

Zer·falls=pro·dukt [ツェァふァるス·プロドゥクト] 中 –[e]s/–e《物》(原子核の)崩壊生成物.

zer·fällst [ツェァ・ふェるスト] ＊zerfallen¹(崩壊する)の 2 人称単数 現在

zer·fällt [ツェァ・ふェるト] ＊zerfallen¹(崩壊する)の 3 人称単数 現在

zer·fet·zen [ツェァ・ふェッツェン tsɛr-fétsən] 他 (h) ①(手紙·新聞など⁴を)ずたずたに破る(引き裂く). ②《比》酷評する, こきおろす.

zer·fiel [ツェァ・ふィーる] ＊zerfallen¹(崩壊する)の 過去

zer·fle·dern [ツェァ・ふれダァン tsɛr-fléːdərn] 他 (h)(使い古して本·ノートなど⁴の)縁をぼろぼろにする.

zer·fle·dert [ツェァ・ふれダァト] I zerfledern(縁をぼろぼろにする)の 過分 II 形 使ってぼろぼろになった(本·ノートなど).

zer·flei·schen [ツェァ・ふらイシェン tsɛr-fláiʃən] I 他 (h) (獲物など⁴を)食い裂く. II 再帰 (h) *sich*⁴ *zerfleischen*《雅》わが身を責めさいなむ.

zer·flie·ßen＊ [ツェァ・ふりーセン tsɛr-flíːsən] 自 (s) ①(バター·氷などが)溶ける. Der Schnee *ist* in der Sonne *zerflossen*.《現在完了》雪が日に当たって溶け去った / in Tränen *zerfließen*《比》泣き崩れる. ②(インクなどが)にじむ.

zer·fres·sen＊ [ツェァ・ふレッセン tsɛr-frésən] 他 (h) ①(害虫が)食う, 食い破る. ②(鉄などを⁴を)腐食する; 《比》(ある感情が)苦しめる, さいなむ.

zer·furcht [ツェァ・ふルヒト tsɛr-fúrçt] 形 しわの刻まれた; 溝(わだちの跡)のある(畑など).

zer·ge·hen＊ [ツェァ・ゲーエン tsɛr-géːən] 自 (s)(氷などが)溶ける, 溶解する. [人³] **auf** der Zunge *zergehen*(肉などが)[人³の]舌の上でとろける.

zer·glie·dern [ツェァ・グリーダァン tsɛr-glíː-dərn] 他 (h) ① 解剖する. ② 分析する.

Zer·glie·de·rung [ツェァ・グリーデルング] 女 -/-en 解剖; 分析.

zer·ha·cken [ツェァ・ハッケン tsɛr-hákən] 他 (h) (肉・材木など⁴を)細かく切る, 切り刻む.

zer·hau·en* [ツェァ・ハオエン tsɛr-háuən] 他 (h) (斧(おの)などで)打ち砕く, たたき切る.

Ze·ri·um [ツェーリウム tséːrium] 中 -s/《化》《古》セリウム (=Cer; 記号: Ce).

zer·kau·en [ツェァ・カオエン tsɛr-káuən] 他 (食べ物⁴を)かみ砕く, かみつぶす.

zer·klei·nern [ツェァ・クらイナァン tsɛr-kláinərn] 他 (h) 小さく砕く, 細かく切り刻む.

zer·klüf·tet [ツェァ・クリュふテット tsɛr-klýftət] 形 割れ目(裂け目)の多い(岩など).

zer·knal·len [ツェァ・クナれン tsɛr-knálən] 自 (s) (風船などが)ぱんと破裂する(割れる). II 他 (h) (風船など⁴を)ぱんと破裂させる(割る), (食器など⁴を)がちゃんと割る(壊す).

zer·knirscht [ツェァ・クニルシュト tsɛr-knírʃt] 形 心から罪を悔いている, 深く後悔している.

Zer·knir·schung [ツェァ・クニルシュング] 女 -/ 深く罪を悔いている事, 後悔の念.

zer·knit·tern [ツェァ・クニッタァン tsɛr-knítərn] 他 (h) (衣服・紙など⁴を)しわくちゃ(くしゃくしゃ)にする.

zer·knit·tert [ツェァ・クニッタァト] I zerknittern (しわくちゃにする)の過分 II 形 しわくちゃ(くしゃくしゃ)になった; 《比》意気消沈した. ein *zerknittertes* Gesicht しわだらけの顔.

zer·knül·len [ツェァ・クニュれン tsɛr-knýlən] 他 (h) (紙など⁴を)くしゃくしゃに丸める.

zer·ko·chen [ツェァ・コッヘン tsɛr-kóxən] I 他 (h) どろどろになるまで煮る. II 自 (s) 煮えすぎてどろどろになる, 煮崩れる.

zer·krat·zen [ツェァ・クラッツェン tsɛr-krátsən] 他 (h) (物⁴に)ひっかき傷をつける. 人³ (sich³) die Hand⁴ *zerkratzen* 人³(自分の)手にひっかき傷を負わせる(つける).

zer·krü·meln [ツェァ・クリューメらン tsɛr-krýːməln] I 他 (h) (パンなど⁴を指で)ぼろぼろに砕く. II 自 (s) ぼろぼろに砕ける.

zer·las·sen* [ツェァ・らッセン tsɛr-lásən] 他 (h)《料理》(バターなど⁴を)溶かす.

zer·leg·bar [ツェァ・れークバール] 形 解体(分解)できる. ein *zerlegbares* Kinderbett 組立式の子供ベッド.

zer·le·gen [ツェァ・れーゲン tsɛr-léːgən] 他 (h) ① (機械など⁴を)分解する, (家具など⁴を)解体する. eine Uhr⁴ *zerlegen* 時計を分解する. ② (動物⁴を)解体する; (料理した肉など⁴を)切り分ける. ③《言》(文⁴を)分析する.

Zer·le·gung [ツェァ・れーグング] 女 -/-en 分解, 解体;《言》文の分析.

zer·le·sen* [ツェァ・れーゼン tsɛr-léːzən] 他 (h) (本など⁴を)何度も読んでぼろぼろにする. ◇《過去分詞の形で》ein *zerlesenes* Buch (何度も読んで)ぼろぼろになった本.

zer·lö·chert [ツェァ・れッヒャァト tsɛr-lǿçərt] 形 穴だらけの.

zer·lumpt [ツェァ・るンプト tsɛr-lúmpt] 形 ぼろぼろの(衣服など); ぼろを着た.

zer·mah·len [ツェァ・マーれン tsɛr-máːlən] 他 (h) (穀物⁴を)ひいて粉にする.

zer·mal·men [ツェァ・マるメン tsɛr-málmən] 他 (h) (物⁴を)押しつぶす, 粉砕する;《比》(人⁴を精神的に)打ちのめす.

zer·mar·tern [ツェァ・マルタァン tsɛr-mártərn] 他 (h) 《成句的に》sich³ über 事⁴ den Kopf (または das Hirn⁴) *zermartern* 事⁴で頭を悩ます.

Zer·matt [ツェルマット tsɛrmát] 中 -s/《地名》ツェルマット(スイス南部. マッターホルンの登山口にある保養地:☞ 地図 C-5).

zer·mür·ben [ツェァ・ミュルベン tsɛr-mýrbən] 他 (h) (心痛などが人⁴を)へとへとに疲れさせる, 消耗させる.

zer·na·gen [ツェァ・ナーゲン tsɛr-náːgən] 他 (h) ① (ねずみなどが物⁴を)かじって壊す(破る). ② (さびなどが物⁴を)腐食する.

zer·pflü·cken [ツェァ・プふリュッケン tsɛr-pflýkən] 他 (h) ① (花びらなど⁴を)細かくちぎる, ばらばらにむしる. ② 《比》(作品など⁴に)いちいちけちをつける.

zer·plat·zen [ツェァ・プらッツェン tsɛr-plátsən] 自 (s) 破裂する, 爆発する. vor Wut (Lachen) *zerplatzen*《比》怒りを爆発させる(わっと笑いだす).

zer·quet·schen [ツェァ・クヴェッチェン tsɛr-kvétʃən] 他 (h) (果実・虫など⁴を)押しつぶす.

Zerr⁼bild [ツェル・ビルト] 中 -[e]s/-er (故意に)ゆがめてかかれた絵(描写); 風刺画, カリカチュア.

zer·rei·ben* [ツェァ・ライベン tsɛr-ráibən] 他 (h) すって粉にする, すりつぶす(砕く); 《比》(敵など⁴を)全滅させる. ◇《再帰的に》sich⁴ *zerreiben*《比》心身をすり減らす.

zer·reiß·bar [ツェァ・ライスバール] 形 引き裂くことができる; 破れやすい(網など).

zer·rei·ßen [ツェァ・ライセン tsɛr-ráisən] du zerreißt (zerriss, hat/ist ... zerrissen) I 他 (完了 haben) ① 引き裂く, 引きちぎる.(英 tear up). einen Brief *zerreißen* 手紙をずたずたに引き裂く / Der Anblick *zerriss* mir fast das Herz.《比》それを見て私の胸は引き裂かれる思いだった / Ich könnte ihn *zerreißen*.《接2·現在》《口語》あいつをずたずたに引き裂いてやりたい / Ein Donnerschlag *zerriss* die Stille.《比》雷鳴が静けさを打ち破った. ◇《再帰的に》Ich kann mich doch nicht *zerreißen*.《口語》一度にあれもこれもはできないよ(←わが身を引き裂くことはできない) / sich⁴ für 人⁴ *zerreißen*《口語》人⁴のために骨を折る. ② (服など⁴に)かぎ裂きをつくる. Ich *habe* mir den Strumpf *zerrissen*. 私はストッキングに伝線をつくった.
II 自 (完了 sein) (紙・布などが)裂ける, ちぎれる; (靴下などが)破れる, 穴があく. Der Stoff

zerreißt leicht. その布地は破れやすい.
◊ ☞ **zerrissen**

Zer·reiß⊱pro·be [ツェァライス・プローベ] 囡 -/-n ① 《工》引っ張り試験, 破壊試験. ② 《比》耐久力(我慢)テスト; 厳しい試練.

***zer·ren** [ツェレン tsérən] (zerrte, *hat gezerrt*) I 他 (完了 haben) ①《方向を表す語句とともに》(人·物⁴を…へ/…から)引っぱる, (強引に)引きずる.(英 *pull, drag*). 人⁴ **aus** dem Bett *zerren* 人⁴をベッドから引きずり出す / 人⁴ **in** den Wagen *zerren* 人⁴を車の中に引きずり込む / 人⁴ **vor** Gericht *zerren* 《比》人⁴を法廷に引きずり出す.《成句的に》sich³ einen Muskel *zerren* 筋を違える.
II 自 (完了 haben)《**an** 人·物³ ~》(人·物³を)ぐいぐい引っぱる. Der Hund *zerrt* **an** der Leine. 犬が綱をぐいぐい引っ張る.

zer·rin·nen* [ツェァ・リンネン tsɛr-rínən] 自 (s) 《雅》(雪などが)だんだん溶けて行く;《比》(希望などが)消え失せる, (時が)過ぎ行く.

zer·riss [ツェァ・リス] *zerreißen(引き裂く)の 過去

zer·riß ☞ [新旧] **zerriss**

zer·ris·sen [ツェァ・リッセン] I *zerreißen(引き裂く)の 過去分詞 II 厖 引き裂かれた, ぼろぼろの;《比》支離滅裂な, (心が)千々に乱れた.

Zer·ris·sen·heit [ツェァ・リッセンハイト] 囡 -/ (精神的な)分裂状態.

Zerr⊱spie·gel [ツェル・シュピーゲる tsér-ʃpi:gəl] 男 -s/- (像をゆがめる)マジックミラー.

zerr·te [ツェルテ] *zerren(引っぱる)の 過去

Zer·rung [ツェルンゲ] 囡 -/-en ①《医》(筋肉·けんなどの過度の)伸張; 裂創. ②《地学》曳裂(えいれつ).

zer·rüt·ten [ツェァ・リュッテン tsɛr-rýtən] 他 (h) ① (健康など⁴を)ひどくそこねる(害する), (精神⁴を)錯乱させる, (人⁴を)打ちのめす. ② (家庭·財政⁴などを)破綻(はたん)させる, めちゃめちゃにする.

zer·rüt·tet [ツェァ・リュッテット] I *zerrütten*(ひどくそこねる)の 過去分詞 II 厖 ひどくそこなわれた (健康など); 破綻(はたん)した(生活など). eine *zerrüttete* Ehe 破綻した結婚生活.

Zer·rüt·tung [ツェァ・リュットゥング] 囡 -/-en (肉体·精神の)不調; 混乱; 錯乱.

zer·schel·len [ツェァ・シェれン tsɛr-ʃélən] 自 (s) (ぶつかって)砕ける, こなごなになる;《比》(希望などが)潰える. Das Schiff *ist* **an** einem Riff *zerschellt*.《現在完了》船は暗礁に乗り上げてこっぱみじんになった.

zer·schla·gen¹ [ツェァ・シュらーゲン tsɛr-ʃláːɡən] du zerschlägst, er zerschlägt (*zerschlug, hat … zerschlagen*) I 他 (完了 haben) ① (こなごなに)打ち砕く, 割る, 壊す.(英 *smash*). einen Spiegel *zerschlagen* 鏡を打ち砕く.《比》(人·物⁴を)撃滅する, 壊滅する. den Feind *zerschlagen* 敵を撃滅する.
II 再帰 (完了 haben) *sich*⁴ *zerschlagen* (計画·希望などが)つぶれる, だめになる. Meine Hoffnungen *haben* sich *zerschlagen*. 私の希望は水の泡となった.

zer·schla·gen² [ツェァ·シュらーゲン] I *zerschlagen¹(打ち砕く)の 過去分詞 II 厖 精根尽き果てた, 疲労困憊(こんぱい).

zer·schlägst [ツェァ·シュれークスト] *zerschlagen¹(打ち砕く)の 2 人称単数 現在

zer·schlägt [ツェァ·シュれークト] *zerschlagen¹(打ち砕く)の 3 人称単数 現在

zer·schlug [ツェァ·シュるーク] *zerschlagen¹(打ち砕く)の 過去

zer·schmet·tern [ツェァ·シュメッタァン tsɛr-ʃmétərn] 他 (h) ① 打ち砕く, こなごなに壊す. ②《比》(敵など⁴を)粉砕する, (人⁴に)ショックを与える.

zer·schnei·den* [ツェァ·シュナイデン tsɛr-ʃnáɪdən] 他 (h) ① (ケーキなど⁴を)いくつかに (二つに)切る; 切断する;《比》(船が波⁴を)切って進む. ② (ガラスの破片などが手など⁴に)切り傷をつける.

zer·schram·men [ツェァ·シュランメン tsɛr-ʃrámən] 他 (h) かき傷だらけにする.

***zer·set·zen** [ツェァ·ゼッツェン tsɛr-zétsən] du zersetzt (*zersetzte, hat … zersetzt*) 他 (完了 haben) ① (物質⁴を)**分解する**; 腐敗させる. Die Säure *zersetzt* das Metall. 酸は金属を腐食する. ◊《再帰的に》*sich*⁴ *zersetzen*(物質が)分解する. ②《比》(秩序など⁴を)崩壊させる, 退廃させる. die Moral⁴ *zersetzen* 道徳を退廃させる.

zer·setzt [ツェァ·ゼッツト] *zersetzen(分解する)の 過去分詞

zer·setz·te [ツェァ·ゼッツテ] *zersetzen(分解する)の 過去

Zer·set·zung [ツェァ·ゼッツング] 囡 -/-en 分解, 腐食, 退廃.

zer·spal·ten(*) [ツェァ·シュパるテン tsɛr-ʃpáltən] I 他 (h) (二つに·細かく)裂く, 割る. II 再帰 (h) *sich*⁴ *zerspalten* 割れる, 分裂する.

zer·split·tern [ツェァ·シュプりッタァン tsɛr-ʃplítərn] I 他 (h) こなごなに砕く, ずたずたに裂く;《比》(力·時間⁴などを)分散させる. ◊《再帰的に》*sich*⁴ *zersplittern* あまりに多くのことに手を出す.
II 自 (s) 粉みじんになる;《比》分裂する.

Zer·split·te·rung [ツェァ·シュプりッテルング] 囡 -/-en 粉砕; 分散.

zer·sprang [ツェァ·シュプラング] *zerspringen(こなごなに砕ける)の 過去

zer·spren·gen [ツェァ·シュプレンゲン tsɛr-ʃpréŋən] 他 (h) ① 爆破する, 破裂させる. ② (群衆·敵など⁴を)追い散らす.

zer·sprin·gen [ツェァ·シュプリンゲン tsɛr-ʃpríŋən] (*zersprang, ist … zersprungen*) 自 (完了 sein) ① (ガラス·陶器など)こなごなに**砕ける**(割れる);《比》(頭·胸が)張り裂ける.(英 *shatter*). Ein Glas *zerspringt* **in** Stücke. コップがこなごなに砕ける / Das Herz *will* ihm *vor* Freude *zerspringen*.《雅》喜びのあまり彼の胸は張り裂けそうだ. ②《雅》(弦な

どが)ぷつんと切れる.
zer·sprun·gen [ツェァ・シュプルンゲン] *zerspringen (こなごなに砕ける)の過分
zer·stamp·fen [ツェァ・シュタンプフェン tsɛr-ʃtámpfən] 他(h) ① (芝生など⁴を)踏み荒らす. ② (じゃがいもなど⁴を)つぶす.
zer·stäu·ben [ツェァ・シュトイベン tsɛr-ʃtɔ́Ybən] 他(h) (香水・殺虫剤など⁴を)噴霧する, スプレーする.
Zer·stäu·ber [ツェァ・シュトイバァ tsɛr-ʃtɔ́Ybər] 男 -s/- 噴霧器, 霧吹き, スプレー.
zer·stie·ben⁽*⁾ [ツェァ・シュティーベン tsɛr-ʃtíːbən] 自(s) (雅) (火花・しぶきなどが)飛び散る; (比) (群衆などが)散り散りになる.
zer·stör·bar [ツェァ・シュテーァバール] 形 破壊できる, 壊せる.
***zer·stö·ren** [ツェァ・シュテーレン tsɛr-ʃtɔ́ːrən] (zerstörte, *hat* ... zerstört) 他 (受了 haben) (英 *destroy*) ① 破壊する, 打ち壊す. ein Gebäude⁴ *zerstören* 建物を破壊する / Die Stadt *wurde* durch Bomben *zerstört*. 【受動・過去】その町は爆弾で破壊された / die Natur⁴ *zerstören* (比)自然を破壊する. ② (幸福・希望など⁴を)だいなしにする, めちゃめちゃにする. Der Alkohol *hat* sein Leben *zerstört*. 酒が彼の人生をだいなしにした.
Zer·stö·rer [ツェァ・シュテーラァ tsɛr-ʃtɔ́ːrər] 男 -s/- ① 破壊者. ② (軍) 駆逐艦; (第二次世界大戦時の)重戦闘機.
zer·stö·re·risch [ツェァ・シュテーレリッシュ] 形 破壊的な(力など).
zer·stört [ツェァ・シュテーァト] *zerstören (破壊する)の過分, 3人称単数・2人称複数 現在
zer·stör·te [ツェァ・シュテーァテ] *zerstören (破壊する)の過去
Zer·stö·rung [ツェァ・シュテールング] 女 -/-en 破壊, 破滅.
zer·sto·ßen* [ツェァ・シュトーセン tsɛr-ʃtóː-sən] 他(h) (穀粒など⁴を)突き砕く.
***zer·streu·en** [ツェァ・シュトロイエン tsɛr-ʃtrɔ́Yən] (zerstreute, *hat* ... zerstreut) I 他 (受了 haben) (英 *scatter*) ① まき散らす, 分散させる; (群衆など⁴を)追い散らす. Der Wind *zerstreut* die Blätter. 風が木の葉を吹き散らす. ② (光)(光など⁴を)拡散させる. (人⁴の)気をまぎらす. ◇[再帰的に] *sich*⁴ *zerstreuen* 気晴らしをする ⇒ *sich*⁴ *beim* Fernsehen *zerstreuen* 気晴らしにテレビを見る. ④ (心配・疑いなど⁴を)晴らす.
II 再帰 (受了 haben) *sich*⁴ *zerstreuen* (群衆などが)散って行く, 散り散りになる. Die Menge *zerstreute sich* langsam. 群衆がしだいに散り散りになった.
zer·streut [ツェァ・シュトロイト] I *zerstreuen (まき散らす)の過分 II 形 (注意力が)散漫な, ぼんやりした. Er antwortete *zerstreut*. 彼はうわの空で返事した.
zer·streu·te [ツェァ・シュトロイテ] *zerstreuen (まき散らす)の過去

Zer·streut·heit [ツェァ・シュトロイトハイト] 女 -/ (注意力の)散漫, 不注意.
* *die* **Zer·streu·ung** [ツェァ・シュトロイウング tsɛr-ʃtrɔ́Yʊŋ] 女 (単) -/(複) -en ① 気晴らし, 気分転換. *Zerstreuung*⁴ in 事³ suchen 事³に気晴らしを求める. ② [複 なし](群集などを)追い散らすこと; (嫌疑などを)除去すること. ③ [複 なし](注意力の)散漫.
zer·stü·ckeln [ツェァ・シュテュッケルン tsɛr-ʃtýkəln] 他(h) (肉など⁴を)細かく切る, 切り刻む; (土地など⁴を)細かく分割する.
Zer·stü·cke·lung [ツェァ・シュテュッケルング] 女 -/-en 細かく切る(刻む)こと; (土地の)細分[化].
zer·tei·len [ツェァ・タイレン tsɛr-táilən] I 他(h) [切り]分ける, 分割する. einen Braten *zerteilen* 焼肉を切り分ける. II 再帰 (h) *sich*⁴ *zerteilen* 分かれる; (霧・雲が)散る; 枝分かれする.
Zer·tei·lung [ツェァ・タイるング] 女 -/-en 分割; 分散.
Zer·ti·fi·kat [ツェァティフィカート tsɛrtifiká:t] 中 -[e]s/-e ① (試験などの)修了証書. ② (公式の)証明書. ③ (経) 投資証券.
zer·ti·fi·zie·ren [ツェァティフィツィーレン tsɛrtifitsíːrən] 他(h) (事⁴について)修了証書を出す, 証明書を交付する.
zer·tram·peln [ツェァ・トランペるン tsɛr-trámpəln] 他(h) (花壇など⁴を)踏み荒らす.
zer·tren·nen [ツェァ・トレンネン tsɛr-trénən] 他(h) (物⁴の)縫い目をほどく.
zer·tre·ten* [ツェァ・トレーテン tsɛr-tréːtən] 他(h) (虫・花など⁴を)踏みつぶす, 踏み荒らす.
zer·trüm·mern [ツェァ・トリュンマァン tsɛr-trýmərn] 他(h) こなごなに打ち砕く, 破壊する. eine Fensterscheibe⁴ *zertrümmern* 窓ガラスをこなごなに壊す.
Zer·ve·lat≠wurst [ツェルヴェらート・ヴルスト] 女 -/..würste セルベラート・ソーセージ(香辛料を加えたん製ソーセージ).
zer·wüh·len [ツェァ・ヴューれン tsɛr-výːlən] 他(h) (地面⁴を)掘り返す; (頭髪など⁴を)かき乱す, くしゃくしゃにする.
Zer·würf·nis [ツェァ・ヴュルフニス] 中 ..nisses/..nisse (雅) (夫婦・友人間などの)不和, 軋轢(あつれき).
zer·zau·sen [ツェァ・ツァオゼン tsɛr-tsáuzən] 他(h) (髪など⁴を)乱す, くしゃくしゃにする. ◇[過去分詞の形で] *zerzaustes* Haar ぼさぼさの髪.
Zes·si·on [ツェスィオーン tsɛsió:n] 女 -/-en (法) 譲渡, 譲与.
Ze·ter [ツェータァ tséːtər] 中 [成句的に] *Zeter*⁴ und Mord[io]⁴ schreien (口語)(大げさな)悲鳴をあげる.
Ze·ter≠ge·schrei [ツェータァ・ゲシュライ] 中 -s/ (口語)助けを求める叫び, 悲鳴.
ze·tern [ツェータァン tséːtərn] 自(h) 悲鳴をあ

der Zet·tel [ツェッテる tsétəl] 男 (単2) -s/(複) - (3格のみ -n) 紙きれ,紙片,メモ用紙,(広告の)ちらし,ビラ,ラベル.Ein *Zettel* klebte an der Tür. メモ紙がドアに貼(は)ってあった / sich³ 事⁴ **auf** einem *Zettel* notieren 事⁴を紙片にメモしておく.

..*zettel* のいろいろ: Bestell*zettel* 注文票 / Kassen*zettel* レシート / Küchen*zettel* または Speise*zettel* 献立表 / Stimm*zettel* または Wahl*zettel* 投票用紙 / Wunsch*zettel* 欲しいものを書いたリスト,おねだりカード

Zet·tel⊰kas·ten [ツェッテる・カステン] 男 -s/..kästen カードボックス.
Zet·tel⊰ka·ta·log [ツェッテる・カタろーク] 男 -[e]s/-e (図書館などの)カード目録.
***das* Zeug** [ツォイク tsɔ́yk] 中 (単2) -[e]s/(複) -e (3格のみ -e) ①『複 なし』証明書, (価値のない)もの;(名称を言わずに:)それ,こいつ,むだ話,おしゃべり.Nimm das *Zeug* da weg! そこのがらくたを片づけろ / [Das ist doch] dummes *Zeug*! くだらん,ばかばかしい.②《古》布[地],織物;衣類,下着;道具,器具;《海》索具.das *Zeug*⁴ zu 人³ haben《口語・比》人³になる素質がある.③《古》馬具.sich⁴ für 人・物⁴ ins *Zeug* legen《口語・比》人・物⁴のために一肌脱ぐ / Er arbeitet, was das *Zeug* hält.《口語・比》彼は全力を尽くして働く.

..*zeug* [..ツォイク ..tsɔyk] 『中性名詞をつくる接尾』① (…する道具)例: Schreib*zeug* 筆記用具.② (…用品…製品)例: Nacht*zeug* 宿泊用品 / Leder*zeug* 革製品.

***der* Zeu·ge** [ツォイゲ tsɔ́ygə] 男 (単2・3・4) -n/(複) -n ① 目撃者,(現場に)居合せた人;《法》証人.(英 *witness*).(⊆ 女性形は Zeugin).Trau*zeuge* 結婚立会人 / Er ist *Zeuge* des Unfalls. 彼はその事故の目撃者だ / Die Ruinen sind *Zeugen* der Vergangenheit.《比》その廃墟(はいきょ)は過ぎ去った時代の証人だ / 人⁴ **als** *Zeugen* (または **zum** *Zeugen*) an|rufen 人⁴を証人として喚問する.

zeu·gen¹ [ツォイゲン tsɔ́ygən] 自 (h) ① 証言する,**für** (**gegen**) 人⁴ *zeugen* 人⁴に有利(不利)な証言をする.②『**von** 事³ ~』(事³を)証拠だてる,はっきりと示す.Die Arbeit *zeugt* von Fleiß. この仕事には努力の跡が認められる.
zeu·gen² [ツォイゲン] 他 (h) ① (子供⁴を)もうける,つくる.Er *hat* mit ihr drei Kinder *gezeugt*. 彼は彼女との間に3人の子供をもうけた.②《雅》(災いなど⁴を)引き起こす,(芸術家など⁴を)生む.
Zeu·gen⊰aus·sa·ge [ツォイゲン・アオスザーゲ] 女 -/-n 証人の供述,証言.
Zeu·gen⊰bank [ツォイゲン・バンク] 女 -/..bänke (法廷の)証人席.
Zeu·gen⊰ver·neh·mung [ツォイゲン・フェアネーヌング] 女 -/-en 証人尋問.

Zeug⊰haus [ツォイク・ハオス] 中 -es/..häuser (軍)(昔の:) 兵器庫.
***das* Zeug·nis** [ツォイクニス tsɔ́yknɪs] 中 (単2) ..nisses/(複) ..nisse (3格のみ ..nissen) ① 証明書,成績(修了)証明書,勤務証明書.(英 *certificate*).ein *Zeugnis*⁴ verlangen (aus|stellen) 証明書を要求(発行)する / Morgen gibt's *Zeugnisse*. あしたは通知表が出る / gute Noten⁴ **im** *Zeugnis* haben 成績表の点がいい.
② (専門家の)判定書,鑑定書.ein ärztliches *Zeugnis* 医師の診断書.
③《雅》証拠;(法廷での)証言.ein *Zeugnis* des Vertrauens 信頼のあかし.

Zeu·gung [ツォイグング] 女 -/-en 子供をもうける(つくる)こと.
Zeu·gungs⊰akt [ツォイグングス・アクト] 男 -[e]s/-e 生殖行為,性交.
zeu·gungs⊰fä·hig [ツォイグングス・フェーイヒ] 形 生殖能力のある.
zeu·gungs⊰un·fä·hig [ツォイグングス・ウンフェーイヒ] 形 生殖力のない,インポテンツの.
Zeus [ツォイス tsɔ́ys] -/(ギリシャ神) ゼウス(最高神.ローマ神話のユピテルに当たる).
z. H. [ツー ヘンデン]《略》(手紙の上書きで:)…気付,~ 様あて(=**zu** Händen).Firma Meyer, *z. H.* [von] Herrn Müller マイアー社気付,ミュラー様.
Zi·cho·rie [ツィヒョーリエ tsɪçóːriə] 女 -/-n 《植》チコリー,キクニガナ.
Zi·cke [ツィッケ tsɪ́kə] 女 -/-n ①《動》(雌)ヤギ.②《俗》(ののしって:)ばかな女.③《複 で》《口語》愚行.*Zicken*⁴ **machen** ばかげたことをする.
zi·ckig [ツィッキヒ tsɪ́kɪç] 形《口語》(特に女性が)つんと澄ました,片意地張った;上品ぶった.
Zick·lein [ツィックらイン tsɪ́klaɪn] 中 -s/- (Zicke の 縮小) 子やぎ.
Zick·zack [ツィック・ツァック tsɪ́k-tsak] 男 -[e]s/-e ジグザグ[の形].**im** *Zickzack* gehen ジグザグに歩く.
***die* Zie·ge** [ツィーゲ tsíːɡə] 女 (単) -/(複) -n ①《動》ヤギ(山羊)(特に雌).(英 *goat*).*Ziegen*⁴ halten ヤギを飼う / Sie ist mager wie eine *Ziege*. 彼女はやぎのようにやせている.②《俗》(ののしって:)ばかな女.③《魚》ツィーゲ(コイ科の一種).
Zie·gel [ツィーゲる tsíːɡəl] 男 -s/- れんが;屋根がわら.ein Dach⁴ **mit** *Ziegeln* decken 屋根をかわらでふく.
Zie·gel⊰dach [ツィーゲる・ダッハ] 中 -[e]s/..dächer かわらぶきの屋根.
Zie·ge·lei [ツィーゲらイ tsiːɡəláɪ] 女 -/-en れんが(かわら)製造所.
zie·gel⊰rot [ツィーゲる・ロート] 形 れんが色の,赤褐色の.
Zie·gel⊰stein [ツィーゲる・シュタイン] 男 -[e]s/-e れんが.
Zie·gen⊰bart [ツィーゲン・バールト] 男 -[e]s/

..bärte ① やぎのひげ; 《比》(人間の)やぎのひげ. ② 《植》ホウキタケ属.
Zie·gen≠bock [ツィーゲン・ボック] 男 -[e]s/..böcke 《動》雄ヤギ.
Zie·gen≠kä·se [ツィーゲン・ケーゼ] 男 -s/- ゴートチーズ(やぎの乳から作ったチーズ).
Zie·gen≠le·der [ツィーゲン・れーダァ] 中 -s/- やぎの革, キッド.
Zie·gen≠milch [ツィーゲン・ミるヒ] 女 -/ やぎの乳.
Zie·gen≠pe·ter [ツィーゲン・ペータァ] 男 -s/ 《口語》おたふく風邪 (=Mumps).
zieh [ツィー] I ≠ziehen (引く)の du に対する 命令 II zeihen (責める)の 過去
Zieh≠brun·nen [ツィー・ブルンネン] 男 -s/- つるべ井戸. (☞ Burg 図).

＊zie·hen＊ [ツィーエン tsí:ən]

> 引く **Ziehen Sie das Seil fester !**
> ツィーエン ズィー ダス ザイる フェスタァ
> ロープをもっとしっかり引っぱってください.

(zog, hat/ist...gezogen) I 他 (完了 haben)
① (人・物⁴を)引く, 引っぱる; 引き抜く; 取り出す. (英 pull). (☞「押す」は drücken). Das Pferd *zieht* den Wagen. 馬が車を引く / Die Lokomotive *zieht* 20 Wagen. その機関車は20両の車両を引いている / die Notbremse⁴ *ziehen* 非常ブレーキを引く / 人³ einen Zahn *ziehen* 人³の歯を抜く / ein Los⁴ *ziehen* くじを引く / Du *musst* eine Karte *ziehen*. 君はカードを1枚引かなくては / Das Kind *ließ* sich⁴ *ziehen*. その子供は手を引いてもらっていた. ◊〖目的語しでも〗 *Ziehen*!(ドアの表示で:)引く. ◊〖前置詞とともに〗 人⁴ **an** den Haaren *ziehen* 人⁴の髪を引っぱる / den Stuhl an den Tisch *ziehen* いすをテーブルに引き寄せる / Er *zog* sie zärtlich an sich. 彼は彼女をやさしく抱き寄せた / Sie *zog* alle Blicke **auf** sich. 彼女はみんなの視線を引きつけた / 人⁴ **aus** dem Wasser *ziehen* 人⁴を水中から引き上げる / Er *zog* den Korken aus der Flasche. 彼はびんのコルク栓を抜いた / Zigaretten⁴ *aus* Automaten *ziehen* たばこを自動販売機から取り出す / ein Messer⁴ [aus der Tasche] *ziehen* ナイフを[ポケットから]取り出す / Sie *zogen* ihn mit Gewalt **ins** Auto. 彼らは彼を力ずくで車の中に引きずり込んだ / den Rollladen **nach** oben *ziehen* ブラインドを巻き上げる / den Ring **vom** Finger *ziehen* 指輪を指からはずす / die Gardinen⁴ **vor** das Fenster *ziehen* 窓に[薄手の]カーテンを引く.
② (引くようにして)動かす; (穴などに)通す. einen Stein *ziehen* (チェスなどで:)こまを動かす / Sie *zog* Perlen **auf** eine Schnur. 彼女は真珠をひもに通した / Wein⁴ auf Flaschen *ziehen* ワインをびんに詰める / die Ruder⁴ kräftig **durchs** Wasser *ziehen* オールで力強く水をかく / den Hut tief **ins** Gesicht *ziehen* 帽子を目深にかぶる.
③ 〖方向を表す語句とともに〗(操縦・運転して)乗り物⁴を…に〜向ける. den Wagen **nach** links *ziehen* 車のハンドルを左に切る.
④ (線・図形など⁴を)引く, 描く; (線引きして)築く, 設ける. einen Kreis *ziehen* 円を描く / Sie *zogen* eine Mauer **um** die Stadt. 彼らは町の周りに壁を巡らせた.
⑤ (植物⁴を)育てる, 栽培する, (動物⁴を)飼育する. Er *zieht* Rosen **in** seinem Garten. 彼は庭にばらを栽培している.
⑥ (ひもなど⁴を)張る, 張り渡す; (洗濯物など⁴を)引っぱって伸ばす. Saiten⁴ **auf** eine Geige *ziehen* ヴァイオリンに弦を張る / die Betttücher⁴ **in** Form *ziehen* シーツを伸ばして形を整える.
⑦ (顔の部分⁴を)ゆがめる, (しかめっ面など⁴を)する. die Stirn⁴ **in** Falten *ziehen* 額にしわを寄せる / eine Grimasse⁴ *ziehen* しかめっ面をする.
⑧ 〖行為などを表す名詞とともに〗行う, …する. einen Vergleich *ziehen* 比較をする / einen Schluss **aus** 事³ *ziehen* 事³からある結論を引き出す / 事⁴ **in** Betracht *ziehen* 事⁴を考慮に入れる / 人³ **zu** Rate *ziehen* 人³に助言を求める.
⑨ (引っぱって・伸ばして)製造する; (蜂蜜 (はちみつ) などが糸⁴を)引く. Draht⁴ *ziehen* 針金を作る.
⑩ 〖方向を表す語句とともに〗(空気など⁴を〈…から〉)吸い込む. die frische Luft⁴ **in** die Lungen *ziehen* 新鮮な空気を肺まで吸い込む.
⑪ 〖A⁴ **über (unter)** B⁴ 〜〗(A⁴を B⁴の上に (下に))着る. eine Jacke⁴ **über** die Bluse *ziehen* ブラウスの上にジャケットを着る.
⑫ 〖A⁴ **aus** B³ 〜〗(A⁴を B³から)吸収する; (A⁴を B³から)採取する. Die Pflanzen *ziehen* die Nahrung aus dem Boden. 植物は養分を地中からとる / Nutzen⁴ **aus** 事³ *ziehen* 《比》事³から利益を得る.
II 自 (完了 sein または haben) ① (s) 〖方向を表す語句とともに〗(集団でゆっくりと…へ)移動する, 進む. **in** den Krieg *ziehen* 出征する / Das Gewitter *zieht* nach Osten. あらしが東へ移動する / Flüchtlinge *ziehen* **über** die Landstraßen. 避難民たちが街道を通って行く.
② (s) 〖方向を表す語句とともに〗(…へ)引っ越す, 引き移る. Wir *sind* **aufs** Land *gezogen*. 《現在完了》私たちは田舎へ引っ越した / **nach** Hamburg *ziehen* ハンブルクへ引っ越す.
③ (h) 〖**an** 物³ 〜〗(物³を)引く, 引っぱる. *Zieh* mal hier an der Leine! ひものここを引っぱってくれ / Der Hund *zieht* [an der Leine]. 犬が[引きひもを]引っぱる.
④ (h) 〖**an** 物³ 〜〗(口にくわえて物³を)吸う. an der Pfeife *ziehen* パイプを吸う.
⑤ (h) (自動車などが)加速力がある. Der Wagen *zieht* ausgezeichnet. その車は加速がすばらしい.
⑥ (h) (紅茶などの味や香りが出る; 《料理》(弱火で)ぐつぐつ煮える. Der Tee *muss* noch *ziehen*. 紅茶はもっと出るまで待たないといけない.
⑦ (h) 《口語》(映画などが)受ける, ヒットする;

ziemlich

(策略などが)効き目がある. Der Film *zieht* enorm. その映画は大当たりだ / Diese Ausrede *zieht* bei mir nicht. こんな言いわけは私には通用しないぞ.
⑧ (h)（空気・煙などの)通りがよい. Der Ofen *zieht* gut. その暖炉は煙の通りがよい.
⑨ (h)（磁石が)磁力がある.
III 再帰 （定了） haben) *sich*⁴ *ziehen* ①『方向を表す語句とともに』（道路などが…へ)伸びている. Die Straße *zieht* sich **bis an** die Grenze. その道路は国境まで通じている.
② (ゴムなどが)伸びる, 伸縮性がある; (時間的に)長引く. Die Strumpfhosen *ziehen* sich nach der Figur. パンストは体型に応じて伸びる.
③ (板などが)反る, ゆがむ.
IV 非人称 （定了） haben) ① Es *zieht*. すき間風が入る. Mach die Tür zu, es *zieht*! ドアを閉めてくれ, すき間風が入るから.
②『es zieht 人⁴… の形で』人⁴は…へ行きたいと思う(ひかれる). Mich *zieht* es immer **in** den Süden. 私はつねに南国へ心をひかれる.
③『es zieht 人³ in 物³ の形で』[人³の]物³に痛みが走る. Es *zieht* mir in allen Gliedern. 私は体のふしぶしが痛む.

Zie·hen [ツィーエン] 中 -s/- ① 引っ張ること, 引き寄せ. ② 行進すること;（鳥の)渡り; 移動, 引っ越し. ③（植) 栽培, 培養;（動) 飼育. ④ 引きつるような痛み.

Zieh⹀har·mo·ni·ka [ツィー・ハルモーニカ] 女 -/-s (または ..niken)《音楽》アコーディオン.

Zie·hung [ツィーウング] 女 -/-en くじ引き, 抽選.

‡ *das* **Ziel** [ツィーる tsíːl]

目的地; 目標
Unser heutiges *Ziel* ist Bonn. ウンザァ ホイティゲス ツィーる イスト ボン 私たちのきょうの目的地はボンです.

中 (単2) -[e]s/(複) -e (3格のみ -en) ① 目的地, 行き先;《スポ》ゴール. (英 *destination, goal*).（《反》「スタート」は Start). Reise*ziel* 旅行の目的地 / Er erreichte als Erster das *Ziel*. 彼は1着でゴールした / **ans** *Ziel* kommen (または gelangen) 目的地に到達する / Wir sind am *Ziel* angekommen.『現在完了』私たちは目的地に着いた / **ins** *Ziel* kommen ゴールインする / **mit** unbekanntem *Ziel* ab|reisen 行き先もなく旅立つ / **ohne** *Ziel* 目的もなく, あてもなく / kurz **vor** dem *Ziel* 目的地(ゴール)に達する寸前に.

② (行動の)**目標**, 目的. (英 *aim*). Lebens*ziel* 人生の目標 / Wir brauchen ein klares *Ziel*. われわれには明確な目標が必要だ / Er hat sein *Ziel* erreicht. 彼は目標を達成した / ein *Ziel*⁴ verfolgen 目標を追求する / *sich*³ ein *Ziel*⁴ setzen 目標をたてる / Er studiert **mit** dem *Ziel*, Techniker zu werden. 彼は技術者になる目的で大学に通っている / *sich*³ 事⁴

zum *Ziel* setzen (haben) 事⁴を自分の目標にする(している).
③ (射撃の)的, 標的, ターゲット. ein *Ziel*⁴ treffen (verfehlen) 的を射当てる(射そこなう) / **über** das *Ziel* hinaus|schießen《口語・比》度を過ごす(←的の上を越えて射撃する).
④《商》[支払]期限.

Ziel⹀band [ツィーる・バント] 中 -[e]s/..bänder《スポ》(昔の):(陸上競技の)ゴールのテープ.

ziel⹀be·wusst [ツィーる・ベヴスト] 形 はっきりした目的を持った, 目的意識のしっかりした.

ziel⹀be·wußt ☞《新》zielbewusst

*‡**zie·len** [ツィーれン tsíːlən] (zielte, *hat...* gezielt) 自（定了）haben)《英 *aim*) ① (銃などで)ねらう. Er *zielte* und schoss. 彼はねらいを定めて撃った / **auf** die Scheibe⁴ (den Gegner) *zielen* 標的板(敵)をねらう / mit dem Revolver nach 人·物³ *zielen* リボルバーで人·物³をねらう. ②『**auf** 人·事⁴ の形で』《比》(発言などが人·事⁴を)ねらいとしている, (人·事⁴に)向けられている. Diese Anspielung *zielt* auf dich. この当てこすりは君に向けられたものだ.
☞ gezielt

Ziel⹀fern·rohr [ツィーる・フェルンローァ] 中 -[e]s/-e (銃身に付いている)照準望遠鏡.

Ziel⹀fo·to [ツィーる・フォート] 中 -s/-s《スポ》ゴールの判定写真.

Ziel⹀ge·ra·de [ツィーる・ゲラーデ] 女 -/-n《スポ》ホームストレッチ.

Ziel⹀li·nie [ツィーる・リーニエ] 女 -/-n《スポ》ゴールライン, ゴール.

ziel⹀los [ツィーる・ろース] 形 目的のない, 当てのない.

Ziel⹀rich·ter [ツィーる・リヒタァ] 男 -s/-《スポ》ゴール審判員.

Ziel⹀schei·be [ツィーる・シャイベ] 女 -/-n (射撃の)的, 標的. **zur** *Zielscheibe* des Spottes (der Kritik) werden《比》嘲笑(ちょうしょう)(批判)の的になる.

Ziel⹀set·zung [ツィーる・ゼッツング] 女 -/-en 目標(目的)設定.

ziel⹀si·cher [ツィーる・ズィッヒァ] 形 (射撃などで)的をはずさない; 目標をしっかり定めた.

ziel⹀stre·big [ツィーる・シュトレービヒ] 形 (一つの目的に向かって)ひたむきな.

Ziel⹀stre·big·keit [ツィーる・シュトレービヒカイト] 女 -/ (一つの目的に向かう)ひたむきな努力.

ziel·te [ツィーるテ] *zielen (ねらう)の 過去

zie·men [ツィーメン tsíːmən] I 再帰 (h) *sich*⁴ *ziemen*《雅》ふさわしい, 礼儀にかなっている. II 自 (h)《旧》[人³に]似つかわしい.

*‡**ziem·lich** [ツィームりヒ tsíːmlɪç]

かなり	Das ist *ziemlich* teuer. ダス イスト ツィームりヒ トイアァ これはかなり値段が高い.

I 副 ① かなり, 相当[に].（英 *quite*). Er ist *ziemlich* reich. 彼はかなり裕福だ / Ich kenne ihn *ziemlich* gut. 私は彼をかなりよく知ってい

ら / Er hat *ziemlich* lange Haare. 彼はずいぶん長い髪をしている.
② 《口語》ほとんど, まずまず. Er ist mit der Arbeit *ziemlich* fertig. 彼は仕事をほぼ終えている.
II 形 [付加語としてのみ] ① 《口語》かなりの, 相当な. Er hat ein *ziemliches* Vermögen. 彼はかなりの財産を持っている.
② 《雅》しかるべき, ふさわしい(ふるまいなど).

zie·pen [ツィーペン tsíːpən] I 自 (h) 《北ドツ》① 《小鳥が》ぴよぴよ鳴く. ② ずきずき痛む. II 他 《北ドツ》《人⁴の髪などを》引っぱる. **an den Haaren** *ziepen* 人⁴の髪を引っぱる.

Zie·rat ☞ 新形 Zierrat

Zier·de [ツィーァデ tsíːrdə] 女 -/-n 飾り, 装飾[品];《比》誇り[となるもの]. **zur** *Zierde* 飾りとして / Dieses Gebäude ist eine *Zierde* für die Stadt. この建物は町の誇りだ.

zie·ren [ツィーレン tsíːrən] I 他《人・物⁴を》飾る. einen Tisch **mit** Blumen *zieren* テーブルを花で飾る. ② 《アクセサリーなどが 人・物⁴を》飾っている. Eine Goldbrosche *zierte* ihr Kleid. 金のブローチが彼女のワンピースを飾っていた. II 再帰 (h) *sich⁴ zieren* 気取って遠慮する, とり澄ます. *Ziere dich* [doch] nicht so! そんなに気取るな.
◇☞ geziert

Zier⸗fisch [ツィーァ・ふィッシュ] 男 -[e]s/-e 観賞魚.

Zier·gar·ten [ツィーァ・ガルテン] 男 -s/..gär·ten 花園, 観賞庭園.

Zier⸗leis·te [ツィーァ・らイステ] 女 -/-n ① 《建》装飾線形(ﾓｰﾙ), 飾り縁. ② 《印》(本のページの下にある)飾り模様.

*zier·lich** [ツィーァりヒ tsíːrlɪç] 形 ① 《姿・形が》きゃしゃでかわいく, 可憐(かれん)な, 愛らしい. (英 dainty). ein *zierliches* Mädchen 愛らしい女の子. ② 上品な, 優美な. *zierlich* tanzen 優美に踊る.

Zier·lich·keit [ツィーァりヒカイト] 女 -/ 愛らしさ; 優美, 優雅.

Zier·pflan·ze [ツィーァ・ぷふらンツェ] 女 -/-n 観賞[用]植物.

Zier⸗rat [ツィーァ・ラート] 男 -[e]s/-e 《雅》飾り, 装飾[品].

Ziff. [ツィッふァァ] 《略》(条文などの)項 (=Ziffer).

*die **Zif·fer** [ツィッふァァ tsífər] 女 《単》-/《複》-n ① 数字. (英 figure). Kennziffer 指数 / arabische (römische) *Ziffer* アラビア(ローマ)数字 / Eine Zahl mit drei *Ziffern* 3けたの数 / eine Zahl⁴ in *Ziffern* schreiben ある数を数字で書く. ② (条文などの)項. Paragraph 8, *Ziffer* 4 第8条第4項. (略: Ziff.).

Zif·fer·blatt [ツィッふァァ・ブらット] 中 -[e]s/..blätter (時計の)文字盤.

zig [ツィヒ tsíç] 形 《無語尾で》《口語》非常に多くの. Er hat *zig* Freundinnen. 彼にはたくさんのガールフレンドがいる.

..zig [..ツィヒ ..tsɪç] 《20から90までの10位の基数をつくる 接尾》(ただし30は dreißig) 例: *zig* 20.

*die **Zi·ga·ret·te** [ツィガレッテ tsigarétə] 女 《単》-/《複》-n [紙巻き]たばこ, シガレット. (英 cigarette). *Zigaretten* mit (ohne) Filter フィルター付き(なし)たばこ / eine Packung (Stange) *Zigaretten* 1箱(1 カートン)のたばこ / Ich rauche nur leichte *Zigaretten*. 私は軽いたばこしか吸いません / sich³ eine *Zigarette*⁴ an|zünden (自分の)たばこに火をつける / 人³ eine *Zigarette*⁴ an|bieten 人³にたばこを勧める.

Zi·ga·ret·ten⸗au·to·mat [ツィガレッテン・アオトマート] 男 -en/-en たばこの自動販売機.

Zi·ga·ret·ten⸗etui [ツィガレッテン・エトヴィー] 中 -s/-s シガレットケース.

Zi·ga·ret·ten⸗län·ge [ツィガレッテン・れンゲ] 女 -/-n 《ふつう成句的に》 **auf eine** *Zigarettenlänge* 《口語》たばこを一服する間, ほんのちょっとの間.

Zi·ga·ret·ten⸗pau·se [ツィガレッテン・パオゼ] 女 -/-n 《口語》たばこを一服するための小休止.

Zi·ga·ret·ten⸗spit·ze [ツィガレッテン・シュピツェ] 女 -/-n 紙巻きたばこ用パイプ.

Zi·ga·ret·ten⸗stum·mel [ツィガレッテン・シュトゥメる] 男 -s/- 紙巻きたばこの吸いさし(吸い殻).

Zi·ga·ril·lo [ツィガリろ tsigarílo または ..りヨ ..ljo] 中 男 -s/-s (口語: 女 -/-s も) ツィガリロ (小型葉巻きたばこ).

*die **Zi·gar·re** [ツィガレ tsigárə] 女 《単》-/《複》-n ① 葉巻き[たばこ]. (英 cigar). eine *Zigarre*⁴ rauchen 葉巻きを吸う. ② 《口語》小言, お目玉. 人³ eine *Zigarre*⁴ verpassen 人³をしかりとばす.

Zi·gar·ren⸗kis·te [ツィガレン・キステ] 女 -/-n 葉巻き入れ(箱), シガーボックス.

Zi·gar·ren⸗stum·mel [ツィガレン・シュトゥメる] 男 -s/- 葉巻きの吸いさし(吸い殻).

Zi·geu·ner [ツィゴイナァ tsigɔ́ynər] 男 -s/- ① ジプシー. (英 女性形は Zigeunerin). ② 《口語》放浪癖のある男性, (男性の)ボヘミアン.

Zi·geu·ner⸗le·ben [ツィゴイナァ・れーベン] 中 -s/- ジプシー生活; 流浪生活.

zig⸗mal [ツィヒ・マーる] 副 《口語》何度も.

Zi·ka·de [ツィカーデ tsiká:də] 女 -/-n 《昆》セミ.

*das **Zim·mer** [ツィンマァ tsímər]

> 部屋
> Haben Sie ein *Zimmer* frei?
> ハーベン ズィー アイン ツィンマァ ふライ
> (ホテルなどで:)空いている部屋はありますか.

中 《単2》-s/《複》- (3格のみ -n) ① 部屋, 室. (英 room). ein möbliertes *Zimmer* 家具付きの部屋 / ein sonniges *Zimmer* 日当たりのよい部屋 / ein *Zimmer* mit Bad ふろ付きの

部屋 / Die Wohnung hat vier *Zimmer*. その住居には部屋が4つある / ein *Zimmer*⁴ mieten (vermieten) 部屋を借りる(貸す) / ein *Zimmer*⁴ bestellen (ホテルの部屋を予約する / ins *Zimmer* gehen den *Zimmer* frei! または *Zimmer* zu vermieten! (張り紙で:) 空室あり / Er sucht ein *Zimmer*. 彼は[貸]部屋を探している / Das *Zimmer* geht nach Süden. その部屋は南向きだ / Ich habe mir ein *Zimmer* im Hotel genommen. 私はホテルに一部屋とった / das *Zimmer*⁴ hüten müssen 病気で部屋にこもりきりである(←部屋の番をしなければならない).
② (部屋の)家具調度.

....

..*zimmer* のいろいろ: Arbeits*zimmer* 仕事部屋 / Bade*zimmer* バスルーム / Doppel*zimmer* 二人部屋 / Einzel*zimmer* シングルルーム / Empfangs*zimmer* 応接室 / Ess*zimmer* ダイニングルーム / Fremden*zimmer* (民宿などの)客室 / Gast*zimmer* 客室 / Kinder*zimmer* 子供部屋 / Kranken*zimmer* 病室 / Schlaf*zimmer* 寝室 / Sprech*zimmer* 診察室 / Wohn*zimmer* 居間

類語 das **Zimmer**:(人が住む家やアパートの中の)部屋. die **Stube**:(やや古い語で,暖かな設備の)部屋. die **Kammer**:(納戸・物置のようなふつう暖房設備がなく簡素で小さい付属的な)部屋. der **Raum**:(壁で仕切られた空間としての)部屋.

....

Zim·mer⸳an·ten·ne [ツィンマァ・アンテンネ] 女 -/-n 室内アンテナ.

Zim·mer·ein·rich·tung [ツィンマァ・アインリヒトゥング] 女 -/-en 家具調度, インテリア; 室内設備.

Zim·mer·flucht [ツィンマァ・ふるフト] 女 -/-en (ドアでつながった)一連の部屋.

Zim·mer⸳hand·werk [ツィンマァ・ハントヴェルク] 中 -[e]s/ 大工仕事.

Zim·mer⸳laut·stär·ke [ツィンマァ・らオトシュテルケ] 女 -/-n (ラジオ・テレビなどの)部屋の外に漏れない音量.

Zim·mer⸳mäd·chen [ツィンマァ・メートヒェン] 中 -s/- (ホテルなどの)部屋係メイド.

Zim·mer⸳mann [ツィンマァ・マン] 男 -[e]s/..leute 大工. 人³ zeigen, wo der *Zimmermann* das Loch gelassen hat《口語》人³に出て行けと言う(←大工が穴を残した所を示す).

zim·mern [ツィンマァン tsímərn] I 他 (h) (木工品⁴を)作る. einen Tisch *zimmern* 机を作る / sich³ ein neues Leben⁴ *zimmern*《比》新しい生活を打ちたてる. II 自 (h) 大工仕事(木工細工)をする. **an** einem Regal *zimmern* 棚を作る.

Zim·mer⸳num·mer [ツィンマァ・ヌンマァ] 女 -/-n 部屋番号, ルームナンバー.

Zim·mer⸳pflan·ze [ツィンマァ・プふらンツェ] 女 -/-n 室内観賞植物.

Zim·mer⸳su·che [ツィンマァ・ズーヘ] 女 -/ 部屋(貸間)探し.

Zim·mer⸳the·a·ter [ツィンマァ・テアータァ] 中 -s/- 小劇場; (小劇場向きの)劇団.

zim·per·lich [ツィンパァリヒ] 形 ① ひどく神経質な. ② 過度に恥ずかしがる, お上品ぶった.

Zimt [ツィムト tsímt] 男 -[e]s/(種類:) -e ① (植) ニッケイ(肉桂)の皮, シナモン(香辛料). ②《口語》くだらないこと; がらくた.

Zink [ツィンク tsíŋk] 中 -[e]s/《化》亜鉛(記号: Zn).

Zink⸳blech [ツィンク・ブれヒ] 中 -[e]s/-e 亜鉛板.

Zin·ke [ツィンケ tsíŋkə] 女 -/-n ①(フォーク・櫛(´)などの)歯. ②《木工》ほぞ(板・角材などを接合する場合の先の広がった突起).

zin·ken [ツィンケン tsíŋkən] 他 (h)《隠語》(いかさまをするためにトランプ⁴に)印(`ヒ゜)を付ける.

Zin·ken [ツィンケン] 男 -s/- ① (泥棒などが使う)秘密の目印. ②《口語・戯》でかい鼻.

Zink⸳sal·be [ツィンク・ざるベ] 女 -/-n《薬》亜鉛華軟膏(ﾅﾝｺｳ).

Zinn [ツィン tsín] 中 -[e]s/ ①《化》錫(ｽｽﾞ)(記号: Sn). ② 錫(ｽｽﾞ)製の食器.

Zin·ne [ツィンネ tsínə] 女 -/-n ①(城壁ののこぎり形の)銃眼付き胸壁. (☞ Burg 図). ②(ﾋﾗｷ)屋上テラス. ③ のこぎり形に切り立った峰, チンネ.

zin·nen [ツィンネン tsínən] 形 = zinnern.

zin·nern [ツィンナァン tsínərn] 形《付加語としてのみ》錫(ｽｽﾞ)(製)の.

Zin·nie [ツィーニエ tsíniə] 女 -/-n《植》ヒャクニチソウ(ドイツの植物学者 J. G. Zinn 1727-1759 の名から).

Zin·no·ber [ツィノーバァ tsinóːbər] 男 -s/ ①《鉱》辰砂(ｼﾝｼｬ). ②《複なし, ｶｶｸｼﾞ: 中》朱(色). ③《複なし》《俗》がらくた; たわごと.

zin·no·ber⸳rot [ツィノーバァ・ロート] 形 朱色の.

Zinn⸳sol·dat [ツィン・ゾるダート] 男 -en/-en おもちゃの)錫(ｽｽﾞ)の兵隊.

* *der* **Zins** [ツィンス tsíns] 男 (単 2) -es/(複) -en または (複) -e (3 格のみ -en) ①《複 -en; ふつう 複》利子, 利息, 金利. (英 interest). hohe (niedrige) *Zinsen* 高い(低い)利子 / Das Kapital bringt (または trägt) *Zinsen*. 元金が利息を生む / Die *Zinsen* sind gefallen.《現在完了》金利が下がった / Geld⁴ **auf** *Zinsen* leihen 利子を付けて金を貸す / 人³ 物⁴ **mit** *Zinsen* zurück|zahlen a) 人³に物⁴を利子を付けて返す, b)《比》人³に物⁴の仕返しをたっぷりする / Er lebt **von** den *Zinsen* seines Vermögens. 彼は資産の利子で生活している / Darlehen **zu** vier Prozent *Zinsen* 利子 4 パーセントのローン. ②《複 -e》(南ﾄﾞｲﾂ・ｵｰｽﾄﾘｱ・ｽｲｽ》家賃, 部屋代. ③《複 -e》(昔の) 地代 (= Grund*zins*).

Zin·ses⸳zins [ツィンゼス・ツィンス] 男 -es/-en《ふつう 複》複利.

zins⸳frei [ツィンス・フらイ] 形 無利子(無利息)の(= zinslos).

Zins=fuß [ツィンス・フース] 男 -es/..füße 利率.
zins=los [ツィンス・ロース] 形 無利子(無利息)の.
zins=pflich·tig [ツィンス・ぷふりヒティヒ] 形《史》(中世の:)地代(年貢)を納める義務がある.
Zins=rech·nung [ツィンス・レヒヌング] 女 -/-en 利子計算.
Zins=satz [ツィンス・ザッツ] 男 -es/..sätze 利率.
der **Zi·on** [ツィーオン tsíːɔn] 男 -[s]/ ① 《定冠詞とともに》《地名》シオン[の丘]. ② 《冠詞なしで》《比》ユダヤ民族の故国, エルサレム; エルサレムの民, ユダヤ人.
Zi·o·nis·mus [ツィオニスムス tsioníːsmus] 男 -/ シオニズム, ユダヤ復興主義(パレスチナにユダヤ民族の統一国家を再建しようとする民族運動).
Zi·o·nist [ツィオニスト tsioníst] 男 -en/-en シオニスト, ユダヤ復興主義者.
zi·o·nis·tisch [ツィオニスティッシュ tsionístɪʃ] 形 シオニズムの, ユダヤ復興主義の.
Zip·fel [ツィプふェる tsípfəl] 男 -s/ ① (布・服などの)端, 先端, 末端; 切れ端. Wurst*zipfel* ソーセージのしっぽ 《物》[4] **an** (または **bei**) allen vier *Zipfeln* haben 《口語》《物》[4]をしっかりつかんでいる. ② (所属学生組合を示す)飾りリボン.
Zip·fel=müt·ze [ツィプふェる・ミュッツェ] 女 -/-n 先のとがった[毛糸の帽子, 三角帽.
Zir·bel=drü·se [ツィるべる・ドリューゼ] 女 -/-n 《医》松果腺(ホホ), 松果体.
Zir·bel=kie·fer [ツィるべる・キーふァァ] 女 -/-n《植》(高地に生える)マツ属の一種].
zir·ka [ツィるカ tsírka] 副 およそ, ほぼ, 約 (= circa; 略: ca). *zirka* 20 Personen 約20名.
der **Zir·kel** [ツィるケる tsírkəl] 男 (単2) -s/ (複) - (3格のみ -n) ① コンパス. 《compasses》. **mit dem** *Zirkel* **einen Kreis ziehen**(または **schlagen**) コンパスで円を描く. ② 円, 円形, 輪. 《英 circle》. **in einem** *Zirkel* 輪になって. ③ (同じ趣味や関心を持つ人の)サークル, グループ, (旧東ドイツで)共同研究グループ. **ein literarischer** *Zirkel* 文学サークル. ④ (馬術の)輪乗り.
zir·keln [ツィるケるン tsírkəln] 他 (h) ① [コンパスで]きっちり測る; 《口語》十分に吟味する. ② 《口語》(ボールを…へ)ねらいどおりにシュートする.
Zir·kel=schluss [ツィるケる・シュるス] 男 -es/..schlüsse 《哲》循環論法.
Zir·kel=schluß [新 Zirkelschluss
Zir·ko·ni·um [ツィるコーニウム tsɪrkóːnium] 中 -s/ 《化》ジルコニウム(記号: Zr).
Zir·ku·la·ti·on [ツィるクらツィオーン tsɪrkulatsióːn] 女 -/-en (空気などの)循環; (貨幣などの)流通. 《複 なし》《医》(血液などの)循環, 血行.
zir·ku·lie·ren [ツィるクリーレン tsɪrkulíːrən] 自 (s, h) ① (血液・空気などが)循環する. ② 《比》(うわさなどが)広まる; (貨幣が)流通する.
Zir·kum·flex [ツィるクムふれクス tsírkumflɛks または ..ふれクス] 男 -es/-e 《言》アクサンシルコンフレックス, 長音符(記号: ˆ または ˜).

der **Zir·kus** [ツィるクス tsírkus] 男 (単2) -/(複)..kusse (3格のみ ..kussen) 《英 circus》① サーカス[の一座]. **Der** *Zirkus* **kommt.** サーカスがやって来る. ② 《複 なし》サーカスの興行; 《複 なし》サーカスの観客. **in den** *Zirkus* **gehen** サーカスを見に行く. ③ (古代ローマの)円形競技場. ④ 《複 なし》《口語》大混乱, 大騒ぎ. **Mach nicht so einen** *Zirkus*! そんなに大騒ぎするなよ.
zir·pen [ツィるペン tsírpən] 自 (h) (こおろぎ・せみ・小鳥などが)りんりん(みんみん・ちっちっ)と鳴く.
Zir·rus=wol·ke [ツィルス・ヴォるケ] 女 -/-n 《気象》絹雲, 巻雲.
zi·scheln [ツィッシェるン tsíʃəln] I 他 (h) (悪口などを)ささやく. **Er** *zischelte* **ihr etwas ins Ohr.** 彼は何事かを彼女に耳打ちした. II 自 (h) 《**über** [人]⁴ ～》 ([人]⁴の)悪口をささやく.
x **zi·schen** [ツィッシェン tsíʃən] (zischte, *hat/ ist*... gezischt) I (h) **haben** または **sein** ① (h) しゅっしゅっ(じゅうじゅう)と音をたてる; (聴衆が)しーしーと言ってやじる. 《英 hiss》. **Die Schlange** *zischt*. へびがしゅっしゅっと音をたてる / **Das Publikum** *zischte*. 観客はしーしーと言って不満を表した. ② (s) 《方向を表す語句とともに》(…から/…へ)しゅっと音をたてて出る(飛んで行く). **Der Dampf** *ist* **aus dem Kessel** *gezischt*. 《現在完了》やかんから湯気がしゅっしゅっと出た.
II 他 《完了 haben》 ① (のろいの言葉など⁴を)押し殺した声で鋭く言う. ②《成句的に》**einen** (または **ein Bier**⁴) *zischen* 《俗》ビールを一杯ひっかける.
Zisch=laut [ツィッシュ・らオト] 男 -[e]s/-e 《言》歯擦音 ([s, z, ʃ] など).
zisch·te [ツィッシュテ] *zischen (しゅっしゅっと音をたてる)の過去
zi·se·lie·ren [ツィゼリーレン tsizəlíːrən] 他 (h) (金属⁴に)彫刻をする.
Zis·ter·ne [ツィステルネ tsɪstérnə] 女 -/-n (地下の)貯水槽, 天水だめ.
Zi·ta·del·le [ツィタデれ tsitadélə] 女 -/-n (城塞(じょうさい)都市の中心となる)砦(とりで).
das **Zi·tat** [ツィタート tsitáːt] 中 (単2) -[e]s/(複) -e (3格のみ -en) ① 引用文, 引用[句]. 《英 quotation》. 《**軍**⁴ **mit einem** *Zitat* **belegen** 《**軍**⁴を引用文で裏づける. ② 有名な言葉, 名言. **ein** *Zitat* **aus Goethes „Faust"** ゲーテの『ファウスト』にある名文句.
Zi·ther [ツィッタァ tsítɐr] 女 -/-n《音楽》ツィ

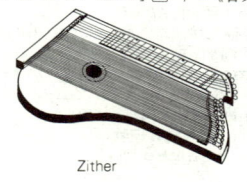

Zither

ター(擦弦楽器の一種).

zi·tie·ren [ツィティーレン tsitíːrən] (zitierte, hat...zitiert) 他 (完了 haben) ① (ある箇所4・人4の言葉を)引用する. (英 quote). eine Stelle4 **aus** einem Buch zitieren 本のある箇所を引用する / Er zitiert oft Goethe. 彼はしばしばゲーテを引用する. ◇『目的語なしでも』aus einer Rede zitieren ある演説から引用する. ②『方向を表す語句とともに』(人4を)…へ)召喚する, 呼び出す. 人4 **vor** Gericht zitieren 人4を法廷へ呼び出す.

zi·tiert [ツィティーァト] ＊zitieren (引用する)の 過分

zi·tier·te [ツィティーァテ] ＊zitieren (引用する)の 過去

Zit·ro·nat [ツィトロナート tsitronáːt] 中 -[e]s/ (種類:) -e 柑橘(かんきつ)類の皮の砂糖漬け.

＊die **Zit·ro·ne** [ツィトローネ tsitróːnə] 女 (単) -/(複) -n 〘植〙レモン[の木・実]. (英 lemon). eine Zitrone4 aus|pressen レモンを搾る / 人4 wie eine Zitrone4 aus|quetschen. 《口語》a) 人4を問い詰める, b) 人4から金を巻上げる.

Zit·ro·nen·fal·ter [ツィトローネン・ファるタァ] 男 -s/- 〘昆〙ヤマキチョウ(山黄蝶).

zit·ro·nen·gelb [ツィトローネン・ゲるプ] 形 レモンイエローの, 淡黄色の.

Zit·ro·nen·li·mo·na·de [ツィトローネン・リモナーデ] 女 -/-n レモネード.

Zit·ro·nen·pres·se [ツィトローネン・プレッセ] 女 -/-n レモン搾り器.

Zit·ro·nen·saft [ツィトローネン・ザフト] 男 -[e]s/..säfte 〘ふつう単〙レモンジュース.

Zit·ro·nen·säu·re [ツィトローネン・ゾイレ] 女 -/ 〘化〙クエン酸.

Zit·ro·nen·scha·le [ツィトローネン・シャーれ] 女 -/-n レモンの皮.

Zit·ro·nen·was·ser [ツィトローネン・ヴァッサァ] 中 -s/ レモン水, レモネード.

Zit·rus·frucht [ツィトルス・フルフト] 女 -/..früchte 柑橘類の果実.

Zit·ter·aal [ツィッタァ・アーる] 男 -[e]s/-e 〘魚〙デンキウナギ.

Zit·ter·gras [ツィッタァ・グラース] 中 -es/..gräser 〘植〙コバンソウ(小判草).

zit·te·rig [ツィッテリヒ tsítərɪç] 形 =zittrig.

‡**zit·tern** [ツィッタァン tsítərn] (zitterte, hat ...gezittert) 自 (完了 haben) ① (寒さ・恐怖などのため)震える, (小刻みに)揺れる. (英 tremble). Ihm zittern die Hände. 彼の手は震えている / Sie zitterte **am** ganzen Körper. 彼女は体中が震えた / Er zitterte **vor** Kälte. 彼は寒さに震えた / Bei der Explosion zitterten die Wände. 爆発の際に壁が揺れた. ◇『現在分詞の形で』mit zitternder Stimme 震え声で. ②『vor 人・事3 ～』(人・事3をひどく恐れる. Alle zittern vor dem Chef. みんなが所長にびくびくしている. ③『für (または um) 人・物4 ～』(人・物4のことが)とても気がかりである.

Zit·ter·pap·pel [ツィッタァ・パッペる] 女 -/-n 〘植〙アスペン(ポプラ属).

zit·ter·te [ツィッタァテ] ＊zittern (震える)の 過去

zitt·rig [ツィットリヒ tsítrɪç] 形 ぶるぶる震えている(手・声など). mit zittriger Stimme 震え声で.

Zit·ze [ツィッツェ tsítsə] 女 -/-n (哺乳(ほにゅう)類の雌の)乳首, 乳頭;《俗》(女性の)乳首, 乳房.

＊**zi·vil** [ツィヴィーる tsiviːl] 形 ①(軍人に対して:)民間の, 〘一般〙市民の, 〘法〙民事の. (英 civil). die zivile Luftfahrt 民間航空 / zivile Kleidung4 tragen 平服を着る / das zivile Recht 民法. ②《比》(値段などが)妥当な, 手ごろな;(扱いなどが)きちんとした. zivile Preise 手ごろな値段.

Zi·vil [ツィヴィーる] 中 -s/ ① 平服. (英「制服」は Uniform). Zivil4 tragen 平服を着ている / in Zivil 平服を着て. ②〘軍〙文民, シビリアン. ③《ス》配偶関係.

Zi·vil·an·zug [ツィヴィーる・アンツーク] 男 -[e]s/..züge 平服, 私服.

Zi·vil·be·völ·ke·rung [ツィヴィーる・ベフェるケルング] 女 -/-en (軍人に対して:) 一般市民, 民間人.

Zi·vil·cou·ra·ge [ツィヴィーる・クラージェ] 女 -/ (市民として)自己の信念を述べる勇気(1864年のビスマルクによる造語).

Zi·vil·dienst [ツィヴィーる・ディーンスト] 男 -[e]s/ 兵役代替勤務, 非軍事役務(兵役拒否者に課せられる社会奉仕業務).

Zi·vil·ge·richt [ツィヴィーる・ゲリヒト] 中 -[e]s/-e 〘法〙民事裁判所.

＊die **Zi·vi·li·sa·ti·on** [ツィヴィリザツィオーン tsvilizatsióːn] 女 (単) -/(複) -en ① 文明; 文明化. (英 civilization). (ドイ「文化」は Kultur). eine hohe Zivilisation 高度な文明 / die moderne Zivilisation 現代文明. ②『複 なし』《比》(生活態度が)洗練されていること.

Zi·vi·li·sa·ti·ons·krank·heit [ツィヴィリザツィオーンス・クランクハイト] 女 -/-en 〘ふつう複〙文明病.

zi·vi·li·sa·to·risch [ツィヴィリザトーリッシュ tsivilizatóːrɪʃ] 形 文明の; 文明に起因する.

zi·vi·li·sie·ren [ツィヴィリズィーレン tsiviliziːrən] 他 (h) ① (部族などを4)文明化する. ② 〘比〙洗練する.

zi·vi·li·siert [ツィヴィリズィーァト] Ⅰ zivilisieren (文明化する)の 過分 Ⅱ 形 文明化した(国など), (人・ふるまいなど).

Zi·vi·list [ツィヴィリスト tsivilíst] 男 -en/-en (軍人に対して:)一般市民, 民間人, 文民;(軍服の人に対して:)平服(私服)の人.

Zi·vil·klei·dung [ツィヴィーる・クらイドゥング] 女 -/-en 平服, 私服.

Zi·vil·per·son [ツィヴィーる・ペルゾーン] 女 -/-en 一般市民, 文民; 平服(私服)の人. (= Zivilist).

Zi·vil·pro·zess [ツィヴィーる・プロツェス] 男 -es/-e 〘法〙民事訴訟.

Zi·vil⹀pro·zeß ☞ 新形 Zivilprozess
Zi·vil⹀recht [ツィヴィーる・レヒト] 中 -[e]s/ 《法》民法.
zi·vil⹀recht·lich [ツィヴィーる・レヒトリヒ] 形 《法》民法[上]の.
Zn [ツェット・エン]《化・記号》亜鉛 (=Zink).
Zo·bel [ツォーべる tsóːbəl] 男 -s/- ① 《動》クロテン. ② 黒てんの毛皮.
Zo·bel⹀pelz [ツォーべる・ぺるツ] 男 -es/-e 黒てんの毛皮.
Zo·fe [ツォーフェ tsóːfə] 女 -/-n (昔の:) 侍女.
zog [ツォーク] ‡ziehen (引く)の過去
zö·ge [ツェーゲ] ‡ziehen (引く)の過去2
*zö·gern [ツェーガァン tsǿːgərn] (zögerte, hat...gezögert) 自 (電工 haben) ためらう, ちゅうちょする. (英 hesitate). Sie zögerte zu antworten. または Sie zögerte mit der Antwort. 彼女は返事をためらった / ohne zu zögern ためらうことなく, さっそく. ◇《現在分詞の形で》zögernd sprechen ためらいながら話す.
Zö·gern [ツェーガァン] 中 -s/ ためらい, ちゅうちょ. ohne Zögern ためらうことなく.
zö·ger·te [ツェーガァテ] *zögern (ためらう)の過去
Zög·ling [ツェークリング tsǿːklɪŋ] 男 -s/-e (寄宿舎・全寮制学校の)生徒.
Zö·li·bat [ツェリバート tsølibáːt] 中 男 -[e]s/ (特にカトリック聖職者の)独身[制・生活].
*der **Zoll**¹ [ツォる tsɔ́l] 男 (単2) -[e]s/《複》Zölle [ツェれ] (3格のみ Zöllen) ① 関税. (英 customs). Schutzzoll 保護関税 / Zoll⁴ erheben 関税を課する / Auf dieser Ware liegt kein Zoll. この品物には関税はかからない / für 物⁴ Zoll⁴ bezahlen 物⁴の関税を払う. ② 《複 なし》税関. Das Paket liegt noch beim Zoll. その小包はまだ税関にある. ③ (昔の:) 通行税.
Zoll² [ツォる] 男 -[e]s/ (単位: -/-) ① ツォル(昔の長さの単位. 2.3～3 cm). jeder Zoll またはZoll für Zoll または in jedem Zoll 《雅》完全に, まったく. ② インチ.
Zoll⹀ab·fer·ti·gung [ツォる・アップフェるティグング] 女 -/-en 通関手続き[の完了], 通関.
Zoll⹀amt [ツォる・アムト] 中 -[e]s/..ämter 税関; 税関事務所.
zoll⹀amt·lich [ツォる・アムトリヒ] 形 税関の, 税関による.
Zoll⹀be·am·te[r] [ツォる・ベアムテ(..タァ)] 男 《語尾変化は形容詞と同じ》税関吏, 税関の役人.
Zoll⹀be·hör·de [ツォる・ベヘーァデ] 女 -/-n 税関.
Zöl·le [ツェれ] ‡Zoll (関税)の複
zol·len [ツォれン tsɔ́lən] 他 (h) 《雅》(人・物に³に敬意・感謝など⁴を)表す, 示す. 人³ Beifall⁴ zollen 人³に拍手喝采(%ﾊ)を送る.
Zoll⹀er·klä·rung [ツォる・エァクレールング] 女 -/-en (税関での)課税品申告[書].
zoll⹀frei [ツォる・フライ] 形 関税のかからない, 免税の. zollfreie Waren 免税品.

Zoll⹀gren·ze [ツォる・グレンツェ] 女 -/-n 関税国境, 関税境界.
Zoll⹀kon·trol·le [ツォる・コントロれ] 女 -/-n 税関検査.
Zöll·ner [ツェるナァ tsǿlnər] 男 -s/- (古代ローマの)収税吏;《聖》取税人;《口語》税関吏.
zoll⹀pflich·tig [ツォる・プフリヒティヒ] 形 関税のかかる, 関税義務のある.
Zoll⹀schran·ke [ツォる・シュランケ] 女 -/-n 《ふつう複》関税障壁.
Zoll⹀stock [ツォる・シュトック] 男 -[e]s/..stöcke 折りたたみ物差, 折り尺.
Zoll⹀ta·rif [ツォる・タリーふ] 男 -s/-e 関税率[表].
Zoll⹀uni·on [ツォる・ウニオーン] 女 -/-en 関税同盟.
*die **Zo·ne** [ツォーネ tsóːnə] 女 (単) -/(複)-n ① 地帯, 地域; (電車・電話などの)料金区域. (英 zone). Fußgängerzone 歩行者天国 / die tropische Zone 熱帯 / die entmilitarisierte Zone 非武装地帯 / der Fahrpreis für die erste (zweite) Zone 第1(第2) 料金区域の運賃. ② 占領地区 (=Besatzungszone). die amerikanische Zone アメリカ占領地区. ③ 《複 なし》(旧西ドイツから見た)旧東ドイツ.
*der **Zoo** [ツォー tsóː] または ツォーオ tsóːo] 男 (単2) -s/(複)-s 動物園 (=zoologischer Garten). (英 zoo). der Leipziger Zoo ライプツィヒ動物園 / den Zoo besuchen 動物園に行く / Sie gehen oft in den Zoo. 彼らはよく動物園に行く. Zoo (ベルリンの駅名).
Zo·o·lo·ge [ツォオろーゲ tsoolóːgə] 男 -n/-n 動物学者. (英 女性形は Zoologin).
Zo·o·lo·gie [ツォオろギー tsoologíː] 女 -/ 動物学 (=Tierkunde).
zo·o·lo·gisch [ツォオろーギッシュ tsoolóːgɪʃ] 形 動物学[上]の. ein zoologischer Garten 動物園 (=Zoo).
Zopf [ツォプふ tsɔ́pf] 男 -es (まれに -s)/Zöpfe ① お下げ[髪]; 弁髪. lange Zöpfe 長いお下げ / einen Zopf tragen お下げ髪をしている / ein alter Zopf 《口語》古くさい考え(しきたり) / den alten Zopf ab|schneiden《口語》古くさい伝統を破る(撤廃する). ② (お下げの形をした)ねじりパン, 巻きパン. (☞ Brot 図). ③《方》ほろ酔い. ④《林》(樹木の)細い先端.
zop·fig [ツォプふィヒ tsɔ́pfɪç] 形 古くさい, 時代遅れの.
*der **Zorn** [ツォるン tsɔ́rn] 男 (単2) -[e]s/ 怒り, 立腹. (英 anger). Der Zorn packte ihn. 彼は急に腹が立ってきた / Zorn auf 人⁴ haben 人⁴に対してひどく怒っている / aus (または im) Zorn 腹立ちまぎれに / in Zorn geraten 怒る, 立腹する / Er wurde rot vor Zorn. 彼は怒りのあまり真っ赤になった.
Zorn⹀ader [ツォるン・アーダァ] 女 -/-n 青筋, 額の静脈.
zorn⹀ent·brannt [ツォるン・エントブラント] 形

怒りに燃えた, 激怒した.

Zor·nes·aus·bruch [ツォルネス・アオスブルフ] 男 -[e]s/..brüche 怒りの爆発.

***zor·nig** [ツォルニヒ tsɔ́rnɪç] 形 怒っている, 立腹している. (愛 angry). *zornige* Blicke 怒りに燃えたまなざし / *zornig* werden 立腹する / auf 人[4] (über 事[4]) *zornig* sein 人[4](事[4])に腹を立てている ⇨ Sie war sehr *zornig* auf ihn. 彼女は彼にひどく腹を立てていた / Er ist *zornig* über meine Worte. 彼は私の発言に立腹している.

Zorn·rö·te [ツォルン・レーテ] 女 -/ (顔面の)怒りによる紅潮.

Zo·te [ツォーテ tsóːtə] 女 -/-n わいせつな言葉, わい談. *Zoten*[4] reißen《口語》わい談をする.

zo·tig [ツォーティヒ tsóːtɪç] 形 みだらな, わいせつな, 下品な(冗談など).

Zot·te [ツォッテ tsɔ́tə] 女 -/-n 《ふつう 複》(動物の)たれ下がった毛;《医》絨毛(じゅうもう).

Zot·tel [ツォッテル tsɔ́təl] 女 -/-n ①《ふつう 複》《口語》(動物の)たれ下がった毛. ②《複で》《軽蔑的に》(人間の)もじゃもじゃとたれた頭髪.

zot·te·lig [ツォッテリヒ tsɔ́təlɪç] 形 (毛などが)もじゃもじゃの; くしゃくしゃの(髪など).

zot·teln [ツォッテルン tsɔ́təln] 自 (s, h)《口語》① (s) のろのろと歩く(歩いて行く). ② (h) (髪の毛が)もじゃもじゃとたれ下がっている.

zot·tig [ツォティヒ tsɔ́tɪç] 形 もじゃもじゃした, 毛むじゃらの; くしゃくしゃの(髪など).

ZPO [ツェット・ペー・オー]《略》民事訴訟法 (= Zivilprozessordnung).

Zr [ツェット・エル]《化・記号》ジルコニウム (= Zirkonium).

z. T. [ツム タイる]《略》一部は (= zum Teil).

Ztr. [ツェントナァ]《略》ツェントナー (= Zentner).

***zu** [ツー tsúː]

…に(へ)

Kommen Sie doch *zu* uns!
コンメン ズィー ドッホ ツー ウンス
ぜひうちに来てください.

I 前《3格とともに》(定冠詞と融合して zum (← zu dem), zur (← zu der) となることがある) ①《行く先》…に(へ), …の所に(へ). (愛 to). Ich gehe morgen *zu* ihm. 私はあした彼の所に行く / *zum* Arzt gehen 医者に行く / *zur* Post gehen 郵便局に行く / *zur* Party gehen パーティーに行く / *zu* Bett gehen 就寝する (⟵ ふつうは ins Bett gehen) /《雅》*zur* Schule gehen 学校へ行く, 通学する / sich[4] *zu* Tisch setzen 食卓につく / der Weg *zum* Bahnhof 駅への道 / von Haus *zu* Haus 家から家へ. (類語 nach).

②《場所》…に, …で. *zu* Haus[e] sein (また bleiben) 家にいる ⇨ Er ist heute *zu* Haus[e]. 彼はきょうは家にいる / *zu* Tisch sitzen 食卓についている / Er ist *zur* Versammlung.《口語》彼は集会に行っている / *zu* beiden Seiten des Gebäudes 建物の両側に / der Dom *zu* Köln《古》ケルンの大聖堂 (⟵ ふつうは in Köln) / Gasthaus „*Zum* Roten Ochsen"《古》旅館「赤牛亭」.

◊《hinaus.., herein..など》…から. *zur* Tür hinaus|gehen ドアから出て行く / *zum* Fenster herein|kommen 窓から入って来る.

③《付加・適合》…に添えて, …に合わせて. Nehmen Sie Milch *zum* Kaffee? コーヒーにミルクを入れますか / Das passt nicht *zu* Bier. それはビールには合わない / *zur* Gitarre singen ギターに合わせて歌う.

④《時点・時期》…の時に, …の時期に. *zu* Anfang des Jahres 年の初めに / *zu* Weihnachten クリスマスに / *zum* Wochenende 週末に / *zur* Zeit Goethes ゲーテの時代に / *zu* Mittag (Abend) essen 昼食(夕食)を食べる / von Tag *zu* Tag 日一日と / von Zeit *zu* Zeit ときどき / von Mal *zu* Mal 回を重ねるごとに.

⑤《目的・用途》…のために; …として. Stoff *zu* einem Kleid 服地 / Wasser *zum* Trinken 飲料水 / *zur* Erholung 休養のために / 人[4] *zur* Party ein|laden 人[4]をパーティーに招待する / *zur* Erinnerung an 人・事[4] 人・事[4]の記念(思い出)として / *zum* Beispiel 例えば(略: z. B.) / Zum Wohl! 乾杯!(←ご健康を祝って).

⑥《結果》…に[なる, する]. das Eiweiß[4] *zu* Schaum schlagen 卵白を泡立てる / *zu* Asche verbrennen 燃えて灰になる / *zu* Eis werden 氷になる / 人[4] *zum* Schuldirektor ernennen 人[4]を校長に任命する / *zu* der Ansicht kommen, dass... …という見解に至る / Es kam *zum* Streit. けんかになった / 人[4] *zum* Lachen bringen 人[4]を笑わせる / 人[4] *zur* Verzweiflung bringen 人[4]を絶望させる.

⑦《関係》…に対して, …について. die Liebe *zum* Vaterland 祖国愛 / Er ist sehr nett *zu* mir. 彼は私に対してとても親切だ / sich[4] *zu* einem Thema äußern あるテーマについて意見を述べる / im Gegensatz *zu* 人・事[3] 人・事[3]と対立して(対照的に) / im Verhältnis *zu* 人・事[3] 人・事[3]に比べて.

⑧《状況の判断》…なことに, …なほど. *zum* Glück 幸いなことに / *zu* meinem großen Erstaunen 私がとても驚いたことには / sich[4] *zu* Tode langweilen 死ぬほど退屈する / Die Schwestern sind sich[3] *zum* Verwechseln ähnlich. その姉妹は見間違うほどよく似ている.

⑨《数詞などとともに》㋐《数量・回数》*zu* zweit または *zu* zweien 二人連れで / *zu* 50 % (= Prozent) 50 パーセントだけ / *zum* Teil 部分的には / *zum* ersten Mal 初めて. ㋑《比率》~対…で. Das Spiel endete 2 *zu* 1. 試合は 2 対 1 で終わった. ㋒《値段・容量》…の. 5 Briefmarken *zu* 80 Pfennig 80 ペニヒの切手 5 枚 / *zum* halben Preis 半額で / ein Fass *zu* zehn Litern 10 リットル入りの樽(たる). ㋓《bis *zu* の形で》《上限》…まで. Städte bis *zu* 100 000 Einwohnern 人口 10 万人までの

都市.
⑩《移動の手段》…で. zu Fuß gehen 歩いて行く ⇨ Wir gehen zu Fuß. 私たちは歩いて行きます / zu Pferde kommen 馬でやって来る / zu Schiff reisen《雅》船旅をする.
⑪《特定の動詞・形容詞とともに》zu 事³ beitragen 事³に寄与する / zu 人・物³ gehören 人・物³の一員(一部)である / zu 事³ fähig sein 事³をする能力がある / zu 人・事³ geeignet sein 人・事³に適している.

II 副

あまりに…すぎる

Das Kleid ist *zu* teuer.
ダス クライト イスト ツー トイアァ
このワンピースは高価すぎる.

① あまりに…すぎる. (英) *too*). Er hat *zu* viel Arbeit. 彼は仕事が多すぎる / Sie sprechen *zu* schnell für mich. あなたの話し方は私には速すぎます / Das ist [doch] *zu* schön, **um** wahr zu sein. それはあまりにすばらしくて本当とは思えない.
②《口語》閉じて, 閉まって. Das Fenster ist *zu*. 窓は閉まっている / Tür *zu*! ドアを閉めてくれ. ◇《付加語としても》eine *zue* (または *zune*) Flasche《俗》栓をしたびん.
③《3 格または方向を表す語句のあとに置かれて》…に向かって. dem Ausgang *zu* 出口に向かって / Der Balkon geht nach dem Hof *zu*. バルコニーは中庭に面している.
④《命令文で》《口語》(促して:)どんどん. Nur *zu*! または Immer *zu*! どんどんやれ.
⑤《成句的に》**ab und *zu*** ときどき.

新形

zu sein ① 《口語》(店・ドアなどが)閉まっている, (鼻が)つまっている. ②《俗》酔っ払っている.

***zu viel** 多すぎる, あまりにも多い. Er trinkt *zu viel*. 彼は酒を飲みすぎる / Er hat *zu viel* Arbeit. 彼は仕事が多すぎる / Im Kaffee ist *zu viel* Milch. コーヒーにミルクが入りすぎている / Was *zu viel* ist, ist *zu viel*!《口語》もうたくさんだ, もう我慢できない / Das ist *zu viel des Guten*. または Das ist *zu viel*. そいつはあんまりだ.

zu we·nig 少なすぎる, あまりにも少ない. Er ist *zu wenig*. 彼はあまりに少ない / Du wiegst *zu wenig* für deine Größe. 君は身長の割に体重が軽すぎる.

III 接

…すること

Viel *zu* rauchen ist ungesund.
フィール ツー ラオヘン イスト ウンゲズント
たくさんたばこを吸うのは健康によくない.

①〖*zu* 不定詞[句]をつくって〗⑦〖主語・目的語として〗…すること. Es ist nicht leicht, ihn *zu* überzeugen. または Ihn *zu* überzeugen ist nicht leicht. 彼を説得するのは容易ではない / Er versprach, pünktlich *zu* kommen. 彼は時間どおりに来ると約束した. ⑦〖名詞・形容詞の付加語として〗…するという, …するための. der Plan, in Deutschland *zu* studieren ドイツの大学で勉強するという計画 / Er ist nicht fähig, diese Arbeit *zu* leisten. 彼にはこの仕事をやり遂げる能力がない.
② ⑦〖**um**+*zu* 不定詞[句]の形で〗…するために. Ich bin hier, um dir *zu* helfen. 私は君を助けるために来たのだ.
⑦〖**ohne**+*zu* 不定詞[句]の形で〗…することなしに. Er ging davon, ohne *zu* grüßen. 彼はあいさつもしないで立ち去った.
⑦〖**[an]statt**+*zu* 不定詞[句]の形で〗…する代わりに. Sie rief mich an, statt mir *zu* schreiben. 彼女は私に手紙を書く代わりに電話をかけてきた.
③〖**sein**+*zu* 不定詞[句]の形で〗…されうる, …されねばならない. Diese Aufgabe *ist* nicht *zu* lösen. この問題は解くことができない.
④〖**haben**+*zu* 不定詞[句]の形で〗…しなければならない. Ich *habe* noch *zu* arbeiten. 私はまだ仕事をしなければならない.
⑤〖*zu*+現在分詞の形で〗…されうる, …されなければならない. die nicht *zu* lösende Aufgabe 解くことができない問題.

⚠ 分離動詞の *zu* 不定詞: 分離動詞の場合は前つづりと基礎動詞の間に *zu* をはさみ 1 語としてつづる. 例: anzurufen. なお非分離動詞では *zu* を前に置く. 例: *zu* bekommen.

zu.. [ツー, tsú:..]〖分離動詞の前つづり; つねにアクセントをもつ〗①《…へ向かって》例: *zu*|senden 送付する. ②《添加》例: *zu*|fügen 付け加える. ③《閉鎖》例: *zu*|machen 閉じる. ④《こちらへ》例: *zu*|ziehen 引っ越して来る.

zu≠al·ler·erst [ツ・アらアエーァスト] 副 まず第一に, 真っ先に.

zu≠al·ler·letzt [ツ・アらァれツト] 副 最後の最後に, いちばん終わりに.

zu|bau·en [ツー・バオエン tsú:-bàuən] 他 (h) (空き地など⁴を)建物を建ててふさぐ.

Zu·be·hör [ツー・ベヘーァ tsú:-bəhø:r] 中 (まれに 男) -[e]s/-e (⁻: ..hörden も) (住宅などの)付属設備, (機械などの)付属品, アクセサリー.

zu|bei·ßen* [ツー・バイセン tsú:-bàisən] 自 (h) ① (犬などが)かみつく. ② 歯をかみ合わせる.

zu|be·kom·men* [ツー・ベコメン tsú:-bəkɔ́mən] (過分 zubekommen) 他 (h) ①《口語》(ドアなど⁴を)やっと閉めることができる. ②《方》おまけにもらう.

Zu·ber [ツー・バァ tsú:bər] 男 -s/- 《方》(大きな)桶(⁻).

zu|be·rei·ten [ツー・ベライテン tsú:-bərʾàitən] (過分 zubereitet) 他 (h) ① (食べ物など⁴を)

Zu・be・rei・tung [ツー・ベライトゥング] 女 -/-en 〖ふつう 単〗① 調理, 料理; (薬の)調合. ② 調理された食べ物; 調合された薬.

zu|bil・li・gen [ツー・ビリゲン tsú:-bilɪɡən] 他 (h) (人³に権利など⁴を)認める, 承認する. dem Angeklagten mildernde Umstände⁴ zubilligen 被告の情状を酌量する.

zu|bin・den* [ツー・ビンデン tsú:-bìndən] 他 (h) (袋など⁴を)ひもで閉める;(靴など⁴の)ひもを結ぶ, (靴のひもなど⁴を)結ぶ.

zu|blei・ben* [ツー・ブらイベン tsú:-blàɪbən] 自 (s) 《口語》(窓などが)閉じたままになっている.

zu|blin・zeln [ツー・ブりンツェるン tsú:-blìntsəln] 自 (h) (人³に)目くばせする.

zu|brin・gen* [ツー・ブリンゲン tsú:-brìŋən] 他 (h) ① (ある時間⁴をやむをえず…で)過ごす. eine Nacht⁴ im Auto zubringen 一晩車の中で過ごす. ② 《口語》(やっと)閉めることができる. Ich bringe die Tür nicht zu. 私はドアを閉めることができない. ③ 《猟》([人³に]物⁴を)持ってくる, もたらす.

Zu・brin・ger [ツー・ブリンガァ tsú:-brɪŋər] 男 -s/- 《交通》① (高速道路などへの)連絡道路, (駅・空港などへの)連絡路. ② (駅・空港などへの)連絡交通機関, 連絡バス.

Zu・brin・ger≠stra・ße [ツーブリンガァ・シュトラーセ] 女 -/-n =Zubringer ①.

Zucht [ツフト tsúxt] 女 -/-en ① 〖複 なし〗(動物の)飼育;(植物の)栽培; 養殖; 品種改良;(細菌の)培養. Tierzucht 動物の飼育 / Rosenzucht バラの栽培. ② 飼育(栽培)されたもの, 〔改良〕品種. ③ 〖複 なし〗厳しいしつけ, 訓育;《雅》(ふつう軽蔑的に:)規律. 人⁴ in Zucht nehmen 人⁴を礼儀正しくしつける.

Zucht≠bul・le [ツフト・ブれ] 男 -n/-n 種牛.

* **züch・ten** [ツュヒテン tsýçtən] (du züchtest, er züchtet (züchtete, hat ... gezüchtet) 他 (完了 haben) ①(動植物⁴を)飼育する, 養殖する, 栽培する, (菌⁴を)培養する. Rosen⁴ züchten バラを栽培する / Geflügel⁴ züchten 養鶏業を営む. ② 《比》(反感など⁴を)生み出す. Hass⁴ züchten 憎しみを生み出す.

Züch・ter [ツュヒタァ tsýçtər] 男 -s/- 飼育者, ブリーダー, 養殖(栽培)者. (注意 女性形は Züchterin).

züch・te・te [ツュヒテテ] *züchten (飼育する)の過去

Zucht≠haus [ツフト・ハオス] 中 -es/..häuser ① (昔の:)監獄. ② 〖複 なし〗(昔の:)懲役刑.

Zucht≠hengst [ツフト・ヘングスト] 男 -[e]s/-e 種馬.

züch・ti・gen [ツュヒティゲン tsýçtɪɡən] 他 (h) 《雅》(子供など⁴を)こらしめる, せっかんする.

Züch・ti・gung [ツュヒティグング] 女 -/-en 《雅》懲罰, 体罰.

zucht≠los [ツフト・ろース] 形 規律のない, だらしのない.

Zucht≠per・le [ツフト・ペルれ] 女 -/-n 養殖真珠.

Zucht≠stu・te [ツフト・シュトゥーテ] 女 -/-n 繁殖(品種改良)用の雌馬.

Züch・tung [ツュヒトゥング] 女 -/-en ① 飼育, 養殖, 栽培, 品種改良. ② 養殖(栽培)されたもの, 改良品種.

Zucht≠vieh [ツフト・フィー] 中 -[e]s/- (総称として:) 種畜.

zu・ckeln [ツッケるン tsúkəln] 自 (s) 《口語》(人・車などが…へ)のろのろと歩いて行く(進む).

* **zu・cken** [ツッケン tsúkən] (zuckte, hat/ist ... gezuckt) 自 (完了 haben または sein) ① (h) ぴくぴく動く, ぴくっとする. 《英》twitch). Seine Hand zuckte. 彼の手がぴくっと動いた / mit den Achseln zucken 肩をすくめる / ohne mit der Wimper zu zucken 眉(訓)一つ動かさずに, 平然と. ◇非人称の es を主語として〗Es zuckte um ihren Mund. 彼女の口元がぴくっと動いた / Es zuckt mir in den Beinen. 《比》私は[踊りたくて]足がむずむずする. ② (h)(稲妻などが)ぴかっと光る, またたく. In der Ferne zuckten Blitze. 遠くで稲妻が光った. ③ (s)〖方向を表す語句とともに〗(…へ/…から) さっと動く;(炎などが…へ/…から)さっと走る. Er zuckte zur Seite. 彼はわきへ飛びのいた / Ein Gedanke zuckte ihr durch den Kopf. 《比》ある考えが彼女の頭にひらめいた.

zü・cken [ツュッケン tsýkən] 他 (h) ①《雅》(刀など⁴を)さっと抜く. ② 《戯》(財布など⁴を)さっと取り出す.

* der **Zu・cker** [ツッカァ tsúkər]

| 砂糖 | Nehmen Sie Zucker?
ネーメン　ズィー　ツッカァ
砂糖を入れますか. |

男 (単2) -s/(種類を表すときのみ: 複) - ① 砂糖;《化》糖. 《英》sugar), 「塩」は Salz). weißer Zucker 白砂糖 / ein Löffel Zucker さじ 1 杯の砂糖 / ein Stück Zucker 角砂糖 1 個 / Kaffee mit Zucker und Milch 砂糖とミルクを入れたコーヒー / Er trinkt den Tee ohne Zucker. 彼は砂糖を入れないで紅茶を飲む / Das Mädchen ist Zucker. 《俗》その女の子はすごくきれいだ.
② 〖複 なし〗《口語》糖尿病 (= Zuckerkrankheit). Er hat Zucker. 彼は糖尿病にかかっている.

Zu・cker≠brot [ツッカァ・ブロート] 中 -[e]s/-e ①《俗》(砂糖をまぶした)バターパン. mit Zuckerbrot und Peitsche あめとむちで. ②《古》菓子パン.

Zu・cker≠do・se [ツッカァ・ドーゼ] 女 -/-n (食卓用の)砂糖入れ(つぼ).

Zu・cker≠guss [ツッカァ・グス] 男 -es/..güsse (菓子にかける)砂糖衣.

Zucker≠guß 新旧 Zuckerguss

zu・cker≠hal・tig [ツッカァ・ハるティヒ] 形 糖分を含んだ.

Zu・cker≠hut [ツッカァ・フート] 男 -[e]s/..hüte

(円錐(％)状の)棒砂糖.
zu·cke·rig [ツッケリヒ tsúkarıç] 形 砂糖をまぶした, 砂糖だらけの; 砂糖でできた; 糖分を含む.
zu·cker╴krank [ツッカァ・クランク] 形《医》糖尿病の.
Zu·cker╴krank·heit [ツッカァ・クランクハイト] 女 -/《医》糖尿病(=Diabetes).
Zu·cker| [ツッカァル tsúkərl] 中 -s/-[n]《南ド・オーストリア》ボンボン, キャンデー;《比》何か特別なもの.
zu·ckern [ツッカァン tsúkərn] 他 (h) ① 物⁴を)砂糖で甘くする. ② 物⁴に)砂糖をまぶす. einen Kuchen zuckern ケーキに砂糖をまぶす.
Zu·cker╴rohr [ツッカァ・ローァ] 中 -[e]s/-e《植》サトウキビ.
Zu·cker╴rü·be [ツッカァ・リューベ] 女 -/-n《植》サトウダイコン, テンサイ(甜菜).
zu·cker╴süß [ツッカァ・ズュース] 形 ① 砂糖のように甘い, 非常に甘い. ②《比》甘ったるい(言葉など).
Zu·cker╴wat·te [ツッカァ・ヴァッテ] 女 -/綿菓子.
Zu·cker╴zan·ge [ツッカァ・ツァンゲ] 女 -/-n 角砂糖ばさみ.
zuck·rig [ツックリヒ tsúkrıç] 形 =zuckerig
zuck·te [ツックテ] *zucken (ぴくりと動く)の過去
Zu·ckung [ツックング tsúkuŋ] 女 -/-en ぴくりく動くこと, けいれん.
Zu·de·cke [ツー・デッケ tsú:-dɛkə] 女《方》掛布団.
***zu|de·cken** [ツー・デッケン tsú:-dɛkən] (deckte...zu, hat...zugedeckt) 他 (h) 《英》cover 》 (h) (人・物⁴を)覆う, 包む. 《注》「覆いを取る」はauf|decken). ein Kind⁴ warm zudecken 子供を暖かくくるむ / Sie deckte den Kranken mit einer Decke zu. 彼女は病人に毛布を掛けてやった / 人⁴ mit Fragen zudecken《比》人⁴に質問を浴びせかける. ◇《再帰的に》Er deckte sich⁴ mit seinem Mantel zu. 彼はコートにくるまった. ② (つぼなど⁴に)ふたをする, (穴など⁴を)ふさぐ. den Topf [mit einem Deckel] zudecken 鍋(②)にふたをする / eine Grube⁴ mit Brettern zudecken 穴を板でふさぐ.
zu·dem [ツ・デーム] 副《雅》それに加えて, おまけに, [なお]その上.
zu|den·ken* [ツー・デンケン tsú:-dɛŋkən] 他 (h)《雅》(人³に)与えようと考える.
zu|dik·tie·ren [ツー・ディクティーレン tsú:-dıkti:rən] 他 (h) (人³に罰など⁴を)科する.
zu|dre·hen [ツー・ドレーエン tsú:-dre:ən] 他 (h) ① (水道の栓・バルブなど⁴をひねって閉める, (ねじなど⁴を)回して締める. ②《口語》(水・ガスなど⁴を)栓をひねって止める. Dreh das Wasser zu! (水道の)水を止めてくれ. ③ (人³に背など⁴の方を向ける. ◇《再帰的に》 sich³ 人³ zudrehen 人³の方を振り向く.
zu·dring·lich [ツー・ドリングリヒ] 形 押しつけがましい, あつかましい, しつこい.
Zu·dring·lich·keit [ツー・ドリングリヒカイト] 女 -/-en ① 《覆なし》押しつけがましさ, あつかましさ, しつこさ. ② あつかましい(しつこい)行為, 嫌がらせ.
zu|drü·cken [ツー・ドリュッケン tsú:-drykən] I 他 (h) (ドア・ふたなど⁴を)押して閉める. 人⁴ die Kehle⁴ zudrücken 人³の首を絞める, 人⁴ を絞殺する / ein Auge⁴ (または beide Augen⁴) zudrücken a) 目をつぶる, b)《口語・比》大目に見る. II 自 (h) (握手などで):ぎゅっと握る.
zu|eig·nen [ツー・アイグネン tsú:-àıgnən] 他《雅》(人³に物⁴を)献呈する. II 再帰 sich³ 物⁴ zueignen《法》物⁴を横領する.
zu╴ei·nan·der [ツ・アイナンダァ] 副 お互いに, お互いうに] Sie sind sehr lieb zueinander. 彼らは相思相愛の仲だ.
zu|er·ken·nen* [ツー・エァケンネン tsú:-ɛrkɛnən] (過分 zuerkannt) 他 (h) (裁判により人³に権利など⁴を)認める, (審査により人³に賞など⁴を)授与する. 人³ das Kind⁴ zuerkennen 人³に子供の引き取りを認める.
Zu·er·ken·nung [ツー・エァケンヌング] 女 -/《ふつう覆なし》判決, 宣告; 承認, 認定; 授与.
***zu·erst** [ツ・エーァスト tsu-é:rst] 副 ① 最初に, まず第一に. 《英 first). 《注》「最後に」はzuletzt). Zuerst kam mein Bruder, dann folgten die anderen. 最初に私の兄がやって来て, それから他の人々が続いた / Zuerst fahren wir nach Berlin. まず私たちはベルリンに行く / Wer zuerst kommt, mahlt zuerst. (ことわざ) 早い者勝ち(←最初に来た人が最初に粉をひく).
② 初め[のうち]は.《英 at first). Zuerst bemerkte ich noch gar nichts. 初めのうちは私は何も気がつかなかった.
③ 初めて, 最初に. Wir haben uns zuerst in München gesehen. 私たちはミュンヒェンで初めて出会った.
④ とりあえず, まずは. Wir wollen zuerst mal essen! まずは食事でもしてからにしよう.
zu|er·tei·len [ツー・エァタイレン tsú:-ɛrtaılən] (過分 zuerteilt) 他 (h)《稀》(人³に任務など⁴を)割り当てる.
zu|fah·ren* [ツー・ファーレン tsú:-fà:rən] 自 (s) ① 《auf 人・物⁴~》(乗り物・人が乗り物で人・物⁴の方へ)向かって行く(走る); (人・物⁴に)飛びかかる, つかみかかる. ②《口語》(乗り物で)どんどん進む. Fahr [doch] zu! (運転者に)どんどん走ってくれ.
Zu·fahrt [ツー・ファールト tsú:-fa:rt] 女 -/-en ① 《覆なし》 (ある場所への乗り物の)乗り入れ, アクセス. ② (ある場所への)通路, アクセス道路.
Zu·fahrts╴stra·ße [ツー・ファールツ・シュトラーセ] 女 -/-n (ある場所・施設などへの)通路, アクセス道路.
***der **Zu·fall** [ツー・ふァる tsú:-fal] 男 (単2) -[e]s/(複) ..fälle [..ふェれ] (3 格では ..fällen)
① 偶然[の出来事], 予期せぬ出来事.《英

accident, chance). ein glücklicher *Zufall* 幸運な偶然 / 事⁴ dem *Zufall* überlassen 事⁴を成り行きにまかせる / **durch** *Zufall* 偶然に、たまたま / Das ist aber ein *Zufall*! これはなんという偶然だ / Es ist kein *Zufall*, dass … …は偶然ではない / Der *Zufall* wollte [es], dass … 偶然…ということになった.
② 《ふつう 複》《古》(病気の)発作.

Zu·fäl·le (Zufall (偶然)の 複)

zu|fal·len* [ツー・ふァれン tsúː-fàlən] 自 (s) ① (ドアなどがひとりでに閉まる、(眠くて目が)閉じる. Die Tür *ist* von selbst *zugefallen*. 《現在完了》ドアがひとりでに閉まった. ② (賞・遺産などが 人³に)転がり込む；(任務などが 人³に)割り当てられる.

*★**zu·fäl·lig** [ツー・ふェりヒ tsúː-fɛliç] Ⅰ 形 偶然の、思いがけない、たまたまの. 《英 *accidental*》. eine *zufällige* Begegnung 思いがけない出会い.
Ⅱ 副 ① 偶然に、たまたま. Ich traf ihn *zufällig* in der Stadt. たまたま私は町で彼に会った. ② 《口語》もしかして、ひょっとして. Haben Sie *zufällig* einen Füller bei sich? もしかして万年筆をお持ちじゃないでしょうか.

zu·fäl·li·ger·wei·se [ツー・ふェりガァ・ヴァイゼ] 副 偶然に、たまたま.

Zu·fäl·lig·keit [ツー・ふェりヒカイト] 女 -/-en ① 《複 なし》偶然[性]. ② 偶然の出来事.

Zu·falls·be·kannt·schaft [ツー・ふァるス・ベカントシャふト] 女 -/-en ① 偶然に知り合った人. ② 《ふつう 単》《匿》偶然に知り合うこと.

Zu·falls·tref·fer [ツー・ふァるス・トれッふァァ] 男 -s/- 偶然の的中、まぐれ当たり.

zu|fas·sen [ツー・ふァッセン tsúː-fàsən] 自 (h) ① (すばやく)つかむ、とらえる. ② 《口語》手伝う、手を貸す.

zu|flie·gen* [ツー・ふリーゲン tsúː-flìːɡən] 自 (s) ① 『**auf** 人・物⁴ ～』(人・物⁴に向かって)飛んで行く. ② (鳥などが 人³の所へ)飛んで来る；《比》(アイディアなどが 人³の)頭に浮かんで来る. ③ 《口語》(ドアなどが)ばたんと閉まる.

zu|flie·ßen* [ツー・ふりーセン tsúː-flìːsən] 自 (s) ① (物³に向かって)流れる；(物³に)流れ込む、注ぐ. Der Fluss *fließt* dem Meer *zu*. その川は海に注いでいる. ② (寄付などが団体など³に)寄せられる、与えられる.

Zu·flucht [ツー・ふるフト tsúː-fluxt] 女 -/-en 避難所、隠れ家；《比》慰め、逃げ道. **zu** 物³ [seine] *Zuflucht* nehmen 物³に逃げ道を求める / Er suchte **bei** seinem Freund *Zuflucht*. 彼は友人に庇護(ひ)を求めた.

Zu·fluchts·ort [ツー・ふるフツ・オルト] 男 -[e]s/-e 避難所、隠れ家.

Zu·fluss [ツー・ふるス tsúː-flus] 男 -es/..flüsse ① 《複 なし》(水・資本などが)流れ込むこと. ② 支流；(湖などへ)流入する川. Der Main ist ein *Zufluss* des Rheins. マイン川はライン川の支流だ.

Zu·fluß ☞ 《新形》 Zufluss

zu|flüs·tern [ツー・ふりュスタァン tsúː-flỳstərn] 他 (h) (人³に 事⁴を)ささやく.

zu·fol·ge [ツ・ふォるゲ] 前 《(名詞のあとに置かれて:) 3格とともに；(名詞の前に置かれて:) 2格とともに》…に従って、…によれば. seinem Wunsch *zufolge* または *zufolge* seines Wunsches 彼の希望に従って / einem Gerücht *zufolge* うわさによれば.

*★**zu·frie·den** [ツ・ふリーデン tsu-fríːdən]

満足した

Ich bin mit ihm sehr *zufrieden*.
イヒ ビン ミット イーム ゼーァ ツふリーデン
私は彼にとても満足しています.

形 満足した、満ち足りた. 《英 *content*》. ein *zufriedener* Mensch 満ち足りた人 / ein *zufriedenes* Gesicht⁴ machen 満足そうな顔をする / Bist du jetzt endlich *zufrieden*? 《口語》これでやっと満足したか / **mit** 人・物³ *zufrieden* sein 人・物³に満足している ⇒ Er ist mit seinem Gehalt *zufrieden*. 彼は自分の給料に満足している.

《新形》

zu·frie·den ge·ben sich⁴ *zufrieden geben* 満足する / sich⁴ **mit** 事³ nicht *zufrieden geben* wollen 事³に満足しようとしない.

zu·frie·den las·sen (人⁴を)そっとしておく、わずらわさない.

zu·frie·den stel·len (人⁴を)満足させる.

zu·frie·den|ge·ben* 再帰 (h) 《新形》zufrieden geben) ☞ zufrieden

Zu·frie·den·heit [ツ・ふリーデンハイト] 女 -/ 満足[していること].

zu·frie·den|las·sen* 他 (h) 《新形》zufrieden lassen) ☞ zufrieden

zu·frie·den|stel·len 他 (h) 《新形》zufrieden stellen) ☞ zufrieden

zu·frie·den·stel·lend [ツふリーデン・シュテれント] Ⅰ zufrieden|stellen (zufrieden stellen (満足させる)の《旧形》)の 現分 Ⅱ 形 満足すべき、申し分のない. Seine Leistungen sind *zufriedenstellend*. 彼の業績は申し分ない. 《中》zufrieden stellend とつづる).

zu|frie·ren* [ツー・ふリーレン tsúː-frìːrən] 自 (s) (川・海などが)氷結する；(水道管などが)凍結する.

zu|fü·gen [ツー・ふューゲン tsúː-fỳːɡən] 他 (h) ① (人³に危害など⁴を)加える、与える. ② (A³に B⁴を)付け加える、添える.

Zu·fuhr [ツー・ふーァ tsúː-fuːr] 女 -/-en ① 《複 なし》(商品・貨物などの)補給；(水・ガスなどの)供給；(空気などの)流入. ② 《匿》(一度に運ばれた)補給物資、供給品.

zu|füh·ren [ツー・ふューレン tsúː-fỳːrən] Ⅰ 他 (h) ① (人・物³にガス・電気など⁴を)供給(補給)する、引く、通す. ② (A³に B⁴を紹介する；B⁴を A³に)引き合わせる. dem Kaufmann

Kunden⁴ *zuführen* 商人に顧客を紹介する / ein Problem⁴ einer Lösung³ *zuführen* 問題を解決する / 物⁴ einer Verwendung³ *zuführen* 物⁴を使用する. II 自 (h)〘**auf** 物⁴~〙(道 物⁴へ)通じている.

Zu·füh·rung [ツーフールング] 女 -/-en ① 〘複 なし〙供給, 補給. ② 導管, 送管; 給電線.

**der Zug [ツーク tsúːk]

列車	Ich fahre mit dem *Zug*. イヒ ファーレ ミット デム ツーク 私は列車で行きます.

男 (単2) -es (まれに -s)/(複) Züge [ツーゲ] (3格のみ Zügen) ① **列車.** (英 *train*). ein verspäteter *Zug* [定刻より]遅れている列車 / Der *Zug* fährt gleich ab. その列車は間もなく発車します / Der *Zug* nach München kommt pünktlich an. ミュンヒェン行きの列車は定刻に到着する / Der *Zug* fährt auf Gleis 2 ein. 列車が2番線に入ります / Der *Zug* von Berlin hat Verspätung. ベルリンからの列車は遅れている / Ich nehme den *Zug* um 10 Uhr. 私は10時の列車に乗ります / den *Zug* erreichen (verpassen) 列車に間に合う(乗り遅れる) / **aus** dem *Zug* aus|steigen 列車から降りる / **in** den *Zug* ein|steigen 列車に乗り込む / im falschen *Zug* sitzen a) 間違った列車に乗っている, b) 〘口語・比〙判断を誤っている / **mit** dem *Zug* fahren 列車で行く.

〈メモ〉 ドイツの主な列車: ICE (Intercityexpress) 都市間超特急 / EC (Eurocity) ヨーロッパ都市間特急 / IC (Intercity) 都市間特急 / EN (Euronight) ヨーロッパ都市間夜行特急 / RE (Regionalexpress) 地方都市間急行 / IR (Interregio) 地方都市間急行 / D (Schnellzug) 急行列車 / E (Eilzug) 快速列車 / ❺ (S-Bahn) 都市間高速鉄道

② **行列, 隊列.** Festzug 祝賀パレード / ein *Zug* von Demonstranten デモ隊の行列.
③ 〘複 なし〙(雲などの)**移動**; (事態の)流れ, 動き, 傾向. der *Zug* der Vögel² 鳥の渡り / Das ist der *Zug* der Zeit. それは時代のすう勢だ / **im** *Zug*[e] der Reform² 改革の流れの中で / einen *Zug* durch die Gemeinde machen《口語》飲み屋をはしごする.
④ 〘複 なし〙**勢い, 躍動, 活気.** 車⁴ **in** *Zug* bringen 車⁴に活気づける / **in** *Zug* kommen 勢いづく / Er war gerade im besten *Zug*[e]. 彼はまさに絶好調だった.
⑤ (息などを)**吸うこと**; (飲み物を)飲むこと. Atemzug 呼吸 / einen *Zug* aus dem Glas tun コップから一飲みする / **auf** einen *Zug* または **in** einem *Zug* 一息に, (中断せず)一気に / die Luft⁴ in tiefen *Zügen* ein|ziehen 空気を胸いっぱいに吸い込む / 車⁴ **in** vollen *Zügen* genießen《比》車⁴を思いきり楽しむ.
⑥ 〘複 なし〙**通風,** 通気, すき間風. Der Ofen hat nicht genug *Zug*. そのストーブは通気が不十分だ / **im** *Zug* sitzen すき間風の入る所に座っている.
⑦ **筆使い, 筆跡. mit** schönen *Zügen* schreiben 美しい筆使いで書く / **in** großen (または groben) *Zügen*《比》要約して, 大づかみに.
⑧ **顔だち, 顔つき; 表情. scharfe** *Züge* 彫りの深い顔 / In seinem Gesicht lag ein *Zug* von Strenge. 彼の顔には厳しい表情が浮かんでいた.
⑨ **特徴, 特質.** Das ist ein schöner *Zug* an ihm. それが彼の人柄のいいところだ.
⑩ (チェスの)指し手, こまを進めること. Er ist **am** *Zug*. 彼の手番だ / *Zug* **um** *Zug* 次々に / nicht **zum** *Zug* kommen《比》出番がない.
⑪ **引くこと, 引っ張ること; 引く力**;《物》張力. ein starker *Zug* nach unten 下方へ強く引く力.
⑫ 引きひも, 引き手;《方》引き出し. der *Zug* an der Gardine カーテンの引きひも. ⑬ (水泳・ボートの)ストローク. ⑭ (ストーブなどの)煙道. ⑮〘口語〙**規律,** しつけ. ⑯ (学校の)学科, コース. ⑰《軍》(30~50人の)小隊. ⑱ 連山.

Zu·ga·be [ツーガーベ tsúː-gaːbə] 女 -/-n ① 景品, おまけ; (音楽会などでの)アンコール. ② 〘複 なし〙付加, 付け加えること.

Zu·gang [ツーガング tsúː-gaŋ] 男 -[e]s/..gänge ① 〘複 なし〙出入り, 立ち入り;《比》近づくすべ(機会), 親しみ. keinen *Zugang* zu 人・物³ haben 人・物³に親しみが持てない(理解できない) / *Zugang* verboten! (掲示などで): 立入禁止. ② 出入り口, 通路. ③ 〘複 なし〙(人員・蔵書などの)増員, 増加した物.

*zu·gäng·lich [ツーゲングリヒ tsúː-gɛŋ-lɪç] 形 ① (場所などが)近づきやすい; 立ち入ることができる. (英 *accessible*). Die Hütte ist im Winter schwer *zugänglich*. その山小屋には冬は近づきにくい. ② **利用できる**; (情報などが)入手できる. (英 *available*). Die Bibliothek ist jedem (または **für** jeden) *zugänglich*. その図書館はだれでも利用できる. ③ 親しみやすい, とっつきやすい. ein *zugänglicher* Mensch つき合いやすい人 / Diese Musik ist schwer *zugänglich*. この音楽は難解だ. ④ (考え・忠告などに)心を開いた, 受け入れる用意がある. Er ist vernünftigen Vorschlägen³ (または **für** vernünftige Vorschläge) immer *zugänglich*. 彼はもっともな提案にはいつもちゃんと耳を傾ける.

Zug≂be·glei·ter [ツーク・ベグライタァ] 男 -s/- 列車乗務員.

Zug≂brü·cke [ツーク・ブリュッケ] 女 -/-n はね

橋. (☞ Burg 図).

Zü·ge [ツューゲ] *Zug (列車)の 複

zu·ge·ben [ツー・ゲーベン tsúː-gèːbən] du gibst...zu, er gibt...zu (gab... zu, hat...zugegeben) 他 (完了 haben) ① (おまけとして)付け加える, 添える. (英 add). Salz⁴ zugeben 塩味を加える / Der Sänger gab noch zwei Lieder zu. その歌手はアンコールにこたえてもう2曲歌った. (罪な事⁴を)白状する. Der Angeklagte hat die Tat zugegeben. 被告は犯行を認めた. ③ (事⁴を正しいと)認める. Ich gebe zu, dass du Recht hast. 君が正しいことは認めるよ. ④《否定文·疑問文で》許す, 容認する. Er wollte nicht zugeben, dass ich allein reise. 彼は私が一人で旅行するのを許そうとしなかった.

zu·ge·deckt [ツー・ゲデックト] *zu|decken (覆う)の 過分

zu·ge·gan·gen [ツー・ゲガンゲン] *zu|gehen (向かって行く)の 過分

zu·ge·ge·ben [ツー・ゲーベン] *zu|geben (付け加える)の 過分

zu·ge·ge·be·ner·ma·ßen [ツーゲゲーベナァ·マーセン] 副 すでに認めたとおり; だれしも認めているように.

zu·ge·gen [ツ・ゲーゲン] 形《述語としてのみ》《雅》(その場に)居合わせて; 出席して (＝anwesend). Er war bei dem Unfall zugegen. 彼は事故の現場に居合わせていた.

zu|ge·hen [ツー・ゲーエン tsúː-gèːən] (ging... zu, ist...zugegangen) 自 (完了 sein) ① **auf** 人·物⁴ ～》(人·物⁴に)向かって行く, 歩み寄る. Er ging auf die Frau zu. 彼は彼女の方へ歩み寄った. ②《事³ (または auf 事⁴)～》(時間的に)事³ (または事⁴)に近づく. Die Ferien gingen dem Ende zu. 休暇が終わりに近づいていた. ◊《非人称 es を主語として》Es geht auf Weihnachten zu. そろそろクリスマスが近い. ③《口語》(ドアなどが)閉まる. Der Koffer geht nicht zu. スーツケースが閉まらない. ④《官庁》(書類などが)届けられる. Ich lasse Ihnen demnächst ein Buch zugehen. あなたに近いうちに本を1冊お送りします. ⑤ (物事が…のぐあいに)進行する, 起こる. Wie ist das zugegangen?《現在完了》どうしてそんなことになったのか. ◊《非人称 es を主語として》**Auf der Party** ging es sehr lustig zu. パーティーはとても楽しかった. ⑥ (先が…の形になっている. Der Aussichtsturm geht spitz zu. 展望タワーは先が細くなっている. ⑦《口語》急いで行く.

zu·ge·hö·rig [ツー・ゲヘーリヒ] 形 (人·物³に)所属(付属)している. der dem Schloss zugehörige Park 城に所属している公園 / ein Haus⁴ mit zugehörigem Garten kaufen 庭つきの家を買う.

Zu·ge·hö·rig·keit [ツー・ゲヘーリヒカイト] 女 -/ 所属(していること); 構成員(会員)であること.

zu·ge·hört [ツー・ゲヘァト] *zu|hören (注意して聞く)の 過分

zu·ge·knöpft [ツー・ゲクネプフト] I zu|knöpfen (ボタンを掛ける)の 過分 II 形《口語》とっつきにくい, 無口な, 打ち解けない(人など).

zu·ge·kom·men [ツー・ゲコンメン] *zu|kommen (近づいて来る)の 過分

***der Zü·gel** [ツューゲる tsýːɡəl] 男 (単2) -s/(複) - (3格の -n) 手綱. (英 rein). dem Pferd die Zügel⁴ an|legen 馬に手綱を付ける / ein Pferd **am** Zügel führen 馬の手綱を引く / einem Pferd **in** die Zügel fallen 逃げる馬の手綱をつかんで立ち止まらせる / die Zügel⁴ an|ziehen a) 手綱を締める, b)《比》規律を引き締める / die Zügel⁴ lockern (または schleifen lassen) a) 手綱を緩める, b)《比》規律を緩める / die Zügel⁴ in der Hand haben《比》主導権を握っている / 人·事³ Zügel⁴ an|legen 人·事³ を抑制する / 人·事³ die Zügel⁴ schießen lassen《比》人·事³の勝手に任せる / bei 人³ die Zügel⁴ kurz halten《比》人³に勝手なことをさせない.

zu·ge·las·sen [ツー・ゲらッセン] *zu|lassen (許す)の 過分

zü·gel⁄los [ツューゲる・ろース] 形 抑制の効かない, 自制心のない, だらしのない. ein zügelloses Leben⁴ führen だらしない生活を送る.

Zü·gel·lo·sig·keit [ツューゲる・ろーズィヒカイト] 女 -/ 抑制がきかないこと, 放縦.

zü·geln [ツューゲるン tsýːɡəln] 他 (h) ① (馬⁴の)手綱を締める, (馬⁴を)御する. ②《比》(人⁴·感情など⁴を)抑制(制御)する; (口などを⁴)慎む. seinen Zorn zügeln 怒りを抑える. ◊《再帰的に》sich⁴ zügeln 自制する, 我慢する.

zu·ge·macht [ツー・ゲマハト] *zu|machen (閉める)の 過分

zu·ge·mu·tet [ツー・ゲムーテット] *zu|muten (期待する)の 過分

zu·ge·neigt [ツー・ゲナイクト] I zu|neigen (考えが傾く)の 過分 II 形《雅》(人·事³に)好意をいだいた, 心を寄せた.

zu·ge·nom·men [ツー・ゲノンメン] *zu|nehmen (増す)の 過分

Zu·ge·reis·te[r] [ツー・ゲライステ (..タァ) tsúː-ɡəraɪsta (..tər)] 男 女《語尾変化は形容詞と同じ》よそ者, 他国の人.

zu·ge·sagt [ツー・ゲザークト] *zu|sagen (約束する)の 過分

zu·ge·schlos·sen [ツー・ゲシュろッセン] *zu|schließen (鍵をかける)の 過分

zu·ge·se·hen [ツー・ゲゼーエン] *zu|sehen (眺める)の 過分

zu·ge·sel·len [ツー・ゲゼれン tsúː-ɡəzɛlən] 過分 zugesellt) I 再帰 (h) sich⁴ 人·事³ zugesellen 人³の仲間になる, 事³に加わる. II 他 (h) (A³ に B⁴ を)仲間として加える.

zu·ge·stan·den [ツー・ゲシュタンデン] *zu|gestehen (認める)の 過分

zu·ge·stan·de·ner·ma·ßen [ツーゲシュタンデナァ·マーセン] 副《書》すでに認められているよ

Zugeständnis

うに，明らかに．

Zu・ge・ständ・nis [ツー・ゲシュテントニス] 中 ..nisses/..nisse 認容，承認，譲歩． 人³ *Zugeständnisse*⁴ machen 人³に譲歩する．

zu|ge・ste・hen [ツー・ゲシュテーエン tsúːgəʃtèːən] (gestand ... zu, hat ... zugestanden) 他 (⦅完了⦆ haben) ① 〖人³に権利など⁴を〗認める，容認する．(⦅英⦆ concede). dem Käufer einen Rabatt *zugestehen* 買い手に割引を認める． ② (本当だと)認める，白状する．(⦅英⦆ admit). Ich muss ihm *zugestehen*, dass ... ...ということを私は彼に認めざるをえない．

zu・ge・stimmt [ツー・ゲシュティムト] *zu|stimmen (賛成する)の 過分

zu・ge・tan [ツー・ゲターン] I zu|tun (付け加える)の 過分 II 形 〖成句的に〗 人³に好意を寄せている，物³が好きである．Er ist dem Wein sehr *zugetan*. 彼はワインをとても愛好している．

zu・ge・traut [ツー・ゲトラオト] *zu|trauen (思う)の 過分

zu・ge・trof・fen [ツー・ゲトロッフェン] *zu|treffen (当たっている)の 過分

zu・ge・wandt [ツー・ゲヴァント] I zu|wenden (向ける)の 過分 II 形 (人・物³の方を)向いた；(人・物³に)向けられた(興味・好意など)．

Zug≠fes・tig・keit [ツーク・フェスティヒカイト] 女 -/ (工)引っぱり強さ，抗張力．

Zug≠füh・rer [ツーク・フューラァ] 男 -s/- ① (列車の)車掌． ② (軍)小隊長．

Zu・ge・winn≠ge・mein・schaft [ツーゲヴィン・ゲマインシャフト] 女 -/-en (法)(離婚時に夫婦の共通財産を均等に分割する)余剰共同制．

zu|gie・ßen* [ツー・ギーセン tsúː-gìːsən] 他 (h) (水など⁴を)つぎ足す．

zu・gig [ツーギヒ tsúː-gɪç] 形 すき間風の入る，風の吹き抜ける，吹きさらしの．

zü・gig [ツューギヒ tsýː-gɪç] 形 ① 迅速な，遅滞のない，スムーズな；きびきびした．ein *zügiger* Verkehr スムーズな車の流れ． ② ⦅スイ⦆ 引く力のある(牛など)．

Zug≠kraft [ツーク・クラフト] 女 -/..kräfte ① ⦅物⦆けん引力． ② 〖複 なし〗魅力，人気．

zug≠kräf・tig [ツーク・クレフティヒ] 形 人を引きつける，魅力のある(本の題名など)．

zu・gleich [ツ・グラィヒ tsuːgláɪ̯ç] 副 同時に；(…であると)同時にまた．Wir kamen *zugleich* an. 私たちは同時に到着した／Er ist Maler und Dichter *zugleich*. 彼は画家であると同時に詩人でもある．

Zug≠luft [ツーク・るフト] 女 -/ 通風，すき間風．

Zug≠ma・schi・ne [ツーク・マシーネ] 女 -/-n けん引車(機)，トラクター．

Zug≠num・mer [ツーク・ヌンマァ] 女 -/-n ① (サーカス・芝居などの)呼び物． ② (鉄道)列車番号．

Zug≠per・so・nal [ツーク・ペルゾナーる] 中 -s/ (鉄道)(総称として)列車乗務員．

Zug≠pferd [ツーク・プフェーアト] 中 -[e]s/-e 引き馬，輓馬(ばんば)．

Zug≠pflas・ter [ツーク・プふラスタァ] 中 -s/- (医)発疱硬膏(こう)．

zu|grei・fen* [ツー・グラィふェン tsúː-gràɪ̯fən] 自 (h) ① (手を伸ばして)つかむ；取って食べる． (比)すばやく買う，(仕事などに)とびつく，(警察の)手が伸びる，⦅コンピュ⦆(データに)アクセスする．Bitte *greifen* Sie *zu*! (食卓で：)どうぞご自由に召し上がってください． ② せっせと働く；仕事の手伝いをする．

Zu・griff [ツー・グリふ tsúː-grɪf] 男 -[e]s/-e つかむこと；逮捕，手入れ，⦅コンピュ⦆アクセス．

Zu・griffs≠zeit [ツーグリふス・ツァィト] 女 -/-en ⦅コンピュ⦆アクセスタイム．

zu≠grun・de [ツ・グルンデ tsuːgrúndə] 副 〖成句的に〗 *zugrunde* gehen a) だめになる，破滅する，b) 死ぬ．Er ging an dieser Krankheit *zugrunde*. 彼はこの病気で死んだ． ② A³ B⁴ *zugrunde* legen B⁴を A³の基礎にする．Er legte seinem Vortrag ein Wort von Heine *zugrunde*. 彼はハイネの言葉を基に講演をした． ③ 物³ *zugrunde* liegen 物³の基礎になっている．Seinem Mißtrauen liegt eine persönliche Erfahrung *zugrunde*. 個人的な経験が彼の不信感の基になっている． ④ 人・物⁴ *zugrunde* richten 人・物⁴を滅ぼす，だめにする．Er hat die Firma *zugrunde* gerichtet. 彼は会社をつぶした．

(⦅新⦆ zu Grunde ともつづる) ☞ Grund ④

die **Zug・spit・ze** [ツーク・シュピッツェ tsúːkʃpɪtsə] 女 -/ 〖定冠詞とともに〗(山名)ツークシュピッツェ(ドイツの最高峰．2962m：☞ ⦅地図⦆ E-5).

Zug≠stück [ツーク・シュテュック] 中 -[e]s/-e 大評判の芝居，呼び物．

Zug≠tier [ツーク・ティーァ] 中 -[e]s/-e 車をひく役畜(ウマ・ウシなど)．

zu|gu・cken [ツー・グッケン tsúː-gùkən] 自 (h) (口語) (人・物³を)眺める，見物する (＝zu|sehen).

zu≠guns・ten [ツ・グンステン] 前 〖2 格とともに〗…の利益になるように，…のために．*zugunsten* meines Vaters 父のために． ◇〖3 格の名詞・代名詞の後ろに置いて〗mir *zugunsten* 私のために． ◇〖**von** とともに副詞的に〗*zugunsten* von Herrn Müller. ミュラー氏のために．

(⦅新⦆ zu Gunsten ともつづる) ☞ Gunst ②

zu≠gu・te [ツ・グーテ tsuːgúːtə] 副 〖成句的に〗 ① 人・物³ *zugute* kommen 人・物³に役立つ，ためになる．Seine Erfahrung kam ihm *zugute*. 経験を積んだことが彼の役にたった． ② 人³ 物⁴ *zugute* kommen lassen a) 人³に物⁴を許可する，b) 人³のために物⁴を役だてる．人³ 事⁴ *zugute* halten (雅) 人³の事⁴を考えに入れてやる，大目に見る．Wir wollen ihm seine Jugend *zugute* halten. 彼の若さに免じて大目に見ることにしようじゃないか． ④ sich³ **auf** 事⁴ *zugute* tun (または halten) (雅) 自分の事⁴を誇りに思う，自慢する．Er hält sich viel auf seine Leistung *zugute*. 彼は自分の業績

を大いばりしている. ⑤ sich³ etwas⁴ *zugute* tun 何か自分にとって楽しいことをする.

Zug≠ver·bin·dung [ツーク・フェァビンドゥング] 囡 -/-en 列車による連絡; (乗り換えの際の)列車の接続.

Zug≠ver·kehr [ツーク・フェァケーァ] 男 -s/ 鉄道交通(運行).

Zug≠vo·gel [ツーク・フォーゲる] 男 -s/..vögel 渡り鳥.

Zug≠zwang [ツーク・ツヴァング] 男 -[e]s/..zwänge せっぱ詰まった状況(元の意味はチェスなどの「差し手強制」). Er steht unter *Zugzwang.* 彼はせっぱ詰まった状況下にある.

zu|ha·ben* [ツー・ハーベン tsú:-hà:bən] I 自 (h) 《口語》(店などが)閉まっている. II 他 (h) 《口語》(店など⁴を)閉めている, (目・口など⁴を)閉じている.

zu|hal·ten* [ツー・ハるテン tsú:-hàltən] I 他 (h) ① (ドアなど⁴を)閉めておく, (目・口など⁴を)閉じている. ② (手などで体の一部⁴を)覆う, ふさぐ. 人³ den Mund *zuhalten* (黙らせるために)人³の口をふさぐ / sich³ die Nase⁴ *zuhalten* 鼻をつまむ. II 自 (h) 《**auf** 物⁴ ～》(船などが 物⁴に向かって)進む.

Zu·häl·ter [ツー・ヘるタァ tsú:-hɛltər] 男 -s/- (売春婦の)情夫, ひも.

zu|hau·en(*) [ツー・ハオエン tsú:-hàυən] I 他 (h) 《口語》① (石材など⁴を)一定の形に切る. ② (ドアなど⁴を)ばたんと閉める. (箱など⁴を)くぎ付けにする. II 自 (h) 《口語》なぐりかかる, 切りつける; 攻撃を開始する.

zu·hau·se [ツ・ハオゼ tsu-háυzə] 副 《オースト・スイス》わが家で(＝zu Hause).

Zu≠hau·se [ツ・ハオゼ] 中 -s/ わが家, 自宅; 故郷. Er hat ein schönes *Zuhause.* 彼にはすてきなわが家がある.

zu|hei·len [ツー・ハイれン tsú:-hàilən] 自 (s) (傷がふさがる, 癒着する.

Zu·hil·fe·nah·me [ツヒるフェ・ナーメ tsuhílfə-na:mə] 囡 -/ 助けを借りること. **unter** (または **mit**) *Zuhilfenahme* von … …の助けを借りて.

zu≠hin·terst [ツ・ヒンタァスト] 副 いちばん後ろ(奥)に.

***zu|hö·ren** [ツー・ヘーレン tsú:-hø̀:rən] (hörte … zu, hat … zugehört) 自 (完了 haben) (注意して)聞く, (人・物³に)耳を傾ける, 傾聴する. (英) *listen*). einem Redner (einem Gespräch) *zuhören* 演説者(対話)に耳を傾ける / *Hör mal zu!* まあよく聞いてくれよ / Er *kann* gut *zuhören.* 彼は人の話をよく聞いてくれる. (☞ 類語 hören).

* *der* **Zu·hö·rer** [ツー・ヘーラァ tsú:-hø̀:rər] 男 (単2) -s/(複) - (3格のみ -n) 聞き手, 聴取者; 聴衆. (英) *listener*). (対応 女性形は Zuhörerin;「観客」は Zuschauer).

Zu·hö·rer·schaft [ツー・ヘーラァシャふト] 囡 -/ (総称として)聴衆.

zu|ju·beln [ツー・ユーベるン tsú:-jù:bəln] 自 (h) (人³に)歓声を送る.

zu|keh·ren [ツー・ケーレン tsú:-kè:rən] I 他 (h) (人・物³に顔・背中など⁴を)向ける. 人³ das Gesicht⁴ *zukehren* 人³に顔を向ける. II 自 (h) 《…に》立ち寄る.

zu|klap·pen [ツー・クらッペン tsú:-klàpən] I 他 (h) (ドア・ふたなど⁴を)ばたんと閉める. II 自 (s) (ドアなどが)ばたんと閉まる.

zu|kle·ben [ツー・クれーベン tsú:-klè:bən] 他 (h) ① (封筒など⁴に糊(%)で)封をする. ② 《A⁴ **mit** B³ ～》(A⁴に B³を貼(¹)りつける.

zu|knal·len [ツー・クナれン tsú:-knàlən] I 他 (h) 《口語》(ドアなど⁴を)ばたんと閉める. II 自 (s) 《口語》(ドアなどが)ばたんと閉まる.

zu|knei·fen [ツー・クナイふェン tsú:-knàifən] 他 (h) (目・口など⁴を)閉じる.

zu|knöp·fen [ツー・クネップふェン tsú:-knœpfən] (h) (服など⁴の)ボタンを掛ける. den Mantel *zuknöpfen* コートのボタンを掛ける. ◊☞ **zugeknöpft**

zu|kom·men [ツー・コンメン tsú:-kɔ̀mən] (kam … zu, *ist* … zugekommen) 自 (完了 sein) ① 《**auf** 人・物⁴～》(人・物⁴に)近づいて来る, (問題などが 人³に)差し迫る. Er *kam* geradewegs auf mich zu. 彼はまっすぐ私の方へ近づいて来た / Wir *lassen* die Sache auf uns *zukommen.* 《比》私たちはこの件を成り行きにまかせよう. ② (人³に)ふさわしい, 当然与えられるべきものである. Dieser Titel *kommt* ihm nicht *zu*. この肩書きは彼にはふさわしくない. ③ 《雅》(人³のものになる; (知らせなどが 人³のもとに)届く, もたらされる. Das Geld *kommt* Ihnen *zu*. このお金はあなたのものですよ / Ihm *ist* eine Nachricht *zugekommen*.《現在完了》彼のもとにある知らせが届いた / 人³ 物⁴ *zukommen lassen* 人³に 物⁴を与える(届ける). ④ (事³に意義などが)認められる. Dieser Entdeckung *kommt* eine große Bedeutung *zu*. この発見には大きな意義がある.

zu|kor·ken [ツー・コルケン tsú:-kɔ̀rkən] 他 (h) (びんなど⁴に)コルク栓をする.

Zu≠kost [ツー・コスト] 囡 -/ 《口》(料理の)添え物(サラダなど).

* *die* **Zu·kunft** [ツー・クンふト tsú:-kunft] 囡 (単) -/ (複) ..künfte [..キュンふテ] (3格のみ ..künften) ① 未来, 将来; 将来性, 前途. (英 *future*). (対応「現在」は Gegenwart, 「過去」は Vergangenheit). eine unsichere *Zukunft* 不確かな未来 / die *Zukunft* der Menschheit² 人類の未来 / Dieser Beruf hat *Zukunft.* この職業には将来性がある / Die *Zukunft* gehört der Jugend. 未来は若者のものだ / Der Künstler hat eine große *Zukunft* vor sich. この芸術家はなかなか前途有望だ / Pläne⁴ **für** die *Zukunft* haben 将来の計画を持っている / für alle *Zukunft* 今後いつまでも / **in** *Zukunft* 将来は, 今後は / in ferner *Zukunft* 遠い将来 / in naher (nächster) *Zukunft* 近い将来(間もなく) / ein Beruf

Zukünfte

mit (ohne) *Zukunft* 将来性のある(ない)職業. ②《言》未来[時称](=Futur).
Zu·künf·te [ツー・キュンフテ]▯*Zukunft*（未来）の 複.
***zu·künf·tig** [ツー・キュンフティヒ tsúː-kynftɪç] I 形《付加語としてのみ》未来の, 将来の, 今後の.（英 future). die *zukünftige* Entwicklung 将来の発展 / ihr *zukünftiger* Ehemann 彼女の未来の夫.
II 副 これからは, 今後は. Das wird *zukünftig* anders werden. 今後はそれも変わっていくでしょう.
Zu·kunfts⇗aus·sich·ten [ツークンフツ・アオスズィヒテン] 複 将来の見込み.
Zu·kunfts⇗for·schung [ツークンフツ・フォルシュング] 女 -/ 未来学.
Zu·kunfts⇗mu·sik [ツークンフツ・ムズィーク] 女 -/（あまり実現の見込みのない）未来の夢, 夢想. Dieses Projekt ist [ja nur] *Zukunftsmusik*. このプロジェクトはまだ夢物語にすぎない.
Zu·kunfts⇗plan [ツークンフツ・プラーン] 男 -[e]s/..pläne《ふつう 複》将来計画.
Zu·kunfts⇗ro·man [ツークンフツ・ロマーン] 男 -s/-e 未来小説（SF など）.
zu·kunfts⇗träch·tig [ツークンフツ・トレヒティヒ] 形 将来性のある, 将来有望な.
zu·kunfts⇗wei·send [ツークンフツ・ヴァイゼント] 形 未来を指向する(テクノロジーなど).
zu|lä·cheln [ツー・れヒェるン tsúː-lɛçəln] 自 (h)（人³に）ほほえみかける.
Zu·la·ge [ツー・らーゲ tsúː-laːgə] 女 -/-n ①（本給以外の）手当, 特別手当. ②《方》肉についた骨. 1 Kilo Rindfleisch mit *Zulage* (ohne *Zulage*), bitte!《方》(肉屋で客が店員に:) 骨付きの(骨なしの)牛肉を1キロください.
zu·lan·de 副《新刪》 zu Lande（☞ Land）
zu|lan·gen [ツー・らンゲン tsúː-laŋən] 自 (h) ①《口語》(出された食事などに) 手を伸ばす, 取って食べる. Bitte, *langen* Sie zu!（食卓で:）どうぞご自由に召し上がってください. ②《口語》せっせと働く；平手で打つ, なぐる. ③《方》足りる, 十分である.
zu·läng·lich [ツー・れングりヒ] 形《雅》十分な（知識・経験など）.
zu|las·sen [ツー・らッセン tsúː-làsən] du lässt...zu, er lässt...zu（ließ...zu, hat...zugelassen）他 （完了 haben）①（事⁴を）許す, 許容する.（英 allow, permit). So etwas *kann* ich nicht *zulassen*. そのようなことは許すわけにはいかない / Das Gesetz *lässt* keine Ausnahme *zu*. この法律は例外を認めない. ②（人⁴に入場・入会などを）許可する；（人⁴物⁴を）認可（許可）する.（英 admit). einen Arzt *zulassen* 医師の免許を与える /（人⁴ als Anwalt *zulassen*（人⁴に弁護士の資格を与える / Der Film *ist für* Jugendliche nicht *zugelassen*.《状態受動・現在》この映画は未成年者は入場できません /（人⁴ zum Studium（または für das Studium) *zulassen*（人⁴に大学入学を許可する /

る.（☞ 類語 erlauben). ③《口語》閉じた(閉めた) ままにしておく. das Fenster⁴ *zulassen* 窓を閉めておく.
zu·läs·sig [ツー・れッスィヒ tsúː-lɛsɪç] 形（公的に）許される, 許容範囲内の. die *zulässige* Höchstgeschwindigkeit 最高制限速度.
Zu·las·sung [ツー・らッスング] 女 -/-en ①《複 なし》(入会・入学などの）許可；認可, 承認. ②《口語 自動車登録証.
Zu·las·sungs⇗pa·pie·re [ツーらッスングス・パピーレ] 複（自動車などの）登録証.
zu·las·ten [ツー・らステン] 前《2 格とともに》…の負担で；…の不利になるように. *zulasten* des Steuerzahlers 納税者の不利益になるように.（☞ zu Lasten ともつづる）☞ Last ②
Zu·lauf [ツー・らオフ tsúː-lauf] 男 -[e]s/..läufe ①《複 なし》(客などが) 押し寄せること；(群集の) 殺到. Der Arzt hat großen *Zulauf*. その医者はずいぶんはやっている. ② 流水量；流入口. ③《鉱》流入する川.
zu|lau·fen [ツー・らオフェン tsúː-laufən] 自 (s) ①《auf 人・物⁴～》（人・物⁴の方へ）走り寄る. Die Kinder *liefen auf* den Vater *zu*. 子供たちは父親の方へ走り寄った. ②《口語》どんどん走る. *Lauf zu*! どんどん走れ, 急げ. ③《auf 物⁴～》(道などが 物⁴の方へ) 伸びている, 通じている. ④（犬などが 人³の所へ）迷い込む. ⑤（お客などが 人³の所へ）押し寄せる, 殺到する. ⑥（液体が）つぎ足される. Wasser⁴ *zulaufen lassen* 水をつぎ足す. ⑦（先が…の形に）なっている. spitz *zulaufen* 先がとがっている.
zu|le·gen [ツー・れーゲン tsúː-lèːgən] I 再帰 (h) *sich³* 物⁴ *zulegen*《口語》物⁴を手に入れる, 買う. Er *hat sich* ein Auto *zugelegt*. 彼は自動車を買った / *sich³* eine Braut⁴ *zulegen*《比》嫁をもらう. II 自 (h) スピード（テンポ）を上げる. III 他 (h)《方・口語》追加する, 付け足す. *Legen* Sie noch ein Stück *zu*! もう 1 個追加してください.
zu⇗leid [ツ・らイト] 副 =zuleide
zu⇗lei·de [ツー・らイデ] 副《成句的に》人・物³ etwas⁴ *zuleide tun*（人・物³に害を加える（苦しめる）. Er kann keiner Fliege etwas *zuleide tun*. 彼は虫一匹殺せない（＝はえ一匹殺せない）.（☞ zu Leide ともつづる）☞ Leid ④
zu|lei·ten [ツー・らイテン tsúː-làɪtən] 他 (h) ①（A³に）B⁴を引き込む；《比》（事⁴にお金などを）振り向ける. einem Fischteich Wasser⁴ *zuleiten* 養魚池に水を引く. ②（人³に文書など⁴を）送付する.
Zu·lei·tung [ツー・らイトゥング] 女 -/-en ①《複 なし》(ガスなどを) 引くこと；(書類などの) 伝達. ②（電線・水道の）引き込み, 導管；リード線.
Zu·lei·tungs⇗rohr [ツーらイトゥングス・ロー｜ア] 中 -[e]s/-e（水道・ガスなどの）導管, 引き
▯**zu⇗letzt** [ツ・れッツト tsu-létst] 副 ① 最後に, いちばん終わりに.（英 last).（☞「最初に」は zuerst). *zuletzt* an die Reihe kommen 最

後に自分の順番が来る / bis *zuletzt*《口語》a) 最後の最後まで、b)《比》死ぬまで / Sie kam *zuletzt*. 彼女は最後にやって来た / nicht *zuletzt* なんといっても、とりわけ ⇨ Alle Leute und nicht *zuletzt* die Kinder hatten ihn gern. すべての人たち、とりわけ子供たちは彼が好きだった / Wer *zuletzt* lacht, lacht am besten.《諺》最後に笑う者が最もよく笑う。

②《口語》この前、前回。Wo hast du ihn *zuletzt* gesehen? この前君が彼に会ったのはどこだったの。

③ ついに、結局。*Zuletzt* verlor ich die Geduld. とうとう私は我慢しきれなくなった。

zu·lie·be [ツ・リーベ] 副《成句的に》人・物³ *zuliebe* 人・物³のために。Das habe ich nur dir *zuliebe* getan. 私はただ君のためにそうしたのだ。

Zu·lie·fer·in·dust·rie [ツーリーふァァ・インドゥストリー] 女 -/-n [..リーエン] 下請産業。

* **zum** [ツム tsúm]《前置詞 zu と定冠詞 dem の融合形》Wie komme ich *zum* Bahnhof? 駅へはどう行ったらいいですか / *zum* Beispiel 例えば / *zum* Glück 幸いにも / *zum* ersten Mal 最初に、初めて。

* **zu|ma·chen** [ツー・マッヘン tsú:-màxən] (machte...zu, hat...zugemacht) I 他《完了》haben)《口語》① (ドア・窓など⁴を)閉める、(目・口など⁴を)閉じる。《英 close》.《完了》「開ける」は auf[machen]. Mach die Tür zu! ドアを閉めてくれ / den Koffer *zumachen* トランクを閉める / einen Brief *zumachen* 手紙に封をする / eine Flasche⁴ *zumachen* びんに栓をする / Ich habe die ganze Nacht kein Auge *zugemacht*. 私は一晩中一睡もできなかった。

② (店など⁴を)廃業する。Er musste [seinen] Laden] *zumachen*. 彼は店をたたまざるをえなかった。

II 自《完了》haben) ①《口語》(店などが)閉まる。Wann machen die Geschäfte *zu*? 店は何時に閉まりますか。②《方》急ぐ。Mach *zu*! 早くしろ、急げ。

* **zu·mal** [ツ・マー jl tsu-má:l] I 副 特に、なかでも (=besonders).《英 especially》. Ich höre gern klassische Musik, *zumal* Mozart. 私はクラシック音楽、とりわけモーツァルトをよく聴く / Sie nimmt die Einladung gern an, *zumal* da (wenn) sie nichts vorhat. 彼女は何も予定がないのだから(予定がないなら)なおさら喜んで招待に応じます。

II 接《従属接続詞: 動詞の人称変化形は文末》特に…だから、…なのでなおさら。Ich gehe nicht mit, *zumal* ich auch noch erkältet bin. 私はいっしょに行かない、殊に風邪もひいていることだから。

zu|mau·ern [ツー・マオアァン tsú:-màuərn] 他 (h) (窓など⁴を)壁でふさぐ。

zu·meist [ツ・マイスト] 副《略》たいていは、たいがいは。

zu|mes·sen* [ツー・メッセン tsú:-mèsən] 他 (h)《雅》① (人·物に物⁴を)分けて与える、割り当てる。② (人·物に意義·価値など⁴を)認める。

zu·min·dest [ツ・ミンデスト] 副 少なくとも、せめて。

zu·mut·bar [ツー・ムートバール] 形 (人³にとって)無理のない、もっともな。

* **zu|mu·te** [ツ・ムー テ tsu-mú:tə] 副《人³ ist (wird)...*zumute* の形で》人³は…な気分である(になる)。Mir ist gut (übel) *zumute*. 私は気分が良い(悪い) / Mir war zum Weinen *zumute*. 私は泣きたい気持ちだった / Als ich das hörte, wurde mir ganz sonderbar *zumute*. 私はそれを聞いたとき、まったく変な気持ちになった。
(《完了》zu Mute ともつづる) ⇒ Mut

* **zu|mu·ten** [ツー・ムーテン tsú:-mù:tən] du mutest...zu, er mutet...zu (mutete...zu, hat...zugemutet) 他 (《完了》haben) (人³に無理なこと⁴を)期待する、要求(強要)する。Das kannst du ihm nicht *zumuten*. それを君は彼には期待できないよ。◇《再帰的に》sich³ zu viel⁴ *zumuten* 自分の力以上のことをしようとする。

Zu·mu·tung [ツー・ムートゥング] 女 -/-en (不当な)要求、(無理な)期待; 迷惑なこと。Das ist eine *Zumutung*! それはあつかましすぎる。

* **zu·nächst** [ツ・ネーヒスト tsu-nɛ́:çst] I 副 ① まず第一に、何よりも先に。《英 first》. Ich gehe *zunächst* nach Hause, dann zur Party. 私はまず家に帰り、それからパーティーに行く。② さしあたり、とりあえず。Das ist *zunächst* nicht eingeplant.《状態受動·現在》それはさしあたっては計画に入っていない。

II 前《3格とともに; しばしば名詞のあとに置かれる》《雅》…のすぐ近くに。dem See *zunächst* または *zunächst* dem See 湖のすぐ近くに。

zu|na·geln [ツー・ナーゲルン tsú:-nà:gəln] 他 (h) くぎ付けにする。

zu|nä·hen [ツー・ネーエン tsú:-nɛ̀:ən] 他 (h) (ほころび·穴など⁴を)縫い合わせる、縫ってふさぐ。

* *die* **Zu·nah·me** [ツー・ナーメ tsú:-na:mə] 女 (単) -/(複) -n 増加、増大、拡大; 成長、発達。《完了》「減少」は Abnahme). eine *Zunahme* der Autounfälle² 自動車事故の増加 / Die *Zunahme* beträgt 3 Prozent. 増加量は 3 パーセントになる。②《手芸》編み目を増やすこと。

Zu·na·me [ツー・ナーメ] 男 -ns (3格·4格 -n)/-n ① 姓、名字 (=Familienname). Wie heißt er mit *Zunamen*? 彼の姓は何というんですか。② あだ名、愛称。

* **zün·den** [ツュンデン tsýndən] du zündest, er zündet (zündete, hat...gezündet) I 他 (《完了》haben) ① (工) (物⁴に)点火する。《英 fire》. eine Rakete⁴ *zünden* ロケットに点火する。②《南ド》(ローソクなど⁴に)火をつける (=an[zünden]).

II 自 (《完了》haben) ① 火がつく、発火する; (エンジンなどが)かかる。Das Streichholz *zün-*

det nicht. マッチがつかない. ② 《非人称の **es** を主語として》《口語》(考えなどがやっと)わかる. *Hat es [bei dir] endlich gezündet?* 君はやっとわかったの. 《比》感動を呼ぶ, 賛同を得る. *Die Idee zündete sofort.* そのアイディアはたちまち賛同を得た.

zün·dend [ツュンデント] I *zünden (点火する)の 現分 II 形 感激(感動)させる(演説など).

Zun·der [ツンダァ tsúndər] 男 –s/– (昔の)火口(ぐち). 人³ *Zunder⁴ geben* 《口語》a) 人³をせかせる, b) 人³をなぐる, c) 人³をののしる / *Zunder⁴ bekommen* (または kriegen) 《口語》a) なぐられる, b) ののしられる, c) 《軍》砲火を浴びる.

Zün·der [ツュンダァ tsýndər] 男 –s/– ① 《軍》信管, 雷管. ② 《覆》《ドイツ》マッチ.

zün·de·te [ツュンデテ] *zünden (点火する)の 過去

Zünd⸗holz [ツュント・ホルツ] 中 –es/..hölzer 《南ド・オースト・スイス》マッチ (=Streichholz).

Zünd⸗hüt·chen [ツュント・ヒュートヒェン] 中 –s/– 信管, 雷管.

Zünd⸗ker·ze [ツュント・ケルツェ] 女 –/–n (自動車などの)点火プラグ, スパークプラグ.

Zünd⸗schlüs·sel [ツュント・シュリュッセる] 男 –s/– (自動車の)エンジンキー, イグニッションキー.

Zünd⸗schnur [ツュント・シュヌーァ] 女 –/.. schnüre 導火線, 火繩.

Zünd⸗stoff [ツュント・シュトふ] 男 –[e]s/–e ① 点火薬, 起爆剤; 燃料, 可燃物. ② 《覆なし》《比》争いの火種, 《戦いなどの》きっかけ.

Zün·dung [ツュンドゥング] 女 –/–en 《工》① 点火, 発火. ② 点火(起爆)装置.

__zu|neh·men__ [ツー・ネーメン tsú:-nè:-mən] du nimmst ... zu, er nimmt ... zu (nahm ... zu, *hat* ... zugenommen.) I 自 《完了》haben)
① 増す, 増加(増大)する, 強まる. 《英》*increase*). 《反》「減る」はab|nehmen). *Die Helligkeit nimmt zu.* 明るさが増す / *Die Schmerzen nahmen wieder zu.* 痛みが再び強くなった / *Die Bevölkerung nimmt immer noch zu.* 人口は相変わらず増加し続ける / *Die Tage nehmen zu.* 日が長くなる / *Der Mond nimmt zu.* 月が満ちてくる / **an** 物³ *zunehmen* 物³が増す, 強まる ⇨ *Er hat an Erfahrung zugenommen.* 彼は経験が増した / *Der Wind nimmt an Stärke zu.* 風が強くなる.
② 体重が増える, 太る. *Er hat [um] ein Kilo zugenommen.* 彼は体重が1キロ増えた. II 他《完了》haben) ① 《口語》《物⁴》を追加する. *Ich werde noch etwas Zucker zunehmen.* もう少し砂糖を加えよう. ② 《手芸》《編み目》を増やす.

zu·neh·mend [ツー・ネーメント] I *zu|nehmen (増す)の 現分 II 形 増大する; 成長する. *zunehmender Mond* 満ちてくる月, 上弦の月 / **in** *zunehmendem Maße* ますます / **mit** *zunehmenden Jahren* 年をとるにつれて. III 副 ますます, いちだんと. *Es wird zunehmend wärmer.* ますます暖かくなる.

zu|nei·gen [ツー・ナイゲン tsú:-nàigən] I (h) (覆³に)考えが傾く. *Ich neige mehr Ihrer Ansicht zu.* 私はむしろあなたの意見に傾いている. II 再帰 (h) *sich⁴* 人・物³ *zuneigen* 《雅》人・物³の方へ傾く; 人・物³の方の心が傾く. *Das Jahr neigt sich dem Ende zu.* 《比》一年が終わりに近づく. III 他 (h) 《雅》(人³の方へ頭など⁴を)傾ける.

◇⇨ zugeneigt

*__die__ **Zu·nei·gung**__ [ツー・ナイグング tsú:-naigʊŋ] 女 《単》 –/《複》 –en 好意, 愛着; 愛情. 《英》*affection*). 《反》「反感」は Abneigung). **für** 人⁴ (または **zu** 人³) *Zuneigung⁴ empfinden* 人⁴ (または 人³)に好意をいだく / *Sie fasste schnell Zuneigung zu ihm.* 彼女は急速に彼が好きになった.

Zunft [ツンふト tsʊnft] 女 –/Zünfte ① 《史》(中世の)同業組合, ツンフト. ② 《戯・比》同業者, 仲間.

zünf·tig [ツュンふティヒ tsýnftɪç] 形 ① 同業組合に所属している, ツンフトの. ② 専門の(本職の), 専門的の. ③ 《口語》本格的な; はなはだしい, ひどい.

*__die__ **Zun·ge**__ [ツンゲ tsúŋə]

> 舌
>
> *Zeigen Sie bitte mal die Zunge!*
> ツァイゲン ズィー ビッテ マール ディ ツンゲ
> (医者が患者に:)舌を見せてください.

女 《単》 –/《複》 –n ① 舌. 《英》*tongue*). *eine belegte Zunge* 舌苔(ぜつたい)のできた舌 / 人³ *die Zunge⁴ heraus|strecken* 人³に向かって舌をペロりと出す / *Er hat eine spitze* (または *scharfe*) *Zunge.* 《比》彼は口が悪い / *eine lose Zunge⁴ haben* 《比》口が軽い / *eine glatte Zunge⁴ haben* 《比》口がうまい / *Mir hängt die Zunge aus dem Hals heraus.* 《口語・比》a) 私は息切れしている, b) 私はのどがからからだ(←のどから舌が出る) / *sich³ die Zunge⁴ ab|brechen* (発音しづらくて)舌をかみそうである / *sich³ die Zunge⁴ verbrennen* a) 舌をやけどする, b) 《比》舌禍(ぜっか)を招く / *Halte deine Zunge im Zaum!* または *Hüte deine Zunge!* 口を慎め! / *Der Wein löste ihm die Zunge.* ワインのせいで彼は多弁になった / *Er hat eine feine Zunge.* 彼は舌が肥えている.

◆《前置詞とともに》**auf** *der Zunge zergehen* (肉などが)舌の上でとろけそうに柔らかい / **auf** *der Zunge brennen* a) (からしなどが)舌の上でひりひりする, b) 《比》しゃべりたくてうずうずする / *ein Wort¹* **auf** *der Zunge haben* ある言葉が口まで出かかっている / *Der Name liegt mir* **auf** *der Zunge.* その名前がのどまで出かかって思い出せない / *sich³* **auf** *die Zunge beißen* 口をすべらしそうになって思わず口をつぐむ(←自分の舌をかむ) / **mit** *der Zunge an|stoßen* 《口語》舌足らずな発音をする / **mit** *der Zunge schnal-*

zen 舌打ちする / mit hängender *Zunge* 息を切らして / Er redet mit doppelter (または gespaltener) *Zunge*. 《雅》彼は二枚舌を使う / 人³ leicht **von** der *Zunge* gehen すらすらと人³の口をついて出る.
② 〖複なし〗《料理》(牛などの)舌, タン. Ochsen*zunge* 牛タン. ③〖詩〗言語. ④ (舌状のもの:)(管楽器の)リード;(靴の)舌革;(はかりなどの)指針.

zün·geln [ツュンゲルン tsýŋəln] 自 (h) ① (蛇などが)舌をちょろちょろ出す(動かす). ② (比)(炎が)めらめら燃え上がる.

Zun·gen=bre·cher [ツンゲン・ブレッヒァァ] 男 -s/- 発音しにくい言葉, 早口言葉.

zun·gen=fer·tig [ツンゲン・フェルティヒ] 形 口達者な, 能弁な.

Zun·gen=fer·tig·keit [ツンゲンフェルティヒカイト] 女 -/ 口達者, 能弁;おしゃべり.

zun·gen=för·mig [ツンゲン・フェルミヒ] 形 舌の形をした, 舌状の.

Zun·gen=kuss [ツンゲン・クス] 男 -es/..küsse ディープキス.

Zun·gen=kuß ☞ 新形 Zungenkuss

Zun·gen=laut [ツンゲン・らオト] 男 -[e]s/-e 〖言〗舌音(例: 舌音の[r]).

Zun·gen=schlag [ツンゲン・シュらーク] 男 -[e]s/..schläge 舌の動き. ein falscher *Zungenschlag* 言い間違い.

Zun·gen=spit·ze [ツンゲン・シュピッツェ] 女 -/-n 舌先, 舌尖(ぜん).

Züng·lein [ツュンぐらイン tsýŋlaın] 中 -s/- (Zunge の縮小)小さな舌[状のもの]. das *Zünglein*⁴ an der Waage sein キャスティングボートを握っている(←天秤の指針である).

*zu=nich·te [ツ・ニヒテ tsu-níçtə] 副〖成句的に〗① 〖物⁴〗*zunichte* **machen** 事⁴(希望・計画)をだめにする. Der anhaltende Regen hat meine Pläne *zunichte* gemacht. 長雨のため私の計画はだめになった. ② *zunichte* **werden** (sein) (計画など)がだめになる(だめになっている). Seine Hoffnungen wurden *zunichte*. 彼の希望は打ち砕かれた.

zu|ni·cken [ツー・ニッケン tsú:-nıkən] 自 (h) (人³に)うなずく, 会釈する. ◊〖相互的に〗*sich*³ *zunicken* お互いにうなずき合う.

zu=nut·ze [ツ・ヌッツェ] 副〖成句的に〗*sich*³ 物・事³ *zunutze* **machen** 物⁴を[自分の利益のために]利用する, 人⁴につけこむ.
(☞ zu Nutze ともつづる) ☞ Nutz

zu=oberst [ツ・オーバぁスト] 副 (積み重ねた)いちばん上に;(用紙の)上の端に;(テーブルなどの)上座に. das Unterste⁴ *zuoberst* kehren 《比》何もかもひっくり返す.

zu|ord·nen [ツー・オルドネン tsú:-ɔrdnən] 他 (h) (A⁴ を B³ に)分類する.

zu|pa·cken [ツー・パッケン tsú:-pàkən] I 自 (h) ① ぐっとつかむ. ② せっせと働く;積極的に手を貸す. II 他 (h) 《口語》すっぽり包む(くるむ).

zu=pass [ツ・パス] 副〖成句的に〗人³ *zupass* **kommen** 《雅》(人³にとって)ちょうどよいときに来る(起こる). 願ったりかなったりである.

zu=paß ☞ 新形 zupass

*zup·fen [ツァフェン tsúpfən] (zupfte, *hat*... gezupft) I 他 (完了 haben) ① 〖人⁴ **an** 物³ ~〗(人⁴の物³を)つまんで引っぱる. (英 *pull*). 人⁴ am Ärmel *zupfen* 人⁴の袖(そで)を引っぱる. ② (雑草など⁴を)引き抜く, むしり取る. ③ (ギターなど⁴を)つま弾く.
II 自 (完了 haben)〖**an** 物³ ~〗(物³を)つまんで引っぱる;(物³(ギターなど)を)つま弾く. an der Krawatte *zupfen* ネクタイを引っぱる.

Zupf=in·stru·ment [ツァフ・インストルメント] 中 -[e]s/-e《音楽》撥弦(はつげん)楽器(ギター・ハープなど).

zupf·te [ツァフテ] *zupfen (つまんで引っぱる) の過去

zu|pros·ten [ツー・プローステン tsú:-pròːstən] 自 (h) (人³のために)乾杯する.

*zur [ツァ tsúːr または ツァ tsúr]《前置詞 zu と定冠詞 der の融合形》*zur* Schule gehen 学校へ行く / *zur* Zeit der Reformation² 宗教改革の時代に.

zu=ran·de [ツ・ランデ] 副〖成句的に〗**mit** 人・事³ *zurande* **kommen** 人³とうまくやっていく, 事³をうまく処理する.
(☞ zu Rande ともつづる) ☞ Rand ①

zu=ra·te [ツ・ラーテ] 副〖成句的に〗人・物⁴ *zurate* **ziehen** 人⁴に相談する, 物⁴(辞典など)を参照する.
(☞ zu Rate ともつづる) ☞ Rat ①

zu|ra·ten * [ツー・ラーテン tsú:-ràːtən] 自 (h) (人³に)勧める, 助言(忠告)する. ◊〖**zu** 不定詞[句]とともに〗Ich *riet* ihm *zu*, es zu tun. 私は彼にそうするように勧めた.

Zür·cher [ツュルヒァ tsýrçɔr] I 男 -s/- 《スイス》チューリヒの住民(出身者). (☞ 女性形は Zürcherin). II 形〖無語尾で〗《スイス》チューリヒの.

zu|rech·nen [ツー・レヒネン tsú:-rèçnən] 他 (h) ① (A⁴ を B³ に)数え入れる, 組み入れる. ② (人³に事⁴の責任を)負わせる. ③ (事⁴を)勘定に入れる.

Zu·rech·nungs=fä·hig [ツー・レヒヌングス・フェーイヒ] 形 ①《法》(昔の:)責任(帰責)能力のある. ②(精神的に)正常な.

Zu·rech·nungs=fä·hig·keit [ツー・レヒヌングス・フェーイヒカイト] 女 -/ ①《法》(昔の:)責任(帰責)能力. ② 精神の正常さ.

zu·recht.. [ツレヒト.. tsuréçt..]〖分離動詞の前つづり;つねにアクセントをもつ〗《正しく・適切に》例: *zurecht*|legen きちんと整えておく.

zu·recht|bie·gen * [ツレヒト・ビーゲン tsuréçt-biːɡən] 他 (h) ①(針金など⁴を)適当な形に曲げる. ②《口語》(人⁴を)正道に戻す;(物⁴を)好ましい状態にする.

zu·recht|fin·den * [ツレヒト・フィンデン tsuréçt-fìndən] 再帰 (h) *sich*⁴ *zurechtfinden* (方法・進むべき道などの)見当がつく, 勝手がわか

る. Danke, ich *finde mich* schon allein *zurecht*! (道を教えてもらって:)ありがとう, もうひとりでわかります / *sich*[4] *in einer Angelegenheit zurechtfinden* ある事柄の事情がわかる.

zu·kom·men [ツレヒト・コンメン tsurétt-kɔ̀mən] 自 (s) ① 《**mit** 人・物[3] ～》(人[3]と)うまくやっていく, (物[3]を)うまく処理する. mit den Kollegen gut *zurechtkommen* 同僚とうまくやっていく / Ich *komme* mit dem Gerät nicht *zurecht*. 私はその機器を扱えない. ② (略)(時間に)間に合う.

zu·recht|le·gen [ツレヒト・れーゲン tsurétt-lè:gən] I 他 (h) きちんと整えておく. II 再帰 (h) *sich*[3] 事[4] *zurechtlegen* 事[4](答・計画など)を前もって考えておく.

zu·recht|ma·chen [ツレヒト・マッヘン tsurétt-màxən] 他 (h) (口語) ① (食事など[4]を)準備する, 用意する, (ベッドなど[4]を)整える. Ich muss das Zimmer noch *zurechtmachen*. 私はこれから部屋を整頓(悲)しなければならない. ② (人[4]に)おめかしをしてやる, 身支度をしてやる. ◇《再帰的に》*sich*[4] sorgfältig *zurechtmachen* 入念に化粧をする, 身支度を整える.

zu·recht|rü·cken [ツレヒト・リュッケン tsurétt-rỳkən] 他 (h) 正しい位置に動かす, 整頓(悲)する;(口語・比)解決する.

zu·recht|set·zen [ツレヒト・ゼッツェン tsurétt-zètsən] I 再帰 (h) *sich*[4] *zurechtsetzen* きちんと座り直す. II 他 (h) 正しい位置に置く, きちんと整える.

zu·recht|stut·zen [ツレヒト・シュトゥッツェン tsurétt-ʃtʊ̀tsən] 他 (h) ① (髪・生垣など[4]を)きれいに刈り込む. ② (人[4]を)しかる.

zu·recht|wei·sen [ツレヒト・ヴァイゼン tsurétt-vàizən] 他 (h) (人[4]に)叱責(とき)する.

Zu·recht|wei·sung [ツレヒト・ヴァイズング] 女 -/-en 非難, 叱責(とき)[の言葉].

zu|re·den [ツー・レーデン tsú:-rè:dən] 自 (h) (人[3]に)説いて勧める, 言って聞かせる.

zu|rei·chen [ツー・ライヒェン tsú:-ràiçən] I 他 (h) (人[3]に物[4]を)[手]渡する, 届ける. II 自 (h) 《方》足りる, 十分である.

zu|rei·chend [ツー・ライヒェント] I zu|reichen (手渡す)の 現分 II 形 《雅》十分な.

zu|rei·ten* [ツー・ライテン tsú:-ràitən] I 他 (h) (馬[4]を)調教する, 乗り慣らす. II 自 (s) (…へ)馬を走らせる.

Zü·rich [ツューリヒ tsý:rɪç] 中 -s/ 《地名・都市名》チューリヒ(スイスの26州の一つ, またその州都: ⇒〔地図〕D-5).

Zü·ri·cher [ツューリッヒャァ tsý:rɪçər] I 男 -s/- チューリヒの住民(出身者)(= Zürcher I). II 形 《無語尾形》チューリヒの(= Zürcher II).

zu|rich·ten [ツー・リヒテン tsú:-rɪçtən] 他 (h) ① 《方》(食事などを)用意する;(版型[4]を)整える; (皮革・織物など[4]に)仕上げ加工をする. ②

zu|rie·geln [ツー・リーゲるン tsú:-rì:gəln] 他 (h) (ドア・門など[4]に)かんぬきを掛ける.

zür·nen [ツュルネン tsýrnən] 自 (h) (人[3] (また は mit 人[3]) ～》《雅》(人[3]に)腹を立てる.

*zu·rück [ツ・リュック tsu-rýk]

元の場所へ Wann bist du *zurück*? ヴァン ビスト ドゥ ツリュック 君はいつ戻って来るの.

副 ① 元の場所へ, (元へ)戻って. (英 back). *Zurück* zur Natur! 自然に帰れ / Ich bin in fünf Minuten wieder *zurück*. 私は5分したら戻ってきます / Einmal Hamburg hin und *zurück*, bitte! ハンブルクまでの往復乗車券を1枚ください. ② 後ろへ; 後方に. Einen Schritt *zurück*! 一歩さがって! / Sein Hund folgte ihm einen Meter *zurück*. 彼の犬は彼の1メートル後ろをついて来た. ③ 《口語》(発達・進歩などから)立ち遅れて, 取り残されて. In Mathematik ist er sehr *zurück*. 彼は数学で[他の者よりも]非常に遅れている. ④ 《方》(過去に)さかのぼって. eine Woche *zurück* 一週間前に.

zu·rück.. [ツリュック.. tsurýk..] 《分離動詞の 前つづり》つねにアクセントをもつ》① (元へ戻って) 例: *zurück|kommen* 戻ってくる. ② 《後方へ》例: *zurück|treten* 後ろへ下がる. ③ 《あとに残って》例: *zurück|bleiben* あとに残る. ④ 《振り返って》例: *zurück|denken* 回想する. ⑤ 《取り戻す》例: *zurück|bekommen* 取り戻す. ⑥ 《返却》例: *zurück|geben* 返却する.

zu·rück|be·ge·ben* [ツリュック・ベゲーベン tsurýk-bəgè:bən] (過分 zurückbegeben) 再帰 (h) *sich*[4] *zurückbegeben* 帰る, 戻る.

zu·rück|be·hal·ten* [ツリュック・ベハるテン tsurýk-bəhàltən] (過分 zurückbehalten) 他 (h) ① (人・物[4]を)手元にとどめて(残して)おく. ② (傷跡など[4]を)後遺症として残している.

zu·rück|be·kom·men* [ツリュック・ベコンメン tsurýk-bəkɔ̀mən] (過分 zurückbekommen) 他 (h) ① 返してもらう, 取り戻す; (お金を)おつりとして受け取る. ② 《口語》(レバーなど4を)元の位置に戻す.

zu·rück|be·ru·fen* [ツリュック・ベルーフェン tsurýk-bərù:fən] (過分 zurückberufen) 他 (h) 呼び戻す, 召還する.

zu·rück|beu·gen [ツリュック・ボイゲン tsurýk-bòygən] 他 (頭など[4]を)後ろにそらす. ◇《再帰的に》*sich*[4] *zurückbeugen* 体を後ろにそらす.

zu·rück|be·zah·len [ツリュック・ベツァーれン tsurýk-bətsà:lən] 他 (h) 返済する.

zu·rück|bil·den [ツリュック・ビるデン tsurýk-bìldən] (h) *sich*[4] *zurückbilden* ① (はれなどが)元の大きさに戻る. ② (器官などが)退化する.

zu·rück|blei·ben [ツリュック・ブらイベン tsurýk-blàibən] (blieb…zurück, *ist*…zurückgeblieben) 自 《完了 sein》① (ある場所に)残る, とどまる. (英 *stay behind*). Er ist allein zu Hause *zurückgeblieben*.《現在完

了］彼は一人で家に残った． ② **遅れている**, 遅れ をとる；（成績などが）劣る． Meine Uhr *bleibt zurück*. 私の時計は遅れている / **hinter** 人³ *zurückbleiben* 人³にひけをとる / hinter den Erwartungen *zurückbleiben* 期待を下回っている / **mit** der Arbeit *zurückbleiben* 仕事が遅れている． ③ （後遺症・染みなどが）あとに残る． ④ （近づかないで）後にさがっている． Bitte *bleiben* Sie **von** der Bahnsteigkante *zurück*!（駅のアナウンスで：）ホームの端からお下がりください．
◊☞ **zurückgeblieben**

zu·rück|bli·cken ［ツリュック・ブリッケン tsurýk-blìkən］他 (h) ① 後ろを見る, 振り返って見る． ② 回顧する． **auf** sein Leben *zurückblicken* 人生を振り返る．

zu·rück|brin·gen* ［ツリュック・ブリンゲン tsurýk-brìŋən］他 (h) ① （借りた物⁴を）返す, 元に戻す；（人⁴を）連れ戻す． 人⁴ **ins** Leben *zurückbringen* 《比》人⁴を生き返らせる． ② 《口語》（病気などが人⁴の）進歩（発展）を妨げる．

zu·rück|da·tie·ren ［ツリュック・ダティーレン tsurýk-datì:rən］ I 他 ① （書類など⁴を実際より前の日付にする；（芸術作品など⁴の）成立時期を）より古いものと推定する． II 自 (h) （起源がある時期に）さかのぼる．

zu·rück|den·ken* ［ツリュック・デンケン tsurýk-dèŋkən］自 (h) 〖**an** 人・事⁴ ～〗（人・事⁴を）追想する, 回顧する．

zu·rück|drän·gen ［ツリュック・ドレンゲン tsurýk-drèŋən］ I 他 (h) ① 押し戻す；撃退する；後ろへ押しやる． ② （反乱・感情など⁴を）抑える, 抑制する． II 自 (h) 押し合いながら戻る．

zu·rück|dre·hen ［ツリュック・ドレーエン tsurýk-drè:ən］他 (h) （時計の針など⁴を）逆に回す；（スイッチなど⁴を）ひねって元の位置に戻す． die Lautstärke⁴ *zurückdrehen* 音量を絞る．
◊《再帰的に》*sich*⁴ *zurückdrehen* （車輪などが）逆回転する．

zu·rück|dür·fen ［ツリュック・デュルフェン tsurýk-dỳrfən］他 (h) 《口語》帰る（戻る）ことが許されている．

zu·rück|ei·len ［ツリュック・アイレン tsurýk-àilən］自 (s) 急いで戻る．

zu·rück|er·hal·ten* ［ツリュック・エァハルテン tsurýk-ɛrhàltən］ (過分) zurückerhalten) 他 (h) 返してもらう, 取り戻す．

zu·rück|er·o·bern ［ツリュック・エァオーバァン tsurýk-ɛròːbərn］ (過分) zurückerobert) 他 (h) （領土など⁴を）奪還する, 奪い返す．

zu·rück|er·stat·ten ［ツリュック・エァシュタッテン tsurýk-ɛrʃtàtən］ (過分) zurückerstattet) 他 (h) （［人³に］経費など⁴を）弁済（返済）する．

zu·rück|fah·ren ［ツリュック・ファーレン tsurýk-fàːrən］ du fährst...zurück, er fährt...zurück (fuhr...zurück, *ist*/*hat*...zurückgefahren) I 自 (h) (s)) ① （乗り物で）**帰る**, 戻る；（車で）バックする． Ich *werde* mit dem Bus *zurückfahren*. 私はバスで帰ろうと思う． ② （驚いて）後ろへ飛びのく． vor Schreck *zurückfahren* 驚いて飛びのく．
II 他 (定T) haben） （人・物⁴を乗り物で）送り返す；（レンタカーなど⁴を）戻す, 返す．

zu·rück|fal·len* ［ツリュック・ファレン tsurýk-fàlən］自 (s) ① 後ろへ倒れる（落ちる）． Er *fiel* **aufs** Bett *zurück*. 彼はベッドの上にあおむけに倒れた． ② （特にスポーツで）順位が落ちる；（成績が）悪くなる；《軍》後退する． ③ 〖**in** 事⁴ ～〗《事⁴（以前の状態）に》逆戻りする． in eine Krankheit⁴ *zurückfallen* 病気がぶり返す． ④ 〖**an** 人⁴ ～〗（人⁴の手に）戻る． ⑤ 〖**auf** 人⁴ ～〗（報いなどが人⁴の身に）はね返ってくる．

zu·rück|fin·den* ［ツリュック・フィンデン tsurýk-fìndən］ I 自 (h) 帰り道がわかる． **zu** sich selbst *zurückfinden* 《比》自分を取り戻す． II 他 (h) （帰り道⁴が）わかる．

zu·rück|flie·gen* ［ツリュック・フリーゲン tsurýk-flìːgən］ I 自 (s) ① 飛行機で帰る． ② 《口語》（ボールなどが）はね返ってくる． II 他 (h) （人・物⁴を飛行機で）帰る, 送り返す；（飛行機⁴を）操縦して帰る．

zu·rück|flie·ßen* ［ツリュック・フリーセン tsurýk-flìːsən］自 (s) （流れなどが）逆流する．

zu·rück|for·dern ［ツリュック・フォルダァン tsurýk-fɔ̀rdərn］他 (h) （物⁴の）返却（返還）を要求する．

zu·rück|füh·ren ［ツリュック・フューレン tsurýk-fỳːrən］他 (h) （人⁴を）連れ戻す, 連れて帰る；（物⁴を元の位置に戻す． ② 〖A⁴ **auf** B⁴ ～〗（A⁴の原因を B⁴ に）帰する, （A⁴ を B⁴ に）還元する． Er *führt* den Unfall auf ein Versehen *zurück*. 彼は事故の原因を過失のせいにする． II 自 (h) （道が）元の場所へ通じている．

zu·rück|ge·ben ［ツリュック・ゲーベン tsurýk-gèːbən］ du gibst...zurück, er gibt...zurück (gab...zurück, *hat*...zurückgegeben) 他 (定T) haben） ① （［人³に］物⁴を）**返す**, 返却する, 返還する；返品する．（英）give back）． Hast du ihm sein Buch schon *zurückgegeben*？ 君はもう彼に本を返したの / Dieser Erfolg *hat* ihm sein Selbstvertrauen *zurückgegeben*. この成功は彼に自信を取り戻させた / Ich *gebe* dir dein Wort *zurück*. 《比》君の約束はなかったことにしてやろう． ② （球技で：）バックパスする；リターンパスする． ③ （相手の言葉を受けて…と）返事する, 言い返す． „ Und ich?", *gab* er *zurück*. 「それで私は？」と彼は言い返した．

zu·rück·ge·blie·ben ［ツリュック・ゲブリーベン］ I *zurück|bleiben (残る)の (過分) II 形 （精神的に）未発達の． ein [geistig] *zurückgebliebenes* Kind 知恵遅れの子供．

zu·rück·ge·fah·ren ［ツリュック・ゲファーレン］ *zurück|fahren (乗り物で帰る)の (過分)

zu·rück·ge·gan·gen ［ツリュック・ゲガンゲン］ *zurück|gehen (戻る)の (過分)

zu·rück·ge·ge·ben ［ツリュック・ゲゲーベン］ *zurück|geben (返す)の (過分)

zu·rück·ge·hal·ten ［ツリュック・ゲハルテン］ *zurück|halten (引き止める)の (過分)

zu·rück|ge·hen [ツリュック・ゲーエン tsurýk-gèːən] (ging...zurück, ist...zurückgegangen) 自 (定了 sein) ① (元の場所へ)戻る, 引き返す; 《口語》(故郷などに)戻る. (英 go back). Der Schüler *ging* auf seinen Platz *zurück*. その生徒は自分の席に戻った / in die Vergangenheit *zurückgehen* 《比》過去にさかのぼる / Wir *gingen* denselben Weg *zurück*. 私たちは同じ道を引き返した. ② 後ろへ歩く, 後退する. *Geh* bitte ein Stück *zurück!* 少し下がってくれ / Der Feind *geht zurück*. 敵が退却する. ③ (数値などが)減少する, (熱などが)下がる; (痛みなどが)ひく. Das Fieber *ist* etwas *zurückgegangen*. 《現在完了》熱が少し下がった / Das Geschäft *geht zurück*. 商売が不振になる. ④ (商品などが)返品される, (手紙などが)返送される. ein Essen[4] *zurückgehen lassen* (文句を言って)料理を戻す. ⑤ 【auf 人・物[4] ～】(人・物[4]に)由来する, 起源を持つ. Dieser Brauch *geht* auf die Germanen *zurück*. この風習はゲルマン人の時代にまでさかのぼる.

zu·rück·ge·kehrt [ツリュック・ゲケーアト] *zurück|kehren (帰って来る)の 過分

zu·rück·ge·kom·men [ツリュック・ゲコンメン] *zurück|kommen (帰って来る)の 過分

zu·rück·ge·tre·ten [ツリュック・ゲトレーテン] *zurück|treten (後ろへ下がる)の 過分

zu·rück·ge·zo·gen [ツリュック・ゲツォーゲン] I *zurück|ziehen (後ろへ引く)の 過分 II 形 (世間を離れて)引きこもった, 隠遁(ぬん)した.

Zu·rück·ge·zo·gen·heit [ツリュック・ゲツォーゲンハイト] 女 -/ 引退; 隠遁(ぬん), 隠居. Sie lebt in [völliger] *Zurückgezogenheit*. 彼女はひっそり暮らしている.

zu·rück·grei·fen [ツリュック・グライフェン tsurýk-gràifən] 自 (h) ① 過去のことにさかのぼって話す. ② 【auf 人・物[4] ～】(人[4]を)わずらわす; (物[4]貯金などに)手をつける.

zu·rück|ha·ben [ツリュック・ハーベン tsurýk-hàːbən] 他 《口語》返して(戻して)もらう.

zu·rück|hal·ten [ツリュック・ハルテン tsurýk-hàltən] du hältst...zurück, er hält...zurück (hielt...zurück, hat...zurückgehalten) I 他 (定了 haben) ① (人[4]を)引き止める; 制止する; (物[4]をさし止める. (英 hold back). 人[4] am Arm *zurückhalten* 人の腕をつかんで引き止める / Ich *will* Sie nicht *zurückhalten*. あなたをお引き止めするつもりはありません / Das Paket *wurde* vom Zoll *zurückgehalten*. 《受動・過去》その小包は税関で差し押さえられた. ②【人[4] von (または vor) 事[3] ～】(人[4]に事[3]を)思いとどまらせる, やめさせる. Ich *konnte* ihn gerade noch vom Sprung ins Wasser *zurückhalten*. 彼が水に飛び込もうとするのを私はやっとのことで引き止めることができた. ③ (感情など[4]を)抑える, (意見[4]などを)さし控える. die Tränen[4] *zurückhalten* 涙をこらえる / Er *hielt* seinen Ärger *zurück*. 彼は怒りを抑えた. II 自 (定了 haben)【mit 事[3] ～】(事[3]意見などを)さし控える; (事[3]感情などを)抑える, 抑制する. Er *hielt* nicht mit seiner Kritik *zurück*. 彼は遠慮容赦なく批判した.
III 再帰 (定了 haben) *sich[4] zurückhalten* 自制する; (議論などを)控えめにしている. Du solltest dich beim Essen etwas *zurückhalten*. 君は食事の量を少し控えたほうがいい.

zu·rück·hal·tend [ツリュック・ハルテント tsurýk-haltənt] I *zurück|halten (引き止める)の 現分
II 形 ① 控えめな, 慎み深い; 《比》(色彩などが)控えめ(地味)な. Sie ist sehr *zurückhaltend*. 彼女はとても控えめだ. ② (出迎えなどが)そっけない, 冷やかな; (拍手などが)まばらな; 《比》(需要が)伸びない.

Zu·rück·hal·tung [ツリュック・ハルトゥング] 女 -/ ① 控えめ(遠慮がち)な態度; そっけない(冷やかな)態度. ② 《罕》引き止めること; 制止, 抑制.

zu·rück|keh·ren [ツリュック・ケーレン tsurýk-kèːrən] (kehrte...zurück, ist...zurückgekehrt) 自 (定了 sein) 《雅》① 帰って来る, 戻って来る. (英 return). aus dem Urlaub *zurückkehren* バカンスから戻って来る / nach Hause *zurückkehren* 帰宅する / von einem Spaziergang *zurückkehren* 散歩から戻って来る / Ich möchte zum Thema *zurückkehren*. 《比》本題に戻りたいと思います. ② (記憶・意識などが)戻る. Langsam *kehrte* das Bewusstsein *zurück*. しだいに意識が戻ってきた.

zu·rück|kom·men [ツリュック・コンメン tsurýk-kòmən] (kam...zurück, ist...zurückgekommen) 自 (定了 sein) ① 帰って来る, 戻って来る; (記憶などが)よみがえる, ぶり返す. (英 come back). Wann *kommst* du aus dem Urlaub *zurück*? 君はいつ休暇から帰ってくるの. ②【auf 人・事[4] ～】(人・事[4]に)立ち戻る. Auf diese Frage *kommen* wir später *zurück*. この問題についてはあとでもう一度話題にしましょう.

zu·rück|kön·nen [ツリュック・ケンネン tsurýk-kènən] 自 (h) ① (…へ)戻る(帰る)ことができる; 《口語》(ある物が元の場所に)戻すことができる. ② 撤回することができる.

zu·rück|las·sen [ツリュック・ラッセン tsurýk-làsən] 他 (h) ① (人・物[4]を)あとに残す, 残して行く. das Gepäck[4] im Hotel *zurücklassen* 荷物をホテルに置いて行く /【人[3] (または für 人[4]) 事[4] ～】*zurücklassen* (人[3] (または 人[4]) に伝言を残して行く. (☞ 類語 *lassen*). ② (傷跡など[4]を)残す. ③ (人[4]を)帰らせる. ④ (競争で人[4]を)引き離す.

zu·rück|le·gen [ツリュック・レーゲン tsurýk-lèːgən] 他 (h) ① 元の場所へ置く(戻す). ② (頭など[4]を)後ろへ反らす, もたせかける. ③ (使わずに・売らずに)取っておく, 残しておく. ④

（お金⁴を)蓄える． Geld⁴ für eine Reise *zurücklegen* 旅行のために貯金をする． ⑤ (ある道のり⁴を)あとにする． Wir *haben* täglich 15 km *zurückgelegt*. 私たちは毎日 15 キロメートル進んだ． ⑥ 《ﾅﾆｦ》(官職など⁴を)辞める． II 再帰 (h) *sich⁴ zurücklegen* 後ろへもたれかかる，後ろへ反り返る．

zu·rück|leh·nen [ツリュック・レーネン tsuríːk-lèːnən] I 他 (h) (頭など⁴を)後ろにもたせかける． II 再帰 (h) *sich⁴ zurücklehnen* 後ろにもたれかかる．

zu·rück|lie·gen* [ツリュック・リーゲン tsuríːk-lìːɡən] 自 (h) ① 過去(昔)のことになっている． Das Ereignis *liegt* schon lange *zurück*. その出来事はすでに昔のことになっている． ② 《ｽﾎﾟｰﾂ》負けている，遅れている．

zu·rück|mel·den [ツリュック・メルデン tsuríːk-mèldən] I 再帰 (h) *sich⁴ zurückmelden* 帰ったことを報告する，帰着届けを出す． II 他 《人⁴》が帰ったことを報告する(届け出る)．

zu·rück|müs·sen* [ツリュック・ミュッセン tsuríːk-mỳsən] 自 (h) (…へ)戻る(帰る)なければならない．《口語》(ある物が元の場所に)戻されなければならない．

Zu·rück|nah·me [ツリュック・ナーメ] 女 -/-n 《ふつう 単》① 取り戻し，取り返し． ② とり消し，撤回；廃止，破棄．

zu·rück|neh·men* [ツリュック・ネーメン tsuríːk-nèːmən] 他 (h) ① (返品など⁴を)引き取る；取り戻す，取り返す． ② (発言など⁴を)撤回する；(訴訟など⁴を)取り下げる． sein Versprechen⁴ *zurücknehmen* 約束をとり消す． ③ 《軍》(軍隊など⁴を)撤収する；《ｽﾎﾟｰﾂ》後衛に下げる． ④ (頭など⁴を)後ろに引く；(足など⁴を)引っ込める． Er *nahm* den Kopf *zurück*. 彼は頭を後ろに引いた． ⑤ (音量など⁴を)下げる，絞る． das Gas⁴ *zurücknehmen* (車の)アクセルを戻す．

zu·rück|pral·len [ツリュック・プラルレン tsuríːk-pràlən] 自 (s) ① (ボールなどが)はね返る． von 物³ *zurückprallen* 物³に当たってはね返る． ② (驚いて)あとずさりする，[後ろに]飛びのく．

zu·rück|rei·chen [ツリュック・ライヒェン tsuríːk-ràiçən] I 他 (h) 《人³に》《物⁴を》返す，返却する． II 自 (h) (起源などが…まで)さかのぼる．

zu·rück|ru·fen* [ツリュック・ルーフェン tsuríːk-rùːfən] I 他 (h) ① 《人⁴を》呼び戻す；召還する． 人⁴ ins Leben *zurückrufen* 《比》人⁴を生き返らせる． ② 《人³の》念頭に《事⁴を》呼び起こす． 人³ (sich³) 《事⁴を》Gedächtnis in *zurückrufen* 人³に事⁴を思い出させる(事⁴を思い出す)． ③ (…と)大声で返事をする． ④ 《人⁴に》折り返し電話をする． II 自 (h) 折り返し電話する．

zu·rück|schal·ten [ツリュック・シャルテン tsuríːk-ʃàltən] 自 (h) ① 《*auf* 物³ ~》(物³の放送局など)にチャンネル(スイッチ)を戻す． **in** (または **auf**) den dritten Gang *zurückschalten* ギアをサードに落とす．

zu·rück|schau·dern [ツリュック・シャオダン tsuríːk-ʃàudərn] 自 (s) ① 身震いしてあとずさりする． ② 《ﾅﾆｦ》しり込みする．

zu·rück|schau·en [ツリュック・シャオエン tsuríːk-ʃàuən] 自 (h) ① 《南ﾄﾞ･ｵｰｽﾄ･ｽｲｽ》後ろを振り返る． ② 回顧する．

zu·rück|schi·cken [ツリュック・シッケン tsuríːk-ʃìkən] 他 (h) ① (郵便物など⁴を)送り返す，返送する． ② 《人⁴を》元の場所に戻らせる，送還する．

zu·rück|schie·ben* [ツリュック・シーベン tsuríːk-ʃìːbən] 他 (h) ① 《人･物⁴を》押し返す(戻す)；後ろへ押しやる． ② (カーテンなど⁴を)開ける，(かんぬきなど⁴を)はずす．

zu·rück|schla·gen* [ツリュック・シュラーゲン tsuríːk-ʃlàːɡən] I 他 (h) ① (ボールなど⁴を)打ち返す，けり返す． ② (襟など⁴を)折り返す；(毛布など⁴を)はねのける． ③ (敵などを)撃退する． II 自 (s, h) ① (s) (振り子などが)元に戻る；(波が)打ち返す． ② (h) なぐり返す，撃ち返する． ③ (h) 《*auf* 事⁴ ~》《事⁴に》悪影響を及ぼす．

zu·rück|schre·cken¹⁽*⁾ [ツリュック・シュレッケン tsuríːk-ʃrèkən] 《ふつう規則変化》自 (s) ① 驚いて飛びのく． ② 《*vor* 事³ ~》《事³に》しり込みする，ひるむ．

zu·rück|schre·cken² [ツリュック・シュレッケン] 他 (h) しり込みさせる，ひるませる．

zu·rück|seh·nen [ツリュック・ゼーネン tsuríːk-zèːnən] 再帰 (h) 《*sich⁴ nach* 人･物³ ~》《人･物³を》懐かしく思う，恋しがる． Ich *sehne mich* nach der Heimat *zurück*. 私は故郷が懐かしい．

zu·rück|sen·den⁽*⁾ [ツリュック・ゼンデン tsuríːk-zèndən] 他 (h) 《雅》送り返す；送還する．

zu·rück|set·zen [ツリュック・ゼッツェン tsuríːk-zètsən] I 他 (h) ① 元の場所に戻す(座らせる)． Sie *setzte* das Glas an seinen Platz *zurück*. 彼女はグラスを元の所に置いた． ◇《再帰的に》*sich⁴ zurücksetzen* 元の場所に座る． ② 後ろへ下げる；後ろに座らせる． ◇《再帰的に》Ich *setze mich* [ein paar Reihen] *zurück*. 私は[二三列]後ろに座ります． ③ (車などを)バックさせる，後ろに動かす． ④ 軽んじる，冷遇する． ◇《過去分詞の形で》Ich fühle mich *zurückgesetzt*. 私は冷遇されているように感じる． ⑤ 《方》(物⁴の)値段を下げる． II 自 (h) (車が･人が車で)バックする．

Zu·rück⸗set·zung [ツリュック・ゼッツング] 女 -/-en ① 元に戻すこと；後ろへ置くこと． ② 無視，軽視，冷遇．

zu·rück|sin·ken* [ツリュック・ズィンケン tsuríːk-zìŋkən] 自 (s) ① 後ろに倒れ込む． ② 《*in* 事⁴ ~》《雅》(事⁴の状態に)逆戻りする．

zu·rück|sprin·gen* [ツリュック・シュプリンゲン tsuríːk-ʃprìŋən] 自 (s) ① (元の場所へ)飛んで戻る；(ボールなどが)はね返って戻る． ② 後ろへ飛びのく． ③ (家などが家並みから)引っ込んでいる．

zu·rück|spu·len [ツリュック・シュプーレン

tsurýk-ʃpùːlən] 他 (h) (ビデオテープなど⁴を)巻き戻しする. (愛昧)「早送りする」は vor|spulen)

zu·rück|ste·cken [ツリュック・シュテッケン tsurýk-ʃtɛkən] I 他 (h) ① 元のところへ差し込む(突っ込む). ② (くいなど⁴を)後ろにずらして打ち込む. II 自 (h) 要求を控えめにする(引き下げる).

zu·rück|ste·hen* [ツリュック・シュテーエン tsurýk-ʃtèːən] 自 (h) ① (家などが)引っ込んで建っている. ②〖[hinter 人·物³] ~〗([人·物³]に])劣っている. ③ 譲歩する; (問題などが)あと回しになる.

zu·rück|stel·len [ツリュック・シュテレン tsurýk-ʃtɛlən] 他 (h) ① 元の場所に戻す(置く). *Stell bitte den Stuhl wieder an seinen Platz zurück!* いすを元の場所に戻しなさい. ② 後ろに下げる. ③(暖房など⁴を遅らせる, (時計など⁴を)遅らせる. die Heizung⁴ *zurückstellen* 暖房の温度を下げる. ④ (人³のために商品など⁴を)取っておく. ⑤ (人⁴を義務などから)猶予する. 人⁴ *vom Wehrdienst zurückstellen* 人⁴の兵役を猶予する. ⑥ (計画など⁴を見合わせる, あと回しにする.

zu·rück|sto·ßen* [ツリュック・シュトーセン tsurýk-ʃtòːsən] I 他 (h) ① 突き返す, 突き戻す; 後ろに突きとばす;《比》拒絶する. II 自 (s)(車が・人が車で)バックする.

zu·rück|strah·len [ツリュック・シュトラーレン tsurýk-ʃtraːlən] 他 (h) (光など⁴を)反射する. II 自 (h)(光などが)反射する.

zu·rück|stu·fen [ツリュック・シュトゥーフェン tsurýk-ʃtùːfən] 他 (h) (人³の給与等級や地位などを)格下げする, 降格する.

zu·rück|trei·ben* [ツリュック・トライベン tsurýk-tràibən] 他 (h) (人⁴を)追い返す; (家畜⁴を)小屋に追い戻す.

zu·rück|tre·ten* [ツリュック・トレーテン tsurýk-trèːtən] du trittst...zurück, er tritt...zurück (trat...zurück, *ist*...zurückgetreten) 自 (完了 sein) ① 後ろへ下がる, 退く.(英)step back). einen Schritt *zurücktreten* 一歩下がる / *Bitte von der Bahnsteigkante zurücktreten!* (駅のアナウンスで:)ホームの端からお下がりください. ② 辞職する, 辞任する. *Die Regierung soll zurücktreten.* 内閣は退陣するべきだ. ③《比》(影響力などが)後退する, 弱まる, (重要度が)薄れる. *Sein Einfluss tritt immer mehr zurück.* 彼の影響力はますます弱まっている. ④〖von 事³ ~〗(事³(契約など)⁴を)とり消す; (事³(権利など)⁴を)放棄する. *von einem Kauf zurücktreten* 購入をとりやめる.

zu·rück|tun* [ツリュック・トゥーン tsurýk-tùːn] 他 (h)《口語》元の場所に戻す.

zu·rück|ver·fol·gen [ツリュック・フェアフォルゲン tsurýk-fɛrfɔlgən] (過分 zurückverfolgt) 他 (h) (事⁴を)過去にさかのぼってたどる.

zu·rück|ver·lan·gen [ツリュック・フェアランゲン tsurýk-fɛrlàŋən] (過分 zurückverlangt) I 他 (h) (物⁴の)返却(返還)を要求する. II 自 (h)〖nach 人·物³ ~〗《雅》(人·物³を)取り戻したいと願う.

zu·rück|ver·set·zen [ツリュック・フェアゼッツェン tsurýk-fɛrzɛtsən] (過分 zurückversetzt) I 他 ① 元の場所に戻す; 過去に引き戻す. II 再帰 (h)〖sich⁴ in 事⁴ ~〗(事⁴を)振り返って考える.

zu·rück|wei·chen* [ツリュック・ヴァイヒェン tsurýk-vàiçən] 自 (h) ① あとずさりする, 後ろへ下がる. ②〖vor 事³ ~〗(事³に対して)しり込みする, (事³を)回避しようとする.

zu·rück|wei·sen* [ツリュック・ヴァイゼン tsurýk-vàizən] I 他 (h) ① (人⁴に元の場所へ)戻るよう指示する. ② (人⁴を)追い返す; (申し出など⁴を)退ける, 却下する. einen Vorschlag *zurückweisen* 提案を退ける. ③(非難など⁴に)反論する. II 自 (h)〖auf 物³ ~〗(物⁴を)振り返って指し示す.

Zu·rück·wei·sung [ツリュック・ヴァイズング] 女 -/-en ① 元の場所へ戻るように指図すること. ② 拒絶, 拒否, 断り;《法》却下.

zu·rück|wer·fen* [ツリュック・ヴェルフェン tsurýk-vɛrfən] 他 (h) ① (ボールなど⁴を)投げ返す. *Wirf doch den Ball zu mir zurück!* ボールを私へ投げ返して! ② (頭など⁴を)後ろへ反らす. ◊〖再帰的に〗*sich⁴ zurückwerfen* あお向けに身を投げ出す. ③ (光⁴を)反射する, (音³を)反響させる. ④ (敵⁴を)撃退する. ⑤ (以前の悪い状態などに)逆戻りさせる.

zu·rück|wir·ken [ツリュック・ヴィルケン tsurýk-vìrkən] 自 (h)〖auf 人·物⁴ ~〗(影響などが人·物⁴に)はね返ってくる.

zu·rück|wol·len* [ツリュック・ヴォレン tsurýk-vòlən] I 自 (h)(…へ)帰る(戻る)つもりである. II 他 (h)《口語》(物⁴を)返してほしいと望む, (人³が)時る(戻って)来ることを望む.

zu·rück|zah·len [ツリュック・ツァーレン tsurýk-tsàːlən] 他 (h) ① (借金など⁴を)返済する, 払い戻す. *Er hat alles zurückgezahlt.* 彼は借金を全部返した. ②《口語》(人³に事⁴の)仕返し(報復)をする.

zu·rück|zie·hen* [ツリュック・ツィーエン tsurýk-tsìːən] (zog...zurück, *hat/ist*...zurückgezogen) I 他 (完了 haben) ① 後ろへ引く, 引き戻す; 引っ込める.(英)pull back). *Er zog sie ins Zimmer zurück.* 彼は彼女を部屋に引き戻した / *Sie zog ihre Hand zurück.* 彼女は手を引っ込めた. ◊〖非人称の *es* を主語として〗*Es zieht mich dorthin zurück.* 私はそこへ帰りたい気持ちに駆られる. ② 引いて開ける. die Gardine⁴ *zurückziehen* カーテンを引いて開ける. ③(部隊などを)撤収する, (大使など⁴を)召還する. ④ (要求など⁴を)撤回する, とり消す; (製品など⁴を)回収する. eine Bestellung⁴ *zurückziehen* 注文をとり引する.
II 自 (完了 sein)(元の場所へ)帰る, 戻る. *Er will wieder nach Köln zurückziehen.* 彼は再びケルンに戻るつもりだ.

III 再帰 (完了 haben) sich⁴ zurückziehen ① (後ろへ)引っ込む；(部隊が)撤退する；《比》引きこもる. sich⁴ in sich selbst zurückziehen 自分の殻の中に閉じこもる. ②《sich⁴ aus (または von) 人³》(人³から)身を引く，引退する. sich⁴ aus der Lehrtätigkeit (von der Bühne) zurückziehen 教職(舞台生活)から引退する. ③《sich⁴ von 人³ ~》(人³との)交際をやめる，(人³と)手を切る.
◇☞ zurückgezogen

Zu·ruf [ツー・ルーふ tsúː-ruːf] 男 -[e]s/-e 呼びかけ[の言葉]. durch Zuruf abstimmen (または wählen) 発声投票により票決する.

zu|ru·fen* [ツー・ルーふェン tsúː-ruːfən] 他 (h) (人³に 事⁴を)大声で叫ぶ(言う). 人³ einen Befehl zurufen 人³に大声で命令する.

zur·zeit [ツァ・ツァィト tsur-tsáit] 副 目下，現在，今のところ (略: zz., zzt.). Zurzeit arbeitet er in Berlin. 目下彼はベルリンで働いている.（←「…の時代に[は]」の意味では zur Zeit とつづる. 例: zur Zeit Goethes ゲーテの時代に[は]）☞ Zeit ④

zus. [ツ・ザメン]《略》いっしょに，合わせて，共同で (= zusammen).

Zu·sa·ge [ツー・ザーゲ tsúː-zaːgə] 女 -/-n (招待などに対する)受諾, 承諾；(相手の希望などをかなえるという)約束.（← 「拒否」は Absage). 人³ ein Zusage⁴ geben 人³に約束する.

*zu|sa·gen [ツー・ザーゲン tsúː-zàːgən] (sagte...zu, hat...zugesagt) I 他 (完了 haben) ([人³に]来訪・援助など⁴を)**約束する.**（← 「とり消す」は ab|sagen). Er hat sein Kommen zugesagt. 彼は来訪を約束した. II 自 (完了 haben) ① (招待などに)承諾の返事をする，同意する. ◇《現在分詞の形で》Ich habe eine zusagende Antwort erhalten. 私は承諾の返事をもらった. ② (人³の)気に入る，性に合う. Die Wohnung sagte mir zu. 私はこのアパートが気に入った.

*zu·sam·men [ツ・ザメン tsu-zámən]

いっしょに	Gehen wir *zusammen*!
	ゲーエン ヴィア ツザメン
	いっしょに行きましょう.

副 ① いっしょに，みんなで；共同で，協力して.（英 together). eine Flasche⁴ Wein *zusammen* bestellen いっしょに1本のワインを注文する / Er hat mit seinem Vater *zusammen* gearbeitet. 彼は父親といっしょに働いた.
② 合わせて，全部で，合計して. Das macht *zusammen* 100 Euro. 全部で100ユーロになります / *Zusammen* oder getrennt? (レストランなどで)お支払いはごいっしょですか，それとも別々になさいますか.

新形
zu·sam·men sein いっしょにいる；《比》いっしょに暮らす.

zu·sam·men.. [ツザメン.. tsuzámən..]《分離動詞の 前つづり；つねにアクセントをもつ》《共同》例: *zusammen*|arbeiten 共同作業をする. ②《結合》例: *zusammen*|schließen つなぎ合わせる. ③《総括・凝縮》例: *zusammen*|fassen 要約する. ④《崩壊》例: *zusammen*|brechen 崩壊する. ⑤《集合》例: *zusammen*|kommen 集まる.

Zu·sam·men≠ar·beit [ツザメン・アルバイト] 女 -/ 共同作業，協力. eine internationale Zusammenarbeit 国際的な共同作業.

zu·sam·men|ar·bei·ten [ツザメン・アルバイテン tsuzámən-àrbaitən] 自 (h) 共同作業をする，協力する.

zu·sam·men|bal·len [ツザメン・バレン tsuzámən-bàlən] I 他 (h) (雪・紙など⁴を)丸める. die Fäuste⁴ zusammenballen 両手のこぶしを固める. II 再帰 (h) *sich*⁴ zusammenballen ひとかたまりになる，集結する.

Zu·sam·men≠bal·lung [ツザメン・バルンヶ] 女 -/-en 丸める(固める)こと；(権力などの)集中.

Zu·sam·men≠bau [ツザメン・バオ] 男 -[e]s/-e (機械などの)組み立て；(映画の)モンタージュ.

zu·sam·men|bei·ßen* [ツザメン・バイセン tsuzámən-bàisən] 他 (h) (歯⁴を)かみ合わせる；(歯⁴を)食いしばる.

zu·sam·men|bin·den* [ツザメン・ビンデン tsuzámən-bìndən] 他 (h) 結び合わせる，束ねる，くくる. Blumen⁴ zusammenbinden 花を束ねて花束にする.

zu·sam·men|blei·ben* [ツザメン・ブらイベン tsuzámən-blàibən] 自 (s) ずっといっしょにいる，離れずにいる.

zu·sam·men|brau·en [ツザメン・ブラオエン tsuzámən-bràuən] I 他 (h)《口語》(種々の材料を混ぜて飲み物⁴を)作る. einen Cocktail zusammenbrauen カクテルを作る. II 再帰 (h) *sich*⁴ zusammenbrauen (災難・不幸などが)発生する.

zu·sam·men|bre·chen [ツザメン・ブレッヒェン tsuzámən-brèçən] du brichst ...zusammen, er bricht ...zusammen (brach ...zusammen, ist ...zusammengebrochen) 自 (完了 sein) ① 崩れ落ちる，崩壊する. Die Brücke *ist* unter der Belastung *zusammengebrochen*.《現在完了》その橋は重みで崩れ落ちた. ②《比》(人が)くずおれる，倒れる；虚脱状態になる. Der Mann *brach* vor Erschöpfung *zusammen*. その男は疲労のあまり倒れた. ③ (事業などが)失敗する；(会社が)倒産する；(交通などが)麻痺(ﾏﾋ)する. ④《**über** 人³ ~》(人³の身に)降りかかる，襲いかかる.

zu·sam·men|brin·gen* [ツザメン・ブリンゲン tsuzámən-brìŋən] 他 (h) ① (お金など⁴を)調達する，工面する. ②《口語》(言葉・文などを覚えていて)言うことができる. ③ (羊の群れなど⁴を一つに)集める. ④ 引き合わせる. ⑤ 関係づける.

*der Zu·sam·men≠bruch [ツザメン・ブルフ tsuzámən-brux] 男 (単2) -[e]s/(複)

..brüche [..ブリュッヒェ] (3 格のみ ..brüchen) ① 崩壊, 倒壊; 挫折(ぎっ), 破綻(ぎっ); (機能などの)麻痺(ひ); 破産. (英 collapse). ein wirtschaftlicher Zusammenbruch 経済的な破局, 破産. ② (気力・体力の)衰弱; 卒倒. im Zusammenbruch erleiden 虚脱状態に陥る.

zu·sam·men|drän·gen [ツザンメン・ドレンゲン tsuzámən-drɛ̀ŋən] I 他 (h) ① 押し込める, ぎっしり詰める. ② 要約する. II 再帰 (h) sich⁴ zusammendrängen ① ぎっしりと集まる, 四方八方から殺到する. ② (短時間に)続いて起こる.

zu·sam·men|drü·cken [ツザンメン・ドリュッケン tsuzámən-drỳkən] 他 (h) 圧縮する, 押しつぶす.

zu·sam·men|fah·ren* [ツザンメン・ファーレン tsuzámən-fà:rən] I 自 (s) ① (乗り物が)衝突する. ② (驚いて)縮み上がる, びくっとする. II 他 (h) 《口語》 (乗り物で)衝突して壊す.

zu·sam·men|fal·len* [ツザンメン・ファルレン tsuzámən-fàlən] 自 (s) ① (建物などが)倒壊する, 崩れ落ちる;《比》(希望などが)費える, (うそなどが)ばれる. Alle Pläne *fallen* in sich *zusammen*. すべての計画がつぶれる. ② (ふくらんだものが)縮む, しぼむ. ③ やせ衰える, やつれる. ④ (時間的に)一致する, かち合う;(線や面などが)重なり合う. Die beiden Geburtstage *fallen zusammen*. 二人の誕生日は同じ日だ.

zu·sam·men|fal·ten [ツザンメン・ファるテン tsuzámən-fàltən] 他 (h) ① 折りたたむ. einen Brief *zusammenfalten* 手紙を折りたたむ. ② (両手⁴を)組み合わせる.

***zu·sam·men|fas·sen** [ツザンメン・ファッセン tsuzámən-fàsən] du fasst...zusammen, er fasst...zusammen (fasste...zusammen, hat...zusammengefasst) (完了 haben) 他 ① (グループなどに)まとめる, 統合する. (英 unite). die Teilnehmer⁴ in (または zu) Gruppen von zehn Personen *zusammenfassen* 参加者を 10 人ずつのグループにまとめる. ② 要約する, まとめる. (英 sum up). Er fasste seine Gedanken in wenigen Sätzen *zusammen*. 彼は自分の考えを短い文章にまとめた. ◇《現在分詞の形で》*Zusammenfassend* kann man sagen, dass... 要約すれば…と言うことができる.

Zu·sam·men·fas·sung [ツザンメン・ファッスング] 女 -/-en ① 統合. ② 要約, レジュメ.

zu·sam·men|fin·den* [ツザンメン・フィンデン tsuzámən-findən] 再帰 (h) sich⁴ zusammenfinden (グループなどに)まとまる; 集う, 集まる. sich⁴ zu einem Drink *zusammenfinden* 一杯やりに集まる.

zu·sam·men|flie·ßen* [ツザンメン・フりーセン tsuzámən-flì:sən] 自 (s) (川が)合流する;《比》(色・音が)混じり合う.

Zu·sam·men·fluss [ツザンメン・ふるス] 男 -es/..flüsse ① 合流. ② 合流地点.

Zu·sam·men·fluß ☞ 新形 Zusammenfluss

zu·sam·men|fü·gen [ツザンメン・フューゲン tsuzámən-fỳ:gən] I 他 (h) 《雅》(部品など⁴を)組み合わせる. II 再帰 (h) sich⁴ *zusammenfügen* 《雅》一つに組み合わさる.

zu·sam·men|füh·ren [ツザンメン・フューレン tsuzámən-fỳ:rən] 他 (h) (運命などが人⁴を)引き合わせる, 巡り合わせる.

zu·sam·men·ge·bro·chen [ツザンメン・ゲブロッヘン] *zusammen|brechen (崩れ落ちる) の 過分

zu·sam·men·ge·fasst [ツザンメン・ゲふァスト] *zusammen|fassen (まとめる) の 過分

zu·sam·men·ge·faßt ☞ 新形 zusammengefasst

zu·sam·men·ge·han·gen [ツザンメン・ゲハンゲン] *zusammen|hängen (関連している) の 過分

zu·sam·men|ge·hen* [ツザンメン・ゲーエン tsuzámən-gè:ən] 自 (s) ① (政党などが)提携する, 協力する. ② (色などが)調和する, 合う. ③ 《口語》(線などが)集まる, 交わる.

zu·sam·men|ge·hö·ren [ツザンメン・ゲヘーレン tsuzámən-gəhø̀:rən] (過分 zusammengehört) 自 (h) 《口語》 (共に)一体を成している; (互いに)関係がある; (互いに)組に(対になっている. *Gehören* Sie *zusammen*? (レストランに入って来た複数の客に対して)ごいっしょでですか.

zu·sam·men·ge·hö·rig [ツザンメン・ゲヘーリヒ] 形 (共に)一体を成している; (お互いに)密接な関係にある; (互いに)組に(対になっている, 一そろいの.

Zu·sam·men·ge·hö·rig·keit [ツザンメン・ゲヘーリヒカイト] 女 -/ 一体を成していること, 同属; 連帯, 団結.

zu·sam·men·ge·legt [ツザンメン・ゲレークト] *zusammen|legen (折りたたむ) の 過分

zu·sam·men|ge·setzt [ツザンメン・ゲゼツット] I *zusammen|setzen (組み立てる) の 過分 II 形 組み立てられた, 組立式の; 合成(複合)の. ein *zusammengesetztes* Wort 《言》合成(複合)語.

zu·sam·men·ge·sto·ßen [ツザンメン・ゲシュトーセン] *zusammen|stoßen (衝突する) の 過分

zu·sam·men·ge·trof·fen [ツザンメン・ゲトロッふェン] *zusammen|treffen (出会う) の 過分

zu·sam·men·ge·wür·felt [ツザンメン・ゲヴュルふェるト] 形 雑多な, 混成の(チームなど).

Zu·sam·men·halt [ツザンメン・ハるト] 男 -[e]s/ ① 結合[の緊密さ]. ② [一致]団結, 連帯, きずな. der *Zusammenhalt* der Familie² 家族のきずな.

zu·sam·men|hal·ten* [ツザンメン・ハるテン tsuzámən-hàltən] I 自 (h) 結びついて(くっついて)いる;《比》結束(協力)し合っている. sein Geld⁴ *zusammenhalten* お金を使わないでおく. II 他 (h) ① (ばらばらにならないように)結び合わせる; (グループなど⁴を)まとめておく. seine

Gedanken[4] *zusammenhalten*《比》考えをまとめる.　② 並べて比較する，つき合わせる.

* *der* **Zu·sam·men⸗hang** [ツザンメン・ハング tsuzámən-haŋ] 男 (単2) –[e]s/(複) ..hänge [..ヘンゲ] (3 格のみ ..hängen) **関連, 関係,** (事柄の間の)つながり；脈絡. (英 *connection*). ein historischer *Zusammenhang* 歴史的な関連 / Besteht ein *Zusammenhang* zwischen den beiden Vorfällen? 二つの事件の間に何か関連がありますか / einen Satz **aus** dem *Zusammenhang* reißen 一つの文を全体のコンテクストから切り離す / **in** diesem *Zusammenhang* [と言って[言えば] / (in (または im) *Zusammenhang* **mit** 事[3] stehen 事[3]と関連している / A[4] mit B[3] in *Zusammenhang* bringen A[4] と B[3] とを相互に関連づける.

* **zu·sam·men|hän·gen*** [ツザンメン・ヘンゲン tsuzámən-hɛ̀ŋən] (hing...zusammen, hat...zusammengehangen) 自 (定了 haben) ① 《mit 事[3] ~》 (事[3]と)**関連(関係)している.** Ihre Krankheit *hängt* mit dem Unfall *zusammen*.　彼女の病気はその事故と関連があった. ◇〖現在分詞の形で〗事[4] *zusammenhängend* erzählen 事[4]を理路整然と語る.　② 《mit 物[3] ~》(物[3]と)**つながっている.** Die Insel *hing* einmal mit dem Festland *zusammen*. その島はかつて大陸とつながっていた.

zu·sam·men|hang⸗los [ツザンメンハング・ロース] 形 つながり(関連)のない, ばらばらでまとまりのない(話など).

zu·sam·men|hau·en(*) [ツザンメン・ハオエン tsuzámən-hàuən] 他 (h) 《口語》① めちゃめちゃに壊す.　② ぶちのめす, なぐり倒す.　③ 素人(½)細工で作る；《比》(論文などを)でっちあげる.

zu·sam·men|hef·ten [ツザンメン・ヘフテン tsuzámən-hɛ̀ftən] 他 (h) とじ合わせる；縫い合わせる.

zu·sam·men⸗klapp·bar [ツザンメン・クラップバール] 形 折りたたむことのできる, 折りたたみ式の(いす・ナイフなど).

zu·sam·men|klap·pen [ツザンメン・クラッペン tsuzámən-klàpən] I 他 (h) ① (ナイフなど[4]を)折りたたむ.　②《口語》(靴のかかと[4]を)打ち合わせて直立不動の姿勢をとる.　II 自 (s) がっくりくずおれる.

zu·sam·men|kle·ben [ツザンメン・クれーベン tsuzámən-klɛ̀bən] 他 (h) 貼(は)り合わせる.　II 自 (h) くっつき合う.

zu·sam·men|knei·fen* [ツザンメン・クナイフェン tsuzámən-knàifən] 他 (h) (唇など[4]を)きゅっと結ぶ, (目[4]を)細める.

zu·sam·men|knül·len [ツザンメン・クニュれン tsuzámən-knỳlən] 他 (h) (紙など[4]を)くしゃくしゃに丸める.

zu·sam·men|kom·men* [ツザンメン・コンメン tsuzámən-kɔ̀mən] 自 (s) ① (人が)集まる, 会合する.　Einmal im Jahr *kommen* die Mitglieder *zusammen*. 1年に1度会員たちは一同に会する.　②《mit 人[3] ~》(人[3]と)出会う, (人[3]と)知り合う.　③ (不快なことが)同時に起こる.　④ (お金などが)集まる.

zu·sam·men|krat·zen [ツザンメン・クラッツェン tsuzámən-krɑ̀tsən] 他 (h) 《口語》(お金など[4]を)かき集める.

Zu·sam·men⸗kunft [ツザンメン・クンフト] 女 –/..künfte　会合, 集会, 会議；出合い.

zu·sam·men|läp·pern [ツザンメン・れッパァン tsuzámən-lɛ̀pərn] 再帰 (h) *sich*[4] *zusammenläppern*《口語》(金額などが)積もり積もって大きくなる.

zu·sam·men|lau·fen* [ツザンメン・らオフェン tsuzámən-làufən] 自 (s) ① (人が)集まる, 寄り集まる；(川が…で)合流する；(線などが…で)交わる.　Mir *läuft* das Wasser **im** Mund *zusammen*.《口語》(おいしそうなものを見て)私は生つばが出る.　②《口語》(色が)溶け合う, 混じり合う.　③《口語》(布地などが)縮む.

zu·sam·men|le·ben [ツザンメン・れーベン tsuzámən-lɛ̀:bən] I 自 (h)《mit 人[3] ~》(人[3]と)いっしょに暮らす.　II 再帰 (h) *sich*[4] *zusammenleben*　いっしょに暮らすうちに仲よくなる(気心が知れるようになる).

Zu·sam·men⸗le·ben [ツザンメン・れーベン] 中 –s/　共同生活；同居.

* **zu·sam·men|le·gen** [ツザンメン・れーゲン tsuzámən-lɛ̀:gən] (legte...zusammen, hat...zusammengelegt) 他 (定了 haben) ① (物[4]を)折りたたむ, たたむ. (英 *fold up*). die Zeitung[4] *zusammenlegen* 新聞を折りたたむ / Den Tisch *kann* man *zusammenlegen*. このテーブルは折りたたみ式である.　② (人・物[4]を)一か所に)集める；一まとめにする. die Kranken[4] *zusammenlegen* 病人たちを一室に入れる.　③ 統合する, 合併する.　zwei Schulklassen[4] *zusammenlegen* 二つのクラスを合併する.　④〖(お金[4]を)出し合う, 出資し合う. ◇〖目的語なしでも〗Wir *legten* **für** ein Geschenk *zusammen*. 私たちはプレゼントを買うお金を出し合った.　⑤ (手・腕などを[4]を)重ね合わせる, 組む.

zu·sam·men|neh·men* [ツザンメン・ネーメン tsuzámən-nè:mən] I 他 (h) ① (力・考えなど[4]を)集中する, (勇気[4]を)奮い起こす.　alle Kräfte[4] *zusammennehmen* 全力をあげる.　② 総合的に見る, 概括する；総計する. ◇〖過去分詞の形で〗alles[4] *zusammengenommen* a) 総合的に見れば, b) 全部ひっくるめて.　II 再帰 (h) *sich*[4] *zusammennehmen*　自制(我慢)する, 気をしっかり持つ, 心を引きしめる. *Nimm dich zusammen*! しっかりしろ.

zu·sam·men|pa·cken [ツザンメン・パッケン tsuzámən-pɑ̀kən] 他 (h) ① いっしょに詰める；まとめる.　② 片づける.

zu·sam·men|pas·sen [ツザンメン・パッセン tsuzámən-pàsən] I 自 (h) (色などが)調和している；気が合う.　II 他 (h) (部品など[4]を)ぴったり組み合わせる.

zu·sam·men|pfer·chen [ツザンメン・プフェ

ルヒェン tsuzámən-pfèrçən] 他 (h) (家畜⁴を)同じ囲いの中に入れる;《比》(人⁴を)すし詰めにする.

zu·sam·men|pral·len [ツザンメン・プラレン tsuzámən-pràlən] 自 (s) (激しく)ぶつかる, 衝突する.

zu·sam·men|pres·sen [ツザンメン・プレッセン tsuzámən-prèsən] 他 (h) ① (歯⁴を)食いしばる, (唇⁴を)きゅっと結ぶ, (両手⁴を)固く組み合わせる. ② 押し込む, 押しつぶす.

zu·sam·men|raf·fen [ツザンメン・ラッフェン tsuzámən-ràfən] I 他 (h) ① (急いで)かき集める, ひとまとめにする. ② (お金など⁴を)がつがつため込む. ③ (服など⁴の)すそをからげる II 再帰 (h) sich⁴ zusammenraffen《口語》勇気(力)をふるい起こす.

zu·sam·men|rau·fen [ツザンメン・ラオフェン tsuzámən-ràufən] 再帰 (h) sich⁴ zusammenraufen《口語》(争ったあとしだいに)折り合う, 仲直りする.

zu·sam·men|rech·nen [ツザンメン・レヒネン tsuzámən-rèçnən] 他 (h) (金額など⁴を)合計する, 合算する.

zu·sam·men|rei·men [ツザンメン・ライメン tsuzámən-ràimən] 再帰 (h)《口語》① sich³ 事⁴ zusammenreimen 事⁴に納得する. ② sich⁴ zusammenreimen つじつまが合う.

zu·sam·men|rei·ßen* [ツザンメン・ライセン tsuzámən-ràisən] I 再帰 (h) sich⁴ zusammenreißen《口語》心を引きしめる, 我慢(自制)する. II 他 (軍) (靴のかかとなど⁴を)打ち合わせる. die Glieder⁴ zusammenreißen 直立不動の姿勢をとる.

zu·sam·men|rol·len [ツザンメン・ロレン tsuzámən-ròlən] I 他 (h) (カーペット・紙など⁴を)くるくると巻く. II 再帰 (h) sich⁴ zusammenrollen (猫などが)体を丸める.

zu·sam·men|rot·ten [ツザンメン・ロッテン tsuzámən-ròtən] 再帰 (h) sich⁴ zusammenrotten (暴徒などが)大勢集まる, 徒党を組む.

zu·sam·men|rü·cken [ツザンメン・リュッケン tsuzámən-rỳkən] I 他 (h) (家具など⁴の)間隔を詰める. II 自 (h) 間隔(席)を詰める;互いに親しさを増す. Bitte rücken Sie noch etwas zusammen! 席をもう少しお詰めください.

zu·sam·men|ru·fen* [ツザンメン・ルーフェン tsuzámən-rù:fən] 他 (h) 呼び集める;(議会など⁴を)召集する.

zu·sam·men|sa·cken [ツザンメン・ザッケン tsuzámən-zàkən] 自 (s)《口語》① (家などが)倒壊する, 崩れる. ② 崩れるように倒れる, がっくりする.

zu·sam·men|schie·ßen* [ツザンメン・シーセン tsuzámən-ʃìːsən] 他 (h) ① (建物など⁴を)砲撃して破壊する. ②《口語》射殺する.

zu·sam·men|schla·gen* [ツザンメン・シュラーゲン tsuzámən-ʃlàːɡən] I 他 (h) ① (二つのもの⁴を)打ち合わせる. die Hände⁴ überm Kopf zusammenschlagen (びっくりして)両手を頭の上で打ち合わせる. ②《口語》なぐり倒

す;たたき壊す, たたきつぶす. ③ [折り]たたむ. II 自 (s)《über 人・物³ ~》(波が人・物³を)のむ;《比》(不幸などが人・物³に)襲いかかる.

zu·sam·men|schlie·ßen* [ツザンメン・シュリーセン tsuzámən-ʃlìːsən] I 他 (h) (鎖などで)つなぎ合わせる. II 再帰 (h) sich⁴ zusammenschließen 連合(合併)する, 提携する.

Zu·sam·men=schluss [ツザンメン・シュルス] 男 -es/..schlüsse 結合, 連結, 連合, 合併.

Zu·sam·men=schluß [新形] Zusammenschluss

zu·sam·men|schmel·zen* [ツザンメン・シュメルツェン tsuzámən-ʃmèltsən] 他 (h) (金属⁴を)溶かす;溶合させる. II 自 (s) (雪などが)解けて少なくなる;《比》(蓄えなどが)少なくなる.

zu·sam·men|schnü·ren [ツザンメン・シュニューレン tsuzámən-ʃnỳːrən] 他 (h) ① (一つにまとめて)ひもでくくる(束ねる). ② 締めつける. Die Angst schnürte mir das Herz zusammen.《比》不安で私は胸が締めつけられるようだった.

zu·sam·men|schre·cken⁽*⁾ [ツザンメン・シュレッケン tsuzámən-ʃrèkən] 自 (s) (びっくりして)縮みあがる, ぎくりとする.

zu·sam·men|schrei·ben* [ツザンメン・シュライベン tsuzámən-ʃràibən] 他 (h) ① (数語⁴を)まとめて一語に書く. ②《論文など⁴を)資料を寄せ集めて書く. ③《口語》(よく考えずに)書きなぐる. ④《口語》(財産など⁴を)文筆で稼ぐ.

zu·sam·men|schrump·fen [ツザンメン・シュルンプフェン tsuzámən-ʃrùmpfən] 自 (s) (果実などが)しなびる;《比》(蓄えなどが)減る.

zu·sam·men|schwei·ßen [ツザンメン・シュヴァイセン tsuzámən-ʃvàisən] 他 (h) (工)溶接してつなぎ合わせる;《比》(人⁴の間柄を)緊密にする.

zu·sam·men|sein* 自 (s) (新形) zusammen sein (いっしょにいる) ☞ zusammen

Zu·sam·men=sein [ツザンメン・ザイン] 中 -s/ いっしょにいること;(気楽な)集まり, 集会.

*zu·sam·men|set·zen [ツザンメン・ゼッツェン tsuzámən-zètsən] du setzt...zusammen (setzte...zusammen, hat...zusammengesetzt) I 他 (完了 haben) 組み立てる, 組み合わせて作る;調合する;合成する. Steine⁴ zu einem Mosaik zusammensetzen 石を組み合わせてモザイクを作る.

II 再帰 (完了 haben) sich⁴ zusammensetzen ①《sich⁴ aus 人・物³ ~》(人・物³から)構成されている. Das Gerät setzt sich aus vielen Teilen zusammen. この器具はたくさんの部品から成っている / Die Kommission setzt sich aus zwölf Mitgliedern zusammen. その委員会は12人の委員で構成されている. ②《sich⁴ mit 人³》~》([人³]と)並んで座る;集う, 会合する. Wir haben uns im Konzert zufällig zusammengesetzt. 私たちは音楽会でたまたま並んで

座った / *sich*⁴ **zur** Beratung *zusammensetzen* 協議のために集まる.
  ◇☞ **zusammengesetzt**

Zu·sam·men‖set·zung ［ツザンメン・ゼッツンヶ］囡 -/-en ① 組み合（組み立てる）こと. ② 構成；調合；（物質の）組成. ③〖言〗合成（複合）語.

Zu·sam·men‖spiel ［ツザンメン・シュピール］中 -(e)s/ チームワーク；共演，協力；相互作用.

zu·sam·men‖stau·chen ［ツザンメン・シュタオヘン tsuzámən-ʃtàuxən］他 (h) ①〘口語〙しかりとばす, どやしつける. ② 押しつぶす.

zu·sam·men‖ste·cken ［ツザンメン・シュテケン tsuzámən-ʃtèkən］I 他 (h)（ピンなどで）留め合わせる. die Köpfe⁴ *zusammenstecken*〘口語〙額を寄せてひそひそ話をする. II 自 (h)〘口語〙（いつも）いっしょにいる.

zu·sam·men‖ste·hen* ［ツザンメン・シュテーエン tsuzámən-ʃtèːən］自 (h) ①〘**mit** 人³~〙（人³）といっしょに立っている. ② 互いに助け合う.

zu·sam·men‖stel·len ［ツザンメン・シュテれン tsuzámən-ʃtèlən］他 (h) ① いっしょに並べる（置く）. ②〘再帰的に〙*sich*⁴ *zusammenstellen* 並んで立つ. ③ 編成する, 作成する；組み立てる；まとめる. ein Menü⁴ *zusammenstellen* 献立を考える / die Delegation⁴ *zusammenstellen* 代表団を編成する.

Zu·sam·men‖stel·lung ［ツザンメン・シュテるンヶ］囡 -/-en ① 編成, 作成；組み立て. ② 編成（作成）されたもの；一覧[表].

zu·sam·men‖stim·men ［ツザンメン・シュティンメン tsuzámən-ʃtìmən］自 (h) ①（色・響きなどが互いに）調和する. ②〖比〗（証言などが互いに）一致する.

zu·sam·men‖stop·peln ［ツザンメン・シュトッペるン］他 (h)〘口語〙（間に合わせに）寄せ集めて作る.

* *der* **Zu·sam·men‖stoß** ［ツザンメン・シュトース tsuzámən-ʃtoːs］男 (単2) -es/(複) ..stöße [..ʃyteːtə]（3格のみ ..stößen）〖英 *collision*〙①（乗り物などの）衝突. ②〘口語〙（意見の）衝突, 言い争い. Ich hatte mit ihm einen *Zusammenstoß*. 私は彼と激しくやり合った.

* **zu·sam·men‖sto·ßen*** ［ツザンメン・シュトーセン tsuzámən-ʃtòːsən］du stößt…zusammen, er stößt…zusammen (stieß…zusammen, *ist*…zusammengestoßen) 自 (☞ sein) ①（人・乗り物が）**衝突する**, ぶつかる.（英 *collide*）. Die Straßenbahn *ist* **mit** dem Bus *zusammengestoßen*.〖現在完了〗市電がバスと衝突した. ②〘話〙（意見が）衝突する. ③（地所などが）境を接している；（道・線などが）交差する.

zu·sam·men‖strö·men ［ツザンメン・シュトレーメン tsuzámən-ʃtrø̀ːmən］自 (s)（人々が）集まって来る, 押し寄せる；（川が）合流する.

zu·sam·men‖stür·zen ［ツザンメン・シュテュルツェン tsuzámən-ʃtỳrtsən］自 (s)（建物などが）倒壊する, 崩壊する；（人が）崩れるように倒れる.

zu·sam·men‖tra·gen* ［ツザンメン・トラーゲン tsuzámən-tràːgən］他 (h) 運び集める；〖比〗（資料など⁴を）集める.

zu·sam·men‖tref·fen ［ツザンメン・トレッフェン tsuzámən-trèfən］du triffst…zusammen, er trifft…zusammen (traf…zusammen, *ist*…zusammengetroffen) 自 (☞ sein) ①**出会う**, 行き会わせる.（英 *meet*）. Ich *traf* im Theater **mit** meinem Onkel *zusammen*. 私は劇場でおじに会った. ② 同時に起こる，（時間的に）重なる, 併発する. Dieses Jahr *trifft* mein Geburtstag **mit** Ostern *zusammen*. 今年は私の誕生日と復活祭がかち合っている.

Zu·sam·men‖tref·fen ［ツザンメン・トレッフェン］中 -s/ ① 出会い, 遭遇；会合, 集まり. ② 同時に起こること, 併発.

zu·sam·men‖tre·ten* ［ツザンメン・トレーテン tsuzámən-trèːtən］I 他 (h)〘口語〙踏んだりけったりして痛めつける. II 自 (s)（メンバーとして）集まる,（議会などが）召集される.

zu·sam·men‖trom·meln ［ツザンメン・トロンメるン tsuzámən-trɔ̀məln］他 (h)〘口語〙呼び集める, 召集する.

zu·sam·men‖tun* ［ツザンメン・トゥーン tsuzámən-tùːn］I 他 (h)〘口語〙（一か所に）ひとまとめにする；（学校など⁴を）統合する. II 再帰 (h) *sich*⁴ *zusammentun*〘口語〙協力する, 提携する, 結託する.

zu·sam·men‖wach·sen* ［ツザンメン・ヴァクセン tsuzámən-vàksən］自 (s) ①（骨などが）癒合する. ②〖比〗（複数の人・都市などが）一体となる.

zu·sam·men‖wer·fen* ［ツザンメン・ヴェルフェン tsuzámən-vèrfən］他 (h) ① 投げて一か所に集める. ② いっしょくたにする. ③〘口語〙（お金⁴を）出し合う.

zu·sam·men‖wir·ken ［ツザンメン・ヴィルケン tsuzámən-vìrkən］自 (h) ①〘雅〙協力する, 協同作業をする. ② いっしょに作用する.

zu·sam·men‖zäh·len ［ツザンメン・ツェーれン tsuzámən-tsɛ̀ːlən］他 (h) 合計（合算）する.

zu·sam·men‖zie·hen* ［ツザンメン・ツィーエン tsuzámən-tsìːən］I 他 (h) ①（引っぱって）縮める, 収縮させる. ein Loch⁴ im Strumpf *zusammenziehen* 靴下の穴を縫い合わせる / Er *zog* die Brauen *zusammen*. 彼は眉(まゆ)をひそめた. ◇〘再帰的に〙*sich*⁴ *zusammenziehen* 縮む, 収縮する, 狭まる,（傷などが）ふさがる ⇒ **Bei Kälte** *ziehen* **sich die Körper** *zusammen*. 寒いと物体が縮まる. ②（軍隊など⁴を）集結させる, 集める. ③（金額・数など⁴を）合計する, 合算する. II 再帰 (h) *sich*⁴ *zusammenziehen*（雷雲・あらしなどが）発生する. III 自 (s) いっしょに（部屋に）引っ越す.

zu·sam·men‖zu·cken ［ツザンメン・ツッケン tsuzámən-tsùkən］自 (s)（驚いて・痛くて）ぎくりとする, 縮みあがる.

Zu·satz [ツー・ザッツ tsú:-zats] 男 -es/..sätze ① 《複 なし》付加, 追加, 添加. unter *Zusatz* von 物³ 物³を添加して. ② 付加物, 添加物(剤). ③ 付録, 増補; 追伸, 付記.

Zu·satz=an·trag [ツー・ザッツ・アントラーク] 男 -[e]s/..träge 修正案, 追加動議.

Zu·satz=ge·rät [ツーザッツ・ゲレート] 男 -[e]s/-e 付属(補助)器具.

zu·sätz·lich [ツー・ゼッツリヒ] 形 追加の(費用など), 付加の, 余分な(負担など).

zu=schan·den [ツ・シャンデン] 副 壊されて, だめになって. 物⁴ *zuschanden* machen 物⁴(計画など)をだめにする / *zuschanden* werden (または gehen) だめになる / Er hat sein Auto *zuschanden* gefahren. 彼は車を下手な運転で壊した.
〔三〕zu Schanden ともつづる. ☞ Schande

zu|schan·zen [ツー・シャンツェン tsú:-ʃàntsən] 他 (h)《口語》(人³に地位など⁴を)ひそかに世話してやる.

zu|schau·en [ツー・シャオエン tsú:-ʃàuən] 自 (h)(南ドイツ・オストリア・スイス)(わきから様子を)眺める, 見物する. 人³ bei der Arbeit *zuschauen* 人³が仕事をするのを眺める.

*der **Zu·schau·er** [ツー・シャオアァ tsú:-ʃàuər] 男 (単2) -s/(複) - (3格のみ -n) 観客, 見物人, 観衆 (英 spectator); (テレビの)視聴者 (英 viewer).〔三〕女性形は Zuschauerin;「聴衆」(は Zuhörer). die *Zuschauer* eines Fußballspiels サッカーの試合の観衆.

Zu·schau·er=raum [ツーシャオアァ・ラオム] 男 -[e]s/..räume 見物席, 観客(聴衆)席;(総称として:)観客, 観衆.

Zu·schau·er=tri·bü·ne [ツーシャオアァ・トリビューネ] 女 -/-n (スポーツなどの)観覧席, スタンド;(総称として:)[スタンドの]観客, 観衆.

zu|schi·cken [ツー・シッケン tsú:-ʃìkən] 他 (h) (人³に物⁴を)送付する, 送り届ける.

zu|schie·ben* [ツー・シーベン tsú:-ʃì:bən] 他 (h) ①(引き戸など⁴を)押して閉める. eine Schublade⁴ *zuschieben* 引き出しを閉める. ②(人³の方に物⁴を)押しやる. ③(人³に罪・責任など⁴を)押しつける, なすりつける. 人³ die Verantwortung⁴ *zuschieben* 人³に責任を転嫁する.

zu|schie·ßen* [ツー・シーセン tsú:-ʃì:sən] I 他 (h) ①(人³にボールなど⁴を)投げる;《比》(人³に視線など⁴を)投げる. ②《口語》(お金⁴を)出す, 投じる. II 自 (s) 《auf 人・物⁴ ~》(人・物⁴に向かって)突進する.

*der **Zu·schlag** [ツー・シュラーク tsú:-ʃlà:k] 男 (単2) -[e]s/(複) ..schläge [..シュレーゲ] (3格のみ ..schlägen) ① 割増料金;《鉄道》特急(急行・寝台)券. (英 extra charge). einen *Zuschlag* lösen 特急(急行・寝台)券を買う. ② 特別手当. Nacht*zuschlag* 夜勤手当. ③(競売などの)落札. ④《建》(セメントなどの)骨材, 混和剤.

Zu·schlä·ge [ツー・シュレーゲ] *Zuschlag (割増料金)の複.

zu|schla·gen* [ツー・シュラーゲン tsú:-ʃlà:gən] I 他 (h) ①(ドアなど⁴を)ばたんと閉める. das Buch⁴ *zuschlagen* 本をばたんと閉じる. ②(くぎ付けにする, (ハンマーなどで)たたいて造形する. ③(テニスなどで:)(人³にボール⁴を)打ち込む. ④(競売などで人³に物⁴を)落札させる. ⑤(割増金など⁴を)加算する, 上積みする. II 自 (s, h) ① (s) ばたんと閉まる. Die Tür *schlägt zu.* ドアがばたんと閉まる. ② (h) なぐりかかる.

zu·schlag=frei [ツー・シュラーク・フライ] 形 割増料金の不要な;《鉄道》特急(急行・寝台)料金の不要な.

Zu·schlag=kar·te [ツー・シュラーク・カルテ] 女 -/-n《鉄道》割増切符(特急・急行・寝台券など).

zu·schlag=pflich·tig [ツー・シュラーク・プフリヒティヒ] 形 割増料金の必要な;《鉄道》特急(急行・寝台)料金の必要な.

zu|schlie·ßen [ツー・シュリーセン tsú:-ʃlì:sən] 他 (h) du schließt...zu (schloss...zu, *hat* zugeschlossen) ① (auch 一 haben)(部屋・トランクなど⁴に)鍵(鑰)をかける, 鍵で閉める. (英 lock). (三〔「鍵で開ける」は aufschließen). die Tür⁴ *zuschließen* ドアに鍵をかける.

zu|schnal·len [ツー・シュナルン tsú:-ʃnàlən] 他 (h) (物⁴の)留め金を締める.

zu|schnap·pen [ツー・シュナッペン tsú:-ʃnàpən] 自 (s, h) ① (s)(戸・錠などが)ばたん(かちゃっ)と閉まる. ② (h)(犬などが)ぱくりと食いつく.

zu|schnei·den* [ツー・シュナイデン tsú:-ʃnàidən] 他 (h) ①(細工用に板など⁴を切る, (布地・服など⁴を)裁断する. ②《物⁴ auf 人・事⁴ ~》(物⁴(放送番組など)を人・事⁴)向きに作る.

Zu·schnei·der [ツー・シュナイダァ tsú:-ʃnaidər] 男 -s/- 裁断師.(三〔女性形は Zuschneiderin).

zu|schnei·en [ツー・シュナイエン tsú:-ʃnàiən] 自 (s)(道などが)雪でふさがる(埋まる).

Zu·schnitt [ツー・シュニット tsú:-ʃnìt] 男 -[e]s/-e ①《複 なし》裁断, 切断. ② 裁断の仕方;《比》型, 様式, タイプ. der *Zuschnitt* seines Lebens 彼の生活ぶり.

zu|schnü·ren [ツー・シュニューレン tsú:-ʃnỳ:rən] 他 (h)(包みなど⁴を)ひもでくくる, (靴など⁴の)ひもを結ぶ. Die Angst *schnürt* mir die Kehle *zu.*《比》不安で私は息が詰まりそうだ.

zu|schrau·ben [ツー・シュラオベン tsú:-ʃràubən] 他 (h)(容器⁴の)ふたをねじって閉める.

zu|schrei·ben* [ツー・シュライベン tsú:-ʃràibən] 他 (h) ①(事⁴を人³の)せいにする, (物⁴を人³に)帰する. Das *kann* man nur deiner Dummheit *zuschreiben.* このことはひとえに君の愚かさのせいだといえる / Das Bild *wurde* lange Zeit Picasso *zugeschrieben.*《受動・過去》その絵は長い間ピカソの絵だとされていた. ②(人・物³に事⁴があるとみなす, 思う. 人³ bestimmte Fähigkeiten⁴ *zuschreiben*

人³に特定の能力があるとみなす．③《物》⁴を人³の名義に書き換える，(人³にお金⁴を)振り込む．④《口語》書き添える，書き足す．

Zu·schrift [ツーシュリふト tsúː-ʃrɪft] 女 -/-en 投書[の手紙]． eine anonyme *Zuschrift* 匿名の投書．

zu|schul·den [ツシュるデン] 副《成句的に》sich³ 事 *zuschulden* kommen lassen 事⁴の罪を犯す．
(＝ zu Schulden ともつづる) ⇨ Schuld ②

Zu·schuss [ツーシュス tsúː-ʃʊs] 男 -es/..schüsse ① 補助(助成)金． einen *Zuschuss* erhalten (leisten) 補助金をもらう(支給する)． ②《印》(刷り損じを見込んだ)増し刷り．

Zu·schuß ⇨《新形》Zuschuss

Zu·schuss=be·trieb [ツーシュス・ベトリープ] 男 -[e]s/-e (経営不振のため)補助金を受けている企業．

Zu·schuß=be·trieb ⇨《新形》Zuschussbetrieb

zu|schüt·ten [ツーシュッテン tsúː-ʃʏtən] 他 (h) ① (穴など⁴を)土砂でふさぐ(埋める)． ②《口語》(水など⁴を)つぎ足す．

*__**zu|se·hen*** [ツーゼーエン tsúː-zèːən] du siehst...zu, er sieht...zu (sah...zu, *hat*...zugesehen) 自 (⌐完了⌐ haben) ① (わきで様子を)眺める，見物(観戦)する．(＝ watch). ②[aufmerksam] *zusehen* 人・物³を注意深く眺める / Ich *sah* ihm *bei* der Arbeit *zu*. 私は彼が仕事をしているのをわきで見ていた． ②(手をこまねいて)見ている，傍観する． Ich *kann* nicht länger *zusehen*. 私はもう黙って見ていられない． ③《dass 文とともに》(…するように)配慮する，気をつける． Sieh *zu*, dass du nicht fällst! 転ばないように気をつけなさい．

Zu·se·hen [ツーゼーエン] 中《成句的に》bei näherem (または genauerem) *Zusehen* よく見ると．

zu·se·hends [ツーゼーエンツ tsúː-zeːənts] 副 見る見るうちに，目に見えて，どんどん． Dem Kranken geht es *zusehends* besser. 病人は目に見えて良くなってきている．

zu|sein* [ツーゼーン] 自 (s) (《新形》 zu sein (閉まっている)) ⇨ zu

zu|sen·den⁽*⁾ [ツーゼンデン tsúː-zɛ̀ndən] 他 (h) (人³に物⁴を)送付する，送り届ける．

zu|set·zen [ツーゼッツェン tsúː-zɛ̀tsən] I 他 (h) ① (A³ に B⁴ を)添加する，加える． dem Wein Wasser⁴ *zusetzen* ワインを水で割る． ②(お金など⁴を)つぎ込む． nichts *zu*zu*setzen* haben《口語・比》体力に余裕がない． II 自 (h)《口語》① (人³に)しつこく迫る． 人³ *mit* Fragen *zusetzen* 人³を質問攻めにする． ②(寒さ・病気などが人³を)弱らせる，(人³の)身にこたえる．

zu|si·chern [ツーズィッヒャァン tsúː-zɪ̀çərn] 他 (h) (人³に援助など⁴を)確約する，請け合う．

Zu·si·che·rung [ツーズィッヒェルング] 女 -/

-en 確約，保証；確約(保証)されたこと．

zu|sper·ren [ツーシュペレン tsúː-ʃpɛrən] 他 (h)《南ド・オースト》(ドアなど⁴に)鍵(を)をかける．

Zu·spiel [ツーシュピーる tsúː-ʃpiːl] 中 -[e]s/ (球技などで)(ボールなどの)パス，送球．

zu|spie·len [ツーシュピーれン tsúː-ʃpìːlən] 他 (h) ① (球技などで)(人³にボールなど⁴を)パスする． ②《比》(人³に情報など⁴を)こっそり渡す．

zu|spit·zen [ツーシュピッツェン tsúː-ʃpìtsən] 他 (h) ① (物⁴の)先をとがらせる． ◇《再帰的に》sich⁴ *zuspitzen* 先がとがる． ②《比》(事態など⁴を)緊迫させる，先鋭化させる． ◇《再帰的に》sich⁴ *zuspitzen* 緊迫する，先鋭化する．

zu|spre·chen* [ツーシュプレッヒェン tsúː-ʃprɛçən] I 他 (h) ① (人³に事⁴の)言葉をかける． 人³ Trost⁴ *zusprechen* 人³に慰めの言葉をかける / Er *sprach* mir Mut *zu*. 彼は私に励ましの言葉をかけた． ②(裁判所などが人³に人・物⁴の)帰属権を認める． 人³ das Erbe⁴ *zusprechen* 人³に遺産の相続を認める． II 自 (h) ① (人³に…の)言葉をかける． 人³ freundlich *zusprechen* 人³に親切な言葉をかける． ②《雅》(物³を)食べる，飲む．

Zu·spruch [ツーシュプルふ tsúː-ʃprʊx] 男 -[e]s/ ①《雅》慰め(励まし)[の言葉]． ② 立ち寄ること，訪問，(客などの)入り． *Zuspruch*⁴ finden 客の入りがいい(好評である) / Dieser Arzt hat viel *Zuspruch*. この医者ははやっている．

*__der **Zu·stand** [ツーシュタント tsúː-ʃtant] 男 (単 2) -[e]s/(変) ..stände [..シュテンデ] (3 格のみ ..ständen) ① 状態，様子；コンディション，(患者の)容態．(＝ condition). Gesundheits*zustand* 健康状態 / der körperliche (seelische) *Zustand* 肉体(精神)の状態 / in bewusstlosem *Zustand* 無意識状態で / Sein *Zustand* ist bedenklich. 彼の容態は思わしくない．

② 《ふつう 複》情勢，状況． die politischen *Zustände* 政治的状況 / Das ist doch kein *Zustand*!《口語》この状況はなんとかしなくてはならない． ③《成句的に》*Zustände*⁴ bekommen (または kriegen)《口語》かっとなる．

*__**zu·stan·de*** [ツシュタンデ tsuː-ʃtándə] 副《成句的に》① 事⁴ *zustande* bringen 事⁴(困難なこと)を完成させる，成し遂げる． Er hat nichts *zustande* gebracht. 彼は何をしてもやり遂げられなかった． ② *zustande* kommen (困難を排してやっと)成功する，実現する．
(＝ zu Stande ともつづる) ⇨ Stand ④

Zu·stän·de [ツーシュテンデ] *__Zustand (状態)の 複

*__**zu·stän·dig*** [ツーシュテンディヒ tsúː-ʃtɛndɪç] 形 ① 権限(資格)のある；所轄の，管轄の；係の． die *zuständige* Behörde 所轄官庁 / für 事⁴ *zuständig* sein 事⁴の権限を有している，事⁴を担当している ⇒ Dafür ist er nicht *zuständig*. 彼はこの件の係ではない． ②《オースト》(官庁)定住権(居住権)のある． Ich bin

Zuständigkeit

nach Wien *zuständig*. 私はウィーンの市民だ.

Zu·stän·dig·keit [ツー・シュテンディヒカイト] 囡 -/-en 管轄権, 権限;管轄範囲.

zu⹀stat·ten [ツ・シュタッテン] 副《成句的に》 人・事³ *zustatten* kommen 人・事³にとって役にたつ, 有利に働く.

zu|ste·cken [ツー・シュテッケン] tsú:-ʃtɛkən] 他 (h) ① 《布の裂け目など⁴をピンで》留める. ② 《人³に情報など⁴を》こっそり与える.

zu|ste·hen* [ツー・シュテーエン tsú:-ʃtèːən] 自 (h) 《人³に》当然与えられるべきものである;《人³に》権限(権利)がある. 30 Urlaubstage im Jahr *stehen* uns *zu*. 私たちは1年に30日の休暇を取ることができる.

zu|stei·gen* [ツー・シュタイゲン tsú:-ʃtàɪgən] 自 (s) 《途中の駅・停留所から》新たに乗り込む. *Ist* hier] noch jemand *zugestiegen*? 《車内で車掌が:》検札のお済みでない方は? (← 新たにご乗車になった方はいらっしゃいませんか). (☞ 類語 steigen).

zu|stel·len [ツー・シュテレン tsú:-ʃtɛ̀lən] 他 (h) ① 《家具などで入口など⁴を》ふさぐ. ② 《官庁》《書類など⁴を》送達する, 送り届ける.

Zu·stel·ler [ツー・シュテラァ tsú:-ʃtɛlər] 男 -s/- 《官庁》《郵便》配達人, 送達係. (꣎ 女性形は Zustellerin).

Zu·stell⹀ge·bühr [ツーシュテる・ゲビューァ] 囡 -/-en 《郵》(受取人の払うべき)配達料.

Zu·stel·lung [ツー・シュテるング] 囡 -/-en 《官庁》配達, 送達.

zu|steu·ern [ツー・シュトイァァン tsú:-ʃtɔ̀ɪɐrn] I 自 (s) 《auf 人・物⁴に》向かって進む;《口語》《人・物⁴へ》向かってまっしぐらに進む. II 他 (h) 《口語》《ある金額⁴を》出す, 寄付する.

* **zu|stim·men** [ツー・シュティンメン tsú:-ʃtɪmən] (stimmte ... zu, hat ... zugestimmt) 自 (完了 haben) 《人・事³に》賛成する, 同意する, 《事³を》承認する. (英 agree). Ich *kann* dir in allem *zustimmen*. 私はすべての点で君に同意できる / einem Vorschlag *zustimmen* 提案を承認する. ◊《現在分詞の形で》 *zustimmend* nicken 賛成してうなずく.

* *die* **Zu·stim·mung** [ツー・シュティンムング tsú:-ʃtɪmʊŋ] 囡 (単)-/(複)-en 賛成, 同意;承認, 承諾. (英 agreement). die *Zustimmung* der Eltern² 両親の同意 / Dazu kann ich keine *Zustimmung* nicht geben. それには賛成できないね / unter allgemeiner *Zustimmung* 大方の賛同を得て.

zu|stop·fen [ツー・シュトプフェン tsú:-ʃtɔpfən] 他 (h) ① 《穴など⁴を》ふさぐ. sich³ die Ohren⁴ mit Watte *zustopfen* 耳に綿を詰める. ② 《靴下の穴など⁴を》繕う.

zu|stöp·seln [ツー・シュテプセるン tsú:-ʃtœpsəln] 他 (h) 《びんなど⁴に》栓をする.

zu|sto·ßen* [ツー・シュトーセン tsú:-ʃtòːsən] I 他 (h) 《ドアなど⁴を》勢いよく突いて(押して)閉める. II 自 (h, s) ① (h) 突きかかる. ② (s) 《人³の身に》ふりかかる, 起こる.

zu|stre·ben [ツー・シュトレーベン tsú:-ʃtrɛ̀ːbən] 自 (s) 《人・物³(または auf 人・物⁴)~》《人・物³(または 人・物⁴)に向かって》急ぐ.

Zu·strom [ツー・シュトローム tsú:-ʃtroːm] 男 -[e]s/- ① 流入. ② (群集の)殺到.

zu|strö·men [ツー・シュトレーメン tsú:-ʃtrøːmən] 自 (s) 《人・物³(または auf 人・物⁴)~》《川の水などが人・物³(または物³)に向かって》流れて行く;《群衆などが人・物³(または人・物⁴)に》殺到する, 押し寄せる.

zu|stür·zen [ツー・シュテュルツェン tsú:-ʃtʏrtsən] 自 (s) 《auf 人・物⁴ ~》《人・物⁴に向かって》駆け寄る, 突進する.

zu⹀ta·ge [ツ・ターゲ] 副《成句的に》 *zutage* treten (または kommen) a) 表面(地表)に現れる, b) 《比》 明るみに出る / 物⁴ *zutage* bringen (または fördern) a) 物⁴(鉱石など)を地表に掘り出す, b) 《比》 事⁴を明るみに出す / Seine Schuld liegt nun offen (または klar) *zutage*. 彼の罪はいまや明らかである. (꣎ zu Tage ともつづる) ☞ Tag ②.

Zu·tat [ツー・タート tsú:-taːt] 囡 -/-en ① 《ふつう 複》《料理》(主材料以外の)添加材料(香辛料・調味料など). 《服飾》(衣服などの)付属品(ボタンなど). ② (芸術作品などの)補足, 追加箇所.

zu⹀teil [ツ・タイる] 副《成句的に》 人³ *zuteil* werden (雅) a) 人³に与えられる b) 《比喩的に》人³に課せられる / 人³に物⁴ *zuteil* werden lassen 人³に物⁴を与える, 授ける.

zu|tei·len [ツー・タイれン tsú:-tàɪlən] 他 (h) 《人³に仕事など⁴を》割り当てる, 《人⁴をある部署³に》配属する;《人³に》物⁴を》分配する, 配給する.

Zu·tei·lung [ツー・タイるング] 囡 -/-en ① 分配, 配当, 割当. ② 分配された(割り当てられた)もの.

zu⹀tiefst [ツ・ティーふスト] 副 きわめて深く, 非常に, ひどく.

zu|tra·gen* [ツー・トラーゲン tsú:-tràːgən] I 他 (h) ① 《人³に》物⁴を運んで行く. ② 《人³に》うわさなど⁴を伝える, 知らせる. II 再帰 (h) sich⁴ *zutragen* 《雅》(事件などが)起こる, 生じる.

Zu·trä·ger [ツー・トレーガァ tsú:-trɛːgər] 男 -s/- 密告者, 告げ口をする人.

zu·träg·lich [ツー・トレークリヒ] 形《成句的に》人・事³ *zuträglich* sein 《雅》人・事³のためになる, 人³の健康によい.

* **zu|trau·en** [ツー・トラオエン tsú:-tràʊən] (traute ... zu, hat ... zugetraut) 他 (完了 haben) 《人³に能力など⁴があると》思う, 信じる;《人³に事⁴ができると》思う. 人³ Talent⁴ *zutrauen* 人³には才能があると思う / Ich *traue* ihm nicht *zu*, dass er lügt. 私は彼がうそをつけるとは思えない. ◊《再帰的に》 sich³ zu viel⁴ *zutrauen* 自分の力を過信する / sich³ nichts⁴

* *das* **Zu·trau·en** [ツー・トラオエン tsú:-tràʊən] 中 (単2)-s/ 信頼, 信用. (英 confidence). Das Kind hat *Zutrauen* zu ihm. その子は彼

zu・trau・lich [ツー・トラオリヒ] 形 人を信用(信頼)している; 人なつこい; 人間になついている(動物).

zu|tref・fen [ツー・トレッフェン tsúː-trɛfən] es trifft…zu (traf…zu, hat…zugetroffen) 自 (完了 haben) ① (言うことが)当たっている, 正しい. Die Behauptung *trifft zu.* その主張は正しい. ② 〖**auf**（または**für**）人・事⁴ ~〛（人・事⁴に)当てはまる, 該当する. Dasselbe *trifft* auch für dich *zu.* 同じことは君にも当てはまる.

zu・tref・fend [ツー・トレッフェント] I *zu|treffen (当たっている)の 現分 II 形 ① 適切な, 的確な. eine *zutreffende* Bemerkung 的を射た発言. ② (官庁)該当する. ◊《名詞的に》*Zutreffendes* 該当のこと(もの) / *Zutreffendes* bitte ankreuzen!（アンケート・申込用紙などで:)該当の箇所に×印をおつけください.

zu|trin・ken* [ツー・トリンケン tsúː-trɪŋkən] 自 (h) (人³の)健康を祝って飲む, (人³のために)乾杯する.

*der Zu・tritt [ツー・トリット tsúː-trɪt] 男 (単2) -(e)s/ ① 立ち入り, 入場[許可]. (英 *admission*). Kein *Zutritt*! または *Zutritt* verboten! (掲示で:)入場(立ち入り)禁止 / 人³ den *Zutritt* **zu** 物³ verweigern（または verwehren) 人³に物³の立ち入りを拒む / Ich habe freien *Zutritt* zum Laboratorium. 私は実験室に自由に出入りできる. ②（液体・気体の)流入, 侵入.

zu|tun* [ツー・トゥーン tsúː-tùːn] 他 (h) 《口語》① (調味料など⁴を)付け加える. ② 閉める, 閉じる. *Tu* den Mund *zu!* 口を閉じなさい. ◊《再帰的に》*sich⁴ zutun* 閉まる, 閉じる ⇒ Die Tür *tat* sich **hinter** ihm *zu.* ドアが彼の背後で閉まった.
◊☞ zugetan

Zu・tun [ツー・トゥーン] 中 -s/ 助力, 援助. ohne mein *Zutun* 私の助力なしに.

zu∥un・guns・ten [ツ・ウングンステン] 前〖2格とともに〛…にとって不利になるように. *zuungunsten* des Angeklagten 被告人の不利になるように.
（☞ zu Ungunsten ともつづる) ☞ Ungunst ②

zu∥un・terst [ツ・ウンタァスト] 副（重ねたものの)いちばん下に; (引き出しなどの)いちばん底に.

*zu・ver・läs・sig [ツー・フェァレスィヒ tsúː-fɛrlɛsɪç] 形 信頼できる, 頼りになる; (情報などが)確かな. (英 *reliable*). ein *zuverlässiger* Freund 信頼できる友人 / Die Wettervorhersage ist nicht *zuverlässig.* 天気予報は当てにならない.

Zu・ver・läs・sig・keit [ツー・フェァレスィヒカイト] 女 -/ 信頼できること, 信頼性, 確実さ.

*die Zu・ver・sicht [ツー・フェァズィヒト tsúː-fɛrzɪçt] 女 (単) -/ (将来への)確信, (成功への)自信. (英 *confidence*). Ich bin voll (または voller) *Zuversicht.* 私は今後のことには十分自信がある / Ich habe die feste *Zuversicht,* dass… 私は…を固く確信している / **in**（または **mit**) der *Zuversicht,* dass… …との確信をいだいて.

zu・ver・sicht・lich [ツー・フェァズィヒトリヒ] 形 確信に満ちた, 自信たっぷりの. *zuversichtlich* sprechen 確信に満ちた口ぶりで話す.

Zu・ver・sicht・lich・keit [ツー・フェァズィヒトリヒカイト] 女 -/ 確信[のある態度].

zu・viel [形]〈新形〉zu viel (多すぎる) ☞ zu

zu∥vor [ツ・フォーァ] 副〔その)前に, 以前に; 前もって, あらかじめ. am Tag *zuvor* その前日に / Ich habe ihn nie *zuvor* gesehen. 私は今まで彼に会ったことはない / *Zuvor* meinen besten Dank! まずもって心からお礼申しあげます.

zu∥vor・derst [ツ・フォルダァスト] 副 いちばん前に, 最前列に.

zu・vor・kom・men* [ツフォーァ・コンメン tsufóːr-kɔmən] 自 (s) ① (人³に)先んじる, (人³を)出し抜く. 人³ **beim** Kauf *zuvorkommen* 人³より先に買う. ② (事³に)先手を打つ, (事³を)未然に防ぐ. einer Gefahr³ *zuvorkommen* 危険を未然に防ぐ.

zu・vor・kom・mend [ツフォーァ・コンメント] I zuvor|kommen (先んじる)の 現分 II 形 よく気のつく, 察しのよい, 親切な, 丁重な.

Zu・vor・kom・men・heit [ツフォーァ・コンメンハイト] 女 -/ よく気のきくこと, 親切.

Zu・wachs・ra・te [ツーヴァクス・ラーテ] 女 -/ -n 成長率, 増加率.

zu|wach・sen* [ツー・ヴァクセン tsúː-vàksən] 自 (s) ①（傷口が)ふさがる. ②（植物が茂って道路などが)覆われる, さえぎられる. Die Aussicht *wächst* allmählich *zu.* 樹木が繁って展望が利かなくなる. ③（利益などが人・物³の)ものになる, (課題などが人・物³に)生じてくる.

Zu・wachs・ra・te [ツーヴァクス・ラーテ] 女 -/ -n 成長率, 増加率.

zu|wan・dern [ツー・ヴァンダァン tsúː-vàndərn] 自 (s) (外国などから)移住して来る.

zu∥we・ge [ツ・ヴェーゲ] 副《成句的に》① 事⁴ *zuwege* bringen 事⁴を成し遂げる, 達成する, 仕上げる. Er hat diese ganze Sache *zuwege* gebracht. 彼はこの大仕事を成し遂げた. ② **mit** 事³ *zuwege* kommen 事³をなんとかする. ③ gut (schlecht) *zuwege* sein《口語》元気である(体調が悪い).
（☞ zu Wege ともつづる) ☞ Weg ①

zu|we・hen [ツー・ヴェーエン tsúː-veːən] I 他 (h) ①（風が雪・砂を吹き寄せて道など⁴を)埋める. ②（人³に涼しい風など⁴を)送る. II 自 (h, s) ①（h, s)〖**auf** 人・物⁴ ~〛（風が人・物⁴に)吹きつける. ②（s）（においなどが人³の方に)漂って来る.

zu∥wei・len [ツ・ヴァイレン] 副《雅》ときどき, ときたま.

zu|wei・sen* [ツー・ヴァイゼン tsúː-vàizən] 他 (h) (人³に仕事・住居など⁴を)割り当てる, あてがう. 人³ eine Rolle⁴ zuweisen 人³にある役割を割り振る.

Zu・wei・sung [ツー・ヴァイズング] 女 -/-en 割当, 配分; 指定: 配置, 配属.

zu|wen・den(*) [ツー・ヴェンデン tsúː-vèndən] I 他 (h) ① (人・物³の方に顔など⁴を)向ける. Sie *hat* ihm den Rücken *zugewandt*. 彼女は彼に背を向けた. ② (人³に注意など⁴を)向ける; (人³に愛情など⁴を)ふりそそぐ. ③ 《ふつう規則変化》(人・物³にお金など⁴を)与える, 寄付する. II 再帰 (h) *sich*⁴ *zuwenden* ① (人・物³の方へ)向く. Die Blicke aller² *wandten sich* ihm *zu*. すべての人の視線が彼に注がれた. ② (事⁴に)とり組む, 従事する. Wir *wollen uns einem neuen Thema zuwenden*. 次のテーマに移りましょう.
◊ **zugewandt**

Zu・wen・dung [ツー・ヴェンドゥング] 女 -/-en ① (金銭的な)援助, 補助金, 寄付. ②《複なし》愛情, いつくしみ.

zu・we・nig 形 〔新形〕 zu wenig（少なすぎる）☞ zu

zu|wer・fen* [ツー・ヴェルフェン tsúː-vèrfən] 他 (h) ① (ドアふたなど⁴をばたんと閉める. ② (溝など⁴に)土を投げ入れて埋める(ふさく). ③ (人³にボールなど⁴を受け取れるように)投げてやる; 《比》(人³に視線など⁴を)投げかける.

zu・wi・der [ツ・ヴィーダァ] I 形 ① (人³にとって)気に入らない, いやな. Dieses Essen ist mir *zuwider*. この料理は私は嫌いだ. ② (人・物³に)都合の悪い, 不利な. Das Schicksal war ihm *zuwider*. 彼は運に恵まれなかった. II 前《3格と共に; 名詞のあとに置かれる》…に反して, …に逆らって. dem Verbot *zuwider* 禁止に背いて / dem Gesetz *zuwider* 法律に反して.

zu・wi・der|han・deln [ツヴィーダァ・ハンデるン tsuvíː(dər-hàndəln] 自 (h) (法律・条約などに³)違反する, 背く.

Zu・wi・der|hand・lung [ツヴィーダァ・ハンドるング] 女 -/-en 違反行為.

zu・wi・der|lau・fen* [ツヴィーダァ・らオフェン tsuvíː(dər-làufən] 自 (s) (事³に)反する, (事³と)相いれない.

zu|win・ken [ツー・ヴィンケン tsúː-vìŋkən] I 自 (h) (人³に)合図を送る, 手を振ってあいさつする. II 他 (h) (人³に)手を振って表す. 人³ einen Gruß *zuwinken* 人³に手を振ってあいさつをする.

zu|zah・len [ツー・ツァーれン tsúː-tsàːlən] 他 (h) (ある金額⁴を)追加払いする.

zu|zäh・len [ツー・ツェーれン tsúː-tsɛ̀ːlən] 他 (h) ① 加算する. ② (A⁴をB³に)数え入れる, 含める.

zu・zei・ten [ツ・ツァイテン] 副 ときどき, ときたま.

zu|zie・hen* [ツー・ツィーエン tsúː-tsìːən] I 他 (h) ① (カーテンなど⁴を)引いて閉める; (結び目など⁴を)引っぱって締める. die Vorhänge⁴ *zuziehen* カーテンを閉める. ② (専門家など⁴を)呼ぶ, 招く. einen Arzt *zuziehen* 医者に来てもらう /人³ zur Beratung *zuziehen*人³に相談する. II 再帰 (h) *sich*⁴ *zuziehen* 事⁴(病気・不幸などを身に招く. Ich *habe mir eine Erkältung zugezogen*. 私は風邪をひいた. III 自 (s) ① 引っ越して来る. Die Familie *ist erst vor kurzem zugezogen*.《現在完了》その家族はつい最近引っ越して来たばかりだ. ② 《物³《または auf 物⁴》~》(物³《または 物⁴)へ群れを成して向かって行く.

Zu・zug [ツー・ツーク tsúː-tsuːk] 男 -[e]s/..züge ① 移住; (人口の)流入. ② 増加(増員・流入)による強化;《軍》援軍.

zu・züg・lich [ツー・ツューくりヒ] 前《2格と共に》《商》…込みで, …を加算して. *zuzüglich der Zinsen* 利子を加えて / *zuzüglich des Portos* 郵送料込みで.

zu・zu・hö・ren [ツー・ツ・ヘーレン] *zu|hören（注意して聞く）の zu 不定詞.

zu・zu・ma・chen [ツー・ツ・マッヘン] *zu|machen（閉める）の zu 不定詞.

zu・zu・neh・men [ツー・ツ・ネーメン] *zu|nehmen（増す）の zu 不定詞.

zu|zwin・kern [ツー・ツヴィンカァン tsúː-tsvìŋkərn] 自 (h) (人³に)めくばせをする.

zw. [ツヴィッシェン]《略》…の間に（＝zwischen）.

zwa・cken [ツヴァッケン tsvákən] 他 (h) 《口語》① (人⁴を)つねる. ②《比》苦しめる.

zwang [ツヴァング] 男 *zwingen（強いる）の 過去

* **der Zwang** [ツヴァング tsváŋ] 男（単2）-es（まれに -s)/（複) Zwänge [ツヴェンゲ]（3格のみZwängen [ツヴェンゲン]）① 強制, 無理強い; 圧迫; 拘束[力], 義務. （英 *compulsion*). der Zwang des Gesetzes 法の拘束 /人³ Zwang⁴ an|tun 人³を無理を従わせる / Zwang⁴ auf 人³ aus|üben 人³に圧力を加える(無理を強いる) / Es besteht kein Zwang zur Teilnahme. 出席の義務はない / Tun Sie sich³ nur keinen Zwang an! どうぞ気楽にしてください / einem Text Zwang⁴ an|tun《比》テキストに無理な解釈を加える, テキストを曲解する / **aus** *Zwang* 強いられて, やむを得ずに / **mit** *Zwang* 無理に / **ohne** *Zwang* 好き勝手に, 自由に / **unter** *Zwang* 強制されて / unter dem *Zwang* der Verhältnisse² 事情によりやむを得ず. ②《心》強迫, 強迫観念.

zwän・ge [ツヴェンゲ] *zwingen（強いる）の 接2

Zwän・ge [ツヴェンゲ] *Zwang（強制）の 複

zwän・gen [ツヴェンゲン tsvɛ́ŋən] 他 (h) (人・物⁴を…へ)無理やり押し込む(詰め込む).
◊《再帰的に》*sich*⁴ *zwängen*（…へ)無理やり体を押し込む ⇒ *sich*⁴ *durch* die Menge *zwängen* 群衆を無理やり分けて進む.

zwang・haft [ツヴァング・ハふト] 形 ① 強制的な, 抑え切れない. ② わざとらしい.

zwang・los [ツヴァング・ろース] 形 ① 形式ばらない, 気楽な, 遠慮のない. ein *zwangloses*

Beisammensein 気楽な集まり. ② 不定期の, 臨時の(刊行物など).

Zwang⇔lo·sig·keit [ツヴァング・ルーズィヒカイト] 囡 -/ 随意, 自由, 気楽; 不定期なこと.

Zwangs⇔an·lei·he [ツヴァングス・アンロイエ] 囡 -/-n 《経》強制国債.

Zwangs⇔ar·beit [ツヴァングス・アルバイト] 囡 -/ 強制労働.

Zwangs⇔ein·wei·sung [ツヴァングス・アインヴァイズング] 囡 -/-en 強制収容命令, (病院などへの)強制入院指示.

Zwangs⇔er·näh·rung [ツヴァングス・エァネールング] 囡 -/-en 《医》(拒食者に対する)強制栄養.

Zwangs⇔hand·lung [ツヴァングス・ハンドルング] 囡 -/-en 《心》強迫行為.

Zwangs⇔ja·cke [ツヴァングス・ヤッケ] 囡 -/-n (囚人などに着せる)緊衣, 拘束服.

Zwangs⇔la·ge [ツヴァングス・ラーゲ] 囡 -/-n さし迫った状態, 苦境; ジレンマ.

zwangs⇔läu·fig [ツヴァングス・ロイふィヒ] 形 必然的な, 不可避の. Das ist die *zwangsläufige* Folge. それは必然の結果だ.

Zwangs⇔maß·nah·me [ツヴァングス・マースナーメ] 囡 -/-n 強制措置(処分).

Zwangs⇔mit·tel [ツヴァングス・ミッテる] 中 -s/- 強制手段.

Zwangs⇔neu·ro·se [ツヴァングス・ノイローゼ] 囡 -/-n 《心》強迫神経症.

Zwangs⇔räu·mung [ツヴァングス・ロイムング] 囡 -/-en 強制退去.

Zwangs⇔ver·stei·ge·rung [ツヴァングス・ふェアシュタイゲルング] 囡 -/-en 《法》強制競売.

Zwangs⇔voll·stre·ckung [ツヴァングス・ふォるシュトレックング] 囡 -/-en 《法》強制執行.

Zwangs⇔vor·stel·lung [ツヴァングス・ふォーァシュテるング] 囡 -/-en 《心》強迫観念.

zwangs⇔wei·se [ツヴァングス・ヴァイゼ] 副 強制的に, 無理やりに; 不可避的に, やむをえず.

Zwangs⇔wirt·schaft [ツヴァングス・ヴィルトシャふト] 囡 -/ 統制経済.

***zwan·zig** [ツヴァンツィヒ tsvántsıç] 数《基数; 無語尾で》20 [の]. (英 twenty). Ich bin *zwanzig* [Jahre alt]. 私は 20 歳だ / Das Buch kostet *zwanzig* Mark. この本は 20 マルクだ.

Zwan·zig [ツヴァンツィヒ] 囡 -/-en ① (数字の) 20. ② 20 歳[代]. Sie ist Mitte [der] *Zwanzig*. 彼女は 20 代の半ばだ.

zwan·zi·ger [ツヴァンツィガァ tsvántsıgɐr] 形 《無語尾で》20 歳[代]の; 20 年[代]の. in den *zwanziger* Jahren des vorigen Jahrhunderts 前世紀の 20 年代に.

Zwan·zi·ger [ツヴァンツィガァ] 男 -s/- ① 20 歳[代]の男性. ② 《覆》20 [歳]代; (世紀の)20年代. ③ [19]20 年産のワイン;《口語》20 ペニヒの切手. ④《口語》20 マルク紙幣.

zwan·zig⇔jäh·rig [ツヴァンツィヒ・イェーリヒ] 形《付加語としてのみ》20 歳の; 20 年[間]の.

zwan·zig⇔mal [ツヴァンツィヒ・マーる] 副 20 度, 20 回; 20 倍.

zwan·zigst [ツヴァンツィヒスト tsvántsıçst] 数《序数》第 20 [番目]の.

zwan·zigs·tel [ツヴァンツィヒステる tsvántsıçstəl] 数《分数; 無語尾で》20 分の 1 [の].

***zwar** [ツヴァール tsvá:r] 副 ①《*zwar*..., aber (または doch, allein, jedoch) ～の形で》たしかに(なるほど)…ではあるが[しかし ～]. Er ist *zwar* klein, aber kräftig. なるほど彼は体は小さいが, たくましい.
② 《und *zwar* の形で》詳しく言うと, つまり; しかも, それも. Er ist Sänger, und *zwar* Bariton. 彼は歌手です, それもバリトンなのです / Er hat mich kürzlich besucht, und *zwar* am Montag letzter Woche. 彼は最近私を訪ねてくれた, つまり先週の月曜日にね / Komm zu mir, und *zwar* sofort! 私のところへ来なさい, しかもすぐにだ!

*der **Zweck** [ツヴェック tsvék] 男 (単 2) -[e]s/ (複) -e (3 格のみ -en) ① 目的, 目標, 意図. (英 *purpose*). Lebens*zweck* 人生の目的 / ein politischer *Zweck* 政治的な目的 / einen *Zweck* verfolgen (erreichen) 目的を追求する(達成する) / Kernenergie⁴ für friedliche *Zwecke* nutzen 核エネルギーを平和的な目的のために使う / **Zu** welchem *Zweck* brauchen Sie das? どんな目的のためにそれが要るんですか / zu diesem *Zwecke* この目的のために / Der *Zweck* heiligt die Mittel.《諺》目的は手段を正当化する.
② (…することの)意味, 意義. Das hat doch keinen *Zweck*. そんなことをしても無意味だ.

Zweck⇔bau [ツヴェック・バオ] 男 -[e]s/-ten 実用(業務用)建築[物].

zweck⇔be·stimmt [ツヴェック・ベシュティムト] 形 用途(目的)の決まった.

zweck⇔dien·lich [ツヴェック・ディーンりヒ] 形《官庁》目的にかなった(方法など), (目的の達成に)役だつ(助言など).

zweck⇔ent·frem·det [ツヴェック・エントふレムデット] 形 本来の目的からはずれた, 転用(流用)された(資金など).

zweck⇔ent·spre·chend [ツヴェック・エントシュプレッヒェント] 形 目的にかなった, 適切な, ふさわしい(服装など).

zweck⇔frei [ツヴェック・ふライ] 形 目的にとらわれない, 実用を考えない.

zweck⇔ge·bun·den [ツヴェック・ゲブンデン] 形 用途(使い道)の決まっている(お金など).

zweck⇔los [ツヴェック・ロース] 形 ① 意味のない; むだな, 無益な. Es ist *zwecklos*, länger zu warten. これ以上待ってもむだだ. ②《話》目的のない, 当てのない.

Zweck⇔lo·sig·keit [ツヴェック・ローズィヒカイト] 囡 -/ 無意味; むだ, 無益; 無目的.

***zweck⇔mä·ßig** [ツヴェック・メースィヒ tsvék-me:sıç] 形 ① 目的にかなった, 適切な, 実用(機能)的な. eine *zweckmäßige* Ein-

Zweckmäßigkeit

richtung 機能的な施設. ② 当を得た, 有意義な. Es ist nicht *zweckmäßig*, so zu handeln. そのように行動することは得策ではない.

Zweck=mä·ßig·keit [ツヴェック・メースィヒカイト] 囡 -/- 目的にかなっていること, 合目的性; 妥当, 有意義.

zwecks [ツヴェックス] 前《2格とともに》…の目的で, …のために. *zwecks* gründlicher Untersuchung 徹底的な検査のために.

Zweck=ver·band [ツヴェック・フェアバント] 男 -[e]s/..bände 目的連合(水道・道路などを建設または維持するため・企業などの団体).

zweck=wid·rig [ツヴェック・ヴィードリヒ] 形 目的に反する, 不適当な.

***zwei** [ツヴァイ tsvái] 数《基数. ふつう無語尾で. しかし格を明示するためにまれに 2 格 zweier, 3 格 zweien の形も用いられる》2[の]. (英 two). *zwei* Freunde 二人の友人 / wir *zwei* われわれ二人 / alle *zwei* Jahre 2年ごとに / Er arbeitet **für** *zwei*. 彼は人一倍働く / Sie kamen **zu** *zweien*. 彼らは二人でやって来た / Es ist halb *zwei*. 1時半だ / Er ist Vater *zweier* Kinder[2]. 彼は二人の子供の父親だ / Dazu gehören immer noch *zwei*!《口語》やっぱりぼくが手を貸さなくては[無理だよ](←そこには二人が必要である) / Wenn *zwei* sich streiten, freut sich der Dritte.《諺》漁夫の利(←二人が争えば第三者が喜ぶ).

Zwei [ツヴァイ] 囡 -/-en (数字の)2;(トランプ・さいころの)2の目;(成績評価の)2(優);《口語》(電車・バスなどの) 2番[系統].

zwei=ak·tig [ツヴァイ・アクティヒ] 形《劇》2幕物の.

zwei=ar·mig [ツヴァイ・アルミヒ] 形 2本腕の.

zwei=ar·tig [ツヴァイ・アーティヒ] 形 2種類の.

zwei=bän·dig [ツヴァイ・ベンディヒ] 形 2巻本の(著作集など).

Zwei=bei·ner [ツヴァイ・バイナァ] 男 -s/-《口語》2本足(人間のこと).

zwei=bei·nig [ツヴァイ・バイニヒ] 形 2本足の, 2脚の.

zwei=bet·tig [ツヴァイ・ベティヒ] 形 ベッドが二つの, ツインの(部屋).

Zwei·bett=zim·mer [ツヴァイベット・ツィンマァ] 中 -s/- (ホテルなどの)ツインルーム.

zwei=blät·te·rig [ツヴァイ・ブレッテリヒ] 形 =zweiblättrig

zwei=blätt·rig [ツヴァイ・ブレットリヒ] 形 双葉の, 葉が 2枚の.

***zwei=deu·tig** [ツヴァイ・ドイティヒ tsváidɔytɪç] 形 ① あいまいな, どっちつかずの.(英 *ambiguous*). eine *zweideutige* Antwort あいまいな返事. ② きわどい, いかがわしい. *zweideutige* Witze[4] erzählen きわどいジョークとばす.

Zwei=deu·tig·keit [ツヴァイ・ドイティヒカイト] 囡 -/-en ①《複 なし》あいまいさ, 両義性; いかがわしさ, きわどさ. ② あいまいな(きわどい)表現.

zwei=di·men·si·o·nal [ツヴァイ・ディメンズィオナール] 形 2次元の; 平面的な.

Zwei·drit·tel=mehr·heit [ツヴァイドリッテル・メーァハイト] 囡 -/-en《政》(票決の) 3分の 2の多数.

zwei=ei·ig [ツヴァイ・アイイヒ] 形《生》2卵性の. *zweieiige* Zwillinge 2卵性双生児.

zwei=ein·halb [ツヴァイ・アインハルプ] 数《分数; 無語尾で》2と 2分の 1 (2¹/₂)[の].

Zwei·er [ツヴァイア tsváiər] 男 -s/- ①《口語》2ペニヒ硬貨. ②(⁵⁰⁾) 2人乗りボート; (ゴルフの)ペアマッチ. ③ (数字の) 2; (トランプ・さいころの) 2の目; (成績評価の) 2(優);《口語》(電車・バスなどの) 2番[系統].

zwei·er·lei [ツヴァイアァレィ tsváiərlái] 形《無語尾で》① 2種[類]の, 二通りの. auf *zweierlei* Weise 二通りのやり方で / *zweierlei* Strümpfe[4] an|haben そろっていない靴下をはいている. ② 別々の, 異なった. Theorie und Praxis sind *zweierlei*. 理論と実践は別問題だ.

zwei=fach [ツヴァイ・ファッハ] 形 2倍の, 2重の.

Zwei·fa·mi·li·en=haus [ツヴァイファミーリエン・ハオス] 中 -es/..häuser 二世帯用住宅.

zwei=far·big [ツヴァイ・ファルビヒ] 形 2色の.

****der* Zwei·fel** [ツヴァイフェル tsváifəl] 男 (単2) -s/(複) - (3格のみ -n) 疑い, 疑念, 疑惑. (英 *doubt*). *Zweifel*[4] hegen 疑いをいだく / Ich habe *Zweifel* an seiner Aufrichtigkeit. 私は彼の誠実さに疑いをいだいている / **außer** [allem] *Zweifel* stehen [まったく]疑う余地のない / Darüber besteht kein *Zweifel*. そのことは疑いない / über 事[4] **im** *Zweifel* sein a) 事[4]を疑っている, b) 事[4]について決めかねている / *Zweifel*[4] in 事[4] setzen または 事[4] in *Zweifel* ziehen 事[4]を疑う / **ohne** *Zweifel* 疑いもなく.

***zwei·fel·haft** [ツヴァイフェルハフト tsváifəlhaft] 形《比較》zweifelhafter,《最上》zweifelhaftest] ① はっきりしない, 疑わしい.(英 *doubtful*). Der Erfolg ist noch recht *zweifelhaft*. 成功するかはまだ本当にわからない / Es ist *zweifelhaft*, ob... …かどうかは疑わしい(疑わしない). ② うさんくさい, いかがわしい, 不審な. ein *zweifelhafter* Mensch うさんくさい人間.

***zwei·fel·los** [ツヴァイフェル・ロース tsváifəl-lo:s] 副《文全体にかかって》疑いもなく, 明らかに. Er hat *zweifellos* Recht. 彼の言うことは明らかに正しい.

***zwei·feln** [ツヴァイフェルン tsváifəln] ich zweifle (zweifelte, *hat*...gezweifelt) 自 (完了 haben)《**an** 人・事[3] ~》〈人・事[3]を〉疑う, 疑わしいと思う.(英 *doubt*). Ich *zweifle* nicht an dir. ぼくは君のことを疑ってはいない / Wir *zweifeln* [daran], dass er die Wahl gewinnt. 彼が選挙に勝てるかどうか疑わしい / Daran ist nicht zu *zweifeln*. それには疑問の余地がない.

Zwei·fels=fall [ツヴァイフェルス・ファル] 男

-[e]s/..fälle 疑わしい(はっきりしない)場合. **im** *Zweifelsfall* 疑わしい場合には.

zwei·fels·frei [ツヴァイフェるス・フライ] 形 疑う余地のない, 確かな.

zwei·fels·oh·ne [ツヴァイフェるス・オーネ] 副 疑いもなく, 明らかに.

zwei·fel·te [ツヴァイフェるテ] ‡zweifeln (疑う)の 過去

zweif·le [ツヴァイふれ] ‡zweifeln (疑う)の 1 人称単数 現在

Zweif·ler [ツヴァイふらァ tsváɪflɐr] 男 -s/- うたぐり深い人, 疑う人; 懐疑家.

zwei⸗fü·ßig [ツヴァイ・フュースィヒ] 形 2 本足の.

der **Zweig**¹ [ツヴァイク tsváɪk] 男 (単 2) -es (まれに -s)/(複) -e (3格のみ -en) ① 小枝, 枝葉. (英 branch). (英)「(幹から直接出た)[大]枝」は Ast). ein blühender *Zweig* 花が咲いている小枝 / Brichst du mir einen *Zweig* ab, bitte? 私に小枝を一つ折ってくれない? / Er kommt **auf** keinen grünen *Zweig*. 《口語・比》彼は成功(出世)しない(← 緑の小枝を得られない; 昔のドイツの土地売買の慣習から). ② (学問・産業などの)部門. ein *Zweig* der Naturwissenschaften² 自然科学の一部門. ③ (家系の)傍系; 分派; 支部, 支店. ④ 枝分かれした道;(川の)支流,(鉄道の)支線.

Zweig² [ツヴァイク] 《人名》ツヴァイク (Stefan *Zweig* 1881-1942; オーストリアの作家).

zwei⸗ge·schlech·tig [ツヴァイ・ゲシュれヒティヒ] 形《植》[雌雄]両性の; 雌雄同株の.

zwei⸗ge·stri·chen [ツヴァイ・ゲシュトリヒェン] 形《音楽》2 点[音]の.

Zweig⸗ge·schäft [ツヴァイク・ゲシェフト] 中 -[e]s/-e (特に食料品店などの)支店.

zwei⸗glei·sig [ツヴァイ・グらイズィヒ] 形 ① (鉄道)複線の. ② (比)二股をかけた.

Zweig⸗nie·der·las·sung [ツヴァイク・ニーダァらッスンク] 女 -/-en (保険会社・銀行などの)支店, 支社.

Zweig⸗stel·le [ツヴァイク・シュテれ] 女 -/-n = Zweigniederlassung

zwei⸗hän·dig [ツヴァイ・ヘンディヒ] 形 両手の, 両手を使う; 両手の利く.

zwei⸗häu·sig [ツヴァイ・ホイズィヒ] 形《植》雌雄異株(異体)の.

zwei⸗hun·dert [ツヴァイ・フンダァト] 数《基数; 無語尾》200 [の].

zwei⸗jäh·rig [ツヴァイ・イェーリヒ] 形《付加語としてのみ》① 2 歳の; 2 年[間]の. mein *zweijähriger* Sohn 私の 2 歳の息子. ②《植》2 年生の.

zwei⸗jähr·lich [ツヴァイ・イェーァリヒ] 形 2 年ごとの, 隔年の.

Zwei⸗kampf [ツヴァイ・カンプふ] 男 -[e]s/..kämpfe ① 決闘, 果たし合い. ② (スポ)試合, 対戦.

Zwei·ka·nal·ton [ツヴァイカナーる・トーン] 男 -[e]s/..töne《放送》(テレビ放送などの)二重音声.

zwei⸗mal [ツヴァイ・マーる] 副 2 度, 2 回; 2 倍. Ich war schon *zweimal* in Rom. 私はすでに 2 回ローマに行ったことがある.

zwei⸗ma·lig [ツヴァイ・マーリヒ] 形《付加語としてのみ》2 回目の, 再度の; 2 倍の.

zwei⸗mo·na·tig [ツヴァイ・モーナティヒ] 形《付加語としてのみ》生後 2 か月の; 2 か月[間]の.

zwei⸗mo·nat·lich [ツヴァイ・モーナトリヒ] 形 2 か月ごとの.

zwei⸗mo·to·rig [ツヴァイ・モートーリヒ] 形《空》双発[型]の.

Zwei⸗rad [ツヴァイ・ラート] 中 -[e]s/..räder 2 輪車(自転車・オートバイなど).

zwei⸗räd·rig [ツヴァイ・レードリヒ] 形 2 輪の, 車輪が二つある.

Zwei⸗rei·her [ツヴァイ・ライアァ] 男 -s/-《服飾》ダブルの背広(コート).

zwei⸗rei·hig [ツヴァイ・ライイヒ] 形 2 列の;《服飾》2 列ボタンの, ダブルの(スーツなど).

zwei⸗schläf·rig [ツヴァイ・シュれーふリヒ] 形 二人寝られる. ein *zweischläfriges* Bett ダブルベッド.

zwei⸗schnei·dig [ツヴァイ・シュナイディヒ] 形 もろ刃の;《比》プラスとマイナスの両面を持つ. ein *zweischneidiges* Schwert もろ刃の剣.

zwei⸗sei·tig [ツヴァイ・ザイティヒ] 形《付加語としてのみ》① 2面(両面)の; 2 ページの. ② 双方の, 両側の. *zweiseitige* Verträge《法》双務契約.

zwei⸗sil·big [ツヴァイ・ズィるビヒ] 形《言》2 音節の.

Zwei⸗sit·zer [ツヴァイ・ズィッツァァ] 男 -s/- 二人乗りの乗り物.

Zwei⸗spän·ner [ツヴァイ・シュペンナァ] 男 -s/- 二頭立ての馬車.

zwei⸗spra·chig [ツヴァイ・シュプラーヒヒ] 形 2 言語を話す, バイリンガルの; 2 言語による. ein *zweisprachiges* Gebiet 2 か国語を話す地域 / ein *zweisprachiges* Wörterbuch 2 言語辞典(独和辞典・英和辞典など).

zwei⸗spu·rig [ツヴァイ・シュプーリヒ] 形 ①《鉄道》複線の;(道路が)2 車線の. eine *zweispurige* Straße 2 車線の道路. ② 2 本の走跡を残す(車など).

zwei⸗stel·lig [ツヴァイ・シュテリヒ] 形 2 けたの. eine *zweistellige* Zahl 2 けたの数.

zwei⸗stim·mig [ツヴァイ・シュティミヒ] 形《音楽》2 声[部]の. ein *zweistimmiger* Chor 2 部合唱.

zwei⸗stö·ckig [ツヴァイ・シュテッキヒ] 形 3 階建ての;《方》2 階建ての.

zwei⸗stu·fig [ツヴァイ・シュトゥーふィヒ] 形 2 段の.

zwei⸗stün·dig [ツヴァイ・シュトゥンディヒ] 形《付加語としてのみ》2 時間の.

zwei⸗stünd·lich [ツヴァイ・シュテュントリヒ] 形 2 時間ごとの.

*　**zweit** [ツヴァイト tsváɪt] 数《zwei の序数; 語尾

zweitägig

変化は形容詞と同じ. 第2[番目]の. (英 second). am zweiten März 3月2日に / das zweite Schuljahr 第2学年 / Wien ist ihre zweite Heimat. ウィーンは彼女の第二の故郷だ / zum zweiten Mal 2度目に, 次に / aus zweiter Hand a) 中古で, b) 人づてに / Wir sind nur zu zweit. 私たちは二人だけです / zweiter Klasse² fahren（列車などの）2等で行く / Bitte einmal Zweiter (または Zweiter Klasse) nach München! ミュンヒェンまで2等の切符を1枚ください / der Zweite Weltkrieg 第二次世界大戦 / Zweites Deutsches Fernsehen ドイツ第二テレビ (略: ZDF). ◇《名詞的に》 Friedrich der Zweite (または Friedrich II.) フリードリヒ2世 / Er hat Ideen wie kein zweiter. (新形) kein Zweiter). 彼はだれよりもアイディアが豊富だ.

zwei·tä·gig [ツヴァイ・テーギヒ] 形 《付加語としてのみ》2日[間]の.

zwei·täg·lich [ツヴァイ・テークリヒ] 形 2日ごとの.

Zwei·takt⸗mo·tor [ツヴァイタクト・モートァ] 男 -s/-en [..モートーレン] 《自動車》2サイクルエンジン.

zweit⸗äl·test [ツヴァイト・エルテスト] 形 《付加語としてのみ》2番目に年長の(古い). der zweitälteste Sohn 次男.

zwei⸗tau·send [ツヴァイ・タオゼント] 数 《基数; 無語尾で》2,000[の].

zweit⸗best [ツヴァイト・ベスト] 形 《付加語としてのみ》2番目に良い, 次善の.

zwei·tei·lig [ツヴァイ・タイリヒ] 形 二つの部分から成る, セパレーツの. ein zweiteiliges Kleid ツーピースの服].

zwei·tel [ツヴァイテる tsváitəl] 数 《分数; 無語尾で》2分の.

Zwei·tel [ツヴァイテる] 中 (ス: 男) -s/- 2分の1, 半分.

*****zwei·tens** [ツヴァイテンス tsváitəns] 副 (列挙して)第二に, 二番目に. (英 secondly). Das ist erstens nicht angenehm, und zweitens ungesund. それはまず快適ではないし, それに不健康だ.

Zweit⸗fri·sur [ツヴァイト・フリズーァ] 女 -/-en 《婉曲》(女性用の)かつら.

zweit⸗klas·sig [ツヴァイト・クらスィヒ] 形 二等の, 二級の, 二流の. ein zweitklassiges Hotel 二流のホテル.

zweit⸗letzt [ツヴァイト・れツト] 形 《付加語としてのみ》最後から2番目の.

zweit⸗ran·gig [ツヴァイト・ランギヒ] 形 副次的な, 重要でない, 二級の, 二流の.

Zweit⸗schrift [ツヴァイト・シュリふト] 女 -/-en 複写, 写し, コピー.

Zweit⸗stim·me [ツヴァイト・シュティンメ] 女 -/-n 第二票(ドイツ連邦議会選挙で州の政党に投じられる). (⇔)「第一票」は Erststimme.

zwei·tü·rig [ツヴァイ・テューリヒ] 形 ツードアの(車など).

Zweit⸗wa·gen [ツヴァイト・ヴァーゲン] 男 -s/- セカンドカー.

Zweit⸗woh·nung [ツヴァイト・ヴォーヌング] 女 -/-en セカンドハウス, 別荘.

zwei⸗und⸗ein·halb [ツヴァイ・ウント・アインハるプ] 数 《分数; 無語尾で》2と2分の1 (2½)[の].

Zwei·vier·tel·takt [ツヴァイフィァテる・タクト] 男 -[e]s/ 《音楽》4分の2拍子.

zwei·wer·tig [ツヴァイ・ヴェーァティヒ] 形 《化·数·言》2価の.

zwei·wö·chent·lich [ツヴァイ・ヴェッヒェントりヒ] 形 2週[間]ごとの.

zwei·wö·chig [ツヴァイ・ヴェヒヒ] 形 《付加語としてのみ》2週[間]の.

Zwei·zei·ler [ツヴァイ・ツァイらァ] 男 -s/- 《詩学》2行詩; 2行連句.

zwei·zei·lig [ツヴァイ・ツァイリヒ] 形 2行の, 2行から成る.

Zwerch·fell [ツヴェルヒ・ふェる] 中 -[e]s/-e 《医》横隔膜.

zwerch·fell·er·schüt·ternd [ツヴェルヒふェる・エァシュッタァント] 形 腹の皮がよじれるような(大笑い); 腹の皮がよじれるほどおかしな.

*****der Zwerg** [ツヴェルク tsvérk] 男 (単2) -es (まれ -s)/(複) -e (3格のみ -en) ① (伝説などに出てくる)小人(ﾋﾞ). (英 dwarf). (⇔「巨人」は Riese). Schneewittchen und die sieben Zwerge 白雪姫と七人の小人. ② 極端に小さい人. ③《天》矮星(ﾜｲｾｲ).

zwer·gen·haft [ツヴェルゲンハフト] 形 ① 非常に小さい, ちっぽけな. ② 小人(ﾋﾞ)のような.

Zwerg⸗huhn [ツヴェルク・フーン] 中 -[e]s/..hühner 《鳥》チャボ.

Zwerg⸗staat [ツヴェルク・シュタート] 男 -[e]s/-en 小国, ごく小さい国.

Zwerg⸗wuchs [ツヴェルク・ヴークス] 男 -es/ ①《医》小人(ﾋﾞ)症. ②《生》矮性(ﾜｲｾｲ).

Zwet·sche [ツヴェッチェ tsvétʃə] 女 -/-n 《植》セイヨウスモモ[の木], プラム[の木].

Zwet·schen⸗schnaps [ツヴェッチェン・シュナップス] 男 -es/..schnäpse プラムブランデー.

Zwetsch·ge [ツヴェチュゲ tsvétʃgə] 女 -/-n 《南ドイツ, スイス》《植》=Zwetsche

Zwi·ckau [ツヴィッカオ tsvíkau] 中 -s/ 《都市名》ツヴィッカウ(ドイツ, ザクセン州の工業都市. ☞ 地図 F-3).

Zwi·ckel [ツヴィッケる tsvíkəl] 男 -s/- ① (衣服の)まち, ゴア. ②《建》スパンドレル(アーチ構造の天井の三角形の壁面). ③《方》変人, 奇人. ④ (若者言葉) 2マルク硬貨.

zwi·cken [ツヴィッケン] I 他 (h) ①《南ドイツ, オーストリア》(人⁴を)つねる, つまむ (=kneifen). 人⁴ in den Arm zwicken 人⁴の腕をつねる. ②《南ドイツ, オーストリア》(衣服などが)締めつける, (痛風などが人⁴に)苦痛を与える. Der Kragen zwickt [mich]. 襟(ﾋ)がきつい. ◇《非人称の es を主語として》Es zwickt mich hier. 私はここがきりきり痛む. ③《オーストリア》(乗車券⁴に)はさみを

Zwi·cker [ツヴィッカァ tsvíkər] 男 -s/- ① (南ドィッ・ｵｽﾄﾘｱ) 鼻眼鏡. ② (アルザス地方産の)白ワイン.

Zwick⹀müh·le [ツヴィック・ミューレ] 女 -/-n ① ミューレ(盤上ゲームの一種)での必勝の並べ方, 詰め手. ② (口語:比) 板ばさみ, 苦境. in eine Zwickmühle geraten 苦境に陥る.

zwie.., Zwie.. [ツヴィー.. tsvíː..]〔形容詞・名詞につける 接頭〕《2の・二つの》例: zwiefach 2重(2倍)の / Zwiegespräch 対話.

Zwie·back [ツヴィー・バック tsvíː-bak] 男 -[e]s/..bäcke (または -e) ツヴィーバック, ラスク (二度焼きしたパン菓子).

★ *die* **Zwie·bel** [ツヴィーベる tsvíːbəl] 女 (単) -/(複) -n ①【植】タマネギ. (英 onion). die Zwiebeln⁴ braten 玉ねぎをいためる. ② 球根. Tulpenzwiebel チューリップの球根. ③【建】玉ねぎ形の丸屋根. (☞ Dach 図). ④【戯】懐中時計; (後ろに結い上げた)まげ.

Zwie·bel⹀ge·wächs [ツヴィーベる・ゲヴェクス] 中 -es/-e【植】球根(鱗茎(ﾘﾝｹｲ))植物.

Zwie·bel⹀mus·ter [ツヴィーベる・ムスタァ] 中 -s/- (マイセン磁器などの)玉ねぎ模様.

zwie·beln [ツヴィーベるン tsvíːbəln] 他 (h) 《口語》しつこくいじめる(苦しめる).

Zwie·bel⹀scha·le [ツヴィーベる・シャーレ] 女 -/-n 玉ねぎの皮.

Zwie·bel⹀sup·pe [ツヴィーベる・ズッペ] 女 -/-n オニオンスープ.

Zwie·bel⹀turm [ツヴィーベる・トゥルム] 男 -[e]s/..türme【建】玉ねぎ形の丸屋根を持つ塔.

zwie⹀fach [ツヴィー・ファッハ] 形《雅》2重の, 2倍の(＝zweifach).

Zwie⹀ge·spräch [ツヴィー・ゲシュプレーヒ] 中 -[e]s/-e《雅》(二者間の)対話, 問答.

Zwie⹀licht [ツヴィー・リヒト] 中 -[e]s/ ① 薄明かり, 薄暗がり. bei Zwielicht 薄明かりのもと(薄暗がり)で. ②(自然光と人工照明の)2種からなる光. ③《成句的に》ins Zwielicht geraten《比》(状況・立場などが)危なく(怪しく)なる.

zwie⹀lich·tig [ツヴィー・リヒティヒ] 形《比》怪しげな, 不審な, えたいの知れない.

Zwie⹀spalt [ツヴィー・シュパるト] 男 -[e]s/-e (または ..spälte)《ふつう 単》① 葛藤(ｶｯﾄｳ), 相克. der Zwiespalt zwischen Gefühl und Verstand 感情と理性の葛藤. ②《雅》〔内部〕分裂, 不和.

zwie⹀späl·tig [ツヴィー・シュペるティヒ] 形 (内面的に)分裂した, (気持ちなどが)相反する.

Zwie⹀spra·che [ツヴィー・シュプラーヘ] 女 -/-n《ふつう 単》《雅》(相手・自分との)対話, 問答.

Zwie⹀tracht [ツヴィー・トラハト] 女 -/ 不一致, 不和, 争い. Zwietracht⁴ säen (または stiften) 争いの種をまく.

Zwil·lich [ツヴィリヒ tsvílɪç] 男 -s/(種類:) -e (織)ドリル織り(ふつう亜麻布製の綾織の布で作業着に用いられる).

★ *der* **Zwil·ling** [ツヴィリング tsvílɪŋ] 男 (単) -s/(複) -e (3格のみ -en) ① 双子(双生児)[の一人];《複》で. (英 twin). ein-eiige (zweieiige) Zwillinge 1卵性(2卵性)双生児 / Die beiden sind Zwillinge. その二人は双子だ. ② 双身(二連銃). ③【複】で 定冠詞とともに】(天) 双子座; 双子宮.

Zwil·lings⹀bru·der [ツヴィリングス・ブルーダァ] 男 -s/..brüder 双子の兄(弟);《複》で 双子の兄弟.

Zwil·lings⹀paar [ツヴィリングス・パール] 中 -[e]s/-e (一対としての)双生児, 双子.

Zwil·lings⹀schwes·ter [ツヴィリングス・シュヴェスタァ] 女 -/-n 双子の姉(妹);《複》で 双子の姉妹.

Zwing⹀burg [ツヴィング・ブルク] 女 -/-en (その一帯を支配・威圧するような)巨城, 要塞(ﾖｳｻｲ).

Zwin·ge [ツヴィンゲ tsvíŋə] 女 -/-n【工】① 締めつけ金具, 締め具. ②(管などの先端の)はめ輪; 口金(ｸﾁｶﾞﾈ);(ステッキなどの)石突き.

★**zwin·gen*** [ツヴィンゲン tsvíŋən] (zwang, hat...gezwungen) I 他 (定て haben) ①【人⁴物⁴ zu 事³ ~】(人⁴物⁴に事³を)強いる, 強制する, 強要する. (英 force). 人⁴ zu einem Geständnis (zum Mitkommen) zwingen 人⁴に自白(同行)を強いる. ◇【zu 不定詞[句]とともに】Besondere Umstände zwingen mich [dazu], das Haus zu verkaufen. 特別な事情によって私はこの家を売らざるをえない / Wir sind gezwungen, das Geschäft aufzugeben.〔状態受動・現在〕私たちは店をたたまざるをえない. ◇《目的語なしでも》Die wirtschaftliche Lage zwingt zu Einsparungen. 経済状態の悪化のために節約が必要である.
②〔方向を表す語句とともに〕《雅》【人⁴を…へ】強制する. 人⁴ auf einen Stuhl zwingen 人⁴を無理やりいすに座らせる / Sie zwangen die Gefangenen in einen engen Raum. 彼らは捕虜たちを狭い部屋に押し込めた. ③《方》(仕事など⁴を)片づける, (食べ物⁴を)平らげる. II 再帰 (定て haben)【sich⁴ zu 事³ ~】無理して(事³を)する. Ich zwang mich zu einem Lächeln. 私は無理にほほえんでみせた / Er zwang sich zur Ruhe. 彼は努めて平静を装った. ◇【zu 不定詞[句]とともに】Du musst dich zwingen, etwas mehr zu essen. 君は我慢してもう少し食べなくてはいけないよ.
◇【☞ gezwungen】

zwin·gend [ツヴィンゲント] I ★zwingen (強いる)の 現分. II 形 ① 強制的な; やむを得ない. eine zwingende Notwendigkeit 避けがたい必然. ②《比》説得力のある(理由・結論など). Diese Gründe sind nicht zwingend. これらの理由には説得力がない.

Zwin·ger [ツヴィンガァ tsvíŋər] 男 -s/- ① 犬のおり;《狎》猛獣のおり. ② 純血種の犬の飼育場. ③《史》(中世の都市や要塞(ﾖｳｻｲ)の外

壁と内壁の間の)空地.(☞ Burg 図). ④ (ドレスデンの)ツヴィンガー宮殿.

zwin·kern [ツヴィンカァン tsvíŋkərn] 自 (h) まばたきをする, 目をしばたたく. mit den Augen *zwinkern* まばたきをする.

zwir·beln [ツヴィルベるン tsvírbəln] 他 (h) (ひげなど⁴を)指先でひねる, (糸など⁴を)よる.

Zwirn [ツヴィルン tsvírn] 男 –[e]s/ 《種類》-e より糸, 撚り糸.

zwir·nen¹ [ツヴィルネン tsvírnən] 他 (h) 《糸⁴をより合わせる.

zwir·nen² [ツヴィルネン] 形 《付加語としての》より糸[製]の.

Zwirns≈fa·den [ツヴィルンス・ファーデン] 男 –s/..fäden より糸. an einem *Zwirnsfaden* hängen 《比》風前のともしびである / über einen *Zwirnsfaden* stolpern 《比》ささいなことにつまずく.

⁂zwi·schen [ツヴィッシェン tsvíʃən] 前 【3格・4格とともに】① 《空間的に》⑦ 《どこに》【3格と】…の間に; (多数のものの)間に混じって. (英 between). Das Bild hängt *zwischen* den Fenstern. その絵は窓と窓の間に掛かっている(☞図) / Er sitzt *zwischen* zwei Gästen. 彼は二人のお客の間に座っている / Der Brief lag *zwischen* alten Papieren. その手紙は古い書類の間にまぎれ込んでいた.

zwischen den Fenstern

⑦ 《どこへ》【4格と】…の間へ(に); (多数のものの)間へ混じって. Hanna hängt das Bild *zwischen* die Fenster. ハンナはその絵を窓と窓の間へ掛ける(☞図) / Er stellte das Auto *zwischen* Straßenbäume. 彼は車を街路樹の間に止めた / Er setzte sich *zwischen* die Gäste. 彼はお客たちの間に座った.

zwischen die Fenster

② 《時間的に》⑦【3格と】…の間に. *zwischen* dem 1. (=ersten) und 6. (=sechsten) April 4月1日から4月6日までの間に / Ich komme *zwischen* zwei und drei Uhr. 私は2時から3時までの間に来ます. ⑦【4格と】…の間へ. den Urlaub *zwischen* die Feiertage legen 休暇を祝日と祝日の間に入れる.
③ 《相互関係》【3格と】…の, …の間に. das Verhältnis *zwischen* Theorie und Praxis 理論と実践の関係 / *Zwischen* beiden Begriffen ist ein großer Unterschied. 両概念の間には大きな違いがある / *Zwischen* uns ist es aus. 《口語》われわれの間はもう終わりだ. ④ 《数量表示で》…. Kinder *zwischen* 10 und 12 Jahren 10歳から12歳までの子供 / Der Preis liegt *zwischen* 100 und 150 Mark. その値段は100 マルクから150 マルクの間だ.

Zwi·schen≈akt [ツヴィッシェン・アクト] 男 –[e]s/-e 《劇》(昔の:) 幕間(まくあい); 幕間狂言.

Zwi·schen≈akt≈mu·sik [ツヴィッシェンアクト・ムズィーク] 女 –/-en 《劇》幕間(まくあい)音楽, 間奏曲.

Zwi·schen≈auf·ent·halt [ツヴィッシェン・アオふエントハるト] 男 –[e]s/-e (旅行の途中での)短期間の滞在.

Zwi·schen≈be·mer·kung [ツヴィッシェン・ベメルクング] 女 –/-en (他人が話しているときの)途中での発言, 口出し.

Zwi·schen≈be·richt [ツヴィッシェン・ベリヒト] 男 –[e]s/-e 中間報告(決算).

Zwi·schen≈be·scheid [ツヴィッシェン・ベシャイト] 男 –[e]s/-e 《法》中間判決; (官庁の)中間回答.

Zwi·schen≈bi·lanz [ツヴィッシェン・ビらンツ] 女 –/-en 《商》中間貸借対照表; 中間決算.

Zwi·schen≈deck [ツヴィッシェン・デック] 中 –[e]s/-s (まれに -e) 《海》中甲板; (昔の:)(移民輸送用の)3等船室.

Zwi·schen≈ding [ツヴィッシェン・ディング] 中 –[e]s/-er 《口語》中間物, どちらともつかないもの.

zwi·schen≈drin [ツヴィッシェン・ドリン] 副 ① 《空間的に》その中間に, その間に[混じって], 所々に. ② 《時間的に》《口語》その間に, その合間に.

⁎zwi·schen≈durch [ツヴィッシェン・ドゥルヒ tsvíʃən-dúrç] 副 ① 《時間的に》その間に, ときおり; その合間に; その間中[ずっと]. Ich werde *zwischendurch* telefonieren. 私は合間合間に電話を入れます. ② 《空間的に》所々に. ③ その間を通って(通り抜けて).

Zwi·schen≈er·geb·nis [ツヴィッシェン・エアゲープニス] 中 ..nisses/..nisse 中間成績(結果).

Zwi·schen≈fall [ツヴィッシェン・ふァる] 男 –[e]s/..fälle ① 突発事故(事件), ハプニング. ohne *Zwischenfall* 何事もなく, 無事に. ② 《複》で騒動, 騒乱.

Zwi·schen≈fra·ge [ツヴィッシェン・ふラーゲ] 女 –/-n (他人が話しているときの)途中の質問.

Zwi·schen≈ge·richt [ツヴィッシェン・ゲリヒト] 中 –[e]s/-e 《料理》アントレ(スープまたは前菜とメインの間に出す料理).

Zwi·schen≈ge·schoss [ツヴィッシェン・ゲショス] 中 –es/-e 中階(中2階など).

Zwi·schen≈ge·schoß ☞ 新形 Zwischengeschoss

Zwi·schen≈grö·ße [ツヴィッシェン・グレーセ] 女 –/-n (靴・服などのサイズの段階の)中間サイズ.

Zwi·schen≈han·del [ツヴィッシェン・ハンデる] 男 –s/ 卸売業, 仲買(取次)業; 通過貿易.

Zwi·schen≈händ·ler [ツヴィッシェン・ヘンドらァ] 男 –s/– 卸売業者, 仲買(取次)業者.

Zwi·schen≈lan·dung [ツヴィッシェン・らンドゥング] 女 –/-en 《空》途中(中間)着陸.

Zwi·schen≈lö·sung [ツヴィッシェン・れーズ

ング] 囡 -/-en 暫定的(一時的)な解決.
Zwi·schen⹀mahl·zeit [ツヴィッシェン・マールツァイト] 囡 -/-en 中間の[手軽な]食事, 間食.
Zwi·schen⹀prü·fung [ツヴィッシェン・プリューフング] 囡 -/-en (卒業試験に対して:)中間試験.
Zwi·schen⹀raum [ツヴィッシェン・ラオム] 男 -[e]s/..räume ① (二つの物の間の)間隔, すき間. eine Zeile[4] (einen Meter) *Zwischenraum* lassen 1行(1メートル)間を空ける. ② 時間的間隔, 中間期. in kurzen *Zwischenräumen* 少し間(ぁ)をおいて.
Zwi·schen⹀ruf [ツヴィッシェン・ルーふ] 男 -[e]s/-e 演説(談話)中の叫び声, やじ.
Zwi·schen⹀ru·fer [ツヴィッシェン・ルーふァァ] 男 -s/- やじを飛ばす人.
Zwi·schen⹀run·de [ツヴィッシェン・ルンデ] 囡 -/-n 《ｽﾎﾟ》2次予選.
Zwi·schen⹀satz [ツヴィッシェン・ザッツ] 男 -es/..sätze ①《言》挿入文. ②《音楽》中間(挿入)楽節, エピソード.
Zwi·schen⹀spiel [ツヴィッシェン・シュピーる] 中 -[e]s/-e ①《音楽》間奏[曲]. ②《文学》幕間(ﾏ\nク)劇, インテルメッツォ. ③《比》挿話的な出来事.
zwi·schen⹀staat·lich [ツヴィッシェン・シュタートりヒ] 形 国家間の, 国際間の;《ｱﾒﾘｶ合衆国などで》各州間の. die *zwischenstaatlichen* Beziehungen 国際関係.
Zwi·schen⹀sta·di·um [ツヴィッシェン・シュターディウム] 中 -s/..dien [..ディエン] (発展などの)中間段階.
Zwi·schen⹀sta·ti·on [ツヴィッシェン・シュタツィオーン] 囡 -/-en ① 途中下車. *Zwischenstation*[4] machen 途中下車する. ② 途中下車地.
Zwi·schen⹀ste·cker [ツヴィッシェン・シュテッカァ] 男 -s/- 《電》変換プラグ, アダプター.
Zwi·schen⹀stock [ツヴィッシェン・シュトック] 男 -[e]s/..stöcke 中階(中2階など).
Zwi·schen⹀stock·werk [ツヴィッシェン・シュトックヴェルク] 中 -[e]s/-e 中階(中2階など).
Zwi·schen⹀stück [ツヴィッシェン・シュテュック] 中 -[e]s/-e ① 中間部分, 中間物. ②《文学》幕間(ﾏｸ)劇, インテルメッツォ.
Zwi·schen⹀stu·fe [ツヴィッシェン・シュトゥーふェ] 囡 -/-n 中間段階.
Zwi·schen⹀trä·ger [ツヴィッシェン・トレーガァ] 男 -s/- 告げ口する人, 密告者.
Zwi·schen⹀wand [ツヴィッシェン・ヴァント] 囡 -/..wände 間仕切り壁, 隔壁.
Zwi·schen⹀zeit [ツヴィッシェン・ツァイト] 囡 -/-en ① 間の時間, 合い間; 休憩(休み)時間. in der *Zwischenzeit* その間に, そうこうするうちに. ②《ｽﾎﾟ》(競技などの)途中時間, ラップタイム.
zwi·schen⹀zeit·lich [ツヴィッシェン・ツァイトりヒ] 副 《官庁》その間に.
Zwist [ツヴィスト tsvíst] 男 -es (まれに -s)/-e 《雅》仲たがい, 不和, 争い. mit 人[3] in *Zwist* leben 人[3]といがみ合って暮らす.
Zwis·tig·keit [ツヴィスティヒカイト] 囡 -/-en 《ふつう 複》《雅》仲たがい, 不和.

***zwit·schern** [ツヴィッチァァン tsvítʃərn] (zwitscherte, *hat* ... gezwitschert) **I** 自 (〈完了〉 haben)(小鳥が)さえずる;《比》(女の子が)さえずるようにしゃべる.(英 twitter). Die Vögel *zwitschern* im Garten. 小鳥が庭でさえずっている.
II 他 (〈完了〉 haben) ① (小鳥が歌[4]を)さえずる;《比》(…と)さえずるように言う. ②《成句的に》einen *zwitschern*《口語》一杯ひっかける.
zwit·scher·te [ツヴィッチァァテ] ***zwitschern** (さえずる) の 過去
Zwit·ter [ツヴィッタァ tsvítər] 男 -s/- 半陰陽[者], 男女両性をそなえた人;《動》雌雄同体.
zwo [ツヴォー tsvó:] 数《口語》2 (=zwei). (〈注〉2 (zwei) と 3 (drei) の発音が似ているため, 混同しないように電話などで用いられる).

***zwölf** [ツヴェるふ tsvélf] 数《基数; 無語尾で》**12** [の].(英 *twelve*). die *zwölf* Monate 12 か月 / die *zwölf* Apostel (ｷﾘｽﾄ教) 十二使徒 / *zwölf* Stück 1ダース / um *zwölf* mittags 昼の12時に, 正午に / zu *zwölf*[en] 12人で(ずつ)/ Es ist fünf [Minuten] vor *zwölf*. a) 12時5分前だ, b)《比》いまが潮時だ, 一刻の猶予もならない.
Zwölf [ツヴェるふ] 囡 -/-en (数字の)12; (トランプの)12;《口語》(電車・バスなどの)12番[系統].
Zwöl·fer [ツヴェるふァァ tsvélfər] 男 -s/- 《方》=Zwölf
Zwölf⹀fin·ger⹀darm [ツヴェるふフィンガァ・ダルム] 男 -[e]s/..därme《医》十二指腸.
zwölf⹀jäh·rig [ツヴェるふ・イェーリヒ] 形《付加語としてのみ》12歳の; 12年[間]の.
zwölf⹀mal [ツヴェるふ・マーる] 副 12度, 12回; 12倍.
zwölf⹀ma·lig [ツヴェるふ・マーリヒ] 形《付加語としてのみ》12度の, 12回の.
zwölf⹀stün·dig [ツヴェるふ・シュテュンディヒ] 形《付加語としてのみ》12時間の.
zwölf⹀stünd·lich [ツヴェるふ・シュテュントりヒ] 形 12時間ごとの.

***zwölft** [ツヴェるふト tsvélft] 数《zwölf の序数; 語尾変化は形容詞と同じ》第 **12 [番目]** の. (英 *twelfth*). am *zwölften* Mai 5月12日に / in *zwölfter* Stunde 最後の瞬間に, ぎりぎりに / Sie kamen **zu** *zwölft*. 彼らは12人でやって来た.
zwölf⹀tau·send [ツヴェるふ・タオゼント] 数《基数; 無語尾で》12,000 [の].
zwölf·tel [ツヴェるふテる tsvǽlftəl] 数《分数; 無語尾で》12分の1 [の].
Zwölf·tel [ツヴェるふテる] 中 (ｽｲｽ: 男) -s/- 12分の1.
zwölf·tens [ツヴェるふテンス tsvǽlftəns] 副 第12に, 12番目に.
Zwölf⹀ton⹀mu·sik [ツヴェるふトーン・ムズィーク] 囡 -/《音楽》十二音音楽(1オクターヴ中の12

音を均等に分割して 1 単位とする無調音楽の一種.

Zy·an·ka·li [ツュアーン・カーり tsyaˈn-káːli] 中 -s/《化》シアン化カリ, 青酸カリ.

Zy·a·no·se [ツュアノーゼ tsyanóːzə] 女 -/-n《医》チアノーゼ, 青色症.

Zyk·la·men [ツュクらーメン tsykláːmən] 中 -s/-《植》シクラメン.

Zyk·len [ツュークれン] ＊Zyklus (循環)の 複

zyk·lisch [ツュークりッシュ tsýːklɪʃ] 形 ① 循環する, 周期的な. ② (全体として)ひとつの作品群を構成する, 一連の作品中の. ③《化》環状の(環式の);《数》巡回(循環)の.

Zyk·lon [ツュクローン tsyklóːn] 男 -s/-e ①《気象》サイクロン, 熱帯の旋風; 低気圧. ②《商標・化》サイクロン(遠心力を利用した分離装置).

Zyk·lo·ne [ツュクローネ tsyklóːnə] 女 -/-n《気象》(移動性の)低気圧[圏].

Zyk·lop [ツュクローブ tsyklóːp] 男 -en/-en《ギリ神》キュクロプス(一つ目の巨人).

Zyk·lot·ron [ツューク ろトローン tsýːklotroːn] 中 -s/-s (または -e [ツュク ろトローネ]) 《物》サイクロトロン.

＊_der_ **Zyk·lus** [ツュークるス tsýːklus] 男 (単2) -/(複) Zyklen ① **循環**, 周期, サイクル. (英 _cycle_). der _Zyklus_ der Jahreszeiten² 四季の巡り. ② 一連の作品; 連続演奏(講演)会. ein _Zyklus_ von Liedern 歌曲集. ③《医》月経. ④《理》サイクル. ⑤《経》景気循環.

＊_der_ **Zy·lin·der** [ツィリンダァ tsilíndər または ツュ.. tsy..] 男 (単2) -s/(複) - (3 格のみ -n) (英 _cylinder_) ①《数》**円柱**, 円筒. den Inhalt eines _Zylinders_ berechnen 円筒の体積を計算する. ②《工》シリンダー, 気筒. Der Motor hat vier _Zylinder_. このエンジンは 4 気筒だ. ③ (ランプの)ほや. ④ シルクハット. (☞ Hut 図).

zy·lind·risch [ツィリンドリッシュ tsilíndrɪʃ または ツュ.. tsy..] 形 円筒形の, 円柱状の.

Zy·ni·ker [ツューニカァ tsýːnikər] 男 -s/- 冷笑家, 皮肉屋, シニカルな人.

zy·nisch [ツューニッシュ tsýːnɪʃ] 形 冷笑的な, 皮肉な見方の, シニカルな; つむじ曲がりな.

Zy·nis·mus [ツュニスムス tsynísmʊs] 男 -/..nismen ①《複 なし》冷笑主義, シニシズム. ②《ふつう 複》シニカルな言葉(コメント).

Zy·pern [ツューパァン tsýːpərn] 中 -s/ ①《国名》キプロス[共和国](地中海東部の島国. 首都はニコシア). ②《島名》キプロス島.

Zyp·res·se [ツュプレッセ tsyprésə] 女 -/-n《植》イトスギ(糸杉)属(哀悼・喪の象徴).

Zys·te [ツュステ tsýsta] 女 -/-n ①《医》嚢腫(ﾉｳｼｭ), 嚢胞(ﾉｳﾎｳ). ②《生》嚢子(ﾉｳｼ), 包子.

Zy·to·lo·gie [ツュトろギー tsytologíː] 女 -/《医》細胞学.

zz. [ツア・ツァイト]《略》目下, 現在, 今のところ (＝zurzeit).

z. Z. [ツア ツァイト]《略》(…の)時代に[は] (＝zur Zeit).

zzt. [ツア ツァイト]《略》＝zz.

z. Zt. [ツア ツァイト]《略》＝z. Z.

付 録 も く じ

- I. 和独の部 1703
- II. 日常会話・手紙の書き方 1759
- III. コンピュータ・ネットワーク用語 1769
- IV. 環境用語 1776
- V. 福祉用語 1786
- VI. 医療・看護用語 1792
- VII. ドイツの言語・社会・文化・歴史 1806
    1. 言語 1806
    2. ドイツ連邦共和国の政治 1807
    3. ドイツ連邦共和国の教育制度 1810
    4. 祝祭日 1811
    5. 建築様式 1813
    6. 音楽用語 1815
    7. 歴史 1822
    8. ヨーロッパ連合(EU)諸国 1829
- VIII. 発音について 1830
- IX. 新しい正書法のポイント 1838
- X. 文法表 1844
- XI. 動詞変化表 1859

I. 和 独 の 部

ここでは，日本語で普段よく使われる約4000語を見出し語とし，訳語として最も適切で一般的なドイツ語の表現が示してあります．訳語の前には，必要に応じて，訳語本来の意味が記してあります（動詞の場合，目的語などの表記を含みます）．名詞の性は定冠詞によって示されています．

訳語をより正確に使用するためには，この辞典の本文も参照することが大切です．なお，職業，身分などを表す名詞の女性形については，男性形の末尾に ..in を加えた形を本文で確認して下さい（例：[男子]学生 der Student; 女子学生 die Studentin).

記号類が表す内容は次のとおりです．

( ) ： 1. 意味の限定． 2. 部分的言い換え．
〖 〗 ： 1. 動詞の目的語など． 2. 文法上の注意．
[ ] ： 省略可能．
~   ： 名詞，代名詞．訳語の 人，物 などに対応します．
…   ： 1. 形容詞，副詞，数詞，動詞，文など．「…のように」，「…(位置)で」，「…する」などの形で訳語の「…」に対応します（ただし，動詞で zu 不定詞[句]に対応する場合，訳語にも「zu 不定詞[句]」と記してあります）． 2. 見出し語に先だつ要素 (例: …日).
*   ： 不規則動詞 (☞ 巻末付録 VIII.-2.)．
$^{1, 2, 3, 4}$ ： 格．
//   ： 例句，例文．
☞   ： 関連する項目．

あ

ああ ① (感嘆して:) Ach! ② あのように so.
愛 die Liebe; 好意 die Zuneigung.
相変わらず いまだに immer noch.
あいさつ ① der Gruß. ☞ 礼. ② スピーチ die Ansprache.
あいさつする ① 〖~に〗[人^4] grüßen. ② スピーチをする eine Ansprache halten*.
合図 das Zeichen;（手・目などによる）der Wink.
アイスクリーム das Eis.
合図する 〖~に〗[人^3] winken$^{(*)}$ (ein Zeichen geben*).
愛する 〖~を〗人・事^4 lieben.
間 ☞ 間隔．
間に ① ~と~の間で(へ) zwischen 人・物$^{3(4)}$ und 人・物$^{3(4)}$; ~の(同類の人・物の間で(へ) unter 人・物$^{3(4)}$. ② ~の期間(時間)中に während 事^2. ③ …する間に während … ④ …するうちは solange …
相手 ① der Partner. ②（試合などの）der Gegner.
アイディア der Einfall, die Idee.
開いている・空いている ①（扉などが）offen,（口語:）auf. ②（席などが）frei.
あいまいな 不明瞭(ふめいりょう)な unklar.
アイロンをかける 〖~に〗物^4 bügeln.
合う ①（計算などが）正しい stimmen; 〖~に〗相応する zu 物・事^3 stimmen, 物・事^3 entsprechen*. ② 大きさが合う passen; 〖~に〗適している zu 人・物^3 passen (stimmen), sich^4 für 人・事^4 (zu 事^3) eignen. ☞ 似合う．
会う・逢う ① 〖~に〗人^4 sehen*; 〖~と…(日時・位置において）偶然(約束して)会う 人^4 … treffen*; 〖~と〗遭遇する 人・物^3 begegnen. ②〖災難などが~に〗起こる 事^1 passiert (geschieht*) 人^3.
青い ① blau; 青白い blass. ② 緑の grün.
赤い rot.
明かり 光・灯火 das Licht. ☞ 電灯．
上がる ① hinauf|gehen*; 〖~へ〗[auf 物^4] steigen*; 〖~の上へ〗行く auf 物^4 gehen*. ☞ 上(のぼ)る, 入る. ②（価格・温度などが）上昇する steigen*. ③（ゲームなどで）ゴールインする das Ziel erreichen; 完了している fertig sein*.
明るい ① hell. ② 陽気な heiter. ☞ 朗らかな, 詳しい．
赤ん坊 das Baby.
秋 der Herbst. // 秋に im Herbst.
明らかな offensichtlich; はっきりした klar, deutlich.
明らかにする ①〖~を〗解明する 事^4 klären. ②〖~に〗~を〗説明する [人^3] 事^4 erklären.
明らかになる ①〖~にとって〗 はっきりわかる 人^3 klar werden*. ② 判明する offenbar werden*, sich^4 zeigen, sich^4 heraus|stellen, sich^4 ergeben*.
あきらめる 〖~を〗放棄する 事^4 auf|geben*; 〖~を〗断念する auf 事^4 verzichten.

あきる

飽きる 〚~に〛飽きている 人・事⁴ satt haben*, von 事³ genug haben*; もはや…する気がない keine Lust mehr haben*, zu 不定詞[句].
あきれる verblüfft sein*.
開く・空く ①（扉などが）sich⁴ öffnen, auf|gehen*;〘…時に〙開館(開店)する um ... öffnen ((口語:) auf|machen). ②（席などが）空く（空いている）frei werden* (sein*).
握手する 〚~と〛人³ die Hand drücken;〘~に握手するために〙手をさし出す 人³ die Hand geben*.
アクセント der Akzent. // ~にアクセントを置く 物⁴ betonen.
あくびをする gähnen.
開ける・空ける ①〚~を〛物⁴ öffnen (auf|machen). ②〚~を〛空にする 物⁴ leeren. ③〘場所などを〙物⁴ frei machen.
上げる ①〚~を~の上へ〙横たえる(据える, 立てる) 物⁴ auf 物⁴ legen (setzen, stellen);〘手などを〙物⁴ heben*;〘客などを〙家の中へ案内する 人⁴ ins Haus führen;〘値段などを〙物⁴ steigern;〘賃金・価値などを〙物⁴ erhöhen. ②〚~を~に〛与える(贈る) 人³ 物⁴ geben* (schenken).
あご der Kiefer; 下あごの先 das Kinn.
あこがれる 〚~を〛恋しく思う Sehnsucht nach 人・事³ haben*, sich⁴ nach 人・事³ sehnen.
朝 der Morgen. // 朝に am Morgen, morgens.
浅い （川などが）seicht;（器などが）flach.
あざける 〚~を〛über 人・事⁴ spotten.
あさって übermorgen.
鮮やかな （色などが）lebhaft, みずみずしい frisch; 目だつ auffallend. ☞ すばらしい.
足 ① der Fuß;（犬・猫などの）die Pfote. ② 脚 das Bein.
味 der Geschmack. // …のような(~の)味がする ... (nach 物³) schmecken.
アジア Asien. / アジア人 der Asiat / アジア的 asiatisch.
味わう ①〚~を〛たんのうする 物・事⁴ genießen*. ②〚~を〛試食(試飲)する 物⁴ probieren.
明日 morgen.
預かる 〚物を〛物⁴ auf|bewahren. ☞ 面倒を見る.
預ける 〚~を…に〛置いていく 人・物⁴ ... lassen*;〚~を〛保管させる 物⁴ auf|bewahren lassen*;〚~を〛（預かり所に）渡す 物⁴ ab|geben*. ☞ 預金する.
汗 der Schweiß. // 汗をかく schwitzen.
あそこに あそこで dort, da; あそこへ dorthin, dahin.
遊び das Spiel.
遊ぶ 〚[~をして）〛[事⁴] spielen. ☞ 楽しむ.
与える 〚~を〛物⁴ geben*. ☞ 贈る.
暖かい・温かい （物・もてなしなどが）warm, 心から herzlich. // 私は暖かい. Mir ist* warm.

暖かさ・温かさ die Wärme.
暖める・温める ①〘[~のために)~を〛[人³] 物⁴ wärmen (warm machen). ②〘部屋などを〙暖房する 物⁴ heizen.
頭 der Kopf; 頭脳 das Gehirn.
新しい ① neu. ② 採れたて(できたて)の frisch. ③ できて間もない jung.
辺りの die Gegend. // ~周りに. // ~の辺りでは in der Gegend von 物³.
あたりまえの 当然の natürlich, selbstverständlich. ☞ ふつうの.
当たる ①〚~に〛ぶつかる an (gegen) 人・物⁴ stoßen*;〚~に〛命中する 物⁴ treffen*. ②〚~に〛相当する 物³ entsprechen*;〘…(数量)に〙値する ... gelten*. ③ （主張などが）当たっている zu|treffen*.
あちこち hier und da (dort); そこら中 überall.
あちら ① あれ das [dort]. ② あちらの男性（婦人）der Herr (die Dame) dort.
あちらに ☞ あそこに, 向こうに.
厚い dick.
暑い heiß, warm; 蒸し暑い schwül.
熱い heiß.
扱う ①〚~を…のように〙人・物⁴ ... behandeln. ②〚~を〙論じる 事⁴ behandeln (diskutieren). ③〘器具などを〙取り扱う 物⁴ führen (handhaben).
厚さ die Dicke. // ~は厚さ…ミリである. 物¹ ist* ... Millimeter dick.
暑さ die Hitze.
あっち ☞ あちら.
集まる sich⁴ sammeln, zusammen|kommen*;（人がある場所に）sich⁴ versammeln.
集める 〚~を〛人・物⁴ sammeln; 〚~を〛（ある場所に）人⁴ versammeln.
圧力 der Druck; 強要 der Zwang.
あて名 受取人の[氏名と]住所 die Adresse.
あてに ~あてに an 人⁴.
当てにする 〚~を〛auf 人・物⁴ (mit 人・事⁴) rechnen. ☞ 信用する.
当てはまる 〚~に〛für 人・物⁴ gelten*.
当てる・あてる ①〘標的などに〙物⁴ treffen*. ②〘郵便物などを~に〙向ける 物⁴ an 人⁴ richten. ③〚[~を]〛言い当てる [事⁴] raten*.
跡 ① die Spur. ② 廃墟(はいきょ) die Ruine.
あとに ① あとで nachher, später. ② …したあとで nach 事³. ③ …したあとで nachdem ... 後(で), 後ろに.
穴 das Loch.
アナウンサー der Ansager.
あなた （親密でない相手に対して:）Sie;（親密な相手・子供に対して:）du.
あなた方 （親密でない相手に対して:）Sie;（親密な相手・子供に対して:）ihr.
あなた方の （親密でない相手に対して:）Ihr;（親密な相手・子供に対して:）euer.
あなたの （親密でない相手に対して:）Ihr;（親密な相手・子供に対して:）dein.
兄 der ältere Bruder; 弟と区別しない場合:

姉 die ältere Schwester; (妹と区別しない場合:) die Schwester.
あの der, die, das, 〖複〗で) die; あそこにある… … dort. // あの車 das Auto dort.
アパート アパートの建物 das Miet[s]haus; アパートの一室 die Wohnung.
暴れる wüten, toben.
あひる die Ente.
危ない 危険な gefährlich; 危機的な kritisch.
油 das Öl.
脂 das Fett. // 脂っこい fett.
アフリカ Afrika. // アフリカ人 der Afrikaner / アフリカの afrikanisch.
あふれる über|laufen*.
甘い ① süß. ② 塩味(味付け)の足りない zu wenig gesalzen (gewürzt).
余っている 余剰の übrig.
甘やかす〖~を〗囚⁴ verwöhnen.
余り ① der Rest. ② あまりにも…な zu; とても so. // 彼はあまり疲れていたのでじき床についた. Er war* so müde, dass er bald zu Bett ging*.
余る übrig bleiben*.
網 das Netz.
編む〖~を〗編み棒(かぎ針)で編む 物⁴ stricken (häkeln);〖髪・かごなどを〗物⁴ flechten*.
雨 der Regen. // 雨が降る. Es regnet.
アメリカ ① Amerika. ② アメリカ合衆国 〖複〗で) die Vereinigten Staaten von Amerika, die USA. // アメリカ人 der Amerikaner / アメリカの amerikanisch.
怪しい 不審な verdächtig. ☞ 疑わしい.
誤り der Fehler, der Irrtum. ☞ 間違い.
謝る〖〖~に〗〗 sich⁴ [bei 囚³] entschuldigen; 〖〖~に〗〗許しをこう [囚⁴] um Entschuldigung (Verzeihung) bitten*.
荒い ① 荒々しい wild. ② 激しい heftig.
粗い ① 目の粗い・おおざっぱな grob. ② ざらざらした rau.
洗う〖~を(~の体を)〗物⁴ (囚⁴) waschen*; 〖食器を〗物⁴ spülen.
あらかじめ vorher, im Voraus.
あらし der Sturm; 雷雨 das Gewitter.
荒らす〖土地などを〗荒廃させる 物⁴ verwüsten.
争い der Streit; けんか (口語:) der Krach.
争う ①〖〖~と〗〗〖〖~のことで〗〗 [sich⁴] [mit 囚³] [um 事⁴ (wegen 物²)] streiten*; 〖〖~と〗 [~を]〗 [mit 囚³] [um 事⁴] konkurrieren.
改める ①〖~を〗新しくする 事⁴ erneuern; 〖~を〗変更する 物⁴ ändern (verändern). ②〖~を〗直す 物⁴ verbessern.
あらゆる all; どの…も jeder.
表す・現す(作品などが)〖~を〗表現する 囚・物⁴ dar|stellen; (記号などで) 物⁴ 意味する 事⁴ bedeuten;〖〖~に対して〗気持ち・考えなどを〗表明する [囚³] 事⁴ aus|drücken.
表れる・現れる ①(気持ち・考えなどが)〖~に〗表れる sich⁴ in 事³ aus|drücken. ② 現れる erscheinen*, sich⁴ zeigen.
ありがたい ① 好ましい lieb. ② 貴重な wertvoll, wert.
ありがとう Danke!, Danke schön (sehr)!, Vielen (Herzlichen) Dank!
ある 一つ(一人)の ein; ある種(一定)の gewiss. // ある事(物) etwas / あるとき einmal / ある人 jemand.
有る・在る ①(不特定の一般的な存在を意味して:)〖~が〗存在している es gibt* 囚・物⁴;(蓄えとして) vorhanden sein*. ②(個々の具体的な存在を意味して:)〖…(位置)に〗在る … sein*, sich⁴ … befinden*;〖…(位置)に〗横たえて(立てて) ある … liegen* (stehen*). ③〖人・物が~を〗持っている 囚・物⁴ hat* 囚・物⁴.
あるいは または oder. ☞ もしかしたら.
歩く gehen*, (口語:) laufen*; 歩いて行く zu Fuß gehen*; 歩き回る wandern.
アルコール der Alkohol.
ある程度 einigermaßen.
アルバイト der Job.
アルバム das Album.
あれ das [dort].
荒れた ☞ 荒い, 粗い, 荒らす.
泡 der Schaum.
合わせる ①〖~を〗いっしょにする 囚・物⁴ vereinigen. ②〖物を(自分を)~に〗適合させる 物⁴ (sich⁴) 囚・物³ an|passen. // 時計を合わせる die Uhr stellen. ☞ 調節する.
あわてて 大あわてで in großer (wilder) Hast; 大急ぎで in großer (aller) Eile.
あわてる ① ひどく急ぐ sich⁴ überstürzen. ② 狼狽(ろうばい)する in Verlegenheit geraten* (kommen*).
哀れな ① 気の毒な arm. ② みすぼらしい ärmlich.
案 ① 計画 der Plan. ② 思いつき die Idee; 提案 der Vorschlag.
案外 予想に反して wider Erwarten.
安心する sich⁴ beruhigen; 安心している beruhigt sein*.
安全 die Sicherheit.
安全な 危害を受けない sicher; 危険性のない ungefährlich.
安定している stabil; 確固たる fest.
あんな solch, (口語:) so.
案内 ① 通知 die Mitteilung; 知らせ die Nachricht. ② 情報・案内所 die Auskunft, die Information. ③ (見学者を率いる) die Führung.
案内する〖~を〗連れて行く 囚⁴ führen.
あんなに so.

付録

い

胃 der Magen.
いい ① gut. ☞ きれいな, すばらしい, 適切な,

利口な. ② …してよい … dürfen*; …しなくてよい nicht brauchen, zu 不定詞[句]. ③ …するといいのだが hoffentlich … 十分な.
いいえ nein; (否定の疑問に対して答えが肯定になる場合は:) doch. // 彼は来ないのですか. — いいえ, 彼は来ます. Kommt* er nicht? – Doch, er kommt*.
いいかげんな nachlässig.
いいかげんに もういいかげんに endlich.
言いわけ die Entschuldigung; 言い逃れ die Ausrede.
委員 das Ausschussmitglied.
委員会 der Ausschuss.
言う 〖〜に〗〜を〗[人³] [事⁴] sagen; 〖…という〗意見である meinen, …; 〖…と〗話して聞かせる erzählen, …; 〖真実・くだらぬことなどを〗[事⁴] sprechen* (reden); 〖〜のことを〗[人・事⁴] meinen, von [人・物³] sprechen*.
家 das Haus; 住まい die Wohnung. // 家で zu Haus[e] / 家へ nach Haus[e].
以下 ① …以下 unter …, weniger als … ② ここから先 von hier an; 下で unten.
意外な überraschend; 予期せぬ unerwartet. ☞ 案外.
…以外に außer [人・物³]. ☞ ほかに.
いかが どう wie.
医学 die Medizin.
怒り der Ärger, der Zorn.
行き 往路 der Hinweg.
息 der Atem; (肌に感じる・白い) der Hauch. // 息をする atmen / 息を吸う ein|atmen / 息を吐く aus|atmen.
意義 der Sinn; 意味 die Bedeutung.
生き生きとした lebhaft, lebendig.
勢い はずみ der Schwung. ☞ 速度, 力, 強さ.
いきなり auf einmal; 急に plötzlich.
生き物 das Lebewesen.
イギリス 英国.
生きる ① 生きている・生活する leben. ② 生き生きとする lebhaft (lebendig) werden*.
行く 〖…へ〗歩いて行く … gehen*; 〖…へ〗乗り物(飛行機)で行く … fahren* (fliegen*); 〖相手の所(目的の場所)などへ〗… kommen*.
いくつ ① 何個 wie viel. ② 何歳 wie alt.
いくつか ein paar, einige.
いくつもの 複数の mehrere; 多くの viel.
いくら (量・額などを尋ねに:) wie viel, was. // 〜はいくらですか. Wie viel (Was) kostet [物]¹?
いくらか 少し.
いくらでも たっぷり reichlich; 十分に genug; たくさん viel.
池 der Teich.
いけない ① …してはいけない nicht … dürfen*; …しなければいけない … müssen*. ② 悪い schlimm.
意見 die Meinung; 見解 die Ansicht.
以後 ① これから先 in Zukunft, künftig; 今から von jetzt an. ② そのあとで danach; それ以来 seitdem. ☞ あとに.
意向 考え die Meinung. ☞ 意図.

勇ましい tapfer; 勇気のある mutig; 大胆な kühn.
石 der Stein; 小石・砂利 der Kiesel.
意志 der Wille.
意識 das Bewusstsein.
維持する ☞ 保つ.
いじめる 〖〜を〗[人⁴] schikanieren; 〖〜を〗痛めつける [人・物⁴] quälen.
医者 der Arzt.
以上 ① …以上 über …, mehr als … ② ここまで bis hierher; 上で oben.
異常な anomal, ungewöhnlich, außergewöhnlich.
意地悪な boshaft.
意地を張る auf seinem Kopf bestehen*.
いす der Stuhl; ひじ掛けいす der Sessel.
以前 かつて früher, ehemals, einst.
急いで eilig; 早く schnell; 迅速に rasch.
忙しい [sehr] beschäftigt sein*; することがたくさんある viel zu tun haben*.
急ぐ ① 急いで行く eilen. ② 〖〖仕事などを〗〗 sich⁴ [mit [事³]] beeilen; 急いでいる es eilig haben*.
依存している 〖〜に〗von [人・事³] ab|hängen* (abhängig sein*).
板 ① (木を薄く切った)板材 das Brett. ② (木などから作った)板状の道具 die Platte.
痛い Schmerzen haben*. ☞ 痛む. // 私はおなかが痛い. Ich habe* Bauchschmerzen. / あ, 痛い. Au!
いたずら der Streich.
いただきます (おいしく)召し上がれ Guten Appetit!
いただく 私は…させていただく Ich erlaube mir, zu 不定詞[句]. ☞ 受け取る, もらう.
痛み 〖ふつう 複〗 Schmerzen, das Weh. ☞ 苦しみ.
痛む ① (体の部位などが) 〖〜に〗痛みを与える (口語:) [人³] weh|tun*. ② 〖〜に〗気の毒な気持ちを起こさせる [人³] Leid tun*. ☞ 痛い.
イタリア Italien. // イタリア語 Italienisch / イタリア人 der Italiener / イタリアの italienisch.
至る所で überall.
一 eins; 一(一人)の ein. ☞ 一番の.
位置 die Stellung, die Lage. ☞ 順位.
一応 さしあたり zunächst, fürs Erste.
一月 der Januar. // 一月に im Januar.
いちご die Erdbeere.
著しい bedeutend; かなりの beachtlich; 目だつ auffallend.
一度 einmal; 一度も…ない nie[mals].
一度に auf einmal, 同時に.
一日 der (ein) Tag. // 一日中 den ganzen Tag; tagsüber.
一年 das (ein) Jahr. // 一年中 das ganze Jahr hindurch.
市場 der Markt.
一番の ① 最初の erst. ② 最良の best.
一部 (印刷物などを数えて:) das (ein) Exemplar.

一 ☞ 部分.
一面 ☞ 至る所で, 周りに.
一流の… … erster Klasse. // 一流の芸術家 ein Künstler erster Klasse.
いつ wann.
いつか irgendwann; すでに一度 schon einmal.
五日 ☞ …日(ゕ).
一階 das Erdgeschoss.
一切 ☞ すべての, …全体, 決して.
一昨日 vorgestern.
一種の eine Art … ☞ 種類.
一生 das Leben. // 一生を通じて sein Leben lang.
一生懸命 熱心に eifrig; 勤勉に fleißig.
いっしょに zusammen, gemeinsam, mit.
いっせいに 一度に auf einmal. ☞ 同時に.
いっそ むしろ eher, lieber.
いっそう もっと noch …《比較級とともに》; その分さらに umso …《比較級とともに》.
一体 ① 結束 der Zusammenhalt. // 一体となる sich⁴ vereinen. ②《疑問文で:》いったい denn, überhaupt, eigentlich.
一致する 《〜と…の点で》 [mit 人³ in 事³] übereinstimmen.
いつのまにか そうこうするうちに inzwischen.
いっぱいの voll. ☞ 込む.
一般の allgemein.
一方で 一方では…他方では… einerseits …, anderseits …; …する一方で während …
いつまでも《口語:》ewig.
いつも 常に immer, stets; そのつど jedes Mal. ☞ ふつう. / 日曜はいつも jeden Sonntag.
糸 der Faden.
意図 die Absicht.
井戸 der Brunnen.
いとこ《男の:》der Vetter,《女の:》die Kusine.
…以内に 〜の範囲内に innerhalb 物² (von 物³). ☞ 以下.
田舎 ① 地方 das Land, die Provinz. // 田舎で auf dem Land[e]. ② 故郷 die Heimat.
…いなや …するやいなや sobald …
犬 der Hund.
稲 der Reis.
命 das Leben.
祈る ①《[神などに]》[zu 事³] beten. ②《人に〜を》心から望む 人³ 事⁴ wünschen.
いばる prahlen.
違反する《規則などに》事⁴ verletzen.
いびきをかく schnarchen.
今 jetzt, nun; つい今しがた [so]eben; ちょうど gerade. ☞ 現在, すぐ.
居間 das Wohnzimmer.
意味 die Bedeutung; 意義 der Sinn.
意味する《〜を》事⁴ bedeuten;《…ということで》heißen*, …
イメージ die Vorstellung, das Bild.
妹 die jüngere Schwester;《姉と区別しない場合:》die Schwester.
いや いいえ nein. ☞ いいえ.
いやな 不快な unangenehm. // …するのはいやだ nicht … wollen* (möchte*).
いよいよ ☞ ついに, ますます.
意欲 die Lust; 意志 der Wille.
以来 ① 〜以来 seit 事³. ② それ以来 seitdem. ③ …して以来 seit[dem] …
依頼 die Bitte;《配送・掲載などの》委託 die Aufgabe.
依頼する《〜の配送・掲載などを》物⁴ auf|geben*. ☞ 頼む.
入口《歩行者用の》der Eingang;《乗り物用の》die Einfahrt.
威力 die Macht; 作用 die Wirkung.
いる ☞ 有る.
要る《〜が》人・事⁴ brauchen. ☞ 必要とする.
入れ物 容器 das Gefäß; 箱 der Kasten; びん die Flasche; 袋 die Tüte.
入れる・容れる《〜を〜の中へ》横たえる(立てる, 据える) 物⁴ in 物⁴ legen (stellen, setzen);《〜を[…に]》取り入れる 人・事⁴ [in 物⁴] auf|nehmen*. ☞ 差す, 付ける.
色 die Farbe. // 色のついた farbig.
色あせた blass, bleich.
いろいろな verschieden, allerlei.
色とりどりの bunt.
岩 der Fels.
祝う《〜を》事⁴ feiern;《〜に[〜の]》お祝いを述べる 人³ [zu 事³] gratulieren.
言わば sozusagen.
いわゆる so genannt.
印 印鑑 das Siegel; スタンプ der Stempel. // 〜に印(スタンプ)を押す 物⁴ siegeln (stempeln).
インク die Tinte.
印刷 der Druck.
印刷する《〜を》物⁴ drucken.
印象 der Eindruck.
インフレ die Inflation.
引用する《〜を》物⁴ zitieren.

う

上に ① 上で oben; 上へ hinauf; 上方へ aufwärts. ② 〜の上で(へ) auf 物³⁽⁴⁾; 〜の上方で(へ) über 物³⁽⁴⁾.
上の ober.
飢える ☞ おなか, 空腹の.
植える《〜を》物⁴ pflanzen (setzen).
伺う 訪ねる, 尋ねる.
浮く 浮かび上がる auf|tauchen;《水・空気などの中に》浮かんでいる in 物³ schweben.
受け入れ die Aufnahme.
受け入れる《〜を》採用する 人・物⁴ an|nehmen*;《〜を》迎え入れる 人⁴ auf|nehmen*.
請け負う《〜を》引き受ける 物⁴ übernehmen*.

受付 (ホテルなどの) der Empfang, die Rezeption; (病院などの) die Aufnahme; (手荷物・小包などの)受付口 die Annahme.
受け付ける 〚～を〛 [人·物]⁴ an|nehmen*.
受け取る 〚さし出された物を〛取る [物]⁴ nehmen* (an|nehmen*); 〚～を〛もらう [物]⁴ bekommen*; 〚～を〛受領する [物]⁴ empfangen*. ☞ 取る, もらう.
受ける ① 〚～を〛受領する [物]⁴ empfangen*. ☞ 受け取る. ② 〚苦痛·損害などを〛被る [事]⁴ erleiden* (erfahren*). ③ 〚教育·信頼などを〛享受する [物]⁴ genießen*. ☞ 受験する.
動かす ① 〚～を〛運動させる [物]⁴ bewegen. ☞ 移す, ずらす. ② 〚機械などを〛作動させる [物]⁴ in Bewegung setzen (bringen*).
動き die Bewegung.
動く ① (人·物体が) sich⁴ bewegen; 身動きする sich⁴ rühren (regen). ② (機械が)動き始める in Gang kommen*; 動いている im Gang sein*; (モーターなどが)回っている laufen*.
うさぎ 野うさぎ der Hase; 飼いうさぎ das Kaninchen.
牛 das Rind; 雌牛 die Kuh; 雄牛 der Stier.
失う 〚～を〛なくす(亡くす) [人·物]⁴ verlieren*. ☞ 逃(^に)す.
後ろに ① 後ろで hinten; 後ろへ zurück; 後方へ rückwärts. ② ～の後ろで(へ) hinter [人·物]³⁽⁴⁾.
後ろの hinter.
渦 der Wirbel.
薄い ① 厚みのない·濃度(密度)の低い dünn. ② きゃしゃな·弱い schwach. ③ 淡色の hell.
薄暗い dämmerig.
うそ die Lüge. // うそをつく lügen*.
歌 das Lied; 歌唱 der Gesang.
歌う 〚〚～を〛〛 [物]⁴ singen*.
疑い 疑惑 der Zweifel; 嫌疑 der Verdacht.
疑う ① 〚〚～に〛〛疑惑を持つ [an [人·事]³] zweifeln. ② 〚～に〛嫌疑をかける [人]⁴ verdächtigen.
疑わしい fragwürdig, fraglich, zweifelhaft.
うち das Haus. ☞ 家.
打ち勝つ 〚～に〛 [事]⁴ überwinden*.
内側の inner.
内気な schüchtern, scheu.
うちに …しているうちに während …; …しないうちに bevor (ehe) … ☞ …以内に, 中に.
宇宙 der Weltraum.
うちわ der Fächer.
打つ ① 〚～を〛たたく [人·物]⁴ schlagen*. ☞ ぶつかる. ② 〚文章を〛タイプする (口語:) [物]⁴ tippen. ② (心臓などが) schlagen*, klopfen. ☞ 鳴らす.
撃つ 〚獲物を(銃などを)〛 [物]⁴ (mit [物]³) schießen*.
うっかり 無意識に unbewusst; 不注意から aus Versehen (Unachtsamkeit).
美しい schön. ☞ きれいな.
写す ① 〚～を〛撮る [人·物]⁴ auf|nehmen*. ☞ 撮る. ② 〚～を〛書き写す [物]⁴ ab|schreiben.
映す ① (水·鏡などが) 〚～を〛 [物]⁴ spiegeln. ② 〚～を〛上映する [物]⁴ vor|führen.
移す ① 〚～を〛移動(転属)させる [物]⁴ ([人]⁴) versetzen. ② 〚～に病気などを〛 [人]⁴ mit [事]⁴ an|stecken.
訴える ① 〚～に対して〛訴訟を起こす gegen [人]⁴ klagen; を[～のかどで]告訴する [人]⁴ [wegen [事]²] an|klagen. ② 〚〚住民·良心などに〛〛 an [人·物]⁴ appellieren.
映る 〚〚水などに〛〛 sich⁴ [in [物]³] spiegeln.
移る ① 〚〚次のテーマなどへ〛〛 zu [事]³ über|gehen*. ② (病気などが)伝染する an|stecken. ☞ 引っ越す.
腕 der Arm. // 腕の良い tüchtig, geschickt.
促す 〚～に～を〛 [人]⁴ zu [事]³ auf|fordern.
うなずく nicken.
奪う 〚〚～から〛～を〛 [人]³] [物]⁴ rauben (nehmen*).
馬 das Pferd. // 馬に乗る reiten*.
うまい ☞ おいしい, 上手な.
生まれる geboren werden*. // 私は 1975 年 5 月 12 日に生まれた. Ich bin* am 12. (= zwölften) Mai 1975 geboren.
海 die See, das Meer. // 海へ an die See.
生む 〚子供を〛 [人]⁴ gebären*. ☞ 創造する.
埋める 〚～を〛 vergraben*; 〚～を〛埋葬する [人]⁴ begraben*. 〚〚穴などを〛〛 aus|füllen.
敬う 〚～を〛 [人]⁴ ehren (achten).
裏 der Rückseite; 背面 die Hinterseite.
裏返す 〚～を〛 [物]⁴ um|kehren (wenden). // 裏返しに verkehrt.
裏切る 〚～を〛 [人·事]⁴ verraten*.
裏に ☞ 後ろに.
恨む 〚～を〛 [人]³ grollen.
うらやむ 〚～の～を〛 [人]⁴ um [物·事]⁴ beneiden.
売り切れの ausverkauft.
売る 〚～を〛 [人·物]⁴ verkaufen.
うるさい ① やかましい laut. // うるさい音を立てる Lärm machen. ② やっかいな lästig.
うれしい froh, fröhlich. ☞ 喜ぶ.
売れ行き der Absatz.
売れる (商品が) sich⁴ verkaufen.
上着 die Jacke.
うわさ das Gerücht. ☞ 評判, …らしい.
運 運命 das Schicksal. // ～は運がいい(悪い). [人]¹ hat* Glück (Pech).
運転手 der Fahrer; 機関士 der Führer.
運転する 〚車などを〛 [物]⁴ fahren*; 〚電車などを〛 [物]⁴ führen.
運動 ① (物体の)動き·社会運動 die Bewegung. ② スポーツ der Sport.
運動場 グラウンド der Sportplatz.

え

柄 der Griff.

絵 das Bild. ☞ 絵画.
映画 der Film. // 映画に行く ins Kino gehen*.
映画館 das Kino.
永久に ewig.
影響 der Einfluss. // ～に影響を与える 人・物4 beeinflussen.
営業する 〚～を〛営む 物4 betreiben* (aus|üben).
英語 Englisch.
英国 England; グレートブリテンおよび北アイルランド連合王国 das Vereinigte Königreich Großbritannien und Nordirland. // 英国人 der Engländer / 英国の englisch.
衛生的な hygienisch.
英雄 der Held.
栄養 die Nahrung.
ええ ① はい ja. ② ええと äh.
描く ①〚～を〛絵の具[線]で描く 人・物4 malen (zeichnen). ②〚～を〛描写(叙述)する 人・物4 dar|stellen (schildern).
駅 der Bahnhof; (小規模の) die Station.
液 液体 die Flüssigkeit; 果汁 der Saft.
液状の flüssig.
餌(えさ) 飼料 das Futter. // ～に餌をやる 物4 füttern.
エスカレーター die Rolltreppe.
枝 (幹から出た) der Ast; 小枝 der Zweig.
エチケット 〚複で〛Sitten.
エネルギー die Energie, die Kraft.
絵はがき die Ansichtskarte.
えび der Krebs.
エプロン die Schürze.
絵本 das Bilderbuch.
偉い 偉大な groß.
選ぶ 〚～を〛人・物4 wählen; 〚～を〛(同種のものの中から選び出す〛[sich3] 人・物4 aus|suchen (aus|wählen); 〚～に〛決める sich4 für 人・物4 entscheiden*.
襟 der Kragen.
襟巻き der Schal.
得る 〚～を〛獲得する 物4 gewinnen* (erwerben*); 〚～を〛もらう 物4 bekommen* (erhalten*).
エレベーター der Fahrstuhl, der Aufzug.
円 ① der Kreis, der Zirkel. ② 日本円 der Yen.
縁 ☞ 関係.
宴会 ☞ パーティー.
演技 das Spiel, die Darstellung.
延期する 〚～を[～へ]〛事4 [auf 事4] verschieben*.
演習 (大学の授業で:) das Seminar; 訓練 die Übung.
援助 die Hilfe, die Unterstützung.
援助する ☞ 支える, 助ける, 促進する.
演じる 〚〚～を〛〛[人・物4] spielen; 〚～を〛人・物4 dar|stellen. ☞ 上演する.
エンジン der Motor.
演説 die Rede.

演説する eine Rede halten*.
演奏 das Spiel, die Aufführung.
演奏する 〚楽器・曲を〛物・事4 spielen; 〚曲を〛上演する 事4 auf|führen (vor|tragen*).
遠足 der Ausflug.
延長する 〚～を〛物・事4 verlängern.
煙突 der Schornstein.
鉛筆 der Bleistift.
遠慮がちな zurückhaltend; 慎み深い bescheiden.
遠慮する 〚申し出などを〛断る auf 物・事4 verzichten; 〚～の前で〛控えめている sich 人3 gegenüber zurückhaltend verhalten*.

お

尾 der Schwanz.
甥(おい) der Neffe.
追い越す 〚～を〛人・物4 überholen; 〚～を〛凌駕(りょうが)する 人4 übertreffen*.
おいしい lecker. // これはおいしい. Das schmeckt gut.
追いつく 〚～に〛人4 ein|holen; 〚～に〛到達する 人4 erreichen.
追う 〚～を〛追いかける 人・物3 nach|laufen*; 〚〚～を〛〛(乗り物で)追いかける [人・物3] nach|fahren*; 〚～を〛追跡する 人・物4 verfolgen; 〚～の〛あとを追う 人・物3 folgen.
王 der König.
応援 声援 der Beifallsruf. ☞ 援助.
応援する 〚～に〛味方する 人3 bei|stehen*.
扇 der Fächer.
応接室 das Empfangszimmer.
横断する 〚道・川などを〛物4 überqueren; 〚大陸・海などを〛物4 durchqueren.
往復で hin und zurück.
終える 〚～を〛事4 beenden; 〚～を〛完了する 事4 ab|schließen* (beschließen*).
多い ☞ 多くの.
覆い die Decke.
覆う 〚～を～で〛人・物4 mit 物3 bedecken.
大きい groß; 音の大きい laut.
大きくなる ① (人・動物などが) wachsen*. ② (数・量などが) zu|nehmen*.
大きさ die Größe. // この土地は300 m²の大きさがある. Das Grundstück ist* 300 m² (= Quadratmeter) groß.
多くの viel, zahlreich. ☞ 多数の.
おおげさな übertrieben.
オーケストラ das Orchester.
多すぎる zu viel.
オーストリア Österreich. // オーストリア人 der Österreicher / オーストリアの österreichisch.
大勢の ☞ 多くの.
大通り 目抜き通り die Hauptstraße.
オートバイ das Motorrad; 原付き das Moped.

オーバー der Mantel.
公にする 〘〜を〙 物・事⁴ öffentlich bekannt machen.
公の öffentlich; 公式の offiziell.
丘 der Hügel, die Höhe.
お母さん 母親 die Mutter.
おかげで ① 〜のおかげで dank 事³/². ② 幸いにも glücklicherweise, zum Glück.
おかしい 愉快な lustig, こっけいな・変な komisch. ☞ 奇妙な.
犯す 〘法などを〙事⁴ verletzen; 〘罪などを〙事⁴ begehen*.
侵す 〘国境などを〙越える 物⁴ überschreiten*.
冒す 〘熱などが〙〘〜を〙襲う 人⁴ packen. // 〜に冒されている an 事³ leiden*.
おかず 〘料理の〙付け合わせ die Beilage; 料理 das Gericht.
小川 der Bach.
沖 海洋 das Meer. // 沖で auf dem (offenem) Meer.
補う 〘〜を〙補完する 物・事⁴ ergänzen; 〘〜を〜で〙埋め合わせる 事⁴ durch 事⁴ ersetzen.
…おきに in Abständen von … ごとに. // 四か月おきに in Abständen von vier Monaten.
起きる ① 立ち上がる・起床する auf|stehen*. ② 目覚める auf|wachen; 起きている wach sein* (bleiben*), wachen. ☞ 起こる.
置く 〘〜を…に〙横たえる(立てる, 据える) 物⁴ … legen (stellen, setzen); 〘〜を…(位置)に〙置いておく 物⁴ … lassen*; 〘〜を〙設立する.
億 hundert Millionen.
奥さん ☞ 夫人.
奥に 後ろの方で hinten; 奥深く tief.
奥の 後ろの hinter.
臆病(おくびょう)な ängstlich; 意気地なしの feige.
贈り物 das Geschenk.
送る 〘〜に〜を〙 人³ 物⁴ schicken (雅語:) senden(*). ☞ 派遣する. ② 〘〜を…へ〙連れて行く(案内する) 人⁴ … bringen* (leiten); 〘〜に[…へ]〙付き添って行く 人⁴ […] begleiten; いっしょに行く mit|gehen*.
贈る 〘〜に〜を〙 人³ 物⁴ schenken; 〘[〜に]称号などを〙[人³] 事⁴ verleihen*.
遅れる ① 進度・発達が遅すぎる zurück|bleiben*. ② 時間に遅れる sich⁴ verspäten. ☞ 遅刻する, 逃(の)す. ③ (時計が)遅れている nach|gehen*.
桶(おけ) die Wanne. ☞ 洗面器.
起こす ① 〘〜を〙立てる 人・物⁴ auf|richten. ② 〘〜を〙目覚めさせる 人⁴ wecken. ③ 〘〜を〙ひき起こす 事⁴ verursachen (hervor|rufen*).
怠る 〘〜を〙事⁴ versäumen; 〘〜を〙おろそかにする 事⁴ vernachlässigen.
怒った böse, ärgerlich.
行い ☞ 行動.
行う 〘〜を〙開催する 事⁴ veranstalten; 〘〜を〙挙行する 事⁴ ab|halten*; 〘授業・式などを〙事⁴ halten*; 〘〜を〙する 事⁴ machen (tun*).

行われる 開かれる statt|finden*.
怒らせる 〘〜を〙人⁴ ärgern.
怒る 〘[〜に]〙腹を立てる sich⁴ [über 人・事⁴] ärgern; 〘[〜のことを]〙怒っている [mit (auf 人⁴)] böse sein*. ☞ しかる.
起こる geschehen*, sich⁴ ereignen; (凶事が) passieren; 〘〜が〙es gibt 事⁴. ☞ 発生する.
押さえる・抑える ① 〘〜を〙 人・物⁴ fest halten*. ② 〘怒りなどを〙抑制する 事⁴ unterdrücken (zurück|halten*).
収める・納める 〘お金を〙払い込む 物⁴ ein|zahlen; 〘お金を〙支払う 物⁴ bezahlen (zahlen); 〘物を〙引き渡す 物⁴ ab|liefern.
おじ der Onkel.
惜しい 残念な・もったいない schade 〘述語としてのみ〙.
おじいさん ① 祖父 der Großvater. ② 老人男性 der alte Mann.
押し入れ 作り付けの戸棚 der Wandschrank.
教える 〘〜に〜を〙人³ 事⁴ lehren; 授業をする Unterricht geben*. ☞ 言う, 示す, 知らせる. // ドイツ語を教える Deutschunterricht geben*.
おじさん おじ・(よその)おじさん der Onkel.
惜しむ 〘〜を〙大切に使う mit 物³ sparsam um|gehen*. ☞ 残念に思う.
おしゃべり ① 雑談 die Plauderei. ② 口数の多い人 der Schwätzer.
おしゃべりする 雑談する plaudern; 〘[〜と]〙歓談する sich⁴ [mit 人³] unterhalten*.
おしゃれな しゃれた schick; 洗練された elegant; 上品な vornehm.
押す ① 〘物を〙物⁴ schieben*; 〘人を〙(無理に) 人⁴ drängen. ② 〘取っ手・ボタンなどを〙[auf] 物⁴ drücken.
雄 das Männchen.
お世辞 賛辞 das Kompliment; おべっか die Schmeichelei.
遅い ① のろい langsam. ② 時が遅い spät.
おそらく wahrscheinlich. ☞ 多分.
恐れる 〘〜を〙人・事⁴ fürchten. ☞ こわい.
恐ろしい こわい furchtbar, schrecklich.
穏やかな ① 静かな still, ruhig. ② 穏和な mild, sanft, friedlich.
落ち着いた ruhig. // 落ち着かない unruhig.
落ち着かせる 〘〜を〙人・事⁴ beruhigen. // 落ち着く sich⁴ beruhigen.
落ちる ① fallen*; 〘勢いよく〙stürzen. ② (色などが)取れる (口語:) ab|gehen*. ③ 抜け落ちる aus|fallen*. ④ 〘試験などに〙[in 事³] durch|fallen*.
夫 der Mann.
音 der Ton, der Schall, der Laut; 物音 das Geräusch.
お父さん 父親 der Vater.
弟 der jüngere Bruder; (兄と区別しない場合:) der Bruder.
男 der Mann; やつ der Kerl.
男の männlich.

男の子 der Junge.
落とす ① 〖〜を〗物⁴ fallen lassen*. ② 〖〜を〗除去する 物⁴ entfernen. ③ 〖声・速度などを〗下げる 物・事⁴ senken. ☞ なくす.
脅す 〖〜を〗人³ drohen; 〖〜を〗人⁴ bedrohen.
訪れる ☞ 来る, 訪ねる.
おととい vorgestern.
大人 der Erwachsene〖語尾変化は形容詞と同じ〗.
おとなしい ruhig, still. ☞ 利口な.
踊り der Tanz.
劣る 〖〜に〗劣っている 人³ unterlegen sein*.
踊る tanzen.
躍る 跳ねる hüpfen.
衰える 勢力(能力)が弱まる nach|lassen*, ab|nehmen*; 没落する unter|gehen*.
驚かす 〖〜に〗意外の念をいだかせる 人⁴ überraschen; 〖〜を〗びっくりさせる 人⁴ erschrecken; 〖〜に〗奇異の念をいだかせる 人⁴ wundern.
驚き 意外なこと die Überraschung; 驚愕 der Schreck; 驚異 das Wunder.
驚く 〖〖〜に〗驚嘆する [über 事⁴] [er]staunen; 〖意外なことに〗驚いている [über 事⁴] überrascht sein*; 〖〖〜に〗びっくりする [über 事⁴ (vor 人・物³)] erschrecken*; 〖〖〜に〗奇異の念をいだく sich⁴ [über 人・事⁴] wundern.
おなか der Bauch, der Leib. ∥ おなかがすいている Hunger haben* / おなかがいっぱいである satt sein*.
同じ ① 等しい gleich. ② 同一の derselbe 〖der の変化は定冠詞と同じ; selbe の語尾変化は形容詞と同じ〗.
お兄さん ☞ 兄.
お姉さん ☞ 姉.
おば die Tante.
おばあさん ① 祖母 die Großmutter. ② 老人女性 die alte Frau.
おばさん おば・(よその)おばさん die Tante.
おはよう[ございます] Guten Morgen!
オペラ die Oper.
覚える 〖〜を〗[auswendig] lernen; 〖〜を〗記憶する sich³ 事⁴ merken; 〖〜を〗覚えておく 事⁴ behalten*.
おぼれる 溺死(できし)する ertrinken*.
おめでとう Herzlichen Glückwunsch!; Ich gratuliere! ∥ 試験合格おめでとうございます. Ich gratuliere Ihnen zur bestandenen Prüfung.
重い schwer; (判決などが)厳しい streng.
思い ☞ 考え, 心配, 願い, 愛, 気持ち, あこがれる.
思いがけない überraschend, unerwartet; 突然の plötzlich.
思いきってする 〖〜を〗事⁴ wagen.
思い出す 〖〜を〗 sich⁴ an 人・事⁴ erinnern; 〖〜を〗想起する 人・事⁴ denken*.
思いつく 〖…することを〗 auf die Idee (den Einfall) kommen*, zu 不定詞句].
思い出 die Erinnerung; 追想・記念 das Andenken.
思いやり die Rücksicht.
思う 〖…と〗考える glauben (denken*), …; 〖…という〗意見である meinen, …; der Meinung (der Ansicht) sein*, dass …; 〖…と〗感じる finden, … ☞ 考える, 推測する, 予想する, あこがれる.
重さ das Gewicht. ∥ 〜は…キロの重さがある. 人・物¹ wiegt* … Kilo[gramm].
おもしろい ① 楽しい lustig. ② 興味深い interessant; 手に汗握る spannend. ③ こっけいな komisch.
おもちゃ das Spielzeug, 〖複〗で Spielsachen.
表 ① (板などの) die Vorderseite. ② 表面 die Oberfläche. ☞ 外に.
おもな hauptsächlich.
思わず unwillkürlich; 無意識に unbewusst.
親 両親〖複〗で Eltern. ☞ 父, 母.
おやすみ[なさい] Gute Nacht!
親指 (手の) der Daumen; (足の) die große Zehe.
泳ぐ schwimmen*.
および sowie. ☞ …と.
下りる・降りる ① 降りて行く hinunter|gehen*. ② 〖車・船などから〗 [aus 物³] aus|steigen*; 〖自転車などから〗 [von 物³] ab|steigen*. ③ (露・霜が) fallen*.
オリンピック die Olympiade.
織る 〖〜を〗物⁴ weben[*].
折る ① 〖棒などを〗物⁴ brechen*; 〖〜を〗折り取る 物⁴ ab|brechen*. ② 〖紙などを〗折りたたむ(折り曲げる) 物⁴ falten (knicken).
折れる brechen*; 折れて取れる ab|brechen*.
愚かな dumm.
下ろす・降ろす ① 〖〜を〗下げる 物⁴ senken; 〖〜を〗(棚などから) 人⁴ herunter|nehmen*; 〖手の荷物などを〗物⁴ ab|setzen; 〖〜を〗置く 物⁴ hin|stellen. ② 〖積み荷などを〗物⁴ ab|laden*. ③ 〖お金を〗引き出す 物⁴ ab|heben*.
おろそかにする 〖〜を〗事⁴ vernachlässigen.
終わり das Ende, der Schluss. ∥ 五月の終わりに Ende Mai / [〜を]終わりにする [mit 事³] Schluss machen.
終わりに ☞ 最後に.
終わる enden, zu Ende gehen*; 終わっている zu Ende sein*, (口語:) aus|sein*; 〖〖〜で〗締めくくる [mit 事³] schließen*.
恩 恩寵(おんちょう) die Gnade; 寵愛(ちょうあい) die Gunst.
音楽 die Musik.
温室 das Treibhaus.
温泉 ① die heiße (warme) Quelle. ② 温泉地 der Badeort.
温度 die Temperatur.
温度計 das Thermometer.
女 die Frau.
女の weiblich.
女の子 das Mädchen.

おんわな

温和な・穏和な ☞ 穏やかな.

か

科 科目 das Fach;（大学・病院などの）die Abteilung; 研究室 das Seminar.
課 ① (役所・会社などの) die Abteilung. ② 教科書のひと区切り die Lektion.
蚊 die Mücke.
…日 …日(にち).
カーテン der Vorhang, die Gardine.
カード die Karte.
回 das Mal; …回 ..mal. ∥ 三回 dreimal.
会 ① 集会 die Versammlung; 式典 die Feier. ② 団体 der Verein, der Verband.
貝 die Muschel.
階 das Stockwerk, der Stock, die Etage. ☞ 一階, 二階.
害 der Schaden; 害悪 das Übel.
会員 das Mitglied.
絵画 das Gemälde, die Malerei. ☞ 絵.
海外 〖冠詞なしで〗Übersee. ☞ 外国. ∥ 海外で(へ, から) in (nach, aus) Übersee.
開会する 〖～を〗[事]⁴ eröffnen.
改革 die Reform; 改善 die Verbesserung.
改革する 〖～を〗[事]⁴ reformieren;〖～を〗改善する [事]⁴ verbessern.
海岸 die Küste; 浜 der Strand. ☞ 岸.
外観 das Aussehen, das Äußere 〖語尾変化は形容詞と同じ〗
会議 die Sitzung, die Konferenz; 大会 die Tagung.
階級 ① 位 der Rang. ② (社会などにおける) 階層 die Klasse.
会計 ① 勘定場 die Kasse. ② 支払い die Zahlung; 請求書 die Rechnung.
解決 die Lösung.
解決する 〖～を〗[事]⁴ lösen.
外交 外交政策 die Außenpolitik; 外交術 die Diplomatie.
外国 das Ausland. ∥ 外国で(へ, から) im (ins, aus dem) Ausland.
外国語 die Fremdsprache.
外国人 der Ausländer.
外国の ausländisch; 他国の fremd.
開催される statt|finden*.
開催する ☞ 行う, 開く.
解散する ①（人々が）別れる auseinander gehen*, sich⁴ trennen. ②〖議会などを〗[事]⁴ auf|lösen.
開始 der Anfang, der Beginn.
会社 die Firma, die Gesellschaft, der Betrieb; オフィス das Büro. ☞ 企業.
会社員 der Angestellte 〖語尾変化は形容詞と同じ〗
解釈 die Interpretation.
解釈する〖作品などを〗[物]⁴ interpretieren.
外出する（食事・遊興のため）aus|gehen*; 家にいない nicht zu Haus[e] sein*.
会場 場所 der Ort. ☞ 部屋, ホール.
海水浴 das Seebad. ∥ 海水浴をする in der See schwimmen* (baden).
害する 〖～に〗害を与える [人・事]³ schaden. ☞ 傷つける.
解説する 〖〖～に〗～を〗[人]³[事]⁴ erläutern; 〖～を〗論評する [事]⁴ kommentieren.
改善 die Verbesserung.
改善する 〖～を〗[物・事]⁴ verbessern.
階段 die Treppe.
快適な angenehm; 居心地の良い gemütlich.
回転する sich⁴ drehen; 転がる rollen.
解答 (問題の)答え die Lösung.
概念 der Begriff.
開発 ①（油田・用地などを）die Erschließung. ② 実用化 die Entwicklung.
開発する ①〖油田・用地などを〗[物]⁴ erschließen*. ②〖製品などを〗[物]⁴ entwickeln.
回復する ①〖病気などから〗sich⁴ [von 事³] erholen, (天気などが) sich⁴ bessern. ∥ 直る. ② 再び正常になる(作動する) wieder in Ordnung (in Gang) kommen*.
買い物をする Einkäufe machen; (日々の) ein|kaufen. ∥ 買い物に行く ein|kaufen gehen*.
改良 ☞ 改善.
会話 das Gespräch, die Unterhaltung.
買う 〖～を〗[物]⁴ kaufen.
飼う 〖～を〗[sich³] [物]⁴ halten*;〖～を〗飼育する [物]⁴ züchten.
返す ① 〖〖～に〗～を〗[人]³[物]⁴ zurück|geben*. ☞ 戻す. ②〖～に〗～の〗お返しをする [人]³ [事]⁴ vergelten*.
かえって ☞ 反対に, いっそう, むしろ.
帰り 帰路 der Rückweg.
帰る (雅語:) zurück|kehren; 戻って来る zurück|kommen*; 家へ帰って行く(来る) nach Haus[e] gehen* (kommen*). ☞ 戻る.
返る (意識などが)戻る zurück|kehren. ∥ 正気に返る wieder zu sich³ kommen*.
代える・替える・換える 〖～を〗[物]⁴ wechseln;〖～を[～と]〗[人・物]⁴ [gegen 人・物⁴] tauschen;〖～を[～に]〗[人・物]⁴ [durch 人・物⁴] ersetzen. ☞ 両替する.
変える 〖～を〗[人・物]⁴ ändern;〖～を〗変えてしまう [人・物]⁴ verändern.
顔 das Gesicht. ☞ 表情.
顔色 die Gesichtsfarbe. ∥ 顔色が悪い eine ungesunde Gesichtsfarbe haben*.
薫り・香り der Duft; におい der Geruch.
薫る・香る duften; におう riechen*.
画家 der Maler.
抱える 〖～を〗腕(わき)に抱く [人・物]⁴ auf den Arm (unter den Arm) nehmen*;〖～を〗腕(わき)に持っている [人・物]⁴ auf dem Arm (unter dem Arm) tragen* (halten*).
化学 die Chemie.
科学 die Wissenschaft.
科学者 der Wissenschaftler.

科学的な wissenschaftlich.
かかと ① (足・靴[下]の) die Ferse. ② ヒール der Absatz.
鏡 der Spiegel.
輝く ① 光る scheinen*. ☞ 光る. ② (物体・顔などが) leuchten, strahlen, glänzen.
係り 窓口 die zuständige Stelle; 担当者 der Zuständige《語尾変化は形容詞と同じ》.
かかる《病気などに》物⁴ bekommen*.
掛かる・架かる ① 下がっている hängen*. ② 〖[~にとって]~(お金・時間などが)〗 [人⁴] 事⁴ kosten; (会議などが) 〖…(時間)に〗渡る … dauern. ③ (医者などに) sich⁴ behandeln lassen*. ④ (橋が) 〖~に〗架かっている über 物⁴ führen. ☞ 始める, よる.
かかわらず ① ~にもかかわらず trotz 事²; それにもかかわらず trotzdem, dennoch. ② …であるにもかかわらず obwohl …; …であるかどうかにかかわりなく unabhängig davon, ob …
かかわる ☞ 関係する.
鍵(ぎ) 錠 das Schloss; キー der Schlüssel.
書留 das Einschreiben. ∥ 書留で per Einschreiben.
書き留める ☞ メモする.
垣根 die Hecke.
かき回す 〖~[の中]を〗 物⁴ (in 物³) rühren.
かぎらない いつも(必ずしも)~とはかぎらない nicht immer (unbedingt) ….
限り ① 限界 die Grenze. ② …するかぎりでは soweit (soviel) …
限る 〖~を[~までに]〗制約する 事⁴ [auf 事⁴] begrenzen (beschränken). ☞ かぎらない.
かく《かゆい所などを》an 物³ kratzen.
書く・かく ① (文字・文章などを) 〖物・事⁴〗 schreiben*. ② 〖~を〗絵の具で(線で)描く 人・物⁴ malen (zeichnen).
かぐ 〖~のにおいを〗an 物³ riechen*.
家具 《ふつう複》 Möbel.
覚悟する 〖~を〗覚悟している auf 事⁴ gefasst sein*.
確実な sicher, gewiss.
学者 ① der Gelehrte《語尾変化は形容詞と同じ》. ② 科学者 der Wissenschaftler.
確信する 〖~を〗確信している von 事³ überzeugt sein*.
隠す ① 〖~を〗人・物⁴ verstecken; 〖~を〗覆い隠す 物⁴ decken. ② 〖[~に]~を〗話さずにおく [人³] 事⁴ verschweigen*.
学生 大学生 der Student.
拡大 《ふつう単》 die Vergrößerung, die Erweiterung.
拡大する ☞ 広がる, 広げる.
学長 der Rektor.
角度 der Winkel. ☞ 観点, 立場.
獲得する 〖~を〗取得する [sich³] 物・事⁴ erwerben*; (賞などを) 物・事⁴ gewinnen*.
確認する 〖~を〗真実として認める 事⁴ bestätigen; 〖~を〗つきとめる 事⁴ fest|stellen. ☞ 確かめる.

学部 die Fakultät.
革命 die Revolution.
学問 ① die Wissenschaft. ② 教養 die Bildung.
隠れて ひそかに heimlich.
隠れる sich⁴ verstecken (verbergen*); 視界から消える verschwinden*.
影 ① der Schatten. ② 映像 das Bild.
がけ der Absturz; (海岸の)断崖 das Kliff.
…か月 月 der Monat. ∥ 三か月間[に渡り] drei Monate [lang].
陰に 後ろに, 下に.
欠ける ① (一部分が)取れる ab|brechen*. ② 足りない fehlen.
掛ける ① 〖~を…へ〗つり下げる 物⁴ … hängen. ②〖布などを~に〗かぶせる 物⁴ über 人・物⁴ decken; 〖液体などを[~へ]〗物⁴ [auf 人・物⁴] spritzen; 〖塩などを〗振り掛ける 物⁴ streuen. ☞ 覆う, 注ぐ. ③《眼鏡を(料理などを火に)》物⁴ auf|setzen. ④《時間・手間などを~に》費やす 事⁴ auf 事⁴ verwenden(*). ⑤《CD・テープなどを》再生する 物⁴ ab|spielen. ☞ 付ける. ⑥《数に数を》事⁴ mit 事³ multiplizieren (mal|nehmen*). ∥ 3×2=6 3 mal 2 ist* 6.
駆ける rennen*; 走る laufen*.
賭(か)ける ① 〖[~をめぐって] 賭(か)をする [um 事⁴] wetten; 〖~に〗auf 物・事⁴ wetten. ② 〖命・財産などを〗危険にさらす 物・事⁴ wagen (riskieren).
過去 die Vergangenheit.
かご der Korb.
加工する 〖~を〗物⁴ bearbeiten.
過去の vergangen.
囲む 〖~を~で〗物⁴ mit 人・物³ umgeben*, 物⁴ mit 物³ umfassen.
傘 der Schirm; 雨傘 der Regenschirm.
重なる ① 積み重なる sich⁴ häufen. ② 〖~に〗続いて起こる 事³ (auf 事⁴) folgen; 日取りが一致する zusammen|fallen*.
重ねる ① 〖~を〗積み重ねる 物⁴ aufeinander legen; 〖~を〗山積みにする 物⁴ häufen. ② 〖~を〗繰り返す 事⁴ wiederholen.
飾る 〖~を[~で]〗人・物⁴ [mit 物³] schmücken.
火山 der Vulkan.
菓子 甘い物 《ふつう複》 Süßigkeiten; クッキー das Gebäck; ナッツ die Nuss. ☞ ケーキ.
火事 火災 der Brand, das Feuer. ∥ 火事が起きている. Es brennt*.
賢い weise; 利口な klug, (口語:) schlau.
箇所 ① die Stelle. ② 場所 der Ort.
かじる《りんごなどを》in 物⁴ beißen*.
貸す 〖~に~を〗人³ 物⁴ leihen*.
数 ① die Zahl. ② 数字 die Ziffer.
ガス das Gas.
かすかな 弱々しい schwach; (音などが) leise.
かすむ ① かすみがかかっている Es ist* dunstig. ② (物が)かすんで見える verschwimmen*.
風 der Wind. ∥ すき間風が入る. Es zieht*.

風邪 die Erkältung; 流感 die Grippe. // 風邪をひく sich⁴ erkälten.
稼ぐ 〖～の数を〗[物⁴] verdienen.
カセット die Kassette. ☞ テープ.
数える ① 〖～の数を〗 zählen. ② 〖～を～のひとつに〗[人・物]⁴ zu [人・物]³ zählen.
家族 die Familie.
ガソリン das Benzin.
ガソリンスタンド die Tankstelle.
肩 die Schulter.
固い・堅い・硬い 堅固な fest; 硬質の hart; こわばった steif; (肉などが) zäh.
課題 die Aufgabe.
形 die Form, die Gestalt.
片づける ① 〖～を〗整理する [物⁴] auf|räumen. ② 〖～を〗やり終える [事⁴] erledigen.
刀 das Schwert.
片方 片側 eine Seite. ☞ 一つ, 一人.
かたまり 団子状の物 der Kloß; (粘土状の) die Masse.
固まる ① (物が)固くなる fest (hart) werden*. ② (関係などが)強固になる sich⁴ festigen.
片道 einfach.
傾いた schief.
傾く ① sich⁴ neigen. ② 〖ある見解などに〗傾いている zu [事³] neigen.
固める ① 〖～を〗硬くする [物⁴] verhärten. ② 〖関係・地位などを〗強固にする [事⁴] festigen. ③ 〖こぶし・雪玉などを〗[物⁴] zusammen|ballen.
がたんという (ドアなどが) Es kracht.
価値 der Wert. // 価値の高い wertvoll.
家畜 das Vieh.
勝つ 〖〖試合などに〗〗[事⁴ (in [事³)] gewinnen*, [in [事³]] siegen. ☞ 打ち勝つ.
学科 ☞ 科, 科目.
がっかりする 〖～に〗がっかりする(している) von [人・物]³ (durch [事⁴]) enttäuscht werden* (sein*).
学期 (二学期制の) das Semester, (三学期制の) das Trimester.
楽器 das Musikinstrument, das Instrument.
かっこ die Klammer.
格好 ☞ 形, 姿勢, 姿.
学校 die Schule.
かっこうな ☞ 適切な, 理想的な.
合唱[団] der Chor.
かつて einst, einmal; 以前 früher.
勝手 台所 die Küche. // ～の勝手がわかる sich⁴ in [事³] zurecht|finden*.
勝手な egoistisch.
活動 die Tätigkeit; 働き die Wirkung.
活動する 〖～のために(～として)〗 für [事⁴ (als [事¹]) wirken; 〖…(位置)で(～として)〗活動している … (als [事¹]) tätig sein*.
活発な aktiv, lebhaft.
活躍 成功 der Erfolg; 成果 die Leistung.
家庭 家族 die Familie; わが家 das Heim.

過程 der Prozess, der Vorgang.
仮定 die Annahme; 仮説 die Hypothese.
仮定する 〖～を〗 [事⁴] an|nehmen*.
角 頂点・曲がり角 die Ecke. ☞ 交差点.
家内 私の妻 meine Frau.
悲しい traurig, 陰気な trübe. ☞ 不幸な.
必ず bestimmt, gewiss.
かなり ziemlich, (口語:) schön; 相当に recht; 結構 ganz 〖gut, schön, nett などとともに〗.
鐘 die Glocke.
金 ① 貨幣 das Geld. ② 金属 das Metall.
金持ちの reich.
兼ねる 〖～と同時に～で〗ある [人・物]¹ und [人・物]¹ zugleich sein*.
可能性 die Möglichkeit. ☞ 見込み.
可能な möglich. ☞ できる.
彼女 ① sie. ② 恋人 die Freundin.
彼女の ihr.
カバー 覆い die Hülle; (布団などの) der Bezug.
カバン die Tasche; 書類入れ die Mappe; トランク der Koffer.
かび der Schimmel.
花びん die Blumenvase, die Vase.
株 ① 株券 die Aktie. ② (木の) der Stock.
かぶる ① 〖帽子などを〗[物⁴] auf|setzen. ② 〖水などを〗 sich⁴ [mit [物³]] übergießen*.
壁 ① (建物の)壁・障壁 die Wand; 塀 die Mauer. ② 困難 das Hindernis.
構う ① 〖～を〗気にかける sich⁴ um [人・事⁴] kümmern. ② 〖～の〗世話をやく [人⁴] betreuen. // 構わないでくれ. Lass* mich!
かまわない …してもよい … dürfen*; 〖～にとって〗さし支えない [人³] nichts aus|machen.
我慢 die Geduld.
我慢する ☞ 押さえる, 耐える.
我慢強い geduldig.
神 der Gott; 主 der Herr.
紙 das Papier.
髪 das Haar. // 髪を櫛(ブラシ)でとかす sich⁴ kämmen (bürsten).
かみそり das Rasiermesser; 電気かみそり der elektrische Rasierapparat.
雷 der Donner; 稲妻 der Blitz. // 雷が鳴る(光る). Es donnert (blitzt).
かむ 〖〖～に〗〗かみつく [in (auf) [物⁴]] beißen*; 〖〖～を〗〗そしゃくする [[物⁴]] kauen.
カメラ die Kamera, der Fotoapparat.
科目 ① 学科 das Fach. ② (計算書などの)費目 der Posten.
…かもしれない … können* (mögen*, dürfen*). ☞ もしかしたら.
貨物 die Ladung, das Gut, 荷物 die Last.
かゆい 〖～を〗かゆがらせる [[人⁴]] jucken.
通う ☞ 行く. // 学校へ通う zur (in die) Schule gehen*.
火曜日 der Dienstag. // 火曜日に am Dienstag; 火曜日ごとに dienstags.
…から von [人・物]³; ～から外へ・～を原料として

aus 物³; ～以降 ab 事³/⁴, von 事³ an; ～以来 seit 事³. ☞ だから.
殻 die Schale.
カラー 色 die Farbe. ☞ 性格, 雰囲気.
辛い ① scharf. ② 塩辛い salzig.
ガラス das Glas; 窓ガラス die Fensterscheibe.
体 der Körper, der Leib.
空の leer; 空洞の hohl.
仮に 一時的に vorübergehend. ☞ たとえ…でも, もし…なら.
借りる 〖～を〗 [sich³] 物⁴ leihen*; 〖～を〗賃借する 物⁴ mieten.
狩りをする jagen.
軽い leicht.
彼 ① er. ② 恋人 der Freund.
ガレージ die Garage.
彼の sein.
彼ら sie.
彼らの ihr.
枯れる (草花などが)しおれる verwelken; (樹木が)枯死する ab|sterben*.
カレンダー der Kalender.
川 der Fluss; 大河 der Strom. ☞ 小川.
皮 皮膚 die Haut; 獣皮 das Fell; (果実・いもなどの) die Schale.
革 皮革 das Leder; なめし革 das Fell.
側 die Seite.
かわいい ① いとしい lieb. ② (外見が) hübsch, süß.
かわいそうな arm.
乾いた trocken.
乾かす 〖[～の]～を〗[人³] 物⁴ trocknen.
乾く trocknen, ab|trocknen.
変わった ② 奇妙な, 独特な, 変な.
代わりに ① その代わりに dafür, stattdessen. ② ～の代わりに für 人・事⁴, statt 物・事².
代わる・替わる ① 交替する wechseln; 〖[～と]〗[mit 人³] tauschen. ② 〖～の〗代理となる 人・事⁴ vertreten*; 〖～に〗取って代わる 人・物⁴ ersetzen.
変わる sich⁴ ändern, anders werden*; 変わってしまう sich⁴ verändern.
代わる代わる ☞ 交互に, 次々に.
缶 die Dose, die Büchse.
…間 …[に渡り] … lang]. ∥ 一年間[に渡り] ein Jahr [lang].
癌 der Krebs.
考え ① der Gedanke, die Idee. ☞ アイディア. ② 意見 die Meinung, die Ansicht.
考える 〖[…と]〗 denken*[, …]; 〖～を〗よく考える [sich³] 事⁴ überlegen; 〖…という〗意見である meinen, …; 〖～のことを〗 an 人・事⁴ denken*. ☞ 想像する.
間隔 der Abstand; 距離 die Entfernung.
感覚 die Empfindung, der Sinn. ☞ 感じ.
環境 周囲 die Umgebung; 外界 die Umwelt; 雰囲気 das Klima. ☞ 状況.
関係 ① 関連 die Beziehung; der Zusammenhang. ② (人との) das Verhältnis, 〖ふつう複〗 Beziehungen, die Verbindung.

関係する 〖～と〗 etwas mit 人・事³ zu tun haben*; 〖～と〗関連する mit 事³ zusammen|hängen*.
歓迎する 〖～を〗人⁴ [herzlich] begrüßen.
感激する 〖[～に]〗心酔する sich⁴ [für 人・事⁴] begeistern. ☞ 感動する, 喜ぶ.
観光客 der Tourist.
韓国 大韓民国 die Republik Korea. ☞ 朝鮮.
頑固な hartnäckig; わがままな eigensinnig.
看護婦 die Krankenschwester.
観察する 〖～の変化などを〗 人・物⁴ beobachten; 〖～の特徴などを〗 人・物⁴ betrachten. ☞ 見る.
感じ 感覚 das Gefühl; 印象 der Eindruck. ☞ 雰囲気. ∥ 感じのいい nett; freundlich.
監視する 〖～を〗 人・物⁴ überwachen; 〖～を〗監督する Aufsicht über 人・事⁴ führen. ☞ 管理する.
患者 der Patient.
感謝する 〖～に[～を]〗 人³ [für 物・事⁴] danken (dankbar sein*).
感情 das Gefühl.
勘定 計算書 die Rechnung. ☞ 会計.
勘定する 〖～を〗 物⁴ zählen. ☞ 数える.
観賞する 〖～を〗堪能する 物・事⁴ genießen*. ☞ 聞く, 見る.
感じる 〖～を〗 事⁴ fühlen (empfinden*).
関心 das Interesse. ☞ 興味.
感心する 〖～に〗感嘆する 人・事⁴ bewundern.
完成する 〖～を〗 物・事⁴ vollenden.
間接的の indirekt.
完全な vollständig; 完璧(な)な vollkommen; まったくの völlig.
感想 所見 die Bemerkung. ☞ 印象.
肝臓 die Leber.
乾燥した trocken.
観測する 〖～を〗 物・事⁴ beobachten.
簡単な einfach; 容易な leicht. ☞ 短い.
缶詰 保存食品 die Konserve. ☞ 缶.
観点 der Gesichtspunkt.
感動する 〖～に〗感動している von 物・事³ gerührt (beeindruckt) sein*.
監督 ① 監視 die Aufsicht; (映画などを)監督すること die Regie; (チームなどの)指導 die Leitung. ② (映画などを)監督する人 der Regisseur; (チームなどの)指揮者 der Leiter.
監督する ☞ 監視する.
乾杯 Pros[i]t!; ご多幸を祈って Zum Wohl!
乾杯する an|stoßen*.
頑張る ① 非常に努力する sich⁴ an|strengen. ☞ 努力する. ② 〖～を〗主張して譲らない auf 事³ bestehen* (beharren).
看板 das Schild.
管理 die Verwaltung; 監視 die Kontrolle.
管理する 〖～を〗 物⁴ verwalten; 〖～を〗監視する 人・物⁴ kontrollieren.
完了する 〖～を〗 事⁴ vollenden.
関連 ☞ 関係.

き

木 ① der Baum. ② 木材 das Holz.
気 ① ガス das Gas. ② 気持ち das Gefühl; 気乗り die Lust. ☞ つもり.
黄色い gelb.
消える ① 姿を消す verschwinden*. ② (火・光が) aus|gehen*.
記憶 記憶力 das Gedächtnis. ☞ 思い出.
気温 温度 die Temperatur.
機会 die Gelegenheit, die Chance.
機械 die Maschine. ☞ 装置.
議会 das Parlament.
着替える sich⁴ um|ziehen*.
気がつく 〖~が~の〗目にとまる 人・物¹ fällt* 人³ auf. ☞ 気づく.
気軽に ためらわずに ohne Zögern; 気楽に zwanglos.
期間 der Zeitraum, die Zeit.
器官 das Organ.
機関 組織 die Organisation. ☞ エンジン.
危機 die Krise.
効き目 die Wirkung.
企業 das Unternehmen. ☞ 会社.
効く・利く ① 効き目がある wirken, wirksam sein*. ② 通用する gelten*.
聞く ①〖~を〗物・事⁴ hören;〖~を〗聞き知る 物・事⁴ hören;〖~に〗耳を傾ける zu|hören;〖音楽などを〗鑑賞する sich³ 事⁴ an|hören. ②〖~の〗言うことに従う〖人³〗gehorchen (folgen). ☞ 尋ねる.
危険 die Gefahr. // ~を冒す Gefahr laufen*, zu 不定詞[句].
起源 由来 die Herkunft; 源 der Ursprung.
期限 die Frist; 期日 der Termin.
機嫌 die Laune; 気分 die Stimmung.
危険な gefährlich.
気候 das Klima.
記号 das Zeichen, das Symbol.
聞こえる ① (人は) 〖~[の声]が〗人・物⁴ hören. ②〖…のように〗... klingen*.
帰国する 帰郷する heim|kehren. ☞ 戻る.
刻む〖~を〗細かく切る 物⁴ schnitzeln. ☞ 彫る.
岸 das Ufer; 海岸 die Küste.
生地 der Stoff.
記事 der Artikel.
技師 der Ingenieur; 技術者 der Techniker.
期日 der Termin; 期限 die Frist.
汽車 列車 der Zug; 機関車 die Lokomotive.
技術 die Technik.
基準 規範 die Norm; 尺度 der Maßstab; 判断の基準 das Kriterium.
傷 ① 負傷した所 die Wunde; 損傷 der Schaden. ② かき傷 die Schramme, (口語:) der Kratzer. ☞ 欠点.

傷つける〖~を〗人・物⁴ verletzen.
犠牲 das Opfer. // ~を犠牲にする 物・事⁴ opfern.
季節 ① die Jahreszeit. ② 時季 die Saison.
着せる〖~に服などを〗人³ 物⁴ an|ziehen*.
基礎 die Grundlage, der Grund.
規則 die Regel; 規定 die Vorschrift.
規則的な regelmäßig.
北 der Norden. // 北の nördlich.
気体 das Gas.
期待 die Erwartung; 希望 die Hoffnung.
期待する〖~を[~から]〗事⁴ [von 人・事³] erwarten;〖~を〗待ち望む auf 事⁴ hoffen. ☞ 希望する.
汚い 汚れた schmutzig.
議長 der Vorsitzende [語尾変化は形容詞と同じ], der Präsident.
貴重な wertvoll, kostbar.
きちんとした 整然とした ordentlich; (仕上げなどが)きれいな sauber.
きつい ① 窮屈な eng. ② 厳しい streng.
喫煙者 der Raucher.
気づく〖事柄に〗事⁴ merken (fest|stellen);〖人・物に〗人・物⁴ bemerken;〖~を〗知覚する 事⁴ wahr|nehmen*. ☞ 気がつく.
喫茶店 das Café.
切手 die Briefmarke, die Marke.
きっと bestimmt, sicher, gewiss.
切符 die Karte; 乗車(乗船)券 die Fahrkarte; 入場券 die Eintrittskarte.
規定 die Bestimmung, die Vorschrift.
気に入る〖~の〗気に入っている 人³ gefallen*.
記入する〖~を…へ〗人・物⁴ ... ein|tragen*;〖用紙などの〗空欄を埋める 物⁴ aus|füllen.
絹 die Seide.
記念 das Andenken.
きのう gestern.
機能 die Funktion.
きのこ der Pilz.
気の毒な 哀れな arm; 悲惨な traurig. // それはお気の毒に. Das tut* mir Leid.
厳しい ① streng. ② 激しい hart. ☞ 鋭い.
寄付する〖~を〗物⁴ spenden.
気分 ☞ 気, 機嫌, 気持ち.
規模 das Ausmaß. ☞ 程度, 大きさ, 範囲.
希望 die Hoffnung; 願望 der Wunsch.
希望する〖…と〗hoffen, ... ☞ 望む.
基本 初歩〖複〗で Elemente, ...
決まり ☞ 規則, 規定.
決まる 決定される bestimmt werden*; とり決められる abgemacht werden*. ☞ 決める.
君 du.
君達 ihr.
君達の euer.
君の dein.
奇妙な merkwürdig, seltsam, sonderbar.
義務 die Pflicht. // ...する義務がある verpflichtet sein*, zu 不定詞[句].
決める ①〖順序・期日などを〗事⁴ bestimmen (fest|legen);〖価格・期日などを〗事⁴ fest|set-

きをつける

zen; 〖…することに〗決定する beschließen*, zu 不定詞[句]. ②〖~を〗とり決める 事 ab|machen (vereinbaren). ☞ 決心する.
気持ち ① 心情 das Gefühl. ② 気分 die Stimmung. ∥ 気持ちのよい angenehm / 私は気持ちが悪い(よい). Mir ist* übel (wohl).
着物 和服 der Kimono. ☞ 服.
疑問 はっきりしない点 die Unklarheit; 質問 die Frage. ☞ 疑い.
客 ① der Gast; 来客 der Besuch. ② 顧客 der Kunde.
逆 das Gegenteil, der Gegensatz.
逆に ☞ 反対に, いっそう, むしろ.
逆の umgekehrt.
客観的な objektiv, sachlich.
キャベツ der Kohl.
九 neun.
球 die Kugel.
休暇 (職員が取る) der Urlaub; (学校・職場の)休業期間 〖複〗で Ferien.
窮屈な eng, knapp.
休憩 die Pause.
急行 急行列車 der Schnellzug, der D-Zug.
休日 der Feiertag.
救助 die Rettung; 解放 die Befreiung.
休息 die Ruhe. ☞ 休む.
急な ① 急勾配(こうばい)の steil. ② 突然の plötzlich; 急を要する dringend. ☞ 速い.
急に plötzlich, auf einmal.
牛肉 das Rindfleisch.
牛乳 ミルク die Milch.
休養する 〖sich⁴〗aus|ruhen, sich⁴ erholen.
給料 俸給 das Gehalt; 時間給 der Lohn.
今日 heute.
行 die Zeile.
教育 die Erziehung, die Bildung; 養成 die Ausbildung.
教育する 〖~を〗 人⁴ erziehen* (bilden); 〖~を〗(専門的に) 人⁴ aus|bilden.
教会 die Kirche; 大聖堂 der Dom.
境界 die Grenze.
教科書 教本 das Lehrbuch, (学校用の) das Schulbuch.
競技 der Wettkampf; ゲーム das Spiel.
行儀 〖複〗で Sitten; ふるまい das Benehmen; 作法 die Art. ∥ 行儀のよい anständig.
供給する ①〖~に~を〗与える 人⁴ mit 物³ versorgen. ②〖〔~に〕製品などを〗[人³] 物⁴ liefern.
教師 der Lehrer.
行事 催し物 die Veranstaltung. ☞ 式.
教室 (学校の) das Klassenzimmer; 講義室 der Hörsaal. ☞ 部屋.
教授 der Professor.
強制する 〖~に〔~を〕〗 人⁴ [zu 事³] zwingen*.
競争 der Wettbewerb, die Konkurrenz.
競争する 〖[~と]〗[mit 人³] konkurrieren.
兄弟 ①〖~と〗 兄達・弟達〖複〗で Brüder. ② 兄弟姉妹〖複〗で Geschwister.
教壇 (大学の) das (der) Katheder.

強調する 〖~を〗事⁴ betonen.
共通の gemeinsam.
共同の gemeinsam, gemeinschaftlich.
脅迫する 〖~を〗 人³ drohen.
恐怖 die Furcht; 不安 die Angst.
興味 das Interesse. ∥ ~に興味がある sich⁴ für 人・事⁴ interessieren; an 人・事³ interessiert sein*.
興味深い interessant.
教養 die Bildung. ∥ 教養のある gebildet.
協力 die Mitarbeit, die Zusammenarbeit.
協力する 〖~に〗助力する 人³ helfen*; 〖[作業などに]〗 [an (in) 事³] mit|arbeiten.
行列 (祭りなどの) der Zug. ☞ 列.
共和国 die Republik.
許可 die Erlaubnis.
許可する ☞ 認める, 許す.
漁業 die Fischerei.
曲 音楽作品 das Musikstück, das Stück; メロディー die Melodie.
極端な radikal.
極端に außergewöhnlich.
去年 letztes (voriges) Jahr, im letzten (vorigen) Jahr.
拒否する ☞ 断る.
距離 ① die Entfernung; 道のり die Strecke. ② 隔たり der Abstand.
嫌う 〖~が〗好きでない 人・物⁴ nicht mögen*. ∥ 好きである, 憎む.
霧 der Nebel. ∥ 霧が出ている. Es ist* neblig.
キリスト教 das Christentum. / キリスト教徒 der Christ / キリスト教の christlich.
義理の ∥ 義理の兄(弟) der Schwager / 義理の姉(妹) die Schwägerin. ☞ 舅(しゅうと).
着る 〖~を〗〖服⁴〗an|haben* (tragen*). ∥ 服を着る sich⁴ an|ziehen*.
切る ①〖~を〗切断する(切り取る) 物⁴ schneiden* (ab|schneiden*); 〖~を〗(小片に) 物⁴ zerschneiden*. ②〖半券などを〗切り離す 物⁴ ab|trennen. ☞ 消す. ∥ 電話を切る [den Hörer] auf|hängen.
切れ 断片 das Stück. ☞ 布.
きれいな ① 汚れていない sauber; 清らかな rein. ② 美しい schön; (外見が) hübsch.
切れる ①〖刃物などが〗よく切れる gut schneiden*; 鋭利である scharf sein*. ②〖糸などが〗reißen*. ③ 期限が切れる ab|laufen*. ☞ 尽きる.
キロ キロメートル der (das) Kilometer; キログラム das Kilo[gramm].
記録 ①〖会議などの〗 das Protokoll. ② 最高記録 der Rekord.
議論 die Diskussion.
議論する 〖~について〗 über 事⁴ diskutieren; 〖~を〗討議する 事⁴ besprechen*.
きわに ~のきわで(へ) an 物³⁽⁴⁾.
きわめて äußerst, höchst; 非常に sehr.
気をつける 用心する vorsichtig sein*; 〖[~に]〗注意を払う [auf 人・物⁴] auf|passen; 〖~

付録

きん

に〕auf 人・物⁴ achten, 人・物⁴ beachten.
金 das Gold. ☞ 金[色]の golden.
銀 das Silber. ☞ 銀[色]の silbern.
禁煙する das Rauchen auf|geben*.
金額 die Summe, der Betrag.
緊急の dringend, dringlich.
銀行 die Bank.
禁止 das Verbot.
禁止する〔～に・を〕人³ 事⁴ verbieten*.
近所 die Nachbarschaft; 近くの die Nähe; 隣人達〔複〕で Nachbarn.
禁じる〔～に・を〕人³ 事⁴ verbieten*.
金属 das Metall.
近代的な modern.
緊張 die Spannung.
緊張する (筋肉などが) sich⁴ spannen; 興奮している aufgeregt sein*.
勤勉な fleißig.
勤務 der Dienst.
金曜日 der Freitag. // 金曜日に am Freitag; 金曜日ごとに freitags.

く

区 市区 der Bezirk. ☞ 区間.
具合い 健康状態 das Befinden. ☞ 状態, 都合. // 私は具合いが悪い. Es geht* mir schlecht.
空間 der Raum. ☞ すき間, 間隔.
空気 die Luft. ☞ 雰囲気.
空港 der Flughafen.
偶然 der Zufall.
偶然の zufällig.
空想 die Fantasie; 妄想 die Einbildung.
空中で in der Luft.
空腹 der Hunger.
空腹の hungrig.
クーラー エアコン die Klimaanlage.
九月 der September. // 九月に im September.
区間 die Strecke, der Abschnitt.
茎 der Stängel; (稲などの) der Halm.
くぎ der Nagel; (頭のない) der Stift.
草 das Gras; 雑草 das Unkraut.
臭い riechen*, stinken*. ☞ におう.
腐った faul, schlecht.
鎖 die Kette.
腐る verderben*, schlecht (faul) werden*.
櫛(シ) der Kamm.
くしゃみをする niesen.
苦心 die Mühe; 努力 die Anstrengung.
崩す〔建物・山などを〕物⁴ ab|tragen*. ☞ 壊す, 両替する. // ～の形を崩す 物⁴ aus der Form bringen*.
薬 das Medikament, die Arznei; 錠剤 die Tablette. // 薬局 die Apotheke.
崩れる ① (建物などが) ein|fallen*; (土砂などが) 崩れ落ちる ab|rutschen. ☞ 壊れる.

// (服などの)形が崩れる aus der Form kommen* (geraten*). ② (天気が)悪くなる schlechter werden*, sich⁴ verschlechtern.
癖 習慣 die Gewohnheit. ☞ 傾向.
管 das Rohr, die Röhre.
具体的な konkret.
砕く〔～を〕物⁴ zerschlagen*.
くださる …してくださいますか Würden* (Könnten*) Sie [wohl] bitte …?; Seien* Sie so freundlich und …!〘Sie に対する命令形とともに〙.
果物 das Obst; 果実 die Frucht.
口 ① (人の) der Mund; (動物の) das Maul. ② 開口部 die Öffnung. ☞ 職.
唇 die Lippe.
口紅 der Lippenstift.
靴 der Schuh.
苦痛 ☞ 痛み, 苦しみ.
靴下 ソックス die Socke; ストッキング der Strumpf.
国 das Land; 国家 der Staat; 祖国 das Vaterland. ☞ 故郷.
配る〔～を〕物⁴ verteilen.
首 der Hals; うなじ der Nacken. ☞ 頭.
工夫する〔～を〕案出する [sich³] 事⁴ aus|denken*;〔～を〕発明する 事⁴ erfinden*.
区別 die Unterscheidung; 違い der Unterschied.
区別する〔～を[～から]〕人・事⁴〔von 人・事³〕 unterscheiden*.
熊 der Bär.
組 ① セット der Satz. ② 対 das Paar; グループ die Gruppe. ③ 学級 die Klasse.
組み合わせる〔部品などを〕物⁴ zusammen|passen;〔二者を〕人・物⁴ paaren.
組み立てる〔～を〕物⁴ bauen. ☞ 構成する.
くむ〔水などを〕くみ取る 物⁴ schöpfen;〔～で～を〕満たす 物⁴ in 物⁴ füllen.
組む〔～と〕仲間になる sich⁴ [zu] 人³ gesellen;〔脚などを〕交差させる 物⁴ kreuzen. // (祈るときに:) 手を組む die Hände falten. ☞ 組み合わせる, 組み立てる.
雲 die Wolke.
曇る ① (空が) sich⁴ bewölken (bedecken); 曇っている bewölkt (bedeckt) sein*. ② (ガラスなどが) beschlagen*.
悔しい (事柄が)〔～を〕腹立たせる 人⁴ ärgern. ☞ 残念な, 残念に思う.
位 ☞ 階級, 大体.
暗い ① dunkel, düster; 真っ暗な finster. ② 陰気な trübe. ③ 不案内な fremd. ☞ 詳しい.
クラス die Klasse; 段階 die Stufe.
暮らす〔…のように〕生活する … leben;〔…(の位置)に〕住む … wohnen. ☞ 過ごす.
クラブ der Klub, der Verein.
比べる〔～を～と〕人・物⁴ mit 人・物³ vergleichen*;〔～と力を比べる mit 人³ seine Kräfte messen*.
グラム das Gramm.

クリーニング[店] die Reinigung.
クリーム ① 生クリーム die Sahne. ②（肌につける）die Creme.
繰り返す 〖～を〗 [物・事]⁴ wiederholen; もう一度…する noch einmal …
クリスマス 〖ふつう冠詞なしで〗 Weihnachten.
来る kommen*; 来ている da sein*.
グループ die Gruppe; サークル der Kreis.
苦しい（物・事柄が）〖～に〗圧迫感を与える [人]⁴ drücken. ☞ 痛い、つらい、悩む、気持ち、具合い.
苦しみ 〖ふつう複〗 Schmerzen; 苦悩 das Leid; 心痛 der Kummer; 困窮 die Not.
苦しむ 〖気持ち(病気)などに〗unter (an) [事]³ leiden*.
苦しめる 〖～を〗[人]⁴ quälen.
狂った 狂気の verrückt.
車 自動車 das Auto, der Wagen. ☞ 車輪.
くれる ☞ くださる.
暮れる 夕暮れになる Es wird* Abend. ☞ 過ぎる.
黒い ① schwarz. ☞ 暗い. ∥ 腹黒い böse. ②（日に焼けて）braun.
苦労 ① die Mühe; 骨折り die Bemühung, die Anstrengung. ② 心配 die Sorge.
苦労する 〖〜のことで〗 Mühe (seine [liebe] Not) [mit [人・事]³] haben*.
加える ① 〖[～に]～を〗[物・事]³〗 [物・事]⁴ hinzu|fügen. ② 〖〜を〗加入させる [人]⁴ auf|nehmen*.
詳しい ① 詳細な ausführlich, näher; 正確な genau. ② 〖〜について〗多くの知識がある viel von [事]³ verstehen*, sich⁴ in [事]³ aus|kennen*.
加わる ① hinzu|kommen*. ② 〖〜に〗関与する sich⁴ an [事]³ beteiligen. ☞ 参加する.
…君（男性の姓に添えて:) Herr …
軍隊 das Militär, die Armee.
訓練する 〖選手・技などを〗[人・事]⁴ trainieren; 〖指・記憶などを〗[物・事]⁴ üben. ☞ 教育する.

け

毛 ① das Haar. ② 羊毛 die Wolle.
経営（会社などの）指揮 die Leitung, die Führung; 操業 der Betrieb.
経営する 〖会社などを〗指揮する [物・事]⁴ leiten (führen); 〖～を〗営む [物・事]⁴ betreiben*.
経過 der Verlauf. ☞ 過程.
警戒 die Wache. ☞ 注意.
計画 der Plan; 企て das Vorhaben.
計画する 〖～を〗[事]⁴ planen (vor|haben*).
警官 der Polizist.
景気 die Konjunktur.
経験 die Erfahrung; 体験 das Erlebnis.
経験する 〖～を〗[事]⁴ erleben ((雅語:) erfahren*).
傾向 die Neigung, die Tendenz.
蛍光灯 die Neonröhre.
経済 die Wirtschaft; 家計 der Haushalt.
経済的な ökonomisch, wirtschaftlich.
警察 die Polizei. ☞ 警官.
計算 die Rechnung.
計算する 〖～を〗[事]⁴ rechnen.
形式 die Form.
芸術 die Kunst.
芸術家 der Künstler.
軽率な leichtsinnig.
毛糸 das Wollgarn; ウール die Wolle.
軽蔑する 〖～を〗[事]⁴ verachten.
刑務所 das Gefängnis.
契約 der Vertrag.
ケーキ der Kuchen; タルト die Torte.
ゲーム das Spiel.
けが 外傷 die Wunde. ☞ けがする.
外科 die Chirurgie.
外科医 der Chirurg.
けがする 〖～を〗sich³ [事]⁴ verletzen.
劇 das Schauspiel, das Theater; 戯曲 das Drama. ∥ 劇を見に行く ins Theater gehen*.
劇場 das Theater.
今朝 heute Morgen; 今朝早く heute früh.
景色 die Landschaft.
消しゴム der Radiergummi.
下宿 部屋 das Zimmer.
下宿する 〖～の所に〗住む bei [人]³ wohnen.
化粧する sich⁴ schminken.
消す 〖火を〗[物]⁴ löschen. ② 〖～の〗スイッチを切る [物]⁴ aus|schalten ((口語:) aus|machen).
削る ① 〖～を〗[物]⁴ schaben; 〖～を〗とがらせる [物]⁴ spitzen. ② 〖文字などを〗削除する [物]⁴ streichen*. ☞ 減らす.
けちな geizig.
結果 das Ergebnis; (悪い) die Folge.
欠陥 der Fehler, der Mangel.
結局 schließlich. ☞ 最後に.
結構 ①（申し出を断る場合:) Nein, danke! ② よろしい Gut!; 同意します Einverstanden! ☞ かなり.
結構な ☞ すばらしい.
結婚 婚姻 die Heirat; 結婚生活 die Ehe.
結婚式 die Hochzeit.
結婚する 〖～と〗[[人]⁴] heiraten.
決して 一度も…ない nie, niemals; 絶対…ない auf keinen Fall. ☞ まったく.
決心 der Entschluss; 決断 die Entscheidung.
決心する 〖～することに〗sich⁴ [zu [事]³] ent|schließen*; 決断する sich⁴ entscheiden*.
欠席する fehlen; 欠席している abwesend sein*, nicht da|sein*.
決定 der Beschluss; 決断 die Entscheidung.
決定する ☞ 決める.
欠点 der Mangel, der Fehler; 短所 die Schwäche; 難点 der Nachteil.
月曜日 der Montag. ∥ 月曜日に am Mon-

けつろん

tag; 月曜日ごとに montags.
結論 der Schluss, die Folgerung.
結論する 〘～から…と〙 aus 物³ schließen*, dass …; 〘[～から]…と〙 [aus 物³] folgern, dass …
下品な 不道徳な unanständig. ☞ 汚い.
煙 der Rauch.
下痢 der Durchfall.
ける 〘～を〙 gegen 物⁴ treten*.
けれども ☞ しかし、かかわらず、確かに.
険しい ☞ 急な、厳しい、深刻な.
県 die Präfektur.
権威 die Autorität.
原因 die Ursache; 理由 der Grund.
けんか der Streit, (口語:) der Krach.
限界 die Grenze.
見学する 〘～を〙物⁴ besichtigen.
けんかする streiten*, (口語:) Krach machen.
玄関 入り口 der Eingang; 玄関の間 der Flur.
元気な 活発な lebhaft, munter. ☞ 健康な.
研究 die Forschung, die Untersuchung.
研究する forschen; 〘～を〙物⁴ untersuchen (erforschen).
現金 das Bargeld; お金 das Geld.
言語 die Sprache.
健康 die Gesundheit.
原稿 das Manuskript.
健康な gesund.
検査 点検 die Prüfung; 診察 die Untersuchung; (旅券などの) die Kontrolle.
現在 ① die Gegenwart. ② 目下 augenblicklich, zurzeit, gegenwärtig.
現在の gegenwärtig; 今の jetzig.
検査する 〘～を[正しさなどについて]〙物⁴ [auf 事⁴] prüfen; 〘～を〙物⁴ untersuchen; 〘旅券などを〙物⁴ kontrollieren.
原子 das Atom.
現実 die Wirklichkeit.
現実の wirklich.
原始的な primitiv.
現象 die Erscheinung, das Phänomen.
減少 die Abnahme.
建設 der Bau.
建設する 〘～を〙物⁴ bauen; 〘道路・公園などを〙物⁴ an|legen.
元素 das Element.
現像する 〘～を〙物⁴ entwickeln.
原則 der Grundsatz, das Prinzip.
原則的な grundsätzlich, prinzipiell.
謙遜(けんそん)した bescheiden.
現代 die Gegenwart.
現代の gegenwärtig; 今日の heutig; 現代的な modern.
建築 der Bau.
建築する 〘～を〙物⁴ bauen.
限度 〘ふつう 複〙 Grenzen.
検討する 〘～を〙物⁴ erwägen*.
見物する 〘名所などを〙 sich³ 物⁴ an|sehen*.
憲法 die Verfassung.

厳密な streng; 精確な genau, scharf.
倹約する sparen.
倹約な sparsam.
権利 das Recht; 請求権 der Anspruch.
原理 das Prinzip, der Grundsatz.
原料 der Rohstoff, das Material.
権力 die Macht, die Gewalt.
言論 意見の表明 die Meinungsäußerung.

こ

子 (人間の) das Kind; (動物の) das Junge.
五 fünf.
後 ☞ …後(に).
濃い ① 黒みがかった dunkel, tief. ② (液体が)どろどろした dick. ③ (髪・ひげなどが) dicht.
恋 die Liebe. ∥ ～に恋をする sich⁴ in 人⁴ verlieben.
恋しい 〘～を〙恋しく思う sich⁴ nach 人・物³ sehnen.
恋人 ボーイフレンド der Freund; ガールフレンド die Freundin.
こう このように so.
請う 〘[～に]～を〙 [人⁴] um 事⁴ bitten*.
行為 die Tat, die Handlung.
好意 ① 親切 die Freundlichkeit. ② (人を)好ましく思う気持ち die Zuneigung.
好意的な freundlich, wohlwollend.
幸運 das Glück.
幸運な glücklich.
幸運にも glücklicherweise, zum Glück.
公園 der Park; (町の中の)緑地 die Grünanlage; 遊び場 der Spielplatz.
講演 der Vortrag. ∥ [～について]講演を行う einen Vortrag [über 事⁴] halten*.
効果 ① 成果 der Erfolg. ② 効き目 die Wirkung. ③ (音響・映像などの) der Effekt.
公害 (有害物質による)汚染 die Verseuchung; 環境汚染 die Umweltverschmutzung.
郊外 der Vorort; 郊外に in einem Vorort.
後悔する 〘～を〙物⁴ bereuen (bedauern).
合格する 〘～に〙物⁴ bestehen*.
高価な kostbar; 高い teuer.
豪華な prächtig.
交換 der Wechsel.
交換する ☞ 代える.
講義 die Vorlesung. ∥ [～について]講義を行う eine Vorlesung [über 事⁴] halten*.
好奇心 die Neugier.
抗議する 〘～に〙 gegen 人・事⁴ protestieren.
高級な 上等な vornehm, fein; 高貴な edel. ☞ 高い.
工業 die Industrie.
公共の öffentlich.
航空 das Flugwesen. ∥ 航空会社 die Fluggesellschaft / 航空券 der Flugschein / 航空便で mit Luftpost.
合計 die Summe. ☞ 全部で.

合計する 〘～を〙物⁴ zusammen|rechnen.
攻撃 der Angriff.
攻撃する 〘～を〙人⁴ an|greifen*.
高校 die Oberschule.
広告 die Reklame; (新聞などによる)通知 die Anzeige.
交互に 代わる代わる abwechselnd.
交際 der Umgang, der Verkehr.
交差点 die Kreuzung.
工事 建築作業 〘覆〙で Bauarbeiten. // 工事現場 die Baustelle.
公式 die Formel.
公式の offiziell.
交渉 die Verhandlung.
工場 die Fabrik, der Betrieb.
交渉する 〘～と[～について]〙 mit 人³ [über 事⁴] verhandeln. ☞ つき合う
強情な hartnäckig; わがままな eigensinnig.
構成する 〘～を〙 bilden; 〘～を〙組み立てる 物⁴ zusammen|setzen.
功績 der Verdienst.
構造 die Struktur, der Bau.
高速道路 die Autobahn.
交替 der Wechsel.
交替する ☞ 代わる.
紅茶 der [schwarze] Tee.
校長 der Direktor.
交通 der Verkehr.
肯定する ja sagen; 〘～を〙事⁴ bejahen; 〘～に〙賛同する 事³ zu|stimmen.
講堂 die Aula; ホール die Halle.
行動 行い die Tat; 行為 die Handlung; ふるまい das Verhalten.
行動する ふるまう.
交番 die Polizeiwache; 警察 die Polizei.
公表する ☞ 発表する.
幸福 ☞ 幸せ.
鉱物 das Mineral.
興奮する sich⁴ auf|regen.
公平な 中立の neutral. ☞ 客観的な.
候補者 ① 立候補者 der Kandidat. ② 志願者 der Bewerber.
高慢な hochmütig.
ごう慢な arrogant.
公務員 der Beamte 〘語尾変化は形容詞と同じ〙.
合理的な rationell. ☞ 経済的な.
考慮する 〘～を〙人・物⁴ berücksichtigen (beachten); 〘～を〙考慮に入れる 事⁴ bedenken*.
声 ① die Stimme. ② 意見 die Meinung.
越える ① 〘～を〙歩いて(乗り物で)越えて行く über 物⁴ [hinweg (hinüber)] gehen* (fahren*); 〘～を〙乗り越える über 物⁴ klettern (steigen*); 〘～を〙踏み越える über 物⁴ überschreiten*. ② 〘～を〙上回る über 事⁴ hinaus|gehen*.
コース ① der Kurs. ② (競走の) die Strecke; トラック die Bahn.
コート 外套 der Mantel.
コード (電気器具の) das Kabel.
コーヒー der Kaffee.

氷 das Eis.
凍る frieren*.
誤解 das Missverständnis.
誤解する 人・事⁴ missverstehen*.
五月 der Mai. // 五月に im Mai.
小切手 der Scheck.
呼吸 die Atmung. ☞ 息.
呼吸する atmen.
故郷 die Heimat.
こぐ ① 〘ボートなどを〙[物⁴] rudern. ② (自転車の)ペダルを踏む in die Pedale treten*. ③ (ぶらんこに乗って) schaukeln.
国外で im Ausland. ☞ 外国.
国際的な international.
国籍 die Staatsangehörigkeit, die Nationalität.
国内 das Inland. ☞ 日本.
黒板 die Tafel.
克服する 〘～を〙事⁴ überwinden*.
国民 die Nation; (単一民族の) das Volk.
穀物 das Getreide.
国立の staatlich; 国家的な national.
焦げる (料理などが)焼け焦げる verbrennen*; 焦げつく an|brennen*.
ここ 最近の letzt.
午後 der Nachmittag. // 午後に am Nachmittag, nachmittags.
ここに ここで hier, an dieser Stelle; (行く先を示して:) ここへ hierhin; こちらへ hierher.
個々の einzeln.
九日 ☞ …日(に).
心 ① die Seele, das Herz. ☞ 精神. // 心から von Herzen. ② 気持ち das Gefühl.
心からの herzlich.
試みる 〘～を〙事⁴ versuchen (probieren).
快い angenehm.
小雨 ein leichter Regen.
腰 骨盤の周囲 die Hüfte; 背骨の下端 das Kreuz.
胡椒(こしょう) der Pfeffer.
故障 die Panne, die Störung.
個人 das Individuum; 各人 jeder, der Einzelne 〘語尾変化は形容詞と同じ〙.
個人的な persönlich; 私的な privat.
越す 通過する, 通り過ぎる, 引っ越す.
こする 〘～を〙こすりつける 物⁴ reiben*.
個性 die Individualität. ☞ 人柄.
戸籍 戸籍簿 das Personenstandsbuch.
午前 der Vormittag. // 午前に am Vormittag, vormittags.
固体 der Festkörper.
古代 das Altertum.
答え ① 返事 die Antwort. ② (問題の)解答 die Lösung.
答える ① 〘〘…と〙〙 antworten[, …]; 〘〘人に(質問などに)〙〙 人³ (auf 事⁴) antworten; 〘〘～に〙〙～の回答をする [人³] 事⁴ beantworten. ② 〘問題などを〙解く 事⁴ lösen.
ごちそう das gute (schöne, ausgezeichnete) Essen, das Festessen.

ごちそうする 〚〜を食事などに〛招待する 人⁴ zu 物³ ein|laden*. ☞ 出す, もてなす.
誇張する 〚〔〜を〕〛 〔物⁴〕 übertreiben*.
こちら ① これ das [hier], dies. ② この人 der, die, das, 〔電話で:〕こちらは田中です. Hier [spricht*] Tanaka.
こちらに ① こちら側で diesseits; こちら側へ herüber. ② ここに. ③ こちらこちら側で diesseits 物²; 〜の手前で(へ) vor 物³⁽⁴⁾.
国家 der Staat, die Nation.
小遣い das Taschengeld.
こっけいな komisch; 愉快な lustig.
こっそり heimlich.
こった 細かい fein; 芸術性に富む kunstvoll.
こっち ☞ こちら.
小包み das Paket.
コップ das Glas; 杯 der Becher.
古典的な klassisch.
事 die Sache, die Angelegenheit, das Ding.
孤独な einsam; 一人の allein.
今年 dieses Jahr, in diesem Jahr.
…ごとに alle …; 毎… jeden … ∥ 二週間ごとに alle zwei Wochen / 日曜日ごとに jeden Sonntag.
言葉 ① 言語 die Sprache. ② 語 das Wort; 陳述 die Aussage. ☞ 表現.
子供 das Kind; 赤ん坊 das Baby.
子供っぽい kindisch.
ことわざ das Sprichwort.
断る ① 〚〜を〛拒絶する(拒む) 物⁴ ab|lehnen (verweigern). ② 〚来てくれる人を〛 人³ ab|sagen.
粉 粉末 das Pulver; (小麦粉などの) das Mehl.
…後に (今から) in …³; (それから) nach …³, …⁴ später.
この dieser; der, die, das, 〔覆〕 で〕die; ここにある… … hier. ∥ この車 das Auto hier.
この間 先日 vor kurzem, neulich, vor kurzer Zeit; 前回には voriges (letztes) Mal.
この頃 近頃 neuerdings.
好ましい ① 感じのいい nett, sympathisch. ② 好都合な lieb. ③ 望ましい wünschenswert.
好み der Geschmack.
好む ☞ 好きである.
好んで gern[e].
御飯 ① 米 der Reis. ② 食事 das Essen.
コピー die Kopie.
コピーする 〚〜を〛 物⁴ kopieren.
こぼす 〚液体などを〛 物⁴ verschütten.
細かい ① (きめが) fein. ② こせこせした kleinlich. ∥ 細かい点 die Einzelheit.
ごまかす いんちきで betrügen*.
困る ① 当惑する verlegen werden*. ② 〚〜を〛苦にする Kummer um 人・事⁴ haben*; 〚〜に〛悩る 事⁴ leiden*.
ごみ der Abfall, der Müll.
込む (人が)ひしめき合う sich⁴ drängen; 満員 (超満員)である voll (überfüllt) sein*.
ゴム das (der) Gummi.

小麦粉 das Mehl.
米 der Reis.
ごめんください (戸口で:) もしもし Hallo! ☞ こんにちは, こんばんは, さようなら.
ごめんなさい Entschuldigung!; Das tut mir aber Leid! ☞ すみません.
小屋 die Hütte; 家畜小屋 der Stall.
娯楽 die Vergnügung.
孤立する sich⁴ isolieren.
こる ① 〚〜に〛熱中する sich⁴ für 事⁴ begeistern. ② (肩などが) steif werden*.
これ das [hier], dies[es]. ② こら Na!
これから von nun (jetzt) an. ☞ 今.
これまで bisher, bis jetzt. ☞ こんなに.
…頃 (時刻などについて:) gegen …; (日時・年代などについて:) um … ∥ 子供の頃 als Kind.
転がす 〚〜を…へ〛物⁴ … rollen.
転がる (ボールなどが) rollen. ☞ 転ぶ.
ごろごろする (雷などが) Es donnert.
殺す 〚〜を〛人⁴ töten (um|bringen*). ☞ 押さえる.
転ぶ hin|fallen*; (勢いよく) stürzen.
こわい 〚〔〜が〕〛 sich⁴ [vor 人・物³] fürchten, [vor 人・物³] Angst haben*. ☞ 恐ろしい.
壊す ① 〚〜を〛 物⁴ zerbrechen* (kaputt|machen); 〚〜を〛破壊する 物⁴ zerstören. ② 〚胃などを〛悪くする sich³ 物⁴ verderben*.
壊れた kaputt.
壊れる kaputt|gehen*; 割れる zerbrechen*; 折れる brechen*.
根拠 der Grund.
コンクリート der Beton.
今月 diesen Monat, in diesem Monat.
コンサート das Konzert. ∥ コンサートに行く ins Konzert gehen*.
今週 diese Woche, in dieser Woche.
今度 ① 今回 diesmal, dieses Mal; 今, jetzt, nun. ② 次回 nächstes Mal.
こんな solch, (口語:) so.
こんなに so.
困難 〚ふつう 覆〕Schwierigkeiten. ☞ 問題.
今日 heute, heutzutage.
今晩 heute Abend; 今夜 heute Nacht.
こんばんは Guten Abend!
根本 der Grund; 起源, 本質.
根本的な 原則的な, 徹底的な.
今夜 heute Nacht; 今晩 heute Abend.
混乱 乱雑 das Durcheinander; (思考などの) die Verwirrung.
混乱させる 〚〜を〛 人・事⁴ verwirren.
混乱した 乱雑に durcheinander; (思考などが)混乱した verworren.

さ

差 (値の) die Differenz. ☞ 違い.
さあ こうなったからには nun; それでは also.

サービス 給仕 die Bedienung. ☞ 負ける.
…歳 … Jahr[e] alt. // 二歳 zwei Jahre alt.
災害 die Katastrophe; 大事故 das Unglück.
最近 近ごろ in letzter (in der letzten) Zeit; このごろ neuerdings; 少し前から seit kurzem. ☞ この間.
最後 das Ende, der Schluss.
最高の ① höchst. ② 最良の best.
最後に zuletzt, zum (am) Schluss, am Ende, schließlich.
最後の letzt.
財産 das Vermögen; 所有物 das Eigentum, der Besitz.
祭日 der Feiertag.
最初 der Anfang, der Beginn.
最初に zuerst, zunächst; 初めに anfangs, am (zu) Anfang.
最初の erst.
催促する 〖〜に対して〗督促する 人⁴ mahnen. ☞ 迫る.
最大の größt.
最中に 〜の最中に mitten in 事³. ☞ 間に.
最低の ① niedrigst, tiefst. ② 最悪の schlechtest, schlimmst.
災難 das Unglück; 不運 das Pech.
才能 die Begabung, das Talent.
栽培する 〖〜を〗物⁴ züchten (ziehen*).
裁判 das Gericht.
裁判官 der Richter.
財布 das Portemonnaie.
材木 das Bauholz, das Holz.
採用する 〖人・案などを〗人・事⁴ an|nehmen*.
材料 das Material, der Stoff.
幸い glücklicherweise, zum Glück.
サイン 署名 die Unterschrift. ☞ 合図.
サインペン フェルトペン der Filzschreiber.
坂 上り坂 die Steigung. // 上り坂(下り坂)になっている aufwärts (abwärts) führen.
境 ① die Grenze. ② 接合部 der Ansatz.
栄える gedeihen*, blühen.
逆さまの umgekehrt. // 〜の上下を逆さまにする 物⁴ auf den Kopf stellen.
探す・捜す 〖〜を〗 人・物⁴ (nach 人・物³) suchen; 〖〜の居所を〗 nach 人³ forschen.
魚 der Fisch. // 魚屋 das Fischgeschäft.
さかのぼる 〖〜に〗(歴史的に) auf 人・事⁴ zurück|gehen*.
下がる ① 下降する sinken*; 下落する fallen*; 低くなる niedriger werden*. ☞ 減る. ② 後ろへ退く zurück|treten*. ☞ 掛かる.
盛んな にぎやかな lebhaft; 激しい heftig; 熱心な eifrig. ☞ 人気のある.
先 先端 die Spitze. ☞ 将来.
先に ① 先に立って voran; 前方に vorn; 先へ[進んで] weiter. ② より早く früher; その前に vorher; 前もって im Voraus. ☞ 前に.
作業 die Arbeit, das Werk.
咲く auf|blühen; 咲いている blühen.
作者 der Autor.
昨年 ☞ 去年.

作品 das Werk; (音楽・芝居などの) das Stück; 所産 die Arbeit.
作文 der Aufsatz.
桜 die Kirsche; 桜の木 der Kirschbaum.
探る ① 〖〜を〗手探りで探す nach 物³ tasten. ② 〖真意・背景などを〗 事⁴ erforschen. ☞ 探す.
酒 der Alkohol. ② 日本酒 der [japanische] Reiswein.
叫ぶ 〖〖…と〗〗 schreien* (rufen*)[, …].
裂ける 〖〜が〗破れる, 割れる.
避ける 〖〜を〗 人・物⁴ meiden*; 〖〜を〗回避する 事⁴ vermeiden*. ☞ 控える.
下げる ① 〖〜を〗 物・事⁴ senken. ② 〖食器などを〗 物⁴ ab|räumen. ☞ 下ろす, 掛ける.
支え die Stütze.
支える ① 〖〜を〗倒れないようにする 人・物⁴ stützen. ② 〖〜を[〜の際に(〜で)]〗支援する 人⁴ [bei 事³ (mit 物³)] unterstützen. ☞ 保つ.
ささやく flüstern.
刺す ① (虫などが) stechen*. ② 〖人を(人の〜を)〗 〖刃物などで〗 人⁴ (人³/⁴ in 物⁴) stechen*.
指す ① 〖〜を(〜の方を)〗指し示す auf 人・物⁴ (nach 人・物³) zeigen, auf 人・物³ hin|weisen*. ② (授業中に) 〖〜を〗指名する 人⁴ auf|rufen*.
差す ① 〖〜を〜の中へ〗差し込む 物⁴ in 物⁴ stecken. ② (光り・影などが) 〖…へ〗当たる … fallen*. ③ 〖〜を〗注ぐ.
さすがの …ですら auch, selbst, sogar. ☞ やはり.
させる 〖〜に(〜を)…するように〗 人⁴ (物・事⁴) … lassen*; 〖〜に無理やりに〗 人⁴ zu 事³ zwingen*; 〖〜をそそのかして〜を〗 人⁴ zu 事³ verleiten.
誘う 〖〜に〜を〗勧める 人⁴ zu 事³ auf|fordern; 〖〜と〜へ〗連れて行く 人⁴ mit|nehmen*; 〖〜を…へ〗おびき出す 人⁴ … locken.
定める 〖〜を〗事⁴ bestimmen (fest|setzen).
札 紙幣 der Geldschein, der Schein.
撮影 die Aufnahme.
撮影する ☞ 撮る.
雑音 das Geräusch.
作家 der Schriftsteller; 大作家 der Dichter.
サッカー der Fußball.
さっき 少し前 vorhin; 今しがた eben.
雑誌 die Zeitschrift; グラフ雑誌 die Illustrierte 《語尾変化は形容詞と同じ》.
早速 すぐ, 急いで.
さっぱり ☞ まったく.
さっぱりした ① 清涼な frisch; 清潔な sauber. ② 軽い味の leicht. ③ 気取らない natürlich; 率直な offen, schlicht.
砂糖 der Zucker.
砂漠 die Wüste.
さび der Rost.
寂しい ① 孤独な einsam. ② 人気(ひとけ)のない verlassen, leer.

さびる rosten.
…様 ☞ …さん.
さまざまな verschieden.
冷ます〖飲食物・興奮などを〗 物・事⁴ ab|kühlen.
覚ます ☞ 起こす, 覚める.
妨げる 〖～が～するのを〗 人⁴ an 事³ hindern; 〖～が～するのを〗 じゃまする 人・事⁴ bei 事³ behindern; 〖～を〗はばむ 事⁴ verhindern. ☞ じゃまする.
寒い kalt. // 私は寒い. Mir ist* kalt.
冷める ① 〖飲食物などが〗 kalt werden*. ② 〖興奮などが〗 [sich⁴] ab|kühlen.
覚める ① 目覚める wach werden*, auf|wachen. ② 〖酔いから〗 [wieder] nüchtern werden*.
作用 die Wirkung.
作用する wirken.
さようなら Auf Wiedersehen!, (電話で:) Auf Wiederhören!; じゃあね Tschüs!
皿 der Teller; ソーサー die Untertasse.
再来年 übernächstes Jahr, im übernächsten Jahr.
サラダ der Salat.
さらに ① その上 außerdem, dazu, daneben. ② よりいっそう noch 〘比較級とともに〙.
サラリーマン ☞ 会社員, 公務員.
去る ① 立ち去る weg|gehen*; (乗り物で) weg|fahren, fort|fahren*; 〖～[のもとを]〗 人・物⁴ verlassen*. ② (時が) vergehen*.
猿 der Affe.
騒がしい ① laut. ② 不穏な unruhig.
騒ぐ ① うるさくする Lärm machen. ② 騒ぎが起きる Es kommt* zu Unruhen.
ざわざわいう (風などが) Es rauscht.
さわやかな frisch. ☞ 明瞭(めいりょう)な.
触る 〖～に〗 人・物⁴ berühren; 〖～に〗手で触れ る 人・物⁴ an|fassen.
…さん (男性の姓に添えて:) Herr …; (女性の姓に添えて:) Frau …
三 drei.
三角の dreieckig.
参加する 〖～に〗 an 事³ teil|nehmen*.
三月 der März. // 三月に im März.
三角形 das Dreieck.
産業 工業 die Industrie; 商工業 Handel und Gewerbe.
参考にする 〖～を〗 物⁴ zu Rate ziehen*. ☞ 調べる, 利用する.
残酷な grausam.
賛成する 〖～に〗同意する 人・事³ zu|stimmen; 〖～に〗賛成である für 人・事⁴ sein*.
残念な schade 〘述語としてのみ〙, bedauerlich.
残念ながら leider.
残念に思う 〖～を〗 事⁴ bedauern. // ～が～にとって残念である. 事⁴ tut* 人³ leid.
散歩する einen Spaziergang machen; 散歩に行く spazieren gehen*.

し

…氏 Herr …
四 vier.
市 die Stadt.
死 der Tod; 最期 das Ende.
詩 das Gedicht.
字 筆跡 die Hand[schrift]. ☞ 文字.
…時 … Uhr. // 2時10分 zwei Uhr zehn.
試合 ゲーム das Spiel; 競技 der Wettkampf.
幸せ das Glück; 平穏 das Wohl.
幸せな glücklich.
CD die CD.
塩 das Salz.
司会者 (番組などの) der Moderator; (討論の) der Diskussionsleiter.
資格 die Qualifikation. ☞ 権利.
四角い viereckig.
しかし aber, jedoch, doch.
仕方 die Art die Weise; 方式 die Methode; どのようにして…するか wie …
四月 der April. // 四月に im April.
四角形 das Viereck.
しかも …もまた auch; それどころか…も sogar. ☞ さらに.
しかる 〖～を〗しかりつける 人⁴ schelten*, mit 人³ schimpfen.
時間 ① 時刻・時の長さ die Zeit; [一]時間 die Stunde. ② 余暇 die Freizeit, die Zeit.
式 ① 儀式 die Zeremonie; 式典 die Feier. ② (数学などの) die Formel.
指揮 ☞ 統率.
時期 die Zeit, die Periode. ☞ 季節.
指揮者 der Dirigent.
指揮する 〖楽団などを〗 物⁴ dirigieren. ☞ 統率する.
事業 das Unternehmen.
資金 〖複で〗 Mittel, 〖複で〗 Gelder.
敷く ① 〖～を…へ〗(広げて置く 物⁴ … legen; 〖～を…の上へ〗広げる 物⁴ über 物⁴ breiten. ② 〖～に…を〗敷きつめる 物⁴ mit 物³ belegen.
仕組み 機構 der Mechanismus. ☞ 構造.
茂る 繁茂する üppig wachsen*.
試験 die Prüfung; 試すこと die Probe. // 試験を受ける eine Prüfung schreiben*.
資源 地下資源 〖複で〗 Bodenschätze.
事件 der Fall; 出来事 das Ereignis; スキャンダル die Affäre.
事故 der Unfall; 大事故 das Unglück; 大惨事 die Katastrophe.
時刻 時間 die Zeit.
仕事 die Arbeit; 職業 der Beruf.
支持する 支える, 賛成する.
指示する 〖～に…するよう〗指図する 人⁴ an|weisen*, zu 不定詞[句]. ☞ 指す.

事実 ① die Tatsache, die Wirklichkeit. ② 本当に in der Tat.
始終 ① 再三再四 immer wieder. ☞ 絶えず. ② 事の始終 die ganze Geschichte.
支出 die Ausgabe.
支出する 〖お金を〗 物⁴ aus|geben*.
辞書 das Wörterbuch.
事情 ① 事態 der Umstand. ② 情勢 〖複で〗 Verhältnisse, 〖ふつう複〗 Zustände, die Situation.
詩人 der Dichter.
地震 das Erdbeben.
自身 自身で(は) selbst, selber.
自信 die Sicherheit; 自分に対する信頼 das Selbstvertrauen.
静かな ruhig; ひっそりとした still.
沈む sinken*, unter|gehen*.
姿勢 die Haltung, die Stellung.
施設 ① die Einrichtung, die Anlage. ② (療養などのための) die Anstalt, das Heim.
自然 die Natur.
自然な natürlich.
自然に ひとりでに von selbst.
思想 der Gedanke; 理念 die Idee.
子孫 der Nachkomme; 〖複で〗 Enkel.
舌 die Zunge.
時代 (歴史区分としての:) die Zeit, das Zeitalter; (特筆すべき事象のあった:) die Epoche. ☞ 世.
しだいに だんだん allmählich, langsam; 時とともに mit der Zeit.
従う ① 〖~に〗 人・事³ folgen; 〖~に〗随行する 人⁴ begleiten. ② 〖〖~の〗〗 言うことを聞く [人³] gehorchen. ③ 〖~[の意向など]に〗合わせる sich⁴ nach 人・事³ richten.
下着 die Unterwäsche.
支度 ☞ 準備.
親しい vertraut. ∥ ~と親しくしている mit 人³ befreundet sein*.
親しみ 共感 die Sympathie. ☞ 好意.
下に ① 下で unten; 下へ nach unten. ② ~の下で(へ) unter 人・物³⁽⁴⁾.
下の unter.
七月 der Juli. ∥ 七月に im Juli.
質 die Qualität.
しっかりした ① fest; がっしりした stark; 確かな sicher. ② (仕事ぶりなどが) tüchtig.
失業する arbeitslos werden*.
実験 das Experiment, der Versuch.
実現 die Verwirklichung.
実現する 〖~を〗 事⁴ verwirklichen.
しつこい ① 押し付けがましい aufdringlich; わずらわしい lästig. ② (病気などが) hartnäckig. ③ 脂っこい fett.
実行する 〖~を〗 事⁴ aus|führen; 〖~を〗遂行する 事⁴ durch|führen.
実際 die Wirklichkeit. ☞ 事実. ∥ 実際には in Wirklichkeit.
実施する 〖計画などを〗 事⁴ durch|führen (aus|führen). ☞ 行う.

質素な bescheiden, schlicht; 簡素な einfach; 倹約な sparsam.
しっと やきもち die Eifersucht; ねたみ der Neid.
湿度 die Feuchtigkeit. ∥ 湿度の高い feucht.
じっと 動かずに starr, ohne sich⁴ zu rühren; 静かに ruhig, still.
しっとする 〖~を〗 auf 人・物⁴ eifersüchtig sein*; 〖~を〗ねたむ 人⁴ beneiden.
実に aber, wirklich.
実は 実際には in Wirklichkeit; 実を言うと um die Wahrheit zu sagen.
失敗 der Misserfolg, der Fehlschlag.
失敗する 〖〖~に〗〗 [in (an, mit) 事³] scheitern; (物事が) 〖~にとって〗 失敗に終わる [人³] misslingen*.
失望 die Enttäuschung.
失望する ☞ がっかりする.
質問 die Frage.
質問する ☞ 尋ねる.
実用的な praktisch, zweckmäßig.
失礼 無礼 die Unhöflichkeit. ☞ ごめんなさい, すみません, さようなら.
指定 予約 die Reservierung. ∥ 指定席 der reservierte Platz / 指定券 die Platzkarte.
指定する 〖~を~として(~に)〗 人・物⁴ als 事⁴ (zu 事³) bestimmen.
指摘する 〖〖~に〗~を〗 [人³] auf 事⁴ hin|weisen*; 〖~に~に対する〗注意を促す 人⁴ auf 事⁴ aufmerksam machen.
時点 der Zeitpunkt; 時 die Zeit.
辞典 das Wörterbuch.
事典 das Lexikon.
自転車 das Fahrrad.
指導 die Anweisung; 統率 die Leitung, die Führung.
指導者 ① 統率者 der Leiter, der Führer. ② 師 der Lehrer.
自動車 das Auto, der Wagen.
指導する ① 〖~を〗 人⁴ lenken; 〖~に~を〗 教える 人⁴ 事⁴ lehren. ② 〖~を〗統率する 事⁴ leiten (führen).
自動の automatisch.
品物 ☞ 商品, 物.
死ぬ sterben*; 死んでいる tot sein*.
芝居 ☞ 劇.
支配する 〖〖~を〗〗 [über 人・物⁴] herrschen.
芝生 der Rasen.
支払う ☞ 払う.
しばらく ① 少しの間 eine Weile. ☞ ちょっと. ② 長い間 lange. ∥ しばらくぶりですね. Wir haben* uns lange nicht gesehen.
縛る 〖~を〗 人・物⁴ binden*.
渋い ① ほろにがい・ほろ酸っぱい herb; にがい bitter. ② (色がくすんだ) gedämpft.
自分 das Selbst, das Ich. ② 私 ich.
自分で selbst, selber.
脂肪 das Fett.
絞る ① 〖洗濯物などを〗 物⁴ wringen*; 〖果物などを〗 物⁴ pressen. ② 〖テーマなどを[~に]〗

限定する 物⁴ [auf 物⁴] begrenzen.
資本 das Kapital. // **資本主義** der Kapitalismus.
島 die Insel.
縞(しま) der Streifen.
姉妹 姉達・妹達〖複で〗Schwestern.
しまう〖～を〗片づける 物⁴ auf|räumen.
始末する 片づける, 殺す.
閉まる (扉などが) sich⁴ schließen*; (店などが) schließen*, (口語:) zu|machen; 閉まっている geschlossen sein*, (口語:) zu sein*.
自慢する〖～を〗mit 事³ prahlen;〖～を〗誇らしく思う auf 人·事⁴ stolz sein*.
染み der Fleck.
地味な 目立たない unauffällig; 控えめな bescheiden; 簡素な einfach.
市民 der Bürger.
事務 die Büroarbeit.
示す〖～に～を〗人³ 事⁴ zeigen. ☞ 指す.
湿った feucht; ぬれた nass.
占める〖地位などを〗物·事⁴ besetzen (ein|nehmen*).
閉める〖～を〗物⁴ schließen*, (口語:) 物⁴ zu|machen.
湿る feucht werden*; ぬれる nass werden*.
地面 die Erde, der Boden, der Grund.
霜 der Reif. // 草原に霜が降りている. Auf den Wiesen liegt Reif.
社会 ① die Gesellschaft. ② 世間 die Welt.
社会の sozial, gesellschaftlich.
じゃがいも die Kartoffel.
車掌 der Schaffner.
写真 das Foto, das Bild.
社長 der Präsident.
シャツ das Hemd; ワイシャツ das Oberhemd.
借金 die Schuld. // 借金のある schuldig.
しゃべる ☞ 話す, おしゃべりする.
じゃまする〖[～の]じゃまをする [人]〗stören. ☞ 妨げる.
車輪 das Rad.
シャワー die Dusche. // シャワーを浴びる [sich⁴] duschen.
州 (ドイツ・オーストリアの) das Land; (スイスの) der Kanton; (アメリカ合衆国の) der Staat.
周 die Runde.
週 die Woche.
十 十の zehn.
自由 die Freiheit.
周囲 ① 周囲の地域・環境 die Umgebung. ② 周囲の長さ der Umfang. ☞ 環境.
十一月 der November. // 十一月に im November.
収穫 ① die Ernte. ② 益 der Gewinn.
十月 der Oktober. // 十月に im Oktober.
習慣 慣習・習癖 die Gewohnheit; 風習 die Sitte.
宗教 die Religion.
住所 der Wohnort; あて名 die Adresse.

就職する 職業に就く einen Beruf ergreifen*; 勤め口を見つける eine Stelle finden*.
ジュース 果汁 der Saft.
重大な ① 深刻な ernst; ひどい schlimm. ② 大切な wichtig.
住宅 die Wohnung.
集団 群 die Gruppe; 群衆 die Masse, die Menge. ☞ 群れ.
集中させる〖～を〗物⁴ konzentrieren.
集中する〖～に〗sich⁴ auf 事⁴ konzentrieren.
終点 終着駅 die Endstation.
重点 der Schwerpunkt.
舅(しゅうと) der Schwiegervater; **姑(しゅうとめ)** die Schwiegermutter.
自由な frei.
十二月 der Dezember. // 十二月に im Dezember.
収入 das Einkommen; 稼ぎ der Verdienst.
十分な genug. ☞ たっぷり, 足りる.
周辺 die Gegend, der Raum.
住民 der Einwohner; (ある地域の)住民全体 die Bevölkerung.
重要な wichtig, bedeutend. ☞ 本質的な.
修理する〖～を〗物⁴ reparieren.
終了する 終える, 終わる.
守衛 der Pförtner.
主観的な subjektiv.
主義 das Prinzip. // 利己主義 der Egoismus.
授業 der Unterricht. // 授業をする Unterricht geben*.
熟した reif. // 熟す reifen, reif werden*.
祝日 der Feiertag.
淑女 die Dame.
宿題〖複で〗Hausaufgaben.
宿泊する ☞ 泊まる.
受験する eine Prüfung ab|legen.
手術する〖～を〗人·物⁴ operieren.
主人 ① 雇い主 der Chef. ② 私の夫 mein Mann; 夫 der Mann; ご主人 (雅語:) der Gatte.
手段 das Mittel, der Weg. ☞ 対策.
出身 die Herkunft, die Geburt. // ～の出身である aus 事³ sein* (stammen, kommen*).
出席 出席している anwesend sein*, da sein*. ☞ 行く, 参加する.
出世する auf|steigen*, Karriere machen.
出張 die Dienstreise.
出発 (列車・船などの) die Abfahrt; (飛行機の) der Abflug.
出発する (歩いて) los|gehen*; 旅立つ ab|reisen; (車・船などが) ab|fahren*; (飛行機が) ab|fliegen*; (乗り物が)出る gehen*.
出版する (出版社が)〖～を〗物⁴ verlegen; (編集者が)〖～を〗編集・発行する 物⁴ heraus|geben*; (著者が)〖作品などを〗発表する 事⁴ veröffentlichen.
首都 die Hauptstadt.
主婦 die Hausfrau.

趣味 ① ホビー das Hobby. ② センス der Geschmack.
需要 die Nachfrage, der Bedarf.
種類 die Sorte, die Art.
受話器 der Hörer.
順 ☞ 順番, 番.
順位 die Stelle, der Platz.
瞬間 der Augenblick, der Moment.
順序 ☞ 順番.
純粋な rein; 真の echt.
順調な glatt; 問題のない problemlos.
順応する 〖～に〗 sich⁴ 〖人・事〗³ an|passen.
順番 順序 die Reihenfolge; 配列 die Ordnung.
順番に der Reihe nach. ☞ 次々に.
準備 die Vorbereitung. 〃 ～の準備をする 事⁴ (sich⁴ auf 事⁴) vor|bereiten.
準備する 〖～を〗 物・事⁴ bereit|stellen.
賞 der Preis.
…しよう ① …しようと思う … wollen*. 〃 (相手に誘いかけて:) ドイツ語を勉強しよう. Lernen wir Deutsch! ② (予想を表して:) …するだろう … werden*.
上演する 〖～を〗 事⁴ auf|führen (vor|führen). ☞ 演じる.
障害 妨げ das Hindernis; (心身の) die Behinderung.
紹介する 〖～を～に〗 人⁴ 人³ vor|stellen; 〖～に～を〗 人⁴ mit 人³ bekannt machen.
奨学金 das Stipendium.
消化する 〖～を〗 物・事⁴ verdauen.
正月 元日 das Neujahr. ☞ 一月.
小学校 die Grundschule.
商業 der Handel.
状況 die Situation, die Lage, 〖ふつう 複〗 Zustände, 〖複 で〗 Umstände, 〖複 で〗 Verhältnisse.
消極的な passiv.
条件 die Bedingung. ☞ 前提.
証拠 der Beweis.
正午 ☞ 昼.
常識 分別 die Vernunft; 良識 der gesunde Verstand.
正直な ehrlich, aufrichtig. ☞ 率直な.
乗車券 die Fahrkarte.
少女 das Mädchen.
生じる ☞ 起こる, 生える, 発生する.
昇進する 〖〖～に〗〗 [zu 事³] auf|steigen* (befördert werden*).
少数の wenig, eine kleine Zahl (Anzahl) [von] …
上手な gut; 器用な geschickt. 〃 彼女はピアノが上手だ. Sie spielt gut Klavier.
使用する 〖～を〗 使う.
小説 der Roman; 短編小説 die Novelle.
招待 die Einladung.
状態 der Zustand. ☞ 状況.
招待する 〖～を[…へ]〗 人⁴ [...] ein|laden*.
承諾する 〖～を〗 in 事⁴ ein|willigen.
上達する Fortschritte machen.

冗談 der Scherz, der Spaß. 〃 冗談を言う Spaß (Späße) machen.
承知する 〖～に〗 同意する 事³ zu|stimmen; 〖～に〗 同意している mit 事³ einverstanden sein*. 〃 承知しました. Jawohl!
象徴 シンボル das Symbol.
商店 das Geschäft, der Laden.
消毒する 〖～を〗 人・物⁴ desinfizieren.
衝突する 〖～を〗 ☞ ぶつかる.
商人 der Kaufmann; 小売商 der Händler.
証人 der Zeuge.
情熱 die Leidenschaft.
少年 der Junge.
商売 der Handel, das Geschäft.
蒸発する verdampfen.
消費者 der Verbraucher.
消費する 〖～を〗 物⁴ verbrauchen.
商品 die Ware, der Artikel.
賞品 der Preis.
上品な fein, vornehm, elegant.
勝負 ゲーム das Spiel; 試合 der Wettkampf.
丈夫な 頑丈な fest, stark. ☞ 健康な.
小便 der Harn.
情報 die Information, die Auskunft.
消防隊 die Feuerwehr.
照明 die Beleuchtung. ☞ 照らす.
証明する 〖～を〗 事⁴ beweisen*.
正面 die Front.
将来 ① die Zukunft. ② 将来において in Zukunft, [zu]künftig.
将来の [zu]künftig.
勝利 der Sieg.
省略 die Auslassung; 短縮 die Abkürzung.
省略する 〖～を〗 省く 物・事⁴ aus|lassen*; 〖～を〗 縮める 事⁴ ab|kürzen.
女王 die Königin.
除外する ☞ 除く.
職 働き口 die Stelle. ☞ 仕事.
職業 der Beruf; 勤め die Tätigkeit.
食事 das Essen, die Mahlzeit. ☞ 料理. 〃 食事に行く essen gehen*.
食堂 ダイニングルーム das Esszimmer; (ホテルなどの)大食堂 der Speisesaal. ☞ レストラン.
植物 die Pflanze.
食欲 der Appetit.
食料 〖複 で〗 Lebensmittel.
助手 der Assistent.
女性 die Frau; 婦人 die Dame.
処置 治療 die Behandlung. ☞ 対策.
食器 (茶碗・皿などの) das Geschirr; (ナイフ・フォークなどの) das Besteck.
ショック der Schock.
しょっちゅう ☞ 始終.
しょっぱい salzig.
所得 das Einkommen.
署名 die Unterschrift.
署名する 〖～を〗 事⁴ unterschreiben*.
所有する 〖～を〗 所有している 物⁴ besitzen*.
処理する 〖仕事などを〗 片づける 事⁴ erledigen; 〖データ・原料などを〗 事⁴ verarbeiten.

書類 【ふつう複】 Papiere, 【ふつう複】 Akten.
知らせ die Mitteilung, die Nachricht.
知らせる 〖〜に〗 人³ Bescheid sagen; 〖〜を〗 人³ 事⁴ mit|teilen; 〖〜に[〜について]〗 情報を与える 人⁴ 事⁴ informieren; 〖〜に〕〜を〗 通報する 人³ 事⁴ melden.
調べる ① 〖〜を〗調査(研究)する 事⁴ untersuchen (erforschen); 〖〜を[その正しさなどについて]〗検査する 物・事⁴ [auf 事⁴] prüfen; 〖〜を〕点検する 物・事⁴ nach|sehen*. ② 〖〜を〗辞書などで〗探す 事⁴ in 物³ nach|schlagen*.
尻 das Gesäß, (口語:) das Hinterteil.
知り合い ☞ 知人.
知り合う 〖〜と〗 人⁴ kennen lernen.
私立の privat.
資料 das Material; データ 【複で】 Daten.
汁 (果物などの) der Saft. ☞ スープ.
知る ① 【事柄を】知っている 事⁴ wissen*; 【人・物を】知っている 人・物⁴ kennen*; 〖〜を聞いて(読んで)知る〗 人・物⁴ erfahren*. ② 〖〜を〗悟る 事⁴ erkennen*. ☞ 知り合う.
印(しるし) ① das Zeichen; 目印 das Kennzeichen. ② 象徴 das Symbol.
白い weiß.
素人 der Laie; 初心者 der Anfänger.
しわ (布・皮膚などの) die Falte.
しん (果物などの) der Kernhaus. ☞ 種.
人格 人柄 die Persönlichkeit.
進級する versetzt werden*.
神経 der Nerv.
真剣な ernst, ernsthaft.
信仰 der Glaube.
信号 das Signal; 信号機 die Ampel.
人口 die Bevölkerung. ∥ その町は人口5万人です。Die Stadt hat* 50 000 Einwohner.
人工の künstlich.
深刻な (問題・顔つきなどが) ernst, ernsthaft.
診察 die Untersuchung.
診察する 〖〜を〗 人・物⁴ untersuchen.
紳士 der Herr; 女性に対して礼儀正しい男性 der Kavalier.
寝室 das Schlafzimmer.
真実 die Wahrheit.
真実の wahr.
神社 der schintoistische Schrein.
人種 die Rasse.
信じる ① 【事柄を(人を)】 事⁴ (人³) glauben; 〖〜を〗信頼する 人・事³ (auf 人・事⁴) vertrauen. ② 【神などを】 an 事⁴ glauben.
人生 das Leben.
親戚 der Verwandte【語尾変化は形容詞と同じ】.
親戚の verwandt.
親切な freundlich; 優しい nett.
新鮮な frisch.
心臓 das Herz. ☞ 中心.
身長 die Größe. ∥ 私は身長1メートル60です。Ich bin* ein[en] Meter sechzig groß.
慎重さ die Vorsicht; 綿密さ die Sorgfalt.
慎重な vorsichtig; ていねいな sorgfältig.
神道 der Schintoismus. ∥ 神道信者の Schintoist / 神道の schintoistisch.
新年 新しい年 das neue Jahr.
心配 ① die Sorge. ② 世話 die Pflege.
心配する 〖〜のことを〗 sich⁴ [um 人・事⁴] sorgen, sich³ [um 人・事⁴] Sorgen machen. ☞ 世話.
新聞 (個々の:) die Zeitung; (メディアとしての:) die Presse.
進歩 der Fortschritt.
進歩する Fortschritte machen.
進歩的な fortschrittlich, progressiv.
信用 das Vertrauen.
信用する 〖〜を〗 sich⁴ auf 人・事⁴ verlassen*, 人・事³ (auf 人・事⁴) vertrauen. ☞ 信じる.
信用のある 名望のある angesehen.
信頼 ☞ 信用.
信頼できる zuverlässig.
心理 心的傾向 die Mentalität; 心 die Seele.
真理 真実 die Wahrheit.
親類 ☞ 親戚.
人類 die Menschheit.

す

巣 das Nest; 巣穴・巣窟 die Höhle.
酢 der Essig.
図 die Zeichnung; 図表 die Abbildung.
水泳する schwimmen*.
水準 標準 die Norm, der Standard; レベル das Niveau.
推薦する 〖〜に〜を〗勧める 人³ 人・物⁴ empfehlen*; 〖〜を担当者として〗提案する 人⁴ als 事⁴ vor|schlagen*.
推測する 〖…と〗 vermuten (an|nehmen*), …
垂直 senkrecht, vertikal.
スイッチ der Schalter.
水道 fließendes Wasser; 水道設備 die Wasserleitung.
水分 der Wassergehalt.
水平の waagerecht, horizontal.
睡眠 der Schlaf.
水曜日 der Mittwoch. ∥ 水曜日に am Mittwoch; 水曜日ごとに mittwochs.
吸う ① 【動植物などが】〖〜を〗 物⁴ saugen(*). ② 【スポンジなどが】〖〜を〗吸収する 物⁴ ein|saugen(*). ☞ 息.
数 die Zahl. ☞ いくつかの.
数学 die Mathematik.
数字 die Ziffer.
ずうずうしい frech, unverschämt.
スーパーマーケット der Supermarkt.
スープ die Suppe.
末 ☞ 終わり.
スカート der Rock.
姿 ① 容姿 die Figur; 体つき・人影 die Gestalt. ② 像 das Bild.
…過ぎ …時を過ぎて nach … ☞ 以上. ∥ 2

時 5 分過ぎ fünf nach zwei.
スキー スキーの板 der Ski. // スキーをする Ski fahren* (laufen*).
好きである 〖～が〗 人・物⁴ mögen*, 人 gern[e] haben* (lieb haben*); 好んで…する gern[e] … // 私はお茶が好きだ. Ich trinke* gern[e] Tee.
すき間 die Lücke, der Zwischenraum.
過ぎる ① (時間が) vergehen*; (出来事が) 終わる zu Ende gehen*; 過ぎ去って(終わって)いる vorbei (zu Ende) sein*. ☞ 回る. ② あまりにも…な zu …〖原級とともに〗. ☞ 通り過ぎる.
すく 空になる(である) leer werden* (sein*); 入りが悪い schlecht besucht sein*. // 電車がすいている. Der Zug ist* kaum besetzt.
すぐ (時間的・空間的に:) gleich, unmittelbar; 即座に sofort; 間もなく bald.
救う 〖～を[危険(人)などから]〗 人⁴ [aus 事³ (vor 人・事³)] retten; 〖～を]解放する 人⁴ befreien.
少ない wenig, gering.
少なくとも wenigstens, mindestens.
優れた 優良な gut; 卓越した hervorragend, ausgezeichnet, vorzüglich; 腕のたつ tüchtig.
スケート スケート靴 der Schlittschuh. // スケートをする Schlittschuh laufen*.
すごい ① 恐ろしい unheimlich, furchtbar. ② 驚くほどの erstaunlich, unglaublich; 信じられないほどの (口語:) unwahrscheinlich. ☞ 優れた, すばらしい.
少し etwas, ein bisschen, ein wenig; 少ししか…てない wenig.
過ごす 〖～を…(位置)で(…のように)〗 事⁴ … verbringen*.
筋 ① 筋肉 der Muskel. ② (小説などの) die Handlung. ☞ 理屈, 論理.
涼しい ひんやりした kühl; さわやかな frisch.
進む ① 歩いて(乗り物で)前へ進む vorwärts gehen* (fahren*); (歩いて)先へ進む weiter|gehen*; (乗り物で) weiter|fahren*. ② (事が)〖[…のように]〗 […] laufen*; 〖…のように〗推移する … verlaufen*. ③ (病気が) fort|schreiten*. ④ (時計が) vor|gehen*. ⑤ (仕事などが)はかどる voran|gehen*.
すずめ der Spatz.
進める 〖～を〗はかどらせる 事⁴ vorwärts bringen*; 〖～を]促進する 事⁴ fördern.
勧める 〖～に…を〗 人³ 事⁴ empfehlen*, 人³ zu 事³ raten*.
薦める ☞ 推薦する.
スタート der Start.
スタイル 体つき die Figur, die Gestalt.
…ずつ ① それぞれ je. ② …につき pro …
頭痛 〖ふつう 複〗 Kopfschmerzen. ☞ 苦しみ, 心配.
すっかり ganz, völlig, vollkommen.
ずっと ① その間ずっと die ganze Zeit; 常に immer; 永遠に ewig. ② (何かに比べて:) viel (weit). …〖比較級とともに〗.
酸っぱい sauer.
すてきな schön, wunderbar, hübsch; チャーミングな reizend.
すでに もう schon, bereits. ☞ とっくに.
捨てる 〖～を〗 物⁴ weg|werfen*. ☞ あきらめる.
ストーブ der Ofen.
ストライキ der Streik.
砂 der Sand.
素直な ① 従順な gehorsam, folgsam. ② 癖のない schlicht.
すなわち 具体的に言うと nämlich. ☞ つまり.
すばらしい schön, wunderbar, herrlich, vorzüglich, (口語:) prima, (口語:) toll. ☞ 高級な, 優れた.
スピード die Geschwindigkeit.
スプーン der Löffel.
すべて alles. ☞ すっかり.
すべての all, sämtlich, gesamt; どの…もjeder. ☞ …全体.
滑る ① 滑走する gleiten*. ② 足を滑らせる rutschen. ☞ 落ちる.
スポーツ der Sport; 種目 die Sportart.
ズボン die Hose. // 半ズボン die kurze Hose.
住まい die Wohnung; 家 das Haus.
隅 die Ecke, der Winkel.
すみません Entschuldigung!, Verzeihung!, Entschuldigen (Verzeihen*) Sie!
住む 〖…(位置)に〗住んで(暮らして)いる … wohnen (leben).
済む 片づく fertig werden*; 片づいている fertig sein*. ☞ 終わる.
ずらす 〖～の位置を〗 物⁴ verschieben* (rücken). ☞ 延期する.
スリッパ der Pantoffel.
する ① 〖～を〗行う 物・事⁴ tun* (machen); 〖～を〗プレーする 物⁴ spielen. ② 〖～を…に〗ならせる 人・物⁴ zu 人・物³ machen. ③〖(…の)値段である …⁴ kosten.
ずるい ずる賢い schlau; フェアでない unfair; 正直でない unehrlich.
すると ① そのとき da, dann; それに続いて darauf. ② ということは also; それなら dann.
鋭い ① scharf. ② 先のとがった spitz.
座る 腰かける sich⁴ setzen, Platz nehmen*; 腰を下ろす sich⁴ hin|setzen; 腰かけている sitzen*.
澄んだ ① 透明な klar; 明るい hell. ② 汚れのない rein.

せ

背 背中 der Rücken.
せい ～のせいで wegen 人・事², durch 人・事⁴.
姓 der Familienname, der Zuname.

性 ① 性別 das Geschlecht. ② 性[行動] die Sexualität. ☞ 性質.
税 die Steuer.
性格 der Charakter; 本性 das Wesen.
正確な 厳密な genau; 正しい richtig. ∥ 時間に正確な pünktlich.
生活 das Leben.
税関 das Zollamt, der Zoll.
世紀 das Jahrhundert. ∥ 二十世紀に im 20. (= zwanzigsten) Jahrhundert.
請求書 die Rechnung.
請求する 《〜を》物⁴ fordern (verlangen).
税金 die Steuer.
清潔な sauber, rein.
制限する 《〜を[〜に]》事⁴ [auf 事⁴] begrenzen (beschränken).
成功 der Erfolg; 成就 das Gelingen.
成功する (人が) 《〜に》 mit (in) 事³ Erfolg haben*; (事柄が)《〜にとって》うまくいく [人³] gelingen*. ☞ 出世する.
生産 製造 die Herstellung, die Produktion; 産出 die Erzeugung.
生産する 《〜を》製造する 物⁴ her|stellen (produzieren); 《農産物などを》物⁴ erzeugen.
政治 die Politik; 統治 die Regierung. ∥ 政治的な politisch.
政治家 der Politiker.
正式な formell; 公式の offiziell; 正規の ordentlich; 本式の richtig.
性質 die Eigenschaft; 天性 die Natur. ☞ 性格.
誠実な ☞ 正直な, 忠実な.
正常な normal. ∥ 正常である in Ordnung sein*.
精神 der Geist, die Seele.
せいぜい 多くても höchstens, nicht mehr als. ☞ なるべく.
成績 ①(学力の)評点 die Note; 成績表 das Zeugnis. ②(試合などの)結果 das Ergebnis; 業績 die Leistung.
製造 ☞ 生産.
ぜいたく der Luxus.
成長する wachsen*, sich⁴ entwickeln.
生徒 der Schüler.
制度 das System.
政党 die [politische] Partei.
正当な recht; 根拠のある gerecht, berechtigt.
青年 若い男 der junge Mann; 青少年 der Jugendliche 《語尾変化は形容詞と同じ》, (総称として:) die Jugend.
生年月日 das Geburtsdatum.
性能 die Leistung.
製品 das Erzeugnis, das Produkt; 商品 die Ware, der Artikel.
政府 die Regierung; 内閣 das Kabinett.
制服 die Uniform.
生物 das Lebewesen.
生物学 die Biologie.
生命 命 das Leben.

西洋 ☞ ヨーロッパ, アメリカ.
整理する 《物・部屋などを》片づける 物⁴ auf|räumen; 《〜を》順序よく並べる 物⁴ ordnen.
成立する (合意などが) zustande kommen*; (契約などが)結ばれる abgeschlossen werden*; (法案などが)可決される verabschiedet werden*.
勢力 勢力を持つ集団 die Kraft, die Macht; 支配権 die Herrschaft. ☞ 影響, 強さ.
セーター der Pullover.
世界 die Welt.
席 ① der Platz; 座席 der Sitz. ② テーブルの席 der Tisch. ☞ パーティー.
石炭 die Steinkohle, die Kohle.
責任 die Verantwortung; (過失などに対する) die Schuld. ∥ 〜の義務. ∥ 責任のある verantwortlich; (過失などに対して) schuld.
石油 das Erdöl, das Öl.
せきをする husten.
世間 die Öffentlichkeit, die Welt; 人々《複で》Leute.
世代 die Generation.
せっかく 苦労して mit [großer] Mühe; 親切にも freundlicherweise; 特別に extra.
積極的な aktiv.
設計する 《〜を》物⁴ entwerfen*.
せっけん die Seife; 粉せっけん das Seifenpulver.
接触 der Kontakt.
接触する 《人と》zu 人³ Kontakt auf|nehmen*.
接する 《〜に》隣接している an 物⁴ grenzen. ☞ 知り合う, つき合う.
接続 der Anschluss, die Verbindung.
接続する 《列車などが》《〜行きへ》Anschluss nach 物³ haben*. ☞ つなぐ.
絶対に まったく absolut. ☞ 必ず, どうしても.
絶対の absolut, souverän.
説得する 《[〜するように]人を》人⁴ [zu 事³] überreden.
設備 die Anlage, die Einrichtung.
絶望する 《[〜に]》[an 人・事³] verzweifeln; 絶望している verzweifelt sein*.
説明 die Erklärung, die Erläuterung.
説明する 《[〜に]〜を》[人³] 事⁴ erklären (erläutern).
節約する 《[〜を]》[物・事⁴] sparen.
設立する 《〜を》物⁴ gründen (ein|richten).
背中 der Rücken. ☞ 裏.
ぜひ どうか, どうしても.
背広 der Anzug.
狭い 窮屈な eng; 幅の狭い schmal.
迫る 《〜に…するよう》人⁴ drängen, zu 不定詞[句]; 《〜を》要求する 事⁴ fordern (verlangen). ☞ 近づく.
攻める 《〜を》人⁴ an|greifen*.
責める 《〜の〜を》とがめる 人⁴ wegen 事² (für 事⁴) tadeln, 人³ 事⁴ vor|werfen*.
ゼロ null.
世話 die Pflege; 心配り die Fürsorge. ∥ 〜

の世話をする　für 人・物⁴ sorgen; sich⁴ um 人・物⁴ kümmern; 人・物⁴ pflegen(*).
世話する 〖～に～を〗人³ 人・物⁴ vermitteln.
千　das Tausend; 千の tausend.
栓　der Stöpsel; (びんの王冠 der Kronenverschluss; コルク栓 der Korken; (水道管などの)コック der Hahn.
線　① die Linie; 書かれた線・棒 der Strich. ② 配線 die Leitung; ケーブル das Kabel.
繊維　die Faser.
選挙　die Wahl.
先月　vorigen (letzten) Monat, im vorigen (letzten) Monat.
全国　das ganze Land. // 日本全国 ganz Japan.
先日　vor kurzem, neulich.
選手　(球技などの)プレーヤー der Spieler; (格技の)競技者 der Kämpfer; 走者 der Läufer.
先週　vorige (letzte) Woche, in der vorigen (letzten) Woche.
先生　教師 der Lehrer. ☞ 医者, 教授.
全然…ない　gar (überhaupt) nicht.
戦争　der Krieg. // ～と戦争をする mit 人・物³ Krieg führen. ☞ 戦い.
…全体　der (die, das) ganze … ☞ 一体.
選択　die Wahl, die Auswahl.
洗濯する 〖～を〗物⁴ waschen*.
洗濯物　die Wäsche.
センチメートル　der (das) Zentimeter.
前提　die Voraussetzung. ☞ 条件. // ～を前提とする 物⁴ voraus|setzen.
宣伝　① 広告 die Reklame. ② (特定の思想の) die Propaganda.
先頭　die Spitze.
全部　alles. ☞ すっかり.
全部で　insgesamt, [alles] zusammen.
全部の　all, sämtlich, gesamt. ☞ …全体.
洗面器　das Waschbecken, das Becken.
専門　das Fach.
専門家　der Fachmann.
占領する 〖～を〗物⁴ besetzen.
全力で　mit aller (voller, ganzer) Kraft.
線路　das Gleis; レール die Schiene.

そ

そう　① 本当? So?, Ja? ② そのように so.
層　(地質・社会などの) die Schicht. ☞ 階級.
相違　der Unterschied.
騒音　der Lärm.
増加　die Zunahme.
総合的な　包括的な umfassend; 全般的な allgemein.
相互に　☞ 互いに.
葬式　die Beerdigung, das Begräbnis.
掃除機　der Staubsauger.
掃除する 〖～を〗物⁴ sauber machen (rein machen); 〖～を〗磨く 物⁴ putzen.

想像　die Fantasie; 思い描くこと die Vorstellung; 思い込み die Einbildung.
騒々しい　laut, unruhig.
創造する 〖～を〗人・物⁴ schaffen*.
想像する 〖～を〗sich³ 物⁴ vor|stellen (denken*); 〖…と〗推測する vermuten, …
相続する 〖～を〗物⁴ erben.
相談する 〖～と[～について]〗sich⁴ mit 人³ [über 事⁴] beraten* (besprechen*).
装置　die Vorrichtung; 設備 die Anlage; 器械 der Apparat, das Gerät.
相当　☞ かなり.
相当する 〖～に〗事³ entsprechen*.
添える 〖～に～を〗物³ 物⁴ bei|legen; 〖～を〗付け加える 事⁴ hinzu|fügen.
ソース　die Soße.
ソーセージ　die Wurst; (小さい) das Würstchen.
促進する 〖～を〗事⁴ fördern.
属する 〖～に〗zu 物 人・物³ gehören.
速達　die Eilpost. // 速達で mit Eilpost.
速度　die Geschwindigkeit.
束縛する 〖～を〗人⁴ binden*.
そこに　そこで da, dort; そこへ dahin, dorthin.
組織　die Organisation; 体系 das System.
阻止する 〖～が～するのを〗人・物⁴ an 事³ hindern; 〖～を〗事⁴ verhindern.
そして　und; それから dann.
訴訟　der Prozess.
注ぐ　① (川などが) 〖～へ〗in 物⁴ münden. ② 〖液体を～の中(上)へ〗物⁴ in (auf, über) 物⁴ gießen*.
育つ　成長する wachsen*, sich⁴ entwickeln; 大きくなる groß werden*.
育てる　〖動植物を〗物⁴ züchten; 〖子供を〗養育する 人⁴ groß|ziehen*.
そちら　それ das 〖人〗あなた, あなた方.
そちらに　あなた[方]の所で(へ) bei (zu) Ihnen.
卒業する　(学校を) aus der Schule entlassen werden*; (大学を) Examen machen.
そっくり　① 残らず ganz. ② よく似た täuschend ähnlich.
そっち　☞ そちら.
率直な　aufrichtig, offen.
沿って　～に沿って 物³ (an 物³) entlang.
そっと　小声で leise; 優しく sanft. ☞ こっそり. // ～をそっとしておく 人⁴ in Ruhe lassen*.
袖(そで)　(衣類の) der Ärmel.
外側の
外に　① 外で außen; 外へ hinaus; 野外で draußen; 野外で im Freien; 野外へ ins Freie. ② ～の外で außerhalb 物² (von 物³), außer 物³; ～から外へ aus 物³.
備える　① 〖～に〗sich⁴ auf 事⁴ vor|bereiten. ② 〖～に～を〗備え付ける 物⁴ mit 物³ aus|statten. ☞ 備え.
その　der, die, das, 〖複〗で die.
その上　außerdem, auch noch, noch dazu.
そのうちに　やがて bald; そうこうしている間に

付録

そばに ☞ 近くに, きわに, 隣に.
そびえる sich⁴ erheben*.
祖父 der Großvater.
ソファー das Sofa.
祖母 die Großmutter.
素朴な ① 簡素な einfach, schlicht. ② 純真な naiv.
粗末な jämmerlich.
空 天空 der Himmel; 空中 die Luft.
そる 〖~の頭・脚などを〗 人³ 物⁴ rasieren.
それ ① (物を指して:) das. ② (前述の名詞を受けて:) er, sie, es, 〖複〗 sie; その事 das.
それから dann; そののちに später.
それぞれ je; どの…も jeder; 個々の einzeln.
それで ① それによって dadurch. ☞ だから. ② (相手の話を促して:) それで? Und?
それとも oder.
そろう 全部ある komplett (vollständig) sein*. ☞ 合う, 集まる. // 私たちは皆そろっている. Wir sind* alle da.
そろえる ① 〖~を~に〗合わせる 物⁴ 人・物³ an|passen ② 〖必要なものを〗集めておく 物⁴ zusammen|stellen. ③ 〖~を〗きちんと置く 物⁴ gerade|legen.
損 不利益 der Nachteil. ☞ 損害.
損害 der Schaden; 損失 der Verlust.
尊敬する 〖~を〗 人⁴ [hoch] achten (ehren).
存在する da sein*, existieren; 〖~が〗 es gibt* 人・物⁴. ☞ 有る.
損失 der Verlust. ☞ 損害.
損する 〖お金などを〗失う 物⁴ verlieren*.
尊重する 〖~を〗 人・事⁴ [hoch] achten (schätzen).
そんな solch, (口語:) so.
そんなに so.

た

田 das Reisfeld.
ダース das Dutzend.
…対… ① (割合を表して:) … zu … ② (対戦者を表して:) 人¹ gegen 人⁴.
台 das Gestell.
題 der Titel.
体格 der Körperbau; 体 der Körper.
大学 [単科]大学 die Hochschule; 総合大学 die Universität.
代金 お金 das Geld; 代価 der Preis; 勘定 die Rechnung; 支払われたお金 die Zahlung.
待遇 die Behandlung; もてなし die Aufnahme. ☞ 条件.
退屈する sich⁴ langweilen.
退屈な (物事・人が物が) langweilig; つまらぬ uninteressant.
体系 das System.
体験 das Erlebnis; 経験 die Erfahrung.
体験する 〖~を〗 事⁴ erleben ((雅語:) erfahren*).
太鼓 die Trommel.
対抗する 〖〖~と〗競争する [mit 人³] konkurrieren.
滞在 der Aufenthalt.
滞在する 〖…(位置)に〗 sich⁴ … auf|halten*; 〖…(位置)に〗宿泊している … wohnen.
対策 die Maßnahme.
大使 der Botschafter.
大使館 die Botschaft.
対して ~に向き合って 人・物³ gegenüber; ~の代価として für 物⁴.
たいして…でない nicht so (sehr, besonders) … 〖原級とともに〗; nicht viel … 〖比較級とともに〗.
大事な ① 重要な wichtig. ② 高価な kostbar; 貴重な wertvoll.
大事に ていねいに sorgfältig; 注意深く vorsichtig. // お大事に. Gute Besserung!
大事にする 〖~を〗 物・事⁴ schonen.
大衆 die Masse; 庶民 das Volk.
体重 das Gewicht. // 私は体重50キロです. Ich wiege* 50 Kilo.
対象 (行為の)対象物 der Gegenstand; (アンケートなどの)対象となる人々 die Zielgruppe.
対照 ① 比較 der Vergleich. ② 対比の関係, der Gegensatz, der Kontrast.
だいじょうぶである in Ordnung sein*; 〖~のことで〗心配する必要はない sich³ keine Sorgen um 人・事⁴ zu machen brauchen; 何とかなる Es geht*.
大臣 der Minister.
大切 ☞ 大事な, 大事に, 大事にする.
体操 器械体操 das Turnen; 徒手体操 die Gymnastik.
大体 ほぼ ungefähr, etwa.
たいてい ☞ ふつう.
態度 ① ふるまい das Benehmen; 物腰 die Haltung. ② 立場 die Stellung.
対等の ① 等価の gleichwertig. ② 同じ権利を有する gleichberechtigt.
台所 die Küche.
代表 代表者 der Vertreter.
代表する 〖集団などを〗 人・事⁴ vertreten*.
タイプ ① 型 der Typ. ② 性格. ② タイプライター die Schreibmaschine.
だいぶ ☞ かなり.
台風 der Taifun.
たいへん 非常に sehr. ☞ とても.
たいへんな ☞ つらい, ひどい, めんどうな.
タイヤ der Reifen.
太陽 die Sonne.
平らな flach, eben.
代理 代行 die Vertretung; 代理人 der Vertreter. // ~の代理をする 人⁴ vertreten*.
大陸 der Kontinent.
対立 der Gegensatz; 摩擦 der Konflikt.
対立する 〖~に〗対立している in (im) Gegensatz zu 人³ stehen*. ☞ ぶつかる.

絶えず ständig, dauernd. ☞ いつも.
耐える・堪える 〖～に〗 人・事⁴ ertragen* (aus|halten*); 〖～を〗耐え忍ぶ (雅語:)〖事⁴〗 dulden. ☞ できる.
倒す ① 〖～を〗 um|kippen, 〖建物などを〗物⁴ ab|reißen*. ② 〖～を〗殺す 人・物⁴ um|bringen*; 〖～を〗滅ぼす 人⁴ vernichten. ☞ 負かす.
タオル das Handtuch.
倒れる ① um|kippen, (政府が)崩壊する stürzen. ☞ 転ぶ. ② 病気になる krank werden*. ☞ 死ぬ.
高い ① hoch. ∥ 背の高い groß. ② 高価な teuer, kostbar.
互いに ① 両者が beide; 各自が jeder. ② (それぞれが)相手に(を) gegenseitig, einander, sich³⁽⁴⁾.
高さ die Höhe. ∥ ～は高さ…メートルである. 物¹ ist* ... Meter hoch.
宝 der Schatz.
だから ① deshalb, deswegen, darum, daher, also. ② …なので weil …, (自明の理由をあげて:) da …; というのは だから denn …
滝 der Wasserfall.
妥協 der (das) Kompromiss, der Ausgleich.
たく 〖燃料を〗物⁴ brennen*; 〖ストーブなどを〗物⁴ heizen.
炊く 〖～を〗物⁴ kochen.
抱く ① 〖～を〗腕に抱き上げる 人・物⁴ auf den Arm nehmen*; 〖～を〗腕に抱えている 人・物⁴ auf dem Arm tragen*; 〖～を〗抱擁する 人⁴ umarmen. ② 〖思いなどを〗事⁴ hegen.
たくさん ① viel. ☞ 多くの. ② 充分な genug.
タクシー das Taxi.
たくましい kräftig; 力の強い stark.
竹 der Bambus.
打撃 der Schlag. ② 心の痛手 der Schock. ☞ 損害.
確か 思い違いでなければ wenn ich mich nicht irre.
確かな ① 信頼できる sicher, zuverlässig; 確実な gewiss. ② 堅固な fest.
確かに sicher; 確かに…ではあるが… zwar (allerdings) …, aber …
確かめる 〖～を〗調べてみる 物⁴ nach|sehen*; 〖…であることを〗確認する sich⁴ vergewissern, dass …
多少 ある程度, いくつかの, 少し.
足す ① 加算する addieren, zusammen|zählen. ∥ 2+3=5 2 und 3 ist* 5. ② 〖～を〗注(つ)ぎ足す 物⁴ zu|gießen*.
出す ① 〖～を─から〗 人・物⁴ aus (von) 物³ nehmen* (ziehen*). ② 〖～に飲食物などを〗さし出す 人³ 物⁴ an|bieten*. ☞ 送る, 出版する, 提出する.
多数の eine große Zahl (Anzahl) [von] …, eine Menge [von] …
助かる ① 救われる gerettet werden*. ②

(人・物が)〖～の〗役にたつ 人³ helfen*; (物が)〖～の〗役にたつ 人³ nutzen. ☞ 感謝する.
助け die Hilfe. ☞ 救助, 援助.
助ける ① 〖～を〗救助する 人・事⁴ retten. ☞ 救う. ② 〖～に〗力を貸す [人³] helfen*. ☞ 支える, 促進する.
訪ねる 〖～を〗訪問する 人⁴ besuchen; 〖～を〗訪問中である bei 人³ auf (zu) Besuch sein*.
尋ねる 〖～に(～のことを)〗 質問する [人⁴] (nach 人・事³)] fragen, [人³] eine Frage stellen; 〖[～を]〗問い合わせる sich⁴ [nach 事³] erkundigen.
ただ nur, bloß. ☞ しかし.
ただいま (帰宅のあいさつとして:) やあ (口語:) Hallo!; こんにちは Guten Tag!; こんばんは Guten Abend!; 戻りました Ich bin* wieder da. ☞ 今, 現在, すぐ.
戦い der Kampf; 戦闘 die Schlacht.
戦う ① 〖〖～と〗〗 [gegen 人・物⁴ (mit 人・物³)] kämpfen. 〖～と〗プレーする gegen 人⁴ spielen.
たたく 〖～を〗ぶつ 人・物⁴ schlagen*; 〖[ドアなどを]〗ノックする [an (auf) 物⁴] klopfen.
正しい ① 公平な recht, gerecht. ② 真理(事実)に合っている richtig, korrekt.
ただで umsonst, kostenlos.
ただの ① 無料の kostenlos, frei. ② 単に…にすぎない nur; 平凡な gewöhnlich.
たたむ 〖～を〗折りたたむ 物⁴ falten. ☞ 閉じる.
立ち上がる ① auf|stehen*. ② 行動を起こす eine Aktion ein|leiten.
立場 ① der Standpunkt. ② 境遇 die Lage. ☞ 観点, 態度.
立つ 立ち上がる auf|stehen*; 立っている stehen*. ☞ 出発する.
経つ (時が) vergehen*.
建つ 建てられる gebaut werden*.
達する 〖～に〗到達する 物⁴ erreichen; 〖…(数量)に〗… betragen*. ☞ 実現する.
貴い ① 崇高な edel. ② 価値ある wertvoll.
たっぷり reichlich.
縦 高さ die Höhe; 長さ die Länge.
縦に längs.
建物 das Gebäude; 家屋 das Haus.
立てる 〖～を〗 人・物⁴ auf|stellen; 〖～を…へ〗立てて置く 人・物⁴ … stellen.
建てる ① 〖～を〗物⁴ bauen. ② 〖国などを〗物⁴ errichten.
妥当な angemessen.
たとえ…でも auch wenn (wenn auch) …
例えば zum Beispiel.
たどる 〖～の〗跡を追う 物³ folgen (nach|gehen*). ② 〖～に沿って〗歩いて(乗り物で)行く 物⁴ entlang gehen* (fahren*).
棚 本(商品)棚 das Regal.
谷 das Tal.
他人 ① 人々 [覆 で] Leute; ほかの人達 [覆 で] die anderen 〖語尾変化は形容詞と同じ〗. ② よその人 der Fremde 〖語尾変化は形容詞と同

たね

種 種子 der Samen; (果実の) der Stein, der Kern.
他の ander.
楽しい froh, fröhlich; 愉快な lustig, heiter. // ～が私にとっては楽しい。[事]¹ macht mir Spaß.
楽しみ das Vergnügen, die Freude, der Spaß. // ～を楽しみにする sich⁴ auf [人・事] freuen.
楽しむ [[～をして]] sich⁴ [mit [事]³] vergnügen (unterhalten*); [～を] [物・事]⁴ genießen*.
頼む ① [～に[…するよう]] [人]⁴ bitten*[, zu 不定詞[句]]. ☞ 依頼する. ② [業者などを] 呼ぶ [人]⁴ bestellen (rufen*).
頼もしい 頼りになる zuverlässig, verlässlich.
束 das Bündel, das Bund.
たばこ 紙巻きたばこ die Zigarette; 刻みたばこ der Tabak. // たばこを吸う rauchen.
たび ☞ 回.
旅 ☞ 旅行.
たびたび oft, häufig, vielmals; 数度にわたり mehrmals; 再三再四 immer wieder.
多分 vermutlich, wahrscheinlich, wohl.
食べ物 何か食べる物 etwas zu essen; 食事 das Essen; 食物 [ふつう 複] Nahrungsmittel.
食べる (人間が) [～を] [物]⁴ essen*; (動物が) [～を] [物]⁴ fressen*.
玉・弾・球 球・弾丸 die Kugel. ☞ ボール.
卵 das Ei.
魂 die Seele; 精神 der Geist.
だます [～を] [人]⁴ betrügen* (täuschen).
たまに ☞ ときどき, めったに…ない.
たまる ① 山積する sich⁴ [an|]häufen. ② 増える sich⁴ vermehren.
黙る schweigen*; 隠す.
試す [～を] [物・事]⁴ versuchen (probieren); [～を]検査する [物]⁴ prüfen.
だめな 良くない nicht gut; 悪い schlecht. ☞ いけない, 失敗する, むだである.
ために ① ～のために für [人・事]⁴; ～のせいで wegen [事]². ② …する目的で um zu 不定詞[句].
ためになる 良い gut; 教えに富んだ lehrreich; 役にたつ nützlich.
ためらう zögern.
ためる [～を]積み上げる [物]⁴ [an|]häufen; [～を]集める [物]⁴ [an|]sammeln. // お金をためる Geld sparen.
保つ [～を] [事]⁴ halten*, [物]⁴ [aufrecht|]erhalten*.
頼る [～を] よりどころにする sich⁴ auf [事]⁴ stützen; [～を] 当てにする sich⁴ auf [人]⁴ verlassen*.
だらしない nachlässig, unordentlich.
足りない fehlen.
足りる genügen, [aus|]reichen. ☞ 十分な.

だれか jemand; (だれか知らないが) irgendjemand.
だれが wer.
だれでも jeder.
だれも…ない niemand, keiner.
たれる […から(…へ)] 滴る … tropfen. ☞ 掛かる.
段 ① 一段 die Stufe. ☞ 階段. ② (文章の)区切り der Abschnitt, der Absatz.
単位 die Einheit.
段階 ① (上下の)等級 die Stufe. ② 進展の一場面 das Stadium; 状況 der Stand.
単語 das Wort, die Vokabel.
単純な einfach; 素朴な schlicht.
誕生 die Geburt.
誕生日 der Geburtstag.
たんす 洋服だんす der Schrank; 整理だんす die Kommode.
ダンス der Tanz. // ダンスをする tanzen.
男性 男 der Mann; 男の方 der Herr.
団体 ① グループ die Gruppe. ② 同じ目的を持つ人の集まり der Verband, der Verein.
だんだん allmählich, langsam.
団地 (新興の)住宅地 die Siedlung; (公団住宅などの) das Neubaugebiet.
暖房 die Heizung.
暖房する [～を] [物]⁴ heizen.

ち

血 血液・血縁 das Blut.
地位 die Stellung; ポスト der Posten. ☞ 階級.
地域 das Gebiet; 地区 das Viertel.
小さい ① klein. ② 音の小さい leise.
チーズ der Käse.
チーム die Mannschaft; 作業班 das Team.
知恵 die Weisheit. ☞ アイディア.
地下 地中・非合法 der Untergrund.
近い nah[e]; 道のりの短い kurz.
違い der Unterschied.
誓う [[～に]～を] [人]³ [事]⁴ schwören*.
違う ① ほかの ander; [[～とは]] 異なっている anders sein* [als [人・物]³]; 相異なる verschieden sein*. ② 間違いの falsch; 合っていない nicht stimmen.
近くに [～の]近くに in der Nähe [[物]² (von [物]³)]; ～の近くに bei [人・物]³, (雅語:) nah[e] [物]³.
近ごろ ☞ 最近.
近づく [[～に]] sich⁴ [人・物]³ nähern. ☞ 寄る.
地下鉄 die U-Bahn.
力 ① die Kraft; 威力 die Macht; 暴力 die Gewalt. ② 能力 die Fähigkeit.
地球 die Erde.
遅刻する zu spät kommen*. ☞ 遅れる.
知識 die Kenntnis, das Wissen.

地上で auf der Erde.
知人 der Bekannte 《語尾変化は形容詞と同じ》.
地図 die Landkarte, die Karte; 地図帳 der Atlas; 市街地図 der Stadtplan.
父 der Vater.
縮む schrumpfen, sich⁴ zusammen|ziehen*.
縮める ①〔～を〕短縮する 物·事⁴ verkürzen (kürzer machen). ②〔～を〕収縮させる 物⁴ zusammen|ziehen*.
秩序 die Ordnung.
知的な intellektuell; 精神的な geistig.
地方 地域 die Gegend. ☞ 田舎.
茶 der Tee.
茶色の braun.
茶碗 (お茶の) die Tasse; (御飯の) die Schale.
チャンス die Chance. ☞ 機会.
ちゃんと きちんと ordentlich, (口語:) anständig; 正しく richtig.
注意 die Aufmerksamkeit; 用心 die Vorsicht; 警告 die Warnung. ∥ 注意せよ. Achtung!; Vorsicht!
注意する 〖〜に〗〜に対する〗注意を喚起する [人⁴] vor 人·事³ warnen. ☞ 気をつける.
中央 die Mitte, das Zentrum.
中学校 die Mittelschule.
中間 die Mitte.
中くらいの mittler.
忠告 der Rat[schlag].
中国 China; 中華人民共和国 die Volksrepublik China. ∥ 中国語 Chinesisch / 中国人 der Chinese / 中国の chinesisch.
忠告する 〖〜に〗人³ einen Rat geben*.
中止する 〖〜を〗とりやめる 事⁴ ab|sagen.
忠実な treu.
中止になる (例会などが) aus|fallen*; 催されない nicht statt|finden*.
注射 die Spritze. ∥ 〜に注射をする 人³ eine Spritze geben*.
駐車する 〖[車を]〗停める [物⁴] parken.
抽象的な abstrakt.
昼食 das Mittagessen. ∥ 昼食をとる zu Mittag essen*.
中心 ① das Zentrum, der Mittelpunkt, die Mitte. ② 核心 der Kern.
ちゅうちょする zögern.
中毒 ① (毒物による) die Vergiftung. ∥ 〜で中毒を起こす sich⁴ durch 物⁴ vergiften. ② (麻薬などへの)病的依存 die Sucht.
…中に ☞ 間に, 中(%)に.
注目する 〖〜に〗注意を向ける seine Aufmerksamkeit auf 人·物⁴ richten.
注文する 〖〜を〗[sich³] 物⁴ bestellen.
中立の neutral.
腸 der Darm.
蝶 (ちょう) der Schmetterling.
彫刻 (技能としての:) die Bildhauerkunst; (作品としての:) die Plastik.
調査 die Untersuchung, die Erforschung.
調査する ☞ 調べる.
調子 音程 der Ton; 旋律 die Melodie; リズム der Rhythmus. ☞ 具合い.
長所 強み die Stärke; 利点 der Vorteil.
頂上 der Gipfel.
朝食 das Frühstück. ∥ 朝食をとる frühstücken.
調節する 〖〜を〗 物·事⁴ regeln (regulieren); 〖〜を〗セットする 物⁴ ein|stellen.
朝鮮 Korea; 朝鮮民主主義人民共和国 die Demokratische Volksrepublik Korea. ∥ 朝鮮語 Koreanisch / 朝鮮人 der Koreaner / 朝鮮の koreanisch.
ちょうど ① おりよく gerade, eben. ② きっかり genau. ☞ …ように.
調和 die Harmonie; 釣り合い das Gleichgewicht.
チョーク die Kreide.
貯金する Geld sparen.
直接の direkt, unmittelbar.
直線 die Gerade 《語尾変化は形容詞と同じ》.
チョコレート die Schokolade.
著書 das Werk; 本 das Buch.
直径 der Durchmesser.
ちょっと 短時間 einen Augenblick (Moment); まあちょっと einmal, (口語:) mal. ☞ 少し.
地理 die Geographie.
治療する 〖〜を[薬などで]〗 人⁴ [mit 物³] behandeln.
散る ① (葉などが)落ちる fallen*. ② ばらばらになる sich⁴ zerstreuen.
賃金 der Lohn.

つ

つい ☞ うっかり, 思わず.
対 das Paar.
追加の zusätzlich.
ついたち ☞ …日(%).
ついでに nebenbei.
ついに ようやく endlich; 結局 schließlich. ☞ 最後に.
通過する ☞ 通り過ぎる.
通行 der Verkehr.
通じる ①〖〜に〗精通している sich⁴ [in 事³] aus|kennen*. ②〖〜(相手)が〜を〗理解する 人¹ versteht* 人·事⁴. ☞ つながる, 通る.
通信 ① 書簡·文通 die Korrespondenz; 知らせ die Nachricht. ② 情報伝達 die Nachrichtenübermittlung; 無線 der Funk.
通知 die Nachricht, die Mitteilung.
通訳 通訳する人 der Dolmetscher.
通訳する dolmetschen.
通用する gelten*, gültig sein*.
つえ der Stock.
使う ①〖〜を〗使用する 人·物⁴ gebrauchen; 〖道具を〗 物⁴ benutzen; 〖消耗品·道具を〗(特定の目的に) 物⁴ verwenden(*); 〖〜を[〜に]〗適用する 物⁴ [auf 事⁴] an|wenden(*).

つかまえる

②〖～を〗消費する 物⁴ verbrauchen; 〖～を〗支出する 物⁴ aus|geben*.
つかまえる 〖～を〗(手などで) 人・物⁴ fangen* (fassen); 〖～を〗逮捕する 人⁴ fest|nehmen* (verhaften).
つかむ 〖～を〗(手などで) 物⁴ greifen*, 人・物⁴ ergreifen* (fassen). ☞ 得る, 理解する.
疲れた müde.
疲れる ① 疲労する(している) müde werden (sein*). ② 〘物事が〙〖人を〗疲れさせる 人⁴ müde machen.
月 ① 〘天体の〙der Mond. ② 〘暦の〙der Monat. ☞ …か月.
つき合う 〖～と〗交際する mit 人³ verkehren, Umgang mit 人³ haben* (pflegen(*)).
次々に nacheinander, hintereinander, einer nach dem anderen.
次の nächst, folgend.
尽きる zu Ende gehen*; 尽きている zu Ende sein*.
付く ① 〖～に〗くっついている an 物³ haften*, 〖～に〗粘着している an (auf, in) 物³ kleben. ② (灯火などが)ともる (口語:) an|gehen*.
突く ① 〖～を[めがけて]〗人⁴ (nach 人³) stoßen*. ② 〘まりを〙物⁴ springen lassen. ③ 〘弱点などを〙攻撃する 事⁴ an|greifen*. ④ 〘つえなどで〙体を支える sich⁴ auf 物⁴ stützen.
着く 〖〖…(位置)に〗〗到着する […] an|kommen*; 〖～に〗到達する 物⁴ erreichen.
就く ① 〘勤務などに〙事⁴ an|treten*. ② 〖～に〗習う bei 人³ Unterricht nehmen*.
机 der Tisch.
作る 〖～を〗物⁴ machen; 〖～を〗形成する 物⁴ bilden (gestalten). ☞ 生産する, 建てる, 料理する.
付け加える 〖〖～に〗～を〗[物・事⁴] 物・事⁴ hinzu|fügen.
付ける ① 〘ブローチなどを〙留める 物⁴ stecken; 〖～を〗取り付ける 物⁴ an|machen. ② 〘～の〙あとについて行く(あとをこっそり追う) 人³ nach|gehen* (heimlich folgen). ③ 〖～に〗点火する 物⁴ an|zünden ((口語:) an|machen); 〖～に〗スイッチを入れる 物⁴ ein|schalten ((口語:) an|machen).
着ける 〖～を〗着る 物⁴ an|ziehen*; 〘指輪・イヤリングなどを～に〙物⁴ an 物⁴ stecken; 〖～を〗着けている 物⁴ tragen*.
都合 理由 der Grund. // 都合の良い günstig / ～にとって都合が良い 人³ passen.
伝える ① 〖～を〗知らせる 人³ 事⁴ mit|teilen. ☞ 報告する. ② 〖～を…へ〗もたらす 物・事⁴ … bringen*. ③ 〘光・音などを〙伝導する 物⁴ leiten (fort|pflanzen).
伝わる ① 〖～に〗知れている 人³ bekannt sein*. ② 〖～から〗来る von 人・物³ (aus 物³) kommen*; 広まる sich⁴ verbreiten. ③ (光・音などが) sich⁴ fort|pflanzen.
土 die Erde.
続く ① sich⁴ fort|setzen, 継続する weiter|gehen*. ☞ つながる. ② 〖…(時間)が〙渡る

… dauern; (悪天候などが) an|halten*. ③ 〖～のあとに〗人・物³ (auf 人・物⁴) folgen.
続ける ① 〖～を〗事⁴ fort|setzen. ② 〖～を～のあとで〙すぐに行う 事⁴ an 事⁴ an|schließen*.
包む 〖～を〗物⁴ ein|packen.
務め 任務 die Aufgabe; 責務 die Pflicht.
勤め 勤務 der Dienst; 職業 der Beruf.
努める 〖…しようと〗努力する sich⁴ bemühen, zu 不定詞[句]; 〖…しようと〗試みる versuchen, zu 不定詞[句].
務める 〖～として〗働く als 事¹ wirken (tätig sein*).
勤める 〘会社などで〙働いている bei (in) 物³ arbeiten. ☞ 就職する.
綱 die Leine, das Seil.
つながる ① 〖～と〗結ばれる mit 物³ verbunden werden*; (道路などが) …へ 通じている … führen (gehen*); 〖～に〗接続する sich⁴ an 物⁴ an|schließen*; (かけた電話が) die Verbindung (den Anschluss) bekommen*. ② 〖～という結果に〗至る zu 事⁴ führen.
つなぐ 〖～を～に〗結びつける 物⁴ mit 物³ verbinden*, 人・物⁴ an 物⁴ [an]|schließen*.
常に immer, stets, ständig.
角 das Horn.
翼 der Flügel.
つばめ die Schwalbe.
粒 das Korn.
つぶす 〖～を〗押しつぶす 人・物⁴ zerdrücken; 〘計画などを〙事⁴ vernichten (zunichte machen). // 時間をつぶす sich³ die Zeit vertreiben*.
つぶれる ① 倒壊する ein|fallen*, ein|stürzen. ② (時間などが) 〖〖～から〙〗失われる [人³] verloren gehen*; (計画などが) vernichtet (zunichte) werden*. ☞ 倒産する.
つぼみ die Knospe.
妻 die Frau.
つまずく 〖〖～に〗〗 [über 物⁴] stolpern; 〘人生(計画)などに〙in (mit) 物³ scheitern.
つまらない ① 退屈な langweilig; 興味をひかない uninteressant. ② ばかばかしい dumm.
つまり also, das heißt, das ist. ☞ すなわち.
罪 (法律上の) die Schuld; 犯罪 das Verbrechen; (宗教上の) die Sünde.
積む ① 〖～を〖～に〗〗 物⁴ [in (auf) 物⁴] la den* (packen). ② 〘経験・知識などを〙蓄える 事⁴ sammeln.
爪(?) ① (手足の) der Nagel. ② (物を掛けるための)くぎ der Haken.
冷たい kalt; ひんやりする kühl.
冷たさ die Kälte.
詰める 〖～を〖～に〗〗 物⁴ [in 物⁴] packen; 〖～を～に〗詰め込む 物⁴ in 物⁴ stopfen; 〖～を～に〗満たす 物⁴ mit 物³ füllen.
つもり 考え・意図 die Absicht. // …するつもりである … wollen* / …する予定である vor|haben*, zu 不定詞[句].

梅雨 雨期 die Regenzeit.
露 der Tau.
強い stark, kräftig; 権力のある gewaltig, mächtig; 激しい heftig. ☞ きつい.
強さ die Stärke.
つらい ① hart, anstrengend, schwer, schwierig. ② 〖〜にとって〗…しづらい Es fällt* [人³] schwer, zu 不定詞[句].
釣り 魚釣り das Angeln.
釣る 〖〜を〗物⁴ angeln. ☞ 誘惑する.
連れて行く 〖〜を〗同伴させる 人⁴ mit|nehmen*. ☞ 送る.
連れて来る 〖不意の客などを〗人⁴ mit|bringen*; 〖〜を〗呼んで来る 人⁴ holen. ☞ 迎える.

て

手 ① die Hand. ② 腕 der Arm.
出会う 〖〜に〗人⁴ treffen*. ☞ 会う.
手当て 治療 die Behandlung. ☞ 給料. ∥ 〜の手当てをする 人・物⁴ behandeln.
…である …は…である sein*.
提案 der Vorschlag.
提案する 〖〜を〗事⁴ vor|schlagen*.
定期券 (一か月の) die Monatskarte; (一週間の) die Wochenkarte.
定期的な regelmäßig.
提供する 〖〜に〜を〗人³ 物⁴ [an]|bieten*.
抵抗する 〖〜に〗屈しない 人・事³ widerstehen*; 〖〜に対して〗身を守る sich⁴ gegen 事⁴ wehren.
提出する 〖〜を〗引き渡す 物⁴ ab|geben*; 〖〜に〜を〗(審査などのために) 人³ 物⁴ vor|legen*.
訂正 die Verbesserung, die Korrektur.
訂正する ☞ 直す.
程度 das Maß, der Grad. ☞ 規模, 質.
ていねいな ① 礼儀正しい höflich. ② 入念な sorgfältig.
停留所 die Haltestelle.
手入れをする 〖〜を〗物⁴ pflegen(*).
テープ ① 平板なひも das Band. ② カセットテープ die Tonbandkassette, die Kassette; ビデオカセット die Videokassette. ③ 粘着テープ der Klebestreifen.
テーブル der Tisch.
テープレコーダー das Tonbandgerät; カセットレコーダー der Kassettenrekorder.
テーマ das Thema.
てがかり 跡 die Spur.
出かける (食事・遊興のために) aus|gehen*.
手紙 der Brief; 書簡 das Schreiben. ∥ 〜に手紙を書く 人³ [einen Brief] schreiben*; [einen Brief] an 人⁴ schreiben*.
敵 der Feind. ☞ 相手.
適応する sich⁴ 人・事³ an|passen*.
出来事 das Ereignis; (不意の) der Vorfall.
テキスト ☞ 教科書, 文章.

適する ☞ 合う.
適切な recht, richtig; 適確な treffend. ☞ 適当な.
適当な ちょうどよい passend, geeignet; 相応の entsprechend. ☞ いいかげんな.
できる ① …する能力がある … können*. ☞ やり遂げる. ② 有能な fähig; 優れた gut. ③ 仕上がる fertig werden*. ④ (作物が) 〖…(位置)で〗育つ …⁴ wachsen*; 建築される gebaut werden*. ⑤ 生じる entstehen*; 形成される sich⁴ bilden; 〖人が子供・病変などを〗持つようになる 人¹ bekommt* 人・物⁴.
できるだけ なるべく.
出口 (歩行者用の) der Ausgang; (乗り物用の) die Ausfahrt.
手数 労力 die Arbeit, die Mühe.
テスト die Prüfung. ☞ 試験.
でたらめ der Unsinn, (口語:) der Quatsch.
鉄 das Eisen; 鋼鉄 der Stahl.
哲学 die Philosophie.
手伝う 〖〜を〗[人³] helfen*.
手続き das Verfahren, die Formalität.
徹底的な gründlich.
鉄道 die Eisenbahn, die Bahn.
鉄の eisern.
徹夜で die ganze Nacht hindurch.
テニス das Tennis.
では それなら dann; ではここで nun.
デパート das Kaufhaus, das Warenhaus.
手袋 der Handschuh. ∥ 手袋をする die Handschuhe an|ziehen*.
手本 das Vorbild, das Muster.
でも …ですら selbst, auch; それどころか…さえ sogar. ☞ しかし.
寺 [仏教]寺院 der Tempel, der [buddhistische] Tempel.
照らす 〖〜へ〗光を向ける … leuchten; 〖物体を〗照らす 人・物⁴ beleuchten.
照る scheinen*.
出る ① (歩いて)出て行く hinaus|gehen*; 〖〜から〗外へ歩いて(乗り物で)行く aus 物³ gehen* (fahren*). ② (本などが) erscheinen*. ③ 〖本などに〗書いてある in 物³ stehen*. ∥ 新聞(テレビ)に出る in die Zeitung (ins Fernsehen) kommen*. ☞ 行く, 参加する, 出席する, 出発する.
テレビ ① テレビ受像機 der Fernseher, der Fernsehapparat. ② テレビ放送 das Fernsehen. ∥ テレビを見る fern|sehen*.
点 ① 点・事項・ピリオド der Punkt. ② 小数点・コンマ das Komma.
店員 従業員 der Angestellte 〘語尾変化は形容詞と同じ〙; 販売員 der Verkäufer.
展開 die Entwicklung.
天気 ① das Wetter. ② 好天 gutes (schönes) Wetter.
伝記 die Biographie.
電気 電流 der Strom. ☞ 電灯.
電球 die Birne.
天国 der Himmel.
天才 das Genie.

てんじする

展示する〖~を〗4 aus|stellen.
電車 die Bahn; 都市高速鉄道 die S-Bahn. ☞ 鉄道, 列車, 路面電車.
天井 ① die Decke. ② 頂点 der Gipfel.
伝説 die Sage.
伝染する an|stecken.
電池 die Batterie.
伝統 die Tradition.
電灯 die Lampe; 明かり das Licht.
電波 die Radiowelle.
電報 das Telegramm.
展覧会 die Ausstellung.
電話 das Telefon.
電話する〖~と〗電話で話す [mit 人3] telefonieren;〖~に〗電話をかける 人4 an|rufen*.
電話ボックス die Telefonzelle.

と

…と ① …と… und. ☞ …も. ② ~といっしょに mit 人・物3 [zusammen].
戸 die Tür.
度 (度数の単位で:) der Grad. ☞ 回.
ドア die Tür.
問い ☞ 質問, 問題.
ドイツ Deutschland; ドイツ連邦共和国 die Bundesrepublik Deutschland. // ドイツ語 Deutsch / ドイツ人 der Deutsche〖語尾変化は形容詞と同じ〗/ ドイツの deutsch.
トイレ die Toilette. // トイレで(へ) auf der (die) Toilette.
問う ☞ 尋ねる.
塔 der Turm.
どう wie. // どう思いますか. Was meinen Sie?
胴 (人・動物などの) der Rumpf, der Körper.
銅 das Kupfer; 青銅 die Bronze.
同意する〖~に〗人・事3 zu|stimmen;〖~に〗同意している mit 人・事3 einverstanden sein*.
統一する〖様式などを〗物・事4 vereinheitlichen;〖~を〗一体化する 物・事4 vereinigen.
どうか doch [bitte]; どうぞ bitte.
陶器 die Keramik.
動機 (犯罪などの) das Motiv.
道具 das Werkzeug, das Instrument.
峠 ① 峠道 der Pass. ② (病気の) die Krise.
統計 die Statistik.
動作 die Bewegung.
倒産する bankrott ((口語:) pleite) gehen*.
当時 damals, in (zu) der Zeit.
どうして ☞ どのように, なぜ.
どうしても ① いくら…しても soviel …; …しようとしない nicht … wollen*. ② ぜひとも unbedingt; どうしても[…したい] durchaus [… waschen* (möchte*)].
同時に gleichzeitig, zugleich, zu gleicher (zur gleichen) Zeit.
同情 das Mitleid.

登場する〖劇などに(~として)〗in 物3 (als 物1) auf|treten*; 現れる erscheinen*.
どうせ いずれにせよ sowieso, so oder so; とどのつまり schließlich.
統制する〖国民・経済などを〗指揮する 人・事4 lenken;〖~を〗管理する 人・事4 kontrollieren.
当然の natürlich, selbstverständlich.
どうぞ bitte.
統率 die Leitung, die Führung.
統率する〖~を〗人・物4 leiten (führen).
到着 die Ankunft.
到着する〖[…(位置)に]〗[…] an|kommen*.
とうとう ようやく endlich; 結局 schließlich. ☞ 最後に.
道徳 die Moral, die Ethik.
投票する seine Stimme ab|geben*;〖[~に]〗[人4] wählen.
同封する〖~に~を〗物3 物4 bei|legen.
動物 das Tier.
動物園 der Zoo; (小規模の) der Tiergarten.
当分 vorläufig, zunächst, fürs erste.
同盟 die Union, der Bund, der Verband.
透明な durchsichtig;(水などが)澄んだ klar.
どうも どういうわけか irgendwie. ☞ どうしても.
どうやら anscheinend.
東洋 ☞ アジア.
同様 …と同様… [so] … wie …
同僚 der Kollege.
道路 die Straße.
登録する〖~を〗帳簿に載せる 人・物4 ein|tragen*. ☞ 申し込む.
討論する ☞ 議論する.
遠い fern, weit; 離れた・縁遠い entfernt.
十日 ☞ …日(に).
通す ①〖~を〗通過させる 人4 passieren lassen*. ②〖光・水などを〗透過させる 物4 durch|lassen*.
通り 道路 die Straße. ☞ 通行.
通り過ぎる〖[~のわきを]〗歩いて(乗物で)通る [an 人・物3] vorbei|gehen* (vorbei|fahren*);〖~を〗通過する 人・物4 passieren.
通る ①(歩行者などが)通行する gehen*;(車などが) fahren*;(飛行機などが) fliegen*. ☞ 通り過ぎる. ②(道路などが)通じている … führen (gehen*). ☞ 合格する.
都会 大都市 die Großstadt; 都市 die Stadt.
溶かす〖~を〗(熱して) 物4 schmelzen*;〖~を〗(液体に) lösen.
時 ① die Zeit; 場合 der Fall. ② …したとき als … ③ …するとき wenn …
ときどき manchmal, gelegentlich, ab und zu.
溶く〖卵などを〗物4 schlagen*. ☞ 溶かす.
研ぐ ①〖刃物などを〗物4 schärfen. ②〖米を〗洗う 物4 waschen*. ☞ 磨く.
毒 das Gift. ☞ 悪い. // 毒のある giftig.
得意な ☞ 自慢する, 上手な.
読者 der Leser.

特殊な ☞ 特別な.
読書 das Lesen, die Lektüre.
独身の ledig.
特徴 特性 die Eigenschaft;（目印となる）das Merkmal.
独特な eigenartig. ☞ 奇妙な.
特に besonders.
特別な speziell, besonder.
独立 die Unabhängigkeit, die Selbstständigkeit.
独立した unabhängig, selbstständig.
とげ ① （植物の）der Dorn. ② （木などの）細片 der Splitter.
時計 die Uhr.
溶ける （熱で）schmelzen*;（液体に）sich⁴ lösen.
解ける ① ほどける sich⁴ lösen. ② （問題などが）gelöst werden*.
どこかで irgendwo.
どこから woher.
どこに どこで wo, an welcher Stelle; どこへ wohin.
床屋 der Friseur.
ところ・所 ちょうど…ところを(が) wie … ∥ 私は彼が車から降りるところを見た. Ich sah*, wie er aus dem Wagen stieg*. ☞ 場所, 地域, 住所, ちょうど.
ところが aber, jedoch, doch.
ところで übrigens.
都市 die Stadt; 大都市 die Großstadt.
年 ① das Jahr. ② 年齢 das Alter.
年とった alt.
年とる ① 年齢が増える älter werden*. ② 老いる alt werden*.
図書 本 das Buch; 蔵書 die Bibliothek.
図書館 die Bibliothek.
年寄り ☞ 老人.
とじる 〖書類などを〗物⁴ heften.
閉じる 〖~を〗物⁴ schließen* (zu|machen). ☞ 終える, 結ぶ.
戸棚 der Schrank.
土地 ① 地所 das Grundstück. ② 地方 die Gegend. ☞ 地面, 畑.
途中で ① （空間的に:）unterwegs; ~から~への途中で auf dem Weg von 物³ nach (zu) 物³. ② （時間的に:）~の最中に mitten in 事³. ☞ 間に.
どちら[の] ① どれ・どの welch. ② だれ wer. ☞ どこから, どこに.
とっくに [schon] lange, [schon] längst.
突然 plötzlich, auf einmal.
どっち ☞ どちら[の].
取っ手 der Griff.
とっておく 〖~を〗物⁴ auf|heben* (auf|bewahren).
取って来る 〖~を〗物⁴ holen;〖~を受け取りに行って〗物⁴ ab|holen.
とても ① 非常に sehr, außergewöhnlich; きわめて höchst, äußerst. ☞ かなり. ② どんなことがあっても…できない auf keinen Fall (unter keinen Umständen) … können*.

届く ① 着く an|kommen*. ② 〖~まで〗達する bis an 人・物⁴ (bis zu 人・物³) reichen;〖~に〗到達する 人・物⁴ erreichen.
届ける 〖~を[~に]〗届け出る 人・物⁴ [人・物³] melden. ☞ 送る, 配達する, 持って行く.
整う ① （準備などが）済んでいる fertig sein*. ☞ そろう. ② きちんとしている ordentlich (in Ordnung) sein*. ☞ 成立する.
とどまる ① 〖…(位置)に〗… bleiben*. ② 〖…(位置)に〗滞在する sich⁴ … auf|halten*.
隣 隣の人 der Nachbar; 隣の家 das Nachbarhaus.
隣に nebenan; ~の隣で(へ) neben 人・物³⁽⁴⁾.
どなる ① 大声でしかる donnern. ② 大声を出す brüllen.
とにかく いずれにせよ jedenfalls.
どの welcher.
どのくらい wie;（数量を尋ねて:）wie viel.
どのように wie. ☞ どう.
飛ぶ fliegen*; 滑空する gleiten*. ☞ はねる.
跳ぶ springen*.
乏しい arm; わずかの wenig, gering.
トマト die Tomate.
止まる ① 静止している stehen*; 休止している ruhen. ② （機械などが）動かなくなる stehen bleiben*;（乗り物が）停止する [an|]halten*. ③ （ガス・水道が）出てこない nicht kommen*;（電気が）aus|fallen*. ④ やむ auf|hören.
泊まる ① 〖…(位置)に〗… übernachten (schlafen*). ② 停泊する ankern.
止める ① 〖機械などを〗物⁴ an|halten*. ② 〖ガス・水道・電気器具などを〗物⁴ ab|stellen (口語tも:) aus|machen]. ☞ 消す. ③ 〖車・自転車などを〗物⁴ ab|stellen. ☞ 駐車する.
泊める 〖~に〗宿を提供する 人³ Unterkunft an|bieten*;〖~を~に(~のところに)〗宿泊させる 人⁴ … 〖bei 人³〗 unter|bringen*.
友達 ☞ 友人.
伴う ① 〖~を〗連れている von 人・物³ begleitet werden*. ☞ 連れて行く. ② 〖~と〗結びついている mit 事³ verbunden sein*.
ともに ☞ いっしょに, 同時に, 両方[の].
土曜日 der Samstag. ∥ 土曜日に am Samstag; 土曜日ごとに samstags.
捕らえる ☞ つかまえる, つかむ.
トラック ① 貨物自動車 der Lastkraftwagen, der Lkw. ② 走路 die Bahn.
トラベラーズチェック der Reisescheck.
トランク der Koffer.
トランプ トランプのカード die Spielkarte, die Karte; トランプゲーム das Kartenspiel.
鳥 der Vogel.
とりあえず ☞ 当分, まず.
取り上げる ① 〖~から〗~を〗奪う [人³] 物⁴ nehmen*. ② 〖~を〗採択する 事⁴ an|nehmen*. ☞ 拾う.
取り扱う ☞ 扱う, 受け付ける.
とり消す 〖発言などを〗事⁴ zurück|nehmen*;

とりのぞく

〖招待・訪問などを〗 動⁴ ab|sagen.
取り除く 〜 除く.
努力する sich⁴ an|strengen; 尽力する sich⁴ bemühen, sich³ Mühe geben*. ☞ 努める.
取る ① 〖〜を〗手に取る 物⁴ nehmen*. ② 〖〜を…のように〗感じる(解する) 動⁴ … empfinden*(auf|fassen, [auf]nehmen*, verstehen*). ☞ 掛かる, 食べる, 注文する, 取り上げる, 脱ぐ, はずす.
採る 〖昆虫などを〗 物⁴ fangen*. ☞ 雇う.
撮る 〖〜を〗撮影する 人・物⁴ auf|nehmen*; 〖〜を〗写真に(映画に)撮る 人・物⁴ fotografieren (filmen).
どれ ① welcher. ② どれどれ na, komm, さて so.
どれくらい ☞ どのくらい.
取れる (ボタン・色などが)(口語:) ab|gehen*; はがれる sich⁴ lösen.
泥 der Schlamm.
泥棒 der Dieb; 押し込み der Einbrecher.
どんという (銃などが) Es knallt.
どんどん ますます… immer …〖比較級とともに〗. // どんどん先へ immer weiter.
どんな was für …; どう wie.
トンネル der Tunnel; (ガード下などを)くぐり抜ける通路 die Unterführung.

な

名 der Name. ☞ 名前.
ない ① 〖〜を〗持っていない 人・物⁴ nicht haben*; 〖〜が〗存在しない es gibt* 人・物⁴ nicht. ② 足りない fehlen. ☞ 有る, なくなる.
内科 die innere Medizin.
内科医 der Internist; 一般開業医 der praktische Arzt.
内緒 秘密.
ナイフ das Messer.
内容 ① der Inhalt. ② 価値 der Gehalt.
なお そして und; つけ加えて言うと nebenbei bemerkt. // いっそう, まだ.
直す・治す ① 〖〜を〗修理する 物⁴ reparieren; 〜の病気を治す 人・物⁴ wieder gesund machen. ② 〖文章・誤りなどを〗 物・事⁴ verbessern (korrigieren).
直る・治る ① (けがをした体の部位が)治っている wieder heil sein*. ② 再び健康になる wieder gesund werden*.
仲 関係 die Beziehung; 〖複 で〗Verhältnisse. // 仲がよい sich⁴ gut verstehen*.
長い ① lang. ② 遠い weit.
長靴 der Stiefel.
…中ごろに Mitte … // 五月中ごろに Mitte Mai.
長さ die Länge. // 〜は長さ2メートルです. 物¹ ist* zwei Meter lang.
流す 〖〜を〗 物⁴ fließen lassen*. ☞ 広める.
なかなか 簡単に…しない nicht so einfach

… ☞ かなり.
中に ① 中で innen; 中へ nach innen, hinein. ② 〜の中で(へ) in 物³⁽⁴⁾. ☞ 間に.
仲間 ☞ 同僚, 友人.
中身 ☞ 内容.
眺め der Anblick.
眺める 〖〜を〗 人・物⁴ betrachten; 〖…へ〗目をやる … blicken. ☞ 見る, 観察する.
流れる ① (液体・気体・川などが) fließen*; (音楽などが)かかっている laufen*. ② (空中などを)漂う schweben. ☞ 過ぎる, 広がる.
泣く weinen; 泣き叫ぶ schreien*.
鳴く (動物が) schreien*; さえずる singen*.
慰める 〖悲しんでいる人などを〗 人⁴ trösten. ☞ 喜ばせる.
なくす・亡くす 〖〜を〗 人・物⁴ verlieren*.
なくなる 消える verschwinden*; なくなっている weg sein*; 尽きる zu Ende gehen*; 尽きている zu Ende sein*.
なぐる 〖〜を〗 人⁴ schlagen* (verprügeln).
投げる 〖〜を〗 物⁴ werfen*. ☞ あきらめる.
情け die Barmherzigkeit, die Sympathie, das Mitgefühl.
なぜ warum; (不満げに:) なんで wieso.
なぜなら denn …, weil …
なぞ ① わからないこと das Geheimnis. ② なぞなぞ das Rätsel.
夏 der Sommer. // 夏に im Sommer.
懐かしい 〖〜が〗 Sehnsucht nach 人・事³ haben*.
名づける 〖〜を…と〗 人⁴ … nennen*.
納得する 〖〜を〗 動⁴ ein|sehen*; 〖〜を〗得心する sich⁴ [von 事³] überzeugen.
夏休み 〖複 で〗Sommerferien.
なでる 〖〜を〗 人・物⁴ streicheln.
斜めの schräg, schief.
何か etwas; (何かわからないが) irgendetwas; なんらかの irgendwelch, irgendein.
何が ① was. ② (驚いて:) なんだと Was!
何も…ない nichts.
七日 ☞ …日.
鍋(なべ) der Topf.
名前 der Name; 姓 der Familienname, der Zuname; (姓に添える個人の)名 der Vorname.
生の ① roh. ② 生煮えの halb gar. ③ 実況で live.
波 die Welle. // (性格などに)波がある unbeständig sein*.
涙 〖ふつう複〗Tränen.
なめらかな ① 平滑(順調)な glatt; なだらかな sanft. ② よどみない fließend.
なめる 〖〜の〜を〗 人・物³ 物⁴ lecken. ☞ 経験する.
悩む ☞ 苦しむ, 心配する.
習う 〖〜を〗 物・事⁴ lernen.
慣らす 〖〜を〜に〗 人・物⁴ an 人・物⁴ gewöhnen.
鳴らす 〖鐘などを〗 物⁴ läuten; 〖〜を〗打ち鳴らす 物⁴ schlagen*.

並ぶ 列につく sich⁴ an|stellen; 列についている an|stehen*; 長蛇の列を作る Schlange stehen*. ☞ 有る.
並べる ① 〖～を〗並べて立つ(据える、横たえる) 物⁴ nebeneinander stellen (nebeneinander setzen, nebeneinander legen). ② 〖～を〗列挙する 人・物⁴ auf|zählen.
成り立つ ☞ 成立する.
なる 〖～に実がなる. 物〗¹ trägt* Früchte.
なる・成る ① 〖～に(…のように)〗 人・事¹ (…) werden*. ② 〖～から〗 aus 人・物³ bestehen*.
鳴る (鐘などが) läuten, klingen*; (電話などが) klingeln.
なるべく möglichst …, so … wie möglich 〖原級とともに〗.
なるほど 本当に tatsächlich.
慣れる 〖～に〗 sich⁴ an 人・物⁴ gewöhnen.
縄 die Schnur.
何(なん)… いくつの wie viel; どれくらい wie. // 何時 wie viel Uhr; wie spät / 何番目の wievielt / 何歳 wie alt. ② いくつかの mehrere.
なんで (不満げに:) wieso; なぜ warum.
なんでも ① すべて alles. ② どうやら anscheinend; …するそうだ … sollen*. ③ どうしても unbedingt.
なんと なんと…な Wie …!; なんという Was für …!
なんとなく irgendwie.

に

二 zwei.
似合う 〖～に〗 人³ [gut] stehen*.
におい der Geruch. // …のような(～の)においがする … (nach 物³) riechen*.
におう riechen*; (悪臭の場合:) stinken*. ☞ 薫る.
二階 der erste Stock, die erste Etage; 上の階 der Oberstock.
にがい bitter. // にがい顔 ein saures Gesicht.
逃がす 〖人を〗逃れてやる 人⁴ fliehen lassen*; 〖動物などを〗放す 物⁴ frei|lassen*. ☞ 逃(に)す.
二月 der Februar. // 二月に im Februar.
にがてである 〖人と〗うまくいかない mit 人³ nicht gut aus|kommen*. ☞ 下手な.
にぎやかな 活気のある belebt. ☞ 楽しい.
握る 〖～を〗つかむ 物⁴ fassen (greifen*); 〖～を〗しっかり持っている 物⁴ fest|halten*.
肉 das Fleisch. // 肉屋 die Fleischerei.
憎い ☞ 憎む.
憎む 〖～を〗 人・事⁴ hassen.
憎らしい 腹立たしい ärgerlich.
逃げる fliehen*; 逃げおおせる entkommen*.
にごる 不透明になる trübe werden*.
西 der Westen. // 西の westlich.
虹 der Regenbogen.

にせの unecht, falsch.
…日(にち) (日付を表して:) der ..te (..ste) 〖..te, ..ste は序数詞; 語尾変化は形容詞と同じ〗; 日 der Tag. // 7月11日に am 11. (= elften) Juli / 十一日間 elf Tage.
日曜日 der Sonntag. // 日曜日に am Sonntag; 日曜日ごとに sonntags.
日記 das Tagebuch.
日光 der Sonnenschein.
似ている 〖～に〗 人・物³ ähnlich sein* (sehen*), 人・物³ ähneln (gleichen*).
鈍い ① 切れ味の悪い stumpf; (光などが) matt. ② (動作・頭の働きが)遅い langsam.
日本 Japan. // 日本語 Japanisch / 日本人 der Japaner / 日本の japanisch.
荷物 ① 手荷物 das Gepäck. ② 積み荷・重荷 die Last. ☞ 小包み.
入学する 学校(大学)へ入る in die Schule (Universität) kommen*; 大学の入学手続きをする sich⁴ immatrikulieren lassen*.
ニュース ① (ラジオ・テレビの) 〖複〗で Nachrichten. ② 新しい出来事 die Neuigkeit.
入浴する [sich⁴] baden, ein Bad nehmen*.
煮る 〖～を〗 物⁴ kochen.
庭 der Garten; 大庭園 der Park.
鶏 das Huhn; 雌鳥 die Henne; 雄鳥 der Hahn.
人気のある beliebt; 大衆に好まれる populär.
人形 die Puppe.
人間 der Mensch. ☞ 人類、人.
認識 die Erkenntnis; 洞察 die Einsicht, der Einblick.
認識する 〖～を〗 人・事⁴ erkennen*; 〖～を〗悟る 事⁴ ein|sehen*.
忍耐 die Geduld.

ぬ

縫う 〖～を〗 物⁴ nähen.
抜く 〖～を〗引き抜く 物⁴ aus|ziehen*; 〖～を[～から]〗 物⁴ [aus 物³] ziehen*. ☞ 除く.
脱ぐ 〖服・靴などを〗 物⁴ aus|ziehen*; 〖帽子を〗 物⁴ ab|nehmen*. // 服を脱ぐ sich⁴ aus|ziehen*.
ぬぐう ☞ ふく.
盗む 〖[～から]～を〗 [人³] 物⁴ stehlen*.
布 das Tuch, der Stoff; 布切れ der Lappen.
沼 der Sumpf; 池の Teich.
ぬらす 〖～を〗 物⁴ nass machen.
塗る 〖物を[…色に]〗 物⁴ […] streichen*; 〖～を物の表面に〗 物⁴ auf 物⁴ streichen* (schmieren); 〖おしろい・口紅などを〗 物⁴ auf|tragen*.
ぬるい lau.
ぬれた nass.
ぬれる nass werden*.

ね

根 die Wurzel.
願い ① 願望 der Wunsch; 希望 die Hoffnung. ② 請願 die Bitte.
願う 〚～に・～を〛望む 人³ 事⁴ wünschen; 〚…と〛希望する hoffen, … ☞ 頼む.
寝かせる 〚～を〛 人・物⁴ [hin]|legen.
ネクタイ die Krawatte; ちょうネクタイ die Fliege.
猫 [雌]猫 die Katze; 雄猫 der Kater.
ねじ die Schraube. ∥ ねじを巻く die Feder auf|ziehen*.
ねじる 〚～を〛ひねる 物⁴ drehen.
値段 価格 der Preis.
熱 ① 温かさ die Wärme; 熱さ die Hitze. ② 体温 die Temperatur; (平熱より高い) das Fieber.
熱心な eifrig; 勤勉な fleißig.
粘る ねっとりした・粘り強い zäh; べとべとした klebrig.
寝坊する [sich⁴] verschlafen*.
眠い müde.
眠る 眠っている schlafen*; 寝入る・永眠する ein|schlafen*.
ねらう ① 〚～に〛ねらいをつける auf 人・物⁴ zielen. ② 〚～に〛目をつけている (口語:) es auf 人・物⁴ abgesehen haben*. ③ 〚…しようと〛 もくろむ beabsichtigen, zu 不定詞[句].
寝る ① 床につく ins (zu) Bett gehen*, schlafen gehen*. ② 横になる sich⁴ hin|legen; 〚…に〛sich⁴ … legen; [病床で]横になっている [im Bett] liegen*.
練る 〚～を〛 物⁴ kneten.
年 ① 一年 das Jahr. ∥ 1994年に [im Jahre] 1994. ② (高校までの)学年 die Klasse. ☞ 学期.
燃料 der Brennstoff.
年令 das Alter.

の

野 ☞ 野原.
脳 das Gehirn, das Hirn.
農業 die Landwirtschaft.
農民 der Bauer; 農業経営者 der Landwirt.
能率 経済性 die Wirtschaftlichkeit; 性能 die Leistung.
能力 die Fähigkeit, das Vermögen.
ノート das Heft.
ノートする 〚[講義などを]〛 [事⁴] mit|schreiben*. ☞ メモする.
逃(のが)す 〚～を〛 物・事⁴ verpassen (versäumen).
残す ① 〚～を〛余す 事⁴ übrig lassen*. ② 〚～を〛あとに残す 人・物⁴ hinterlassen*.
残り der Rest.
残る ① 余る übrig bleiben*. ② あとにとどまる zurück|bleiben*. ☞ とどまる.
乗せる・載せる ① 〚～を～の上へ〛 横たえる (立てる, 据える) 人・物⁴ auf⁴ legen (stellen, setzen). ② 〚～を〛同乗させる 人⁴ mit|nehmen*. ③ (新聞などが) 〚～を〛 (口語:) ⁴ bringen*; 〚広告などの〛掲載を依頼する 物⁴ auf|geben*. ☞ 発表する.
のぞく ① 〚～の中を〛こっそり見る heimlich in 物⁴ sehen* (schauen). ② 〚～の中を〛ちらっと見る einen Blick in 物⁴ werfen*. ③ 〚～から〛のぞけて見える aus 物³ sehen* (schauen).
除く ① 〚～を〛取り除く 物・事⁴ beseitigen, 人・物⁴ entfernen; 〚～の心配などを〛取り除く 人³ 事⁴ nehmen*. ② 〚～を[～から]〛除外する 人・事⁴ [von 物³] aus|schließen* (aus|).
望み ① 願望 der Wunsch; 希望 die Hoffnung. ② 見込み die Aussicht.
望む 〚～を〛欲しいと思う [sich³] 物・事⁴ wünschen; 〚…と〛希望する hoffen, … ☞ 眺める.
のちに ☞ あとに.
ノックする 〚[～を]〛 [an (auf) 物⁴] klopfen.
のど ① der Hals. ∥ のどが渇く(渇いている) Durst bekommen* (haben*). ② 声 die Stimme.
伸ばす・延ばす ① 〚～を〛長くする 物⁴ verlängern (länger machen); 〚毛・爪(ﾂﾒ)などを〛 sich³ 物⁴ wachsen lassen*; 〚～を〛(引っぱって) 物⁴ ziehen*. ☞ 広げる. ② 〚～を〛平らにする 物⁴ glätten (glatt machen). ③ 〚才能などを〛 物⁴ entfalten. ☞ 延期する, 促進する.
野原 das Feld; 草地 die Wiese; 荒れ野 die Heide.
伸びる・延びる ① 長くなる sich⁴ verlängern, länger werden*; 〚毛・爪(ﾂﾒ)などが〛 wachsen*; (ゴムなどが) sich⁴ ziehen*. ☞ 広がる. ② 平らになる sich⁴ glätten, glatt werden*. ③ 向上する wachsen*, sich⁴ steigern.
述べる 〚～に感謝などの気持ちを〛表明する 人³ 事⁴ aus|drücken; ☞ 表す, 言う.
上る・登る ① (歩いて) hinauf|gehen*; (乗り物で) hinauf|fahren*; 〚[～へ]〛 [auf 物⁴] steigen*; 〚～の上へ〛歩いて(乗り物で)行く auf 物⁴ gehen* (fahren*); 〚～に〛よじ登る auf 物⁴ klettern. ② (太陽などが) auf|gehen*.
飲み物 das Getränk; 何か飲む物 etwas zu trinken.
飲む 〚[飲み物を]〛 [物⁴] trinken*; 〚薬を〛 物⁴ [ein]|nehmen*; 〚～を〛飲み込む 物⁴ schlucken.
のり der Leim; 接着剤 der Klebstoff.
乗り換える um|steigen*.
乗り物 das Fahrzeug.

乗る 〘[乗り物に]〙乗り込む [in 物⁴] ein|steigen*;〘車などを〙走らせる 物⁴ fahren*;〘馬などを〙走らせる 物⁴ reiten*. ☞ 上がる.
のんびり gemütlich; ゆっくり langsam.

は

刃 die Klinge; やいば die Schneide.
歯（動物・のこぎりなどの）der Zahn. ∥ 歯を磨く sich³ die Zähne putzen.
葉 das Blatt;（木全体の）das Laub.
場 ①（磁力などの）das Feld. ②（演劇などの）die Szene.
パーセント das Prozent.
パーティー die Party; 祝宴 das Fest;（公的な）das Bankett; コンパ die Fete.
はい ① ja;（否定の質問に対して答えも否定になる場合は:) nein. ∥ 彼は来ないのですか。— はい、来ません。Kommt* er nicht? – Nein, er kommt* nicht. ②（点呼に答えて:) Hier!
灰 die Asche.
杯 der Becher; 優勝杯 der Pokal; グラス das Glas; カップ die Tasse.
肺 die Lunge.
倍 ① …倍 ..mal, ..fach. ∥ ～は～の 3 倍の大きさである。物¹ ist* dreimal so groß wie 物¹. ② 2 倍 doppelt, zweimal, zweifach.
灰色の grau.
バイオリン die Geige.
ばい菌 細菌 die Bakterie; 病原菌 der Keim.
ハイキング die Wanderung.
背景（景色・物事などの）der Hintergrund.
廃止する 〘～を〙物・事⁴ ab|schaffen*.
歯医者 der Zahnarzt.
配達する 〘郵便物を〙物⁴ zu|stellen;〘商品などを〙物⁴ liefern.
売店 der Kiosk.
俳優 der Schauspieler.
入る 〘[～へ]〙[in 物⁴] ein|treten*;〘～に〙足を踏み入れる 物⁴ betreten*;〘～の中へ〙行く（来る）in 物⁴ gehen* (kommen*). ☞ 入学する.
はう kriechen*.
はえ die Fliege.
生える（歯などが）kommen*;（植物・毛などが）伸びる wachsen*.
墓 das Grab; 墓石 der Grabstein.
ばか（口語:) der Dummkopf.
破壊する 〘～を〙物⁴ zerstören;〘～を〙破壊しつくす 物⁴ vernichten.
はがき die Postkarte, die Karte.
はがす 〘～を〙引きはがす 物⁴ ab|reißen*;〘～を～から〙物⁴ von 物³ reißen*.
ばかな dumm; お人よしの einfältig. ☞ 壊.
ばかにする 〘～を〙über 人・事⁴ spotten.
はかり die Waage.

計る・測る・量る 〘～の大きさなどを〙物⁴ messen*;〘～の重さを〙人・物³ wiegen*.
はく 〘靴・ズボンなどを〙物⁴ an|ziehen*;〘～を〙はいている 物⁴ tragen*（(口語:) an|haben*).
吐く ① 〘[食べ物などを]〙物⁴ erbrechen*;〘～を〙吐き出す 物⁴ spucken. ② 〘息・煙などを〙物⁴ aus|stoßen*. ☞ 息.
掃く 〘部屋などを〙物⁴ fegen (kehren).
博士 der Doktor.
拍手する klatschen.
白状する 〘[～を]〙[事⁴] gestehen*.
爆弾 die Bombe.
爆発する explodieren. ☞ 噴火する.
博物館 das Museum.
歯車 das Zahnrad.
激しい heftig; 荒々しい wild; 強い stark, kräftig. ☞ 厳しい.
励ます 〘～を〙勇気づける 人⁴ ermutigen.
派遣する 〘～を〙（雅語:）人⁴ entsenden(*);〘～を〙[…へ]送る 人⁴ […] schicken ((雅語:) senden(*)).
箱（紙でできた簡単な）die Schachtel;（四角い）ケース der Kasten; ボール箱 der Karton; 木箱 die Kiste.
運ぶ 〘～を…へ〙人・物⁴ … tragen*;〘～を〙（乗り物で）人・物⁴ fahren*. ☞ 持って行く, 実行する, 進む, 進める.
はさみ ①（物を切る）die Schere. ②（物をつかむ）die Zange.
はさむ 〘～を…へ〙物⁴ … klemmen. ☞ つかむ, 差す.
端 ① 末端 das Ende. ② 切れ端 das Endstück. ☞ 角(かど), 縁.
箸(はし)〘ふつう複〙 Essstäbchen.
橋 die Brücke; 陸橋 die Überführung.
恥 die Schande.
はしご die Leiter.
始まる beginnen*, an|fangen*;（時期・音楽などが）ein|setzen; スタートする (口語:) starten.
初め・始め der Anfang, der Beginn. ☞ 起源. ∥ 五月初めに Anfang Mai.
初めて zum ersten Mal. ☞ やっと.
初めての erst.
始めに ☞ 最初に.
始める 〘～を〙事⁴ (mit 事³) beginnen* (an|fangen*);〘～を〙スタートさせる (口語:) 事⁴ starten. ☞ 開く.
パジャマ der Schlafanzug.
場所 die Stelle, der Ort, der Platz.
柱 der Pfeiler; 円柱 die Säule.
走る 駆けて行く laufen*, rennen*;（乗り物が）fahren*.
バス der Bus, der Omnibus.
恥ずかしい ① はにかみ屋の schüchtern, scheu;〘～をする〙自信がない sich³ 事⁴ nicht zu|trauen. ② 恥知らずな unverschämt. ∥〘[～を]〙恥ずかしく思う sich⁴ [wegen 事²] schämen.
はずす ①〘～を～から〙取りはずす 物⁴ von

はずである

〖物〗³ nehmen*; 〖~を[~から]〗〖物〗⁴ [von 〖物〗³] ab|nehmen* (〈口語:〉ab|machen). ☞ 離す. ② 〖ボタンを〗〖物〗⁴ öffnen (auf|machen). ☞ 除く.
はずである ① …するだろう … werden*; …するに違いない … müssen*. ∥ …であるはずがない es darf* (kann*) nicht sein, dass … ② …することになっている … sollen*.
パスポート der Pass.
はずれる ① 〖[~から]〗外へ落ちる [aus 〖物〗³] heraus|fallen*. ② 〖コースなどから〗それる von 〖物〗³ ab|kommen* (ab|weichen*); 的からそれる daneben|gehen*. ③ (期待などが)〖~を〗欺く 〖人〗⁴ trügen*.
旗 die Fahne.
バター die Butter.
裸の nackt, bloß; むき出しの frei.
畑 das Feld; 耕地 der Acker. ☞ 分野.
はだしで barfuß.
働く arbeiten; 〖…(位置)で(~として)〗… (als 〖事〗¹) wirken (tätig sein*). ② 〖[~として]〗機能する [als 〖人・物〗¹] funktionieren.
八 acht.
八月 der August. ∥ 八月に im August.
ぱちっという (炭火などが) Es knackt.
罰 die Strafe.
発音 die Aussprache; アクセント der Akzent.
発音する 〖~を〗〖物〗⁴ aus|sprechen*.
二十日 ☞ …日(ᵇ).
はっきり klar, deutlich; 率直に offen.
発見 die Entdeckung.
発見する 〖~を〗〖物・事〗⁴ entdecken.
発行する 〖証明書などを〗〖物〗⁴ aus|stellen. ☞ 出版する.
発車する ab|fahren*; 発進する los|fahren*.
罰する 〖~を〗〖人〗⁴ bestrafen (strafen).
発生する 生じる entstehen*; (問題・病気などが) auf|treten*; (ある状態が) ein|treten*. ☞ 起こる.
発達 die Entwicklung; 成長 das Wachstum. ☞ 進歩.
発達する sich⁴ entwickeln; 成長する wachsen*. ☞ 進歩する.
発展 die Entfaltung. ☞ 発達.
発展する zur Entfaltung kommen*. ☞ 発達する.
発表する 〖~を〗公表する 〖事〗⁴ bekannt machen; 〖~を〗(印刷して) 〖物〗⁴ veröffentlichen.
発明 die Erfindung.
発明者 der Erfinder.
発明する 〖~を〗〖物〗⁴ erfinden*.
はでな 目だつ auffällig; けばけばしい grell; 色とりどりの bunt.
鳩 die Taube.
花 die Blüte; 花の咲く草 die Blume.
鼻 die Nase. ∥ ~は鼻が出る. 〖人〗³ läuft* die Nase. / 鼻をかむ sich³ die Nase putzen.
話 歓談 die Unterhaltung; 話し合い das Gespräch, die Besprechung. ☞ 交渉, 物語.

話しかける 〖~に〗〖人〗⁴ an|sprechen*.
話す 〖[~と(~について)]〗[mit 〖人〗³ (über 〖事〗⁴)] sprechen* (reden); 〖[~に]~を〗話して聞かせる [〖人〗³] 〖事〗⁴ erzählen; 〖[~に]~を〗言う [〖人〗³] 〖事〗⁴ sagen. ☞ おしゃべりする, 交渉する, 相談する.
放す 〖人・物・動物を〗〖人・物〗⁴ los|lassen*.
離す ① 〖~を~から〗少し離して置く 〖物〗⁴ von 〖物〗³ etwas weiter weg stellen. ② 〖~から〗切り離す 〖物〗⁴ von 〖物〗³ trennen; 〖~を[~から]〗解き放す 〖物〗⁴ [von 〖物〗³] lösen.
離れる ① 〖~を〗あとにする 〖物〗⁴ verlassen*; 〖[~から]〗遠ざかる sich⁴ [von 〖物・事〗³] entfernen. ② 〖ふたつの物が〗(〈口語:〉auseinander gehen*; 〖集団などから〗sich⁴ von 〖物〗³ lösen; 〖~から〗分離する sich⁴ von 〖物〗³ trennen.
羽・羽根 ① [主]翼・プロペラの羽根 der Flügel. ② 羽毛・バドミントンの羽根 die Feder.
はねる ① 跳躍する springen*; (ぴょんぴょん) hüpfen. ② (水などが) spritzen.
母 die Mutter.
幅 横の長さ die Breite. ∥ ~は幅…メートルである. 〖物〗 ist* … Meter breit.
省く 〖~を〗省略する(削除する) 〖物・事〗⁴ weg|lassen* (streichen*). ∥ 手間を省く Mühe sparen.
浜 der Strand. ☞ 海岸.
ハム der Schinken.
はめる 〖~を~へ〗〖物〗⁴ in (auf) 〖物〗⁴ stecken.
場面 シーン die Szene. ☞ 状況.
早い früh.
速い schnell, rasch.
林 森 der Wald.
はやる ① (ファッションなどが) Mode werden*, in Mode kommen*; はやっている modern ([in] Mode) sein*. ☞ 人気のある. ② (病気などが) sich⁴ verbreiten. ③ 客の入りがよい gut besucht sein*, [großen] Zulauf haben*.
腹 der Bauch, der Leib. ∥ ~に私は腹が立つ. 〖事〗 ärgert mich.
ばら die Rose.
払う ① 〖金額を〗〖物〗⁴ zahlen; 〖~の〗代金を払う 〖物・事〗⁴ bezahlen. ☞ 支出する. ② 〖ほこりなどを〗振り払う 〖物〗⁴ ab|schütteln; 〖ほこりなどを~から〗〖物〗⁴ von (aus) 〖物〗³ schütteln.
ばらばらに 離ればなれに auseinander; 個々に vereinzelt.
バランス das Gleichgewicht.
針 ① die Nadel; 鉤針(ᵏᵃᵍⁱ) der Haken. ② (時計などの) der Zeiger.
針金 der Draht.
春 der Frühling. ∥ 春に im Frühling.
張る ① 〖糸・綱などを[…へ]〗〖物〗⁴ […] spannen. ② (薄い膜などが)できる sich⁴ bilden. ③ 〖~を〗緊張させる 〖物〗⁴ an|spannen.
貼(ʰ)る 〖~を~へ〗貼り付ける 〖物〗⁴ … kleben; 〖~を〗〖物〗⁴ auf|kleben.
晴れの ① 晴天の heiter. ☞ 天気. ② 晴

れがましい feierlich.
半 半分の halb. // 九時半 halb zehn.
晩 der Abend. // 晩に am Abend, abends.
番 ① die Reihe. ☞ 順番. // 君の番だ. Du bist* dran (an der Reihe). ② 見張り die Wache.
パン das Brot. // パン屋 die Bäckerei.
範囲 大きさ der Umfang; 領域 der Bereich.
ハンカチ das Taschentuch.
番組 das Programm, die Sendung.
判決 das Urteil.
番号 die Nummer.
犯罪 das Verbrechen; (総称として:) die Kriminalität.
反省する 自分自身についてよく考える über sich⁴ nach|denken*.
反対 das Gegenteil, der Gegensatz.
反対する 〖~に〗反論する 人・事³ widersprechen*; 〖~に〗反対である gegen 人・事⁴ sein*.
反対に 逆に im Gegenteil; ~に逆らって gegen 人・事⁴; ~とは対照的に im Gegensatz zu 人・物³. // いやそう, むしろ.
反対の 逆の umgekehrt; 裏返しの verkehrt.
判断 判定 das Urteil; 決断 die Entscheidung.
判断する 〖〔~で〕〗[nach 事³] urteilen; 〖~を [~によって]〗人・事⁴ [nach 事³] beurteilen.
半島 die Halbinsel.
ハンドバッグ die Handtasche.
犯人 der Täter.
反応 die Reaktion.
反応する 〖~に〗[auf 物・事⁴] reagieren.
販売 der Verkauf.
半分 die Hälfte.
半分の halb.

ひ

火 das Feuer.
日 一日・昼間 der Tag. ☞ 太陽.
美 die Schönheit.
ピアノ das Klavier.
ぴーぴーいう (風などが) Es pfeift*.
ビール das Bier.
冷える 冷たくなる kalt werden*. // 私は足(手)が冷えた. Mir frieren* die Füße (Hände).
被害 der Schaden; 損傷 die Beschädigung.
控える ① 出番を待っている sich⁴ bereit|stellen. ② 〖〔飲酒(食事)などを〗〗自制する sich⁴ [bei (mit) 事³] zurück|halten*. ③ 〖~を〗せずにおく auf 事⁴ verzichten. ☞ メモする.
比較 der Vergleich.
比較的 verhältnismäßig, relativ.
日陰 der Schatten. // 日陰で im Schatten.
東 der Osten. // 東の östlich.
光 das Licht; 光線 der Strahl. ☞ 希望.
光る scheinen*; 輝く leuchten; 光線を放つ

strahlen; 光沢がある glänzen; きらめく funkeln.
引き受ける 〖職務などを〗引き受ける(引き継ぐ) 事⁴ an|nehmen* (übernehmen*); 〖~に〗応じる [auf 事⁴] zu|sagen.
引き起こす ☞ 起こす.
引き返す ☞ 戻る.
引き出し die Schublade.
引きたつ günstig wirken.
引き伸ばす・引き延ばす ① 〖写真を〗 物⁴ vergrößern. ② 〖期限・交渉などを〗 事⁴ hinaus|schieben*. ☞ 伸ばす.
卑きょうな ① フェアでない unfair; 狡猾(こうかつ)な hinterlistig. ② 臆病(おくびょう)な feige.
引き分けの unentschieden.
引く ① 〖~を〗引っぱる 物⁴ ziehen*. ② 〖数を[数から]〗 事⁴ [von 事³] subtrahieren (ab|ziehen*). // 5−2=3 5 weniger 2 ist* 3. ☞ 調べる.
弾く 〖楽器を〗 物⁴ spielen.
低い ① 高くない niedrig; 平たい flach; 深い tief. // 背の低い klein. ② (価値が)少ない gering.
ひげ der Bart. // ~の(自分の)ひげをそる 人⁴ (sich⁴) rasieren.
悲劇 die Tragödie.
飛行機 das Flugzeug, 機 die Maschine.
ひざ ① das Knie. ② (座って荷物・子供をのせる) der Schoß.
久しぶりに 長い時間ののちに再び nach langer Zeit wieder. // 久しぶりですね. Wir haben* uns lange nicht gesehen.
悲惨な ☞ 残酷な, ひどい, 惨めな.
ひじ der Ellbogen.
美術 die Kunst; 造形美術 〖複で〗 die bildenden Künste.
非常… not-. // 非常の際には im Notfall.
非常に sehr. ☞ とても.
額 die Stirn.
左に links.
左の link.
びっくりする erstaunen. ☞ 驚く.
日付 das Datum.
引っ越し der Umzug.
引っ越す 〖〔…へ〗〗 […] um|ziehen*; 〖…へ〗移る … ziehen*.
必然的に notwendigerweise.
必然の notwendig.
引っぱる ① 〖~を〗 物⁴ ziehen*. ② 〖~を〗えい航(けん引)する 物⁴ schleppen.
必要とする 〖~を〗 物・事⁴ brauchen (benötigen).
必要な nötig, notwendig; 必須の erforderlich.
否定する nein sagen; 〖~を〗 事⁴ verneinen; 〖〔犯行などを〗〗 事⁴] leugnen.
ビデオ das Video; ビデオレコーダー der Videorekorder. ☞ テープ.
人 ① 人間 der Mensch; 人物 die Person. ② 人々 〖複で〗 Leute; (不特定の人を表して:)

ひどい

man. ③ …する人 wer … ☞ 人柄.
ひどい schlimm; 恐ろしい schrecklich, furchtbar. ☞ 激しい.
人柄 die Persönlichkeit, der Charakter.
美徳 die Tugend.
等しい 同等の gleich.
一つ eins; 一つの事(物) ein[e]s.
一つの ein. ☞ 同じ.
一人 ① einer. ∥ 私の友人の一人が einer meiner Freunde. ② 自分だけ allein.
一人で allein; 自分で selber, selbst.
ひなたで in der Sonne.
非難 der Vorwurf.
非難する 〖～の～を〗 人³・事⁴ vor|werfen*.
皮肉 die Ironie.
批判 die Kritik.
批判する 〖～を〗 人・事⁴ kritisieren.
ひび der Riss.
響き der Klang.
響く ① 鳴り響く ertönen; 鳴る klingen*. ② 反響する wider|hallen.
皮膚 die Haut.
暇 ① 時間 die Zeit. ∥ 暇がある Zeit haben*. ② 自由な時間 die Freizeit.
秘密 das Geheimnis. ∥ 秘密だけど unter uns gesagt / ～を秘密にする 事⁴ geheim halten*. ☞ 隠す.
百 das Hundert; 百の hundert.
冷やす 〖～を〗 物⁴ kühlen.
表 die Tabelle; 図表 die Tafel.
費用 〖複で〗 Kosten.
秒 die Sekunde.
病院 das Krankenhaus; 専門病院 die Klinik.
評価する ① 〖～を〗 査定(高く評価)する 事⁴ (人・事⁴) schätzen; 〖～のよしあしなどを[～によって]〗判断する 人・事⁴ [nach 事⁴] beurteilen. ② 〖～に〗成績をつける 人・事⁴ benoten.
病気 die Krankheit; (長期の) das Leiden.
病気の krank.
表現 der Ausdruck.
表現する 〖～を〗 事⁴ aus|drücken.
表紙 厚表紙 der Deckel; カバー der Umschlag.
描写 die Beschreibung.
描写する 〖～を〗 事⁴ beschreiben*.
標準 der Standard; 規範 die Norm.
表情 der Gesichtsausdruck, die Miene.
平等 同権 die Gleichberechtigung.
病人 der Kranke 〖語尾変化は形容詞と同じ〗.
評判 der Ruf.
表面 die Oberfläche. ☞ 見かけ.
開く 開花する auf|blühen. ② 〖集会などを〗 事⁴ [ab]|halten*; 〖宴会などを〗 事⁴ geben*; 〖～を〗開会(開業)する 事⁴ eröffnen. ☞ 開(ひら)く, 開ける, 行う, 設立する.
昼 正午 der Mittag. ☞ 昼間. ∥ 昼に am Mittag, mittags.
ビル 建物 das Gebäude, das Haus; 高層建築 das Hochhaus.

昼間 der Tag. ∥ 昼間に am Tag, tags / 昼間はずっと tagsüber.
比例 das Verhältnis.
広い 幅の広い breit; 広大な groß, weit.
拾う 〖～を〗 拾い上げる 物⁴ auf|nehmen* (auf|heben*); 〖～を～から〗 手に取る 物⁴ von (aus) 物³ nehmen*. ☞ 選ぶ, 見つける.
疲労 消耗 die Erschöpfung; 疲労感 die Müdigkeit.
広がる ① 幅が広くなる breiter werden*; 拡大する sich⁴ erweitern (aus|dehnen, vergrößern). ② 広まる sich⁴ verbreiten (aus|breiten).
広げる ① 〖～を〗 広くする 物⁴ breiter machen; 〖～を〗拡大する 物⁴ erweitern (aus|dehnen, vergrößern). ② 〖たたんである物を〗 物⁴ entfalten (aus|breiten).
広さ ☞ 大きさ, 幅, 面積.
広場 der Platz.
広まる ☞ 広がる.
広める 〖～を〗 物・事⁴ verbreiten (aus|breiten).
便 郵便 die Post. ☞ バス, 列車, 船, 飛行機.
瓶(びん) die Flasche.
敏感な empfindsam; 傷つきやすい empfindlich.
貧乏な arm.

ふ

部 ① 部門 die Abteilung. ② (冊数を数えて:) das Exemplar.
不安 die Angst; 心配 die Sorge.
不意の ☞ 思いがけない, 突然.
フィルム ① der Film. ② (ビニールなどの)薄膜 die Folie.
風景 ☞ 景色, 眺め, 場面.
封筒 der Briefumschlag, der Umschlag.
夫婦 das Ehepaar.
プール das Schwimmbad, das Bad.
不運 das Pech; 不幸 das Unglück.
笛 die Flöte.
増える sich⁴ vermehren, zu|nehmen*; より多く…する mehr … ☞ 上がる.
フォーク die Gabel.
深い ① tief. ② 親密な intim, eng.
不快な ① 不愉快な unangenehm, hässlich; 腹立たしい ärgerlich. ② (においなどが) schlecht, übel. ☞ 気持ち.
不可能な unmöglich.
武器 die Waffe.
普及する verbreitet werden*.
ふく 〖床などを〗 物⁴ ab|wischen; 〖汚れなどを～から〗ふき取る 物⁴ von 物³ wischen; 〖～を[～から]〗 物⁴ [von 物³] ab|wischen; 〖～を〗ふいて乾かす 物⁴ ab|trocknen.
吹く ① (風が) wehen. ② 〖～を〗 吹奏する 物⁴ blasen*. ☞ 演奏する.

服 die Kleidung; 〖複〗で Kleider.
複雑な kompliziert.
復習する 〖～を〗繰り返す 事⁴ wiederholen; 〖～を〗もう一度学ぶ 事⁴ noch einmal lernen.
服従する 従う, 負ける.
服装 die Kleidung.
腹痛 〖ふつう複〗 Bauchschmerzen.
含む 〖～を〗 物・事⁴ enthalten* (in sich³ begreifen*).
含める 〖～を〗 事⁴ ein|schließen*.
ふくらむ schwellen*.
ふくれる (不満で) schmollen. ☞ ふくらむ.
袋 der Beutel; 紙袋 die Tüte; 大きな[麻]袋 der Sack; 手提げ袋 die Tasche.
不潔な schmutzig.
不幸 das Unglück; 不運 das Pech.
不幸な unglücklich.
ふさわしい 〖～に〗適している zu 人・事³ passen, sich⁴ zu 人³ (als 事¹, für 事⁴) eignen. ☞ 適切な, 適当な.
不思議な 不可思議な sonderbar. ☞ 変な.
無事な ① 無傷の heil, unversehrt. ☞ 健康な. ‖ (けが人などが)無事である außer Lebensgefahr sein*. ② 順調な glatt.
侮辱する 〖～を〗 人⁴ beleidigen.
夫人 die Frau; 令夫人 (雅語:) die Gattin; …夫人 Frau …
婦人 die Dame, die Frau.
防ぐ 〖敵・病気などを〗 人・事⁴ ab|wehren; (遮蔽(しゃへい)物などが) 〖～を[～に]〗寄せつけない 物・事⁴ [von 人・事³] ab|halten*; 〖災害などを〗阻止する 事⁴ verhindern. ☞ 予防する.
不足 der Mangel; 不足額 die Differenz.
ふた (広口の容器の) der Deckel. ☞ 栓.
豚 das Schwein; 雌豚 die Sau.
舞台 ① die Bühne, die Szene. ② (出来事の) der Schauplatz.
再び wieder; もう一度 noch einmal.
豚肉 das Schweinefleisch.
普段 ☞ ふつう.
不断の ständig, ununterbrochen.
縁 der Rand; 二平面の交線 die Kante.
不注意から ☞ うっかり.
ふつう gewöhnlich, normalerweise.
不通になる (交通・通信などが) unterbrochen werden*.
ふつうの gewöhnlich, normal; 通例の üblich.
二日 ☞ …日(か).
物価 〖複〗で Preise.
ぶつかる ① zusammen|stoßen*; 〖～に〗 an (gegen) 人・物⁴ stoßen*. ② 〖～に〗出くわす 人・物⁴ stoßen*. ☞ 会う. ③ 〖～と〗(意見の相違などで) mit 人³ in Konflikt geraten*.
物質 der Stoff, die Materie, die Substanz.
沸騰する kochen.
物理学 die Physik.
筆 ① 絵筆 der Pinsel. ② ペン die Feder.
ふと ☞ 偶然, 突然.

太い dick. ☞ 丈夫な, 低い, 広い.
太った dick; 肥満した fett.
太る 体重が増える zu|nehmen*.
布団 敷布団 die Matratze; 掛布団 die Decke.
船 das Schiff; 小舟 das Boot.
部分 der Teil; 断片 das Stück, der Abschnitt.
不平 die Beschwerde, die Klage. ☞ 文句.
不便な 使いにくい unpraktisch; へんぴな abgelegen. ☞ 不利な.
不満な unzufrieden. ☞ 満足する.
踏む 〖～を〗(足で) auf (in) 物⁴ treten*. ☞ 入る, 推測する, 見込む.
不明の 知られていない unbekannt; はっきりしない unklar.
増やす 〖～を〗物⁴ vermehren; 〖～を〗増強する 物⁴ verstärken; 〖～を〗増大させる 物⁴ vergrößern; より多く…する mehr …
冬 der Winter. ‖ 冬に im Winter.
冬休み 〖複〗で Winterferien; クリスマス休暇 〖複〗で Weihnachtsferien.
ブラウス die Bluse.
ブラシ die Bürste; 刷毛(はけ) der Besen.
プラス ① …足す…, 正の plus. ② 益 das Plus. ③ 陽極 der positive Pol.
プラスチック das Plastik.
フランス [die Republik] Frankreich. ‖ フランス語 Französisch / フランス人 der Franzose / フランスの französisch.
不利な (条件などが) ungünstig; 損になる nachteilig; 良くない schlecht.
ふりをする 〖…する〗so tun*, als ob … 〖接続法とともに〗.
降る fallen*. ☞ 雨, 雪.
振る 〖～を〗揺さぶる 物⁴ schütteln; 〖旗などを〗揺り動かす 物⁴ schwingen*. ☞ 掛ける.
古い alt.
震える zittern.
ふるまう 〖…のような〗態度をとる sich⁴ … verhalten* (benehmen*), … handeln. ☞ 出す.
ブレーキ die Bremse. ‖ 〖～に〗ブレーキをかける 〖物・事⁴〗 bremsen.
触れる 〖～に〗言及する 人・事⁴ erwähnen. ☞ 犯す, 触る.
ふろ das Bad. ‖ ふろに入る [sich⁴] baden.
プログラム das Programm.
分(ふん) (時間・角度の) die Minute. ☞ …時.
文 der Satz; 文章 der Text.
分(ぶん) 取り分・負担分 der Anteil.
雰囲気 die Stimmung, die Atmosphäre.
文化 die Kultur.
分解する ① (物質などが) zerfallen*. ② 〖～を〗 物⁴ zerlegen.
文学 die Literatur.
噴火する aus|brechen*.
文章 der Text; 文 der Satz.
分析する 〖～を〗 物・事⁴ analysieren.
紛争 der Konflikt.

分担 der Anteil.
ぶんぶんいう (蜂(はち)などが) Es summt.
文法 die Grammatik.
文房具 〔複 で〕 Schreibwaren.
文明 die Zivilisation.
分野 das Gebiet; 専門分野 das Fach; 領域 der Bereich; 活動分野 das Feld.
分離する (混合物などが) auseinander gehen*; 〜 離れる, 離す.
分類する 〔〜を〜に〕 [物]⁴ in [事]⁴ ein|teilen. ☞ 整理する.

へ

…へ 〜 (人の所・建物など)へ zu [人・物]³; 〜 (国・都市など)へ nach [物]³.
塀 die Mauer; 柵 der Zaun.
平気な 泰然とした gelassen, gefasst; 落ち着いた ruhig.
平均 ① der Durchschnitt. ∥ 平均すると im Durchschnitt. ② 平衡 das Gleichgewicht.
平均的な durchschnittlich.
平行の parallel.
平日 日曜以外の日 der Wochentag; 就業日 der Werktag. ∥ 平日には während der Woche; unter der Woche, wochentags.
平凡な alltäglich. ☞ ふつうの.
平野 低地 die Tiefebene; 平地 die Ebene.
平和 ① der Frieden. ② 平穏 die Ruhe.
ページ die Seite. ∥ 35 ページに auf Seite 35.
下手な schlecht; 不器用な ungeschickt.
別 違い der Unterschied. ☞ 区別. ∥ 〜は別として abgesehen von [人・事]³.
ベッド das Bett.
別の 違う ander; 別々の getrennt.
部屋 das Zimmer; 室 der Raum. ☞ ホール.
減らす 〔〜を〕 [物・事]⁴ vermindern; 〔〜の〕給料などを〕削る [人]³ [物]⁴ kürzen; より少なく…する weniger …
減る sich⁴ vermindern, ab|nehmen*; より少なく…する weniger … ☞ 下がる.
ベル die Klingel; 鐘 die Glocke.
ベルト ① バンド der Gürtel. ② (動力を伝える) der Riemen.
辺 (図形の) die Seite.
ペン die Feder. ☞ サインペン, ボールペン, 万年筆.
変化 die Veränderung, die Änderung; 変転 der Wechsel.
弁解 die Entschuldigung.
弁解する sich⁴ entschuldigen.
勉強 die Arbeit; (大学での)学業 das Studium.
勉強する 〔〔〜を〕〕 [事]⁴ lernen; 〔〔〜を〕〕 (大学で) [事]⁴ studieren.

変更 die Änderung.
弁護士 der Rechtsanwalt.
弁護する 〔〜を〕 [人]⁴ verteidigen.
返事 die Antwort.
編集する 〔フィルムなどを〕 [物]⁴ schneiden*. ☞ 出版する.
便所 die Toilette. ☞ トイレ.
弁償する 〔損害などを〕 [事]⁴ ersetzen; 〔〜に対して〕賠償をする [人・事]⁴ entschädigen.
ベンチ die Bank.
変な komisch, seltsam, merkwürdig.

ほ

方 ∥ 私の方があなたより背が高い. Ich bin* größer als Sie.
棒 der Stock, der Stab. ☞ 線.
貿易 der Außenhandel; 商取引 der Handel.
妨害する ☞ 妨げる, じゃまする.
方角 die Himmelsrichtung. ☞ 方向.
ほうき der Besen.
放棄する ☞ あきらめる, 忘る.
方言 die Mundart, der Dialekt.
冒険 das Abenteuer.
方向 ① die Richtung. ② 進路 der Kurs.
報告する 〔〔〜に〕〜について〕 [人]³ von [人・事]³ (über [人・事]⁴) berichten. ☞ 知らせる, 届ける.
帽子 (縁のある) der Hut; (縁なし・ヴァイザー付きの) die Mütze; (水泳用の) die Kappe.
奉仕する 〔〜に〕 [人・物]³ dienen.
報酬 der Lohn, die Belohnung; (弁護士・作家などに対する) das Honorar.
方針 〔ふつう 複〕 Richtlinien. ☞ 原則.
宝石 der Edelstein.
放送 die Sendung. ☞ テレビ, ラジオ.
放送局 der Sender, die Station.
放送する 〔〔〜を〕〕 [事]⁴ senden.
法則 das Gesetz; 原理 das Prinzip.
報道 die Meldung; 情報 die Nachricht.
褒美 die Belohnung.
豊富な reich; 多い viel. ∥ 〜が豊富である reich an [物]³ sein*.
方法 die Methode; 道 der Weg; 手順 das Verfahren.
方面 ☞ 周辺, 分野, 方向.
訪問 der Besuch.
訪問する ☞ 訪ねる.
法律 das Gesetz.
暴力 die Gewalt; 暴力行為 die Gewalttat.
ほえる bellen.
頬(ほお) die Backe, (雅語:) die Wange.
ボーイ der Kellner; ボーイ長 der Ober.
ホース der Schlauch.
ホーム (駅の) der Bahnsteig. ☞ 施設.
ホール die Halle; 広間 der Saal.
ボール ① 球 der Ball. ② 深皿 die Schüssel, die Schale.

ボールペン der Kugelschreiber.
ほかに ① そのほかに[は] sonst, anßerdem; そのほかの点では übrigens. ② 〜以外に außer (neben) 人・物³; 〜を除いて bis auf 人・物⁴.
ほかの ander.
朗らかな heiter; 愉快な lustig, froh.
ポケット die Tasche.
保険 die Versicherung.
保護 der Schutz.
保護する 《〜を[〜から]》 人・物⁴ [vor 人・物³] schützen.
誇り der Stolz.
星 ① der Stern. ② 星印 das Sternchen.
欲しい 《〜が》 物⁴ wollen* (möchte*), [sich³] 物⁴ wünschen.
募集する 《〜を》 人⁴ an|werben*; 《〜のポストの応募者を》 物⁴ aus|schreiben*.
保守的な konservativ.
補助 補助金 der Zuschuss. ☞ 援助.
保証 請け合うこと die Versicherung; (商品に対する) die Garantie.
保証する 《〜に〜を》請け合う 人³ 物⁴ versichern.
干す ① 《洗濯物を》 物⁴ auf|hängen. ☞ 乾かす. ② 《池などの》水を流す 物⁴ ab|lassen*.
ポスター (観賞用の) das Poster; (宣伝用の) das Plakat.
ポスト 郵便ポスト der Briefkasten.
細い schmal, dünn. ☞ 狭い.
保存する 《建物などを》 物⁴ erhalten*. ☞ とっておく.
ボタン der Knopf.
ほてる glühen. ☞ 温かい.
ホテル das Hotel; (飲食店を兼ねた) das Gasthaus.
歩道 der Bürgersteig.
ほどく 《〜を》 物⁴ lösen.
ほとんど ① たいてい meistens. ② もう少しで fast, beinah[e]. ③ ほとんど…ない kaum.
ほとんどの meist.
骨 der Knochen; (魚の) die Gräte.
炎 die Flamme.
ほほえむ lächeln; 《〜に》 人³ zu|lächeln.
ほめる 《〜を》 人⁴ loben.
彫る 《像などを(模様などを〜に)》 物⁴ (物⁴ in 物⁴) schnitzen.
掘る ① 《穴などを》 物⁴ graben*. ② 《〜を》掘り出す 物⁴ aus|graben*.
本 das Buch.
盆 (物を載せる) das Tablett.
本気で 真剣に mit Ernst; 本心から im Ernst.
本気の ernst.
本質 das Wesen; 本性 die Natur.
本質的な wesentlich.
本棚 das Bücherregal; (扉付きの) der Bücherschrank.
本当の 真実の wahr; 真の wirklich 《付加語としてのみ》; 事実の tatsächlich 《付加語としてのみ》.
本当は 本来は eigentlich. ☞ 実は.
ほんの わずか nur, bloß; 単なる lediglich.
本能 der Instinkt.
本物の 正真正銘の echt. ☞ 本当の.
翻訳する 《〜を》 物⁴ übersetzen. ☞ 訳す.
ぼんやりした ① (景色などが) verschwommen. ② 放心した geistesabwesend.
本来の eigentlich.

ま

間 ☞ 間(かん)に, 間隔, 時間, すき間, 部屋.
マーガリン die Margarine.
…枚 // 紙二枚 zwei Blatt Papier / パン二枚 zwei Scheiben Brot / チョコレート二枚 zwei Tafeln Schokolade.
毎朝 jeden Morgen, morgens.
毎週 jede Woche, wöchentlich.
毎月 jeden Monat, monatlich.
毎年 jedes Jahr, jährlich.
マイナス ① …引く…・負の minus. ② 不利益 das Minus. ③ 陰極 der negative Pol.
毎日 jeden Tag, täglich.
毎晩 jeden Abend, abends.
参る 降参する auf|geben*. // この暑さには参る. (口語:) Diese Hitze macht mich ganz fertig. ☞ 行く, 訪ねる, 来る.
…前 (飲食物の)一人前 die Portion.
前に ① (空間的に:) 前で vorne; 前へ vorwärts, nach vorne; (時間的に:) 前もって vorher; (以前) früher. ② (空間的に:) 〜の前で (へ) vor 人・物³(⁴); (時間的に:) 〜の前に vor 事³. ③ …する前に bevor (ehe) …
負かす 《敵・相手を》 人⁴ schlagen*; 《相手を》 gegen 人⁴ gewinnen*, 人⁴ besiegen.
任せる 《〜に〜を》 人³ 物⁴ überlassen*.
曲がる ① 進む方向を変える [ab|]biegen*. ② たわむ sich⁴ biegen*.
まく 《砂などを》 物⁴ streuen. ☞ 配る. // 〜に水をまく 物⁴ sprengen. ② 《〜の種を》 物⁴ säen.
巻く 《紙などを》 物⁴ [zusammen|]rollen. ② 《〜を…に》 物⁴ auf (um) 物⁴ wickeln.
幕 ① (舞台の) der Vorhang. ② (芝居の) der Akt.
枕 (ぎの) das Kopfkissen.
負ける ① 《戦いなどに》 [事⁴] verlieren*; 《敵・誘惑などに》屈服する 人・事³ unterliegen*; 《[〜に]》 [人・事³] nach|geben*. ② 値段を下げる mit dem Preis herunter|gehen*; 《[〜に]》割り引きする [人³] Rabatt geben*.
曲げる 《〜を》 物⁴ biegen*; 《腕・ひざなどを》 物⁴ beugen.
孫 der Enkel; 孫娘 die Enkelin.
摩擦 (物と物の) die Reibung. ☞ 紛争.

まじめな ernst, ernsthaft.
混じる・交じる 〖~と(~に)〗 sich⁴ mit 物³ (unter 物⁴) mischen.
交わる (線などが) sich⁴ kreuzen (schneiden*, überschneiden*). ☞ つき合う.
増す 増える, 増やす, 上げる.
まず ともかく erst (zunächst) einmal; 最初に zuerst, zunächst.
まずい (飲食物が)〖[~にとって]〗[人³] nicht [gut] schmecken. ☞ 下手な.
貧しい arm.
ますます immer …〖比較級とともに〗. ☞ いっそう.
混ぜる・交ぜる ① 〖~を~に〗混ぜ込む 物⁴ in (unter) 物⁴ mischen. ② 〖~を[~と]〗混ぜ合わせる 物⁴ [mit 物³] vermischen.
また ① 再び wieder; (…したばかりなのに)また schon wieder. ② …もまた auch. ☞ 同時に, もう.
股 ① 大腿 der Oberschenkel, der Schenkel. ② 分岐 die Gabelung.
まだ ① noch; いまだに immer noch. ② ようやく…したばかり erst.
または oder; …か, さもなくば…か entweder … oder …
町・街 ① 市・町 die Stadt. ② 中心街 die Innenstadt.
間違い ① 誤り der Fehler; 過失 das Versehen; 思い違い die Täuschung, der Irrtum. ② 何かひどいこと etwas Schlimmes (Böses)《語尾変化は形容詞と同じ》.
間違う ① 思い違いをする sich⁴ täuschen (irren); 正しくなく…する falsch …; 誤りを犯す einen Fehler machen. ☞ 迷う, 間違える.
間違える 〖~を~と〗人・物⁴ mit 人・事³ verwechseln; 〖~を〗誤解する 人・事⁴ missverstehen* (falsch verstehen*). ☞ 間違う.
間違った falsch.
松 die Kiefer.
待つ 〖[~を]〗[auf 人・事⁴] warten; 〖~を〗待ち受ける 人・事⁴ erwarten.
まっすぐな gerade. ☞ 正直な.
まっすぐに 直接 direkt.
まったく ① 本当に wirklich. ② 全然…ない gar (überhaupt, durchaus) nicht. ☞ すっかり.
マッチ das Streichholz.
祭 ① das Fest. ② 儀式 die Zeremonie.
…まで bis 物・事⁴.
窓 das Fenster.
窓口 der Schalter. ☞ 係り.
まとまる ① 一体となる (雅語:) sich⁴ vereinen; 結束している zusammen|halten*. ② (異なる意見などが) zusammen|fassen.
まとめる ① 〖~を[~へと]〗一体化する (雅語:) 人・物⁴ [in (zu) 事³] vereinen; 〖~を〗一か所に置く 人・物⁴ zusammen|stellen (zusammen|legen). ②〖契約などを〗成立させる 事⁴ zustande bringen*;〖考えなどを〗整理する 事⁴ ordnen; 〖~を〗要約する 事⁴

学ぶ 〖[~を]〗[事⁴] lernen.
間に合う ① 〖…へ〗遅れずに着く rechtzeitig (pünktlich) … kommen*; 〖列車などに〗物⁴ erreichen. ☞ 逃(ﾉｶﾞ)す. ② 十分である genügen, [aus]|reichen.
まね die Nachahmung.
招く ① 〖~を〗招待する 人⁴ ein|laden*. ② 〖~を〗引き起こす 事⁴ verursachen.
まねる 〖~を〗人・事⁴ nach|ahmen.
麻痺(ﾏﾋ)する ① (手足などが)麻痺している lahm sein*. ② (交通などが)麻痺している lahm gelegt werden*.
まぶしい 〖[~を]〗まぶしがらせる [人⁴] blenden.
魔法 der Zauber.
まま そのとおりに [so,] wie … そのまま so.
豆 (いんげんなどの) die Bohne; えんどう die Erbse; ナッツ die Nuss.
間もなく じきに bald; すぐ gleich.
守る ①〖~を[~から]〗保護する 人・物⁴ [vor 人・物³] schützen; 〖~を~から〗人・物⁴ vor 物・事³ bewahren; 〖~を〗防衛する 人・物⁴ verteidigen; 〖~の〗安全を確保する 人・物⁴ sichern. ②〖決めたことを〗事⁴ halten*;〖法などを〗尊重する 事⁴ beachten.
迷う ① (道に) sich⁴ verirren; (歩いて) sich⁴ verlaufen*; (車などで) sich⁴ verfahren*. ② 決心がつかない schwanken. ☞ ためらう.
真夜中 24時 die Mitternacht. // 真夜中に mitten in der Nacht.
丸・まる ① 円 der Kreis. ② まる… ganz, voll.
丸い・円い 円形(球形)の rund. ☞ 穏和な.
マルク 〖ドイツ〗マルク die [Deutsche] Mark, DM. // 1マルク80ペニヒ 1,80 DM (= eine Mark achtzig).
まるで ☞ すっかり, まったく, …ように.
まれな selten.
回す ①〖~を〗回転させる 人・物⁴ drehen. ②〖~を〗順に送る 物⁴ weiter|geben*. ☞ 派遣する.
回り・周り ① 周囲 die Umgebung. ② 回転 die Drehung.
周りに ~の周りに um 人・物⁴ [herum].
回り道 der Umweg.
回る ① 回転する sich⁴ drehen; 〖~の周り(上空など)を〗旋回する um 物⁴ (über 物³) kreisen. ② 一巡する durch|gehen*. ☞ 行く, 訪ねる. ③〖…時を〗過ぎている (口語:) Es ist* … vorbei.
万 万の zehntausend.
満員の ① 定員に達した [voll] besetzt. ② いっぱいに詰まった voll; 超満員の überfüllt.
漫画 劇画 〖ふつう 複〗Comics; (一コマの)戯画 die Karikatur.
満足させる〖人・欲求などを〗人・事⁴ befriedigen.
満足する 〖[~に]〗満足している [mit 人・事³] zufrieden sein*, [mit 事³] befriedigt sein*.

☞ 満たす.
満足な まともな ordentlich, richtig.
真ん中 die Mitte. // 部屋の真ん中で mitten im Zimmer.
万年筆 der Füll[feder]halter, der Füller.

み

実 果実 die Frucht; 木の実 die Nuss.
見える ① 〔人は〕〔〜が〕人・物⁴ sehen*;〔〜を〕認める 物⁴ wahr|nehmen*, 人・物⁴ bemerken. ②〔…のように〕… aus|sehen*;〔…するように〕scheinen*, zu 不定詞[句]. ☞ のぞく.
見送る ①〔去る人などを〕目で追う 人・物³ nach|sehen*. ②〔〜を〕思いとどまる von 事³ ab|sehen*. ☞ 送る.
見落とす〔事・物⁴〕übersehen*.
磨く〔〜を〕物⁴ putzen;〔〜を〕きれいにする 物⁴ reinigen.
見かけ 見せかけ der Schein; 外見 das Aussehen, das Äußere《語尾変化は形容詞と同じ》.
味方 自分のチーム die eigene Mannschaft; 自国の部隊 die eigene Truppe.
味方する〔〜に〕zu 人³ halten*.
みかん die Mandarine.
幹 der Stamm.
右に rechts.
右の recht.
見事な herrlich, großartig,（口語:) prima. ☞ 優れた, すばらしい.
見込み ① 予想〔ふつう 複〕Erwartungen. // 見込みでは voraussichtlich. ② 見通し・望み die Aussicht, die Hoffnung,〔ふつう 複〕Chancen.
見込む〔…と〕damit (darauf) rechnen, dass …
未婚の 独身の ledig.
短い kurz.
惨めな elend, miserabel; 不幸な unglücklich. ☞ 悲しい.
水 das Wasser. ☞ 液.
湖 der See.
水着（女性の）der Badeanzug; 海水パンツ die Badehose.
店 商店 das Geschäft, der Laden, die Handlung. ☞ 喫茶店, レストラン.
見せる〔〜を〕人³〔人・物⁴〕zeigen;〔〜に〜を〕披露する〔人³〕人・物⁴ vor|führen.
溝 ①（水などを通す）der Graben. ②（木材などに刻んだ）die Rille.
満たす ①〔容器などを[〜で]〕物⁴ [mit 物³] füllen. ②〔〜の心を〕人⁴ aus|füllen;〔条件などを〕事⁴ erfüllen. ☞ 満足させる.
道 der Weg; 路地 die Gasse. ☞ 道路, 分野.
導く〔〜を…へ〕人・物⁴ … führen (leiten). ☞ 指導する.
三日 ☞ …日(²).

見つかる《人が〜を》見つける 人¹ findet* 人・物⁴; 発見される entdeckt werden*.
見つける〔〜を〕人・物⁴ finden*;〔〜を〕発見する 物⁴ entdecken;〔〜を〕(偶然に) auf 人・物⁴ stoßen* (treffen*).
密接して dicht.
密接な eng.
密度 die Dichte.
見つめる〔〜を〕人・事⁴ an|sehen*;〔…の方を〕… starren. ☞ 見る.
見通し 視界 die Sicht. ☞ 見込み.
認める ①〔〜を〕容認する 事⁴ zu|lassen*;（役所などが）〔〔〜に〕〜を〕許可する [人³] 事⁴ genehmigen. ☞ 許す. ②〔功績などを〕事⁴ an|erkennen*;〔〜を〕評価する. ③〔〔罪などを〕〕〔事⁴〕gestehen*. ☞ 気づく.
緑色の grün.
皆（単数で:) alles;（複数で:) alle.
見なす〔〜を〜と〕人・物⁴ als (für) 物⁴ an|sehen*, 人・物⁴ als 事⁴ betrachten, 人・物⁴ für 人・物⁴ halten*.
港 der Hafen.
南 der Süden. // 南の südlich.
見慣れた vertraut.
醜い ① hässlich. ② 不徳の schlimm, übel.
身ぶり die Gebärde, die Geste. ☞ 合図.
身分 ① 階層 der Stand; 身元 die Identität. ☞ 階級, 地位. ② 境遇〔複で〕Verhältnisse.
見本（商品などの）die Probe, das Muster. ☞ 手本, 例.
見舞う ①〔〜の所へ〕病気見舞いに行く einen Krankenbesuch bei 人³ machen. ☞ 訪ねる. ②（災難などが）〔〜を〕人⁴ treffen*.
耳 das Ohr. ☞ 縁(ふち).
脈 脈拍 der Puls. ☞ 見込み.
土産 das Mitbringsel;（旅先の）土産物 das Souvenir. ☞ 贈り物.
名字 der Familienname, der Zuname.
未来 die Zukunft.
未来の zukünftig; 将来の künftig.
ミリメートル der (das) Millimeter.
魅力 der Reiz.
見る ①〔〔〜を〕〕〔人・物⁴〕sehen*;〔…へ〕目をやる … blicken (sehen*). ②〔〜を〕見物（観察）する sich³ 物⁴ an|sehen*. 観察する, 気をつける, 見学する, 試す, 見なす, 診る, 面倒を見る, 調べる.
診る《患者・患部を》sich³ 人・物⁴ an|sehen*;〔〜を〕診察する 人・物⁴ untersuchen.
ミルク die Milch.
民主主義 die Demokratie.
民主的な demokratisch.
民族 das Volk.
みんな（単数で:) alles;（複数で:) alle.

む

六日 ☞ …日(か).
無意味な sinnlos.
無害の unschädlich, harmlos.
向かう 《～に》歩み寄る auf 人・事⁴ zu|gehen*. ☞ 行く, 向く.
迎える ① 《客などを》(雅語:) 人⁴ empfangen*; 《人を》歓迎する 人⁴ begrüßen. ∥ ～を客に迎えている 人⁴ zu Gast haben*. ② 《時期などに》入る in 事⁴ ein|treten*.
昔 früher; かつて einst.
昔の früher; 古い alt.
向き 方向 die Richtung.
麦 小麦 der Weizen; 大麦 die Gerste; ライ麦 der Roggen; カラス麦 der Hafer.
むく 《～の皮を》物⁴ schälen.
向く ① 《～の方を》 sich⁴ nach (zu) 人・物³ wenden⁽*⁾. ② 《窓などが》《…の方向に》向いている … gehen*. ☞ 合う, 指す.
向ける 《～を…の方へ》物・事⁴ … richten; 《頭などを…の方へ》物⁴ … wenden⁽*⁾ (drehen, kehren). ☞ 派遣する.
無限の unendlich.
婿 ① 娘の夫 der Schwiegersohn. ② 花婿 der Bräutigam; 夫 der Mann.
向こう これからの kommend. ☞ 相手, 敵.
向こうに ① 向こうで drüben, jenseits; 向こうへ hinüber. ② ～の向こう側で(へ) über 物³⁽⁴⁾; ～の向こう側で jenseits 物²; ～の後ろで(へ) hinter 物³⁽⁴⁾.
無効の ungültig.
虫 昆虫 das Insekt; (こがねむしのような形の) der Käfer; (芋虫のような形の) der Wurm.
蒸し暑い schwül.
無視する 《～を》人・物⁴ ignorieren; 《～を見落とす》人・物⁴ übersehen*.
矛盾 der Widerspruch.
矛盾する 《～に》事³ widersprechen*.
むしろ vielmehr, eher; むしろ…の方が良い lieber.
難しい schwierig, schwer. ☞ めんどうな.
息子 der Sohn.
結ぶ ① 《～を～に》結び付ける 人・物⁴ an 物³ binden*. ☞ つなぐ. ② 《～を》締結する 事⁴ [ab]schließen*. ☞ 終える, 終わる.
娘 ① die Tochter. ② 未婚の若い女性 das Mädchen.
むだである しがいがない [sich⁴] nicht lohnen; 無益にも…する vergeblich (vergebens, umsonst) …
むだな むなしい vergeblich.
むだにする 《～を[～のために]》浪費する 物・事⁴ [an (auf) 物・事⁴] verschwenden.
夢中になる 《～に》 für 人・事⁴ schwärmen; 《～に》熱中する sich⁴ für 物・事⁴ begeistern.
胸 ① die Brust. ② 心 das Herz. ☞ 肺.
村 das Dorf.
紫の violett.
無理な ① 不可能な unmöglich. ☞ やり遂げる. ② 理性的でない unvernünftig.
無理に 力ずくで mit Gewalt. ∥ ～に無理やり～をさせる 人⁴ zu 事³ zwingen*.
無料の ☞ ただの.
群れ (動物の) die Herde.

め

目 ① das Auge. ② 視線・目つき der Blick. ③ (網などの) die Masche.
芽 胚芽 der Keim; 新芽 der Spross.
姪(めい) die Nichte.
名刺 die Visitenkarte.
迷信 der Aberglaube.
名声 der Ruf, das Ansehen.
名簿 die Namenliste; リスト die Liste.
めいめい ☞ それぞれ.
名誉 die Ehre; 尊厳 die Würde.
明瞭(めいりょう)な klar, deutlich. ☞ 明らかな.
命令する 《[～に]～を》[人³] 事⁴ befehlen*, 《～に…するよう》命じる 人⁴ … heißen*.
迷惑をかける 《～に》人⁴ belästigen; 《[～の]》じゃまになる [人⁴] stören.
メーター (速度・圧力などの) der Messer; (ガス・水道などの) der Zähler.
メートル der (das) Meter.
目方 das Gewicht.
眼鏡 die Brille.
めくる 《ページなどを》物⁴ um|schlagen*; 《～のページを》(ぱらぱらと) in 物³ blättern.
目覚まし時計 der Wecker.
雌 das Weibchen.
珍しい selten.
目だつ auf|fallen*.
めったに…ない selten.
めでたい 喜ばしい freudig; 祝祭の festlich. ☞ ばかな.
メニュー (料理の) die Speisekarte; (飲み物の) die Getränkekarte.
メモ 《ふつう複》 Notizen.
メモする 《～を》[sich³] 事⁴ auf|schreiben*.
目盛り die Skala.
面 ① (物体の) die Fläche; (物事・事柄の) die Seite. ② 仮面 die Maske. ☞ 分野.
綿 die Baumwolle.
面会する 《～を》訪問する 人⁴ besuchen. ☞ 訪ねる. ∥ ～に面会したいのですが. Ich möchte* 人⁴ sprechen.
免許証 der Führerschein.
面積 die Fläche.
めんどうな 手間のかかる umständlich; やっかいな mühsam; わずらわしい lästig; 複雑な kompliziert.
面倒をかける (物事が) 《～に》人³ Mühe machen.

面倒を見る 〘～の〙 für 人・物⁴ sorgen, sich⁴ um 人・物⁴ kümmern, 人・物⁴ pflegen(*).
メンバー das Mitglied.

も

…も ① …もまた auch; …だけではなく…もまた nicht nur …, sondern auch … ② …も…も … sowie …; sowohl … als auch …
もう ① すでに schon, bereits; もはや…ない nicht mehr. ② さらに noch. ☞ 間もなく.
設ける ☞ 建設する, 設立する.
儲(もう)ける 〘[～で]〙[von 事³] profitieren.
申し込み die Anmeldung.
申し込む ① 〘～への参加などを〙 sich⁴ zu 事³ (für 事⁴) melden. ② 〘～に〙応募するsich⁴ um 物⁴ bewerben.
毛布 die Wolldecke, die Decke.
燃える brennen*; 焼失する verbrennen*. ☞ 焼ける.
目次 das Inhaltsverzeichnis.
目的 der Zweck; 目標 das Ziel. ☞ 意図.
目標 das Ziel; 目的 der Zweck.
木曜日 der Donnerstag. ∥ 木曜日に am Donnerstag; 木曜日ごとに donnerstags.
潜る ① 〘[水などの中へ]〙 [in 物⁴] tauchen. ② 〘～の中へ〙潜り込む in 物⁴ kriechen*.
目録 ① das Verzeichnis; リスト die Liste. ② (商品・蔵書などの) der Katalog.
模型 das Modell.
もし…なら wenn …; …の場合は falls …
文字 das Schriftzeichen; (アルファベットの) der Buchstabe. ☞ 字.
もしかしたら vielleicht.
もしもし Hallo!
用いる ☞ 使う, 採用する.
持ち主 der Besitzer.
もちろん natürlich, selbstverständlich. ☞ 確かに.
持つ ① 〘～を〙手に持っている 物⁴ halten* (in der Hand haben*); 〘～を〙(しっかり)持っている 人・物⁴ fest halten*; 〘～を〙持ち合わせている 物⁴ bei sich³ haben*. ☞ つかむ, 取る, 運ぶ. ② 〘～を〙所有している 物⁴ haben* (besitzen*). ③ 持ちこたえる halten*.
もったいない ① schade 〘述語としてのみ〙. ② 分不相応な unverdient.
持って行く 〘～を〙物⁴ mit|nehmen*; 〘[～に]～を〙持って行く(来る) [人³] 物⁴ bringen*.
持って来る 〘～を〙物⁴ mit|bringen*. ☞ 取って来る, 持って行く.
もっと より多く mehr. ☞ さらに.
もっとも とは言うものの allerdings.
もっともな gerecht.
もてなす ① 〘客などの〙相手をする 人⁴ unterhalten*. ② 〘～に〙ごちそうする 人⁴ bewirten.
元 かつての ehemalig. ☞ 起源, 始め, 原因, 金(2), 資金.
戻す 〘～を〙元の場所へ持って行く 物⁴ zurück|bringen*. ☞ 返す, 吐く.
基づく 〘～に〙auf 事⁴ gründen (stützen), auf 事³ beruhen.
求める 〘～を〙欲しがる nach 物・事⁴ verlangen, 物・事⁴ [haben] wollen*. ☞ 買う, 探す, 望む, 要求する.
もともと 始めから von Anfang an, von vornherein; 本来は eigentlich.
戻る ① (雅語:) zurück|kehren; (歩いて)帰って行く zurück|gehen*; (乗り物で) zurück|fahren*; 帰って来る zurück|kommen*. ② 〘人が紛失物などを〙再び手に入れる 人¹ bekommt* 物⁴ wieder.
者 ☞ 人.
物 ① die Sache, das Ding; 品物 der Gegenstand. ∥ ものになる etwas werden*. ② …するもの was …
物語 ① die Erzählung; 話 die Geschichte. ② 伝説 die Sage. ☞ 小説.
物事 〘複で〙Sachen, 〘複で〙Dinge; 何もかも alles. ☞ 物.
物差 der Maßstab.
模範 das Muster, das Vorbild.
木綿 die Baumwolle.
燃やす 〘～を〙焼却する 物⁴ verbrennen*; 〘～を〙(暖房のために)たく 物⁴ brennen*.
模様 柄 das Muster. ☞ 状況.
もらう ① 〘～を〙物⁴ bekommen* (erhalten*). ② 〘[…して]〙 lassen*. ∥ 私は髪を切ってもらう Ich lasse* mir die Haare schneiden.
森 der Wald.
漏れる ① (液体などが) durch|laufen*; (容器などが)液体などを通す undicht sein*; (蛇口などが)漏る laufen*. ② (秘密などが) (口語:) heraus|kommen*.
もろい (土などが)ぼろぼろの locker.
門 das Tor; 入り口 der Eingang.
文句 苦情 die Beschwerde, die Klage. ☞ 言葉. ∥ ～のことで文句を言う über 人・事⁴ klagen.
問題 ① 練習問題 die Aufgabe. ② (紛争・障害などの) das Problem, die Frage; 困難 〘ふつう複〙 Schwierigkeiten.

や

八百屋 野菜・果物を売る店 das Gemüsegeschäft; 食料品店 das Lebensmittelgeschäft.
やがて 間もなく bald. ☞ 最後に.
やかましい ① 騒々しい laut. ② 厳密な genau; 厳格な streng.
やかん der Kessel.
野球 der Baseball.
役 ① (劇などの) die Rolle. ☞ 役目. ② 役職 das Amt. ☞ 地位.

約 ungefähr, etwa.
焼く ① 《ケーキなどを》物⁴ backen(*); 《肉などを》物⁴ braten*. ② (陽光が)《肌を》物⁴ bräunen, 《人が》肌を焼く sich⁴ bräunen. ③ 《写真を》プリントする 物⁴ ab|ziehen*. ☞ 燃やす, しっとする.
役所 die Behörde, das Amt.
訳す 《~を》翻訳する 事⁴ übersetzen. // ~をドイツ語に訳す 事⁴ ins Deutsche übersetzen.
約束 ① das Versprechen. ② とり決め die Vereinbarung. ☞ 規則.
約束する 《[~に]~を》[人³] 事⁴ versprechen*. ☞ 保証する.
役だつ 《~にとって(~に)》人³ (zu 事³) nutzen; 《~[のため]に》貢献する 人·事³ dienen.
役にたつ 有用な nützlich, brauchbar.
役目 任務 die Aufgabe, die Funktion. ☞ 義務, 役.
やけどする 《~を》sich³ 物⁴ verbrennen*.
焼ける ① 赤熱する glühen. ☞ 燃える. // 日に焼ける braun werden*. ② (ケーキなどが) backen(*); (肉などが) braten*; 火が通っている gar sein*. ③ 色あせる verbleichen(*).
野菜 das Gemüse; (レタスなどの) der Salat.
易しい 容易な leicht; 簡単な einfach.
優しい ① 柔らかな zart, sanft, mild. ② 親切な freundlich, nett.
養う 《~を》扶養する 人⁴ ernähren (unterhalten*); 《~の》面倒を見る 人·物⁴ pflegen(*).
安い billig; 割安な preiswert; 有利な günstig.
休み 休憩 die Pause. ☞ 休暇. // 私は明日休みだ. Ich habe* morgen frei. ☞ 休む.
休む 休息する sich⁴ erholen, [sich⁴] aus|ruhen; 休憩する eine Pause machen. ☞ 欠席する, 寝る.
やせた dünn, schmal; すらっとした schlank; やせこけた mager.
やせる 体重が減る ab|nehmen*.
家賃 die Miete.
やっと ついに endlich; …したばかり erst.
雇う 《~を》人⁴ an|stellen; 《~を》雇い入れる 人⁴ ein|stellen.
屋根 das Dach.
やはり 思ったとおり doch. ☞ 相変わらず, …も.
破る ① 《~を》引き裂く 物⁴ [zer]reißen*. ☞ 割る, 壊す. ② 《平和などを》乱す 事⁴ stören; 《静寂などを》途切れさせる 事⁴ unterbrechen*. ③ 《約束などを》守らない 事⁴ nicht halten*. ☞ 負かす.
破れる ① zerreißen*; 裂ける reißen*. ☞ 割れる, 壊れる. ② (希望などが)水泡に帰する zunichte werden*. ③ (平和などが)乱される gestört werden*.
山 ① der Berg. ② (物を重ねた) der Stapel. ③ 山場 der Höhepunkt. ☞ 峠.
やむ auf|hören; 終わる enden.
やめる 《~を》mit 事³ auf|hören; 《~を》放棄する 事⁴ auf|geben*.

やり方 ☞ 方法.
やり遂げる 《~を》事⁴ schaffen, mit 事³ fertig werden*.
やる 《~を[…へ]》さし向ける 人⁴ […] schicken ((雅語:) senden(*)). ☞ 上げる, 片づける, する, やり遂げる.
軟らかい・柔らかい 柔軟な weich. ☞ 優しい.

付録

ゆ

湯 温かい(熱い)湯 das warme (heiße) Wasser.
憂うつな schwermütig.
夕方 der Spätnachmittag; たそがれ die Dämmerung. ☞ 晩.
勇敢な tapfer. ☞ 勇気.
勇気 der Mut. // 勇気のある mutig.
有効な 通用する gültig; 効力のある wirksam.
優秀な ☞ 優れた.
友情 die Freundschaft.
優勝する 選手権を勝ち取る die Meisterschaft gewinnen*; 勝つ gewinnen*.
夕食 das Abendessen; (パンにハムなどを載せて食べる) das Abendbrot. // 夕食をとる zu Abend essen*.
友人 (男性の:) der Freund, (女性の:) die Freundin. ☞ 知人.
郵便 die Post.
郵便局 die Post, das Postamt.
有名な 名高い berühmt; 世に知られた bekannt.
ユーモア der Humor.
有利な 好都合な günstig; 得になる vorteilhaft.
有料の gebührenpflichtig.
ユーロ オイロ der Euro.
誘惑する 《~を[~へ]》人⁴ [zu 事³] verführen; 《~の気をそそる 人·事⁴ locken.
床 der Fußboden, der Boden.
愉快な lustig; 朗らかな heiter; 楽しい froh.
雪 der Schnee. // 雪が降る. Es schneit.
行く ☞ 行(い)く.
輸出 der Export, die Ausfuhr.
輸出する 《~を》物⁴ exportieren (aus|führen).
譲る ① 《~を》手放す 物⁴ weg|geben*; 《~を[~に]》譲渡する 物⁴ [an 人⁴] ab|geben*. ☞ 売る. ② 《~に》譲歩する 人·事³ nach|geben*.
輸送 der Transport.
輸送する 《~を》人·物⁴ transportieren.
豊かな üppig. ☞ 豊富な.
油断する nicht auf|passen.
ゆっくりした ① langsam. ② くつろいだ gemütlich, bequem.
ゆでる 《~を》物⁴ kochen.

輸入 der Import, die Einfuhr.
輸入する 《～を》物⁴ importieren (ein|führen).
指 (手の) der Finger; (足の) die Zehe.
指輪 der Ring.
弓 der Bogen.
夢 ① der Traum. ② 空想の産物 die Fantasie, die Utopie. // [～の]夢を見る [von 人・事³] träumen.
緩い ① ぐらついた・張りのない locker, lose; 広い weit. ② 傾斜の緩い sanft. ③ 寛大な mild.
許す ① [[～に]～することを] [人³] 事⁴ erlauben. ☞ 認める. ② [人・過当などを] 人・事⁴ entschuldigen; 《[～の]～を》 [人³] 事⁴ verzeihen*; 《人を(人の～を)》 人³ [事⁴] vergeben*.
緩める 《～を》物⁴ nach|lassen*; 《固着している物を》物⁴ locker machen; 《筋肉などを》物⁴ entspannen.
揺れる wackeln, schaukeln.

よ

世 ① 世界 die Welt. ☞ 社会, 世間. ② (君主などの)在職期間 die Ära. ☞ 時期, 時代.
良い ☞ いい.
用 ☞ 用事.
酔う ① (酒に) sich⁴ betrinken*; 酔っている betrunken sein*. ② 《～は》気分が悪くなる 人³ wird* übel (schlecht); 《[～の]》気分が悪い 人³ ist* übel (schlecht). ③ 《[～に]》うっとりする sich⁴ [an 物³] berauschen.
用意 die Vorbereitung. ☞ 準備.
用意する 《～を》物・事⁴ bereit|stellen.
八日 ☞ …日(ビ).
陽気な ☞ 朗らかな.
要求 die Forderung, das Verlangen, der Anspruch.
要求する 《～を》物・事⁴ fordern (verlangen).
用事 das Geschäft. // 私はまだ町に用事があります。 Ich habe* noch in der Stadt zu tun.
用心 die Vorsicht.
様子 ☞ 行動, 状況, 状態, 見える.
要する ☞ 必要とする.
要素 構成要素 der Bestandteil; 成分 das Element; 要因 der Faktor.
…ようだ 見える, …らしい.
幼稚園 der Kindergarten.
…ように ① [ちょうど]…のように [genauso] wie … / それはイタリア語のように聞こえる. Das klingt* wie Italienisch. ② あたかも…のように als ob … ③ …となるように damit …
洋服 die Kleidung;[複 で] Kleider. // 洋服屋 das Kleidergeschäft.
ヨーロッパ Europa. // ヨーロッパ人 der Europäer / ヨーロッパの europäisch.

預金する 《～を》自分の口座に入金する 物⁴ auf sein Konto ein|zahlen.
よく ① しっかり・うまく gut. ② 入念に sorgfältig. ② しばしば oft, häufig. ☞ すばらしい.
欲 やる気 der Trieb. ☞ 欲望.
欲望 die Begierde; 欲求 das Verlangen; 衝動 der Trieb; 情欲 (雅語:) die Lust; 貪欲(ﾄﾝﾖｸ) die Gier.
余計な überflüssig; 不必要な unnötig.
よける 《車などを》回避する 人・物³ aus|weichen*. ☞ 寄る.
横 ① 横幅 die Breite. ② わき die Seite.
横切る 《～を》物⁴ überqueren.
汚す 《～を》物⁴ verschmutzen (schmutzig machen).
横に 横切る方向に quer; 斜めに schräg, schief. ☞ 隣に.
横になる sich⁴ hin|legen; 横になっている liegen*; 床に就く ins (zu) Bett gehen*.
汚れる schmutzig werden*.
予算 ① der Haushalt. ② 予算案 der Etat, das Budget.
予想する 《…と》 vermuten (an|nehmen*, (口語:) schätzen), … ☞ 当てる.
よその 異郷の fremd; ほかの ander.
四日 ☞ …日(ビ).
ヨット das Segelboot.
予定 der Plan; プログラム das Programm.
予定する 《～を》事⁴ vor|haben*; 《～を》計画する 事⁴ planen.
夜中 ☞ 真夜中, 夜.
世の中 ☞ 社会, 世間.
予備 代え der Ersatz; 備蓄品 die Reserve.
呼ぶ 《名前・人などを》人・事⁴ rufen*. ☞ 頼む, 連れて来る, 名づける, 招く.
予防 die Vorbeugung, die Verhütung.
予防する 《～を》事³ vor|beugen, 事⁴ verhüten.
読む ① 《～を》音読する 物⁴ laut lesen*; 《[～に]～を》読んで聞かせる [人³] 物⁴ vor|lesen*. ② 《～》(声を出さずに) 物⁴ lesen*; 《～を》読み通す 物⁴ durch|lesen*. ③ 《～の》目盛りを読みとる 物⁴ ab|lesen*.
嫁 ① 息子の妻 die Schwiegertochter. ② 花嫁 die Braut; 妻 die Frau.
予約する 《～を》物⁴ reservieren lassen*; 《～を》注文する 物⁴ bestellen.
余裕のある 《～が》開(ｱ)いている, たっぷり.
より¹ ～に比べて … als 人・物 《比較級とともに》. ☞ …から.
より² ① ～に従って auf 事⁴ [hin]; ～に基づき aufgrund 事². ② ～が原因で wegen 事², durch 事⁴, aus 事³. ③ ～の手段によって mit 物³, mit Hilfe 物² (von 物³). ④ …することによって indem …
寄りかかる 《[～に]》 sich⁴ an (auf, gegen) 物⁴ lehnen.
よる ① 《[～に]》起因する von 事³ kommen*, durch 事⁴ verursacht werden*. ② 《～》し

だいである von 動³ ab|hängen*, auf 動⁴ an|-kommen*. ☞ 従う.
夜 die Nacht. ☞ 晩. // 夜[の間]に in der Nacht, nachts.
寄る ① 歩み寄る näher treten*; 近寄って来る näher kommen*, heran|kommen*. ② 〖〜の所に〗立ち寄る (口語:) [bei 人³] vor-bei|kommen*, 人⁴ kurz besuchen. ③ わきへ寄って場所をつくる rücken. ☞ 集まる.
喜ばせる 〖〜を〗人⁴ freuen, 人³ [eine] Freude machen (bereiten).
喜び うれしさ die Freude; 悦び die Lust.
喜ぶ 〖〔〜を〕〗sich⁴ [über 動⁴] freuen; 〖〜て〜は〗動¹ freut 人⁴, 動¹ macht (bereitet) 人³ [eine] Freude.
喜んで gern[e].
弱い schwach.

ら

来月 nächsten Monat, im nächsten Monat.
来週 nächste Woche, in der nächsten Woche.
来年 nächstes Jahr, im nächsten Jahr.
落第する 進級できない nicht versetzt wer-den*, (口語:) sitzen bleiben*. ☞ 落ちる.
楽な leicht; 簡単な einfach; 安楽な be-quem.
…らしい ① どうやら…するようだ anschei-nend … ② …するそうだ … sollen*.
ラジオ ① das Radio. ② ラジオ放送 der Rundfunk.
乱暴する 〖〜に〗人³ Gewalt an|tun*.
乱暴な grob.
乱用する 〖〜を〗物⁴ missbrauchen.

り

利益 ① 得 der Vorteil. ② もうけ der Ge-winn, der Profit.
理解 das Verständnis.
理解する 〖〜を〗人・事⁴ verstehen* (begrei-fen*); 〖〜を〗動⁴ fassen.
陸 das Land.
理屈 ① 筋 die Folgerichtigkeit; 道理 die Vernunft. ② 論拠 das Argument.
利口な ① klug. ② 行儀のよい lieb, brav.
利己的な egoistisch.
利子 〖ふつう 複〗 Zinsen.
リズム der Rhythmus.
理想 das Ideal.
理想的な ideal.
利息 〖ふつう 複〗 Zinsen.
率 割合 die Quote, die Rate; パーセンテージ der Prozentsatz.
立派な がっしりした mächtig; 偉大な groß;

(考え・行いなどが)高潔な edel, vornehm; 荘重な feierlich. ☞ 優れた, すばらしい.
リボン das Band; (ちょう結びの) die Schleife.
理由 der Grund; 原因 die Ursache. // 〜の理由をあげる 動⁴ begründen.
留学する 〖〜(他国)で〗大学に行く in 動³ stu-dieren.
流行 (ファッションなどの) die Mode; (病気など)の蔓延(まんえん) die Verbreitung.
流行する ☞ はやる.
りゅうちょうな fließend.
量 かさ die Menge; 数量 die Quantität; 数 die Zahl.
了解する 〖〜[の言うこと]を〗了承している mit 人・事³ einverstanden sein*. ☞ 理解する.
両替する 〖〜を〗物⁴ wechseln. // マルクを円に両替する Mark in (gegen) Yen wechseln.
料金 die Gebühr.
領収書 die Quittung.
両親 〖複で〗 Eltern.
良心 das Gewissen.
良心的な gewissenhaft.
利用する 〖人を[〜のために]〗道具に使う 人⁴ [für 動⁴] benutzen. ☞ 使う.
両方[の] beide.
料理 die Speise, das Gericht.
料理する 〖〔〜という〕〗料理を作る [物⁴] ko-chen. ☞ 片づける.
旅館 das Gasthaus; ホテル das Hotel.
旅行 die Reise; 小旅行 der Ausflug; 乗り物で行くこと die Fahrt. // 旅行をする eine Reise machen (unternehmen*).
旅行する reisen; 〖…へ〗乗り物で行く … fah-ren*.
履歴 der Lebenslauf.
理論 die Theorie.
理論的な theoretisch.
りんご der Apfel.
臨時の ① 予定外の außerplanmäßig; 特別… sonder.. // 臨時列車 der Sonderzug. ② 一時的な zeitweilig; さしあたりの vorläu-fig.
りんりんと鳴る (ベルなどが) Es klingelt.

る

ルール die Regel.
留守である いない nicht da sein*; 家にいない nicht zu Haus[e] sein*.
留守番をする 家にいる zu Haus[e] blei-ben*.

れ

礼 ① おじぎ die Verbeugung. ② 感謝 der Dank. ☞ あいさつ, 式, 礼儀.

零 null.
例 das Beispiel. ☞ 手本.
例外 die Ausnahme.
礼儀[複] die Sitten.
冷静な nüchtern; 感情を交えない sachlich; 落ち着いた ruhig.
冷蔵庫 der Kühlschrank.
冷淡な kalt, kühl.
冷凍する〘~を〙物⁴ ein|frieren*.
例の 通例の üblich, gewöhnlich. ☞ あの.
冷房 エアコン die Klimaanlage.
歴史 die Geschichte.
歴史的な historisch.
レコード die Schallplatte, die Platte.
レストラン das Restaurant; 飲食店 die Gaststätte, das Lokal.
列（順番を待つ人などの）die Reihe, die Kette; 長蛇の列 die Schlange. ☞ 行列.
列車 der Zug.
恋愛 ☞ 恋.
れんが der Ziegel.
練習 die Übung.
練習する〘~を〙事⁴ üben.
レンズ die Linse.
連続 die Folge.
連絡 接続 der Anschluss; つながり die Verbindung. ☞ 知らせ. ∥ ~と連絡をとる sich⁴ mit 人³ in Verbindung setzen.
連絡する ☞ 接続する, つなぐ, 知らせる.

ろ

廊下 der Flur, der Gang.
老人 der Alte〘語尾変化は形容詞と同じ〙.
ろうそく die Kerze.
労働 die Arbeit.
労働組合 die Gewerkschaft.
六 sechs.
録音 die Tonaufnahme, die Aufnahme.
録音する〘~を〙物⁴ auf|nehmen*.
録画 die Videoaufnahme.
録画する〘~を〙物⁴ auf|nehmen*.
六月 der Juni. ∥ 六月に im Juni.
ロケット die Rakete.
路面電車 die Straßenbahn.
論文 die Arbeit, der Aufsatz.
論理 die Logik. ∥ 論理的な logisch.

わ

輪 der Ring; 円 der Kreis. ☞ 車輪.
ワイシャツ das Oberhemd.
ワイン der Wein.
若い ① jung. ② 未熟な unreif.
沸かす ①〘~を〙煮立たせる 物⁴ kochen. ②〘~を〙熱狂させる 人⁴ begeistern.

わがままな eigensinnig.
わかる〘~を〙理解する 人・事⁴ verstehen* (begreifen*);〘~を〙見てとる 人・物⁴ sehen*;〘~を〙識別する 人・事⁴ erkennen*;〘~を〙知っている 事⁴ wissen*. 明らかになる.
別れ der Abschied. ∥ ~に別れを告げる von 人³ Abschied nehmen*; sich⁴ von 人³ verabschieden.
別れる〘[~と]〙sich⁴ [von 人³] trennen; 離婚する sich⁴ scheiden lassen*.
分かれる ①（グループ・意見などが）sich⁴ teilen; 分散する sich⁴ verteilen. ☞ 離れる. ② 分岐する sich⁴ verzweigen.
わく〘泉などから〙aus 物³ quellen*.
枠 der Rahmen.
沸く ①（水が）煮立つ kochen. ② 熱狂する sich⁴ begeistern.
わけ 意味, 事情, 理由.
分ける ①〘~を〙分離させる 人・物⁴ trennen;〘~を~に〙分割する 人・物⁴ in 事⁴ scheiden*;〘~を〙区分する 人・物⁴ teilen. ②〘~を〙分配する 物⁴ verteilen;〘~を〙分けあう 物⁴ teilen.
わざと absichtlich, mit Absicht; 意識的に bewusst.
わざわざ ① extra. ② …する労をいとわない keine Mühe scheuen, zu 不定詞[句].
わずか たった nur.
わずかな wenig; 短い kurz.
忘れる ①〘~を〙vergessen*;〘~を〙置き忘れる 物⁴ vergessen* (liegen lassen*). ②〘~を〙なおざりにする 人・事⁴ vernachlässigen.
綿 ① die Watte. ② 綿の木 die Baumwolle.
話題 das Thema; 題材 der Stoff. ☞ 対象.
私 ich.
私たち wir.
私たちの unser.
私の ① mein. ② 私的な privat.
渡す ①〘~を船で対岸へ〙物⁴ über|setzen. ②〘橋を〙物⁴ schlagen* (bauen);〘板などを溝などに〙架ける 物⁴ über 物⁴ legen. ③〘~に~を〙手渡す 人³ 物⁴ geben*.
渡る〘~を〙横断する 物⁴ überqueren. ☞ 越える.
わびる ☞ 謝る.
笑う ① lachen. ②〘~を〙嘲笑(ちょうしょう)する über 人・事⁴ lachen (spotten).
割合 比 das Verhältnis. ☞ 率.
割に ① ~にしては für 人・物⁴. ② 比較的 verhältnismäßig, relativ. ☞ かなり.
割り引き die Ermäßigung; 値引き der Rabatt.
割る ①〘ガラスなどを〙物⁴ zerbrechen*;〘~を〙zerschlagen*. ☞ 壊す. ②〘~を〙分割する 物⁴ teilen. ☞ 分ける. ③〘飲み物を~で〙物⁴ mit 物³ mischen. ④〘[数を]数で〙[事⁴] durch 事⁴ dividieren (teilen). ∥ 6÷3=2 6 durch 3 ist* 2.

悪い ① schlecht; 腐った faul; 有害な schädlich. ② たちの悪い böse; ひどい schlimm; 困った übel.
悪口を言う 〖〜の〗 über 人・物⁴ (von 人・物³) schlecht sprechen* (reden).

ワルツ der Walzer.
割れる （ガラスなどが）zerbrechen*; （板などが）sich⁴ spalten; （風船などが）破裂する platzen.
われわれ wir.
湾 die Bucht.

II. 日常会話・手紙の書き方

日 常 会 話

1. あいさつ (Grußworte)

(1) **あいさつ**
おはよう　　　Guten Morgen!
こんにちは　　Guten Tag!
こんばんは　　Guten Abend!
(南ドイツで:)おはよう、こんにちは、さようなら
　　　　　　　Grüß Gott!
おやすみなさい　Gute Nacht!

(2) **別れる時**
さようなら　　Auf Wiedersehen!
(電話で:)　　Auf Wiederhören!
(気軽に:)　じゃあね、バイバイ．Tschüs!
どうかお元気で　Leben Sie wohl!
　(☞ 近々会うことがない場合)
よいご旅行を　Gute Reise!
　(☞ 旅に出かける人に対して)
大いに楽しんでおいで　Viel Spaß!
　(☞ 催し物などに出かける人に)
お元気で(ごきげんよう)　Alles Gute!

(3) **ありがとう**
ありがとう　　　　　Danke!
ありがとうございます　Danke schön!
　　　　　　　　　　Danke sehr!
どうもありがとう　　Vielen Dank!
　　　　　　　　　　Herzlichen Dank!
ご親切、どうもありがとうございました
　Vielen Dank für Ihre Hilfsbereitschaft (または Freundlichkeit)!

(4) **どういたしまして**
　　Bitte schön!
　　Nichts zu danken!
　　Keine Ursache!
　　Gern geschehen!

(5) **お元気ですか**
A: ごきげんいかがですか
　　Wie geht es Ihnen?
B: ありがとう、元気です．あなたは？
　　Danke, gut! Und Ihnen?
B': ありがとう、なんとかやってます．あなたは？
　　Danke, es geht. Und Ihnen?
B": あまりよくないんです．あなたは？
　　Nicht so gut. Und Ihnen?
　　　———。———。———
A: 元気かい　Wie geht's?
B: ありがとう、元気だよ．君は？
　　Danke, gut! Und dir?
　　　———。———。———
ご家族の方々はお元気ですか
　Wie geht es Ihrer Familie?
奥様(御主人)はいかがですか
　Wie geht es Ihrer Frau (Ihrem Mann)?
奥様によろしくお伝えください
　Bitte grüßen Sie Ihre Frau von mir!

(6) **すみません**
すみません(失礼)　Entschuldigung!
　　　　Entschuldigen Sie bitte!
　　　　Verzeihung!*
　(☞ *相手に失礼なことをした場合あるいは間違いをした時などによく用いる)
すみません、ちょっと失礼します
　Entschuldigen Sie mich bitte einen Augenblick!
　(☞ しばらく席をはずす場合など)

(7) **残念です**
残念だ　Schade!
残念です　Tut mir Leid!*
　(☞ *この表現はしばしば「すみません」の意味にも用いられる)

2. ドイツ語 (Deutsch)

A: ドイツ語を話しますか
　　Sprechen Sie Deutsch?
B: 少し話します
　　Ich spreche ein wenig Deutsch.
B': いくらかわかります
　　Ich verstehe ein wenig Deutsch.
B": 残念ながらドイツ語はほとんど話せませんが、英語なら話します
　　Ich spreche leider nur wenig Deutsch, aber ich kann Englisch.
　　　———。———。———
どうぞゆっくり話してください
　Bitte sprechen Sie langsam!
えっ何ですって　Bitte?
何とおっしゃいましたか　Wie bitte?
もう一度おっしゃってください
　Bitte sagen Sie das noch einmal!
(よりていねいに:)
　Könnten Sie das bitte noch ein-

日常会話・手紙の書き方

mal sagen?
ドイツ語では何といいますか
　Wie sagt man das auf Deutsch?
(または) Wie heißt das auf Deutsch?
「Ausverkauf」ってどういう意味ですか
　Was bedeutet denn [das Wort] ‚Ausverkauf'?
それは…という意味です
　Das bedeutet, dass…

3. 約束・待ち合わせ (Verabredung)

A: 何時に私のところにいらっしゃいますか
　Wann kommen Sie zu mir?
B: 午後3時に参ります
　Ich komme nachmittags um 3 Uhr zu Ihnen.
　──────○──────
A: どこで待ち合わせしましょうか
　Wo treffen wir uns?
B: 喫茶店で5時にお会いしましょうか
　Wie wäre es um 5 Uhr im Café?
　──────○──────
A: 君はいつハンスに会うの
　Wann triffst du Hans?
B: のちほど2時に学生食堂で会うことにしているよ
　Ich treffe ihn nachher um 2 Uhr in der Mensa.
B': 彼と喫茶店で落ち合う約束をしているよ
　Ich habe mich mit ihm im Café verabredet.

4. 紹介と訪問 (Vorstellung und Besuch)

(1) 紹介
A: 自己紹介させてください。田中と申します
　Darf ich mich vorstellen? Ich heiße Tanaka.
B: カウフマンです。こんにちは．
　Kaufmann. Guten Tag.
　──────○──────
A: ミュラーさん、田中さんを紹介させてください
　Herr Müller, darf ich Ihnen Herrn Tanaka vorstellen?
B: こんにちは．お目にかかれてうれしく思います
　Guten Tag. Ich freue mich, Sie kennen zu lernen.
　──────○──────
A: 自己紹介させていただきます．佐々木と申します
　Darf ich mich vorstellen? Ich heiße Sasaki.
B: どちらからいらしたんですか
　Woher kommen Sie?
A: 大阪です
　Ich komme aus Osaka.
B: ご専攻は何ですか
　Was studieren Sie?
A: 医学です．あなたは？
　Medizin. Und Sie?

(2) 訪問
シュミットさんにお目にかかれますか
　Ist Herr Schmidt zu sprechen?
[突然の訪問の場合]
シュミットさんにお会いしたいのですが
　Ich möchte gern Herrn Schmidt sprechen.
どうぞお入りください
　Bitte kommen Sie herein!
どうぞおかけください
　Bitte nehmen Sie Platz!
ようこそおこしくださいました
　Herzlich willkommen!
よくいらっしゃいました
　Nett, dass Sie gekommen sind!
遅くなって申し訳ありません
　Entschuldigen Sie bitte, dass ich zu spät komme!

(3) いとまごい
もう失礼させていただきます
　Ich muss mich jetzt leider verabschieden.
そろそろ失礼しなくてはなりません
　Ich muss leider langsam gehen.
楽しい夕べでした
　Vielen Dank für den schönen Abend!
気をつけてお帰りください
　Kommen Sie gut nach Hause!
またおこしください
　Kommen Sie doch mal wieder!

5. 道順の尋ね方 (Wie fragt man nach dem Weg?)

すみません，駅にはどう行ったらよいでしょうか
　Entschuldigen Sie bitte, wie komme ich zum Bahnhof?
すみません，中央駅にはこの道を行けばよいでしょうか
　Entschuldigen Sie, ist das der Weg zum Hauptbahnhof?
　──────○──────
A: ここから駅までどのくらいの距離ですか
　Wie weit ist es von hier bis zum Bahnhof?
B: ここから約500メートルです
　Von hier aus sind es etwa 500

Meter.
A: 歩いてどのくらい[時間が]かかりますか
Wie lange geht man zu Fuß?
B: 約5分かかります
Etwa fünf Minuten.
———○———○———
A: 郵便局へ行く道を教えてください
Bitte zeigen Sie mir den Weg zum Postamt!
B: まっすぐ行って，100メートル先を右に曲がりなさい
Gehen Sie diese Straße geradeaus, dann nach hundert Metern rechts*!
(☞) *「左に」は links

6. 交通 (Verkehr)

(1) バスと電車 (Bus und Straßenbahn)
A: バス停はどこですか
Wo ist die Bushaltestelle?
B: バス停はこの前の文房具屋さんのそばですよ
Die Bushaltestelle ist dort vorne bei dem Schreibwarengeschäft.
A: どのバスがゲーテ通りに行きますか
Welcher Bus fährt zur Goethestraße?
B: 16番線にお乗りなさい
Da müssen Sie mit der Linie 16 fahren.
(または) Da nehmen Sie die Linie 16.
A: (運転手に:)このバスはユースホステルに行きますか
Fährt der Bus zur Jugendherberge?
———○———○———
A: この電車はシラー広場に行きますか
Fährt diese Straßenbahn zum Schillerplatz?
B: はい，行きます
Ja, die fährt zum Schillerplatz.
A: このバスはどこ行きですか
Wohin fährt der Bus?
B: 市役所行きです
Der fährt zum Rathaus.

(2) 鉄道 (Eisenbahn)
[キップ売場で]
A: フランクフルトまで一枚ください
Einmal Frankfurt, bitte!
B: 片道ですか，それとも往復ですか
Einfach oder hin und zurück?
A: 片道，2等です
Einfach, zweiter Klasse.
———○———○———
A: ケルンまで往復したいのですが割安の方法はありませんか
Gibt es eine preiswerte Möglichkeit nach Köln und zurück?
B: ええ，日曜日用の往復割引があります
Ja, wir haben eine verbilligte Sonntagsrückfahrkarte.
A: ではそれをください
Dann geben Sie mir die bitte!
———○———○———
A: すみません，このあたりにコインロッカーはありますか
Entschuldigung, gibt es hier Schließfächer?
B: ええ，ここをまっすぐ行ってください
Ja, immer geradeaus.
[プラットホームで]
A: ハンブルク行きの列車は何番線から発車しますか
Von welchem Gleis fährt der Zug nach Hamburg ab?
B: どの列車ですか
Welcher Zug?
A: 14時20分発の急行列車(インター・シティー)です
Der D-Zug (Intercity) um 14 Uhr 20.
B: 6番線です
[Von] Gleis 6.
[車内の特定の席について]
A: 失礼ですが，この席は空いていますか
Entschuldigen Sie bitte, ist der Platz hier noch frei?
B: ええ，どうぞ
Ja, bitte!
B': 残念ですがふさがっています
Leider nein, er ist besetzt.
[車室の入口で]
A: ここにはまだ空席はありますか
Ist hier noch ein Platz frei?
B: はい，ここが空いています
Ja, der hier (または da) ist frei.
A: この列車は何時にフランクフルトに着きますか
Wann ist der Zug in Frankfurt?

(3) タクシー (Taxi)
私はタクシーに乗ります(タクシーで行きます)
Ich nehme ein Taxi.
(運転手に:)空いていますか

Sind Sie frei?

タクシーを呼んでください
Bestellen Sie [mir] bitte ein Taxi!

(電話で:)車を一台ホテルAまでお願いします
Bitte schicken Sie einen Wagen zum Hotel A!

電話でタクシーを呼んでください
Rufen Sie [mir] doch bitte ein Taxi!

空港までお願いします
Bitte fahren Sie [mich] zum Flughafen!

ホテルAまでお願いします
Bitte fahren Sie [mich] zum Hotel A!

シラー通り、30番地にお願いします
Bitte fahren Sie [mich] in die Schillerstraße 30!

次の角で止めてください
Halten Sie bitte an der nächsten Ecke!

A: おいくらですか
   Wie viel macht das?
B: 10マルク30ぺニヒです
   Das macht 10 Mark 30.

7. 空港 (Flughafen)

(1) 窓口(カウンター)で

A: ここからハンブルク行きの便がありますか
   Haben Sie einen Flug [von hier] nach Hamburg?
B: はい、日に7便あります
   Ja, wir haben täglich sieben Flüge.
A: 航空券はいくらですか
   Was kostet der Flugschein?
B: 200マルクです
   Der Flug kostet 200 Mark.
   (または) Das kostet 200 Mark.

(2) 出発に際して

ルフトハンザ(LH)502便のチェックインは何時ですか
Wann ist Check-in für den Flug LH 502?

成田行きルフトハンザの502便の受付はここですか
Ist dies der LH-Schalter für den Flug 502 nach Narita?

ゲート番号を教えてください
Zu welchem Flugsteig muss ich [gehen]?

3番ゲートはどこですか
Wo ist Flugsteig 3?

(アナウンスで:)フランクフルト行きルフトハンザ030便にご搭乗のお客様は3番ゲートにおいでください
Die Passagiere für den Flug LH 030 nach Frankfurt werden gebeten, sich zum Einsteigen zum Flugsteig 3 zu begeben.

(3) 機内で

気分が悪いのですが、薬はありますか
Ich fühle mich nicht wohl. Haben Sie Tabletten (または Medikamente)?

寒いのですが、毛布をいただけますか
Mir ist kalt. Kann ich eine Decke haben?

フランクフルトまであとどのくらいかかりますか
Wie lange dauert es noch bis Frankfurt?

(アナウンスで:)安全ベルトを締め、たばこはご遠慮ください
Bitte legen Sie die Sicherheitsgurte an und stellen Sie das Rauchen ein!

(機内の表示で:)安全ベルト着用
Bitte anschnallen!
禁煙 Nicht rauchen!

(4) パスポート検査 (Passkontrolle)

A: パスポートを見せてください
   Ihren Pass bitte!
B: はい、どうぞ[ここにあります]
   Hier bitte!
A: 結構です、どうもありがとう
   Alles in Ordnung, vielen Dank!

(5) 税関検査 (Zollkontrolle)

A: 申告するものをお持ちですか
   Haben Sie etwas zu verzollen (または anzumelden)?
B: 申告するものはありません
   Nein, nichts.

——○——○——

A: スーツケースを開けてください。これは何ですか
   Bitte öffnen Sie Ihren Koffer! Was ist denn das?
B: ドイツの知人への土産です
   Das ist ein Geschenk für einen Bekannten in Deutschland.
A: いくらぐらいのものですか
   Welchen Wert hat das?
B: 約50マルクです
   Etwa 50 Mark.
A: 結構です。ありがとうございました
   In Ordnung. Danke schön!

8. ホテル (Hotel)

よいホテルを紹介していただけませんか
Können Sie mir ein gutes Hotel empfehlen?

——。——。——

- A: こんばんは. 部屋は空いていますか. できればバスつきのシングルにしたいんですが
  Guten Abend! Haben Sie ein Zimmer frei? Wenn möglich, ein Einzelzimmer mit Bad.
  (メモ 「ツイン」は Doppelzimmer)
- B: はい, あります. どのくらいご宿泊の予定ですか
  Ja, wir haben noch Zimmer frei. Wie lange möchten Sie bleiben?
- A: 一泊です
  Eine Nacht.
- A': 二泊です
  Zwei Nächte.

——。——。——

- A: 部屋代はいくらですか
  Was kostet das Zimmer?
- B: 一泊 70 マルクです
  Es kostet pro Nacht 70 Mark.
- A: もっと安い部屋がありますか
  Haben Sie noch ein billigeres Zimmer?
- B: 残念ながらもうありません
  Leider haben wir kein billigeres Zimmer mehr.
- A: それでは, それにします
  Dann nehme ich das Zimmer.
- B: この用紙に記入してください
  Bitte füllen Sie den Meldeschein hier aus!
  ……
  123 号室です. こちらが鍵です
  Sie haben Zimmer 123. Hier ist Ihr Schlüssel.

9. レストラン (Restaurant)

- A: ボーイさん, メニューを見せてください
  Herr Ober, die Speisekarte bitte!
  (メモ 「ウェートレス」は Fräulein)
- B: はい, どうぞここにあります, お客様
  Hier bitte sehr!

——。——。——

- B: 何になさいますか
  Sie wünschen?
- A: 子牛の焼き肉にします
  Ich nehme einen Kalbsbraten.
- B: お飲みものはいかがですか
  Möchten Sie etwas trinken?
- A: はい, ビールを 1 杯ください
  Ja, bitte ein Bier.
  (メモ 「ビール 2 杯」は zwei Bier)
- A: とてもおいしい
  Das schmeckt sehr gut.

——。——。——

- A: ボーイさん, 勘定をお願いします
  Herr Ober! Bitte zahlen!
- B: ご一緒でいいですか, それとも別々で
  [Geht das] zusammen oder getrennt?
- A: 別々にお願いします
  Getrennt bitte!
  (メモ まとめて払う場合は zusammen)
- B: あなたがお支払いになるのは？
  Und was zahlen Sie?
- A: 子牛の焼き肉とビールです
  Den Kalbsbraten und das Bier.
- B: 20 マルクです
  Das macht 20 DM (=zwanzig Mark).
- A: これはチップです
  Das ist für Sie!
  (メモ 例えば勘定がちょうど 20 マルクで 20 マルク紙幣を出し, 1～2 マルクをチップとしてつけ加えてボーイに渡す場合)
- A: 残りはチップに取っておいてください
  Der Rest ist für Sie!
- (または) Stimmt so!
  (メモ 例えば, 勘定が 18 マルク 50 ペニヒで, 20 マルク紙幣を出しその際釣り銭をチップとしてボーイに渡す場合)

——。——。——

たくさん召し上がれ！
Guten Appetit!
乾杯！
(ワインの場合:) Zum Wohl!
(ビールの場合:) Prosit! (または) Prost!

10. 買物 (Einkäufe)

- A: 何にいたしましょうか
  Was darf es sein?
- B: 万年筆が欲しいのですが
  Ich hätte gern einen Füller.
- B': マフラーが欲しいのですが
  Ich möchte ein Halstuch.
- B: いくらしますか
  Was kostet das?
- (または) Wieviel kostet das?
- A: 100 マルクです
  Das kostet 100 Mark.

——。——。——

これは気に入りません, 他にありませんか

日常会話・手紙の書き方

Das gefällt mir nicht. Haben Sie nichts anderes?
これは私には高すぎます。もっと安いものはありませんか
Das ist mir zu teuer. Haben Sie nichts Billigeres?
これをください
Geben Sie mir das bitte!
これにします
Ich nehme das.

———。———。———

A: 全部でいくらになりますか
Was kostet das alles zusammen?
(または) Wie viel macht das zusammen?
B: 全部で24マルク30ペニヒです
Das macht zusammen 24,30 DM (=vierundzwanzig Mark dreißig).

11. 郵便局 (Postamt)

A: この手紙(葉書き)は航空便で日本へはいくらでいきますか
Wie viel kostet dieser Brief (diese Karte) nach Japan mit Luftpost?
A': この手紙にはいくら切手を貼(は)ったらよいでしょうか
Wie muss ich diesen Brief frankieren?
B: 2マルク80ペニヒです
Das macht 2,80 DM (=zwei Mark achtzig).
A: 20ペニヒ切手を6枚, 30ペニヒ切手を2枚ください
Geben Sie mir bitte 6 Zwanziger und 2 Dreißiger!
1マルク切手を10枚ください
Geben Sie mir bitte zehn Briefmarken zu einer Mark!
はがきを5枚ください
Fünf Postkarten bitte!

A: 小包を送りたいのですが
Ich möchte ein Paket aufgeben.
A': ここで小包を送れますか
Kann ich hier das Paket aufgeben?
A'': 小包でお願いします
Als Paket bitte!
B: 航空便ですか, それとも船便ですか
Per Luftpost oder per Seepost?
A: 航空便でお願いします
Mit Luftpost bitte!
A': SAL便でお願いします
Als SAL-Paket bitte!
A'': 船便でお願いします
Mit Seepost bitte!

12. 電話と電報 (Telefon und Telegramm)

A: もしもし, こちらはハルトマンです
Hallo! Hier [ist] Hartmann.
B: こちらは田中です
Hier [ist] Tanaka.

———。———。———

A: こちらはAです. Tさんを電話口にお願いしたいんですが
Hier [spricht] A! Ich möchte Herrn T sprechen.
(または) Ist Herr T da?
B: そのままお待ちください. お呼びします
Bleiben Sie am Apparat! Ich rufe ihn.
B': Tはいま留守です
T ist jetzt nicht zu Hause.

A: あなたの電話番号は何番ですか
Wie ist Ihre Telefonnummer bitte?
B: 1 94 27 番です
Meine Telefonnummer ist 1 94 27.
[電話番号の読みかた]
eins-neun-vier-zwo*-sieben
(注 *2はzwoとも言う)
(または) eins vierundneunzig siebenundzwanzig
A: 日本へ電話をしたいのですが
Ich möchte nach Japan telefonieren.
B: 7番ボックスへどうぞ
Bitte gehen Sie in Zelle sieben!

13. 両替 (Geldwechsel)

A: ここでドルを両替していただけますか
Kann ich hier Dollars umtauschen?
すみません, 200ドルを両替してください
Bitte wechseln Sie mir 200 Dollar!
B: ドイツマルクですか, それとも他の通貨ですか
In D-Mark oder in eine andere Währung?
A: ドイツマルクでお願いします. 1マルク硬貨も数枚混ぜてください. 小銭も必要なので

In D-Mark bitte! Geben Sie mir bitte auch ein paar Markstücke. Ich brauche Kleingeld.

旅行小切手もここで現金にかえられますか
Kann ich hier auch Reiseschecks einlösen?

B: はい、もちろんできますよ、隣りの窓口でどうぞ
Ja, natürlich, am Schalter nebenan.

14. 案内所 (Information)

この町にはどんな観光名所がありますか
Welche Sehenswürdigkeiten gibt es hier in der Stadt?

(または) Was gibt es hier in der Stadt zu sehen?

この町にはどんな博物館がありますか
Was für Museen* gibt es in dieser Stadt?

(ノɛ *単数は das Museum)

英語の案内書をいただけますか
Kann ich einen Reiseführer auf Englisch haben?

市内観光バスがありますか
Veranstalten Sie Stadtrundfahrten?

市内観光の時間はどのくらいかかりますか
Wie lange dauert die Rundfahrt?

A: これはどんな建物ですか
Was für ein Gebäude ist das?

B: それは宮殿です
Das ist ein Schloss.

A: 私はドイツ博物館を見学したいのですが
Ich möchte das Deutsche Museum besichtigen.

15. 劇場 (Theater)

A: 市立劇場では今晩、何を上演していますか
Was spielt man heute Abend im Stadttheater?

B: 今晩はロミオとジュリエットです
Heute Abend gibt es „Romeo und Julia".

A: チケットはどこで手に入りますか
Wo bekommt man Theaterkarten?

B: 入場券は前売りで買えます
Die Eintrittskarten kann man im Vorverkauf bekommen.

また劇場の当日券売り場でも買えます
Sie bekommen auch an der Abendkasse Eintrittskarten.

今晩のチケットはまだありますか
Haben Sie noch Karten für heute Abend?

あすの夜のチケットを2枚いただけますか
Kann ich zwei Karten für morgen Abend bekommen?

クロークはどこでしょうか
Wo ist die Garderobe?

(チケットを見せながら:)私の席はどこでしょうか
Wo ist der Platz?

上演は何時に始まりますか
Wann fängt die Vorstellung an?

16. 大学 (Universität)

A: あなたはどの大学で勉強していますか
Wo studieren Sie?

B: ボン[大学]で勉強しています
Ich studiere in Bonn.

A: 何学期勉強していますか
Im wievielten Semester sind Sie?

B: 4学期目です
Im vierten Semester.

A: 何を専攻していますか
Was studieren Sie?

B: ドイツ文学・語学を専攻しています
Germanistik.

A: どの講義を受けていますか
Zu welchen Vorlesungen gehen Sie?

B: ピュッツ教授の講義を受けています
Ich höre die Vorlesung von Professor Pütz.

A: どの[先生の]ゼミに参加していますか
An welchem Seminar nehmen Sie teil?

B: シュミット教授の上級ゼミを受けています
Ich nehme an dem Hauptseminar* von Professor Schmidt teil.

(ノɛ *「初級ゼミ」は Proseminar)

A: ピュッツ教授の面会時間は何時ですか
Wann hat Professor Pütz Sprechstunde?

B: 14時からです
[Die Sprechstunde beginnt] um 14 Uhr.

A: 先生のゲーテの演習に出席してよろしいでしょうか
Darf ich an Ihrem Seminar über Goethe teilnehmen?

B: ええ、いいですよ
Ja, gut. または Ja, gerne!

17. 病気 (Krankheit)

医者を紹介していただけないでしょうか
Können Sie mir einen Arzt empfehlen?

すみません，すぐ医者を呼んでいただけないでしょうか
Bitte, holen Sie schnell einen Arzt!

[医院で (In der Praxis)]

A: どうしました
Was fehlt Ihnen denn?
B: 頭が痛いんです
Ich habe Kopfschmerzen.
B': 胃が痛いんです
Ich habe Magenschmerzen.
A: いつからおかしいのですか
Seit wann sind Sie krank?
B: 昨日からです
Seit gestern.
A: 熱はありますか
Haben Sie Fieber?
B: 昨晩，39度以上ありました
Gestern Abend hatte ich über 39 Grad [Fieber].
A: 診察してみましょう
Ich möchte Sie einmal untersuchen.
脈をみてみましょう
Lassen Sie mich Ihren Puls fühlen!
舌を見せてください
Zeigen Sie mir bitte Ihre Zunge!
息を吸って
Einatmen!
息を止めて
Nicht atmen!
息を吐いて
Ausatmen!

——。——。——

A: どうしましたか
Was führt Sie zu mir?
B: 気分がよくないのですが
Ich fühle mich nicht wohl.
のどが痛いんです
Mir tut der Hals weh.
少しかぜ気味です
Ich habe mich etwas erkältet.
A: 注射をしましょう
Ich gebe Ihnen eine Spritze.
処方箋(せん)を書きましょう
Ich gebe Ihnen ein Rezept.
お大事に
Gute Besserung!

18. 時刻と日時 (Uhrzeiten und Termine)

A: いま何時ですか
Wie viel Uhr ist es [jetzt]?
(または) Wie spät ist es [jetzt]?
B: 8時です　　Es ist acht Uhr.
8時半です　　Es ist halb neun.
8時15分です　Es ist Viertel nach acht.
8時10分です　Es ist zehn nach acht.
7時55分です　Es ist fünf vor acht.
A: きょうは何日ですか
Den Wievielten haben wir heute?
(または) Der Wievielte ist heute?
B: きょうは5日です
Wir haben heute den 5. (=fünften)
(または) Heute ist der 5. (=fünfte)
A: きょうは何曜日ですか
Welchen Wochentag haben wir heute?
(または) Was für ein Wochentag ist heute?
B: きょうは火曜日です
Heute ist Dienstag.
(⇨ 曜日名 ☞ Woche)

手紙の書き方

1. 封筒 (**Briefumschlag**)　　　　　　　　　　　　　　　（　）内は女性の場合

```
［差出人の氏名・住所］
Takashi Kondo
Suido 1-10-7 Bunkyo-ku
112-0005 Tokyo
JAPAN


                              ［受取人の氏名・住所］
                              Herrn Peter Hofmann
                              (Frau Inge Hofmann)
                              Schillerstraße 1
                              40237 Düsseldorf
                              GERMANY
```

　[切手]

(メモ) 差出人は左上に，相手の住所は中央よりやや右下に書きます．

2. はがき (**Postkarte**)　　　　　　　　　　　　　　　（　）内は女性の場合

```
［差出人の氏名・住所］
Ichiro Abe
Kitamachi 3-14-25
Nishi-ku 815-0015 Fukuoka
JAPAN
      Fukuoka, den 5. Mai 2000
Lieber Herr Schneider,
meine Familie und ich sind für
ein paar Tage nach Nagasaki
gefahren. ………………………
………………………………………

          Viele Grüße
            Ihr Ichiro Abe
```

```
［受取人の氏名・住所］
Herrn Patrick Schneider
(Frau Monika Schneider)
Kaiserstraße 8
70599 Stuttgart
GERMANY
```

[切手]

付録

3. 便箋の書き方

a) du で呼び合う人へ　　　　　　　　　　　　　（　）内は女性の場合

```
                                    Fukuoka, den 5. März 2000

Lieber Peter,
(Liebe Inge,)

vielen Dank für deinen* Brief. Ich war leider in der letzten Zeit
sehr beschäftigt.····················································································
·······························································································································

Herzliche Grüße

Dein *Takashi*
(Deine *Nahoko*)
```

メモ 手紙の場合, 旧正書法では2人称親称の人称代名詞および所有冠詞は Du, Ihr, Dein, Euer のように頭文字を大文字で書いた.

b) Sie で呼ぶ親しい人へ　　　　　　　　　　　　（　）内は女性の場合

```
                                    Tokyo, den 7. Juli 2000

Lieber Herr Hofmann,
(Liebe Frau Hofmann,)

wir haben uns über Ihren letzten Brief sehr gefreut und gratulieren
Ihnen recht herzlich zur Verlobung Ihrer Tochter.·······································
·······························································································································

Mit den besten Grüßen

Ihr *Takashi Kondo*
(Ihre *Akiko Kondo*)
```

c) 一般的・事務的な手紙　　　　　　　　　　　　（　）内は女性の場合

```
                                    Tokyo, den 5. Mai 2000

Sehr geehrter Herr Schmidt,
(Sehr geehrte Frau Schmidt,)

ich habe vor kurzem mein Studium beendet und bin am 1. April in eine
Firma eingetreten.························································································
·······························································································································

Mit freundlichen Grüßen

Ihr *Takashi Kondo*
(Ihre *Akiko Kondo*)
```

III. コンピュータ・ネットワーク用語

1. ハードウェア die Hardware *hardware*

Computer 男 *computer* コンピュータ.
Rechner 男 *computer* 計算機, コンピュータ.
　Personal-computer (=PC) 男 *personal computer* パソコン.
　Desktop 男 *desktop computer* デスクトップパソコン.
　Laptop 男 *laptop computer* ラップトップパソコン.
　Notebook 中 *notebook computer* ノート型パソコン.
　Tower 男 *tower computer* タワー型パソコン.
　Workstation 女 *workstation* ワークステーション.
　Groß-rechner 男 *mainframe computer* 大型計算機.
Haupt-platine 女 *main board, mother board* メインボード, マザーボード (CPU, メモリ, チップセットなどを搭載し, コンピュータの中心となる基板).
Motherboard 中 *mother board* マザーボード.
　ATX-Format-platine 女 *ATX-style motherboard* ATXタイプ・マザーボード.
　Slot 1-Hauptplatine 女 *Slot 1 main board* スロット1・マザーボード.
　Dual-Prozessor-Motherboard 中 *dual-processor-board* デュアルプロセッサ用マザーボード.
　→ **Chip-satz** 男 *chip set* チップセット / **Prozessor-sockel** 男 *CPU socket* CPUソケット / **Speicher-bank** 女 *memory slot* メモリスロット / **Steck-brücke** 女 *jumper* ジャンパ / **Steck-platz** 男 *expansion slot* 拡張スロット / **parallele (serielle) Schnitt-stelle** 女 *parallel (serial) interface* パラレル・インターフェース / **Strom-anschluss** 男 *power connector* 電源コネクタ.
Zentral-einheit 女 *CPU* (=*central processing unit*) CPU (コンピュータの頭脳にあたる集積回路で, おもに演算・制御機能を担う).
Prozessor 男 *microprocessor* マイクロプロセッサ, CPU.
　Sockel 7-Prozessor 男 *socket 7 processor* ソケット7 CPU.
　Slot A (Slot 1)-Prozessor 男 *slot A (slot 1) processor* スロットA (スロット1) 用CPU.
　→ **Takt-frequenz** 女 *clock speed* クロック周波数 / **Betriebs-spannung** 女 *operating voltage* (CPUの)動作電圧 / **ein|setzen** 動 *plug in* (ソケットタイプCPUを)取り付ける / **ein|bauen** 動 *plug in* (スロットタイプCPUを)取り付ける / **Lüfter** 男 *ventilator, fan* (CPU冷却用の)ファン, クーラー.
Ko-prozessor 男 *coprocessor* コプロセッサ (CPUの浮動小数点演算に関する処理能力を向上もしくは代替する補助演算回路).
　→ **Fließkomma-berechnung** 女 *floating-point calculation* 浮動小数点演算.
Speicher 男 *memory* メモリ (通常はコンピュータ内部の主記憶装置を指す).
　RAM 中 *RAM* (=*random access memory*) RAM (書き込み, 読み出しともに可能な記憶素子).
　ROM 中 *ROM* (=*read-only memory*) ROM (読み出し専用の記憶素子).
　→ **Zugriffs-zeit** 女 *access time* アクセスタイム (メモリ上のデータの読み出しに要する時間).
Gehäuse 中 *chassis* 筐体, ケース.
　→ **Netz-teil** 中 *power supply unit* 電源部.
Peripherie-gerät 中 *peripheral device* 周辺機器 (コンピュータ本体以外の関連装置).
Fest-platte 女 *fixed disk, hard disk* ハードディスク, 固定ディスク.
　→ **Kapazität** 女 *capacity* (メモリ, ディスクなどの)容量 / **Defragmentation** 女 *defragmentation* デフラグ (ディスク上に断片的に保存されているデータを連続化して再配置すること) / **optimieren** 動 *optimyze* (ハードディスクなどを)最適化する / **zusammen|brechen** 動 *crash* クラッシュする (ハードディスクが物理的に壊れる).
Daten-träger 男 *data carrier, medium* データ記憶媒体, メディア.
　Diskette 女 *floppy disk* フロッピーディスク.
　CD-ROM 女 *CD* (=*compact disk*) -*ROM* CD-ROM.
　Zip-diskette 女 *ZIP-disk* ZIPディスク.
　magneto-optische diskette 女 *magneto-optical disk* 光磁気 (MO) ディスク.
　DVD-RAM 女 *DVD* (=*digital versatile disc*) -*RAM* DVD-RAM (高画質デジタルビデオディスク).
Lauf-werk 中 *drive, driving mechanism* ドライブ, 駆動機構.
　Disketten-laufwerk *floppy disk drive* フロッピーディスクドライブ.
　CD-ROM-Laufwerk 中 *CD-ROM drive* CD-ROMドライブ.
　CD-Brenner 男 *CD-RW drive* CD-RWドライブ (CDメディアに複数回書き込み可能なドライブ).
　Magneto-optisches Laufwerk 中 *magneto-optical disk drive* 光磁気 (MO) ディスクドライブ.
　Wechsel-laufwerk 中 *removable disk drive* リムーバブル・ディスクドライブ (記憶用のディスク部分を取り外し可能なドライブ).

コンピュータ・ネットワーク用語

Monitor 男 *monitor* モニタ, ディスプレイ.
  Kathodenstrahl=röhre 女 *CRT* (=*cathode-ray tube*) CRT (ブラウン管, 陰極管).
  Flüssigkristall=anzeige 女 *LCD* (=*liquid-crystal display*) 液晶ディスプレイ.
  17-Zoll Monitor 男 *17 inch monitor* 17インチモニタ.
  → **Auflösung** 女 *resolution* (ディスプレイ・プリンタなどの)解像度 / **Bild=punkt** 男 *Pixel* (=*picture element*) ピクセル(画面上に文字や画像を表示する際,ソフトウェアやハードウェアが制御できる最小単位) / **Wiederhol=frequenz** 女 *refresh rate* 垂直周波数 / **Zeilen=frequenz** 女 *vertical frequency* 水平周波数.
Steck=karte 女 *expansion board* 拡張カード(拡張スロットに差し込んで機能を拡張するボード).
  Grafik=karte 女 *video card* ビデオカード(画面表示用の専用回路を搭載したボード).
  Sound=karte 女 *sound card* サウンドカード(音楽や効果音を発生させる拡張ボード).
  Netzwerk=karte 女 *network card* ネットワークカード(LANへの接続を可能にする拡張ボード).
  Beschleuniger 男 *accelerator* アクセラレータ(処理速度を向上させるための周辺装置).
  → **ein|bauen** 動 *plug in* (拡張カードなどを)差し込む, 取り付ける.
Drucker 男 *printer* プリンタ.
  Laser=drucker 男 *laser printer* レーザプリンタ.
  Tintenstrahl=drucker 男 *ink-jet printer* インクジェットプリンタ.
  Thermo-transfer=drucker 男 *thermal transfer printer* 熱転写プリンタ.
  Matrix=drucker 男 *dotmatrix printer* ドットプリンタ.
  Schwarzweiß (Farb)-Drucker 男 *monochrome (colour) printer* 白黒(カラー)プリンタ.
  Netz=drucker 男 *network printer* ネットワークプリンタ(LANで接続されたコンピュータから直接利用できるプリンタ).
  → **Toner=kassette** 女 *toner cartridge* (レーザプリンタの:)トナーカートリッジ / **Tinten=patrone** 女 *ink cartridge* (インクジェットプリンタの:)インクカートリッジ / **Farb=band** 中 *ink ribbon* (熱転写プリンタの:)インクリボン / **Unterhalts=kosten** 複 *running costs* ランニングコスト.
Tastatur 女 *keyboard* キーボード.
Taste 女 *key* (キーボード上の)キー.
  Eingabe=taste *enter key* エンター・キー ①.
  Rücklauf=taste *return key* リターン・キー ②.
  Leer=taste *space key* スペース・キー, スペース・バー ③.
  Umschalt=taste *shift key* シフト・キー ④.
  Lösch=taste *delete key* デリート・キー ⑤.
  Steuer=taste *Ctrl* (=*control*) *key* コントロール・キー ⑥.
  Rück=taste *backspace key* バックスペース・キー ⑦.
  Code=taste *Alt* (=*alternate coding*) *key* オルト・キー ⑧.
  Unterdrückungs=taste *ESC* (=*escape*) *key* エスケープ・キー ⑨.
  Tabulator=taste *tab key* タブ・キー ⑩.
  Feststell=taste *capslock key* キャプスロック・キー ⑪.
  Funktions=taste *function key* ファンクション(機能)キー ⑫.
  Pfeile=taste *arrow key* 矢印キー ⑬.
Maus 女 *mouse* マウス.
  Maus=taste 女 *mouse button* マウスボタン.
Roll=kugel 女 *track ball* トラックボール.
Joy=stick 男 *joy stick* ジョイスティック(レバーやボタンのついた入力装置で, ゲームなどに用いる).
Scanner 男 *image scanner* イメージスキャナ(絵や文字を光学的に読み込み, デジタル情報に変換する入力装置).
Digital=kamera 女 *digital camera* デジタルカメラ(画像をデジタル信号で記録するカメラ).
Modem 中 *MODEM* (=*MOdulator DEModulator*) モデム(パソコンを電話回線に接続するための機器)

標準的なパソコンキーボード(ドイツ語配列)

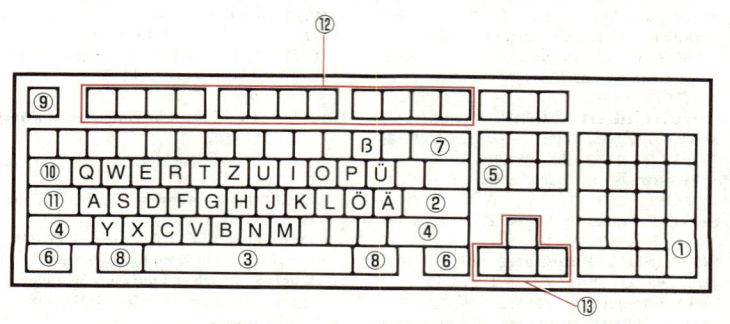

Kabel 中 *cable* (接続用の)ケーブル.
Flachband=kabel 中 *flat cable* (内部接続用の)フラットケーブル.
Drucker=kabel 中 *printer cable* プリンタケーブル.
Strom=kabel / **Netz=kabel** 中 *power cable* 電源ケーブル.

2. ソフトウェア die Software *software*

Betriebs=system 中 *OS* (=*Operating System*) オペレーティングシステム, 基本ソフトウェア (コンピュータを作動させるために必要な基本的ソフトウェアで, おもに CPU 管理, 記憶管理, 入出力管理などのシステム資源管理を行う).
Anwendungs=software 女 *application software* アプリケーション, 応用ソフトウェア (オペレーティングシステム上で, 文書を作る・通信をするといったさまざまな目的を実現するために用いられるソフトウェア).
  Browser 男 *browser* ブラウザ (WWW ページを閲覧するためのソフトウェア).
  Datenbank=programm 中 *data base* データベースソフト (大量のデータを保存しておき, 必要なときに検索や閲覧を可能にするソフトウェア).
  Editor 男 *editor* エディタ (ファイルの内容, 特に文字データを編集するためのソフトウェア).
  Graphik=programm 中 *graphics program* 画像処理プログラム.
  persönlicher Informations=manager 男 *PIM* (=*personal information manager*) 個人用情報管理ツール (スケジューラ, 住所録, プロジェクト管理など).
  Tabellenkalkulations=programm 中 *spread-sheet program* 表計算ソフト (一覧表の形でデータを管理し, 作表や集計などの処理を行うソフトウェア).
  Textverarbeitungs=programm 中 *word processing program* ワープロソフト (文書作成・印刷を行うソフトウェア).
  Texterkennungs=programm 中 *OCR* (=*optical character recognition*) *program* OCR (自動文字認識) ソフト.
  Lern=programm 中 *learning program* 学習ソフト.
Computer=spiel 中 *computer game* コンピュータゲーム.
Dienst=programm / **Utility** / **Tool** 中 *utility, tool* ユーティリティ (便利で小道具的なソフトウェアの総称).
Zubehör 中 *accessory* アクセサリ (GUI 環境で簡単に呼び出せるようになっているユーティリティ).
  Bildschirm=schoner / **Screen=saver** 男 *screen saver* スクリーンセーバ (ディスプレイの焼き付きを防ぐためのソフトウェア).
Frei=ware / **Free=ware** 女 *freeware* フリーウェア (使用料が無料で, 広く一般の人に使ってもらう目的で提供されたソフトウェア. 厳密には, 著作権を放棄していないもののみを指す).
Share=ware 女 *share ware* シェアウェア (パソコン通信などで入手でき, 一定期間は無料で使用できるが, 継続使用する場合は対価を支払う必要のある商用ソフトウェア).
BIOS 中 *BIOS* (=*Basic Input/Output System*) バイオス (コンピュータを動作させるための基本的なソフトウェア群で, マザーボード上の ROM に記憶されている).
Treiber 男 *device driver* ドライバ (周辺機器を利用するために組み込まれるソフトウェア).
  Drucker=treiber 男 *printer driver* プリンタドライバ.

3. 基本的な操作

starten 動 *begin, start* 起動する.
booten 動 *boot* ブートする (パソコンの電源を入れ, OS を作動させるプログラムを起動する).
aus|schalten 動 *turn off* 終了する, 電源スイッチを切る.
herunter|fahren 動 *shut down* システムを終了する.
neu starten 動 *restart* 再起動する.
rebooten 動 *reboot* リブートする, 再起動する.
(**sich**) **an|melden** 動 *login* ログインする (ネットワークなどで, 利用者が端末を接続して使用を開始する).
(**sich**) **ab|melden** 動 *logout* ログアウトする (ネットワークなどで, 利用者が端末の接続を中止し, 使用を終える).
erkennen / **kennzeichnen** 動 *identify* (ユーザ ID などを) 認証する.
aus|führen 動 *execute* (プログラムを) 実行する.
ab|brechen 動 *cancel* (プログラムの実行を) 中断する; (操作を) 取り消す.
beenden 動 *quit* (プログラムなどを) 終了する.
ein|geben 動 *input* 入力する.
aus|geben 動 *output* 出力する.
installieren 動 *install* インストールする (ハードウェアやソフトウェアを実際に使えるようにコンピュータに組み込む).
deinstallieren 動 *uninstall* アンインストールする (いったん組み込んだハードウェアやソフトウェアを取り外す).
ein|stellen 動 *regulate, set, customize* (プログラムなどを) 設定する.
  → **Präferenz** 男 *preference* プリファレンス, ユーザ設定 / **Standard=einstellung** 女 *default setting* 初期設定.
ein|legen 動 *insert* (フロッピーディスクなどをドライブに) 挿入する.
aus|werfen 動 *eject* (フロッピーディスクなどをドライブから) 排出する.
initiasieren 動 *initialize* 初期化する (ソフトウェアやハードウェアを初期状態に設定する).
formatieren 動 *format* フォーマットする (フロッピーディスクなどの記録方式を OS に適合させ, 利用可能な状態にする).
speichern 動 *memorize, save* (データなどを) 記憶させる; 保存する.
an|klicken / **klicken** 動 *click* (マウスの操

作:)クリックする.
→ **Klick** 男 *click* クリック / **Links** (**Rechts**)=**klick** 男 *left* (*right*) *click* 左(右)クリック / **Doppel=klick** 男 *double click* ダブルクリック.
ziehen 動 *drag* (マウスの操作:)ドラッグする(ボタンを押したまま移動させる).
ab|tasten 動 *scan* (画像などを)スキャナで読み取る, 走査する.
aus|drucken / **drucken** 動 *print, print out* 印刷する.
→ **Druck=vorschau** 女 *print preview* レイアウト表示(印刷前にレイアウトを画面で確認すること).

4. GUI (グラフィカル・ユーザ・インターフェース)

graphische Benutzer=oberfläche 女 *GUI* (=*Graphical User Interface*) GUI (グラフィックスを利用したユーザインターフェース).
Bild=schirm 男 *display, display screen* 画面.
Schreib=tisch / **Desktop** 男 *desktop* デスクトップ(GUI 環境で, 起動直後のメインとなる画面).
Symbol / **Icon** 中 *icon* アイコン(ファイルの種別やアプリケーションの機能を絵柄でわかりやすく示したもの).
Anzeige 女 *display, character* 表示.
Cursor 男 *cursor* カーソル (矢印キーやマウスの動きに合わせて画面上に現れる表示).
Maus=zeiger 男 *pointer* ポインタ (マウスの動きに合わせて画面上に現れる矢印型のカーソル).
Einfüge=marke 女 *insertion character* 挿入マーク(文字などを打ち込める箇所を示す表示).
Fenster 中 *Window* ウィンドウ(一つのディスプレイ上に表示される独立した画面).
→ **eröffnen** 動 *open* (ウィンドウなどを)開く / **schließen** 動 *close* 閉じる / **aktivieren** *activate* 動 アクティブにする(動作状態にする) / **aus|blenden** 動 *hide* (背景にする).
Hinter=grund 男 *background* バックグラウンド, 背景.
→ **Hintergrund=bild** 中 *wallpaper* 壁紙, ウォールペーパー(背景に表示する画像ファイル).
Ordner 男 *folder* フォルダ(GUI 上でファイル管理のために用いるオブジェクト. ディレクトリに相当).
Datei=Manager 男 *file manager* ファイルマネージャ (GUI上でファイル管理のために用いるシステム).
Roll=balken 男 *scroll bar* スクロールバー(ウィンドウの枠に設けられ, 表示範囲をずらすために用いられる).
→ **rollen** 動 *scroll* (=*screen roll*) (画面を)スクロールする(巻き物を見るときのように上下左右に動かす).
System=steuerung 女 *control panel* コントロール・パネル (GUI上でシステムの共通環境の設定を行うためのプログラム).
Pull-down-Menü 中 *pull-down menu* プルダウンメニュー (GUI 画面上部のメニューバーに表示された項目へマウスカーソルを移動させると, その下にコマンドが表示され機能が選択できるようになる方式).
Pop-up-Menü 中 *pop-up menu* ポップアップメニュー (GUI 上で特定のアイコンなどをクリックすることにより, 既存のウィンドウの上にコマンドが表示され機能が選択できるようになる方式).
Hilfe 女 *help* ヘルプ(ソフトウェア使用中に, 操作方法や機能を説明表示する機能).
Dialog=fenster 中 *dialog box* ダイアログボックス(特定の入力を促す一時的なウィンドウ).
Papier=korb 男 *trash* ゴミ箱 (GUI 上で不要ファイルの消去に使用するオブジェクト).
→ **entleeren** 動 *empty* (ゴミ箱などを)空にする(不要なファイルを削除する).

5. ファイルの操作

Ablage 女 *filing system* ファイルシステム.
Datei 女 *data set, file* データファイル, ファイル(ファイルとは, おもにプログラムやデータを補助記憶装置に書き込むときの単位. OS によっては, プリンタ・ディスプレイなどの周辺機器もファイルとして扱われる).
 Bild=datei 女 *image file* 画像ファイル.
 Text=datei 女 *text file* テキストファイル.
Datei=verwaltung 女 *file management* データファイル管理.
→ **Verzeichnis** 中 *directory* ディレクトリ(大量のファイルを管理するために考案された, 階層構造を持つファイルシステム) / **Pfad** 男 *path* パス(階層構造を持つファイルシステムで, ファイルの所在を表す表現).
Daten 複 *data* データ.
→ **Daten=format** 中 *data format* データ形式
Dokument 中 *document* 文書ファイル; (プログラムなどの説明ファイル (=*Infodokument*).
zu|greifen 動 *access* (ファイルなどに)アクセスする(情報の読み出しや入力を行う).
→ **Zugriffs=recht** 中 *right to access* アクセス権.
an|legen / **erstellen** 動 *create* (ファイルなどを)作成する.
benennen 動 *name* (ファイルなどに)名前をつける.
um|benennen 動 *rename* (ファイルなどを)リネームする(別の名前に書き換える).
sichern 動 *save* セーブする(メモリ上にあるデータをファイルとしてディスクなどに保存する).
löschen 動 *delete* (ファイルなどを)消去する, 削除する.
sortieren 動 *sort* ソートする(特定の規則に従って複数のデータを並べ替える).
mischen 動 *merge* マージする, 結合する(複数のファイルから一つのファイルを作成する).
duplizieren 動 *duplicate* 複製(複写)する.
akutualisieren / **updaten** 動 *update* (データファイルなどを)更新する, アップデートする.
→ **Update** 中 *update* アップデート(データファイルやプログラムの更新・改良されたヴァージョン).
packen / **komprimieren** 動 *pack, compress* 圧縮する(ディスク上でデータやプログラムが占有するスペースを小さくする).
entpacken 動 *unpack* 展開(解凍)する(圧縮されたファイルを元の状態に戻す).

gemeinsam benutzen 動 *share* 共有する(ネットワークで接続された複数のコンピュータから，一つのファイルを参照したり変更したりすること).

6. テキスト編集 die Textverarbeitung *word processing*

bearbeiten 動 *edit*（文書などを）編集する.
→ **aus|wählen** 動 *select*（文書の一部などを）選択する / **aus|schneiden** 動 *cut* カットする / **kopieren** 動 *copy* コピー(複写)する / **ein|fügen** 動 *paste* ペースト(挿入)する / **ersetzen** 動 *replace* 置換する / **verschieben** 動 *move, relocate* 移動する.

Klar⹀text 男 *plain text* プレインテキスト(文字飾りやレイアウト情報を含まない文字コードだけからなるファイル形式).

Font 男 *font* フォント（コンピュータで用いられる書体・文字デザイン）.

Schrift⹀datei 女 *font file* フォントファイル.

Schrift⹀familie 女 *font family* 文字の種類，フォントファミリー.

  Times Helvetica Courier

Schrift⹀typ 男 *type face* 文字の書体，タイプフェース.

fett	bold	**太字**
kursiv	italic	斜体
unterstrichen	underlined	下線付き

Zentrierung 女 *centering*（テキストのレイアウト:）中央揃え.

links⹀bündig 形 *left justified*（テキストのレイアウト:）左寄せの.

rechts⹀bündig 形 *right justified*（テキストのレイアウト:）右寄せの.

Rechtschreib⹀hilfe 女 *spell checker* スペルチェッカー(つづりの誤りを指摘するソフトウェア).

Sonder⹀zeichen 中 *special character* 特殊記号，特殊文字.

Klammer⹀affe 男 *at sign, commercial a* アットマーク(@).

Sternchen 中 *asterisk* 星印 (*).

Tilde 女 *tilde* チルダ，波形記号 (~).

automatische Silben⹀trennung 女 *automatic hyphenation* 自動ハイフネーション(組版の際，行末の語を自動的にハイフンで分割して次の行へ送りこむ機能).

7. ネットワーク das Netzwerk *network*

lokales Netz⹀werk 中 *LAN* (= *Local Area Network*) 企業内(構内)ネットワーク.

Intranet 中 *Intranet* イントラネット(インターネットと同様の設備を用い，ある組織の内部だけで利用されるネットワーク).

DNS 中 *DNS* (= *Domain Name System*) ドメインネームシステム.
→ **Domäne, Domain** 女 *domain* ドメイン(ネットワーク上で各組織を表すホストコンピュータにつけられた名称).

Host⹀rechner 男 *host computer* ホストコンピュータ(ネットワーク上に置かれ，諸サービスの中心となるコンピュータ).

Server 男 *server* サーバ(ネットワーク環境で，主にクライアントにサービスを提供するコンピュータ).

Client 男 *client* クライアント(ネットワーク環境で，サーバーにより提供されるサービスを利用するコンピュータ).

Router 男 *router* ルータ(異なるネットワークアドレスを持つLAN同士を接続する装置).

Hub 男 *hub* ハブ(複数のコンピュータをLANに接続するための中継器).

Knoten 男 *node* ノード(ネットワークシステムでデータ伝送路に接続される中継点).

Feuer⹀wand 女 *fire wall* 防火壁(外部からの侵入を防ぐためのネットワーク上のセキュリティシステム).

Benutzer 男 *user* ユーザ，(特に:)ネットワークの利用者.
→ **Benutzer⹀kennung** 女 *user-ID* (= *IDentification*) ユーザ名，ログインID / **Pass⹀wort** 中 *password* パスワード(正規のユーザであることを証明するための合言葉で，通常英数字の組合せが用いられる).

Account 男（または中）*account* アカウント(コンピュータやネットワークにログインするための権利).

Protokoll 中 *protocol* プロトコル(情報通信をする際の必要な約束ごと，規約).
→ **TCP / IP** 中 *TCP / IP* (*Transmission Control Protocol / Internet Protocol*) TCP / IP (UNIXによるネットワークやインターネットで使用されているネットワークプロトコルのセット) / **PPP** 中 *PPP* (= *Point to Point Protocol*) PPP (シリアルラインを用いて2台のコンピュータをIP接続するプロトコル).

IP-Adresse 女 *IP* (*Internet Protocol*) - *Address* IPアドレス(IPで用いられるネットワーク上のノードを特定するための32bitのアドレス).

Paket 中 *packet* パケット(データ全体を一定の大きさに分割した単位).

Tele⹀kommunikation 女 *telecommunication* テレコミュニケーション(遠隔地との通信全般を指す).

Internetdienst⹀anbieter 男 *IPS* (*Internet Service Provider*) プロバイダ(インターネットへのIP接続サービスを提供する事業者).
→ **DFÜ-Netzwerk** 中 *Dial-Up Networking* ダイヤルアップネットワーク(モデムと電話回線を使ってインターネットに接続する方式).

8. インターネット das Internet *the internet*

Internet 中 *the internet* インターネット(世界各地の大学や各種組織のLANを相互に接続したネットワーク).

E-Mail 女（または中）*e-mail* (= *Electronic Mail*) 電子メール.
→ **E-Mail-Adresse** 女 *e-mail address* 電子メールアドレス / **Mailbox** 女 *mailbox* メールボックス(自分宛の電子メールが配送・蓄積される領域) / **Mailing⹀liste** 女 *mailing list* メーリング

コンピュータ・ネットワーク用語

リスト(グループを示す一つのメールアドレス宛にメッセージを発信すると、登録されたメンバー全員に同一のメッセージが届くシステム) / **Signatur** 囡 *signature* 署名ファイル(電子メールの末尾に挿入する個人情報).

NetNews 覆 *NetNews* 電子ニュース(インターネット上に構築される電子掲示板).
→ **posten** 動 *post* (電子ニュースなどに記事を)投稿する.

Archie 男 中 *archie* アーチー(アーキー) (anonymous FTP サーバ上のファイルを検索するシステム).

FTP 中 *ftp* (=*File Transfer Protocol*) ファイル転送プロトコル.
→ **downloaden, herunter|laden** 動 *download* ダウンロードする(先方のコンピュータから手元のコンピュータへデータを取り込む) / **uploaden, hinauf|laden** 動 *upload* アップロードする(手元のコンピュータから先方のコンピュータへデータを送る).

Finger 中 *finger* フィンガー(現在アクセスしているユーザに関する情報を表示するプログラム).

Gopher 男 *gopher* ゴーファー(インターネット上のテキスト情報検索システムの一つ).

Telnet 中 *telnet* テルネット(TCP / IP 接続された他のマシンに遠隔ログインして操作すること).
→ **telnetten** *telnet* テルネット(遠隔ログイン)する.

WWW / Web 中 *WWW* (=*World Wide Web*) WWW(ハイパーテキスト構造を持つインターネットの情報検索システムのひとつ. 文字だけでなく静止画像、音声、動画なども扱うことができる).
→ **Browser** 男 *browser* ブラウザ(WWW ページを閲覧・利用するためのソフトウェア) / **browsen, durch|suchen** 動 *browse* ブラウズする(WWW ページを閲覧する) / **URL** 男 (または 囡) *URL* (=*Universal Resource Locator*) URL (インターネット上に存在する各種の情報に付けられる統一的な表記. 通常「アクセス方法: //ホスト名/パス名」という形式を持つ) / **HTTP** 中 *http* (=*HyperText Transfer Protocol*) HTTP (WWW サーバにアクセスするためのプロトコル) / **surfen** *net surf* ネットサーフする(ブラウザを使ってホームページからホームページへ渡り歩くこと) / **Lese∘zeichen** 中 *bookmark* ブックマーク / **Favorit** 男 *favorite* お気に入り(頻繁に利用する WWW ページ).

Web∘seite 囡 *WWW page* WWW ページ、ウェブページ.

Homepage / Heimseite 囡 *homepage* ホームページ(WWW サーバにアクセスしたとき、最初に表示されるページ); (一般に:) WWW ページ.
→ **HTML** 囡 *html* (=*HyperText Markup Language*) HTML (WWW ページ作成に用いる構造化タグ言語) / **HTML-Befehl** HTML タグ / **Link, Hyperlink** 男 *link, hyperlink* リンク.

Web∘site 囡 *web site* WWW サイト、ウェブサイト(ある組織などの WWW ページの集合体).

Web∘master 男 *Web master* ウェブマスター(WWW サイトの管理・運営を行う責任者).

Such∘maschine 囡 *search engine* 検索エンジン(WWW 上で各種の情報の所在を収集し、目的に応じた情報検索を可能にするサービス. 人間の手で登録・分類を行うディレクトリサービスと、自動収集を行うロボット型のものがある).
→ **suchen** *serach, find* 検索する / **Stich∘wort** 中 *keyword* (検索の際の)キーワード.

Chat 男 *chat* チャット(1 台のホストコンピュータに同時にアクセスしているユーザ同士が会話する機能).
→ **chatten** 動 *chat* チャットする / **Chatroom** 男 *chatroom* チャットルーム.

offline 形 *offline* オフラインの(ネットワークに接続されていない状態の).

online 形 *online* オンラインの(ネットワークに接続された状態の).

Netiquette / Netikette 囡 *netiquette* ネチケット(ネット上で情報をやりとりする際のマナー. net と etiquette から作られた造語).

Virus 男 *virus* コンピュータウイルス(ひそかにシステムに入り込み、ある時期が来るとデータを破壊したり、他のプログラムを書き換えたりするなど、予期しない状態を引き起こすプログラム).

Hacker 男 *hacker* ハッカー(コンピュータについてきわめて高度な知識を持ち、自由に使いこなせる人. しばしばクラッカーの意味で用いられるが、本来は誤り).

Knacker 男 *cracker* クラッカー(コンピュータについての知識を悪用してネットワークなどに不正に侵入する人).

Daten∘autobahn 囡 *Information Highway* 情報ハイウェイ(1993 年、アメリカのゴア副大統領によって提唱されたデジタル情報通信基盤整備構想).

9. プログラミングその他の用語

Programm 中 *program* プログラム(コンピュータを動かすための命令の集まり).
→ **Programmier∘sprache** 囡 *programming language* プログラミング言語.

Betrieb 男 *operation* 演算; 命令によって行われる処理.

Befehl 男 *command* コマンド(計算機に各種の処理を行わせるための命令).
→ **Interpretierer** 男 *interpreter* インタープリタ(コマンドを解釈して実行するプログラムの総称).

Prozess 男 *process* プロセス(ひとかたまりの処理の実行のこと).

Task 男 *task* タスク(コンピュータが処理する作業の単位).

Multitask∘betrieb 男 *multitasking* マルチタスク処理(1 台のコンピュータで、同時に異なる 2 つ以上の処理を実行できる処理方式).

Assembler∘sprache 囡 *assembler language* アセンブリ言語(機械語の命令と一対一で対応し、プログラミングしやすくした言語).

kompilieren 動 *compile* コンパイルする(機械語に一括翻訳する).

Fehler 男 *error* エラー(ソフトウェアで発生する誤り).
→ **Fehler∘meldung** 囡 *error message* エラーメッセージ(誤動作の発生をユーザに知らせる表示).

Bug 男 *bug* バグ(プログラムに含まれる論理的な誤り).
→ **debuggen** 動 *debug* デバッグする(プログラムに含まれるバグを取り除く).

interaktiv 形 *interactive* 対話型の(操作方

法など).
emulieren 動 *emulate* エミュレートする(ハードウェア的に互換性のないプログラムなどを疑似的に実行可能にする).
→ **Kompatibilität** 女 *compatibility* 互換性.
konvertieren 動 *convert* コンバートする(プログラムやデータを, ある形式から別の形式に変換する).
Regulärer Ausdruck 男 *Regular Expression* 正規表現(特定の文字列パターンをメタ・キャラクタの組み合わせで一般的に表現する書式).
→ **Stellvertreter⹀symbol** 中 *wild card* ワイルドカード(任意の文字を表現するための特殊文字)
Seitenbeschreibungs⹀sprache 女 *PDL* (=*page description language*) ページ記述言語.
Steuer⹀zeichen 中 *control character* 制御文字記号.
Verschlüsselung 女 *encryption* 暗号化.

EDV (=**e**lektronische **D**aten**v**erarbeitung) 女 *EDP* (=*electronic data processing*) 電子データ処理.
Desktop⹀publishing 中 *DTP* (=*desktop publishing*) DTP, デスクトップ・パブリッシング(コンピュータ上で原稿作成や組版作業を行い, 高性能のプリンタで印刷し, 一般の印刷物に近いレベルの出力を得ること).
Multi⹀media 中 *multimedia* マルチメディア(文字, 静止画像, 動画, 音声を統合的に扱える方式).
virtuelle Realität 女 *virtual reality* バーチャル・リアリティ, 仮想現実(コンピュータ・グラフィックなどを利用して, 仮想的な世界をつくり出し, あたかもその中にいるような体験を可能にするテクノロジー).
Jahr 2000 Problem 中 *year 2000* (=*Y2k*) *problem* 2000年問題(西暦2000年をはさんでコンピュータが誤作動する問題).

IV. 環境用語

1. 行政・法律

Bundesministerium für Umwelt, Naturschutz und Reaktorsicherheit 田 連邦環境・自然保護・原子力安全省. 連邦レベルで環境保護を担当し、ベルリンにある連邦環境庁, ボンにある連邦自然保護庁, ザルツギッターにある連邦放射線保護庁を管轄下に置いている.
　1994年, 基本法に「国は, 未来の世代に対する責任という面においても, 生活基盤としての自然を保護するものとする」という第20条a項が新しく加えられ, 環境保護が国家目標の一つに引き上げられた.
連邦政府が掲げる環境政策の3原則.
1. 予防の原則: 環境政策は, 環境の危機を予防し, 環境汚染問題ができるかぎり回避されるよう方向づけられなければならない.
2. 汚染者負担の原則: 一般社会全体ではなく, 環境への悪影響や汚染を招いた当事者自身がその責任を負い, 汚染防止や除去にかかる費用を負担する.
3. 協力の原則: 環境への責任はだれもが担うものであることから, 環境問題の解決のために国は経済界・市民・社会団体を積極的に参画させていく.

Umwelt-bundesamt 田 連邦環境庁. 所在地はベルリン.
Bundesamt für Naturschutz 田 連邦自然保護庁. 所在地はボン.
Bundesamt für Strahlenschutz 田 連邦放射線防護庁. 所在地はザルツギッター.
Umweltschutz-gesetz 田 自然環境保全法. 自然環境保全のための国の基本方針を定め, 適切な推進をはかるための法律.
internationales Naturschutz-übereinkommen 田 国際的な自然保護条約.
1. 移動野生動物の種の保護に関するボン条約 (das Bonner Übereinkommen zur Erhaltung wandernder wildlebender Tierarten).
2. EUの動植物の生息圏に関する指令ならびに鳥類保護指令 (die Fauna-Flora-Habitat-Richtlinie und die Vogelschutz-Richtlinie der EU).
3. ヨーロッパ野生動植物保護のためのベルリン条約 (das Berliner Übereinkommen zur Erhaltung der europäischen Wildtiere und Wildpflanzen).
4. 国際的に重要な湿地の保護に関するラムサール条約 (die Ramsar-Konvention zum Schutz der Feuchtgebiete internationaler Bedeutung).
5. 絶滅の恐れのある野生動植物の種の国際取引に関するワシントン条約 (das Washingtoner Übereinkommen über den internationalen Handel mit gefährdeten Arten frei lebender Tiere und Pflanzen).

Abwasser-abgaben-gesetz 田 排水課徴金法. 地方自治体と産業に, 排水内に含まれる有害物質や富栄養化物質の量の大幅削減を求める法律.
Bundes-bodenschutz-gesetz 田 連邦土壌汚染防止法. 土壌が持つ自然のさまざまな機能における働き, 特に動植物, 土壌有機物の生息基盤・生息圏としての機能の持続的な保全または回復をその目標とする.
Bundes-naturschutz-gesetz 田 連邦自然保護法. 創造物を保護する責任感により, 人間の生活する基盤として生物の種および生息圏の多様性を維持することをその政策目標とする.
Kreislauf-wirtschafts- und Abfall-gesetz 田 循環経済・廃棄物法. 廃棄物を処分するというやり方から循環経済へと移行することにより, 天然資源を効果的に節約し, 廃棄部分の少ない製品を開発し, 長期的には消費と製造のシステム全体を循環経済へと作り替えていくことを目指す. 1994年に成立し, 1996年に施行.
Sommersmog-gesetz 田 夏期スモッグ法. 大気中オゾン濃度が1時間の平均値で1立方メートル当たり240マイクログラム以上検出された場合, 排ガス量の大きい車種の走行を一時的に禁止する法律.
Altauto-verordnung 囡 廃車条例. 廃車リサイクル事業者向けの環境基準を定める条例.
Dünger-verordnung 囡 施肥条例. 施肥について適切な専門的実施の指針を細部にわたって定めた条例. 1996年1月発効.
Verpackungs-verordnung 囡 包装物条例. 包装物の製造者と販売者に, その包装製品を使用後回収し, 再利用することを義務づける条例.

2. 基本概念・政策・制度・組織

Abgas-untersuchung 囡 排ガス検査. 排ガス中の一酸化炭素量, エンジンのアイドリング回転数, 点火プラグの着火に要する時間について行われる車の検査.
CO₂-Steuer 囡 二酸化炭素税. 二酸化炭素を発生させるエネルギーの消費に課せられる税金で, その税収は環境保全や新エネルギーの開発に役立てられる.
Duales System Deutschland 田 デュア

ルシステム・ドイチュラント（略: DSD）．グリーン・ポイント (der Grüne Punkt) の権利金を財源とし，民間の廃棄物処理業者に費用を払って包装ごみを回収させる会社．回収ごみは，再生会社が自由に製品化・販売できる．

Energie⹀steuer 囡 エネルギー税．環境に悪い燃料の消費に課せられる税金．車やガソリンの使用を抑えるよう，二酸化炭素を排出するガソリンに課税する二酸化炭素税 (CO_2-Steuer) もその一つ．

Geschwindigkeits⹀beschränkung 囡 速度制限．交通事故防止の目的だけでなく，排ガス規制の効果から，自動車の走行速度を制限する措置が検討されている．

Greenpeace 男 グリーンピース．1971年にカナダで創設された国際的な環境保護団体．自然保護，反核，海洋動物保護などの問題に対し，急進的な抗議行動を含むさまざまな活動を展開している．

die Grünen 覆 緑の党．環境に優しい社会を目指し，環境保全を活動目的とする政党の総称．1980年にカールスルーエで創立された旧西ドイツの緑の党が起源だが，同名の党はスウェーデン，オーストリア，イタリアなど各国に存在する．

Immission 囡 （各種作用による）環境汚染．大気汚染，騒音，太陽光線，熱，放射能などが，人間や動植物に及ぼす影響一般を言う．

Klima⹀gipfel 男 地球サミット．「環境と開発に関する国連会議」の俗称．政府，企業，市民団体などが参加し，環境を荒廃させない持続可能な開発のための戦略を話し合う．

Naturschutz⹀gebiet 中 自然保護地域．立ち入りが禁止されている完全保護地域，特別な保護目的で使用が制限される一部保護地域，現状を維持するよう義務づけられた景観保護地域がある．

Tempo⹀limit 中 法定速度制限．ドイツのアウトバーンは原則的に速度制限が無いが，1986年に試験的に一律時速100キロに制限して排ガス量との関係を調査したことがある．しかし，窒素酸化物の排出量を10%しか減らせなかったため，効果がないと判断された．

Umwelt 囡 環境．生物学では，ある動物種が生息する上で重要となる生活圏を言うが，広義では，人間の生活条件に合うよう技術や経済によって人工的に作り上げられた生活空間をも含む．

Umwelt⹀auflage 囡 環境課題．例えば，二酸化炭素の排出量を2005年までに，1990年を基準値として25%減らすというように，環境を良くするために設定される達成目標．

umwelt⹀bedingt 形 環境に制約された，環境に左右された．

Umwelt⹀bedingung 囡 環境条件，環境によって与えられた条件．

umwelt⹀bewusst 形 環境保護意識の高い，環境に留意した．

Umwelt⹀einfluss 男 環境による影響，環境が人体に及ぼす影響．

umwelt⹀feindlich 形 環境をそこなう，環境を考えない．

Umwelt⹀frage 囡 環境問題．

umwelt⹀freundlich 形 環境に優しい，環境を大切にする．

Umwelt⹀politik 囡 環境政策，環境分野における国や組織の活動．

Umwelt⹀schäden 覆 環境悪化による損害．環境汚染のように，人間の生活に及ぼす被害．

Umwelt⹀schutz 男 環境保護．動植物の生活基盤を守り，生態系のバランスを取り戻すための研究・保護条例に基づくあらゆる措置．1970年代から盛んになった．

Umwelt⹀schützer 男 環境保護論者．環境を保護するために積極的に活動する人．

Umweltschutz⹀organisation 囡 環境保護団体．環境保護のために活動する組織．

Umwelt⹀steuer 囡 環境税．環境の浪費を戒めるために，その利用に応じて課せられる税．具体的には二酸化炭素税やエネルギー税などがある．

Umwelt⹀sünder 男 環境破壊者．意図的・無意識的のいかんにかかわらず，環境をそこなう活動をする人．

Umwelt⹀verträglichkeits⹀prüfung 囡 環境適性調査．国が主導で行う調査で，地方自治体の開発計画が環境保全措置に適合するかどうかを吟味する．

Umwelt⹀störung 囡 環境破壊．

verseuchen 他 汚染する．

Weltkultur⹀erbe 囡 世界文化遺産．ユネスコの「世界遺産条約 (1992年)」に基づき指定された，世界で保護すべき貴重な文化財・自然環境．指定を受けた遺産は，国際的援助を受けて保存される．

3. 自然現象・生態系・土壌・動植物

Algen⹀blüte 囡 水の華，アオコ (青湖)．湖沼の水面が，富栄養化 (Eutrophierung) で大発生した植物性プランクトンによりドロドロの緑色になる現象．悪臭を伴い，水生生物や養殖魚などに酸欠被害を与える．

Ammoniak⹀emission 囡 アンモニア公害．大規模畜産で，家畜から排泄される大量の糞尿からアンモニアガスが発生し，森林枯死の一因となっている．

Anbau⹀anfläche 囡 可耕地面積．農耕可能な土地の面積を指す．人口の爆発的増加に伴う食糧問題で考察の対象となる．

Arten⹀schutz 男 種族保護．絶滅の危機にさらされている野生の動物や植物の種族を保護する

環境用語

こと.

Atmosphäre 囡 大気. 天体, 特に地球を取りまく気体のかたまりを言う. 地球の大気は, 窒素, 酸素, アルゴン, 二酸化炭素から成る.

aus|sterben 圁 絶滅する, 死滅する.

Bevölkerungs=explosion 囡 人口爆発. 世界の総人口は将来爆発的に増加すると予想され, 可耕地面積や食糧の絶対的不足や, 資源枯渇などが懸念されている.

Bio=bauer 男 有機栽培農家. 人体への影響が懸念される化学肥料や殺虫剤を使わずに, 作物を栽培する農家.

Bio=gas 甲 有機ガス. 沼地の水底, ごみ埋め立て地, 下水処理場, 養豚場, 水田などで, メタンバクテリアが発生させる混合気体. 主にメタンガスと二酸化炭素から成る.

biologisch-dynamisch 形 自然のダイナミズムによる, 自然の摂理に任せた.

Bio=masse 囡 生物量. ある特定の生活圏内におけるあらゆる生物の総量. 世界的には毎年2.10^{11} トンの生物量が生まれ, そのうち約 2% が食用にされると言われている.

Bio=technologie 囡 バイオテクノロジー. 生物や生物の機能を模倣する技術. 生命工学ないし生物工学と呼ばれ, 遺伝子工学もこの中に含まれる.

Biotop 男 甲 ビオトープ. ある特定の生物群が, 物理的・化学的条件が適しているために生息する生活圏, 生息場所.

Boden=kontamination 囡 土壌汚染. 有害物質による土壌の汚染, 作物の汚染, 収穫の減少を言う.

Boden=sanierung 囡 土壌除染. 有害物質に汚染された土壌から有害物質を除去し, 健全な土壌に戻すこと.

Boden=schatz 男 地下資源. 人間の生活に役立つ岩石, 鉱物の総称.

Boden=schutz 男 土壌保護. 農用地の土壌を有害物質による汚染から守り, 人体に悪影響を及ぼす農畜産物の生産や, 農作物の生育阻害を阻止すること.

Borken=käfer 男 木喰い虫, 樹皮食昆虫. 通常は乾燥した枯木に寄生するが, 大気汚染で弱った木にもとりつく. 有害な菌を植えつけ, 木は水分バランスを失って枯れる. 森林枯死の一因となる害虫.

BSE 囡 狂牛病, 牛海綿状脳症 (= Bovine Spongiforme Enzephalopathie). 脳が海綿状になる牛の病気で, 人工飼料が発生の原因と推測されている.

Buchen=wald 男 ブナの森. ドイツを含む中部ヨーロッパの気候はブナの成育に適し, ブナの森は重要な生態系を形成している.

Chemie=dünger 男 化学肥料. 化学的操作を加えて製造された人造肥料. 便利で安価だが, 人体に影響を与えたり, 地下水にしみこんで飲料水を汚染するなどの環境破壊も引き起こしている.

Dünge=mittel 甲 肥料. 植物の生育を良好にして増収を得るために, 土壌や植物に与える化学肥料, 動植物肥料, 石灰類など.

Dürre 囡 かんばつ, 日照りによる被害. 灌漑(がい)設備の充実により, かんばつによる農作物被害は最近では減少しつつある.

El Niño-Ergebnisse 複 エルニーニョ現象. エクアドルやペルーの沿岸から沖合にかけた赤道域の海水温が, 12月～翌年3月にかけて上昇する現象. 数年に1度ほど大規模なものが発生し, 世界の異常気象と関係があるのではないかと注目されている.

entwalden 他 (森林を)伐採する. 特に世界の森林面積の半分を占める熱帯雨林の乱開発が深刻で, 豊かな生態系や, 酸素供給・水分保持・気候緩和のバランスが失われて異常気象につながると懸念されている.

Erd=beben 甲 地震. 地殻の一部から突発的に生じ, 長時間続かない地殻の振動. ヨーロッパ大陸は地震が少ないが, ライン川やマイン川の流域では時々局部的な地震が起きる. 地震の大きさは, 体感に基づく揺れの強さ, 有感半径, 震央距離の震度や振幅などにより測られる.

erodieren 他 浸食する. 雨, 川, 海, 風, 氷河, 海底などが, その運動で土地を削ること.

Erosion 囡 浸食. 雨水と川の浸食は洪水が主. 海岸の浸食は砂浜では少なく, もっぱら崖のある磯浜で海岸線が後退する. 風の浸食は乾燥地方で生じ, 細微物を移動させたり, 岩石を削り取ったりする.

Gen=technik 囡 遺伝子技術. 生物の遺伝情報を担っている DNA を, 組換え操作などによって人為的に操作し, 有用物質の生産に役立てる技術.

Gezeiten 複 潮の干満, 満ち干(v). 潮力を利用した潮汐発電も, クリーンなエネルギーの一つとして開発が進められている.

Gülle 囡 下肥, 糞尿肥料. 新鮮なものは作物に害があり, 衛生的にも危険なのでよく腐熟したものを使う. 連用しすぎると, 土中のカルシウムが塩化カルシウムとなり, ナトリウムが残って土が単粒化するという弊害がある.

Hoch=wasser 甲 洪水 (= Überschwemmung). 豪雨によって引き起こされ, これに雪解けの時期が重なってドイツの河川は毎年のように氾濫(はん)する. 洪水調節池の建設などが検討されているが, 抜本的な対策にはまだ至っていない.

Insekten=vertilgungs=mittel 甲 殺虫剤(= Pestizid). 特に DDT の発見をきっかけに有機合成殺虫剤が目覚ましい発展を遂げ, 飛行機による空からの散布など, 効率のよい散布器具も考案されている.

Jod 甲 ヨード, ヨウ素. 天然には遊離して存在せず, 海水中に微量解けている程度の希少元素. 動植物の生体に重要な役割を果たし, ドイツでは土壌が少ないために大気にヨードが不足しており, ヨードを添加した精製塩が一般に広く普及している.

Kälte 囡 冷害. 夏季の低温, 日照不足などの異常気象のために農作物が受ける被害. 冷害を防ぐには, 品種の改良と田畑の条件の整備が不可欠で, 科学技術と社会経済の双方から対策をとらねばならない.

Katastrophe 囡 大災害. 甚大な被害を及ぼす天災および人災.

Klima=sprung 男 気候変動. 降水量や気温などの気象要素が長期的に変化すること. 数万年～数十万年のスケールのものも, 最短10年のスケールのものもある.

klonen 他 クローニングする. 遺伝子的にまったく均一な細胞を遺伝子ごと分離し, 取り出すこと. 親羊の乳腺細胞から取り出した核を, 核を抜いた卵細胞に移植し, 別の羊の子宮で成長させて1997年に誕生したクローン羊ドリーはその典型で, 親羊と同一の遺伝子配列を持っている.

Kunst=dünger 男 化学肥料 (=Chemiedünger).

Landschafts=pflege 囡 自然環境保全. 豊かな人間生活の不可欠な構成要素として自然をとらえ, その微妙な体系を乱さないよう環境保護に努力すること.

Laub=baum 男 広葉樹. サクラ, キリのように葉面の広い葉を持つ樹で, 暖帯・亜熱帯・熱帯地方は広葉樹を主体とする. 最近ではパルプ材として大量に使われている.

Lawine 囡 雪崩. 斜面に積もった雪が崩れ落ちる現象. 降雪が進むうちに, 自重増加に積雪層の支持力の増加が間に合わず生じる場合と, 一度積もって安定した積雪層の支持力が, 時間を経て弱化し崩れる場合とがある.

Lebens=raum 男 生活圏. 生態系 (Ökosystem), ビオトープ (Biotop) と同義.

Mangrove 囡 マングローブ. 熱帯・亜熱帯の海岸や河口など, 潮の干満のある遠浅の砂泥地に茂る常緑樹で, 水生動物の重要な生態系となっている. 近年では紙材として伐採されたり, エビ養殖池の造成のために破壊されたりして急速に失われつつある.

Mikro=biologie 囡 微生物学. 細菌, 酵母, カビなどの微小な生物を研究材料とする. 微生物の豊かな繁殖力と新陳代謝の多様性は, 工業的な利用価値が高い.

Mono=kultur 囡 単一栽培. 単一の作物のみを栽培し一度に収穫すること. 効率がよく, 高度の機械化が可能で生産性が高いが, 害虫などによる壊滅的な被害を受けやすく, 大量の薬剤投入や土壌疲弊を引き起こす.

Nadel=baum 男 針葉樹. スギ, モミのような幅の狭い針の様な葉を持つ樹で, 一般に貧栄養的で乾燥に耐え, 低温でよく育つものが多い. 常緑なため, 有害物質が樹の内部に蓄積されてしまい, 冬に葉を落とす広葉樹よりも大気汚染や酸性雨の影響を受けやすい.

Nahrungs=kette 囡 食物連鎖. 生物が, より強い補食生物に食べられる連鎖構造. 一般に植物・草食動物・小型肉食動物・大型肉食動物という順に, いずれ環境汚染物質の体内蓄積が進むと, 人間が食べる時には高濃度の汚染となる恐れがある.

Nitrat 甲 硝酸塩. 化学肥料に含まれていることが多く, 土壌に散布された硝酸塩が地下にしみ込み, 飲料水供給源である地下水を汚染する.

Nutz=pflanze 囡 有益植物. 食用にできる野菜など, 人間の役に立つ植物. 遺伝子工学の発達に伴う遺伝子組み替え操作による品種改良で, 有益植物を大量かつ安価に栽培することが可能になった.

Ökologie 囡 エコロジー, 生態学. 本来は生物とその環境とを総合的に「生態系」として研究する学問を意味したが, 今日では環境を考えた暮らしのあり方の思想や哲学にまで広く用いられる.

ökologische Land=wirtschaft 囡 有機農業, 生態系農業. 農薬や化学肥料に頼らず, 農産物の安全と土壌の形成および保全をめざす農業.

Öko=system 甲 生態系. 生物と外界の相互関係を言い, 生物の形態・生態・分布は, それを取りまく外界に大きく左右される. たとえば海の生態系が長年の廃水流入によって変化するように, 生態系は常に変動する.

Orkan 男 ハリケーン. 風力12クラス (毎秒34m以上) の大暴風で, 東経180度以東に発生するものをハリケーン, それ以西のものを台風と呼ぶ.

Ozon 甲 オゾン. 太陽の紫外線によって解離発生する原子3個を持った酸素の形態で, 生物に有害な波長域を吸収する役割を担う.

Ozon=loch 甲 オゾンホール. オゾン量が急激に減少したオゾン層内の地域. この穴を通って本来遮断されるべき紫外線が地上に達し, 皮膚癌(がん)を増加させるなどする.

Ozon=schicht 囡 オゾン層. オゾン量の多い大気層で, 地上20～25mの最大濃度層を中心に厚さ約20キロにわたって分布し, ほぼ成層圏内にある.

Ozonschicht=schädigung 囡 オゾン層破壊. フロンガスや大気中での寿命が長い塩素物質などのオゾン層破壊物質が, オゾン層内で化学反応を起こしてオゾン分子を破壊する. これによりオゾンホールが生じる.

Ozon=wert 男 オゾン値. オゾンが大気中に占める割合を示す値で, これにより空気の清浄度がわかる.

Parasiten 複 寄生生物. 他の生物の体に付着したり, 奥深く体内に侵入したりして, 相手に害を与える生物.

Pestizid 甲 害虫駆除剤 (=Insektenvernichtungsmittel). 害虫を防除するための薬剤で, 農薬用, 衛生害虫用, 家畜用, 衣服用などがある. 農薬用の殺虫剤は人畜への毒性も高い場合が多く, 取り扱いに注意が必要.

Pflanzen=schutz 男 植物保護. 農作物のような有益植物を天敵や天災から守り, 収穫量を高めること.

Photo=synthese 囡 光合成. 葉緑素を持つ植物が, 光のエネルギーを用いて炭酸ガスと水から炭水化物を作りあげる過程を言う. すべての生物の生存の基礎となっている重要な現象.

Pollen 男 花粉.

Raub=bau 男 乱伐. 世界最大の熱帯雨林を持つアマゾン川流域では, 鉱山開発のための道路建設, 焼き畑農, 過放牧などにより, 毎年100万ヘクタールの森林が破壊されている.

Regen=wald 男 熱帯林. 熱帯に生息する熱

環境用語

帯雨林，熱帯性季節降雨林，マングローブ林（遠浅の砂泥地に茂る常緑樹）の総称．世界の森林面積の約半分を占め，酸素供給，水分保持，気候の緩和に役立ってきた．

roden 開墾する．

Salz=wiese 囡 塩生草原．さまざまな塩生植物が群生する草原で，遠浅の海岸にできやすい．たとえば北海沿岸の干潟には，7300平方キロの塩生草原が広がり，動植物の豊かな生活圏となっている．

Sauer=stoff 酸素．水中の有機物を酸化剤で酸化するのに必要な酸素量を測ることにより，湖沼や海の水質汚濁がどれほど進んでいるかを知ることができる．

Schädlings=bekämpfung 囡 害虫駆除．農業従事者が発病・死亡してから毒性が明らかになったケースも多く，農薬の中毒症による健康障害や食品への残留が心配されている．

Schad=stoff 男 有害物質．人間や動植物に有害で，生態系に悪影響を及ぼす化学物質．人工有害物質と自然有害物質とがある．

Schlamm 男 沈泥．水中の浮遊物が地面に沈んで堆積したもので，鉱物を豊かに含む．廃水処理で生じる沈泥は，汚染が激しいため捨てる以外にない場合が多いが，再生処理されることもある．

Schwer=metalle 覆 重金属．1立方センチあたり4,5グラム以上の密度を持つ金属．動植物に必要不可欠な元素だけでなく，放射性物質や有毒物質として環境を汚染するものもある．

Stoff=wechsel 男 新陳代謝．生物体内の諸物質が，生活体内で変化する現象．吸収・合成による物質の新生・増加と，排泄・分解による物質の消失・減少・変形を言う．

Sturm 男 暴風．風力9〜11クラス（毎秒20.8〜32.6 m以上）の強風力，家屋損傷等の被害をもたらす．

Tier=schutz 男 動物愛護．ペットや研究動物の命を尊重し，苦痛を伴わぬよう求める措置で，種族や生圏の維持を目的とした自然保護措置とは厳密な意味では異なる．

Tropen=holz 囲 熱帯木材．これまで熱帯雨林は林道などに覆われ，急峻な伐採や運搬が困難だったために木材の利用度は低かったが，近年急激に開発が進み，逆に森林破壊が問題になっている．

Über=fischung 囡 乱獲．魚介類資源を減らさずに毎年持続的に漁獲できるように，各国ごとに最大持続生産漁獲量が定められており，この量を越えると乱獲になる．

Über=schwemmung 囡 河川の氾濫(はん)（=Hochwasser）．

Unkraut=bekämpfungs=mittel 囲 除草剤．主に果樹園の下草や，非農地や水田の雑草を除去するために用いられる．

Ur=wald 男 原生林．人間の手を加えず，自然のまま成長した森林で，貴重な樹木に付随して，貴重な種族の動植物の生態系ともなっている．

Vegetation 囡 植生．程度の差はあれ，特定の限られた地域に密生するあらゆる植物全体を言う．

Wald=bau 男 造林．山野に木の苗を植えたり，挿し木をしたりして林木を成長させ，手入れをして森林を造り上げること．

Wald=brand 男 山火事．落雷や樹木の摩擦などの自然発火によるものもあるが，大部分の出火原因は人為的なもの．貴重な木材資源を無にするだけでなく，土壌を破壊し，浸食を進め，森林の持つ水分供給や防風の機能もそこなう．

Wald=sterben 囲 森林枯死．針葉・広葉樹が広い範囲で枯れてしまい，中部ヨーロッパ地域で発生した新しい森林破壊現象．ドイツ南西部にある「黒い森(Schwarzwald)」の被害が最もひどく，酸性雨や大気汚染が大きな原因とみられている．

Wasser=haushalt 男 水分バランス．生物の体内で制御されている水分の吸収と排出のバランス．人間を含む陸上動物の体は，一般に60〜70%が水でできていると言われる．

Watt 囲 干潟．1日2回の満潮時には海水に浸り，干潮になると乾く海岸沿いの土地．滋養が多く，海の小動物や植物の豊かな生活圏となっている．ドイツの北海は干満の差が激しく，最高幅20キロ(平均7〜10キロ)の干潟ができることで有名．

Welt=klima 囲 世界気候．世界全体をグローバルに視野に入れた気象の動向．政府間で世界の気候変動について話し合う世界気候会議は，俗称で地球サミット(Klimagipfel)と呼ばれる．

4. 産業・エネルギー・化学物質

Abgas 囲 排気ガス．技術的・化学的プロセスで生じるガスで，たいていの場合再生できない．

abgas=arm 形 排気ガスの少ない，排気ガスのあまり出ない．

abgas=reduziert 形 排ガスを抑えた．

Abwärme 囡 廃熱．技術的・化学的プロセスにおいて利用されずに捨てられる熱エネルギー．工場の生産過程で生じる産業廃熱と，ごみ焼却場やクーラーなどから生じる生活廃熱がある．特に都市部は廃熱が多く，都市気候(Stadtklima)の一因となっている．

alternative Energie 囡 代替エネルギー．化石燃料を燃やす従来の発電に替わる，環境破壊物質を排出しないエネルギー．

Alt=last 囡 老廃物．汚染されていることが判明した昔の産業廃棄物や工場用地．

Altlasten=sanierung 囡 老廃物浄化．操業当時は知られていなかったが，後に有害物質の汚染を受けていることが判明した古い産業廃棄物や工場用地を浄化すること．

Atom=müll 男 核廃棄物．原子力発電に伴う大量の低レベル廃棄物は陸上処分(地層処理)や海洋投棄され，高レベル廃棄物は貯蔵センター施設で処理される．この人工放射能は人体に障害を与え，死の灰とも言われる．

Auto=abgase 覆 自動車排ガス．排ガス中に含まれる炭化水素や窒素酸化物が，大気汚染，温室効果，酸性雨などの原因となる．

bleifreies Benzin 囲 無鉛ガソリン．有害な酸化鉛を発生させる四エチル鉛などの鉛化合物を添加しない自動車用ガソリン．

環境用語

Brenn⹀stab 男 燃料棒. 原子力発電で使用するために, ウランを棒状に加工した燃料集合体.

Castor-Behälter 男 カストア容器, キャスク (= Cast of Storage and Transport of radioactive Material). 核廃棄物を一時貯蔵ないし輸送するための収納容器. 放射線を遮蔽するために比重の大きい劣化ウラン, 鉛, 鉄などで作られ, 中性子の減速材や吸収材を組み込む特殊加工が施される.

CO_2-Konzentration 女 二酸化炭素濃度. 二酸化炭素が大気中に占める割合. 自然大気には約0.033%含まれており, 10%を越す高濃度でなければそれ自体は有害ではない. 空気環境を知る上で重要な指標とされる.

DDT 中 ディーディーティー (= dichlorodiphenyltrichloroethane). 有機塩素系の殺虫剤で, 以前は世界中で広く使われていたが, 残留性や体内蓄積性が高く, 発癌(がん)性も強いため, 今では多くの国で使用を禁止している.

Dioxine 複 ダイオキシン. ポリ塩化(クロロ)ジベンゾダイオキシンの通称. 発癌(がん)性, 催奇形性が極めて高い猛毒の有機塩素化合物で, 人類が作った最悪の毒物とされる.

Dreiwege-Katalysator 男 三元触媒式排気浄化装置.

Emission 女 (放出による)環境汚染. 固体, 液体, 気体状の環境破壊物質を放出・排出すること.

End⹀lagerung 女 最終処理場. 原子力発電所の使用済み燃料を, 地下に埋めたり地層処理したりして最終的に処分・管理する施設.

Energie⹀einsparung 女 省エネ. エネルギーの利用効率を向上させ, 資源をより少なく使用することでエネルギーの節約をはかること. 本来はコストを削減するために始められたことだが, 最近では資源保護の観点から改めて見直されている.

Energie⹀krise 女 エネルギー危機. 物理的ないし人為的理由で, エネルギーの供給が需要に間に合わなくなること.

energie⹀sparend 形 省エネの, エネルギーを節約した.

Energie⹀träger 男 燃料, エネルギー源. 固体燃料, 液体燃料, 気体燃料がある.

Energie⹀versorgung 女 エネルギー供給. 世界のエネルギー供給は水力発電から始まったが, ダム開発の行き詰まりから火力が主流となり, 燃料も石炭から石油へと転換した. さらに効率の高い原子力発電の導入も進められたが, 環境への配慮が不充分で, エネルギー産業は未だに安定状態に達していない.

Erd⹀gas 中 天然ガス. 天然に地下から産する可燃性のガスで, 石油や石炭と密接な関係にある. 操作が簡単で, 貯蔵しておけば瞬間的に供給量を増加でき, 燃焼後の残滓物が出ないという利点がある.

Eutrophierung 女 富栄養化. 川や湖沼などの閉鎖性水域に, 生活廃水や工場廃水が流れ込み, 窒素やリンなどの栄養塩類が異常に増えることによってプランクトンが爆発的に繁殖する現象. アオコの発生や悪臭の原因となる.

Fluorchlorkohlen⹀wasserstoffe 複 フロンガス. 冷蔵庫・クーラーの冷媒や化粧品スプレーなどに用いられてきたが, フロン分子が成層圏で分解して塩素原子を放出し, オゾン分子を破壊することが明らかになったため, オゾン層破壊物質として全廃方向にある.

fossile Brenn⹀stoffe 化石燃料. 石炭, 石油, 天然ガスなど, 太古の生物を起源とする地中に埋蔵された燃料の総称. 埋蔵量に限界があるだけでなく, 燃焼時に必ず排ガスを伴うため, 利用の仕方が再検討されている.

frei⹀setzen 他 放出する, 排出する.

Frost⹀schutzmittel 中 凍結防止剤, 不凍液. 車の冷却水や循環暖房の水に添加し, 水の凍点を下げて凍結しにくくする液体. 主にエチレングリコールが用いられる.

Gefahr⹀gut 中 危険物. その性質特徴や取り扱い上, 公共の治安および人体を脅かす危険があるという理由から法的に規制されている物質.

Glashaus⹀effekt 男 温室効果 (= Treibhauseffekt). 太陽の光は通すが熱は逃がさないという地球大気の性質を言う. 生活や産業から生じる人工的な温室効果ガスの地球温暖化問題が深刻化している.

Halone 女 ハロン. フルオロカーボン(フッ化炭素)類の総称. 消火剤に用いられてきたが, フロンよりも強いオゾン層破壊作用を持つため, ハロン1301, 1211, 2402の3種は「特定ハロン」として全廃が義務づけられている.

Heiz⹀kraftwerk 中 火力発電. 石炭や重油を燃やして発生させた蒸気でタービンを回し, その回転力で発電機を動かして電気を発生させる.

Isotope 複 アイソトープ, 同位体. 原子番号が同じで中性子数が異なる元素.

Katalysator 男 触媒. 化学反応の速度を速める物質. 自動車に取り付けると, 排ガス中の有毒な窒素酸化物を分解し, 減らす効果がある.

Kern⹀energie 女 原子力, 核エネルギー. 原子核の連鎖反応や崩壊により発生するエネルギー.

Kern⹀kraftwerk 中 原子力発電. 原子核反応の大量のエネルギーを利用した発電. 安全性, 経済性, 環境汚染などの問題から, 原子力発電に反対する人も多い.

Kern⹀spaltung 女 原子核分裂. 原子核に中性子や光を当てるとほぼ同じ大きさの二つの原子核に分かれ, その際に非常に大きなエネルギーが発生する.

Kohlen⹀dioxid (CO_2) 中 二酸化炭素. 動物の呼吸や化石燃料の燃焼などにより生成される. 二酸化炭素が極端に増えると温室効果が助長され, 地球の温暖化につながる.

Kraftfahrzeug⹀emission 女 自動車公害. 車に起因する大気汚染, 騒音, 振動による健康被害や生活被害の総称.

Kunst⹀stoff 男 化学合成物質, プラスチック. 常温以上のある温度範囲で可塑性をもつ人工的に作り出された物質. 包装材など幅広い用途があるが, 土中で分解しないうえに焼却すると有毒ガスを発生するものもあり, 廃棄処分に苦慮している.

環境用語

Luft゠reinhaltung 囡 大気浄化.

Luft゠schadstoff 男 大気汚染物質. 一酸化炭素, 浮遊有機物質, 有機塩素化合物, 鉛化合物, 重金属, 有害粉塵(ふんじん)に加え, 最近では酸性雨を引き起こす二酸化硫黄や窒素酸化物, オゾン層を破壊するフロンガスなども大気汚染物質に含まれる.

Luft゠verschmutzung 囡 大気汚染. 人工または自然の汚染物質により, 大気が汚染されること.

Luft゠verunreinigung 囡 =Luftverschmutzung

Methan 中 メタン. 最も簡単な炭化水素. メタンを主成分とする天然ガスをメタンガスと言い, 腐泥や腐植から発生するものもあれば, 地層から天然で産出されるメタンガスもある.

Öl゠ausbeutung 囡 採油. 地下の油田から石油を取り出すこと. 石油が含まれている油層を突き止め, この層に対して井戸を掘る. 油層の圧力が高ければ, 石油は自然の力で地上に噴き出す. 圧力が下がって自噴が止まれば, 井戸にガスを注入して採油する.

Öl゠pest 囡 石油汚染. タンカーの座礁事故による原油流出や, 原油を陸揚げした後で油槽を洗った水の排出で, 海岸が汚染されて動植物の生命がおびやかされること.

photochemischer Smog 男 光化学スモッグ. 車や工場などからの排気ガスに含まれる炭化水素と窒素酸化物が, 紫外線により大気中で複雑な光化学反応を起こし, 光化学オキシダントに変化して生じるスモッグ被害. この濃度が高いと目やのどが刺激され, 痙攣(けいれん)や意識不明に至るケースもある.

Queck゠silber 中 水銀. 常温で液体をなす唯一の重金属で, 水俣病の発生以来その有毒性が注目されるようになった. 水俣病では, 多量の水銀が魚介や患者の毛髪から検出された.

radioaktive Abfälle 覆 放射性廃棄物. 原子力発電所の施設, 研究所, 医療施設から出る放射性核分裂生成物や, それらが付着した衣類・器具.

Radio゠aktivität 囡 放射能. 不安定な原子核が放射性崩壊をする際に放射線を出す性質と現象. 人体が放射能を浴びると造血機能や皮膚の障害を受け, 死に至ることもある. 空気・水・食物を通じて最終的に人体を汚染する場合もあり, 除染はきわめて困難.

Rauchgas゠entschwefelung 囡 排煙脱硫. 重油に含まれる硫黄が燃焼して排煙中の亜硫酸ガスになったものから, 硫黄を取り除いて汚染を防ぐこと.

Reaktor 男 原子炉. ウランやプルトニウムのような原子燃料の核分裂連鎖反応を, 制御しながら行わせる装置.

regenerative Energie゠quelle 囡 再生可エネルギー源. 太陽, 風力, 地熱, 潮力のように, 環境破壊物質を放出せず, かつ何度も利用できるエネルギー源.

Roh゠stoffe 覆 原料. 鉱物性, 植物性, 化石性の原料がある.

Sanierungs゠technik 囡 除染技術. 有毒物質に汚染された土壌や建物を除染し, 人体に影響しない健全な状態に戻す技術.

saurer Regen 男 酸性雨. 通常の雨よりも酸性度の強い雨. 車や工場から排出される二酸化硫黄や窒素化合物が, 大気中で長い距離を拡散する間に酸化される. それが水蒸気の凝結核になったり雨滴に取り込まれたりして雨雪を酸性化し, 森林や農作物を枯らす.

Schnell゠reaktor 男 高速増殖炉. 原子の核分裂反応を効率よく利用して, 消費したウラン量よりも多くのプルトニウムを作り出す増殖が可能な原子炉. 高速中性子を使うために制御しにくく, 材料にも制限があることから技術的に問題が多い.

Solar゠energie 囡 太陽エネルギー. 太陽の光や熱を利用した発電. クリーンかつ再生可能なエネルギーとして開発が進んでいる.

Solar゠technik 囡 ソーラー技術. 太陽の光や熱を電力に変換する技術.

Solarturm゠kraftwerk 中 タワー集光式太陽熱発電. 太陽光をタワーに集中させて高温の熱を取り出し, 蒸気タービンを回転させて発電する方式. 使用材料が多い上に強風に耐えられる設計にしなければならず, コストの低下が最重要課題となっている.

Solar゠zelle 囡 太陽光発電, 太陽電池. 太陽光を直接電力に変換する装置で, 太陽光エネルギーの約 10% が電力となる. 最初は宇宙開発用できわめて高価だったが急速に研究が進み, 太陽エネルギー利用の主役として期待されている.

© BUNDESBILDSTELLE BONN

Sonnen゠energie 囡 太陽エネルギー. 太陽内における核融合で産み出されるエネルギー. 太陽は高温のガス球で, その中で原子核が高速で動いているため衝突が起こり, 原子核反応が生じる.

Stickstoff゠oxide 覆 窒素酸化物. 窒素と酸素の化合物の総称. 大気中の窒素酸化物のほとんどは工場や自動車の燃焼排出の結果生じ, このうち一酸化窒素と二酸化窒素が大気汚染の要因となっている.

Treibhaus゠effekt 男 温室効果 (=Glashauseffekt)

Wasser゠kraftwerk 中 水力発電. 高所にある水の位置のエネルギーを利用して行う発電. 上流は傾斜は急だが水量が少なく, 下流は傾斜は緩やかだが水量が多いので, 地形に応じて最も経済的にエネルギーを得る方法を考えねばならない.

Wiederaufbereitungs゠anlage 囡 再処理施設. 原子力発電所で使われた使用済の

核燃料から，ウランとプルトニウムを取り出す施設．これにより高レベル廃液が生じるが，その処理・処分の方法は，技術的に完全にはまだ解決されていない．

Wind‗energie 囡 風力エネルギー．風の力を利用して電力に変換する発電．クリーンなエネルギーとして期待されている．

Wind‗kraftwerk 田 風力発電．風のよく吹く地点に風車を設置し，その回転力でタービンを回す発電．2～3枚のブレードが付いた水平軸プロペラ型の風車を用いるのが一般的で，実用性のあるエネルギー供給源として評価されている．

Wasser‗stoff 男 水素．工業的には主にアンモニアやメタノールの合成に使われているが，水の電気分解で無尽蔵に得られ，燃焼しても水に戻るだけで環境破壊物質を排出しないので，石油に替わりうるクリーンなエネルギーとして期待されている．

Wasser‗verschmutzung 囡 水質汚濁．汚染物質や有害物質により，水質が汚染されたり酸素不足で有害となること．

Zwischen‗lager 男 一時貯蔵所．原子力発電の使用済み燃料や高レベル放射性廃棄物は，長期間にわたっていったん貯蔵し，放射能を半減させてから最終処理場（Endlager）で処分される．ドイツではニーダーザクセン州のゴアレーベンに一時貯蔵所があり，ここに国内の使用済み燃料が集められている．

5. 生活環境・生活廃棄物・リサイクル

Abfall‗beseitigung 囡 廃棄物処理．主に固定した廃棄物及び家庭ごみの処理で，減量，投棄，加工，再生など，回収してから最終処分するまでのあらゆる措置と方法の総称．

Abwasser 田 廃水，または下水．家庭排水，工場・産業排水，居住地域の汚れた雨水を言う．

Abwasser‗reinigung 囡 下水処理．浄化装置を通じ，廃水から有害物質を取り除く．産業廃水には，さらに特別な処理措置が義務づけられる．

Alt‗glas 田 使用済みガラスびん，空きびん．家庭や工場から出る使用済みのガラス容器．再生できないワンウェイ容器の場合が多い．

Altglas‗behälter 男 空きびん回収ボックス．Altglascontainer とも言う．

Alt‗material 田 資源ごみ．いったん使用した後で再利用できる廃棄物．

Alt‗papier 田 古紙．使用済みの紙で再利用が可能なもの．

Asbest 男 アスベスト，石綿（いしわた）．天然の繊維状鉱物の総称．電気製品や建築内装材など広い用途があったが，微粉が肺に入ると呼吸器系障害の原因になることが判明し，発癌（がん）物質として段階的に使用が禁止されつつある．

Auftau‗mittel 田 溶氷剤．歩道，道路，マンホールなどを覆った雪や氷を除去するために撒く塩．この塩が化学反応を起こして金属やコンクリートを腐食させるため，最近では使用が制限されている．

Ballungs‗gebiet 田 人口密集地域．産業化などにより狭い地域に人口が集中し，1平方キロあたり千人以上の人口密度に達した地域．

Blauer Engel 男 ブルー・エンジェル（青色の天使）．騒音の少ない製品，機械，工具などに付ける環境マーク．

Brand‗schutz 男 防火．出火の防止のみならず，延焼を防ぐためにさまざまな研究や措置が講じられている．

Deponie 囡 ごみ置き場，ごみ集積場．住民がごみを持ち寄るように自治体が定めた場所．さらには，収集したごみを埋め立てる投棄場のことも言う．

Dunst‗glocke 囡 煙霧，もや．大気汚染により都市上空が目に見えて曇る現象．ひどい時にはスモッグ（Smog）に発展する．

Einweg‗flasche 囡 ワンウェイびん．一度しか使用しないびんで，回収後は細かく砕いたカレットにしてガラス原料に用いられる．

Einweg‗packung 囡 ワンウェイ容器．再利用できない使い捨てのびん，缶，プラスチック容器など．

Mehrweg‗flasche 囡 リターナブルびん．回収後洗浄し，中身を再充塡して数度繰り返し使用する返却可能なびん．ガラス資源の有効利用の一つだが，引き取り価格の暴落とペットボトルの普及で問題を抱えている．

Entsorgung 囡 処理．あらゆる種類の廃棄物を回収し，処分すること．家庭ごみや産業廃棄物に加え，最近では放射性廃棄物の処理が大きな問題になっている．

Flug‗lärm 男 航空機騒音．空港や軍事基地の周辺では，飛行機の離着陸に伴う騒音が住民の健康を害するとして，損害賠償や夜間飛行差し止めを求める争いが絶えない．

Gewässer‗schutz 男 水質保全．公共用水の水質が汚濁されるのを防ぎ，本来の姿のまま保存すること．

Der Grüne Punkt 男 グリーン・ポイント．このマークがついたごみは，回収されてリサイクルされる．再生ごみの回収費をメーカーに負担させ，効率よく回収するためにデュアルシステム・ドイチュラント社が考え出した制度．

Grund‗wasser 田 地下水．雨水や融雪水が地中に浸透し，地層内の間隙に地下水を形成する．供給量を越えて大量に利用されると，水位の低下や圧力の減少を招き，水源枯渇，地盤沈下，塩水の混入などが生じる．

Grün‗gürtel 男 グリーンベルト．都市地理学上の用語で，大都市の都心ないし一都市全体をほぼ円形状に取り巻く緑地帯．憩いやスポーツの機会を住民に与え，工業地帯と住宅地を区分するために設けられる．

Kanalisations‗netz 田 下水道網．雨水を排除するだけの略式下水道，家庭下水の排除設備を加えた改良下水道，さらには水洗トイレも下水道と直結させた完全下水道とがある．

Klär‗anlage 囡 浄化装置．下水を放流できるまでに浄化する装置．一般的には粗大物の除去，沈砂，液面の油脂等の除去，沈泥処理，微

生物処理, 最終沈殿, 塩素殺菌の順に処理される.

Kompost 男 コンポスト. わら, 落ち葉, 草などを積み重ね, 堆積・発酵・腐敗させて作る自然堆肥.

Kompostierung 女 堆肥化. 生ごみや汚泥を腐敗させて堆肥を作ること. 家庭の生ごみから堆肥を作るコンポスター(堆肥製造機)も, 最近では普及が進んでいる.

Lärm=belästigung 女 騒音公害. 人に好ましくない音, 不快な音による公害. 近隣騒音, 交通騒音などさまざまな騒音があり, 地方自治体の騒音防止条例や個別の環境基準で規制されている.

Mega=stadt 女 巨大都市. 人口百万人を越す大都市.

Mobilität 女 可動性, 交通の便. 交通の便の良さは文明のバロメーターとされてきたが, 車が多すぎて交通がまひしたり, 飛行機の排ガスがオゾンを破壊するなどの矛盾も生んでいる.

Müll=tonne 女 ごみ収集コンテナ. ドイツではいたるところに数基の大型コンテナが設置されており, そこへ家庭ごみを分別して捨てる. ごみ収集車には, コンテナをそのまま持ち上げて中のごみを一度に空けられる装置がついている.

Müll=trennung 女 ごみ分別. 自治体によって分別の仕方が若干異なるが, 生ごみ, 可燃物, 不燃物, 再生ごみに分けるのが一般的.

Müll=verbrennung 女 ごみ焼却. 焼却場の建設費や用地が足りず, ごみの量も急増しているため, 収集したごみを全量焼却できる自治体は数少ない. 焼却できない分は埋め立てなどで処理される.

Raum=entwicklung 女 土地開発.

recycelbar 形 リサイクル可能な, 再利用可能な.

recyceln 他 リサイクルする. 使用済みのものを再び利用できるようにする.

Recycling 中 リサイクル. 資源や廃棄物を再生利用すること. リサイクル可能な廃棄物を資源ごみと呼び, どこの州でも行政や市民レベルで積極的な資源回収と再利用に取り組んでいる.

recycling=fähig 形 リサイクル可能な.

Recycling=papier 中 再生紙, リサイクル紙. 古紙を再利用して作った紙.

© BUNDESBILDSTELLE BONN

Smog 男 スモッグ. 煙と霧が混合したガス状態で, 一般に塵埃(じんあい)や煤煙(ばいえん)が水蒸気と結びついて霧状になる現象を言う. タールや固形物によるロンドン型と, 光化学スモッグのようなロサンゼルス型とに分けられる.

Sonder=abfälle 複 特別廃棄物. 家庭ごみといっしょに処理できない廃棄物の総称. その性質や形状により, 埋め立て, 最終貯蔵, 焼却など, 廃棄処理の仕方が異なる.

Stadt=klima 中 都市気候. 日照の減退, 廃熱やスモッグによる気温上昇, 大気汚染, 熱帯夜など, 都市集中のために都市部で特有となった気候. 特に自動車の渋滞区域では, 人工観, 大気汚染物質, ビル群などにより地表温度が下がりにくい.

Trinkwasser=versorgung 女 飲料水供給. 飲料水は衛生学的に安全でなくてはならず, 1人あたり1日2〜3リットルを必要とすると言われる. 加えて飲用以外の家庭用水も同一規格の水が供給されるので, 1人1日50リットルの需要を見込まねばならない.

Tupper=dose 女 タッパーウェア. 家庭用のプラスチック容器で, 使い捨てのアルミホイルやビニールラップのごみ処理が問題化して以来, 何度も使用できるタッパーウェアの価値が見直されている.

Umweltschutz=papier 中 再生紙. 回収された古紙を原料に配合して再生した紙. 初めて使用されるパルプのみの上質紙よりもやや高価につくが, 森林保護と紙ごみ対策として重要.

umwelt=verträgliches Auto 中 低公害車. 燃料に化石燃料を直接用いない, 公害を起こしにくい自動車の総称. 化石燃料を用いなければ, 資源枯渇や有害ガス排出を防ぐことができる. 電気自動車, アルコール自動車, ソーラーカー, 天然ガス自動車などがある.

Urbanisierung 女 都市化. 人口が集中することだけでなく, 制度, 規則, 方法などの上から, 都市的と考えられる生活様式へのあらゆる質的変化を言う.

Verkehrs=lärm 男 交通騒音. 自動車, 鉄道, 航空機など, 交通手段から発生するあらゆる騒音.

Verpackung 女 包装材. 小売店, スーパー, デパートなどで買い求めた商品に施される包装. 包装紙や包装箱だけでなく, 商品をのせるトレイや持ち帰り用のビニール袋も含む.

Wasch=mittel 中 洗剤. 合成洗剤, 特にリンの多い中性洗剤が湖沼に流れ込むと, 富栄養化を引き起こして藻が大量発生する.

Wasser=bau 男 水利工事. 河川や港湾を整備し, 灌漑(かんがい)や排水の諸施設を作ること.

6. 病気・薬物

Antibiotikum 中 抗生物質. 微生物の培養物から抽出され, 病原菌の発育を阻止する物質. 細菌性疾患に強力な治療効果を持つが, 乱用すると新たな抵抗力を発揮する病原菌を生みだす恐れがある.

Antikörper 男 抗体. 主に免疫動物の血清中に含まれ, 細菌の毒素と反応して毒性を中和する働きがある.

Creuzfeld-Jakob-Hirnkrankheit 女 クロイツフェルト・ヤコブ脳症. 人間の脳が海綿状

になる病気で、症状が狂牛病によく似ていることから、狂牛病にかかった牛の肉を食べると発病するのではないかと懸念されている。

Heu=schnupfen 男 花粉症、枯草鼻炎．花粉の飛散期と一致して生じる目や鼻のアレルギー症状．季節性鼻炎とも言われ，花粉がアレルゲンとなり体内の抗体と反応してアレルギーを起こす．

Impfung 女 予防接種．獲得免疫の性質を利用し，毒力を弱めた生きた病原体，死んだ病原体，あるいは病原体が体内で産み出す毒素を減毒処理したものを接種すること．これにより免疫を発生させ，その病原体による感染発病を阻止・軽減する．

Immunität 女 免疫性．感染病から免除される性質．人や動物が生まれながらに先天的に持つ自然免疫と，一度かかった病気に2度目はかかりにくくなるという獲得免疫とがある．

Krankheits=erreger 男 病原体．病気を起こす原因となる生物，細菌，ビールス．

Krebs=erreger 男 発癌(がん)性物質．単独ないし組み合わさって癌を誘発する物質．工業生産や農薬使用に関連するもののみならず，日常生活できわめて多方面，多種類の発癌物質が存在する．

krebs=erzeugende Stoffe 複 発癌(がん)性物質（＝Krebserreger）．

Seuche 女 疫病，伝染病．細菌やビールスなどで引き起こされる疾病のうち，急性の経過をたどり，前進的な症状を示し，集団的に発生するもの．

Strahlen=schutz 男 放射線防護．放射線，中性子，レントゲン放射など，人体に多大な影響を及ぼす放射線障害を防ぐあらゆる措置の総称．放射性物質・廃棄物を扱う原発関係者の健康管理や，大気および水質の管理も含む．

Toxikologie 女 毒物学，中毒学．毒物の作用機構を明らかにし，中毒への対策や予防を考える研究分野．薬物学や薬理学と共通する点も多い．

V. 福祉用語
(障害者・高齢者の社会扶助・介護を中心に)

1. 基本概念

Alten⹀pflege 囡 高齢者介護.
Alte[r] 男 高齢者. おおむね 65 歳以上をいう.
Alters⹀hilfe 囡 高齢者扶助.
alters⹀gerecht 形 高齢者に配慮した.
Alters⹀vorsorge 囡 老齢のための備え.
Behandlung 囡 治療, 手当.
behindert 形 (心身に)障害のある.
behinderten⹀freundlich 形 障害者に優しい.
behinderten⹀gerecht 形 障害者に配慮した.
Behinderten⹀hilfe 囡 障害者扶助.
Behinderte[r] 男 囡 障害者. (健常者: Nicht-behinderte[r]).
Behinderung 囡 (心身の)障害.
Hilfe 囡 援助, 扶助.
Pflege 囡 介護. 身体上または精神上の障害があるために日常生活を営むのに支障がある者に対し, 移動, 入浴, 排泄, 食事等の生活機能の低下を補う援助をすること.
Therapie 囡 治療, 療法.

2. 障害の種類

Alzheimer-Erkrankung 囡 アルツハイマー病.
Alzheimer-Patient 男 アルツハイマー病患者.
Amputierte[r] 男 囡 肢端切断患者.
Bewegungs⹀störungen 複 運動障害.
Demenz 囡 痴呆.
Erblindung 囡 失明.
Gehör⹀losigkeit 囡 失聴.
geistige Behinderung 囡 精神障害.
geistig und seelisch behindert 形 精神的に障害のある.
Hemiplegie 囡 片麻痺.
Paraplegie 囡 対麻痺.
Hirnleistungs⹀störung 囡 脳機能障害.
hör⹀behindert 形 聴覚障害の.
Hör⹀behinderte[r] 男 囡 聴覚障害者.
Hör⹀behinderung 囡 聴覚障害.
körper⹀behindert 形 身体障害の.
Körper⹀behinderte[r] 男 囡 身体障害者.
Körper⹀behinderung 囡 身体障害.
Krebs⹀kranke[r] 男 囡 癌患者.
Langzeit⹀krankheiten 複 長期の病気.
lern⹀behindert 形 知的障害の.
Lern⹀behinderte[r] 男 囡 知的障害者.
Lern⹀behinderung 囡 知的障害.
mehrfach⹀behindert 形 重複障害の.
Mehrfach⹀behinderte[r] 男 囡 重複障害者.
psychische Erkrankung 囡 精神病.
psychische Kranke 精神病患者.
Querschnitt⹀lähmung 囡 横断性麻痺.
Rheuma⹀kranke 複 リウマチ患者.
Rollstuhl⹀fahrer 男 車いす常用者. (女性形: ..fahrerin).
Schwer⹀behinderte[r] 男 囡 重度身障者.
Schwerst⹀behinderte[r] 男 囡 最重度身障者.
seh⹀behindert 形 視覚障害の.
Seh⹀behinderte[r] 男 囡 視覚障害者.
Seh⹀behinderung 囡 視覚障害.
Spastizität 囡 痙性.

3. 社会保障制度

Soziale Sicherheit 囡 社会保障. 病気, 介護, 事故, 老齢保障, 児童手当, 住宅手当, 失業手当など広範囲にわたる社会保障. 基本法に基づき, 最低限の生活保障は, 国が直接行っている.
Sozial⹀hilfe 囡 社会扶助. 自力で困窮から抜け出すことができず, 外部からの援助も得られない人に与えられる. 生計扶助, または障害, 医療, 介護扶助など特別な状況に陥った場合への扶助がある. 社会扶助は主に州と市町村が負担している.
Sozial⹀versicherung 囡 社会保険. 健康と活動能力の保護・維持・改善, 疾病治療, 介護, 母体の保護, 稼得能力減少時の経済的な保障. 社会法典第 5, 6, 7, 9, 11 編, ライヒ保険法などを根拠法とする. 歴史的に見ると, ドイツの社会保険は中世に鉱山労働者が設立した共同基金に始まる. 広範な社会保険制度が確立されたのは 19 世紀末のことで, ビスマルクの進歩的な社会福祉関連法の整備によるところが大きい. その時期に制定された医療保険, 労災保険, 障害および老齢保険に関する法律は現在に至るまでドイツの社会保険制度に強く影響を及ぼしている.
Kranken⹀versicherung 囡 疾病保険. ドイツに生活する者は公的医療保険または民間医療保険のいずれかに加入する. 一定の所得以下の被用者と特定の職業に属する者はすべて公的医療保険に加入する義務がある. 医療保険は年金生活者, 失業者, 職業訓練生, 学生も適用対象になっている. 被用者は地区疾病金庫, 企業疾病金庫, 同業者疾病金庫, 労働者補充金庫などに加入している.
Unfall⹀versicherung 囡 災害保険. 公的

労災保険は、労働災害や職業病を予防し、またそれらが発生した場合に援助を与えるものである。労災保険の財源は企業が全額負担する保険料でまかなわれている。

Renten゠versicherung 囡 年金保険. すべての被用者は法律により強制的に年金保険に加入している. 強制適用を受けない自営業者も加入できる. 保険料は労使が半額ずつ負担する. 年金保険の給付には老齢年金, 職業不能年金, 稼得不能年金などがある. 老齢年金は 65 歳から支給を受けることになっているが, 特定の条件を満たせば, 満 63 歳あるいは 60 歳からでも受け取ることができる.

Arbeitslosen゠versicherung 囡 失業保険. 基本的にすべての被用者に適用される. 保険料は労使が半額ずつ負担する. 失業前の 3 年間に保険の強制適用を受けて就労した日数が少なくとも 360 ある者に対して, 失業前の手取り賃金の 60 パーセントが支払われる.

Pflege゠versicherung 囡 介護保険. これまであった医療保険, 労災保険, 年金保険, 失業保険を補う 5 番目の社会保険として 1995 年に制定された強制保険. 保険料は被用者と経営者が共に負担する. 被保険者が要介護状態の要件を満たした場合に, 必要に応じて介護給付が受けられる.

4. 関係法・関係機関

Bundes゠gesundheitsministerium 中 連邦厚生省.

Sozial゠gesetzbuch 中 社会法典. 社会保障制度および社会権についての国民の理解を容易にし, 行政面ではその実行を簡素化させることを目的に編纂されたもの. 社会権の種類とそれに対する社会給付の内容, 管轄機関, 根拠法が明示されている.

Bundes゠sozialhilfe゠gesetz 中 連邦社会扶助法. 自活できない者や老齢, 障害など特別な事情により, 自助が不可能な者への援助規定.

Pflegeversicherungs゠gesetz 中 介護保険法. 介護保険の根拠法. 1994 年 5 月 26 日に成立し, 1995 年 1 月 1 日から保険料の徴収が開始され, 同年 4 月から在宅介護給付が, 翌年 8 月から施設介護給付が開始された.

Betreuungs゠gesetz 中 世話法. 精神障害者や知的障害者, 痴呆性老人などの権利擁護のための法. 成年後見制度について規定してある.

Vormundschafts゠gericht 中 後見裁判所.

Heim゠gesetz 中 ホーム法. 施設の入所者を権利侵害から保護し, 適正な料金で適切なサービスを受けることができるよう規定したもの.

Sozial゠amt 中 (公共の)福祉事務所. 福祉行政の中心的現業機関.

Deutscher Verein für öffentliche und private Fürsorge 男 ドイツ公私福祉連盟. 民間福祉団体が加盟しており, 社会福祉分野での活動を行っている.

Wohlfahrts゠verband 男 社会福祉団体. 連邦社会扶助法 10 条に定められている福祉サービスの担い手としての非営利の民間福祉団体. 現在 6 団体ある.

Arbeiter゠wohlfahrt 囡 労働者福祉団. 社会福祉団体の一つ.

Deutscher Caritas゠verband 男 ドイツ・カリタス連合. 社会福祉団体の一つ. カトリック系の団体.

Deutscher Paritätischer Wohlfahrts゠verband 男 ドイツ・パリテティシェ福祉団. 社会福祉団体の一つ. 無宗派の独立した中小の社会福祉団体が加盟.

Deutsches Rotes Kreuz 中 ドイツ赤十字社. 社会福祉団体の一つ.

Diakonisches Werk der Evangelischen Kirche in Deutschland 中 ドイツ福音派教会社会奉仕団. 社会福祉団体の一つ. プロテスタント教会系の団体.

Zentral゠wohlfahrtsstelle der Juden in Deutschland 囡 ドイツ・ユダヤ人中央福祉センター.

Deutsche Hospiz Stiftung 囡 ドイツ・ホスピス財団.

Behinderten゠verband 男 障害者連盟.

5. マンパワー

Alten゠pfleger 男 老人介護士 (女性形: ..pflegerin). ソーシャルステーションや施設で勤務する介護の専門職.

Alten゠therapeut 男 老人セラピスト (療法士) (女性形: ..thrapeutin).

Arzt 男 医師 (女性形: Ärztin).

Diakonie゠helfer 男 奉仕ヘルパー (女性形: ..helferin).

Betreuer 男 世話人 (女性形: Betreuerin).

Betreuungs゠personal 中 介護職員.

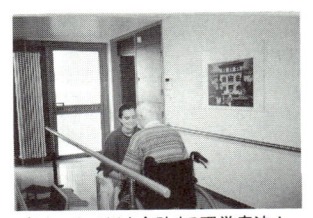

老人のリハビリを介助する理学療法士

Kassen゠arzt 男 健康保険医 (女性形: ..ärztin).

Kranken゠gymnast 男 治療体操トレーナー (女性形: ..gymnastin).

Kranken゠schwester 囡 看護婦.

Masseur 男 マッサージ師 (女性形: Masseurin).

Pflege゠fachkräfte 複 介護専門職.

Pflege゠helferin 囡 (女性の)介護アシスタント.

Pflege゠personen 複 介護要員.

ehrenamtliche Pflege∥personen 複 介護ボランティア．ソーシャルステーションや施設で補助的な仕事をするボランティア．

Pflege∥team 中 介護チーム．

Physio∥therapeut 男 理学療法士（女性形: ..therapeutin）．

Sozial∥arbeiter 男 ソーシャルワーカー，社会福祉士（女性形: ..arbeiterin）．社会福祉の専門職．

Rehabilitations∥techniker 男 リハビリ技師（女性形: ..technikerin）．

Therapeut 男 セラピスト，療法士（女性形: Therapeutin）．

Zivil∥dienst 男 兵役代替社会奉仕役務．

Zivil∥dienstler 男 兵役代替社会奉仕者．兵役の代りに社会奉仕に服務する男子．ソーシャルステーションや施設で補助的な仕事をする．

6. 介護保険制度
(1) 構成・組織

Versicherungs∥pflicht 女 保険加入義務．被用者および有給で職業訓練を受けている者，雇用促進法による失業手当・失業扶助・社会編入手当などの受給者，医療保険の疾病・障害手当受給者，災害保険の年金受給者，法定疾病保険に任意加入している者など，すべての者が自動的に公的介護保険に加入することが義務づけられている．

Versicherungs∥träger 男 保険者．保険料の徴収や保険給付の提供責任を負う．ドイツでは八つの疾病金庫にそれぞれ設置されている介護金庫（Pflegekassen）を指す．日本の場合は市町村が保険者となる．

Kranken∥kasse 女 疾病金庫．法定疾病保険の保険者．地区疾病金庫（Allgemeine Ortskrankenkassen），企業疾病金庫（Betriebskrankenkassen），同業者疾病金庫（Innungskrankenkassen），職員補充金庫（Angestellten-Ersatzkassen），など全部で八つある．公法人．

Pflege∥kasse 女 介護金庫．公的介護保険の保険者．八つの疾病金庫にそれぞれ設置されている．公法人．

Pflege∥vergütung 女 介護報酬．介護サービスの費用．保険者からサービス提供機関に支払われる．

Versorgungs∥vertrag 介護委託契約．保険者とサービス提供機関との契約．保険者は介護サービス事業者や入所施設設置者が適切な介護給付を提供できるかを審査し，これを保険給付の提供機関として認可した上で，公法上の契約として締結する．

Pflegeleistungs∥erbringer 男 介護提供機関．介護施設やデイセンターなど，介護サービスを提供する機関．

Medizinischer Dienst [der Krankenversicherung] 男 [疾病保険]医療サービス機関(略：MDK)．要介護認定機関．州単位で疾病金庫に設置される独立の審査機関．介護保険では，介護金庫からの依頼を受けて，要介護状態の有無と介護等級の認定を行う．

Beiträge 複 保険料．介護保険の財源．疾病保険の保険料とともに疾病金庫に支払われ，介護金庫に転送される．

(2) 要介護の審査・認定

Begutachtung 女 審査．被保険者本人または家族からの保険給付の申請に基づき行う，介護金庫による申請者の受給資格の審査．

pflege∥bedürftig 形 介護の必要な．

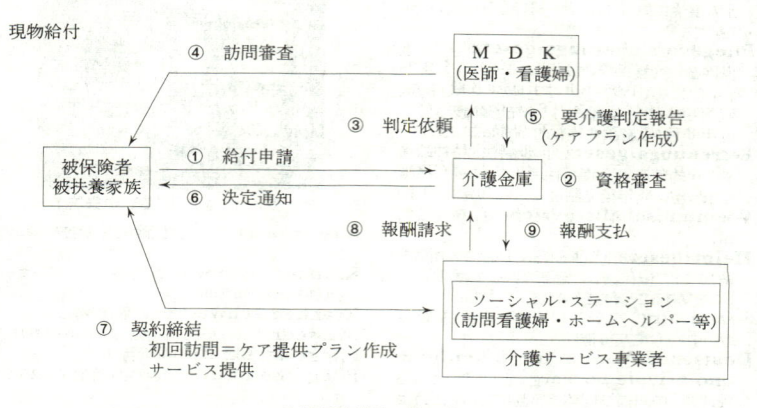

Pflege∥bedürftige[r] 男 女 要介護者．要介護状態であると認定された者．介護度1（Pflegestufe 1）から介護度3（Pflegestufe 3）

現物給付

```
                    ④ 訪問審査              ┌─────────────┐
              ┌──────────────────────→│    MDK      │
              │                         │ (医師・看護婦) │
              │                         └─────────────┘
              │                              ↑    │
              │                        ③ 判定依頼 │ ⑤ 要介護判定報告
              │                              │    │  (ケアプラン作成)
  ┌────────┐   ① 給付申請            ┌────────┐
  │被保険者 │─────────────────────→│        │
  │被扶養家族│                         │ 介護金庫 │ ② 資格審査
  │        │   ⑥ 決定通知            │        │
  └────────┘                          └────────┘
       │                               ⑧ 報酬請求 ↑ ↓ ⑨ 報酬支払
       │                              ┌──────────────────┐
       │                              │ ソーシャル・ステーション │
       │                              │(訪問看護婦・ホームヘルパー等)│
       │                              └──────────────────┘
       │      ⑦ 契約締結              ┌──────────────────┐
       └─────────────────────────────→│ 介護サービス事業者      │
              初回訪問＝ケア提供プラン作成  └──────────────────┘
              サービス提供
```

介護保険給付手続の流れ

に分かれる.
Pflege⇗bedürftigkeit 囡 要介護状態. 肉体的・精神的・知的疾患または障害のために，毎日の生活を営む上で日常的・規則的に繰り返す活動 (日常生活動作や家事等) について，かなりの程度の援助を必要とする状態が6か月以上継続することが予見される場合をいう.
versorgungs⇗bedarfs⇗gerecht 形 要介護に適した.

(3) 給付・サービスの内容

Geld⇗leistung 囡 現金給付. 介護手当. 在宅介護給付の基本的給付の一つ. 在宅で介護されており, 要介護者に適切な介護が確保されている場合に介護手当として支給される.
Leistungen für Pflege⇗personen 複 代替介護. 在宅介護給付の基本的給付の一つ. 介護者に事故があった場合に保険者が代替介護者の費用を負担する場合.
Leistungs⇗empfänger 男 (介護保険の)受給者 (女性形: ..empfängerin).
Pflege⇗beihilfe 囡 介護補助金.
Pflege⇗geld 中 介護手当.
Pflege⇗kombinations⇗leistung 囡 現金給付と現物給付の中間形態.
Pflege⇗leistung 囡 介護給付. 要介護者のための介護保険給付. 現物給付・現金給付などの在宅介護給付, 部分的施設介護, 施設介護給付がある.
Sach⇗leistung 囡 現物給付.
ambulante Pflege 囡 訪問介護. 現物給付であるホームヘルプサービス.
Arzneimittel⇗therapie 囡 薬物[による]治療.
Behinderten⇗selbsthilfe 囡 障害者自助.
Bereitschafts⇗dienst 男 当直勤務.
Dauer⇗pflege 囡 長期介護.
Ergotherapie 囡 刺激療法 (=ergotrope Therapie).
Ernährung 囡 食事介護. 食べ物を口に合わせて細かくすること, 飲食の介助.
Final⇗pflege 囡 末期介護.
ein familienentlastender Dienst 男 家族の負担を軽減するための奉仕作業.
Gedächtnis⇗training 中 記憶トレーニング.
Gehirn⇗jogging 中 頭の体操.
häusliche Pflege 囡 在宅介護, ホームヘルプサービス.
hauswirtschaftliche Versorgung 囡 家事援助. 家事一般の介助.
Heilpädagogik 囡 (知的障害児・身体障害児などのための)治療(養護)教育.
Hirnleistungs⇗training 中 脳機能トレーニング.
Hospiz⇗bewegung 囡 ホスピス運動.
Hydro⇗therapie 囡 水治療法.
Intensiv⇗pflege 囡 集中介護.
Körper⇗pflege 囡 身体介護. 身体洗浄, 歯の手入れ, 整髪, 排尿・排便などの介助.
Kranken⇗pflege 囡 看病.
Kurzzeit⇗pflege 囡 ショートステイ. 部分施設介護の一つ. 年4週間の範囲で施設に入所させて, 必要な介護や身の回りの世話, リハビリなどを行う.
Mobilität 囡 動作の介助. 寝起き, 衣服の着替え, 歩行などの介助.
Nacht⇗pflege 囡 ナイトケア. 夜間に施設で預かり, 必要な介護や身の回りの世話, リハビリなどを行う.

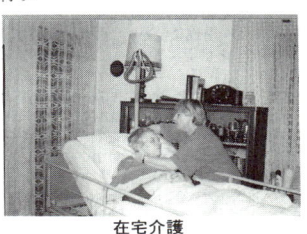

在宅介護

Natur⇗heilkunde 囡 自然療法.
Nacht⇗wache 囡 夜間看護.
neuro⇗physiologisch 形 精神生理学的な.
Notfall⇗versorgung 囡 救急介護.
Notruf⇗bereitschaft 24 Std. 囡 緊急呼び出し 24時間待機.
Pflege⇗behandlung 囡 介護治療.
Pflege⇗dienst 男 介護サービス.
Prophylaxe 囡 (特定の疾患に対する)予防[法].
Psycho⇗therapie 囡 精神(心理)療法.
Rehabilitation 囡 リハビリ[テーション].
Rehabilitations- und Unterstützungs⇗technologie 囡 リハビリと補助のテクノロジー.
Reha⇗klinik 囡 リハビリ・クリニック.
Senioren⇗betreuung 囡 =Seniorendienst
Senioren⇗dienst 男 高齢者の世話.
Sozial⇗therapie 囡 心身障害者を家庭や社会の一員に組み入れる目的での治療.
Sozio⇗therapie 囡 =Sozialtherapie
stationäre Pflege 囡 施設介護. 在宅介護も部分的施設介護も不可能であるか, もしくは不適切である場合の介護給付. 施設で終日預かり, 必要な介護や身の回りの世話, リハビリなどを行う.
Tages⇗betreuung 囡 =Tagespflege
Tages⇗pflege 囡 デイケア. 部分施設介護の一つ. 昼間だけ施設で預かり, 必要な介護や身の回りの世話, リハビリなどを行う.
teilstationäre Pflege 囡 部分施設介護. 昼間または夜間, あるいは短期間施設で預かり, 必要な介護や身の回りの世話, リハビリなどを行う.
therapeutisch 形 治療上の.
Vormundschaft 囡 後見. 精神障害者や知的障害者, 痴呆性老人などの権利擁護のために,

these らの人々を必要に応じてケアないしサポートすること.
Wartung 囡 世話. 身の回りの面倒をみたり, 事務的なことを処理したりすること.

(4) 介助福祉犬

SAM Deutschland e. V. ドイツ・サービス犬財団法人 (SAM=Servicehunde für Auditiv und Motorisch behinderte Menschen 聴覚障害者および運動障害者のためのサービス犬). 用途に合わせて個々に育成された犬を障害者にお世話する. さらに犬の継続訓練やアフターケアも行う.

Service⸗hunde 介助福祉犬, サービスドッグ, ヘルパードッグ (Assistance-Dogs).

Partner⸗hunde 障害者にとって生活のパートナー役を勤める Servicehunde をこのように呼ぶ. 日本ではふつう「パートナードッグ」あるいは「介助犬」という. 1975 年アメリカで考案され, ヨーロッパに広まった. 日本ではようやく 1990 年に「日本パートナードッグ協会」が設立された.

Blindenführ⸗hund 男 盲導犬. 視覚障害者のパートナーとなって道を歩き, 曲がり角を教えたり, バス停, 建物のドア, 郵便ポスト, 車内の空席などを案内したりする.

Signal⸗hund 男 聴導犬. 聴覚障害者のために育成された犬. 例えば赤ちゃんが泣いたときや目覚まし時計が鳴ったときなどに, 障害者に合図してそれを知らせる. また, 車などの危険物が接近する音や物の落下音を察知して知らせたりする.

LPF-Hund 男 身体障害者介助犬. 運動機能に障害のある人のために育成された犬. LPF は Lebens-Praktische Fertigkeiten (生活実践技能)の略語. 身体障害者の買い物の介助をしたり, 落ちた物を拾い上げたり, ドアを開けたり, スイッチをひねったりする.

Dual-purpose-Hund 男 二重目的介助犬. 二重の障害(例えば視覚と運動機能にハンディキャップを持つ人)のために育成された介助犬.

Epilepsie⸗hund 男 てんかん患者介助犬. てんかん患者に発作の前兆を知らせたり, 非常ベルを鳴らして救援を求めたりすることができる.

Therapie⸗hund 男 セラピードッグ. 老人介護, リハビリ, 小児自閉症あるいは精神障害など様々な治療を援助するために育成された犬.

Hunde⸗schule 囡 介助犬・救助犬などの訓練学校.

Servicehunde⸗trainer 男 介助犬訓練士.

(5) 施設・設備

Alten⸗heim 中 老人ホーム. 日本の養護老人ホームに当たる. 身体上もしくは精神上または環境上の理由および経済的理由により, 居宅において養護を受けることができない者を入所させる施設.

Alten⸗pflegeheim 中 老人介護ホーム. 日本の特別養護老人ホームに当たる. 常時の介護を必要とし, かつ居宅においてこれを受けることが困難な者を入所させる施設.

Alten⸗wohnheim 中 老人用ケア付き集合住宅. 日本のケアハウスに当たる. ある程度身の回りのことはできるが, 高齢などのために独立して生活するには不安が認められる者で, 家族による援助を受けることが困難な者が自立した生活を送れるよう配慮し, また, ケアに配慮した施設.

mehrgliedrige Alten⸗einrichtung 囡 老人用複合施設. 老人用ケア付き集合住宅, 老人ホーム, 老人介護ホームの施設の形態を複数合わせ持つ施設.

窓に花のある, 明るい老人ホーム

Alten⸗tagesstätte 囡 デイセンター. 老人の孤立化, 孤独化を避けるための交流・相談ができる施設.

Behandlungs⸗zentrum 中 治療センター.

Behinderten⸗einrichtungen 複 障害者施設.

Behinderten⸗hilfsmittel 障害者のための補助器具.

Behinderten⸗arbeit 囡 障害者の作業.

Bewegungs⸗bad 中 運動療法用プール.

das Diakonisch-Soziale-Zentrum 中 社会奉仕センター.

Haus⸗notrufanlage 囡 居宅用緊急呼び出し装置.

Körperbehinderten⸗schule 囡 身体障害者学校.

Maßnahmen zur Wohnumfeld⸗verbesserung 囡 住宅改造補助. 要介護者の在宅での生活を容易にするために必要な住宅改造のための補助金の支給.

Neurologisches Reha-Zentrum 中 神経医学リハビリセンター.

Pflege⸗heim 中 介護ホーム.

Pflege⸗hilfsmittel 介護補助器具. 介護用ベッドや歩行補助用具などの在宅介護に必要な補助具[の貸与].

Pflege⸗technik 囡 介護工学.

Rehabilitations⸗roboter 男 リハビリ支援ロボット.

Reha-Werkstatt 囡 リハビリのための作業所.

Roll⸗stuhl 男 車いす.

Schwester⸗rufanlage 囡 看護婦呼び出し装置.

Selbsthilfe⸗gruppe 囡 自助(互助)グループ. 障害について同じ悩みを持つ人々のグループ. 親たちのそれは Elternselbsthilfegruppe, いくつかのグループを統合する組織は Selbsthilfeorganisation.

Senioren‑wohnung 囡 高齢者のために配慮された住宅.日本のシルバーハウジングまたは高齢者住宅に当たる.
Senioren‑zentrum 田 老人センター.
Sozial‑station 囡 ソーシャルステーション(在宅介護センター).在宅サービスのネットワークの拠点.地域で生活する在宅の要介護者のため訪問サービスを行う民間福祉団体が,各地に自主的に設置したもの.
Tages‑klinik 囡 通所クリニック.退院後のリハビリを援助.
Tages‑pflegeheim 田 デイケアホーム.老人を昼間預かって,必要な介護や身の回りの世話,リハビリなどを行う施設.
technische Hilfsmittel 覆 工学的補助手段.
Werkstätten für Behinderte 覆 障害者のための作業所.

VI. 医療・看護用語

(「人体」の図版 ☞ 1803 ページ／「内臓器官」の図版 ☞ 1804 ページ／「口と咽頭」の図版 ☞ 1805 ページ)

1. 病院 (das Krankenhaus)

Klinik 女 病院, 診療所
Praxis 女 診療所, 診察室
Universitäts‑klinik 女 大学付属病院
Poliklinik 女 (大学病院などの)外来患者診療所
Unfall‑klinik 女 救急病院
Ambulanz 女 移動診療所, 外来診察部門
Irren‑anstalt 女 精神病院 (=Irrenhaus)
Kur‑anstalt 女 療養所, サナトリウム (=Sanatorium)
Ambulanz‑wagen 男 救急車 (=Rettungswagen)
Kranken‑trage 女 患者運搬車, ストレッチャー
Kranken‑station 女 病棟 (=Krankenabteilung)
Intensiv‑station 女 集中治療部(室) (=ICU)
Kranken‑zimmer 中 病室
die Aufnahme des Patienten 入院
Krankenhausaufnahme‑formalitäten 複 入院手続き
ins Krankenhaus gehen 入院する
im Krankenhaus liegen 入院している
Krankenhaus‑kosten 複 入院費
die Entlassung aus dem Krankenhaus 退院
aus dem Krankenhaus entlassen werden 退院する

2. 診療科 (die Abteilung)

Arzt 男 医師, 医者
Ärztin 女 女医
die innere Medizin 内科
Chirurgie 女 外科
Kinder‑heilkunde 女 小児科 (=Pädiatrie)
Orthopädie 女 整形外科
Augen‑heilkunde 女 眼科 (=Ophthalmologie)
Frauen‑heilkunde 女 婦人科 (=Gynäkologie)
Geburts‑hilfe 女 産科 (=Tokologie)
Hals-Nasen-Ohren-Heilkunde (HNO-Heilkunde) 女 耳鼻咽喉科
Dermatologie 女 皮膚科
Radiologie 女 放射線科
Urologie 女 泌尿器科
Nerven‑heilkunde 女 神経科 (=Neurologie)
Neurochirurgie 女 脳神経外科
Psychiatrie 女 精神科
Herz‑chirurgie 女 心臓外科
Kinder‑chirurgie 女 小児外科
die plastische Chirurgie 女 形成外科
Zahn‑chirurgie 女 歯科口腔外科 (=Zahn-Mund-Kieferchirurgie)
Unfall‑chirurgie 女 救急外科
Anästhesiologie 女 麻酔科
Nuklearmedizin 女 核医科
die kosmetische Chirurgie 美容外科
die kosmetische Orthopädie 美容整形外科

3. 病気 (die Krankheit)

krank 形 病気の
akut 形 急性の
chronisch 形 慢性の
latent 形 潜伏性の
manifest 形 顕性の
Rückfall 男 再発
Erkältung 女 風邪
Influenza 女 流感 (=Grippe)
Schnupfen 男 鼻風邪
Fieber 中 [高]熱
Kopf‑schmerzen 複 頭痛 (=Kopfweh)
Bauch‑schmerzen 複 腹痛
Magen‑schmerzen 複 胃痛 (=Gastralgie)
Zahn‑schmerzen 複 歯痛 (=Odontalgie)
Zahn‑karies 女 う蝕, 虫歯 (=Zahnfäule)
Hüft‑schmerzen 複 腰痛, 坐骨神経痛 (=Hüftweh)
Magen‑entzündung 女 胃炎 (=Gastritis)
Verdauungs‑störung 女 消化不良 (=Indigestion, Dyspepsie)
Brech‑reiz 男 悪心, 吐き気 (=Nausea, Übelkeit)
Allergie 女 アレルギー
Asthma 中 喘息
Blinddarm‑entzündung 女 虫垂炎, 盲腸炎 (=Appendizitis)
Zucker‑krankheit 女 糖尿病 (=Diabetes)
Durchfall 男 下痢 (=Diarrhöe)
Darm‑trägheit 女 便秘, 秘結
Ekzem 中 湿疹
Ausschlag 男 発疹
Schwindel 男 めまい

医療・看護用語

Mandel゠entzündung 女 扁桃腺炎（= Tonsilitis)
Leber゠entzündung 女 肝炎（= Hepatitis)
Lungen゠entzündung 女 肺炎（= Pneumonie)
Lungen゠tuberkulose 女 肺結核
Herz゠krankheit 女 心臓病
Herz゠infarkt 男 心筋梗塞
Blut゠hochdruck 男 高血圧[症]（= Hypertonie)
Neurose 女 神経症、ノイローゼ
Infektions゠krankheit 女 感染症、伝染病
Pollinose 女 花粉症（= Pollenkrankheit)
Sodbrennen 中 胸やけ
Aids, AIDS 中 エイズ、後天性免疫不全症候群（= **a**cquired **i**mmune **d**eficiency **s**yndrome)
Syphilis 女 梅毒（= Lues)
Abasie 女 失歩、歩行不能[症]
Abstinenz゠erscheinung 複 禁断症状（= Entziehungserscheinung)
Ader゠knoten 男 静脈瘤
Allergose 女 アレルギー性疾患
Alopezie 女 脱毛[症]（= Haarausfall)
Alters゠blödsinn 男 老人性痴呆（= Greisenblödsinn)
Alters゠erscheinung 女 老化現象
Alters゠krankheit 女 老人病
Alters゠sichtigkeit 女 老眼
Alzheimer-Krankheit 女 アルツハイマー病
Amblyopie 女 弱視（= Schwachsichtigkeit)
Amenorrhöe 女 無月経
Anal゠fissur 女 肛門裂傷、裂裂
Anal゠fistel 女 痔瘻（= Afterfistel, Hämorrhoidalfistel)
Anämie 女 貧血[症]（= Blutarmut)
Anorexie 女 食欲不振、退食症
Apathie 女 無関心、無感情
Arrhythmie 女 不整脈
Arterien゠verkalkung 女 動脈硬化[症]（= Arteriosklerose)
Arthritis 女 関節炎（= Gelenkentzündung)
Atem゠not 女 呼吸困難（= Dyspnoe)
Atopie 女 アトピー
Atrophie 女 萎縮[症]（= Schrumpfung)
Autismus 男 自閉[症]
Avitaminose 女 ビタミン欠乏症
Berufs゠krankheit 女 職業病（= Gewerbekrankheit)
Bewusstseins゠spaltung 女 精神分裂[症]
Bewusstseins゠störung 女 意識障害
Bewusstseins゠trübung 女 意識混濁
Blut゠andrang 男 充血
Blut゠krankheit 女 血液疾患
Blut゠verlust 男 失血

Bronchial゠asthma 中 気管支喘息
Bruch 男 骨折、ヘルニア
Brust゠krebs 男 乳癌（= Mammakrebs)
Caisson゠krankheit 女 潜函病
Darm゠bruch 男 腸ヘルニア、脱腸
Darm゠entzündung 女 腸炎、腸カタル（= Darmkatarrh)
Darm゠verschlingung 女 腸捻転
Darm゠verschluss 男 腸閉塞[症]
Dehydration 女 脱水[症]（= Wasserverlust)
Dekubitus 男 床ずれ、褥瘡（= Wundliegen)
Dementia 女 痴呆（= Demenz)
Depression 女 鬱病（= Melancholie)
Dermatitis 女 皮膚炎（= Hautentzündung)
Dermatose 女 皮膚病（= Hautkrankheit)
Dickdarm゠entzündung 女 大腸炎
Diplegie 女 両側麻痺
Distorsion 女 捻挫（= Verstauchung)
Drogen゠abhängigkeit 女 麻薬中毒（= Drogensucht)
Duodenalgeschwür 中 十二指腸潰瘍
Duodenitis 女 十二指腸炎
Durchblutungs゠störung 女 血行障害
Dysenterie 女 赤痢（= Ruhr)
Dystonie 女 失調[症]
Dystrophie 女 栄養失調[症]
Dysurie 女 排尿困難
Eiterung 女 化膿
Eiweiß゠harn 男 蛋白尿[症]
Empyem 中 蓄膿[症]
Epulis 女 歯肉腫（= Zahnfleischgeschwulst)
Farben゠blindheit 女 色盲
Farben゠schwäche 女 色弱
Fazialis゠lähmung 女 顔面神経麻痺
Fett゠sucht 女 肥満[症]
Gallenblasen゠entzündung 女 胆嚢炎（= Cholezystitis)
Gallenstein゠krankheit 女 胆石症（= Cholelithiasis)
Ganglion 中 神経節、結節腫
Gangrän 女 壊疽
Gastropathie 女 胃疾患、胃病
Gastroptose 女 胃下垂[症]
Gastrospasmus 男 胃痙攣
Gehirn゠entzündung 女 脳炎（= Hirnentzündung, Enzephalitis)
Gehirn゠geschwulst 女 脳腫瘍（= Hirntumor, Hirngeschwulst)
Gehirn゠schlag 男 脳卒中（= Hirnschlag)
Gehör゠halluzination 女 幻聴
Gehör゠störung 女 聴力障害（= Hörstörung)
Gelenk゠rheumatismus 男 関節リューマチ
Geschlechts゠krankheit 女 性病
Geschwulst 女 腫瘍（= Tumor)
Geschwür 中 潰瘍

Gicht 囡 痛風
Glaukom 囲 緑内障
Halluzinose 囡 幻覚症
Hämatemesis 囡 吐血 (=Blutbrechen)
Hämatom 囲 血腫 (=Blutbeule, Blutgeschwulst)
Hämaturie 囡 血尿[症] (=Blutharnen)
Hämophilie 囡 血友病
Hämoptoe 囡 喀血 (=Blutspucken, Bluthusten)
Hämorrhagie 囡 出血 (=Blutung)
Harnblasen=entzündung 囡 膀胱炎 (=Zystitis)
Harnröhren=entzündung 囡 尿道炎 (=Urethritis)
Harnstein=leiden 囲 尿石症
Harn=vergiftung 囡 尿毒症 (=Urämie)
Haut=abschürfung 囡 擦過傷 (=Exkoriation)
Haut=jucken 囲 皮膚痒[症]
Haut=krankheit 囡 皮膚病
Herpes 囲 ヘルペス, 疱疹
Herz=hypertrophie 囡 心[臓]肥大 (=Kardiomegalie, Herzvergrößerung)
Herz=insuffizienz 囡 心不全
Herz=lähmung 囡 心臓麻痺
Hirn=anämie 囡 脳貧血
Hirn=blutung 囡 脳出血
Hirn=embolie 囡 脳塞栓[症]
Hirn=erschütterung 囡 脳震盪
Hirn=erweichung 囡 脳軟化[症]
Hirn=infarkt 囲 脳梗塞
Hirn=kontusion 囡 脳挫傷 (=Hirnquetschung)
Hirn=thrombose 囡 脳血栓症
Höhen=angst 囡 高所恐怖症
Hornhaut=entzündung 囡 角膜炎 (=Keratitis)
Hyperacidität 囡 胃酸過多[症]
Hyperämie 囡 充血 (=Blutfülle)
Hyperglykämie 囡 高血糖[症]
Hypoglykämie 囡 低血糖[症]
Hypoplasie 囡 発育不全, 形成不全 (=Unterentwicklung)
Hypotonie 囡 低血圧[症] (=Blutdruckerniedrigung)
Ikterus 囲 黄疸 (=Gelbsucht)
Impotenz 囡 インポテンツ, [性交]不能[症]
Inguinalbruch 囲 鼠径ヘルニア
Insomnie 囡 不眠症 (=Schlaflosigkeit)
Insuffizienz 囡 機能不全[症]
Jodismus 囲 ヨード中毒[症]
Katarakt 囡 白内障 (Star)
Kehlkopf=entzündung 囡 喉頭炎 (=Laryngitis)
Keuch=husten 囲 百日咳 (=Pertussis)
Kindbett=fieber 囲 産褥熱
Kinder=lähmung 囡 小児麻痺
die klimakterischen Beschwerden 複 更年期障害 (=klimakterische Störungen)
Knochen=erweichung 囡 骨軟化[症]
Knochen=geschwulst 囡 骨腫
Knochenhaut=entzündung 囡 骨膜炎 (=Periostitis)
Knochenmark=entzündung 囡 骨膜炎 (=Osteomyelitis)
Kohlenmonoxyd=vergiftung 囡 一酸化炭素中毒
Kolpitis 囡 膣炎 (=Scheidenentzündung)
Komplikation 囡 合併症, 併発症
Konjunktivitis 囡 結膜炎 (=Bindehautentzündung)
Konstipation 囡 便秘[症] (=Verstopfung)
Kontakt=infektion 囡 接触感染 (=Berührungsansteckung)
Krampf 囲 痙攣, 引きつけ
Krampf=ader 囡 静脈瘤 (=Varix)
Krampf=anfall 囲 痙攣発作
Krebs 囲 癌[腫] (=Karzinom)
Lage=anomalie 囡 胎位異常
Lähmung 囡 麻痺, 不随 (=Paralyse)
Leber=[an]schwellung 囡 肝臓腫大
Leber=atrophie 囡 肝萎縮[症] (=Leberschwund)
Leber=insuffizienz 囡 肝[機能]不全[症]
Leber=krebs 囲 肝[臓]癌 (=Leberkarzinom)
Leber=zirrhose 囡 肝硬変
Lenden=schmerzen 複 腰痛 (=Lumbago)
Leukämie 囡 白血病 (=Weißblütigkeit)
Leukopenie 囡 白血球減少[症]
Leukozytose 囡 白血球増加[症]
Lippen=zyanose 囡 口唇チアノーゼ
Lungen=embolie 囡 肺塞栓症
Lungen=infiltration 囡 肺浸潤
Lungen=silikose 囡 珪肺[症] (=Steinstaublunge)
Lymphadenitis 囡 リンパ腺炎 (=Lymphknotenentzündung)
Lymphadenom 囲 リンパ腺腫 (=Lymphknotengeschwulst)
Lyssa 囡 狂犬病 (=Tollwut)
Magendarm=entzündung 囡 胃腸炎 (=Gastroenteritis)
Magen=geschwür 囲 胃潰瘍
Magen=krampf 囲 胃痙攣
Mager=sucht 囡 痩身症, 拒食症
Mamma=krebs 囲 乳癌 (=Mammakarzinom, Brust[drüsen]krebs)
Mandel=hypertrophie 囡 扁桃肥大 (=Tonsillenhypertrophie)
Masern 複 麻疹
Mastdarm=krebs 囲 直腸癌 (=Rektumkarzinom)
Menstruations=beschwerde 囡 月経障害
Menstruations=schmerzen 複 月経痛

医療・看護用語

Migräne 女 片頭痛
Miktions-beschwerde 女 排尿障害
Misel-sucht 女 癩病, ハンセン病 (=Aussatz)
Missbildung 女 奇形
Monoplegie 女 単麻痺
Mundhöhlen-entzündung 女 口内炎 (=Stomatitis)
Muskel-atrophie 女 筋萎縮[症] (=Myatrophie, Muskelschwund)
Muskel-dystrophie 女 筋ジストロフィー
Muskel-entzündung 女 筋炎 (=Myositis)
Muskel-lähmung 女 筋麻痺
Muskel-rigidität 女 筋硬直 (=Muskelstarre, Muskelsteifigkeit)
Muskel-riss 男 筋断裂 (=Muskelruptur)
Muskel-schmerzen 複 筋[肉]痛 (=Myalgie)
Muskel-schwäche 女 筋無力症 (=Myasthenie)
Muskel-schwund 男 筋萎縮症
Myelitis 女 脊髄炎 (=Rückenmarkentzündung)
Mykotoxikose 女 真菌中毒, かび中毒
Myom 中 筋腫
Myopie 女 近視 (=Kurzsichtigkeit)
Nähr-schaden 男 (乳幼児の)栄養障害
Nahrungsmittel-vergiftung 女 食中毒
Narben-keloid 中 瘢痕ケロイド
Nasen-allergie 女 鼻アレルギー
Nasen-entzündung 女 鼻炎 (=Rhinitis)
Nasen-verstopfung 女 鼻閉塞[症]
Nekrose 女 壊死, 壊疽
Nerven-krankheit 女 神経疾患, 精神病
Nerven-schmerzen 複 神経痛
Netzhaut-ablösung 女 網膜剥離 (=Retinalablösung)
Netzhaut-blutung 女 網膜出血
Netzhaut-entzündung 女 網膜炎 (=Retinitis)
Neurom 中 神経腫
Nieren-insuffizienz 女 腎不全 (=Nervenversagen)
Nyktalopie 女 昼盲[症] (=Tagblindheit)
Nykturie 女 夜間多尿[症]
Obstipation 女 便秘[症] (=Verstopfung)
Ohren-entzündung 女 耳炎 (=Otitis)
Ohren-fluss 男 耳漏, 耳だれ (=Otorrhöe)
Ohren-schmerzen 複 耳痛 (=Otalgie)
Oligo-zythämie 女 赤血球減少[症]
Oligurie 女 乏尿[症]
Ophthalmie 女 眼炎 (=Augenentzündung)
Ophthalmoplegie 女 眼筋麻痺
Orchitis 女 睾丸炎 (=Hodenentzündung)
Organ-ruptur 女 内蔵破裂
Osmidrose 女 臭汗[症]

Ösophagus-karzinom 中 食道癌 (=Speiseröhrenkrebs)
Osteoporose 女 骨粗鬆症
Palpitation 女 動悸 (=Herzklopfen)
Papel 女 丘疹
Papillitis 女 乳頭炎
Paramnesie 女 記憶錯誤 (=Gedächtnisillusion)
Paranoia 女 パラノイア, 妄想症, 偏執症 (=Verrücktheit)
Parästhesie 女 感覚異常
Parkinson-Krankheit 女 パーキンソン病
Peritonitis 女 腹膜炎 (=Bauchfellentzündung)
Peritonsillitis 女 扁桃周囲炎
Phobie 女 恐怖症
Plazentar-infektion 女 胎盤感染
Pleuralgie 女 胸膜痛 (=Brustfellschmerzen)
Pneumokoniose 女 塵肺症 (=Staublunge)
Poliomyelitis 女 ポリオ, 脊髄性小児麻痺
Pollakisurie 女 頻尿[症] (=Harnhäufigkeit)
Pollen-schnupfen 男 花粉性感冒[鼻炎]
Polyp 男 ポリープ
Prostata-hypertrophie 女 前立腺肥大[症] (=Vorsteherdrüsenvergrößerung)
Psychose 女 精神病
Ptose 女 下垂[症] (=Senkung)
Pyämie 女 膿血症
Quaddel-sucht 女 じんま疹 (=Urtikaria)
Rachen-entzündung 女 咽頭炎 (=Pharyngitis)
Rachitis 女 くる病
Rassel-geräusch 中 ラッセル音, 水泡音
Reinfektion 女 再感染
Retroflexion 女 後屈[症] (=Rückwärtsbeugung)
Rhagaden 複 ひび, あかぎれ (=Schrunde)
Rheumatismus 男 リューマチ
Rippenfell-entzündung 女 肋膜炎
Rippen-fraktur 女 肋骨骨折
Riss-wunde 女 裂創
Rot-lauf 男 丹毒
Rückenmark-lähmung 女 脊髄麻痺 (=Spinalparalyse)
Rücken-schmerzen 複 背痛
Ruptur 女 (器官の)破裂, 断裂
Sarkom 中 肉腫 (=Fleischgeschwulst)
Schädigungs-wahnsinn 男 被害妄想
Scheiden-entzündung 女 膣炎 (=Vaginitis)
Schein-myopie 女 仮性近視 (=Pseudomyopie)
Schielen 中 斜視
Schilddrüsen-schwellung 女 甲状腺腫脹
Schilddrüsen-überfunktion 女 甲状腺機能亢進[症] (=Hyperthyreoidismus,

Hyperthyreose)
Schlaflosigkeit 囡 不眠症
Schlag゠wunde 囡 打撲傷
Schluck゠beschwerden 覆 嚥下困難 (= Schlingenbeschwerden)
Schulter゠schmerzen 覆 肩痛
Schulter゠spannung 囡 肩こり
Schürf゠wunde 囡 擦過傷 (= Streifwunde)
Schwangerschafts゠toxikose 囡 妊娠中毒 (= Gestose)
Schweiß゠friesel 男 あせも
Schwellung 囡 腫脹 (= Anschwellung)
Schwer゠hörigkeit 囡 難聴
Schwer゠mut 囡 抑鬱[症], 鬱症
See゠krankheit 囡 船酔い
Sehnenscheiden゠entzündung 囡 腱鞘炎 (= Tendovaginitis)
Sekundär゠infektion 囡 二次感染
Semiluxation 囡 不完全脱臼
Senilität 囡 老化[現象]
Serum゠hepatitis 囡 血清肝炎
Seuche 囡 疫病, 伝染病
Sonnenlicht゠dermatitis 囡 日光皮膚炎
Sonnen゠stich 男 日射病
Splitter゠bruch 男 細片骨折 (= Splitterfraktur)
Spondylitis 囡 脊椎炎 (= Wirbelentzündung)
Sprach゠verlust 男 失語症 (= Aphasie)
Stabsichtigkeit 囡 乱視 (= Astigmatismus)
Staub゠infektion 囡 塵埃感染
Stein゠krankheit 囡 結石症
Stenokardie 囡 狭心症 (= Herzbräune)
Stenose 囡 狭窄[症] (= Striktur, Verengung)
Sterilität 囡 不妊[症]
Stoffwechsel゠krankheit 囡 代謝疾患
Stoffwechsel゠störung 囡 代謝障害
Subarachnoidal゠blutung 囡 くも膜下出血
Tachykardie 囡 [心]頻拍 (= Herzjagen)
Tetanie 囡 テタニー, 硬直
Tetanus 男 破傷風
Thrombose 囡 血栓症
Thyreoiditis 囡 甲状腺炎
Tic 男 チック
Tob゠sucht 囡 躁狂
der Tod durch Überarbeitung 過労死
Torsion 囡 捻転
Toxikose 囡 中毒[症]
Tracheobronchitis 囡 気管気管支炎
Trauma 囲 精神的外傷, 外傷
Trichomoniase 囡 トリコモナス症
Trichophytie 囡 白癬
Tropen゠krankheit 囡 熱帯病
Tuben゠entzündung 囡 卵管炎 (= Salpingitis)
Tuberkulose 囡 結核, 肺結核
Typhus 男 チフス
Ulkus 囲 潰瘍 (= Geschwür)
Unterfunktion 囡 機能不全, 機能低下 (= Hypofunktion)
Unterkiefer゠protrusion 囡 下顎前突[症]
Urämie 囡 尿毒症 (= Harnvergiftung)
Ureteritis 囡 尿管炎 (= Harnleiterentzündung)
Urethritis 囡 尿道炎 (Harnröhrenentzündung)
Urolithiasis 囡 尿石症
Urtikaria 囡 じん麻疹 (= Nesselsucht)
Uterus゠blutung 囡 子宮出血
Uterus゠krebs 男 子宮癌 (= Uteruskarzinom)
Uterus゠myom 囲 子宮筋腫
Vaginismus 男 膣痙
Vagus゠lähmung 囡 迷走神経麻痺
Varizelle 囡 水痘 (= Wasserpocken)
Venen゠stauung 囡 静脈うっ血
Venen゠thrombose 囡 静脈血栓[症]
Verblödung 囡 痴呆[化]
Verbrennung 囡 熱傷, 火傷
Verbrennungs゠narbe 囡 熱傷性瘢痕
Verdauungs゠krankheit 囡 消化器[系]疾患
Vereiterung 囡 化膿
Verwirrheit 囡 錯乱 (= Verwirrung)
Virus゠hepatitis 囡 ウィルス性肝炎
Virus゠infektion 囡 ウィルス感染
Virus゠krankheit 囡 ウィルス性疾患
Vorsteherdrüsen゠krebs 男 前立腺癌 (= Prostatakarzinom)
Waden゠krampf 男 腓腹筋痙攣, こむら返り
Waden゠schmerzen 覆 腓腹筋痛
Wasser゠sprung 男 破水 (= Blasensprung)
Wasser゠sucht 囡 水腫, 水症
Wasser゠verlust 男 脱水[症] (= Dehydration)
Wehen゠anfall 男 陣痛発作
Wirbel゠karies 囡 脊椎カリエス
Wund゠infektion 囡 創傷感染
Xanthodermie 囡 黄皮症
Xerodermie 囡 乾皮症 (= Xeroderma)
Xerose 囡 (眼球・皮膚などの)乾燥症
Zirkulations゠krankheit 囡 循環器病
Zirkulations゠störung 囡 循環障害 (= Kreislaufstörung)
Zungen゠belag 男 舌苔
Zungen゠entzündung 囡 舌炎 (= Glossitis)
Zungen゠geschwür 囲 舌潰瘍
Zungen゠krebs 男 舌癌
Zwangs゠neurose 囡 強迫神経症
Zwangs゠idee 囡 強迫観念 (= Zwangsvorstellung)
Zwerg゠wuchs 男 小人症

Zystourethritis 囡 膀胱尿道炎

Verletzung 囡 負傷, 傷
Wunde 囡 傷, 創傷
Fraktur 囡 骨折 (=Knochenbruch)
Finger⹀verstauchung 囡 突き指
Verrenkung 囡 脱臼 (=Luxation)
Verstauchung 囡 捻挫
Prellung 囡 打撲傷
Halswirbelsäule-Verletzung 囡 むち打ち症 (=HWS-Verletzung)
Brand⹀wunde 囡 火傷, やけど
Gehirn⹀tod 男 脳死 (=Hirntod)
Herz⹀tod 男 心臓死

4. 検査・治療（die Untersuchung・die Behandlung）

Untersuchung 囡 診察 (=Konsultation)
Sprech⹀stunde 囡 診察時間
Sprech⹀zimmer 中 診察室
Behandlung 囡 治療
Behandlungs⹀raum 男 治療室
Operations⹀saal 男 手術室
Kranke[r] 男 囡 病人, 患者 (=Patient, Patientin)
Auskunft 囡 受付 (=Empfang)
Termin⹀vereinbarung 囡 予約
Kranken⹀kasse 囡 健康保険
Kranken⹀schein 男 健康保険証
die ärztliche Untersuchung 健康診断
das [amtsärztliche] Gesundheitszeugnis 健康診断書
Toten⹀schein 男 死亡診断[証明]書
Diagnose 囡 診断
Kranken⹀blatt 中 [病歴]カルテ
Rezept 中 処方[箋]
Stethoskop 中 聴診器
Untersuchung 囡 検査
Körper⹀temperatur 囡 体温
Temperatur⹀messung 囡 検温
Husten 男 咳
Puls 男 脈[拍]
Blut⹀druck 男 血圧
Blutdruck⹀messung 囡 血圧測定
Blut⹀gruppe 囡 血液型
Blut⹀untersuchung 囡 血液検査
Sehkraft⹀bestimmung 囡 検眼 (=Optometrie)
Kot⹀untersuchung 囡 検便
Röntgen⹀untersuchung 囡 レントゲン(X線)検査
Operation 囡 手術 (=Eingriff)
Not⹀operation 囡 緊急手術
Zahn⹀untersuchung 囡 歯牙検診
Zahn⹀behandlung 囡 歯の治療
Zahn⹀extraktion 囡 抜歯[術] (=Zahnentfernung, Zahnausziehen)
Computer⹀tomographie 囡 コンピュータ断層撮影[法], CTスキャン
Impfung 囡 予防接種 (=Inokulation)
Injektion 囡 注射 (=Einspritzung)
Injektions⹀spritze 囡 注射器
Verband 男 包帯
Watte 囡 脱脂綿
Abdominoskopie 囡 腹腔鏡検査[法]
Abklatschung 囡 拍打法, 水治療法
Akupressur 囡 指圧療法
Akupunktur 囡 鍼療法
Akupunktur und Moxibustion 鍼灸療法
Akupunktur⹀anästhesie 囡 針麻酔
Allgemein⹀betäubung 囡 全身麻酔 (=Allgemeinnarkose)
Allopathie 囡 逆症療法
Anästhesie 囡 麻酔[法]
Arbeits⹀therapie 囡 作業療法 (=Beschäftigungstherapie)
Arznei⹀behandlung 囡 薬物療法 (=Pharmakotherapie)
Ausspülung 囡 洗浄[法]
Bade⹀kur 囡 湯治, 温泉療法
Balneotherapie 囡 鉱泉(温泉)療法
Biopsie 囡 バイオプシー, 生検, 組織鏡検
Blut⹀stillung 囡 止血[法]
Blut⹀übertragung 囡 輸血[法] (=Bluttransfusion)
Blut⹀wäsche 囡 血液透析 (=Hämodialyse)
Bronchotomie 囡 気管支切開術
Chemotherapie 囡 化学療法
Dermoplastik 囡 植皮術
Diagnostik 囡 診断法(学)
Dialyse 囡 透析[法]
Diät⹀kur 囡 食餌療法 (=Diätetik, Diättherapie)
Distraktion 囡 (骨折治療の)伸延
DNA-Diagnostik 囡 DNA診断法(学) (=DNS(Desoxyribonukleinsäure)-Diagnostik)
DNA-Identifizierung 囡 DNA鑑定[法]
Drainage 囡 排膿[液]法 (=Dränage)
Empfängnis⹀verhütung 囡 避妊[法] (=Kontrazeption, Befruchtungsverhütung)
Endoskopie 囡 内視鏡検査[法]
Euthanasie 囡 安楽死[術] (=Sterbeerleichterung)
Finger⹀klopfung 囡 手指打診法
Gastroskopie 囡 胃鏡検査[法]
Gen⹀therapie 囡 遺伝子治療
Haut⹀transplantation 囡 植皮[術] (=Hautverpflanzung)
Heilquellen⹀behandlung 囡 温泉療法
Herz⹀massage 囡 心マッサージ
Herz⹀transplantation 囡 心臓移植 (=Herzverpflanzung)
Hornhaut⹀transplantation 囡 角膜移植 (=Keratoplastik)

Hunger⸗kur 囡 断食(絶食)療法
Hydropathie 囡 水治療法
Hypnoanalyse 囡 催眠分析
Hypnotherapie 囡 催眠[術]療法
Hysteroskopie 囡 子宮腔内視[法]
Inhalations⸗narkose 囡 吸入麻酔[法]
der kalte Umschlag 冷罨法
Kernspinresonanz⸗tomographie 囡 磁気共鳴断層撮影[法] (=MRI)
Klistier 伸 浣腸
Knochenmark⸗transplantation 囡 骨髄移植
Kolposkopie 囡 膣鏡検査[法] (=Scheidenspiegelung)
Kranken⸗gymnastik 囡 運動療法
Kur 囡 治療, 療養
Kürettage 囡 (子宮の)掻爬 (=Auskratzung, Abrasion)
Laparoskopie 囡 腹腔内視[法]
Laparotomie 囡 開腹術
Laryngoskopie 囡 喉頭鏡検査[法]
Laryngotomie 囡 喉頭切開[術]
Leitungs⸗anästhesie 囡 伝達麻酔[法]
Lokal⸗anästhesie 囡 局所(局部)麻酔[法]
Lokal⸗behandlung 囡 局所療法 (=Lokaltherapie)
Lumbal⸗anästhesie 囡 腰椎麻酔[法]
Lumbal⸗punktion 囡 腰椎穿刺[法] (=Lendenstich)
Magen⸗resektion 囡 胃切除[術] (=Gastrektomie)
Magen⸗spiegelung 囡 胃鏡検査 (=Gastroskopie)
Magen⸗spülung 囡 胃洗浄
Mammo⸗graphie 囡 乳房撮影[法]
Mammo⸗plastik 囡 乳房形成(整形)術
Massen⸗untersuchung 囡 集団検診
Mikroskopie 囡 鏡検
Musik⸗therapie 囡 音楽療法
Nachbehandlung 囡 後治療, 後処置 (=Nachkur)
Nasen⸗fütterung 囡 鼻腔栄養[法]
Nasen⸗plastik 囡 鼻形成[術], 隆鼻術 (=Rhinoplastik)
Natur⸗heilkunde 囡 自然療法
Nekropsie 囡 検死, 死体解剖
Nephrektomie 囡 腎摘出[術] (=Nierenresektion)
Nieren⸗transplantation 囡 腎臓移植 (=Nierenverpflanzung)
Not⸗behandlung 囡 救急療法
Ohrenspiegel⸗untersuchung 囡 耳鏡検査 (=Otoskopie)
Ophthalmoskopie 囡 検眼鏡検査
Organ⸗transplantation 囡 臓器移植 (=Organverpflanzung)
Ortswechsel⸗behandlung 囡 転地療法
Ovariektomie 囡 卵巣摘出
Ovariotomie 囡 卵巣切開
Packung 囡 巻包法, 湿布

Palpation 囡 触診[法] (=Betastung)
Patellarreflex 男 膝蓋反射 (=Kniereflex)
Perkussion 囡 打診[法]
Pflege⸗diagnose 囡 看護診断
die physikalische Therapie 物理(理学)療法
Physiotherapie 囡 理学療法
Plastik 囡 形成[外科]手術
Pleurapunktion 囡 胸腔穿刺
Pneumothorax 男 気胸法
Pneumotomie 囡 肺切開[術]
Prophylaxe 囡 予防[法] (=Vorbeugung)
Psychoanalyse 囡 精神分析[学]
Psychotherapie 囡 精神(心理)療法
Punktion 囡 穿刺[法] (=Punktur, Einstich)
Radio⸗therapie 囡 放射線療法 (=Strahlentherapie, Strahlenbehadlung)
Redressement 伸 (脱臼・骨折・脚部奇形などの)整復[術]
Rehabilitation 囡 リハビリテーション, 社会復帰訓練
Replantation 囡 再移植[術]
Resektion 囡 切除[術]
Rezeptier⸗kunst 囡 処方術
Röntgen⸗behandlung 囡 X線療法 (=Röntgentherapie)
Röntgen⸗diagnostik 囡 X線診断法(学)
Röntgen⸗durchleuchtung 囡 X線透視[法]
Röntgen⸗reihenuntersuchung 囡 集団X線検診
Röntgen⸗schichtaufnahme 囡 X線断層撮影[法] (=Röntgentomographie)
Rückenmark⸗anästhesie 囡 脊髄麻酔[法] (=Spinalanästhesie)
Ruhe⸗kur 囡 安静療法
Samen⸗übertragung 囡 人工授精
Sauerstoff⸗inhalation 囡 酸素吸入
Schichten⸗aufnahme 囡 断層撮影[法] (=Tomographie)
Schnitt⸗entbindung 囡 帝王切開[術] (=Kaiserschnitt)
Schock⸗behandlung 囡 ショック療法
Schwangerschafts⸗abbruch 男 妊娠中絶 (=Schwangerschaftsunterbrechung)
Schwangerschafts⸗verhütung 囡 避妊[法]
Schwitz⸗kur 囡 発汗療法
Sehnen⸗reflex 男 腱反射
Serum⸗behandlung 囡 血清療法 (=Serotherapie)
Serum⸗diagnostik 囡 血清診断法(学)
Skiaskopie 囡 (目の)検影法 (=Schattenprobe)
Sonden⸗ernährung 囡 ゾンデ栄養食餌[法]
Sonnen⸗kur 囡 日光[浴]療法 (=Sonnenlichtbehandlung)

Sphygmographie 女 脳波検査
Spinal‗narkose 女 脊椎麻酔
Spirometrie 女 肺活量測定[法]
Spontan‗heilung 女 自然治癒
Sterilitätsprobe 女 不妊検査
Suggestions‗therapie 女 暗示療法（＝Suggestionsbehandlung）
die symptomatische Therapie 対症療法
Tamponade 女 タンポン止血[法]
Therapeutik 女 治療法(学)
Therapie 女 治療[法]
Thermotherapie 女 温熱療法(＝Wärmebehandlung)
Thorakoplastik 女 胸郭形成術
Thorakoskopie 女 胸腔鏡検査[法]
Thorakotomie 女 胸郭切開[術]
Tonsillotomie 女 扁桃切除[術]
Totalexstirpation 女 全摘出[術]
Tracheotomie 女 気管切開[術]
Trocken‗behandlung 女 乾燥療法
Trommelfell‗punktion 女 鼓膜穿刺
Tropfen‗infusion 女 点滴[注入]
Ultrakurzwellen‗therapie 女 超短波療法
Ultraschall‗thepapie 女 超音波療法
Ultrasonographie 女 超音波検査[法]
Umschlag 男 罨法，湿布
Untersuchungs‗methode 女 検査法
Unterwasser‗massage 女 水中マッサージ
Vaginalspülung 女 膣洗
Vaginoskopie 女 膣鏡検査[法]
Verpflanzung 女 移植（＝Transplantation）
Vorbehandlung 女 前処置
der warme Umschlag 温罨法
Wasser‗kur 女 水治療法
Wieder‗belebung 女 蘇生[法]
Wund‗naht 女 創傷縫合
der würdige Tod 尊厳死
Zell‗diagnose 女 細胞診（＝Zytodiagnose）
Zug‗behandlung 女 牽引療法
Zystoskopie 女 膀胱鏡検査[法]

5. 歯科学（die Zahnmedizin, die Zahnheilkunde, die Odontologie）

Zahn‗praxis 女 歯科医院
Zahn‗klinik 女 大学付属歯科病院
Zahn‗arzt 男 歯科医（＝Zahnmediziner, Odontologe）
Dentist 男 歯科療士
Zahn‗techniker 男 歯科技工士
Okklusion 女 咬合
Kau‗fläche 女 咬合面（＝Okklusionsfläche）
Alveole 女 歯槽

Alveolar‗abszess 男 歯槽膿瘍
Alveolar‗pyorrhöe 女 歯槽膿漏
Gebiss‗anomalie 不正咬合，歯列不正（＝Okklusionsanomalie）
Malokkusion 女 異常咬合
Gingivitis 女 歯肉炎（＝Zahnfleischentzündung）
Odontitis 女 歯炎
Parodontitis 女 歯周炎
Parodontose 女 歯周症
Perizementitis 女 歯根膜炎（＝Wurzelhautentzundung）
Pulpitis 女 歯髄炎
Schmelz‗karies 女 エナメル[質]う蝕，琺瑯質う蝕
Ulitis 女 歯肉炎（＝Zahnfleischentzündung）
Zahn‗abkauung 女 [歯牙]咬耗[症]
Zahn‗ausfall 男 歯牙脱落
Zahn‗belag 男 歯垢，歯苔（＝Zahnplaque）
Zahn‗beweglichkeit 女 歯牙動揺
Zahn‗defekt 男 歯牙欠損
Zahnfach‗entzündung 女 歯槽骨炎
Zahn‗fistel 女 歯瘻
Zahnfleisch‗blutung 女 歯肉出血
Zahnfleisch‗geschwulst 女 歯肉腫（＝Epulis）
Zahnfleisch‗schrumpfung 女 歯肉萎縮（＝Zahnfleischschwund）
Zahn‗fraktur 女 歯牙破折
Zahn‗lockerung 女 歯牙弛緩
Zahnmark‗entzündung 女 歯髄炎
Zahnungs‗störung 女 生歯障害（＝Dentitionsstörung）
Gebiss‗regulierung 女 歯列矯正[術]
Orthodontie 女 歯科矯正[学]
Zahnersatz‗kunde 女 歯科補綴学
Pulpa‗exstirpation 女 抜髄[法]
Denervierung 女 除神経
Wurzel‗behandlung 女 歯根治療
Zahn‗prothese 女 義歯（＝Kunstzahn, Zahnersatz）
Vollprothese 女 総義歯
Platten‗prothese 女 [有]床義歯
Porzellan‗zahn 男 陶歯
Zahn‗brücke 女 橋義歯，ブリッジ
Zahn‗bohrer 男 歯科用バー，歯牙穿孔器
Zahn‗bürste 女 歯ブラシ
Zahn‗paste 女 練り歯磨き

6. 薬学（die Arzneimittelwissenschaft, die Pharmazeutik, die Pharmazie）

Pharmazeut 男 薬学者，薬剤師
Apotheker 男 薬剤師
Apotheke 女 薬局
Arznei 女 薬，薬剤（＝Heilmittel, Mittel）
Medikament 中 薬，薬剤

医療・看護用語

Tablette 囡 錠剤
Pille 囡 丸薬, 錠剤, ピル, 経口避妊薬
Pulver 中 粉薬, 散薬
Granulum 中 顆粒剤
Zäpfchen 中 坐薬 (=Suppositorium)
nehmen または **ein|nehmen** 動 薬を飲む
Verordnung 囡 処方, 調剤
Dosis 囡 [薬]用量, 服用量
Wirkungs=dosis 囡 有効量
Abführ=mittel 中 下剤, 便通薬
Abtreibungs=mittel 中 堕胎薬
die altchinesische Medizin (Arznei) 漢方薬
Anabolikum 中 筋肉増強剤
Anästhetikum 中 麻酔薬 (=Narkotikum, Betäubungsmittel)
Antibaby=pille 囡 経口避妊薬, ピル
Antibiotikum 中 抗生物質
Antifebrile 中 解熱剤
Antikonzeptivum 中 避妊薬
Arznei=kraut 中 薬草
Arznei=mittel 中 薬剤, 医薬品
Arznei=pflanze 囡 薬用植物
Augen=tropfen 男 点眼液
Bakterizid 中 殺菌剤
Beruhigungs=mittel 中 鎮静薬
Blut=mittel 中 造血薬 (=Hämopoetika)
Brand=salbe 囡 火傷軟膏
Chemotherapeutikum 中 化学治療薬
Detergens 中 創面洗浄剤
Digestivmittel 中 消化剤(薬) (=Verdauungsmittel)
Diuretikum 中 利尿剤(薬)
Erregungs=mittel 中 興奮剤
Fieber=mittel 中 解熱薬 (=Antipyretikum)
die flüssige Medizin (Arznei) 水薬
Füllungs=material 中 充填材
Galakt=agogum 中 催乳薬
Gurgel=mittel うがい薬
Hämostatikum 中 止血剤
Heft=pflaster 中 膏薬, 絆創膏
Heil=pflanze 囡 薬用食物 (=Heilkraut)
Husten=mittel 中 鎮咳薬
Hypnotikum 中 睡眠薬 (=Schlafmittel)
Impf=stoff 男 ワクチン
Insulin 中 インシュリン
Interferon 中 インターフェロン
Kardiakum 中 強心剤
Linderungs=mittel 中 鎮痛薬
Liniment 中 塗布薬, リニメント剤
Mischvakzin 中 混合ワクチン
Mixtur 囡 水剤, 合剤
Morphin 中 モルヒネ (=Morphium)
Muskel=mittel 中 筋肉増強薬
Nasen=tropfen 男 点鼻薬
Paste 囡 泥膏, パスタ (=Pasta)
Pflaster 中 膏薬, 絆創膏
Pharmazeutikum 中 薬, 薬剤
Potenz=pille 囡 (男性の)経口性的不能治療薬
Präventiv=mittel 中 予防薬, 避妊薬
Prophylaktikum 中 予防薬
Purgier=mittel 中 下剤
Relaxans 中 弛緩薬
Roh=droge 囡 生薬
Salbe 囡 軟膏
Schlaf=tablette 囡 (錠剤の)睡眠薬
Schmerz=mittel 中 鎮痛薬 (=Analgetikum)
Sedativ 中 鎮静薬
Schweiss=mittel 中 発汗剤
Tinktur 囡 チンキ[剤]
Tisane 囡 煎薬
Tonikum 中 強壮剤 (=Stärkemittel)
Tropfen 点滴, 滴剤
Universal=mittel 中 万能薬
Vakzine 囡 ワクチン (=Vakzin)
Viagra-Pille 囡 バイアグラ (=Viagra-Mittel)
Vorbeugungs=mittel 中 予防薬
Wehen=mittel 中 陣痛促進剤
Wund=mittel 中 外傷薬
Wund=salbe 囡 創傷軟膏
Wurm=mittel 中 駆虫薬

7. 基礎医学 (die Grundmedizin)

Anatomie 囡 解剖学
Ätiologie 囡 病因学
Bakteriologie 囡 細菌学
Biochemie 囡 生化学
Embryologie 囡 胎生学, 発生学
Endokrinologie 囡 内分泌学
Epidemiologie 囡 疫学, 流行病学
Hämatologie 囡 血液学
Histologie 囡 組織学
Hygiene 囡 衛生学
Immunologie 囡 免疫学
die medizinische Informatik 医学情報学
Mikrobiologie 囡 微生物学
Neuropathologie 囡 神経病理学
Neurophysiologie 囡 神経生理学
Onkologie 囡 腫瘍学
Parasitologie 囡 寄生虫学
Pathologie 囡 病理学
Pathophysiologie 囡 病態生理学
Pharmakologie 囡 薬理学
Physiologie 囡 生理学
Rechts=medizin 囡 法医学
Serologie 囡 血清学
Sozial=hygiene 囡 公衆衛生学
Toxikologie 囡 毒物学, 中毒学
Venerologie 囡 性病学
Virologie 囡 ウィルス学
Zytologie 囡 細胞学

8. その他の医療・看護用語

Abort 男 流産（＝Fehlgeburt）
Agonie 女 死戦, アゴニー（＝Todeskampf）
Akupunkteur 男 鍼師, 鍼灸師（＝Akupunkturist）
Alten⹀heim 中 老人ホーム（＝Altersheim）
Alten⹀pflege 女 老人介護（＝geriatrische Pflege）
Alters⹀heilkunde 女 老人医学（＝Gerontologie）
Alters⹀marasmus 男 老衰（＝Altersschwäche）
Amts⹀arzt 男 保健所の医師
Anamnese 女 既往歴, 病歴（＝Vorgeschichte）
die angemessene Patientenaufklärung und echte Zustimmung インフォームド・コンセント（＝Zustimmung nach gründlicher Information）
Antikörper 男 抗体
Arbeits⹀therapeut 男 作業療法士
Befund 男 所見
Behandlungs⹀fehler 男 医療ミス（＝ärztlicher Kunstfehler）
Behinderte[r] 男 女 身体(精神)障害者
Bett⹀ruhe 女 床上安静
Blut⹀entnahme 女 採血
Blut⹀körperchen 中 血球
Blut⹀spender 男 献血者, 供血者
Blutung 女 出血（＝Hämorrhagie）
Dämpfung 女 (打診の際の)濁音
Diabetiker 男 糖尿病患者
Diät⹀etiker 男 栄養士
Digestion 女 消化（＝Verdauung）
Eiter 男 膿, うみ
Elektrokardiogramm 中 脳波図（＝EKG）
Embryo 男 胎芽
Endoskop 中 内視鏡
Entgiftung 女 解毒, 消毒
Erreger 男 病原体
Famulatur 女 (医学生の)病院実習
Fehl⹀diagnose 女 誤診（＝Missdiagnose）
Fetus 男 胎児（＝Fötus）
Finger⹀druck 男 指圧
Fuß⹀prothese 女 義足
Gebär⹀schmerzen 複 陣痛（＝Geburtswehen）
Geburt 女 分娩, 出産
Geburten⹀kontrolle 女 受胎調節
Geh⹀apparat 男 歩行器, 歩行装具
Geistes⹀hygiene 女 精神衛生
Gen 中 遺伝子
Genesung 女 回復, 治癒
Gen⹀manipulation 女 遺伝子操作
Gesundheit 女 健康
Gesundheits⹀amt 中 保健所
Gesundheits⹀fürsorge 女 保健

Gips 男 ギプス
Grund⹀umsatz 男 基礎代謝
Haft⹀glas 中 コンタクトレンズ（＝Kontaktlinse）
Harn 男 尿
Harn⹀drang 男 尿意
Hauptklage 女 主訴（＝Hauptbeschwerde）
die häusliche Krankenpflege 在宅介護
Heil⹀kunde 女 医学（＝Medizin）
Herz-Lungen-Maschine 女 人工心肺
Herz⹀schlag 男 心拍[動]
Herz⹀schrittmacher 男 ペースメーカー
Herz⹀stillstand 男 心[拍]停止
Hirn⹀druck 男 脳圧
HIV 中 エイズウィルス, ヒト免疫不全ウィルス（＝Human Immunodeficiency Virus）
Immunisierungs⹀einheit 女 免疫単位
Immunität 女 免疫[性]
Implantation 女 [体内]移植, (受精卵の)着床
Injektions⹀flüssigkeit 女 注射液
Injektions⹀nadel 女 注射針（＝Spritznadel）
Inkompatibilität 女 (輸血の)不適合, (薬剤の)配合禁忌
Kanüle 女 カニューレ, 挿管
Katheter 男 カテーテル
Kinder⹀fleck 男 [小]児斑（＝Mongolenfleck）
Klage 女 病訴, 愁訴
Klemme 女 鉗子
Kliniker 男 臨床医
Klinikum 中 臨床実習
Klon 男 クローン
Kontraindikation 女 禁忌
Kranken⹀bahre 女 担架, ストレッチャー
Kranken⹀bett 中 病人用ベッド
Kranken⹀geschichte 女 病歴[簿]
Krankenhaus⹀infektion 女 院内感染（＝Krankenhausansteckung）
Krankenhaus⹀patient 男 入院患者
Kranken⹀kost 女 病人食
Kranken⹀pflege 女 看護, 介護, 看病
Kranken⹀pfleger 男 看護士
Kranken⹀schwester 女 看護婦（＝Krankenpflegerin）
Kranken⹀versicherung 女 疾病保険
Krankheits⹀bild 中 病像, 病状
Krankheits⹀verlauf 男 疾病経過
Krankheits⹀zustand 男 病状, 容態
Krebs⹀metastase 女 癌転移
Kunst⹀after 男 人工肛門
Kunst⹀glied 中 義肢
Leichen⹀flecken 複 死斑（＝Totenflecken）
Liquor⹀druck 男 髄液圧
Lungen⹀kapazität 女 肺活量（＝Vitalkapazität）

Mehrlings⹀schwangerschaft 囡 多胎妊娠
Menarche 囡 初経, 初潮
Menopause 囡 閉経[期]
Menstruation 囡 月経 (=Menorrhöe, Periode, Regel)
Menstruations⹀zyklus 男 月経周期
Miktion 囡 排尿 (=Harnentleerung)
Mortalität 囡 死亡率 (=Sterblichkeit)
Narbe 囡 瘢痕
Neben⹀wirkung 囡 副作用
Notfall⹀patient 男 救急患者
Operations⹀tisch 男 手術台
Ophthalmoskop 中 検眼鏡
Ordination 囡 処方 (=Verordnung)
Organ⹀spender 男 臓器提供者
Osteologie 囡 骨学
Ovulation 囡 排卵 (=Eiausstoßung)
Pathogenität 囡 病原性
Patient 男 患者
Perinatalmortalität 囡 周産(生)期死亡率
Pflege⹀diagnose 囡 看護診断
Pflege⹀ethik 囡 看護倫理
Pflege⹀fehler 男 看護ミス
Pflege⹀heim 中 介護ホーム
Pflege⹀kasse 囡 介護保険[組合]
Pflege⹀versicherung 囡 介護保険
Pflege⹀visite 囡 看護回診
Physiotherapeut 男 理学療法士
Poliklinik 囡 (大学病院などの)外来患者診療所, 外来診療実習, ポリクリ
Praktiker 男 開業医
Präventiv⹀medizin 囡 予防医学
Prognose 囡 予後
Protein 中 蛋白[質] (=Eiweiß)
Prothese 囡 人口補装具, プロテーゼ
Pupillen⹀erweiterung 囡 散瞳, 瞳孔散大 (=Pupillendilatation, Mydriasis)
Rejektion 囡 拒絶反応 (=Abwehrreaktion)
Respirator 男 呼吸マスク, 人工呼吸器
Rezipient 男 被移植者, レシピエント
Samen 男 精液 (=Sperma)
Samen⹀spender 男 精液供給者
Samen⹀übertragung 囡 人工授精
Sanitäts⹀kasten 男 救急箱
Schwangerschaft 囡 妊娠
Schwangerschafts⹀erbrechen 中 つわり
Spender 男 提供者, ドナー
Sport⹀medizin 囡 スポーツ医学
Sterilisation 囡 滅菌, 殺菌 (=Sterilisierung)
Sterilisator 男 滅菌器, 消毒器
Stuhl 男 便通 (=Stuhlgang)
Symptom 中 症状
Syndrom 中 症候群
Therapeut 男 療法士, セラピスト
Tier⹀experiment 中 動物実験 (=Tierversuch)
Toleranz⹀dosis 囡 耐量, 許容量
Träger 男 保菌者
Tuberklin⹀reaktion 囡 ツベルクリン反応
Umwelt⹀verschmutzung 囡 環境汚染 (=Immission)
Untersuchungs⹀raum 男 診察室, 検査室
Untersuchungs⹀techniker 男 臨床検査技師
Virus 中 ウィルス
Visite 囡 回診
die vollständige Pflege 完全看護
Wachstums⹀hormon 中 成長ホルモン (=Wachshormon)
Weltgesundheitsorganisation 囡 世界保健機関
die Wissenschaft der Krankenpflege 看護学
Zelle 囡 細胞

人体 (der menschliche Körper) (正面)

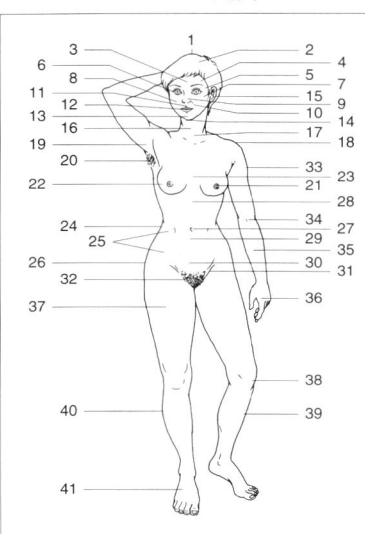

12 **Mundwinkel** 男 口角
13 **Kinn** 中 顎(あご)
14 **Kinngrübchen (Grübchen)** 中 下顎のくぼみ
15 **Ohr** 中 耳
16–17 Hals 男 頸(けい)
16 **Kehle (Gurgel)** 女 咽喉
17 **Drosselgrube** 女 頸窩(けいか)
18–32 Rumpf 男 体幹
18 **Schulter** 女 肩
19 **Achsel (Achselhöhle, Achselgrube)** 女 腋窩(えきか)
20 **Achselhaare** 複 腋毛(えきもう)
21–23 Brust (der Brustkorb) 女 胸郭
21–22 Brüste (die Brust, Büste) 複 乳房(にゅうぼう)
21 **Brustwarze** 女 乳頭
22 **Warzenhof** 男 乳輪
23 **Busen** 男 胸部
24 **Taille** 女 腰
25 **Flanke (Weiche)** 女 側腹
26 **Hüfte** 女 殿部
27 **Nabel** 男 臍(へそ)
28–30 Bauch (das Abdomen) 男 腹部
28 **Oberbauch** 男 上腹部
29 **Mittelbauch** 男 中腹部
30 **Unterbauch (Unterleib)** 男 下腹部
31 **Leistenbeuge (Leiste)** 女 鼡径部(そけいぶ)
32 **Scham** 女 外陰部
33–41 Gliedmaßen 複 四肢
33–36 Arm 男 上肢, 腕
33 **Oberarm** 男 上腕
34 **Armbeuge** 女 上肢屈曲部
35 **Unterarm** 男 前腕
36 **Hand** 女 手
37–41 Bein 中 下肢
37 **Oberschenkel** 男 大腿
38 **Knie** 中 膝
39 **Unterschenkel** 男 下腿
40 **Wade** 女 腓(こむら), 腓腹(ひふく)
41 **Fuß** 男 足

1–41 der menschliche Körper (Leib) 人体 (正面)
1–15 Kopf (das Haupt) 男 頭部
1 **Scheitel (Wirbel)** 男 頭頂
2 **Kopfhaar (Haar)** 中 頭毛, 髪(かみ)
3–14 Gesicht 中 顔[面]
3 **Stirn** 女 額(ひたい)
4 **Stirnhöcker** 男 前頭隆起
5 **Schläfe** 女 側頭, こめかみ
6 **Auge** 中 眼
7 **Jochbein (Wangenbein, der Backenknochen)** 中 頬骨(きょうこつ)
8 **Wange (=Kinnbacke, Backe)** 女 頬
9 **Nase** 女 鼻
10 **Nasen-Lippen-Furche** 女 鼻唇溝(びしんこう)
11 **Philtrum (die Oberlippenrinne)** 中 人中(にんちゅう)

Mamma 女 乳房 (=Brust)
Nabel⸗schnur 女 臍帯, へその緒
Rücken 男 背, 背中
Ellbogen 男 肘
After 男 肛門
Skelett 中 骨格
Knochen 男 骨
Schädel 男 頭蓋骨
Knorpel 男 軟骨
Becken 中 骨盤
Oberschenkel⸗knochen 男 大腿骨 (=Oberschenkelbein)
Rippe 女 肋骨
Wirbelsäule 女 脊柱 (=Rückgrat)
Zwischenwirbelscheibe 女 椎間板 (=Bandscheibe)
Gelenk 中 関節
Blut⸗kreislauf 男 血液循環
Blut 中 血, 血液
Blut⸗gefäß 中 血管
Hals⸗arterie 女 頸動脈 (=Halsschlagader, Karotis)
Hals⸗vene 女 頸静脈 (=Halsblutader, Jugularis)
Aorta 女 大動脈
Arterie 女 動脈 (=Schlagader)
Hohl⸗ader 女 大静脈
Vene 女 静脈 (=Blutader)
Nerven⸗system 中 神経系
Nerv 男 神経

医療・看護用語

Ganglien═system 中 中枢神経系	**Ischias═nerv** 男 坐骨神経
Hirn═nerv 男 脳神経	**Lymphknoten** 男 リンパ節
Hirn 中 脳	**Muskel** 男 筋, 筋肉
Hirn═stamm 中 脳幹	**Kau═muskel** 男 咬筋 (=Masseter)
Großhirn 中 大脳	**Haut** 女 皮膚
Kleinhirn 中 小脳	**Ober═haut** 女 表皮
Zwischenhirn 中 間脳	**Leder═haut** 女 真皮
das verlängerte Mark 延髄	**Haar═balg** 男 毛包 (=Haarfollikel)
Rücken═mark 中 脊髄	

内臓器官 (die inneren Organe)

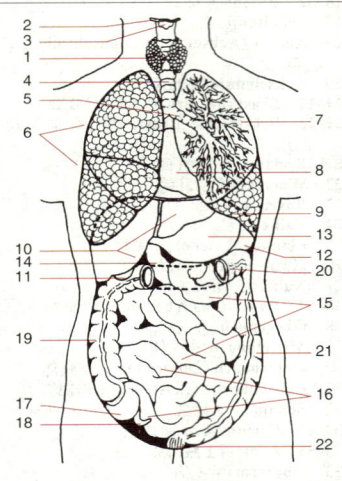

1–33 **die inneren Organe [von vorn]** 内臓器官(前面)
 1 **Schilddrüse** 女 甲状腺
2–3 **Kehlkopf** 男 喉頭
 2 **Zungenbein** 中 舌骨
 3 **Schidknorpel** 男 甲状軟骨
 4 **Luftröhre** 女 気管
 5 **Luftröhrenast** 男 気管支 (=die Bronchie)
6–7 **Lunge** 女 肺
 6 **der rechte Lungenflügel** 右肺
 7 **der obere Lungenlappen [Schnitt]** 肺の上葉(断面)
 8 **Herz** 中 心臓
 9 **Zwerchfell** 中 横隔膜(おうかくまく)
 10 **Leber** 女 肝臓
 11 **Gallenblase** 女 胆嚢(たんのう)
 12 **Milz** 女 脾臓(ひぞう)
 13 **Magen** 男 胃
14–22 **Darm** 男 腸
14–16 **Dünndarm** 男 小腸
 14 **Zwölffingerdarm** 男 十二指腸
 15 **Leerdarm** 男 空腸
 16 **Krummdarm** 男 回腸
17–22 **Dickdarm** 男 大腸
 17 **Blinddarm** 男 盲腸
 18 **Wurmfortsatz** 男 虫垂
 19 **der aufsteigende Grimmdarm** 上行結腸
 20 **der querliegende Grimmdarm** 横行結腸
 21 **der absteigende Grimmdarm** 下行結腸
 22 **Mastdarm** 男 直腸
 23 **Speiseröhre** 女 食道
24–25 **Herz** 中 心臓
 24 **Herzohr** 中 心耳(しんじ)
 25 **die vordere Längsfurche** 前室間溝(ぜんしつかんこう)
 26 **Zwerchfell** 中 横隔膜
 27 **Milz** 女 脾臓
 28 **die rechte Niere** 右腎臓
 29 **Nebenniere** 女 副腎
30–31 **die linke Niere [Längsschnitt]** 左腎臓(縦断面)
 30 **Nierenkelch** 男 腎杯(じんぱい)
 31 **Nierenbecken** 中 腎盂(じんう), 腎盤
 32 **Harnleiter** 男 尿管
 33 **Harnblase** 女 膀胱

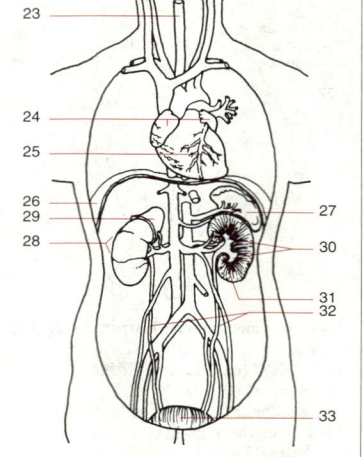

Organ 中 器官, 臓器
Stirn‿lappen 男 前頭葉
Hirnanhang‿drüse 女 (脳)下垂体 (=Hypophyse)
Nasen‿höhle 女 鼻腔
Bauch‿fell 中 腹膜
Brust‿drüse 女 乳腺
Mittel‿ohr 中 中耳
Innenohr 中 内耳
Trommel‿fell 中 鼓膜
Schnecke 女 蝸牛
Genitalien 複 生殖器
Damm 男 会陰
das männliche Glied 陰茎 (=Penis)
Eichel 女 (陰茎の)亀頭, 陰核亀頭

Hoden 男 精巣, 睾丸
Prostata 女 前立腺 (=Vorsteherdrüse)
Eier‿stock 男 卵巣
Gebär‿mutter 女 子宮 (=Uterus)
Scheide 女 膣 (=Vagina)
Eier‿stock 男 卵巣 (=Ovarium)
Kitzler 男 陰核, クリトリス (=Klitoris)
Herz‿kammer 女 心室
Herz‿muskel 男 心筋
Horn‿haut 女 角膜
Mandel 女 扁桃(腺) (=Tonsille)
Augapfel 男 眼球
Linse 女 水晶体, レンズ
Pupille 女 瞳孔
Netz‿haut 女 網膜

口と咽頭 (der Mund und der Rachen)

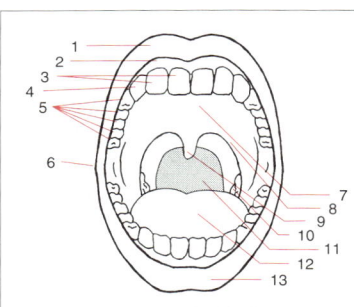

1–13 der Mund und der Rachen 口と咽頭
1 Oberlippe 女 上唇(じょうしん)
2 Zahnfleisch 中 歯肉(にく)
3–5 Gebiss 中 歯列
3 Schneidezähne 複 切歯(せっし)
4 Eckzahn 男 犬歯(けんし)
5 Backenzähne 複 臼歯(きゅうし)
6 Mundwinkel 男 口角
7 der harte Gaumen 硬口蓋(こうこうがい)
8 der weiche Gaumen (das Gaumensegel) 軟口蓋(なんこうがい)
9 Zäpfchen 中 口蓋垂(こうがいすい)
10 Gaumenmandel 女 口蓋扁桃(こうがいへんとう)
11 Rachenhöhle 女 咽頭腔(いんとうくう) (=der Rachen)
12 Zunge 女 舌
13 Unterlippe 女 下唇(かしん)

Zahn 男 歯
Zahn‿reihe 女 歯列 (=Gebiss)
Zahnung 女 生歯 (=Dentition)
Dentition 女 生歯, 歯牙発生 (=Zahndurchbruch)
Milch‿gebiss 中 乳歯[列]
der bleibende Zahn 永久歯 (=Dauerzahn)

Überzahn 男 過剰歯, 八重歯
Zement 中 セメント質
Dentin 中 象牙質 (=Zahnbein)
Zahn‿schmelz 男 エナメル質
Zahn‿wurzel 女 歯根
Zahn‿nerv 男 歯神経
Zahn‿mark 中 歯髄 (=Pulpa)
Zahn‿krone 女 歯冠

VII. ドイツの言語・社会・文化・歴史

1. 言語

(1) 方言地図 (1900 年頃)

凡例:
- Friesisch (フリースラント語)
- Niederdeutsch (低地ドイツ語)
- Mitteldeutsch (中部ドイツ語)
- Oberdeutsch (上部ドイツ語)

(2) ドイツ語の系統

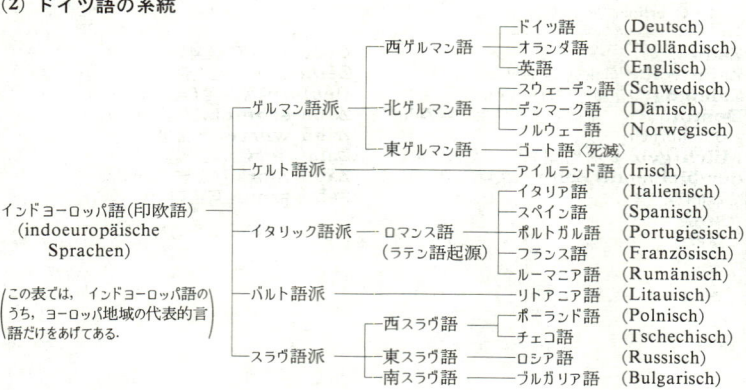

インドヨーロッパ語(印欧語) (indoeuropäische Sprachen)

- ゲルマン語派
  - 西ゲルマン語
    - ドイツ語 (Deutsch)
    - オランダ語 (Holländisch)
    - 英語 (Englisch)
  - 北ゲルマン語
    - スウェーデン語 (Schwedisch)
    - デンマーク語 (Dänisch)
    - ノルウェー語 (Norwegisch)
  - 東ゲルマン語
    - ゴート語 〈死滅〉
- ケルト語派
  - アイルランド語 (Irisch)
- イタリック語派 — ロマンス語 (ラテン語起源)
  - イタリア語 (Italienisch)
  - スペイン語 (Spanisch)
  - ポルトガル語 (Portugiesisch)
  - フランス語 (Französisch)
  - ルーマニア語 (Rumänisch)
- バルト語派
  - リトアニア語 (Litauisch)
- スラヴ語派
  - 西スラヴ語
    - ポーランド語 (Polnisch)
    - チェコ語 (Tschechisch)
  - 東スラヴ語
    - ロシア語 (Russisch)
  - 南スラヴ語
    - ブルガリア語 (Bulgarisch)

(この表では、インドヨーロッパ語のうち、ヨーロッパ地域の代表的言語だけをあげてある.)

(3) ドイツ語の歴史

古高ドイツ語	(Althochdeutsch)	750 年 –	1050 年
中高ドイツ語	(Mittelhochdeutsch)	1050 年 –	1350 年
初期新高ドイツ語	(Frühneuhochdeutsch)	1350 年 –	1650 年
新高ドイツ語	(Neuhochdeutsch)	1650 年 –	現代

2. ドイツ連邦共和国の政治

(1) 政治機構

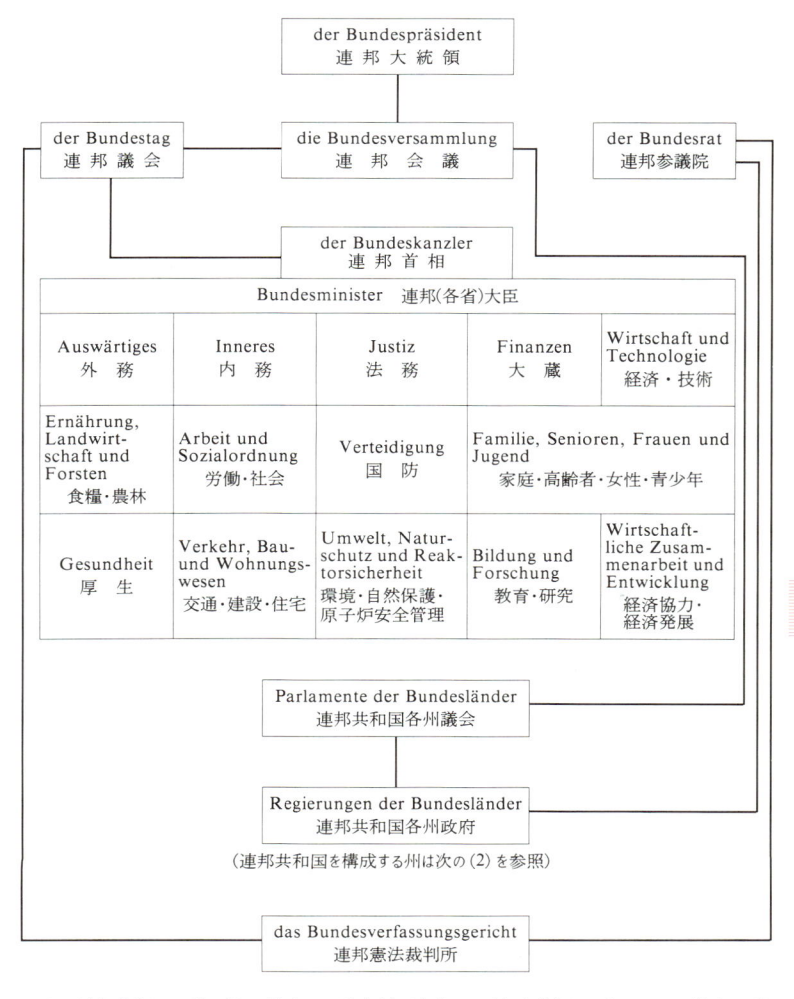

```
                       der Bundespräsident
                           連邦大統領
                                │
   ┌───────────────────┬────────┴─────────┬─────────────────┐
der Bundestag    die Bundesversammlung              der Bundesrat
  連邦議会              連邦会議                        連邦参議院
                                │
                       der Bundeskanzler
                           連邦首相
```

Bundesminister 連邦(各省)大臣				
Auswärtiges 外務	Inneres 内務	Justiz 法務	Finanzen 大蔵	Wirtschaft und Technologie 経済・技術
Ernährung, Landwirtschaft und Forsten 食糧・農林	Arbeit und Sozialordnung 労働・社会	Verteidigung 国防	Familie, Senioren, Frauen und Jugend 家庭・高齢者・女性・青少年	
Gesundheit 厚生	Verkehr, Bau- und Wohnungswesen 交通・建設・住宅	Umwelt, Naturschutz und Reaktorsicherheit 環境・自然保護・原子炉安全管理	Bildung und Forschung 教育・研究	Wirtschaftliche Zusammenarbeit und Entwicklung 経済協力・経済発展

```
              Parlamente der Bundesländer
                 連邦共和国各州議会

              Regierungen der Bundesländer
                 連邦共和国各州政府
        (連邦共和国を構成する州は次の(2)を参照)

             das Bundesverfassungsgericht
                  連邦憲法裁判所
```

　ドイツ連邦共和国は16の州から構成される連邦制国家である．連邦大統領は元首として国を代表し，連邦首相は政府の政策方針を決定し，連邦政府(内閣)を主宰・統括する．主な政党としてはキリスト教民主同盟 (CDU)，キリスト教社会同盟 (CSU)，ドイツ社会民主党 (SPD)，自由民主党 (FDP)，緑の党 (die Grünen) などがある．

(2) ドイツ連邦共和国の州

Baden-Württemberg
　（バーデン・ヴュルテンベルク）
　面積: 35,751 km² 　人口: 1,030 万人
　州都: Stuttgart（シュトゥットガルト）

Bayern（バイエルン）
　面積: 70,554 km² 　人口: 1,200 万人
　州都: München（ミュンヒェン）

Berlin（ベルリン）
　面積: 889 km² 　人口: 350 万人
　州都: Berlin（ベルリン）

Brandenburg（ブランデンブルク）
　面積: 29,479 km² 　人口: 250 万人
　州都: Potsdam（ポツダム）

Bremen（ブレーメン）
　面積: 404 km² 　人口: 68 万人
　州都: Bremen（ブレーメン）

Hamburg（ハンブルク）
　面積: 755 km² 　人口: 170 万人
　州都: Hamburg（ハンブルク）

Hessen（ヘッセン）
 面積: 21,114 km² 人口: 600 万人
 州都: Wiesbaden（ヴィースバーデン）

Mecklenburg-Vorpommern
 　（メクレンブルク・フォアポンメルン）
 面積: 23,170 km² 人口: 180 万人
 州都: Schwerin（シュヴェリーン）

Niedersachsen（ニーダーザクセン）
 面積: 47,338 km² 人口: 780 万人
 州都: Hannover（ハノーファー）

Nordrhein-Westfalen
 　（ノルトライン・ヴェストファーレン）
 面積: 34,078 km² 人口: 1,800 万人
 州都: Düsseldorf（デュッセルドルフ）

Rheinland-Pfalz（ラインラント・プファルツ）
 面積: 19,849 km² 人口: 400 万人
 州都: Mainz（マインツ）

Saarland（ザールラント）
 面積: 2,570 km² 人口: 110 万人
 州都: Saarbrücken（ザールブリュッケン）

Sachsen（ザクセン）
 面積: 18,337 km² 人口: 460 万人
 州都: Dresden（ドレスデン）

Sachsen-Anhalt（ザクセン・アンハルト）
 面積: 20,455 km² 人口: 275 万人
 州都: Magdeburg（マクデブルク）

Schleswig-Holstein
 　（シュレースヴィヒ・ホルシュタイン）
 面積: 15,729 km² 人口: 270 万人
 州都: Kiel（キール）

Thüringen（テューリンゲン）
 面積: 16,171 km² 人口: 250 万人
 州都: Erfurt（エアフルト）

各州の旗　　© BUNDESBILDSTELLE BONN

3. ドイツ連邦共和国の教育制度

年齢	学年					
		die Universität 総合大学 die Gesamthochschule 統合大学 die Hochschule 単科大学		die Fachhochschule 専門単科大学	die Fachschule 専門学校	
		《das Abitur ギムナジウム卒業試験》				
18	13	das Gymnasium ギムナジウム	das Fach-gymnasium 専門ギムナジウム	die Fachoberschule 専門上級学校	die Berufsschule 職業学校	die Berufsfachschule 職業専門学校
17	12					
16	11	[die Oberstufe 上級段階]				
15	10	das Gymnasium ギムナジウム	die Realschule 実科学校		die Hauptschule 基幹学校	
14	9					
13	8	die Gesamtschule 総合学校				
12	7					
11	6	die Orientierungsstufe オリエンテーション段階				
10	5					
9	4	die Grundschule 基礎学校				
8	3					
7	2					
6	1					
		der Kindergarten 幼稚園				

1811　ドイツの言語・社会・文化・歴史

4. 祝祭日

　ドイツ語圏の祝祭日はキリスト教に基づくものが中心で，年によって日が変わる移動祝祭日が多く，また，カトリックの地域とプロテスタントの地域，国，州によって祝祭日にはかなりの差があります。下の表には必ず日曜日に当てられる祝日や休日にならない代表的な祝祭の日もあげておきます。

(1) 祝祭日一覧（☆:ドイツ語圏諸国に共通の祝祭日 / ◇:国・州により異なる祝祭日 / ◆:特定の国の祝祭日）

☆	Neujahr (Neujahrstag)	新年，元旦	1月1日
◇	Heilige Drei Könige	公現日，三王礼拝	1月6日
	Karneval (Fastnacht)	謝肉祭	四旬節前の3日間または1週間の祭
	Rosenmontag	ばらの月曜日	灰の水曜日の前々日
	Fastnacht	懺悔(ざんげ)の火曜日	灰の水曜日の前日
	Aschermittwoch	灰の水曜日	四旬節の第1日
	（四旬節: 復活祭の日曜日を起点に，日曜日を除いてさかのぼった40日間）		
◇	Karfreitag	聖金曜日	復活祭前の金曜日
	Ostern	復活祭	
☆	Ostersonntag	復活祭日曜日	春分後の最初の満月後の日曜日
☆	Ostermontag	復活祭月曜日	復活祭日曜日の翌日
☆	Tag der Arbeit	メーデー	5月1日
☆	Christi Himmelfahrt	昇天祭	復活祭後40日の木曜日
	Pfingsten	聖霊降臨祭	
☆	Pfingstsonntag	聖霊降臨祭日曜日	復活祭後50日
☆	Pfingstmontag	聖霊降臨祭月曜日	聖霊降臨祭日曜日の翌日
◇	Fronleichnam	聖体の祝日	三位一体祭(聖霊降臨祭後の日曜日)の後の木曜日
◆	Bundesfeier	スイス連邦独立記念日	8月1日(スイス)
◇	Mariä Himmelfahrt	聖母被昇天祭	8月15日
◆	Tag der Deutschen Einheit	ドイツの統一の日	10月3日(ドイツ)
◆	Nationalfeiertag	国家祝日	10月26日(オーストリア)
◇	Reformationstag	宗教改革記念日	10月31日
☆	Allerheiligen	諸聖人の日，万聖節	11月1日
	Martinstag	聖マルティヌス祭	11月11日
	Volkstrauertag	国民追悼日	待降節の第1日曜日の2週間前の日曜日
◇	Buß- und Bettag	懺悔(ざんげ)と祈りの日	教会暦最後の日曜日の前週の水曜日
	Nikolaustag	聖ニコラウス祭	12月6日
◆	Mariä Empfängnis	聖母マリアの御やどり	12月8日(オーストリア)

付録

ドイツの言語・社会・文化・歴史　1812

Adventszeit	待降節	クリスマス前の4週間
Erster Advent	待降節の第1日曜日	[教会暦の始まり]
Zweiter Advent	待降節の第2日曜日	
Dritter Advent	待降節の第3日曜日	
Vierter Advent	待降節の第4日曜日	
Weihnachten	クリスマス, 降誕節	
☆ Erster Weihnachtstag	クリスマスの第1日	12月25日
☆ Zweiter Weihnachtstag	クリスマスの第2日	12月26日
Silvester	大晦日(みそか)	12月31日

(2) 主要移動祝祭日一覧

祝祭日＼年(*はうるう年)	1999	2000*	2001	2002	2003	2004*
灰 の 水 曜 日	2月17日	3月8日	2月28日	2月13日	3月5日	2月25日
復 活 祭 日 曜 日	4月4日	4月23日	4月15日	3月31日	4月20日	4月11日
昇 天 祭	5月13日	6月1日	5月24日	5月9日	5月29日	5月20日
聖霊降臨祭日曜日	5月23日	6月11日	6月3日	5月19日	6月8日	5月30日
聖 体 の 祝 日	6月3日	6月22日	6月14日	5月30日	6月19日	6月10日
待降節の第1日曜日	11月28日	12月3日	12月2日	12月1日	11月30日	11月28日

5. 建築様式

(1) ロマネスク様式 (die Romanik)　ヨーロッパ中世、10世紀末から12世紀にかけての様式で、バジリカ式をもとにした石造教会建築では、アーチ構造を採用.

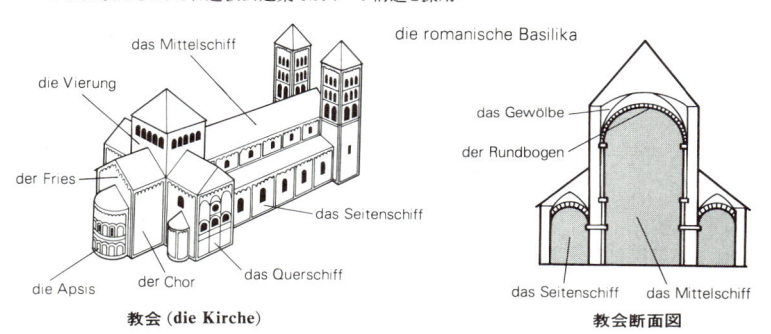

教会 (die Kirche)

- das Mittelschiff
- die Vierung
- der Fries
- die Apsis
- der Chor
- das Querschiff
- das Seitenschiff

教会断面図　die romanische Basilika

- das Gewölbe
- der Rundbogen
- das Seitenschiff
- das Mittelschiff

(2) ゴシック様式 (die Gotik)　12～15世紀の中世後半の様式で、高い尖塔などによって上昇感を強調し、豊富な彫刻による外面装飾などを特徴とする.

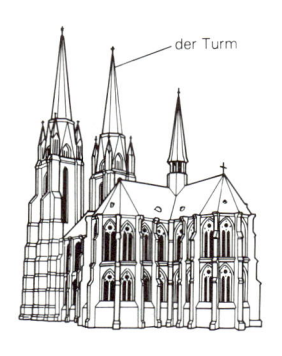

教会

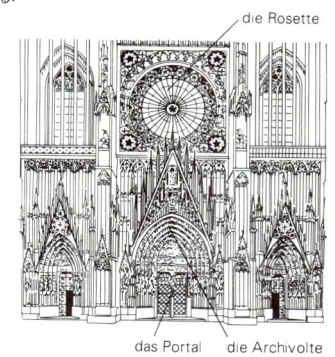

- der Turm

教会西側正面(部分)

- die Rosette
- das Portal
- die Archivolte

教会装飾

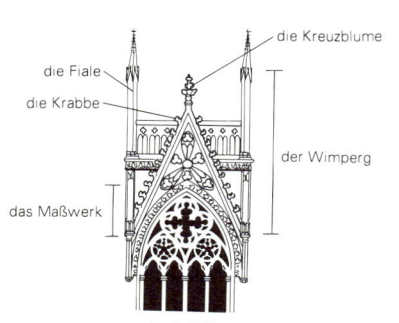

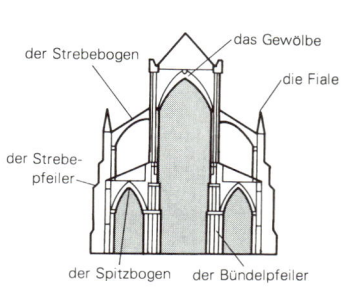

- die Kreuzblume
- die Fiale
- die Krabbe
- der Wimperg
- das Maßwerk

教会断面図

- das Gewölbe
- die Fiale
- der Strebebogen
- der Strebepfeiler
- der Spitzbogen
- der Bündelpfeiler

ドイツの言語・社会・文化・歴史　1814

(3) ルネサンス様式 (die Renaissance)　ゴシック様式の時代に続く、ギリシア・ローマの文化を復興しようとしたこの時期の建築では、水平線が強調され、安定と調和が目指された。

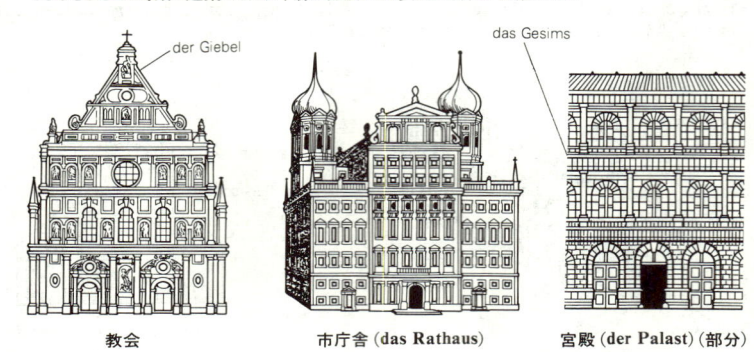

教会　　　　　市庁舎 (das Rathaus)　　　　　宮殿 (der Palast) (部分)

(4) バロック様式 (der Barock)　17世紀から18世紀中頃にかけての様式で、動感の強調と華麗な装飾を特徴とする。絶対主義王制の確立とともに、壮麗な宮殿や広大な庭園も作られた。

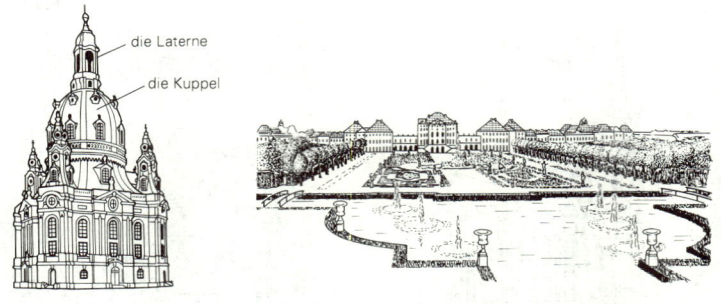

教会　　　　　宮殿 (das Schloss) と庭園 (der Garten)

(5) ロココ様式 (das Rokoko)
18世紀の美術様式で、優美な曲線的装飾を特徴とする。

(6) 新古典主義 (der Klassizismus)
19世紀になって、ギリシア・ローマの建築を模倣する様式が公共的建造物を中心に登場。

あずまや (das Pavillon) 　　　　　Neue Wache (Berlin)

1815 ドイツの言語・社会・文化・歴史

6. 音楽用語

この「音楽用語」では，楽譜やCDでよく目にするドイツ語(速度用語などについてはイタリア語)の主な音楽用語を示してあります．関連した用語をまとめることによって，利用の便を図りました．辞典の本文と合わせて，活用してください．なお，名詞に形容詞が付く場合や同じ名詞(複合語を含む)が繰り返し現れる場合については，名詞の変化語尾を省略しました．

目 次

- (**1**) クラシック音楽のジャンル 1815
  - (A) 交響曲 / 管弦楽作品 / 協奏曲
  - (B) 室内楽曲 / 器楽曲
  - (C) オペラ / バレエ
  - (D) 教会音楽
  - (E) 歌曲 / 合唱曲

- (**2**) 楽曲の種類・形式 1816

- (**3**) 音楽用語のいろいろ 1816

- (**4**) 略記 1816

- (**5**) 速度用語，発想用語，強弱記号など
  1816
  - (A) 速度用語   (B) 補足的用語
  - (C) 速度変化用語 (D) 発想用語
  - (E) 強弱記号 / 強弱変化用語・記号
  - (F) 奏法を指示する用語 / 略記号

- (**6**) 演奏者 1817
  - (A) 管弦楽団   (B) 室内楽団
  - (C) 合唱団   (D) 歌 手
  - (E) 指揮 / 演出 (F) 歌劇場 / 音楽祭

- (**7**) 楽器 1818
  - (A) 鍵盤楽器   (B) 弦楽器
  - (C) 管楽器，吹奏楽器
  - (D) 打楽器   (E) 撥弦(はつげん)楽器

- (**8**) CD / レコード 1818

- (**9**) 楽譜 1818
  - (A) 音部記号   (B) 音 符
  - (C) 休 符   (D) 拍 子
  - (E) 音 名   (F) 変化記号
  - (G) 調 性   (H) 音 程

- (**10**) 主な標題付き作品リスト 1819

(1) クラシック音楽のジャンル

(A) 交響曲 / 管弦楽作品 / 協奏曲

Sinfonie 囡 -/-n 交響曲 (=Symphonie). Beethoven: *Sinfonie* Nr. 1 C-Dur op. 21 ベートーヴェン: 交響曲第1番ハ長調 作品21 / Mozart: Linzer *Sinfonie* モーツァルト: 交響曲「リンツ」.

sinfonische (symphonische) Dichtung 交響詩.

Ton︲dichtung 囡 -/-n 交響詩, 音詩.

Ouvertüre 囡 -/-n 序曲.

Orchester︲werk 中 -[e]s/-e 管弦楽作品.

Konzert 中 -[e]s/-e 協奏曲. Brahms: *Konzert* für Klavier und Orchester (=Klavier*konzert*) Nr. 1 d-Moll op. 15 ブラームス: ピアノ協奏曲第1番ニ短調 作品15 / *Konzert* für Flöte, Harfe und Orchester フルートとハープのための協奏曲 / Doppel*konzert* 二重協奏曲 / Tripel*konzert* 三重協奏曲.

Concerto grosso 中 -s/ Concerti grossi 合奏協奏曲.

(B) 室内楽曲 / 器楽曲

Kammer︲musik 囡 -/ 室内楽.

Sonate 囡 -/-n ソナタ. *Sonate* für Klavier (=Klavier*sonate*) ピアノ・ソナタ / *Sonate* für Klavier und Violine (=Violin*sonate*) ヴァイオリン・ソナタ.

Duo 中 -s/-s (異なる楽器による)二重奏曲.

Trio 中 -s/-s 三重奏曲. Klavier*trio* 三重奏曲.

Quartett 中 -[e]s/-e 四重奏曲. Streich*quartett* 弦楽四重奏曲.

Quintett 中 -[e]s/-e 五重奏曲.

Sextett 中 -[e]s/-e 六重奏曲.

Septett 中 -[e]s/-e 七重奏曲.

Oktett 中 -[e]s/-e 八重奏曲.

(C) オペラ / バレエ

Oper 囡 -/-n 歌劇, オペラ.

Operette 囡 -/-n 喜歌劇, オペレッタ.

Libretto 中 -s/-s (または Libretti) 歌劇台本, リブレット.

Ouvertüre 囡 -/-n 序曲.

Vorspiel 中 -[e]s/-e 前奏曲.

Arie 囡 -/-n アリア, 詠唱.

Kavatine 囡 -/-n カヴァティーナ.

Rezitativ 中 -/-n レチタティーヴォ, 叙唱.

Duett 中 -[e]s/-e 二重唱. Liebes*duett* 愛の二重唱.

Terzett 中 -[e]s/-e 三重唱.

Chor 男 -[e]s/Chöre 合唱. Jäger*chor* 狩人の合唱.

Intermezzo 中 -s/-s (または ..mezzi) インテ

ルメッツォ, 間奏曲.
Szene 女 -/-n 場面, 場. Wahnsinns-*szene* 狂乱の場.
Ballett 中 -(e)s/-e バレエ.
Aufzug 男 -(e)s/..züge 幕 (=Akt). Oper in drei *Aufzügen* 3幕の歌劇.
Bild 中 -(e)s/-er 場.
Handlung 女 -/-en 筋, あら筋.

(D) 教会音楽

Messe 女 -/-n ミサ[曲]. *Messe* zu 5 Stimmen 5声のミサ[曲].
Requiem 中 -s/-s レクィエム, 死者のためのミサ曲.
Passion 女 -/-en 受難曲. Matthäus-*Passion* マタイ受難曲.
Oratorium 中 -s/..rien オラトリオ.
Kantate 女 -/-n カンタータ.
Motette 女 -/-n モテット.

(E) 歌曲／合唱曲

Lied 中 -(e)s/-er 歌, 歌曲, リート.
Volks∤lied 中 -(e)s/-er 民謡.
Gesang 男 -(e)s/..sänge 歌; 歌唱.
Ballade 女 -/-n バラード.
Lieder∤zyklus 男 -/..zyklen [連作]歌曲集.
Chor∤werk 中 -(e)s/-e 合唱曲.
Madrigal 中 -s/-e マドリガーレ.
Text 男 -(e)s/-e 歌詞, 台本.

(2) 楽曲の種類・形式

Barkarole 女 -/-n 舟歌, バルカローレ.
Capriccio 中 -s/-s カプリッチョ, 奇想曲.
Divertimento 中 -s/-s (または ..menti) ディヴェルティメント, 嬉遊曲.
Etüde 女 -/-n 練習曲, エチュード.
Fantasie 女 -/-n 幻想曲 (=Phantasie). *Fantasie*stücke 複 幻想小曲集.
Fuge 女 -/-n フーガ.
Impromptu 中 -s/-s 即興曲.
Marsch 男 -es/Märsche 行進曲. Hochzeits*marsch* 結婚行進曲 / Trauer*marsch* 葬送行進曲.
Mazurka 女 -/-s (または ..zurken) マズルカ.
Menuett 中 -(e)s/-e (または -s) メヌエット.
Nocturne 中 -s/-s 夜想曲, ノクチュルヌ.
Partita 女 -/..titen パルティータ.
Polka 女 -/-s ポルカ.
Polonaise 女 -/-n ポロネーズ.
Präludium 中 -s/..dien 前奏曲.
Rhapsodie 女 -/-n ラプソディー, 狂詩曲.
Romanze 女 -/-en ロマンツェ.
Rondo 中 -s/-s ロンド.
Scherzo 中 -s/-s (または Scherzi) スケルツォ.
Serenade 女 -/-n セレナーデ.
Suite 女 -/-n 組曲.
Tanz 男 -es/Tänze 舞曲. Ungarische *Tänze* ハンガリー舞曲.
Toccata 女 -/Toccaten トッカータ.
Variation 女 -/-en 変奏曲. *Variationen* über ein Thema von Joseph Haydn ハイドンの主題による変奏曲.
Walzer 男 -s/- 円舞曲, ワルツ.

(3) 音楽用語のいろいろ

Rhythmus 男 -/Rhythmen リズム.
Melodie 女 -/-n メロディー, 旋律.
Harmonie 女 -/-n 和声, ハーモニー.
Tempo 中 -s/-s (または Tempi) テンポ.
Motiv 中 -(e)s/-e モティーフ, 動機.
Akkord 男 -(e)s/-e 和音.
Dur 中 -/- 長調. Es-*Dur* 変ホ長調.
Moll 中 -/- 短調. g-*Moll* ト短調.
Solo 中 -s/-s (または Soli) ソロ, 独奏, 独唱.
Ensemble 中 -s/-s アンサンブル.
Kadenz 女 -/-en カデンツ, カデンツァ.
Werk 中 -(e)s/-e 作品.
Stück 中 -(e)s/-e 楽曲.
Satz 男 -es/Sätze 楽章; 楽節. 1. (=erster) *Satz* 第1楽章.
Finale 中 -s/-s フィナーレ, 終楽章, 終曲.
Zugabe 女 -/-n アンコール.
Noten 複 楽譜.
Partitur 女 -/-en 総譜, スコア. Taschen-*partitur* ポケット版スコア.
Klavier∤auszug 男 -(e)s/..züge ピアノ編曲版.
Dämpfer 男 -s/- 弱音器, ミュート.

(4) 略記

Nr. 番号, …番 (=Nummer). Sinfonie *Nr.* 9 交響曲第9番.
op. 作品[番号] (=opus).
BWV J. S. バッハの作品[目録整理]番号 (=Bach-Werke-Verzeichnis).
KV モーツァルトの作品[目録整理]番号(ケッヘル番号) (=Köchel-Verzeichnis).
D シューベルトの作品[目録整理]番号(ドイッチュ番号) (=Deutsch-Verzeichnis).

(5) 速度用語, 発想用語, 強弱記号など

(A) 速度用語

presto プレスト, きわめて速く.
vivace ヴィヴァーチェ, 速く, 生き生きと.
allegro アレグロ, 快速に.
allegretto アレグレット, やや快速に.
moderato モデラート, 中くらいの速さで.
andantino アンダンティーノ, アンダンテよりやや速く.
andante アンダンテ, ゆっくりと歩くような速さで.
adagio アダージョ, 緩やかに.

lento レント，遅く．
largo ラルゴ，幅ひろく緩やかに．

(B) 補足的用語
molto モルト，きわめて．adagio *molto* きわめて緩やかに．
assai アッサイ，きわめて．allegro *assai* きわめて快速に．
un poco ウン・ポーコ，少し．*un poco* adagio 少し緩やかに．
ma non troppo マ・ノン・トロッポ，しかしはなはだしくなく．allegro *ma non troppo* 快速に，しかしはなはだしくなく．
più ピウ，より多く．*più* forte 今までより強く．
meno メノ，より少なく．*meno* mosso 今までより遅く．
subito スービト，すぐに．
sempre センプレ，常に．
quasi クワジ，…の様に．allegro *quasi* presto プレストに近いアレグロ．
tempo di .. …のテンポで．*tempo di* menuetto メヌエットのテンポで．
alla .. …風に．*alla* turca トルコ風に．

(C) 速度変化用語
accelerando アッチェレランド，しだいに速く（略: *accel.*）．
stringendo ストリンジェンド，しだいに速く（略: *string.*）．
ritenuto リテヌート，直ちに遅く（略: *riten.*）．
ritardando リタルダンド，だんだん遅く（略: *rit.*/*ritard.*）．
a tempo ア・テンポ，もとの速さで．
tempo primo テンポ・プリモ，最初の速度で．

(D) 発想用語
agitato アジタート，激しく．
appassionato アパッショナート，熱情的に．
brillante ブリランテ，輝かしく．
cantabile カンタービレ，歌うように．
capriccioso カプリチオーソ，気まぐれに．
comodo コモド，気楽に，ほどよく．
con brio コン・ブリオ，生き生きと．
con fuoco コン・フオーコ，激しく，熱烈に．
dolce ドルチェ，やわらかに．
espressivo エスプレッシーヴォ，表情豊かに．
furioso フリオーソ，荒れ狂って，激しく．
grave グラーヴェ，重々しく．
grazioso グラツィオーソ，優美に．
lamentoso ラメントーソ，悲しげに．
leggiero レッジェーロ，軽快に，優美に．
maestoso マエストーソ，荘厳に．
scherzando スケルツァンド，諧謔（かいぎゃく）的に．
tranquillo トランクイロ，静かに，落ち着いて．

(E) 強弱記号/強弱変化用語・記号
pp ピアニッシモ，きわめて弱く（＝pianissimo）．
p ピアノ，弱く（＝piano）．
mp メゾピアノ，やや弱く（＝mezzopiano）．
mf メゾフォルテ，やや強く（＝mezzoforte）．
f フォルテ，強く（＝forte）．
ff フォルティッシモ，きわめて強く（＝fortissimo）．
crescendo クレッシェンド，しだいに強く（略: *cresc.*；記号: ＜）．
decrescendo デクレッシェンド，しだいに弱く（略: *decresc.*；記号: ＞）．
diminuendo ディミヌエンド，しだいに弱く（略: *dim.*；記号: ＞）．
＜ アクセント，その音を強く（＝Akzent）．
sfz スフォルツァンド，突然強いアクセントをつけて（＝sforzando）．

(F) 奏法を指示する用語／略記号
arpeggio アルペッジョ，分散和音で．
legato レガート，なめらかに（略: *leg.*）．
staccato スタッカート，音を明瞭（めいりょう）に切って（略: *stacc.*）．
sostenuto ソステヌート，音を保持して．
tenuto テヌート，音を保持して（略: *ten.*）．
pizzicato ピッツィカート（略: *pizz.*）．
d.c. / D.C. ダ・カーポ，最初から繰り返せ（＝da capo）．
d.s. / D.S. ダル・セーニョ，記号（𝄋）のところから繰り返せ（＝dal segno）．
𝄐 フェルマータ，延音(延長)記号（＝Fermate）．
𝄆 :𝄇 反復記号（＝Wiederholungszeichen）．

(6) 演奏者

(A) 管弦楽団
Orchester 中 -s/- 管弦楽団，オーケストラ．*Orchester* der Bayreuther Festspiele バイロイト音楽祭管弦楽団 / Gewandhaus*orchester* Leipzig ライプツィヒ・ゲヴァントハウス管弦楽団．
Sinfonie≠orchester 中 -s/- 交響楽団．*Symphonieorchester* des Bayerischen Rundfunks バイエルン放送交響楽団 / Radio-*Sinfonieorchester* Stuttgart シュトゥットガルト放送交響楽団．
Rundfunk≠orchester 中 -s/- 放送管弦楽団．Kölner *Rundfunk*-Sinfonie-*Orchester* ケルン放送交響楽団．
Philharmoniker 複 フィルハーモニー管弦楽団．Berliner (Wiener) *Philharmoniker* ベルリン(ウィーン)・フィルハーモニー管弦楽団．
Sinfoniker 複 交響楽団（＝Symphoniker）．Bamberger *Symphoniker* バンベルク交響楽団．
Staats≠kapelle 女 -/-n 国立(州立)歌劇場管弦楽団．*Staatskapelle* Dresden ドレスデン国立[歌劇場]管弦楽団．
Kammer≠orchester 中 -s/- 室内管弦楽団．Stuttgarter *Kammerorchester* シュトゥットガルト室内管弦楽団．

(B) 室内楽団
Oktett 中 -[e]s/-e 八重奏団．Philharmonisches *Oktett* Berlin ベルリン・フィル八重奏団．

Quartett 中 -[e]s/-e 四重奏団. Alban Berg *Quartett* アルバン・ベルク弦楽四重奏団.
Trio 中 -s/-s 三重奏団.

(C) 合唱団
Chor 男 -[e]s/Chöre 合唱団. *Chor* der Wiener Staatsoper ウィーン国立歌劇場合唱団 / Thomaner *Chor* Leipzig ライプツィヒ聖トーマス教会合唱団 / Dresdner Kreuz*chor* ドレスデン聖十字架合唱団.
◇Wiener Singverein 男 ウィーン楽友協会合唱団 / Wiener Sängerknaben 複 ウィーン少年合唱団.
Kammer≠chor 男 -[e]s/..chöre 室内合唱団.
Kantorei 女 -/-en 聖歌隊.

(D) 歌手
Sänger 男 -s/- 歌手.
Sängerin 女 -/..rinnen (女性の)歌手.
Sopran 男 -s/-e ソプラノ.
Mezzosopran 男 -s/-e メゾソプラノ.
Alt 男 -s/-e アルト.
Tenor 男 -s/Tenöre テノール.
Bariton 男 -s/-e バリトン.
Bass 男 -es/Bässe バス.

(E) 指揮 / 演出
Dirigent 男 -en/-en 指揮者.
musikalische Leitung 指揮.
Einstudierung 女 -/ 合唱指揮.
Inszenierung 女 -/-en 演出.
Bühnen≠bild 中 -[e]s/-er 舞台装置.
Kostüme 複 衣装.
Choreographie 女 -/ 振り付け.

(F) 歌劇場 / 音楽祭
Staats≠oper 女 -/-n 国立(州立)歌劇場.
Fest≠spiele 複 音楽祭. die Salzburger *Festspiele* ザルツブルク音楽祭.

(7) 楽器

(A) 鍵盤楽器 (Tasten≠instrument 中 -[e]s/-e)
Klavier 中 -[e]s/-e ピアノ.
Piano 中 -s/-s ピアノ.
Cembalo 中 -s/-s (または ..bali) チェンバロ.
Orgel 女 -/-n [パイプ]オルガン.

(B) 弦楽器 (Streich≠instrument)
Violine 女 -/-n ヴァイオリン (=Geige).
Viola 女 -/Violen ヴィオラ (=Bratsche).
Violoncello 中 -s/-s (または ..celli) チェロ (=Cello).
Kontra≠bass 男 -es/..bässe コントラバス (=Bass).

(C) 管楽器, 吹奏楽器 (Blas≠instrument)
a) 木管楽器 (**Holz≠blasinstrument**)
Flöte 女 -/-n フルート.
Pikkolo≠flöte 女 -/-n ピッコロ.
Oboe 女 -/-n オーボエ.
Klarinette 女 -/-n クラリネット.
Fagott 中 -[e]s/-e ファゴット.
Saxophon 中 -s/-e サクソフォーン.
b) 金管楽器 (**Blech≠blasinstrument**)
Horn 中 -[e]s/Hörner ホルン.
Trompete 女 -/-n トランペット.
Posaune 女 -/-n トロンボーン.
Tuba 女 -/Tuben チューバ.

(D) 打楽器 (Schlag≠instrument)
Pauke 女 -/-n ティンパニー.
Trommel 女 -/-n 太鼓. eine große (kleine) *Trommel* 大(小)太鼓.
Becken 中 -s/- シンバル.
Triangel 男 -s/- トライアングル.

(E) 撥弦(ﾊﾂｹﾞﾝ)楽器 (Zupf≠instrument)
Harfe 女 -s/-n ハープ.
Laute 女 -/-n リュート.
Gitarre 女 -/-n ギター.
Mandoline 女 -/-n マンドリン.

(8) CD / レコード

CD 女 -/-[s] 《略》コンパクトディスク, CD (= compact disc).
Schall≠platte 女 -/-n レコード, アナログ・ディスク.
Aufnahme 女 -/-n 録音.
Gesamt≠aufnahme 女 -/-n 全曲録音. *Gesamtaufnahme* in italienischer Sprache イタリア語による全曲録音.
Quer≠schnitt 男 -[e]s/-e 抜粋[盤].
Auszüge 複 抜粋[盤].
Konzert≠mitschnitt 男 -[e]s/-e ライブ録音.
Fassung 女 -/-en 版. Klavier*fassung* ピアノ版.
Bearbeitung 女 -/-en 編曲.

(9) 楽譜

(A) 音部記号 (Noten≠schlüssel 男 -s/-)
G-Schlüssel ト音記号 (1a).
F-Schlüssel ヘ音記号 (1b).

(B) 音符 (Note 女 -/-n)
ganze Note 全音符 (2a).
halbe Note 2分音符 (2b).
Viertel≠note 4分音符 (2c).
Achtel≠note 8分音符 (2d).
Sechzehntel≠note 16分音符 (2e).

(C) 休符 (Pause 女 -/-n)
ganze Pause 全休符 (3a).
halbe Pause 2分休符 (3b).

Viertel♪pause 4分休符 (3c).
Achtel♪pause 8分休符 (3d).
Sechzehntel♪pause 16分休符 (3e).

1a 1b 2a 2b 2c 2d 2e 3a 3b 3c 3d 3e

(D) 拍子 (Takt 男 -[e]s/-e**)**
Zweihalbe♪takt 2分の2拍子 (4a).
Zweiviertel♪takt 4分の2拍子 (4b).
Dreiviertel♪takt 4分の3拍子 (4c).
Dreiachtel♪takt 8分の3拍子 (4d).
Vierviertel♪takt 4分の4拍子 (4e).
Sechsachtel♪takt 8分の6拍子 (4f).

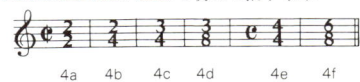

4a 4b 4c 4d 4e 4f

(E) 音名 (Ton♪bezeichnung 女 -/-en**)**

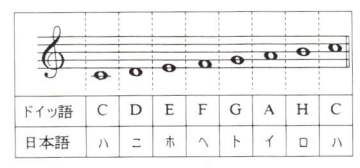

ドイツ語	C	D	E	F	G	A	H	C
日本語	ハ	ニ	ホ	ヘ	ト	イ	ロ	ハ

嬰(えい)記号(♯)の付いた音名

ドイツ語	Cis	Dis	Eis	Fis	Gis	Ais	His	Cis
日本語	嬰ハ	嬰ニ	嬰ホ	嬰ヘ	嬰ト	嬰イ	嬰ロ	嬰ハ

変記号(♭)の付いた音名

ドイツ語	Ces	Des	Es	Fes	Ges	As	B	Ces
日本語	変ハ	変ニ	変ホ	変ヘ	変ト	変イ	変ロ	変ハ

(F) 変化記号 (Versetzungs♪zeichen 中 -s/-**)**
Kreuz 中 -es/-e 嬰(えい)記号, シャープ (記号: ♯).
Doppel♪kreuz 中 -es/-e 重嬰記号, ダブルシャープ (記号: ✖).
B 中 -/- 変記号, フラット (記号: ♭).
Doppel-B 中 -/- 重変記号, ダブルフラット (記号: ♭♭).
Auflösungs♪zeichen 中 -s/- 本位記号, ナチュラル (記号: ♮).

(G) 調性 (Tonart 女 -/-en**)**
C-Dur (a-Moll) ハ長調(イ短調) (5a).
G-Dur (e-Moll) ト長調(ホ短調) (5b).
D-Dur (h-Moll) ニ長調(ロ短調) (5c).
A-Dur (fis-Moll) イ長調(嬰ヘ短調) (5d).
E-Dur (cis-Moll) ホ長調(嬰ハ短調) (5e).
H-Dur (gis-Moll) ロ長調(嬰ト短調) (5f).
Fis-Dur (dis-Moll) 嬰ヘ長調(嬰ニ短調) (5g).
F-Dur (d-Moll) ヘ長調(ニ短調) (5h).
B-Dur (g-Moll) 変ロ長調(ト短調) (5i).
Es-Dur (c-Moll) 変ホ長調(ハ短調) (5j).
As-Dur (f-Moll) 変イ長調(ヘ短調) (5k).
Des-Dur (b-Moll) 変ニ長調(変ロ短調) (5l).
Ges-Dur (es-Moll) 変ト長調(変ホ短調) (5m).

(長調 (Dur) ○ ; 短調 (Moll) ●)

5a 5b 5c 5d
5e 5f 5g
5h 5i 5j
5k 5l 5m

(H) 音程 (Intervall 中 -s/-e**)**
[reine] Prime [完全] 1度 (6a).
große Sekunde 長2度 (6b).
kleine Terz 短3度 (6c).
[reine] Quarte [完全] 4度 (6d).
[reine] Quinte [完全] 5度 (6e).
kleine Sexte 短6度 (6f).
kleine Septime 短7度 (6g).
[reine] Oktave [完全] 8度, オクターヴ (6h).

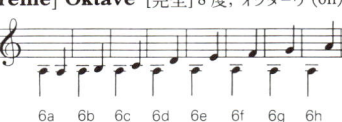

6a 6b 6c 6d 6e 6f 6g 6h

(10) 主な標題付き作品リスト

　このリストは, ドイツ語圏の作曲家の作品を中心に, 辞書を引いただけではわかりにくいと思われる「標題付き作品」のうち代表的なものを選んで作成しました. ドイツ語圏以外の作曲家の作品もいくつかとり上げ, ドイツ語と日本語の定訳を示してあります. なお, 主人公の名前をそのまま標題とするもの (例: Don Giovanni, Lohengrin など) は, スペースの関係で省略しました.
　配列はアルファベット順ですが, 定冠詞や不定冠詞の付いた標題は, 冠詞を除いた形でのアルファベット順に並べてあります.

(* イタリア語; ** フランス語)

Abschiedssinfonie (ハイドン) 交響曲「告別」

Akademische Festouvertüre （ブラームス）大学祝典序曲
Eine **Alpensinfonie** （R. シュトラウス）アルプス交響曲
Also sprach Zarathustra （R. シュトラウス）ツァラトゥストラはかく語りき
An der schönen blauen Donau （J. シュトラウス）美しく青きドナウ
Appassionata* （ベートーヴェン）熱情
Auferstehung （マーラー）復活
Aus der neuen Welt （ドヴォルザーク）新世界より
Der **Bajazzo** （レオンカヴァルロ）道化師
Der **Barbier von Sevilla** （ロッシーニ）セビリャの理髪師
Bilder einer Ausstellung （ムソルグスキー）展覧会の絵
Brandenburgische Konzerte （バッハ）ブランデンブルク協奏曲[集]
Ein **deutsches Requiem** （ブラームス）ドイツ・レクイエム
Dichterliebe （シューマン）詩人の恋
Dissonanzen-Quartett （モーツァルト）弦楽四重奏曲「不協和音」
Dornröschen （チャイコフスキー）眠りの森の美女
Die **Dreigroschenoper** （ヴァイル）三文オペラ
Die **Entführung aus dem Serail** （モーツァルト）後宮からの誘拐(逃走)
Eroica* （ベートーヴェン）英雄[交響曲]
Erzherzogs-Trio （ベートーヴェン）ピアノ三重奏曲「大公」
Fantasiestücke （シューマン）幻想小曲集
Fausts Verdammnis （ベルリオーズ）ファウストの劫罰(ごうばつ)
Der **Feuervogel** （ストラヴィンスキー）火の鳥
Feuerwerksmusik （ヘンデル）王宮の花火の音楽
Die **Fingalshöhle** （メンデルスゾーン）フィンガルの洞窟(どうくつ)
Die **Fledermaus** （J. シュトラウス）こうもり
Der **fliegende Holländer** （ヴァーグナー）さまよえるオランダ人
Forellen-Quintett （シューベルト）ピアノ五重奏曲「ます」
Frauenliebe und -leben （シューマン）女の愛と生涯
Die **Frau ohne Schatten** （R. シュトラウス）影のない女
Der **Freischütz** （ヴェーバー）魔弾の射手
Frühlingssonate （ベートーヴェン）ヴァイオリン・ソナタ「春」
Frühlingssinfonie （シューマン）交響曲「春」
Geschichten aus dem Wiener Wald （J. シュトラウス）ウィーンの森の物語
Götterdämmerung （ヴァーグナー）神々の黄昏(たそがれ)
Die **Hebriden** （メンデルスゾーン）フィンガルの洞窟(どうくつ)
Ein **Heldenleben** （R. シュトラウス）英雄の生涯
Die **Hochzeit des Figaro** （モーツァルト）フィガロの結婚
Hoffmanns Erzählungen （オッフェンバック）ホフマン物語
Italienische Sinfonie （メンデルスゾーン）交響曲「イタリア」
Jagd-Quartett （モーツァルト）弦楽四重奏曲「狩」
Die **Jahreszeiten** （ハイドン）四季
Johannes-Passion （バッハ）ヨハネ受難曲
Jupiter-Sinfonie （モーツァルト）交響曲「ジュピター」
Kaiser-Quartett （ハイドン）弦楽四重奏曲「皇帝」
Kaiserwalzer （J. シュトラウス）皇帝円舞曲
Kindersinfonie （レオポルト・モーツァルト）おもちゃの交響曲
Kindertotenlieder （マーラー）亡き子をしのぶ歌
Eine **kleine Nachtmusik** （モーツァルト）アイネ・クライネ・ナハトムジーク
Des **Knaben Wunderhorn** （マーラー）子供の不思議な角笛
Krönungskonzert （モーツァルト）ピアノ協奏曲「戴冠(たいかん)式」
Krönungsmesse （モーツァルト）戴冠(たいかん)式ミサ
Die **Kunst der Fuge** （バッハ）フーガの技法
Das **Land des Lächelns** （レハール）微笑(ほほえ)みの国
Der **Liebestrank** （ドニゼッティ）愛の妙薬
Liebesträume （リスト）愛の夢
Lieder eines fahrenden Gesellen （マーラー）さすらう若人の歌
Lieder ohne Worte （メンデルスゾーン）無言歌集
Das **Lied von der Erde** （マーラー）大地の歌
Linzer Sinfonie （モーツァルト）交響曲「リンツ」
Die **lustigen Weiber von Windsor** （ニコライ）ウィンザーの陽気な女房たち
Die **lustige Witwe** （レハール）メリー・ウィドウ
Die **Macht des Schicksals** （ヴェルディ）運命の力
Margarethe （グノー）ファウスト
Ein **Maskenball** （ヴェルディ）仮面舞踏会
Matthäus-Passion （バッハ）マタイ受難曲
Mein Vaterland （スメタナ）わが祖国

Die **Meistersinger von Nürnberg** (ヴァーグナー) ニュルンベルクのマイスタージンガー
Der **Messias** (ヘンデル) メサイア
Militär-Sinfonie (ハイドン) 交響曲「軍隊」
Mondschein-Sonate (ベートーヴェン) ピアノ・ソナタ「月光」
Musikalisches Opfer (バッハ) 音楽の捧げ物
Der **Nussknacker** (チャイコフスキー) くるみ割り人形
Orpheus in der Unterwelt (オッフェンバック) 天国と地獄
Pastorale (ベートーヴェン) 田園[交響曲]
Pathétique** (ベートーヴェン／チャイコフスキー) 悲愴
Prager Sinfonie (モーツァルト) 交響曲「プラハ」
Das **Rheingold** (ヴァーグナー) ラインの黄金
Rheinische Sinfonie (シューマン) 交響曲「ライン」
Der **Ring des Nibelungen** (ヴァーグナー) ニーベルングの指環(ゆびわ)
Romantische Sinfonie (ブルックナー) 交響曲「ロマンティック」
Der **Rosenkavalier** (R. シュトラウス) ばらの騎士
Le **Sacre du Printemps**** (ストラヴィンスキー) 春の祭典
Schicksals-Sinfonie (ベートーヴェン) 交響曲「運命」
Die **schöne Müllerin** (シューベルト) 美しき水車小屋の娘
Die **Schöpfung** (ハイドン) 天地創造
Schottische Sinfonie (メンデルスゾーン) 交響曲「スコットランド」
Schwanengesang (シューベルト) 白鳥の歌
Der **Schwanensee** (チャイコフスキー) 白鳥の湖
Ein **Sommernachtstraum** (メンデルスゾーン) 真夏の夜の夢
Der **Sturm** (ベートーヴェン) テンペスト
Sinfonie der Tausend (マーラー) 千人の交響曲
Sinfonie mit dem Paukenschlag (ハイドン) 交響曲「驚愕(きょうがく)」
Sinfonische Etüden (シューマン) 交響的練習曲
Symphonie fantastique** (ベルリオーズ) 幻想交響曲
Till Eulenspiegels lustige Streiche (R. シュトラウス) ティル・オイレンシュピーゲルの愉快ないたずら
Der **Titan** (マーラー) 巨人
Der **Tod und das Mädchen** (シューベルト) 死と乙女
Tod und Verklärung (R. シュトラウス) 死と浄化
Tragische Ouvertüre (ブラームス) 悲劇的序曲
Der **Troubadour** (ヴェルディ) トロヴァトーレ
Die **Unvollendete** (シューベルト) 未完成[交響曲]
Die **verkaufte Braut** (スメタナ) 売られた花嫁
Verklärte Nacht (シェーンベルク) 浄められた夜
Die **vier Jahreszeiten** (ヴィヴァルディ) 四季
Die **Walküre** (ヴァーグナー) ヴァルキューレ
Wanderer-Fantasie (シューベルト) さすらい人幻想曲
Wassermusik (ヘンデル) 水上の音楽
Weihnachts-Oratorium (バッハ) クリスマス・オラトリオ
Wiener Blut (J. シュトラウス) ウィーン気質(かたぎ)
Winterreise (シューベルト) 冬の旅
Das **wohltemperierte Klavier** (バッハ) 平均律クラヴィーア曲集
Die **Zauberflöte** (モーツァルト) 魔笛
Der **Zigeunerbaron** (J. シュトラウス) ジプシー男爵

7. 歴 史
(1) 年 表

西暦	ドイツ史	西暦	その他の地域
		前52	カエサル『ガリア戦記』を完成
前12	ドルススのゲルマニア侵入		
後9	トイトブルクの森の戦い(ケルスキー族,ローマ軍を撃破)	後30頃	イエス処刑さる
14	ドルススの子ゲルマニクス,ゲルマニアに侵入(〜16)		
73	ローマ勢力ライン上流域に進出,アグリ＝デクマテスを併合(〜74)		
84	ドミティアヌス帝,ライン・ドナウ両河間の長城(リーメス)の建設に着手(〜145頃)		
90	ゲルマニアのローマ軍占領地,上ゲルマニアと下ゲルマニアの二州に分けられる	98頃	タキトゥス『ゲルマニア』
		184	後漢で黄巾の乱
		220	後漢滅亡,三国時代へ
253頃	フランク族,ライン川を越えガリアに侵入	239	卑弥呼,魏に使者を送る
		313	ミラノ勅令
		325	ニケーア公会議
375	ゲルマン民族の大移動開始	395	ローマ帝国東西に分裂
		476	西ローマ帝国滅亡
497	フランク王クロートヴィヒ,アレマンネン族を破る	618	唐興る
		710	平城京遷都
751	カロリンガー朝成立	755	安史の乱(〜763)
768	**カール大帝即位**		
772	カール大帝のザクセン戦争(〜814)		
788	カール大帝,バイエルン部族公領を併合	794	平安京遷都
800	カール大帝,ローマで戴冠		
804	ザクセン,フランク王国に併合		
843	ヴェルダン条約でフランク帝国3分割,ルートヴィヒ東フランク王となる	867	キリスト教会,東西分裂
870	メルセン条約(ロートリンゲンの東半分が東フランク王国領となる)	875	黄巣の乱
		907	唐滅ぶ
911	東フランク王国(ドイツ)におけるカロリンガー王家の断絶.フランク部族公のコンラート1世「ドイツ王」に即位		
919	ハインリヒ1世,「ドイツ国王」に即位	960	宋建国
962	**オットー1世,ローマ皇帝に就き,神聖ローマ帝国成立**	987	西フランク王国のカロリング朝断絶し,カペー朝起こる
1024	ザーリア朝(〜1125)		
	この頃ロマネスク様式(Romanik)始まる		
		1054	東西教会分離
		1066	ノルマン・コンクェスト
1075	聖職叙任権闘争始まる		
1077	カノッサの屈辱	1096	第1回十字軍
1122	ヴォルムスの協約,叙任権闘争終結		
1138	ホーエンシュタウフェン朝(〜1254)		
	この頃ロマネスク様式,宮廷・騎士文化の全盛期,ゴシック様式(Gotik)始まる		
1190	ドイツ騎士団成立	1192	源頼朝,鎌倉に幕府を開く
1241	ヴァルシュタットの戦い/ハンザ同盟成立	1219	チンギス汗西方遠征開始
1248	ケルンの大聖堂定礎式		
1254	大空位時代はじまる(〜73)/ライン都市同盟成立	1309	教皇のアヴィニョン幽囚
1347	ペスト(黒死病)大流行(〜1351)	1338	室町幕府成立

1348	プラハにドイツ最初の大学創立 この頃から後期ゴシック様式（Spätgotik）始まる	1339	百年戦争起こる
1356	金印勅書の発布（選帝侯による皇帝選挙体制確立）	1378	ローマ教会分裂（シスマ）
1365	ウィーンに大学創立	1410	この頃イタリアでルネサンス（Renaissance）最盛期
1386	ハイデルベルクに大学創立		
1438	ハプスブルク家，皇帝を世襲（〜1806）	1414	コンスタンツ公会議
1445頃	グーテンベルクの印刷術発明	1453	百年戦争終わる／東ローマ帝国滅亡
1471	アルブレヒト・デューラー（Albrecht Dürer）1528 没		
1483	マルティン・ルター（Martin Luther）1546 没		
1494	ハンス・ザックス（Hans Sachs）1576 没 この頃職匠歌人の活躍／都市文化定着		
1500	この頃からルネサンス様式，それに引き続いてマニエリズム様式（Manierismus）		
1517	**ルター，95 か条の論題を発表，宗教改革始まる**	1518	ツヴィングリ宗教改革
1521	ヴォルムス帝国議会（新教禁止，ルター追放決議）		
1522	騎士戦争（〜23）／ルターのドイツ語訳『新約聖書』		
1524	ドイツ農民戦争（〜25）		
1526	第 1 回シュパイエル帝国議会（諸侯の信教の自由）		
1529	第 2 回シュパイエル帝国議会，「プロテスタント」の名称起こる		
1531	シュマルカルデン同盟成立	1534	イエズス会成立
		1541	カルヴァンの宗教改革
1555	アウクスブルク宗教和議	1562	ユグノー戦争（〜98）
1583	この頃からバロック様式（Barock）始まる	1588	スペイン無敵艦隊敗北
		1600	関ヶ原の戦い
1618	**30 年戦争（〜48）**	1603	江戸幕府成立
		1628	イギリス議会，権利の請願提出
		1642	清教徒革命始まる（〜60）
1648	ヴェストファーレン条約（30 年戦争終結），ドイツ領邦国家に分裂	1643	ルイ 14 世即位
1685	ヨーハン・ゼバスティアン・バッハ（Johann Sebastian Bach）1750 没		
1685	ゲオルク・フリードリヒ・ヘンデル（Georg Friedrich Händel）1759 没	1688	名誉革命
1701	ブランデンブルク選帝侯，プロイセン王の称号獲得	1701	スペイン継承戦争（〜14）
1720	この頃ロココ様式（Rokoko），啓蒙主義の時代始まる		
1724	イマニュエル・カント（Immanuel Kant）1804 没		
1740	第 1 回シュレージエン戦争（〜42）／オーストリア継承戦争（〜48）		
1740	フリードリヒ大王（プロイセン）即位（〜86） マリア・テレジア（オーストリア）即位（〜80）		
1744	第 2 回シュレージエン戦争（〜45）		
1749	ヨーハン・ヴォルフガング・フォン・ゲーテ（Johann Wolfgang von Goethe）1832 没		
1756	第 3 回シュレージエン戦争（〜63）		
1756	ヴォルフガング・アマデウス・モーツァルト（Wolfgang Amadeus Mozart）1791 没		
1759	フリードリヒ・シラー（Friedrich Schiller）1805 没		
1770	この頃から古典主義様式（Klassizismus）始まる，引き続いて，ロマン主義（Romantik）〜1830 頃まで		
1770	ルートヴィヒ・ファン・ベートーヴェン（Ludwig van Beethoven）1827 没		

1772	オーストリア, プロイセン, ロシアがポーランドを分割	1775	アメリカ独立戦争 (〜83)
1785	ヤーコプ・グリム (Jacob Grimm) 1863 没		
1786	ヴィルヘルム・グリム (Wilhelm Grimm) 1859 没	1789	フランス革命勃発
1793	第二次ポーランド分割		
1795	第三次ポーランド分割		
1797	ハインリヒ・ハイネ (Heinrich Heine) 1856 没		
1797	フランツ・シューベルト (Franz Schubert) 1828 没		
1806 7.	ライン連邦成立 / 8. **神聖ローマ帝国解体**	1804	ナポレオン, 皇帝に即位
1807 7.	ティルジットの和約 (プロイセン, エルベ以西を失う)		
10.	プロイセンでシュタインの改革始まる		
1813 10.	ライプツィヒの戦い (プロイセン, オーストリア, ロシア同盟軍, ナポレオン軍を撃破)		
1813	リヒャルト・ヴァーグナー (Richard Wagner) 1883 没		
1814 9.	**ウィーン会議**	1814	ナポレオン, 退位
1815 6.	ドイツ連邦の成立		
1818	カール・マルクス (Karl Marx) 1883 没		
1833	ヨハネス・ブラームス (Johannes Brahms) 1897 没	1830	フランス, 7月革命
1834 1.	ドイツ関税同盟の発足	1837	大塩平八郎の乱 (〜53)
1835 12.	ニュルンベルク・フュルト間にドイツ最初の鉄道開通	1840	アヘン戦争 (〜42)
1844	フリードリヒ・ニーチェ (Friedrich Nietzsche) 1900 没		
1848 2.	マルクス, エンゲルスの『共産党宣言』公刊	1848	フランス, 2月革命
3.	3月革命 / 5. フランクフルトで国民議会開催		
	フランツ・ヨーゼフ (オーストリア) 即位 (〜1916)		
1849 3-4	国民議会, ドイツ帝国憲法を可決しプロイセン国王を皇帝に選出するも, プロイセン国王これを拒否		
5.	プロイセン三級選挙法制定		
6.	国民議会解散		
1851 5.	ドイツ連邦復活	1850	太平天国の乱勃発
		1853	クリミア戦争 / ペリー来航
		1854	日米和親条約
1856	ジークムント・フロイト (Sigmund Freud) 1939 没	1858	日米修好通商条約
		1859	安政の大獄 / ダーウィン『種の起源』
1861 1.	ヴィルヘルム 1世, プロイセン国王に即位	1861	イタリア王国成立 / ロシア, 農奴解放令 / 南北戦争 (〜65)
1862 9.	ビスマルク, プロイセン首相に就任		
1863 5.	ラサールの指導下, 全ドイツ労働者協会創立	1863	リンカーン, 奴隷解放宣言
1864	マックス・ヴェーバー (Max Weber) 1920 没	1864	第1インターナショナル結成
1866 6.	普墺戦争勃発	1867	大政奉還
1867	北ドイツ連邦成立	1868	明治維新
1870 7.	**普仏戦争勃発**		
1871 1.	プロイセン国王ヴィルヘルム 1世, ドイツ皇帝に即位	1871	パリ・コミューン
3.	ドイツ帝国議会第 1 回選挙		
4.	ドイツ帝国憲法発布		
1872 9.	独墺露三帝会談		
1873 10.	独墺露三帝協定締結		
1875 5.	ドイツ社会主義労働者党 (社会民主党の前身) 結成		
1875	トーマス・マン (Thomas Mann) 1955 没	1877	露土戦争 (〜78)
1878 6.	ベルリン会議		
10.	帝国議会, 社会主義者鎮圧法可決		
1879 10.	独墺同盟成立		
1881 6.	独墺露三帝条約締結		
1882 5.	独墺伊三国同盟成立	1882	伊藤博文, 独墺に憲法調査
1883	フランツ・カフカ (Franz Kafka) 1924 没		

1884	トーゴ, カメルーン, ドイツの保護支配下に入る		
1888 6.	ヴィルヘルム2世即位		
1889	マルティン・ハイデガー (Martin Heidegger) 1976 没	1889	大日本帝国憲法発布
1890 3.	ビスマルク, 宰相辞任		
9.	社会主義鎮圧法失効	1894	日清戦争始まる (〜95)
		1894	ドレフュス事件 (〜99)
1895	レントゲン, X線発見	1896	第1回オリンピック大会
1897 11.	ドイツ軍青島を占領		
1898 3.	膠州港租借条約		
1898	ベルトルト・ブレヒト (Bertolt Brecht) 1956 没		
		1899	義和団の乱 (〜1901)
		1902	日英同盟締結
		1904	日露戦争 (〜05)
1905 3.	第一次モロッコ事件 (ドイツ皇帝, モロッコに示威的訪問)	1905	ポーツマス条約 ロシア第一革命
		1907	英仏露協商成立
1908 10.	オーストリア, ボスニア・ヘルツェゴヴィナ併合	1908	青年トルコ党の革命
		1910	日本, 韓国を併合
1911 7.	第二次モロッコ事件 (ドイツの砲艦, アカディールに派遣)	1911	中国, 辛亥革命
		1912	中華民国成立
1914 7.	**第一次世界大戦始まる (〜18)**	1914	パナマ運河完成
1915	アインシュタイン, 一般相対性原理発表		
1916 1.	スパルタクス団結成		
1917	無制限Uボート作戦実施によりアメリカの参戦	1917	ロシアで2月, 10月革命
1918 11.	キール軍港で水兵の反乱 (ドイツ革命勃発)	1918	日本, シベリア出兵
	ヴィルヘルム2世亡命, パリ郊外で休戦条約調印		
1919 2.	ヴァイマルに国民議会召集	1919	コミンテルン結成
6.	ヴェルサイユ条約調印		中国で5・4運動
7.	国民議会, 新憲法採択		
1920 2.	ドイツ労働者党, 国民 (国家) 社会主義ドイツ労働者党 (ナチス党) に改称	1920	国際連盟成立
3.	カップ一揆勃発するも, ゼネストに会い失敗に終わる		
		1921	日英同盟廃棄 中国共産党結党
1922 4.	ラッパロ条約	1922	ムッソリーニのローマ進軍 (ファシズム政権成立)
1923 1.	フランス, ベルギー軍ルール占領	1923	ソヴィエト社会主義共和国連邦成立
	経済大混乱に陥り, 天文学的インフレを記録		
11.	ヒトラー, ミュンヒェン一揆	1923	関東大震災
1924 8.	国会, ドーズ案 (賠償軽減案) を承認		
1925 12.	ロカルノ条約締結 (現状維持, 相互不可侵)		
1926 9.	ドイツ, 国際連盟加入		
1927頃	農業恐慌が29年の金融恐慌に先駆けて起こる		
1928 6.	ミュラー大連合内閣成立	1928	パリで不戦条約
1929 6.	ヤング案の調印	1929	ニューヨークで株の大暴落を契機として世界大恐慌起こる
7.	ヤング案反対闘争にナチス参加		
1930 3.	ミュラー大連合内閣崩壊	1930	ロンドン軍縮会議
3.	ブリューニング内閣成立		
9.	国会選挙でナチス大躍進		
1931 10.	ナチスを含めた右翼が国民戦線を結成 (「ハルツブルク戦線」)	1931	満州事変勃発
1932 6.	ローザンヌ賠償会議	1932	満州国建国宣言 日本で5・15事件
7.	国会選挙でナチス第一党になる		
1933 1.	**ヒトラー内閣成立**	1933	日本, 国際連盟脱退
3.	全権委任法可決		
1934 6.	レーム事件	1934	中国共産党の長征開始
8.	ヒンデンブルク死去に伴いヒトラー, 総統になる		
1935 9.	ニュルンベルク諸法布告	1935	イタリア, エチオピア侵入

付録

年	月	ドイツ関連事項	年	国際事項
1936	3.	ドイツ軍, 非武装地帯のラインラントに進駐	1936	スペイン内乱 (~39)
	10.	ベルリン＝ローマ枢軸成立		日本で2・26事件
	11.	日独防共協定の締結		
1937	11.	ヒトラーの歴史的会議 (ホスバッハ覚書)	1937	日中戦争勃発
		日独伊防共協定		
1938	3.	ドイツ軍, オーストリア併合	1938	日本, 国家総動員法施行
	9.	ミュンヒェン会談		
	11.	全ドイツにおけるユダヤ人への組織的迫害 (「クリスタルナハト」)		
1939	3.	ドイツ軍, プラハ占領	1939	ノモンハン事件で日本軍, ソ連軍に惨敗
	8.	独ソ不可侵条約締結		
	9.	**ドイツ軍, ポーランド侵入 (第二次世界大戦勃発 ~ 45)**		
1940	4.	ドイツ軍, デンマークとノルウェー占領		
	5.	ドイツ軍, パリを無血占領		
		日独伊三国同盟締結		
1941	4.	ドイツ軍, ユーゴスラヴィアとギリシアに侵入	1941	日本軍, 真珠湾を攻撃 (太平洋戦争起こる)
	6.	独ソ戦始まる		
	12.	ドイツ, アメリカに宣戦		
1942	1.	ヴァンゼー会議でユダヤ人問題の最終的解決を決定	1942	ミッドウェー海戦で日本敗退
1943	1.	スターリングラードでドイツ軍降伏	1943	カイロ会談 (米英中)
	2.	ショル兄妹, ゲシュタポに逮捕さる		テヘラン会談 (米英ソ)
1944	6.	連合軍, ノルマンディー上陸		イタリア, 降伏
	7.	ヒトラー暗殺未遂事件		
1945	4.	ヒトラー自殺	1945	ヤルタ会談 (米英ソ)
		ドイツ降伏		広島, 長崎に原爆投下
	11.	ニュルンベルク国際軍事法廷開廷		日本, 無条件降伏
				国際連合成立
1946	4.	ソ連占領地区でドイツ社会主義統一党 (SED) 成立	1946	中国で国共内戦
	9.	ニュルンベルク裁判判決	1947	日本国憲法施行
1947	3.	四国外相モスクワ会議 (ドイツ問題を討議)		マーシャル・プラン提案
1948	6.	ベルリン封鎖開始 / 西側・ソ連占領地域で通貨改革	1948	極東国際軍事裁判判決
				大韓民国成立 / 朝鮮民主主義人民共和国成立宣言
1949	5.	ニューヨーク協定によってベルリン封鎖解除	1949	中華人民共和国成立
		ドイツ連邦共和国 (西独) 成立, 首相アデナウアー		
	10.	人民評議会, ドイツ民主共和国 (東独) の成立を宣言		
1950	9.	東独, コメコンに加盟	1950	朝鮮戦争勃発
			1951	サンフランシスコ平和条約調印
				日米安全保障条約締結
1953	6.	東独全域でデモ・ストが展開 (「6月17日事件」)	1953	朝鮮戦争休戦 / スターリン死亡
1955	5.	西独, 北大西洋条約機構 (NATO) に参加	1955	アジア・アフリカ会議
		東独, ワルシャワ条約機構に加盟	1956	ハンガリー事件
1956	10.	ザールラント, 西独に復帰決定	1957	ソ連人工衛星打ち上げ成功
			1958	ヨーロッパ経済共同体発足
1959	11.	西独社会民主党 (SPD), ゴーデスベルク綱領採択	1960	日米安全保障条約改定調印
1961	8.	**ベルリンの壁構築**	1962	キューバ危機
			1964	東京オリンピック
			1965	ベトナム戦争激化

1966 12.	西独2大政党, 社会民主党 (SPD), キリスト教民主同盟 (CDU) と社会同盟 (CSU) による大連合内閣成立, 首相にキージンガー	1966	中国でプロレタリア文化大革命始まる
		1967	ヨーロッパ共同体 (EC) 発足
		1968	チェコ事件
1969 10.	西独で社会民主党 (SPD) と自由民主党 (FDP) との連立内閣成立 西独首相ブラントの東方外交始まる	1969	アポロ11号月面着陸
1970 3.	両独首相, エルフルトで関係改善のための初会談		
1971 5.	東独ホーネカー, ドイツ社会主義統一党 (SED) 第一書記に就任		
1972 9.	ミュンヒェン・オリンピック	1972	沖縄, 日本に復帰 日中国交回復
12.	両独「関係の基礎に関する条約」調印	1973	ベトナム和平協定調印 オイルショック
1973 9.	両独国連に加盟		
		1975	第1回先進国首脳会議 (サミット) 開催
1976 10.	東独ホーネカー国家評議会議長兼党第一書記に就任	1976	日本, ロッキード事件
		1979	ソ連軍, アフガニスタン侵入
1980 1.	西独連邦レベルでの「緑の党」設立大会		
1981 5.	東独ホーネカー訪日を契機としての「西方外交」開始	1981	自主労組「連帯」弾圧さる
1982 10.	西独キリスト教民主同盟 (CDU), 社会同盟 (CSU), 自由民主党 (FDP) の連立内閣成立, 首相にコール		
1984 5.	西独ヴァイツゼッカー, 大統領に就任		
		1985	ゴルバチョフ, 書記長就任
		1987	ペレストロイカ始まる
1989 9.	ハンガリーの国境開放に伴い, 1.5万人の東独市民が西独に脱出／ライプツィヒ月曜デモ開始	1989	中国で天安門事件／東欧で民主化運動
10.	東独ホーネカー解任		
11.	**ベルリンの壁崩壊**		
1990 3.	東独人民議会選挙, 保守派の勝利	1990	イラク, クウェート侵攻
7.	両独通貨統合		
10.	**東西ドイツ統一**		
		1991	湾岸戦争勃発／ソ連で8月クーデター／カンボジアの和平協定パリで調印／ソ連邦崩壊, 独立国家共同体に
		1992	ユーゴスラヴィア連邦制崩壊
		1993	チェコ・スロヴァキア分離・独立
1994 6.	ヘルツォーク, 大統領に就任		
1998 10.	シュレーダー, 連邦首相に就任		
1999 7.	ラウ, 大統領に就任		

ドイツの言語・社会・文化・歴史　1828

(2) 歴史地図

(A) 1914年（第一次世界大戦直前）

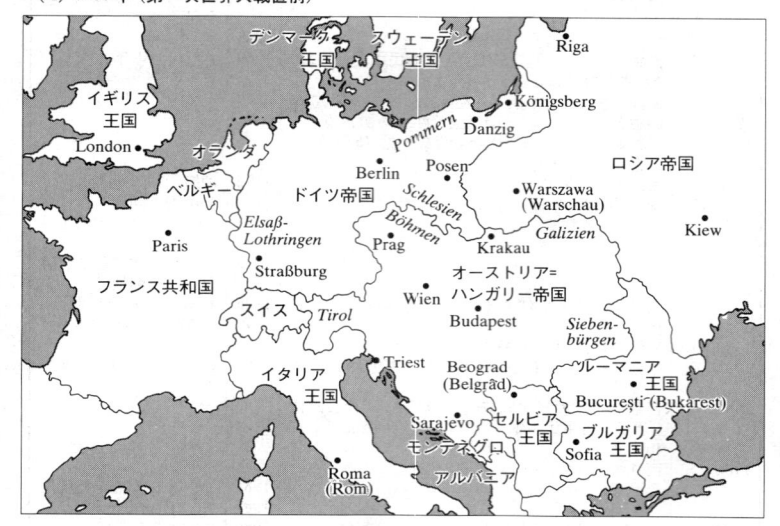

(B) 1949～1990年

※ (　) はドイツ語名を表す．(A) ではドイツ帝国およびオーストリア＝ハンガリー帝国領内の都市はドイツ語名のみあげてある．イタリックで示したのはドイツ語による地方名である．

8. ヨーロッパ連合 (EU) 諸国

ヨーロッパ連合 (Europäische Union)
　面積: 3,236,000 km² 人口: 3億7150万人
　議会所在地: ストラスブール (Straßburg)

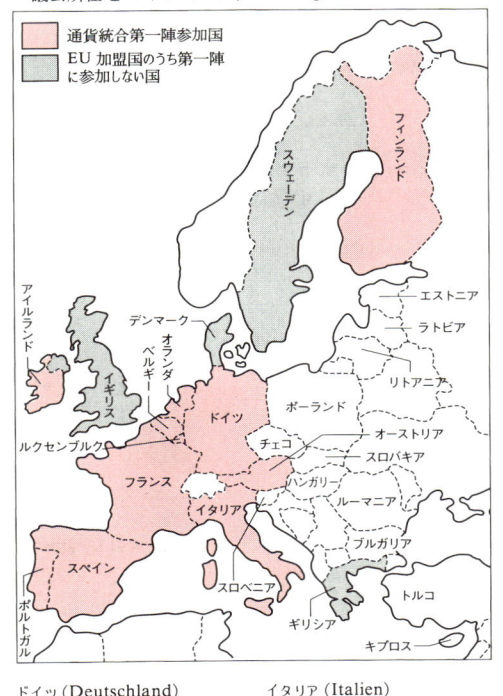

凡例:
- 通貨統合第一陣参加国
- EU加盟国のうち第一陣に参加しない国

ギリシア (Griechenland)
　面積: 131,957 km²
　人口: 1,050万人
　首都: アテネ (Athen)

ベルギー (Belgien)
　面積: 30,518 km²
　人口: 1,010万人
　首都: ブリュッセル (Brüssel)

ポルトガル (Portugal)
　面積: 92,270 km²
　人口: 990万人
　首都: リスボン (Lissabon)

スウェーデン (Schweden)
　面積: 449,964 km²
　人口: 880万人
　首都: ストックホルム (Stockholm)

オーストリア (Österreich)
　面積: 83,845 km²
　人口: 810万人
　首都: ウィーン (Wien)

デンマーク (Dänemark)
　面積: 43,094 km²
　人口: 520万人
　首都: コペンハーゲン (Kopenhagen)

ドイツ (Deutschland)
　面積: 357,022 km²
　人口: 8,190万人
　首都: ベルリン (Berlin)

イタリア (Italien)
　面積: 301,302 km²
　人口: 5,720万人
　首都: ローマ (Rom)

フィンランド (Finnland)
　面積: 338,144 km²
　人口: 510万人
　首都: ヘルシンキ (Helsinki)

フランス (Frankreich)
　面積: 543,965 km²
　人口: 5,860万人
　首都: パリ (Paris)

スペイン (Spanien)
　面積: 504,782 km²
　人口: 4,030万人
　首都: マドリッド (Madrid)

アイルランド (Irland)
　面積: 70,282 km²
　人口: 360万人
　首都: ダブリン (Dublin)

イギリス (Großbritannien)
　面積: 241,752 km²
　人口: 5,860万人
　首都: ロンドン (London)

オランダ (Niederlande)
　面積: 41,865 km²
　人口: 1,550万人
　首都: アムステルダム (Amsterdam)

ルクセンブルク (Luxemburg)
　面積: 2,586 km²
　人口: 40万人
　首都: ルクセンブルク (Luxemburg)

(国名と首都名はドイツ語表記, 人口は概数)

VIII. 発音について

本書では,新しい正書法で書かれたすべての見出し語について仮名で発音を示します.また,基本的な単語の代表形,重要語などについては発音記号による表記も併せて示します.

1. 発音表記の原則

(1) 平仮名と片仮名
発音は基本的に片仮名で表します.日本語にはない音のうち,単語の意味を区別するのに特に重要な [f] と [l] についてのみ,平仮名の [ふ] および [らりる…] で表します.[h] または [x] の表記に使われる [フ],および [r] を表す [ラリル…] と区別してください.
例: Fuß [ふース]; husten [フーステン]
　　lachen [らッヘン]; Rachen [ラッヘン]

(2) 小　字
表記には小字が使われることがあります.ふつうの仮名遣いでも使う表記はそのとおりに読みます.(Hütte [ヒュッテ] など.)
ほかに,[ト], [ド] は後ろに母音を伴わない単独の [t], [d] を表します.[to tɔ], [do dɔ] を表す [ト], [ド] と区別してください.
例: Trottel [トロッテる]; Torte [トルテ]
また,軽く添えるように発音する音も小字で表します.
例: Ring [リング], sammeln [ザンメるン], Brunnen [ブルンネン], Bonbon [ボンボーン],
　　Pfeife [プふァイふェ], Konjunktur [コンニュンクトゥーァ]
すなわち,後ろに母音を伴わない ng の最後の [グ],母音にはさまれた mm や nn の始めと鼻母音の終わりの [ン], pf の [プ],音節境界をはさんで接する n と j の間の [ニ],母音化した r の [ァ] です.

(3) 太字と [´], [`]
太字の仮名はそこにアクセントがあることを表します.発音記号ではその位置に [´] が付きます.分離動詞については発音記号の [`] によって第 2 アクセントを示します.

(4) [·] と [-]
仮名表記の [·] と発音記号の [-] は主な発音の区切りを示します.なお,発音記号の途中改行も発音の区切りで行い,行末に [-] を置きます.

(5) [..]
見出し語の第 2 の発音を表記する場合,第 1 の発音との共通部分は省略されて [..] となります.名詞の単数 2 格と複数形の発音表記においても同様に,見出し語の発音表記との共通部分は省略されて [..] となります.省略されずに明示された発音の仮名表記に太字が含まれる場合,[..] の部分にアクセントはないものとします.
例: außer=dem [アオサァ・デーム áusər-de:m または ..デーム]
　　Professor [プロふェッソァ profésɔr] 男 (単2) -s/(複) -en [..ソーレン]

(6) 枠囲みの例文の発音表記について
枠囲みの例文については仮名で発音を示します.文中で特に強く発音される部分のみを太字とし,個々の語のアクセントは示しません.また文中で発音が弱化する語については,弱化した発音を示します.

2. つづりの読み方

(1) 母音字の読み方の基本原則

(A) 単母音

a i u e o は [ア イ ウ エ オ] と読む. (長短については (C) 参照.)
ä ö ü y は [エ エ ユ ユ] と読む. (長短については (C) 参照.)
(例えば, 次の語の頭文字はすべて [ア] と読みます: Apfel [アっふぇる], all [アる], April [アプりる]. 英語の apple [アップる], all [オーる], April [エイプりる] と比較してみてください.)

(B) 二重母音

ai, ay, ei, ey は [アイ] と読む.
au は [アオ] と読む.
eu, äu は [オイ] と読む.

(C) 母音の長短

母音にアクセントがあり, 続く子音字が少なければ, たいてい長母音になる.
  例: zu [ツー], Büro [ビュロー], Hut [フート], Name [ナーメ]
母音にアクセントがない場合や, 続く子音字が多ければ, たいてい短母音になる.
  例: zusammen [ツザンメン], Romantik [ロマンティク]; Bett [ベット], Treppe [トレッペ]
aa ee oo や「母音+h」は, たいてい長母音になる.
  例: Haar [ハール], See [ゼー], Boot [ボート], Lohn [ローン]
ie は長母音 [イー] になる場合と, [イエ] と読む場合がある.
  例: Wien [ヴィーン]; Ferien [ふェーリエン]

(2) 子音字の読み方の基本原則

(A) 有声と無声

b d g は語頭で有声の [b d g] (=バ行, ダ行, ガ行の子音)となる. 語末では無声の [p t k] (=パ行, タ行, カ行の子音)となる.
  例: Dieb [ディープ], Bad [バート], Zug [ツーク], Abt [アプト], Stadt [シュタット]
s は母音の前で有声の [z] (=ザ行の子音)となる. 語末では無声の [s] (=サ行の子音)となる.
  例: Sarg [ザルク], Nase [ナーゼ], Gras [グラース]
v は基本的に無声の [ふ] だが, 外来語で後ろに母音を伴う場合は有声の [ヴ] になることが多い.
  例: Vater [ふァータァ]; Virus [ヴィールス], Alternative [アるテルナティーヴェ]

(B) r の母音化

r は長母音のあとで母音化して [ァ] となる. ただし [アー] のあとの r だけは [ル] と読む.
  例: Tier [ティーァ], Geburt [ゲブーァト], klar [クラール]
er.., ver.., zer.. の r も母音化して [ァ] となる. her.. の r も後ろの母音と結合しない限り, [ァ] となる.
  例: erlegen [エァ・れーゲン], verlegen [ふェァ・れーゲン], zerlegen [ツェァ・れーゲン],
      Herkunft [ヘーァ・クンふト]
アクセントのない語尾の ..er は母音化して [..ァァ] となる.
  例: Lehrer [れーラァ], anders [アンダァス]
(そのほか, 本書では [r] と表記される r に対しても, 滑らかな発音のために適当と判断される場合には [ァ] を充てています. 例: Doktor [ドクトァ dóktɔr], Urteil [ウァ・タイる úr-tail] など.)

(C) その他, 主要なつづりの読み方

..ch は [..ハ ..フ ..ホ] のどれかになる. おおむね前の母音と同じ口の構えで読む. ただし, 前に e, ä または子音がある場合は [..ヒ] となる.
  例: Bach [バッハ], ich [イヒ], Buch [ブーフ], doch [ドッホ]; Pech [ペヒ], Milch [ミるヒ]
..chs は [..クス] と読む. 例: Fuchs [ふクス], Achse [アクセ]
..ig は [..イヒ] と読む. ただし母音が続くと g は本来の [g] (=ガ行の子音)に戻る.

発音について

例: König [ケーニヒ]; Könige [ケーニゲ], Königin [ケーニギン]
..ng は [..ンヶ] と読む. 例: lang [らンヶ], Angler [アンヶラァ]
j.. は後ろの母音と結合して [ヤ イ ェ ユ ヨ] となる. 例: Japan [ヤーパン], jung [ユンヶ]
qu.. は [クヴ..] と読む. 例: Quelle [クヴェれ], Aquarium [アクヴァーリウム]
sch は [シュ] と読む. 例: schön [シェーン], hübsch [ヒュプシュ]
sp.., st.. は [シュプ..] [シュト..] と読む. 例: Sprache [シュプラーヘ], Student [シュトゥデント]
..ß は [..ス] と読む. 例: Fuß [ふース], beißen [バイセン]
..tion は [..ツィオーン] と読む. 例: Lektion [れクツィオーン]
tsch は [チュ] と読む. 例: Deutsch [ドイチュ], Gletscher [ぐれッチャァ], Tscheche [チェッヒェ]
w は [ヴ] と読む. 例: wie [ヴィー], etwas [エトヴァス], Wurst [ヴルスト]
z は [ツ] と読む. ..tz ..ts ..ds も同じ.
  例: Zeit [ツァイト], Hitze [ヒッツェ], nichts [ニヒツ], abends [アーベンツ]

(3) アクセントの基本原則

(A) 外来語を除き, 単一語は原則として最初の音節を強く読む.
  例: heu·te [ホイテ], wan·dern [ヴァンダァン]

(B) 合成語ではふつう初めの構成要素のアクセントが語全体のアクセントとなる.
  例: Auto≠bahn [アオト・バーン], Musik≠lehrer [ムズィーク・れーラァ]

(C) 分離動詞の前つづりにはアクセントがある. 非分離動詞の前つづりにはふつうアクセントがない. 特に be.., ge.., er.., ver.., zer.., emp.., ent.. は決してアクセントを持たない.
  例: auf|passen [アオふ・パッセン]; besitzen [ベ・ズィッツェン]

(4) つづりの読み方の一覧表

以下にドイツ語でふつう用いられるつづりの読み方の一覧表を掲げる. 読み方の欄には, 本書の仮名による発音表記の方法に従って, つづりそのものが表す発音に最も近い音の仮名, またはそのような音を含む仮名を示す.

つづり	読み方・発音		例
a	ア	a	alt [アるト ált], Saft [ザふト záft], an [アン án]
	アー	a:	Adel [アーデる á:dəl], Lage [らーゲ lá:gə], Art [アールト á:rt]
ä	エ	ε	älter [エるタァ éltər], hält [へるト hélt]
	エー	ε:	Ära [エーラ έ:ra], Käse [ケーゼ kέ:zə], nächst [ネーヒスト nέ:çst]
aa	アー	a:	Aal [アーる á:l], Staat [シュタート ʃtá:t]
ah	アー	a:	ahnen [アーネン á:nən], Fahrt [ふァールト fá:rt]
äh	エー	ε:	ähnlich [エーンりヒ έ:nlıç], Fähre [ふェーレ fέ:rə]
ai	アイ	aı	Mai [マイ máı], Laie [らイエ láıə]
au	アオ	aυ	auf [アオふ áuf], kaum [カオム káum]
äu	オイ	ɔY	äußern [オイサァン ɔ́Ysərn], Fräulein [ふロイらイン frɔ́Ylaın]
ay	アイ	aı	Bayern [バイアァン báıərn], Mayer [マイアァ máıər]
b	ブ	b	Ball [バる bál], blau [ブらオ bláu], übrig [ユーブリヒ ý:brıç]
	プ	p	Laub [らオプ láup], Obst [オープスト ó:pst]
ch	ハ	x	Dach [ダッハ dáx], nach [ナーハ ná:x]
	ホ	x	Koch [コッホ kóx], hoch [ホーホ hó:x], Rauch [ラオホ ráux]
	フ	x	Bruch [ブルフ brúx], Besuch [ベ・ズーフ bə-zú:x]
	ヒ	ç	ich [イヒ íç], Pech [ペヒ péç], welch [ヴェるヒ vélç], Echo [エヒョ éço]
	ク	k	Chlor [クロ―ァ kló:r], Chor [コーァ kó:r]
chs	クス	ks	sechs [ゼクス zéks], wachsen [ヴァクセン váksən]
ck	ク	k	dick [ディック dík], Ecke [エッケ ékə]
d	ド	d	da [ダー dá:], drei [ドライ dráı], Händler [ヘンドらァ héndlər]
	ト	t	Hand [ハント hánt], Mädchen [メートヒェン mέ:tçən]

つづり	読み方・発音	例
ds	ツ ts	abends [アーベンツ á:bənts], eilends [アイれンツ áılənts]
dt	ト t	Stadt [シュタット ʃtát], Verwandte [ふェァ・ヴァンテ fɛr-vántə]
e	エ ɛ	Ende [エンデ éndə], gelb [ゲるプ gélp], es [エス és]
	エー e:	ewig [エーヴィヒ é:vıç], legen [れーゲン lé:gən], Erde [エーァデ é:rdə]
	エ e	Etat [エター etá:], Senat [ゼナート zená:t]
	エ ə	Bezug [ベ・ツーク bə-tsú:k], Dose [ドーゼ dó:zə]
ee	エー e:	See [ゼー zé:], Beete [ベーテ bé:tə]
eh	エー e:	Weh [ヴェー vé:], sehen [ゼーエン zé:ən]
ei	アイ aı	ein [アイン áın], leihen [らイエン láıən]
..er	アァ ər	Mauer [マオアァ máuər], Bücher [ビューヒァァ bý:çər]
eu	オイ ɔʏ	euer [オイアァ ɔ́ʏər], Leute [ろイテ lɔ́ʏtə]
ey	アイ aı	Speyer [シュパイアァ ʃpáıər], Meyer [マイアァ máıər]
f	ふ f	Film [ふイるム fílm], Luft [るフト lúft]
g	グ g	gut [グート gú:t], Grund [グルント grúnt], Wagner [ヴァーグナァ vá:gnər]
	ク k	Zug [ツーク tsú:k], Jagd [ヤークト já:kt]
☞ ..ig, ng		
h	ハ h	Haar [ハール há:r], Huhn [フーン hú:n], wohin [ヴォ・ヒン vo-hín]
	(長音化)	nah [ナー ná:], gehen [ゲーエン gé:ən]
	(無音)	Vieh [ふィー fí:], verzeihen [ふェァ・ツァイエン fɛr-tsáıən]
i	イ ı	Insel [インぜる ínzəl], Bitte [ビッテ bítə], in [イン ín]
	イー i:	Igel [イーゲる í:gəl], wider [ヴィーダァ ví:dər], Island [イース・らント í:s-lant]
	イ i	Idiot [イディオート idió:t], Universität [ウニヴェルズィテート univerzité:t]
ie	イー i:	wie [ヴィー ví:], Miete [ミーテ mí:tə], ziehen [ツィーエン tsí:ən]
	イ i	vielleicht [ふィらイヒト filáıçt]
	イ ı	Viertel [ふィァテる fírtəl], vierzig [ふィァツィヒ fírtsıç]
	イエ iə	Familie [ふァミーリエ famí:liə], Ferien [ふェーリエン fé:riən]
..ig	イヒ ıç	König [ケーニヒ kǿ:nıç], ledig [れーディヒ lé:dıç]
	イグ ıg	Könige [ケーニゲ kǿ:nıgə], wenige [ヴェーニゲ vé:nıgə]
	イク ık	königlich [ケーニクりヒ kǿ:nıklıç], Königreich [ケーニク・ライヒ kǿ:nık-raıç]
ih	イー i:	ihnen [イーネン í:nən], ihr [イーァ í:r]
j	ユ j	jeder [イェーダァ jé:dər], jung [ユング júŋ]
k	ク k	knapp [クナップ knáp], Kiosk [キオスク kiósk]
l	る l	Loch [ろッホ lɔ́x], Ziel [ツィーる tsí:l]
m	ム, ン m	müssen [ミュッセン mýsən], Amt [アムト ámt]
n	ヌ, ン n	nicht [ニヒト níçt], nun [ヌーン nú:n]
	ン ŋ	Bank [バンク báŋk], Onkel [オンケる ɔ́ŋkəl]
ng	ング ŋ	lang [らング láŋ], Angst [アングスト áŋst], Zunge [ツンゲ tsúŋə]
	ング ŋg	Tango [タンゴ táŋgo], Ungar [ウンガァ úŋgar]
o	オ ɔ	oft [オふト ɔ́ft], *Woche* [ヴォッヘ vɔ́xə], *ob* [オップ ɔ́p]
	オー o:	wo [ヴォー vó:], Not [ノート nó:t], Obst [オープスト ó:pst]
	オ o	Orange [オランジェ orã́:ʒə], woher [ヴォ・ヘーァ vo-hé:r]
ö	エ œ	östlich [エストりヒ ǿstlıç], können [ケンネン kǿnən]
	エー ø:	Öl [エーる ǿ:l], Nöte [ネーテ nǿ:tə], trösten [トレーステン trǿ:stən]
	エ ø	ökonomisch [エコノーミッシュ økonó:mıʃ], Ökologie [エコろギー økologí:]
oe	エー ø:	Goethe [ゲーテ gǿ:tə]
oh	オー o:	ohne [オーネ ó:nə], Sohn [ゾーン zó:n]
öh	エー ø:	Öhr [エーァ ǿ:r], höhnisch [ヘーニッシュ hǿ:nıʃ]
oo	オー o:	Boot [ボート bó:t], Moos [モース mó:s]

発音について

つづり	読み方・発音		例
p	プ	p	Prinzip [プリンツィープ prıntsí:p], Kapelle [カペれ kapélə]
pf	プふ	pf	Pfund [プふント pfúnt], Kopf [コプふ kópf]
ph	ふ	f	Philosoph [ふィろゾーふ filozó:f], Phase [ふァーゼ fá:zə]
qu	クヴ	kv	Quelle [クヴェれ kvélə], Aquarium [アクヴァーリウム akvá:riʊm]
r	ル	r	Recht [レヒト réçt], lernen [れルネン lérnən], Gefahr [ゲ・ふァール gə-fá:r]
	ァ	r	erfinden [エァ・ふィンデン ɛr-fíndən], ungefähr [ウン・ゲふェーァ ún-gəfɛ:r]
☞ ..er			
rh	ル	r	Rhein [ライン ráın], Rhythmus [リュトムス rýtmʊs]
s	ズ	z	satt [ザット zát], Eisen [アイゼン áızən]
	ス	s	Eis [アイス áıs], fast [ふァスト fást]
☞ sp, ss, st			
sch	シュ	ʃ	Schule [シューれ ʃú:lə], Tisch [ティッシュ tíʃ]
sp	シュプ	ʃp	Spiel [シュピーる ʃpí:l], Gespenst [ゲ・シュペンスト gə-ʃpénst]
	スプ	sp	Knospe [クノスペ knóspə], Wespe [ヴェスペ véspə]
ss	ス	s	Wasser [ヴァッサァ vásər], Fluss [ふるス flús]
ß	ス	s	Maß [マース má:s], außer [アオサァ áʊsər]
st	シュト	ʃt	Stein [シュタイン ʃtáın], Gestein [ゲ・シュタイン gə-ʃtáın]
	スト	st	Herbst [ヘルプスト hérpst], gestern [ゲスタァン géstərn]
t	ト	t	Tor [トーァ tó:r], Tritt [トリット trít]
th	ト	t	Theater [テアータァ teá:tər], Hyazinthe [ヒュアツィンテ hyatsíntə]
ti	ツィ	tsi	Nation [ナツィオーン natsió:n], Aktie [アクツィエ áktsiə]
ts	ツ	ts	nichts [ニヒツ níçts], stets [シュテーツ ʃté:ts]
tsch	チュ	tʃ	Deutsch [ドイチュ dóʏtʃ], Tscheche [チェッヒェ tʃéçə]
tz	ツ	ts	spitz [シュピッツ ʃpíts], Katze [カッツェ kátsə]
u	ウ	ʊ	und [ウント únt], Suppe [ズッペ zúpə], Bus [ブス bús]
	ウー	u:	Ufer [ウーふァァ ú:fər], Mut [ムート mú:t], Buch [ブーフ bú:x]
	ウ	u	Uran [ウラーン urá:n], zurück [ツ・リュック tsu-rýk]
ü	ユ	ʏ	üppig [ユピヒ ýpıç], Fürst [ふュルスト fýrst]
	ユー	y:	über [ユーバァ ý:bər], für [ふューァ fý:r], Bücher [ビューヒァァ bý:çər]
	ユ	y	Büro [ビュロー byró:], amüsieren [アミュズィーレン amyzí:rən]
uh	ウー	u:	Uhr [ウーァ ú:r], Kuh [クー kú:]
üh	ユー	y:	führen [ふューレン fý:rən], Kühe [キューエ ký:ə]
v	ふ	f	Vater [ふァータァ fá:tər], Nerv [ネルふ nérf]
	ヴ	v	Vase [ヴァーゼ vá:zə], nervös [ネルヴェース nɛrvǿ:s]
w	ヴ	v	wann [ヴァン ván], Löwe [れーヴェ lǿ:və]
x	クス	ks	Examen [エクサーメン ɛksá:mən], Text [テクスト tékst]
y	ユ	ʏ	Gymnastik [ギュムナスティク gʏmnástık], Lymphe [リュムふェ lýmfə]
	ユー	y:	Typ [テューブ tý:p], Mythos [ミュートス mý:tɔs]
	ユ	y	Dynamik [デュナーミク dyná:mık], Zypresse [ツュプレッセ tsyprésə]
z	ツ	ts	Zoll [ツォる tsól], tanzen [タンツェン tántsən], Skizze [スキッツェ skítsə]

3. 発音の仕方

(1) 母音

[i:], [i]: 日本語の「イー, イ」とほぼ同じ. 舌の隆起がさらに高く, 唇の左右への張りが強い (☞ 図 1).

[ı]: [i] より舌の隆起の高さと前寄りの程度がやや低く, 唇の張りもやや弱い.

[e:], [e]: 日本語の「エー, エ」に近いが, あごの開きが狭く ([i:], [i] よりわずかに広い程度), 舌の隆起が高

	く, 唇の左右への張りが強い (☞ 図 4).
[ɛː], [ɛ]:	日本語の「エー, エ」に近いが, あごの開きが広く, 舌の隆起が低く, 唇の左右への張りがやや強い.
[aː], [a]:	日本語の「アー, ア」とほぼ同じ.
[ɔ]:	日本語の「オ」に近いが, あごの開きが広く, 舌の隆起がさらに後方で低く, 唇の丸め方がやや強い.
[oː], [o]:	日本語の「オー, オ」に近いが, あごの開きが狭く ([uː], [u] よりわずかに広い程度), 舌の隆起がさらに後方で高く, 唇のすぼめ方が強い (☞ 図 6).
[ʊ]:	次の [u] より舌の隆起の高さと後ろ寄りの程度がやや低く, 唇のすぼめ方もやや弱い.
[uː], [u]:	舌を後方にできるだけ高く隆起させ, 唇を円くすぼめて発音する. 日本語の「ウ」にやや近いが, 舌の隆起がはるかに後方で, 唇のすぼめを伴う点が異なる (☞ 図 3).
[yː], [y]:	[iː], [i] とほぼ同じ舌の形を保ち, 唇を円くすぼめて発音する. 高い音で口笛を吹く場合の舌と唇の形に近い (☞ 図 2). 日本語の「ユ」と異なり, 最後まで音色は変わらない (「ウ」にはならない).
[ʏ]:	[ɪ] をもとに [y] と同様に発音する. 唇のすぼめ方は [y] より弱い.
[øː], [ø]:	[eː], [e] とほぼ同じ舌の形を保ち, 唇を円くすぼめて発音する (☞ 図 5). 日本語の「エー, エ」にやや近いが, 唇のすぼめを伴う点が異なる.
[œ]:	[ɛ] をもとに [ø] と同様に発音する. 唇のすぼめ方は [ø] より弱い.
[ə]:	あごを中くらいに開き, 舌の中程をやや隆起させ, 唇をゆるめて発音する. 日本語の「エ」にやや近いが, 舌の隆起の位置と高さが中間的で, 唇をゆるめる点が異なる. [l], [m], [n] の前では発音されない場合がある.
[ərr], [r]:	あごを [ə] よりやや大きく開き, 舌の中程をやや隆起させ, 唇をゆるめて発音する. 日本語の「ア」に近いが, あごの開きはそれほど大きくない.
[aɪ]: [aʊ]: [ɔʏ]:	それぞれ始めの要素から出発し, 連続的に終わりの要素に近づくように発音する. 始めの要素が強い. 日本語の「アイ」,「アオ」,「オイ」に近いが, 個々の要素を分けて発音することはない.
[ãː], [ã]: [ɛ̃ː], [ɛ̃]: [ɔ̃ː], [ɔ̃]: [œ̃]:	それぞれ口だけではなく鼻にも息が抜ける状態で [aː], [a], [ɛː], [ɛ], [ɔː], [ɔ], [œ] を発音する. 最初から鼻にかかった発音で, 終わりに [ŋ], [n] などの鼻音を伴わないなどの点で日本語の「アーン, アン」,「エーン, エン」,「オーン, オン」とは異なる.

(2) 子音

[p]:	日本語の「パ」行の子音とほぼ同じ.
[b]:	日本語の「バ」行の子音とほぼ同じ.
[t]:	日本語の「タ, テ, ト」の子音とほぼ同じ.
[d]:	日本語の「ダ, デ, ド」の子音とほぼ同じ.
[k]:	日本語の「カ」行の子音とほぼ同じ.
[g]:	破裂音として発音した日本語の「ガ」行の子音とほぼ同じ. 語中でも [ŋ] にならない.
[m]:	日本語の「マ」行の子音とほぼ同じ.　語末でも唇をしっかり閉じて [m] の音色を響かせる (☞ 図 10).
[n]:	日本語の「ナ」行の子音とほぼ同じ. 語末でも舌を上の歯茎にしっかりつけて閉鎖を作り, [n] の音色を響かせる (☞ 図 11).
[ŋ]:	日本語の鼻濁音 (鼻にかけて発音する「ガ」行音) の子音とほぼ同じ.
[l]:	舌先を上前歯の歯茎につけ, 舌の両側または片側を空け, ここから声を響かせるようにして発音する (☞ 図 7). 舌先と歯茎の接触が一定時間維持されることや, 舌先が歯茎から離れる際にこれをはじくような動作を伴わないことなどが日本語の「ラ」行の子音と異なる.
[r]:	基本的には舌先を上前歯の歯茎に当てるように呼気により数回「ルルル」と震わせて発音する有声音 (☞ 図 8). 日本語ではべらんめえ調の話し方などに「ラ」行の子音の一変種として現れることが

ある．また [r] に代えて [ʀ] を用いてもよい．これは，舌の後部を隆起させ，軟口蓋（上あごの後半部分）の後部との間を狭め，そこで口蓋垂（軟口蓋後端の突起）を呼気により数回震わせて発音する有声音である（☞ 図 9）．[r], [ʀ] ともに日常的な発音では，震えの減少から摩擦音化，さらには母音化（☞ 母音 [ər], [r]）にいたる，さまざまな程度の弱化を起こす．

[f]: 下唇を上前歯に軽く当て，そのすき間から息を押し出して発音する無声音．両唇の間で発音する日本語の「フ」の子音とは異なる．

[v]: [f] の有声音．息の流出を一定時間維持する．唇を上前歯に強く当てて息をため，瞬間的に離すと [b] に似た破裂的な発音になるので注意する．

[s]: 日本語の「サ, ス, セ, ソ」の子音と同じ．[スィ si, sɪ] が [シ ʃi, ʃɪ] などとならないように注意する．

[z]: 日本語の，摩擦音として発音した「ザ, ズ, ゼ, ゾ」の子音と同じ．日本語のように語頭で破裂を伴う [dz] に転じることはない．また [ズィ zi, zɪ], [ズュ zy, zʏ] が [ジ ʒi, ʒɪ], [ジュ ʒy, ʒʏ] などとならないように注意する．

[ʃ]: 上前歯の歯茎の後部に舌で狭めを作り，そこから息を押し出し，唇を円くすぼめて発音する無声音．日本語の「シ」の子音に近いが，前舌部の側面が隆起し，間に前後方向の溝が形成される点，また狭めの位置がやや前であるのと，唇を円くすぼめる点が異なる．

[ʒ]: [ʃ] の有声音．日本語の「ジ」の子音に近いが，[ʃ] と同様の前舌部における溝の形成がある点，また狭めの位置がやや前であるのと，唇を円くすぼめる点，さらに日本語のように語頭で破裂を伴う [dʒ] に転じることがないという点が異なる．

[ç]: 日本語の「ヒ」の子音と同じ．

[j]: [ç] の有声音．日本語の「ヤ」行の子音に近いが，基本的には [ç] と同様の摩擦的な音を伴う．

[x]: 軟口蓋に舌で狭めを作り，そこから息を押し出して発音する無声音（☞ 図 12）．舌は，前の母音 a, o, u, および au 後半の舌の形状を受け継ぐ．「カ, コ, ク」をきわめてゆっくり発音すれば，息が漏れ始めたあと，声が出るまでの間にそれらに近い摩擦音が生じていることが観察される．[uːx, ux, aux] や [xʊ] の [x] が [f] や日本語の「フ」にならないように注意する．

[h]: 日本語の「ハ, ヘ, ホ」の子音と同じ．[hi, hɪ, hy, hʏ] の [h] が [ç] に，[hu, hʊ] の [h] が [f] や日本語の「フ」の子音にならないように注意する．

[pf]: [f] の構えから [p] を発音する．唇が開いた瞬間から [f] の音が出なければならない．

[ts]: 日本語の「ツ」の子音と同じ．[ツィ tsi, tsɪ], [ツュ tsy, tsʏ] が [チ tʃi, tʃɪ], [チュ tʃu, tʃʊ] などとならないように注意する．

[tʃ]: [ʃ] の構えから [t] を発音する．日本語の「チュ」の子音に近いが，前舌部における溝の形成（[ʃ] を参照）がある点，また狭めの位置がやや前であるのと，唇を円くすぼめる点が異なる．

4. イントネーションなど

ドイツ語では，文の種類によって文末のイントネーション（声の上がり下がり）が変わる．叙述文，要求文，感嘆文ではしり下がり，「はい」，「いいえ」で答えられる疑問文ではしり上がりとなる．疑問詞付きの疑問文は，話のきっかけをつかもうとしたり，親しみをこめて問いかける場合にはしり上がり，単に事実を尋ねるだけであったり，相手を問いつめる場合にはしり下がりとなる．複文などで，後ろにまだ文が続く場合は声の高さを保つ．なお，文中で声を落とすと，そこで文が完結するかのような印象を与えるので注意する．

例： 彼女はいい子だ．　Sie ist lieb. ↘

いい子にしなさい．　Sei lieb! ↘

なんていい子なんでしょう．　Wie lieb! ↘

彼女はいい子ですか．　Ist sie lieb? ↗

映画はいつ始まるの．　Wann beginnt der Film? ↗ または ↘

いい子にしていたら連れていってあげます．　Wenn du lieb bist →, nehmen wir dich mit.

また相手に伝えたい情報が何であるかによって文の語り方が変わる．そのような情報を含む部分は，ふつう声が上がったり，語調が強まったり，話し方がゆっくりになったりして他の部分より引き立たせられる．

例： 私があすボンへ行きます．　Ich fahre morgen nach Bonn. （← あすボンへ行くのは私です．）

発音について

| 私はあすボンへ行きます. | Ich fahre *morgen* nach Bonn. | (← 私がボンへ行くのはあすです.) |
| 私はあすボンへ行きます. | Ich fahre morgen nach *Bonn*. | (← 私があす行くのはボンです.) |

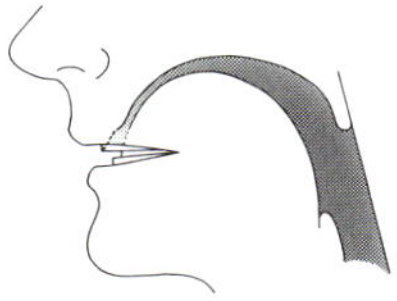

図 1. [iː], [i]

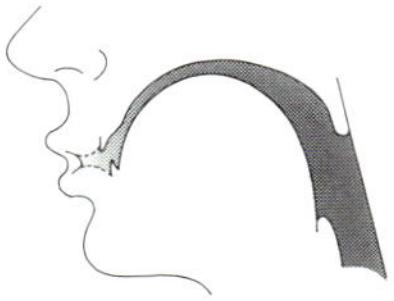

図 2. [yː], [y]

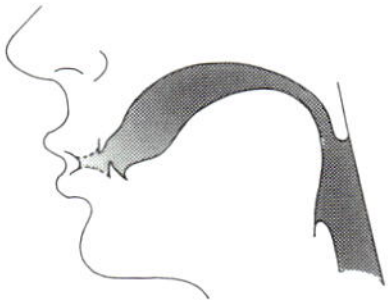

図 3. [uː], [u]

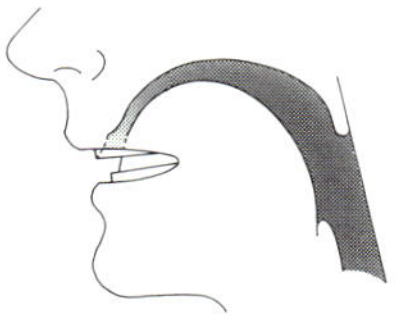

図 4. [eː], [e]

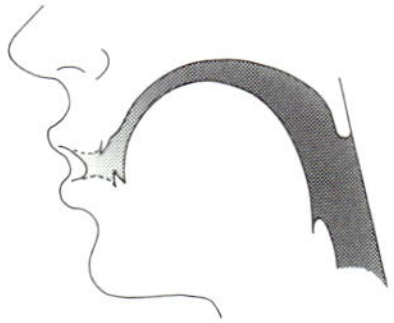

図 5. [øː], [ø]

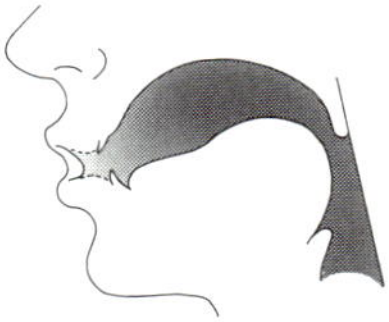

図 6. [oː], [o]

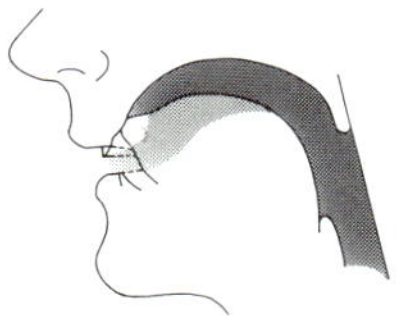

図 7. [l]

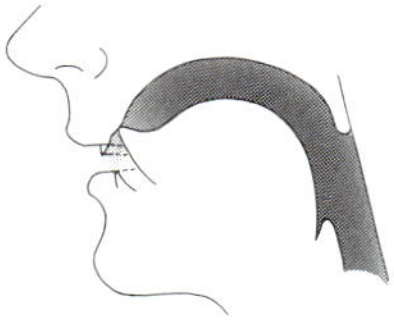

図 8. [r]

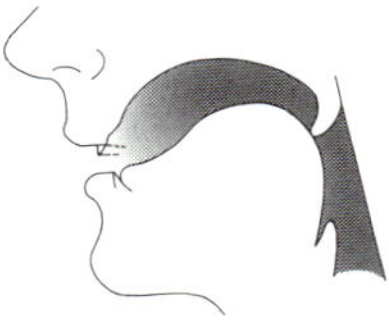

図 9. [ʀ]

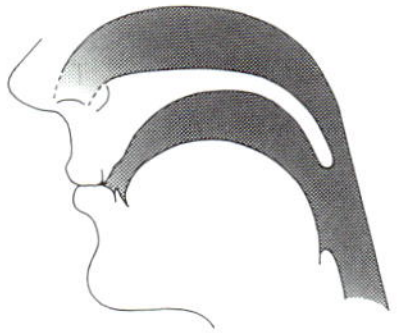

図 10. [m]

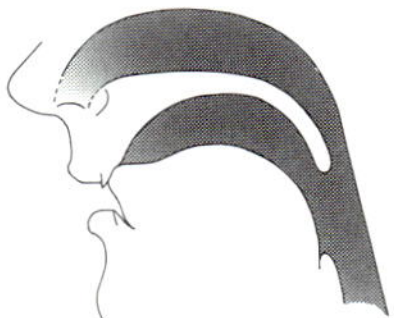

図 11. [n]

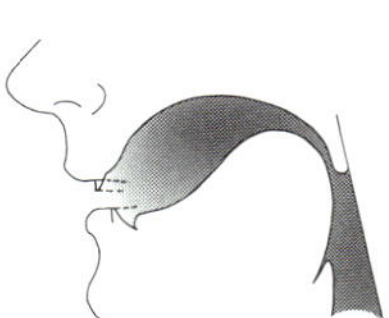

図 12. [x]

IX. 新しい正書法のポイント

ドイツ語の正書法(つづりとその分け方, 句読法などを定めた規則)が 1998 年 8 月 1 日から部分的に変わりました. 2005 年 7 月 31 日までは移行期間とされていますが, 今後, 新しい正書法に沿って書かれる文書がしだいに増えることが予想されます. ここでは新しい正書法で改められた部分について, その概要を説明します.

1. 新しいつづり

規則性, 一般性を重視する.

(1) ss と ß の書き分けの単純化

短母音のあとでは ss とつづる.

例: (旧形) (新形)

daß	☞	dass	[ダス]	…ということ
muß	☞	muss	[ムス]	…しなければならない
küßte	☞	küsste	[キュステ]	キスした
Kuß	☞	Kuss	[クス]	キス
Paß	☞	Pass	[パス]	パスポート

参考: 長母音や 2 重母音のあとでは従来どおり ß とつづる: Straße [シュトラーセ] (道路), Gruß [グルース] (あいさつ), groß [グロース] (大きい), draußen [ドラオセン] (外で), heißen [ハイセン] (…という名前である).

(2) 語源のつづりの尊重

a) 派生語は元の語のつづりを尊重する.

例: (旧形) (新形)

numerieren	☞	nummerieren	(< Nummer)	番号を付ける
schneuzen	☞	schnäuzen	(< Schnauze)	(鼻を)かむ
Stengel	☞	Stängel	(< Stange)	茎
aufwendig	☞	aufwändig または aufwendig	(< Aufwand) (< aufwenden)	費用のかかる

b) 派生語, 合成語は元の形をそのまま結びつける.

例: (旧形) (新形)

Roheit	☞	Rohheit	(< roh + heit)	粗暴
Zäheit	☞	Zähheit	(< zäh + heit)	強靱さ
selbständig	☞	selbstständig または selbständig	(< selbst + ständig)	自立した
Ballettänzer	☞	Balletttänzer	(< Balett + Tänzer)	バレエダンサー
Bettuch	☞	Betttuch	(< Bett + Tuch)	シーツ
Schiffahrt	☞	Schifffahrt	(< Schiff + Fahrt)	船舶航行

(3) 特殊なつづりの排除

例: (旧形) (新形)

Känguruh	☞	Känguru	(< Emu, Kakadu)	カンガルー
rauh	☞	rau	(< blau, genau)	(表面が)粗い
Zierat	☞	Zierrat	(< Vorrat)	飾り

(4) 外来語つづりのドイツ語化 (旧形も併用される)

例: (旧形) (新形)

ph	☞	f	Phon	☞	Fon または Phon	フォーン

é	☞	ee	Exposé	☞	Exposee または Exposé	報告書
gh	☞	g	Joghurt	☞	Jogurt または Joghurt	ヨーグルト
th	☞	t	Thunfisch	☞	Tunfisch または Thunfisch	まぐろ
ti + 母音	☞	zi + 母音	potentiell	☞	potenziell または potentiell	可能性のある

2. 分かち書き

ほかの語と組み合わされて使われる語も，本来独立した語であれば分けて書く．

(1) 動詞と組み合わされる語

a) 名詞(分かち書きにして，頭文字も大文字にする)

例： (旧形) (新形)

rad|fahren	☞	Rad fahren	自転車に乗る
ski|fahren	☞	Ski fahren	スキーをする
maß|halten	☞	Maß halten	節度を守る
halt|machen	☞	Halt machen	立ち止まる

b) 不定詞，過去分詞

例： (旧形) (新形)

kennen|lernen	☞	kennen lernen	知り合いになる
liegen|bleiben	☞	liegen bleiben	横たわったままある
spazieren|gehen	☞	spazieren gehen	散歩する
gefangen|nehmen	☞	gefangen nehmen	捕虜にする
verloren|gehen	☞	verloren gehen	なくなる

c) ..ig で終わる形容詞*

例： (旧形) (新形)

übrig|bleiben	☞	übrig bleiben	残っている
richtig|stellen	☞	richtig stellen	訂正する
fertig|machen	☞	fertig machen	仕上げる

* ..isch, ..lich で終わる形容詞と同様に動詞とは分けて書く．

d) 比較変化できる形容詞，sehr で修飾できる形容詞

例： (旧形) (新形)

fern|liegen	☞	fern liegen	遠く離れている
gut|gehen	☞	gut gehen	調子がよい
leicht|fallen	☞	leicht fallen	たやすい

e) 副詞 dahinter, darin, darüber, darunter, davor

例： (旧形) (新形)

dahinter|stecken	☞	dahinter stecken	背後にある
darüber|machen	☞	darüber machen	それを始める
davor|stehen	☞	davor stehen	その前に立っている

f) 副詞 ..einander, ..wärts

例： (旧形) (新形)

aufeinander|folgen	☞	aufeinander folgen	次々と続いて来る
abwärts|gehen	☞	abwärts gehen	悪化する

g) 動詞 sein と組み合わされる語

例： (旧形) (新形)

da|sein	☞	da sein	ある
zusammen|sein	☞	zusammen sein	いっしょにいる

新しい正書法のポイント

(2) その他の組み合わせ

a) 形容詞, 副詞にかかる so, zu, wie

例: （旧形）　　　　　　　　　　　　　（新形）

旧形		新形	
soviel	☞	so viel	そんなにたくさんの
zuwenig	☞	zu wenig	少なすぎる
wieviel	☞	wie viel	どれだけ

b) 名詞と結合した前置詞(名詞の頭文字は大文字にする; 旧形も併用される*)

例: （旧形）　　　　　　　　　　　　　（新形）

旧形		新形	
imstande sein	☞	im Stande sein または imstande sein	…できる
zugrunde gehen	☞	zu Grunde gehen または zugrunde gehen	だめになる
aufgrund	☞	auf Grund または aufgrund	…に基づいて
anstelle	☞	an Stelle または anstelle	…の代わりに

* 逆に, 分かち書きされていたものを結合するもの, または結合してもよいものがある.

例: （旧形）　　　　　　　　　　　　　（新形）

旧形		新形	
so dass	☞	sodass または so dass	その結果…
irgend etwas	☞	irgendetwas	何か[あるもの]
irgend jemand	☞	irgendjemand	だれか[ある人]
in Frage stellen	☞	infrage stellen または in Frage stellen	疑問視する

3. 頭文字の大文字, 小文字

(1) 「名詞は大文字」の原則の尊重

a) 成句中の名詞

例: （旧形）　　　　　　　　　　　　　（新形）

旧形		新形	
heute nachmittag	☞	heute Nachmittag	今日の午後
gestern abend	☞	gestern Abend	昨晩
auf Deutsch	☞	auf Deutsch	ドイツ語で
angst machen	☞	Angst machen	こわがらせる
schuld geben	☞	Schuld geben	…のせいにする

参考: 名詞的性格を失ったものは従来どおり小文字: angst sein (不安だ), schuld sein (責任がある) など.

b) 名詞化した形容詞など*

例: （旧形）　　　　　　　　　　　　　（新形）

旧形		新形	
folgendes	☞	Folgendes	次のこと
der nächste	☞	der Nächste	次の人
im allgemeinen	☞	im Allgemeinen	一般に
als erstes	☞	als Erstes	まず[第一に]
jeder einzelne	☞	jeder Einzelne	各人が
im voraus	☞	im Voraus	前もって

* 人を表す, 変化語尾のない対句でも

例: （旧形）　　　　　　　　　　　　　（新形）

旧形		新形	
alt und jung	☞	Alt und Jung	老いも若きも
hoch und niedrig	☞	Hoch und Niedrig	貴賎(きせん)の別なく

参考: 1) 様態を表す「am＋最上級」では従来どおり小文字: am besten (最もよい) など. 2) 慣用的表現でも従来どおり小文字: von neuem (新たに), ohne weiteres (あっさり) など. 3) viel, wenig, (der / die / das) eine, (der / die / das) andere も原則として従来どおり小文字.

(2) 「名詞以外は小文字」の原則の尊重

a) 熟語中の形容詞

例: 〈旧形〉 　　　　　　　　　　　〈新形〉

die Erste Hilfe	☞ die erste Hilfe	応急手当
das Goldene Zeitalter	☞ das goldene Zeitalter	黄金時代
das Schwarze Brett	☞ das schwarze Brett	掲示板

参考: 固有名詞, 特定の祭日, 歴史上の出来事などでは大文字: der Stille Ozean (太平洋), der Heilige Abend (クリスマスイブ) などでは従来どおり大文字; der zweite (または Zweite) Weltkrieg は新形では der Zweite Weltkrieg (第二次世界大戦) となる.

b) 手紙文の du, dein, ihr, euer とその変化形

例: 〈旧形〉　　　　　　　　　　　　〈新形〉

Lieber Thomas,　　　　　　　　　　　Lieber Thomas,
wie geht's Dir? Gestern habe ich　☞　wie geht's dir? Gestern habe ich
Deinen Brief bekommen. Da hast　　　deinen Brief bekommen. Da hast
Du geschrieben, daß Du …　　　　　　du geschrieben, dass du …

親愛なるトーマス君,
元気かい. きのう君の手紙を受け取ったよ. 君は…と書いていたけど…

参考: 1) 定冠詞付き所有冠詞では従来どおり大文字だが, 小文字書きも併用される: das Seine または das seine (彼の義務, 彼の財産), die Unseren または die unseren (私たちの家族(仲間)) など. 2) 本来の意味の数ではなく「多い」ことを表す Dutzend, Hundert, Tausend でも従来どおり大文字だが, 小文字書きも併用される: mehrere Dutzend (または dutzend) Leute (何十人もの人々), Hunderte (または hunderte) von Menschen (何百人もの人々) など.

4. 行末で改行する際のつづりの分け方

(1) 単一語における単独の母音

a) 語頭では1字でも分けてつづることができる.

例: 〈旧形〉　　　　　　〈新形〉

aber	☞ a·ber	しかし
Ofen	☞ O·fen	ストーブ

b) 語中では前後, どちらで分けてもよい.

例: 〈旧形〉　　　　　　〈新形〉

Braue·rei	☞ Brau·e·rei	ビールの醸造[法]
Thea·ter	☞ The·a·ter	劇場

(2) 単一語における子音連続

a) 語中の ..st.. を分けてつづることができる.

例: 〈旧形〉　　　　　　〈新形〉

Ka·sten	☞ Kas·ten	箱
Mu·ster	☞ Mus·ter	ひな形

b) 語中の ..ck.. は c の前で分ける. ..k·k.. とはしない.

例: 〈旧形〉　　　　　　〈新形〉

Zucker (Zuk·ker)	☞ Zu·cker	砂糖
lecken (lek·ken)	☞ le·cken	なめる

新しい正書法のポイント

c) 語中で3つ以上の子音を表す文字が連続する場合，最後の子音字の前で分ける.*

例： 〔旧形〕　　　　　　　　　　〔新形〕
　　 zwan·zigs·tel　　　☞　zwan·zigs·tel　　　　　20分の1[の]

* 外来語における bl, pl, fl, gl, cl, kl, phl; br, pr, dr, tr. fr, vr, gr, cr, kr, phr, str, thr; gn, kn は分けなくてもよい.

例： 〔旧形〕　　　　　　　　　　〔新形〕
　　 In·du·strie　　　☞　In·dust·rie　　　　　工業
　　　　　　　　　　　　または In·dus·trie
　　　　　　　　　　　　または In·du·strie

(3) 合成語

語の構成要素に分けるのが原則だが，もはや合成語とは感じられない語については発音の観点から分けることができる(旧形も併用される).

例： 〔旧形〕　　　　　　　　　　〔新形〕
　　 war·um　　　　☞　wa·rum　　　　　　［ヴァルム］　　　なぜ
　　　　　　　　　　　　または war·um

　　 dar·auf　　　　☞　da·rauf　　　　　　［ダラオふ］　　　その上で
　　　　　　　　　　　　または dar·auf

　　 ein·an·der　　　☞　ei·nan·der　　　　　［アイナンダァ］　　互いに
　　　　　　　　　　　　または ein·an·der

　　 Päd·ago·ge　　　☞　Pä·da·go·ge　　　　［ペダゴーゲ］　　教育者
　　　　　　　　　　　　または Päd·ago·ge

　　 in·ter·es·sant　　☞　in·te·res·sant　　　　［インテレサント］　興味深い
　　　　　　　　　　　　または in·ter·es·sant

5. コンマの使い方

(1) 並列接続

a) und, oder などの接続詞で結び付けられた文や語句の場合，ふつうコンマを付けない.*

例： Der Winter ging und der Frühling kam und sie war fort.
　　　冬が過ぎ春が来て彼女は去って行った.

* 文の構成を明確にするためにコンマを付けてもよい.

例： Er sagte, dass er morgen komme, und ging aus dem Zimmer.
　　　彼はあす来ると言って，部屋から出て行った.

b) aber, sondern などの逆接の接続詞で結び付けられた文や語句の場合，コンマを付ける.

例： Er ist sehr klug, aber unfreundlich.
　　　彼はとても頭がいいが，親切ではない.

参考： 従属接続では従来どおりコンマを付ける: Wenn Sie Lust haben, kommen Sie morgen zu uns. ご関心があれば，あすうちへお越しください.

(2) 不定詞句, 分詞句

不定詞句, 分詞句と文の区切りにはコンマを付けてもよい.*

例： Er plante[,] eine Reise zu machen.
　　　彼は旅行する計画を立てた.

　　 Vor Freude weinend[,] kam sie schnell zu ihm.
　　　嬉しくて泣きながら彼女は急いで彼のところへ来た.

* 特に，文の構成を明確にするためにはコンマを付けてよい.

例： Ich empfehle, ihm nichts zu sagen.
　　　彼には何も言わないことだね.

Ich empfehle ihm, nichts zu sagen.
何も言わないよう,彼には勧めるよ.

(3) 引用文

最後に疑問符,感嘆符がある引用文(„…?" „…!") に書き手自身の言葉が続くときも,引用符のあとにコンマを付ける.

例: „Wann kommst du wieder?", fragte sie.
「こんどはいつ来るの」と彼女は尋ねた.
„Komm bald wieder!", rief sie.
「また近いうちに来てね」と彼女は叫んだ.

6. ハイフンの使い方

(1) 数字と語の複合語

数字と語からなる複合語では,間にハイフンを置く.

例:	〈旧形〉		〈新形〉	
	3silbig	☞	3-silbig	3音節の
	17jährig	☞	17-jährig	17歳(年間)の

(2) 語と語の複合語

語と語の複合語はふつうハイフンなしでつづる.*

例:	〈旧形〉		〈新形〉	
	Mußheirat	☞	Mussheirat	できちゃった婚
	Happy-End	☞	Happyend	ハッピーエンド

* 特に,語の構成を明確にするためにはハイフンをつけてよい.

例:	〈旧形〉		〈新形〉	
	Kaffee-Export	☞	Kaffeeexport または Kaffee-Export	コーヒーの輸出
	Bettuch	☞	Betttuch または Bett-Tuch	シーツ

* 2語を分けてつづることもある.

例:	〈旧形〉		〈新形〉	
	Happy-End	☞	Happy End	ハッピーエンド

X. 文 法 表

目 次

1. 冠詞類 …………………… 1844
   (1) 定冠詞・定冠詞類
   (2) 不定冠詞・不定冠詞類
2. 代名詞 …………………… 1845
   (1) 人称代名詞 (2) 再帰代名詞
   (3) 指示代名詞 (4) 関係代名詞
   (5) 疑問代名詞 (6) 不定代名詞
3. 名 詞 …………………… 1847
   (1) 名詞の格変化と複数形のタイプ
   (2) 固有名詞 (3) 名詞の性の見分け方
4. 形容詞・副詞 …………… 1850
   (1) 形容詞の格変化
   (2) 形容詞の名詞的用法
   (3) 形容詞の比較変化
   (4) 副詞の比較変化
5. 前置詞 …………………… 1852
6. 接続詞 …………………… 1852
   (1) 並列接続詞 (2) 従属接続詞
7. 動詞 …………………… 1853
   (1) 直説法 (2) 接続法
8. 話法の助動詞 …………… 1856
9. 数 詞 …………………… 1857
   (1) 基数 (2) 序数 (3) 分数 (4) 小数
   (5) 時刻 (6) 日付 (7) 電話番号
   (8) 金額 (9) 数式

1. 冠 詞 類

(1) 定冠詞・定冠詞類

	定 冠 詞				定 冠 詞 類			
格	男性	女性	中性	複数	男性	女性	中性	複数
1	der	die	das	die	dieser	diese	dieses	diese
2	des	der	des	der	dieses	dieser	dieses	dieser
3	dem	der	dem	den	diesem	dieser	diesem	diesen
4	den	die	das	die	diesen	diese	dieses	diese

メモ jener「あの」, jeder「どの…も」(単数のみ), solcher「そのような」, mancher「幾人(いくつ)かの」, aller「すべての」, welcher「どの」も dieser「この」と同じ変化をする.

(2) 不定冠詞・不定冠詞類

	不 定 冠 詞				不 定 冠 詞 類			
格	男性	女性	中性	複数	男 性	女 性	中 性	複 数
1	ein	eine	ein	(なし)	mein	meine	mein	meine
2	eines	einer	eines		meines	meiner	meines	meiner
3	einem	einer	einem		meinem	meiner	meinem	meinen
4	einen	eine	ein		meinen	meine	mein	meine

メモ 所有代名詞 dein「君の」, sein「彼(それ)の」, ihr「彼女(彼ら)の」, unser「私たちの」, euer「君たちの」, Ihr「あなた[がた]の」および否定冠詞 kein「一つ(一人)も…ない」も mein「私の」と同じ変化をする.

2. 代名詞

(1) 人称代名詞

		1人称	2 人 称		3 人 称		
	格		親 称	敬 称	男 性	女 性	中 性
単数	1	ich	du	Sie	er	sie	es
	2	meiner	deiner	Ihrer	seiner	ihrer	seiner
	3	mir	dir	Ihnen	ihm	ihr	ihm
	4	mich	dich	Sie	ihn	sie	es
複数	1	wir	ihr	Sie		sie	
	2	unser	euer	Ihrer		ihrer	
	3	uns	euch	Ihnen		ihnen	
	4	uns	euch	Sie		sie	

> 2人称親称の du, ihr は家族・親友・若者どうしなど遠慮のいらない間柄、また子供・動物・神などに対して用いられ、その他の相手に対してはふつう敬称 Sie を用いる.

(2) 再帰代名詞

		1人称	2 人 称		3 人 称		
	格		親 称	敬 称	男 性	女 性	中 性
単数	3	(ich) mir	(du) dir	(Sie) sich	(er) sich	(sie) sich	(es) sich
	4	mich	dich	sich	sich	sich	sich
複数	3	(wir) uns	(ihr) euch	(Sie) sich		(sie) sich	
	4	uns	euch	sich		sich	

> 再帰代名詞は文中の主語と同じものを指し、「自分に・自分を」の意味で用いられる. 複数の再帰代名詞はしばしば「互いに・互いを」の意味に用いられ、これを特に相互代名詞という.

(3) 指示代名詞

	der (名詞的用法)				derselbe			
格	男性	女性	中性	複数	男 性	女 性	中 性	複 数
1	der	die	das	die	derselbe	dieselbe	dasselbe	dieselben
2	dessen	deren	dessen	deren (derer)	desselben	derselben	desselben	derselben
3	dem	der	dem	denen	demselben	derselben	demselben	denselben
4	den	die	das	die	denselben	dieselbe	dasselbe	dieselben

> 1) der は付加語的用法の場合は定冠詞の変化と同じ. ただし強く発音する.
> 2) 指示代名詞 dieser, jener, solcher は定冠詞と同じ変化. ☞ 1.(1)
> 3) derjenige も derselbe と同じ変化. der-selbe, der-jenige の der の部分は定冠詞の変化を、selbe, jenige の部分は定冠詞のあとの形容詞と同じ格変化をする.
> 4) der の複数 2 格 derer は、関係代名詞の先行詞として用いられ、「人々」を意味する. derer, die …「…するところの人々」

(4) 関係代名詞

格	der				welcher			
	男性	女性	中性	複数	男 性	女 性	中 性	複 数
1	der	die	das	die	welcher	welche	welches	welche
2	dessen	deren	dessen	deren	(なし)	(なし)	(なし)	(なし)
3	dem	der	dem	denen	welchem	welcher	welchem	welchen
4	den	die	das	die	welche	welche	welches	welche

注 1) welcher は今日ではほとんど用いられない.
2) 不定関係代名詞 wer, was は疑問代名詞 wer, was の変化と同じ. ☞ 2. (5)

(5) 疑問代名詞

格	wer	was	was für ein (付加語的用法)			
	人について 単・複 共通	物について 単・複 共通	男 性	女 性	中 性	複 数
1	wer	was	was für ein	was für eine	was für ein	was für
2	wessen	(wessen)	was für eines	was für einer	was für eines	was für
3	wem	(なし)	was für einem	was für einer	was für einem	was für
4	wen	was	was für einen	was für eine	was für ein	was für

注 1) wer, was は疑問代名詞, 関係代名詞ともに同じ変化.
2) was für ein は「どんな[種類の]…?」の意味で用いられる. 名詞的用法の場合は, 男性1格は was für einer, 中性1格・4格は was für ein[e]s となる. また, 複数は was für welche を用いる.
3) 疑問代名詞 welcher は定冠詞類と同じ変化. ☞ 1. (1)

(6) 不定代名詞

格	人[々]は	だれ(何)か	だれ(何)も …ない	だれか	だれも…ない	あるもの (こと)	何も…ない
1	man	einer	keiner	jemand	niemand	etwas	nichts
2	(eines)	(eines)	(keines)	jemand[e]s	niemand[e]s	(なし)	(なし)
3	einem	einem	keinem	jemand[em]	niemand[em]	etwas	nichts
4	einen	einen	keinen	jemand[en]	niemand[en]	etwas	nichts

注 1) 不定代名詞 aller, jeder (単数のみ), mancher は定冠詞類と同じ変化. ☞ 1. (1)
2) einer, keiner は男性単数の形. einer の女性・中性単数の格変化は ☞ 本文 339 ページ.
keiner の女性・中性単数および複数の格変化は ☞ 本文 735 ページ.

3. 名　　詞

(1) 名詞の格変化と複数形のタイプ

	格	無語尾型		-e 型		-er 型	
		変音しない	変音する	変音しない	変音する	a, o, u, au は変音する	
単数	1	der Onkel	die Tochter	der Hund	die Hand	der Mann	das Kind
	2	des Onkels	der Tochter	des Hund[e]s	der Hand	des Mann[e]s	des Kind[e]s
	3	dem Onkel	der Tochter	dem Hund	der Hand	dem Mann	dem Kind
	4	den Onkel	die Tochter	den Hund	die Hand	den Mann	das Kind
複数	1	die Onkel	die Töchter	die Hunde	die Hände	die Männer	die Kinder
	2	der Onkel	der Töchter	der Hunde	der Hände	der Männer	der Kinder
	3	den Onkeln	den Töchtern	den Hunden	den Händen	den Männern	den Kindern
	4	die Onkel	die Töchter	die Hunde	die Hände	die Männer	die Kinder

	格	-[e]n 型			-s 型
		変音しない			変音しない
単数	1	der Student	die Frau	das Auge	das Auto
	2	des Studenten	der Frau	des Auges	des Autos
	3	dem Studenten	der Frau	dem Auge	dem Auto
	4	den Studenten	die Frau	das Auge	das Auto
複数	1	die Studenten	die Frauen	die Augen	die Autos
	2	der Studenten	der Frauen	der Augen	der Autos
	3	den Studenten	den Frauen	den Augen	den Autos
	4	die Studenten	die Frauen	die Augen	die Autos

	格	特殊な変化をする名詞		
単数	1	der Name	der Herr	das Herz
	2	des Namens	des Herrn	des Herzens
	3	dem Namen	dem Herrn	dem Herzen
	4	den Namen	den Herrn	das Herz
複数	1	die Namen	die Herren	die Herzen
	2	der Namen	der Herren	der Herzen
	3	den Namen	den Herren	den Herzen
	4	die Namen	die Herren	die Herzen

(メモ) 1) 男性名詞の中で、Student, Mensch, Junge, Herr などは単数 1 格を除くすべての格で -en または -n という語尾がつく. このような名詞は**男性弱変化名詞**と呼ばれる.
2) -in に終わる女性名詞の複数形は -innen. 例: Studentinnen.
3) 上記のパターン以外に特殊な複数形になる名詞もある. 例: Museum → Museen, Thema → Themen.

(2) 固有名詞
(A) 人名

格	男子名	女子名	姓　　名	付加語を伴う場合	称号を伴う場合
1	Frank	Barbara	Friedrich Schiller	der kleine Fritz	Professor Schmidt
2	Franks	Barbaras	Friedrich Schillers	des kleinen Fritz	Professor Schmidts
3	Frank	Barbara	Friedrich Schiller	dem kleinen Fritz	Professor Schmidt
4	Frank	Barbara	Friedrich Schiller	den kleinen Fritz	Professor Schmidt

(B) 地名

格	中性の国名・地名には冠詞をつけない	付加語があれば中性でも冠詞類をつける	山・川・湖・海の名：定冠詞をつける 単数	複数	男性・女性・複数の国名：定冠詞をつける 単数	複数
1	Japan	das antike Rom	der Rhein	die Alpen	die Schweiz	die Vereinigten Staaten
2	Japans	des antiken Rom	des Rheins	der Alpen	der Schweiz	der Vereinigten Staaten
3	Japan	dem antiken Rom	dem Rhein	den Alpen	der Schweiz	den Vereinigten Staaten
4	Japan	das antike Rom	den Rhein	die Alpen	die Schweiz	die Vereinigten Staaten

(注) s, ss, ß, x, z, tz などで終わる固有名詞が冠詞なしで用いられる場合，単数 2 格の語尾 –s は省略され，代わりにアポストロフィーが付く: Fritz' Mutter「フリッツ君のお母さん」．冠詞を伴う場合は上の表のとおり．

(3) 名詞の性の見分け方
(A) 男性名詞
a) 自然の性と一致するもの
  der Mann 男, der Vater 父親, der Sohn 息子, der Hahn おんどり, der Ochse 雄牛
b) 曜日・月・四季・方向の名称の全部, 気象現象を表す名詞の大部分
  der Sonntag 日曜日, der Januar 1月, der Sommer 夏, der Westen 西, der Regen 雨, der Blitz 稲光
c) 鉱石, 宝石の名
  der Granit 花崗岩, der Kalk 石灰, der Diamant ダイヤモンド, der Saphir サファイア
d) 動詞の語幹や名詞に -er をつけたもの
  der Arbeiter 労働者, der Lehrer 教師, der Städter 都会人, der Fernseher テレビ[受像機]
e) 動詞の語幹からできた名詞の大部分
  der Befehl 命令, der Tanz ダンス, der Stoß 突くこと, der Schlag 一撃
f) -or, -eur, -ist, -ent, -et, -at に終わる名詞
  der Motor エンジン, der Chauffeur 運転手, der Jurist 法律家, der Student 大学生, der Prophet 予言者, der Soldat 兵士
g) -ig, -ich, -ing, -ling, -ismus に終わる名詞
  der König 王様, der Teppich じゅうたん, der Hering にしん, der Säugling 乳児, der Kapitalismus 資本主義
h) 山・山脈の名の大部分
  der Brocken ブロッケン山, der Olymp オリュンポス山, der Harz ハルツ山脈, der Himalaja ヒマラヤ山脈

(B) 女性名詞
a) 自然の性と一致するもの
  die Frau 女, die Mutter 母親, die Tochter 娘, die Henne めんどり, die Kuh 雌牛
b) 男性名詞に -in をつけたもの (幹母音が変音することがある)
  die Lehrerin [女性]教師, die Studentin [女子]学生, die Wölfin 雌のおおかみ
c) 樹木, 草花の名の大部分
  die Buche ぶな, die Linde ぼだい樹, die Tanne もみの木, die Nelke なでしこ,

die Rose ばら, die Lilie ゆり
- d) **-e** で終わる名詞の大部分
  die Schule 学校, die Straße 通り, die Klage 嘆き, die Höhe 高さ
- e) 名詞としての数詞
  die Eins 1, die Zehn 10, die Tausend 1 000, die Million 1 000 000
- f) **-heit, -keit, -schaft, -ung, -ei** に終わる名詞
  die Schönheit 美, die Freundlichkeit 親切, die Gesellschaft 社会, die Wohnung 住まい, die Bäckerei パン屋
- g) **-tät, -ur, -ion, -ik, -ie** に終わる名詞
  die Universität 大学, die Natur 自然, die Nation 国民, die Politik 政治, die Melodie メロディー

(C) 中性名詞

- a) 幼少の人間・動物; 雌雄の総称
  das Kind 子供, das Kalb 子牛, das Lamm 子羊, das Huhn 鶏, das Rind 牛, das Pferd 馬
- b) **-chen, -lein** に終わる縮小名詞
  das Mädchen 女の子, das Häuschen 小さな家, das Vöglein 小鳥, das Röslein 小さいばら
- c) 動詞の不定詞および他の品詞をそのまま名詞として用いたもの
  das Leben 生命, das Essen 食事, das Ich 自己, das Nein 反対
- d) 地名・国名の大部分
  das alte Berlin 昔のベルリン, das schöne Italien 美しいイタリア, das Japan von heute 今日の日本
- e) 金属・化学物質名
  das Gold 金, das Silber 銀, das Uran ウラン, das Helium ヘリウム
- f) **Ge-** で始まる多くの名詞
  das Gebirge 山脈, das Gerede おしゃべり, das Gemälde 絵, das Gebäude 建物
- g) **-tum, -um, -ment** に終わるものの大部分
  das Königtum 王国, das Christentum キリスト教, das Studium (大学での)勉強, das Museum 博物館, das Element 要素, das Fundament 基礎

(D) 合成名詞の性と数: 次のように最後に置かれた名詞に従う

例 1. Fenster (中 -s/-) 窓 + **Platz** (男 -es/Plätze) 席 → Fenster**platz** (男 -es/..plätze) 窓際の席

例 2. Sommer (男 -s/-) 夏 + **Ferien** (複) 休み → Sommer**ferien** (複) 夏休み

4. 形容詞・副詞

(1) 形容詞の格変化

	格	男　性	女　性	中　性	複　数
弱変化		その年とった男	その若い女	その小さな子供	それらの年とった人々
	1	der alte Mann	die junge Frau	das kleine Kind	die alten Leute
	2	des alten Mann[e]s	der jungen Frau	des kleinen Kind[e]s	der alten Leute
	3	dem alten Mann	der jungen Frau	dem kleinen Kind	den alten Leuten
	4	den alten Mann	die junge Frau	das kleine Kind	die alten Leute
混合変化		ある年とった男	ある若い女	ある小さな子供	私の年とった両親
	1	ein alter Mann	eine junge Frau	ein kleines Kind	meine alten Eltern
	2	eines alten Mann[e]s	einer jungen Frau	eines kleinen Kind[e]s	meiner alten Eltern
	3	einem alten Mann	einer jungen Frau	einem kleinen Kind	meinen alten Eltern
	4	einen alten Mann	eine junge Frau	ein kleines Kind	meine alten Eltern
強変化		赤ワイン	新鮮なミルク	強いビール	温かい飲み物
	1	roter Wein	frische Milch	starkes Bier	warme Getränke
	2	roten Wein[e]s	frischer Milch	starken Biers	warmer Getränke
	3	rotem Wein	frischer Milch	starkem Bier	warmen Getränken
	4	roten Wein	frische Milch	starkes Bier	warme Getränke

注意 弱変化は形容詞の前に定冠詞[類]がある場合，混合変化は不定冠詞[類]がある場合，強変化は形容詞の前に冠詞[類]がない場合の変化．

(2) 形容詞の名詞的用法
(A) 人を表す場合（例: 老人）

	男　性　単　数		女　性　単　数		複　数	
格	その老人(男)	ある老人(男)	その老人(女)	ある老人(女)	その老人たち	老人たち
1	der Alte	ein Alter	die Alte	eine Alte	die Alten	Alte
2	des Alten	eines Alten	der Alten	einer Alten	der Alten	Alter
3	dem Alten	einem Alten	der Alten	einer Alten	den Alten	Alten
4	den Alten	einen Alten	die Alte	eine Alte	die Alten	Alte

(B) 事物を表す場合（例: 良いこと，良いもの）

	中　性　単　数	
格	良いこと(もの)	何か良いこと(もの)
1	das Gute	etwas Gutes
2	des Guten	（なし）
3	dem Guten	etwas Gutem
4	das Gute	etwas Gutes

(3) 形容詞の比較変化

規　則　変　化			不　規　則　変　化		
原　　級	比較級	最上級	原　　級	比較級	最上級
klar　澄んだ	klarer	klarst	groß　大きい	größer	größt
einsam　孤独な	einsamer	einsamst	gut　良い	besser	best
alt　年とった	älter	ältest	hoch　高い	höher	höchst
arm　貧乏な	ärmer	ärmst	nahe　近い	näher	nächst
dunkel　暗い	dunkler	dunkelst	viel　多い	mehr	meist
teuer　高価な	teu[e]rer	teuerst	wenig　少ない	weniger	weinigst
weise　賢い	weiser	weisest		minder	mindest

(メモ)　a, o, u を含む1音節の形容詞は，比較級・最上級で変音するものが多い．形容詞を副詞的に用いる場合の最上級は **am ..sten**．

(4) 副詞の比較変化

原　　級	比較級	最上級	原　　級	比較級	最上級
bald　まもなく	eher	am ehesten	sehr　とても	mehr	am meisten
gern　好んで	lieber	am liebsten	wohl　よく	besser	am besten
oft　しばしば	öfter	am öftesten			

5. 前置詞

2格とともに用いられる	[an]statt …の代わりに, außerhalb …の外に, halber* …のために, innerhalb …の中に, oberhalb …の上方に, unterhalb …の下方に, diesseits …のこちら側に, jenseits …の向こう側に, infolge …のために, trotz …にもかかわらず, während …の間, wegen …のために など
3格とともに用いられる	aus …[の中]から, bei …の近くに, gegenüber* …の向かい側に, mit …と[いっしょに], nach …の方へ, …のあとで, seit …以来, von …から, …の, zu …に(へ) など
4格とともに用いられる	bis …まで, durch …を通って, entlang* …に沿って, für …のために, gegen …に反して, ohne …なしに, um …の回りに, wider …に逆らって など
3格・4格とともに用いられる	an …のきわに(へ), auf …の上に(へ), hinter …の後ろに(へ), in …の中に(へ), neben …の隣に(へ), über …の上方に(へ), unter …の下に(へ), vor …の前に(へ), zwischen …の間に(へ)

☞ *印がついたものはふつう名詞のあとに置かれる. また前置詞によっては, 上にあげたほかにもいろいろな意味があるので, 詳しくは本文を参照のこと.

6. 接続詞

(1) 並列接続詞

aber しかし, allein しかし, denn というのは, oder あるいは, und そして, nicht~, sondern … ~ではなくて… など

☞ 語と語, 句と句, 文と文を対等の関係で結びつける.

(2) 従属接続詞

als …したとき, bis …するまで, da …だから, damit …するために, dass …ということ, ob …かどうか, obwohl …であるにもかかわらず, solange …するかぎり, während …している間, weil …だから, wenn …ならば など

☞ 一つの文を他の文(主文)に従属させる形で結びつける. 従属接続詞に導かれる文(従属文または副文)の動詞の人称変化形は文末.

7. 動　詞

(1) 直　説　法

(A) 能　動　態 (例: sagen 言う; fahren (乗り物で)行く)

	現在	過去	現在完了	過去完了	未　来	未来完了
ich	sage	sagte	habe gesagt	hatte gesagt	werde sagen	werde gesagt haben
du	sagst	sagtest	hast　—	hattest　—	wirst　—	wirst　—
Sie	sagen	sagten	haben　—	hatten　—	werden　—	werden　—
er	sagt	sagte	hat　—	hatte　—	wird　—	wird　—
wir	sagen	sagten	haben　—	hatten　—	werden　—	werden　—
ihr	sagt	sagtet	habt　—	hattet　—	werdet　—	werdet　—
Sie	sagen	sagten	haben　—	hatten　—	werden　—	werden　—
sie	sagen	sagten	haben　—	hatten　—	werden　—	werden　—
ich	fahre	fuhr	bin gefahren	war gefahren	werde fahren	werde gefahren sein
du	fährst	fuhrst	bist　—	warst　—	wirst　—	wirst　—
Sie	fahren	fuhren	sind　—	waren　—	werden　—	werden　—
er	fährt	fuhr	ist　—	war　—	wird　—	wird　—
wir	fahren	fuhren	sind　—	waren　—	werden　—	werden　—
ihr	fahrt	fuhrt	seid　—	wart　—	werdet　—	werdet　—
Sie	fahren	fuhren	sind　—	waren　—	werden　—	werden　—
sie	fahren	fuhren	sind　—	waren　—	werden　—	werden　—

(B) 受　動　態 (例: gelobt werden ほめられる)

	現　在	過　去	現在完了	過去完了
ich	werde　gelobt	wurde　gelobt	bin　gelobt　worden	war　gelobt worden
du	wirst　—	wurdest　—	bist　—　—	warst　—　—
Sie	werden　—	wurden　—	sind　—　—	waren　—　—
er	wird　—	wurde　—	ist　—　—	war　—　—
wir	werden　—	wurden　—	sind　—　—	waren　—　—
ihr	werdet　—	wurdet　—	seid　—　—	wart　—　—
Sie	werden　—	wurden　—	sind　—　—	waren　—　—
sie	werden　—	wurden　—	sind　—　—	waren　—　—

	未　来	未　来　完　了
ich	werde　gelobt　werden	werde　gelobt　worden　sein
du	wirst　—　—	wirst　—　—　—
Sie	werden　—　—	werden　—　—　—
er	wird　—　—	wird　—　—　—
wir	werden　—　—	werden　—　—　—
ihr	werdet　—　—	werdet　—　—　—
Sie	werden　—　—	werden　—　—　—
sie	werden　—　—	werden　—　—　—

(2) 接続法
(A) 能動態 (例: sagen 言う; fahren (乗り物で)行く)

sagen		現在	過去	未来	未来完了
第1式	ich	sage	habe gesagt	werde sagen	werde gesagt haben
	du	sagest	habest —	werdest —	werdest — —
	Sie	sagen	haben —	werden —	werden — —
	er	sage	habe —	werde —	werde — —
	wir	sagen	haben —	werden —	werden — —
	ihr	saget	habet —	werdet —	werdet — —
	Sie	sagen	haben —	werden —	werden — —
	sie	sagen	haben —	werden —	werden — —
第2式	ich	sagte	hätte gesagt	würde sagen	würde gesagt haben
	du	sagtest	hättest —	würdest —	würdest — —
	Sie	sagten	hätten —	würden —	würden — —
	er	sagte	hätte —	würde —	würde — —
	wir	sagten	hätten —	würden —	würden — —
	ihr	sagtet	hättet —	würdet —	würdet — —
	Sie	sagten	hätten —	würden —	würden — —
	sie	sagten	hätten —	würden —	würden — —

fahren		現在	過去	未来	未来完了
第1式	ich	fahre	sei gefahren	werde fahren	werde gefahren sein
	du	fahrest	sei[e]st —	werdest —	werdest — —
	Sie	fahren	seien —	werden —	werden — —
	er	fahre	sei —	werde —	werde — —
	wir	fahren	seien —	werden —	werden — —
	ihr	fahret	seiet —	werdet —	werdet — —
	Sie	fahren	seien —	werden —	werden — —
	sie	fahren	seien —	werden —	werden — —
第2式	ich	führe	wäre gefahren	würde fahren	würde gefahren sein
	du	führest	wär[e]st —	würdest —	würdest — —
	Sie	führen	wären —	würden —	würden — —
	er	führe	wäre —	würde —	würde — —
	wir	führen	wären —	würden —	würden — —
	ihr	führet	wär[e]t —	würdet —	würdet — —
	Sie	führen	wären —	würden —	würden — —
	sie	führen	wären —	würden —	würden — —

(B) 受　動　態 (例: gelobt werden ほめられる)

		現　在	過　去	未　来	未来完了
第1式	ich	werde gelobt	sei gelobt worden	werde gelobt werden	werde gelobt worden sein
	du	werdest —	sei[e]st —	werdest — —	werdest — — —
	Sie	werden —	seien —	werden — —	werden — — —
	er	werde —	sei —	werde — —	werde — — —
	wir	werden —	seien —	werden — —	werden — — —
	ihr	werdet —	seiet —	werdet — —	werdet — — —
	Sie	werden —	seien —	werden — —	werden — — —
	sie	werden —	seien —	werden — —	werden — — —
第2式	ich	würde gelobt	wäre gelobt worden	würde gelobt werden	würde gelobt worden sein
	du	würdest —	wär[e]st —	würdest — —	würdest — — —
	Sie	würden —	wären —	würden — —	würden — — —
	er	würde —	wäre —	würde — —	würde — — —
	wir	würden —	wären —	würden — —	würden — — —
	ihr	würdet —	wär[e]t —	würdet — —	würdet — — —
	Sie	würden —	wären —	würden — —	würden — — —
	sie	würden —	wären —	würden — —	würden — — —

付録

8. 話法の助動詞

不定詞		können (…できる)	müssen (…しなければならない)	wollen (…するつもりだ)	sollen (…すべきだ)	dürfen (…してもよい)	mögen (…かもしれない)	möchte (…したい)
現在	ich	kann	muss	will	soll	darf	mag	möchte
	du	kannst	musst	willst	sollst	darfst	magst	möchtest
	Sie	können	müssen	wollen	sollen	dürfen	mögen	möchten
	er	kann	muss	will	soll	darf	mag	möchte
	wir	können	müssen	wollen	sollen	dürfen	mögen	möchten
	ihr	könnt	müsst	wollt	sollt	dürft	mögt	möchtet
	Sie	können	müssen	wollen	sollen	dürfen	mögen	möchten
	sie	können	müssen	wollen	sollen	dürfen	mögen	möchten
過去	ich	konnte	musste	wollte	sollte	durfte	mochte	「…したかった」は wollen の過去形で表現する
	du	konntest	musstest	wolltest	solltest	durftest	mochtest	
	Sie	konnten	mussten	wollten	sollten	durften	mochten	
	er	konnte	musste	wollte	sollte	durfte	mochte	
	wir	konnten	mussten	wollten	sollten	durften	mochten	
	ihr	konntet	musstet	wolltet	solltet	durftet	mochtet	
	Sie	konnten	mussten	wollten	sollten	durften	mochten	
	sie	konnten	mussten	wollten	sollten	durften	mochten	

9. 数　　詞

(1) 基　数

0	null	10	zehn	20	zwanzig	30	**dreißig**
1	eins	11	elf	21	einundzwanzig	40	vierzig
2	zwei	12	zwölf	22	zweiundzwanzig	50	fünfzig
3	drei	13	dreizehn	23	dreiundzwanzig	60	**sechzig**
4	vier	14	vierzehn	24	vierundzwanzig	70	**siebzig**
5	fünf	15	fünfzehn	25	fünfundzwanzig	80	achtzig
6	sechs	16	**sechzehn**	26	sechsundzwanzig	90	neunzig
7	sieben	17	**siebzehn**	27	siebenundzwanzig	100	[ein]hundert
8	acht	18	achtzehn	28	achtundzwanzig	101	hunderteins
9	neun	19	neunzehn	29	neunundzwanzig	110	hundertzehn

200	zweihundert		100 000	hunderttausend
300	dreihundert		1 000 000	eine Million
1 000	[ein]tausend		10 000 000	zehn Millionen
2 000	zweitausend		100 000 000	hundert Millionen
10 000	zehntausend		1 000 000 000	eine Milliarde

(2) 序　数

		10.	zehnt	20.	zwanzig**st**
1.	**erst**	11.	elft	21.	einundzwanzig**st**
2.	zweit	12.	zwölft	22.	zweiundzwanzig**st**
3.	**dritt**	13.	dreizehnt	23.	dreiundzwanzig**st**
4.	viert	14.	vierzehnt	30.	dreißig**st**
5.	fünft	15.	fünfzehnt	40.	vierzig**st**
6.	sechst	16.	sechzehnt	50.	fünfzig**st**
7.	**sieb**[en]t	17.	siebzehnt	60.	sechzig**st**
8.	**acht**	18.	achtzehnt	70.	siebzig**st**
9.	neunt	19.	neunzehnt	80.	achtzig**st**

90.	neunzig**st**		120.	hundertzwanzig**st**
100.	hundert**st**		212.	zweihundertzwölf**t**
101.	hundert[und]erst		1 000.	tausend**st**

注 1) 原則として 19. までは基数に **-t** を、20. 以上は **-st** をつけてつくる.
　　2) 序数はふつう定冠詞または所有冠詞を伴い, 形容詞と同じ語尾変化をする.

(3) 分　数

$\frac{1}{2}$	[ein]halb	$1\frac{1}{2}$	ein[und]einhalb, anderthalb
$\frac{1}{3}$	ein drittel	$3\frac{1}{2}$	drei[und]einhalb
$\frac{1}{4}$	ein viertel	$6\frac{5}{8}$	sechs [und] fünf achtel
$\frac{1}{5}$	ein fünftel	$\frac{1}{20}$	ein zwanzigstel
$\frac{3}{5}$	drei fünftel	$\frac{1}{100}$	ein hundertstel

注 分数を名詞として用いる場合は分母を大文字で書く. 例: ein Drittel der Klasse「クラスの3分の1」. また $\frac{1}{2}$ は die Hälfte, $\frac{1}{100}$ は ein Prozent ともいう.

文法表

(4) 小　数
```
0,01      null Komma null eins
0,0001    null Komma drei Nullen eins
3,51      drei Komma fünf eins
```
 少数点以下が 2 桁の場合は, drei Komma einundfünfzig と読むことがある.

(5) 時　刻
（日常生活で :）

7.00 Uhr	=sieben Uhr
7.05 Uhr	=fünf [Minuten] **nach** sieben
7.10 Uhr	=zehn **nach** sieben
7.15 Uhr	=Viertel **nach** sieben
7.25 Uhr	=fünf **vor** halb acht
7.30 Uhr	=halb acht
7.35 Uhr	=fünf **nach** halb acht
7.45 Uhr	=Viertel **vor** acht
7.50 Uhr	=zehn **vor** acht
7.55 Uhr	=fünf **vor** acht
8.00 Uhr	=acht Uhr
14.00 Uhr	=zwei Uhr [nachmittags]
16.10 Uhr	=zehn **nach** vier [nachmittags]
19.15 Uhr	=Viertel **nach** sieben [abends]
23.45 Uhr	=Viertel **vor** zwölf [nachts]
0.05 Uhr	=fünf **nach** zwölf [nachts]

（交通機関・テレビ・ラジオなどで :）

sieben Uhr
sieben Uhr fünf [Minuten]
sieben Uhr zehn
sieben Uhr fünfzehn
sieben Uhr fünfundzwanzig
sieben Uhr dreißig
sieben Uhr fünfunddreißig
sieben Uhr fünfundvierzig
sieben Uhr fünfzig
sieben Uhr fünfundfünfzig
acht Uhr
vierzehn Uhr
sechzehn Uhr zehn
neunzehn Uhr fünfzehn
dreiundzwanzig Uhr fünfundvierzig
null Uhr fünf

(6) 日　付
Heute haben wir den 15. (=fünfzehnten) Juni. または Heute ist der 15. (=fünfzehnte) Juni. きょうは 6 月 15 日です.

Ich bin am 25. (=fünfundzwanzigsten) März 1974 (=neunzehnhundertvierundsiebzig) geboren. 私は 1974 年 3 月 25 日生まれです.

Fukuoka, den 10. (=zehnten) 8. (=achten) 2001 (=zweitausendeins) (手紙の日付で :) 福岡, 2001 年 8 月 10 日

(7) 電話番号
34 25 78=drei vier zwo fünf sieben acht または vierunddreißig fünfundzwanzig achtundsiebzig

 zwei は drei との混同を避けるため zwo ともいう.

(8) 金　額
```
125 DM  (125,00 DM, 125,- DM)=[ein]hundertfünfundzwanzig Mark
DM 1,-    =eine Mark
DM -,65   =fünfundsechzig Pfennig[e]
DM 7,25   =sieben Mark fünfundzwanzig [Pfennig]
```

(9) 数　式
$2+3=5$　　Zwei **plus** (または **und**) drei ist fünf.
$9-4=5$　　Neun **minus** (または **weniger**) vier ist fünf.
$6 \cdot 8=48$
$6 \times 8=48$ 　Sechs **mal** acht ist achtundvierzig.
$14:7=2$　　Vierzehn [**geteilt**] **durch** sieben ist zwei.
$7^2=49$　　Sieben **hoch** zwei ist neunundvierzig.
$\sqrt{16}=4$　　[**Quadrat**]**wurzel aus** sechzehn ist vier.

 ist の代わりに gleich, ist gleich, macht を用いることがある.

XI. 動詞変化表

i) 規則動詞の変化表には代表的な変化パターンを示した．
ii) 不規則動詞の変化表には個々の動詞の変化を示した．
iii) [ ]は省略可能であることを示す．
iv) 別形または補足説明は各動詞の表の下の( )内に示した．
v) この表にない複合動詞については前つづりを除いた基礎動詞の形で調べること．
   (例: an|kommen ☞ kommen; besprechen ☞ sprechen)

1. 規則動詞

不定詞		直説法現在	命令	直説法過去	接続法第2式	過去分詞
規則動詞の基本的変化						
spielen 遊ぶ	ich du Sie er wir ihr Sie sie	spiel*e* spiel*st* spiel*en* spiel*t* spiel*en* spiel*t* spiel*en* spiel*en*	spiel[e]! spielen Sie! spielt! spielen Sie!	**spielte** spielte*st* spielte*n* spielte spielte*n* spielte*t* spielte*n* spielte*n*	spielte spielte*st* spielte*n* spielte spielte*n* spielte*t* spielte*n* spielte*n*	**gespielt**
(du に対する 命令 の語尾 -e は，語幹が -ig で終わる動詞を除き，しばしば省かれる)						
語幹が -d, -t, -chn, -ffn, -tm などで終わる規則動詞						
arbeiten 働く	ich du Sie er wir ihr Sie sie	arbeit*e* arbeit*est* arbeit*en* arbeit*et* arbeit*en* arbeit*et* arbeit*en* arbeit*en*	arbeite! arbeiten Sie! arbeitet! arbeiten Sie!	**arbeitete** arbeitete*st* arbeitete*n* arbeitete arbeitete*n* arbeitete*t* arbeitete*n* arbeitete*n*	arbeitete arbeitete*st* arbeitete*n* arbeitete arbeitete*n* arbeitete*t* arbeitete*n* arbeitete*n*	**gearbeitet**
(語幹が -d, -t で終わる動詞では，du に対する 命令 の語尾 -e が省かれることがある)						
語幹が -s, ss, -ß, -x, -z, tz などで終わる規則動詞						
grüßen あいさつ する	ich du Sie er wir ihr Sie sie	grüß*e* grüß*t* grüß*en* grüß*t* grüß*en* grüß*t* grüß*en* grüß*en*	grüß[e]! grüßen Sie! grüßt! grüßen Sie!	**grüßte** grüßte*st* grüßte*n* grüßte grüßte*n* grüßte*t* grüßte*n* grüßte*n*	grüßte grüßte*st* grüßte*n* grüßte grüßte*n* grüßte*t* grüßte*n* grüßte*n*	**gegrüßt**
(現在 の別形: 《古》du grüßest)						

不定詞		直説法現在	命 令	直説法過去	接続法第2式	過去分詞
語幹が -el で終わる規則動詞						
handeln 行動する	ich du Sie er wir ihr Sie	**handle** handel*st* handel*n* handel*t* handel*n* handel*t* handel*n*	 handle! handeln Sie! handelt! handeln Sie!	**handelte** handelte*st* handelte*n* handelte handelte*n* handelte*t* handelte*n*	handelte handelte*st* handelte*n* handelte handelte*n* handelte*t* handelte*n*	**gehandelt**
(現在の別形: ich handele; du に対する命令の別形: handele!)						
語幹が -er で終わる規則動詞						
ändern 変える	ich du Sie er wir ihr Sie sie	änd[e]*re* änder*st* änder*n* änder*t* änder*n* änder*t* änder*n* änder*n*	 änd[e]re! ändern Sie! ändert! ändern Sie!	**änderte** änderte*st* änderte*n* änderte änderte*n* änderte*t* änderte*n* änderte*n*	änderte änderte*st* änderte*n* änderte änderte*n* änderte*t* änderte*n* änderte*n*	**geändert**
不定詞が -ieren で終わる規則動詞						
studieren 大学で勉強する	ich du Sie er wir ihr Sie sie	studier*e* studier*st* studier*en* studier*t* studier*en* studier*t* studier*en* studier*en*	 studier[e]! studieren Sie! studiert! studieren Sie!	**studierte** studierte*st* studierte*n* studierte studierte*n* studierte*t* studierte*n* studierte*n*	studierte studierte*st* studierte*n* studierte studierte*n* studierte*t* studierte*n* studierte*n*	**studiert**
(過去分詞に ge- が付かない点を除き，基本的変化と同じ)						

2. 不規則動詞

不定詞		直説法現在	命令	直説法過去	接続法第2式	過去分詞
backen (パンなど を)焼く	ich du Sie er wir ihr Sie sie	backe **bäckst** backen **bäckt** backen backt backen backen	 back[e]! backen Sie! backt! backen Sie!	**backte** backtest backten backte backten backtet backten backten	backte backtest backten backte backten backtet backten backten	**gebacken**
(現在の別形: du backst, er backt; 過去の別形: buk; 接2の別形: büke.「くっつく」という意味の backen は規則変化する)						
befehlen 命令する	ich du Sie er wir ihr Sie sie	befehle **befiehlst** befehlen **befiehlt** befehlen befehlt befehlen befehlen	 **befiehl!** befehlen Sie! befehlt! befehlen Sie!	**befahl** befahlst befahlen befahl befahlen befahlt befahlen befahlen	beföhle beföhlest beföhlen beföhle beföhlen beföhlet beföhlen beföhlen	**befohlen**
(接2の別形: befähle)						
beginnen 始める	ich du Sie er wir ihr Sie sie	beginne beginnst beginnen beginnt beginnen beginnt beginnen beginnen	 beginn[e]! beginnen Sie! beginnt! beginnen Sie!	**begann** begannst begannen begann begannen begannt begannen begannen	begänne begännest begännen begänne begännen begännet begännen begännen	**begonnen**
(接2の別形: begönne)						
beißen かむ	ich du Sie er wir ihr Sie sie	beiße beißt beißen beißt beißen beißt beißen beißen	 beiß[e]! beißen Sie! beißt! beißen Sie!	**biss*** bissest bissen biss* bissen bisst* bissen bissen	bisse bissest bissen bisse bissen bisset bissen bissen	**gebissen**
(現在の別形:《古》du beißest; *旧形 biß, bißt)						
bergen 救出する	ich du Sie er wir ihr Sie sie	berge **birgst** bergen **birgt** bergen bergt bergen bergen	 **birg!** bergen Sie! bergt! bergen Sie!	**barg** bargst bargen barg bargen bargt bargen bargen	bärge bärgest bärgen bärge bärgen bärget bärgen bärgen	**geborgen**
bersten 破裂する	ich du Sie er wir ihr Sie sie	berste **birst** bersten **birst** bersten berstet bersten bersten	 **birst!** bersten Sie! berstet! bersten Sie!	**barst** barstest barsten barst barsten barstet barsten barsten	bärste bärstest bärsten bärste bärsten bärstet bärsten bärsten	**geborsten**

不定詞		直説法現在	命 令	直説法過去	接続法第2式	過去分詞
bewegen …する気 にさせる	ich du Sie er wir ihr Sie sie	bewege bewegst bewegen bewegt bewegen bewegt bewegen bewegen	beweg[e]! bewegen Sie! bewegt! bewegen Sie!	**bewog** bewogst bewogen bewog bewogen bewogt bewogen bewogen	bewöge bewögest bewögen bewöge bewögen bewöget bewögen bewögen	**bewogen**
(「動かす; 動く」という意味の bewegen は規則変化する)						
biegen 曲げる	ich du Sie er wir ihr Sie sie	biege biegst biegen biegt biegen biegt biegen biegen	bieg[e]! biegen Sie! biegt! biegen Sie!	**bog** bogst bogen bog bogen bogt bogen bogen	böge bögest bögen böge bögen böget bögen bögen	**gebogen**
bieten 提供しよ うと申し 出る	ich du Sie er wir ihr Sie sie	biete biet[e]st bieten bietet bieten bietet bieten bieten	biet[e]! bieten Sie! bietet! bieten Sie!	**bot** bot[e]st boten bot boten botet boten boten	böte bötest böten böte böten bötet böten böten	**geboten**
binden 結ぶ	ich du Sie er wir ihr Sie sie	binde bindest binden bindet binden bindet binden binden	bind[e]! binden Sie! bindet! binden Sie!	**band** band[e]st banden band banden bandet banden banden	bände bändest bänden bände bänden bändet bänden bänden	**gebunden**
bitten 頼む	ich du Sie er wir ihr Sie sie	bitte bittest bitten bittet bitten bittet bitten bitten	bitt[e]! bitten Sie! bittet! bitten Sie!	**bat** bat[e]st baten bat baten batet baten baten	bäte bätest bäten bäte bäten bätet bäten bäten	**gebeten**
blasen 息を吹き かける	ich du Sie er wir ihr Sie sie	blase **bläst** blasen **bläst** blasen blast blasen blasen	blas[e]! blasen Sie! blast! blasen Sie!	**blies** bliesest bliesen blies bliesen bliest bliesen bliesen	bliese bliesest bliesen bliese bliesen blieset bliesen bliesen	**geblasen**
(現在の別形: 《古》 du bläsest)						

付録

不定詞		直説法現在	命　令	直説法過去	接続法第2式	過去分詞
bleiben とどまる	ich du Sie er wir ihr Sie sie	bleibe bleibst bleiben bleibt bleiben bleibt bleiben bleiben	 bleib[e]! bleiben Sie! bleibt! bleiben Sie!	**blieb** blieb[e]st blieben blieb blieben bliebt blieben blieben	bliebe bliebest blieben bliebe blieben bliebet blieben blieben	**geblieben**
bleichen 色あせる	ich du Sie er wir ihr Sie sie	bleiche bleichst bleichen bleicht bleichen bleicht bleichen bleichen	 bleich[e]! bleichen Sie! bleicht! bleichen Sie!	**blich** blichst blichen blich blichen blicht blichen blichen	bliche blichest blichen bliche blichen blichet blichen blichen	**geblichen**
(今日ではふつう規則変化する。「漂白する」という意味の bleichen は規則変化する)						
braten (肉などを) 焼く	ich du Sie er wir ihr Sie sie	brate **brätst** braten **brät** braten bratet braten braten	 brat[e]! braten Sie! bratet! braten Sie!	**briet** briet[e]st brieten briet brieten brietet brieten brieten	briete brietest brieten briete brieten brietet brieten brieten	**gebraten**
brechen 折る	ich du Sie er wir ihr Sie sie	breche **brichst** brechen **bricht** brechen brecht brechen brechen	 **brich!** brechen Sie! brecht! brechen Sie!	**brach** brachst brachen brach brachen bracht brachen brachen	bräche brächest brächen bräche brächen brächet brächen brächen	**gebrochen**
(radebrechen は規則変化する)						
brennen 燃える	ich du Sie er wir ihr Sie sie	brenne brennst brennen brennt brennen brennt brennen brennen	 brenn[e]! brennen Sie! brennt! brennen Sie!	**brannte** branntest brannten brannte brannten branntet brannten brannten	brennte brenntest brennten brennte brennten brenntet brennten brennten	**gebrannt**
bringen 持って来 る	ich du Sie er wir ihr Sie sie	bringe bringst bringen bringt bringen bringt bringen bringen	 bring[e]! bringen Sie! bringt! bringen Sie!	**brachte** brachtest brachten brachte brachten brachtet brachten brachten	brächte brächtest brächten brächte brächten brächtet brächten brächten	**gebracht**

付録

不定詞		直説法現在	命　令	直説法過去	接続法第2式	過去分詞
denken 考える	ich du Sie er wir ihr Sie sie	denke denkst denken denkt denken denkt denken denken	 denk[e]! denken Sie! denkt! denken Sie!	dachte dachtest dachten dachte dachten dachtet dachten dachten	dächte dächtest dächten dächte dächten dächtet dächten dächten	**gedacht**
dingen 金(かね)で雇う	ich du Sie er wir ihr Sie sie	dinge dingst dingen dingt dingen dingt dingen dingen	 ding[e]! dingen Sie! dingt! dingen Sie!	**dingte** dingtest dingten dingte dingten dingtet dingten dingten	dingte dingtest dingten dingte dingten dingtet dingten dingten	**gedungen**
(過去の別形: まれに dang; 接2の別形: まれに dänge; 過分の別形: まれに gedingt)							
dreschen 脱穀する	ich du Sie er wir ihr Sie sie	dresche **drischst** dreschen **drischt** dreschen drescht dreschen dreschen	 **drisch!** dreschen Sie! drescht! dreschen Sie!	**drosch** drosch[e]st droschen drosch droschen droscht droschen droschen	drösche dröschest dröschen drösche dröschen dröschet dröschen dröschen	**gedroschen**
dringen 押し進む	ich du Sie er wir ihr Sie sie	dringe dringst dringen dringt dringen dringt dringen dringen	 dring[e]! dringen Sie! dringt! dringen Sie!	**drang** drang[e]st drangen drang drangen drangt drangen drangen	dränge drängest drängen dränge drängen dränget drängen drängen	**gedrungen**
dürfen …してもよい	ich du Sie er wir ihr Sie sie	**darf** **darfst** dürfen **darf** dürfen dürft dürfen dürfen	（なし）	**durfte** durftest durften durfte durften durftet durften durften	dürfte dürftest dürften dürfte dürften dürftet dürften dürften	**dürfen** **(gedurft)**
(不定詞を伴わないときの過分は gedurft)							
empfangen 受け取る	ich du Sie er wir ihr Sie sie	empfange **empfängst** empfangen **empfängt** empfangen empfangt empfangen empfangen	 empfang[e]! empfangen Sie! empfangt! empfangen Sie!	**empfing** empfingst empfingen empfing empfingen empfingt empfingen empfingen	empfinge empfingest empfingen empfinge empfingen empfinget empfingen empfingen	**empfangen**

不定詞		直説法現在	命　令	直説法過去	接続法第2式	過去分詞
empfehlen 勧める	ich du Sie er wir ihr Sie sie	empfehle **empfiehlst** empfehlen **empfiehlt** empfehlen empfehlt empfehlen empfehlen	**empfiehl!** empfehlen 　　　Sie! empfehlt! empfehlen 　　　Sie!	**empfahl** empfahlst empfahlen empfahl empfahlen empfahlt empfahlen empfahlen	empföhle empföhlest empföhlen empföhle empföhlen empföhlet empföhlen empföhlen	**empfohlen**
(接2の別形: empfähle)						
empfinden 感じる	ich du Sie er wir ihr Sie sie	empfinde empfindest empfinden empfindet empfinden empfindet empfinden empfinden	empfind[e]! empfinden 　　　Sie! empfindet! empfinden 　　　Sie!	**empfand** empfand[e]st empfanden empfand empfanden empfandet empfanden empfanden	empfände empfändest empfänden empfände empfänden empfändet empfänden empfänden	**empfunden**
erlöschen (火などが) 消える	es sie	**erlischt** erlöschen	(du に対して: erlisch!) (ihr に対して: erlöscht!)	**erlosch** erloschen	erlösche erlöschen	**erloschen**
erschrecken 驚く	ich du Sie er wir ihr Sie sie	erschrecke **erschrickst** erschrecken **erschrickt** erschrecken erschreckt erschrecken erschrecken	erschrick! erschrecken 　　　Sie! erschreckt! erschrecken 　　　Sie!	**erschrak** erschrak[e]st erschraken erschrak erschraken erschrakt erschraken erschraken	erschräke erschräkest erschräken erschräke erschräken erschräket erschräken erschräken	**erschrocken**
(「驚かす」という意味の erschrecken は規則変化する)						
essen 食べる	ich du Sie er wir ihr Sie sie	esse **isst*** essen **isst*** essen esst* essen essen	**iss!*** essen Sie! esst!* essen Sie!	**aß** aßest aßen aß aßen aßt aßen aßen	äße äßest äßen äße äßen äßet äßen äßen	**gegessen**
(現在の別形:《古》du issest; *旧形 ißt, eßt, iß)						
fahren (乗り物で) 行く	ich du Sie er wir ihr Sie sie	fahre **fährst** fahren **fährt** fahren fahrt fahren fahren	fahr[e]! fahren Sie! fahrt! fahren Sie!	**fuhr** fuhr[e]st fuhren fuhr fuhren fuhrt fuhren fuhren	führe führest führen führe führen führet führen führen	**gefahren**
(wallfahren, willfahren は規則変化する)						

不定詞	直説法現在	命　令	直説法過去	接続法第2式	過去分詞
fallen 落ちる	ich falle du **fällst** Sie fallen er **fällt** wir fallen ihr fallt Sie fallen sie fallen	fall[e]! fallen Sie! fallt! fallen Sie!	fiel fielst fielen fiel fielen fielt fielen fielen	fiele fielest fielen fiele fielen fielet fielen fielen	**gefallen**
fangen 捕まえる	ich fange du **fängst** Sie fangen er **fängt** wir fangen ihr fangt Sie fangen sie fangen	fang[e]! fangen Sie! fangt! fangen Sie!	fing fingst fingen fing fingen fingt fingen fingen	finge fingest fingen finge fingen finget fingen fingen	**gefangen**
fechten （刀剣で） 戦う	ich fechte du **fichtst** Sie fechten er **ficht** wir fechten ihr fechtet Sie fechten sie fechten	**ficht!** fechten Sie! fechtet! fechten Sie!	focht fochtest fochten focht fochten fochtet fochten fochten	föchte föchtest föchten föchte föchten föchtet föchten föchten	**gefochten**
finden 見つける	ich finde du findest Sie finden er findet wir finden ihr findet Sie finden sie finden	find[e]! finden Sie! findet! finden Sie!	fand fand[e]st fanden fand fanden fandet fanden fanden	fände fändest fänden fände fänden fändet fänden fänden	**gefunden**
flechten 編む	ich flechte du **flichtst** Sie flechten er **flicht** wir flechten ihr flechtet Sie flechten sie flechten	**flicht!** flechten Sie! flechtet! flechten Sie!	flocht flochtest flochten flocht flochten flochtet flochten flochten	flöchte flöchtest flöchten flöchte flöchten flöchtet flöchten flöchten	**geflochten**
fliegen 飛ぶ	ich fliege du fliegst Sie fliegen er fliegt wir fliegen ihr fliegt Sie fliegen sie fliegen	flieg[e]! fliegen Sie! fliegt! fliegen Sie!	flog flog[e]st flogen flog flogen flogt flogen flogen	flöge flögest flögen flöge flögen flöget flögen flögen	**geflogen**
fliehen 逃げる	ich fliehe du fliehst Sie fliehen er flieht wir fliehen ihr flieht Sie fliehen sie fliehen	flieh[e]! fliehen Sie! flieht! fliehen Sie!	floh floh[e]st flohen floh flohen floht flohen flohen	flöhe flöhest flöhen flöhe flöhen flöhet flöhen flöhen	**geflohen**

不定詞		直説法現在	命　令	直説法過去	接続法第2式	過去分詞
fließen 流れる	ich	fließe		floss*	flösse	**geflossen**
	du	fließt	fließ[e]!	flossest	flössest	
	Sie	fließen	fließen Sie!	flossen	flössen	
	er	fließt		floss*	flösse	
	wir	fließen		flossen	flössen	
	ihr	fließt	fließt!	flosst*	flösset	
	Sie	fließen	fließen Sie!	flossen	flössen	
	sie	fließen		flossen	flössen	
(現在の別形:《古》du fließest; *旧形 floß, floßt)						
fressen (動物が)食べる	ich	fresse		**fraß**	fräße	**gefressen**
	du	**frisst***	**friss!***	fraßest	fräßest	
	Sie	fressen	fressen Sie!	fraßen	fräßen	
	er	**frisst***		fraß	fräße	
	wir	fressen		fraßen	fräßen	
	ihr	**fresst***	**fresst!***	fraßt	fräßet	
	Sie	fressen	fressen Sie!	fraßen	fräßen	
	sie	fressen		fraßen	fräßen	
(現在の別形:《古》du frissest; *旧形 frißt, freßt, friß)						
frieren 寒がる	ich	friere		**fror**	fröre	**gefroren**
	du	frierst	frier[e]!	frorst	frörest	
	Sie	frieren	frieren Sie!	froren	frören	
	er	friert		fror	fröre	
	wir	frieren		froren	frören	
	ihr	friert	friert!	frort	fröret	
	Sie	frieren	frieren Sie!	froren	frören	
	sie	frieren		froren	frören	
gären 発酵する	es	gärt	(du に対して: gär[e]!)	**gor**	göre	**gegoren**
	sie	gären	(ihr に対して: gärt!)	goren	gören	
(規則変化することもある。「(怒りなどが)煮えくりかえる」のような比喩的な意味ではふつう規則変化する)						
gebären 産む	ich	gebäre		**gebar**	gebäre	**geboren**
	du	gebärst	gebär[e]!	gebarst	gebärest	
	Sie	gebären	gebären Sie!	gebaren	gebären	
	sie	gebärt		gebar	gebäre	
	wir	gebären		gebaren	gebären	
	ihr	gebärt	gebärt!	gebart	gebäret	
	Sie	gebären	gebären Sie!	gebaren	gebären	
	sie	gebären		gebaren	gebären	
(現在の別形:《雅》du gebierst, sie gebiert; du に対する命令の別形:《雅》gebier!)						
geben 与える	ich	gebe		**gab**	gäbe	**gegeben**
	du	**gibst**	**gib!**	gabst	gäbest	
	Sie	geben	geben Sie!	gaben	gäben	
	er	**gibt**		gab	gäbe	
	wir	geben		gaben	gäben	
	ihr	gebt	gebt!	gabt	gäbet	
	Sie	geben	geben Sie!	gaben	gäben	
	sie	geben		gaben	gäben	

不定詞		直説法現在	命 令	直説法過去	接続法第2式	過去分詞
gedeihen 成長する	ich du Sie er wir ihr Sie sie	gedeihe gedeihst gedeihen gedeiht gedeihen gedeiht gedeihen gedeihen	 gedeih[e]! gedeihen Sie! gedeiht! gedeihen Sie! 	**gedieh** gediehst gediehen gedieh gediehen gedieht gediehen gediehen	gediehe gediehest gediehen gediehe gediehen gediehet gediehen gediehen	**gediehen**
gehen 行く	ich du Sie er wir ihr Sie sie	gehe gehst gehen geht gehen geht gehen gehen	 geh[e]! gehen Sie! geht! gehen Sie! 	**ging** gingst gingen ging gingen gingt gingen gingen	ginge gingest gingen ginge gingen ginget gingen gingen	**gegangen**
gelingen うまくいく	es sie	gelingt gelingen	(du に対して: geling[e]!) (ihr に対して: gelingt!)	**gelang** gelangen	gelänge gelängen	**gelungen**
gelten 有効である	ich du Sie er wir ihr Sie sie	gelte **giltst** gelten **gilt** gelten geltet gelten gelten	 **gilt!** gelten Sie! geltet! gelten Sie! 	**galt** galt[e]st galten galt galten galtet galten galten	gölte göltest gölten gölte gölten göltet gölten gölten	**gegolten**
(接2の別形: gälte)						
genesen (病人などが)回復する	ich du Sie er wir ihr Sie sie	genese genest genesen genest genesen genest genesen genesen	 genes[e]! genesen Sie! genest! genesen Sie! 	**genas** genasest genasen genas genasen genast genasen genasen	genäse genäsest genäsen genäse genäsen genäset genäsen genäsen	**genesen**
(現在の別形: 《古》du genesest)						
genießen 楽しむ	ich du Sie er wir ihr Sie sie	genieße genießt genießen genießt genießen genießt genießen genießen	 genieß[e]! genießen Sie! genießt! genießen Sie! 	**genoss*** genossest genossen genoss* genossen genosst* genossen genossen	genösse genössest genössen genösse genössen genösset genössen genössen	**genossen**
(現在の別形: 《古》du genießest; * 旧形 genoß, genoßt)						
geschehen 起こる	es sie	**geschieht** geschehen	(なし)	**geschah** geschahen	geschähe geschähen	**geschehen**

不定詞		直説法現在	命　令	直説法過去	接続法第2式	過去分詞
gewinnen 勝つ	ich du Sie er wir ihr Sie sie	gewinne gewinnst gewinnen gewinnt gewinnen gewinnt gewinnen gewinnen	 gewinn[e]! gewinnen Sie! gewinnt! gewinnen Sie!	**gewann** gewann[e]st gewannen gewann gewannen gewannt gewannen gewannen	gewönne gewönnest gewönnen gewönne gewönnen gewönnet gewönnen gewönnen	**gewonnen**
(接2の別形: gewänne)						
gießen 注ぐ	ich du Sie er wir ihr Sie sie	gieße gießt gießen gießt gießen gießt gießen gießen	 gieß[e]! gießen Sie! gießt! gießen Sie!	**goss*** gossest gossen goss* gossen gosst* gossen gossen	gösse gössest gössen gösse gössen gösset gössen gössen	**gegossen**
(現在の別形:《古》du gießest; * 旧形 goß, goßt)						
gleichen 似ている	ich du Sie er wir ihr Sie sie	gleiche gleichst gleichen gleicht gleichen gleicht gleichen gleichen	 gleich[e]! gleichen Sie! gleicht! gleichen Sie!	**glich** glich[e]st glichen glich glichen glicht glichen glichen	gliche glichest glichen gliche glichen glichet glichen glichen	**geglichen**
gleiten 滑る	ich du Sie er wir ihr Sie sie	gleite gleitest gleiten gleitet gleiten gleitet gleiten gleiten	 gleit[e]! gleiten Sie! gleitet! gleiten Sie!	**glitt** glitt[e]st glitten glitt glitten glittet glitten glitten	glitte glittest glitten glitte glitten glittet glitten glitten	**geglitten**
glimmen かすかに 燃える	es sie	glimmt glimmen	(du に対して: glimm[e]!) (ihr に対して: glimmt!)	**glomm** glommen	glömme glömmen	**geglommen**
(規則変化することもある)						
graben 掘る	ich du Sie er wir ihr Sie sie	grabe **gräbst** graben **gräbt** graben grabt graben graben	 grab[e]! graben Sie! grabt! graben Sie!	**grub** grub[e]st gruben grub gruben grubt gruben gruben	grübe grübest grüben grübe grüben grübet grüben grüben	**gegraben**
greifen つかむ	ich du Sie er wir ihr Sie sie	greife greifst greifen greift greifen greift greifen greifen	 greif[e]! greifen Sie! greift! greifen Sie!	**griff** griff[e]st griffen griff griffen grifft griffen griffen	griffe griffest griffen griffe griffen griffet griffen griffen	**gegriffen**

不定詞		直説法現在	命　令	直説法過去	接続法第2式	過去分詞
haben 持っている	ich du Sie er wir ihr Sie sie	habe **hast** haben **hat** haben habt haben haben	 hab[e]! haben Sie! habt! haben Sie!	hatte hattest hatten hatte hatten hattet hatten hatten	hätte hättest hätten hätte hätten hättet hätten hätten	gehabt
(handhaben は規則変化する)						
halten (しっかり) 持っている	ich du Sie er wir ihr Sie sie	halte **hältst** halten **hält** halten haltet halten halten	 halt[e]! halten Sie! haltet! halten Sie!	hielt hielt[e]st hielten hielt hielten hieltet hielten hielten	hielte hieltest hielten hielte hielten hieltet hielten hielten	gehalten
hängen 掛かっている	ich du Sie er wir ihr Sie sie	hänge hängst hängen hängt hängen hängt hängen hängen	 häng[e]! hängen Sie! hängt! hängen Sie!	hing hing[e]st hingen hing hingen hingt hingen hingen	hinge hingest hingen hinge hingen hinget hingen hingen	gehangen
(「掛ける、ぶら下げる」という意味の hängen は規則変化する)						
hauen たたく	ich du Sie er wir ihr Sie sie	haue haust hauen haut hauen haut hauen hauen	 hau[e]! hauen Sie! haut! hauen Sie!	haute hautest hauten haute hauten hautet hauten hauten	haute hautest hauten haute hauten hautet hauten hauten	gehauen
(過去の別形: hieb; 接2の別形: hiebe; 過分の別形: 《方》gehaut)						
heben 上げる	ich du Sie er wir ihr Sie sie	hebe hebst heben hebt heben hebt heben heben	 heb[e]! heben Sie! hebt! heben Sie!	hob hob[e]st hoben hob hoben hobt hoben hoben	höbe höbest höben höbe höben höbet höben höben	gehoben
heißen (…という) 名前である	ich du Sie er wir ihr Sie sie	heiße heißt heißen heißt heißen heißt heißen heißen	 heiß[e]! heißen Sie! heißt! heißen Sie!	hieß hießest hießen hieß hießen hießt hießen hießen	hieße hießest hießen hieße hießen hießet hießen hießen	geheißen
(現在の別形: 《古》du heißest)						

不定詞		直説法現在	命　令	直説法過去	接続法第2式	過去分詞
helfen 助ける	ich du Sie er wir ihr Sie sie	helfe **hilfst** helfen **hilft** helfen helft helfen helfen	 hilf! helfen Sie! helft! helfen Sie!	half half[e]st halfen half halfen halft halfen halfen	hülfe hülfest hülfen hülfe hülfen hülfet hülfen hülfen	geholfen
(接2の別形: まれに hälfe)						
kennen 知っている	ich du Sie er wir ihr Sie sie	kenne kennst kennen kennt kennen kennt kennen kennen	 kenn[e]! kennen Sie! kennt! kennen Sie!	**kannte** kanntest kannten kannte kannten kanntet kannten kannten	kennte kenntest kennten kennte kennten kenntet kennten kennten	gekannt
klimmen よじ登る	ich du Sie er wir ihr Sie sie	klimme klimmst klimmen klimmt klimmen klimmt klimmen klimmen	 klimm[e]! klimmen Sie! klimmt! klimmen Sie!	**klomm** klomm[e]st klommen klomm klommen klommt klommen klommen	klömme klömmest klömmen klömme klömmen klömmet klömmen klömmen	geklommen
(規則変化することもある)						
klingen 鳴る	ich du Sie er wir ihr Sie sie	klinge klingst klingen klingt klingen klingt klingen klingen	 kling[e]! klingen Sie! klingt! klingen Sie!	**klang** klang[e]st klangen klang klangen klangt klangen klangen	klänge klängest klängen klänge klängen klänget klängen klängen	geklungen
kneifen つねる	ich du Sie er wir ihr Sie sie	kneife kneifst kneifen kneift kneifen kneift kneifen kneifen	 kneif[e]! kneifen Sie! kneift! kneifen Sie!	**kniff** kniffst kniffen kniff kniffen knifft kniffen kniffen	kniffe kniffest kniffen kniffe kniffen kniffet kniffen kniffen	gekniffen
kommen 来る	ich du Sie er wir ihr Sie sie	komme kommst kommen kommt kommen kommt kommen kommen	 komm[e]! kommen Sie! kommt! kommen Sie!	**kam** kamst kamen kam kamen kamt kamen kamen	käme kämest kämen käme kämen kämet kämen kämen	gekommen

不定詞		直説法現在	命　　令	直説法過去	接続法第2式	過去分詞
können …できる	ich du Sie er wir ihr Sie sie	**kann** **kannst** können **kann** können könnt können können	（なし）	**konnte** konntest konnten konnte konnten konntet konnten konnten	könnte könntest könnten könnte könnten könntet könnten könnten	**können** **(gekonnt)**
(不定詞を伴わないときの 過分 は gekonnt)						
kriechen はう	ich du Sie er wir ihr Sie sie	krieche kriechst kriechen kriecht kriechen kriecht kriechen kriechen	 kriech[e]! kriechen Sie! kriecht! kriechen Sie!	**kroch** krochst krochen kroch krochen krocht krochen krochen	kröche kröchest kröchen kröche kröchen kröchet kröchen kröchen	**gekrochen**
laden 積み込む	ich du Sie er wir ihr Sie sie	lade **lädst** laden **lädt** laden ladet laden laden	 lad[e]! laden Sie! ladet! laden Sie!	**lud** lud[e]st luden lud luden ludet luden luden	lüde lüdest lüden lüde lüden lüdet lüden lüden	**geladen**
lassen …させる	ich du Sie er wir ihr Sie sie	lasse **lässt*** lassen **lässt*** lassen lasst* lassen lassen	 lass!* lassen Sie! lasst!* lassen Sie!	**ließ** ließest ließen ließ ließen ließt ließen ließen	ließe ließest ließen ließe ließen ließet ließen ließen	**lassen** **(gelassen)**
(現在 の別形: 《古》du lässest. 不定詞を伴わないときの 過分 は gelassen. veranlassen は規則変化する; * 旧形 läßt, laßt, laß)						
laufen 走る	ich du Sie er wir ihr Sie sie	laufe **läufst** laufen **läuft** laufen lauft laufen laufen	 lauf[e]! laufen Sie! lauft! laufen Sie!	**lief** lief[e]st liefen lief liefen lieft liefen liefen	liefe liefest liefen liefe liefen liefet liefen liefen	**gelaufen**
leiden 苦しむ	ich du Sie er wir ihr Sie sie	leide leidest leiden leidet leiden leidet leiden leiden	 leid[e]! leiden Sie! leidet! leiden Sie!	**litt** litt[e]st litten litt litten littet litten litten	litte littest litten litte litten littet litten litten	**gelitten**

不定詞		直説法現在	命令	直説法過去	接続法第2式	過去分詞
leihen 貸す	ich du Sie er wir ihr Sie sie	leihe leihst leihen leiht leihen leiht leihen leihen	 leih[e]! leihen Sie! leiht! leihen Sie!	**lieh** lieh[e]st liehen lieh liehen lieht liehen liehen	liehe liehest liehen liehe liehen liehet liehen liehen	**geliehen**
lesen 読む	ich du Sie er wir ihr Sie sie	lese **liest** lesen **liest** lesen lest lesen lesen	 **lies!** lesen Sie! lest! lesen Sie!	**las** lasest lasen las lasen last lasen lasen	läse läsest läsen läse läsen läset läsen läsen	**gelesen**
(現在の別形:《古》du liesest)						
liegen 横たわって いる	ich du Sie er wir ihr Sie sie	liege liegst liegen liegt liegen liegt liegen liegen	 lieg[e]! liegen Sie! liegt! liegen Sie!	**lag** lagst lagen lag lagen lagt lagen lagen	läge lägest lägen läge lägen läget lägen lägen	**gelegen**
löschen 消す	(この動詞自体は規則変化するが，前つづりのついた複合動詞には不規則変化するものがある ☞ erlöschen)					
lügen うそをつく	ich du Sie er wir ihr Sie sie	lüge lügst lügen lügt lügen lügt lügen lügen	 lüg[e]! lügen Sie! lügt! lügen Sie!	**log** logst logen log logen logt logen logen	löge lögest lögen löge lögen löget lögen lögen	**gelogen**
mahlen ひく	ich du Sie er wir ihr Sie sie	mahle mahlst mahlen mahlt mahlen mahlt mahlen mahlen	 mahl[e]! mahlen Sie! mahlt! mahlen Sie!	**mahlte** mahltest mahlten mahlte mahlten mahltet mahlten mahlten	mahlte mahltest mahlten mahlte mahlten mahltet mahlten mahlten	**gemahlen**
meiden 避ける	ich du Sie er wir ihr Sie sie	meide meidest meiden meidet meiden meidet meiden meiden	 meid[e]! meiden Sie! meidet! meiden Sie!	**mied** mied[e]st mieden mied mieden miedet mieden mieden	miede miedest mieden miede mieden miedet mieden mieden	**gemieden**

不定詞		直説法現在	命　令	直説法過去	接続法第2式	過去分詞
melken 乳を搾る	ich	melke		**melkte**	melkte	**gemolken**
	du	melkst	melk[e]!	melktest	melktest	
	Sie	melken	melken Sie!	melkten	melkten	
	er	melkt		melkte	melkte	
	wir	melken		melkten	melkten	
	ihr	melkt	melkt!	melktet	melktet	
	Sie	melken	melken Sie!	melkten	melkten	
	sie	melken		melkten	melkten	
(現在の別形:《古》du milkst, er milkt; du に対する命令の別形:《古》milk!; 過去の別形: molk; 接2の別形: mölke; 過分の別形: gemelkt)						
messen 測る	ich	messe		**maß**	mäße	**gemessen**
	du	**misst***	**miss!***	maßest	mäßest	
	Sie	messen	messen Sie!	maßen	mäßen	
	er	**misst***		maß	mäße	
	wir	messen		maßen	mäßen	
	ihr	**messt***	**messt!***	maßt	mäßet	
	Sie	messen	messen Sie!	maßen	mäßen	
	sie	messen		maßen	mäßen	
(現在の別形:《古》du missest; * 旧形 mißt, meßt, miß)						
misslingen* 失敗する	es	misslingt*	（なし）	**misslang***	misslänge*	**misslungen***
	sie	misslingen*		misslangen*	misslängen*	
(* 旧形 miß..)						
mögen …かもしれない	ich	**mag**		**mochte**	möchte	**mögen** (**gemocht**)
	du	**magst**		mochtest	möchtest	
	Sie	mögen		mochten	möchten	
	er	**mag**	（なし）	mochte	möchte	
	wir	mögen		mochten	möchten	
	ihr	mögt		mochtet	möchtet	
	Sie	mögen		mochten	möchten	
	sie	mögen		mochten	möchten	
(不定詞を伴わないときの過分は gemocht)						
müssen …しなければならない	ich	**muss***		**musste***	müsste*	**müssen** (**gemusst***)
	du	**musst***		musstest*	müsstest*	
	Sie	müssen		mussten*	müssten*	
	er	**muss***	（なし）	musste*	müsste*	
	wir	müssen		mussten*	müssten*	
	ihr	müsst*		musstet*	müsstet*	
	Sie	müssen		mussten*	müssten*	
	sie	müssen		mussten*	müssten*	
(不定詞を伴わないときの過分は gemusst; * 旧形 muß.., müß..)						
nehmen 取る	ich	nehme		**nahm**	nähme	**genommen**
	du	**nimmst**	**nimm!**	nahmst	nähmest	
	Sie	nehmen	nehmen Sie!	nahmen	nähmen	
	er	**nimmt**		nahm	nähme	
	wir	nehmen		nahmen	nähmen	
	ihr	nehmt	nehmt!	nahmt	nähmet	
	Sie	nehmen	nehmen Sie!	nahmen	nähmen	
	sie	nehmen		nahmen	nähmen	

不定詞		直説法現在	命　令	直説法過去	接続法第2式	過去分詞
nennen 名づける	ich du Sie er wir ihr Sie sie	nenne nennst nennen nennt nennen nennt nennen nennen	 nenn[e]! nennen Sie! nennt! nennen Sie!	nannte nanntest nannten nannte nannten nanntet nannten nannten	nennte nenntest nennten nennte nennten nenntet nennten nennten	genannt
pfeifen 口笛を吹く	ich du Sie er wir ihr Sie sie	pfeife pfeifst pfeifen pfeift pfeifen pfeift pfeifen pfeifen	 pfeif[e]! pfeifen Sie! pfeift! pfeifen Sie!	pfiff pfiff[e]st pfiffen pfiff pfiffen pfifft pfiffen pfiffen	pfiffe pfiffest pfiffen pfiffe pfiffen pfiffet pfiffen pfiffen	gepfiffen
pflegen （文化などを） はぐくむ	ich du Sie er wir ihr Sie sie	pflege pflegst pflegen pflegt pflegen pflegt pflegen pflegen	 pfleg[e]! pflegen Sie! pflegt! pflegen Sie!	pflog pflog[e]st pflogen pflog pflogen pflogt pflogen pflogen	pflöge pflögest pflögen pflöge pflögen pflöget pflögen pflögen	gepflogen

（「はぐくむ；いそしむ」の意味で雅語のときのみ不規則変化する．それ以外はふつう規則変化する）

preisen 称賛する	ich du Sie er wir ihr Sie sie	preise preist preisen preist preisen preist preisen preisen	 preis[e]! preisen Sie! preist! preisen Sie!	pries priesest priesen pries priesen priest priesen priesen	priese priesest priesen priese priesen prieset priesen priesen	gepriesen

（現在の別形：《古》du preisest）

quellen わき出る	es sie	**quillt** quellen	(du に対して：) **quill**! (ihr に対して：) quellt!	quoll quollen	quölle quöllen	gequollen

（「（豆などを）ふくらませる」という意味の quellen は規則変化する）

raten 忠告する	ich du Sie er wir ihr Sie sie	rate **rätst** raten **rät** raten ratet raten raten	 rat[e]! raten Sie! ratet! raten Sie!	riet riet[e]st rieten riet rieten rietet rieten rieten	riete rietest rieten riete rieten rietet rieten rieten	geraten
reiben こする	ich du Sie er wir ihr Sie sie	reibe reibst reiben reibt reiben reibt reiben reiben	 reib[e]! reiben Sie! reibt! reiben Sie!	rieb rieb[e]st rieben rieb rieben riebt rieben rieben	riebe riebest rieben riebe rieben riebet rieben rieben	gerieben

1876

不定詞		直説法現在	命 令	直説法過去	接続法第2式	過去分詞
reihen 仮縫いする	ich	reihe		**rieh**	riehe	**geriehen**
	du	reihst	reih[e]!	riehst	riehest	
	Sie	reihen	reihen Sie!	riehen	riehen	
	er	reiht		rieh	riehe	
	wir	reihen		riehen	riehen	
	ihr	reiht	reiht!	rieht	riehet	
	Sie	reihen	reihen Sie!	riehen	riehen	
	sie	reihen		riehen	riehen	
(今日ではしばしば規則変化する.「連ねる; 連なる」という意味の reihen はつねに規則変化する)						
reißen 引き裂く	ich	reiße		**riss***	risse	**gerissen**
	du	reißt	reiß[e]!	rissest	rissest	
	Sie	reißen	reißen Sie!	rissen	rissen	
	er	reißt		riss*	risse	
	wir	reißen		rissen	rissen	
	ihr	reißt	reißt!	risst*	risset	
	Sie	reißen	reißen Sie!	rissen	rissen	
	sie	reißen		rissen	rissen	
(現在の別形:《古》du reißest; *旧形 riß, rißt)						
reiten (馬などに)乗る	ich	reite		**ritt**	ritte	**geritten**
	du	reitest	reit[e]!	ritt[e]st	rittest	
	Sie	reiten	reiten Sie!	ritten	ritten	
	er	reitet		ritt	ritte	
	wir	reiten		ritten	ritten	
	ihr	reitet	reitet!	rittet	rittet	
	Sie	reiten	reiten Sie!	ritten	ritten	
	sie	reiten		ritten	ritten	
rennen 走る	ich	renne		**rannte**	rennte	**gerannt**
	du	rennst	renn[e]!	ranntest	renntest	
	Sie	rennen	rennen Sie!	rannten	rennten	
	er	rennt		rannte	rennte	
	wir	rennen		rannten	rennten	
	ihr	rennt	rennt!	ranntet	renntet	
	Sie	rennen	rennen Sie!	rannten	rennten	
	sie	rennen		rannten	rennten	
riechen におう	ich	rieche		**roch**	röche	**gerochen**
	du	riechst	riech[e]!	rochst	röchest	
	Sie	riechen	riechen Sie!	rochen	röchen	
	er	riecht		roch	röche	
	wir	riechen		rochen	röchen	
	ihr	riecht	riecht!	rocht	röchet	
	Sie	riechen	riechen Sie!	rochen	röchen	
	sie	riechen		rochen	röchen	
ringen 格闘する	ich	ringe		**rang**	ränge	**gerungen**
	du	ringst	ring[e]!	rangst	rängest	
	Sie	ringen	ringen Sie!	rangen	rängen	
	er	ringt		rang	ränge	
	wir	ringen		rangen	rängen	
	ihr	ringt	ringt!	rangt	ränget	
	Sie	ringen	ringen Sie!	rangen	rängen	
	sie	ringen		rangen	rängen	

不定詞		直説法現在	命　令	直説法過去	接続法第2式	過去分詞
rinnen 流れる	es	rinnt	(du に対して:) rinn[e]!	**rann**	ränne	**geronnen**
	sie	rinnen	(ihr に対して:) rinnt!	rannen	rännen	
(接2の別形: まれに rönne)						
rufen 叫ぶ	ich du Sie er wir ihr Sie sie	rufe rufst rufen ruft rufen ruft rufen rufen	ruf[e]! rufen Sie! ruft! rufen Sie!	**rief** rief[e]st riefen rief riefen rieft riefen riefen	riefe riefest riefen riefe riefen riefet riefen riefen	**gerufen**
salzen 塩味を つける	ich du Sie er wir ihr Sie sie	salze salzt salzen salzt salzen salzt salzen salzen	salz[e]! salzen Sie! salzt! salzen Sie!	**salzte** salztest salzten salzte salzten salztet salzten salzten	salzte salztest salzten salzte salzten salztet salzten salzten	**gesalzen**
(現在の別形: 《古》 du salzest; 過分の別形: まれに gesalzt)						
saufen 飲む	ich du Sie er wir ihr Sie sie	saufe **säufst** saufen **säuft** saufen sauft saufen saufen	sauf[e]! saufen Sie! sauft! saufen Sie!	**soff** soff[e]st soffen soff soffen sofft soffen soffen	söffe söffest söffen söffe söffen söffet söffen söffen	**gesoffen**
saugen 吸う	ich du Sie er wir ihr Sie sie	sauge saugst saugen saugt saugen saugt saugen saugen	saug[e]! saugen Sie! saugt! saugen Sie!	**sog** sog[e]st sogen sog sogen sogt sogen sogen	söge sögest sögen söge sögen söget sögen sögen	**gesogen**
(今日ではしばしば規則変化する)						
schaffen 創造する	ich du Sie er wir ihr Sie sie	schaffe schaffst schaffen schafft schaffen schafft schaffen schaffen	schaff[e]! schaffen Sie! schafft! schaffen Sie!	**schuf** schuf[e]st schufen schuf schufen schuft schufen schufen	schüfe schüfest schüfen schüfe schüfen schüfet schüfen schüfen	**geschaffen**
(「やり遂げる; 運ぶ; 働く」という意味の schaffen は規則変化する)						

不定詞	直説法現在		命令	直説法過去	接続法第2式	過去分詞
schallen 響く	es	schallt	(du に対して:) schall[e]!	**scholl**	schölle	**geschallt**
	sie	schallen	(ihr に対して:) schallt!	schollen	schöllen	
(今日では 過去 の別形 schallte, 接2 の別形 schallte が用いられることが多い)						
scheiden 離婚させる	ich	scheide		**schied**	schiede	**geschieden**
	du Sie	scheidest scheiden	scheid[e]! scheiden Sie!	schied[e]st schieden	schiedest schieden	
	er	scheidet		schied	schiede	
	wir	scheiden		schieden	schieden	
	ihr Sie	scheidet scheiden	scheidet! scheiden Sie!	schiedet schieden	schiedet schieden	
	sie	scheiden		schieden	schieden	
scheinen 輝く	ich	scheine		**schien**	schiene	**geschienen**
	du Sie	scheinst scheinen	schein[e]! scheinen Sie!	schien[e]st schienen	schienest schienen	
	er	scheint		schien	schiene	
	wir	scheinen		schienen	schienen	
	ihr Sie	scheint scheinen	scheint! scheinen Sie!	schient schienen	schienet schienen	
	sie	scheinen		schienen	schienen	
scheißen くそをする	ich	scheiße		**schiss***	schisse	**geschissen**
	du Sie	scheißt scheißen	scheiß[e]! scheißen Sie!	schissest schissen	schissest schissen	
	er	scheißt		schiss*	schisse	
	wir	scheißen		schissen	schissen	
	ihr Sie	scheißt scheißen	scheißt! scheißen Sie!	schisst* schissen	schisset schissen	
	sie	scheißen		schissen	schissen	
(現在 の別形: 《古》du scheißest; * 旧形 schiß, schißt)						
schelten しかる	ich	schelte		**schalt**	schölte	**gescholten**
	du Sie	**schiltst** schelten	**schilt!** schelten Sie!	schalt[e]st schalten	schöltest schölten	
	er	**schilt**		schalt	schölte	
	wir	schelten		schalten	schölten	
	ihr Sie	scheltet schelten	scheltet! schelten Sie!	schaltet schalten	schöltet schölten	
	sie	schelten		schalten	schölten	
scheren 刈る	ich	schere		**schor**	schöre	**geschoren**
	du Sie	scherst scheren	scher[e]! scheren Sie!	schorst schoren	schörest schören	
	er	schert		schor	schöre	
	wir	scheren		schoren	schören	
	ihr Sie	schert scheren	schert! scheren Sie!	schort schoren	schöret schören	
	sie	scheren		schoren	schören	
(現在 の別形: まれに du schierst, er schiert. まれに規則変化することもある。「さっさと行く」という意味の scheren および「心をわずらわせる」という意味の scheren はつねに規則変化する)						

不定詞		直説法現在	命 令	直説法過去	接続法第2式	過去分詞
schieben 押す	ich du Sie er wir ihr Sie sie	schiebe schiebst schieben schiebt schieben schiebt schieben schieben	 schieb[e]! schieben Sie! schiebt! schieben Sie!	schob schob[e]st schoben schob schoben schobt schoben schoben	schöbe schöbest schöben schöbe schöben schöbet schöben schöben	**geschoben**
schießen 撃つ	ich du Sie er wir ihr Sie sie	schieße schießt schießen schießt schießen schießt schießen schießen	 schieß[e]! schießen Sie! schießt! schießen Sie!	schoss* schossest schossen schoss* schossen schosst* schossen schossen	schösse schössest schössen schösse schössen schösset schössen schössen	**geschossen**
(現在の別形: 《古》du schießest; * 旧形 schoß, schoßt)						
schinden 酷使する	ich du Sie er wir ihr Sie sie	schinde schindest schinden schindet schinden schindet schinden schinden	 schind[e]! schinden Sie! schindet! schinden Sie!	schindete schindetest schindeten schindete schindeten schindetet schindeten schindeten	schindete schindetest schindeten schindete schindeten schindetet schindeten schindeten	**geschunden**
(過去の別形: まれに schund; 接2の別形: まれに schünde)						
schlafen 眠る	ich du Sie er wir ihr Sie sie	schlafe **schläfst** schlafen **schläft** schlafen schlaft schlafen schlafen	 schlaf[e]! schlafen Sie! schlaft! schlafen Sie!	schlief schlief[e]st schliefen schlief schliefen schlieft schliefen schliefen	schliefe schliefest schliefen schliefe schliefen schliefet schliefen schliefen	**geschlafen**
schlagen 打つ	ich du Sie er wir ihr Sie sie	schlage **schlägst** schlagen **schlägt** schlagen schlagt schlagen schlagen	 schlag[e]! schlagen Sie! schlagt! schlagen Sie!	schlug schlug[e]st schlugen schlug schlugen schlugt schlugen schlugen	schlüge schlügest schlügen schlüge schlügen schlüget schlügen schlügen	**geschlagen**
(beratschlagen, veranschlagen は規則変化する)						
schleichen 忍び足で歩く	ich du Sie er wir ihr Sie sie	schleiche schleichst schleichen schleicht schleichen schleicht schleichen schleichen	 schleich[e]! schleichen Sie! schleicht! schleichen Sie!	schlich schlich[e]st schlichen schlich schlichen schlicht schlichen schlichen	schliche schlichest schlichen schliche schlichen schlichet schlichen schlichen	**geschlichen**

1880

不定詞		直説法現在	命 令	直説法過去	接続法第2式	過去分詞
schleifen 研ぐ	ich du Sie er wir ihr Sie sie	schleife schleifst schleifen schleift schleifen schleift schleifen schleifen	 schleif[e]! schleifen Sie! schleift! schleifen Sie! 	**schliff** schliff[e]st schliffen schliff schliffen schlifft schliffen schliffen	schliffe schliffest schliffen schliffe schliffen schliffet schliffen schliffen	**geschliffen**
(「引きずる」という意味の schleifen は規則変化する)							

| **schließen**
閉める | ich
du
Sie
er
wir
ihr
Sie
sie | schließe
schließt
schließen
schließt
schließen
schließt
schließen
schließen |
schließ[e]!
schließen Sie!

schließt!
schließen Sie!
 | **schloss***
schlossest
schlossen
schloss*
schlossen
schlosst*
schlossen
schlossen | schlösse
schlössest
schlössen
schlösse
schlössen
schlösset
schlössen
schlössen | **geschlossen** |
| (現在の別形:《古》du schließest; * 旧形 schloß, schloßt) ||||||||

| **schlingen**
巻きつける | ich
du
Sie
er
wir
ihr
Sie
sie | schlinge
schlingst
schlingen
schlingt
schlingen
schlingt
schlingen
schlingen |
schling[e]!
schlingen Sie!

schlingt!
schlingen Sie!
 | **schlang**
schlang[e]st
schlangen
schlang
schlangen
schlangt
schlangen
schlangen | schlänge
schlängest
schlängen
schlänge
schlängen
schlänget
schlängen
schlängen | **geschlungen** |

| **schmeißen**
投げる | ich
du
Sie
er
wir
ihr
Sie
sie | schmeiße
schmeißt
schmeißen
schmeißt
schmeißen
schmeißt
schmeißen
schmeißen |
schmeiß[e]!
schmeißen Sie!

schmeißt!
schmeißen Sie!
 | **schmiss***
schmissest
schmissen
schmiss*
schmissen
schmisst*
schmissen
schmissen | schmisse
schmissest
schmissen
schmisse
schmissen
schmisset
schmissen
schmissen | **geschmissen** |
| (現在の別形:《古》du schmeißest; * 旧形 schmiß, schmißt) ||||||||

| **schmelzen**
溶ける;溶かす | ich
du
Sie
er
wir
ihr
Sie
sie | schmelze
schmilzt
schmelzen
schmilzt
schmelzen
schmelzt
schmelzen
schmelzen |
schmilz!
schmelzen Sie!

schmelzt!
schmelzen Sie!
 | **schmolz**
schmolzest
schmolzen
schmolz
schmolzen
schmolzt
schmolzen
schmolzen | schmölze
schmölzest
schmölzen
schmölze
schmölzen
schmölzet
schmölzen
schmölzen | **geschmolzen** |
| (現在の別形:《古》du schmilzest) ||||||||

| **schnauben**
荒い鼻息をする | ich
du
Sie
er
wir
ihr
Sie
sie | schnaube
schnaubst
schnauben
schnaubt
schnauben
schnaubt
schnauben
schnauben |
schnaub[e]!
schnauben Sie!

schnaubt!
schnauben Sie!
 | **schnob**
schnobst
schnoben
schnob
schnoben
schnobt
schnoben
schnoben | schnöbe
schnöbest
schnöben
schnöbe
schnöben
schnöbet
schnöben
schnöben | **geschnoben** |
| (今日ではふつう規則変化する) ||||||||

付録

不定詞		直説法現在	命　令	直説法過去	接続法第2式	過去分詞
schneiden 切る	ich du Sie er wir ihr Sie sie	schneide schneidest schneiden schneidet schneiden schneidet schneiden schneiden	 schneid[e]! schneiden Sie! schneidet! schneiden Sie! 	**schnitt** schnitt[e]st schnitten schnitt schnitten schnittet schnitten schnitten	schnitte schnittest schnitten schnitte schnitten schnittet schnitten schnitten	**geschnitten**
schrecken 驚かす		(この動詞自体は規則変化するが, 前つづりのついた複合動詞には不規則変化するものがある ☞ erschrecken)
schreiben 書く	ich du Sie er wir ihr Sie sie	schreibe schreibst schreiben schreibt schreiben schreibt schreiben schreiben	 schreib[e]! schreiben Sie! schreibt! schreiben Sie! 	**schrieb** schrieb[e]st schrieben schrieb schrieben schriebt schrieben schrieben	schriebe schriebest schrieben schriebe schrieben schriebet schrieben schrieben	**geschrieben**
schreien 叫ぶ	ich du Sie er wir ihr Sie sie	schreie schreist schreien schreit schreien schreit schreien schreien	 schrei[e]! schreien Sie! schreit! schreien Sie! 	**schrie** schriest schrie[e]n schrie schrie[e]n schrie[e]t schrie[e]n schrie[e]n	schriee schrieest schrieen schriee schrieen schrieet schrieen schrieen	**geschrie[e]n**
schreiten 歩く	ich du Sie er wir ihr Sie sie	schreite schreitest schreiten schreitet schreiten schreitet schreiten schreiten	 schreit[e]! schreiten Sie! schreitet! schreiten Sie! 	**schritt** schritt[e]st schritten schritt schritten schrittet schritten schritten	schritte schrittest schritten schritte schritten schrittet schritten schritten	**geschritten**
schweigen 黙っている	ich du Sie er wir ihr Sie sie	schweige schweigst schweigen schweigt schweigen schweigt schweigen schweigen	 schweig[e]! schweigen Sie! schweigt! schweigen Sie! 	**schwieg** schwieg[e]st schwiegen schwieg schwiegen schwiegt schwiegen schwiegen	schwiege schwiegest schwiegen schwiege schwiegen schwieget schwiegen schwiegen	**geschwiegen**
schwellen ふくれる	ich du Sie er wir ihr Sie sie	schwelle **schwillst** schwellen **schwillt** schwellen schwellt schwellen schwellen	 **schwill!** schwellen Sie! schwellt! schwellen Sie! 	**schwoll** schwoll[e]st schwollen schwoll schwollen schwollt schwollen schwollen	schwölle schwöllest schwöllen schwölle schwöllen schwöllet schwöllen schwöllen	**geschwollen**
	(「ふくらませる」という意味の schwellen は規則変化する)

不定詞		直説法現在	命　令	直説法過去	接続法第2式	過去分詞
schwimmen 泳ぐ	ich	schwimme		**schwamm**	schwömme	**geschwommen**
	du	schwimmst	schwimm[e]!	schwamm[e]st	schwömmest	
	Sie	schwimmen	schwimmen Sie!	schwammen	schwömmen	
	er	schwimmt		schwamm	schwömme	
	wir	schwimmen		schwammen	schwömmen	
	ihr	schwimmt	schwimmt!	schwammt	schwömmet	
	Sie	schwimmen	schwimmen Sie!	schwammen	schwömmen	
	sie	schwimmen		schwammen	schwömmen	

(接2の別形: schwämme)

不定詞		直説法現在	命　令	直説法過去	接続法第2式	過去分詞
schwinden 減る	ich	schwinde		**schwand**	schwände	**geschwunden**
	du	schwindest	schwind[e]!	schwand[e]st	schwändest	
	Sie	schwinden	schwinden Sie!	schwanden	schwänden	
	er	schwindet		schwand	schwände	
	wir	schwinden		schwanden	schwänden	
	ihr	schwindet	schwindet!	schwandet	schwändet	
	Sie	schwinden	schwinden Sie!	schwanden	schwänden	
	sie	schwinden		schwanden	schwänden	
schwingen 揺れる	ich	schwinge		**schwang**	schwänge	**geschwungen**
	du	schwingst	schwing[e]!	schwang[e]st	schwängest	
	Sie	schwingen	schwingen Sie!	schwangen	schwängen	
	er	schwingt		schwang	schwänge	
	wir	schwingen		schwangen	schwängen	
	ihr	schwingt	schwingt!	schwangt	schwänget	
	Sie	schwingen	schwingen Sie!	schwangen	schwängen	
	sie	schwingen		schwangen	schwängen	
schwören 誓う	ich	schwöre		**schwor**	schwüre	**geschworen**
	du	schwörst	schwör[e]!	schworst	schwürest	
	Sie	schwören	schwören Sie!	schworen	schwüren	
	er	schwört		schwor	schwüre	
	wir	schwören		schworen	schwüren	
	ihr	schwört	schwört!	schwort	schwüret	
	Sie	schwören	schwören Sie!	schworen	schwüren	
	sie	schwören		schworen	schwüren	

(過去の別形:《古》schwur)

不定詞		直説法現在	命　令	直説法過去	接続法第2式	過去分詞
sehen 見える; 見る	ich	sehe		**sah**	sähe	**gesehen**
	du	**siehst**	sieh[e]!	sahst	sähest	
	Sie	sehen	sehen Sie!	sahen	sähen	
	er	**sieht**		sah	sähe	
	wir	sehen		sahen	sähen	
	ihr	seht	seht!	saht	sähet	
	Sie	sehen	sehen Sie!	sahen	sähen	
	sie	sehen		sahen	sähen	

不定詞		直説法現在	接続法第1式	命　令	直説法過去	接続法第2式	過去分詞
sein (…で)ある	ich	**bin**	sei		**war**	wäre	**gewesen**
	du	**bist**	sei[e]st	sei!	warst	wär[e]st	
	Sie	**sind**	seien	seien Sie!	waren	wären	
	er	**ist**	sei		war	wäre	
	wir	**sind**	seien		waren	wären	
	ihr	**seid**	seiet	seid!	wart	wär[e]t	
	Sie	**sind**	seien	seien Sie!	waren	wären	
	sie	**sind**	seien		waren	wären	

不定詞		直説法現在	命　令	直説法過去	接続法第2式	過去分詞
senden 送る	ich du Sie er wir ihr Sie sie	sende sendest senden sendet senden sendet senden senden	 send[e]! senden Sie! sendet! senden Sie!	**sandte** sandtest sandten sandte sandten sandtet sandten sandten	sendete sendetest sendeten sendete sendeten sendetet sendeten sendeten	**gesandt**
(「放送する」という意味では規則変化する)						
sieden 沸騰する	ich du Sie er wir ihr Sie sie	siede siedest sieden siedet sieden siedet sieden sieden	 sied[e]! sieden Sie! siedet! sieden Sie!	**sott** sottest sotten sott sotten sottet sotten sotten	sötte söttest sötten sötte sötten söttet sötten sötten	**gesotten**
(規則変化することもある)						
singen 歌う	ich du Sie er wir ihr Sie sie	singe singst singen singt singen singt singen singen	 sing[e]! singen Sie! singt! singen Sie!	**sang** sang[e]st sangen sang sangen sangt sangen sangen	sänge sängest sängen sänge sängen sänget sängen sängen	**gesungen**
sinken 沈む	ich du Sie er wir ihr Sie sie	sinke sinkst sinken sinkt sinken sinkt sinken sinken	 sink[e]! sinken Sie! sinkt! sinken Sie!	**sank** sank[e]st sanken sank sanken sankt sanken sanken	sänke sänkest sänken sänke sänken sänket sänken sänken	**gesunken**
sinnen 思案する	ich du Sie er wir ihr Sie sie	sinne sinnst sinnen sinnt sinnen sinnt sinnen sinnen	 sinn[e]! sinnen Sie! sinnt! sinnen Sie!	**sann** sann[e]st sannen sann sannen sannt sannen sannen	sänne sännest sännen sänne sännen sännet sännen sännen	**gesonnen**
(接2の別形:《古》sönne)						
sitzen 座っている	ich du Sie er wir ihr Sie sie	sitze sitzt sitzen sitzt sitzen sitzt sitzen sitzen	 sitz[e]! sitzen Sie! sitzt! sitzen Sie!	**saß** saßest saßen saß saßen saßt saßen saßen	säße säßest säßen säße säßen säßet säßen säßen	**gesessen**
(現在の別形:《古》du sitzest)						

不定詞		直説法現在	命 令	直説法過去	接続法第2式	過去分詞
sollen …すべきだ	ich du Sie er wir ihr Sie sie	**soll** **sollst** sollen **soll** sollen sollt sollen sollen	(なし)	**sollte** solltest sollten sollte sollten solltet sollten sollten	sollte solltest sollten sollte sollten solltet sollten sollten	**sollen** **(gesollt)**
(不定詞を伴わないときの過分は gesollt)						
spalten 割る	ich du Sie er wir ihr Sie sie	spalte spaltest spalten spaltet spalten spaltet spalten spalten	spalt[e]! spalten Sie! spaltet! spalten Sie!	**spaltete** spaltetest spalteten spaltete spalteten spaltetet spalteten spalteten	spaltete spaltetest spalteten spaltete spalteten spaltetet spalteten spalteten	**gespalten**
(過分の別形: gespaltet)						
speien 唾(ば)を吐く	ich du Sie er wir ihr Sie sie	speie speist speien speit speien speit speien speien	spei[e]! speien Sie! speit! speien Sie!	**spie** spiest spie[e]n spie spie[e]n spiet spie[e]n spie[e]n	spiee spieest spieen spiee spieen spieet spieen spieen	**gespie[e]n**
spinnen 紡ぐ	ich du Sie er wir ihr Sie sie	spinne spinnst spinnen spinnt spinnen spinnt spinnen spinnen	spinn[e]! spinnen Sie! spinnt! spinnen Sie!	**spann** spann[e]st spannen spann spannen spannt spannen spannen	spönne spönnest spönnen spönne spönnen spönnet spönnen spönnen	**gesponnen**
(接2の別形: spänne)						
sprechen 話す	ich du Sie er wir ihr Sie sie	spreche **sprichst** sprechen **spricht** sprechen sprecht sprechen sprechen	**sprich!** sprechen Sie! sprecht! sprechen Sie!	**sprach** sprach[e]st sprachen sprach sprachen spracht sprachen sprachen	spräche sprächest sprächen spräche sprächen sprächet sprächen sprächen	**gesprochen**
sprießen 発芽する	es sie	sprießt sprießen	(du に対して:) sprieß[e]! (ihr に対して:) sprießt!	**spross*** sprossen	sprösse sprössen	**gesprossen**
(* 旧形 sproß)						

不定詞		直説法現在	命　令	直説法過去	接続法第2式	過去分詞
springen 跳ぶ	ich du Sie er wir ihr Sie sie	springe springst springen springt springen springt springen springen	 spring[e]! springen Sie! springt! springen Sie!	sprang sprang[e]st sprangen sprang sprangen sprangt sprangen sprangen	spränge sprängest sprängen spränge sprängen spränget sprängen sprängen	gesprungen
stechen 刺す	ich du Sie er wir ihr Sie sie	steche **stichst** stechen **sticht** stechen stecht stechen stechen	 **stich!** stechen Sie! stecht! stechen Sie!	stach stach[e]st stachen stach stachen stacht stachen stachen	stäche stächest stächen stäche stächen stächet stächen stächen	gestochen
stecken 差し込ん である	ich du Sie er wir ihr Sie sie	stecke steckst stecken steckt stecken steckt stecken stecken	 steck[e]! stecken Sie! steckt! stecken Sie!	stak stak[e]st staken stak staken stakt staken staken	stäke stäkest stäken stäke stäken stäket stäken stäken	gesteckt

(自動詞でもふつうは規則変化する．他動詞はつねに規則変化する)

不定詞		直説法現在	命　令	直説法過去	接続法第2式	過去分詞
stehen 立っている	ich du Sie er wir ihr Sie sie	stehe stehst stehen steht stehen steht stehen stehen	 steh[e]! stehen Sie! steht! stehen Sie!	stand stand[e]st standen stand standen standet standen standen	stünde stündest stünden stünde stünden stündet stünden stünden	gestanden

(接2の別形：まれに stände)

不定詞		直説法現在	命　令	直説法過去	接続法第2式	過去分詞
stehlen 盗む	ich du Sie er wir ihr Sie sie	stehle **stiehlst** stehlen **stiehlt** stehlen stehlt stehlen stehlen	 **stiehl!** stehlen Sie! stehlt! stehlen Sie!	stahl stahlst stahlen stahl stahlen stahlt stahlen stahlen	stähle stählest stählen stähle stählen stählet stählen stählen	gestohlen

(接2の別形：まれに stöhle)

不定詞		直説法現在	命　令	直説法過去	接続法第2式	過去分詞
steigen 登る	ich du Sie er wir ihr Sie sie	steige steigst steigen steigt steigen steigt steigen steigen	 steig[e]! steigen Sie! steigt! steigen Sie!	stieg stieg[e]st stiegen stieg stiegen stiegt stiegen stiegen	stiege stiegest stiegen stiege stiegen stieget stiegen stiegen	gestiegen

不定詞		直説法現在	命　令	直説法過去	接続法第2式	過去分詞
sterben 死ぬ	ich du Sie er wir ihr Sie sie	sterbe **stirbst** sterben **stirbt** sterben sterbt sterben sterben	 **stirb!** sterben Sie! sterbt! sterben Sie!	starb starbst starben starb starben starbt starben starben	stürbe stürbest stürben stürbe stürben stürbet stürben stürben	**gestorben**
stieben 飛び散る	ich du Sie er wir ihr Sie sie	stiebe stiebst stieben stiebt stieben stiebt stieben stieben	 stieb[e]! stieben Sie! stiebt! stieben Sie!	stob stob[e]st stoben stob stoben stobt stoben stoben	stöbe stöbest stöben stöbe stöben stöbet stöben stöben	**gestoben**
(規則変化することもある)						
stinken 臭いにおいがする	ich du Sie er wir ihr Sie sie	stinke stinkst stinken stinkt stinken stinkt stinken stinken	 stink[e]! stinken Sie! stinkt! stinken Sie!	stank stank[e]st stanken stank stanken stankt stanken stanken	stänke stänkest stänken stänke stänken stänket stänken stänken	**gestunken**
stoßen 突く	ich du Sie er wir ihr Sie sie	stoße **stößt** stoßen **stößt** stoßen stoßt stoßen stoßen	 stoß[e]! stoßen Sie! stoßt! stoßen Sie!	stieß stießest stießen stieß stießen stießt stießen stießen	stieße stießest stießen stieße stießen stießet stießen stießen	**gestoßen**
(接2の別形: du stößest)						
streichen 塗る	ich du Sie er wir ihr Sie sie	streiche streichst streichen streicht streichen streicht streichen streichen	 streich[e]! streichen Sie! streicht! streichen Sie!	strich strich[e]st strichen strich strichen stricht strichen strichen	striche strichest strichen striche strichen strichet strichen strichen	**gestrichen**
streiten 争う	ich du Sie er wir ihr Sie sie	streite streitest streiten streitet streiten streitet streiten streiten	 streit[e]! streiten Sie! streitet! streiten Sie!	stritt stritt[e]st stritten strittet stritten strittet stritten stritten	stritte strittest stritten stritte stritten strittet stritten stritten	**gestritten**

不定詞		直説法現在	命　令	直説法過去	接続法第2式	過去分詞
tragen [持ち]運ぶ	ich du Sie er wir ihr Sie sie	trage **trägst** tragen **trägt** tragen tragt tragen tragen	 trag[e]! tragen Sie! tragt! tragen Sie!	trug trugst trugen trug trugen trugt trugen trugen	trüge trügest trügen trüge trügen trüget trügen trügen	getragen
(beantragen, beauftragen は規則変化する)						
treffen 会う	ich du Sie er wir ihr Sie sie	treffe **triffst** treffen **trifft** treffen trefft treffen treffen	 **triff!** treffen Sie! trefft! treffen Sie!	traf traf[e]st trafen traf trafen traft trafen trafen	träfe träfest träfen träfe träfen träfet träfen träfen	getroffen
treiben 追いたてる	ich du Sie er wir ihr Sie sie	treibe treibst treiben treibt treiben treibt treiben treiben	 treib[e]! treiben Sie! treibt! treiben Sie!	trieb triebst trieben trieb trieben triebt trieben trieben	triebe triebest trieben triebe trieben triebet trieben trieben	getrieben
treten 歩む	ich du Sie er wir ihr Sie sie	trete **trittst** treten **tritt** treten tretet treten treten	 **tritt!** treten Sie! tretet! treten Sie!	trat trat[e]st traten trat traten tratet traten traten	träte trätest träten träte träten trätet träten träten	getreten
triefen ぽたぽた 落ちる	ich du Sie er wir ihr Sie sie	triefe triefst triefen trieft triefen trieft triefen triefen	 trief[e]! triefen Sie! trieft! triefen Sie!	troff troff[e]st troffen troff troffen trofft troffen troffen	tröffe tröffest tröffen tröffe tröffen tröffet tröffen tröffen	getroffen
(今日ではふつう規則変化する)						
trinken 飲む	ich du Sie er wir ihr Sie sie	trinke trinkst trinken trinkt trinken trinkt trinken trinken	 trink[e]! trinken Sie! trinkt! trinken Sie!	trank trank[e]st tranken trank tranken trankt tranken tranken	tränke tränkest tränken tränke tränken tränket tränken tränken	getrunken

付録

不定詞		直説法現在	命 令	直説法過去	接続法第2式	過去分詞
trügen 欺く	ich	trüge		trog	tröge	getrogen
	du	trügst	trüg[e]!	trog[e]st	trögest	
	Sie	trügen	trügen Sie!	trogen	trögen	
	er	trügt		trog	tröge	
	wir	trügen		trogen	trögen	
	ihr	trügt	trügt!	trogt	tröget	
	Sie	trügen	trügen Sie!	trogen	trögen	
	sie	trügen		trogen	trögen	
tun する	ich	tue		tat	täte	getan
	du	tust	tu[e]!	tat[e]st	tätest	
	Sie	tun	tun Sie!	taten	täten	
	er	tut		tat	täte	
	wir	tun		taten	täten	
	ihr	tut	tut!	tatet	tätet	
	Sie	tun	tun Sie!	taten	täten	
	sie	tun		taten	täten	
verderben だいなしに なる	ich	verderbe		verdarb	verdürbe	verdorben
	du	**verdirbst**	**verdirb!**	verdarbst	verdürbest	
	Sie	verderben	verderben Sie!	verdarben	verdürben	
	er	**verdirbt**		verdarb	verdürbe	
	wir	verderben		verdarben	verdürben	
	ihr	verderbt	verderbt!	verdarbt	verdürbet	
	Sie	verderben	verderben Sie!	verdarben	verdürben	
	sie	verderben		verdarben	verdürben	
verdrießen 不愉快に させる	ich	verdrieße		verdross*	verdrösse	verdrossen
	du	verdrießt	verdrieß[e]!	verdrossest	verdrössest	
	Sie	verdrießen	verdrießen Sie!	verdrossen	verdrössen	
	er	verdrießt		verdross*	verdrösse	
	wir	verdrießen		verdrossen	verdrössen	
	ihr	verdrießt	verdrießt!	verdrosst*	verdrösset	
	Sie	verdrießen	verdrießen Sie!	verdrossen	verdrössen	
	sie	verdrießen		verdrossen	verdrössen	

(現在の別形:《古》du verdrießest; * 旧形 verdroß, verdroßt)

vergessen 忘れる	ich	vergesse		vergaß	vergäße	vergessen
	du	**vergisst***	**vergiss!***	vergaßest	vergäßest	
	Sie	vergessen	vergessen Sie!	vergaßen	vergäßen	
	er	**vergisst***		vergaß	vergäße	
	wir	vergessen		vergaßen	vergäßen	
	ihr	vergesst*	vergesst!*	vergaßt	vergäßet	
	Sie	vergessen	vergessen Sie!	vergaßen	vergäßen	
	sie	vergessen		vergaßen	vergäßen	

(現在の別形:《古》du vergissest; * 旧形 vergißt, vergeßt, vergiß)

verlieren なくす	ich	verliere		verlor	verlöre	verloren
	du	verlierst	verlier[e]!	verlorst	verlörest	
	Sie	verlieren	verlieren Sie!	verloren	verlören	
	er	verliert		verlor	verlöre	
	wir	verlieren		verloren	verlören	
	ihr	verliert	verliert!	verlort	verlöret	
	Sie	verlieren	verlieren Sie!	verloren	verlören	
	sie	verlieren		verloren	verlören	

不定詞		直説法現在	命　令	直説法過去	接続法第2式	過去分詞
wachsen 成長する	ich du Sie er wir ihr Sie sie	wachse **wächst** wachsen **wächst** wachsen wachst wachsen wachsen	 wachs[e]! wachsen Sie! wachst! wachsen Sie!	**wuchs** wuchsest wuchsen wuchs wuchsen wuchst wuchsen wuchsen	wüchse wüchsest wüchsen wüchse wüchsen wüchset wüchsen wüchsen	**gewachsen**
(現在の別形:《古》du wächsest.「ワックスをかける」という意味の wachsen は規則変化する)						
wägen 重さを量る	ich du Sie er wir ihr Sie sie	wäge wägst wägen wägt wägen wägt wägen wägen	 wäg[e]! wägen Sie! wägt! wägen Sie!	**wog** wogst wogen wog wogen wogt wogen wogen	wöge wögest wögen wöge wögen wöget wögen wögen	**gewogen**
(規則変化することもある)						
waschen 洗う	ich du Sie er wir ihr Sie sie	wasche **wäschst** waschen **wäscht** waschen wascht waschen waschen	 wasch[e]! waschen Sie! wascht! waschen Sie!	**wusch** wusch[e]st wuschen wusch wuschen wuscht wuschen wuschen	wüsche wüschest wüschen wüsche wüschen wüschet wüschen wüschen	**gewaschen**
(現在の別形:《古》du wäschest)						
weben 織る	ich du Sie er wir ihr Sie sie	webe webst weben webt weben webt weben weben	 web[e]! weben Sie! webt! weben Sie!	**wob** wob[e]st woben wobt woben wobt woben woben	wöbe wöbest wöben wöbe wöben wöbet wöben wöben	**gewoben**
(今日ではふつう規則変化する)						
weichen 消え去る	ich du Sie er wir ihr Sie sie	weiche weichst weichen weicht weichen weicht weichen weichen	 weich[e]! weichen Sie! weicht! weichen Sie!	**wich** wich[e]st wichen wich wichen wicht wichen wichen	wiche wichest wichen wiche wichen wichet wichen wichen	**gewichen**
(「柔らかくなる; 柔らかくする」という意味の weichen は規則変化する)						
weisen 指し示す	ich du Sie er wir ihr Sie sie	weise weist weisen weist weisen weist weisen weisen	 weis[e]! weisen Sie! weist! weisen Sie!	**wies** wiesest wiesen wies wiesen wiest wiesen wiesen	wiese wiesest wiesen wiese wiesen wieset wiesen wiesen	**gewiesen**
(現在の別形:《古》du weisest)						

不定詞		直説法現在	命 令	直説法過去	接続法第2式	過去分詞
wenden 向ける	ich du Sie er wir ihr Sie sie	wende wendest wenden wendet wenden wendet wenden wenden	 wend[e]! wenden Sie! wendet! wenden Sie!	**wandte** wandtest wandten wandte wandten wandtet wandten wandten	wendete wendetest wendeten wendete wendeten wendetet wendeten wendeten	**gewandt**
(「裏返す; 方向転換する」という意味では規則変化する)						
werben 宣伝をする	ich du Sie er wir ihr Sie sie	werbe **wirbst** werben **wirbt** werben werbt werben werben	 **wirb!** werben Sie! werbt! werben Sie!	**warb** warbst warben warb warben warbt warben warben	würbe würbest würben würbe würben würbet würben würben	**geworben**
werden (…に)なる	ich du Sie er wir ihr Sie sie	werde **wirst** werden **wird** werden werdet werden werden	 werd[e]! werden Sie! werdet! werden Sie!	**wurde** wurdest wurden wurde wurden wurdet wurden wurden	würde würdest würden würde würden würdet würden würden	**geworden** (worden)
(過去の別形:《詩》ward. 動作受動の助動詞としての過分は worden)						
werfen 投げる	ich du Sie er wir ihr Sie sie	werfe **wirfst** werfen **wirft** werfen werft werfen werfen	 **wirf!** werfen Sie! werft! werfen Sie!	**warf** warf[e]st warfen warf warfen warft warfen warfen	würfe würfest würfen würfe würfen würfet würfen würfen	**geworfen**
wiegen 重さを量る	ich du Sie er wir ihr Sie sie	wiege wiegst wiegen wiegt wiegen wiegt wiegen wiegen	 wieg[e]! wiegen Sie! wiegt! wiegen Sie!	**wog** wogst wogen wog wogen wogt wogen wogen	wöge wögest wögen wöge wögen wöget wögen wögen	**gewogen**
(「揺り動かす」という意味の wiegen は規則変化する)						
winden (再帰 で:) 身をくねら せる	ich du Sie er wir ihr Sie sie	winde windest winden windet winden windet winden winden	 wind[e]! winden Sie! windet! winden Sie!	**wand** wandest wanden wand wanden wandet wanden wanden	wände wändest wänden wände wänden wändet wänden wänden	**gewunden**

不定詞		直説法現在	命　令	直説法過去	接続法第2式	過去分詞
wissen 知っている	ich du Sie er wir ihr Sie sie	**weiß** **weißt** wissen **weiß** wissen wisst* wissen wissen	 wisse! wissen Sie! wisst!* wissen Sie!	wusste* wusstest* wussten* wusste* wussten* wusstet* wussten* wussten*	wüsste* wüsstest* wüssten* wüsste* wüssten* wüsstet* wüssten* wüssten*	gewusst*
(* 旧形 wißt, wuß.., wüß..)						
wollen …するつもりだ	ich du Sie er wir ihr Sie sie	**will** **willst** wollen **will** wollen wollt wollen wollen	 wolle! wollen Sie! wollt! wollen Sie!	wollte wolltest wollten wollte wollten wolltet wollten wollten	wollte wolltest wollten wollte wollten wolltet wollten wollten	**wollen** (gewollt)
(不定詞を伴わないときの 過分 は gewollt)						
wringen 絞る	ich du Sie er wir ihr Sie sie	wringe wringst wringen wringt wringen wringt wringen wringen	 wring[e]! wringen Sie! wringt! wringen Sie!	**wrang** wrangst wrangen wrang wrangen wrangt wrangen wrangen	wränge wrängest wrängen wränge wrängen wränget wrängen wrängen	gewrungen
zeihen 責める	ich du Sie er wir ihr Sie sie	zeihe zeihst zeihen zeiht zeihen zeiht zeihen zeihen	 zeih[e]! zeihen Sie! zeiht! zeihen Sie!	**zieh** zieh[e]st ziehen zieh ziehen zieht ziehen ziehen	ziehe ziehest ziehen ziehe ziehen ziehet ziehen ziehen	geziehen
ziehen 引く	ich du Sie er wir ihr Sie sie	ziehe ziehst ziehen zieht ziehen zieht ziehen ziehen	 zieh[e]! ziehen Sie! zieht! ziehen Sie!	**zog** zog[e]st zogen zog zogen zogt zogen zogen	zöge zögest zögen zöge zögen zöget zögen zögen	gezogen
zwingen 強いる	ich du Sie er wir ihr Sie sie	zwinge zwingst zwingen zwingt zwingen zwingt zwingen zwingen	 zwing[e]! zwingen Sie! zwingt! zwingen Sie!	**zwang** zwang[e]st zwangen zwang zwangen zwangt zwangen zwangen	zwänge zwängest zwängen zwänge zwängen zwänget zwängen zwängen	gezwungen

検印廃止

© 新アポロン独和辞典

APOLLON　Neues Deutsch-Japanisches Wörterbuch

2000年4月1日　第1版1刷発行

| 編集執筆者 | 根本道也　恒吉良隆　有村隆広
吉中幸平　本田義昭　福元圭太
新保弼彬　鈴木敦典　成田克史 |

発　行　者　　近藤久壽治

組版・印刷　　研究社印刷株式会社

製　　　本　　株式会社 ケイ・ビー・ビー

本 文 用 紙　　三島製紙株式会社

発　行　所　　株式会社 同 学 社

　　　　　　　〒112-0005 東京都文京区水道 1-10-7
　　　　　　　電話代表　(03) 3816-7011
　　　　　　　振替口座　00150-7-166920

落丁・乱丁本はお取り替えいたします
許可なく複製・転載することを禁じます

ISBN4-8102-0004-3　　　　　　　　　Printed in Japan

ヨーロッパと日本

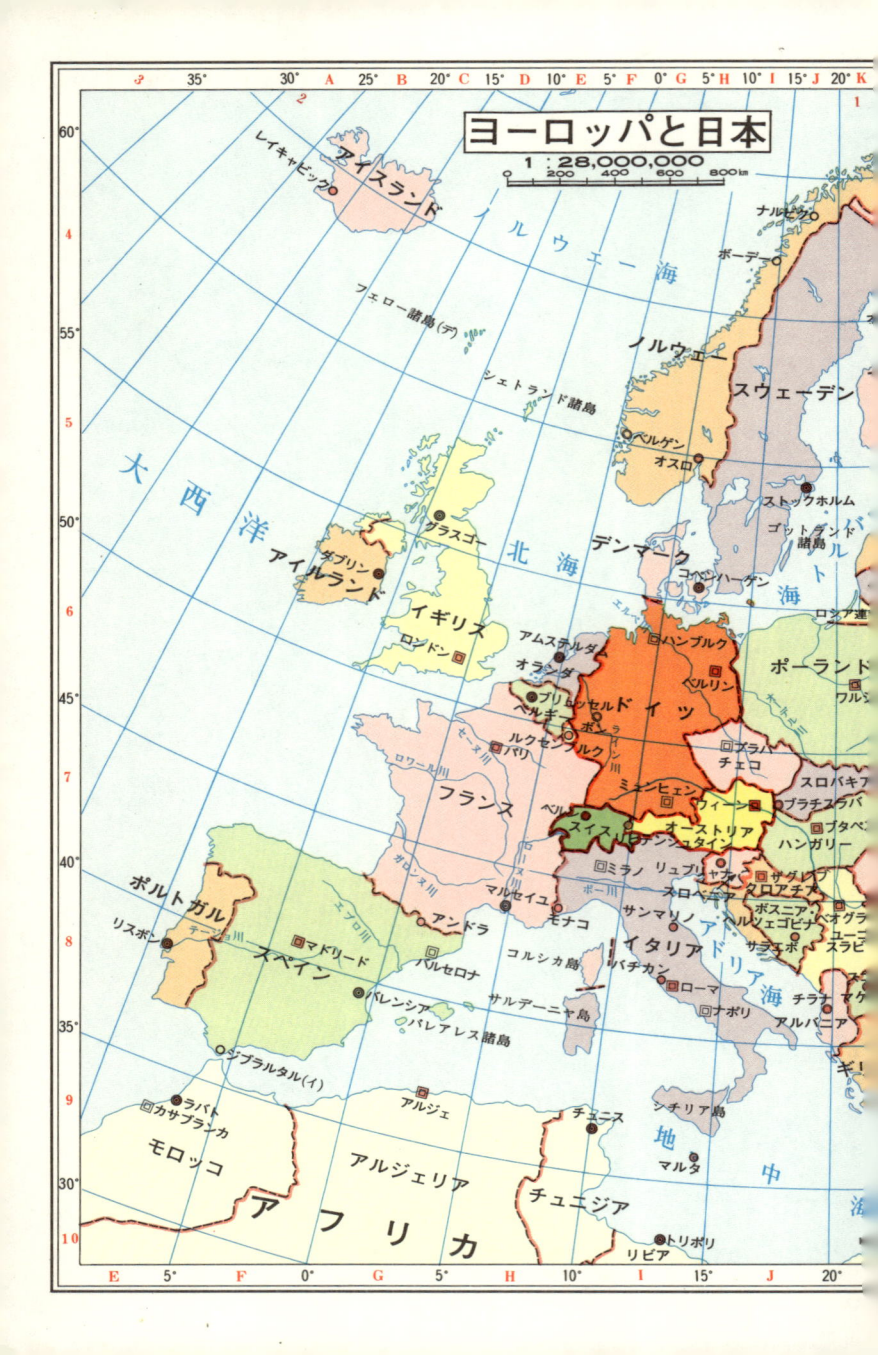

1 : 28,000,000

- アイスランド
  - レイキャビック
- ノルウェー海
- フェロー諸島(デ)
- シェトランド諸島
- ナルビク
- ボードー
- ノルウェー
  - ベルゲン
  - オスロ
- スウェーデン
  - ストックホルム
- 大西洋
- 北海
- アイルランド
  - ダブリン
- グラスゴー
- イギリス
  - ロンドン
- ゴットランド諸島
- バルト海
- デンマーク
  - コペンハーゲン
- ロシア連
- オランダ
  - アムステルダム
- ベルギー
  - ブリュッセル
- ハンブルク
- ベルリン
- ドイツ
- ポーランド
  - ワルシャワ
- ルクセンブルク
- パリ
- ロワール川
- フランス
- ボン
- ライン川
- ミュンヘン
- プラハ
- チェコ
- スロバキア
  - ブラチスラバ
- ブダペスト
- ハンガリー
- スイス
- リヒテンシュタイン
- オーストリア
  - ウィーン
- ザグレブ
- クロアチア
- ボスニア・ヘルツェゴビナ
  - サラエボ
- ユーゴスラビア
- ミラノ
- リュブリャナ
- スロベニア
- ガロンヌ川
- ポルトガル
  - リスボン
- テージョ川
- スペイン
  - マドリード
  - バルセロナ
  - バレンシア
- エブロ川
- アンドラ
- マルセイユ
- モナコ
- コルシカ島
- サンマリノ
- バチカン
- ローマ
- ナポリ
- イタリア
- ポー川
- アドリア海
- サルデーニャ島
- バレアレス諸島
- ジブラルタル(イ)
- アルバニア
- チラナ
- マケドニア
- ギリ
- モロッコ
  - カサブランカ
  - ラバト
- アルジェ
- アルジェリア
- チュニス
- チュニジア
- シチリア島
- マルタ
- 地中海
- トリポリ
- リビア
- アフリカ